D1672094

Prütting · Gehrlein
ZPO Kommentar
4. Auflage

Prütting/Gehrlein

ZPO
Kommentar

Herausgegeben von

Prof. Dr. Hanns Prütting
Professor der Universität zu Köln,
Direktor des Instituts für Verfahrensrecht

Prof. Dr. Markus Gehrlein
Richter am Bundesgerichtshof,
Honorarprofessor der Universität Mannheim

4. Auflage

4. Auflage 2012

Bibliografische Information der Deutschen Nationalbibliothek
Die Deutsche Nationalbibliothek verzeichnet diese Publikation in der Deutschen Nationalbibliografie; detaillierte bibliografische Daten sind im Internet über http://dnb.d-nb.de abrufbar.

ISBN 978-3-472-08380-1

Zitiervorschlag: PG/*Bearbeiter* § … Rn…

www.wolterskluwer.de
www.luchterhand-fachverlag.de

Umschlagkonzeption: Martina Busch, Grafikdesign, Fürstenfeldbruck
Satz: TypoScript GmbH, München
Druck und Weiterverarbeitung: L.E.G.O. S.p.A., Lavis-Italy

Gedruckt auf säurefreiem, alterungsbeständigem und chlorfreiem Papier.

Vorwort

Die Vorauflagen dieses Werkes haben in der Praxis einen außerordentlich erfreulichen Anklang gefunden. Dies spiegelt sich in der Tatsache wider, dass der Kommentar in der höchstrichterlichen Rechtsprechung regelmäßig beachtet und zitiert wird. Es lässt sich aber auch aus den überaus positiven Rezensionen entnehmen (vgl nur Zuck, NJW 2011, 3422).
Die Neuauflage erscheint zeitgleich mit der 7. Auflage des BGB-Kommentars von Prütting/Wegen/Weinreich. Diese konsequente jährliche Erscheinungsweise garantiert hohe Aktualität und Sicherheit bei der Rechtsanwendung. Angesichts vielfältiger Aktivitäten des Gesetzgebers und der Rechtsprechung ist die verlässliche jährliche Neuauflage heute eine unabdingbare Voraussetzung für ein praxistaugliches Werk. So waren im Jahre 2011 das Gesetz zum Rechtsschutz bei überlangen Gerichtsverfahren vom 24.11.2011 (BGBl. I, 2302), zur Änderung von § 522 ZPO im Bereich der Berufung (Gesetz vom 21.10.2011, BGBl. I, 2082) zu den Änderungen im Bereich der Zwangsvollstreckung (Gesetz vom 12.4.2011, BGBl. I, 615) und zu Änderungen im Bereich der Zustellung (Gesetz vom 28.4.2011, BGBl. I, 666) zu verarbeiten. Auch das neue Mediationsgesetz ist bereits berücksichtigt. Ebenso ist die ergangene Rechtsprechung sorgfältig verarbeitet. Weiterhin gilt dem internationalen und europäischen Zivilverfahrensrecht ein besonderes Augenmerk.
So hoffen die Herausgeber und Autoren, auch mit dieser Neuauflage der Praxis eine umfassende Hilfe zum Zivilprozess in klarer, präziser und gut lesbarer Form an die Hand zu geben.
Die Herausgeber danken dem außerordentlich engagierten Autorenteam für die zeitnahe Überarbeitung des Werkes, dem Verlag danken sie für die zügige und perfekte Herstellung des Buches. Für Kritik, Anregungen und Verbesserungsvorschläge sind die Autoren stets dankbar – gerne direkt per E-Mail an ZPO@wolterskluwer.de.

Köln, Landau/Pfalz, im März 2012

Hanns Prütting
Markus Gehrlein

Die Bearbeiter

Dr. Brunhilde Ackermann
Rechtsanwältin beim Bundesgerichtshof

Prof. Dr. Martin Ahrens
Professor an der Universität Göttingen

Dr. Monika Anders
Präsidentin des Landgerichts Essen

Wolfgang Arenhövel
Präsident des Oberlandesgerichts Bremen

Dr. Marcel Barth
LL.M. (Columbia), Rechtsanwalt in Hannover

Michael Bitz
Richter am Oberverwaltungsgericht des Saarlandes

Dr. Udo Burgermeister
Vorsitzender Richter am Landgericht Mannheim

Dr. Hans-Joachim Czub
Richter am Bundesgerichtshof

Dr. Gunter Deppenkemper
LL.M., LL.M. (beide Osnabrück), Staatsanwalt, Dozent an der Hochschule Schwetzingen – Hochschule für Rechtspflege

Dr. Karl-Werner Dörr
Richter am Oberlandesgericht Saarbrücken

Dr. Detlev Fischer
Richter am Bundesgerichtshof

Astrid Flury
Richterin am Oberlandesgericht Dresden

Dr. Burkhard Gehle
Vorsitzender Richter am Oberlandesgericht Köln

Prof. Dr. Markus Gehrlein
Richter am Bundesgerichtshof

Dr. Herbert Geisler
Rechtsanwalt beim Bundesgerichtshof

Prof. Dr. Axel Halfmeier
LL.M. (Michigan, USA), Professor an der Leuphana Universität Lüneburg

Dr. Reiner Hall
Rechtsanwalt beim Bundesgerichtshof

Dr. Annika Hausherr
Richterin am Amtsgericht Köln

Prof. Dr. Christian Katzenmeier
Professor an der Universität zu Köln

Dr. Martin Kessen
LL.M. (Austin, Texas, USA), Richter am Oberlandesgericht Köln

Bearbeiterverzeichnis

Karl Kotzian-Marggraf
Präsident des Landesarbeitsgerichts Thüringen

Prof. Dr. Inge Kroppenberg
Professorin an der Universität Regensburg

Dr. Jérôme Lange
Richter am Amtsgericht Saarbrücken

Dr. Hans-Willi Laumen
Präsident des Amtsgerichts Köln

Dr. Reiner Lemke
Richter am Bundesgerichtshof

Richard Lindner
Rechtsanwalt beim Bundesgerichtshof

Ilse Lohmann
Richterin am Bundesgerichtshof

Jürgen Mannebeck
Richter am Amtsgericht a.D. Köln

Prof. Dr. Caroline Meller-Hannich
Professorin an der Universität Halle

Dr. Karin Milger
Richterin am Bundesgerichtshof

Dr. Bernd Müller-Christmann
Vorsitzender Richter am Oberlandesgericht Karlsruhe

Andreas Neff
Präsident des Landgerichts Freiburg

Dr. Rainer Oberheim
Vorsitzender Richter am Oberlandesgericht Frankfurt

Prof. Dr. Dirk Olzen
Professor an der Universität Düsseldorf

Prof. Dr. Thomas Pfeiffer
Professor an der Universität Heidelberg

Prof. Dr. Nicola Preuß
Professorin an der Universität Düsseldorf

Prof. Dr. Hanns Prütting
Professor an der Universität zu Köln

Prof. Hilmar Raeschke-Kessler
LL.M. (Chicago), Rechtsanwalt beim Bundesgerichtshof

Dr. Dieter Remus
Präsident des Landgerichts Stendal, vormals Richter am Bundesgerichtshof

Dr. Robert Schelp
LL.M. (UEA), Richter am Amtsgericht Pirmasens, ständiger Vertreter des Direktors

Silke Scheuch
Rechtsanwältin beim Bundesgerichtshof

Prof. Dr. Boris Schinkels
LL.M. (Cambridge, England), Professor an der Universität Greifswald

Jürgen Schmidt
Vorsitzender Richter am Oberlandesgericht München

Dr. Karsten Schmidt
Richter am Saarländischen Oberlandesgericht

Norbert Schneider
Rechtsanwalt in Neunkirchen-Seelscheid

Bernd Sommer
Stellvertretender Direktor des Amtsgerichts a.D. Coburg

Prof. Dr. Christoph Thole
Professor an der Universität Tübingen

Dr. Thomas Trautwein
Richter am Oberlandesgericht München

Prof. Jürgen Ulrich
Vorsitzender Richter am Landgericht Dortmund

Mallory Völker
Richter am Saarländischen Oberlandesgericht

Prof. Dr. Barbara Völzmann-Stickelbrock
Professorin an der Fernuniversität Hagen

Prof. Dr. Gerhard Wegen
LL.M. (Harvard), Attorney-at-law (New York), Honorarprofessor der Universität Tübingen, Rechtsanwalt, Stuttgart

Dr. Sigurd Wern
Richter am Landgericht Saarbrücken

Almuth Zempel
Rechtsanwältin in Saarbrücken

Im Einzelnen haben bearbeitet

ZPO

		Seite
Einleitung	Prof. Dr. Hanns Prütting	1
§§ 1–11	Dr. Burkhard Gehle	19
§§ 12–19a	Dr. Sigurd Wern	93
§§ 20–28	Dr. Jérôme Lange	113
§§ 29–29c	Dr. Sigurd Wern	130
§§ 30–31	Dr. Jérôme Lange	145
§ 32	Dr. Sigurd Wern	146
§§ 32a, 32b	Dr. Jérôme Lange	154
§ 33	Dr. Sigurd Wern	156
§§ 34–38	Dr. Jérôme Lange	166
§§ 39–40	Dr. Sigurd Wern	188
§§ 41–49	Jürgen Mannebeck	192
§§ 50–77	Prof. Dr. Markus Gehrlein	222
§§ 78–90	Dr. Udo Burgermeister	287
§ 91	Norbert Schneider	327
§ 91a	Dr. Annika Hausherr	344
§§ 92–101	Norbert Schneider	368
§§ 102–113	Dr. Karsten Schmidt	427
§§ 114–127a	Mallory Völker/Almuth Zempel	465
§§ 128–144	Prof. Dr. Hanns Prütting	571
§§ 145–165	Dr. Karl-Werner Dörr	617
§§ 166–195	Dr. Martin Kessen	649
§§ 214–238	Dr. Karin Milger	680
§§ 239–252	Dr. Monika Anders	719
§§ 253–283	Dr. Herbert Geisler	737
§§ 284–294	Dr. Hans-Willi Laumen	793
§§ 295–299a	Dr. Gunter Deppenkemper	858
§§ 300–321a	Prof. Dr. Christoph Thole	885
§§ 322–329	Prof. Dr. Barbara Völzmann-Stickelbrock	989
§§ 330–347	Dr. Hans-Joachim Czub	1049
§§ 348–350	Dr. Martin Kessen	1079
§§ 355–370	Richard Lindner	1085
§§ 371–401	Dr. Thomas Trautwein	1110
§§ 402–414	Prof. Dr. Christian Katzenmeier	1160
§§ 415–444	Prof. Dr. Nicola Preuß	1190
§§ 445–455	Dr. Bernd Müller-Christmann	1234
§§ 478–484	Dr. Thomas Trautwein	1248
§§ 485–494a	Jürgen Ulrich	1251
§§ 495–510b	Dr. Robert Schelp	1280
§§ 511–524	Dr. Reiner Lemke	1299
§§ 525–541	Dr. Rainer Oberheim	1344
§§ 542–566	Dr. Brunhilde Ackermann	1398
§§ 567–577	Ilse Lohmann	1443
§§ 578–591	Prof. Dr. Caroline Meller-Hannich	1482
§§ 592–605a	Dr. Reiner Hall	1509
§§ 688–703d	Bernd Sommer	1523
§§ 704–764	Prof. Dr. Inge Kroppenberg	1577
§§ 765–787	Silke Scheuch	1696
§ 788	Norbert Schneider	1756
§§ 789–802	Silke Scheuch	1760
§§ 803–807	Dr. Martin Kessen	1793
§§ 808–827	Astrid Flury	1812

		Seite
§§ 828–863	Prof. Dr. Martin Ahrens	1862
§§ 864–882a	Almuth Zempel	2080
§§ 883–915h	Prof. Dr. Dirk Olzen	2110
§§ 916–945	Dr. Detlev Fischer	2202
§§ 1025–1058	Prof. Dr. Hanns Prütting	2249
§§ 1059–1066	Prof. Dr. Hilmar Raeschke-Kessler	2304
§§ 1067–1109	Prof. Dr. Axel Halfmeier	2337
EGZPO	Prof. Dr. Gerhard Wegen/Dr. Marcel Barth	2429
GVG		
§§ 1–21	Michael Bitz	2447
§§ 21a–21j	Dr. Dieter Remus	2502
§§ 22–27	Wolfgang Arenhövel	2543
§§ 59–114	Karl Kotzian-Marggraf	2557
§§ 115–140	Wolfgang Arenhövel	2578
§§ 153–197	Andreas Neff	2590
EGGVG	Jürgen Schmidt	2621
KapMuG	Prof. Dr. Axel Halfmeier	2645
UKlaG	Prof. Dr. Axel Halfmeier	2671
EuGVO (EG-Verordnung Nr. 44/2001)		
Art. 1–31	Prof. Dr. Thomas Pfeiffer	2697
Art. 32–76	Prof. Dr. Boris Schinkels	2727
Brüssel IIa-VO (EG-Verordnung Nr. 2201/2003 – Nr. 1347/2000)	Mallory Völker	2757
AVAG	Prof. Dr. Boris Schinkels	2809
EuBVO (EG-Verordnung Nr. 1206/2001)	Prof. Dr. Axel Halfmeier	2353
EuGFVO (EG-Verordnung Nr. 861/2007)	Prof. Dr. Axel Halfmeier	2414
EuMVVO (EG-Verordnung Nr. 1896/2006)	Prof. Dr. Axel Halfmeier	2395
EuVTVO (EG-Verordnung Nr. 805/2004)	Prof. Dr. Axel Halfmeier	2371
EuZVO (EG-Verordnung Nr. 1393/2007)	Prof. Dr. Axel Halfmeier	2339
Kostenrechtliche Hinweise	Norbert Schneider	

Inhaltsübersicht

	Seite
Vorwort	V
Die Bearbeiter	VII
Im Einzelnen haben bearbeitet	XI
Abkürzungsverzeichnis mit Literaturangaben	XLIII

Zivilprozessordnung (ZPO) ... 1

Einleitung ... 1

Buch 1 Allgemeine Vorschriften ... 19

Abschnitt 1 Gerichte ... 19

Titel 1 Sachliche Zuständigkeit der Gerichte und Wertvorschriften ... 19
- § 1 Sachliche Zuständigkeit ... 19
- § 2 Bedeutung des Wertes ... 20
- § 3 Wertfestsetzung nach freiem Ermessen ... 21
- Streitwert-Lexikon ... 29
- § 4 Wertberechnung; Nebenforderungen ... 65
- § 5 Mehrere Ansprüche ... 70
- § 6 Besitz; Sicherstellung; Pfandrecht ... 78
- § 7 Grunddienstbarkeit ... 82
- § 8 Pacht- oder Mietverhältnis ... 84
- § 9 Wiederkehrende Nutzungen oder Leistungen ... 89
- § 10 *(weggefallen)* ... 92
- § 11 Bindende Entscheidung über Unzuständigkeit ... 92

Titel 2 Gerichtsstand ... 93
- § 12 Allgemeiner Gerichtsstand; Begriff ... 93
- § 13 Allgemeiner Gerichtsstand des Wohnsitzes ... 99
- § 14 *(weggefallen)* ... 103
- § 15 Allgemeiner Gerichtsstand für exterritoriale Deutsche ... 103
- § 16 Allgemeiner Gerichtsstand wohnsitzloser Personen ... 104
- § 17 Allgemeiner Gerichtsstand juristischer Personen ... 106
- § 18 Allgemeiner Gerichtsstand des Fiskus ... 108
- § 19 Mehrere Gerichtsbezirke am Behördensitz ... 111
- § 19a Allgemeiner Gerichtsstand des Insolvenzverwalters ... 112
- § 20 Besonderer Gerichtsstand des Aufenthaltsorts ... 113
- § 21 Besonderer Gerichtsstand der Niederlassung ... 114
- § 22 Besonderer Gerichtsstand der Mitgliedschaft ... 116
- § 23 Besonderer Gerichtsstand des Vermögens und des Gegenstands ... 118
- § 23a Besonderer Gerichtsstand für Unterhaltssachen ... 120
- § 24 Ausschließlicher dinglicher Gerichtsstand ... 121
- § 25 Dinglicher Gerichtsstand des Sachzusammenhanges ... 123
- § 26 Dinglicher Gerichtsstand für persönliche Klagen ... 124
- § 27 Besonderer Gerichtsstand der Erbschaft ... 125
- § 28 Erweiterter Gerichtsstand der Erbschaft ... 128
- § 29 Besonderer Gerichtsstand des Erfüllungsorts ... 130
- § 29a Ausschließlicher Gerichtsstand bei Miet- oder Pachträumen ... 141
- § 29b *(weggefallen seit 1.7.2007)* ... 143
- § 29c Besonderer Gerichtsstand für Haustürgeschäfte ... 143
- § 30 Gerichtsstand bei Bergungsansprüchen ... 145
- § 31 Besonderer Gerichtsstand der Vermögensverwaltung ... 145
- § 32 Besonderer Gerichtsstand der unerlaubten Handlung ... 146
- § 32a Ausschließlicher Gerichtsstand der Umwelteinwirkung ... 154

§ 32b Ausschließlicher Gerichtsstand bei falschen, irreführenden oder unterlassenen öffentlichen Kapitalmarktinformationen 155
§ 33 Besonderer Gerichtsstand der Widerklage 156
§ 34 Besonderer Gerichtsstand des Hauptprozesses 166
§ 35 Wahl unter mehreren Gerichtsständen 167
§ 35a Besonderer Gerichtsstand bei Unterhaltsklagen 168
§ 36 Gerichtliche Bestimmung der Zuständigkeit 168
§ 37 Verfahren bei gerichtlicher Bestimmung 178
Titel 3 Vereinbarung über die Zuständigkeit der Gerichte 180
§ 38 Zugelassene Gerichtsstandsvereinbarung 180
§ 39 Zuständigkeit infolge rügeloser Verhandlung 188
§ 40 Unwirksame und unzulässige Gerichtsstandsvereinbarung 191
Titel 4 Ausschließung und Ablehnung der Gerichtspersonen 192
§ 41 Ausschluss von der Ausübung des Richteramtes 192
§ 42 Ablehnung eines Richters 200
§ 43 Verlust des Ablehnungsrechts 212
§ 44 Ablehnungsgesuch 213
§ 45 Entscheidung über das Ablehnungsgesuch 215
§ 46 Entscheidung und Rechtsmittel 216
§ 47 Unaufschiebbare Amtshandlungen 219
§ 48 Selbstablehnung; Ablehnung von Amts wegen 220
§ 49 Urkundsbeamte 221

Abschnitt 2 Parteien 222
Titel 1 Parteifähigkeit; Prozessfähigkeit 222
§ 50 Parteifähigkeit 222
§ 51 ZPO Prozessfähigkeit; gesetzliche Vertretung; Prozessführung 238
§ 52 Umfang der Prozessfähigkeit 241
§ 53 Prozessunfähigkeit bei Betreuung oder Pflegschaft 243
§ 53a Vertretung eines Kindes durch Beistand 243
§ 54 Besondere Ermächtigung zu Prozesshandlungen 244
§ 55 Prozessfähigkeit von Ausländern 244
§ 56 Prüfung von Amts wegen 245
§ 57 Prozesspfleger 248
§ 58 Prozesspfleger bei herrenlosem Grundstück oder Schiff 249
Titel 2 Streitgenossenschaft 250
§ 59 Streitgenossenschaft bei Rechtsgemeinschaft oder Identität des Grundes 250
§ 60 Streitgenossenschaft bei Gleichartigkeit der Ansprüche 250
§ 61 Wirkung der Streitgenossenschaft 253
§ 62 Notwendige Streitgenossenschaft 255
§ 63 Prozessbetrieb; Ladungen 262
Titel 3 Beteiligung Dritter am Rechtsstreit 263
Bemerkungen vor §§ 64 ff ZPO 263
§ 64 Hauptintervention 263
§ 65 Aussetzung des Hauptprozesses 265
§ 66 Nebenintervention 265
§ 67 Rechtsstellung des Nebenintervenienten 269
§ 68 Wirkung der Nebenintervention 272
§ 69 Streitgenössische Nebenintervention 274
§ 70 Beitritt des Nebenintervenienten 277
§ 71 Zwischenstreit über Nebenintervention 277
§ 72 Zulässigkeit der Streitverkündung 279
§ 73 Form der Streitverkündung 282
§ 74 Wirkung der Streitverkündung 282
§ 75 Gläubigerstreit 284

§ 76 Urheberbenennung bei Besitz ... 285
§ 77 Urheberbenennung bei Eigentumsbeeinträchtigung ... 287
Titel 4 Prozessbevollmächtigte und Beistände ... 287
§ 78 Anwaltsprozess ... 287
§ 78a *(weggefallen)* ... 294
§ 78b Notanwalt ... 295
§ 78c Auswahl des Rechtsanwalts ... 296
§ 79 Parteiprozess ... 299
§ 80 Prozessvollmacht ... 302
§ 81 Umfang der Prozessvollmacht ... 305
§ 82 Geltung für Nebenverfahren ... 308
§ 83 Beschränkung der Prozessvollmacht ... 309
§ 84 Mehrere Prozessbevollmächtigte ... 310
§ 85 Wirkung der Prozessvollmacht ... 311
§ 86 Fortbestand der Prozessvollmacht ... 316
§ 87 Erlöschen der Vollmacht ... 318
§ 88 Mangel der Vollmacht ... 320
§ 89 Vollmachtloser Vertreter ... 323
§ 90 Beistand ... 326
Titel 5 Prozesskosten ... 327
Bemerkungen vor §§ 91 ff ... 327
§ 91 Grundsatz und Umfang der Kostenpflicht ... 328
§ 91a Kosten bei Erledigung der Hauptsache ... 344
§ 92 Kosten bei teilweisem Obsiegen ... 368
§ 93 Kosten bei sofortigem Anerkenntnis ... 379
§ 93a *(weggefallen seit 1.9.2009)* ... 382
§ 93b Kosten bei Räumungsklagen ... 382
§ 93c *(weggefallen seit 1.9.2009)* ... 386
§ 93d *(weggefallen seit 1.9.2009)* ... 386
§ 94 Kosten bei übergegangenem Anspruch ... 387
§ 95 Kosten bei Säumnis oder Verschulden ... 388
§ 96 Kosten erfolgloser Angriffs- und Verteidigungsmittel ... 391
§ 97 Rechtsmittelkosten ... 395
§ 98 Vergleichskosten ... 399
§ 99 Anfechtung von Kostenentscheidungen ... 403
§ 100 Kosten bei Streitgenossen ... 409
§ 101 Kosten einer Nebenintervention ... 419
§ 102 *(weggefallen)* ... 427
§ 103 Kostenfestsetzungsgrundlage; Kostenfestsetzungsantrag ... 427
§ 104 Kostenfestsetzungsverfahren ... 434
§ 105 Vereinfachter Kostenfestsetzungsbeschluss ... 448
§ 106 Verteilung nach Quoten ... 449
§ 107 Änderung nach Streitwertfestsetzung ... 451
Titel 6 Sicherheitsleistung ... 452
§ 108 Art und Höhe der Sicherheit ... 452
§ 109 Rückgabe der Sicherheit ... 457
§ 110 Prozesskostensicherheit ... 460
§ 111 Nachträgliche Prozesskostensicherheit ... 463
§ 112 Höhe der Prozesskostensicherheit ... 464
§ 113 Fristbestimmung für Prozesskostensicherheit ... 464
Titel 7 Prozesskostenhilfe und Prozesskostenvorschuss ... 465
§ 114 Voraussetzungen ... 465
§ 115 Einsatz von Einkommen und Vermögen ... 481
§ 116 Partei kraft Amtes; juristische Person; parteifähige Vereinigung ... 500

§ 117 Antrag 503
§ 118 Bewilligungsverfahren 512
§ 119 Bewilligung 518
§ 120 Festsetzung von Zahlungen 525
§ 121 Beiordnung eines Rechtsanwalts 532
§ 122 Wirkung der Prozesskostenhilfe 541
§ 123 Kostenerstattung 547
§ 124 Aufhebung der Bewilligung 549
§ 125 Einziehung der Kosten 554
§ 126 Beitreibung der Rechtsanwaltskosten 555
§ 127 Entscheidungen 561
§ 127a *(aufgehoben)* 570

Abschnitt 3 Verfahren 571
Titel 1 Mündliche Verhandlung 571
§ 128 Grundsatz der Mündlichkeit; schriftliches Verfahren 571
§ 128a Verhandlung im Wege der Bild- und Tonübertragung 577
§ 129 Vorbereitende Schriftsätze 579
§ 129a Anträge und Erklärungen zu Protokoll 582
§ 130 Inhalt der Schriftsätze 583
§ 130a Elektronisches Dokument 585
§ 130b Gerichtliches elektronisches Dokument 587
§ 131 Beifügung von Urkunden 587
§ 132 Fristen für Schriftsätze 589
§ 133 Abschriften 590
§ 134 Einsicht von Urkunden 591
§ 135 Mitteilung von Urkunden unter Rechtsanwälten 592
§ 136 Prozessleitung durch Vorsitzenden 592
§ 137 Gang der mündlichen Verhandlung 594
§ 138 Erklärungspflicht über Tatsachen; Wahrheitspflicht 596
§ 139 Materielle Prozessleitung 600
§ 140 Beanstandung von Prozessleitung oder Fragen 608
§ 141 Anordnung des persönlichen Erscheinens 609
§ 142 Anordnung der Urkundenvorlegung 611
§ 143 Anordnung der Aktenübermittlung 616
§ 144 Augenschein; Sachverständige 616
§ 145 Prozesstrennung 617
§ 146 Beschränkung auf einzelne Angriffs- und Verteidigungsmittel 624
§ 147 Prozessverbindung 624
§ 148 Aussetzung bei Vorgreiflichkeit 626
§ 149 Aussetzung bei Verdacht einer Straftat 629
§ 150 Aufhebung von Trennung, Verbindung oder Aussetzung 631
§ 151 *(weggefallen)* 631
§ 152 Aussetzung bei Eheaufhebungsantrag 631
§ 153 Aussetzung bei Vaterschaftsanfechtungsklage 632
§ 154 Aussetzung bei Ehe- oder Kindschaftsstreit 632
§ 155 Aufhebung der Aussetzung bei Verzögerung 632
§ 156 Wiedereröffnung der Verhandlung 633
§ 157 Untervertretung in der Verhandlung 634
§ 158 Entfernung infolge Prozessleitungsanordnung 634
§ 159 Protokollaufnahme 635
§ 160 Inhalt des Protokolls 636
§ 160a Vorläufige Protokollaufzeichnung 640
§ 161 Entbehrliche Feststellungen 642
§ 162 Genehmigung des Protokolls 644

§ 163 Unterschreiben des Protokolls ... 646
§ 164 Protokollberichtigung ... 647
§ 165 Beweiskraft des Protokolls ... 648
Titel 2 Verfahren bei Zustellungen ... 649
Untertitel 1 Zustellungen vom Amts wegen ... 649
§ 166 Zustellung ... 649
§ 167 Rückwirkung der Zustellung ... 651
§ 168 Aufgaben der Geschäftsstelle ... 654
§ 169 Bescheinigung des Zeitpunktes der Zustellung; Beglaubigung ... 654
§ 170 Zustellung an Vertreter ... 656
§ 171 Zustellung an Bevollmächtigte ... 657
§ 172 Zustellung an Prozessbevollmächtigte ... 657
§ 173 Zustellung durch Aushändigung an der Amtsstelle ... 659
§ 174 Zustellung gegen Empfangsbekenntnis ... 660
§ 175 Zustellung durch Einschreiben mit Rückschein ... 661
§ 176 Zustellungsauftrag ... 662
§ 177 Ort der Zustellung ... 662
§ 178 Ersatzzustellung in der Wohnung, in Geschäftsräumen und Einrichtungen ... 663
§ 179 Zustellung bei verweigerter Annahme ... 665
§ 180 Ersatzzustellung durch Einlegen in den Briefkasten ... 666
§ 181 Ersatzzustellung durch Niederlegung ... 666
§ 182 Zustellungsurkunde ... 667
§ 183 Zustellung im Ausland ... 669
§ 184 Zustellungsbevollmächtigter; Zustellung durch Aufgabe zur Post ... 671
§ 185 Öffentliche Zustellung ... 672
§ 186 Bewilligung und Ausführung der öffentlichen Zustellung ... 674
§ 187 Veröffentlichung der Benachrichtigung ... 675
§ 188 Zeitpunkt der öffentlichen Zustellung ... 675
§ 189 Heilung von Zustellungsmängeln ... 675
§ 190 Einheitliche Zustellungsformulare ... 676
Untertitel 2 Zustellungen auf Betreiben der Parteien ... 677
§ 191 Zustellung ... 677
§ 192 Zustellung durch Gerichtsvollzieher ... 677
§ 193 Ausführung der Zustellung ... 678
§ 194 Zustellungsauftrag ... 679
§ 195 Zustellung von Anwalt zu Anwalt ... 679
§§ 195a–213a *(weggefallen)* ... 680
Titel 3 Ladungen, Termine und Fristen ... 680
§ 214 Ladung zum Termin ... 680
§ 215 Notwendiger Inhalt der Ladung zur mündlichen Verhandlung ... 681
§ 216 Terminsbestimmung ... 681
§ 217 Ladungsfrist ... 683
§ 218 Entbehrlichkeit der Ladung ... 684
§ 219 Terminsort ... 684
§ 220 Aufruf der Sache; versäumter Termin ... 684
§ 221 Fristbeginn ... 685
§ 222 Fristberechnung ... 686
§ 223 *(weggefallen)* ... 686
§ 224 Fristkürzung; Fristverlängerung ... 687
§ 225 Verfahren bei Friständerung ... 687
§ 226 Abkürzung von Zwischenfristen ... 687
§ 227 Terminsänderung ... 688
§ 228 *(weggefallen)* ... 691
§ 229 Beauftragter oder ersuchter Richter ... 691

Titel 4 Folgen der Versäumung; Wiedereinsetzung in den vorigen Stand 691
§ 230 Allgemeine Versäumungsfolge 691
§ 231 Keine Androhung; Nachholung der Prozesshandlung 692
§ 232 *(weggefallen)* 693
§ 233 Wiedereinsetzung in den vorigen Stand 693
§ 234 Wiedereinsetzungsfrist 707
§ 235 *(weggefallen)* 711
§ 236 Wiedereinsetzungsantrag 711
§ 237 Zuständigkeit für Wiedereinsetzung 714
§ 238 Verfahren bei Wiedereinsetzung 715
Titel 5 Unterbrechung und Aussetzung des Verfahrens 719
Bemerkungen vor §§ 239 ff ZPO 719
§ 239 Unterbrechung durch Tod der Partei 720
§ 240 Unterbrechung durch Insolvenzverfahren 723
§ 241 Unterbrechung durch Prozessunfähigkeit 726
§ 242 Unterbrechung durch Nacherbfolge 727
§ 243 Aufnahme bei Nachlasspflegschaft und Testamentsvollstreckung 727
§ 244 Unterbrechung durch Anwaltsverlust 728
§ 245 Unterbrechung durch Stillstand der Rechtspflege 729
§ 246 Aussetzung bei Vertretung durch Prozessbevollmächtigten 729
§ 247 Aussetzung bei abgeschnittenem Verkehr 730
§ 248 Verfahren bei Aussetzung 731
§ 249 Wirkung von Unterbrechung und Aussetzung 731
§ 250 Form von Aufnahme und Anzeige 732
§ 251 Ruhen des Verfahrens 733
§ 251a Säumnis beider Parteien; Entscheidung nach Lage der Akten 734
§ 252 Rechtsmittel bei Aussetzung 735

Buch 2 Verfahren im ersten Rechtszug 737

Abschnitt 1 Verfahren vor den Landgerichten 737
Titel 1 Verfahren bis zum Urteil 737
§ 253 Klageschrift 737
§ 254 Stufenklage 744
§ 255 Fristbestimmung im Urteil 749
§ 256 Feststellungsklage 750
§ 257 Klage auf künftige Zahlung oder Räumung 755
§ 258 Klage auf wiederkehrende Leistungen 755
§ 259 Klage wegen Besorgnis nicht rechtzeitiger Leistung 756
§ 260 Anspruchshäufung 757
§ 261 Rechtshängigkeit 759
§ 262 Sonstige Wirkungen der Rechtshängigkeit 761
§ 263 Klageänderung 761
§ 264 Keine Klageänderung 764
§ 265 Veräußerung oder Abtretung der Streitsache 765
§ 266 Veräußerung eines Grundstücks 767
§ 267 Vermutete Einwilligung in die Klageänderung 768
§ 268 Unanfechtbarkeit der Entscheidung 768
§ 269 Klagerücknahme 768
§ 270 Zustellung; formlose Mitteilung 772
§ 271 Zustellung der Klageschrift 773
§ 272 Bestimmung der Verfahrensweise 774
§ 273 Vorbereitung des Termins 774
§ 274 Ladung der Parteien; Einlassungsfrist 776

§ 275 Früherer erster Termin 776
§ 276 Schriftliches Vorverfahren 777
§ 277 Klageerwiderung; Replik 778
§ 278 Gütliche Streitbeilegung, Güteverhandlung, Vergleich 779
§ 279 Mündliche Verhandlung 782
§ 280 Abgesonderte Verhandlung über Zulässigkeit der Klage 783
§ 281 Verweisung bei Unzuständigkeit 784
§ 282 Rechtzeitigkeit des Vorbringens 790
§ 283 Schriftsatzfrist für Erklärungen zum Vorbringen des Gegners 792
§ 284 Beweisaufnahme 793
§ 285 Verhandlung nach Beweisaufnahme 808
§ 286 Freie Beweiswürdigung 810
§ 287 Schadensermittlung; Höhe der Forderung 839
§ 288 Gerichtliches Geständnis 845
§ 289 Zusätze beim Geständnis 848
§ 290 Widerruf des Geständnisses 848
§ 291 Offenkundige Tatsachen 849
§ 292 Gesetzliche Vermutungen 851
§ 292a *(weggefallen)* 853
§ 293 Fremdes Recht; Gewohnheitsrecht; Statuten 853
§ 294 Glaubhaftmachung 857
§ 295 Verfahrensrügen 858
§ 296 Zurückweisung verspäteten Vorbringens 862
§ 296a Vorbringen nach Schluss der mündlichen Verhandlung 875
§ 297 Form der Antragstellung 877
§ 298 Aktenausdruck 878
§ 298a Elektronische Akte 879
§ 299 Akteneinsicht; Abschriften 880
§ 299a Datenträgerarchiv 884
Titel 2 Urteil 885
Bemerkungen vor §§ 300 ff ZPO 885
§ 300 Endurteil 887
§ 301 Teilurteil 890
§ 302 Vorbehaltsurteil 898
§ 303 Zwischenurteil 903
§ 304 Zwischenurteil über den Grund 906
§ 305 Urteil unter Vorbehalt erbrechtlich beschränkter Haftung 914
§ 305a Urteil unter Vorbehalt seerechtlich beschränkter Haftung 916
§ 306 Verzicht 917
§ 307 Anerkenntnis 920
§ 308 Bindung an die Parteianträge 925
§ 308a Entscheidung ohne Antrag in Mietsachen 929
§ 309 Erkennende Richter 930
§ 310 Termin der Urteilsverkündung 932
§ 311 Form der Urteilsverkündung 936
§ 312 Anwesenheit der Parteien 937
§ 313 Form und Inhalt des Urteils 938
§ 313a Weglassen von Tatbestand und Entscheidungsgründen 944
§ 313b Versäumnis-, Anerkenntnis- und Verzichtsurteil 948
§ 314 Beweiskraft des Tatbestandes 950
§ 315 Unterschrift der Richter 953
§ 316 *(weggefallen)* 957
§ 317 Urteilszustellung und -ausfertigung 957
§ 318 Bindung des Gerichts 960

§ 319 Berichtigung des Urteils ... 964
§ 320 Berichtigung des Tatbestandes ... 972
§ 321 Ergänzung des Urteils ... 976
§ 321a Abhilfe bei Verletzung des Anspruchs auf rechtliches Gehör ... 979
§ 322 Materielle Rechtskraft ... 989
§ 323 Abänderung von Urteilen ... 1006
§ 323a Abänderung von Vergleichen und Urkunden ... 1019
§ 323b Verschärfte Haftung ... 1021
§ 324 Nachforderungsklage zur Sicherheitsleistung ... 1022
§ 325 Subjektive Rechtskraftwirkung ... 1023
§ 325a Feststellungswirkung des Musterentscheids ... 1033
§ 326 Rechtskraft bei Nacherbfolge ... 1034
§ 327 Rechtskraft bei Testamentsvollstreckung ... 1035
§ 328 Anerkennung ausländischer Urteile ... 1036
§ 329 Beschlüsse und Verfügungen ... 1044
Titel 3 Versäumnisurteil ... 1049
§ 330 Versäumnisurteil gegen den Kläger ... 1049
§ 331 Versäumnisurteil gegen den Beklagten ... 1052
§ 331a Entscheidung nach Aktenlage ... 1057
§ 332 Begriff des Verhandlungstermins ... 1059
§ 333 Nichtverhandeln der erschienenen Partei ... 1059
§ 334 Unvollständiges Verhandeln ... 1060
§ 335 Unzulässigkeit einer Versäumnisentscheidung ... 1061
§ 336 Rechtsmittel bei Zurückweisung ... 1063
§ 337 Vertagung von Amts wegen ... 1064
§ 338 Einspruch ... 1066
§ 339 Einspruchsfrist ... 1068
§ 340 Einspruchsschrift ... 1069
§ 340a Zustellung der Einspruchsschrift ... 1072
§ 341 Einspruchsprüfung ... 1072
§ 341a Einspruchstermin ... 1073
§ 342 Wirkung des zulässigen Einspruchs ... 1074
§ 343 Entscheidung nach Einspruch ... 1075
§ 344 Versäumniskosten ... 1076
§ 345 Zweites Versäumnisurteil ... 1077
§ 346 Verzicht und Zurücknahme des Einspruchs ... 1078
§ 347 Verfahren bei Widerklage und Zwischenstreit ... 1078
Titel 4 Verfahren vor dem Einzelrichter ... 1079
§ 348 Originärer Einzelrichter ... 1079
§ 348a Obligatorischer Einzelrichter ... 1082
§ 349 Vorsitzender der Kammer für Handelssachen ... 1083
§ 350 Rechtsmittel ... 1085
§§ 351–354 *(weggefallen)* ... 1085
Titel 5 Allgemeine Vorschriften über die Beweisaufnahme ... 1085
§ 355 Unmittelbarkeit der Beweisaufnahme ... 1085
§ 356 Beibringungsfrist ... 1088
§ 357 Parteiöffentlichkeit ... 1090
§ 357a *(weggefallen)* ... 1092
§ 358 Notwendigkeit eines Beweisbeschlusses ... 1092
§ 358a Beweisbeschluss und Beweisaufnahme vor mündlicher Verhandlung ... 1093
§ 359 Inhalt des Beweisbeschlusses ... 1094
§ 360 Änderung des Beweisbeschlusses ... 1095
§ 361 Beweisaufnahme durch beauftragten Richter ... 1096
§ 362 Beweisaufnahme durch ersuchten Richter ... 1097

§ 363 Beweisaufnahme im Ausland ... 1098
§ 364 Parteimitwirkung bei Beweisaufnahme im Ausland ... 1103
§ 365 Abgabe durch beauftragten oder ersuchten Richter ... 1104
§ 366 Zwischenstreit ... 1105
§ 367 Ausbleiben der Partei ... 1106
§ 368 Neuer Beweistermin ... 1107
§ 369 Ausländische Beweisaufnahme ... 1108
§ 370 Fortsetzung der mündlichen Verhandlung ... 1108
Titel 6 Beweis durch Augenschein ... 1110
§ 371 Beweis durch Augenschein ... 1110
§ 371a Beweiskraft elektronischer Dokumente ... 1113
§ 372 Beweisaufnahme ... 1114
§ 372a Untersuchungen zur Feststellung der Abstammung ... 1115
§ 372a (bis zum 31.8.2009) ... 1115
Titel 7 Zeugenbeweis ... 1118
§ 373 Beweisantritt ... 1118
§ 374 *(weggefallen)* ... 1121
§ 375 Beweisaufnahme durch beauftragten oder ersuchten Richter ... 1121
§ 376 Vernehmung bei Amtsverschwiegenheit ... 1123
§ 377 Zeugenladung ... 1124
§ 378 Aussageerleichternde Unterlagen ... 1126
§ 379 Auslagenvorschuss ... 1127
§ 380 Folgen des Ausbleibens des Zeugen ... 1129
§ 381 Genügende Entschuldigung des Ausbleibens ... 1131
§ 382 Vernehmung an bestimmten Orten ... 1134
§ 383 Zeugnisverweigerung aus persönlichen Gründen ... 1134
§ 384 Zeugnisverweigerung aus sachlichen Gründen ... 1137
§ 385 Ausnahmen vom Zeugnisverweigerungsrecht ... 1139
§ 386 Erklärung der Zeugnisverweigerung ... 1141
§ 387 Zwischenstreit über Zeugnisverweigerung ... 1142
§ 388 Zwischenstreit über schriftliche Zeugnisverweigerung ... 1145
§ 389 Zeugnisverweigerung vor beauftragtem oder ersuchtem Richter ... 1145
§ 390 Folgen der Zeugnisverweigerung ... 1146
§ 391 Zeugenbeeidigung ... 1147
§ 392 Nacheid; Eidesnorm ... 1148
§ 393 Uneidliche Vernehmung ... 1149
§ 394 Einzelvernehmung ... 1149
§ 395 Wahrheitsermahnung; Vernehmung zur Person ... 1150
§ 396 Vernehmung zur Sache ... 1150
§ 397 Fragerecht der Parteien ... 1152
§ 398 Wiederholte und nachträgliche Vernehmung ... 1153
§ 399 Verzicht auf Zeugen ... 1154
§ 400 Befugnisse des mit der Beweisaufnahme betrauten Richters ... 1155
§ 401 Zeugenentschädigung ... 1156
Titel 8 Beweis durch Sachverständige ... 1156
Bemerkungen vor §§ 402 ff ZPO ... 1156
§ 402 Anwendbarkeit der Vorschriften für Zeugen ... 1160
§ 403 Beweisantritt ... 1160
§ 404 Sachverständigenauswahl ... 1162
§ 404a Leitung der Tätigkeit des Sachverständigen ... 1164
§ 405 Auswahl durch den mit der Beweisaufnahme betrauten Richter ... 1167
§ 406 Ablehnung eines Sachverständigen ... 1168
§ 407 Pflicht zur Erstattung des Gutachtens ... 1174
§ 407a Weitere Pflichten des Sachverständigen ... 1175

§ 408 Gutachtenverweigerungsrecht ... 1177
§ 409 Folgen des Ausbleibens oder der Gutachtenverweigerung ... 1178
§ 410 Sachverständigenbeeidigung ... 1179
§ 411 Schriftliches Gutachten ... 1180
§ 411a Verwertung von Sachverständigengutachten aus anderen Verfahren ... 1184
§ 412 Neues Gutachten ... 1186
§ 413 Sachverständigenvergütung ... 1187
§ 414 Sachverständige Zeugen ... 1189
Titel 9 Beweis durch Urkunden ... 1190
§ 415 Beweiskraft öffentlicher Urkunden über Erklärungen ... 1190
§ 416 Beweiskraft von Privaturkunden ... 1198
§ 416a Beweiskraft des Ausdrucks eines öffentlichen elektronischen Dokuments ... 1202
§ 417 Beweiskraft öffentlicher Urkunden über amtliche Anordnung, Verfügung oder Entscheidung ... 1204
§ 418 Beweiskraft öffentlicher Urkunden mit anderem Inhalt ... 1206
§ 419 Beweiskraft mangelbehafteter Urkunden ... 1209
§ 420 Vorlegung durch Beweisführer; Beweisantritt ... 1210
§ 421 Vorlegung durch den Gegner; Beweisantritt ... 1211
§ 422 Vorlegungspflicht des Gegners nach bürgerlichem Recht ... 1212
§ 423 Vorlegungspflicht des Gegners bei Bezugnahme ... 1214
§ 424 Antrag bei Vorlegung durch Gegner ... 1214
§ 425 Anordnung der Vorlegung durch Gegner ... 1216
§ 426 Vernehmung des Gegners über den Verbleib ... 1216
§ 427 Folgen der Nichtvorlegung durch Gegner ... 1217
§ 428 Vorlegung durch Dritte; Beweisantritt ... 1218
§ 429 Vorlegungspflicht Dritter ... 1219
§ 430 Antrag bei Vorlegung durch Dritte ... 1220
§ 431 Vorlegungsfrist bei Vorlegung durch Dritte ... 1221
§ 432 Vorlegung durch Behörden oder Beamte; Beweisantritt ... 1222
§ 433 *(weggefallen)* ... 1223
§ 434 Vorlegung vor beauftragtem oder ersuchtem Richter ... 1224
§ 435 Vorlegung öffentlicher Urkunden in Urschrift oder beglaubigter Abschrift ... 1224
§ 436 Verzicht nach Vorlegung ... 1226
§ 437 Echtheit inländischer öffentlicher Urkunden ... 1226
§ 438 Echtheit ausländischer öffentlicher Urkunden ... 1227
§ 439 Erklärung über Echtheit von Privaturkunden ... 1228
§ 440 Beweis der Echtheit von Privaturkunden ... 1229
§ 441 Schriftvergleichung ... 1231
§ 442 Würdigung der Schriftvergleichung ... 1232
§ 443 Verwahrung verdächtiger Urkunden ... 1233
§ 444 Folgen der Beseitigung einer Urkunde ... 1233
Titel 10 Beweis durch Parteivernehmung ... 1234
Bemerkungen vor §§ 445 ff ZPO ... 1234
§ 445 Vernehmung des Gegners; Beweisantritt ... 1235
§ 446 Weigerung des Gegners ... 1237
§ 447 Vernehmung der beweispflichtigen Partei auf Antrag ... 1238
§ 448 Vernehmung von Amts wegen ... 1239
§ 449 Vernehmung von Streitgenossen ... 1242
§ 450 Beweisbeschluss ... 1243
§ 451 Ausführung der Vernehmung ... 1243
§ 452 Beeidigung der Partei ... 1244
§ 453 Beweiswürdigung bei Parteivernehmung ... 1245

§ 454 Ausbleiben der Partei ... 1245
§ 455 Prozessunfähige ... 1247
§§ 456–477 *(weggefallen)* ... 1247
Titel 11 Abnahme von Eiden und Bekräftigungen ... 1248
§ 478 Eidesleistung in Person ... 1248
§ 479 Eidesleistung vor beauftragtem oder ersuchtem Richter ... 1248
§ 480 Eidesbelehrung ... 1248
§ 481 Eidesleistung; Eidesformel ... 1249
§ 482 *(weggefallen)* ... 1250
§ 483 Eidesleistung sprach- oder hörbehinderter Personen ... 1250
§ 484 Eidesgleiche Bekräftigung ... 1251
Titel 12 Selbständiges Beweisverfahren ... 1251
§ 485 Zulässigkeit ... 1251
§ 486 Zuständiges Gericht ... 1260
§ 487 Inhalt des Antrages ... 1263
§§ 488 und 489 *(weggefallen)* ... 1268
§ 490 Entscheidung über den Antrag ... 1268
§ 491 Ladung des Gegners ... 1270
§ 492 Beweisaufnahme ... 1271
§ 493 Benutzung im Prozess ... 1274
§ 494 Unbekannter Gegner ... 1276
§ 494a Frist zur Klageerhebung ... 1276

Abschnitt 2 Verfahren vor den Amtsgerichten ... 1280
§ 495 Anzuwendende Vorschriften ... 1280
§ 495a Verfahren nach billigem Ermessen ... 1281
§ 496 Einreichung von Schriftsätzen; Erklärungen zu Protokoll ... 1286
§ 497 Ladungen ... 1287
§ 498 Zustellung des Protokolls über die Klage ... 1288
§ 499 Belehrungen ... 1289
§§ 499a–503 *(weggefallen)* ... 1290
§ 504 Hinweis bei Unzuständigkeit des Amtsgerichts ... 1290
§ 505 *(weggefallen)* ... 1291
§ 506 Nachträgliche sachliche Unzuständigkeit ... 1291
§§ 507–509 *(weggefallen)* ... 1294
§ 510 Erklärung über Urkunden ... 1294
§ 510a Inhalt des Protokolls ... 1295
§ 510b Urteil auf Vornahme einer Handlung ... 1295
§ 510c *(weggefallen)* ... 1297

Buch 3 Rechtsmittel ... 1299

Abschnitt 1 Berufung ... 1299
§ 511 Statthaftigkeit der Berufung ... 1299
§ 512 Vorentscheidungen im ersten Rechtszug ... 1307
§ 513 Berufungsgründe ... 1308
§ 514 Versäumnisurteile ... 1310
§ 515 Verzicht auf Berufung ... 1312
§ 516 Zurücknahme der Berufung ... 1314
§ 517 Berufungsfrist ... 1317
§ 518 Berufungsfrist bei Urteilsergänzung ... 1320
§ 519 Berufungsschrift ... 1321
§ 520 Berufungsbegründung ... 1325
§ 521 Zustellung der Berufungsschrift und -begründung ... 1332
§ 522 Zulässigkeitsprüfung; Zurückweisungsbeschluss ... 1334
§ 523 Terminsbestimmung ... 1339

§ 524 Anschlussberufung 1341
§ 525 Allgemeine Verfahrensgrundsätze 1344
§ 526 Entscheidender Richter 1346
§ 527 Vorbereitender Einzelrichter 1350
§ 528 Bindung an die Berufungsanträge 1354
§ 529 Prüfungsumfang des Berufungsgerichts 1357
§ 530 Verspätet vorgebrachte Angriffs- und Verteidigungsmittel 1361
§ 531 Zurückgewiesene und neue Angriffs- und Verteidigungsmittel 1363
§ 532 Rügen der Unzulässigkeit der Klage 1368
§ 533 Klageänderung; Aufrechnungserklärung; Widerklage 1370
§ 534 Verlust des Rügerechts 1374
§ 535 Gerichtliches Geständnis 1375
§ 536 Parteivernehmung 1376
§ 537 Vorläufige Vollstreckbarkeit 1377
§ 538 Zurückverweisung 1379
§ 539 Versäumnisverfahren 1388
§ 540 Inhalt des Berufungsurteils 1390
§ 541 Prozessakten 1397

Abschnitt 2 Revision 1398
§ 542 Statthaftigkeit der Revision 1398
§ 543 Zulassungsrevision 1400
§ 544 Nichtzulassungsbeschwerde 1407
§ 545 Revisionsgründe 1413
§ 546 Begriff der Rechtsverletzung 1416
§ 547 Absolute Revisionsgründe 1420
§ 548 Revisionsfrist 1423
§ 549 Revisionseinlegung 1423
§ 550 Zustellung der Revisionsschrift 1423
§ 551 Revisionsbegründung 1423
§ 552 Zulässigkeitsprüfung 1426
§ 552a Zurückweisungsbeschluss 1427
§ 553 Terminsbestimmung; Einlassungsfrist 1427
§ 554 Anschlussrevision 1427
§ 555 Allgemeine Verfahrensgrundsätze 1429
§ 556 Verlust des Rügerechts 1430
§ 557 Umfang der Revisionsprüfung 1431
§ 558 Vorläufige Vollstreckbarkeit 1432
§ 559 Beschränkte Nachprüfung tatsächlicher Feststellungen 1433
§ 560 Nicht revisible Gesetze 1435
§ 561 Revisionszurückweisung 1436
§ 562 Aufhebung des angefochtenen Urteils 1437
§ 563 Zurückverweisung; eigene Sachentscheidung 1438
§ 564 Keine Begründung der Entscheidung bei Rügen von Verfahrensmängeln 1440
§ 565 Anzuwendende Vorschriften des Berufungsverfahrens 1440
§ 566 Sprungrevision 1441

Abschnitt 3 Beschwerde 1443
Titel 1 Sofortige Beschwerde 1443
§ 567 Sofortige Beschwerde; Anschlussbeschwerde 1443
§ 568 Originärer Einzelrichter 1448
§ 569 Frist und Form 1449
§ 570 Aufschiebende Wirkung; einstweilige Anordnungen 1452

§ 571 Begründung, Präklusion, Ausnahmen vom Anwaltszwang 1453
§ 572 Gang des Beschwerdeverfahrens 1456
§ 573 Erinnerung 1461
Titel 2 Rechtsbeschwerde 1462
§ 574 Rechtsbeschwerde; Anschlussrechtsbeschwerde 1462
§ 575 Frist, Form und Begründung der Rechtsbeschwerde 1471
§ 576 Gründe der Rechtsbeschwerde 1474
§ 577 Prüfung und Entscheidung der Rechtsbeschwerde 1475

Buch 4 Wiederaufnahme des Verfahrens 1481
Bemerkungen vor §§ 578 ff ZPO 1481
§ 578 Arten der Wiederaufnahme 1482
§ 579 Nichtigkeitsklage 1484
§ 580 Restitutionsklage 1488
§ 581 Besondere Voraussetzungen der Restitutionsklage 1495
§ 582 Hilfsnatur der Restitutionsklage 1497
§ 583 Vorentscheidungen 1499
§ 584 Ausschließliche Zuständigkeit für Nichtigkeits- und Restitutionsklagen 1499
§ 585 Allgemeine Verfahrensgrundsätze 1501
§ 586 Klagefrist 1503
§ 587 Klageschrift 1505
§ 588 Inhalt der Klageschrift 1505
§ 589 Zulässigkeitsprüfung 1506
§ 590 Neue Verhandlung 1507
§ 591 Rechtsmittel 1508

Buch 5 Urkunden- und Wechselprozess 1509
§ 592 Zulässigkeit 1509
§ 593 Klageinhalt; Urkunden 1512
§ 594 *(weggefallen)* 1513
§ 595 Keine Widerklage; Beweismittel 1513
§ 596 Abstehen vom Urkundenprozess 1514
§ 597 Klageabweisung 1515
§ 598 Zurückweisung von Einwendungen 1516
§ 599 Vorbehaltsurteil 1516
§ 600 Nachverfahren 1518
§ 601 *(weggefallen)* 1520
§ 602 Wechselprozess 1520
§ 603 Gerichtsstand 1521
§ 604 Klageinhalt; Ladungsfrist 1521
§ 605 Beweisvorschriften 1522
§ 605a Scheckprozess 1522

Buch 6 Verfahren in Familiensachen 1522
§§ 606–687 *(weggefallen)* 1522

Buch 7 Mahnverfahren 1523
§ 688 Zulässigkeit 1523
§ 689 Zuständigkeit; maschinelle Bearbeitung 1526
§ 690 Mahnantrag 1528
§ 691 Zurückweisung des Mahnantrags 1535
§ 692 Mahnbescheid 1538

§ 693 Zustellung des Mahnbescheids ... 1541
§ 694 Widerspruch gegen den Mahnbescheid ... 1543
§ 695 Mitteilung des Widerspruchs; Abschriften ... 1546
§ 696 Verfahren nach Widerspruch ... 1546
§ 697 Einleitung des Streitverfahrens ... 1551
§ 698 Abgabe des Verfahrens am selben Gericht ... 1554
§ 699 Vollstreckungsbescheid ... 1554
§ 700 Einspruch gegen den Vollstreckungsbescheid ... 1559
§ 701 Wegfall der Wirkung des Mahnbescheids ... 1563
§ 702 Form von Anträgen und Erklärungen ... 1564
§ 703 Kein Nachweis der Vollmacht ... 1565
§ 703a Urkunden-, Wechsel- und Scheckmahnverfahren ... 1565
§ 703b Sonderregelungen für maschinelle Bearbeitung ... 1567
§ 703c Formulare; Einführung der maschinellen Bearbeitung ... 1568
§ 703d Antragsgegner ohne allgemeinen inländischen Gerichtsstand ... 1569

Buch 8 Zwangsvollstreckung ... 1571

Abschnitt 1 Allgemeine Vorschriften ... 1571
Bemerkungen vor §§ 704 ff ZPO ... 1571
§ 704 Vollstreckbare Endurteile ... 1577
§ 705 Formelle Rechtskraft ... 1580
§ 706 Rechtskraft- und Notfristzeugnis ... 1582
§ 707 Einstweilige Einstellung der Zwangsvollstreckung ... 1584
§ 708 Vorläufige Vollstreckbarkeit ohne Sicherheitsleistung ... 1587
§ 709 Vorläufige Vollstreckbarkeit gegen Sicherheitsleistung ... 1589
§ 710 Ausnahmen von der Sicherheitsleistung des Gläubigers ... 1591
§ 711 Abwendungsbefugnis ... 1592
§ 712 Schutzantrag des Schuldners ... 1593
§ 713 Unterbleiben von Schuldnerschutzanordnungen ... 1595
§ 714 Anträge zur vorläufigen Vollstreckbarkeit ... 1595
§ 715 Rückgabe der Sicherheit ... 1596
§ 716 Ergänzung des Urteils ... 1597
§ 717 Wirkungen eines aufhebenden oder abändernden Urteils ... 1597
§ 718 Vorabentscheidung über vorläufige Vollstreckbarkeit ... 1603
§ 719 Einstweilige Einstellung bei Rechtsmittel und Einspruch ... 1604
§ 720 Hinterlegung bei Abwendung der Vollstreckung ... 1607
§ 720a Sicherungsvollstreckung ... 1608
§ 721 Räumungsfrist ... 1609
§ 722 Vollstreckbarkeit ausländischer Urteile ... 1613
§ 723 Vollstreckungsurteil ... 1617
§ 724 Vollstreckbare Ausfertigung ... 1617
§ 725 Vollstreckungsklausel ... 1621
§ 726 Vollstreckbare Ausfertigung bei bedingten Leistungen ... 1622
§ 727 Vollstreckbare Ausfertigung für und gegen Rechtsnachfolger ... 1626
§ 728 Vollstreckbare Ausfertigung bei Nacherbe oder Testamentsvollstrecker ... 1632
§ 729 Vollstreckbare Ausfertigung gegen Vermögens- und Firmenübernehmer ... 1633
§ 730 Anhörung des Schuldners ... 1634
§ 731 Klage auf Erteilung der Vollstreckungsklausel ... 1635
§ 732 Erinnerung gegen Erteilung der Vollstreckungsklausel ... 1637
§ 733 Weitere vollstreckbare Ausfertigung ... 1641
§ 734 Vermerk über Ausfertigungserteilung auf der Urteilsurschrift ... 1644
§ 735 Zwangsvollstreckung gegen nichtrechtsfähigen Verein ... 1644
§ 736 Zwangsvollstreckung gegen BGB-Gesellschaft ... 1645

§ 737 Zwangsvollstreckung bei Vermögens- oder Erbschaftsnießbrauch ... 1646
§ 738 Vollstreckbare Ausfertigung gegen Nießbraucher ... 1648
§ 739 Gewahrsamsvermutung bei Zwangsvollstreckung gegen Ehegatten und Lebenspartner ... 1648
§ 740 Zwangsvollstreckung in das Gesamtgut ... 1650
§ 741 Zwangsvollstreckung in das Gesamtgut bei Erwerbsgeschäft ... 1652
§ 742 Vollstreckbare Ausfertigung bei Gütergemeinschaft während des Rechtsstreits ... 1653
§ 743 Beendete Gütergemeinschaft ... 1654
§ 744 Vollstreckbare Ausfertigung bei beendeter Gütergemeinschaft ... 1655
§ 744a Zwangsvollstreckung bei Eigentums- und Vermögensgemeinschaft ... 1655
§ 745 Zwangsvollstreckung bei fortgesetzter Gütergemeinschaft ... 1656
§ 746 *(weggefallen)* ... 1656
§ 747 Zwangsvollstreckung in ungeteilten Nachlass ... 1656
§ 748 Zwangsvollstreckung bei Testamentsvollstrecker ... 1658
§ 749 Vollstreckbare Ausfertigung für und gegen Testamentsvollstrecker ... 1659
§ 750 Voraussetzungen der Zwangsvollstreckung ... 1660
§ 751 Bedingungen für Vollstreckungsbeginn ... 1665
§ 752 Sicherheitsleistung bei Teilvollstreckung ... 1667
§ 753 Vollstreckung durch Gerichtsvollzieher ... 1668
§ 754 Vollstreckungsauftrag ... 1671
§ 755 Ermächtigung des Gerichtsvollziehers ... 1673
§ 756 Zwangsvollstreckung bei Leistung Zug um Zug ... 1674
§ 757 Übergabe des Titels und Quittung ... 1678
§ 758 Durchsuchung; Gewaltanwendung ... 1680
§ 758a Richterliche Durchsuchungsanordnung; Vollstreckung zur Unzeit ... 1682
§ 759 Zuziehung von Zeugen ... 1690
§ 760 Akteneinsicht; Aktenabschrift ... 1691
§ 761 *(weggefallen)* ... 1691
§ 762 Protokoll über Vollstreckungshandlungen ... 1692
§ 763 Aufforderungen und Mitteilungen ... 1693
§ 764 Vollstreckungsgericht ... 1694
§ 765 Vollstreckungsgerichtliche Anordnungen bei Leistung Zug um Zug ... 1696
§ 765a Vollstreckungsschutz ... 1698
§ 766 Erinnerung gegen Art und Weise der Zwangsvollstreckung ... 1704
§ 767 Vollstreckungsabwehrklage ... 1710
§ 768 Klage gegen Vollstreckungsklausel ... 1720
§ 769 Einstweilige Anordnungen ... 1722
§ 770 Einstweilige Anordnungen im Urteil ... 1724
§ 771 Drittwiderspruchsklage ... 1725
§ 772 Drittwiderspruchsklage bei Veräußerungsverbot ... 1733
§ 773 Drittwiderspruchsklage des Nacherben ... 1735
§ 774 Drittwiderspruchsklage des Ehegatten ... 1736
§ 775 Einstellung oder Beschränkung der Zwangsvollstreckung ... 1736
§ 776 Aufhebung von Vollstreckungsmaßregeln ... 1740
§ 777 Erinnerung bei genügender Sicherung des Gläubigers ... 1741
§ 778 Zwangsvollstreckung vor Erbschaftsannahme ... 1742
§ 779 Fortsetzung der Zwangsvollstreckung nach dem Tod des Schuldners ... 1744
§ 780 Vorbehalt der beschränkten Erbenhaftung ... 1745
§ 781 Beschränkte Erbenhaftung in der Zwangsvollstreckung ... 1748
§ 782 Einreden des Erben gegen Nachlassgläubiger ... 1748
§ 783 Einreden des Erben gegen persönliche Gläubiger ... 1749
§ 784 Zwangsvollstreckung bei Nachlassverwaltung und -insolvenzverfahren ... 1750
§ 785 Vollstreckungsabwehrklage des Erben ... 1751
§ 786 Vollstreckungsabwehrklage bei beschränkter Haftung ... 1752

§ 786a See- und binnenschifffahrtsrechtliche Haftungsbeschränkung 1754
§ 787 Zwangsvollstreckung bei herrenlosem Grundstück oder Schiff 1755
§ 788 Kosten der Zwangsvollstreckung 1756
§ 789 Einschreiten von Behörden 1760
§ 790 *(weggefallen)* 1760
§ 791 *(weggefallen)* 1760
§ 792 Erteilung von Urkunden an Gläubiger 1760
§ 793 Sofortige Beschwerde 1761
§ 794 Weitere Vollstreckungstitel 1763
§ 794a Zwangsvollstreckung aus Räumungsvergleich 1774
§ 795 Anwendung der allgemeinen Vorschriften auf die weiteren Vollstreckungstitel . . 1776
§ 795a Zwangsvollstreckung aus Kostenfestsetzungsbeschluss 1777
§ 795b Vollstreckbarerklärung des gerichtlichen Vergleichs 1777
§ 796 Zwangsvollstreckung aus Vollstreckungsbescheiden 1778
§ 796a Voraussetzungen für die Vollstreckbarerklärung des Anwaltsvergleichs 1779
§ 796b Vollstreckbarerklärung durch das Prozessgericht 1781
§ 796c Vollstreckbarerklärung durch einen Notar 1782
§ 797 Verfahren bei vollstreckbaren Urkunden 1783
§ 797a Verfahren bei Gütestellenvergleichen 1786
§ 798 Wartefrist 1787
§ 798a *(weggefallen seit 1.9.2009)* 1788
§ 799 Vollstreckbare Urkunde bei Rechtsnachfolge 1788
§ 799a Schadensersatzpflicht bei der Vollstreckung aus Urkunden durch andere Gläubiger 1788
§ 800 Vollstreckbare Urkunde gegen den jeweiligen Grundstückseigentümer 1790
§ 800a Vollstreckbare Urkunde bei Schiffshypothek 1792
§ 801 Landesrechtliche Vollstreckungstitel 1792
§ 802 Ausschließlichkeit der Gerichtsstände 1793

Abschnitt 2 Zwangsvollstreckung wegen Geldforderungen 1793
Titel 1 Zwangsvollstreckung in das bewegliche Vermögen 1793
Untertitel 1 Allgemeine Vorschriften 1793
Bemerkungen vor §§ 803 ff ZPO 1793
§ 803 Pfändung 1793
§ 804 Pfändungspfandrecht 1795
§ 805 Klage auf vorzugsweise Befriedigung 1798
§ 806 Keine Gewährleistung bei Pfandveräußerung 1800
§ 806a Mitteilungen und Befragung durch den Gerichtsvollzieher 1801
§ 806b Gütliche und zügige Erledigung 1802
§ 807 Eidesstattliche Versicherung 1803
Untertitel 2 Zwangsvollstreckung in körperliche Sachen 1812
§ 808 Pfändung beim Schuldner 1812
§ 809 Pfändung beim Gläubiger oder bei Dritten 1820
§ 810 Pfändung ungetrennter Früchte 1821
§ 811 Unpfändbare Sachen 1822
§ 811a Austauschpfändung 1833
§ 811b Vorläufige Austauschpfändung 1835
§ 811c Unpfändbarkeit von Haustieren 1836
§ 811d Vorwegpfändung 1837
§ 812 Pfändung von Hausrat 1837
§ 813 Schätzung 1838
§ 813a Aufschub der Verwertung 1840
§ 813b Aussetzung der Verwertung 1842
§ 814 Öffentliche Versteigerung 1844
§ 815 Gepfändetes Geld 1845

§ 816 Zeit und Ort der Versteigerung 1847
§ 817 Zuschlag und Ablieferung 1849
§ 817a Mindestgebot 1852
§ 818 Einstellung der Versteigerung 1853
§ 819 Wirkung des Erlösempfanges 1853
§ 820 *(weggefallen)* 1854
§ 821 Verwertung von Wertpapieren 1854
§ 822 Umschreibung von Namenspapieren 1855
§ 823 Außer Kurs gesetzte Inhaberpapiere 1856
§ 824 Verwertung ungetrennter Früchte 1856
§ 825 Andere Verwertungsart 1857
§ 826 Anschlusspfändung 1859
§ 827 Verfahren bei mehrfacher Pfändung 1861
Untertitel 3 Zwangsvollstreckung in Forderungen und andere Vermögensrechte 1862
§ 828 Zuständigkeit des Vollstreckungsgerichts 1862
§ 829 Pfändung einer Geldforderung 1864
§ 830 Pfändung einer Hypothekenforderung 1880
§ 830a Pfändung einer Schiffshypothekenforderung 1883
§ 831 Pfändung indossabler Papiere 1883
§ 832 Pfändungsumfang bei fortlaufenden Bezügen 1885
§ 833 Pfändungsumfang bei Arbeits- und Diensteinkommen 1887
§ 833a Pfändungsumfang bei Kontoguthaben 1888
§ 834 Keine Anhörung des Schuldners 1889
§ 835 Überweisung einer Geldforderung 1891
§ 836 Wirkung der Überweisung 1898
§ 837 Überweisung einer Hypothekenforderung 1903
§ 837a Überweisung einer Schiffshypothekenforderung 1905
§ 838 Einrede des Schuldners bei Faustpfand 1905
§ 839 Überweisung bei Abwendungsbefugnis 1906
§ 840 Erklärungspflicht des Drittschuldners 1906
§ 841 Pflicht zur Streitverkündung 1912
§ 842 Schadenersatz bei verzögerter Beitreibung 1912
§ 843 Verzicht des Pfandgläubigers 1913
§ 844 Andere Verwertungsart 1914
§ 845 Vorpfändung 1916
§ 846 Zwangsvollstreckung in Herausgabeansprüche 1920
§ 847 Herausgabeanspruch auf eine bewegliche Sache 1921
§ 847a Herausgabeanspruch auf ein Schiff 1924
§ 848 Herausgabeanspruch auf eine unbewegliche Sache 1924
§ 849 Keine Überweisung an Zahlungs statt 1927
§ 850 Pfändungsschutz für Arbeitseinkommen 1927
§ 850a Unpfändbare Bezüge 1936
§ 850b Bedingt pfändbare Bezüge 1941
§ 850c Pfändungsgrenzen für Arbeitseinkommen 1947
§ 850d Pfändbarkeit bei Unterhaltsansprüchen 1964
§ 850e Berechnung des pfändbaren Arbeitseinkommens 1973
§ 850f Änderung des unpfändbaren Betrages 1982
§ 850g Änderung der Unpfändbarkeitsvoraussetzungen 1995
§ 850h Verschleiertes Arbeitseinkommen 1997
§ 850i Pfändungsschutz für sonstige Einkünfte 2003
§ 850k Pfändungsschutzkonto 2011
§ 850l Anordnung der Unpfändbarkeit von Kontoguthaben auf dem Pfändungsschutzkonto 2035
§ 851 Nicht übertragbare Forderungen 2039

§ 851a Pfändungsschutz für Landwirte ... 2043
§ 851b Pfändungsschutz bei Miet- und Pachtzinsen ... 2045
§ 851c Pfändungsschutz bei Altersrenten ... 2047
§ 851d Pfändungsschutz bei steuerlich gefördertem Altersvorsorgevermögen ... 2056
§ 852 Beschränkt pfändbare Forderungen ... 2057
§ 853 Mehrfache Pfändung einer Geldforderung ... 2059
§ 854 Mehrfache Pfändung eines Anspruchs auf bewegliche Sachen ... 2060
§ 855 Mehrfache Pfändung eines Anspruchs auf eine unbewegliche Sache ... 2062
§ 855a Mehrfache Pfändung eines Anspruchs auf ein Schiff ... 2062
§ 856 Klage bei mehrfacher Pfändung ... 2063
§ 857 Zwangsvollstreckung in andere Vermögensrechte ... 2064
§ 858 Zwangsvollstreckung in Schiffspart ... 2074
§ 859 Pfändung von Gesamthandanteilen ... 2075
§ 860 Pfändung von Gesamtgutanteilen ... 2079
§§ 861 und 862*(weggefallen)* ... 2079
§ 863 Pfändungsbeschränkungen bei Erbschaftsnutzungen ... 2079

Titel 2 Zwangsvollstreckung in das unbewegliche Vermögen ... 2080
§ 864 Gegenstand der Immobiliarvollstreckung ... 2080
§ 865 Verhältnis zur Mobiliarvollstreckung ... 2082
§ 866 Arten der Vollstreckung ... 2086
§ 867 Zwangshypothek ... 2088
§ 868 Erwerb der Zwangshypothek durch den Eigentümer ... 2096
§ 869 Zwangsversteigerung und Zwangsverwaltung ... 2097
§ 870 Grundstücksgleiche Rechte ... 2097
§ 870a Zwangsvollstreckung in ein Schiff oder Schiffsbauwerk ... 2098
§ 871 Landesrechtlicher Vorbehalt bei Eisenbahnen ... 2099

Titel 3 Verteilungsverfahren ... 2099
§ 872 Voraussetzungen ... 2099
§ 873 Aufforderung des Verteilungsgerichts ... 2100
§ 874 Teilungsplan ... 2101
§ 875 Terminsbestimmung ... 2102
§ 876 Termin zur Erklärung und Ausführung ... 2102
§ 877 Säumnisfolgen ... 2103
§ 878 Widerspruchsklage ... 2104
§ 879 Zuständigkeit für die Widerspruchsklage ... 2106
§ 880 Inhalt des Urteils ... 2107
§ 881 Versäumnisurteil ... 2107
§ 882 Verfahren nach dem Urteil ... 2107

Titel 4 Zwangsvollstreckung gegen juristische Personen des öffentlichen Rechts ... 2107
§ 882a Zwangsvollstreckung wegen einer Geldforderung ... 2107

Abschnitt 3 Zwangsvollstreckung zur Erwirkung der Herausgabe von Sachen und zur Erwirkung von Handlungen oder Unterlassungen ... 2110
§ 883 Herausgabe bestimmter beweglicher Sachen ... 2110
§ 884 Leistung einer bestimmten Menge vertretbarer Sachen ... 2113
§ 885 Herausgabe von Grundstücken oder Schiffen ... 2114
§ 886 Herausgabe bei Gewahrsam eines Dritten ... 2123
§ 887 Vertretbare Handlungen ... 2124
§ 888 Nicht vertretbare Handlungen ... 2134
§ 888a Keine Handlungsvollstreckung bei Entschädigungspflicht ... 2140
§ 889 Eidesstattliche Versicherung nach bürgerlichem Recht ... 2140
§ 890 Erzwingung von Unterlassungen und Duldungen ... 2142
§ 891 Verfahren; Anhörung des Schuldners; Kostenentscheidung ... 2149
§ 892 Widerstand des Schuldners ... 2150
§ 892a *(weggefallen ab 1.9.2009)* ... 2151

§ 893 Klage auf Leistung des Interesses ... 2151
§ 894 Fiktion der Abgabe einer Willenserklärung ... 2152
§ 895 Willenserklärung zwecks Eintragung bei vorläufig vollstreckbarem Urteil ... 2154
§ 896 Erteilung von Urkunden an Gläubiger ... 2155
§ 897 Übereignung; Verschaffung von Grundpfandrechten ... 2156
§ 898 Gutgläubiger Erwerb ... 2156

Abschnitt 4 Eidesstattliche Versicherung und Haft ... 2157
§ 899 Zuständigkeit ... 2157
§ 900 Verfahren zur Abnahme der eidesstattlichen Versicherung ... 2160
§ 901 Erlass eines Haftbefehls ... 2175
§ 902 Eidesstattliche Versicherung des Verhafteten ... 2179
§ 903 Wiederholte eidesstattliche Versicherung ... 2182
§ 904 Unzulässigkeit der Haft ... 2186
§ 905 Haftunterbrechung ... 2187
§ 906 Haftaufschub ... 2188
§§ 907 und 908 *(weggefallen)* ... 2189
§ 909 Verhaftung ... 2189
§ 910 Anzeige vor der Verhaftung ... 2190
§ 911 Erneuerung der Haft nach Entlassung ... 2191
§ 912 *(weggefallen)* ... 2191
§ 913 Haftdauer ... 2191
§ 914 Wiederholte Verhaftung ... 2192
§ 915 Schuldnerverzeichnis ... 2192
§ 915a Löschung ... 2195
§ 915b Auskunft; Löschungsfiktion ... 2196
§ 915c Ausschluss der Beschwerde ... 2197
§ 915d Erteilung von Abdrucken ... 2197
§ 915e Empfänger von Abdrucken; Auskünfte aus Abdrucken; Listen; Datenschutz ... 2199
§ 915f Überlassung von Listen; Datenschutz ... 2200
§ 915g Löschung in Abdrucken, Listen und Aufzeichnungen ... 2201
§ 915h Verordnungsermächtigungen ... 2201

Abschnitt 5 Arrest und einstweilige Verfügung ... 2202
§ 916 Arrestanspruch ... 2202
§ 917 Arrestgrund bei dinglichem Arrest ... 2207
§ 918 Arrestgrund bei persönlichem Arrest ... 2208
§ 919 Arrestgericht ... 2209
§ 920 Arrestgesuch ... 2209
§ 921 Entscheidung über das Arrestgesuch ... 2211
§ 922 Arresturteil und Arrestbeschluss ... 2211
§ 923 Abwendungsbefugnis ... 2214
§ 924 Widerspruch ... 2214
§ 925 Entscheidung nach Widerspruch ... 2216
§ 926 Anordnung der Klageerhebung ... 2217
§ 927 Aufhebung wegen veränderter Umstände ... 2218
§ 928 Vollziehung des Arrestes ... 2220
§ 929 Vollstreckungsklausel; Vollziehungsfrist ... 2220
§ 930 Vollziehung in bewegliches Vermögen und Forderungen ... 2223
§ 931 Vollziehung in eingetragenes Schiff oder Schiffsbauwerk ... 2224
§ 932 Arresthypothek ... 2224
§ 933 Vollziehung des persönlichen Arrestes ... 2225
§ 934 Aufhebung der Arrestvollziehung ... 2226
§ 935 Einstweilige Verfügung bezüglich Streitgegenstand ... 2226
§ 936 Anwendung der Arrestvorschriften ... 2229

§ 937 Zuständiges Gericht 2230
§ 938 Inhalt der einstweiligen Verfügung 2231
§ 939 Aufhebung gegen Sicherheitsleistung 2233
§ 940 Einstweilige Verfügung zur Regelung eines einstweiligen Zustandes 2233
§ 940a Räumung von Wohnraum 2240
§ 941 Ersuchen um Eintragungen im Grundbuch usw 2240
§ 942 Zuständigkeit des Amtsgerichts der belegenen Sache 2241
§ 943 Gericht der Hauptsache 2242
§ 944 Entscheidung des Vorsitzenden bei Dringlichkeit 2243
§ 945 Schadensersatzpflicht 2243

Buch 9 Aufgebotsverfahren 2247
§§ 946–1024 *(weggefallen seit 1.9.2009)* 2247

Buch 10 Schiedsrichterliches Verfahren 2249

Abschnitt 1 Allgemeine Vorschriften 2249
§ 1025 Anwendungsbereich 2249
§ 1026 Umfang gerichtlicher Tätigkeit 2254
§ 1027 Verlust des Rügerechts 2254
§ 1028 Empfang schriftlicher Mitteilungen bei unbekanntem Aufenthalt 2255

Abschnitt 2 Schiedsvereinbarung 2255
§ 1029 Begriffsbestimmung 2255
§ 1030 Schiedsfähigkeit 2259
§ 1031 Form der Schiedsvereinbarung 2261
§ 1032 Schiedsvereinbarung und Klage vor Gericht 2264
§ 1033 Schiedsvereinbarung und einstweilige gerichtliche Maßnahmen 2266

Abschnitt 3 Bildung des Schiedsgerichts 2267
§ 1034 Zusammensetzung des Schiedsgerichts 2267
§ 1035 Bestellung der Schiedsrichter 2268
§ 1036 Ablehnung eines Schiedsrichters 2271
§ 1037 Ablehnungsverfahren 2273
§ 1038 Untätigkeit oder Unmöglichkeit der Aufgabenerfüllung 2274
§ 1039 Bestellung eines Ersatzschiedsrichters 2276

Abschnitt 4 Zuständigkeit des Schiedsgerichts 2276
§ 1040 Befugnis des Schiedsgerichts zur Entscheidung über die eigene Zuständigkeit . . 2276
§ 1041 Maßnahmen des einstweiligen Rechtsschutzes 2278

Abschnitt 5 Durchführung des schiedsrichterlichen Verfahrens 2280
§ 1042 Allgemeine Verfahrensregeln 2280
§ 1043 Ort des schiedsrichterlichen Verfahrens 2284
§ 1044 Beginn des schiedsrichterlichen Verfahrens 2285
§ 1045 Verfahrenssprache 2286
§ 1046 Klage und Klagebeantwortung 2287
§ 1047 Mündliche Verhandlung und schriftliches Verfahren 2288
§ 1048 Säumnis einer Partei 2289
§ 1049 Vom Schiedsgericht bestellter Sachverständiger 2291
§ 1050 Gerichtliche Unterstützung bei der Beweisaufnahme und sonstige richterliche Handlungen 2293

Abschnitt 6 Schiedsspruch und Beendigung des Verfahrens . . . 2294
§ 1051 Anwendbares Recht . . . 2294
§ 1052 Entscheidung durch ein Schiedsrichterkollegium . . . 2296
§ 1053 Vergleich . . . 2297
§ 1054 Form und Inhalt des Schiedsspruchs . . . 2299
§ 1055 Wirkungen des Schiedsspruchs . . . 2300
§ 1056 Beendigung des schiedsrichterlichen Verfahrens . . . 2301
§ 1057 Entscheidung über die Kosten . . . 2302
§ 1058 Berichtigung, Auslegung und Ergänzung des Schiedsspruchs . . . 2303

Abschnitt 7 Rechtsbehelf gegen den Schiedsspruch . . . 2304
§ 1059 Aufhebungsantrag . . . 2304

Abschnitt 8 Voraussetzungen der Anerkennung und Vollstreckung von Schiedssprüchen . . . 2316
§ 1060 Inländische Schiedssprüche . . . 2316
§ 1061 Ausländische Schiedssprüche . . . 2319
Anhang nach § 1061: UN-Übereinkommen über die Anerkennung und Vollstreckung ausländischer Schiedssprüche . . . 2326

Abschnitt 9 Gerichtliches Verfahren . . . 2327
§ 1062 Zuständigkeit . . . 2327
§ 1063 Allgemeine Vorschriften . . . 2329
§ 1064 Besonderheiten bei der Vollstreckbarerklärung von Schiedssprüchen . . . 2331
§ 1065 Rechtsmittel . . . 2331

Abschnitt 10 Außervertragliche Schiedsgerichte . . . 2333
§ 1066 Entsprechende Anwendung der Vorschriften des Buches 10 . . . 2333

Buch 11 Justizielle Zusammenarbeit in der Europäischen Union . . . 2337
Bemerkungen vor §§ 1067 ff ZPO . . . 2337

Abschnitt 1 Zustellung nach der Verordnung (EG) Nr. 1393/2007 . . . 2338
§ 1067 Zustellung durch diplomatische oder konsularische Vertretungen . . . 2338
§ 1068 Zustellung durch die Post . . . 2338
§ 1069 Zuständigkeiten . . . 2338
§§ 1070 und 1071 *(weggefallen)* . . . 2339
Anhang nach § 1071: EuZVO . . . 2339

Abschnitt 2 Beweisaufnahme nach der Verordnung (EG) Nr. 1206/2001 . . . 2352
§ 1072 Beweisaufnahme in den Mitgliedstaaten der Europäischen Union . . . 2352
§ 1073 Teilnahmerechte . . . 2352
§ 1074 Zuständigkeiten nach der Verordnung (EG) Nr. 1206/2001 . . . 2352
§ 1075 Sprache eingehender Ersuchen . . . 2353
Anhang nach § 1075: EuBVO . . . 2353

Abschnitt 3 Prozesskostenhilfe nach der Richtlinie 2003/8/EG . . . 2364
§ 1076 Anwendbare Vorschriften . . . 2364
§ 1077 Ausgehende Ersuchen . . . 2365
§ 1078 Eingehende Ersuchen . . . 2366

Abschnitt 4 Europäische Vollstreckungstitel nach der Verordnung (EG) Nr. 805/2004 . . . 2367
Titel 1 Bestätigung inländischer Titel als Europäische Vollstreckungstitel . . . 2367
§ 1079 Zuständigkeit . . . 2367
§ 1080 Entscheidung . . . 2367
§ 1081 Berichtigung und Widerruf . . . 2368
Titel 2 Zwangsvollstreckung aus Europäischen Vollstreckungstiteln im Inland . . . 2368
§ 1082 Vollstreckungstitel . . . 2368
§ 1083 Übersetzung . . . 2369

§ 1084 Anträge nach den Artikeln 21 und 23 der Verordnung (EG) Nr. 805/2004 2369
§ 1085 Einstellung der Zwangsvollstreckung 2370
§ 1086 Vollstreckungsabwehrklage 2370
Anhang nach § 1086: EuVTVO 2371

Abschnitt 5 Europäisches Mahnverfahren nach der Verordnung (EG) Nr. 1896/2006 2391
Titel 1 Allgemeine Vorschriften 2391
§ 1087 Zuständigkeit 2391
§ 1088 Maschinelle Bearbeitung 2392
§ 1089 Zustellung 2392
Titel 2 Einspruch gegen den Europäischen Zahlungsbefehl 2392
§ 1090 Verfahren nach Einspruch 2392
§ 1091 Einleitung des Streitverfahrens 2392
Titel 3 Überprüfung des Europäischen Zahlungsbefehls in Ausnahmefällen 2393
§ 1092 Verfahren 2393
Titel 4 Zwangsvollstreckung aus dem Europäischen Zahlungsbefehl 2393
§ 1093 Vollstreckungsklausel 2393
§ 1094 Übersetzung 2393
§ 1095 Vollstreckungsschutz und Vollstreckungsabwehrklage gegen den im Inland erlassenen Europäischen Zahlungsbefehl 2393
§ 1096 Anträge nach den Artikeln 22 und 23 der Verordnung (EG) Nr. 1896/2006; Vollstreckungsabwehrklage 2394
Anhang nach § 1096: EuMVVO 2395

Abschnitt 6 Europäisches Verfahren für geringfügige Forderungen nach der Verordnung (EG) Nr. 861/2007 2411
Titel 1 Erkenntnisverfahren 2411
§ 1097 Einleitung und Durchführung des Verfahrens 2411
§ 1098 Annahmeverweigerung auf Grund der verwendeten Sprache 2411
§ 1099 Widerklage 2411
§ 1100 Mündliche Verhandlung 2411
§ 1101 Beweisaufnahme 2412
§ 1102 Urteil 2412
§ 1103 Säumnis 2412
§ 1104 Abhilfe bei unverschuldeter Säumnis des Beklagten 2412
Titel 2 Zwangsvollstreckung 2412
§ 1105 Zwangsvollstreckung inländischer Titel 2412
§ 1106 Bestätigung inländischer Titel 2413
§ 1107 Ausländische Vollstreckungstitel 2413
§ 1108 Übersetzung 2413
§ 1109 Anträge nach den Artikeln 22 und 23 der Verordnung (EG) Nr. 861/2007; Vollstreckungsabwehrklage 2414
Anhang nach § 1109: EuGFVO 2414

Gesetz betreffend die Einführung der Zivilprozessordnung 2429

§ 1 *(aufgehoben)* 2429
§ 2 *(aufgehoben)* 2429
§ 3 [Geltungsbereich der ZPO] 2429
§ 4 [Kein Ausschluss des Rechtsweges] 2429
§ 5 *(gegenstanslos)* 2429
§ 6 *(gegenstanslos)* 2429
§ 7 [Oberstes Landesgericht; Zuständigkeit im Rechtsmittelverfahren] 2429
§ 8 *(aufgehoben)* 2430
§ 9 [Bestimmung des zuständigen Gerichts] 2430
§ 10 *(gegenstanslos)* 2430
§ 11 *(aufgehoben seit 1.9.2009)* 2430
§ 12 [Gesetz im Sinne der ZPO] 2430
§ 13 *(aufgehoben)* 2430
§ 14 [Verhältnis zu den Landesgesetzen] 2430
§ 15 [Landesrechtliche Vorbehalte] 2431
§ 15a [Einigungsversuch vor Gütestelle] 2431
§ 16 *(aufgehoben)* 2435
§ 17 *(aufgehoben)* 2435
§ 18 *(gegenstanslos)* 2435
§ 19 [Begriff der Rechtskraft] 2435
§ 20 Übergangsvorschriften zum Sechsten Gesetz zur Änderung der Pfändungsfreigrenzen 2435
§ 21 Übergangsvorschriften zum Siebten Gesetz zur Änderung der Pfändungsfreigrenzen 2436
§ 22 Überleitungsvorschriften zum Zweiten Gesetz zur Änderung zwangsvollstreckungsrechtlicher Vorschriften (2. Zwangsvollstreckungsnovelle) 2436
§ 23 *(gegenstanslos)* 2437
§ 24 [Übergangsvorschrift zum Mietrechtsreformgesetz] 2437
§ 24a *(aufgehoben)* 2437
§ 25 *(aufgehoben)* 2437
§ 26 [Übergangsvorschriften zum Zivilprozessreformgesetz] 2437
§ 27 [Übergangsvorschrift zum Gesetz zur Einführung des Euro in Rechtspflegegesetzen und in Gesetzen des Straf- und Ordnungswidrigkeitenrechts, zur Änderung der Mahnvordruckverordnungen sowie zur Änderung weiterer Gesetze] 2439
§ 28 [Übergangsvorschrift zum Gesetz zur Modernisierung des Schuldrechts] 2439
§ 29 [Übergangsvorschriften zum 1. Justizmodernisierungsgesetz] 2440
§ 30 [Übergangsvorschrift zum Justizkommunikationsgesetz] 2440
§ 31 [Übergangsvorschrift zum Gesetz zur Einführung von Kapitalanleger-Musterverfahren] 2440
§ 32 Überleitungsvorschriften zum Gesetz zur Entlastung der Rechtspflege 2441
§ 33 Überleitungsvorschriften zum Schiedsverfahrens-Neuregelungsgesetz 2441
§ 34 Überleitungsvorschriften zum Gesetz zur Vereinfachung und Beschleunigung gerichtlicher Verfahren 2442
§ 35 [Übergangsvorschrift zum 2. Justizmodernisierungsgesetz] 2442
§ 36 [Übergangsvorschriften zum Gesetz zur Änderung des Unterhaltsrechts] 2443
§ 37 Übergangsvorschrift zum Risikobegrenzungsgesetz 2445
§ 37a Übergangsbestimmung zur Prozesskostenhilfe 2445
§ 38 Informationspflicht aus Anlass des Gesetzes zur Reform des Kontopfändungsschutzes 2445
§ 38a [Übergangsvorschrift zum Gesetz zur Änderung des § 522 der Zivilprozessordnung] 2445
§ 39 [Übergangsvorschriften zum Gesetz zur Reform der Sachaufklärung in der Zwangsvollstreckung] 2446

Gerichtsverfassungsgesetz (GVG) 2447

Bemerkungen vor §§ 1 ff GVG 2447
Erster Titel Gerichtsbarkeit 2448
§ 1 [Richterliche Unabhängigkeit] 2448
§§ 2–9 *(weggefallen)* 2458
§ 10 [Referendare] 2458
§ 11 *(weggefallen)* 2459
§ 12 [Ordentliche Gerichtsbarkeit] 2459
§ 13 [Zuständigkeiten der ordentlichen Gerichte] 2460
§ 13a [Zuständigkeit durch Landesrecht] 2473
§ 14 [Besondere Gerichte] 2473
§ 15 *(weggefallen)* 2473
§ 16 [Ausnahmegerichte] 2473
§ 17 [Zulässigkeit des Rechtsweges] 2480
§ 17a [Entscheidung über den Rechtsweg] 2484
§ 17b [Wirkungen der Verweisung, Kosten] 2491
§ 18 [Exterritoriale] 2492
§ 19 [Konsularische Vertreter] 2496
§ 20 [Weitere Befreiungen von der deutschen Gerichtsbarkeit] 2497
§ 21 [Erledigung eines Ersuchens eines internationalen Strafgerichtshofes] 2502

Zweiter Titel Allgemeine Vorschriften über das Präsidium und die Geschäftsverteilung 2502
Bemerkungen vor §§ 21a ff GVG 2502
§ 21a [Präsidium] 2506
§ 21b [Wahl zum Präsidium] 2508
Wahlordnung für die Präsidien der Gerichte (GerPräsWO) 2511
§ 21c [Vertretung der Mitglieder des Präsidiums] 2514
§ 21d [Größe des Präsidiums] 2515
§ 21e [Aufgaben und Befugnisse des Präsidiums, Geschäftsverteilung] 2516
§ 21f [Vorsitz in den Spruchkörpern] 2535
§ 21g [Geschäftsverteilung innerhalb der Spruchkörper] 2537
§ 21h [Vertretung des Präsidenten und des Aufsicht führenden Richters] 2541
§ 21i [Beschlussfähigkeit des Präsidiums] 2541
§ 21j [Bildung des Präsidiums nach Errichtung eines Gerichtes] 2542

Dritter Titel Amtsgerichte 2543
§ 22 [Richter beim Amtsgericht] 2543
§ 22a [Vorsitzender des Präsidiums] 2544
§ 22b [Vertretung] 2544
§ 22c [Bereitschaftsdienst] 2545
§ 22d [Handlungen eines unzuständigen Richters] 2546
§ 23 [Zuständigkeit in Zivilsachen] 2546
§ 23a [Amtsgerichte] 2548
§ 23b [Familiengerichte] 2553
§ 23c [Betreuungsgericht] 2555
§ 23d [Ermächtigung] 2556
§§ 24–26 *(betreffen Strafsachen)* 2556
§ 27 [Sonstige Zuständigkeit; Geschäftskreis der Amtsgerichte] 2556

Vierter Titel Schöffengerichte 2557
§§ 28–58 *(betreffen Strafsachen)* 2557

Fünfter Titel Landgerichte 2557
§ 59 [Besetzung] 2557

§ 60 [Zivil- und Strafkammern] ... 2558
§§ 61–69 *(weggefallen)* ... 2558
§ 70 [Vertretung; Beiordnung] ... 2558
§ 71 [Erstinstanzliche Zuständigkeit in Zivilsachen] ... 2559
§ 72 [Zweitinstanzliche Zuständigkeit in Zivilsachen] ... 2561
§§ 73–74f *(betreffen Strafsachen)* ... 2562
§ 75 [Besetzung der Zivilkammern] ... 2562
§§ 76–78 *(betreffen Strafsachen)* ... 2563

5a. Titel Strafvollstreckungskammern ... 2563
§§ 78a–78b *(betreffen Strafsachen)* ... 2563

Sechster Titel Schwurgerichte ... 2563
§§ 79–92 *(weggefallen)* ... 2563

Siebter Titel Kammern für Handelssachen ... 2563
§ 93 [Bildung] ... 2563
§ 94 [Zuständigkeit] ... 2564
§ 95 [Handelssachen] ... 2565
§ 96 [Antrag des Klägers] ... 2568
§ 97 [Verweisung an die Zivilkammer] ... 2568
§ 98 [Verweisung an die Kammer für Handelssachen] ... 2569
§ 99 [Erweiterte Klage; Widerklage] ... 2570
§ 100 [Zweitinstanzliche Zuständigkeit] ... 2571
§ 101 [Zulässigkeit des Antrags auf Verweisung] ... 2571
§ 102 [Entscheidung über die Verweisung] ... 2572
§ 103 [Zuständigkeit bei Hauptintervention] ... 2573
§ 104 [Verweisung in Beschwerdesachen] ... 2573
§ 105 [Besetzung] ... 2574
§ 106 [Richter am Amtsgericht als Vorsitzender] ... 2574
§ 107 [Entschädigung der ehrenamtlichen Richter] ... 2575
§ 108 [Ernennung der ehrenamtlichen Richter] ... 2575
§ 109 [Voraussetzungen der Ernennung] ... 2575
§ 110 [Schifffahrtskundige als ehrenamtliche Richter] ... 2577
§ 111 *(weggefallen)* ... 2577
§ 112 [Rechte und Pflichten der ehrenamtlichen Richter] ... 2577
§ 113 [Amtsenthebung] ... 2577
§ 114 [Entscheidung auf Grund eigener Sachkunde] ... 2578

Achter Titel Oberlandesgerichte ... 2578
§ 115 [Besetzung] ... 2578
§ 115a *(weggefallen)* ... 2579
§ 116 Zivilsenate; Strafsenate; Ermittlungsrichter; Auswärtige Senate ... 2579
§ 117 [Vertretung] ... 2580
§ 118 [Musterverfahren] ... 2580
§ 119 [Zuständigkeit in Zivilsachen] ... 2581
§§ 120 und 121 *(betreffen Strafsachen)* ... 2583
§ 122 [Besetzung der Senate] ... 2583

Neunter Titel Bundesgerichtshof ... 2584
§ 123 [Sitz] ... 2584
§ 124 [Besetzung] ... 2584
§ 125 [Berufung der Mitglieder] ... 2584
§§ 126–129 *(weggefallen)* ... 2585

§ 130 [Zivilsenate; Strafsenate; Ermittlungsrichter] 2585
§§ 131 und 131a *(weggefallen)* 2585
§ 132 [Großer Senat] 2585
§ 133 [Rechtsmittel] 2588
§§ 134 und 134a *(weggefallen)* 2589
§ 135 *(betrifft Strafsachen)* 2589
§§ 136, 137 *(aufgehoben)* 2589
§ 138 [Entscheidungen der Großen Senate] 2589
§ 139 [Besetzung der Senate] 2590
§ 140 [Geschäftsordnung] 2590
§§ 140a–152 *(betreffen Strafsachen)* 2590

Elfter Titel Geschäftsstelle 2590
§ 153 [Urkundsbeamte der Geschäftsstelle] 2590

Zwölfter Titel Zustellungs- und Vollstreckungsbeamte 2592
§ 154 [Gerichtsvollzieher] 2592
§ 155 [Ausschließung des Gerichtsvollziehers] 2593

Dreizehnter Titel Rechtshilfe 2594
§ 156 [Rechtshilfepflicht] 2594
§ 157 [Rechtshilfegericht] 2595
§ 158 [Ablehnung des Ersuchens] 2595
§ 159 [Entscheidung des Oberlandesgerichts] 2596
§ 160 [Vollstreckungen, Ladungen, Zustellungen] 2596
§ 161 [Auftrag an einen Gerichtsvollzieher] 2597
§ 162 [Vollstreckung von Freiheitsstrafen außerhalb des Bezirks der Strafvollstreckungsbehörde] 2597
§ 163 [Vollstreckung von Freiheitsstrafen in anderen Gerichtsbezirken; Ergreifung und Ablieferung von Verurteilten] 2597
§ 164 [Kosten und Auslagen] 2597
§ 165 *(aufgehoben)* 2597
§ 166 [Amtshandlungen außerhalb des Gerichtsbezirks] 2597
§ 167 *(von einer Kommentierung wurde abgesehen)* 2597
§ 168 [Aktenübersendung] 2597

Vierzehnter Titel Öffentlichkeit und Sitzungspolizei 2598
§ 169 [Öffentlichkeit] 2598
§ 170 [Nichtöffentliche Verhandlung in Familiensachen sowie in Angelegenheiten der freiwilligen Gerichtsbarkeit] 2600
§ 171 *(weggefallen)* 2601
§ 171a *(betrifft Strafsachen)* 2601
§ 171b [Ausschluss der Öffentlichkeit zum Schutz der Privatsphäre] 2601
§ 172 [Weitere Gründe für Ausschluss der Öffentlichkeit] 2602
§ 173 [Öffentliche Urteilsverkündung] 2602
§ 174 [Verhandlung über Ausschluss der Öffentlichkeit] 2603
§ 175 [Versagung des Zutritts] 2604
§ 176 [Sitzungspolizei] 2604
§ 177 [Maßnahmen bei Ungehorsam] 2606
§ 178 [Ordnungsmittel wegen Ungebühr] 2606
§ 179 [Vollstreckung der Ordnungsmittel] 2607
§ 180 [Befugnisse außerhalb der Sitzung] 2608
§ 181 [Beschwerde gegen Ordnungsmittel] 2608
§ 182 [Protokollierung] 2609
§ 183 [Straftat in der Sitzung] 2609

Fünfzehnter Titel Gerichtssprache ... 2609
§ 184 [Deutsche Sprache] ... 2609
§ 185 [Fremde Sprache] ... 2611
§ 186 [Hör- oder sprachbehinderte Personen] ... 2612
§ 187 [Dolmetscher/Übersetzer] ... 2613
§ 188 [Eid Fremdsprachiger] ... 2613
§ 189 [Dolmetschereid] ... 2613
§ 190 [Urkundsbeamter als Dolmetscher] ... 2614
§ 191 [Ausschließung und Ablehnung des Dolmetschers] ... 2614
§ 191a [Blinde oder sehbehinderte Personen] ... 2614

Sechzehnter Titel Beratung und Abstimmung ... 2615
§ 192 [Mitwirkende Richter] ... 2615
§ 193 [Anwesenheit von auszubildenden Personen] ... 2615
§ 194 [Gang der Beratung] ... 2616
§ 195 [Keine Verweigerung der Abstimmung] ... 2616
§ 196 [Mehrheit] ... 2617
§ 197 [Reihenfolge der Stimmabgabe] ... 2617

Siebzehnter Titel Rechtsschutz bei überlangen Gerichtsverfahren und strafrechtlichen Ermittlungsverfahren ... 2617
§ 198 [Entschädigung; Verzögerungsrüge] ... 2617
§ 199 [Strafverfahren] ... 2619
§ 200 [Haftende Körperschaft] ... 2620
§ 201 [Zuständigkeit für die Entschädigungsklage; Verfahren] ... 2620

Einführungsgesetz zum Gerichtsverfassungsgesetz ... 2621

Erster Abschnitt Allgemeine Vorschriften ... 2621
§ 1 *(weggefallen)* ... 2621
§ 2 [Anwendungsbereich] ... 2621
§ 3 [Übertragung der Gerichtsbarkeit] ... 2621
§ 4 *(aufgehoben)* ... 2621
§ 4a *(betrifft Strafsachen)* ... 2621
§ 5 *(gegenstandslos)* ... 2621
§ 6 [Ehrenamtliche Richter] ... 2621
§ 7 *(gegenstandslos)* ... 2622
§ 8 [Oberste Landesgerichte] ... 2622
§ 9 *(betrifft Strafsachen)* ... 2622
§ 10 *(betrifft Verfahrensvorschriften)* ... 2622
§ 11 *(aufgehoben)* ... 2622

Zweiter Abschnitt Verfahrensübergreifende Mitteilungen von Amts wegen ... 2622
§ 12 [Anwendungsbereich] ... 2622
§ 13 [Erlaubte Übermittlung] ... 2623
§ 14 *(betrifft Strafsachen)* ... 2625
§ 15 [Datenübermittlung in Zivilsachen] ... 2625
§ 16 [Datenübermittlung an ausländische Stellen] ... 2625
§ 16a [Kontaktstellen des Europäischen Justitiellen Netzes in Zivil- und Handelssachen] ... 2625
§ 17 [Weitere Zulässigkeit von Datenübermittlungen] ... 2626
§ 18 [Übermittlung verbundener Daten. Form der Übermittlung] ... 2627
§ 19 [Verwendung übermittelter Daten] ... 2628

§ 20 [Mitteilung der Verfahrensbeendigung] 2628
§ 21 [Auskunftsanspruch] 2629
§ 22 [Gerichtliche Überprüfung] 2631

Dritter Abschnitt Anfechtung von Justizverwaltungsakten 2632
§ 23 [Rechtsweg] 2632
§ 24 [Zulässigkeit des Antrags] 2634
§ 25 [Zuständigkeit] 2635
§ 26 [Antragsfrist; Wiedereinsetzung] 2635
§ 27 [Unterlassene Entscheidung] 2637
§ 28 [Entscheidung über den Antrag] 2638
§ 29 [Rechtsbeschwerde] 2640
§ 30 [Kosten, Geschäftswert] 2642
§ 30a [Verwaltungsakte auf dem Gebiet des Kostenrechts] 2643

Vierter Abschnitt Kontaktsperre 2644
§§ 31–38a *(betreffen Strafsachen)* 2644

Fünfter Abschnitt Insolvenzstatistik 2644
§ 39 *(betrifft Insolvenzverfahren)* 2644

Sechster Abschnitt Übergangsvorschriften 2644
§ 40 [Entscheidung vor dem 1.9.2009] 2644
§ 41 *(betrifft Strafsachen)* 2644

Gesetz über Musterverfahren in kapitalmarktrechtlichen Streitigkeiten (Kapitalanleger-Musterverfahrensgesetz – KapMuG) 2645

Abschnitt 1 Musterfeststellungsantrag; Vorlageverfahren 2645
§ 1 Musterfeststellungsantrag 2645
§ 2 Bekanntmachung im Klageregister 2648
§ 3 Unterbrechung des Verfahrens 2650
§ 4 Vorlage an das Oberlandesgericht 2650
§ 5 Sperrwirkung des Vorlagebeschlusses 2652

Abschnitt 2 Durchführung des Musterverfahrens 2653
§ 6 Bekanntmachung des Musterverfahrens 2653
§ 7 Aussetzung 2653
§ 8 Beteiligte des Musterverfahrens 2655
§ 9 Allgemeine Verfahrensregeln 2656
§ 10 Vorbereitung des Termins 2658
§ 11 Wirkung von Rücknahmen 2659
§ 12 Rechtsstellung des Beigeladenen 2660
§ 13 Erweiterung des Gegenstandes des Musterverfahrens 2660
§ 14 Musterentscheid 2662
§ 15 Rechtsbeschwerde 2663

Abschnitt 3 Wirkung des Musterentscheids; Kosten; Übergangsregelung 2665
§ 16 Wirkung des Musterentscheids 2665
§ 17 Gegenstand der Kostenentscheidung im Prozessverfahren 2667
§ 18 Verstoß gegen die Vorlagevoraussetzungen an das Oberlandesgericht 2667
§ 19 Kostenentscheidung im Rechtsbeschwerdeverfahren 2668
§ 20 Übergangsregelung 2668

Gesetz über Unterlassungsklagen bei Verbraucherrechts- und anderen Verstößen (UKlaG) 2671

Bemerkungen vor UKlaG 2671

Abschnitt 1 Ansprüche bei Verbraucherrechts- und anderen Verstößen 2673
§ 1 Unterlassungs- und Widerrufsanspruch bei Allgemeinen Geschäftsbedingungen 2673
§ 2 Unterlassungsanspruch bei verbraucherschutzgesetzwidrigen Praktiken 2676
§ 2a Unterlassungsanspruch nach dem Urheberrechtsgesetz 2679
§ 3 Anspruchsberechtigte Stellen 2679
§ 3a Anspruchsberechtigte Verbände nach § 2a 2681
§ 4 Qualifizierte Einrichtungen 2681
§ 4a Unterlassungsanspruch bei innergemeinschaftlichen Verstößen 2683

Abschnitt 2 Verfahrensvorschriften 2683
Unterabschnitt 1 Allgemeine Vorschriften 2683

§ 5 Anwendung der Zivilprozessordnung und anderer Vorschriften 2683
§ 6 Zuständigkeit 2686
§ 7 Veröffentlichungsbefugnis 2687

Unterabschnitt 2 Besondere Vorschriften für Klagen nach § 1 2688

§ 8 Klageantrag und Anhörung 2688
§ 9 Besonderheiten der Urteilsformel 2688
§ 10 Einwendung wegen abweichender Entscheidung 2689
§ 11 Wirkungen des Urteils 2689

Unterabschnitt 3 Besondere Vorschriften für Klagen nach § 2 2690

§ 12 Einigungsstelle 2690

Abschnitt 3 Auskunft zur Durchführung von Unterlassungsklagen 2690
§ 13 Auskunftsanspruch der anspruchsberechtigten Stellen 2690
§ 13a Auskunftsanspruch sonstiger Betroffener 2691

Abschnitt 4 Außergerichtliche Schlichtung 2692
§ 14 Schlichtungsverfahren 2692

Abschnitt 5 Anwendungsbereich 2693
§ 15 Ausnahme für das Arbeitsrecht 2693

Abschnitt 6 Überleitungsvorschriften 2693
§ 16 Überleitungsvorschrift zur Aufhebung des AGB-Gesetzes 2693

Verordnung (EG) Nr 44/2001 des Rates 2695

Kapitel I Anwendungsbereich 2697
Kapitel II Zuständigkeit 2700
Kapitel III Zuständigkeit 2727
Kapitel IV Öffentliche Urkunden und Prozessvergleiche 2744
Kapitel V Allgemeine Vorschriften 2746
Kapitel VI Übergangsvorschriften 2749
Kapitel VII Verhältnis zu anderen Rechtsinstrumenten 2750
Kapitel VIII Schlussvorschriften 2753

Verordnung (EG) Nr 2201/2003 des Rates 2757

Kapitel I Anwendungsbereich und Begriffsbestimmungen 2759
Kapitel II Zuständigkeit 2764
Kapitel III Anerkennung und Vollstreckung 2786
Kapitel IV Zusammenarbeit zwischen den zentralen Behörden bei Verfahren betreffend die elterliche Verantwortung 2799
Kapitel V Verhältnis zu anderen Rechtsinstrumenten 2803
Kapitel VI Übergangsvorschriften 2805
Kapitel VII Schlussbestimmungen 2806

Anerkennungs- und Vollstreckungsausführungsgesetz (AVAG) 2809

Stichwortverzeichnis 2821

Abkürzungsverzeichnis mit Literaturangaben

aA	andere/r Ansicht
aaO	am angegebenen Ort
abl	ablehnend
AG-kompakt	Anwaltsgebühren kompakt (Jahr, Seite)
ähnl	ähnlich
AK-BGB/*Bearb*	Wassermann (Hrsg): Alternativkommentar zum Bürgerlichen Gesetzbuch, 1979 ff
allgM	allgemeine Meinung
Alt	Alternative
AMG	Gesetz über den Verkehr mit Arzneimitteln (ArzneimittelG) idF v 11.12.1998 (BGBl I, 3586)
Amtl-Anz	Amtlicher Anzeiger
AmtlBegr	amtliche Begründung
AN	Arbeitnehmer
Anders/Gehle AssEx	Das Assessorexamen im Zivilrecht, 10. Aufl Köln 2010
Anders/Gehle ZivilP	Antrag und Entscheidung im Zivilprozeß, 3. Aufl Köln 2000
Anders/Gehle/Kunze	Das Streitwertlexikon, 4. Aufl Köln 2002
ÄndG	Änderungsgesetz
AnfG	Gesetz betreffend die Anfechtung von Rechtshandlungen eines Schuldners außerhalb des Insolvenzverfahrens (Anfechtungsgesetz) v 5.10.1994, Art 1 EGInsO (BGBl I, 2911)
Anh	Anhang
Anl	Anlage
Anm	Anmerkung
AnwBl	Anwaltsblatt (Jahr, Seite)
AnwK/*Bearb*	Dauner-Lieb/Heidel/Ring (Hrsg): Anwaltkommentar, 1.–2. Aufl Bonn 2004 ff
AnwK-BGB/*Bearb*	Heidel/Hüßtege/Mansel/Noack: Anwaltkommentar zum BGB, Bd 1 Allgemeiner Teil mit EGBGB, Bonn 2005
AnwK-RVG/*Bearb*	Gebauer/Schneider/Wolf: Anwaltkommentar Rechtsanwaltsvergütungsgesetz (RVG), 4. Aufl Bonn 2008
AO	Abgabenordnung idF 1.10.2002 (BGBl I, 3866)
AOK	Allgemeine Ortskrankenkasse
AöR	Archiv für öffentliches Recht (Band, Seite)
AP	Nachschlagewerk des Bundesarbeitsgerichts (seit 1954, vorher: Arbeitsrechtliche Praxis)
APR	Allgemeines Persönlichkeitsrecht
ARB	Allgemeine Bedingungen für die Rechtsschutzversicherung
ArbG	Arbeitsgericht
ArbGG	Arbeitsgerichtsgesetz idF v 2.7.1979 (BGBl I, 853)
ArbRB	Der Arbeits-Rechts-Berater (Jahr, Seite)
ArbuR	Arbeit und Recht (Jahr, Seite)
ArbZG	Arbeitszeitgesetz v 6.6.1994 (BGBl I, 1170)
Arens	Peter Arens: Mündlichkeitsprinzip und Prozessbeschleunigung im Zivilprozess, Berlin 1971
arg	argumentum aus
ARGE	Arbeitsgemeinschaft
Arndt/Lerch/Sandkühler	Bundesnotarordnung, Kommentar, 6. Aufl 2008

Arnold/Meyer-Stolte/ *Bearb*	Rechtspflegergesetz, Kommentar, 7. Aufl Bielefeld 2009
Art	Artikel
Ast	Antragsteller
AsylVfG	Asylverfahrensgesetz idF v 27.7.1993 (BGBl I, 1361)
AT	Allgemeiner Teil
AtomG	Gesetz über die friedliche Verwendung der Kernenergie und den Schutz gegen ihre Gefahren (Atomgesetz) idF der Bek v 15.7.1985 (BGBl I, 1565)
ATZG	Altersteilzeitgesetz v 23.7.1996 (BGBl I, 1078)
AU	Anerkenntnisurteil
AuA	Arbeit und Arbeitsrecht (Jahr, Seite)
Aufl	Auflage
Aufs	Aufsatz
AUG	Gesetz zur Geltendmachung von Unterhaltsansprüchen im Verkehr mit ausländischen Staaten (Auslandsunterhaltsgesetz) v 19.2.1986 (BGBl I, 2563)
AÜG	Gesetz zur Regelung der gewerbsmäßigen Arbeitnehmerüberlassung (Arbeitnehmerüberlassungsgesetz) idF v 3.2.1995 (BGBl I, 159)
AuR	Arbeit und Recht (Jahr, Seite)
ausf	ausführlich
AusfG	Ausführungsgesetz
ausl	ausländisch
AuslInvG	Gesetz über steuerliche Maßnahmen bei Auslandsinvestitionen der deutschen Wirtschaft v 18.8.1969 (BGBl I, 1211, 1214)
Ausn	Ausnahme
ausschl	ausschließlich
AVAG	Anerkennungs- und Vollstreckungsausführungsgesetz/Gesetz zur Ausführung zwischenstaatlicher Anerkennungs- und Vollstreckungsverträge in Zivil- und Handelssachen v 19.2.2001 (BGBl I 2001, 288, 436)
AVAVG	Gesetz über Arbeitsvermittlung und Arbeitslosenversicherung idF der Bek v 3.4.1957 (BGBl I, 321); außer Kraft getreten aufgrund § 249 Nr 1 AFG, soweit nichts anderes bestimmt ist
AVB	Allgemeine Versicherungsbedingungen
AVBEltV	Elektrizitäts-Versorgungsbedingungen-Verordnung v 21.6.1979 (BGBl I, 684)
AVBFernwärmeV	Fernwärme-Versorgungsbedingungen-Verordnung v 20.6.1980 (BGBl I, 742)
AVBGasV	Gas-Versorgungsbedingungen-Verordnung v 21.6.1979 (BGBl I, 676)
AVBWasserV	Wasser-Versorgungsbedingungen-Verordnung v 20.6.1980 (BGBl I, 750, 1067)
AVG	Angestelltenversicherungsgesetz s. SGB VI
AVO	Ausführungsverordnung
Az	Aktenzeichen
Ba/Roth/*Bearb*	Bamberger/Roth: Kommentar zum Bürgerlichen Gesetzbuch, 2. Aufl München 2007
BAA	Bundesausgleichsamt
BABl	Bundesarbeitsblatt
Bach	Grenzüberschreitende Vollstreckung in Europa, Tübingen 2008
Bach/Gildenast	Internationale Kindesentführung: Das Haager Kindesentführungsübereinkommen und das Europäische Sorgerechtsübereinkommen, Bielefeld 1999
Bader ua/*Bearb*	Bader/Funke-Kaiser/v. Albedyll: VwGO, 5. Aufl Heidelberg 2011
BaföG	Bundesgesetz über individuelle Förderung der Ausbildung (Ausbildungsförderungsgesetz) idF v 6.6.1983 (BGBl I, 646)
BAG	Bundesarbeitsgericht

BAGE	Bundesarbeitsgerichtsentscheidungen
Bälz	Zum Strukturwandel des Systems zivilrechtlicher Haftung, Tübingen 1991
Balzer	Beweisaufnahme und Beweiswürdigung im Zivilprozess, 3. Aufl Berlin 2011
Balzer Urteil	Das Urteil im Zivilprozess, 2. Aufl Berlin 2007
Bambg	OLG Bamberg
Banz	Bundesanzeiger (Jahr, Seite)
BArbBl	Bundesarbeitsblatt (Jahr, Seite)
Bärmann	Wohnungseigentumsgesetz: WEG, Kommentar, 11. Aufl München 2010
Bärmann/Pick	Wohnungseigentumsgesetz: WEG, Kommentar in 2 Bd, 19. Aufl München 2010
Bassenge/Roth	Gesetz über die Angelegenheiten der freiwilligen Gerichtsbarkeit/Rechtspflegergesetz, 12. Aufl Heidelberg 2009
BAT	Bundesangestelltentarifvertrag
BauGB	Baugesetzbuch idF der Bek v 23.9.2004 (BGBl I, 2414)
Baumbach/Hefermehl/Casper	Wechselgesetz und Scheckgesetz, Recht der elektronischen Zahlungsmittel, 23. Aufl München 2008
Baumbach/Hopt/*Bearb*	Handelsgesetzbuch, 34. Aufl München 2010
Baumbach/Hueck/*Bearb*	Kurzkommentar zum GmbHGesetz, 19. Aufl München 2010
Baumbach/Lauterbach/Albers/Hartmann	s. B/L/A/H
Baumgärtel	Wesen und Begriff der Prozesshandlung einer Partei im Zivilprozess, 2. Aufl Köln 1972
Baumgärtel ZProzessR	Zivilprozessrecht – Grundlegende Entscheidungen mit Anmerkungen, 2. Aufl Köln 1977
Baumgärtel/*Bearb* Bd	Baumgärtel/Laumen/Prütting: Handbuch der Beweislast – Bürgerliches Gesetzbuch, Bd 1 Grundlagen, Bd 2 BGB AT, Bd 3 Schuldrecht AT, BD 4 Schuldrecht BT I, Bd 5 Schuldrecht BT II, Bd 7 Sachenrecht, Bd 9 Erbrecht, 3. Aufl Köln 2007 ff
Baumgärtel/Laumen/Prütting	Der Zivilprozessrechtsfall, 8. Aufl Köln 1995
BauR	Baurecht (Jahr, Seite)
Baur	Studien zum einstweiligen Rechtsschutz, Tübingen 1967
Baur/Stürner	Zwangsvollstreckungs- und Insolvenzrecht, 7. Aufl Heidelberg 2007
Baur/Stürner/Bruns	Zwangsvollstreckungsrecht, 13. Aufl Heidelberg 2006
BaWü	Baden-Württemberg
Bay, bay	Bayern, bayerisch
Bayerlein/*Bearbeiter*	Praxishandbuch Sachverständigenrecht, 4. Aufl München 2008
BayJMBl	Bayerisches Justizministerialblatt (Jahr, Seite)
BayObLG	Bayerisches Oberstes Landesgericht
BayObLGZ	Entscheidungen des Bayerischen Obersten Landesgerichts in Zivilsachen
BayVBl	Bayerische Verwaltungsblätter
BayVerfGH	Bayerischer Verfassungsgerichtshof
BayVGH	Bayerischer Verwaltungsgerichtshof
BB	Der Betriebsberater (Jahr, Seite)
BBergG	Bundesberggesetz v 13.8.1980 (BGBl I, 1310)
BBesG	Bundesbesoldungsgesetz idF v 6.8.2002 (BGBl I, 3020)
BBG	Bundesbeamtengesetz idF v 31.3.1999 (BGBl I, 675)
BbgGerNeuOG	Brandenburgisches Gerichtsneuordnungsgesetz v 14.6.1993 (GVBl BB I, 198)

BbgSchlG	Gesetz zur Einführung einer obligatorischen außergerichtlichen Streitschlichtung im Land Brandenburg (Brandenburgisches Schlichtungsgesetz – Bbg-SchlG) v 5.10.2000 (GVBl I, 134)
Bd	Band
BDSG	Gesetz zum Schutz vor Missbrauch personenbezogener Daten bei der Datenverarbeitung (Bundesdatenschutzgesetz) idF v 14.1.2003 (BGBl I, 66)
bea	beachte
BeamtVG	Gesetz über die Versorgung der Beamten, Richter in Bund und Ländern (Beamtenversorgungsgesetz) idF 16.3.1999 (BGBl I, 322)
Bearb	Bearbeiter
Beater	Unlauterer Wettbewerb, München 2002
BeckOKZPO/*Bearb*	ZPO-Online-Kommentar, Ed. 2, München
Beckmann/Matusche-Beckmann/*Bearb*	Versicherungsrechts-Handbuch, 2. Aufl München 2009
BeckRS	Beck-Rechtsprechung (Jahr, Nr)
BEG	Bundesgesetz zur Entschädigung für Opfer der nationalsozialistischen Verfolgung (Bundesentschädigungsgesetz) v 18.9.1953 (BGBl I, 1387)
BegrRegE	Begründung zum Regierungsentwurf
Bek	Bekanntmachung
Bekl	Beklagte
Bender/Nack/Treuer	Tatsachenfeststellung vor Gericht, 3. Aufl München 2007
ber	bereinigt
Bergmeister	Kapitalanleger-Musterverfahrensgesetz, 2009
BerHG	Gesetz über Rechtsberatung und Vertretung für Bürger mit geringem Einkommen v 18.6.1980 (BGBl I, 689)
BErzGG	Gesetz über die Gewährung von Erziehungsgeld und Erziehungsurlaub (Bundeserziehungsgeldgesetz) idF v 9.2.2004 (BGBl, I 206)
Beschl	Beschluss
bestr	bestritten
betr	betreffend
BetrAVG	Gesetz zur Verbesserung der betrieblichen Altersversorgung v 19.12.1974 (BGBl I, 3610)
BetrKVO	Betriebskostenverordnung v 25.11.2003 (BGBl I, 2347)
BetrR	Betriebsrat
BetrÜbergRL	Richtlinie 2001/23/EG des Rates v 12.3.2001 zur Angleichung von Rechtsvorschriften der Mitgliedsstaaten über die Wahrung von Ansprüchen der Arbeitnehmer beim Übergang von Unternehmen, Betrieben oder Unternehmens- oder Betriebsteilen, Abl Nr L 82 16
BetrVG	Betriebsverfassungsgesetz idF v 25.9.2001 (BGBl I, 2518)
Bettermann	Die Vollstreckung des Zivilurteils in den Grenzen seiner Rechtskraft, 1949
BeurkG	Beurkundungsgesetz v 28.8.1969 (BGBl I, 1513)
BezG	Bezirksgericht
BFH	Bundesfinanzhof
BFH/NV	Beck'sches Nachschlagewerk der Entscheidungen des BFH
BFHE	Sammlung der Entscheidungen und Gutachten des BFH (Jahr, Seite)
BG	Beamtengesetz (der Länder)
BGA	Bundesgesundheitsamt
BGB	Bürgerliches Gesetzbuch idF der Bek v 2.1.2002 (BGBl I, 42)
BGBl	Bundesgesetzblatt, mit I oder ohne Ziffer = Teil I; mit II = Teil II; mit III = Teil III

BGE	Entscheidungen des schweizerischen Bundesgerichts (amtl Sammlung)
BGH	Bundesgerichtshof
BGH VGrS	Vereinigter Großer Senat des BGH
BGHR	BGH-Rechtsprechung, hrsg von den Richtern des Bundesgerichtshofes
BGHReport	Schnelldienst zur Zivilrechtsprechung (Jahr, Seite)
BGHSt	Entscheidungen des BGH in Strafsachen (Jahr, Seite)
BGHZ	Entscheidungen des BGH in Zivilsachen (Band, Seite)
BImSchG	Bundes-Immissionsschutzgesetz idF v 26.9.2002 (BGBl I, 3830)
BinSchG	Gesetz betreffend die privatrechtlichen Verhältnisse der Binnenschiffahrt, Binnenschiffahrtsgesetz v 15.6.1895 in der im BGBl Teil III, Gliederungsnummer 4103-1, veröffentlichten bereinigten Fassung
BinSchGerG	Gesetz über das gerichtliche Verfahren in Binnenschiffahrtssachen v 27.9.1952 in der im BGBl Teil III, Gliederungsnummer 310-5, veröffentlichten bereinigten Fassung
Bitz/Schwarz/Seiler-Dürr/Dürr	Baurecht Saarland, 2. Aufl Baden-Baden 2005
BJagdG	Bundesjagdgesetz idF v 29.9.1976 (BGBl I, 2849)
BKartA	Bundeskartellamt
BKGG	Bundeskindergeldgesetz idF v 22.2.2005 (BGBl I, 458)
BKR	Zeitschrift für Bank- und Kapitalmarktrecht (Jahr, Seite)
Bl	Blatt
B/L/A/H	Baumbach/Lauterbach/Albers/Hartmann Zivilprozessordnung mit FamFG; GVG und anderen Nebengesetzen, 70. Aufl München 2012
Blechmann/Böckstiegel/*Bearb*	Schiedsgerichtsbarkeit und Kartellrecht, Köln 2006
Bleutge	Ablehnung wegen Besorgnis der Befangenheit, 2. Aufl Köln 1999
Blomeyer	Zivilprozessrecht – Erkenntnisverfahren, 2. Aufl Berlin 1985
BMAS	Bundesminister(ium) für Arbeit und Soziales
BMBF	Bundesminister(ium) für Bildung und Forschung
BMF	Bundesminister(ium) der Finanzen
BMFSFJ	Bundesminister(ium) für Familie, Senioren, Frauen und Jugend
BMG	Bundesminister(ium) für Gesundheit
BMI	Bundesminister(ium) des Innern
BMinBlF	Bundesministerialblatt für Finanzen
BMinG	Bundesministergesetz
BMJ	Bundesminister(ium) der Justiz
BMELV	Bundesminister(ium) für Ernährung, Landwirtschaft und Verbraucherschutz
BMU	Bundesminister(ium) für Umwelt, Naturschutz und Reaktorsicherheit
BMVBS	Bundesminister(ium) für Verkehr, Bau und Stadtentwicklung
BMVg	Bundesminister(ium) der Verteidigung
BMWI	Bundesminister(ium) für Wirtschaft
BMZ	Bundesminister(ium) für wirtschaftliche Zusammenarbeit und Entwicklung
BNotO	Bundesnotarordnung v 24.2.1961 (BGBl I, 98; BGBl III 3 Nr 303-1)
Böckstiegel/*Bearb*	Die Beteiligung Dritter an Schiedsverfahren, Köln 2005
Boewer/Bommermann	Lohnpfändung und Lohnabtretung in Recht und Praxis, Köln 1987
Bomsdorf	Prozessmaximen und Rechtswirklichkeit – Verhandlungs- und Untersuchungsmaxime im dt. Zivilprozeß. Vom gemeinen Recht bis zur ZPO, Berlin 1971
BORA	Berufsordnung für Rechtsanwälte

BörsG	Börsengesetz idF der Bek v 9.9.1998 (BGBl I, 2682)
BoSoG	Bodensondernutzungsgesetz v 20.12.1993 (BGBl I, 2215)
BPatG	Bundespatentgericht
BR	Bundesrat
BRAGO	Bundesgebührenordnung für Rechtsanwälte v 26.7.1957 (BGBl I, 907)
BRAK-Mitt	Mitteilungen der Bundesrechtsanwaltskammer
Brandbg	OLG Brandenburg
BRAO	Bundesrechtsanwaltsordnung v 1.8.1959 (BGBl I, 565, BGBl III 3 Nr 308-8)
Braun	Rechtskraft und Restitution, Teil 2 – Die Grundlagen des geltenden Restitutionsrechts, 1985
Braunschw	OLG Braunschweig
BRD	Bundesrepublik Deutschland
BRDrs	Bundesratsdrucksache
BReg	Bundesregierung
Breith	Breithaupt (Entscheidungssammlung)
Bremen	OLG Bremen
Britz	Urkundenbeweisrecht und Elektroniktechnologie: Eine Studie zur Tauglichkeit gesetzlicher Beweisregeln für elektronische Dokumente und ihre Reproduktionen im Zivilprozess, München 1996
Brokamp	Das europäische Verfahren für geringfügige Forderungen, Tübingen 2008
Brox/Walker	Zwangsvollstreckungsrecht, 9. Aufl Köln 2011
BRRG	Rahmengesetz zur Vereinheitlichung des Beamtenrechts (Beamtenrechts-Rahmengesetz) idF v 31.3.1999 (BGBl I, 654)
Brüssel I-VO	s. EuGVO
Brüssel IIa-VO	s. EheGVO (nF)
Brüssel II-VO	s. EheGVO
BSG	Bundessozialgericht
BSGE	Entscheidungssammlung des BSG (Band, Seite)
BSHG	Bundessozialhilfegesetz v 30.6.1961 (BGBl I, 815)
Bsp	Beispiel
bspw	Beispielsweise
BT	Bundestag
BtBG	Betreuungsbehördengesetz v 12.9.1990, Art 8 BtG
BTDrs	Bundestagsdrucksache
BtG	Gesetz zur Reform des Rechts der Vormundschaft und Pflegschaft für Volljährige (Betreuungsgesetz) v 12.9.1990 (BGBl I, 2002)
Bub/Treier/*Bearb*	Handbuch der Geschäfts- und Wohnraummiete, 3. Aufl München 1999
Buchholz	Sammel- und Nachschlagewerk zur Rechtsprechung des Bundesverwaltungsgerichts, Loseblattwerk
Bultmann	Verklagen oder Verhandeln? AGB-Kontrollverfahren des Verbraucherschutzvereins am Beispiel der Reisebedingungen, Frankfurt ua 1995
Bülow/Schmidt	Hinterlegungsordnung, Kommentar, 4. Aufl München 2005
Bumiller/Harders	(vormals Bumiller/Winkler) FamFG Freiwillige Gerichtsbarkeit, Kommentar, 10. Aufl München 2011
BUZ	Berufsunfähigkeitszusatzversicherung
BVerfG	Bundesverfassungsgericht
BVerfG K	Kammerentscheidungen des Bundesverfassungsgerichts (Band, Seite)
BVerfGE	Entscheidungen des Bundesverfassungsgerichts (Band, Seite)
BVerfGG	Gesetz über das Bundesverfassungsgericht idF v 11.8.1993 (BGBl I, 1474)

BVerwG	Bundesverwaltungsgericht
BVerwGE	Entscheidungen des Bundesverwaltungsgerichts (Band, Seite)
BVG	Gesetz über die Versorgung der Opfer des Krieges (Bundesversorgungsgesetz) idF v 22.1.1982 (BGBl I, 21)
BWNotZ	Baden-Württembergische Notarzeitung (Jahr, Seite)
bzgl	bezüglich
bzw	Beziehungsweise
ca	cirka
CA	Cour d'appel, Court of Appeal
Casper/Janssen	Auf dem Weg zu einer europäischen Sammelklage? 2009
Cass	Cour de cassation
CC	Code civil, Codice civile, Código civil
Celle	OLG Celle
Chudoba	Der ausforschende Beweisantrag, Berlin 1993
cic	culpa in contrahendo
CISG	United Nations Convention on Contracts for the International Sale of Goods/Übereinkommen der Vereinten Nationen über Verträge über den internationalen Warenkauf v 11.4.1980 (BGBl II 1989, 588)
CLOUT	Case Law on UNCITRAL Texts (http://www.uncitral.org/uncitral/en/case_law.html)
CMR	Convention relative au Contrat de transport international de Marchandises par route: Übereinkommen über den Beförderungs-Vertrag im internationalen Straßengüterverkehr
Coing	Die Treuhand kraft privaten Rechtsgeschäfts, München 1996
CR	Computer und Recht (Jahr, Seite)
Csaki	Die Wiederaufnahme des Verfahrens nach Urteilen des Europäischen Gerichtshofs für Menschenrechte in der deutschen Rechtsordnung, Hamburg 2008
DAR	Deutsches Autorecht (Jahr, Seite)
DAV	Deutscher Anwaltverein
DAVorm	Der Amtsvormund (Jahr, Seite)
DB	Der Betrieb (Jahr, Seite)
DBB	Deutsche Bundesbank
Dbest	Durchführungsbestimmung
Ddorf	OLG Düsseldorf
DDR	Deutsche Demokratische Republik
DepotG	Gesetz über die Verwaltung und Anschaffung von Wertpapieren (Depotgesetz) idF v 11.1.1995 (BGBl I, 34)
ders	derselbe
Deutsch/Ahrens	Deliktsrecht, 5. Aufl Köln 2009
DGE/*Bearb*	Deutsche Gesellschaft für Erbrechtskunde: Deutscher Erbrechtskommentar, Köln 2003
dgl	Dergleichen
DGVZ	Deutsche Gerichtsvollzieherzeitung (Jahr, Seite)
dh	das heißt
DIJuF	Deutsches Institut für Jugendhilfe und Familienrecht
DIN	Deutsches Institut für Normung
DIS	Deutsche Institution für Schiedsgerichtsbarkeit
Diss	Dissertation
DJ	Deutsche Justiz

DJT	Deutscher Juristentag
DJZ	Deutsche Juristenzeitung (Jahr, Seite)
DNotV	Zeitschrift des deutschen Notarvereins (Jahr, Seite)
DNotZ	Deutsche Notarzeitung (Jahr, Seite)
DÖD	Der öffentliche Dienst, Ausgabe A (Jahr, Seite)
DÖV	Die öffentliche Verwaltung (Jahr, Seite)
DR	Deutsches Recht (Jahr, Seite)
Dreier/*Bearb*	Grundgesetz, 2. Aufl Tübingen 2008
Dreier/Wittek/*Bearb*	Grundgesetz, 6. Aufl Tübingen 2011
Dresd	OLG Dresden
DRiG	Deutsches Richtergesetz idF v 19.4.1972 (BGBl I, 713)
DRiZ	Deutsche Richterzeitung (Jahr, Seite)
DStR	Deutsche Steuer-Rundschau/Deutsches Steuerrecht (Jahr, Seite)
DStRE	Deutsches Steuerrecht – Entscheidungsdienst (Jahr, Seite)
DsV	Durchführung des streitigen Verfahrens
DtZ	Deutsch-Deutsche Rechtszeitschrift (Jahr, Seite)
DV	Deutsche Verwaltung (Jahr, Seite)
DVBl	Deutsches Verwaltungsblatt (Jahr, Seite)
DVO	Durchführungsverordnung
DWW	Deutsche Wohnungswirtschaft (Jahr, Seite)
DZWIR	Deutsche Zeitschrift für Wirtschaftsrecht (Jahr, Seite)
EA	Einstweilige Anordnung
ebd	ebenda
EFG	Entscheidungen der Finanzgerichte (Band, Seite)
EFTA	European Free Trade Association (Europäische Freihandelsassoziation)
EG	Einführungsgesetz
EGBGB	Einführungsgesetz zum Bürgerlichen Gesetzbuch idF v 21.9.1994 (BGBl I, 2494)
Eger/Schäfer/*Bearb*	Ökonomische Analyse der europäischen Zivilrechtsentwicklung, Beiträge zum X. Travemünder Symposium zur Ökonomischen Analyse des Rechts (29. März bis 1. April 2006), Tübingen 2007
EGG	Gesetz über rechtliche Rahmenbedingungen für den elektronischen Geschäftsverkehr v 20.12.2001 (BGBl, 3721)
EGGVG	Einführungsgesetz zum Gerichtsverfassungsgesetz v 27.1.1877 (RGBl, 77)
EGH	Ehrengerichtshof
EGInsO	Einführungsgesetz zur Insolvenzordnung v 5.10.1994 (BGBl I, 2911)
EGMR	Entscheidungen des Europäischen Gerichtshofs für Menschenrechte
EG-PKHG	Gesetz zur Umsetzung gemeinschaftsrechtlicher Vorschriften über die grenzüberschreitende Prozesskostenhilfe in Zivil- und Handelssachen in den Mitgliedstaaten (EG-Prozesskostenhilfegesetz) v 15.12.2004 (BGBl, 3392)
EG-PKHVV	Verordnung zur Einführung eines Vordrucks für die Erklärung über die persönlichen und wirtschaftlichen Verhältnisse bei Prozesskostenhilfe sowie eines Vordrucks für die Übermittlung der Anträge auf Bewilligung von Prozesskostenhilfe im grenzüberschreitenden Verkehr (EG-Prozesskostenhilfevordruckverordnung – EG-PKHVV) v 21.12.2004 (BGBl I, 3538)
EGStGB	Einführungsgesetz zum Strafgesetzbuch v 2.3.1974 (BGBl I, 469)
EGV	EG-Vertrag Vertrag zur Gründung der Europäischen Wirtschaftsgemeinschaft v 25.3.1957 in der Fassung des Vertrages über die Europäische Union v 7.2.1992, zuletzt geändert durch die Abk zum Beitrittsvertrag v 16.4.2003
EGVP	Elekronisches Gerichts- und Verwaltungspostfach

EGZPO	Gesetz betreffend die Einführung der Zivilprozessordnung v 30.1.1877 (RGBl, 244)
EheG	Ehegesetz v 13.11.1933, aufgehoben am 1.7.1998
EheRG, 1.	Erstes Gesetz zur Reform des Ehe- und Familienrechts v 14.6.1976 (BGBl I, 1421)
EheVO (aF)	s. EuEheVO (aF)
EheVO (nF)	s. EuEheVO (nF)
Eichele/Hirtz/Oberheim/*Bearb*	Berufung im Zivilprozess, Handbuch, 3. Aufl Köln 2010
Eicken, v./Hellstab/Lappe/Madert Mathias	Die Kostenfestsetzung, 20. Aufl Köln 2010
Eickmann	Heidelberger Kommentar zur Insolvenzordnung, 4. Aufl Heidelberg 2006
Einf	Einführung
EinigVtr	Einigungsvertrag v 31.8.1990 (BGBl II, 889 = GBl DDR I, 1629)
Einl	Einleitung
einschl	einschließlich
einschr	einschränkend
einstw	einstweilen, einstweilig
Eisenecker	Versorgungsausgleich und Privatversicherungsrecht, Karlsruhe 1983
EKMR	Europäische Kommission für Menschenrechte
EMRK	(Europäische) Konvention zum Schutz der Menschenrechte und Grundfreiheiten idF des Prot Nr 11 v 17.5.2002 (BGBl II, 1054)
EMVG	Gesetz über die elektromagnetische Verträglichkeit von Geräten v 18.9.1998 (BGBl I, 2882)
Engel	Beweisinterlokut und Beweisbeschluss im Zivilprozess, Köln 1992
entspr	entsprechend
EnWG	Gesetz über die Elektrizität- und Gasversorgung v 7.7.2005 (BGBl I 1970, 3621)
ErbbauR	Erbbaurecht
ErbbauVO	Verordnung über das Erbbaurecht v 15.1.1919 (RGBl, 72; BGBl III 4 Nr 403-6)
ErbR	Zeitschrift für die gesamte erbrechtliche Praxis (Jahr, Seite)
Erfurter Kommentar	Kommentar zum Arbeitsrecht, 12. Aufl München 2012
erg	ergänzend
Erg	Ergebnis
Erichsen/Ehlers/*Bearb*	Allgemeines Verwaltungsrecht, 13. Aufl Berlin 2006
Erl	Erläuterung
Erman/*Bearb*	BGB Kommentar, 2 Bd, 13. Aufl Köln 2011
ESOC	European Space Operations Centre
EStG	Einkommensteuergesetz v 19.10.2002 (BGBl I, 4210)
et al	et alii (und andere)
EU	Europäische Union
EuBVO	Verordnung (EG) Nr 1206/2001 des Rates über die Zusammenarbeit zwischen den Gerichten der Mitgliedstaaten auf dem Gebiet der Beweisaufnahme in Zivil- oder Handelssachen v 28.5.2001 (Abl EG 2001 Nr L 1774 S. 1)
EuEheVO (aF)	Europäische Verordnung über die Zuständigkeit und Anerkennung und Vollstreckung von Entscheidungen in Ehesachen und in Verfahren betreffend die elterliche Verantwortung für die gemeinsamen Kinder der Ehegatten, Nr 1347/2000 v 29.5.2000 Abl EG L 160 v 30.6.2000 (»Brüssel II«)

EuEheVO (nF)	Europäische Verordnung über die Zuständigkeit und Anerkennung und Vollstreckung von Entscheidungen in Ehesachen und in Verfahren betreffend die elterliche Verantwortung und zur Aufhebung der Verordnung (EG) Nr 1347/2000, Nr 2201/2003 v 27.11.2003, Abl EG L 338/1 v 23.12.2006 (»Brüssel IIa«)
EuG	Gericht erster Instanz der Europäischen Gemeinschaften
EuGFVO	Verordnung (EG) Nr 861/2007 des Europäischen Parlaments und des Rates v 11.7.2007 zur Einführung eines europäischen Verfahrens für geringfügige Forderungen (ABl EU Nr L 199 1), Geltungsbeginn 1.1.2009
EuGH	Gerichtshof der Europäischen Gemeinschaften
EuGHE	Entscheidungssammlung des EuGH (Band, Seite)
EuGRZ	Europäische Grundrechte-Zeitschrift (Jahr, Seite)
EuGVÜ	(Europäisches) Übereinkommen über die gerichtliche Zuständigkeit und die Vollstreckung gerichtlicher Entscheidungen in Zivil- und Handelssachen v 22.12.2000, AblEG Nr L 12/01 1
EuGVO	Verordnung (EG) Nr 44/2001 des Rates v 22.12.2000 über die gerichtliche Zuständigkeit und die Anerkennung und Vollstreckung von Entscheidungen in Zivil- und Handelssachen, Abl 2001 L 12, 1 (»Brüssel I-Verordnung«)
EuInsVO	EG-VO Nr 1346/2000 des Rates v 29.5.2000 über Insolvenzverfahren
EuMVVO	Verordnung (EG) Nr 1896/2006 des Europäischen Parlaments und des Rates v 12.12.2006 zur Einführung eines europäischen Mahnverfahrens, Anwendungsbeginn am 12.12.2008 (Art 28–31 am 12.6.2008), Abl 2006 L 399 1
EuR	Europarecht
EuRAG	Gesetz über die Tätigkeit europäischer Rechtsanwälte in Deutschland v 9.3.2000 (BGBl I, 1242)
EÜS	Europäisches Übereinkommen über Staatenimmunität
EuVTVO	Verordnung zur Einführung eines europäischen Vollstreckungstitels für unbestrittene Forderungen EG-VO Nr 805/2004 v 21.4.2004, in Kraft seit 21.10.2005
EuZB	Europäischer Zahlungsbefehl
EuZVO	Verordnung (EG) Nr 1393/2007 des Europäischen Parlaments und des Rates v 13.11.2007 über die Zustellung gerichtlicher und außergerichtlicher Schriftstücke in Zivil- oder Handelssachen in den Mitgliedstaaten (»Zustellung von Schriftstücken«) und zur Aufhebung der Verordnung (EG) Nr 1348/2000 (ABl EU Nr L 324 79), ersetzt die bisher geltende Verordnung (EG) Nr 1348/2000 des Rates, gilt seit 13.11.2008
EuZW	Europäische Zeitschrift für Wirtschaftsrecht (Jahr, Seite)
eV	einstweilige Verfügung; auch: eingetragener Verein
EV	Eigentumsvorbehalt
evtl	eventuell
EWG	Europäische Wirtschaftsgemeinschaft
EWiR	Entscheidungen zum Wirtschaftsrecht (Jahr, Seite)
EWIV	Europäische Wirtschaftliche Interessenvereinigung
EWIVVO	Verordnung (EWG) Nr 2137/85 des Rates v 25.7.1985 über die Schaffung einer Europäischen wirtschaftlichen Interessenvereinigung
EWO	Europäische Weltraumorganisation (European Space Agency – ESA)
EWR	Europäischer Wirtschaftsraum
EWRAbkAG	EWR-Ausführungsgesetz v 27.4.1993 (BGBl I, 512, 1529), zuletzt geändert durch Art 3 des G v 25.11.1993 (BGBl I, 1917)
EWS	Europäisches Wirtschafts- und Steuerrecht (Jahr, Seite)
Eyermann/*Bearb*	Verwaltungsgerichtsordnung, 13. Aufl München 2010
EzA	Entscheidungen zum Arbeitsrecht
EzFamR	Entscheidungssammlung zum Familienrecht, Loseblatt, Köln

f	folgende
FA	Fachanwalt Arbeitsrecht (Jahr, Seite)
FA-BauR/*Bearb*	Kuffer/Wirth: Handbuch des Fachanwalts Bau- und Architektenrecht, 3. Aufl Köln 2011
FA-HGR	Handbuch des Fachanwalts Handels- und Gesellschaftsrecht, 2. Aufl Köln 2011
FA-ErbR/*Bearb*	Frieser/Sarres/Stückemann/Tschichoflos: Handbuch des Fachanwalts Erbrecht, 4. Aufl Köln 2011
FA-FamR/*Bearb*	Gerhardt/v. Heintschel-Heinegg/Klein: Handbuch des Fachanwalts Familienrecht, 8. Aufl Köln 2011
FAKomm-ErbR/*Bearb*	Frieser: Fachanwaltskommentar Erbrecht, 3. Aufl Köln 2011
FAKomm-FamR/*Bearb*	Weinreich/Klein: Fachanwaltskommentar Familienrecht, 4. Aufl Köln 2011
FA-MedizinR/*Bearb*	Wenzel: Handbuch des Fachanwalts Medizinrecht, 2. Aufl Köln 2009
FamFG	Gesetz über das Verfahren in Familiensachen und in Angelegenheiten der Freiwilligen Gerichtsbarkeit v 17.12.2008 (BGBl I, 2586), Inkrafttreten am 1.9.2009
FamG	Familiengericht
FAmFR	Familienrecht und Familienverfahrensrecht (Jahr, Seite)
FamRÄndG	Gesetz zur Vereinheitlichung und Änderung familienrechtlicher Vorschriften (Familienrechtsänderungsgesetz) v 11.8.1961 (BGBl I, 1221; BGBl I – II 4 Nr 400-4); auch: 1. Gesetz zur Änderung des Familiengesetzbuchs der DDR v 20.7.1990 (GBl I, 1038)
FamRB	Familienrechtsberater (Jahr, Seite)
FamRBInt	Familienrechtsberater International (Jahr, Seite)
FamRZ	Zeitschrift für das gesamte Familienrecht (Jahr, Seite)
FAZ	Frankfurter Allgemeine Zeitung
FernUSG	Gesetz zum Schutz der Teilnehmer am Fernunterricht (Fernunterrichtsgesetz) v 24.8.1976 (BGBl I, 2525)
Feuerich/Weyland	Bundesrechtsanwaltsordnung, 8. Aufl München 2012
ff	fortfolgende
FF	Forum Familienrecht (Jahr, Seite)
FG	Finanzgericht
fG	freiwillige Gerichtsbarkeit
FGB	Familiengesetzbuch der DDR v 20.12.1965 (GBl I 1966, 1)
FGG	Gesetz über die Angelegenheiten der freiwilligen Gerichtsbarkeit v 17.5.1898, außer Kraft seit 31.8.2009
FGG-RG	Gesetz zur Reform des Verfahrens in Familiensachen und in den Angelegenheiten der freiwilligen Gerichtsbarkeit v 17.12.2008
FGO	Finanzgerichtsordnung v 28.3.2001 (BGBl I, 442)
FGPrax	Praxis der freiwilligen Gerichtsbarkeit
FinA	Finanzamt
Finkelnburg/Dombert/Külpmann	Vorläufiger Rechtsschutz im Verwaltungsstreitverfahren, 6. Aufl München 2011
FK-InsO/*Bearb*	Frankfurter Kommentar zur Insolvenzordnung, 6. Aufl Köln 2011
Fn	Fußnote
FoVo	Forderung & Vollstreckung (Jahr, Seite)
Forum	Familien- und Erbrecht (Jahr, Seite)
FPR	Familie, Partnerschaft, Recht (Jahr, Seite)
Frankf	OLG Frankfurt aM

FreihEntzG	Gesetz über die Entziehung der Freiheit geisteskranker, geistesschwacher, rauschgift- oder alkoholsüchtiger Personen v 29.6.1956 (BGBl I, 599)
frz	französisch
FS	Festschrift (Jahr, Seite)
FuR	Familie und Recht (Jahr, Seite)
FWW	Die freie Wohnungswirtschaft (Jahr, Seite)
G	Gesetz
GA	Generalanwalt
GAL	Gesetz über eine Altershilfe für Landwirte idF v 14.9.1965 (BGBl I, 1448)
GasGVV	Verordnung über Allgemeine Bedingungen für die Grundversorgung von Haushaltskunden und die Ersatzversorgung mit Gas aus dem Niederdrucknetz (Gasgrundversorgungsverordnung – GasGVV) v 26.10.2006 (BGBl I, 2391, 2396)
GastG	Gaststättengesetz v 5.5.1970 (BGBl I, 465)
Gaul	Die Grundlagen des Wiederaufnahmerechts und die Ausdehnung der Wiederaufnahmegründe, 1956
GB	Grundbuch
GBA	Grundbuchamt
GBl	Gesetzblatt (Band, Seite)
GBl DDR I	Gesetzblatt Deutsche Demokratische Republik Teil I (Band, Seite)
GBO	Grundbuchordnung idF v 24.1.1995 (BGBl I, 1114)
GbR	Gesellschaft bürgerlichen Rechts
GBV	Verordnung zur Durchführung der Grundbuchordnung (Grundbuchverfügung) idF der Bekanntmachung v 24.1.1995 (BGBl I, 114)
GBVfg	Allgemeine Verfügung über die Errichtung und Führung des Grundbuchs (Grundbuchverfügung) idF v 24.1.1995 (BGBl I, 114)
GE	Das Grundeigentum (Jahr, Seite)
Geb	Gebühr
Gebauer/Wiedmann	Zivilrecht unter europäischem Einfluss, Kommentar, Stuttgart 2005
GebrMG	Gebrauchsmustergesetz idF v 28.8.1986 (BGBl I, 1456)
Gehrlein	Zivilprozessrecht, 2. Aufl München 2003
Geimer	Internationales Zivilprozessrecht, 6. Aufl Köln 2009
Geimer Beweisaufnahme	Internationale Beweisaufnahme, München 1998
Geimer/Schütze Urteilsanerkennung	Internationale Urteilsanerkennung, I 1 1983, I 2 1984, II 1971
Geimer/Schütze/*Bearb*	Europäisches Zivilverfahrensrecht, Kommentar, 3. Aufl München 2010
gem	gemäß
GemS-OGB	Gemeinsamer Senat der Obersten Gerichtshöfe des Bundes
GenG	Genossenschaftsgesetz idF v 19.8.1994 (BGBl I, 2202)
Germelmann/*Bearb*	Germelmann/Matthes/Prütting/Müller-Glöge: Arbeitsgerichtsgesetz, Kommentar, 7. Aufl München 2009
Gernhuber/Coester-Waltjen	Familienrecht, Lehrbuch, 6. Aufl München 2010
Gerold/Madert	Rechtsanwaltsvergütungsgesetz, 18. Aufl München 2008
Gerold/Schmidt	Rechtsanwaltsvergütungsgesetz, 19.Aufl München 2010
GeschmMG	Gesetz betreffend das Urheberrecht an Mustern und Modellen v 12.3.2004 (BGBl I, 390)
GesR	GesundheitsRecht (Jahr, Seite)

GewArch	Gewerbearchiv
GewO	Gewerbeordnung idF der Bek v 22.2.1999 (BGBl I, 425)
GewSchG	Gewaltschutzgesetz v 11.12.2001 (BGBl I, 3513)
GG	Grundgesetz v 23.5.1949 (BGBl, 1, BGBl III 1 Nr 100-1)
ggf	gegebenenfalls
ggü	gegenüber
GKG	Gerichtskostengesetz idF v 5.5.2004 (BGBl I, 718)
GmbH	Gesellschaft mit beschränkter Haftung
GmbHG	Gesetz betreffend die Gesellschaften mit beschränkter Haftung idF der Bek v 20.5.1898 (RGBl, 846; BGBl III 4 Nr 4123-1)
GmbH-Rdsch	GmbH-Rundschau (Jahrgang, Seite)
GMBl	Gemeinsames Ministerialblatt (Band, Seite)
GoA	Geschäftsführung ohne Auftrag
GO-BT	Geschäftsordnung des Bundestages idF der Bekanntmachung v 2.7.1980 (BGBl I, 1237)
Goebel	Frank-Michael Goebel: Kontopfändung unter veränderten Rahmenbedingungen – Die Reform der Kontopfändung, Bonn 2010
Göbel	Karl Göbel: Prozesszweck der AGB-Klage und herkömmlicher Zivilprozess, Königstein 1980
Goldschmidt	Der Prozess als Rechtslage, Berlin 1925
GOrgG-MV	Gesetz zur Ausführung des Gerichtsstrukturgesetzes Mecklenburg-Vorpommern v 10.6.1992 (GVOBl M-V, 314)
Gottwald	Schadenszurechnung und Schadensschätzung, 1979
Gottwald ZUrteil	Das Zivilurteil, 2. Aufl Neuwied 2005
Gottwald Zwangsvollstreckung	Zwangsvollstreckung, 5. Aufl Freiburg 2005
Gottwald/*Bearb*	Insolvenzrechts-Handbuch, 4. Aufl München 2010
GPR	Zeitschrift der Gemeinschaftsprivatrecht/European Community Law Review/Revue de droit privé communautaire
Graba	Die Abänderung von Unterhaltstiteln, 4. Aufl 2011
grdl	grundlegend
grds	grundsätzlich
GrdstVG	Grundstücksverkehrsgesetz v 28.7.1961 (BGBl I, 1091; BGBl III 7 Nr 7810-1)
Greger	Schiedsgutachten – außergerichtliche Streitbeilegung durch Drittentscheidungen, München 2007
Groeben/Schwarze/*Bearb*	Kommentar zum Vertrag über die Europäische Union und zur Gründung der Europäischen Gemeinschaft, 6. Aufl Baden-Baden 2003
GrS	Großer Senat
GrStS	Großer Senat in Strafsachen
GrSZ	Großer Senat in Zivilsachen
Gruchot	Beiträge zur Erläuterung des Deutschen Rechts
GrundE	Das Grundeigentum, Zeitschrift (Jahr, Seite)
Grunsky	Zivilprozessrecht, 13. Aufl München 2008
Grunsky Taktik	Taktik im Zivilprozess, 2. Aufl Köln 1996
Grunsky VerfahrensR	Grundlagen des Verfahrensrechts, 2. Aufl Bielefeld 1974
GRUR	Gewerblicher Rechtsschutz und Urheberrecht, Auslandsteil (Jahr, Seite)
GRUR-RR	Gewerblicher Rechtsschutz und Urheberrecht – Rechtsprechungs-Report (Jahr, Seite)
GRURINT	Gewerblicher Rechtsschutz und Urheberrecht Internationaler Teil (Jahr, Seite)
GRV	Gesetzliche Rentenversicherung

Grziwotz	Nichteheliche Lebensgemeinschaft, 4. Aufl München 2006
GS	Gedächtnisschrift
GuT	Gewerbemiete und Teileigentum
GV	Gerichtsvollzieher
GVBl	Gesetz- und Verordnungsblatt (Jahr, Seite)
GVG	Gerichtsverfassungsgesetz idF v 9.5.1975 (BGBl I, 1077)
GVGA	Geschäftsanweisung für Gerichtsvollzieher idF v 1.7.2003 (JMBl NW, 145)
GVKostG	Gesetz über Kosten der Gerichtsvollzieher
GVO	Gerichtsvollzieherordnung
GVP	Geschäftsverteilungsplan
GVVO	Verordnung über den Verkehr mit Grundstücken idF v 20.12.1993 (BGBl I, 2221); auch: Verordnung zur einheitlichen Regelung der Gerichtsverfassung v 20.3.1935 (RGBl I, 403 ff – außer Kraft seit 24.4.2008)
GW	Gemeinnütziges Wohnungswesen (Jahr, Seite)
GWB	Gesetz gegen Wettbewerbsbeschränkungen idF der Bek v 16.7.2005 (BGBl I, 2114)
GWR	Gesellschafts- und Wirtschaftsrecht (Zeitschrift)
hA	herrschende Ansicht
Habersack/Mülbert/ Schlitt (Hrsg)	Handbuch der Kapitalmarktinformation, 2008
Haager Programm	Kommission der Eur Gem: 10 Prioritäten für die nächsten 5 Jahre, 10.5.2005
Habscheid	Das deutsche Zivilprozeßrecht und seine Ausstrahlung auf andere Rechtsordnungen, Bielefeld 1991
Haft/Schlieffen/*Bearb*	Handbuch Mediation, 2. Aufl München 2009
HaftPflG	Haftpflichtgesetz idF der Bekanntmachung v 4.1.1978 (BGBl I, 145)
HAG	Heimarbeitsgesetz v 14.3.1951 (BGBl I, 191)
Hahn/Mugdan	Die gesamten Materialien zu den Reichs-Justizgesetzen, 8 Bd (Bd 1–3 je in 2 Abt)
Halfmeier	Popularklagen im Privatrecht, Tübingen 2006
Halfmeier/Rott/Feess	Kollektiver Rechtsschutz im Kapitalmarktrecht, 2010
Hambg	Hanseatisches OLG Hamburg
Hamm	OLG Hamm
Hanau	Die Kausalität der Pflichtwidrigkeit, Göttingen 1971
HandwO	Handwerksordnung idF v 24.9.1998 (BGBl I, 3075)
Hansens	Rechtsanwaltsvergütungsgesetz, 9. Aufl München 2008
Harte-Bavendamm/ Henning-Bodewig/ *Bearb*	Gesetz gegen den unlauteren Wettbewerb (UWG), Kommentar, 2. Aufl München 2009
Hartmann	Kostengesetze, 41. Aufl München 2011
Hauck/Helml/Biebl	Arbeitsgerichtsgesetz, 4. Aufl München 2011
HausratsVO	Hausratsverordnung v 21.10.1944 (RGBl I, 44, 256)
HausTWG	Gesetz über den Widerruf von Haustürgeschäften und ähnlichen Geschäften idF v 29.6.2000 (BGBl I, 955) – aufgehoben durch Art 6 Nr 6 SMG
HausTWRL	Richtlinie 85/577/WEG des Rates v 20.12.1985 betreffend den Verbraucherschutz im Falle von außerhalb von Geschäftsräumen geschlossenen Verträgen, AblEG Nr L 372 31 (PalArch I 3)
HBÜ	Haager Übereinkommen v 18.3.1970 über die Beweisaufnahme im Ausland in Zivil- oder Handelssachen (BGBl 1977 II, 1452, 1472; 1979 II, 780; 1991 II, 139; 1993 II, 739; 1995 II, 77)
Hefermehl/Köhler/ Bornkamm	Gesetz gegen den unlauteren Wettbewerb, 29. Aufl München 2010

Heinemann	Neubestimmung der prozessualen Schriftform, PA 110, Köln 2002
Henckel	Prozessrecht und materielles Recht, Göttingen 1970
Henkel	Der gesetzliche Richter, Göttingen 1968
Henssler/Prütting/ *Bearb*	Bundesrechtsanwaltsordnung, 3. Aufl München 2010
Herdegen	Völkerrecht, 9. Aufl München 2010
Hess	Insolvenzrecht, Kommentar in 3 Bänden, Heidelberg 2007
Hess Eu ZPR	Burkhard Hess: Europäisches Zivilprozessrecht, Heidelberg 2010
Hess Gerichtsvollzieherwesen	Burkhard Hess: Die Neuorganisation des Gerichtsvollzieherwesens in Deutschland: wissenschaftliches Gutachten erstellt im Auftrag des Deutschen Gerichtsvollzieherbundes e.V., Baden-Baden 2006
Hess/Pfeiffer/ Schlosser	The Brussels I – Regulation (EC) No 44/2001, The Heidelberg Report on the Application of Regulation Brussels I in 25 Member States (Study JLS/C4/2005/03), 2. Aufl München 2008
HGB	Handelsgesetzbuch v 10.5.1897 (RGBl, 219; BGBl III 4 Nr 4100-1)
HintG-SL	Hinterlegungsgesetz des Saarlandes vom 18.11.2010, Amtsblatt I 2010,1409
HintO	Hinterlegungsordnung v 10.3.1937 (RGBl I, 285; BGBl III 3 Nr 300-15)
Hintzen Grundbuch	Hintzen, Udo: Pfändung und Vollstreckung im Grundbuch, 3. Aufl Münster 2008
Hippel, v.	Wahrheitspflicht und Aufklärungspflicht der Parteien im Zivilprozess – Beitrag zum natürlichen Aufbau des Prozeßrechts und zur Erforschung der Rechtstheorie des 19. Jh., Frankfurt aM 1939
HK-BGB/*Bearb*	Handkommentar Bürgerliches Gesetzbuch, 7. Aufl Baden-Baden 2011
HK-FamR/*Bearb*	Handkommentar Familienrecht, 2. Aufl Baden-Baden 2011
HK-HGB/*Bearb*	Heidelberger Kommentar zum Handelsgesetzbuch, 7. Aufl Heidelberg 2007
HK-InsO/*Bearb*	Heidelberger Kommentar zur Insolvenzordnung, 5. Aufl Heidelberg 2008
HKK	Historisch-kritischer Kommentar zum BGB, Tübingen 2003
HK-RVG/*Bearb*	Mayer/Kroiß: Handkommentar zum RVG, 3. Aufl Baden-Baden 2008; 5. Aufl Baden-Baden 2012
HKÜ	Haager Übereinkommen v 25.10.1980 über die zivilrechtlichen Aspekte internationaler Kindesentführung (BGBl 1990 II, 207)
HK-ZPO/*Bearb*	Saenger/Dörner: Handkommentar zur ZPO, 4. Aufl Baden-Baden 2011
hL	herrschende Lehre
hM	herrschende Meinung
HOAI	Honorarordnung für Architekten und Ingenieure idF v 4.3.1991 (BGBl I, 533)
HöfeO	Höfeordnung idF v 26.7.1976 (BGBl I, 1933)
HöfeVO	Verfahrensordnung für Höfesachen v 29.3.1976 (BGBl I, 881/885)
Höffmann	Die Grenzen der Parteiöffentlichkeit insb beim Sachverständigenbeweis, Bonn 1988
Höttler	Das fingierte Schiedsverfahren – Schiedsgerichtsbarkeit zwischen Autonomisierung und Missbrauch, Köln 2007
Hoffmann, v./Thorn/ *Bearb*	Internationales Privatrecht, 9. Aufl München 2007
Hofmann	Hofmann, Sandra: Die Regelungssystematik, grundlegende Problematik und Zweifelsfälle des § 321 ZPO unter besonderer Betrachtung der Bindungswirkung des § 318 ZPO, Prozessrechtliche Abhandlungen Heft 129, Köln 2009
Hohlfeld	Die Einholung amtlicher Auskünfte im Zivilprozess, Konstanz 1995
Hommerich/Prütting	Rechtstatsächliche Untersuchung zu den Auswirkungen der Reform des Zivilprozessrechts auf die gerichtliche Praxis, Köln 2007
Hövel, van den	Die Tenorierung im Zivilurteil, 5. Aufl München 2010
HRR	höchstrichterliche Rechtsprechung
Hrsg, hrsg	Herausgeber, herausgegeben

hRspr	herrschende Rechtsprechung
HRV	Verordnung über die Einrichtung und Führung des Handelsregisters (Handelsregisterverordnung) v 12.8.1937 (RMBl 1937, 515)
Hs	Halbsatz
HÜB 1970	Übereinkommen über die Beweisaufnahme im Ausland in Zivil- und Handelssachen v 18.3.1970
Hubig	Die historische Entwicklung des § 23 ZPO, Frankfurt aM, Berlin, Bern, Bruxelles, New York, Oxford, Wien, 2003
Hüffer	Aktiengesetz: AktG, 9. Aufl München 2010
Huhn/v. Schuckmann/*Bearb*	Beurkundungsgesetz und Dienstordnung für Notarinnen und Notare, Kommentar, 5. Aufl Berlin 2009
Hundt	Prozesskosten- und Beratungshilfe, Leitfaden für die Praxis, Köln 2008
HUVÜ	Haager Übereinkommen über die Anerkennung und Vollstreckung von Unterhaltsentscheidungen v 2.10.1973 (BGBl 1986 II, 825)
HÜZ	Haager Übereinkommen v 1.3.1954 über den Zivilprozess (BGBl 1958 II, 576; 1959 II, 1388)
HZÜ	Haager Übereinkommen über die Zustellung gerichtlicher und außergerichtlicher Schriftstücke im Ausland in Zivil- oder Handelssachen v 22.12.1977 (BGBl II, 1452) in Kraft getreten am 26.6.1979 aufgrund Bekanntmachung v 21.6.1979 (BGBl II, 779); Ausführungsgesetz v 22.12.1977 (BGBl I, 3105)
iA	im Allgemeinen
IATA	International Air Transport Association
IBR	Immobilien und Baurecht (Jahr, Seite)
ICC	International Chamber of Commerce
ICJ	International Court of Justice
ICLQ	International and Comparative Law Quarterly
ICSID	International Centre for Settlement of Investment Disputes
idF	in der Fassung
idR	in der Regel
idS	in diesem Sinne
iE	im Einzelnen
ieS	im engeren Sinne
IHK	Industrie- und Handelskammer
IHR	Internationales Handelsrecht (Jahr, Seite)
BV, II.	Verordnung über wohnungswirtschaftliche Berechnungen – Zweite BerechnungsVO
iL	in Liquidation
ILM	International Legal Materials
Illmer	Der Arglisteinwand an der Schnittstelle von staatlicher Gerichtsbarkeit und Schiedsgerichtsbarkeit, Tübingen 2007
Ingenstau/Korbion/*Bearb*	VOB Teile A und B, Kommentar, 17. Aufl Köln 2010
inkl	inklusive
insb	insbesondere
InsbürO	Zeitschrift für das Insolvenzbüro (Jahr, Seite)
InsO	Insolvenzordnung v 5.10.1994 (BGBl I, 2866)
InstGE	Entscheidungen der Instanzgerichte zum Recht des geistigen Eigentums
InsVV	Insolvenzrechtliche Vergütungsverordnung v 19.8.1998 (BGBl I, 2205)

IntFamRVG	Internationales Familienrechtsverfahrensgesetz v 26.1.2005 (BGBl I, 162)
IntGesR	Internationales Gesellschaftsrecht
IntVerstZVG	Gesetz über die Internetversteigerung in der Zwangsvollstreckung und zur Änderung anderer Gesetze v 30.7.2009 (BGBl I, 2474)
InvG	Investmentgesetz v 15.12.2003 (BGBl I, 2676)
InVo	Insolvenz und Vollstreckung (Jahr, Seite)
IPBPR	Internationaler Pakt über bürgerliche und politische Rechte v 19.12.1966 (BGBl 1973 II, 1553)
IPR	Internationales Privatrecht
IPRax	Praxis des Internationalen Privat- und Verfahrensrechts (Jahr, Seite)
IPRG	Gesetz zur Neuregelung des Internationalen Privatrechts v 25.7.1986 (BGBl I, 1142)
IPRspr	Die Deutsche Rechtsprechung auf dem Gebiete des IPR (Jahr, Seite)
iRe	im Rahmen eines/einer
iRd	im Rahmen der/des
iRv	im Rahmen von
iS	im Sinne
iSd	im Sinne des/der
IStGH	Internationaler Strafgerichtshof
iSv	im Sinne von
ital	italienisch
iÜ	im Übrigen
IuR	Informatik und Recht (Jahr, Seite)
iVm	im Verbindung mit
IWF	Internationaler Währungsfonds
iwS	im weiteren Sinne
IZPR	Internationales Zivilprozessrecht
IZRspr	Sammlung der deutschen Entscheidungen zum internationalen Privatrecht
IZVR	Internationales Zivilverfahrensrecht
JA	Juristische Arbeitsblätter (Jahr, Seite)
Jäckel	Das Beweisrecht der ZPO, Stuttgart 2009
Jaeger/*Bearb*	Henckel/Gerhardt (Hrsg): Insolvenzordnung, Großkommentar in mehreren Bänden, begr v Ernst Jaeger, Berlin 2004 ff
JahrbIntR	Jahrbuch für internationales Recht (Jahr, Seite)
Jansen/*Bearb*	FGG: Gesetz über die Angelegenheiten der freiwilligen Gerichtsbarkeit, Großkommentar, Berlin
Jarass/Pieroth	Grundgesetz für die Bundesrepublik Deutschland, 11. Aufl München 2011
Jauernig	Jauernig/Hess, Zivilprozessrecht, 30. Aufl München 2011
Jauernig Verhandlungsmaxime	Verhandlungsmaxime, Inquisitionsmaxime und Streitgegenstand, Tübingen 1967
Jauernig Zivilurteil	Das fehlerhafte Zivilurteil, Frankfurt 1958
Jauernig/*Bearb*	Jauernig (Hrsg): BGB Kommentar, 14. Aufl München 2011
Jauernig/Berger	Zwangsvollstreckungs- und Insolvenzrecht, Studienbuch, 23. Aufl München 2010
Jayme/Hausmann	Internationales Privat- und Verfahrens-Recht (Textausgabe), 14. Aufl München 2009
JBeitrO	Justizbeitreibungsordnung v 11.3.1937 (RGBl I, 298)
JBl	Justizblatt (Jahr, Blatt)
Jeong-Ha	Einstweilige Massnahmen in der Schiedsgerichtsbarkeit, Köln 1991
Jena	OLG Jena, Thüringisches OLG
Jennißen/*Bearb*	Wohnungseigentumsgesetz: WEG, Kommentar, 2. Aufl Köln 2010

Jessnitzer	Der gerichtliche Sachverständige, 12. Aufl Köln 2007
jew	jeweils
JG	Jugendgericht
JGG	Jugendgerichtsgesetz idF v 11.12.1974 (BGBl I, 3427)
JKomG	Gesetz über die Verwendung elektronischer Kommunikationsformen in der Justiz (Justizkommunikationsgesetz) v 22.3.2005 (BGBl I, 837)
JMBl	Justizministerialblatt (Jahr, Seite)
JMBlNRW	Justizministerialblatt für Nordrhein-Westfalen (Jahr, Seite)
JO	Journal officiel (Jahr, Seite)
JR	Juristische Rundschau (Jahr, Seite)
JuMiG	Justizmitteilungsgesetz v 18.6.1997 (BGBl I, 1430)
JuMoG, 1.	Erstes Gesetz zur Modernisierung der Justiz, 1. Justizmodernisierungsgesetz v 24.8.2004 (BGBl 2004 I, 2198)
JuMoG, 2.	Zweites Gesetz zur Modernisierung der Justiz, 2. Justizmodernisierungsgesetz v 22.12.2006 (BGBl I 2006, 3416)
Jura	Juristische Ausbildung (Jahr, Seite)
JurA	Juristische Analysen (Jahr, Seite)
JurBüro	Das Juristische Büro (Jahr, Seite)
JurionRS	Rechtsprechung Jurion
jurisPK/*Bearb*	Juris Praxiskommentar BGB in 7 Bänden
jurisPR-FamR	juris PraxisReport Familienrecht
JuS	Juristische Schulung (Jahr, Seite)
Justiz	Die Justiz, Amtsblatt des Justizministeriums Baden-Württemberg (Jahr, Seite)
JuV	Justiz und Verwaltung (Jahr, Seite)
JVBl	Justizverwaltungsblatt (Jahr, Seite)
JVEG	Justizvergütungs- und -entschädigungsgesetz v 5.5.2004 (BGBl I, 718)
JVKostG	Gesetz über Kosten im Bereich der Justizverwaltung (Justizverwaltungskostengesetz) idF der Bekanntmachung v 20.6.1995 (GV NRW, 708)
JW	Juristische Wochenschrift (Jahr, Seite)
JWG	Gesetz für Jugendwohlfahrt (Jugendwohlfahrtgesetz)
JZ	Juristenzeitung (Jahr, Seite)
K&R	Kommunikation und Recht (Jahr, Seite)
Kahn	Abhandlungen zum internationalen Privatrecht, Bd I, München 1928
Kalthoener/Büttner/ Wrobel-Sachs	Prozesskostenhilfe und Beratungshilfe, 5. Aufl München 2010
Kap	Kapitel
KapMuG	Gesetz zur Einführung von Kapitalanleger-Musterverfahren v 16.8.2005 (BGBl I, 2437)
Karlsr	OLG Karlsruhe
Kasseler Handbuch/ *Bearb*	Leinemann (Hrsg): Kasseler Handbuch zum Arbeitsrecht, 2 Bd, 2. Aufl Neuwied 2000
Katzenmeier	Arzthaftung, Tübingen 2002
KEHE/*Bearb*	Kuntze/Ertl/Hermann/Eickmann (Hrsg): Grundbuchrecht, 6. Aufl Berlin 2006
Keidel/Kuntze/Winkler/*Bearb*	Freiwillige Gerichtsbarkeit, Teil A, FGG mit Erläuterungen, 15. Aufl München 2003
Keip	Umfang und Grenzen eines sozialen Schuldnerschutzes in der Zwangsvollstreckung, Hamburg 2000

Keller	Ulrich Keller: Die eidesstattliche Versicherung nach §§ 807, 899 ZPO – Nach den Änderungen der 2. Zwangsvollstreckungsnovelle vom 17.12.1997 (BGBl I, 3039), Leitfaden für die Rechtspraxis, Bielefeld 1998
Kersting	Der Schutz des Wirtschaftsgeheimnisses im Zivilprozess, Bielefeld 1995
KF	Karlsruher Forum (Jahr, Seite)
Kfb	Kostenfestsetzungsbeschluss
KfH	Kammer für Handelssachen
Kfz	Kraftfahrzeug
KG	Kammergericht
KGaA	Kommanditgesellschaft auf Aktien
KGR	Rechtsprechung Kammergericht
KindUG	Gesetz zur Vereinheitlichung des Unterhaltsrechts v 6.4.1998 (BGBl I, 666)
Kip	Das sogenannte Mündlichkeitsprinzip – Geschichte einer Episode des Dt. Zivilprozeßes, Köln 1952
Kissel/Mayer	Gerichtsverfassungsgesetz, Kommentar, 6. Aufl München 2010
KJHG	Kinder- und Jugendhilfegesetz s. SGB XIII
KK-KapMuG/*Bearb*	Kölner Kommentar zum KapMuG, Köln 2008
KK-RVG/*Bearb*	Bischof/Jungbauer/Bräuer u.a.: Kompaktkommentar RVG, 4. Aufl Köln 2011
KK-StPO/*Bearb*	Karlsruher Kommentar zur Strafprozessordnung, 6. Aufl München 2008
KKZ	Kommunal-Kassenzeitschrift (Jahr, Seite)
Kl	Kläger
Kniffka/Koeble	Kompendium des Baurechts, 3. Aufl München 2008
KO	Konkursordnung idF v 20.5.1898 (RGBl, 612; BGBl III 3 Nr 311-4)
Kobl	OLG Koblenz
Köhler/Bornkamm/Köhler	Gesetz gegen den unlauteren Wettbewerb, 29. Aufl München 2011
Köln	OLG Köln
KOM	Kommissionsdokumente
Komm	Kommentar
KonsG	Gesetz über die Konsularbeamten, ihre Aufgaben und Befugnisse (Konsulargesetz) v 11.9.1974 (BGBl I, 2317)
Konzen	Rechtsverhältnisse zwischen Prozeßparteien, Berlin 1976
Kopp/Schenke	Verwaltungsgerichtsordnung, 17. Aufl München 2011
Kormann	Das neue europäische Mahnverfahren im Vergleich zu den Mahnverfahren in Deutschland und Österreich, Jena 2007
Kornblum	Probleme der schiedsrichterlichen Unabhängigkeit, München 1968
KostÄndG	Kostenänderungsgesetz v 17.12.1986 (BGBl I, 2326)
KostO	Gesetz über die Kosten in Angelegenheiten der freiwilligen Gerichtsbarkeit (Kostenordnung) idF v 26.7.1957 (BGBl I, 960; BGBl III 3 Nr 361-1)
KostRÄndG	Kostenrechts-Änderungsgesetz idF v 30.8.1994 (BGBl I, 2591)
KostRMoG	Gesetz zur Modernisierung des Kostenrechts (Kostenrechtsmodernisierungsgesetz) v 5.5.2004 (BGBl I, 718)
Koukouselis	Die Unmittelbarkeit der Beweisaufnahme im Zivilprozeß, insb bei der Zeugenvernehmung, Frankfurt aM 1990
Koussoulis	Beiträge zur modernen Rechtskraftlehre, Köln 1986
Krause	Die geschichtliche Entwicklung des Schiedsgerichtswesens in Deutschland, Berlin 1930
krit	kritisch
Kropholler BGB	Bürgerliches Gesetzbuch, Studienkommentar, 13. Aufl München 2011

Kropholler Einheitsrecht	Internationales Einheitsrecht, Tübingen 1975
Kropholler/v. Hein EuGVO	Europäisches Zivilprozessrecht, Kommentar zu EuGVO und Lugano-Übereinkommen, 9. Aufl Frankfurt aM 2011
KSchG	Kündigungsschutzgesetz v 25.8.1969 (BGBl I, 1317; BGBl III 8 Nr 800-2)
KStG	Körperschaftssteuergesetz v 31.8.1976 (BGBl I, 2597, 2599)
KSÜ	Haager Übereinkommen über die Zuständigkeit, das anzuwendende Recht, die Anerkennung, Vollstreckung über Zusammenarbeit auf dem Gebiet der elterlichen Verantwortung und der Maßnahmen zum Schutz von Kindern v 19.10.1996
KTS	Konkurs, Treuhand- und Schiedsgerichtswesen (Jahr, Seite)
Kübler/Prütting/*Bearb*	Kommentar zur Insolvenzordnung, Loseblatt, Köln
Kunze	Das amtsgerichtliche Bagatellverfahren nach § 495a ZPO, Bielefeld 1995
KV	Kostenverzeichnis
KVKostO	Kostenverzeichnis (Anlage zur KostO)
Kwaschik	Die Parteivernehmung und der Grundsatz der Waffengleichheit im Zivilprozess, Tübingen 2004
KWG	Gesetz über das Kreditwesen idF der Bek v 9.9.1998 (BGBl I, 2776)
Lachmann	Handbuch für die Schiedsgerichtspraxis, 3. Aufl Köln 2007
Lackmann	Zwangsvollstreckungsrecht, 9. Aufl München 2009
LAG	Lastenausgleichsgesetz idF v 2.6.1993 (BGBl I, 845; 1995 I, 248); auch: Landesarbeitsgericht
LAGE	Entscheidungssammlung Landesarbeitsgerichte (Band, Seite)
Lames	Rechtsfortbildung als Prozesszweck – Zur Dogmatik des Zivilverfahrensrechts, Tübingen 1993
Lange	Lange, Jérôme: Internationale Rechts- und Forderungspfändung – eine Untersuchung zu den Chancen und Risiken »grenzüberschreitender« Vollstreckungsmaßnahmen in Forderungen und sonstige Vermögensrechte unter besonderer Berücksichtigung der Verordnung (EG) Nr 1348/2000 und des Zustellungsreformgesetzes, Berlin 2004
Larenz/Canaris	Methodenlehre der Rechtswissenschaft, 4. Aufl Berlin ua 2009
Laufs/Katzenmeier/Lipp/*Bearb*	Arztrecht, 6. Aufl München 2009
Leible/Freitag	Forderungsbeitreibung in der EU, München 2008
Leinemann	Das neue Vergaberecht, 2. Aufl Köln 2010
Leipold	Lex fori, Souveränität, Discovery, Grundfragen des internationalen Zivilprozeßrechts, Heidelberg 1998
LFGG	Landesgesetz über die freiwillige Gerichtsbarkeit Baden-Württemberg v 12.2.1975 (GBl, 116)
LG	Landgericht
LH/*Bearb*	Bayer/Lutter/Hommelhoff u.a.: Kommentar zum GmbHG, 17. Aufl Köln 2009
li	linke
Lindacher	Internationales Wettbewerbsverfahrensrecht, Köln 2009
lit	littera
Lit	Literatur
LKRZ	Zeitschrift für Landes- und Kommunalrecht Hessen/Rheinland-Pfalz/Saarland
LKV	Landes- und Kommunalverwaltung (Jahr, Seite)
LKW	Lastkraftwagen
LM	Lindenmaier/Möhring: Nachschlagewerk des Bundesgerichtshofs

LMK	Lindenmaier/Möhring: Kommentierte BGH-Rechtsprechung
LMuR	Lebensmittel und Recht (Jahr, Seite)
Lousanoff	Zur Zulässigkeit des Teilurteils gem § 301 ZPO, Berlin 1979
LPartG	Lebenspartnerschaftsgesetz v 16.2.2001 (BGBl I, 266)
LR/*Bearb*	Löwe/Rosenberg: StPO und GVG, Großkommentar in mehreren Bänden
LS	Leitsatz
LSG	Landessozialgericht
Lücke	Lücke, Jörg: Begründungszwang und Verfassung – zur Begründungspflicht der Gerichte, Behörden und Parlamente, Tübingen 1987
LuftfzRG	Gesetz über Rechte an Luftfahrzeugen v 26.2.1959 (BGBl I, 57; BGBl III 4 Nr 403-9)
LuftVG	Luftverkehrsgesetz idF v 27.3.1999 (BGBl I, 550)
LugÜ	Luganer Übereinkommen über die gerichtliche Zuständigkeit und die Vollstreckung gerichtlicher Entscheidungen in Zivil- und Handelssachen (BGBl 94 II, 2660; 95 II, 221; 96 II, 223)
Luhmann	Legitimation durch Verfahren, 8. Aufl Neuwied 1983
LVA	Landesversicherungsanstalt
LwG	Landwirtschaftsgericht
LwVG	Gesetz über das gerichtliche Verfahren in Landwirtschaftssachen v 21.7.1953 (BGBl I, 667; BGBl III 3 Nr 317-1)
LZ	Leipziger Zeitschrift (Jahr, Spalte)
MaBV	Verordnung über die Pflichten der Makler, Darlehens- und Anlagenvermittler, Bauträger und Baubetreuer (Makler- und Bauträgerverordnung) idF v 7.11.1990 (BGBl I, 2479)
Magazindienst	Magazindienst (Jahr, Seite)
mAnm	mit Anmerkung
MarkenG	Gesetz über den Schutz von Marken und sonstigen Kennzeichen (Markengesetz) v 25.10.1994 (BGBl I, 3082)
Marotzke	Das Anwartschaftsrecht, Berlin 1977
Marquardt	Die Rechtsnatur präsidialer Gesschäftsverteilungspläne gem § 21e GVG und der Rechtsschutz des Richters, Frankfurt aM 1998
MaschMahnVordrV	Verordnung zur Einführung von Vordrucken für das Mahnverfahren bei Gerichten, die das Verfahren maschinell bearbeiten v 6.6.1978 (BGBl I, 705), zuletzt geändert durch Art 7 des Gesetzes v 27.7.2001 (BGBl I, 1887)
Mayer/Kroiß/*Bearb*	Rechtsanwaltsvergütungsgesetz, 5. Auflage 2011
MBl	Ministerialblatt (Jahr, Seite)
MDR	Monatsschrift für Deutsches Recht (Jahr, Seite)
mE	meines Erachtens
Medicus/Petersen	Bürgerliches Recht, 23. Aufl München 2011
MedR	Medizinrecht (Jahr, Seite)
Meller-Hannich	Verbraucherschutz im Schuldvertragsrecht, 2005
Meyer	Gerichtskostengesetz, 12. Aufl Berlin 2011
Meyer-Goßner	Strafprozessordnung, 54. Aufl München 2011
Meyer-Ladewig	Sozialgerichtsgesetz, 9. Aufl München 2008
Meyer-Seitz/Frantzioch/Ziegler	Die FGG-Reform: Das neue Verfahrensrecht, Köln 2009
mglw	möglicherweise
mH	mit Hinweisen
Mietgericht	Das Mietgericht (Jahr, Seite)
MietRB	Miet-Rechts-Berater

MinBl	Ministerialblatt (Jahr, Seite)
MittBayNotK	Mitteilungen Bayerische Notar-Kammer (Jahr, Seite)
MittBl	Mitteilungsblatt (Jahr, Seite)
MittRhNotK	Mitteilungen Rheinische Notar-Kammer (Jahr, Seite)
MMR	MultiMedia und Recht (Jahr, Seite)
mN	mit Nachweisen
MoMiG	Gesetz zur Modernisierung des GmbH-Rechts und zur Bekämpfung von Missbräuchen v 23.10.2008 (BGBl 2008 I, 2026)
Motsch	Vom rechtsgenügenden Beweis – Zur Entscheidung von Zivilsachen nach Wahrscheinlichkeit unter besonderer Berücksichtigung der Abstammungsfeststellung, Berlin 1983
MPI	Max-Planck-Institut für ausländisches und internationales Privat- und Prozessrecht
MS	Mitgliedstaat
MSA	Minderjährigenschutzabkommen v 5.10.1961 (BGBl 71 II, 217)
MüKoBGB/*Bearb*	Münchener Kommentar zum BGB, Hrsg Rebmann/Säcker
MüKoInsO/*Bearb*	Münchener Kommentar zur Insolvenzordnung, Hrsg Kirchhof/Lwowski/Stürner
MüKoZPO/*Bearb*	Münchener Kommentar zur Zivilprozessordnung, Hrsg Rauscher/Lüke
Münch, v./Kunig	Grundgesetz-Kommentar, 6. Aufl München 2012
München	OLG München
Musielak	Die Grundlagen der Beweislast im Zivilprozeß, Berlin 1975
Musielak GK ZPO	Grundkurs ZPO, 10. Aufl München 2010
Musielak/*Bearb*	Zivilprozessordnung, Kommentar, 8. Aufl München 2011
MuW	Markenschutz und Wettbewerb (Jahr, Seite)
mwN	mit weiteren Nachweisen
MwSt	Mehrwertsteuer
Nagel/Gottwald	Internationales Zivilprozessrecht, 6. Aufl Köln 2006
NATO	North Atlantic Treaty Organization (Nordatlantikpakt)
Nato-Truppenstatut	v 19.6.1951 (BGBl II, 1183)
Naumbg	OLG Naumburg
NdsRpfl	Niedersächsische Rechtspflege (Jahr, Seite)
Nelle	Anspruch, Titel und Vollstreckung im internationalen Rechtsverkehr, Tübingen 2000
nF	neue Fassung
NJ	Neue Justiz (Jahr, Seite)
NJOZ	Neue Juristische Online-Zeitschrift (Jahr, Seite)
NJW	Neue Juristische Wochenschrift (Jahr, Seite)
NJW-CoR	NJW-Computerreport (Jahr, Seite)
NJWE-FER	NJW-Entscheidungsdienst Familien- und Erbrecht
NJW-RR	Neue Juristische Wochenschrift Rechtsprechungsreport (Jahr, Seite)
NJW-Spezial	NJW-Spezial. Die wichtigsten Informationen zu speziellen Rechtsgebieten (Jahr, Seite)
NK	Nomos-Kommentar
NL-BzAR	Neue Landwirtschaft – Briefe zum Agrarrecht
NordÖR	Zeitschrift für Öffentliches Recht in Norddeutschland (Jahr, Seite)
NotBZ	Zeitschrift für die notarielle Beratungs- und Beurkundungspraxis (Jahr, Seite)
Nr	Nummer(n)
nrkr	nicht rechtskräftig
NRW	Nordrhein-Westfalen

NStZ	Neue Zeitschrift für Strafrecht (Jahr, Seite)
NStZ-RR	Neue Zeitschrift für Strafrecht Rechtsprechungsreport (Jahr, Seite)
NTS	Nato-Truppen-Statut
NTS-ZA	Nato-Truppen-Statut-Zusatzabkommen
NuR	Natur und Recht (Jahr, Seite)
Nürnbg	OLG Nürnberg
nv	nicht veröffentlicht
NVersZ	Neue Zeitschrift für Versicherung und Recht (Jahr, Seite)
NVwZ	Neue Zeitschrift für Verwaltungsrecht (Jahr, Seite)
NVwZ-RR	Neue Zeitschrift für Verwaltungsrecht Rechtsprechungsreport (Jahr, Seite)
NWVBl	Nordrhein-Westfälische Verwaltungsblätter (Jahr, Seite)
NZA	Neue Zeitschrift für Arbeitsrecht Rechtsprechungsreport (Jahr, Seite)
NZA-RR	Neue Zeitschrift für Sozialrecht (Jahr, Seite)
NZBau	Neue Zeitschrift für Baurecht und Vergaberecht (Jahr, Seite)
NZG	Neue Zeitschrift für Gesellschaftsrecht (Jahr, Seite)
NZI	Neue Zeitschrift für das Recht der Insolvenz und Sanierung (Jahr, Seite)
NZM	Neue Zeitschrift für Mietrecht (Jahr, Seite)
NZS	Neue Zeitschrift für Sozialrecht (Jahr, Seite)
NZV	Neue Zeitschrift für Verkehrsrecht (Jahr, Seite)
oä	oder ähnliches
Oberheim	Erfolgreiche Taktik im Zivilprozess, 5. Aufl 2011
OECD	Organization of Economic Cooperation and Development
OEEC	Organization for European Economic Cooperation
Oelkers/Völker/ Clausius	Sorge- und Umgangsrecht in der Praxis, 4. Aufl Bonn 2011
Oestreich/Winter/ Hellstab	Gerichtskostengesetz, Loseblatt, Köln
og	oben genannten
OGH	Oberster Gerichtshof für die britische Zone; auch: Oberster Gerichtshof Österreich
OGHSt	Amtliche Sammlung der Entscheidungen des OGH in Strafsachen (Band, Seite)
OGHZ	Amtliche Sammlung der Entscheidungen des OGH in Zivilsachen
OHG, oHG	Offene Handelsgesellschaft
OK	Online-Kommentar
Oldbg	OLG Oldenburg
OLG	Oberlandesgericht
OLG Rspr	Mugdan/Falkmann: Die Rechtsprechung der Oberlandesgerichte auf dem Gebiete des Zivilrechts
OLGE	Entscheidungen der Oberlandesgerichte in Zivilsachen einschließlich der freiwilligen Gerichtsbarkeit (Band, Seite)
OLG-NL	OLG-Rechtsprechung Neue Länder (Jahr, Seite)
OLGR	OLG-Report, Zivilrechtsprechung der Oberlandesgerichte (Jahr, Seite)
OLG-Rspr	OLG-Rechtsprechung (Gericht)
OLGZ	Entscheidungen der Oberlandesgerichte in Zivilsachen (Jahr, Seite), ab 1995 vereinigt mit FG-Prax
Olivet	Die Kostenverteilung im Zivilurteil, 4. Aufl Heidelberg 2006
op	ordre public
opi	ordre public international
OS	Orientierungssatz

OVG	Oberverwaltungsgericht
OVG Bln/Bbg	OVG Berlin/Brandenburg
OVGE	Entscheidungen der Oberverwaltungsgerichte (Band, Seite)
OWiG	Gesetz über Ordnungswidrigkeiten idF v 19.2.1987 (BGBl I, 603)
öZPO	österreichische ZPO
PA	Prütting (Hrsg): Prozessrechtliche Abhandlungen, Schriftenreihe (Heft, Seite)
Pagenstecher	Zur Lehre von der materiellen Rechtskraft, 1905
Palandt/*Bearb*	Kurzkommentar zum BGB, 71. Aufl München 2011
PAngV	Preisangabenverordnung idF der Bekanntmachung v 18.10.2002 (BGBl I, 4197)
PartG	Parteiengesetz idF v 31.1.1994 (BGBl I, 150)
PartGG	Gesetz über Partnergesellschaften Angehöriger Freier Berufe (Partnerschaftsgesellschaftsgesetz) v 25.7.1994 (BGBl I, 1744)
Pastor/Ahrens/*Bearb*	Der Wettbewerbsprozess, 5. Aufl Köln 2004
PatG	Patentgesetz v 16.12.1980 (BGBl 1981 I, 1)
Peters	Zivilprozessrecht einschließlich Zwangsvollstreckung und Konkurs, 4. Aufl Neuwied 1986
Peters	Der sogenannte Freibeweis im Zivilprozeß, Köln [ua] 1962
Pfeiffer	Internationale Zuständigkeit und prozessuale Gerechtigkeit, Frankfurt 1995
Pfennig	Die internationale Zustellung in Zivil- und Handelssachen, Köln [ua] 1988
PflegeVG	s. SGB XI
PflVG	Pflichtversicherungsgesetz idF v 5.4.1965 (BGBl I, 213)
PharmR	Pharma Recht – Zeitschrift für das gesamte Arzneimittelrecht (Jahr, Seite)
phG	persönlich haftender Gesellschafter
PKH	Prozesskostenhilfe
PKHG	Gesetz über die Prozesskostenhilfe v 13.6.1980 (BGBl I, 677)
PKW	Personenkraftwagen
P/O/S	Piper/Ohly/Sosnitza: Gesetz gegen den unlauteren Wettbewerb, mit Preisangabenverordnung, Kommentar, 5. Aufl München 2010
PostG	Gesetz über das Postwesen v 22.12.1997 (BGBl I, 3294)
Preuß/Renner/Huhn/*Bearb*	Beurkundungsgesetz und Dienstordnung für Notarinnen und Notare, Kommentar, 5. Aufl Berlin 2009
ProdHaftG	Produkthaftungsgesetz v 15.12.1989 (BGBl I, 2198)
Prölss	Beweiserleichterungen im Schadensersatzprozeß, Karlsruhe 1966
Prölss/Martin/*Bearb*	Versicherungsvertragsgesetz, 28. Aufl München 2010
Proske	Die Urteilsberichtigung gem § 319 ZPO, Frankfurt [ua] 2002
ProzBev	Prozessbevollmächtigter
ProzRB	Der Prozess-Rechts-Berater (Jahr, Seite)
Prütting	Gegenwartsprobleme der Beweislast, München 1983
Prütting JA	Einführung in das Zivilprozessrecht, JA-Sonderheft 5, 9. Aufl 2001
Prütting Streitschlichtung	Außergerichtliche Streitschlichtung, Handbuch für die Praxis, München 2003
Prütting/Helms/*Bearb*	FamFG Kommentar, 2. Aufl Köln 2011
Prütting/Stickelbrock	Zwangsvollstreckungsrecht, Stuttgart 2002
Prütting/Weth	Rechtskraftdurchbrechung bei unrichtigen Titeln, 2. Aufl Köln 1994
PStG	Personenstandsgesetz v 8.8.1957 (BGBl I, 1125, BGBl III 2 Nr 211-1)
pVV	positive Vertragsverletzung
PWW/*Bearb*	Prütting/Wegen/Weinreich (Hrsg): BGB Kommentar, 6. Aufl Köln 2011

R/G/S	Rosenberg/Gaul/Schilken u.a.: Zwangsvollstreckungsrecht, 12. Aufl München 2010
R/S/G	Rosenberg/Schwab/Gottwald: Zivilprozessrecht, 17. Aufl München 2010
r+s	Recht und Schaden (Jahr, Seite)
RA	Rechtsanwalt
RabelsZ	Rabels: Zeitschrift für ausländisches und internationales Privatrecht (Jahr, Seite)
Raeschke-Kessler/ Berger	Recht und Praxis des Schiedsverfahrens, 3. Aufl Köln 1999
Rafi	Kriterien für ein gutes Urteil, Berlin 2004
RAG	Reichsarbeitsgericht
RAGE	Entscheidungen des Reichsarbeitsgerichts (Band, Seite)
Rauscher/*Bearb*	Europäisches Zivilprozessrecht, Kommentar, 2. Aufl München 2006
RBerG	Rechtsberatungsgesetz v 13.12.1935 (RGBl I, 1478; BGBl III 3 Nr 303-12), abgelöst durch das RDG
RdA	Recht der Arbeit (Jahr, Seite)
RdE	Recht der Energiewirtschaft (Jahr, Seite)
RDEG	Einführungsgesetz zum Rechtsdienstleistungsgesetz v 12.12.2007 (BGBl I 2007, 2840, 2846)
RDG	Gesetz über außergerichtliche Rechtsdienstleistungen (Rechtsdienstleistungsgesetz) v 12.12.2007 (BGBl I 2007, 2840)
Rec	Recueil des Cours
red	redaktionell
Redeker/v. Oertzen	Verwaltungsgerichtsordnung, 14. Aufl Stuttgart 2005
RegBl	Regierungsblatt (Jahr, Seite)
RegE	Regierungsentwurf
Rehberg/Xanke/ Schons/Vogt/Feller	RVG – Rechtsanwaltsvergütungsgesetz, 3. Aufl Köln 2010
Reichenbach	§ 1004 BGB als Grundlage von Beweisverboten, Tübingen 2004
Reichert	Handbuch Vereins- und Verbandsrecht, 12. Aufl Köln 2009
Reinel	Die Verbandsklage nach dem AGBG, Köln 1979
Remus	Präsidialverfassung und gesetzlicher Richter, Hamburg 2008
Rensen	Die richterliche Hinweispflicht, Bielefeld 2002
RG	Reichsgericht
RGBl	Reichsgesetzblatt ohne Ziffer = Teil I; mit II = Teil 2
RGLZ	Leipziger Zeitschrift für Handels-, Konkurs- und Versicherungsrecht (Jahr, Seite)
RGSt	Amtliche Sammlung der Entscheidungen des Reichsgerichts in Strafsachen (Band, Seite)
RGVZ	Reichsgericht Vereinigte Zivilsenate
RGZ	Amtliche Sammlung der Entscheidungen des Reichsgerichts in Zivilsachen (Band, Seite)
RhNK	Mitteilungen der Rheinischen Notarkammer (ab 2001: RnotZ)
RHS/*Bearb*	Rüffer/Halbach/Schimikowski: Versicherungsvertragsgesetz – VVG, Handkommentar, Baden-Baden 2008
RiA	Recht im Amt (Jahr, Seite)
RIW	Recht der internationalen Wirtschaft (Jahr, Seite)
RJM	Reichsministerium der Justiz; Recht der internationalen Wirtschaft (Jahrgang, Seite)
RL	Richtlinie
RM	Reichsministerium
RMBl	Reichsministerialblatt, Zentralblatt für das Deutsche Reich (Jahr, Seite)
RMBliV	Reichsministerialblatt für die innere Verwaltung (Jahr, Seite)

Rn	Randnummer bei externen Verweisen
RNotZ	Rheinische Notar-Zeitschrift (Jahr, Seite)
Rohwer	Materielle Unmittelbarkeit der Beweisaufnahme – Ein Prinzip der StPO wie der ZPO?, Kiel 1972
RömStatut	Römisches Statut des Internationalen Strafgerichtshofs
Rosenberg	Die Beweislast auf der Grundlage des Bürgerlichen Gesetzbuchs und der Zivilprozessordnung, 5. Aufl München 1965
Rosenberg/Gaul/Schilken	s. R/G/S
Rosenberg/Schwab/Gottwald	s. R/S/G
Rostock	OLG Rostock
Roth, H.	Die Verwertung rechtswidrig erlangter Beweismittel im Zivilprozess, in: Erichsen/Kollhosser/Welp, Recht der Persönlichkeit, 1996, S. 279 ff
Roth/Altmeppen/*Bearb*	Gesetz betreffend die Gesellschaften mit beschränkter Haftung: GmbHG, Kommentar, 6. Aufl München 2009
Rpfleger	Der Deutsche Rechtspfleger (Jahr, Seite)
RPflG	Rechtspflegergesetz v 5.11.1969 (BGBl I, 2065)
RpflStud	Rechtspfleger Studienhefte (Jahr, Seite)
RpflVereinfG	Rechtspflege-Vereinfachungsgesetz v 17.12.1990 (BGBl I, 2847)
RRa	Reiserecht aktuell (Jahr, Seite)
Rs	Rechtssache
R/S/G	Rosenberg/Schwab/Gottwald, Zivilprozessrecht 17.Aufl München 2010
Rspr	Rechtsprechung
RStBl	Reichssteuerblatt (Jahr, Seite)
RuS	Recht und Schaden (Jahr, Seite)
rv	Die Rentenversicherung (Jahr, Seite)
RVA	Reichsversicherungsamt
RVG	Rechtsanwaltsvergütungsgesetz v 5.5.2004 (BGBl, I 718)
RVGreport	Zeitschrift zur Reform des Gebührenrechts (Jahr, Seite)
Rz	Randnummer bei internen Verweisen
RzW	Rechtsprechung zum Wiedergutmachungsrecht (NJW) (Jahr, Seite)
S	Satz
S.	Seite
s.	siehe
s.a.	siehe auch
s.o.	siehe oben
s.u.	siehe unten
Saarbr	OLG Saarbrücken
SaBl	Sammelblatt
Sachs/*Bearb*	Grundgesetz, 6. Aufl München 2011
SachsAnh	Sachsen-Anhalt
SächsJG	Gesetz über die Justiz im Freistaat Sachsen v 24.11.2000 (Sächs GVBl, 482)
SächsSpkVO	Verordnung über die Geschäfte und die Verwaltung der Sparkassen Sachsen
Saenger	s. HK-ZPO/*Bearb*
SBL/*Bearb*	Schimansky/Bunte/Lwowski: Bankrechtshandbuch in zwei Bänden, 3. Aufl München 2007
SBS/*Bearb*	Stelkens/Bonk/Sachs: Verwaltungsverfahrensgesetz, 7. Aufl München 2008

SCEAG	Gesetz zur Ausführung der Verordnung (EG) Nr 1435/2003 des Rates v 22.7.2003 über das Statut der Europäischen Genossenschaft (SCE) (SCE-Ausführungsgesetz – SCEAG) v 14.8.2006 (BGBl I, 1911)
Schack	Internationales Zivilverfahrensrecht, 5. Aufl München 2010
SchadensRÄndG 2002, 2.	Zweites Gesetz zur Änderung schadensersatzrechtlicher Vorschriften v 19.7.2002 (BGBl I, 2674)
Schaub/*Bearb*	Arbeitsrechtshandbuch, 14. Aufl München 2011
ScheckG	Scheckgesetz v 14.8.1933 (RGBl I, 597)
Schellhammer	Zivilprozess, 13. Aufl Heidelberg 2010
Schellhammer Arbeitsmethode	Die Arbeitsmethode des Zivilrichters, 16. Aufl Heidelberg 2009
Scherer	Das Beweismaß bei der Glaubhaftmachung, Köln 1996
SchiedsG	Schiedsgericht
SchiedsVfG	Gesetz zur Neuregelung des Schiedsverfahrensrecht v 22.12.1997 (BGBl, 3224)
SchiedsVZ	Zeitschrift für Schiedsverfahren (Jahr, Seite)
SchiffsRG	Gesetz über Rechte an eingetragenen Schiffen und Schiffsbauwerken v 15.11.1940 (RGBl I, 1499; BGBl III Nr 403-4)
Schilken	Gerichtsverfassungsrecht, 4. Aufl Köln 2007
Schilken Passivlegitimation	Veränderungen der Passivlegitimation im Zivilprozess, Köln 1987
Schilken ZPR	Zivilprozessrecht, 6. Aufl München 2010
Schlacke	Sabine Schlacke: Überindividueller Rechtsschutz, Tübingen 2009
Schlesw	OLG Schleswig
SchlG	Schlichtungsgesetz
SchlH	Schleswig-Holstein
SchlHA	Justizministerialblatt für Schleswig-Holstein, Schleswig-Holsteinische Anzeigen (Jahr, Seite
Schlosser	EU-Zivilprozessrecht, EuGVVO, EuEheVO, EuBVO, EuZVO, 3. Aufl München 2009
Schlosser Parteihandeln	Peter Schlosser: Einverständliches Parteihandeln im Zivilprozess, Tübingen 1968
Schmidt, K.	Schmidt, Karsten: Gesellschaftsrecht, 4. Aufl Köln [ua] 2002
Schmidt, U.	Europäisches Zivilprozessrecht in der Praxis – Das 11. Buch der ZPO, München 2004
Schmidt/Lutter/*Bearb*	Aktiengesetz, Kommentar, 2. Aufl Köln 2010
Schmidt-Räntsch	Deutsches Richtergesetz, 6. Aufl München 2008
Schneider	Die Klage im Zivilprozess – Taktik/Praxis/Muster, 3. Aufl Köln 2007
Schneider Beweis	Beweis und Beweiswürdigung, 5. Aufl München 1994
Schneider/Herget/*Bearb*	Streitwert-Kommentar für den Zivilprozess, 12. Aufl Köln 2006
Schneider/Teubner	Egon Schneider/Ernst Teubner: Typische Fehler in Gutachten und Urteil einschließlich Akten-Kurzvortrag, München 1990
Schoch/Schmidt-Aßmann/Pietzner/*Bearb*	Verwaltungsgerichtsordnung, Loseblattwerk, München
Schöner/Stöber/*Bearb*	Grundbuchrecht, 14. Aufl München 2008
Schoreit/Groß/*Bearb*	Beratungshilfe/Prozesskostenhilfe, 10. Aufl Heidelberg 2010
Schorn/Stanicki	Die Präsidialverfassung der Gerichte aller Rechtswege, 2. Aufl Münster 1975
Schreiber	Die Urkunde im Zivilprozess, Berlin 1982

SchuldRÄndG	Gesetz zur Änderung schuldrechtlicher Bestimmungen im Beitrittsgebiet – Schuldrechtsänderungsgesetz v 21.9.1994 (BGBl I, 2538)
SchuldRAnpG	Schuldrechtsanpassungsgesetz (= Art 1 SchuldRÄndG)
Schulte-Bunert/Weinreich/*Bearb*	FamFG-Kommentar, 3. Aufl Köln 2011
Schuschke/Walker/*Bearb*	Vollstreckung und Vorläufiger Rechtsschutz, 5. Aufl Köln 2011
Schütze Rechtsverfolgung	Rechtsverfolgung im Ausland, 4. Aufl Heidelberg 2009
SchuVVO	Schuldnerverzeichnisverordnung v 15.12.1994 (BGBl I, 3822)
Schwab	Der Streitgegenstand im Zivilprozeß, München 1954
Schwab/Walter	Schiedsgerichtsbarkeit, systematischer Kommentar, 7. Aufl München 2005
Schwab/Weth/*Bearb*	Arbeitsgerichtsgesetz, Kommentar, 3. Aufl Köln 2010
SchwbG	Schwerbehindertengesetz idF v 26.8.1986 (BGBl I, 1422)
schwIPRG	Schweizerisches Bundesgesetz über das Internationale Privatrecht (IPRG)
SE	Société européenne, Societas Europaea (Europäische Aktiengesellschaft)
SEAG	Gesetz v 22.12.2004 (BGBl I, 3675) zur Ausführung der Verordnung (EG) Nr 2157/2001 des Rates v 8.10.2001 über das Statut der Europäischen Gesellschaft (SE)
Sec	Section
Seif	Seif (jetzt: Müßig), Ulrike: Recht und Justizhoheit, Berlin 2003
Sen	Senat
SeuffA	Seufferts Archiv für Entscheidungen der obersten Gerichte in den deutschen Staaten (Band, Nr)
sf	siehe ferner
SG	Sozialgericht
SGb	Die Sozialgerichtsbarkeit (Jahr, Seite)
SGB I–XII	Sozialgesetzbuch: I Allgemeiner Teil v 11.12.1975 (BGBl I 3015); II Grundsicherung für Arbeitssuchende v 24.12.2003 (BGBl I, 2954); III Arbeitsförderung v 24.3.1997 (BGBl I, 549); IV Gemeinsame Vorschriften für die Sozialversicherung v 23.12.1976 (BGBl I, 3845); V Gesetzliche Krankenversicherung v 20.12.1988 (BGBl I, 2477, 2482); VI Gesetzliche Rentenversicherung idF v 19.2.2002 (BGBl I, 754, 1404, 3384); VII Gesetzliche Unfallversicherung v 7.8.1996 (BGBl I, 1254); VIII Kinder- und Jugendhilfe v 8.12.1998 (BGBl I, 3546); IX Rehabilitation und Teilhabe behinderter Menschen v 9.6.2002 (BGBl I, 1046); X Verwaltungsverfahren idF der Bek v 18.1.2001 (BGBl I, 130); XI Soziale Pflegeversicherung v 26.5.1994 (BGBl I, 1014); XII Sozialhilfe v 27.12.2003 (BGBl I, 3022)
SGG	Sozialgerichtsgesetz idF v 23.9.1975 (BGBl I, 876)
SigG	Signaturgesetz v 16.5.2001 (BGBl I, 876)
Slg	Sammlung
SMG	Gesetz zur Modernisierung des Schuldrechts v 26.11.2001 (BGBl I, 3138)
Smid	Grundzüge des Insolvenzrechts, 4. Aufl München 2002
Sodan/Ziekow/*Bearb*	Verwaltungsgerichtsordnung, Kommentar, 3. Aufl Baden-Baden 2010
Soergel/*Bearb*	BGB Kommentar, 12. Aufl Stuttgart 1987 ff, 13. Aufl Stuttgart 2000 ff
sog	so genannte/er/es
SoldatenG	Gesetz über die Rechtsstellung der Soldaten idF der Bek v 30.5.2005 (BGBl I, 1482)
SozR	Sozialrecht (Entscheidungssammlung)
Sp	Spalte
SpkG HE	Hessiches Sparkassengesetz
SpkG NRW	Sparkassengesetz Nordrhein-Westfalen
SpkG RP	Sparkassengesetz Rheinland-Pfalz

SpkO Bayern	Verordnung über die Organisation und dem Geschäftsbetrieb der Sparkassen Bayern
SpkV BB	Verordnung über die Geschäfte und die Verwaltung der Sparkassen Brandenburg
SpkVO LSA	Sparkassenverordnung Sachsen-Anhalt
SpkVO M-V	Verordnung über die Geschäfte und die Verwaltung der Sparkassen Mecklenburg-Vorpommern
SprengG	Gesetz über explosionsgefährliche Stoffe (Sprengstoffgesetz – SprengG) v 13.9.1976 idF der Bekanntmachung v 10.9.2002 (BGBl I, 3518)
st	ständige
Stackmann	Kein Kindergeburtstag – Fünf Jahre Kapitalanleger-Musterverfahrensgesetz, NJW 10, 3185
StAnz	Staatsanzeiger
StRR	Strafrechtsreport (Jahr, Seite)
stRspr	ständige Rechtsprechung
St/J/*Bearb*	Stein/Jonas: Kommentar zur Zivilprozessordnung, 22. Aufl Tübingen ab 2002 ff
Stadler	Schutz des Unternehmensgeheimnisses im deutschen und US-amerikanischen Zivilprozess und im Rechtshilfeverfahren, Tübingen 1989
Stamm	Die Prinzipien und Grundstrukturen des Zwangsvollstreckungsrechts – ein Beitrag zur Rechtsvereinheitlichung auf europäischer Ebene, Tübingen 2007
Staud/*Bearb*	Staudingers Kommentar zum Bürgerlichen Gesetzbuch mit Einführungsgesetz und Nebengesetzen, 12. Aufl Berlin 1978 ff, 13. Aufl 1993 ff, danach in bandweiser Neubearbeitung
StB	Der Steuerberater (Jahr, Seite)
StE	Steuer-Eildienst
StBerG	Steuerberatungsgesetz v 4.11.1975 (BGBl I, 2735)
StGB	Strafgesetzbuch idF v 13.11.1998 (BGBl I, 3322)
Stöber	Forderungspfändung, 15. Aufl Bielefeld 2010
Stöber ZversG	Zwangsversteigerungsgesetz, 19. Aufl München 2009
Stöber ZVG	Zwangsvollstreckung in das unbewegliche Vermögen (Hb der Rechtspraxis), 9. Aufl München 2010
StPO	Strafprozessordnung idF v 7.4.1987 (BGBl I, 1075)
str	streitig
StrEG	Gesetz über die Entschädigung für Strafverfolgungsmaßnahmen v 28.8.1975 (BGBl I, 2289)
StromGVV	Verordnung über Allgemeine Bedingungen für die Grundversorgung von Haushaltskunden und die Ersatzversorgung mit Elektrizität aus dem Niederspannungsnetz (Stromgrundversorgungsverordnung – StromGVV) v 26.10.2006 (BGBl I, 2391)
stRspr	ständige Rechtsprechung
Stürner	Die Aufklärungspflicht der Parteien des Zivilprozesses, Tübingen 1976
Stuttg	OLG Stuttgart
StVG	Straßenverkehrsgesetz idF v 5.3.2003 (BGBl I, 310)
StVO	Straßenverkehrs-Ordnung v 16.11.1970 (BGBl I, 1565)
StVollzG	Strafvollzugsgesetz v 16.3.1976 (BGBl I, 581)
StVZO	Straßenverkehrs-Zulassungs-Ordnung idF der Bek v 28.9.1988 (BGBl I, 1793)
SV	Sachverständiger
SVertO	Schiffahrtsrechtliche Verteilungsordnung idF der Bek v 23.3.1999 (BGBl I, 530; 2000 I, 149)
Teplitzky	Wettbewerbsrechtliche Ansprüche und Verfahren, 9. Aufl Köln 2006
TGI	Tribunal de grande instance

Thole	Die Haftung des gerichtlichen Sachverständigen nach § 839a BGB, Köln 2004
ThoPu/*Bearb*	Thomas/Putzo: Zivilprozessordnung mit GVG und EG, 32. Aufl München 2011
ThürAGGVG	Thüringer Gesetz zur Ausführung des Gerichtsverfassungsgesetzes v 12.10.1993 (ThürGVBl, 612)
ThürSpkVO	Thüringer Sparkassenverordnung
TKG	Telekommunikationsgesetz v 22.6.2004 (BGBl I, 1190)
TranspR	Transportrecht (Jahr, Seite)
TrStatut	NATO-Truppenstatut
tvA	teilweise vertretene Ansicht
tw	teilweise
Tz	Textziffer
ua	unter anderem
uam	und anderes mehr
UdG	Urkundsbeamter der Geschäftsstelle
ÜE	Übereinkommen
ÜG	Überweisungsgesetz v 21.7.1999 (BGBl I, 1642)
Uhlenbruck/*Bearb*	Kommentar zur Insolvenzordnung, 13. Aufl München 2010
UKlaG	UnterlassungsklagenG v 26.11.2001 (BGBl I, 3173)
Ulmer/Brandner/Hensen	AGB-Recht Kommentar, 11. Aufl Köln 2010
Ulrich sBV	Ulrich, Jürgen: Selbständiges Beweisverfahren mit Sachverständigen, 2. Aufl München 2008
Ulrich SV	Ulrich, Jürgen: Der gerichtliche Sachverständige. Ein Handbuch für die Praxis, 12. Aufl Köln [ua] 2007
umstr	umstritten
UmweltHG	Umwelthaftungsgesetz v 10.12.1990 (BGBl I, 2634)
UmwG	Umwandlungsgesetz v 28.10.1994 (BGBl I, 3210)
UN	United Nations (Vereinte Nationen)
UNCITRAL	United Nations Commission on International Trade Law
UNCITRAL-MG	UNCITRAL Modellgesetz über die internationale Handelsschiedsgerichtsbarkeit von 1958 mit Änderungen von 2006
UNCTAD	United Nations Conference of Trade and Development
UNESCO	United Nations Educational, Scientific and Cultural Organization
UNIDROIT	Internationales Institut für die Vereinheitlichung des Privatrechts (Rom)
UNO	United Nations Organization
unstr	unstreitig
UNÜ	UN-Übereinkommen über die Anerkennung und Vollstreckung ausländischer Schiedssprüche v 10.6.1958 (BGBl 1961 II, 121)
uö	und öfter
UrhG	Gesetz über Urheberrecht und verwandte Schutzrechte (Urheberrechtsgesetz) v 9.9.1965 (BGBl I, 1273)
Urt	Urteil
UstG	Umsatzsteuergesetz idF v 21.2.2005 (BGBl I, 386)
UstR	Umsatzsteuer Rundschau (Jahr, Seite)
usw	und so weiter
uU	unter Umständen

UVG	Gesetz zur Sicherung des Unterhalts von Kindern allein stehender Mütter und Väter durch Unterhaltsvorschüsse oder -ausfalleistungen (Unterhaltsvorschussgesetz) idF v 2.1.2002 (BGBl I, 2)
UWG	Gesetz gegen den unlauteren Wettbewerb v 3.7.2004 (BGBl I, 1414)
v	vom
v.	von
VA	Versorgungsausgleich; Verwaltungsakt
va	vor allem
VAG	Versicherungsaufsichtsgesetz idF v 17.12.1992 (BGBl I, 93, 3)
VAHRG	Gesetz zur Regelung von Härten im Versorgungsausgleich v 21.2.1983 (BGBl I, 105)
Var	Variante
VAÜG	Versorgungsausgleichs-Überleitungsgesetz v 25.7.1991 (BGBl I, 1606, 1702)
vAw	von Amts wegen
VAwMG	Gesetz über weitere Maßnahmen auf dem Gebiet des Versorgungsausgleichs v 8.12.1986 (BGBl I, 2317)
VB	Vollstreckungsbescheid
VBL	Versorgungsanstalt des Bundes und der Länder
VBlBW	Verwaltungsblätter für Baden-Württemberg (Jahr, Seite)
Verbraucherinsolvenz aktuell	Verbraucherinsolvenz aktuell (Jahr, Seite)
VerbrKrG	Verbraucherkreditgesetz idF v 29.6.2000 (BGBl I, 940) – aufgehoben durch Art 6 Nr 3 SMG
VerfG	Verfassungsgericht
VerfGH	Verfassungsgerichtshof
VerkaufsprospektG	Wertpapier-Verkaufsprospektgesetz (Verkaufsprospektgesetz – VerkaufsprospektG) v 13.12.1990 idF der Bekanntmachung v 9.9.1998 (BGBl I, 2701)
VermBG, 5.	Fünftes Gesetz zur Förderung der Vermögensbildung der Arbeitnehmer (Fünftes Vermögensbildungsgesetz – 5. VermBG) idF der Bekanntmachung v 4.3.1994 (BGBl I, 406)
VerschG	Verschollenheitsgesetz v 15.1.1951 (BGBl I, 63; BGBl III 4 Nr 401-6)
VersR	Versicherungsrecht (Jahr, Seite)
VerwRspr	Verwaltungsrechtsprechung in Deutschland (Band, Nr)
Vfg	Verfügung
VG	Verwaltungsgericht
VGH	Verwaltungsgerichtshof
VGHBW	VGH Baden-Württemberg
vgl	vergleiche
VGrS	Vereinigter Großer Senat
VgV	Verordnung über die Vergabe öffentlicher Aufträge (Vergabeordnung) v 11.2.2003 (BGBl I, 169)
VIZ	Zeitschrift für Vermögens- und Investitionsrecht (Jahr, Seite)
VMBl	Ministerialblatt des Bundesministeriums für Verteidigung (Jahr, Seite)
VN	Versicherungsnehmer
VO	Verordnung
Völzmann	Völzmann, Alexander: Die Bindungswirkung von Strafurteilen im Zivilprozess, Köln 2006
Vollkommer	Formenstrenge und prozessuale Billigkeit – dargestellt am Beispiel der prozessualen Schriftform; zur Überwindung des Formformalismus in der Rechtsprechung, München 1973

Vorb	Vorbemerkung
VormG	Vormundschaftsgericht
Vorwerk/Wolf	Kapitalanleger-Musterverfahrensgesetz, 2007
VR	Verwaltungsrundschau (Jahr, Seite)
VRS	Verkehrsrechts-Sammlung (Band, Seite)
VStGB	Völkerstrafgesetzbuch
vTw	von Todes wegen
VU	Versäumnisurteil
VuR	Verbraucher und Recht (Jahr, Seite)
VV RVG	Vergütungsverzeichnis zum RVG (Zahl ohne »Nr«)
VVG	Versicherungsvertragsgesetz v 30.5.1908 (RGBl, 263)
VwGO	Verwaltungsgerichtsordnung idF v 19.3.1991 (BGBl I, 686)
VwVfG	Verwaltungsverfahrensgesetz idF v 23.1.2003 (BGBl I, 102)
VwVG	Verwaltungs-Vollstreckungsgesetz v 27.4.1953 (BGBl I, 157)
VwZG	Verwaltungszustellungsgesetz v 3.7.1952 (BGBl I, 379)
W/E/B	Wolf/Eckert/Ball: Handbuch des gewerblichen Miet-, Pacht- und Leasingrechts, 10. Aufl Köln 2009
Wagner	Prozeßverträge: Privatautonomie im Verfahrensrecht, Tübingen 1998
WahlO	Wahlordnung für die Präsidien der Gerichte v 19.9.1972 idF des Gesetzes v 19.4.2006 (BGBl I, 866)
Wahrendorf	Die Prinzipien der Beweislast im Haftungsrecht, Köln 1976
WahrnG	Gesetz über die Wahrnehmung von Urheberrechten und verwandten Schutzrechten (Urheberrechtswahrnehmungsgesetz) v 9.9.1965 (BGBl I, 1294) und v 24.6.1985 (BGBl I, 1137)
Walker	Der einstweilige Rechtsschutz im Zivilprozess und im arbeitsgerichtlichen Verfahren, Tübingen 1993
Walter	Freie Beweiswürdigung, Tübingen 1979
Warga	Die Verletzung von Verfahrensgrundrechten im Zivilprozess und ihre Korrektur nach Eintritt der Rechtskraft, Hamburg 2008
Warn	Warneyer: Die Rechtsprechung des Reichsgerichts (Jahr, Nr)
WE	Wohnungseigentum (Jahr, Seite)
Weber, H.	Der Kausalitätsbeweis im Zivilprozeß, Tübingen 1997
WEG	Gesetz über das Wohnungseigentum und das Dauerwohnrecht v 15.3.1951 (BGBl I, 175; BGBl III 4 Nr 403)
Weitzel	Tatbestand und Entscheidungsqualität, Berlin 1990
Wendl/Staudigl/Dose/*Bearb*	Das Unterhaltsrecht in der familienrichterlichen Praxis, 8. Aufl München 2011
Werner/Pastor	Der Bauprozess, 13. Aufl Köln 2010
WF	Wertermittlungsforum
WG	Wechselgesetz v 21.6.1933 (RGBl I, 399)
Wieczorek/Schütze/*Bearb*	Zivilprozessordnung und Nebengesetze, Großkommentar, 3. Aufl Berlin 2011
Wieser	Prozessrechts-Kommentar zum BGB, 2. Aufl Köln 2002
Winkler	Beurkundungsgesetz, 16. Aufl München 2008
wistra	Zeitschrift für Wirtschaft, Steuer, Strafrecht (Jahr, Seite)
Wittreck	Die Verwaltung der Dritten Gewalt, Tübingen 2006
WM	Wertpapiermitteilungen (Jahr, Seite)
wN	weitere Nachweise

Wolf/Lindacher/Pfeiffer/*Bearb*	AGB-Recht, Kommentar, 5. Aufl München 2008
Wolfsteiner	Die vollstreckbare Urkunde, 3. Aufl München 2011
WpHG	WertpapierhandelsG idB v 9.9.1998 (BGBl I, 2708)
WPO	Wirtschaftsprüferordnung idF v 5.11.1975 (BGBl I, 2803)
WpÜG	Wertpapiererwerbs- und Übernahmegesetz v 20.12.2001 (BGBl I, 3822)
WRP	Wettbewerb in Recht und Praxis (Jahr, Seite)
WRV	Weimarer Reichsverfassung v 11.8.1991 (RGBl, 1383)
WTO	World Trade Organization
WuB	Wirtschafts- und Bankrecht (Jahr, Seite)
WÜD	Wiener Übereinkommen v 18.4.1961 über diplomatische Beziehungen, Gesetz v 6.8.1964 (BGBl II, 957, 1006, 1018) in Kraft getreten am 11.12.1964 aufgrund Bekanntmachung v 13.2.1965 (BGBl II, 147)
WÜK	Wiener Übereinkommen v 24.4.1963 über konsularische Beziehungen, Gesetz v 26.8.1969 (BGBl II, 1585, 1674, 1688), in Kraft getreten am 7.10.1971 aufgrund Bekanntmachung v 30.11.1971 (BGBl II, 1285)
WuM	Wohnungswirtschaft und Mietrecht (Jahr, Seite)
WuW	Wirtschaft und Wettbewerb (Jahr, Seite)
ZAP	Zeitschrift für die Anwaltspraxis (Jahr, Seite)
zB	zum Beispiel
ZBB	Zeitschrift für Bankrecht und Bankwirtschaft (Jahr, Seite)
ZBR	Zeitschrift für Beamtenrecht (Jahr, Seite)
Zeranski	Der Rückforderungsanspruch des verarmten Schuldners, Berlin 1998
Zeuner	Die objektiven Grenzen der Rechtskraft im Rahmen rechtlicher Sinnzusammenhänge, Tübingen 1959
ZEuP	Zeitschrift für Europäisches Privatrecht (Jahr, Seite)
ZEV	Zeitschrift für Erbrecht und Vermögensnachfolge (Jahr, Seite)
ZfBR	Zeitschrift für deutsches und internationales Bau- und Vergaberecht (Jahr, Seite)
ZFE	Zeitschrift für Familien- und Erbrecht (Jahr, Seite)
ZfS	Zeitschrift für Schadensrecht (Jahr, Seite)
ZfIR	Zeitschrift für Immobilienrecht (Jahr, Seite)
ZGB	Zivilgesetzbuch der DDR v 19.6.1975 (GBl I, 465)
ZHR	Zeitschrift für das gesamte Handelsrecht und Wirtschaftsrecht (Jahr, Seite)
Zimmermann	Zivilprozessordnung, 9. Aufl Münster 2011
Zimmermann Fallrep	ZPO-Fallrepetitorium, 8. Aufl Heidelberg 2010
Zimmermann FG	Praktikum der freiwilligen Gerichtsbarkeit, 6. Aufl Heidelberg 2004
Zimmermann PKH	Prozesskostenhilfe, 3. Aufl Bielefeld 2007
ZInsO	Zeitschrift für das gesamte Insolvenzrecht (Jahr, Seite)
ZIP	Zeitschrift für Wirtschaftsrecht (Jahr, Seite)
ZIR	Zeitschrift für Immobilienrecht (Jahr, Seite)
ZJS	Zeitschrift für das Juristische Studium (Jahr, Seite)
ZKF	Zeitschrift für Kommunalfinanzen (Jahr, Seite)
ZKJ	Zeitschrift für Kindschaftsrecht und Jugendhilfe (Jahr, Seite)
ZLW	Zeitschrift für Luft- und Weltraumrecht (Jahr, Seite)
ZMR	Zeitschrift für Miet- und Raumrecht (Jahr, Seite)
ZNotP	Zeitschrift für die Notarpraxis (Jahr, Seite)

Zö/*Bearb*	Zöller (Begr): Zivilprozessordnung mit Gerichtsverfassungsgesetz und den Einführungsgesetzen, mit Internationalem Zivilprozessrecht, EG-Verordnungen, Kostenanmerkungen, 29. Aufl Köln 2012
ZOV	Zeitschrift für offene Vermögensfragen (Jahr, Seite)
ZPEÜS	Zusatzprotokoll zum Europäischen Übereinkommen über Staatenimmunität
ZPO	Zivilprozessordnung v 30.1.1877 (RGBl 83) in der Fassung der Bekanntmachung v 5.12.2005 (BGBl I, 3202, berichtigt 14.2.2006, BGBl I, 431; BGBl 2007 I, 1781)
ZPO-RG	Zivilprozessreformgesetz v 27.7.2001 (BGBl I, 1887)
ZPÜbkHaagG	Gesetz zur Ausführung des Haager Übereinkommens v 1.3.1954 über den Zivilprozeß in der im Bundesgesetzblatt Teil III, Gliederungsnummer 319-9, veröffentlichten bereinigten Fassung, zuletzt geändert durch Art 21 des Gesetzes v 27.7.2001 (BGBl I, 1887)
ZRHO	Rechtshilfeordnung für Zivilsachen idF der Bekanntmachung v 26.2.1976 (BayJMBl, 63), zuletzt geändert durch Bekanntmachung v 3.2.1994 (BayJMBl, 38)
ZRP	Zeitschrift für Rechtspolitik (Jahr, Seite)
ZS	Zivilsenat
Zschieschack, Frank	Verbotene Vertretung durch die Haftpflichtversicherung im Verkehrsunfallprozess, NJW 2010,3275
ZSEG	Gesetz über die Entschädigung von Zeugen und Sachverständigen idF d Bekanntmachung v 1.10.1969 (BGBl I, 1756), aufgehoben durch Art 6 Nr 2 KostenRMoG zum 1.7.2004
zT	zum Teil
zug	zugunsten
ZUM	Zeitschrift für Urheber- und Medienrecht/Film und Recht (Jahr, Seite)
ZUM-RD	Zeitschrift für Urheber- und Medienrecht, Rechtsprechungsdienst (Jahr, Seite)
zust	zustimmend
ZustG	Zustimmungsgesetz
zutr	zutreffend
ZVersWiss	Zeitschrift für die gesamte Versicherungswissenschaft (Jahr, Seite)
ZVG	Gesetz über die Zwangsversteigerung und Zwangsverwaltung v 24.3.1897 (RGBl, 97, BGBl III 3 Nr 310-14)
ZVGÄndG	Gesetz zur Änderung des Gesetzes über die Zwangsversteigerung und die Zwangsverwaltung v 18.2.1998 (BGBl I, 866)
ZVI	Zeitschrift für Verbraucher- und Privat-Insolvenzrecht (Jahr, Seite)
ZVP	Zeitschrift für Verbraucherpolitik (Jahr, Seite)
zw	zweifelhaft
Zweibr	OLG Zweibrücken
Zwoll, van	Die Prozeßstandschaft auf der Beklagtenseite, Bochum 1993
ZwVollStrÄndG	Gesetz zur Reform der Sachaufklärung in der Zwangsvollstreckung v 29.7.2009 (BGBl I, 2258)
Zypries/*Bearb*	Die Renaissance der Rechtspolitik – Zehn Jahre Politik für den sozialen Rechtsstaat, München 2008
zz	zurzeit
ZZP	Zeitschrift für Zivilprozess (Band, Seite)
ZZP Int	Zeitschrift für Zivilprozess International (Band, Seite)

Zivilprozessordnung (ZPO)

In der Fassung der Bekanntmachung vom 5. Dezember 2005 (BGBl. I S. 3202, 2006 I S. 431, 2007 I S. 1781); zuletzt geändert durch Artikel 3 des Gesetzes vom 22. Dezember 2011 (BGBl. I S. 3044)

Einleitung

Inhaltsübersicht Rz

A. Grundlagen . . . 1
I. Der Begriff des Zivilprozesses . . . 1
II. Das Zivilprozessrecht . . . 2
III. Der Zweck des Zivilprozesses . . . 3
IV. Das Prozessrechtsverhältnis . . . 4
B. Historische Entwicklung . . . 5
C. Die Zivilgerichtsbarkeit im Rechtsschutzssystem . . . 6
D. Prozessvoraussetzungen . . . 7
I. Grundsatz . . . 7
II. Die Prozessvoraussetzungen . . . 8
1. Prozessvoraussetzungen im engeren Sinn . . . 9
2. Sachurteilsvoraussetzungen . . . 10
3. Verzichtbare Rügen . . . 11
4. Besondere Prozessvoraussetzungen . . . 12
III. Entscheidung . . . 13
E. Streitgegenstand . . . 14
I. Die Bedeutung des Streitgegenstandes . . . 14
II. Die Theorien zum Streitgegenstand . . . 15
1. Die materiell-rechtlichen Theorien . . . 16
2. Prozessuale Theorien . . . 17
3. Relative Theorien . . . 18
III. Bewertung und Ergebnis . . . 19
IV. Der Klageantrag . . . 20
V. Der Klagegrund . . . 21
VI. Die europäische Entwicklung . . . 22
F. Verfahrensgrundsätze . . . 23
I. Grundlagen . . . 23
II. Verfahrenseinleitung und Verfahrensherrschaft . . . 24
1. Begriff . . . 24
2. Dispositionsmaxime . . . 25
3. Ausprägung im Verfahren . . . 26
III. Sammlung des Prozessstoffes . . . 27
1. Begriff . . . 27
2. Beibringungsgrundsatz . . . 28
3. Untersuchungsgrundsatz . . . 29
IV. Formaler Verfahrensgang . . . 30
1. Amtsbetrieb . . . 30
2. Mündlichkeit . . . 31
3. Unmittelbarkeit . . . 32
4. Öffentlichkeit . . . 33
V. Konzentrationsmaxime . . . 34
G. Einwirkungen des Verfassungsrechts . . . 35
I. Grundlagen . . . 35
II. Rechtsstaatsprinzip . . . 36
1. Grundsatz . . . 36
2. Gesetzesbindung . . . 37
3. Justizförmigkeit . . . 38
4. Effektiver Rechtsschutz . . . 39
5. Faires Verfahren . . . 40
6. Prozessuale Waffengleichheit . . . 41
7. Verbot überlanger Verfahrensdauer 42
III. Rechtliches Gehör . . . 43
IV. Das Gebot des gesetzlichen Richters . . . 44
V. Die Rechtsschutzgarantie (Justizgewährung) . . . 45
VI. Willkürverbot . . . 46
VII. Verfahrensschutz durch materielle Grundrechte . . . 47
H. Prozesshandlungen . . . 48
I. Begriff . . . 48
II. Prozesshandlungen der Parteien . . . 49
1. Begriff und Arten . . . 49
2. Voraussetzungen . . . 50
3. Unterschiede zwischen Willenserklärung und Prozesshandlung . . . 51
4. Trennung von Erwirkungshandlungen und Bewirkungshandlungen . . . 52
5. Mängel . . . 53
III. Prozessverträge . . . 54
I. Auslegung und Anwendung des Zivilprozessrechts . . . 55
I. Grundsatz . . . 55
II. Auslegung . . . 56
III. Rechtsfortbildung . . . 57
J. Gütliche Streitbeilegung (ADR) . . . 58
I. Begriff und Arten . . . 58
II. Außergerichtliche Streitbeilegung und Zivilprozess . . . 59
1. Obligatorische Streitschlichtung . . . 59
2. Anwaltsvergleich . . . 60
3. Temporärer Klageverzicht . . . 61
III. Gerichtliche Streitbeilegung ohne Urteil . . . 62
1. Vergleichsbemühungen und Vergleich . . . 62
2. Selbständiges Beweisverfahren . . . 63
3. Gerichtliche Mediation . . . 64
K. Europäisches Zivilprozessrecht . . . 65
L. Internationales Zivilprozessrecht . . . 66
I. Begriff und Inhalt . . . 66

		Rz
II.	Rechtsquellen	67
III.	Deutsche Gerichtsbarkeit	68
IV.	Internationale Zuständigkeit	69
V.	Die Rechtsstellung des Ausländers	70
VI.	Beweisrecht	71
VII.	Ermittlung ausländischen Rechts	72
VIII.	Der Rechtsverkehr mit dem Ausland	73
IX.	Ausländische Rechtshängigkeit	74
X.	Anerkennung und Vollstreckung ausländischer Entscheidungen	75
XI.	Künftige Entwicklung	76
M.	Gerichtliche Kontrolle durch Richtervorlage	77

1 **A. Grundlagen. I. Der Begriff des Zivilprozesses.** Die Bezeichnung »Zivilprozess« hat sich im Mittelalter und dort wohl erstmals im kanonischen Recht gebildet. Gemeint ist der richterliche Erkenntnisfortschritt hin zu einem Urt (procedere, processus). Im klassischen römischen Recht sprach man von lis und iudicium. Heute sind mit dem Begriff des Zivilprozesses alle gerichtlichen Verfahren in Zivilstreitigkeiten angesprochen (vgl § 13 GVG). Dabei umfasst der Zivilprozess sowohl das Erkenntnisverfahren (1.–5. und 7. Buch der ZPO) als auch die Zwangsvollstreckung mit einstweiligem Rechtsschutz (8. Buch der ZPO) und daneben die private Schiedsgerichtsbarkeit (10. Buch der ZPO) sowie die Regelungen zum europäischen Prozessrecht (11. Buch der ZPO). Das 6. und 9. Buch der ZPO sind vollständig herausgenommen und in das FamFG (in Kraft seit 1.9.2009) überführt worden.

2 **II. Das Zivilprozessrecht.** Als Zivilprozessrecht bezeichnet man die Summe der Normen, die die verfahrensrechtlichen Grundlagen für die Feststellung, die Verwirklichung und die Sicherung subjektiver Rechte und Rechtsverhältnisse aus dem Bereich des Zivilrechts ermöglichen. Trotz dieser engen Verknüpfung von Zivilrecht und Zivilprozessrecht müssen beide Bereiche strikt unterschieden werden. Zivilprozessrecht ist öffentliches Recht. Seine Begrifflichkeit und seine Auslegung weichen vom materiellen Zivilrecht ab. In zentralen Begriffen und Funktionen besteht ein deutlicher Unterschied. So ist insb der Streitgegenstand nicht identisch mit dem materiellrechtlichen Anspruch, das Pfändungspfandrecht ist nicht eine dritte Form des privatrechtlichen Pfandrechts neben Faustpfand und gesetzlichem Pfandrecht, die Rechtskraft eines Urteils lässt sich nicht materiellrechtlich erklären, der Gerichtsvollzieher wird nicht im Auftrag tätig, wie dies § 753 I bis heute formuliert.

3 **III. Der Zweck des Zivilprozesses.** Zentraler Zweck des Zivilprozesses ist und bleibt der Schutz und die Durchsetzung subjektiver Rechte des einzelnen Rechteinhabers. Dieser Schutz und damit die Institution des Zivilprozesses sind verfassungsrechtlich garantiert (s.u. Rz 6, 35 ff). Wenn der Gesetzgeber dem Einzelnen subjektive Rechte zuteilt und ihm Selbsthilfe verbietet, muss er zur Durchsetzung dieser subjektiven Rechte den Zivilprozess eröffnen. Eine Privatrechtsordnung kann ohne die Hilfe eines staatlichen Zivilprozesses und der Zwangsvollstreckung nicht bestehen (R/S/G § 1 Rn 5).
Neben dem Schutz subjektiver Rechte gewährleistet der Zivilprozess aber auch den Schutz von Allgemeininteressen (vgl die Verbandsklagen nach § 13 UWG und § 1 UKlaG), ferner die Bewährung des objektiven Rechts und damit der Rechtsordnung, die Sicherung von Rechtsfrieden durch Schaffung von Rechtsgewissheit sowie die Rechtsfortbildung (*Gaul* AcP 168, 27; s.a. Lames, Rechtsfortbildung als Prozesszweck 1993). Schließlich ist darauf hinzuweisen, dass die Einhaltung von Verfahrensregeln Teil einer eigenständigen prozeduralen Gerechtigkeit ist (*Prütting* FS Schiedermayr, 01, 445; krit dazu St/J/*Brehm* vor § 1 Rn 28). In programmatischer Weise wird von der Systemtheorie auch eine Legitimation durch Verfahren geltend gemacht (s. Luhmann, Legitimation durch Verfahren 1969). Ob die Effizienz im Sinne einer ökonomischen Analyse als Prozesszweck gelten kann, erscheint dagegen zweifelhaft (*Bruns* ZZP 124, 29, 31).

4 **IV. Das Prozessrechtsverhältnis.** Die Gesamtheit der rechtlichen Beziehungen zwischen den Verfahrensbeteiligten (Prozessparteien und Gericht) bilden das sog Prozessrechtsverhältnis. Es wird heute iA als ein Dreieck zwischen Kl, Beklagtem und Gericht verstanden (St/J/*Brehm* vor § 1 Rn 204). Das Prozessrechtsverhältnis ist weder abhängig von der Frage eines materiellrechtlichen Rechtsverhältnisses zwischen den Parteien noch setzt es das Vorliegen der Sachurteilsvoraussetzungen voraus. Ein Prozessrechtsverhältnis und darauf aufbauend ein Urt ergeht auch, wenn eine unzulässige Klage vorliegt. Heute wird dem Prozessrechtsverhältnis iA nicht mehr die große Bedeutung zuerkannt, die ihm bei Schaffung der ZPO zugemessen worden war.

B. Historische Entwicklung. Der deutsche Zivilprozess hat seine Wurzeln va im römisch-kanonischen und im germanischen Recht. Später hat sich etwa im langobardischen Reich auch ein germanisch-romanischer Mischprozess entwickelt. Besonders bedeutsam war die Weiterentwicklung des kanonischen Prozesses, wobei die kirchliche Gerichtsbarkeit mehr und mehr auch auf weltliche Angelegenheiten ausgedehnt wurde. So entstand in Italien ein italienisch-kanonischer Prozess, der durch die Rezeption im 14. und 15. Jh nach Deutschland gebracht wurde. Hier entwickelte sich insb seit der Errichtung des Reichskammergerichts im Jahre 1495 der sog gemeine Prozess, der bis in das 19. Jh hinein Anwendung fand. Geprägt war dieser gemeine Prozess durch Schriftlichkeit, Nichtöffentlichkeit und die Bindung der richterlichen Beweiswürdigung an feste Beweisregeln. Die Reformversuche der 2. Hälfte des 18. Jh und im 19. Jh lösten sich dann Schritt für Schritt von diesem gemeinen Prozess. War die Preußische Allgemeine Gerichtsordnung von 1793 noch deutlich an den gemeinen Prozess angelehnt, so brachte der neue Code de Procédure Civile in Frankreich im Jahre 1806 einen eindeutigen Umschwung. Das Verfahren war nunmehr mündlich und öffentlich und es wurde durch die Parteien bestimmt. Die Bindung an feste Beweisregeln wurde aufgehoben und die freie Beweiswürdigung eingeführt. Dieser Prozess wurde zum Vorbild für die Prozessordnungen von Hannover (1850), von Baden (1864) und von Bayern (1869); grdl *Ahrens*, Prozessreform und einheitlicher Zivilprozess 2007. 5

Bedingt durch die in Deutschland bestehende Rechtszersplitterung gab es bereits vor der Gründung des Norddeutschen Bundes (1866) und des Deutschen Reiches (1870) Bemühungen zur Entwicklung eines einheitlichen Zivilprozessrechts. Unter dem Vorsitz des Justizministers *Adolf Leonhardt* waren nach der Reichsgründung 1870/71 dann die Bemühungen erfolgreich, eine neue CPO als Teil der Reichsjustizgesetze zu schaffen. Diese CPO wurde am 30.1.1877 veröffentlicht und trat am 1.10.1879 zusammen mit den übrigen Reichsjustizgesetzen (GVG, StPO, KO) in Kraft. Diese liberale und überzeugende Kodifikation hatte grundsätzliche Bedeutung für die Rechtseinheit in Deutschland und darüber hinaus große Ausstrahlungskraft auf viele andere Staaten der Erde (vgl *Habscheid*, Das deutsche Zivilprozessrecht und seine Ausstrahlung auf andere Rechtsordnungen 1991).

Unter den Veränderungen der ZPO in den vergangenen 140 Jahren ist zunächst die Novelle vom 17.5.1898 zu erwähnen, die den Zivilprozess an das damals verabschiedete neue BGB und das neue HGB anpasste. Erwähnung verdienen sodann die Amtsgerichtsnovelle vom 1.6.1909 und die sog Emminger'sche Justizreform vom 13.2.1924. Die große ZPO-Novelle vom 27.10.1933 ist noch nicht dem nationalsozialistischen Gedankengut zuzurechnen, sondern beruht auf einem Reformentwurf aus dem Jahre 1931. Nach den negativen Einflüssen des Nationalsozialismus, den Kriegsereignissen und dem Stillstand der Rechtspflege im Jahre 1945 konnte erst durch das Gesetz zur Wiederherstellung der Rechtseinheit vom 12.9.1950 eine einheitliche Zivilgerichtsbarkeit wiederhergestellt werden. Nach vielen kleinen Veränderungen brachte sodann das Gesetz zur Vereinfachung und Beschleunigung gerichtlicher Verfahren vom 3.12.1976 (sog Vereinfachungsnovelle) die bis dahin wohl tiefgreifendsten Veränderungen der ZPO seit 1950. Die letzte grdle Novellierung brachte schließlich das Gesetz zur Reform des Zivilprozesses vom 27.7.2001, in dem va das gesamte Rechtsmittelrecht neu geordnet wurde. Nunmehr ist am 1.9.2009 das FamFG in Kraft getreten, das das gesamte 6. und 9. Buch der ZPO, also die Verfahren in Ehe-, Familien- und Kindschaftssachen sowie das Aufgebotsverfahren in der ZPO vollkommen gestrichen hat. Wenig hilfreich erscheint die seit ca 2002 geführte Diskussion um eine große Justizreform, die die verschiedenen Gerichtsbarkeiten zusammenlegen möchte (vgl zuletzt *Jung* DRiZ 09, 352).

C. Die Zivilgerichtsbarkeit im Rechtsschutzssystem. Die in der ZPO geregelte streitige Zivilgerichtsbarkeit ist Teil der sog ordentlichen Gerichtsbarkeit. Darunter wird aus historischen Gründen eine Zusammenfassung der Zivilgerichte, der Strafgerichte und der Gerichte der freiwilligen Gerichtsbarkeit innerhalb des Rechtswegs der ordentlichen Gerichtsbarkeit verstanden (vgl §§ 12, 13 GVG). Diese ordentliche Gerichtsbarkeit ist Teil eines Systems umfassenden Rechtsschutzes in Deutschland. Auf der Grundlage des verfassungsrechtlichen Rechtsstaatsprinzips besteht die Pflicht des Staates zur Justizgewährung (s.u. Rz 45). Dieser Justizgewährungsanspruch ist ein subjektives öffentliches Recht des Einzelnen gegen den Staat. Dem Bürger wird ein qualifizierter Rechtsschutz, der durch eine unabhängige richterliche Gewalt wahrgenommen wird, zuteil. Im Einzelnen hat der Gesetzgeber diesen Justizgewährungsanspruch und damit den Zugang zu Gericht durch Aufspaltung in fünf Fachgerichtsbarkeiten näher spezifiziert. Bei den einzelnen Zweigen der Gerichtsbarkeit unterscheidet man die ordentliche Gerichtsbarkeit sowie die Arbeits-, Sozial-, Verwaltungs- und Finanzgerichtsbarkeit. Der Kl eines Verfahrens muss sich zwar für eine dieser Gerichtsbarkeiten je nach der materiellen Qualifikation des zugrundeliegenden Rechtsstreits entscheiden. Ihm 6 droht aber keine Abweisung der Klage, falls er den falschen Rechtsweg beschreitet. Vielmehr hat das angerufene Gericht die Zulässigkeit des zu ihm beschrittenen Rechtswegs vAw zu prüfen und im Falle der Unzulässigkeit den Rechtsstreit vAw an das zuständige Gericht des zulässigen Rechtswegs zu verweisen (§ 17a II GVG). Dieser Verweisungsbeschluss ist für das Gericht, an das der Rechtsstreit verwiesen worden ist, hinsichtlich des Rechtsweges bindend (§ 17a II 3 GVG). Die Abweisung einer Klage als unzulässig wegen des Beschreitens eines nicht zuständigen Rechtswegs ist also nicht möglich.

7 **D. Prozessvoraussetzungen. I. Grundsatz.** Das im Einzelfall angerufene Gericht wird stets die Frage trennen müssen, ob die erhobene Klage zulässig und ob sie begründet ist. Der Erlass eines **Sachurteils** und damit die Prüfung der Begründetheit setzt die Zulässigkeit einer Klage stets voraus. Andernfalls ist die Klage als unzulässig durch **Prozessurteil** abzuweisen. Das Gericht darf die Zulässigkeit der Klage (oder des Rechtsmittels) nicht dahinstehen lassen (BGH NJW 00, 3718; BGH NJW-RR 91, 333; aA Köln NJW 08, 3649 für eine Berufung; Köln NJW 74, 1515; KG NJW 1976, 2353 je für eine Beschwerde). Wegen des unterschiedlichen Umfangs der Rechtskraft ist der Hinweis auf die Prozessökonomie dabei verfehlt.

8 **II. Die Prozessvoraussetzungen.** Zulässig ist eine Klage stets dann, wenn alle Prozessvoraussetzungen im weiten Sinn gegeben sind. Diese lassen sich aufteilen in Prozessvoraussetzungen im engeren Sinn (s.u. Rz 9), in Sachurteilsvoraussetzungen (s.u. Rz 10), in verzichtbare Rügen zur Zulässigkeit (s.u. Rz 11) und in besondere Prozessvoraussetzungen (s.u. Rz 12).

9 **1. Prozessvoraussetzungen im engeren Sinn.** Ihr Fehlen hindert bereits eine Zustellung der Klage. Im Einzelnen sind dies die **Deutsche Gerichtsbarkeit** (§§ 18–20 GVG), Mindestanforderungen an das Vorliegen einer **Klageschrift** (§ 253), also schriftliche Klage mit Unterschrift, Einreichung durch Anwalt im Anwaltsprozess sowie bei einer 1. Instanz, bestimmter Klageantrag; schließlich die Zahlung eines **Gerichtskostenvorschusses** (§ 12 I 1 GKG).

10 **2. Sachurteilsvoraussetzungen.** Ihr Fehlen hindert nicht die Zustellung der Klage, führt aber (bei Fehlen einer Abhilfe) zur Unzulässigkeit und damit zu einem Prozessurteil.

a) Die **Parteien** betreffend sind Existenz- und Parteifähigkeit (§ 50), Prozessfähigkeit bzw ordnungsgemäße gesetzliche Vertretung (§§ 51, 52) sowie Prozessführungsbefugnis (vgl § 50 Rz 33 ff) erforderlich.
b) Das **Gericht** betreffend müssen die Zulässigkeit des Rechtswegs (§ 13 GVG), die örtliche Zuständigkeit (§§ 12 ff), die sachliche Zuständigkeit (§§ 23, 71 GVG), die funktionelle und die internationale Zuständigkeit gegeben sein.
c) Den **Streitgegenstand** betreffend muss eine ordnungsgemäße und wirksame Klageerhebung vorliegen (§§ 253, 78 ff), es darf keine entgegenstehende Rechtshängigkeit (§ 261 III Nr 1) und keine entgegenstehende Rechtskraft (§ 322) vorliegen, schließlich muss ein Rechtsschutzbedürfnis bestehen, insb bei der Feststellungsklage (§ 256 I) und bei einer Klage auf künftige Leistung (§§ 257–259).

11 **3. Verzichtbare Rügen.** Nur auf eine Rüge durch den Beklagten (früher als Prozesshindernis bezeichnet) sind zu beachten die Berufung auf eine **Schiedsklausel** (§ 1032), auf eine **fehlende Kostenerstattung** nach früherer Klagerücknahme (§ 269 VI) sowie auf eine fehlende **Sicherheitsleistung** (§§ 110 ff).

12 **4. Besondere Prozessvoraussetzungen.** Diese bedürfen der Prüfung, wenn eine besondere Prozessituation vorliegt, ohne deren Zulässigkeit keine Sachentscheidung möglich ist, so zB die Zulässigkeit einer vorgenommenen Klageänderung (§§ 263, 264, 267), die Zulässigkeit einer subjektiven (§§ 59 ff) oder objektiven Klagehäufung (§ 260), die Zulässigkeit einer besonderen Verfahrensart, etwa des Urkundenprozesses (§§ 592 ff) oder des Mahnverfahrens (§§ 688 ff), die Zulässigkeit eines Versäumnisurteils (§§ 330, 331, 335, 337).

13 **III. Entscheidung.** Über die Zulässigkeit der Klage kann durch Zwischenurteil entschieden werden (§ 280). Bei Unzulässigkeit ergeht ein Endurteil (§ 300) als Prozessurteil. Das Vorliegen der Prozessvoraussetzungen, der Sachurteilsvoraussetzungen und der besonderen Prozessvoraussetzungen ist vAw zu prüfen. Eine Ausnahme bilden hier lediglich die verzichtbaren Rügen. Maßgeblicher Zeitpunkt für die Zulässigkeit der Klage ist grds der Schluss der letzten mündlichen Verhandlung (BGH ZIP 01, 124). Vor Erlass eines Prozessurteils muss das Gericht auf Mängel der Zulässigkeit der Klage hinweisen (§ 139 III). Eine zwingende Reihenfolge der Prüfung gibt es nicht. Naheliegend und praktikabel ist die oben bei Rz 8, 10 vorgenommene Reihung.

E. Streitgegenstand. I. Die Bedeutung des Streitgegenstandes. Der Streitgegenstand oder der prozessuale Anspruch eines Verfahrens legt das Streitprogramm zwischen den beiden Parteien fest, er begrenzt also den Prozess seinem Gegenstand nach. Dadurch wird er für den Prozess zu einem **zentralen Begriff.** Am deutlichsten zeigen sich die Wirkungen des Streitgegenstandes bei der Festlegung des Umfangs der Rechtshängigkeit, bei der Beurteilung von objektiver Klagenhäufung und Klageänderung, beim Umfang der Rechtskraft, bei der Bestimmung des Streitwerts mit Auswirkungen für die sachliche Zuständigkeit und die Kosten des Rechtsstreits, bei der Bestimmtheit der Klage sowie tw auch bei der örtlichen Zuständigkeit. 14

II. Die Theorien zum Streitgegenstand. Im modernen Recht lassen sich vielfältige theoretische Ansätze unterscheiden, wie der Streitgegenstand zu bestimmen sei und von welchen Faktoren dies im Einzelnen abhänge. Ein grdler Streit wird freilich dazu geführt, ob der Streitgegenstand materiellrechtlich oder ob er prozessual zu bestimmen sei. 15

1. Die materiell-rechtlichen Theorien. Der Gesetzgeber der CPO von 1877 war der Auffassung, der prozessuale Streitgegenstand sei identisch mit dem materiellrechtlichen Anspruch. Diese Auffassung erklärt sich aus dem noch im 19. Jh bestehenden Missverständnis, die Begriffe des Bürgerlichen Rechts und des Zivilprozessrechts seien identisch. Heute wird eine solche Auffassung von niemandem mehr vertreten. Es ist klar, dass der Streitgegenstand weiter gefasst sein muss und verschiedene Anspruchsgrundlagen des materiellen Rechts umfassen muss. Deshalb haben neuere materiellrechtliche Theorien versucht, die einzelnen Ansprüche zusammenzufassen und zu einem Anspruch iSd Prozessrechts auszugestalten, soweit mehrere Ansprüche entweder aus einem einheitlichen Lebenssachverhalt hervorgehen oder soweit diese Ansprüche zu einem einheitlichen Verfügungsobjekt (also zu dem einheitlichen Gegenstand einer Zession) verbunden sind. Auch diese neueren materiellrechtlichen Versuche konnten keinen Erfolg haben, weil das Zivilrecht an die unterschiedlichen Anspruchsgrundlagen unterschiedliche Regelungen der Verjährung, des Haftungsumfangs und der Beweislastverteilung anknüpft, was der Bildung eines einheitlichen materiellrechtlichen Anspruchs iRd Prozesses entgegensteht (*Arens* AcP 170, 392). 16

2. Prozessuale Theorien. Die Schwierigkeiten des materiellen Rechts haben dazu geführt, einen eigenständigen prozessualen Begriff des Streitgegenstandes zu entwickeln, der sich völlig vom materiellen Recht löst. Der heute im Zivilprozessrecht absolut herrschende sog **zweigliedrige Streitgegenstandsbegriff** will diesen eigenständigen prozessualen Anspruch durch zwei Elemente bestimmen, nämlich durch den vor Gericht gestellten **Antrag** und den diesem Antrag zugrundeliegenden **Lebenssachverhalt.** Man spricht deshalb insoweit regelmäßig vom Klageantrag und vom Klagegrund als den beiden Elementen des Streitgegenstandes. Dieser zweigliedrige Streitgegenstandsbegriff fasst alle materiellrechtlichen Anspruchsgrundlagen, die aus einem einheitlichen Lebenssachverhalt erwachsen sind, zu einem einheitlichen prozessualen Anspruch entsprechend dem Klageantrag zusammen und vermeidet damit Abhängigkeiten und Differenzierungen des materiellen Rechts. 17

Aufbauend auf dieser Theorie wollte die Lehre vom sog eingliedrigen Streitgegenstandsbegriff das Schwergewicht allein auf den Klageantrag legen. Der Lebenssachverhalt soll nach dieser Auffassung nur zur Individualisierung des Antrags herangezogen werden (vgl *Schwab*, Der Streitgegenstand im Zivilprozess 1954). Die genaue Feststellung des Streitgegenstandes ist damit regelmäßig ein Problem der Auslegung des jeweiligen Klageantrags, wofür notwendigerweise auf die dem Antrag zugrundeliegenden und vor Gericht vorgebrachten Tatsachen zurückgegriffen werden muss. Dies führt einerseits dazu, dass im Ergebnis regelmäßig kein Unterschied zwischen dem zweigliedrigen und dem eingliedrigen Streitgegenstandsbegriff besteht. Andererseits hat sich durch diese Annäherung der eingliedrige Begriff letztlich nicht durchsetzen können (vgl *Althammer* ZZP 123, 163).

3. Relative Theorien. In der Literatur zur Streitgegenstandsproblematik hat eine gewisse Tendenz zugenommen, den Streitgegenstand nicht mehr mit Hilfe von begrifflich-konstruktivem Denken im Sinne einer einheitlichen Lösung zu bewältigen, sondern die Festlegung des Streitgegenstandes je nach der Art des Prozesses und nach der Bewertung der dabei im Spiel befindlichen Parteiinteressen im Einzelfall zu ermöglichen. So ist überlegt worden, ob der Streitgegenstand vom Bestehen des Verhandlungs- oder Untersuchungsgrundsatzes abhängt (*Jauernig* Verhandlungsmaxime, 1967). Teilweise wird der Streitgegenstandsbegriff je nach der Klageart getrennt (Zö/*Vollkommer* Einl Rn 82). Teilweise wird nach den Wirkungen zwischen der Bewertung des Streitgegenstandes im laufenden Prozess und der Rechtskraftwirkung getrennt (St/J/*Schumann*, 20. Aufl, Einl Rn 291, 294). Zum Streitgegenstand im Wettbewerbsprozess *Ungern-Sternberg* GRUR 09, 901; *Nierwetberg* 18

RPfleger 09, 201 und bei der Unterlassungsklage *Büttner* FS Doepner 08, 107; *Ungern-Sternberg* GRUR 11, 375 und 486.

19 **III. Bewertung und Ergebnis.** Auch wenn die Diskussion um den Begriff des Streitgegenstandes bis heute nicht abgeschlossen ist, so hat sich doch im deutschen Recht die Auffassung durchgesetzt, dass die verschiedenen materiellrechtlichen Theorien die konkreten Probleme nicht befriedigend zu lösen vermögen. Innerhalb der unterschiedlichen prozessualen Begriffe hat sich gezeigt, dass die praktischen Konsequenzen der unterschiedlichen theoretischen Auffassungen nicht mehr groß sind. Dies gilt va deshalb, weil die ganz herrschende zweigliedrige Theorie den Begriff des Lebenssachverhaltes heute sehr weit fasst und damit die seltenen Probleme, die die eingliedrige Theorie lösen wollte, häufig in gleicher Weise mit erfassen kann.
Im Ergebnis dürfte es eine alle Probleme befriedigend lösende und zugleich einheitliche theoretische Auffassung vom Streitgegenstand wohl nicht geben. Ausgangspunkt muss daher weiterhin sein, dass die Bestimmung des Streitgegenstandes ein dem Kl obliegender prozessualer Dispositionsakt ist. Im Rahmen der näheren Festlegung des Umfangs dieses Dispositionsaktes liegt es nahe, die Grenzen bei der Klageerhebung und im Verlauf des Prozesses möglichst weit zu ziehen, damit eine möglichst umfassende Erledigung des angefallenen Streitstoffes erreicht werden kann. Nach dem Abschluss des Verfahrens sollten dagegen die Grenzen des Prozessgegenstandes und damit seiner Rechtskraft je nach dem vorgetragenen Sachverhalt enger gezogen werden, um die mögliche Präklusion nicht vorgebrachter Tatsachen in Grenzen zu halten.

20 **IV. Der Klageantrag.** Die bisherigen Überlegungen zeigen, dass das im Klageantrag zum Ausdruck gebrachte klägerische Begehren und seine Rechtsbehauptung nach wie vor entscheidend für die Bestimmung des Streitgegenstandes sind. Durch dieses Begehren wird zum einen die Rechtsschutzform festgelegt (Leistung, Feststellung, Gestaltung) und weiterhin wird eine bestimmte Rechtsfolge (genauer Umfang und ziffernmäßige Festlegung jedes einzelnen Antrags, vgl BAG NZA 11, 1116) begehrt, die das Ergebnis des richterlichen Subsumtionsschlusses darstellt. Im Falle der **Feststellungsklage** ist somit die vom Gericht verlangte Feststellung des Bestehens oder Nichtbestehens eines bestimmten Rechts oder eines Rechtsverhältnisses der Streitgegenstand. Werden mehrere Feststellungen verlangt, liegen auch mehrere Streitgegenstände vor. So beinhaltet der Antrag auf Feststellung, dass eine ordentliche und eine außerordentliche Kündigung unwirksam seien, zwei Streitgegenstände (München NJW-RR 95, 740). Ebenso sind mehrere Streitgegenstände gegeben, wenn eine Feststellung begehrt wird, dass der Kl Eigentümer mehrerer bestimmter Gegenstände sei.
Im Falle einer **Gestaltungsklage** ergibt sich nach wohl allgemeiner Meinung der Streitgegenstand aus dem Klageantrag unmittelbar. Daher liegen zwei Streitgegenstände vor, wenn der Kl Auflösung einer Handelsgesellschaft und hilfsweise Ausschluss eines Gesellschafters verlangt.
Bei **Leistungsklagen** muss der konkret gestellte Klageantrag regelmäßig durch den zugrunde liegenden Lebenssachverhalt konkretisiert und näher bestimmt werden. Jedenfalls liegen hier wiederum mehrere Streitgegenstände vor, wenn mehrere einzelne Individualleistungen begehrt werden. Ebenso ist für die **Unterlassungsklage** zunächst entscheidend, ob ein einzelner einheitlicher Unterlassungsantrag gestellt ist oder ob sich die geltend gemachte Unterlassung auf unterschiedliche Lebenssachverhalte bezieht und damit letztlich mehrere Anträge in sich vereint (vgl zur Lit auch Rz 18 am Ende).

21 **V. Der Klagegrund.** Für die hM und insb die Rechtsprechung (BGH NJW 01, 157; NJW 99, 1407) ist der Klagegrund neben dem Klageantrag ein gleichwertiges zweites Element zur Bestimmung des Streitgegenstandes. Dies gilt (s.o.) insb im Falle einer Leistungsklage. Damit wird es zu einem zentralen Element, den Lebenssachverhalt zu bestimmen, wie ihn § 253 II Nr 2 beschreibt (»Grund des erhobenen Anspruchs«). Heute wird in einer weitgefassten Betrachtung als Klagegrund der Lebenssachverhalt angesehen, der bei einer natürlichen Betrachtung vom Standpunkt der Parteien aus alle diejenigen einzelnen Tatsachen umfasst, deren tatsächliches Geschehen dem konkreten Klageantrag zugrunde liegt. In der Praxis bereitet die Abgrenzung Schwierigkeiten bei Schmerzensgeldklagen. Werden mehrere oder veränderte Schmerzensgeldbeträge auf einen einheitlichen und unveränderten Lebenssachverhalt gestützt, so liegt ein Streitgegenstand vor. Anders ist es, wenn die Veränderung des Schmerzensgeldbetrages darauf beruht, dass ein neuer oder veränderter Lebenssachverhalt vorliegt, dass also die Betragsänderung beim Schmerzensgeld von einer Sachverhaltsänderung getragen wird (BGH NJW 04, 167). Wird etwa iRe Arzthaftungsprozesses eine Klage auf mehrere im tatsächlichen Zusammenhang stehende Fehler während einer bestimmten Behandlung gestützt, so handelt es sich bei natürlicher Betrachtung um einen einheitlichen Lebenssachverhalt und damit um einen Streitgegenstand. Wird ein unveränderter Lebenssachverhalt und ein darauf beruhender

Antrag zunächst auf Vertrag und später auf Bereicherungsrecht gestützt, so liegt ein einheitlicher Streitgegenstand vor. Gleiches gilt für eine Änderung der Berechnungsmethoden iRv Schadensersatzansprüchen. Dagegen muss ein neuer Lebenssachverhalt und damit eine Mehrheit von Streitgegenständen angenommen werden, wenn eine Klage aus einem Vertragsverhältnis und zusätzlich aus einem abstrakten Schuldanerkenntnis erhoben wird. Auch eine Klage aus abgetretenem Recht neben einem Anspruch aus einem eigenen Vertragsverhältnis führt zur Mehrheit von Streitgegenständen.

VI. Die europäische Entwicklung. In Abkehr von allen in den nationalen Rechten vertretenen Auffassungen hat der EuGH den Streitgegenstand deutlich umfassender (aber ebenfalls prozessual) bestimmt. Die Rechtsprechung des EuGH geht davon aus, dass auch mehrere verschiedene Anträge und mehrere Rechtsschutzformen einen einheitlichen Streitgegenstand bilden, wenn der »Kernpunkt« zweier Verfahren der Gleiche ist (EuGH – Gubisch/Palumbo, NJW 89, 665; EuGH – Tatry, JZ 95, 616; dazu *Rüßmann* ZZP 111, 399; *Walker* ZZP 111, 429; *Prütting* FS Beys 03, 1273). Dies gilt auch im Verhältnis von einstweiligem Rechtsschutz und Hauptsacheverfahren (EuGH-Purucker, NJW 11, 363). Diese Kernpunkttheorie des EuGH führt iRd Art 27 EuGVO dazu, dass in Europa Parallelverfahren und Kompetenzkonflikte vermieden werden. Das Prioritätsprinzip setzt freilich voraus, dass in allen europäischen Mitgliedsstaaten ein gleichmäßiges Rechtsschutzniveau besteht (Problem der »Torpedoklage«). Ungeeignet ist die Auffassung des EuGH zur Bestimmung des Umfangs der materiellen Rechtskraft. 22

F. Verfahrensgrundsätze. I. Grundlagen. Die Frage der Ausgestaltung des Prozesses durch die ihn prägenden Verfahrensgrundsätze (= Prozessmaximen) gehört zu den fundamentalen Positionen jedes Verfahrensrechts. Die Verfahrensgrundsätze bestimmen die wesentlichen Unterschiede zwischen den verschiedenen Prozessarten (Zivilprozess, Verwaltungsprozess, Strafprozess). Die Vorwürfe gegen ein angeblich überholtes »Maximendenken« vergangener Zeiten (so insb Bomsdorf, Prozeßmaximen und Rechtswirklichkeit 1971) sind unberechtigt und werden heute nicht mehr erhoben. Ausgangspunkt aller Überlegungen ist die Vorstellung, dass jedem Verfahren ein gewisser allgemeiner struktureller Aufbau zugrunde liegt, dessen tragende Elemente man ermitteln und iE anführen kann. Die so gewonnene Struktur eines Verfahrens beschreibt nicht jede Einzelheit der Rechtswirklichkeit, sie ermöglicht aber den Rückgriff auf die Grundlagen des gesetzlichen Plans der jeweiligen Verfahrensordnung. So macht es sicherlich einen grundlegenden Unterschied, ob ein bestimmtes Verfahren vAw oder nur auf Antrag der Parteien eingeleitet werden kann, es ist von zentraler Bedeutung, ob das Gericht Streitstoff vAw ermittelt, es prägt das Bild des Verfahrens, ob dieses einem strengen Mündlichkeitsprinzip, dem Grundsatz der Öffentlichkeit und der Unmittelbarkeit des Verfahrens unterliegt. Diese schlagwortartig formulierten Maximen geben nur eine grobe Struktur der jeweiligen Prozessordnung wieder, sie erleichtern aber die Diskussion über deren Wesen und die Verständigung über konkrete Einzelfragen. Die gesamte Rechtsvergleichung setzt solche Strukturmerkmale voraus. Auch die methodische Fortentwicklung einer Verfahrensordnung baut auf solchen Strukturelementen auf. Letztlich machen Prozessmaximen also gewisse Grundentscheidungen des Gesetzgebers bei der Ausgestaltung des Verfahrens deutlich. Unabhängig davon weisen die Prozessmaximen keine Rechtsnormqualität auf, sondern sie entfalten ihre Bedeutung dadurch, dass sie in einzelnen Verfahrensnormen vom Gesetzgeber realisiert werden. 23

Im Einzelnen lassen sich die zentralen Verfahrensgrundsätze danach bestimmen, wem der Gesetzgeber die Verfahrensherrschaft zuweist, wen er zur Sammlung des Prozessstoffes verpflichtet, wie er den formalen Verfahrensgang ausgestaltet und auf welchen Wegen er für eine Konzentration des Verfahrens sorgt.

II. Verfahrenseinleitung und Verfahrensherrschaft. 1. Begriff. Soweit es allein die Sache der Parteien ist, ein Verfahren durch einen Antrag einzuleiten und über den Streitgegenstand zu verfügen (Bestimmung von Umfang und Grenzen des Prozesses, Bindung des Gerichts an den Antrag, Möglichkeit von Rücknahmen der Klage oder des Rechtsmittels, Verzicht, Anerkenntnis, Vergleich, Erledigungserklärung), spricht man von der Geltung der **Dispositionsmaxime**. Den Gegensatz einer Verfahrenseinleitung, Verfahrensbestimmung und Verfahrensbeendigung vAw nennt man **Offizialprinzip**. 24

2. Dispositionsmaxime. In der ZPO gilt durchgehend die Dispositionsmaxime. Diese gilt nicht nur in 1. Instanz, sondern auch in allen Rechtsmittelinstanzen bis hinauf zum Verfahren vor dem großen Senat für Zivilsachen (§ 132 GVG). Es ist daher zulässig, eine Entscheidung des großen Senates durch einen Dispositionsakt der Parteien zu verhindern (Klagerücknahme, Rechtsmittelrücknahme, Vergleich, Erledigung der Hauptsache). 25

26 **3. Ausprägung im Verfahren.** Die Geltung der Dispositionsmaxime wird va deutlich in § 308 (Bindung an Parteianträge), § 269 (Rücknahme der Klage), § 263 (Klageänderung), §§ 516, 565 (Rücknahme von Rechtsmitteln), § 306 (Verzicht), § 307 (Anerkenntnis), § 794 Abs 1 Nr 1 (Prozessvergleich), § 91a (Erledigungserklärung).

27 **III. Sammlung des Prozessstoffes. 1. Begriff.** Bei der Sammlung des Prozessstoffes einschl der Beweisführung ist danach zu trennen, ob es Aufgabe der Parteien ist, den Tatsachenstoff in den Prozess einzuführen, die Beweisbedürftigkeit von Behauptungen herbeizuführen und die Beweise beizubringen. Dies ist Gegenstand des **Beibringungsgrundsatzes** (früher regelmäßig auch Verhandlungsmaxime genannt). Den Gegensatz bildet die **Untersuchungsmaxime** (Inquisitionsmaxime, Amtsermittlungsgrundsatz). Hier liegt die Verantwortung für den Prozessstoff letztlich beim Gericht, das weder bei der Einführung von Tatsachen noch bei der Beweiserhebung an Anträge, Bestreiten, Geständnisse oder übereinstimmenden Parteivortrag gebunden ist.

28 **2. Beibringungsgrundsatz.** Der Zivilprozess ist vom Beibringungsgrundsatz geprägt. Es sind also allein die Parteien, die den tatsächlichen Stoff in der mündlichen Verhandlung vortragen. Das Gericht ist an diesen Vortrag gebunden und darf seiner Entscheidung nur die vorgebrachten Tatsachen zugrunde legen. Die Behauptung eines von den Parteien nicht vorgetragenen Sachverhalts durch das Gericht verstößt zugleich gegen Art 103 I GG (BGH NZG 09, 21). Die Parteien entscheiden ferner über die Notwendigkeit eines Beweises, indem sie Behauptungen entweder bestreiten oder durch ein Geständnis (§ 288) oder durch Nichtbestreiten (§ 138 Abs 3) das Gericht binden. Bei der Frage, wer die Beweisaufnahme veranlasst, ist zu trennen: der Zeugenbeweis wird nur auf Antrag durchgeführt, alle übrigen Beweise können (nicht: müssen) auch vAw erhoben werden (§§ 142, 143, 144, 448). Keine Durchbrechung des Beibringungsgrundsatzes stellt § 139 dar, der in allen seinen Varianten dem Gericht zwar auferlegt, die Parteien hinzuweisen, sie aufzuklären, Fragen zu stellen und die Probleme mit den Parteien zu erörtern. Diese sog materielle Prozessleitung erfasst aber nicht eine Ermittlung des Sachverhalts vAw oder ein Einbringen von Prozessstoff durch das Gericht in den Prozess. Ebenso wenig darf der Richter privates Wissen im Prozess verwerten.
Typische Ausprägung der Verhandlungsmaxime (Beibringungsgrundsatz) war früher ein Umkehrschluss aus § 616 I (Untersuchungsgrundsatz in Ehesachen). Der Sache nach ergibt sich heute eine vergleichbare Regelung aus § 127 FamFG in Verbindung mit § 113 FamFG. Deutliche Ausprägungen des Beibringungsgrundsatzes sind die unter Präklusionsandrohung stehende Prozessförderungspflicht der Parteien (§§ 282, 296), die Möglichkeit eines Versäumnisurteils (§§ 330 ff), die Regelungen über das Geständnis (§§ 288 ff), ferner der Umkehrschluss aus § 291 (offenkundige Tatsachen) und § 293 (Beweis von Rechtsnormen).

29 **3. Untersuchungsgrundsatz.** Der Untersuchungsgrundsatz galt bisher im 6. Buch der ZPO (Ehe- und Familiensachen). Ohne wesentliche Änderungen in der Sache gilt hierzu nun § 127 FamFG. Darüber hinaus gilt der Untersuchungsgrundsatz iRd Rechtsanwendung (iura novit curia sowie § 293). Ebenso galt und gilt der Untersuchungsgrundsatz im Aufgebotsverfahren (vgl früher § 952 III; heute § 439 I FamFG iVm § 26 FamFG).
Keine Ausprägung des Untersuchungsgrundsatzes ist die materielle Prozessleitung des § 139 (s.o. Rz 28), keine Ausprägung ist ferner die iRd Sachurteilsvoraussetzungen vorgesehene Prüfung vAw (§ 56 I), die eine Rechtsprüfung darstellt und nicht zur Amtsermittlungspflicht führt.

30 **IV. Formaler Verfahrensgang. 1. Amtsbetrieb.** Mit dem Begriff des **Amtsbetriebs** (Gegensatz: **Parteibetrieb**; zusammenfassend wird auch von **Prozessbetrieb** gesprochen) wird das formale in Gang setzen und in Gang halten des Verfahrens bezeichnet. Es geht also darum, wer für Terminsanberaumung, Ladungen und Zustellungen zuständig ist. Im Zivilprozess gilt heute ausschließlich der Amtsbetrieb. Seine wichtigsten Ausprägungen sind § 136 (formale Prozessleitung), §§ 166 ff (Zustellung vAw), § 214 (Ladung vAw), §§ 272 ff (Terminsanberaumung, Terminsvorbereitung, Bestimmung der Verfahrensweise jeweils vAw).

31 **2. Mündlichkeit.** Die Form des prozessualen Handelns von Gericht und Parteien wird durch den Gegensatz von Mündlichkeit und Schriftlichkeit näher bestimmt. Im Zivilprozess gilt ein striktes Mündlichkeitsprinzip (zu den Einzelheiten s.u. § 128, auch zu kleineren Durchbrechungen).

32 **3. Unmittelbarkeit.** Der Grundsatz der Unmittelbarkeit bedeutet, dass die mündliche Verhandlung und insb die Beweisaufnahme unmittelbar vor dem erkennenden Gericht durchzuführen sind. Für die mündliche Verhandlung ergibt sich dies aus § 128 I, für die Beweisaufnahme aus § 355 I und für die richterliche

Entscheidung aus § 309. Da die allgemeine Auffassung zum Verständnis von § 309 die dem Urt zugrunde liegende Verhandlung jeweils nur als die letzte mündliche Verhandlung interpretiert, ist im Zivilprozess der Grundsatz der Unmittelbarkeit nicht unerheblich eingeschränkt. Dies gilt im Hinblick auf die §§ 355 I S 2, 361, 362, 372 II, 375 I und Ia, 402, 405, 434, auch für das Beweisrecht.

4. Öffentlichkeit. Mit gewissen Einschränkungen gilt der Grundsatz der Öffentlichkeit für die gesamte Verhandlung vor dem erkennenden Gericht und die Verkündung der Entscheidungen (§§ 169 ff GVG). Soweit im Einzelfall die Öffentlichkeit Kraft Gesetzes ausgeschlossen ist (§ 170 GVG) oder vom Gericht ausgeschlossen werden kann (§§ 171b, 172 GVG), ist jedenfalls die Verkündung der Entscheidung zwingend öffentlich (§ 173 Abs 1 GVG). Zu weiteren Einzelheiten s. die Kommentierung von § 169 GVG. 33

V. Konzentrationsmaxime. Nahezu jedes prozessuale Verfahren kämpft gegen Überlastung und überlange Verfahrensdauer. Daher ist Verfahrensbeschleunigung ein grdles Ziel wohl jeder Verfahrensordnung. Auch die Bemühungen des Gesetzgebers seit Schaffung der ZPO sind vom Gedanken einer Verfahrensbeschleunigung und damit von der Konzentrationsmaxime beherrscht. Dies gilt in besonderer Weise für die ZPO-Novellen von 1924, 1933, 1976 und 2002. Vor allem seit der Vereinfachungsnovelle 1976 sind typische Ausprägungen der Konzentrationsmaxime die §§ 272, 273, 282, 296. Das ZPO-Reformgesetz 2002 hat diese Entwicklung va für die Berufungsinstanz verstärkt (vgl §§ 529 ff). 34

G. Einwirkungen des Verfassungsrechts. I. Grundlagen. Das Verfahrensrecht aller Gerichtszweige und damit auch der Zivilprozess werden heute in hohem Maße von verfassungsrechtlichen Vorgaben beeinflusst. Daher hat das BVerfG auf der Grundlage des Grundgesetzes immer wieder in das Verfahrensrecht eingegriffen und es vielfach durch verfassungskonforme Auslegung und verfassungsrechtlich bedingte Erweiterung oder Einschränkung von Verfahrensnormen verändert. Zentrale Grundlagen dieser Rechtsprechung des BVerfG sind das Rechtsstaatsprinzip in seinen vielfältigen Ausprägungen (Art 20 III, 28 I GG), insb auch in Verknüpfung mit der Rechtsweggarantie des Art 19 IV GG, das rechtliche Gehör gem Art 103 I GG, das Gebot des gesetzlichen Richters gem Art 101 I 2 GG, die Rechtsschutzgarantie des Art 19 IV GG, das Willkürverbot gem Art 3 I GG sowie ein aus verschiedenen anderen materiellen Grundrechtspositionen entwickelter Verfahrensschutz. Zu den Einwirkungen der Grundrechte in der Zwangsvollstreckung *Walker* GS Manfred Wolf 2011, S. 561. 35

II. Rechtsstaatsprinzip. 1. Grundsatz. Das Rechtsstaatsprinzip ist eine der zentralen verfassungsrechtlichen Grundlagen für das gesamte Verfahrensrecht. Es ist in Art 20 III, 28 I GG niedergelegt und dient dem BVerfG, häufig verknüpft mit anderen verfassungsrechtlichen Grundlagen wie insb Art 2 I, 3 I, 19 IV, 92, 97 GG sowie Art 6 EMRK, zur Entwicklung einer größeren Zahl einzelner verfahrensrechtlicher Grundsätze mit Verfassungsrang, bei deren Verletzung die Verfassungsbeschwerde gegeben ist. 36

2. Gesetzesbindung. Aus dem unmittelbaren Wortlaut von Art 20 III GG und damit aus dem Rechtsstaatsprinzip ergibt sich die Gesetzesbindung der Gerichte, deren Bedeutung und Gewicht oftmals unterschätzt wird. Die Gesetzesbindung wird durch die Verpflichtung der Gerichte zur Auslegung und zur Fortbildung des Rechts nicht aufgehoben. Vielmehr zeigt der Zusammenhang, dass eine richterliche Rechtsfortbildung stets einer besonderen Legitimation bedarf (planwidrige Gesetzeslücke, Rechtsfortbildungsbedürfnis, kein Überschreiten der Rechtsfortbildungsgrenzen). 37

3. Justizförmigkeit. Wiederholt hat das BVerfG darauf hingewiesen, dass sich aus dem Rechtsstaatsprinzip ein Anspruch auf Rechtssicherheit und Berechenbarkeit des Verfahrens, also auf Justizförmigkeit ergebe (BVerfGE 2, 403; 49, 164; BVerfG NJW 98, 3703; BVerfG NZA 01, 118). 38

4. Effektiver Rechtsschutz. Weiterhin wird aus dem Rechtsstaatsprinzip (iVm Art 2 I GG) das Gebot des effektiven Rechtsschutzes entwickelt, das eine möglichst wirksame Kontrolle durch die Gerichtsbarkeit verlangt (BVerfGE 35, 361; 40, 275; 42, 132; 61, 109; 67, 58; 77, 284; 79, 84; 85, 345; 88, 123; 93, 107; 97, 185). Aus diesem Gebot folgt auch, dass der Zugang zu den Gerichten nicht in unzumutbarer Weise erschwert werden darf (BVerfGE 107, 395; BVerfG NJW 01, 2161; BVerfG NJW-RR 01, 1076; BVerfG NJW 01, 2531; BVerfG NJW 09, 572). Ausfluss des Gebots des effektiven Rechtsschutzes ist auch die Gewährung von Rechtsschutz in angemessener Zeit und das Verbot überlanger Verfahrensdauer (s.u. Rz 42). 39

5. Faires Verfahren. Im Zusammenwirken von materiellen Grundrechten (insb Art 2 I GG) und dem Rechtsstaatsprinzip hat das BVerfG das verfassungsrechtlich verankerte Prozessgrundrecht auf ein faires 40

Verfahren entwickelt. Ausgangspunkt waren die berühmten Zuschlagsbeschlüsse im **Vollstreckungsrecht** gewesen (BVerfGE 42, 64; 46, 325; 49, 220; 51, 150). Der Grundsatz soll sicherstellen, dass das **Beweisrecht** fair gehandhabt wird (BVerfGE 52, 131; BVerfG ZIP 98, 881). Nicht zulässig ist danach auch ein **widersprüchliches Verhalten des Gerichts** (BVerfGE 69, 387; BVerfG NJW 94, 1853; NJW 96, 3202; NJW 97, 1909; NJW 04, 2149). Das Gericht muss das Verfahrensrecht so anwenden, dass die materiellen Rechtsfragen entschieden werden und nicht übertriebene Anforderungen an das formelle Recht gestellt werden. Dabei ist das Verfahrensrecht so auszulegen, dass es mit rechtsstaatlichen Grundsätzen nicht in Widerspruch gerät und den Rechtsuchenden nicht unverhältnismäßig belastet (BVerfG NJW 05, 814). Das Recht auf ein faires Verfahren gewährt auch Art 6 EMRK (EGMR NJW 10, 3207). Zu den verfassungsrechtlichen Rahmenbedingungen des Beweisverfahrens vgl *Zuck* NJW 10, 3350, 3622, 3764.

41 **6. Prozessuale Waffengleichheit.** Auch der Grundsatz der prozessualen Waffengleichheit ist im Zusammenhang von Rechtsstaatsprinzip und Art 3 I GG entwickelt worden. Dieser Grundsatz fordert eine gleichmäßige Belastung der Parteien mit dem Prozessrisiko und den Prozesskosten (BVerfGE 51, 131, 144; 74, 92, 94). Die prozessuale Waffengleichheit ist auch durch Art 6 I EMRK abgesichert und kann durch eine einseitige Auslegung des Rechts des Zeugenbeweises verletzt sein (Problem des Vier-Augen-Gesprächs, EGMR NJW 95, 1413). Eine wichtige Ausprägung dieses Grundsatzes ist die Gewährung von Prozesskostenhilfe und die Beiordnung eines Rechtsanwalts, wenn eine Seite anwaltlich nicht vertreten ist.

42 **7. Verbot überlanger Verfahrensdauer.** Auch das allgemein anerkannte Verbot überlanger Verfahrensdauer hat das BVerfG aus dem Rechtsstaatsprinzip entwickelt (BVerfG NJW 00, 797; NJW 2001, 214; NJW 01, 961; NJW 01, 2707; NJW 08, 503). Diese Herleitung beruht sicherlich auch darauf, dass die EMRK in Deutschland nur im Range eines formellen Gesetzes gilt. Denn es ist anerkannt, dass Art 6 I EMRK einen generellen Schutz aller auch im Grundgesetz abgedeckten Verfahrensgrundrechte umfasst und damit auch einen Anspruch auf eine Entscheidung in angemessener Frist gibt (EGMR NJW 97, 2809; NJW 98, 2961; NVwZ 99, 1325). Neuerdings wird daraus gefolgert, dass sich aus dem Anspruch auf eine Entscheidung in angemessener Frist bei längerer Untätigkeit eines Gerichts die Möglichkeit einer Untätigkeitsbeschwerde ergibt (Ddorf NJW 09, 2388). Der Gesetzgeber hat mit G v 24.11.11 einen besonderen Anspruch auf Rechtsschutz bei überlanger Verfahrensdauer in den neuen §§ 198-201 GVG geschaffen (BGBl I 2302).

43 **III. Rechtliches Gehör.** Art 103 I GG garantiert jedermann vor Gericht Anspruch auf rechtliches Gehör. Dieses auch als prozessuales Urrecht bezeichnete zentrale Prozessgrundrecht wird tw sogar auf den Grundsatz der Menschenwürde zurückgeführt. Das Grundrecht verbietet es, den Menschen vor Gericht als bloßes Objekt zu betrachten und zu behandeln. Sein Inhalt lässt sich in folgender Weise konkretisieren: der Anspruch auf rechtliches Gehör gibt zunächst den Parteien ein Recht auf **Orientierung** (also Benachrichtigung vom Verfahren, Mitteilung von Äußerungen anderer Beteiligter, Recht auf Akteneinsicht), weiterhin das Recht der Beteiligten auf **Äußerung** und schließlich und va die Verpflichtung des Gerichts, das Parteivorbringen **zur Kenntnis zu nehmen und in Erwägung zu ziehen** (BVerfGE 9, 231; 9, 261; 51, 126, 129; 70, 215, 218; 86, 133, 146; 107, 395; BVerfG NJW 98, 2044; NJW 05, 1487; NJW 09, 1584 und 1585). Zu den Einzelheiten bei Verletzung rechtlichen Gehörs vgl § 321a. Das rechtliche Gehör umfasst ausdrücklich auch die Möglichkeit der Akteneinsicht (BVerfG NJW 10, 2118). Zum rechtlichen Gehör nach einer komplexen Beweisaufnahme vgl BGH NJW 11, 3040. Die Verletzung des rechtlichen Gehörs eröffnet bei Wahrung eigener Sorgfaltspflichten und Einlegung aller möglichen Rechtsbehelfe einschl der Anhörungsrüge (§ 321a) die Verfassungsbeschwerde.

44 **IV. Das Gebot des gesetzlichen Richters.** Art 101 I 2 GG garantiert den gesetzlichen Richter. Dies bedeutet, dass der für die einzelne Sache zuständige Richter sich im Voraus möglichst eindeutig aus einer allgemeinen Norm ermitteln lassen muss. Die abstrakte gesetzliche Bestimmung muss sich im Einzelnen aus den Normen der Gerichtsverfassung, der Prozessordnungen und ergänzend aus den Geschäftsverteilungsplänen ergeben, an die deshalb besondere Anforderungen zu stellen sind. Damit verhindert das Gebot des gesetzlichen Richters den Eingriff Unbefugter in die Rechtspflege und dient der Erhaltung des Vertrauens der Rechtsuchenden und der Öffentlichkeit in die Unparteilichkeit und Sachlichkeit der Gerichte. Insbesondere werden durch Art 101 I 2 GG Manipulationen innerhalb der Gerichtsorganisation verhindert. Dies gilt auch für die Geschäftsverteilung innerhalb des einzelnen Gerichts und des jeweiligen einzelnen Spruchkörpers (zu den Einzelheiten s. § 21a ff GVG). Zulässig ist aber der richterliche Spielraum bei der Bestimmung der Zuständigkeit nach § 36 I Nr 3 (BVerfG NJW 09, 907). Auch der EuGH ist gesetzlicher Richter (BVerfG NJW 10, 1268).

V. Die Rechtsschutzgarantie (Justizgewährung). Art 19 IV GG enthält eine Rechtsschutzgarantie für den Einzelnen bei Rechtsverletzungen durch die öffentliche Gewalt. Über den Wortlaut hinaus ist heute aber auch für alle privatrechtlichen Streitigkeiten die Garantie eines umfassenden Rechtsschutzes anerkannt, der sich aus Art 19 IV GG in Verbindung mit dem Rechtsstaatsprinzip und Art 2 I GG ableitet (BVerfGE 54, 291; 88, 123; 96, 39; 107, 401; BVerfG NZA 11, 354; ebenso EGMR NJW 11, 3703 zu Art 6 I EMRK). Der damit anerkannte freie Zugang zu Gericht und der umfassende Rechtsschutz auch im gesamten Privatrecht werden häufig als Anspruch auf die Justizgewährung bezeichnet (BVerfGE 54, 277, 291). Diese verfassungsrechtlich abgesicherte Rechtsschutzgarantie erfordert einen umfassenden und möglichst lückenlosen Rechtsschutz. Allerdings besteht ein solcher Rechtsschutz nur iRd jeweils geltenden Verfahrensgesetze. Diese dürfen also den Zugang zum Gericht von formalen Voraussetzungen abhängig machen, so lange dadurch der Zugang nicht in unzumutbarer, aus Sachgründen nicht mehr zu rechtfertigender Weise erschwert wird (BVerfG MDR 00, 655; BVerfGE 107, 395). Der aus dem Justizgewährungsanspruch folgende Anspruch auf effektiven Rechtsschutz (s.o. Rz 39) verlangt den Zugang zu den Rechtsmittelinstanzen nach allgemeinen Regeln. Er ist zB verletzt bei Nichtzulassung der Revision trotz grundsätzlicher Bedeutung der Sache (BVerfG FamRZ 10, 1235). 45

VI. Willkürverbot. Das BVerfG hat aus Art 3 I GG ein allgemeines Willkürverbot entwickelt (BVerfGE 52, 161; 69, 254; 71, 204 und 271; 80, 51; 81, 137; 84, 227; 89, 141; 96, 39; 97, 27; 107, 407). Dieses Willkürverbot ist vom Gericht auch für die konkrete Ausgestaltung von Verfahrensnormen fruchtbar gemacht worden (BVerfG NJW 94, 2279; NJW 98, 3484; NJW 01, 1125). Darüber hinaus wird der Gedanke der Willkür aber auch bei der Beurteilung anderer Verfassungsverstöße herangezogen, etwa beim gesetzlichen Richter oder beim rechtlichen Gehör. Schließlich nutzt das BVerfG die Willkürrechtsprechung auch dazu, extreme Fehlentscheidungen im Ergebnis zu korrigieren (BVerfG, NJW 01, 1200). Auch die Nichtvorlage an den EuGH wird einer Willkürkontrolle unterzogen (BVerfG NVwZ-RR 08, 658). Im Einzelnen ist Willkür zu bejahen, wenn eine richterliche Entscheidung unter keinem denkbaren Aspekt rechtlich vertretbar ist und sich daher der Schluss aufdrängt, dass die Entscheidung auf sachfremden Erwägungen beruht. Dies ist nach objektiven Kriterien zu beurteilen. Richterliches Verschulden ist nicht erforderlich (BVerfG NJW 01, 1125). Daher macht die fehlerhafte Auslegung einer Norm eine darauf beruhende Gerichtsentscheidung noch nicht willkürlich. Vielmehr liegt Willkür erst dort vor, wo die Rechtslage in krasser Weise verkannt wird (BVerfG NJW 97, 2305). 46

VII. Verfahrensschutz durch materielle Grundrechte. Das BVerfG hat aus materiellen Grundrechten immer wieder konkrete Folgerungen für verfahrensrechtliche Garantien gezogen. So wurden aus der Eigentumsgarantie des Art 14 GG konkrete Folgerungen für die Gewährung von Prozesskostenhilfe (BVerfGE 35, 348) und für die Ausgestaltung der Zwangsvollstreckung (BVerfGE 46, 325; 49, 220; 49, 256; BVerfG NJW 09, 1259) gezogen. Aus dem Grundrecht auf Unverletzlichkeit der Wohnung (Art 13 Abs 2 GG) wurden Folgerungen für die Art und Weise der Zwangsvollstreckung durch den Gerichtsvollzieher gezogen (BVerfGE 51, 97). Aus dem Gesichtspunkt der Berufsfreiheit (Art 12 GG) sind konkrete Anforderungen an die Prüfung der Prozessfähigkeit eines Rechtsanwalts (BVerfGE 37, 67) sowie an die eingeschränkte Zulässigkeit eines Erfolgshonorars (BVerfGE 117, 163) gestellt worden. Auch die Kollision zwischen effektivem Rechtsschutz und In-Camera-Verfahren gem § 99 II VwGO ist nach Art 12 GG entschieden worden (BVerfGE 115, 205). 47

H. Prozesshandlungen. I. Begriff. Das prozessuale Verhalten der Beteiligten (Gericht, Parteien, Prozessbevollmächtigte, Nebenintervenienten), das gestaltend auf den Prozess einwirkt, kann nicht mit den Regeln bürgerlich-rechtlicher Willenserklärungen (bei den Parteien) oder hoheitlicher Verwaltungsakte (beim Gericht) gemessen werden. Vielmehr handelt es sich um eigenständige Kategorien mit je eigenen Wirksamkeitsvoraussetzungen und Rechtswirkungen, die sich allein am Prozessrecht messen lassen müssen. 48

Als **Prozesshandlungen des Gerichts** sind dabei va die gesamte Prozessleitung, der Amtsbetrieb, die Beweisaufnahmen, die Protokollierung sowie die gerichtlichen Entscheidungen zu nennen. Diese Prozesshandlungen des Gerichts sind nach Voraussetzungen und Rechtswirkungen überwiegend in der ZPO geregelt. Sie sind grds wirksam. Soweit sie fehlerhaft, also unter Verletzung von Verfahrensnormen zustande gekommen sind, sind sie (entweder isoliert oder zusammen mit einer Endentscheidung) idR anfechtbar (zu den Einzelheiten vgl R/S/G §§ 58 ff, insb § 62; zu Ausnahmen von der Wirksamkeit vgl § 62 III, IV).
Zu den Prozesshandlungen der Parteien s.u. Rz 49; zu den Prozessverträgen s.u. Rz 54.

49 **II. Prozesshandlungen der Parteien. 1. Begriff und Arten.** Unter den Prozesshandlungen der Parteien werden alle Handlungen von Prozessparteien, Nebenintervenienten und Prozessbevollmächtigten zusammengefasst, deren Hauptwirkung unabhängig von der Regelung iE auf prozessualem Gebiet liegt, sog funktioneller Prozesshandlungsbegriff (grdl Baumgärtel, Wesen und Begriff der Prozesshandlung einer Partei im Zivilprozess 1957). Dabei ist der Begriff der Prozesshandlung als prozessgestaltendes Verhalten im weiteren Sinn zu sehen. Darunter fallen auch Unterlassungen, nicht aber reine Realakte und Rechtsgeschäfte, deren Hauptwirkungen auf dem Gebiet des materiellen Rechts liegen.

Als Prozesshandlungen iE sind anzusehen die Klage, alle übrigen Anträge an das Gericht, alle Rechtsmittel und Rechtsbehelfe, Behauptungen, Bestreiten, Gestehen, Anerkenntnis, Verzicht, Nebenintervention, Prozessvergleich (Doppelnatur), Widerruf und Rücknahme von Prozesshandlungen. Keine Prozesshandlungen sind und bleiben zivilrechtliche Willenserklärungen wie die Aufrechnung, Anfechtung, Kündigung, Rücktritt, auch wenn sie im Prozess erklärt werden. In diesen Fällen ist zu trennen. Die Erklärung der Aufrechnung ggü der Gegenpartei ist Willenserklärung, die Geltendmachung der (erklärten) Aufrechnung im Prozess ggü dem Gericht ist Prozesshandlung. Ähnliches gilt für alle gestaltenden Erklärungen. Allein der Prozessvergleich hat eine Doppelnatur und ist materiellrechtliche Willenserklärung und Prozesshandlung in Einem (s.u. § 794 Rz 3).

50 **2. Voraussetzungen.** Grundsätzliche Voraussetzungen einer wirksamen Prozesshandlung (sog Prozesshandlungsvoraussetzungen) sind die Parteifähigkeit (§ 50) die Prozessfähigkeit (§§ 51, 52) bzw die wirksame gesetzliche Vertretung, die Postulationsfähigkeit (§ 78) sowie die Prozessvollmacht (§ 80). Darüber hinaus kennt das Gesetz in Einzelfällen weitere Voraussetzungen für die Wirksamkeit einer Handlung.

51 **3. Unterschiede zwischen Willenserklärung und Prozesshandlung.** Prozesshandlungen müssen in der mündlichen Verhandlung vorgenommen werden, Willenserklärungen können in jeder Form (zB schriftlich) erklärt werden. Die Erklärung einer Prozesshandlung wendet sich an das Gericht, eine Willenserklärung richtet sich an die Gegenpartei. Prozesshandlungen sind im Grundsatz frei widerruflich, Willenserklärungen sind unwiderruflich. Prozesshandlungen sind wegen Willensmängeln unanfechtbar, Willenserklärungen sind grds anfechtbar. Die Wirkung einer Prozesshandlung zeigt sich ausschl in der gerichtlichen Entscheidung, die Wirkung von Willenserklärungen tritt in jedem Falle ein, auch wenn eine gerichtliche Entscheidung unterbleibt. Prozesshandlungen sind im Grundsatz bedingungsfeindlich, Willenserklärungen sind im Normalfall einer Bedingung zugänglich.

52 **4. Trennung von Erwirkungshandlungen und Bewirkungshandlungen.** Prozesshandlungen der Parteien sind in aller Regel **Erwirkungshandlungen** (grdl Goldschmidt, Der Prozess als Rechtslage 1925). Damit soll gesagt sein, dass sie das Gericht zu einer bestimmten Entscheidung veranlassen sollen. Sie haben keine selbständige, über den konkreten Prozess hinausreichende Wirkung, sondern erschöpfen sich darin, nach Möglichkeit auf eine gerichtliche Entscheidung einzuwirken. Erwirkungshandlungen sind entweder Anträge, Behauptungen oder Beweisführungen (R/S/G § 64 Rn 2).

In seltenen Fällen können Parteihandlungen aber auch **Bewirkungshandlungen** sein. Dies bedeutet, dass sie unmittelbar eine bestimmte prozessuale Wirkung, also eine Prozesslage, begründen und sich damit unmittelbar auswirken. Solche Bewirkungshandlungen sind insb die Rücknahme der Klage (§ 269), die Rücknahme von Rechtsmitteln oder Rechtsbehelfen (§§ 346, 516, 565), ferner der Verzicht auf Rügen zur Zulässigkeit (§ 296 III), auf das Geltendmachen von Verfahrensmängeln (§ 295), auf Rechtsmittel und Rechtsbehelfe (§§ 346, 515, 565), ferner der Verzicht auf prozessuale Einreden (§§ 269 VI, 1032 I).

53 **5. Mängel.** Fehlen die Prozesshandlungsvoraussetzungen bei der Vornahme einer Prozesshandlung, so ist die einzelne Prozesshandlung in aller Regel unwirksam. In diesen Fällen ist eine (wirksame) Neuvornahme der Prozesshandlung grds möglich und erforderlich. Denkbar sind in Einzelfällen auch die Umdeutung der unwirksamen Prozesshandlung analog § 140 BGB (BGH NJW 01, 1217) oder die Heilung einer unwirksamen Prozesshandlung durch Genehmigung des Betroffenen oder Rügeverzicht. Eine wirksame Prozesshandlung kann durch eine zeitlich spätere entgegengesetzte Handlung widerrufen, geändert oder berichtigt werden. Dagegen ist eine Anfechtung im Hinblick auf § 142 BGB generell ausgeschlossen.

54 **III. Prozessverträge.** Prozessverträge sind Verträge, die ihre unmittelbare Hauptwirkung auf prozessualem Gebiet entfalten (R/S/G § 66 Rn 1; grdl *Wagner*, Prozessverträge 1998). Die ZPO kennt nur in seltenen Fällen Prozessverträge, so den Vertrag über die Vereinbarung einer Zuständigkeit (§ 38), den Schiedsvertrag (§ 1029), die vertragliche Unterwerfung unter die sofortige Zwangsvollstreckung (§ 794 I Nr 5) sowie die

Vereinbarung bei Sicherheitsleistungen (§ 108). Weitere Prozessverträge werden idR daran scheitern, dass das Prozessrecht zwingend ist und den Parteien keine Dispositionsfreiheit gewährt. Anerkannt werden heute allerdings vertragliche Klage- und Rechtsmittelrücknahmeversprechen (BGH NJW 84, 805), ein vertraglicher Rechtsmittelverzicht, Beweismittelverträge sowie Vereinbarungen über eine besondere Verfahrensart.

I. Auslegung und Anwendung des Zivilprozessrechts. I. Grundsatz. Das Verfahrensrecht unterliegt den allg methodischen Regeln und Grundsätzen. Eine eigenständige zivilprozessuale Methodik und Hermeneutik gibt es nicht (Wieczorek/Schütze/*Prütting* Einl Rn 111). Innerhalb der allg Auslegungs- und Rechtsanwendungsregeln sind freilich die speziellen prozessualen Topoi besonders zu beachten. Besonders bedeutsam sind die allg Ziele und Zwecke des Zivilprozesses (s.o. Rz 3), der Gedanke der Prozessökonomie sowie der Effektivität des Rechtsschutzes, die besondere Formgebundenheit des Verfahrens, sowie der Gedanke der Herstellung des Rechtsfriedens. 55

II. Auslegung. Im Einzelnen unterliegen Prozessrechtsnormen nach den klassischen Auslegungskriterien der grammatischen, historischen, systematischen und teleologischen Auslegung. Zunächst ist vom Wortlaut und Sprachgebrauch der Rechtsnorm auszugehen. Dabei ist allerdings zu berücksichtigen, dass die ZPO älter ist als das BGB. Es ist daher nicht in jedem Falle möglich, äußerlich gleichlautende Begriffe in beiden Kodifikationen auch gleich auszulegen (Unterschiede beim Begriff des Anspruchs, des Pfandrechts, des Auftrags an den Gerichtsvollzieher, des Begriffs der Einwendungen und Einreden). Die historische und die systematische Auslegung greifen auf in jeder Hinsicht vergleichbare Erwägungen wie bei der Auslegung des materiellen Rechts zurück. Von zentraler Bedeutung ist schließlich die teleologische Auslegung. Sie fragt nach Sinn und Zweck der einzelnen Prozessrechtsnormen und steht daher in einer engen Verbindung zu den Zwecken des Zivilprozesses im Ganzen. In Einzelfällen können aber auch besondere Sachgesichtspunkte Bedeutung gewinnen wie die Effektivität des Rechtsschutzes, die Verfahrensbeschleunigung, die Prozessökonomie, die Formgebundenheit oder die Justizförmigkeit des Verfahrens. Anerkannt ist im Prozessrecht neben den genannten Auslegungskriterien auch die verfassungskonforme Auslegung. 56

III. Rechtsfortbildung. Ebenso wie bei der Gesetzesauslegung gelten auch iRd sog richterlichen Rechtsfortbildung für das Zivilprozessrecht die allg anerkannten methodischen Grundsätze. Unter richterlicher Rechtsfortbildung versteht man die Aufstellung neuer abstrakter Obersätze durch den Richter, die in dieser Weise im geschriebenen Gesetzesrecht oder im Gewohnheitsrecht nicht vorhanden sind. Die Erforderlichkeit richterlicher Rechtsfortbildung iE und ihre Zulässigkeit ist allg anerkannt. Methodisch setzt eine solche Rechtsfortbildung nach wertungsmäßiger Einschätzung eine offene oder verdeckte Gesetzeslücke voraus. Zur Ausfüllung solcher Gesetzeslücken kommen va die Analogie, der Umkehrschluss und die teleologische Reduktion oder Extension in Betracht. Weiterhin sind bei der Rechtsfortbildung die Grenzen verfahrensrechtlicher Leistungsfähigkeit zu beachten. Typische Ausprägungen richterlicher Rechtsfortbildung im Zivilprozess sind die praeter legem entwickelten Rechtsinstitute der gewillkürten Prozesstandschaft, der Parteiänderung und der einseitigen Erledigungserklärung, ferner die Durchbrechung der materiellen Rechtskraft durch eine Klage gem § 826 BGB, darüber hinaus generell alle sog außerordentlichen Rechtsbehelfe (soweit solche überhaupt anzuerkennen sind). Denn es werden sämtliche rechtsfortbildend entwickelten ungeschriebenen Rechtsbehelfe seit der Plenarentscheidung des BVerfG vom 30.4.03 nicht mehr anerkannt (BVerfGE 107, 395; dazu insgesamt *Prütting* FS Adomeit, 08, 571). 57

J. Gütliche Streitbeilegung (ADR). I. Begriff und Arten. Eine gütliche Streitbeilegung (Alternativen zur Ziviljustiz; ADR = *alternative dispute resolution*) ohne kontradiktorisches Verfahren und autoritative Streitentscheidung ist in vielfältiger Weise möglich und in Zivilstreitigkeiten erwünscht (BVerfG NJW-RR 07, 1073 hält dies sogar für vorzugswürdig). Grundsätzlich zu trennen sind dabei 4 Formen einer Streitbeilegung ohne staatlichen Richterspruch, nämlich die Verhandlungslösung allein zwischen den Streitparteien (*negotiation*), die Mediation unter Zuziehung eines unterstützenden Mediators (*mediation*), die vielfältigen Formen der Schlichtung unter der Führung eines Schlichters (*conciliation*) sowie die private Schiedsgerichtsbarkeit mit der Autorität eines Schiedsgerichts (*arbitration*). Soweit alle diese Streitbeilegungsformen außer- und vorgerichtlich ablaufen, haben sie keine Berührungspunkte zum staatlichen Zivilprozess. Insb beschränken sie nicht den verfassungsrechtlich garantierten Zugang zu Gericht. Es gibt allerdings auch vielfältige Überschneidungen. 58

59 **II. Außergerichtliche Streitbeilegung und Zivilprozess. 1. Obligatorische Streitschlichtung.** Durch eine Öffnungsklausel hat der Gesetzgeber in § 15a EGZPO dem Landesgesetzgeber die Möglichkeit gegeben, vor Erhebung einer Klage beim Amtsgericht bis zum Streitwert von 750 € eine obligatorische außergerichtliche Streitschlichtung vorzuschalten. Soweit die Landesgesetzgeber (in der Hälfte aller Bundesländer) von dieser Lösung Gebrauch gemacht haben, ist eine zum Amtsgericht erhobene Klage erst nach Durchführung dieser obligatorischen Streitschlichtung zulässig.

60 **2. Anwaltsvergleich.** Durch eine gerichtliche Vollstreckbarerklärung nach § 796b oder durch eine notarielle Vollstreckbarerklärung nach § 796c kann ohne gerichtliche Auseinandersetzung auch ein sog Anwaltsvergleich nach § 796a zum Vollstreckungstitel werden (vgl § 794 I Nr 4b).

61 **3. Temporärer Klageverzicht.** Die Parteien können im Vorfeld streitiger Auseinandersetzungen vereinbaren, dass sie zunächst und vor der Erhebung einer Klage zum staatlichen Gericht eine Verhandlungslösung anstreben, eine Schlichtung versuchen, ein Mediationsverfahren versuchen oder iRe Schiedsklausel ein schiedsgerichtliches Verfahren anstreben. Möglich ist auch eine Kombination solcher Vereinbarungen im Wege einer Eskalationsklausel (*Berger* FS Schlosser, 05, 19). Alle diese Vereinbarungen werden zugleich als Verträge über einen vorläufigen (temporären) Klageverzicht interpretiert. Damit wirken sie wie ein vorläufiges pactum de non petendo. Die Folge ist in allen Fällen, dass eine dennoch zum staatlichen Gericht erhobene Klage als derzeit unzulässig abzuweisen wäre (BGH NJW 84, 669 = ZZP 99, 90 mit krit Anm *Prütting*). Im Falle von Schiedsklauseln ordnet § 1032 diese Wirkung auf Einrede hin dauerhaft an.

62 **III. Gerichtliche Streitbeilegung ohne Urteil. 1. Vergleichsbemühungen und Vergleich.** Soweit Rechtshängigkeit eines Verfahrens vorliegt, ist das Gericht verpflichtet, in jeder Lage des Verfahrens auf eine gütliche Beilegung des Rechtsstreits hinzuwirken (§ 278 I). Dazu ist insb vom Gesetzgeber obligatorisch angeordnet, dass der mündlichen Verhandlung zum Zweck der gütlichen Streitbeilegung eine Güteverhandlung vorausgeht (§ 278 II). Soweit ein Prozessvergleich geschlossen wird, stellt er einen Vollstreckungstitel dar (§ 794 I Nr 1). Ein solcher gerichtlicher Vergleich kann außer in der mündlichen Verhandlung auch durch schriftlichen Vergleichsvorschlag geschlossen werden (§ 278 VI).

63 **2. Selbständiges Beweisverfahren.** Eine weitere Form gerichtlicher Streitbeilegung ohne Urt bietet die Möglichkeit des selbständigen Beweisverfahrens gem § 485 ff. Ohne Rechtshängigkeit der Hauptsache bietet dieses Verfahren ebenfalls eine Möglichkeit, einen Prozessvergleich abzuschließen (§ 492 III).

64 **3. Gerichtliche Mediation.** Im Wege von Modellversuchen wird seit längerem in nahezu allen Bundesländern der Versuch gemacht, trotz Rechtshängigkeit des Verfahrens durch Einsatz von Richtermediatoren zu einer gütlichen Streitbeilegung zu gelangen. Problematisch ist in diesen Fällen, wie das Streitverfahren trotz Rechtshängigkeit in ein Mediationsverfahren überführt werden kann. § 278 V 2 sieht hierfür lediglich die Möglichkeit vor, dass das Gericht den Parteien eine außergerichtliche Streitschlichtung vorschlägt und hierzu das Verfahren zum Ruhen bringt. Eine gerichtliche Mediation ermöglicht allenfalls § 278 V 1, soweit man die Güteverhandlung vor einen ersuchten Richter (§ 362), also den Richter eines anderen Gerichts verweist. Den in Modellversuchen häufig angestrebten Weg, dass ein Richter desselben Gerichts, aber eines anderen Spruchkörpers als Richtermediator fungiert, sieht das Gesetz bisher nicht vor. Auch über die organisatorischen Bedenken bei § 278 hinaus ist der Einsatz von Richtern als Mediatoren durchaus problematisch (*Prütting* ZZP 124, 163; *ders* Kammerforum RAK Köln 09, 99, 106 = ZAP 09, 919; *ders* DRiZ 09, 361). Nunmehr hat der Gesetzgeber ein „Gesetz zur Förderung der Mediation" beschlossen, das in Art 1 ein eigenes MediationsG für außergerichtliche Konfliktbeilegung enthält, und das einen neuen § 278a ZPO schafft, um die Parteien auch bei Rechtshängigkeit noch zu einer (außergerichtlichen) Mediation zu bewegen. Eine gerichtliche Mediation hat der Gesetzgeber nicht vorgesehen.

65 **K. Europäisches Zivilprozessrecht.** Der Europäische Gedanke, der zunächst von einer europäischen Wirtschaftsgemeinschaft ausging, hat sich bekanntlich intensiv weiterentwickelt und schließt seit dem Inkrafttreten des Amsterdamer Vertrages (vom 2.10.97) am 1.5.1999 auch einen einheitlichen europäischen Justizraum mit ein (zur Entwicklung *Heinze* JZ 11, 709). Schon vorher hat es vielfältige Bemühungen gegeben, ein europäisches Verfahrensrecht zu schaffen. Der Europarat hat hierzu grundsätzliche Erwägungen angestellt und die sog Storme-Kommission hat 1992 erstmals den Entwurf einer europäischen ZPO vorgelegt (vgl *Prütting* FS Baumgärtel, 90, 457; *Roth* ZZP 109, 271; *Schilken* ZZP 109, 315). Die eigentliche Keimzelle eines europäischen Zivilverfahrensrechts war jedoch das Brüsseler Übereinkommen vom 27.9.1968 über die

gerichtliche Zuständigkeit und die Vollstreckung gerichtlicher Entscheidungen in Zivil- und Handelssachen (EuGVÜ). Dieses internationale Übereinkommen und seine Ergänzung durch das Parallelübereinkommen von Lugano vom 16.9.1988 (revidierte Fassung 2007 am 1.1.10 für Norwegen, am 1.1.11 für die Schweiz und am 1.5.11 für Island in Kraft getreten) waren überaus erfolgreich und haben in Europa erstmals eine einheitliche Zuständigkeit in Zivilsachen sowie eine Anerkennung und Vollstreckung gerichtlicher Entscheidungen gebracht. Mit dem Inkrafttreten des Amsterdamer Vertrages ist die EU dazu übergegangen, gem Art 65 EGV (seit 1.12.09 Art 81 AEUV) zu allen relevanten verfahrensrechtlichen Bereichen EU-Verordnungen zu erlassen. Als wichtigste Verordnung (EG) Nr 44/01 vom 22.12.2000 hat die EU das Brüsseler Übereinkommen (EuGVÜ) in eine Verordnung überführt (EuGVO). Seither sind vielfältige weitere Verordnungen ergangen, insb zu Ehesachen, zur Zustellung, zur Beweisaufnahme, zu Insolvenzverfahren, zu einem europäischen Vollstreckungstitel für unbestrittene Forderungen, zur Einführung eines europäischen Mahnverfahrens sowie zur Einführung eines europäischen Verfahrens für geringfügige Forderungen. Der deutsche Gesetzgeber hat in einem neu geschaffenen 11. Buch der ZPO (§§ 1067 ff) ergänzende nationale Regelungen getroffen. Zu den Einzelheiten s. § 1067 und die im Anhang kommentierten europäischen Verordnungen. An dieser Entwicklung hat sich durch das Inkrafttreten des Vertrags von Lissabon (ABl 07, C 306/1) am 1.12.09 nichts grundlegendes verändert. Allerdings heißt der EG-Vertrag nunmehr »Vertrag über die Arbeitsweise der europ Union (AEUV)«. Zu den Einzelheiten der aktuellen Entwicklung s. *Mansel/Thorn/Wagner* IPRax 10, 1; *Hess* IPRax 1, 125; *Wagner* NJW 11, 1404. Neben dem EUV und dem AEUV steht gleichrangig auch die Charta der Grundrechte der Europäischen Union (seit 1.12.2009). Diese enthält in Art 47 GRCh ein Grundrecht auf einen wirksamen Rechtsbehelf und ein unparteiisches Gericht. Damit ist auch europarechtlich ein effektiver Rechtsschutz garantiert, wie er im deutschen Recht (s.o. Rz 39) und in Art 6 I, 13 EMRK bereits existiert (EuGH NJW 07, 3555; NJW 08, 3697; GRUR-RR 09, 447; *Jarass* NJW 11, 1393), ebenso ein Anspruch auf Zugang zu Gericht sowie ein faires Verfahren. Schließlich sind durch Art 47 GRCh Mündlichkeit, Öffentlichkeit und ein Verfahren in angemessener Frist garantiert.

L. Internationales Zivilprozessrecht. I. Begriff und Inhalt. Das internationale Zivilprozessrecht umfasst 66
die Gesamtheit der verfahrensrechtlichen Normen, die eine Auslandsberührung aufweisen. Es stellen sich dabei also insb Fragen der Reichweite der deutschen Gerichtsbarkeit, der internationalen Zuständigkeit, der Rechtsstellung von Ausländern im inländischen Verfahren, ferner Fragen des Beweisrechts, des Rechtsverkehrs mit dem Ausland, der Behandlung einer ausländischen Rechtshängigkeit sowie der Anerkennung und Vollstreckung ausländischer Entscheidungen.

Der Begriff ist ähnl wie der des internationalen Privatrechts unglücklich, weil es sich im Wesentlichen um nationales Recht handelt. Das bereits erwähnte europäische Verfahrensrecht (s.o. Rz 65) ist ein Teil dieses internationalen Zivilprozessrechts.

II. Rechtsquellen. Die ZPO enthält keine vollständige Regelung des internationalen Zivilprozessrechts. 67
Auch eine eigenständige Kodifikation existiert in Deutschland nicht. Einige wichtige Normen sind im GVG und in der ZPO enthalten, so §§ 38 II, 55, 110, 293, 328, 363, 364, 545, 722, 723 ZPO; §§ 18, 19, 20, 184, 185, 188 GVG. Weitere wichtige Rechtsquellen des internationalen Zivilprozessrechts sind die Staatsverträge, die die Staaten auf den Gebieten der internationalen Zuständigkeit und der Anerkennung und Vollstreckung ausländischer Urteile abgeschlossen haben (grdl Geimer, Internationales Zivilprozessrecht, 6. Aufl 09; Nagel/Gottwald, Internationales Zivilprozessrecht, 6. Aufl 07).

Jenseits der einzelnen Regelungen wird das internationale Verfahrensrecht beherrscht vom **Grundsatz der lex fori**, also von dem Gedanken, dass inländische Gerichte auch bei Verfahren mit Auslandsberührung immer ihr heimisches Prozessrecht anwenden. Trotz mancher Durchbrechungen und Zweifel ist dieser Grundsatz auch heute noch von der herrschenden Meinung anerkannt (R/S/G § 6 II Rn 2f; St/J/*Roth* vor § 12 Rn 32).

III. Deutsche Gerichtsbarkeit. Ein deutsches Gericht ist nur dann befugt, einen Rechtsstreit mit Auslands- 68
berührung zu entscheiden, wenn die deutsche Gerichtsbarkeit gegeben ist. Da jeder Staat für sich die Befugnis in Anspruch nimmt, auf seinem Staatsgebiet Recht zu sprechen, folgt daraus, dass keinem Staat die Gerichtsbarkeit über einen anderen Staat zusteht. Die Ausübung der Gerichtsbarkeit als Hoheitsakt ist auf das eigene Staatsgebiet beschränkt. Letztlich ist die Frage, ob die deutsche Gerichtsbarkeit gegeben ist, zunächst eine solche des Völkerrechts. Darüber hinaus finden sich Regelungen in den §§ 18 ff GVG sowie in den Wiener Übereinkommen vom 18.4.1961 und vom 24.4.1963.

69 **IV. Internationale Zuständigkeit.** Eine Rechtsdurchsetzung vor nationalen Gerichten setzt gerade auch bei Fällen mit Auslandsberührung zunächst voraus, dass ein für die konkrete Rechtssache zuständiges Gericht gefunden werden kann. Daher kommt den Regeln über die internationale Zuständigkeit der Gerichte weitreichende Bedeutung zu. Im Grundsatz ist allgemein anerkannt, dass die Regeln über die örtliche Zuständigkeit (§§ 12 ff) zugleich eine mittelbare Regelung der internationalen Zuständigkeit enthalten. **Die Regelung über die örtliche Zuständigkeit ist also doppelfunktional.** Das bedeutet, dass die deutsche internationale Zuständigkeit immer dann gegeben ist, wenn ein allgemeiner oder ein besonderer Gerichtsstand vorliegt.

70 **V. Die Rechtsstellung des Ausländers.** Nach anerkanntem völkerrechtlichem Fremdenrecht muss jeder Aufenthaltsstaat dem Fremden angemessenen Rechtschutz gewähren, er muss ihm also in den Grenzen des für jedermann eröffneten Rechtswegs freien Zugang zu den nationalen Gerichten einräumen. Darüber hinaus kann der Fremde grds die gleichen prozessualen Rechte wie die jeweiligen Staatsangehörigen beanspruchen. Im Einzelnen ist nach umstrittener Ansicht die Parteifähigkeit auch des Ausländers nach § 50 zu beurteilen. Soweit man also § 50 richtigerweise als prozessuale Kollisionsnorm versteht, wird letztlich die Parteifähigkeit einer Person nach ihrem prozessualen Heimatrecht bestimmt. Gleiches gilt gem §§ 51, 52 für die Prozessfähigkeit. Dabei ist freilich zum Schutz des inländischen Rechtsverkehrs § 55 zu beachten.

Die Gerichtssprache ist gem § 184 GVG vor deutschen Gerichten zwingend deutsch. Soweit allerdings eine ausländische Partei der deutschen Sprache nicht mächtig ist, darf die Sprachunkenntnis nicht zu einer Verkürzung des Rechtsschutzes führen (BVerfGE 40, 95; 86, 280; EuGH EuGZR 1998, 591). Gemäß § 185 I 1 GVG ist daher, soweit erforderlich, zur mündlichen Verhandlung ein Dolmetscher hinzuzuziehen. Dem Grundsatz des § 184 GVG steht nicht entgegen, dass der Gesetzgeber bei den Landgerichten Kammern für internationales Handelssachen plant, vor denen mit Zustimmung aller Beteiligten in englischer Sprache verhandelt werden kann.

Gemäß § 110 hat ein ausländischer Kl, der vor deutschen Gerichten klagt, Sicherheit für die Prozesskosten zu leisten, wenn der deutsche Beklagte dies verlangt. Dies gilt nicht für den Bereich der europäischen Union und des europäischen Wirtschaftsraumes.

71 **VI. Beweisrecht.** Auch das Beweisrecht wird von der lex fori bestimmt. Im Zusammenhang mit den Begrenzungen der deutschen Gerichtsbarkeit kann daher eine Beweisaufnahme durch ein deutsches Gericht ebenso wie die Ladung von Zeugen und von Sachverständigen grds nur im Inland erfolgen. Zur Beweisaufnahme im Ausland vgl iE §§ 363, 364.

72 **VII. Ermittlung ausländischen Rechts.** Kommt ein deutsches Zivilgericht iRe Verfahrens mit Auslandsbezug zu dem Ergebnis, dass ausländisches materielles Recht auf den Rechtsstreit anzuwenden ist, so stellt sich die Frage, wie dieses ausländische Recht prozessual ordnungsgemäß ermittelt werden kann. Diese Frage ist in § 293 geregelt, der das ausländische Recht zum Beweisgegenstand erklärt, wenn und soweit dieses Recht dem Gericht unbekannt ist (zu den Einzelheiten s.u. § 293; iE ferner MüKoZPO/*Prütting* § 293 Rn 16 ff). Lässt sich trotz aller Nachforschungen ein behaupteter ausländischer Rechtssatz nicht nachweisen, so unterbleibt seine Anwendung. Nach herrschender Ansicht soll in diesem Falle deutsches Recht angewendet werden (BGHZ 69, 387, 394). Dies ist nicht unproblematisch (MüKoZPO/*Prütting* § 293 Rn 59 ff).

73 **VIII. Der Rechtsverkehr mit dem Ausland.** Für Ladungen und Zustellungen im Ausland sowie für ein Ersuchen um Beweisaufnahme im Ausland haben zahlreiche Länder internationale oder bilaterale Rechtshilfeabkommen geschlossen. Von besonderer Bedeutung sind die Haager Übereinkommen über den Zivilprozess vom 1.3.1954 sowie vom 15.11.1965 und vom 18.3.1970 (zu den Einzelheiten vgl Schütze Rechtsverfolgung, S. 7 ff).

74 **IX. Ausländische Rechtshängigkeit.** Die in § 261 III Nr 1 geregelte Einrede der bereits bestehenden Rechtshängigkeit führt zur Unzulässigkeit einer späteren Klage über denselben Streitgegenstand. Fraglich ist dabei, ob diese Einrede der Rechtshängigkeit auch bei einem vor einem ausländischen Gericht anhängigen Verfahren mit denselben Parteien über den gleichen Streitgegenstand erhoben werden kann. Die hM im deutschen internationalen Zivilprozessrecht lässt dies dann zu, wenn zu erwarten ist, dass das ausländische Urt anzuerkennen sein wird (BGH NJW 86, 2195; BGH FamRZ 87, 580).

75 **X. Anerkennung und Vollstreckung ausländischer Entscheidungen.** Mit Ausnahme des europäischen Bereichs ist grds kein Staat verpflichtet, ausländische Urteile anzuerkennen. Dies findet seine Rechtferti-

gung darin, dass Urteile einen Akt der Staatsgewalt darstellen und sich aufgrund der Souveränität der Staaten nur auf das Territorium des Entscheidungsstaates beschränken. Heute wird durch Staatsverträge und durch das autonome Recht meist eine Regelung der Anerkennung getroffen. Für das deutsche Recht enthält § 328 eine umfassende Regelung, nach der die positive Anerkennung ausländischer Urteile die Regel sein soll. Anerkennung bedeutet dabei die Erstreckung der Wirkungen eines ausländischen Urteils auf das Inland. Es bedarf dazu keines besonderen Verfahrens, das Gericht hat vielmehr im Prozess vAw zu prüfen, ob die Voraussetzungen für eine beantragte Anerkennung gem § 328 vorliegen.
Im Gegensatz zur Anerkennung eines ausländischen Urteils ist für die Erlangung der Vollstreckbarkeit im Inland ein förmliches Verfahren nach den §§ 722 ff ZPO vorgesehen. Diese Regelung ist erforderlich, weil die Vollstreckbarkeit ihrem Wesen nach territorial auf den Urteilsstaat beschränkt ist. Die Unzulänglichkeiten des Verfahrens der Vollstreckbarerklärung nach der ZPO versuchen die meisten Staatsverträge durch vereinfachte Beschlussverfahren zu vermeiden. Eine deutlich vereinfachte Ausnahme stellt hier wiederum der europäische Rechtsraum iRd EuGVO dar.

XI. Künftige Entwicklung. Insgesamt lassen sich im Bereich des internationalen Verfahrensrechts enorme 76
Fortschritte konstatieren. Dies gilt in erster Linie für den europäischen Justizraum, lässt sich aber auch darüber hinaus feststellen. Andererseits führen alle bisher geschlossenen völkerrechtlichen und supranationalen Vereinbarungen immer nur zu segmentierten Erleichterungen. Es ist und bleibt daher weiterhin von großer Bedeutung, über generelle transnationale Prinzipien nachzudenken. Die Entwicklung von »principles of transnational civil procedure« ist daher ein wichtiger Schritt hin zu einem künftigen einheitlichen internationalen Verfahrensrecht (vgl *Stürner* RabelsZ 69, 05, 201; *ders* ZZP Int 11, 381; *Gottwald* FS Leipold, 09, 33).

M. Gerichtliche Kontrolle durch Richtervorlage. Der verfassungsrechtliche Grundsatz des gesetzlichen 77
Richters (Art 101 I 2 GG) garantiert im Zusammenhang mit den Regeln über die Zuständigkeit und die Geschäftsverteilung die genaue Festlegung des zur Entscheidung des jeweiligen Gerichtsfalles vorgesehenen Spruchkörpers. Trotz dieser Festlegung gibt es in unterschiedlicher Weise eine ergänzende Gerichtskontrolle durch Richtervorlagen. Innerhalb der ordentlichen Gerichtsbarkeit ist zunächst vorgesehen, dass in Fällen, in denen ein Zivilsenat in einer Rechtsfrage von der Entscheidung eines anderen Zivilsenats des BGH abweichen will, eine Entscheidung des großen Senats für Zivilsachen vorgesehen ist (§§ 132, 138 GVG). Eine Vorlage an den großen Senat kommt auch in Betracht, wenn eine Frage von grundsätzlicher Bedeutung ansteht (§ 132 IV GVG). Liegt eine Divergenz zwischen verschiedenen obersten Gerichtshöfen des Bundes vor, so kommt in dieser Rechtsfrage eine Vorlage an den gemeinsamen Senat der obersten Gerichtshöfe des Bundes in Betracht (Art 95 III GG iVm G zur Wahrung der Einheitlichkeit der Rechtsprechung vom 19.6.68, BGBl I 661). Hält ein Zivilgericht eine Norm, auf deren Gültigkeit es bei der Entscheidung ankommt, für verfassungswidrig, hat das Gericht im Rahmen der konkreten Normenkontrolle die Frage dem BVerfG gem Art 100 GG zur Entscheidung vorzulegen. Ist iRe konkreten anhängigen Verfahrens vor einem deutschen Gericht eine Frage der Auslegung des EU-Vertrags, der Gültigkeit oder Auslegung von Handlungen der Organe der EU sowie des gesamten sekundären Unionsrechts im Streit, so ist iRe Vorabentscheidungsverfahrens die Frage gem Art 267 AEUV dem EuGH in Luxemburg vorzulegen.
In allen genannten Fällen der Richtervorlage ist das anhängige Verfahren vom vorliegenden Gericht auszusetzen und die Rechtsfrage isoliert vorzulegen. Eine Übertragung der Entscheidungskompetenz über den gesamten Fall kommt nicht in Betracht. Das zur Entscheidung berufene Gericht ist in allen Fällen an die Entscheidung der Rechtsfrage durch das zur Richtervorlage berufene Gericht gebunden.

Buch 1 Allgemeine Vorschriften

Abschnitt 1 Gerichte

Titel 1 Sachliche Zuständigkeit der Gerichte und Wertvorschriften

§ 1 Sachliche Zuständigkeit. Die sachliche Zuständigkeit der Gerichte wird durch das Gesetz über die Gerichtsverfassung bestimmt.

1 Die Regelung ist im Zusammenhang mit § 3 EGZPO und § 2 EGGVG zu lesen. Ihr Zweck ist die Festlegung des gesetzlichen Richters in bürgerlichen Rechtsstreitigkeiten vor den ordentlichen Gerichten, mithin die Konkretisierung des grundrechtsgleichen Rechts aus Art. 101 I 2 GG (BVerfGE 85, 327). **Zuständigkeit** ist die Befugnis des Gerichts, seine Gerichtsbarkeit auszuüben (Zö/*Vollkommer* § 1 Rn 1). Bei der Klärung der innerstaatlichen Zuständigkeit ist zunächst der Rechtsweg zu bestimmen. Hierfür sind §§ 13, 17 ff GVG einschlägig, in Abgrenzung zu § 40 VwGO und §§ 1–3 ArbGG iVm § 48 ArbGG. Innerhalb der ordentlichen Gerichtsbarkeit bestimmt sich die **sachliche**, dh die entsprechend der Art des Streitgegenstandes festgelegte **Zuständigkeit** des AG nach §§ 23 ff GVG und des LG nach § 71 GVG; für einen Teilbereich ist die Abgrenzung gem § 23 Nr 1 GVG wertabhängig, so dass nach § 2 die §§ 3–9 mit heranzuziehen sind. Eine abschließende Regelung enthalten die aufgeführten Normen nicht. In der ZPO (vgl insb §§ 64, 486 III, 689 I 1, 731, 764, 767, 768, 919, 942) und in weiteren Gesetzen (betr **LG** AktG §§ 246 III 1, 396 I 2; BauGB § 217 I 4; BNotO § 19 III, § 42, § 62; GebrMG § 27 I; GmbHG § 61 III; GenG § 51 III 3; GWB § 87; HinterlO § 3 III 2; MarkenG § 140 I; PatG § 143 I; StrEG § 13 I 3; UKlaG § 6 I 1; betr **AG** InsO § 2 I) finden sich zusätzliche Bestimmungen zur sachlichen Zuständigkeit.

2 Als **funktionelle** Zuständigkeit bezeichnet man die in der ZPO nicht ausdrücklich geregelte Verteilung verschiedener Rechtspflegefunktionen auf Richter, Rechtspfleger, Urkundsbeamte der Geschäftsstelle und Gerichtsvollzieher, auf verschiedene Aufgabengebiete desselben Gerichts wie dasjenige des Prozess-, Kartell-, Vollstreckungs-, Insolvenz-, Mahn-, Aufgebots- oder Rechtshilfegerichts sowie auf Kollegium, Vorsitzenden, Einzelrichter und beauftragten Richter (MüKoZPO/*Wöstmann* § 1 Rn 9; Zö/*Vollkommer* § 1 Rn 6). Der BGH (NJW-RR 04, 1655) sieht auch in der **instanziellen** Zuständigkeit einen Teilbereich der funktionellen Zuständigkeit. Der Streit hierum (St/J/*Roth* § 1 Rn 58; MüKoZPO/*Wöstmann* § 1 Rn 11) ist ohne praktische Relevanz. Der **Geschäftsverteilungsplan** regelt die Zuständigkeit gleichgeordneter Funktionsträger innerhalb eines Gerichts (für KfH: BGH NJW 86, 1178). Die **örtliche** Zuständigkeit ist in §§ 12 ff geregelt, die auch eine Grundlage für die Bestimmung der **internationalen** Zuständigkeit darstellen (BGH NJW-RR 08, 57, 58 f; § 12 Rz 18). Eine ungeschriebene sachliche Zuständigkeit kraft **Sachzusammenhangs** besteht nicht. Spezielle Regelungen, die dem Gericht über die Rechtsweg- (§ 17 II 1 GVG) oder die örtliche (§ 32) Zuständigkeit hinaus Prüfkompetenzen zuweisen, können, namentlich im Wege der Analogie, als Grundlage nicht herangezogen werden (BGH NJW 87, 442; insb mit Blick auf BGH NJW 03, 828 str, vgl MüKoZPO/*Wöstmann* § 1 Rn 16; St/J/*Roth* § 1 Rn 6 ff; Musielak/*Heinrich* § 1 Rn 13 f). Das sich hieraus ergebende, für die Praxis selten relevante Problem einer gespaltenen Zuständigkeit ist vorbehaltlich anderweitiger Entscheidung des Gesetzgebers hinzunehmen, da andernfalls die nicht voraussehbare, von Gegebenheiten des Einzelfalls abhängige Herleitung der Zuständigkeit an die Stelle klarer gesetzlicher Regelung träte. Für die Fälle der **Klagenhäufung** ist zunächst auf § 5 zu verweisen. Im Übrigen ist die sachliche Zuständigkeit für jeden Anspruch und für jede von mehreren Parteien grds getrennt zu prüfen, wenn nicht eine Sonderregelung wie § 33 eingreift.

3 Das Gericht prüft die sachliche Zuständigkeit vAw in den Fällen der §§ 40 und 504; greift § 39 ein, erübrigt sich die Prüfung. Eine Amtsermittlung findet nicht statt. **Tatsächliche Grundlage** ist der Vortrag des Klägers, der im Bestreitensfalle von ihm zu beweisen ist; bei doppeltrelevanten Tatsachen, die sowohl die sachliche Zuständigkeit als auch die Begründetheit des Klageanspruchs betreffen (**qualifizierte Prozessvoraussetzung**), reicht der schlüssige Vortrag (BGH NJW 10, 873; KG NJW-RR 01, 1509; OLGR Dresden 05, 50; Kobl NJW-RR 10, 1004). Zum Hilfsantrag vgl § 5 Rz 14. Wertangaben der Parteien sind nicht bindend; insb wo das Eigeninteresse der Prozessbevollmächtigten aufgrund von Gebührenvereinbarungen zurücktritt, sind sie krit zu hinterfragen (Ddorf NJW 11, 2979; näher § 3). Die Voraussetzungen der sachlichen Zuständigkeit müssen spätestens in der mündlichen Verhandlung vorliegen (näher § 4 Rz 4). Änderungen sind für die Zuständigkeit des LG nach § 261 III Nr 2 ohne Bedeutung. Für die Zuständigkeit des AG beachte § 506. Die Aufspaltung eines Anspruchs in mehrere Klagen zur Umgehung der landgerichtlichen

Zuständigkeit kann missbräuchlich sein und zur Verbindung verpflichten (zu den Folgen § 5 Rz 3). Bei fehlender sachlicher Zuständigkeit ergeht, wenn die Sache nicht nach § 281 I 1 an das zuständige Gericht verwiesen wird, abweisendes Prozessurteil. Zu den Wirkungen der Entscheidung vgl § 11. Ratsam ist bei Ungewissheit ein **Hilfsantrag auf Verweisung** (RGZ 108, 263; BGHZ 5, 105; NJW-RR 07, 1509: in der Revision nicht zulässig; § 281 Rz 25). Dem Gericht steht die Möglichkeit des bejahenden Zwischenurteils offen, § 280. Die Norm gilt anders als §§ 2–11 auch in Familiensachen, § 113 FamFG.

§ 2 Bedeutung des Wertes. **Kommt es nach den Vorschriften dieses Gesetzes oder des Gerichtsverfassungsgesetzes auf den Wert des Streitgegenstandes, des Beschwerdegegenstandes, der Beschwer oder der Verurteilung an, so gelten die nachfolgenden Vorschriften.**

1 **A. Inhalt und Bedeutung der Norm.** Die Regelung umschreibt die unterschiedlichen Funktionen der Wertfestsetzung bei der Festlegung der sachlichen Zuständigkeit, der Bemessung der Gebühren, der (vorläufigen) Vollstreckbarkeit und der Zulässigkeit von Rechtsmitteln; sie gilt nicht in Ehe- und Familiensachen, § 113 FamFG. Ansatz der Wertfestsetzung ist die **Ausgangssituation**, für die es auf den Wert des jeweiligen Gegenstands ankommt. Der **Streitgegenstand** bestimmt sich nach dem prozessualen Anspruch, dh auf der Grundlage des herrschend vertretenen zweigliedrigen Streitgegenstands-Begriffs (BGH NJW 06, 1118; MDR 06, 1359; Einl Rz 14 ff). Maßgeblich sind der vom Kl gestellte Antrag und der zur Begründung vorgetragene Lebenssachverhalt. Auf den Antrag des Beklagten oder dessen Einwendungen kommt es nicht an (BGH NJW 94, 2363).

2 **B. Streitwertarten.** Entsprechend den **Funktionen** des Streitwertes ist zwischen verschiedenen Arten von Streitwerten zu unterscheiden. Bei jeder Wertfestsetzung ist vorher zu prüfen, welcher Streitwert festgesetzt werden soll. Erst nach Klärung dieser Frage lassen sich die jeweils einschlägigen Normen und Bewertungsgrundsätze verlässlich erkennen. Einzelheiten werden bei §§ 3 ff dargestellt. Die nachfolgenden Ausführungen dienen vornehmlich der Definition der einzelnen Streitwertarten, die sich aus deren Funktion herleitet.

3 Der **Zuständigkeitsstreitwert** ist gem §§ 23, 71 GVG für die Abgrenzung der sachlichen Zuständigkeit zwischen AG und LG maßgeblich. Seine Festlegung erfolgt ausschließlich nach §§ 3–9. Bei Werten bis 5.000 € ist, soweit nicht eine Sonderregelung eingreift (vgl § 1 Rz 1), das AG sachlich zuständig, andernfalls das LG. Steht die sachliche Zuständigkeit des Gerichts etwa aufgrund Prorogation nach § 38 oder aufgrund bindender gerichtlicher Entscheidung wie etwa nach § 281 II 4 ohnehin fest, bedarf es der Festsetzung des Zuständigkeitsstreitwertes nicht (vgl § 3 Rz 14). Mit Blick auf § 78 I 1 spricht man für Rechtsstreitigkeiten, die aufgrund ihres Wertes dem Anwaltszwang unterliegen, auch vom **Anwaltsstreitwert**, der aus dem Zuständigkeitsstreitwert hergeleitet wird (*Schumann* NJW 82, 1257, 1262).

4 § 3 I GKG macht den Wert des Streitgegenstands zur Grundlage der Gebührenbemessung; die Regelung enthält zugleich eine Legaldefinition des Streitwertbegriffs im Gebührenrecht (Musielak/*Heinrich* § 2 Rn 2). **Gebührenstreitwert** ist derjenige Wert, welcher nach den Anlagen zu GKG, RVG, FamFG und KostO für die Ermittlung der Gebührenhöhe maßgeblich ist. Im Verfahren des ersten Rechtszuges gelten insoweit vorrangig die Wertvorschriften des GKG, vgl § 48 I 1 GKG, § 23 I RVG iVm §§ 39 ff GKG, und der §§ 33 ff FamGKG (dazu Schulte-Bunert/Weinreich/*Keske* §§ 33 ff FamGKG). Daneben bestehen weitere Sonderregelungen wie § 247 AktG, § 182 InsO, § 142 MarkenG, § 12 UWG. §§ 3 ff ZPO werden gem § 48 I 1 GKG ergänzend herangezogen. Im **höheren Rechtszug** kommt es auf die Beschwer und bei Stellung eines Antrags auf den Wert des Beschwerdegegenstandes an, § 47 I GKG, § 40 FamGKG. Das verleitet zum **Missbrauch**, weil eine unbegrenzt eingelegte Berufung durch begrenzte Antragstellung vor Rücknahme auf einen niedrigeren Wert bis hin zum gebührenrechtlichen Mindeststreitwert zurückgeführt werden kann. Geschieht dies alleine zur Gebührenersparnis, bleibt es beim ursprünglichen Wert (näher § 3 Streitwertlexikon Rechtsmittel c). Die **Bemessungsgrundlage** der Wertgebühren ist nach § 39 II GKG, § 22 II 2 RVG, § 33 II FamFG auf 30 Mio € begrenzt. Bei diesem Höchstwert bleibt es auch dann, wenn die Werte von Klage und Widerklage nach § 45 I 1 GKG zusammengerechnet werden (BGH 6.4.10 – II ZR 130/08 – JurionRS 2010, 13950). Eine Wertaddition nach § 22 II 2 RVG findet in derselben Angelegenheit statt, wenn die für die mehreren Auftraggeber bezeichnete anwaltliche Tätigkeit verschiedene Gegenstände betrifft. (BGH NJW 10, 1373 mit krit Anm Bischof; 28.7.10 – II ZR 130/08 – JurionRS 2010, 13950).
Die **Wertfestsetzung** für die Zuständigkeit oder für die Zulässigkeit des Rechtsmittels ist gem § 62 S 1 GKG vorbehaltlich anderweitiger Sonderregelungen auch für die Berechnung der Gerichtsgebühren maßgeblich; dem folgt gem § 23 I 1 RVG die Bemessung der Rechtsanwaltsgebühren.

Der **Wert des Beschwerdegegenstandes** oder auch **Rechtsmittelstreitwert** ergibt sich aus dem vom Rechtsmittelführer verfolgten Ziel, die Beschwer ganz oder tw zu beseitigen. Wird kein bestimmter Rechtsmittelantrag gestellt, muss der Rechtsmittelstreitwert aus dem erkennbaren Rechtsmittelziel hergeleitet werden. Im Normalfall wird der Rechtsmittelstreitwert durch die Beschwer und den Berufungsantrag bestimmt. Unter **Beschwer** ist der Wert des rechtlichen Nachteils zu verstehen, den eine Partei durch eine gerichtliche Entscheidung erleidet; der Umfang des Rechtsmittels ist insoweit ohne Belang (BGH NJW 84, 371); eine Klageerweiterung nach Schluss der mündlichen Verhandlung ist ohne Belang (BGH FamRZ 09, 972). §§ 3 bis 9 sind nur dann heranzuziehen, wenn die Beschwer sich nicht unmittelbar aus dem Nachteil selbst ergibt; bei Abweisung eines Zahlungsanspruchs und bei Verurteilung zu einer Zahlung besteht eine dahingehende Notwendigkeit also nicht (vgl § 3 Rz 6). Maßgebend ist das wirtschaftliche Interesse des Rechtsmittelklägers am Erfolg seines Rechtsmittels; der Wert ist im Regelfall mit der Beschwer identisch oder – bei begrenzt eingelegtem Rechtsmittel – niedriger; nur ausnahmsweise kann er höher sein (BGH GZS NJW 95, 664; aA St/J/*Roth* § 2 Rn 40; näher § 3 Streitwertlexikon Rechtsmittel Rz 196; § 511 Rz 17). IdR umfasst er die **MWSt** (BGH MDR 10, 766). Die Obergrenze des Rechtsmittelstreitwerts liegt im rechtskraftfähigen Inhalt der angefochtenen Entscheidung (BGH NZM 07, 499). 5

Der **Bagatellstreitwert** von derzeit 600 € öffnet den Weg zum vereinfachten Verfahren nach § 495a. Für ihn gelten die §§ 3–9. 6

Der **Wert der Verurteilung** bemisst sich nach der wirtschaftlichen Belastung, die sich aus der Verurteilung ergibt. Er hat Bedeutung für die Anwendung von §§ 708 Nr 11. Mit dem Wert der Verurteilung wirtschaftlich identisch ist der **Vollstreckungsstreitwert**, der bei § 866 III 1 beachtet werden muss. 7

§ 3 Wertfestsetzung nach freiem Ermessen.

Der Wert wird von dem Gericht nach freiem Ermessen festgesetzt; es kann eine beantragte Beweisaufnahme sowie von Amts wegen die Einnahme des Augenscheins und die Begutachtung durch Sachverständige anordnen.

Inhaltsübersicht

	Rz
A. Grundlagen der Wertfestsetzung	1
I. Freies Ermessen	1
1. Allgemeines	1
2. Tatsachen	2
3. Rechtliche Voraussetzungen	3
II. Bewertung	4
1. Rechtliche Grundlagen	4
2. Tatsächliche Grundlage und Inhalt der Wertfestsetzung	5
3. Leitbildfunktion des Gesetzes	6
4. Keine Bedeutung der prozessualen Ausgangslage	7
III. Nichtvermögensrechtliche Streitigkeiten	8
1. Definition	8
2. Geltung des § 48 II GKG für alle Streitwertarten	10
3. Bewertungskriterien des § 48 II GKG	11
B. Gang des Festsetzungs-Verfahrens	13
I. Anlass zur Wertfestsetzung	13
1. Grundlegende Voraussetzungen	13
2. Zuständigkeitsstreitwert	14
3. Gebührenstreitwert	15
4. Rechtsmittelstreitwert	16
II. Form und Inhalt der Entscheidung	17
III. Abänderung von Amts wegen	18
IV. Rechtsmittel	19
1. Zuständigkeitsstreitwert	19
2. Gebührenstreitwert	20
3. Rechtsmittelstreitwert, Bagatellstreitwert	23
4. Beschwerdeverfahren	24
V. Streitwert-Lexikon	27
Arbeitsrecht. ZuS: besteht nicht; GeS: § 42 II 1, III, IV 1 GKG (§ 42 III 1, IV, V 1 GKG aF), iÜ §§ 3–9	45
Arrest § 916 ZPO, § 119 II FamFG	48
Auskunft (s.a. Stufenklage, Vollstreckungsabwehrklage)	55
Beweisverfahren §§ 485 ff	73
Ehesachen, Lebenspartnerschaftssachen § 121 FamFG, § 43 FamGKG (§ 48 II, III GKG aF), s.a. Folgesachen	90
Einstweilige Anordnung	103
Einstweilige Verfügung	107
Erbrechtliche Streitigkeiten	113
Erledigung der Hauptsache s.a. Feststellung des Kosteninteresses	119
Feststellungsklage	125
Folgesachen	129
Gesellschaftsrecht	146
Gewerblicher Rechtsschutz	152
Insolvenz	162
Rechtsmittel	195
Stufenklage (§ 254)	206
Unbezifferter Leistungsantrag	214
Unterlassung	217
Vergleich	222

	Rz		Rz
Versicherung	226	Zug-um-Zug-Leistung	266
Widerspruchsklage	249	Zwangsvollstreckung	273
Wohnungseigentum	257		

1 **A. Grundlagen der Wertfestsetzung. I. Freies Ermessen. 1. Allgemeines.** Dem Gericht ist bei der Wertfestsetzung in mehrfacher Hinsicht ein weiter **Spielraum** eröffnet, dessen Grenzen im Gebrauch pflichtgemessen Ermessens liegen (BGH NJW-RR 01, 569; MüKoZPO/*Wöstmann* § 3 Rn 2 f). Das gilt bereits für die Frage, ob überhaupt eine Entscheidung ergeht (Rz 13). Eine Bewertung des Rechtsmittelinteresses durch das Berufungsgericht kann vom Revisionsgericht nur auf Ermessensüberschreitung oder -fehlgebrauch überprüft werden (BGH NJW 09, 2218; MDR 10, 765).

2 **2. Tatsachen.** Bei der Feststellung der **tatsächlichen Grundlagen** des Streitwertes, namentlich des objektiven Verkehrswertes (Rz 6), genießt das Gericht weitgehende Freiheiten (»Verfahrensrechtlicher Dispens«, Musielak/*Heinrich* § 3 Rn 10). Es ist an unstreitige und selbst an ausdrücklich übereinstimmende **Angaben der Parteien** nicht gebunden; diese haben andererseits einen hohen Indizwert, weshalb grds keine Bedenken bestehen, ihnen zu folgen (BGH FamRZ 91, 547; OLGR Hambg 07, 425; zum Einfluss auf die Zulässigkeit einer Streitwertbeschwerde Rz 24). So ist der vereinbarte Preis eines Gegenstandes tragfähiges Indiz für dessen Wert (BGH WM 97, 643; München MDR 97, 599). **Abweichungen** sind geboten, wenn zu niedrige Wertangaben die Interessen der Staatskasse beeinträchtigen (OLGR Hambg 07, 425) oder die Angaben keine hinreichende Substanz haben (OLGR Saarbr 08, 703); das bedarf insb dann kritischer Prüfung, wenn die Prozessbevollmächtigten aufgrund von Gebührenvereinbarungen an Wertangaben zutreffender Höhe kein Interesse haben (Ddorf NJW 11, 2979). In der Entscheidung über eine **Beweisaufnahme** ist das Gericht unabhängig von Anträgen der Parteien frei (München JurBüro 92, 561). Sie ist allenfalls dann erforderlich, wenn auch nach dem Parteivortrag eine verlässliche Bewertung schlechthin ausscheidet. Vorrang haben aus praktischen Erwägungen das Einvernehmen der Parteien und die freie Schätzung (zu weitgehend allerdings B/L/A/H § 3 Rn 6). § 294 gilt nur im Fall des § 511 III (BGH NJW-RR 98, 573). Auf Mittel der Glaubhaftmachung kann das Gericht jedoch auch im Rahmen seines Ermessens zurückgreifen. In der **Nichtzulassungsbeschwerde** ist eine Korrektur von in der Vorinstanz erfolgten Wertangaben nicht möglich (BGH NJW 10, 681).
Als Beweismittel kommt am ehesten ein Sachverständigengutachten in Betracht. Die **Kosten** können nur unter den Voraussetzungen des § 64 GKG einer Partei auferlegt werden; ansonsten sind sie von der Staatskasse zu tragen (Hartmann § 64 GKG Rn 10). Für das familienrechtliche Verfahren übernimmt § 56 FamGKG diese Regelung. Die Auswertung der Beweisergebnisse muss sich an § 286 orientieren (BGH NJW-RR 01, 569).

3 **3. Rechtliche Voraussetzungen.** Bei der Ermessensausübung muss das Gericht beachten, dass die **Justizgewährungspflicht** eine Wertfestsetzung verbietet, die einen Beteiligten mit einem unverhältnismäßigen Kostenrisiko belastet (BVerfGE 85, 337; NJW-RR 00, 946; NJW 97, 311; eingehend § 6 Rz 2). Das ist insb bei Klärung der Frage zu berücksichtigen, welche tatsächlichen Grundlagen für die Bewertung herangezogen werden und wie immaterielle Gegenstände zu bewerten sind. Umgekehrt kommt dem Gesichtspunkt der **Kostengerechtigkeit** Bedeutung zu, da der Gebührenstreitwert auch die Funktion hat, eine sachgerechte Entlohnung der Rechtsanwälte und die Einnahmen der Staatskasse zu sichern (so zutr B/L/A/H § Rn 2). Das Grundrecht der Rechtsanwälte auf freie Ausübung ihres Berufs, Art 12 I GG, ist daher mit deutlichem Gewicht zu berücksichtigen (BVerfG MDR 05, 1373; AnwBl 07, 380 = FamRZ 07, 1081: Gebührenbemessung in PKH; NJW 07, 2098: Begrenzung der Gebühren bei hohen Streitwerten verfassungskonform; LAG Baden-Württemberg JurBüro 08, 250; OLGR Brandbg 09, 971: Arbeitsaufwand berücksichtigen).

4 **II. Bewertung. 1. Rechtliche Grundlagen.** Für viele Fälle ist die Wertfesetzung gesetzlich geregelt (**normativer Streitwert**), insb in §§ 6–9 ZPO, §§ 39 ff GKG, §§ 33 ff FamGKG. Die Bewertung **bezifferter Anträge** mit dem angegebenen Betrag folgt einem ungeschriebenen Grundsatz des Streitwertrechts und ist daher ebenfalls normativ vorgegeben (*Schumann* NJW 82, 1257, 1258); in Familiensachen gilt insoweit § 35 FamGKG. **§ 3 ZPO** ist im Verhältnis zu den normativen Vorgaben **Auffangnorm** (*Schumann* NJW 82, 1257, 1261). Nur bei deren Anwendung ist auf **allgemeine Grundsätze** des Bewertungsrechts zurückzugreifen. Diese lassen sich wie folgt zusammenfassen:

Da der Betreiber eines Verfahrens (Kl, Rechtsmittelführer) dessen Gegenstand festlegt, vgl nur § 253 II Nr 2, ist das hiermit verfolgte Interesse grundlegender Bewertungsansatz (**Angreiferinteresse**, RGZ 45, 402, 404; BGH NJW 94, 735; NJW-RR 94, 1145, 1148; KGR 97, 57; *Schumann* NJW 82, 1257, 1263; MüKoZPO/*Wöstmann* § 3 Rn 4). Folglich hat die Gegenleistung beim Antrag auf Verurteilung **Zug um Zug** keinen Einfluss (BGH NJW 82, 1048; Nürnbg JurBüro 66, 876: neg Feststellungsklage; iÜ vgl Streitwertlexikon Zug-um-Zug). Das hat nicht zuletzt praktische Vorteile, da der Wert für die Klärung der Zuständigkeit und der Statthaftigkeit eines Rechtsmittels feststehen muss, bevor erkennbar wird, wie der Gegner sich verteidigt. Beschränkt sich der Streit auf ein **Zurückbehaltungsrecht** geringen Wertes, ist der Ansatz alleine des letzteren zu erörtern (§ 6 Rz 3).

Das Interesse des Beklagten, vor einem überhöhten Gebührenrisiko geschützt zu sein, ist unter dem verfassungsrechtlichen Aspekt des **Justizgewährungsanspruchs** zu berücksichtigen (BVerfG NJW-RR 00, 946; auch Rz 3); das Prinzip des Angreiferinteresses wird dadurch ausschließlich für den Gebührenstreitwert im Rahmen praktischer Gegebenheiten eingeschränkt (vgl § 6 Rz 2).

Auf Seiten des verurteilten Rechtsmittelführers kommt es auf das **Abwehrinteresse** an (s. Streitwertlexikon Rechtsmittel).

2. Tatsächliche Grundlage und Inhalt der Wertfestsetzung. Berücksichtigt wird nur der **eigentliche** 5
Gegenstand des Verfahrens, nicht hingegen finden, wie es namentlich bei Musterprozessen oder Auskunftsklagen zu erörtern sein könnte, weitergehende Interessen des Angreifers Eingang in die Bewertung (BGH NJW-RR 94, 1145, 1149; BGH GSZ NJW 95, 664, 665 Ziff 3; NJW 02, 3477, 3478 aE: Stufenklage; NJW-RR 04, 714; Kobl JurBüro 94, 738; Ddorf JurBüro 05, 479: Vergleich; Musielak/*Heinrich* § 3 Rn 3; zu der insoweit anderen Ausgangslage bei der nichtvermögensrechtlichen Streitigkeit s. Rz 11). Auch die Rechtsmittelbeschwer kann nicht höher sein als der rechtskraftfähige Inhalt der angefochtenen Entscheidung (BGH NJW 00, 1739: Rechtsmittelbeschwer bei Räumung; MDR 04, 829: hilfsweise geltend gemachter Gegenanspruch des rechtsmittelführenden Bekl unbeachtlich; NZM 07, 499). Bei **Teilklagen** oder Rechtsmitteln, die sich nur gegen einen Teil der Beschwer richten, ist lediglich der streitige Teil zu bewerten (BGH NJW 98, 686). Das gilt auch im selbständigen Beweisverfahren (Celle FamRZ 08, 1197). **Einwendungen des Gegners** bleiben für die Zuständigkeit außer Betracht (ganz hM, BGH NJW-RR 04, 714; MDR 05, 345: Zurückbehaltungsrecht neben Abweisungsantrag; MüKoZPO/*Wöstmann* § 3 Rn 6; B/L/A/H § 3 Rn 4; St/J/*Roth* § 2 Rn 98; Zö/*Herget* § 3 Rn 16 Gegenleistung; betr Aufrechnung und Widerklage vgl § 5 Rz 7, 20). Anders ist insoweit zu entscheiden, wenn die Einwendung den alleinigen Streitpunkt ausmacht, etwa bei **Rechtsmittel** wegen eines **Zurückbehaltungsrechts** (BGH NJW-RR 95, 706: ohne Kosten und Zinsen; MDR 95, 1162; NJW-RR 04, 714).

Der Streitwert ist in einem **Geldbetrag** festzusetzen (Bambg JurBüro 91, 1690). Er ist in **Euro** anzugeben, da sämtliche einschlägigen Normen sowie die Gebührentabellen auf Euro-Beträgen aufbauen. **Fremdwährungs-Werte** sind in Euro umzurechnen (übertragbar Frankf NJW 91, 643); maßgeblich ist der Bewertungszeitpunkt nach § 4 ZPO, § 48 GKG, § 34 FamGKG.

3. Leitbildfunktion des Gesetzes. Den gesetzlichen Regelungen kommt bei der Wertfestsetzung nach § 3 6
Leitbildfunktion zu (*Schumann* NJW 82, 1257, 1259 f). Das wirtschaftliche Interesse des Angreifers hat, soweit nicht andere gesetzliche Vorgaben bestehen, generell das entscheidende Gewicht (BGH NJW 94, 664; St/J/*Roth* § 3 Rn 15). Aus § 6 ist für Geldforderungen das **Nennwertprinzip** abzuleiten; vgl auch § 35 FamGKG; die Werthaltigkeit eines Anspruchs ist ohne Bedeutung (RGZ 54, 411; BGH NJW 70, 2025; NJW-RR 88, 444; Hamm ZinsO 07, 215; Ausnahme bei Einbeziehung in einen Vergleich s. § 3 Rz 223; für Insolvenz § 3 Rz 163). Nur bei **irrealen Forderungen** ist iRd Bewertungsermessens eine Korrektur ggf auf den Mindestwert geboten (Ddorf VersR 74, 1034; MDR 03, 236; Dresd JurBüro 04, 141); für die Feststellungsklage ist in solchen Fällen eine Herabsetzung des Streitwertes ebenfalls erörtert worden (Karlsr AnwBl 74, 394; Hambg JurBüro 80, 279). Eine Überschreitung des Klageantrags entgegen **§ 308 I** bleibt beim Gebührenstreitwert unberücksichtigt (BGH MDR 74, 36).

Geht der Streit um die **Fälligkeit** (betagter Anspruch), bleibt es für die Klage beim Nennwert, weil das Angreiferinteresse bei sofortiger Durchsetzung als alleinigem Klageziel auf den vollen Wert gerichtet ist; für einen Ansatz beim reinen Verzögerungsinteresse des Beklagten fehlen objektive Kriterien (BGHR ZPO § 2 Beschwer 3; offen gelassen in BGH WM 95, 2060; aA KG JurBüro 89, 1599: Abzinsung – gegen RGZ 118, 321, die BGH WM 95, 2060 ausdrücklich billigt; Zö/*Herget* § 3 Rn 16 Fälligkeit; MüKoZPO/*Wöstmann* § 3 Rn 69); für den Rechtsmittelstreitwert in der Berufung des Klägers zählt nur das Beschleunigungsinteresse

(BGH WM 95, 2060: Maßstab Zinsverlust); in der Berufung des Beklagten ist dessen Interesse am Aufschub der Zahlung anzusetzen, wenn dieser den einzigen Streitpunkt darstellt (BGH aaO). **Bedingte Ansprüche** sind nach der Wahrscheinlichkeit des Bedingungseintritts zu bewerten (§ 3 Streitwertlexikon Bedingte Ansprüche).Vereinbarte **Ratenzahlung** steht dem Ansatz des vollen Nennwertes nicht entgegen (OLGR Köln 99, 404).

§ 6 ist des Weiteren zu entnehmen, dass der **objektive Verkehrswert** und das objektive wirtschaftliche Interesse grundlegender Anhaltspunkt der Bewertung sind (BGH MDR 01, 292; BayObLG JurBüro 95, 27; Stuttg JurBüro 07, 144; MüKoZPO/*Wöstmann* § 3 Rn 13; St/J/*Roth* § 3 Rn 14 f; vgl auch § 6); Liebhaberwert und Affektionsinteresse sind ohne Belang (so letztlich auch BGH FamRZ 1991, 547). Der Ertragswert ist in die Verkehrswertermittlung einzubeziehen, für sich alleine aber nicht maßgeblich (St/J/*Roth* § 6 Rn 16; aA für den Sonderfall einer gemischten Schenkung München JurBüro 84, 1401). Auf Versicherungs- oder Einheitswert kommt es nicht an. Eine **Pauschalierung** scheidet aus. Die gesetzlichen Regelungen bauen durchgehend auf einer individuellen Wertfestsetzung auf, so dass im Ansatz pauschaler Werte ein Ermessensfehlgebrauch läge.

7 **4. Keine Bedeutung der prozessualen Ausgangslage.** Die materiell-rechtliche oder proz Ausgangslage ist für sich ohne Bedeutung. Es kommt nicht auf die Frage an, ob ein Anspruch im Wege der Zahlungsklage oder über eine negative Feststellungsklage, einen Freistellungsanspruch oder mit der Vollstreckungsabwehrklage in einen Rechtsstreit eingeführt wird (BGH NJW 70, 2025; NJW-RR 90, 958; FamRZ 91, 547; JurBüro 06, 428; MDR 06, 1064). Ebenso wenig spielen **generalpräventive** Gesichtspunkte eine Rolle (Frankf GRUR 05, 184).

8 **III. Nichtvermögensrechtliche Streitigkeiten. 1. Definition.** Der Begriff der nichtvermögensrechtlichen Streitigkeit wird von der vermögensrechtlichen Streitigkeit her definiert. Letztere liegt vor, wenn der Kl nachhaltig auch auf wirtschaftliche Vor- oder Nachteile abstellt, wobei es als Indiz von Bedeutung sein kann, ob er zugleich einen Anspruch auf Ersatz von Vermögensschäden geltend macht (BGH NJW 91, 847; 94, 2614; 96, 999; 09, 3161: Ausschluss aus Genossenschaft; BAG NZA 84, 332: Kündigungsschutzklage; NZA 90, 202: Weisungsrecht). Die verbleibenden Streitigkeiten sind nichtvermögensrechtlicher Natur. Leitbild sind Streitigkeiten, die den **sozialen Geltungsanspruch** des Klägers zur Grundlage haben. Sie sind grds als nichtvermögensrechtliche Streitigkeiten anzusehen, sofern sich nicht aus dem Klagevorbringen oder offenkundigen Umständen ergibt, dass es dem Kl in wesentlicher Weise auch um die Wahrung wirtschaftlicher Belange geht; dabei haben bloße vermögensrechtliche Reflexwirkungen außer Betracht zu bleiben (BGH NJW 86, 2503; 3141; 91, 897; 94, 2614; NJW-RR 90, 1276; VersR 93, 614; LAG Hamm AnwBl 84, 156). Die praktische Bedeutung der Wertfestsetzung konzentriert sich wegen §§ 23a, b GKG, § 40 II Nr 1 ZPO auf die Fälle des Persönlichkeitsschutzes.

9 **Nichtvermögensrechtlicher Natur** sind zB Ehe- und Kindschaftssachen, die in §§ 43 ff FamGKG geregelt werden (vgl Schulte-Bunert/Weinreich/*Keske* §§ 43 FamGKG ff), sowie Widerrufs- und Unterlassungsansprüche, die ohne Rücksicht auf geldwerte Interessen das Ansehen des Klägers oder das Recht am eigenen Bild als Teil des allgemeinen Persönlichkeitsrechts wahren sollen (BGH NJW 86, 3143; 96, 999), Anspruch auf Unterlassung von Belästigungen (BGH NJW 85, 809; s. Streitwertlexikon Unterlassung), Streit um Ausschluss aus einem Idealverein (Kobl JurBüro 90, 1034; s. Streitwertlexikon Verein), Anspruch auf Gegendarstellung sowie auf Umbettung einer Leiche (Anders/Gehle/Kunze, 1. Abschnitt Rn 15 ff; Stichw »Nichtvermögensrechtliche Streitigkeiten«; weitere Beispiele bei Hartmann § 48 GKG Rn 6 ff). Werden aus familienrechtlichen Beziehungen geldwerte Ansprüche hergeleitet, namentlich **Unterhalt**, handelt es sich um eine vermögensrechtlichen Streitigkeit. Einzelheiten werden bei den Stichworten des Streitwertlexikons (Rz 27 ff) erörtert.

10 **2. Geltung des § 48 II GKG für alle Streitwertarten.** Auch in nichtvermögensrechtlichen Streitigkeiten ist der **Zuständigkeitsstreitwert** nach § 3 frei zu schätzen. Der **Rechtsmittelstreitwert** bestimmt sich entsprechend. Für den **Gebührenstreitwert** gelten § 48 II – IV GKG (vgl auch § 5 Rz 5 aE). Zur Vermeidung unnötiger Differenzierungen sind die dort vorgegebenen Bewertungskriterien – dem Gebot praktischer Konkordanz folgend – auf die Anwendung des § 3 grds zu übertragen (hM, vgl Köln, NJW-RR 02, 1723; Musielak/*Heinrich* § 3 Rn 13; St/J/*Roth* § 3 Rn 19; MüKoZPO/*Wöstmann* § 3 Rn 99).

11 **3. Bewertungskriterien des § 48 II GKG.** § 48 II GKG stellt auf die **Umstände des Einzelfalls** ab und führt als Bewertungskriterien nur beispielhaft den Umfang und die Bedeutung der Sache sowie die Vermögens-

und Einkommensverhältnisse der Parteien auf. Wegen der offenen Fassung der Norm ist jeder Gesichtspunkt zu verwerten, der Bezug zur Wertfestsetzung hat (BVerfG JurBüro 90, 248; Hartmann § 48 GKG Rn 20). Der **Umfang** der Sache hat nur dann eigenständiges Gewicht, wenn er bei ordnungsgemäßer Bearbeitung nach oben aus dem Rahmen fällt oder wenn er deutlich unter den durchschnittlichen Anforderungen vergleichbarer Sachen liegt (Ddorf AnwBl 86, 250; FamRZ 91, 1079; Kobl JurBüro 99, 475). Hierbei sind der Sachvortrag, die notwendige Anzahl von Terminen und der Aufwand in der Beweisaufnahme mit zu berücksichtigen. Ein außergewöhnlicher Umfang kann bei der Anwendung **ausländischen Rechts** vorliegen, wenn hiermit besonderer Aufwand einhergeht (Stuttg FamRZ 99, 604; Karlsr FamRZ 07, 751). Eine besondere oder herabgesetzte **Bedeutung** kann sich sowohl aus der individuellen Lage der Parteien als auch aus Belangen der Allgemeinheit ergeben (in letzterem aA Musielak/*Heinrich* § 3 Rn 16). Zu berücksichtigen sind etwa die existenzielle Bedeutung der Sache für die Partei (Schlesw JurBüro 02, 316) und die Stellung einer Partei im öffentlichen Leben (LAG Rostock MDR 01, 337). Die **Reichweite** des Klageziels kann ebenfalls von Gewicht sein (LG Oldenburg JurBüro 95, 369: Widerruf höher zu bewerten als Unterlassung). Ein **Musterprozess** ist bei einer nichtvermögensrechtlichen Streitigkeit allerdings nur dann höher zu bewerten, wenn gleichzeitig Belange der Allgemeinheit berührt sind; andernfalls bleibt es bei der alleinigen Berücksichtigung des Klägerinteresses (Rz 4; iE str Musielak/*Heinrich* § 3 Rn 16; Anders/Gehle/Kunze Stichwort »Nichtvermögensrechtliche Streitigkeiten« Rn 4; für den vermögensrechtlichen Streit vgl Rz 5).
Insgesamt ist bei der Verwertung der Besonderheiten des Einzelfalls **Zurückhaltung** geboten, weil andernfalls entgegen dem Gebot praktischer Konkordanz (Rz 10) Zuständigkeits- und Gebührenstreitwert auseinanderfallen können; es sollte nur das berücksichtigt werden, was iRe anfänglichen Prognose erfasst werden kann.

Die in § 48 II GKG aufgeführten **Vermögens- und Einkommensverhältnisse** der Parteien müssen nach dem Wortlaut der Norm generell und damit auch außerhalb von Familiensachen berücksichtigt werden, in denen sie meist per se Bedeutung haben. Andererseits ist die Aufklärung solcher Umstände außerhalb des Familienrechts kaum zu verwirklichen und daher nicht praxisgerecht. Teilweise wird daher ihre allgemeine Berücksichtigung abgelehnt (Zö/*Herget* § 3 Rn 16 Nichtvermögensrechtliche Streitigkeiten; aA Musielak/*Heinrich* § 3 Rn 17). Erhebliches Gewicht kann der Gesichtspunkt nur dann haben, wenn die wirtschaftliche Lage der Parteien offensichtlich in erheblichem Umfang von den durchschnittlichen Gegebenheiten abweicht. Bei weit überdurchschnittlichen Verhältnissen spricht hierfür auch der Gesichtspunkt der Kostengerechtigkeit (Rz 3). 12

B. Gang des Festsetzungs-Verfahrens. I. Anlass zur Wertfestsetzung. 1. Grundlegende Voraussetzungen. 13
Die Frage, ob eine Wertfestsetzung erfolgen soll, prüft das Gericht nach freiem Ermessen (Rz 1). An Anträge der Parteien ist es nicht gebunden (B/L/A/H § 3 Rn 4). Voraussetzung ist ein bestimmter, das Verfahren fördernder Anlass. Den Parteien ist grds **rechtliches Gehör** zu gewähren, wobei voraufgehende Wertangaben des Angreifers nach §§ 253 III, 511 III ZPO, § 61 GKG in jedem Falle zunächst ausreichen. Bei vorläufigen Festsetzungen kann das rechtliche Gehör nachgeholt werden. § 839 II 1 BGB greift nicht ein (BGH NJW 62, 583).

2. Zuständigkeitsstreitwert. Anlass zur Festsetzung des **Zuständigkeitsstreitwertes** besteht, wenn die sachliche Zuständigkeit des AG oder LG davon abhängt (§ 2 Rz 3) und – aufgrund vorhandener Bewertungsspielräume – eine Klarstellung erforderlich ist; bei bezifferten Anträgen kann die Festsetzung daher unterbleiben. Hinreichender Anlass ist auch die Hinweispflicht nach § 504. Eines Antrags bedarf es nicht. Die Wertfestsetzung geschieht **vorläufig**, was im Tenor des Beschlusses zum Ausdruck gebracht wird. Die Entscheidung ist nicht bindend und jederzeit abänderbar. Ihre eigentliche Bedeutung liegt normalerweise in der möglichen faktischen Beendigung eines Zuständigkeitsstreites. Daher reicht es, wenn etwa der Gebührenstreitwert noch nicht festgesetzt werden kann, ohne weiteres aus, den Zuständigkeitsstreitwert unbestimmt auf »bis« oder »über« 5.000 € festzusetzen. 14
Bindungswirkung hat der Beschl für sich **nicht** (OLGR Kobl 05, 602). Sie kommt nur den Entscheidungen zu, die explizit zur Zuständigkeit ergehen, namentlich dem Beschl nach § 281 I 1, dem Zwischenurteil nach § 280 II 1 oder dem abweisenden Prozessurteil. Hier ist der Streitwert Vorfrage. Eine Wertfestsetzung ist daneben nicht zwingend geboten, in der Praxis aber üblich; meist ist sie bereits vorher geschehen oder sie wird in der Entscheidung mit ausgesprochen. Nach wohl hM soll die Wertfestsetzung über § 318 an der Bindungswirkung des Urteils teilhaben (ThoPu/*Hüßtege* § 2 Rn 8; MüKoZPO/*Wöstmann* § 2 Rn 18); das ist nicht erforderlich, weil eine Abänderung alleine der Wertfestsetzung ohnehin keine Wirkungen hätte (vgl auch Rz 18).

15 **3. Gebührenstreitwert.** Mit Blick auf die Ermittlung des Gerichtskostenvorschusses ist bei jedem Antrag der Streitwert anzugeben, §§ 61, 63 GKG. Die Wertfestsetzung für die sachliche Zuständigkeit gilt nach § 62 S 1 GKG, § 23 I 1 RVG grds auch für den **Gebührenstreitwert**; entspr gilt nach § 54 FamGKG (vgl Schulte-Bunert/Weinreich/*Keske* § 54 FamGKG). Dieser darf alsdann nach hM nur noch unter Beachtung der Zuständigkeitsgrenze neu festgesetzt werden, nicht aber auf einen Wert, bei dem das Gericht nicht zuständig wäre (München MDR 88, 973; OLGR Köln 00, 78; 09, 680; Hartmann § 62 GKG Rn 4). Sonderregelungen finden sich vornehmlich in §§ 41 ff, 48 ff GKG (näher § 2 Rz 4) und in §§ 43 ff FamGKG. Ist ein Wert für die Zuständigkeit nicht festgesetzt oder ist der ZuS für die Gebühren nicht maßgeblich, ergeht nach § 63 I 1 GKG, § 55 I 1 FamGKG vAw ein Beschl über den Gebührenstreitwert. Das ist nur dann entbehrlich, wenn eine bestimmte Geldsumme in Euro gefordert wird oder ein fester Wert bestimmt ist. Die Wertfestsetzung geschieht bei Antragseingang ohne Anhörung der Parteien vorläufig; die endgültige Festsetzung erfolgt gem § 63 II GKG, § 55 II FamGKG vAw mit dem Abschluss der Instanz. Zuständig ist das Prozessgericht. In Zweifelsfragen ist vor der endgültigen Festsetzung rechtliches Gehör zu gewähren; bei der vorläufigen Festsetzung kann dies nachgeholt werden und eine Neufestsetzung zur Folge haben.

16 **4. Rechtsmittelstreitwert.** Der Rechtsmittelstreitwert wird durch das Rechtsmittelgericht festgesetzt. Dieses ist an eine Wertfestsetzung des Ausgangsgerichts nicht gebunden (BGH NJW-RR 05, 219; 1011). Die Festsetzung kann auch als Hinweis auf die fehlende Erreichung des Beschwerdewertes angezeigt sein. Sie ist nicht bindend (St/J/*Roth* § 2 Rn 57).

17 **II. Form und Inhalt der Entscheidung.** Die Entscheidung ergeht durch **Beschluss**, der grds nach § 329 II 1 formlos mitzuteilen ist; nur im Fall des § 107 ist wegen der Antragsfrist in Abs 2 S 1 die Zustellung geboten. Die in Urteilen und Beschlüssen – im Tenor oder am Ende der Entscheidungsgründe – häufig vorfindliche Kurzformel »Streitwert: ...« stellt einen solchen, auch der Form nach zulässigen Beschl dar, der bei iÜ gegebener Statthaftigkeit nach § 68 GKG (entspr § 59 FamGKG) isoliert mit der Beschwerde angegriffen werden kann (Rz 21). Eine **Differenzierung** zwischen den einzelnen Streitwertarten (Rz 1 ff, § 2 Rz 3 ff) ist bei der Wertfestsetzung nur erforderlich, wenn die Werte unterschiedliche Höhe haben (vgl Rz 2); zur Klarstellung sind genauere Angaben allerdings wünschenswert. Wird lediglich der »Streitwert« festgesetzt, bezieht sich dies bei verständiger Auslegung idR auf alle Streitwertarten, für die eine Festsetzung veranlasst war (OLGR Kobl 05, 602; zT aA St/J/*Roth* § 2 Rn 55; MüKoZPO/*Wöstmann* § 2 Rn 17). Eine nach **Zeitabschnitten** getrennte Wertfestsetzung ist geboten, wenn, wie etwa bei Teilerledigung, sich der Streitwert während der Instanz verändert und wegen gestaffelten Anfalls von Gebühren oder etwa um die Kostenentscheidung verständlich zu machen ein Interesse hieran besteht. Der Beschl ist bei Anfechtbarkeit zumindest stichwortartig zu **begründen**, was in der Nichtabhilfeentscheidung nachgeholt werden kann (Köln NJW-RR 91, 1280; Nürnbg MDR 01, 893).

18 **III. Abänderung von Amts wegen.** Gemäß § 63 III 1 GKG (§ 55 III FamGKG) kann die Wertfestsetzung vom Ausgangsgericht oder vom Rechtsmittelgericht auch für die **Vorinstanz** vAw geändert werden. Daneben ist beim Rechtsmittelgericht aus praktischen Gründen auch die erstmalige Wertfestsetzung für die Vorinstanz zulässig, weil eine spätere Abweichung des Ausgangsgerichts von der Wertfestsetzung der höheren Instanz ohnehin kaum vorkommen und idR zu einer Beschwerde führen wird (aA Zö/Herget § 3 Rn 16 Abänderung). Nach hM bezieht sich die »kann«-Regelung nur auf die Zuständigkeit des abändernden Gerichts. Das Gericht ist bei Abweichung der bestehenden Wertfestsetzung von der wahren Sach- und Rechtslage jedenfalls im Rahmen pflichtgemäßen Ermessens zur Abänderung verpflichtet (BGH NJW 62, 583; Köln VersR 92, 1028; Hartmann § 63 GKG Rn 38, vgl auch Rz 26). Diese Pflicht trifft das Rechtsmittelgericht auch bei Beschwerde gegen die Wertfestsetzung des Berufungsgerichts selbst (OLGR Celle 09, 834). Die Abänderung kann dort in der Zeitgrenze des § 63 III 2 GKG (§ 55 III 2 FamGKG) vorgenommen werden (OLGR Rostock 09, 28), nicht aber, wenn das Gericht den Wert als Beschwerdegericht schon einmal festgesetzt hat (Ddorf JurBüro 10, 426). Das Rechtsmittel muss zulässig sein (München JurBüro 83, 890) und die Hauptsache betreffen; ein Teilrechtsmittel reicht für umfassende Wertänderung aus (VGH Kassel AnwBl 88, 178). Ebenso kann im Beschl nach § 522 II eine Wertänderung ausgesprochen werden (LG München ZMR 11, 59).

Bei unzulässiger Beschwerde ist die Korrektur vAw nicht zulässig (aA OLGR Celle 09, 974; OLGR Oldbg 97, 187; vgl auch Rz 26). Vertrauensschutz besteht generell nicht (BVerwG JurBüro 93, 738). Das Rechtsmittelgericht muss darauf achten, dass der Streitwert nach Instanzen unter Berücksichtigung der dort jeweils gegebenen Besonderheiten getrennt festzusetzen ist (BGH RPfleger 87, 37 aE; Frankf MDR 01, 776). Die Abänderung ist auch dann noch zulässig, wenn die Hauptsache zwar abgeschlossen, die Kostenfestsetzung aber noch offen ist (Rostock JurBüro 09, 88); sie ist durch § 63 III 2 GKG (§ 55 III 2 FamGKG) auf **sechs Monate** befristet. Die Frist beginnt bei Geltendmachung im Verfahren der einstweiligen Verfügung und im Hauptsacheverfahren erst nach dessen rechtskräftigem Abschluss (Hambg MDR 11, 258; Zweibr MDR 11, 562).

IV. Rechtsmittel. 1. Zuständigkeitsstreitwert. Eine isolierte Beschwerde gegen die Festsetzung des Zuständigkeitsstreitwertes ist **unzulässig.** Rechtsmittel können – Statthaftigkeit vorausgesetzt – nur gegen die zu dieser Frage ergehende Entscheidung selbst eingelegt werden (Stuttg NJW-RR 05, 942; Karlsr JurBüro 07, 363; Ddorf MDR 08, 1120; MüKoZPO/*Wöstmann* § 2 Rn 18; Zö/Herget § 3 Rn 7; aA Bremen NJW-RR 93, 191). Die Wertfestsetzung ist alsdann eine inzidenter zu prüfende Vorfrage (KG NJW-RR 04, 864; OLGR Köln 05, 38; OLGR Bremen 05, 738; Rz 1). Erst recht ist die Festsetzung des Zuständigkeitsstreitwertes in einem Verweisungsbeschluss nach § 281 I 1 unanfechtbar (OLGR München 92, 158). 19

2. Gebührenstreitwert. a) Allgemeines. aa) Vorläufige Wertfestsetzung. Die vorläufige Festsetzung nach § 63 I GKG ist **nicht anfechtbar** (Hamm MDR 05, 1309; OLGR Celle 06, 534; Brandbg FamRZ 08, 1207; Ddorf MDR 08, 1120; Köln JMBlNW 08, 239; Jena MDR 10, 1211). § 68 I 1 GKG lässt die Beschwerde nur für den Beschl nach § 63 II GKG zu; die Anforderung des Gebührenvorschusses nach § 67 GKG ist für sich anfechtbar, was einen für die Verfahrenssituation ausreichenden Rechtsschutz gewährleistet. Das gilt auch für § 55 I 1 FamGKG (Celle FamRZ 11, 134). Eine dennoch eingelegte Streitwertbeschwerde kann in solchen Fällen als zulässige Beschwerde nach § 67 I GKG auszulegen sein (Hamm FamRZ 08, 1208). Beschwert ist nur die vorschussbelastete Partei (OLGR Frankfurt 01, 70); ein Beschwerdewert ist nicht vorgegeben. Den **Prozessbevollmächtigten** steht ein Beschwerderecht aus § 32 II RVG zu; str ist, ob dies auch für die vorläufige Wertfestsetzung gilt oder die Norm entsprechend den vorstehenden Erwägungen für die Gerichtsgebühren einschränkend ausgelegt werden muss (Zö/*Herget*, § 3 Rn 9). Das Beschwerderecht ist zur Wahrung der berechtigten Interessen des Anwalts generell zu bejahen (so auch Zweibr FamRZ 07, 1112; aA Karlsr FamRZ 07, 1669; Kobl MDR 08, 1368; Celle NJW-RR 11, 223); die tw vorgenommene Beschränkung auf das Vorliegen eines fälligen Gebührenanspruchs (Zö/Herget § 3 Rn. 9 mwN) ist unpraktikabel und der Wertfestsetzung wesensfremd. 20

bb) Endgültige Wertfestsetzung. Die endgültige Festsetzung unterliegt nach § 68 I GKG (§ 59 I FamGKG) der nach §§ 68 I 3, 63 III 2 GKG befristeten Beschwerde, auch bei Festsetzung im Urteilstenor (Brandbg FamRZ 04, 962; s.a. Rz 17). Bei Geltendmachung im Verfahren der einstweiligen Verfügung und im Hauptsacheverfahren beginnt die Beschwerdefrist erst nach dessen rechtskräftigem Abschluss (Hambg MDR 11, 258; Zweibr MDR 11, 562). Die Wiedereinsetzung regelt § 68 II GKG (§ 59 II FamGKG). Da die Wertfestsetzung im Verfahren der PKH nur für die Anwaltsgebühren erfolgt, richtet sich die Beschwerde insoweit nach § 33 RVG (Rostock MDR 10, 115). Voraussetzung ist eine Beschwer des Rechtsmittelführers, regelhaft in Gestalt überhöhter Gebührenbelastung (Karlsr MDR 09, 587). Fallen keine wertabhängigen Gerichtsgebühren an, ist die Beschwerde unzulässig (Karlsr NJW-RR 09, 1366). Eine Beschwerdebefugnis des Rechtsanwalts ergibt sich auch hier aus § 32 II RVG, in der PKH aus § 33 RVG (OLGR Rostock 09, 886). Das rechtliche Interesse liegt für die Partei in einer Herabsetzung, für den Rechtsanwalt und die Staatskasse in einer Erhöhung des Streitwertes (Brandbg NJW-RR 05, 80; zu großzügig Kobl JurBüro 08, 254, das eine kostenerhöhende Streitwertbeschwerde der Partei als solche des Rechtsanwalts auslegen will). Der Beschwerdewert beläuft sich gem § 68 I 1 GKG (§ 59 I 1 FamGKG) auf 200 €; er errechnet sich aus der vom Beschwerdeführer angestrebten, ihm günstigen Gebührendifferenz, mithin nach dem Kosteninteresse, nicht nach dem Streitwert selbst (Karlsr JurBüro 05, 542). Nach Bewilligung von **PKH** kommt es für die Beschwerde des RA jedenfalls dann auf die Gebühren nach § 13 RVG an, wenn deren Anfall nicht ausgeschlossen werden kann (zT aA Rostock MDR 11, 1260). Unterhalb der Wertgrenze besteht gem § 68 I 2 GKG (§ 59 I 2 FamGKG) die Möglichkeit der Zulassung. Die weitere Beschwerde ist nach §§ 68 I 6, 66 IV GKG eröffnet, nach § 59 FamGKG nicht. Das Beschwerdegericht entscheidet nach freiem Ermessen; ein Verbot der **reformatio in peius** besteht wegen § 63 III GKG (§ 55 III FamGKG) nicht (OLGR Ddorf 97, 136). 21

b) Einfluss auf die Kostengrundentscheidung. Hoch streitig ist, ob eine Änderung des Gebührenstreitwertes und damit auch eine hierauf gerichtete Beschwerde noch zulässig ist, wenn die nicht mehr abänderbare **Kostengrundentscheidung unrichtig** würde (Beispiel: Nach Abweisung von Klage und Widerklage, die gleich hoch bewertet werden, hebt das Gericht die Kosten gegeneinander auf; nachträglich stellt sich 22 heraus, dass die Widerklage den doppelten Wert hatte, die Kosten also im Verhältnis ⅓ zu ⅔ zu verteilen waren). Der BGH hält die Wertänderung für unzulässig, wenn die damit eintretende Unrichtigkeit der Kostenentscheidung eine Partei grob unbillig belastet (MDR 77, 925; BRAGORep 01, 41; auch Ddorf NJW-RR 92, 1532; OLGR München 03, 110). Dem ist zuzustimmen. Tritt demgegenüber eine weniger einschneidende Unrichtigkeit ein, ist diese im Interesse der richtigen Wertfestsetzung hinzunehmen (für unbegrenzte Abänderung ThoPu/Hüßtege § Rn 12). Lösungen, die eine Wertänderung nur um den Preis zulassen, dass alsdann die Kostenentscheidung in direkter, nur durch sehr großzügige Auslegung eröffneter, oder in analoger Anwendung des § 319 I angepasst wird (Köln NJW-RR 00, 142; Hamm MDR 01, 1186; Ddorf JurBüro 02, 82), sind nicht zuletzt wegen der Ungewissheit, die wegen der langen Frist des § 63 III 2 GKG in die Kostenausgleichung hineingetragen würde, abzulehnen (gegen Analogie zu § 319 BGH MDR 08, 1292; zum Meinungsstand Zö/*Herget* § 3 Rn 14 und § 91 Rn 13; Zö/*Vollkommer* § 319 Rn 18; Anders/Gehle/Kunze S. 19). Ebenso ist es abzulehnen, Wertänderungen bei Aufrechterhaltung der Kostenentscheidung generell zuzulassen (so Köln FamRZ 07, 163). Zu Einflüssen einer Wertänderung alleine auf die Kostenfestsetzung vgl § 107 (München AnwBl 73, 169).

23 **3. Rechtsmittelstreitwert, Bagatellstreitwert.** Die Festsetzung des Rechtsmittelstreitwertes ist, wie die Festsetzung des Zuständigkeitsstreitwertes, für sich nicht anfechtbar. Dennoch muss das Gericht bei einer Entscheidung über die Zulässigkeit des Rechtsmittels den Wert erneut prüfen. Eine Wertfestsetzung für den Bagatellstreitwert ist nach einer Ansicht selbstständig anfechtbar, wenn von ihr die Anwendung des § 495a abhängt (LG München NJW-RR 02, 425; Musielak/*Heinrich* § 3 Rn 22). Der ablehnenden Ansicht (LG Dortmund NJW-RR 06, 522; LG Stuttgart NJW-RR 08, 1167; Köln MDR 10, 231; Zö/*Herget* § 3 Rn 7) gebührt der Vorzug, weil an der Beschwerde weder bei Ausschluss der Berufung nach § 511 II Nr 1 noch bei deren Zulässigkeit ein rechtliches Interesse besteht. Auf den Gang des Verfahrens nach § 495a können die Parteien durch geeignete Anträge Einfluss nehmen.

24 **4. Beschwerdeverfahren.** Das vorweg erklärte „Einverständnis" einer Partei mit der Wertfestsetzung steht der Zulässigkeit der Beschwerde nicht entgegen (Karlsr MDR 10, 404). Problematisch ist eine Wertfestsetzung, die das **LG als Berufungsgericht** vornimmt. Gemäß §§ 68 I 5, 66 III 3 GKG findet die Beschwerde an einen obersten Gerichtshof des Bundes nicht statt, so dass der **BGH** im Sinne dieser Normen nicht »**nächsthöheres Gericht**« ist (BGH NJW-RR 08, 151). Nach hM (Rostock JurBüro 06, 645; OLGR Celle 06, 270; OLGR Ddorf 07, 127; Zweibr JurBüro 07, 372; Kobl JurBüro 08, 254; Ddorf MDR 09, 1187; Schlesw MDR 09, 1355; Köln MDR 09, 1408) kann daher die Wertfestsetzung des LG als Berufungsgericht mit der Beschwerde an das OLG angefochten werden. Das ist, da es einen Instanzenzug dieser Art nicht gibt, bedenklich (vgl OLGR Celle 06, 191; aufgegeben in OLGR Celle 07, 198), im Interesse effektiven Rechtsschutzes aber zu bejahen. Über die Zulassung der Rechtsbeschwerde ist nach allem nicht zu entscheiden (Ddorf JurBüro 09, 33).

25 Das OLG entscheidet ungeachtet der Übertragung auf den **Einzelrichter** als Beschwerdegericht in der für Kammerentscheidungen zuständigen Besetzung, wenn die Wertfestsetzung selbst fehlerhaft von der Kammer getroffen worden ist (Köln JMBlNW 08, 239).

26 Unterschreitet der Rechtsmittelstreitwert wegen Teilabhilfe die Beschwerdesumme, wird die Beschwerde unzulässig. Im Übrigen bleibt der Restwert maßgeblich. Bei **unzulässiger Beschwerde** ist eine Abänderung vAw nicht zulässig (aA OLGR Celle 09, 974), wohl aber bei unzulässigem Rechtsmittel in der Hauptsache (OLGR Oldbg 97, 184) und bei Beschwerde gegen die Wertfestsetzung des Berufungsgerichts durch dieses (OLGR Celle 09, 834; vgl auch Rz 18). Zustimmung der Gegenseite macht die Entscheidung nicht entbehrlich (Celle JurBüro 05, 429). Das Verbot der **reformatio in peius** gilt nicht (Ddorf MDR 09, 1187). Die Beschwerdeentscheidung ist zu **begründen**. Eine **Kostenentscheidung** ist wegen § 68 III GKG (§ 59 III FamGKG) regelmäßig nicht veranlasst (Zö/*Herget* § 3 Rn 12; anders ohne tragfähige Begründung B/L/A/H Einf §§ 3–9 Rn 13); der Hinweis hierauf im Beschl ist zur Vermeidung von Gegenvorstellungen sachdienlich. Eine Ausnahme gilt für unstatthafte (nicht: für unzulässige) Beschwerden, deren Zurückweisung kostenpflichtig ist (eingehend Schneider NJW 11, 2628; weiter Celle JurBüro 11, 257: auch im Fall fehlender Beschwer). Setzt das Rechtsmittelgericht den Streitwert fest und gelangt die Sache wegen der Kostenfestsetzung erneut dorthin, ist die **Wertfestsetzung bindend** (Kobl JurBüro 04, 32).

V. Streitwert-Lexikon. 27

Nachfolgend werden Fragen der Wertfestsetzung in alphabetischer Reihenfolge abgehandelt. Soweit es darauf ankommt, zwischen den einzelnen Streitwertarten (§ 2) zu differenzieren, ist dies kenntlich gemacht durch

ZuS (Zuständigkeitsstreitwert) **GeS** (Gebührenstreitwert) **ReS** (Rechtsmittelstreitwert)

Abänderung der Wertfestsetzung § 3 Rz 18; Einfluss auf die Kostengrundentscheidung § 3 Rz 22. 28

Abänderungsklage § 323. Abzustellen ist auf die angestrebte **Differenz** (Hambg FamRZ 82, 322), so dass 29
der Wert der abzuändernden Verpflichtung und derjenige des angestrebten Ergebnisses zu ermitteln sind. Zur Bewertung selbst vgl § 9 ZPO (dort auch zu § 42 GKG). Für die Ermittlung der maßgeblichen, abzuändernden Differenz gilt § 51 FamGKG (Schulte-Bunert § 51 FamGKG Rn. 29). Wirkt die Klage zurück, sind Rückstände nach § 42 IV 1 GKG, § 51 V 1 FamGKG zu addieren (Nürnbg FamRZ 09, 1620; aA Karlsr FamRZ 99, 1289); der Anspruch auf Rückzahlung von in den Abänderungszeitraum fallenden Mehrleistungen ist demgegenüber wegen wirtschaftlicher Identität nicht zu berücksichtigten (Köln FamRZ 11, 756). Der Wert einer **Widerklage** mit gegenläufigem Abänderungs-Ziel ist für den GeS zu addieren (Hamm KostRspr GKG § 19 Nr 48 = JurBüro 81, 737), für ZuS und ReS vgl § 5 Rz 20, 25. Bei Abänderungsklage des Schuldners und gleichzeitiger Klage auf Rückzahlung zu viel geleisteten Unterhalts erfolgt keine Wertaddition (§ 5 Rz 5). Eine tageweise Abrechnung ab Zustellung ist nicht vorzunehmen; es kommt auf die materiellrechtliche Fälligkeit an, so dass regelmäßig der volle Monat in Ansatz zu bringen ist (Hambg JurBüro 90, 1336; KG JurBüro 91, 1124). **Rückstände** können nach § 323 III grds nicht gefordert werden; dennoch ist ein fehlerhafter Antrag beim Streitwert zu berücksichtigen (Hamm JurBüro 79, 873; Schlesw JurBüro 88, 1557). Nach § 323 III zulässig eingeklagte Rückstände sind entsprechend der Lage bei der Zahlungsklage (§ 9 Rz 7, 14) voll anzusetzen (für Quote Kobl JurBüro 86, 415). Entspr gilt nach § 51 FamGKG. Rückzahlungsforderungen führen nicht zur Werterhöhung (Köln FamRZ 10, 1933).

Abberufung s. Gesellschaftsrecht, s. Wohnungseigentum Rz 261. **Abfindungsvergleich** s. Vergleich. 30

Ablehnung von Richtern, Sachverständigen §§ 42, 1036. Für GeS und ReS zählt der volle Wert der Hauptsa- 31
che (Ddorf NJW-RR 94, 1086; Brandbg NJW-RR 00, 1091; Frankf JurBüro 06, 370; Bremen MDR 11, 1134: jedenfalls bei Einzelrichter; aA Frankf MDR 07, 1399: generell Bruchteil der Hauptsache, 25 %), weil das Interesse an unparteiischer Behandlung des gesamten Anspruchs maßgeblich ist, bei Ablehnung in Bezug auf einen Teilanspruch kommt es auf den Wert dieses Teils an (BGH NJW 68, 796). Die Anzahl der abgelehnten Richter ist unerheblich (offen lassend Bremen MDR 11, 1134). Abzulehnen ist die generelle Annahme einer nichtvermögensrechtlichen Streitigkeit mit Anwendung des § 48 II GKG (Köln RPfleger 87, 166), weil der Ausgangsstreit im Vordergrund steht. Bei **Schiedsrichtern** gilt entsprechendes. **Ablehnung von Sachverständigen** § 406 Wegen der Bedeutung als Vorfrage der Sachentscheidung ist nur ein angemessener Bruchteil des Hauptsachewertes nach dem Gewicht der Begutachtung festzusetzen (BGH AGS 04, 159: ⅓; Dresd JurBüro 98, 318: 1/10; Ddorf MDR 04, 1083: ⅓; München MDR 10, 1012: rd ⅓).

Abmeierungsklage s. Wohnungseigentum. 32

Abnahme der *Kaufsache* nach § 3. Interesse des Kl an der Besitzbefreiung insb mit Blick auf Lagerkosten 33
(BGH KostRspr § 3 ZPO Nr 499; Bambg JurBüro 94, 361: 1/10 des Kaufpreises; AG Osnabrück JurBüro 01, 144; § 6 Rz 1), bei *Werk* Bruchteil des Werklohns (BGH aaO; KG JurBüro 60, 166); bei Zusammentreffen mit Zahlungsklage kann wirtschaftliche Identität bestehen (§ 5 Rz 4 ff); ReS des verurteilten Bekl nach Interesse an ersparten Aufwendungen.

Abschluss eines Vertrags, Interesse am Vertragsschluss, nicht an der zu erbringenden Leistung (Braunschw 34
JurBüro 75, 1099: Lebensversicherung). **Absonderungsrecht** s. Insolvenz. **Abstammungssache** s. Kindschaftssachen, §§ 44 II 1, 45 FamGKG (§ 48 III 3 GKG aF). **Abtretung**, wirtschaftliches Interesse des Klägers am Erwerb der Forderung, die ihrerseits nach den für sie maßgeblichen Normen zu bewerten ist, namentlich §§ 3–9 (BGH NJW-RR 97, 1562; München RPfleger 77, 176); bei Geldforderung idR nach § 6 S 1 Nennwert der abzutretenden Forderung (§ 3 Rz 6), vgl auch § 35 FamGKG; wenn Werthaltigkeit zweifelhaft ist, Ausnahme vom Nennwertprinzip geboten, da nur Abtretung, nicht Erfüllung erstrebt (Karlsr JurBüro 06, 201); bei Nachlassforderung gegen Miterben muss Erbanteil des Kl abgezogen werden (BGH MDR 75, 741).

35 **Abwehrinteresse** s. § 3 Rz 4 und Auskunft. **Abwehrklage** s. Eigentum. **Additionsverbot** s. Klagenhäufung, § 5 Rz 1, 4. **Adoption eines Volljährigen** § 42 II FamGKG (§§ 98 II, 30 II KostO aF). Der Höchstwert beträgt 500.000 €. Erforderlich ist eine umfassende Abwägung (BayObLG RPfleger 81, 247); Anhaltspunkt kann das Reinvermögen des Annehmenden sein (LG Darmstadt FamRZ 03, 248: 5 %). § 42 II FamGKG hat Vorrang vor III; letztere Regelung greift nur bei Fehlen tragfähiger Anhaltspunkte (Ddorf FamRZ 10, 1937).

36 **Akkreditiv.** Nennwert, bei anwaltlicher Tätigkeit zur Beschaffung eines Akkreditivs Höhe der zu sichernden Forderung (BGH JurBüro 92, 537). **Aktien** s. Besitz, § 6 Rz 4. **Aktiengesellschaft** s. Anfechtungsklagen und Gesellschaftsrecht.

37 **Allgemeine Geschäftsbedingungen.** Bei Klage nach § 3 UKlaG beläuft sich der GeS gem § 48 I 2 GKG auf höchstens 250.000 €. Das Interesse des Klägers, § 3, bemisst sich ausschließlich nach dem Interesse der Allgemeinheit an der Beseitigung der gesetzeswidrigen AGB-Bestimmung; die wirtschaftliche Bedeutung eines Klauselverbots ist nicht ausschlaggebend (BGH NJW-RR 01, 352). Im Normalfall ist eine Festsetzung von 2.500 € pro angegriffener Klausel angemessen. Bei Bedeutung für einen größeren Wirtschaftszweig, namentlich die Versicherung, sind deutlich höhere Werte angezeigt, wobei aber auch hier 10.000 € angemessen sein können (BGH NJW-RR 03, 1694). Nach § 5 UKlaG, § 12 IV UWG kommt für den GeS eine Wertherabsetzung in Betracht. Der Zugang zum RevGer. hat keine Bedeutung für die Festsetzung des ReS (BGH NJW-RR 98, 1465). Im Normalfall liegt der Wert der Beschwer nicht über 2.500 € je Klausel (BGH NJW-RR 07, 497).

38 **Altenteil** s. § 9 Rz 3, s. Unterhalt. **Alternativer Klageantrag** s. § 5 Rz 16. **Änderung der Klage** s. Klageänderung. **Anderweitige Verwertung** s. Zwangsvollstreckung.

39 **Anerkenntnis** ist für sich ohne Einfluss auf den Streitwert; erst ab Erlass eines Teilanerkenntnis-Urteils ermäßigt sich der Wert für den str Teil (Bambg JurBüro 90, 771; Nürnbg MDR 05, 120), Bedeutung ggf für Nr 3104 Anl 1 RVG; für Beschwerde nach §§ 93, 99 II 1 ist Kosteninteresse maßgeblich (Frankf AnwBl 81, 155).

40 **Anfechtungsklagen** im *Gesellschaftsrecht* und *Insolvenzanfechtung* s. dort; für Klagen nach §§ 11, 13 **AnfG** findet § 6 analog Anwendung, dh es zählt der Wert der Forderungen, derentwegen angefochten wird oder der geringere Wert der Gegenstände, in die vollstreckt werden soll (BGH JurBüro 08, 368); Zinsen und Kosten werden abw von § 4 hinzugerechnet (BGH WM 82, 435; § 4 Rz 20). Unerheblich sind Rechte anderer Gl oder der zu erwartende Ertrag (§ 3 Rz 6). Anfechtung eines Anspruchs auf wiederkehrende Leistung ist wegen seiner eigenständigen Grundlage nach § 9 ZPO, nicht nach § 42 GKG, § 51 FamGKG: Der Anspruch auf Wertersatz ist mit dem Geldbetrag zu bewerten. Vgl auch § 5 Rz 6.

41 **Angreiferinteresse** s. § 3 Rz 4.

42 **Annahmeverzug** s. § 5 Rz 5. Ein isolierter Feststellungsantrag ist gem § 3 nach der Kostenersparnis des Gl zu bewerten (OLGR Naumbg 00, 368), sofern eindeutig feststellbar, ansonsten mit einem geringen Bruchteil des Wertes der entgegenzunehmenden Leistung (Ddorf JurBüro 94, 496: 1 %) oder einem Erinnerungswert (BGH NJW-RR 89, 826: 300 DM; Frankf JurBüro 91, 410: 100 DM). Bei gleichzeitiger Klage auf Leistung Zug um Zug liegt idR wegen wirtschaftlicher Identität kein eigenständiger Wert des Feststellungsantrags vor (OLGR Karlsr 04, 388; KG MDR 05, 898; KGR 08, 929; Ddorf MDR 09, 57; § 5 Rz 4). Das gilt jedenfalls neben einem Antrag auf Zug-um-Zug-Verurteilung auch für die Berufungsbeschwer (BGH NJW-RR 10, 1295).

43 **Anschlusspfändung** s. Zwangsvollstreckung. **Anschlussrechtsmittel** s. Rechtsmittel d). **Anspruchsmehrheit** s. § 5.

44 **Anwartschaft.** Es ist eine zweistufige Prüfung angezeigt. Zunächst ist der Gegenstand des Anwartschaftsrechts nach den für diesen geltenden Regeln zu bewerten; alsdann ist zu prüfen, ob das bloße Bestehen einer Anwartschaft eine Reduzierung des Wertes fordert. Der Anspruch auf Herausgabe des Gegenstandes ist ohne Einschränkungen nach § 6 zu bewerten. Im Streit um das bedingte Recht selbst ist gem § 3 die Wahrscheinlichkeit des Vollrechtserwerbs wertmindernd zu berücksichtigen, bei Kauf zB nach Höhe der bisherigen Ratenzahlungen (MüKoZPO/*Wöstmann* § 3 Rn 31; vgl auch unten § 6 Rz 5).

45 **Arbeitsrecht.** ZuS: besteht nicht; GeS: § 42 II 1, III, IV 1 GKG (§ 42 III 1, IV, V 1 GKG aF), iÜ §§ 3–9. **a) Kündigungsschutzklage.** § 42 III 1 GKG (§ 42 IV 1 GKG aF). Vierteljahresverdienst Höchstgrenze, innerhalb derer Schätzung nach § 3, anzusetzen gesamtes Arbeitsentgelt einschl Nebenleistungen (LAG Rheinl-Pf MDR 07, 1106)

wie etwa 13. Monatsgehalt (LAG Hambg JurBüro 91, 373; LAG Köln MDR 94, 843) und Gratifikationen (LAG Ddorf JurBüro 90, 1153; aA LAG Köln BB 94, 1868), nicht aber Zuwendungen aus anderen Gründen als der regelmäßig erbrachten Arbeitsleistung wie etwa Jubiläumszuwendungen (LAG Baden-Württemberg JurBüro 90, 1268; LAG Ddorf JurBüro 90, 1153). **Abfindung** ist nur einzubeziehen, wenn einziger Streitgegenstand (LAG Ddorf JurBüro 05, 745; LAG Berlin AnwBl 88, 486; LAG BW LAGE § 12 ArbGG 1979 Streitwert Nr 132). Bei vorzeitiger Beendigung Differenz zur regulären oder vertraglichen Frist (LAG Rheinland-Pfalz MDR 07, 1163), **mehrere Kündigungen** in zeitlichem Zusammenhang: drei Monatsgehälter, ohne Zusammenhang jede weitere mit einem Monatsgehalt addieren (LAG Rheinl-Pf MDR 07, 1105), aA: Folgekündigung als selbständiger Gegenstand nicht geringer zu bewerten (HessLAG JurBüro 05, 311), aA: bei mehreren Kündigungen kommt es innerhalb der Dreimonatsgrenze jeweils auf die betr selbständigen Zeiträume an, diese zu addieren (LAG Berlin MDR 06, 358); bei hilfsweisen Kündigungen kann der einfache Höchstwert nach § 42 III 1 GKG (§ 42 IV 1 GKG aF) ermessensfehlerfrei festgesetzt werden (LAG Nürnberg JurBüro 08, 252); bei identischem Streitgegenstand bleibt es bei 3 Monatsgehältern (LAG SchlHolst JurBüro 09, 536); Wiedereinstellungszusage bei Schlechtwetterkündigung kann den Wert reduzieren (LAG Berlin MDR 03, 1383); Kündigungsschutz und Klage auf Vergütung sind wirtschaftlich nicht identisch (LAG Hamburg JurBüro 02, 479; aA LAG Nürnberg MDR 04, 718). Die **Änderungskündigung** wird gem § 42 II, III, GKG (§ 42 III, IV GKG aF) nach dem Differenzbetrag bewertet (LAG Rheinland-Pfalz JurBüro 08, 478).

b) Weitere Einzelfälle. **Abmahnung** Interesse des Arbeitnehmers an Entfernung aus der Personalakte, idR 46
Bruttomonatsverdienst (LAG Rheinland-Pfalz MDR 07, 987), bei mehreren für die folgenden nur noch Bruchteil hiervon, aus Addition Gesamtwert zu bilden (LAG Berlin MDR 03, 1021). **Änderungsvereinbarung** Obergrenze Vierteljahresverdienst analog § 42 III 1 GKG (§ 42 IV 1 GKG aF) (LAG Nürnberg JurBüro 06, 146); Einstellungsanspruch höchsten Vierteljahreswert (LAG Berlin MDR 06, 1319); Arbeitszeitreduzierung Verlangen nach Teilzeit nichtvermögensrechtliche Streitigkeit (LAG Rheinland-Pfalz MDR 06, 57), entspr Regeln über Änderungsstreit zu bewerten (LAG Köln MDR 06, 1438); fälliger **Annahmeverzugslohn** ist hinzuzurechnen, wenn nicht mit dem Bestandsstreit wirtschaftliche Identität besteht (LAG Nürnbg JurBüro 11, 258); Herausgabe von **Arbeitspapieren:** je 500 € (LAG Hessen, LAGE § 10 BRAGO Nr 15); Reduzierung der **Arbeitszeit** wegen Teilnahme an Fortbildung Interesse hieran (LAG Baden-Württemberg JurBüro 08, 250: 20.000 €), iÜ 3faches Monatsgehalt (LAG Baden Württemberg JurBüro 09, 533). **Auflösungsantrag** § 42 III 1 GKG (§ 42 IV 1 GKG aF), neben der Kündigung nicht gesondert zu bewerten (LAG Chemnitz JurBüro 06, 33), Wertabschlag ggü Kündigung (LAG Hamm DB 89, 2032: ⅔ des Feststellungswertes); der Streit um eine **auflösende Bedingung** im Arbeitsvertrag ist entsprechend den Grundsätzen des Kündigungsschutzes zu bewerten (LAG Köln JurBüro 08, 424). **Beschäftigungsklage** Bruttomonatsverdienst ggf zzgl weitergehenden wirtschaftlichen Interesses (LAG Berlin MDR 04, 598). **Beschlussverfahren** ausführliche Übersicht von Brinkmann, Die Ermittlung des Gegenstandswertes in arbeitsgerichtlichen Beschlussverfahren, JurBüro 10, 119 u 177; LAG Baden Württemberg JurBüro 11, 578, 595: Feststellung gem § 78a Abs 4 Nr 1 BetrVG, dass ein Arbeitsverhältnis zwischen einem Arbeitgeber und einem ehemaligen Auszubildenden nicht begründet wird, nach § 23 Abs 3 S 2 RVG iVm Wertung des § 42 Abs 3 S 1 GKG. **Feststellungsklage** betr Beendigung kein Abschlag angezeigt (LAG München JurBüro 90, 1609); bei neg Feststellungsklage idR der volle Wert anzusetzen (München NJW-RR 88, 190; LAG München JurBüro 07, 256). **Freistellungsvereinbarung** maßgeblich ist zunächst die Dauer der Freistellung (LAG Berlin MDR 03, 896); es können 10 bis 50 % des Entgelts angesetzt werden (LAG Rheinland-Pfalz MDR 02, 1397; LAG Berlin MDR 02, 59) oder ein Monatsgehalt (LAG Niedersachsen JurBüro 08, 147); in einem Vergleich kann sie mit 25 % werterhöhend berücksichtigt werden (LAG Schleswig-Holstein JurBüro 07, 257; LAG Rh-Pf, JurBüro 09, 139: 10–25 %). **Generalschlüssel** Herausgabe mit Wert der Schließanlage anzusetzen (LAG Schleswig-Holstein JurBüro 07, 258). **Lohnabrechnung** 300 € pro Abrechnung (LAG Rheinland-Pfalz JurBüro 08, 253). **Personalvertretungssache** Auffangwert 4.000 € (BVerwG JurBüro 06, 427). **Rechtswegbestimmungsverfahren** 30 % des Wertes der Hauptsache (LAG Hamm JurBüro 07, 425; **Sozialplan** Streit um Volumen nach Differenz der Volumina (BAG JurBüro 05, 146). Tarifbedingungen 3faches Monatsgehalt (LAG SchlHolst JurBüro 09, 533). **Weiterbeschäftigungsanspruch** und Feststellung des Annahmeverzugs je ein Monatseinkommen (LAG Hamburg MDR 03, 178). **Wettbewerbsverbot** Maßgeblicher Anhaltspunkt ist die Mindestentschädigung (LAG Köln AE 08, 154). Zeugnis 1 Monatslohn (LAG Dresden MDR 01, 282; LAG Köln MDR 01, 717 für Berichtigung, überschiessender Vergleichswert 300 €: LAG Nürnberg MDR 04, 1387). **Zeugnis, Zwischenzeugnis** 1 Monatslohn vertretbar (LAG Baden Württemberg JurBüro 09, 537; LAG Schlesw-Holst JurBüro 10, 306). Weitere Einzelfälle s. Anders/Gehle/Kunze bei Arbeitsgerichtliches Verfahren.

47 c) **Wertfestsetzung.** Nach **§ 61 I ArbGG** ist der Streitwert vom ArbG im Urt festzusetzen. Das hat Bedeutung für die **Rechtsmittelfähigkeit** (BAG AnwBl 84, 146; Dornbusch/Fischermeier/Löwisch § 61 Rn 5). Maßgeblicher Zeitpunkt ist abw von § 4 I, 1. Halbs der Schluss der mündlichen Verhandlung (LAG Bremen AP GKG § 23 Nr 1). Die Entscheidung ist nach § 318 bindend (LAG Nürnberg JurBüro 93, 172). Das LAG ist bei einer Wertberufung, § 64 II lit b ArbGG, an die Festsetzung gebunden, so dass bei einem Wert bis 600 € abgesehen vom Fall offensichtlich falscher Wertfestsetzung die Berufung nicht statthaft ist (BAG NZA 85, 369; EzA § 61 ArbGG 1979 Nr 20; ArbuR 08, 402),desgl, wenn der Beschwerdewert für den Berufungsführer eigenständige zu ermitteln ist (BAG EzA § 64 ArbGG 1979 Nr 32: Auskunftsurteil). Wird der Streitwert oberhalb von 600 € festgesetzt, ist für den Wert des Beschwerdegegenstandes das innerhalb des festgesetzten Wertes verfolgte Rechtsschutzziel des Berufungsführers maßgeblich (BAG DB 80, 1802; AnwBl 84, 146; näher s. Rechtsmittel). Zur Abgrenzung der nichtvermögensrechtlichen Streitigkeit s. § 3 Rz 8. Der **Gebührenstreitwert** wird nach §§ 61 ff GKG festgesetzt.

48 **Arrest** § 916 ZPO, § 119 II FamFG. a) **Allgemeines.** Wegen § 53 I GKG gilt für GeS und ReS § 3; der ZuS ist wegen § 919 ohne Relevanz. In Familiensachen gilt § 42 I FamGKG, wobei der Gedanke des § 41 FamGKG Bedeutung hat. Der Umfang des zu sichernden Anspruchs ist Obergrenze (Köln FamRZ 01, 432 für § 42 I GKG aF = § 51 FamGKG), idR nach Maßgabe des Sicherungsinteresses Bruchteil hiervon ab ¼ bis ½ (Frankf AnwBl 84, 94; Kobl JurBüro 92, 191; Brandbg FamRZ 11, 758: 1/3; Celle FamRZ 11, 759); bei besonders hohem Sicherungsbedürfnis voller Wert; für die **Vollziehung** ist der Wert eigenständig festzusetzen (Kobl JurBüro 81, 572); er ist nicht höher als derjenige des Arrests, entspr § 6 S 2 im Einzelfall geringer (KG RPfleger 91, 126; Köln JurBüro 94, 113; Karlsr RPfleger 99, 509); durch die Vollziehung wird der Wert des Arrestverfahrens nicht erhöht. Für die Ausgangsforderung gelten die allgemeinen Grundsätze, bei Unterhalt zB § 51 FamGKG (§ 42 I GKG aF) (*Braunschw* NJW-RR 96, 256; Köln FamRZ 01, 432; Brandbg JurBüro 01, 94: Berücksichtigung von Unterhaltsrückständen), die aA, die auf § 41 FamGKG (vormals § 53 II 1 GKG aF) abstellen will (Musielak/*Heinrich* § 3 Rn 23), verkennt, dass eine Gesetzeslücke nicht vorliegt. Persönlicher Arrest hat den gleichen Wert wie dinglicher. Zusammentreffen beider begründet keine Werterhöhung, da alleine der Anspruch maßgeblich ist (Kobl JurBüro 92, 191).

49 b) **Widerspruch und Aufhebung.** Der Wert für den **Widerspruch** ist mit dem des Arrestverfahrens identisch; bei Kostenwiderspruch: Kosteninteresse (Frankf JurBüro 90, 1332; Hambg JurBüro 98, 150). Für **Aufhebungsverfahren** nach § 927 gilt das gleiche; hat der Arrest für den Kl nur noch geringeren Wert, ist dieser maßgeblich. Im Fall des § 926 II ist geringerer Wert anzusetzen, wenn die Parteien über die Rechtsmäßigkeit des Fortbestandes der Eilanordnung nicht ernsthaft streiten (KG JurBüro 02, 479).

50 **Aufgebot** §§ 433 ff FamFG. Das Interesse des Ast ist nach § 18 I 1 KostO zu schätzen, Gedanke des § 6 kann herangezogen werden, bei echten Wertpapieren (§ 6 Rz 4) zählt der Nenn- oder Kurswert (s.a. Wertpapiere), iÜ ist auf einen Bruchteil des Interesses am Erhalt abzustellen (Anders/Gehle/Kunze Wertpapiere Rn 9); bei bloßen Beweispositionen (zB Hypothekenbrief) sind idR 10–20 % des verbrieften Rechts anzusetzen (LG Berlin RPfleger 88, 548), je nach den Besonderheiten des Falles bis hin zum vollen Nennbetrag (LG Potsdam MDR 08, 653); bei Miteigentum ist der Anteil maßgeblich (LG Hildesheim NdsRPfl 67, 131).

51 **Aufhebung einer Gemeinschaft** § 741 BGB. Nach § 3 ist das Interesse des Kl zu schätzen (hM, vgl Musielak/*Heinrich* § 3 Rn 23), idR Bruchteil des Wertes des eigenen Anteils (BGH NJW 73, 50) oder Wert des begehrten Anteils (Ddorf FamRZ 07, 572); die aA, die auf die Verteilungsmasse abstellen will (Brandbg JurBüro 98, 421) ist wegen Abweichung vom Angreiferinteresse (§ 3 Rz 4) abzulehnen.

52 **Aufhebung eines Vertrags.** Nach § 3 ist eine umfassende Würdigung des Klägerinteresses geboten (RGZ 52, 427; 66, 330; Hamm NJW-RR 99, 1403), zB bei einer Feststellung der Nichtigkeit anhand des Wertes der Freistellung von Verbindlichkeiten (Celle AnwBl 84, 448).

53 **Auflassung, Auflassungsvormerkung** s. Vormerkung, s. § 6 Rz 2 ff. **Auflösung** s. Gesellschaftsrecht. **Aufopferung** s. § 9 Rz 3, zur Anwendung des § 42 I GKG (§ 42 II GKG aF) vgl BGHZ 53, 172.

54 **Aufrechnung** s. § 5 Rz 7 und unten Vergleich. Der **Ausgleichsanspruch** ist nach seiner jeweiligen Eigenart zu bewerten; es gelten keine Besonderheiten.

55 **Auskunft (s.a. Stufenklage, Vollstreckungsabwehrklage).** a) **Zuständigkeitsstreitwert.** Er ist für vermögens- wie für nichtvermögensrechtliche Streitigkeiten grds festzusetzen, wenn nicht ausschl Zuständigkeit

etwa nach § 71 II, III GVG, §§ 23 Ziff 2, 23a GVG besteht oder das Familiengericht zuständig ist. Zunächst ist der Gegenstand, dessen Erlangung mit Hilfe der Auskunft angestrebt wird, nach den für ihn maßgeblichen Kriterien zu bewerten, Unterhaltsansprüche zB nach § 9 (BGH MDR 97, 504; Hamm FamRZ 07, 163). Die Bewertung des Auskunftsanspruchs erfolgt alsdann gem § 3 nach dem wirtschaftlichen **Interesse des Klägers** zu Beginn der Instanz, idR 1/10 bis 1/4 vom Auskunfts-Gegenstand, je nach Abhängigkeit des Kl von der Auskunft (BGH NJW 06, 3060; 11, 926; 11, 2975; Frankf MDR 05, 164; Hamm FamRZ 07, 163; OLGR Saarbr 09, 381); bei völliger Abhängigkeit des Kl von der Auskunft kann der Wert dieses Gegenstandes erreicht werden, ihn aber nicht überschreiten (Köln FamRZ 84, 1029; Bambg JurBüro 89, 1306; Frankf MDR 87, 508; aA Kobl JurBüro 05, 39: generell unter der Hälfte). Zu schätzen ist nach objektiven Kriterien; maßgeblich sind die realistischen, nicht die übertriebenen Erwartungen des Klägers bei Beginn der Instanz, § 4 I; spätere Erkenntnisse oder Bezifferung verringern den Wert nicht (Ddorf JurBüro 87, 736; Köln FamRZ 05, 1847; München MDR 06, 1134).

b) Gebührenstreitwert. Für den GeS gilt bei vermögensrechtlichen Ansprüchen das gleiche wie zu a); der 56 Ausgangswert bestimmt sich in Familiensachen nach §§ 43 ff FamFG. In Versorgungsausgleichssachen beträgt der Wert nach § 50 II FamGKG 500 € (nach Zweibr FamRZ 11, 993 mit Art 12 GG vereinbar). Auch in der Rechtsmittelinstanz richtet sich der GeS bei **Berufung des Beklagten** gegen die Verurteilung zur Auskunftserteilung nicht nach dessen Beschwer, sondern nach dem Interesse des Klägers an der Erteilung der Auskunft (Stuttg MDR 01, 112; aA OLGR Köln 99, 113: wie Rechtsmittelstreitwert). Für nichtvermögensrechtliche Streitigkeiten gilt § 48 II GKG (Köln JurBüro 80, 578 Nr 34; § 3 Rz 8).

c) Rechtsmittelstreitwert. Die Beschwer des Kl richtet sich nach a) (BGH FamRZ 99, 1497); betr Abwei- 57 sung der Stufenklage s. dort. Für die Beschwer des Bekl ist dessen Abwehrinteresse (§ 3 Rz 4) maßgeblich, dh die Ersparnis an Kosten- und Zeitaufwand, nicht hingegen der Wert des Auskunftsanspruchs (BGH NJW-RR 07, 1009; 1300; FamRZ 07, 1461; NJW 08, 2036; FamRZ 08, 2274; 08, 1346: auch bei Zurückverweisung iÜ; NJW-RR 09, 793; 10, 786; 11, 2975; von Verfassungs wegen nicht zu beanstanden BVerfG NJW 97, 2229). Der Wert bereits erteilter Auskünfte ist abzuziehen (BGH 8.6.09 – II ZR 207/08). Die Wertgrenzen von § 511 II Nr 1 ZPO, § 26 Nr 8 EGZPO werden daher häufig nicht überschritten! Kosten sind zu konkretisieren und glaubhaft zu machen (BGH NJW-RR 08, 889); tatsächlich angefallene Kosten einer zur Abwehr der ZV erteilten Auskunft sind berücksichtigungsfähig (BGH NJW 10, 2812). Ein **Geheimhaltungsinteresse** ist nur ausnahmsweise anzusetzen (BGH NJW 05, 3349; 07, 1009; NJW-RR 93, 1313 und NJW 05, 3349: bei Unterhalt generell nicht; MDR 10, 766: nicht, wenn der S die Tatsachen zu Werbezwecken nutzt) und vom Rechtsmittelführer eingehend darzulegen (BGH NJW 11, 2975). Bei Verurteilung zur Auskunft über Belange eines nicht mitwirkungsbereiten Dritten sind ggf Kosten einer Rechtsverfolgung mit zu berücksichtigen (BGH MDR 11, 1493).
Eigene Kosten können grds nur in den Grenzen von § 22 S 1 JVEG angesetzt werden (BGH FamRZ 10, 891; Rostock FamRZ 07, 1762: 17 €/Std) und nicht mit Stundensätzen von Dritten (BGH MDR 10, 766), Aufwand für eine **Hilfsperson**, zB Steuerberater, nur bei Unvermeidbarkeit (BGH FamRZ 03, 597; FamRZ 07, 714; 08, 2274; NJW 08, 2036), die allerdings bei hohen Werten oder schwierigem wirtschaftlichem Hintergrund auf der Hand liegt (BGH MDR 09, 521; NJW 09, 2218: kleinliche Betrachtung ermessensfehlerhaft), hypothetische Fremdkosten sind nicht (BGH NJW-RR 10, 786), Kosten für die Erstellung von Urkunden sind ansatzfähig, wenn sie nach dem Urt noch zu erstellen sind (BGH NJW-RR 92, 322); Kosten für die Abwehr der Zwangsvollstreckung sind zum Zeitpunkt der Einlegung des Rechtsmittels zu berücksichtigen (BGH FamRZ 09, 495). Die Abwehr der **Kostenlast** bleibt nach § 4 unberücksichtigt (BGH NJW 95, 664; aA BGH NJW 94, 1740: Kosten als Untergrenze); das gilt auch für Sachverständigenkosten, die Bekl nur zu dulden, nicht selbst aufzuwenden hat (BGH NJW-RR 92, 188). Vereitelung oder Erschwerung der Auskunft sind unbeachtlich (BGH RPfleger 78, 53) wie auch Interesse, dem Regress eines Dritten zu entgehen (BGH NJW 97, 3246). **Schätzung und Glaubhaftmachung** folgen allgemeinen Grundsätzen; pauschalierte Ansätze sind zulässig (BGH NJW-RR 01, 569; NJW 05, 3349; § 3 Rz 1 ff). Die Schätzung ist eingehend zu begründen (BGH NJW-RR 01, 210). In umfangreichen Sachen ist die Annahme eines Aufwandes von unter 600 € ermessensfehlerhaft (BGH NJW 09, 2218).

Ausländische Währung ist in Euro umzurechnen, maßgeblich ist Kurs bei Erhebung von Klage oder 58 Rechtsmittel (Frankf NJW 91, 643; § 3 Rz 5); es gilt der Grundsatz der Wertkonstanz (§ 4 Rz 1); Kursschwankungen sind für ZuS und GeS, § 40 GKG (§ 34 FamGKG), ohne Einfluss (München FamRZ 97, 34; Oldbg NJW-RR 99, 942).

59 **Ausscheiden, Ausschließen** s. Gesellschaftsrecht. **Aussetzung des Verfahrens** § 148, maßgeblich nach § 3 Interesse des Ast für GeS und ReS, idR 1/5 bis höchstens 1/3 des Hauptsachewertes (BGHZ 22, 283; Hambg MDR 02, 479; Kobl MDR 06, 289), bei Entscheidungsreife oder Klärung einer bedeutsamen Vorfrage evtl höherer Bruchteil (OLGR Hamm 97, 354).

60 **Aussonderungsrecht** § 6 s. Insolvenz. **Austauschvertrag** Im Rechtsstreit keine Besonderheit, im Verfahren der freiwilligen Gerichtsbarkeit § 39 II KostO. **Auswechslung des Streitgegenstands**, für GeS Addition der Gegenstände (KG MDR 08, 173; s.a. Klageänderung). **Automatenaufstellvertrag**, Unterlassungsanspruch nach § 3 zu bewerten (Kobl RPfleger 80, 486); § 41 GKG ist nicht anwendbar (Kobl Rpfleger 1980, 487).

61 **Bankkonto** bei Streit um Einrichtung Orientierung am Entgelt der Bank (LG Lübeck NJW 01, 82). **Bauhandwerkersicherungshypothek** s. § 6 Rz 17 (Eintragung und Löschung), § 5 Rz 5 (wirtschaftliche Identität), Vormerkung.

62 **Baulandsachen.** Im Streit um Geldentschädigung ist die Höhe maßgebend, § 6, indes ist der unstr Teil abzuziehen; ein unbezifferter Leistungsantrag ist nach den Wertangaben des Kl zu bemessen (München NJW 68, 1937; Köln JurBüro 70, 606; Zulässigkeit der **Enteignung** nach § 6 mit dem Verkehrswert der betr Fläche anzusetzen (BGH NJW 68, 153; Frankf JurBüro 77, 1136); entspr gilt im **Umlegungsverfahren** (Ddorf KostRspr §§ 161, 162 BBauG Nr 27; Bambg JurBüro 98, 542; Karlsr NJW-RR 06, 1250: obj Wert des zusätzlich begehrten Grundbesitzes); wird nur günstigere Regelung angestrebt, Wertdifferenz anzusetzen oder geringer Bruchteil des Verkehrswerts, etwa 1/10–1/5 (BVerfG DVBl 01, 1427; BGHZ 49, 317; 51, 341; Karlsr AnwBl 74, 353; Bambg JurBüro 83, 1538; OLGR Celle 95, 23; Karlsr JurBüro 06, 538: 20 % des Einwurfgrundstücks bei Antrag gegen Umlegungsplan); bei Klage verschiedener Eigentümer werden die Einzelwerte addiert (BGHZ 49, 317); das Interesse eines **Grundstückspächters** ist gem § 41 GKG mit dem einjährigen Entgelt zu bewerten (Karlsr JurBüro 06, 539); bei **vorzeitiger Besitzeinweisung** ist der entspr Hauptsachewert zu quotieren, 1/5 bis 1/2 (BGH JurBüro 74, 186; OVG Münster BauR 04, 379).

63 **Bauverpflichtung.** Bei Klage hierauf Interesse des Kl nach § 3 (Frankf RPfleger 57, 390: Bruchteil der Baukosten).

64 **Bedingte Ansprüche.** Bei **aufschiebender** Bedingung ist der Wert des Anspruchs nach allgemeinen Regeln festzulegen und hiervon ausgehend das Interesse des Kl nach § 3 unter Berücksichtigung der Wahrscheinlichkeit des Bedingungseintritts zu schätzen; das kann Bruchteil oder vollen Wert ergeben (BGH MDR 82, 36). Bei **auflösender** Bedingung idR voller Wert (hM Musielak/*Heinrich* § 3 Rn 24; vgl auch § 3 Rz 6).

65 **Beförderung.** Der Wert der Beschwer ist in Anlehnung an § 9 zu ermitteln (BGH DRiZ 08, 291); s.a. § 9 Rz 3.

66 **Befreiung von einer Verbindlichkeit.** Schätzung nach § 3 (BGH NJW 74, 2128; KG JurBüro 98, 648); maßgeblich ist grds der vom Kl genannte Betrag; wenn besondere Umstände vorliegen, die eine geringere Bewertung rechtfertigen, ist ein Abschlag vorzunehmen (BGH MDR 11, 1075: Ansatz von 20 %, wenn künftige Inanspruchnahme ausgeschlossen); auch bei Befreiung von Bürgen- oder Pfandhaftung gilt das Nennwertprinzip (Karlsr AnwBl 73, 168); bei bloßer Feststellung der Befreiungspflicht ist ein Abschlag angezeigt (BGH NJW-RR 90, 958: 20 %), iÜ nicht; der unbezifferte Freistellungsanspruch ist nach § 3 zu schätzen (KG MDR 98, 1310); im Streit unter Gesamtschuldnern ist im Zweifel der Kopfanteil der internen Mithaftung abzuziehen (Ddorf FamRZ 94, 57; Karlsr JurBüro 98, 472; OLGR Rostock 09, 223); der Anspruch auf Befreiung von einem **Grundpfandrecht** kann gem § 3 nach dem Umfang der drohenden Zwangsvollstreckung bis hin zum vollen Nennwert angesetzt werden; Befreiung von einer **Unterhaltspflicht** ist nach § 3 zu schätzen, nicht nach § 9 (BGH NJW 74, 2128; NJW-RR 95, 197), indes können § 9 (BGH JurBüro 75, 325) und § 51 FamGKG (Oldbg JurBüro 92, 253 [zu § 42 GKG aF]) Richtschnur sein; für Anwendung Schulte/Bunert § 51 FamGKG Rn 25. Der **Rechtsmittelstreitwert** beläuft sich, wenn Bekl lediglich zu Freistellung statt zu Zahlung verurteilt werden will, auf 10 % (Stuttg MDR 11, 1258). Zu **Nebenforderungen** § 4 Rz 14; zur wirtschaftlichen Identität mehrerer Ansprüche § 5 Rz 5; zur **Beitragsbefreiung** s. § 9 Rz 3, zur **Versicherung** s. Rz 226).

67 **Befristeter Anspruch.** Wertverringerung infolge Befristung nach § 3 zu schätzen (Köln FamRZ 89, 417). **Beherbergungsvertrag** § 8 ZPO, § 41 GKG anwendbar, wenn der mietrechtliche Teil überwiegt, andernfalls § 3, s.a. Miete. **Beiordnung** in der Verfahrenskostenhilfe: Wert der Hauptsache (BGH FamFR 10, 516 = FamRZ 10, 1892). **Belästigung** s. Unterlassung.

Berichtigung § 319. IdR kein Anlass zur Wertfestsetzung, vgl Nr 9000 KV Anl 1 GKG, Nr 3100 VV Anl 1 RVG, Änderungsinteresse nach § 3 zu schätzen vom Minimalwert bei geringfügigem Schreibfehler über Quote des Hauptsachewertes bis hin zum vollen Hauptsachewert etwa bei angestrebtem Ausschluss der Vollstreckung (Frankf JurBüro 80, 1893; Saarbr JurBüro 89, 522). **Berichtigung des Grundbuchs** s. § 6 Rz 6. 68

Berufung s. Rechtsmittel; zum Bewertungszeitpunkt § 4 Rz 5. 69

Beschwerde. Anlass zur Wertfestsetzung besteht nur bei Anfall wertabhängiger Gebühren! Zu Festgebühren vgl KV 1123, 1810, 1812, 1823, 1826, 2110 ff, 2121, 2124 Anl 1 GKG. Maßgeblicher Zeitpunkt ist der Eingang der Beschwerdeschrift (BGH NJW 89, 2755; näher und zu Wertänderungen vgl § 4 Rz 5). Nach **Teilabhilfe** ist für § 567 II nur noch auf den verbleibenden Beschwerdegegenstand abzustellen (KG MDR 07, 235). Näher s. Rechtsmittel. 70

Beseitigungsklage. ZuS und GeS nach § 3 zu schätzen anhand des Interesses an Wiederherstellung; Maßstab zB Wertminderung eines Grundstücks/Hauses infolge der Störung (BGH ZfIR 98, 749: Versorgungsleitung; BGH MDR 06, 1374: Satellitenschüssel; AG Königstein NZM 01, 112: 1.200 DM für Jägerzaun von 16 m); hyp Nutzungsentschädigung nach § 9 ZPO (ZuS) oder § 41 GKG (GeS) (Saarbr JurBüro 80, 280: Leuchtreklame); bei neg Feststellung Kosten der Beseitigungsmaßnahme (BGH WuM 04, 352); **Rechtsmittelstreitwert** des verurteilten Beklagten nach den Kosten der Ersatzvornahme (BGH MDR 94, 839), bei Räumung § 8 und bei Abbruch gem § 3 nach dessen Kosten (BGH WuM 05, 525); bei Verurteilung zur Beseitigung von Kontaminationen ist der ggf von einem Sachverständigen zu schätzende tatsächliche Aufwand, nicht der vom Kl geschätzte maßgeblich (BGH MDR 05, 1194); ReS kann also höher sein als der ZuS; § 41 GKG wegen sozialer Zielsetzung insoweit nicht heranzuziehen (Ddorf NJW-RR 01, 160). 71

Besichtigung einer Wohnung s. § 8 Rz 25. **Besitz** s. § 6 Rz 5. **Betagter Anspruch** s. § 3 Rz 6. **Betreuerauswahl** GeS idR 3.000 € ohne Rücksicht auf das Vermögen des Betreuten (BayObLG JurBüro 04, 140). Vorlage der Bestellungsurkunde bei Bankabhebung durch **Betreuer**: Bewertung nach dem Geschäftsaufwand (BGH FamRZ 10, 968). **Beweissicherung** s. Beweisverfahren. 72

Beweisverfahren §§ 485 ff. **a) Wert der Hauptsache.** Der Streitwert ist im laufenden Rechtsstreit generell nach dem Wert der Hauptsache festzusetzen bzw einem Teil derselben, wenn die Beweiserhebung sich hierauf beschränkt; außerhalb eines Rechtsstreits ist nach § 3 der **Wert des zu sichernden Anspruchs** zu schätzen (BGH NJW 04, 3488). Der fruchtlose Streit um die Frage, ob eher ein Quoten-Anteil zu bilden ist (Schlesw MDR 04, 229; Zö/*Herget* § 3 Rn 16 Selbständiges Beweisverfahren) sollte unter dem Eindruck dieser Entscheidung enden. Grundlage der Bewertung ist gem § 40 GKG (§ 34 FamGKG), § 4 ZPO der Sachvortrag des Ast bei Einleitung des Verfahrens (Bambg MDR 03, 835; JurBüro 07, 315; Kobl JurBüro 05, 312; Schlesw MDR 09, 1302; Frankf NJW 10, 1822: Kostenvoranschlag). Der vom Ast zu erhebende Anspruch kann auch einer besonderen Bewertung zB nach § 41 GKG unterliegen (Ddorf JurBüro 07, 426: Minderung, nicht Mängelbeseitigung), indes nur, wenn der behauptete Anspruch unter diese Regelung fällt (LG Bonn ZMR 09, 38). Bei eindeutig erhobener Teilforderung zählt alleine der Teil (Celle FamRZ 08, 1197). Sowieso-Kosten (Köln BauR 05, 1806; Rostock JurBüro 08, 369) oder Kosten einer Wertsteigerung (Frankf NJW 10, 1822) sind abzuziehen, wenn der Ast einen entspr Abzug selbst zu erkennen gibt. Ist der Ast Werkunternehmer, kommt es auf den offenen Werklohn an (Celle MDR 10, 1014). Bei **Streitgenossen** kommt es hinsichtlich deren GeS auf die Beteiligung an den Streitpunkten an (Rostock JurBüro 08, 369; KG NJW-RR 00, 1622; Celle NJW-RR 09, 1678; § 5 Rz 21); für den Ast und für die Verfahrensgebühr zählt der Gesamtwert. Teilweise wird eine rückwirkende Erhöhung des Streitwertes befürwortet, wenn die auf die Beweisergebnisse aufbauende anschließende Klage einen höheren Wert hat (München MDR 02, 357); dem ist wegen § 4 nicht zu folgen; auch ist § 506 nicht (analog) anzuwenden (Schlesw MDR 09, 1302 mwN). 73

b) Richtiger Wert. Der vom Ast bei Verfahrenseinleitung geschätzte Wert (§ 61 GKG) ist weder bindend noch maßgeblich; das Gericht hat, bezogen auf den Zeitpunkt der Verfahrenseinleitung und das Interesse des Ast, nach Beweiserhebung, namentlich Einholung des Gutachtens, aufgrund der erzielten Ergebnisse den »**richtigen**« **Hauptsachewert** festzusetzen (Hambg NJW-RR 00, 827; Stuttg MDR 09, 234), insb wenn der Ast bei Einleitung des Verfahrens keine verlässlichen Angaben machen kann (Karlsr MDR 10, 1418: Kosten der Mängelbeseitigung nach Maßgabe des Gutachtens). Dies kann aber auch bedeuten, dass dann, wenn im Beweisverfahren nicht alle behaupteten Mängel bestätigt werden, für die Streitwertfestsetzung auf den Zeitpunkt der Antragstellung diejenigen Kosten zu schätzen sind, die sich ergeben hätten, wenn jene 74

Mängel festgestellt worden wären (BGH NJW 04, 3488; OLGR Jena 01, 132; OLGR Ddorf 09, 364; OLGR Rostock 09, 799). Des weiteren kann der Wert höher festzusetzen sein als die von Sv ermittelten Nachbesserungskosten, wenn noch offen ist, welche Rechte der Ast letztlich geltend machen will (Stuttg MDR 11, 1198). Der Wert ist ggf nach § 63 III 1 GKG abzuändern; die Frist beginnt mit dem Abschluss des selbständigen Beweisverfahrens oder des anschließenden Hauptsacheverfahrens (Brandbg BauR 05, 1513). Sind sämtliche Beteiligten vorsteuerabzugsberechtigt, bleibt es beim Nettobetrag (Ddorf NJW-RR 96, 1469).

75 **Bewirtung.** Die Ansprüche sind ohne Besonderheiten auf der jeweils einschlägigen Grundlage zu bewerten. **Bezifferter Leistungsantrag** s. § 3 Rz 4. **Bezugsverpflichtung** § 3, maßgeblich ist das Interesse des Kl (BGH NJW-RR 89, 381: entg Gewinn oder Kostenersparnis), s. Bierlieferungsvertrag.

76 **Bierlieferungsvertrag.** Im Streit um die Erfüllung eines B. ist das Interesse des Kl nach § 3 zu schätzen; es entspricht grds dem erwarteten Gewinn (Bambg MDR 77, 935; JurBüro 85, 441). Interesse an längerfristiger Bindung ist durch einen Aufschlag zu berücksichtigen (Braunschw JurBüro 79, 436). Bei Klage des Abnehmers gegen die Brauerei ist nach § 6 S 1 der Verkehrswert der verlangten Lieferung anzusetzen (BGH NJW-RR 89, 381).

77 **Buchauszug** s. Auskunft (OLGR Köln 99, 113).

78 **Bürgschaft.** Im Streit um ihr **Bestehen** gilt § 6, da es sich um eine Sicherstellung handelt; maßgeblich ist der Betrag der Hauptforderung (BGH WuM 06, 215; zum Nennwertprinzip § 3 Rz 6). Für Streit um Wirksamkeit einer Höchstbetragsbürgschaft zählt der valutierte Teil voll, der nicht valutierte ist nach der Wahrscheinlichkeit der Ausschöpfung gem § 3 zu schätzen (Karlsr MDR 91, 1197). Nebenforderungen iSd § 4 ZPO, § 43 GKG bleiben unberücksichtigt. Der Anspruch auf **Herausgabe der Bürgschaftsurkunde** ist nach dem Interesse des Kl gem § 3 zu bewerten; maßgeblich ist der Wert des angestrebten Schutzes vor Inanspruchnahme, je nach Sachlage von geringem Bruchteil der Bürgschaftssumme bis hin zum vollen Betrag (BGH NJW-RR 94, 758; Hamm JurBüro 81, 434: sehr gering, wenn gesamte Forderung erloschen; Bambg JurBüro 90, 1512; Köln MDR 94, 101; OLGR Stuttg 98, 457; 00, 42; LG Berlin JurBüro 02, 478; Dresd BauR 03, 931: voller Wert, wenn für Abwehr der Inanspruchnahme von hoher Bedeutung). Bei Zusammentreffen der Inanspruchnahme mit dem Herausgabeverlangen in Klage und Widerklage idR **wirtschaftliche Identität**, so dass nur der höhere Wert anzusetzen ist (Bambg JurBüro 74, 1437; OLGR Stuttg 98, 427; s. § 5 Rz 5). Im **Rückgriff** des Bürgen sind Zinsen und Kosten ein mit zu bewertender Teil der Gesamtforderung nach § 670 BGB und damit nicht Nebenforderung.

79 **Campingvertrag** § 8 ZPO, § 41 GKG (s. Miete).

80 **Darlehen.** Anspruch auf Gewährung bemisst sich nach dem Darlehensbetrag ohne Zinsen und Kosten, § 4 ZPO, § 43 GKG (BGH NJW 59, 1493; OLGR Köln 99, 220), beim Sachdarlehen nach dem Verkehrswert (§ 3 Rz 6), falls nur günstigere Konditionen Gegenstand sind, die Zinsdifferenz (Ddorf MDR 10, 715). Klage auf Feststellung der Unwirksamkeit einer Kündigung ist mit der betr Darlehenssumme zu bewerten (BGH NJW 97, 1787; OLGR Karlsr 05, 353). Gegenansprüche, die mit Auszahlung der Darlehensvaluta entstehen, können mit dem dahin gehenden Anspruch identisch sein (OLGR Karlsr 05, 353). Bei Anspruch aus Freistellungsvereinbarung zwischen Darlehensschuldnern ist nur der Anteil des Freigestellten anzusetzen (OLGR Frankf 02, 96). Soweit ein Teil aberkannt wird, richtet sich der ReS nach dem Differenzbetrag (BGH WM 85, 279). Siehe auch § 9 Rz 3.

81 **Dauerschuldverhältnis.** Die Klage auf Feststellung ist nach dem Interesse des Kl gem § 3 zu bewerten. **Dauerwohnrecht** s. Dienstbarkeit. **Deckungsklage** s. Versicherung c). **Depotschein** s. § 6 Rz 4.

82 **Dienstbarkeit.** Zur Grunddienstbarkeit s. § 7; für die **beschränkt persönliche Dienstbarkeit** iSd § 1090 BGB gilt § 7 nicht. Maßgeblich nach § 3 ist das Interesse des Klägers (BayObLG JurBüro 95, 27). Beispiele: **Abbauberechtigung:** wirtschaftlicher Wert dieser Berechtigung (BayObLG JurBüro 95, 28); **Tankstellenvertrag:** § 9 zu berücksichtigen (Nürnbg JurBüro 67, 829); **Windenergieanlage:** Gegenleistung für die Nutzung des Grundstücks (Oldbg RPfleger 98, 171). Beim (dinglichen) **Wohnrecht** gilt grds § 3; bei mietähnlichem Charakter können für ZuS und ReS § 9 (BGH NJW-RR 94, 909; Frankf NJOZ 06, 3302) und für GeS § 24 KostO (OLGR Köln 06, 704; OLGR Braunschw 08, 803) oder § 41 GKG (Frankf NZM 02, 1046) sinngemäß herangezogen werden (vgl auch § 9 Rz 4). Bei einer Photovoltaikanlage kann Orientierung an der

Einspeisungsvergütung angezeigt sein (Oldbg MDR 11, 536). Der Wert der Beschwer bemisst sich nach § 3 in Anlehnung an § 9 (BGH NJW-RR 94, 909).

Dienstverhältnis. Für ZuS und ReS gilt grds § 9; für den GeS gilt § 42 II GKG (§ 42 III GKG aF), nicht §§ 42 iVm 52 IV analog (BGH JurBüro 05, 543). Im Streit um das Bestehen ist der Wert nach § 3 zu schätzen (BGH NJW-RR 86, 676; KG KostRspr § 3 ZPO Nr 122). Siehe auch § 9 Rz 3. 83

Domain-Name. Freigabe mit dem Interesse des Kl zu bewerten (Köln GRUR-RR 06, 67: 25.000 €). 84

Drittschuldnerklage. Für Klage des Gl auf Zahlung ist der Betrag der eingeklagten Forderung anzusetzen (Saarbr JurBüro 89, 849; Köln MDR 91, 899), nicht hingegen der Wert der Forderung, wegen derer gepfändet wurde; dsgl für außergerichtliche Tätigkeit des Anwalts (Köln JurBüro 92, 267). Streitwertprivilegierungen wie in § 42 II GKG (§ 42 III GKG aF) gelten auch hier (München JurBüro 85, 1522). 85

Drittwiderspruchsklage s. Widerspruchsklage. **Duldung der Zwangsvollstreckung** s. Anfechtungsklagen, Duldungsklagen. 86

Duldungsklagen § 3. ReS: Maßgeblich ist das Interesse des Rechtsmittelklägers, die Handlung nicht dulden zu müssen (BGH MDR 10, 765). Bei Duldung einer **Begutachtung** richtet sie sich nach dem Verlust des Bekl, zB Verdienstausfall (BGH FamRZ 1999, 647). **Elektrizität/Gas:** Interesse des Anbieters an Sperre eines Anschlusses und Zugang zum Strom-/Gaszähler s. § 8 Rz 60. Für die Duldung einer **Handlung** ist das Interesse des Klägers an der Vornahme der Handlung maßgeblich (B/L/A/H Anh § 3 Rn 31 für Begutachtung); für den ReS entscheidet die Belastung des verurteilten Beklagten (Kobl AnwBl 00, 264: bei Ortsbesichtigung gering). Zu **Instandhaltungsmaßnahmen** s. § 9 Rz 3. Die Duldung der **Wegnahme** einer Sache ist nach § 6 S 1 mit deren Verkehrswert zu bemessen; bei eingebauten Sachen ist der Verkehrswert nach der Trennung entscheidend (BGH NJW 91, 3221). Duldung der **Zwangsvollstreckung** in einen Gegenstand ist wie die Auslieferung einer Pfandsache entspr § 6 S 1 und 2 zu bewerten, dh es entscheidet der Wert der Forderung oder des geringerwertigen Vollstreckungsobjekts (BGH NJW-RR 99, 1080); Zinsen und Kosten sind nur bei Anfechtung zu addieren (BGH WM 82, 435; § 4 Rz 20); bei Klagenhäufung mit Zahlungsanspruch kann wirtschaftliche Identität vorliegen (§ 5 Rz 5). 87

Durchsuchungsanordnung. Interesse des Kl an der Maßnahme, je nach Aussicht 1/10–1/2 des Wertes der zu vollstreckenden Forderung (Köln MDR 88, 329), bei bestimmtem Vollstreckungsobjekt ein Bruchteil von dessen Wert. 88

Ehegattenunterhalt s. Folgesachen, s. § 9. **Ehelichkeitsanfechtung** s. Kindschaftssachen. 89

Ehesachen, Lebenspartnerschaftssachen § 121 FamFG, § 43 FamGKG (§ 48 II, III GKG aF), s.a. Folgesachen. **a) Grundlagen.** Ein ZuS besteht nicht; GeS und ReS sind identisch. Die Wertfestsetzung ist in die Streitwertbestimmung für nichtvermögensrechtliche Streitigkeiten eingebettet, mithin ist eine **umfassende Abwägung** geboten (Hamm JurBüro 89, 1303; § 3 Rz 8). Für die Einkommensverhältnisse als eines (!) ihrer Elemente gibt § 43 II FamGKG (§ 48 III 1 GKG aF) das Dreimonatseinkommen als Ausgangswert vor, der entsprechend den sonstigen Umständen des Einzelfalls wertend zu erhöhen oder herabzusetzen ist (BVerfG FamRZ 06, 24; Zweibr FamRZ 08, 2052; Hamm FamRZ 06, 806; Schulte-Bunert § 43 FamGKG Rn 3).). In normalen Verhältnissen kann dieser Wert mangels weiterer Abwägungsgesichtspunkte voll übernommen werden (Köln FamRZ 98, 310). Nach § 43 I 2 FamGKG sind mindestens 2.000 € festzusetzen; die Höchstgrenze beträgt eine Mio Euro. Bei Bewilligung von **Prozesskostenhilfe** darf der Mindestwert nicht unterschritten werden (Köln FamRZ 05, 1765; Nürnbg MDR 06, 597); eine regelhafte Festlegung auf 2.000 € in diesen Fällen ist mit dem Grundrecht des Rechtsanwalts aus Art 12 I GG nicht vereinbar (BVerfG MDR 05, 1373 = JurBüro 05, 653; Regelung als solche mit dem GG vereinbar: BVerfG JurBüro 90, 248; auch betr. Abweichen nach unten zulässig: BVerfG NJW 09, 1197); das Dreimonatseinkommen bleibt auch hier zu berücksichtigen (Dresd FamRZ 04, 1225), selbst wenn es den Mindestbedarf unterschreitet (Köln FamRZ 98, 310). 90

Maßgeblich ist nach § 34 FamGKG der **Zeitpunkt der Antragstellung**, dh der Einleitung der Instanz (Oldbg FamRZ 09, 1177: maßgeblich die Klage, nicht PKH-Antrag; Brandbg FamRZ 11, 1812). Veränderungen während des Eheverfahrens sind ohne Einfluss (Kobl JurBüro 03, 474; Karlsr JurBüro 03, 141: jedenfalls Verluste; Nürnbg FamRZ 09, 1619: bei Klageerhebung sicher zu erwartende Änderungen berücksichtigungsfähig). Abweichende Ansichten (Zweibr AnwBl 83, 174; Nürnbg JurBüro 89, 1603; Kobl FamRZ 91

93, 827; Zweibr 02, 255) sind unpraktikabel. Das Gericht kann Glaubhaftmachung zB durch Einkommensnachweise verlangen (§ 3 Rz 2), sich aber auch auf die PKH-Angaben stützten (Karlsr JurBüro 03, 141).

92 **b) Einkommen.** Zur Ermittlung sind Gehaltsbescheinigungen und Steuerbescheide heranzuziehen. Bei Selbständigen hat der Lebenszuschnitt erhöhte Bedeutung. Zum Einkommen zählen die Einkunftsarten nach § 2 EStG sowie die sonstigen Einkünfte nach § 22 EStG (FA-FamR Kap 6 Rn 32 ff). Hinzu kommen Zuwendungen anstelle oder zur Ergänzung des Einkommens, namentlich **Arbeitslosengeld I** (Hamm FamRZ 06, 632), **Wohngeld** (Hamm FamRZ 06, 718) **Unterhalt** nach § 153 SGB III (Karlsr FamRZ 99, 1678), Leistungen nach SGB II (OLGR Ddorf 09, 412; Celle NJW 10, 3587; aA Bremen MDR 11, 1385), **Blindenhilfe** (Saarbr JurBüro 91, 983), **BAföG** ohne Darlehensanteil (München JurBüro 80, 892).

93 Für **Arbeitslosenhilfe/ALG II** ist der Ansatz hoch streitig. Viele OLG lehnen die Berücksichtigung ab (Brandbg FamRZ 03, 1676; Ddorf FamRZ 06, 807; Rostock NJW-RR 07, 1152; KG NJW-RR 07, 1579; Dresd FamRZ 04, 1225; NJW-RR 07, 1161; FamRZ 10, 1939; Hamm JurBüro 09, 33; NJW 11, 1235; Oldbg FamRZ 09, 1177; OLGR Schlesw 09, 793; FamRZ 10, 1939; Naumbg FamRZ 10, 1934; auch Schulte-Bunert § 43 FamGKG Rn 8 f), wobei zT jegliche Berücksichtigung von Transferleistungen abgelehnt wird (Stuttg FamRZ 11, 1810). Das BVerfG hat diese Rechtsprechung für mit Art 12 I GG vereinbar gehalten, sie andererseits jedoch nicht als verbindlich angesehen (BVerfG FamRZ 06, 841). Andere OLG setzen das ALG II mit an, jedenfalls wenn der Anspruch nicht auf den Leistungsträger übergegangen ist (Bremen FamRZ 04, 961; Hamm FamRZ 06, 632; 806; Frankf NJW-RR 08, 310; Schlesw JurBüro 08, 594; Zweibr NJW 11, 1235; Brandbg FamRZ 11, 1423). Letzterer Auffassung ist ohne Rücksicht auf einen Anspruchsübergang bzw auf eine subsidiäre Bewilligung des ALG II für den Ausfall von Unterhaltsleistungen zuzustimmen, weil das ALG II aus dem Arbeitseinkommen herrührt und die ehelichen Lebensverhältnisse mit prägt (Köln FamRZ 09, 638). Weitere, an den Besonderheiten des Falles orientierte Erwägungen sind unpraktikabel. **Nicht** zu berücksichtigen sind nach bislang hM Zuwendungen, die schlechthin keine Lohnersatzfunktion haben, namentlich **Sozialhilfe** (Dresd FamRZ 04, 1225; Hamm FamRZ 06, 1581; Naumbg FamRZ 09, 639; Köln FamRZ 09, 1703; aA Frankf NJW-RR 08, 310: soweit kein Anspruchsübergang; Ddorf FamRZ 09, 453: Wohnkostenzuschuss anzusetzen), **Kindergeld** (Ddorf FamRZ 06, 807; Dresd FamRZ 10, 1939; aA Hamm FamRZ 06, 718; Karlsr FamRZ 06, 1055; 08, 2050; Brandbg FamRZ 08, 1206; Zweibr FamRZ 08, 2052; Naumbg FamRZ 10, 1934), **Erziehungsgeld** (Naumbg FamRZ 10, 1934) und **Unterhaltsvorschuss** (Ddorf FamRZ 06, 807). Eine auf Klarheit und Praktikabilität ausgerichtete Sichtweise dürfte indes für die im Vordringen begriffene Gegenmeinung sprechen.

94 Ansatzfähig ist nur das um Steuern und Sozialversicherungsbeiträge bereinigte **Nettoeinkommen**. Beiträge zur privaten Krankenversicherung sind abzugsfähig. Je Kind sind, wenn das Kindergeld berücksichtigt wird, bis zu 300 € abzusetzen (Brandbg FamRZ 08, 1206; Zweibr FamRZ 08, 2052; Karlsr FamRZ 08, 2050: 250 €; München FamRZ 09, 1703: auch soweit es kein gemeinsames ist, 500 €), dsgl der Kinderfreibetrag, auch wenn bei Antragstellung lediglich eine den Lebenszuschnitt prägende Schwangerschaft vorlag (Karlsr JurBüro 03, 141). Tatsächlich bediente **Kreditbelastungen** sind in vollem Umfang abzuziehen (Karlsr FamRZ 92, 707; Hamm FamRZ 06, 718), wenn sie nicht geringfügig sind (Saarbr JurBüro 85, 1673); Abzüge von Bruchteilen sind unpraktikabel. Eine Herabsetzung aufgrund **Unterhaltspflicht** ist nicht angezeigt, wenn das Einkommen hierfür nicht ausreicht (Schlesw JurBüro 07, 32).

95 **c) Vermögen.** Vermögenswerte sind zu berücksichtigen, wenn sie einfache, durchschnittliche Gegebenheiten (Köln FamRZ 98, 310) und für Ehegatten und unterhaltsberechtigte Kinder die – angepassten – Freibeträge des § 6 VermStG aF (Nürnbg FamRZ 86, 194; Kobl FamRZ 03, 1681: 60.000 € pro Ehegatten; OLGR Zweibr 08, 747: 10.000 € pro Ehegatten und pro Kind) übersteigen. Immobilien sind mit dem Verkehrswert anzusetzen (Schlesw FamRZ 97, 36); Belastungen sind abzuziehen (Hamm FamRZ 97, 36). Hohe Privatvermögen werden mit 10 %, Betriebsvermögen und sonstige Privatvermögen werden mit 5 % des Wertes berücksichtigt (Nürnbg FamRZ 86, 194; Ddorf FamRZ 94, 249; Frankf FamRZ 94, 250; Stuttg FamRZ 09, 1176: 2,5 % bei einvernehmlicher Scheidung). Eine Sonderstellung nimmt das **Familieneigenheim** ein, das mit drei fiktiven Monats-Kaltmieten angesetzt wird (Köln FamRZ 87, 183; 08, 2051; Schlesw SchlHA 03, 103; Dresd MDR 03, 535: Mietersparnis); das ist wegen der Eigennutzung der Sachlage angemessener als ein Anteil des Verkehrswertes (so aber Köln FamRZ 97, 37; Dresd FamRZ 06, 1053). Die Einvernehmlichkeit der Scheidung steht der Berücksichtigung der Vermögensverhältnisse nicht entgegen (Stuttg FamRZ 10, 1940).

d) Umfang und Bedeutung. Entscheidend für den Umfang ist der objektiv erforderlich Aufwand des Gerichts (Schulte-Bunert § 43 FamGKG Rn 15 ff; Ddorf AnwBl 86, 250). Die **einvernehmliche Scheidung** rechtfertigt keinen Streitwertabschlag (Brandbg FamRZ 08, 1206; Stuttg FamRZ 09, 1176; str vgl Zö/*Herget* § 3 Rn 16 Ehesachen); die Begründung eines Wertabschlags mit der »Einfachheit« des Verfahrens erscheint generell ungeeignet (aA Oldbg FamRZ 09, 1173). Auch die Antragsrücknahme oder die Bewilligung von PKH rechtfertigen keinen Abschlag (Frankf FamRZ 09, 74). Die Anwendung **ausländischen Rechts** kann bei erhöhtem Aufwand eine Werterhöhung fordern (Stuttg FamRZ 99, 604; Karlsr MDR 07, 620), im Ausnahmefall auch eine Ermäßigung (Stuttg FamRZ 05, 1696: Klage auf Rückkehr der Ehefrau nach türkischem Recht). Umfangreiche **Folgesachen** können die Bedeutung der Ehesache erhöhen (Ddorf FamRZ 92, 708; aA Brandbg JurBüro 96, 475; Dresd JurBüro 97, 479). Ein Zuschlag nach dem Bekanntheitsgrad der Eheleute erfolgt nicht. 96

e) Zusammentreffen von Ansprüchen. Nach § 33 I 2 FamGKG (§ 48 IV GKG aF) zählt bei Zusammentreffen mit einem vermögensrechtlichen Anspruch der höhere, Werte nichtvermögensrechtlicher Ansprüche werden addiert (Zweibr FamRZ 02, 255: Scheidung und Aufhebung). Für Folgesachen (s. dort) gelten §§ 33 I 1, 44 I FamGKG (§ 46 I 1 GKG aF). 97
Vgl auch Schulte-Bunert/Weinreich/*Keske* § 43 FamGKG.

Ehrverletzung. ZuS und ReS richten sich nach § 3, GeS nach § 48 II GKG, wenn sie nichtvermögensrechtlicher Natur sind (vgl § 3 Rz 8 ff; BGH NJW 74, 1470; Köln JurBüro 94, 491; Oldbg JurBüro 95, 369). 4.000 € sind idR angemessen, in Bagatellfällen 200 € (BGH WuM 06, 396), in gravierenden Fällen mehr (Schlesw JurBüro 02, 316; Karlsr VersR 09, 948: Internet). Sind wirtschaftliche Interessen betroffen, werden sie mit berücksichtigt (OVG Münster NJW 11, 2824). Für einen Anspruch auf Schmerzensgeld und Unterlassung gilt nach § 48 III GKG (IV aF) nur der höhere Wert (Köln JurBüro 94, 492; nicht unbedingt aA BGH WuM 06, 396). Widerruf und Unterlassung haben gleichen Wert (OLGR Köln 99, 220). Die Werte mehrerer Äußerungen sind zu addieren (München MDR 93, 286), bei innerem Zusammenhang ist ein Gesamtwert zu bilden (OLGR Frankf 99, 296). Entsprechendes gilt für die **Gegendarstellung**. Die **Veröffentlichungsbefugnis** hat neben den sonstigen Ansprüchen einen eigenen Wert nach dem Interesse des Kl (Hambg MDR 77, 142). 98

Eidesstattliche Versicherung. Bei der Klage aus §§ 259 II, 260 II BGB bemessen sich ZuS, GeS und ReS für das Rechtsmittel des Kl nach dessen Interesse an der Abgabe, § 3. Die Rspr nimmt einen Bruchteil des Leistungsinteresses, idR 1/20 bis 1/4 (BGH KostRspr ZPO § 3 Nr 113; Celle MDR 03, 55; Bambg FamRZ 1997, 40; gegen eigenständigen Wertansatz neben dem Auskunftswert OLG Frankfurt JurBüro 1973, 766; OLG Köln MDR 1963, 144). Richtiger wäre ein Bruchteil vom Wert der Auskunft, da es nur auf deren Bedeutung ankommt; jedenfalls ist ihr Wert die Obergrenze. **ReS** für den verurteilten **Bekl** bemisst sich nach dessen Aufwand an Zeit und Kosten (BGH MDR 92, 302; NJW-RR 94, 898; NJW 99, 3049; 00, 2113; 3073: bei nicht vollstreckungsfähiger Verurteilung; Karlsr FamRZ 01, 1213; Brandbg JurBüro 08, 314). Es gelten die gleichen Grds wie bei der Auskunft (BGH MDR 92, 302), s. dort. 99

In der **Zwangsvollstreckung** beachte § 25 RVG; Zinsen und Kosten sind zu addieren (aA AG Hambg RPfleger 90, 314); im Fall des § 807 gilt eine Werthöchstgrenze von 1.500 €; bei § 883 II ist § 6 analog anzuwenden (LG Köln JurBüro 77, 404). Für die Gerichtskosten ist wegen der Festgebühren nach 2114 Anl 1 GKG, GV-KV 260 eine Wertfestsetzung nicht erforderlich. In der Beschwerde ist das Interesse des Beschwerdeführers anzusetzen. 100

Eigentum s. § 6, s. Enteignung. **Eigentumsstörung** Der Abwehranspruch ist nach § 3 mit dem Interesse des Kl zu bewerten (BGH NJW 94, 735; Köln ZMR 77, 62: hohe Schätzung bei Verletzung von Strafgesetzen; Zweibr JurBüro 84, 284; Frankf WuM 86, 19: Mietminderung eines Jahres; Kobl JurBüro 95, 27: Geräuschimmission 10.000 DM; Naumbg JurBüro 10, 306: entspr Besitz). Die den Kl treffenden Beseitigungskosten können mit berücksichtigt werden (Ddorf MDR 91, 353: Entsorgung von Sondermüll); bei der Störungsklage eines Mieters gegen den anderen kann der Gedanke des § 41 V GKG herangezogen werden (Frankf NJW-RR 08, 534; § 8 Rz 53). Entspr gilt bei Störung durch einen **Notweg**; die Interessen des Bekl bleiben unberücksichtigt; § 7 findet keine Anwendung (Köln JurBüro 90, 246). Der ReS ist beim Rechtsmittel des Kl der gleiche (BGH NJW 98, 2368); beim Rechtsmittel des verurteilten Bekl kann er je nach dessen Abwehrinteresse höher sein (BGH NJW 94, 735). 101

102 **Eigentumsvorbehalt** s. § 6 Rz 5, 19. **Eigentumswohnung** s. Wohnungseigentum. **Einbenennung** § 42 FamGKG (§ 30 II, III KostO aF). Grds ist der Regelwert von 3.000 € anzusetzen (Zweibr FamRZ 04, 285; Dresden FamRZ 11, 1810). **Einsichtnahme** in Unterlagen, Beschwerdewert richtet sich nach dem Aufwand (BGH NJW-RR 01, 929; iÜ s. Auskunft).

103 **Einstweilige Anordnung. a) Ehe- und Lebenspartnerschaftssachen.** § 41 FamGKG. Die Regelung erfasst jede vom FamFG erfasst einstweilige Anordnung. Ausgangswert ist der Wert der entspr Hauptsache; dessen Hälfte wird idR nicht unterschritten. Im Einzelfall kann ein höherer oder geringerer Wert angenommen werden (Brandbg JurBüro 10, 368). Die Annäherung an eine Vorwegnahme der Hauptsache führt zur vollen Bewertung (Ddorf NJW 10, 1385; FamRZ 10, 1936: Regelung auch der Hauptsache durch Vergleich; Köln FamRZ 11, 758; aA Celle FamRZ 11, 757; Stuttg FamRZ 11, 757). Entsprechendes gilt im Verfahren der einstweiligen Anordnung (Brandbg FamRZ 10, 1937).

104 **b) Kostenvorschuss.** § 246 I FamFG. Maßgeblich ist der beantragte oder – bei unbeziffertem Antrag – der festgesetzte Vorschussbetrag.

105 **c) Weiteres.** Der Hauptsachewert ist **Obergrenze** (Köln FamRZ 01, 432). Für einen **Vergleich** ist idR der Hauptsachewert maßgeblich. § 33 I 2 FamGKG (**§ 48 IV GKG aF**) gilt nicht. Vgl auch Schulte-Bunert/Weinreich/*Keske* § 41 FamGKG.

106 **Einstweilige Einstellung der Zwangsvollstreckung** §§ 707, 719, 765a, 769, 771 III, 785, 786. Zu bewerten ist mit einem Bruchteil des Hauptsachewertes (BGH NJW 91, 2280; Köln BRAGOReport 02, 143: $\frac{1}{5}$). Für diesen gelten die allgem Regeln, zB § 4 ZPO, § 41 GKG (LG München I WuM 96, 235: verlängerter Mietzeitraum). Bei Kostenvollstreckung zählt ebenfalls ein Bruchteil (für vollen Wert noch BGHZ 10, 249). Bei drohender Grundstücksversteigerung soll die Forderung des Gläubigers für das Interesse des Schuldners die Obergrenze darstellen (Stuttg Justiz 86, 413); das ist abzulehnen, weil wegen der Gefahr der Verschleuderung eigenes, bewertungswürdiges Gewicht hat.

107 **Einstweilige Verfügung. a) Allgemeines.** Der ZuS hat über § 937 mittelbare Bedeutung für die Zuständigkeit des Gerichts der Hauptsache. Der GeS und der ReS bestimmen sich gem § 53 I Nr 1 GKG nach § 3. Ausgangspunkt ist der nach allgem Grundsätzen zu bestimmende Wert der (hypothetischen) Hauptsache (Kobl JurBüro 94, 738: Gedanke des § 6; Brandbg MDR 07, 1225: § 41 I GKG), von dem nach Maßgabe des Interesses an der angestrebten Entscheidung idR **$\frac{1}{4}$ bis $\frac{1}{2}$** angesetzt werden (Frankf JurBüro 77, 719: $\frac{1}{4}$ für Vormerkung **Bauhandwerkersicherungshypothek**; Saarbr JurBüro 90, 1661; Bambg JurBüro 91, 1690; Oldbg MDR 91, 955 u OLGR Bremen 97, 363: gewerblicher Rechtsschutz $\frac{1}{2}$; Zweibr FamRZ 93, 1336; Saarbr JurBüro 95, 26: auch in nichtvermögensrechtl Streitigkeiten; Ddorf NZM 06, 158: Konkurrenzschutz; Kobl JurBüro 06, 537: $\frac{1}{4}$ für Widerspruch im Grundbuch), nur im Einzelfall mehr (KGR 05, 208: $\frac{2}{3}$ wegen § 204 I Nr 9 BGB). Wird ausnahmsweise die **Hauptsache vorweggenommen**, kann deren Wert angesetzt werden (Bambg JurBüro 75, 793; Bambg JurBüro 78, 1552: Widerspruch bei unmittelbarer Gefahr; Schlesw SchlHA 78, 22: Prozesskostenvorschuss; Frankf MDR 91, 354: Leistungsverfügung zur Erfüllung; OLGR Köln 99, 336: Herausgabe an Ast; Rostock GRUR-RR 09, 39: auch bei Rücknahme; Kobl MDR 09, 1075: Herausgabe; München JurBüro 09, 484: Unterlassung; OLRG Celle 09, 1024: Räumung, nicht § 41 I GKG; Stuttg MDR 11, 1316: Landwirtschaftssache). Bei **Unterhaltsansprüchen** ist sechsmonatiger Bezug angemessen, nicht Bewertung nach § 9 ZPO, § 42 GKG (Brandbg FamRZ 01, 779; Köln FamRZ 01, 432; aA Köln FamRZ 97, 39: 1 Jahr). Die (auch außergewöhnliche) Höhe des angedrohten Ordnungsgeldes ist ohne Belang (Anders/Gehle/Kunze bei Einstweilige Verfügung Rn 6). Werte von Arrest und eV sind zu addieren, wenn nicht wirtschaftliche Identität besteht (§ 5 Rz 4). Für ein Verfügungsurteil ohne vollstreckbaren Inhalt sind als ReS die fiktiven Anwaltskosten eines Vollstreckungsverfahrens angesetzt worden (Karlsr FamRZ 97, 511).

108 **b) Widerspruch und Aufhebung.** Nach § 53 I Nr 1 GKG ist das Interesse des Antragstellers maßgeblich. Die Entwicklung seit Erlass der eV ist zu berücksichtigen, so dass der Wert (deutlich) sinken kann (KG JurBüro 02, 479). Bei Kostenwiderspruch zählt das Kosteninteresse (Frankf JurBüro 90, 1332). Das Vollziehungsverfahren hat einen eigenen, nach § 3 zu schätzenden Wert, der nicht höher sein kann als derjenige der Hauptsache; § 6 S 2 ist zu beachten (Köln RPfleger 93, 508).

109 **Eintragung** s. bei dem jeweils einzutragenden Recht.

Enteignung. Im Streit um die Zulässigkeit ist der Verkehrswert anzusetzen (BGH NJW 63, 2173; BGHZ 50, 291), auch bei Einwänden nur eines Wohnungseigentümers (BGH WuM 00, 32); bei Klage auf Entschädigung gilt die Höhe der str Differenz, wobei Zinsen nur angesetzt werden, wenn sie als Entschädigung für entgangene Substanz Hauptforderung sind (BGH MDR 70, 994), sonst gilt § 4 I. Vgl auch § 6. 110

Erbbaurecht. Für den Streit um Bestellung oder Wirksamkeit gilt § 6; maßgeblich ist der Verkehrswert des Grundstücks, grds ohne die aufgrund des Rechts errichteten Gebäude (Bambg JurBüro 92, 629); bei Herausgabeverlangen des Eigentümers und Heimfallanspruch zählt der volle Wert (Bambg JurBüro 85, 1705; Bremen AnwBl 96, 411). Der Wert des Rechts selbst ist nach § 3 zu schätzen (München WuM 95, 193), wobei der **Erbbauzins** mit wertbildend sein kann, nicht aber nach § 9 wertbestimmend (München WuM 95, 193), und iÜ der Gebäudewert angesetzt wird (Nürnbg JurBüro 92, 52). Die **Erhöhungsklage** ist nach § 9 mit der str Differenz zu bewerten; § 41 GKG gilt nicht (München JurBüro 77, 1002; Frankf JurBüro 77, 1132). Zum Erbbauzins s.a. § 9 Rz 3. 111

Erbenhaftung. Der Vorbehalt beschränkter Haftung nach § 305 führt nicht zu einer Herabsetzung des Wertes. Wird Rechtsmittel nur wegen des Vorbehalts eingelegt, sind GeS und ReS nach dem Interesse des Rechtsmittelführers zu bewerten. 112

Erbrechtliche Streitigkeiten. a) Erbauseinandersetzungen. Bei Streit um das Erbrecht ist der Wert gem § 3, nicht § 6, nach dem wirtschaftlichen Interesse des Klägers oder Rechtsmittelführers an dem geltend gemachten Erbteil zu bemessen; unstreitige Anteile oder Pflichtteile bleiben ohne Ansatz (BGH NJW 75, 1415; Köln JurBüro 79, 1704; BayObLG JurBüro 93, 227; Karlsr RPfleger 92, 254). Will der Kl das gesamte Erbe auf sich vereinigen, zählt der str Anteil des Bekl (OLGR Celle 01, 142). Für einen **Auseinandersetzungsplan** kommt es auf das wirtschaftliche Interesse des Klägers an (Schlesw JurBüro 94, 26; Hambg JurBüro 94, 364); Richtschnur ist der Wert der streitigen Punkte (OLGR Bremen 04, 134); im Streit um die Unwirksamkeit eines vom Testamentsvollstrecker aufgestellten Plans ist das Interesse mit einem Bruchteil des Erbteils des Kl anzusetzen (OLGR München 95, 142: ½). Die Unzulässigkeit der **Auseinandersetzungsversteigerung** wird mit dem Interesse am Fortbestand der Erbengemeinschaft bewertet (Hamm JurBüro 77, 1616). Die **Ausgleichspflicht** nach § 2050 BGB wird nach § 3 mit dem Interesse an der Ausgleichung angesetzt. Bei der positiven **Feststellungsklage** ist idR ein Abschlag von 20 % vorzunehmen, beim Vorerben mehr (BGH FamRZ 89, 958: 25 %). Die **negative**, das Erbrecht ausschließende Feststellungsklage ist mit dem vollen Nachlasswert zu bewerten (BGH FamRZ 07, 464; aA OLGR Frankf 94, 66: nur Interesse an Ausschließung des Gegners). Bei Klage auf Mitwirkung an der **Erfüllung von Verbindlichkeiten** entscheidet das Interesse des Kl an der Schuldbefreiung. Wird **Leistung zugunsten des Nachlasses** von Miterben verlangt, ist deren Erbanteil abzuziehen (Karlsr RPfleger 92, 254; OLGR Köln 95, 246). Die Klage auf Zustimmung zur Übertragung des Erbteils eines dritten Miterben ist mit dessen Anteilswert anzusetzen (Hambg JurBüro 94, 364). Im Streit um den **Pflichtteil** wird der Anspruch nach § 3 bewertet (BGH JurBüro 75, 460). Bestrittene Befugnisse des **Testamentsvollstreckers** werden mit 0,5 % des Nachlasswertes angesetzt (BGH FamRZ 04, 863), der Streit um seine Entlassung mit 10 % (BayObLG FamRZ 04, 1304). Die Klage auf Mitwirkung an der Ausübung des Vorkaufsrechts nach § 2034 BGB ist nach dem Wert des verkauften Erbteils zu bewerten (LG Bayreuth JurBüro 80, 1248), das Verlangen des nicht befreiten **Vorerben** nach Zustimmung zu einer Veräußerung nach § 3 mit dessen wirtschaftlichem Interesse. 113

b) Erbunwürdigkeit. Maßgeblich ist nicht das wirtschaftliche Interesse des Kl an seiner Besserstellung, sondern gem § 3 der Wert der Beteiligung des Bekl am Nachlass (BGH NJW 70, 197; Kobl MDR 97, 693). Gleichzeitige Klage auf Herausgabe des Nachlasses ist wegen Identität nicht zu addieren (BGH JurBüro 69; 1168; § 5 Rz 5). 114

c) Klagen gegen Dritte. Sie sind nach dem erhobenen Anspruch zu bewerten; der Erbanteil des Kl ist nicht erheblich (Hartmann Anh I § 48 GKG (§ 3 ZPO) Erbrechtlicher Anspruch (Dritter); Zö/*Herget* § 3 Rz 16 Erbrechtliche Ansprüche). 115

d) Auskunft und Vorlegung. Siehe Auskunft, für ReS bei Nachlassverzeichnis auch BGH NJWE-FER 97, 233. 116

e) Erbschein und sonstige Urkunden. Bei Klage auf Herausgabe zählt nach § 3 das wirtschaftliche Interesse an der Verhinderung drohender Nachteile (BGH KostRspr ZPO § 3 Nr 176; § 6 Rz 4) oder am Beweisvorteil. Im Einziehungsverfahren bzgl Erbschein ist der Wert des beanspruchten Erbteils maßgeblich (BGH JZ 77, 137), für Kraftloserklärung ist das Interesse des Ast nach § 3 zu schätzen. In der Beschwerde gegen 117 einen Vorbescheid wird der Wert des Anteils des Bf am Reinnachlass angesetzt (BayObLG FamRZ 04, 1309; FamRZ 05, 822).

118 **Ergänzung** § 321. Es kommt nach § 3 auf das Ziel des Antrags an, bei Vorbehalt nach § 599 oder § 780 voller Hauptsachewert, bei Ergänzung von Nebenentscheidungen nur deren Wert.

119 **Erledigung der Hauptsache** s.a. Feststellung des Kosteninteresses. **a) Übereinstimmend erklärte Erledigung (§ 91a). aa) Grundlagen.** Maßgeblich ist die Summe aller bis zum Eintritt angefallenen **Kosten**, so dass auch der urspr Streitwert festgesetzt werden muss; dieser ist die Obergrenze (Köln AnwBl 83, 517; Ddorf JurBüro 94, 241; Hambg MDR 97, 890; aA Oldbg JurBüro 99, 374 unter Hinweis auf § 15 aF = § 40 GKG, verfehlt wegen Änderung des Streitgegenstands, vgl § 4 Rz 2). Nach § 40 GKG kommt es auf den Zeitpunkt an, in dem der Bekl sich anschließt; bis dahin liegt eine übereinstimmend erklärte Erledigung nicht vor (Hambg JurBüro 93, 363; Ddorf JurBüro 94, 241; OLGR Ddorf 07, 321; § 91a Rz 20; aA Zö/*Herget* § 3 Rn 16 Erledigung der Hauptsache); die Terminsgebühr Nr 3104 Anl 1 RVG ist bei Erledigungserklärung im Termin nach dem ursprünglichen Wert entstanden (Kobl FamRZ 09, 1857). Gerichtskostenfreiheit einer Partei ist unbeachtlich (Hambg MDR 93, 183). Es werden nur die sicher angefallenen Kosten berücksichtigt (KG MDR 88, 236). Rundung auf den nächsten Gebührensprung ist empfehlenswert. Es sind zwei **Rechtsmittelstreitwerte** zu beachten. Nach § 91a II 2 muss der ReS in der Hauptsache die Grenze von 600 €, § 511 II Nr 1, übersteigen; bei Kostenaufhebung gilt dies für die Hälfte des Hauptsachewertes (BGH MDR 04, 45 zu entnehmen). Nach § 567 II muss die Kostenbeschwer über 200 € liegen.

120 **bb) Teilerledigung.** Maßgeblicher Zeitpunkt ist der Eingang der Zustimmungserklärung des Gegners (Ddorf JurBüro 07, 256). Der GeS wie auch der ReS des unterlegenen Beklagten bestimmen sich von da an nach dem Wert der weiter streitigen **Hauptsache**; die auf den erledigten Teil entfallenden Prozesskosten bleiben als Nebenforderung nach § 4 I ZPO, § 43 I GKG für GeS und ReS unberücksichtigt (BGH NJW-RR 91, 1211; 95, 1089; MDR 11, 810: ReS; Karlsr MDR 96, 1298; § 4 Rz 12; aA OLGR Zweibr 01, 237; OLGR Ddorf 09, 706; MüKoZPO/*Wöstmann* § 3 Rn 68; B/L/A/H § 3 Rn 48); das gilt auch für Kosten von Streitgenossen, die infolge der Erledigung ausscheiden (BGH NJW 01, 230). Aufgelaufene Zinsen auf den erledigten Teil sind hinzuzurechnen (BGH NJW 94, 1869; § 4 Rz 12). Sind Gebühren zu verschiedenen Streitwerten angefallen, ist nach **Zeitabschnitten** festzusetzen (Frankf JurBüro 94, 738). Bei sofortiger Beschwerde nur gegen die Kostenentscheidung nach § 91a kommt es für §§ 91 a II 2, 511 II Nr 1 auf den Wert des Anspruchs an, mit dem der Beschwerdeführer ohne Erledigung voraussichtlich unterlegen wäre; für § 567 II ist auf die angegriffene Kostenbelastung abzustellen (BGH MDR 04, 45).

121 **b) Einseitige Erledigung. aa) Grundlagen.** Maßgeblich sind für GeS und ReS grds die bis zur Klageänderung angefallenen **Kosten** des Rechtsstreits (BGH NJW 69, 1173; NJW-RR 05, 1728; MDR 06, 109; WuM 08, 35: ReS des Bekl; Karlsr JurBüro 81, 1231: Mahnverfahren; KG JurBüro 03, 644; 06, 201; für vollen Hauptsachewert in 2. Instanz OLGR Jena 08, 845); abw Ansichten (vgl § 91a Rz 61; Anders/Gehle/Kunze bei Erledigung Rn 12; Zö/*Herget* § 3 Rn 16 Erledigung der Hauptsache, Einseitige Erledigungserklärung: Musielak/*Heinrich* § 3 Rn 26 Erledigung) sind überholt. **Wertgrenze** ist der urspr Hauptsachewert (BGH NJW-RR 90, 1474). Ausnahmsweise kann ein weitergehendes Interesse des Kl höhere Festsetzung erfordern (BGH NJW 82, 768: Ehrenschutz; Schlesw SchlHA 83, 58: bei Erledigung durch Aufrechnung voller Wert wegen § 322 II), insb auch bei Folgeansprüchen, die auf die Feststellung des urspr Anspruchs aufbauen. Im **Säumnisverfahren** gilt nichts anderes (Köln JurBüro 94, 734).

122 **bb) Teilerledigung.** Die auf den erledigten Teil entfallenden Kosten sind zum Wert der verbleibenden Hauptforderung zu addieren, denn der str Erledigungsantrag ist ein Sachantrag, der einer Bewertung bedarf; Nebenkosten iSd § 4 I ZPO, § 43 I GKG liegen insoweit nicht vor (BGH NJW-RR 96, 1210; 99, 1385; Nürnbg JurBüro 06, 478; Bambg JurBüro 63, 488: Widerklage). Es ist auf die **Mehrkosten** abzustellen (BGH MDR 06, 109; Nürnbg JurBüro 06, 478; Schlesw MDR 08, 353); für GeS ist Rundung auf den nächsten Gebührensprung empfehlenswert. Auf den erledigten Teil entfallende, weiter rechtshängige aufgelaufene Zinsen sind ebenfalls zu addieren (Rz 120). Entsprechendes gilt für den **Rechtsmittelstreitwert** (BGH NJW-RR 93, 765; MDR 06, 109).

123 **Ersetzungsbefugnis** s. § 5 Rz 19. **Erwerbsverbot** s. § 6 Rz 6. **Familiensachen** s. Ehesachen, Folgesachen, Gewaltschutz, Kindschaftssachen. **Fälligkeit** s. § 3 Rz 6.

Feststellung des Kosteninteresses. (BGH NJW 81, 990; 82, 1598; 94, 2895; Anders/Gehle Assessorexamen Rn P-64; ausf zur Wertfestsetzung *Schneider* NJW 08, 3317). Mit Umstellung der Klage auf das Kosteninteresse bemisst sich der Streitwert nach den gesamten bis dahin angefallenen Kosten; denn der Kl will auch einen Erstattungsanspruch des Bekl abwehren. Ein Abschlag wird nicht vorgenommen, da in vollem Umfang KfB ergeht. Anlass zur Wertfestsetzung besteht nur bei Gebührenanfall nach dem neuen Streitwert; es ist Festsetzung für Zeitabschnitte angezeigt, s. Erledigung Rz 120). 124

Feststellungsklage. a) Positive Feststellungsklage. Ausgangspunkt ist die Bewertung des str Rechts nach den insoweit geltenden Regeln, zB §§ 3 oder 6–9 ZPO, §§ 41 ff GKG (BGH MDR 10, 355; Kobl VersR 87, 289; OLGR Jena 08, 1009). Hierauf aufbauend ist generell nach § 3 das wirtschaftliche Interesse des Klägers/Rechtsmittelführers an der Feststellung zu schätzen; im Regelfall wird der Wert des str Rechts wegen der fehlenden Vollstreckbarkeit für alle Streitwertarten um **20 %** gekürzt (BGH NJW-RR 92, 608; NZM 07, 499; NJW-RR 09, 156). Das gilt auch für spezielle Streitwertregelungen (Jena JurBüro 08, 534). Gesicherte freiwillige Leistung des Bekl, namentlich Behörde oder Versicherungsgesellschaft, steht der Kürzung nicht entgegen (BGH NJW 97, 1241; BGH NJW-RR 99, 362; DRiZ 08, 291). In besonders gelagerten Einzelfällen kann die Kürzung größer ausfallen, wenn etwa das Interesse nicht nur mangels Vollstreckbarkeit hinter dem Wert des Rechts zurückbleibt (BGH NJW-RR 06, 791; Celle JurBüro 69, 978; OLGR Saarbr 05, 603: 50 %), wenn die Realisierbarkeit des Anspruchs zweifelhaft oder wenn der Schadenseintritt unwahrscheinlich ist (BGH NJW-RR 09, 156). Stellt die Feststellungsklage in der Materie den Regelfall dar (zB Miete), entfällt die Kürzung (BGH JurBüro 09, 89). 125

b) Einzelprobleme zur positiven Feststellungsklage. Zum **Annahmeverzug** s. § 5 Rz 5. Für die Feststellung der Unwirksamkeit eines **Darlehensvertrags** ist die offene Valuta ohne Zinsen anzusetzen (OLGR Karlsr 05, 353), bei sittenwidrigem Ratenkredit kann die Summe der Zinsen selbständige Bedeutung haben (Hambg JurBüro 88, 1060); die Unwirksamkeit der Kündigung zählt mit dem vollen Wert der betroffenen Forderung (BGH NJW 97, 1787). Die Feststellung des **Eigentums** ist nach § 3 zu bewerten (München JurBüro 83, 1393; Celle KostRspr ZPO § 6 Nr 97; aA KG JurBüro 780, 174; Frankf JurBüro 85, 278: § 6). Für **erbrechtliche Streitigkeiten** s. Rz 113). Im **Insolvenzverfahren** sind die tatsächlichen Aussichten auf Durchsetzung zu berücksichtigen, bis hin zum niedrigsten Gebührenstreitwert (BGH NJW-RR 88, 689; Hamm JurBüro 84, 1372); geht das Interesse des Kl dahin, die Restschuldbefreiung auszuschließen, kann es beim Nennwert verbleiben (LG Mülhausen JurBüro 04, 597; Hamm ZInsO 07, 215: Deliktsanspruch; § 3 Rz 6). Die Feststellung der **Kündigung** eines Franchisevertrages kann mit dem Interesse des Gegners an der Fortführung bewertet werden (Stuttg JurBüro 07, 144). Bei **künftigem Schaden** ist das Risiko des Eintritts mit zu berücksichtigen (BGH MDR 91, 526). Gleichzeitige Klage auf **Teilleistung** kann wegen Identität ohne eigenen Wert sein (BGH MDR 70, 127 Nr 17; § 5 Rz 4). Die **Titelergänzung** kann mit 4 % angesetzt werden (OLGR Köln 09, 493). Die Feststellung der Echtheit einer Urkunde ist entsprechend den Grundsätzen für die Herausgabe anzusetzen (§ 6 Rz 4), gekürzt um 20 %. Für die Wirksamkeit eines **Versicherungsvertrags** s. Versicherung. Bei abgewiesener Feststellungsklage ist für den **Wert des Beschwerdegegenstandes** auf alle Ansprüche abzustellen, auf welche sich die begehrte Feststellung beziehen würde (BGH MDR 11, 124). 126

c) Negative Feststellungsklage. Der Wert des verneinten Rechts ist nach der jeweils einschlägigen Norm oder gem § 3 nach dem Interesse des Kl zu schätzen (Ddorf MDR 03, 236: unbezifferte Forderung; Karlsr MDR 11, 1420: Versicherungsvertrag) und grds voll anzusetzen (BGH NJW 70, 2025; WuM 04, 352; München NJW-RR 88, 190). § 9 kann Anwendung finden (KG MDR 10, 47). Richtet sich die Klage gegen einen vermeintlichen **Unterlassungsanspruch**, gilt nichts anderes (OLGR München 86, 840); die aA (KGR 09, 138 mwN) will zum Schutz kleiner Unternehmen »spiegelbildlich« auf den Wert des Unterlassungsanspruchs abstellen, verlässt damit aber das Prinzip des Angreiferinteresses (§ 3 Rz 4) und müsste folgerichtig, jedoch in sich widersprüchlich, die neg Feststellungsklage des kleinen Unternehmens niedriger bewerten als den Unterlassungsanspruch. Bei irrealen (Ddorf MDR 03, 236; Dresd JurBüro 04, 141) oder überhöhten (Brandbg JurBüro 03, 85) Forderungen kann er bis auf einen Restwert ermäßigt werden. Die Anwendung von § 9 ist str (für Anwendung KG MDR 10, 47; abl für § 9 S 2 OLGR Frankf 09, 255; s. § 9 Rz. 5). Die **Nichtigkeit eines Vertrags** bewertet sich nach dem Interesse des Kl (Bambg JurBüro 90, 1659; Ddorf AnwBl 94, 47). Für die Feststellung, der Kl sei nicht Gesellschafter geworden, kann bei Rateneinlage § 9 herangezogen werden (KGR 09, 358). Das Nichtbestehen einer Erwerbspflicht ist mit dem Kaufpreis zu bewerten (Hamm JurBüro 03, 537). Für Gesamtschuld erfolgt bei wirtschaftlicher Identität keine Werter- 127 höhung (Kobl JurBüro 85, 590). Identität besteht auch zwischen Klage auf Feststellung, dass eine Zahlungspflicht nicht besteht und auf Rückforderung der Zahlung (Karlsr FamRZ 97, 39; § 5 Rz 4), Klage auf Restkaufpreis und Widerklage auf Feststellung vollständiger Bezahlung (Ddorf BauR 03, 1760) und Widerklage auf bloße Verneinung der Klage (Brandbg FamRZ 04, 962), hingegen Addition, wenn unterschiedliche Teilansprüche betroffen sind (Ddorf MDR 03, 236). Neg Feststellungs-**Drittwiderklage** gegen den Zedenten ist mit der Leistungsklage wirtschaftlich identisch (OLGR Celle 09, 1025). Bei Teilidentität zählt der höhere Wert (Ddorf JurBüro 09, 484).

128 **Fischereirecht** s. § 7 Rz 3, § 9 Rz 4.

129 **Folgesachen. a) Bewertung im Verbund.** Nach § 44 I FamGKG gelten Scheidungs- und Folgesachen als ein Verfahren (vgl auch Schulte-Bunert/Weinreich/*Keske* § 44 FamGKG). Ihre Werte werden nach § 33 I 1 FamGKG addiert; § 33 I 2 FamGKG gilt nicht. Der Kostenverbund bleibt auch dann bestehen, wenn eine Folgesache gem § 140 FamFG abgetrennt wird, vgl auch § 137 Abs 5 Satz 1 FamFG; Ausnahme: Kindschaftsfolgesachen, § 137 Abs 5 Satz 2 FamFG (Schulte-Bunert § 44 Rn 5).Für Kindschaftssachen nach § 137 III FamFG sieht § 44 II FamGKG eine pauschale Erhöhung vor; der Ausgangswert bestimmt sich nach § 43 FamGKG; dieser wird für jede Kindschaftssache um 20 %, max um jeweils 3.000 € erhöht. Eine Werterhöhung findet bei mehreren Kindern nicht statt. Alte Rspr ist überholt! Bei niedrigem Ausgangswert der Ehesache und Kindschaftssache betr mehrere Kinder ist wegen des unverhältnismäßigen Aufwands gem § 44 III FamGKG eine spürbare Werterhöhung geboten; generell erscheint pro Kind eine Erhöhung von mindestens 900 € angezeigt (§ 48 III 3 aF; vgl auch § 3 Rz 3), wobei der Wert von 3.000 € auch überschritten werden darf (Schulte-Bunert § 44 Rn 12).

130 § 44 I FamGKG erfasst auch den Auskunftsanspruch (Hambg FamRZ 81, 1085 zu § 46 I 1 GKG aF) und den Vergleich. Werden die Folgesachen wegen **Abweisung des Scheidungsantrags** gegenstandslos, § 142 II 1 FamFG, entfällt die Berücksichtigung beim GeS; werden sie fortgesetzt, sind sie mit ihrem (Gesamt-) Wert anzusetzen. § 30 I FamFG gilt auch iRd § 33 I 1 FamGKG (Nürnbg JurBüro 80, 897 für § 46 I 1 GKG aF); das kann eine differenzierte Wertfestsetzung erforderlich machen. Bei positiver **Teilentscheidung** über den Scheidungsantrag nach § 140 II FamFG bleibt es für die Folgesachen bei der Wertaddition (Hamm JurBüro 80, 381; München RPfleger 91, 434 zu § 628 ZPO aF); die **Abtrennung** führt zur gesonderten Bewertung (Köln FamRZ 04, 285; Hamm FamRZ 08, 1095; aA München JurBüro 84, 769). Wird eine Folgesache erst **nach Abgabe in den Verbund einbezogen**, bleibt es wegen des bereits entstandenen Gebührenanspruchs des Rechtsanwalts bei der gesonderten Wertfestsetzung (Zweibr JurBüro 06, 425).

131 Wird nur in einer Folgesache **Rechtsmittel** eingelegt, ist ohne Rücksicht auf § 44 II FamFG zu bewerten, so dass der Wert höher liegen kann als im ersten Rechtszug (München FamRZ 06, 632 = JurBüro 06, 143 zu § 48 III 3 GKG aF; aA Karlsr JurBüro 06, 144).

132 **b) Sorgerecht pp.** Im Streit um das **Sorgerecht**, den **Umgang** mit dem Kind und die **Herausgabe** des Kindes bestimmt § 45 FamGKG (§ 48 III 3 GKG aF) außerhalb des Verbunds einen Verfahrenswert von 3.000 **€**. Auch bei mehreren Kindern, derentwegen innerhalb einer der in Abs 1 aufgeführten Verfahren gestritten wird, liegt nach Abs 2 nur ein Gegenstand vor. Nur die Werte mehrerer der Verfahren werden addiert. Der Streit um **Aufenthaltsbestimmung und Umgang** in einem Verfahren führt mithin zum doppelten Wertansatz (Naumbg FamRZ 08, 1095). Der Wert nach § 45 FamGKG gilt auch dann, wenn aus dem Verbund heraus alleine das Sorgerecht Gegenstand einer Beschwerde wird (München FamRZ 06, 632 = JurBüro 06, 143; aA Karlsr JurBüro 06, 144). Eine Werterhöhung nach § 45 III FamGKG ist in Fortsetzung der Rspr zum früheren Recht gerechtfertigt, wenn hierdurch nachhaltig erhöhter Arbeitsaufwand entsteht (Frankf FamRZ 95, 375; Hamm FamRZ 95, 103; Rostock JurBüro 98, 543; KG FamRZ 06, 438; Karlsr FamRZ 07, 163; 07, 848; 07, 1035; für Werterhöhung bei besonderer Schwierigkeit auch bei einem Kind KG JurBüro 07, 315; Köln FamRZ 95, 103; FamRZ 06, 1219: eher für generelle Werterhöhung); idR ist die entspr Vervielfachung des Ausgangswertes sachgerecht. Bei Regelung mehrerer **Teilbereiche** wie Aufenthaltsbestimmung und Gesundheitssorge ist eine Wertaddition weiterhin nicht angezeigt (Naumbg FamRZ 08, 2299). Die Verwertung eines umfangreichen **Sachverständigengutachtens** rechtfertigt eine Werterhöhung, wenn es streitentscheidend ist (Karlsr FamRZ 04, 1303), jedenfalls bei Erforderlichkeit von mehr als einem Termin (Celle NJW 11, 1373). Bei Bewilligung von **PKH** für jedenfalls einen Elternteil wurde zum früheren Recht Herabsetzung vertreten (Schlesw FamRZ 97, 831; 02, 41; Frankf JurBüro 99, 371); das ist wegen des identischen Aufwandes nicht gerechtfertigt. Auch im Streit alleine um die Aufenthaltsbestimmung als Teil des Sorgerechts ist Herabsetzung des Wertes nicht angezeigt (Brandbg JurBüro 06, 31).

Ein **Vermittlungsverfahren** zwischen den Eltern wird idR nach § 42 FamGKG mit 3.000 € bewertet (OLG Nürnbg MDR 06, 658: § 30 II KostO analog).

c) **Unterhalt. aa) Grundlagen.** Der Streit um die **Unterhaltspflicht**, § 231 FamFG, ist vermögensrechtlicher Natur. Den GeS regelt § 51 I FamGKG (wortgleich mit § 42 I GKG aF; für andere Unterhaltsfälle s. Stichwort Unterhalt). Ausgangspunkt ist grds die Unterhaltsforderung. **Freiwillige Leistungsanteile** zählen mit, soweit sie eingeklagt werden; ein Zurückgehen alleine auf das **Titulierungsinteresse** erfolgt nicht; unbeachtet bleiben unstr Anteile nur dann, wenn sie lediglich aus sprachlichen Gründen in den Antrag einbezogen werden; der str Spitzenbetrag ist nicht maßgeblich (Bambg JurBüro 93, 110; Braunschw JurBüro 96, 367: Streit nur um Art des Unterhalts; München FamRZ 98, 573: Auslegung des Klageziels; Celle FamRZ 03, 465; 1683; Frankf FamRZ 07, 163; aA Ddorf FamRZ 87, 1280). **Kindergeldanteile** sind vom Regelbetrag abzuziehen (München FamRZ 05, 1766). Eine **Änderung der Unterhaltsbestimmung** hat keinen eigenen Wert (Dresd NJW-RR 05, 735). Beim dynamisierten Kindesunterhalt richtet sich der Wert nach den Zahlbeträgen (Köln FamRZ 08, 1645). Zum **vertraglich übernommenen** Unterhalt s.u. Unterhalt Rz 216. 133

bb) Zeiträume. Der **Zwölfmonatszeitraum** beginnt mit dem Monat nach der Klageerhebung, Unterhalt für den Monat der Klageeinreichung oder des PKH-Antrags zählt wegen Fälligkeit zum Monatsbeginn zu den Rückständen (Brandbg FamRZ 03, 1682; OLGR Saarbr 09, 79). Es kommt auf die ersten zwölf Monate an, für die Unterhalt gefordert wird (Hambg FamRZ 03, 1198). Entspr gilt für die Vollstreckbarerklärung ausländischer Urteile (BGH MDR 09, 173 = FamRZ 09, 222). Bei Unterhaltsforderung ab späterem Zeitpunkt ist dieser maßgeblich (Celle FamRZ 03, 1683). Unterhaltsfreie Monate werden durch nachfolgende aufgefüllt (Hambg FamRZ 03, 1198). Bei der **Stufenklage** kommt es für die Abgrenzung ebenfalls auf den Eingang der Klage und nicht auf den Zeitpunkt der Bezifferung an (Bambg JurBüro 91, 108). Der unter dem Jahreswert liegende **Gesamtbetrag** ist maßgeblich, wenn Eingrenzung auf einen kürzeren Zeitraum bei Klageerhebung verlässlich abzusehen ist (Hamm FamRZ 05, 1766; Schlesw FamRZ 06, 1560: Trennungsunterhalt bis Scheidung; Frankf FamRZ 07, 749: nur bei Bezifferung; KG FamRZ 11, 755); auf nachträgliche Erkenntnisse kommt es nicht an (Köln JurBüro 93, 164: Scheidung im Verlauf des Rechtsstreits; München FamRZ 98, 573). Ist nur die **Unterhaltsbefristung** im Streit, sind die ersten zwölf streitigen Monate anzusetzen (BGH FamRZ 03, 1274; Nürnbg FamRZ 02, 684; Stuttg FamRZ 08, 1205). Bei der **Abänderungsklage** zählt die angestrebte Differenz (Frankf FamRZ 07, 749). In der **Stufenklage** ist auf den für die ersten zwölf Monate erwarteten Unterhalt abzustellen (Hamm FamRZ 04, 1664); der **Auskunftsanspruch** kann mit ⅕ davon bewertet werden (Hamm FamRZ 07, 163, s. Auskunft). Der **Unterhaltsverzicht** kann mit dem Jahreswert angesetzt werden (Naumbg FamRZ 01, 433). 134

cc) Rückstände, Rückforderung. Eingeklagte **Rückstände** werden hinzugerechnet, § 51 V 1 FamGKG (wortgleich mit § 42 V 1 GKG aF; jetzt § 42 IV 1 GKG); Antrag auf PKH steht der Klage gleich. Bei **Klageerweiterung** werden die zusätzlich verlangten Beträge 12fach angesetzt und bis dahin geltend gemachte Forderungen zu streitwerterhöhenden Rückständen (ausf Köln FamRZ 04, 1226 = FamRB 04, 45; gegen Berücksichtigung OLGR Saarbr 05, 924; OLGR Nürnbg 08, 76 = JurBüro 08, 33; OLGR Celle 09, 198: Berufung). Rückzahlungsforderungen führen im Abänderungsverfahren für den str Zeitraum nicht zu einer Werterhöhung (Köln FamRZ 10, 1933; KG FamRZ 11, 754: HilfsA auf Rückzahlung). 135

dd) Trennungs- und nachehelicher Unterhalt. Beide Unterhaltsarten werden in einem Verfahren getrennt bewertet und nach § 33 I 1 FamGKG kumuliert (BGH FamRZ 81, 242; Ddorf JurBüro 92, 51; Hamm FamRZ 99, 1497). Für **Vergleich** über einstweilige Unterhaltsanordnung und Hauptsache sind getrennte Werte anzusetzen (Karlsr FamRZ 07, 1114). Die Vereinbarung einer Kapitalabfindung beeinflusst den Wert nicht (LG Ddorf JurBüro 06, 427; s.a. Vergleich). 136

ee) Rechtsmittel. Für den **Rechtsmittelstreitwert** zählt die angestrebte Differenz (Naumbg FamRZ 06, 1285: betr Regelbeträge). Der **Gebührenstreitwert im Rechtsmittelverfahren** richtet sich für den laufenden Unterhalt nach den str Ansprüchen. Ein voller Angriff wird wie in der Vorinstanz bewertet; die Einlegung des Rechtsmittels schafft keine neuen Zeiträume oder Rückstände. Wird das Urt nur für einen späteren Zeitraum angegriffen, zählen die ersten zwölf nunmehr str Monate; der Streitwert wird allerdings durch den Wert des Streitgegenstands der 1. Instanz begrenzt, sofern dieser nicht erweitert wurde (BGH FamRZ 03, 1274; Stuttg FamRB 08, 77). Richtet sich die Berufung nur gegen die Dauer der Befristung, rechtfertigt dies für sich keinen Abschlag (Stuttg FamRB 08, 77); bei Dauer von weniger als einem Jahr zählt der str Betrag. 137

138 **d) Versorgungsausgleich.** § 50 I FamGKG (§ 49 GKG und § 99 III 1 KostO aF) und § 50 II FamGKG (inhaltsgleich mit § 99 III 2 KostO aF) bestimmten in der Erstfassung Festbeträge von 1.000 und 2.000 €. Für Altverfahren gelten altes und neues Recht mit der Zeitgrenze 1.9.2009 (Frankf JurBüro 10, 476; Schlesw FamRZ 11, 133: neues Recht nach Aussetzung). In der Fassung des VAStrRefG vom 3.4.09 sind nach Abs 1 für jedes Anrecht Prozentsätze von 10 und 20 % des in drei Monaten erzielten Nettoeinkommens der Ehegatten, mindestens 1.000 € anzusetzen. Die derzeitige Regelung dürfte mit Art 12 GG vereinbar sein (Zweibr FamRZ 11, 993). Alte Rspr ist vielfach überholt! „Ausgleichsansprüche nach der Scheidung" iSd § 50 I FamGKG bezieht sich auf § 20 bis § 27 VersAusglG (Nürnbg FamFR 10, 475 FamRZ 11, 132). Maßgeblich ist der Zeitpunkt bei Einreichung des Scheidungsantrags (Schneider FamRZ 10, 87). Das Nettoeinkommen ist ohne individuelle Zu- oder Abschläge anzusetzen (Stuttg NJW 10, 2221; NJW-RR 10, 1376; Bambg FamRZ 11, 1424). Auch im Streit um Kleinbeträge bleibt es bei den Festwerten (vergleichbar Karlsr AnwBl 83, 524; abl Hambg FamRZ 11, 1813). Die Wertfestsetzung braucht einen obj Anhaltspunkt für das Bestehen von Anwartschaften (Bambg JurBüro 87, 254); bloße Erörterung eines Ausschlusses reicht (KG JurBüro 88, 228; Karlsr FamRZ 93, 458; Brandbg JurBüro 06, 353). Einzubeziehen sind alle verfahrensgegenständlichen Anrechte, nicht nur die auszugleichenden (Stuttg NJW 11, 540; aA Stuttg FamRZ 11, 134). Alleine die Wiederaufnahme rechtfertigt nicht den Mindestwert (Nürnbg FamRZ 11, 995). Die Werte gelten auch im **Rechtsmittelverfahren** (übertragbar Frankf JurBüro 89, 136; Naumbg FamRZ 03, 466). § 50 II FamGKG nF gibt für Auskunftsanspruch und Abtretung einen Festwert von 500 € vor. Abs 3 ermöglicht eine Korrektur aus Billigkeitsgründen, wenn aus bestimmten, gravierenden Gründen unvertretbar hohe oder niedrige Kosten entstünden.

139 **e) Wohnung und Hausrat (Ehewohnungs- und Haushaltssachen).** § 48 FamGKG (nF 6.7.2009!) bestimmt Festwerte, die nur durch Abs 3 relativiert werden. Alte Rspr (Bambg FamRZ 03, 467; Nürnbg MDR 03, 1319; Frankf FamRZ 05, 230; München FamRZ 05, 1002; Ddorf FamRZ 05, 1583; Karlsr FamRZ 05, 230; Dresd MDR 07, 305: einjähriger Mietwert; aA Karlsr FamRZ 03, 1767: halbjährige Miete), auch bei Getrenntleben (Nürnbg FamRZ 04, 393; Hamm FamRZ 06, 141; aA AG Bremen FamRZ 03, 244: 6 Monate) und bei Verpflichtung zu einer Ausgleichsleistung im Vergleich (KG RPfleger 72, 464) ist überholt! Bei **einstweiliger Anordnung** gibt § 41 FamGKG regelhaft die Hälfte des Hauptsachewertes vor (Rz 103); wird hier ein Vgl über die Hauptsache geschlossen, ist für die Gebühr deren Wert maßgeblich (Jena MDR 11, 1423).

140 **f) Ansprüche aus dem Güterrecht.** Sie sind idR beziffert, so dass keine Besonderheiten gelten. Maßgeblich ist der begehrte Anteil einschl unstr Gegenstände (Ddorf JurBüro 06, 644), auch bei Vergleich (Ddorf FamRZ 07, 572). Bei fehlenden Anhaltspunkten für den Umfang des **Zugewinnausgleichs** befürwortet Dresden (MDR 09, 634) Analogie zu § 52 II GKG. Zur str Wertaddition bei Klage und Widerklage vgl § 5 Rz 26. Bei Klage auf vorzeitigen Ausgleich kommt es auf das Interesse an der vorzeitigen Auflösung des Güterstandes an (Stuttg FamRZ 09, 1621); es können bei Fehlen anderer Anhaltspunkte 20 % des erwarteten Zugewinns angesetzt werden (Nürnbg JurBüro 98, 262). Für die **Stundung** nach § 1382 BGB ist nach § 3 das Interesse zu schätzen. Bei der Übertragung nach § 1383 BGB kommt es auf den Wert der hierdurch erledigten Ausgleichsforderung an (MüKoZPO/*Wöstmann* § 3 Rn 113). Im selbständigen Beweisverfahren soll die Hälfte der str Differenz maßgeblich sein (Celle FamRZ 08, 1197); wird bei Widerklage die Addition befürwortet (§ 5 Rz 26), liegt der volle Wert näher. § 52 FamGKG sieht für die Fälle von § 1382 V und § 1383 III BGB die Behandlung als ein Verfahren mit Wertaddition vor.

141 **Frachtführerpfandrecht** s. § 6 Rz 15, 17. **Franchising** s. Feststellungsklage b; § 9 Rz 4. **Freigabe** s. Hinterlegung. **Freistellung** s. Befreiung von einer Verbindlichkeit. **Fremdwährung** s. ausländische Währung.

142 **Fristsetzung** § 255. Der Antrag ist als zusätzliches Druckmittel entspr der Auskunft (s. dort) nach § 3 mit ¼ des Hauptantrags zu bewerten. Eine Wertaddition mit dem Wert des Leistungsantrags findet wegen wirtschaftlicher Identität idR nicht statt (§ 5 Rz 16).

143 **Früchte** s. § 4 Rz 17.

144 **Gastwirtspfandrecht** s. § 6 Rz 15, 17. **Gebührenstreitwert** s. § 2 Rz 4. **Gegendarstellung** s. Ehrverletzung. **Gegenseitiger Vertrag** s. Zug-um-Zug. **Gemeinschaft.** Die Auflassungsklage gegen ein Mitglied wird ohne Abzug von Belastungen mit dem Wert des betr Bruchteils angesetzt (KG MDR 08, 1417 = JurBüro 08, 652), s.a. Aufhebung, Widerspruchsklage. **Genossenschaft** s. Gesellschaftsrecht.

Gesamtgläubiger s. § 5 Rz 20. **Gesamtschuldner** s. § 5 Rz 20. **Geschäftsführer** s. Gesellschaftsrecht, Organ. 145

Gesellschaftsrecht. a) Auflösung. Die Klage auf Auflösung oder Feststellung der Nichtigkeit ist gem § 3 aufgrund einer Gesamtschau nach dem Interesse der Kl zu bewerten (Köln JurBüro 82, 1719). Bedeutsam können der Wert des Anteils des Kl (Musielak/*Heinrich* § 3 Rn 23 Auflösung einer OHG) oder die Abwehr drohender Haftung sein (Köln DB 88, 281). Ist nur der Zeitpunkt im Streit, kann ein Bruchteil angemessen sein (Anders/Gehle/Kunze bei Gesellschaftsrecht Rn 3). Bei **Rückabwicklung** einer stillen Gesellschaft ist die gesamte vertragliche Leistung maßgeblich, nicht nur die ratierlichen Einzahlungen (München JurBüro 05, 39). 146

b) Ausschließung. Der Wert ist gem § 3 nach dem Interesse des Kl zu bestimmen (Köln JurBüro 70, 427: auch stille Gesellschaft); der Wert seines Anteils ist zu berücksichtigen (BGH DStR 01, 1086, Anm *Goette*), ohne Ansatz von Verwaltungs- und Herrschaftsrechten (BGH NJW 09, 3161), weiter der Nachteil, der ihm bei Verbleib des Bekl droht (Frankf JurBüro 85, 1083; § 5 Rz 6). Ein unzumutbares Kostenrisiko ist bei der Wertfestsetzung zu vermeiden (BVerfG VersR 97, 1160). Im Streit um die **Übertragung** (Frankf JurBüro 80, 606) oder die **Einziehung** (BGH NJW 01, 2638; NZG 09, 518: Wert des betroffenen Geschäftsanteils; KG JurBüro 10, 425: überschlägig 10facher Jahresertrag) eines Gesellschaftsanteils gilt entsprechendes. 147

c) Beschlussmängelstreit, Anfechtung, Nichtigkeit. Zuständig ist unabhängig vom Streitwert nach § 246 III 1 AktG das LG. § 247 AktG gilt für GeS und ReS (BGH AG 11, 823 = NZG 11, 997). Ausgangspunkt ist die Bedeutung der Sache, namentlich das wirtschaftliche Interesse des Anfechtenden, begrenzt durch dessen Aktienbesitz, das Interesse der AG am Bestand des Beschlusses und deren Größe; mehrere Beschlüsse sind getrennt zu bewerten, während die Zahl der Anträge und der Anfechtungsgründe keine Bedeutung hat (BGH JurBüro 82, 66; 218; NJW-RR 92, 1222; 95, 225; 99, 910; München GmbHR 08, 1267). Die Streitwertherabsetzung nach § 247 II AktG ist für jede Instanz getrennt zu prüfen (BGH MDR 93, 184; Frankf BB 85, 1360); Möglichkeiten der PKH sind zu berücksichtigen (Frankf JurBüro 90, 647). Im **Freigabeverfahren** nach § 246a AktG kann der Hauptsachewert angesetzt werden; nach Erledigung des Hauptsacheverfahrens sinkt er auf das Kosteninteresse (Stuttg AG 10, 89). § 247 I 1, II AktG gilt analog für **GmbH** (BGH NJW-RR 99, 1485; NZG 09, 1438: offen, ob Wertgrenze des I 2 gilt; dafür Bambg JurBüro 80, 759; Meyer GmbHR 10, 1081, dagegen Karlsr GmbHR 95, 302) und **Genossenschaft** (Naumbg JurBüro 99, 310). Für die zweigliedrige **KG** (BGH NJW-RR 02, 823), die Personengesellschaft (KGR 09, 214) und den **Verein** (BGH MDR 93, 183) gilt die Norm nicht (aA Bremen MDR 11, 628: analog auf Publikums-KG). 148

d) Innere Verhältnisse. Die Klage nur gegen die **Abberufung** des Geschäftsführers, nicht gegen die Beendigung des Dienstvertrags, ist nach dem Interesse, die Senkungsmacht in der Hand zu behalten, gem § 3, nicht nach § 9 zu bewerten (BGH NJW-RR 90, 1123; 95, 1502; MDR 09, 815; 28.6.11 – II ZR 127/10 -: für ReS bei Gesellschafter-GF max Wert des Gesellschaftsanteils). Anwaltliche Tätigkeit für eine **Änderung** des Gesellschaftsvertrags ist nach billigem Ermessen anzusetzen (BGH MDR 95, 319). **Auskunftsanträge** nach § 132 AktG sind getrennt zu bewerten (Stuttg DB 92, 1179). Für ein turnusmäßiges **Entnahmerecht** (Bambg JurBüro 82, 284) und für die Klage auf ratenweise zu zahlende Einlagen (KGR 08, 758) gilt § 9. Klagt ein Gesellschafter gegen den anderen auf **Leistung** an die Gesellschaft, zählt die Forderung, nicht der Gesellschaftsanteil (Anders/Gehle/Kunze bei Gesellschaftsrecht Rn 8). Auf die Klage gegen die **Verlängerung** der Geschäftsführer-Anstellung ist § 42 GKG anzuwenden (Karlsr GmbHR 95, 302). Bestellung eines **Wahlvorstands** zur Durchführung einer Betriebsratswahl, Kandidatur einer Liste der beklagten Gesellschaft bei dieser Wahl, Einberufung einer Mitgliederversammlung zur Wahl eines Betriebsgruppenvorstands: 4.000 € (BGH 6.12.10 – II ZR 99/09 -). 149

e) Registersachen. Seit dem 1.12.04 gilt § 41a KostO. Ältere Rspr ist zunächst hieran zu messen. Beim Geschäftsführerwechsel handelt es sich um zwei Gegenstände iSd § 44 II KostO (BGH MDR 03, 355). Für einen **Ergebnisabführungsvertrag** gilt § 41a IV Nr 1 iVm § 41c KostO (OLGR Celle 07, 455; OLGR Stuttg 08, 733). Die Klage auf Eintragung in das Aktienregister, § 67 I AktG, wird mit 1/10 bis 1/4 des Aktienwertes angesetzt (OLGR Hamm 08, 688). **Spruchverfahren.** § 15 I 2 SpruchG gibt nach Maßgabe der Mehrforderung einen Rahmen von 200.000–7,5 Mio € vor. Der Mindestwert gilt auch bei Abweisung als unzulässig (Schlesw AG 09, 380). 150

Gewaltschutz. Nach § 49 I FamGKG (vgl auch Schulte-Bunert/Weinreich/*Keske* § 49 FamGKG) sind für einen Antrag nach § 1 GewSchG 2.000 € und nach § 2 GewSchG 3.000 € anzusetzen. Alte Rechtsprechung 151 ist überholt. Anträge nach § 1 und § 2 GewSchG sind getrennt zu bewerten und zu addieren (Dresd FamRZ 06, 803). Bei der einstweiligen Anordnung gilt § 41 FamGKG, idR also der halbe Wert. Eine schematische Herabsetzung erscheint indes verfehlt. Wenn der Erlass der eA das Hauptsacheverfahren entbehrlich macht, kann ohne weiteres nach § 41 FamGKG der volle Wert angesetzt werden (für das frühere Recht: Ddorf FamRZ 08, 1096; für abschließenden Vgl Schlesw FamRZ 11, 1424; aA Saarbr NJW-RR 08, 746); auch hier sind die Werte zu addieren (Dresd FamRZ 06, 803). Für Gewaltschutz in **allgemeinen Zivilsachen** sind die auf Familiensachen zugeschnittenen Regelwerte zu niedrig; hier ist eine Bewertung nach § 3 geboten (aA Saarbr NJW-RR 08, 746; Zö/*Herget* § 3 Anh Gewaltschutz).

152 **Gewerblicher Rechtsschutz. a) Grundlagen.** Die Streitigkeiten (idR Unterlassungsklagen) sind vermögensrechtlicher Art (Brandbg JurBüro 97, 594). Es ist nach § 3 zu bewerten; § 51 GKG erweitert diesen Grundsatz für bestimmte Rechtsgebiete auf alle Verfahrensarten. **Regelstreitwerte** bestehen nicht; sie sind wegen der jeweiligen Besonderheiten des Falles nicht wünschenswert (Nürnbg GRUR 07, 815; aA Brandbg MDR 97, 1069; OLGR Schlesw 08, 628: 10.000 € für eV; Zö/*Herget* § 3 Rn 16 Gewerblicher Rechtsschutz; zu Bestrebungen des BMJ, missbräuchlichen Abmahnungen mit begrenzter Streitwertbemessung entgegen zu wirken Weiden GRUR 11, 309) und führen allenfalls zu pauschalen »Haustarifen« (Oldbg MDR 91, 955; OLGR Saarbr 05, 952). Grundlage der Bewertung sind die obj **Tatsachen**, nicht die subj Schätzung der Parteien (Köln MDR 94, 267; Brandbg MDR 97, 1069). Die Wertfestsetzung hat keinen Sanktionscharakter (OLGR Bremen 97, 363). Ein Identischer Titel zugunsten eines Dritten verringert den Streitwert (Frankf WP 83, 523). Bei Ansprüchen gegen **mehrere**, auch konzernverbundene **Unternehmen** sind die Einzelwerte zu addieren (Hambg GRUR-RR 06, 392 unter Bezugnahme auf BGH NJW-RR 06, 67).

153 **b) Unterlassungsklagen.** Es kommt auf den sog **Angriffsfaktor** an, dh die Summe aller von dem str Fehlverhalten ausgehenden Beeinträchtigungen des Kl. Wichtigste Bemessungsfaktoren sind Größe und Umsatz des klagenden Unternehmens sowie die Gefährlichkeit des Verstoßes, insb mit Blick auf die Gewinnschmälerung (OLGR Saarbr 05, 952). Namentlich zu berücksichtigen sind: der Jahresumsatz (BGH WM 90, 2058; Frankf JurBüro 92, 489), die Gefährlichkeit des Verstoßes (Stuttg NJW-RR 87, 429), die Intensität (Frankf JurBüro 83, 1249), die regionalen Auswirkungen (BGH MDR 90, 986; Oldbg MDR 91, 955). Auf diese Weise lässt sich generell ein angemessener Wert ermitteln (aA Brandbg MDR 10, 39: Wertbemessung nach angemessener Vergütung). Wenn die Wertangabe des Kl/Ast keine verlässliche Grundlage hergibt, ist mangels anderer Anhaltspunkte auch die angemessene Gebührenfestsetzung berücksichtigungsfähig (Brandbg MDR 10, 39). Bei der **Verbandsklage** zählt das Interesse eines Mitbewerbers an der Unterlassung (BGH MDR 98, 1237). Weiter zählt ein Bruchteil des Umsatzes der Mitglieder (Köln WP 82, 144; Karlsr BB 84, 689), deren obj Interesse und die Belange der Allgemeinheit; die Größe des Verbandes ist ohne Bedeutung (BGH GRUR 68, 106; 77, 748; NJW-RR 90, 1322). Bei Klage gegen einen Verband entscheidet das Interesse des Kl (Frankf JurBüro 92, 489). Führt die **einstweilige Verfügung** (s. dort) zur endgültigen Erledigung, kann bis zum Hauptsachewert festgesetzt werden (Bambg JurBüro 83, 269). Bei der Feststellungsklage kann der Marktverwirrungsschaden mit angesetzt werden (BGH GRUR 86, 93). Siehe auch Unterlassung.

154 **c) Streitwertbegünstigung.** Der Antrag nach § 51 GKG, § 12 IV UWG ist missbräuchlich, wenn auf Abmahnung nicht reagiert wurde (OLGR Frankf 05, 842).Die Herabsetzung verlangt außergewöhnliche Umstände, aus denen sich eine besondere Härte ergibt (BGH MDR 98, 1237). Betr Verbraucherschutzverbände kommt sie eher in Betracht als bei einem Wettbewerbsverband (BGH NJW-RR 11, 909). Beim Gang durch drei Instanzen liegt ein einfacher Fall idR nicht vor (Hamm GRUR 91, 259), wohl aber im Streit um Anzeigenwerbung (Köln JurBüro 94, 241). Ein Verband muss grds in der Lage sein, die Kosten seiner Rechtsstreitigkeiten zu tragen (BGH NJW-RR 95, 44).

155 **Grenzklage** s. § 7 Rz 4. **Grundbuchberichtigung** s. § 6 Rz 6. **Grunddienstbarkeit** s. § 7. **Grundpfandrecht** s. § 6 Rz 14. **Grundstück** Für den Herausgabeanspruch kommt es nach § 6 auf den Verkehrswert an (s. § 6 Rz 4 ff). § 41 II GKG ist Spezialvorschrift (s. § 8 Rz 17 ff). **Grundurteil** Der ReS für den Bekl hat den Umfang des Anspruchs selbst, für den Kl bemisst sie sich nach dem Wert einer negativen Bindungswirkung (BGH NJW 10, 681). **Güterrecht** s. Folgesachen.

156 **Handelsregister.** Die Klage auf Zustimmung zu einer Eintragung ist – in weiten Spielräumen – mit dem Interesse des Kl hieran zu bewerten (Karlsr NJW-RR 07, 1046). Die Höhe der Einlage sowie die wirtschaftliche Tragweite des Streites können einen Anhaltspunkt liefern.

Handlung. Klage auf Vornahme ist nach § 3 mit dem Interesse des Kl zu bewerten (BayObLG JurBüro 01, 142). **Hauptantrag** s. § 5 Rz 14. **Hausrat** s. Folgesachen. **Heimfallanspruch** s. Erbbaurecht. 157

Heimvertrag. Da es sich um einen auf Dauerleistung gerichteten gemischten Vertrag handelt (BGH FamRZ 08, 604), kommen §§ 41 f GKG für den GeS und § 9 ZPO für den ZuS und ReS in Betracht. Für Räumung gilt § 41 I GKG, für Kündigung gilt § 41 II GKG analog (Stuttg NJW-RR 05, 1733; aA für eV auf Räumung OLGR Celle 09, 1024: §§ 6, 3 ZPO). Die Ausgliederung des Unterkunftsanteils für die Streitwertbemessung (so Zö/*Herget* § 3 Rn 16 Mietstreitigkeiten) erscheint unpraktikabel. 158

Herausgabe s. § 6 Rz 4 ff. **Herausgabe** eines Kindes s. Folgesachen, Kindesherausgabe. **Hilfsantrag** s. § 5 Rz 14, s.a. Fristsetzung. **Hilfsaufrechnung** s. § 5 Rz 10, 13. **Hilfswiderklage** s. § 5 Rz 29. 159

Hinterlegung. Bei Klage auf Vornahme ist das wirtschaftliche Interesse des Kl nach § 3 zu schätzen. Verlangen der Freigabe richtet sich zwar auf Abgabe einer Willenserklärung, ist aber nach § 6 mit dem Wert des Gegenstandes anzusetzen (KG AnwBl 78, 107; Frankf KostRspr § 5 ZPO Nr 93). Aufgelaufene Zinsen sind zu addieren (BGH MDR 67, 280; Köln JurBüro 80, 281; LG Hambg NJWE-Mietr 97, 199; § 4 Rz 20). Für Klage und Widerklage auf Freigabe eines identischen Gegenstandes findet keine Addition statt (§ 5 Rz 24 ff). Bei Hinterlegung einer Sicherheitsleistung, § 233 BGB, gilt § 6 S 1 und 2: Nominalbetrag. 160

Hypothek s. § 6 Rz 14 ff. 161
Immission s. Unterlassung Rz 218.

Insolvenz. a) Grundlagen. Für das Verfahren gelten § 58 GKG, § 28 RVG; der Aussonderungsanspruch nach § 47 InsO wird nach den allgem Vorschriften bewertet, dsgl Forderungen des Insolvenzverwalters (BGH NJW 66, 996; NJW-RR 88, 689; Ddorf ZInsO 06, 41). In der **Insolvenzanfechtung** ist die Forderung des Verwalters nach § 3, ggf nach § 6 zu bewerten (BGH KTS 82, 449; Celle ZInsO 01, 131). 162

b) Klage auf Feststellung der Forderung. § 182 InsO gibt als normativen Streitwert den auf die zu erwartende Quote verringerten Betrag der Forderung vor. Die Regelung gilt bei Wiederaufnahme nach § 180 II InsO erst von diesem Zeitpunkt an (Dresd JurBüro 07, 531; Kobl JurBüro 10, 201). Bei der Wertfestsetzung müssen alle Erkenntnisquellen ausgeschöpft werden (BGH NJW-RR 00, 354: Auskunft des Verwalters und Akteneinsicht); auch offene Forderungen sind zu bewerten (BGH BauR 07, 590); das hat Bedeutung, wenn der Verwalter die Aufrechnung mit einer Gegenforderung erklärt, da diese die Masse erhöht. Wenn keine Quote zu erwarten ist, zählt der niedrigste Gebührenwert (BGH JurBüro 93, 554); all dies gilt auch dann, wenn die Forderung durch Bürgschaft oder Pfandrecht gesichert ist (BGH NJW-RR 88, 689; JurBüro 93, 554; aA OLGR Kobl 99, 456). Wegen § 39 III InsO erscheint die Einbeziehung von Zinsen vertretbar. Gegenforderungen gegen den Kl erhöhen als Teil der Masse die Bewertung (BGH MDR 00, 351). Die Voraussichtlichen Verhältnisse nach dem Verfahren und die Möglichkeit abgesonderte Befriedigung sind ohne Einfluss (Hamm JurBüro 84, 1372). 163
Auf die Klage nach **§ 184 InsO** findet § 182 InsO keine Anwendung; die Bewertung erfolgt nach Maßgabe der Vollstreckungsaussichten (BGH NJW 09, 920 für ReS; OLGR Hambg 09, 197).

c) Restschuldbefreiung. Der Antrag ist nach dem wirtschaftlichen Interesse des Schuldners zu bewerten, mangels Anhaltspunkten nach § 23 III 2 RVG mit 4.000 € (BGH JurBüro 07, 315; Ddorf JurBüro 08, 32). Der Versagungsantrag des Gläubigers ist nach Auffassung des BGH aufgrund des obj Interesse gem § 3 zu bewerten (JurBüro 03, 253: mangels Grundlage 1.200 €). Jedenfalls bei Ausschluss wegen vorsätzlicher Handlung liegt der volle Wert näher (OLGR Hamm 07, 229; § 3 Rz 6). 164

Investitionsverpflichtung. Nach § 3 ist das Interesse des Berechtigten, nicht der Aufwand des Verpflichteten maßgeblich (Hamm JurBüro 94, 555; Ddorf RPfleger 94, 520). **Inzidentantrag** § 717 II 2, Zinsen und Kosten sind als Nebenforderungen nicht zu berücksichtigen (BGHZ 38, 237). **Jagdrecht** s. § 9 Rz 4. **Kapitalanleger-Musterverfahrensgesetz** § 51a GKG. 165

Kaufvertrag. Die Kaufpreisklage wird mit dem Nennwert der Forderung bewertet (§ 3 Rz 6); das gilt auch bei Ratenzahlung, § 9 greift nicht ein. Die Kaufsache ist – selbst wenn der Streit nur um eine Gegenforderung geht – nach § 6 S 1 mit dem Verkehrswert anzusetzen, nicht mit dem Gewinn des Verkäufers (Kobl JurBüro 94, 738). S. Abnahme. 166

167 **Kaution.** Die Klage auf Einzahlung unterliegt keinen Besonderheiten. Bei Klage auf Rückzahlung einer Mietkaution sind die aufgelaufenen Zinsen wegen § 551 III 4 BGB Hauptforderung und daher auf den Streitwert zu addieren (LG Köln WuM 95, 719; § 4 Rz 20). Das Verlangen des Mieters nach einem Nachweis der Anlage ist mit einem Viertel der Kautionssumme zutr bemessen (Köln WuM 10, 96).

168 **Kindesherausgabe** s. Folgesachen. Der Anspruch gegen einen Dritten ist nach § 3 ZPO, § 48 II GKG zu bestimmen; er sollte nicht unter dem Regelwert von § 45 I FamGKG (3.000 €) angenommen werden. **Kindesunterhalt** s. Folgesachen c).

169 **Kindschaftssachen** § 169 FamFG. Nach § 45 I FamGKG (§ 48 III 3 GKG aF) besteht ein nicht abänderbarer Festwert von 3000 €. Im Streit um mehrere Kinder ist dieser linear zu vervielfachen (Köln FamRZ 05, 1765; Brandbg FamRZ 04, 1655; Hambg FamRZ 07, 1035); das gilt auch für Zwillinge (insoweit wohl anders Karlsr Justiz 87, 146; fernliegend *Lappe* NJW 08, 485, 486: wirtschaftliche Identität). § 33 I 2 FamGKG greift namentlich bei Klagehäufung mit Unterhaltsstreit ein; es gilt alleine der höhere Wert (Köln FamRZ 01, 779; Naumbg FamRZ 08, 1645 zu § 48 IV GKG aF). Vgl auch Schulte-Bunert/Weinreich/*Keske* § 45 FamGKG. Siehe auch Einbenennung.

170 **Klageänderung, -ermäßigung, -erweiterung.** Ab deren Eintritt ist der neue Wert des Gegenstandes anzusetzen (Ddorf NJW-RR 00, 1594); für Änderung auf einen neuen Streitgegenstand wird zT jedenfalls für die Anwaltsgebühren eine Wertaddition befürwortet (OLGR Hamm 07, 324; OLGR Celle 08, 630; KG MDR 08, 173; für die Gebühren gelten § 36 III GKG, § 15 III RVG (s.a. Auswechslung). **Klagerücknahme** Im Streit um deren Wirksamkeit kommt es auf den Hauptsachewert an; dsgl für die Vereinbarung einer Klagerücknahme (Köln JurBüro 70, 803). Für den Streit um die Kostenentscheidung zählt das Kosteninteresse. Fallen in der Zeit nach der Veränderung noch Gebühren an, sind die Streitwerte nach Zeitabschnitten festzusetzen.

171 **Klagenhäufung** s. § 1 Rz 2, § 5. **Kommissionärspfandrecht** s. § 6 Rz 15, 17. **Kosten** s. § 4 Rz 24. **Kostenentscheidung** Einfluss geänderter Wertfestsetzung s. § 3 Rz 22.

172 **Kraftfahrzeug.** Bei Klage auf Herausgabe ist nach § 6 der Verkehrswert zu schätzen; bei privatem Kl kommt es auf den im Privatverkauf erzielbaren höheren Wert an. Im Streit um den **Kraftfahrzeugbrief** ist das wirtschaftliche Interesse des Kl nach § 3 zu schätzen; Basis ist der Verkehrswert des Kfz, von dem ein Bruchteil genommen wird (Ddorf MDR 99, 891: 33 %; LG Augsburg JurBüro 01, 143: 50 %). Mit Widerklage auf Zahlung des Kaufpreises kann daher Identität bestehen (§ 5 Rz 24 ff). Beim **Kraftfahrzeugschein** zählt das Nutzungsinteresse.

173 **Kraftloserklärung** s. Aufgebot. **Kündigung Bankkonto.** Nach § 3 ist das Interesse an Erhalt oder Auflösung des Kontos maßgeblich, nicht der Gebührenaufwand (so aber LG Lübeck NJW 01, 82).

174 **Künftige Leistung.** Es bleibt für die Klage beim vollen Nennwert (BGHR ZPO § 2 Beschwer 3; offen gelassen in BGH WM 95, 2060; aA KG JurBüro 89, 1599: Abzinsung – gegen RGZ 118, 321, die BGH WM 95, 2060 ausdrücklich billigt). Bei künftiger Nutzungsentschädigung ist § 9 einschlägig (KG MDR 06, 957). Für den Rechtsmittelstreitwert in der Berufung des sofortige Leistung anstrebenden Klägers zählt nur noch das Beschleunigungsinteresse (BGH WM 95, 2060: Maßstab Zinsverlust).

175 **Lagerhalterpfandrecht** s. § 6 Rz 15, 17. **Landvermessung** § 3 Interesse des Klägers (BGH JurBüro 71, 718). **Lebenspartnerschaft** s. die entspr Stichworte zu Ehe- und Familiensachen; einstweilige Anordnung. **Leibgedinge, Leibrente** s. § 9 Rz 3. **Licht- und Fensterrecht** s. § 7 Rz 3. **Löschung** s. § 6 Rz 17, 19. **Maklercourtage** s. § 4 Rz 18, 24; § 9 Rz 3.

176 **Mahnverfahren.** Der Anspruch ist nach § 6 zu bewerten. Für das Streitverfahren ist nach Anm zu Ziff 1210 KV Anl 1 GKG der Wert bei Eingang der Akten am Streitgericht maßgeblich; ältere Rspr ist überholt. Ermäßigung oder Erledigung vor Akteneingang führt zur Herabsetzung des Wertes. Beachte, dass hierbei Kosten und Zinsen zur Hauptforderung werden können (§ 4 Rz 12)!

177 **Markenrecht.** Maßgeblich nach § 3 ist im Löschungsverfahren das Interesse an der Aufrechterhaltung (BGH GRUR 06, 704: im Regelfall 50.000 €). Im Markenverletzungsverfahren kann ein geringerer Wert anzusetzen sein (Nürnbg GRUR 07, 815).

Miete und Pacht. Die Kommentierung findet sich nebst alphabetischer Zusammenstellung von Einzelpunkten bei § 8 und hinsichtlich Miet- und Mieterhöhungsklagen bei § 9. 178

Nachverfahren s. Urkunden- und Wechselprozess; **Nachlassverzeichnis** entspr Auskunft; **Namensrecht** Vorrangig zu prüfen ist, ob es sich um eine nichtvermögensrechtliche Streitigkeit handelt (§ 3 Rz 8). Gewerblich genutzte (Firmen-)Namen sind nach § 3 zu bewerten. Siehe auch Domain. 179

Nebenforderungen s. § 4 Rz 10 ff. 180

Nebenintervention. Die Nebenintervention hat keine Auswirkungen auf den Gebührenstreitwert für die Gerichtskosten. Ausgangspunkt einer eigenständigen Bewertung ist zutreffender Auffassung nach das nach § 3 zu schätzende eigene Interesse des Nebenintervenienten oder Streithelfers am Obsiegen der unterstützten Partei (hM Köln MDR 04, 1025; München JurBüro 07, 426; OLGR Schlesw 08, 878; Rostock 24.10.2009 – 3 W 50/08 –; Celle NJW-RR 11, 1296; Schmeel MDR 12, 13). Von der aA wird die generelle Orientierung am Wert der Hauptsache befürwortet (Karlsr JurBüro 03, 83; KG MDR 04, 1445), jedenfalls bei Anschluss an die Anträge der Hauptpartei (BGHZ 31, 144; Ddorf JurBüro 06, 200; 426; OLGR Frankf 09, 763; München BauR 10, 942); letzteres stimmt im Ergebnis mit der hM praktisch überein. Eine Ausnahme wird bei ausdrücklicher Beschränkung auf einen Teil der str Ansprüche zugelassen (Karlsr JurBüro 03, 83). IdR ist der Anschluss an die Sachanträge starkes Indiz für ein Interesse gleichen Umfangs (München JurBüro 07, 426: Regelfall), zumal dessen Grundlagen iE nicht durchgehend offenliegen. Ein erkennbar geringeres Interesse ist dennoch zu beachten, da ein Anschluss an die Anträge an sich nicht erforderlich ist und die Anknüpfung an das individuelle Interesse zu den tragenden Grundsätzen der Wertbemessung zählt (Köln MDR 90, 246; Hambg JurBüro 92, 251; München MDR 97, 788; OLGR Bamberg 99, 100; Nürnbg MDR 06, 1318; OLGR Hamm 08, 195; Musielak/*Heinrich* § 3 Rn 32; oben § 3 Rz 4). Ein unter Hinweis auf die begrenzten Wirkungen des § 68 tw befürworteter pauschaler Abschlag von 20 % (Musielak/*Heinrich* aaO; Zö/*Herget* § 3 Rn 16 Nebenintervention) ist daher ebenfalls abzulehnen. Führt der Streithelfer alleine ein Rechtsmittel durch, kommt es auf das von ihm verfolgte Ziel an (Kobl MDR 1983, 59). Für das Rechtsmittel des Nebenintervenienten gegen ein Zwischenurteil kann ein Bruchteil des Hauptsachewertes angesetzt werden (BGH NJW 53, 745). 181

Nennwertprinzip s. § 3 Rz 6. **Nichtigkeitsklage** s. Gesellschaftsrecht c). **Nichtvermögensrechtliche** Streitigkeit s. § 3 Rz 8. 182

Nichtzulassungsbeschwerde. Der ReS ist – vorerst bis zum Ablauf des 31.12.2014 – alleine wegen § 26 Nr 8 EGZPO von Bedeutung. Das Revisionsgericht ist an die Angaben der Parteien und die Wertfestsetzung durch das Berufungsgericht nicht gebunden (BGH NJW-RR 05, 1011). Maßgeblich ist der Zeitpunkt, zu dem das Rechtsmittel eingelegt wird, str, s. § 4 Rz 7. Die Bewertung des Beschwerdegegenstandes erfolgt ohne Rücksicht auf eine Wertfestsetzung durch das Berufungsgericht nach §§ 3 ff (BGH NJW-RR 05, 1011). Wir die NZB wegen mehrerer Gegenstände eingelegt, sind nach § 5 nur die Teile zu berücksichtigen, für die ein Zulassungsgrund dargelegt ist (BGH MDR 06, 1361); bei einheitlichem vertraglichem Anspruch kommt es auf den Gesamtbetrag der Forderungspositionen an (BGH MDR 06, 769). Bei **Teilzulassung** der Revision durch das Berufungsgericht und NZB wegen weiterer Teile des Urteilsgegenstands sind die Werte zu addieren (BGH MDR 07, 352). Wird die NZB tw zurückgewiesen, trifft den Bf eine Kostenquote, die sich für die Gerichtskosten nach dem vollen Wert des zurückgewiesenen Teils bemisst und für die außergerichtlichen Kosten nach dem Quotenanteil des Gesamtwertes (BGH NJW 04, 1048). 183

Nießbrauch. Im Streit um Einräumung, Erfüllung, Aufhebung oder Löschung ist nach § 3 zu schätzen, wobei der Nettoertrag (Jahresertrag abzgl Kosten) für die voraussichtliche Dauer den Ausschlag gibt (BGH NJW-RR 88, 395; OLGR Celle 99, 330; Musielak/*Heinrich* § 3 Rn 32; MüKoZPO/*Wöstmann* § 3 Rn 100). Bei offener Dauer kann auf § 24 II KostO zurückgegriffen werden (Zweibr JurBüro 87, 265). Soweit nur ein einzelner Gegenstand herausverlangt wird, gilt § 6 (LG Bochum AnwBl 94, 368). §§ 7 und 9 (s. § 7 Rz 4; § 9 Rz 4) sind nicht anwendbar. § 41 GKG kann eingreifen, wenn der Nießbrauch als »ähnliches Nutzungsverhältnis« ausgestaltet ist (Köln WuM 85, 125; MüKoZPO/*Wöstmann* § 3 Rn 100; Zö/*Herget* § 3 Rn 16 Nießbrauch; B/L/A/H § 3 Rn 86; Hartmann § 41 GKG Rn 14; aA Schlesw SchlHA 86, 46; LG Bochum AnwBl 94, 368; Musielak/*Heinrich* § 3 Rn 32; s.a. § 8 Rz 17). 184

Notweg s. § 7 Rz 3, 7, § 9 Rz 3, Eigentum. **Normativer Streitwert** s. § 3 Rz 4. **Nutzungsverhältnis** § 8 Rz 3 ff. 185

186 **Offenbarungsversicherung** s. Eidesstattliche Versicherung. **Öffentliche Zustellung** Für die Beschwerde gegen die Ablehnung ist ein Bruchteil des Hauptsachewertes festzusetzen, je nach Bedeutung bis hin zu vollen Wert (Frankf MDR 99, 1402).

187 **Ordnungsgeld.** Bei einer Sanktion gegen Parteien, Zeugen oder Sachverständige ist wegen der Festgebühren nach Nr 2111, 2121, 2124 KV Anl 1 GKG und mangels Gebührentatbestandes im RVG eine Wertfestsetzung nur für Anwaltskosten in der Beschwerde geboten; den Wert bestimmt die Höhe des Ordnungsgelds. Weiter s. Zwangsvollstreckung.

188 **Organvertreter.** Für Klagen aus dem Anstellungsverhältnis gilt ohne Rücksicht auf den Grad der Abhängigkeit § 42 II GKG (§ 42 III GKG aF) (BGH NJW 81, 2466; auch BGH NJW-RR 06, 213).

189 **Pacht** Die Kommentierung findet sich nebst alphabetischer Zusammenstellung von Einzelpunkten bei § 8 und hinsichtlich Miet- und Mieterhöhungsklagen bei § 9. **Pächterpfandrecht** s. § 6 Rz 15, 17. **Parabolantenne** s. Wohnungseigentum b), § 8 Rz 49. **Patientenverfügung** Regelwert 3.000 € nach § 30 II 1 KostO (Hamm MDR 06, 1197). **Pfandrecht** s. § 6 Rz 14. **Pfändungs- und Überweisungsbeschluss** s. Zwangsvollstreckung a). **Pflegedienst** Streit um Kündigung des Versorgungsvertrags entspr § 42 II GKG nach dem dreifachen Jahresgewinn (LSG Rheinl-Pf NZS 11, 680 zu § 42 III aF)

190 **Prozesskostenhilfe.** Nr 3335 VV RVG gibt grds den Hauptsachewert (VGH München JurBüro 06, 596: auch für Beschwerde) und für den Streit um Zahlungsmodalitäten das Kosteninteresse vor. Wertfestsetzung ist nur auf Antrag nach § 32 II RVG veranlasst; andere Wertgebühren erfallen nicht (s. KV 1812 Anl 1 GKG). Zum Zeitpunkt des Antrags s. § 4 Rz 3.

191 **Prozesstrennung.** Für die Zeit danach ist Neubewertung geboten, soweit, zB für die Gebühren, noch relevant; erfallene Gebühren bleiben erhalten. Die Beschwer ist, wenn nicht die Trennung willkürlich war, getrennt zu ermitteln (BGH NJW 00, 217).

192 **Prozessverbindung.** Wertaddition (§ 5 Rz 3) ist erst ab Verbindung vorzunehmen; erfallene Gebühren bleiben erhalten (Ddorf AG 09, 666). **Prozessvoraussetzung** s. Zwischenstreit.

193 **Quittung** s. § 6 Rz 4.
Ratenzahlungskredit s. § 4 Rz 18. **Reallast** s. § 7 Rz 3; § 9 Rz 3.

194 **Rechnungslegung.** Es gelten iW die gleichen Grundsätze wie bei der Auskunft (BGH NJW 01, 1284: notwendige Fremdkosten berücksichtigungsfähig) und der eidesstattlichen Versicherung (s. jeweils dort). Der ZuS, der GeS und der ReS des Kl werden idR mit einem Bruchteil des Leistungsinteresses angesetzt (Schlesw JurBüro 02, 80: 1/10); sie können den Wert des Leistungsanspruchs erreichen, wenn dieser ohne Rechnungslegung nicht durchsetzbar ist (BGH MDR 62, 564; Frankf MDR 87, 509, iÜ aA).

195 **Rechtsmittel. a) Normen.** Beim **Rechtsmittelstreitwert** (§ 2 Rz 5) ist die Zulässigkeit von Rechtsmitteln nach §§ 511 II Nr 1, 567 II ZPO, § 61 I FamFG, § 26 Nr 8 S 1 EGZPO betroffen. Wegen der Voraussetzungen im Einzelnen wird auf die Kommentierung der zitierten Vorschriften verwiesen. Für die Höhe des Streitwertes gelten nach § 2 die §§ 3 ff. Im arbeitsgerichtlichen Verfahren gilt § 64 II lit b ArbGG. Der **Gebührenstreitwert** (§ 2 Rz 4) im Rechtsmittelverfahren richtet sich nach §§ 47, 48 GKG; §§ 40, 51 f FamGKG; § 23 RVG.

196 **b) Grundlagen.** Für das Rechtsmittel des Klägers gelten dieselben Grundsätze wie bei der Klage. Für das Rechtsmittel des Beklagten kommt es auf das **Abwehrinteresse** an, das sich nicht nach dem Interesse des Klägers, sondern nach der Belastung aus dem Urt richtet und im Einzelfall geringer (vgl insb Stichwort **Auskunft**) oder höher sein kann als der Streitwert der Vorinstanz (BGH GZS NJW 95, 664; BGH NJW 94, 735: Verletzung des § 308 I; WM 97, 2049: Widerspruchsklage). Darin kann der Wert eines Teilanerkenntnisses einzubeziehen sein, wenn nicht klargestellt wird, dass ein Rechtsmittel insoweit nicht eingelegt wird (KG MDR 11, 880). Mindestbeschwer ist das Interesse an der Vermeidung einer nachteiligen **Kostenbelastung** (BGH NJW 94, 1740: auch bei Teilurteil ohne Kostenentscheidung).

197 **c) Besonderheiten beim Gebührenstreitwert.** Die **Antragstellung** kann nach § 47 I 1 GKG, § 40 FamGKG zur Ermäßigung des Gebührenstreitwertes führen; das gilt nicht, wenn sie kein sachliches Ziel hat, sondern alleine der **Gebührenersparnis** dient (BGH NJW-RR 98, 355; OLGR Bambg 98, 352; Schlesw JurBüro 04, 140; Kobl FamRZ 05, 1767); in diesem Fall bleibt es bei dem sich aus der Beschwer ergebenden Wert

(BGHZ 70, 365); die aA, die auf die Mindestbeschwer abstellen wollte (vgl Schneider JurBüro 78, 802), ist überholt. Nach § 47 I 2 GKG, § 40 I 2 FamGKG kommt es auf die materielle Beschwer an (OLGR Rostock 05, 17); Obergrenze ist die formelle Beschwer (Frankf MDR 08, 1244: Bei Berufung gegen Teilanerkenntnis- und Schlussurteil kommt es jedenfalls bei Zahlung auf den anerkannten Teil nur auf den str entschiedenen Teil an). § 47 II 1 GKG, § 40 II 1 FamGKG enthält eine Wertgrenze; die Vorschrift betrifft allerdings nicht die Fälle, in denen sich der Wert des – unverändert gebliebenen – Streitgegenstandes während des Berufungs- oder Revisionsverfahrens über den Wert des Streitgegenstands der 1. Instanz erhöht hat, zB durch Kursänderungen (BGH NJW 82, 341; NJW-RR 98, 1452; s.a. § 4 Rz 5). Eine Erweiterung des Streitgegenstandes führt gem § 47 II 2 GKG, § 40 II 2 FamGKG zur Erhöhung des Streitwertes. Daneben besteht die Möglichkeit einer Wertänderung vAw (§ 3 Rz 18). In Miet- und Pachtsachen nach § 574–§ 574b BGB bleibt es gem § 41 III GKG höchstens beim erstinstanzlichen Wert.

d) Weitere Einzelfragen. Der berücksichtigungsfähige Wert eines **Anschlussrechtsmittels** ist auch dann zu addieren, wenn dieses seine Wirkungen verliert (BGH NJW 79, 878). Ist das Rechtsmittel eindeutig **versehentlich** eingelegt, kann der Mindestwert angesetzt werden (Bambg KostRspr § 146 GKG Nr 29; Frankf MDR 84, 237); bei fehlender Beschwer liegt er einen Gebührensprung darüber (Frankf JurBüro 84, 502; aA Ddorf MDR 09, 1187: 300 €). Für **wechselseitig** eingelegte Rechtsmittel gilt **§ 45 II GKG**; auf die Frage, ob es sich um selbständige oder Anschlussrechtsmittel handelt, kommt es nicht an (BGH MDR 77, 295). Die Rechtsmittel müssen dieselbe Entscheidung, aber verschiedene Streitgegenstände betreffen (näher s. § 5 Rz 25 f). Bei Rechtsmittel eines Gesamtschuldners gegen die Verurteilung und des Kl gegen den anderen, obsiegenden **Gesamtschuldner** erfolgt wegen wirtschaftlicher Identität keine Addition (BGHZ 7, 152; § 5 Rz 20); bei sich ausschließenden Ansprüchen ist nur der höhere Wert maßgeblich (Celle MDR 07, 1286). All dies gilt gem § 45 IV GKG auch für den **Vergleich.** Nach **Rücknahme** des Rechtsmittels bleibt es beim Hauptsachewert; die Kosten sind nicht maßgeblich (München MDR 04, 966; Rostock JurBüro 08, 370). Bei Rechtsmittel gegen ein **Teilurteil** und Sachentscheidung über die gesamte Klage ist in der Rechtsmittelinstanz der volle GeS anzusetzen (KG RPfleger 62, 154 x). Wird anstelle von Schadensersatz oder Minderung ein (hilfsweise geltend gemachter) **Vorschuss** zuerkannt, bestimmt sich der ReS nach der wirtschaftlichen Differenz, d.h. nach dem Interesse daran, den Betrag endgültig behalten zu dürfen und nicht abrechnen zu müssen (BGH MDR 05, 470; Kobl NJW 11, 2373). **198**

e) Verweisungen. Alle sonstigen Einzelfragen werden bei den §§ 3 ff und bei den Stichworten des Streitwertlexikons besprochen. Vgl insb die Stichworte **Beschwerde, Nichtzulassungsbeschwerde.** Zur **Aufrechnung** s. § 5 Rz 16. Feststellungsklage s. dort. Haupt- und **Hilfsantrag** s. § 5 Rz 17. **Nebenforderungen** s. § 4 Rz 13. **Stufenklage** s. dort. Klage und **Widerklage** s. § 5 Rz 25 bis 28. **Zug um Zug** s. dort. **199**

Räumung s. § 8 Rz 20. **Rechtsbeschwerde** über Kosten: Mindestbeschwerdewert ist nicht erforderlich (BGH FamRZ 05, 196). **200**

Rechtswegbestimmung § 17a GVG. Beschwerdewert kann in Sachen des ArbG wegen § 12a ArbGG nach dem Kosteninteresse festgesetzt werden (Karlsr MDR 94, 415; s. Arbeitsrecht b), iÜ mit einem Bruchteil des Hauptsachewertes (BGH NJW 98, 909: ⅕; OLGR Rostock 05, 720; Stuttg Justiz 93, 143: für § 36 Nr 3 unterer Bereich der Tabelle). **201**

Revision. Der ReS ist nur für die Nichtzulassungsbeschwerde von Bedeutung (s. dort). Für den Gebührenstreitwert gelten dieselben Grundsätze wie bei der Berufung. **202**

Sache s. § 6 Rz 4. **Schadensersatz** s. unbezifferter Leistungsantrag. **Scheck** s. § 6 Rz 4. **Schiedsgericht** Streit um Bestellung des Vorsitzenden mit ⅓ des Hauptsachewertes anzusetzen (OLGR Frankf 04, 121); **Schmerzensgeld** s. Unbezifferter Leistungsantrag. **Schuldschein** s. § 6 Rz 4. **Selbständiges Beweisverfahren** s. Beweisverfahren. **Sicherstellung** s. § 6 Rz 14. **203**

Sicherheitsleistung Im Zwischenstreit um die Erbringung einer Sicherheit für die Prozesskosten wird der Wert der Hauptsache angesetzt (BGHZ 37, 264; VersR 91, 122; Zweibr NJW 95, 537); nach Anordnung der Sicherheit beläuft sich die Beschwer des Verpflichteten auf deren Umfang (Karlsr MDR 86, 593); der Aufhebungsantrag ist mit dem Aufwand für die Beschaffung zu bewerten (LG Berlin RPfleger 90, 137), der Streit um die Art der Sicherheit mit der Zins- oder Kostendifferenz (Köln JurBüro 79, 1701). Verwirft das Berufungsgericht durch Zwischenurteil die Einrede der fehlenden Prozesskostensicherheit, entspricht der Wert der Beschwer dem Streitwert der Hauptsache (BGHZ 37, 264; BGH WM 81, 1278; BGHReport 02, 951). **204**

205 **Sicherungseigentum** s. Widerspruchsklage, s. § 6 Rz 5, 17. **Sicherungshypothek** s. § 6 Rz 2. **Sparbuch** s. Aufgebot, s. § 6 Rz 4. **Streitgegenstand** s. § 2 Rz 1. **Streitgenossen** s. § 5 Rz 20. **Streithilfe** s. Nebenintervention. **Streitwertbeschwerde** ReS ist die angestrebte Kostenersparnis, iÜ s. § 3 Rz 24. **Stromeinspeisungsvertrag** s. § 9 Rz 3.

206 **Stufenklage (§ 254). a) Erste Stufen.** Die Einzelbewertung der Ansprüche auf Auskunft, eidesstattliche Versicherung und Rechnungslegung wird unter diesen Stichworten erläutert. Wegen der möglicherweise nach Einzelwerten anfallenden Terminsgebühren (s.u. Rz 209) empfiehlt sich generell eine differenzierte Festsetzung des Gebührenstreitwertes, welche die Einzelwerte und alsdann den höchsten Wert nach § 44 GKG als Gesamtwert bestimmt.

207 **b) Bewertung des Leistungsantrags.** Der noch unbezifferte Antrag ist gem § 3, ggf unter Beachtung weiterer Regelungen wie §§ 6 ff ZPO (BGH NJW 97, 1016: § 9), 41 ff GKG, nach den realistischen Erwartungen des Klägers zu Beginn der Instanz zu schätzen, § 4 ZPO, § 40 GKG, § 34 FamGKG (Schlesw JurBüro 02, 80; Celle MDR 03, 55; Hamm FamRZ 04, 1664; Stuttg FamRZ 08, 533; OLGR Celle 09, 42; 490). Dabei bleibt es auch dann, wenn der Wert des später mit bestimmtem Inhalt gestellten Leistungsantrags dahinter zurückbleibt (OLGR Rostock 08, 171: nach dessen Wert fallen nur noch neue Gebühren an, so auch Celle FamRZ 09, 1855) oder wenn (zB wegen negativer Auskunft) kein Leistungsantrag mehr gestellt wird, sei es aufgrund übereinstimmender Erledigung, Klageänderung auf Feststellung des Kosteninteresses, Vergleich oder Rücknahme (so iw auch Schlesw JurBüro 02, 80; KG JurBüro 06, 594; FamRZ 07, 69; Brandbg FamRZ 03, 240; 07, 71; Stuttg FamRZ 08, 534; Karlsr FamRZ 08, 1205; Rostock JurBüro 08, 88; OLGR Ddorf 08, 719; OLGR Karlsr 08, 663; Köln FamRZ 09, 452; aA OLGR Stuttg 09, 267: Bruchteil). Gleiches gilt, wenn die Klage bereits auf der ersten Stufe insgesamt abgewiesen wird (KG MDR 08, 45). Nur bei nachträglich höherer Bewertung des bestimmten Leistungsantrags etwa infolge Klageerweiterung wird dieser Wert insgesamt maßgeblich (KG AnwBl 84, 612; JurBüro 94, 108; Ddorf JurBüro 92, 419; Bambg FamRZ 94, 640; zum Gebührenstreitwert vgl aber d). Die aA (OLGR Frankf 94, 263: Abschlag 50 %; KG NJW-RR 98, 418 und 1615: Berücksichtigung nachträglicher Erkenntnisse; Stuttg FamRZ 05, 1765: bei auf der Auskunftsstufe stecken gebliebener Stufenklage nur Bruchteil des Leistungsinteresses) scheitert an § 4 ZPO, § 40 GKG (§ 34 FamGKG). Vgl auch Stichwort Unbezifferter Leistungsantrag.

208 **c) Zuständigkeitsstreitwert.** Für den ZuS wären die Einzelwerte gem § 5 grds zu addieren, indes bleibt es wegen der regelhaft gegebenen wirtschaftlichen Identität beim höchsten Einzelwert (§ 5 Rz 18). Zu addieren ist der Wert ggf neben der Stufenklage erhobener weiterer Ansprüche (OLGR Frankf 94, 263).

209 **d) Gebührenstreitwert.** Für den GeS ist nach § 44 GKG, § 38 FamGKG (dazu auch Schulte-Bunert/Weinreich/*Keske* § 38 FamGKG) alleine der höchste Einzelwert maßgeblich. Das gilt auch für einen verfahrensbeendenden Vergleich (Celle FamRZ 11, 1809). Die Terminsgebühr nach Ziff 3104 Anl 1 RVG folgt nur dem Wert des Antrags, über den der Termin stattgefunden hat (Schlesw JurBüro 02, 80; Köln FamRZ 05, 1847; Stuttg FamRZ 08, 533), auf der ersten Stufe zB also dem Wert des Auskunftsantrags; für den sukzessiven Anfall der Terminsgebühren ist § 15 II RVG zu beachten. Bei voller Klageabweisung nach der ersten Verhandlung ist auch für die Terminsgebühr der höchste Einzelwert maßgeblich, weil der Termin die Sachentscheidung über die gesamte Klage zum Gegenstand hatte (Frankf JurBüro 99, 302; KG MDR 08, 45; aA Celle FamRZ 09, 1855); die bereits angefallene Gerichtsgebühr und die anwaltliche Verfahrensgebühr bleiben ohnehin nach dem höchsten Streitwert erhalten (Karlsr BeckRS 08, 25278). Die Ansicht, bei Verlesung eines ggü dem ursprünglichen Streitwert reduzierten bezifferten Leistungsantrags erfalle die Terminsgebühr nur nach diesem Wert (Hamm JurBüro 82, 1376; Frankf JurBüro 85, 443; KG JurBüro 94, 108; Rostock JurBüro 08, 88), hat trotz des grds bestehen bleibenden ursprünglichen Wertes des Leistungsantrags (vgl b) ihre Berechtigung, weil für diese Gebühr nur der im Termin streitige Wert Bedeutung haben kann. Auch in der **Rechtsmittelinstanz** ist auf den höchsten Wert abzustellen, wenn dort nach ursprünglicher Verurteilung zur Auskunft die gesamte Klage abgewiesen wird (BGH NJW-RR 92, 1021 = JurBüro 93, 164: Die dortigen Erwägungen zur Urteilsgebühr müssen jetzt allgemein gelten.). Ermäßigt sich der Wert des Leistungsantrags vor dem Termin infolge einer Teilleistung (zB: Bekl erteilt nach Teilurteil auf der ersten Stufe Auskunft und leistet hierauf), ist bei übereinstimmender **Teilerledigung** die Differenz zwischen der ursprünglichen Bewertung und der Teilleistung für die Terminsgebühr maßgeblich. Auf die Gerichtsgebühr hat die spätere Entwicklung des Rechtsstreits nur noch Einfluss, wenn der Wert sich etwa durch Erweite-

rung des Leistungsantrags erhöht; iÜ bleibt er bestehen (Nürnbg FamRZ 04, 962; KG MDR 08, 45); das gilt insb bei Erledigung nach Auskunftserteilung (Celle FamRZ 08, 2137).

e) Rechtsmittelstreitwert. Bei Abweisung der gesamten Stufenklage richtet sich der ReS nach dem höchsten Einzelwert, idR dem des Leistungsanspruchs (BGH MDR 02, 107); für dessen Bewertung kommt es auf die realistischen Erwartungen des **Kl** an (BGH NJW 97, 1016, s.o. Rz 207, die niedriger sein können als in der Vorinstanz und daher neu zu schätzen sind; all dies gilt auch bei Berufung gegen ein Auskunftsurteil und anschließender Abweisung der gesamten Klage durch das Berufungsgericht. Wird nur einer der vorgehenden Ansprüche, zB der Auskunftsanspruch, abgewiesen, bestimmt sich der ReS nach dessen Wert (Ddorf MDR 63, 937). Für das Rechtsmittel des **Bekl** kommt es auf dessen Abwehrinteresse an, das für jede Verurteilung einzeln zu bewerten ist. Ergeht nach Klageabweisung auf die Berufung des Kl ein Teilurteil auf Auskunftserteilung und wird die Sache iÜ an das Gericht des ersten Rechtszuges zurückverwiesen (BGH NJW 06, 2626), bemisst sich der ReS für die Revision des Bekl nur nach der Beschwer aus der Verurteilung zur Auskunft (BGH NJW 02, 3477; näher hierzu Stichwort Auskunft). 210

Teilerledigung s. Erledigung, Stufenklage Rz 269. **Teilungsplan** s. Verteilungsverfahren. **Teilungsversteigerung** s. Widerspruchsklage. 211

Testamentsvollstreckung. Es liegt generell eine vermögensrechtliche Streitigkeit iSd § 3 vor. Maßgeblich ist das wirtschaftliche Interesse des Kl. Für die Erben kommt es auf die Einschränkung ihrer Entscheidungsmöglichkeiten an. Im Streit um die Befugnisse des Testamentsvollstreckers kann für dessen Rechtsmittel der ReS mit einem Bruchteil des Nachlasswertes angesetzt werden (BGHR ZPO § 546 II 2 Testamentsvollstreckung 1; FamRZ 04, 863: 10 % oder weniger). Für die Vergütung können § 9 ZPO, § 42 II GKG (§ 42 III GKG aF) herangezogen werden. 212

Titel s. § 6 Rz 4. **Titulierungsinteresse** s. Folgesachen Rz 133, Vergleich Rz 223. **Trennung** s. Prozesstrennung. 213
Überbau s. § 7 Rz 3, § 9 Rz 3. **Umgang** mit dem Kind s. Folgesachen Rz 132. **Umlegungsverfahren** s. Baulandsachen. **Umschreibung** s. § 6 Rz 8.

Unbezifferter Leistungsantrag. a) Zuständigkeits- und Gebührenstreitwert. Grundlage der Bewertung des ZuS und des GeS ist der Betrag (zB eines Schmerzensgeldes), der sich bei Klageerhebung nach § 3 aus dem Sachvortrag des Kl ergibt (hM Bambg JurBüro 78, 1391; Schlesw JurBüro 80, 604; Hamm AnwBl 84, 202; KG MDR 10, 888). Sonderregelungen wie § 9 ZPO, §§ 41 ff GKG sind ggf mit zu beachten. Auf das Ergebnis des Rechtsstreits kommt es für die Bewertung wegen § 4 I ZPO, § 40 GKG, § 34 FamGKG nicht an (überholt Zweibr JZ 78, 109). Ein vom Kl nach dem Gebot des § 253 II Nr 2 angegebener **Mindestbetrag** (hierzu BGH NJW 02, 212) darf vom Gericht nicht unterschritten werden (LG Hambg JurBüro 92, 699), ist aber nach oben nicht bindend; das gilt selbst bei Angabe einer Obergrenze (BGH MDR 96, 886 mit Anm *Jäger*). Die Gegenmeinung, die in der Angabe des Mindestbetrags keine Vorgabe für die Wertfestsetzung sieht (Zö/*Herget* § 3 Rn 16 Unbezifferte Klageanträge), übergeht, dass die Mindestangabe an die Stelle eines bezifferten Antrags tritt, der seinerseits die Bewertung vorgäbe (§ 3 Rz 4). Den befürchteten Risiken bei der Kostenbelastung kann der Kl durch vorsichtige Bewertung entgehen (iÜ ist die Rspr mit der Kostenbelastung bei Teilabweisung des unbezifferten Antrags zurückhaltend, vgl Frankf MDR 82, 674; Köln NJW 89, 720; München VersR 89, 862; Kobl VersR 90, 402). Eine bezifferte Klage auf **Schmerzensgeld** ist nach dem Betrag zu bewerten (KG VersR 08, 1234). 214

b) Rechtsmittelstreitwert. Es kommt auf die Differenz zwischen Mindestangabe und Verurteilung an; wird der Mindestbetrag zuerkannt, fehlt es an der **Beschwer** (BGH NJW 02, 212; NJW-RR 04, 102; 863); das gilt selbst dann, wenn der Zuspruch das Ergebnis str Mitverschuldens ist (BGH MDR 02, 49). Bewertet das Berufungsgericht den Anspruch höher als das Gericht des ersten Rechtszuges, setzt es auch für diesen den Wert nach § 63 III 1 GKG höher fest. Zur **Stufenklage** s. dort. 215
Unechter Hilfsantrag s. § 5 Rz 15 f. **Unerlaubte Handlung** Der Antrag auf **Feststellung**, dass der Zahlungsanspruch sich aus unerlaubter Handlung ergibt, ist nach dem Interesse an der gesteigerten Durchsetzbarkeit (§ 850f II) gesondert zu bewerten (Karlsr JurBüro 07, 648: 500 €; aA OLGR Stuttg 09, 266 und Jena MDR 10, 1211: idR kein selbständiger Wert)

Unterhalt. § 9 ZPO, 51 FamGKG (§ 42 I GKG aF), s. Folgesachen c). Die **vertraglich übernommene Unterhaltspflicht** fällt grds nicht unter § 51 FamGKG, sondern unter § 48 I 1 GKG iVm § 9 ZPO (Karlsr JurBüro 06, 216

145 zu § 42 GKG aF), so auch der Altenteilsvertrag (s.a. § 9 Rz 3). Eine Ausnahme gilt, wenn die gesetzliche Unterhaltspflicht nur vertraglich ausgestaltet wird, jedenfalls soweit sie nicht über den gesetzlichen Rahmen hinausgeht (Hartmann § 51 FamGKG Rn 4). Die Vereinbarung einer Kapitalabfindung ist ohne Einfluss auf den Gegenstandswert (LG Ddorf JurBüro 06, 427). Die einschlägigen Bewertungsregeln gelten auch für die Rückforderung von Unterhaltsleistungen (Hambg FamRZ 98, 311). Unterhalt für ein infolge fehlgeschlagener Sterilisation geborenes Kind ist analog § 9, nicht aber nach § 51 FamGKG zu bewerten (BGH NJW 81, 1318 zu § 42 GKG aF). **Unterhaltsverzicht** Anzusetzen ist, worauf nach den Gegebenheiten verzichtet wurde (Dresd MDR 99, 1201; aA Naumbg FamRZ 01, 433: Regelwert 3.600 DM; so wohl auch Zö/*Herget* § 3 Anh Unterhaltsverzicht). Ein rein deklaratorischer Verzicht hat keinen Wert (Ddorf FamRZ 09, 1620). Vgl auch Schulte-Bunert/Weinreich/*Keske* § 51 FamGKG.

217 **Unterlassung. a) Allgemeines.** Für ZuS, GeS und ReS des Kl ist nach § 3 dessen Interesse an der Beseitigung der Störung maßgeblich (Köln JurBüro 90, 246; Ddorf MDR 91, 353: Sondermüll; Kobl WuM 08, 37: Gasversorgung). Für den Bekl ist der **ReS** eigenständig nach dem Interesse an der Abwehr des Unterlassungsgebotes zu bemessen, zB anhand der Kosten einer Ersatzvornahme; es kann vom Interesse des Kl in beide Richtungen abweichen (BGH NJW 94, 735; NJW-RR 09, 549: Ordnungsgeld unerheblich). Für nichtvermögensrechtliche Streitigkeiten gilt § 48 II, IV GKG (§ 3 Rz 8). Bei **mehreren Kl** ist das höchste Einzelinteresse Ausgangswert, erhöht um den Wert des Interesses weiterer Kl an eigenständiger Durchsetzung (KG NJW-RR 00, 285). Ein Regelstreitwert besteht generell nicht (Karlsr GRUR-RR 08, 262 für E-Mail-Werbung).

218 **b) Einzelfälle.** Für die Bewertung sind sämtliche Umstände, insb auch die ohnehin bestehende Belastung maßgeblich, daneben der Rahmen, in dem die Störung stattfindet; private Belästigungen sind je nach Grad eher gering, berufliche sind höher zu bewerten; Regelstreitwerte bestehen nicht (Karlsr GRUR-RR 08, 262); Eigentums- und Besitzstörung werden nach dem Interesse des Kl grds gleich bewertet (Naumbg JurBüro 10, 306); ein Abschreckungseffekt kann einbezogen werden (**Ehrverletzung** s. Rz 98 und § 3 Rz 8; **E-Mail-Werbung** KG JurBüro 03, 142: 15.000 €; MDR 07, 923: 7.500 €; Kobl JurBüro 06, 645: 10.000 €; Zweibr JurBüro 06, 81: 6.000 €; OLGR Celle 09, 196: Gesamtwürdigung; OLGR Schlesw 09, 196 dto; mit Recht zurückhaltend AG Mühlheim NJW-RR 11, 1613; **Geräuschimmissionen** Kobl JurBüro 95, 27: 10.000 DM, zu befürchtende Wertminderung des Grundstücks; LG Bonn JurBüro 01, 593: 3.000 DM bei Haustier; **Konkurrenz** BGH NJW 06, 3060: im Mietverhältnis unter Beachtung § 9 ZPO, §§ 41 f GKG der Gewinnentgang im str Zeitraum; **Schufa-Auskunft** KGR 09, 711: > 5.000 € vertretbar; **SMS-Werbung** KG JurBüro 06, 645: 2.000 €; **Telefaxwerbung** AG Siegburg MDR 02, 849: 4.000 €; **Telefonwerbung** LG Heidelberg K&R 07, 538; OLG Saarbr MDR 10, 839: bei Klage eines Verbraucherschutzvereins 30.000 €; **Urheberrechte** Frankf GRUR-RR 04, 342: auch Abschreckung; KG GRUR 04, 88: auch Gefahr der Nachahmung; Schlesw 5.2.10 – 6 W 26/09: § 30 II KostO bei Internet-Tauschbörse; **Verfolgung** Köln NJW-RR 02, 1723: idR bis 5.000 €; **Zwangsvollstreckung** § 826 BGB Köln JurBüro 92, 251: Hauptsachewert ohne Nebenforderungen).
Siehe auch Gewerblicher Rechtsschutz; § 3 Rz 8.

219 **Urkunden** s. § 6 Rz 4; Antrag auf Vorlage nach § 3 zu schätzen (BGH NJW-RR 97, 648). **Urkunden- und Wechselprozess** Die Werte im Vor- und Nachverfahren sind grds identisch, wenn nicht im Vorverfahren zT anerkannt wird; Anerkenntnis im Nachverfahren mindert den Wert nicht (München MDR 87, 766). **Urteilsberichtigung** s. Berichtigung. **Urteilsergänzung** s. Ergänzung.
Vaterschaft s. Kindschaftssachen. **Veräußerungsverbot** s. § 6 Rz 6. **Verbindung** s. Prozessverbindung.

220 **Verein.** Bei Klage gegen den Ausschluss aus einem Idealverein gilt § 48 II GKG (Frankf JurBüro 85, 1083); für ZuS und GeS sind wirtschaftliches und ideelles Interesse zu berücksichtigen (Frankf JurBüro 03, 644; s.a. § 3 Rz 9). Im Streit um die Aufnahme von Mitgliedern ist ein öffentliches Interesse unbeachtlich (LG Saarbrücken JurBüro 95, 26). Die str Wahl des Vorstandes ist mit Blick auf Größe und Vermögen des Vereins zu bewerten (Ddorf AnwBl 97, 680: 10.000 DM). § 247 I AktG ist nicht anzuwenden (BGH NJW-RR 92, 1209). **Vereinsbeitrag** s. § 9 Rz 3.

221 **Vergabesachen.** Der Streitwert bestimmt sich nach § 50 II GKG. Hilfsweise kann auf die Auftragssumme (Naumbg JurBüro 04, 86; Brandbg JurBüro 05, 37; Rostock JurBüro 06, 369) oder auf eine vom Bieter erwartete Baukonzession (Brandbg JurBüro 08, 536) abgestellt werden. Auftragssummen, die infolge Option ausgelöst werden könnten, sind einzubeziehen (BayObLG NZBau 04, 623; KG JurBüro 10, 250).

Das Ziel einer losweisen Vergabe ist mit dem Wert der Lose zu bewerten (BGH MDR 11, 1206). Beachte die Streitwertanpassung nach § 89a GWB, § 105 EnWG.

Vergleich. a) Grundlagen. Abgesehen von § 45 IV GKG besteht Bedeutung für den GeS der Vergleichsgebühr des RA (für Einbeziehung mitverglichener weiterer Gegenstände in den Wert der Terminsgebühr Karlsr JurBüro 06, 420). Maßgeblich ist der geregelte oder erledigte Gegenstand des Vergleichs, nicht dessen Ergebnis, insb nicht der Betrag einer Kapitalabfindung (München JurBüro 01, 141; Ddorf JurBüro 05, 479; NJW-RR 08, 1697; Stuttg MDR 09, 1252: »worüber, nicht worauf«); das gilt auch im PKH-Verfahren (Nürnbg MDR 03, 835). Der Vergleichsgegenstand ist mithin nach allgem Grundsätzen zu bewerten, wobei Sonderregelungen wie **§§ 41 ff GKG** zu beachten sind (Ddorf MDR 06, 297: Einbeziehung einer Hilfswiderklage). Die fehlende Werthaltigkeit von Vergleichsgegenständen kann ausnahmsweise (vgl § 3 Rz 6) wertmindernd wirken, wenn sie Vergleichsgrundlage ist (wohl ohne diese Einschränkung Frankf MDR 81, 57; Bambg JurBüro 89, 201; Zö/*Herget* § 3 Rn 16 Vergleich). Ein Teilanerkenntnis, auf das noch kein Urt ergangen ist, berührt den Vergleichswert nicht (OLGR Nürnbg 05, 41). 222

b) Einbeziehung weiterer Gegenstände. Im Vergleich mitgeregelte Ansprüche, die noch **nicht Gegenstand des Rechtsstreites** sind, auch Gegenforderungen, mit denen die (Hilfs-)**Aufrechnung** erklärt wurde, rechtfertigen den Ansatz eines höheren Wertes, soweit über sie zwischen den Parteien **Streit** herrschte; (Köln NJW-RR 99, 1303; OLGR Saarbr 04, 582; LAG Rheinland-Pfalz MDR 05, 480; Ddorf FamRZ 10, 1934; aA KG JurBüro 09, 86: Wert für die Gewichtskosten maßgeblich; Karlsr FamRZ 11, 1813: Unterhalt); davon ist in Zweifel auszugehen (ähnl B/L/A/H § 3 Rn 127). Maßgeblich ist der Wert der Ansprüche zum Zeitpunkt des Vergleichsschlusses, so dass auch bei bezifferten Forderungen ein Wertabschlag aus dem Gesichtspunkt der Realisierbarkeit denkbar ist (so wohl auch LAG Baden-Württemberg JurBüro 11, 258). Regressansprüche zwischen Streitgenossen zählen nicht dazu (Frankf NJW-RR 09, 1079). Die sich aus § 45 I 2 GKG, § 322 II ergebende Wertbegrenzung greift im Vergleich nicht (Köln JurBüro 94, 496). Aus § 45 IV GKG folgt, dass bei **wirtschaftlicher Identität** keine Werterhöhung vorzunehmen ist (§ 5 Rz 4 ff); die Abfindung einer Rente hat daher keinen Mehrwert (OLGR Stuttg 09, 799). Ein **Titulierungsinteresse** kann mit einem Bruchteil angesetzt werden (Bambg JurBüro 92, 628: $\frac{1}{10}$; Nürnbg JurBüro 94, 737: 5 %); rein deklaratorische Erwähnungen haben keinen Wert (LAG Köln MDR 02, 1441). Zuvor anerkannte Teile des Gegenstandes sind nicht wertrelevant (Nürnbg MDR 05, 120). **Ratenzahlung** einer unstr Forderung ist mit $\frac{1}{3}$ anzusetzen (Celle JurBüro 71, 237; gegen Bewertung LG Koblenz JurBüro 90, 1620). Verpflichtung zur **Klagerücknahme** ist voll zu bewerten (Köln JurBüro 70, 803). Vorverlegung der **Fälligkeit** führt nicht zum Abschlag (§ 3 Rz 6; aA Zö/*Herget* § 3 Rn 16 Vergleich). Ein einbezogenes **Eilverfahren** ist wertmäßig zu addieren (Hambg MDR 91, 904; Ddorf JurBüro 05, 310; § 5 Rz 6). Bei Beteiligung von Streithelfern können deren Ansprüche in den Wert einfließen (Kobl JurBüro 99, 196). § 4 I gilt auch für den Vergleich, so dass insb Zinsen und die Kostenregelung nur wertrelevant sind, wenn insoweit keine **Nebenforderung** vorliegt (Ddorf JurBüro 84, 1865; KG JurBüro 07, 33), zB beim Kostenvergleich. 223
Der über den Gegenstand des Rechtsstreits hinausgehende **Mehrwert** ist wegen Nr 1900 Anl I GKG gesondert auszuweisen (Der Streitwert für den Vergleich wird auf 20.000 € festgesetzt. Im Umfang von 10.000 € übersteigt der Wert des Vergleichsgegenstands den Wert des Verfahrensgegenstands.).

c) Streit um die Wirksamkeit des Prozessvergleichs. Es bleibt bei Fortsetzung des Rechtsstreits beim ursprünglichen Wert; mitverglichene Gegenstände führen nur zur Werterhöhung, soweit sie nunmehr in den Rechtsstreit einbezogen werden (hM, Übersicht in BGH FamRZ 07, 630, wo die Frage offen bleibt; aA Saarbr JurBüro 90, 97; Bambg JurBüro 98, 541; OLGR Frankf 04, 122: Interesse an der Unwirksamkeit des Vergleichs). Der Wert der Beschwer richtet sich nach dem Interesse des Rechtsmittelführers an den Unwirksamkeit des Vergleichs (BGH FamRZ 07, 630). Dieses ist im Streit um die Wirksamkeit eines außergerichtlichen Vergleichs generell wertbestimmend. 224

Verkehrswert s. § 6 Rz 10. **Vermessungsergebnis.** Nach § 3 Interesse an der Beseitigung des Fehlers (Bambg JurBüro 82, 1720). **Vermieterpfandrecht** s. § 6 Rz 15, 17. **Vermögensverzeichnis.** Die Wertfestsetzung folgt den bei der Auskunft dargelegten Grundsätzen. **Veröffentlichungsbefugnis** s. Ehrverletzung. 225

Versicherung. a) Leistungsanspruch. Die Leistungs- und die Feststellungsklage wegen bestimmter Versicherungsleistungen werden nach allgemeinen Grundsätzen bewertet, im Normalfall mit dem Forderungsbetrag, ohne Rücksicht auf Vorfragen, die den Bestand des Vertrags betreffen (BGH VersR 09, 562); bei positiven Feststellungsklagen ist ein Abschlag von idR 20 % vorzunehmen (zur Deckungsklage s.u. Rz 230. 226

Klagt der Versicherer auf Feststellung der Nichtigkeit, ist das Interesse maßgeblich, die Leistung nicht zu erbringen (Bambg JurBüro 85, 1703).

227 **b) Streit um die Wirksamkeit oder das Fortbestehen eines Versicherungsvertrags. aa) Grundsatz: Prämie.** Maßgeblich ist für den klagenden Versicherungsnehmer das Interesse am abstrakten Deckungsschutz, für den klagenden Versicherer das Interesse am Bezug der Prämie. Beides ist, wenn ein Versicherungsfall nicht in Rede steht, nach § 3 grds mit den **Prämien** zu bewerten (OLGR Frankf 00, 142); dabei ist bei regelmäßig zu zahlender Prämie und ungewisser Laufzeit § 9 mit zu berücksichtigen, mithin sind grds 42 Monate anzusetzen (BGH NVersZ 02, 21; VersR 08, 988: Gebäudeversicherung; VersR 11, 237; OLGR Köln 08, 99: zzgl Rückstände nach § 42 V GKG; aA OLGR Karlsruhe 06, 406: bei KTG 6 Monate abzgl 20 %; vgl auch § 9 Rz 3).
Liegt, namentlich wegen eines Kündigungsrechts, eine kürzere Laufzeit in der Hand des Beklagten, kommt es auf diese an (BGH VersR 01, 492). Bei Feststellungsklage auf Fortbestehen einer Kfz-Haftpflicht- und Vollversicherung bemisst sich die Beschwer nach § 9 anhand der dreieinhalbfachen Jahresprämie; bestand ohnehin Kündigungsrecht des Versicherers, gilt die bis dahin anfallende Prämie (BGH r+s 96, 332: Krankenversicherung; VersR 01, 492: Kfz). Für die **Beitragsfreistellung** gilt Entsprechendes (BGH NJW-RR 00, 1266; OLGR Saarbrücken 08, 246: 3,5-facher Jahresbetrag). Im Streit um eine **Prämienerhöhung** ist die Differenz der Ausgangsbetrag (BGH MDR 04, 1182).
Die **positive Feststellungsklage** führt generell zu einem Abschlag von idR 20 % (BGH NJW-RR 00, 1266: BUZ; Kobl VersR 05, 1751; OLGR Celle 07, 239: KTG; Karlsr VersR 07, 416: BUZ; OLGR Köln 08, 99). Für die negative Feststellungklage nach str Kündigung stellt Karlsr (MDR 11, 1420) auf die Prämien ab, die andernfalls noch offen wären; auch dies hat seine Grenze im 3, 5fachen Jahresbetrag.

228 **bb) Besondere Versicherungszweige.** Bei der **Kapitallebensversicherung** werden für die Feststellungsklage 80 % der Versicherungssumme angesetzt, da wegen des bestimmten Ablauftermins der Eintritt des Versicherungsfalls gewiss ist und grds die gesamte Versicherungssumme fällig wird (BGH NJW-RR 97, 1562; VersR 08, 988); bei der **Risikolebensversicherung** nimmt man 20 % (BGH NJW-RR 05, 259). Für die **Unfallversicherung** sind 10 % des Höchstleistungssumme geschätzt worden (Köln NJOZ 07, 2223; LG Dortmund NJW-RR 07, 1040). In der **BUZ** werden zT die Prämie und die Rente mit je 3,5 Jahresbeträgen kumulativ angesetzt, dann aber je nach Lage des Falles auf 20 % (Celle VersR 08, 1515) oder 50 % (Bambg VersR 09, 701) gekürzt.

229 **cc) Berücksichtigung eines Versicherungsfalls.** Bei einem Versicherungsfall soll eine in Rede stehende Versicherungsleistung, die nicht Streitgegenstand ist, für den ReS mit einem Bruchteil zusätzlich angesetzt werden (BGH MDR 00, 850: 50 % der Tagegeldleistungen in der **Krankenversicherung**; BGH NJW-RR 01, 316: bei **BUZ** 50 % der Leistungen; NJW-RR 05, 259: Berufsunfähigkeitsversicherung, bei Ungewissheit des Versicherungsfalls mit 20 % der Versicherungssumme und bei der BUZ auf den 3,5-fachen Jahresbetrag der monatlichen Rentenleistung und der monatlichen Prämie abzgl 50 % bei Ungeklärtheit des behaupteten Versicherungsfalls und abzgl 20 % bei geklärter Berufsunfähigkeit; AnwBl 03, 184: behauptete Ansprüche mit 50 %; OLGR Schlesw 08, 458: KTG 3,5 Jahresprämien zzgl 50 % behaupteter Leistung; Oldbg MDR 10, 990: Zusammentreffen von Leistungsklage und Klage auf Feststellung des Fortbestehens). Das ist auf ZuS und GeS zu übertragen, weil die Besonderheit des Versicherungsvertrags darin liegt, dass das wirtschaftliche Gewicht des Vertrags selbst durch eine konkret behauptete Deckungspflicht mit geprägt wird.

230 **c) Deckungsklage.** Die Klage auf Deckungsschutz ist eine Feststellungsklage (s.a. dort), die mit 20 % Abschlag zu bewerten ist (BGH NJW 82, 1399; NJW-RR 91, 1149), in der Haftpflichtversicherung zunächst begrenzt auf den Umfang der drohenden Inanspruchnahme (BGH JurBüro 82, 1017). Bei wiederkehrenden Leistungen kann für den ZuS § 9 ZPO einschlägig sein (BGH NJW 82, 1399; Hamm AnwBl 84, 95). Demgegenüber bestimmt sich der GeS nach § 3 ZPO, nicht nach § 42 GKG; das folgt aus § 42 I 2 GKG (§ 42 II 2 GKG aF), da hier der vertragliche Deckungsanspruch im Vordergrund steht (BGH NJW 74, 1710; 74, 2128; 82, 1399; Köln VersR 89, 378; aA Hamm NJW 74, 1387); § 9 ist aber mit zu berücksichtigen (BGH VersR 06, 716). Beim Direktanspruch aus § 115 VVG ist auf den Inhalt des Anspruchs abzustellen (dürfte BGH NJW 82, 1399 zu entnehmen sein). Unstreitige Positionen werden nicht mit angesetzt (Frankf JurBüro 83, 1086); eine Selbstbeteiligung bleibt indes unberücksichtigt (BGH VersR 06, 716). Im Deckungsstreit des Autoleasingnehmers ist auf die Verhältnisse des -gebers abzustellen (BGH NJW-RR 91, 1150). Kosten und Zinsen des Versicherungsnehmers aus dem voraufgegangenen Streit sind Teil des einheitlichen

Deckungsanspruchs und fallen daher nicht unter § 4 (BGH MDR 76, 649). In der Rechtsschutzversicherung ist das Kosteninteresse abzgl 20 % anzusetzen (BGH NJW-RR 06, 791).

Versorgungsausgleich s. Folgesachen. 231

Verteilungsverfahren §§ 872 ff. Für die Gerichtskosten ist die Verteilungsmasse ohne Zinsen und Kosten 232 anzusetzen, § 43 GKG; ein verbleibender Überschuss ist abzuziehen. Für die Anwaltskosten kommt es nach § 25 I Nr 1 RVG auf die Forderung an, begrenzt durch den geringeren Wert der Verteilungsmasse. In der **Widerspruchsklage,** § 878, zählt das Interesse am Vorrang, zu bemessen mit dem Mehrbetrag, der im Falle des Obsiegens anfällt (Bambg JurBüro 91, 1691). In der Zwangsversteigerung gilt § 54 III GKG, im schifffahrtsrechtlichen Verteilungsverfahren § 59 GKG.

Verweisung. Bindungswirkung für Gebührenstreitwert s. § 3 Rz 15; s. Rechtswegbestimmung. 233

Vollmacht. Die Beurkundung einer Altersvorsorgevollmacht kann mit dem vollen Wert des Vermögens 234 angesetzt werden (Oldbg FamRZ 06, 499; Zweibr FamRZ 08, 1877; LG Koblenz FamRZ 08, 2298; für ½: LG Osnabrück NdsRPfl 97, 28).
Vollstreckbarerklärung ausländischer Titel vgl Vollstreckungsklausel. 235

Vollstreckungsabwehrklage. Die Bewertung ist bei Urteilen und anderen Titeln gleich (BGH NJW 62, 236 806; Karlsr FamRZ 04, 1226: vollstr Urkunde). Maßgebend für GeS und ReS für Rechtsmittel des Kl ist beim **Zahlungstitel** der Umfang der erstrebten Ausschließung, bemessen mit dem Nennbetrag der Hauptforderung aus dem Titel ohne **Zinsen** und **Kosten** (BGH WuM 08, 296; OLGR Jena 08, 634; KG JurBüro 09, 486). Diese können wertbestimmend werden, soweit sie nicht Nebenforderung sind (BGH NJW 68, 1275; OLGR Stuttg 06, 948; BGH NJW 95, 3318: Beschwer; Stuttg MDR 07, 355; § 4 Rz 12); das kann bei Teilzahlungen nur auf die Hauptforderung bedeutsam werden. Gleichzeitige Klage gegen die Vollstr aus dem KfB führt nicht zur Werterhöhung (OLGR Celle 09, 834). Vermögensverfall des Säumigen ist ohne Bedeutung (BGH NJW-RR 88, 444). Nach Durchführung des Zwangsvollstreckung und **Hinterlegung** des Resterlöses ist dieser maßgeblich (Frankf JurBüro 08, 315). Bei **anderen Titeln** ist das Abwehrinteresse nach § 3 zu bewerten, namentlich nach der Ersparnis von Aufwand (Hambg FamRZ 89, 770: Auskunft; OLGR Köln 07, 770: Rechnungslegung) oder der Vermeidung von Nachteilen (München JurBüro 88, 231: Teilungsversteigerung). Wird der Antrag ausdrücklich oder konkludent nur für einen **Teil des Titels** gestellt, ist der Wert des Teils anzusetzen (BGH MDR 06, 1064); schlüssige Beschränkung des Antrags kann bei Vortrag unstreitiger Teilzahlung oder begrenzter Wertangabe vorliegen (OLGR Köln 04, 140; aA Hamm RPfleger 91, 387: Wertangabe nicht ausreichend; OLGR Hamm 97, 335: wirtschaftliches Ziel der Klage trotz vollen Antrags maßgeblich; Hamm JurBüro 88, 1078; OLGR Karlsruhe 07, 996: Zahlungen alleine ohne Bedeutung). Geht es nur um die **Fälligkeit,** ist das Interesse hieran nach § 3 zu schätzen (Bremen RPfleger 65, 99; Schlesw SchleswHA 83, 142). All dies gilt auch bei Einwänden, die auf **§ 826 BGB** gestützt werden (BGH NJW 68, 1275; Köln JurBüro 92, 251). Die **Beschwer** des unterlegenen Bekl bewertet sich nach dessen materieller Belastung, dh nach dem Umfang der Unzulässigerklärung (BGH NJW-RR 09, 1431; MDR 11, 505).
§§ 41 f GKG, § 51 FamGKG für den GeS (Karlsr FamRZ 04, 1226; Frankf JurBüro 05, 97) oder § 9 ZPO für den 237 ReS sowie sonstige **spezielle Bewertungsregelungen** gelten auch hier (BGH WuM 08, 296). Richtet die Klage sich gegen ein Urteil auf Auskunft, kommt es auf das Interesse an, diese nicht erteilen zu müssen (BGH ZEV 09, 246). Weitere Anträge zB auf Herausgabe des Titels, Rückzahlung oder Aufhebung von Zwangsvollstreckungsmaßnahmen sind idR als wirtschaftlich identisch nicht gesondert zu bewerten (BGH JurBüro 04, 540; Hamm JurBüro 91, 1237; § 5 Rz 5). Gleiches gilt bei der Klage von Gesamtschuldnern (Köln FamRZ 92, 1461; § 5 Rz 20).

Vollstreckungsklausel. Für die Klage nach § 731 ist der volle Wert der Leistung anzusetzen, wenn es um 238 die Vollstr schlechthin geht, sonst ein Bruchteil (Köln MDR 80, 852) oder der Aufwand des Gl (OLGR Zweibrücken 98, 376); das ist im Fall des § 733 wegen Nr 2110 KV Anl 1 GKG nur für die Anwaltsgebühren bedeutsam. Nebenforderungen bleiben außer Ansatz (Frankf JurBüro 94, 117; § 4 Rz 10 ff). Das gilt auch für Rechtsmittel im Klauselverfahren (LG Aachen JurBüro 85, 254) und für die ZV aus Vergleichen und Schiedssprüchen (Köln RPfleger 69, 247). Für ausländische Titel ist der Kurswert bei Eingang maßgeblich (BGH NSW GKG § 40; JurBüro 10, 201: Rechtsbeschwerdeverfahren). Die Berücksichtigung von Nebenforderungen in ausländischen Titeln hängt von der dortigen Rechtsgrundlage ab (Frankf aaO; BGH RPfleger

57, 15; OLGR Köln 94, 236). Nach Erlass eines ausländischen Unterhaltstitels aufgelaufene Forderungen sind nicht zu addieren (BGH JurBüro 09, 140 entgegen früherer Ansicht). Bei der Klauselgegenklage, § 768, ist von der Hauptforderung ausgehend ein Bruchteil anzusetzen, bei Einwand gegen die Durchsetzbarkeit bis zum vollen Wert (Köln MDR 80, 852).

239 **Vollstreckungsschutz** §§ 765a, 813b. Wegen Nr 2112 KV Anl 1 GKG hat der GeS Bedeutung nur für die Anwaltsgebühren, § 25 II RVG. Der Wert ist nach dem Bruchteils-Interesse an der Maßnahme nach § 3 zu schätzen, bei § 813b nach der Differenz zwischen Verkaufswert und Versteigerungserlös (LG München WuM 94, 220). Sonderregelungen wie § 41 GKG bleiben für den Ausgangswert maßgeblich (LG München I WuM 94, 220: ⅕ der Jahresmiete; WuM 96, 235 und Kobl FamRZ 05, 1850: Nutzungsausfall bei feststehendem kürzeren Zeitraum, aber auch hier Abschlag geboten). Entspricht die Maßnahme einer Aufhebung der ZV, kann § 6 gelten (LG Koblenz JurBüro 91, 109).

240 **Vorabentscheidung** § 718. Der GeS ist nach § 3 auf die einzusparenden Kosten der Sicherheitsleistung (Hamm FamRZ 94, 248; Frankf JurBüro 96, 312; Köln KostRspr § 3 ZPO Nr 456: Avalkosten) oder bei deren Ermäßigung auf einen Bruchteil der Differenz zu schätzen (BGH KostRspr § 3 ZPO Nr 801: ⅒).

241 **Vorbehaltseigentum** s. § 6 Rz 5, 19.

242 **Vorkaufsrecht.** Im Streit um das Bestehen des Rechts ist der Wert nach dem Interesse des Kl auf einen Bruchteil des Kaufgegenstandes festzusetzen, idR ½ (BGH RPfleger 57, 374), bei Löschung ⅒ (BayObLG JurBüro 96, 267; OLGR Naumburg 99, 336). Für den Gegenstand selbst gilt § 6. Das Vorkaufsrecht des Erbbauberechtigten ist mit 30 % Abschlag zu bewerten, wenn zu seiner Übertragung die Zustimmung des Eigentümers erforderlich ist (LG Osnabrück JurBüro 96, 208).

243 **Vorlegung einer Urkunde.** Im Zwischenstreit beträgt der Wert einen nach der Bedeutung des Vorgangs zu bemessenden Bruchteil des Hauptsachewertes (Köln MDR 83, 321).

244 **Vormerkung.** Für die Klage auf **Eintragung** ist der volle Wert des einzutragenden Rechts anzusetzen, § 6 (Zweibr RPfleger 67, 2 zu § 6d; Zö/*Herget* § 3 Rn 16 Auflassungsvormerkung; Musielak/*Heinrich* § 3 Rn 37; MüKoZPO/*Wöstmann* § 6 Rn 15); das ergibt sich aus der weitgehenden wirtschaftlichen Identität mit dem Recht selbst. Die aA, die nach § 3 das Interesse im Einzelfall bewerten will (Hamm JurBüro 87, 887; LG Bayreuth JurBüro 81, 758; ThoPu/*Hüßtege* § 3 Rn 167), ist vertretbar (s.a. § 6 Rz 17), namentlich für das Rückübertragungsrecht (LG Kassel JurBüro 97, 156). Bei der **Löschung** ist nach § 3 das Interesse an der erweiterten Verwertbarkeit des Grundstücks maßgeblich (BGH NJW 02, 3180: ½; Bambg JurBüro 90, 1511: ⅒; allgem § 6 Rz 19). Geht es nur noch um die Buchposition, kann der Wert gering angesetzt werden (Anders/Gehle/Kunze Auflassungsvormerkung Rn 4). Die **einstweilige Verfügung** (s. dort) ist mit einem Bruchteil des Ausgangswertes anzusetzen.

245 **Vorrang** s. Verteilungsverfahren, Widerspruchsklage Rz 232.

246 **Vorzugsweise Befriedigung** § 805. Es gilt § 6 entsprechend. Von den Forderungen des Kl und des Bekl ohne Nebenforderungen sowie dem Versteigerungserlös einschließlich Hinterlegungszinsen zählt der geringste Betrag (hM Anders/Gehle/Kunze bei Vorzugsweiser Befriedigung; Zö/*Herget* § 3 Rn 16 dto).

247 **Wahlschuld** s. § 5 Rz 19. **Wärmelieferung** ist nach § 3 zu bewerten (BGH NJW-RR 89, 381). **Wechsel** s. § 4 Rz 27, § 6 Rz 4. **Werkunternehmerpfandrecht** s. § 6 Rz 14 ff, 21. **Wertpapiere** s. § 6 Rz 4. **Wettbewerbsrecht** s. Gewerblicher Rechtsschutz; **Widerklage** s. § 5 Rz 24.

248 **Widerspruch** (Grundbuch) §§ 899, 927, 1140 BGB. Maßgeblich nach § 3 ist das Interesse an der Erhaltung der Rechtsposition. Deren Wert ist die Basis von der ein Bruchteil bis zum vollen Betrag zu nehmen ist (Köln JurBüro 61, 458; LG Bayreuth KostRspr § 3 ZPO Nr 463: ⅒; Kobl JurBüro 06, 537: 25 % bei eV). Entspr gilt bei der Löschung. Siehe auch Einstweilige Verfügung.

249 **Widerspruchsklage. a) § 771.** Ausgangspunkt ist § 6. Maßgebend ist der Wert der Forderung, für die vollstreckt wird, ohne Nebenforderungen (BGH WM 83, 246), begrenzt durch den geringeren Wert des Pfandobjekts (§ 6 Rz 18). Tilgung der Forderung vor Klageerhebung (§ 4) verringert deren Wert (Schlesw JurBüro 57, 179). Das Pfandobjekt ist ohne Rücksicht auf sonstige Pfandrechte oder die Höhe des Versteigerungserlöses mit dem Verkehrswert anzusetzen (Schlesw KostRspr § 6 ZPO Nr 25; Celle KostRspr § 6 ZPO Nr 35), auch bei Sicherungseigentum (KG RPfleger 62, 155 zu § 6 ZPO). Anderes gilt insoweit nur, wenn vorrangige

Rechte den Verkehrswert beeinflussen (s. § 6 Rz 12). Mehrere Forderungen und Pfandobjekte sind zu addieren (Schlesw KostRspr § 6 ZPO Nr 25; München JurBüro 89, 848). **Freigabe** vor Berufung lässt die Beschwer entfallen (Hamm NJW-RR 91, 1343). Mehrere Prozessparteien rechnen die Anwaltskosten nach Maßgabe der Beteiligung ab (München JurBüro 77, 1421; 89, 848).

b) **Teilungsversteigerung.** Bei Widerspruch gegen eine Teilungsversteigerung ist nach § 3 zu schätzen, wobei dem Interesse, eine Verschleuderung zu verhindern, Gewicht zukommt (BGH FamRZ 91, 547: Gemeinschaft; Karlsr FamRZ 04, 1221: 20 % des Verkehrswertes). Der ReS kann nach dem Interesse des Rechtsmittelführers höher sein als der erstinstanzliche Streitwert (BGH WM 97, 2049; s.a. Rechtsmittel b). 250

c) **§ 773.** Nach § 3 ist der volle Wert des Gegenstands anzusetzen, abzgl der zugunsten des Vorerben eingetragenen, bei Nacherbfolge unberührt bleibenden Belastungen (Schlesw JurBüro 68, 735; aA Zö/*Herget* § 3 Rn 16 Widerspruchsklage). 251

d) **§ 180 ZVG.** Nach § 3 ist das Interesse des Kl maßgeblich, zB die Verschleuderung zu verhindern (Frankf JurBüro 89, 1305; Saarbr JurBüro 89, 1598; Bambg JurBüro 91, 1694; OLGR Celle 94, 96: 20 %). S.a. Verteilungsverfahren. 252

Widerruf Bewertung eher höher als Unterlassung (LG Oldbg JurBüro 95, 369; näher s. dort, s. § 3 Rz 9). 253

Wiederaufnahme Maßgeblich ist der Wert des betr Urteils oder Nebenforderungen, nicht der Streitwert des Ausgangsverfahrens (BGH AnwBl 78, 260). **Wiederkehrende Leistung** s. § 9. 254

Willenserklärung Wenn Klageziel die Abgabe einer WE ist, wird nach § 3 bewertet (Kobl ZMR 02, 346); andere Normen wie § 6 sind nur einschlägig, wenn die WE unmittelbar eine dort geregelte Rechtsänderung zur Folge hat (BGH MDR 02, 295: § 3 bei Klage auf Zustimmung zur Auflassung; OLGR Jena 98, 350: § 6 bei Auflassung). Maßgeblich ist das wirtschaftliche Interesse des Kl an der Abgabe (OLGR München 95, 72; Ddorf JurBüro 95, 254: Steuervorteil bei Klage auf Zustimmung zu Realsplitting). Es kann sich anbieten, den Wert des Gegenstandes, auf den die WE sich bezieht, nach der für ihn einschlägigen Norm zu bewerten und das Interesse hieran zu messen (Bambg JurBüro 94, 361: 10 % des Kaufpreises bei Klage auf Entgegennahme der Auflassung). Näher s. Auflassung, Hinterlegung. 255

Wirtschaftliche Identität s. § 5 Rz 4. **Wohnrecht** s. Dienstbarkeit, § 9 Rz 4. **Wohnung** s. Folgesachen; Miete s. §§ 8, 9. **Wohnungsbesetzungsrecht**, zur Sicherung öffentlicher Fördermittel § 30 II KostO: Regelwert von 3.000 € (Oldbg RPfleger 94, 619; München RPfleger 08, 159; aA Braunschw KostRspr § 30 KostO Nr 6: Bruchteil Mietwert; Ddorf RPfleger 92, 177; Oldbg JurBüro 95, 97: Bruchteil Aufwendungszuschuss). 256

Wohnungseigentum. Ein ZuS besteht nicht, § 43 WEG. Der GeS ist in § 49a GKG geregelt. Der ReS ist unabhängig von den dort bestimmten Wertgrenzen nach dem Interesse des Rechtsmittelführers zu bestimmen (BayObLG WuM 94, 565; OLGR Karlsruhe 04, 213). 257

a) **Rahmenbedingungen für den Gebührenstreitwert.** Für Verfahren, die am **1.7.07** anhängig waren, bleibt es beim bisherigen Rechtszustand, § 62 WEG (Anders/Gehle/Kunze Wohnungseigentum; zur entspr Anwendung des § 49a GKG auf Altfälle Köln WuM 07, 345; ähnl Hamm ZMR 09, 58). **§ 49a GKG** erfasst **Binnenstreitigkeiten** nach § 43 Nr 1–4 WEG (Jennißen/*Suilmann* § 49a GKG Rn 1); Verfahren mit **Dritten** nach Nr 5 folgen den allgemeinen Vorschriften (aA *Abramenko* AGS 07, 281). Zweck der Norm ist die Vermeidung von Kosten, deren Umfang den Justizgewährungsanspruch beeinträchtigt (dazu BVerfG WuM 92, 293). § 49a I 1 GKG trägt der Rechtskrafterstreckung nach § 48 III WEG Rechnung; er gibt 50 % des Interesses aller Parteien und Beigeladenen als Basiswert vor (LG BraunschweignZMR 11, 481: für alte Wertansätze kein Raum mehr). Gemäß S 2 kann dieser Wert nach dem Interesse des Kl und der auf dessen Seite Beigetretenen überschritten werden. Das Fünffache dieses Interesses nach S 2, 2. Alt und der Wert des Wohnungseigentums des Kl und der auf dessen Seite Beigetretenen nach S 3 sind für den Wert nach S 1 die Obergrenze; eine andere Funktion als die Grenzziehung hat die Norm nicht; sie gibt insb eine Multiplikation nicht vor (OLGR Frankf 09, 974). S 3 ordnet trotz des »und« nicht die Addition von Einzelwerten an; anzusetzen ist der **niedrigste Wert** des in der Hand eines Beteiligten befindlichen Wohnungseigentums; nur mehrere Anteile in einer Hand sind für die Ermittlung dieses Wertes zu addieren (Jennißen/*Suilmann* § 49a GKG Rn 6); anders kann die Norm der Funktion einer sachgerechten Begrenzung des Kostenrisikos nicht gerecht werden. 258

259 **§ 49a II GKG** berücksichtigt abw vom Grundsatz des Angreiferinteresses (§ 3 Rz 4) die Belange des Bekl. Er greift nur bei Klagen gegen Einzelne ein, nicht also im Fall des § 43 Nr 4 WEG.

260 **b) Interesse.** Das Interesse ist nach allgemeinen Grundsätzen zu bestimmen; es gibt für § 49a GKG den Einsatzwert vor. Bei **Zahlungs- und neg Feststellungsklagen** ist der Nennwert anzusetzen (§ 3 Rz 6); die Begrenzung nach § 49a I 3, II 2 GKG gilt aufgrund des eindeutigen Wortlauts auch hier (aA Jennißen/*Suilmann* § 49a GKG Rn 10). Auf die **bisherige Rspr** kann grds zurückgegriffen werden, soweit dort die Grundlagen für die Schätzung des Interesses erarbeitet worden sind. Wertabschläge und Quotenbildungen, die einer sachgerechten Bewertung des Interesses und der Begrenzung des Kostenrisikos dienen (so etwa BayObLG NZM 01, 246), sind durch § 49a GKG überholt. Ein Wertabschlag wegen rein formeller Rügen ist nicht angezeigt (LG Hamburg ZMR 11, 409). Auf den Gedanken der §§ 41 f GKG kann wegen des Sachzusammenhangs mit § 49a GKG je nach Fallgestaltung zurückgegriffen werden (BayObLG NJW-RR 04, 524). Methodisch ist generell zunächst das Gesamtvolumen des str Gegenstands zu bestimmen, um alsdann die nach § 49a GKG vorgegebenen Anteile zu bilden.

261 **c) Einzelfälle. Abmahnung** betr den Entzug eines Teileigentums: Interesse des Rechtsinhabers am Erhalt und der übrigen Eigentümer am Abstellen von Belästigungen (BayObLG WuM 93, 211). **Abmeierungsklage, Entziehung des Wohnungseigentums**: idR der obj Verkehrswert (BGH NJW 06, 3428). **Anfechtung** Das wahre Ziel ist durch Auslegung zu klären (BayObLG WuM 93, 211). Bei **Jahresabrechnung** oder Wirtschaftsplan ist, abw von den früher bevorzugten Bruchteilen des Gesamtvolumens (KG NJW-RR 04, 878; wohl weiterhin hierfür Jennißen/*Suilmann* § 49a GKG Rn 16 und LG Itzehoe ZMR 11, 667), der nach dem Wortlaut von § 49a I zu bildende Wert mit dem Gesamtvolumen als Ausgangszahl; werden nur formale Mängel gerügt, ist die Ausgangszahl auf einen Bruchteil zu kürzen (Anlehnung an BayObLG WuM 02, 48: 15 %) oder eine Grundlage bei den Kosten einer neuen Versammlung zu suchen (LG Köln NJW-RR 89, 81); sind nur Einzelpositionen Gegenstand der Anfechtung, ist deren Wert die Ausgangszahl (BGH ZMR 05, 547, 557). Konkreter finanzieller **Aufwand** ist mit dem Geldbetrag (BGH ZMR 11, 571: Hausmeistervergütung, 3,5facher Jahresbetrag bei Gesamtschuld; BayObLG WuM 93, 211: Instandhaltungsrücklage; KG WuM 94, 108: Kreditaufnahme;), eine konkrete Instandhaltungsmaßnahme ist mit deren Kosten (BayObLG JurBüro 96, 645; 98, 365; BayObLG WE 95, 125: bauliche Veränderung; NZM 04, 114: Anschaffungspreis), Formalien sind mit dem konkreten Interesse anzusetzen (Ddorf JurBüro 92, 551: Kosten einer not Beurkundung; BayObLG JurBüro 98, 649: Aufwand für Einsicht in Unterlagen; fraglich, ob mit Jennißen/*Suilmann* § 49a GKG Rn 15 feste Pauschalbeträge angesetzt werden sollten). Der Streitwert der **Berufung** eines einzelnen Wohnungseigentümers gegen ein der Beschlussanfechtungsklage stattgebendes Urt richtet sich nach dem Interesse aller beklagten Wohnungseigentümer am Fortbestand des Beschlusses, begrenzt durch den Streitwert der Klage (Köln ZMR 10, 786); ist Ziel die Beseitigung eines Sanierungsbeschlusses kommt es auf den Kostenanteil des Rechtsmittelführers an (LG Lüneburg ZMR 10, 473). Im Streit um einen bestimmten Geldbetrag soll § 49a I 1 GKG gelten (Kobl ZMR 10, 305). Die Anfechtung eines **Negativbeschlusses** ist mit 50 % einer Klage auf Durchführung zu bewerten (Köln ZMR 10, 786). Beseitigung einer **Parabolantenne**: ästhetische Beeinträchtigung (LG Bremen WuM 97, 70: 5.000 DM; kann aber auch unter dem Berufungswert liegen, BGH NJW 06, 2639). Klagen **Streitgenossen**, zählt der höchste, für die Begrenzung auf das Fünffache zählt der geringste Einzelwert (Jennißen/*Suilmann* § 49a GKG Rn 17). **Unterlassungsansprüche** sind mit dem sich aus allgemeinen Grundsätzen ergebenen Ausgangswert (s. Stichwort Unterlassung) in die Bewertung nach § 49a GKG einzustellen. **Verwalter** Im Streit um Bestellung oder Abberufung ist Ausgangswert die Vergütung (BGH NZM 02, 788, 793; OLGR München 09, 842), wobei der Umfang entspr § 42 II GKG (§ 42 III GKG aF) begrenzt werden kann (für Ansatz des gesamten str Zeitraums BayObLG JurBüro 90, 252; NJW-RR 04, 525; Zweibr JurBüro 10, 36; für 50 % dieses Wertes Celle MDR 10, 472); bei Klage eines E soll dessen Anteil am Gesamtinteresse zählen (München ZMR 10, 138); ist nur die Höhe der Vergütung str, zählt die Differenz (BayObLG WE 89, 181); die Entlastung ist mit einem geringen Anteil des betr Gesamtvolumens der Verwaltertätigkeit oder mit der im Streit stehenden Forderung anzusetzen (BGH ZMR 11, 654: Wert denkbarer Ansprüche und Wert der vertrauensvollen Zusammenarbeit, idR 1.000 €; Köln NZM 03, 125: 10 % des Jahresumsatzes; für geringere Quote Jennißen/*Suilmann* § 49a GKG Rn 20); für Notverwaltung kommt das Honorar der geschätzten Dauer in Ansatz (Stuttg ZMR 03, 782: 1 Jahr); der Anspruch auf Herausgabe von **Unterlagen** ist nach dem Interesse zu bewerten (AG Hamburg ZMR 09, 232: 1.000 €). **Zustimmung** zur Veräußerung einer Wohnung: Bruchteil des Kaufpreises (LG Köln WuM 90, 128; BayObLGE 90, 24; Hamm WE 92, 288; Frankf ZMR 94, 124: 10–20 %).

d) KostO. Für § 21 II KostO kommt es auf den Wert des Grundstücks mit dem fertiggestellten Gebäude an (BayObLG DNotZ 82, 765; 770; OLGR Zweibr 04, 138), nicht auf die Summe der Wohnungswerte (BayObLG RPfleger 92, 540). Lastet eine Globalgrundschuld noch auf einem einzigen Wohneigentum, ist dessen Wert im Fall des § 23 II KostO die Grenze; nur für den Ersteller der Anlage gilt der volle Wert (BayObLG JurBüro 94, 288). 262

Wohnrecht s. Dienstbarkeit. 263

Zeugnisverweigerung. Im Zwischenstreit ist der Wert nach § 3 zu schätzen (BayObLG FamRZ 86, 1237); eine Unterscheidung zwischen vermögensrechtlichen und nichtvermögensrechtlichen Streitigkeiten wäre fruchtlos. Der Hauptsachewert ist nicht Grundlage eines Bruchteilswertes (so aber KG JurBüro 68, 739), sondern allenfalls äußerer Rahmen (BGH KostRspr § 3 ZPO Nr 1034). 264

Zinsen s. § 4 Rz 18, § 9 Rz 4; künftigen Zins schätzt das OLG Naumburg (OLGR Naumbg 07, 846) nach § 3, nicht nach § 9. **Zugewinnausgleich** s. Folgesachen. 265

Zug-um-Zug-Leistung. Auf den ZuS und den GeS hat der Antrag Zug um Zug keinen Einfluss (§ 3 Rz 4). Der Antrag auf Feststellung des Annahmeverzugs führt daneben grds nicht zur Werterhöhung (§ 5 Rz 5). 266

a) Beschwer des Klägers. Ergeht bei uneingeschränktem Antrag ein Urt auf Leistung Zug um Zug, ist der Kl im Wert der Gegenleistung beschwert, begrenzt durch den Wert des Klageanspruchs (BGH NJW 99, 723: Finanzierungskosten bei Verurteilung Zug um Zug gegen Sicherheitsleistung; MDR 09, 759); dabei kommt es alleine auf den rechtskraftfähigen Inhalt des Urteils an, bewertet nach wirtschaftlichen Gesichtspunkten (BGH WuM 07, 395). In der Regel richtet sich die Beschwer nach dem Zeit- und Kostenaufwand, der dem Kl bei der Erfüllung des Gegenanspruchs entsteht (BGH MDR 10, 1087). Eine Teilabweisung der Klage ist zu addieren. Ist die Gegenleistung nicht vollstreckungsfähig umschrieben, hat der Berufungsantrag des Kl auf uneingeschränkte Verurteilung den vollen Wert der geforderten Leistung (BGH NJW 93, 3206). 267

b) Beschwer des Beklagten. Beim Bekl ist ohne Abzug auf das Abwehrinteresse bzgl der Leistung abzustellen; hierin besteht seine Beschwer (BGH KostRspr § 3 ZPO Nr 743; NJW-RR 96, 828); das Interesse an der Aufrechterhaltung einer Zug-um-Zug-Leistung erhöht die Beschwer nicht (BGH JurBüro 86, 1357). Beschränkt sich das Rechtsmittel des Bekl auf das Gegenrecht, ist dessen Wert anzusetzen, begrenzt durch den Wert der Verurteilung (BGH NJW-RR 95, 706; s. § 3 Rz 5; s.a. Zurückbehaltungsrecht Rz 269). Bei der Einrede des nicht erfüllten Vertrags ist das Interesse an der vollständigen Erfüllung maßgeblich; dieses kann den Wert der gesamten Vertragsleistung erreichen, wenn die Teilerfüllung keinen Wert hat (BGH MDR 95, 1162). Macht der Beklagte im zweiten Rechtszug nur die **Aufrechnung** mit einer Gegenforderung gegen eine unbestrittene Klageforderung geltend und verurteilt ihn das Berufungsgericht zur Zahlung, ohne dass es diese abw von der Entscheidung des Landgerichts von einer Nachbesserung abhängig macht, wird der Beklagte durch den Wert der ursprünglichen Zug-um-Zug-Leistung nicht beschwert (BGH AnwBl 92, 324). 268

Zurückbehaltungsrecht. Bleibt grds ohne Ansatz (s. § 3 Rz 4 f). Es kann Bedeutung erlangen, wenn in einer Leistungsklage der Streit sich auf das Bestehen eines geringwertigen Zurückbehaltungsrechts beschränkt (§ 6 Rz 3). Der Wert der Beschwer erhöht sich für den Bekl durch ein neben anderen Einwendungen hilfsweise geltend gemachtes Zurückbehaltungsrecht grds nicht (BGH NJW-RR 96, 828; FamRZ 05, 265). Das Zurückbehaltungsrecht ist nur maßgeblich, wenn es den einzigen Angriffspunkt ausmacht (§ 3 Rz 5). 269

Zuständigkeit. Im Zwischenstreit um die örtliche Zuständigkeit ist nach einer Ansicht der volle Wert anzusetzen (Ddorf RPfleger 72, 463; in Berufung geringer: OLGR Frankf 99, 153). Da indes bei der Rechtswegbestimmung (s. dort) nur ein Bruchteil anzusetzen ist, gilt dies auch hier. Im Verfahren nach **§ 36** bestimmt sich der GeS des Anwalts, der gesondert abrechnen darf, mit einem Anteil des Hauptsachewertes (BayObLG JurBüro 92, 700). **Zuständigkeitsstreitwert** s. § 2 Rz 3. **Zwangsgeld** s. Zwangsvollstreckung c). 270

Zwangsversteigerung. Für Anordnung und Beitritt erfällt nach Ziff 2210 KV Anl 1 GKG eine Festgebühr; für die Wertgebühren nach Ziff 2211 ff ist § 54 GKG einschlägig. Grds kommt es auf die Festsetzung nach § 74a V ZVG an, auch wenn später weitere Beteiligte beitreten (LG Paderborn RPfleger 89, 168). Für die Zuschlagsgebühr nach § 54 II GKG ist das Meistgebot maßgeblich, selbst wenn es unter der Hälfte des Verkehrswertes liegt (LG Frankfurt RPfleger 85, 212; LG Flensburg RPfleger 86, 72); dabei bleibt es auch bei 271 analoger Anwendung des § 114a ZVG (LG Mönchengladbach RPfleger 03, 148). In der Beschwerde ist der Wert für die Gebühr nach Ziff 2241 KV Anl 1 GKG nach dem wirtschaftlichen Interesse des Beschwerdeführers zu bemessen (BGH NJW 09, 80: für Schuldner 1/10 des Zuschlags, auch in der Rechtsbeschwerde; Bremen JurBüro 84, 89; Hambg JurBüro 84, 89: Zuschlag), die Beschwerde gegen eine einstweilige Einstellung mit einem Bruchteil der Forderung (Stuttg Justiz 86, 413), bei § 180 II ZVG mit dem Nutzwert für längsten 6 Monate (LG Passau KostRspr § 3 ZPO Nr 798), gegen Verkehrswertfestsetzung mit 1/5 der str Differenz (Celle RPfleger 82, 435). Für die Anwaltsgebühren gilt § 26 RVG, bei Festgebühren § 23 II, III RVG.

272 **Zwangsverwaltung.** Für die Jahresgebühr nach Ziff 2221 KV Anl 1 GKG bestimmt sich der Wert gem §§ 7 II, 55 GKG nach den Jahres-Bruttoeinkünften. Für die Anwaltsgebühren gilt § 27 RVG, der allerdings den Streit um die Vergütung des Zwangsverwalters nicht umfasst; insoweit ist das Vergütungsinteresse maßgeblich (BGH MDR 07, 983). In der Beschwerde wird auf die Zwangsversteigerung verwiesen.

273 **Zwangsvollstreckung.** Ein GeS für die Gerichtskosten ist nach Nr 2110 ff KV Anl 1 GKG nur im Verteilungsverfahren, Nr 2117, 2120, festzusetzen (s. dort); iÜ gelten Festgebühren. Für die Anwaltskosten gilt **§ 25 RVG**. S.a. Einstweilige Einstellung.

274 **a) Geldforderungen.** Erstreckt sich der Auftrag nur auf einen **Teil** des Anspruchs, ist dieser maßgeblich (Köln NJW 58, 1687). Antrag auf PfÜb gegen **mehrere Drittschuldner** betr verschiedene Angelegenheiten, indes erfolgt bei wirtschaftlicher Identität keine Addition (BGH JurBüro 11, 434). Zu den **Nebenforderungen** nach § 25 I Nr 1 RVG zählen auch Kosten früherer Vollstreckungsverfahren, nicht aber die Kosten der Vollstreckung selbst (Hartmann § 25 RVG Rn 5); Zinsen sind nur bis zur Antragstellung auszurechnen, § 4 I 1. Hs. Grds ist nach § 25 I Nr 1 RVG die zu vollstreckende Forderung maßgeblich, begrenzt durch den geringeren (Verkehrs-)Wert des zu pfändenden Gegenstandes. Die Wertbegrenzung greift nur, wenn der Antrag sich von vornherein auf einen bestimmten Gegenstand richtet (LG Hamburg JurBüro 05, 326; AnwBl 06, 499). Existiert der Gegenstand (zB die gepfändete Forderung) nicht, ist der Mindestwert anzusetzen (Köln RPfleger 01, 149, 152; LG Hamburg JurBüro 01, 110); Gleiches gilt bei Wertlosigkeit (Köln JurBüro 87, 1041). Die Bewertung erfolgt allerdings aus anfänglicher Sicht; spätere Erkenntnisse sind nicht maßgeblich (OLG Karlsr NJW-RR 11, 501). Die gepfändete Forderung ist nach § 4 I 2. Hs zu bewerten (BGH VersR 76, 477); bei weit in der Zukunft liegender Fälligkeit ist ein Wertabschlag angezeigt (LG Hannover MDR 95, 1075). Bei der Anschlusspfändung sind die vorgehenden Rechte abzuziehen (Anders/Gehle/Kunze Zwangsvollstreckung aus rechtkräftigen Titeln Rn 8).

275 **b) Herausgabe von Sachen.** Nach § 25 I Nr 2 RVG geben die einschlägigen Vorschriften des GKG, insb § 41 II GKG, eine Wertgrenze vor; ältere Rspr ist überholt.

276 **c) Handlung, Duldung, Unterlassung.** Beim Vorschuss nach **§ 887 II** kommt es auf dessen Betrag an; Werte von Ersatzvornahme nach **§ 887 I** und Vorschuss sind wegen wirtschaftlicher Identität nicht zu addieren (§ 5 Rz 5). Für **§ 888** zählt das Interesse des Gläubigers, nicht das Zwangsgeld (OLGR Köln 05, 259; OLGR Rostock 09, 75: Hauptsachewert). Im Fall des **§ 890** kommt es ebenfalls auf das Interesse des Gl an der Durchsetzung an; wertbestimmend nach § 3 ist eine Gesamtabwägung, vornehmlich die Intensität des Verstoßes (Karlsr WRP 92, 198; OLGR Frankf 04, 121; OLGR Celle 09, 657: 1/3); das Interesse kann aufgrund der faktischen Wirkungen des Urteils oder eines Vergleichs, zB bei ehrenrührigen Äußerungen, geringer sein als der Hauptsachewert (Ddorf NJW 68, 2244; Hambg WRP 82, 592; Nürnbg MDR 84, 762); mehrere Verstöße können nach dem jeweiligen Einzelwert getrennt abgerechnet werden (München GRUR-RR 06, 68). Beim **Schuldner** ist nach § 25 II RVG auf das Abwehrinteresse abzustellen, mindestens die Höhe eines Zwangsgeldes (OLGR Ddorf 95, 139; Frankf JurBüro 97, 277). Bei einer Androhung »bis ... €« soll es nicht auf den Geldbetrag, sondern auf die zu erwartende Festsetzung ankommen (KGR 08, 1007); das erscheint wenig praktikabel.

277 **Zwischenfeststellungsklage.** Zunächst gelten die Grundsätze der Feststellungsklage (s. dort). Wegen wirtschaftlicher Identität idR keine Wertaddition, es sei denn mit dem überschießenden Teil (§ 5 Rz 5; offen gelassen in BGH NJW-RR 92, 698).

278 **Zwischenstreit** s. Ablehnung, Rechtswegbestimmung, Sicherheitsleistung, Vorlegung einer Urkunde, Zeugnisverweigerung, Zuständigkeit.

§ 4 Wertberechnung; Nebenforderungen. **(1) Für die Wertberechnung ist der Zeitpunkt der Einreichung der Klage, in der Rechtsmittelinstanz der Zeitpunkt der Einlegung des Rechtsmittels, bei der Verurteilung der Zeitpunkt des Schlusses der mündlichen Verhandlung, auf die das Urteil ergeht, entscheidend; Früchte, Nutzungen, Zinsen und Kosten bleiben unberücksichtigt, wenn sie als Nebenforderungen geltend gemacht werden.**
(2) Bei Ansprüchen aus Wechseln im Sinne des Wechselgesetzes sind Zinsen, Kosten und Provision, die außer der Wechselsumme gefordert werden, als Nebenforderungen anzusehen.

Inhaltsübersicht

	Rz
A. Maßgeblicher Zeitpunkt	1
I. Tragweite der Norm	1
1. Normzweck und Anwendungsbereich	1
2. Wertänderungen	2
3. Prozesskostenhilfe	3
II. Die einzelnen Streitwertarten	4
1. Zuständigkeitsstreitwert	4
2. Rechtsmittelstreitwert	5
a) Grundsatz	5
b) Berufungsbegründung	6
c) Nichtzulassungsbeschwerde	7
3. Gebührenstreitwert	8
4. Sonstige Streitwertarten	9
B. Nebenforderungen	10
I. Anwendungsbereich	10
II. Charakterisierung als Nebenforderung	11
1. Allgemeines	11
a) Abschließende Regelung	11
b) Geltendmachung als Nebenforderung	12
c) Prozessualer Rahmen	13
d) Feststellung der materiellrechtlichen Abhängigkeit	14
e) Objektive Rangordnung	15
2. Änderung der Bewertungsgrundlage	16
III. Die einzelnen Nebenforderungen	17
1. Früchte, Nutzungen	17
2. Zinsen	18
a) Darstellung des Anspruchs	18
b) Grundlage des Anspruchs	19
c) Änderung der Grundlage	22
d) Besondere prozessuale Ausgangslagen	23
3. Kosten	24
a) Verfahrensaufwand	24
b) Selbständige Schadenspositionen	26
C. Ansprüche aus Wechseln (Abs 2)	27

A. Maßgeblicher Zeitpunkt. I. Tragweite der Norm. 1. Normzweck und Anwendungsbereich. Die Festlegung der Bewertungszeitpunkte dient dem Zweck der **Verfahrenssicherheit,** der Verfahrensvereinfachung und der prozessualen Gleichbehandlung (BGH WM 56, 609; *Schumann* NJW 82, 1257, 1258). Erfasst werden mit Ausnahme des Gebührenstreitwerts (dazu Rz 8) sämtliche **Streitwertarten**, alle **Klagearten** (BGH MDR 06, 1064: Vollstreckungsabwehrklage; MüKoZPO/*Wöstmann* § 4 Rn 2) sowie Anträge auf **Arrest** und **einstweilige Verfügung**; in Familiensachen beachte § 34 FamGKG (vgl Schulte-Bunert/Weinreich/*Keske* § 34 FamGKG). Anwendungsbereich und Tragweite des § 4 beschränken sich allerdings auf die Wertberechnung. Deren prozessuale Folgen etwa für die sachliche Zuständigkeit oder die Zulässigkeit eines Rechtsmittels sind im jeweiligen Zusammenhang zu prüfen, etwa § 506, § 511 II Nr 1, § 26 Nr 8 EGZPO. Besonderes Gewicht hat die Festlegung eines Stichtages daher für Streitgegenstände mit variablem Wert, zB Aktien oder Fremdwährungsforderungen. Für diese bleibt es bei dem Wert, den sie zum Stichtag hatten, Grundsatz der **Wertkonstanz** (allgA). 1

2. Wertänderungen. Veränderung können sich demnach nur bei einer **Änderung des Streitgegenstandes** ergeben, namentlich bei Klageänderung, -ermäßigung oder -erweiterung; in solchen Fällen legt der Eingang der prozessualen Erklärung durch Schriftsatz oder Abgabe einer Erklärung in der mündlichen Verhandlung, § 261 II, den maßgeblichen Bewertungszeitpunkt fest (OLGR Bambg 98, 282). Die **Klageermäßigung** nach Eingang lässt den Wert für die Gerichtsgebühren unberührt (Köln JurBüro 11, 489). Eine unzulässige Klageerweiterung nach Schluss der mündlichen Verhandlung ist unbeachtlich (OLGR Karlsr 07, 592). Verlangt also der Kl mit der Klage die Herausgabe von Wertpapieren mit veränderlichem Kurswert und erweitert er die Klage später auf zusätzliche Stücke, so ist für die zuerst geforderten der Kurswert bei Klageerhebung und für die übrigen derjenige bei Klageerweiterung maßgeblich (MüKoZPO/*Wöstmann* § 4 Rn 5). Zustellung der Klageerweiterung ist nicht erforderlich, wenn sie vor der mdl Verh eingeht 2

(OLGR Ddorf 09, 338). Eine nach deren Schluss vorgenommene, unzulässige Klageerweiterung wirkt sich nicht mehr aus (Karlsr NJOZ 07, 2052).

3 **3. Prozesskostenhilfe.** Nach ganz hM (ausf MüKoZPO/*Wöstmann* § 4 Rn 11; Musielak/*Heinrich* § 4 Rn 9) kommt es bei einem Antrag auf Bewilligung von **Prozesskostenhilfe** nicht auf dessen Eingang, sondern auf die sich an die Bewilligung anschließende Prozesshandlung an. Nachteilige Auswirkungen der im Bewilligungsverfahren eintretenden Verzögerung sollen ohne Belang sein. Das bedeutet für Gegenstände mit variablem Wert zB, dass ein bei Antrag auf PKH noch zulässiges Rechtsmittel nach der Bewilligung unzulässig geworden sein kann und eine in die Zuständigkeit des AG fallende Streitsache schließlich mit höherem Kostenrisiko am LG zu betreiben ist. Mögen auch Regelungen, wie § 42 IV 2 GKG, § 51 II 2 FamGKG sie für den Gebührenstreitwert aufstellen, iÜ nicht vorhanden sein, so fordert es doch der hinter §§ 114 ff stehende Gedanke, in Bezug auf die arme Partei dem Gebot der Rechtsschutzgleichheit Rechnung zu tragen (BVerfG NJW 08, 1060), derartige Nachteile zu vermeiden. Umgekehrt ist es nicht gerechtfertigt, der armen Partei, die für ein wertmäßig nicht zulässiges Rechtsmittel PKH beantragt, eine im Verlauf des Prüfverfahrens eintretende Wertsteigerung zugutekommen zu lassen, die ihr in der Rechtsmittelfrist keinen Vorteil mehr gebracht hätte. Die **Einreichung des PKH-Antrages** bestimmt nach allem analog § 4 I den Bewertungszeitpunkt.

4 **II. Die einzelnen Streitwertarten. 1. Zuständigkeitsstreitwert.** Für die sachliche Zuständigkeit ist der Wert des Streitgegenstandes bei Einreichung (nicht: bei Zustellung) der Klageschrift oder des klageändernden Antrags (Rz 2) maßgeblich. Spätere Klarstellungen des Klageziels sowie ergänzende Wertangaben werden auf diesen Zeitpunkt zurückbezogen. Die Zulässigkeit der Klage ist ohne Belang (Musielak/*Heinrich* § 4 Rn 4). Im **Mahnverfahren** kommt es wegen § 696 I 4, § 700 III 2 auf den Akteneingang beim Streitgericht an (Frankf NJW-RR 96, 1403). Hat sich erst im Mahnverfahren der Streitwert unter die Wertgrenze des § 23 Nr 1 GVG ermäßigt, kann die Sache ohne Rücksicht auf die Wirkungen des § 696 III an das AG verwiesen oder – bei eingespielter Praxis – abgegeben werden (§ 696, Rz 11). Trennung nach § 145 oder der Erlass eines Teilurteils lassen für den abgetrennten oder den rechtshängig bleibenden Teil des Streitgegenstandes die einmal begründete sachliche Zuständigkeit des LG unberührt (hM, Musielak/*Heinrich* § 4 Rn 4; St/J/*Roth* § 4 Rn 8).

5 **2. Rechtsmittelstreitwert. a) Grundsatz.** Für die Bewertung ist grds der Zeitpunkt maßgebend, zu dem das Rechtsmittel eingelegt wird (BGH NJW-RR 01, 1571; BGHR ZPO § 4, Zeitpunkt 1). **Wertänderungen**, die nach Einlegung bis zum Ablauf der Rechtsmittelfrist noch eintreten (zB Kursänderungen) sind dem eindeutigen Wortlaut der Vorschrift zufolge unbeachtlich. Hängt die Zulässigkeit des Rechtsmittels von einem variablen Wert des Streitgegenstandes ab, kann der Rechtsmittelführer also den ihm günstigen Zeitpunkt auswählen, muss aber auch auf ihn achten. Notfalls muss er das Rechtsmittel in der Frist noch einmal einlegen. Wertänderungen nach Ablauf der Rechtsmittelfrist sind unbeachtlich, so dass ein zulässiges Rechtsmittel durch sinkenden Wert des Streitgegenstandes nicht unzulässig, ein unzulässiges durch steigenden Wert aber auch nicht zulässig werden kann. Das gilt für die Beschwerde, die kein zusätzliches Begründungserfordernis kennt, umfassend. Bei der **Zulassungsberufung** nach § 511 II Nr 2, IV Nr 2 ist demgegenüber auf den Stand der letzten mündlichen Verhandlung abzustellen. Auf den Zeitpunkt der Entscheidung (so Musielak/*Heinrich* § 4 Rn 5) kann es nicht ankommen, da die Parteien dann keine Gelegenheit mehr haben, ihr Recht auf Gehör vor Gericht wahrzunehmen (vgl auch BGH NJW 89, 2755).

6 **b) Berufungsbegründung.** Der Bewertungszeitpunkt ist nicht davon abhängig, ob der Rechtsmittelführer die Anträge erst in der Berufungsbegründung stellt (aA Zö/*Herget*, § 4 Rn 4, unter nicht überzeugender Berufung auf Ddorf NJW 71, 147, wo der Bewertungszeitpunkt keine Bedeutung hat; B/L/A/H § 4 Rn 4). Wollte man hierauf abstellen, hätte die Partei den Bewertungszeitpunkt nach Ablauf der Rechtsmittelfrist noch in der Hand. Das ist mit der Gebot der Verfahrenssicherheit und dem Grundsatz der Wertkonstanz (Rz 1) nicht zu vereinbaren (so im Ergebnis auch MüKoZPO/*Wöstmann* § 4 Rn 9).

7 **c) Nichtzulassungsbeschwerde.** Der nach § 26 Nr 8 EGZPO maßgebliche Wert bestimmt sich nach dem Zeitpunkt, zu dem das Rechtsmittel eingelegt wird (BGH 2.3.11 – IV ZR 231/09 – JurionRS 11, 12082), so dass zB beim Sinken eines Aktienkurses auf einen Wert von unter 20.000 € erst nach Schluss der mündlichen Verhandlung vor dem Berufungsgericht die Zulässigkeit am Beschwerdewert scheitert. Nach früherem Recht kam es abw vom Wortlaut des § 4 I Hs 1 auf den Schluss der mündlichen Verhandlung beim Berufungsgericht an, weil nach § 546 II 2 ZPO aF von diesem eine Prüfung der Revisionswürdigkeit vorzunehmen war

(so ausdrücklich BGH NJW 89, 2755; 00, 1343). Das hat im geltenden Recht keine Bedeutung mehr. Dennoch wird von der hM weiterhin auf den Tag der mündlichen Verhandlung vor dem Berufungsgericht abgestellt (BGH 24.2.11 – II ZR 288/09 – JurionRS RS 11, 12566; MüKoZPO/*Wöstmann* § 4 Rn 10; Musielak/*Ball* § 544 Rn 7). Das ist abzulehnen. Der BGH hat für die Bewertung zwar auf die allgemeinen Grundsätze verwiesen (NJW 06, 1142; NJW-RR 06, 997; MDR 07, 1093; BGHR EGZPO § 26 Nr 8, Wertgrenze 4). Die in dem Zusammenhang erfolgte ausdrückliche Anknüpfung an die Rechtsprechung zur Bestimmung des Beschwerdegegenstandes vor der Änderung des Zulassungsrechts zum 1.1.02 (BGH NJW-RR 06, 1097) bezieht sich indes nur auf dessen Festlegung selbst, nicht hingegen auf den Bewertungszeitpunkt.

3. Gebührenstreitwert. Für den Gebührenstreitwert gelten §§ 40, 47, 48 GKG, § 23 RVG; über § 48 GKG gilt § 4 ZPO entsprechend. Maßgeblich ist der Zeitpunkt der einleitenden Prozesshandlung (für die Revision: BGH NJW-RR 98, 1452). Hervorzuheben ist auch in diesem Zusammenhang der Grundsatz der **Wertkonstanz** (Rz 1); Wertschwankungen desselben Streitgegenstands nach dem Bewertungszeitpunkt bleiben unberücksichtigt. 8

4. Sonstige Streitwertarten. Für den **Bagatellstreitwert**, § 495a, gelten die für den Zuständigkeitsstreitwert dargelegten Grundsätze (Rz 4) mit der Maßgabe, dass eine Wertänderung durch Änderung des Streitgegenstandes etwa wegen Teilrücknahme, Teilurteil oder Prozesstrennung den Weg zum vereinfachten Verfahren eröffnet; erhöht sich auf diese Weise der Streitwert über den Bagatellbetrag hinaus, ist das Verfahren insgesamt nicht mehr zulässig; reine Wertänderungen sind ohne Einfluss (§ 495a Rz 2). Für den **Verurteilungsstreitwert** bedarf die gesetzliche Regelung keiner weiteren Erläuterung. 9

B. Nebenforderungen. I. Anwendungsbereich. § 4 I Hs 2 gilt für den Zuständigkeits-, den Rechtsmittel- (BGHR ZPO § 4 Abs 1 Nebenforderung 1) und den Bagatellstreitwert. Die Verfahrenssicherheit (Rz 1) wird durch Hs 2 weiter erhöht, weil alleine aufgrund von laufenden Zinsen und Kosten die Sache nicht nach § 506 aus der Zuständigkeit des AG herauswachsen kann. Der **Gebührenstreitwert** bestimmt sich inhaltsgleich nach § 43 I GKG, § 23 I 1 RVG. Die Sonderregelungen in § 43 II, III GKG sind im Zivilprozess wenig praxisrelevant (vgl Hartmann, § 43 GKG Rn 4 ff). In der Zwangsvollstreckung ist § 25 I Nr 1 RVG zu beachten. Für den Verurteilungsstreitwert nach § 708 Nr 11 und den Vollstreckungsstreitwert nach § 866 III 1 braucht wegen des ohnehin vorgegebenen Wertes der Hauptsache auf § 4 I nicht zurückgegriffen zu werden. Für Familiensachen vgl § 37 FamGKG (Schulte-Bunert/Weinreich/*Keske* § 37 FamGKG). 10

II. Charakterisierung als Nebenforderung. 1. Allgemeines. a) Abschließende Regelung. Die nicht zu berücksichtigenden Nebenforderungen sind im Gesetz **abschließend** aufgezählt; erweiternde Auslegung oder Analogie sind nicht zulässig, so dass der Zuwachs eines Grundstücks (§ 946 BGB), Lagergelder, Frachten, Vertragsstrafen und Finanzierungskosten wie auch Zölle und **Steuern** auf die Hauptforderung, namentlich die MWSt, beim Streitwert generell zusätzlich zu berücksichtigen sind (Frankf JurBüro 89, 1735: Antrag nach § 1383 BGB; St/J/*Roth* § 4 Rn 18 f; Musielak/*Heinrich* § 4 Rn 12). Steuern auf Zinsen bleiben demgegenüber Nebenforderung. 11

b) Geltendmachung als Nebenforderung. Als Nebenforderung wird ein Anspruch geltend gemacht, wenn er als vom Hauptanspruch **materiellrechtlich abhängig** neben demselben erhoben wird und die beteiligten Parteien identisch sind (BGH MDR 76, 649; NJW 98, 2060; Stuttg NJW-RR 11, 714). Bei Klage auf Herausgabe eines Grundstücks gegen den Pächter und Herausgabe der Früchte gegen den Unterpächter sind die Werte mithin zu addieren, soweit es die sachliche Zuständigkeit betrifft und Gebühren für die gesamte Klage anfallen. Auf die Frage, ob die **Zinsen kapitalisiert** oder als fortlaufender Prozentanteil geltend gemacht werden, kommt es nicht an (BGH NJW-RR 95, 706; BGHR ZPO § 4 Abs 1 Nebenforderung 1; OLGR Köln 99, 404; VersR 01, 736). Kosten und Zinsen auf eine Hauptforderung, die nicht (mehr) Gegenstand des Rechtsstreits ist, können nicht Nebenforderung sein (BGH JurBüro 08, 202; VersR 09, 806; MDR 11, 810 = NJW-RR 11, 1285: „emanzipierte" Nebenforderung) . Das gilt insb bei **Teilerledigung** nach Leistung alleine auf die Hauptforderung (BGH NJW-RR 91, 1211; NJW 94, 1869; VersR 08, 557: vorgerichtliche Kosten; München JurBüro 94, 745). Beispiel: Der Kl verlangt Zahlung von 10.000 € nebst 8 % Zinsen seit dem 1.7.08; nach Teilzahlung des Beklagten auf die Hauptforderung in Höhe von 5.000 € am 31.12.08 und übereinstimmender Erledigung verlangt der Kl Zahlung von 5.000 € zuzüglich 400 € kapitalisierter Zinsen für 08 und 8 % Zinsen seit dem 1.1.09. Der Streitwert beläuft sich auf 5.200 €, da aufgelaufene Zinsen auf die bezahlten 5.000 € für 2007 (= 200 €) nicht mehr Nebenforderung sind. Entspr gilt für vorgerichtliche Kosten (BGH NJW 08, 999; FamRZ 09, 867). Vgl. auch § 37 II FamGKG. 12

13 c) **Prozessualer Rahmen.** Der prozessuale Rahmen, in dem der Zinsanspruch zum Streit gestellt wird, hat auf die Anwendung von § 4 keinen Einfluss. Bei **Rechtsmittel** des Beklagten gegen die Verurteilung in der Hauptsache und zugleich Rechtsmittel des Klägers alleine zwecks Erhöhung der Zinsforderung kommt es insoweit nicht zur Werterhöhung (Kobl NJW-RR 07, 2: Berufung). Gleiches gilt in Fällen der auf Begleichung weiterer Nebenforderung gerichteten **Anschlussberufung** (BGH NJW-RR 95, 706; Köln JurBüro 82, 912; Hamm JurBüro 88, 1550; BayObLG WuM 89, 470). Ist eine Nebenforderung **alleiniger Gegenstand** des Rechtsmittels, ist sie als Hauptsache zu bewerten (Brandbg MDR 01, 588); streitige Zinsen in die Zukunft sind mit der erwarteten Dauer des Rechtsmittelrechtszuges anzusetzen, zB 6 Monaten (BGH RPfleger 81, 396; Köln NJW-RR 93, 1215).
Keinen eigenen Wert hat auch das **Kostenschlussurteil** (OLGR Jena 02, 196). Bei einer **negativen Feststellungsklage**, einer **Vollstreckungsabwehrklage** nach § 767, der Klage auf Aufhebung eines Schiedsspruchs oder einem auf § 826 BGB gestützten Anspruch auf Herausgabe des Titels und Unterlassen von dessen Durchsetzung gilt § 4 I Hs 2 entsprechend; die genannten Positionen sind hier Nebenforderung, soweit sie in materiell-rechtlicher Abhängigkeit von der Hauptforderung Ziel des Angriffs sind (BGH NJW 68, 1275; MDR 06, 1064; Karlsr MDR 91, 353; Stuttg MDR 07, 355 = JurBüro 07, 33: Zinsen auf beglichenen Teil zu addieren; s. § 3 Streitwertlexikon Vollstreckungsabwehrklage). Das auf die Kostenlast beschränkte **Anschlussrechtsmittel** wirkt sich auf den Streitwert nicht aus (Köln JurBüro 82, 912; BayObLG WuM 89, 470).

14 d) **Feststellung der materiellrechtlichen Abhängigkeit.** Die materiellrechtliche Abhängigkeit der Nebenforderung ergibt sich aus dem Vertrag oder aus gesetzlichen Vorschriften (BGH NJW 07, 1752). Sie ist im Allgemeinen dann gegeben, wenn die Nebenforderung zwar nicht ohne weiteres kraft Gesetzes in der Hauptforderung enthalten ist, sie sich jedoch aus dieser herleitet und von ihrer Existenz abhängt. Voraussetzung ist ein eigenständiger Entstehungsgrund; gängiges Beispiel ist der Anspruch auf Zahlung von Verzugszinsen, § 288 I BGB (BGH NJW 98, 2060). Der Anspruch gegen den **Bürgen** auf Ausgleich der Kosten nach § 767 II BGB ist somit Nebenforderung (RGZ 56, 256); gleiches gilt für die Zinsen (BGH MDR 58, 765). Nicht erforderlich ist die Abhängigkeit von einer Zahlungsforderung; ein Zins- oder Kostenanspruch, der aus Verzug mit der Abgabe einer **Willenserklärung** hergeleitet wird, ist ebenfalls Nebenforderung (Hambg JurBüro 94, 364).
Beim **Befreiungsanspruch** ist zu differenzieren. Richtet dieser sich gegen einen Dritten, insb gegen den Versicherer bei der **Deckungsklage**, wird ein eigenständiger Anspruch geltend gemacht, für den Zinsen und Kosten der gegen den Kl erhobenen Forderung nicht Nebenforderung sind (BGH MDR 76, 649; Bremen JurBüro 03, 82; *Görmer* NJW 99, 1309), ebenso wenig die Kosten eines Vorprozesses (BGH NJW-RR 90, 958); diese Positionen erhöhen also den Streitwert (aA Nürnbg VersR 78, 854). Gleiches gilt bei der Klage auf Befreiung von der Pfändung eines Guthabens (BGH NJW-RR 95, 362). Lediglich diejenigen Zinsen und Kosten, welche alleine wegen Verzug mit der Erfüllung der Befreiungsverbindlichkeit verlangt werden, sind Nebenforderung. Entsprechend liegt der Fall, wenn der Befreiungsanspruch sich gegen den Gläubiger der Forderung richtet (BGH NJW 60, 2336); hier steht, wie bei der negativen Feststellungsklage (vgl Rz 13), die bloße Verneinung des Anspruchs im Vordergrund (vgl auch BGH NJW 85, 1152, 1154; 91, 2014), so dass Zinsen und Kosten nachrangige Nebenforderung sind.

15 e) **Objektive Rangordnung.** Zwischen den Forderungen muss eine Rangordnung bestehen; bei Gleichrangigkeit ist keine von ihnen Nebenforderung (BGH NJW 07, 1752). Die prozessuale Geltendmachung in Abhängigkeit vom Hauptanspruch kann nur **objektiv** und unabhängig vom Willen des Klägers/Antragstellers festgestellt werden. Andernfalls gäben bei identischer wirtschaftlicher Ausgangslage alleine Formulierung und Begründung der Klage die Wertfestsetzung vor. Das ist mit deren Klarstellungsfunktion namentlich für die Zuständigkeit des Gerichts und für die Zulässigkeit von Rechtsmitteln (§ 2 Rz 2 ff; § 4 Rz 1 ff) nicht vereinbar (nicht ganz eindeutig St/J/*Roth* § 4 Rn 17, 24; aA offenbar München NJW-RR 94, 1484 (1485); dem folgend B/L/A/H § 4 Rn 10; Brandbg JurBüro 01, 95; näher zu den in diesem Zusammenhang bedeutsamen **Sachverständigenkosten** Rz 26). Entscheidend ist mithin nur die objektiv aufeinander bezogene Geltendmachung von Haupt- und Nebenforderung; wie die Ansprüche von den Parteien errechnet, dargestellt oder im Klageantrag formuliert werden, ist unerheblich (BGH NJW 07, 3289). Entsprechendes gilt für **ausländische Titel** (Frankf JurBüro 94, 117).

16 2. **Änderung der Bewertungsgrundlage.** Die Frage der Abhängigkeit ist für den **Zeitpunkt** zu prüfen, zu dem die Wertfestsetzung erfolgen muss. Eine Nebenforderung wird zur Hauptforderung, wenn die Rechtshängigkeit der ursprünglich übergeordneten Hauptforderung etwa wegen Rücknahme oder Erledigung bzw

wegen Erlass eines Teil(Anerkenntnis)Urteils entfällt (BGH JurBüro 11, 260: ReS in Bezug auf Zinsen und „anteilige" vorgerichtliche Kosten; Brandbg MDR 01, 588); das gilt namentlich für (aufgelaufene) Zinsen auf einen nicht mehr rechtshängigen Teil der Hauptforderung (BGH NJW 90, 2854; 94, 1869; 08, 999). Umgekehrt kann eine solche Hauptforderung zur Nebenforderung werden, wenn der übergeordnete Hauptanspruch nachträglich eingeklagt wird. Die prozessualen Folgen der Wertänderung bestimmen sich nach den einschlägigen Vorschriften, vgl etwa §§ 261 III Nr 2, 506 I.

III. Die einzelnen Nebenforderungen. 1. Früchte, Nutzungen. Maßgeblich sind §§ 99 f BGB (iE PWW/*Völzmann-Stickelbrock*). Zu den Früchten gehören namentlich Miet- und Pachtzins (BGHZ 63, 365), Überbaurente, Dividende, Gewinn aus einem Gesellschaftsanteil (BGH NJW 95, 1027). Nutzungen sind ua ersparte Schuldzinsen (BGH NJW 98, 2354) sowie der Gebrauchsvorteil aus einer Sache (BGH NJW 06, 1582). 17

2. Zinsen. a) Darstellung des Anspruchs. Für die Einordnung eines Forderungsgegenstands als Zinsen kommt es auf die von den Parteien gewählte Bezeichnung nicht an; Zinsen iSd Norm sind das mit Blick auf die Nutzungsdauer festgelegte Entgelt für die Nutzung oder die Möglichkeit der Nutzung eines Kapitals, sei es auf vertraglicher (auch Vergleich), sei es auf gesetzlicher Grundlage; **kapitalisierte Zinsen** (OLGR Köln 99, 220) sowie **Stundungs- und Vorfälligkeitszinsen** fallen somit als Nebenforderung unter § 4 I Hs 2 (BGH NJW 98, 2060). Bei sonstigen Nebenforderungen eines Darlehens wie **Maklerprovisionen** oder Bearbeitungsgebühren (BGH NJW 80, 2074) kommt es alleine auf die Frage an, ob sie die Nutzungsdauer zur Grundlage haben; dann sind sie iSd Regelung Zinsen, andernfalls müssen sie, wenn es sich nicht ausnahmsweise um Kosten handelt (iE str, vgl MüKoZPO/*Wöstmann* § 4 Rn 21; St/J/*Roth* § 4 Rn 23; Rz 24 ff), dem Streitwert hinzugerechnet werden. Das ist bei Maklerprovisionen regelmäßig der Fall, weil sie auf den Vertragsschluss, nicht auf die später hieraus abgeleiteten Ansprüche gezahlt werden. Lassen sich die Zinsen aus einer einheitlichen Darlehensforderung oder einem **Ratenzahlungskredit** nicht mehr herausrechnen, mag es bei der Gesamtsumme sein Bewenden haben (Zö/*Herget* § 3 Rn 16 Ratenzahlungskredit; § 4 Rn 11; generell für Einrechnung B/L/A/H § 3 Rn 91). 18

b) Grundlage des Anspruchs. Die materiellrechtliche Grundlage des Hauptanspruchs ist ohne Bedeutung. Daher lässt eine Inanspruchnahme aufgrund **Bürgenhaftung** den Charakter des Zinsanspruchs als Nebenforderung nicht entfallen, solange die Haftung auf den Zinsanspruch abhängig von der Hauptforderung verlangt wird (BGH MDR 58, 765). Auch bei der Klage auf **Befreiung von einer Verbindlichkeit** nebst Zinsen bleiben letztere Nebenforderung (BGH MDR 76, 649). Bei **Bereicherungsansprüchen** sind Zinsen und Nutzungen nur dann Teil der Hauptforderung, wenn sie Gegenstand eines einheitlichen Gesamtanspruchs sind, wie etwa im Fall des Anspruchs auf Herausgabe des zur Bezahlung einer Nichtschuld nebst Zinsen aufgewandten Betrags oder des Anspruchs auf Zustimmung zur Auszahlung einer aus hinterlegtem Betrag und aufgelaufenen Zinsen bestehenden **Hinterlegungsmasse** (BGH NJW-RR 00, 1015); bei letzterem fehlt es an der materiell-rechtlichen Abhängigkeit, weil die Verzinsungspflicht die Staatskasse trifft. 19

Bei Klage auf **Freigabe** eines hinterlegten Geldbetrages (BGH MDR 67, 280; Köln JurBüro 80, 281) oder auf Rückzahlung einer **Mietkaution** sind die aufgelaufenen Zinsen Hauptforderung und daher auf den Streitwert zu addieren (LG Köln WuM 95, 719: wegen § 551 III 4 BGB). Der Anspruch auf Ersatz entgangener Anlagezinsen führt zur Wertaddition, wenn er auf eigenständige vertragliche oder schadensersatzrechtliche Erwägungen gestützt wird (Stuttg NJW-RR 11, 714); anderweitig entgangener Anlagezins ist daher wertmäßig anzusetzen (Frankf NJOZ 11, 422). 20

Richtet sich die Klage nicht auf Zahlung der Hauptforderung, sondern auf Abgabe einer **Willenserklärung** betreffend einen Geldbetrag nebst aufgelaufenen Zinsen, fehlt es an der Abhängigkeit zwischen dem Klageanspruch und den Zinsen. Keine Nebenforderung sind daher **Hinterlegungszinsen** im Streit um die Freigabe des hinterlegten Betrages (BGHR ZPO § 4 I – Hinterlegungszinsen 1, 2; MDR 67, 280) und gutgeschriebene Zinsen auf einem Konto, das Gegenstand eines Teilungsplans sein soll (BGH NJW-RR 98, 1284); der Zinsbetrag ist für alle Streitwertarten zu addieren. Werden jedoch Zinsen aus **Verzug** mit der Abgabe einer Willenserklärung verlangt, liegt eine Nebenforderung vor (Hambg JurBüro 94, 364; Rz 14). 21

c) Änderung der Grundlage. Wenn die Zinsen aufgrund eines Wandels der materiellrechtlichen Lage ihren eigenständigen Charakter verlieren, ist § 4 I Hs 2 nicht mehr anwendbar, namentlich bei Saldierung im echten **Kontokorrent** (St/J/*Roth* § 4 Rn 23; Musielak/*Heinrich* § 4 Rn 14), bei **Novation** iRe Anerkenntnisses (Kobl JurBüro 99, 197) oder wenn sie im Vergleich dem Kapital zugeschlagen werden; eine Differen- 22 zierung wäre wegen der ansonsten entstehenden rechnerischen Schwierigkeiten praxisfern (aA wohl Ddorf JurBüro 1984, 1865). Eigenständiger Charakter entsteht auch bei **Teilerledigung** der Hauptforderung in Bezug auf darauf entfallende Zinsen (Rz 16).

23 **d) Besondere prozessuale Ausgangslagen.** Im **Anfechtungsprozess** außerhalb des Insolvenzverfahrens sind Zinsen und Kosten Teil der Hauptforderung und daher zu addieren (BGH WM 82, 435; 1443; B/L/A/H § 4 Rn 13); Gleiches gilt für die Klage auf **Duldung der Zwangsvollstreckung** (BGH NJW-RR 99, 1080). Im **Prätendentenstreit** bilden aufgelaufene Zinsen einen Teil des Streitwerts (Zweibr RPfleger 67, 2 zu § 4).

24 **3. Kosten. a) Verfahrensaufwand.** Der Anwendungsbereich der Norm beschränkt sich von vornherein auf Kosten, die **nicht Kosten des laufenden Rechtsstreits** sind; letztere bleiben ungeachtet einer dahin gehenden Antragstellung ohne Berücksichtigung, solange die Hauptsache im Streit ist (BGH NJW 95, 664 für Beschwerdewert der Auskunftsverurteilung; »allgemeiner Grundsatz«: NJW 07, 3289 = FamRZ 07, 808 = JurBüro 07, 313; MDR 11, 811; München JurBüro 94, 745: auch die Kosten des Mahnverfahrens; aA St/J/*Roth* § 4 Rn 24 ff, allerdings mit gleichem Ergebnis, da Nebenforderung; praktische Relevanz des Streits mit Recht verneinend MüKoZPO/*Wöstmann* § 4 Rn 23). Das gilt insb auch für den nicht anrechenbaren Teil der Geschäftsgebühr nach Ziff 2300 VV RVG (der als solcher grds zu kürzen ist, § 15a RVG, BGH NJW 09, 3101) für **vorgerichtliche Anwaltstätigkeit** (BGH NJW 07, 3289; NJW-RR 08, 374; MDR 11, 811; KG NJW-RR 08, 879; aA LG Aachen JurBüro 07, 146 wenn Kosten Verzugsschaden sind) und für die Kosten eines voraufgegangenen **Beweisverfahrens** (OLGR Frankf 09, 931).

25 Nicht zu berücksichtigende Kosten sind des Weiteren der vor- und außergerichtliche **Aufwand**, der zur Feststellung, Sicherung, Durchsetzung oder Abwehr eines Anspruchs entsteht (MüKoZPO/*Wöstmann* § 4 Rn 22; St/J/*Roth* § 4 Rn 24; Zö/*Herget* § 4 Rn 12; Musielak/*Heinrich* § 4 Rn 16; ThoPu/*Hüßtege* § 4 Rn 8). Darunter fallen Kosten für Mahnschreiben (Bambg JurBüro 85, 589), Inkasso, Bearbeitungsgebühren, Nachforschung, Hinterlegung, Versteigerung, Übergabe, Versendung, Untersuchung einer bemängelten Ware, Beseitigung eines Grenzbaums bei Grenzklagen und Protestkosten (Musielak/*Heinrich* § 4 Rn 16). Wird der **materiellrechtliche Kostenerstattungsanspruch** auf Ersatz dieses Aufwands neben der Hauptforderung geltend gemacht, liegt eine beim Streitwert nicht zu berücksichtigende Nebenforderung vor (BGH NJW 07, 3289; MDR 07, 1149).

26 **b) Selbständige Schadenspositionen. Sachverständigenkosten**, die insb bei der Abrechnung von Verkehrsunfall-Schäden Bedeutung haben, sieht der BGH nicht als Nebenforderung, sondern als selbständigen, beim Streitwert zu berücksichtigenden Berechnungsposten des Gesamtschadens (NJW 07, 1752 = JurBüro 07, 361); abweichende Fundstellen sind überholt. Kosten aus einem **anderen Verfahren** sind mit anzusetzen, wenn sie in ein neues Verfahren oder in einen Vergleich einbezogen werden (Köln JurBüro 70, 803). **Rückbelastungskosten** und **Buchungsgebühren** bei Widerruf einer Einziehung sind Verzugsschaden, keine Nebenforderung. **Maklerprovisionen** fallen grds auf den Vertragsschluss an, nicht auf die später hieraus hergeleiteten Ansprüche (vgl Rz 18).

27 **C. Ansprüche aus Wechseln (Abs 2).** Die Regelung gilt für Ansprüche aus Schecks entsprechend. Sie stellt die Ansprüche aus §§ 48 f WG und aus 45 f ScheckG, die an sich Bestandteil der Hauptforderung sind, den Nebenforderungen gleich, so dass auf Rz 11 ff verwiesen werden kann. Ihre Geltung ist von der gewählten Verfahrensart (Wechsel- und Scheckprozess oder ordentliches Streitverfahren) nicht abhängig. Wenn der Kl nur aus dem Grundgeschäft klagt, greift Abs 1 unmittelbar ein. Für Ansprüche gegen den Wechsel- oder Scheckbürgen gilt Abs 2 nicht, sondern das zu Rz 19 Gesagte (KG OLGE 21, 63). Andere Ansprüche als Zinsen, Kosten und Provisionen werden von Abs 2 nicht erfasst (St/J/*Roth* § 3 Rn 39); für sie gilt Abs 1, dh sie bleiben, wenn sie Nebenforderungen sind, ohnehin unberücksichtigt; iÜ sind sie wertrelevant.

§ 5 Mehrere Ansprüche.

Mehrere in einer Klage geltend gemachte Ansprüche werden zusammengerechnet; dies gilt nicht für den Gegenstand der Klage und der Widerklage.

1 **A. Anwendungsbereich.** Die Norm gilt uneingeschränkt nur für den **Zuständigkeits**- und den **Bagatellstreitwert**. Beim Gebührenstreitwert gehen §§ 39 ff, 48 ff GKG, §§ 33 ff FamGKG, nach § 23 I 1 RVG auch für die Rechtsanwaltsgebühren, als speziellere Regelungen vor, namentlich §§ 41 III, 44, 45 I und III, 48 IV GKG, §§ 33 I 2, 38, 39 I und III FamGKG. Für den **Rechtsmittelstreitwert** gilt Hs 1 mit der Maßgabe, dass eine Wertaddition nur für das jeweilige Rechtsmittel einer Partei stattfindet, nicht hingegen für die Werte

wechselseitig eingelegter Rechtsmittel (vgl BGH NJW 81, 578; NJW-RR 06, 717; 1097; offen gelassen in NJW-RR 04, 638); deren Addition findet nur für den Gebührenstreitwert statt. Für das familienrechtliche Verbundverfahren vgl § 44 FamGKG (Schulte-Bunert/Weinreich/*Keske* § 44 FamGKG).

B. Wertaddition. I. Mehrere Ansprüche. 1. Streitgegenstand. Grundvoraussetzung der Wertaddition ist für alle Streitwertarten das Vorliegen verschiedener prozessualer Streitgegenstände (BGH AnwBl 76, 339; NJW-RR 91, 186; Ddorf NJW-RR 00, 1594). Maßgeblich sind insoweit die allgemeinen Grundsätze (Einl Rz 14 ff; St/J/*Roth* § 5 Rn 6). Die mehrfache Begründung desselben prozessualen Anspruchs, sei es in rechtlicher, sei es in tatsächlicher Hinsicht (Hilfsvorbringen), führt nicht zur Annahme mehrerer Streitgegenstände (BGH NJW-RR 97, 1374; 03, 713 aE; NJW 04, 1252, 1254; 05, 748) und damit auch nicht zur Wertaddition. Unerheblich ist, ob die Ansprüche vermögens- oder nichtvermögensrechtlicher Art sind (beachte aber § 48 III GKG (IV aF), und Rz 5 aE). 2

2. Zusammentreffen. Mehrere Ansprüche müssen zum Zeitpunkt der auf die Wertfestsetzung aufbauenden Folge, zB einer Verweisung nach § 506 I ZPO, **gleichzeitig** geltend gemacht werden. Ob es sich um anfängliche oder nachträgliche Anspruchshäufung oder um das Ergebnis einer zulässigen **Prozessverbindung** nach § 147 ZPO handelt, ist unerheblich. Die Klagenhäufung muss **prozessual zulässig** sein, beachte insb §§ 578 II, 610 II, 640c I 1 ZPO; nur in einem Streit um die Zulässigkeit der Klagenhäufung sind die Einzelwerte zu addieren. Für die örtl Zuständigkeit bleibt es grds bei der perpetuatio fori (§ 147 Rz 6; § 506 Rz 3, jew auch zu Ausnahmen) 3
Führen Klageänderungen wie die Klageermäßigung oder Teilerledigung einhergehend mit einer Klageerweiterung nicht zur Änderung der Gesamtforderung, bleibt es beim bisherigen Streitwert (Frankf JurBüro 94, 738; NJW-RR 09, 1078; Dresd JurBüro 07, 315). Für die anwaltliche Prozessgebühr wird insoweit vertreten, die Werte nicht gleichzeitig rechtshängig gewesener Streitgegenstandsanteile seien zu addieren (vgl OLGR Hamm 07, 324; KG MDR 08, 173; OLGR Celle 08, 630); dem ist zuzustimmen, allerdings müssen die Auswirkungen auf die Kostenentscheidung bedacht werden. Der **Parteiwechsel** hat als solcher keine Wertaddition zur Folge. Verbindung in der **Rechtsmittelinstanz** führt nur bei willkürlicher Verfahrenstrennung durch das Vordergericht zur Addition der Rechtsmittelstreitwerte (BGH NJW 00, 217).

II. Wirtschaftliche Identität. Die Norm ist teleologisch dahin zu reduzieren, dass die wirtschaftliche Identität mehrerer Streitgegenstände der Wertaddition entgegensteht (BGH NJW-RR 91, 186), so dass nur der höchste Einzelwert maßgeblich ist (Zweibr JurBüro 88, 232). Addition setzt das Vorhandensein selbständiger wirtschaftlicher Werte voraus (Frankf JurBüro 06, 538). Bei **Teilidentität** werden die sich überlappenden Teile nur einfach angesetzt (BGH NJW-RR 92, 698; 06, 1004; Stuttg DB 01, 1549). 4

1. Fälle von Identität. Abänderungsklage des Schuldners und Klage auf Rückzahlung des dennoch geleisteten Unterhalts (Hambg FamRZ 98, 311; Köln FamFR 10, 351 = FamRZ 10, 1933), Klage auf **Abnahme** oder auf Feststellung des **Annahmeverzugs** neben einer Klage, bei der die Erbringung der Leistung Zug um Zug angeboten wird (BGH NJW-RR 10, 1295; OLGR Karlsr 04, 388; KG MDR 05, 898; KGR 08, 929; Ddorf MDR 09, 57; MüKoZPO/*Wöstmann* § 5 Rn 4; offen gelassen bei Billigung des Mindestwertes von 300 DM in BGH NJW-RR 89, 826), einschlägig ist eher der Gedanke des § 4 I Hs 2 ZPO (bei der Klage auf Abnahme auf Kosteninteresse abstellend BGH KostRspr ZPO § 3 Nr. 499), zumal ein eigenständiges wirtschaftliches Interesse an der Feststellung im Einzelfall durchaus gegeben sein kann; besteht dieses nicht lediglich in einem Kosteninteresse, ist es mit anzusetzen; **Anfechtungsklage** und Klage auf Wertersatz gegen den Rechtsvorgänger (Frankf MDR 55, 496); Klage auf **Auflassung** und Löschung von Belastungen: Wert des Grundstücks nach § 6 ist der Höchstwert (Köln JurBüro 88, 1388; OLGR Ddorf 93, 266); Verbindung einer Klage auf Werklohn und Bewilligung einer diesen Anspruch absichernden **Bauhandwerkersicherungshypothek** (Köln JMBlNW 74, 68; Nürnbg MDR 03, 1382 = JurBüro 03, 594; Stuttg BauR 03, 131; OLGR Kobl 03, 256; aA OLGR München 99, 347; Ddorf NZBau 05, 697; MDR 09, 322); verzögerliche Erteilung eines **Bauvorbescheids**: Anspruch aus Amtshaftung und aus enteignungsgleichem Eingriff (BGH NJW 10, 681); **Befreiungsanspruch** betr persönliche und dingliche Haftung (KG JurBüro 68, 466); Befreiungsanspruch betr Honorarforderung (BGH JurBüro 10, 368); **Bürgschaftsurkunde** Klage auf Herausgabe und Widerklage auf Erfüllung, es zählt der höhere Wert (Bambg JurBüro 74, 1437; OLGR Stuttg 98, 427; s. § 3 Streitwertlexikon Bürgschaft); **Darlehensklage** und Gegenansprüche, die mit Auszahlung entstehen (OLGR Karlsr 05, 353); Klage auf Leistung und **Duldung der Zwangsvollstreckung** (OLGR Celle 02, 11); neg **Feststellungs-Drittwiderklage** gegen den Zedenten und Leistungsklage (OLGR Celle 09, 1025); **Erb-** 5

unwürdigkeitsklage und Klage auf Herausgabe des Nachlassanteils (BGH JurBüro 69, 1168); **Ersatzvornahme** und Vorschuss nach § 887 I, II; bei **Feststellungs- und Zwischenfeststellungsklage** neben der Leistungsklage ist eigens zu prüfen, ob und inwieweit ein eigenes wirtschaftliches Interesse verfolgt wird (St/J/*Roth* § 5 Rn 9 ff; letztlich offen gelassen in BGH NJW-RR 92, 698); **Kündigungsschutzantrag** und Zahlung des Entgelts: nur der höhere Wert (LAG Rheinland-Pfalz MDR 07, 1046), Auflösungsantrag neben Kündigungsschutz nicht gesondert zu bewerten (LAG Chemnitz JurBüro 06, 33; LAG Nürnberg JurBüro 06, 82); Rückkaufswert einer **Lebensversicherung** neben dem Darlehen, dessen Sicherung diese dient (BGH FamRZ 06, 946); Klage auf Löschung eines Grundpfandrechts und Feststellung, dass die gesicherte Forderung nicht besteht (Zö/*Herget* § 6 Rn 10, für Teilvalutierung allerdings nicht plausibel; vgl auch § 6 Rz 18); Klage auf Zahlung von **Mietzins** und auf Feststellung des Fortbestehens des Mietverhältnisses, soweit die Zeiträume sich decken (BGH JurBüro 06, 369); Klage gegen einen **Negativbeschluss** und Klage auf Verpflichtung zur Vornahme der betr. Handlung im wohnungseigentumsrechtlichen Verfahren (Celle ZMR 10, 627); Klage aus dem **Pfandrecht** und dem persönlichen Recht oder Widerklage aus letzterem (Anders/Gehle/Kunze bei Pfändungspfandrecht Rn 8 f); Klage auf **Rente** und Eintragung einer diese sichernden Reallast (Celle KostRspr § 5 ZPO Nr 52); Verbindung von Zahlungsklage und Klage auf Herausgabe des **Sicherungseigentums** (Frankf MDR 62, 60); Zusammentreffen von Rechtsmitteln mit dem Ziel der Verkürzung und der Verlängerung der **Unterhaltspflicht** (Stuttg FamRZ 08, 1205); Klage auf **Unzulässigkeit der Zwangsvollstreckung** und Aushändigung der Löschungsbewilligung (Ddorf MDR 00, 543; wirtschaftliche Identität indes fraglich wegen weitergehender Zielsetzung); neben der **Vollstreckungsabwehrklage** kann der Antrag auf Herausgabe des Titels ohne besonderen Wert sein (BGH JurBüro 04, 540; Hamm JurBüro 91, 1237); die negative Feststellungs-**Widerklage** kann mit der Klage identisch sein (Ddorf BauR 03, 1760; MDR 03, 236; Brandbg FamRZ 04, 962); weitere Fälle zur Widerklage Rz 26.

Für den Sonderfall des Zusammentreffens eines vermögensrechtlichen mit einem **nichtvermögensrechtlichen Anspruch** ist § 48 III GKG (IV aF) zu beachten. Die Regelung wird auch bei Zusammentreffen eines nichtvermögensrechtlichen mit einem vermögensrechtlichen Anteil bei herabsetzenden Äußerungen angewendet (LAG Rheinland-Pfalz MDR 07, 1045). Zutreffend erfolgt hier jedoch die Wertaddition (Hamm VersR 08, 1236).

6 **2. Fälle fehlender Identität. Ausschließungsantrag** und Widerklage auf Feststellung der Unwirksamkeit der Ausschließung (Frankf JurBüro 85, 1083), Werklohnanspruch und **Bauhandwerkersicherungshypothek** (zuletzt Ddorf MDR 09, 322; zum Meinungsstand und zur hM Rz 5), **Beseitigungs**- und Unterlassungsanspruch (Frankf JurBüro 72, 706; Bambg JurBüro 87, 1831), Klage auf Feststellung des **Betriebsübergangs** und Weiterbeschäftigung (LAG Schleswig-Holstein JurBüro 07, 257); bei Einbeziehung eines **Eilverfahrens** in einen Vergleich (B/L/A/H § 3 Rn 128); der Antrag auf **Feststellung**, dass der Zahlungsanspruch sich aus **unerlaubter Handlung** ergibt, ist nach dem Interesse an der gesteigerten Durchsetzbarkeit (§ 850f II) gesondert zu bewerten (Karlsr JurBüro 07, 648: 500 €; aA OLGR Stuttg 09, 266 und Jena MDR 10, 1211: idR kein selbständiger Wert); **Freistellung** von Verbindlichkeiten im Unterhaltsvergleich (Ddorf FamRZ 94, 57); mehrere Anträge nach §§ 1, 2 **GewSchG** (Dresd FamRZ 06, 803); die Vaterschaftsklage gegen mehrere **Kinder** ist für jedes mit dem Einzelstreitwert anzusetzen (Köln FamRZ 05, 1765; Hambg FamRZ 07, 1035; näher § 3 Streitwert-Lexikon Kindschaftssachen), jedenfalls wenn Umfang, Schwierigkeit und Bedeutung der Sache sich durch die Mehrzahl der Prozessgegner erhöhen (Karlsr FamRZ 07, 1035); Klage auf Zahlung offener **Nebenkosten** aus der Abrechnung und Widerklage auf Rückzahlung der Vorschüsse (Ddorf JurBüro 09, 85); Klage aus Nebenkostenabrechnung und Widerklage auf Rückzahlung der Vorschüsse (OLGR Ddorf 09, 225); aktienrechtliche **Nichtigkeits**- und Anfechtungsklage (OLGR Köln 07, 29); Klage auf **Räumung** und Löschungsbewilligung (OLGR Braunschweig 99, 231), Räumung und Abrisskosten (BGH MDR 05, 1431), Räumung und Feststellungsantrag bei unterschiedlichen Streitwerten (OLGR Braunschw 08, 803), Räumung und Mietzahlung; **Vollstreckungsschutzanträge** mehrerer Schuldner (LG Mannheim RPfleger 82, 238); Ansprüche auf **Widerruf** und Unterlassung (BGH NJW-RR 94, 1404).

7 **C. Besondere Fallkonstellationen. I. Aufrechnung. 1. Zuständigkeitsstreitwert.** Die zur Aufrechnung gestellte Gegenforderung bleibt trotz der Wirkungen des § 322 II ZPO für die Zuständigkeit außer Betracht, da sie nur Verteidigungsmittel ist (ganz hM, KG MDR 99, 439).

8 **2. Gebührenstreitwert.** Den Gebührenstreitwert regelt § 45 III GKG abschließend. § 39 III FamGKG trifft eine identische Regelung (Schulte-Bunert/Weinreich/*Keske* § 39 FamGKG Rn 7).

a) Hauptaufrechnung. Eine **Hauptaufrechnung** ist nicht streitwertrelevant, selbst wenn eine Vollstreckungsgegenklage ausschließlich mit einer Aufrechnung begründet wird (Köln FamRZ 92, 1461); das gilt auch für die Anwaltsgebühren (Hambg JurBüro 09, 645; s.a. Rz 10 aE); für den Streitwert bei der Vollstreckungsgegenklage ist alleine das Klageziel maßgeblich. Wird hingegen die Hauptaufrechnung hilfsweise mit weiteren, bestr Gegenforderungen unterlegt, gelten insoweit die nachfolgenden Grundsätze (BGH JurBüro 92, 563). 9

b) Hilfsaufrechnung. aa) Sachentscheidung. Eine Werterhöhung bei **Hilfsaufrechnung** setzt die nach § 322 II ZPO der Rechtskraft fähige verneinende **Sachentscheidung** über eine hilfsweise zur Aufrechung gestellte, bestrittene Gegenforderung voraus; unerheblich ist, ob die Existenz der Gegenforderung verneint oder ihr Erlöschen infolge der Aufrechnung bejaht wird (§ 322 Rz 66). Entsprechendes gilt für die Einbeziehung einer Hilfsaufrechnung in den **Vergleich** (Ddorf FamRZ 10, 1934); diese führt in der sich aus § 45 I 2 GKG, § 322 II ergebenden Grenze zur Werterhöhung (Anders/Gehle/Kunze S. 314 Rn 16). Der **Zeitpunkt** der Aufrechnungserklärung (vor oder in dem Rechtsstreit) ist unerheblich (BGH WM 92, 627); sie muss nur in der mündlichen Verhandlung vorgetragen werden. Greift die Hauptverteidigung des Beklagten durch, bleibt die Gegenforderung unbeachtet (Frankf JurBüro 91, 1387); Gleiches gilt, wenn der Bekl vor der Entscheidung auf die Hauptaufrechnung übergeht (OLGR Hambg 09, 163; Stuttg NJW 11, 540). Es muss sich um eine **echte Aufrechnung** handeln, nicht lediglich um eine verdeckte anderweitige Verteidigung wie etwa die bloße Verneinung der Klageforderung, eine Mängelrüge oder ein Zurückbehaltungsrecht. Das setzt Eigenständigkeit der Gegenforderung voraus (BGH NJW 73, 146: »Aufrechnung« des Bürgen mit Gegenforderung des Schuldners; Nürnbg JurBüro 00, 80: Vertragsstrafe; Hamm JurBüro 05, 541: Schadensersatz wegen Verzuges); sind die Forderungen **wirtschaftlich identisch**, findet keine Werterhöhung statt (BGH JurBüro 10, 368; Hamm NJW-RR 06, 456; Stuttg NJW 11, 540: Einwand fehlender Abnahme und Hilfsaufrechnung wegen Mängeln im Werklohnprozess); s.a. Rz 5). Ein **Versäumnisurteil** gegen den Beklagten enthält eine verneinende Sachentscheidung über die Gegenforderung (aA für VU in Berufung KGR 08, 1008). Die Hilfsaufrechnung **eines Streitgenossen** führt nur im Verhältnis zu diesem zu einer Werterhöhung (BGH NJW 67, 2162); die aA (KG MDR 09, 586; Zö/Herget § 3 Rn 16 Aufrechnung) verkürzt das § 45 III GKG, § 39 III FamGKG innewohnende Angreiferprinzip (§ 3 Rz 4). Der Hilfseinwand des Bürgen, der Hauptschuldner habe aufgerechnet, führt nicht zur Werterhöhung, weil hierauf keine rechtskraftfähige Entscheidung über die Gegenforderung ergeht (BGH NJW 73, 146 für Beschwer; aA Zö/Herget § 3 Rn. 16 Aufrechnung). 10

Keine Werterhöhung ergibt sich bei **Unzulässigkeit der Aufrechnung**, sei es aus prozessualen (BGH NJW 01, 3616: zu § 322 II ZPO; OLGR Hamm 99, 178: Zurückweisung als verspätet), sei es aus materiell-rechtlichen Gründen (BGH MDR 09, 1251; Dresd JurBüro 03, 475: fehlende Gleichartigkeit). Die Verneinung der Gegenforderung mangels hinreichender Substantiierung ist demgegenüber eine nach § 45 III GKG werterhöhende Sachentscheidung (Kobl JurBüro 02, 197); für die Abgrenzung zur nicht hinreichend bestimmten und daher prozessual unzulässigen Aufrechnung kommt es nach Erlass eines Urteils auf den Inhalt der Entscheidungsgründe an (BGH NJW 94, 1538). Bei fehlender Gegenseitigkeit tritt die Werterhöhung nach § 45 III GKG ein, weil das Nichtbestehen der Forderung jedenfalls ggü dem Kl festgestellt wird (Nürnbg BauR 01, 961; St/J/*Roth* § 5 Rn 63d). Auch für die **Anwaltsgebühren** ist ohne Sachentscheidung über die Hilfsaufrechnung kein erhöhter Wert festzusetzen ((BGH NJW 09, 231; Hamm JurBüro 07, 204; aA OLGR Jena 08, 883; s.a. Rz 9; ebenfalls aA Zö/Herget § 3 Rn. 16 Aufrechnung mit der praxisfernen Einschränkung, hierdurch entstehende Mehrkosten seien nach § 91 nicht erstattungsfähig).

bb) Umfang. Der Umfang der Werterhöhung ist wegen § 322 II auf die Klageforderung begrenzt (Ddorf RPfleger 94, 129). Wird eine Gegenforderung nur **zum Teil** hilfsweise aufgerechnet, gilt § 45 III GKG nur für diesen Teil (Köln JurBüro 94, 495). 11

Bei Hilfsaufrechnung mit **mehreren Gegenforderungen** ist für jeden Anspruch, der Gegenstand einer verneinenden oder das Erlöschen herbeiführenden Sachentscheidung wird, bis zur Höhe der Klageforderung zu addieren, so dass der Streitwert deren Höhe übersteigen kann (BGH RPfleger 92, 225; Köln JurBüro 92, 683; Ddorf RPfleger 94, 129). Die Gegenmeinung, die nur bis zum Doppelten der Klageforderung addieren will (Frankf JurBüro 86, 1388), übergeht die wirtschaftliche Bedeutung der Gegenforderungen. Beispiel: Klageforderung 10.000 (begründet), Hilfsaufrechnung mit 1: 14.000 (unbegründet), 2: 6.000 (begründet), 3: 12.000 (davon 2.000 begründet, 10.000 unbegründet); Urt auf Zahlung von 2.000; Gesamtwert: 10.000

(Klageforderung) + 10.000 (Aufr 1) + 6.000 (Aufr 2) + 4.000 (Aufr 3: 2.000 begründet + 2.000 Rest der Klageforderung) = 30.000.
Für **Abrechnungsverhältnisse** verneint die bislang hM wegen fehlender Rechtskraftwirkungen nach § 322 II ZPO jegliche Wertaddition (BGH NJW 92, 317; NJW-RR 97, 1157; 00, 285; MüKoZPO/*Wöstmann* § 5 Rn 11; St/J/*Roth* § 5 Rn 64). Da der BGH (NJW 05, 2771) nunmehr auch in Abrechnungsverhältnissen die Regeln der Aufrechnung durchgreifen lässt, erscheint es sachgerecht, hier nicht mehr formal an § 322 II ZPO anzuknüpfen, sondern § 45 III GKG jedenfalls entsprechend anzuwenden.

12 **cc) Instanzen.** Der Gebührenstreitwert ist unter Beachtung des sachlichen Gehalts der Entscheidung **für jede Instanz getrennt** festzusetzen (BGH JurBüro 79, 41; 79, 358; RPfleger 87, 37; KG JurBüro 81, 1232; Celle JurBüro 87, 1053; München JurBüro 90, 1337; Stuttg NJW-RR 05, 507). Hat also die untere Instanz über die hilfsweise zur Aufrechnung gestellte Gegenforderung eine **der Rechtskraft fähige** (nicht notwendig: rechtskräftige) Sachentscheidung getroffen, bleibt es dort ohne Rücksicht auf die Entscheidung des höheren Gerichts beim erhöhten Streitwert. Entscheidet das höhere Gericht nunmehr ohne Sachentscheidung über die Gegenforderung, wird für den höheren Rechtszug der Streitwert festgesetzt, ohne diese zu berücksichtigen; denn die Sachentscheidung der 1. Instanz über die Gegenforderung entfällt; der höhere Rechtsmittelstreitwert ist nicht maßgeblich (Jena MDR 02, 480; Stuttg NJW-RR 05, 507; aA OLGR Frankf 99, 121). Bei erstmaliger Sachentscheidung über die Gegenforderung im höheren Rechtszug erhöht sich der Streitwert nur dort.
Wird vom Beklagten gegen ein Urt, das die Existenz der Klageforderung bejaht und die hilfsweise zur Aufrechnung gestellte Gegenforderung verneint, ein **Rechtsmittel** eingelegt, dieses aber vor Erlass einer Sachentscheidung **zurückgenommen** oder wird ein Antrag nicht gestellt, beläuft sich der Gebührenstreitwert für den höheren Rechtszug nach Maßgabe der materiellen Beschwer auf den selben, addierten Wert wie in der Vorinstanz (BGH JurBüro 79, 358; OLGR Frankf 99, 121); die Gegenmeinung (München, MDR 90, 934; Köln JurBüro 95, 144; Jena MDR 02, 480; Stuttg NJW-RR 05, 507; MüKoZPO/*Wöstmann* § 5, Rn 10) mag den Wortlaut des § 45 III GKG für sich haben, sie berücksichtigt jedoch nicht hinreichend, dass die Herbeiführung der Rechtskraft durch Rechtsmittelrücknahme der Rechtskraftfähigkeit der Entscheidung der Vorinstanz mindestens entspricht. Kommt es nach § 47 I 1 GKG (§ 40 I 1 FamGKG) auf Sachanträge an, gilt § 45 III GKG (§ 39 III FamGKG).

13 **3. Rechtsmittelstreitwert.** Scheitert eine **Primäraufrechnung**, fehlt es an einer eigenständigen Beschwer, weil der Streit der Parteien trotz der Anknüpfung an zwei verschiedene Forderungen wirtschaftlich nur über einen Betrag geht, der die Klageforderung nicht übersteigt (BGH NJW-RR 95, 508; 99, 1736); Gleiches gilt, wenn der Kl sich gegen eine Klageabweisung wendet. Macht der Beklagte im zweiten Rechtszug nur die Aufrechnung mit einer Gegenforderung gegen eine unbestrittene Klageforderung geltend und verurteilt ihn das Berufungsgericht zur Zahlung, ohne dass es diese abw von der Entscheidung des Gerichts der 1. Instanz von einer Nachbesserung abhängig macht, wird der Beklagte durch den Wert der ursprünglichen Zug-um-Zug-Leistung nicht beschwert (BGH AnwBl 92, 324).
Für die **Hilfsaufrechnung** kommt es auf die Frage an, inwieweit der Rechtsmittelführer durch eine Sachentscheidung über das Bestehen der Gegenforderung beschwert ist. Das ist der Fall, wenn bei Rechtskraft des angefochtenen Urteils deren Nichtbestehen nach § 322 II ZPO festgestellt wäre (BGH NJW 92, 317). Wenn mithin der Klage stattgegeben und die Gegenforderung verneint wird, ist der Beklagten in Höhe der Summe beider Forderungen, bei der Gegenforderung begrenzt durch die Klageforderung, beschwert (BGHZ 48, 212). Soweit die Klage auf die Hilfsaufrechnung hin abgewiesen wird, ergibt sich die materielle Beschwer des Beklagten aufgrund der unfreiwilligen Erfüllung aus dem Wert der berücksichtigten Gegenforderung. Wird die Zulässigkeit der Aufrechnung verneint, ist der verurteilte Beklagte lediglich durch die Verurteilung auf die Klage beschwert; aus der Nichtberücksichtigung der Aufrechnung erwächst ihm wie bei Unbeachtlichkeit anderer Verteidigungsmittel kein zusätzlicher Nachteil, weil die Gegenforderung erhalten bleibt.

14 **II. Haupt- und Hilfsantrag. 1. Zuständigkeitsstreitwert.** Da der **echte Hilfsantrag** auflösend bedingt ist und damit sofort rechtshängig wird (BGH NJW 02, 3478), ist er für die Zuständigkeit von der Klageerhebung an zu berücksichtigen, ohne dass es auf eine Entscheidung über ihn ankommt. Entsprechendes gilt von der Klageerweiterung an, wenn § 506 ZPO eingreift (Rz 3). Mithin kann das LG sachlich zuständig sein oder werden, wenn alleine der Streitwert des Hilfsantrags die Wertgrenze des § 23 Nr 1 GVG überschreitet; der nachträgliche Wegfall der Rechtshängigkeit bei Zuspruch auf den Hauptantrag ist wegen §§ 4, 261 III

Nr 2 ohne Einfluss. Ergibt sich die sachliche Zuständigkeit des LG aus dem Streitwert des Hauptantrags, bedarf die Frage für den Hilfsantrag keiner Klärung. Im Ergebnis kommt es für die wertabhängige sachliche Zuständigkeit jedenfalls beim echten Hilfsantrag auf den höherwertigen der Anträge an. Eine Wertaddition findet für die Zuständigkeit nicht statt; das fordert der Nachrang des Hilfsantrags, dem andernfalls zu hohes eigenständiges Gewicht zukäme.

Beim **unechten Hilfsantrag** (zB Hauptantrag auf Herausgabe, Hilfsantrag auf Schadensersatz nach Fristab- 15
lauf, Köln VersR 95, 679) ist wegen des Ziels der kumulativen Verurteilung die Wertaddition für die Zuständigkeit an sich vertretbar, indes wird sie regelmäßig an der wirtschaftlichen Identität der Klageziele scheitern (OLGR Jena 99, 100; Anders/Gehle/Kunze bei Unechte Hilfsanträge; oben Rz 4 ff).

2. Gebührenstreitwert. Für den **echten Hilfsantrag** gilt § 45 I 2, 3 GKG; § 39 I 2 FamGKG trifft eine iden- 16
tische Regelung (Schulte-Bunert/Weinreich/*Keske* § 39 FamGKG Rn 6). Voraussetzung der Wertaddition ist eine der Rechtskraft fähige **Sachentscheidung** über den Hilfsantrag (Köln JurBüro 97, 435; OLGR Brandbg 98, 70). Eine vorläufige Wertfestsetzung für die Gebühren erfolgt daher nur nach dem Hauptantrag. Bei einer Abweisung durch Prozessurteil, etwa mangels Bestimmtheit oder wegen Unzulässigkeit der nachträglichen Klagenhäufung (Nürnbg MDR 80, 238), bleibt der Hilfsantrag endgültig unberücksichtigt. Gleiches gilt für eine Entscheidung über den Hauptantrag, aufgrund derer der Hilfsantrag nicht zum Zuge kommt, weil seine Rechtshängigkeit rückwirkend entfällt (zB Zuspruch auf den Hauptantrag, wenn der Hilfsantrag für den Fall seiner Abweisung gestellt war). Auch bei einer Sachentscheidung über den Hilfsantrag kann die Wertaddition an der **wirtschaftlichen Identität** der Klageziele scheitern, § 45 I 3 GKG. Die Frage beurteilt sich wie das entsprechende Problem bei der Widerklage (s.u. Rz 25). Entscheidend für die Anwendung des § 45 I 3 GKG ist, ob die Ansprüche einander ausschließen und damit notwendigerweise die Zuerkennung des einen Anspruchs mit der Aberkennung des anderen verbunden ist (BGH NJW-RR 92, 1404: Identität von Klage und negativer Feststellungs-Widerklage; BGH NJW-RR 03, 713; KG MDR 03, 716; KG FamRZ 11, 754: Abänderungsklage mit hilfsw A auf Rückzahlung; ArbG Nürnberg MDR 04, 907). In diesen Fällen zählt nur der höhere Wert; das ist generell auch für die Gebühren des Anwalts maßgeblich (OLGR Karlsruhe 07, 965; aA LAG Nürnberg MDR 05, 120; Zö/*Herget* § Rn 16 Eventualantrag). Könnten die eventualiter eingeklagten Ansprüche **kumulativ** geltend gemacht werden, also nebeneinander stehen, ist eine Wertaddition vorzunehmen (BGH 12.4.2010 – II ZR 34/07 -; KG MDR 03, 716; OLGR Rostock 08, 170: pos und neg Interesse); das gilt auch beim **verdeckten Hilfsantrag** (BGH NJW 99, 3564; Frankf JurBüro 06, 538).

Für den **unechten Hilfsantrag** wird idR von wirtschaftlicher Identität auszugehen sein (Rz 15; zu § 19 IV GKG aF LG Köln MDR 84, 501; vgl auch LAG Ddorf JurBüro 89, 955; 90, 243). Daneben spricht der Gedanke des § 18 GKG gegen eine Kumulation.

Entsprechend ist der Wert festzusetzen, wenn der Hilfsanspruch in einen **Vergleich** einbezogen wird (ArbG Nürnberg MDR 04, 907).

3. Rechtsmittelstreitwert. Es kommt auf die Frage an, inwieweit der Rechtsmittelführer durch die ange- 17
fochtene Entscheidung beschwert ist und diese Beschwer bekämpft. Wird die Klage mit Haupt- und Hilfsantrag (oder: Hilfsanträgen) abgewiesen und verfolgt der Kl sämtliche Anträge im Rechtsmittelzug weiter, sind ihre Streitwerte grds zu addieren (BGH NJW 84, 371). Das gilt nicht, wenn eine Sachentscheidung über den Hilfsantrag nicht ergehen durfte, weil die auflösende Bedingung, unter welcher der Kl ihn gestellt hatte, eingetreten war; in diesem Fall wird der Hilfsantrag ohnehin gegenstandslos (BGH NJW-RR 99, 1157). Ebenso ist bei wirtschaftlicher Identität keine Addition vorzunehmen (BGH NJW-RR 03, 713). Für den unechten Hilfsantrag gilt das Gleiche.

III. Stufenklage. Da die verbundenen Anträge idR auf ein identisches wirtschaftliches Ziel gerichtet sind, 18
ist für den Zuständigkeitsstreitwert trotz grds Wertaddition alleine auf den höchsten Einzelwert abzustellen (Musielak/*Heinrich* § 3 Rn 34 Stufenklage; dies verkennend Zö/*Herget* § 3 Rn 16 Stufenklage und § 5 Rn 7; ebenfalls aA Brandbg MDR 02, 536). Für den Gebührenstreitwert gilt dies nach § 44 GKG ohnehin; § 38 FamGKG trifft eine identische Regelung (Schulte-Bunert/Weinreich/*Keske* § 38 FamGKG). Normalerweise ist der Wert des Leistungsantrags der höchste. Terminsgebühren fallen nach § 23 I 1 RVG, § 36 I GKG nur für den Wert des verhandelten Antrags an. Der Rechtsmittelstreitwert bestimmt sich nach der Beschwer des Rechtsmittelführers, bei Teilurteil auf einer unteren Stufe also nach dem beschiedenen Antrag. Bei Verurteilung zur Auskunft kann die Beschwer des Beklagten gering sein (vgl auch § 3 Streitwertlexikon Auskunft, Stufenklage, insb hinsichtlich GeS und ReS).

19 **IV. Wahlschuld, Ersetzungsbefugnis.** Für die **Wahlschuld** scheidet wegen der Alternativität der angestrebten Verurteilung eine Wertaddition generell aus; wirtschaftliche Identität besteht demgegenüber nicht. Nach hM ist bei Wahlrecht des Gläubigers auf den höheren, bei Wahlrecht des Schuldners auf den niedrigeren Wert abzustellen, weil idR davon auszugehen ist, dass die wahlberechtigte Partei sich für das ihr günstigere Ergebnis entscheidet (MüKoZPO/*Wöstmann* § 5 Rn 26; St/J/*Roth* § 5 Rn 41 mit praxisfernem Verweis auf § 3 ZPO). Für den Zuständigkeits- und den Rechtsmittelstreitwert ist dem bei Wahlrecht des Schuldners nicht zu folgen, weil auch in diesem Fall der höherwertige Gegenstand von den Urteilswirkungen erfasst werden kann; daher ist insoweit der höhere Wert maßgeblich. Besteht Streit, wem das Wahlrecht zusteht, kommt es für den Gebührenstreitwert auf den niedrigeren Wert an. Wird erst nach Ausübung des Wahlrechts geklagt, entscheidet die gewählte Leistung.
Bei der **Ersetzungsbefugnis** kommt es generell auf den höheren der beiden Werte an; denn das Interesse des Kl richtet sich notwendig auch auf die Ersatzleistung (in Einzelheiten aA MüKoZPO/*Wöstmann* § 5 Rn 26; St/J/*Roth* § 5 Rn 41; AK-ZPO/*Röhl* § 5 Rn 3; Anders/Gehle/Kunze bei Wahlschulden Rn 6). Gleiches gilt für den **alternativen Klageantrag**, da der Kl jedenfalls auch den höher bewerteten Gegenstand erstrebt; das Interesse des Bekl, nur den geringeren Wert zu leisten, ist unbeachtlich (§ 3 Rz 4).

20 **V. Streitgenossen. 1. Wirtschaftliche Identität.** Vorrangig ist für alle Streitwertarten, namentlich auch den Rechtsmittelstreitwert (BGH NJW-RR 91, 186), die Frage der wirtschaftlichen Identität zu prüfen (Rz 4 ff). Sie ist bei **gesamtschuldnerischer Inanspruchnahme** auf dieselbe Leistung generell gegeben, so dass die Vervielfältigung des Streitwertes mit der Anzahl der Schuldner ausscheidet (BGH NJW 01, 2638; MDR 04, 406). Das gilt zB auch bei der gleichzeitigen Inanspruchnahme von Schuldner und Bürge (OLGR Ddorf 97, 199) oder Personen(handels)gesellschaft und Gesellschafter, bei der Vollstreckungsabwehrklage von Gesamtschuldnern (Köln FamRZ 92, 1461), bei der gegen mehrere Gläubiger eines Titels gerichteten Unterlassungs- oder Vollstreckungsabwehrklage (Karlsr MDR 91, 353) oder bei Leistungsklage und Klage auf Duldung der Zwangsvollstreckung gegen Erben und Testamentsvollstrecker. Ausnahme ist die Inanspruchnahme mehrerer Bekl auf Unterlassung ehrkränkender Äußerungen, da insoweit keine Gesamtschuld vorliegt (München MDR 93, 286). Ein einheitlicher Anspruch mehrerer **Gesamtgläubiger** wird grds nur einfach angesetzt. Verschiedene Ansprüche mehrerer Kl und verschiedene Ansprüche eines Klägers gegen mehrere Beklagte sind für die Gerichtsgebühren zu addieren; für die Anwaltsgebühren kommt es auf die Beteiligung der vertretenen Partei am Rechtsstreit an, so dass eine gespaltene Wertfestsetzung geboten sein kann (vgl auch § 3 Streitwertlexikon Familiensachen, Vaterschaftsanfechtung); die Beschwer ist für jeden Rechtsmittelführer einzeln zu prüfen. Besteht **Teilidentität**, ist der höhere Wert maßgeblich (Beispiel: Klage gegen A und B als Gesamtschuldner auf Zahlung von 10.000 € und gegen B auf Zahlung weiterer 5.000 €, ZuS und GeS für die Gerichtskosten und die Anwaltskosten von Kl und B: 15.000 €, bei A 10.000 €).

21 **2. Unterlassungsanspruch.** Wird von mehreren Klägern oder gegen mehrere Beklagte ein **Unterlassungsanspruch** geltend gemacht, ist wirtschaftliche Identität gegeben, wenn bei wirtschaftlicher Betrachtung nur ein Gegenstand umstr ist, zB bei Klage mehrerer Miteigentümer eines Grundstücks auf Unterlassung von Immissionen (BGH NJW-RR 87, 1148). Macht demgegenüber jeder Kl ihm alleine zustehende Rechte geltend oder sind die Verletzungshandlungen mehrerer Bekl jeweils für sich gesehen von eigenständigem Gewicht, wie es namentlich im Wettbewerbsrecht anzunehmen ist, sind die Einzelwerte zu addieren (anders wird BGH GRUR 06, 243 nicht zu verstehen sein; auch München MDR 93, 286; OLGR München 01, 291; OLGR Hambg 01, 172; 06, 731). Die tw befürwortete Gesamtschau mehrerer Klägeransprüche bei nur maßvoller Erhöhung des einfachen Wertes (Stuttg WRP 88, 632) ist ein Mittelweg zwischen Identität und Einzelansatz; dessen bedarf es nicht.

22 **3. Gespaltene Festsetzung.** Bei rechtlichem Interesse, etwa wegen unterschiedlicher anwaltlicher Vertretung von **Streitgenossen**, ist für die außergerichtlichen Kosten eine getrennte Wertfestsetzung geboten; im **selbständigen Beweisverfahren** kommt es insoweit auf die Beteiligung der Ag an den Streitpunkten an, wobei sie im Zweifel an allen beteiligt sind (BGH JurBüro 08, 369).

23 **VI. Streitwertunabhängige Zuständigkeit.** Wird am AG ein in dessen ausschließliche Zuständigkeit fallender Anspruch (zB aus Wohnraum-Miete) mit einem Anspruch verbunden, für den die Zuständigkeit wertabhängig ist (zB aus Verletzung des Vermieters durch den Mieter), ist für die Bestimmung der wertabhängigen Zuständigkeit keine Addition der beiden Einzelwerte vorzunehmen, sondern eine isolierte

Betrachtung geboten. Werden etwa beide Einzelansprüche mit je 4.000 € bewertet, ist das AG auch für den zweiten zuständig. Für den Gebührenstreitwert ist zu addieren. Bei ausschließlicher Zuständigkeit des LG bleibt aus praktischen Erwägungen die Zuständigkeit auch für weitere Ansprüche bestehen, die für sich gesehen beim AG zu verhandeln wären.

D. Widerklage (Hs 2). I. Zuständigkeitsstreitwert. § 5 gilt uneingeschränkt nur für den **Zuständigkeitsstreitwert**. Der Beklagte soll es nicht in der Hand haben, durch eine für sich in die Zuständigkeit des angerufenen Gerichts fallende Widerklage infolge Wertaddition die Zuständigkeit eines anderen Gerichts zu begründen (BGH NJW 94, 3292). Praktische Bedeutung hat Hs 2 bei Klage und Widerklage am AG. Hier wird die Zuständigkeit des LG alleine durch eine Wertaddition nicht begründet. Ist für eine am AG erhobene Widerklage bei isolierter Betrachtung streitwertmäßig das LG zuständig, gilt § 506 I ZPO. Der Streitwert der Widerklage ist bei Erhebung mehrerer Ansprüche unter Beachtung des § 5 Hs 1 ZPO zu ermitteln. Bei zulässiger Klage am LG ist dieses unter den Voraussetzungen des § 33 ZPO ohne Rücksicht auf den Streitwert auch für die Widerklage zuständig, soweit die übrigen Voraussetzungen erfüllt sind. Der Beklagte kann mithin eine Widerklage erheben, die für sich gesehen am AG einzureichen wäre. Erhebt der Beklagte bei einer nach dem Streitwert nicht zulässigen Klage am LG eine in dessen Zuständigkeit fallende Widerklage, entsteht analog § 506 I ZPO die Zuständigkeit des LG auch für die Klage (zT aA MüKoZPO/*Wöstmann* § 5 Rn 31; St/J/*Roth* § 5 Rn 43; Musielak/*Heinrich* § 5 Rn 14). 24

II. Gebührenstreitwert. 1. Wirtschaftliche Werthäufung. Der Gebührenstreitwert der Widerklage ist in § 45 I 1, 3 GKG (identisch mit § 39 I 1, 3 FamGKG) speziell geregelt; § 5 Hs 2 greift insoweit nicht ein. Die Werte von Klage und Widerklage werden nach § 45 I 1, 3 GKG zusammengerechnet, sofern die Ansprüche wirtschaftlich nicht denselben Gegenstand betreffen. Zweck der Vorschrift ist es, den Gebührenstreitwert niedrig zu halten, wenn die gemeinschaftliche Behandlung von Klage und Widerklage die Arbeit des Gerichts vereinfacht. Deshalb kommt es nicht auf den zivilprozessualen Streitgegenstandsbegriff an (BGH NJW 94, 3292 unter 3b; NJW-RR 05, 506; 12.4.2010 – II ZR 34/07 –). Der kostenrechtliche Gegenstandsbegriff der Vorschrift erfordert vielmehr eine wirtschaftliche Betrachtung. Eine Zusammenrechnung hat grds nur dort zu erfolgen, wo durch das Nebeneinander von Klage und Widerklage eine »wirtschaftliche Werthäufung« entsteht (BGH NJW-RR 1987, 1148; 05, 356; Stuttg NJW-RR 09, 864; OLGR Saarbr 09, 424), beide also nicht das wirtschaftlich identische Interesse betreffen (BGH NJW-RR 91, 186). Eine wirtschaftliche Identität von Klage und Widerklage liegt nach der von der Rechtsprechung entwickelten »**Identitätsformel**« dann vor, wenn die Ansprüche aus Klage und Widerklage nicht in der Weise nebeneinander stehen können, dass das Gericht uU beiden stattgeben kann, sondern die Verurteilung nach dem einen Antrag notwendigerweise die Abweisung des anderen Antrags nach sich zieht (BGH NJW-RR 05, 506). Sind die Gegenstände von Klage und Widerklage identisch, ändert sich nichts dadurch, dass die Widerklage sich gegen einen weiteren Widerbeklagten richtet (Brandbg JurBüro 03, 85). Entsprechendes gilt nach § 45 II GKG für **Rechtsmittel** (vgl auch § 3 Streitwertlexikon Rechtsmittel). Die Herleitung von Ansprüchen aus verschiedenen Lebenssachverhalten schließt wirtschaftliche Identität aus (BGH 12.4.2010 – II ZR 34/07 – JurionRS 2010, 14863). 25

2. Identischer Gegenstand. Keine Zusammenrechnung erfolgt zB bei bloßer Verneinung der Klage (Brandbg FamRZ 04, 962), wie etwa Klage auf Vertragserfüllung und Widerklage auf Feststellung der Nichtigkeit des Vertrags (BGH NJW-RR 92, 1404; NJW-RR 06, 378), des Weiteren bei Streitverfahren nach Vollstreckungsbescheid, aus dem bereits vollstreckt wurde und Widerklage auf Rückzahlung (BGHZ 38, 237), Klage auf eine Kaskoversicherungsleistung und Widerklage auf Rückzahlung eines anlässlich des Schadensfalles gewährten Darlehens (BGH NJW-RR 05, 506), Klage und Widerklage auf Auszahlung eines identischen Guthabens (Ddorf JurBüro 84, 1868), Herausgabe des Kfz-Briefes und Herausgabe des Kfz (KG RPfleger 62, 120), Zahlungsklage und Widerklage auf Herausgabe des Schuldscheins (Celle JurBüro 90, 1036), Löschung einer Vormerkung und Eintragung des Berechtigten (Nürnbg JurBüro 92, 52), neg Feststellungs-Drittwiderklage gegen den Zedenten und Leistungsklage (OLGR Celle 09, 1025). Auch die Werte von wechselseitig erhobenen Auskunftsansprüchen sind nicht zu addieren. 26

3. Verschiedene Gegenstände. Die Zusammenrechnung findet zB statt bei Klage und Widerklage auf entgegengesetzte Abänderungen des Unterhaltstitels (Naumbg JurBüro 04, 379; München FamRZ 07, 750), Rückzahlung einer Anzahlung und Forderung des Restwerklohns (Bambg JurBüro 85, 1212), Herausgabe und Werklohn für Leistungen an der Sache (Hamm RPfleger 90, 40), Anzahlung und Restforderung 27

(Bambg JurBüro 85, 1212), Folgen eines Verkehrsunfalls (Köln JurBüro 90, 241), Herausgabe und Werklohn für Aufwand auf die Sache (Hamm RPfleger 90, 40), Klage aus Nebenkostenabrechnung und Widerklage auf Rückzahlung der Vorschüsse (OLGR Ddorf 09, 225). Beim **Zugewinnausgleich** wird in der Rechtsprechung wohl überwiegend eine Wertaddition befürwortet (Bambg FamRZ 95, 492; Köln FamRZ 97, 41; MDR 01, 941; München FamRZ 97, 41; Stuttg FamRZ 06, 1055; Celle NJW-RR 11, 223 = FamRZ 11, 134), wofür spricht, dass beide Parteien nicht nur den eigenen Anspruch durchsetzen, sondern auch den Anspruch des Gegners abwehren wollen; zwar wird das Ergebnis normalerweise aus der Feststellung und Bewertung der selben Vermögensmassen gewonnen; der Gedanke der wirtschaftlichen Identität (Rz 4 ff) steht aber alleine hierwegen der Addition nicht entgegen (aA Köln FamRZ 94, 641).
Bei **Teilidentität** sind die identischen Teile einfach und die überschießenden jeweils für sich anzusetzen (Ddorf MDR 03, 236).

28 **III. Rechtsmittelstreitwert.** Zur Ermittlung des Rechtsmittelstreitwertes ist Hs 2 nicht anzuwenden; soweit eine Partei die Entscheidung über Klage und Widerklage angreift, sind die Einzelwerte zu addieren (BGH NJW 94, 3292; heute nahezu allgA; zur – nicht haltbaren – Gegenansicht Zö/*Herget* § 5 Rn 2). Bei wechselseitigen Rechtsmitteln berechnet sich die Beschwer für jede Seite getrennt (BGH NJW 94, 3292). Wird der Beschwerdewert, § 26 Nr 8 EGZPO, nur bei Addition von Klage und Hilfswiderklage erreicht, müssen hinsichtlich beider die Zulassungsgründe dargelegt werden (BGH MDR 09, 1134). Bei erfolgloser gesamtschuldnerischer Inanspruchnahme eines **Drittwiderbeklagten** reicht eine Rechtsmittelbeschwer aus, die sich aus dem gesamten Misserfolg des Beklagten in Klage und Widerklage ergibt (Oldbg NJW-RR 93, 827).

29 **IV. Weiteres.** Fällt eine am AG erhobene **Hilfswiderklage** in die Zuständigkeit des LG, greift sofort § 506 ZPO ein, wie auch der Hilfsantrag von der Klageerhebung an für die Zuständigkeit maßgeblich ist (Rz 14). Für den Gebührenstreitwert gilt § 45 I 2 GKG; der Eventualfall muss mithin eintreten, damit der Antrag sich auswirken kann (Bambg JurBüro 94, 112). Die Gebührenwerte sind zu addieren, wenn ein **Vergleich** beide Ansprüche umfasst (Braunschw JurBüro 90, 912; Ddorf MDR 06, 297; FamRZ 10, 1934). Der Rechtsmittelstreitwert bemisst sich anhand der Beschwer; insoweit wird auf die Ausführungen zum Hilfsantrag verwiesen (Rz 14).

30 Die **Wider-Widerklage** des Klägers stellt einen normalen Fall der Klagenhäufung dar, für den insgesamt die zu § 5 besprochenen Grundsätze gelten.

§ 6 Besitz; Sicherstellung; Pfandrecht. [1]**Der Wert wird bestimmt: durch den Wert einer Sache, wenn es auf deren Besitz, und durch den Betrag einer Forderung, wenn es auf deren Sicherstellung oder ein Pfandrecht ankommt.** [2]**Hat der Gegenstand des Pfandrechts einen geringeren Wert, so ist dieser maßgebend.**

1 **A. Tragweite. I. Anwendungsbereich.** Die Norm gibt zum Zweck der einfachen und klaren Wertfestsetzung einen normativen Streitwert vor. Sie gilt grds für alle **Streitwertarten** (§ 2 Rz 2 ff). Nur ggü S 1, 1. Alt geht für den **Gebührenstreitwert** § 41 GKG vor; iÜ gilt § 6 auch insoweit über § 48 I GKG, § 23 I RVG. Für die Anwaltsvergütung in der Zwangsvollstreckung ist § 25 I Nr 1 RVG zu beachten. § 8 hat als Spezialregelung Vorrang (BGH NJW-RR 94, 256; Nürnbg JurBüro 04, 377: bei Räumungsklage des Käufers gegen den Verkäufer gilt § 6). S 1, 2. Alt geht der 1. Alt vor, so dass es beim Anspruch auf Herausgabe einer Sache zum Zweck der Sicherung einer Forderung auf deren Betrag ankommt, begrenzt durch den Wert der Sache (OLGR Frankf 02, 376; MüKoZPO/*Wöstmann* § 6 Rn 3). Die **Abnahme** einer Sache oder die Entgegennahme der Auflassung fällt nicht unter § 6, sondern unter § 3; maßgeblich ist die Ersparnis an Kosten und Lasten (§ 3 Streitwertlexikon Abnahme).

2 **II. Restriktive Auslegung.** In der Rspr wird zunehmend eine restriktive Auslegung der Norm befürwortet, soweit sie nach § 62 S 1 GKG, § 23 I 1 RVG für den **Gebührenstreitwert** maßgeblich ist. Hierdurch soll insb für S 1, 1. Alt angesichts eines oft hohen Nominalwertes dem wahren wirtschaftlichen Interesse Rechnung getragen werden, das zB gering sein kann, wenn nur noch um eine relativ kleine Gegenforderung gestritten wird, oder wenn die **Löschungsklage** eine geringere **wirtschaftliche Bedeutung** hat als der Nominalwert des Grundpfandrechts (Frankf AnwBl 84, 94; für Anwendung § 3: OLGR Ddorf 93, 348: geringe Restforderung bei Auflassungsklage; Köln BB 95, 952: nicht valutierte Grundschuld nur nach dem Interesse des Eigentümers an der Löschung; OLGR Frankf 02, 376: bei Verteidigung gegen Herausgabeanspruch mit Pfandrecht nur Wert der gesicherten Forderung; KG JurBüro 03, 593 und MDR 03, 1383: wie BVerfG;

Stuttg MDR 09, 1353: Bewertung nach der Forderung, wegen derer die Auflassung verweigert werden kann; Celle NJW-RR 01, 712; MDR 05, 1196 und OLGR Rostock 09, 969: Löschungsbewilligung nach Wegfall des Sicherungszwecks 20 % des Nominalwertes; Stuttg MDR 10, 778: dsgl bei unstreitiger Höhe der Valutierung; Dresd MDR 08, 1005 = JurBüro 08, 476: bei Löschung einer **Sicherungshypothek** Wert der offenen Forderung; OLGR Frankf 08, 321: 20 %; Nürnbg MDR 09, 217: 20 % bei Grundschuld ohne Valutierung; OLGR Kobl 09, 580: Restforderung; Zö/*Herget* § 6 Rn 1; abl St/J/*Roth* § 6 Rn 1; MüKoZPO/*Wöstmann* § 6 Rn 2; Musielak/*Heinrich* § 3 Rn 23 Auflassung, jeweils; für Ansatz des vollen Wertes Stuttg JurBüro 02, 424; Hamm BauR 03, 132; s.a. Rz 19). Der BGH ist dem für den Vollzug der **Auflassung** gefolgt, hat die Frage für die Auflassung selbst aber offen gelassen (BGH NJW 02, 684 = BauR 02, 520; auch Karlsr JurBüro 06, 145; für Ansatz des Restkaufpreises bei Auflassungsklage Nürnbg MDR 11, 514 = NJW-RR 11, 1007).

Das **BVerfG** sieht den Ansatz für eine restriktive Auslegung des § 6 (alternativ für eine Anwendung des § 3) 3
im Justizgewährungsanspruch, da der Zugang zu den Gerichten nicht durch Schaffung eines unzumutbaren Kostenrisikos erschwert werden darf. Das gilt sowohl für die Belange des Klägers (NJW 87, 2067) als auch für diejenigen des Beklagten (NJW-RR 00, 946: Löschung eines Grundpfandrechts über 2,4 Mio bei Gegenforderung von rd 1 % des Nennbetrags; abl Musielak/*Heinrich* § 6 Rn 5; MüKoZPO/*Wöstmann* § 6 Rn 2). Der Lösungsweg verlässt das Prinzip des Angreiferinteresses (§ 3 Rz 4, § 8 Rz 8). Er ist für die Praxis gangbar, wenn die Unzumutbarkeit des Kostenrisikos mit Gründen festgestellt wird. Sind Möglichkeiten, das str Recht zumindest tw aufzugeben oder für das geringwertige Gegenrecht Sicherheit zu leisten, nicht genutzt worden, wird der Justizgewährungsanspruch durch eine hohe Wertfestsetzung nicht verletzt (ähnl St/J/*Roth* § 6 Rn 1). In der Rspr wird § 6 zT weiterhin ohne Einschränkungen angewendet (Auflassung bei kleiner Restforderung: München MDR 97, 599; Stuttg JurBüro 02, 424; Hamm MDR 02, 1458; IBR 05, 297; Köln MDR 05, 298; zur Löschung s.u. Rz 19); das ist nach Maßgabe der vorstehenden Erwägungen verfassungsrechtlich vertretbar.

B. Anwendungsfälle. I. Wert einer Sache (S 1, 1. Alt). 1. Sache, Urkunden. Die Norm erfasst bewegliche 4
und unbewegliche Sachen. **Urkunden** gehören dazu, wenn sie unmittelbar einen eigenen wirtschaftlichen Wert verkörpern (BGH KostRspr § 6 ZPO Nr 174; NJW 89, 2755), zB **echte Wertpapiere** wie Scheck, Wechsel, Aktien (BGHR ZPO § 511a Wertberechnung 11; BGH FamRZ 92, 169; Köln MDR 75, 60: bei unstr eingeschränkter Realisierbarkeit nur § 3; Ddorf JurBüro 94, 494: voller Nennwert, wenn Zahlung offen). Die Höhe bestimmt sich grds nach dem Nenn- oder Kurswert (BGH NJW 88, 2804; 89, 2755; Ddorf JurBüro 94, 494). Bei **anderen Urkunden** zählt der Substanz- oder Sammlerwert, Beispiele: Baupläne, technische Zeichnungen, Briefmarken und historische Urkunden; ein Marktwert muss feststellbar sein (St/J/*Roth* § 6 Rn 8 ff).

Rektapapiere, **Legitimationspapiere** und **Beweisurkunden** sind demgegenüber gem § 3 nach dem Interesse des Kl an der Herausgabe zu bewerten (BGHR ZPO § 511a Wertberechnung 11; Bremen RPfleger 85, 77; LG Würzburg JurBüro 90, 108), so etwa der Depotschein, der Erbschein (BGH KostRspr ZPO § 3 Nr 176), der Frachtbrief, das Sparbuch (BGH NJW-RR 95, 362: für Beschwer voller Wert der Einlage; aA OLGR Ddorf 93, 266), der Grundschuldbrief (Frankf JurBüro 03, 537: voller Nennwert), der Hypothekenbrief (Bremen RPfleger 85, 77), der Kfz-Brief (Saarbr JurBüro 90, 1661; Ddorf MDR 99, 891: ⅓ des Fahrzeugwertes), die Quittung, der vollstreckbare **Titel** (BGH FamRZ 92, 169; JurBüro 04, 540: Interesse am Besitz zur Verhinderung von Missbrauch; Köln JurBüro 79, 1701; § 5 Rz 5), der Schuldschein (Köln NJW-RR 97, 381: 20–30 % der Forderung), die Versicherungspolice (LAG Stuttgart VersR 02, 913: ⅓ der Versicherungssumme; OLGR Saarbr 06; 465: voller Wert der Versicherungsleistung, wenn diese gegen Vorlage erlangt wird), Krankenunterlagen (Nürnbg MDR 10, 1418: 20 % der behaupteten Schadensersatzforderung). Der Wert einer aktuellen Beweisurkunde kann nicht höher sein als der Wert des verbrieften Rechts (Bremen RPfleger 85, 77; Köln NJW-RR 97, 381). Der **Wert der Beschwer** für den Bekl ist nach dessen Abwehrinteresse zu bestimmen (BGH NJW 99, 3049; NJW-RR 02, 573: Versicherungsschein).

2. Besitz und Eigentum. a) Regelungsumfang. § 6 gilt für **alle Arten des Besitzes** iSd §§ 854 ff BGB und 5
(de minore ad maiorem) grds auch für alle Arten des **Eigentums** (St/J/*Roth* § 6 Rn 13; Hamm MDR 02, 1458). Abzulehnen ist die Ansicht, das Eigentum sei nur dann mit dem vollen Wert anzusetzen, wenn zugleich die Herausgabe verlangt werde; denn die Übereignung verschafft für sich schon die höhere Rechtsposition (aA Celle NJW-RR 98, 141 für Auflassung; die Frage, ob hier generell nur das wirtschaftliche Interesse zu berücksichtigen ist, muss von dieser Frage getrennt betrachtet werden, s.o. Rz 2; wie hier: MüKoZPO/*Wöstmann* § 6 Rn 6; St/J/*Roth* § 6 Rn 12). **Vorbehaltseigentum** ist uneingeschränkt erfasst

(Frankf NJW 70, 334; Köln JurBüro 71, 86: Verkehrswert, nicht Kaufpreisrest; aA Kobl MDR 68, 334), **nicht** hingegen das **Sicherungseigentum**, das Pfandrechtscharakter hat (BGH NJW 59, 939; OLGR Ddorf 94, 27; s.u. Rz 17), und die **Anwartschaft**, weil diese nach den jeweiligen Besonderheiten ihres Entstehungsgrundes zu bewerten ist (§ 3 Streitwertlexikon Anwartschaft). Mitbesitz, Miteigentum und Teilklage sind mit dem str **Teilwert** anzusetzen (BGH NJW 69, 1114: Umlegungsplan; KG AnwBl 78, 107; OLGR Oldbg 98, 254; OLGR Stuttg 04, 19; KG MDR 08, 1417: Auflassung eines Grundstücksteils; St/J/*Roth* § 6 Rn 19). All dies gilt auch für den Herausgabe- und Räumungsanspruch nach Beendigung einer **nichtehelichen Lebensgemeinschaft** (BGH FamRZ 10, 1096). Ansprüche bei Auseinandersetzung einer **Erbengemeinschaft** sind nach § 3 zu bewerten (BGH NJW 75, 1415).

6 **b) Grundlagen der Klage. aa) Klageart und -inhalt.** Mit welcher Klageart das Rechtsschutzziel verfolgt wird, ist ohne Bedeutung. Neben der Klage auf Herausgabe oder Übereignung kommen die Klage auf Leistung an die Erben nach § 2039 BGB (LG Dresden JurBüro 00, 83), auf Herausgabe an den Ehegatten nach § 1368 BGB (KG JurBüro 70, 1088), auf Freigabe einer hinterlegten Sache (KG AnwBl 78, 107) sowie auf **Erwerbs- oder Veräußerungsverbot** in Betracht. Die Klage auf Zustimmung zur **Grundbuchberichtigung** ist grds nach § 6 zu bewerten, wenn der Erhalt der Rechtsposition Klageziel ist; trägt die Berichtigung nur tw hierzu bei, ist nach § 3 ein Wertanteil zu schätzen (Ddorf JurBüro 87, 1380; Köln JurBüro 95, 368; KG MDR 01, 56: Belastungen unbeachtlich). Bei der **Feststellungsklage** ist wegen des geringeren wirtschaftlichen Interesses idR der übliche Abschlag von 20 % zu machen; die bloße Tatsache, dass diese Klageart hier häufig vorkommt, hat darauf keinen Einfluss (§ 3 Streitwertlexikon Feststellungsklage; aA KG NJW 70, 334; St/J/*Roth* § 6 Rn 14).

7 **bb) Begründung.** Die **materiellrechtliche Grundlage** des Anspruchs ist ebenfalls ohne Belang. § 6 gilt für sämtliche dinglichen, vertraglichen, anderen schuldrechtlichen und sonstigen Anspruchsgrundlagen (Musielak/*Heinrich* § 6 Rn 2). Entscheidend ist das Klageziel (Rz 8).

8 **c) Klageziel. aa) Hauptsacheklage.** Auf Besitz oder Eigentum kommt es iSd Regelung nur an, wenn mit der Klage die **endgültige Erlangung** angestrebt wird (Hamm JurBüro 90, 649). Das ist der Fall bei der Klage auf Eigentumsumschreibung (KGR 97, 57), auf Duldung der Wegnahme (KG RPfleger 71, 227), auf endgültige Besitzeinweisung (LG Bayreuth AnwBl 66, 403) oder auf Durchsetzung eines Heimfallrechts (Frankf JurBüro 85, 278). **Nicht erfasst** sind demgegenüber andere Klageziele, namentlich Vorlegung (St/J/*Roth* § 6 Rn 5), Abnahme (RGZ 57, 400) oder Rücknahme (Karlsr DJ 70, 12), vorläufige Besitzeinweisung (BGH JurBüro 74, 186: 20 % des Verkehrswertes), Mitbenutzungsrecht (Nürnbg RPfleger 56, 298) und Besitz- oder **Eigentumsstörungsklagen** (s. § 3 Streitwertlexikon Eigentum § 3 Rz 101).

9 **bb) Einstweilige Verfügung.** Der Antrag auf Erlass einer einstweiligen Verfügung ist gem § 3 mit dem Interesse an der vorläufigen Regelung zu bewerten (OLGR Braunschw 00, 290). § 6 greift (mit Wertabschlag, näher § 3 Streitwertlexikon Einstweilige Verfügung) nur ein, wenn der Gegenstand an den Antragsteller herausgegeben werden soll (OLGR Köln 99, 336; aA MüKoZPO/*Wöstmann* § 6 Rn 8; St/J/*Roth* § 6 Rn 6: § 3, der aber bei einer auf Verbleib zugeschnittenen Besitzregelung zum selben Ergebnis führt).

10 **3. Bestimmung des Wertes. a) Allgemeine Grundsätze.** Grundlage der Bewertung ist der **objektive Verkehrswert**; Liebhaberwerte haben keine Bedeutung (näher § 3 Rz 6). Marktgängige Gegenstände sind mit dem Marktwert anzusetzen. Bei Börsennotierung entscheidet der Ankaufskurs, weil es auf den Preis ankommt, zu dem der Kl den Gegenstand veräußern könnte (BGH NJW-RR 91, 1210: Goldbarren). Ein vereinbarter Kaufpreis hat Indizwert (§ 3 Rz 2). **Erbpachtgrundstücke** sind mit dem Bodenwert anzusetzen (Bambg JurBüro 92, 629; s.a. § 3 Streitwertlexikon Erbbaurecht). Bei **eingebauten Sachen** entscheidet der Wert nach Trennung (KG RPfleger 71, 227; BGH NJW-RR 91, 3221). Ein gebrauchtes **Kfz** muss mit dem Wert angesetzt werden, der im Privatverkauf zu erzielen ist (KG RPfleger 62, 155), und nicht schematisch anhand von Preislisten. Ein **Schlüssel** zählt grds mit seinem Sachwert, der indes den Wert einer Schließanlage umfassen kann (OLGR Ddorf 93, 79; LAG Kiel JurBüro 07, 258).

11 **b) Gegenrechte, Gegenleistung.** Für den Zuständigkeitsstreitwert bleiben Gegenrechte des Beklagten sowie dessen Gegenleistung außer Ansatz (BGHR ZPO § 3 Teilungsverfahren 1; NJW-RR 01, 518; Nürnbg MDR 95, 966; KG MDR 01, 56). Das gilt grds auch für den Gebührenstreitwert, wenn nicht ausnahmsweise verfassungsrechtliche Gesichtspunkte eine Berücksichtigung fordern (Rz 3). Der **Rechtsmittelstreitwert** kann sich aus dem Gegenrecht ergeben, wenn dessen Durchsetzung das alleinige Ziel des Rechtsmittels ist (BGH

NJW-RR 04, 714; FamRZ 05, 265: nicht, wenn Zurückbehaltungsrecht nur hilfsweise geltend gemacht wird; § 3 Rz 5, 6).

c) Belastungen. Belastungen, etwa mit Grundpfandrechten, sind grds nicht abzuziehen (BGH JurBüro 82, 697; NJW-RR 01, 518; KG MDR 01, 56; 08, 1417; Karlsr FamRZ 04, 43). Anderes gilt nur, wenn die Nutzungsmöglichkeit in einer den Verkehrswert beeinflussenden Weise nachhaltig eingeschränkt wird, wie zB bei Baubeschränkungen und Wegerechten, nicht aber bei Nießbrauch oder Wohnrecht (BGH JurBüro 58, 387; NJW-RR 01, 518; LG Bamberg JurBüro 92, 629: Erbbaurecht; aA für lebenslangen Nießbrauch OLGR Zweibr 97, 324; für Wohnrecht Karlsr JurBüro 55, 446). 12

II. Betrag einer Forderung (S 1, 2. Alt; S 2). 1. Klage auf Zahlung oder Abtretung. Die Zahlungsklage fällt unter § 3; Forderungen sind grds mit dem Nennwert anzusetzen, was nur im Rückschluss aus § 6 folgt (§ 3 Rz 6). Das gilt auch für die Klage auf Abtretung einer Forderung (BGH NJW-RR 97, 1562). 13

2. Sicherstellung und Pfandrecht. a) Regelungsumfang. aa) Weites Verständnis. Die Norm umfasst alle Sicherungsmittel einschließlich der Grundpfandrechte. Nach hM (MüKoZPO/*Wöstmann* § 6 Rn 15; St/J/*Roth* § 6 Rn 34; Musielak/*Heinrich* § 6 Rn 6; wohl auch B/L/A/H § 6 Rn 9; Zö/*Herget* § 6 Rn 8 f) ist unter »Sicherstellung« eine noch zu leistende und unter »Pfandrecht« eine bereits vorhandene Sicherheit zu verstehen; hiervon ausgehend wird § 6 S 2 im Einklang mit seinem Wortlaut eng ausgelegt; er soll nur für Pfandrechte gelten, wohingegen bei der Sicherstellung der Wert der Forderung nicht durch den Wert der Sicherheit begrenzt wird (so ausdrücklich München NJW 58, 1687; Zö/*Herget* § 6 Rn 9). Das führt zu einer sachwidrigen Differenzierung. In Fällen, in denen der geringerwertige Gegenstand künftiger Sicherstellung bereits feststeht oder vom Kl klar umschrieben gefordert wird, ist die unbegrenzte Orientierung alleine an der Forderung nicht einzusehen. Näher liegt es, in der Formulierung von **§ 6 S 1, 2. Alt** eine **weite Fassung** des Regelungsumfangs zu erblicken, in der es einer begrifflichen Abgrenzung zwischen Sicherstellung und Pfandrecht nicht bedarf. § 6 S 2 ist alsdann so zu verstehen, dass er nicht nur ein bestelltes Pfandrecht, sondern jede bereits feststehende oder (bei künftiger Bestellung) zumindest klar umschriebene Sicherheit meint (LG Krefeld JurBüro 53, 198; B/L/A/H § 6 Rn 11; Anders/Gehle/Kunze bei Sicherstellung; dem insoweit folgend St/J/*Roth* § 6 Rn 34). In all diesen Fällen ist der Streitwert durch den ggf geringeren Wert der Sicherheit begrenzt. 14

bb) Grundlagen. Die rechtliche **Grundlage** der Sicherheit, sei es Vertrag (zB §§ 1204 ff, 1273 ff BGB), Gesetz (§§ 233, 562, 647 BGB, §§ 397, 441, 464, 475b HGB) oder Pfändung (Pfändungspfandrecht), ist für die Anwendung von § 6 S 1, 2. Alt ohne Bedeutung. Erfasst sind damit ua auch Vermieter- und Verpächter-, Pächter-, Werkunternehmer, Gastwirts-, Kommissionärs-, Spediteurs-, Lagerhalter und Frachtführerpfandrecht. Auf eine **Bedingtheit** der Forderung kommt es nur für deren Bewertung, nicht aber für die Anwendung von § 6 an (vgl § 3 Streitwertlexikon Bedingte Ansprüche). 15

cc) Bestand der Forderung. Wenn die **Forderung nicht mehr besteht**, erfolgt die Bewertung im Streit um das Sicherungsmittel gem § 3 nach dem jeweiligen wirtschaftlichen Interesse (Hambg MDR 75, 846); bei teilweisem Fortbestand ist der Restwert der Forderung anzusetzen (vgl Rz 5) oder der höhere Wert des Sicherungsmittels. Bedarf an einem normativen Streitwert ist hier nicht mehr vorhanden (MüKoZPO/*Wöstmann* § 6 Rn 18). 16

b) Einzelfälle. aa) Anwendbarkeit von S 2. Erfasst sind neben den gesetzlichen Pfandrechten auch **Anfechtung** (BGH WM 82, 435; 1443: § 6 analog), Eintragung einer **Bauhandwerkersicherungshypothek** (Ddorf NZBau 05, 697; MDR 09, 322), anzusetzen ist der Wert der Forderung ohne Nebenforderungen (LG Tübingen BauR 84, 309), mit einer Werklohnklage besteht wirtschaftliche Identität (§ 5 Rz 5), der Löschungsanspruch ist mit einem Teilbetrag zu bewerten (Bambg JurBüro 75, 940; Bremen JurBüro 82, 1052), **Bürgschaft** (RGZ 25, 366), **Duldung** der Zwangsvollstreckung (BGH NJW-RR 99, 1080: Wert der Forderung einschließlich Zinsen und Kosten, begrenzt durch Wert der Sache; Saarbr MDR 01, 897: bei Klage aus dem Grundpfandrecht Nennwert anzusetzen; vgl auch § 4 Rz 20), **Hinterlegung** einer Sicherheit (Köln JurBüro 80, 281), **Insolvenzanfechtung** (Celle ZinsO 01, 131), **Kaution** (RGZ 31, 386), **Sicherungsabtretung, Sicherungseigentum** (BGH NJW 59, 939; Kobl MDR 68, 334; Bambg KostRspr § 3 ZPO Nr 101: Feststellung des Sicherungseigentums nach § 3 zu bewerten)), **vertragliches Pfandrecht**, Bewilligung einer **Vormerkung** (Zweibr RPfleger 67, 2 zu § 6 d; die aA, die nach § 3 auf einen Bruchteil des gesicherten Anspruchs abstellt, erscheint indes vertretbar, weil die Vormerkung nicht eine Geldforderung, sondern einen Anspruch auf 17

Übertragung oder Einräumung des dinglichen Rechts selbst sichert und daher wirtschaftlich als Teil des Vollrechts angesehen werden kann, vgl Anders/Gehle/Kunze bei Auflassungsvormerkung; § 3 Streitwertlexikon Vormerkung), persönliche **Zurückbehaltungsrechte** (Musielak/*Heinrich* § 6 Rn 8).

18 Bei der **Drittwiderspruchsklage** kommt es auf den Wert der Forderung an, wegen derer gepfändet wurde, begrenzt durch den geringeren Wert des Pfandobjekts (BGH WM 83, 246; Anders/Gehle/Kunze bei Drittschuldnerklage; für Ansatz von 20 % des Grundstückswertes Karlsr FamRZ 04, 1221), nicht hingegen ist maßgeblich, ob der Kl seinen Antrag ausdrücklich auf den Umfang der Forderung begrenzt (so aber OLG Köln MDR 91, 899). Einzelheiten bei § 3 Streitwertlexikon Widerspruchsklage.

19 **bb) Unanwendbarkeit von S 2.** Ansprüche aus dem **Vorbehaltseigentum** sind demgegenüber nach § 6 S 1, 1. Alt mit dem Wert der Sache anzusetzen (Frankf NJW 70, 334; Rz 5). Beim Widerspruch gegen die Teilungsversteigerung gilt § 3 (BGH FamRZ 91, 547). Der Anspruch auf **Löschung** einer Eintragung im Grundbuch, insb eines **Grundpfandrechts**, ist von § 6 nicht erfasst, weil es nicht um eine Forderung geht; hier ist nach § 3 das Interesse an der Beseitigung anzusetzen, wobei der Grundstückswert die Obergrenze darstellt (BGH WM 02, 1899: 1/3 Grundstückswert bei Vormerkung; Köln MDR 83, 495: 1/10; Bambg JurBüro 90, 1511: 1/10; OLGR Stuttg 98, 227; Celle MDR 00, 1456; OLGR Celle 05, 295: restliche Valutierung + 20 % des Grundstückswertes; KG MDR 03, 1383; OLGR Frankf 08, 321: ohne Valutierung 20 % des Nennwertes; für Ansatz des vollen Nennwerts Saarbr MDR 01, 897; KGR 00, 378; Musielak/*Heinrich* § 6 Rn 9; dieser Ansatz wird mit der Rspr des BVerfG in Einklang stehen, s. Rz 3; für Abgehen vom Nennbetrag Zö/*Herget* § 3 Rn 16 Löschung). Wird daneben Feststellung des Nichtbestehens der gesicherten Forderung verlangt, liegt ein Fall wirtschaftlicher Identität vor, so dass keine Wertaddition erfolgt (§ 5 Rz 5). Zum **Wohnrecht** s. § 3 Streitwertlexikon Dienstbarkeit. Der Antrag auf Erlass einer **einstweiligen Verfügung** ist gem § 3 mit dem Interesse an der vorläufigen Regelung zu bewerten (OLGR Braunschw 00, 290).

20 **c) Bewertung, Nebenforderungen.** Die Forderung wie auch das Sicherungsmittel werden jeweils nach den allgemein geltenden Regelungen bewertet; das Nennwertprinzip ist zu beachten (vgl insb § 3 Rz 6); auf die Valutierung eines (Grund)Pfandrechts kommt es grds nicht an, wobei jedoch im Einzelfall auf das verbliebene wirtschaftliche Interesse abzustellen ist (s.o. Rz 2 f). § 6 enthält insoweit keine Sondervorschrift. Der Wert des Sicherungsmittels hat nach S 2 alleine die Funktion einer Obergrenze. Bei der **Höchstbetragshypothek** ist der Höchstbetrag zugrunde zu legen (Anders/Gehle/Kunze bei Hypothek Rn 1).
Im Streit um den **Vorrang** eines Grundpfandrechts ist nach § 3 das wirtschaftliche Interesse des Kl maßgeblich, das insb durch die Werthaltigkeit des Grundstücks geprägt sein kann; dessen Wert markiert analog § 6 S 2 die Obergrenze (aA Frankf RPfleger 82, 157: § 23 III 1 KostO analog; B/L/A/H § 6 Rn 12: generell die kleinere Forderung anzusetzen).
Für **Nebenforderungen** gilt § 4 (§ 4 Rz 17 ff), indes werden Zinsen mit angesetzt, die in dem gepfändeten Gegenstand enthalten sind, zB dem Anspruch aus einem Sparguthaben (BGH MDR 95, 196).

21 **3. Das Sicherungsmittel als Gegenstand des Rechtsstreits.** Ziel der Klage muss die Bestellung, die Erhaltung bzw die Herausgabe oder die Rückübertragung bzw die Aufgabe des Sicherungsmittels einer Forderung sein (vgl auch Rz 16, 18). Ob der Klageantrag sich hierauf richtet oder das Ziel anderweitig erreicht werden soll, ist ohne Bedeutung (Musielak/*Heinrich* § 6 Rn 9: auch Klage auf vorzugsweise Befriedigung; sehr weitgehend Frankf MDR 03, 356: Einwand eines Werkunternehmerpfandrechts gegen Herausgabeklage, nur bei restriktiver Auslegung, Rz 2 f, zu vertreten; abl Anders/Gehle/Kunze bei Pfändungspfandrecht Rn 5). Bei der Feststellungsklage ist ein Wertabschlag (dazu § 3 Streitwertlexikon Feststellungsklage) nicht vorzunehmen, weil das wirtschaftliche Interesse des Kl ggü demjenigen an der Leistungsklage idR nicht zurückbleibt (St/J/*Roth* § 6 Rn. 29).

§ 7 Grunddienstbarkeit. **Der Wert einer Grunddienstbarkeit wird durch den Wert, den sie für das herrschende Grundstück hat, und wenn der Betrag, um den sich der Wert des dienenden Grundstücks durch die Dienstbarkeit mindert, größer ist, durch diesen Betrag bestimmt.**

1 **A. Normzweck und Tragweite.** Da bei Beginn des Rechtsstreits die Auswirkungen des angestrebten Urteils auf die Belange der Parteien nicht immer absehbar sind, wird der Streitwert nicht nach dem Angreiferinteresse (§ 3 Rz 4), sondern unabhängig von der Frage, wer von den Grundstückseigentümern als Kl auftritt, normativ bestimmt (BGHZ 23, 205; § 3 Rz 4). Es entscheidet der höhere Wert. Die Belange des Beklagten werden auf diese Weise mit berücksichtigt (BGH NJW-RR 94, 1145, 1150).

Erfasst sind alle **Streitwertarten** (§ 2 Rz 2 ff) außer dem Rechtsmittelstreitwert. Für letzteren kommt es auf das Interesse an der Beseitigung der Beschwer an; dieses kann aufgrund des angefochtenen Urteils nach § 3 geschätzt werden, so dass Bedarf an einem normativen Streitwert (Rz 1) nicht besteht (BGHZ 23, 205). Der Gebührenstreitwert ergibt sich aus § 48 I 1 GKG, § 23 I 1 RVG. 2

B. Anwendungsbereich. I. Erfasste Rechte. 1. Anwendbarkeit. § 7 gilt unmittelbar für Grunddienstbarkeiten iSd §§ 1018 ff BGB. Darüber hinaus erfasst die Norm auch sonstige Rechte, die eine **Wertverschiebung** von einem Grundstück zum anderen mit sich bringen (St/J/*Roth* § 7 Rn 3). Das sind namentlich: **Fischereirechte** (KG OLGZ 75, 138); **Licht- und Fensterrechte** (BGH RPfleger 59, 112); **Notwegrecht** iSd § 917 BGB (BGH VIZ 04, 134 = MDR 04, 296 (LS); Köln JurBüro 91, 1386; Jena JurBüro 99, 196); subjektiv-dingliche **Reallasten** iSd § 1105 II BGB (Musielak/*Heinrich* § 7 Rn 3; MüKoZPO/*Wöstmann* § 7 Rn 3; aA Frankf AnwBl 82, 111); duldungspflichtiger **Überbau** iSd § 912 I BGB (LG Bonn AnwBl 62, 153; offen gelassen in BGH NJW-RR 86, 737; str vgl MüKoZPO/*Wöstmann* §/Rn 3), der Beseitigungsanspruch ist indes nach § 3 zu bewerten, weil insoweit eine Wertverschiebung gerade nicht Grundlage des Anspruchs ist (BGH NJW-RR 86, 737; NZM 07, 300; Ddorf NJW 63, 2178; OLGR München 97, 140; zT aA, wenn Recht zum Überbau aus einer Grunddienstbarkeit hergeleitet wird, Zö/*Herget* § 7 Rn 5). 3

2. Unanwendbarkeit. Nicht anwendbar ist § 7, wenn es in dem Streit nicht um die Beziehung zwischen zwei Grundstücken geht, namentlich: **Erbbaurechtliche Dienstbarkeit** iSd § 1090 BGB; **Nießbrauch** iSd §§ 1030 ff BGB; persönliche **Reallast** iSd §§ 1105 I, 1106 BGB; **schuldrechtliche** Verpflichtung (Zö/*Herget* § 7 Rn 5); **Vorkaufsrecht** (Musielak/*Heinrich* § 7 Rn 4; Anders/Gehle/Kunze bei Grunddienstbarkeit; vgl auch diese Stichworte in § 3 Streitwertlexikon). Die **Grenzklage** fällt unter § 3, weil ihr kein dienendes Verhältnis des einen zum anderen Grundstück zugrunde liegt (BGH JurBüro 68, 797; München KostRspr § 6 ZPO Nr 136; zur Berücksichtigungsfähigkeit von Kosten die in diesem Zusammenhang entstehen können, vgl § 4 Rz 25). Die bloße Verlegung an eine andere Stelle beurteilt sich nach § 3 (OLGR Frankf 09, 887). 4

II. Streitgegenstand. Bestand oder Umfang des Rechts müssen **Gegenstand des Rechtsstreits** sein; das ist im Streit um Bestellung, Beseitigung (OLGR Celle 06, 534), Löschung, Bestehen oder Nichtbestehen der Fall, nicht hingegen, wenn alleine der Bekl sich zur Verteidigung gegen eine Klage auf Unterlassung von Eigentumsstörungen auf eine Grunddienstbarkeit beruft (BGH NJW-RR 86, 737; aA B/L/A/H § 7 Rn 3). Auf den materiell-rechtlichen **Rechtsgrund** (OLGR Celle 06, 534: Kaufvertrag), die **Klageart** (zB Feststellungsklage, MüKoZPO/*Wöstmann* § 7 Rn 4, 9: üblicher Abschlag) oder die **Parteirolle** (Rz 1) kommt es nicht an. Die Klage aus §§ 1027, 1004 BGB fällt nur dann unter § 7, wenn um Bestehen oder Umfang der Grunddienstbarkeit selbst gestritten wird; im Streit um einzelne Störungen gilt § 3 (KG OLGE 33, 73; Musielak/*Heinrich* § 7 Rn 5; MüKoZPO/*Wöstmann* § 7 Rn 5). Im Verfahren des **einstweiligen Rechtsschutzes** gilt § 7 nicht (St/J/*Roth* § 7 Rn 8). 5

C. Berechnung des Wertes. § 7 enthält keine inhaltliche Vorgabe für die Wertermittlung, sondern setzt diese voraus. Anwendbar ist insoweit § 3 (hM LG Bayreuth JurBüro 80, 930; Musielak/*Heinrich* § 7 Rn 6; MüKoZPO/*Wöstmann* § 7 Rn 9). Maßgeblich ist der Einfluss der angestrebten Änderung auf den objektiven **Verkehrswert** (BGH VIZ 04, 134; Jena JurBüro 99, 196; § 3 Rz 2, 6) des herrschenden und des dienenden Grundstücks zum Zeitpunkt der Klageerhebung, § 4 Hs 1; maßgeblich ist der höhere der beiden Werte. Der Verkehrswert gibt die Obergrenze der Bewertung vor. 6

Eine schematische Betrachtung, die etwa an den Bodenwert des von einem Wegerecht betroffenen Grundstücksteils oder an den Kaufpreis anknüpft, ist verfehlt (OLGR Celle 06, 534). **Anhaltspunkte für die Bewertung** können sein: Kostenersparnis, Beseitigungsaufwand, Höhe einer **Notwegrente** (wobei § 9 eine Grundlage für die anzusetzende Höhe bieten kann, Köln JurBüro 91, 1386: 12,5fache, jetzt: 3,5fache Notwegrente; Jena JurBüro 99, 196; Kobl JurBüro 10, 199: Herstellungskosten zzgl 3,5-fache Jahresrente). Das Interesse des Rechtsmittelführers ist mit dem abzuwehrenden Wertverlust zu bewerten, zB mit der Wertminderung seines Grundstücks bei Bestellung einer Dienstbarkeit; an einen fiktiven Erbbauzins kann insoweit nicht angeknüpft werden (BGH VIZ 04, 134). Die Beschwer bei Abweisung einer Klage auf Beseitigung eines Überbaus kann mit dem Wert der überbauten Fläche angesetzt werden, wenn Anhaltspunkte für eine weitergehende Beeinträchtigung der Nutzung nicht vorhanden sind; der Wert des zu beseitigenden Gebäudes oder die Abbruchkosten sind ohne Belang (BGH NZM 07, 300; NZM 11, 782: Beschwer nach dem Wertverlust des Nachbargrundstücks). 7

§ 8 Pacht- oder Mietverhältnis. Ist das Bestehen oder die Dauer eines Pacht- oder Mietverhältnisses streitig, so ist der Betrag der auf die gesamte streitige Zeit entfallenden Pacht oder Miete und, wenn der 25fache Betrag des einjährigen Entgelts geringer ist, dieser Betrag für die Wertberechnung entscheidend.

1 **A. Normzweck und Streitwertarten.** Die Norm soll durch Festlegung auf einen normativen Streitwert (§ 3 Rz 4) der Rechtssicherheit dienen (MüKoZPO/*Wöstmann* § 8 Rn 1 f). Nach § 8 bestimmen sich der **Zuständigkeits- und der Rechtsmittelstreitwert** (BGH JurBüro 06, 369; WuM 08, 417); ist der str Zeitraum ungewiss, wird § 9 analog herangezogen (BGH WuM 08, 417). Entspr gilt für Bagatell- und Verurteilungsstreitwert (§ 2 Rz 6 f). Für Ansprüche aus einem Mietverhältnis über Wohnraum oder über den Bestand eines solchen Verhältnisses ist wegen § 23 Nr 2a GVG, in WEG-Sachen wegen § 23 Nr. 2c GVG, ein Zuständigkeitsstreitwert nicht festzusetzen (§ 3 Rz 14).

2 Für den **Gebührenstreitwert** (s. Rz 16) gilt § 41 GKG, dessen Grundsätze insb auf den Rechtsmittelstreitwert nicht übertragbar sind (BGH JurBüro 06, 369). Auf die fehlerträchtigen, nicht geringen und daher rechtspolitisch unerwünschten Unterschiede zwischen den Anwendungsbereichen von § 8 ZPO und § 41 GKG ist bei der Wertfestsetzung sorgfältig zu achten.

3 **B. Anwendungsbereich. I. Pacht und Miete. 1. Tragweite der Norm.** Erfasst werden zunächst alle Miet- und Pachtverträge iSd **§§ 535 ff, 581 ff BGB**, mithin alle Verträge, welche die Gebrauchsüberlassung von beweglichen oder unbeweglichen **Sachen** gegen Entgelt zum Inhalt haben. Eine Differenzierung zwischen Miete und Pacht ist grds unbeachtlich (BGH WM 96, 1064). Es muss sich des Weiteren nicht um einen reinen Miet- oder Pachtvertrag ieS handeln. Vorausgesetzt ist nur ein Nutzungsverhältnis gegen die Zahlung eines Entgelts, das eine adäquate Bewertung des Nutzungsinteresses darstellt (BGH WuM 05, 66). **Werkmietwohnungen** fallen unter § 8, Werkdienstwohnungen nicht (St/J/*Roth* § 8 Rn 2). Gegenstand des Vertrags können auch **Rechte** sein (BGH NJW 62, 446: Jagdpacht; BGH NJW 52, 821: Unternehmenspacht; Stuttg Die Justiz 72, 204: Grundausbeutungsvertrag). Eingeschlossen sind **Untermiete**, Unterpacht sowie auch die **Kleingartenpacht** (dazu BGH MDR 09, 277; bestätigt in BGH MDR 10, 355).

4 **Gemischte Verträge** fallen unter § 8, wenn die entgeltliche Gebrauchsüberlassung den wesentlichen Vertragsinhalt ausmacht (BGH WM 96, 1064: Grundstücksnutzung). Daher kann § 8 auf **Leasing-** (Frankf MDR 78, 145; Celle JurBüro 94, 113; zusätzlicher Wert nach § 6 bei Streit um einen Leasing-Gegenstand: BGH KostRspr § 16 GKG Nr 57), **Beherbergungs-** und **Campingverträge** sowie auf den **Filmverleih** angewendet werden (Anders/Gehle/Kunze bei Miete und Pacht Rn 7). Überwiegt ein anderes Vertragselement, wie etwa beim Aufenthalt in Krankenhaus oder Pflegeheim, bei Reisevertrag, Bewirtungsvertrag oder Automatenaufstellvertrag, scheidet die Anwendung von § 8 aus (Anders/Gehle/Kunze bei Miete und Pacht Rn 7).

5 § 8 geht § 6 als **lex specialis** vor (BGH NJW-RR 94, 256). Wenn nur die **Mietzahlung** oder etwa die Zustimmung zur Mieterhöhung im Streit ist, bestimmt sich der Streitwert nach **§ 9,** hinsichtlich der Gebühren iVm § 48 I GKG (BGH NJW-RR 02, 1233 für Beschwer; JurBüro 04, 378; NJW-RR 05, 938; WuM 07, 32; näher s. § 9).

6 **2. Nicht erfasste Vertragsgestaltungen.** Im Interesse der Rechtssicherheit (Rz 1) ist die Norm einer erweiternden Auslegung oder gar der Analogie nicht zugänglich. Mietähnliche Nutzungsverhältnisse werden daher, anders als bei § 41 GKG, nicht erfasst (hM BGH NZM 99, 189; BayObLG JurBüro 95, 27; St/J/*Roth* § 8 Rn 2; MüKoZPO/*Wöstmann* § 8 Rn 5; ThoPu/*Hüßtege* § 8 Rn 2; einschränkend Musielak/*Heinrich* § 8 Rn 2). Zuständigkeit und Beschwer berechnen sich insoweit nach § 3 oder § 6. Das gilt namentlich für Leihe, unentgeltliches Nutzungsverhältnis (BGH WuM 05, 66), altrechtliches Nutzungsverhältnis (BayObLG JurBüro 95, 27) Nießbrauch (SchleswHA 86, 46) sowie Dauerwohnrecht nach §§ 31 ff WEG und Ansprüche aus Wohnungseigentum. Für die Behandlung dieser Frage beim Gebührenstreitwert s. Rz 17.

7 **II. Bestand oder Dauer. 1. Grund des Streites.** Bestand oder Dauer eines Miet- oder Pachtverhältnisses müssen im Streit sein, also zumindest **präjudizielle Bedeutung** haben. Sind sie unstr, findet § 8 ungeachtet des Streitgegenstandes keine Anwendung, so dass nach § 3 zu bewerten ist (Frankf JurBüro 80, 929 und Bambg JurBüro 85, 589: Streit nur um künftige Mietzahlung; Kobl JurBüro 77, 1132: Streit um Inhalt des Vertrags; LG Hamburg MDR 92, 577: Berechtigung zur Untervermietung; KG ZMR 06, 528; Anders/Gehle/Kunze bei Miete und Pacht Rn 6: Einbeziehung eines Dritten). Ausreichend sind Auseinandersetzungen um Anfechtung, Aufhebung, Kündigung oder Verlängerung (BGH WuM 05, 525), um den Umfang des Ver-

tragsgegenstands (BGH WuM 04, 353; BezG Rostock WuM 92, 356) oder seine rechtliche Einordnung (BGH MDR 10, 355: Wert kann insoweit nicht höher sein als bei Streit um den Bestand des Nutzungsverhältnisses selbst). Der Streit um eine bloße Kündigungsmöglichkeit fällt nicht unter § 8 (Köln KostRspr § 16 GKG aF Nr 36: § 3).

2. Einzelheiten. Der **Rechtsgrund**, aus dem Bestand oder Dauer str sind, hat für die Wertfestsetzung keine 8
Bedeutung (BGH WuM 06, 45). Auf das **Klageziel** und die einschlägige **Anspruchsgrundlage** kommt es ebenfalls nicht an, so dass § 8 anzuwenden ist, wenn sich der Anspruch auf andere Grundlagen stützt, zB § 985 BGB, während umgekehrt bei der Räumungsklage § 8 nur Anwendung findet, wenn Streit um Bestand oder Dauer herrscht. Der Bestand des Vertragsverhältnisses muss nur der eigentliche Grund des Streites sein (BGH NZM 00, 1227). Folglich reicht es aus, dass **alleine der Beklagte** ggü dem Klagebegehren ein str Miet- oder Pachtverhältnis einwendet (BGHZ 48, 177; NZM 99, 189; WuM 05, 66; Ddorf WuM 08, 160; KG ZMR 08, 448; aA B/L/A/H § 8 Rn 2; Abkehr vom Prinzip des Angreiferinteresses, vgl § 3 Rz 4); bei Säumnis des Bekl gilt § 8 trotz der Geständnisfiktion des § 331 I 1, wenn der Kl vorgerichtliche Einwände gegen Bestand oder Dauer vorträgt (Stuttg JurBüro 95, 486). Auf die **Vollstreckungsabwehrklage** (BGH WM 91, 1616) findet § 8 ebenso Anwendung wie auf die **Feststellungsklage;** dort ist abw vom Üblichen (§ 3 Streitwertlexikon Feststellungsklage) kein Abschlag zu machen, weil sie einen Regelfall der Norm darstellt (BGH NJW 58, 1291; NZM 99, 21; NJW-RR 09, 156: Beschwer).
Der Streit muss zwischen den **Parteien** des Vertragsverhältnisses stattfinden. Unter dieser Voraussetzung gilt § 8 auch für den **Bürgen** (Musielak/*Heinrich* § 8 Rn 4; aA St/J/*Roth* § 8 Rn 9). Ansprüche aus dem Innenverhältnis einer **Wohngemeinschaft** (KG NJW-RR 92, 1490: § 3), auf **Konkurrenzschutz** aus einem Mietvertrag sowie dessen Inhalt iÜ (BGH ZMR 07, 18: § 3) oder auf **Abschluss** eines Vertrages (insoweit gilt § 3 unter Berücksichtigung von § 9, St/J/*Roth* § 8 Rn 5) fallen nicht unter § 8, ebenso wenig Streitigkeiten mit **Dritten** (St/J/*Roth* § 8 Rn 8).

III. Streitige Zeit. Streitige Zeit ist der Zeitraum, für den hinsichtlich des Bestehens oder Nichtbestehens 9
des Vertragsverhältnisses zwischen den Parteien Streit besteht (BGH MDR 92, 913; NZM 99, 21). Ist dieser Punkt unstr, weil etwa im Räumungsrechtsstreit der Ablauf der Mietzeit bereits feststeht, findet § 8 keine Anwendung (BGH NJW-RR 95, 781). Bei ungewisser Zeit ist § 9 heranzuziehen (BGH WuM 08, 417; vgl auch Rz 5).

1. Beginn und Ausdehnung. Der Zeitraum beginnt grds mit der Zustellung der Klage (BGH NJW-RR 99, 10
1385; ZMR 07, 441). Er beginnt früher, wenn der Kl entspr Feststellung begehrt, und später, wenn mit der Klage Wirkungen einer für die Zeit danach ausgesprochenen Kündigung geltend gemacht werden (BGH NJW-RR 05, 867). Maßgeblich kann auch ein durch den Feststellungsantrag eingegrenzter Zeitraum sein (BGH NZM 99, 21), bei Klage auf Verlängerung deren Ausdehnung (BGH NJW-RR 92, 1359). Bei all dem bleibt es im **Rechtsmittelzug**, weil § 8 dem § 4 insoweit vorgeht; auf die Einlegung des Rechtmittels ist also nicht abzustellen (BGH NJW 59, 2164; Bambg JurBüro 91, 1126); vielmehr muss der Bekl seinen Standpunkt bereits im Verfahren des ersten Rechtszuges vorgetragen haben, damit er nicht durch Erweiterung seines Begehrens die Rechtsmittelbeschwer erst schaffen kann (BGH NJW-RR 92, 1359).

2. Ende. Bei Verträgen mit **bestimmter Laufzeit** endet die streitige Zeit mit dem Ablauf; bei **unbestimm-** 11
ter Laufzeit endet der Zeitraum mit dem Tag, auf den bei regulärem Verlauf frühestens hätte gekündigt werden können; außergewöhnliche Ereignisse wie eine nicht absehbare fristlose Kündigung oder ein Wegfall der Geschäftsgrundlage bleiben außer Betracht; bei widerstreitendem Vortrag zum Ablauf der Vertragszeit kommt es auf die Behauptungen der Partei an, welche die für sie günstigere, **längere Bestehenszeit** behauptet (BGH NJW-RR 92, 1359; 99, 1531; für die Subsidiarität auch BVerfG NZM 06, 578). Gegen die aA, die auf die kürzere Zeit abstellen will (MüKoZPO/*Wöstmann* § 8 Rn 18 f; wohl auch Musielak/*Heinrich* § 8 Rn 5) spricht, dass das Behaupten einer späteren Kündigungsmöglichkeit, gleich durch welche der Parteien (Rz 8), den streitigen Zeitraum verlängert. Beruft sich der Mieter auf **Kündigungsschutz**, ist der von ihm in Anspruch genommene günstigste, idR späteste Beendigungszeitpunkt maßgeblich (BGH NJW-RR 92, 1359; 05, 867). Ist nur eine **fristlose Kündigung** im Streit, begrenzt sich der Zeitraum auf den Vertragsablauf bei ordentlicher Kündigung (Kobl FamRZ 05, 1850); leugnet der Bekl demgegenüber die Beendigung generell, bleibt es beim Gesamtzeitraum (Köln JurBüro 90, 647). Der Zeitraum einer streitigen **Verlängerungsoption** ist hinzuzurechnen (MüKoZPO/*Wöstmann* § 8 Rn 23).

12 Ist die **Beendigung ungewiss**, etwa bei Ausschluss der Kündigung in einem auf Lebenszeit geschlossenen Vertrag, ist der Zeitpunkt der Beendigung zu schätzen; im Zweifel ist entsprechend § 9 ZPO, ggf iVm § 48 I GKG, der 3 1/2fache Jahreswert anzusetzen (BGH WuM 05, 350; NJW-RR 05, 867; 938; 06, 16; ZMR 07, 441; WuM 07, 328; 08, 417; MDR 09, 277 und 10, 355: Beschwer, Kleingarten). Eine verlässliche Angabe des Bekl kann mit herangezogen werden (OLGR Stuttg 08, 930).

13 Der Zeitraum begrenzt sich auf den **25fachen** Jahresbetrag, wenn er andernfalls länger wäre (BGH NJW-RR 05, 867).

14 **IV. Berechnung. 1. Definition des Entgelts, Nebenkosten.** § 8 knüpft an das »Entgelt« an, worunter der BGH anfangs eindeutig die **Gegenleistung für die Überlassung** des Vertragsobjekts verstanden hat, die der Vertragspartner aufgrund Vertrags oder von Gesetzes wegen erbringen muss (im Grunde bis heute, vgl BGH NJW-RR 06, 378; MDR 09, 277: Übernahme öffentlicher Lasten); daher waren nach älterer Rspr neben dem eigentlichen Mietzins alle nicht verbrauchsabhängigen **Nebenleistungen** mit anzusetzen, soweit sie eine Vergütung für die Überlassung darstellten, namentlich öffentliche Abgaben, Versicherungsprämien sowie Zuschüsse zu Baukosten und Instandsetzung; die verbrauchsabhängigen Nebenkosten sollten unberücksichtigt bleiben (BGHZ 18, 168). Eine praxisgerechte Differenzierung ist wegen der Vielfalt von Nebenkosten und der recht freien Gestaltungsmöglichkeiten bei der Abrechnung auf dieser Grundlage nicht möglich, so dass zT Radikallösungen über die reine Nettomiete oder aber über die Einbeziehung aller Nebenkosten gesucht werden (Übersicht über die Detailproblematik bei Anders/Gehle/Kunze bei Miete und Pacht Rn 9 ff; St/J/*Roth* § 8 Rn 13 ff; KG NJW-RR 01, 443 für § 16 GKG aF; Köln WuM 01, 33; Celle NJW 03, 367 für § 16 GKG aF; krit auch MüKoZPO/*Wöstmann* § 8 Rn 16). Der BGH hat ausdrücklich offen gelassen, ob Nebenkosten überhaupt berücksichtigungsfähig sind und mit Recht den Ansatz von **Nebenkostenvorauszahlungen** abgelehnt (NJW-RR 99, 1385; WuM 08, 417). Das Problem ist damit wieder offen. Eine umfassende, praxisnahe Lösung liegt alleine in der **Analogie zu § 41 I 2 GKG** (für „Übertragung" auf § 8 Zö/*Herget* § 8 Rn 6). Bei Differenzierungen zwischen § 8 ZPO und § 41 GKG sind Fehler in der Praxis unvermeidbar; iÜ ist die Pauschalierung in § 41 I 2 GKG bereits als solche eine Gegenleistung für die Überlassung und daher mit der Anknüpfung an das Entgelt in Einklang zu bringen.

15 **2. Berechnung des Ergebnisses.** Für die Höhe des Mietzinses ist ein **objektiver Maßstab** anzulegen; maßgeblich ist der Vertragsinhalt; falsche Vorstellungen der Parteien, auch eine Zuvielforderung, sind unbeachtlich; der Inhalt eines schriftlichen Vertrags ist verlässliche Grundlage (BGH NJW-RR 97, 648; 06, 16; LG Köln WuM 73, 174). Die **Mehrwertsteuer** ist aufzuschlagen (BGH NJW-RR 06, 378; KGR 99, 310; 05, 525; KG ZMR 07, 518; 534; OLGR Celle 08, 995; einschränkend Ddorf MDR 06, 1079. Bei **Untermiete** ist wegen des höheren Verwaltungsaufwands ein Zuschlag von 15 % gerechtfertigt (BGH NJW-RR 97, 648). **Sonstige Kosten**, die etwa den Räumungsbeklagten zusätzlich belasten könnten, sind nicht einzubeziehen (BGH NJW 00, 1739; § 3 Rz 5). Im Streit um einen **Teil** des Mietobjekts ist nur das hierauf entfallende Entgelt anzusetzen. Beim **gemischten Vertrag** (Rz 4) fällt der auf den Miet- oder Pachtvertrag entfallende Teilwert unter § 8; der verbleibende Teil ist nach allgemeinen Vorschriften zu bewerten und, wenn nicht wirtschaftliche Identität vorliegt (§ 5 Rz 4) zu addieren (BGH WuM 05, 525; WM 96, 1064). Bei **wechselnder Miethöhe** (zB Staffelmiete) ist auf den in der str Zeit höchsten Jahresbetrag abzustellen (für § 41 GKG BGH ZMR 06, 28; Zö/*Herget* § 8 Rn 6; aA MüKoZPO/*Wöstmann* § 8 Rn 15: Durchschnittswert).

16 **C. Exkurs: Gebührenstreitwert.** Die nachfolgende Darstellung geht auf die wesentlichen Unterschiede zwischen § 41 GKG und § 8 ZPO ein. Im Übrigen bleibt es bei den obigen Ausführungen.

17 **I. Anwendungsbereich des § 41 GKG. 1. Ähnliche Nutzungsverhältnisse.** Ggü § 8 (Rz 6) ist der Anwendungsbereich nach § 41 I 1 auf Nutzungsverhältnisse erweitert, die miet- oder pachtähnlichen Charakter haben. Darunter fallen: Dauerwohnrecht nach § 31 WEG, dingliches Wohnrecht (BGH NZM 00, 1227; München ZMR 99, 179; Köln JurBüro 06, 477), Heimvertrag (Stuttg NJW-RR 05, 1733), Jagdpacht (LG Saarbrücken JurBüro 91, 582), Leasingvertrag (wenn es um dessen Bestand geht: Celle JurBüro 94, 113), Leihe (Köln NJWE-MietR 97, 273; OLGR Braunschw 99, 231), Siedlerverträge, entgeltliches Wohnungsrecht (vgl St/J/*Roth* § 8 Rn 21; Musielak/*Heinrich* § 8 Rn 6), Wohnrecht iRe angebahnten Kaufvertrags (Köln WuM 95, 719; OLGR Schlesw 98, 424; aA für Herausgabeklage Nürnbg JurBüro 04, 377: § 6, jedenfalls bei Klage des Insolvenzverwalters: Ddorf ZinsO 06, 41). Es reicht aus, dass der Bekl den Einwand des MietV erhebt (KG ZMR 08, 448). Nicht darunter fällt der Automatenaufstellvertrag (Kobl JurBüro 80, 1681). Für den **Nießbrauch** ist die Anwendung umstr; es wird auf die konkrete vertragliche Ausgestaltung

ankommen (s. § 3 Streitwertlexikon Nießbrauch). **Gemischte Verträge** können ebenfalls unter § 41 GKG fallen (Celle JurBüro 94, 113). Die Norm gilt analog für die Gebrauchsüberlassungsklage des Mieters

2. Entgelt. Grundlage ist wie bei § 8 das auf die str Zeit entfallende Entgelt (Rz 7 f, 9 ff). Die Einbeziehung der **Nebenkosten** ist in § 41 I 2 GKG geregelt (vgl Rz 14). Sie müssen vertraglich pauschal als Festbetrag oder als Prozentanteil der Miete festgelegt (BGH NZM 07, 935) und eine Abrechnung durch den Vermieter darf nicht vereinbart sein (Hambg MDR 04, 502; Ddorf JurBüro 06, 428). Vertraglich übernommene **Mehrwertsteuer** wird auch hier hinzugerechnet (BGH NJW-RR 06, 378; Rz 4). 18

Aus sozialen Gründen begrenzt sich der Streitwert auf das **einjährige Entgelt**, § 41 I 1 GKG. 19

II. Detailprobleme. 1. Herausgabe und Räumung. § 41 II 1 GKG begrenzt den Wert generell auf den Jahresbetrag; zum Entgelt zählt auch der nach § 41 I 2 GKG anzusetzende Betrag (Ddorf NZM 10, 600). § 41 II 2 GKG geht Abs 1 vor; stützt sich die Klage auch auf Eigentum, findet mithin eine Wertbegrenzung nach Abs 1 S 1 nicht statt (KG MDR 11, 287). Es ist auf die **Netto-Kaltmiete** abzustellen (LG Rostock JurBüro 03, 25). Nichtigkeit des Vertrags steht der Beendigung gleich. Die Grenze des Jahreswertes gilt nach S 2, wenn der Räumungsanspruch »**auch**« auf andere Rechtsgründe gestützt ist. Sind diese indes ausschließlich Grundlage des Anspruchs, ohne dass der Bekl einen Vertrag iSd § 41 I GKG einwendet (dazu Rz 8), findet § 6 Anwendung (Hartmann § 41 GKG Rn 26; LG Kassel RPfleger 87, 425; Hambg WuM 95, 197; Nürnbg MDR 04, 966: Räumungsklage des Verkäufers). Maßgeblich ist der Sachvortrag, nicht die Nennung einer Norm. Die – vertretbare – aA (LG Köln WuM 95, 719: gescheiterter Kaufvertrag; Jena MDR 98, 63: Räumung nach Lebensgemeinschaft; Köln MDR 99, 637 Räumung nach Scheidung; Karlsr MDR 04, 906: Anspruch gegen den Ehegatten aus § 986 BGB; MüKoZPO/*Wöstmann* § 8 Rn 28) will hier aus sozialen Erwägungen § 41 GKG anwenden, sollte aber im Einzelfall berücksichtigen, dass der soziale Rahmen, in dem ein solcher Streit stattfindet, ein gänzlich anderer sein kann als bei der Miete. Bei **Untermiete** kommt es auf die Miete des Hauptmieters an (Ddorf MDR 98, 126; KG ZMR 05, 951); bei tw Untervermietung auf deren Anteil. Der obj Wert der **Nutzung** eines Jahres ist idR mit der Miete identisch (Rz 14 f) und hat nur dann eigenständige Bedeutung, wenn eine solche nicht vereinbart ist. Der Wert einer gleichzeitigen **Mietklage** ist zu addieren (vgl auch § 5 Rz 6). Ein gleichzeitig erhobener **Beseitigungsanspruch** ist nur bei Erfordernis eines besonderen Titels zu bewerten und zu addieren (Hambg NJW-RR 01, 576); **Abrisskosten** können neben dem Räumungsanspruch nach § 3 bewertet werden, wenn der Kl den Abriss mit anstrebt (BGH MDR 05, 1431; OLGR Ddorf 08, 720). **Sonstige Kosten** des Bekl sind nicht einzubeziehen (Rz 15). Bei der Klage gegen einen **Dritten** entfällt die soziale Zielsetzung der Norm, so dass generell § 6 gilt (Karlsr MDR 04, 906 will § 41 GKG bei Klage gegen Partner des Mieters anwenden). Die Aufhebung einer **einstweiligen Verfügung** auf Unterlassen der Räumung kann mit dem Jahres-Mietwert angesetzt werden (Ddorf MDR 11, 216). Im **Räumungsvergleich** bemisst sich der GeS nach dem Jahreswert der Miete, nicht nach einer Abfindung (Hamm NJW-RR 11, 1224). 20

Für die **Gebrauchsüberlassungsklage** des Mieters gilt die Norm entsprechend (Celle KoRsp § 16 GKG aF Nr 58). Bei gewerblichem Zeitmietvertrag kann auf die Zeit bis zum regulären Ablauf abgestellt werden (Ddorf NZM 06, 583). In einer nicht-ehelichen **Lebensgemeinschaft** kann auf § 48 I GKG, § 3 ZPO abgestellt werden (OLGR Frankf 09, 930).

2. Fortsetzung des Mietverhältnisses. Im Fortsetzungsstreit, §§ 574 bis 574b BGB, findet nach § 41 III GKG eine Addition mit dem Räumungswert nicht statt. Der Wert des ersten Rechtszuges begrenzt gem § 41 IV GKG den Gebührenwert der Rechtsmittelinstanz. 21

3. Mieterhöhung. Für Verträge über Wohnraum begrenzt sich der Gebührenstreitwert gem § 41 V GKG auf den Jahresbetrag der str Differenz; iÜ gilt § 9 (BGH WuM 07, 32; aA KG NJW-RR 10, 371: generell § 9). Bei kürzerer Restlaufzeit ist dieser Zeitraum maßgeblich (LG Berlin NJW-RR 97, 652). Auf frühere Mieterhöhungen kommt es nicht an (Saarbr WuM 98, 234). Eine Erstreckung auf andere Mietverhältnisse ist nicht zulässig (MüKoZPO/*Wöstmann* § 8 Rn 29). 22

D. Einzelfragen. Die nachfolgende alphabetische Zusammenstellung umfasst die Anwendungsfälle der §§ 8 und 9 ZPO und des § 41 GKG. 23

Abschluss des Vertrags s. Rz 8. 24

Besichtigung. Der Wert ist gem § 3 nach dem Interesse hieran zu bestimmen. Die Beschwer des Mieters bei unbegrenztem Recht des Vermieters liegt generell über 600 € (BGH NJW-RR 07, 1384). 25

26 **Besitzstörung** durch Vermieter: anteilige Jahresmiete (Rostock JurBüro 06, 645); Besitzeinräumung: grds § 8, wenn keine hinreichende tatsächliche Bewertungsgrundlage: § 9 (KG NZM 06, 720).

27 **Bürgschaft** Beschwer des Mieters, der Freigabe einer Bürgschaft verlangt, beläuft sich auf deren Betrag (BGH WuM 06, 215).

28 **Einstweilige Verfügung.** Bei Einräumung des Besitzes ⅓ des Jahresentgelts (Brandbg MDR 07, 1225).

29 **Entgelt** Rz 14 ff.

30 **Feststellungsklage.** Für positive wie negative Feststellungsklagen gilt grds die allgemeine Regelung (vgl § 3 Streitwertlexikon Feststellungsklage). Für die Feststellung der Mietzahlungspflicht sind §§ 8 f ZPO, 41 I GKG unanwendbar, wenn das Mietverhältnis selbst nicht im Streit ist. Besteht ein solcher Streit, ist abw vom Üblichen kein Abschlag zu machen, weil dies einen Regelfall von § 8 darstellt (Rz 8). Feststellung zur Berechtigung der Mietminderung ist analog § 41 V 1 Halbs 2 GKG mit dem Jahresbetrag der Minderung anzusetzen (KG MDR 09, 1135; 10, 1493). Gebührenstreitwert für Feststellung der Beendigung durch Kündigung, ist nach § 41 I GKG zu bewerten, Klage auf Kündigung ggü einem Dritten nach § 41 V GKG (BGH NZM 06, 138).

31 **Gebrauch.** Bei Störung des Gebrauchs gilt für den Gebührenstreitwert § 41 V GKG analog (BGH NJW-RR 06, 378).

32 **Gebührenstreitwert** Rz 2.

33 **Gemischte Verträge** Rz 4.

34 **Heizung.** Jahresbetrag der denkbaren Mietminderung (LG Hamburg JurBüro 94, 116); bei Verurteilung zur Wärmeabrechnung bestimmt sich der ReS entsprechend den Grundsätzen der Auskunft (BGH WuM 08, 615; s. § 3 Streitwertlexikon Auskunft).

35 **Inhalt des Vertrags** Rz 7.

36 **Instandsetzungs- und Modernisierungsmaßnahmen.** Es gilt § 9. Betr den Gebührenstreitwert einschließlich selbständigem Beweisverfahren gilt § 41 V GKG für alle Mietverhältnisse (BGH NJW-RR 06, 378); alte Rspr ist überholt! Richtwert ist das Interesse des Vermieters an einer Mieterhöhung (KG WuM 10, 46).

37 **Kaution.** Auch bei Hinterlegung Nominalbetrag (s. § 3 Streitwertlexikon Hinterlegung); die Zinsen sind zu addieren (LG Hamburg NJWE-Mietr 97, 199).

38 **Konkurrenzschutz.** Wirtschaftliches Interesse des Kl, gemessen an Minderung oder Schadensersatz (Ddorf NZM 06, 159; LG Köln WuM 95, 791; s.a. Rz 8).

39 **Kündigung.** Der Gebührenstreitwert für die außergerichtliche Kündigung bemisst sich nach § 41 II GKG (AG Köln MDR 02, 1030), nicht nach § 23 III RVG (so aber LG Karlsruhe NJW 06, 1526). Der Streit um eine bloße Kündigungsmöglichkeit ist nach § 3 zu bewerten (Köln KostRspr § 16 GKG aF Nr 36; Rz 7).

40 **Laufzeit** Rz 11.

41 **Mängel.** Maßgeblich ist der nach § 3 oder § 6 zu bewertende str Anspruch. Für den Gebührenstreitwert ist in weiter Anwendung oder analog § 41 V 1, 2. Hs GKG der Jahresbetrag der Mietminderung anzusetzen (BGH MDR 06, 657). Der Wert der Beschwer eines zur Mängelbeseitigung verurteilten Vermieters bemisst sich nicht nach den Kosten der Mängelbeseitigung, sondern gem §§ 2, 3 und 9 ZPO nach dem 3,5-fachen Jahresbetrag der auf Grund des Mangels gegebenen Mietminderung (BGH NJW 00, 3142). Für den Gebührenstreitwert gilt § 41 V GKG.

42 **Mehrwertsteuer** Rz 15, 18.

43 **Miet- und Pachtzahlung.** Bezifferte Klagen sind einschließlich der Nebenkosten mit dem Nennbetrag der Hauptforderung zu bewerten (Kobl WuM 06, 45). Betr künftige Leistung s. § 9. Der Gebührenstreitwert einer Klage auf künftige Mietzahlung bemisst sich über § 48 I GKG nach § 9 ZPO; Rückstände sind nach § 42 V GKG hinzuzurechnen (BGH MDR 04, 1437: für GKG aF). § 41 GKG findet keine Anwendung (KG NJW-RR 11, 1521).

44 **Miet- und Pachtzinserhöhung.** § 9 ist (ggf über § 48 I GKG) für alle Streitwertarten heranzuziehen. Ausnahme: Für Wohnraummiete gilt § 41 V GKG (BGH MDR 04, 1437); die Analogie ist ausgeschlossen (KGR 04, 499). Wird lediglich die Feststellung einer künftig erhöhten Miete verlangt, gilt § 41 V GKG nicht, sondern §§ 3, 9 ZPO (KG NJW-RR 10, 371; LG Hambg NZM 10, 515).

45 **Minderung.** Ausgangswert ist der str Geldbetrag. Die Beschwer bei Mietminderung ist mit dem 3,5-fachen Jahresbetrag anzusetzen (BGH NZM 04, 295). Eine Feststellungsklage ist für den GeS mit dem Jahresbetrag der Minderung anzusetzen (KG MDR 09, 1135; 10, 1493).

46 **Nebenkosten.** Der Anspruch auf Abrechnung ist dem Auskunftsanspruch (§ 3 Streitwertlexikon Auskunft) vergleichbar; er ist nach § 3 mit einem Bruchteil des wirtschaftlichen Interesses des Mieters an der Abrech-

nung zu bewerten (LG Bonn JurBüro 92, 117), zB mit 1/3 des jährlichen Vorschusses (LG Frankfurt NZM 00, 759); bei Erwartung einer Rückzahlung ist deren Betrag Ausgangswert (Köln JurBüro 93, 165). Für das Rechtsmittel des verurteilten Vermieters zählt das Abwehrinteresse, idR die Kosten der Abrechnung (Köln aaO). Die Einsichtnahme in Belege kann mit 10–20 % des erwarteten Rückforderungsanspruchs bewertet werden (Köln JurBüro 97, 597). Vgl auch Rz 14.

Nutzungsentschädigung. Bei Klage auf künftige Nutzungsentschädigung bis zur Räumung geht die hM der OLG von § 9 ab und wenden § 3 an, wenn der betr Zeitraum ersichtlich kürzer ist (Ddorf NZM 06, 583; Nürnbg NZM 06, 540; KG MDR 07, 645; auch LG Landau/Pfalz ZMR 10, 192; Stuttg MDR 11, 513; aA Hamm FamRZ 08, 1208). Die Klage auf Feststellung des Anspruchs bis zur Räumung kann mit 80 % der Jahresentschädigung bewertet werden (LG Itzehoe MDR 11, 1015). 47

Nutzungsverhältnis Rz 17. 48

Parabolantenne. Klage auf Installation nach § 3 mit Interesse an Erweiterung des Empfangs zu bewerten; die Beschwer des verurteilten Vermieters richtet sich nach der Abwehr der Kosten und kann daher höher sein (LG Wuppertal WuM 97, 324). Für Klage auf Beseitigung ist der Wertverlust durch Beeinträchtigung von Substanz oder Optik maßgeblich (LG Bremen WuM 97, 70: 5.000 DM; kann aber auch unter dem Berufungswert liegen, BGH NJW 06, 2639); Bemessung kann auch auf den Wert der Antenne und die Beseitigungskosten abstellen (Frankf JurBüro 02, 531; Köln NZM 05, 224). 49

Räumung vgl Rz 9, 20; vergleichsweise Einbeziehung eines Umzugskostenzuschusses im Räumungsrechtsstreit soll keinen Mehrwert mit sich bringen, wohl aber eine Einigung über die Mietminderung (Karlsr WuM 08, 617 = JurBüro 08, 651). 50

Räumungsfrist. Nach § 3 die in der str Zeit, § 721 III, anfallende Miete. 51

Rechtsmittelstreitwert Rz 1. 52

Störungen. Für die Beseitigungsklage gilt § 41 V GKG analog (BGH NJW-RR 06, 378). Betrifft sie einen Teil des Objekts, ist Teilbetrag der Miete maßgeblich (Rostock JurBüro 06, 645). Bei der Störungsklage eines Mieters gegen den anderen kann der Gedanke des § 41 V GKG herangezogen werden (Frankf NJW-RR 08, 534). 53

Tierhaltung. Je nach Größe und Belästigung 300 € für Geruch bis 5.000 € für gefährliches Tier (vgl LG München NZM 02, 734; 820). 54

Untervermietung. Im Streit um deren Zulässigkeit gilt § 3 (Rz 7). Die Besitzeinräumungsklage des Untermieters gegen den Hauptvermieter soll nach § 8, bei unklaren Angaben zur str Zeit nach § 9 zu bewerten sein (KG NZM 06, 720). Für den Gebührenstreitwert ist § 41 V GKG analog anzuwenden; der Jahresbetrag der erwarteten Untermiete ist nach dem Rechtsgedanken des § 41 V GKG für das wirtschaftliche Interesse des auf Zustimmung klagenden Hauptmieters geeigneter Maßstab (KG JurBüro 06, 258; OLGR Saarbr 08, 43). Für den Abwehranspruch des Vermieters zählt das Interesse an der Unterlassung. Vgl auch Rz 3, 15. 55

Vergleich. Die Begründung eines neuen Mietverhältnisses durch Vergleich ist mit der Jahresmiete des aufgehobenen Mietverhältnisses zu bewerten (Ddorf NJW-RR 08, 1697; näher § 3 Streitwertlexikon bei Vergleich). 56

Verlängerungsoption Rz 11. 57

Vollstreckungsabwehrklage Rz 8. 58

Wohnrecht s. § 3 Streitwertlexikon Dienstbarkeit. 59

Zählerausbau. Es kommt auf das nach § 3 zu bewertende Interesse des Kl an, mithin den Wert des Zählers (AG Hamburg-Bergedorf NJW-RR 03, 949) oder das Interesse an der Verhinderung der Strom- oder Wasserentnahme, wobei der Vorschuss Richtschnur für die Höhe ist (Köln ZMR 06, 208; OLGR Schlesw 09, 234; Oldbg MDR 09, 1407: Nachteil für 6 Monate; AG Hamburg-Bergedorf ZMR 04, 273: Vorschuss eines Jahres; OLGR Braunschweig 06, 887: 6 Monate; für kürzeren Zeitraum unter Annahme nicht immer zu verwirklichender Bearbeitungsfristen Zö/*Herget* § 3 Rn 16 Zählerausbau), bzw der Schaden des Versorgers für 6 Monate (Oldbg NJW-RR 10, 1151). Für das Interesse des Gaskunden an der Verhinderung der Sperre zählt der Aufwand eines alternativen Anschlusses (OLGR Kobl 08, 248). 60

Zuständigkeitsstreitwert Rz 1. 61

§ 9 Wiederkehrende Nutzungen oder Leistungen.

[1]Der Wert des Rechts auf wiederkehrende Nutzungen oder Leistungen wird nach dem dreieinhalbfachen Wert des einjährigen Bezuges berechnet. [2]Bei bestimmter Dauer des Bezugsrechts ist der Gesamtbetrag der künftigen Bezüge maßgebend, wenn er der geringere ist.

1 **A. Allgemeines.** Die Norm soll durch Festlegung auf einen normativen Streitwert (§ 3 Rz 4) der Rechtssicherheit dienen (MüKoZPO/*Wöstmann* § 9 Rn 1). Sie erfasst alle **Streitwertarten**, soweit nicht für den Gebührenstreitwert §§ 41 V, 42, 49 GKG, § 41 FamGKG (entspr § 53 II GKG aF) Spezialregelungen enthalten. Bei streitwertunabhängiger sachlicher Zuständigkeit wie etwa nach § 23 Nr 2 GVG bedarf es der Festsetzung des Zuständigkeitsstreitwertes nicht (§ 3 Rz 14). Eine Bemessung des Rechtsmittelstreitwertes nach § 41 GKG anstelle von § 9 ZPO ist willkürlich (BVerfG AnwBl 96, 643).

In Anlehnung an ältere Rechtsprechung (RGZ 24, 373, 377; 37, 382, 385 f; BGH NJW 62, 583) will die hM § 9 S 1 dahin einschränken, dass das Recht seiner Natur nach eine **Dauer** von mindestens 3 1/2 Jahren soll haben können, widrigenfalls § 3 anzuwenden sei (OLGR Frankf 04, 201; KGR 07, 802; MüKoZPO/*Wöstmann* § 9 Rn 4; St/J/*Roth* § 9 Rn 3; Musielak/*Heinrich* § 9 Rn 3; Zö/*Herget* § 9 Rn 1, 3; B/L/A/H § 9 Rn 8). Das mag nach § 9 aF, als der Wert nach dem 12 1/2fachen Jahresbetrag berechnet wurde, seine Berechtigung gehabt haben (BGH NJW 56, 182). Bei lediglich 3 1/2 Jahren ist eine klare Ausgrenzung kürzerer Laufzeiten nicht mehr möglich (vgl die unscharfen Kriterien in KGR 07, 802, mit denen auch die dort angenommenen 12 Monate nicht zu untermauern sind); ein Wertungswiderspruch zu § 9 S 2 kann sich mangels Relevanz nicht ergeben. § 9 S 1 muss daher ohne Abschlag auch bei kürzerer unbestimmter Dauer angewendet werden (Frankf NJW-RR 97, 1303; ThoPu/*Hüßtege* § 9 Rn 4; in diese Richtung weisend BGH JurBüro 04, 378 und St/J/*Roth* § 9 Rn 3 betr Hochbetagte und Rn 8 allg; für Anwendung des § 24 II KostO bei Hochbetagten Nürnbg JurBüro 92, 50).

2 **B. Recht auf wiederkehrende Nutzungen oder Leistungen.** Abzustellen ist auf §§ 100, 241 ff BGB. »Wiederkehrend« sind Nutzungen oder Leistungen, wenn sie auf einem einheitlichen Rechtsgrund beruhen und als wenigstens annähernd gleichmäßige in größeren oder kleineren regelmäßigen oder unregelmäßigen Abständen wiederkehren (hM OLGR Köln 00, 78; JurBüro 07, 144; St/J/Roth § 9 Rn 3). Von dem Streit muss das **Stammrecht** betroffen sein, nicht lediglich einzelne Leistungen (Ddorf JurBüro 93, 166). Gegenstand sind nur Ansprüche auf **künftige Leistung**; **bezifferte Einzelbeträge** sind mit dem Betrag zu bewerten (Bambg JurBüro 84, 254).

3 **Beispiele: Altenteil** (LG Freiburg AnwBl 73, 169), **Aufopferung** (BGHZ 7, 335), **Beförderung** (BGH DRiZ 08, 291), zukünftige **Beitragsbefreiung** (München JurBüro 00, 416), **Darlehen** (OLGR Köln 99, 404), **Dienstvertrag** (BGH KoRsp ZPO § 9 Nr. 71), **Duldung von Instandhaltungsmaßnahmen** (LG Hamburg WuM 99, 344), **Erbbauzins** (BayObLG JurBüro 89, 132), **Leibgedinge** (Freibg RPfleger 51, 571), **Leibrente** (BGHR ZPO § 767 Streitwert 2), **Lohn- und Gehaltsanspruch** (BGH GmbHR 94, 244: Kündigung), zeitanteilige **Maklercourtage** (OLGR Köln 00, 78), **Mängelbeseitigung im Mietverhältnis** (BGH MDR 00, 975 §§ 3 mit 9; NZM 04, 295; WuM 07, 207), s.a. § 8 Rz 41, künftige **Miet- und Pachtansprüche** (BVerfG NJW 96, 1531 für die Subsidiarität; BGH NJW 66, 778; NJW-RR 06, 16, 17; aA OLGR Frankf 04, 201; KG GE 07, 292), s.a. § 8 Rz 43, **Miet- und Pachterhöhung** (BGH WuM 07, 32; WuM 07, 328: Kündigung), s.a. § 8 Rz 44, **Notwegrente** (Köln JurBüro 91, 1386: § 9 analog), **Reallast** (OLGR Frankf 93, 47), **Renten** (Frankf MDR 74, 1028; nicht aber die Kapitalabfindung: Hamm NJW 66, 162)), **Schadensersatzrente** (BGHR ZPO § 9 Schadensrente 1: § 9 iVm § 3; BGHR 01, 530), **Stromeinspeisungsvertrag** (OLGR Schlesw 98, 347), **Überbaurente** (Köln JurBüro 91, 1386), **Unterhaltsrente** (BGH FamRZ 99, 1497; Ddorf FamRZ 04, 1225), **Vereinsbeitrag**, laufende Ansprüche aus **Versicherungsverträgen** (BGH MDR 04, 1182; VersR 68, 278: Lebensversicherungsbeitrag; BGH NJW-RR 00, 1266: Beitragsbefreiung; VersR 01, 492: Kfz-Haftpflicht; MDR 00, 850: Krankenversicherung, §§ 3, 9 analog; NJW-RR 05, 259: Berufsunfähigkeitsversicherung, bei Ungewissheit des Versicherungsfalls mit 20 % der Versicherungssumme und bei der BUZ auf den 3,5-fachen Jahresbetrag der monatlichen Rentenleistung und der monatlichen Prämie abzgl 50 % bei Ungeklärtheit des behaupteten Versicherungsfalls und abzgl 20 % bei geklärter Berufsunfähigkeit; die Rechtshängigkeit etwaiger Leistungsansprüche spielt keine Rolle; OLGR Frankf 00, 142: Krankenversicherung; Kobl VersR 05, 1751: abzgl 20 % bei Feststellungsklage; OLGR Celle 07, 239: Berufsunfähigkeitszusatzversicherung, abzgl 20 % bei Feststellungsklage; Karlsr VersR 07, 416: Krankentagegeld, 20 % Abschlag bei Feststellungsklage; vgl auch § 3 Streitwertlexikon Versicherung).

Dieselben Grundsätze gelten auch für **Regressansprüche**, die an die Stelle einer unter § 9 fallenden Forderung getreten sind (BGHR 01, 530; Ddorf FamRZ 04, 1225).

4 **Nicht** unter § 9 fallen Ansprüche oder Rechte, die nicht periodisch wiederkehren, sondern an sich bereits fortdauern. Dazu gehören der **Nießbrauch** (Ddorf JMBlNW 51, 117; aA Schlesw SchlHA 86, 46: § 9 analog), das **Wohnrecht** (Braunschw RPfleger 64, 97; für Analogie BGH NJW-RR 94, 909), Ansprüche aus **Franchising** (Stuttg JurBüro 07, 144) sowie die **Fischerei- und Jagdrechte** (BGH MDR 69, 916). **Raten-**

weise zu begleichende Ansprüche fallen ebenfalls nicht unter § 9, weil das Merkmal der Wiederkehr fehlt (OLGR München 01, 220). Gleiches gilt für **Zinsansprüche**, die nicht als Nebenforderung geltend gemacht werden (Naumbg JurBüro 07, 489; vgl § 4 Rz 10 ff, 18 ff), weil ihre Entwicklung aus täglich anfallenden Einzelbeträgen sie nicht zur wiederkehrenden Leistung macht und das Stammrecht (s. Rz 2) insoweit nicht betroffen ist (BGH NJW 81, 2360; Ddorf JurBüro 93, 166).

C. Grundlagen der Wertfestsetzung. I. Prozessuale und materielle Grundlagen. 1. Klageart. Auf die Klageart kommt es nicht an, so dass auch die **Feststellungsklage** nach § 9 zu bewerten ist, die **positive** mit dem üblichen Abschlag von 20 % (BGH MDR 00, 975; MüKoZPO/*Wöstmann* § 9 Rn 8; die aA, vgl Zö/*Herget* § 9 Rn 1, vermengt die Anwendbarkeit der Norm mit der Frage nach dem Abschlag, gelangt aber über die Analogie zu § 9 zum gleichen Ergebnis, vgl Musielak/*Heinrich* § 9 Rn 4), die **negative** voll (BGHZ 2, 277; KG MDR 10, 47; vgl § 3 Streitwertlexikon Feststellungsklage; aA Frankf MDR 09, 353), in beiden Fällen jedoch nicht höher als die entspr Leistungsklage (BGH JurBüro 04, 378). Auch die **Vollstreckungsabwehrklage** (BGHR ZPO § 767 Streitwert 2) fällt unter § 9. 5

2. Geltendmachung des Stammrechts. Entscheidend ist, dass das Stammrecht selbst oder dessen Nichtbestehen geltend gemacht wird (Karlsr NJOZ 05, 2051). Das kann auch durch **Feststellungs-** (s. Rz 5) oder durch **Unterlassungsklage** geschehen (Musielak/*Heinrich* § 9 Rn 4; für Analogie Saarbr AnwBl 78, 467; BGH NJW 60, 1460: § 826 BGB). Denn es geht bei § 9 ZPO darum, einen Streitwert für das Stammrecht selbst festzulegen, nicht etwa die aus dem Stammrecht fließenden Leistungen zu bewerten (Karlsr NJOZ 05, 2051). Sind nur **Einzelleistungen** Streitgegenstand, zB einzelne künftig fällig werdende Geldforderungen, müssen diese nach der jeweils einschlägigen Norm, namentlich §§ 3 und 6, bewertet werden (BGH ZMR 05, 535: für § 41 GKG; OLGR Köln 99, 404; OLGR München 01, 220); betrifft der Streit um das Stammrecht nur einen **Spitzenbetrag**, fällt alleine dieser unter § 9 (OLGR Braunschw 98, 332). Bei der Klage gegen einen Dritten auf **Befreiung** von einer unter § 9 fallenden Verbindlichkeit ist nicht das Stammrecht, sondern der Befreiungsanspruch Gegenstand des Streites und daher nach § 3 zu bewerten (BGH NJW 74, 2128); entsprechendes gilt für die **Anfechtungsklage** (St/J/*Roth* § 9 Rn 11). 6

II. Berechnung. 1. Grundlagen. Die **Höhe** einer für die Wertberechnung maßgeblichen Miete richtet sich nach einem objektiven Maßstab; beim Vorliegen eines schriftlichen Mietvertrags sind regelmäßig dessen Regelungen für die Bemessung der Miethöhe heranzuziehen (BGH NJW-RR 97, 648; 06, 16). Der einjährige Bezug bestimmt sich nach der für das **erste Jahr** ab Klageerhebung geforderten Leistung (MüKoZPO/*Wöstmann* § 9 Rn 9; Musielak/*Heinrich* § 9 Rn 5). Unterschiedliche Beträge innerhalb des Jahres sind zu addieren (BGH NJW-RR 99, 1080); bei unterschiedlichen Jahresbeträgen (zB **Staffelmiete**) ist auf den höchsten str Betrag abzustellen (BGH NJW 53, 104; MDR 66, 321; für § 41 GKG BGH ZMR 06, 28; Ddorf NZM 10, 600; aA MüKoZPO/*Wöstmann* § 8 Rn 15: Durchschnittswert). Nur die bis zur Klageerhebung aufgelaufenen **Rückstände** werden addiert; dabei bleibt es in der Rechtsmittelinstanz (NJW 60, 1459); ab Klageerhebung aufgelaufene Rückstände sind ohne Bedeutung (aA Musielak/*Heinrich* § §9 Rn 5); auf die Art der Bezifferung kommt es nicht an. Maßgeblich ist der Tag des Eingangs bei Gericht; welcher Zeitraum dann rückständig ist, bestimmt sich nach dem zugrundeliegenden Rechtsverhältnis (Hambg JurBüro 90, 1336; KG MDR 91, 1205); bei Monatsmiete ist idR unabhängig vom Datum der Klagezustellung ein voller Monat anzusetzen. Auch bei der **Stufenklage** entscheidet die Klagezustellung, nicht die spätere Bezifferung (Hambg JurBüro 90, 1336). Veränderungen während der Instanz (zB Tod des Rentenberechtigten) haben wegen § 4 S 1 keine Auswirkungen. 7

2. Unbestimmte Dauer (§ 9 S 1). S 1 und 2 stehen im Regel-Ausnahme-Verhältnis, so dass nach S 1 zu bewerten ist, was nicht unter S 2 fällt. Unbestimmt ist die Dauer auch dann, wenn das Rechtsverhältnis zB durch Kündigung zwar beendet werden kann oder zB durch Tod endet, der Zeitpunkt aber ungewiss ist (Bambg JurBüro 82, 284). Maßgeblich ist gem § 4 die Prognose bei Einreichung der Klage (B/L/A/H § 9 Rn 8). 8

3. Bestimmte Dauer (§ 9 S 2). Die Frage nach der bestimmten Dauer beantwortet sich aus dem Rechtsverhältnis, das dem str Recht zugrunde liegt. Sie liegt auch vor, wenn ein Vertrag, dessen fristlose Kündigung im Streit ist, in jedem Falle bereits fristgerecht gekündigt wurde (OLGR Frankf 98, 349) oder der Kl das Recht nur für einen bestimmten Zeitraum geltend macht (BGH MDR 97, 504). Der Streitwert berechnet sich nach dem Gesamtbetrag der str Leistungen, höchstens aber nach dem 3,5-fachen eines Jahresbetrags. 9

10 **D. Gebührenstreitwert.** Soweit §§ 41 V, 42, 49 GKG, § 41 FamGKG (entspr § 53 II GKG aF) Anwendung finden, gehen sie als Spezialregelung vor; Normzweck ist die Wertbegrenzung aus sozialen Gründen; iÜ gelten § 48 I GKG, § 9 ZPO. Mit Ausnahme von Abs 3 (dazu näher § 3 Streitwertlexikon Arbeitsrecht) gilt § 42 GKG für Leistungsklagen. Die »wiederkehrende Leistung« ist wie bei § 9 zu definieren (Rz 2). Eine **Feststellungsklage** ist nach § 3 ZPO iVm § 42 GKG, § 51 FamGKG analog zu bewerten, bei positiver Feststellung mit einem Abschlag von idR 20 % (BGH NJW 86, 676; Köln JurBüro 92, 624; § 3 Streitwertlexikon Feststellungsklage). Eine **Regressforderung** wegen Verursachung eines solchen Anspruchs fällt unter §§ 3, 9 ZPO, § 48 I GKG (BGH JurBüro 79, 193; WM 94, 182; Köln JurBüro 92, 698; s. aber Rz 3 aE). Der Anspruch auf **Nutzungsentschädigung nach § 745 II BGB** ist nicht nach §§ 41 f GKG, sondern nach § 9 zu bewerten (Hamm FamRZ 08, 1208).

11 Zu **§ 51 I FamGKG** (wortgleich mit § 42 I GKG aF) vgl § 3 Streitwertlexikon Ehesachen, einstweilige Verfügung, Folgesachen und Schulte-Bunert/Weinreich/*Keske* § 51 FamGKG. Die Norm erfasst nur gesetzliche Ansprüche, vertragliche lediglich dann, wenn sie deren Ausgestaltung dienen (Ddorf JurBüro 84, 1865; Bambg JurBüro 93, 110; 97, 38; Hartmann § 51 FamGKG Rn 4). Beruht die Forderung zT auf Gesetz, zT auf Vertrag, ist § 51 I FamGKG einheitlich anzuwenden (St/J/*Roth* § 9 Rn 21); nur für eine überschießende vertragliche Forderung gilt § 9 ZPO mit § 48 I GKG.

12 Der Streitwert nach **§ 42 I GKG** (§ 42 II GKG aF) wird wegen des höheren Aufwands dieser Verfahren höher bewertet als nach § 9 ZPO. Maßgeblich ist der fünfjährige Rentenbetrag. Die Regelung ist eng auszulegen; im Deckungsprozess gelten nach hM §§ 3, 9 ZPO mit § 48 I GKG (Köln VersR 89, 378).

13 Zu **§ 42 II, III GKG** (§ 42 III, IV GKG aF) vgl § 3 Streitwertlexikon Arbeitsrecht. Abs 2 ist weit auszulegen (BGH JurBüro 05, 543 zu Abs 3 aF). Der für Abs 2 maßgebliche Zeitraum kann länger als drei Jahre dauern, wenn die Ansprüche aus einem kündbaren Rechtsverhältnis darüber hinausgehen (Köln RPfleger 74, 164; NJW-RR 95, 318). Der **Organvertreter** ist nur bei arbeitnehmerähnlicher Stellung (BGH NJW 81, 2466), der Handelsvertreter ist nicht erfasst (München DB 81, 2466; Nürnbg NZA-RR 01, 53).

14 Für die Addition der Rückstände gem **§ 42 V GKG** wird auf Rz 7 verwiesen, für § 49 auf § 3 Streitwertlexikon Folgesachen d), für **§ 53 II GKG** auf § 3 Streitwertlexikon Arrest, einstweilige Anordnung, Folgesachen e).

§ 10 *(weggefallen)*

§ 11 Bindende Entscheidung über Unzuständigkeit.

Ist die Unzuständigkeit eines Gerichts auf Grund der Vorschriften über die sachliche Zuständigkeit der Gerichte rechtskräftig ausgesprochen, so ist diese Entscheidung für das Gericht bindend, bei dem die Sache später anhängig wird.

1 Die Norm soll divergierende Entscheidungen und das Entstehen negativer Kompetenzkonflikte mit einem sich daran anschließenden Verfahren nach § 36 verhindern; sie ist daher als Ergänzung von § 281 I 1 und § 506 I sowie §§ 696 I 1, 700 III zu sehen (BGH NJW 97, 869) und weit auszulegen (RGZ 66, 17). Regelungen der **ausschließlichen** Zuständigkeit gehen § 11 vor (RGZ 66, 17). Nach dem Wortlaut und aus dem Regelungszusammenhang heraus gilt § 11 zunächst für die **sachliche**, nicht hingegen für die örtliche Zuständigkeit (BGH NJW 97, 948). Für die **funktionelle** Zuständigkeit (BGH aaO; München NJW 56, 187; Oldenburg FamRZ 78, 344, hM) wie auch für das Verhältnis zwischen **freiwilliger** und streitiger **Gerichtsbarkeit** (BGHZ 97, 287, für WEG nicht mehr aktuell) sowie zwischen ordentlichen und besonderen Gerichten iSd § 14 GVG (hM, MüKoZPO/*Wöstmann* § 11 Rn 2; Zö/*Vollkommer* § 11 Rn 2; St/J/*Roth* § 11 Rn 9 mN zur aA) gilt die Norm entsprechend. Nicht anzuwenden ist sie auf Schiedssprüche (RGZ 52, 283) und auf das Verhältnis zwischen einem inländischen und einem ausländischen Gericht (Musielak/*Heinrich* § 11 Rn 2). Rspr betreffend § 48 ArbGG ist wegen Neufassung der Norm im G vom 17.12.1990 gegenstandslos.

2 Die Bindungswirkung geht nicht nur von Urteilen, sondern auch von rechtskräftigen **Beschlüssen** aus (hM, St/J/*Roth* § 11 Rn 6; MüKoZPO/*Wöstmann* § 11 Rn 3); letzteres geht mit der Anwendung der Norm ua auf das Verhältnis zur freiwilligen Gerichtsbarkeit und ihrer Geltung im Verfahren der Zwangsvollstreckung notwendig einher (München NJW 56, 187). Die Zuständigkeit muss Hauptfrage sein, nicht nur Vorfrage wie etwa bei Ablehnung von PKH. Entscheidungen übergeordneter Gerichte sind bindend, wie wenn das Ausgangsgericht sie erlassen hätte.

Hat ein Gericht seine Zuständigkeit im Anwendungsbereich des § 11 verneint, gilt dies für alle Gerichte derselben **Stufe**, bei der Entscheidung eines AG mithin für alle AG (hM, St/J/*Roth* § 11 Rn 2; MüKoZPO/*Wöstmann* § 11 Rn 4). Hieran sind auch Gerichte des höheren Rechtszuges gebunden. Eine Bindung in der Sache findet nicht statt; das im Falle einer Fehlentscheidung des ersten Gerichts nur aufgrund § 11 zuständige Gericht hat die volle Prüfkompetenz, wie wenn das erste Gericht zu erkennen hätte (St/J/*Roth* § 11 Rn 2). 3

Der Umfang der Bindung ist nach dem Wortlaut der Norm rein **negativ** zu sehen. Das zweite Gericht darf lediglich die Zuständigkeit des ersten Gerichts nicht bejahen, es ist jedoch in der Frage der eigenen Zuständigkeit an dessen Auffassung nicht gebunden. Die Verweisung an ein drittes Gericht kommt demnach in Betracht.

Verneint das zweite Gericht entgegen § 11 seine Zuständigkeit, greift § 36 I Nr 6 ein (BGHZ 17, 168; BGH NJW 97, 869). Das gilt auch bei Erlass eines Verweisungsbeschlusses nach § 281 I 1 (München NJW 56, 187; MüKoZPO/*Wöstmann* § 11 Rn 7; Musielak/*Heinrich* § 11 Rn 5; Zö/*Vollkommer* § 11 Rn 4; aA St/J/*Roth* § 11 Rn 7; offen gelassen in BGH NJW 97, 869). 4

Titel 2 Gerichtsstand

§ 12 Allgemeiner Gerichtsstand; Begriff.

Das Gericht, bei dem eine Person ihren allgemeinen Gerichtsstand hat, ist für alle gegen sie zu erhebenden Klagen zuständig, sofern nicht für eine Klage ein ausschließlicher Gerichtsstand begründet ist.

Inhaltsübersicht

	Rz
A. Normgegenstand	1
B. Begriff und Funktion des Gerichtsstands	2
C. Arten der Gerichtsstände	3
I. Allgemeiner Gerichtsstand	3
II. Ausschließliche Gerichtsstände	4
III. Besondere Gerichtsstände	5
IV. Vereinbarte Gerichtsstände	6
D. Konkurrenz der Gerichtsstände	7
E. Die Prüfung der örtlichen Zuständigkeit im Verfahren	8
I. Bedeutung der örtlichen Zuständigkeit	8
II. Grundlagen der Prüfung	9
III. Prüfungsumfang	10
1. Erste Instanz	10
2. Obere Instanzen	11
a) Berufung/Beschwerde	11
b) Revision/Rechtsbeschwerde	12
IV. Hinweispflichten des Gerichts	13
V. Entscheidungsformen	14
1. Bejahung der Zuständigkeit	14
2. Ablehnung der Zuständigkeit	15
VI. Erschlichener Gerichtsstand	16
F. Gerichtsbezirk	17
G. Internationale Zuständigkeit	18

A. Normgegenstand. § 12 ist die **zentrale Norm der ZPO** für die Beurteilung der örtlichen Zuständigkeit eines Gerichts. Die Regelung enthält den **Grundsatz**, dass die örtliche Zuständigkeit eines Gerichts durch den **allg Gerichtsstand des Bekl** bestimmt wird. Die so geschaffene Verknüpfung zwischen örtlicher Zuständigkeit und dem allg Gerichtsstand des jeweiligen Prozess- bzw Verfahrensgegners basiert nicht nur auf **Zweckmäßigkeitserwägungen**, sondern ist ebenso Ausdruck des allg Prinzips der **Gerechtigkeit im Prozessrecht und durch das Prozessrecht** (vgl BGH NJW 86, 3209; BGHZ 157, 20, 28; BayObLG MDR 96, 850; St/J/*Roth* vor § 12 Rn 3; Zö/*Vollkommer* Rn 2; MüKoZPO/*Patzina* § 12 Rn 2). Denn § 12 dient der **prozessualen Waffengleichheit**, indem er die Freiheit des Kl beschränkt, der über Zeitpunkt, Ort und Umfang der Einleitung eines gerichtlichen Verfahrens entscheiden kann (vgl Zö/*Vollkommer* Rn 2; MüKoZPO/*Patzina* Rn 2; Musielak/*Heinrich* Rn 1). Im Rahmen der Angemessenheitskontrolle von Gerichtsstandsklauseln in AGB nach § 307 II Nr 1 BGB ist dem Rechnung zu tragen (Zö/*Vollkommer* Rn 2; s. näher § 36). Durch den Wortlaut der Norm wird gleichzeitig das **Konkurrenzverhältnis zwischen § 12 und anderen Gerichtsstandsregelungen** deutlich. Danach besteht nur zwischen § 12 und den Regelungen über einen ausschließlichen Gerichtsstand ein Verhältnis der Spezialität (s. näher Rz 7). Wo der allg Gerichtsstand einer Person liegt, wird durch die §§ 13–19a ausgeführt. § 12 ist daher immer in Verbindung mit diesen Vorschriften zu lesen. 1

2 **B. Begriff und Funktion des Gerichtsstands.** Der **Gerichtsstand** wird oftmals mit der **örtlichen Zuständigkeit** gleichgesetzt (vgl etwa Zö/*Vollkommer* Rn 1; ThoPu/*Hüßtege* Vorb § 12 Rn 1). Diese Gleichsetzung widerspricht dem Wortlaut des Gesetzes, das in den §§ 12 ff zwischen Tatbestand und Rechtsfolge trennt. Der Gerichtsstand wird in den §§ 12 ff zwar zum maßgeblichen Kriterium für die Beurteilung der Frage erhoben, ob ein bestimmtes Gericht örtlich zuständig ist. Er verliert dadurch aber nicht den Charakter einer **Tatbestandsvoraussetzung** bei der Prüfung der örtlichen Zuständigkeit iRd Zulässigkeit. Dieser Aufbau des Gesetzes lässt sich exemplarisch an § 12 verdeutlichen, wo der Gerichtsstand des Bekl erst zusammen mit der Negativvoraussetzung des Fehlens eines ausschließlichen Gerichtsstands zur Begründung der örtlichen Zuständigkeit eines Gerichts führt. Eine Gleichsetzung von Gerichtsstand und örtlicher Zuständigkeit sollte daher unter dem Gesichtspunkt einer sauberen Zulässigkeitsprüfung vermieden werden. Zur Abgrenzung von der örtlichen Zuständigkeit lässt sich von folgender **Definition des Gerichtsstands** ausgehen: Gerichtsstand ist die Verpflichtung bzw Berechtigung einer Person, ihr Recht vor einem bestimmten Gericht in Anspruch zu nehmen (so zutr MüKoZPO/*Patzina* Rn 4; B/L/A/H Übers § 12 Rn 4). Hieran anknüpfend trifft die **ZPO im 2. Titel** eine **nicht abschließende Zuständigkeitsregelung** (vgl Rz 4 f), die sich **ausschließlich** auf die **örtliche Zuständigkeit** der Gerichte bezieht. Die **Gerichtsstandsregelungen der §§ 12 ff** übernehmen also die **Funktion**, Zivilverfahren dem jeweils sachlich zuständigen Gericht eines Gerichtsbezirks zuzuweisen (vgl BGHZ 44, 46, 47). An **anderen Stellen der ZPO** wird dagegen der Gerichtsstand in seinem ursprünglichen weiteren Sinne verstanden und erfasst dort neben der **örtlichen** auch die **sachliche Zuständigkeit** wie etwa in § 40 II 1 und § 802 (allgM; MüKoZPO/*Patzina* Rn 4; St/J/*Roth* vor § 12 Rn 1; Zö/*Vollkommer* Rn 1; Musielak/*Heinrich* Rn 2; ThoPu/*Hüßtege* Vorb § 12 Rn 1).
Zur Bedeutung der §§ 12 ff iRd **internationalen Zuständigkeit** s. Rz 18; dort auch zur **Verdrängung der §§ 12 ff** durch die EuGVO bzw die EuEheVO.

3 **C. Arten der Gerichtsstände. I. Allgemeiner Gerichtsstand.** Der allg Gerichtsstand einer Person ist nach § 12 maßgeblich für alle gegen sie zu erhebenden Klagen, sofern kein ausschließlicher Gerichtsstand gegeben ist (vgl Rz 1). Er wird durch die §§ 12–19a **abschließend geregelt**. Zu den Einzelheiten s. §§ 13–19a.

4 **II. Ausschließliche Gerichtsstände.** Ausschließlich sind nur die Gerichtsstände, die als solche **gekennzeichnet** sind. Sie können **gesetzlich** bestimmt sein oder sich aus einer **zulässigen Gerichtsstandsvereinbarung** ergeben (s. dazu § 38 Rz 2). Liegt ein ausschließlicher Gerichtsstand vor, so ist das Verfahren **zwingend** vor diesem Gericht zu führen (s. dazu näher Rz 7). **Bsp** für gesetzlich geregelte ausschließliche Gerichtsstände (alphabetisch): **AktG:** §§ 246 III, 249 I, 275 IV, 278 III (gesellschaftsrechtliche Klagen); § 6 II **AuslInvestmG**; § 3 **BinSchGerG** (Gesetz über das gerichtliche Verfahren in Binnenschiffahrtssachen; vgl BGHZ 82, 110, 113); **FamFG:** §§ 108 III, 122, 152, 170, 185 III, 187, 201, 211, 218, 232, 237 II, 262, 267 (Familiensachen), 272 (Betreuungssachen), 313 (Unterbringungssachen), 341 (Betreuungsgerichtliche Zuweisungssachen), 343, 344 (Nachlass- u Teilungssachen), 377 (Registersachen), 411 (Eidesstattliche Versicherung), 416 (Freiheitsentziehungssachen), 466 II, 491 (Aufgebotssachen); § 26 I **FernUSG** (Gerichtsstand bei Fernunterrichtsverträgen, vgl aber auch § 26 II FernUSG); §§ 51 III 3, 109 III, 112 I **GenG** (Genossenschaftsklagen); § 61 **GmbHG** (Auflösungsklage); §§ 3 I, 180, 202, 315, 332 I **InsO** (Insolvenzverfahren); § 201 **GVG**; **Landesrecht**: Vorbehalte für landesrechtlich regelbare ausschließliche Gerichtsstände enthalten etwa §§ 15 Nr 2 EGZPO; 103 EnWG, 491 FamFG, 26 I SEAG; §§ 2 I, 16 **SprG** (Spruchverfahren); § 4 II **ThUG** (Therapieunterbringungsgesetz); § 6 I **UKlaG** (Unterlassungsklage bei Verbraucherrechts- und anderen Verstößen); § 98 I **UmwG**; § 14 **UWG** (Wettbewerbssachen; s. nur Zö/*Vollkommer* § 40 Rn 8; Hefermehl/Köhler/Bornkamm § 14 Rn 1); § 13a VII **VerkaufsprospektG** (Haftungsklagen bei fehlendem Prospekt); § 215 I 2 **VVG** (Klagen gegen Versicherungsnehmer); § 17 **WahrnG** (Wahrnehmung von Urheberrechten und verwandten Schutzrechten); **ZPO:** §§ 24 I (dinglicher Gerichtsstand); § 29a (Gerichtsstand bei Miet- und Pachträumen); § 29c I 2 (Gerichtsstand für Haustürgeschäfte bei Klagen gegen Verbraucher); § 32a (Gerichtsstand der Umwelteinwirkung); § 32b (Gerichtsstand bei falschen, irreführenden oder unterlassenen öffentlichen Kapitalmarktinformationen); § 64 (Hauptintervention; Oldbg 13.6.07 – 4 U 65/00, Rn 428; Zö/*Vollkommer* § 40 Rn 10, § 64 Rn 3); § 486 I, II (selbständiges Beweisverfahren; zu § 486 I s. nur Köln OLGR 05, 584, 585; zu § 486 II s. nur Zö/*Vollkommer* § 40 Rn 10, vgl auch Jena OLGR 00, 59); § 584 (Wiederaufnahmeverfahren); § 689 II (Mahnverfahren); alle Gerichtsstände des 8. Buches (§ 802); § 1 I **ZVG** (Zwangsversteigerungs- und Zwangsverwaltungssachen).

5 **III. Besondere Gerichtsstände.** Hierunter fallen **alle Gerichtsstände außer dem allg Gerichtsstand und den ausschließlichen Gerichtsständen**. Die besonderen Gerichtsstände, die das Gesetz kennt, knüpfen an

bestimmte Verfahrensgegenstände an. **Bsp**: **Allgemeine Versorgungsbedingungen** für Wasser, Elektrizität, Gas und Fernwärme (jeweils § 34 AVBWasserV, AVBEltV, AVBGasV, AVBFernwärme); § 17 Verordnung über die **Allgemeinen Beförderungsbedingungen** für den Straßenbahn- und Obusverkehr sowie den Linienverkehr mit Kraftfahrzeugen (BefBedV); § 6 **BinSchG** (Gerichtsstand des Heimatortes; vgl auch § 3 BinSchGerG, dazu Rz 4); § 440 **HGB** (Streitigkeit aus einer Beförderung); § 56 **LuftVG** (Klagen für die Haftpflicht im Luftverkehr); § 215 I 1 **VVG** (Klagen aus dem Versicherungsvertrag; beachte aber § 215 I 2 VVG); **ZPO** §§ 20–23a, 25–29, 29c I 1-32, 33, 34, 35a.

IV. Vereinbarte Gerichtsstände. Vereinbarte (dispositive) Gerichtsstände werden vom Gesetz ausdrücklich anerkannt, und zwar in Form von zulässigen **Gerichtsstandsvereinbarungen** (dazu näher §§ 38, 40) und im Fall der **rügelosen Einlassung nach § 39** (dazu näher dort). Gerichtsstandsvereinbarungen können ausschließlichen und nicht-ausschließlichen Charakter haben (dazu § 38). 6

D. Konkurrenz der Gerichtsstände. Wie sich aus § 12 ableiten lässt, gehen **ausschließliche Gerichtsstände** wegen **Spezialität** allen anderen Gerichtsständen vor (MüKoZPO/*Patzina* Rn 9; iE allgM; vgl St/J/*Roth* vor § 12 Rn 4; Zö/*Vollkommer* Rn 8; s.a. Rz 1). Ihnen kommt stets eine **absolute Wirkung** zu, weshalb sie sowohl die wahlweise Berufung auf einen anderen Gerichtsstand (vgl § 35) als auch die rügelose Einlassung (vgl § 39) verhindern (allgM; MüKoZPO/*Patzina* Rn 27; St/J/*Roth* vor § 12 Rn 4; Zö/*Vollkommer* Rn 8). Zwischen **ausschließlichen Gerichtsständen** kann es ebenfalls zu einer **Konkurrenzproblematik** kommen. So geht etwa die ausschließliche Zuständigkeit des Mahngerichts anderen ausschließlichen Gerichtsständen vor (§ 689 II 1, 3). Dasselbe gilt in Unterhaltssachen (§ 232 II FamFG), Güterrechtssachen (§ 262 I 2 FamFG) und in sonstigen Familiensachen (§ 267 I 2 FamFG). Regelmäßig wird man aber mangels anderslautender gesetzlicher Regelung von der Gleichrangigkeit der ausschließlichen Gerichtsstände untereinander ausgehen können. Liegt kein ausschließlicher Gerichtsstand vor, stehen der **allg Gerichtsstand** und die **besonderen Gerichtsstände** sowie **vereinbarte nicht-ausschließliche Gerichtsstände selbstständig nebeneinander** (vgl MüKoZPO/*Patzina* Rn 9; ThoPu/*Hüßtege* Vorb § 12 Rn 7). Dasselbe gilt bei **mehreren allg Gerichtsständen** (vgl St/J/*Roth* § 12 Rn 5). 7

E. Die Prüfung der örtlichen Zuständigkeit im Verfahren. I. Bedeutung der örtlichen Zuständigkeit. Die **örtliche Zuständigkeit** des angerufenen Gerichts ist **allg Prozessvoraussetzung** (zu den Prozessvoraussetzungen vgl Einl Rz 7 ff). Fehlt sie, darf das Gericht keine Sachentscheidung treffen; eine entsprechende Klage ist durch Prozessurteil als unzulässig abzuweisen, sonstige Anträge wegen Unzulässigkeit zurück zu weisen. Der **Prüfung** der örtlichen Zuständigkeit iRd Zulässigkeit kommt deshalb ggü der Begründetheitsprüfung **absoluter Vorrang** zu (vgl BGH NJW 00, 3718, 3720; MüKoZPO/*Becker-Eberhard* vor § 253 Rn 3; St/J/*Roth* vor § 12 Rn 13; Zö/*Greger* Vor § 253 Rn 10). Wegen der eingeschränkten Möglichkeit der Anfechtbarkeit (s. Rz 11 f) hat die örtliche Zuständigkeit als Prozessvoraussetzung vornehmlich **Bedeutung in der ersten Instanz** (s. Rz 10 f). 8

II. Grundlagen der Prüfung. Die örtliche Zuständigkeit als Prozessvoraussetzung muss spätestens zum **Schluss der letzten mündlichen Verhandlung** vorliegen (s. § 56 Rz 2). Eine nach Rechtshängigkeit eingetretene **Änderung des Gerichtsstandes** ist nach § 261 III Nr 2 unschädlich (BGHZ 188, 373; s. § 261 Rz 14; zur Möglichkeit abweichender nachträglicher Parteivereinbarung s. § 38). Die **Prüfung** der örtlichen Zuständigkeit erfolgt nach § 56 I in jeder Lage des Rechtsstreits **von Amts wegen**. Das Gericht ist weder an Beweisanträge der Parteien noch an die Beweismittel des Strengbeweises gebunden, sondern kann seine Überzeugung im Wege des Freibeweises gewinnen (s. näher § 56 Rz 3). Diese Amtsprüfung beinhaltet aber **keine Amtsermittlungspflicht**. Es bleibt vielmehr **Aufgabe des Klägers/Ast**, alle zur Begründung der örtlichen Zuständigkeit erforderlichen Tatsachen darzulegen und zu beweisen (MüKoZPO/*Patzina* Rn 55; Zö/*Vollkommer* Rn 14). **Ausnahmen** gelten bei den §§ 306 und 330, wo der Bekl das Risiko der Beweislosigkeit trägt (Zö/*Vollkommer* § 56 Rn 9; ThoPu/*Reichold* vor § 253 Rn 13), und im Fall der **doppelrelevanten Tatsachen**. Doppelrelevante Tatsachen sind Tatsachen, die sowohl für die Zulässigkeit als auch für die Begründetheit einer Klage notwendigerweise erheblich sind, wenn also die Bejahung des Anspruchs begrifflich diejenige der Zuständigkeit in sich schließt (BGHZ 7, 184, 186; 124, 237, 240; NJW-RR 08, 516, 517). In diesen Fällen genügt für die Bejahung der Zuständigkeit die **schlüssige Behauptung** der erforderlichen Tatsachen; die ggf durch Beweiserhebung zu treffende Feststellung der Tatsachen ist erst zur Begründetheit der Klage erforderlich (hM; BGHZ 7, 184, 186; 124, 237, 240 f; NJW-RR 08, 516, 517; MüKoZPO/*Patzina* Rn 56; Zö/*Vollkommer* Rn 14; Musielak/*Heinrich* § 1 Rn 20). Diese Ausnahme ist gerechtfertigt, da bei einer 9 umfassenden materiell-rechtlichen Prüfung iRd Zulässigkeit eine unbegründete Klage als unzulässig abgewiesen werden müsste, so dass hinsichtlich der materiell-rechtlichen Entscheidung nie Rechtskraft eintreten und der Prozess immer wieder neu aufgerollt werden könnte (BGH NJW 1964, 497, 498; BGHZ 124, 237, 241; MüKoZPO/*Patzina* Rn 56). Im **Einzelfall** bedarf es der **genauen Überprüfung**, ob die fragliche Tatsache von doppelter Relevanz iSd oben Gesagten ist. So ist iRd § 32 zwar das Vorliegen einer unerlaubten Handlung von gleicher Relevanz für die Zuständigkeit und für die Begründetheit, nicht dagegen die Frage, wo die unerlaubte Handlung begangen wurde (St/J/*Roth* § 1 Rn 24; Zö/*Vollkommer* § 32 Rn 19; s.a. § 32 Rz 15). Da das Gericht nur gehalten ist, seine Zuständigkeit vAw zu prüfen, nicht aber von sich aus aufzuklären, kommt es dem Bekl zu, das Gericht durch eine entsprechende Rüge zur Überprüfung seiner Zuständigkeit zu veranlassen (**Zuständigkeitsrüge**). Dafür muss die Absicht erkennbar sein, gerade der Zulässigkeit der Klage entgegen treten zu wollen (MüKoZPO/*Patzina* Rn 55). Dies kann auch **konkludent** erfolgen (vgl *Prütting* MDR 80, 369; Zö/*Vollkommer* § 39 Rn 5; ThoPu/*Hüßtege* § 39 Rn 8; aA MüKoZPO/*Patzina* Rn 6 aE); aus praktischen Gesichtspunkten ist eine ausdrückliche Zuständigkeitsrüge aber dringend geboten, auf deren Protokollierung bestanden werden sollte (vgl Zö/Vollkommer § 39 Rn 5). Die **Protokollierung** nach § 160 II ist aber keine Wirksamkeitsvoraussetzung (Ddorf NJW 91, 1492, 1493; Zö/*Vollkommer* § 39 Rn 5). Die Erhebung der Zuständigkeitsrüge ist **bedingungsfeindlich**; sie kann also nicht für den Fall erhoben werden, dass die Klage unbegründet ist (vgl Zö/*Vollkommer* Rn 5). Denn der Prüfung der Zuständigkeit iRd Zulässigkeit kommt ggü der Begründetheitsprüfung absoluter Vorrang zu (vgl BGH NJW 00, 3718, 3720; MüKoZPO/*Becker-Eberhard* vor § 253 Rn 3; St/J/*Roth* vor § 12 Rn 13; Zö/*Greger* Vor § 253 Rn 10). Es kann aber die Zuständigkeitsrüge erhoben und vorsorglich zur Sache verhandelt werden (BGH NJW 70, 198, 199; 05, 1518, 1520 zu Art 24 EuGVO; Zö/*Vollkommer* Rn 5). Unterlässt der Bekl die Zuständigkeitsrüge, so kann sich die Zuständigkeit des Gerichts aufgrund rügeloser Einlassung nach § 39 ergeben; eine weitergehende **Präklusion nach § 282 III iVm § 296 III findet nicht statt** (Frankf OLGZ 83, 99, 101; Oldbg NJW-RR 99, 865, 866; Saarbr NJW 05, 906, 907; Zö/*Vollkommer* § 39 Rn 5; ThoPu/*Reichold* § 296 Rn 41; s. näher § 39 Rz 2). Ein **vorprozessualer Rügeverzicht** ist nur in den Grenzen einer wirksamen Gerichtsstandsvereinbarung (§§ 38, 40) möglich (Zö/*Vollkommer* § 39 Rn 5; ThoPu/*Hüßtege* § 39 Rn 8; MüKoZPO/*Patzina* § 39 Rn 8). Zulässig ist auch die **Zurücknahme der Zuständigkeitsrüge** als Prozesshandlung (vgl Zö/*Vollkommer* § 39 Rn 5; *Künzl* BB 91, 757). Zur **treuwidrigen Zuständigkeitsrüge** s. Rz 16.

10 **III. Prüfungsumfang. 1. Erste Instanz.** Die Prüfung der örtlichen Zuständigkeit erfolgt für **jeden Streitgegenstand** gesondert (St/J/*Roth* vor § 12 Rn 13; vgl auch Zö/*Vollkommer* Rn 21) und umfassend (B/L/A/H Übers § 12 Rn 17). Das Gericht prüft also **unabhängig von der rechtlichen Bewertung** durch die Verfahrensbeteiligten, ob für den jeweiligen Streitgegenstand irgendein Gerichtsstand gegeben ist. Dieses Vorgehen gewinnt **Bedeutung bei der subjektiven Klagenhäufung** nach den §§ 59 ff und bei der **objektiven Klagenhäufung** nach § 260 (vgl auch Zö/*Vollkommer* Rn 21). Bsp: Erhebt der Kl im Verkehrsunfallprozess gegen Fahrer, Halter und Haftpflichtversicherer des unfallverursachenden Kfz die Schadensersatzklage im allg Gerichtsstand des Fahrers und weicht dieser Gerichtsstand von den allg Gerichtsständen der anderen Bekl sowie vom Gerichtsstand nach § 32 ab, so ist das angerufene Gericht für die Klagen gegen Halter und Haftpflichtversicherer örtlich unzuständig, sofern keine rügelose Einlassung erfolgt. Hiervon zu unterscheiden ist der Fall, wenn iRe Streitgegenstands mehrere Anspruchsgrundlagen in Betracht kommen und das Gericht nicht unter allen in Betracht kommenden Anspruchsgrundlagen örtlich zuständig ist. Bsp: Bei einer Zahlungsklage ist für den materiell-rechtlichen Anspruch aus unerlaubter Handlung die Zuständigkeit nach § 32 begründet, für den materiell-rechtlichen Anspruch aus Vertrag jedenfalls der allg Gerichtsstand. Dieses Problem wird seit langem unter dem Begriff des **»Gerichtsstands kraft Sachzusammenhangs«** erörtert. Für die Praxis hat sich die Streitfrage durch den Beschl des BGH 10.12.02 erledigt (BGHZ 153, 173 ff). Der BGH hat darin unter Aufgabe seiner früheren Rspr zu § 32 ZPO ausgeführt, dass ein Gericht erst recht befugt sei, über in seine Rechtswegzuständigkeit fallende Anspruchsgrundlagen zu entscheiden, die für sich gesehen seine örtliche Zuständigkeit nicht begründen würden, wenn ein Gericht nach § 17 II GVG nF sogar befugt und verpflichtet sei, über »rechtwegfremde« Anspruchsgrundlagen zu entscheiden (BGHZ 153, 173, 176 f). Der Übertragung dieses Rechtsgedankens aus § 17 II GVG auf die Entscheidungskompetenz des Gerichts unter dem Aspekt der örtlichen Zuständigkeit ist zuzustimmen (Zö/*Vollkommer* § 12 Rn 20; MüKoZPO/*Becker-Eberhard* vor § 253 Rn 39; St/J/*Roth* § 1 Rn 10; ThoPu/*Hüßtege* vor § 12 Rn 8; aA MüKoZPO/*Patzina* Rn 50; Musielak/*Heinrich* Rn 11). Deshalb ist, auch wenn sich die Entscheidung des BGH ausdrücklich auf die Vorschrift des § 32 bezogen hat, **allg davon auszugehen**, dass

das angerufene Gericht einen **einheitlichen prozessualen Anspruch** (nicht bei mehreren Streitgegenständen, vgl München NJW-RR 11, 1002 mwN) unter **allen in Betracht kommenden rechtlichen Gesichtspunkten** zu entscheiden hat (s.a. § 32 Rz 15 und § 17 GVG Rz 13 ff.). Dafür spricht insb die **Prozessökonomie** iSd Entscheidungskonzentration und Vermeidung von Mehrfachprozessen (Zö/*Vollkommer* Rn 20; ThoPu/*Hüßtege* vor § 12 Rn 8). In diesem Zusammenhang ist zu beachten, dass die erörterte **Kompetenzfrage nur dann erheblich** ist, wenn der Kl außerhalb des allg Gerichtsstands des Bekl in einem besonderen (nicht: ausschließlichen; vgl dazu etwa § 29a Rz 4) Gerichtsstand klagt. Wird dagegen zulässigerweise im allg Gerichtsstand des Bekl Klage geführt, können unzweifelhaft alle rechtlichen Gesichtspunkte des Streitgegenstandes überprüft werden, ohne dass die Entscheidungskompetenz des Gerichts in Frage gestellt wäre (allgM; BGHZ 153, 173, 178; MüKoZPO/*Patzina* Rn 50; Zö/*Vollkommer* Rn 20). Eine **Ausdehnung dieser Grundsätze auf die internationale Zuständigkeit** deutscher Gerichte lehnt der BGH zu Recht ab (BGHZ 153, 173, 180; NJW-RR 2005, 581, 583; Zö/*Vollkommer* Rn 21; aA St/J/Roth § 1 Rn 11).

2. Obere Instanzen. a) Berufung/Beschwerde. Die Grundsätze über den Prüfungsumfang in 1. Instanz gelten hier entsprechend (s. Rz 10). Allerdings kann nach § 513 II die Berufung nicht darauf gestützt werden, dass das erstinstanzliche Gericht seine Zuständigkeit zu Unrecht angenommen hat (s. § 513 Rz 11). Für die Beschwerde gilt dasselbe nach § 571 II 2. 11

b) Revision/Rechtsbeschwerde. Nach § 545 II wird in der Revisionsinstanz nicht mehr überprüft, ob die Zuständigkeit durch das Gericht des ersten Rechtszugs zu Unrecht angenommen oder verneint worden ist. Dies gilt selbst dann, wenn das Berufungsgericht zur Klärung einer insoweit aufgetretenen Rechtsfrage die Revision zugelassen hat (stRspr; BGH NJW-RR 07, 1509 mwN). In der Rspr wird dieser **Ausschluss umfassend** verstanden, so dass auch Entscheidungen der Berufungsgerichte unter dem Gesichtspunkt der örtlichen Zuständigkeit nicht mehr überprüft werden können (s. näher § 545). Für das Beschwerdeverfahren gelten dieselben Grundsätze nach § 576 II (BGH NJW 09, 1974; s. § 576 Rz 3). Anderes gilt für die Prüfung der §§ 12 ff, soweit diese die **internationale Zuständigkeit** regeln (stRspr BGHZ 184, 313; NJW 11, 2059); s. dazu Rz 18. 12

IV. Hinweispflichten des Gerichts. In den **Verfahren vor den Amtsgerichten**, in denen die Parteien nicht durch Anwälte vertreten werden müssen (Parteiprozess, § 79), hat das Gericht den Bekl vor der Verhandlung zur Hauptsache auf die örtliche Unzuständigkeit wie auch auf die Folgen einer rügelosen Einlassung hinzuweisen (§ 504). Im **Anwaltsprozess** (§ 78) verpflichtet § 139 III den Richter, die Verfahrensbeteiligten auf Bedenken hinsichtlich der örtlichen Zuständigkeit aufmerksam zu machen (vgl Zö/*Greger* Vor § 253 Rn 9; Musielak/*Weth* § 56 Rn 3). Eine Hinweispflicht besteht auch, wenn das Gericht den Rechtsstreit auf Antrag nach § 281 verweisen möchte. Das folgt aus dem allg **Anspruch auf rechtliches Gehör** nach Art 103 I GG (vgl BGHZ 71, 69, 72; NJW 06, 847; Zö/*Greger* § 281 Rn 17a; ThoPu/*Reichold* § 281 Rn 12; dazu näher § 281 Rz 56). 13

V. Entscheidungsformen. 1. Bejahung der Zuständigkeit. Die Entscheidung über die Bejahung seiner örtlichen Zuständigkeit trifft das Gericht regelmäßig in den **Entscheidungsgründen des Endurteils** (§ 303). Bei Streit über die örtliche Zuständigkeit des angerufenen Gerichts kann und sollte im Einzelfall jedoch vorab durch **Zwischenurteil** über die Zulässigkeit entschieden werden (§ 280; vgl BGH NJW 09, 3164, 3165 mwN). Ist das vom Kl bzw Ast angerufene Gericht nach mehreren gleichrangigen Gerichtsstandsregelungen (s. dazu Rz 7) örtlich zuständig, so kann offen bleiben, worauf die Zuständigkeit gründet (**Wahlfeststellung**; St/J/*Roth* vor § 12 Rn 13 »Wahlfeststellung«). 14

2. Ablehnung der Zuständigkeit. Ist die örtliche Zuständigkeit des angerufenen Gerichts nicht gegeben, so kommt zunächst eine **Verweisung** des Rechtsstreits an das örtlich zuständige Gericht nach § 281 in Betracht. Verzichtet der Kl bzw Ast allerdings auch nach entsprechendem gerichtlichen Hinweis (s. Rz 13) auf die Stellung eines Verweisungsantrages, so muss das Gericht die Klage durch **Prozessurteil** als unzulässig abweisen bzw den **Antrag** als **unzulässig** zurückweisen. 15

VI. Erschlichener Gerichtsstand. Meist versteht man hierunter die **missbräuchliche Zuständigkeitserschleichung**, wie sie va im Bereich des Insolvenzrechts die Gerichte beschäftigt hat (vgl BGHZ 132, 195, 196; BayObLGZ 03, 229, 232; Celle NJW-RR 04, 627, 628; Stuttg OLGR 04, 184; Oldbg MDR 08, 772). Im IZPR kennt man auch den Begriff des **»forum shopping«** (vgl BGH NJW 02, 960; MüKoZPO/*Patzina* Rn 103). Allgemein kann von dem Grundsatz ausgegangen werden, dass durch missbräuchliches Handeln 16 eine Zuständigkeit des Gerichts wegen **Verstoßes gegen Art 101 I 2 GG** (Wahrung des gesetzlichen Richters) nicht begründet werden kann (vgl BayObLGZ 03, 229, 232; Celle NJW-RR 04, 627, 628; Zö/*Vollkommer* Rn 19). Ein missbräuchliches Verhalten kann zB in der (versuchten) Täuschung der beteiligten Richter über die den »wahren« Gerichtsstand bestimmenden Umstände liegen (BayObLGZ 03, 229, 232), in der Anrufung eines anderen Gerichts mit Hilfe einer nur scheinbaren Anspruchsbegründung zur Überspielung der Entscheidung des gesetzlich zuständigen Richters (vgl BGH MDR 84, 383; KG FamRZ 89, 1105), ferner bei Einrichtung typischer Briefkastenanschriften, die von lediglich formaler und meistens manipulativer Bedeutung sind (offen gelassen bei BGHZ 132, 195, 196 für den Bereich der KO aF) und bei nur formaler oder manipulativer Sitzverlegung (Zö/*Vollkommer* Rn 19; offen gelassen bei BGHZ 132, 195, 196; s.a. § 17); zur erschlichenen Verweisung s. § 281 Rz 51). Davon zu **unterscheiden** sind die **Sachverhalte**, in denen ein bestehender **Gerichtsstand** vom Kl **missbräuchlich in Anspruch** genommen wird (Zö/*Vollkommer* Rn 19; zur Problematik des **sog fliegenden Gerichtsstands** s. § 32 Rz 14, 15). Dabei handelt es sich allerdings um ein Problem des allg Rechtsschutzbedürfnisses und nicht um eine Frage der örtlichen Zuständigkeit (vgl Hamm NJW 87, 138; KG GRUR-RR 08, 212 ff; Zö/*Vollkommer* Rn 19). Daneben gibt es Fälle, in denen dem Bekl bzw Antragsgegner die **Erhebung der Zuständigkeitsrüge** wegen **Treuwidrigkeit** verwehrt ist (Zö/*Vollkommer* Rn 12; St/J/*Roth* § 1 Rn 13) oder die **rügelose Einlassung** nach § 39 **treuwidrig** wäre. Dogmatisch stellt dies ein Problem der wirksam erhobenen Zuständigkeitsrüge bzw der wirksamen rügelosen Einlassung dar. Für die Annahme eines Verstoßes gegen Treu und Glauben bei Erhebung der Zuständigkeitsrüge reicht es grds nicht aus, dass der Bekl bzw Antragsgegner keine sachlichen Einwendungen gegen den geltend gemachten Anspruch hat, weil die Begründetheit des Anspruchs gerade vom zuständigen Gericht zu überprüfen ist (so richtig Zö/*Vollkommer* Rn 19; vgl auch Frankf MDR 80, 318; Ddorf MDR 77, 762 f; aA B/L/A/H Übers § 12 Rn 24). Allerdings wird man von einer treuwidrigen Zuständigkeitsrüge ausgehen können, wenn der Verwender von AGB sich auf die Unwirksamkeit der Gerichtsstandsvereinbarung seiner AGB beruft (vgl Zö/*Vollkommer* § 39 Rn 5; *Bülow* VersR 76, 415, 417). Zur treuwidrigen rügelosen Einlassung s. § 39 Rz 11.

17 **F. Gerichtsbezirk.** Unter dem **Gerichtsbezirk (Gerichtssprengel)** versteht man das räumliche Gebiet, für das ein Gericht eingerichtet ist (R/S/G § 34 I 2; St/J/*Roth* vor § 12 Rn 14). Die Bestimmung der Gerichtsbezirke steht unter **Gesetzesvorbehalt** (BVerfGE 2, 307, 316 = NJW 53, 1177). Der Bundesgesetzgeber ist dabei nur für die Bundesgerichte zuständig. Die Möglichkeit der **Verkleinerung von Gerichtsbezirken** sieht § 93 I Alt 2 GVG vor (Verkleinerung des Gerichtsbezirks bei den Kammern für Handelssachen). Damit darf die Einrichtung sog **Zweigstellen** bei Amtsgerichten aber nicht verwechselt werden (vgl § 13a GVG). Diese sind keine eigenständigen Gerichte, sondern **unselbstständige Teile** der Hauptgerichte, nach denen sich die örtliche Zuständigkeit beurteilt (St/J/*Roth* vor § 12 Rn 20). Die **Vergrößerung von Gerichtsbezirken** iS einer Zuweisung bestimmter Angelegenheiten an ein Gericht über einen Gerichtsbezirk hinaus kommt in Betracht nach § 1006 I **BGB** (Aufgebotsverfahren), §§ 219, 220 I, 229 I **BauGB** (Baulandsachen), § 208 **BEG** (Bundesentschädigungssachen), § 4 **BinSchGerG** (Binnenschifffahrtssachen), § 260 **FamFG**, § 27 **GebrMG** (Gebrauchsmusterstreitsachen), § 52 **GeschmMG** (Geschmacksmusterstreitsachen), § 23c **GVG** (Familien-, Vormundschafts-, Betreuungs-, Unterbringungs- und Handelssachen), § 116 II GVG (Auswärtige Senate der OLGe), §§ 87, 89 **GWB** (Kartellsachen), § 143 II **PatG** (Patentsachen), § 6 II **UKlaG** (Verbandsklagen), § 105 **UrhG** (Urheberrechtsstreitsachen), **ZPO** § 689 II, III (Mahnverfahren). Die Änderung des Gerichtsbezirks während eines laufenden Verfahrens ändert nach § 261 II Nr 3 nichts an der Zuständigkeit des mit der Sache befassten Gerichts (MüKoZPO/*Patzina* Rn 25).

18 **G. Internationale Zuständigkeit.** Bei Zivilprozessen mit Auslandsbezug ist die internationale Zuständigkeit deutscher Gerichte (dazu näher § 328 Rz 9 ff) **vorrangig** den einschlägigen **internationalen Verträgen**, die für Deutschland Geltung beanspruchen, zu entnehmen. Nur **subsidiär** kann auf das **autonome Recht der ZPO** zurückgegriffen werden (BGHZ 134, 127, 133; NJW-RR 05, 1593; Köln NZG 04, 1009, 1010; Zö/*Geimer* IZPR Rn 36c). Im **Anwendungsbereich der EuGVO** können die §§ 12 ff somit für die Begründung der internationalen Zuständigkeit deutscher Gerichte von vorneherein nicht herangezogen werden (BGH NJW-RR 05, 1593 f; Köln NZG 04, 1009, 1010; Zö/*Geimer* Art 2 EuGVO Rn 1, 6; Musielak/*Heinrich* Rn 17). Dasselbe gilt für die **EuEheVO** (vgl BGHZ 160, 332, 334 für die frühere EheVO; Zö/*Geimer* Art 1 EG-VO Ehesachen Rn 10). Ist die internationale Zuständigkeit der deutschen Gerichte nicht durch internationale Abkommen begründet, gilt es zu beachten, dass das **FamFG** in den §§ 98 ff FamFG Bestimmungen über die internationale Zuständigkeit enthält (zur Frage der ausschließlichen Zuständigkeit s. § 106

FamFG). Wenn deren Anwendungsbereich nicht eröffnet ist, kann auf die Gerichtsstandsregelungen der §§ 12 ff abgestellt werden. Denn die §§ 12 ff bestimmen durch die Regelungen zur örtlichen Zuständigkeit zugleich mittelbar die internationale Zuständigkeit deutscher Gerichte (**Doppelfunktionalität**; allgM; GrSZ BGHZ 44, 46, 47; 115, 90, 91 f; NJW 99, 1395, 1396; Zö/*Geimer* IZPR Rn 37). Soweit nach diesen Vorschriften ein deutsches Gericht örtlich zuständig ist, ist auch – vorbehaltlich anderer, insb zwischenstaatlicher Regelungen – die internationale Zuständigkeit begründet (BGHZ 119, 392, 393; NJW 97, 2245). Diese Doppelfunktionalität weisen nicht nur die §§ 12 ff, sondern **alle Gerichtsstandsregelungen der ZPO** auf (BGHZ 119, 392, 393; NJW 97, 2245; 11, 2059; Zö/*Geimer* IZPR Rn 37). Kommt bei der Prüfung der Gerichtsstandsregelungen der §§ 12 ff die **Anwendung von ausländischem Recht** in Betracht, so hat das Gericht vAw anhand des deutschen internationalen Privatrechts die Anwendung des deutschen oder des ausländischen Rechts festzustellen (vgl BGH VersR 08, 1558 ff; Zö/*Geimer* § 293 Rn 9; s. ferner bei den einzelnen kommentierten Paragrafen). Zu beachten ist, dass ein **ausschließlicher inländischer Gerichtsstand** zugleich die **ausschließliche internationale Zuständigkeit** begründet (vgl BGH NJW-RR 87, 227, 229; Zö/*Vollkommer* Rn 7). Für die Begründung der internationalen Zuständigkeit deutscher Gerichte reicht es aus, dass diese erst im Laufe des Rechtsstreits eingetreten ist (BGHZ 188, 373 mwN; s.a. Rz 9). Auch der im deutschen Prozessrecht gem § 261 Abs 3 Nr 2 geltende Grundsatz, dass eine einmal begründete Zuständigkeit des Gerichts auch dann erhalten bleibt, wenn die sie begründenden Umstände im Laufe des Rechtsstreites wegfallen (perpetuatio fori), ist auf die internationale Zuständigkeit anwendbar (BGHZ 188, 373 mwN). Zum Prüfungsumfang des Gerichts iRd internationalen Zuständigkeit s. ferner Rz 10.

§ 13 Allgemeiner Gerichtsstand des Wohnsitzes. **Der allgemeine Gerichtsstand einer Person wird durch den Wohnsitz bestimmt.**

A. Normgegenstand. In **Ergänzung von § 12** regelt § 13 den allg Gerichtsstand natürlicher Personen. Nach § 13 ist der allg Gerichtsstand natürlicher Personen von deren Wohnsitz abhängig (sog **Wohnsitzgerichtsstand**, s. näher Rz 3). **Sinn und Zweck** der Regelung ist es, dem Bekl die Prozessführung zu erleichtern und ihn davor zu schützen, den Prozess an einem auswärtigen Gericht zu führen (BGHZ 88, 331, 335; ebenso MüKoZPO/*Patzina* Rn 1; Musielak/*Heinrich* Rn 1; vgl auch BGHZ 157, 20, 28). Dem liegt ua die Erwägung zugrunde, dass eine Person ihre rechtlich relevanten Angelegenheiten regelmäßig an ihrem Wohnsitz bzw Sitz wahrnimmt und dass es sich dort auch um den Ort handelt, an dem sie üblicherweise ihr Vermögen verwaltet (BGHZ 88, 331, 335). Damit entspricht § 13 dem gesetzlichen Grundgedanken, dass die Bestimmung des allg Gerichtsstands einer Person neben **prozesswirtschaftlichen Erwägungen** auch von dem **Prinzip der prozessualen Waffengleichheit** getragen wird (vgl BGH NJW 86, 3209; BGHZ 157, 20, 28; näher § 12 Rz 1). 1

B. Anwendungsbereich. Obwohl das Gesetz in § 12 und § 13 gleichermaßen von dem allg Gerichtsstand einer »Person« spricht, ist der **Personenbegriff** in beiden Vorschriften unterschiedlich. Während § 12 alle Personen erfasst, findet § 13 ausschließlich auf **natürliche Personen** Anwendung (allgM; BGH NJW-RR 04, 1505; MüKoZPO/*Patzina* Rn 3; St/J/*Roth* Rn 1; Zö/*Vollkommer* Rn 1; Musielak/*Heinrich* Rn 2). Das lässt sich rechtssystematisch damit begründen, dass die ZPO ebenso wie das BGB für juristische Personen den Begriff »Sitz« verwendet (s. näher § 17; für das BGB vgl §§ 24, 80 BGB). Da § 13 stets iVm § 12 zu lesen ist (dazu § 12 Rz 1 aE), spielt § 13 nur dort eine Rolle, wo der allg Gerichtsstand nach § 12 nicht durch **ausschließliche Gerichtsstandsregelungen** verdrängt wird (dazu § 12 Rz 7). Zum Anwendungsbereich im IZPR s. Rz 15. 2

C. Wohnsitz. I. Begriff. Die ZPO enthält **keine Regelung zum Wohnsitz** einer Person. Deshalb ist ein **Rückgriff auf die materiell-rechtlichen Regelungen** der §§ 7 ff BGB erforderlich, die insoweit einen Bestandteil des Prozessrechts bilden (BGH WM 75, 915; MüKoZPO/*Patzina* Rn 4; St/J/*Roth* Rn 2; Zö/*Vollkommer* Rn 3; für das IZPR vgl Rz 15). Das BGB geht in § 7 BGB von dem Grundsatz aus, dass jeder seinen Wohnsitz frei wählen kann (MüKoBGB/*Schmitt* § 7 Rn 1). Man spricht deshalb von einem **selbstständigen oder gewillkürten Wohnsitz** (vgl MüKoBGB/*Schmitt* Rn 1; MüKoZPO/*Patzina* Rn 6; Zö/*Vollkommer* Rn 3 f). Für bestimmte Personengruppen legt das BGB dagegen den Wohnsitz verbindlich fest (vgl §§ 9, 11 BGB, s. näher Rz 8). In diesem Fall handelt es sich um einen **unselbstständigen oder gesetzlichen Wohnsitz** (vgl MüKoBGB/*Schmitt* § 7 Rn 1; MüKoZPO/*Patzina* Rn 17; Palandt/*Ellenberger* § 7 Rn 1). Nach heutiger Auffassung setzt der Begriff des (selbstständigen) Wohnsitzes nach § 7 I BGB neben der **objektiven Nie-** 3

derlassung subjektiv einen **Domizilwillen** des Betroffenen voraus, also den Willen, den Ort der Niederlassung ständig zum Schwerpunkt seiner Lebensverhältnisse zu machen (BGH NJW 06, 1808, 1809; MüKoBGB/*Schmitt* § 7 Rn 9, 19, 23 ff; St/J/*Roth* Rn 3). Dies erfordert nicht den Willen, den jeweiligen Ort zum räumlichen Mittelpunkt des gesamten Lebens zu machen, wie dies früher vertreten wurde (vgl MüKoBGB/*Schmitt* § 7 Rn 9; so aber RGZ 67, 191, 193; ebenso heute noch Zö/*Vollkommer* Rn 4; B/L/A/H Rn 3; unklar MüKoZPO/*Patzina* Rn 6). Mit der hier gebrauchten, neueren Begriffsbestimmung des Domizilwillens lässt sich insb die **Begründung von Doppelwohnsitzen** iSd § 7 II BGB besser erklären (vgl MüKoBGB/*Schmitt* § 7 Rn 9). Nach allg Grundsätzen ist allein maßgeblich, dass der Wohnsitzgerichtsstand **spätestens zum Schluss der letzten mündlichen Verhandlung** vorliegt (vgl Zö/*Vollkommer* Rn 12; § 12 Rz 9).

4 **II. Begriffsabgrenzung.** Der **Wohnsitz einer Person** ist mit Ausnahme der gesetzlich angeordneten Wohnsitzregelungen (§§ 9, 11 BGB) an den **Ort der ständigen Niederlassung** gebunden (§ 7 BGB). Ort iSd § 7 BGB ist die kleinste politische Einheit (Palandt/*Ellenberger* § 7 Rn 1; ThoPu/*Hüßtege* Rn 1), also idR die Gemeinde, dagegen nicht das konkrete Haus oder die konkrete Wohnung (BayObLG Rpfleger 90, 73; Köln NJW-RR 03, 864; s. PWW/*Prütting* § 7 Rn 2 f; Palandt/*Ellenberger* § 7 Rn 1; St/J/*Roth* Rn 3) oder ein Schiff (Staud/*Weick* § 7 Rn 11; ThoPu/*Hüßtege* Rn 1; St/J/*Roth* Rn 3; aA LG Hamburg NJW-RR 95, 183 f; Palandt/*Ellenberger* § 7 Rn 7). Deshalb ist der Begriff des Wohnsitzes nicht identisch mit dem **Begriff des Wohnortes** als dem Ort der Wohnung oder des Hauses einer Person (PWW/*Prütting* § 7 Rn 3; MüKoBGB/*Schmitt* § 7 Rn 11). Ist eine politische Gemeinde in mehrere Gerichtsbezirke aufgeteilt, so ist der jeweilige durch die Gerichtsbezirksgrenzen umschriebene Gemeindeteil maßgebend (BVerfGE 53, 100, 108 f; St/J/*Roth* Rn 3; MüKoZPO/*Patzina* Rn 7). Der Wohnsitz einer Person darf auch nicht mit deren **Aufenthaltsort** gleichgesetzt werden (zum Begriff des Aufenthaltsortes s. § 16). Er ist ferner vom möglichen **Dienst- oder Amtssitz** bestimmter Personen wie zB Soldaten (dazu § 9 BGB, s. Rz 13), Richter, Notare und Beamte, und schließlich vom **Ort der gewerblichen Niederlassung** (vgl § 6 UKlaG) abzugrenzen.

5 **III. Selbstständiger Wohnsitz. 1. Begründung.** Nach der Begriffsbestimmung (s. Rz 3) ist die Begründung des selbstständigen Wohnsitzes von der **tatsächlichen Niederlassung** und einem **Domizilwillen** abhängig. Das Unterhalten und die Nutzung einer vollständig möblierten Wohnung reichen deshalb für sich genommen noch nicht, um einen Wohnsitz zu begründen (BGH NJW 06, 1808, 1809). Die Wohnsitzbegründung stellt eine **geschäftsähnliche Handlung** dar (hM; BGHZ 7, 104, 109; BayObLG Rpfleger 90, 73 f; PWW/*Prütting* § 7 Rn 4, 8; MüKoZPO/*Patzina* Rn 9). Sie erfordert **Geschäftsfähigkeit**. Geschäftsunfähige oder in der Geschäftsfähigkeit beschränkte Personen können allein keinen wirksamen Wohnsitz begründen (§ 8 I BGB). Eine **Ausnahme** gilt für Minderjährige, die verheiratet sind oder waren (§ 8 II BGB). Bei **Zweifeln an der Geschäftsfähigkeit** ist diese nach allg Grundsätzen zu unterstellen (vgl BGH NJW-RR 88, 387; BayObLG Rpfleger 90, 73 f; Zö/*Vollkommer* Rn 7). Zur Wohnsitzbegründung bei Kindern s. näher Rz 8. Durch Anordnung einer **Betreuung** (§§ 1896, 1897 BGB) wird die Geschäftsfähigkeit des Betroffenen nicht eingeschränkt, so dass dieser wirksam einen Wohnsitz begründen kann. Anderes gilt nur, wenn der Betroffene **geschäftsunfähig** ist (§ 104 Nr 2 BGB; vgl BayObLG NJW-RR 93, 460) und bei **Anordnung eines Einwilligungsvorbehalts** (vgl § 1903 BGB iVm §§ 108 ff BGB), der sich auf das Aufenthaltsbestimmungsrecht bezieht (vgl § 309 II FamFG; BayObLG FamRZ 93, 852, 853). Dann kann der Betreuer, dessen Aufgabenkreis das Aufenthaltsbestimmungsrecht umfasst, allein über die Wohnsitznahme des Betroffenen entscheiden. Denn das Aufenthaltsbestimmungsrecht des Betreuers umfasst neben der Bestimmung des tatsächlichen Aufenthalts auch alle mit der Änderung des Wohnsitzes erforderlichen rechtsgeschäftlichen und geschäftsähnlichen Handlungen (vgl BayObLG FamRZ 99, 1300, 1301; FamRZ 93, 852, 853; NJW-RR 93, 460, 461; MüKoBGB/*Schwab* § 1896 Rn 79; aA LG Köln FamRZ 92, 857 f; Staud/*Bienwald* § 1903 Rn 21). Wird ein Betroffener auf Antrag seines Betreuers dauerhaft untergebracht (vgl § 1906), so liegt darin regelmäßig eine Wohnsitzbegründung (vgl MüKOBGB/*Schmitt* § 7 Rn 32 mwN). Bei der Wohnungs- bzw Hausauflösung durch den Betreuer ist die Genehmigungs-/Anzeigepflicht nach § 1907 bzw § 1908i iVm § 1812, 1821 I Nr 1–4 BGB zu beachten. Der zur Wohnsitzbegründung erforderliche **Domizilwille** braucht **nicht ausdrücklich** erklärt zu werden, sondern kann sich aus den Gesamtumständen ergeben (vgl BGHZ 7, 104, 109 f; BGH NJW 06, 1808, 1809; MüKoBGB/*Schmitt* § 7 Rn 25; Palandt/*Ellenberger* § 7 Rn 7). Da der Wohnsitz an die ständige Niederlassung der Person gebunden ist, genügt ein **Aufenthalt zu einem vorübergehenden Zweck** nicht, auch wenn eine Zustellung an diesem Ort wirksam sein kann (Köln NJW-RR 03, 864). Deshalb tritt grds durch **Studienaufenthalte** (BVerfG NJW 90, 2193, 2194;

Ddorf NJW-RR 91, 1411; Palandt/*Ellenberger* § 7 Rn 7; Zö/*Vollkommer* Rn 5), auch beim **Studium im Ausland** (Hamm FamRZ 02, 54; Frankf FamRZ 09, 796, 796), Ferienaufenthalte (PWW/*Prütting* § 7 Rn 5), **Krankenhausaufenthalte** (PWW/*Prütting* § 7 Rn 5; zu deren vorübergehenden Charakter vgl BayObLG NJW 93, 670), beim Ableisten der **allg Wehrpflicht** bzw **Wehrübungen** (PWW/*Prütting* § 7 Rn 8) keine Änderung des Wohnsitzes ein. Auch die Strafhaft begründet keinen neuen Wohnsitz (BGH NJW-RR 96, 1217; Zö/*Vollkommer* Rn 5). Diesen Grundsatz wird man auf **alle Arten der Haftunterbringung** erstrecken können. In den vorgenannten Fällen kann der besondere Gerichtsstand des § 20 eröffnet sein. Am **Dienst- oder Arbeitsplatz** besteht nur im Ausnahmefall ein Wohnsitz (PWW/*Prütting* § 7 Rn 5; Zö/*Vollkommer* Rn 5; Palandt/*Ellenberger* § 7 Rn 7). Beim **Aufenthalt in einem Frauenhaus** entscheiden die Umstände des Einzelfalls. Ein weniger als drei Wochen dauernder Aufenthalt reicht allein nicht aus, um einen Wohnsitz zu begründen (BGH NJW 95, 1224 f.). Das Gleiche gilt für einen von außen erzwungenen Aufenthaltswechsel in ein Frauenhaus (BGH NJW-RR 93, 4). Soll der Aufenthalt aber nicht nur vorübergehender Natur sein und tritt der Wille der Frau erkennbar hervor, sich dauerhaft im Frauenhaus aufhalten und dort den Schwerpunkt ihrer Lebensverhältnisse begründen zu wollen, so liegen die Voraussetzungen des § 7 BGB vor (vgl Karlsr NJW-RR 09, 1598, 1599; Hamm NJW-RR 97, 1165; FamRZ 00, 1294; Nürnbg NJW-RR 97, 514, 1025; Staud/*Weick* § 7 Rn 11). Da es auf die tatsächliche Niederlassung ankommt, ist die **polizeiliche Anmeldung** für sich allein genommen für die Begründung des Wohnsitzes weder erforderlich noch ausreichend (vgl BGH NJW-RR 90, 506, 507; PWW/*Prütting* § 7 Rn 5; Palandt/*Ellenberger* § 7 Rn 7). Gleiches gilt für eine **Adressenbegründung** (PWW/*Prütting* § 7 Rn 5; MüKoBGB/*Schmitt* Rn 20; MüKoZPO/*Patzina* Rn 10). Andererseits setzt die Wohnsitzbegründung nicht voraus, dass man sich in einer eigenen Wohnung oder in einem eigenen Haus niederlässt (vgl BVerwG NJW 84, 674, 675). Es genügt auch ein **gemietetes Zimmer** (vgl BVerfGE 8, 81; Palandt/*Ellenberger* § 7 Rn 6; PWW/*Prütting* § 7 Rn 5) oder ein **ständiger Gastaufenthalt** (BGH NJW 84, 6; NJW-RR 88, 387; BVerwG 84, 674, 675; PWW/*Prütting* § 7 Rn 5; Palandt/*Ellenberger* § 7 Rn 6). Es muss sich aber in jedem Fall um eine **eigene Unterkunft** handeln, weshalb ein **Obdachloser** niemals einen Wohnsitz begründen kann (Hamm VersR 05, 1527; Palandt/*Ellenberger* § 7 Rn 6; MüKoBGB/*Schmitt* Rn 20). Erforderlich ist nicht, dass ein eigener **Briefkasten** oder ein **Klingelschild** existiert. Ein **Doppel- oder Mehrfachwohnsitz** iSd § 7 II BGB setzt voraus, dass sich der Schwerpunkt der Lebensverhältnisse gleichermaßen an zwei oder mehr Orten befindet (vgl BGH MDR 62, 380 f; RVGreport 04, 106 f; BVerwG NJW 86, 674; Palandt/*Ellenberger* § 7 Rn 13; PWW/*Prütting* § 7 Rn 7). Ein mehrfacher Wohnsitz liegt danach nicht vor, wenn der Aufenthalt an einem Ort jeweils nur im Hinblick auf einen begrenzten Teil der Lebensverhältnisse genommen wird (BGH MDR 62, 380 f; BVerwG NJW 86, 674 f; Palandt/*Ellenberger* § 7 Rn 13) wie zB bei längeren Besuchsaufenthalten (BVerwG NJW 86, 674 f) oder bei Besorgung bestimmter Geschäfte (BGH MDR 62, 380 f; Palandt/*Ellenberger* § 7 Rn 13). Zum **Doppelwohnsitz von Soldaten** s. Rz 13; zur **Wohnsitzbegründung von Minderjährigen** s. Rz 8.

2. Aufhebung. Die **Wohnsitzaufgabe** nach § 7 III BGB stellt wie die Wohnsitzbegründung eine **geschäftsähnliche** Handlung dar (hM; BayObLG Rpfleger 90, 73 f; PWW/*Prütting* § 7 Rn 4, 8), weshalb **Geschäftsfähigkeit** vorliegen muss (§ 8 I BGB; Ausnahme: § 8 II BGB). Sie setzt neben der tatsächlichen **Aufgabe der Niederlassung** einen entsprechenden **Aufhebungswillen** voraus. Der Aufhebungswille braucht wie der Domizilwille **nicht ausdrücklich** erklärt zu werden, sondern kann sich aus den Gesamtumständen ergeben (vgl BGH NJW 88, 713; BVerwG MKW 86, 674; MüKoBGB/*Schmitt* § 7 Rn 39; Palandt/*Ellenberger* § 7 Rn 12). Die Aufhebung des Wohnsitzes muss nicht zwangsläufig mit der Begründung eines neuen Wohnsitzes einhergehen, wie sich aus § 16 ergibt. Die **polizeiliche Abmeldung** begründet für sich allein weder eine Aufhebung des Wohnsitzes noch eine Rechtsvermutung für eine solche Aufhebung (BVerfG NJW 90, 2193, 2194; PWW/*Prütting* § 7 Rn 8; Zö/*Vollkommer* Rn 6; MüKoZPO/*Patzina* Rn 10). Auch die Veräußerung des bewohnten Anwesens bzw der genutzten Wohnung genügt nicht (Zö/*Vollkommer* Rn 6), ebenso wenig eine häufige oder längere Abwesenheit (vgl Zö/*Vollkommer* Rn 6; Palandt/*Ellenberger* § 7 Rn 12; MüKoZPO/*Patzina* Rn 10). Die Aufgabe des Wohnsitzes nach Rechtshängigkeit ist unerheblich (§ 261 III Nr 2). Vgl iÜ die Nachw bei Rz 5. 6

3. Darlegungs- und Beweislast. Die Darlegungs- und Beweislast folgt den **allg Grundsätzen** (vgl § 12 Rz 9). Bei Heranziehung dieser Grundsätze löst sich auch die vermeintliche Streitfrage auf, von wem die **Aufhebung des Wohnsitzes** bewiesen werden muss (vgl dazu St/J/*Roth* Rn 7). In die Darlegungs- und Beweislast des Klägers fallen alle Tatsachen, welche die Begründung und das Behalten eines Wohnsitzes betreffen, da diese zuständigkeitsbegründend wirken. Die Aufhebung eines Wohnsitzes stellt ihrem Wesen 7 nach eine typische **Einwendung des Bekl** dar. Es obliegt daher dem Bekl, die Aufhebung konkret darzulegen und ggf den Gegenbeweis anzutreten. Den Beweis des Gegenteils muss der Bekl jedoch nicht führen. Denn das Risiko der Beweislosigkeit verbleibt beim Kl. Ergibt sich also nach Durchführung der Prüfung vAw, dass die Aufhebung des Wohnsitzes sich ebenso wahrscheinlich erweist wie dessen Behalten, so trifft den Kl die Beweislast. Bei dem **Domizilwillen** handelt sich um eine **innere Tatsache**, die bei substantiiertem Bestreiten hinreichend konkret dargelegt und in der Weise bewiesen werden muss, dass Indizien festgestellt werden, die den Schluss darauf zulassen (BGH NJW 06, 1808, 1809). Der Kl kann diesen Beweis auch dadurch führen, dass er als Indiz entsprechende eigene Äußerungen des Bekl ggü einem Dritten darlegt und durch Zeugnis dieses Dritten unter Beweis stellt (BGH NJW 06, 1808, 1810). Im Rahmen der **Indizienfeststellung** kann auch die **polizeiliche An- bzw Abmeldung** des Bekl an Bedeutung gewinnen (vgl BGH NJW-RR 90, 506, 507; PWW/*Prütting* § 7 Rn 5, 8; Palandt/*Ellenberger* § 7 Rn 7).

8 **IV. Unselbstständiger Wohnsitz. 1. Minderjährige.** § 11 BGB bestimmt den gesetzlichen Wohnsitz von Kindern ausgehend von dem **Wohnsitz des Inhabers der Personensorge**. Es handelt sich also um einen abgeleiteten gesetzlichen Wohnsitz. Dieser gesetzliche Wohnsitz ist **nicht zwingend**. Durch denjenigen, dem die Personensorge zusteht – das Aufenthaltsbestimmungsrecht allein genügt nicht (BGH NJW-RR 92, 1154; Brandbg FamRZ 07, 851; Karlsr FamRZ 06, 486; Stuttg FamRZ 03, 395; Staud/*Weick* § 8 Rn 3) –, kann auch ein anderer, **selbstständiger Wohnsitz** für das Kind begründet werden (BGHZ 7, 104, 107 f; NJW-RR 94, 322; Frankf NJW-RR 96, 513; Köln FamRZ 96, 859 f; München NJW-RR 08, 1534, 1535; PWW/*Prütting* § 11 Rn 1; Palandt/*Ellenberger* § 11 Rn 1). Der gewillkürte Wohnsitz des Kindes kann auch konkludent begründet werden und geht dem gesetzlichen stets vor (Frankf FamRZ 96, 1351, 1352; Brandbg FamRZ 09, 798). Wegen der Vorläufigkeit der Maßnahme scheidet eine **Heimunterbringung** als eine Wohnsitz begründende Maßnahme aus (Ddorf NJW-RR 91, 1411), ebenso der Aufenthalt in einer **Jugendarrestanstalt** und die **vorübergehende Betreuung** der Kinder durch Dritte (vgl Frankf NJW-RR 96, 512 f; Brandbg FamRZ 09, 798). Dasselbe gilt grds für den Besuch einer **Internatsschule** (BayObLG NJW-RR 1989, 262, 263; PWW/*Prütting* § 7 Rn 8). Anderes gilt aber, wenn die Eltern ihr Kind auf nicht absehbare Zeit in die Obhut einer **Pflegefamilie** geben und damit eine ständige Niederlassung des Kindes begründen wollen (BayObLG FamRZ 94, 1130; Köln FamRZ 96, 859 f; Palandt/*Ellenberger* § 11 Rn 1; Zö/*Vollkommer* Rn 9). Zum Streit der Eltern über Wohnsitz des Kindes vgl München NJW-RR 08, 1534 f. Zur **Wohnsitzlosigkeit von Minderjährigen** s. § 16 Rz 2.

9 **a) Gemeinsames Sorgerecht.** Sind die Eltern gemeinsam sorgeberechtigt (§ 1626 I, § 1626a I Nr 1 BGB), teilt das Kind den **Wohnsitz der Eltern** (§ 11 I 1 HS 1 BGB). Haben die Eltern verschiedene Wohnsitze, hat das Kind einen **abgeleiteten Doppelwohnsitz** (allgM; BGHZ 48, 228, 234 ff; NJW 95, 1224 f; PWW/*Prütting* § 11 Rn 5; Zö/*Vollkommer* Rn 9; MüKoZPO/*Patzina* Rn 19), es sei denn die Eltern begründen gemeinsam einen (**gewillkürten**) **alleinigen Wohnsitz** des Kindes (BGH NJW-RR 94, 322; MüKoZPO/*Patzina* Rn 19; s.a. Rz 8). Die **Übertragung des Aufenthaltsbestimmungsrechts** auf einen Elternteil oder auf Dritte ändert hieran grds nichts (vgl Rz 8). Der von beiden Elternteilen abgeleitete Wohnsitz wird nicht dadurch ausgeschlossen, dass das Kind erst nach der Trennung der Eltern geboren wird (vgl Karlsr NJW 63, 1252; KG NJW 64, 1577 f; PWW/*Prütting* § 11 Rn 5; MüKoZPO/*Patzina* Rn 19). Allein durch den **Eintritt der Volljährigkeit** ändert sich der bisherige Wohnsitz nicht (vgl Palandt/*Ellenberger* § 11 Rn 6). Auch durch den **Tod eines Elternteils** (vgl § 1680 BGB) ändert sich an dem Wohnsitz nichts, bis der verbliebene Elternteil einen Wohnsitz neu begründet (§ 11 S 3 BGB; BayObLG FamRZ 74, 137 f; PWW/*Prütting* § 11 Rn 8; MüKoZPO/*Patzina* Rn 22; St/J/*Roth* Rn 25).

10 **b) Alleinige Personensorge.** Steht nur einem Elternteil die alleinige Personensorge zu, so teilt das Kind dessen **Allein- oder Doppelwohnsitz** (vgl § 11 S 1 HS 2 BGB). Vorrangig ist auch hier ein gewillkürter Wohnsitz des Kindes – auch Doppelwohnsitz (Brandbg FamRZ 09, 798). Steht einem Vormund oder einem Pfleger die Personensorge zu, so teilt das Kind den Wohnsitz des Vormunds oder Pflegers (§ 11 S 2 BGB). Das gilt auch bei Findelkindern (vgl § 1773 II BGB).

11 **c) Angenommene Kinder.** Mit Wirksamkeit der Annahme als Kind erwirbt der Annehmende die elterliche Sorge, entweder gemeinsam (§ 1754 I, III BGB) oder allein (§ 1754 II, III BGB). Demzufolge leitet sich der Wohnsitz von dem Annehmenden und seinem Ehegatten oder von dem Annehmenden allein ab (s. Rz 9 und 10).

d) Abstammungsstreit. Im Streit über die Abstammung behält das Kind seinen **bisherigen Wohnsitz**, bis dieser wirksam aufgehoben wird. Eine Rückwirkung tritt nicht ein (vgl Staud/*Weick* § 11 Rn 4; Palandt/*Ellenberger* § 11 Rn 7; Zö/*Vollkommer* Rn 9). 12

2. Soldaten. Berufssoldaten und Soldaten auf Zeit haben ihren **Wohnsitz am Standort** (§ 9 I 1 BGB), bei **Auslandseinsätzen** am **letzten inländischen Standort** (§ 9 I 2 BGB). Die Begründung eines **weiteren Wohnsitzes** gem § 7 BGB ist möglich (MüKoBGB/*Schmitt* § 9 Rn 1). Für **Wehrpflichtige** und **Geschäftsunfähige** gilt die Vorschrift nicht (§ 9 II BGB). Auch **sonstige Angehörige der Bundeswehr** werden von § 9 I BGB nicht erfasst (PWW/*Prütting* § 9 Rn 1; Palandt/*Ellenberger* § 9 Rn 1). 13

V. Allgemeiner Gerichtsstand der Partei kraft Amtes. Der allg Gerichtsstand der Parteien kraft Amtes (s. dazu § 50 Rz 36) bestimmt sich nach deren **Wohnsitz** (St/J/*Roth* Rn 18; Musielak/*Heinrich* Rn 3; s.a. § 17 Rz 5). Eine andere Sicht wäre mit dem Status der Partei kraft Amtes nicht vereinbar. Im Insolvenzverfahren gilt allerdings für massebezogene Passivprozesse die spezielle Regelung des § 19a (s. näher dort). 14

D. Internationale Zuständigkeit. Im Rechtsstreit mit Auslandsbezug sind zunächst die vorrangigen internationalen Regelungen und nationalen Sondernormen zu berücksichtigen (vgl § 12 Rz 18). Daneben kann § 13 die internationale Zuständigkeit deutscher Gerichte aufgrund seiner **Doppelfunktionalität** begründen (vgl § 12 Rz 18). § 13 findet auf **Inländer und Ausländer** gleichermaßen Anwendung (Zö/*Vollkommer* Rn 1; ThoPu/*Hüßtege* Rn 2; MüKoZPO/*Patzina* Rn 3; St/J/*Roth* Rn 1). Die Vorschrift gilt aber nur bei einem **inländischen Wohnsitz** des Bekl/Antragsgegners (Köln NZI 01, 380, 381; ThoPu/*Hüßtege* Rn 1; Zö/*Vollkommer* Rn 1; St/J/*Roth* Rn 1). Ob ein (inländischer) Wohnsitz gegeben ist, beurteilt sich auch bei Ausländern ausschließlich nach **deutschem Recht**, da § 13 Teil der verfahrensrechtlichen Zuständigkeitsvorschriften ist (vgl BGH NJW-RR 94, 646; MüKoZPO/*Patzina* Rn 4; Zö/*Vollkommer* Rn 14), und zwar unabhängig davon, ob sich der Ausländer im In- oder Ausland befindet (vgl KG FamRZ 61, 383, 384; Hamm FamRZ 77, 132, 134; Karlsr OLGR 03, 520 ff). Das **Fehlen einer ausländerrechtlichen Genehmigung** hindert die Annahme eines Wohnsitzes nicht (BVerwG NJW 89, 2904; Palandt/*Ellenberger* § 7 Rn 7). Diese Grundsätze gelten auch für den abgeleiteten Wohnsitz von Kindern (Zö/*Vollkommer* Rn 14; St/J/*Roth* Rn 2, 8; vgl auch BGH NJW-RR 92, 579; 94, 646). Ist bei Insolvenzverfahren mit internationalem Bezug eine Zuständigkeit nach den vorrangigen internationalen Regelungen (vgl etwa § 3 EuInsVO) nicht gegeben, kann auf den Wohnsitz des Schuldners nach § 13 zurückgegriffen werden (BGH ZInsO 10, 1013). Für **exterritoriale Deutsche** s. § 15, für **wohnsitzlose Ausländer** s. § 16 Rz 2, 6, für **Soldaten mit ausl Standort** s. Rz 13. 15

§ 14 *(weggefallen)*

§ 15 Allgemeiner Gerichtsstand für exterritoriale Deutsche.

(1) [1]Deutsche, die das Recht der Exterritorialität genießen, sowie die im Ausland beschäftigten deutschen Angehörigen des öffentlichen Dienstes behalten den Gerichtsstand ihres letzten inländischen Wohnsitzes. [2]Wenn sie einen solchen Wohnsitz nicht hatten, haben sie ihren allgemeinen Gerichtsstand beim Amtsgericht Schöneberg in Berlin.
(2) Auf Honorarkonsuln ist diese Vorschrift nicht anzuwenden.

A. Normgegenstand. Exterritoriale Deutsche (zum Begriff Rz 2) und die im Ausland beschäftigten deutschen Angehörigen des öffentlichen Dienstes haben grds keinen inländischen Wohnsitz, weshalb § 13 nicht zur Anwendung gelangt (§ 13 Rz 15). Um auch ggü diesen Personen die **Ausübung der deutschen Gerichtsbarkeit** zu gewährleisten und die **Rechtsverfolgung** zu erleichtern, hat der Gesetzgeber mit § 15 speziell für diesen Personenkreis einen **allg Gerichtsstand im Inland** geschaffen (Köln NZI 01, 380, 381; ThoPu/*Hüßtege* Rn 2a; Zö/*Vollkommer* Rn 2). Nach § 15 ist der letzte inländische Wohnsitz heranzuziehen; bei Fehlen eines solchen liegt der allg Gerichtsstand im Gerichtsbezirk des Amtsgerichts Schöneberg. Dadurch ändert sich die sachliche Zuständigkeit des LG Berlin nicht (B/L/A/H Rn 4; Musielak/*Heinrich* Rn 5). 1

B. Anwendungsbereich. Die Vorschrift erfasst zum einen **exterritoriale Deutsche**. Das sind deutsche Staatsangehörige, die im Ausland nach Völkerrecht Immunität genießen, also von der Gerichtsbarkeit des Aufnahmestaates befreit sind (vgl BGH NJW 06, 1810; § 18 GVG Rz 1; Zö/*Vollkommer* Rn 4; Zö/*Gummer* Vor §§ 18–20 GVG Rn 2; § 18 GVG Rn 2). Personen, die in Deutschland exterritorial sind, werden dagegen 2 von § 15 nicht erfasst, weil sie bereits von der deutschen Gerichtsbarkeit befreit sind (vgl §§ 18 ff GVG; St/J/*Roth* Rn 1; Musielak/*Heinrich* Rn 2; MüKoZPO/*Patzina* Rn 2; vgl auch zur Bedeutung der Immunität im Prozess BGH NJW 09, 3164). Unter § 15 fallen zum anderen die im **Ausland beschäftigten deutschen Angehörigen des öffentlichen Dienstes.** Damit sind alle deutschen Staatsangehörigen gemeint, die im öffentlichen Dienst beschäftigt und im Ausland eingesetzt sind, dort aber keine Exterritorialität genießen. Die hM verlangt darüber hinaus eine dauernde Beschäftigung im Ausland (vgl Zö/*Vollkommer* Rn 5; St/J/*Roth* Rn 4; MüKoZPO/*Patzina* Rn 3). Unabhängig von der Frage, wann von einer dauernden Beschäftigung auszugehen ist, ist eine stringente Begründung für eine solche Einschränkung weder aus dem Wortlaut noch aus der systematischen oder teleologischen Auslegung der Norm abzuleiten. Es genügt daher **jede Beschäftigung im öffentlichen Dienst**, auch eine befristete (vgl AG Schöneberg FamRZ 07, 1558). Bei **Berufssoldaten** und **Soldaten auf Zeit** ist § 9 I 2 BGB zu beachten (§ 13 Rz 13). Für die **Kinder** der in § 15 genannten Personen gilt die **Vorschrift analog** (zum allg Gerichtsstand von Kindern s. § 13 Rz 8 ff). Die direkte Anwendung ist ausgeschlossen, da nach dem ggü früher geänderten Wortlaut in § 15 nicht der Wohnsitz fingiert wird. Das wird allg als Versehen des Gesetzgebers aufgefasst (St/J/*Roth* Rn 6; MüKoZPO/*Patzina* Rn 5; Musielak/*Heinrich* Rn 4). **Honorarkonsuln** sind vom Anwendungsbereich ausdrücklich ausgenommen (§ 15 II); für **Berufskonsuln** gilt § 15 I uneingeschränkt (vgl nur MüKoZPO/*Patzina* Rn 3; Zö/*Vollkommer* Rn 5; zu den Berufs- und Honorarkonsuln vgl die Regelung im KonsG). § 15 kann nicht auf alle **Deutschen mit Wohnsitz im Ausland** angewandt werden, sondern nur auf die genannten Gruppen (Köln NZI 01, 380, 382; MüKoZPO/*Patzina* Rn 2; Musielak/*Heinrich* Rn 4). Wie die anderen allg Gerichtsstandsregelungen wird auch § 15 lediglich durch ausschließliche Gerichtsstände verdrängt (vgl BGH NJW 06, 1810 f; St/J/*Roth* Rn 7; s.a. § 12 Rz 7) und steht selbstständig neben den besonderen Gerichtsständen (St/J/*Roth* Rn 7; MüKoZPO/*Patzina* Rn 7; ThoPu/*Hüßtege* Rn 3; Zö/*Vollkommer* Rn 3). Die Vorschrift setzt voraus, dass der Bekl/Antragsgegner keinen allg inländischen Gerichtsstand hat (vgl Rz 1). Eine **Wahlfeststellung** ist aber möglich (St/J/*Roth* Rn 8; MüKoZPO/*Patzina* Rn 7; vgl zur Wahlfeststellung bei Gerichtsständen § 12 Rz 14). § 15 regelt lediglich den Fall eines Prozesses gegen die bezeichneten Personen. **Aktivprozesse** der von § 15 erfassten Personen sind daher vom Anwendungsbereich ausgenommen Köln NZI 01, 380, 382; St/J/*Roth* Rn 1).

3 **C. Internationale Zuständigkeit.** Auch iRd § 15 sind zunächst die vorrangigen internationalen Regelungen und nationalen Sondernormen zu berücksichtigen (vgl § 12 Rz 18). Zur Anwendung des § 15 iRd EuGVO s. Art 59 EuGVO. Daneben kann § 15 die internationale Zuständigkeit deutscher Gerichte aufgrund seiner **Doppelfunktionalität** begründen (MüKoZPO/*Patzina* Rn 10; vgl § 12 Rz 18).

§ 16 Allgemeiner Gerichtsstand wohnsitzloser Personen.

Der allgemeine Gerichtsstand einer Person, die keinen Wohnsitz hat, wird durch den Aufenthaltsort im Inland und, wenn ein solcher nicht bekannt ist, durch den letzten Wohnsitz bestimmt.

1 **A. Normgegenstand.** Auf Personen ohne Wohnsitz findet § 13 keine Anwendung (§ 13 Rz 1). § 16 schafft für diese Personen einen allg Gerichtsstand, der an den Aufenthaltsort im Inland bzw an den letzten Wohnsitz anknüpft.

2 **B. Anwendungsbereich.** § 16 findet nur Anwendung, wenn der Bekl/Antragsgegner **weder über einen inländischen noch ausl Wohnsitz** verfügt (Köln, NZI 01, 380, 381; Saarbr NJW-RR 93, 190, 191; Zö/*Vollkommer* Rn 4; MüKoZPO/*Patzina* Rn 2; St/J/*Roth* Rn 1; Musielak/*Heinrich* Rn 2). Fraglich ist, ob der Anwendungsbereich des § 16 eröffnet ist, wenn unbekannt ist, ob der Bekl/Antragsgegner einen Wohnsitz hat (vgl St/J/*Roth* Rn 7 mwN). Diese Frage lässt sich befriedigend nach den allg beweisrechtlichen Grundsätzen beantworten (dazu Rz 5). Entscheidend für die Anwendung des § 16 ist der **Zeitpunkt der Rechtshängigkeit**; spätere Änderungen sind nach § 261 III Nr 2 ZPO unerheblich (vgl § 12 Rz 9, § 13 Rz 6). § 16 enthält eine allg Gerichtsstandsregelung, so dass er lediglich von ausschließlichen Gerichtsständen verdrängt wird (vgl § 12 Rz 7). Eine **Wahlfeststellung** ist möglich (vgl zur Wahlfeststellung bei Gerichtsständen § 12 Rz 14), so etwa, wenn der Bekl am Gerichtsort entweder seinen Wohnsitz oder seinen Aufenthalt hat oder seinen letzten Wohnsitz dort hatte (vgl Hamm OLGR 06, 206, 208; MüKoZPO/*Patzina* Rn 10; St/J/*Roth* Rn 10; Musielak/*Heinrich* Rn 4). **Kinder** teilen den Wohnsitz des Personensorgeberechtigten, nicht aber dessen Wohnsitzlosigkeit (§ 13 Rz 8). Deshalb ist § 16 auf sie nur anzuwenden, wenn der Inhaber der Personensorge schon bei Geburt des Kindes wohnsitzlos war und seitdem keinen

Wohnsitz begründet hat. Ansonsten behält das Kind seinen letzten Wohnsitz (§ 11 S 3 BGB; MüKoZPO/*Patzina* Rn 4; St/J/*Roth* Rn 6).

C. Gerichtsstand des inländischen Aufenthaltsortes (§ 16 Alt 1). Ist der Anwendungsbereich des § 16 eröffnet (Rz 2), ist **vorrangig** auf den **inländischen Aufenthaltsort** des Prozessgegners abzustellen. Zur **Begründung eines Aufenthaltsorts** reicht eine nur vorübergehende kurzfristige Anwesenheit aus; eine Durchreise kann genügen (BGH WM 08, 1853 f; Zö/*Vollkommer* Rn 7; St/J/*Roth* Rn 4). Es muss nur soviel Zeit verbleiben, dass die Klage/Antragsschrift an diesem Ort zugestellt werden kann (vgl Zö/*Vollkommer* Rn 7; MüKoZPO/*Patzina* Rn 6; St/J/*Roth* Rn 4; Musielak/*Heinrich* Rn 3). Unerheblich ist, ob es sich um einen freiwilligen Aufenthalt handelt (BGH WM 08, 1853 f; Zö/*Vollkommer* Rn 7; MüKoZPO/*Patzina* Rn 6; Musielak/*Heinrich* Rn 3); weshalb auch ein Krankenhausaufenthalt (BGH NJW-RR 88, 387) oder ein Aufenthalt in einer JVA (BayObLG VersR 85, 741 f) ausreicht. Zur **Abgrenzung vom Wohnsitzbegriff** vgl § 13 Rz 4; zum **Gerichtsstand beim Aufenthalt von längerer Dauer** s. § 20; zum **gewöhnlichen Aufenthalt** s. § 29c Rz 3. 3

D. Gerichtsstand des letzten Wohnsitzes (§ 16 Alt 2). Auf den letzten Wohnsitz des Prozessgegners kann abgestellt werden, wenn der **Prozessgegner wohnsitzlos** (Rz 2) und ein **Aufenthaltsort in Deutschland nicht bekannt** ist. Ein bekannter **ausl Aufenthaltsort** ist unschädlich (Zö/*Vollkommer* Rn 5; MüKoZPO/*Patzina* Rn 8; St/J/*Roth* Rn 5). Nach § 16 entscheidet stets der letzte Wohnsitz. Nur wenn dieser letzte (aufgegebene) Wohnsitz im Gerichtsbezirk lag, ist die örtliche Zuständigkeit nach § 16 begründet (vgl Zö/*Vollkommer* Rn 5; ThoPu/*Hüßtege* Rn 2; St/J/*Roth* Rn 5, 8). Lag der **letzte Wohnsitz** dagegen **im Ausland**, kann auch nicht auf einen früheren inländischen Wohnsitz zurückgegriffen werden (MüKoZPO/*Patzina* Rn 8; Musielak/*Heinrich* Rn 3; St/J/*Roth* Rn 5, 8). 4

E. Darlegungs- und Beweislast. Die Frage, ob § 16 anwendbar ist, wenn der **Wohnsitz** des Bekl/Antragsgegners **unbekannt** ist (vgl Rz 2), ist nach den allg Grundsätzen über die Darlegungs- und Beweislast zu beantworten. Nach diesen Grundsätzen hat der Kl/Ast die Wohnsitzlosigkeit des Bekl/Antragsgegners darzulegen und zu beweisen (St/J/*Roth* Rn 7; B/L/A/H Rn 4). Allerdings ist der Schwierigkeit Rechnung zu tragen, dass den Kl/Ast die Beweislast für das Fehlen eines Wohnsitzes, also für eine **negative Tatsache**, trifft (vgl dazu allg § 286 Rz 64; Zö/*Greger* vor § 284 Rn 24). Deshalb ist der Beweis schon erbracht, wenn ein Wohnsitz trotz **zweckentsprechender Nachforschungen** nicht bekannt ist (vgl BGH NJW-RR 92, 578; Zö/*Vollkommer* Rn 4; MüKoZPO/*Patzina* Rn 5). Bei **nachgewiesener Aufgabe** eines früheren Wohnsitzes genügt, dass die Begründung eines neuen Wohnsitzes nicht feststellbar ist (Hamm OLGR 06, 206, 208; Zweibr NJW-RR 00, 929; LG Hamburg Rpfleger 02, 467; Zö/*Vollkommer* Rn 4). Den Prozessgegner trifft dann eine **sekundäre Darlegungslast** für die Tatsachen, die das Bestehen seines Wohnsitzes ausmachen (vgl Hamm OLGR 06, 206, 208; allg zur sekundären Darlegungslast § 286 Rz 81; Zö/*Greger* vor § 284 Rn 34). Bestehen an der Wirksamkeit der Wohnsitzaufgabe bzw -begründung Zweifel wegen **möglicher Geschäftsunfähigkeit**, so ist nach allg Grundsätzen die volle Geschäftsfähigkeit zu unterstellen (s. § 13 Rz 5). Beim Gerichtsstand des letzten Wohnsitzes muss der Kl/Ast darlegen und beweisen, dass der Prozessgegner keinen Wohnsitz hat, ein Aufenthaltsort im Inland nicht bekannt ist und der letzte Wohnsitz im Gerichtsbezirk lag (MüKoZPO/*Patzina* Rn 9; St/J/*Roth* Rn 8). Die genannten Beweiserleichterungen kommen dem Kl/Ast auch insoweit zugute. 5

F. Internationale Zuständigkeit. Auch iRd § 15 sind zunächst die vorrangigen internationalen Regelungen und nationalen Sondernormen zu berücksichtigen (vgl § 12 Rz 18). Im Anwendungsbereich der EuGVO sind insb die Art 4 und 59 EuGVO zu beachten (s. dort). Daneben kann § 16 die internationale Zuständigkeit deutscher Gerichte aufgrund seiner **Doppelfunktionalität** begründen (Hamm OLGR 06, 206 ff; MüKoZPO/*Patzina* Rn 12; St/J/*Roth* Rn 1; vgl § 12 Rz 18). Ob ein **Ausländer** einen **inländischen Wohnsitz** hat, richtet sich nach allgM ausschließlich nach **deutschem Recht** (§ 13 Rz 15). Anderes gilt für die Frage, ob ein **ausl Wohnsitz** gegeben ist. Prüfungsmaßstab ist dann das **jeweilige ausl Recht** (BayObLGZ 65, 245, 249; MDR 67, 495; MüKoBGB/*Schmitt* § 7 Rn 6; MüKoZPO/*Patzina* Rn 4; Zö/*Vollkommer* Rn 4; Musielak/*Heinrich* Rn 2; aA St/J/*Roth* Rn 2 mwN). Die Anwendung der §§ 7 ff BGB als lex fori kann nämlich nur soweit gehen, wie der Anwendungsbereich dieser Vorschriften reicht. Die §§ 7 ff BGB können aber nur für einen inländischen Wohnsitz Geltung beanspruchen. Dass die Anwendung ausl Rechts bei Fehlen eines inländischen Wohnsitzes nicht ungewöhnlich ist, belegt auch Art 59 II EuGVO. Mangels vorrangigen internationalen Regelungen kann auch bei Insolvenzverfahren mit internationalem Bezug auf § 16 abgestellt werden (BGH ZInsO 10, 1013). 6

§ 17 Allgemeiner Gerichtsstand juristischer Personen. (1) [1]**Der allgemeine Gerichtsstand der Gemeinden, der Korporationen sowie derjenigen Gesellschaften, Genossenschaften oder anderen Vereine und derjenigen Stiftungen, Anstalten und Vermögensmassen, die als solche verklagt werden können, wird durch ihren Sitz bestimmt.** [2]**Als Sitz gilt, wenn sich nichts anderes ergibt, der Ort, wo die Verwaltung geführt wird.**

(2) **Gewerkschaften haben den allgemeinen Gerichtsstand bei dem Gericht, in dessen Bezirk das Bergwerk liegt, Behörden, wenn sie als solche verklagt werden können, bei dem Gericht ihres Amtssitzes.**

(3) **Neben dem durch die Vorschriften dieses Paragraphen bestimmten Gerichtsstand ist ein durch Statut oder in anderer Weise besonders geregelter Gerichtsstand zulässig.**

1 **A. Normgegenstand.** In **Ergänzung von § 12** und als **Pendant zu § 13** regelt § 17 den allg Gerichtsstand aller Personen mit passiver Parteifähigkeit, die keine natürlichen Personen sind (St/J/*Roth* Rn 1; vgl auch MüKoZPO/*Patzina* Rn 1; Musielak/*Heinrich* Rn 1; Zö/*Vollkommer* Rn 1 f; ThoPu/*Hüßtege* Rn 1, die aber den Fiskus wegen § 18 ausnehmen wollen; dazu § 18 Rz 2). § 17 verfolgt den **Zweck**, dem Bekl die Prozessführung zu erleichtern und ihn davor zu schützen, den Prozess an einem auswärtigen Gericht zu führen (BGHZ 88, 331, 335). Dem liegt ua die Erwägung zugrunde, dass eine Person ihre rechtlich relevanten Angelegenheiten regelmäßig an ihrem Wohnsitz bzw Sitz wahrnimmt und dass es sich dort auch um den Ort handelt, an dem sie üblicherweise ihr Vermögen verwaltet (BGHZ 88, 331, 335). Damit dient § 17 wie § 13 gleichermaßen der **Prozessökonomie** wie dem **Prinzip der prozessualen Waffengleichheit** (vgl § 12 Rz 1, § 13 Rz 1).

2 **B. Anwendungsbereich.** In den Anwendungsbereich des § 17 fallen entgegen der missverständlichen Überschrift **alle passiv parteifähigen Personen**, soweit sie **nicht von § 13 (natürliche Personen) erfasst** werden (St/J/*Roth* Rn 1; MüKoZPO/*Patzina* Rn 1; Musielak/*Heinrich* Rn 1; enger Zö/*Vollkommer* Rn 1; ThoPu/*Hüßtege* Rn 1, die den Fiskus ausnehmen wollen, s. dazu § 18 Rz 2). Die **Aufzählung** in § 17 I kann deshalb **nicht** als **abschließend** angesehen werden (Zö/*Vollkommer* Rn 2; St/J/*Roth* Rn 3). Als allg Gerichtsstandsregelung wird § 17 nur durch einen ausschließlichen Gerichtsstand verdrängt (BGHZ 88, 331, 335; MüKoZPO/*Patzina* Rn 18; Musielak/*Heinrich* Rn 13), was insb im **Gesellschaftsrecht** der Fall ist (vgl §§ 132 I 1, 246 III 1, 249 I 1, 275 IV 1 AktG, §§ 61 III, 75 II GmbHG iVm § 246 III 1 AktG, § 51 III 3 GenG), nicht dagegen durch besondere Gerichtsstände oder den weiteren allg Gerichtsstand iSd § 17 III (Rz 11). Der **zeitliche Anwendungsbereich** reicht vom Erwerb der passiven Parteifähigkeit bis zu deren Verlust (MüKoZPO/*Patzina* Rn 8; B/L/A/H Rn 1; dazu näher § 50 Rz 16 ff). Zu ausl Personen s. Rz 12.

3 **I. Juristische Personen.** In den Anwendungsbereich der Vorschrift fallen alle **juristischen Personen des öffentlichen Rechts und des Privatrechts**, dh insb alle öffentlich-rechtlichen Körperschaften, Anstalten und Stiftungen (zum Verhältnis zu § 18 s. dort Rz 2), eingetragene Vereine, rechtsfähige Stiftungen des Privatrechts, Kapitalgesellschaften wie die GmbH und die AG, auch die Deutsche Post AG, die Deutsche Postbank AG und die Deutsche Telekom AG sowie die Deutsche Bahn AG als die Rechtsnachfolger der Deutschen Bundespost (vgl Art 143b GG, zu deren Sitz Rz 7) bzw der Deutschen Bundesbahn (vgl Art 87e III GG, zu deren Sitz Rz 7).

4 **II. Sonstige passiv parteifähige Personen.** Zu den sonstigen passiv parteifähigen Personen, die von § 17 erfasst werden, zählen die **Personenhandelsgesellschaften** wie die OHG (§ 124 I HGB) und die KG (§ 161 I HGB), **nicht rechtsfähige Vereine** (§ 50 II, zB **Gewerkschaften**), **politische Parteien** (§ 3 PartG), **Partnerschaftsgesellschaften** (§ 7 II PartGG iVm § 124 I HGB), die **Europäische Wirtschaftliche Interessenvereinigung** (EWIV, § 1 EWIV-Ausführungsgesetz iVm § 124 I HGB, vgl auch Art 1 II EWIVVO), die **Vor-GmbH** (BAG 22.7.94, 5 AS 10/94; BayObLGZ 78, 267 f; St/J/*Roth* Rn 4; MüKoZPO/*Patzina* Rn 4; vgl auch BGH NJW 98, 1079 f; aA Brandenburg DB 03, 2542, das aber § 17 analog anwenden will) und die **Vor-AG** (St/J/*Roth* Rn 4; Musielak/*Heinrich* Rn 3; MüKoZPO/*Patzina* Rn 4; vgl auch BGH NJW 07, 589 f). Auch die **BGB-Außengesellschaft** ist nach heutiger Auffassung passiv parteifähig (BGHZ 146, 341, 347 ff; NJW 09, 1610, 1611) und fällt deshalb unter § 17 (BGH NJW 09, 1610, 1611; Ddorf WuM 05, 655 f; Köln NJW 04, 862; Musielak/*Heinrich* Rn 3; ThoPu/*Hüßtege* Rn 1; Zö/*Vollkommer* Rn 5; zum Sitz der BGB-Gesellschaft s. Rz 8). Die **Wohnungseigentümergemeinschaft** kann zwar nach geänderter Rechtslage verklagt werden (§ 10 VI 5 WEG; vgl zur früheren Rechtslage BGHZ 163, 154, 166 f), so dass sie grds in den Anwendungsbereich des § 17 fällt. Allerdings ist zu beachten, dass § 43 WEG eine **ausschließliche Gerichtsstandsregelung** enthält, die § 17 vorgeht.

III. Sondervermögen ohne eigene Rechtspersönlichkeit. Die Frage, ob § 17 auf Sondervermögen ohne eigene Rechtspersönlichkeit anzuwenden ist, steht in engem Zusammenhang mit der Frage nach einem Gerichtsstand der von einer Partei kraft Amtes verwalteten Vermögensmasse. Für **Insolvenzverwalter** hat das Gesetz durch § 19a Rechtsklarheit geschaffen (s. dort). Wegen der Ausschließlichkeit der Regelung findet § 17 daneben keine Anwendung. Auch für **andere Vermögensmassen** wie zB den Nachlass ist davon auszugehen, dass auf § 17 nicht zurückgegriffen werden kann (MüKoZPO/*Patzina* Rn 5; St/J/*Roth* Rn 5; Musielak/*Heinrich* Rn 6; aA B/L/A/H Rn 10). Eine direkte Anwendung scheidet aus, weil diesen Vermögensmassen die passive Parteifähigkeit fehlt. Einer analogen Anwendung bedarf es nicht, da mit dem allg Gerichtsstand der Partei kraft Amtes bereits eine allg Gerichtsstandsregelung existiert (§ 13 Rz 14; vgl auch die verallgemeinerungsfähigen Aussagen in BGHZ 88, 331, 335 f). 5

C. Gerichtsstand des Sitzes (§ 17 I). Der allg Gerichtsstand der passiv parteifähigen Personen wird durch deren Sitz bestimmt. Der Sitz entspricht dem Wohnsitz der natürlichen Personen in § 13. Wo sich der Sitz einer Person befindet, ist **vorrangig** dem **materiellen Recht** zu entnehmen (§ 17 I 1; Rz 7). Enthält dieses keine Regelung, fingiert § 17 I 2 den Sitz am Ort der Verwaltung (Rz 9). 6

I. Sitz (§ 17 I 1). 1. Juristische Personen. Der Sitz der **juristischen Personen des öffentlichen Rechts** ist grds im Errichtungsakt genannt (zur Bestimmung durch Satzung vgl BGH JZ 60, 444; BSGE 52, 203; MüKoZPO/*Patzina* Rn 12). Bei den **juristischen Personen des Privatrechts** wird der Sitz durch die Satzung bestimmt (zB § 5 AktG, § 4a GmbHG, §§ 24, 57 BGB, § 80 BGB). Die **Deutsche Post AG**, die **Deutsche Postbank AG** und die **Deutsche Telekom AG** haben ihren satzungsmäßigen Sitz in Bonn (s. die Satzungen im Anh zu § 11 II PostUmwG), die **Deutsche Bahn AG** jetzt in Berlin. **Doppelsitze** bei juristischen Personen des Privatrechts ähnl den Doppelwohnsitzen bei natürlichen Personen (§ 13 Rz 6) sind grds unzulässig (hM; vgl für die AG BayObLG NJW-RR 86, 31 f; MüKoAktG/*Heider* § 5 Rn 47; Hüffer, § 5 Rn 10; für die GmbH Baumbach/Hueck/*Hueck/Fastrich* § 4a Rn 7; Roth/Altmeppen/*Roth* § 4a Rn 9; für den Verein MüKoBGB/*Reuter* § 24 Rn 6 f; Palandt/*Ellenberger* § 24 Rn 2). Für eine **Anstalt des öffentlichen Rechts** soll anderes gelten (BayObLG NJW-RR 01, 28 f). Ist ein Doppelsitz ausnahmsweise zulässig, kann die Person an jedem Sitz verklagt werden; für die Fiktion des § 17 I 2 ist kein Raum (vgl LG Berlin WM 94, 1246; Zö/*Vollkommer* Rn 9; aA ArbG Berlin 24.3.03, 96 Ca 4277/03; Musielak/*Heinrich* Rn 10; *Bork* ZIP 95, 609). Zum Doppelsitz der Bundesministerien s. § 18 Rz 4. 7

2. Sonstige passiv parteifähige Personen. Bei den **Personenhandelsgesellschaften** ist der Sitz dem Handelsregister zu entnehmen, da für diese Personen eine Pflicht zur Anmeldung besteht (für die OHG: § 106 II Nr 2 HGB; für die KG: § 161 II iVm § 106 II Nr 2 HGB). Die Begründung von **Doppelsitzen** bei den Personenhandelsgesellschaften ist unzulässig (Baumbach/Hopt/*Hopt* § 106 Rn 9; zu Doppelsitzen bei juristischen Personen s.o. Rz 7). Da der **nicht rechtsfähige Verein** keinen Sitz im Rechtssinne hat, ist auf ihn § 17 I 1 nicht anwendbar (Zö/*Vollkommer* Rn 9; MüKoZPO/*Patzina* Rn 10; aA B/L/A/H Rn 10; vgl aber Rz 9). Anderes dürfte aber für die **BGB-Außengesellschaft** gelten. Soweit man dieser die Rechtsfähigkeit zubilligt, wird man folgerichtig auch die gesellschaftsvertragliche Festlegung des Sitzes anerkennen müssen (vgl BGH 21.1.09 – Xa ARZ 273/08; Köln NJW 04, 862; Ddorf WuM 05, 655 f; bei fehlender Feststellbarkeit s. Rz 9). Auch bei der **Vor-GmbH** und der **Vor-AG** kann bereits vor Eintragung auf den Sitz abgestellt werden, wie er sich aus dem Gesellschaftsvertrag ergibt (St/J/*Roth* Rn 4; aA für die Vor-GmbH Brandenburg DB 03, 2542, das eine Analogie befürwortet; Zö/*Vollkommer* Rn 10, der auf § 17 I 2 abstellt). Für die **WEG** ist nunmehr § 43 WEG zu beachten, der aufgrund seiner Ausschließlichkeit in seinem Anwendungsbereich § 17 verdrängt. Bei **politischen Parteien** ist zu beachten, dass sich deren Sitz nach § 6 II Nr 1 PartG aus deren Satzung ergeben muss. 8

II. Ort der Verwaltung. (§ 17 I 2). Ist ein Sitz nach § 17 I 1 (Rz 6 ff) nicht vorhanden, **fingiert** § 17 I 2 als Sitz den Ort, wo die Verwaltung geführt wird. Das gilt auch, wenn ein **Sitz nicht eindeutig feststellbar** ist (vgl KG KGR 08, 310 ff; Zö/*Vollkommer* Rn 10). Der **Ort der Verwaltung** ist »der Tätigkeitsort der Geschäftsführung und der dazu berufenen Vertretungsorgane, also der Ort, wo die grundlegenden Entscheidungen der Unternehmensleitung effektiv in laufende Geschäftsführungsakte umgesetzt werden« (BGHZ 97, 269, 272; NJW 09, 1610, 1611; hM; vgl KG KGR 08, 310, 312; Zö/*Vollkommer* Rn 10; Musielak/*Heinrich* Rn 10; St/J/*Roth* Rn 15). Davon sind die Orte abzugrenzen, an denen **bloße Ausführungshandlungen** vorgenommen werden wie Produktionsstätten oder Zweigniederlassungen (KG KGR 08, 310, 312; Köln ZIP 07, 935 f; Musielak/*Heinrich* Rn 10). § 17 I 2 kann eine Rolle bei **BGB-Außengesellschaften** spie- 9 len, wenn diese keinen gesellschaftsvertraglichen Sitz haben (vgl BGH 21.1.09 – Xa ARZ 273/08). Lässt sich auch ein Verwaltungsort iSd § 17 I 2 nicht eindeutig feststellen, so kann auf § 36 I Nr 3 zurückgegriffen werden (BGH 21.1.09 – Xa ARZ 273/08; Celle OLGR 01, 198 f; Zö/*Vollkommer* Rn 5). Soweit früher bei der **WEG** ebenfalls auf den Ort der Verwaltung abgestellt wurde, ist nunmehr § 43 WEG zu beachten, der in seinem Anwendungsbereich wegen seines Ausschließlichkeitscharakters § 17 verdrängt.

10 **D. Bergrechtliche Gewerkschaften und Behörden (§ 17 II).** Bergrechtliche Gewerkschaften iSd 17 II existieren nicht mehr (§ 163 BBergG). Behörden sind grds nicht passiv parteifähig (s. dazu § 50 Rz 15; § 18 Rz 2). Steht ihnen ausnahmsweise die passive Parteifähigkeit zu, so haben sie nach § 17 II ihren allg Gerichtsstand bei dem Gericht des Amtssitzes.

11 **E. Zusatzgerichtsstand (§ 17 III).** Durch § 17 III wird den von § 17 erfassten Personen die Möglichkeit eröffnet, neben den Gerichtsständen des Abs 1 und 2 einen **weiteren allg Gerichtsstand** zu schaffen (BGH NJW 98, 1322; Zö/*Vollkommer* Rn 13; Musielak/*Heinrich* Rn 12; MüKoZPO/*Patzina* Rn 17; St/J/*Roth* Rn 17). Dabei spricht man auch von dem **Gerichtsstand des Nebensitzes** (Zö/*Vollkommer* Rn 13; Musielak/*Heinrich* Rn 12). Die Begründung erfolgt durch »Statut oder in anderer Weise«. Die Regelung muss also zumindest dem Rang einer Satzung entsprechen (vgl MüKoZPO/*Patzina* Rn 17; Musielak/*Heinrich* Rn 12; St/J/*Roth* Rn 18). Wegen der Ausgestaltung als allg Gerichtsstand bleibt dem Kl/Ast die Wahlmöglichkeit iRd § 35 erhalten (Zö/*Vollkommer* Rn 13; Musielak/*Heinrich* Rn 12; MüKoZPO/*Patzina* Rn 17; St/J/*Roth* Rn 17). Zur Begründung eines ausschließlichen Gerichtsstandes durch Satzung vgl § 38.

12 **F. Internationale Zuständigkeit.** Auch iRd § 17 gilt der allg Grundsatz, dass stets auf die vorrangigen internationalen Regelungen abzustellen ist, bevor die **Doppelfunktionalität** der Vorschrift zum Tragen kommen kann (vgl BGH NJW 09, 1610, 1611; ZIP 10, 1003; BAG AP Nr 7 zu § 50; MüKoZPO/*Patzina* Rn 19 f; Musielak/*Heinrich* Rn 13; s. allg § 12 Rz 18). Für den Bereich der EuGVO s. Art 22 Nr 2 EuGVO und Art 2, 3 iVm Art 60 EuGVO. Handelt es sich bei dem Prozessgegner um eine **passiv parteifähige Person nach deutschem Recht** (Rz 2), begegnet die Heranziehung von § 17 keinen Bedenken, da der (Verwaltungs-) Sitz dieser Personen immer in Deutschland liegt; denn die Angabe eines ausl Satzungssitzes wäre unwirksam (vgl RGZ 107, 94, 97; BGHZ 19, 102, 105; 29, 320, 328; Musielak/*Heinrich* Rn 9; St/J/*Roth* Rn 10; vgl jetzt auch für die GmbH § 4a GmbHG, § 5 AktG). Daneben vermag § 17 immer dann die internationale Zuständigkeit zu begründen, wenn neben einem ausl auch ein **inl Verwaltungssitz** besteht (BGH NJW 09, 1610, 1611; MDR 10, 166). Erst recht genügt für § 17, wenn die ausl Gesellschaft ihren tatsächlichen Verwaltungssitz in Deutschland hat, auch wenn der satzungsmäßige Sitz im Ausland liegt (Köln ZIP 07, 935 f; Frankf WM 11, 2360 »umfassende Verwaltungskonzentration im Inland«; Musielak/*Heinrich* Rn 13; aA *Thole* IPrax 07, 519 ff; vgl zur Parteifähigkeit dieser Personen BGHZ 151, 204, 206; St/J/*Roth* Rn 11 sowie zu zwischenstaatlichen Einrichtungen BAG AP Nr 7 zu § 50). Allerdings kann nicht unterstellt werden, dass eine ausl Gesellschaft, die überwiegend oder vollständig im Inland Geschäfte betreibt, automatisch ihre Hauptverwaltung oder ihre Hauptniederlassung im Inland hat (vgl BayObLG NJW-RR 06, 206 f). Es kann sich dann aber die internationale Zuständigkeit deutscher Gerichte aus §§ 21, 23 ergeben (St/J/*Roth* Rn 13; Musielak/*Heinrich* Rn 9). Bei **Konzernen** ist auf den Sitz des beherrschten Unternehmens und nicht auf den Sitz der Konzernmutter abzustellen (vgl Hambg MDR 1976, 402; Musielak/*Heinrich* Rn 9). Liegt der **Verwaltungssitz eines ausl Unternehmens im Ausl**, so kann § 17 nur dann zur Anwendung kommen, wenn ein Sitz in Deutschland nach ausl Recht bestimmt ist (St/J/*Roth* Rn 13).

§ 18 Allgemeiner Gerichtsstand des Fiskus.

Der allgemeine Gerichtsstand des Fiskus wird durch den Sitz der Behörde bestimmt, die berufen ist, den Fiskus in dem Rechtsstreit zu vertreten.

1 **A. Normgegenstand.** In **Ergänzung von § 12** schafft § 18 einen allg Gerichtsstand in Prozessen gegen den Fiskus (zum Begriff Rz 2). Die Vorschrift soll einerseits die Rechtsverfolgung erleichtern; andererseits soll vermieden werden, dass in einer Vielzahl von Gerichtsständen geklagt werden kann, wodurch eine Entlastung der Gerichte erreicht wird (Musielak/*Heinrich* Rn 1; St/J/*Roth* Rn 1).

2 **B. Anwendungsbereich.** § 18 gilt für den **gesamten Fiskus**. Als »Fiskus« bezeichnet man den Staat, soweit er nicht hoheitlich handelt, sondern als juristische Person des öffentlichen Rechts am Privatrechtsverkehr teilnimmt (St/J/*Roth* Rn 2; allgM; vgl BVerfG NJW 83, 25, 26; Palandt/*Ellenberger* vor § 89 Rn 1; Musielak/*Heinrich* Rn 2; Zö/*Vollkommer* Rn 1). Fiskus idS können **alle Körperschaften, Anstalten und Stiftungen**

des öffentlichen Rechts sein (St/J/*Roth* Rn 2; Musielak/*Heinrich* Rn 2; Zö/*Vollkommer* Rn 1). Davon abzugrenzen sind die im Einzelfall tätigen **Behörden**, die keine Rechtspersönlichkeit besitzen (s. nur Palandt/*Ellenberger* vor § 89 Rn 1; MüKoBGB/*Reuter* § 89 Rn 5). Zum **ausl Fiskus** s. Rz 35. Dadurch dass die juristischen Personen des öffentlichen Rechts auch von § 17 erfasst werden (§ 17 Rz 3), überschneiden sich die Anwendungsbereiche der Vorschriften. Ein **Vorrang des § 18 ggü § 17** lässt sich aber **nicht begründen**, da es sich bei beiden Vorschriften um allg Gerichtsstandsregelungen handelt (vgl St/J/*Roth* Rn 3; MüKoZPO/*Patzina* Rn 43; Musielak/*Heinrich* Rn 13; aA Zö/*Vollkommer* Rn 1; ThoPu/*Hüßtege* § 17 Rn 1). § 18 kann wie die anderen allg Gerichtsstandsregelungen nur von einem ausschließlichen Gerichtsstand verdrängt werden (vgl allg § 12 Rz 7). Auch besondere Gerichtsstände bleiben daher neben § 18 bestehen (Zö/*Vollkommer* Rn 2; MüKoZPO/*Patzina* Rn 44; Musielak/*Heinrich* Rn 13; ThoPu/*Hüßtege* Rn 3), so zB § 29 (vgl BGH NJW 01, 1070, 1071).

C. Sitz der Behörde. § 18 bestimmt den allg Gerichtsstand des Fiskus nach dem Sitz der im Rechtsstreit 3
vertretungsberechtigten Behörde. **Entscheidend** ist damit die **Prozessvertretung** (s. § 51). Welche Behörde im Einzelfall vertretungsberechtigt ist, beurteilt sich nach den einschlägigen **staats- und verwaltungsrechtlichen Vorschriften** (vgl BGHZ 40, 197, 199; BayObLGZ 95, 77 ff; Zö/*Vollkommer* Rn 3; St/J/*Roth* Rn 1). Wegen der **Unübersichtlichkeit dieser Regelungen** kann die Bestimmung der richtigen Behörde mit erheblichen praktischen Schwierigkeiten verbunden sein. Insoweit bietet es sich an, zunächst von seinem **Recht auf Auskunft** über die vertretungsberechtigte Behörde Gebrauch zu machen (vgl St/J/*Roth* Rn 4; Zö/*Vollkommer* Rn 2; Musielak/*Heinrich* Rn 5). Damit einher geht eine entsprechende **Belehrungspflicht** der befassten und der übergeordneten Behörden (Musielak/*Heinrich* Rn 5; Zö/*Vollkommer* Rn 3). Die Angabe der richtigen Behörde ist **keine zwingende Voraussetzung** für eine **wirksame Klageerhebung** (vgl § 253 II, III; Zweibr OLGZ 78, 108, 109; Zö/*Vollkommer* Rn 4; St/J/*Roth* Rn 6; MüKoZPO/*Patzina* Rn 5; aA B/L/A/H Rn 2). Den praktischen Schwierigkeiten bei der Bestimmung der vertretungsberechtigten Behörde wird man auch dadurch Rechnung tragen müssen, dass eine **Pflicht zur Weiterleitung der Klage** an die richtige Behörde besteht (St/J/*Roth* Rn 6; aA BayObLGZ 95, 77 ff). Hierdurch bedingte Verzögerungen hat der Kl/Ast aber ggf zu vertreten (vgl BGH MDR 04, 959 f; BayObLGZ 02, 160, 165 f; vgl auch die Kommentierung zu § 167 und § 189). Der Sitz der vertretungsberechtigten Behörde ist nach den **Grundsätzen des § 17** zu bestimmen (§ 17 Rz 7, 9). Grundsätzlich ist die Lage des Dienstgebäudes maßgebend (ThoPu/*Hüßtege* Rn 2; Zö/*Vollkommer* § 19 Rn 1; St/J/*Roth* § 19 Rn 1). Bei Verteilung mehrerer Dienstgebäude auf unterschiedliche Gerichtsbezirke s. § 19 Rz 1.

D. Vertretungsregelungen. I. BRD. 1. Grundsätze. In Ermangelung einer einheitlichen Vertretungsrege- 4
lung wird die Bundesrepublik durch den **jeweils zuständigen Bundesminister** innerhalb seines Ressorts vertreten (BGH NJW 67, 1755; vgl Art 65 S 2 GG, § 6 I Gemeinsame Geschäftsordnung der Bundesministerien). Nur soweit ein Vorgang keinem Ressort zugewiesen ist, obliegt die Vertretung dem BMF (BGH NJW 67, 1755; Zö/*Vollkommer* Rn 5; Musielak/*Heinrich* Rn 9; MüKoZPO/*Patzina* Rn 7; St/J/*Roth* Rn 10). Die Bundesministerien haben einen **Doppelsitz in Berlin und Bonn**, so dass sie grds an beiden Sitzen verklagt werden können (s. dazu näher St/J/*Roth* Rn 12; vgl auch Zö/*Vollkommer* § 19 Rn 1). Allerdings ist durch AnO die Vertretung häufig übertragen worden (**sog Vertretungsordnungen**, Rz 5 ff).

2. Einzelfälle (alphabetisch). a) AA. Für den Bereich des AA fehlt eine Vertretungsregelung. Das AA ver- 5
tritt die BRD als Bekl (St/J/*Roth* Rn 14). Der Kl hat daher ein Wahlrecht, ob er in Berlin oder Bonn klagen will (Rz 4).

b) BMAS. Im Geschäftsbereich des BMAS fehlt eine Vertretungsregelung. Das BMAS vertritt die BRD als 6
Bekl (St/J/*Roth* Rn 14). Der Kl hat daher ein Wahlrecht, ob er in Berlin oder Bonn klagen will (Rz 4).

c) BMBF. Für den Bereich des BMBF existiert keine Vertretungsregelung. Das BMBF vertritt die BRD als 7
Bekl (St/J/*Roth* Rn 14). Der Kl hat daher ein Wahlrecht, ob er in Berlin oder Bonn klagen will (Rz 4).

d) BMELV. Eine Vertretungsordnung existiert nicht. Es bleibt bei der Zuständigkeit des BMELV und dem 8
daraus folgenden Wahlrecht des Kl, ob er in Berlin oder Bonn klagen möchte (St/J/Roth Rn 14).

e) BMF. Die Vertretungsbefugnis ist geregelt durch AnO v 17.4.08, BAnz 08, 1662. Für die Vertretung bei 9
Klagen auf dem Gebiet der beamtenrechtlichen Versorgung und des Versorgungsausgleichs s. AnO v 27.1.00, BGBl I, 1213 idF v 23.5.08, BGBl I, 973; für Klagen wegen Beihilfe s. AnO v 27.1.00, BGBl I, 1209 idF v 25.10.01, BGBl I, 3227. Bei Klagen gegen die BRD wegen Stationierungs- und Truppenschäden (vgl

Nato-Truppenstatut) ist der BMF vertretungsbefugt. Die BRD tritt als Prozessstandschafter des Entsendestaates im Prozess auf (vgl Art 12 I, II Nato-TruppenstatutAG). Die Vertretung übernimmt idR die Verteidigungslastenverwaltung (Gesetz v 19.9.02, BGBl II, 2482; vgl auch Art 8 Nato-TruppenstatutAG). Für die Vertretung der Deutschen Post AG in Versorgungsausgleichsverfahren s. AnO v 10.11.08, BGBl I, 2327.

10 **f) BMFSFJ.** Soweit die Klage Beamte der Besoldungsgruppen A 1 bis A 15 der BBesO und entspr Beamte bis zur Anstellung betrifft, vertritt das Bundesamt für Zivildienst mit Sitz in Köln (AnO v 22.9.97, BGBl I, 2387). Im Übrigen bleibt es bei der Vertretung durch das BMFSFJ und dem daraus folgenden Wahlrecht zwischen Berlin und Bonn (Rz 4).

11 **g) BMG.** Eine Vertretungsordnung fehlt, so dass das BMG die BRD im Prozess vertritt und dem Kl ein Wahlrecht zusteht, ob er in Berlin oder Bonn klagen will.

12 **h) BMI.** Eine Übertragung der Vertretungsbefugnis des BMI ist durch AnO v 29.2.08, GMBl 08, 320 erfolgt. Für Klagen aus dem Beamtenverhältnis s. AnO v 28.2.08, GMBl 08, 319. Für die Deutsche Post AG s. Rz 9.

13 **i) BMJ.** Es ist hinzuweisen auf die AnO v 25.4.58, BAnz 58, 3 idF v 4.2.1971, BAnz 71, 1.

14 **j) BMU.** Vgl die AnO v 27.1.1987, GMBl 249 idF v 5.2.99, GMBl 270.

15 **k) BMVBS.** Die Vertretungsbefugnis ist durch AnO v 4.4.05, VkBl 05, 391 geregelt. Für Klagen aus dem Beamtenverhältnis s. AnO v 6.2.02, BGBl I, 746 idF v 10.1.03, BGBl I, 127. Für den Geschäftsbereich des Bundeseisenbahnvermögens (BEV) vgl AnO v 24.8.05, BGBl I, 2515.

16 **l) BMVg.** Es existieren mehrere Vertretungsregelungen. Die allg Vertretungsordnung findet sich in der AnO v 19.12.02, VMBl 2003, 2 idF v 19.2.03, VMBl 86. Daneben existiert für Verfahren über den Versorgungsausgleich die AnO v 27.2.80, VMBl 162 idF v 20.6.90, VMBl 381. Für die Vertretung bei Klagen aus dem Beamten- und Wehrdienstverhältnis s. AnO v 16.1.06, BGBl I, 273 idF v 29.3.07, VMBl 07, 78; für den Bereich der beamtenrechtlichen Versorgung s. AnO v 15.3.77, VMBl 77, 201 idF v 28.11.95, VMBl 96, 9; für die Vertretung der BRD als Drittschuldner s. AnO v 30.1.02, VMBl 131. Bei bürgerlichen Rechtsstreitigkeiten aus Baumaßnahmen beachte § 8 V FVG. Für Stationierungs- und Truppenschäden s. Rz 9.

17 **m) BMWI.** In dem Geschäftsbereich des BMWI fehlt eine Vertretungsregelung. Das BMWI vertritt die BRD als Bekl; dem Kl verbleibt das Wahlrecht, ob er in Bonn oder Berlin klagen will.

18 **n) BMZ.** Eine Vertretungsordnung fehlt, so dass das BMZ die BRD im Prozess vertritt und dem Kl ein Wahlrecht zusteht, ob er in Berlin oder Bonn klagen will.

19 **II. Länder. 1. Baden-Württemberg.** Die Vertretung des Landes ist geregelt durch Art 49 II der Landesverfassung iVm AnO v 17.1.55, GBl 8, idF v 25.9.01, GBl 552; Bek v 30.11.04, GBl 874.

20 **2. Bayern.** In ZPO-Verfahren ist die Vertretungsverordnung v 4.10.95, GVBl 733, zuletzt geändert durch VO v 9.1.07, GVBl 12 zu beachten; außerhalb der ZPO-Verfahren gilt das Ressortprinzip (BayObLGZ 99, 389, 392; Zö/*Vollkommer* Rn 17).

21 **3. Berlin.** Vertretungsregelungen enthalten das Allgemeine Zuständigkeitsgesetz (AZG) v 22.7.96, GVBl 302, 472, zuletzt geändert durch Gesetz v 11.7.06, GVBl 812, die Verwaltungsvorschriften v 23.1.90, ABl 202, die nach wie vor Geltung beanspruchen (ABl 99, 4855), sowie die AnO v 5.9.02, ABl 3916.

22 **4. Brandenburg.** Maßgebend ist derzeit Art 89 S 2 der Landesverfassung iVm den Vertretungsordnungen der Ministerien. Darüber hinaus lässt sich aus § 3 Landesorganisationsgesetz v 24.5.04, GVBl I 186, zuletzt geändert durch Gesetz v 23.9.08, GVBl I 202, die Vertretungsbefugnis der Landesoberbehörden und Unteren Landesbehörden für ihren Geschäftsbereich ableiten.

23 **5. Bremen.** Abzustellen ist auf Art 118 I iVm Art 120 der Landesverfassung iVm § 6 Geschäftsordnung des Senats v 7.7.99, ABl 571.

24 **6. Hamburg.** Vertretungsregelungen enthalten Art 18 II, 42 II der Landesverfassung, das Gesetz über Verwaltungsbehörden v 30.7.1952, Bl I 2000a, zuletzt geändert am 30.5.08, GVBl 215, die AnO v 19.4.01, Amtl-Anz 1433, und das Bezirksverwaltungsgesetz v 6.7.06, GVBl 206, zuletzt geändert am 19.10.06, GVBl 519, 521.

7. Hessen. Als Rechtsgrundlage ist zu nennen Art 103 der Landesverfassung iVm der AnO v 2.7.02, StAnz 2694, iVm den Vertretungsanordnungen für die einzelnen Geschäftsbereiche. 25

8. Mecklenburg-Vorpommern. Maßgebend ist Art 47 der Landesverfassung, § 5 II des Vorläufigen Statuts v 26.10.90, GVBl 91 1, und der Erlass v 7.11.90, ABl I 38, 39, iVm den jeweiligen AnO, zB für die Justizverwaltung; s. Regelung v 14.1.03, ABl 54, geändert am 21.9.05, ABl 1090. 26

9. Niedersachsen. Rechtsgrundlagen sind Art 37 der Landesverfassung und der Gemeinsame Runderlass v 16.11.04, MBl 772, geändert durch Gemeinsamen Runderlass v 14.4.06, MBl 503. 27

10. Nordrhein-Westfalen. Die Vertretung richtet sich nach Art 57 S 1, 2 der Landesverfassung iVm der Bek v 8.2.60, GV 13, und nach Art 55 II, aus dem die Befugnis zur Schaffung von Vertretungsregelungen abgeleitet werden kann (Zö/*Vollkommer* Rn 25; St/J/*Roth* Rn 15; Musielak/*Heinrich* Rn 11). Davon ist Gebrauch gemacht worden, zB AnO für den Justizbereich v 17.3.87, JMBl 89, zuletzt geändert am 6.8.92, JMBl 199. 28

11. Rheinland-Pfalz. Maßgebend ist zunächst Art 104 der Landesverfassung. Daneben bestehen einzelne Vertretungsordnungen, zB für den Justizbereich Vertretungsordnung v 10.5.88, GVBl 106, zuletzt geändert am 4.12.02, GVBl 499. 29

12. Saarland. Die Vertretung wird maßgeblich durch das Vertretungsgesetz v 15.11.60, ABl 920, zuletzt geändert durch Gesetz v 26.1.94, ABl 509, und den Gemeinsamen Erlass v 21.12.78, ABl 79 33, bestimmt. Von der Möglichkeit zur Übertragung der Vertretungsbefugnis ist Gebrauch gemacht worden, zB im Bereich der Justizverwaltung durch AV v 24.7.92, ABl 841. 30

13. Sachsen. Vertretungsregelungen enthalten Art 65 I der Landesverfassung, § 58 des Sächsischen Justizgesetzes v 24.11.00, GVBl 482, bereinigt GVBl 01, 704, zuletzt geändert durch Gesetz v 5.5.08, GVBl 302, iVm der Vertretungsverordnung v 27.12.99, GVBl 00, 2, zuletzt geändert durch VO v 10.10.06, GVBl 463. 31

14. Sachsen-Anhalt. Als Rechtsgrundlagen zu nennen sind Art 69 I der Landesverfassung und der Gemeinsame Runderlass v 17.5.94, MBl 2389, zuletzt geändert durch Runderlass v 17.3.04, MBl 232. 32

15. Schleswig-Holstein. Die Vertretung wird bestimmt durch Art 30 der Landesverfassung iVm Erlass v 30.10.50, ABl 461, zuletzt geändert durch Erlass v 25.10.93, ABl 292. Die danach den Ministern übertragene Vertretungsbefugnis ist tw weiter übertragen worden, zB für den Justizbereich durch Erlass v 16.1.67, ABl 30, idF v 18.2.91, SchlHA III 38. 33

16. Thüringen. Vertretungsregelungen enthalten Art 77 I 1, 2 der Landesverfassung iVm AnO v 18.12.90, GVBl 91, 15 und § 15 AGGVG, GVBl 93, 612. Teilweise ist eine (Weiter-) Übertragung erfolgt, zB für den Justizbereich durch die Vertretungsordnung v 25.8.04, MBl 66. 34

E. Internationale Zuständigkeit. § 18 findet auf den ausl Fiskus keine Anwendung. Ein allg Gerichtsstand des ausl Fiskus existiert nicht (St/J/*Roth* Rn 16; Musielak/*Heinrich* Rn 8). Der ausl Fiskus kann aber an besonderen Gerichtsständen verklagt werden, zB an dem Gerichtsstand des § 23 (St/J/*Roth* Rn 16; Musielak/*Heinrich* Rn 8). Die Vertretung richtet sich dann nach dem Recht des ausl Staates (BGHZ 40, 197, 199; Zö/*Vollkommer* Rn 3a; Musielak/*Heinrich* Rn 8; St/J/*Roth* Rn 16). Im Übrigen gelten die allg Grundsätze (vgl § 12 Rz 18). 35

§ 19 Mehrere Gerichtsbezirke am Behördensitz.

Ist der Ort, an dem eine Behörde ihren Sitz hat, in mehrere Gerichtsbezirke geteilt, so wird der Bezirk, der im Sinne der §§ 17, 18 als Sitz der Behörde gilt, für die Bundesbehörden von dem Bundesminister der Justiz, im Übrigen von der Landesjustizverwaltung durch allgemeine Anordnung bestimmt.

§ 19 ermöglicht den Erlass von Anordnungen, wenn sich der Sitz einer Behörde in unterschiedlichen Gerichtsbezirken befindet. Das ist der Fall, wenn mehrere Dienstgebäude einer Behörde in verschiedenen Gerichtsbezirken liegen (vgl § 18 Rz 3). Die Vorschrift findet **nur Anwendung auf Behörden**, und zwar dann, wenn eine Behörde (ausnahmsweise) selbst passiv parteifähig ist (vgl § 17 Rz 10) oder wenn die Behörde den Fiskus (vgl § 18) vertritt (MüKoZPO/*Patzina* Rn 1 f; St/J/*Roth* Rn 2; Musielak/Heinrich Rn 2). Andere juristische Personen iSd § 17 wie etwa die Gemeinden werden von § 19 nicht erfasst (allgM; Zö/ 1

Vollkommer Rn 1; MüKoZPO/*Patzina* Rn 1 f; St/J/*Roth* Rn 2; Musielak/Heinrich Rn 2). Die Regelung gilt **nur für den allg Gerichtsstand** (allgM; Zö/*Vollkommer* Rn 1; MüKoZPO/*Patzina* Rn 1 f; St/J/*Roth* Rn 2; Musielak/Heinrich Rn 2). Zu **Doppelsitzen** s. § 17 Rz 7, § 18 Rz 4.

§ 19a Allgemeiner Gerichtsstand des Insolvenzverwalters. **Der allgemeine Gerichtsstand eines Insolvenzverwalters für Klagen, die sich auf die Insolvenzmasse beziehen, wird durch den Sitz des Insolvenzgerichts bestimmt.**

1 **A. Normgegenstand.** § 19a schafft iSd **Konzentration massebezogener Passivprozesse** einen allg Gerichtsstand am Sitz des Insolvenzgerichts (MüKoZPO/*Patzina* Rn 1). Damit wird dem Gedanken des **Sachzusammenhangs mit dem Insolvenzverfahren** Rechnung getragen (BGH NJW 09, 2215, 2217; Zö/*Vollkommer* Rn 2; St/J/*Roth* Rn 1; Musielak/*Heinrich* Rn 1). Durch die Einführung des § 19a ist der frühere Streit beendet, ob Klagen gegen die Konkursmasse am Sitz des Gemeinschuldners, des Konkursverwalters oder am Sitz der Konkursverwaltung zu erheben waren (vgl dazu BGHZ 88, 331).

2 **B. Anwendungsbereich.** § 19a gilt **nur für Passivprozesse** gegen den Insolvenzverwalter (Rz 3), die sich auf die Insolvenzmasse beziehen (Rz 4). Aktivprozesse des Insolvenzverwalters sind vom Anwendungsbereich ausgenommen; es verbleibt insoweit bei den allg Regeln (BGH NJW 03, 2916 = ZIP 03, 1419; Bremen ZInsO 02, 189; Schlesw MDR 01, 1375 f; Zö/*Vollkommer* Rn 6; St/J/*Roth* Rn 2; ThoPu/*Hüßtege* Rn 1; aA B/L/A/H Rn 4; zum Rechtsweg bei Klagen aus Insolvenzanfechtung von Lohnzahlungen s. GmS-OGB ZIP 10, 2418). Die Vorschrift enthält eine allg Gerichtsstandsregelung, so dass sie selbstständig neben besonderen und vereinbarten Gerichtsständen steht und durch ausschließliche Gerichtsstände verdrängt wird (Zö/*Vollkommer* Rn 6; St/J/*Roth* Rn 7; MüKoZPO/*Patzina* Rn 8; Musielak/*Heinrich* Rn 6; allg § 12 Rz 7; zur Bindungswirkung von Gerichtsstandsvereinbarungen zwischen Insolvenzgläubiger und Schuldner s. § 38 Rz 5). Ein ausschließlicher Gerichtsstand ist zB in § 180 I InsO und Art 102 § 1 EGInsO geregelt. Nach allgM ist neben § 19a ein **Rückgriff auf die allg Gerichtsstandsregelungen der §§ 13, 17 unzulässig** (KG NJW-RR 06, 775 f; Zö/*Vollkommer* Rn 6; St/J/*Roth* Rn 1, 7; MüKoZPO/*Patzina* Rn 8). Für **sonstige Parteien kraft Amtes** gilt § 19a nicht (Musielak/Heinrich Rn 3; s. dazu näher § 13 Rz 14).

3 **C. Insolvenzverwalter.** § 19a gilt für den **Insolvenzverwalter** von seiner Bestellung (§ 56 InsO) bis zur Abwahl (§ 57 InsO) oder Entlassung (§ 59 InsO) ebenso wie in analoger Anwendung für den **vorläufigen Insolvenzverwalter mit Verfügungs- und Verwaltungsbefugnis** (§§ 21 II Nr 2, 22 I InsO), da dieser eine dem Insolvenzverwalter vergleichbare Rechtsstellung einnimmt (vgl MüKoZPO/*Patzina* Rn 4; St/J/*Roth* Rn 6; Musielak/*Heinrich* Rn 2). Ein **Wechsel** in der Person des Insolvenzverwalters hat keine rechtliche Bedeutung für die Zuständigkeit (Musielak/*Heinrich* Rn 3; St/J/*Roth* Rn 6; zur Verfahrensunterbrechung in diesem Fall s. § 241 Rz 3; Zö/*Greger* § 241 Rn 1; MüKoInsO/*Ott/Vuia* § 80 Rn 97).

4 **D. Massebezogene Passivprozesse.** Es werden alle Klagen gegen den Insolvenzverwalter erfasst, die sich auf die Insolvenzmasse beziehen (zur Insolvenzmasse s. §§ 35 I, 36 InsO). Dazu gehören Klagen, mit denen Masseverbindlichkeiten geltend gemacht werden (vgl §§ 53 ff InsO), Aussonderungsklagen (vgl §§ 47 f InsO) und Absonderungsklagen (vgl §§ 49 ff, 165 ff InsO). Zu Insolvenzfeststellungsklagen s. § 180 I InsO (s.a. Rz 2). Zu Aktivprozessen des Insolvenzverwalters s. Rz 2.

5 **E. Sitz des Insolvenzgerichts.** Der Sitz des Insolvenzgerichts iSd § 19a bestimmt sich durch das Gericht, bei dem das Insolvenzverfahren schwebt, und richtet sich ausschließlich nach den §§ 2, 3 InsO. Eine selbstständige Bestimmung des zuständigen Insolvenzgerichts durch das Prozessgericht nach den §§ 2, 3 InsO kommt nicht in Betracht (Zö/*Vollkommer* Rn 3; MüKoZPO/*Patzina* Rn 2; St/J/*Roth* Rn 3).

6 **F. Internationale Zuständigkeit.** Wie alle anderen allg Gerichtsstandsregelungen ist auch § 19a **doppelfunktional** (vgl BGH NJW 03, 2916 = ZIP 03, 1419; ThoPu/*Hüßtege* Rn 1). Es gelten insoweit die allg Grundsätze (§ 12 Rz 18). Das bedeutet aber, dass die einschlägigen völkervertraglichen Regelungen und nationalen Sondernormen vorrangig zu berücksichtigen sind, so etwa Art 3 EuInsVO iVm Art 102 EGInsO, Art 5 EuGVO (vgl auch Art 1 II lit b, Art 2 EuGVO) und § 348 InsO. Soweit die deutschen Gerichte für eine Insolvenzanfechtungsklage europarechtlich international zuständig sind und ergibt sich aus den bestehenden gesetzlichen Regelungen ein Gerichtsstand nicht ausdrücklich, muss ein solcher Gerichtsstand bestimmt werden. Der BGH hat dies unter Bildung einer Analogie zu § 19a iVm § 3 InsO, Art 102 § 1 EGInsO getan und ausgeführt, dass in diesen Fällen das sachlich zuständige Gericht für den Ort, an dem

das zuständige Insolvenzgericht seinen Sitz hat, hilfsweise ausschließlich örtlich zuständig sei (BGH NJW 09, 2215 ff mwN; Zö/*Vollkommer* Rn 7; krit *Mock* NZI 09, 534 f). Zur Zuständigkeit nach den §§ 13, 16 in Insolvenzverfahren mit internationalem Bezug s. BGH ZInsO 10, 1013.

§ 20 Besonderer Gerichtsstand des Aufenthaltsorts. **Wenn Personen an einem Ort unter Verhältnissen, die ihrer Natur nach auf einen Aufenthalt von längerer Dauer hinweisen, insbesondere als Hausgehilfen, Arbeiter, Gewerbegehilfen, Studierende, Schüler oder Lehrlinge sich aufhalten, so ist das Gericht des Aufenthaltsortes für alle Klagen zuständig, die gegen diese Personen wegen vermögensrechtlicher Ansprüche erhoben werden.**

A. Normzweck und dogmatische Einordnung. § 20 normiert einen besonderen Beklagtengerichtsstand, der dem Kl die Wahl eröffnet (§ 35), den Beklagten auch außerhalb seines allgemeinen Gerichtsstandes zu verklagen. Entsprechend dem allgemeinen Zweck der besonderen Gerichtsstände, dem Kl in Fällen gesetzlich vermuteter praktischer Bedürfnisse die Rechtsverfolgung zu erleichtern, soll § 20 Klagen zur Geltendmachung vermögensrechtlicher Ansprüche an Orten ermöglichen, an denen der Beklagte auf Grund seines längerfristigen Aufenthaltes in tatsächlicher Hinsicht häufiger als andernorts die Gelegenheit hat, auf den Rechtskreis Anderer einzuwirken und Rechtsverhältnisse vermögensrechtlicher Art zu begründen. 1

B. Tatbestandsmerkmale. I. Beklagte Person. Beklagte Person kann nach allgM nur eine natürliche, nicht aber eine juristische Person sein (MüKoZPO/*Patzina* § 20 Rn 2; Musielak/*Heinrich* § 20 Rn 2). Dies ergibt sich aus der beispielhaften Aufzählung möglicher Bekl im Gesetzestext sowie aus dem Umstand, dass der Begriff des »Aufenthaltes« vom allgemeinen Sprachgebrauch her nur auf natürliche Personen abzielt. Eine analoge Anwendung des § 20 auf juristische Personen wird ebenfalls allgemein abgelehnt (Musielak/*Heinrich* § 20 Rn 2), da angesichts des eindeutigen Wortlauts ein Versehen des Gesetzgebers und mithin eine »planwidrige Regelungslücke« nicht in Betracht kommt. Für die Einschlägigkeit des § 20 spielt es keine Rolle, ob der Beklagte Deutscher oder Ausländer ist oder ob er einen Wohnsitz im Ausland hat, da aus § 20 grds sowohl die örtliche Zuständigkeit als auch die internationale Zuständigkeit deutscher Gerichte folgt (KG JurBüro 09, 208). Letzteres gilt nur vorbehaltlich des Eingreifens speziellerer international-zivilprozessrechtlicher Normen, die die internationale Zuständigkeit abw regeln. Insbesondere schließt die Anwendbarkeit der EuGVO eine Begründung der internationalen Zuständigkeit durch § 20 aus, weil der EuGVO ein § 20 entsprechender Gerichtsstand fremd ist (St/J/*Roth* § 20 Rn 2). Schließlich ist § 20 auch auf **Minderjährige** anwendbar, wie bereits die im Gesetzestext verortete Aufzählung und § 57 II belegen. Mit der hM ist § 20 allerdings mit Blick auf die Wertungen des Minderjährigenrechts teleologisch dahingehend zu reduzieren, dass die Norm bei Minderjährigen nur dann anwendbar ist, wenn deren Aufenthalt mit dem Willen des gesetzlichen Vertreters begründet wurde – Ausnahme: Aufenthaltsbegründung auf Grund staatlichen Zwangs, zB Haft – (St/J/*Roth* § 20 Rn 6 f). 2

II. Bestehen eines Beklagtenwohnsitzes. Nach allgM ist § 20 nur anwendbar, wenn der Beklagte einen Wohnsitz hat, da es sich um einen Wahlgerichtsstand handelt. Beim Fehlen eines Beklagtenwohnsitzes, greift nicht § 20, sondern § 16 ein (Musielak/*Heinrich* § 20 Rn 4; Zö/*Vollkommer* § 20 Rn 2). Der Tatbestand des § 20 ist demnach um das ungeschriebene Merkmal des »Bestehens eines Beklagtenwohnsitzes« zu ergänzen. 3

III. Aufenthalt unter Verhältnissen, die ihrer Natur nach auf einen Aufenthalt von längerer Dauer hinweisen. Der Wortlaut hebt auf die Verhältnisse zur Zeit der Aufenthaltsbegründung ab und stellt damit klar, dass die tatsächliche Dauer des Aufenthalts für die Anwendung des § 20 unerheblich, vielmehr die voraussichtliche Dauer ausschlaggebend ist. Die für die Begründung des Aufenthalts maßgeblichen Verhältnisse müssen auf mehr als nur auf einen vorübergehenden, kurzfristigen Aufenthalt schließen lassen, wobei der Gesetzestext einige Beispiele hierfür exemplarisch anführt. Wiewohl die Entscheidung, ob ein Aufenthalt unter § 20 fällt, stets von den Umständen des Einzelfalls abhängt, kann man als Richtschnur angeben, dass der Aufenthalt mehr voraussetzt als nur ein vorübergehender iSd § 16, indes weniger als ein gewöhnlicher Aufenthalt gem § 122 FamFG (Musielak/*Heinrich* § 20 Rn 5). Dazu zählen Aufenthalte iRv **saisongebundenen Arbeits- oder Beschäftigungsverhältnissen** zB in der Landwirtschaft (Erntehelfer bei der Weinlese usw) oder im Tourismussektor, Aufenthalte zu Ausbildungszwecken (zB mehrwöchige Praktika, Internat, Stagen im Referendariat, Auslandssemester), länger andauernde **Aufenthalte in Gemeinschaftseinrichtungen** wie zB Kur- oder Rehakliniken oder Maßregelvollzugsanstalten. Zu letzterer Fallgruppe 4 auch gehört der Aufenthalt in einer Justizvollzugsanstalt, der überdies verdeutlicht, dass es für die Anwendung des § 20 nicht darauf ankommt, ob der Aufenthalt freiwillig begründet wurde. Bejaht wurde das Eingreifen des § 20 vom BGH etwa bei länger andauernder Haft (BGH NJW 97, 1154), die er in casu bei Haft von mehr als einem Jahr als gegeben ansah, ohne dabei indes eine Mindesthaftdauer vorzugeben. Auch der absehbar längerfristige, mehrwöchige Aufenthalt in einem Frauenhaus kann – je nach den Umständen des Einzelfalls – den besonderen Gerichtsstand aus § 20 eröffnen (vgl Zweibr OLGR 00, 495 zu § 606 II 2 – Entscheidungen zur Anwendbarkeit des § 20 auf Frauenhausaufenthalte sind bislang, soweit ersichtlich, nicht veröffentlicht). Schließlich fällt auch der wiederholte, regelmäßige Aufenthalt in einem **Wochenend- oder Ferienhaus** unter § 20 (Kobl NJW 79, 1309). Demgegenüber werden Urlaubsaufenthalte, Aufenthalte iRv Geschäfts-, Dienstreisen, Vortragsveranstaltungen oder Gastspielen oder Durchgangsaufenthalte in Heil- oder Vollzugsanstalten grds nicht von § 20 erfasst.

5 **IV. Vermögensrechtliche Ansprüche.** Ein vermögensrechtlicher Anspruch iSd ZPO ist ein Anspruch, der unmittelbar auf eine vermögenswerte Leistung gerichtet ist, aus vermögensrechtlichen Verhältnissen entspringt oder dessen Geltendmachung in wesentlicher Weise auch der Wahrung wirtschaftlicher Belange dienen soll (BGH NJW 74, 1470). Ist ein Anspruch als vermögensrechtlich zu klassifizieren, so greift § 20 ein, ohne dass es darauf ankäme, ob zwischen dem Aufenthaltsort und dem Anspruch ein Zusammenhang besteht (MüKoZPO/*Patzina* § 20 Rn 4; St/J/*Roth* § 20 Rn 5).

§ 21 Besonderer Gerichtsstand der Niederlassung.

(1) Hat jemand zum Betrieb einer Fabrik, einer Handlung oder eines anderen Gewerbes eine Niederlassung, von der aus unmittelbar Geschäfte geschlossen werden, so können gegen ihn alle Klagen, die auf den Geschäftsbetrieb der Niederlassung Bezug haben, bei dem Gericht des Ortes erhoben werden, wo die Niederlassung sich befindet.

(2) Der Gerichtsstand der Niederlassung ist auch für Klagen gegen Personen begründet, die ein mit Wohn- und Wirtschaftsgebäuden versehenes Gut als Eigentümer, Nutznießer oder Pächter bewirtschaften, soweit diese Klagen die auf die Bewirtschaftung des Gutes sich beziehenden Rechtsverhältnisse betreffen.

1 **A. Normzweck und dogmatische Einordnung.** § 21 soll die Rechtsverfolgungsmöglichkeiten des Klägers dadurch effektuieren, dass er gegen seinen Geschäftspartner dort vorgehen kann, wo dieser mit ihm von einer dafür vorgehaltenen eigenständigen Organisationseinheit aus Geschäfte gemacht hat (Hambg WuM 90, 394, 395). Dabei soll der Kl, der Mühe enthoben werden, Ermittlungen zum Sitz bzw Wohnsitz des Beklagten anstellen zu müssen, während der Beklagte, der mittels Niederlassung an einem Ort Geschäfte tätigt, als Ausgleich für die mit der Aufgabendelegation und der Präsenz in der Fläche verbundenen Vorteile die hiermit verbundene Last des dortigen Gerichtsstandes tragen muss (St/J/*Roth* § 21 Rn 1; BGH NJW 11, 2056).

2 **B. Tatbestandsmerkmale des Absatzes 1. I. Beklagte Person.** Beklagte Person kann, sofern die Niederlassung nicht ihrerseits parteifähig ist (vgl St/J/*Roth* § 21 Rn 9 Fn 23), nur der Inhaber der Niederlassung sein, wobei dieser natürliche oder juristische Person oder Personengesellschaft sein kann. Der Beklagte kann Inländer wie Ausländer sein oder seinen Wohnsitz bzw Sitz im Ausland haben. Denn § 21 regelt nicht nur die örtliche Zuständigkeit, sondern begründet als doppelfunktionelle Vorschrift bei Fällen mit Auslandsberührung auch die **internationale Zuständigkeit** deutscher Gerichte (BGH NJW 87, 3081, 3082; Frankf DB 03, 41) vorbehaltlich des Eingreifens speziellerer international-prozessrechtlicher Normen. Im Anwendungsbereich der EuGVO wird § 21 durch Art 5 Nr 5 EuGVO als anwendungsvorrangiger Norm verdrängt (ArbG Karlsruhe 12.2.07–11 Ca 250/06 – www.jum.baden-wuerttemberg.de).

3 **II. Niederlassung.** Eine Niederlassung iSd § 21 erfordert eine vom Beklagten errichtete, auf seinen Namen und Rechnung betriebene Geschäftseinrichtung, deren Leitung das Recht hat, aus eigener Entscheidung ihr übertragene Geschäfte abzuschließen und die sich dadurch von einer Agentur zur Entgegennahme und Übermittlung von Vertragsofferten unterscheidet (BGH NJW 87, 3081, 3082). Jedes dieser Definitionsmerkmale muss entweder tatsächlich oder auf Grund eines vom Beklagten gesetzten äußeren Rechtsscheins vorliegen (Saarbr OLGR 04, 137; BGH NJW 11, 2056).

4 Die Niederlassung muss nach der vorgenannten, von der Rechtsprechung formulierten Definition vom Inhaber errichtet worden sein, was in der Literatur kritisiert wird (Zö/*Vollkommer* § 21 Rn 6), letztlich aber

geringe praktische Relevanz hat, da es insoweit nur auf den äußeren Anschein ankommt (St/J/*Roth* § 21 Rn 11). Eine Niederlassung erfordert ferner im Zeitpunkt der Klageerhebung (§ 253 I) bestehende und bestimmungsgemäß genutzte, zur Entfaltung gewerblicher Tätigkeit geeignete, körperlich-gegenständliche (nicht bloß im Internet vorgehaltene (*Fricke* VersR 01, 925, 933 f)) **Betriebseinrichtungen** (wie zB Geschäftslokal; Büroräume) zum Zwecke eines Tätigwerdens von nicht ganz vorübergehender Dauer (München AnwBl 89, 294). Demnach scheiden Messe- oder Marktstände mangels hinreichender Betriebsdauer nach ganz hM als Niederlassung aus (Musielak/*Heinrich* § 21Rn 2).

Schwierigkeiten bereitet das Merkmal der Berechtigung zum eigenständigen Geschäftsabschluss. Die Befugnisübertragung darf nicht nur rein formal darin bestehen, von der Geschäftsführung bis ins Detail vorgegebene Entscheidungen mit Außenwirkung zu vollziehen, sondern muss neben der Abschluss- auch die Entschließungszuständigkeit beinhalten (Ddorf NJW-RR 89, 432, 433), die sich in regionaler und/oder inhaltlicher Hinsicht wenigstens auf einen Teilbereich der vom Beklagten ausgeübten Geschäftstätigkeit (wie zB bei Zweigstellen oder Filialen von Banken: Geschäftsstellen für das Geschäfts- oder Firmenkundengeschäft) beziehen muss. Dies ist evident bei der Hauptniederlassung eines Unternehmens, bedarf indes bei **Zweigniederlassungen** stets einer einzelfallbezogenen Beurteilung. Dabei scheiden gelegentliche oder untergeordnete Geschäfte, die nur der Aufrechterhaltung des eigentlichen Geschäftsbetriebs dienen (wie zB Kauf von Büroutensilien, Einstellung und Entlassung von Arbeitskräften, Aufträge zur Wartung von Betriebsfahrzeugen usw), aus (München OLGR 01, 254; Hamm VersR 09, 1345, 1346). Vielmehr geht es um die eigentliche Geschäftstätigkeit des Unternehmens bzw von Teilbereichen desselben. Die einzelfallbezogen zu entscheidende Frage, ob eine Verkaufs- bzw Vertriebseinrichtung zum Absatz von Waren oder Dienstleistungen an Endkunden **Selbständigkeit** aufweist, beurteilt sich gemessen am Maßstab des äußeren Anscheins (Hamm VersR 09, 1345, 1346) danach, ob die organisatorisch vorgegebene Gestaltung des Verkaufsvorgangs, die äußere Gestaltung des Geschäftslokals und/oder das angebotene Sortiment den Vertragsabschluss als das Ergebnis von individueller Beratung und Verhandlung (ggf auch nur bzgl einzelner Konditionen (wie zB Rabatt-/Skontogewährung, Gewährung von Zugaben, Kulanzleistungen etc)) oder als von bis ins Detail von der Geschäftsführung vorgegebenen, »mechanischen« Geschäftsvorgängen erscheinen lassen. Dementsprechend werden einfache Verkaufsstellen (Zö/*Vollkommer* § 21 Rn 9) wie zB **SB-Warenhäuser oder »Filialen«** überregionaler Unternehmen, die etwa Friseurdienstleistungen oder Kaffee/Tee nebst permanent wechselnder Mischsortimente, Drogerieartikel, Parfums etc verkaufen, regelmäßig nicht als Niederlassungen in Betracht kommen, während dies häufig bei zum eigenständigen Vertragsschluss befugten »Shops« von Mobilfunkunternehmen (AG Frankfurt/Oder NJW-RR 01, 276, 277), »Auto- oder Möbelhäusern«, bei in bestimmten Größenordnungen selbstständig entscheidungsbefugten, örtlichen Geschäftsstellen überörtlich agierender Banken und – je nach Wertigkeit des Produktes – bei Verkaufsstätten zum Absatz vom Unternehmen selbst hergestellter Produkte zu bejahen sein wird (Zö/*Vollkommer* § 21 Rn 8). Kraft zurechenbaren Rechtsscheins kann eine Niederlassung auch durch die Art der **Zweigstellenbezeichnung** (zB eigene Firma unter einer »Dachbezeichnung«), die Gestaltung von Vertragsformularen oder Handelsregistereintragungen (AG Düsseldorf RRa 10, 232) zu einer selbständigen Niederlassung werden. Die Zweigstellenbezeichnung begründet den Rechtsschein der Selbständigkeit, wenn mit ihr nach dem allgemeinen Sprachgebrauch oder der Verkehrserwartung eine gewisse Entscheidungskompetenz oder eine übergeordnete Stellung im Organisationsgefüge des Unternehmens verknüpft wird, wie dies regelmäßig bei dem Begriff »Direktion« (BGH NJW 98, 1322) oder dem Zusatz »Zentral-« der Fall sein wird. Handelsregistereintragungen von Zweigniederlassungen muss das Unternehmen grds gegen sich gelten lassen (vgl Ddorf Rpfleger 97, 32); umgekehrt ist eine Handelsregistereintragung oder Gewerbeanmeldung bei tatsächlicher Existenz einer eigenständig handelnden Organisationseinheit für das Vorliegen einer Niederlassung nicht konstitutiv (München VersR 88, 754). Die Gestaltung von Vertragsformularen und der äußere Ablauf des Vertragsschlusses können auch bei fehlender interner Entscheidungskompetenz der örtlichen Einrichtung den Rechtsschein des eigenständigen Handelns im Namen des Unternehmens begründen. Dies ist etwa stets bei **Reisebüros** im Verhältnis zum Veranstalter zu prüfen. Ergibt sich aus dem Anmeldeformular hinreichend deutlich, dass das Büro nur die Anmeldung des Kunden an den Veranstalter weiterleitet, der sodann im eigenen Namen eine Bestätigung dem Kunden zuleiten lässt, so ist das Fehlen jeglicher Entscheidungskompetenz des Büros offenkundig. Erfolgt hingegen der Vertragsschluss mit einem Reiseveranstalter im Reisebüro unmittelbar, so kommt es darauf an, ob aus den Umständen des Vertragsabschlusses hinreichend deutlich wird, dass die seitens des Reisebüros online oder per Fax abgefragte Entscheidung über den Vertragsschluss dem Veranstalter vorbehalten war (vgl LG Kiel RRa 96, 203 f; aA AG Freiburg NJW 77, 2319 f). 5

6 **III. Gewerbebetrieb.** Die Niederlassung muss dem Betrieb eines Gewerbes dienen, wobei der Gewerbegriff – weitergehend als derjenige der Gewerbeordnung – sämtliche auf Gewinnerzielung gerichteten Tätigkeiten erfasst, also auch diejenigen der freien und künstlerischen Berufe (BGH NJW 84, 739, 740). Die in der Literatur befürwortete pauschale Ausklammerung »öffentlicher Einrichtungen« (MüKoZPO/*Patzina* § 21 Rn 5) lässt sich nach Wortlaut und Normzweck nur bei mit hoheitlicher Aufgabenwahrnehmung betrauten Stellen rechtfertigen, nicht aber bei zum privatrechtlichen Handeln auf der Ebene der Gleichordnung geschaffenen Einrichtungen.

7 **IV. Bezug der Klage auf den Gewerbebetrieb.** Ein Bezug der Klage zur Niederlassung ist ohne weiteres gegeben, wenn das klagegegenständliche Schuldverhältnis, das sowohl vorvertraglich/vertraglich als auch gesetzlich sein kann, durch die Niederlassung begründet wurde oder unmittelbar aus ihr hervorging, ohne dass es darauf ankäme, ob die Niederlassung bei der Begründung des Schuldverhältnisses selbstständig oder auf Weisung gehandelt hat (BGH NJW 75, 2142). Ferner ist ein Bezug naturgemäß gegeben, wenn die Erfüllung des geltend gemachten Anspruchs der Niederlassung (zB im Zuge der Schadensabwicklung) obliegt (Saarbr OLGR 04, 137) oder diese einen erheblichen Beitrag zu den vertraglich geschuldeten Leistungen des Stammhauses beisteuert (Ddorf Urt. v. 10.11.2010 – VI-U (Kart) 19/10). Demgegenüber ist es nicht erforderlich, dass ein Geschäft am Ort der Niederlassung oder von ihr aus geschlossen wurde (BGH NJW 1975, 2142). Vielmehr genügt es, wenn zwischen Anspruch und Niederlassung eine unmittelbare Zweckbeziehung besteht, die insb in einem wirtschaftlichen Zusammenhang gesehen werden kann (Saarbr OLGR 04, 137). Bloß mittelbare oder gar zufällige Verbindungen zwischen Klageanspruch und Niederlassung genügen nicht. Eine bloß mittelbare Verbindung idS ist auch anzunehmen, wenn das getätigte Geschäft erkennbar außerhalb des der Niederlassung übertragenen Geschäftssektors liegt (Hambg WuM 90, 394) oder Werbemaßnahmen der Niederlassung für den Vertragsschluss des Klägers (z.B. mangels Kenntnisnahme) nicht ursächlich geworden sind (BGH NJW 11, 2056).

8 **V. Sondernormen.** Außerhalb der ZPO sind für bestimmte Sachverhaltskomplexe Sonderregelungen geschaffen worden, die § 21 teils verdrängen, teils ergänzen. Verdrängt wird § 21 etwa in Wettbewerbssachen durch § 14 UWG (Zö/*Vollkommer* § 21 Rn 3). Ergänzt wurde § 21 zB durch § 48 VVG aF, der bei Klagen gegen Versicherungsunternehmen aus dem Versicherungsverhältnis einen Passivgerichtsstand am Ort der Niederlassung, hilfsweise des Wohnsitzes des Agenten vorsah. Die Norm ist zum 1.1.08 durch § 215 VVG ersetzt worden, der bei Klagen des Versicherungsnehmers aus dem Versicherungsvertrag oder der Versicherungsvermittlung einen Wahlgerichtsstand am Wohnsitz des Klägers zur Zeit der Klageerhebung vorsieht (zur intertemporalen Anwendbarkeit: vgl Saarbr NJW 08, 3579; aA Hamm VersR 09, 1345, 1346). Weitere ergänzende bzw partiell anwendungsvorrangige Bestimmungen, insb für Sachverhalte mit Auslandsberührung, sehen zB § 53 III KWG und Art 31 CMR vor.

9 **C. Gerichtsstand des § 21 II.** Bekl im Gerichtsstand des § 21 II kann nur der Betreiber eines mit Wohn- und Wirtschaftsgebäuden versehenen Gutes sein. Der Klagegegenstand muss sich auf ein Rechtsverhältnis beziehen, das die Bewirtschaftung des Gutes betrifft. In Entsprechung zur Auslegung des Absatzes 1 ist hierbei eine unmittelbare wirtschaftliche Zweckbeziehung zu fordern.

§ 22 Besonderer Gerichtsstand der Mitgliedschaft.

Das Gericht, bei dem Gemeinden, Korporationen, Gesellschaften, Genossenschaften oder andere Vereine den allgemeinen Gerichtsstand haben, ist für die Klagen zuständig, die von ihnen oder von dem Insolvenzverwalter gegen die Mitglieder als solche oder von den Mitgliedern in dieser Eigenschaft gegeneinander erhoben werden.

1 **A. Normzweck und dogmatische Einordnung.** § 22 normiert einen besonderen Gerichtsstand zu dem Zweck, Streitigkeiten, die die internen Rechtsbeziehungen einer Gesellschaft betreffen, am Sitz der Gesellschaft zu konzentrieren (BGH NJW 80, 1470, 1471).

2 **B. Tatbestandsmerkmale. I. Anwendbarkeit, Internationale Zuständigkeit.** Außerhalb des Anwendungsbereichs der EuGVO oder sonstiger spezieller international -zivilprozessrechtlicher Normen indiziert § 22 die internationale Zuständigkeit deutscher Gerichte (Naumbg NZG 00, 1218, 1219). Im Anwendungsbereich der EUGVVO kann die internationale Zuständigkeit dagegen nicht aus § 22 hergeleitet werden (Naumbg NZG 00, 1218, 1219): Für bestimmte gesellschaftsrechtliche Rechtsstreitigkeiten ist eine spezielle Regelung für einen ausschließlichen Gerichtsstand in Art 22 Nr 2 EuGVO getroffen, in den übrigen Fällen

verbleibt es bei der Grundnorm des Art 2 I EuGVO (Naumbg NZG 00, 1218, 1219 f; St/J/*Roth* § 22 Rn 6, der darauf hinweist, dass die Gerichte gelegentlich auch auf Art 5 EUGVVO ausweichen).

II. Rechtsfähige Personenvereinigung. § 22 gilt für alle unter § 17 fallenden rechtsfähigen Personenvereinigungen (Köln NJW 04, 862), von denen einige im Gesetzestext beispielhaft erwähnt werden. Zu diesen parteifähigen Personenvereinigungen gehört auch die **BGB-Außengesellschaft**, so dass § 22 bspw bei Streitigkeiten zwischen den Mitgliedern einer ärztlichen Gemeinschaftspraxis oder einer Rechtsanwaltssozietät eingreift (Köln NJW 04, 862; LG Bonn NJW-RR 02, 1399, 1400). Die Größe der Vereinigung spielt für die Anwendbarkeit der Vorschrift keine Rolle. Demnach lehnt die neuere Rechtsprechung frühere Judikate, die aus rechtspolitischen Gründen von einer Anwendung des § 22 auf mitgliederstarke »Massenvereine« absehen wollten (vgl zB LG Frankfurt NJW 77, 538, 539), zu Recht als unzulässige Rechtsfortbildung ab, da die Problematik bereits im Gesetzgebungsverfahren erkennbar war, ohne dass der Gesetzgeber den Gesetzeswortlaut eingeschränkt hat (BGH NJW 80, 343). 3

III. Klagen, die von ihnen oder von dem Insolvenzverwalter gegen die Mitglieder als solche erhoben werden. Aus der Formulierung, dass die Klage gegen das Mitglied »als solches« erhoben worden sein muss, folgt, dass es nicht genügt, dass zwischen den Parteien ein Mitgliedschaftsverhältnis bestand oder besteht. Vielmehr muss mit der Klage ein Anspruch verfolgt werden, der sich unmittelbar aus der Mitgliedschaft in der Personenvereinigung und nicht etwa aus einer vom Bestehen eines Gesellschaftsvertrages unabhängigen Rechtsgrundlage (wie zB gesonderter Vertrag, Delikt) ableitet (München ZIP 06, 2402, 2403). Die streitentscheidende Norm muss demnach gesellschaftsvertraglicher Art sein. Deshalb fallen unter § 22 sowohl Ansprüche aus dem Stadium der Begründung des Gesellschaftsverhältnisses als auch solche aus der Abwicklung desselben (Köln NJW 04, 862), so dass es für das Eingreifen des § 22 nicht darauf ankommt, ob die Mitgliedschaft im Zeitpunkt der Klageerhebung noch besteht, sofern mit der Klage iRd Auseinandersetzung gesellschaftsvertragliche Ansprüche geltend gemacht werden (Köln NJW 04, 862). Ferner spielt es für die Einschlägigkeit des § 22 keine Rolle, ob die (ggf frühere) Mitgliedschaft unstr oder bewiesen ist (MüKoZPO/*Patzina* § 22 Rn 6; aA AG Ebersberg MDR 87, 146, 147), da es sich hierbei um eine doppelrelevante Tatsache handelt, deren Vorliegen iRd Zulässigkeitsprüfung fingiert wird. Typische Beispiele für unter § 22 fallende Klagen der Gesellschaft gegen Mitglieder sind Klagen auf Zahlung von Beiträgen oder Prämien (BGH NJW 80, 343), auf Rückgewähr verbotener Rückzahlungen (§ 31 GmbHG) oder auf Schadensersatz wegen Verletzung gesellschaftsvertraglicher Pflichten. Nach Eröffnung des Insolvenzverfahrens über das Vermögen der Gesellschaft und Bestellung eines **Insolvenzverwalters** kann dieser im sachlichen Anwendungsbereich des § 22 Klagen gegen Mitglieder der Gesellschaft erheben. Die Einfügung des Tatbestandsmerkmals »Insolvenzverwalter« durch das MoMiG hatte insoweit lediglich klarstellenden Charakter, da die Anwendbarkeit des § 22 auf Klagen des Insolvenzverwalters einer Gesellschaft gegen deren Mitglieder (zB auf Erstattung verbotener Rückzahlungen gem § 31 GmHG) bereits vor dem Inkrafttreten des MoMiG von der Rechtsprechung zu Recht anerkannt worden war (München ZIP 06, 2402). Die Ergebnisse dieser Rechtsprechung gelten auch insoweit fort, als § 22 nicht bei Klagen eingreift, mit denen der Insolvenzverwalter der Gesellschaft die Haftung des Kommanditisten gem § 171 II HGB geltend macht (B/L/A/H § 22 Rn 6), da es hierbei nicht um die Realisierung des gesellschaftsvertraglichen Anspruchs der Gesellschaft auf die Pflichteinlage, sondern um die Geltendmachung eines gesetzlichen Anspruchs der Gläubiger auf die Haftsumme geht, so dass der sachliche Anwendungsbereich des § 22 nicht eröffnet ist (Naumbg NZG 00, 1218, 1219; KG NZG 10, 515). Ebenso wenig greift § 22 ZPO bei der Klage eines Treuhandgesellschafters gegen den Treugeber auf Freistellung von seiner Haftung aus § 128 HGB ggü einem Gesellschaftsgläubiger, da der Freistellungsanspruch aus dem Treuhandvertrag folgt und mithin keinen Bezug zu den internen Rechtsbeziehungen der Gesellschaft hat (KG NZG 10, 515). 4

IV. Klagen von den Mitgliedern in dieser Eigenschaft gegeneinander. Auch die Klagen der (ggf ehemaligen) Mitglieder untereinander fallen nur unter § 22, wenn die streitentscheidende Norm aus dem (ehemaligen) Mitgliedschaftsverhältnis herrührt (Köln NJW 04, 862). Beispiele für solche Klagen sind Klagen auf Feststellung der Nichtigkeit von Gesellschafterbeschlüssen, auf rechtsgestaltende Ausschließung oder Auflösung (§§ 133, 140 HGB), auf Zahlung eines Auseinandersetzungsguthabens (LG Bonn NJW-RR 02, 1399, 1400), auf Erfüllung von Rentenzahlungsverpflichtungen aktiver Sozien ggü ausgeschiedenen Sozien (Köln NJW 04, 862) oder auf Erfüllung von gesellschaftsvertraglich begründeten Ausgleichsansprüchen (BayObLG BB 78, 1685, 1686). Über den Wortlaut des § 22 hinaus werden von diesem Tatbestandsmerkmal in extensiv-teleologischer Auslegung auch Klagen aus Prospekthaftung gegen »Initiatoren, Gestalter und 5

Gründer« erfasst (BGH NJW 80, 1470, 1471), nicht jedoch Klagen gegen selbständige Vermittler (Kobl MDR 10, 589) und deren Erfüllungsgehilfen (BayObLG NJW-RR 03, 134).

§ 23 Besonderer Gerichtsstand des Vermögens und des Gegenstands. **[1]Für Klagen wegen vermögensrechtlicher Ansprüche gegen eine Person, die im Inland keinen Wohnsitz hat, ist das Gericht zuständig, in dessen Bezirk sich Vermögen derselben oder der mit der Klage in Anspruch genommene Gegenstand befindet. [2]Bei Forderungen gilt als der Ort, wo das Vermögen sich befindet, der Wohnsitz des Schuldners und, wenn für die Forderungen eine Sache zur Sicherheit haftet, auch der Ort, wo die Sache sich befindet.**

1 **A. Normzweck und dogmatische Einordnung.** Die beiden Zuständigkeitstatbestände des § 23 S 1 regeln, wie sich aus dem Normzuschnitt ergibt, zuvörderst die internationale Zuständigkeit deutscher Gerichte, zugleich aber auch die örtliche Zuständigkeit (St/J/*Roth* § 23 Rn 1; aA BGH NJW 93, 2683, 2684, der § 23 als Regelung der örtlichen Zuständigkeit ansieht, die nach den allgemeinen Regeln lediglich die internationale Zuständigkeit indiziere). Der Sinn und Zweck des § 23 besteht darin, die Rechtsverfolgung bei Sachverhalten mit Auslandsberührung zu erleichtern, ggf sie überhaupt erst zu ermöglichen, sowie ferner zu gewährleisten, dass im Inland vorhandenes Schuldnervermögen für den inländischen Vollstreckungszugriff bereitsteht (BGH NJW 93, 2683, 2684; Celle NJW 99, 3722). Die – bis in die Rechtsprechung hinein – als sog »exorbitanter« Gerichtsstand rechtspolitisch umstrittene Vorschrift (vgl BVerfGE 64, 18) wird häufig zu krit bewertet: Die gewählten Anknüpfungen (»inländisches Vermögen«; »Belegenheit des Streitobjektes«) sind einsichtig und sinnvoll sowie völkerrechtlich und verfassungsrechtlich unbedenklich (BGH NJW 91, 3092; Lange S. 188). Vom Normzweck nicht gedeckte Ergebnisse lassen sich durch eine einschränkende Auslegung dahingehend, dass die Vorschrift einen hinreichenden Inlandsbezug erfordert, ohne weiteres vermeiden (BGH NJW 91, 3092; Frankf Urt. v. 28.11.2011 – 21 U 23/11).

2 **B. Tatbestand des § 23 S 1 Alt 1 (»Gerichtsstand des Vermögens«). I. Klagen wegen vermögensrechtlicher Ansprüche.** Der Streitgegenstand einer unter § 23 fallenden Klage muss auf die Geltendmachung eines vermögensrechtlichen Anspruchs abzielen, also eines solchen, der entweder auf einer vermögensrechtlichen Beziehung beruht oder im Wesentlichen wirtschaftlichen Interessen dienen soll (LAG Rheinland-Pfalz MDR 07, 1045). Demnach sind va Unterlassungs- oder Widerrufsansprüche, bei denen es ausschließlich um Ehrschutz oder den Schutz des allgemeinen Persönlichkeitsrechts um ihrer selbst willen und nicht auf Grund ihrer (vermeintlichen) Folgen für das Vermögen des Verletzten geht, als nichtvermögensrechtlich zu qualifizieren.

3 **II. Vermögen.** Unter den Begriff des »Vermögens« iSd § 23 fällt jedes selbständige, geldwerte Vermögensrecht (BGH NJW 89, 1154, 1155; 97, 325, 326), so dass hierunter neben geldwerten schuldrechtlichen Ansprüchen (zB Auszahlungsanspruch des Kunden gegen eine Bank, bei der er ein Konto führt: Hambg VersR 94, 746) sämtliche sonstigen Vermögensrechte (wie zB Immaterialgüterrechte) einschließlich der dinglichen Rechte zu subsumieren sind, auch wenn es sich bei Letzteren »lediglich«, wie zB im Falle einer Grundschuld, um Verwertungsrechte handeln sollte (BGH NJW 89, 1154, 1155). Ferner begründet eine Beteiligung an Gesellschaften mit Inlandssitz inlandsbelegenes »Vermögen«, so dass zB die Errichtung und Unterhaltung von Tochtergesellschaften durch ausländische Muttergesellschaften mit Auslandssitz einen Gerichtsstand aus § 23 gegen die Muttergesellschaft zur Folge haben kann (*Wildmoser/Schiffer/Langoth* RIW 09, 657, 661). Anhand der vorstehend beschriebenen stark wortlautorientierten Auslegung scheiden von vorneherein Ansprüche aus, die nicht auf Vermögensmehrung gerichtet sind, wie etwa Ansprüche auf Herausgabe von Briefen, Fotografien oder sonstigen Gegenständen, an denen lediglich persönliche Interessen oder Affektionsinteressen bestehen. Gleiches gilt für Ansprüche auf Auskunftserteilung (MüKoZPO/*Patzina* § 23 Rn 17), es sei denn die Geltendmachung des Auskunftsanspruchs dient der Vorbereitung einer Zahlungsklage oder einer Klage auf Herausgabe von Wertgegenständen, ohne dass es dafür ausschlaggebend sein kann, ob er isoliert oder iRe Stufenklage anhängig gemacht wird. Die Frage, ob es bei der Begründung der internationalen Zuständigkeit durch § 23 über diese wortlautorientierten Grenzen hinaus geboten ist, den Vermögensbegriff im Hinblick auf den Normzweck einschränkend auszulegen, ist in Rechtsprechung und Literatur umstr. Dabei reicht das Meinungsspektrum von einem weiten Vermögensbegriff, der jeden Gegenstand mit – wenn auch nur geringem – Geldwert genügen lässt, ohne Rücksicht darauf, ob er zur Befriedigung der Klageforderung geeignet oder ausreichend ist (BGH NJW 97, 325, 326),

bis hin zu einem über den Vermögensbegriff gesteuerten, normzweckorientierten Verständnis des § 23 als einem »Gerichtsstand des Vollstreckungszugriffs«, der erfordere, dass zum Zeitpunkt der Klageerhebung Vermögen in einem solchen Ausmaß vorhanden ist, dass im Vollstreckungsfall ein die Vollstreckungskosten übersteigender Erlös zu erwarten ist (Celle NJW 99, 3722; St/J/*Roth* § 23 Rn 15, 20). Letztere Auffassung beruft sich auf den Normzweck, verkennt dabei aber, dass § 23 sowohl dem Zweck der Erleichterung der Rechtsverfolgung bei Sachverhalten mit Auslandsberührung als auch dem Zweck dient, inländisches Vermögen für den Vollstreckungszugriff bereitzustellen. Daher geht es nicht an, § 23 auf den Normzweck der Bereitstellung eines Vollstreckungsgerichtsstandes zu begrenzen. Dies würde überdies im Widerspruch zur Tradition der ZPO stehen, glasklare Zuständigkeitstatbestände zur Verfügung zu stellen, bei denen die substantiierte Darlegung der Tatbestandsvoraussetzungen den Kl nicht vor unüberwindbare Schwierigkeiten stellen darf und zu deren Aufklärung das Gericht nicht bereits Sachaufklärung betreiben muss (BGH NJW 97, 325, 326). Dies wäre aber der Fall, wenn man mehr vom Kl verlangen würde, als darzulegen, dass der Beklagte über inländisches Vermögen verfügt, das zur Befriedigung herangezogen werden könnte (BGH NJW 97, 325, 326). Ob der Kl sich also tatsächlich aus dem zuständigkeitsbegründenden Vermögen wird befriedigen können, muss demnach für die Zuständigkeit unerheblich sein (BGH NJW 97, 325, 326). Andererseits ist den Befürwortern einer einschränkenden Auslegung zuzugeben, dass die Berufung auf inländisches Vermögen zum Zwecke der Zuständigkeitsbegründung im Einzelfall rechtsmissbräuchlich sein kann (BGH NJW 97, 325, 326). Die tatsächlichen Umstände, die eine solche Wertung tragen, liegen allerdings in der Darlegungs- und Beweislast des Beklagten, wobei ein Sachvortrag, wonach der Kl mit der Vollstreckung ausfallen kann, nicht ausreicht, sondern vielmehr nachzuweisen ist, dass ein schutzwürdiges Interesse des Klägers an der Inanspruchnahme des Gerichts schlechthin nicht besteht, etwa weil in dessen Spruchgewalt keine Entscheidung ergehen kann, die auch nur tw zur Befriedigung des Gläubigers führen wird (BGH NJW 97, 325, 326; zur Beweislastverteilung betreffend den Zulässigkeitsgesichtspunkt »Rechtsschutzinteresse« im Allgemeinen: Lange S. 263–269). Dies mag bspw der Fall sein, wenn die Höhe der geltend gemachten Forderung in krassem Widerspruch zur Höhe des inländischen Beklagtenvermögens steht, wenn das inlandsbelegene Vermögen in toto unpfändbar ist oder keinen eigenständigen Verkehrswert hat (vgl Hubig S. 22) oder wenn der verklagte Ausländer nicht mehr an Vermögen im Inland hat als seine Kleidung und sonstige Gegenstände, die man bei Reisen bei sich führt (Hubig S. 23).

III. Person, die im Inland keinen Wohnsitz hat. § 23 erfasst alle natürlichen und juristischen Personen, die 4
nach den §§ 13–17 keinen allgemeinen Gerichtsstand im Inland haben (MüKoZPO/*Patzina* § 23 Rn 14). Dabei werden auch **ausländische Staaten** und deren rechtsfähigen Gebilde erfasst, wofür der – einschränkungslose – Normtext spricht, ohne dass es eine Rolle spielt, dass diese per se keinen Sitz im Inland begründen könnten (*Schack* ZZP 97, 46, 68; aA *Schumann* ZZP 93, 408, 439). § 23 kommt nämlich in dogmatischer Hinsicht von vorneherein nicht die Funktion zu, die Gerichtszuständigkeit deutscher Gerichte ggü ausländischen Staaten oder deren rechtsfähigen Gebilden auszuschließen. Dies ist nicht Regelungsgegenstand der internationalen Zuständigkeit, sondern schlicht iRd Bestehens »Deutscher Gerichtsbarkeit« anhand der Staatenimmunität als allgemeiner Regel des Völkerrechts (Art 25 GG) zu bestimmen (Lange S. 33).

IV. Ungeschriebenes Merkmal »Inlandsbezug«. In der Rechtsprechung hat sich die – in der Literatur krit 5
hinterfragte (vgl *Schack* JZ 92, 54), aber mit der Entstehungsgeschichte der Norm im Einklang stehende (Hubig S. 145–146) – Auffassung durchgesetzt, dass § 23 völkerrechtskonform in der Weise einschränkend auszulegen ist, dass der Tatbestand um das ungeschriebene Merkmal hinreichenden Inlandsbezuges des Rechtsstreits zu ergänzen ist (BGH NJW 91, 3092 ff; BAG DB 98, 2619 f; Frankf Urt. v. 28.11.2011 – 21 U 23/11). Dabei ist die Begründung, dass das aus dem Territorialitätsprinzip entwickelte Erfordernis eines einsichtigen Anknüpfungspunktes (»genuine link«) (vgl dazu: Lange S. 152 mwN) des Zuständigkeitstatbestandes diese Auslegung gebietet, dogmatisch am überzeugendsten (München IPrax 93, 237, 239; Lange S. 187). Das Merkmal des hinreichenden Inlandsbezugs ist wenig bestimmt und legt daher die Entwicklung von Fallgruppen nahe, in denen typischerweise von hinreichendem Inlandsbezug ausgegangen werden kann (vgl *Schlosser* IPrax 92, 140). Als solche Fallgruppen haben sich bislang bspw herauskristallisiert: Inlandswohnsitz des Klägers (Frankf Urt. v. 28.11.2011 – 21 U 23/11), Anwendbarkeit deutschen Rechts, tatsächlicher Inlandsschwerpunkt des streitgegenständlichen Sachverhalts, Beweisnähe deutscher Gerichte (zu den vorgenannten Aspekten: Stuttg IPrax 91, 179, 181; LAG Hessen IPrax 01, 461, 463; Lange S. 192), Inlandsbelegenheit des Erfüllungsortes (Schlosser IPrax 92, 140, 142), tatsächlicher Vollzug eines – ggf auch ausländischem materiellen Recht unterliegenden – Dauerschuldverhältnisses (zB Arbeitsverhältnis) im

Inland (LAG Köln NZA-RR 02, 40) oder Bestehen eines sonstigen berechtigten Interesse des Klägers an einer inländischen Entscheidung (Rostock TranspR 00, 40).

6 **C. Tatbestand des § 23 S 1 Alt 2 (»Gerichtsstand des Klagegegenstandes«). I. Klagen wegen vermögensrechtlicher Ansprüche gegen eine Person, die im Inland keinen Wohnsitz hat.** Ebenso wie der Vermögensgerichtsstand setzt auch § 23 S 1 Alt 2 eine Klage wegen »vermögensrechtlicher Ansprüche« gegen »eine Person, die im Inland keinen Wohnsitz hat«, voraus, wobei auf die vorstehenden Ausführungen zu beiden Tatbestandsmerkmalen verwiesen werden kann.

7 **II. Mit der Klage in Anspruch genommener Gegenstand.** Gegenstand ist – insoweit identisch mit dem Merkmal »Vermögen« – jedes Vermögensrecht dinglicher oder schuldrechtlicher Art (vgl BGH NJW 77, 1637, 1638), das allerdings in Abgrenzung zu § 23 S 1 Alt 1 nicht zum Vermögen des Beklagten gehören muss (Frankf MDR 81, 322 f). In Anspruch genommen wird der Gegenstand mit der Leistungs- oder Feststellungsklage (BGH NJW 77, 1637), wenn Besitz, Eigentum oder Inhaberschaft an dem Gegenstand zu ihrem Streitgegenstand gehören.

8 **III. Belegenheit des Vermögens oder des Klagegegenstandes (§ 23 S 2).** Bei körperlichen Gegenständen (§ 90 BGB) ist die Belegenheit einfach anhand der tatsächlichen Umstände zu bestimmen. So können bereits inländische Büroräume mit entsprechender Ausstattung für das Eingreifen des § 23 genügen (LAG Hessen IPrax 01, 461, 464; Frankf NJW-RR 96, 186, 187). Gleiches gilt für im Inland verwahrte Inhaberpapiere, deren sachenrechtliches Schicksal sich nach den Regeln über bewegliche Sachen mit dem Besitz als Rechtsscheinsträger bestimmt (Frankf NJW-RR 96, 186, 187). Rechte dagegen sind – um mit einem viel gebrauchten Zitat von Schack zu sprechen – »überall und nirgends« belegen (*Schack* Rpfleger 80, 175), so dass mangels natürlich vorgegebener körperlicher Belegenheit die Belegenheit normativ durch gesetzliche Belegenheitsfiktion vorgegeben werden muss. Dabei hat sich § 23 S 2 unter den denkbaren Regelungsalternativen (zB Anknüpfung an den Erfüllungsort, Gläubigerwohnsitz etc.) für eine Anknüpfung an den Drittschuldnerwohnsitz entschieden, ohne dass man hieraus einen allgemeinen Rechtsgedanken des Zivilverfahrensrechts herleiten könnte (vgl Lange S. 221). Die Anknüpfung am Drittschuldnerwohnsitz/sitz bringt es mit sich, dass bei Bestehen eines **Inlandskontos** des Beklagten mit Guthabenbestand Vermögensbelegenheit am Sitz der kontoführenden Bank anzunehmen ist (BGH WM 87, 1353 f; ausf: Hambg MDR 77, 759). Dies gilt aber – mangels rechtlicher Selbständigkeit – nicht auch für den Sitz der Zweigniederlassung einer Bank, bei der ein Konto geführt wird (Hambg MDR 77, 759). Die Belegenheit eines Gesellschaftsanteils ist sowohl am Gesellschaftssitz als auch am Wohnsitz des Gesellschafters zu verorten (Frankf NJW-RR 96, 186, 187). Bei öffentlich–rechtlichen Forderungen, insb Zoll- und Steuerforderungen, eines anderen Staates, die sich gegen Drittschuldner mit Sitz/Wohnsitz im Inland richten, hält der BGH § 23 S 2 für unanwendbar, da die Verpflichtung, öffentlich–rechtliche Forderungen eines anderen Staates zu erfüllen, im Hoheitsgebiet dieses Staates zu lokalisieren sei, so dass diese Forderungen grds als auslandsbelegen anzusehen seien (BGH Rpfleger 11, 223). Bei Immaterialgüterrechten (wie zB Patente, Geschmacksmusterrechte etc), die drittschuldnerlos sind, versagt die Anknüpfung am Drittschuldnersitz/wohnsitz. Hier bestimmt sich – in Anlehnung an die diesbezüglichen bereichsspezifischen Vorschriften (zB § 25 PatG, § 96 MarkenG) – die Rechtebelegenheit nach dem Wohnsitz/Sitz des Rechteinhabers, in Ermangelung eines solchen nach dem Sitz des für das Inland bestellten Vertreters und weiter hilfsweise nach dem Sitz der zuständigen Behörde (Musielak/*Heinrich* § 23 Rn 10). Haftet für eine schuldrechtliche Forderung eine Sache (zB auf Grund Pfandrechts- oder Grundpfandrechtsbestellung) als Sicherheit, so kann die Vermögensbelegenheit zusätzlich auch durch die Belegenheit der haftenden Sache (zB Grundstücksort) bestimmt werden.

9 **IV. Anwendbarkeit.** § 23 ist nur anwendbar, soweit die Vorschrift nicht durch spezialgesetzliche Vorschriften des internationalen Zivilprozessrechts verdrängt wird. Als solche verdrängende Spezialnormen kommen insb bilaterale Verträge mit der Bundesrepublik Deutschland (vgl BGH NJW 91, 3092, 3094 mwN) sowie § 3 II EUGVVO in Betracht, der eine Anwendbarkeit des § 23 ggü Personen ausschließt, die ihren Wohnsitz im Gebiet eines Mitgliedsstaates haben.

§ 23a Besonderer Gerichtsstand für Unterhaltssachen. **Für Klagen in Unterhaltssachen gegen eine Person, die im Inland keinen Gerichtsstand hat, ist das Gericht zuständig, bei dem der Kläger im Inland seinen allgemeinen Gerichtsstand hat.**

(weggefallen ab 1.9.2009)

Die Vorschrift des § 23a, die im Sinne eines Hilfsgerichtsstands in erster Linie die internationale Zuständigkeit begründet, aus der zugleich aber auch die örtliche Zuständigkeit folgt, ist mit Wirkung zum 1.9.09 außer Kraft getreten (Art 112 I FGG-RG) und durch § 232 III 2 Nr 3 FamFG ersetzt worden. Auf Verfahren, die vor dem 1.9.09 eingeleitet worden sind oder deren Einleitung vor dem 1.9.09 beantragt wurde, ist § 23a weiter anzuwenden (Art 111 I 1 FGG-RG). 1

§ 24 Ausschließlicher dinglicher Gerichtsstand. **(1) Für Klagen, durch die das Eigentum, eine dingliche Belastung oder die Freiheit von einer solchen geltend gemacht wird, für Grenzscheidungs-, Teilungs- und Besitzklagen ist, sofern es sich um unbewegliche Sachen handelt, das Gericht ausschließlich zuständig, in dessen Bezirk die Sache belegen ist.**
(2) Bei den eine Grunddienstbarkeit, eine Reallast oder ein Vorkaufsrecht betreffenden Klagen ist die Lage des dienenden oder belasteten Grundstücks entscheidend.

A. Normzweck und dogmatische Einordnung. Der durch § 24 begründete ausschließliche Gerichtsstand ist auf die Annahme des Gesetzgebers zurückzuführen, dass eine richtige Würdigung und sichere Feststellung der Rechtsverhältnisse des Grundeigentums vorzugsweise von dem Richter der belegenen Sache zu erwarten ist (BGH WM 70, 1149, 1150). Dabei spielt im Zeitalter elektronisch geführter Register weniger der Aspekt der örtlichen Nähe des Prozessgerichts zum zuständigen Grundbuchamt eine Rolle als vielmehr der Umstand, dass die Aufklärung der örtlichen Verhältnisse (zB durch Einnahme richterlichen Augenscheins oder Zeugenvernehmung) durch das Gericht der belegenen Sache regelmäßig prozessökonomischer durchgeführt werden kann als durch ein ortsfremdes Gericht. 1

B. Die Tatbestandsmerkmale des § 24 I im Einzelnen. I. Anwendbarkeit in Fällen mit Auslandsberührung. Im Anwendungsbereich des Art 22 Nr 1 EuGVO wird § 24 verdrängt. Sofern § 24 nicht ohnehin durch speziellere international-zivilprozessrechtliche Vorschriften ausgeschlossen wird, ist die Vorschrift nicht doppelfunktional in der Weise auszulegen, dass bei Auslandsbelegenheit eines Grundstücks eine ausschließliche internationale Zuständigkeit der Gerichte des Belegenheitsstaates gegeben wäre (BGH NJW 98, 1321). Vielmehr kommt in diesen Fällen, wie zB im Falle des Beklagtenwohnsitzes in Deutschland, durchaus eine internationale Zuständigkeit deutscher Gerichte in Betracht, da § 24 nur für inlandsbelegene Grundstücke gilt (BGH NJW 98, 1321) 2

II. Unbewegliche Sachen. In allen Tatbestandsalternativen des § 24 geht es stets nur um unbewegliche Sachen, womit – dem Normzweck entsprechend – auf das materielle Sachrecht verwiesen wird, so dass unter das Merkmal Grundstücke iSd BGB-Sachenrechts einschließlich ihrer Bestandteile (§§ 93–96 BGB) und grundstücksgleiche Rechte fallen. Grundstücksgleiche Rechte sind zB das Erbbaurecht gem der ErbbauVO, das Bergwerkseigentum nach dem BbergG oder das Jagdrecht nach den Jagdgesetzen.. 3

III. Klage, durch die das Eigentum geltend gemacht wird. Das Merkmal der Klage ist tatbestandlich nicht eingeschränkt und erfasst daher alle Klagearten einschließlich des zivilprozessualen einstweiligen Rechtsschutzes (vgl B/L/A/H § 24 Rn 3). Aus dem Begriff des Geltendmachens ergibt sich, dass der Kl lediglich die Rechtsbehauptung aufstellen muss, die Klage betreffe sein Grundstückseigentum oder eine andere Tatbestandsalternative des § 24. Ist dies der Fall und ist eine streitige Tatsache oder eine Rechtsfrage sowohl für das Eingreifen des § 24 als auch für die Begründetheit der Klage entscheidend, dann gebietet es der Normzweck, die Schlüssigkeitsprüfung bzw die Beweisstation auf die Begründetheitsprüfung zu verlegen und das Eingreifen des § 24 iRd Zulässigkeitsprüfung zu fingieren (Celle VersR 78, 570). Im Begriffskern des Merkmals »Klage, durch die das Eigentum geltend gemacht wird«, liegen naturgemäß Klagen, deren Anträge auf Feststellung des Bestehens oder Nichtbestehens von Eigentum gerichtet sind. Weitergehend gehören hierzu nach allgM auch jene Klagen, bei denen die Entscheidung über die Eigentümerposition mangels Streitgegenständlichkeit nicht in Rechtskraft erwächst, bei denen die – inzidente – Entscheidung über die Eigentumsposition indes notwendiges Begründungselement für den Klageanspruch ist, da sie Anspruchsvoraussetzung der streitentscheidenden Norm ist (Musielak/*Heinrich* § 24 Rn 8). Beispiele hierfür sind auf das Eigentum des Klägers gestützte Klagen auf Grundbuchberichtigung (§ 894 BGB), Grundstücksherausgabe (§ 985 BGB), Störungsbeseitigung oder -unterlassung gem § 1004 BGB (Celle VersR 78, 570), aus dem BGB-Nachbarrecht (§§ 906 ff BGB) oder auch – was zT unter Berufung auf die Rechtsprechung des RG wegen angeblichen Vorranges des § 32 abgelehnt wird (Wieczorek/Schütze/*Hausmann* § 24 Rn 19) – auf Schadensersatz wegen Verletzung des Grundstückseigentums aus § 823 BGB. Dem- 4 gegenüber fallen unter das Merkmal weder Streitigkeiten aus dem Gesellschaftsverhältnis noch solche erbrechtlicher Natur (wie zB die Erbschaftsklage gem § 2018 BGB), nur weil zum Gesellschaftsvermögen bzw zum Nachlass Grundstücke gehören (BGH NJW 57, 1316, 1317). Dies gilt selbst dann, wenn das Gesellschaftsvermögen bzw der Nachlass nur aus einem Grundstück besteht (BGH NJW 57, 1316, dort jedoch offen gelassen für die »reine Grundstückspersonalgesellschaft«). Denn stets geht es bei diesen Klagen weder um eine rechtskräftige Entscheidung über das Grundstückseigentum noch um die Verfolgung eines Anspruchs, zu dessen Anspruchsvoraussetzungen das Grundstückseigentum gehört. Aus dem gleichen Grund unterfallen dem § 24 auch keine Klagen auf Eigentumsübertragung bzgl eines Grundstücks auf schuldrechtlicher Grundlage oder aus dem Anfechtungsgesetz; Gleiches gilt nach hM, wenn es im letzteren Fall um Ansprüche auf Duldung der Zwangsvollstreckung in das Grundstückseigentum geht (BayObLG KTS 03, 673; aA Hamm NZI 02, 575).

5 **IV. Klage, durch die eine dingliche Belastung geltend gemacht wird.** Dingliche Belastungen an Grundstücken, die im Sinne eines absoluten Rechts ggü jedermann gelten, unterliegen dem numerus clausus des Sachenrechts. Es handelt sich dabei insb um das Erbbaurecht sowie – in der Reihenfolge ihrer Regelung im BGB – um Dienstbarkeiten (Grunddienstbarkeiten: §§ 1018 ff BGB; beschränkte persönliche Dienstbarkeiten: §§ 1092 ff BGB), den Nießbrauch (§§ 1030 ff BGB), das gewillkürte Vorkaufsrecht (§§ 1094 ff BGB), das gesetzliche Vorkaufsrecht, Reallasten (§§ 1105 ff BGB) und Grundpfandrechte (§§ 1113 ff BGB). Mit der Vormerkung wird nur dann eine dingliche Belastung geltend gemacht, wenn mit der Klage ihre Sicherungswirkung gem §§ 883 II, 888 BGB durchgesetzt werden soll (vgl MüKoZPO/*Patzina* § 24 Rn 9). Geltend gemacht wird eine dingliche Belastung durch Leistungsklagen aus dem Recht zB auf Duldung der Zwangsvollstreckung bei Grundpfandrechten im Verwertungsfall oder auf Unterlassung oder Beseitigung einer Störung (zB des Hypothekars aus § 1134 BGB), auf Grundbuchberichtigung aus § 894 BGB sowie bei Klagen auf Feststellung des Bestehens oder Nichtbestehens der dinglichen Belastung (St/J/*Roth* § 24 Rn 20). (Leistungs-)Klagen, die darauf abzielen, auf schuldrechtlicher Rechtsgrundlage die Bestellung oder Übertragung eines dinglichen Rechts an einem Grundstück herbeizuführen, fallen demgegenüber weder dem Wortlaut noch dem Sinn und Zweck nach unter § 24 (BGH WM 70, 1149). Gleiches gilt für Klagen auf Duldung der Zwangsvollstreckung, die nicht auf eine schon bestehende dingliche Belastung gestützt sind (Brandbg Urt v 22.7.09 – 4 U 2/09, Rn 42 – juris).

6 **V. Klage, durch die die Freiheit von einer dinglichen Belastung geltend gemacht wird.** Im Kernbereich des Tatbestandsmerkmals liegen Klagen auf Bewilligung der Löschung einer im Grundbuch eingetragenen dinglichen Belastung, ohne dass es nach Wortlaut und Normzweck darauf ankäme, ob der geltend gemachte Löschungsanspruch wie zB in den Fällen der Anfechtung nach § 143 InsO, § 11 AnfG oder im Falle des § 1169 BGB schuldrechtlicher oder wie zB in den Fällen des § 894 BGB dinglicher Art ist (Naumbg OLGR 04, 366, 367; aA Wieczorek/Schütze/*Hausmann* § 24 Rn 30). Dabei ist wegen ihrer teils dinglichen Wirkungen nach ganz hM als Belastung stets auch die Auflassungsvormerkung anzusehen (Musielak/*Heinrich* § 24 Rn 11). Auf Freiheit von dinglicher Belastung gerichtet sind auch Klagen, mit denen (zB durch Feststellungsantrag) das Nichtbestehen einer dinglichen Belastung geltend gemacht wird. Ferner fällt die Klage auf Briefherausgabe aus § 1144 BGB unter § 24 (BGH WM 70, 1149, 1150), nicht aber die Klage aus dem Sicherungsvertrag bzw aus § 812 BGB auf Rückübertragung der Grundschuld nach Wegfall des Sicherungszwecks (BGH WM 70, 1149, 1150).

7 **VI. Grenzscheidungs-, Teilungs- und Besitzklagen.** Grenzscheidungsklagen sind Klagen benachbarter Eigentümer aus § 919 I BGB oder § 920 BGB. Mit Teilungsklagen sind die Klagen auf Aufhebung der Bruchteilsgemeinschaft der Miteigentümer an einem Grundstück gem §§ 749, 752 bzw §§ 749, 753 I BGB gemeint, nach dem Normzweck nicht aber Klagen auf Auseinandersetzung einer Gesellschaft oder einer Erbengemeinschaft, zu deren Vermögen auch oder gar nur Grundstückseigentum gehört. Besitzklagen sind – dem Normzweck entsprechend – die sachenrechtlichen Besitzschutzklagen wie zB die aus § 861 oder aus § 862 BGB, nicht aber Klagen auf Besitzverschaffung auf schuldrechtlicher Grundlage wie zB aus Kauf-, Leih-, Leasing- oder Mietverträgen (LG Bonn NJW 58, 1685, 1686).

8 **C. Tatbestand des § 24 II.** Bei subjektiv-dinglichen Rechten (Grunddienstbarkeiten, §§ 1018 ff BGB; Reallasten, §§ 1105 ff BGB, subjektiv-dingliches Vorkaufsrecht, § 1094 II BGB) kann sich die Frage stellen, auf welches der beiden Grundstücke bei der Anwendung des § 24 abzustellen ist. § 24 II bestimmt, dass stets die **Lage des belasteten Grundstücks** für die Gerichtsstandsverortung ausschlaggebend ist.

§ 25 Dinglicher Gerichtsstand des Sachzusammenhanges. In dem dinglichen Gerichtsstand kann mit der Klage aus einer Hypothek, Grundschuld oder Rentenschuld die Schuldklage, mit der Klage auf Umschreibung oder Löschung einer Hypothek, Grundschuld oder Rentenschuld die Klage auf Befreiung von der persönlichen Verbindlichkeit, mit der Klage auf Anerkennung einer Reallast die Klage auf rückständige Leistungen erhoben werden, wenn die verbundenen Klagen gegen denselben Beklagten gerichtet sind.

A. Normzweck und dogmatische Einordnung. Mit § 25 eröffnet der Gesetzgeber aus Gründen der Pro- 1
zessökonomie einen (Wahl-)Annexgerichtsstand kraft Sachzusammenhangs: Besteht für die gerichtliche Geltendmachung eines Anspruchs eine örtliche Zuständigkeit aus § 24, so folgt hieraus zugleich auch für die in § 25 angeführten persönlichen Klagen eine örtliche Zuständigkeit, sofern sie im Wege der Anspruchshäufung gegen denselben Beklagten erhoben werden. § 25 stellt demnach nach allgM eine gesetzliche Ausnahme zu dem allgemeinen Grundsatz dar, wonach bei Klagehäufung die örtliche Zuständigkeit für jeden einzelnen Anspruch gesondert zu prüfen ist.

**B. Die Tatbestandsmerkmale des § 25 im Einzelnen. I. Anwendbarkeit in Fällen mit Auslandsberüh- 2
rung.** Im Anwendungsbereich der EuGVO ist § 25 unanwendbar, da die Verordnung in der Gestalt des Art 6 Nr 4 einen eigenständigen Gerichtsstand des Sachzusammenhangs für die gemeinsame Verfolgung von Schuldklagen und dinglichen Klagen vorhält (St/J/*Roth* § 25 Rn 5). Im Übrigen folgt aus dem Eingreifen des § 25 die internationale Zuständigkeit deutscher Gerichte, sofern die Vorschrift nicht durch speziellere international-zivilprozessrechtliche Vorschriften (zB in bi- oder multilateralen Staatsverträgen) ausgeschlossen wird.

II. Klage in dem dinglichen Gerichtsstand. § 25 leitet aus im Normtext aufgelisteten Klagen eine Annex- 3
zuständigkeit ab und setzt daher in jedem Falle eine zulässigerweise im dinglichen Gerichtsstand erhobene Klage voraus, die mit der persönlichen Klage gem § 25 verbunden ist. Dabei setzt der Wortlaut des § 25 keine gleichzeitige Erhebung von dinglicher und persönlicher Klage voraus, sondern erlaubt es etwa auch, dass die persönliche Klage nach Erhebung der dinglichen Klage erst im weiteren Verlaufe des Verfahrens erhoben wird.

III. Mit der Klage aus einer Hypothek, Grundschuld oder Rentenschuld verbundene Schuldklage. Die 4
Klage des Grundpfandrechtsinhabers gegen den Eigentümer wird regelmäßig auf Duldung der Zwangsvollstreckung (vgl § 1147 BGB) gerichtet sein, weil das Grundpfandrecht eine Befugnis zur Verwertung des belasteten Grundstücks beinhaltet (*Reischl* JuS 98, 614). Da allerdings unter den Grundpfandrechten lediglich die Hypothek mit dinglicher Wirkung akzessorisch ausgestaltet ist, muss nicht stets eine schuldrechtliche Verbindlichkeit bestehen, die durch das Grundpfandrecht gesichert wird. Allerdings dienen auch die Grund- und Rentenschuld als abstrakte dingliche Lasten in der Rechtswirklichkeit überwiegend der Kreditsicherung, wie die »Sicherungsgrundschuld« als in der Kautelarpraxis weit verbreitetes Sicherungsmittel belegt (*Reischl* JuS 98, 614 f). Dabei wird die Zweckbindung des Grundpfandrechts auf schuldrechtlichem Wege durch einen Sicherungsvertrag herbeigeführt (*Reischl* JuS 98, 614 f). Ist die gesicherte Forderung – was in der Kautelarpraxis allerdings selten vorkommt – noch nicht tituliert und ist der Eigentümer mit dem Schuldner der gesicherten Forderung identisch, dann macht es Sinn, die Klage auf Duldung der Zwangsvollstreckung mit der Zahlungsklage zur Durchsetzung der schuldrechtlichen Forderung zu verbinden. Durch § 25 wird dies für den Fall, dass der dingliche Gerichtsstand weder mit dem allgemeinen Gerichtsstand des Schuldners noch mit dem Erfüllungsort der besicherten Forderung identisch ist, ermöglicht. Dabei kann die »Schuldklage«, mit der die gesicherte Forderung geltend gemacht wird, nicht nur in einer Leistungs-, sondern auch in einer Feststellungsklage bestehen (MüKoZPO/*Patzina* § 25 Rn 3).

**IV. Mit der Klage auf Umschreibung oder Löschung einer Hypothek, Grundschuld oder Rentenschuld 5
verbundene Klage auf Befreiung von der persönlichen Verbindlichkeit.** Begehrt der Eigentümer vom Grundpfandrechtsinhaber im Klagewege die Umschreibung (vgl § 1163 BGB) oder Löschung des Grundpfandrechts, so kann es bei Streit um das (Fort-)Bestehen der gesicherten Forderung Sinn machen, den Grundpfandrechtsinhaber sogleich auf »Befreiung von der persönlichen Verbindlichkeit« in Anspruch zu nehmen. Sofern es zur »Schuldbefreiung« – was (zB bei anfänglichen Mängeln (Geschäftsunfähigkeit, Unwirksamkeit nach § 138 BGB etc), Anfechtung wegen Willensmängeln, Rücktritt oder Erfüllung) dem

Regelfall entspricht – in materiell-rechtlicher Hinsicht keiner Willenserklärung des Gläubigers (zB Zustimmung zu einem Aufhebungsvertrag) bedarf, wird die negative Feststellungsklage die richtige Klageart sein.

6 **V. Mit der Klage auf Anerkennung einer Reallast verbundene Klage auf rückständige Leistungen.** Die zur Durchsetzung des dinglichen Rechts »Reallast« erforderliche Klage auf Duldung der Zwangsvollstreckung (§§ 1105, 1107, 1147 BGB) kann mit der Klage auf Geltendmachung der auf schuldrechtlicher Grundlage geschuldeten rückständigen Leistungen (§ 1108 BGB) gem § 25 verbunden werden.

§ 26 Dinglicher Gerichtsstand für persönliche Klagen.

In dem dinglichen Gerichtsstand können persönliche Klagen, die gegen den Eigentümer oder Besitzer einer unbeweglichen Sache als solche gerichtet werden, sowie Klagen wegen Beschädigung eines Grundstücks oder hinsichtlich der Entschädigung wegen Enteignung eines Grundstücks erhoben werden.

1 **A. Normzweck und dogmatische Einordnung.** § 26 normiert einen besonderen Gerichtsstand, der dem Kl die Wahl eröffnet (§ 35), den Beklagten auch außerhalb seines allgemeinen Gerichtsstandes zu verklagen. Dabei bezweckt die Vorschrift, für bestimmte persönliche Klagen mit zwingendem Bezug zum Grundstückseigentum die Möglichkeit der Befassung eines ortsnahen Gerichts mit dem Rechtsstreit zu eröffnen (Rostock OLGR 98, 169).

2 **B. Tatbestandsmerkmale. I. Persönliche Klagen.** Das Tatbestandsmerkmal »persönliche Klage« korrespondiert zwar nicht mit der Terminologie des BGB. Der Wortsinn des Merkmals und der gesetzessystematische Vergleich mit § 24 legen es aber nahe, dass damit ausschließlich Klagen zur Verfolgung schuldrechtlicher Ansprüche gemeint sind. Gleichwohl billigt die Rechtsprechung eine extensiv-teleologische Auslegung des Merkmals dahingehend, dass außer Klagen zur Verfolgung schuldrechtlicher Ansprüche auch solche dingliche Klagen von § 26 erfasst sind, die nicht unter § 24 subsumierbar sind (Stuttg NZM 99, 173, 174).

3 **II. Klage gegen den Eigentümer oder Besitzer einer unbeweglichen Sache als solche.** Eine Klage ist gegen den Eigentümer oder Besitzer als solchen gerichtet, wenn Eigentum oder Besitz Anspruchsvoraussetzung des verfolgten Anspruchs sind, demnach nur der Eigentümer oder der Besitzer der unbeweglichen Sache hinsichtlich der Klage passivlegitimiert sind (Stuttg NZM 99, 173, 174). Dem Normzweck folgend ist das Merkmal »Besitzer« weit auszulegen und erfasst sämtliche Besitz- und Mitbesitzformen (Eigen-, Fremd-, unmittelbaren und mittelbaren Besitz) (MüKoZPO/*Patzina* § 26 Rn 2). Beispiele für Klagen, die zwingend die Passivlegitimation eines Grundstückeigentümers bzw -besitzers erfordern, sind Klagen aus § 809 BGB, §§ 867, 1005 BGB, §§ 908, 836 BGB oder § 913 BGB. Ebenso fallen Klagen zwischen Miteigentümern eines Grundstücks auf Regelung der Benutzung oder der Beteiligung an Unterhaltungskosten gem § 748 BGB oder Klagen zwischen Grundstücksnachbarn auf Regelung der Benutzung und Unterhaltung von Grenzanlagen (§ 922 BGB) unter § 26 (Stuttg NZM 99, 173, 174; Rostock OLGR 09, 753). Ansprüche aus § 1108 BGB sind nicht gegen den Grundstückseigentümer als solchen gerichtet, da der Anspruch auf das Eigentum im Zeitpunkt der Anspruchsentstehung und nicht etwa zur Zeit der Rechtshängigkeit abstellt (Wieczorek/Schütze/*Hausmann*, § 26 Rn 6). Ansprüche gegen den Vermieter aus dem Mietverhältnis sind ebenfalls nicht unter § 26 zu subsumieren, weil der wirksame Abschluss eines Mietvertrages und hieraus resultierende Ansprüche auf Vermieterseite weder Besitz noch Eigentum erfordern (Wieczorek/Schütze/*Hausmann* § 26 Rn 6). Ausgehend von dieser schlüssigen Argumentation kann – entgegen einer verbreiteten Meinung in der Literatur (St/J/*Roth* § 26 Rn 6; Wieczorek/Schütze/*Hausmann* § 26 Rn 6; wie hier: Zö/*Vollkommer* § 26 Rn 2; B/L/A/H § 26 Rn 5; LG Stralsund Urt. v. 7.4.2011 – 6 O 203/10 – www.landesrecht-mv.de) – die Klage auf Übertragung des Grundstückseigentums oder auf Begründung eines beschränkt dinglichen Rechts an einem Grundstück nicht unter § 26 fallen, weil der Abschluss eines wirksamen Grundstückskaufvertrages in tatbestandlicher Hinsicht weder Eigentum noch Besitz auf Verkäuferseite erfordert, wobei (zB bei Kettenveräußerungen) die Klage gegen einen noch nicht im Grundbuch eingetragenen Veräußerer durchaus Sinn machen kann (LG Stralsund Urt. v. 7.4.2011 – 6 O 203/10 – www.landesrecht-mv.de) .

4 **III. Klagen wegen Beschädigung eines Grundstücks.** Im Gegensatz zu den anderen Tatbestandsvarianten des § 26 knüpft das Merkmal »wegen Beschädigung eines Grundstücks« nicht an die klageweise geltend gemachte Anspruchsgrundlage, sondern an den klagebegründenden Lebenssachverhalt an. Der Sachverhalt »Beschädigung eines Grundstücks« kann für den Grundstückseigentümer oder -besitzer bspw Ansprüche

aus §§ 823 ff BGB, aus § 836 BGB, aus §§ 7, 17 bzw 18 StVG oder § 29 BJagdG begründen. Soweit eine Anspruchsgrundlage indes (wie zB § 823 I BGB) explizit an die Verletzung des Grundstückseigentums als Anspruchsvoraussetzung anknüpft, wird § 26 nach diesseitiger Auffassung durch den ausschließlichen Gerichtsstand des § 24 verdrängt, was die praktische Bedeutung der Vorschrift schmälert.

IV. Entschädigung wegen Enteignung eines Grundstücks. Die praktische Bedeutung dieses Merkmals ist gering, da viele Landesgesetzgeber von der Öffnungsklausel des § 15 Nr 2 EGZPO Gebrauch gemacht und für diesen Regelungskomplex ausschließliche Gerichtsstände geschaffen haben, die in ihrem jeweiligen Anwendungsbereich § 26 verdrängen (vgl BGHZ 97, 155, 158). Ferner sehen bestimmte Sondergesetze (wie zB § 144 BBergG), die Ermächtigungsgrundlagen für Enteignungen enthalten, ausschließliche Gerichtsstände vor, die § 26 ebenfalls vorgehen. Diese Gerichtsstandsregelungen sind allerdings stets auf besondere Problemlagen zugeschnitten und daher nicht analogiefähig (Rostock OLGR 98, 169). Soweit § 26 eingreift, ist das Tatbestandsmerkmal »Enteignung« weit auszulegen, so dass auch enteignende und enteignungsgleiche Eingriffe vom Anwendungsbereich der Norm erfasst werden (vgl statt aller: St/J/*Roth* § 26 Rn 9). 5

V. Anwendbarkeit. § 26 wird durch den ausschließlichen Gerichtsstand des § 24 verdrängt. Im Anwendungsbereich der EuGVO wird § 26 im Falle dinglicher Klagen durch Art 22 Nr 1 EuGVO verdrängt und ist iÜ anwendbar. Außerhalb des Anwendungsbereichs der EuGVO und spezieller international-zivilprozessrechtlicher Normen indiziert § 26 die internationale Zuständigkeit. 6

§ 27 Besonderer Gerichtsstand der Erbschaft.

(1) Klagen, welche die Feststellung des Erbrechts, Ansprüche des Erben gegen einen Erbschaftsbesitzer, Ansprüche aus Vermächtnissen oder sonstigen Verfügungen von Todes wegen, Pflichtteilsansprüche oder die Teilung der Erbschaft zum Gegenstand haben, können vor dem Gericht erhoben werden, bei dem der Erblasser zur Zeit seines Todes den allgemeinen Gerichtsstand gehabt hat.

(2) Ist der Erblasser ein Deutscher und hatte er zur Zeit seines Todes im Inland keinen allgemeinen Gerichtsstand, so können die im Absatz 1 bezeichneten Klagen vor dem Gericht erhoben werden, in dessen Bezirk der Erblasser seinen letzten inländischen Wohnsitz hatte; wenn er einen solchen Wohnsitz nicht hatte, so gilt die Vorschrift des § 15 Abs. 1 Satz 2 entsprechend.

A. Normzweck und dogmatische Einordnung. § 27 I regelt einen besonderen Gerichtsstand, § 27 II einen Hilfsgerichtsstand. § 27 soll es ermöglichen, alle Prozesse über einen Erbfall bei einem sachnahen Gericht zusammenzufassen (vgl Naumbg ZEV 06, 33) und die ohnehin oft mit praktischen Schwierigkeiten verbundene Rechtsverfolgung im Nachlassfall durch Bereitstellung eines leicht feststellbaren Gerichtsstands zu erleichtern (St/J/*Roth* § 27 Rn 1). § 27 II soll ferner die international-privatrechtliche Vorschrift des Art 25 EGBGB effektuieren und die Anwendung deutschen Sachrechts auf Erbfälle deutscher Erblasser sicherstellen (MüKoZPO/*Patzina* § 27 Rn 1). Für das Eingreifen des § 27 II spielt es keine Rolle, ob die Nachlassgegenstände im Ausland oder in der Bundesrepublik belegen sind (BGHZ 50, 63). Dies belegt, dass § 27 II iVm Art 25 EGBGB auch Ausdruck einer staatlichen Fürsorge ggü den deutschen Staatsangehörigen sein soll, die sich – zum Schutz der Erbberechtigten – weder der deutschen Gerichtsbarkeit entziehen können sollen, deren Erbfall aber auch unabhängig von der Nachlassbelegenheit oder ihrem Sterbewohnsitz deutsche Gerichtsbarkeit zuteil werden soll. § 27 II regelt – auch nicht im Zusammenspiel mit § 28 – keinen allgemeinen Gerichtsstand der Erbschaft, sondern eröffnet einen Gerichtsstand nur für bestimmte Prozesse über einen Erbfall. Dies kann aber mit dem Anliegen des Gesetzgebers, alle Prozesse über einen Erbfall bei einem sachnahen Gericht zusammenzufassen, kollidieren, weswegen die Vorschrift – entgegen der allgemeinen Grundsätze über die Auslegung von Zuständigkeitsnormen – weit und analogiefreundlich auszulegen ist (B/L/A/H § 27 Rn 2). 1

B. § 27 I. I. Klagen, welche die Feststellung des Erbrechts zum Gegenstand haben. Der Hauptanwendungsfall dieses Merkmals sind positive oder negative Feststellungsklagen zwischen Erbprätendenten zur Klärung der Erbfolge, also der Frage, wer kraft gesetzlichen Erbrechts oder Verfügung von Todes wegen (ggf zu welcher Quote) im Hinblick auf einen Erbfall als Gesamtrechtsnachfolger in das Vermögen eines Verstorbenen eingetreten oder nicht eingetreten ist (Jena OLGR 01, 268). Da dem Erbschaftskauf ein Rechtsgeschäft unter Lebenden zu Grunde liegt, ist die klageweise Verfolgung etwaiger Ansprüche des Erbschaftskäufers ggü dem Erbschafsverkäufer (zB aus § 2374 BGB) ebenso wenig ein Fall des § 27 wie Rechtsstreitigkeiten, die das unter Lebenden (= Ehevertrag) vereinbarte Fortsetzungsrecht gem §§ 1483 ff BGB bei 2 fortgesetzter Gütergemeinschaft betreffen (vgl statt Vieler: MüKoZPO/*Patzina* § 27 Rn 5; aA hinsichtlich des Fortsetzungsrechts: B/L/A/H § 27 Rn 4). Partei einer Feststellungsklage, die unter § 27 fällt, kann auch der Testamentsvollstrecker (Karlsr ZEV 05, 256) oder der Nachlasspfleger (BGH NJW 51, 559) sein, wobei die Prozessführungsbefugnis etwa des Vollstreckers als Partei kraft Amtes davon abhängt, ob der Prozess von seinen Verwaltungsaufgaben erfasst wird (Karlsr ZEV 05, 256). Ferner werden Feststellungsklagen des Nacherben, die sein (angebliches) Erbrecht betreffen, von § 27 erfasst (vgl statt Vieler: B/L/A/H § 27 Rn 4). Streiten die Parteien dagegen über die Nachlasszugehörigkeit einer Sache, so trägt eine diesbezügliche Feststellungsklage, so sie denn überhaupt zulässig ist, nichts zur Klärung der Erbfolge bei (Jena OLGR 01, 268) und fällt daher nicht unter § 27. Woraus eine Partei ihr streitiges Erbrecht ableitet, ist für die Anwendung des § 27 unerheblich. Es werden daher auch diejenigen Feststellungsklageverfahren von § 27 erfasst, die von der maßgeblichen Vorfrage abhängen, ob das Erbrecht einer Partei infolge Anfechtung oder Widerrufs einer letztwilligen Verfügung (§§ 2078 ff BGB, 2253 ff BGB) oder Rücktritts vom Erbvertrag oder gemeinschaftlichen Testament (§§ 2293 ff BGB, ggf iVm § 2271 BGB) in Wegfall geraten ist. Demnach wäre es sinnwidrig, ausgerechnet die Konstellation des Wegfalls des Erbrechts infolge gerichtlich festgestellter Erbunwürdigkeit vom Anwendungsbereich des § 27 auszuschließen, nur weil es sich bei der **Erbunwürdigkeitsklage** gem § 2342 BGB rechtsdogmatisch um eine Gestaltungs- und nicht um eine Feststellungsklage handelt (KG NJW-RR 89, 455, 456). Außerdem besteht für die Anwendung des § 27 auf die Klage aus § 2342 BGB ein praktisches Bedürfnis, da es nach zutreffender hM zulässig ist, diese Klage im Wege uneigentlicher Eventualklagehäufung gemeinsam mit einer Klage nach § 2018 BGB zu verfolgen (vgl PWW/*Deppenkemper* § 2342 BGB Rn 1). Überdies spricht für die ganz hM, die die Eröffnung des Gerichtsstandes des § 27 für Klagen nach § 2342 BGB befürwortet (vgl statt Vieler:PWW/*Deppenkemper* § 2342 BGB Rn 2), dass es bei diesen Klagen im Kern um die Erbfolge geht und überdies insoweit eine Nähe zur Feststellungsklage besteht, als ein auf eine Klage gem § 2342 BGB hin ergehendes Urt die Feststellung der Erbunwürdigkeit mit rechtsgestaltender Wirkung ausspricht (KG NJW-RR 89, 455, 456).

3 **II. Klagen, welche Ansprüche des Erben gegen einen Erbschaftsbesitzer zum Gegenstand haben.** Der Hauptanwendungsfall dieses Merkmals ist die gerichtliche Verfolgung des auf Herausgabe gerichteten Gesamtanspruchs aus § 2018 BGB (Nürnbg OLGZ 81, 115). Vom Wortlaut des § 27 abgedeckt sind aber auch die auf § 2027 I BGB gestützte Auskunftsklage (Nürnbg OLGZ 81, 115), die mit der Auskunftsklage im Wege der Stufenklage verbundene Klage auf Erteilung einer eidesstattlichen Versicherung (§§ 260 II, 261 BGB) (Nürnbg OLGZ 81, 115, 116) oder eine Herausgabe- oder Auskunftsklage aus den vorgenannten Anspruchsgrundlagen gegen den Erbschaftserwerber (§ 2030 BGB). Klagen auf Herausgabe von Einzelgegenständen im Wege der Einzelklage (zB aus § 985 BGB) sind demgegenüber von § 27 eindeutig nicht erfasst und können daher auch im Falle des begrifflichen Vorliegens von Erbschaftsbesitz nicht in diesem Gerichtsstand erhoben werden (Nürnbg OLGZ 81, 115). Wiewohl der Gesetzgeber keinen generalklauselartigen Gerichtsstand der »Erbschaft« geschaffen hat und Analogiebildungen im Bereich der Zuständigkeitstatbestände der ZPO nach deren Konzeption und aus Gründen der Rechtssicherheit regelmäßig nicht in Betracht kommen (vgl Lange S. 191; jurisPK/*Lange* § 2362 BGB Rn 11), gibt es einige **Auskunftsansprüche**, hinsichtlich derer eine analoge Anwendung des § 27 geboten ist. Dies wurde von der Rechtsprechung zB für § 2027 II BGB bejaht, da die Voraussetzungen des Erbschaftsbesitzes oft nicht leicht (darzulegen) und zu beweisen sind, so dass im Zusammenhang mit Klagen aus § 2018 BGB häufig hilfsweise der Tatbestand des § 2027 II BGB herangezogen wird, der insoweit geringe Anforderungen stellt. Dementsprechend wäre die Rechtsverfolgung desjenigen Erben, in dessen Erbschaft eingegriffen wurde und der keinen Einblick in die vermögensrechtlichen Verhältnisse des Erblassers sowie das rechtliche und wirtschaftliche Schicksal des Nachlasses nach dem Erbfall hatte, bei einer Nichtanwendung des § 27 auf den Auskunftsanspruch des § 2027 II BGB entgegen des Normzwecks unverhältnismäßig erschwert (Nürnbg OLGZ 81, 115, 117). Gleiches gilt für den Auskunftsanspruch des § 2028 BGB (Zö/*Vollkommer* § 27 Rn 5; aA: B/L/A/H § 27 Rn 7). Schließlich ist § 27 entgegen der wohl hA (St/J/*Roth* § 27 Rn 14) auf den Auskunftsanspruch aus § 2362 II BGB und auf den Herausgabeanspruch aus § 2362 I BGB analog anwendbar (jurisPK/*Lange* § 2362 Rn 11), da bei einem Klageverfahren gem § 2362 BGB – ebenso wie bei der Feststellungsklage zwischen Erbprätendenten oder der Herausgabeklage gem § 2018 BGB – naturgemäß die Erbfolge die zentrale entscheidungserhebliche Vorfrage ist, so dass die Gründe, die den Gesetzgeber zur Schaffung des § 27 bewogen haben, auch bei auf § 2362 BGB gestützten Klagen eingreifen (jurisPK/*Lange* § 2362 Rn 11). Überdies wird von der hA – aus nahe liegenden praktischen Gründen – eine Klageerhebung aus § 2362 BGB am Gerichtsstand des § 27 befürwortet, wenn die Klage im Wege objektiver Klagehäufung mit einer Klage auf Feststellung des

Erbrechts oder aus § 2018 BGB verbunden ist (Palandt/*Weidlich* § 2362 BGB Rn 2). Wenn dies richtig ist, ist aber kein Grund dafür ersichtlich, warum § 27 nicht auch bei »isolierter« Klageerhebung aus § 2362 BGB eingreifen sollte (jurisPK/*Lange* § 2362 BGB Rn 11).

III. Klagen, welche Ansprüche aus Vermächtnissen oder sonstigen Verfügungen von Todes wegen zum Gegenstand haben. Das Vermächtnis ist im BGB legaldefiniert (§ 1939 BGB). Ansprüche aus Vermächtnissen, die kraft Verfügung von Todes wegen oder kraft Gesetzes bestehen können (zB §§ 1932, 1969 BGB), sind solche aus § 2147 BGB. Als Ansprüche aus sonstigen Verfügungen von Todes wegen kommen nach allgM solche aus Auflagen (§ 1940 BGB) oder aus Schenkungen auf den Todesfall (§ 2301 BGB) in Betracht (vgl statt Vieler: Zö/*Vollkommer* § 27 Rn 7). Dazu ist anzumerken, dass ein »Anspruch« aus einer Auflage definitionsgemäß (§ 1940 BGB) nur dem in § 2194 BGB genannten Personenkreis zustehen kann und dass Schenkungen auf den Todesfall (§ 2301 BGB) dogmatisch zwar Rechtsgeschäfte unter Lebenden darstellen, auf die gem § 2301 I 1 BGB aber die Vorschriften über Verfügungen von Todes wegen Anwendung finden, was auch für § 27 gilt. § 27 greift unabhängig von der Parteirolle ein und erfasst damit sowohl die Leistungsklage des angeblichen Anspruchsinhabers als auch die negative Feststellungsklage des potentiellen Anspruchsgegners (MüKoZPO/*Patzina* § 27 Rn 4). 4

IV. Klagen, welche Pflichtteilsansprüche zum Gegenstand haben. Unter dieses Merkmal sind in erster Linie Zahlungsansprüche aus § 2303 BGB und aus § 2325 BGB (Pflichtteilsergänzung), der Auskunfts- und Wertermittlungsanspruch aus § 2314 BGB und der Herausgabeanspruch gegen den Beschenkten aus § 2329 BGB zu subsumieren. Der in diesem Zusammenhang gelegentlich erwähnte § 2345 II BGB spielt hier keine Rolle, da es zur Herbeiführung der Rechtsfolgen der Pflichtteilsunwürdigkeit keiner Klage bedarf, die Anfechtung vielmehr im Wege einer Gestaltungserklärung oder im Wege Einredeerhebung ggü der Leistungsklage erfolgt (PWW/*Deppenkemper* § 2345 BGB Rn 1). Nach der Rechtsprechung des BGH ist es möglich, bereits zu Lebzeiten des Erblassers eine Klage auf Bestehen oder Nichtbestehen eines Pflichtteilentziehungsrechts zu erheben (BGHZ 158, 226); für diese Klage ist § 27 nicht einschlägig, da diese Vorschrift ausdrücklich den Tod des Erblassers voraussetzt. 5

V. Klagen, welche die Teilung der Erbschaft zum Gegenstand haben. Muss die Auseinandersetzung der Erbengemeinschaft im ZPO-Klageverfahren betrieben werden, so ist regelmäßig eine auf einzelne Miterben oder gegenständlich auf einzelne Nachlassgegenstände oder Geld beschränkte Teilauseinandersetzungsklage unbegründet und vielmehr, da materiell-rechtlich grds nur ein Anspruch auf eine Gesamtauseinandersetzung besteht, eine Klage aus § 2042 BGB gegen alle Miterben auf Zustimmung zu einem die Gesamtauseinandersetzung beinhaltenden Teilungsplan zu erheben (Köln ZEV 04, 508). Eine solche Leistungsklage auf Zustimmung zu einem Teilungsplan fällt unter § 27 (BGH NJW 92, 364). Gleiches gilt für eine zum Zwecke der Teilauseinandersetzung betriebene, gegenständlich beschränkte Leistungsklage oder eine auf einzelne streitige Punkte iRd Abwicklung der Erbengemeinschaft beschränkte Feststellungsklage (Ddorf ZEV 96, 395), die aus den vorgenannten Gründen allerdings nur ausnahmsweise begründet sind. Ebenfalls unter § 27 fallen Klagen, die wegen der **Ausgleichung nach §§ 2050 ff BGB** erhoben werden (BGH NJW 92, 364). Dabei ist auch hier bei der Wahl der zielführenden Klageart aus materiell-rechtlichen Gründen der Grundsatz der Gesamtauseinandersetzung zu beachten, da die Ausgleichung gem §§ 2050 ff BGB dem Berechtigten grds keinen Zahlungsanspruch verschafft, sondern nur die Teilungsquote gem § 2047 I BGB verschiebt, so dass die Ausgleichung grds nur im Teilungsplan zu berücksichtigen ist oder, wenn zB die Frage der Ausgleichung bei der Auseinandersetzung im Vordergrund steht, ausnahmsweise eine auf die Frage der Ausgleichung beschränkte Feststellungsklage rechtfertigt (BGH NJW-RR 92, 771; PWW/*Tschichoflos* § 2050 BGB Rn 27). Für eine solche Feststellungsklage ist § 27 ebenso einschlägig wie für eine Zahlungsklage aus § 812 BGB wegen vollzogener Auseinandersetzung unter Nichtberücksichtigung eines etwaigen Anspruchs auf Ausgleichung gem §§ 2050 ff BGB (vgl dazu BGH NJW-RR 92, 771; jurisPK/*Kerscher* § 2050 BGB Rn 143). Ferner kann eine Stufenklage auf Auskunft, Abgabe einer Versicherung an Eides Statt bzgl der Auskunft und auf Feststellung bzgl der Ausgleichungspflicht bzw nach vollzogener Auseinandersetzung auf Leistung in Betracht kommen, für die § 27 ebenfalls einschlägig ist (jurisPK/*Kerscher* § 2050 BGB Rn 145). Kommt es infolge des Todes eines Ehegatten zu einer fortgesetzten Gütergemeinschaft, so fallen Klagen auf Aufhebung und Auseinandersetzung gem § 1495 BGB nach ganz hA nicht unter § 27, da es insoweit nicht um Erbteilung geht (Musielak/*Heinrich* § 27 Rn 9). Fällt bei Gütergemeinschaft der Anteil des verstorbenen Ehegatten am Gesamtgut dagegen bzgl eines Teiles der Miterben (§§ 1483 II, 1482 BGB) oder aller Miter- 6 ben (§ 1482 BGB) in den Nachlass, so greift bei die Auseinandersetzung betreffenden Klagen § 27 ein (Musielak/*Heinrich* § 27 Rn 9).

7 **VI. Anwendbarkeit. 1. § 27 I.** § 27 I indiziert als Gerichtsstandsregelung nach den allgemeinen Regeln die internationale Zuständigkeit, während § 27 II originär die internationale Zuständigkeit deutscher Gerichte begründet. § 27 wird auch im Anwendungsbereich der EuGVO nicht verdrängt, da diese für das Gebiet des Erbrechts gem Art 1 II a EuGVO nicht gilt (Majer ZEV 11, 445, 446). Bei unverändertem Inkrafttreten des zur Zeit im Entwurf vorliegenden Vorschlags der Kommission für eine Verordnung des Europäischen Parlaments und Rats über die Zuständigkeit, das anzuwendende Recht, die Anerkennung und die Vollstreckung von Entscheidungen und öffentlichen Urkunden in Erbsachen sowie zur Einführung eines Europäischen Nachlasszeugnisses wird die Regelung der internationalen Zuständigkeit in Art 4 dieser Verordnung in ihrem Anwendungsbereich § 27 I und II als Regelungen der internationalen Zuständigkeit verdrängen, sofern nicht § 27 wegen Art 6 der Verordnung der Vorzug gebührt. Ob der Verordnungsentwurf im Jahr 2012 und weitgehend unverändert in Kraft treten wird, bleibt abzuwarten (Majer ZEV 11, 445). Im Übrigen ist in Fällen mit Auslandsberührung stets zu prüfen, ob keine vorrangige staatsvertragliche Regelung existiert, die § 27 verdrängt, wie dies etwa beim Eingreifen des deutsch-türkischen Konsularvertrages v 28.5.29 der Fall ist (Wiezcorek/Schütze/*Hausmann* § 27 Rn 17).

8 **2. § 27 II.** Für deutsche Erblasser, die im Zeitpunkt des Todes keinen allgemeinen Gerichtsstand (§§ 13–16) in der Bundesrepublik Deutschland hatten, schafft § 27 II einen **Hilfsgerichtsstand**. Zugleich regelt die Vorschrift in dieser Fallkonstellation die internationale Zuständigkeit deutscher Gerichte. Sofern iRd Normanwendung der Todeszeitpunkt eine Rolle spielen sollte, kommt es – in Übereinstimmung mit den Erkenntnissen in der Medizin und der ganz hA im materiellen Erbrecht – auf den Zeitpunkt des Gesamthirntodes (irreversibler Ausfall von Groß-, Klein- und Stammhirn) an (jurisPK/*Schmidt* § 1922 BGB Rn 11; Musielak/*Heinrich* § 27 Rn 2). Eine analoge Anwendung des § 27 ist für den Fall zu befürworten, dass der Erblasser zwar ausländischer Staatsangehöriger war, das internationale Privatrecht seines Heimatstaates aber kraft Rückverweisung das deutsche Sachrecht für anwendbar erklärt und mangels internationaler Zuständigkeit der Gerichte anderer Staaten eine Rechtsschutzlücke besteht (St/J/*Roth* § 27 Rn 7; Wieczorek/Schütze/*Hausmann* § 27 Rn 19).

§ 28 Erweiterter Gerichtsstand der Erbschaft.

In dem Gerichtsstand der Erbschaft können auch Klagen wegen anderer Nachlassverbindlichkeiten erhoben werden, solange sich der Nachlass noch ganz oder teilweise im Bezirk des Gerichts befindet oder die vorhandenen mehreren Erben noch als Gesamtschuldner haften.

1 **A. Normzweck und dogmatische Einordnung.** § 28 erweitert speziell für die Fallgruppe der Klagen zur Verfolgung von Nachlassverbindlichkeiten den Gerichtsstand des § 27. Dieser Gerichtsstand wird den Nachlassgläubigern allerdings nur zeitlich begrenzt eröffnet, nämlich solange sich bei Alleinerben noch Nachlassgegenstände im Gerichtsbezirk befinden oder bei einer Erbengemeinschaft die Miterben dem Kl hinsichtlich der geltend gemachten Nachlassverbindlichkeit gesamtschuldnerisch haften. Dies erhellt, dass die Eröffnung des erweiterten Gerichtsstandes dem Gläubigerschutz dient: Die Nachlassgläubiger sollen – sofern sie den Anspruch hinreichend zeitnah zum Erbfall geltend machen und der Nachlass noch nicht versilbert oder unter Ausschluss der Gesamthaftung verteilt wurde – im Vertrauen auf den Erhalt des idR vor dem Erblassertod bestehenden Gerichtsstandes geschützt werden und zugleich einen leicht ermittelbaren Gerichtsstand haben, der im Falle der Erbengemeinschaft überdies die Geltendmachung ggü allen Miterben iRe Klage ermöglicht.

2 **B. Tatbestandsmerkmale. I. Andere Nachlassverbindlichkeiten.** § 28 deckt sämtliche Nachlassverbindlichkeiten ab, die nicht bereits unter § 27 fallen. Der Begriff der Nachlassverbindlichkeiten ist in § 1967 II BGB ledaldefiniert und erfasst die bereits in der Person des Erblassers begründeten Schulden (»Erblasserschulden«) sowie die den Erben als solchen treffenden Verbindlichkeiten. Letztere unterteilen sich in Verbindlichkeiten, die mit dem Erbfall oder infolge des Erbfalls entstehen (»Erbfallschulden«) und solche die erst nach dem Erbfall im Zuge der Nachlassabwicklung oder der ordnungsgemäßen Verwaltung des Nachlasses entstehen (»Nachlasserbenschulden«) (*Olzen* Jura 01, 520, 521). Typische Erblasserschulden, die nicht unter § 27 fallen, sind zB Ansprüche von medizinischen Leistungserbringern aus Behandlungsverträgen (BayObLG NJW-RR 06, 15), Ansprüche aus unerlaubter Handlung, aus Darlehensverträgen (BayObLG

FamRZ 99, 1175, 1176) oder Geschäftsbesorgungsverträgen (BayObLG FamRZ 99, 1175, 1176). § 28 greift hinsichtlich der Erblasserschulden auch dann, wenn der Gläubiger der Erblasserschuld (zB als Darlehensgeber) Miterbe ist und die übrigen Miterben in Anspruch nimmt (BayObLG, FamRZ 99, 1175, 1176). Erbfallschulden, die nicht bereits von § 27 erfasst werden, sind etwa Beerdigungskosten (§ 1968 BGB) (Karlsr OLGR 03, 347), Kosten für die Eröffnung einer Verfügung von Todes wegen (§ 348 FamFG, § 6 KostO) (*Olzen* Jura 01, 520, 521) oder der Anspruch der Mutter eines werdenden Erben gem § 1963 BGB, der kein gesetzliches Vermächtnis, sondern einen Unterhaltsanspruch darstellt (jurisPK/*Wildemann* § 1963 BGB, Rn 2). Zu den Nachlasserbenschulden gehören auch (vermeintliche) Ausgleichsansprüche der Miterben untereinander wegen Leistungen, die einzelne Miterben in Befolgung von Mehrheitsbeschlüssen der Erbengemeinschaft zur Verwaltung oder Abwicklung des Nachlasses erbracht haben (Schlesw MDR 07, 1200, 1201). Gleiches gilt für Rückgriffs- oder Ausgleichsansprüche der Miterben untereinander, die aus der Befriedigung von Pflichtteilsberechtigten durch einzelne von ihnen entstanden sind (Naumbg ZEV 06, 33). Keine Nachlassverbindlichkeiten iSd § 28 sind bspw Ansprüche des Erbschaftskäufers gegen den Veräußerer (§§ 2375 ff BGB).

II. Klage gegen den Alleinerben – Belegenheit des ganzen oder teilweisen Nachlasses im Bezirk des Gerichts. Ist eine Klage wegen anderer Nachlassverbindlichkeiten iSd § 28 gegen einen Alleinerben gerichtet, so ist für das Eingreifen des § 28 ausschlaggebend, dass sich bei Klageerhebung (= Rechtshängigkeit, § 261 II) noch mindestens ein Vermögensgegenstand im Gerichtsbezirk befindet, der weder entfernt worden, noch durch Veräußerung aus dem Nachlassvermögen ausgeschieden ist (MüKoZPO/*Patzina* § 28 Rn3). Sofern zum Nachlassvermögen auch Forderungen gehören, befürwortet die wohl hA eine analoge Anwendung des § 23 S 2, so dass die **Forderungsbelegenheit** am Schuldnerwohnsitz oder bei Forderungen, für die eine dingliche Sicherheit an einer Sache (zB Grundpfandrecht) bestellt ist, auch am Belegenheitsort dieser Sache, fingiert würde (MüKoZPO/*Patzina* § 28 Rn 3; St/J/*Roth* § 28 Rn 4; Zö/*Vollkommer* § 28 Rn 3). Dem ist mangels Bezugnahme des § 28 auf § 23 zu widersprechen, da § 23 keineswegs einen allgemeinen Rechtsgedanken des Zuständigkeits- oder gar des Zivilverfahrensrechts normiert (Lange S. 221 f) und statt der von § 23 S 2 gewählten Anknüpfung ebenso gut eine Anknüpfung an den Erfüllungsort in Betracht käme. Auch der Sinn und Zweck des § 28 gebietet eine analoge Anwendung des § 23 S 2 nicht, da der Schuldnerwohnsitz einer zum Nachlass gehörenden Forderung dem Zufall unterliegt und daher anders als etwa die Belegenheit eines Grundstücks oder sonstiger verkörperter Nachlassgegenstände keinen inneren Bezug zum Gerichtsstand des § 28 zu vermitteln vermag. Dies wäre sehr viel eher bei einer Anknüpfung an den Erfüllungsort der Fall, für die es aber ebenfalls keine normative Grundlage gibt. Nachlasszugehörige Forderungen vermögen demnach mangels feststellbarer Belegenheit die Anwendung des § 28 nicht zu begründen. 3

III. Klagen gegen einen oder mehrere Miterben bei bestehender Gesamtschuldnerhaftung. Die zweite Tatbestandsvariante des § 28 bezieht sich alleine auf Klagen gegen Miterben und fordert für diese das Fortbestehen der Gesamtschuldnerhaftung, während – im Gegensatz zum Alleinerben – die etwaige Belegenheit von Nachlassgegenständen im Gerichtsbezirk unerheblich ist (St/J/*Roth* § 28 Rn 3). Dabei kommt es für die Anwendung des § 28 darauf an, dass zum Zeitpunkt der Klageerhebung gerade hinsichtlich der streitgegenständlichen Forderung eine Gesamtschuldnerhaftung fortbesteht (BayObLG NJW-RR 04, 944; FamRZ 99, 1175, 1176). Die Auseinandersetzung der Erbengemeinschaft führt nicht automatisch zum Entfallen des § 28, da mit der Auseinandersetzung lediglich die gesamthänderische Bindung beseitigt wird (§ 2040 BGB), wohingegen die gesamtschuldnerische Haftung der Miterben auch nach der Teilung des Nachlasses grds fortbesteht (vgl §§ 2058 ff BGB) (BGH NJW 98, 682) und lediglich unter den Voraussetzungen der §§ 2060, 2061 BGB auf eine anteilige Miterbenhaftung – zu prüfen jeweils bezogen auf die streitgegenständliche Forderung – beschränkt werden kann (BayObLG FamRZ 99, 1175, 1176). 4

IV. Internationale Zuständigkeit. § 28 indiziert grds die internationale Zuständigkeit, wird allerdings im Anwendungsbereich der EuGVO verdrängt. Dies kommt gem Art 1 II 2a, 2 I 1 EuGVO bei solchen Ansprüchen in Betracht, die nicht als »erbrechtlich« zu qualifizieren sind, also etwa bei Erblasserschulden (St/J/*Roth* § 28 Rn 9), aber durchaus auch bei Nachlasserbenschulden (wie zB Werklohnanspruch wegen Gewerks zur Erhaltung eines Nachlassgegenstandes). 5

§ 29 Besonderer Gerichtsstand des Erfüllungsorts. **(1) Für Streitigkeiten aus einem Vertragsverhältnis und über dessen Bestehen ist das Gericht des Ortes zuständig, an dem die streitige Verpflichtung zu erfüllen ist.**
(2) Eine Vereinbarung über den Erfüllungsort begründet die Zuständigkeit nur, wenn die Vertragsparteien Kaufleute, juristische Personen des öffentlichen Rechts oder öffentlich-rechtliche Sondervermögen sind.

Inhaltsübersicht

	Rz
A. Normgegenstand	1
I. § 29 I	1
II. § 29 II	2
B. Gerichtsstand des gesetzlichen Erfüllungsortes (§ 29 I)	3
I. Anwendungsbereich	3
1. Vertragsverhältnis	4
a) Schuldrechtliche Verpflichtungsverträge	4
b) Vertragsähnliche Sonderbeziehungen	5
c) Abgrenzung	6
aa) Verfügungsverträge	6
bb) Gesetzliche Schuldverhältnisse	7
cc) Wertpapiere	8
dd) Familienrecht	9
ee) Erbrecht	10
ff) Prozessrecht	11
2. Streitigkeit	12
II. Gesetzlicher Erfüllungsort	13
1. Bestimmung des Erfüllungsorts	13
2. Einzelfälle (alphabetisch)	14
III. Prüfung, Darlegungs- und Beweislast	15
C. Gerichtsstand des vereinbarten Erfüllungsorts (§ 29 II)	16
I. Anwendungsbereich	16
II. Vereinbarung über den Erfüllungsort	17
III. Prüfung, Darlegungs- und Beweislast	18
D. Internationale Zuständigkeit	19

1 **A. Normgegenstand. I. § 29 I.** Die Regelung begründet einen besonderen Gerichtsstand für Streitigkeiten aus einem Vertragsverhältnis und über dessen Bestehen am Erfüllungsort. Mit dem **Erfüllungsort als Anknüpfungspunkt** für die örtliche Zuständigkeit stellt § 29 I in **bewusster Abkehr vom Schutzzweck des § 12** (vgl § 12 Rz 1) den Gedanken des **Sachzusammenhangs** zwischen dem **Vertragsverhältnis** nach materiellem Recht und dem **Rechtsstreit** iSd Prozessrechts in den Vordergrund. Es soll sichergestellt werden, dass das Gericht entscheiden kann, das einen unmittelbaren sachlichen Bezug zu dem Rechtsstreit hat, weil die streitige Verpflichtung in seinem Gerichtsbezirk zu erfüllen ist (vgl LG Kiel NJW 89, 841; Musielak/*Heinrich* Rn 1). Die **Bedeutung** dieses Normzwecks **relativiert** sich allerdings, wenn man berücksichtigt, dass der Erfüllungsort iSd § 29 I oftmals mit dem Wohnsitz des Schuldners, also mit dem allg Gerichtsstand des Beklagten iSd § 12, zusammenfällt (s. näher Rz 13).

2 **II. § 29 II.** Die Vorschrift enthält eine **prozessuale Beschränkung** der Rechtswirkungen einer Vereinbarung über den Erfüllungsort (vgl BGHZ 157, 20, 27; näher Rz 16; vgl auch § 38). Sie **bezweckt** den Schutz rechtlich unkundiger bzw geschäftlich ungewandter Schuldner, denen kein Gerichtsstand aufgedrängt werden soll (BTDrs 7/268, 1, 5; Musielak/*Heinrich* Rn 2).

3 **B. Gerichtsstand des gesetzlichen Erfüllungsortes (§ 29 I). I. Anwendungsbereich.** § 29 I ist als besondere Gerichtsstandsregelung neben den allg oder besonderen Gerichtsständen (zB dem besonderen Gerichtsstand des Zahlungsortes bei Wechsel- und Scheckklagen, §§ 603, 605a) anwendbar und wird durch ausschließliche Gerichtsstände verdrängt, so etwa durch §§ 29a, 29c, § 1005 (s. näher § 12 Rz 4, 7). Er gilt für **alle Personen**. Die Zuständigkeit nach § 29 I besteht unabhängig davon, ob aus **originärem oder abgeleitetem Recht** geklagt wird (vgl Zö/*Vollkommer* Rn 7; Musielak/*Heinrich* Rn 3; ThoPu/*Hüßtege* Rn 3; für die Gesamtrechtsnachfolge s.a. BayObLG NJW-RR 06, 15, 16). Sie gilt auch für den begünstigten Dritten aus einem **Vertrag zugunsten Dritter** nach § 328 BGB (Musielak/*Heinrich* Rn 3; MüKoZPO/*Patzina* Rn 11).

4 **1. Vertragsverhältnis. a) Schuldrechtliche Verpflichtungsverträge.** Das Erfordernis »aus einem Vertragsverhältnis« ist weit auszulegen und schon dann erfüllt, wenn die Streitigkeit im Zusammenhang mit einem Vertrag steht und aus dem Vertragsverhältnis herrührt (BGHZ 188, 85 Tz 26 mwN). Deshalb werden von § 29 nicht nur alle Ansprüche aus schuldrechtlichen Verpflichtungsverträgen erfasst (BGHZ 132, 105, 109; Zö/*Vollkommer* Rn 5; Musielak/*Heinrich* Rn 3; ThoPu/*Hüßtege* Rn 3), sondern auch gesetzliche Ansprüche

auf vertraglicher Grundlage (BGHZ 188, 85 Tz 26). § 29 gilt auch bei öffentlich-rechtlichen Verträgen, bei denen allerdings grds der Verwaltungsrechtsweg nach § 40 I VwGO eröffnet ist (vgl Zö/*Vollkommer* Rn 5; Musielak/*Heinrich* Rn 3). Da auch der **Auseinandersetzungsvertrag** bei der **Erbengemeinschaft** eine schuldrechtliche Verpflichtung enthält, die klageweise durchgesetzt werden kann (vgl nur Palandt/*Edenhofer* § 2042 Rn 10, 18 f), ist § 29 neben § 27 anwendbar (vgl St/J/*Roth* Rn 8; Musielak/*Heinrich* Rn 6; aA Zö/*Vollkommer* Rn 11; s.a. Rz 10).

b) Vertragsähnliche Sonderbeziehungen. Nach allgM gilt § 29 jedenfalls in **analoger Anwendung** auch für vertragsähnliche Sonderbeziehungen (vgl KGR 05, 723 f; Zö/*Vollkommer* Rn 6; Musielak/*Heinrich* Rn 4). Eine solche vertragsähnliche Sonderbeziehung wird angenommen bei der **culpa in contrahendo**, was nunmehr auch durch die gesetzliche Regelung in den §§ 311 II, 241 II BGB bestätigt wird (hM; BayObLG VersR 85, 741, 743; NJW-RR 03, 1503; München VersR 09, 1382 f; Zö/*Vollkommer* Rn 6; St/J/*Roth* Rn 5, 18; MüKoZPO/*Patzina* Rn 11; ThoPu/*Hüßtege* Rn 4; Musielak/*Heinrich* Rn 4), bei der **Haftung des Vertreters ohne Vertretungsmacht** nach § 179 I BGB (Hambg MDR 75, 227; ThoPu/*Hüßtege* Rn 3; Zö/*Vollkommer* Rn 6; Musielak/*Heinrich* Rn 4), bei der **Haftung nach § 128 HGB**, was auch für die GbR gilt (BayObLG MDR 02, 1360; Schlesw BB 04, 462 f; Musielak/*Heinrich* Rn 5; Zö/*Vollkommer* Rn 6, 25 »Handelsgesellschaft und GbR«) und nach den **§§ 161, 171 HGB** (BayObLGZ 80, 13 ff; Schlesw BB 04, 462 f; Musielak/*Heinrich* Rn 5; Zö/*Vollkommer* Rn 6), bei der **Organhaftung** nach den §§ 93 II, 116 AktG (Musielak/*Heinrich* Rn 5; Zö/*Vollkommer* Rn 6) und § 43 II GmbHG (BGH NJW-RR 02, 800 f; Musielak/*Heinrich* Rn 5; Zö/*Vollkommer* Rn 6) sowie §§ 34, 41 GenG (Musielak/*Heinrich* Rn 5; Zö/*Vollkommer* Rn 6), bei der Haftung nach § 54 S 2 BGB (Musielak/*Heinrich* Rn 5; St/J/*Roth* Rn 15), § 11 II GmbHG und 41 I 2 AktG (Musielak/*Heinrich* Rn 5). Eine vertragsähnliche Sonderbeziehung liegt darüber hinaus bei Streitigkeiten aus dem Verhältnis der **Wohnungseigentümer** (§§ 10 I, 13 ff WEG; Stuttg OLGR 191 f; Musielak/*Heinrich* Rn 5; Zö/*Vollkommer* Rn 6), aus dem **Gemeinschaftsverhältnis** nach den §§ 741 ff BGB (Musielak/*Heinrich* Rn 5; Zö/*Vollkommer* Rn 6) und beim Gesamtschuldnerausgleichsanspruch nach § 426 BGB vor (s. Rz 14 »Gesamtschuld«). Zu den vertragsähnlichen Sonderbeziehungen lassen sich auch die **Rückabwicklungsverhältnisse aus Vertrag** zählen (vgl BGHZ 132, 105, 110; Saarbr NJW 05, 906, 907; BayObLG NJW-RR 02, 1502, 1503; Zö/*Vollkommer* Rn 6), so bei Rücktritt oder Widerruf (vgl Zö/*Vollkommer* Rn 6; MüKoZPO/*Patzina* Rn 5; s.a. § 29c). Umstritten ist, ob § 29 auch bei der **Leistungskondiktion** (§ 812 I 1 BGB) anwendbar ist. Mit einer stark im Vordringen befindlichen Meinung ist davon auszugehen, dass aufgrund des engen rechtlichen Bezugs zu einem Vertragsverhältnis bei Ansprüchen aus Leistungskondiktion wegen nichtigen Vertrages ein Unterschied zu den Fällen des gesetzlichen bzw vertraglichen Rücktritts nur schwer begründet werden kann (vgl Musielak/Heinrich Rn 7; Zö/*Vollkommer* Rn 13; MüKoZPO/*Patzina* Rn 6; St/J/*Roth* Rn 6; vgl auch Saarbr NJW 05, 906, 907; aA bislang BGH MDR 62, 399, 400; BGHZ 132, 105, 110). Dies muss für **alle Fälle der Leistungskondiktion** gelten, also nicht nur die Fälle des § 812 I 1 Alt 1 BGB, sondern auch für § 812 I 2 Alt 1 BGB; denn auch im Fall des späteren Wegfalls des rechtlichen Grundes ist die enge rechtliche Beziehung zu dem Vertragsverhältnis evident. Deshalb muss § 29 zB bei Rückabwicklungsverhältnissen nach Eintritt einer auflösenden Bedingung Anwendung finden (Zö/*Vollkommer* Rn 6). Dasselbe gilt in den Fällen der Leistungskondiktion im Rahmen bestehender Vertragsverhältnisse (vgl Stuttg OLGR 05, 362 f; Zö/*Vollkommer* Rn 13; Musielak/*Heinrich* Rn 7). Wegen der sonstigen Ansprüche aus ungerechtfertigter Bereicherung s. Rz 7. Unter Beachtung der Ausführungen des BGH zu dem Rechtsverhältnis bei Gewinnzusagen (§ 661a BGB; BGHZ 165, 172, 179) kann ferner bei **rechtsgeschäftsähnlichen Schuldverhältnissen** wie § 661a BGB auf § 29 zurückgegriffen werden (Dresd MDR 05, 591; Zö/*Vollkommer* Rn 6; ThoPu/*Hüßtege* Rn 3; Palandt/*Sprau* § 661a Rn 1; aA Musielak/*Heinrich* Rn 6). Vor diesem Hintergrund wird man auch **Schuldverhältnisse aus einseitigen Leistungsversprechen** wie zB § 657 BGB nicht länger vom Anwendungsbereich des § 29 ausnehmen können (vgl Zö/*Vollkommer* Rn 6; aA Musielak/*Heinrich* Rn 6; MüKoZPO/*Patzina* Rn 12; ThoPu/*Hüßtege* Rn 3). 5

c) Abgrenzung. aa) Verfügungsverträge. Die schuldrechtlichen und sachenrechtlichen Verfügungsverträge wie die Abtretung (§ 398 BGB), die befreiende Schuldübernahme (§§ 414 ff) und die Verträge nach den §§ 873, 925, 929 BGB (Zö/*Vollkommer* Rn 8 f; Musielak/*Heinrich* Rn 6; ThoPu/*Hüßtege* Rn 3) sind vom Anwendungsbereich ausgenommen. 6

bb) Gesetzliche Schuldverhältnisse. Gesetzliche Schuldverhältnisse werden vom Normzweck nicht erfasst (s. Rz 1) und sind daher grds vom Anwendungsbereich des § 29 ausgenommen (Zö/*Vollkommer* Rn 13, 14); zB Ansprüche aus ungerechtfertigter Bereicherung, deliktische Schuldverhältnisse (zum Prüfungsumfang 7 iRd § 29 s. Rz 15), die GoA, auch die Ansprüche nach § 368 BGB und § 371 BGB. Eine **Ausnahme** muss aber dort gelten, wo das gesetzliche Schuldverhältnis wie bei der Leistungskondiktion einen engen rechtlichen Bezug zu einem Vertragsverhältnis aufweist, also quasi mit diesem verwoben ist (s. dazu Rz 5). Anderes gilt auch für gesetzliche Ansprüche auf vertraglicher Grundlage (vgl BGHZ 188, 85 Tz 26, s. Rz 4).

8 cc) **Wertpapiere.** Streitigkeiten aus Inhaberpapieren wie zB der Schuldverschreibung auf den Inhaber (§ 793 BGB) sollen nicht von § 29 erfasst werden (Zö/*Vollkommer* Rn 15; Musielak/*Heinrich* Rn 7). Das erscheint fraglich. Für Ansprüche aus Konnossementen (vgl §§ 643, 656 HGB) ist die Anwendbarkeit des § 29 in der Rspr bereits anerkannt worden (vgl BGH VersR 83, 1077; Hambg VersR 72, 782). Auch auf die Ansprüche aus einem Wechsel und Scheck soll § 29 anwendbar sein (vgl Zö/*Vollkommer* Rn 25 »Wechsel, Scheck«; Zö/*Greger* § 603 Rn 3). Eine überzeugende Abgrenzung dieser Wertpapiere zu den übrigen forderungsrechtlichen Wertpapieren (zum Begriff Palandt/*Sprau* Einf v § 793 Rn 1) ist nicht erkennbar. § 29 muss deshalb für **alle forderungsrechtlichen Wertpapiere** gelten.

9 **dd) Familienrecht.** Familienrechtliche Verträge wie zB das Verlöbnis (BGHZ 132, 105, 109 f; Zö/*Vollkommer* Rn 10; Musielak/*Heinrich* Rn 8; ThoPu/*Hüßtege* Rn 3; MüKoZPO/*Patzina* Rn 12; aA St/J/*Roth* Rn 8) und Verträge, die lediglich die gesetzliche Unterhaltspflicht konkretisieren (Dresd FamRZ 00, 543; BayObLG NJW-RR 99, 1293, 1294; Zö/*Vollkommer* Rn 10; Musielak/*Heinrich* Rn 8) sind vom Anwendungsbereich ausgenommen. Dieser Grundsatz gilt jedoch nicht für Verträge zwischen den Partnern einer **nichtehelichen Lebensgemeinschaft** (Musielak/*Heinrich* Rn 8; St/J/*Roth* Rn 8; aA Zö/*Vollkommer* Rn 10). Demgegenüber wird man mit der gesetzlichen Anerkennung der Lebenspartnerschaft und deren an das Familienrecht angelehnter Ausgestaltung auch die Vereinbarungen zwischen Lebenspartnern vom Anwendungsbereich des § 29 ausnehmen müssen, die sich auf die durch das LPartG geregelten Gegenstände beziehen (vgl auch §§ 111 Nr. 11, 270 FamFG).

10 **ee) Erbrecht.** Der Erbvertrag nach § 2274 BGB und der Erbverzicht werden aufgrund ihrer Besonderheiten von § 29 nicht erfasst (allgM; Musielak/*Heinrich* Rn 6; Zö/*Vollkommer* Rn 11; St/J/*Roth* Rn 7; MüKoZPO/*Patzina* Rn 12). Auch Vermächtnisansprüche sind von § 29 ausgenommen, da das Vermächtnis kein Vertragsverhältnis iSd Vorschrift betrifft (jurisPK-BGB/*Reymann* § 2174 Rn 76; BaRoth/*Müller-Christmann* § 2174 Rn 17). Anderes gilt aber für Auseinandersetzungsverträge zwischen Miterben (s.o. Rz 4).

11 **ff) Prozessrecht.** Für Verträge, welche die prozessrechtlichen Beziehungen der Vertragsschließenden zum Gegenstand haben wie zB Schiedsverträge (§ 1029 I) oder Vereinbarungen, eine Prozessentscheidung über einen Teilbetrag für die ganze Forderung gelten zu lassen, gilt § 29 nicht (BGHZ 7, 184, 185; Zö/*Vollkommer* Rn 12; Musielak/*Heinrich* Rn 6; MüKoZPO/*Patzina* Rn 12; aA St/J/*Roth* Rn 8).

12 **2. Streitigkeit.** § 29 I spricht von Streitigkeiten aus einem Vertragsverhältnis und über dessen Bestehen. Nach allgM werden hiervon alle Klagen und Anträge erfasst, die Ansprüche aus einem Vertragsverhältnis (s. dazu Rz 4 f) zum Gegenstand haben (vgl Musielak/*Heinrich* Rn 9; St/J/*Roth* Rn 4 ff; ThoPu/*Hüßtege* Rn 1). Zum Prüfungsumfang s. Rz 15.

13 **II. Gesetzlicher Erfüllungsort. 1. Bestimmung des Erfüllungsorts.** Die örtliche Zuständigkeit nach § 29 I ist an dem Ort gegeben, an dem die streitige Verpflichtung zu erfüllen ist (**Erfüllungsort**). Die Vorschrift trifft keine Aussage dazu, wo sich der Erfüllungsort befindet. Der Erfüllungsort iSd § 29 I richtet sich deshalb nach **materiellem Recht** (BGH NJW-RR 07, 777, 778; Zö/*Vollkommer* Rn 24; MüKoZPO/*Patzina* Rn 19; Musielak/*Heinrich* Rn 15). Sofern keine gesetzlichen Sonderregelungen eingreifen (zB §§ 261 I, 374 I, 697, 811, 1194 BGB, § 36 VVG, Art 2 II, III, 8 ScheckG, Art 2 III, 75, 76 III WG), ist die **Vorschrift des § 269 I, II BGB** maßgeblich zu berücksichtigen (vgl BGHZ 157, 20, 23; NJW-RR 07, 777, 778; ThoPu/*Hüßtege* Rn 5). Der **Begriff des Leistungsortes** wird als **Synonym** zum Erfüllungsort gebraucht, obwohl es sich bei dem Leistungsort um den Ort handelt, an dem die Leistung vorzunehmen ist (s. nur jurisPK/*Kerwer* § 269 Rn 10; MüKoBGB/*Krüger* § 269 Rn 2). Aus § 269 I BGB ergibt sich, dass für die Bestimmung des Leistungsortes vorrangig auf die **Parteivereinbarung** abzustellen ist, die sowohl ausdrücklich als auch in konkludenter Form erfolgen kann (s. dazu nur Palandt/*Grüneberg* § 269 Rn 8; PWW/*Jud* § 269 Rn 6; MüKoBGB/*Krüger* § 269 Rn 12, 14). Streitig ist die **prozessuale Wirkung** solcher materiell-rechtlichen Vereinbarungen. Das ist im Hinblick auf die Regelung des § 29 II fraglich. Denn § 29 II lässt Vereinbarungen über den Erfüllungsort nur unter engen Voraussetzungen zu. Ein Teil der Lit will deshalb materiell-rechtliche Erfüllungsortvereinbarungen vom Anwendungsbereich des § 29 II ausnehmen, wenn sie ernstlich

gewollt sind (St/J/*Roth* Rn 33 ff, 58; Zö/*Vollkommer* Rn 26). Nach der Gegenauffassung sollen Erfüllungsortvereinbarungen zwar materiell-rechtlich uneingeschränkt gelten, ihre prozessuale, also zuständigkeitsbegründende Wirkung aber nur unter den Voraussetzungen des § 29 II entfalten können. Das wird vornehmlich mit dem Normzweck des § 29 II und mit dem Bedürfnis nach Rechtsklarheit und Rechtssicherheit begründet (vgl nur Musielak/*Heinrich* Rn 42). Die letztgenannte Auffassung überzeugt. § 29 II spricht generell von Vereinbarungen. Die Regelung soll den uneingeschränkten Schutz unkundiger bzw geschäftlich ungewandter Schuldner gewährleisten, denen kein Gerichtsstand aufgedrängt werden soll (vgl Rz 2). Damit wäre nur schwer vereinbar, wenn für jeden Einzelfall entschieden werden müsste, ob sich die Erfüllungsortvereinbarung tatsächlich als ernstlich gewollte materiell-rechtliche Bestimmung des Leistungsortes darstellt. Es ist deshalb davon auszugehen, dass eine Vereinbarung über den Erfüllungsort die örtliche Zuständigkeit des Gerichts nicht nach § 29 I, sondern nur nach § 29 II begründen kann (Musielak/*Heinrich* Rn 42; ThoPu/*Hüßtege* Rn 5; MüKoZPO/*Patzina* Rn 101; Palandt/*Grüneberg* § 269 Rn 3; PWW/*Jud* § 269 Rn 13; jurisPK/*Kerwer* § 269 Rn 4; Jauernig 9 III 2 f; vgl auch BayObLG NJW-RR 90, 1020). Im Rahmen des § 29 I kann deshalb nur auf den Leistungsort des materiellen Rechts abgestellt werden, der sich unmittelbar aus gesetzlichen Sonderregelungen, aus den Umständen, insb aus der Natur des Schuldverhältnisses, und im Zweifel aus § 269 I, II BGB ergibt. Der so bestimmte Leistungsort wird als **gesetzlicher Leistungsort** bezeichnet (vgl nur Musielak/*Heinrich* vor Rn 14; Palandt/*Grüneberg* Rn 3; PWW/*Jud* § 269 Rn 13). Der gesetzliche Leistungsort ist für **jede einzelne Verpflichtung gesondert** zu bestimmen. Auch bei gegenseitigen Vertragsverhältnissen ist er **nicht notwendig einheitlich** (BGH NJW-RR 07, 777, 778; Zö/*Vollkommer* Rn 24; Musielak/*Heinrich* Rn 14; MüKoZPO/*Patzina* Rn 20; MüKoBGB/*Krüger* § 269 Rn 10). Im Einzelfall kann sich **aus den Umständen** allerdings ein **gemeinsamer Erfüllungsort (einheitlicher Erfüllungsort)** ergeben. Nach heutiger, differenzierter Auffassung des BGH kann ein einheitlicher Erfüllungsort aber nicht allein deshalb bejaht werden, weil am Ort der zu erbringenden Leistung der Schwerpunkt des Vertrages liegt. Das hätte nämlich zur Folge, dass nahezu bei jedem Vertragstyp ein einheitlicher Erfüllungsort für Leistung und Gegenleistung vorläge, was mit der Regelung des § 269 I BGB nicht zu vereinbaren ist (BGH NJW-RR 07, 777, 778; BGHZ 157, 20, 25). Es müssen deshalb weitere Umstände hinzutreten, die für die Annahme eines gemeinsamen Erfüllungsortes sprechen (BGHZ 157, 20, 25; NJW-RR 07, 777, 778; Musielak/*Heinrich* Rn 17). Der BGH will das in den Fällen bejahen, in denen es der **Natur des Schuldverhältnisses** entspricht, dass die Vertragsparteien ihre gesamten daraus herrührenden Rechtsbeziehungen an diesem Ort erledigen (BGH NJW-RR 07, 777, 778; NJW 86, 935; s. näher Rz 14 »Architektenvertrag«, »Bauvertrag«, »Energielieferungsvertrag«, »Kaufvertrag«). Bei einem Streit um die **Feststellung des Bestehens des gesamten streitigen Vertragsverhältnisses** erscheint es sinnvoll, als Erfüllungsort iSd § 29 I den Ort anzusehen, an dem die den Vertragstyp wesentlich bestimmende Hauptleistungspflicht zu erfüllen ist. Auf diesen Ort ist auch für die **negative Feststellungsklage** abzustellen (vgl RGZ 56, 138, 141; St/J/*Roth* Rn 21; Musielak/*Heinrich* Rn 14; aA Zö/*Vollkommer* Rn 24 aE). Das lässt sich mit der Bedeutung der Hauptleistungspflicht für den Vertragstyp erklären und es entspricht auch dem Normzweck des § 29, wonach das sachnähere Gericht zur Entscheidung berufen ist.

2. Einzelfälle (alphabetisch). Anlageberatung/-vermittlung. Der Erfüllungsort für die Beratungspflicht liegt dort, wo die Beratung erfolgen soll bzw erfolgt ist (vgl BayObLG BB 97, 1868; München VersR 09, 1382 f; Köln OLGR 05, 553, 554; Schlesw OLGR 05, 630 f; Zö/*Vollkommer* Rn 25 »Anlageberatung, Anlagevermittlung«). Das gilt auch für mit der Anlagevermittlung zusammenhängende **Auskunftsverträge** (vgl Köln VersR 01, 508). Tritt zu einem **Kaufvertrag** ein Beratungsvertrag hinzu (vgl BGHZ 156, 371, 374), so sind die Erfüllungsorte gesondert zu bestimmen (Schlesw OLGR 05, 630 f; Musielak/*Heinrich* Rn 28 »Kaufverträge«). 14

Anwaltsvertrag. Nach geänderter Rspr des BGH liegen die besonderen Voraussetzungen eines einheitlichen Erfüllungsortes beim Anwaltsvertrag nicht vor (BGHZ 157, 20, 25 ff; NJW-RR 04, 932; zum einheitlichen Erfüllungsort s. Rz 13). Erfüllungsort für die Vergütungsansprüche des Anwalts ist danach grds nicht der Kanzleisitz, sondern der Wohnsitz des Mandanten zur Zeit der Entstehung des Schuldverhältnisses nach § 269 I BGB (BGHZ 157, 20, 28; NJW-RR 04, 932; Zö/*Vollkommer* Rn 25 »Anwaltsvertrag«; Musielak/*Heinrich* Rn 20 »Anwaltsverträge«; ThoPu/*Hüßtege* Rn 6; aA B/L/A/H Rn 18). Für die Tätigkeit des Anwalts ist auf den Ort abzustellen, an dem die nachgefragte Tätigkeit entfaltet werden soll (vgl BGHZ 157, 20, 25). Deshalb ist grds auf den Sitz der Kanzlei abzustellen. Vgl auch § 34 sowie Art 5 Nr 1b, 2 EuGVO.

Arbeitsvertrag. Zum Erfüllungsort bei Arbeitsverhältnissen vgl die Kommentierungen zu § 2 ArbGG und § 48 Ia ArbGG.

Architektenvertrag. Ein **gemeinsamer Erfüllungsort** (vgl Rz 13) am **Ort des Bauwerks** liegt nur vor, wenn die Leistung des Architekten neben der Planung auch die Bauaufsicht umfasst (BGH NJW 01, 1936 f; Zö/*Vollkommer* Rn 25 »Architektenvertrag«; Musielak/*Heinrich* Rn 20 »Architektenverträge«; aA Werner/Pastor Rn 420). Daran hat sich durch die Rspr des BGH zum Anwaltsvertrag (s. dazu »Anwaltsvertrag«) nichts geändert. Wenn es nicht zur Errichtung des Bauwerks kommt, ist der Wohnsitz/Sitz des Auftraggebers maßgebend (Oldbg NJW-RR 99, 865 f; Musielak/*Heinrich* Rn 20 »Architektenverträge«; Werner/Pastor Rn 421). In allen anderen Fällen ist grds der Wohnsitz/Sitz des Auftraggebers Erfüllungsort für das Architektenhonorar (Köln NJW-RR 94, 986; KG BauR 99, 940 ff; Zö/*Vollkommer* Rn 25 »Architektenvertrag«; Musielak/*Heinrich* Rn 20 »Architektenverträge«; aA Werner/Pastor Rn 420). Zur Bestimmung des Erfüllungsortes für die Architektenleistungen kommt es auf den Schwerpunkt der Tätigkeit an (vgl Zweibr BauR 1990, 513 f; BayObLG NJW-RR 98, 814 f; Zö/*Vollkommer* Rn 25 »Architektenvertrag«). Bei reinen Planungsaufgaben liegt der Schwerpunkt der Tätigkeit regelmäßig am Geschäftssitz des Architekten (vgl KG BauR 99, 940 ff). Vgl auch »Bauvertrag«.

Arztvertrag. Bei **nichtstationärer Behandlung**, also ambulanter Behandlung im Krankenhaus oder Behandlung durch niedergelassene Ärzte, ist grds der Ort der Praxis bzw der des Krankenhauses, wo sich die Ambulanz befindet, gemeinsamer Erfüllungsort (vgl Zö/*Vollkommer* Rn 25 »Ärztlicher Behandlungsvertrag«; Musielak/*Heinrich* Rn 21 »Behandlungsverträge«; für den zahnärztlichen Behandlungsvertrag Ddorf MedR 05, 410; aA LG Mainz NJW 03, 1612). Daran hat sich durch die Rspr des BGH zum Anwaltsvertrag (s. dazu »Anwaltsvertrag«) nichts geändert. Die ärztlichen Leistungen sind gerade im Hinblick auf ihre enge Praxisbezogenheit nicht mit anwaltlichen Dienstleistungen zu vergleichen. Vgl auch »Behandlungsvertrag« und »Krankenhausaufnahmevertrag«.

Auftrag. Erfüllungsort für die Pflicht zur Besorgung des Geschäfts (§ 662 BGB) ist der Ausführungsort (Zö/*Vollkommer* Rn 25 »Auftrag, Geschäftsbesorgungsvertrag«; MüKoZPO/*Patzina* Rn 29), für die Herausgabepflicht nach § 667 BGB der Wohnsitz des Beauftragten bei Entstehung des Anspruchs (Stuttg OLGR 07, 632, 635), für den Anspruch auf Ersatz von Aufwendungen nach § 670 BGB im Zweifel der Wohnsitz des Auftraggebers (Zö/*Vollkommer* Rn 25 »Auftrag, Geschäftsbesorgungsvertrag«). Vgl auch »Geschäftsbesorgung«.

Ausbildungsvertrag. Es ist von einem einheitlichen Erfüllungsort (vgl Rz 13) am Kursort auszugehen (Karlsr NJW-RR 86, 351; Zö/*Vollkommer* Rn 25 »Ausbildungsvertrag, Internatsvertrag«; Musielak/*Heinrich* Rn 21 »Ausbildungsverträge«; tw abw Zweibr OLGR 09, 209). Bei **Fernunterrichtsverträgen** beachte den ausschließlichen Gerichtsstand des § 26 FernUSG; vgl auch »Internatsschulvertrag«.

Auslobung. Vgl dazu Rz 5 aE, »Gewinnzusage«.

Bauvertrag. Es gilt regelmäßig ein **einheitlicher Erfüllungsort** (vgl Rz 13) am **Ort des Bauwerks** (BGH NJW 86, 935; Zö/*Vollkommer* Rn 25 »Bauwerkvertrag«; Musielak/*Heinrich* Rn 36 »Werkverträge«; Werner/Pastor Rn 420), auch bei Ansprüchen von einer ARGE und gegen eine ARGE (Werner/Pastor Rn 420 mit Hinweis auf die Rechts- und Parteifähigkeit der BGB-Außengesellschaft) und im Falle des § 648 BGB (Zö/*Vollkommer* Rn 25 »Bauwerkvertrag«; Musielak/*Heinrich* Rn 36 »Werkverträge«). Bei **bloßen Erdarbeiten** mit laufenden Strecken-km kann das allerdings nicht gelten (Zö/*Vollkommer* Rn 25 »Bauwerkvertrag« mit Verweis auf BayObLGZ 85, 317). Beim **VOB-Vertrag** beachte § 18 Nr 1 VOB/B, der § 29 ausschließt (vgl Frankf NJW-RR 99, 604 f; Stuttg BauR 99, 683 f; LG Magdeburg BauR 00, 925 f; LG Dessau-Roßlau BauR 08, 567).

Behandlungsvertrag. Vgl zunächst »Arztvertrag« und »Krankenhausaufnahmevertrag«. Dieselben Erwägungen führen bei Behandlungsverträgen durch Psychologen, Psychotherapeuten und den Angehörigen von nicht-ärztlichen Heilberufen zur Annahme eines gemeinsamen Erfüllungsortes am Praxissitz (vgl Musielak/*Heinrich* Rn 21; für den Heilpraktiker auch AG Rottweil NJW-RR 99, 866; aA für Psychologen und Psychotherapeuten AG Köln NJW-RR 95, 185).

Beratungsvertrag. Vgl »Anlageberatung/-vermittlung«.

Beförderungsvertrag. Bei **Luftbeförderungen** liegt der Erfüllungsort gleichermaßen am vertragsgemäßen Abflug- und am Ankunftsort (BGHZ 188, 85; Zö/*Vollkommer* Rn 25 »Beförderungsvertrag«; vgl auch EuGH NJW 09, 2801 ff). Beachte aber § 56 I, II LuftVG; vgl auch »Frachtvertrag«.

Beherbergungsvertrag. Ein allgemeiner einheitlicher Erfüllungsort existiert nicht (BGH NJW-RR 07, 777, 778 f). Wird ein Beherbergungsvertrag über ein **Reisebüro** geschlossen, ist Erfüllungsort für den Zahlungsanspruch regelmäßig der Sitz des Reisebüros (BGH NJW-RR 07, 777, 778 f; Musielak/*Heinrich* Rn 21 »Beherbergungsverträge«). Bei **Selbstbuchern** sind der Anspruch auf Beherbergung und der Zahlungsanspruch grds am Ort der Beherbergung zu erfüllen, auch wenn die gebuchte Leistung nicht abgerufen wird (vgl Nürnbg NJW 85, 1296 f; LG Kempten BB 87, 929; LG Stralsund 29.9.11, 6 O 245/11; MüKoZPO/*Patzina* Rn 36; Musielak/*Heinrich* Rn 21 »Beherbergungsverträge«; MüKoBGB/*Krüger* § 269 Rn 27; aA LG Bonn MDR 85, 588; Zö/*Vollkommer* Rn 25 »Beherbergungsvertrag«). Das gilt auch für den Vertrag über ein **Ferienhaus** (AG Neuss NJW-RR 86 1210 f, wo aber ein allg gemeinsamer Erfüllungsort angenommen wird; AG Neuruppin RRa 08, 31 f; Zö/*Vollkommer* Rn 25 »Mietvertrag«; Musielak/*Heinrich* Rn 30 »Mietverträge«). Zur Abgrenzung zwischen Beherbergungsverträgen und Verträgen über die Miete einer unbeweglichen Sache s.a. Ddorf NJW-RR 08, 1526 ff zu Art 22 EuGVO. Zu Heimverträgen und Pensionsverträgen (betreutes Wohnen) vgl § 29a Rz 3. Vgl auch »Reisevertrag«; »Beförderungsvertrag«.

Bürgschaftsvertrag. Für den Anspruch gegen den Bürgen ist dessen Wohnsitz/Sitz maßgebend (BGHZ 134, 127, 133; NJW 95, 1546, 1547; BayObLG MDR 03, 1103; Musielak/*Heinrich* Rn 21 »Bürgschaftsverträge«; MüKoZPO/*Patzina* Rn 37). Verpflichtet sich der Gläubiger ggü dem Bürgen, eine zur Sicherung der Hauptforderung bestellte Grundschuld Zug um Zug gegen Zahlung der Bürgschaftssumme an den Bürgen abzutreten, so ist diese Verpflichtung am Wohnsitz/Sitz des Gläubigers zu erfüllen (BGH NJW 95, 1546 f). Bei Wechselbürgen ist § 603 zu beachten (vgl Ddorf NJW 69, 380). Beim **Bürgenregress** nach Forderungsübergang (§ 774 BGB) ist der Erfüllungsort der Hauptschuld entscheidend (Zö/*Vollkommer* Rn 25 »Bürgschaft und Garantie; vgl auch Rz 3).

Culpa in contrahendo. Vgl Rz 5 und »Nebenpflichten«

Darlehensvertrag. Für die Pflichten des Darlehensgebers ist Erfüllungsort der Wohnsitz/Sitz bzw der Ort der Niederlassung des Darlehensgebers (Dresd WM 01, 1854, 1856; Musielak/*Heinrich* Rn 22 »Darlehensverträge«). Maßgebender Erfüllungsort für den Rückzahlungsanspruch ist nach §§ 269 I, 270 I, IV BGB grds der Wohnsitz des Darlehensnehmers im Zeitpunkt der Kreditgewährung (BGH NJW-RR 05, 581, 582; Stuttg WM 93, 17; BayObLG NJW-RR 96, 956; Zweibr OLGR 01, 522 f; Zö/*Vollkommer* Rn 25 »Darlehensvertrag«; Musielak/*Heinrich* Rn 22 »Darlehensverträge«; Palandt/*Grüneberg* § 269 Rn 12).

Dienstvertrag. Bislang wurde als Erfüllungsort grds der Ort herangezogen, an dem die Dienstleistung nach dem Vertrag zu erbringen ist. Das ist idR der Sitz der Gesellschaft (Zö/*Vollkommer* Rn 25 »Dienstvertrag«; Musielak/*Heinrich* Rn 22 »Dienstverträge«; für den GmbH-Geschäftsführervertrag BGH NJW 85, 1286, 1287; BayObLG ZIP 92, 1652; zur Haftung s. Rz 5, »BGB-Gesellschaft« und »Handelsgesellschaft«). Für die **Angehörigen freier Berufe** ist die neuere Rspr des BGH zum Anwaltsvertrag (s. dazu näher »Anwaltsvertrag«) zu beachten. Vgl »Architektenvertrag«, »Arztvertrag«, »Behandlungsvertrag«, »Mobilfunkdienstvertrag«, »Steuerberater, Wirtschaftsprüfer«.

Energielieferungsvertrag, Wasserlieferungsvertrag. Einheitlicher Erfüllungsort für die Verpflichtungen aus Energie- und Wasserlieferungsverträgen ist der Ort der Abnahme (BGH NJW 03, 3418; Zö/*Vollkommer* Rn 6; Musielak/*Heinrich* Rn 23; MüKoZPO/*Patzina* Rn 42). Das gilt auch für Streitigkeiten aus Schuldverhältnissen, die auf dem gesetzlichen Anschluss- und Benutzungszwang basieren (Straßenreinigung und Müllentsorgung; KGR 05, 723). Beachte auch § 22 StromGVV und § 22 GasGVV, die besonderen Gerichtsstände in den Allgemeinen Versorgungsbedingungen für Wasser, Elektrizität, Gas und Fernwärme (jeweils § 34 AVBWasserV, AVBEltV, AVBGasV, AVBFernwärme) und die Regelung über die ausschließliche sachliche Zuständigkeit der Landgerichte nach § 102 EnWG (dazu näher Köln NJW-RR 09 987).

Fernabsatzvertrag. Beim Fernabsatzvertrag iSd § 312b BGB lässt sich nicht pauschal ein allg einheitlicher Gerichtsstand bestimmen. Entscheidend ist vielmehr der jeweilige Vertragsinhalt (aA für Rückgewährpflichten nach Widerruf Zö/*Vollkommer* Rn 25 »Fernabsatzvertrag«: gemeinsamer Erfüllungsort Wohnsitz des Kunden). Zum Versandhandel vgl »Kaufvertrag«; zur Bestimmung des Erfüllungsortes in AGB des Fernabsatzvertrages LG Waldshut-Tiengen 7.7.03–3 O 22/03, Leitsatz in: WRP 03, 1148; Staudinger/*Thüsing* § 312b Rn 57.

Frachtvertrag. Erfüllungsort für den Zahlungsanspruch ist grds der Wohnsitz/Sitz des Schuldners (Hambg TranspR 90, 117 f; Dresd VersR 99, 1258; Musielak/*Heinrich* Rn 24; Zö/*Vollkommer* Rn 25 »Frachtverträge«). Ist auch der Empfänger zahlungsverpflichtet (vgl § 421 II 1, 2 HGB), ist für diese Pflicht der Ablieferungsort entscheidend (B/L/A/H Rn 22). Für die übrigen Pflichten ist auf den Bestimmungs- bzw Ablieferungsort der Sache abzustellen (Musielak/*Heinrich* Rn 24; B/L/A/H Rn 22), beim Seefrachtvertrag also der Bestimmungshafen (Bremen VersR 85, 987; Zö/*Vollkommer* Rn 25 »Frachtverträge«; Musielak/*Heinrich* Rn 24). Beachte auch §§ 407 III, 440 I HGB sowie für CMR-Frachtverträge Art 1a, 31 CMR (vgl dazu BGH NJW-RR 04, 762 f) und für Luftfrachtverträge § 56 LuftVG und Art 28 Warschauer Abkommen (WA). Vgl auch »Beförderungsvertrag«, »Speditionsvertrag«.

Freistellungsanspruch. Erfüllungsort ist der Ort, an dem die Hauptverpflichtung zu erfüllen ist (vgl Oldenbg FamRZ 88, 631, 632; Zö/*Vollkommer* Rn 25 »Nebenpflicht«).

Garantievertrag. S. näher »Bürgschaftsvertrag«. Für Ansprüche aus einer **Patronatserklärung** vgl LG Düsseldorf RIW 05, 629 f.

Geldschuld. Nach § 270 IV BGB ist der Zahlungsort iSd § 270 I BGB nicht notwendig identisch mit dem Erfüllungsort. Bislang ist angenommen worden, dass Erfüllungsort daher grds der Wohnsitz/Sitz des Schuldners sei (vgl BGHZ 120, 334, 347). Daran wird man trotz neuer europäischer Vorgaben festhalten können (Palandt/*Grüneberg* § 270 Rn 1; Zö/*Vollkommer* Rn 25 »Geldschuld«; aA *Staudinger* DNotZ 09, 198, 209 f.). Siehe auch »Kaufvertrag«.

Gesamtschuld. Bei der Inanspruchnahme von Gesamtschuldnern gilt, dass ein gemeinsamer Erfüllungsort nur bei der **Gesamthandsschuld** vorliegt (Zö/*Vollkommer* Rn 25 »Gesamtschuld«; Musielak/*Heinrich* Rn 25 »Gesamtschuldner«; MüKoZPO/*Patzina* Rn 51). Hiervon abgesehen erfolgt die Bestimmung des Erfüllungsortes für jeden Gesamtschuldner selbstständig (vgl BayObLG NJW-RR 98, 1291; Zö/*Vollkommer* Rn 25 »Gesamtschuld«; Musielak/*Heinrich* Rn 25 »Gesamtschuldner«). Beim **Gesamtschuldnerausgleich** nach § 426 BGB ist der Wohnsitz/Sitz des Beklagten zur Zeit der Begründung des Gesamtschuldverhältnisses ausschlaggebend (München OLGR 94, 38; Hamm FamRZ 03, 315; Musielak/*Heinrich* Rn 25 »Gesamtschuldner«). Die Anwendung des § 29 lässt sich beim Anspruch nach § 426 I BGB damit begründen, dass der Anspruch aus dem Verhältnis der Gesamtschuldner als Gemeinschaft/Schuldnermehrheit fließt.

Geschäftsbesorgung. Vgl zunächst »Auftrag«. Für die Pflichten der Bank aus einem **Bankvertrag** ist grds deren Geschäftsitz maßgebend (BGHZ 151, 5, 9; Zö/*Vollkommer* Rn 25 »Bankgeschäfte«). Vgl auch »Girovertrag«, »Darlehensvertrag« sowie § 29c iVm § 312 I Nr 1 BGB bei der Beratung außerhalb der Geschäftsräume (vgl dazu BGH NJW 03, 1190; Köln OLGR 05, 553, 554 f; Zö/*Vollkommer* Rn 25 »Bankgeschäfte« und § 29c Rn 4).

Gesellschaftsvertrag. Erfüllungsort ist grds der Sitz der Gesellschaft, zB für die Pflichten der Gesellschafter ggü der Gesellschaft (Jena ZIP 98, 1496, 1497; Zö/*Vollkommer* Rn 25 »Handelsgesellschaft und GbR«; MüKoBGB/*Krüger* § 269 Rn 32; Palandt/*Grüneberg* § 269 Rn 14), bei Klagen gegen die Gesellschaft und ihre haftenden Gesellschafter (Zö/*Vollkommer* Rn 25 »Handelsgesellschaft und GbR«; für die **BGB-Außengesellschaft** BGH 21.1.09 – Xa ARZ 273/08; Saarbr 6.9.03 – 5 W 153/03; Karlsr OLGR 03, 432 f; Schlesw BB 04, 462 f; Zö/*Vollkommer* Rn 25 »Handelsgesellschaft und GbR«) bzw gegen die Gesellschafter einer BGB-Gesellschaft allein (BayObLG MDR 02, 1360; Zö/*Vollkommer* Rn 25 »Handelsgesellschaft und GbR«; Musielak/*Heinrich* Rn 25 »Gesellschaftsverträge«) und bei der Organhaftung (vgl BGH NJW-RR 92, 800 f; Zö/*Vollkommer* Rn 25 »Handelsgesellschaft und GbR«; Musielak/*Heinrich* Rn 25 »Gesellschaftsverträge«; vgl auch Rz 5). Der **Anspruch auf das Auseinandersetzungsguthaben** ist dagegen am Wohnsitz/Sitz des ausgleichspflichtigen Gesellschafters zu erfüllen (Hamm NJW-RR 07, 478, 479; Zö/*Vollkommer* Rn 25 »Gesellschaftsvertrag«).

Gewinnzusage. Erfüllungsort der Zahlungspflicht iSd § 661a BGB ist der Wohnsitz des Empfängers der Mitteilung (vgl BGHZ 165, 172, 183; Zö/*Vollkommer* Rn 25 »Gewinnzusage«; vgl auch Rz 5 aE).

Girovertrag. Erfüllungsort für die Pflichten des Kontoinhabers ist im Zweifel dessen Wohnsitz bei Entstehung der behaupteten Verpflichtung (vgl BayObLG WM 89, 871 f; Zö/*Vollkommer* Rn 25 »Bankgeschäfte«), für die Pflichten der Bank grds deren Geschäftssitz (vgl BGHZ 151, 5, für einen Depotvertrag). Vgl auch »Darlehensvertrag«.

Handelsvertretervertrag. Ein allg einheitlicher Erfüllungsort (vgl Rz 13) existiert nicht (BGH NJW 88, 966 f; 93, 2753, 2754; Musielak/*Heinrich* Rn 26; Zö/*Vollkommer* Rn 25 »Handelsvertretervertrag«; anders für den Bereich der EuGVO Ddorf NJW-RR 08, 223). Für die Pflichten des Unternehmers ist Erfüllungsort grds dessen Wohnsitz/Sitz, insb für den Anspruch auf Buchauszug und Provisions- und Ausgleichszahlung (BGH NJW 88, 966 f; Zö/*Vollkommer* Rn 25 »Handelsvertretervertrag«). Erfüllungsort für die Pflichten des Handelsvertreters ist grds dessen Wohnsitz oder Geschäftssitz (vgl Frankf OLGR 95, 154; Zö/*Vollkommer* Rn 25 »Handelsvertretervertrag«; Musielak/*Heinrich* Rn 26).

Internatsschulvertrag. Gemeinsamer Erfüllungsort (vgl Rz 13) ist der Ort des Internats (Hamm NJW-RR 89, 1530, Zö/*Vollkommer* Rn 25 »Ausbildungsvertrag, Internatsvertrag«; Musielak/*Heinrich* Rn 25 »Ausbildungsvertrag«). Vgl auch »Ausbildungsvertrag«.

Kaufvertrag. Ein **gemeinsamer Erfüllungsort** (vgl Rz 13) am Wohnsitz/Sitz des Verkäufers wird nur beim klassischen **Ladengeschäft** des täglichen Lebens (BGH NJW-RR 03, 192, 193; BGHZ 157, 20, 25; Zö/*Vollkommer* Rn 25 »Kaufvertrag«; Musielak/*Heinrich* Rn 28 »Kaufverträge«) und bei der **Versteigerung von**

Speziessachen wie im Kunst- und Antiquitätenhandel (BGH NJW-RR 03, 192, 193; Zö/*Vollkommer* Rn 25 »Kaufvertrag«; Musielak/*Heinrich* Rn 28 »Kaufverträge«) angenommen. Im Übrigen ist der **Erfüllungsort** nach dem Inhalt der Pflicht **gesondert zu bestimmen.** Der **Wohnsitz/Sitz des Käufers** ist regelmäßig entscheidend für: Anspruch auf Kaufpreiszahlung (BGHZ 120, 334, 347; Zö/*Vollkommer* Rn 25 »Kaufvertrag«; Musielak/*Heinrich* Rn 28 »Kaufverträge«) und Schadensersatz wegen Verletzung dieser Pflicht (Zö/*Vollkommer* Rn 25 »Kaufvertrag«; Musielak/*Heinrich* Rn 28 »Kaufverträge«; zu § 326 BGB aF BayObLGR 95, 23 f), auch beim Versteigerungskauf, soweit keine Speziessachen angeboten werden (vgl BGH NJW-RR 03, 192, 193; Zö/*Vollkommer* Rn 25 »Kaufvertrag«); die Abnahmepflicht (Zö/*Vollkommer* Rn 25 »Kaufvertrag«; Musielak/*Heinrich* Rn 28 »Kaufverträge«; vgl für Gattungsschulden bereits RGZ 49, 72, 75) und Ansprüche wegen Verletzung dieser Pflicht (RGZ 55, 423, 426; Zö/*Vollkommer* Rn 25 »Kaufvertrag«; Musielak/*Heinrich* Rn 28 »Kaufverträge«); die Pflicht zur Lieferung des Kaufgegenstandes einschließlich Beratungs- und Hinweispflichten bei vereinbarter Bringschuld (Celle RIW 85, 571, 575; Zö/*Vollkommer* Rn 25 »Kaufvertrag«; Musielak/*Heinrich* Rn 28 »Kaufverträge«), so zB beim Viehhandel (Zö/*Vollkommer* Rn 25 »Kaufvertrag«; Musielak/*Heinrich* Rn 28 »Kaufverträge«; vgl auch BGH NJW-RR 04, 1292 f). Der **Wohnsitz des Verkäufers** ist regelmäßig entscheidend für: die Hauptleistungspflicht aus § 433 I BGB sowie die Schadensersatzansprüche bei deren Verletzung (s. nur Zö/*Vollkommer* Rn 25 »Kaufvertrag«), auch beim Versendungskauf (vgl BGHZ 113, 106, 111; Zö/*Vollkommer* Rn 25 »Kaufvertrag«; Musielak/*Heinrich* Rn 28 »Kaufverträge«) und beim Versandhandel (BGH NJW 03, 3341 f; Zö/*Vollkommer* Rn 25 »Kaufvertrag«; aA Palandt/*Grüneberg* § 269 Rn 12; Musielak/*Heinrich* Rn 28 »Kaufverträge«, jeweils mwN). Im **Rückabwicklungsverhältnis** (vgl Rz 5) gilt ein **einheitlicher Erfüllungsort** am Ort, wo sich die Kaufsache nach dem Vertrag zur Zeit der Entstehung des Rückabwicklungsverhältnisses befindet (**sog Austauschort oder Belegenheitsort**; zum Begriff vgl BGHZ 87, 104, 109), also idR am Wohnsitz/Sitz des Käufers. Das ist für den Fall des **gesetzlichen Rücktritts**, wenn der Kaufvertrag von beiden Vertragsparteien bereits erfüllt ist, anerkannt (BGHZ 87, 104, 109 f zur früheren Wandelung nach §§ 462, 467 BGB aF; BayObLG MDR 04, 646; Saarbr NJW 05, 906, 907; Zö/*Vollkommer* Rn 25 »Kaufvertrag«; Musielak/*Heinrich* Rn 28 »Kaufverträge«; St/J/*Roth* Rn 46; MüKoZPO/*Patzina* Rn 62). Dasselbe muss auch bei der **Verbindung des Rücktritts mit der Geltendmachung von Schadensersatz** (§ 437 Nr 2 iVm Nr 3 BGB) gelten (Zö/*Vollkommer* Rn 25 »Kaufvertrag«; Musielak/*Heinrich* Rn 28 »Kaufverträge«; St/J/*Roth* Rn 45; ebenso zu § 463 BGB aF Hamm MDR 89, 63; Celle OLGR 00, 81 f; aA B/L/A/H Rn 26 »Kaufvertrag«) und wenn das **Rückgewährschuldverhältnis** schon **tw abgewickelt** ist, weil der Käufer die Sache schon zurückgegeben hat, da der Käufer nicht schlechter stehen darf, als wenn er die Kaufsache behalten hätte (Zö/*Vollkommer* Rn 25 »Kaufvertrag«; Musielak/*Heinrich* Rn 28 »Kaufverträge«; St/J/Roth Rn 46; MüKoZPO/*Patzina* Rn 62; aA RGZ 31, 383), ebenso wenn die Kaufsache nicht mehr herausgegeben werden kann (Zö/*Vollkommer* Rn 25 »Kaufvertrag«; St/J/*Roth* Rn 46; MüKoZPO/*Patzina* Rn 62). Diese Grundsätze sind auch auf **Rückabwicklungsverhältnisse wegen vertraglichen Rücktritts** (Musielak/*Heinrich* Rn 28 »Kaufverträge«; aA ThoPu/*Hüßtege* Rn 6) und nach den unter Rz 5 gemachten Ausführungen auch auf die **Leistungskondiktion** anzuwenden (aA bisher hM; RGZ 49, 421; B/L/A/H Rn 11 »Kaufverträge«). Bei dem **Anspruch auf Nacherfüllung** geht der BGH nunmehr davon aus, dass sich der Erfüllungsort in erster Linie nach den von den Parteien getroffenen Vereinbarungen bestimmt. Fehlen vertragliche Abreden über den Erfüllungsort, ist auf die jeweiligen Umstände, insb die Natur des Schuldverhältnisses, abzustellen. Lassen sich auch hieraus keine abschließenden Erkenntnisse gewinnen, ist der Erfüllungsort letztlich an dem Ort anzusiedeln, an welchem der Verkäufer zum Zeitpunkt der Entstehung des Schuldverhältnisses seinen Wohnsitz oder seine gewerbliche Niederlassung hatte (BGH NJW 11, 2278; ebenso jetzt Zö/*Vollkommer* § 29 Rn 25 »Kaufvertrag«; Palandt/*Grüneberg* § 269 Rn 15). So kann sich beim **Autokauf** etwa ergeben, dass die Nacherfüllung nur durch bestimmte Betriebsmittel des Verkäufers erfolgen kann, die sich ausschließlich an dessen Sitz/Wohnsitz befinden (vgl München NJW 07, 3214 f; Palandt/*Weidenkaff* § 439 Rn 3a; weitergehend *Reinking* NJW 08, 3608, 3609 ff mwN). Beim **Anteilskauf nach § 15 IV GmbHG** ist der Ort der Beurkundung maßgebend (Stuttg DB 00, 1218 f; Zö/*Vollkommer* Rn 25 »Kaufvertrag«; Musielak/*Heinrich* Rn 28 »Kaufverträge«). Im **internationalen Kaufrecht** sind Art 31 und Art 57 Ia CISG zu beachten. Für den Bereich der EuGVO vgl Art 5 Nr 1b EuGVO (vgl EuGH NJW 07, 1799 ff). Vgl auch »Anlageberatung/-vermittlung«.

Krankenhausaufnahmevertrag. Wegen der engen Ortsbezogenheit aller stationären Leistungen gilt bei **allen Formen der stationären Behandlung** ein **einheitlicher Erfüllungsort** (vgl Rz 13) am Klinikort (BayObLG MDR 05, 677 f; Celle MDR 07, 604 f; Ddorf 13.2.03, 8 U 99/02; Karlsr MedR 10, 508; LG Bremen VersR 05, 1260; LG München NJW-RR 03, 488; Zö/*Vollkommer* Rn 25 »Krankenhausaufnahmevertrag«;

ThoPu/*Hüßtege* Rn 6; Palandt/*Grüneberg* § 269 Rn 13; aA Zweibr NJW-RR 07, 1145; KG GesR 11, 625; LG Mainz NJW-RR 03, 1612; LG Osnabrück NJW-RR 03, 789; LG Magdeburg NJW-RR 08, 1591 f). Zum Vertrag über stationäre Krankenhausbehandlung iRd EuGVO vgl Oldenbg NJW-RR 08, 1597 f.

Leasingvertrag. Erfüllungsort für die Pflicht zur Gebrauchsüberlassung ist grds der Wohnsitz/Sitz des Leasinggebers (Musielak/*Heinrich* Rn 29 »Leasingverträge«). Die Rückgabeverpflichtung des Leasingnehmers ist grds Bringschuld (Ddorf DB 01, 268; MDR 07, 1421 f mwN) und deshalb am Sitz des Leasinggebers zu erfüllen, wo auch der Leasinggegenstand überlassen wird (Ddorf MDR 07, 1421 f; Dresd NZV 11, 287; Zö/*Vollkommer* Rn 25 »Mietvertrag«), Anderes kann sich aber aus der vertraglichen Gestaltung ergeben, so etwa wenn sich aus dem Vertrag oder den Umständen ein hiervon abweichender Rückgabeort ergibt (vgl LG Saarbrücken 18.11.11, 13 S 123/11). Die Zahlungspflicht des Leasingnehmers ist grds an dessen Wohnsitz/Sitz zu erfüllen (BGH NJW-RR 88, 1914; Dresd NZV 11, 287; Zö/*Vollkommer* Rn 25 »Mietvertrag«; Musielak/*Heinrich* Rn 29 »Leasingverträge«; MüKoZPO/*Patzina* Rn 67). Dasselbe gilt für Ansprüche wegen Restwertausgleichs (LG Mönchengladbach 12.1.10, 3 O 265/09) oder Erstattung des Minderwerts (Dresd NZV 11, 287).

Leihe. Erfüllungsort für die Rückgabepflicht nach § 604 BGB ist der Wohnsitz/Sitz des Verleihers, da es sich regelmäßig um eine Bringschuld handelt (BGH NJW-RR 02, 1027; Zö/Vollkommer Rn 25 »Leihe«; Palandt/*Weidenkaff* § 604 Rn 1).

Mäklervertrag. Der Anspruch auf Mäklerlohn nach § 652 BGB ist am Wohnsitz/Sitz des Auftraggebers zum Zeitpunkt des Abschlusses des Mäklervertrages (§ 269 I BGB) zu erfüllen (Stuttg NJW-RR 87, 1076 f; BayObLG NJW-RR 98, 1291; KGR 00, 232 f; Zö/*Vollkommer* Rn 25 »Maklervertrag«; Musielak/*Heinrich* Rn 30 »Maklerverträge«). Der Erfüllungsort für die Maklerpflichten ist idR an dessen Wohnsitz/Sitz (BayObLG MDR 98, 736 f; Zö/*Vollkommer* Rn 25 »Maklervertrag«; Musielak/*Heinrich* Rn 30 »Maklerverträge«).

Mietvertrag. Zu Miet- und Pachtverträgen über Räume s. § 29a; s. ferner »Beherbergungsvertrag«. Für die übrigen Mietverträge gilt Folgendes: Die Rückgabeverpflichtung nach § 546 BGB ist Bringschuld (vgl Ddorf MDR 07, 1421 f mwN) und deshalb am Sitz des Vermieters zu erfüllen, wo auch der Mietgegenstand überlassen wird (Ddorf MDR 07, 1421 f; Zö/*Vollkommer* Rn 25 »Mietvertrag«). Der Erfüllungsort für die Zahlungspflicht liegt am Wohnsitz/Sitz des Mieters zum Zeitpunkt des Vertragsschlusses (BGH NJW 88, 1914; Zö/*Vollkommer* Rn 25 »Mietvertrag«; Musielak/*Heinrich* Rn 30 »Mietverträge«).

Mobilfunkdienstvertrag. Ein einheitlicher Erfüllungsort (vgl Rz 13) existiert nicht (KG MMR 08, 478 f; Braunschw OLGR 06, 652 ff; Zö/*Vollkommer* Rn 25 »Mobilfunk-(Dienst-)vertrag«). Der Erfüllungsort für die Pflichten des Anbieters liegt im gesamten Bereich des Funknetzes, der für die Pflichten des Kunden grds an dessen Wohnsitz (KG MMR 08, 478 f; Zö/*Vollkommer* Rn 25 »Mobilfunk-(Dienst-)vertrag«).

Nebenforderungen. Diese können am Gerichtsstand der Hauptsache geltend gemacht werden (zB Verzugszinsen als Nebenforderung, BGHZ 188, 85 Tz 43; St/J/*Roth* Rn 23).

Nebenpflichten. Für Nebenpflichten lässt sich aus der Regelung des § 269 III BGB ableiten, dass grds der Ort der Hauptleistungspflicht Leistungs- und damit Erfüllungsort ist (RGZ 70, 198, 199; BGHZ 151, 5, 9; Zö/*Vollkommer* Rn 25 »Nebenpflicht«; Musielak/*Heinrich* Rn 16; Bsp: Ansprüche auf Auskunft (vgl BGHZ 151, 5, 9) und Rechnungslegung (vgl LG Offenburg ZIP 88, 1562, 1563). Das gilt auch bei der culpa in contrahendo (München VersR 09, 1382 f; aA Zö/*Vollkommer* Rn 25 »culpa in contrahendo«). S.a. »Rückabwicklungsverhältnis« und »Schadensersatz«.

Negative Feststellungsklage. Siehe dazu Rz 13 aE.

Notarvertrag. Ein gemeinsamer Erfüllungsort (vgl Rz 13) kann angesichts der neueren Rspr des BGH zum Anwaltsvertrag nicht mehr angenommen werden. Es gelten deshalb die Grundsätze zum Anwaltsvertrag entsprechend (s. dazu »Anwaltsvertrag«).

Reisevertrag. Als Erfüllungsort für den Anspruch auf Zahlung des Reisepreises (§ 651a BGB) ist der Wohnsitz des Reisenden grds maßgebend (Zö/*Vollkommer* Rn 25 »Reisvertrag«; Musielak/*Heinrich* Rn 32 »Reiseverträge«). Für die Ansprüche des Reisenden kann nicht generell auf den Ort der Buchung abgestellt werden (vgl Zö/*Vollkommer* Rn 25 »Reisevertrag«; aA Musielak/*Heinrich* Rn 32). Bei **Flugreisen** liegt der Erfüllungsort gleichermaßen am Abflug- und am Ankunftsort (s. näher »Beförderungsvertrag«). Deshalb bietet sich oftmals der Rückgriff auf § 21 oder den allg Gerichtsstand des Veranstalters an. Für **Ferienhausverträge** s. »Beherbergungsvertrag«. Zur Abgrenzung von Miet- oder Pachtverhältnissen iRd Art 22 EuGVO vgl BGHZ 119, 152, 157 zu Art 16 Nr 1 EuGVÜ aF.

Schadensersatz. Entscheidend ist auf die Pflicht abzustellen, wegen deren Verletzung Schadensersatz begehrt wird (BGHZ 188, 85 Tz 29; BayObLG NJW 02, 2888; Schlesw OLGR 05, 630 f; Frankf OLGR 05,

568 f; Musielak/*Heinrich* Rn 16; Zö/*Vollkommer* Rn 23, 25 »Schadensersatz«). S.a. bei den einzelnen Vertragstypen.

Speditionsvertrag. Bei Speditionsverträgen ist die Regelung der Nr 30.1 ADSp zu beachten, wenn die ADSp einbezogen sind. Danach ist Erfüllungsort für alle Beteiligten der Ort derjenigen Niederlassung des Spediteurs, an die der Auftrag gerichtet ist (vgl auch Nr 30.2 ADSp); vgl auch »Frachtvertrag«.

Steuerberater, Wirtschaftsprüfer. Von einem gemeinsamen Erfüllungsort (vgl Rz 13) bei Verträgen mit einem **Steuerberater** kann angesichts der neueren Rspr des BGH zum Anwaltsvertrag nicht mehr ausgegangen werden (Zö/*Vollkommer* Rn 25 »Steuerberater«; Palandt/*Grüneberg* § 269 Rn 13; so bereits Hambg NJW-RR 03, 1705 f; LG Berlin NJW-RR 02, 207; offen BGH NJW 03, 3201 f). Es finden deshalb die Grundsätze zum Anwaltsvertrag entsprechende Anwendung (s. dazu »Anwaltsvertrag«). Bei **Wirtschaftsprüfern** kann wegen der **Ortsgebundenheit** des Prüfauftrags Erfüllungsort der zu erbringenden Leistung der Sitz des zu prüfenden Unternehmens sein (LG Bonn BB 05, 994; Zö/*Vollkommer* Rn 25 »Wirtschaftsprüfer«; aA MüKoZPO/*Patzina* Rn 41).

Unterlassungspflicht. Maßgebend ist der Ort, an dem der Schuldner bei Begründung des Schuldverhältnisses seinen Wohnsitz/Sitz hatte, es sei denn die Zuwiderhandlung kommt nur an einem bestimmten Ort in Betracht (BGH NJW 74, 410 f; Zö/*Vollkommer* Rn 25 »Unterlassungspflicht«; Musielak/*Heinrich* Rn 34). Das gilt auch, wenn sich die Unterlassungspflicht auf ein größeres Gebiet erstreckt (Zö/*Vollkommer* Rn 25 »Unterlassungspflicht«; Musielak/*Heinrich* Rn 34). Bei der Pflicht zur Unterlassung der Einziehung einer zur Sicherheit abgetretenen Forderung bestimmt sich der Erfüllungsort nach dem Ort, an dem der Drittschuldner den zedierten Anspruch zu erfüllen hat (Dresd WM 01, 1854, 1856; Zö/*Vollkommer* Rn 25 »Unterlassungspflicht«; Musielak/*Heinrich* Rn 34).

Vertragsstrafe. Entscheidend kommt es auf den Ort an, an dem die Hauptverpflichtung zu erfüllen ist (Hamm NJW 90, 652, 653; Karlsr OLGR 00, 403; Zö/*Vollkommer* Rn 25 »Vertragsstrafe«; Musielak/*Heinrich* Rn 35)

Verwahrung. Der Rückgabeort ist durch § 697 BGB bestimmt. Entscheidend ist der Ort, an dem die Sache zu verwahren war (vgl auch BGH NJW 05, 988). Vgl demgegenüber »Leihe, Mietvertrag«.

Wechsel, Scheck. S. zunächst für Wechsel- und Scheckklagen Rz 3. Der Zahlungsort, der aus dem Wechsel/Scheck hervorgeht (Art 1 Nr 5; 75 Nr 4 WG; Art 1 Nr 4 ScheckG), ist zugleich Erfüllungsort (vgl BGHZ 157, 224, 231; Zö/*Vollkommer* Rn 25 »Wechsel, Scheck«).

Werkvertrag. Für Bauwerkverträge s. »Bauvertrag«. Die Grundsätze für Bauverträge sind auf andere, streng **ortsbezogene Werkleistungen** übertragbar (vgl Kobl NJW-RR 88, 1401 f; Zö/*Vollkommer* Rn 25 »Werkvertrag«; Musielak/*Heinrich* Rn 36 »Werkverträge«). Das ist etwa bei **Kfz-Reparaturen** der Fall (Ddorf MDR 76, 496; Frankf VersR 79, 87; München DAR 06, 28 f; Zö/*Vollkommer* Rn 25 »Werkverträge«; Musielak/*Heinrich* Rn 36 »Werkverträge«), aber auch bei **Reparaturarbeiten an einer Heizungsanlage** (vgl Schlesw NJW-RR 10, 1111; Zö/*Vollkommer* Rn 25 »Werkverträge«). Für alle **anderen Werkverträge** ist wie beim Kaufvertrag der Erfüllungsort je nach betreffender Pflicht gesondert zu bestimmen (vgl Schlesw NJW-RR 93, 314). Deshalb kann für die Verpflichtungen des Werkunternehmers nicht stets auf dessen Wohnsitz/Sitz abgestellt werden (aA Zö/*Vollkommer* Rn 25 »Werkverträge«; Musielak/*Heinrich* Rn 36 »Werkverträge«). Mit der hier vertretenen Auffassung steht die neuere Rspr des BGH zum Erfüllungsort bei der Nacherfüllung nach § 635 BGB in Einklang. Danach soll die Nacherfüllung im Zweifel am Belegenheitsort erfolgen, also dort, wo sich das nachzubessernde Werk vertragsgemäß befindet (BGH NJW-RR 08, 724 f; aA *Reinking* NJW 08, 3608, 3609 ff mwN). Zum Werklieferungsvertrag bzgl einer nicht vertretbaren beweglichen Sache vgl auch Saarbr 6.8.03, 8 W 11/03.

Zug-um-Zug-Leistung. Allein die Verpflichtung zur Leistung Zug um Zug (§ 274 BGB) begründet keinen einheitlichen Erfüllungsort (hM; BGH NJW 95, 1546 f; Karlsr NJW-RR 95, 187 f; Zö/Vollkommer Rn 25 »Zug-um-Zug-Leistung«; Musielak/Heinrich Rn 37; aA Stuttg NJW 82, 529).

III. Prüfung, Darlegungs- und Beweislast. Es finden die unter § 12 Rz 9 ff dargestellten Grundsätze 15
Anwendung. Das gilt insb für die **Prüfung doppelrelevanter Tatsachen** (§ 12 Rz 9), so dass es nicht darauf ankommt, ob sich der Vertrag iRd Begründetheit als wirksam erweist (Zö/*Vollkommer* Rn 22; Musielak/*Heinrich* Rn 44; ThoPu/*Hüßtege* Rn 7; St/J/*Roth* Rn 57), und für den **Prüfungsumfang bei Anspruchsgrundlagenkonkurrenz** von vertraglichen Ansprüchen mit deliktischen Ansprüchen (§ 12 Rz 10; Zö/*Vollkommer* Rn 22) und Ansprüchen wegen ungerechtfertigter Bereicherung (vgl Saarbr NJW 05, 906, 907; Zö/*Vollkommer* Rn 22; s.a. Rz 5). Der Kl hat die zuständigkeitsbegründenden Umstände, insb das Vertragsverhältnis iSd § 29 I, nach allg Grundsätzen **schlüssig vorzutragen** (Zö/*Vollkommer* Rn 22; Musielak/*Heinrich*

Rn 44; MüKoZPO/*Patzina* Rn 102; vgl auch BGH NJW 01, 1936, 1937 für die internationale Zuständigkeit und BayObLG BB 01, 1923 f; Köln NJW 88, 2182, 2183, jeweils zu Art 5 EuGVÜ; zu doppelrelevanten Tatsachen s. allg § 12 Rz 9). Rechtsansichten des Klägers binden das Gericht insoweit nicht (AG Marbach MDR 88, 1061; Zö/*Vollkommer* Rn 22).

16 **C. Gerichtsstand des vereinbarten Erfüllungsorts (§ 29 II). I. Anwendungsbereich.** § 29 II gilt für Erfüllungsortvereinbarungen und beschränkt deren Wirksamkeit auf den genannten Personenkreis, also Kaufleute, juristische Personen des öffentlichen Rechts und öffentlich-rechtliche Sondervermögen (zum Normzweck s. Rz 2; vgl auch § 38). Es kommt dabei auf den **Zeitpunkt des Abschlusses der Vereinbarung** an (Musielak/*Heinrich* Rn 39; MüKoZPO/*Patzina* Rn 100; St/J/*Roth* Rn 40). Eine **Rechtsnachfolge** hat auf eine wirksam abgeschlossene Vereinbarung keine Auswirkungen (Musielak/*Heinrich* Rn 39; vgl auch Köln NJW-RR 92, 571 zu § 38).

17 **II. Vereinbarung über den Erfüllungsort.** An den **Abschluss der Vereinbarung** werden keine besonderen Anforderungen gestellt. Der Abschluss beurteilt sich nach **materiellem Recht.** Deshalb ist auch eine **formlose Erfüllungsortvereinbarung** zwischen den privilegierten Personen wirksam (Zö/*Vollkommer* Rn 28; Musielak/*Heinrich* Rn 40; MüKoZPO/*Patzina* Rn 98). Die Grundsätze über das **kaufmännische Bestätigungsschreiben** finden Anwendung (Musielak/*Heinrich* Rn 40; MüKoZPO/*Patzina* Rn 98). Bei der Verwendung von AGB sind die §§ 307 ff BGB heranzuziehen. Auf den Unterschied zwischen dem Unternehmerbegriff der §§ 14, 310 I BGB und des Kaufmannbegriffs des § 29 II ist zu achten (Musielak/*Heinrich* Rn 40; St/J/*Roth* Rn 38). Auch **materiell-rechtliche Vereinbarungen über den Erfüllungsort** iSd § 269 I BGB fallen unter § 29 II und sind daher nur unter dessen Voraussetzungen prozessual wirksam (dazu eingehend Rz 13). Dafür genügt aber die Vereinbarung bloßer **Kosten- und Gefahrtragungsregelungen** nicht (vgl § 269 III; Schlesw NJW-RR 93, 314; Saabr NJW 00, 670, 671; Kobl OLGR 03, 33; Zö/*Vollkommer* Rn 28; Musielak/*Heinrich* Rn 43; St/J/*Roth* Rn 37; Palandt/*Grüneberg* § 269 Rn 10 mwN). Die Vereinbarung kann jederzeit abgeschlossen und abgeändert werden (vgl Schlesw NJW-RR 93, 314; Musielak/*Heinrich* Rn 40); sie muss aber bis zu dem maßgeblichen Prüfungszeitpunkt im Prozess vorliegen (dazu § 12 Rz 9).

18 **III. Prüfung, Darlegungs- und Beweislast.** Es finden die allg Grundsätze Anwendung (vgl § 12 Rz 9 ff). Die Vereinbarung über den Erfüllungsort ist vom Kl **schlüssig darzulegen** (LG München NJW 73, 59; Zö/*Vollkommer* Rn 29; Musielak/*Heinrich* Rn 44), wozu auch die Vorlage der einschlägigen AGB erforderlich ist (vgl BGH NJW-RR 95, 702). Zur schlüssigen Darlegung der zuständigkeitsbegründenden Umstände gehört auch die Darlegung der Zugehörigkeit zu dem privilegierten Personenkreis. Werden die Voraussetzungen des § 29 II bestritten, ist hierüber ggf Beweis zu erheben (vgl St/J/*Roth* Rn 57; Musielak/*Heinrich* Rn 44; zu den doppeltrelevanten Tatsachen s. § 12 Rz 9). In Fällen der Säumnis des Beklagten ist § 331 I 2 zu beachten, wonach sich die Geständnisfiktion nicht auf die Voraussetzungen des § 29 II erstreckt (vgl auch § 335).

19 **D. Internationale Zuständigkeit.** Es gelten die allg Grundsätze (vgl § 12 Rz 18). § 29 ist danach wie alle Gerichtsstandsregelungen **doppelfunktional** (BGH NJW 81, 2642, 2643; BGHZ 132, 105, 107; BAG AP Nr 21 zu § 38 ZPO; Musielak/*Heinrich* 45; MüKoZPO/*Patzina* Rn 104; St/J/*Roth* Rn 52). Internationale Abkommen gehen stets der Anwendung des § 29 vor, so etwa die EuGVO (vgl BGHZ 132, 105, 107; BGHZ 188, 85 Tz 13, 16, vgl Art 5, 22 EuGVO). Neben dem Anwendungsbereich der EuGVO sind für einzelne Vertragstypen internationale Regelungen zu beachten, zB die des UN-Kaufrechts, vgl Art 31, 57 Ia CISG; zur CMR vgl BGH NJW-RR 09, 1070 ff. Kommt es zur Begründung der internationalen Zuständigkeit auf § 29 an, so richtet sich die **Bestimmung des Erfüllungsortes** nach dem materiellen Recht, das den Vertrag regiert, was sich nach **deutschem Kollisionsrecht** beurteilt (vgl BGH NJW 81, 2642, 2643; BGHZ 188, 85 Tz 29; BAG AP Nr 21 zu § 38 ZPO; ThoPu/*Hüßtege* Rn 2; Musielak/*Heinrich* Rn 45; MüKoZPO/*Patzina* Rn 104; St/J/*Roth* Rn 52; Geimer Rn 1482). Der Erfüllungsort wird daher lege causae qualifiziert, indem er grds dem Vertragsstatut entnommen wird (BGHZ 188, 85 Tz 29 mwN). Dieses ist **von Amts wegen** zu prüfen (BGH VersR 08, 1358 ff; Zö/*Geimer* § 293 Rn 9). Auch für eine strafbewehrte Unterlassungsverpflichtung und die daraus folgende Vertragsstrafe ist danach das Vertragsstatut maßgebend (LG München ZUM-RD 08, 310 ff mwN). Zum Vertragsstatut vgl jetzt Art 12 Rom I.

§ 29a Ausschließlicher Gerichtsstand bei Miet- oder Pachträumen. **(1) Für Streitigkeiten über Ansprüche aus Miet- oder Pachtverhältnissen über Räume oder über das Bestehen solcher Verhältnisse ist das Gericht ausschließlich zuständig, in dessen Bezirk sich die Räume befinden.**
(2) Absatz 1 ist nicht anzuwenden, wenn es sich um Wohnraum der in § 549 Abs. 2 Nr. 1 bis 3 des Bürgerlichen Gesetzbuchs genannten Art handelt.

A. Normgegenstand. § 29a begründet einen ausschließlichen Gerichtsstand für Streitigkeiten aus einem Miet- oder Pachtverhältnis und über dessen Bestehen. Die Vorschrift beruht auf dem Gedanken, für die örtliche Zuständigkeit (zur sachlichen Zuständigkeit vgl § 23 Nr 1 und 2a GVG) an die Belegenheit des Miet- oder Pachtobjekts anzuknüpfen und Rechtsstreitigkeiten aus Miet- oder Pachtverträgen über Räume bei einem ortsnahen Gericht zu konzentrieren, das mit den örtlichen Verhältnissen vertraut und zur Beurteilung etwaiger Einwendungen besonders in der Lage ist (BGHZ 157, 220, 222; vgl auch die Begründung in BRDrs 314/91 63). § 29a stellt sich deshalb in seiner heutigen Fassung als **allg Belegenheitsgerichtsstand in Miet- und Pachtsachen über Räume** dar (BGHZ 157, 220, 223; Zö/*Vollkommer* Rn 2). 1

B. Anwendungsbereich. Die Vorschrift verdrängt als ausschließliche Gerichtsstandsregelung allg wie besondere Gerichtsstände (s. allg § 12 Rz 7). Im Einzelfall kann § 29a mit § 24 konkurrieren, so wenn die Herausgabe des Miet- oder Pachtobjekts (§§ 546, 581 BGB) auf den Mietvertrag und § 985 BGB gestützt wird, nicht dagegen, wenn die Herausgabe ausschließlich auf § 985 BGB gestützt wird, ohne dass zumindest ein Miet- oder Pachtverhältnis durch den Kl schlüssig behauptet ist (vgl München MDR 77, 497; MDR 79, 939 f; Braunschw NdsRpfl 83, 225 f; Hambg ZMR 90, 377 f; Zö/*Vollkommer* Rn 3, 13; Musielak/*Heinrich* Rn 14; St/J/*Roth* Rn 16, 23; aA LG München ZMR 87, 271; LG Berlin Grundeigentum 91, 575). Die Sonderregelung des § 55 SchuldRAnpG ist zu beachten (vgl Brandenbg NZM 02, 927 f; Zö/*Vollkommer* Rn 3). Für das **Mahnverfahren** ist das Mahngericht wegen der ausdrücklichen gesetzlichen Regelung in § 689 II 1, 3 allein zuständig. 2

C. Streitigkeit aus Miet- oder Pachtverhältnis. § 29a I spricht von Streitigkeiten aus einem Miet- oder Pachtverhältnis über Räume und über dessen Bestehen. Nach allgM werden hiervon **alle Klagen und Anträge** wegen **Ansprüchen aus einem Miet- oder Pachtverhältnis über Räume iSd BGB** erfasst (Zö/*Vollkommer* Rn 7, Musielak/*Heinrich* Rn 10; ThoPu/*Hüßtege* Rn 4), also auch Anträge im Arrest- und einstweiligen Verfügungsverfahren (vgl KG ZMR 83, 380; Zö/*Vollkommer* Rn 7; Musielak/*Heinrich* Rn 10; St/J/*Roth* Rn 14) sowie im Verfahren der Zwangsvollstreckung (vgl LG Hamburg WuM 03, 38; Zö/*Vollkommer* Rn 13). Verträge über Wohnraum iSd § 549 II Nr 1-3 BGB sind vom Anwendungsbereich ausgenommen (§ 29a II). Zur Begriffsbestimmung sind die einschlägigen Regelungen der §§ 535, 549, 578 II, 581 BGB heranzuziehen (vgl Zö/*Vollkommer* Rn 6; ThoPu/*Hüßtege* Rn 5; Musielak/*Heinrich* Rn 6). Bei **gemischten Verträgen** kommt es für die Anwendung von § 29a nach allg Grundsätzen darauf an, ob der Schwerpunkt des Vertragsverhältnisses in den mietrechtlichen Beziehungen liegt (für den Heimvertrag vgl BGH NJW 81, 341, 342; BGHZ 148, 233, 234 f; NJW 02, 507, 508; Zö/*Vollkommer* Rn 6; für den Pensionsvertrag vgl BGH NJW 05, 2008, 2010; vgl allg BGH NJW 02, 3322, 3323; Palandt/*Grüneberg* Überbl v § 311 Rn 26; Palandt/*Weidenkaff* Einf v § 535 Rn 36; s.a. § 29 Rz 14 »Beherbergungsvertrag« und »Reisevertrag«). Beachte in diesem Zusammenhang auch die Rechtswegzuständigkeit der Arbeitsgerichte bei **Werkdienstwohnungen** iSd § 576b BGB in Abgrenzung zur **Werkmietwohnung** iSd § 576 BGB; § 29a spielt für Werkdienstwohnungen wegen der Zuweisung von Wohnraummietsachen an die AGe nach § 23 Nr 2a GVG keine Rolle (BAG AP Nr 68 zu 2 ArbGG 1979; Schwab/Weth/*Walker* § 2 Rn 235; ErfK/*Koch* § 2 ArbGG Rn 19; Zö/*Vollkommer* Rn 6). Es muss sich um eine Streitigkeit handeln, an der die **Prozessbeteiligten** als **Parteien des Vertrags, seiner Anbahnung oder Abwicklung** beteiligt sind (BGHZ 157, 220, 222; Zö/*Vollkommer* Rn 5). Ansprüche des Vermieters gegen einen Dritten, zB aus selbstständigen Gewähr-, Garantie- oder Bürgschaftsverträgen, fallen deshalb nicht in den Anwendungsbereich von § 29a (BGHZ 157, 220, 220; Zö/*Vollkommer* Rn 6; Musielak/*Heinrich* Rn 6). Dass die Prozessparteien **unmittelbar Vertragspartner** geworden sind, ist **nicht erforderlich** (Zö/*Vollkommer* Rn 6). Unter § 29a fallen daher auch: Rechtsnachfolger der Parteien (Zö/*Vollkommer* Rn 6a), Untermieter/-pächter im Verhältnis zum Hauptvermieter/-verpächter, ebenso Endmieter/-pächter im Verhältnis zum Zwischenmieter und zum (Haupt-)vermieter/-verpächter bei der gewerblichen Weitervermietung (§ 565 BGB) und der nicht-gewerblichen Zwischenvermietung für (Zö/*Vollkommer* Rn 6; Musielak/*Heinrich* Rn 6; vgl dazu auch § 565 BGB); miet- oder pachtvertraglich Mithaftende, zB nach Schuldbeitritt (BGHZ 157, 220, 220; Zö/*Vollkommer* Rn 6a), Berechtigte nach § 328 BGB (Zö/*Vollkommer* 3

Rn 6a; Musielak/*Heinrich* Rn 6) und Personen, die als Dritte in die Schutzwirkung des Miet- oder Pachtvertrages einbezogen sind (Musielak/*Heinrich* Rn 6). Unerheblich ist, ob der Vertrag besteht oder jemals bestanden hat (Zö/*Vollkommer* Rn 6). Auch auf die Art des Anspruchs, der geltend gemacht wird, kommt es nicht an, so dass neben vertraglichen auch gesetzliche Ansprüche in den Anwendungsbereich des § 29a fallen (vgl Ddorf MDR 06, 327; Zö/*Vollkommer* Rn 7). Entscheidend ist, ob die **Streitigkeit in dem Miet- oder Pachtvertrag wurzelt**. Deshalb liegt keine Streitigkeit aus einem Miet- oder Pachtverhältnis vor bei Geltendmachung von Ansprüchen, die auf den Abschluss eines solchen Vertrages gerichtet sind wie etwa **Ansprüche aus vorvertraglicher Bindung**, da die Streitigkeit in diesem Fall nicht in dem Miet- oder Pachtvertrag ihre (rechtliche) Grundlage hat (vgl ThoPu/*Hüßtege* Rn 5; Musielak/*Heinrich* Rn 6; aA AG Schöneberg ZMR 00, 31; St/J/*Roth* Rn 19; B/L/A/H Rn 11 »Vorvertrag«). Im Gegensatz hierzu sind **Ansprüche wegen vorvertraglichen Verschuldens (culpa in contrahendo)** auch dann im Gerichtsstand des § 29a geltend zu machen, wenn der Vertrag nicht zustande gekommen ist. Es ist nicht einsichtig, wieso diese Ansprüche nur bei einem zustande gekommenem Miet- oder Pachtvertrag im Gerichtsstand des § 29a geltend gemacht werden sollen (so aber LG Frankenthal NJW-RR 97, 334 f). Das Wesen des Anspruchs wird durch den Abschluss des Vertrages nicht verändert. Entscheidend ist vielmehr, dass der Streit seine Grundlage in einem Miet- oder Pachtverhältnis hat. Das Schuldverhältnis nach § 311 II BGB ist zwar nicht identisch mit dem ins Auge gefassten Miet- oder Pachtvertrag, begründet aber seine Existenz aus diesem Vertragsverhältnis. Die Einbeziehung der Ansprüche wegen vorvertraglichen Verschuldens entspricht auch dem Gesetzeszweck (vgl BRDrs 314/91 63, wonach § 29a auch die Ansprüche aus der Anbahnung des Vertrages erfassen soll; Zö/*Vollkommer* Rn 9; Wieczorek/Schütze/*Hausmann* Rn 32; Musielak/*Heinrich* Rn 13; aA LG Frankenthal NJW-RR 97, 334 f; B/L/A/H Rn 10 »Verschulden bei Vertragsverhandlung«).

4 **D. Prüfung, Darlegungs- und Beweislast.** Es finden die allg Grundsätze Anwendung (vgl § 12 Rz 9 ff). Der Kl muss darlegen, dass die Streitigkeit in einem Miet- oder Pachtverhältnis über Räume wurzelt (zum Begriff s. Rz 3). Da es sich hierbei um eine **doppelrelevante Tatsache** handelt, reicht die **schlüssige Behauptung eines Miet- oder Pachtverhältnisses** als Grundlage der Streitigkeit aus (vgl § 12 Rz 9; vgl auch LG Berlin ZMR 83, 377 ff). Das Gericht kann dann im Gerichtsstand des § 29a eine **umfassende Prüfung aller in Betracht kommenden Anspruchsgrundlagen** durchführen, so dass neben vertraglichen Räumungsansprüchen auch die Voraussetzungen des § 985 BGB und des § 812 BGB überprüft werden können (vgl Zö/*Vollkommer* Rn 13; Musielak/*Heinrich* Rn 14), sofern der Kl hierzu geeignete Tatsachen vorträgt. Dem Kl bleibt es aber anheim gestellt, seinen Sachvortrag zum Vorliegen eines Miet- oder Pachtverhältnisses fallen zu lassen (vgl KG NJW-RR 08, 1465 f, dort auch zur Anwendung des § 261 III Nr 2 in diesem Fall) oder von vorneherein außerhalb des Gerichtsstands des § 29a seinen Herausgabeanspruch nach § 985 BGB zu verfolgen, indem er gänzlich darauf verzichtet, Vortrag zu einem Miet- oder Pachtverhältnis zu halten (vgl München MDR 77, 497; MDR 79, 939 f; Braunschw NdsRpfl 83, 225 f; Hambg ZMR 90, 377 f; Zö/*Vollkommer* Rn 3, 13; Musielak/*Heinrich* Rn 14; St/J/*Roth* Rn 16, 23; aA LG München ZMR 87, 271; LG Berlin Grundeigentum 91, 575). Erhebt allerdings der Beklagte in einem solchen Fall Einwendungen, die ihre Grundlage in einem Miet- oder Pachtverhältnis iSd § 29a haben, so ist der Gerichtsstand des § 29a gegeben (hM; Ddorf NZM 08, 479; Wieczorek/Schütze/*Hausmann* Rn 34; Bub/Treier/*Fischer* Kap VIII Rn 10; vgl auch Celle NJW 54, 1370; aA Zö/Vollkommer Rn 13 mwN). Das steht in Einklang mit den allg Grundsätzen, da die Zuständigkeitsprüfung zwar nicht die Begründetheit vorwegnehmen, andererseits aber schon wegen der amtswegigen Prüfung den Beklagtenvortrag nicht gänzlich außer acht lassen darf. Eine **fehlerhafte Anwendung des § 29a** lässt die Bindungswirkung eines **Verweisungsbeschlusses** nach § 281 nicht entfallen. Anderes gilt aber, wenn das Gericht die einschlägige Vorschrift übergangen hat (vgl BayObLG WuM 03, 534 f; Naumbg OLGR 02, 124 f; Jena GE 00, 56 f; Zö/*Vollkommer* Rn 15).

5 **E. Internationale Zuständigkeit.** Es gelten die allg Grundsätze (vgl § 12 Rz 18). § 29a kann danach wie alle Gerichtsstandsregelungen der ZPO kraft seiner **Doppelfunktionalität** die internationale Zuständigkeit begründen, soweit keine einschlägigen bilateralen Verträge oder internationale Abkommen bestehen (BGH NJW 96, 3008, 3009; Zö/*Vollkommer* Rn 4), vgl etwa Art 22 EuGVO. § 29a vermag die internationale Zuständigkeit **nur für in Deutschland belegene Räume** zu begründen (vgl Ddorf ZMR 01, 180 f; Zö/*Vollkommer* Rn 4; Musielak/*Heinrich* Rn 16; MüKoZPO/*Patzina* Rn 30). Die internationale Zuständigkeit deutscher Gerichte kann aber bei **im Ausland belegenen Räumen** durch andere Gerichtsstandsregelungen der ZPO (zB §§ 12, 13) begründet sein (vgl Ddorf ZMR 90, 144 f; LG Bonn NJW 74, 427, 428 f; Zö/*Vollkommer* Rn 4; Musielak/*Heinrich* Rn 16).

§ 29b *(weggefallen seit 1.7.2007)*

§ 29c Besonderer Gerichtsstand für Haustürgeschäfte.

(1) [1]**Für Klagen aus Haustürgeschäften (§ 312 des Bürgerlichen Gesetzbuchs) ist das Gericht zuständig, in dessen Bezirk der Verbraucher zur Zeit der Klageerhebung seinen Wohnsitz, in Ermangelung eines solchen seinen gewöhnlichen Aufenthalt hat. [2]Für Klagen gegen den Verbraucher ist dieses Gericht ausschließlich zuständig.**
(2) § 33 Abs. 2 findet auf Widerklagen der anderen Vertragspartei keine Anwendung.
(3) Eine von Absatz 1 abweichende Vereinbarung ist zulässig für den Fall, dass der Verbraucher nach Vertragsschluss seinen Wohnsitz oder gewöhnlichen Aufenthalt aus dem Geltungsbereich dieses Gesetzes verlegt oder sein Wohnsitz oder gewöhnlicher Aufenthalt im Zeitpunkt der Klageerhebung nicht bekannt ist.

A. Normgegenstand. § 29c erweitert für das Prozessrecht den durch § 312 BGB bezweckten **Schutz von Verbrauchern** (§ 13 BGB) bei Haustürgeschäften (zum Schutzzweck des § 312 BGB s. nur PWW/*Medicus* § 312 Rn 2; Palandt/*Grüneberg* § 312 Rn 3). Der Verbraucher darf vorbehaltlich § 29c III nur an seinem Wohnsitz oder gewöhnlichen Aufenthaltsort in Anspruch genommen werden (§ 29c I 2), kann aber selbst seinen Vertragspartner auch in einem anderen Gerichtsstand verklagen (§ 29c I 1; anders noch unter der Geltung der Vorgängerbestimmung des § 7 HausTWG). Diese Regelung soll den Verbraucher im Prozessfall davor bewahren, seine Rechte bei einem möglicherweise weit entfernten Gericht geltend machen zu müssen, obwohl es der andere Vertragspartner gewesen ist, der am Wohnsitz des Verbrauchers die Initiative zum Vertragsschluss ergriffen hat (BGH NJW 03, 1190 mit Verweis auf BRDrs 384/75 26). Ein **allg Gerichtsstand in Verbrauchersachen** lässt sich aus § 29c nicht ableiten (vgl Zö/*Vollkommer* Rn 2; Musielak/*Heinrich* Rn 7; *Heidehoff* IPrax 06, 612). Deshalb ist die Heranziehung des § 29c für **Fernabsatzverträge** iSd § 312b BGB fraglich (aA *Woitkewitsch* CR 06, 284; vgl auch § 29 Rz 14 »Fernabsatzvertrag«). Für **Versicherungsverträge** vgl nunmehr die Regelung in § 215 VVG. 1

B. Anwendungsbereich. Von seinem **sachlichen Anwendungsbereich** setzt § 29c, dass ein Anspruch geltend gemacht wird, der ein **Haustürgeschäft** iSd § 312 I 1 Hs 1 BGB oder ein **Umgehungsgeschäft** iSd § 312f S 2 BGB betrifft (s. nur Zö/*Vollkommer* Rn 4; Musielak/*Heinrich* Rn 7; St/J/*Roth* Rn 7). Da es sich insoweit um eine **doppelrelevante Tatsache** handelt, genügt die **Schlüssigkeit des klägerischen Vortrags** (vgl dazu § 12 Rz 9). Die Prüfung, ob ein Haustürgeschäft bzw Umgehungsgeschäft vorliegt, richtet sich nach dem **materiellen Recht** des BGB (vgl Zö/*Vollkommer* Rn 4; Musielak/*Heinrich* Rn 6 f; zu den Voraussetzungen vgl PWW/*Medicus* § 312 Rn 3 ff; § 312f Rn 3; Palandt/*Grüneberg* § 312 Rn 4 ff; § 312f Rn 2 f). Auf den **Ausschluss des Widerrufsrechts** iSd § 312 BGB (vgl dazu §§ 312 III, 312a BGB) kommt es iRd § 29c nicht an (vgl Köln OLGR 05, 553, 554 f; Frankf OLGR 05, 568 f; München VersR 09, 1382 f; LG Landshut NJW 03, 1197; Zö/*Vollkommer* Rn 4; Musielak/*Heinrich* Rn 7; St/J/*Roth* Rn 5; aA München VersR 06, 1517). Die Frage, ob **Versicherungsverträge** unter § 29c fallen, hat der Gesetzgeber durch die Einführung der Gerichtsstandsbestimmung des § 215 VVG gelöst (zum früheren Recht vgl Köln OLGR 05, 553, 554 f; St/J/*Roth* Rn 5; Zö/*Vollkommer* Rn 4). Wegen des unter Rz 1 beschriebenen Schutzzwecks ist der Anwendungsbereich der Vorschrift **weit auszulegen** (BGH NJW 03, 1190; Zö/*Vollkommer* Rn 1). Unter § 29c fallen alle Rechtsstreitigkeiten wegen Ansprüchen, die das Haustürgeschäft oder das Umgehungsgeschäft betreffen (vgl BGH NJW-RR 2011, 1137, 1138; Celle NJW 04, 2602; Zö/*Vollkommer* Rn 4), zB Schadensersatzansprüche wegen schuldhafter Verletzung vertraglicher Pflichten aus einem Haustürgeschäft, wegen vorvertraglichen Verschuldens (culpa in contrahendo) oder wegen einer mit dem Haustürgeschäft begangenen unerlaubten Handlung, nicht nur ggü der Vertragspartei, sondern auch ggü ihrem Vertreter (BGH NJW 03, 1190; Celle NJW 04, 2602 f; Zö/*Vollkommer* Rn 4; Musielak/*Heinrich* Rn 7), Bereicherungsansprüche und Herausgabeansprüche aus § 985 BGB (Zö/*Vollkommer* Rn 4; Musielak/*Heinrich* Rn 7) sowie Scheck- und Wechselklagen, wenn das Kausalgeschäft ein Haustürgeschäft iSd § 312 I 1 Hs 1 BGB oder ein Umgehungsgeschäft iSd § 312f S 2 BGB darstellt (vgl Zö/*Vollkommer* Rn 4; Musielak/*Heinrich* Rn 8; St/J/*Roth* Rn 8; § 603 I tritt dahinter zurück). Bei **Ansprüchen wegen deliktischen Handelns des Verbrauchers** scheidet allerdings mangels Schutzbedürftigkeit die Anwendung des § 29c aus (Musielak/*Heinrich* Rn 7 mwN; aA St/J/*Roth* Rn 7). Ansprüche aus **Bürgschaft** werden nur erfasst, wenn der Bürgschaftsvertrag selbst als Haustürgeschäft abgeschlossen wurde (Musielak/*Heinrich* Rn 7; St/J/*Roth* Rn 3). Der **persönliche Anwendungsbereich** des § 29c ist entsprechend dem Schutzzweck der Norm auf den Verbraucher selbst 2 beschränkt; deshalb fallen Zessionare des Verbrauchers aus dem Anwendungsbereich heraus (BGH VersR 10, 645; München VersR 09, 1382 f; ThoPu/*Hüßtege* Rn 1a).

3 **C. Besonderer Gerichtsstand des Verbrauchers bei Haustürgeschäften (§ 29c I 1).** § 29c I 1 enthält einen besonderen Gerichtsstand für alle Klagen und Anträge des Verbrauchers, die ein Haustürgeschäft iSd § 312 I 1 Hs 1 BGB oder ein Umgehungsgeschäft iSd § 312 f S. 2 BGB betreffen (s. näher Rz 2). Dem Verbraucher steht deshalb das **Wahlrecht** nach § 35 zu, ob er seinen Anspruch im Gerichtsstand des § 29c oder in einem anderen besonderen Gerichtsstand bzw dem allg Gerichtsstand geltend macht (Karlsr NJW 05, 2718, 2719; Zö/*Vollkommer* Rn 1, 6). Ausschließliche Gerichtsstände gehen nach allg Grundsätzen (s. dazu § 12 Rz 7) dem besonderen Gerichtsstand nach § 29c I 1 vor (s. dazu auch Rz 4). Der Gerichtsstand des § 29c I 1 knüpft an den **Wohnsitz** (zum Begriff s. § 13 Rz 3 ff), ersatzweise an den **gewöhnlichen Aufenthaltsort** des Verbrauchers an. Der gewöhnliche Aufenthalt einer Person befindet sich dort, wo die Person ständig oder für eine längere Zeit und nicht nur vorübergehend verweilt (vgl Zö/*Vollkommer* Rn 6; Musielak/*Heinrich* Rn 10; Palandt/*Ellenberger* § 7 Rn 3; MüKoBGB/*Schmitt* § 7 Rn 14; vgl auch § 122 FamFG und § 16 Rz 3), ohne dass es eines entsprechenden rechtsgeschäftlichen Willens bedarf (vgl BGH NJW 81, 520; Palandt/*Ellenberger* § 7 Rn 3; MüKoBGB/*Schmitt* § 7 Rn 14). Eine **vorübergehende Abwesenheit** ist unschädlich (Zö/*Vollkommer* Rn 6; Palandt/*Ellenberger* § 7 Rn 3). Ein gewöhnlicher Aufenthalt kann bereits vorliegen, wenn er von vornherein auf Dauer angelegt ist (BGH NJW 81, 520; Karlsr FamRZ 09, 239). Fehlt es sowohl an einem Wohnsitz wie auch einem gewöhnlichen Aufenthaltsort des Verbrauchers, ist § 29c I 1 nicht einschlägig.

4 **D. Ausschließlicher Gerichtsstand des Verbrauchers bei Haustürgeschäften (§ 29c I 2).** Für die gerichtliche Inanspruchnahme des Verbrauchers aus einem Haustürgeschäft iSd § 312 I 1 Hs 1 BGB oder einem Umgehungsgeschäft iSd § 312 f S 2 BGB (s. näher Rz 2) begründet § 29c II 1 einen ausschließlichen Gerichtsstand des Verbrauchers an dessen **Wohnsitz**, ersatzweise an dessen **gewöhnlichen Aufenthaltsort** (zu den Begriffen s. Rz 3). Fehlt es an beidem, ist § 29c II nicht anwendbar (vgl nur Zö/*Vollkommer* Rn 7). Der Gerichtsstand geht allg und besonderen Gerichtsständen vor (vgl § 12 Rz 7). Allerdings soll bei der **Vollstreckungsabwehrklage** (§ 767) § 29c auch dann durch den ausschließlichen Gerichtsstand des § 767 (vgl § 802) verdrängt werden, wenn § 29c im Erkenntnisverfahren nicht beachtet wurde (Zö/*Vollkommer* Rn 6).

5 **E. Widerklage des Unternehmers (§ 29c II).** § 29c II erweitert in **Ausnahme zu § 33 II** den Anwendungsbereich der **Widerklage des Unternehmers gegen den Verbraucher** (zur Widerklage s. § 33). Gegenstand der Regelung ist der Fall, dass der Verbraucher den Unternehmer außerhalb des Gerichtsstands des § 29c I 1 vor dessen allg Gerichtsstand oder einem anderen besonderen Gerichtsstand in Anspruch nimmt. Nach § 33 II wäre die Erhebung einer Widerklage durch den Unternehmer wegen des für ihn geltenden ausschließlichen Gerichtsstands nach § 29c I 2 unzulässig. Durch den Ausschluss des § 33 II nach § 29c II wird sichergestellt, dass der Unternehmer den Verbraucher im Wege der Widerklage an dem vom Verbraucher gewählten Gerichtsstand in Anspruch nehmen kann. Es wäre nämlich unbillig, den Unternehmer für eine Widerklage auf den ausschließlichen Gerichtsstand des § 29c I 2 zu verweisen, wenn der Verbraucher den Unternehmer außerhalb des Gerichtsstands des § 29c I 1 in Anspruch nimmt (BTDrs 14/6040 278; Zö/*Vollkommer* Rn 10; Musielak/*Heinrich* Rn 12; St/J/*Roth* Rn 12). Dies gilt allerdings **nur für konnexe Widerklagen** des Unternehmers (s. dazu § 33 Rz 14). Nach dem Begriffsverständnis des § 33 durch die Rspr des BGH bedarf dies keiner weiteren Erklärung (Konnexität als besondere Prozessvoraussetzung einer zulässigen Widerklage; § 33 Rz 14). Die Vertreter der Gegenauffassung gelangen zu demselben Ergebnis, indem sie bei § 29c II das Erfordernis der Konnexität zur Zulässigkeitsvoraussetzung der Widerklage des Unternehmers erklären (vgl Zö/*Vollkommer* Rn 10; Musielak/*Heinrich* Rn 12).

6 **F. Gerichtsstandsvereinbarung (§ 29c II).** § 29c II enthält eine **Ausnahme vom Prorogationsverbot** des § 40 II Nr 2, wonach eine Gerichtsstandsvereinbarung unzulässig ist, wenn ein ausschließlicher Gerichtsstand begründet ist (s. § 40 Rz 5). Der Unternehmer soll nach dem Sinn und Zweck der Vorschrift vor einer erschwerten Rechtsverfolgung geschützt werden (ThoPu/*Hüßtege* Rn 3; Musielak/*Heinrich* Rn 13). § 29c II entspricht inhaltlich den Vorgaben des § 38 III Nr 2. Zu den Voraussetzungen s. dort.

7 **G. Internationale Zuständigkeit.** Es gelten die allg Grundsätze (vgl § 12 Rz 18). § 29a kann danach wie alle Gerichtsstandsregelungen der ZPO kraft seiner **Doppelfunktionalität** die internationale Zuständigkeit begründen, soweit keine einschlägigen bilateralen Verträge oder internationale Abkommen bestehen (Zö/*Vollkommer* Rn 3; Musielak/*Heinrich* Rn 15; St/J/*Roth* Rn 15). Im Anwendungsbereich des EuGVO sind die Art 15, 16 zu beachten.

§ 30 Gerichtsstand bei Bergungsansprüchen. Für Klagen wegen Ansprüchen aus Bergung nach dem Achten Abschnitt des Fünften Buches des Handelsgesetzbuchs gegen eine Person, die im Inland keinen Gerichtsstand hat, ist das Gericht zuständig, bei dem der Kläger im Inland seinen allgemeinen Gerichtsstand hat.

A. Normzweck und dogmatische Einordnung. Derjenige, der auf Ersuchen des Kapitäns oder des Schiffseigners bei Gefahr Hilfe leistet (Berger, § 740 HGB), muss grds auf Grund der Internationalität des Schiffsverkehrs damit rechnen, dass bzgl einer ggf später zu verklagenden Person (zB Reeder etc) kein inländischer Gerichtsstand eröffnet ist. Für diesen Fall müsste der Berger vor einem ausländischen Gericht klagen, bei dem die Anwendung des von der Bundesrepublik Deutschland ratifizierten Internationalen Übereinkommens von 1989 über Bergung von Fall zu Fall nicht gewährleistet wäre (BTDrs 14/4672, 27). Auf die Anwendung des Übereinkommens, mit dem der Gesetzgeber die Hoffnung eines effektiveren Schutzes der maritimen Ökosysteme verbindet (BTDrs 14/4672, 11), soll der durch § 30 privilegierte Kl aber ebenso vertrauen dürfen, wie auf die durch § 30 gewährleistete internationale Zuständigkeit deutscher Gerichte. Demgemäß stellt § 30 in erster Linie eine Regelung der internationalen Zuständigkeit dar, regelt aber zugleich auch die örtliche Zuständigkeit mit (St/J/*Roth* § 30 Rn 1). 1

B. Tatbestandsmerkmale im Einzelnen. I. Anwendbarkeit. Im Anwendungsbereich der EuGVO wird § 30 durch die dortigen spezielleren Vorschriften verdrängt (St/J/*Roth* § 30 Rn 3). Außerhalb dieses Anwendungsbereichs ist § 30 dagegen voll anwendbar und sichert auf diese Weise ggü Staaten, die dem Bergungsübereinkommen noch nicht beigetreten sind, dessen Anwendung (BTDrs 14/4672, 27). 2

II. Klagen wegen Ansprüchen aus Bergung nach dem Achten Abschnitt des Fünften Buches des Handelsgesetzbuchs. Streitentscheidende Anspruchsnorm einer unter § 30 fallenden Klage bzw eines sonstigen unter § 30 fallenden Antrages (zB auf Erlass einer einstweiligen Verfügung, § 753a HGB) muss eine solche aus dem achten Abschnitt des fünften Buches des HGB sein, ohne dass es eine Rolle spielt, ob es sich um vertragliche Ansprüche aus Bergungsvertrag (§ 750 HGB) oder um einen der gesetzlichen Ansprüche aus §§ 742 ff HGB (Zö/*Vollkommer* § 30 Rn 2), ob es sich um einen Primärleistungsanspruch oder zB um einen Schadensersatzanspruch handelt. 3

III. Klagen gegen eine Person, die im Inland keinen Gerichtsstand hat. Der Beklagte darf im Inland weder seinen allgemeinen Gerichtsstand haben, noch greift § 30 nach seinem ausdrücklichen Wortlaut, aber auch nach seiner Funktion ein, wenn hinsichtlich des Streitgegenstandes ein anderer besonderer Gerichtsstand im Inland (zB aus § 29 oder aus § 32) eröffnet ist. 4

IV. Allgemeiner Gerichtsstand des Klägers. Das Eingreifen des § 30 setzt schließlich voraus, dass der Kl einen allgemeinen Gerichtsstand im Inland hat, wobei strittig ist, ob hierfür die Gerichtsstandsbegründung durch § 16 genügt, wie dies von einer Auffassung mit Blick auf den Wortlaut der §§ 16 und 30 bejaht wird (St/J/*Roth* § 30 Rn 6). Hiergegen spricht indes der Umstand, dass § 30 nach seinem in den Materialien zum Ausdruck gekommenen Sinn und Zweck einen gewissen Inlandsbezug erfordert, der bei einer Zuständigkeitsbegründung alleine über § 16 nicht gegeben ist (im Ergebnis ebenso: Zö/*Vollkommer* § 30 Rn 2). 5

§ 31 Besonderer Gerichtsstand der Vermögensverwaltung. Für Klagen, die aus einer Vermögensverwaltung von dem Geschäftsherrn gegen den Verwalter oder von dem Verwalter gegen den Geschäftsherrn erhoben werden, ist das Gericht des Ortes zuständig, wo die Verwaltung geführt ist.

A. Normzweck und dogmatische Einordnung. § 31 dient als Wahlgerichtsstand für Klagen von und gegen Vermögensverwalter mit sachlichem Bezug zur Vermögensverwaltung der erleichterten Rechtsverfolgung, vereinfacht bei mehreren Parteien die Prozesskonzentration und beruht überdies auf dem Gesichtspunkt der Beweisnähe, wonach es häufig unter prozessökonomischen Aspekten zweckmäßig ist, Rechtsstreitigkeiten mit Bezug zur Vermögensverwaltung in räumlicher Nähe zur Verwaltung oder zum verwalteten Vermögen zu führen (Brandbg OLGR 06, 455, 456). 1

B. Tatbestandsmerkmale. I. Klagen aus einer Vermögensverwaltung. § 31 erfordert, dass der Streitgegenstand sich auf eine Vermögensverwaltung bezieht. Unter Vermögensverwaltung ist die Verwaltung eines oder mehrerer Vermögensgegenstände auf vertraglicher oder gesetzlicher Rechtsgrundlage einschließlich 2 der Geschäftsführung ohne Auftrag zu verstehen, sofern die Verwaltung sich nicht nur auf einzelne Geschäfte beschränkt, sondern auf eine Mehrheit wahrzunehmender Aufgaben bezieht (Brandbg OLGR 06, 455, 456; BAG AP Nr 1 zu § 31), ohne dass es eine Rolle spielt, wenn es dabei bspw nur um die fortgesetzte Ausführung gleichartiger Geschäfte geht (RGZ 20, 364). Ausschlaggebend ist, dass die Tätigkeit selbstständig, eigenverantwortlich und fremdnützig erfolgt, treuhänderischen Charakter hat und die Pflicht zur Rechnungslegung impliziert (Brandbg OLGR 06, 455, 456). Typische Beispiele für eine Vermögensverwaltung idS sind die gerichtlich angeordnete Betreuung im Bereich der Vermögenssorge, die Verwaltung des Nachlasses durch einen hiermit betrauten Nachlassverwalter, die Verwaltung des Vermögens eines Minderjährigen durch den oder die gesetzlichen Vertreter, die Vermögensverwaltung durch einen Angehörigen oder eine sonstige Person mit Vorsorgevollmacht, die Vermögensverwaltung iRe Geschäftsführung ohne Auftrag (Brandbg OLGR 06, 455, 456) oder die Verwaltung einer Wohnungseigentümergemeinschaft durch einen Verwalter (BAG AP Nr 1 zu § 31). Schließlich fällt auch der Fall des Generalagenten (zB einer Versicherungsgesellschaft) unter § 31, der für die von ihm vertretene Gesellschaft selbstständig Verträge abschließen und Beiträge einziehen kann sowie nach Weisung Zahlung aus einer von ihm geführten Kasse vorzunehmen und Abrechnung zu erteilen hat (RGZ 20, 364).

3 **II. Klagen, die von dem Geschäftsherrn gegen den Verwalter oder von dem Verwalter gegen den Geschäftsherrn erhoben werden.** § 31 knüpft kumulativ an das streitgegenständliche Rechtsverhältnis und die Parteien an. Dabei wird das an den Parteien anknüpfende Merkmal »Geschäftsherr/Verwalter« in der Literatur so verstanden, dass es Ansprüche Dritter ausschließt (MÜKoZPO/*Patzina* § 31 Rn 3; St/J/*Roth* § 31 Rn 6). Demgegenüber wird § 31 für den Fall der (Einzel-/Gesamt-)Rechtsnachfolge (zB durch Abtretung, Erbfall etc) ebenfalls für einschlägig gehalten, da der Ausschluss von Ansprüchen Dritter nur den Sinn haben könne, solche Fallgestaltungen auszuschließen, in denen der streitgegenständliche Anspruch nicht im Verhältnis zwischen Verwalter und Geschäftsherr entstanden ist (Brandbg OLGR 06, 455, 456).

4 **III. Gericht des Ortes, wo die Verwaltung geführt wird.** Geführt wird die Verwaltung, wo der Verwalter regelmäßig tätig wird, also dort, wo er seinen Sitz hat oder wo er – bei örtlich vom Sitz abweichender Aufgabenwahrnehmung – seine Verwaltertätigkeit unter Aufbewahrung der Geschäftsunterlagen ausübt (Brandbg OLGR 06, 455, 456).

5 **IV. Anwendbarkeit, Internationale Zuständigkeit.** § 31 regelt neben der örtlichen auch die internationale Zuständigkeit. Diese folgt demnach aus § 31, sofern die Vorschrift nicht durch speziellere Vorschriften des internationalen Zivilprozessrechts verdrängt wird. Im Anwendungsbereich der EuGVO ist § 31 unanwendbar (St/J/*Roth* § 31 Rn 2).

§ 32 Besonderer Gerichtsstand der unerlaubten Handlung. **Für Klagen aus unerlaubten Handlungen ist das Gericht zuständig, in dessen Bezirk die Handlung begangen ist.**

Inhaltsübersicht Rz

A. Normgegenstand 1
B. Anwendungsbereich 2
I. Unerlaubte Handlung 3
1. §§ 823 ff BGB 4
2. Sonstige deliktische und deliktsähnliche Tatbestände im BGB 5
3. Deliktische und deliktsähnliche Tatbestände außerhalb des BGB (alphabetisch) 6
a) Gefährdungshaftung 6
b) Gewerblicher Rechtsschutz und Urheberrecht 7
c) Insolvenzrecht, Gläubigeranfechtung 8
d) Konzernrechtliche Haftung 9
e) Staatshaftung 10
f) Wettbewerbsrecht 11
II. Klagen 12
C. Gerichtsstand des Begehungsortes 13
I. Begriff 13
II. Einzelfälle (alphabetisch) 14
D. Prüfung, Darlegungs- und Beweislast 15
E. Internationale Zuständigkeit 16

1 **A. Normgegenstand.** § 32 begründet einen besonderen Gerichtsstand für unerlaubte Handlungen am Ort, an dem die unerlaubte Handlung begangen ist (**sog Begehungs-/Tatort**; Rz 13). **Sinn und Zweck** dieser Zuständigkeitsregelung ist es, die Streitsache dort zu behandeln, wo die sachliche Aufklärung und Beweis-

erhebung idR am besten, sachlichsten und mit den geringsten Kosten erfolgen kann (BGH NJW 77, 1590; NJW 11, 2059, 2060 – www.womanineurope.com; vgl auch München NJW-RR 93, 701, 703; Zö/*Vollkommer* Rn 1; Musielak/*Heinrich* Rn 1).

B. Anwendungsbereich. § 32 schafft einen besonderen Gerichtsstand, der nach allg Grundsätzen (vgl § 12 Rz 7) wahlweise neben den allg und anderen besonderen Gerichtsständen (zB § 20 StVG, § 56 LuftVG, § 14 HaftpflG, § 6 II ÖlschadenG, § 94a AMG) in Anspruch genommen und nur durch ausschließliche Gerichtsstände verdrängt werden kann (zB § 32b, § 6 UKlaG, § 14 UWG, § 13a VII VerkaufsprospektG iVm § 32b, § 17 WahrnG; zu weiteren ausschließlichen Gerichtsständen s. § 12 Rz 4). Zur Zuständigkeit in **Wild- und Jagdschadenssachen** s. § 35 BJagdG iVm den Landesvorschriften (für Baden-Württemberg vgl auch Karlsr OLGR 04, 311 f, dort auch zur Frage, ob Ansprüche auf Wildschadensersatz überhaupt unter § 32 fallen). Zu Einschränkungen des Anwendungsbereichs s. Rz 15. 2

I. Unerlaubte Handlung. Der Begriff der **unerlaubten Handlung iSd § 32** ist nicht auf die Tatbestände der §§ 823 ff BGB beschränkt, sondern hat eine **umfassendere Bedeutung** (BGH NJW 56, 911; NJW 11, 2518, 2519; vgl auch BGH NJW 74, 410, 411; KGR 00, 181 f; Zö/*Vollkommer* Rn 4; Musielak/*Heinrich* Rn 2;). So erfasst er auch solche Handlungen, die durch ein gesetzliches Verbot als unerlaubt gekennzeichnet werden und deren zivilrechtliche Folgen im Gesetz in gleicher Weise wie die der unerlaubten Handlungen der §§ 823 ff BGB geregelt worden sind (BGH NJW 56, 911; NJW 11, 2518, 2519: »rechtswidrige Eingriffe in eine fremde Rechtssphäre«). Entscheidend ist die **Abgrenzung zur gesamten vertraglichen Haftung** (vgl BGH NJW 74, 410, 411; Köln 25.10.07, 18 U 164/06; Zö/*Vollkommer* Rn 12; Musielak/*Heinrich* Rn 2). Der Eintritt eines Schadens oder die Gefahr des Schadenseintritts ist nicht begriffsnotwendig (BGH NJW 56, 911, 912). Im Einzelnen gilt § 32 insb für: 3

1. §§ 823 ff BGB. Sämtliche Tatbestände der §§ 823 ff BGB fallen unter § 32 (allgM; BGH NJW 56, 911; NJW 11, 2518, 2519; Zö/*Vollkommer* Rn 5; Musielak/*Heinrich* Rn 2; ThoPu/*Hüßtege* Rn 1), also auch Verletzungen des APR (vgl BGH NJW 77, 1590 f; Zö/*Vollkommer* Rn 5; vgl jetzt auch § 823 II iVm § 201a StGB), Ansprüche aus § 826 BGB wegen unrichtiger Vollstreckungstitel (s. dazu näher Rz 14 »Zwangsvollstreckung«; § 322 Rz 48 ff), Beihilfehandlungen gem § 830 BGB (BGHZ 184, 365; WM 11, 3028) und Ansprüche aus Amtshaftung nach § 839 BGB iVm Art 34 GG (vgl Frankf OLGR 08, 4 ff; Celle MDR 10, 1485; Zö/*Vollkommer* Rn 5; Musielak/*Heinrich* Rn 2). Durch § 823 II BGB ist der Anwendungsbereich auf **alle Schutzgesetze** im Sinne dieser Vorschrift erweitert (vgl BGH NJW 56, 911; BGHZ 132, 105, 106; WM 11, 142; Oldbg TranspR 01, 322 f; München OLGR 04, 239 f; Naumbg OLGR 05, 235 f; Zö/*Vollkommer* Rn 5; Musielak/*Heinrich* Rn 2; ThoPu/*Hüßtege* Rn 1). Davon wird auch der **presserechtliche Gegendarstellungsanspruch** iSd Pressegesetze/Mediengesetze der Länder erfasst. Dieser stellt nämlich ein Schutzgesetz iSd § 823 II BGB dar (vgl München AfP 78, 27 f zu Art 10 Bayerisches Pressegesetz aF; BayObLGZ 58, 189, 194; offen Frankf NJW 60, 2059, 2060). Die Zuwiderhandlung wird durch das Unterlassen des Abdrucks begangen (München AfP 78, 27 f). Bei der zivilgerichtlichen Geltendmachung des Gegendarstellungsanspruchs liegt daher grds Anspruchsgrundlagenkonkurrenz zwischen dem Gegendarstellungsanspruch nach Presserecht und einer unerlaubten Handlung iSd § 32 vor, die zwangsläufig zum Gerichtsstand des § 32 führt (aA Frankf NJW 60, 2059 f; Zö/*Vollkommer* Rn 12; ThoPu/*Hüßtege* Rn 3; MüKoZPO/*Patzina* Rn 16; iE wie hier Wieczorek/Schütze/*Hausmann* Rn 18; Stadler JZ 94, 642 ff). Streitig ist, ob der **Gesamtschuldnerausgleich der Deliktsschuldner** (vgl §§ 840, 426 BGB, 116 VVG) von § 32 erfasst wird. Obwohl gesetzliche Ausgleichsverhältnisse grds nicht unter § 32 fallen (vgl Zö/*Vollkommer* Rn 12; Musielak/*Heinrich* Rn 9), wird man die Zuständigkeit nach § 32 in diesem Fall wegen des Schutzzwecks der Norm (Rz 1, 3) bejahen müssen, da der Streit beim Ausgleich der Deliktsschuldner in einer deliktischen Handlung fußt (vgl Celle VersR 91, 234 f; Stuttg NJW-RR 06, 1362, 1363; Zö/*Vollkommer* Rn 5, 13; aA MüKoZPO/*Patzina* Rn 17; Musielak/*Heinrich* Rn 9). 4

2. Sonstige deliktische und deliktsähnliche Tatbestände im BGB. Unter den weiten Begriff der unerlaubten Handlung iSd § 32 fallen wegen ihres deliktischen bzw deliktsähnlichen Charakters auch Ansprüche aus **§§ 858 ff BGB** (Zö/*Vollkommer* Rn 6; Musielak/*Heinrich* Rn 2; beachte auch den Schutzgesetzcharakter des § 858 BGB iRd § 823 II BGB, vgl dazu nur BGHZ 73, 355, 362; Palandt/*Bassenge* § 858 Rn 1), **§§ 989, 990, 992 BGB** (Zö/*Vollkommer* Rn 6; Musielak/*Heinrich* Rn 2;*Spickhoff* ZZP 109, 493, 514), **§ 1004 BGB in direkter** (Zö/*Vollkommer* Rn 6) und **analoger Anwendung** (vgl etwa Celle GRURINT 77, 238 ff; Köln DtZ 91, 27 ff; KG NJW 97, 3321; Brandenbg AnwBl 03, 120 f; München RDV 08, 24 f; Zö/*Volllkommer* Rn 14), 5 aus **unerlaubter Eigengeschäftsführung** nach § 687 II BGB (Hamm 10.10.02, 22 U 46/02, LS in: OLGR 03, 82; Zö/*Vollkommer* Rn 9; Musielak/*Heinrich* Rn 9), aus ungerechtfertigter Bereicherung wegen **Eingriffskondiktion** nach § 812 I 1 Alt 2 BGB (Zö/*Vollkommer* Rn 9; Musielak/*Heinrich* Rn 7; MüKoZPO/*Patzina* Rn 17; *Spickhoff* ZZP 109, 493, 513), nicht aber bei den übrigen Kondiktionstatbeständen (vgl § 29 Rz 5). Wegen der Ähnlichkeit zu den Tatbeständen der Gefährdungshaftung (vgl Rz 6) wird man auch die **Haftung des Gastwirtes** nach § 701 BGB unter den Begriff der unerlaubten Handlung iSd § 32 subsumieren können (Musielak/*Heinrich* Rn 13; St/J/*Roth* Rn 24; aA Zö/*Vollkommer* Rn 12). Es handelt sich insoweit um einen Fall der verschuldensunabhängigen Haftung für Betriebsgefahr iRe gesetzlichen Schuldverhältnisses, das losgelöst von einem (Beherbergungs-)Vertrag besteht (vgl BGHZ 32, 149, 150 f; Palandt/*Sprau* Einf v § 701 Rn 1 f, § 701 Rn 3; PWW/*Fehrenbacher* § 701 Rn 1).

6 **3. Deliktische und deliktsähnliche Tatbestände außerhalb des BGB (alphabetisch). a) Gefährdungshaftung.** Sämtliche Ansprüche aus **gesetzlicher Gefährdungshaftung** des materiellen Rechts (Bsp: §§ 1 ff, 14 HaftpflG; §§ 7 ff StVG iVm § 115 VVG) werden vom weiten Begriff der unerlaubten Handlung iSd § 32 erfasst (BGHZ 80, 1, 3; Zö/*Vollkommer* Rn 7; Musielak/*Heinrich* Rn 3; ThoPu/*Hüßtege* Rn 2; zur Gefährdungshaftung nach StVG vgl BGH NJW 83, 1755; zur Gefährdungshaftung nach AMG vgl BGH NJW 90, 2316), ebenso der **Direktanspruch nach § 115 VVG**, da dieser überwiegend deliktsrechtlicher Natur ist (BGH NJW 83, 1799 zu § 3 PflVG aF; Zö/*Vollkommer* Rn 13; ThoPu/*Hüßtege* Rn 2). Unter § 32 fallen auch die **Schadensersatzansprüche des Prozessrechts wegen unberechtigter Zwangsvollstreckung** (§§ 302 IV, 600 II, 717 II, 945, 1041 IV, 1065 II 2; § 248 V FamFG; Zö/*Vollkommer* Rn 8; Musielak/*Heinrich* Rn 3; ThoPu//*Hüßtege* Rn 4; MüKoZPO/*Patzina* Rn 6, da es sich insoweit um eine **prozessuale Gefährdungshaftung** handelt (BGHZ 85, 10, 13 ff; vgl auch BGHZ 69, 373, 375 f; 85, 110, 113; NJW 11, 2518, 2519 zu § 717 II; Zö/*Herget* § 717 Rn 3; Musielak/*Lackmann* § 717 Rn 4). Dasselbe gilt für § 717 III, da es sich um einen nach den Grundsätzen der Gefährdungshaftung begründeten Erstattungsanspruch handelt, der nur im Hinblick auf die Rechtsfolgen auf das Recht der ungerechtfertigten Bereicherung verweist (BGH NJW 11, 2518, 2520 mwN zur Gegenmeinung). Zur Konkurrenz der besonderen Gerichtsstände der Gefährdungshaftung mit § 32 vgl Rz 2.

7 **b) Gewerblicher Rechtsschutz und Urheberrecht.** In den Anwendungsbereich des § 32 fallen die aus der **Verletzung gewerblicher Schutzrechte u Urheberrecht** resultierenden Ansprüche (Zö/*Vollkommer* Rn 9; ThoPu/*Hüßtege* Rn 3), zB nach MarkenG (vgl BGH GRUR 07, 1200, 1202 zu § 15 MarkenG; Hambg Magazindienst 04, 594 ff zu § 14 MarkenG; zur Löschungsklage nach §§ 51, 55 MarkenG s. aber Frankf OLGR 07, 632 f; vgl auch BGH NJW 05, 1435 zu Art 5 EuGVÜ) und UrhG (vgl München GRUR 90, 677; KG GRUR-RR 06, 252; Jena GRUR-RR 08, 223). Beachte aber die ausschließliche Gerichtsstandsregelung des § 17 WahrnG (vgl BGHZ 52, 108, 110; Zö/*Vollkommer* Rn 9). Auch die durch **Abmahnungen** entstandenen **außergerichtlichen Kosten** können im Gerichtsstand des § 32 geltend gemacht werden (vgl LG Konstanz WRP 78, 566 f; LG Krefeld MMR 07, 798 f; LG Hamburg 19.10.04, 312 O 798/04 zu § 14 V MarkenG; AG München GRUR-RR 08, 263 zu § 97 UrhG; aA LG Berlin WRP 79, 823; Zö/*Vollkommer* Rn 17 »Schutzrechtsverwarnungen«).

8 **c) Insolvenzrecht, Gläubigeranfechtung.** Neben den Ansprüchen wegen **Insolvenzstraftaten**, die bereits von § 823 II BGB erfasst werden (Zö/*Vollkommer* Rn 11a; Musielak/*Heinrich* Rn 8; vgl auch Hamm BB 00, 431 zu § 283 StGB; LG München BB 00, 428 zu §§ 64, 84 GmbHG aF) und den Ansprüchen aus **Existenzvernichtungshaftung**, die ihre Grundlage in § 826 BGB haben (vgl BGHZ 173, 246 f – TRIHOTEL), fallen unter § 32 die **Ansprüche aus §§ 60, 71 InsO** (Zö/*Vollkommer* Rn 11a; Musielak/*Heinrich* Rn 8; vgl auch Celle WM 88, 131, 133 zu § 82 KO aF), **nicht** aber Ansprüche aus **Insolvenzanfechtung** oder wegen **Gläubigeranfechtung** nach den §§ 3 ff AnfG (Zö/*Vollkommer* Rn 12; St/J/*Roth* Rn 21; Musielak/*Heinrich* Rn 9; vgl auch BGH NJW 90, 990, 991 zu §§ 29 f, 37 KO aF; aA B/L/A/H Rn 7 »Anfechtungsklage«).Zum Rechtsweg bei Klagen aus Insolvenzanfechtung von Lohnzahlungen s. GmS-OGB ZIP 10, 2418.

9 **d) Konzernrechtliche Haftung.** Unter § 32 fällt auch die Haftung des beherrschenden Unternehmensgesellschafters bei missbräuchlicher Ausübung der Konzernleitungsmacht entsprechend §§ 302, 303 AktG (Köln VersR 98, 1305, 1306; Zö/*Vollkommer* Rn 11b; Musielak/*Heinrich* Rn 3; zur Haftung in diesen Fällen s. BGHZ 122, 123, 126 ff).

10 **e) Staatshaftung.** Neben dem Anspruch aus **Amtspflichtverletzung**, der bereits durch Art 34 GG iVm § 839 BGB erfasst ist (vgl Rz 4), fallen unter § 32 wegen der Weite des Anwendungsbereichs auch **Ansprü-**

che aus enteignungsgleichen und aufopferungsgleichen Ansprüchen, nicht dagegen Aufopferungsansprüche und Ansprüche aus enteignendem Eingriff, da letztere auf rechtmäßigem staatlichen Handeln beruhen und insoweit mit einem deliktischen Handeln iSd § 32 nicht vergleichbar sind (vgl Zö/*Vollkommer* Rn 6; Musielak/*Heinrich* Rn 3; St/J/*Roth* Rn 20; offen Karlsr OLGR 04, 311, 312; zum enteignungsgleichen und enteignenden Eingriffs s. nur BGHZ 117, 240, 252; Palandt/*Bassenge* Überbl v § 903 Rn 13 f; zum aufopferungsgleichen Eingriff und der Aufopferung s. nur BGHZ 9, 83, 85 ff; 36, 379, 390 f; Köln VersR 04, 1058, 1059; MüKoBGB/*Papier* § 839 Rn 56 ff; zum Verhältnis der Ansprüche zueinander s.a. BGHZ 122, 363 ff). § 32 erfasst auch den **Regressanspruch des Dienstherrn** wegen Amtspflichtverletzung, enteignungsgleicher und aufopferungsgleicher Eingriffe (Zö/*Vollkommer* Rn 5).

f) Wettbewerbsrecht. Im Bereich des UWG ist die Anwendbarkeit des § 32 durch die **ausschließlichen Gerichtsstände des § 14 UWG** beschränkt, zwischen denen der Kl/Ast wählen kann (vgl BTDrs 15/1487, 26; Hefermehl/Köhler/Bornkamm § 14 Rn 1; Piper/Ohly § 14 Rn 1 f). Stützt der Kl/Ast allerdings sein Begehren nicht nur auf Tatbestände des UWG, so soll **§ 32 neben § 14 UWG zur Anwendung** kommen (Zö/*Vollkommer* Rn 10; Hefermehl/Köhler/Bornkamm § 14 Rn 4; so bereits früher BGHZ 15, 338, 355 f; Köln NJW 70, 477; Celle GRURINT 77, 238, 239). Das kann allerdings nur für die **Fälle des § 14 II 1 UWG** gelten, da ansonsten die Beschränkung des § 14 II 2 UWG umgangen werden könnte. Die in § 8 III Nr 2–4 UWG erwähnten Klageberechtigten können daher nicht den Gerichtsstand des § 32 für sich in Anspruch nehmen (vgl Zö/*Vollkommer* Rn 10). Zum Prüfungsumfang s. Rz 15. Auch **Verstöße gegen das Kartellrecht** können von § 32 erfasst werden, so zB bei Ansprüchen aus § 33 GWB (vgl BGH NJW 80, 1224, 1225 zu § 35 GWB aF; München OLGR 96, 89 ff zu § 35 GWB aF; KGR 00, 181 f; Hambg OLGR 08, 35 ff; Zö/*Vollkommer* Rn 11; Musielak/*Heinrich* Rn 5). **Gewinnzusagen** (§ 661a BGB) werden aufgrund ihrer vertragsrechtlichen Zuordnung nicht von § 32 erfasst (vgl § 29 Rz 5 aE, 14 »Gewinnzusage«). 11

II. Klagen. Das Begehren muss seine **Grundlage (auch) in einer unerlaubten Handlung** (Rz 3) haben (vgl Zö/*Vollkommer* Rn 15; s. näher Rz 15). Unerheblich ist die Art des prozessualen Antrags (vgl BayObLG MDR 03, 1311; Zö/*Vollkommer* Rn 14; Musielak/*Heinrich* Rn 14), so dass auch Unterlassungsklagen von § 32 erfasst werden (vgl nur BGH NJW 11, 2059, 2060 – www.womanineurope.com – mwN; zur Unterlassungsklage s. Rz 14 »Unterlassung/Unterlassungsklagen«). Unerheblich ist ferner, wer den Anspruch aus unerlaubter Handlung verfolgt und gegen wen sich der Anspruch richtet (BGH NJW 90, 1533; Zö/*Vollkommer* Rn 13; Musielak/*Heinrich* Rn 12). § 32 gilt deshalb auch bei Klagen aus übergegangenem Anspruch, zB nach § 116 SGB X (BGH NJW 90, 1533; Zö/*Vollkommer* Rn 13; Musielak/*Heinrich* Rn 12), bei der Direktklage nach § 115 VVG (s. Rz 6), bei der Klage gegen Mittäter (BGH NJW-RR 90, 604; NJW 95, 1225, 1226; Zö/*Vollkommer* Rn 13; Musielak/*Heinrich* Rn 13; ThoPu/*Hüßtege* Rn 1; zur Bestimmung des Gerichtsstands in diesen Fällen s. Rz 15), Anstifter oder Gehilfen (BayObLG NJW-RR 96, 508, 509; Zö/*Vollkommer* Rn 14; Musielak/*Heinrich* Rn 12) und bei der Klage aus unerlaubter Handlung gegen Personen aus Organhaftung (Zö/*Vollkommer* Rn 13; Musielak/*Heinrich* Rn 13; vgl auch BayObLGZ 80, 13, 14 f zu §§ 128 II, 168 HGB; BayObLG NJW-RR 96, 508, 509 zu § 31 BGB). Zur Problematik bei negativen Feststellungsklagen durch den vermeintlichen Schädiger s. Rz 15. 12

C. Gerichtsstand des Begehungsortes. I. Begriff. Der Ort, an dem die unerlaubte Handlung begangen ist, wird als **Begehungs- oder Tatort** bezeichnet (s. nur BGHZ 124, 237, 245; NJW 11, 2518, 2521; Zö/*Vollkommer* Rn 16; ThoPu/*Hüßtege* Rn 7; Musielak/*Heinrich* Rn 15). Nach allgM liegt der Begehungsort iSd § 32 überall, wo auch nur **eines der wesentlichen Tatbestandsmerkmale** verwirklicht worden ist (BGHZ 124, 237, 245; NJW 11, 2518, 2521; Zö/*Vollkommer* Rn 16; ThoPu/*Hüßtege* Rn 7). Das kann sowohl der Ort sein, wo die Verletzungshandlung begangen wurde (**Handlungsort**), als auch der Ort, wo in ein geschütztes Rechtsgut eingegriffen wurde (**Erfolgsort oder Ort des Verletzungserfolgs**; allgM; BGHZ 132, 105, 110 f; NJW 11, 2059 – www.womanineurope.com; NJW 11, 2518, 2521;Zö/*Vollkommer* Rn 16). Diese Differenzierung spielt insb bei den **sog Distanzdelikten** eine Rolle, bei denen sich der Tatbestand der unerlaubten Handlung aus verschiedenen Handlungen und Vorgängen zusammensetzt, die sich an verschiedenen Orten vollziehen (Zö/*Vollkommer* Rn 17 »Distanzdelikt«; zB bei Briefdelikten, vgl BGHZ 40, 391, 394). Die Verletzungshandlung muss nicht vollendet sein. Es genügt eine **ernsthaft drohende Verletzungshandlung**, nicht dagegen eine bloße **Vorbereitungshandlung** (vgl Hambg GRUR-RR 05, 31, 32; Zö/*Vollkommer* Rn 16; Musielak/*Heinrich* Rn 16; vgl auch BGH MDR 95, 282 zu Art 5 EuGVÜ). Da § 32 auf den Begehungsort abstellt, ist es unerheblich, ob und wo ein über den Verletzungserfolg hinausreichender Schaden oder weitere Schadensfolgen eingetreten sind (BGH NJW 77, 1590). Auf den Ort des Schadenseintritts (**Schadensort**) kommt es deshalb grds 13 nicht an (allgM; vgl nur BGHZ 40, 391, 395; 52, 108, 111; NJW 77, 1590; Zö/*Vollkommer* Rn 16; Musielak/*Heinrich* Rn 15). Eine **Ausnahme** gilt in den Fällen, in denen der **Schadenseintritt** zum **Tatbestand der Rechtsverletzung** gehört (allgM; vgl BGHZ 40, 391, 395; 52, 108, 111; Zö/*Vollkommer* Rn 16; Musielak/*Heinrich* Rn 15), so zB bei **§ 826 BGB** (vgl BGH ZIP 89, 830; Kobl WM 89, 622; Hamm NJW-RR 89, 305 f; BayObLG NJW-RR 96, 508, 509; Zö/*Vollkommer* Rn 16; Musielak/*Heinrich* Rn 15) und **§ 823 II BGB iVm § 263 StGB** (vgl BayObLG NJW-RR 96, 508, 509; MDR 03, 893; Rpfleger 04, 365 f; Karlsr OLGR 06, 829, 831; Frankf OLGR 08, 4 f). In diesen Fällen wird der Erfolgsort durch den Ort des Schadenseintritts festgelegt (vgl BGH ZIP 89, 830; BayObLG Rpfleger 04, 365 f; Frankf OLGR 08, 4 f; Zö/*Vollkommer* Rn 16). Dasselbe gilt bei **Amtspflichtverletzungen** nach § 839 BGB iVm Art 34 GG, so dass iRd § 32 auch auf den Ort abgestellt werden kann, wo die Vermögensbeeinträchtigung eingetreten ist (Frankf OLGR 08, 4 ff; Celle MDR 10, 1485; Zö/*Vollkommer* Rn 16). Das ist bei diesen Ansprüchen der Sitz des Gläubigers als »Ort des Vermögens«, unabhängig davon, wo Teile des Vermögens zufällig belegen sind (Frankf OLGR 08, 4 ff; Celle MDR 10, 1485; iE ebenso LG Mainz NJW-RR 00, 588, aber mit widersprüchlicher Begründung). Bei einer **Handlungseinheit** liegt der Begehungsort überall dort, wo eine der Verletzungshandlungen begangen wurde (Hambg WRP 92, 805; Zö/*Vollkommer* Rn 16; vgl auch BGHZ 124, 237, 244 f).

14 **II. Einzelfälle (alphabetisch). Arzthaftung.** In Fällen der Arzthaftung ist für die Bestimmung des Erfolgsorts maßgeblich, wo der Gesundheitsschaden eingetreten ist. Das gilt bei Behandlungs- wie auch bei Aufklärungsfehlern (vgl BGHZ 176, 342, 346 f). Für einen Gesundheitsschaden genügt eine **Verschlimmerung** des Gesundheitszustandes bzw **Vertiefung** des Verletzungserfolges (vgl Köln NJW-RR 09, 569; Nürnb VersR 10, 411, 412; Karlsr OLGR 07, 453 f zu Art 5 EuGVÜ). Tritt der Gesundheitsschaden aufgrund einer in mehreren Schritten und an verschiedenen Orten erfolgten Heilbehandlung erst nach der Krankenhausentlassung am Wohnort des Patienten zutage, kann dort für die Ansprüche gegen alle Haftungsschuldner (etwa Notarzt, Krankenhausarzt, Krankenhausträger) der Gerichtsstand des § 32 begründet sein (vgl Kobl MedR 11, 251). Haben mehrere Bekl an verschiedenen Begehungsorten einen Behandlungsfehler begangen, so führt dies nicht zwangsläufig zu einem »gemeinschaftlichen« Begehungsort. An einer Gemeinschaftlichkeit fehlt es dann, wenn eine unerlaubte Handlung iSd § 32 bereits vollständig seitens eines Bekl verwirklicht worden ist (Ddorf MedR 11, 40). S. auch »Körperverletzung«

Betrug/Untreue. Zum Betrugstatbestand gehört die zu einem Schaden führende Vermögensverfügung, weshalb beim Anlagebetrug (vgl § 264a StGB, dazu näher Naumbg OLGR 05, 235 ff) der Begehungsort auch dort liegt, wo die belastende Kontoverfügung ausgeführt worden ist (vgl BayObLG Rpfleger 04, 365 f; Zö/*Vollkommer* Rn 17 »Anlagebetrug«). Bei der Veruntreuung von Anlagevermögen entscheidet der Ort, wo die Anlage geführt wird (BGH NJW-RR 08, 516, 518 zu Art 5 EuGVÜ; Zö/*Vollkommer* Rn 17 »Veruntreuung von Anlagevermögen«).

Gesundheitsschäden. S. »Arzthaftung« und »Körperverletzung«.

Gewerblicher Rechtsschutz und Urheberrecht. Der Begehungsort ist der Ort der Verletzungshandlung, nicht dagegen der Wohnsitz des Rechteinhabers (vgl BGHZ 52, 108, 110 f; München OLGR 09, 523; Zö/*Vollkommer* Rn 17 »Urheberrechtsverletzungen«, »Kennzeichenverletzung«; Musielak/*Heinrich* Rn 17). Beim **Verbreiten einer schutzrechtswidrig hergestellten Ware** liegt der Begehungsort nach richtiger Auffassung nicht nur am Ort des Verkaufs, sondern überall dort, wo wesentliche, auf Warenabsatz gerichtete Teilhandlungen vorgenommen worden sind (Zö/*Vollkommer* Rn 17 »Verletzung gewerbl Schutzrechte«; München GRUR 90, 677 f; LG Mainz BB 71, 143; allg zu Teilakten BGHZ 40, 391, 395; zu Patentverletzungen vgl auch Kühnen GRUR 97, 19 ff). Unerheblich ist, wohin die Ware durch den Empfänger verbracht wurde (vgl München IPRsp 94, 393 ff; Zö/*Vollkommer* Rn 17 »Verletzung gewerbl Schutzrechte«). Bei im **Internet** begangenen Verletzungen stellt sich die Problematik des **sog fliegenden Gerichtsstands**. Insoweit verbietet sich ein pauschaler Rückgriff auf die zum Wettbewerbsrecht entwickelten Grundsätze (s. dazu unter »Wettbewerbsrecht«). De lege lata ist die Bestimmung des Begehungsortes vielmehr im jeweiligen Einzelfall auf der Grundlage der behaupteten Schutznorm vorzunehmen (vgl zum UrhG AG Frankfurt MMR 09, 490, 491 mit zust Anm *Solmecke/Müller* MMR 09, 492 ff; *Heckmann* jurisPR-ITR 19/2009 Anm 1; *Laucken/Oehler* ZUM 09, 824 ff; zum fliegenden Gerichtsstand s.a. Rz 15, 16). Zu Kostenerstattungsansprüchen vgl Rz 7.

Körperverletzung. Bei Gesundheitsschädigungen und Körperverletzungen liegt der Erfolgsort am Wohnsitz des Geschädigten, wenn der Verletzungserfolg dort eingetreten ist (BGH NJW 90, 1533 für den Vertrieb verseuchter Arzneimittel; KG NJW 06, 2336 f; Köln NJW-RR 09, 569; Zö/*Vollkommer* Rn 16; Musielak/*Heinrich* Rn 17). Dafür genügt auch eine **Verschlimmerung** des Gesundheitszustandes bzw **Vertiefung** des Verletzungserfolges (vgl Köln NJW-RR 09, 569; Karlsr OLGR 07, 453 f zu Art 5 EuGVÜ).S. auch »Arzthaftung«

Persönlichkeitsrecht. Im Falle der Verletzung des APR ist Verletzungsort auch der Wohnort oder der ständige Aufenthaltsort des Betroffenen (BGH NJW 77, 1590 f; Musielak/*Heinrich* Rn 17). Bei **fernmündlichen Äußerungen** ist Verletzungsort auch der Ort, wo die Äußerung vernommen wird (Zö/*Vollkommer* Rn 17; Musielak/*Heinrich* Rn 16; vgl auch München NJW-RR 94, 190). Eine **Ausnahme** gilt aber bei **Presse-/ Mediendelikten** (s. dazu »Presse-/Medienrecht«).

Presse-/Medienrecht. Bei **Presseerzeugnissen** ist Begehungsort einmal der Erscheinungsort des Druckwerks als Handlungsort, zum anderen auch jeder Ort, an dem dieses verbreitet wird (BGH NJW 77, 1590; BGHZ 131, 332, 335; 184, 313, 317 – New York Times; Zö/*Vollkommer* Rn 17 »Pressedelikt«; ThoPu/*Hüßtege* Rn 7). Auf den Wohn- oder Aufenthaltsort des Betroffenen kann insoweit nicht abgestellt werden (BGH NJW 77, 1590 f; ThoPu/*Hüßtege* Rn 7). Von einem Verbreiten iSd Rspr des BGH kann nur dann gesprochen werden, wenn der Inhalt des Presseerzeugnisses dritten Personen bestimmungsgemäß und nicht bloß zufällig zur Kenntnis gebracht wird. Es reicht nicht aus, dass nur hier und da einmal durch Dritte ein oder mehrere Exemplare in ein Gebiet gelangen, das von der Betriebsorganisation des Verlegers oder Herausgebers nicht erfasst und in das das Druckerzeugnis nicht regelmäßig geliefert wird (BGH NJW 77, 1590 f; BGHZ 184, 313, 317 – New York Times). Ähnliches gilt bei **Fernsehsendungen.** Auch hier ist Begehungsort sowohl der Sitz des Senders als auch jeder Ort, in dessen Bezirk die Sendung ausgestrahlt wurde (vgl München OLGZ 87, 216 f; Zö/*Vollkommer* Rn 17 »Fernsehsendungen«; Musielak/*Heinrich* Rn 18). Bei **vorbeugenden Unterlassungsklagen** im Hinblick auf eine erst drohende Rechtsgutverletzung kommt es darauf an, wo die Äußerung nach der Intention des Pressemediums bestimmungsgemäß verbreitet werden soll (geplanter Verbreitungsort); der Rechercheort ist demgegenüber unerheblich (LG Hamburg NJW 03, 1952; Zö/*Vollkommer* Rn 17 »Fernsehsendungen«; Musielak/*Heinrich* Rn 18). Eine lediglich vorstellbare Verbreitung genügt nicht (vgl Brandenbg AnwBl 03, 120 f). Bei der Verbreitung durch das **Internet** stellt sich die Problematik des **sog fliegenden Gerichtsstands**, da Internetinhalte regelmäßig zum Abruf bereit gehalten werden. Diese Problematik hat zu Überlegungen geführt, wie eine Ausuferung des Gerichtsstandes vermieden werden kann. Der **BGH** vertritt die Auffassung, dass für die Begründung der internationalen Zuständigkeit nach § 32 die reine Abrufbarkeit der Inhalte nicht genüge. Erforderlich sei ein über die bloße Abrufbarkeit der rechtsverletzenden Inhalte hinausgehender deutlicher Inlandsbezug. Dies setze – anders als bei Wettbewerbsverletzungen – aber nicht voraus, dass sich die Website „gezielt" oder „bestimmungsgemäß" auch auf den Markt im entsprechenden Gerichtsbezirk richte (so noch die 2. Aufl. mwN). Auch der Anzahl der Abrufe komme lediglich indizielle Bedeutung zu. Entscheidend sei vielmehr, ob der Inhalt einen deutlichen Bezug zum Inland idS aufweise, dass eine Kollision der widerstreitenden Interessen nach den Umständen des Einzelfalls, insb auf Grund des Inhalts der beanstandeten Meldung, im Inland tatsächlich eingetreten sein kann oder eintreten kann. Davon ist auszugehen, wenn eine Kenntnisnahme von der beanstandeteten Meldung nach den Umständen des Einzelfalls im Inland erheblich näher liegt als dies aufgrund der bloßen Abrufbarkeit des Angebots der Fall wäre und die vom Kl behauptete Beeinträchtigung seines Persönlichkeitsrechts durch Kenntnisnahme von der Meldung (auch) im Inland eintreten würde (BGHZ 184, 313, 320 ff. – New York Times mwN). Wenn auch die Frage berechtigt ist, ob durch diese Aussagen des BGH die nötige Klarstellung erfolgt ist, wird sich die Praxis – auch für alle Inlandsfälle – auf absehbare Zeit mit der Entscheidung abfinden müssen. Der BGH hat diese Rspr zwischenzeitlich bestätigt und gleichzeitig betont, dass weder der tatsächliche Abruf der Internetseite im Inland noch ein Serverstandort in Deutschland zur Begründung der Zuständigkeit deutscher Gerichte genügt (NJW 11, 2059 – www.womanineurope.com – mwN). Zum fliegenden Gerichtsstand s.a. Rz 15, 16).

Produkthaftung. Begehungsort iSd § 32 ist der **Herstellungs- und der Unfallort** (Frankf OLGR 95, 119; Stuttg NJW-RR 06, 1362, 1363 f; Zö/*Vollkommer* Rn 17 »Produkt-(Produzenten-)haftung«). Der **Ort der Entwicklung** und **Planung** des fehlerhaften Produkts ist danach unerheblich (Wieczorek/Schütze/*Hausmann* Rn 32; Musielak/*Heinrich* Rn 16). Handlungsort ist bei der Produktherstellung, die **arbeitsteilig** und unter **Benutzung von Zulieferteilen** erfolgt, auch der Ort, an dem das die Produkthaftung auslösende schadhafte Teil in das Endprodukt eingebaut wird (Stuttg NJW-RR 06, 1362; Zö/*Vollkommer* Rn 17 »Produkt-(Produzenten-)haftung«; aA Frankf OLGR 95, 119). Bei fehlerhaftem **Produkt**, das **noch nicht in den Verkehr gebracht** ist, bei dem aber ein Schadenseintritt zu befürchten steht, ist auch der Vertriebsort als Handlungsort anzusehen (vgl Stuttg NJW-RR 06, 1362, 1365; Zö/*Vollkommer* Rn 17 »Produkt-(Produzenten-)haftung«; generell abl Frankf OLGR 95, 119).

Straßenverkehrsrecht. Begehungsort ist auch bei **Direkt- und Rückgriffsklagen** der Unfallort (Zö/*Vollkommer* Rn 17 »Verkehrsunfälle«; s.a. »Körperverletzung« sowie Rz 6).

Unterlassung/Unterlassungsklagen. Der Begehungsort einer Unterlassung ist der Ort, an dem hätte gehandelt werden müssen (vgl Musielak/*Heinrich* Rn 17). Bei **vorbeugenden Unterlassungsklagen**, die ebenfalls unter § 32 fallen (BGHZ 184, 313, 317 – New York Times), kommt es auf den Ort an, wo die unerlaubte Handlung begangen zu werden droht (vgl BGH MDR 95, 282 – Beta). Das ist sowohl der Gerichtsstand des Ortes, an welchem die Verletzungshandlung zu gewärtigen ist, als auch der Gerichtsstand des Ortes, an welchem das geschützte Rechtsgut belegen ist (BGH MDR 95, 282 – Beta; KG KGR 00, 181 f; Hamm NJW-RR 87, 1337). S.a. »Vollstreckungsrecht«.

Wettbewerbsrecht. Soweit § 32 nicht von **ausschließlichen Gerichtsständen** verdrängt wird (s. dazu Rz 11), erfolgt im Wettbewerbsrecht eine sachliche Einschränkung des Begriffs des Begehungsortes. Entscheidend ist der Ort, wo sich die Wettbewerbsmaßnahme ausgewirkt hat bzw im Falle von drohenden Beeinträchtigungen auswirken soll (vgl allg BGHZ 40, 391, 395; Zö/*Vollkommer* Rn 17 »Unlauterer Wettbewerb«). Das gilt insb bei im **Internet** begangenen Handlungen. Bei diesen reicht die allein technisch mögliche Abrufbarkeit der Internetseite, die die behauptete Rechtsverletzung enthält, zur Begründung der örtlichen Zuständigkeit nicht aus (Problematik des **sog fliegenden Gerichtsstands**). Es muss hinzukommen, dass sich die Verletzungshandlung im Bezirk des angerufenen Gerichts im konkreten Fall bestimmungsgemäß auswirken sollte bzw schon ausgewirkt hat (vgl BGHZ 167, 91, 98 zu Art 5 EuGVÜ; BGHZ 184, 313, 320 – New York Times; Bremen OLGR 00, 179; ebenso die hM zu § 14 UWG, vgl etwa Hefermehl/Köhler/Bornkamm/*Köhler* § 14 UWG Rn 16 mwN; Rostock OLGR 09, 663 ff mwN; vgl auch die Nachweise zu »Gewerblicher Rechtsschutz« und Rz 15, 16). Auch bei **Verstößen gegen das GWB** liegt der Begehungsort dort, wo die bezweckte wettbewerbliche Behinderung und damit der Erfolg des wettbewerbswidrigen Verhaltens eintritt bzw eintreten soll (vgl Hambg GRUR-RR 08, 31; Zö/*Vollkommer* Rn 17 »Wettbewerbsbeschränkungen«; vgl auch BGH NJW 80, 1224, 1225 f; enger Frankf NJW-RR 86, 1189). Die Zuständigkeit kann sich uU allein durch eine **Zurechnung fremden kartellrechtswidrigen Verhaltens** über § 830 BGB ergeben (vgl LG Düsseldorf BB 01, 847 f; Zö/*Vollkommer* Rn 17 »Wettbewerbsbeschränkungen«). Zu Kostenerstattungsansprüchen vgl Rz 7.

Zwangsvollstreckung. Für die **Klage nach § 826 BGB** (vgl § 322 Rz 48 ff) auf Unterlassung der Zwangsvollstreckung und Herausgabe des Titels ist Begehungsort neben dem Ort der Titelerwirkung auch der Ort von erfolgten oder drohenden Vollstreckungsmaßnahmen und der Wohnsitz des Vollstreckungsschuldners (Köln OLGR 01, 226 f; Kobl NJW-RR 89, 1013; Zö/*Vollkommer* Rn 17 »Sittenwidrige Ausnutzung von Vollstreckungstiteln«; Musielak/*Heinrich* Rn 17; vgl auch Schlesw NJW-RR 92, 239; München NJW-RR 93, 701, 703; enger Hamm NJW-RR 87, 1337; NJW-RR 89, 305; aA Köln NJW-RR 87, 941). Dabei stellen die sittenwidrige Erwirkung und die sittenwidrige Ausnutzung eines unrichtigen Titels jeweils selbstständige unerlaubte Handlungen dar (Hamm NJW-RR 87, 1337), ebenso die einzelnen Vollstreckungsmaßnahmen (Kobl NJW-RR 89, 1013).

15 **D. Prüfung, Darlegungs- und Beweislast.** Es gelten die allg Grundsätze (vgl § 12 Rz 9). Voraussetzung für die örtliche Zuständigkeit nach § 32 ist, dass der Kl sein Begehren auf eine unerlaubte Handlung stützt, dh dass er einen materiellen Anspruch aus unerlaubter Handlung darlegt (BGHZ 153, 173, 174; NJW 02, 1425). Hierfür reicht die **schlüssige Behauptung** von Tatsachen, aus denen sich eine im Gerichtsbezirk begangene unerlaubte Handlung iSd § 32 ergibt (BGHZ 184, 313; NJW 11, 2518; 2520; Zö/*Vollkommer* Rn 19; zu den Anforderungen an die Schlüssigkeit s. näher Naumbg OLGR 05, 235 ff). Das Vorliegen einer unerlaubten Handlung stellt nämlich eine **doppelrelevante Tatsache** dar, die sowohl für die Zulässigkeit als auch für die Begründetheit der Klage notwendigerweise erheblich ist (BGHZ 124, 237, 240 f; 184, 313, 316 f. – New York Times; Zö/*Vollkommer* Rn 19; Musielak/*Heinrich* Rn 19). Von doppelter Relevanz ist aber nur das **Vorliegen einer unerlaubten Handlung**, nicht dagegen die Frage nach dem **Handlungsort** (Zö/*Vollkommer* Rn 19; St/J/*Roth* § 1 Rn 24; s.a. § 12 Rz 9). Darüber ist ggf vAw Beweis zu erheben (vgl Zö/*Vollkommer* Rn 19). Zur **Schlüssigkeit einer Schutzgesetzverletzung** bei der Geltendmachung eines Anspruchs aus § 823 II BGB iVm einem Schutzgesetz gehört die schlüssige Behauptung der tatbestandlichen Voraussetzungen des Schutzgesetzes, bei **strafrechtlichen Normen** also deren **objektiver** und **subjektiver Tatbestand** (vgl München OLGR 04, 239 f; Naumbg OLGR 05, 235 ff). Bei der **Inanspruchnahme von Streitgenossen** ist das Vorliegen einer unerlaubten Handlung für jeden Streitgenossen darzulegen (BGH NJW 02, 1425, 1426; Zö/*Vollkommer* Rn 19). Denn bei **mehreren Haftungsschuldnern** (zB **Mittätern**) bestimmt sich der Gerichtsstand für jeden selbstständig (BayObLG NJW-RR 96, 508, 509; Zö/*Vollkommer* Rn 13).

Jedoch ist im Einzelfall zu beachten, dass ggf eine **Zurechnung der Tatbeiträge** anderer erfolgen kann (vgl BGH NJW-RR 90, 604; NJW 90, 1533; Zö/*Vollkommer* Rn 13; zur internat Zuständigkeit in diesen Fällen vgl Rz 16). Im Einzelfall kann § 32 aus normativen Gesichtspunkten ausgeschlossen sein. So wird man dem Kl nach den Grundsätzen über die **Gerichtsstandserschleichung** (s. § 12 Rz 16) die Berufung auf § 32 verwehren müssen, wenn er die **unerlaubte Handlung provoziert** hat (vgl München NJW 90, 3097, 3098; Musielak/*Heinrich* Rn 19; St/J/*Roth* Rn 13). Dies gilt aber nicht, wenn ein vermeintlicher Schädiger im Wege der negativen Feststellung gegen den Vorwurf einer unerlaubten Handlung angeht. In diesem Fall bleibt dem vermeintlichen Schädiger der Wahlgerichtsstand des § 32 erhalten (vgl Köln GRUR 78, 658; Hambg NJW-RR 95, 1510 zu § 24 UWG aF; LG Köln ZUM 07, 219 ff; LG Mannheim 24.11.06–7 O 128/06 zu § 14 UWG; Zö/*Vollkommer* Rn 14; Hefermehl/Köhler/Bornkamm/*Köhler* § 14 Rn 3; aA AG Mannheim GRUR-RR 09, 78 f; Musielak/*Foerste* § 256 Rn 36). Anderes würde über Gebühr den Normzweck einschränken und ist auch unter dem Gesichtspunkt missbräuchlicher Rechtsausübung nicht zu rechtfertigen. Zurückhaltung ist auch geboten, wenn der **sog fliegende Gerichtsstand** aus normativen Gesichtspunkten eingeschränkt werden soll, obwohl die Tatbestandsvoraussetzungen des § 32 gegeben sind. Die Problematik des fliegenden Gerichtsstands bei durch das Internet begangenen Delikten muss in erster Linie an der Bestimmung des Begehungsortes im Einzelfall nach Maßgabe der behaupteten Schutznorm ansetzen. Ist danach eine Beschränkung nicht möglich, so kann das Argument des Rechtsmissbrauchs nur bei Hinzutreten besonderer Umstände den Gerichtsstand nach § 32 ausschließen (vgl Rostock OLGR 09, 663 ff; KG GRUR-RR 08, 212 ff; AG Frankfurt MMR 09, 490, 491 mit zust Anm *Solmecke/Müller* MMR 09, 492 ff; *Heckmann* jurisPR-ITR 19/2009 Anm 1; *Laucken/Oehler* ZUM 09, 824 ff; vgl auch Hamm MMR 08, 178). Nach nunmehr überwiegender Auffassung kann das Gericht nach schlüssiger Darlegung des Anspruchs aus unerlaubter Handlung auch **konkurrierende Klagegründe**, etwa solche aus Vertragsrecht, zur Grundlage seiner Überprüfung machen (s. näher § 12 Rz 10, dort auch zur Einschränkung bei der internationalen Zuständigkeit). Ihm kommt insoweit eine **umfassende Entscheidungskompetenz** zu (BGHZ 153, 173, 176; KG NJW 06, 2336 f; Brandenbg MDR 08, 1094 f; Zö/*Vollkommer* Rn 20; St/J/*Roth* Rn 16). So kann das Gericht im Gerichtsstand des § 32 den Sachverhalt stets auch nach den Vorschriften des UWG prüfen (Zö/*Vollkommer* Rn 10; so bereits früher BGHZ 15, 338, 355 f zu § 29 UWG aF).

E. Internationale Zuständigkeit. Es gelten die allg Grundsätze (vgl § 12 Rz 18). Im Rechtsstreit mit Aus- 16
landsbezug sind daher etwaige internationale Regelungen (vgl insb Art 5 EuGVO) und nationale Sondernormen vorrangig zu berücksichtigen. Daneben kann § 32 die internationale Zuständigkeit deutscher Gerichte aufgrund seiner Doppelfunktionalität begründen (BGH NJW 11, 2518, 2519; Musielak/*Heinrich* Rn 23; St/J/*Roth* Rn 3; MüKoZPO/*Patzina* Rn 41). Da die nach § 32 zulässigkeitsbegründenden Tatsachen doppelrelevant sind (s. Rz 15), genügt, dass der Kl eine **im Inland begangene unerlaubte Handlung schlüssig darlegt** (BGH NJW-RR 08, 516, 517; NJW 11, 2518, 2520; NJW 11, 2059 – www.womanineurope.com). Dazu gehört der Vortrag konkreter Tatsachen, die – ihre Richtigkeit unterstellt – bei zutreffender rechtlicher Würdigung alle Tatbestandsmerkmale der Deliktsnorm erfüllen (BGH NJW-RR 10, 1554, 1555 mwN.). Auf eine tatsächliche Rechtsverletzung kommt es danach nicht an. Es reicht vielmehr aus, dass eine Verletzung behauptet wird und diese nicht von vornherein ausgeschlossen ist (BGHZ 167, 91, 98; BGH GRUR 05, 431, 432 – HOTEL MARITIME). Maßgeblich ist insoweit das deutsche Recht (BGH NJW-RR 10, 1554). Anders als iRd örtlichen Zuständigkeit kann § 32 **die internationale Zuständigkeit** aber **nur** für die Prüfung der **Ansprüche aus unerlaubter Handlung** begründen, nicht dagegen für im Zusammenhang stehende konkurrierende Anspruchsgrundlagen (BGHZ 153, 173, 180; NJW-RR 10, 1554, 1554; Musielak/*Heinrich* Rn 23; ThoPu/*Hüßtege* Rn 5; Zö/*Vollkommer* Rn 20 und § 12 Rn 21; aA St/J/*Roth* § 1 Rn 11). Aufgrund der gemeinschaftlichen Haftung von Mittätern nach deutschem Recht kann § 32 einen gemeinschaftlichen Gerichtsstand im Inland begründen (vgl dazu näher Ddorf IPrax 09, 158 ff mit krit Anm *Huber* IPrax 09, 134). Deutsche Gerichte sind auch zuständig für Klage gegen ausländische Broker, die Beihilfe zu einer im Inland begangenen Handlung unerlaubten Handlung leisten (BGHZ 184, 365; WM 11, 1028). Schwierigkeiten bereiten die Fälle des **sog fliegenden Gerichtsstands** bei der Nutzung elektronischer Medien, insb durch das **Internet**. Entscheidend ist auch in diesen Fällen die Bestimmung des Begehungsortes (vgl Rz 14 »Gewerblicher Rechtsschutz und Urheberrecht«). Bei Wettbewerbsverletzungen genügt die reine Abrufbarkeit im Inland nicht, um einen inländischen Gerichtsstand zu begründen. Vielmehr muss sich das Angebot gezielt bzw bestimmungsgemäß auch auf den deutschen Markt richten (BGHZ 184, 313, 320 – New York Times). Für Verletzungen des APR durch über das Internet abrufbare Inhalte gilt das zu Rz 14 „Presse-/Medienrecht" Gesagte.

§ 32a Ausschließlicher Gerichtsstand der Umwelteinwirkung. [1]**Für Klagen gegen den Inhaber einer im Anhang 1 des Umwelthaftungsgesetzes genannten Anlage, mit denen der Ersatz eines durch eine Umwelteinwirkung verursachten Schadens geltend gemacht wird, ist das Gericht ausschließlich zuständig, in dessen Bezirk die Umwelteinwirkung von der Anlage ausgegangen ist.** [2]**Dies gilt nicht, wenn die Anlage im Ausland belegen ist.**

1 **A. Normzweck und dogmatische Einordnung.** § 32a beruht auf der typisierenden Annahme des Gesetzgebers, dass bei umweltbezogenen Schadensersatzprozessen die Aufklärung des Sachverhaltes am Ort der Anlage sachnäher und kostengünstiger erfolgen kann (Prinzip der Sachnähe) (*Pfeiffer* ZZP 106, 159, 160). Durch die Ausgestaltung als ausschließlicher Gerichtsstand und internationale Zuständigkeitsregelung wird zudem dem ordnungspolitischen Regelungsanliegen des Gesetzgebers, dass über die Zuständigkeitsregelung eine möglichst effektive und weitreichende Geltung der materiell-rechtlichen deutschen Umweltschutzstandards auch bei grenzüberschreitenden Sachverhalten herbeigeführt werden soll, Rechnung getragen (*Pfeiffer* ZZP 106, 159, 160).

2 **B. Tatbestandsmerkmale. I. Eine im Anhang 1 des Umwelthaftungsgesetzes genannte Anlage.** Das Merkmal der Anlage ist in § 3 UmweltHG legaldefiniert. Diese Definition, die durch die Erfassung von Nebeneinrichtungen sowie ortveränderlicher Einrichtungen, die mit der Anlage oder einem Anlagenteil in einem räumlichen oder betriebstechnischen Zusammenhang stehen können (§ 3 III UmweltHG), über den natürlichen Wortsinn hinaus geht, ist auf Grund des in § 32a angelegten Verweises auf das UmweltHG zuständigkeitsrechtlich maßgebend. Der Verweis auf die Anlage 1 des UmweltHG bringt zum Ausdruck, dass das **Enumerationsprinzip** gilt, so dass Einrichtungen, die nicht in Anlage 1 aufgeführt sind, aus dem Anwendungsbereich des § 32a ausgenommen sind (St/J/*Roth* § 32a Rn 13). Ferner fallen unter den weiteren Voraussetzungen des § 2 UmweltHG – ebenfalls in Abweichung vom natürlichen Wortsinn – noch nicht fertiggestellte oder nicht mehr betriebene Anlagen in den Anwendungsbereich des § 32a.

3 **II. Inhaber.** Tauglicher Bekl iRd § 32a ist der »Inhaber«. Der Inhaberbegriff ist im UmweltHG nicht legaldefiniert, so dass streitig ist, wie das Merkmal auszulegen ist. Teilweise wird insoweit streng auf den natürlichen Wortsinn abgestellt und als Inhaber, der vom Betreiber zu unterscheiden sei, nur derjenige angesehen, dem die Anlage formaljuristisch zugeordnet ist (B/L/A/H § 32a Rn 4). Dem wird von der hM zu Recht entgegengehalten, dass die Begriffe des Betreibers und Inhabers im öffentlichen Recht nicht stets strikt voneinander getrennt werden und dass für die Auslegung des Merkmals das der zivilrechtlichen Haftung nach dem UmweltHG zu Grunde liegende Prinzip der Gefährdungshaftung ausschlaggebend sein muss, wonach die Haftung Korrelat für die Erlaubnis einer gefahrträchtigen Tätigkeit ist (Zö/*Vollkommer* § 32a Rn 5). Inhaber iSd § 32a ist demnach, wer die Anlage auf eigene Rechnung in Gebrauch hat und die tatsächliche Verfügungsgewalt besitzt, die ein solcher Gebrauch voraussetzt (BGHZ 80, 1, 4).

4 **III. Geltendmachung des Ersatzes eines durch eine Umwelteinwirkung verursachten Schadens.** § 32a ist, wie sich aus seinem weit gefassten Wortlaut ergibt, nicht nur auf Anspruchsgrundlagen aus dem UmweltHG beschränkt, sondern erfasst alle Ansprüche, die bei Schäden infolge von durch die Anlage verursachten Umwelteinwirkungen entstehen können (wie zB § 906 II 2 BGB), gleich aus welchem Rechtsgrund. Neben dem Wortlaut ergibt sich dies nach ganz hM aus dem Willen des Gesetzgebers und dem Aspekt der Prozessökonomie, der sachwidrigen Zuständigkeitsspaltungen entgegensteht (*Pfeiffer* ZZP 106, 159, 162 f). Der Wortlaut lässt es unter dem Gesichtspunkt der Prozessökonomie zu, den Auskunftsanspruch des Geschädigten (§ 8 UmweltHG) unter § 32a zu subsumieren, da auch er zur Geltendmachung des Schadens gehört (Zö/*Vollkommer* § 32a Rn 6a; aA *Pfeiffer* ZZP 106, 159, 161 f).

5 **IV. Das Gericht, in dessen Bezirk die Umwelteinwirkung von der Anlage ausgegangen ist.** Teilweise wird der Normtext hinsichtlich dieses Merkmals für unpräzise gehalten, da – was angesichts der Notwendigkeit klarer Zuständigkeitstatbestände misslich sei – wertend bestimmt werden müsse, ob es auf den Ort der Einwirkung oder auf den der Freisetzung ankomme (B/L/A/H § 32a Rn 2). Mit Blick auf den (verhaltenssteuernden) Regelungszweck kann es indes keinem Zweifel unterliegen, dass es stets auf den Ort der Anlage ankommt, an welchem die für die Umwelteinwirkung maßgebliche Ursache gesetzt wurde.

6 **V. Anwendbarkeit, Internationale Zuständigkeit.** Aus § 32a S 2, wonach bei im Ausland belegenen Anlagen keine Zuständigkeit gem § 32a eröffnet ist, ergibt sich nach hM zu Recht, dass § 32a neben der örtlichen Zuständigkeit auch die internationale Zuständigkeit deutscher Gerichte regelt (*Pfeiffer* ZZP 106, 159,

166 f; aA St/J/*Roth* § 32a Rn 24). Im Anwendungsbereich der EuGVO wird § 32a allerdings durch Art 5 Nr 3 verdrängt.

§ 32b Ausschließlicher Gerichtsstand bei falschen, irreführenden oder unterlassenen öffentlichen Kapitalmarktinformationen. (1) [1]**Für Klagen, mit denen**

1. **der Ersatz eines auf Grund falscher, irreführender oder unterlassener öffentlicher Kapitalmarktinformationen verursachten Schadens oder**
2. **ein Erfüllungsanspruch aus Vertrag, der auf einem Angebot nach dem Wertpapiererwerbs- und Übernahmegesetz beruht,geltend gemacht wird, ist das Gericht ausschließlich am Sitz des betroffenen Emittenten, des betroffenen Anbieters von sonstigen Vermögensanlagen oder der Zielgesellschaft zuständig.**

[2]**Dies gilt nicht, wenn sich dieser Sitz im Ausland befindet.**

(2) [1]**Die Landesregierungen werden ermächtigt, durch Rechtsverordnung die in Absatz 1 genannten Klagen einem Landgericht für die Bezirke mehrerer Landgerichte zuzuweisen, sofern dies der sachlichen Förderung oder schnelleren Erledigung der Verfahren dienlich ist.** [2]**Die Landesregierungen können diese Ermächtigung auf die Landesjustizverwaltungen übertragen.**

A. Normzweck und dogmatische Einordnung. Die durch das Gesetz zur Einführung von Kapitalanleger-Musterverfahren im Jahre 2005 neu geschaffene Vorschrift dient nach den Vorstellungen des Gesetzgebers dem Zweck, durch Schaffung eines ausschließlichen Zuständigkeitstatbestandes eine Konzentration etwaiger Einzelverfahren an einem Gerichtsstand herbeizuführen, die aus Beschleunigungs- und Kostengründen die Einholung mehrerer Sachverständigengutachten zur gleichen Beweisfrage (möglichst) vermeidet (BTDrs 15/5091, 33). Die durch § 32b bewirkte Verfahrenskonzentration soll ferner die Vorbereitung eines etwaigen Musterverfahrens nach dem KapMuG ermöglichen (*Vollkommer* NJW 07, 3094, 3096; *Schneider* BB 05, 2249, 2250). Mit dem Gerichtsstand des § 32b soll des Weiteren durch die vom Erfolgsortprinzip abweichende Zuständigkeitsanknüpfung am Sitz des Unternehmens der etwaig erforderliche Zugriff auf Unternehmensdaten oder die verlautbarten Ad-hoc-Mitteilungen erleichtert werden (BTDrs 15/5091, 33).Die Geltung des KapMuG ist, anders als diejenige des § 32b, bis zum 31.10.12 befristet (BGBl I 10, 979; vgl dazu: Stackmann NJW 10, 3185). Ein Referentenentwurf des BMJ vom 21.7.2011 sieht vor, dass das KapMuG nicht einfach entfristet oder weiterbefristet, sondern in einem unbefristeten „Stammgesetz" neu gefasst werden soll. Dabei soll der Anwendungsbereich des KapMuG maßvoll erweitert und der Wortlaut des § 32b ZPO dieser Erweiterung des Anwendungsbereichs des KapMuG angeglichen werden. Mit einem Inkrafttreten der Gesetzesneufassung ist spätestens zum 1.11.12 zu rechnen. 1

B. Tatbestandsmerkmale. I. Schadensersatzklagen auf Grund falscher, irreführender oder unterlassener öffentlicher Kapitalmarktinformationen. Die Tatbestandsvariante des § 32b I 1 Nr 1 erfasst deliktsrechtliche Schadensersatzansprüche aus §§ 37b und 37c WpHG, § 823 II iVm § 264a StGB, § 400 AktG oder § 331 HGB (BTDrs 15/5091, 33). Klagegegner kann jeder sein, der wegen falscher, irreführender oder unterlassener Kapitalmarktinformationen materiell-rechtlich haftet. Vertragliche Ansprüche gegen Banken, Berater oder sonstige Vermittler, die auf Grund fehlerhafter öffentlicher Informationen Empfehlungen an Kunden ausgesprochen haben, fallen nicht unter die Vorschrift, da in diesen Konstellationen etwaige Schadensersatzansprüche nicht auf Grund fehlerhafter öffentlicher Kapitalmarktinformationen entstanden sind, sondern auf Grund etwaiger sorgfaltswidriger Beratung (BGH NJW 07, 1365, 1366; *Cuypers* MDR 09, 657, 663; *Hustedt* NZG 11, 972, 974). § 32b I 1 Nr 1 ist allerdings nicht dahingehend einschränkend auszulegen, dass die Vorschrift nur Kapitalanlagen erfasst, für die eine Prospektpflicht gesetzlich vorgeschrieben ist. Vielmehr werden im Einklang mit dem Gesetzeswortlaut und dem Willen des Gesetzgebers auch Anlagen des sog »grauen Kapitalmarktes« von der Vorschrift erfasst (BGH NJW 07, 1364, 1365). Das Merkmal der öffentlichen Kapitalmarktinformationen ist in § 1 I 1 S 3 KapMuG durch eine allgemeine Definition nebst einem nicht abschließenden (LG Bremen Beschl v 7.10.09 – 2 O 2354/08, Rn 3 – juris) Katalog von 7 Einzeltatbeständen legal definiert. Die „Öffentlichkeit" einer Kapitalmarktinformation ist auch dann zu bejahen, wenn diese einem begrenzten Personenkreis an Vermittlern mitgeteilt wurde, sofern sie dazu bestimmt war, an potentielle Anleger weitergegeben zu werden (LG Bremen Beschl v 7.10.09 – 2 O 2354/08, Rn 3 – juris). Eine Vermittlern ggü ausgesprochene Weisung, bestimmte Sachverhalte potentiellen Anlegern ggü 2 nicht zu erwähnen, erfüllt das Tatbestandsmerkmal demnach nicht (*Hustedt* NZG 11, 972, 974). Ferner spielt es nach der Fassung der Legaldefinition für das Eingreifen des § 32b I 1 Nr 1 keine Rolle, ob die Information schriftlich oder mündlich erteilt wurde (LG Bremen Beschl v 7.10.09 – 2 O 2354/08, Rn 4 – juris).

3 **II. Klagen zur Geltendmachung eines Erfüllungsanspruchs aus Vertrag, der auf einem Angebot nach dem Wertpapiererwerbs- oder Übernahmegesetz beruht.** Nach dem eindeutigen Wortlaut des Gesetzes gilt § 32b I 1 Nr 2 nur für Erfüllungsansprüche und nicht für Ansprüche auf Abschluss eines Vertrages oder auf Sekundärleistung aus einem gestörten Vertragsverhältnis. In den Anwendungsbereich des Tatbestandes fallen demnach Ansprüche des Aktionärs der Zielgesellschaft gegen den Bieter auf Erfüllung oder Nacherfüllung gem § 31 I, IV oder V WpÜG (vgl Zö/*Vollkommer* § 32b Rn 9).

4 **III. Anwendbarkeit und Internationale Zuständigkeit.** Im Anwendungsbereich der EuGVO wird § 32b durch die jeweils einschlägigen Tatbestände der EuGVO (zB Art 5 Nr 3) verdrängt. Außerhalb des Anwendungsbereichs der EuGVO oder etwaiger verdrängender Spezialnormen in Staatsverträgen regelt § 32b, wie gerade aus S 2 der Vorschrift folgt, doppelfunktional die internationale Zuständigkeit. Dabei ist im Einklang mit dem Gesetzeswortlaut und der allgemeinen Systematik der ZPO von einer ausschließlichen internationalen Zuständigkeit auszugehen, die ausländischen Titeln gegen Parteien mit Inlandssitz die Anerkennungsfähigkeit nimmt (krit: Zö/*Vollkommer* § 32b Rn 8; aA Musielak/*Heinrich* § 32b Rn 7).

5 **IV. Ermächtigung der Landesregierungen bzw der Landesjustizverwaltungen zur Zuständigkeitskonzentration.** Die Landesregierungen sind zur Zuständigkeitskonzentration der Verfahren an einem oder mehreren Landgerichten im Verordnungswege ermächtigt. Dabei ist ihnen hinsichtlich der Prüfung der Voraussetzungen für das Eingreifen der Ermächtigung ein Beurteilungsspielraum eingeräumt worden. Ferner sind die Landesregierungen ermächtigt, die Befugnis zur Zuständigkeitszuweisung im Verordnungswege auf ihr Justizressort zu übertragen.

§ 33 Besonderer Gerichtsstand der Widerklage.

(1) Bei dem Gericht der Klage kann eine Widerklage erhoben werden, wenn der Gegenanspruch mit dem in der Klage geltend gemachten Anspruch oder mit den gegen ihn vorgebrachten Verteidigungsmitteln in Zusammenhang steht.
(2) Dies gilt nicht, wenn für eine Klage wegen des Gegenanspruchs die Vereinbarung der Zuständigkeit des Gerichts nach § 40 Abs. 2 unzulässig ist.

Inhaltsübersicht

	Rz
A. Normgegenstand	1
I. Bedeutung des § 33 I	1
II. Normzweck	2
B. Widerklage	3
I. Begriff und Rechtsnatur	3
II. Zulässigkeit	4
1. Allg Prozessvoraussetzungen	4
a) Erhebung der Widerklage	5
b) Rechtsweg	6
c) Sachliche Zuständigkeit	7
d) Örtliche Zuständigkeit (§ 33 I)	8
e) Zuständigkeit der Kammern für Handelssachen (KfH)	9
2. Besondere Prozessvoraussetzungen	10
a) Rechtshängigkeit der Hauptklage	10
b) Parteiidentität	11
c) Verschiedenheit der Streitgegenstände	12
d) Prozessart der Hauptklage	13
e) Sachzusammenhang (Konnexität)	14
III. Zulässigkeitsbeschränkungen	15
1. § 33 II	15
2. Berufung/Revisionsrecht	16
3. Widerklageverbote in besonderen Verfahren	17
IV. Besondere Formen der Widerklage	18
1. Drittwiderklage	18
a) Streitgenössische Drittwiderklage	18
b) Isolierte Drittwiderklage	19
c) Widerklage eines Dritten	20
2. Feststellungswiderklage	21
3. Wider-Widerklage	22
4. Hilfswiderklage (Eventualwiderklage)	23
5. Unterlassungswiderklage	24
6. Petitorische Widerklage	25

	Rz
V. Prüfung und Sachbehandlung durch das Gericht	26
1. Verfahren nach Erhebung der Widerklage	26
2. Mängel der Widerklageschrift	27
3. Unzulässigkeit der Widerklage	28
a) Rechtsweg	28
b) Sachliche Unzuständigkeit	29
aa) Ursprüngliche Zuständigkeit des AG	29
bb) Ursprüngliche Zuständigkeit des LG	30
c) Örtliche Unzuständigkeit	31
d) Zuständigkeit der Kammer für Handelssachen (KfH)	32
e) Fehlender Sachzusammenhang	33
4. Wirkungen der Widerklage	34
VI. Internationale Zuständigkeit	35
C. Kosten/Gebühren	36

A. Normgegenstand. I. Bedeutung des § 33 I. Die Bedeutung des § 33 ist seit langem in Rspr und Lit umstr. Der **Meinungsstreit** liegt in einem **unterschiedlichen Verständnis** von dem in § 33 I vorausgesetzten Zusammenhang zwischen Klage und Widerklage (**Sachzusammenhang/Konnexität**) begründet. Der **BGH in stRspr** vertritt die Auffassung, dass dieser Sachzusammenhang eine **besondere Prozessvoraussetzung** für die Widerklage darstelle (BGHZ 40, 185, 187; NJW 75, 1228; BGHZ 147, 220, 224 f). Eine nicht konnexe Widerklage kann danach weder am Gerichtsstand des § 33 noch an einem anderen Gerichtsstand geltend gemacht werden, auch nicht bei einer rügelosen Einlassung nach § 39 (zur Heilungsmöglichkeit s. aber Rz 33). Diese Auffassung findet ihre Stütze im Wortlaut der Vorschrift (»kann« eine Widerklage erhoben werden, »wenn« der Gegenanspruch mit dem in der Klage geltend gemachten Anspruch oder mit den gegen ihn vorgebrachten Verteidigungsmitteln in Zusammenhang steht). Die **überwiegende Meinung in der Lit** leitet aus der Stellung des § 33 innerhalb der Gerichtsstandsregelungen und aus der amtlichen Überschrift ab, dass es sich lediglich um einen zusätzlichen besonderen Gerichtsstand handelt, der neben anderen besonderen und allg Gerichtsständen besteht. Der **Sachzusammenhang** wird deshalb als eine **Tatbestandsvoraussetzung des § 33** verstanden, nicht aber von Widerklagen im Allg. Bei fehlendem Sachzusammenhang zwischen Klage und Widerklage ist nach dieser Auffassung nur die Berufung auf den besonderen Gerichtsstand nach § 33, nicht dagegen auf einen anderen allg oder besonderen Gerichtsstand ausgeschlossen (Zö/*Vollkommer* Rn 1; Musielak/*Heinrich* Rn 2a; ThoPu/*Hüßtege* Rn 1; St/J/*Roth* Rn 2 ff; MüKoZPO/*Patzina* Rn 2; R/S/G § 95 Rn 21; ebenso Zweibr NJW-RR 00, 590; vermittelnd *Rimmelspacher* FS Lüke, 655, 660, 673). Der Meinungsstreit hat nur **geringe praktische Bedeutung**, da der Begriff des Sachzusammenhangs von beiden Ansichten in einem weiten Sinne verstanden wird (Rz 14) und selbst ein fehlender Sachzusammenhang durch ein rügeloses Verhandeln ersetzt werden kann (Rz 33). Die vorliegende Kommentierung orientiert sich wegen ihrer strengen Praxisausrichtung an der Rspr des BGH, die dogmatisch vertretbar ist. Eine Änderung dieser Rspr steht nicht zu erwarten. 1

II. Normzweck. Im Gegensatz zur Bedeutung des § 33 I besteht über dessen Zweck in Rspr und Lit weitgehend Einigkeit. Durch § 33 I soll die Vervielfältigung und Zersplitterung von Prozessen vermieden werden. Zusammengehörende Ansprüche sollen einheitlich verhandelt und entschieden werden können (allgM; BGHZ 40, 185, 188; 147, 220, 222; Zö/*Vollkommer* Rn 2; Musielak/*Heinrich* Rn 1). Damit soll auch der Gefahr sich widersprechender Entscheidungen vorgebeugt werden (BGHZ 40, 185, 188, 190; Zö/*Vollkommer* Rn 2; Musielak/*Heinrich* Rn 1; ThoPu/*Hüßtege* Rn 2). Die Vorschrift trägt darüber hinaus dem Gedanken der prozessualen Waffengleichheit Rechnung, indem sie dem Bekl am Ort der Klage das Recht zu einem Gegenangriff einräumt (vgl Zö/*Vollkommer* Rn 2; Musielak/*Heinrich* Rn 1; MüKoZPO/*Patzina* Rn 1; *Pfaff* ZZP 96, 334, 352; *Hau* ZZP 117, 31, 34). § 33 II enthält eine Beschränkung des Anwendungsbereichs im Hinblick auf nichtvermögensrechtliche Ansprüche, die den Amtsgerichten ohne Rücksicht auf den Streitwert zugewiesen sind (§ 33 II iVm § 40 II Nr 1) und auf Ansprüche, für die eine ausschließliche Zuständigkeit besteht (§ 33 II iVm § 40 II Nr 2). Beachte insoweit aber § 29c II (s. dort Rz 5) und § 215 II VVG. 2

B. Widerklage. I. Begriff und Rechtsnatur. Eine **gesetzliche Definition** der Widerklage **existiert nicht.** Die ZPO setzt ihre grds Zulässigkeit voraus (BGHZ 149, 222, 226). Vor dem Hintergrund der Entwicklung der Rspr zur Drittwiderklage (Rz 18 ff) kann heute folgende **Begriffsbestimmung** zugrunde gelegt werden: Widerklage ist die während der Rechtshängigkeit einer Streitsache von dem Bekl (Widerkläger) gegen den Kl (Widerbekl) und/oder gegen einen Dritten (Drittwiderbekl) beim Gericht der Hauptklage erhobene Klage (so richtig Zö/*Vollkommer* Rn 6; aA ThoPu/Hüßtege Rn 8). Die Widerklage ist eine **echte Klage**; der 3

Widerkläger erlangt nach zulässiger Erhebung der Widerklage die gleiche Rechtsstellung wie bei einer selbstständig erhobenen Klage (allgM; vgl BGHZ 40, 185, 189; Zö/*Vollkommer* Rn 7; ThoPu/*Hüßtege* Rn 8; s. näher Rz 34). Deshalb sind Widerklagen **keine Angriffs- oder Verteidigungsmittel iSd §§ 282, 296, 530, 531** (allgM; vgl BGH NJW 81, 1217; NJW 95, 1223 f; Zö/*Vollkommer* Rn 8; Musielak/*Heinrich* Rn 11; zu den rechtlichen Folgen bei der Behandlung durch das Gericht s. Rz 34).

4 **II. Zulässigkeit. 1. Allg Prozessvoraussetzungen.** Die für die Klage geltenden Regelungen finden auf die Widerklage auch ohne besondere Erwähnung Anwendung (BGHZ 149, 222, 226). Die wirksame Erhebung der Widerklage hängt deshalb wie jede Klage von dem Vorliegen der allg Prozessvoraussetzungen ab (allgM; s. nur Musielak/*Heinrich* Rn 5; allg s. § 253). Nachfolgend werden nur die Prozessvoraussetzungen erörtert, die bei Widerklagen besondere Probleme aufwerfen. Zur internationalen Zuständigkeit s. näher Rz 35.

5 **a) Erhebung der Widerklage.** Die Erhebung der Widerklage erfolgt durch Einreichen einer **Widerklageschrift** oder durch **Geltendmachung** des Anspruchs in der **mündlichen Verhandlung** (vgl § 261 II; Zö/*Vollkommer* Rn 9; Zö/*Greger* § 261 Rn 6). In beiden Fällen muss die Widerklage den **Erfordernissen des § 253 II Nr 2** entsprechen (vgl BAG AP Nr 1 zu § 261; Zö/*Greger* Rn 6). Eine **Säumnis des Widerbekl** wirkt sich auf die Geltendmachung der Widerklage in der mündlichen Verhandlung nicht aus (RGZ 28, 407, 409; Zö/*Vollkommer* Rn 9). Der Gebrauch des Wortes »Widerklage« ist zur wirksamen Erhebung nicht erforderlich, aus praktischen Erwägungen aber geboten (vgl Zö/*Vollkommer* Rn 9). Bei einer **handelsrechtlichen Widerklage** zur Zivilkammer muss die Widerklageschrift bereits den Antrag nach § 96 I GVG enthalten, wenn eine Verweisung nach § 98 I GVG beabsichtigt ist (Zö/*Vollkommer* Rn 9; *Gaul* JZ 84, 57, 60, 63; zur Zuständigkeit in diesen Fällen s. Rz 9). Die **zeitlichen Schranken** für die wirksame Erhebung der Widerklage ergeben sich aus der (beschränkten) Bindung an die Hauptklage (s. dazu Rz 10, 34). Zum Eintritt der Rechtshängigkeit der Widerklage s. § 261 Rz 8.

6 **b) Rechtsweg.** Für die Widerklage muss der Rechtsweg zu den ordentlichen Gerichten (§ 13 GVG) eröffnet sein (vgl nur Musielak/*Heinrich* Rn 5; St/J/*Roth* Rn 10). Für die Widerklage bzgl **rechtswegfremder Forderungen** gilt die Regelung des § 17 II GVG nicht. Denn § 17 II GVG setzt einen einheitlichen prozessualen Anspruch voraus (s. nur Zö/*Lückemann* § 17 Rn 6 mwN; vgl auch BGHZ 153, 173, 176; BAG 3.6.96–5 AS 34/95; 18.11.96–5 AS 8/96), der zwischen Klage und Widerklage gerade nicht bestehen darf (s. dazu Rz 12). Zum gerichtlichen Vorgehen in diesen Fällen s. Rz 28.

7 **c) Sachliche Zuständigkeit.** Das Gericht muss für die Entscheidung über die Widerklage sachlich zuständig sein (allgM; s. nur München 10.6.08, 31 AR 53/08; Zö/*Vollkommer* Rn 12; Musielak/*Heinrich* Rn 5). Dabei ist § 5 Hs 2 zu beachten, der den Zuständigkeitsstreitwert bei Widerklagen regelt (s. dazu näher § 5 Rz 24 ff, dort auch zum Gebührenstreitwert). Für die Fälle des Auseinanderfallens der sachlichen Zuständigkeit für die Ansprüche aus der Klage und Widerklage s. Rz 29 f.

8 **d) Örtliche Zuständigkeit (§ 33 I).** Die Frage der örtlichen Zuständigkeit des Gerichts für die Entscheidung über die Widerklage richtet sich nach Auffassung der Rspr allein nach § 33 I (mit den Einschränkungen des § 33 II; dazu Rz 15). Die örtliche Zuständigkeit ist danach vom Vorliegen einer zulässigen, dh insb konnexen Widerklage abhängig. Liegen die Voraussetzungen einer zulässigen Widerklage vor, so ist der Gerichtsstand des § 33 I begründet; ein Rückgriff auf andere Gerichtsstände ist nicht möglich. Zu den Konsequenzen bei nichtkonnexen Widerklagen und Widerklagen mit ausschließlicher örtlicher Zuständigkeit s. Rz 31; zur örtlichen Zuständigkeit bei Drittwiderklagen s. Rz 18 ff. Nach der Lit kann sich die örtliche Zuständigkeit für die Widerklage neben § 33 auch aus den sonstigen allg und besonderen Gerichtsständen ergeben, was insb bei nichtkonnexen Widerklagen bedeutsam ist (vgl nur ThoPu/*Hüßtege* Rn 19; Zö/*Vollkommer* Rn 1, 14; ebenso Zweibr NJW-RR 00, 590).

9 **e) Zuständigkeit der Kammern für Handelssachen (KfH).** Unabhängig von der dogmatischen Einordnung des Verhältnisses zwischen Zivilkammer und KfH (vgl dazu nur Zö/*Vollkommer* § 1 Rn 4 mwN) ist die Zuständigkeit der Kammer für Handelssachen (§§ 93 ff GVG) auch iRd Erhebung einer Widerklage zu beachten. Die KfH ist grds nur dann zur Entscheidung über die Widerklage befugt, wenn sowohl Klage als auch Widerklage in ihre Zuständigkeit fallen und die Klage bei der KfH ursprünglich rechtshängig geworden ist (vgl Zö/*Vollkommer* Rn 12; Zö/*Lückemann* § 95 GVG Rn 2 sowie die Regelungen der §§ 97, 98, 99 GVG). Für die Zuständigkeitsspaltung und deren Folgen s. näher Rz 32.

2. Besondere Prozessvoraussetzungen. a) Rechtshängigkeit der Hauptklage. Die Widerklage setzt begrifflich die Rechtshängigkeit einer Hauptklage voraus (allgM; BGH NJW-RR 01, 60; NJW 09, 148; Frankf FamRZ 93, 1465, 1466; Zweibr FamRZ 99, 941, 942; Zö/*Vollkommer* Rn 17; ThoPu/*Hüßtege* Rn 23; Musielak/*Heinrich* Rn 6; St/J/*Roth* Rn 16). Beim **Übergang vom Mahnverfahren** ins streitige Verfahren ist deshalb entscheidend, dass der im Mahnverfahren geltend gemachte Anspruch (tw) rechtshängig geworden sein muss, was bei Änderung des Klagebegehrens problematisch werden kann (vgl Frankf OLGR 07, 512 f; vgl auch Musielak/*Voit* § 697 Rn 3). Aus dem Erfordernis der rechtshängigen Hauptklage folgt, dass eine Widerklage nur **bis zum Schluss der letzten mündlichen Verhandlung über die Klage** zulässig ist (allgM; BGH NJW 81, 1217; NJW-RR 92, 1085; NJW 00, 2512 f; Zö/*Vollkommer* Rn 9; Musielak/*Heinrich* Rn 6). Das lässt sich auch aus den Vorschriften der §§ 256 II, 261 II, 297 ableiten (BGH NJW-RR 92, 1085; Zö/*Vollkommer* Rn 9). Eine Widerklage kann nach diesen Grundsätzen noch im **Nachverfahren** nach einem Zwischen-, Grund- oder Vorbehaltsurteil (§§ 302, 599) wirksam erhoben werden (Zö/*Vollkommer* Rn 9). Im Falle des **schriftlichen Verfahrens** (§ 128 II) ist nach § 128 II 2 der Zeitpunkt entscheidend, bis zu dem Schriftsätze eingereicht werden können (Zö/*Vollkommer* Rn 9; Musielak/*Heinrich* Rn 6). In der Erhebung einer Widerklage oder in der Erweiterung der Widerklage bis zum **letztmöglichen Zeitpunkt** kann grds **kein rechtsmissbräuchliches Verhalten** des Widerklägers gesehen werden (vgl BGH NJW-RR 92, 1085; Zö/*Vollkommer* Rn 9; Musielak/*Heinrich* Rn 6; s.a. Rz 34). Streitig ist, ob **nach übereinstimmender Erledigung** eine Widerklage noch zulässig erhoben werden kann. Das ist zu verneinen, da die (ursprüngliche) Streitsache wie bei einer **Klagerücknahme** nicht mehr rechtshängig ist (vgl § 91a Rz 25; BGH NJW-RR 01, 60; Zö/*Vollkommer* Rn 17). 10

b) Parteiidentität. Früher ging man davon aus, dass Voraussetzung einer wirksamen Widerklage stets die Identität der Parteien von Klage und Widerklage sei (vgl noch BGHZ 40, 185, 187; Frankf FamRZ 93, 1465, 1466; so heute noch ThoPu/*Hüßtege* Rn 28). Diese Auffassung ist mit der Erweiterung der Widerklage auf die Fälle der Drittwiderklage überholt (s. dazu Rz 18 ff). Nach **heutigem Begriffsverständnis** (Rz 3) bedeutet das Kriterium der Parteiidentität, dass die Widerklage durch den **Bekl der Hauptklage** erhoben sein muss (Unzulässigkeit einer Widerklage eines Dritten; s. dazu näher Rz 20) und sich **grds gegen den Kläger** richten soll (vgl BGHZ 147, 200, 221; Zö/*Vollkommer* Rn 19; aA ThoPu/*Hüßtege* Rn 28). 11

c) Verschiedenheit der Streitgegenstände. Die Streitgegenstände von Klage und Widerklage müssen **im Hinblick auf § 261 III Nr 1** verschieden sein (BGHZ 149, 222, 225; BAG AP Nr 19 zu § 253; Musielak/*Heinrich* Rn 9; Zö/*Vollkommer* Rn 7). Eine Verschiedenheit der Streitgegenstände wird ua angenommen bei der **Leistungswiderklage** ggü der **negativen Feststellungsklage** (BGHZ 149, 222, 225 f; Musielak/*Heinrich* Rn 9; zur Frage der Erledigung in diesen Fällen s. § 91a Rz 16) und bei der **(Abänderungs-)Widerklage auf Herabsetzung des Unterhalts** ggü einer Klage nach § 323 auf Abänderung des Unterhalts (BGHZ 136, 374, 378; Musielak/*Heinrich* Rn 9; St/J/*Roth* Rn 7). Kein Problem der unterschiedlichen Streitgegenstände von Klage und Widerklage ist der Fall einer Widerklage auf **Unterlassung der Behauptung der klagebegründenden Tatsachen.** Einer solchen Unterlassungswiderklage fehlt vielmehr das zulässige Rechtsschutzbedürfnis (vgl Zö/*Vollkommer* Rn 27a). Denn gegen Behauptungen, die der Rechtsverfolgung in einem Verfahren dienen, können Abwehransprüche, also insb auch Unterlassungsansprüche, grds nicht mit Erfolg erhoben werden (BGH NJW 87, 3138, 3139 mwN). 12

d) Prozessart der Hauptklage. Die Widerklage muss in **derselben Prozessart** wie die Klage erhoben werden und **in dieser Prozessart auch zulässig** sein (vgl Ddorf OLGR 93, 217; Frankf FamRZ 93, 1465, 1466; KG KGR 98, 421; Zö/*Vollkommer* Rn 19; ThoPu/*Hüßtege* Rn 27; offen gelassen von BGHZ 149, 222, 227). Andere als **Familiensachen** können deshalb nicht im Wege der Widerklage vor das Familiengericht gebracht werden (BGHZ 97, 79, 81; Zö/*Vollkommer* Rn 19). Umgekehrt kann ein familienrechtlicher Anspruch kein Gegenstand einer Widerklage im ordentlichen Verfahren sein (Musielak/*Heinrich* Rn 14; St/J/*Roth* Rn 21). Bei der Frage der Zulässigkeit einer **Widerklage in Arrest- und einstweiligen Verfügungsverfahren** handelt es sich strenggenommen um eine Frage der Rechtshängigkeit der Hauptklage (vgl Musielak/*Heinrich* Rn 14). Da eine Hauptklage iSd Rz 10 bei Arrest- bzw Verfügungsanträgen nicht vorliegt, ist auch eine **Widerklage unzulässig** (vgl Zö/*Vollkommer* Rn 19; Musielak/*Heinrich* Rn 14). Deshalb versucht man, dem Verfügungsbekl durch die Möglichkeit eines **Gegenantrages nach Art einer Widerklage** zu helfen (vgl Celle NJW 59, 1833; Rostock OLGR 01, 560; LG Köln ZUM 06, 71; Zö/*Vollkommer* Rn 19; Musielak/*Heinrich* Rn 14; aA Frankf 20.10.11, 6 U 101/11). Prozessrechtlich ist ein entsprechender Antrag des Ag/Bekl als selbstständiger Verfügungsantrag (Gegenverfügung) zu behandeln, der unter den 13

Voraussetzungen des § 147 mit dem anhängigen Verfahren zur gemeinsamen Verhandlung und Entscheidung verbunden werden kann (aA Celle NJW 59, 1833; Rostock OLGR 01, 560; LG Köln ZUM 06, 71). Im Hinblick auf mögliche Verzögerungen des ursprünglichen Verfahrens sollte eine solche Prozessverbindung aber auf Ausnahmefälle beschränkt bleiben (Bsp: petitorische Anträge im einstweiligen Verfahren wegen Besitzschutz; s. Rz. 25). Ist dagegen die Hauptsache rechtshängig, wird man auch den **Aufhebungsantrag nach § 927** in der Form einer Widerklage zulassen können (Hambg NJW-RR 07, 40, 42). Die Widerklage kann aber nie einen **Arrest- oder Verfügungsantrag** zum Gegenstand haben (vgl KG KGR 98, 421; Zö/*Vollkommer* Rn 19; Musielak/*Heinrich* Rn 14). Durch einige prozessrechtliche Vorschriften ist die Erhebung der Widerklage in bestimmten Verfahren zudem beschränkt. Eine solche Vorschrift ist **§ 595 I** (zu weiteren Fällen Rz 17). Danach ist eine Widerklage im Urkundenprozess unzulässig. Im Gegensatz dazu wird die Zulässigkeit einer Widerklage in der Form des Urkundenprozesses (**sog Urkundenwiderklage**) im ordentlichen Verfahren bejaht (BGHZ 149, 222, 226 ff; Zö/*Vollkommer* Rn 19, 25; Musielak/*Heinrich* Rn 14).

14 **e) Sachzusammenhang (Konnexität).** § 33 I setzt einen **Sachzusammenhang zwischen Klage und Widerklage** voraus. Der BGH versteht diesen Zusammenhang im Gegensatz zur Lit als besondere **Prozessvoraussetzung für die Zulässigkeit einer Widerklage** (s. dazu näher Rz 1, 33). Der Sachzusammenhang zwischen Klage und Widerklage muss **rechtlicher Natur** sein (vgl BGH NJW 75, 1228; Zö/*Vollkommer* Rn 15; Musielak/*Heinrich* Rn 2; MüKoZPO/*Patzina* Rn 20; St/J/*Roth* Rn 26) und im Hinblick auf jeden Widerbekl bestehen (BGH NJW 75, 1228). Nach Auffassung des BGH genügt es, »dass Ansprüche und Gegenansprüche aus demselben Tatbestand hergeleitet werden, oder dass, soweit sie aus verschiedenen Tatbeständen sich ergeben, diese in einem Bedingungsverhältnis zueinander stehen, oder dass, wenn Anspruch und Gegenanspruch verschiedenen Rechtsverhältnissen entspringen, diese nach ihrem Zweck und nach der Verkehrsanschauung wirtschaftlich als ein Ganzes, als ein innerlich zusammengehöriges Lebensverhältnis erscheinen« (BGH NJW 75, 1228). Vereinfacht ausgedrückt: Der erforderliche Sachzusammenhang iSd § 33 I ist schon dann gegeben, wenn nur eine der anspruchsbegründenden Tatsachen der Klage und der Widerklage demselben zur Entscheidung gestellten Sachverhalt entnommen wird (Frankf FamRZ 93, 1465, 1466; ThoPu/*Hüßtege* Rn 5). Der Begriff des Sachzusammenhangs ist **weit auszulegen**(vgl Zö/*Vollkommer* Rn 15; St/J/Roth Rn 26; MüKoZPO/*Patzina* Rn 20; Musielak/*Heinrich* Rn 2). Er weist deshalb **weitgehende Übereinstimmung zu § 273 BGB** auf (ThoPu/*Hüßtege* Rn 4; Zö/*Vollkommer* Rn 15; Musielak/*Heinrich* Rn 2). Auf die zu § 273 BGB ergangene Judikatur kann zurückgegriffen werden.

15 **III. Zulässigkeitsbeschränkungen. 1. § 33 II.** Die Vorschrift schränkt den Anwendungsbereich der Widerklage durch die Bezugnahme auf § 40 II ein. Daraus ergibt sich, dass Widerklagen nach § 33 I unzulässig sind, soweit nichtvermögensrechtliche Ansprüche geltend gemacht werden, die den Amtsgerichten ohne Rücksicht auf den Streitwert zugewiesen sind, oder die in die ausschließliche Zuständigkeit eines anderen Gerichts fallen. Zu den Folgen für die Behandlung durch das Gericht s. Rz 31 Zu beachten ist, dass die Vorschrift durch **§ 29c II** eingeschränkt ist (s. dazu § 29c Rz 5).

16 **2. Berufung/Revisionsrecht.** In der Berufung- und Revisionsinstanz ist die Möglichkeit zur Erhebung von Widerklagen durch das Berufungs- und Revisionsrecht sanktioniert. Für die Berufungsinstanz ist § 533 zu beachten (s. § 533 Rz 27 ff), für die Revisionsinstanz gilt ein grds Ausschluss für Widerklagen nach § 559 (s. dort).

17 **3. Widerklageverbote in besonderen Verfahren.** Widerklagen sind unzulässig im Urkunden- und Wechselprozess (§ 595 I; s. aber zur Urkundenwiderklage Rz 13). In Ehe- und Kindschaftsverfahren sind Widerklagen nur beschränkt zulässig (vgl §§ 126, 179 II FamFG). Zur Zulässigkeit von Widerklagenin Arrest- und einstweiligen Verfügungsverfahren s. Rz. 13.

18 **IV. Besondere Formen der Widerklage. 1. Drittwiderklage. a) Streitgenössische Drittwiderklage.** Als **streitgenössische Drittwiderklage** wird die Widerklage bezeichnet, die der Bekl (Widerkl) gegen den Kl (Widerbekl) und gegen eine bislang nicht am Rechtsstreit beteiligte Partei (Drittwiderbekl, der auch **Streithelfer** sein kann; vgl BGHZ 131, 76, 78) als Streitgenossen iSd §§ 59, 60 erhebt (Zö/*Vollkommer* Rn 20). Die streitgenössische Drittwiderklage ist heute **weitgehend anerkannt** (vgl BGHZ 40, 185, 189 f; NJW 75, 1228; BGHZ 69, 37, 44; BGHZ 131, 76 ff; Zö/*Vollkommer* Rn 18 ff; Musielak/*Heinrich* Rn 21 ff; St/J/*Roth* Rn 41). Ihre **besonderen Zulässigkeitsvoraussetzungen** (neben den allg und besonderen Voraussetzungen einer Widerklage; s. dazu Rz 4 ff) sind aber in Rspr und Lit umstr. Die nachfolgende Darstellung legt die Rspr des BGH zugrunde. Da es sich um eine **Parteierweiterung** handelt, wird der Eintritt der neuen Per-

son nach der Rspr des BGH als **Klageänderung** angesehen, und zwar ohne Unterschied, ob die neu verklagte Person an die Stelle des bisherigen Beklagten oder neben diesen tritt (BGHZ 40, 185, 189; BGHZ 131, 76, 79). Die Zulässigkeit beurteilt sich deshalb nach den entsprechend anwendbaren Vorschriften über die Klageänderung iSd § 263 (BGHZ 131, 76, 79). Die nicht selbst klagenden Widerbekl müssen danach entweder in die Klage **einwilligen** oder das Gericht muss die Widerklage für **sachdienlich** erachten (BGHZ 65, 264, 267 f; 131, 76, 79; ebenso Musielak/*Heinrich* Rn 21; St/Jonas/*Roth* Rn 42; aA MüKoZPO/*Patzina* Rn 29; Zö/*Vollkommer* Rn 24; ThoPu/*Hüßtege* Rn 12). Den Schwierigkeiten, die durch die Parteierweiterung für den einbezogenen Dritten in dessen Verteidigung entstehen können, insb im Hinblick auf die von ihm nicht beeinflussten Beweiserhebungen, löst der BGH mit den bei der Parteierweiterung anerkannten Methoden, etwa mit dem Anspruch auf Ergänzung oder Wiederholung der Beweisaufnahme (so noch einmal BGHZ 131, 76, 79 f). Diese Grundsätze gelten jedenfalls für die 1. Instanz (BGHZ 131, 76, 79; zur Widerklage in der 2. Instanz s. § 533 Rz 27 ff). Durch die Widerklage gegen den Kl und gegen den Dritten wird zwischen diesen eine **Streitgenossenschaft** begründet. Der BGH prüft daher folgerichtig auch die **Voraussetzungen der §§ 59, 60** iRd Zulässigkeit der streitgenössischen Drittwiderklage (BGH NJW 75, 1228; ebenso Zö/*Vollkommer* Rn 24; Musielak/*Heinrich* Rn 21; ThoPu/*Hüßtege* Rn 12; St/J/*Roth* Rn 42). Liegen diese Voraussetzungen vor (zulässige Parteierweiterung und Streitgenossenschaft), stellt sich die Frage, ob die **Regelung des § 33** auch einen **eigenen Gerichtsstand für den Drittwiderbekl** begründen kann. Nach der **neueren Rspr des BGH** ist das nicht der Fall. Der BGH hat zuletzt ausdrücklich betont, dass der Gerichtsstand der Widerklage für die Widerklage gegen den bisher am Verfahren nicht beteiligten Widerbekl nicht gilt (BGH NJW-RR 08, 1516 f; NJW 00, 1871; ebenso bereits BGH NJW 91, 2838; BAG 18.11.96–5 AS 8/96; aA noch BGH NJW 66, 1028). Danach ist das Gericht der Klage für eine Widerklage, die gegen den Drittwiderbekl erhoben wird, örtlich nur zuständig, wenn ein allg oder besonderer Gerichtsstand bei dem Gericht der Drittwiderklage besteht, der Drittwiderbekl die mangelnde örtliche Zuständigkeit nicht rügt und keine ausschließliche Zuständigkeit eines anderen Gerichts besteht oder das übergeordnete Gericht den Gerichtsstand nach § 36 I Nr 3 bestimmt (BGH NJW 93, 2120; NJW-RR 08, 1516, 1517; ebenso Musielak/*Heinrich* Rn 25; aA Dresd OLG-NL 03, 65 f; *Vollkommer/Vollkommer* WRP 00, 1062, 1064 ff; zur Gerichtsstandsbestimmung in diesen Fällen vgl BGH NJW 91, 2838 f; NJW 00, 1871; NJW-RR 08, 1516). Die Überprüfung dieser örtlichen Zuständigkeit ist nicht Gegenstand der Sachdienlichkeitsprüfung durch das Gericht (BGH NJW 91, 2838). Allerdings ist die **weitere Rechtsentwicklung unsicher**. Denn der BGH hat bei einem Fall der zulässigen isolierten Drittwiderklage die entsprechende Anwendbarkeit des § 33 bejaht (s. näher Rz 19 aE). Manche wollen diese Aussage ohne weiteres auf die streitgenössische Drittwiderklage übertragen (so Zö/*Vollkommer* Rn. 23; *Beck* WRP 11, 414 ff). Zur Hilfswiderklage s. Rz 23.

b) Isolierte Drittwiderklage. Als **isolierte Drittwiderklage** bezeichnet man die Widerklage, die der Bekl 19
(Widerkl) ausschließlich gegen eine bislang nicht am Rechtsstreit beteiligte Partei (Drittwiderbekl, der auch **Streithelfer** sein kann, vgl BGHZ 131, 76, 78) erhebt (vgl BGHZ147, 220; NJW 07, 1753; Zö/*Vollkommer* Rn 21; Musielak/*Heinrich* Rn 26). Ob und unter welchen Voraussetzungen diese Form der Drittwiderklage zulässig ist, ist umstr. Nach der **Rspr des BGH** ist eine isolierte Drittwiderklage **grds unzulässig** (so schon BGHZ 40, 185, 187 f; 147, 220, 221 f; NJW 07, 1753). In besonders gelagerten Sachverhalten hat der BGH jedoch eine **Ausnahme** von diesem Grundsatz zugelassen. So hat er die Zulässigkeit einer isolierten Widerklage gegen Gesellschafter einer klagenden Gesellschaft bejaht, wenn das auf die Drittwiderklage ergehende Urt für die Gesellschaft verbindlich ist und damit für die Zahlungsklage vorgreiflich sein kann (BGHZ 91 132, 134 f). Des Weiteren hat er eine isolierte Drittwiderklage gegen einen Abtretenden (Zedenten) für zulässig gehalten, wenn deren Gegenstand sich mit dem Gegenstand einer hilfsweise ggü der Klage des Abtretungsempfängers (Zessionars) zur Aufrechnung gestellten Forderung deckt (BGHZ 147, 220, 222). Im Rahmen eines Verkehrsunfallprozesses hat der BGH die Zulässigkeit einer isolierten Drittwiderklage bejaht, wenn ein Abtretungsempfänger (Zessionar) eine Schadensersatzforderung aus dem Verkehrsunfall geltend macht und der beklagte Unfallgegner wegen seiner aus dem Unfall resultierenden Schadensersatzforderung gegen den am Prozess bisher nicht beteiligten Abtretenden (Zedenten) Widerklage erhebt (BGH NJW 07, 1753). Zuletzt hat der BGH eine isolierte Drittwiderklage gegen den Abtretenden (Zedenten) der Klageforderung für zulässig erachtet, mit der die Feststellung beantragt wird, dass dem Zedenten keine Ansprüche zustehen (BGH NJW 08, 2852, 2854). Der BGH geht bei der Frage der **Zulässigkeit der isolierten Drittwiderklage** vom **Normzweck** des § 33 I aus (BGH NJW 07, 1753; 08, 2852, 2854; zum Normzweck s. näher Rz 2). Dieses Ziel kann mit der isolierten Drittwiderklage jedenfalls dann erreicht werden, wenn die Dinge

tatsächlich und rechtlich eng miteinander verknüpft sind und **keine schutzwürdigen Interessen des Widerbekl** verletzt werden (BGH NJW 07, 1753; 08, 2852, 2854). Es steht zu vermuten, dass der BGH mit dieser Formel auch weitere Fallgestaltungen zur isolierten Drittwiderklage entscheiden wird. Bei Anwendung dieser Formel könnten folgende Fallgestaltungen für die isolierte Drittwiderklage in Betracht kommen: vergleichbar den Fällen der Zession bei der **Geltendmachung von Rechten in gewillkürter Prozessstandschaft** (vgl *Rüßmann* AcP 172, 548 ff; *Rüßmann/Eckstein-Puhl* JuS 98, 443; *Schumann* FS Musielak, 485 f; Zö/*Vollkommer* Rn 24); die Fälle der **Rechtskrafterstreckung**, und zwar der Rechtskrafterstreckung des Urteils der Hauptklage auf den Dritten wie der Rechtskrafterstreckung des Urteils bzgl der Widerklage auf die bisherige Partei (vgl Zö/*Vollkommer* Rn 24 mwN). Ob und inwieweit dabei dem Aspekt der **Ausschaltung von Zeugen** eine Bedeutung zukommt, hat der BGH offen gelassen (BGH NJW 07, 1753, 1754). Angesichts der erweiterten Möglichkeit zur informatorischen Anhörung von Parteien (vgl dazu etwa BGH NJW 03, 2527, 2528; NJW-RR 06, 61, 63 mwN zur Rspr des EGMR und des BVerfG; vgl auch Zö/*Vollkommer* Rn 27a) dürfte dies zweifelhaft sein. **Weitere Voraussetzungen** einer zulässigen isolierten Drittwiderklage sind: die **allg und besonderen Prozessvoraussetzungen einer Widerklage** (vgl BGHZ 147, 220, 225 zum Sachzusammenhang) und die Voraussetzungen einer wirksamen **Klageänderung**, also die Einwilligung des Drittwiderbekl in die Widerklage oder die Sachdienlicherklärung durch das Gericht (BGHZ 147, 220, 225; vgl auch BGH NJW 07, 1753, 1754). Nach bish Rspr des BGH bedurfte es auch der gesonderten **Prüfung der örtlichen Zuständigkeit des Gerichts** nach den allg Regeln, ohne dass auf § 33 abgestellt werden konnte (BGH NJW 93, 2120; BGHZ 147, 220, 223; offen gelassen von BGH NJW 07, 1753, 1754; aA München NJW 09, 2609, 2610; s. dazu näher oben Rz 18). Eine **Gerichtsstandsbestimmung** iSd § 36 I Nr 3 kam nach dieser Rspr nicht in Betracht (vgl oben Rz 18), da keine Streitgenossenschaft vorliegt (vgl BGH NJW 93, 2120; 92, 982; § 36 Rz 5 f; aA München NJW 09, 2609, 2610). Davon ist der **BGH in einer aktuellen Entscheidung abgerückt**. Er hat für den Fall einer Drittwiderklage gegen den bisher nicht am Verfahren beteiligten Zedenten der Klageforderung § 33 als Regelung über die örtliche Zuständigkeit entsprechend angewandt. Dabei hat der BGH offen gelassen, ob eine Erstreckung dieser Rspr auf andere Fälle erfolgen kann (BGHZ 187, 112; zust Zö/*Vollkommer* Rn 23 f; *Beck* WRP 11, 414 ff). Ob damit eine Abkehr von der bisherigen Rspr zur Prüfung der örtlichen Zuständigkeit bei Drittwiderklagen eingeläutet ist, bleibt abzuwarten. Die Begründung, die der BGH herangezogen hat, dürfte ohnehin eher auf pragmatische denn auf dogmatische Gründe zurückzuführen sein. Zur Hilfswiderklage s. Rz 23.

20 **c) Widerklage eines Dritten.** Unter den Begriff der Drittwiderklage fasst man auch den Fall, in dem eine am Rechtsstreit bislang nicht beteiligte Partei (Dritter, der auch **Streithelfer** sein kann; vgl BGHZ 131, 76, 78) im Wege der Widerklage gegen den Kl der Hauptklage u/oder Dritte vorgeht (vgl nur Zö/*Vollkommer* Rn 22). Eine solche **isolierte Widerklage durch einen bisher am Rechtsstreit nicht beteiligten Dritten** ist **unzulässig** (hM; BGH WM 72, 784; Hamburg NJW-RR 04, 62, 63; Hamm FamRZ 87, 710, 711; Musielak/*Heinrich* Rn 19; St/J/*Roth* Rn 45). Die Widerklage setzt nämlich begrifflich voraus, dass sie vom Bekl, also einer Partei ausgeht, nicht aber von einem Dritten (BGH NJW 75, 1228). Eine solche »Widerklage« ist als eigenständige Klage zu behandeln und ggf nach § 147 mit der Hauptklage zu verbinden (vgl BGH WM 72, 784; Hamm FamRZ 87, 710, 711; Musielak/*Heinrich* Rn 19; Wieczorek/Schütze/*Hausmann* Rn 48).

21 **2. Feststellungswiderklage.** Feststellungswiderklagen sind auch in der Form von **Zwischenfeststellungswiderklagen** zulässig, wenn die Voraussetzungen des § 256 II vorliegen (vgl BGHZ 53, 92, 94 zu § 280 aF; BGHZ 69, 37, 39 ff). Sie kommt insb in Betracht, wenn der Kl nur **Teilklage** erhoben hat (vgl Zö/*Vollkommer* Rn 25).

22 **3. Wider-Widerklage.** Eine **Wider-Widerklage** ist vom Zeitpunkt der zulässigen Erhebung der Widerklage an möglich (BGH MDR 59, 571; BGHZ 40, 185, 189). Wurde eine Wider-Widerklage durch die eigentliche Widerklage veranlasst und besteht ein Zusammenhang iSd § 33, so ist die Wider-Widerklage **nicht nach den Vorschriften über die Klageänderung**, sondern nach denjenigen über die Widerklage zu behandeln (BGH NJW-RR 96, 65; Zö/*Vollkommer* Rn 28; Musielak/*Heinrich* Rn 15; St/J/*Roth* Rn 35). In diesem Fall vermag also § 33 die Zuständigkeit für die Wider-Widerklage zu begründen (anders oben Rz 18).

23 **4. Hilfswiderklage (Eventualwiderklage).** Eventualwiderklagen sind zulässig als **echte Eventualwiderklagen** (Widerklage für den Fall des – auch teilweisen – Scheiterns des Widerkl in der Hauptklage) und als **unechte Eventualwiderklagen** (Widerklage für den Fall des – auch teilweisen – Obsiegens des Widerkl mit

seinem Hauptvortrag und ggf in vollem Einklang mit seinem Hauptvortrag) (vgl BGHZ 132, 390, 397; NJW 58, 1188; Zö/*Vollkommer* Rn 26; Musielak/*Heinrich* Rn 12). Entscheidend ist lediglich, dass es sich um eine **innerprozessuale Bedingung** handelt (vgl BGHZ 132, 390, 398; Zö/*Vollkommer* Rn 26; Musielak/*Heinrich* Rn 12). Deshalb ist auch eine **hilfsweise erhobene Wider-Widerklage zulässig**, die von einer mit der Verteidigung gegen die Widerklage zusammenhängenden Bedingung abhängig gemacht wird (BGH MDR 59, 571; NJW 09, 148, 150 mwN.). Eine nur die eigene Klage betreffende Bedingung ist danach nicht möglich (BGH NJW 09, 148, 150). Eine **Hilfswiderklage gegen Dritte** ist ausgeschlossen (vgl dazu auch Rz 18 f). Denn es ist keinem Prozessgegner zuzumuten, sich auf ein Verfahren einzulassen, bei dem die Möglichkeit besteht, dass es sich wieder in ein rechtliches Nichts auflöst (BGHZ 147, 220, 224; ebenso St/J/*Roth* Rn 42; Zö/*Vollkommer* Rn 27; Musielak/*Heinrich* Rn 12).Die Rechtshängigkeit des mit der Hilfswiderklage geltend gemachten Anspruchs tritt zwar sofort ein, entfällt jedoch rückwirkend, wenn der Eventualfall nicht eintritt (BGHZ 21, 13, 16; NJW 73, 98).

5. Unterlassungswiderklage. Mit der Widerklage können selbstverständlich auch Unterlassungsansprüche geltend gemacht werden. Eine Ausnahme gilt aber im Fall Rz 12. 24

6. Petitorische Widerklage. Petitorische Widerklagen, mit denen ein Recht zum Besitz bzw ein Recht wegen Besitzstörung/-entziehung geltend gemacht wird, sind ggü einer Besitzschutzklage (**possessorische Klage**) zulässig (BGHZ 53, 166; BGHZ 73, 355; Zö/*Vollkommer* Rn 29; Musielak/*Heinrich* Rn 14; ThoPu/*Hüßtege* Rn 6; MüKoZPO/*Patzina* Rn 26; St/J/*Roth* Rn 22). Danach ist die possessorische Klage bei **Entscheidungsreife** auch der petitorischen Widerklage in entspr Anwendung von § 864 II BGB abzuweisen und zugleich der Widerklage stattzugeben (BGHZ 73, 355, 359; Zö/*Vollkommer* Rn 29; Musielak/*Heinrich* Rn 14). Ist dagegen die Besitzschutzklage vorher entscheidungsreif, ist über sie durch **Teilurteil nach § 301** zu entscheiden (BGHZ 53, 166, 169 f; Zö/*Vollkommer* Rn 29). Im **einstweiligen Verfügungsverfahren** ist eine petitorische Widerklage unzulässig. Möglich ist aber eine selbstständige **petitorische Gegenverfügung**, die bei gleichzeitiger Entscheidungsreife zur Zurückweisung des Besitzschutzantrags führen kann (vgl Celle NJW 59, 1833; Rostock OLGR 01, 560 ff; LG Köln ZUM 06, 71; s. Rz 13). 25

V. Prüfung und Sachbehandlung durch das Gericht. 1. Verfahren nach Erhebung der Widerklage. Das Gericht kann die Zustellung der Widerklageschrift nicht von der Einzahlung eines Gerichtskostenvorschusses abhängig machen, da ein solcher nicht zu leisten ist (vgl § 65 I 4 GKG, § 14 II FamFG). Ausländer und Staatenlose müssen keine Sicherheit leisten (§ 110 II Nr 4). Die Widerklageschrift hat das Gericht zuzustellen (§ 261 II; s. § 261 Rz 8, dort auch zur Zustellung von Anwalt zu Anwalt). Die Zustellung der Widerklageschrift kann nicht mit der Begründung verweigert werden, die Klage sei nicht rechtshängig, wenn die Zustellung der Klageschrift verfahrensfehlerhaft unterblieben ist (Frankf OLGR 07, 512 f). Ein etwaiges Güteverfahren iSd § 15a II Nr 1 EGZPO ist nicht durchzuführen. Ein gesondertes schriftliches Vorverfahren über die Widerklage ist nicht zulässig, denn die Widerklage setzt begrifflich ein bereits bestehendes Klageverfahren voraus. Deswegen scheidet auch ein Versäumnisurteil über die Widerklage nach § 331 III aus. Wird die Widerklage erhoben, obwohl die Hauptklage nicht bzw nicht mehr rechtshängig ist (s. Rz 10), so ist sie zwar als Widerklage unzulässig, kann aber jedenfalls in der 1. Instanz nicht automatisch als unzulässig abgewiesen werden (so aber BGH NJW-RR 92, 1085; offen BGH NJW 00, 2512). Ein solches Vorgehen würde nicht nur den Prinzipien des § 139 zuwiderlaufen. Da der ursprüngliche Rechtsstreit nicht mehr fortgesetzt werden kann, ist die »Widerklage« mit den damit einhergehenden verfahrensrechtlichen Folgen (etwa § 65 GKG) dann als selbstständiges Verfahren zu führen und der Widerklageantrag als selbstständiger Klageantrag zu behandeln (Zweibr FamRZ 99, 941, 942; Celle FamRZ 81, 790, 791 mit Verweis auf RGZ 22, 419, 420; Musielak/*Heinrich* Rn 7). 26

2. Mängel der Widerklageschrift. Entspricht die Widerklage nicht den Anforderungen des § 253 II Nr 2 (vgl § 261 II), so ist sie nach entspr Hinweis des Gerichts, wenn der Mangel nicht geheilt wird, als unzulässig abzuweisen (vgl BAG AP Nr 1 zu § 261; Zö/*Greger* § 261 Rn 6). 27

3. Unzulässigkeit der Widerklage. a) Rechtsweg. Bei fehlender Rechtswegzuständigkeit hat das Gericht den Rechtsstreit bzgl der Widerklage nach § 145 II abzutrennen und an das Gericht des zuständigen Rechtswegs nach § 17a GVG zu verweisen (vgl Zö/*Vollkommer* Rn 13; *Schaub* BB 93, 1666, 1667; allg für rechtswegfremde Streitgegenstände Karlsr 21.6.06–15 W 20/06; LAG Hamm 30.7.07–2 Ta 354/06; vgl auch BAG 3.6.96–5 AS 34/95). 28

29 **b) Sachliche Unzuständigkeit. aa) Ursprüngliche Zuständigkeit des AG.** Ist das AG für den Klageanspruch und das LG für den Anspruch aus der Widerklage sachlich zuständig, so hat das AG zunächst auf seine (tw) sachliche Unzuständigkeit nach § 504 hinzuweisen (Zö/*Herget* § 506 Rn 3). Auf entsprechenden Antrag (beachte insoweit auch § 96 II GVG) kann der Rechtsstreit dann nach § 506 I insgesamt an das LG verwiesen werden (zum Inhalt und der Bindungswirkung dieses Beschlusses vgl Zö/*Herget* § 504 Rn 6). Die Verweisung hat an das örtlich zuständige LG zu erfolgen (vgl Zweibr NJW-RR 00, 590; Zö/*Vollkommer* Rn 12). Ist der Widerklageantrag von einem PKH-Antrag abhängig gemacht, hat das AG zunächst über die PKH zu entscheiden und die Rechtshängigkeit der Widerklage zu bewirken (KG KGR 07, 964; Zö/*Herget* § 506 Rn 2). § 506 I findet dagegen Anwendung, sobald eine Hilfswiderklage erhoben ist. Denn der mit der Hilfswiderklage geltend gemachte Anspruch wird sofort rechtshängig, wenn auch die Rechtshängigkeit später rückwirkend entfallen kann (s. Rz 23; aA Celle NJW-RR 09, 1512, das allerdings § 506 analog anwenden möchte). Wird kein Verweisungantrag gestellt (beachte auch § 96 II GVG), so ergeht wegen der Widerklage Prozessurteil, sofern keine rügelose Einlassung nach § 39 (vgl auch § 39 Rz 5 aE) erfolgt ist (Zö/*Herget* § 506 Rn 4 f) oder eine Gerichtsstandsvereinbarung getroffen wurde (vgl Zö/*Vollkommer* Rn 12). Diese Grundsätze finden keine Anwendung, soweit das AG ausschließlich sachlich zuständig ist wie zB in Mietstreitigkeiten über Wohnraum (§ 23 Nr 2a GVG; vgl auch § 39 Rz 8). In einem solchen Fall kann der Rechtsstreit nicht insgesamt verwiesen werden. Das AG bleibt vielmehr zur Entscheidung über die in seine sachliche Zuständigkeit fallenden Ansprüche berufen und hat den Rechtsstreit iÜ nach § 145 abzutrennen und die Widerklage nach Hinweis als unzulässig abzuweisen oder auf entsprechenden Antrag (beachte auch § 96 II GVG) nach § 281 zu verweisen (vgl München 10.6.08–31 AR 53/08; ThoPu/*Hüßtege* Rn 18; Jauernig § 46 III 2). Das lässt sich dogmatisch aus der Regelung des § 33 II ableiten (vgl Jauernig § 46 III 2). Zu Einzelheiten s. § 506.

30 **bb) Ursprüngliche Zuständigkeit des LG.** Ist das LG für den Klageanspruch und das AG für den Anspruch aus der Widerklage sachlich zuständig, so findet § 506 keine Anwendung (vgl KG NJW-RR 00, 804, 805; Zö/*Herget* § 506 Rn 4; vgl auch BGH NJW-RR 96, 891). Das LG bleibt in diesem Fall auch für die Entscheidung über die Widerklage sachlich zuständig (allgM; s. nur Zö/*Vollkommer* Rn 12; Musielak/*Heinrich* Rn 5; ThoPu/*Hüßtege* Rn 18; St/J/*Roth* Rn 14; Jauernig § 46 III 2). Dogmatisch lässt sich dies mit einem Erst-Recht-Schluss (hier: argumentum a maiore ad minus) aus § 506 und mit der Vorschrift des § 10 aF (»Das Urt eines Landgerichts kann nicht aus dem Grunde angefochten werden, weil die Zuständigkeit des Amtsgerichts begründet gewesen sei.«) begründen (vgl auch Zö/*Vollkommer* Rn 12; *Mayer* JuS 91, 678). Auch diese Grundsätze stehen wieder unter dem Vorbehalt, dass es sich um keine ausschließliche sachliche Zuständigkeit des AG handelt (Zö/*Vollkommer* Rn 13; zum gerichtlichen Vorgehen in diesem Fall s. Rz 29).

31 **c) Örtliche Unzuständigkeit.** Ist für die Widerklage ein anderes Gericht örtlich ausschließlich zuständig, so etwa in Mietstreitigkeiten über Wohnraum (§ 29a), dann muss die Widerklage abgetrennt (§ 145 II) und auf Antrag nach § 281 an das örtlich zuständige Gericht verwiesen werden (§ 33 II). Wird der Antrag trotz Hinweises des Gerichts (s. dazu § 12 Rz 13) nicht gestellt, so ist die Widerklage als unzulässig abzuweisen (Jauernig § 46 III 2). Eine rügelose Einlassung nach § 39 kommt insoweit nicht in Betracht (s. näher § 39 Rz 8). Zur örtlichen Zuständigkeit bei der Drittwiderklage und deren Überprüfung s. Rz 18 f.

32 **d) Zuständigkeit der Kammer für Handelssachen (KfH).** Während die Zivilkammer auch für in die Zuständigkeit der KfH fallende Widerklagen zuständig bleibt, kann die KfH über Widerklagen, die außerhalb ihrer Zuständigkeit liegen, nicht entscheiden (Zö/*Vollkommer* Rn 12; Zö/*Lückemann* § 95 GVG Rn 2; Musielak/*Heinrich* Rn 5; *Gaul* JZ 84, 57, 62); die KfH muss dann Klage und Widerklage auf Antrag des Widerbekl an die Zivilkammer verweisen oder bei Entscheidungsreife die Widerklage abtrennen (§ 145) und nur diesen Teil verweisen (Zö/*Lückemann* § 99 GVG Rn 3). Wird der erforderliche Antrag nicht gestellt, so kann uU auch eine Verweisung vAw erfolgen (vgl § 97 II, 99 II GVG; Zö/*Vollkommer* Rn 12; Musielak/*Heinrich* Rn 5).

33 **e) Fehlender Sachzusammenhang.** Bei einer nichtkonnexen Widerklage kommt eine Abtrennung und Verweisung nach der Auffassung der Rspr nicht in Betracht; denn die Widerklage ist schon per se unzulässig (vgl dazu Rz 1, 14). Eine rügelose Einlassung nach § 39 kommt ebenfalls nicht in Betracht, da diese Vorschrift nur die Zuständigkeit eines Gerichts begründen, nicht aber den fehlenden Sachzusammenhang als besondere Prozessvoraussetzung ersetzen kann (aA die Lit; vgl nur Zö/*Vollkommer* Rn 1 f; ThoPu/*Hüßtege* Rn 7). Allerdings erkennt auch der BGH die Möglichkeit einer **rügelosen Einlassung** im Hinblick auf eine

nichtkonnexe Widerklage an. Die entspr Rechtsgrundlage sieht er in **§ 295** (so bereits BGH BB 54, 811; vgl auch ThoPu/*Hüßtege* Rn 7; R/S/G § 95 Rn 22).

4. Wirkungen der Widerklage. Eine Widerklage wird vom Zeitpunkt ihrer zulässigen Erhebung an wie eine **selbstständige Klage** behandelt (§ 261 III Nr 2). Ihr Fortbestand ist, wie sich auch aus § 301 ergibt, nicht mehr von der andauernden Rechtshängigkeit der Hauptklage abhängig (BGHZ 40, 185, 189; LG München NJW 78, 953 f; Zö/*Vollkommer* Rn 17). Eine **Rücknahme der Hauptklage** lässt die Wirksamkeit der zuvor erhobenen Widerklage deshalb unberührt (BGHZ 40, 185, 189; Zweibr FamRZ 99, 941, 942; Zö/*Vollkommer* Rn 17). Dasselbe gilt für jede andere Art der **Erledigung der Hauptklage** (s. nur Zö/*Vollkommer* Rn 17; s.a. zur Erledigung Rz 10 aE). Auch ein **Parteiwechsel** iRd Hauptklage wirkt sich auf die Widerklage nicht aus (vgl Kobl FamRZ 83, 939; Zö/*Vollkommer* Rn 17). Der Widerkl erlangt nach zulässiger Erhebung der Widerklage die gleiche Rechtsstellung wie bei einer selbstständig erhobenen Klage (BGHZ 40, 185, 189). Da die **Präklusionsvorschriften** auf Widerklagen keine Anwendung finden (Rz 3), hat das Gericht das Vorbringen aus der Widerklage auch iRd Hauptklage zu berücksichtigen (**sog Flucht in die Widerklage**). Der Erlass eines **Teilurteils zur Hauptklage** ist insoweit unzulässig, als dadurch Vorbringen aus der Widerklage (mittelbar) präkludiert würde (vgl BGH NJW 95, 1223; Zö/*Vollkommer* Rn 9; Musielak/*Heinrich* Rn 11; aA *Prütting/Weth* ZZP 98, 131, 138 f, 150 ff; *Gounalakis* MDR 97, 216 ff; s. dazu auch § 296 Rz 19, 58). Anderes würde auch dem Zweck des § 33 zuwiderlaufen, der widersprüchliche Entscheidungen ausschließen soll (vgl BGH NJW-RR 05, 22; Zö/*Vollkommer* Rn 9; Musielak/*Heinrich* Rn 11; St/J/*Roth* Rn 48). Zur Trennung s. § 145 Rz 9; zum Teilurteil bei Widerklagen s. § 301 Rz 16. 34

VI. Internationale Zuständigkeit. Für die Widerklage muss auch die internationale Zuständigkeit gegeben sein (RGZ 111, 149 f; Saarbr OLGR 04, 285; Musielak/*Heinrich* Rn 5). Insoweit gelten die allg Grundsätze (§ 12 Rz 18); beachte insb Art 6 EuGVO. Die internat Zuständigkeit für Klage und Widerklage ist jeweils selbstständig zu beurteilen (Saarbr OLGR 04, 285). Sind keine vorrangigen internationalen Zuständigkeitsbestimmungen vorhanden, so kann § 33 I aufgrund der **Doppelfunktionalität** aller Gerichtsstandsbestimmungen grds auch die internationale Zuständigkeit eines deutschen Gerichts begründen (BGHZ 52, 30, 33; 69, 37, 44 f; NJW-RR 87, 227, 228; Zö/*Vollkommer* Rn 4). Jedoch setzt die Anwendbarkeit der Vorschrift voraus, dass der **Gerichtsstand** der Widerklage nicht **abbedungen** worden ist, was auch im internationalen Rechtsverkehr wirksam geschehen kann und zwar nicht nur durch ausdrückliche Derogation gerade dieses Gerichtsstands, sondern auch in der Form einer positiven Gerichtsstandsvereinbarung, sofern diese ergibt, dass damit alle anderen Gerichtsstände einschließlich desjenigen der Widerklage ausgeschlossen sein sollten (BGH NJW-RR 87, 227, 228; s. dazu näher § 38). Bei **Drittwiderklagen** ist zu beachten, dass § 33 – wie bei der örtlichen Zuständigkeit – auch die internationale Zuständigkeit für die Widerklage gegen den Dritten nicht begründen kann (vgl BGHZ 69, 37, 44 f; NJW 81, 2642, 2643; BayObLG IPRsp 04, 280). 35

C. Kosten/Gebühren. Klage und Widerklage sind auch kostenrechtlich ein Verfahren. Der Streitwert des Verfahrens erhöht sich um den Wert der Widerklage, es sei denn, es ist derselbe Streitgegenstand gegeben (§ 45 I GKG). Durch die Widerklage erhöht sich damit auch die 3,0-Verfahrensgebühr (Nr 1210 GKG-KostVerz). Es besteht insoweit jedoch keine Vorauszahlungspflicht (§ 12 II Nr 1 GKG-KostVerz). Ungeachtet dessen wird die Gebühr jedoch bereits fällig und kann eingefordert werden (§ 6 I Nr 1 GKG). Kostenschuldner für die Gebühren der Widerklage ist der Widerkläger. 36

Auch für die Anwaltsgebühren werden die Werte von Klage und Widerklage zusammengerechnet (§ 23 I 1 RVG iVm § 45 I GKG). Der Anwalt erhält die Gebühren nur einmal aus dem Gesamtwert. Wird neben einer Widerklage auch eine Drittwiderklage erhoben (so zB im Verkehrsunfallprozess: Widerklage gegen den Halter, Drittwiderklage gegen Fahrer und Versicherer), so erhält der Anwalt auch hier die Gebühren nur einmal (§ 7 I RVG) aus dem Gesamtwert (LG Düsseldorf AGS 10, 321). Allerdings erhöht sich jetzt die Verfahrensgebühr nach Nr 1008 VV RVG. Soweit der Anwalt nur einen Auftraggeber vertritt, bleibt es bei der einfachen 1,3-Verfahrensgebühr der Nr 3100 VV RVG, soweit er mehrere Auftraggeber vertritt, erhöht sich die Gebühr nach Nr 1008 VV RVG um 0,3 je weiteren Aufraggeber. Insgesamt kann der Anwalt aber nicht mehr berechnen, als eine Gebühr nach dem höchsten Gebührensatz aus dem Gesamtwert (LG Saarbrücken AGS 12, 56 = NJW-Spezial 12, 27; AG Augsburg AGS 08, 434 = DAR 08, 673; Hambg MDR 78, 767; LG Bonn Rpfleger 95, 384 mit Anm N. *Schneider*; AnwK-RVG/N. *Schneider* § 15 Rn 209 ff; aA, Berechnung einer gesonderten »Erhöhungsgebühr« Gerold/Schmidt/*Müller-Rabe* Nr 1008 Rn 217 ff; KK-RVG/*Bischof* Nr 1008 Rn 87 ff).

Über die Kosten von Klage und Widerklage ist einheitlich zu entscheiden. Es ist unzulässig, weil keine verhältnismäßige Aufteilung, die Kosten der Klage und der Widerklage nach unterschiedlichen Quote zu verteilen (s. § 91 Rz 33). Wird ein Vergleich geschlossen, der eine solche unterschiedliche Aufteilung vorsieht, so sit diese nach §§ 133, 157 BGB dahingehend auszulegen, dass die Parteien die Kosten nach dem Verhältnis des Obsiegens und Unterliegens unter Berücksichtigung der Streitwertanteile der Klage und Widerklage und der jeweiligen Beteiligung der Parteien verteilen wollten (Naumbg AGS 11, 39).

§ 34 Besonderer Gerichtsstand des Hauptprozesses.

Für Klagen der Prozessbevollmächtigten, der Beistände, der Zustellungsbevollmächtigten und der Gerichtsvollzieher wegen Gebühren und Auslagen ist das Gericht des Hauptprozesses zuständig.

1 **A. Normzweck und dogmatische Einordnung.** § 34 regelt sowohl hinsichtlich der örtlichen als auch hinsichtlich der sachlichen Zuständigkeit einen Wahlgerichtsstand (BAG NJW 98, 1092, 1093; Brandbg NJW 04, 780). In § 34 treffen demnach die Regelung der örtlichen und der – streitwertunabhängig bestimmten – sachlichen Zuständigkeit zusammen: Wählt der Kl ein anderes örtlich zuständiges Gericht, entfällt auch die Bestimmung der sachlichen Zuständigkeit durch § 34, so dass in diesem Fall die sachliche Zuständigkeit den allgemeinen Regeln (§§ 23, 71 GVG) folgt (Brandbg NJW 04, 780). § 34 verfolgt, wie sich bereits aus der Ausgestaltung als Wahlgerichtsstand ergibt, allenfalls nachrangig den Zweck, dem Sachzusammenhang zwischen Haupt- und Gebührenprozess Rechnung zu tragen (BGHZ 97, 79, 83). Dieser Zweck könnte durch § 34 aus Gründen der Geschäftsverteilung und der Personalfluktuation bei Gericht ohnehin nur wenig effektiv verfolgt werden, da die Vorschrift nicht sicherstellen kann, dass grds derjenige Spruchkörper für den Gebührenprozess zuständig sein wird, der auch bereits den Hauptprozess beschieden hat (BGHZ 97, 79, 84). Erst recht kann nicht sichergestellt werden, dass dieser Spruchkörper in der seinerzeitigen Personalbesetzung entscheiden wird. Im Vordergrund steht vielmehr, wie sich aus der Gesetzesbegründung ergibt, der Zweck, Gebührenklagen durch Bereitstellung eines besonderen Gerichtsstandes zu erleichtern (BGHZ 97, 79, 83), zumal bei einer Klage vor dem Gericht des Hauptprozesses Aktenbeiziehungen von anderen Gerichten vermieden werden (Dresd AGS 10, 309). Die praktische Bedeutung des § 34 hält sich in Grenzen, da das Rechtsschutzbedürfnis für Honorarklagen von Rechtsanwälten häufig an der Möglichkeit der leichteren, schnelleren und billigeren Gebührenfestsetzung im Verfahren gem § 11 RVG scheitert, sofern der Mandant gegen den geltend gemachten Gebührenanspruch keine Einwendungen oder Einreden erhebt, die nicht im Gebührenrecht ihren Grund haben (§ 11 V RVG).

2 **B. Tatbestandsmerkmale. I. Klagen der Prozessbevollmächtigten, Beistände, Zustellungsbevollmächtigten und Gerichtsvollzieher.** Taugliche Kl im Gerichtsstand des § 34 sind Prozessbevollmächtigte – einschließlich der Unterbevollmächtigten, deren Auftraggeber je nach Vertragsgestaltung die Prozesspartei oder der Hauptbevollmächtigte sein kann – Beistände (§ 90) und Zustellungsbevollmächtigte (§ 184). Die Erwähnung der Gerichtsvollzieher in § 34 ist überholt, da zwischen dem Vollstreckungsgläubiger und dem Gerichtsvollzieher kein privatrechtlicher Vertrag zustande kommt, der Gerichtsvollzieher vielmehr kraft öffentlichen Rechts tätig wird und seine Kosten erforderlichenfalls im Verwaltungszwangsverfahren (vgl § 1 Abs 1 Nr 7 JBeitrO) beitreibt.

3 **II. Wegen Gebühren und Auslagen.** § 34 erfasst sämtliche kraft Gesetzes oder vertraglicher Vereinbarung (vermeintlich) geschuldeten Ansprüche auf Gebührenzahlung und Auslagenerstattung (zB vorgelegte Gerichtskosten, Reisekosten) wegen der Vertretung in einem der ZPO unterliegenden Verfahren (BGHZ 97, 79) oder einem Insolvenzverfahren (Musielak/*Heinrich* § 34 Rn 4), so dass Ansprüche wegen der Vertretung oder Aufgabenwahrnehmung in einem Verfahren der Freiwilligen Gerichtsbarkeit (zB als Vormund oder Verfahrenspfleger) aus dem Anwendungsbereich des § 34 ausscheiden. Unter das Merkmal »Gebühren und Auslagen« fallen auch die ggf auf die einschlägige Hauptschuld zu entrichtenden Zinsschulden und Umsatzsteuern (MüKoZPO/*Patzina* § 34 Rn 6).

4 **III. Gericht des Hauptprozesses.** Gericht des Hauptprozesses ist dasjenige Gericht, bei dem das gebührenauslösende ZPO- oder Insolvenzverfahren betrieben wurde. Da der Wahlgerichtsstand des § 34 nur die sachliche und örtliche Zuständigkeit, nicht aber den Rechtsweg betrifft, ist die Vorschrift unanwendbar auf in der Arbeits- (BAG NJW 98, 1092), Finanz- oder Sozialgerichtsbarkeit (LSG Schlesw NZS 99, 56) betriebene Verfahren. Auch die funktionelle Zuständigkeit und die (gesetzlich vorgegebene) Geschäftsverteilung werden durch § 34 nicht mitgeregelt. War in einem familiengerichtlichen Verfahren »Gericht des Hauptpro-

zesses« das Amtsgericht, so ist gleichwohl die allgemeine Zivilprozessabteilung und nicht die Familienabteilung dieses Amtsgerichts gerichtsintern für die Gebührenklage zuständig, da der Sinn des § 34 in erster Linie eine erleichterte Prozessführung und nicht so sehr die Vertrautheit des Gerichts mit dem Prozessstoff ist, wie sich auch daraus erhellt, dass selbst bei Zuständigkeit der Familienabteilung auf Grund der Geschäftsverteilung und der Personalfluktuation bei Gericht nicht gewährleistet wäre, dass der Richter/Spruchkörper des Hauptprozesses die Gebührenklage bescheidet (BGHZ 97, 79, 84). Ob dieses für die Praxis durch den BGH geklärte Ergebnis auf die Abgrenzung Zivilkammer/Kammer für Handelssachen beim LG übertragbar ist, ist umstr. Anders als bei der Abgrenzung Familienabteilung/Prozessabteilung des Amtsgerichts hat diese Abgrenzung keinen Einfluss auf den Rechtsmittelzug, weshalb durchaus auch die Auffassung vertreten wird, die Kammer für Handelssachen sei »Gericht des Hauptprozesses« (vgl Zö/*Vollkommer* § 34 Rn 5). Überzeugend ist dies nicht, da nur die Gleichbehandlung der beiden Fallkonstellationen dogmatisch stringent ist (Dresd AGS 10, 309).

IV. Internationale Zuständigkeit. Im Anwendungsbereich der EUGVVO, die keine § 34 vergleichbare Regelung kennt, wird § 34 verdrängt. Im Übrigen indiziert § 34 die internationale Zuständigkeit, sofern keine sonstige Spezialnorm (etwa aus Staatsvertrag) eingreift (Musielak/*Heinrich* § 34 Rn 10). 5

§ 35 Wahl unter mehreren Gerichtsständen. **Unter mehreren zuständigen Gerichten hat der Kläger die Wahl.**

A. Normzweck und dogmatische Einordnung. § 35 normiert als Ausfluss der Dispositionsmaxime (Musielak/*Heinrich* § 35 Rn 1) eine Selbstverständlichkeit, nämlich, dass der Kl zwischen mehreren eröffneten Gerichtsständen frei auswählen kann. Die Norm hat demnach eine rein deklaratorische Funktion. 1

B. Tatbestandsmerkmale. I. Unter mehreren zuständigen Gerichten. Beim Vorliegen eines oder mehrerer besonderer Gerichtsstände kann der Kl eine Wahl sowohl unter den besonderen als auch zwischen dem allgemeinen und dem/den besonderen Gerichtsstand/Gerichtsständen treffen. Bestehen (zB bei Doppelwohnsitz) mehrere allgemeine Gerichtsstände, so besteht auch zwischen ihnen die Wahl. Beim Vorliegen eines ausschließlichen Gerichtsstandes, werden die übrigen Gerichtsstände verdrängt, so dass kein Wahlrecht besteht. Eine Ausnahme hiervon gilt für den Fall des Zusammentreffens mehrerer ausschließlicher Gerichtsstände (*Thümmel* NJW 86, 556, 558). Eine weitere Ausnahme gilt für den Fall des Betreibens eines gemeinsamen **Vollstreckungsabwehrklageverfahrens** gegen die Vollstreckung aus einer vollstreckbaren Urkunde durch mehrere Vollstreckungsschuldner als Streitgenossen mit verschiedenen allgemeinen Gerichtsständen. Trotz der jeweiligen Ausschließlichkeit dieser Gerichtsstände gem §§ 797 V, 802 für das Vollstreckungsabwehrklageverfahren jedes einzelnen Streitgenossen sind die Streitgenossen zum Zwecke der Ermöglichung eines gemeinsamen Verfahrens nicht darauf angewiesen, eine Zuständigkeitsbestimmung entsprechend § 36 I Nr 3 herbeizuführen. Vielmehr ist ihnen ein eigenes Wahlrecht analog § 35 zuzubilligen, da nur dies dem von § 797 V intendierten Schuldnerschutzgedanken gerecht wird (BGH NJW 91, 2910; *Thümmel* NJW 86, 556, 558 f). Ein solches Wahlrecht analog § 35 ist mehreren Klägern, die in aktiver Streitgenossenschaft vorgehen wollen, überdies auch dann zuzubilligen, wenn zu ihren Gunsten ein – nicht gemeinsamer – nicht ausschließlicher Klägergerichtsstand (zB als Kl einer negativen Feststellungsklage) besteht, da es nicht einzusehen ist, warum Kl, die gemeinsam klagen wollen, zur Ermöglichung einer gemeinsamen Klage dazu genötigt sein sollen, die ihnen vom Gesetzgeber zugedachte Privilegierung des Klägergerichtsstands aufopfern zu müssen (München NJW-RR 10, 645; aA München Beschl v 12.5.10–34 AR 18/10, Rn 6 – juris). 2

II. Ausübung des Wahlrechts durch den Kläger. Die Ausübung des Wahlrechts muss nicht ausdrücklich, sondern kann auch konkludent durch die Einreichung einer Klageschrift bei dem angegangenen Gericht oder einer Widerklage oder durch die Bezeichnung eines Gerichts als für die Durchführung eines streitigen Verfahrens zuständig (vgl § 690 I Nr 5) im Mahnbescheidsantrag erfolgen (München MDR 07, 1154, 1155). Mit der Zustellung der Klageschrift bzw des Mahnbescheids im Mahnverfahren wird die vom Kl getroffene Wahl unter den zuständigen Gerichten bindend und grds unwiderruflich (BGH NJW 93, 2810; München MDR 07, 1154, 1155). Gleiches gilt für die Zustellung der Widerklage, die der am Wohnsitz in Anspruch genommene Beklagte im Gerichtsstand des § 33 erhebt (Zweibr NJW-RR 00, 590 f). Im Zeitraum zwischen Anhängigkeit und Rechtshängigkeit bzw zwischen Einreichung des Mahnbescheidsantrages und dessen Zustellung besteht das mit der Einreichung der Klageschrift bzw des Mahnbescheidsantrages ausgeübte 3

Wahlrecht fort, so dass es durch Bestimmung eines anderen örtlich zuständigen Gerichts erneut ausgeübt werden kann (München MDR 07, 1154, 1155). Im selbständigen Beweisverfahren wird das Wahlrecht durch die Einreichung der Antragsschrift mit Bindungswirkung ausgeübt (Zweibr BauR 97, 885). Die im Arrest- bzw einstweiligen Verfügungsverfahren getroffene Wahl entfaltet nur für das Eilverfahren Wirkung und führt nicht zu einem Verbrauch des Wahlrechts für das Hauptsacheverfahren (Karlsr NJW 73, 1509, 1510). Grundsätzlich kommt ein **Erlöschen des Wahlrechts** denklogisch nur in Betracht, wenn das Wahlrecht zum Zeitpunkt seiner potentiellen Ausübung bereits bestand. Ist dies nicht der Fall, weil es etwa erst nach der Einreichung des Mahnbescheidsantrages zu einem Wechsel des allgemeinen Gerichtsstands des Beklagten und dadurch zur Begründung eines zweiten Gerichtsstandes gekommen ist, kann die Gerichtsstandswahl noch bis zum Zeitpunkt der Zustellung der Anspruchsbegründung (zB durch Verweisungsantrag) ausgeübt werden (München MDR 07, 1154, 1155; MDR 07, 1278, 1279). Ausnahmsweise kann der Kl nach Rechtshängigkeit noch von seinem Wahlrecht Gebrauch machen. Dies ist etwa der Fall, wenn er zunächst ein unzuständiges Gericht angerufen hatte, da eine Auswahl nur zum Erlöschen des Wahlrechts führen kann, wenn sie unter den zuständigen Gerichten erfolgt ist. In diesem Fall stellt der Verweisungsantrag an ein zuständiges Gericht die – endgültige – Ausübung des Wahlrechts dar (Schlesw MDR 07, 1280, 1281). Ferner kommt dies in Betracht, wenn der Kl erst nach der Klageerhebung erfährt, dass es weitere Schuldner gibt, die er gemeinsam mit der bereits verklagten Partei in einem besonderen Gerichtsstand (zB der unerlaubten Handlung) verklagen könnte, und seine nachträgliche Kenntniserlangung nicht darauf beruht, dass er die vor Klageerhebung – im eigenen Interesse – gebotenen Nachforschungen unterlassen hat (KG MDR 00, 413, 414). In diesem Fall hat der Gesichtspunkt der Prozessökonomie so großes Gewicht, dass die hiermit verbundene Belastung für die beklagte Partei von dieser hinzunehmen ist (KG MDR 00, 413, 414). Die wahlberechtigte Partei ist in der Ausübung ihres Wahlrechts grds frei. Allerdings darf die Ausübung nicht treuwidrig oder rechtsmissbräuchlich sein (§ 242 BGB). Dies ist in der Rechtsprechung für den Fall bejaht worden, dass Grund für die Wahl eines Gerichts die dem Kl günstige Rechtsprechung dieses Gerichts war (Hamm NJW 87, 138). Dies überzeugt nicht. Solange das Wahlrecht nicht schikanös ausgeübt wird, kann es dem Wahlberechtigten nicht unter Rückgriff auf vorgeblich übergeordnete Interessen verwehrt sein, billigenswerte prozesstaktische Erwägungen in seine Auswahlentscheidung einfließen zu lassen, zu denen auch die voneinander abweichende Spruchpraxis verschiedener Gerichte gehören kann.

§ 35a Besonderer Gerichtsstand bei Unterhaltsklagen. Das Kind kann die Klage, durch die beide Eltern auf Erfüllung der Unterhaltspflicht in Anspruch genommen werden, vor dem Gericht erheben, bei dem der Vater oder die Mutter einen Gerichtsstand hat.
(weggefallen ab 1.9.2009)

1 Die durch das Sozialstaatsprinzip legitimierte Vorschrift des § 35a, die für den Fall der Unterhaltsklage eines Kindes gegen beide, an verschiedenen Orten wohnhafte Eltern einen der ZPO sonst unbekannten Wahlgerichtsstand der Streitgenossenschaft vorhält, ist mit Wirkung zum 1.9.09 außer Kraft getreten (Art 112 I FGG-RG) und durch § 232 III 2 Nr 2 FamFG ersetzt worden. Auf Verfahren, die vor dem 1.9.09 eingeleitet worden sind oder deren Einleitung vor dem 1.9.09 beantragt wurde, ist § 35a weiter anzuwenden (Art 111 I 1 FGG-RG).

§ 36 Gerichtliche Bestimmung der Zuständigkeit. (1) Das zuständige Gericht wird durch das im Rechtszug zunächst höhere Gericht bestimmt:

1. **wenn das an sich zuständige Gericht in einem einzelnen Fall an der Ausübung des Richteramtes rechtlich oder tatsächlich verhindert ist;**
2. **wenn es mit Rücksicht auf die Grenzen verschiedener Gerichtsbezirke ungewiss ist, welches Gericht für den Rechtsstreit zuständig sei;**
3. **wenn mehrere Personen, die bei verschiedenen Gerichten ihren allgemeinen Gerichtsstand haben, als Streitgenossen im allgemeinen Gerichtsstand verklagt werden sollen und für den Rechtsstreit ein gemeinschaftlicher besonderer Gerichtsstand nicht begründet ist;**
4. **wenn die Klage in dem dinglichen Gerichtsstand erhoben werden soll und die Sache in den Bezirken verschiedener Gerichte belegen ist;**

5. wenn in einem Rechtsstreit verschiedene Gerichte sich rechtskräftig für zuständig erklärt haben;
6. wenn verschiedene Gerichte, von denen eines für den Rechtsstreit zuständig ist, sich rechtskräftig für unzuständig erklärt haben.

(2) Ist das zunächst höhere gemeinschaftliche Gericht der Bundesgerichtshof, so wird das zuständige Gericht durch das Oberlandesgericht bestimmt, zu dessen Bezirk das zuerst mit der Sache befasste Gericht gehört.

(3) [1]Will das Oberlandesgericht bei der Bestimmung des zuständigen Gerichts in einer Rechtsfrage von der Entscheidung eines anderen Oberlandesgerichts oder des Bundesgerichtshofs abweichen, so hat es die Sache unter Begründung seiner Rechtsauffassung dem Bundesgerichtshof vorzulegen. [2]In diesem Fall entscheidet der Bundesgerichtshof.

Inhaltsübersicht

Rz
A. Normzweck und dogmatische Einordnung . . . 1
B. Die Tatbestände des § 36 I im Einzelnen . . . 2
I. Tatsächliche oder rechtliche Verhinderung des an sich zuständigen Gerichts an der Ausübung des Richteramts in einem einzelnen Fall (§ 36 I Nr 1) 2
II. Ungewissheit der Zuständigkeit eines Gerichts mit Rücksicht auf die Grenzen verschiedener Gerichtsbezirke (§ 36 I Nr 2) 3
III. Fehlen eines gemeinsamen besonderen Gerichtsstands für Streitgenossen, die bei verschiedenen Gerichten ihren allgemeinen Gerichtsstand haben und als Streitgenossen im allgemeinen Gerichtsstand verklagt werden sollen (§ 36 Abs 1 Nr 3) 4
1. Anwendbarkeit 4
2. Tatbestandsmerkmale im Einzelnen 5
a) Klage gegen mehrere Personen als Streitgenossen 5
b) Bestehen eines allgemeinen Gerichtsstandes bei verschiedenen Gerichten und Fehlen eines gemeinsamen besonderen Gerichtsstandes 6
c) Verfahrenseinleitung vor oder nach Rechtshängigkeit des oder der Hauptsacheverfahren/s 7
d) Verfahrenstaktische Erwägungen 8
e) Rechtsfolge: Bestimmung des zuständigen Gerichts 9
IV. Belegenheit der Sache in Bezirken verschiedener Gerichte bei Klageerhebung im dinglichen Gerichtsstand (§ 36 I Nr 4) 10
V. Rechtskräftige Zuständigkeitserklärungen verschiedener Gerichte in einem Rechtsstreit (§ 36 I Nr 5) 11
VI. Rechtskräftige Unzuständigkeitserklärungen verschiedener Gerichte, von denen eines für den Rechtsstreit zuständig ist (§ 36 I Nr 6) 12
1. Anwendbarkeit 12
2. Tatbestandsmerkmale im Einzelnen 13
a) Rechtshängigkeit 13
b) Rechtskräftige Unzuständigerklärung 14
c) Zuständigkeit eines der Gerichte für den Rechtsstreit 15
d) Rechtsfolge: Bestimmung des zuständigen Gerichts 16
C. Zur Zuständigkeitsbestimmung berufenes Gericht (§ 36 I, II) 17
D. Divergenzvorlage an den BGH gem § 36 III 18
E. Kosten/Gebühren 19
I. Gericht 19
II. Anwalt 20

A. Normzweck und dogmatische Einordnung. Die Einzeltatbestände des § 36 verfolgen jeweils spezifische Normzwecke. So dienen § 36 I Nr 1, Nr 2, Nr 4 und Nr 6 dem Zweck, den Rechtsschutz der Parteien zu gewährleisten, wenn infolge der (strittigen) Anwendung der Zuständigkeitsregelungen der ZPO oder auf Grund tatsächlicher Umstände mit Bezug zu diesen Regelungen eine Rechtsschutzverweigerung der Gerichte droht (BGH NJW 72, 111). § 36 I Nr 3 dient dem Zweck, durch die Überwindung zuständigkeitsrechtlicher Hindernisse eine Klage ggü mehreren Streitgenossen zu ermöglichen und damit die Prozessökonomie zu fördern (BGH MDR 11, 558; *Cuypers* MDR 09, 657, 658), unnötige Mehrkosten zu vermeiden (Köln OLGR 05, 584, 585; *Cuypers* MDR 09, 657, 658) und die Rechtsschutzmöglichkeiten des Klägers zu verbessern. Ferner verfolgt die Vorschrift ebenso wie § 36 I Nr 5 den Zweck, Doppelarbeit der Gerichte und widersprüchliche Entscheidungen verschiedener Gerichte zu vermeiden (BGH NJW 06, 699, 700). Die Einzelzwecke der Tatbestände des § 36 lassen sich aber auf übergeordnete Grundsätze und allgemeine Prozessmaximen zurückführen. § 36 ist die gesetzgeberische Konsequenz aus der Tatsache, dass dem Zuständig- 1 keitsrecht der ZPO das Prinzip glasklarer, grds eng auszulegender Zuständigkeitstatbestände zu Grunde liegt, was einerseits die Rechtssicherheit fördert, andererseits aber in Konflikt mit der Prozessökonomie, die im Einzelfall ein Abweichen von der Zuständigkeitsordnung nahe legen mag, treten kann und erst Recht Probleme aufwirft, wenn verschiedene Gerichte in der gleichen Sache ihre Zuständigkeit bejahen oder verneinen oder gar zur Wahrnehmung ihrer Aufgaben außer Stande sein sollten. Für diese Fälle besteht ein Bedürfnis für eine beschleunigende oder die Prozesswirtschaftlichkeit ermöglichende Entscheidung eines übergeordneten Gerichts. Diesem Bedürfnis hat die ZPO durch ein vom Erkenntnisverfahren losgelöstes **eigenständiges Zuständigkeitsbestimmungsverfahren** Rechnung getragen, das eine Rechts- und keine Ermessensentscheidung über die Zuständigkeitsfrage vorsieht und sowohl etwaige Unzuträglichkeiten des starren Zuständigkeitssystems der ZPO kompensieren als auch dem Gebot des gesetzlichen Richters (Art 101 GG) genügen soll (vgl BVerfG NJW 09, 907). Dieses Verfahren verfolgt dabei den übergeordneten, allgemeinen Zweck, jedem tendenziell langwierigen Streit der Gerichte untereinander über die Grenzen ihrer Zuständigkeit möglichst rasch ein Ende zu machen und eine Ausweitung derartiger Streitigkeiten zu vermeiden (BGH NJW 01, 3633; MDR 09, 46).

2 **B. Die Tatbestände des § 36 I im Einzelnen. I. Tatsächliche oder rechtliche Verhinderung des an sich zuständigen Gerichts an der Ausübung des Richteramts in einem einzelnen Fall (§ 36 I Nr 1).** Das »verhinderte« Gericht muss ungeachtet der etwaigen Zuständigkeit auch anderer Gerichte für den konkret in Rede stehenden Rechtsstreit örtlich und sachlich zuständig sein. Eine Verhinderung eines ganzen Gerichts aus tatsächlichen Gründen, wie sie etwa im Kriegszustand oder bei Ausbruch lokal beschränkter Epidemien vorstellbar wäre, ist unter den heutigen Bedingungen nahezu unvorstellbar, so dass diese Tatbestandsvariante in der Praxis irrelevant ist. Eine Verhinderung aus rechtlichen Gründen kommt dann in Betracht, wenn der einzige Richter (eines Amtsgerichts) oder sämtliche Richter des Gerichts von der Ausübung ihres Amtes kraft Gesetzes (§ 41) oder infolge Ablehnung (§ 42) ausgeschlossen sind (Bremen OLGR 08, 375, 376). Allein das Stellen von pauschalen Ablehnungsanträgen gegen sämtliche Richter eines Gerichts durch eine Prozesspartei reicht nicht aus, um § 36 I Nr 1 zu erfüllen, da eine pauschale Ablehnung eines Gerichts grds infolge Rechtsmissbräuchlichkeit unbeachtlich ist (Bremen OLGR 08, 375, 376).

3 **II. Ungewissheit der Zuständigkeit eines Gerichts mit Rücksicht auf die Grenzen verschiedener Gerichtsbezirke (§ 36 I Nr 2).** Knüpft eine Zuständigkeitsregelung an eine bestimmte Lokalität an (Wohnsitz, Ort der unerlaubten Handlung, Erfüllungsort etc) und ist es auf Grund von Unklarheiten über den Grenzverlauf zwischen den in Frage kommenden Gerichtsbezirken unklar, welchem Gerichtsbezirk diese Lokalität zuzuordnen ist, kann diese Unklarheit durch eine Zuständigkeitsbestimmung nach § 36 I Nr 2 überwunden werden (BVerfG GrundE 94, 461). § 36 I Nr 2 ist überdies tatbestandlich erfüllt, wenn der Grenzverlauf zwischen in Frage kommenden Gerichtsbezirken feststeht, indes nicht aufklärbar ist, wo sich das für die Zuständigkeitsanknüpfung relevante Ereignis (zB Kollisionsort bei einem Verkehrsunfall) verwirklicht hat.

4 **III. Fehlen eines gemeinsamen besonderen Gerichtsstands für Streitgenossen, die bei verschiedenen Gerichten ihren allgemeinen Gerichtsstand haben und als Streitgenossen im allgemeinen Gerichtsstand verklagt werden sollen (§ 36 Abs 1 Nr 3). 1. Anwendbarkeit.** § 36 I Nr 3 ist auf sämtliche Verfahrensarten der ZPO (wie etwa das selbständige Beweisverfahren, BayObLG NJW-RR 99, 1010) anwendbar, dh seit dem 1.7.2007 auch auf Wohnungseigentumssachen (München NZM 08, 528, 529). In direkter Anwendung erfasst § 36 I Nr 3 nur die Zuständigkeitsbestimmung hinsichtlich der örtlichen Zuständigkeit. § 36 I Nr 3 lässt aber in analoger Anwendung auch eine Zuständigkeitsbestimmung bzgl der sachlichen Zuständigkeit (BGH NJW 84, 1624) zu, wie etwa für den Fall, dass für die Klage gegen einen Streitgenossen das Amtsgericht und gegen den anderen das LG streitwertbedingt sachlich zuständig ist. Des Weiteren kommt auch eine analoge Anwendung des § 36 I Nr 3 auf den Fall der Bestimmung der funktionellen Zuständigkeit in Betracht, wobei für die jeweilige Fallkonstellation zu prüfen ist, ob eine Verfahrensverbindung im Hinblick auf die spezifische Eigenart der jeweiligen Zuständigkeitszuweisung und die damit verfolgten Zwecke zulässig ist. Demnach kommt eine Zuständigkeitsbestimmung hinsichtlich der funktionellen Zuständigkeit analog § 36 I Nr 3 etwa in Betracht, wenn die allgemeine Zivilkammer einerseits und die Kammer für Handelssachen andererseits (BayObLG NJW-RR 99, 1010, 1011) zuständig wäre, nicht aber, wenn die jeweils zuständigen Gerichte bzw Spruchkörper verschiedene Verfahrensordnungen anzuwenden haben (München NZM 08, 528, 529). § 36 I Nr 3 ist auch im Anwendungsbereich des FamFG, dessen Zuständigkeitsbestimmungsnorm (§ 5 FamFG) eine § 36 I Nr 3 entsprechende Vorschrift nicht kennt, kraft ausdrücklicher Ver-

weisung (§§ 113 I FamFG, 36 ZPO) auf Ehesachen und Familienstreitsachen (§ 112 FamFG) anwendbar. Daher dürfte es für die Familienstreitsachen (§ 112 FamFG) nach diesseitiger Auffassung bei der Rechtsprechung aus der Zeit vor Inkrafttreten des FamFG verbleiben, dass eine Zuständigkeitsbestimmung entsprechend § 36 I Nr 3 in Betracht kommt, wenn die Zivilabteilung des Amtsgerichts einerseits und das Familiengericht andererseits zuständig wäre (BGH NJW 98, 685, 686). Eine Zuständigkeitsbestimmung hinsichtlich der internationalen Zuständigkeit kommt naturgemäß mangels Bestimmungskompetenz deutscher Gerichte über die Rechtsordnung anderer Staaten nicht in Betracht, wohl aber setzt eine Bestimmung nach § 36 I Nr 3 bei Sachverhalten mit Auslandsberührung stets voraus, dass für alle Streitgenossen eine internationale Zuständigkeit deutscher Gerichte besteht (BGH NJW 80, 2646; KG VersR 2007, 154; BayObLG NJW-RR 06, 210, 212). Ob hinsichtlich sämtlicher Streitgenossen der Rechtsweg zu den Zivilgerichten eröffnet ist, wird im Bestimmungsverfahren gem § 36 I Nr 3 nicht geprüft, es sei denn der Zivilrechtsweg ist hinsichtlich eines Streitgenossen offensichtlich nicht eröffnet, so dass feststeht, dass das Hauptverfahren nicht durchgeführt werden kann (Köln OLGR 01, 429). Eine Zuständigkeitsbestimmung hinsichtlich des Rechtswegs analog § 36 I Nr 3 kommt nicht in Betracht (BGH NJW 94, 2032). § 36 I Nr 3 ist mit dem Gebot des gesetzlichen Richters (Art 101 GG) vereinbar, da aus diesem Gebot nicht folgt, dass der Gesetzgeber den gesetzlichen Richter stets endgültig bestimmen muss. Auch der mit § 36 I Nr 3 verbundene begrenzte Spielraum bei der Richterbestimmung im Einzelfall ist mit Art 101 GG vereinbar, da der Gesetzgeber die Entscheidung in die Hand unabhängiger Richter gelegt hat (BVerfG NJW 09, 907). Schließlich scheidet mangels Bestehens einer planwidrigen Regelungslücke (vgl § 260) eine analoge Anwendung des § 36 I Nr 3 auf den Fall aus, dass gegen einen Bekl mehrere Streitgegenstände, für die kein gemeinsamer Gerichtsstand besteht, im Wege der objektiven Klagehäufung in einem gemeinsamen Prozess anhängig gemacht werden sollen (München NJW-RR 11, 1002).

2. Tatbestandsmerkmale im Einzelnen. a) Klage gegen mehrere Personen als Streitgenossen. Die verklagten oder zu verklagenden Personen müssen Streitgenossen iSd §§ 59 ff sein, ohne dass es dabei eine Rolle spielt, ob es sich um eine notwendige (§ 62) oder um eine einfache Streitgenossenschaft handelt (BGH NJW 92, 981, 982; Dresd OLGR 03, 91). Dabei ist seitens des bestimmenden Gerichts trotz der Großzügigkeit, mit der die §§ 59, 60 ausgelegt werden, iRe Schlüssigkeitsprüfung sorgfältig zu prüfen, ob die Voraussetzungen einer einfachen Streitgenossenschaft tatsächlich vorliegen; verneinendenfalls scheidet eine Zuständigkeitsbestimmung gem § 36 I Nr 3 aus (BGH NJW 92, 981, 982; Bremen MDR 11, 1104). § 36 I Nr 3 ermöglicht nur eine Zuständigkeitsbestimmung bzgl Streitgenossen auf Beklagtenseite und ist auf Streitgenossen auf Klägerseite nicht analog anwendbar, da es angesichts der vom Gesetzgeber bewusst ausgestalteten Vorschrift an einer Regelungslücke fehlt (BayObLG NJW-RR 06, 210, 212). 5

b) Bestehen eines allgemeinen Gerichtsstandes bei verschiedenen Gerichten und Fehlen eines gemeinsamen besonderen Gerichtsstandes. § 36 I Nr 3 erfordert, dass die verklagten oder zu verklagenden Streitgenossen voneinander verschiedene allgemeine Gerichtsstände (§§ 12–19a) haben und dass für den Streitgegenstand kein gemeinsamer besonderer Gerichtsstand eingreift. 6

Dem Wortlaut nach ist somit die in Fällen mit Auslandsberührung in Betracht kommende Konstellation, dass einer oder mehrere Streitgenossen zwar keinen allgemeinen Gerichtsstand im Inland hat/haben, dass aber in Bezug auf ihn/sie ein besonderer Gerichtsstand im Inland besteht, nicht in § 36 I Nr 3 geregelt. Es wäre hinsichtlich des Normzwecks aber nicht einsichtig, wenn in diesem Fall eine Gerichtsstandsbestimmung an dem zu eng geratenen Wortlaut scheitern sollte. Von daher wendet die Rechtsprechung in dieser Konstellation § 36 I Nr 3 analog an (BGH NJW 71, 196). Der Wortlaut der Norm ist im Hinblick auf den Normzweck auch insoweit zu eng geraten, als er nicht den Fall erfasst, dass die Streitgenossen zwar einen gemeinsamen allgemeinen Gerichtsstand haben, eine gemeinsame Klage an diesem Gerichtsstand aber ausgeschlossen ist, da hinsichtlich des Streitgegenstandes für einen Streitgenossen ein anderweitiger ausschließlicher Gerichtsstand (zB § 29a) besteht (Brandbg OLGR 03, 273). Auch diese Konstellation ist im Wege extensiv- teleologischer Auslegung unter § 36 I Nr 3 zu subsumieren (Brandbg OLGR 03, 273). Aber auch bei verschiedenartigem allgemeinem Gerichtsstand der Streitgenossen steht der Umstand, dass für einen der Streitgenossen im Hinblick auf den Streitgegenstand ein ausschließlicher Gerichtsstand begründet ist, dem Eingreifen des § 36 I Nr 3 prinzipiell nicht entgegen (BGH NJW 98, 685, 686). Anders liegen die Dinge allerdings dann, wenn der Kl bzw Antragsteller mit einem der Streitgenossen einen ausschließlichen Gerichtsstand vereinbart hat. Hier gilt der Grundsatz, dass für eine Anwendung des § 36 I Nr 3 kein Raum ist, da der vereinbarte Gerichtsstand dem Vertragspartner nicht entzogen werden und dem anderen

Streitgenossen nicht aufgedrängt werden kann (Nürnbg OLGR 07, 147, 148). Eine Ausnahme von diesem Grundsatz wird lediglich unter der Voraussetzung befürwortet, dass ein gemeinschaftlicher Gerichtsstand mit dem bzw den übrigen Streitgenossen nie bestanden hat, dass das im Verhältnis zu einem Streitgenossen vereinbarte Gericht auch für den bzw die übrigen Streitgenossen gem § 36 I Nr 3 bestimmt werden kann und die Prozessführung im prorogierten Gerichtsstand diesem bzw diesen auch zugemutet werden kann (Nürnbg OLGR 07, 147). Besteht für die verklagten oder zu verklagenden Streitgenossen ein gemeinsamer besonderer Gerichtsstand ist nach dem eindeutigen Wortlaut des § 36 I Nr 3 eine Zuständigkeitsbestimmung ausgeschlossen. Hiervon macht die Rechtsprechung mit Blick auf den Gesetzesweck eine Ausnahme, wenn das zuständige Gericht erhebliche Zweifel an seiner Zuständigkeit geäußert hat (BayObLG FamRZ 04, 908; KG NJW-RR 06, 775). Anstatt den Antrag aus § 36 I Nr 3 zurückweisen zu müssen und den Kl der Gefahr auszusetzen, dass das zuständige Gericht weiterhin zu Unrecht seine Zuständigkeit verneint, ist es dem bestimmenden Gericht gestattet, durch deklaratorisch wirkenden Beschl analog § 36 I Nr 3 das Verfahren dem nach der Gesetzeslage zuständigen Gericht zuzuweisen (KG NJW-RR 06, 775). Hinsichtlich der parteierweiternden Widerklage (Drittwiderklage) hat der BGH bislang in Bezug auf den Drittwiderbeklagten den Gerichtsstand des § 33 verneint (BGH NJW 00, 1871, 1872), woraus sich ergab, dass für die Drittwiderklage § 36 I Nr 3 unter der Voraussetzung eröffnet war, dass der Drittwiderbeklagte und der Kl als zu verklagende Streitgenossen keinen gemeinsamen allgemeinen oder besonderen Gerichtsstand haben (BGH NJW 00, 1871, 1872). Bei einer isolierten Drittwiderklage war § 36 I Nr 3 überdies auf der Grundlage der bisherigen Rechtsprechung des BGH schon seinem Wortlaut nach nicht einschlägig, weil die isolierte Widerklage nicht gegen mehrere Streitgenossen gerichtet ist (vgl BGH Beschl v 30.9.10 – Xa ARZ 191/10, Rn 8 – juris). Diese Rechtsprechung hat der BGH nunmehr für den Fall einer Drittwiderklage gegen den Zedenten der Klageforderung geändert und die analoge Anwendbarkeit des § 33 auf Drittwiderklagen gegen den bisher nicht am Verfahren beteiligten Zedenten der Klageforderung bejaht, gleich ob es sich dabei um streitgenössische oder isolierte Drittwiderklagen handelt (BGH Beschl v 30.9.10 – Xa ARZ 191/10). Damit kommt eine Zuständigkeitsbestimmung gem § 36 I Nr 3 in diesen Fällen nicht mehr in Betracht. Ob der BGH § 33 darüber hinaus künftig auch auf Drittwiderklagen gegen nur materiell beteiligte Dritte analog anwenden und damit auch für diese Fälle Zuständigkeitsbestimmungen gem § 36 I Nr 3 entbehrlich machen wird, bleibt abzuwarten. Für eine solche Lösung spräche indes neben der dogmatischen Stringenz, dass dadurch eine prozessökonomische Verfahrenskonzentration erleichtert wird (Dresd OLG-NL 03, 65).

7 **c) Verfahrenseinleitung vor oder nach Rechtshängigkeit des oder der Hauptsacheverfahren/s.** Wie man dem Gesetzestext entnehmen kann, ist eine Zuständigkeitsbestimmung gem § 36 I Nr 3 bereits vor Anhängigkeit des/der Hauptsacheverfahren/s. möglich. Der Gesetzeswortlaut ist indes insoweit zu eng geraten, als er darauf schließen lassen könnte, dass die Verfahrenseinleitung nach Rechtshängigkeit des/der Hauptsacheverfahren/s. ausnahmslos unzulässig ist. Daher hindert die Rechtshängigkeit und die mit ihr einhergehende etwaige Zuständigkeitsrüge des/der Beklagten ein Zuständigkeitsbestimmungsverfahren nach § 36 I Nr 3 grds nicht, solange nicht aufgrund des Prozessstands die Bestimmung eines anderen als des mit der Klageerhebung angerufenen Gerichts aus Gründen der Prozessökonomie praktisch ausscheidet und damit dem übergeordneten Gericht im Ergebnis keine Wahlmöglichkeit bei der Bestimmung des zuständigen Gerichts bleibt (BGH NJW 78, 321). Dies ist mit der Folge der Unzulässigkeit des Zuständigkeitsbestimmungsverfahrens zu bejahen, wenn in dem anhängigen Prozess bereits eine Beweisaufnahme zur Hauptsache durchgeführt worden ist (BGH NJW 78, 321), noch fortdauert (Bremen Beschl v 9.8.10 – 3 AR 8/10, Rn 5 – juris: Sachverständiger, der schon Ortstermine durchgeführt hat, bereits bestellt) oder unmittelbar bevorsteht (Schlesw OLGR 07, 959), wenn gegen einen oder mehrere Beklagte bereits ein erstinstanzliches Sachurteil ergangen ist (BGH NJW 78, 321) oder gar bereits rechtskräftige Versäumnisurteile vorliegen (Kobl OLGR 05, 958, 959). Im Mahnverfahren ist der Bestimmungsantrag nach Einlegung des Widerspruchs gegen den Mahnbescheid und sogar noch nach Abgabe an das Streitgericht möglich, wobei es sich in diesem Fall empfiehlt, den Bestimmungsantrag mit der Anspruchsbegründung einzureichen, da zu einem späteren Zeitpunkt stets die Gefahr besteht, dass das bestimmende Gericht den Antrag nach § 36 I Nr 3 wegen bereits zu weitgehender Verfahrensförderung als unzulässig (und rechtsmissbräuchlich) ablehnt (Celle BauR 05, 1801, 1802). Von der vorgenannten Ausnahme abgesehen ist allerdings zu beachten, dass eine Zuständigkeitsbestimmung gem § 36 I Nr 3 dann nicht mehr in Betracht kommt, wenn der Kl als Streitgenossen in Betracht kommende Beklagte bereits in getrennten Hauptsacheverfahren vor verschiedenen Gerichten verklagt hat (BGH MDR 11, 558). Dann hat er sich der Möglichkeit eines gemeinsamen Verfahrens endgültig begeben und statt dessen für eine Vorgehensweise in getrennten Prozessen entschieden;

eine Verbindung solcher Verfahren auf der Grundlage des § 36 I Nr 3 scheidet aus (BGH MDR 11, 558; Deubner JuS 11, 811).

d) Verfahrenstaktische Erwägungen. § 36 I Nr 3 ist aus anwaltlicher Sicht der wichtigste Tatbestand des § 36 I, der von einem Rechtsanwalt, der eine Klage gegen mehrere Streitgenossen vorbereiten soll, stets beachtet werden muss, da er Optionen für die Verfahrenstaktik eröffnet: Ist der Mandant etwa an seinem allgemeinen Gerichtsstand mit einer Klage überzogen worden, dann eröffnet § 36 I Nr 3 beim Bestehen von Gegenansprüchen gegen den Kl und eine dritte Person die Möglichkeit der Durchführung eines diesbezüglichen Widerklageverfahrens im Wege der Drittwiderklage im Heimatforum, sofern der Kl und die dritte Person keinen gemeinsamen allgemeinen oder besonderen Gerichtsstand haben (vgl aber Rz 6). Überdies kann die ohne § 36 I Nr 3 zuständigkeitsrechtlich verbaute Option, durch eine gemeinsame Klage gegen Streitgenossen, diese im jeweiligen Einzelverfahren als Zeugen »auszuschalten«, verfahrenstaktisch reizvoll sein. Aber auch losgelöst hiervon ist eine Zuständigkeitsbestimmung zum Zwecke der gemeinschaftlichen Rechtsverfolgung ggü den in Betracht kommenden Streitgenossen für den Mandanten vorteilhaft, da die Rechtsverfolgung in einem einzigen Klageverfahren in jedem Falle kostengünstiger ist und die Gefahr widersprüchlicher Entscheidungen vermeidet. Daher entspricht der Rat zur Durchführung des Bestimmungsverfahrens im Bedarfsfall anwaltlicher Sorgfalt, zumal bei **rechtsschutzversicherten Mandanten** der Mandant, der mehrere Streitgenossen in Anspruch nehmen will, aus dem Versicherungsvertrag heraus ggü der Rechtsschutzversicherung mit der Obliegenheit belastet ist, anstelle der Durchführung getrennter Einzelverfahren zunächst ein Verfahren nach § 36 I Nr 3 zu versuchen (Celle VersR 07, 1122, 1124). Dabei ist es zur Vermeidung der Gefahr, das Bestimmungsrecht wegen zu weitgehender Verfahrensförderung einzelner Hauptsacheverfahren zu verlieren (vgl Celle BauR 05, 1801, 1802), grds sinnvoll, das Bestimmungsverfahren vor dem Anhängigmachen der Hauptsache zu betreiben. Eine weitere Gefahr besteht darin, dass im Falle des Betreibens einzelner Verfahren dort Verweisungsbeschlüsse gem § 281 ausgesprochen werden könnten, deren Bindungswirkung einer Zuständigkeitsbestimmung nach § 36 I Nr 3 ebenfalls entgegen stehen könnte (BGH NJW 06, 699, 700). Schließlich ist zu beachten, dass eine Zuständigkeitsbestimmung nach § 36 I Nr 3 nicht mehr in Betracht kommt, wenn der Kl als Streitgenossen in Betracht kommende Beklagte bereits in getrennten Hauptsacheverfahren bei unterschiedlichen Gerichten verklagt hat (BGH MDR 11, 558; *Deubner* JuS 11, 811).Selbst wenn Verjährungseintritt droht, ist die Durchführung des Verfahrens gem § 36 I Nr 3 vor der Einreichung der Hauptsacheklagen sinnvoll, da die Einleitung des Bestimmungsverfahrens selbst dann zur Verjährungshemmung nach § 204 I Nr 13 BGB führt, wenn der Antrag im Ergebnis keinen Erfolg hat (BGH NJW 04, 3772). 8

e) Rechtsfolge: Bestimmung des zuständigen Gerichts. Bei der Bestimmung des zuständigen Gerichts muss das Gericht vorrangig prüfen, ob hinsichtlich bereits anhängiger Verfahren Bindungswirkungen gem § 281 II 4 oder Zuständigkeitsverfestigungen nach § 261 III Nr 2 eingetreten sind, die eine Zuständigkeitsbestimmung ausschließen (BGH NJW 06, 699, 700). Die Auswahl des in Frage kommenden Gerichts erfolgt unter **Zweckmäßigkeitsgesichtspunkten** sowie unter Berücksichtigung der Prozessökonomie (BGH WM 08, 1425, 1427; Frankf NJW-RR 06, 864). Hierzu können zählen und ggf gegeneinander abzuwägen sein (München MDR 11, 1068): Bestehen eines ausschließlichen Gerichtsstands für einen oder mehrere Streitgenossen (Aspekt mit besonderem Gewicht: BGH WM 08, 1425, 1427; zB bei Klage gegen verantwortliche Personen iSd § 32b und gegen bloße Vertriebsverantwortliche: Anknüpfung an den allgemeinen Gerichtsstand des Emittenten/Anbieters, vgl *Cuypers* MDR 09, 657, 663); Prorogation eines ausschließlichen Gerichtsstands mit einem oder einzelnen Streitgenossen, sofern den übrigen zumutbar (KG VersR 07, 1007, 1008); Zustimmung der Mehrheit der Parteien zu einem Gerichtsstand (Frankf NJW-RR 06, 864); Gerichtsstand, auf den sich die verklagten Streitgenossen iRe „Koordinationsabsprache" verständigt haben (München MDR 11, 1068); allgemeiner Gerichtsstand der Mehrheit der Parteien (Hamm NJW 00, 1347; Kobl MDR 10, 589); Rechtsgedanke des § 22 ZPO (Kobl MDR 10, 589); etwaige Beauftragung von Anwälten am Wohnsitz/Sitz der Parteien (Hamm NJW 00, 1347; München MDR 11, 1068); Bestehen eines für die verfahrensgegenständliche Rechtsmaterie spezialzuständigen Spruchkörpers am Gerichtsstand (München MDR 11, 1068); Bezirk, „in dem der Rechtsstreit seinen Ursprung und Kern hat" (Kobl MDR 10, 589); der räumliche »Schwerpunkt« eines Rechtsstreits (zB Belegenheit eines Objektes bei Werkvertrags- oder Maklerhonorarklagen) (Celle, BauR 02, 1286, 1287); die »Hauptverantwortlichkeit« eines Streitgenossen iRe Haftungsprozesses (BayObLG NJW-RR 06, 210, 212; zB bei Haftungsprozessen gegen mehrere Gesellschafter einer BGB-Gesellschaft: Anknüpfung an den allgemeinen Gerichtsstand des Handelnden, vgl 9

Cuypers MDR 09, 657, 662) oder die Nähe eines Gerichts zum Sitz einer Staatsanwaltschaft, die wegen des streitgegenständlichen Sachverhalts ein aufwändiges Ermittlungsverfahren führt (BayObLG NJW-RR 06, 210, 212). Die für die Zuständigkeitsbestimmung leitenden Zweckmäßigkeitsgesichtspunkte müssen mit Blick auf das Rechtsstaatsprinzip, das stets eine Begründung belastender Hoheitsakte gebietet, in der Entscheidung dargelegt werden, da anderenfalls eine hierauf beruhende Aufhebung der Entscheidung im Verfassungsbeschwerdeverfahren in Betracht kommen kann (vgl BVerfG NJW 09, 907).

10 **IV. Belegenheit der Sache in Bezirken verschiedener Gerichte bei Klageerhebung im dinglichen Gerichtsstand (§ 36 I Nr 4).** Die Vorschrift greift in unmittelbarer Anwendung ein, wenn die Klage in einem dinglichen Gerichtsstand (§ 24, § 25 oder § 26) erhoben werden soll und sich auf ein einheitliches Grundstück im Rechtssinne oder auf mehrere gem § 890 BGB rechtlich zu einer Einheit verbundene Grundstücke bezieht, das/die in zwei Nachbargerichtsbezirken liegt/liegen. Es ist in der Rechtsprechung anerkannt, dass § 36 I Nr 4 im Hinblick auf die Bedürfnisse des Rechtsverkehrs zu eng gefasst ist, so dass als Ausnahme von der grundsätzlichen Analogiefeindlichkeit des Zuständigkeitsrechts der ZPO eine analoge Anwendung des § 36 I Nr 4 für Fallkonstellationen in Betracht kommt, in denen die bezirksverschieden belegenen Grundstücke rechtlich selbstständig sind (BayObLG MDR 05, 589). Voraussetzung für eine analoge Anwendung ist dann, dass die beiderseitigen berechtigten Interessen der Parteien einer Gerichtsstandsbestimmung aus prozessökonomischen Gründen nicht entgegen stehen und mit der Klage über die gleichen entscheidungserheblichen Vorfragen zu entscheiden ist, so dass durch ein gemeinsames Verfahren divergierende Entscheidungen vermieden werden (BayObLG MDR 05, 589). Dies ist zu Recht für die Fallkonstellation bejaht worden, dass sich eine Vollstreckungsgegenklage gegen eine Vollstreckung in mehrere in verschiedenen Gerichtsbezirken belegene rechtlich selbständige Grundstücke eines Eigentümers richtet und die titulierte, grundpfandrechtlich gesicherte Forderung (Darlehensforderung) identisch ist (BayObLG MDR 05, 589). Eine weitere Konstellation, die eine analoge Anwendung des § 36 I Nr 4 zulässt, ist der Fall eines Aufgebotsverfahrens für einen Brief über ein Grundpfandrecht (zB Gesamthypothek, § 1132 BGB), das für mehrere bezirksverschieden belegene Grundstücke bestellt ist (BayObLG Rpfleger 77, 448 München MDR 11, 752). Dabei ist allerdings zu berücksichtigen, dass das Verfahren zur Kraftloserklärung von Urkunden ein FamFG–Verfahren ist (§§ 466 ff. FamFG) und die Zuständigkeitsbestimmungsnorm des FamFG keine § 36 I Nr 4 entsprechende Vorschrift vorsieht, so dass in der Literatur vertreten wird, eine analoge Anwendung des § 36 I Nr 4 komme daher nicht mehr in Betracht. Es sei § 2 FamFG anzuwenden (Bumiller/Winkler, § 466 FamFG Rn 2). Dies überzeugt aber nicht in den in § 36 I Nr 4 geregelten Konstellationen, da es hier gerade unklar ist, welches Gericht örtlich zuständig ist.

11 **V. Rechtskräftige Zuständigkeitserklärungen verschiedener Gerichte in einem Rechtsstreit (§ 36 I Nr 5).** Die Bestimmungskompetenz in einem positiven Zuständigkeitskonflikt setzt nach § 36 I Nr 5 voraus, dass sich in einem »Rechtsstreit« verschiedene, dh mindestens zwei, Gerichte rechtskräftig durch Zwischenurteil (§ 280) für zuständig erklärt haben. Deshalb muss der Kompetenzkonflikt nach dem Eintritt der Rechtshängigkeit der verschiedenen Verfahren aufgetreten sein, da erst von da ab die gegnerische Partei am Verfahren beteiligt ist und ein »Rechtsstreit« vorliegt (BGH NJW 80, 1281). Den Verfahren, in denen die divergierenden Zwischenurteile ergangen sind, muss ein identischer Streitgegenstand zu Grunde liegen. § 36 I Nr 5 ist dagegen nach allgM unabwendbar, wenn in einem der Verfahren bereits eine rechtskräftige Entscheidung in der Sache ergangen ist, da dann der Normzweck, divergierende Sachentscheidungen zu vermeiden, bereits durch das Institut der Rechtskraft gewährleistet ist (St/J/*Roth* § 36 Rn 35).

12 **VI. Rechtskräftige Unzuständigkeitserklärungen verschiedener Gerichte, von denen eines für den Rechtsstreit zuständig ist (§ 36 I Nr 6). 1. Anwendbarkeit.** § 36 I Nr 6 erfasst seinem Wortlaut nach hinsichtlich sämtlicher Verfahrensarten der ZPO negative Kompetenzkonflikte verschiedener Gerichte untereinander, soweit es um die örtliche, sachliche oder Rechtsmittelzuständigkeit geht (Schlesw MDR 00, 721). Die Vorschrift ist überdies entsprechend anwendbar auf negative Kompetenzstreitigkeiten hinsichtlich der funktionellen Zuständigkeit (Schlesw MDR 00, 721), sofern es hierbei nicht um das »interne Verhältnis zwischen streitiger Gerichtsbarkeit, freiwilliger Gerichtsbarkeit und den Familiengerichten« geht, deren Kompetenzkonflikte untereinander durch § 17a VI GVG abschließend geregelt werden (BTDrs 16/6308, 318). Ferner ist § 36 I Nr 6 entsprechend auf negative Kompetenzstreitigkeiten bzgl der Rechtswegzuständigkeit (BAG NJW 06, 2798) anwendbar. Verneinen zwei oder mehr Gerichte, die verschiedenen Rechtswegen zugeordnet sind, ihre Zuständigkeit, so ist § 36 I Nr 6 ausnahmsweise analog anwendbar, wenn es innerhalb eines Verfahrens zu Zweifeln über die Bindungswirkung von rechtskräftigen Verweisungsbe-

schlüssen kommt und keines der in Frage kommenden Gerichte bereit ist, die Sache zu bearbeiten (BAG NJW 06, 2798; BGH NJW 02, 2474, 2475). Zuständig für eine derartige rechtswegbestimmende Entscheidung gem § 36 I Nr 6 ist derjenige oberste Gerichtshof des Bundes, der zuerst darum ersucht wird (BAG NJW 06, 2798). Klassische Streitigkeiten hinsichtlich der funktionellen Zuständigkeit im Anwendungsbereich des § 36 I Nr 6 analog sind solche zwischen der Kammer für Handelssachen und einer allgemeinen Zivilkammer des Landgerichts (KG NJW-RR 08, 1023, 1024) oder zwischen einer allgemeinen Zivilkammer des Landgerichts oder einer Kammer für Baulandsachen (BGH NJW 00, 80, 81). Die funktionale Zuständigkeit ist gekennzeichnet durch die gesetzliche Zuordnung von bestimmten Geschäften an bestimmte Rechtspflegeorgane eines Gerichts (KG NJW-RR 08, 1023, 1024; Brandbg NJW-RR 01, 645). Die funktionale Zuständigkeit betreffende Kompetenzstreitigkeiten sind von sonstigen gerichtsinternen Zuständigkeitsstreitigkeiten etwa von verschiedenen Richtern einer Zivilabteilung eines Amtsgerichts, zwischen verschiedenen Zivilkammern eines Landgerichts oder innerhalb eines Spruchkörpers eines Kollegialgerichts zu unterscheiden. Bei diesen Streitigkeiten geht es nicht um eine gesetzlich bestimmte Zuständigkeitszuordnung, sondern im Falle des Streits von Abteilungsrichtern, Kammern oder Senaten untereinander um die durch den Geschäftsverteilungsplan bestimmte Zuständigkeit eines Spruchkörpers, die im Konfliktfall gem § 21e GVG vom Präsidium zu entscheiden ist (BGH NJW 00, 80, 81) oder um die Geschäftsverteilung innerhalb des Kollegialorgans, die das Kollegium gem § 21e GVG zu lösen hat. Auf negative Kompetenzkonflikte zwischen Gerichten oder Spruchkörpern, die unterschiedliche Verfahrensordnungen anzuwenden haben, wurde bislang § 36 I Nr 6 analog angewendet (Frankf NJW-RR 07, 16). Die für die analoge Anwendung erforderliche Regelungslücke ist durch § 17a VI GVG nF entfallen. Nach dieser Norm gilt für die in bürgerlichen Rechtsstreitigkeiten, Familiensachen und Angelegenheiten der freiwilligen Gerichtsbarkeit zuständigen Spruchkörper in ihrem Verhältnis zueinander das Verfahren nach § 17a GVG entsprechend. Kommt es in Anwendung dieses Verfahrens einmal ausnahmsweise zu Zweifeln über die Bindungswirkung von Verweisungsbeschlüssen und ist keines der angegangenen Gerichte bereit, die Sache zu bearbeiten, so wird wegen des verfassungsrechtlich fundierten Verbots der Rechtsschutzverweigerung zu Recht eine Zuständigkeitsbestimmung analog § 36 I Nr 6 gem den hierzu entwickelten Grundsätzen bei entsprechendem Verhalten der Gerichte bei der Rechtswegbestimmung (BAG NJW 06, 2798; BGH NJW 02, 2474, 2475) für zulässig erachtet (Zö/*Vollkommer* § 36 Rn 31). Für den Fall des negativen Kompetenzkonfliktes betreffend die internationale Zuständigkeit ist in der EuGVO keine Rechtsgrundlage für ein Bestimmungsverfahren vorgesehen, wenn die Gerichte mehrerer Mitgliedsstaaten sich unter Berufung auf die fehlende internationale Zuständigkeit für unzuständig erklären (MüKoZPO/*Patzina* § 36 Rn 49). Eine Rechtsgrundlage im deutschen internationalen Zivilprozessrecht, die für einen solchen Fall – außerhalb des Anwendungsbereichs der EuGVO – ein Bestimmungsverfahren vorsieht und die ohnehin aus völkerrechtlichen Gründen nur die Bestimmung der deutschen Gerichte als zuständig vorsehen könnte, gibt es ebenfalls nicht. Für diese Konstellation wird unter Verweis auf eine andernfalls eintretende Justizgewährverweigerung eine analoge Anwendung des § 36 I Nr 6 in Betracht gezogen (MüKoZPO/*Patzina* § 36 Rn 3), was im Einzelfall – ausnahmsweise – dann zu befürworten ist, wenn aus der drohenden (internationalen) Rechtsschutzverweigerung eine internationale Notzuständigkeit der deutschen Gerichte erwächst (MüKoZPO/*Patzina* § 36 Rn 3).

2. Tatbestandsmerkmale im Einzelnen. a) Rechtshängigkeit. Ebenso wie § 36 I Nr 5 setzt das Eingreifen des § 36 I Nr 6 das Vorliegen eines »Rechtsstreits« voraus, so dass auch beim negativen Kompetenzkonflikt ein Bestimmungsverfahren grds erst in Betracht kommt, wenn Rechtshängigkeit eingetreten ist (BGH NJW 80, 1281; Zweibr MDR 05, 1187). Dieser Grundsatz gilt aber nicht ausnahmslos. So ist bspw anerkannt, dass im Prozesskostenhilfebewilligungsverfahren auch ohne Übermittlung des Antrags an den Antragsgegner die tatsächlich als verbindlich gewollte Leugnung der eigenen Zuständigkeit durch die in Betracht kommenden Gerichte für eine Zuständigkeitsbestimmung nach § 36 I Nr 6 genügt, da anderenfalls die bedingt klagewillige Partei, die die Klageerhebung von der Prozesskostenhilfebewilligung abhängig macht, bei Kompetenzleugnungen mehrerer Gerichte rechtsschutzlos gestellt wäre (Dresd NJW 99, 797, 798). Allerdings erfolgt die Zuständigkeitsbestimmung dann lediglich mit Wirkung für das Prozesskostenhilfebewilligungsverfahren und nicht für das sich etwa anschließende Hauptsacheverfahren (Dresd NJW 99, 797, 798). Eine weitere Ausnahme, bei der bereits vor Rechtshängigkeit bzw Zustellung des verfahrenseinleitenden Antrags an den Antragsgegner eine Zuständigkeitsbestimmung möglich ist, gilt für das Mahnverfahren. Auch hier ist unter den vorgenannten Voraussetzungen eine Zuständigkeitsbestimmung analog § 36 I Nr 6 bereits vor Erlass und Zustellung des Mahnbescheids möglich, da anderenfalls der Zweck der Norm, einen 13

Zuständigkeitsstreit möglichst rasch zu beenden, verfehlt werden würde (BayObLG Rpfleger 02, 528, 529; Naumbg Rpfleger 10, 605). Da dieser Zweck aus verfahrensimmanenten Gründen in den Verfahren des einstweiligen Rechtsschutzes noch bedeutsamer ist, ist auch hier eine Zuständigkeitsbestimmung analog § 36 I Nr 6 bereits vor Zustellung des Antrages möglich (vgl Brandbg NJW-RR 01, 429). Losgelöst von diesen Einzelausnahmen lässt die Rechtsprechung auch generell eine Zuständigkeitsbestimmung vor Rechtshängigkeit analog § 36 I Nr 6 dann zu, wenn verschiedene Gerichte, von denen eines zuständig ist, eindeutig und abschließend zum Ausdruck gebracht haben, dass sie sich nicht für zuständig halten und eine baldige Beilegung des Streits nicht in Sicht ist (BGH NJW 83, 1062; Brandbg MDR 02, 536, 537). Hierbei wird – auch angesichts einer fehlenden Anhörung des anderen Verfahrensbeteiligten – der Zuständigkeitsbestimmung allerdings nur ein vorläufiger Regelungsgehalt beigemessen, so dass die Zuständigkeitsbestimmung unter dem Vorbehalt einer erneuten Zuständigkeitsprüfung durch das bestimmte Gericht auf Grund etwaigen neuen Sachvortrages der Gegenpartei nach Rechtshängigkeit erfolgt (BGH NJW 1983, 1062). Diese Rechtsprechung ist in der Literatur tw auf deutliche Kritik gestoßen (vgl St/J/Roth § 36 Rn 41), da eine vorläufige Bestimmung das Verfahren noch weiter zu verzögern drohe. Dieser Kritik ist indes nicht zu folgen, da ein – durch das Rechtsstaatsprinzip legimitiertes – Bedürfnis für eine vorläufige Zuständigkeitsbestimmung bei einem »Hin und Her« der Gerichte besteht, andererseits aber bei fehlender Anhörung der Beklagtenseite ein Mehr als eine nur vorläufige Zuständigkeitsbestimmung den Anspruch dieser Partei auf Wahrung ihres rechtlichen Gehörs (Art 103 GG) verletzen würde.

14 **b) Rechtskräftige Unzuständigerklärung.** »Rechtskräftig« sind die zuständigkeitsleugnenden Entscheidungen (Zwischenurteil nach § 280; Verweisungsbeschluss nach § 281) grds dann, wenn sie infolge Unanfechtbarkeit nicht oder wegen Fristablaufs oder Erschöpfung des Instanzenzugs nicht mehr mit einem Rechtsbehelf angefochten werden können (Zweibr MDR 05, 1187, 1188). Eng verknüpft mit dem Problem der Zuständigkeitsbestimmung vor Rechtshängigkeit ist die Auslegung des Merkmals der »Rechtskraft« in diesen Konstellationen. Die Rechtsprechung behilft sich hier mit einer extensiven Auslegung, wonach es in diesen Fällen zur Erfüllung des Merkmals »Rechtskraft« genügt, wenn den Verfahrensbeteiligten die tatsächlich verbindlich gewollte Zuständigkeitsleugnung der Gerichte formlos bekannt gemacht wurde (Frankf NJW-RR 07, 16). Dies greift insb bei Verfahren des einstweiligen Rechtsschutzes, bei denen den Beteiligten aus verfahrensimmanenten Gründen eine Verfahrensverzögerung durch das Beachten von Förmlichkeiten per se nicht zumutbar ist (Brandbg NJW-RR 01, 429). Gleiches gilt auch im Prozesskostenhilfebewilligungsverfahren (Dresd NJW 99, 797, 798; aA Karlsr FamRZ 01, 835) oder im Mahnbescheidsverfahren vor Erlass des Mahnbescheides (BayObLG Rpfleger 02, 528, 529; Schlesw OLGR 07, 960). Auch wenn das Merkmal der »Rechtskraft« in den Konstellationen, in denen eine Zuständigkeitsbestimmung vor Rechtshängigkeit erfolgt, weit ausgelegt oder im Wege der Analogiebildung überwunden wird, ist stets Grundvoraussetzung für eine endgültige Zuständigkeitsbestimmung in direkter oder analoger Anwendung des § 36 I Nr 6, dass es überhaupt zu einer den Verfahrensbeteiligten bekannt gegebenen Entscheidung der Gerichte mit Außenwirkung kommt. Dies setzt zwar – wie die vorstehenden Ausführungen zur »Rechtshängigkeit« belegen – nicht ausnahmslos voraus, dass eine bestimmte Entscheidungsform (»Beschluss« etc) gewählt wird, wohl aber, dass es zumindest zu einer den Parteien bekannt gegebenen tatsächlichen Zuständigkeitsleugnung der Gerichte gekommen ist. Das bloße Hin- und Hersenden der Akten mit gerichtsintern gebliebenen, zuständigkeitsverneinden Vermerken genügt demnach für eine »Unzuständigkeitserklärung« nicht (Hambg OLGR 05, 805, 806).

15 **c) Zuständigkeit eines der Gerichte für den Rechtsstreit.** Nach dem eindeutigen Wortlaut des § 36 I Nr 6 ist als weitere Voraussetzung für eine Zuständigkeitsbestimmung zu fordern, dass wenigstens eines der Gerichte, die Unzuständigkeitserklärungen ausgesprochen haben, tatsächlich für den Rechtsstreit zuständig ist (Schlesw OLGR 07, 960, 961). Ist die Ermittlung des zuständigen Gerichts erst nach Aufklärung der für den einschlägigen Zuständigkeitstatbestand maßgeblichen tatsächlichen Umstände möglich, so setzt § 36 I Nr 6 überdies voraus, dass diese Umstände aufgeklärt, dh unstr oder bewiesen, sind, da diesbezügliche Ermittlungen nicht im Bestimmungsverfahren erfolgen (Schlesw OLGR 07, 960, 961; Rostock VersR 05, 1306, 1307). Sind die am Zuständigkeitsstreit beteiligten Gerichte tatsächlich nicht zuständig und steht im Zeitpunkt des Bestimmungsverfahrens fest, dass ein drittes Gericht ausschließlich zuständig ist, so kommt eine Zuständigkeitsbestimmung dieses Gerichts in analoger Anwendung des § 36 I Nr 6 in Betracht, wenn ein entsprechender Verweisungsantrag gestellt wird (BGH NJW 78, 1163, 1164).

d) Rechtsfolge: Bestimmung des zuständigen Gerichts. Auf der Rechtsfolgenseite ist das nach der Gesetzeslage zuständige Gericht zu bestimmen. Dabei hat das bestimmende Gericht – vor der Prüfung der in Betracht kommenden Zuständigkeitsvorschriften – vorrangig zu prüfen, ob ein etwaiger Verweisungsbeschluss Bindungswirkung entfaltet (§ 281 II 4) oder ob (zB auf Grund einer Verlegung des Sitzes einer Gesellschaft nach Rechtshängigkeit) eine perpetuatio fori (§ 261 III Nr 2) zu bejahen ist. Die weitaus größte praktische Bedeutung kommt dabei der Zuständigkeit kraft der Bindungswirkung eines wirksamen Verweisungsbeschlusses zu. Diese Wirkung kommt dem Verweisungsbeschluss aber nur zu, soweit § 281 eine Verweisung zulässt, also wegen sachlicher und/oder örtlicher Unzuständigkeit. Eine Abgabe wegen fehlender funktionaler Zuständigkeit entfaltet demgegenüber keine Bindungswirkung (BayObLG ZUM 04, 672). Die Bindungswirkung des Verweisungsbeschlusses gem § 281 II 4 ist die Regel und nur ganz ausnahmsweise dann zu verneinen, wenn der Beschl als objektiv willkürlich zu werten ist, wozu ein einfacher Rechtsfehler nicht genügt, vielmehr ein Rechtsverstoß solchen Gewichts zu fordern ist, dass die verfassungsrechtliche Garantie des gesetzlichen Richters (Art 101 GG) eine Durchbrechung der gesetzlich angeordneten Bindungswirkung erfordert (Brandbg OLGR 07, 560, 561). Dies ist nur unter engen Voraussetzungen anzunehmen, etwa weil der Beschl auf Grund einer Verletzung rechtlichen Gehörs ergangen ist oder jeder gesetzlichen Grundlage entbehrt (BGH NJW 93, 1273). Eine Abweichung von der herrschenden Meinung genügt als solche ebenso wenig, so lange der Verweisungsbeschluss im Ergebnis noch als vertretbar gewertet werden kann (BGH MDR 2002, 1450; Brandbg OLGR 07, 560). Schließlich ist eine Bindungswirkung auch dann zu verneinen, wenn der Verweisungsbeschluss auf einem Sachverhaltsirrtum des Gerichts beruht (BAG NJW 97, 1091, 1092). 16

C. Zur Zuständigkeitsbestimmung berufenes Gericht (§ 36 I, II). Zur Zuständigkeitsbestimmung ist nach 36 I das im Rechtszug zunächst höhere gemeinschaftliche Gericht berufen. Bei der Auslegung dieses Merkmals ist nicht auf den allgemeinen Gerichtsaufbau, sondern auf die Rechtsmittelzuständigkeit in der konkreten Verfahrensart abzustellen (ausf: BayObLG FamRZ 00, 1107, 1108). In allgemeinen Zivilsachen, zu deren Entscheidung bzgl der jeweiligen Streitgenossen verschiedene Amtsgerichte zuständig sind, ist das LG als bestimmendes Gericht zuständig, wenn die Amtsgerichte sämtlich in seinem Gerichtsbezirk liegen und anstelle eines Landgerichts das OLG, wenn die Amtsgerichte in verschiedenen Landgerichtsbezirken seines Gerichtsbezirks liegen. Soll die Zuständigkeitsbestimmung gem § 36 I Nr 3 indes zwischen der Familien- und der allgemeinen Zivilabteilung eines Amtsgerichts erfolgen, ist mit Blick auf die Rechtsmittelzuständigkeit nicht das LG, sondern das OLG für die Zuständigkeitsbestimmung zuständig (vgl Rostock FamRZ 04, 956 in einem § 36 I Nr 6 betreffenden Fall). Gehören die für die jeweiligen Streitgenossen in Betracht kommenden Amtsgerichte verschiedenen OLG-Bezirken an, so wäre das zunächst höhere gemeinschaftliche Gericht der BGH. Für diesen Fall leitet § 36 II die nach § 36 I begründete Bestimmungszuständigkeit des BGH auf dasjenige OLG über, zu dessen Bezirk das zuerst mit der Sache befasste Gericht gehört. Dies ist dasjenige Gericht, bei dem der erste zur Sache gehörige Schriftsatz eingegangen ist. Sofern noch keine Hauptsacheverfahren anhängig sind, ist dies bei erstinstanzlicher Hauptsachezuständigkeit von Amts- oder Landgerichten, die je verschiedenen OLG-Bezirken angehören, dasjenige OLG, welches als erstes vom Antragsteller mit dem Bestimmungsverfahren befasst wird (Hambg OLGR 06, 567, 568). Ging dem Streitverfahren ein Mahnverfahren voraus, so ist das erste mit der „Sache" befasste Gericht nicht das Mahngericht, da das Merkmal „Sache" nur das Streitverfahren und nicht schon das Mahnverfahren erfasst (Stuttg Justiz 11, 358). Für die Fälle des § 36 I Nr 3 ging die bisher hM in der Rechtsprechung davon aus, dass bei noch nicht anhängigem Hauptsacheverfahren der Gesuchsteller nur die Wahl zwischen denjenigen OLG habe, in deren Bezirk einer der Streitgenossen seinen allgemeinen Gerichtsstand hat (München NJW 07, 163, 164; Karlsr OLGR 06, 357, 358). Der BGH hat diese Auffassung nunmehr abgelehnt und lässt aus Gründen der Prozessökonomie und im Hinblick auf den Sinn und Zweck der Regelung auch die Anrufung und Entscheidung eines OLG zu, in dessen Bezirk keiner der Antragsgegner seinen allgemeinen Gerichtsstand hat, sofern ein anderer Anknüpfungspunkt für die Zuständigkeit dieses OLG besteht (BGH MDR 09, 46). Konsequenterweise gilt dies nach der neueren Rechtsprechung des BGH nun auch für den Fall, dass bereits ein Hauptsacheverfahren anhängig ist. In dieser Konstellation ist das dem mit dem Hauptsacheverfahren befassten Amts- oder LG übergeordnete OLG auch dann zur Zuständigkeitsbestimmung berufen, wenn keiner der Streitgenossen seinen allgemeinen Gerichtsstand in dessen Bezirk hat, sofern es einen möglichen Anknüpfungspunkt für die Zuständigkeit des angerufenen Gerichts gibt (BGH NJW-RR 09, 173). 17

18 **D. Divergenzvorlage an den BGH gem § 36 III.** § 36 III ist nur anwendbar, wenn das vorlegende OLG auf Grund des Eingreifens des § 36 II anstelle des BGH tätig wird und nicht wenn sich seine Zuständigkeit ohne Überleitung gem § 36 II unmittelbar aus § 36 I ableitet (BGH NJW 00, 3214, 3215). Dies folgt aus der Entstehungsgeschichte, da § 36 II und § 36 III zeitgleich eingefügt wurden, so dass Abs 2 auf Abs 3 Bezug nimmt (BGH NJW 00, 3214, 3215). Die Zulässigkeit der Vorlage setzt weiter voraus, dass die zur Vorlage führende Rechtsfrage idS entscheidungserheblich ist, dass die Divergenz in der Folge zur Bestimmung jeweils unterschiedlicher Gerichte führen würde (Hambg OLGR 07 33, 35). Demgegenüber spielt es keine Rolle, ob die Rechtsfrage verfahrens- oder materiell-rechtlicher Art ist, ob sie die Bestimmungsvoraussetzungen oder den Inhalt der Entscheidung als solcher betrifft, so lange es nicht bloß um die abstrakte Lösung einer Rechtsfrage geht (Hambg OLGR 07, 33, 35).

19 **E. Kosten/Gebühren. I. Gericht.** Keine Gebühren, allenfalls Auslagen.

20 **II. Anwalt.** Hinsichtlich der Anwaltsvergütung ist zu differenzieren.
Kommt es zu einer Bestimmung und wird der Rechtsstreit dann vor dem bestimmten Gericht eingeleitet, zählt das Verfahren für den Prozessbevollmächtigten nach § 19 I 2 Nr. 3 RVG mit zum Rechtszug und löst keine gesonderte Vergütung aus. Das gilt auch dann, wenn der Antrag während der Anhängigkeit gestellt wird und das angerufene Gericht bestimmt wird oder ein anderes, an das dann verwiesen wird. Ein nur im Bestimmungsverfahren beauftragter Anwalt erhält eine 0,8-Verfahrensgebühr nach VV 3403 (Einzeltätigkeit); aA: Karlsr (AGS 08, 223 = OLGR 08, 280 = MDR 08, 473), das eine Gebühr nach VV 3100 zuspricht. Der Gegenstandswert ist nach § 23 I 2 RVG iVm § 48 I 1 GKG, § 3 ZPO mit 1/10 der Hauptsache anzusetzen (Köln AGS 03, 205).
Wird der Antrag auf Bestimmung eines gemeinsamen Gerichts als unbegründet zurückgewiesen oder zurückgenommen, handelt es sich dagegen gebührenrechtlich um eine eigene Angelegenheit, die eine gesonderte Vergütung auslöst (BGH MDR 87, 735 = NJW-RR 1987, 757; Köln AGS 03, 205; BayObLG Rpfleger 99, 321 = NJW-RR 00, 141; Kobl OLGR 00, 419; Celle AGS 09, 474 = NJW-RR 10, 143; aA: es gilt auch dann § 19 I 2 Nr. 3 RVG: Dresden AGS 06, 272 = Rpfleger 06, 44; Ddorf MDR 1983, 846 = AnwBl 1983, 526). Nach Köln entsteht auch dann eine gesonderte Vergütung für den Anwalt, wenn anschließend oder gleichzeitig das zugehörige Hauptsacheverfahren betrieben wird AGS 07, 229 = JurBüro 07, 302 = NJW 08, 385). Zum Teil wird differenziert. Danach gilt das Bestimmungsverfahren nur dann als gesonderte Angelegenheit, wenn es vor Anhängigkeit der Hauptsache betrieben wird. Wird das Verfahren dagegen während der Hauptsache betrieben soll es nach § 19 I 2 Nr. 3 RVG wiederum zur Hauptsache zählen (Köln AGS 07, 607 = OLGR 08; AGS 08, 114, 406).

§ 37 Verfahren bei gerichtlicher Bestimmung.

(1) Die Entscheidung über das Gesuch um Bestimmung des zuständigen Gerichts ergeht durch Beschluss.
(2) Der Beschluss, der das zuständige Gericht bestimmt, ist nicht anfechtbar.

1 **A. Tatbestand des § 37 I. I. Gesuch.** Das Gesuch auf Zuständigkeitsbestimmung kann von den antragsberechtigten Parteien, die insoweit selbst postulationsfähig sind, durch eigenhändig unterzeichneten Schriftsatz oder zu Protokoll der Geschäftsstelle gestellt werden (vgl Zö/*Vollkommer* § 37 Rn 1). Der Gesuchsteller muss überdies antragsbefugt sein. Dies ist im Falle des § 36 I Nr 3 nur die Kläger- und nicht etwa die Beklagtenseite (BGH NJW 90, 2751). Im Falle des § 36 I Nr 6 muss demgegenüber das Antragsrecht dem Normzweck gem allen Verfahrensbeteiligten, einschließlich der Nebenintervenienten und Streithelfer zustehen, da jeder ein schützenswertes Interesse an der durch die Entscheidung herbeigeführten Verfahrensförderung hat (Ddorf NJW-RR 1990, 1021). Da dies in den Fällen des § 36 I Nr 1, 2 und 5 ebenso gilt und deren Wortlaut auch keinen Hinweis auf eine beteiligtenbezogene Beschränkung des Antragsrechts enthält, haben auch hier alle Verfahrensbeteiligten ein Antragsrecht. Auch die Gerichte können ein eigenständiges Antrags- bzw Vorlagerecht haben, wobei dies im Falle des § 36 I Nr 3, der Ausdruck der Dispositionsbefugnis des Klägers bzw Antragstellers ist, eindeutig ausscheidet (BGH NJW-RR 1991, 767). Ansonsten wird eine Antragsberechtigung der beteiligten Gerichte vAw in Rechtsprechung und Literatur für die Verfahren nach § 36 Abs 1 Nr 5 und Nr 6 befürwortet (vgl St/J/*Roth* § 37 Rn 2). Jedenfalls für die Fälle des § 36 I Nr 1 und des § 36 I Nr 2 dürften die hierzu angestellten Erwägungen auch zutreffen und ein amtswegiges Antragsrecht ebenfalls zu bejahen sein. In formeller Hinsicht ist es – sofern der Rechtsstreit/die Rechtsstreite noch nicht anhängig ist/sind – zwar nicht erforderlich, wohl aber üblich und zweckmäßig neben der

Antragsschrift einen Klageentwurf beizufügen. Dies erleichtert es, ein formell ordnungsgemäßes Gesuch zu stellen, welches voraussetzt, dass der Streitgegenstand hinreichend bestimmt ist, was erforderlich ist, damit das bestimmende Gericht für das Verfahren eine eindeutige und bindende Zuständigkeitsbestimmung aussprechen kann. Dies erfordert zwar nicht zwingend, dass der beabsichtigte Antrag ausformuliert ist, sofern die zu verklagenden Streitgenossen, der Streitstoff und das prozessual verfolgte Begehren individualisiert sind (Ddorf OLGR 05, 552, 553). Gleichwohl entspricht es anwaltlicher Sorgfalt, dass die Bestimmtheit des Streitgegenstandes durch einen ausformulierten Antrag nebst substantiierter Darlegung des beabsichtigten Sachvortrages gewährleistet ist, was am Zweckmäßigsten durch Beifügung eines Klageentwurfes erfolgt.

II. Verfahren. Grundsätzlich ist es im Zuständigkeitsbestimmungsverfahren geboten, dem bzw den Antragsgegner(n) vor der Entscheidung zu dem Gesuch rechtliches Gehör (*Cuypers* MDR 09, 657, 659; BayObLG MDR 75, 407, 408) zu gewähren. Das Absehen hiervon ist ausnahmsweise dann zulässig, wenn die Zuständigkeitsbestimmung in einem eilbedürftigen einstweiligen Rechtsschutzverfahren erfolgt oder wenn der Antrag als Arrestantrag mit einem Antrag auf Erlass eines Pfändungs- und Überweisungsbeschlusses verbunden wird, so dass § 834 eingreift (BayObLG Rpfleger 04, 365, 366). Da das bestimmende Gericht das Bestimmungsgesuch gem § 37 I im Beschlusswege zu bescheiden hat, ist es ihm gem § 128 IV anheimgestellt, im schriftlichen Verfahren oder auf Grund mündlicher Verhandlung zu entscheiden. 2

III. Entscheidung durch Beschluss. Sowohl die eine Bestimmung aussprechende als auch die das Gesuch zurückweisende Entscheidung ergehen durch Beschl (§ 37 I). Dieser Beschl ist trotz seiner Unanfechtbarkeit mit Rücksicht auf das Rechtsstaatsprinzip, das stets eine Begründung belastender Hoheitsakte gebietet, zu begründen (vgl BVerfG NJW 09, 907). 3

B. Unanfechtbarkeit des das zuständigen Gerichts bestimmenden Beschlusses (§ 37 II). Aus dem Wortlaut des § 37 II, der nur zuständigkeitsbestimmende Beschlüsse für unanfechtbar erklärt, ergibt sich im Umkehrschluss zwanglos, dass zurückweisende Beschlüsse grds anfechtbar sind, soweit die ZPO hierfür an anderer Stelle einen Rechtsbehelf vorsieht (Stuttg NJW-RR 03, 1706, 1707). Dies ist bei zurückweisenden Beschlüssen des Landgerichts, gegen die gem § 567 I Nr 2 die Beschwerde statthaft ist, der Fall (Stuttg NJW-RR 03, 1706, 1707; aA *Vossler* NJW 06, 117, 122). Bei zurückweisenden Beschlüssen des Oberlandesgerichts wird von Teilen der Rechtsprechung die Auffassung vertreten, bei der Entscheidung des Oberlandesgerichts über die Zulassung der Rechtsbeschwerde sei danach zu unterscheiden, ob die Entscheidungskompetenz des Oberlandesgerichts originär aus § 36 I folgte oder ob sie gem § 36 II übergeleitet worden ist. Im letzteren Fall komme eine Zulassung der Rechtsbeschwerde gem § 574 I Nr 2 nicht in Betracht, da das OLG nicht »im ersten Rechtszug«, sondern anstelle des BGH entscheide (BayObLG NJW 02, 2888). Dieser Auffassung, die gekünstelt erscheint, kann nicht gefolgt werden. Vielmehr kommt in allen Fällen der Zurückweisung durch das OLG grds eine Zulassung der Rechtsbeschwerde gem § 574 I Nr 2 in Betracht, da das OLG stets – gleich, ob es nach § 36 I oder nach § 36 II zuständig ist – erstinstanzlich entscheidet (Stuttg NJW-RR 03, 1706, 1707). Stattgebende Beschlüsse, die eine Zuständigkeitsbestimmung aussprechen, sind gem § 37 II unanfechtbar, da das Bestimmungsverfahren bei Zuständigkeitskonflikten im wohlverstandenen Interesse der Parteien rasch und endgültig Klarheit bringen soll. Diese Unanfechtbarkeit gilt absolut und kann selbst in Fällen »greifbarer Gesetzwidrigkeit«, in denen der BGH vor Inkrafttreten des Gesetzes zur Reform des Zivilprozesses vom 27. Juli 2001, eine außerordentliche Beschwerde gegen Bestimmungsbeschlüsse zuließ (BGH NJW-RR 94, 1212, 1213), nicht korrigiert werden, da der Reformgesetzgeber ein solches außerordentliches Rechtsmittel zum BGH aus verschiedensten Gründen nicht wollte, so dass für eine planwidrige Regelungslücke als Voraussetzung für das im Wege der Rechtsfortbildung entwickelte Verfahren der außerordentlichen Beschwerde allgemein kein Raum mehr ist (BGH NJW 02, 1577). Wenn in einem solchen Fall das Abhilfeverfahren gem § 321a oder Gegenvorstellungen fruchtlos bleiben, bleibt der beschwerten Partei nur noch die Möglichkeit der Verfassungsbeschwerde. 4

C. Bindungswirkung des Bestimmungsbeschlusses gem § 36. Ein Bestimmungsbeschluss gem § 36 ist für das bestimmte Gericht grds in der Weise bindend, dass es an einer nochmaligen Prüfung der Zuständigkeitsfrage, soweit die Zuständigkeitsbestimmung reicht, gehindert ist (Nürnbg NJW-RR 97, 379). Dies folgt aus dem Sinn und Zweck des Bestimmungsverfahrens, das rasch und abschließend Zuständigkeitskonflikte beilegen soll (vgl Nürnbg NJW-RR 97, 379), aber auch aus § 37 II (aA AG Lübeck NJW 1978, 649 f) und nicht zuletzt aus dem gesetzlich angeordneten Instanzenzug. Die Bindungswirkung reicht dem Umfang nach aber nicht weiter als der Streitgegenstand des dem Gesuch zu Grunde liegenden Hauptsacheverfah- 5 rens (Nürnbg NJW-RR 97, 379). Sie ist ferner beschränkt durch den Verfahrensgegenstand des Bestimmungsverfahrens selbst: Umfasst bspw das Bestimmungsverfahren nur die Klärung der funktionellen Zuständigkeit oder der örtlichen Zuständigkeit, dann folgt aus dem Bestimmungsbeschluss gem § 36 bspw nicht bindend auch die sachliche Zuständigkeit. Nur in diesem Rahmen, also vor dem Hintergrund des Verfahrensgegenstandes des Bestimmungsverfahrens, ist es seitens des bestimmten Gerichts zulässig unter Berufung auf den »Bindungswillen« des bestimmenden Gerichts, die Reichweite des Bestimmungsbeschlusses zu hinterfragen und diesen ggf zu »korrigieren« (aA AG Lübeck NJW 1978, 649 f, das sogar auf einen hypothetischen »Bindungswillen« abstellen will).

6 **D. Kosten/Gebühren. I. Kostenentscheidung.** Soweit das Gerichtsstandsbestimmungsverfahren eine besondere Angelegenheit ist, also bei Rücknahme oder Zurückweisung des Antrags (s. § 36 Rz 20), ist eine Kostenentscheidung erforderlich. Die Kosten hat dann grds der Antragsteller zu tragen.

7 **II. Gericht.** Das Verfahren ist gebührenfrei. Im Beschwerdeverfahren wird nach Nr 1812 KV eine Gebühr iHv 50 € erhoben, soweit die Beschwerde verworfen oder zurückgewiesen wird.

8 **III. Anwalt.** Zu den Gebühren im Verfahren s. § 36 Rz 20. Im Beschwerdeverfahren entstehen die Gebühren nach Nr 3500, 3513 VV RVG. Der Gegenstandswert bestimmt sich nach § 23 II RVG und ist nur auf Antrag nach § 33 RVG vom Gericht festzusetzen.

Titel 3 Vereinbarung über die Zuständigkeit der Gerichte

§ 38 Zugelassene Gerichtsstandsvereinbarung.

(1) Ein an sich unzuständiges Gericht des ersten Rechtszuges wird durch ausdrückliche oder stillschweigende Vereinbarung der Parteien zuständig, wenn die Vertragsparteien Kaufleute, juristische Personen des öffentlichen Rechts oder öffentlich-rechtliche Sondervermögen sind.

(2) [1]Die Zuständigkeit eines Gerichts des ersten Rechtszuges kann ferner vereinbart werden, wenn mindestens eine der Vertragsparteien keinen allgemeinen Gerichtsstand im Inland hat. [2]Die Vereinbarung muss schriftlich abgeschlossen oder, falls sie mündlich getroffen wird, schriftlich bestätigt werden. [3]Hat eine der Parteien einen inländischen allgemeinen Gerichtsstand, so kann für das Inland nur ein Gericht gewählt werden, bei dem diese Partei ihren allgemeinen Gerichtsstand hat oder ein besonderer Gerichtsstand begründet ist.

(3) Im Übrigen ist eine Gerichtsstandsvereinbarung nur zulässig, wenn sie ausdrücklich und schriftlich
1. nach dem Entstehen der Streitigkeit oder
2. für den Fall geschlossen wird, dass die im Klageweg in Anspruch zu nehmende Partei nach Vertragsschluss ihren Wohnsitz oder gewöhnlichen Aufenthaltsort aus dem Geltungsbereich dieses Gesetzes verlegt oder ihr Wohnsitz oder gewöhnlicher Aufenthalt im Zeitpunkt der Klageerhebung nicht bekannt ist.

Inhaltsübersicht

	Rz
A. Normzweck und dogmatische Einordnung	1
B. Gerichtsstandsvereinbarungen, wenn die Parteien Kaufleute, juristische Personen des öffentlichen Rechts oder öffentlich-rechtliche Sondervermögen sind (§ 38 I)	4
I. Anwendbarkeit in Fällen mit Auslandsberührung	4
II. Prorogationsbefugte Parteien des Absatzes 1	5
III. Ausdrückliche oder stillschweigende Vereinbarung	7
C. Gerichtsstandsvereinbarung, wenn mindestens eine der Vertragsparteien keinen allgemeinen Gerichtsstand im Inland hat (§ 38 II)	8
I. Anwendbarkeit in Fällen mit Auslandsberührung	8
II. Verhältnis von § 38 I zu § 38 II	9
III. Mindestens eine der Vertragsparteien hat keinen allgemeinen Gerichtsstand im Inland (§ 38 II 1)	10
IV. Schriftlicher Abschluss der Vereinbarung oder schriftliche Bestätigung einer getroffenen Vereinbarung (§ 38 II 2)	11

Rz

V. Vereinbarung nach Abs 2 für den Fall, dass eine der Parteien einen allgemeinen inländischen Gerichtsstand hat (§ 38 II 3) 13
D. Gerichtsstandsvereinbarung nach dem Entstehen der Streitigkeit (§ 38 III Nr 1) 14
I. Verhältnis zu § 38 I und § 38 II, Internationale Zuständigkeit 14
II. Nach dem Entstehen der Streitigkeit 15
III. Schriftliche und ausdrückliche Vereinbarung 16

Rz

E. Gerichtsstandsvereinbarung für den Fall der nachvertraglichen Verlegung des Wohnsitzes oder gewöhnlichen Aufenthaltsortes ins Ausland oder für den Fall der Unbekanntheit von Wohnsitz/gewöhnlichem Aufenthaltsort im Zeitpunkt der Klageerhebung (§ 38 III Nr 2) 17
I. Wohnsitz- oder Aufenthaltsverlegung nach Vertragsschluss (§ 38 III Nr 2 Alt 1) 17
II. Unauffindbarkeit der Partei nach Vertragsschluss (§ 38 III Nr 2 Alt 2) 18
F. Prozessuales 19

A. Normzweck und dogmatische Einordnung. Der Regelung des § 38 liegt die Entscheidung des Gesetzgebers für ein grundsätzliches Prorogationsverbot und eine regelmäßige Formbedürftigkeit von Gerichtsstandsvereinbarungen unter Beteiligung strukturell unterleger (Privat-)Personen zu Grunde (*Keller* Jura 08, 523; Zö/*Vollkommer* Vor § 38 Rn 4). Sie stellt damit eine bewusste Abkehr von dem vor ihrer Inkraftsetzung zum 1.4.1974 geltenden Grundsatz der Prorogationsfreiheit dar, der aus Sicht des Gesetzgebers keine hinreichende Gewähr dafür bot, dass die vertragsschließenden Parteien sich gleichermaßen der Bedeutung der Prorogation bewusst sind und die Wahrung ihrer Interessen darauf einstellen können (Köln NJW-RR 92, 571). Die zwingenden, nicht abdingbaren (BGH NJW-RR 05, 929, 931) Regelungen in § 38 stellen dabei nicht einfach nur eine gesetzgeberische Zweckmäßigkeitslösung dar, sondern beruhen auf Gerechtigkeits- und Billigkeitserwägungen (BGH NJW 83, 1320, 1322). Sie sind Ausdruck des Gedankens, dass den Zuständigkeitsregelungen der ZPO ein eigenständiger Gerechtigkeitsgehalt innewohnt, der nicht beliebig der Parteidisposition unterworfen sein soll. Ein Beispiel für den Gerechtigkeitsgehalt der Zuständigkeitsregeln der ZPO ist der allgemeine Beklagtengerichtsstand, der auf dem Leitgedanken beruht, dass der Zeitvorteil, den der Kl regelmäßig gewinnt, wenn er den Beklagten zu einem von ihm gewählten Zeitpunkt mit einer Klage überzieht, dadurch kompensiert wird, dass die Klage regelmäßig am Wohnort oder Sitz des Beklagten erhoben werden muss (Hambg NJW-RR 99, 1506, 1507). Insbesondere soll durch die Indisponibilität des Zuständigkeitsrechts der ZPO aus Gründen der Waffengleichheit, der Verfahrensgerechtigkeit und nicht zuletzt aus sozialstaatlichen Erwägungen heraus verhindert werden, dass die in das Zuständigkeitsrecht der ZPO eingeflossenen Wertentscheidungen und Schutzmechanismen infolge des Ungleichgewichts der Marktteilnehmer ausgehöhlt werden und das gesetzliche Zuständigkeitstableau durch privatautonome Regelwerke zu Gunsten der strukturell überlegenen Parteien auf den Kopf gestellt wird (vgl *Meyer-Lindemann* JZ 82, 592). 1

Die Gerichtsstandsvereinbarung ist eine Parteiabrede, die regelt, dass für Rechtsstreitigkeiten, die ein bestimmtes Rechtsverhältnis betreffen, ein konkretes Gericht oder – streitwertabhängig – die Gerichte eines konkreten Bezirks zuständig oder nicht zuständig ist bzw sind (*Keller* Jura 08, 523). Wiewohl in rechtsdogmatischer Hinsicht strittig ist, ob es sich bei der Prorogations-/Derogationsabrede um einen prozessrechtlichen Vertrag, eine materiell-rechtliche Vereinbarung oder einen Vertrag mit materiell- und prozessrechtlicher Doppelnatur handelt (*Keller* Jura 08, 523, 524), besteht Einigkeit insoweit: Die Zulässigkeit und die Rechtsfolgen einer solchen Vereinbarung beurteilen sich nach Prozessrecht, also bei Anwendbarkeit der ZPO nach § 38, während das Zustandekommen dieser Vereinbarung nach materiellem Recht, also dem Vertragsrecht derjenigen Rechtsordnung zu beurteilen ist, die nach kollisionsrechtlicher Prüfung zur Anwendung gelangt, mithin entweder nach ausländischem oder deutschem Recht (BGH NJW 97, 2885 f; NJW 72, 1622, 1623; Saarbr NJW 00, 670, 671). Daher gelten sowohl hinsichtlich des Zustandekommens als auch hinsichtlich der Ermittlung des Inhalts und der Reichweite einer Gerichtsstandsabrede die allgemeinen Regeln der Rechtsgeschäftslehre, insb zur **Auslegung** von Willenserklärungen und zur Feststellung eines etwaigen Rechtsbindungswillens (§§ 133, 157 BGB; Brandbg NJW 06, 3444). Demnach ist Grundvoraussetzung, dass das vereinbarte Gericht hinreichend bestimmt bezeichnet ist oder mit den herkömmlichen Mitteln der Vertragsauslegung bestimmbar ist (Brandbg NJW 06, 3444). Diese Anforderung ist auch gewahrt, wenn die Abrede einer Partei – unabhängig von ihrer Parteirolle im künftigen Prozess – oder beiden Parteien das Recht einräumt, zwischen verschiedenen Gerichtsständen zu wählen (BGH NJW 83, 996; Brandbg NJW 06, 3444, 3446). An ein solches Wahlrecht ist auch zu denken, wenn durch Benennung einer Stadt 2

(»Berlin,« »München« etc) mehrere Amtsgerichte als zuständig in Betracht kommen und sich nicht im Wege der Auslegung ermitteln lässt, welches dieser Amtsgerichte gewollt war (BGH NJW 96, 3013; Brandbg NJW 06, 3444). Die in der Praxis häufig thematisierte Frage, ob eine Gerichtsstandsabrede im Anwendungsbereich des § 38 auch ohne ausdrückliche dahingehende Formulierung eine **ausschließliche Zuständigkeit** begründet, ist in der Weise zu beantworten, dass weder eine Vermutung für noch gegen die Ausschließlichkeit der Zuständigkeit eines prorogierten Gerichtes spricht, so dass mit den Mitteln der Vertragsauslegung zu klären ist, ob bei Vertragsschluss Ausschließlichkeit gewollt war oder nicht (Schlesw NJW 06, 3360 f; Brandbg NJW 06, 3444, 3446). Führt dies nicht weiter, so geht der mutmaßliche Wille bei der Anknüpfung an den eigenen Sitz dahin, dass der Klauselsteller eine Ausschließlichkeit des Gerichtsstands nur für Klagen gegen sich selbst herbeiführen will, während er für Aktiv-Prozesse einen fakultativen Gerichtsstand will, der ihm die Möglichkeit der Gerichtsstandswahl offen hält (Schlesw NJW 06, 3360 f). Dies gilt im Anwendungsbereich des § 38 auch für **Vereinbarungen mit ausländischen Parteien**, wonach für alle Streitigkeiten die Gerichte ihres Heimatstaates zuständig sein sollen (BGH NJW 97, 2885, 2886). Im Gegensatz hierzu führt die internationale Zuständigkeitsvereinbarung im Anwendungsbereich der EuGVO gem Art 23 I 2 EuGVO grundsätzlich – soweit nichts Anderes gewollt ist – zur ausschließlichen Zuständigkeit des vereinbarten Gerichts (Karlsr ZMR 06, 929, 930). Was die **inhaltliche Reichweite einer Gerichtsstandsabrede** angeht, so ist bei einer an der wohlverstandenen Interessenlage der Parteien orientierten Auslegung im Zweifel davon auszugehen, dass die auf ein Vertragsverhältnis bezogene Abrede nicht nur Ansprüche aus dem Hauptvertrag, sondern auch solche aus ergänzenden Nebenvereinbarungen umfasst, da ansonsten die Gefahr sich widersprechender Entscheidungen besteht, die die Parteien durch die Abrede gerade vermeiden wollten (München OLGR 05, 19, 20). Der Parteiwille ist auch dann von Belang, wenn sich das Vertragsverhältnis, in das die Gerichtsstandsabrede eingebettet ist, (zB infolge Anfechtung) als (möglicherweise) unwirksam erweist. Für diese Konstellation geht die ganz hM davon aus, dass sich aus § 139 BGB idR ergibt, dass eine Gerichtsstandsvereinbarung auch den Streit über die Nichtigkeit oder das Zustandekommen des Vertrages erfasst, dessen Bestandteil sie ist, soweit es nicht um die Nichtigkeit bzw das Zustandekommen gerade der Klausel selbst geht (vgl München OLGR 05, 19, 20). Ist Letzteres der Fall, weil bspw die auf Abschluss der Gerichtsstandsabrede gerichtete Willenserklärung mit Erfolg gem §§ 119, 123 BGB angefochten wurde, so wird die Gerichtsstandsvereinbarung unwirksam (*Keller* Jura 08, 523, 526). Dies gilt vorbehaltlich des Eingreifens von § 39 trotz § 261 III Nr 2, dem § 142 I BGB vorgeht, auch für die Anfechtung der Abrede nach Rechtshängigkeit (*Pfeiffer* JA 05, 369, 370).

3 Von der durch die Gerichtsstandsvereinbarung herbeigeführten **Rechtsfolge** her kann durch diesbezüglichen Vertrag sowohl die örtliche und/oder sachliche Zuständigkeit eines Gerichts ausgeschlossen (derogiert) oder begründet (prorogiert) werden als auch eine Vereinbarung über die internationale Zuständigkeit getroffen werden (*Pfeiffer* JA 05, 369; speziell zu Vereinbarungen betreffend die internationale Zuständigkeit: BGH NJW 68, 356; NJW-RR 05, 929; Saarbr NJW 00, 670, 671; zu Vereinbarungen zur internationalen Zuständigkeit in AGB: Saarbr OLGR 04, 285, 292). Allerdings ist bei Vereinbarungen zur internationalen Zuständigkeit, die eine **Derogation der deutschen Gerichtsbarkeit** enthalten, zusätzlich zu prüfen und ggf durch Einholung eines Rechtsgutachtens aufzuklären, ob das gewählte Gericht/die gewählten Gerichte die Prorogation nach dem dort geltenden Recht akzeptieren wird/werden (Kobl IPrax 06, 469, 471). Versagt das einschlägige ausländische Recht der Gerichtsstandsabrede die Anerkennung und ist auch keine gesetzliche Zuständigkeit nach dem ausländischen Prozessrecht eröffnet, so ergibt sich daraus – zur Vermeidung einer Rechtsverweigerung – die Unwirksamkeit der Derogation (BGH VersR 1974, 470, 472; Kobl IPrax 2006, 469, 471). Auch eine Abrede bzgl der internationalen Zuständigkeit kann durchaus stillschweigend erfolgen, wobei gleichwohl regelmäßig eine bloße Rechtswahlvereinbarung bzgl des materiellen Rechts noch keine konkludente Vereinbarung über die internationale Zuständigkeit beinhaltet (Saarbr NJW 00, 670, 671). Im Gegensatz zu örtlicher, sachlicher und internationaler Zuständigkeit ist die funktionelle Zuständigkeit (St/J/*Bork* § 38 Rn 1) ebenso indisponibel wie die Frage des zu beschreitenden Rechtsweges (BGH NJW 97, 328). Durch die Vereinbarung eines ausschließlichen Gerichtsstands kann auch der **Gerichtsstand der Widerklage** (§ 33) abbedungen werden (BGH NJW 81, 2644). Dies gilt auch bei derartigen Gerichtsstandsklauseln in grenzüberschreitenden Kaufverträgen, wenn der durch eine solche Klausel begünstigte Verkäufer von dieser Klausel keinen Gebrauch macht und den Käufer an seinem Heimatgericht verklagt (BGH NJW 1981, 2644).

B. Gerichtsstandsvereinbarungen, wenn die Parteien Kaufleute, juristische Personen des öffentlichen Rechts oder öffentlich-rechtliche Sondervermögen sind (§ 38 I). I. Anwendbarkeit in Fällen mit Auslandsberührung. In Fällen mit Auslandsberührung ist § 38 I anwendbar, sofern die Vorschrift nicht durch speziellere Normen des internationalen Zivilprozessrechts, einschließlich solcher in etwaigen bi- oder multilateralen Staatsverträgen, verdrängt wird. Im Anwendungsbereich der EuGVO verdrängt Art 23 EuGVO § 38 I in vollem Umfang mit der Folge, dass die Beschränkung des Kreises der prorogationsbefugten Personen durch § 38 I entfällt (Karlsr ZMR 06, 929, 930; BayObLG BB 01, 1498; *Mark/Gärtner* MDR 09, 837, 839). Gleiches gilt für Art 17 LugÜ (BAG EzA § 38 ZPO Nr 1). Als spezielle Norm des internationalen Zivilprozessrechts kann künftig das Haager Übereinkommen über Gerichtsstandsvereinbarungen vom 30.6.05 eine Rolle spielen, welches in seinem Anwendungsbereich nicht nur § 38 verdrängen kann, sondern auch Art 23 EuGVO, wenn eine der Parteien ihren Sitz in einem Vertragsstaat hat, der kein EU-Mitgliedsstaat ist (*Eichel* RIW 09, 289, 293). Das Abkommen wurde am 1.4.09 von der EU auf der Grundlage des Beschlusses des Rates vom 26.2.09 (ABl L 133 v 29.5.09, 1-13) unterzeichnet und kann künftig ggü Parteien mit Sitz in Vertragsstaaten von Bedeutung sein (vgl *Eichel* RIW 09, 289, 291; zum aktuellen Zeichnungs- und Ratifizierungstatus vgl die im Internet veröffentlichte Statustabelle: http://www.hcch.net/index_de.php?act=conventions.status&cid=98). 4

II. Prorogationsbefugte Parteien des Absatzes 1. Die **Kaufleute** gehören zu den prorogationsbefugten Vertragsparteien gem § 38 I. Wer Kaufmann ist, bestimmt sich im Anwendungsbereich des § 38 I nach dem deutschen Sachrecht als der lex fori (München OLGR 01, 27), mithin nach den §§ 1 ff HGB (Hambg OLGR 08, 340; Karlsr MDR 02, 1269). Demnach fallen hierunter ein Handelsgewerbe betreibende Vollkaufleute (§ 1 II HGB), ins Handelsregister eingetragene Kaufleute (§§ 2, 5 HGB) und die Handelsgesellschaften (OHG, KG, Kapitalgesellschaften, Genossenschaften, EWiV). Schließlich gehören dazu auch die Kaufleute kraft Rechtsscheins, die beim Abschluss der Gerichtsstandsvereinbarung mit einer prorogationsbefugten Partei in zurechenbarer Weise den Rechtsschein des Vorliegens der Kaufmannseigenschaft gesetzt haben (Frankf MDR 75, 232, 233; vgl *Lindacher* ZZP 96, 486, 504 f). Nach ganz hM sind persönlich haftende Gesellschafter einer OHG oder KG als solche ebenfalls als Kaufleute iSd § 38 anzusehen (BGH WM 66, 757, 758; *Pfeiffer* JA 05, 369), woraus auch geschlussfolgert wird, dass in Vereinbarungen mit einer OHG getroffene wirksame Gerichtsstandsvereinbarungen im Falle der persönlichen Inanspruchnahme des persönlich haftenden Gesellschafters ebenfalls eingreifen (Zö/*Vollkommer* § 38 Rn 10), wohingegen dies für Komplementäre einer KG (BGH WM 66, 757, 758) oder Gesellschafter und/oder Organmitglieder einer Kapitalgesellschaft nicht gilt (vgl BGH NJW 06, 431; *Pfeiffer* JA 05, 369). Der mit § 38 I intendierte Schutz bezieht sich nur auf die am Vertragsschluss beteiligten Parteien und erstreckt sich nicht auch auf etwaige **Rechtsnachfolger** der Vertragsparteien (Köln NJW-RR 92, 571). Erfüllen beide Vertragsparteien die Voraussetzungen für eine wirksame Prorogation, so ist der Schutzzweck des § 38 I verwirklicht und es gilt der Aspekt des Vertrauensschutzes, wonach der Vollzug einer Rechtsnachfolge sich nicht zu Lasten des bzgl der Rechtsnachfolge einflusslosen Vertragspartners auswirken darf. Erfüllen die Vertragsparteien die Voraussetzungen für den wirksamen Abschluss einer Gerichtsstandsvereinbarung, so gilt diese demnach zu Gunsten wie zu Lasten des Gesamt- oder Einzelrechtsnachfolgers fort, auch wenn dieser nicht prorogationsbefugt ist (Köln NJW-RR 92, 571; *Meyer-Lindemann* JZ 82, 592; aA LG Trier NJW 82, 286 f). Eine extensiv-teleologische Auslegung oder gar eine analoge Anwendung des § 38 idS, dass auch **Rechtsanwälte** oder sonstige Angehörige so genannter »Freier Berufe« (wie zB Ärzte, Apotheker, Architekten, Steuerberater etc) als »Kaufleute« prorogationsbefugt sind, scheidet nach der Rechtsprechung aus (Hambg OLGR 08, 340, 341), da der Gesetzgeber in Kenntnis des Kaufmannsbegriffs des HGB auf denselben verwiesen hat, so dass es für eine abweichende Handhabung an einer Rechtsgrundlage fehlt. Angesichts des Umstandes, dass es Angehörigen dieser Berufsgruppen zunehmend berufsrechtlich ermöglicht wird, ihren Beruf iRv Kapitalgesellschaften auszuüben, die selbstverständlich unter § 38 I fallen, und dass Angehörige dieser Berufsgruppen – insb im rechtsberatenden und –gestaltenden Bereich – häufig nicht schutzbedürftig sind, mag dies rechtspolitisch beklagenswert sein (vgl Hambg OLGR 08, 340, 341 f), ist aber gleichwohl nicht im Wege der Rechtsfortbildung abänderbar (aA Zö/Vollkommer § 38 Rn 18). Dies gilt aus den das Zuständigkeitsrecht beherrschenden Gründen der Rechtssicherheit und Rechtsklarheit auch dann, wenn ein Rechtsanwalt als **Insolvenzverwalter** tätig wird und Geschäfte abschließt, die als Handelsgeschäfte iSd §§ 343 ff HGB zu werten sind (Bambg OLGR 98, 302; aA *Keller* Jura 08, 523, 527). Strittig ist, ob § 38 I erfüllt ist, wenn die prorogationsbefugte Partei (zB der Kaufmann) iRd Abschlusses der Abrede als Privatmann handelt. Für die hM, die § 38 I eingreifen lässt, gleich ob der Kaufmann als solcher oder außerhalb seiner gewerblichen Tätigkeit gehan- 5 delt hat, spricht, dass das Gesetz keine diesbezügliche Einschränkung vorsieht und dass auch der Schutzzweck der Norm keine solche erfordert, da der Kaufmann auch im privaten Bereich seine Geschäftsgewandtheit, an die die Vorschrift anknüpft, nicht verliert (*Keller* Jura 08, 523, 524; *Pfeiffer* JA 05, 369). Ferner ist streitig, ob die Partei bei Abschluss der Gerichtsstandsvereinbarung bereits Kaufmann sein muss (B/L/A/H § 38 Rn 17) oder ob es genügt, wenn die Gerichtsstandsvereinbarung in einem im Gründungsstadium abgeschlossenen Vertrag enthalten ist, der auf ein kaufmännisches Unternehmen abzielt (Schlesw SchlHA 10, 119). Die Lösung, wonach § 38 I erfordert, dass die die Gerichtsvereinbarung abschließende Partei bei Abschluss der Gerichtsstandsvereinbarung bereits Kaufmann sein muss, ist vorzugswürdig, da sie für eine klare Grenzziehung sorgt und zugleich dem Schutzzweck des § 38 I besser gerecht wird (B/L/A/H § 38 Rn 17; aA Schlesw SchlHA 10, 119).

6 Neben den Kaufleuten sind **juristische Personen des öffentlichen Rechts** und **öffentlich-rechtliche Sondervermögen** prorogationsbefugt nach § 38 I. Juristische Personen des öffentlichen Rechts sind mit Hoheitsbefugnissen ausgestattete rechtsfähige Verwaltungsträger, zu denen Körperschaften (zB Bundesländer, Landkreise, Gemeinden, Heilberufekammern wie zB Landesärzte- oder Apothekerkammern), Anstalten (zB Landesrundfunkanstalten der ARD etc) und öffentlich-rechtliche Stiftungen (zB Stiftung Preußischer Kulturbesitz, Bundeskanzler-Willy-Brand-Stiftung etc) gehören (BVerwG ViZ 97, 643). Öffentlich-rechtliche Sondervermögen sind rechtlich unselbständige Teile des Bundes- oder Landesvermögens zur Erfüllung bestimmter Aufgaben (OVG Münster DÖV 08, 650), zu denen etwa für den Bund Einrichtungen wie der ua aus der Treuhandanstalt hervorgegangene Erblastentilgungsfonds gehören.

7 **III. Ausdrückliche oder stillschweigende Vereinbarung.** Die Vereinbarung muss nicht ausdrücklich, sondern kann auch stillschweigend erfolgen, dh auch in der Weise, dass den beiderseitigen Erklärungen der vertragsschließenden Parteien nach den Grundsätzen der Auslegung von empfangsbedürftigen Willenserklärungen nach §§ 133, 157 BGB der Erklärungsgehalt einer Gerichtsstandsvereinbarung zukommt (vgl München OLGR 05, 19, 20), wobei auch etwaige Handelsbräuche zu berücksichtigen sind (St/J/*Bork* § 38 Rn 17). Ist ein hierauf gerichteter Rechtsbindungswille der Parteien nicht feststellbar, kommt auch keine Gerichtsstandsvereinbarung zustande. Dies ist bspw für den Fall zu bejahen, dass in einem Mahnbescheidsantrag ein offenkundig unzuständiges Gericht als für das streitige Verfahren zuständig bezeichnet wird und der hierzu angehörte Antragsgegner dem nicht entgegentritt (Karlsr Rpfleger 05, 270). Die formlos wirksame Vereinbarung von Gerichtsständen kann iRd § 38 I auch durch Einbeziehung **Allgemeiner Geschäftsbedingungen** in den Vertragsabschluss erfolgen. Dabei ist die wirksame Einbeziehung der Gerichtsstandsvereinbarung anhand der §§ 305 ff BGB zu prüfen (Hambg MDR 00, 170, 171), wobei allerdings § 310 I BGB das Prüfprogamm dadurch reduziert, dass § 305 II und § 305 III BGB sowie §§ 308, 309 BGB auf die prorogationsbefugten Personengruppen unanwendbar sind. Insbesondere der Ausschluss von § 305 II BGB erleichtert die Einbeziehung der AGB, die damit – dem Wortlaut des § 38 I entsprechend – stillschweigend (§§ 133, 157 BGB, 346 HGB) möglich ist, regelmäßig aber zumindest die Übersendung oder Zugänglichmachung des Klauseltextes erfordert (LG Gießen IHR 03, 276). Dabei muss sich auch im kaufmännischen Verkehr (vgl § 346 HGB) die Willenseinigung betreffend die Gerichtsstandsvereinbarung idR auf einen konkreten Vertrag beziehen (Ddorf OLGR 96, 144), es sei denn die Parteien stehen in laufender Geschäftsbeziehung, in deren Verlauf Verträge stets zu den Bedingungen einer Partei abgeschlossen und abgewickelt wurden, wobei diese Partei unmissverständlich zu erkennen gegeben hat, dass sie regelmäßig Geschäfte nur auf der Grundlage ihrer AGB zu tätigen bereit ist (BGH MDR 06, 46, 48). Im Zusammenhang mit der Einbeziehung einer vorformulierten Gerichtsstandsklausel ist auch zu prüfen, ob die Klausel **überraschend** ist (§ 305c BGB), was allerdings bei Anknüpfung an den Sitz des Verwenders oder den Erfüllungsort auf Grund der Üblichkeit derartiger Klauseln idR zu verneinen ist (Hambg MDR 00, 170, 171). In AGB vereinbarte Gerichtsstandsklauseln sind auch ggü den prorogationsbefugten Personen einer Inhaltskontrolle nach § 307 BGB zugänglich. Bei der Prüfung der Frage, ob eine solche Vereinbarung eine treuwidrige unangemessene Benachteiligung des Geschäftspartners beinhaltet, ist aufzuklären, ob der Klausel seitens des Verwenders ein berechtigtes Interesse oder jedenfalls ein Handelsbrauch zu Grunde liegt (Hambg MDR 00, 170, 171). Dies ist ohne weiteres bei der – üblichen – Anknüpfung an den Sitz des Verwenders oder den Erfüllungsort zu bejahen (Frankf MDR 98, 664; Karlsr NJW 96, 2041). Ein berechtigtes Interesse kommt ferner auch in Betracht, wenn der gewählte Gerichtsstand nur unerheblich von einem dieser Gerichtsstände entfernt ist, aber im Vergleich zu diesen auf Grund einer besser ausgebauten Dienstleistungsstruktur die Auswahl spezialisierter Korrespondenzanwälte und/oder die Durchführung eines Rechtsmittelverfahrens am selben Ort ermöglicht (Hambg MDR 00, 170, 171). Demgegenüber sind Klauseln, die einseitig in der

erleichterten Rechtsverfolgung für den Verwender begründet sind, wie dies etwa bei der Anknüpfung an den Sitz der Hausanwälte des Verwenders der Fall ist, gem § 307 BGB unwirksam (Hambg MDR 00, 170, 171).

C. Gerichtsstandsvereinbarung, wenn mindestens eine der Vertragsparteien keinen allgemeinen Gerichtsstand im Inland hat (§ 38 II). I. Anwendbarkeit in Fällen mit Auslandsberührung. In Fällen mit Auslandsberührung ist § 38 II anwendbar, sofern die Vorschrift nicht durch speziellere Normen des internationalen Zivilprozessrechts, einschließlich solcher in etwaigen bi- oder multilateralen Staatsverträgen, verdrängt wird. Im Anwendungsbereich der EuGVO verdrängt Art 23 EuGVO § 38 II in vollem Umfang mit der Folge, dass die Beschränkungen des § 38 II 2 nicht zur Anwendung kommen (Karlsr ZMR 06, 929, 930; BayObLG BB 01, 1498; *Mark/Gärtner* MDR 09, 837, 839). Gleiches gilt für Art 17 LugÜ. Im Falle der Beteiligung von Verbrauchern ist überdies Art 17 EuGVO zu beachten. 8

II. Verhältnis von § 38 I zu § 38 II. Das Verhältnis des § 38 I zu § 38 II ist umstr. Praktische Konsequenz dieses Streits ist, ob im Falle der Beteiligung mindestens eines Kaufmanns mit Auslandssitz die strengeren (formalen) Anforderungen des § 38 II gelten oder ob § 38 I auch in Fällen mit Auslandsberührung ausnahmslos gilt. Die hM, wonach § 38 I als lex specialis im Anwendungsbereich der Vorschrift § 38 II verdrängt (München OLGR 01, 27; Saarbr NJW 00, 670, 671;*Mark/Gärtner* MDR 09, 837, 841; *Putzo* NJW 75, 502 f), ist ggü der Mindermeinung, wonach § 38 II im Verhältnis zu § 38 I verdrängende Spezialvorschrift sei (Nürnbg NJW 85, 1296 f; AG Berlin-Charlottenburg NJW 75, 502; mit anderer Herleitung Zö/*Vollkommer* § 38 Rn 25, wonach Abs 2 für Kaufleute internationale Mindeststandards enthalte, die durch eine entsprechende Anwendung des Abs 2 zur Geltung gebracht werden sollen), vorzugswürdig. Denn dieses Spezialitätsverhältnis trägt dem Normzweck des § 38 I Rechnung, der für die von der Norm erfassten prorogationsbefugten Personen den Abschluss von Gerichtsstandsabreden umfassend erleichtern sollte und wird überdies der Gesetzessystematik gerecht, wonach Abs 1 als anwendungsvorrangig an die Spitze des § 38 gestellt wurde und Abs 2 lediglich als weiteren Fall (vgl den Wortlaut: »ferner«) anschließt. 9

III. Mindestens eine der Vertragsparteien hat keinen allgemeinen Gerichtsstand im Inland (§ 38 II 1). 10
Hat eine der Parteien keinen allgemeinen Gerichtsstand im Inland, kann für die andere Partei ein ggü dem »Normalfall« gesteigertes Prorogationsbedürfnis bestehen, um die internationale Zuständigkeit deutscher Gerichte für künftige Rechtsstreite sicherzustellen und nicht bei Erforderlichkeit des Beschreitens des Rechtswegs ihr Recht vor ausländischen Gerichten suchen zu müssen. Aber auch wenn beide Parteien keinen allgemeinen Gerichtsstand im Inland haben, kann es ein solches Bedürfnis geben, etwa wenn ein avisiertes Vertragsverhältnis ausschließlich im Inland begründet und abgewickelt werden soll. Umgekehrt kann aber auch das berechtigte Anliegen bestehen, in einer solchen Konstellation eine ausschließliche ausländische Zuständigkeit zu begründen, weil das in Rede stehende Rechtsverhältnis überwiegende Bezüge zu diesem Staat und seinen Rechtsregeln aufweist. Diesem praktischen Bedürfnis trägt die durch § 38 II eröffnete Prorogationsmöglichkeit für nach Absatz 1 nicht prorogationsbefugten Parteien Rechnung. Da es sich aber um eine eng auszulegende Ausnahmeregelung zum allgemeinen, tendenziell verbraucherschützenden Prorogationsverbot handelt, ist das Tatbestandsmerkmal des fehlenden allgemeinen Inlandsgerichtsstands einer Partei wörtlich zu nehmen und nicht erfüllt, wenn die in Rede stehende Partei neben einem allgemeinen Inlandsgerichtsstand auch einen solchen Gerichtsstand im Ausland hat (BGH NJW 86, 1438, 1439; NJW-RR 05, 929, 931). Demgegenüber ist es, was vor dem Hintergrund des vorstehend dargelegten Normzwecks durchaus Sinn macht, nach dem eindeutigen Wortlaut des § 38 II für das Eingreifen der Vorschrift unerheblich, ob trotz fehlenden allgemeinen Inlandsgerichtsstands ein besonderer Gerichtsstand (wie zB § 29) im Inland besteht (vgl statt Vieler: Musielak/*Heinrich* § 38 Rn 16). Umstritten und vom BGH bislang nicht beantwortet (BGH NJW-RR 05, 929, 931) ist die Frage, zu welchem Zeitpunkt die Voraussetzungen des § 38 II vorliegen müssen. Die Auffassung, wonach es auf den Zeitpunkt der Rechtshängigkeit ankommt (Zö/*Vollkommer* § 38 Rn 5), vermag nicht zu überzeugen, da sie den Parteien im Widerspruch zum Wortlaut des § 38 II 1 die Möglichkeit einer rechtssicheren Vertragsgestaltung entzieht (St/J/*Bork* § 38 Rn 24).

IV. Schriftlicher Abschluss der Vereinbarung oder schriftliche Bestätigung einer getroffenen Vereinbarung (§ 38 II 2). Zum Merkmal der »Schriftlichkeit« in § 38 II 2 gibt es auf Grund des Anwendungsvorrangs der EuGVO (früher des EuGVÜ) wenig höchstricherliche Rechtsprechung. Da der Gesetzgeber aber § 38 II 2 bewusst Art 17 EuGVÜ nachgebildet hat, kann auf die Rechtsprechung zu Art 17 EuGVÜ/LGÜ bzw Art 23 EuGVO zurückgegriffen werden (BGH NJW 93, 1070, 1071). Danach enthält das Merkmal 11

»Schriftlichkeit« keinen bloßen Verweis auf die materiell-rechtliche Vorschrift des § 126 BGB, so dass die auf den Abschluss der Gerichtsstandsvereinbarung gerichteten Erklärungen zwar von beiden Parteien verschriftet, nicht aber handschriftlich unterzeichnet sein müssen (St/J/*Bork* § 38 Rn 26; offen gelassen: BGH NJW 01, 1731) und es überdies genügt, wenn dies in getrennten Schriftstücken (zB per Briefwechsel, vgl Ddorf OLGR 04, 208) geschehen ist, sofern aus ihnen die inhaltliche Übereinstimmung beider Erklärungen hinreichend deutlich hervorgeht (BGH NJW 01, 1731). Die Rücksendung eines nur vom Empfänger, nicht aber vom Absender unterzeichneten Vertragstextes genügt der – auch aus Beweisgründen – gebotenen Formstrenge nicht (BGH NJW-RR 05, 150), da es schon an der beweisbar verschrifteten Verkörperung des Geltungswillens durch beide Parteien fehlt. Eine Übermittlung der verschrifteten Erklärung durch moderne Fernkommunikationsmittel, die von vorneherein keine handschriftliche Unterzeichnung zulassen, ist vor dem Hintergrund dieser Auslegung auch ohne weiteres möglich (vgl BGH NJW 01, 1731). Die Verwendung von AGB schließt die Wahrung der »Schriftlichkeit« nicht aus. Gleichwohl kann bei einem beiderseits unterzeichneten Vertragstext von einer Schriftlichkeit im Hinblick auf eine umseitig abgedruckte Gerichtsstandsklausel nur gesprochen werden, wenn bereits der unterzeichnete Text auf die rückseitigen AGB verweist und dieser Hinweis so deutlich ist, dass ihn die andere Partei bei Anwendung zumutbarer Sorgfalt zur Kenntnis nehmen konnte (Ddorf OLGR 04, 208; BayObLG BB 01, 1498).

12 § 38 II 2 lässt zur Formwahrung auch »halbe Schriftlichkeit«, also die schriftliche **Bestätigung** einer bereits getroffenen Vereinbarung durch eine Partei genügen. Grundvoraussetzung ist aber, dass die Parteien vor Zugang der Bestätigung nicht lediglich rechtlich unverbindlich über den Gerichtsstand gesprochen haben, sondern es muss zu einer mit Rechtsbindungswillen vorgenommenen echten Einigung der Parteien über diese Frage gekommen sein (BGH NJW 01, 1731, 1732; Saarbr OLGR 07, 862, 864). Die vorhergehende, nichtschriftliche Einigung muss allerdings nicht ausdrücklich bekundet worden sein. Vielmehr genügt es, wenn sich eine solche Willenseinigung eindeutig im Wege der Auslegung der zuvor ausgetauschten Willenserklärungen der Parteien ermitteln lässt (Saarbr OLGR 07, 862). Die Bestätigung ihrerseits muss so ausgefallen sein, dass sich ihr mit Gewissheit entnehmen lässt, dass die bestätigende Partei den mündlich besprochenen Vertragsinhalt, zu der die Gerichtsstandsklausel gehört, der sich aber auch auf dieselbe beschränken mag, zweifelsfrei bestätigt (BGH NJW 93, 1070, 1071). Die Bestätigung kann dabei von jeder der Parteien abgegeben werden, ohne dass es insoweit eine Rolle spielt, ob die bestätigende oder die andere Partei durch die Gerichtsstandsklausel belastet wird (BGH NJW 93, 1070, 1071). Schließlich setzt eine wirksame Bestätigung voraus, dass ihr Empfänger ihr nicht widersprochen hat und dass sie in hinreichendem zeitlichem Zusammenhang mit der zuvor getroffenen mündlichen Vereinbarung erfolgt (Ddorf NJW-RR 98, 1145, 1147).

13 **V. Vereinbarung nach Abs 2 für den Fall, dass eine der Parteien einen allgemeinen inländischen Gerichtsstand hat (§ 38 II 3).** Hat eine der Parteien einen allgemeinen inländischen Gerichtsstand, so wird die Wahlfreiheit der Parteien im Anwendungsbereich des § 38 II durch Satz 3 dieser Vorschrift auf diesen allgemeinen Gerichtsstand oder etwa bestehende besondere Gerichtsstände beschränkt. Der Zweck der Vorschrift besteht darin, den inländischen Verbraucher zu schützen und ihn insb vor Umgehungen des inländischen Prorogationsverbots durch im Ausland angesiedelte Briefkastenfirmen zu bewahren (München OLGR 01, 27).

14 **D. Gerichtsstandsvereinbarung nach dem Entstehen der Streitigkeit (§ 38 III Nr 1). I. Verhältnis zu § 38 I und § 38 II, Internationale Zuständigkeit.** § 38 I ist als abschließende Sondernorm für den dort aufgeführten Kreis prorogationsbefugter Personen ausgestaltet und geht daher § 38 III vor. Gleiches gilt, wie sich aus der Gesetzessystematik ergibt, auch für 38 II, der § 38 III als speziellere Vorschrift verdrängt (Zö/*Vollkommer* § 38 Rn 35a). Das bedeutet aber, dass auch nach dem Entstehen einer Streitigkeit im Anwendungsbereich des § 38 II die Beschränkung durch § 38 II 3 zu beachten ist, da der für diese Fallkonstellation gewollte besondere Schutz des inländischen Verbrauchers auch in zeitlicher Hinsicht absolute Geltung beansprucht (aA St/J/*Bork* § 38 Rn 38). In Fällen mit Auslandsberührung ist § 38 III nur anwendbar, wenn die Vorschrift nicht durch speziellere Normen des internationalen Zivilprozessrechts verdrängt wird. Im Anwendungsbereich der EuGVO sind hinsichtlich Verbrauchern die zwingenden Vorgaben der Art 15 ff EuGVO zu beachten (Zö/*Vollkommer* § 38 Rn 35a).

15 **II. Nach dem Entstehen der Streitigkeit.** Bei Beteiligung mindestens einer nicht prorogationsbefugten Partei am Rechtsverhältnis besteht im reinen »Inlandsfall« die Möglichkeit zur Prorogation erst, wenn bereits eine Streitigkeit eingetreten ist. Für diesen Fall hat der Gesetzgeber ein geringeres Schutzbedürfnis

für Verbraucher erkannt und diesbzgl mehr Freiraum für Prorogationsvereinbarungen geschaffen. Dabei grenzt sich der Begriff der »Streitigkeit« wortlautmäßig und vom Normzweck her konsequent von demjenigen des »Rechtsstreits« ab, da die Gefahr einer unerkannten Übervorteilung des Verbrauchers durch eine Gerichtsstandsvereinbarung schon dann deutlich geringer ist, wenn zwischen den Parteien Meinungsverschiedenheiten über ein (potenziell) zwischen ihnen bestehendes Rechtsverhältnis aufgetreten sind (*Geimer* NJW 86, 1439; *Keller* Jura 08, 523, 526), ohne dass es insoweit bereits zur Klageeinreichung oder gar zur Klageerhebung gekommen sein muss. Diese Meinungsverschiedenheiten müssen sich aber auf ein bereits bestehendes und nicht erst auf ein durch Vertragsabschluss zu schaffendes Rechtsverhältnis beziehen, so dass auch im Falle von bereits im Vertragsabschlussstadium bestehenden Meinungsverschiedenheiten § 38III Nr 1 ausscheidet, wenn die Gerichtsstandsabrede zugleich mit dem Vertrag abgeschlossen wird, dessen künftige Streitigkeiten sie regeln soll (BGH NJW 86, 1438, 1439; krit unter Erörterung von Ausnahmen hierzu: *Geimer* NJW 86, 1439 f). Setzt demnach § 38 III Nr 1 in zeitlicher Hinsicht als frühest möglichen Zeitpunkt für eine Prorogation den Zeitpunkt an, in dem das Rechtsverhältnis, über das gestritten wird, schon besteht, so wird der spätest mögliche Zeitpunkt durch § 261 III Nr 2 bestimmt, wonach nach Klageerhebung vor dem zuständigen Gericht die einmal begründete Zuständigkeit der Parteidisposition kraft Gesetzes entzogen ist (*Keller* Jura 08, 523, 525).

III. Schriftliche und ausdrückliche Vereinbarung. Die Auslegung des Merkmals der »Schriftlichkeit« ist 16
auch bei § 38 III Nr 1 strittig. Einer Mindermeinung zufolge soll das Merkmal in § 38 III Nr 1 auf § 126 BGB verweisen (MüKoZPO/*Patzina* § 38 Rn 36). Dieser Auffassung ist mit der ganz hM nicht zu folgen, da nicht nachvollziehbar ist, warum das wortidentische Merkmal in der gleichen Vorschrift unterschiedlich auszulegen sein sollte (vgl statt Vieler: St/J/*Bork* § 38 Rn 36). Demnach ist hinsichtlich der Auslegung des Merkmals auf die Kommentierung zu § 38 II zu verweisen. Das Merkmal »ausdrücklich« hingegen grenzt sich deutlich ggü § 38 I ab, wo neben ausdrücklichen Abreden auch »stillschweigende« zugelassen sind. Demnach sind im Anwendungsbereich des § 38 III aus Verbraucherschutzgründen Gerichtsstandsabreden, die durch konkludentes Parteiverhalten zustande kommen oder sich im Wege der Auslegung einer insoweit nicht eindeutigen Formulierung entnehmen lassen, formnichtig. Ein Beispiel hierfür wären etwa übereinstimmende Verweisungsanträge der Parteien an ein unzuständiges Gericht, bei denen ein etwaiger Wille beider Parteien auf bewusste Abweichung von der gesetzlichen Regelung nicht verschriftet wird. Ferner erfordert »Ausdrücklichkeit« auch, dass der Fall, in dem die Abrede eingreifen soll, hinreichend bestimmt umschrieben ist. Ein bloßer Querverweis auf die Gesetzesbestimmung oder eine Formulierung dahingehend, dass die Gerichtsstandsabrede »soweit gesetzlich zulässig«, vorgenommen wird, werden diesen Anforderungen nicht gerecht (St/J/*Bork* § 38 Rn 41). Vielmehr muss die Formulierung so deutlich sein, dass auch ein Laie sofort erkennen kann, welche Folgen die Vereinbarung auslösen soll (*Keller* Jura 08, 523, 527). Wie sich im Umkehrschluss aus § 38 II 2 ergibt, genügt im Anwendungsbereich des § 38 III die bloß von einer Partei schriftlich vorgenommene Bestätigung einer zuvor getroffenen mündlichen Vereinbarung nicht, um die formelle Wirksamkeit der Abrede herbeizuführen.

E. Gerichtsstandsvereinbarung für den Fall der nachvertraglichen Verlegung des Wohnsitzes oder 17
gewöhnlichen Aufenthaltsortes ins Ausland oder für den Fall der Unbekanntheit von Wohnsitz/gewöhnlichem Aufenthaltsort im Zeitpunkt der Klageerhebung (§ 38 III Nr 2). I. Wohnsitz- oder Aufenthaltsverlegung nach Vertragsschluss (§ 38 III Nr 2 Alt 1). § 38 III Nr 2 ermöglicht es, durch Gerichtsstandsabrede Vorsorge für etwaige zukünftige Entwicklungen zu treffen, die die Gefahr des Entzuges eines inländischen Gerichtsstands oder einer Erschwerung der gerichtlichen Rechtsverfolgung mit sich bringen könnten. Eine solche Gefahr besteht offensichtlich, wenn die andere Partei nachträglich ihren Wohnsitz oder bei Nichtbestehen eines solchen ihren gewöhnlichen Aufenthaltsort ins Ausland verlegt. Hinsichtlich des Tatbestandes des § 38 III Nr 2 ist die Auslegung des Merkmals »nach Vertragsschluss« umstr. Während tw die Auffassung vertreten wird, damit sei das materiell-rechtliche Vertragsverhältnis gemeint (ThoPu/*Hüßtege* § 38 Rn 20), ist der hM zu folgen, die auf die Gerichtsstandsabrede abstellt (MüKoZPO/*Patzina* § 38 Rn 38), da § 38 III nicht nur Gerichtsstandsabreden für Streitigkeiten betreffend vertragliche Rechtsverhältnisse regelt, sondern vielmehr jedwede Streitigkeit erfasst (St/J/*Bork* § 38 Rn 39). Verlegt die Partei ihren Wohnsitz/gewöhnlichen Aufenthalt nach Abschluss der Gerichtsstandsabrede ins Ausland, vor Rechtshängigkeit aber wieder zurück ins Inland, so ist § 38 III Nr 2 dem Normzweck nach nicht eröffnet (vgl zu einem solchen Sachverhalt: LAG Düsseldorf Rpfleger 84, 360).

18 **II. Unauffindbarkeit der Partei nach Vertragsschluss (§ 38 III Nr 2 Alt 2).** § 38 III Nr 2 Alt 2 erleichtert die Bestimmung der örtlichen Zuständigkeit für den Fall der Unauffindbarkeit der anderen Partei. Selbstredend trägt die klagende Partei für das Vorliegen dieses Tatbestandsmerkmals die Darlegungs- und Beweislast, der durch eine fruchtlose Anfrage beim Einwohnermeldeamt des letzten bekannten Wohnorts (MüKoZPO/*Patzina* § 38 Rn 39) sowie durch eine Erklärung des Klägers genügt ist, selbst über keine weitergehenden Kenntnisse zum derzeitigen Wohnsitz/Aufenthaltsort der beklagten Partei zu verfügen.

19 **F. Prozessuales.** Da eine wirksame Gerichtsstandsabrede die Zuständigkeit eines Gerichts in Abweichung von der »normalen« Zuständigkeitsverteilung begründet, mithin einen Ausnahmetatbestand darstellt, trägt derjenige die Darlegungs- und Beweislast für das Vorliegen ihrer Gültigkeitsvoraussetzungen in tatsächlicher Hinsicht, der sich auf sie beruft (Frankf MDR 75, 232). Dies muss keineswegs stets der Kl sein, der sich unter Berufung auf die Abrede an ein nach der gesetzlichen Zuständigkeitsregelung unzuständiges Gericht wendet, sondern kann ohne Weiteres auch der Beklagte sein, der unter Verweis auf die Vereinbarung eines anderen ausschließlich zuständigen Gerichts die Unzuständigkeit des angegangenen Gerichts einwendet. Ein hinreichend substantiierter Vortrag erfordert insoweit die Darlegung des Abschlusses der Gerichtsstandsvereinbarung und ihres Inhalts (ggf unter Bezugnahme auf Kopien von Vertragsurkunden) sowie die Mitteilung der Tatsachen, die die übrigen Tatbestandsvoraussetzungen des § 38 ausfüllen, wie etwa der Kaufmannseigenschaft der Vertragsparteien (Schlesw NJW 06, 3360 f; geradezu »lehrbuchmäßig« gelöst für § 38 I zB bei: Karlsr MDR 02, 1269). Zur Darlegung der Kaufmannseigenschaft genügt es im Hinblick auf die materiell-rechtlichen Vorgaben des HGB (§ 1 I, II HGB) die Tatsachen vorzutragen, aus denen sich ergibt, dass die Vertragsparteien ein Gewerbe betreiben, ohne dass es darüber hinaus erforderlich wäre, dazu vorzutragen, dass der Betrieb nicht minderkaufmännisch ist (Karlsr MDR 02, 1269, 1270), da Letzteres bereits ein in der Darlegungslast der Gegenseite liegender Umstand ist. Wird ein Versäumnisurteil vor dem prorogierten Gericht angestrebt, ist überdies zu bedenken, dass die Fiktion des § 331 I 1 sich nach § 331 I 2 nicht auf den Vortrag zum Vorliegen einer Gerichtsstandsvereinbarung bezieht. Demnach muss insoweit über den bloßen Sachvortrag hinaus ein – dem Strengbeweis unterliegender (Frankf NJW MDR 75, 232) – Beweis geführt werden, der ggf durch die Vorlage der die Gerichtsstandsvereinbarung verkörpernden Vertragsurkunde und von Belegen für die weiteren Tatbestandsvoraussetzungen (zB zum Betrieb eines Gewerbes: Registerauskunft oder Auskunft einer Auskunftei; Verwendung von Geschäftspapier oder Firmenstempeln) (Karlsr MDR 02, 1269 f; *Pfeiffer* JA 05, 369, 371) geführt werden kann.

§ 39 Zuständigkeit infolge rügeloser Verhandlung.

[1]Die Zuständigkeit eines Gerichts des ersten Rechtszuges wird ferner dadurch begründet, dass der Beklagte, ohne die Unzuständigkeit geltend zu machen, zur Hauptsache mündlich verhandelt. [2]Dies gilt nicht, wenn die Belehrung nach § 504 unterblieben ist.

1 **A. Normgegenstand.** Nach § 39 S 1 kann ein unzuständiges Gericht auch durch rügelose Einlassung zur Hauptsache zuständig werden, in Verfahren vor den Amtsgerichten allerdings nur nach entspr Belehrung (§ 39 S 2). Die Regelung des § 39 S 1 beruht – so die Formulierung des BGH – auf der Erwägung, dass es nicht hinnehmbar wäre, wenn sich ein Bekl in (vom Gesetzgeber unterstellter) Kenntnis der Unzuständigkeit auf eine Verhandlung vor dem an sich unzuständigen Gericht einlassen und nach seinem Belieben in einem späteren Stadium des Prozesses noch die Rüge der Unzuständigkeit erheben könnte (BGH NJW 79, 1104 mit Verweis auf BTDrs 7/268 zu Art 1 Nr 3). Damit bezweckt **§ 39 S 1** neben der **Waffengleichheit** auch die **Verfahrensbeschleunigung** iSd Prozessökonomie (vgl Musielak/*Heinrich* Rn 1; MüKoZPO/*Patzina* Rn 1). Durch **§ 39 S 2** wird die **Belehrungspflicht** nach § 504 **abgesichert**. Diese dient dazu, den Bekl – auch den anwaltlich vertretenen (BayObLG NJW 03, 366; Celle 5.12.06, 4 AR 83/06; Zö/*Vollkommer* Rn 10; § 504 Rz 2) – davor zu schützen, dass er in Unkenntnis der Unzuständigkeit des Gerichts oder der Folgen einer rügelosen Einlassung die Rechte einbüßt, die aus der Unzuständigkeit erwachsen; sie soll ihm aber auch die sachgerechte Entscheidung darüber ermöglichen, ob er die Unzuständigkeit rügen will oder nicht. Damit wird auch dem Kl Rechnung getragen, der ein Interesse daran hat, dass der Bekl zur Entscheidung darüber veranlasst wird, ob er die Unzuständigkeit rügt oder die Zuständigkeit des Gerichts durch rügelose Einlassung begründet (BayObLG NJW 03, 366; MüKoZPO/*Deubner* § 504 Rn 1 ff).

2 **B. Anwendungsbereich.** Nach allgM kann § 39 S 1 gleichermaßen die **örtliche und sachliche Zuständigkeit** eines Gerichts begründen (s. nur KG VersR 88, 909; Hamm NJW 88, 653; Musielak/*Heinrich* Rn 2; Zö/

Vollkommer Rn 1), **nicht** aber die **Zulässigkeit des Rechtswegs** (Musielak/*Heinrich* Rn 2; Zö/*Vollkommer* Rn 1; vgl auch BGH NJW 97, 328). Zur **internationalen Zuständigkeit** s. Rz 12. Zu den Grenzen Rz 7 f. Im Verfahren zur **Aufhebung eines Schiedsspruchs** (§§ 1059, 1062 I Nr 4) kann sich die örtliche Zuständigkeit des OLG ebenfalls aufgrund rügeloser Einlassung iSd § 39 S 1 ergeben (Stuttg NJW-RR 03, 495; Zö/*Vollkommer* Rn 3; Musielak/*Heinrich* Rn 2). Dasselbe dürfte bei allen Anträgen nach § 1062 gelten. Allerdings setzt dies eine **mündliche Verhandlung** voraus (vgl München v 17.10.08–34 SchH 11/08; s. dazu näher Rz 4). Im **schiedsrichterlichen** Verfahren selbst ist § 39 S 1 dagegen nicht ohne weiteres anwendbar (vgl Musielak/*Heinrich* Rn 2; *Wackenhuth* KTS 85, 425, 429; vgl auch § 1027). Der **Anwendungsbereich** des § 39 ist, wie bereits der Wortlaut zeigt, auf die **1. Instanz** beschränkt (BGH NJW 87, 3081). Zur rügelosen Einlassung in der Berufungsinstanz s. § 295 und § 525 Rz 5. Die Vorschrift steht in einem **Spannungsverhältnis zu § 282 III**, wonach Rügen, welche die Zulässigkeit der Klage betreffen, bis zum Beginn der Verhandlung zur Hauptsache vorzubringen sind. § 39 S 1 stellt demgegenüber auf die mündliche Verhandlung selbst ab (Rz 5). Nach richtiger Auffassung muss § 39 deshalb Vorrang vor § 282 III haben mit der Folge, dass eine Präklusion nach § 282 III iVm § 296 III nicht stattfindet (Frankf OLGZ 83, 99, 101; Oldbg NJW-RR 99, 865, 866; Saarbr NJW 05, 906, 907; Zö/*Vollkommer* Rn 5; Musielak/*Heinrich* Rn 3; ThoPu/*Reichold* § 296 Rn 41; ebenso BGHZ 134, 127, 134 f für die internationale Zuständigkeit).

I. Unzuständigkeit des Gerichts. § 39 S 1 setzt zunächst voraus, dass eine Unzuständigkeit des Gerichts (Rz 2) gegeben ist. Wo eine Zuständigkeit bereits aufgrund anderer Zuständigkeitsnormen begründet ist, scheidet § 39 S 1 in jedem Fall aus. Dem hat die Prüfung durch das Gericht Rechnung zu tragen. 3

II. Rügelose Verhandlung zur Hauptsache. 1. Rügeverzicht. Die zuständigkeitsbegründende Wirkung nach § 39 S 1 ist zunächst daran gebunden, dass der Bekl auf die Zuständigkeitsrüge verzichtet. Zur Zuständigkeitsrüge eingehend § 12 Rz 9 – diese Ausführungen gelten für die sachliche Zuständigkeit entsprechend. Zur treuwidrigen Einlassung s. Rz 11. 4

2. Mündliches Verhandeln zur Hauptsache. § 39 S 1 setzt grds eine **mündliche Verhandlung** voraus (Saarbr OLGR 02, 331 f; Zö/*Vollkommer* Rn 8; Musielak/*Heinrich* Rn 3; MüKoZPO/*Patzina* Rn 6). Deshalb werden Verfahren, bei denen lediglich eine **Anhörung der Parteien** erfolgt, nicht von der Vorschrift erfasst (vgl Zö/*Vollkommer* Rn 8; vgl auch § 128 IV), Bsp: § 37 I, § 281 oder § 17a GVG. Auch die **Güteverhandlung** stellt keine mündliche Verhandlung idS dar (vgl § 278 II; Zö/*Vollkommer* Rn 8), ebenso wenig das **schriftliche Vorverfahren** nach § 276 (Musielak/*Heinrich* Rn 4). Dagegen findet § 39 S 1 Anwendung im **schriftlichen Verfahren** gem § 128 (BGH NJW 70, 198; Zö/*Vollkommer* Rn 8; Musielak/*Heinrich* Rn 4; ThoPu/*Hüßtege* Rn 1) und im **Verfahren nach Lage der Akten** gem §§ 251a, 331a (Zö/*Vollkommer* Rn 8; Musielak/*Heinrich* Rn 4). Ein **mündliches Verhandeln** ist schon dann gegeben, wenn die Parteien und das Gericht zum Streitgegenstand erörtern (Saarbr OLGR 02, 331 f; Zö/*Vollkommer* Rn 6; Musielak/*Heinrich* Rn 4; MüKoZPO/*Patzina* Rn 6). Ein **vorheriges Stellen der Anträge** ist **nicht erforderlich** (Dresd IPRsp 99, Nr 115; Musielak/*Heinrich* Rn 4; vgl auch Frankf JurBüro 85, 1556 f; Saarbr OLGR 02, 331 f; aA Dresd OLGR 97, 187; Zö/*Vollkommer* Rn 6). Eine mündliche Verhandlung ist auch eröffnet (vgl § 136 I), wenn die Sachanträge nicht zu Beginn gestellt werden, da der Termin zur mündlichen Verhandlung nicht stets mit der Antragstellung beginnen muss (§ 137 I). Vielmehr können zunächst eine Einführung in den Sach- und Streitstand sowie ein Güteversuch angebracht sein, ohne dass das Gesetz hierfür eine zeitliche Reihenfolge vorsieht (so richtig BGHZ 109, 41, 44; vgl auch Saarbr OLGR 02, 331 f). Deshalb fallen auch **Vergleichsverhandlungen** unter § 39 S 1, wenn die Sach- und Rechtslage erörtert worden ist (Saarbr OLGR 02, 331 f), reine Vergleichsverhandlungen dagegen nicht (Bambg MDR 88, 148 f; Saarbr OLGR 02, 331 f; Zö/*Vollkommer* Rn 6; Musielak/*Heinrich* Rn 4). Ein rügeloses mündliches Verhandeln zur Hauptsache liegt auch in der **Zustimmung zur Erledigungserklärung** durch den Kl (Frankf JurBüro 85, 1556 f; Zö/*Vollkommer* Rn 7; Musielak/*Heinrich* Rn 4; vgl auch Saarbr OLGR 02, 331 f). Eine **Verhandlung** über **Prozessvoraussetzungen** und die **Wirksamkeit von Prozesshandlungen** genügt nicht (Zö/*Vollkommer* Rn 6; Musielak/*Heinrich* Rn 4; MüKoZPO/*Patzina* Rn 6). Die **Ankündigung**, sich auf die Klage beim unzuständigen Gericht rügelos einlassen zu wollen, reicht für die Anwendung des § 39 ebenfalls nicht aus (Karlsr OLGR 05, 254 f; Zö/*Vollkommer* Rn 5). Streitig ist, ob die **Erhebung einer Widerklage** ein Verhandeln zur Hauptsache bedeutet. Das ist zu verneinen. Die Widerklage ist kein Angriffs- oder Verteidigungsmittel, sondern eine eigenständige Klage (vgl dazu § 33 Rz 3). Deshalb ist in der Widerklageerhebung noch keine Einlassung auf die Klage zu sehen (Musielak/*Heinrich* Rn 4; St/J/*Roth* Rn 8; MüKoZPO/*Patzina* Rn 7; Wieczorek/Schütze/*Hausmann* Rn 8; aA Zö/*Vollkommer* Rn 7; ThoPu/*Hüßtege* Rn 7). 5

6 **III. Wirkung.** Liegen die Voraussetzungen des § 39 S 1 vor, tritt die **Zuständigkeitsfolge von Gesetzes wegen** unabhängig vom Willen oder der Kenntnis der Parteien ein (vgl Zö/*Vollkommer* Rn 11; Musielak/*Heinrich* Rn 4; ThoPu/*Hüßtege* Rn 10), auch wenn die Parteien eine abweichende Gerichtsstandsvereinbarung getroffen haben (BGHZ 134, 127, 136 f; Zö/*Vollkommer* Rn 11; Musielak/*Heinrich* Rn 9), selbst bei einer ausschließlichen Gerichtsstandsvereinbarung (KG KGR 05, 522; Zö/*Vollkommer* Rn 11; vgl auch § 40 Rz 5). Für eine spätere Zuständigkeitsrüge ist kein Raum mehr (Zö/*Vollkommer* Rn 11). Die **Zuständigkeit** wird aber nur in dem **Umfang** begründet, **wie die rügelose Einlassung** erfolgt ist. Das kann bei unterschiedlichen Streitgegenständen Bedeutung erlangen (vgl Saarbr OLGR 02, 331; Zö/*Vollkommer* Rn 7; Musielak/*Heinrich* Rn 9).

7 **IV. Grenzen. 1. § 39 S 2.** § 39 S 2 enthält eine Beschränkung des § 39 S 1, indem sie für das amtsgerichtliche Verfahren die Zuständigkeitsfolge ausschließt, wenn die nach § 504 gebotene Belehrung unterblieben ist. Zur Belehrung s. näher § 504.

8 **2. § 40 II 2.** Eine ausdrückliche Beschränkung des § 39 S 1 enthält auch § 40 II 2. Durch die Vorschrift ist sichergestellt, dass die gesetzliche Zuweisung bestimmter Streitigkeiten (vgl dazu § 40 II) an ein Gericht ausschließlich ist und auch durch eine rügelose Verhandlung nicht überwunden werden kann.

9 **3. Säumnisverfahren.** Im Säumnisverfahren ist § 331 I 2 zu beachten. Daraus folgt, dass § 39 bei **Säumnis des Bekl** nicht anwendbar ist. Ein Versäumnisurteil gegen den Beklagten kann daher nur ergehen, wenn das Gericht zuständig ist. Im Falle der **Säumnis des Klägers** (§ 330) ist § 39 dagegen anwendbar. Allerdings kann der Kl wegen der Wirkung des zulässigen Einspruchs (§ 342) noch in der mündlichen Verhandlung nach § 343 die Zuständigkeitsrüge erheben (vgl Zö/*Vollkommer* Rn 9; Musielak/*Heinrich* Rn 7).

10 **4. Selbstständiges Beweisverfahren.** In selbstständigen Beweisverfahren ist zu beachten, dass sich der **Ast des selbstständigen Beweisverfahrens** in dem Hauptsacheprozess nach § 486 II 2 auf die Unzuständigkeit des von ihm selbst bezeichneten Gerichts des selbstständigen Beweisverfahrens (§§ 486 II, 487 Nr 4) nicht mehr berufen kann. § 486 II 2 führt also für den Ast des selbstständigen Beweisverfahrens zum Verlust des Rügerechts hinsichtlich der Unzuständigkeit des Gerichts, wenn der Hauptsacheprozess vor dem Gericht des selbstständigen Beweisverfahrens geführt wird (Celle NJW-RR 05, 1737 f; Zö/*Herget* § 486 Rn 4). Das gilt unabhängig davon, ob der Ast des selbstständigen Beweisverfahrens Kl oder Bekl des nachfolgenden Prozesses ist (Celle NJW-RR 05, 1737, 1738). In Aktivprozessen ist der Ast des selbstständigen Beweisverfahrens aber nicht gehindert, vor einem anderen Gericht zu klagen, das zuständig ist (Celle NJW-RR 05, 1737 f). Der **Antragsgegner des selbstständigen Beweisverfahrens** darf im Verfahren über die Hauptsache die Unzuständigkeit des Gerichts rügen, auch wenn er diese Rüge im selbstständigen Beweisverfahren unterlassen hat (Frankf NJW-RR 98, 1610, 1611; Zö/*Herget* § 486 Rn 4). § 39 findet keine Anwendung (Jena OLGR 00, 59; Celle NJW-RR 00, 1737; Musielak/*Heinrich* Rn 2; Musielak/*Huber* § 486 Rn 3; Zö/*Herget* § 486 Rn 4).

11 **5. Treuwidrigkeit.** Zur Treuwidrigkeit der Erhebung der Zuständigkeitsrüge s. näher § 12 Rz 16. Auch die rügelose Einlassung kann im Einzelfall nach § 39 treuwidrig sein. Das kann etwa bei Zuständigkeitsmanipulationen in Betracht kommen. Allein die Tatsache, dass weder der Kl noch der Bekl im Bezirk des angerufenen Gerichts einen allg oder besonderen Gerichtsstand haben, reicht aber für die Annahme einer Treuwidrigkeit noch nicht aus (ebenso Zö/*Vollkommer* Rn 11; ThoPu/*Hüßtege* Rn 8; *Deubner* JuS 97, 253 f; aA LG Berlin NJW-RR 97, 378 f).

12 **V. Internationale Zuständigkeit.** Entspr den allg Grundsätzen (vgl § 12 Rz 18) sind die internationalen Zuständigkeitsnormen vorrangig zu berücksichtigen; s. insb Art 24 EuGVO (vgl nur BGHZ 134, 127, 133). Außerhalb des Anwendungsbereichs dieser Normen geht die hM davon aus, dass § 39 im **inländischen Rechtsstreit** entspr für die internationale Zuständigkeit deutscher Gerichte gilt (BGHZ 101, 296, 301; 134, 127, 132 ff; Zö/*Vollkommer* Rn 4; Musielak/*Heinrich* Rn 10). In der Rüge der örtlichen Zuständigkeit ist im Zweifel auch die Rüge der internationalen Zuständigkeit enthalten (BGH NJW-RR 05, 1518 ff; Zö/*Vollkommer* Rn 4). Die Zuständigkeitsrüge kann noch in der ersten mündlichen Verhandlung geltend gemacht werden (BGHZ 134, 127, 136; Zö/*Vollkommer* Rn 4). Im Rahmen der Anwendung des § 328 I Nr 1 kann sich die Frage nach der Anwendung des § 39 auf einen **ausl Rechtsstreit** stellen. Der BGH hat die Anwendung daran gebunden, dass das ausl Gericht, dessen internationale Zuständigkeit begründet werden soll, ohne die rügelose Einlassung unzuständig wäre (BGHZ 120, 337, 339; ebenso Zö/Vollkommer Rn 4; vgl auch

BGH NJW 93, 1272 zu § 39 und § 328). Zu Recht wird darauf hingewiesen, dass die Vorschrift des § 39 S 2 auf das ausl Verfahren nicht übertragen werden kann (Frankf NJW 79, 1787; Zö/*Vollkommer* Rn 4; *Prütting* MDR 80, 368). Zur rügelosen Einlassung in der Berufungsinstanz s. § 295 und § 525 Rz 5.

§ 40 Unwirksame und unzulässige Gerichtsstandsvereinbarung. **(1) Die Vereinbarung hat keine rechtliche Wirkung, wenn sie nicht auf ein bestimmtes Rechtsverhältnis und die aus ihm entspringenden Rechtsstreitigkeiten sich bezieht.**

(2) [1]Eine Vereinbarung ist unzulässig, wenn

1. der Rechtsstreit nichtvermögensrechtliche Ansprüche betrifft, die den Amtsgerichten ohne Rücksicht auf den Wert des Streitgegenstandes zugewiesen sind, oder

2. für die Klage ein ausschließlicher Gerichtsstand begründet ist.

[2]In diesen Fällen wird die Zuständigkeit eines Gerichts auch nicht durch rügeloses Verhandeln zur Hauptsache begründet.

A. Normgegenstand. § 40 bestimmt zusammen mit § 38 die **Grenzen wirksamer Gerichtsstandsvereinbarungen.** Man spricht insoweit auch von **Derogation** (Einschränkung; s. nur Zö/*Vollkommer* Rn 7). Die **Terminologie** in § 40 I und II ist **irreführend.** In beiden Fällen geht es um die Unwirksamkeit wegen Verstoßes gegen eine Verbotsnorm (vgl Zö/*Vollkommer* Rn 1; Musielak/*Heinrich* Rn 1; MüKoZPO/*Patzina* Rn 2). Zweck der Vorschrift ist es, dem Bestreben entgegenzuwirken, durch eine Gerichtsstandsvereinbarung die Gerichtsstandsregelungen der §§ 12 ff mit dem ihnen eigenen Schutzzweck auszuschalten (vgl MüKoZPO/*Patzina* Rn 2; Musielak/*Heinrich* Rn 1). Durch § 40 II werden zudem die durch das Gesetz angeordneten ausschließlichen Zuständigkeiten abgesichert und deren zwingender Charakter betont. Dem dient auch die Beschränkung des § 39 durch § 40 II 2. 1

B. Anwendungsbereich. § 40 gilt für die **örtliche und sachliche Zuständigkeit** (Musielak/*Heinrich* Rn 2; ThoPu/*Hüßtege* Rn 1; MüKoZPO/*Patzina* Rn 4). Zur **internationalen Zuständigkeit** s. Rz 6. Die Vorschrift ist **zwingend** und durch das Gericht in jeder Lage des Rechtsstreits **von Amts wegen** zu beachten (vgl Zö/*Vollkommer* Rn 2; Musielak/*Heinrich* Rn 2; ThoPu/*Hüßtege* Rn 3). Aus § 40 II 2 ergibt sich, dass die **Vorschriften der §§ 282 III, 296 III keine Anwendung** finden (Zö/*Vollkommer* Rn 2; Musielak/*Heinrich* Rn 2; vgl dazu § 39 Rz 2, 8). Zum maßgeblichen **Zeitpunkt für die Prüfung** der Zulässigkeitsvoraussetzungen wie auch zur Prüfung in den höheren Instanzen s. näher § 12 Rz 10 ff. 2

I. Bestimmtes Rechtsverhältnis (§ 40 I 1). Der **Begriff des Rechtsverhältnisses** iRd § 40 I 1 hat dieselbe **Bedeutung wie iRd § 256** (Zö/*Vollkommer* Rn 3; Musielak/*Heinrich* Rn 3; ThoPu/*Hüßtege* Rn 4; s. dazu § 256 Rz 9). Das Rechtsverhältnis ist bestimmt, wenn es **hinreichend individualisiert** werden kann, dh von anderen Rechtsverhältnissen **abgrenzbar** ist (vgl Zö/*Vollkommer* Rn 3; Musielak/*Heinrich* Rn 3; ThoPu/*Hüßtege* Rn 4; MüKoZPO/*Patzina* Rn 5; näher *Ehricke* ZZP 111, 145, 152 ff). Der Bezug auf ein bestimmtes Vertragsverhältnis reicht in jeden Fall aus, zB ein Kontokorrentverhältnis (Musielak/*Heinrich* Rn 3; ThoPu/*Hüßtege* Rn 4). Der Bezug auf sämtliche Rechtsstreitigkeiten aus einem bestimmten Vertragsverhältnis erfasst neben vertraglichen idR auch künftige deliktische Ansprüche, soweit sie mit vertraglichen Ansprüchen konkurrieren (vgl München RIW 89, 901 ff zu Art 17 EuGVÜ; Stuttg EuZW 91, 125 ff zu Art 17 EuGVÜ; Zö/*Vollkommer* Rn 4; Musielak/*Heinrich* Rn 3; *Busse* MDR 01, 733; *Ehricke* ZZP 111, 145, 154 ff, 163 ff; vgl auch BGH NJW 65, 300; BAG AP Nr 4 zu § 38 ZPO Internationale Zuständigkeit). Anderes soll aber für Vereinbarungen in AGB gelten (vgl Hambg VersR 82, 341; Stuttg BB 74, 1270; Musielak/*Heinrich* Rn 3; MüKoZPO/*Patzina* Rn 5; aA Zö/*Vollkommer* Rn 4). Bestimmt genug ist auch eine satzungsmäßige Gerichtsstandsklausel für alle Streitigkeiten aus einem Mitgliedschaftsverhältnis (vgl BGHZ 123, 347, 351 ff zu Art 17 EuGVÜ; Zö/*Vollkommer* Rn 4; Musielak/*Heinrich* Rn 3). Bei Bestehen einer bestimmten Rahmenvereinbarung genügt auch die Bestimmbarkeit des Einzelvertrages (vgl Zö/*Vollkommer* Rn 3; *Ehricke* ZZP 111, 145, 157 ff; *Schilken* FS Musielak, 435, 446), anders dagegen bei Vereinbarung eines Gerichts für alle Streitigkeiten aus der Geschäftsverbindung (RGZ 36, 421, 422; Zö/*Vollkommer* Rn 4; Musielak/*Heinrich* Rn 3) oder für alle künftigen Rechtsstreitigkeiten (Zö/*Vollkommer* Rn 4; Musielak/*Heinrich* Rn 3; St/J/*Bork* Rn 1; MüKoZPO/*Patzina* Rn 5; vgl auch *Ehricke* ZZP 111, 145, 152 ff). 3

II. Nichtvermögensrechtliche Streitigkeiten der Amtsgerichte (§ 40 II Nr 1). Zu dem Begriff der nichtvermögensrechtlichen Streitigkeit s. § 3 Rz 8. Nichtvermögensrechtliche Streitigkeiten, die den Amtsgerich- 4 ten streitwertunabhängig zugewiesen sind, bestehen in Form der Familiensachen (§ 23a I GVG iVm § 111 FamFG) und der Angelegenheiten der freiwilligen Gerichtsbarkeit gem § 23a II GVG.

5 **III. Ausschließliche Zuständigkeit (§ 40 II Nr 2).** Ausschließliche Zuständigkeit iSd § 40 II Nr 2 meint nicht nur die **örtliche**, sondern auch die **sachliche Zuständigkeit.** Der Begriff »**Gerichtsstand**« ist insoweit **ggü den §§ 12 ff erweitert** (allgM; s. nur Zö/*Vollkommer* Rn 6; Musielak/*Heinrich* Rn 5; ThoPu/*Hüßtege* Rn 6; vgl auch § 12 Rz 2). Es muss sich um eine **ausschließliche gesetzliche Zuständigkeit** handeln, (Musielak/*Heinrich* Rn 5; Zö/Vollkommer Rn 7; MüKoZPO/*Patzina* Rn 7; St/J/*Bork* Rn 5). Eine Gerichtsstandsvereinbarung ist also bei einer vertraglichen ausschließlichen Gerichtsstandsbestimmung ohne weiteres möglich (Zö/*Vollkommer* Rn 7). Bei § 40 II Nr 2 ist die **Reichweite der gesetzlichen Regelung** unbedingt zu beachten. Besteht eine Ausschließlichkeit nur in örtlicher Hinsicht, so bleibt eine Gerichtsstandsvereinbarung hinsichtlich der sachlichen Zuständigkeit wirksam (vgl Musielak/*Heinrich* Rn 5; Zö/*Vollkommer* Rn 7). Zum Begriff der ausschließlichen örtlichen Zuständigkeit s. § 12 Rz 4. **Bsp** für gesetzlich geregelte ausschließliche Zuständigkeiten (alphabetisch): **AktG:** §§ 246 III, 249 I, 275 IV, 278 III (gesellschaftsrechtliche Klagen); § 6 II **AuslInvestmG;** § 3 **BinSchGerG** (Gesetz über das gerichtliche Verfahren in Binnenschiffahrtssachen; vgl BGHZ 82, 110, 113); § 42 **BNotO;** § 102 **EnWG** (dazu näher Köln NJW-RR 09, 987); **FamFG:** §§ 108 III, 185 III, 232 I, II, 237 II, 262 I 2, 267 I 2; § 26 I **FernUSG** (Gerichtsstand bei Fernunterrichtsverträgen, vgl aber auch § 26 II FernUSG); § 27 **GebrMG; GenG:** §§ 51 III 3, 109 III, 112 I (Genossenschaftsklagen); § 15 **GeschmMG;** § 61 **GmbHG** (Auflösungsklage); **GVG:** §§ 23a, 71 II, 201; § 87 I **GWB** (Kartellrecht); **InsO:** §§ 3 I, 180, 202, 315, 332 I; **Landesrecht:** Vorbehalte für landesrechtlich regelbare ausschließliche Gerichtsstände enthalten §§ 15 Nr 2 EGZPO, 491 FamFG, 26 I SEAG; § 140 **MarkenG;** § 143 **PatentG;** § 38 I **SortenschutzG;** §§ 2 I, 16 **SprG** (Spruchverfahren); § 13 I 3 **StrEG;** § 4 I, II **ThUG** (Therapieunterbringungsgesetz); § 98 I UmwG; § 6 I **UKlaG** (Unterlassungsklage bei Verbraucherrechts- und anderen Verstößen); §§ 13 I, 14 **UWG;** § 14 UWG (Wettbewerbssachen; s. nur Zö/*Vollkommer* § 40 Rn 8; Hefermehl/Köhler/Bornkamm § 14 Rn 1); § 13a VII **VerkaufsprospektG** (Haftungsklagen bei fehlendem Prospekt); § 215 I 2 **VVG** (Klagen gegen Versicherungsnehmer); § 17 **WahrnG** (Wahrnehmung von Urheberrechten und verwandten Schutzrechten); § 66 **WpÜG; ZPO:** §§ 24 I (dinglicher Gerichtsstand); § 29a (Gerichtsstand bei Miet- und Pachträumen); § 29c I 2 (Gerichtsstand für Haustürgeschäfte bei Klagen gegen Verbraucher); § 32a (Gerichtsstand der Umwelteinwirkung); § 32b (Gerichtsstand bei falschen, irreführenden oder unterlassenen öffentlichen Kapitalmarktinformationen); § 64 (Hauptintervention; Oldbg v 13.6.07–4 U 65/00, Rn 428; Zö/*Vollkommer* § 40 Rn 10, § 64 Rn 3); § 486 I, II (selbständiges Beweisverfahren; zu § 486 I s. nur Köln OLGR 05, 584, 585; zu § 486 II s. nur Zö/*Vollkommer* § 40 Rn 10, vgl auch Jena OLGR 00, 59); § 584 (Wiederaufnahmeverfahren); § 689 II (Mahnverfahren); alle Gerichtsstände des 8. Buches (§ 802); § 1 I **ZVG** (Zwangsversteigerungs- und Zwangsverwaltungssachen). Beachte die **Ausnahmeregelung des § 29c II** (s. § 29c Rz 6).

6 **VI. Internationale Zuständigkeit.** Es gelten die allg Grundsätze (vgl § 12 Rz 18). Soweit vorrangige internationale Regelungen nicht eingreifen (vgl insb Art 23 EuGVO), kann § 40 aufgrund seiner **Doppelfunktionalität** zur Prüfung der Wirksamkeit einer internationalen Gerichtsstandsvereinbarung herangezogen werden (BGHZ 49, 124, 126; 59, 23, 26; Musielak/*Heinrich* Rn 7; Zö/*Vollkommer* Rn 1). Die Vorschrift des § 40 II gilt nur, soweit eine **ausschließliche deutsche internationale Zuständigkeit** beschränkt würde (BGH NJW-RR 87, 227, 229; Köln MDR 86, 239 f; Zö/*Vollkommer* Rn 7). Einer **Erweiterung der internationalen Zuständigkeit deutscher Gerichte** steht die Vorschrift nicht entgegen (Köln MDR 86, 239 f; Zö/*Vollkommer* Rn 7). Dabei ist zu beachten, dass ein **ausschließlicher inländischer Gerichtsstand** zugleich die **ausschließliche internationale Zuständigkeit** begründet (vgl BGH NJW-RR 87, 227, 229; Zö/*Vollkommer* Rn 7).

Titel 4 Ausschließung und Ablehnung der Gerichtspersonen

§ 41 Ausschluss von der Ausübung des Richteramtes.

Ein Richter ist von der Ausübung des Richteramtes kraft Gesetzes ausgeschlossen:

1. **in Sachen, in denen er selbst Partei ist oder bei denen er zu einer Partei in dem Verhältnis eines Mitberechtigten, Mitverpflichteten oder Regresspflichtigen steht;**
2. **in Sachen seines Ehegatten, auch wenn die Ehe nicht mehr besteht;**

2a. in Sachen seines Lebenspartners, auch wenn die Lebenspartnerschaft nicht mehr besteht;
3. in Sachen einer Person, mit der er in gerader Linie verwandt oder verschwägert, in der Seitenlinie bis zum dritten Grad verwandt oder bis zum zweiten Grad verschwägert ist oder war;
4. in Sachen, in denen er als Prozessbevollmächtigter oder Beistand einer Partei bestellt oder als gesetzlicher Vertreter einer Partei aufzutreten berechtigt ist oder gewesen ist;
5. in Sachen, in denen er als Zeuge oder Sachverständiger vernommen ist;
6. in Sachen, in denen er in einem früheren Rechtszug oder im schiedsrichterlichen Verfahren bei dem Erlass der angefochtenen Entscheidung mitgewirkt hat, sofern es sich nicht um die Tätigkeit eines beauftragten oder ersuchten Richters handelt;
7. in Sachen wegen überlanger Gerichtsverfahren, wenn er in dem beanstandeten Verfahren in einem Rechtszug mitgewirkt hat, auf dessen Dauer der Entschädigungsanspruch gestützt wird.

Inhaltsübersicht

	Rz
A. Zweck der Regelungen	1
B. Anwendungsbereich	5
I. Allgemeiner Regelungsbereich	5
II. Regelungsbereich im Einzelnen	7
1. Prozessrechtlich	7
2. Sonstiges Verfahrensrecht	9
III. Persönlicher Geltungsbereich	10
C. Hinderungsgründe und ihre Folgen	12
I. Hinderungsgründe	12
II. Folgen	13
1. Beachtung der Hinderung	13
2. Nichtbeachtung des Ausschlusses	15
3. Nichtbeachtung der Befangenheit	18
D. Ausschließungsgründe/Zweck	19
E. Die Voraussetzungen	21
I. Sache	21
II. Die Ausschließungsgründe im Einzelnen	22
1. Beteiligung des Richters (Nr 1)	22
a) Partei	22
b) Mitberechtigter, Mitverpflichteter, Regresspflichtiger	23
2. Ehe (Nr 2)	24
3. Lebenspartnerschaft (Nr 2a)	25
4. Verwandtschaft, Schwägerschaft (Nr 3)	26
5. Parteivertretung (Nr 4)	27
6. Vernommener Zeuge oder Sachverständiger (Nr 5)	30
7. Mitwirkung an der angefochten Entscheidung (Nr 6)	31
8. Mitwirkung an einem überlangen Verfahren, auf dessen Dauer ein Entschädigungsanspruch gestützt wird (Nr 7)	34

A. Zweck der Regelungen. Die nach Art 20 III GG an Recht und Gesetz gebundene Rechtsprechung ist 1
nach Art 92 GG den Richtern anvertraut. Ein genaues Hinhören auf diese Verfassungsbestimmung zeigt, dass das Grundgesetz Vertrauen beim Richter lässt, also nicht nur auf seine Gesetzesbindung, sondern ebenso auf seine Gewissenhaftigkeit, Unbefangenheit und Unparteilichkeit baut (*P. Kirchhof* NJW 86 2275 f). Eine wesentliche Grundlage einer als integer empfundenen Rechtsprechung ist demnach, dass dem Richter bei der Ausübung seines Amtes Vertrauen entgegengebracht werden kann. Dieses Vertrauen kann in einem Prozess, in welchem die Parteien um »ihr« Recht streiten, nur dann bestehen, wenn diese sicher sein können, dass der Richter, der als nichtbeteiligter Dritter in diesem Verhältnis »Recht spricht«, im konkreten Rechtsstreit neutral, unvoreingenommen, unparteilich, objektiv, eben »unbefangen« urteilen kann (MüKoZPO/*Gehrlein* § 41 Rn 1; Musielak/*Heinrich* § 41 Rn 1). Der Streit, ob dieser Anspruch des einzelnen Rechtssuchenden auf den neutralen Richter verfassungsrechtlich aus dem Gleichheitsgebot des Art 3 Abs 1 GG herzuleiten ist (*P. Kirchhof* NJW 86, 2275 f), oder sich aus den Gedanken der als grundrechtsähnlich gewerteten Art 20 III und 92 GG speist (Wieczorek/Schütze/*Niemann* vor § 41 Rn 2; MüKoZPO/*Gehrlein* § 41 Rn 1), kann auf sich beruhen, der Gesetzgeber hat jedenfalls diese Neutralität zu gewährleisten (BVerfG Beschl v 6.5.2010 1 BvR 96/10 Rn 9 –juris; BVerfGE 21, 139 146 = NJW 67, 1123 1124; NJW 05, 3411; v. Münch/Kunig/*Meye* Art 92 Rn 9; Wieczorek/Schütze/*Niemann* vor § 41 Rn 2). Dieser Gewährleistungspflicht kommt er grundgesetzlich durch zwei untrennbar miteinander verknüpften Grundsätzen nach, dem Recht auf den gesetzlichen Richter und dessen Unparteilichkeit (BVerfGE 4, 412, 416).

Mit dem gem Art 101 I 2 GG garantierten Recht auf den gesetzlichen Richter soll der Gefahr begegnet werden, dass die Justiz durch Manipulation der rechtsprechenden Organe sachfremden Einflüssen ausgesetzt wird und durch die auf den Einzelfall bezogene Auswahl der zur Entscheidung berufenen Richter deren Ergebnis beeinflusst werden kann (BVerfGE 82, 286 296). Der Möglichkeit der Manipulation wird generell schon durch Art 97 II und 101 I 1 GG vorgebeugt. Die Bestimmung des gesetzlichen Richters, der nach den 2

Vorschriften des DRiG als solcher eingesetzt wird, erfolgt im Einzelfall nach den Zuständigkeitsregelungen des GVG und den besonderen Verfahrensordnungen (Wieczorek/Schütze/*Niemann* vor § 41 Rn 1) in Verbindung mit der bei jedem Gericht durch sein Präsidium gem § 21e GVG vorzunehmenden Geschäftsverteilung.

3 Der zweite Grundsatz zur Gewährleistung der Neutralität, die durch Art 97 I GG garantierte Unabhängigkeit des so bestimmten gesetzlichen Richters, soll ihn der Möglichkeit anderer Einflussnahmen entziehen. Er ist deswegen nur dem Gesetz unterworfen. Diesen Grundsätzen ist der einzelne Richter durch seinen gem § 38 DRiG öffentlich zu leistenden Eid verpflichtet (MüKoZPO/*Gehrlein* § 41 Rn 1).

4 Die verfassungsrechtlich verankerte Stellung des gesetzlichen Richters bedarf jedoch der Korrektur, wenn Anhaltspunkte dafür ersichtlich sind, dass das Vertrauen in seine Integrität in einer konkreten Verfahrenssituation zweifelhaft ist. Nur der im notwendigen Abstand zum streitigen Interesse objektiv entscheidende Richter kann gesetzlicher Richter iSd Art 101 I 1 GG sein (Musielak/*Heinrich* § 41 Rn 4). Ist das Vertrauen in die Neutralität nicht gewährleistet, droht der darauf gerichtete Anspruch ins Leere zu laufen. Dieser als Grundrecht ausgestaltete Anspruch gebietet es, den an sich als gesetzlich berufenen Richter an der Ausübung seines Amtes in diesem Einzelfall zu hindern. Um aber – spiegelbildlich zur Berufung des gesetzlichen Richters – Manipulationen auch bei seiner möglichen Hinderung vorzubeugen, bedarf es wegen der verfassungsrechtlich gebotenen Transparenz auch für diesen Fall gesetzlicher Regelungen. Diese Regeln sind Inhalt der Vorschriften über die Ausschließung und Ablehnung von Gerichtspersonen.

5 **B. Anwendungsbereich. I. Allgemeiner Regelungsbereich.** Die §§ 41 ff regeln die mögliche Hinderung an der Ausübung des Richteramtes, wenn begründete Zweifel in einer konkreten Verfahrenssituation an der Integrität des Richters bestehen. Ist er unabhängig vom Verfahrensgegenstand in der sachgemäßen Ausübung seines Amtes beschränkt, greifen diese Regelungen nicht (allgM). Als solche Beschränkungen kommen in Betracht: Berufung in das Richterverhältnis entgegen § 9 DRiG, Fehler bei der Ernennung gem § 17 I DRiG, geistige oder körperliche Unfähigkeit sowie Unzuständigkeit. Liegen diese vor, sind allein die ordentlichen Rechtsbehelfe statthaft (allgM; einschränkend St/J/*Bork* vor § 41 Rn 1, wo im Anschluss an München MDR 75, 584 die entsprechende Anwendung für unbedenklich gehalten wird). Zu diesen Rechtsbehelfen dürften auch prozessuale Rügen zu zählen sein, dh Behauptungen und Einwendungen, welche den äußeren Prozessablauf in Frage stellen (Zö/*Greger* § 295 Rn 2). Wenn vereinzelt ausgeführt wird, die Geltung der §§ 41 ff wirke, soweit die Ausübung des Richteramtes schon und noch in Betracht kommt (B/L/A/H Übers § 41 Rn 3), deutet dieses nur vordergründig darauf hin, dass die Regeln über die Hinderung mit den ordentlichen Rechtsbehelfen in Konkurrenz gesetzt werden sollen. Gemeint sind indes offensichtlich die zeitlichen Grenzen der Statthaftigkeit der Ausschließung oder Ablehnung.

6 Die allgM ist nicht ohne Zweifel. Einer Partei, die die öffentlich-rechtliche Befugnis ihres gesetzlichen Richters, seine psychische oder physische Gesundheit in Frage stellt, mangelt es am Vertrauen in seine Integrität. Verweist man sie auf Rechtsbehelfe oder Rügen, kann sie sich letztlich erst gegen eine ihr ungünstige Entscheidungen zur Wehr setzen, während sie bei Anwendung der §§ 41 ff diese vermeiden kann, obwohl auch in diesen Fällen ihr Vertrauen gestört ist. Sie steht prozessual schlechter. Dem Vorschlag, diesem Nachteil durch analoge Anwendung der Ablehnungsvorschriften zu begegnen (Wieczorek/Schütze/*Niemann* § 42 Rn 12), kann nicht gefolgt werden, weil sie als Ausnahmeregelungen nicht analogiefähig sind. Da die Anknüpfungspunkte des Vertrauensverfalls verschieden sind, einmal Misstrauen in die Befugnis, bzw die körperlich/geistige Fähigkeit, das Richteramt überhaupt sachgemäß ausüben zu können, zum anderen im Einzelfall in die Integrität des gesetzlichen Richter durch eine vermutete oder vorhandene negative Einstellung, ist der prozessuale Nachteil hinzunehmen.

7 **II. Regelungsbereich im Einzelnen. 1. Prozessrechtlich.** Die Regelungen des vierten Teils erstrecken sich auf alle Verfahrensarten der ZPO, durch § 869 auch für die nach dem ZVG. Durch §§ 401 f ist ferner das Festsetzungsverfahren gem § 16 ZSEG einbezogen (Wieczorek/Schütze/*Niemann* vor § 41 Rn 5). Für die Verfahren nach dem FamFG wird die entsprechende Anwendung durch § 6 I 1 angeordnet, wobei S 2 einen eigenständigen Ausschlussgrund für den schafft, der in einem vorausgegangenen Verwaltungsverfahren mitgewirkt hat. Für das Insolvenzverfahren werden sie über § 4 InsO zur Anwendung gebracht. Im Arbeitsrecht finden sie durch die Verweisungen der §§ 46 II 1, 64 VI 1, 72 V, 80 II, 87 II, 92 II ArbGG Anwendung, wobei die besondere Zuständigkeitsregelung des § 49 ArbGG und die sich aus §§ 64 VII, 72 VI ArbGG ergebenden Abweichungen zu beachten sind. Mit verfahrensspezifischen Modifikationen wird ihnen gem § 11 LwVG in den freiwilligen und § 48 LwVG in den streitigen Verfahren für Landwirtschaftssachen Gel-

tung verschafft, gem §§ 73 Nr. 2, 7 IV 1 GWB in den kartellrechtlichen Beschwerdeverfahren und gem § 86 PatG in den Verfahren vor den Patentgerichten, hier mit der Ergänzung, dass Abs 2 der Norm zwei weitere Ausschlussgründe wegen Vorbefassung schafft. Für die Beschwerdeverfahren vor dem PatGer gelten ferner die § 41 ff in Markensachen gem § 72 MarkenG, für Geschmackmustersachen über die Verweisung des § 23 II GeschmMG, für Gebrauchmustersachen durch die generelle Verweisung des § 18 II GebrMG. Durch Verweisungen gelten die §§ 41 ff gem § 54 VwGO für verwaltungsrechtliche, gem § 51 FGO für finanzgerichtliche und gem § 60 SGG für sozialgerichtliche Verfahren. In diesen Verweisungsnormen wird jeweils in deren Abs 2 der Ausschlussgrund des § 41 Nr 6 modifiziert, indem der als Richter ausgeschlossen ist, der bei dem vorausgegangenen Verwaltungsverfahren mitgewirkt hat. In Abs 3 findet sich jeweils ein unwiderlegbarer Befangenheitsgrund für den Richter, der der Vertretung einer Körperschaft angehört, deren Interessen durch das Verfahren berührt werden.

Eigenständige Regelung treffen die §§ 18 ff BVerfGG für die Verfahren vor dem BVerfG, §§ 1036 bis 1039, 8
1062 ZPO für Verfahren aufgrund Schiedsvereinbarung gem § 1029 und die §§ 22 bis 31 StPO für das Strafverfahren. Letztere gelten auch für das Adhäsionsverfahren gem § 403 ff StPO (BVerfG NJW 07, 1670) sowie über § 71 I OwiG für das Bußgeldverfahren.

2. Sonstiges Verfahrensrecht. Außerhalb des Prozessrechts finden sich Verweisungen auf die §§ 41 ff in 9
§ 27a II 5 UWG für das Einigungsverfahren, für die Verfahren vor dem Patentamt in § 27 VI PatG, § 10 IV GebrMG, § 23 I GeschmM und § 57 MarkenG. Ähnliche Regelungen gibt es in förmlichen Verwaltungsverfahren durch §§ 20 f VerwVerfG, §§ 82 bis 84 AO sowie § 16 f SGB X.

III. Persönlicher Geltungsbereich. Nur der einzelne Richter als individueller Inhaber des Richteramtes 10
kann ausgeschlossen sein oder abgelehnt werden, nicht ein Gericht oder ein Spruchkörper als Ganzes (BVerfGE 11, 1; 46, 00; BGH NJW-RR, 02, 789; Frankf Beschl v. 27.04.09 – 2 W 29/09 Rn 7- juris; St/J/*Bork* vor § 41, Rn 4; MüKoZPO/*Gehrlein* § 41 Rn 9). Das folgt schon aus der Überschrift des 4. Teils: »Gerichtspersonen«. Dem steht nicht entgegen, dass Ausschließungs- oder Befangenheitsgründe für mehrere einzelne Mitglieder eines Spruchkörpers vorliegen (BFH Beschl v 22.11.07, II S 11/07; MükoZPO/*Gehrlein* § 41 Rn 9; Musielak/*Heinrich* § 41, Rn 1; St/J/*Bork* vor § 41 Rn 4). Erfasst sind die Berufsrichter und ehrenamtlichen Richter der §§ 1, 45a DRiG. Wegen der Anwendbarkeit auf weitere Gerichtspersonen s. § 49 Rz 2 ff.

Soweit Verweisungsnormen fehlen, sind die Vorschriften des §§ 41 ff auf andere Personen, die nicht Richter 11
iSd Art 97 GG, § 1 DRiG sind, nicht anwendbar, auch nicht in Verfahren, die justizförmig ausgestaltet sind. Es handelt sich nämlich um Sondervorschriften, die ihren Sinn allein in der Ergänzung oder Korrektur der richterlich Unabhängigkeit und des gesetzlichen Richters haben (Musielak/*Heinrich* § 41 Rn 4; aA MüKoZPO/*Gehrlein* § 41 Rn 11; Zö/*Vollkommer* vor § 41 Rn 3, die unter Hinweis auf BGHZ 113, 277 eine analoge Anwendung auf Einigungs- und Schlichtungsstellen sowie Schiedsamt für möglich erachten). Deshalb gelten sie nicht für den Umgangspfleger iSd § 1915 I BGB (OLGR Karlsr 05, 336). Auch auf sonstige durch Gericht bestellte Pfleger sind sie nicht anzuwenden, weil sie nicht »Gerichtsperson« sind. Das gilt auch für Insolvenzverwalter, der allein gem § 59 InsO entlassen werden kann (BGH Beschl v 25.1.07, IX ZB 240/05 Rn 19 ff; HK-InsO/*Kirchhof* § 4 Rn 5; aA: LG Stuttgart AnwBl 89, 675; Zö/*Vollkommer* vor § 41 Rn 3; B/L/A/H Übers § 41 Rn 6).

C. Hinderungsgründe und ihre Folgen. I. Hinderungsgründe. Voreingenommenheit eines Richters zum 12
Prozessstoff oder zu den Prozessbeteiligten kann nur aufgrund von objektiven Indizien festgestellt werden (Wieczorek/Schütze/*Niemann* vor § 41 Rn 9), da dies eine innere Tatsache ist. Die Regelungen hierüber sind übersichtlich aufgebaut. Das Gesetz unterscheidet zwischen zwei Gründen, die dem Richter die Befugnis entziehen, in einem konkreten Verfahren sein Amt auszuüben, der Ausschließung gem § 41 und Gründen, die einer Partei das Recht geben, ihn gem § 42 II wegen der Besorgnis der Befangenheit abzulehnen (Zö/*Vollkommer* vor 41 Rn 2). Während § 41 auf zuverlässig feststellbare Beziehungen abstellt, die die richterliche Neutralität generell in Frage stellen (Wieczorek/Schütze/*Niemann* vor § 41 Rn 3), hebt das Ablehnungsrecht auf sonstige Beziehungen oder konkretes Verhalten eines Richters ab, welches für eine Partei seine Neutralität in Zweifel ziehen lässt. Das Gesetz differenziert zwischen diesen Hinderungsgründen, indem es den Richter bei zweifelsfreiem Vorliegen eines der Gründe des § 41 ohne Weiteres kraft Gesetzes ausschließt, wobei einer Partei gem § 42 I Hs 1 auch ein darauf gestütztes Ablehnungsrecht eingeräumt ist. Die Besorgnis der Befangenheit hingegen führt nur dann zu einem Ausscheiden des Richters, wenn es durch eine Partei förmlich geltend gemacht oder vom Richter gem § 48 Alt 2 angezeigt und in dem in

§§ 44–46 geregelten Zwischenverfahren rechtskräftig festgestellt worden ist. Eine Zwitterstellung nimmt § 48 Alt 2 ein, wo ein gesetzlicher Ausschließungsgrund förmlich festgestellt werden kann. Die Hinderung des Richters in einem bestimmten Verfahren erstreckt sich bei Verbindung von Verfahren gem § 147 für deren Dauer auf alle Verfahren und wirkt ggü dem Streitgenossen gem § 59 (Zö/*Vollkommer* § 61 Rn 6 u. § 42 Rn 19) und Nebenintervenienten gem § 66.

13 **II. Folgen. 1. Beachtung der Hinderung.** Ist ein Richter gem § 41 ausgeschlossen oder scheidet er wegen eines begründeten Befangenheitsgesuch aus, hat er sich jeder weiteren richterlichen. Tätigkeit in dieser Sache sofort zu enthalten. Auch nur vorbereitende Maßnahmen, zB Terminsbestimmung oder Anordnung des schriftlichen Vorverfahrens, sind ihm ebenso untersagt wie nebensächliche, zB Versendungsverfügungen. Das gilt auch, sofern er als ersuchter oder beauftragter Richter gehindert ist. Zu beachten ist indes, dass die Vorbefassung in dieser Eigenschaft nicht zur Ausschließung führt (s. Rz 32). Dieses strikte Gebot, sich jeder Tätigkeit zu enthalten, gilt gem § 47 in den dort festgelegten engen Grenzen bei Ablehnungen schon mit der Einbringung des Gesuchs, in den Fällen des § 48 mit der Anzeige oder dem Aufkommen des Zweifels (s. § 47 Rz 2 f).

14 An die Stelle des verhinderten Richters tritt, wie bei sonstigen Verhinderungen auch, sein gem § 21e I bzw § 21g I GVG bestimmter Vertreter (Zö/*Vollkomer* § 41 Rn 15), der die Sache im geschäftsplanmäßigen Dezernat des Verhinderten weiterbearbeitet. Kommt es durch Ausschluss eines Richters zu einem solchen Wechsel, ist dieses in der Prozessakte zu vermerken. Wegen Art 101 I GG haben die Parteien einen Anspruch darauf, den Grund des Richterwechsels zu erfahren und die Einhaltung des Geschäftsplans nachzuprüfen (Wieczorek/Schütze/*Niemann* § 41 Rn 15). Da sie Beteiligte des Zwischenverfahrens über die Befangenheit und des Verfahrens nach § 48 Alt 2 sind, erübrigt sich hier ein Vermerk. Sind nach den Vorschriften der §§ 41 ff sämtliche Richter eines Gerichts verhindert, kommt § 36 I Nr 1 zur Anwendung (St/J/*Bork* § 41 Rn 4), wobei analog § 47 auch ein ausgeschlossener Richter den nach § 37 erforderlichen Beschl fassen darf.

15 **2. Nichtbeachtung des Ausschlusses.** Die Mitwirkung eines **ausgeschlossenen Richters an Entscheidungen** führt zu einem Verfahrensmangel, der in jedem Stadium des Verfahrens vAw zu beachten ist (BVerfGE 46, 34, 37). Dabei ist es unerheblich, ob er den Ausschließungsgrund kannte (RG 33, 309; St/J/*Bork* § 41 Rn 6). Sie sind nicht nichtig, sondern bis zu ihrer Rechtskraft mit den allgemeinen Rechtsbehelfen anfechtbar (allgM). Für die Revision ergibt sich dieses unmittelbar aus § 547 Nr 2. Nach Eintritt der Rechtskraft ist gem § 579 I Nr 2 die Nichtigkeitsklage eröffnet, sofern nicht bereits auf einen Antrag nach § 41 I, nach § 48 oder im Rechtsmittelverfahren über den Ausschluss entschieden worden ist (St/J/*Bork* § 41 Rn 6; Wieczorek/Schütze/*Niemann* § 41 Rn 15) Nach Erschöpfung des Rechtswegs bleibt die Verfassungsbeschwerde, da das Grundrecht auf den gesetzlichen Richter verletzt ist (St/J/*Bork* aaO; Wieczorek/Schütze/*Niemann* § 41 Rn 15). Die Anfechtbarkeit von Entscheidungen entfällt auch nicht durch Verzicht auf die Rechtsfolgen des Ausschlusses oder Heilung gem § 295. Das folgt im Gegenschluss zu § 43 und aus der Überlegung, dass wegen Art 101 2 GG die Bestimmung des gesetzlichen Richters nicht zur Disposition der Parteien steht (MüKoZPO/*Feiber*, 2. Aufl, § 41 Rn 28). Die Mitwirkung eines ausgeschlossenen Richters nur bei der Verkündung einer Entscheidung macht sie unangreifbar, da darin keine Mitwirkung an der Entscheidung selbst zu sehen ist (RG JW 1902, 543; BGH NJW 61, 1077).

16 **Prozesshandlungen**, die ein **ausgeschlossener Richter** vorgenommen oder an denen er mitgewirkt hat, sind wirksam, bilden aber einen unheilbaren Verfahrensmangel (Zö/*Vollkommer* vor § 41 Rn 2; St/J/*Bork* § 41 Rn 6). Sie sind, soweit möglich, durch Rechtsbehelfe zu beseitigen, in jedem Fall aber durch oder mit dem geschäftsplanmäßigen Vertreter zu wiederholen, sofern noch keine Bindung des Gerichts gem § 318 oder die Beendigung des Rechtszugs aus sonstigen Gründen eingetreten ist (Musielak/*Heinrich* § 41 Rn 14; Wieczorek/Schütze/*Niemann* § 42 Rn 15). Die Parteien können gem § 295 auf die Wiederholung verzichten (Wieczorek/Schütze/*Niemann* aaO), da diese häufig nur verfahrensleitend sind (zB §§ 275, 276) und eine Wiederholung rein formalen Charakter hätte. Der Kernbereich des Art 101 I 2 GG wird dadurch nicht berührt.

17 **Prozesshandlungen der Parteien** vor einem ausgeschlossenen Richter sind voll wirksam (allgM).

18 **3. Nichtbeachtung der Befangenheit.** Ist der Befangenheitsantrag gem § 46 II für begründet erklärt worden, steht der abgelehnte Richter dem durch Gesetz ausgeschlossenen gleich. Das Tätigkeitsverbot wird umfassend. Die beschränkte Handlungsmöglichkeit aus § 47 entfällt. Bei Nichtbeachtung treten dieselben Folgen ein, wie bei dem ausgeschlossenen (s. Rz 15 f). Die Mitwirkung eines gem § 42 II ablehnbaren Rich-

ters wird herrschend als verfahrensrechtlich irrelevant angesehen (BGHZ 120, 144; St/J/*Bork* § 42 Rn 14). Das gilt sowohl bei Entscheidungen als auch bei Prozesshandlungen. Die Gegenmeinung sieht hierin einen heilbaren Verfahrensfehler (Zö/*Vollkommer* vor § 41 Rn. 2). Der Streit ist im Ergebnis ohne Bedeutung. Verfahrensfehler, die auf Befangenheitsgründen beruhen, die in einer Instanz bekannt, aber nicht geltend gemacht werden, sind nach der hM unerheblich, nach der Gegenmeinung durch Rügeverzicht geheilt (Zö*Vollkommer* aaO). Ein nachträglich darauf gestütztes Rechtsmittel bleibt erfolglos (BGH NJW 06, 695, 696; Zö/*Vollkommer* aaO). Wird ein Befangenheitsgesuch während der Instanz nicht beschieden oder der Grund erst nach Beendigung der Instanz bekannt, kann die Endentscheidung wegen eines Verstoßes gegen § 47 oder § 48 (St/J/*Bork* § 42 Rn 15), bzw wegen eines Verfahrensfehlers (Zö/*Vollkommer* vor § 41 Rn 2) mit dem statthaften Rechtmittel angefochten werden.

D. Ausschließungsgründe/Zweck. Ein Richter muss vertrauenswürdig sein, um sein Amt neutral mit der 19 nötigen Distanz zu den Parteien ausüben zu können (Rz 1 ff). Ist er voreingenommen, verliert er dieses Vertrauen. Die Voreingenommenheit ist eine innere Tatsache, auf die allein durch objektiv feststellbare Indizien geschlossen werden kann. Das Gesetz sieht zuverlässige Indizien dann, wenn der Richter in einem nahen persönlichen Verhältnis zu den Beteiligten steht (Nr 1–3), mit dem Prozessstoff schon als Interessenvertreter (Nr 4), als Beweismittel (Nr 5) oder an einer zu überprüfenden Entscheidung in Berührung gekommen ist (Nr 6). Es wertet diese Indizien so stark, dass es als Rechtsfolge seine Unfähigkeit, das Richteramt auszuüben, zwingend anordnet (Ausschluss).

Der Ausschluss kann immer nur für einen bestimmten Richter als natürliche Person in einem einzelnen 20 Verfahren erfolgen (s. Rz 10). Die Aufzählung der in Nr 1–6 genannten Ausschlussgründe ist abschließend (hM; BVerwG NJW 80, 2722; BGH NJW 04, 163). Einer Anwendung auf ähnliche Fallgestaltungen bedarf es wegen § 42 II und 48 Hs 2 nicht (MüKoZPO/*Gehrlein* § 41 Rn 14; einschränkend Zö/*Vollkommer* § 41 Rn 5). Deswegen und weil die Ausschließungsgründe im Regelfall leicht zu erkennen sind, finden sich Kontroversen selten(MüKoZPO/*Gehrlein* § 41 Rn 13). Wird gegen Nr 1–3 verstoßen, liegt eine Rechtsbeugung nahe (St/J/*Bork* § 41 Rn 5).

E. Die Voraussetzungen. I. Sache. Für alle Fallgestaltungen der Norm muss eine Tätigkeit eines Richters 21 in Ausübung seines Amtes mit einer »Sache« vorliegen. »Sache« bedeutet ein einzelner, bestimmter prozessrechtlicher Gegenstand. Damit sind nicht nur die streitigen Verfahren ieS einschließlich des Mahn- und Aufgebotsverfahrens sowie die Zwangsvollstreckung gemeint, sondern auch Tätigkeiten im selbständigen Beweisverfahren oder im schiedsrichterlichen Verfahren gem § 1026 (St/J/*Bork* § 41 Rn 6) sowie als ersuchter und beauftragter Richter.

II. Die Ausschließungsgründe im Einzelnen. 1. Beteiligung des Richters (Nr 1). a) Partei. Das Verbot, 22 Richter in eigener Sache zu sein, gehört zu den unverzichtbaren Grundsätzen jedes justizförmigen Verfahrens (allgM). Das schließt eine Mitwirkung bei der Verwerfung missbräuchlicher Ablehnungsgesuche nicht aus (s. § 45 Rz 2). Der Parteibegriff ist deshalb nicht nur formell iSd der ZPO zu begreifen, sondern auch materiell. Partei ist, für oder gegen wen ein Urt unmittelbar in den Grenzen der §§ 265, 325, 727 wirksam oder vollstreckbar ist (St/J/*Bork* § 41 Rn 7; Zö/*Vollkommer* § 41 Rn 6). Deshalb ist der Richter nicht nur als Partei kraft Amtes ausgeschlossen, sondern auch als Träger des dahinter stehenden Vermögens (MüKoZPO/*Gehrlein* § 41 Rn 15; Musielak/*Heinrich* § 41 Rn 8). Auch wer als Dritter nach §§ 66, 74 I, 75 ff an einem Rechtsstreit beteiligt ist, ist Partei (Zö/*Vollkommer* § 41 Rn 6). Die Streitverkündung allein begründet ohne den Beitritt des Richters nicht dessen Ausschluss (allgM). Gehört der Richter einer juristischen Person an, ohne eine organschaftliche Stellung innezuhaben, führt dieses nicht zu seinem Ausschluss, da Partei die juristische Person ist (BVerwG NJW 01, 2191; MüKoZPO/*Gehrlein* § 41 Rn 15; Zö/*Vollkommer* § 41 Rn 6). Bei organschaftlicher Stellung kommt Nr 4 in Betracht (s. Rz 29).

b) Mitberechtigter, Mitverpflichteter, Regresspflichtiger. Der Ausschluss tritt ein, wenn eine unmittel- 23 bare Beziehung zum Streitstoff besteht. Das ist dann gegeben, wenn der Richter Gesamtgläubiger oder -schuldner gem §§ 421 BGB ff ist; ferner, wenn er für die Schuld der Partei als Gesellschafter einer Personengesellschaft, auch als stiller Gesellschafter oder Kommanditist (St/J/*Bork* § 41 Rn 4), als Bürge, Wechsel- oder Scheckverpflichteter oder als Eigentümer einer für den Streitgegenstand haftenden Sache einzustehen hat (allgM), ferner als Amtsträger des Haftungsprozesses aus § 839 BGB wegen der Regressmöglichkeit aus Art 34 2 GG (St/J/*Bork* § 41 Rn 9). Nicht unter Nr 1 fällt ein bloß mittelbares Interesse am Ausgang des Rechtsstreits, etwa als Mitglied einer öffentlich-rechtlichen Körperschaft (RGZ 7, 311, BGH NJW 91, 425)),

Aktionär einer AG oder Gesellschafter einer GmbH (allgM): weiter nicht als potentieller Erbe (MüKoZPO/*Gehrlein* § 41 Rn 17; Musielak/*Heinrich* § 41 Rn 8) sowie als Staatsbediensteter seiner Anstellungskörperschaft (MüKoZPO/*Gehrlein* § 41 Rn 16). Je nach Umständen kommt jedoch eine Ablehnung gem § 42 II in Betracht (s. § 42 Rz 18). Eine Zwischenstellung nimmt die Mitgliedschaft in einem nichtrechtsfähigen Verein ein. Diese führt nicht zu einem Ausschluss, wenn der Richter nicht über seinen Anteil am Vereinsvermögen oder den Beitrag hinaus haftet und diese Haftung nach allen maßgeblichen Umständen keinerlei wirtschaftliche Belastung darstellt (Wieczorek/Schütze/*Niemann* § 41 Rn 4), wie bei einer Mitgliedschaft in einer Gewerkschaft (BAG NJW 61, 2371). Diese Erwägung gilt auch für die Mitgliedschaft in einer Genossenschaft (St/J/*Bork* § 41 Rn 8). Es reicht nicht aus, dass der Richter auf sonstige Weise einen unmittelbaren Vor- oder Nachteil erlangen kann (aA: Zö/*Vollkommer* § 41 Rn 7). Anders als die Ausschlussmöglichkeit durch § 16 I 2 VwVfG, § 16 I 2 SGB X muss ein rechtlicher Zusammenhang zwischen Mitwirkung und möglichem Erfolg vorliegen. Das folgt aus dem Wortlaut des Hs 2 der Norm (»Mitberechtigter« usw).

24 **2. Ehe (Nr 2).** Erfasst wird die bestehende, geschiedene, aber auch aufgehobene oder für nichtig erklärte Ehe des Richters mit einer nach Nr 1 ausgeschlossenen Person (Musielak/*Heinrich* § 41 Rn 9; Zö/*Vollkommer* § 41 Rn 8). Abzustellen ist auf die Verhältnisse des Ehegatten. Verlöbnis oder nicht eingetragene Lebensgemeinschaft führen nicht zum Ausschluss. Ebenfalls kein Ausschlussgrund liegt vor, wenn der Ehegatte Prozessbevollmächtigter einer Partei ist (Jena OLG-NL 00, 77). Zu denken ist allein an §§ 42 II, 48 (s. § 42 Rz 10), insb wenn der Richter derartige Umstände nicht frühzeitig offen legt (KG NJW-RR, 00, 1164).

25 **3. Lebenspartnerschaft (Nr 2a).** Gemeint ist die gem § 1 LPartG eingetragene gleichgeschlechtliche Lebenspartnerschaft, nicht die nichteheliche Lebensgemeinschaft (St/J/*Bork*, § § 41 Rn 10). Im Übrigen gilt Nr 2.

26 **4. Verwandtschaft, Schwägerschaft (Nr 3).** Die Feststellung dieser Beziehungen bemisst sich gem Art 51 EGBGB nach §§ 1589 f, 1591 ff, 1754 ff BGB. Umfasst werden daher auch die gem § 1594 BGB anerkannte oder gem § 1600d BGB gerichtlich festgestellte Vaterschaft (§ 1592 Nr 2, 3 BGB) oder die durch Adoption (Art 22 EGBGB iVm §§ 1741, 1754 BGB) begründete Verwandtschaft (Musielak/*Heinrich* § 41 Rn 11; Zö/*Vollkommer* § 41 Rn 9) oder Schwägerschaft (St/J/*Bork* § 41 Rn 11, Wieczorek/Schütze/*Niemann* § 41 Rn 6). Die Verwandtschaft und ihren Grad regelt § 1589 BGB. Für die Schwägerschaft gilt 1590 BGB. Bei einem Rechtsstreit einer Partei kraft Amtes liegt der Ausschlussgrund des Nr 3 sowohl wegen dieser Partei als auch wegen des Vermögensträgers vor (Musielak/*Heinrich* § 41 Rn 11; St/J/*Bork* § 41 Rn 12; Zö/*Vollkommer* § 41 Rn 9). Dagegen begründet eine Verwandtschaft oder Schwägerschaft des Richters zu dem Prozessbevollmächtigten einer Partei ebenso wie bei einer Ehe keinen Ausschluss (Musielak/*Heinrich* § 41 Rn 10; Zö/*Vollkommer* § 41 Rn 9). Die Verwandtschaft oder Schwägerschaft zu Zeugen, Sachverständigen und Dolmetschern führt nicht zum Ausschluss, da es nicht um deren »Sache« (s. Rz 21) geht. Die Möglichkeit der §§ 42 II, 48 ist hingegen gegeben (s. § 42 Rz 12a).

27 **5. Parteivertretung (Nr 4).** Wegen Sachnähe ist der Richter ausgeschlossen, der als Vertreter eine Partei in derselben »Sache« vertritt oder vertreten hat. »Sache« ist rein prozessual als Verfahren zu verstehen (s. Rz 21) so dass es nicht ausreicht, dass die Vertretung bei identischem Streitgegenstand schon in einem anderen gegeben war Der überwiegend geäußerten Gegenmeinung (Musielak/*Heinrich* § 41 Rn 11; St/J/*Bork* § 41 Rn 14; Wieczorek/Schütze/*Niemann* § 41 Rn 10; seit 3. Aufl auch MüKOZPO/*Gehrlein* § 41 Rn 19), die sich auf eine Entscheidung des RG stützt (RGZ 152, 9), ist nicht zu folgen. Sie verkennt, dass der Begriff »Sache« im Kontext des § 41 nur einheitlich als »prozessuales Verfahren« begriffen werden kann. Der Rückgriff auf den materiellen Streitgegenstandsbegriff verbietet sich, weil wegen Art 101 I 2 GG die Norm eng auszulegen und ein unmittelbarer Bezug zwischen Vertretung und richterlicher Mitwirkung unabdingbar ist. Bei Gesamtvertretung ist darauf abzuheben, bei wem die Befugnis für das in Streit stehende Rechtsgeschäft liegt. Sind mehrere gleich berechtigt, scheidet der Richter aus, unabhängig davon, ob er gehandelt hat. (Wieczorek/Schütze/*Niemann* § 41 Rn 9; MüKoZPO/*Gehrlein* § 41 Rn 19). In allen Fällen, in denen der Ausschluss nicht greift, ist ein Ausschluss wegen Befangenheit möglich.

28 Der Ausschluss trifft den **gewillkürten Vertreter** einer Partei, dh den Prozessbevollmächtigten gem § 81, auch wenn die Vollmacht gem § 83 II beschränkt ist, den Unterbevollmächtigten gem § 83, den vollmachtlosen Vertreter gem § 89 sowie Kanzleivertreter gem §§ 52, 53 BRAO oder Abwickler gem § 55 BRAO (MüKoZPO/*Gehrlein* § 41 Rn 19; Musielak/*Heinrich* § 41 Rn 11). Die Bestellung des Mitglieds einer Sozietät führt zum Ausschluss aller Sozii, wenn die Vollmacht nicht personenbezogen ist (Musielak/*Heinrich* § 41

Rn 11; Wieczorek/Schütze/*Niemann* § 41 Rn 8). Der gem § 59 II BRAO für eine Partei auftretende Referendar ist ebenso ausgeschlossen wie der Beistand gem § 90. Nicht durch Nr 4 berührt ist die gem § 167 BGB nur einseitig erklärte Vollmacht (Musielak/*Heinrich* § 41 Rn 11; Wieczorek/Schütze/*Niemann* § 41 Rn 8), die Bestellung als Zustellungsbevollmächtigter gem § 184, als allgemeiner außerprozessualer Vertreter gem § 164 BGB oder die Mitwirkung als Urkundsperson (Wieczorek/Schütze/*Niemann* § 41 Rn 8; Zö/*Vollkommer* § 41 Rn 10).

Der **gesetzliche Vertreter** des § 51, also der Richter als Vormund gem § 1773 BGB, Betreuer gem § 1896 BGB oder Pfleger gem § 1909 BGB sowie als Organ einer juristischen Person ist ausgeschlossen (Musielak/*Heinrich* § 41 Rn 11). 29

6. Vernommener Zeuge oder Sachverständiger (Nr 5). Über den allgemeinen Normzweck hinaus (s. Rz 1 ff, 19) soll hier die Objektivität der Beweiswürdigung geschützt werden (MüKoZPO/*Gehrlein* § 41 Rn 20). Der Begriff »Sache« ist entgegen der überwiegenden Meinung (Frankf FamRZ 89, 518, 519; Musielak/*Heinrich* § 41 Rn 12; St/J/*Bork* § 41 Rn 14; Wieczorek/Schütze/*Niemann* § 41 Rn 11) hier ebenfalls nur prozessual zu werten Das folgt schon aus dem Wortlaut, nach welchem die Vernehmung »in Sachen« und nicht »zur Sache« erfolgt sein muss. Deswegen schadet die Vernehmung in einem anderen Rechtsstreit nicht. Die geschützte Objektivität der Beweiswürdigung bleibt gewahrt, auch wenn der Richter anderweitig Beweismittel war. Hält er das dort von ihm Bekundete für „offenkundig" isd § 291, kann dieses Grund einer Ablehnung gem § 42 II sein. Der Ausschluss tritt nur ein, wenn er »vernommen ist«. Weder reicht die bloße Benennung (BVerwG MDR 80, 168) noch die Mitwirkung an einem Beweisbeschluss, die seine Vernehmung anordnet (RGZ 44, 394, 395). Die Vernehmung muss zumindest mit Fragen zur Person begonnen haben (Wieczorek/Schütze/*Niemann* § 41 Rn 11). Ohne Belang ist, ob die Beweiserhebung mündlich oder gem § 377 III oder § 411 schriftlich erfolgt ist. Die dienstliche Äußerung reicht nicht, da sie weder Zeugen- noch Sachverständigenbeweis ist (München Beschl v 27.1.64 – 11 W 1235/63 – LS juris). 30

7. Mitwirkung an der angefochten Entscheidung (Nr 6). Die Norm verfolgt den Zweck, die Funktionstüchtigkeit des Rechtsmittelverfahrens zu sichern. Die Entscheidung einer höheren Instanz ist nur dann sinnvoll, wenn andere Richter entscheiden (MüKoZPO/*Gehrlein* § 41 Rn 23). Voraussetzung ist die Mitwirkung beim Erlass, nicht Verkündung (Jena OLG-NL 00, 77) einer mit einem Rechtsmittel (§§ 511 ff, 542 ff, 567 ff) angefochtenen Entscheidung (Musielak/*Heinrich* § 41 Rn 13; St/J/*Bork* § 41 Rn 18; Zö/*Vollkommer* § 41 Rn 13). Die Norm ist im Hinblick auf Art 101 I 2 GG eng auszulegen Deswegen ist ein Richter, der nur an einer der angefochtenen Entscheidung vorausgehenden (Versäumnisurteil, Arrest, einstweilige Verfügung) mitgewirkt hat, in der Rechtsmittelinstanz nicht ausgeschlossen, wenn die diese bestätigende angefochten wird (Rostock NJW-RR 99, 1444, 1445; Hambg NJW-RR 02, 789; MüKoZPO/*Gehrlein* § 41 Rn 24; Musielak/*Heinrich* § 41 Rn 13; Zö/*Vollkommer* § 41 Rn 14). Verfassungsrechtliche Bedenken bestehen insoweit nicht (BVerfG Beschl v 4.7.01, 1 BvR 730/01 = NJW 01, 3533). Das muss auch für das Rügeverfahren gem § 321a gelten, da lediglich überprüft wird, ob der Rechtsstreit fortzusetzen ist(Zö/*Vollkommer* § 41 Rn 14). Die Gegenmeinung (BAG NJW 68, 814; München NJW 69, 754; St/J/*Bork* § 41 Rn 18; Wieczorek/Schütze/*Niemann* § 41 Rn 13), die einen Ausschluss befürwortet, weil der Richter mit dem streitigen Anspruch vorbefasst gewesen sei, geht an dem eindeutigen Wortlaut des Gesetzes, welchen zu ändern der Gesetzgeber trotz zahlreicher Novellierungen der ZPO keinen Anlass sah, vorbei. Ferner übersieht sie, dass die Bestätigung aufgrund eines umfassenderen Sach- und Streitstands erfolgt, den der Richter der vorausgehenden Entscheidung noch nicht bewertet hat (Rostock NJW-RR 99, 1444, 1445). 31

Ausdrücklich nicht ausgeschlossen ist der beauftragte oder ersuchte Richter. Nicht ausgeschlossen ist zudem der Richter, der in derselben Instanz an Vorentscheidungen (Grund- und Teilurteil, Stufe einer Stufenklage, Vorbehaltsurteil, Versäumnisurteil, Beschlüssen, auch zur Prozesskostenhilfe und zum einstweiligen Rechtsschutz) beteiligt war (MüKoZPO/*Gehrlein* § 41 Rn 25; Zö/*Vollkommer* § 41 Rn 14). Zum Ausschluss führende Mitwirkungen sind nach allgemeiner Meinung nicht die Abänderungsklage gem § 323, die Nichtigkeitsklage gem § 579 oder die Restitutionsklage gem § 580 sowie die Vollstreckungsabwehrklage gem § 767. Ferner begründet einen Ausschluss nicht: Die Mitwirkung am Erlass eines Beweisbeschlusses (RGZ 105, 17), an Beweissicherungen (Musielak/*Heinrich* § 41 Rn 13), an einem Vorlagebeschluss gem Art 100 GG, Art 177 II EWGV, Art 234 EGV (Zö/*Vollkommer* § 41 Rn 14), lediglich an einem Vorbehaltsurteil im Urkundsprozess, wenn die Entscheidung des Nachverfahrens angefochten wird (RGZ 148, 199), Mitwirkung nur an einem Grundurteil, wenn die Entscheidung des Betragsverfahrens angefochten wird (BGH NJW 60, 1762), bei einer Stufenklage an der Entscheidung über den Auskunftsanspruch, wenn die 32 weiteren Entscheidungen angefochten werden (Karlsr FamRZ 95, 556), an einer aufhebenden und zurückweisenden Entscheidung, da in der Neubefassung in der unteren Instanz keine Überprüfung einer angefochtenen Entscheidung liegt (RGZ 148, 149). Ein Richter höherer Instanz ist entsprechend dieser Vorschrift nicht ausgeschlossen, weil sein Ehegatte an der angefochtenen Entscheidung mitgewirkt hat. Dieser Umstand allein ist auch nicht geeignet, die Ablehnung gem § 42 II zu rechtfertigen (BGH Beschl v 17.3.08 – II ZR 313/06 – LS 2 – juris; § 42 Rz 24). Anderes kann aber gelten, wenn den Parteien dieses unbekannt und auch nicht durch das Gericht mitgeteilt worden ist (BSG Beschl v 24.11.05 – B 9a VG 6/05 – Rn 6, 8 – juris).

33 Ausgeschlossen ist schließlich auch, wer bei dem Erlass einer angefochtenen Entscheidung im schiedsrichterlichen Verfahren gem §§ 1025–1066 mitgewirkt hat. Eine frühere Mediation ist mit dieser Mitwirkung nicht gleichzusetzen, da sie von Neutralität geprägt ist und nicht zu einer Sachentscheidung des Mediators nach rechtlichen Maßstäben, sondern nur zu einer konsensualen Lösung durch die Parteien führen kann. Aus dem spezifischen Ablauf der Mediation im Einzelfall kann sich allerdings die Besorgnis der Befangenheit gem § 42 II und die Pflicht zur Selbstanzeige gem § 48 ergeben (LAG Hessen Beschl v 7.7.09 – 12 Ta 304/09 Rn 1 – juris).

34 **8. Mitwirkung an einem überlangen Verfahren, auf dessen Dauer ein Entschädigungsanspruch gestützt wird (Nr 7).** Diese Regelung ist durch Art 5 des G über den Rechtsschutz bei überlangen Gerichtsverfahren und strafrechtlichen Ermittlungsverfahren v 24.11.11 (BGBl I 2011, 2302, 2305) mit Wirkung vom 3.12.11 eingefügt worden. Durch dieses G werden Vorgaben des EGMR aus dessen Urt v 2.9.10 – 46344 – (NJW 10, 3355) und 9.6.06 – 75529/01 – (NJW 06, 2389) zu Rechtsbehelfen und Entschädigungen bei Verfahren erfüllt, die durch ihre überlange Dauer dem Grundsatz des fairen Verfahrens nach Art 6 Abs 1 EGMRK widersprechen. Durch Art 1 des o.g. Gesetzes ist dieses durch Anfügung der §§ 198 bis 201an das GVG erfolgt. Die Ergänzung des § 41 um einen neuen Ausschließungsgrund verfolgt in gedanklicher Fortschreibung von Nr 6 den Zweck, die Funktionstüchtigkeit des Gerichts im Entschädigungsverfahren zu sichern. Dieses kann unbefangen nur dann sinnvoll entscheiden, wenn kein Richter mitwirkt, der in einem Rechtszug tätig geworden ist, dessen beanstandete Dauer den Entschädigungsanspruch gerade stützen soll.

35 Inhaltlich wird die Zukunft das Tatbestandsmerkmal »mitgewirkt« zu klären haben. Es erscheint nämlich durchaus zweifelhaft, ob die kurzfristige bloße Zugehörigkeit zu dem Spruchkörper, dessen Tätigkeit in Rede steht, schon als »Mitwirkung« gewertet werden muss, oder ob zusätzlich eine tatsächliche Befassung mit der Sache zu fordern ist. Da die Ausschließungsgründe an objektive Tatsachen anknüpfen und es – anders als bei der Befangenheit – auf die Sicht einer Partei nicht ankommt (vgl § 42 Rz 5), dürfte es der Rechtssicherheit dienen, schon die Zugehörigkeit als Mitwirkung ausreichen zu lassen. Neben dem neuen Ausschlussgrund nach Nr 7 bleibt die Möglichkeit der Ablehnung gem § 42 Abs 1 S 2 (s. § 42 Rz 33).

§ 42 Ablehnung eines Richters.

(1) Ein Richter kann sowohl in den Fällen, in denen er von der Ausübung des Richteramts kraft Gesetzes ausgeschlossen ist, als auch wegen Besorgnis der Befangenheit abgelehnt werden.

(2) Wegen Besorgnis der Befangenheit findet die Ablehnung statt, wenn ein Grund vorliegt, der geeignet ist, Misstrauen gegen die Unparteilichkeit eines Richters zu rechtfertigen.

(3) Das Ablehnungsrecht steht in jedem Fall beiden Parteien zu.

Inhaltsübersicht

	Rz
A. Normzweck	1
B. Geltungsbereich	2
C. Ablehnung wegen Ausschluss des Richters	3
D. Ablehnung wegen Besorgnis der Befangenheit	4
I. Allgemeines	4
II. Begriff der Besorgnis der Befangenheit	5
III. Beurteilung	6
IV. Befangenheitsgründe im Einzelnen	7
1. Allgemeine Kriterien	7
2. Beziehungen des Richters	10
a) Persönliche	10
aa) Im engeren Sinne	10
bb) Im weiteren Sinne	13
b) Sachliche Beziehungen	18
aa) Wirtschaftliche	18
bb) Vorbefasstheit	19
3. Tatsächliches Verhalten des Richters	25
a) Außerdienstliches	25
b) Dienstliches	27

	Rz
c) Verhalten des Richters im konkreten Verfahren	28
aa) Konfliktpotential	28
bb) Angemessenes Verhalten	30
cc) Verfahrensleitung	32
dd) Dienstliche Erklärungen	41
ee) Die materielle Prozessleitung	42
ff) Rechtsansichten des Richters	48
gg) Entscheidungen des Richters	49
E. Antragsberechtigte (Abs 3)	50

A. Normzweck. Das Gesetz gibt durch Abs 3 den Parteien die Möglichkeit, durch Ablehnung ihr grundgesetzlich garantiertes Recht auf einen neutralen Richter (§ 41 Rz 1) durchzusetzen, in dem es ihnen ein eigenes Recht schafft, bei Nichtbeachtung der Ausschlussgründe des § 41 diese oder sonstige Gründe zur Überprüfung zu stellen, die aus ihrer Sicht Misstrauen gegen die Unparteilichkeit es Richters rechtfertigen können (Abs 2). Dieses Recht zur Überprüfung billigt das Gesetz durch § 48 auch dem einzelnen Richter zu. Die Ablehnung setzt einen in der Person des Richters liegenden individuellen Grund voraus (Wieczorek/Schütze/*Niemann* § 42 Rn 18; Zö/*Vollkommer* § 42 Rn 30) In der Rechtspraxis kommt eine auf § 41 gestützte Ablehnung einer Partei äußerst selten vor. Die mit Abs 2 begründeten Ablehnungen sind weitaus häufiger, werden indes kaum für begründet erachtet (MüKoZPO/*Gehrlein* § 42 Rn 2; Musielak/*Heinrich* § 42 Rn 1; Wieczorek/Schütze/*Niemann* § 42 Rn 3). Bei einem Großstadtgericht (AG Köln) kommt es in Zivilsachen seit über zehn Jahren nahezu unverändert zu Ablehnungen in 1,6 ‰ der Fälle. Davon sind ca 0,4 % rechtskräftig für begründet erachtet worden. Hingegen führt die Anzeige gem § 48 regelmäßig zur Verhinderung des Richters (MüKoZPO/*Gehrlein* § 42 Rn 2). 1

B. Geltungsbereich. Nur ein bestimmter Richter kann abgelehnt werden. Nicht abzulehnen ist ein Spruchkörper oder ein Gericht als Ganzes, was nicht ausschließt, dass Befangenheitsgründe für mehrere einzelne Mitglieder eines Spruchkörpers vorliegen (§ 41 Rz 10). 2

C. Ablehnung wegen Ausschluss des Richters. Diese Alternative ist in der Praxis zu vernachlässigen, da entweder der Ausschlussgrund ohne Weiteres vom Gericht berücksichtigt wird, oder in Zweifelsfragen Gegenstand einer Selbstanzeige gem § 48 ZPO ist. Kommt es nicht zur Selbstanzeige, greift immer Alt 2 (s. Rz 41). Da der Ausschluss gesetzlich gegeben ist, muss er zu jedem Zeitpunkt des Rechtsstreits beachtet werden. Wird das Gesuch rechtkräftig zurückgewiesen, ist dieser Grund weder für Revision (§ 547 Nr 2) noch Nichtigkeitsklage (§ 579 Nr 2) tauglich. 3

D. Ablehnung wegen Besorgnis der Befangenheit. I. Allgemeines. Die dem Richter übertragene Rechtsfindung ist kein singulärer Akt, sondern das Ergebnis einer Kommunikation zwischen allen am Prozess Beteiligten. Diese Kommunikation besteht nicht nur in Schriftsätzen. Hinzu treten verbale und nonverbale Äußerungen in und außerhalb der mündlichen Verhandlung. Kommunikation ist indes nicht eindeutig. Ihr sind Fehlverhalten und -interpretation immanent. Während Parteien und ihre Helfer die Kommunikation ihren Interessen folgend gestalten können, ist der Richter durch die Pflicht zur Unparteilichkeit in seinen Möglichkeiten beschränkt. Durch § 39 DRiG ist ihm Zurückhaltung auferlegt, auch außerhalb des Dienstes. Dieses Mäßigungsgebot führt indes nicht dazu, dass er losgelöst von seiner Persönlichkeit agiert. Er ist als Individuum geprägt durch Herkunft, Erziehung und soziales Umfeld. Diese Prägung führt generell zu persönlichen Grundeinstellungen, in denen ein Richter ebenso »befangen« ist, wie jeder andere auch. Diese »verborgene Befangenheit«, die sich in bewusster oder unbewusster Empathie ggü dem Streitgegenstand oder den Prozessbeteiligten widerspiegeln kann, begleitet auch den gewissenhaftesten Richter (B/L/A/H Übers § 41 Rn 2). Ein Richter lebt nicht im luftleeren Raum. Er verfügt über soziale Kontakte der verschiedensten Art, die ihn in seiner beruflichen Tätigkeit einholen. Bei aller Mäßigung gerät er zwangsläufig bei der Bearbeitung eines Rechtsstreits immer wieder in ein Spannungsfeld zwischen Vertrauen, welches ihm als Richter entgegengebracht wird (§ 41 Rz 1), und Kritik in seinem Umgang mit diesem Vertrauen. In diesem Spannungsfeld ist die Besorgnis der Befangenheit zu verorten. Da die Kommunikation immer andere Beteiligte mit ihren höchstpersönlichen Prägungen hat, in nicht vergleichbaren Situationen stattfindet und sich in durch Zeit und Ort verhafteten Anschauungen verwirklicht, verbietet sich jede schematische Einordnung dieser Besorgnis. Das Gesetz überlässt die Befangenheitsablehnung ohne Definition 4 und Fallgestaltung der pflichtgemäßen Beurteilung des zur Entscheidung hierüber berufenen Gerichts (St/J/*Bork* § 42 Rn 2). Die Rechtsprechung hat ihrerseits eine nahezu unüberschaubare Kasuistik entwickelt, die immer nur Fingerzeig, niemals aber absoluter Bewertungsmaßstab im Einzelfall sein kann und darf. In der Beurteilung der Besorgnis der Befangenheit muss sich der juristische Allgemeinplatz konkretisieren: Jeder Fall ist anders.

5 **II. Begriff der Besorgnis der Befangenheit.** Befangenheit ist eine vorgefasste innere Einstellung einer Person zu einer anderen oder zu einer Sache, die als solche nicht erkennbar ist. Rechtliche Relevanz kann ihr erst beigemessen werden, wenn sie in der Kommunikation äußerlich wahrnehmbar wird. Diese Wahrnehmbarkeit führt zur Ablehnung, wenn sie sich zu einem Grund verdichtet, der Misstrauen gegen die Unparteilichkeit des Richters rechtfertigt. **Vom Standpunkt des Ablehnenden aus muss bei vernünftiger und besonnener Betrachtungsweise das Verhalten des Richters die Befürchtung wecken können, dieser stehe der Sache nicht unvoreingenommen gegenüber** (allgM: BverfGE 82, 38; 101, 46, 51; BGH NJW-RR 03, 1220, 1221; MüKoZPO/*Gehrlein* § 42 Rn 4; St/J/*Bork* § 42 Rn 2; Zö/*Vollkommer* § 42 Rn 8). Die Wertung, ob die Ablehnung begründet ist, bewegt sich zwischen zwei grundgesetzlich fixierten Polen: Einmal der gesetzliche Richter, der den Parteien zumutet, sich mit einem Richter abzufinden, der ihnen nicht gefällt und von dem sie eine ihr günstige Entscheidung nicht erhoffen kann (MüKoZPO/*Feiber*, 2. Aufl, § 42 Rn 6), zum anderen dem Recht auf einen unparteiischen Richter. Das führt dazu, dass lediglich **objektive Gründe**, nicht rein subjektive, der Vernunft nicht zugängliche Vorstellungen des Ablehnenden, die Besorgnis der Befangenheit tragen können (BGH NJW-RR 03, 1220, 1221; Zö/*Vollkommer* § 42 Rn 9). Die Frage, ob ein solcher objektiver Grund gegeben ist, ist aus der Sicht des Ablehnenden zu würdigen, nicht aus der eines Dritten, auch nicht aus der des Prozessbevollmächtigten (Musielak/*Heinrich* § 42 Rn 5; Wieczorek/Schütze/*Niemann* § 42 Rn 4). Diese Sichtweise gibt dem objektiven Maßstab eine subjektive Komponente (Köln NJW-RR 99, 288). Da die Frage der »Besorgnis« allein aus dieser Sichtweise zu beantworten ist, ist es unerheblich, ob der Richter tatsächlich befangen ist oder nicht (allgM). Wenn gefordert wird, es sei auch zu berücksichtigen, dass für die Partei die Rolle als Prozessbeteiligte ungewohnt sei (Musielak/*Heinrich* § 42 Rn 6), ist dem nicht zu folgen. Diese Meinung stützt sich auf eine Entscheidung, die zu § 24 StPO ergangen ist (Celle NJW 90, 1308, 309). Es macht einen erheblichen Unterschied, ob eine Partei eines Rechtsstreits oder ein Angeklagter dem Verhalten eines Richters ausgesetzt ist.

6 **III. Beurteilung.** Bei der Entscheidung, ob ein Befangenheitsgesuch begründet ist, sind zwei Ebenen zu unterscheiden, die der Tatsachenfeststellung und der Tatsachenbewertung (Wieczorek/Schütze/*Niemann* § 42 Rn 4). Die Tatsachenfeststellung fußt auf dem Akteninhalt, der Glaubhaftmachung gem § 44 II und der dienstlichen Äußerung gem § 44 III. Die Bewertung erfolgt in den Zuständigkeiten des § 45. Umstritten ist, wie in Zweifelsfällen zu entscheiden ist. Zum einen wird vertreten, wegen des verfassungsrechtlichen Erfordernisses einer zweifelsfreien Unparteilichkeit gebühre im Zweifel der Stattgabe der Ablehnung der Vorzug (BayObLGZ 74, 131; KG MDR 99, 1019; Musielak/*Heinrich* § 42 Rn 5; St/J/*Bork* § 42 Rn 4; Zö/*Vollkommer* § 42 Rn 10). Dem wird zu Recht entgegengehalten, Art 101 I 2 GG gebiete es, § 42 II eng auszulegen. Diese Norm sei als Korrektiv zu dem gesetzlichen Richter ein Ausnahmetatbestand, der nur eingreifen könne, wenn die Voraussetzungen zweifelsfrei vorlägen (MüKoZPO/*Gehrlein* § 42 Rn 6; B/L/A/H § 42 Rn 12).

7 **IV. Befangenheitsgründe im Einzelnen. 1. Allgemeine Kriterien.** Der Gesetzgeber schweigt zu den möglichen Kriterien. Gleichwohl bietet das Gesetz in § 41 einen Ansatzpunkt. Hier wird an besondere persönliche und sachliche Beziehungen angeknüpft, aus denen sich insb unter Zugrundelegung der Rechtsprechung typisierende Fallgruppen bilden lassen (MüKoZPO/*Gehrlein* § 42 Rn 7; Zö/*Vollkommer* § 42 Rn 10). Diese geben nur eine grobe Strukturierung (St/J/*Bork* § 42 Rn 3) und können nicht schematisch übernommen werden (s. Rz 4; Zö/*Vollkommer* § 42 Rn 10). Zu würdigen sind in einer Gesamtschau die Details jedes Einzelfalls (St/J/*Bork* 42 Rn 3). Je näher diese aber zu einem Ablehnungsgrund des § 41 kommt, um so eher wird die Ablehnung berechtigt sein (MüKoZPO/*Gehrlein*, § 42 Rn 7). Ein weiterer Bewertungsmaßstab findet sich in § 1036 II 1 Alt 1 und in der Rspr des EGMR zu Art 6 I EMRK (Zö/*Vollkommer* § 42 Rn 8). Über diese persönliche oder sachliche Beziehung des Richters als Anknüpfungspunkt hinaus ist es sachgerecht, das tatsächliche Verhalten des Richters als Bewertungsmaßstab heranzuziehen, da die Rechtsfindung (auch) ein Kommunikationsprozess ist (s. Rz 2). Hier ist darauf abzustellen, ob aus der Sicht eines vernünftigen Menschen die Grenze zu Unsachlichkeit und Willkür überschritten ist (St/J/*Bork* § 42 Rn 3). Im Einzelfall können diese Kriterien Schnittmengen bilden (MüKoZPO/*Gehrlein* § 42 Rn 7).

Diese Kriterien lassen das **eigene Verhalten einer Partei**, wie Beleidigung des Richters, Dienstaufsichtsbeschwerden oder eine Strafanzeige als Befangenheitsgrund von vornherein ausscheiden (Saarbr NJW-RR 94; Ddorf OLGR 96, 108, 763, 766; Dresd FamRZ 02, 839; Zö/*Vollkommer* § 42 Rn 29). Andernfalls hätte es eine Partei weitgehend in der Hand, einen ihr missliebigen Richter auszuschalten (Musielak/*Heinrich* § 42 Rn 7; Wieczorek/Schütze/*Niemann* § 42 Rn 8). Wegen möglicher Reaktionen des Richters s. Rz 50. 8

Fehler in der Berufung eines Richters oder mögliche sonstige Einschränkungen in seiner Person **scheiden ebenfalls als Befangenheitsgrund aus** (s. § 41 Rz 5 f). 9

2. Beziehungen des Richters. a) Persönliche. aa) Im engeren Sinne. Eine enge Beziehung des Richters zu einer Partei über die in § 41 Nr 2–3 normierten hinaus wie Verlöbnis, Liebesverhältnis, Freundschaft, Feindschaft, Bekanntschaft oder Nachbarschaft, kann eine Ablehnung rechtfertigen (allgM). Es kommt auf die nähere Ausgestaltung an. Als Maßstab sollte gelten, wie nahe die Beziehung im konkreten Fall dem Leitbild der genannten Normen kommt (MüKoZPO/*Gehrlein* § 42 Rn 7). Ein bestehendes Liebesverhältnis wird sicher zum Ausschluss führen, eine frühere Bekanntschaft oder Freundschaft nicht (BGH Beschl v 29.6.09 – 1 ZR 168/06 – Rn 7, juris; St/J/*Bork* § 42 Rn 15). Bloße Sympathie oder Antipathie begründen für sich die Besorgnis der Befangenheit noch nicht (BVerfGE 73, 330 = NJW 87, 430). Hinzutreten müssen immer weitere Umstände. Diese können darin gesehen werden, dass der Richter vor dem Eintritt in den Staatsdienst in einem zweijährigem Anstellungsverhältnis zu einer Partei gestanden hat, auch wenn es schon seit 6 Jahren beendet ist (Frankf MDR 08, 710). 10

Ferner vermag auch eine enge **Beziehung einer dem Richter nahestehenden Person zu einer Partei** die Besorgnis der Befangenheit zu begründen. Die Nähe der Person zum Richter folgt einmal aus § 41 Nr 1–3, zum anderen kann sie sich aus den vorstehenden Erwägungen ergeben. So ist Befangenheit für den Fall angenommen worden, dass die Ehefrau des Richters in einem Dienstverhältnis zu einer Partei stand (LG Hanau NJW-RR 03, 1368). Entscheidend hierfür sind deren Betriebsgröße und Organisation sowie Stellung und Tätigkeit der Person innerhalb der Organisation (München Beschl v. 26.8.09 – 1 W 2051/09 – Rn 4, juris). 11

Die **enge persönliche Beziehung zum Prozessbevollmächtigen einer Partei**, sei es des Richters selbst oder einer ihm nahestehenden Person (s. Rz 11) dürften im Regelfall die Besorgnis der Befangenheit begründen (allgM), die lockrere Freundschaft reicht indes für sich nicht (St/J/*Bork* § 42 Rn 4; Zö/*Vollkommer* § 42 Rn 13), wohl aber, wenn sie sich über längere Jahre verfestigt hat (Stuttg Beschl. v 04.06.10 12 W 18/10 Rn 3ff – juris –). Es müssen jedenfalls weitere Umstände hinzutreten (Hambg MDR 03, 287). Auch starke persönliche Spannungen zu einem Prozessbevollmächtigten können zur Ablehnung führen, wenn sie sich in dem konkreten Rechtsstreit manifestieren (Köln NJW-RR, 88, 694; Jena BauR 04, 1815). Nicht ausreichend ist hingegen die persönliche Beziehung des Richters zu einem ansonsten nicht beteiligten Mitglied einer Anwaltskanzlei (BGH Beschl v 15.3.11 – II ZR 244/09- Rn 3f – juris). Wenn dieses aber auch auf eine Selbstanzeige gem. § 48 angenommen wird, nach der die Prozessbevollmächtigte des Klägers eine von persönlicher Freundschaft geprägte Bürogemeinschaft mit der Lebensgefährtin des Richters unterhält und er dieser zuvor zwar in Unkenntnis der künftigen Verfahrensbeteiligten, aber auf den Streitfall bezogen eine rechtliche Einschätzung erteilt hat (Sächsisches LSG Beschl v 27.9.11 – L 7 SF 114/ 11 AB – Rn 4f – juris), kann dem nicht beigetreten werden. 12

a) Die **persönliche Beziehung zu einem Zeugen,** auch eine negativ besetzte, kann die Befangenheit nur begründen, wenn der Zeuge „in dem Lager einer Partei steht" (LSG BaWü Beschl v 15.2.11 – L 8 SF 5748/ 10 AB – Rn 8f – juris), oder wenn eine besonders nahe Beziehung vorliegt (BFH Beschl v 1.8.01 – VII S 5/01 – Rn 7), die aber nicht durch bloße Kollegialität zu rechtfertigen ist (a.a.O. Rn 8).

bb) Im weiteren Sinne. Da immer ein individueller Ablehnungsgrund gegeben sein muss, können die in der Sozialgebundenheit des Richters liegenden allgemeinen Beziehungen, die sich aus Geschlecht, Rassenzugehörigkeit, Staatsangehörigkeit, Religion oder Weltanschauung speisen, Misstrauen gegen seine Unparteilichkeit nicht begründen (Frankf NJW-RR 98, 1764; Wieczorek/Schütze/*Niemann* § 42 Rn 18; Zö/*Vollkommer* § 42 Rn 30). Vom Richter wird erwartet, dass er sich von den daraus ergebenden Einflüssen im konkreten Fall freihält (BayVerfGH NJW 97, 3163). Auch seine allgemeine Einstellung zu politischen und wirtschaftlichen Fragen ist deshalb unbeachtlich (Köln NJW-RR 06, 64). Keinen Ablehnungsgrund bietet ferner die bloße Mitgliedschaft in einer Kirche (BayVerfGH NJW 01, 2963), Gewerkschaft (allgM), selbst dann nicht, wenn die Gewerkschaft selbst Partei ist (BAG AP § 42 ZPO Nr 2), in einer politischen Partei (BVerfGE 11, 3; 88, 23), in sonstigen Vereinigungen mit gesellschaftlicher oder rechtspolitischer Zielsetzung 13 oder Interessenverbänden (allgM). Im Einzelfall ist eine Befangenheit dann möglich, wenn der Richter die ihm durch § 39 DRiG gesetzte Beschränkung überschreitet und ein innerer Zusammenhang zwischen seiner Mitgliedschaft und dem Verfahrensgegenstand besteht Zö/*Vollkommer* § 42 Rn 31). Auch ist diese denkbar, wenn er innerhalb einer Organisation aktuell eine exponierte Stellung innehat (Musielak/*Heinrich* § 42 Rn 16; Wieczorek/Schütze/*Niemann* § 42 Rn 16).Es dürfte schon ausreichen, wenn er diese anstrebt, da er dann ein erhebliches persönliches Interesse hat, welches an Voraussetzungen des § 41 Nr 1 gemahnt. Als Abgeordneter eines Kreistags ist er zB im Prozess gegen den Kreis befangen (Celle NdsRpfl 76, 91).

14 Problematisch ist das **Kollegialitätsverhältnis** als Anknüpfungspunkt für die Besorgnis der Befangenheit (Musielak/*Heinrich* § 42 Rn 16). Generell ist die gemeinsame Zugehörigkeit zum gleichen Gericht kein Befangenheitsgrund (BGH NJW 57, 1400). Ein vernünftiger Grund, an der Objektivität des Richters zu zweifeln, liegt nur dann vor, wenn über ein bloß kollegiales Verhältnis hinaus ein engeres persönliches Verhältnis des zur Entscheidung berufenen Richters zur gegnerischen Partei besteht (BVerfG Beschl v 29.6.04 – 1 BVR 336/04- OS 1a – juris –)). Bei der gebotenen Abwägung dürfen die Gefahren etwaiger »Solidaritätseffekte« nicht überbetont werden. Es ist dem Richter aufgrund seiner Ausbildung, ethischen Tradition und beruflichem Erfahrung möglich, sich dieser Gefahren bewusst zu sein und eine parteiliche Beeinflussung seiner Rechtsprechung zu vermeiden (MüKoZPO/*Feiber*, 2. Aufl, § 42 Rn 12). Steht der erkennende Richter einer Partei näher als nur durch bloße Kollegialität, kann auf seine Selbstanzeige gem § 48 Hs 2 vertraut werden. Auch der Gesetzgeber vertraut dem Richter, wenn er gem § 45 zur Entscheidung über die Ablehnung einen Richter des Gerichts beruft, dem der Abgelehnte angehört. Deswegen ist es nicht ohne Zweifel, die Zugehörigkeit zum gleichen Spruchkörper oder zum gleichen kleineren Gericht generell als einen Umstand zu werten, der über bloße Kollegialität hinausgeht, wenn diese noch besteht oder vor nicht allzu langer Zeit bestand (BVerfG NJW 04, 3550). Das Verhalten eines durch Pensionierung ausgeschiednen Vorsitzenden eines Spruchkörpers, der unmittelbar danach in eine am Verfahren beteiligten Anwaltssozietät eintritt, kann die Befangenheit der verbliebenen Mitglieder nicht ohne Weiteres begründen (umfassend hierzu: BGH Beschl v 21.2.11 – II ZB 2/10- Rn 12ff – juris). Für länger zurückliegende Zusammenarbeit müssen aus ihr weitere Umstände, etwa Freundschaft oder Feindschaft, fortwirken (BVerfG aaO). Wenn ohne weiteres sämtliche Richter einer KfH als befangen erachtet werden, weil ein Handelsrichter persönlich haftender Gesellschafter einer Partei ist (Karlsr OLGR 06, 535; Celle Beschl v 17.3.09 – 9 W 20/09 – Rn 4 f, juris), ist das im Hinblick auf Art 101 I 2 GG zu weitgehend. Da das Zusammenarbeiten in einer KfH nur begrenzten Umfang hat, bleibt die erforderliche Distanz gewahrt (Schlesw MDR 88, 236).

15 Die **Doppelrolle eines Richters** in Prozessen gegen den Justizfiskus als dessen Referent und erkennender Richter in derselben Angelegenheit begründet nicht seinen Ausschluss gem § 41 Nr 4, wohl aber die Ablehnung (Dresd MDR 06, 106).

15a **Dienstaufsichtsbeziehungen im richterlichen Dienstverhältnis** bieten grds keinen Ablehnungsgrund (MüKoZPO/*Gehrlein* § 42 Rn 12; Wieczorek/Schütze/*Niemann* § 42 Rn 16), da ansonsten jeder Richter, zumindest solange er noch der Beurteilung unterliegt, ablehnbar wäre. Das gilt ferner für den planmäßigen Richter, der in der Erprobung in einem gegen seinen Dienstherrn gerichteten Amtshaftungsprozess tätig ist (BGH Beschl v 17.12.09 III ZB 44/09 LS u Rn 7 – juris –). Auch ein Proberichter, der in Prozessen gegen den Justizfiskus mitwirkt, kann nicht wegen dieser Eigenschaft abgelehnt werden (KG NJW-RR 97, 1403; MüKoZPO/*Gehrlein* § 42 Rn 12; Musielak/*Heinrich* § 42 Rn 16)). Die Begründung der aA (LG Berlin NJW 56, 1402; Wieczorek/Schütze/*Niemann* § 42 Rn 16; Zö/*Vollkommer* § 42 Rn 12a), die eine Befangenheit aus § 29 DRiG herleitet, überdehnt die Grenzen dieser Norm, die lediglich die ordnungsgemäße Besetzung der Richterbank auch äußerlich gewährleisten will, aber nicht von dem Gedanken getragen ist, der nicht planmäßige Richter »schiele« nach der Zustimmung seines Dienstherrn, wie zu der Norm ausgeführt worden ist (BGH NJW 95, 2792). Auch hier überragt der Gedanke des Art 101 I 2 GG. Einem Proberichter können wegen seiner Unerfahrenheit bestimmte Geschäfte nicht übertragen werden (zB § 23 III 2 GVG), das sind aber hierdurch begründete Ausnahmen, die es bei vernünftiger und besonnener Betrachtung nicht rechtfertigen, an seiner Unabhängigkeit zu zweifeln.

16 Die vorstehenden Erwägungen sind entsprechend anzuwenden, wenn eine einem Kollegen nahestehende Person Partei ist (s. Rz 11).

17 Inwieweit Dienstaufsicht außerhalb des richterlichen Dienstes (der Richter ist Vorgesetzter einer Partei) einen Ablehnungsgrund bietet, ist umstr. (nein: LG Berlin 56, 1402; St/J/*Bork* § 42 Rn 4; ja: BayObLG MDR 88, 970; Zö/*Vollkommer* § 42 Rn 12a; nicht eindeutig: Wieczorek/Schütze/*Niemann* § 42 Rn 14 aE einerseits, Rn 16 aE andererseits).

b) Sachliche Beziehungen. aa) Wirtschaftliche. Da durch § 41 Nr 1 eine unmittelbare Interessenkollision ausgeschlossen ist, kommen lediglich mittelbare wirtschaftliche Interessen am Prozessausgang in Betracht. Diese sind dann denkbar, wenn der Richter als Mitglied einer am Prozess beteiligten Organisation wirtschaftlich an deren Erfolg partizipiert. Das kann aber nur dann eine Befangenheit begründen, wenn eine gewisse Erheblichkeitsschwelle überschritten wird (MüKoZPO/Gehrlein § 42 Rn 9). Diese ist nicht erreicht, wenn der Richter einfaches Mitglied einer am Rechtsstreit beteiligten Massenorganisation ist wie ADAC, Gewerkschaft oder dgl (s. Rz 13; Zö/Vollkommer § 42 Rn 11). Entscheidend ist der wirtschaftliche Wert des Mitgliedschaftsrechts und die daraus fließende wirtschaftliche Abhängigkeit (Stuttg NJW-RR 95, 300). Als Kleinaktionär einer Groß-AG ist der Richter in deren Prozess nicht befangen (BayObLG ZIP 02, 1038), als Großaktionär einer kleinen AG sehr wohl (KG NJW 63, 451). 18

bb) Vorbefasstheit. War ein Richter mit dem Prozessstoff schon vorher befasst, führt dieses unter den Voraussetzungen des § 41 Nr 4–6 unmittelbar zum Ausschluss (§ 41 Rz 27 ff). Ob sonstige Vorbefasstheit zum Ausschluss führt, ist im Einzelfall umstr, da diese Ausschlussgründe abschließend sind (allgM) und deswegen besondere Gründe hinzutreten müssen, um die Besorgnis der Befangenheit zu rechtfertigen. Einigkeit herrscht darüber, dass eine **typische prozessuale Vorbefasstheit** keinen Befangenheitsgrund bietet (Musielak/*Heinrich* § 42 Rn 14; MüKoZPO/*Gehrlein* § 42 Rn 15; Zö/Vollkommer § 42 Rn 15). Gemeint sind die Fälle, in denen die Prozessordnung die erneute Befassung desselben Richters mit dem Streitstoff vorsieht oder nicht ausschließt: Mitwirkung im PKH- und Klageverfahren, Einspruchsverfahren nach VU, Mitwirkung beim Grundurteil und im Betragsverfahren, beim Urkunds- und Nachverfahren, Widerspruchsverfahren nach Erlass eines Arrestes oder einer einstweiligen Verfügung, im Ausgangs- und Abhilfeverfahren gem §§ 567 I, 572, im Erkenntnis- und Rügeverfahren gem § 321a, bei Entscheidungen über die vorläufige Einstellung der Zwangsvollstreckung und in der Hauptsache, bei Zurückverweisungen gem §§ 538 II, 563 I 1 (s.a. § 41 Rz 31 f). Das Gesetz setzt in diesen Fällen als selbstverständlich voraus, dass der Richter bei der jeweils erneuten Behandlung der Sache unbefangen seine frühere Meinung überprüft und sich, wenn nötig, löst (Wieczorek/Schütze/Niemann § 42 Rn 11). 19

Die Mitwirkung vorbefasster Richter an einer Entscheidung über die **Niederschlagung von Gerichtskosten** nach § 21 II GKG rechtfertigt die Besorgnis der Befangenheit nicht, weil in diesem Verfahren nicht erneut über das zivilrechtliche Verhältnis zwischen den Parteien entschieden wird, sondern im Verhältnis einer Partei zur Staatskasse über eine Frage der Kostentragung, auch wenn es inhaltliche Berührungspunkte zur Hauptsache gibt (BGH Beschl v. 02.04.09 –III ZA 2/09,III ZR 16&09 Rn 9; Beschl v.9.7.09 – III ZR 171/07 – Rn 1, juris). 20

Auch **atypische Vorbefassung** führt ohne Hinzutreten besonderer Umstände ebenfalls nicht zur Besorgnis der Befangenheit (Karlsr Beschl v 8.8.11 – 6 U 97/07- LS, Rn 5 – juris; Zö/*Vollkommer* § 42 Rn 17). Hierunter sind die Fälle zu fassen, in denen es zu einer Mehrfachbefassung des Richters mit demselben Streitstoff nicht aus der Verfahrensordnung selbst, sondern aus anderen Gründen ergibt. Zu denken ist an die Versetzung des erstinstanzlichen Richters an das Gericht höherer Instanz, soweit er nicht nach § 41 Nr 6 ausgeschlossen ist (s. § 41 Rz 31), oder die Rückkehr des Richters zur vorigen Instanz. Das gilt auch für den Fall, dass er an einer Entscheidung gem § 563 I 2 (Verweisung an einen anderen Spruchkörper des Berufungsgericht) mitgewirkt hat und er dann in dem »anderen Spruchkörper« eingesetzt wird (Karlsr OLGZ 84, 102, 104; Wieczorek/Schütze/*Niemann* § 42 Rn 13; Zö/*Vollkommer* § 42 Rn 17). Hierunter fallen ferner Mitwirkung bei Arrest oder einstweiliger Verfügung und im Hauptsacheverfahren, im Ausgangsverfahren und anschließender Vollstreckungsabwehr- oder Abänderungsklage, Tätigkeit im selbständigen Beweis- und darauf gestütztem Hauptsacheverfahren, Vorbefassung als Strafrichter, Mitwirkung im Ausgangsverfahren und Regressprozess gegen einen Prozessbevollmächtigten (Köln Beschl v 1.7.09 – 4 W 3/09 – Rn 6, juris). Auch die Wiederaufnahme eines unter seiner Mitwirkung entschiedenen Verfahrens führt nicht zur Besorgnis der Befangenheit, es sei denn es liegen die Fälle des § 579 I Nr 2 vor oder es wird gegen ihn der Vorwurf des § 580 Nr 5 erhoben (Wieczorek/Schütze/*Niemann* § 42 Rn 13; Zö/*Vollkommer* § 42 Rn 18). Dieses folgt aus dem Gegenschluss zu § 23 II StPO (BVerfGE 63, 79). Soweit im Einzelfall Gegenteiliges angenommen wird (Kobl NJW 67, 2213; Hamm NJW 70, 568; Ddorf NJW 71, 1221; Karls FamRZ 96, 556; Musielak/*Heinrich* § 42 Rn 14), wird nicht beachtet, dass dieses entgegen § 41 Nr 6 einen neuen Ausschließungsgrund schafft (Karls OLGZ 75, 243). Sieht er bei einer Vollstreckungsabwehrklage eine streitige Tatsache aufgrund seiner Wahrnehmung im Ausgangsverfahren gem § 291 als offenkundig an, ohne einen Gegenbeweis zuzulassen, führt das zu eine begründeten Ablehnung (BayVerfGH Beschl v 19.08.10 Vf 41 – VI.09 Rn 43f – juris –). 21

22 Allein die prozessuale Vorbefasstheit des Richters sowohl in früheren Verfahren einer Partei als auch in anderen gleichzeitigen Verfahren gibt selbst bei identischen Rechtsfragen für sich keinen Grund zur Befangenheit, auch wenn diese für eine Partei nachteilig entschieden worden sind (allgM). Ob eine in einem der Verfahren erfolgreiche Ablehnung einen **„übergreifenden Ablehnungsgrund"** für die anderen Verfahren bietet, hängt von den Umständen des Einzelfalls ab (KarlsR Beschl v 5.11.97–2 WF 140/97 Rn 5 – juris; Frankf FamRZ 86, 291). Beruhte diese auf persönliche Voreingenommenheit, greift dieser Grund auch in den anderen Verfahren (Brandbg MDR 00, 47), bei persönlichen Spannungen zwischen Richter und Prozessbevollmächtigten nur dann, wenn diese auch in dem andren Verfahren konkret in Erscheinung getreten sind (Nürnbg Beschl v 26.4.93–8 W 1136/93- Rn 3). Ist in einem früheren ein Ablehnungsgrund bekannt, aber nicht geltend gemacht worden, steht dem „Übergreifen" die Sperre des § 43 entgegen, falls zwischen den Verfahren ein tatsächlicher und rechtlicher Zusammenhang besteht (s. § 43 Rz 6). Wenn generell angenommen wird, in den Verfahren unter Beteiligung von Streitgenossen wirke die erfolgreiche Ablehnung durch einen übergreifend auch für die anderen (Zö/*Vollkommer* § 42 Rn 19), muss dieses bezweifelt werden. Es ist nämlich zu bedenken, dass jedem Genossen nach Abs 3 das Ablehnungsrecht zusteht und es ihm überlassen bleibt, dieses auch auszuüben. Hat er dieses nicht gemacht, wird ihm nach dieser Ansicht der gesetzliche Richter ohne sein Zutun entzogen. Richtiger ist es deswegen, lediglich eine gem § 42 I Hs 1 erfolgreiche Ablehnung übergreifen zu lassen, wenn der Ausschlussgrund auch für den Streitgenossen gilt. Auf diesen könnte er nicht verzichten. Erwägenswert ist schließlich, eine aufgrund Selbstanzeige gem § 48 erfolgte Ablehnung in einem späteren Verfahren bei gleichem Prozessstoff durchgreifen zu lassen.

23 Zu unterscheiden von der prozessualen ist die **sonstige Vorbefasstheit.** Über die in § 41 Nr 6 genannten Vorbefassungen hinaus ist dieses dann der Fall, wenn der Richter mit dem Streitstoff in einer anderen Rolle befasst war, zB als Staatsanwalt, Organ der Justizverwaltung, Verwaltungsbeamter, Sachbearbeiter eines Unternehmens, Rechtsanwalt, Sachverständiger, Schiedsgutachter, sonstiger Sachwalter oder Mediator. Hier kann die Vorbefassung allein Misstrauen in die Unparteilichkeit nicht begründen (aA MüKoZPO/*Gehrlein* § 42 Rn 17). Es ist nicht einzusehen, dass ein Strafrichter, der später in derselben Sache als Zivilrichter tätig wird, nicht befangen ist (Rz 21), dieses sein soll, wenn er als Staatsanwalt die Anklage vertreten hat (BGH NJW 67, 155). Bei dieser Betrachtungsweise ist es bedenklich, einen Richter, der in einem Ministerium als Referatsleiter mit einem Gesetzentwurf befasst war, nur deswegen als befangen zu erklären, wenn er später in einem Rechtsstreit mitwirkt, in welchem die Verfassungsmäßigkeit dieses Gesetzes in Zweifel gezogen wird (Sächsisches OVG Beschl v 12.5.11–2 A 540/09 – Rn 3 – juris). Die Bedenken ergeben sich daraus, dass er lediglich abstrakt mit der Gesetzesmaterie beschäftigt war. Anders ist es zu bewerten, wenn er dienstlich als Referent für die Bearbeitung von Amtshaftungsprozessen in einem konkreten Fall eine Stellungnahme abgegeben hat, über den er als Richter später zu entscheiden hat (Dresd Beschl v 7.10.04–6 W 972/04 – Rn 3 – juris). Abzustellen ist jeweils auf das Verhalten des Richters in der anderen Rolle. Er sollte die Parteien von der sonstigen Vorbefasstheit in Kenntnis setzen (s. § 48 Rz 4). Erklärt er dabei, er bezweifle, ob er wegen dieser unvoreingenommen sei, rechtfertigt dies eine Selbstablehnung (LAG Hessen Beschl v 7.7.09–12 Ta 304/09 – LS, juris).

24 Für die Vorbefasstheit einer dem Richter nahestehenden Person gelten die Erwägungen, die auch sonst zur Befangenheit führen (s. Rz 11). Ein Richter höherer Instanz ist ohne Hinzutreten weitere Umstände weder entsprechend § 41 Nr. 6 noch wegen der Besorgnis der Befangenheit ausgeschlossen, weil sein Ehegatte an der angefochtenen Entscheidung mitgewirkt hat (BGH Beschl v 17.3.08 –II ZR 313/06 – LS 2 – juris; § 41 Rz 32).

25 **3. Tatsächliches Verhalten des Richters. a) Außerdienstliches.** Das außerdienstliche Verhalten eines Richters kann dann die Besorgnis der Befangenheit rechtfertigen, wenn es um ein Verhalten geht, welches Beziehung zu den Parteien oder dem Prozessstoff hat, über die Grenze des § 39 DRiG hinaus das Pflichtgemäße, Angemessene oder Übliche überschreitet (MüKoZPO/*Feiber* 2. Aufl, § 42 Rn 18) und die Parteien annehmen lässt, die sich darin manifestierte innere Einstellung werde kritiklos auf ihren Rechtsstreit übertragen. Ein Richter darf auch im Lichte des § 39 DRiG seine demokratischen Rechte mit den dafür zur Verfügung stehenden Mitteln ausüben, ohne dem Mäßigungsverbot zuwiderzuhandeln. Auch darf er extensiv von Art 5 GG Gebrauch machen. Seine grundsätzliche Eignung zum Richtersein stellt das nicht in Frage. Wird er jedoch als Richter mit Rechtsstreitigkeiten befasst, die konkret sachlich oder persönlich im Zusammenhang mit derartigen Betätigungen stehen, hat er das Vertrauen in seine Neutralität verspielt (MüKoZPO/*Feiber* 2. Aufl, § 42 Rn 22).

Eine zuvor abgegebene **abstrakt wissenschaftliche oder sonstige öffentliche Äußerung des Richters zu** einer konkret zu entscheidenden Rechtsfrage birgt hingegen keinen Ablehnungsgrund in sich, da er schon von Berufs wegen gezwungen ist, sich laufend eine Meinung zu bilden und dabei stets für neue und bessere Argumente offen zu bleiben (allgM; umfassend BVerfG Beschl v 11.10.11 – BvR 1010 1219/10 – juris). Derartige Äußerungen begründen auch nicht die Befangenheit, wenn sie in einem interessengebundenen Rahmen getätigt werden (BGH NJW 02, 2396; aA *E. Schneider* WM 03, 848). Befangenheit ist indes anzunehmen, wenn die Publikation wissenschaftliche Kriterien vermissen lässt, die Art der Äußerung unangemessen oder tendenziös ist (Saarbr Beschl v 6.2.09 – 9 WF 17/09 – Rn 13, juris), oder die Meinungsäußerung bezogen auf das noch laufende Verfahren erfolgt (allgM). Ist die Entscheidung getroffen, entfällt die letzte Beschränkung wieder, auch im Hinblick auf ein künftiges Verfahren (BVerfGE 48, 46, 16). Nur aus dem Einzelfall lässt sich bewerten, wenn der Richter hinsichtlich des konkreten Streits im Vorfeld Rechtsauskünfte erteilt hat oder als Partei in einem früheren Rechtsstreit eine bestimmte Rechtsmeinung geäußert hat (BVerfG NJW 99, 414). 26

b) Dienstliches. Das allgemeine dienstliche Verhalten des Richters bedarf ebenfalls einer Handlung, die einen konkreten persönlichen oder sachlichen Bezug zu dem Streitstoff hat, um Befangenheit anzunehmen. Deswegen begründet die allgemeine (negative) Einschätzung eines Richters ein Misstrauen nicht (Musielak/*Heinrich* § 42 Rn 10). Die Handlung kann aber in der gleichzeitigen Mitwirkung in anderen Prozessen für oder gegen eine Partei liegen, wenn in einem der Verfahren ein Ablehnungsgrund gegeben ist (übergreifende Ablehnungsgründe, s. Rz 22). 27

c) Verhalten des Richters im konkreten Verfahren. aa) Konfliktpotential. Naturgemäß wird das Verhalten des Richters (Tun und Unterlassen) in den verschiedenen Verfahrenssituationen zum Anlass genommen, ihn abzulehnen (MüKoZPO/*Gehrlein* § 42 Rn 23), wobei die Praxis zeigt, dass Ablehnungen selten sind (s. Rz 1). 28

Rechtsfindung erfolgt durch Kommunikation (s. Rz 4), die häufig nicht eindeutig ist. Zu berücksichtigen ist immer, dass die Verfahrenssituationen und das Verhalten der Beteiligten singulär sind. Jeder Richter hat seine eigene Persönlichkeit, die auch bei gewissenhaftester Neutralität nicht völlig zurücktritt. Diese wird konfrontiert mit Parteien, die um die Durchsetzung ihrer Rechte streiten. Das »Rechthaben-Wollen« lässt die Parteien zuweilen das Verhalten des Richters falsch interpretieren, wenn der Richter ihnen nicht folgt. Da der Richter auf entsprechendes Agieren der Parteien seinerseits reagiert, entsteht leicht ein Konfliktpotential, welches die Partei, die sich benachteiligt fühlt, über einen Befangenheitsantrag zu lösen versucht. Erfahrungsgemäß kommt es fast ausschließlich in hochstreitigen Verfahren zu Befangenheitsgesuchen, wobei der Streit schon zuvor im Verhältnis der Parteien zueinander in den persönlichen Bereich übertragen worden ist. Die Konflikte sind nie gleich. Das angegriffene Verhalten des einzelnen Richters ebenfalls nicht. Es gibt deswegen eine unabsehbare Zahl von Entscheidungen zur Befangenheit, die sich indes nie schablonenhaft auf den konkreten Befangenheitsantrag übertragen lassen. Da die Akzeptanz richterlicher Entscheidungen aber auf Vertrauen beruht, welches zumindest auch Vorhersehbarkeit impliziert, sind gleichwohl Kriterien zu entwickeln, anhand derer berechtigte von unberechtigten Ablehnungen abzugrenzen sind. Richtigerweise ist dabei von der Aufgabe des Richters im Zivilprozess auszugehen (MüKoZPO/*Gehrlein* § 42 Rn 23). Ungeachtet des nach wie vor geltenden Beibringungsgrundsatzes hat der Gesetzgeber ihm durch die Neufassung des § 139 (Art 2 ZPO-RG v 27.7.01) mit der Verpflichtung zur materiellen Prozessleitung eine aktive Rolle zugewiesen, die ihn mit den weiteren Verpflichtungen aus §§ 273, 278 zwingen, auf den Prozess gestaltend einzuwirken. Die Erfüllung dieser Pflicht kann im Einzelfall zu einer Gratwanderung führen. Der Richter kann ihr nur nachkommen, wenn er sich von strenger Sachlichkeit und gleicher Distanz zu den Parteien leiten lässt (Zö/*Vollkommer* § 42 Rn 20). Fairness ist das oberste Gebot. 29

bb) Angemessenes Verhalten. Dieses Gebot setzt im **persönlichen Umgang mit den Beteiligten** voraus, dass sich der Richter in jeder Situation angemessen verhält. Das gilt auch, wenn eine Partei die Provokation sucht (Rz 8). Er hat hierauf adäquat zu reagieren. Zur Abwehr dürfen er oder der Dienstvorgesetzte sich indes einer Strafanzeige bedienen, ohne dass dieses die Befangenheit begründet (Kobl MDR 03, 524). Gleichwohl sollte von dieser Möglichkeit zurückhaltend Gebrauch gemacht werden (Stuttg NJW 77, 112). Unangemessen und damit die Befangenheit begründend ist es, wenn Schriftsätze einer Partei mit unsachlichen Randbemerkungen versehen werden (Kobl NJW 59, 906), ebenso, wenn sich in schriftlichen Entscheidungen oder sonstigen schriftlichen Äußerungen des Gerichts abfällige Wendungen finden, oder wenn eine fernmündlich vorgetragene Rechtsansicht mit »Meinen sie das ernst« kommentiert wird (Kobl Beschl v 30

23.4.09–4 W 171/09 – Rn 20-22 juris). Selbst wenn eine Partei ihrerseits den Richter herabsetzt, darf dieser sich in der Sache energisch zu Wehr setzen, nicht aber in der Form mit gleicher Münze heimzahlen. Freimütige oder saloppe Formulierungen sind ihm aber unbenommen (BFH Beschl v 08.10.10 II B 18/10, Orientierungssatz 1).

31 Auch mündliche Verhandlung und Beweisaufnahme fordern dem Richter ein angemessenes Verhalten ab. Er hat Gereiztheit, Ungeduld und Unmutsäußerungen zu vermeiden (München Beschl v 28.3.11–1 W 240/11 – Rn 5 – juris; Zö/*Vollkommer* § 42 Rn 22a). Zu beachten ist aber, dass sein Verhalten hier situationsgebunden ist (LSG NRW NJW 03, 2933). Herablassende Mimik während des Parteivortrags kann für eine Befangenheit einerseits schon genügen (OVG Lüneburg DRiZ 74, 194), andererseits das »Anbrüllen« einer Partei auf eine Ungehörigkeit nicht (KGR 00, 311). Ein Rechtsgespräch kann in aller Schärfe geführt werden, ohne dass hierin Befangenheit gesehen werden kann, in einer an sich harmlosen Bemerkung aber sehr wohl, wenn sie nicht situationsadäquat ist. Inhaltsgleiche Äußerungen in entspannter Atmosphäre führen nicht zur Befangenheit, in gereizter schon. Jede generalisierende Betrachtung verbietet sich hier, wobei aber Äußerungen oder Gesten, die die Würde und Ehre einer Partei oder ihres Prozessbevollmächtigten herabsetzen, in aller Regel zur Befangenheit führen.

32 cc) **Verfahrensleitung.** Bei der **Leitung des Verfahrens** kommt es zu manigfaltigen Situationen, in den sich die Frage der Befangenheit stellen kann. Grundsätzlich begründet eine im einzelnen fehlerhafte Handlung nicht die Besorgnis der Befangenheit (allgM), insb wenn sie vom Richter unbeabsichtigt (Musielak/*Heinrich* § 42 Rn 11) oder ihm nicht zuzurechnen ist. So kann wegen § 168 I in unterbliebener oder fehlgeschlagener Zustellung eine Befangenheit des Richters nicht gesehen werden. Gerechtfertig ist sie nur, wenn sein Handeln ausreichender gesetzlicher Grundlage entbehrt, offensichtlich unhaltbar, sich von dem normalerweise geübten Verfahren so weit entfernt und so grob fehlerhaft ist, dass sie als **Willkür** erscheint (BVerfGE 29, 45, 48f; MüKoZPO/*Gehrlein* § 42 Rn 30; Musielak/*Heinrich* § 42 Rn 11; Zö/*Vollkommer* § 42 Rn 24). Dies kann sich auch in der tatsächlichen Verfahrensleitung zeigen.

33 **Die Verfahrensdauer** stützt über den Ausschluss gem § 41 Nr 7 hinaus unabhängig von ihrer Ursache einen Befangenheitsantrag nicht (Hamm Beschl v 4.1.11–1 W 86/11 – Rn 23 – juris: LSG Berlin-Brandenburg Beschl v 19.1.09 – L 1 SF 220/08 – Rn 12, juris). Hier ist die Verzögerungsrüge gem § 198 Abs 3 GVG zu erheben. Untätigkeit kann aber bei Hinzutreten weiterer Umstände, wie Nichtbeantwortung von Sachstandsanfragen der Parteien nach angemessener Zeit (Celle OLGR 99, 108; Karlsr FamRZ 94, 46) oder Nichtweiterleitung von Schriftsätzen (LSG Niedersachsen-Bremen NZS 94, 575 ff) einen Grund zur Befangenheit geben; ebenso die **Nichtbescheidung eines Antrags,** so das Übergehen des Antrags auf Entbindung des persönlichen Erscheinens einer Partei (LSG Berlin_Brandbg Beschl v 17.6.11 – L 1 SF 264/11 – Rn 1 juris), entscheidungsreifer PKH-Anträge (Brandbg FamRZ 01, 552). Wird ein kurzfristig vor dem Termin gestellter PKH-Antrag nicht vorher beschieden, gibt dieses keinen Befangenheitsgrund (BGH Beschl v 4.5.11 – AnwZ (B) 12/10 – Rn 5 – juris).

34 Die Verweigerung einer **beantragten Terminsverlegung** begründet für sich regelmäßig nicht die Befangenheit (BGH NJW 06, 2492; Stuttg Beschl v 19.4.11–13 W 21/11 – Rn 6 juris; Frankf NJW 09, 1007). Sie kann sich nur im Übergehen eines Verlegungs- oder Vertagungsantrags, der unter den Voraussetzungen des § 227 gestellt wird, zeigen (BGH NJW 00, 2492, 2494), bei Zurückweisung des Verlegungsantrags einer Partei, nachdem einem Antrag der anderen stattgegeben worden ist (Köln MDR 03, 170), oder wenn die Zurückweisung des Antrags für die betreffende Partei schlicht unzumutbar wäre (BGH NJW 06, 2492; Köln Beschl v 4.0.09–20 W 46/09 – Rn 5 juris).

35 Befangenheit darf eine Partei annehmen, wenn bei der **Sachverhaltsfeststellung** Verfahrensgrundsätze, wie die des rechtlichen Gehörs, missachtet werden. Das Prinzip der Waffengleichheit und Parteiöffentlichkeit ist in jedem Fall zu wahren (Zö/*Vollkommer* § 42 Rn 25). Deswegen macht es den Richter befangen, wenn er nicht bereit ist, das Vorbringen einer Partei zur Kenntnis zu nehmen (Oldbg FamRZ 92, 192f), er einseitig einer Partei außerhalb des Verfahrens einen Rat erteilt (BayObLG WuM 97, 69), einseitig informiert (Celle OLGR 02, 172), eine Partei unter Ausschluss ihrer Prozessbevollmächtigten vernimmt (Brandbg FamRZ 97, 428), oder eine formlose Ortsbesichtigung mit den Zeugen nur einer Partei durchführt (LG Berlin MDR 52, 558). Das rechtliche Gehör beider Parteien wird in einer die Befangenheit begründenden Weise verletzt, wenn das Gericht sich entscheidungserhebliche Informationen ohne Beteiligung der Parteien verschafft, wie Sachverhaltsermittlung vAw (LG Göttingen NJW-RR 01, 64); Beiziehung und Verwertung von Akten (BVerfG NJW 94, 1211), Anhörung eines Sachverständigen unter Ausschluss der Parteien, sei es auch zur Vorbereitung eines Vergleichsvorschlags (hM; aA Stuttg NJW-RR 96, 1469; Musielak/*Hein-*

rich § 42 Rn 11). Problematisch ist die Verwertung entscheidungserheblicher Tatsachen, von denen der Richter außerhalb des Verfahrens Kenntnis erlangt hat. Soweit sie offenkundig oder gerichtsbekannt sind, ist die Kenntnis wegen § 291 unbedenklich. Zufällig erworbene Kenntnis ist ebenfalls verwertbar (OVG Hamburg NJW 94, 2779), es ist einem Richter nämlich nicht zumutbar, »blinden Auges« nicht gegebene Tatsachen seiner Entscheidung zugrunde zu legen. Die Verwertung setzt allerdings in jedem Fall voraus, dass diese Kenntnisse den Parteien mitgeteilt und ihnen Gelegenheit gegeben wird, diese zu widerlegen.

Es besorgt die Befangenheit ferner, wenn die **Durchführung der mündlichen Verhandlung oder Beweis- aufnahme** einseitig erscheint, indem der Richter sich weigert, Anträge entgegenzunehmen und zu protokollieren (Köln OLGZ 71, 376, 379); sich weigert Anträge einer Partei zu protokollieren, die der anderen aber aufnimmt (Köln NJW-RR 99, 288), einen Schriftsatz weiterzuleiten (LG Verden AnwBl 80, 290), einem Anwalt das Wort entzieht, weil dieser um die wörtliche Niederschrift einer Zeugenaussage bittet (Nürnbg AnwBl 62, 282), berechtigte Fragen an Zeugen oder Sachverständige nicht zulässt (KG MDR 93, 707), wobei über die Berechtigung der Fragen zunächst eine Entscheidung gem § 397 III zu beantragen ist (KGR 99, 153). Nicht ohne Weiteres kann ein Befangenheitsgrund darin gesehen werden, wenn eine Partei mehrfach unterbrochen und ihr schließlich das Wort mit der Begründung entzogen wird, ihr Vorbringen sei bereits bekannt (so BVerwG NJW 80, 1972 f). Ist dieses nämlich bekannt, wird das rechtliche Gehör nicht verletzt. Einen verfahrensrechtlichen Anspruch auf Redundanz gibt es nicht. 36

Befangenheitsbegründende Einseitigkeit kann darin liegen, dass der Richter ungeprüft **massive Vorwürfe einer Partei gegen die andere** übernimmt (Köln FamRZ 92, 888), das Verhalten einer Partei nur auf eine Vermutung hin als betrügerisch bezeichnet (Naumbg OLGZ 25, 61), nicht hingegen, wenn er nur Zweifel an der Wahrheit von Tatsachenvorbringen (Hamm OLGR 96, 97) oder an der Glaubwürdigkeit eines Zeugen (Bambg München OLGR 01, 89) äußert. 37

Bestehen **Verdachtsmomente für eine Straftat**, ist wegen § 149 zumindest dann die Besorgnis der Befangenheit nicht begründet wenn der Richter die Akten nach sorgfältiger Prüfung und Anhörung der Parteien den Strafverfolgungsbehörden vorlegt (MüKoZPO/*Feiber*, 2. Aufl, § 38; Musielak/*Heinrich* § 42 Rn 11; iE str: vgl Naumbg OLGR 05, 875, 877; Brandbg MDR 97, 780; LG Würzburg MDR 85, 850). Auf die Anhörung kann er verzichten, wenn Verdunkelungsgefahr besteht (Musielak/*Heinrich* § 42 Rn 11). 38

Misstrauen in die Unparteilichkeit des Richters kann auch dadurch erzeugt werden, dass er **Druck auf die Dispositionsfreiheit** der Parteien ausübt, indem er die Anordnung des persönlichen Erscheinens einer Partei für den Fall androht, dass die Klage nicht zurückgenommen wird (Köln NJW-RR 97, 1083), ohne sachlichen Grund nur das persönliche Erscheinen der weit entfernt wohnenden Partei anordnet (Celle NJW-RR 02, 72), einen erkennbar überzogenen Auslagenvorschuss festsetzt (Karlsr OLGZ 84, 102, 103) oder unangemessen auf den Abschluss eines Vergleichs hinwirkt (Zö/*Vollkommer* § 42 Rn 23). 39

Die **Häufung von Fehlern in der tatsächlichen** Verfahrensleitung zum Nachteil nur einer Partei kann bei ihr die begründete Vermutung wecken, der Richter stehe ihr voreingenommen ggü (Karlsr Beschl v 6.7.11 – 20 WF 109/11 – Rn 11 – juris). Das muss auch für unbeabsichtigte gelten. Bei mehrfachen Verstößen gegen die Wartepflicht aus § 47 ist dieses grds anzunehmen (Karlsr NJW-RR 97, 1350), bei einem einmaligen kann dieses wegen der Abgrenzung zur unaufschiebbaren Handlungen zweifelhaft sein (Köln OLGR 04, 290). 40

dd) Dienstliche Erklärungen. Die Selbstablehnung gem § 48 begründet für sich noch keinen Befangenheitsgrund (Musielak/*Heinrich* § 42 Rn 9). Anderes kann gelten, wenn ihr zu entnehmen ist, dass der Richter sich selbst als befangen ansieht (Karlsr NJW-RR 00, 591). Ein Befangenheitsgrund ist ferner darin zu sehen, wenn eine an sich gebotene Selbstanzeige unterbleibt (BGHZ 141, 95). Darüber hinaus kann eine dienstliche Äußerung gem § 44 III einen selbständigen Befangenheitsgrund bieten, wenn sie unsachlich ist (Stuttg ZIP 94, 778, 779). Überhaupt wird man jede unsachliche Äußerung, die bei verfahrensbezogenen Maßnahmen (Dienstaufsichtsbeschwerden, Strafanzeigen) getätigt wird, als Grund für eine Befangenheit ansehen können. 41

ee) Die materielle Prozessleitung. Die Erfüllung der in § 139 normierten **Pflicht des Gerichts zur Aufklärung und zu Hinweisen** führt solange nicht zur Befangenheit, wie sich der Richter in den Grenzen dieser Norm sowie in deren Konkretisierungen in §§ 136 III, 273 II, 278 II 2, 279 III bewegt, selbst wenn dadurch die Erfolgsaussichten einer Partei verringert werden (BVerfGE 42, 88, 90 = NJW 76, 1391). Dies gilt umso mehr, als die Novellierung des Gesetzes (Art 2 ZPO-RG v 27.7.01 – BGBl I 1887) nicht nur die Pflicht des Richters zur Sachaufklärung durch Auflagen und Hinweise deutlich erhöht worden ist, sondern ihm darü- 42 ber hinaus durch § 278 II auch auferlegt ist, schon frühzeitig auf eine gütliche Beilegung des Rechtsstreits hinzuwirken. Die Entscheidungen zur Befangenheit durch materielle Prozessleitung, die vor der Novellierung ergangen sind, sind deshalb nur begrenzt zu verwerten (Zö/*Vollkommer* § 42 Rn 26).

43 Die Erfüllung dieser Pflichten setzt ein Rechtsgespräch oder einen entsprechenden Beschl voraus, in welchem das Gericht den Parteien umfassend den Sach- und Streitstand aus seiner Sicht darzulegen hat. Die in diesem Zusammenhang an die Parteien gerichteten Fragen, Hinweise, Empfehlungen, Belehrungen und sonstigen Hilfestellungen begründen die Besorgnis der Befangenheit nicht, soweit sie hinreichend sachgerecht sowie distanziert sind und keine endgültige Festlegung des Gerichts erkennen lassen (allgM). Eine Festlegung ist dabei nur dann anzunehmen, wenn das Gericht deutlich macht, neuen Argumenten nicht zugänglich zu sein. Es bedarf keiner auf »Vorläufigkeit« hinweisenden Formulierungen, um die Zugänglichkeit deutlich zu machen (München MDR 04, 52).Der Richter macht sich nicht befangen, wenn er auf prozessuale Einreden, wie mangelnde Prozesskostensicherheit gem § 110 I, 269 VI oder sonstige Prozesshindernisse, wie die der Unzuständigkeit, hinweist. Das gebietet seine prozessuale Fürsorgepflicht und verschafft keiner der Parteien einen ungerechtfertigten Vorteil. Wegen der durch § 139 I 2 aE normierten Pflicht kann ferner eine Befangenheit nicht darin gesehen werden, wenn der Richter Hilfestellung bei der Fassung der Anträge gibt (Köln NJW-RR 93, 1277).

44 Eine andere Frage ist, **wie weit diese Pflicht geht**. Generell muss sie iRd prozessualen Begehrens einer Partei liegen. Auch ist es gerechtfertig, eine Umstellung der Anträge bei neuen Prozesssituationen anzuregen (allgM). Zweifelhaft ist, ob dieses auch für die Stellung völlig neuer Anträge gilt (BGHZ 165, 223, 226 = NJW 06, 695) oder für »Gegenangriffe« wie Widerklage und Anschlussberufung (ja: Rostock NJW-RR 02, 576; nein: Stuttg MDR 00, 50), da dadurch über das prozessuale Begehren, Zurückweisung eines Angriffs, hinausgegangen wird. Durch dieses Überschreiten wird es als Befangenheitsgrund angesehen, wenn ein Richter zur **»Flucht in die Säumnis«** rät (München NJW 94, 69; MüKoZPO/*Gehrlein* § 42 Rn 33; Musielak/*Heinrich* § 42 Rn 12). Dieser Meinung kann nicht uneingeschränkt gefolgt werden. Zwar trägt die Begründung der Gegenmeinung, der Richter dürfe allgemein bekannte Gegenstrategien empfehlen (Zö/*Vollkommer* § 42 Rn 26), diese nicht. Es ist nicht dessen Aufgabe, prozessuale Nachteile (§ 296) einer Partei zu Lasten der anderen zu verhindern. Damit verletzt er seine Neutralitätspflicht. Es kann indes nicht zur Befangenheit führen, einer Naturalpartei, die erkennbar die Hinweise auf die Pflicht zur schriftsätzlichen Vorbereitung übersehen oder nicht verstanden hat, den Rat zu erteilen, keinen Antrag zu stellen. Die darin zu Tage tretenden Herstellung der »materiellen Waffengleichheit« ist keine Parteilichkeit (Zö/*Vollkommer* § 42 Rn 26). Teilweise wird ohnehin einschränkend ein Ablehnungsrecht bei entsprechenden richterlichen Hilfen nur angenommen, wenn sie bei anwaltlich vertretenen Parteien erfolgen (BayObLG NJW 99, 1875; KG NJW-RR 02, 1732; Musielak/*Heinrich* § 42 Rn 12; wohl auch Zö/*Vollkommer* § 42 Rn 27 aE; wenn dort auf »Waffengleichheit« hingewiesen wird).

45 **Hinweise auf die Erfolgsaussichten** und damit verknüpfte prozessuale Anregungen zu Klagerücknahme, Anerkenntnis oder Rücknahme des Rechtsmittels berühren die Unbefangenheit des Richters nicht (allgM), weil damit nicht in die Dispositionsfreiheit der Partei eingegriffen wird. Unschädlich ist es dabei auch, wenn auf eine gesetzlich vorgesehene Sanktion des Missbrauchs hingewiesen wird (BVerfG Beschl v 19.8.11 – 2 BvE 3/11- Rn 2 – juris). Anderes kann nur dann gelten, wenn dieses unlauter geschieht (Rz 32 aE). Es begründet zudem die Besorgnis der Befangenheit des zusätzlich verklagten Dritten, wenn die Klageerweiterung auf dem zuvor erteilten Hinweis beruht, diesem ggü bestehe der geltend gemachte Anspruch (Brandbg Beschl v 6.2.09 – 1 W 21/08 – Rn 8, juris).

46 Der Hinweis auf die Unbewiesenheit ist schon aus dem Rechtsgedanken des § 279 III heraus nicht geeignet, Befangenheit zu begründen. Differenzierter muss die Bewertung vorgenommen werden, wenn **Hilfestellung beim Beweisantritt** gegeben wird. Solange sich diese in dem Hinweis auf die zulässigen Beweismittel erschöpft, dürften Bedenken nicht gegeben sein. Die Neutralitätsgrenze wird aber überschritten, wenn das Gericht zu einem konkreten Beweisantritt rät, wie Vorlage einer Abtretungsurkunde (Frankf NJW 70, 1884) oder weiteren Zeugenbeweis anzubieten (Frankf NJW 76, 2025).

47 Noch behutsamer muss ein Richter bei **Hilfestellungen zum materiellen Recht** sein, will er der Befangenheit entgehen. Allein die objektive Rechtslage rechtfertigt keine Hinweise, denn auch nach der Novellierung wird der Zivilprozess von der Dispositions- und Verhandlungsmaxime beherrscht (Wieczorek/Schütze/*Niemann* § 42 Rn 9). Nur auf der Grundlage des von der Partei selbst vorgetragenen Lebenssachverhaltes können überhaupt Hinweise erteilt werden. Der Richter verlässt die Unparteilichkeit, wenn er einer Partei einen anderen tatsächlichen Grund mitteilt (BGH NJW 04, 164, 165). Umstritten ist, ob der gerichtliche

Hinweis auf materielle Einwendungen, wie Aufrechnung, Rücktritt oder Kündigung sowie Einreden möglich ist, ohne dass der Richter befangen wird. Zu Recht wird hervorgehoben, dass hier das Spannungsfeld zwischen richterlicher Hinweispflicht, dem Beibringungsgrundsatz und der Pflicht zur richterlichen Neutralität besonders deutlich wird (MüKoZPO/*Gehrlein* § 42 Rn 34). Bevor sich die Frage der Befangenheit stellt, ist immer zunächst die zu beantworten, ob die Geltendmachung der Gegenrechte im Wege der Auslegung des Parteivortrags gewonnen worden ist (Wieczorek/Schütze/*Niemann* § 42 Rn 9). Wenn ja, liegt keine Befangenheit vor. Verteidigt sich ein Bekl damit, der Kl habe einen bestimmten Schaden verursacht, möchte er aufrechnen. Erklärt er dieses nicht, gebietet es die Aufklärungspflicht, entsprechend nachzufragen. Beruft sich eine Naturalpartei darauf, das sei alles solange her, »es muss auch mal Schluss sein«, liegt es nahe, dass sie Verjährung meint. Auch hier kann eine richterliche Nachfrage nicht zur Befangenheit führen, da in Grund und Begehren des Klagevorbringens nicht eingegriffen wird. Gibt es im Sachvortrag keinen Anhaltspunkt für die Erhebung einer Einrede, soll insb bei der Verjährung ein gerichtlicher Hinweis zur Befangenheit führen, da diese grds der Dispositionsfreiheit der Partei unterliege (hM: BGH NJW 98, 612; BayObLG 99, 1875; Köln NJW-RR 90, 192; Musielak/*Heinrich* § 42 Rn 11; Wieczorek/Schütze/*Niemann* § 42 Rn 8). Die Gegenmeinung, die eine Hinweispflicht aus § 139 I 1 herleitet, weil sich die Partei in einem »Rechtsirrtum« über das Bestehen einer Einrede befinde (Zö/*Vollkommer* § 42 Rn 27 mwN), dürfte sich in der Praxis erledigt haben, nachdem höchstrichterlich unmissverständlich in einem entsprechenden Hinweis ein Befangenheitsgrund gesehen worden ist (BGHZ 156; 269 = NJW 04; 674; MüKOZPO/*Gehrlein* § 42 Rn 34).

ff) Rechtsansichten des Richters. Diese können die Besorgnis der Parteilichkeit nicht nach sich ziehen (allgM), selbst wenn sie irrig ist (BVerw G Beschl v 20.10.11 – 9 B 82/11- Rn 5 – juris) Dies findet zum einen seine Grenze, wo die Rechtsanwendung willkürlich ist, dh so grob fehlerhaft, dass sich der Eindruck der Voreingenommenheit ggü einer Partei aufdrängt (Rz 32; Frankf OLGR 00, 36; Brandbg FamRZ 95, 1498). Das kann sich darin äußern, dass der Richter beharrlich an Rechtsmeinungen festhält, die offensichtlich keine Geltung mehr haben (Köln OLGR 98, 36; Brandbg OLGR 98, 465), bewusst Tatsachen zugrund legt, die keine Partei vorgetragen hat (Musielak/*Heinrich* § 42 Rn 10), oder bewusst die Bindungswirkung der §§ 563 II, 572 III missachtet (Karlsr OLGZ 84, 415; München MDR 03, 1070; Köln Beschl 30.12.08 2 W 127/08 Rn 27 – juris). Die Erklärung, er halte die Meinung des Rechtsmittelgerichts für falsch, reicht für sich nicht. Zum anderen muss der Richter – solange nicht abschließend zu entscheiden ist – erkennen lassen, dass er für andere Argumente offen ist. Es kann auch nicht die Befangenheit begründen, wenn der Richter in Vorprozessen einer bestimmten Meinung gefolgt ist (BGH NJW 02, 2396), selbst wenn sich dieses zu einer stRspr verfestigt hat (BGH WM 03, 848). 48

gg) Entscheidungen des Richters. Entscheidungen aller Art rechtfertigen demzufolge in den aufgezeigten Grenzen ebenfalls keine Befangenheit, auch wenn sie als Zwischenentscheidung einer Partei ungünstig oder fehlerhaft sind (allgM). Es ist einem Rechtsstreit immanent, dass Entscheidungen für eine Partei nachteilig sind. Für ihre Überprüfung auf Rechtsfehler stehen die Rechtsbehelfe des Hauptsacheverfahrens zur Verfügung, nicht aber ein Befangenheitsgesuch (Stuttg Beschl v 14.4.11 – 12 U 177/10 – OS 2 juris), das allein dem Schutz der Neutralität dient. Auch wo ein Rechtsmittel fehlt, liegt in der in einer Entscheidung zutage getretenen Rechtsmeinung, selbst wenn sie fehlerhaft ist, kein Grund zur Befangenheit. So kann ein darauf gegründeter Antrag iRd Rügeverfahrens gem § 321a keinen Erfolg haben. Überprüft wird das rechtliche Gehör in Bezug auf Tatsachen, nicht auf Meinungen. Enge Ausnahmen gibt es allenfalls iRd § 139 (s. § 321a Rz 10; Zö/*Vollkommer* § 321a Rn 10). 49

E. Antragsberechtigte (Abs 3). Das Ablehnungsrecht steht beiden Parteien zu, auch der, deren Bevorzugung zu besorgen ist. Sie muss sich nämlich nicht dem Makel aussetzen, sachwidrig begünstigt zu sein (Wieczorek/Schütze/*Niemann* § 42 Rn 21). Der Parteibegriff ist weit zu fassen. Dazu gehört der Nebenintervenient gem §§ 66, 67, der nicht nur Befangenheit ggü der Hauptpartei geltend machen, sondern sich auch auf einen Grund stützen kann, der nur ihn betrifft (Wieczorek/Schütze/*Niemann* § 42 Rn 21). Streitig ist, ob er bei Befangenheit ggü der Hauptpartei durch deren Präklusion gem § 43 insoweit ebenfalls ausgeschlossen ist (so Wieczorek/Schütze/*Nieman* aaO; aA St/J/*Bork* aaO). Antragsberechtigt sind ferner Dritte in Zwischenstreitigkeiten gem §§ 71, 135, 387, 402, Zeugen und Sachverständige darüber hinaus in den Verfahren nach §§ 380 II, 409 II. Der Sachverständige ferner in dem Verfahren über die Festsetzung seiner Entschädigung (Kobl Bschl v 16.11.2010, 4 W 641/10 Rn 8 –juris-).) Kein eigenes Antragsrecht hat der Prozessbevollmächtigte. Sofern er einen Antrag stellt, ist anzunehmen, dass dieses im Namen seiner Partei 50 geschieht, selbst wenn er es nicht erwähnt oder er einen Grund geltend macht, der im Verhältnis zu ihm selbst besteht. Es ist auch unerheblich, ob die Partei ihn beauftragt oder sie Kenntnis von den der Ablehnung zugrund liegenden Tatsachen hat (Wieczorek/Schütze/*Niemann* § 42 Rn 22). Ein eigenes Ablehnungsrecht haben ebenfalls weder Parteien kraft Amtes (Zweibr Rechtspfleger 00, 265) noch gesetzliche Vertreter (Köln NJW-RR 88, 694).

§ 43 Verlust des Ablehnungsrechts. Eine Partei kann einen Richter wegen Besorgnis der Befangenheit nicht mehr ablehnen, wenn sie sich bei ihm, ohne den ihr bekannten Ablehnungsgrund geltend zu machen, in eine Verhandlung eingelassen oder Anträge gestellt hat.

1 **A. Normzweck.** Die Norm hat eine Doppelfunktion. Sie stellt zum einen im Gegenschluss klar, dass anders als die Ablehnung ein Ausschluss nach § 41 für die Parteien unverzichtbar ist. Zum anderen setzt sie der Dispositionsbefugnis des Ablehnenden im Interesse der Prozessförderung eine zeitliche Schranke. Dieser soll nicht erst den Ausgang des Verfahrens abwarten dürfen (MüKoZPO/*Gehrlein* § 43 Rn 1). Umstritten ist ihre rechtliche Einordnung. Sie wird zT als Unterfall des § 295 mit der Folge angesehen, dass die verspätete Ablehnung unbegründet ist (Zö/*Vollkommer* § 43 Rn 1; St/J/*Bork* § 43 Rn 1). Zum Teil wird sie als Spezialnorm zu § 282 gewertet (Musielak/*Heinrich* § 43 Rn 1), was ebenfalls zur Unbegründetheit führt. Eine dritte Meinung sieht in ihr im Zusammenspiel mit § 44 IV eine negative Zulässigkeitsvoraussetzung (MüKoZPO/*Gehrlein* § 43 Rn 2; Wieczorek/Schütze/*Niemann* § 43 Rn 2). Der letzten Ansicht ist der Vorzug zu geben. Der Ablehnungsantrag ist ein prozessualer Rechtsbehelf sui generis, der weder ein Angriffs- oder Verteidigungsvorbringen noch die Rüge verzichtbarer Verfahrensnormen zum Inhalt hat.

2 **B. Voraussetzungen. I. Kenntnis des Ablehnungsgrunds.** Die Partei muss positive Kenntnis vom Ablehnungsgrund haben. Kennen müssen reicht nicht (Hambg OLGR 37, 204; aA Saarbr Beschl v 25.8.09 – 9 WF 69/09 – LS, Rn18, juris). Die Kenntnis muss sich zum einen auf alle Tatsachen erstrecken, die den Grund bilden. Zum anderen muss auch Kenntnis von der Person des Richters bestehen, wenn sich die Ablehnung auf eine persönliche Beziehung zu diesem gründet. (MüKoZPO/*Gehrlein* § 43 Rn 3; Wieczorek/Schütze/*Niemann* § 43 Rn 3; Zö/*Vollkommer* § 43 Rn 3). Deswegen besteht ein Recht des Ablehnenden auf namentliche Bekanntgabe der mitwirkenden Richter in Analogie zu § 24 III 2 StPO (allgM). Kenntnis des Prozessbevollmächtigten wird der Partei aus dem Rechtsgedanken des § 85 II zugerechnet (Hambg MDR 85, 232; Ddorf Rpfl 93, 188). Umgekehrt genügt die Kenntnis der Partei, auch wenn sie der Prozessbevollmächtigte nicht hat (Wieczorek/Schütze/*Niemann* § 43 Rn 3). Wird die Ablehnung auf einen »Gesamttatbestand« gestützt, liegt Kenntnis erst vor, wenn dieser insgesamt verwirklicht und bekannt ist (Frankf OLGR 01, 169; Köln OLGR 01, 260; Wieczorek/Schütze/*Niemann* § 42 Rn 3; Zö/*Vollkommer* § 43 Rn 8). Setzt dieser sich aus einer Beziehung zum Richter zur Partei, die die Partei kennt, ohne zu wissen, dass der Richter mitwirkt, und der Kenntnis des Bevollmächtigten von der Person des Richters, ohne Kenntnis von der Beziehung, zusammen (Beispiel nach MüKoZPO/*Gehrlein* § 43 Rn 3), ist der »Gesamttatbestand« erst verwirklicht, wenn diese Kenntnisse zusammentreffen. Wird die Ablehnung aus einer Häufung von Fehlern in der Verfahrensleitung hergeleitet, können Abgrenzungsschwierigkeiten auftreten, da eine Umgehung des Verlusttatbestands nicht hingenommen werden soll (Saarbr OLGR 07, 336, 337; Zö/*Vollkommer* § 43 Rn 8). Im Zweifel ist die Zeitschranke erst bei »Anträge gestellt« (s. Rz 4) zu setzen. Zu diesem Zeitpunkt müssen sich die Teilakte, die für sich noch keinen Ablehnungsgrund gem. § 42 II verwirklicht haben, zu einem Gesamttatbestand verdichtet haben (Hamm Beschl v 11.7.11 –I-32 W 11/11/- Rn 13 – juris).

3 **II. Einlassung in eine Verhandlung.** Der Begriff ist umfassend zu verstehen. Die Verhandlung kann mündlich (zum Begriff s. § 47 Rz 4) oder schriftlich sein. Einlassen ist jedes prozessuale, der Erledigung eines Streitpunkts dienendes Handeln einer Partei unter Mitwirkung des Richters (BGH NJW-RR 08, 800; Hamm Beschl v 11.7.11-I-32 W 11/11- Rn 10 juris),Ddorf NJOZ 10 2515), mag es die Hauptsache, prozesshindernde Einreden oder einen Zwischenstreit betreffen (St/J/*Bork* § 43 Rn 4). Dazu zählen mündliche Erklärungen zu gerichtlichen Fragen (OVG Bremen NJW 85, 823), Vergleichsverhandlungen und -abschluss eines Widerrufvergleichs (Frankf FamRZ 91, 838), Einreichung von Schriftsätzen im schriftlichen Verfahren (BayObLG MDR 88, 1063), auch im schriftlichen Vorverfahren (St/J/*Bork* § 43 Rn 4), wobei die bloße Anzeige der Verteidigungsbereitschaft noch kein Einlassen ist (aA: LG Rostock NJW-RR 02, 356), wegen der Prüfung der Abhilfe auch Erhebung von Beschwerden (Kobl MDR 86, 60) sowie die Teilnahme an Beweisaufnahmen (Köln NJW-RR 96, 1339), auch vor dem beauftragten oder ersuchten Richter (Wiec-

zorek/Schütze/*Niemann* § 43 Rn 5). Die vorbereitenden Schriftsätze gem § 129 I werden nicht als »Einlassen« angesehen (Kobl OLGR 98, 292; Musielak/*Heinrich* § 43 Rn 2; Wieczorek/Schütze/*Niemann* § 43 Rn 5). Dem kann nicht zugestimmt werden. Die Norm hat den Zweck, Prozessverschleppungen zu verhindern (s. Rz 1). Deswegen entspricht es ihrem Sinn, als »Einlassen in eine Verhandlung« jede Handlung einer Partei zu verstehen, die die Sachbearbeitung durch den Richter ermöglicht (MüKoZPO/*Gehrlein* § 43 Rn 4). Dazu gehören auch die Schriftsätze, die der Vorbereitung der mündlichen Verhandlung dienen.

III. Antragstellung. Darunter fallen alle Sachanträge die in der mündlichen Verhandlung gem § 297 4 gestellt werden. In den schriftlichen Verfahren gem § 128 II liegt in der Einverständniserklärung die Antragstellung (Wieczorek/Schütze/*Niemann* § 43 Rn 1). In den gem § 495a angeordneten schriftlichen Verfahren ist es, da dieses ohne Erklärung der Parteien geschieht, am sachgerechtesten, die Antragstellung für den Zeitpunkt anzunehmen, der dem Schluss der mündlichen Verhandlung gleichkommt. Prozessanträge führen nur dann zum Verlust, wenn sie einen unmittelbaren Bezug zur Sachentscheidung haben (allgM), wie Anträge auf Erlass eines Versäumnis- oder Anerkenntnisurteil (Musielak/*Heinrich* § 43 Rn 2). Reine Formalanträge, wie auf Übersendung von Protokollabschriften, Terminsverlegung, -unterbrechung, Akteneinsicht oder dgl fallen nicht darunter (Zö/*Vollkommer* § 43 Rn 5).

C. Verlust des Ablehnungsrechts. Eine Partei verliert ihr Ablehnungsrecht nur, wenn sie in Kenntnis des 5 Grundes dieses nicht rechtzeitig geltend macht. Entsteht der Ablehnungsgrund außerhalb der mündlichen Verhandlung, muss er alsbald nach Kenntniserlangung geltend gemacht werden, wenn das Ablehnungsrecht nicht verloren gehen soll (LSG Berlin-Brandenburg Beschl v 19.1.09 – L 1 SF 220/08 – Rn 14, juris). Tritt er in der mündlichen Verhandlung zutage, muss das Ablehnungsgesuch bis zu deren Schluss angebracht werden. Es muss sich aber aus dem Sitzungsprotokoll ergeben, dass nach der Kenntniserlangung ein Antrag gestellt oder weiterverhandelt wurde (München Beschl v 14.06.10 1 W 1482/10 Rn 3 –juris-). Endet die Verhandlung schlicht, nachdem der Befangenheitsgrund bekannt geworden ist, verliert die Partei das Ablehnungsrecht nicht, weil sie eben nicht weiterverhandelt (OLG Hamm Beschl v 11.7.11 –I 32 W 11/11- Rn 11 – juris). Will der Prozessbevollmächtigte einer Partei zunächst mit dieser Rücksprache halten, muss er eine Unterbrechung beantragen. Gelingt es in ihr nicht, diese zu erreichen, so geht dies zu ihren Lasten (BGH Beschl v 5.2.08 –VII ZB 56/07 – Rn 5, 8, juris). Macht sie es geltend, kann ihr es nicht schaden, wenn sie bei Verstoß gegen die Wartepflicht nach § 47 I oder Fortsetzung des Termins gem Abs 2 danach verhandelt oder Sachanträge stellt (Musielak/*Heinrich* § 43 Rn 4; Wieczorek/Schütze/*Niemann* § 43 Rn 4; Zö/*Vollkommer* § 43 Rn 6)). Der Meinung, dass sie es **nicht** muss (MüKoZPO-Gehrlein § 43 Rn 7;), kann nicht gefolgt werden, da ansonsten die Regelung des § 47 II ins Leere liefe.
Der Verlust des Ablehnungsrechts kann verfahrensübergreifend erfolgen. Hat eine Partei ihr Recht, einen Richter wegen der Besorgnis der Befangenheit abzulehnen, durch Einlassen in eine Verhandlung oder durch das Stellen von Anträgen verloren, kann sie denselben Ablehnungsgrund auch in einem anderen Verfahren nicht mehr geltend machen, wenn zwischen beiden Verfahren ein tatsächlicher und rechtlicher Zusammenhang besteht (BGH Beschl v 1.6.06 –V ZB 193/05- LS, Rn 11 – juris).

§ 44 Ablehnungsgesuch. **(1) Das Ablehnungsgesuch ist bei dem Gericht, dem der Richter angehört, anzubringen; es kann vor der Geschäftsstelle zu Protokoll erklärt werden.**

(2) [1]Der Ablehnungsgrund ist glaubhaft zu machen; zur Versicherung an Eides statt darf die Partei nicht zugelassen werden. [2]Zur Glaubhaftmachung kann auf das Zeugnis des abgelehnten Richters Bezug genommen werden.

(3) Der abgelehnte Richter hat sich über den Ablehnungsgrund dienstlich zu äußern.

(4) Wird ein Richter, bei dem die Partei sich in eine Verhandlung eingelassen oder Anträge gestellt hat, wegen Besorgnis der Befangenheit abgelehnt, so ist glaubhaft zu machen, dass der Ablehnungsgrund erst später entstanden oder der Partei bekannt geworden sei.

A. Normzweck. Die Vorschrift bestimmt im Zusammenspiel mit §§ 45, 46 das Verfahren der Ablehnung 1 gem § 42 (Musielak/*Heinrich* § 44 Rn 1). Sie enthält in Abs 1 und 2 besondere Zulässigkeitsvoraussetzungen, in Abs 3 eine der Sachaufklärung dienende Mitwirkungsverpflichtung des abgelehnten Richters sowie in Abs 4 eine besondere Zulässigkeitsvoraussetzung, wenn die Sperre des § 43 überwunden werden soll. Während Abs 1–3 für alle Ablehnungsgründe gelten, ist Abs 4 lediglich für den der Befangenheit anwendbar. Der Vorschrift kommt im Spannungsfeld zwischen gesetzlichem Richter, Verfahrensbeschleunigung und der Wartepflicht des § 47 besondere Bedeutung zu (Musielak/*Heinrich* aaO).

2 **B. Das Ablehnungsgesuch. I. Form.** Eine bestimmte Form ist nicht vorgegeben. Es kann schriftlich, zu Protokoll der Geschäftsstelle (Hs 2) oder als Prozessantrag in der mündlichen Verhandlung gem. § 160 II, IV zu Protokoll (Brandbg Beschl v 1.3.11 – 1 W 1/11- Rn 15 juris)angebracht werden. Die Protokollierung des Antrags darf nicht verweigert werden (allgM). Hingegen besteht keine Pflicht zur Protokollierung des Antragsinhalts (Wieczorek/Schütze/*Niemann* § 44 Rn 2; aA: SchleswigOLGR 06, 67; Zö/*Vollkommer* § 44 Rn 1). Der ablehnenden Partei ist jedoch Gelegenheit zu geben, die Begründung schriftlich zu formulieren und als Anlage zum Protokoll zu übergeben. Es besteht wegen § 78 V kein Anwaltszwang. Das Gesuch ist bei dem Gericht anzubringen, dessen Spruchkörper der Richter angehört, wobei § 129a zu berücksichtigen ist. Bis zur Entscheidung kann der Antrag zurückgenommen werden (allgM).

3 **II. Inhalt.** Da das Gesetz nur die Ablehnung einer »Gerichtsperson« vorsieht, ist ein bestimmter Richter namentlich zu benennen. Davon kann nur abgesehen werden, wenn an der Person des Abgelehnten kein Zweifel besteht (Brandbg Fam RZ 01, 290). Das Gesuch muss einen Grund, dh konkrete Tatsachen, keine Werturteile, substanziiert enthalten, aus denen sich nach der Ansicht des Ablehnenden die Befangenheit ergibt (Köln NJW-RR 96, 1339; MüKoZPO/*Gehrlein* § 44 Rn 5). Die bloße Erklärung einer Partei, sie lehne den Richter ab und werde eine Begründung nachreichen, ist kein Ablehnungsgesuch (Köln MDR 64, 423). Diese muss unmittelbar erfolgen. Sie kann nicht nachgeschoben (Köln NJW-RR 96, 1339), jedoch um weitere Gründe ergänzt werden (Zö/*Vollkommer* § 44 Rn 2). Alle der Partei bekannten Gründe sind anzugeben, § 25 I 2 StPO analog (Zö/*Vollkommer* aaO).
a) Der Ablehnungsantrag ist als Prozessantrag bedingungsfeindlich. Soll er etwa nur für den Falll erhoben werden, „dass der Richter sich durch Vorbringen angegriffen fühlt", ist er unwirksam (BFH Beschl v 5.5.11 –XB 74/10 Rn 22 juris), ebenso, wenn er lediglich vorbehalten wurde (Hamm Beschl v 11.7.11 –I-32 W 11/11- Rn 7 juris).

4 **III. Frist.** Die Vorschrift nennt keine Frist. Deswegen kann in den Grenzen der § 43 und § 44 IV das Gesuch jederzeit von der Anhängigkeit bis zur letzten denkbaren Entscheidung des Richters innerhalb der Instanz angebracht werden. Allerdings kann je nach Sachlage schon zuvor das Rechtschutzinteresse entfallen (vgl § 46 Rz 4; MüKoZPO/*Gehrlein* § 44 Rn 4).

5 **C. Glaubhaftmachung.** Die Tatsachen sind mit den Mitteln des § 294, mit Ausnahme der Versicherung an Eides Statt, glaubhaft zu machen. Dieser Nachteil wird nach S 2 durch die Möglichkeit der Bezugnahme auf das Zeugnis des Richters ausgeglichen. Gemeint ist damit die dienstliche Äußerung gem Abs 3 (Wieczorek/Schütze/*Niemann* § 44 Rn 15; Zö/*Vollkommer* § 44 Rn 3). Die Bezugnahme auf die dienstliche Äußerung muss bei einem anwaltlichen Gesuch ausdrücklich erklärt werden (Frankf NJW 77, 767; aA: Wieczorek/Schütze/*Niemann* § 44 Rn 15) Aus § 294 II ist zu folgern, dass nur Beweismittel zulässig sind, die sofort verwendet werden können. Eine Zeugenaussage ist deshalb schriftlich, möglichst in der Form des § 294, der Begründung beizufügen. Diese kann aber nachgereicht werden, solange über den Antrag noch nicht entschieden worden ist (St/J/*Bork* § 44 Rn 3; Wieczorek/Schütze/*Niemann* § 44 Rn 15). Eine Beibringungsfrist ist wegen § 47 regelmäßig nicht zu gewähren (St/J/*Bork* § 44 Rn 8). Die Glaubhaftmachung ist entbehrlich, wo der Ablehnungsgrund offenkundig ist (§ 291), oder sich aus dem Akteninhalt ergibt (St/J/*Bork* § 44 Rn 6), wobei hierbei der pauschale Hinweis nicht genügt (Musielak/*Heinrich* § 44 Rn 6). Eine »Gegenglaubhaftmachung« durch die andere Partei ist zulässig (Wieczorek/Schütze/*Niemann* § 44 Rn 14). Sie ist nicht durch Abs 2 S 1 a.E. beschränkt (Zö/*Vollkommer* § 44 Rn 3).

6 **D. Dienstliche Äußerung.** Die dienstliche Äußerung ist Teil der richterlichen Tätigkeit iSd § 26 DRiG und damit der Dienstaufsicht entzogen (BGHZ 77, 70 = NJW 80, 2530). Sie dient der Sachverhaltsklärung. Sie hat sich auf die Tatsachen zu beziehen, die der Ablehnende zur Begründung seines Gesuchs vorgetragen hat, wobei sie sich eigener Wertungen zur Begründetheit des Gesuchs zu enthalten hat (BGH Beschl v 21.2.11 –II ZB 2/10- Rn 17 – juris). Sie ist jedoch dann nicht einzuholen, wenn sie für diese entbehrlich ist, weil sich die Entscheidungsgrundlage schon aus den Akten oder durch Offenkundigkeit ergibt (Köln OLGR 00 474; Musielak/*Heinrich* § 44 Rn 9; MüKoZPO/*Gehrlein* § 44 Rn 9; Wieczorek/Schütze/*Niemann* § 44 Rn 16) oder der Ablehnungsgrund erkennbar nicht trägt (BVerfGE 11, 3; BGH aaO.). In diesen Fällen kann sich der Richter, wenn er zur Äußerung aufgefordert wird, auf den Akteninhalt beziehen. Eine Äußerung ist insb entbehrlich, wenn die Befangenheit auf eine begründete Entscheidung des Richters

gestützt wird (BVerwG NVwZ 08, 140 f; Köln Beschl v 30.12.08–2 W 127/08- Rn 34 – juris). In dieser liegt seine Äußerung. Eine Kommentierung seiner eigenen Begründung ist ihm nicht zuzumuten. Auch wenn die dienstliche Äußerung Dienstpflicht ist, begründet sie in den vorgenannten Fällen keinen Anspruch der Partei auf deren Abgabe (Köln JMBL NRW 09, 89; aA Zö/*Vollkommer* § 44 Rn 4 mwN). Keine Partei hat Anspruch auf Überflüssiges. Ist eine Äußerung geboten und weigert sich der Richter, kann er als Zeuge vernommen werden (St/J/*Bork* § 44 Rn 2; Wieczorek/Schütze/*Niemann* § 44 Rn 16).

Inhaltlich hat sich der Richter umfassend zu den gem Abs 1 vorgebrachten Tatsachen und aus dem Gedanken des § 48 zu allen sonstigen Umständen zu äußern, die ihm erheblich erscheinen. Da er Objekt des Verfahrens ist, vergleichbar mit einem Zeugen oder einer Auskunftsperson, ist er nicht legitimiert, zur Zulässigkeit und Begründetheit Stellung zu nehmen (MüKoZPO/*Gehrlein* § 44 Rn 9; Wieczorek/Schütze/*Niemann* § 44 Rn 16), oder das Gesuch in sonstiger Weise zu würdigen, auch nicht, wenn dieses auf Rechtsfehler gestützt wird (Köln Beschl v 30.12.08–2 W 128/08 – Rn 21, juris), naturgemäß mit Ausnahme der Fälle, in denen er befugt ist, selbst (mit) zu entscheiden (s. § 45 Rz 1). Unschädlich, aber auch völlig überflüssig, sind Formulierungen, wie »Ich fühle mich nicht befangen.«. Auf die Gefühle des Richters kommt es nicht an. Er hat sich jeglicher Wertung zu enthalten (Frankf NJW-RR, 98, 454), auch wenn er sich persönlich diffamiert fühlt. Das gilt umso mehr, als die dienstliche Äußerung ihrerseits einen neuen Befangenheitsgrund geben kann (§ 42 Rz 41; St/J/*Bork* § 44 Rn 7). Zur dienstlichen Äußerung ist beiden Parteien rechtliches Gehör zu gewähren, zumindest dann, wenn sie für die Entscheidung verwendet werden soll (MüKoZPO/*Gehrlein* § 44 Rn 9; Wieczorek/Schütze/*Niemann* § 44 Rn 16). 7

E. Ablehnung nach Einlassung oder Antragstellung. Nicht rechtzeitig angebrachte Gesuche sind unter den Voraussetzungen des § 43 präkludiert. Wegen des Rechts auf den neutralen Richter kann die Präklusion aber nicht greifen, wenn zu diesem Zeitpunkt der Befangenheitsgrund nicht bekannt war oder erst später entstanden ist. Dieses hat die Partei vorzutragen und glaubhaft zu machen, wobei die Beschränkung des Abs 2 S 1 Hs 2 nicht gilt (allgM). Der Grund muss vor der nächsten Verhandlung oder Antragstellung geltend gemacht werden. Nach Beendigung der Instanz kann ein Ablehnungsgesuch nicht mehr angebracht werden (allgM). Ein auch im Lichte dieser Vorschrift übersehener Befangenheitsgrund kann nur noch im Rechtsmittelverfahren gem §§ 522 II Nr 3, 551 III Nr 2b vorgebracht werden. Ist die mündliche Verhandlung geschlossen, ohne dass unmittelbar anschließend ein Urt verkündet wird, ist das Gesuch in der Frist des § 310 I (Spruchfrist) anzubringen. Eine Überprüfung erst im Rechtsmittelverfahren ist der Partei nicht zuzumuten. Werden nach Urteilsverkündung weitere Entscheidungen angestrebt, die von dem Richter zu treffen sind (§§ 319–321a), ist spätestens mit der entsprechenden Antragstellung die Befangenheit vorzubringen (allgM). 8

§ 45 Entscheidung über das Ablehnungsgesuch.

(1) Über das Ablehnungsgesuch entscheidet das Gericht, dem der Abgelehnte angehört, ohne dessen Mitwirkung.

(2) [1]Wird ein Richter beim Amtsgericht abgelehnt, so entscheidet ein anderer Richter des Amtsgerichts über das Gesuch. [2]Einer Entscheidung bedarf es nicht, wenn der abgelehnte Richter das Ablehnungsgesuch für begründet hält.

(3) Wird das zur Entscheidung berufene Gericht durch Ausscheiden des abgelehnten Mitglieds beschlussunfähig, so entscheidet das im Rechtszug zunächst höhere Gericht.

A. Normzweck. Die Vorschrift regelt die Zuständigkeit im Zwischenverfahren über die Ablehnung. Sie wird dadurch, dass immer das Gericht entscheidet, welchem der abgelehnte Richter angehört, dem Beschleunigungsgrundsatz gerecht. Außerdem ist aus ihr das Verbot der Selbstentscheidung zu folgern, welches sich grds schon aus § 41 Nr 1 ergibt. Hiervon sieht die Norm selbst lediglich durch Abs 2 S 2 eine Ausnahme vor. Die hM gestattet ferner eine **Mitwirkung des Abgelehnten bei unzulässigen oder gar rechtsmissbräuchlichen Gesuchen** (BVerfG Beschl v 16.8.11–2 BvR 28/!0- Rn 12ff – juris; Zö/*Vollkommer* § 42 Rn 6 mwN). Dem kann in dieser Allgemeinheit nicht gefolgt werden. Das Gesetz bietet keine Stütze. Eine Analogie zu § 26a II StPO verbietet sich wegen des Ausnahmecharakters dieser Norm. Hinzutritt, dass der Gesetzgeber – anders als bei § 23 III 1 StPO – in Kenntnis der unterschiedlichen Regelungen für eine Anpassung, so wünschenswert sie zur Vermeidung von gewollten Verzögerungen sein mag, bislang keine Veranlassung zu einer Entsprechung in der ZPO gesehen hat. Wenn ein Abgelehnter mitwirkt, sollte dieses lediglich auf Ausnahmefälle, in denen der Rechtsmissbrauch offensichtlich ist, beschränkt werden (VerfGH Sachsen Bschl v 04.11.10, 83-IV-10 Rn 16 –juris-; BGH Beschl v 8.7.09–1 StR 289/99 – LS; BGH Beschl v 1

22.10.09 – I ZB 85/08 – Rn 3, juris; Brandbg Beschl v 23.3.09–10 WF 25/09 – Rn 3, juris; MüKoZPO/*Gehrlein* § 44 Rn 45). Anzunehmen ist dieses bei Globalablehnungen ohne nachvollziehbare Gründe (BGH Beschl v 28.4.11 –V ZR 8/10- Rn 3f; Beschl v 20.4.11-I ZB 41/09- Rn 2f juris; s.a. § 46 Rz 4), die indes, da der Adressat fehlt, nicht einmal als entscheidungsbedürftiges Gesuch zu werten sind (BVerfGE 72, 59; BayVerfGH MDR 00, 659). Das Gleiche gilt für wiederholende, rechtsmissbräuchliche (Frankf NJW 09, 1007) oder rein querulatorische Anträge. In diesen Fällen kann von einer Entscheidung überhaupt abgesehen werden (BVerfGE 11, 5 = MDR 61, 26). Eine Entscheidung unter Mitwirkung des Abgelehnten darf nie die sachliche Bewertung des eigenen Verhaltens sein. Deshalb ist eine Verwerfung »als offensichtlich unbegründet« in jedem Fall fehlerhaft (BVerfG Beschl v 20.7.07 1 BvR 2228/06 Rn 27 –juris-; NJW 05, 3410, 3412; a.A. BGH Beschl v 20.4.11 –I ZB 41/09- Rn 3 juris). Streitig ist, ob ein abgelehnter Richter nach der ohne seine Mitwirkung erfolgten Zurückweisung des Ablehnungsgesuchs in einem hierauf bezogenen Anhörungsrügeverfahren mitwirken darf (vgl BVerfG Beschl v 24.10.11 – 1 BvR 1848-2162/11- Rn 8 – juris).

2 **B. Entscheidung. I. Kollegialgericht.** Über die Ablehnung eines Richters, der bei einem Gericht tätig ist, bei dem zwingend Spruchkörper zu bilden sind, entscheidet der Spruchkörper (allgM), nicht ein eigens hierfür gebildeter (Wieczorek/Schütze/*Niemann* § 45 Rn 2). Das gilt auch für den Einzelrichter (BGH NJW 06, 2492) und für den Vorsitzenden einer KfH (BayObLG MDR 80, 237; Celle Beschl v 17.3.09–9 W 20/09 – Rn 2, juris). Der Abgelehnte darf nicht mitwirken (nach hM jedoch bei unzulässigen Gesuchen, s. Rz 1). An seine Stelle tritt der gem § 21e oder § 21g bestellte Vertreter. Ist die Vertreterkette erschöpft, entscheidet gem Abs 3 das im Rechtszug funktional zuständige höhere Gericht (MüKoZPO/*Gehrlein* § 45 Rn 3).

3 **II. Beim Richter am Amtsgericht. 1. Allgemeine Zuständigkeit.** Diese Vorschrift ist zur Verfahrensbeschleunigung dem § 23 III 1 StPO nachgebildet (Zö/*Vollkommer* § 45 Rn 5). Betroffen ist jeder beim Amtsgericht tätige Richter, unabhängig von seiner Funktion. Mit Ausnahme der eigenen Stattgabe durch den Abgelehnten (S 2) ist die Sache dem zur Entscheidung durch den Geschäftsverteilungsplan des Gerichts berufenen »anderen Richter« vorzulegen. Eine spezielle Regelung einschließlich der eines Vertreters sollte jeder Geschäftsverteilungsplan enthalten, damit vermieden wird, dass der Vertreter des Abgelehnten entscheidet (Zö/*Vollkommer* § 45 Rn 5), wenngleich sich dieses nicht verhindern lässt, wenn der Richter abgelehnt wird, den der »Ablehnungsrichter» ansonsten vertritt. Auch hier entscheidet gem Abs 3 das im Rechtszug höhere Gericht nur, wenn sämtliche Richter des Gerichts abgelehnt worden sind.

4 **2. Besondere Zuständigkeit (Selbstabhilfe).** Diese Vorschrift ist aus der früheren Regelung, nach welcher über die Ablehnung eines Amtsrichters das funktional zuständige Rechtsmittelgericht zu entscheiden hatte, zu verstehen. Um die umständliche Aktenvorlage zu vermeiden, durfte der Amtsrichter bei Gesuchen, die er als begründet erachtete, selbst entscheiden. Nachdem die Entscheidungskompetenz auf den »anderen« Amtsrichter übertragen worden ist, ist diese Vorschrift obsolet. Der selbstentscheidende Richter muss nämlich die Förmlichkeiten des Ablehnungsverfahrens ebenfalls einhalten (Zö/*Vollkommer* § 45 Rn 7), so dass eine nennenswerte Beschleunigung nicht mehr erreicht wird.

5 **III. Entscheidung durch das im Rechtszug zunächst höhere Gericht.** Mit dieser Vorschrift wird die Funktionsfähigkeit des Gerichts gesichert. Es soll verhindert werden, dass durch Globalablehnungen sämtliche Richter eines Gerichts ausgeschaltet werden. Diese Regelung wird in der Praxis kaum zum Tragen kommen, da eine solche Kettenablehnung als »Nichtgesuch« unberücksichtigt bleiben kann (s. Rz 1). Sie versagt iÜ bei den Bundesgerichten. Das zunächst höhere Gericht ist das funktional zuständige Rechtsbehelfsgericht, beim Familienrichter also gem § 119 I Nr 1a GVG das OLG.

§ 46 Entscheidung und Rechtsmittel. **(1) Die Entscheidung über das Ablehnungsgesuch ergeht durch Beschluss.**

(2) Gegen den Beschluss, durch den das Gesuch für begründet erklärt wird, findet kein Rechtsmittel, gegen den Beschluss, durch den das Gesuch für unbegründet erklärt wird, findet sofortige Beschwerde statt.

1 **A. Entscheidungsgrundsätze.** Wie auch bei sonstigen Entscheidungen hat ein Befangenheitsgesuch nur dann Erfolg, wenn es zulässig und begründet ist.

I. Zulässigkeit. 1. Allgemeine Sachentscheidungsvoraussetzungen. Das gem § 45 zuständige Gericht hat bei seiner Entscheidung zunächst die Zulässigkeit des Gesuchs zu prüfen, da es sich um eine Prozesshandlung handelt (Wieczorek/Schütze/*Niemann* § 44 Rn 1) Der Antragsteller muss prozess- und parteifähig sowie prozessführungsbefugt sein (Musielak/*Heinrich* § 44 Rn 2). Dieses ist zu unterstellen, wenn gerade wegen dieser Voraussetzungen Streit besteht (RGZ 16, 362, 364; Köln NJW 71, 569). Postulationsfähigkeit ist nicht erforderlich (§ 44 Rz 2). Keine eigene Sachbefugnis haben der Prozessbevollmächtigte (BayObLG NJW 75, 699), der gesetzliche Vertreter (Köln NJW-RR 88, 694) und die Partei kraft Amtes, soweit es um Gründe geht, die den Rechtsträger betreffen (Zweibr Rpfleger 00, 265, s. § 42 Rz 50). 2

2. Rechtschutzbedürfnis. Ein Interesse an der Entscheidung unterliegt außer in den Fällen des Verlustes nur beschränkt zeitlichen Grenzen. Es besteht unabhängig vom Stand des Verfahrens immer dann, wenn der Richter konkret mit der Sache befasst ist. Ein Urt beendet es nicht zwangsläufig, soweit Entscheidungen gem §§ 319–321a im Raum stehen.,Es besteht ferner nach Klagerücknahme fort, wenn noch ein Kostenantrag zu bescheiden oder der Streitwert festzusetzen ist (BVerfG Beschl v 2804.11 – 1 BvR 2411/10- OS 2b – juris). Sind entsprechende Anträge nicht angebracht, besteht ein Bedürfnis »derzeit« nicht. Auch nach Erlass einer instanzbeendenden Entscheidung kann es bei übersehenen Ablehnungsgründen weiter bestehen. Der Ablehnungsgrund ist dann mit den statthaften Rechtsmitteln gegen die Entscheidung geltend zu machen (Zö/*Vollkommer* § 42 Rn 4). Es endet aber spätestens mit der letzten unanfechtbaren Entscheidung (BGHZ 141, 93). Durch Ausscheiden des Richters aus dem Spruchkörper (Dezernatswechsel, Abordnung, längere Dienstunfähigkeit, Ausscheiden aus dem Dienst) kommt es zum Wegfall des Bedürfnisses, da die erstrebte Hinderung des Richters immer nur für die Zukunft wirkt (BGH Beschl v 21.2.11 –II ZB 2/10- Rn 10 u. Beschl v 4.5.11 –AnwZ (B 12/10 Rn 8 – juris;). Das Rechtsschutzinteresse entfällt ferner, wenn der Antrag einer Partei auf Tatsachen gestützt wird, über die bereits augrund einer Selbstanzeige gem. § 48 unanfechtbar entschieden worden ist (BVerwG Beschl v 18.2.98 – 11 B 30/97- Rn 10 – juris). 3

Schließlich lässt der **Missbrauch des Ablehnungsrechts** das Rechtschutzbedürfnis entfallen. Dieser ist anzunehmen, wenn das Verfahren verschleppt oder verfahrensfremde Zwecke verfolgt werden sollen (allgM). Für die Annahme eines Missbrauchs kann nicht nur aus dem Inhalt des Ablehnungsgesuchs selbst, sondern auch indiziell aus dem übrigen prozessualen Verhalten des Ablehnenden geschlossen werden (Köln Beschl v 30.12.08 – 2 W 127/08 Rn 16 – juris). Eine Verschleppung liegt vor, wenn die Ablehnung eine Terminsverlegung erzwingen soll, die als nicht hinreichend begründet verweigert worden ist (Frankf NJW 09, 1007, 1009; Köln Beschl v 5.8.04 – 13 U 35/04- OS – juris), wenn ein zurückgewiesenes Gesuch ohne nennenswerte neue Gründe wiederholt wird (München Beschl v 26.1.11 – 1 W 64/11- OS – juris; KG FamRZ 86, 1022, 1023) oder wenn es lediglich einen unbequemen Richter ausschalten soll (München NJW-RR 88, 1535). Verfahrensfremden Zwecken wird gedient, wenn ohne nachvollziehbare Begründung Richter global oder ein Spruchkörper auch bei namentlicher Nennung seiner Mitglieder pauschal abgelehnt werden BGH Beschl v 28.4.11 –V ZR 8/10- Rn 3f – juris; s.a. § 45 Rz 1)), wenn sie rein querulatorisch sind, oder wenn im Gewande der Ablehnung eine grobe Beleidigung und Beschimpfung der beteiligten Richter erfolgen soll (Ddorf OLGR 96, 108). In diesen Fällen kann der Abgelehnte selbst entscheiden oder das Vorbringen sogar übergehen (s. § 45 Rz 1). 4

II. Begründetheit. Es findet eine Schlüssigkeitsprüfung statt. Die im Gesuch vorgetragenen Tatsachen, soweit sie nicht zum Rechtsmissbrauch führen (Rz 4), müssen geeignet sein, einen der Befangenheitsgründe zu rechtfertigen. Ist dieses nicht der Fall, ist es sofort zurückzuweisen (MüKoZPO/*Gehrlein* § 44 Rn 7). Auf die Glaubhaftmachung und dienstliche Äußerung kommt es nicht an. Diese sind erst zu beachten, wenn das Gesuch schlüssig ist. Ein »non-liquet« bei der Sachverhaltsfeststellung führt nicht dazu, dass von der Besorgnis der Befangenheit auszugehen ist. Das Beweisrisiko trägt in verfassungsrechtlich unbedenklicher Weise nach der klaren Gesetzeslage des § 44 II der Ablehnende (BGH Beschl v 21.10.10 V ZB 210/09 Rn 10, 13 -juris-). Die Gegenmeinung, die in dieser Situation die Begründetheit des Gesuchs annimmt, da dann ein Anschein für die Befangenheit spreche und zudem ein übergeordnetes Interesse an der Neutralität des Richters seine Hinderung gebiete (Braunschw OLGR 00, 122; Musielak/*Heinrich* § 44 Rn 7; Zö/*Vollkommer* § 42 Rn 10) überzeugt nicht. Es sind keine Anknüpfungspunkte denkbar, die nach der Lebenserfahrung den Schluss auf die Parteilichkeit eines Richters zulassen. Das Recht auf den gesetzlichen Richter überstrahlt ein abstraktes Interesse (s. § 44 Rz 6). 5

B. Entscheidungsform. I. Äußerlichkeiten. Sie ergeht immer in Beschlussform. Der stattgebende Beschl wird gem § 329 III 1 den Beteiligten formlos mitgeteilt, zurückweisende nach S 2 der Vorschrift wegen 6

§ 46 II dem Ablehnenden unter Beachtung des § 172 zugestellt, den übrigen Beteiligten auch hier formlos übersandt.

7 **II. Inhalt. 1. Tenor.** Das Gesuch wird bei fehlenden Sachentscheidungsvoraussetzungen als »unzulässig verworfen«. Ist es zulässig, aber nicht begründet, wird es »als unbegründet zurückgewiesen«, bei begründeten wird es entsprechend § 547 Nr 3 »für begründet erklärt«. In allen Fällen ist zu empfehlen, im Tenor deutlich zu machen, wer der Ablehnende ist und wer abgelehnt wird: »Das Gesuch des Beklagten vom ..., den Richter X in dieser Sache für befangen zu erklären, wird ...«. Bei Gesuchen, die auf mehrere Gründe gestützt werden, von denen nur einer durchgreift, bedarf es der teilweisen Zurückweisung nicht (Zö/*Vollkommer* § 46 Rn 7). Eine Kostenentscheidung ist nicht zu erlassen. Es handelt sich auch für die Prozessbevollmächtigten um ein Zwischenverfahren im selben Rechtszug gem § 19 I 2 Nr 3 RVG.

8 **2. Begründung.** Für den zurückweisenden Beschl ist wegen § 46 II in jedem Fall eine Begründung zwingend (allgM). Auch das erfolgreiche Gesuch ist zu begründen, zum einen als nobile officium ggü dem abgelehnten Richter, zum anderen ermöglicht es dem Gegner nachzuvollziehen, warum der gesetzliche Richter entzogen worden ist (Zö/*Vollkommer* § 46 Rn 9). Eine Ausnahme mag gelten bei einer Ablehnung aufgrund einer Selbstanzeige gem § 48, weil hier der Grund offenkundig ist.

9 **C. Wirkung.** Der stattgebende Beschl wird sofort wirksam. Der erfolgreich abgelehnte Richter steht dem ausgeschlossenen gleich (allgM), obwohl das Gesetz diese Anordnung nicht trifft. An die Stelle des verhinderten Richters tritt sein geschäftsplanmäßiger Vertreter, der die Sache im Dezernat des Abgelehnten zu bearbeiten hat(s. § 41 Rz 14). Der zurückweisende Beschl wird erst wirksam nach fruchtlosem Ablauf der Notfrist des § 569 I. Bis dahin gilt die Wartefrist des § 47 (allgM; aA Köln JMBl NRW 08, 164).

10 **D. Rechtsbehelfe. I. Begründete Ablehnung.** Sie ist nach Abs 2 unanfechtbar. Eine Nachprüfung ist auch im Rechtsmittelverfahren über die Hauptsache nicht möglich (BGH NJW 95, 403 = MDR 95, 409). Das gilt auch, wenn der Amtsrichter nach § 45 II 2 sich selbst durch begründeten Beschl für befangen erklärt hat. Der Begründung bedarf es wegen der Berührung von Verfahrensgrundsätzen der Parteien trotz des missverständlichen Wortlauts. Er wird lediglich davon befreit, die Entscheidung des »anderen« Richters einzuholen (Wieczorek/Schütze/*Niemann* § 45 Rn 7; Zö/*Vollkommer* § 45 Rn 7). Ausnahmen sollen dann gemacht werden, wenn der anfechtenden Gegenpartei kein rechtliches Gehör gewährt wurde, da so eine Verfassungsbeschwerde vermieden wird (Oldbg NJW-RR 95, 830). Das Gleiche soll bei »greifbarer Gesetzwidrigkeit« gelten (Zö/*Vollkommer* § 46 Rn 13).

11 **II. Verworfene/Unbegründete Ablehnung.** Der statthafte Rechtsbehelf ist die sofortige Beschwerde. Wird das Gesuch für **unbegründet erklärt,** folgt das aus Abs 2. Ist das Gesuch als **unzulässig verworfen**, folgt das Beschwerderecht nicht aus § 46 II unmittelbar, da der Wortlaut (»unbegründet«) entgegensteht, sondern aus § 567 II Nr. 2 oder einer entsprechenden Anwendung von § 46 II (Brandb Beschl v 23.3.09–10 WF 25/09 Rn 1 -juris-). Es entscheidet das im konkreten Verfahren zuständige Rechtsmittelgericht in der Besetzung des § 568. Gegen die der Ablehnung stattgebenden Beschwerdeentscheidung ist ein Rechtsbehelf nicht möglich. Gegen die zurückweisenden Beschlüsse des Beschwerdegerichts ist allein gem § 133 GVG die Rechtsbeschwerde zum BGH möglich, wenn sie gem § 574 I Nr 2 zugelassen wird. Gegen Entscheidungen des OLG gem § 45 I ist ebenfalls diese Rechtsbeschwerde möglich. In Betracht kommt aber auch eine Anhörungsrüge gem § 321a, die auch für entsprechende Entscheidungen des BGH befürwortet wird (Zö/*Vollkommer* § 46 Rn 14a).

12 **III. Beschwerdeverfahren.** Es richtet sich nach §§ 569, 571, 572. Die Beschwerde ist in der Frist des § 569 I 1 zu begründen. Zur Überprüfung kann nur das Vorbringen gestellt, werden, was Gegenstand der Ausgangsentscheidung ist (Ddorf OLGR 00, 455, 456). Deswegen ist die Möglichkeit des § 571 II 1, Nachschieben neuer Gründe, nicht gegeben. Das Rechtsschutzinteresse kann nachträglich entfallen, wenn der abgelehnte Richter endgültig aus dem Spruchkörper ausscheidet (s. Rz 3). Problematisch ist die »prozessuale Überholung des Ablehnungsgrunds« (Zö/*Vollkommer* § 46 Rn 18a). Diese tritt in Fällen ein, in denen unter Missachtung des § 47 der abgelehnte Richter an der instanzbeendenden Entscheidung mitgewirkt hat. Hier ist es vorzuziehen, die Beschwerde als erledigt anzusehen und die Ablehnung mit dem Rechtsmittel gegen die Hauptsache zu verknüpfen (Zö/*Vollkommer* § 46 Rn 18a). Ist ein Rechtsmittel nicht möglich oder der Abgelehnte mit einer Folgeentscheidung befasst, ist das Beschwerdeverfahren fortzusetzen (Zö/*Vollkommer* § 46 Rn 18b).

IV. Kosten der Beschwerde. 1. Entscheidung und Gebühr. Bei **erfolgloser Beschwerde** ist gem § 97 eine Kostenentscheidung zu treffen (Naumbg Beschl v 4.6.09 – 3 WF 76/09 – Rn 12, juris; St/J/*Bork* § 46 Rn 10; Zö/*Vollkommer* § 46 Rn 20;), da Kosten entstehen, gerichtliche gem KV 1812, 0,5 anwaltliche nach VV 3500. Der Beschwerdegegner kann diese gem § 104 festsetzen lassen (BGH NJW 05, 2233 = Rpfleger 05, 481; Zö/*Vollkommer* § 46 Rn 20). Ist die Beschwerde erfolgreich, werden die Kosten als solche des Rechtsstreits angesehen (München MDR 94, 627; Kobl Beschl v 23.4.09 – 4 W 171/09 – Rn 24, juris; Zö/*Vollkommer* § 46 Rn 20). Sie sind nicht zu erstatten (Nürnbg NJW-RR 02, 720). 13

2. Streitwert. Anzusetzen ist der Streitwert der Hauptsache (BGH NJW 68, 796; Hamm Beschl v 11.7.11 -I 32 W 11/11- Rn 24 – juris, Köln Beschl v 4.9.09 – 20 W 46/09 – Rn 14 -juris-; MüKoZPO/*Gehrlein* § 46 Rn 6, s.a. § 3 Rz 31, sehr str). Soweit vertreten wird, der Streitwert sei gem § 3 frei nach dem Interesse des Antragstellers am Ausscheiden des Abgelehnten zu schätzen (zB Hambg MDR 90, 58), was zu Quoten zwischen 1/10 und 1/3 führt (vgl Zö/*Herget* § 3 Rn 16 »Ablehnung«), kann dem nicht beigetreten werden. Zum einen ist dieses Interesse kaum zu quantifizieren; wenn aber, liegt es in der Hoffnung, durch die Ablehnung im Prozess Erfolg zu haben. Das rechtfertigt den Streitwert der Hauptsache. 14

§ 47 Unaufschiebbare Amtshandlungen.

(1) Ein abgelehnter Richter hat vor Erledigung des Ablehnungsgesuchs nur solche Handlungen vorzunehmen, die keinen Aufschub gestatten.
(2) [1]Wird ein Richter während der Verhandlung abgelehnt und würde die Entscheidung über die Ablehnung eine Vertagung der Verhandlung erfordern, so kann der Termin unter Mitwirkung des abgelehnten Richters fortgesetzt werden. [2]Wird die Ablehnung für begründet erklärt, so ist der nach Anbringung des Ablehnungsgesuchs liegende Teil der Verhandlung zu wiederholen.

A. Normzweck und Anwendungsbereich. Mit der Anbringung des Gesuchs wird dem Richter das Vertrauen entzogen. Es steht aber noch nicht fest, ob dies gerechtfertig ist. Für diese Zeit soll die Norm einen Interessenausgleich bieten, indem dem Richter einerseits eine Wartefrist auferlegt wird, er andererseits aber dringende Handlungen vornehmen kann. Eine Modifizierung ist für die mündliche Verhandlung vorgesehen, um nur der Verzögerung dienenden Ablehnungen vorzubeugen (St/J/*Bork* § 46 Rn 2; Zö/*Vollkommer* § 47 Rn 3a). Entgegen dem Wortlaut umfasst die Wartefrist ferner die Selbstablehnung (allgM). Sie gilt auch für den gem § 42 I Hs 1 abgelehnten Richter, da auch hier noch nicht feststeht, ob dies berechtigt ist (aA: Zö/*Vollkommer* § 47 Rn 1). 1

B. Handlungsverbot. I. Zeitlich. Einigkeit besteht, dass die Wartefrist mit dem Eingang des ordnungsgemäßen Gesuchs beginnt, auch wenn der Richter keine Kenntnis hat (Frankf NJW 88, 1238 zu § 29 I StPO) Zu weitgehend ist es, bei nicht begründeten die Sperrwirkung zu verneinen, es sei denn, bei rechtsmissbräuchlichen Gesuchen (§ 45 Rz 1), da diese einer Entscheidung nicht bedürfen. Sie endet mit der »Erledigung«, also rechtskräftigen Entscheidung über das Gesuch (hM). Dieses ist nicht erledigt, solange eine zulässige Anhörungsrüge gegen deren Zurückweisung nicht beschieden ist (BGH Bschl v 15.06.10 XI ZB 33/09 Rn 16). 2

II. Umfang. 1. Ablehnung außerhalb der mündlichen Verhandlung. Wird der Richter außerhalb der Verhandlung abgelehnt, darf er nur Handlungen vornehmen, deren Unterlassen einer Partei wesentliche Nachteile bringen könnten (Celle NJW-RR 89, 569). Unaufschiebbar ist die Anordnung der Zustellung der Klage, jedoch ohne prozessleitende Verfügung, bei einer Selbstablehnung (MüKoZPO/*Gehrlein* § 47 Rn 4), oder Ablehnung schon mit der Klage. Zum einen sind mit der Rechtshängigkeit Vor- und Nachteile verbunden (§ 204 I Nr 1 BGB, §§ 261 III, 262), die es zu vermeiden gilt; zum anderen würde ohne Zustellung zumindest eine Partei zu einer Ablehnung gehört, ohne die Hauptsache zu kennen. Unaufschiebbar sind ferner die Terminsaufhebung und die einstweilige Einstellung der Zwangsvollstreckung. Bei Arrest und einstweiliger Verfügung ist zu differenzieren: Muss eine (stattgebende) Entscheidung wegen ihrer Dringlichkeit (§ 937 II) ohne mündliche Verhandlung ergehen, ist die Handlung unaufschiebbar. In allen anderen Fällen sperrt die Wartefrist. Die zulässig vorgenommen unaufschiebbaren Handlungen bleiben wirksam und sind nicht nachzuholen, wenn das Ablehnungsgesuch Erfolg hat (Zö/*Vollkommer* § 47 Rn 3). 3

2. Ablehnung während der Verhandlung. Der Begriff der Verhandlung ist weit zu fassen s.a. § 43 Rz 3. Das folgt schon aus dem Wortlaut, der nicht auf die »mündliche« Verhandlung des § 137 I abstellt. Sie beginnt, wenn das Gericht verhandlungsbereit ist, also mit dem Aufruf der Sache gem § 220 I, und endet 4 mit deren Schluss gem § 136 IV. Damit sind auch Erörterungen, Güteverhandlung und Beweisaufnahme Teil der »Verhandlung« (Zö/*Vollkommer* § 47 Rn 3a). Die Fortsetzung der mündlichen Verhandlung nach Anbringung eines Befangenheitsgesuchs setzt weiter voraus, dass die Entscheidung über dieses eine Vertagung erfordert. Das ist immer der Fall, weil deren Rechtskraft nach hM abzuwarten ist. Nicht zur Fortsetzung der mündlichen Verhandlung gehört die Verkündung eines Urteils oder die Bestimmung eines Verkündungstermins, § 310 I. Bleibt die Ablehnung erfolglos, kann der abgelehnte Richter, wenn die mündliche Verhandlung geschlossen worden ist, ohne weiteres Termin zur Verkündung einer Entscheidung bestimmen, da nur im Falle der Begründetheit die Verhandlung zumindest tw erneut durchzuführen ist.

5 Dem Richter wird durch Abs 2 die Möglichkeit eröffnet, eine begonnene Verhandlung nach einer Ablehnung fortzuführen, er ist dazu aber nicht verpflichtet. Da Befangenheitsgesuche in der Verhandlung in aller Regel Ergebnis einer »aufgeheizten« Situation sind, ist dem Richter zu empfehlen, diese zunächst, wenn auch kurzfristig, zu unterbrechen, um dann nach »Abkühlung« fortzusetzen. In der Praxis besteht häufig Unsicherheit darüber, ob die ablehnende Partei wegen § 43 nach Anbringung des Gesuchs weiter verhandeln und Anträge stellen soll. Sie muss es, um für den Fall, dass sie erfolglos bleibt, nicht wegen §§ 220 II, 333 einer Säumnisentscheidung ausgesetzt zu sein. Präkludiert wird sie nicht (s. § 43 Rz 5).

6 **III. Wirkung.** Eine entgegen der Wartepflicht vorgenommen richterliche Handlung ist bei einer Ablehnung wegen Befangenheit wirksam, aber fehlerhaft. Hierin kann indes ein neuer Ablehnungsgrund gesehen werden. Wird das Ablehnungsgesuch rechtskräftig zurückgewiesen, tritt Heilung ein (hM; aA Zö/*Vollkommer* § 47 Rn 5), ansonsten ist die Handlung zu wiederholen. Ist dies nicht möglich, leidet das Verfahren an zwei Mängeln, der Mitwirkung eines befangenen Richters und einem Verstoß gegen § 47. Dieses kann im Rechtsbehelfsverfahren geltend gemacht werden (MüKoZPO/*Gehrlein* § 46 Rn 6; Zö/*Vollkommer* § 47 Rn 6). Bei einer erfolgreichen Ablehnung wegen eines Ausschließungsgrunds kommt § 47 nicht zur Anwendung, da der ausgeschlossene Richter sich per se jeglicher Handlung zu enthalten hat (allgM). Jede Handlung ist unwirksam. Im Zweifel sollte sich der Richter enthalten (St/J/*Bork* § 47 Rn 4).

§ 48 Selbstablehnung; Ablehnung von Amts wegen.

Das für die Erledigung eines Ablehnungsgesuchs zuständige Gericht hat auch dann zu entscheiden, wenn ein solches Gesuch nicht angebracht ist, ein Richter aber von einem Verhältnis Anzeige macht, das seine Ablehnung rechtfertigen könnte, oder wenn aus anderer Veranlassung Zweifel darüber entstehen, ob ein Richter kraft Gesetzes ausgeschlossen sei.

1 **A. Normzweck.** Unabhängig von dem Ablehnungsrecht der Parteien kann ein Richter Vertrauen nur beanspruchen, wenn er selbst für zweifelsfreie Unparteilichkeit sorgt (MüKoZPO/*Gehrlein* § 48 Rn 1). Die amtliche Überschrift ist irreführend. Ein Richter kann sich nicht selbst ablehnen, auch nicht gem § 45 II Hs 2. Dem steht seine Eigenschaft als gesetzlicher Richter entgegen, über die er selbst nicht verfügen kann. Deshalb sind ihm bekannte Gründe, die eine Besorgnis der Befangenheit rechtfertigen könnten und seine Zweifel über eine mögliche Ausschließung in einem förmlichen Verfahren zu überprüfen. Den Weg hierzu eröffnet die Norm, die deswegen als Selbstanzeige verstanden wird.

2 **B. Voraussetzung und Inhalt.** Der Richter hat anzuzeigen, wenn er einen Ablehnungsgrund, sei es § 42 I Hs 1oder 2, für gegeben, möglich oder zweifelhaft hält. Auszugehen ist dabei von den Gründen einer Fremdablehnung (BGH NJW 95, 1670 = MDR 95, 816). Mitzuteilen sind Tatsachen, keine Gefühle oder Wertungen (Zö/*Vollkommer* § 48 Rn 3). In diesen Fällen hat der Richter die Amtspflicht zur Selbstanzeige. Das wird aus § 1036 I gefolgert (Zö/Vollkommer § 48 Rn 1). Die bloße Erklärung, »Ich fühle mich befangen.« genügt nicht (MüKoZPO/*Gehrlein* § 48 Rn 4); auch nicht, dass dem Richter die Befassung aus persönlichen Gründen unangenehm ist (Frankf OLGR 96, 55), oder dass er nach Aufhebung an eine ihm widerstrebende Rechtsauffassung gem § 563 S 2 gebunden ist (LG Frankfurt NJW 88, 78). Andererseits hat der Richter sehr persönliche Tatsachen zu offenbaren, die im Normalfall der Verborgenheit seiner Intimsphäre Dritten entzogen ist (MüKoZPO/*Gehrlein* § 48 Rn 4), zB ein heimliches Liebesverhältnis mit einer Partei.

3 **C. Rechtsfolgen.** Die Anzeige löst die Wartepflicht des § 47 unmittelbar aus. Es gelten die dort aufgestellten Modifikationen entsprechend (§ 47 Rz 2 ff). Ein Verstoß gegen die Pflicht begründet während des laufenden Verfahrens ein eigenes Ablehnungsrecht gem § 42 I Hs 2. Nach abgeschlossenem Verfahren kommt der Verletzung der Offenbarungspflicht keine eigenständige Bedeutung zu. War diese einer Partei vorher

bekannt, trifft sie der Verlust analog § 43, war sie nicht bekannt, kann wegen eines Verfahrensfehlers ein Rechtsmittel darauf gestützt werden (Zö/*Vollkommer* § 48 Rn 11). Das gilt ferner, wenn das Rechtsmittelgericht nicht auf einen verborgen gebliebenen Ablehnungsgrund – instanzübergreifende Richterehe – hingewiesen hat (BSG Beschl v 24.11.05 –B 9a VG- Ls 2, Rn 6f s. § 41 Rz 32).

D. Verfahren. Der Richter hat die Selbstanzeige mit Bekanntwerden des Grundes schriftlich unverzüglich 4
zu den Sachakten zu nehmen und dem Richter des § 45 zuzuleiten (MüKoZPO/*Gehrlein* § 48 Rn 6), spätestens vor der nächsten richterlichen Handlung. Da dem Richter die Gründe einer Selbstanzeige erst während des Verfahrens bekannt werden können, oder diese erst dann entstehen, ist zu überlegen, ob ihm für diese Fälle unaufschiebbare Handlungen auch dann zuzubilligen sind, wenn eine Ausschließung möglich ist. Steht objektiv die Besorgnis der Befangenheit im Raum, hält der Richter sich aber nicht für befangen, sollte er diesen Umstand fairerweise den Parteien zur Kenntnis bringen (München Beschl v 26.8.09 – 1 W 2051/09 – Rn 6, juris), verbunden mit der Bitte um Mitteilung, ob deswegen Misstrauen gegen ihn besteht. Diese Praxis macht eine Selbstanzeige und das anschließende Verfahren regelmäßig entbehrlich, weil die Parteien erklären, aus ihrer Sicht, auf die es allein ankommt (§ 42 Rz 5), dieses nicht zu hegen. Analog § 43 gehen sie dann dieses Grundes verlustig.

Wird dem Gericht ein Ausschließungsgrund ohne Anzeige bekannt, hat es vAw auch ohne Anzeige zu prü- 5
fen, ob dieser eingreift. Ist er evident, bedarf es keiner Entscheidung. Der Richter scheidet ohne Weiteres aus (Zö/*Vollkommer* § 48 Rn 7). Für mögliche Befangenheitsgründe gilt dies nicht.

Das gem § 45 zur Entscheidung berufene Gericht hat die Anzeige den möglichen Beteiligten (§ 42 Rz 50) 6
zur Kenntnis zu bringen und ihnen rechtliches Gehör zu gewähren, bevor es eine Sachprüfung vornimmt. Enthält die Anzeige keine überprüfbaren Tatsachen, führt dies nicht zur Verhinderung des Richters. Auch Beleidigungen oder die Drohung mit einer Strafanzeige machen ihn nicht befangen (§ 42 Rz 8); ebenfalls nicht, wenn er wegen einer früheren Entscheidung in einem gleichgelagerten Fall fachlich heftig kritisiert worden ist (Saarbr NJW-RR 94, 766 f), anders, wenn er deswegen in Massenmedien massiv auch hinsichtlich seiner Peron heftig angegriffen worden ist. Hier ist ein weiteres Procedere sowohl für ihn, als auch für die Parteien unzumutbar. Fraglich ist, ob ernstliche Gewissenskonflikte zum Ausscheiden führen können (so: Wieczorek/Schütze/*Niemann* § 48 Rn 1). Werden diese mit dem Hinweis, der Richter fühle sich befangen, verknüpft, werden die Parteien dies zum Anlass nehmen gem § 42 II vorzugehen, so dass die Frage in der Praxis auf sich beruhen kann.

E. Entscheidung. Die Entscheidung ergeht durch Beschl, der die Ausschließung feststellt oder die Befangenheit 7
für (un)begründet erklärt (Zö/*Vollkommer* § 48 Rn 10). Eine Kostenentscheidung ist nicht veranlasst. Der Beschl sollte begründet werden (s.a. § 46 Rz 8). Er ist dem Richter bekannt zu geben und den Parteien gem § 329 II 1 mitzuteilen. Begründung und Zustellung sind erforderlich, wenn man die Beschwerde für statthaft hält. Das wird angenommen, wenn die Selbstablehnung für unbegründet erklärt wird (so Karlsr Rpfleger 99, 381; Zö/*Vollkommer* § 48 Rn 10); bei begründeter gilt § 46 II (BGH NJW 95, 403).

§ 49 Urkundsbeamte. **Die Vorschriften dieses Titels sind auf den Urkundsbeamten der Geschäftsstelle entsprechend anzuwenden; die Entscheidung ergeht durch das Gericht, bei dem er angestellt ist.**

A. Normzweck. Die Vorschrift bezieht den Urkundsbeamten der Geschäftsstelle (§ 153 I GVG) in den 1
Bereich der »Gerichtspersonen« ein. Wer zu diesem Personenkreis zu zählen ist, ist § 153 II – V GVG zu entnehmen. Die Vorschrift basiert auf dem Gedanken, dass der »Gerichtsschreiber«, der bei der Herstellung und Berichtigung des Sitzungsprotokolls gem § 159 I hinzugezogen wird, in gewissem Umfang Einfluss auf den Rechtsstreit hat, weil er bei der Herstellung und Berichtigung des Protokolls mit dem Vorsitzenden gem §§ 163, 164 II zusammenwirkt (MüKoZPO/*Gehrlein* § 49 Rn 1). Die Norm hat kaum praktische Bedeutung (MüKoZPO/*Gehrlein* § 49 Rn 4), insb nach der Neufassung des § 159 I, die die vorläufige Protokollaufzeichnung gem § 160a zum Regelfall erhoben hat.

B. Anwendungsbereich. I. Urkundsbeamter. Die Vorschriften über die Ausschließung und Besorgnis der 2
Befangenheit sind entsprechend anzuwenden, auch § 47 (allgM). Das gegen ihn gerichtete Gesuch darf der Urkundsbeamte aufnehmen, da die Wartepflicht erst eintritt, wenn das Gesuch in verkörperter Form dem Gericht vorliegt (MüKoZPO/*Gehrlein* § 49 Rn 3; Zö/*Vollkommer* § 49 Rn 1). Es entscheidet gem § 45 der

Richter des Gerichtes, bei dem er angestellt ist. Bei Selbstablehnung dürfte die Beauftragung eines Vertreters als innerdienstliche Maßnahme ausreichen (MüKoZPO/*Gehrlein* § 49 Rn 5).

3 **II. Weitere Gerichtspersonen. 1. Rechtspfleger.** Er unterfällt nicht der Norm. Gleichwohl finden über § 10 RPflG die Vorschriften über die Ausschließung und Ablehnung von Richtern auf ihn Anwendung, soweit er in dem ihm durch das RPflG zugewiesenen Aufgabenkreis tätig wird. Für die Ablehnung wegen der Besorgnis der Befangenheit sind die gleichen Maßstäbe anzusetzen wie beim Richter (Zö/*Vollkomme* § 49 Rn 3). Auch der Rechtspfleger kann ein Gesuch als rechtmissbräuchlich verwerfen (BGH NJW-RR 05, 1226) oder nicht bescheiden (§ 6 Rz 4) oder gem § 45 II 2 für begründet erklären. Ansonsten entscheidet gem § 10 S 2 RpflG der Richter. Dieser bestimmt sich aus § 28 RPflG. Beim Amtsgericht sollte dieses durch die Geschäftsverteilung zur Zuständigkeit des »anderen Richters« iSd § 45 II 1 führen, da dieser idR über mehr Erfahrung verfügt. Gegen dessen Entscheidung ist die sofortige Beschwerde gem § 45 II statthaft.

4 **2. Gerichtsvollzieher.** Er kann nur gem § 155 GVG ausgeschlossen sein, nicht wegen Befangenheit abgelehnt werden (BVerfG NJW-RR 05, 365; BGH NJW-RR 05, 149). Die Gegenmeinung (MüKoGVG/*Wolf* § 155 Rn 6) übersieht, dass durch die Sonderregelung des § 155 GVG die Hinderung eines Gerichtsvollziehers abschließend geregelt ist.

Abschnitt 2 Parteien

Titel 1 Parteifähigkeit; Prozessfähigkeit

§ 50 Parteifähigkeit.

(1) Parteifähig ist, wer rechtsfähig ist.
(2) Ein Verein, der nicht rechtsfähig ist, kann klagen und verklagt werden; in dem Rechtsstreit hat der Verein die Stellung eines rechtsfähigen Vereins.

Inhaltsübersicht Rz

A. Die Parteien . . . 1
I. Parteibegriff . . . 2
II. Zweiparteienprinzip (Verbot des Insichprozesses) . . . 3
B. Bestimmung der Partei . . . 4
I. Auslegung . . . 5
II. Fehler bei der Parteibezeichnung . . . 6
1. Irrtümliche Inanspruchnahme des falschen Beklagten . . . 6
2. Zustellung an Nichtbeklagten . . . 7
3. Identität von Partei und als Partei Auftretendem . . . 8
4. Nichtexistente Partei . . . 9
C. Parteifähigkeit . . . 10
I. Begriff . . . 10
1. Sachurteilsvoraussetzung . . . 11
2. Prozesshandlungsvoraussetzung . . . 12
3. Streit um Parteifähigkeit . . . 13
II. Natürliche Personen . . . 14
III. Juristische Personen des öffentlichen Rechts . . . 15
IV. Juristische Personen des Privatrechts . . . 16
1. Werdende juristische Person . . . 17
2. Untergang der juristischen Person . . . 18
3. Organstreitigkeiten . . . 19
V. Nicht voll rechtsfähige, aber parteifähige Gesellschaften . . . 20
1. Handelsgesellschaften . . . 20
2. Gesellschaft bürgerlichen Rechts . . . 21
3. Weitere Gesellschaften . . . 22
VI. Ausländische Gesellschaften . . . 23
1. Europäische Vereinigungen und Gesellschaften . . . 23
2. Gesellschaften aus EU-Mitgliedsstaaten . . . 24
3. Zweiseitige Abkommen . . . 25
4. Drittstaaten . . . 26
D. Parteifähigkeit von Verbänden und Vereinigungen . . . 27
I. Nichtrechtsfähiger Verein . . . 27
II. Wohnungseigentümergemeinschaft . . . 28
III. Politische Parteien . . . 29
E. Nicht parteifähige Gebilde . . . 30
I. Innengesellschaft . . . 30
II. Gemeinschaften . . . 31
III. Firma . . . 32
F. Prozessführungsbefugnis . . . 33
I. Begriff . . . 33
II. Gesetzliche Prozessstandschaft . . . 34
1. Prozessrechtliche Ermächtigung . . . 34
2. Materiell-rechtliche Ermächtigung . . . 35
3. Prozessführung kraft Amtes . . . 36

Rz
4. Rechtsstellung des gesetzlichen Prozessstandschafters 37
III. Gewillkürte Prozessstandschaft 38
1. Voraussetzungen 39
a) Ermächtigung 39
b) Übertragbarkeit der Prozessführungsbefugnis 40
c) Offenlegung der Prozessstandschaft 41
Rz
d) Schutzwürdiges Interesse an Prozessführung 42
2. Rechtsstellung des gewillkürten Prozessstandschafters 45
IV. Einziehungsermächtigung 46
V. Verbandsklage 47

A. Die Parteien. Die Parteieigenschaft ist ein Schlüsselbegriff des Prozessrechts; sie hat Bedeutung für Gerichtsstand, Prozesskostenhilfe, Rechtshängigkeit, Zustellung, Richterausschluss und -ablehnung, Verfahrensunterbrechung, Beweisverfahren, Rechtskraft und Zwangsvollstreckung. Die Partei ist Trägerin des Prozessrechtsverhältnisses und kann darum weder die Funktion eines Zeugen noch eines Nebenintervenienten einnehmen. Die Rechtsstellung der Parteien ist **formell** gleichartig, weil sie über identische prozessuale Rechte, etwa den Anspruch auf Gewährung rechtlichen Gehörs (Art 103 I GG), verfügen. In **materieller** Hinsicht ist ihre Rechtsstellung unterschiedlich ausgestaltet, weil der Kl schlimmstenfalls mit der Folge der Kostentragung unterliegen, der Beklagte indes über die Kostenpflicht hinaus zu einer Leistung an den Kl verurteilt werden kann. 1

I. Parteibegriff. Die ZPO geht vom **formellen Parteibegriff** aus: Partei ist, wer als (natürliche oder juristische) Person im eigenen Namen vor den staatlichen Gerichten Rechtsschutz begehrt (Kl), sowie derjenige, gegen den Rechtsschutz (Bekl) begehrt wird (BGHZ 4, 328, 334 = NJW 52, 545). Maßgeblich ist allein, wer in der Klageschrift als Kl und Bekl bezeichnet und wem in der Eigenschaft als Bekl die Klage zugestellt wird. Der Parteibegriff ist vom materiellen Recht abgekoppelt. Es spielt abw vom **materiellen Parteibegriff** keine Rolle, ob der Kl Inhaber des Anspruchs und der Beklagte tatsächlich Schuldner ist. Kl kann sein, wem das Eigentum an der herausverlangten Sache (§ 985 BGB) nicht zusteht, Bekl, wer sich nicht im Besitz der Sache (§ 854 BGB) befindet. In beiden Fällen ist die zulässige Klage unbegründet. Weder ein Bevollmächtigter noch ein gesetzlicher Vertreter ist mangels Prozessführung im eigenen Namen Partei, wohl aber die **Partei kraft Amtes**. Die Parteien werden im Erkenntnisverfahren als Kl und Bekl, im Scheidungs- (§§ 606 ff) und Mahnverfahren (§ 688) als Antragsteller und Antragsgegner und im Zwangsvollstreckungsverfahren als Gläubiger und Schuldner bezeichnet. 2

II. Zweiparteienprinzip (Verbot des Insichprozesses). Der Zivilprozess lebt vom Parteiengegensatz, also einer Konstellation, in der sich zwei Parteien als Angreifer und Verteidiger gegenüberstehen. Darum endet ein Prozess, nachdem sich kraft Erbgangs in einer Person die Parteistellung von Kl und Beklagtem vereinigt (BGH NJW-RR 99, 1152; FamRZ 11, 288 Rn 7 ff). Wegen des notwendigen Interessengegensatzes müssen Kl und Bekl personenverschieden sein, was die Möglichkeit eines Insichprozesses, etwa die Klage einer fiskalischen Stelle des Staates gegen eine andere, verbietet. Organstreitigkeiten innerhalb einer juristischen Person sind unter einschränkenden Voraussetzungen zulässig (BGH NJW 08, 69, 74; Zö/*Vollkommer* Vor § 50 Rn 1). Eine nicht rechtsfähige, aber parteifähige Untergliederung eines Vereins kann gegen den rechtsfähigen Verein klagen (BGH NJW 08, 69, 74). Unschädlich ist es, wenn die Partei Gesellschafter der parteifähigen Gegenpartei ist. Allerdings kann eine KG im Rechtsstreit gegen ihren Komplementär nicht von diesem vertreten werden (BGH ZIP 10, 2345 Rn. 11). An einem Prozess sind stets **zwei Personen** – nicht mehr und nicht weniger – beteiligt. Zwar können auf jeder Parteiseite mehrere Personen als Streitgenossen (§§ 59 bis 63) involviert sein. In diesem Fall steht aber jeder Streitgenosse in einem eigenen Rechtsverhältnis zu der Gegenseite, so dass der Grundsatz des Zweiparteienprozesses nicht berührt wird. Tatsächlich werden iRe Streitgenossenschaft lediglich mehrere Parallelprozesse zu gemeinsamer Verhandlung und Entscheidung zusammengefaßt (MüKoZPO/*Lindacher* Vor § 50 Rn 9). Dritte, die aus eigenem Antrieb oder auf eine Streitverkündung als **Nebenintervenient** dem Rechtsstreit beitreten (§§ 66 ff), sind nicht Partei und verfügen über weitaus geschmälerte prozessuale Befugnisse. Wird die Partei eines Rechtsstreits Alleinerbin ihres Gegners, endet das Verfahren wegen des Verbots des Insichprozesses in der Hauptsache, ohne dass eine Kostenentscheidung nach § 91a ZPO erfolgt (BGH RR 11, 487 Rn 7 ff). 3

4 **B. Bestimmung der Partei.** Die Parteien müssen durch die Klage genau bestimmt werden. Es obliegt dem Kl als Antragsteller, in der Klageschrift (§ 253 II Nr 1) die Parteien hinreichend zu individualisieren (vgl auch § 130 Nr 1, 690 I Nr 1, 313 I Nr 1; 750 I).

5 **I. Auslegung.** Die durch die Klageschrift erfolgte Bestimmung des Beklagten ist auslegungsfähig (BGHZ 4, 328, 334; BGH NJW-RR 04, 501; NJW 99, 1871). Eine Klarstellung kann auch noch im Laufe des Prozesses stattfinden (BGH NJW 81, 1453 f). Maßgeblich ist, wie die Bezeichnung bei objektiver Deutung aus der Sicht der Empfänger (Gegenpartei und Gericht) zu verstehen ist (BGH NJW 87, 1946 f). Bei der Auslegung ist von der äußeren Bezeichnung nach Name, Beruf und Anschrift auszugehen. Ferner ist alles sonstige, der Gegenseite und dem Gericht bekannte Vorbringen zu berücksichtigen, etwa die Angabe eines gesetzlichen Vertreters oder die Ausführungen zum Klagegrund. Die Auslegung kann auch im **Revisionsrechtszug** nachgeholt werden (BAGE 109, 47, 51). Wird eine Firma verklagt, ist deren Inhaber – wobei es auf den Zeitpunkt der Zustellung ankommt – Partei (Frankf MDR 85, 676). Der unter seiner Firma verklagte Kaufmann bleibt Partei, auch wenn nach Rechtshängigkeit der Firmeninhaber wechselt (München NJW 71, 1615). Ergibt sich aus dem Klagevorbringen eindeutig, dass eine Tochtergesellschaft (»W-GmbH«) verklagt sein soll, ist diese Gesellschaft Beklagte, auch wenn in der Klage versehentlich die Muttergesellschaft (»W-AK«) als Beklagte bezeichnet wird (BGH NJW-RR 08, 582, 583 Rn 7 ff). Im Falle einer unrichtigen oder mehrdeutigen Bezeichnung gilt grds die Person als Partei, die erkennbar durch die Parteibezeichnung gemeint ist (BGH NJW 87, 1946 f; 88, 1585, 1587). Bei einer Klage gegen eine Anwalts-GbR ist im Zweifel die Sotietät als Partei anzusehen und nicht die angehörenden Anwälte (Karlsruhe MDR 08, 408). Unschädlich ist die Verwendung eines Künstler- oder Decknamens statt des bürgerlichen Namens, die Angabe einer falschen Rechtsform (OHG statt KG, GmbH statt GmbH & Co KG, GmbH statt GbR, AG statt GmbH, Umwandlung einer Gesellschaft nach Klageinreichung, aber vor Zustellung) wie auch die Bezeichnung als Einzelfirma statt Gesellschaftsfirma oder als GmbH statt des (natürlichen) Unternehmensinhabers (BGH NJW-RR 08, 582). Ebenso verhält es sich, falls die Behörde statt des Fiskus, der Vertreter statt des Vertretenen, die Insolvenzmasse statt der Partei kraft Amtes benannt wird. Entsprechendes gilt für eine Sachbezeichnung (»Gutsherrschaft«), obwohl der Eigentümer betroffen ist (BayObLGZ 52, 347). Klagen aus unternehmensbezogenen Rechtsgeschäften oder Rechtshandlungen mit Unternehmensbezug sind im Zweifel gegen den Unternehmensträger gerichtet. Eine erkennbar fehlerhafte Parteibezeichnung ist durch eine **Parteiberichtigung** als klarstellenden Akt in jeder Phase des Verfahrens zu korrigieren (BGH NJW 03, 1043; 62, 1441 f). Die Parteiberichtigung, die nur bei Wahrung der Identität zulässig ist, unterscheidet sich grdl von einer **Parteiänderung**, mit der ein Parteiwechsel verbunden ist. Die Parteiberichtigung erfolgt nach Urteilserlass durch einen Beschl nach § 319, zuvor im Wege einer prozessleitenden Verfügung (Musielak/*Weth* Rn 9). Der Kl hat, wenn die fehlerhafte Zustellung auf ihn zurückgeht, die Kosten eines aus dem Rechtsstreit zu entlassenden Scheinbeklagten zu tragen (BGH NJW-RR 08, 582).

6 **II. Fehler bei der Parteibezeichnung. 1. Irrtümliche Inanspruchnahme des falschen Beklagten.** Für die Parteistellung ist allein ausschlaggebend, welche Person von dem Kl in der Klageschrift als Bekl benannt wird. Wegen des formellen Parteibegriffs ist es ohne Bedeutung, ob es sich bei dem Beklagten tatsächlich um den materiell Verpflichteten handelt. Die von dem Kläger – gleich ob infolge eines Versehens oder einer Unsicherheit über die Person des Schuldners – individualisierte ist die »richtige« Partei, selbst wenn sie nach dem einschlägigen Sachrecht keine Verpflichtung trifft. Aufgrund des in der Klageschrift manifestierten Willens des Klägers wird also auch der Beklagte, der dem Kl nichts schuldet, Partei; ihm fehlt aber die **Passivlegitimation**, so dass die Klage als unbegründet abzuweisen ist (BGH NJW 87, 1946 f). Zur Vermeidung einer Abweisung kann der Kl die Klage zurücknehmen; ferner ist an einen gewillkürten Parteiwechsel zu denken. Hingegen scheidet eine einseitige Erledigungserklärung aus, weil die Klage von Anfang an unbegründet war. Auch eine Parteiberichtigung kommt, weil sie zu einer Änderung der Parteiidentität führen würde, nicht in Betracht. Die im Prozess unterlegene falsche Partei ist stets zur Rechtsmitteleinlegung berechtigt (BGH NJW-RR 05, 118).

7 **2. Zustellung an Nichtbeklagten.** Die Klage kann nach dem Inhalt der Klageschrift gegen den »richtigen« Beklagten als wahren Schuldner gerichtet sein, aber versehentlich einem Dritten – etwa einem Namensvetter (plastisch Saarbr OLGR 97, 253) – zugestellt werden. In dieser Konstellation wird niemand Partei: Dies folgt für den Zustellungsempfänger daraus, dass er nach dem erkennbaren Willen des Klägers nicht Partei werden sollte und die Zustellung nicht die Funktion hat, den Beklagten zu bestimmen, sondern ihn zwecks Übermittlung der Klageschrift anzutreffen. Die in der Klageschrift als Bekl bezeichnete Person wird eben-

falls nicht Partei, weil es ihr ggü an einer wirksamen Zustellung fehlt (BGH NJW 94, 3232 f; NJW-RR 95, 764 f). Der Zustellungsempfänger ist als **Scheinbeklagter** (Hamm NJW-RR 99, 217) zur Geltendmachung dieses Fehlers im Rechtsstreit berechtigt. Räumt der Kl die Fehlzustellung ein, kann der Scheinbeklagte, der als Außenstehender keinem Anwaltszwang unterliegt, beantragen, durch Beschl – nicht Urt (BGH NJW-RR 08, 582, 583 Rn 15) – aus dem Prozess entlassen zu werden und die ihm entstandenen Kosten dem Kl, sofern dieser die falsche Zustellung zurechenbar veranlasst hat, aufzuerlegen (BGH NJW-RR 95, 764 f; Stuttg NJW-RR 99, 216). Dabei beschränkt sich der Erstattungsanspruch auf die Kosten, die zur Geltendmachung der fehlenden Parteistellung notwendig waren (München JurBüro 10, 144).Ist bereits ein Titel ergangen, kann der Scheinbeklagte die dagegen eröffneten **Rechtsmittel** einlegen (BGH NJW-RR 95, 764 f; Saarbr OLGR 97, 253), was hier wegen der erstrebten Sachentscheidung die Einschaltung eines Anwalts (§ 78 I) erfordert. Den Zustellungsempfänger kann der Kläger – was bei einer Rechtsnachfolge sachgerecht erschiene – durch eine ausdrückliche Erklärung zum Beklagten bestimmen (BGH NJW 94, 3232 f). Zwecks Einleitung des Rechtsstreits gegen den von dem Kl bezeichneten »richtigen« Beklagten ist eine fehlerfreie Zustellung an diese Person erforderlich, es sei denn, der Zustellungsmangel wird gem § 295 durch rügelose Einlassung geheilt (BGH NJW 94, 3232 f). Für eine Parteiberichtigung ist kein Raum, weil bei einer Fehlzustellung ein Bekl gar nicht vorhanden ist. Gegen einen Berichtigungsbeschluss kann die Scheinpartei nach dem **Grundsatz der Meistbegünstigung** sofortige Beschwerde (§ 319 III) einlegen (Stuttg NJW-RR 99, 216).

3. Identität von Partei und als Partei Auftretendem. Im Parteiprozess hat das Gericht vAw, im Anwaltsprozess nur auf Rüge (§ 88 II) einer Partei (Nürnbg OLGZ 87, 482, 485; St/J/*Bork* Vorb Rn 13; Zö/*Vollkommer* Vor § 50 Rn 10; aA Musielak/*Weth* Rn 11) Zweifeln nachzugehen, ob die im Verfahren auftretende Person mit der Partei identisch ist. Besteht zwischen den Beteiligten Einvernehmen, dass der Handelnde nicht mit der Partei identisch ist, sind die von ihm vorgenommenen Prozesshandlungen unbeachtlich. Der Handelnde scheidet ohne die Notwendigkeit einer richterlichen Entscheidung aus dem Prozess aus; auf Antrag kann dies durch einen klarstellenden Beschl verlautbart werden (Musielak/*Weth* Rn 11). Ein Streit über die Identität ist durch Zwischenurteil zu entscheiden, das mit der sofortigen Beschwerde anfechtbar ist: Wird die Identität verneint, ist der Handelnde durch **unechtes Zwischenurteil** (§ 71) aus dem Prozess zu verweisen. Falls der Handelnde mit der Partei identisch ist, wird dies durch ein **echtes Zwischenurteil** (§ 303) festgestellt (Zö/*Vollkommer* Vor § 50 Rn 10). Prozesshandlungen des fälschlich Auftretenden wirken nicht zu Lasten der wahren Partei, können von ihr aber genehmigt werden. Ein ohne Aufdeckung der fehlenden Identität ergangenes Urt erzeugt formelle und materielle **Rechtskraft** zum Nachteil der richtigen Partei, kann von ihr aber gem §§ 547 Nr 4, 579 Nr 4 beseitigt werden. 8

4. Nichtexistente Partei. Die Existenz und damit die Parteifähigkeit jeder an einem Rechtsstreit beteiligten Partei gehört zu den Prozessvoraussetzungen, deren Mangel das Gericht auch in der Revisionsinstanz vAw zu berücksichtigen hat und ohne die ein Sachurteil nicht ergehen darf (BGH WM 10, 2380 Rn. 16). Eine Klage ist als unzulässig abzuweisen, wenn die Partei, für oder gegen die geklagt wird, nicht existiert (BGHZ 24, 91, 94). Existiert die klagende Partei nicht, trifft die **Kostenlast** den, der das Verfahren in Gang gesetzt hat (BGH NJW 01, 1056, 1060; NJW-RR 99, 1554). Der Kl hat die Kosten zu tragen, wenn der Beklagte nicht existiert (Stuttg OLGR 05, 525). Eine Zustellung ist ggü einer nichtexistierenden Partei wirkungslos (BGH NJW 02, 3111). Entsprechend verhält es sich für ein Urt, was durch **Rechtsmittel** (§§ 547 Nr 4) und **Rechtsbehelfe** (579 Nr 4) geklärt werden kann (BGH MDR 59, 121). Die nicht existierende Partei ist als Beklagte insoweit parteifähig, als sie ihre Nichtexistenz behauptet (BGH NJW 08, 527; 08, 528; NJW-RR 04, 1505 f). In diesem Fall können auch zu ihren Gunsten – faktisch der für sie Auftretenden – Kosten festgesetzt (§§ 103, 104) werden (BGH NJW 08, 527; 08, 528, 529; NJW-RR 04, 1505 f; Saarbr OLGR 02, 259 f). Dagegen ist der nicht existierenden Partei die fiktive Parteifähigkeit zu versagen, wenn sie nur Einwände zur Sache erhebt, aber das Gericht ihre Nichtexistenz feststellt (BGH NJW-RR 04, 1505 f). Behauptet die vorinstanzlich unterlegene Partei ihre Existenz, kann sie mit einem Rechtsmittel neben der Geltendmachung der Parteifähigkeit (BGH WM 10, 2380 Rn. 7) auch ihren materiellen Anspruch verfolgen (BGH NJW 10, 3100 Rn. 9). Bis zur Erledigung des Streits über ihre Existenz ist die Partei als existent zu behandeln (BGH WM 10, 2380 Rn. 7). Eine Klage gegen eine nicht existierende Partei liegt auch vor, wenn der Beklagte verstorben oder die beklagte GmbH gelöscht worden ist (Stuttg OLGR 05, 525). 9

C. Parteifähigkeit. I. Begriff. Die Parteifähigkeit meint die Fähigkeit, zulässigerweise Aktiv- oder Passivobjekt eines Prozesses sein zu können, mithin die rechtliche Befugnis, am Urteilsverfahren als Kl oder Bekl, 10 am Beschlussverfahren als Antragsteller oder Antragsgegner und am Vollstreckungsverfahren als Gläubiger oder Schuldner beteiligt zu sein. Parteifähig ist gem § 50 I, wer rechtsfähig ist. Damit beruht das Prozessrecht auf einem **Gleichlauf von Rechtsfähigkeit und Parteifähigkeit** (BGHZ 122, 342, 345 = NJW 93, 2307). Im Falle einer Klageerhebung durch einen nicht Parteifähigen sind die Kosten demjenigen aufzubürden, der das Verfahren eingeleitet hat (Ddorf MDR 77, 759).

11 **1. Sachurteilsvoraussetzung.** Eine Klage ist als **unzulässig abzuweisen**, wenn dem Kl oder dem Beklagten die Parteifähigkeit fehlt. Diese Behandlung der Klage zeigt, dass ein nicht rechtsfähiges Gebilde (Prozess-)Partei, nur eben nicht parteifähig ist. Die Parteifähigkeit ist eine in jeder Lage des Verfahrens vAw zu prüfende, weder Rügeverzicht (§ 295 II) noch Präklusion (BGHZ 159, 94, 98 f = NJW 04, 2523 f) zugängliche Sachurteilsvoraussetzung, so dass ein Sachurteil nur im Falle der Parteifähigkeit von Kl und Beklagtem erwirkt werden kann. Die Parteifähigkeit muss spätestens im Zeitpunkt der **letzten mündlichen Verhandlung** – und sei es in der Revisionsinstanz – vorliegen. Darum ist eine Klage auch dann unzulässig, wenn der Beklagte erst im Laufe des Rechtsstreits – etwa bei Vollbeendigung einer Gesellschaft – die Rechtsfähigkeit verliert (BGHZ 74, 212, 214 = NJW 79, 1592). Der Kl kann in einer solchen Konstellation einer Klageabweisung durch einen Erledigungsantrag zuvorkommen (BGH NJW 82, 238). Freilich dürfte, solange ein Prozess gegen eine Gesellschaft schwebt, wegen der noch nicht abgeschlossenen Schuldenberichtigung eine Vollbeendigung ausscheiden (BAG NJW 82, 1831). Der Mangel der Parteifähigkeit kann durch die im Verfahren rechtsfähig gewordene Partei – noch in der Revisionsinstanz – genehmigt werden (BGHZ 51, 27, 29 = NJW 69, 188). Der Verlust der Parteifähigkeit unterbricht den Rechtsstreit (§ 239), es sei denn, die Partei ist anwaltlich vertreten (§ 246, BGH NJW-RR 86, 394).

12 **2. Prozesshandlungsvoraussetzung.** Die Parteifähigkeit ist neben der Prozessfähigkeit (§ 51) und der Postulationsfähigkeit, der – in familiengerichtlichen und sonstigen Verfahren ab der Landgerichtsebene Anwälten vorbehaltenen (§ 78 I, II) – Fähigkeit, rechtswirksam prozessual zu agieren, Prozesshandlungsvoraussetzung. Fehlt die Parteifähigkeit, sind für oder gegen die Partei vorgenommene Prozesshandlungen unwirksam, können aber nach Erwerb der Parteifähigkeit von ihr rückwirkend – auch stillschweigend durch Fortsetzung des Verfahrens – genehmigt werden (BGH NJW 92, 2575). Wird die **Genehmigung**, die auch noch in der Revisionsinstanz erteilt werden kann (BGHZ 41, 104, 106 = NJW 64, 1129; BGHZ 51, 27, 29 = NJW 69, 188), aber auch unter den Gesichtspunkt von Treu und Glauben nicht erteilt werden muss (R/S/G § 43 Rn 41), verweigert, ist die Klage als unzulässig abzuweisen.

13 **3. Streit um Parteifähigkeit.** Sofern ein Parteiunfähiger behauptet, parteifähig zu sein, gilt er für die Auseinandersetzung über seine Parteifähigkeit als parteifähig (BGH NJW 93, 2942, 2944; 82, 238). Im sog **Zulassungsstreit** kann der Parteiunfähige einen Anwalt beauftragen und Rechtsmittel gegen eine Entscheidung einlegen, die ihm die Parteifähigkeit abspricht (BGHZ 74, 212, 215 = NJW 79, 1592; BGHZ 24, 91, 94 = NJW 57, 989). Ebenso kann er einer auf den Wegfall der Parteifähigkeit gestützten Erledigung widersprechen, um eine Sachentscheidung zu erwirken (BGH NJW-RR 96, 806; 86, 394). Das Gericht kann über die Parteifähigkeit, falls es sie bejaht, durch Zwischenurteil (§§ 280 II, 303) oder durch Endurteil, was sich bei einer Verneinung anbietet, befinden. Bestätigt das Rechtsmittelgericht die fehlende Parteifähigkeit, so ist das Rechtsmittel der nicht rechtsfähigen Partei als unbegründet – nicht etwa unzulässig – zurückzuweisen (BGHZ 74, 212, 215 = NJW 79, 1592; BGHZ 24, 91, 94 = NJW 57, 989). Diese Grundsätze gelten auch im Streit um die Existenz einer Partei (BGH NJW-RR 04, 1505 f; Saarbr OLGR 02, 259).

14 **II. Natürliche Personen.** Alle Menschen sind mit der Vollendung der Geburt (§ 1 BGB) rechtsfähig, sofern sie in diesem Augenblick gelebt haben, ohne dass es auf eine dauernde Lebensfähigkeit ankommt. Die Rechtsfähigkeit endet mit dem Tod, bei Verschollenen mit der Todeserklärung. Die **Leibesfrucht** (nasciturus) genießt keine volle Rechtsfähigkeit, aber vielfach unter der Bedingung einer späteren Lebendgeburt gesetzlichen Schutz (§§ 844 II 2, 1594 IV, 1615o I 2, 1712–1714, 1912, 1923 II, 2043, 2108 BGB). Hinsichtlich dieser Rechte ist dem nasciturus Rechtsfähigkeit zuzubilligen, wobei die Rechte von dem gesetzlichen Vertreter, den künftigen Eltern (§ 1912 II BGB) bzw einem Pfleger (§ 1912 I BGB), zu verfolgen sind. Tiere sind zwar keine Sachen (§ 90a BGB), freilich nicht parteifähig. Die Parteifähigkeit von **Ausländern** bestimmt sich nach dem Heimatrecht (Art 7 RGBGB).

15 **III. Juristische Personen des öffentlichen Rechts.** Rechts- und Parteifähigkeit kommt allen **Gebietskörperschaften** des öffentlichen Rechts, der Bundesrepublik Deutschland, den Bundesländern wie auch den Kommunen (Kreise, Städte und Gemeinden) zu. Entsprechendes gilt für sonstige rechtsfähige **Körper-**

schaften (Industrie- und Handelskammern, Handwerksinnungen, § 53 HandwO, Kreishandwerkerschaften, § 86 ff HandwO, andere berufsständische Kammern etwa der Anwälte, Notare, Ärzte, Tierärzte, Apotheker, Jagdgenossenschaften, Universitäten, aber nicht die Universitätsklinik: BGHZ 96, 360, 363; 77, 11, 15), **Anstalten** (Kreissparkasse: BGHZ 127, 378, 381, Sozialversicherungsträger) und **Stiftungen** des öffentlichen Rechts (Conterganstiftung, Stiftung für HIV-Infizierte). Ein noch im Entstehen befindlicher kommunaler Zweckverband kann als GbR oder nicht rechtsfähiger Verein anzusehen sein (BGH NJW 01, 748 f). Rechts- und parteifähig sind auch **kirchliche Körperschaften** (Art 140 GG, 137 VWRV): Diözese bzw Bistum (BGHZ 161, 216, 219 f = NJW 05, 978; BGHZ 124, 173, 175 = NJW 94, 245), Heilsarmee (BGHZ 154, 306, 309), Synagogengemeinde (BVerwG NJW 98, 253). Die Zeugen Jehovas gehören nicht zu den anerkannten Religionsgesellschaften, können sich aber als eV organisieren (BVerfGE 102, 373, 383). Soweit juristische Personen des öffentlichen Rechts Träger privater Rechts und Verbindlichkeiten sind, bezeichnet man sie als **Fiskus**. Partei ist stets die jeweilige Gebietskörperschaft, nicht eine einzelne Behörde, es sei denn, ihr wird kraft besonderer Regelung (§§ 61 Nr 3 VwGO, 63 I FGO, 70 Nr 3 SGG, 10 Nr 3 SGB X) die Parteifähigkeit zuerkannt (BGH NJW-RR 08, 717, 718 Rn 14). Jugendamt und Träger der gesetzlichen Rentenversicherung können im familiengerichtlichen Verfahren beteiligt sein.

IV. Juristische Personen des Privatrechts. Rechtsfähige juristische Personen des Privatrechts sind zugleich 16
parteifähig. Dies sind der Idealverein nach Eintragung (§§ 21, 55 BGB), Vereine mit wirtschaftlicher Zielsetzung nach Verleihung der Rechtsfähigkeit (§ 22 BGB), Stiftungen nach Genehmigung (§ 80 BGB), AG (§ 1 AktG), KGaA (§ 278 AktG), GmbH (§ 13 GmbHG), Erwerbs- und Wirtschaftsgenossenschaft (§ 17 GenG) und der Versicherungsverein auf Gegenseitigkeit (§ 15 VAG).

1. Werdende juristische Person. Juristische Personen entstehen in einem gestreckten Verfahren, das mit 17
dem Abschluss des Gesellschaftsvertrages – der Errichtung – beginnt und seine Vollendung mit der Eintragung im Handelsregister erfährt. In der Phase zwischen Abschluss des Gesellschaftsvertrages und Eintragung in das Handelregister existiert eine **Vorgesellschaft** (Vor-GmbH, Vor-AG, Vor-Gen), auf die als notwendige Vorstufe die Bestimmungen der mit der Eintragung entstehenden juristischen Person anzuwenden sind (BGHZ 120, 103, 105 f = NJW 93, 459; BGHZ 117, 323, 326 = NJW 92, 1824). Die Vorgesellschaft ist sowohl **aktiv** (BGH NJW-RR 04, 258; NJW 98, 1079 f) als auch **passiv** (BGHZ 79, 239, 241 = NJW 81, 873) parteifähig. Die Vor-Gesellschaft bleibt auch nach Aufgabe der Eintragungsabsicht rechts- und parteifähig, weil sie als Liquiditätsgesellschaft bis zur selbständigen Abwicklung oder, wenn die Gesellschafter sie weiterführen, als Personengesellschaft fortbesteht (BGH NJW 08, 2441, 2442 Rn 6). Die Rücknahme des Eintragungsantrags berührt nicht die Rechtsfähigkeit der Vorgesellschaft, wenn die Gesellschafter in Anwendung von §§ 60 ff GmbHG deren Liquidation betreiben (BGH NJW 08, 2441, 2442 Rn 6; 98, 1079 f; aA Köln BB 97, 1119). Führen indes die Gesellschafter den Gewerbetrieb nach Aufgabe des Eintragungsantrags weiter, handelt es sich nicht mehr um eine nach dem Recht der einzutragenden Gesellschaft rechtsfähige Vorgesellschaft, sondern um einen (rechtsfähigen) Personenzusammenschluss, der entsprechend dem Gesellschaftszweck dem Recht der GbR oder OHG unterliegt (BGH NJW 98, 1079 f). Eine den Abschluss des Gesellschaftsvertrages vorbereitende Personenvereinigung bildet eine von der erst mit dem Abschluss des Gesellschaftsvertrages entstehenden Vorgesellschaft zu unterscheidende **Vorgründungsgesellschaft**, die als GbR oder OHG rechtsfähig ist.

2. Untergang der juristischen Person. Die juristische Person endet nicht mit ihrer **Auflösung**, die von den 18
Gesellschaftern beschlossen oder in bestimmten Fällen gerichtlich angeordnet werden kann (vgl §§ 262 AktG, 60 GmbHG, 78 ff GenG, 131, 161 II HGB, 41, 49 II BGB), sondern tritt zunächst mit dem Zweck der Abwicklung in das **Liquidationsstadium**. In dieser Phase bleibt die Gesellschaft rechts- und parteifähig (BAG NJW 88, 2637; BGH WM 80, 1431). Tatsächlich verliert die Gesellschaft ihre weder durch die Eröffnung des Insolvenzverfahrens noch eine Registerlöschung tangierte Rechts- und Parteifähigkeit erst mit der **Vollbeendigung** (BGH NJW 96, 2035; 95, 196). Sie verwirklicht sich als **Doppeltatbestand** mit der Vermögenslosigkeit der aufgelösten Gesellschaft (BGHZ 94, 105, 108; 74, 212 f = NJW 79, 1592; BGH NJW 95, 196) und ihrer Löschung im jeweiligen Register (BGH DB 2010, 2719 Rn. 22; Musielak/*Weth* Rn 18). Nach herkömmlicher Ansicht des BGH wird eine Klage unzulässig, falls die Gesellschaft im Laufe des Rechtsstreits (**unstr**) vermögenslos wird (BGHZ 74, 212 f = NJW 79, 1592; BGH NJW 82, 238; RR 11, 115 Rn 22). Dieser Grundsatz begegnet nicht zu Unrecht Bedenken, weil bis zum Abschluss des schwebenden Prozesses eine Abwicklung nebst Vermögensverteilung und damit eine Vollbeendigung gar nicht erfolgen darf (BAG NJW 82, 1831; *Bork* JZ 91, 848 ff). Ob diese Auffassung noch der einheitlichen Auffassung des BGH ent-

spricht, erscheint überdies ungesichert, weil nunmehr entschieden wurde, dass der durch die Klageabweisung **im konkreten Rechtsstreit** begründete Kostenerstattungsanspruch der Gesellschaft der Annahme ihrer Vermögenslosigkeit entgegensteht (BGHZ 159, 94, 101 = NJW 04, 2523f). Dessen ungeachtet scheitert die Parteifähigkeit der Gesellschaft in einem Aktivprozess wegen der von ihr in Anspruch genommenen Forderung nicht an der Vermögenslosigkeit (BGH RR 11, 115 Rn 22). Demgegenüber bleibt die Parteifähigkeit im Passivprozess bereits infolge der bloßen Behauptung des Klägers erhalten, dass die Gesellschaft noch über Vermögenswerte verfügt (BGH RR 11, 115 Rn 22; BGH DB 2010, 2719 Rn. 22). Ebenso verhält es sich, wenn sich umgekehrt die Gesellschaft in der Klägerrolle eines Vermögensrechts berühmt (BGHZ 48, 303, 307 = NJW 68, 297; BGHZ 75, 178, 182 f; BGH NJW-RR 91, 660). Ist der Anspruch der vermögenslosen Gesellschaft nicht gegeben, wird ihre Klage als unbegründet und nicht etwa als unzulässig abgewiesen (BGH DB 59, 110). Trotz Vermögenslosigkeit verliert die Gesellschaft jedenfalls nicht ihre Parteifähigkeit, falls keine Zahlung begehrt, sondern gegen sie ein Anspruch auf Zeugniserteilung oder Feststellung der Unwirksamkeit einer Kündigung geltend gemacht wird (BAG NJW 82, 1831). Ferner kann sich nach Löschung und Vollbeendigung, falls unbekannte Vermögensgegenstände auftauchen, bei der Gesellschaft ein nachträglicher Abwicklungsbedarf (**Nachtragsliquidation**: §§ 264 II, 273 IV AktG, 66 V GmbHG) ergeben, der zum Wiederaufleben ihrer Parteifähigkeit führt (BGH MDR 95, 529; BGH, Urt. v. 29.9.2011 – VII ZR 162/09 Rn. 23). Wird die Eröffnung des Insolvenzverfahrens abgelehnt, bleibt die Gesellschaft parteifähig, sofern sie gleichwohl über Vermögen verfügt (BGHZ 94, 105, 108; BAG NJW 88, 2637), zumal Masselosigkeit nicht mit Vermögenslosigkeit gleichzusetzen ist (BGH NJW 95, 196). Entsprechendes gilt im Fall der Löschung einer GmbH wegen Vermögenslosigkeit (§ 394 FamFG) bei Vorhandensein von Vermögensgegenständen (BGH NJW 03, 2231 f). Ist eine GmbH infolge Vermögenslosigkeit und Löschung nicht mehr existent, bleibt eine GmbH % Co KG, deren Komplementärin die untergegangene GmbH war, als KG in Liquidation ohne persönlich haftenden Gesellschafter bestehen (BGH DB 2010, 2719 Rn. 31).

19 **3. Organstreitigkeiten.** Als gesetzliche Vertreter der juristischen Person haben deren Organe keine Parteistellung. Ihnen wird verbreitet die Parteistellung zugebilligt, sofern sie eigenen Rechte gegen ein anderes Organ oder die Gesellschaft verfolgen (Zö/*Vollkommer* Rn 25; *Hommelhoff* ZHR 143 (79), 305 ff; abl BGHZ 122, 342, 345). Eher dürfte sich in diesen Fällen eine **Feststellungsklage des Gesellschafters** anbieten, mit der er die Rechtmäßigkeit des Organhandelns einer Überprüfung unterzieht (BGHZ 164, 249, 254 f, 258 f = NJW 06, 374).

20 **V. Nicht voll rechtsfähige, aber parteifähige Gesellschaften. 1. Handelsgesellschaften.** Die **OHG** ist zwar keine juristische Person, aber gem § 124 I HGB rechts- und parteifähig. Ein Gesellschafterwechsel während des Prozesses ist ohne weiteres möglich. Im Prozess der OHG kann ein Gesellschafter sich als Nebenintervenient beteiligen. Ein nicht vertretungsberechtigter Gesellschafter kann als Zeuge, ein vertretungsberechtigter als Partei (§ 455) vernommen werden. Aus einem gegen die OHG erwirkten Titel kann nur in ihr Vermögen, nicht auch das ihrer Gesellschafter vollstreckt werden (BGHZ 62, 131, 132 f = NJW 74, 750). Ihre **Auflösung** berührt nicht die Rechtsfähigkeit der OHG, wobei die Liquidation Auswirkungen auf die Vertretungsverhältnisse (§ 146 HGB) und den Fortgang des Prozesses (§§ 170 III, 241, 246: Aussetzung) haben kann. Erreicht die beklagte OHG während des Rechtsstreits das Stadium der **Vollbeendigung**, kann der Kl die Sache für erledigt erklären oder im Wege des Parteiwechsels gegen die Gesellschafter vorgehen (BGHZ 62, 131 = NJW 74, 750; BGH NJW 82, 238). Einen Aktivprozess der voll beendeten OHG können die Gesellschafter gem § 265 als notwendige Streitgenossen mit dem Antrag fortsetzen, Leistung an den iRd Auseinandersetzung berechtigten Gesellschafter zu erbringen. Für die **KG** gelten dieselben Rechtsgrundsätze (§ 161 II HGB).

21 **2. Gesellschaft bürgerlichen Rechts.** Nach der Grundsatzentscheidung BGHZ 146, 341 = NJW 01, 1056 ist die GbR – entgegen früherem Verständnis – rechtsfähig, soweit sie durch Teilnahme am Rechtsverkehr eigene Rechte und Pflichten begründet, und in diesem Rahmen im Zivilprozess **aktiv und passiv parteifähig** (ebenso BGHZ 154, 88, 94; 151, 204, 206; NJW 06, 2191; 03, 1445 f). Falls sie im Außenrechtsverkehr tätig wird, ist die GbR ohne Rücksicht auf ihre Größe, die Zahl der Gesellschafter, die Führung eines Namens oder die Funktion als Unternehmensträger rechts- und parteifähig. Im Prozess ist nur die GbR Partei, ein auf die Gesellschafter lautendes Rubrum ist entsprechend zu berichtigen (BGH NJW 03, 1043; BAG 07, 3739, 3740). Da allein die GbR Partei ist, sind die Gesellschafter keine Streitgenossen, können freilich aufgrund ihrer persönlichen Haftung zugleich neben der GbR verklagt werden (vgl BGHZ 146, 341, 357 = NJW 01, 1056, 1060). Die GbR ist, ohne dass bei zweifelsfreier Identifizierbarkeit Ungenauigkeiten

schaden, im Aktiv- und Passivprozess unter ihrem Namen (»Sommerresidenz GbR«) und (möglichst § 130) dem Hinweis auf ihre Vertretungsverhältnisse zu kennzeichnen. Hat sie keinen Namen, ist sie mit Hilfe der Namen ihrer Gesellschafter (»GbR bestehend aus Müller, Maier« oder »Müller, Maier in GbR«) zu individualisieren; dabei ist die Klarstellung ratsam, dass die GbR und nicht ihre Gesellschafter Partei sind (*K. Schmidt* NJW 01, 993, 999; *Wieser* MDR 01, 421; vgl BAG NJW 07, 3739, 3740). Ohne Bedeutung für die Parteifähigkeit ist ein im Laufe des Rechtsstreits eingetretener Gesellschafterwechsel. Unproblematisch ist ein Rechtsstreit zwischen dem Gesellschafter und der GbR möglich. Auch wenn der GbR Rechtsfähigkeit zukommt, kann ein Gläubiger an ihrer Stelle die Gesellschafter gesamtschuldnerisch verklagen (BGH NJW 07, 2257). Eine Arbeitsgemeinschaft nach § 44b SGB II ist in Anlehnung an diese Grundsätze im Zivilprozess rechts- und parteifähig (BGH VersR 2010, 346 Rn 10). Die **Zwangsvollstreckung** kann aus dem gegen die GbR oder sämtliche Gesellschafter ergangenen Urt in das Gesellschaftsvermögen betrieben werden (BGHZ 146, 341, 356 = NJW 01, 1056, 1060; BGH NJW 06, 2191; 04, 3632, 3634). Handelt es sich tatsächlich um die Klage einer nicht parteifähigen **Innengesellschaft**, hat derjenige die Kosten der als unzulässig abzuweisenden Klage zu tragen, der den Prozess als Vertreter angestoßen hat (BGHZ 146, 341, 357 = NJW 01, 1056, 1060).

3. Weitere Gesellschaften. Die Reederei ist parteifähig (§ 489 HGB; BGH MDR 60, 665). Entsprechendes 22
gilt für PartnerG (§§ 7 II PartGG, 124 HGB; BFH NJW 99, 2062), die als eigenständige Gesellschaftsform den Zusammenschluss von Freiberuflern ermöglicht.

VI. Ausländische Gesellschaften. 1. Europäische Vereinigungen und Gesellschaften. In nationales Recht 23
transformierte EU-Richtlinien schaffen die Möglichkeit, europaweit gleichen Rechtsgrundlagen unterliegende Gesellschaften zu bilden. Die **Europäische wirtschaftliche Interessenvereinigung (EWIV)**, die freiberuflich, nicht gewerblich tätigen, mindestens zwei Mitgliedsstaaten angehörenden Personen offensteht, gilt als Handelsgesellschaft (§ 1 Hs 2 EWIV-AG). Sie ist folglich (§ 124 HGB) **aktiv und passiv** parteifähig. Ferner sind die **Europäische Gesellschaft (SE)** (SEEG v 22.12.04, BGBl I, 3675) und die **Europäische Genossenschaft (SCE)** (SCEAG v 14.8.06, BGBl I, 1911) parteifähig.

2. Gesellschaften aus EU-Mitgliedsstaaten. Die nach deutschen IPR maßgebliche **Sitztheorie** knüpft im 24
Unterschied zur **Gründungstheorie**, die auf die Rechtsordnung am Ort der Gründung abstellt, für die Beurteilung der Rechts- und Parteifähigkeit an die Rechtsordnung an, wo die Gesellschaft tatsächlich ihren Verwaltungssitz unterhält. Danach verliert eine im Ausland wirksam gegründete Gesellschaft im Falle ihrer Sitzverlegung ins Inland ihre Rechts- und Parteifähigkeit und bedarf zu deren (Wieder-)Erwerb einer Neugründung nach Maßgabe des Inlandsrechts (BGHZ 97, 269 = NJW 86, 2194). Da der EuGH (NJW 03, 3331 – Inspire Art; 02, 3614 – Überseering) die Rechtsfolgen der Sitztheorie als mit der **Niederlassungsfreiheit** unvereinbar erachtet, ist sie jedenfalls für den Bereich des EU-Auslands obsolet. In Umsetzung der EuGH-Rechtsprechung behalten im **EU-Ausland** wirksam gegründete Gesellschaften auch nach einer Sitzverlegung ins Inland ihre Rechts- und Parteifähigkeit (BGHZ 154, 185 = NJW 03, 1461: Niederländische »BV«; BGH NJW 05, 1648: Englische »Ltd«; NJW-RR 04, 1618: US-Amerikanische »InC«). Diese Grundsätze gelten infolge des EWR-Abkommens auch für Gesellschaften der **EFTA-Staaten** Island, Norwegen und Liechtenstein (BGHZ 164, 148 = NJW 05, 3351).

3. Zweiseitige Abkommen. Vorrang ggü einer Anknüpfung nach dem IPR genießen zwischenstaatliche 25
Abkommen (vgl PWW/*Brödermann/Wegen* Rn 36 f vor Art 27 EGBGB; MüKoBGB/*Kindler* IntGesR Rn 308). Im Verhältnis zu den **Vereinigten Staaten** ist eine dort wirksam gegründete und noch bestehende Kapitalgesellschaft im Inland gleichgültig, wo sich ihr tatsächlicher Verwaltungssitz befindet, rechtsfähig. Dies gilt auch dann, wenn in den Vereinigten Staaten keine nennenswerte Geschäftstätigkeit mehr entfaltet wird (BGHZ 153, 353 = NJW 03, 1607; BGHZ 159, 94, 100 = NJW 04, 2523 f; BGH NJW-RR 04, 1618; BB 04, 2595).

4. Drittstaaten. Sofern es um die Rechts- und Parteifähigkeit außerhalb von EU und EFTA gegründeter 26
Gesellschaften – die Isle of Man und die Kanalinseln gehören wohlbemerkt nicht zum EU-Bereich – geht und zwischenstaatliche Abkommen mit dem Gründungsstaat nicht getroffen sind, dürfte weiter die **Sitztheorie** und nicht die Gründungstheorie einschlägig sein (*Kindler* NJW 03, 1079, *ders* BB 03, 812; aA *Eidenmüller* ZIP 02, 2231, 2244). Freilich ist die weitere Entwicklung in der Rechtsprechung offen. Die Problematik ist jedoch weitgehend entschärft, weil eine nach einer Auslandsgründung ins Inland verlegte und darum laut Sitztheorie nach ihrem Gründungsrecht nicht weiter rechts- und parteifähige Gesellschaft

infolge ihrer Inlandsaktivitäten regelmäßig als **GbR** anzusehen ist, die rechtsfähig sowie aktiv und passiv parteifähig ist (BGHZ 151, 204 = NJW 02, 3539).

27 **D. Parteifähigkeit von Verbänden und Vereinigungen. I. Nichtrechtsfähiger Verein.** Die Unterscheidung zwischen dem eingetragenen, rechtsfähigen Verein (§§ 21, 55 BGB) und dem nicht eingetragenen nichtrechtsfähigen Verein (§ 54 S 1 BGB) fand ihre Fortsetzung idF des früheren § 50 II, der den letztgenannten Vereinigungen lediglich die **passive Parteifähigkeit** zuerkannte. Durch die zum 30.09.09 in Kraft getretene Neufassung des § 50 II wird dem nichtrechtsfähigen Verein ausdrücklich auch die **aktive Parteifähigkeit** zugebilligt. Der Ausschluss der aktiven Parteifähigkeit (vgl noch BGHZ 109, 15 = NJW 90, 186) war schon zuvor durch die Rechtsentwicklung überholt. Den als nicht rechtsfähige Vereine organisierten **Gewerkschaften,** denen § 10 ArbGG in Arbeitsgerichtsverfahren die volle Parteifähigkeit verleiht, wurde bereits seit dem Jahre 1968 auch in Zivilverfahren die **allgemeine aktive Parteifähigkeit** zugebilligt (BGHZ 50, 325 = NJW 68, 1830; BGHZ 109, 15, 17 = NJW 90, 186). Nachdem die aktive und passive Parteifähigkeit der GbR außer Zweifel stand (BGHZ 146, 341 = NJW 01, 1056) und § 54 S 1 BGB auf das Recht der GbR verweist, konnte auch nach dem früheren Gesetzeswortlaut dem nichtrechtsfähigen Verein die aktive Parteifähigkeit nicht weiter vorenthalten werden (BGH NJW 08, 69, 74). Wie ein rechtsfähiger setzt auch ein nichtrechtsfähiger Verein eine körperschaftliche Struktur, die Unabhängigkeit vom Mitgliederwechsel, einen Gesamtnamen und eine längere Dauer voraus. Damit sind auch als nichtrechtsfähiger Verein geführte **Unterorganisationen** rechtsfähiger und nichtrechtsfähiger Vereine (Landesverband einer Gewerkschaft, Ortsverband einer Partei, Tennis- oder Ruderabteilung eines Sportvereins) uneingeschränkt parteifähig. Eine rechtlich selbständige Unterabteilung eines Hauptverbandes ist gegeben, sofern sie in wirtschaftlicher Selbständigkeit auf Dauer nach außen unter einem eigenen Namen Aufgaben durch eine eigene Organisation – Vorstand und Mitgliederversammlung – wahrnimmt. Es reicht aus, wenn die Untergliederung auf die Satzung des Hauptverbandes Bezug nimmt (BGHZ 90, 331 = NJW 84, 2223).

28 **II. Wohnungseigentümergemeinschaft.** Abweichend von der früheren Rechtsprechung wird die Wohnungseigentümergemeinschaft zwischenzeitlich als **rechts- und parteifähig** angesehen, soweit sie bei der **Verwaltung** des gemeinschaftlichen Eigentums am Rechtsverkehr teilnimmt, also das **Verwaltungsvermögen** betreffende Forderungen und Verbindlichkeiten im Streit stehen. Die Rechtsfähigkeit ist sowohl im Verhältnis zu außenstehenden Dritten als auch im Innenverhältnis zu den Wohnungseigentümern gegeben (BGHZ 163, 154, 177 f = NJW 05, 2061; 172, 42 = NJW 07, 1952; 172, 63, 69 = NJW 07, 1957), sofern etwa Beitragszahlung (BGH NJW 06, 2187 Tz 11; München NJW-RR 05, 1326) oder Schadensersatz (München NJW 06, 1293) verlangt wird. Die Gemeinschaft kann auch Ansprüche wegen Mängeln an der Bausubstanz des Gemeinschaftseigentums verfolgen (BGHZ 172, 63, 70 = NJW 07, 1957). Die Gemeinschaft kann in diesen Fällen ohne Rücksicht auf den Mitgliederbestand klagen und verklagt werden. Die Gemeinschaft ist unter Angabe des gemeinschaftlichen Grundstücks (»Wohnungseigentümergemeinschaft X-Straße, vertreten durch den Verwalter Y«) – ohne die Notwendigkeit der Benennung der Miteigentümer – zu kennzeichnen. Das Verwaltungsvermögen umfasst nicht das Gemeinschaftseigentum und das Sondereigentum (BGHZ 163, 154, 177). Ansprüche auf Abwehr von Störungen sind darum von den Eigentümern zu verfolgen, es sei denn, die Gemeinschaft wurde – was auch bei sonstigen den Eigentümern zustehenden Ansprüchen wegen Mängeln des Sondereigentums (BGHZ 172, 42 = NJW 07, 1952) und aus einer hierfür erteilten Gewährleistungsbürgeschaft (BGHZ 172, 63, 71 = NJW 07, 1957) möglich ist – durch einen Beschl der Eigentümer dazu ermächtigt (BGH NJW 06, 2187 Tz 12). Gegen die Gemeinschaft gerichtete Klagen können dem Verwalter zugestellt werden (§§ 27 II Nr 3 WEG, 170 I 1). **Anfechtungsklagen** gegen Beschlüsse sind unter den Mitgliedern auszutragen (BGHZ 163, 154, 177 f). Werden vor Anerkennung der Teilrechts- und Parteifähigkeit der Wohnungseigentümergemeinschaft die **Wohnungseigentümer gesamtschuldnerisch** auf Werklohn wegen Arbeiten am Gemeinschaftseigentum in Anspruch genommen, kann nicht allein wegen der Änderung der Rechtsprechung das Rubrum dahin berichtigt werden, dass die Wohnungseigentümergemeinschaft verklagt ist. Es ist ein Parteiwechsel notwendig (BGH NJW 2011, 1453).

29 **III. Politische Parteien.** Die regelmäßig als nicht rechtsfähiger Verein geführten politischen Parteien sind gem § 3 S 1 PartG in **allen gerichtlichen Verfahren** gleich welchen Gerichtszweiges aktiv und passiv parteifähig (Zweibr NJW-RR 00, 749 f; *Kempfler* NJW 00, 3763). Dies gilt nach § 3 S 2 PartG auch für die Gebietsverbände der obersten Stufe. Die örtlichen Unterorganisationen sind nach den für nichtrechtsfähige Vereine geltenden Grundsätzen gleichfalls aktiv und passiv parteifähig. **Fraktionen** des Bundestages und der Landtage sind uneingeschränkt parteifähig (Stuttg NJW-RR 04, 619; LG Bremen NJW-RR 92, 447).

E. Nicht parteifähige Gebilde. I. Innengesellschaft. Im Unterschied zur Außen-GbR (BGHZ 146, 341 = NJW 01, 1046; BAG NJW 07, 3739, 3740) ist eine Innengesellschaft weder aktiv noch passiv parteifähig. Charakteristika einer Innengesellschaft sind die **Nichtteilnahme am Rechtsverkehr** und der damit einhergehende **Verzicht auf die Bildung von Gesamthandsvermögen** (PWW/*v. Ditfurth* § 705 Rn 34; MüKoBGB/*Ulmer* § 705 Rn 275). Bei der Verfolgung von Ansprüchen einer Innengesellschaft bedarf es einer Klage aller Gesellschafter, während Verbindlichkeiten der Gesellschaft durch eine Klage gegen alle Gesellschafter durchzusetzen sind (§ 62 I Alt 2; BGHZ 131, 376, 279 = NJW 96, 1060; BGH NJW 02, 291 f). Die Zwangsvollstreckung in das Gesellschaftsvermögen erfordert ein gegen sämtliche Gesellschafter ergangenes Urt (§ 736). Als reine Innengesellschaft ist die **stille Gesellschaft** (§§ 230 ff HGB) nicht parteifähig. 30

II. Gemeinschaften. Schlichte **Bruchteilsgemeinschaften** (§§ 741 ff BGB) sind nicht rechts- und parteifähig (MüKoBGB/*K. Schmidt* § 741 Rn 3). Ebenso verhält es sich für die ohnehin nicht auf Dauer angelegte **Erbengemeinschaft** (BGH NJW 06, 3715). Der **Nachlass** als solcher kann nicht Partei sein. Nicht rechts- und parteifähig ist ferner die **Gütergemeinschaft.** Auch die **Insolvenzmasse** ist kein selbständiges Sondervermögen mit eigener Rechtspersönlichkeit (BGHZ 88, 331, 335). Falls sich eine Gemeinschaft eine korporative Verfassung gibt, kann eine Partei- und Rechtsfähigkeit erwogen werden (BGHZ 25, 311, 313 = NJW 57, 1800). 31

III. Firma. Der Kaufmann kann unter seiner Firma klagen und verklagt werden (§ 17 HGB). Träger der geltend gemachten Rechte und Verbindlichkeiten ist aber nicht die Firma, sondern stets, wer im **Zeitpunkt der Rechtshängigkeit** des prozessualen Anspruchs Inhaber der Firma ist. Erlischt die Firma während des Prozesses oder wird sie veräußert, bleibt der Inhaber unter seinem bürgerlichen Namen Partei. Das gegen einen Kaufmann unter seiner Firma erwirkte Urt ist in sein gesamtes Vermögen vollstreckbar. Träger einer **Zweigniederlassung** ist der Träger des Gesamtunternehmens; als bloßer Bestandteil dieses Unternehmens ist sie selbst nicht parteifähig. Der Unternehmensträger kann unter der Firma der Zweigniederlassung klagen und verklagt werden (BGHZ 4, 62, 65). 32

F. Prozessführungsbefugnis. I. Begriff. Die Prozessführungsbefugnis ist streng von den Begriffen der **Aktiv- und Passivlegitimation** zu trennen. Die im materiellen Recht angesiedelte und die **Begründetheit der Klage** betreffende Sachlegitimation besagt, dass der Gläubiger einer Forderung aktiv und der Schuldner der Forderung passiv legitimiert ist. Ist nicht der Kl, sondern ein Dritter Gläubiger der eingeklagten Forderung, wird die Klage mangels Aktivlegitimation als unbegründet abgewiesen. Ebenso wird eine Klage wegen fehlender Passivlegitimation als unbegründet abgewiesen, wenn der Kl zwar Gläubiger, nicht aber der Beklagte, sondern ein Dritter Forderungsschuldner ist. Die Prozessführungsbefugnis ist unproblematisch stets gegeben, wenn der Kl nach seinem Vorbringen ein in seiner Person begründetes **eigenes Recht** verfolgt. Der formelle Parteibegriff setzt den Kl jedoch auch in den Stand, ein **fremdes Recht** zum Gegenstand eines von ihm geführten Rechtsstreits zu machen. Da sich der Kl nicht nach eigenem Gutdünken zum Sachwalter fremder Interessen aufwerfen darf, ist in einem solchen Fall die Prozessführungsbefugnis als Gegenstück zur materiellrechtlichen Verfügungsbefugnis an besondere Voraussetzungen geknüpft. Unter der **Prozessführungsbefugnis** ist die Befugnis zu verstehen, ohne eigene materiellrechtliche Beziehung über das behauptete streitige **fremde Recht** als richtige Partei einen Prozess im eigenen Namen führen zu dürfen. Die Geltendmachung fremder Rechte wird als Prozessstandschaft bezeichnet: Beruht sie auf gesetzlicher Anordnung, handelt es sich um eine **gesetzliche Prozessstandschaft,** fußt sie auf einer Ermächtigung des Rechtsinhabers, liegt eine **gewillkürte Prozessstandschaft** vor. Die Prozessführungsbefugnis ist eine vAw zu prüfende **Sachurteilsvoraussetzung,** die spätestens zum Schluss der letzten mündlichen Verhandlung gegeben sein muss und deren Fehlen zur Abweisung der Klage als unzulässig führt (BGHZ 131, 90 f; 100, 217, 219; 99, 344, 347). Die Prozessführungsbefugnis ist keine **Prozesshandlungsvoraussetzung** (BGHZ 31, 279 f); freilich wirken Prozesshandlungen einer nicht berechtigten Partei nicht zum Nachteil der tatsächlich prozessführungsbefugten Partei. 33

II. Gesetzliche Prozessstandschaft. 1. Prozessrechtliche Ermächtigung. Veräußert der Kl die streitbefangene Sache oder tritt er die Klageforderung **nach Rechtshängigkeit** ab, verliert er zwar die Aktivlegitimation, ist aber gem § 265 berechtigt, in Prozessführungsbefugnis des **Erwerbers** bzw **Zessionars** den Rechtsstreit fortzusetzen. Zur Vermeidung einer Klageabweisung ist der Antrag auf Leistung an den nunmehr Berechtigten umzustellen (BGHZ 158, 295, 304 = NJW 04, 2152, 2154). Auch in den – nach Rechtshängigkeit verwirklichten – Fällen der Bestellung eines **Nießbrauchs** an dem streitbefangenen Gegenstand, seiner 34

Verpfändung sowie der **Pfändung und Überweisung** der eingeklagten Forderung durch einen Gläubiger des Klägers führt dieser den Rechtsstreit für den Gläubiger mit der Maßgabe fort, dass der Antrag auf Leistung an den Gläubiger lautet (BGH NJW 86, 3206). § 265 ist bei einem Übergang gesetzlichen Unterhaltsforderungen (§ 94 I SGB XII) einschlägig (BGH NJW-RR 95, 1219). Nicht anwendbar ist die Bestimmung bei einem Wechsel oder einer Beendigung der Prozessführungsbefugnis (BGHZ 155, 38, 40 ff = NJW-RR 03, 1419). Erfährt der Beklagte nach Rechtshängigkeit von einer bereits vor dem Prozess erfolgten Forderungsabtretung (Situation des § 407 II BGB), kann er entweder mangels Sachlegitimation Abweisung der Klage beantragen oder den Rechtsstreit mit dem Zedenten als Prozessstandschafter des Zessionars, dem die Übernahme des Prozesse verwehrt ist, fortführen (R/S/G § 46 Rn 31 f).

35 **2. Materiell-rechtliche Ermächtigung.** Das durch §§ 1368, 1369 BGB begründete Revokationsrecht eines **Ehegatten**, die Unwirksamkeit von Verfügungen des anderen Ehegatten (§ 1365: Vermögen im ganzen; § 1369: Haushaltsgegenstände) geltend zu machen, ist eine Erscheinungsform der gesetzlichen Prozessstandschaft. Ebenso verhält es sich mit der Unterhaltsklage eines vertretungsberechtigten Elternteils für **Unterhaltsansprüche des minderjährigen Kindes** gegen den anderen Elternteil während des Getrenntlebens oder der Anhängigkeit der Ehesache (§ 1629 III; BGH NJW 83, 2084). Im Rahmen einer **Gütergemeinschaft** wird der Ehegatte, der das Gesamtgut verwaltet, in allen das Gesamtgut betreffenden gerichtlichen Verfahren als Prozessstandschafter tätig (§ 1422 BGB). Der nicht verwaltende Ehegatte ist in den Fällen der §§ 1428, 1429 S 2 zum Prozessstandschafter berufen. Der überlebende Ehegatte hat bei fortgesetzter Gütergemeinschaft für das Gesamtgut Prozessführungsbefugnis (§ 1487 BGB). Bei einer **Erbengemeinschaft** ermächtigt § 2039 BGB den einzelnen Erben zur Geltendmachung von Nachlassansprüchen gegen Dritte (R/S/G § 46 Rn 25), während die Bestimmung die Erhebung von Gestaltungsklagen nicht erfasst. Ansprüche einer Personengesellschaft (GbR, OHG, KG) aus dem Gesellschaftsverhältnis (Sozialansprüche) können von einzelnen Gesellschaftern zugunsten der Gesellschaft gegen Mitgesellschafter geltend gemacht werden (**actio pro socio:** BGH NJW 01, 1210; 92, 1890, 1892; 85, 2830 f). Scheidet der Gesellschafter nach Rechtshängigkeit der actio pro socio aus der Gesellschaft aus, wird die Klage ohne die Möglichkeit eines Rückgriffs auf § 265 unzulässig (Karlsr NJW 95, 1296 f). Ansprüche der Gesellschaft gegen **Dritte** können von einzelnen Gesellschaftern durchgesetzt werden, wenn ein Gesellschafter unter Zurückstellung von Gesellschaftsinteressen in bewusstem Zusammenwirken mit dem Schuldner seine Beteiligung an der Geltendmachung der Gesellschaftsforderung verweigert (BGHZ 102, 152, 155 = NJW 88, 558 f; BGHZ 17, 340 346 f = NJW 55, 1393 f; Saarbr OLGR 01, 90) oder ein Gesellschafter die Einziehung einer Forderung aus gesellschaftswidrigen Gründen ablehnt und der verklagte Schuldner an dem gesellschaftswidrigen Verhalten beteiligt ist (BGHZ 102, 152, 155 = NJW 88, 558 f; BGHZ 39, 14, 17 = NJW 63, 641, 643; DB 08, 1620, 1622 Rn 37; Saarbr OLGR 01, 90; St/J/*Bork* vor § 50 Rn 37a). Diese Voraussetzungen müssen positiv feststehen; lediglich erhebliche Anhaltspunkte für ihr Eingreifen genügen nicht (BGH DB 08, 1620, 1622 f Rn 38). Schließlich kann ein Gesellschafter aufgrund einer Notgeschäftsführung (analog § 744 II BGB) zum Forderungseinzug berechtigt sein (BGH DB 08, 1620, 1622 Rn 36; Saarbr OLGR 01, 90). Die unmittelbar auf § 744 II BGB gestützte Notprozessführung eines einzelnen **Bruchteilsberechtigten** (§§ 741 ff BGB) ist ein Fall der Prozessstandschaft (BGHZ 110, 220, 224 = NJW 90, 1106; BGHZ 94, 117, 120 f = NJW 85, 1826). Der aus § 432 I 2 BGB vorgehende **Mitgläubiger** einer unteilbaren Leistung und der kraft § 1011 BGB Eigentümerrechte verfolgende **Miteigentümer** sind gesetzliche Prozessstandschafter (BGHZ 79, 245, 247 = NJW 81, 1079; BGH NJW 85, 2825; St/J/*Bork* Rn 37; aA Zö/*Vollkommer* Rn 26). Die Verfolgung von Urheberrechten durch **Verwertungsgesellschaften** (Gema, §§ 27 I 2 UrhG, 1, 6 WahrnG) und die Schutzklage des Verlegers anonymer Werke für den Urheber (§ 10 II 2 UrhG) vollziehen sich auf der Grundlage einer gesetzlichen Prozessstandschaft. Bei der **Überweisung einer gepfändeten Forderung** (§ 835) ist streitig, ob der Pfändungsgläubiger als Prozessstandschafter oder – was wohl vorzuziehen ist – ähnl wie Nießbraucher und vertraglicher Pfandgläubiger aufgrund einer ihm durch die Pfändung verliehenen **materiellen Verfügungsmacht** die Forderung gegen den Drittschuldner verfolgen kann (St/J/*Bork* Rn 36). Der Vollstreckungsschuldner kann auf Leistung an den Gläubiger klagen (BGHZ 147, 225 = NJW 01, 2179).

36 **3. Prozessführung kraft Amtes.** Nach der herrschenden **Amtstheorie** üben Verwalter fremden Vermögens als Inhaber eines privaten Amts die Verwaltungs- und Verfügungsbefugnis des Vermögensinhabers in eigenem Namen und aus eigenem Recht und nicht als dessen Vertreter aus. Deshalb nimmt der Verwalter als gesetzlicher Prozessstandschafter die Rechte in eigener Parteistellung unter Ausschluss des Rechtsinhabers wahr (BGHZ 88, 331, 334 = NJW 84, 739; BGHZ 13, 203, 205 = NJW 54, 1036). Infolge einer gesetzlichen

Amtsstellung ist die Prozessführung dem **Insolvenzverwalter** (§ 80 InsO; BGHZ 127, 156 = NJW 94, 3232), im Fall des § 22 I InsO dem vorläufigen Insolvenzverwalter (nicht dem »schwachen« vorläufigen Insolvenzverwalter nach § 22 II InsO), dem **Zwangsverwalter** (§ 152 ZVG; BGHZ 155, 38, 41 f = NJW-RR 03, 1419), dem **Nachlassverwalter** (§§ 1985 I, 1984 I 3 BGB), dem **Testamentsvollstrecker** (§§ 2212, 2213 I 1 BGB) und dem **Nießbrauchsverwalter** (§ 1052 BGB) für Aktiv- und Passivprozesse zugewiesen. Dem Rechtsträger ist hinsichtlich der dem Amtswalter übertragenen Vermögensmasse die Prozessführungsbefugnis entzogen (BGHZ 79, 245, 248 = NJW 81, 1097). Der Insolvenzverwalter bleibt nach Aufhebung des Verfahrens für solche Vermögensgegenstände prozessführungsbefugt, für die eine Nachtragsverteilung in Frage kommt (BGHZ 83, 102 = NJW 82, 1765). In der Person des Insolvenzverwalters ist eine subjektive Klagehäufung gegeben, sofern er als Verwalter mehrerer Vermögensmassen (KG und Komplementär-GmbH) auftritt. Falls Sicherungsgläubiger den Insolvenzverwalter zur Forderungseinziehung ermächtigen, kann seine Prozessführungsbefugnis aus einer gewillkürten Prozessstandschaft herrühren (BGH WM 03, 496 f). Ausnahmsweise ist der Testamentsvollstrecker, der selbst als Nachlassschuldner in Anspruch genommen wird, wegen des Verbots eine Insichprozesses von der an den Erben zurückfallenden Prozessführung ausgeschlossen (BGH MDR 03, 284). Passivprozesse können sowohl gegen den Testamentsverwalter als auch gegen den Erben als auch gegen beide (§ 2213 BGB) geführt werden (BGHZ 104, 1, 3 = NJW 88, 1390); Pflichtteilsansprüche können nur gegen den Erben verfolgt werden (BGHZ 51, 125, 129 = NJW 69, 424). Die Prozessführungsbefugnis des Zwangsverwalters wird durch eine Aufhebung der Verwaltung **nach Rechtshängigkeit** nicht berührt (BGHZ 155, 38, 41 f; BGH NJW-RR 93, 442 f; 90, 1213 f; anders vor Rechtshängigkeit: BGH MDR 05, 1306). Wird die Zwangsverwaltung nach Rechtshängigkeit wegen Antragsrücknahme aufgehoben, entfällt hingegen die Prozessführungsbefugnis des Zwangsverwalters, sofern das Versteigerungsgericht in dem Aufhebungsbeschluss nichts anderes bestimmt (BGHZ 155, 38). Wird ein Zwangsverwaltungsverfahren nicht wegen Antragsrücknahme (§ 161 IV, § 29 ZVG) oder der vollständigen Befriedigung des Gläubigers (§ 161 II ZVG) aufgehoben, sondern weil das Grundstück in der Zwangsversteigerung zugeschlagen wurde, ist der Zwangsverwalter auch ohne entsprechende Ermächtigung im Aufhebungsbeschluss befugt, wegen Nutzungen aus der Zeit vor der Zuschlagserteilung Klage zu erheben, sofern der die Zwangsverwaltung betreibende Gläubiger im Zeitpunkt des Wirksamwerdens des Zuschlagsbeschlusses noch nicht vollständig befriedigt ist (BGH NJW 10, 3033).

4. Rechtsstellung des gesetzlichen Prozessstandschafters. Der Prozessstandschafter ist als Partei des Rechtsstreits mit allen prozessualen Befugnissen Herr des Verfahrens. Die gesetzliche Prozessstandschaft ist sowohl in **Aktiv- als auch in Passivprozessen** anerkannt, etwa bei Klagen gegen die Partei kraft Amtes, den Verwalter des gemeinschaftlichen Vermögens (§ 1422 BGB) oder eines Sondervermögens (§ 1984 I 3 BGB). Der Rechtsträger ist Dritter und kann daher als Zeuge fungieren (BGH NJW-RR 88, 126 f). Streitig ist, inwiefern die Rechtskraft eines gegen den Prozessstandschafter ergangenen Urteils auch gegen den Rechtsinhaber wirkt. Bei der Veräußerung der streitbefangenen Sache (§ 265) sieht § 325 I eine Rechtskrafterstreckung auf den Rechtsnachfolger ausdrücklich vor. Wurde eine Forderung bereits vor Rechtshängigkeit abgetreten, gilt die Urteilswirkung des § 407 II BGB. Ansonsten ist eine **Rechtskrafterstreckung** auch auf den Rechtsträger anzunehmen, wenn dem Prozessstandschafter die alleinige Prozessführungsbefugnis unter Ausschluss des Rechtsinhabers zugewiesen ist wie in den Fällen der Partei kraft Amtes (Insolvenzverwalter, Nachlassverwalter, Testamentsvollstrecker: BGHZ 88, 331, 334 = NJW 84, 739; BGHZ 79, 245, 248 = NJW 81, 1097). Ist hingegen neben dem Prozessstandschafter auch der Rechtsträger selbst weiter prozessführungsbefugt, wirkt die Rechtskraft nicht gegen ihn (BGHZ 79, 245, 248 = NJW 81, 1097). Dies gilt etwa in den Fällen der §§ 432, 744 II und 1011 BGB. Die Klage eines einzelnen Miterben aus § 2039 BGB auf Leistung an alle Erben löst keine Rechtskrafterstreckung gegen die Erben aus (BGH WM 06, 1412 f), ebenso die Gesellschafterklage nicht zu Lasten der anderen Gesellschafter. Erstreckt sich die Rechtskraft auf den Rechtsinhaber, steht einer von ihm erhobenen Klage die Einrede der Rechtshängigkeit entgegen, falls der Prozessstandschafter vorher Klage erhoben hat (BGHZ 78, 1, 7 = NJW 80, 2463). 37

III. Gewillkürte Prozessstandschaft. Eine gewillkürte Prozessstandschaft – die Prozessführung im eigenen Namen über einen fremden schuld- oder sachenrechtlichen Anspruch – basiert auf einer von dem Rechtsträger dem Prozessstandschafter erteilten Ermächtigung (analog § 185 BGB) zur Prozessführung und bedarf als weiterer Voraussetzung eines berechtigten Eigeninteresses des Ermächtigten zur Prozessführung. Zulässig ist nur eine aktive, keine passive gewillkürte Prozessstandschaft (Zö/*Vollkommer* Vor § 50 Rn 43; Musielak/*Weth* § 51 Rn 26; aA v. Zwoll 1993 S. 164 ff; unentschieden BGH NJW 83, 684). Unbedenklich 38 kann eine aktive Prozessstandschaft von Beklagtenseite etwa im Wege der Widerklage geführt werden. Eine von dem Titelgläubiger erteilte isolierte **Vollstreckungsstandschaft**, den titulierten Anspruch im eigenen Namen zu vollstrecken, scheitert an der Notwendigkeit einer Titelumschreibung nach § 727, die eine Rechtsnachfolge voraussetzt (BGHZ 92, 347, 349 = NJW 85, 809; BGHZ 120, 386, 395 f = NJW 93, 1396). Die Zulässigkeit einer gewillkürten Prozessstandschaft beurteilt sich bei einer **Auslandsberührung** nach deutschem Prozessrecht (lex fori; BGHZ 125, 196, 199 = NJW 94, 2549).

39 **1. Voraussetzungen. a) Ermächtigung.** Es kann dahin stehen, ob die Ermächtigung als bürgerlich-rechtliches Rechtsgeschäft (R/S/G § 46 Rn 33) oder mit der hM als Prozesshandlung (BGH NJW 89, 1933 f; St/J/*Bork* Vor § 50 Rn 43) zu qualifizieren ist. Erteilung, (Fort-)Bestand und Willensmängel der Ermächtigung bestimmen sich jedenfalls nach den **bürgerlich-rechtlichen Wirksamkeitsvoraussetzungen** (BGH NJW 00, 738 f). Die Erteilung kann – etwa bei identischem Gesellschafterbestand der klagenden und der ermächtigenden Gesellschaft (Ddorf NJW-RR 09, 1491, 1492) – konkludent erfolgen (BGH GRUR 08, 1108, 1112 Rn 52 f; NJW-RR 02, 1377 f; NJW 89, 1933 f), sich aber auch aus einer Vertragsauslegung (§§ 133, 157 BGB) ergeben: Die Abtretung eines Anspruchs auf Rückgewähr eines Grundstücks und die Auflassung des betroffenen Grundstücks rechtfertigen die Geltendmachung der Eigentümerrechte durch den Erwerber in gewillkürter Prozessstandschaft des Eigentümers (BGH 145, 383, 386 = NJW 01, 680); in der Übertragung der Abwicklung von Gewährleistungsansprüchen aus der Errichtung eines gemeinsamen Hauses auf den anderen Ehegatten liegt eine stillschweigende Ermächtigung (BGHZ 94, 117, 122 = NJW 85, 1826); ebenso verhält es sich, wenn der Rechtsinhaber die Prozessführung ausdrücklich – etwa durch seine Anwesenheit vor Gericht – billigt (BGH NJW-RR 88, 127); wird der Gesellschafter, der Ansprüche der GbR verfolgt, vom Geschäftsführer der GbR anwaltlich vertreten, kann von einer Ermächtigung seitens der GbR ausgegangen werden (BGH NJW-RR 02, 1377 f); bei einer Sicherungsabtretung darf der Zedent auch ohne ausdrückliche Ermächtigung auf Leistung an den Zessionar klagen (BGHZ 128, 371, 379). Im Fall der Unwirksamkeit einer Abtretung kommt eine Umdeutung in eine Ermächtigung in Betracht (BGH MDR 03, 145). Bei einer **Verbandsklage** kann die Ermächtigung auf einer Satzungsregel in Verbindung mit einem dort vorgesehenen Mehrheitsbeschluß der Mitglieder beruhen (BGH NZG 11, 1305 Rn. 21). Die jederzeit widerrufliche (BGH NJW 89, 1932 f; NJW-RR 86, 158) Ermächtigung unterliegt nicht dem Anwaltszwang (St/J/*Bork* Vor § 50 Rn 43) und kann bis zum Schluss der mündlichen Verhandlung (BGH NJW-RR 93, 670) – freilich ohne Rückwirkung auf den Zeitpunkt der Klageeinreichung (BGH NJW-RR 93, 670; NJW 58, 338 f; aA Zö/*Vollkommer* Vor § 50 Rn 45) – erteilt werden. Weder die Abtretung des Anspruchs durch den Rechtsinhaber nach Rechtshängigkeit noch die Insolvenzeröffnung über das Vermögen des Prozessstandschafters berührt die Gültigkeit der Ermächtigung (BGH NJW 89, 1932 f). Sie erlischt hingegen bei **Insolvenz des Rechtsinhabers** (BGH NJW 00, 738 f). Die Ermächtigung endet nach §§ 168 S 1, 673 BGB mit dem Tod des Prozessstandschafters und geht nicht auf dessen Erben über; der Rechtsinhaber tritt vielmehr im Wege gewillkürten Parteiwechsels in den Prozess ein (BGHZ 123, 132, 135 = NJW 93, 3073). Die Ermächtigung muss sich auf einen bestimmten Anspruch, bei einer Globalzession eine Vielzahl bestimmter Ansprüche (BGH NJW 95, 3186), beziehen, während eine **Generalermächtigung** für alle Rechtsstreitigkeiten einer bestimmten Art unwirksam ist (Köln WRP 85, 659; LG Berlin NJW-RR 93, 1234).

40 **b) Übertragbarkeit der Prozessführungsbefugnis.** Eine gewillkürte Prozessstandschaft scheidet bei der Geltendmachung **höchstpersönlicher Rechtsgüter** aus (BGH NJW 83, 1559, 1561): Dazu gehören Schmerzensgeldansprüche (§ 253 BGB, BGH VersR 53, 498 f), Ansprüche wegen Verletzung des allgemeinen Persönlichkeitsrechts (BGH NJW 69, 1110 f), Ansprüche aus einer beschränkt persönlichen Dienstbarkeit (BGH NJW 64, 2296, 2297 f) und der Anspruch des Erfinders auf Erfinderbenennung (BGH GRUR 78, 583, 585). Nach dem Tod des Berechtigten sind die Erben nicht gehindert, wegen einer Beeinträchtigung des Persönlichkeitsrechts einem Dritten die Prozessführung zu übertragen (BGHZ 107, 384, 388 f = NJW 90, 1987). Soll eine unberechtigte **kommerzielle Namensverwertung** unterbunden werden, kann der Namensträger einem Dritten, dem er durch eine Lizenz die wirtschaftliche Verwertung seines Namens gestattet hat, die prozessuale Wahrnehmung seiner Rechte überlassen (BGHZ 119, 237, 240 = NJW 93, 918, 919 f). Ansonsten ist eine Ermächtigung wirksam, wenn der geltend gemachte Anspruch abtretbar ist oder zwar ein Abtretungsverbot besteht, aber das Recht zur Ausübung überlassen werden kann. **Sinn und Zweck eines Abtretungsverbots** entscheiden, ob es auch eine Ausübungsüberlassung verbietet (BGHZ 56, 228, 236 = NJW 71, 1715; BGH NJW 99, 3707 f; NJW 92, 1881, 1883). Dient ein vertragliches Abtretungsverbot

der einheitlichen Abwicklung von Ansprüchen, darf es nicht durch eine gewillkürte Prozessstandschaft unterlaufen werden (BGH NJW 97, 3434 f). Umgekehrt steht ein Abtretungsverbot einer Ermächtigung nicht entgegen, wenn sie durch die gebündelte Geltendmachung der Forderungen verschiedener Bauherren in der Person des Verwalters von Wohnungseigentum dem Interesse des Schuldners an einer übersichtlichen Gestaltung des Abrechnungsverkehrs dient (BGH NJW 92, 1881, 1883). Die Unabtretbarkeit von Unterhaltsforderungen (§§ 400, 850b BGB) hindert nicht eine Klage in gewillkürter Prozessstandschaft, mit der Unterhaltsleistung an den Berechtigten bzw seinen gesetzlichen Vertreter verlangt wird (BGH FamRZ 98, 357 f). Der Herausgabeanspruch aus § 985 BGB (BGH WM 95, 1855) und der Grundbuchberichtigungsanspruch aus § 894 BGB können in gewillkürter Prozessstandschaft verfolgt werden (BGH 145, 383, 386 = NJW 01, 680; BGH NJW 02, 1038).

c) **Offenlegung der Prozessstandschaft.** Im Interesse der Gegenpartei hat der Prozessstandschafter die Ermächtigung offenzulegen und mitzuteilen, wessen Rechte er einklagt (BGHZ 125, 196, 201 = NJW 94, 2549; BGHZ 94, 117, 122 = NJW 85, 1826; BGH NJW 99, 2110f; NZG 08, 711). Einer Offenlegung bedarf es nicht, sofern allen Beteiligten bekannt ist, welches Recht eingeklagt wird (BGHZ 108, 52, 58 = NJW 89, 2751; 78, 1, 6 = NJW 80, 2461). Eine wichtige Durchbrechung des Offenlegungsrundsatzes gilt für die **stille Sicherungsabtretung**, weil der Kl hier nach außen als Rechtsinhaber auftreten darf (BGH NJW 99, 2111; 78, 698 f). Offenbart der Kl die Abtretung nicht, lautet der Antrag auf Zahlung an sich selbst, während nach einer (nicht gebotenen) Offenlegung Zahlung an den Zessionar zu verlangen ist (BGH NJW 89, 1932 f; NJW-RR 92, 61). Die gebotene Offenlegung kann im Laufe des Rechtsstreits nachgeholt werden, wirkt dann aber – etwa im Blick auf die Verjährung – nicht auf den Zeitpunkt der Einreichung der Klage zurück (BGH NJW 72, 1580; 78, 698 f; aA Zö/*Vollkommer* Vor § 50 Rn 47). 41

d) **Schutzwürdiges Interesse an Prozessführung.** Neben der Ermächtigung erfordert eine gewillkürte Prozessstandschaft ein eigenes schutzwürdiges Interesse an der Prozessführung im eigenen Namen, das auch durch ein wirtschaftliches Interesse begründet werden kann (BGHZ 119, 237, 242 = NJW 93, 918; BGHZ 108, 52, 56 = NJW 89, 2750; BGHZ 100, 217 f = NJW 87, 2018; BGHZ 96, 151, 152 f = NJW 86, 850; BGH GRUR 08, 1108, 1112 Rn 54). Ein schutzwürdiges Interesse ist gegeben, wenn die Entscheidung Einfluss auf die eigene Rechtslage des Prozessführungsbefugten hat (BGH NJW-RR 88, 127). Schutzwürdige wirtschaftliche Belange sind bei der Klage des Alleingesellschafters für die GmbH und der Konzernmutter für die Konzerntochter berührt. Zuweilen wird vertreten, dass auch ein **schutzwürdiges Interesse des Rechtsinhabers** (Ermächtigenden) an der Prozessführung zu verlangen ist (MüKoZPO/*Lindacher* Vor § 50 Rn 55; Zö/*Vollkommer* Vor § 50 Rn 44). Dieses Merkmal wird aber in aller Regel mit dem Interesse des Klägers korrespondieren. Interessen der Prozesswirtschaftlichkeit und der technischen Erleichterung der Prozessführung allein genügen nicht (BGH NJW 09, 1213, 1215 Rn 21). 42

Befürwortung eines schutzwürdigen Interesses. Klage des Zedenten bei einer **Sicherungsabtretung** (BGH NJW 90, 1117); Klage des Sicherungsgebers auf Herausgabe sicherungsübereigneter Gegenstände (BGHZ 96, 182, 185 = NJW 86, 424) sowie auf Zahlung der Versicherungssumme bei Beschädigung oder Untergang der Gegenstände (Nürnbg NJW 77, 1543); Klage auf Erfüllung einer abgetretenen Forderung durch den Verkäufer dieser Forderung (BGH NJW 79, 924 f; 90, 1117); auf § 985 BGB gestützte **Herausgabeklage des Pächters** der Sache (BGH NJW-RR 86, 158); Klage des **Bauträgers** aus an die Erwerber abgetretenen Gewährleistungsansprüchen gegen die Bauhandwerker (BGHZ 70, 389, 394 = NJW 78, 1375; BGH NJW 03, 2231 f); Klage des Versicherungsnehmers nach Anspruchsübergang (§ 67 VVG) auf Versicherer (Köln NJW-RR 94, 27); Klage des nicht verwaltenden Ehegatten iRd Gütergemeinschaft (St/J/*Bork* Vor § 50 Rn 54); **Grundbuchberichtigungsklage** des Verkäufers im Interesse des Käufers gegen eingetragenen Dritten (BGH NJW 86, 1676); Grundbuchberichtigungsklage des Pflichtteilsberechtigten für den Erben (BGH NJW-RR 88, 126 f); Geltendmachung eines **Anspruchs der GbR** durch einen (BGH NJW 88, 1585; NJW 99, 3707; NJW-RR 08, 1484 Rn. 38; Saarbr OLGR 01, 90; vgl BGH NJW 95, 1352, 1355 zur **stillen Gesellschaft**) oder alle (KG GrundE 03, 356) Gesellschafter; Klage des herrschenden GmbH-Gesellschafters auf Schadensersatzleistung an Gesellschaft (BGH NJW-RR 87, 57; NJW 65, 1962); Klage des GmbH-Gläubigers gegen Gesellschafter auf Einlageleistung (Stuttg BB 02, 2086); Klage des Geschädigten aus einem dem Vertragspartner des Beklagten wegen **Drittschadensliquidation** zustehenden Anspruch (BGHZ 25, 250, 259 f = NJW 57, 1838; BGH NJW 81, 2640); Klage des einen **Grundstücksmiteigentümers** im Interesse auch des anderen (BGH NJW 85, 2825); Kostenvorschussklage einzelner **Wohnungseigentümer** wegen Mängeln des Gemeinschafts- und des gesamten Sondereigentums (BGHZ 100, 391, 392 f = NJW-RR 87, 1046); Klage 43 einer **Wohnungseigentümergemeinschaft** wegen Mängeln des Sondereigentums (BGHZ 172, 42 = NJW 07, 1952) und aus einer hierfür erteilten Gewährleistungsbürgschaft (BGHZ 172, 63 = NJW 07, 1957); Minderungs- und Schadensersatzverlangen einzelner Wohnungseigentümern wegen das Sondereigentum beeinträchtigender Mängel des Gemeinschaftseigentums (BGHZ 110, 258, 260 = NJW 90, 1663; BGHZ 114, 383, 387 = NJW 91, 2480); Klage des (volljährig gewordenen) **Kindes** auf Auskehrung der im Auftrag der Mutter (§ 1629 III BGB) vom beklagten Rechtsanwalt gegen den Vater beigetriebenen Unterhaltsbeträge (BGH NJW 91, 840); **Rückermächtigung** des Insolvenzverwalters an den Schuldner zwecks Verfolgung eines zur Masse gehörenden Rechts (BGHZ 100, 217 f = NJW 87, 2018) oder an einen zur vorzugsweisen Befriedigung berechtigten Gläubiger (BGHZ 125, 196, 203 = NJW 94, 2549), des Nachlassverwalters an den Erben zur Geltendmachung von Nachlassansprüchen (BGHZ 38, 281, 283 = NJW 63, 297) sowie des Pfändungsgläubigers an den Gläubiger zur Durchsetzung von dessen Forderung (BGH NJW 86, 423); Ermächtigung des **Rechtsinhabers** an den Insolvenzverwalter, eine von dem Schuldner an einen Dritten abgetretene Forderung einzuziehen; ebenso kann der Verwalter nach Aufgabe seines Einziehungsrechts durch den Rechtsinhaber zur Hinziehung ermächtigt werden (BGH NZI 08, 370); Ermächtigung einer Konzernmutter durch Konzerntochter; Bestehen eines Verzichtsvertrages über gekennzeichnete Produkte zwischen Ermächtigenden und Ermächtigten (BGH GRUR 08, 1108, 1112 Rn 54): Ermächtigung eines Dachverbands durch einen Landesverband zur Verfolgung von Abwehransprüchen hinsichtlich einer auch von dem Dachverband geführten Bezeichnung (BGH GRUR 08, 1108, 1112 Rn 55).

44 **Ablehnung eines schutzwürdigen Interesses.** Einer Ermächtigung ist die Anerkennung zu versagen, wenn sie nur dazu dient, das **Kostenrisiko** zu Lasten des Gegners zu vermindern oder auszuschließen (BGHZ 35, 180, 183 = NJW 61, 1528; BGH NJW 89, 1932 f). Einer **überschuldeten, vermögenslosen GmbH**, die keine Aussicht hat, die Geschäfte fortzuführen, fehlt in aller Regel das schutzwürdige eigene Interesse, abgetretene Forderungen nach Offenlegung der Abtretung im eigenen Namen und auf eigene Rechnung mit Ermächtigung des neuen Gläubigers zu dessen Gunsten einzuklagen, weil der Gegner seinen Kostenerstattungsanspruch voraussichtlich nicht durchsetzen kann (BGHZ 96, 151 = NJW 86, 850; Saarbr NJW-RR 98, 1605). Ausnahmsweise besteht ein schutzwürdiges Interesse, wenn die Vermögenslosigkeit der klagenden Partei erst **während des Prozesses** eingetreten ist und kein unmittelbarer Zusammenhang zwischen der Überschuldung, der Offenlegung der Abtretung und der Ermächtigung zur Prozessführung besteht (BGH RR 11, 1690 Rn. 20). Ebenso kann ein schutzwürdiges Interesse ausnahmsweise bejaht werden, falls der Zessionar für den Fall des Unterliegens eine Bankbürgschaft stellt, die das Kostenrisiko des Gegners voll abdeckt (BGH NJW 90, 1117; Saarbr NJW-RR 98, 1605f). War der Kl als ehemaliger Anspruchsinhaber bereits bei Vertragsschluss vermögenslos, besteht ein schutzwürdiges Eigeninteresse an der Anspruchsdurchsetzung (BGH NJW 03, 2231 f). Ebenso verhält es sich, wenn sich die Vermögenslosigkeit erst nach Klageerhebung verwirklicht (BGH NJW 03, 2231 f; 95, 3186 f). Macht eine **natürliche Person**, über deren Vermögen das Insolvenzverfahren eröffnet wurde, nach Rückermächtigung durch den Insolvenzverwalter eine zur Insolvenzmasse gehörende Forderung geltend, kann ihr das schutzwürdige Interesse nicht schon wegen des Kostenrisikos der anderen Seite abgesprochen werden (BGHZ 100, 217 = NJW 87, 2018; BGH NJW 99, 1717). Stehen mehrere Ansprüche Mitberechtigten als Teilgläubigern zu, begründen die erleichterte Aufteilung des Gesamtbetrages und das Kosteninteresse kein schutzwürdiges Interesse (BGHZ 78, 1, 4 = NJW 80, 2461 f; BGH NJW 88, 1210). Eine **Personengesellschaft** kann nicht für die Gesellschafter (§ 140 HGB) auf Feststellung der Ausschließung eines Gesellschafters antragen (BGH BB 91, 371). Alleine der identische Gesellschafterbestand rechtfertigt nicht die Klage einer Gesellschaft aus dem Recht einer anderen Gesellschaft (Ddorf NJW-RR 09, 1491, 1492 f). Macht der Verwalter Ansprüche der **Wohnungseigentümergemeinschaft** im eigenen Namen geltend, kann das für eine gewillkürte Prozessstandschaft erforderliche schutzwürdige Eigeninteresse nach Anerkennung der Rechts- und Parteifähigkeit und der daraus fließenden eigenen Handlungsfähigkeit der WEG nicht mehr aus der sich aus dem WEG ergebenden Rechts- und Pflichtenstellung des Verwalters hergeleitet werden (BGHZ 188, 159= NJW 11, 1361; anders noch BGH NJW 94, 1866); anders verhält es sich, wenn die Ermächtigung dazu dient, eine Schadensersatzpflicht des Verwalters durch die Klage gegen den Verantwortlichen zu vermeiden (BGHZ 188, 159=NJW 11, 1361 Rn. 15). Ein **Arbeitgeberverband** ist nicht befugt, für seine Mitglieder Unterlassungsansprüche hinsichtlich bestimmter Arbeitskampfmaßnahmen gegen eine Gewerkschaft zu verfolgen (BGH NJW 83, 1750). Der Hauptmieter kann nicht Herausgabeansprüche des Hauptvermieters gegen den Untermieter geltend machen (LG Berlin NJW-RR 93, 1234). Einer von mehreren **Vermietern** (innerhalb eines Mehrfamilienhauses) kann nicht eine Mieterhöhungsklage (§§ 558 ff BGB) auch für die anderen Vermieter durchführen

(AG Stuttgart ZMR 73, 159). Der Geschädigte kann nicht den dem **Versicherungsnehmer** gegen den Versicherer zustehenden Deckungsschutz einklagen (Stuttg VersR 91, 766), ebenso nicht der Kreditgeber den Anspruch des Kreditnehmers gegen den Schadensversicherer (Hamm VersR 96, 254). Die **Vorstandsmitglieder** sind nicht berechtigt, Schadensersatzansprüche des Vereins durchzusetzen (Celle NJW 89, 2477). Der Zedent ist außerhalb einer Sicherungsabtretung nicht berechtigt, an den Zessionar abgetretene Ansprüche zu verfolgen (BGH NJW 09, 1213, 1215 Rn 21).

2. Rechtsstellung des gewillkürten Prozessstandschafters. Wie der gesetzliche ist auch der gewillkürte 45
Prozessstandschafter Herr des Verfahrens. Der Rechtsträger kann als Zeuge auftreten. Der **Antrag** ist bei einer verdeckten Prozessstandschaft auf Zahlung an den Kl, bei einer offenen auf Zahlung an den Rechtsinhaber gerichtet (BGH NJW 99, 2110 f). Prozesskostenhilfe kann nur gewährt werden, wenn der Prozessstandschafter **und** der Rechtsinhaber bedürftig sind (BGHZ 151, 153 = NJW 86, 850). Die **Rechtskraft** des Urteils erstreckt sich bei der gewillkürten Prozessstandschaft (wegen dessen Einverständnis) ohne weiteres auch auf den Rechtsinhaber (BGHZ 123, 132, 135f = NJW 93, 3072; BGHZ 78, 1, 7 f = NJW 80, 2461; BGH NJW 88, 2375 f) bzw bei einer Rückermächtigung auf die Partei kraft Amtes. Dies gilt unabhängig davon, ob die Prozessstandschaft offengelegt wurde (BGH NJW 85, 2825). Folgerichtig ist der Rechtsinhaber auch an einen von dem Prozessstandschafter geschlossenen **Vergleich** gebunden. Während des von dem Prozessstandschafter geführten Rechtsstreits ist der Beklagte durch die Einrede der Rechtshängigkeit (§ 261 III Nr 1) gegen eine Inanspruchnahme seitens des Rechtsinhabers geschützt (BGHZ 123, 132 = NJW 93, 3072). Endet die Prozessstandschaft während des Rechtsstreits etwa durch Tod des Prozessstandschafters oder Insolvenz des Rechtsinhabers, ist der Rechtsstreit nach den Regeln des **gewillkürten Parteiwechsels** in Anwendung von § 263 (nicht § 265 II) mit dem Rechtsinhaber (BGHZ 123, 132 = NJW 93, 3072) oder dem Insolvenzverwalter (BGH NJW 00, 738 f) fortzusetzen. Der Gegner kann gegen die Klageforderung mit Forderungen gegen den Rechtsträger aufrechnen; er ist nicht gehindert, gegen den Prozessstandschafter persönlich aus einem gegen ihn gerichteten Anspruch Widerklage zu erheben.

IV. Einziehungsermächtigung. Die Einziehungsermächtigung, deren Gültigkeit keinen Bedenken begegnet 46
(BGHZ 4, 153, 164; BGH NJW 99, 2110 f), ist ein **abgespaltenes Gläubigerrecht** und verkörpert einen Fall der Einwilligung zur Verfügung über ein fremdes, dem Einwilligenden gehörendes Recht. Die Verfügungsbefugnis des Ermächtigten ist auf die Einziehung der (nicht an ihn abgetretenen) Forderung im eigenen Namen und – bei Vorhandensein eigenen Interesses – auch auf die Klage im eigenen Namen gerichtet (BGHZ 82, 283, 288). Die Zulässigkeit einer Klage des Einzugsberechtigten setzt also ein schutzwürdiges Eigeninteresse voraus, das in der Erzielung einer Provision (BGH NJW 88, 1210) oder in der Sicherung von Forderungen zu erkennen sein kann (Hamm NJW-RR 92, 23). Mit einer stillen Forderungszession ist regelmäßig eine Einzugsermächtigung verbunden (BGHZ 120, 387, 395 = NJW 93, 1396; BGH NJW 99, 2110 f); in dieser Gestaltung hemmt die Klage die Verjährung, auch wenn die Abtretung nicht aufgedeckt wird (BGH NJW 99, 2110 f; 78, 698). Im Unterschied zur Einziehungsermächtigung wird der Zessionar bei einer **treuhänderischen Abtretung** Vollrechtsinhaber. Seine Prozessführungsbefugnis beruht auf seiner Sachlegitimation. Eine unwirksame Abtretung kann in eine Einziehungsermächtigung **umgedeutet** werden (BGH NJW 87, 3121; MDR 03, 145).

V. Verbandsklage. Ein Verbandsklagerecht ist seit langem im Lauterkeitsrecht anerkannt (§§ 8 III Nr 2, 3 47
UWG, 33 II GWB), mittlerweile aber auch im Verbraucherschutzrecht (§ 3 I Nr 1, 2 UKlaG) eingerichtet worden. In diesen gesetzlich normierten Fällen nehmen die Verbände, denen das Gesetz mitunter berufsständische Kammern gleichstellt (§§ 13 II Nr 4 UWG, 3 I Nr 3 UKlaG), **eigene materiellrechtliche Unterlassungsansprüche** wahr (*Greger* NJW 00, 2457, 2462). Daneben besteht die Möglichkeit, dass ein rechtsfähiger (Zö/*Vollkommer* Vor § 50 Rn 60) Verband aufgrund einer Ermächtigung durch seine Mitglieder im Wege der **gewillkürten Prozessstandschaft** klagt. Ein eigenes Interesse des Verbandes ist anzunehmen, wenn die mit der Anspruchsverwirklichung verbundene Rechtsverfolgung zu seinen satzungsgemäßen Aufgaben gehört (BGH NJW 83, 1559, 1561). Dies gilt etwa für eine Kfz-Händlervereinigung, die sich gegen eine Reduzierung der Gewinnspanne ihrer Mitglieder wendet (BGH NZG 11, 1305 Rn. 16 ff.). Schließlich kann ein Klagerecht des Verbandes mit Hilfe einer **treuhänderischen Abtretung** von Ansprüchen seiner Mitglieder geschaffen werden (BGHZ 89, 1, 4 = NJW 84, 2220).

§ 51 ZPO Prozessfähigkeit; gesetzliche Vertretung; Prozessführung. **(1) Die Fähigkeit einer Partei, vor Gericht zu stehen, die Vertretung nicht prozessfähiger Parteien durch andere Personen (gesetzliche Vertreter) und die Notwendigkeit einer besonderen Ermächtigung zur Prozessführung bestimmt sich nach den Vorschriften des bürgerlichen Rechts, soweit nicht die nachfolgenden Paragraphen abweichende Vorschriften enthalten.**
(2) Das Verschulden eines gesetzlichen Vertreters steht dem Verschulden der Partei gleich.
(3) Hat eine nicht prozessfähige Partei, die eine volljährige natürliche Person ist, wirksam eine andere natürliche Person schriftlich mit ihrer gerichtlichen Vertretung bevollmächtigt, so steht diese Person einem gesetzlichen Vertreter gleich, wenn die Bevollmächtigung geeignet ist, gemäß § 1896 Abs. 2 Satz 2 des Bürgerlichen Gesetzbuchs die Erforderlichkeit einer Betreuung entfallen zu lassen.

1 **A. Grundlagen.** Abs 1 der Bestimmung behandelt in unvollkommener und unsystematischer Weise die **Prozessführung**, indem auf Vorschriften des BGB verwiesen, andererseits aber ein Vorrang des Prozessrechts angeordnet wird. Die **Prozessfähigkeit,** also die Fähigkeit, Prozesshandlungen selbst oder durch einen selbst eingesetzten Vertreter vorzunehmen, ist in § 52 (näher dort) geregelt. Die Prozessfähigkeit ist eine **Sachurteilsvoraussetzung**, weswegen die von einem Prozessunfähigen erhobene oder die gegen ihn erhobene Klage als unzulässig abzuweisen ist. Zugleich ist die Prozessfähigkeit **Prozesshandlungsvoraussetzung**, so dass eine prozessunfähige Partei außerstande ist, wirksam Prozesshandlungen vorzunehmen. Das Erfordernis der Prozessfähigkeit dient sowohl dem Schutz Prozessunfähiger als auch des Gerichts und der Gegenseite, die ein Interesse an einer ordnungsgemäßen zielgerichteten Prozessführung haben. Die **gesetzliche Vertretung**, die eigentlicher Gegenstand des Abs 1 ist, ermöglicht Klagen von und gegen prozessunfähige Personen. Die **gewillkürte Vertretung** im Sinne einer auf der Erteilung einer Prozessvollmacht beruhenden Vertretung ist in §§ 78 ff normiert. Als weiterer Begriff ist die **Prozessführungsbefugnis** zu unterscheiden, nämlich die Befugnis, ohne eigene materiellrechtliche Beziehung über das behauptete streitige **fremde Recht** als richtige Partei einen Prozess im eigenen Namen führen zu dürfen (vgl § 50 VI). Abs 2 will eine Besserstellung desjenigen, der sich eines Vertreters bedient, verhindern und rechnet darum dessen Verschulden der vertretenen Partei zu. Auf eine Stärkung des Rechtsinstituts der **Vorsorgevollmacht** ist Abs 3 gerichtet, der ermöglicht, dass ein Geschäftsunfähiger durch einen Bevollmächtigten vertreten wird.

2 **B. Gesetzliche Vertretung von natürlichen und juristischen Personen. I. Begriff.** Im Unterschied zu einer rechtgeschäftlich erteilten Vollmacht beruht die gesetzliche Vertretung auf einem **Gesetz** oder besonderer **staatlicher Anordnung**. Die gesetzliche Vertretung beurteilt sich nach dem einschlägigen materiellen Recht, bei juristischen Personen des Privatrechts nach dem maßgeblichen Gesellschaftsrecht, bei juristischen Personen des öffentlichen Rechts nach den einschlägigen öffentlichrechtlichen Normen. Die jeweiligen Vorschriften bestimmen Voraussetzungen und Umfang der Vertretungsmacht. Der gesetzliche Vertreter ist in der Klageschrift zu bezeichnen (§§ 253 IV, 130 Nr 1), eine unrichtige Angabe ist jedoch unschädlich (BGHZ 4, 328, 334 = NJW 52, 545). Die zutreffende Bezeichnung des gesetzlichen Vertreters ist freilich wenig hilfreich, wenn die Partei nicht benannt wird (St/J/*Bork* Rn 24).

3 **II. Gesetzliche Vertretung natürlicher Personen. 1. Minderjährige.** Ihre Vertretung folgt dem elterlichen Sorgerecht (§ 1629 I 1 BGB). Darum nehmen die gesetzliche Vertretung minderjähriger ehelicher Kinder die sorgeberechtigten Eltern – grds auch nach Trennung oder Scheidung (§ 1671 BGB) – in Gesamtvertretung (§ 1629 I 2 BGB) wahr (BGH NJW 87, 1947 f). Ist nur ein Elternteil – etwa kraft familiengerichtlicher Entscheidungszuweisung (§ 1628 BGB), bei Übertragung der elterlichen Sorge (§ 1671 BGB) oder nach dem Tod des anderen Elternteils (§ 1680 BGB) – sorgeberechtigt, vertritt er das Kind allein (§ 1629 I 3 BGB). Regelmäßig vertritt nur die Mutter das **nichteheliche Kind** (§ 1626a II). Bei Interessenkollisionen (§ 1795 BGB) sind beide Elternteile an der Vertretung gehindert (BGH NJW 72, 1708). Innerhalb seines Aufgabenbereichs der Feststellung der Vaterschaft und der Verfolgung von Unterhaltsansprüchen vertritt des Jugendamt als Pfleger ein nichteheliches Kind (§§ 1712, 1716 BGB). Im Falle einer Adoption sind der bzw die Annehmenden zur Vertretung berufen (§ 1754 III BGB). Stehen Minderjährige nicht unter elterlicher Sorge, ist der zu bestellende **Vormund** gesetzlicher Vertreter (§§ 1793, 1773 BGB). Bis zur Bestellung eines Vormunds oder bei dessen tatsächlicher oder rechtlicher Verhinderung ist für einzelne, eine Vertretung erfordernde Angelegenheiten ein Pfleger beizuordnen (§ 1909 BGB). In einem Rechtsstreit gegen einen Elternteil ist dem Kind ein Pfleger (§ 1909 BGB) zu bestellen. Entsprechendes gilt, wenn den Eltern

für einen bestimmten Einzelfall die Vertretungsberechtigung entzogen wurde (§ 1629 II 3 BGB). Die gesetzliche Vertretungsmacht der Eltern wird durch die **Heirat** eines minderjährigen Kindes nicht berührt (§ 1633 BGB). In den Angelegenheiten der §§ 112, 113 BGB bedarf der Minderjährige, weil er insoweit als volljährig gilt, keines gesetzlichen Vertreters. Die Leibesfrucht wird durch einen Pfleger vertreten (§ 1912 BGB).

2. Volljährige. Sie werden – vorbehaltlich Abs 3 – durch den ihnen bestellten Betreuer vertreten (§§ 1902, 1896 BGB). Ist der Betreute **geschäftsfähig** und kein Einwilligungsvorbehalt (§ 1903 BGB) erlassen, bleibt er voll prozessfähig. Lediglich in Verfahren, die sein Betreuer für ihn führt, steht er nach § 53 einer nicht prozessfähigen Person gleich (BGH NJW 88, 49, 51). In anderen Verfahren bleibt seine Prozessfähigkeit unangetastet (MüKoBGB/*Schwab* § 1902 Rn 13). Nur für **Vermögensangelegenheiten,** nicht persönliche Angelegenheiten (PWW/*A. Bauer* § 1911 Rn 3) Abwesender wird ein Abwesenheitspfleger (§ 1911 BGB) bestellt. Ist unbekannt oder ungewiss, wer an einer Angelegenheit beteiligt ist, wird eine Pflegschaft für unbekannte Beteiligte eingerichtet (§ 1913 BGB). Im Interesse der Erben wird ein Nachlasspfleger bestellt (§ 1960 II BGB). 4

3. Vertretung Volljähriger kraft Vorsorgevollmacht. Von der Bestellung eines Betreuers ist nach Abs 3 abzusehen, wenn der später geschäftsunfähig gewordene Volljährige zuvor eine Vorsorgevollmacht erteilt hat. Voraussetzung der Vorschrift ist einmal die Erteilung einer Vollmacht durch eine volljährige geschäftsfähige natürliche Person an eine andere (nicht juristische) natürliche weder dem Anstalts- noch Heimpersonal zugehörige (§§ 1896 II, 1897 III BGB) Person und der danach eingetretene Verlust der Geschäftsfähigkeit. Zum anderen muss die Vollmacht der Schriftform genügen. Schließlich muss sie auf die »gerichtliche Vertretung« bezogen und ihrem weiteren Inhalt nach geeignet sein, die Erforderlichkeit einer Betreuung entfallen zu lassen (§ 1896 II 2 BGB). Unter den genannten Voraussetzungen wird der Bevollmächtigte, weil die Vollmachterteilung allein den Vertretungsmangel nicht entfallen lässt, einem **gesetzlichen Vertreter** gleichgestellt. Verliert die Partei im Laufe des Rechtsstreits die Prozessfähigkeit, wird sie im weiteren Verfahren durch den Vorsorgebevollmächtigten vertreten. 5

III. Gesetzliche Vertretung juristischer Personen. Die Streitfrage, ob eine juristische Person prozessfähig ist oder nicht (bejahend BGHZ 121, 263, 265 f = NJW 93, 1654; verneinend BGHZ 38, 71, 75 = NJW 63, 441; St/J/*Bork* Rn 12), kann dahin stehen, weil die Organe juristischer Personen die **Rechtsstellung eines gesetzlichen Vertreters** prozessunfähiger natürlicher Personen haben. Soweit die ZPO prozessuale Rechte und Pflichten für gesetzliche Vertreter schafft, gilt dies auch für die Organvertreter juristischer Personen. Der Mangel organschaftlicher Vertretung entspricht einem Mangel der gesetzlichen Vertretungsmacht. 6

1. Juristische Personen des öffentlichen Rechts. Die Vertretung von Körperschaften, Anstalten und Stiftungen des öffentlichen Rechts richtet sich nach den jeweiligen Organisationsvorschriften (GemO NRW: BGH NJW 1995, 3389; umfassender Überblick bei Wieczorek/Schütze/*Buchholz/Loeser* Vor § 50 Rn 473). Kommunale Eigenbetriebe werden mitunter durch den Werkleiter und den Bürgermeister als Gesamtvertretungsberechtigte vertreten (BGHZ 164, 166, 171). Nach den einschlägigen Bestimmungen beurteilt sich auch, ob interne Mitwirkungsbefugnisse anderer Stellen bloße **Binnenwirkung** (vgl BGHZ 92, 164, 169: Mitwirkung des Gemeinderats) haben oder mit **Außenwirkung** die Vertretungsmacht beschränken (vgl BGHZ 157, 168, 172: Genehmigung durch Rechtsaufsichtsbehörde). Unsicherheiten über die Vertretungszuständigkeit kann durch **Auskunftsverlangen** abgeholfen werden. 7

2. Juristische Personen des Privatrechts. a) Werbende Tätigkeit. Die **AG** wird grundsätzlich – auch bei Klagen einzelner Aufsichtsratsmitglieder (§§ 246 II 3, 249 I; BGHZ 122, 342, 344 f) – durch den Vorstand (§ 78 I AktG), ggf einen Notvorstand (§ 85 AktG), vertreten. Erheben Aktionäre Anfechtungs- oder Nichtigkeitsklage, wird die Gesellschaft durch Vorstand und Aufsichtsrat in Gesamtvertretung vertreten (§§ 246 II 2, 249 I, 275 IV AktG). In Prozessen gegenwärtiger oder früherer Vorstandsmitglieder einschließlich ihrer (Versorgungsbezüge verlangender) Witwen wird die Gesellschaft – gleich ob die Organstellung oder das Dienstverhältnis betroffen ist – durch den **Aufsichtsrat** vertreten (§ 112 AktG; BGH BGHR 07, 16; BGHZ 157, 151, 153 ff = NJW 04, 1528; BGHZ 103, 213, 216 f = NJW 88, 1384; BGH NJW 97, 2324; BAG NJW 02, 1444). Diese Vertretungsregel gilt auch im Prozess des ehemaligen Geschäftsführers einer mit einer AG verschmolzenen GmbH (BGHZ 157, 151, 153 ff = NJW 04, 1528). Eine **KGaA** wird durch die persönlich haftenden Gesellschafter vertreten (§§ 278 II AktG, 125, 161 II, 170 HGB). In einem Rechtsstreit mit den Komplementären wird die **KGaA** durch den Aufsichtsrat (BGH MDR 05, 583) bzw von der Hauptver- 8 sammlung bestellte Vertreter vertreten (§ 287 II 1 AktG). Die **GmbH** wird durch ihre Geschäftsführer (§ 35 I GmbHG), ggf einen Notgeschäftsführer (analog §§ 29 BGB, 85 AktG; BayObLG NJW 81, 995 f), vertreten. Legt der einzige Geschäftsführer einer GmbH sein Amt nieder, ist, auch wenn die Klage nach Eintritt der Führungslosigkeit wirksam einem Gesellschafter zugestellt wurde, eine gegen die Gesellschaft gerichtete Klage mangels gesetzlicher Vertretung unzulässig. Hier bedarf es der Bestellung eines Prozesspflegers (§ 57) oder eines Notgeschäftsführers (§ 29 BGB; BGH RR 11, 115 Rn 12, 13, 19). Ist ein (fakultativer) Aufsichtsrat eingerichtet (§ 52 GmbHG), vertritt er die GmbH im Rechtstreit mit einem (auch ausgeschiedenen) Geschäftsführer (BGH MDR 04, 284); ist kein Aufsichtsrat vorhanden und auch kein besonderer Vertreter bestellt (§ 46 Nr 8 GmbHG) worden, kommt es zu der misslichen Situation, dass die Gesellschaft in einem solchen Verfahren von dem verbliebenen Geschäftsführer vertreten wird (BGH NJW-RR 92, 993). Hat der einzige Geschäftsführer sein Amt niedergelegt, wird eine GmbH ungeachtet § 35 Abs. 1 Satz 2 GmbHG prozeßunfähig (BGH DB 2010, 2719 Rn. 12 ff.). Fehlt nach Abberufung oder Amtsniederlegung ein vertretungsberechtigter Geschäftsführer und bestellen die Gesellschafter keinen neuen, bleibt dem Kl, falls nicht wegen Gefahr im Verzuge § 57 eingreift, nur der Weg, bei dem zuständigen Registergericht die Bestellung eines Notgeschäftsführers (§ 29 BGB) anzuregen (BGH DB 2010, 2719 Rn. 14; Dresd NJW-RR 00, 579). Auf diese Möglichkeit muss das Gericht die Parteien hinweisen (BGH DB 2010, 2719 Rn. 19). Selbst wenn ein Aufsichtsrat besteht, wird die GmbH iRe Anfechtungs- und Nichtigkeitsklage von dem Geschäftsführer vertreten (BGH GmbHR 62, 134). Wird die Unwirksamkeit der Bestellung eines Geschäftsführers gerügt, vertritt die GmbH die Person, die im Falle ihres Obsiegens als Geschäftsführer anzusehen wäre (BGHZ 36, 207, 209 = NJW 62, 538). Gesellschafter einer **Personengesellschaft** können bei der Durchsetzung von Ersatzansprüchen gegen ihren organschaftlichen Vertreter in entsprechender Anwendung von §§ 46 Nr. 8 Halbs. 2 GmbHG, 147 Abs. 2 Satz 1 AktG einen besonderen Vertreter bestellen (BGH ZIP 2010, 2345 Rn. 8). Die **Genossenschaft** wird durch den Vorstand vertreten (§ 24 I GenG), ggf einen Notvorstand (analog §§ 29 BGB, 85 AktG). In Aktiv- und Passivprozessen mit amtierenden oder ehemaligen Vorständen ist der Aufsichtsrat zur Vertretung berufen (§ 39 I GenG; BGHZ 130, 108, 111). Für Prozesse mit Aufsichtsratsmitgliedern ist von der Generalversammlung ein besonderer Vertreter (§ 39 III GenG) zu bestellen. Die Vertretung bei Anfechtungs- und Nichtigkeitsklagen gegen Beschlüsse der Generalversammlung nehmen der Vorstand, sofern er nicht selbst klagt, und der Aufsichtsrat gemeinsam wahr (§ 51 III 2, 96 GenG).

9 **OHG** (§ 125 HGB) und **PartnerG** (§§ 7 III PartGG, 125 HGB) werden durch die nach dem Gesellschaftsvertrag erforderliche Zahl berechtigter Gesellschafter vertreten (BGHZ 17, 181). Bei der **KG** obliegt die Vertretung dem persönlich haftenden Gesellschafter (§§ 161 II, 170 HGB), bei der **GmbH & Co KG** dem Geschäftsführer der Komplementär-GmbH. Die **Außen-GbR** wird durch ihre geschäftsführenden Gesellschafter vertreten (§§ 709, 714 BGB; BGH BB 05, 792; NJW 10, 2886 Rn. 6), falls der Gesellschaftsvertrag nichts anderes vorsieht (BGH NJW 06, 2191) oder ein einzelner Gesellschafter, der seine Vollmacht auf Verlangen des Erklärungsgegners nachweisen muss (§ 174 BGB; BGH NJW 02, 1194), von den übrigen bevollmächtigt wird (BGH BB 05, 792). Im **rechtsfähigen Verein** übernimmt der Vorstand (§ 26 II 1 BGB) die Vertretung; falls die Satzung nichts anderes vorsieht, gilt bei mehreren Vorstandsmitgliedern keine Gesamtvertretung, sondern das **Mehrheitsprinzip** (PWW/*Schöpflin* § 26 Rn 5). Gegenüber Vorstandsmitgliedern übernimmt das anstellende Organ die Vertretung (Zweibr OLGR 05, 159; PWW/*Schöpflin* § 27 Rn 3). **Stiftungen** werden, sofern die Satzung nicht anderes bestimmt, durch den Vorstand vertreten (§§ 86, 26 I BGB). Bei der **Europäischen wirtschaftlichen Interessenvereinigung (EWIV)** sind die Geschäftsführer einzeln vertretungsbefugt (Art 20 EWIV-VO). Die **Europäische Gesellschaft (SE)** und die **Europäische Genossenschaft (SCE)** werden durch die geschäftsführenden Direktoren vertreten (§§ 41 SEAG, 23 SCEAG).

10 **b) Werdende und abzuwickelnde juristische Person des Privatrechts.** Die Vertretung der Vorgesellschaft (BGH NJW 08, 2441, 2442 Rn 7) und des Vorvereins folgt den Regeln der zu gründenden Rechtsform. Im Fall der Abwicklung der Handelsgesellschaften KG und OHG (§ 146 HGB), der Genossenschaften (§ 83 GenG) und der Vereine (§ 48 BGB) werden die bisherigen gesetzlichen Vertreter durch – mitunter personenidentische – **Abwickler** ersetzt. Wird eine **AG** aufgelöst, so vertreten sie die bisherigen Vorstände als Abwickler (§§ 265 I, 269 I AktG). Erfolgt eine Nachtragsabwicklung der gelöschten AG, obliegt die Vertretung den vom Gericht ernannten Abwicklern (§§ 264 II 2, 273 IV AktG). Ebenso verhält es sich bei der Nachtragsliquidation einer Publikums-KG (BGHZ 155, 121, 123). Vertreter einer aufgelösten **GmbH** (§§ 60 GmbHG, § 394 FamFG) sind ihre nach § 67 GmbHG anzumeldenden Geschäftsführer als geborene Liquidatoren, es sei denn, die Liquidation wird durch den Gesellschaftsvertrag oder Gesellschafterbeschluss

anderen Personen übertragen (§§ 66 I, 70 GmbHG). Verfügt die wegen Vermögenslosigkeit gelöschte GmbH (§ 394 FamFG) über Vermögen, sind nur die von dem Gericht neu zu bestellenden Liquidatoren zur Vertretung berufen (§ 66 V GmbHG; BGH MDR 86, 139). Die Vertretungsmacht der Liquidatoren ist nicht beschränkt. Der nach Klageerhebung durch eine Vor-GmbH durch die Aufgabe der Eintragungsabsicht bedingte Übergang in eine Abwicklungsgesellschaft oder eine GGK wirkt sich auf das laufende Verfahren nicht aus, wenn die Gesellschaft durch einen Prozessbevollmächtigten vertreten wird (BGH NJW 08, 2441, 2442 Rn 7).

C. Wirkung der gesetzlichen Vertretung. Die gesetzliche Vertretungsmacht muss als Sachurteilsvoraussetzung im Zeitpunkt der letzten mündlichen Verhandlung gegeben sein. Prozesshandlungen, die einer wirksamen Vertretung entbehren, sind **unwirksam**, können aber von dem berechtigten Vertreter oder der während des Rechtsstreits prozessfähig gewordenen Partei (§ 108 III BGB) noch im Revisionsrechtszug genehmigt werden. Ist eine Gesellschaft nicht ordnungsgemäß vertreten, können die gesetzlichen Vertreter in den Prozess eintreten und die Prozessführung genehmigen (BGH NJW 10, 2886 Rn. 8). Die ohne Vertretungsmacht erhobene Klage wird als **unzulässig** abgewiesen. Im Falle einer gesetzlichen Vertretung ist Partei ausschließlich der **Vertretene**, den allein etwaige Kosten treffen und gegen den nur vollstreckt werden kann. Im Blick auf Parteivernehmung (§ 455), Richterausschließung (§ 41 Nr 4) und das Verschulden (Abs 2) wird der Vertreter einer Partei gleichgestellt. Der gesetzliche Vertreter, der nicht Zeuge und Nebenintervenient sein kann, ist bei seiner Prozessführung vom Wissen und Wollen des Vertretenen unabhängig (St/J/*Bork* Rn 22). Selbstverständlich muss der gesetzliche Vertreter selbst **prozessfähig** (§ 52) sein. Andernfalls sind seine Prozesshandlungen, weil es an einer Prozesshandlungsvoraussetzung fehlt, ungültig (Zweibr ZIP 83, 941). Handelt es sich bei dem gesetzlichen Vertreter um eine juristische Person oder Behörde, bedarf dieser der Vertretung durch eine prozessfähige Person. Im Falle einer **Gesamtvertretung** haben alle Vertreter an der Prozesshandlung mitzuwirken, die sonst unwirksam ist (BGH NJW-RR 04, 275f). Prozesshandlungen können wirksam ggü einem von mehreren Gesamtvertretern vorgenommen werden (vgl § 171 III). Umfang und Ende der Vertretungsmacht beurteilen sich nach dem anzuwendenden materiellen Recht. Soweit die Vertretungsmacht eines Vormunds oder Pflegers auf einem staatlichen Hoheitsakt beruht, beschränkt sich die gerichtliche Prüfung auf etwaige Nichtigkeitsgründe (BGHZ 33, 195, 201 = NJW 61, 22). Der Vertreter hat nachzuweisen, dass er iRd ihm zugewiesenen Vertretungsmacht handelt (BGHZ 5, 240, 242 = NJW 52, 818). Im **Zulassungsstreit** um die Wirksamkeit der gesetzlichen Vertretung gilt der vermeintliche gesetzliche Vertreter als vertretungsbefugt (BGH ZIP 05, 900). Der Tod des Vertreters oder das Ende seiner Vertretungsmacht führen zur Unterbrechung (§ 241) bzw Aussetzung (§ 246) des Verfahrens. Eine von dem gesetzlichen Vertreter erteilte Vollmacht wirkt fort (§ 86). Bei Verhinderung des gesetzlichen Vertreters, der etwa selbst verklagt werden soll, ist ein anderer Vertreter zu bestellen. 11

D. Verschuldenszurechnung. Das Verschulden des gesetzlichen Vertreters wird dem Vertretenen nach Abs 2 zugerechnet. Entsprechendes gilt für ein Verschulden des gewillkürten Vertreters (§ 85 II). Auf diese Regelung verweist § 11 FamFG. Den Regelungen liegt der Gedanke zugrunde, den Vertretenen, der sich eines Bevollmächtigten bedient, so zu behandeln, als habe er das Verfahren selbst geführt (BGHZ 66, 122, 124). Die Vorschriften gelten für den **gesamten Bereich der ZPO** einschließlich familiengerichtlicher Verfahren (BVerfGE 35, 41 = NJW 73, 1315; BGH NJW-RR 93, 139; NJW 72, 584) sowie im verwaltungsgerichtlichen Verfahren (§ 173 VwGO: BVerwG NJW 62, 459). Verschulden liegt vor, wenn die übliche, von einer ordentlichen Partei zu verlangende Sorgfalt außer Acht gelassen wurde (BGH VersR 85, 139). Falls der Vertreter prozessual unerfahren ist, dürfen keine allzu hohen Anforderungen gestellt werden (BGH VersR 81, 834). Die Zurechnung setzt Verschuldensfähigkeit (§§ 276 I 2, 827, 828 BGB) bei dem Vertreter voraus; Geschäftsunfähigkeit (§ 104 Nr 2 BGB) schließt Verschulden aus (BGH MDR 87, 315). 12

§ 52 Umfang der Prozessfähigkeit. **(1) Eine Person ist insoweit prozessfähig, als sie sich durch Verträge verpflichten kann.**

A. Begriff. Die Zuerkennung der Parteifähigkeit bedeutet, dass ein Rechtssubjekt im eigenen Namen als Kl oder Bekl an einem Rechtsstreit teilnehmen kann. Eine von der Parteifähigkeit zu trennende Frage ist es, ob die Partei den Rechtsstreit auch selbst führen und vor Gericht auftreten darf oder hierfür einen gesetzlichen Vertreter benötigt. Sie wird durch § 52 beantwortet, der für die **Prozessfähigkeit** iSd prozessualen Handlungsfähigkeit eine selbständige Regelung trifft. Die Prozessfähigkeit, deren Voraussetzungen der 1

Geschäftsfähigkeit des materiellen Rechts entsprechen, meint die Fähigkeit, Prozesshandlungen selbst oder durch einen selbst bestellten Vertreter vornehmen oder entgegennehmen zu können. Sinn und Zweck der Vorschrift ist es, im Interesse der nicht geschäftsfähigen Partei, aber auch des Gegners und des Gerichts die Prozessführung in die Hände des gesetzlichen Vertreters zu legen (BGHZ 41, 303, 306 = NJW 64, 1855; BGH NJW 88, 49, 51).

2 **B. Prozessfähigkeit natürlicher Personen.** Unbeschränkt geschäftsfähige volljährige natürliche Personen sind prozessfähig. Im Gegensatz dazu sind geschäftsunfähige Personen, Minderjährige unter sieben Jahren (§ 104 Nr 1 BGB) und Volljährige bei einer krankhaften Störung der Geistesfähigkeit (§ 104 Nr 2 BGB), prozessunfähig. Ebenso wie die auf einen bestimmten Kreis von Angelegenheiten begrenzte partielle Geschäftsunfähigkeit ist auch die **partielle Prozessunfähigkeit** möglich (BGHZ 30, 112, 117 f = NJW 59, 1587; BGHZ 18, 184, 186 f = NJW 55, 1744: Nichtverarbeitung der Ehescheidung; BGHZ 143, 122, 124 = NJW 00, 289 f: Enttäuschte Liebe), während eine relative, auf besonders schwierige Geschäfte begrenzte Geschäfts- und Prozessunfähigkeit keine Anerkennung gefunden hat (BGH NJW 70, 1680 f; 61, 261). Betreute (§§ 1896 ff BGB) und Abwesende (§ 1911 BGB) bleiben voll geschäfts- und prozessfähig, werden aber in von dem Betreuer oder Pfleger geführten Prozessen als prozessunfähig behandelt (BGH NJW 88, 49, 51). Betreute Volljährige sind bei Anordnung eines **Einwilligungsvorbehalts** (§ 1903 BGB) im Aufgabenkreis des Betreuers prozessunfähig. **Minderjährige** ab sieben Jahren sind als beschränkt Geschäftsfähige (§§ 107ff BGB) prozessunfähig, weil das Prozessrecht keine beschränkte Prozessfähigkeit kennt (St/J/*Bork* § 51 Rn 2; R/S/G § 44 Rn 6). Soweit der Bereich der §§ 112, 113 BGB berührt ist, sind Minderjährige voll geschäfts- und prozessfähig. Ferner wird in den Fällen der §§ 607 I und 640b die Prozessfähigkeit zugunsten nicht voll geschäftsfähiger Personen erweitert. Prozessfähigkeit ist auch im **Zulassungsstreit** über diese Frage gegeben (BGHZ 110, 294 f = NJW 90, 1734; BGH NJW 96, 1059 f; Kobl NJW-RR 08, 1384). Die Geschäftsfähigkeit von **Ausländern** beurteilt sich nach ihrem Heimatrecht (Art 7 EGBGB).

3 **C. Rechtsfolgen fehlender Prozessfähigkeit.** Die Prozessfähigkeit ist **Sachurteilsvoraussetzung** und **Prozesshandlungsvoraussetzung** (BGH RR 11, 284 Rn. 4). Fehlt die Prozessfähigkeit im Zeitpunkt der letzten mündlichen Verhandlung, ist die Klage als **unzulässig** abzuweisen (BGHZ 143, 122 = NJW 00, 289 f). Verliert die Partei während des Rechtsstreits die Prozessfähigkeit, kommt es zur Unterbrechung (§ 239) oder Aussetzung (§ 246) des Verfahrens. Erlangt umgekehrt die Partei im Laufe des Rechtsstreits die Prozessfähigkeit (vgl § 108 III), führt sie anstelle des gesetzlichen Vertreters den Rechtsstreit weiter (BGH NJW 83, 2084 f). In der Fortführung und Steuerung des Prozesses durch die prozessfähig gewordene Partei oder den nachträglich bestellten gesetzlichen Vertreter (BGH NJW-RR 04, 330 f) ist eine **Genehmigung** der bisherigen Prozessführung zu erblicken (BGH NJW 99, 3263 f). Ist eine Gesellschaft nicht ordnungsgemäß vertreten, können die gesetzlichen Vertreter in den Prozess eintreten und die Prozessführung genehmigen (BGH NJW 10, 2886 Rn. 8). Die Genehmigung kann nur im Ganzen und nicht für einzelne Verfahrensabschnitte erklärt werden (BGHZ 92, 137, 140 ff = NJW 87, 130). Kraft § 2039 BGB kann ein einzelner Miterbe nach dem Tod des prozessunfähigen Klägers dessen Prozessführung genehmigen (BGHZ 23, 207, 212 = NJW 57, 906). Von oder ggü einer prozessunfähigen Partei vorgenommene Prozesshandlungen sind **unwirksam** (BGHZ 110, 294, 296 = NJW 90, 1734). Die Zustellung des Urteils an einen (unerkannt) Prozessunfähigen ist wirksam und setzt – auch im Blick auf den Eintritt der Rechtskraft – die Rechtsmittelfristen in Lauf (BGHZ 104, 109 = NJW 88, 2049; aA Zö/*Vollkommer* Rn 13). Wird der Mangel im Verfahren nicht erkannt, kann er nachträglich mit einer Nichtigkeitsklage geltend gemacht werden (§ 579 I Nr 4); zugleich ist in diesem Fall das rechtliche Gehör verletzt (Art 103 I GG; BVerfG NJW 98, 745; BGHZ 84, 24, 28 = NJW 82, 2449). Zwar darf nach der Lebenserfahrung regelmäßig von der Prozessfähigkeit einer Partei ausgegangen werden; jedoch ist – in jeder Lage des Verfahrens – eine Prüfung angezeigt, wenn hinreichende Anhaltspunkte den Verdacht einer fehlenden Prozessfähigkeit nahelegen (BGH NJW 96, 1059 f). Bleiben nach sachverständiger Begutachtung Zweifel an der Prozessfähigkeit einer Person, ist sie als prozessunfähig anzusehen (BGHZ 143, 122, 124 = NJW 00, 289 f; BGH RR 11, 284 Rn. 4; BGH NJW 96, 1059). Vor Erlass eines Prozessurteils muss der Partei auch in zeitlicher Hinsicht die Möglichkeit eingeräumt werden, durch die Bestellung eines Betreuers (§ 1896 BGB) für eine ordnungsgemäße Vertretung zu sorgen (BGH RR 11, 284 Rn. 7 ff) Für den Streit über ihre Prozessfähigkeit ist die davon betroffene Partei als prozessfähig anzusehen (BGH RR 11, 284 Rn. 3).

§ 53 Prozessunfähigkeit bei Betreuung oder Pflegschaft. Wird in einem Rechtsstreit eine prozessfähige Person durch einen Betreuer oder Pfleger vertreten, so steht sie für den Rechtsstreit einer nicht prozessfähigen Person gleich.

A. Normgegenstand. Betreuung (§§ 1896 ff BGB) und Pflegschaft (§§ 1909 ff BGB) schränken Geschäfts- und Prozessfähigkeit des Betroffenen grds nicht ein. Falls kein Einwilligungsvorbehalt angeordnet ist (§ 1903 BGB), können Betreute und Abwesende klagen und verklagt werden (BGH NJW 88, 49, 51). Der Gefahr, dass der gesetzliche Vertreter und der Betreute bzw Abwesende einander widersprechende Rechtshandlungen vornehmen, sucht § 53 zu begegnen. Die Vorschrift beseitigt den Konflikt in der Weise, dass im Interesse einer sachgerechten und einheitlichen Prozessführung der Vertretene verdrängt und die **Prozessführung allein dem gesetzlichen Vertreter** übertragen wird (BGHZ 41, 303, 306 = BGH NJW 64, 1855; BGH NJW 88, 49, 51). 1

B. Regelungsbereich. Die Bestimmung gilt für die **Betreuung** ohne Einwilligungsvorbehalt (§ 1896 BGB) sowie die **Pflegschaft** für Abwesende (§ 1911 BGB) und unbekannte Beteiligte (§§ 1913, 1960 BGB), sofern sich der Aufgabenkreis des gesetzlichen Vertreters auch auf die Prozessführung erstreckt. Bei einer Vertreterbestellung nach §§ 494 II und 779 II ist § 53 entsprechend anwendbar. Die Vorschrift begünstigt hingegen nicht den gem § 57 bestellten Vertreter, so dass der vermeintlich Prozessunfähige selbstständig seine Prozessfähigkeit geltend machen (BSG NJW 94, 215; St/J/*Bork* Rn 14) und Rechtsmittel einlegen kann (BGH NJW 66, 2210). Wird ein Betreuer für eine **partiell geschäftsunfähige** Person bestellt, findet § 53 iRe von dem Betreuer angestrengten Rechtsstreits Anwendung. Wird hingegen der Betreute selbst tätig, führt seine Prozessunfähigkeit, weil § 53 insoweit nicht einschlägig ist, zur Abweisung der Klage als unzulässig (Zö/*Vollkommer* Rn 3). Die Regelung des § 53 erfasst Klage und Widerklage, Nachverfahren und Kostenfestsetzung einschließlich des Vollstreckungsverfahrens und der Abgabe einer eidesstattlichen Versicherung (BGH NJW-RR 09, 1), hingegen nicht Wiederaufnahmeverfahren und Klagen nach §§ 731, 767 und 768. 2

C. Prozessuale Stellung der Beteiligten. Der Vertretene bleibt, selbst wenn er die weitere Prozessführung ablehnt, so lange prozessfähig, bis der Vertreter an seiner Stelle in den Prozess eintritt (BGH NJW 88, 49, 51). Klagt der Vertreter oder tritt er in den von dem Vertretenen angestrengten Rechtsstreit ein, wird er zu dessen gesetzlichem Vertreter (§ 1902 BGB). Der Betreuer hat durch die Vorlage der Bestellungsurkunde den Nachweis seiner Bestellung zu führen (BFH BB 83, 301). Soweit die Bestellung auf einem staatlichen Hoheitsakt beruht, beschränkt sich die gerichtliche Prüfung auf etwaige **Nichtigkeitsgründe** (BGHZ 41, 104, 106 = NJW 64, 1129; BGHZ 33, 195, 201 = NJW 61, 22). Auf der Grundlage eines Insolvenzplans kann der Insolvenzverwalter nur einen bereits rechtshängigen Anfechtungsrechtsstreit fortsetzen, aber nicht einen neuen einleiten (§ 259 III InsO). Eine solche Befugnis kann dem Insolvenzverwalter nicht unabhängig von dem Inhalt des Insolvenzplans und einem anhängigen Verfahren durch eine Ermächtigung des Insolvenzgerichts eingeräumt werden (BGH ZInsO 10, 82, 84 Rn 12 ff). Zweifeln an der Wirksamkeit der Bestellung kann das Gericht nachgehen, indem es das Verfahren aussetzt (§ 148) und eine Entscheidung des Vormundschaftsgerichts herbeiführt (BGHZ 41, 303, 310 = NJW 64, 1855). Ferner obliegt dem Vertreter der **Beweis**, dass der Rechtsstreit in seinen Aufgabenbereich fällt. Geht es um die Abgabe der eidesstattlichen Versicherung, kann der Vertreter nur tätig werden, falls sein Aufgabenkreis auch die Verwaltung des Schuldnervermögens umfasst (KG OLGZ 68, 428). Der Vertreter, dessen Prozesshandlungen Vorrang zukommt (BGH NJW 88, 49, 51), kann Prozesshandlungen des Vertretenen **genehmigen**, auch konkludent durch Fortsetzung des von dem Vertretenen eingeleiteten Verfahrens (BGHZ 41, 104, 106 = NJW 64, 1129). Zustellungen sind ggü dem Vertreter zu bewirken (BFH DB 83, 301 und 320). Der Vertretene, dessen Geschäftsfähigkeit unangetastet bleibt, kann freilich durch materiellrechtliche Erklärungen, etwa den Abschluss eines Erlassvertrages, mittelbar auf den Prozess Einfluss nehmen und der Klage des Vertreters die Grundlage entziehen. Im Innenverhältnis kommt dem Willen des Vertretenen ggü dem Vertreter der Vorrang zu. 3

§ 53a Vertretung eines Kindes durch Beistand. Wird in einem Rechtsstreit ein Kind durch einen Beistand vertreten, so ist die Vertretung durch den sorgeberechtigten Elternteil ausgeschlossen.
(weggefallen ab 1.9.2009)

1 **A. Normgegenstand.** Eine freiwillige Beistandschaft (§ 1712 BGB) kann von dem sorgeberechtigten Elternteil beantragt werden (§ 1713 BGB). Durch die von dem Jugendamt wahrgenommene Beistandschaft wird die elterliche Sorge nicht eingeschränkt (§ 1716 BGB). Da folglich eine Vertretung des Kindes durch das Jugendamt und den sorgeberechtigten Elternteil in einem Prozess nicht auszuschließen ist, sieht § 53a vor, dass die Vertretung durch das Jugendamt **Vorrang** hat und der sorgeberechtigte Elternteil, der jederzeit die Beendigung der Beistandschaft verlangen kann (§ 1715 BGB), von der Vertretung des Kindes ausgeschlossen ist. Im Prozess weist das Jugendamt seine Vertretung durch eine selbst ausgestellte Bestätigung über den von dem Elternteil gestellten Antrag nach. Der Aufgabenbereich der Beistandschaft erstreckt sich auf die Feststellung der Vaterschaft – nicht auch die Anfechtung eines Vaterschaftsanerkenntnisses (Nürnbg MDR 01, 219) –sowie die Verfolgung von Unterhaltsansprüchen (§ 1712 I BGB). Soweit eine **Prozessstandschaft** des sorgeberechtigten Elternteils zur Durchsetzung von Unterhaltsansprüchen gegeben ist (§ 1629 III BGB), kann ein Beistand nicht tätig werden. § 53a gilt auch für Passivprozesse, mit denen eine Herabsetzung des Unterhalts begehrt wird.

2 **B. Prozessuale Stellung des Vertreters.** Partei des Rechtsstreits ist das prozessunfähige Kind. Klagt das Jugendamt, ist der sorgeberechtigte Elternteil von der Vertretung ausgeschlossen. Ebenso verhält es sich, wenn das Jugendamt in einen von dem Elternteil eingeleiteten Rechtsstreit eintritt. Der Eintritt des Jugendamts vollzieht sich durch Einreichung eines Schriftsatzes nach § 250, ohne dass damit eine Unterbrechung des Verfahrens (§ 241) verbunden ist; denn durch den einheitlichen Rechtsakt wird ein **Wechsel der gesetzlichen Vertretung** begründet. Sieht das Jugendamt von einer Übernahme des laufenden Rechtsstreits ab, wird die Vertretungsbefugnis des sorgeberechtigten Elternteils nicht berührt. Tritt das Jugendamt in den Prozess ein, haben seine Erklärungen, soweit sie denen des Elternteils widersprechen, **Vorrang**. Im Übrigen wirken die Erklärungen des Elternteils fort. Endet die Beistandschaft, wird der Elternteil nach Aufnahme des unterbrochenen Verfahrens (§ 241) wieder alleiniger gesetzlicher Vertreter. Mit der Volljährigkeit des Kindes endet die Beistandschaft (Karlsr OLGR 01, 150).

§ 54 Besondere Ermächtigung zu Prozesshandlungen. **Einzelne Prozesshandlungen, zu denen nach den Vorschriften des bürgerlichen Rechts eine besondere Ermächtigung erforderlich ist, sind ohne sie gültig, wenn die Ermächtigung zur Prozessführung im Allgemeinen erteilt oder die Prozessführung auch ohne eine solche Ermächtigung im Allgemeinen statthaft ist.**

1 Die nur historisch erklärbare Vorschrift sollte dem gesetzlichen Vertreter unabhängig von landesgesetzlichen Ermächtigungsvorbehalten eine umfassende Vertretungsbefugnis zuweisen. Mangels Fortbestand derartige Ermächtigungsvorbehalte ist die Vorschrift gegenstandslos geworden (St/J/*Bork* Rn 1). Von § 53 nicht geregelt, aber im Rahmen dieser Vorschrift behandelt wird die Frage, ob den gesetzlichen Vertreter treffende **materiellrechtliche Genehmigungsvorbehalte** (vgl §§ 1819 ff, 1643 BGB) auch für Prozesshandlungen gelten. Handelt es sich um reine Prozesshandlungen wie **Anerkenntnis** (§ 307) und **Verzicht** (§ 306), ist das Genehmigungserfordernis obsolet (BGH JZ 56, 62 mit Anm *Pohle* JZ 56, 53; St/J/*Bork* Rn 4; aA *Häsemeyer* ZZP 85 (72), 207, 227). Wegen seiner Doppelnatur als Prozessvertrag und materiellrechtlicher Vergleich (§ 779 BGB) ist bei Abschluss eines **Prozessvergleichs** das Genehmigungserfordernis hingegen zu beachten (Musielak/*Weth* Rn 2; St/J/*Bork* Rn 3).

§ 55 Prozessfähigkeit von Ausländern. **Ein Ausländer, dem nach dem Recht seines Landes die Prozessfähigkeit mangelt, gilt als prozessfähig, wenn ihm nach dem Recht des Prozessgerichts die Prozessfähigkeit zusteht.**

1 **A. Normgegenstand.** Die **Prozessfähigkeit** eines Ausländers beurteilt sich entsprechend einer von § 55 vorausgesetzten Kollisionsnorm des deutschen Verfahrensrechts nach seinem **Heimatrecht**. Danach ist der Ausländer prozessfähig, sofern ihm für ein derartiges Verfahren vor den Heimatgerichten die Prozessfähigkeit zuerkannt würde (Wieczorek/Schütze/*Hausmann* Rn 2). Ergänzend wird der ausländischen Partei für Inlandsstreitigkeiten die Prozessfähigkeit eingeräumt, wenn ein Deutscher in der gleichen prozessualen Lage prozessfähig wäre (Zö/*Vollkommer* Rn 1). Danach ist ein Ausländer prozessfähig, wenn ihm diese Eigenschaft entweder durch sein Heimatrecht oder die lex fori verliehen wird. Wurde für den Ausländer im Inland eine von dessen Heimatrecht nicht anerkannte Betreuung mit Genehmigungsvorbehalt (Art 24 I 2 EGBGB, § 1903 BGB) angeordnet, ist er, obwohl seine Prozessfähigkeit nach dem Heimatrecht fortbesteht,

vor deutschen Gerichten nicht prozessfähig (Wieczorek/Schütze/*Hausmann* Rn 4). Gilt ein Ausländer nach deutschem Recht als prozessfähig, so kann ein ihm in seinem Heimatstaat bestellter Vormund nicht als sein gesetzlicher Vertreter, sondern allenfalls in seinem Einverständnis als sein Beistand (§ 90) auftreten. Demgegenüber bestimmt sich die **Parteifähigkeit** eines Ausländers ausschließlich nach seinem Heimatrecht.

B. Staatenlose. Für diese Personen bestimmt sich die Prozessfähigkeit mangels Anknüpfung an die Staatsangehörigkeit nach dem gewöhnlichen, hilfsweise dem schlichten Aufenthalt (R/S/G § 44 Rn 5). Auch Staatenlosen wird ergänzend (§ 55) eine nach deutschem Recht gegebene Prozessfähigkeit zuerkannt. 2

§ 56 Prüfung von Amts wegen.

(1) Das Gericht hat den Mangel der Parteifähigkeit, der Prozessfähigkeit, der Legitimation eines gesetzlichen Vertreters und der erforderlichen Ermächtigung zur Prozessführung von Amts wegen zu berücksichtigen.

(2) [1]Die Partei oder deren gesetzlicher Vertreter kann zur Prozessführung mit Vorbehalt der Beseitigung des Mangels zugelassen werden, wenn mit dem Verzug Gefahr für die Partei verbunden ist. [2]Das Endurteil darf erst erlassen werden, nachdem die für die Beseitigung des Mangels zu bestimmende Frist abgelaufen ist.

A. Normgegenstand. Abs 1 benennt die auf die Partei bezogenen Sachurteilsvoraussetzungen der Parteifähigkeit (und damit stillschweigend auch ihrer Existenz), der Prozessfähigkeit, der gesetzlichen Vertretung und – wenn auch verklausuliert unter dem Begriff der Ermächtigung zur Prozessführung – der Prozessführungsbefugnis. Für **sämtliche** Sachurteilsvoraussetzungen – nicht nur die genannten, sondern jeglicher Art – begründet Abs 1 den Grundsatz der **Amtsprüfung.** Abs 2 gestattet es, die Partei bzw ihren Vertreter einstweilen zur Prozessführung zuzulassen, falls der Mangel einer Prozessvoraussetzung behebbar ist. 1

B. Prüfung von Amts wegen. I. Inhalt der Prüfungspflicht. Die in Abs 1 angeordnete Prüfung vAw bedeutet keine Amtsermittlung iSd Untersuchungsgrundsatzes. Das Gericht hat erst in eine Prüfung einzutreten, wenn **hinreichende Anhaltspunkte** Zweifel an dem Vorliegen einer Prozessvoraussetzung (etwa Rechts- und Parteifähigkeit, Prozessfähigkeit) nahelegen (BGHZ 159, 94, 98 f = NJW 04, 2523 f; BGH WM 10, 2380 Rn. 14; NJW 69, 1574; BAG NJW 58, 1699). Entsprechendes gilt für die Frage, ob eine Partei überhaupt existiert (BGH WM 10, 2380 Rn. 14, 16). Kommen bei dem Gericht wegen einer Sachurteilsvoraussetzung Bedenken auf, hat es die Partei nach § 139 III darauf hinzuweisen und – iRe Fristbestimmung oder Vertagung – Gelegenheit zu entsprechendem Sachvortrag zu geben (BGH BGHR 06, 991). Ferner kann der Partei die Vorlage bestimmter Nachweise aufgegeben werden. Zweifeln wegen einer Sachurteilsvoraussetzung hat das Gericht unabhängig von der Rüge einer Partei nachzugehen. Ein Mangel kann weder durch **rügelose Einlassung** (§ 295 II) noch **Anerkenntnis** oder **Verzicht** ausgeräumt werden (BGHZ 159, 94, 98; MüKoZPO/*Lindacher* Rn 2). Ebensowenig ist ein **Geständnis** bzgl der eine Sachurteilvoraussetzung betreffenden Tatsachen für das Gericht bindend (BAG NJW 58, 1699 f). Zulässigkeitsrügen einer Partei dürfen nicht wegen **Verspätung** zurückgewiesen werden (BGHZ 159, 94, 98 f = NJW 04, 2523 f); sie können daher auch noch in der Berufungsinstanz (erstmals) geltend gemacht werden (Kobl NJW-RR 08, 1384). Maßgeblicher Beurteilungszeitpunkt ist der Schluss der mündlichen Verhandlung (BGH NJW 96, 1059 f). Eine **Sachentscheidung** ist dem Gericht nur gestattet, wenn sämtliche Sachurteilsvoraussetzungen eingreifen. Welche Reihenfolge bei der Prüfung der Sachurteilsvoraussetzungen gilt, ist umstr. Zum Schutz nicht geschäftsfähiger Personen erscheint ein Prüfungsvorrang hinsichtlich der Prozessfähigkeit und der gesetzlichen Vertretung angezeigt. 2

II. Beweisverfahren. Über die Sachurteilsvoraussetzungen ist ohne Bindung an das förmliche Beweisverfahren im Wege des **Freibeweises** zu befinden (BGHZ 143, 122, 124 = NJW 00, 289 f; BGH RR 11, 284 Rn. 4; BGH WM 10, 2380 Rn. 16; NJW 96, 1059 f). Ein Beweisbeschluss ist entbehrlich (BGH NJW 51, 441), das Gericht bei der Auswahl und Verwertung der Beweise frei (BGH NJW 92, 627 f; 90, 1734, 1736). Es kann eidesstattliche Versicherungen verwerten (BGH NJW 92, 627 f) wie auch auf ärztliche Gutachten, selbst wenn Zweifel an der Entbindung des Arztes von der Schweigepflicht (§ 383 III) bestehen, zugreifen (BGH NJW 90, 1734 f) und amtliche Auskünfte einholen. In einem anderen Verfahren gewonnene Zeugenaussagen und Sachverständigengutachten sind urkundenbeweislich verwertbar (BGHZ 143, 122, 124 = NJW 00, 289 f). Fehlen derartige Erkenntnismittel, ist über die Prozessfähigkeit der Partei, ohne dass ein Kostenvorschuss angefordert werden darf (München OLGR 02, 75), ein **Sachverständigengutachten** einzuholen (BGH BGHR 01, 714; NJW 96, 1059f; BAG MDR 00, 781). Die Prozessunfähigkeit einer Partei kann 3 nur nach deren persönlicher Anhörung befürwortet werden (BGHZ 143, 122, 125 = NJW 00, 289 f; BGH NJW 96, 1059 f; Oldenburg MDR 08, 1355). Beruht die Vertretungsmacht eines Vormunds oder Pflegers auf einem **staatlichen Hoheitsakt**, beschränkt sich die gerichtliche Prüfung auf etwaige Nichtigkeitsgründe (BGHZ 33, 195, 201 = NJW 61, 22).

4 **III. Beweislast.** Eine Beweislastentscheidung darf erst bei trotz Ausschöpfens sämtlicher Erkenntnisquellen nicht aufklärbaren Zweifeln an der Prozessfähigkeit ergehen (BGH NJW 96, 1059 f). Die objektive Beweislast für das Vorhandensein einer Sachurteilsvoraussetzung trägt derjenige, der daraus ein Recht herleitet (BGH MDR 05, 1306 f). Erstrebt der Kl ein **Sachurteil**, hat er den Beweis zu führen, dass sowohl er selbst als auch der Beklagte parteifähig, prozessfähig, prozessführungsbefugt und ggf ordnungsgemäß gesetzlich vertreten ist (BGHZ 18, 184, 188 = NJW 55, 1714; BGH MDR 05, 1306 f; NJW 96, 1059 f). Begehrt der Beklagte ein **Versäumnis- oder Verzichtsurteil** (§§ 330, 306) gegen den Kl, hat er die Sachurteilsvoraussetzungen zu beweisen (R/S/G § 93 Rn 35; Zö/*Vollkommer* Rn 9). Wegen der Verpflichtung zur Amtsprüfung trifft die Partei keine **subjektive Beweisführungslast**, die Beweiserhebung durch Stellen von Beweisanträgen zu fördern; vielmehr ist das Gericht verpflichtet, von sich aus die erforderlichen Beweise zu erheben (BGH NJW 96, 1059 f). Besonderheiten sind beim Nachweis der **Prozessfähigkeit** zu beachten: Zwar ist nach der Lebenserfahrung davon auszugehen, dass Störungen der Geistestätigkeit als Ausnahmeerscheinungen anzusehen sind und darum die **Prozessfähigkeit** einer Partei gegeben ist. Dies gilt freilich dann nicht mehr, wenn von der sich auf den Mangel berufenden Partei hinreichende Anhaltspunkte dafür dargelegt werden, dass Prozessunfähigkeit vorliegen könnte (BGHZ 159, 94, 98 f = NJW 04, 2523 f; BGHZ 86, 184, 189 = NJW 83, 996; BGH NJW 96, 1059 f). Lässt sich in einem solchen Fall nach Erschöpfen aller Erkenntnisquellen die Prozessfähigkeit der Partei nicht feststellen, ist von ihrer Prozessunfähigkeit auszugehen (BGHZ 143, 122, 125 = NJW 00, 289 f; BGHZ 86, 184, 189 = NJW 83, 996; BAG MDR 01, 781; BGH NJW 96, 1059 f). Eine ausländische juristische Person muss ihre behauptete **Parteiunfähigkeit** substanziiert darlegen (BGHZ 159, 94 = NJW 04, 2523 f). Ist eine ausländische Gesellschaft als Partei aufgetreten und hat sie Verträge im grenzüberschreitenden Rechtsverkehr geschlossen, ist von ihrer rechtlichen Existenz auszugehen (Kobl NJW-RR 08, 148). Ein **Vertreter** hat nachzuweisen, dass er iRd ihm zugewiesenen Vertretungsmacht handelt (BGHZ 5, 240, 242 = NJW 52, 818).

5 **IV. Rechtsmittelzug. 1. Amtsprüfung durch Rechtsmittelgericht.** Der Prüfungspflicht unterliegt das Gericht in jeder Verfahrenslage und damit auch im Rechtsmittelzug (BGHZ 159, 94, 98 f = NJW 04, 2523 f; BGHZ 143, 122, 124 = NJW 00, 289 f; BGH NJW 00, 738). Das **Revisionsgericht** ist hinsichtlich der Sachurteilsvoraussetzungen nicht an die Tatsachenfeststellungen der Vorinstanzen gebunden (BGHZ 31, 279, 281 f = NJW 60, 523; BGHZ 18, 98, 106 = NJW 55, 1513), kann entgegen § 559 neuem Tatsachenvortrag nachgehen (BGH NJW 70, 1683; 62, 1510) und sogar eine eigenständige Beweiserhebung vornehmen (Musielak/*Weth* Rn 4). Steht freilich die **Prozessführungsbefugnis** im Streit, müssen abw von den genannten Grundsätzen die Tatsachen, die eine gesetzliche oder gewillkürte Prozessstandschaft begründen, im Zeitpunkt der letzten mündlichen Verhandlung der Tatsacheninstanz vorgelegen haben (BGH NJW 00, 738 f). Eine Zurückweisung neuen Vorbringens wegen Verspätung (§§ 530, 531) scheidet aus. Sofern das Revisionsgericht neues Tatsachenvorbringen berücksichtigen und eine eigenständige Beweisaufnahme durchführen darf, ist es auch berechtigt, die Sache aufzuheben und zur erforderlichen Prüfung an das Berufungsgericht zurückzuverweisen (BGH NJW-RR 86, 157 f). Dem Berufungsgericht ist hingegen eine eigene Würdigung versagt, soweit das Revisionsgericht eine Prozessvoraussetzung einer abschließenden Prüfung zugeführt hat (BGH LM KRG § 2 Nr 2). Wird der Mangel im Rechtsmittelzug aufgedeckt, hat das **Rechtsmittelgericht** die Klage als unzulässig abzuweisen und nicht das Rechtsmittel als unzulässig zu verwerfen, weil andernfalls das fehlerhafte Urt der Vorinstanz erhalten bliebe und nur mit der Nichtigkeitsklage (§ 579 Nr 4) beseitigt werden könnte (BGHZ 143, 122, 126 f = NJW 00, 289 f; BGHZ 110, 294, 296 = NJW 90, 1734 f; BGHZ 40, 197, 199 = NJW 64, 203). Bleibt der Mangel unentdeckt, erlangt das der partei- oder prozessunfähigen Partei zugestellte Urt **formelle Rechtskraft** (BGHZ 104, 109, 110 ff = NJW 88, 2049). Dies gilt auch bei einem Rechtsmittelverzicht bzw einer Rechtsmittelrücknahme durch den unerkannt Partei- oder Prozessunfähigen bzw durch den falschen gesetzlichen Vertreter (BGHZ 104, 109, 111 = NJW 88, 2049; BVerwG NJW 64, 1819; aA Zö/*Vollkommer* Rn 15). Im **Wiederaufnahmeverfahren** (§ 579 I Nr 4) ist das Gericht nicht an die in dem Hauptverfahren ausdrücklich festgestellte Prozessfähigkeit gebunden (BGHZ 84, 24 = NJW 82, 2449). Bei fehlender Parteifähigkeit ist § 579 I Nr 4 entsprechend anwendbar (BGH JZ 59, 127).

2. Rechtsmittelrüge der Parteien. Der Streit über eine Sachurteilsvoraussetzung kann durch die beschwerte Partei (BGHZ 110, 294, 295 f = NJW 90, 1734) mit einem Rechtsmittel zur Prüfung der höheren Instanz gestellt werden. Verneint das Rechtsmittelgericht die Sachurteilsvoraussetzung, wird nicht das Rechtsmittel als unzulässig verworfen, sondern die Klage als unzulässig abgewiesen (vgl Rz 5). Ebenso ist zu verfahren, falls gegen den nicht partei- oder prozessfähigen Rechtsmittelführer ein Sachurteil ergangen ist, auch wenn er ein Sachurteil (umgekehrten Inhalts) erstrebt (BGHZ 143, 122, 127 = NJW 00, 289 f; BGHZ 110, 294, 295 = NJW 90, 1734). Steht die **gesetzliche Vertretung** einer Partei in Frage, ist das von ihr zur Klärung dieses Streitpunkts eingelegte Rechtsmittel stets als zulässig zu erachten. Würde die Partei dem von der Vorinstanz gerügten prozessualen Mangel begegnen, indem sie den nach dessen Ansicht zur Vertretung Befugten für sich auftreten lässt, liefe sie Gefahr, dass das Rechtsmittel, wenn das Rechtsmittelgericht eine abweichende (ihrer eigenen erstinstanzlichen entsprechende) Auffassung vertritt, als unzulässig verworfen wird. Umgekehrt muss die Partei, die an ihrer Auffassung festhält, befürchten, dass sich das Rechtsmittelgericht der Ansicht der Vorinstanz anschließt und das Rechtsmittel ebenfalls als unzulässig verwirft. Wegen dieser Konfliktsituation ist die Partei berechtigt, die Streitfrage auf der **Grundlage ihrer Rechtsauffassung** über die Vertretungsbefugnis dem Rechtsmittelgericht zur Entscheidung zu unterbreiten (BGHZ 111, 219, 221 f = NJW 90, 3152). Diese Grundsätze gelten nicht beim Streit über eine **gewillkürte Vertretung**, weil die Partei dem Mangel durch Erteilung einer ordnungsgemäßen Vollmacht für den Berufungsrechtszug abhelfen kann (BGHZ 111, 219, 222 f). 6

C. Rechtsfolgen eines Mangels. I. Abweisung der Klage als unzulässig. Ein anfänglicher **unbehebbarer** Mangel führt zur Abweisung der Klage als unzulässig durch Endurteil (BGHZ 159, 94, 104 = NJW 04, 2523), wobei die Verfahrenskosten die unterlegene (auch prozessunfähige) Partei (BGHZ 121, 397, 399 = NJW 93, 1865) bzw derjenige zu tragen hat, der etwa als falscher gesetzlicher Vertreter den Rechtsstreit veranlasst hat (BGH VersR 75, 344; MDR 55, 468). Handelt es sich um einen **behebbaren** Mangel, ist den Parteien Gelegenheit zu dessen Beseitigung einzuräumen (§ 139 III, oben Rz 2). Eine Aussetzung (§ 148) ist zu erwägen, falls eine Entscheidung des Vormundschaftsgerichts herbeizuführen ist (BGHZ 41, 303, 310 = NJW 64, 1855). Wird der gerügte Mangel von dem Gericht verneint, kann es durch **Zwischenurteil** (§ 280) die Zulässigkeit der Klage aussprechen. Eine Abweisung der Klage durch unechtes Versäumnisurteil (§ 335 Nr 1) kommt nur bei nicht behebbaren Mängeln in Betracht. Wurde das Verfahren durch Prozessvergleich beendet, ist der auf ihre Prozessunfähigkeit gestützte Antrag der Partei, das Verfahren fortzusetzen, wegen der zu unterstellenden Prozessunfähigkeit unzulässig (BGHZ 86, 184, 188 = NJW 83, 997). Verwirklicht sich ein Mangel erst **nachträglich** im Laufe des Rechtsstreits, kommt es nach §§ 239, 241, 246 zur Unterbrechung des Verfahrens. Dies gilt auch, wenn eine juristische Person ohne Abwicklung durch Gesamtrechtsnachfolge (etwa infolge Verschmelzung: §§ 2 ff, 20 UmwG) erlischt. 7

II. Heilung des Mangels. Mängel, welche die die Parteien betreffenden Sachurteilvoraussetzungen betreffen, können geheilt werden, indem die Prozessführung durch den wahren gesetzlichen Vertreter oder die nachträglich partei- bzw prozessfähig gewordene Partei zumindest konkludent – etwa durch Fortführung des Rechtsstreits – genehmigt wird (BGH NJW 99, 3263; 92, 2575). Die Wirksamkeit einer Genehmigung, die bis zum Schluss der mündlichen Verhandlung noch in der Revisionsinstanz rückwirkend erteilt werden kann, hängt nicht von der Zustimmung des Gegners ab (BGH NJW 91, 2961). Gültig ist die Genehmigung nur, wenn sie sich auf die **gesamte Prozessführung** erstreckt und nicht auf einzelne Prozesshandlungen beschränkt (BGHZ 92, 137, 141 = NJW 87, 130). Die Verweigerung der Genehmigung kann nicht wegen Rechtsmissbrauchs unbeachtet bleiben (BGH ZIP 05, 900 f; MDR 04, 284 f). 8

D. Vorläufige Zulassung (Abs 2). I. Voraussetzungen. Eine vorläufige Zulassung kommt unter drei Voraussetzungen in Betracht: Es muss eine Sachurteilsvoraussetzung fehlen oder zumindest zweifelhaft sein (MüKoZPO/*Lindacher* Rn 5). Ferner muss hinsichtlich der **materiellen Rechtsposition** der Partei – nicht nur bzgl der durch ein Unterliegen begründeten Kostenlast – Gefahr im Verzug sein. Als dritte Voraussetzung fordert Abs 2 die Möglichkeit einer Behebung des Mangels binnen angemessener Zeit. 9

II. Verfahren. Die Entscheidung über die vorläufige Zulassung ist nach Abs 2 S 2 mit einer Fristsetzung zur Behebung des Mangels oder zum Nachweis der Sachurteilsvoraussetzung zu verbinden. Die Frist kann nach § 224 II verlängert werden. Wegen der weitreichenden Folgen der Fristsetzung ergeht die Entscheidung durch **förmlichen Beschluss** (MüKoZPO/*Lindacher* Rn 6; Musielak/*Weth* Rn 13; aA Zö/*Vollkommer* 10

Rn 16; St/J/*Bork* Rn 12). Der stattgebende Beschl ist unanfechtbar, während ein ablehnender Beschl mit der sofortigen Beschwerde (§ 567) anfechtbar ist.

11 **III. Rechtswirkungen.** Vor Ablauf der in dem Zulassungsbeschluss gesetzten Frist darf kein Endurteil ergehen. Die Zulassung ermächtigt die Partei **vorläufig** zu allen Prozesshandlungen und verpflichtet die Gegenpartei, an dem Verfahren mitzuwirken. Wird der Nachweis der Sachurteilsvoraussetzung fristgerecht erbracht, sind sämtliche Rechtshandlungen endgültig wirksam. Falls der Mangel hingegen nicht behoben wird oder der geforderte Nachweis nicht gelingt, ist das zwischenzeitliche prozessuale Geschehen unwirksam und die Klage nach abermaliger mündlicher Verhandlung durch Prozessurteil abzuweisen. Über die gesetzte Frist hinaus kann der Mangel bis zu der letzten mündlichen Verhandlung beseitigt werden.

§ 57 Prozesspfleger.

(1) Soll eine nicht prozessfähige Partei verklagt werden, die ohne gesetzlichen Vertreter ist, so hat ihr der Vorsitzende des Prozessgerichts, falls mit dem Verzug Gefahr verbunden ist, auf Antrag bis zu dem Eintritt des gesetzlichen Vertreters einen besonderen Vertreter zu bestellen.
(2) Der Vorsitzende kann einen solchen Vertreter auch bestellen, wenn in den Fällen des § 20 eine nicht prozessfähige Person bei dem Gericht ihres Aufenthaltsortes verklagt werden soll.

1 **A. Normgegenstand.** Grundsätzlich ist es Sache des künftigen Klägers, den gesetzlichen Vertreter des voraussichtlichen Beklagten zu ermitteln. Hat der Beklagte keinen gesetzlichen Vertreter, so obliegt es dem Kl, die Bestellung eines gesetzlichen Vertreters (vgl §§ 1961, 29 BGB, 85 AktG) hinzuwirken (BGH NJW 11, 1739 Rn. 11). Verzögert sich die Vertreterbestellung, kann dies einen erheblichen Schaden für den präsumtiven Kl bedeuten. Zur Abwendung dieser Gefahr ermöglicht Abs 1 die **vorübergehende Bestellung** eines besonderen Vertreters (Prozesspfleger), um den gebotenen effektiven Rechtsschutz nicht an der Vertretungslosigkeit des Beklagten scheitern zu lassen (BGHZ 93, 1, 9 = NJW 85, 433; BGH NJW 11, 1739 Rn. 11). § 57 gilt für natürliche wie auch – handlungsfähiger Organe entbehrende – **juristische Personen** (BFH DB 80, 2068) und ist außerdem im FamFG-Verfahren (BGH FamRZ 89, 271; Rostock NJW-RR 09, 415), aber nicht dem Zwangsvollstreckungsverfahren (KG OLGZ 68, 428, 430; Zö/*Vollkommer* Rn 1; Musielak/*Weth* Rn 1; aA MüKoZPO/*Lindacher* Rn 5; St/J/*Bork* Rn 1a) einschlägig. Schon sein Wortlaut schließt eine Anwendung des § 57 auf den Kl aus.

2 **B. Voraussetzungen des Abs 1.** Abs 1 gestattet die Vertreterbestellung, wenn der Beklagte entweder prozeßunfähig ist oder begründete Zweifel an seiner Prozessfähigkeit bestehen (BGH NJW 62, 1510). Die Vorschrift stellt auf eine bereits vor Rechtshängigkeit gegebene **Prozessunfähigkeit** ab, ist aber entsprechend anwendbar, wenn die vor Rechtshängigkeit bestehende Prozessunfähigkeit erst im Laufe des Rechtsstreits offenbar wird (BGH NJW 51, 441). Verwirklicht sich die Prozessunfähigkeit dagegen erst nach Rechtshängigkeit, ist § 57 seinem Wortlaut nach nicht einschlägig, weil das Verfahren unterbrochen wird (§§ 239, 241, 246). In dieser Situation wird wegen der vergleichbaren Interessenlage zu Recht eine auf § 57 gestützte Vertreterbestellung befürwortet (BAG NJW 09, 3051 Rn. 12; 08, 603, 604; Dresd ZIP 05, 1845; Stuttg MDR 96, 198; St/J/*Bork* Rn 2; aA Musielak/*Weth* Rn 2). Die Vorschrift ist auch anwendbar, wenn das Vormundschaftsgericht die Bestellung eines Betreuers ablehnt, die Partei aber nach Auffassung des Prozessgerichts nicht prozeßfähig ist (BAG NJW 09, 3051 Rn. 12). Der Prozessunfähigkeit der natürlichen steht der **Mangel organschaftlicher Vertretung** der juristischen Person gleich, wobei die Bestellung eines Notorgans nach § 29 BGB die Pflegerbestellung nicht ausschließt. Ein Bedürfnis für eine Vertreterbestellung besteht als zweite Voraussetzung nur, falls ein **gesetzlicher Vertreter** gänzlich fehlt oder der berufene Vertreter im Einzelfall rechtlich (nicht bloß tatsächlich: MüKoZPO/*Lindacher* Rn 6) verhindert ist (BGH RR 11, 115 Rn 19). Die Vertreterbestellung knüpft an die Absicht, eine Klage, einen Mahnbescheid oder ein Gesuch auf einstweiligen Rechtsschutz einzureichen. Als vierte Voraussetzung wird **Gefahr im Verzuge** gefordert: Sie liegt vor, sofern der Aufschub der Klage bis zur Bestellung des Vertreters die Rechtsdurchsetzung für den Kl erheblich gefährden oder gar vereiteln würde. Sind die eine Vertreterbestellung verzögernden Gründe von dem Kl, der etwa die Benennung eines Abwicklers (§§ 264 II AktG, 66 V GmbHG) verweigert, zu verantworten, scheidet Gefahr im Verzuge aus (Wieczorek/Schütze/*Hausmann* Rn 12). Die Bestellung des Prozesspflegers kann der Kl durch einen nicht dem Anwaltszwang unterliegenden **Antrag** erwirken, wobei die geltend gemachten Tatsachen glaubhaft zu machen sind.

3 **C. Voraussetzungen des Abs 2.** Ist die Klage am Gericht ihres Aufenthaltsortes gegen eine prozessunfähige Person beabsichtigt, hängt die Vertreterbestellung nicht von einer **Gefahr im Verzuge** ab (Musielak/*Weth*

Rn 3; aA MüKoZPO/*Lindacher* Rn 10; Zö/*Vollkommer* Rn 6). Abs 2 erlaubt die Bestellung eines Prozesspflegers auch, wenn ein gesetzlicher Vertreter vorhanden ist, sich aber nicht am Ort des § 20 befindet.

D. Verfahren. I. Entscheidung des Gerichts. Über den Antrag entscheidet nach Prüfung der Voraussetzungen des § 57 der Vorsitzende des Prozessgerichts, das angerufen werden soll. Zwar hat keine Prüfung der Zuständigkeit des angerufenen Gerichts für die beabsichtigte Klage zu erfolgen. Freilich ist der Antrag zurückzuweisen, wenn die **Zuständigkeit** ersichtlich nicht gegeben ist und auch nicht durch eine Vereinbarung geschaffen werden kann (MüKoZPO/*Lindacher* Rn 13). Vor der Entscheidung, die keine mündliche Verhandlung erfordert, ist dem präsumtiven Beklagten rechtliches Gehör (Art 103 I GG) zu gewähren. Eine stattgebende Entscheidung, die in der Form einer **Verfügung** ergeht, kann weder durch den nicht zur Annahme des Amtes verpflichteten Prozesspfleger noch die zu vertretende Partei (Musielak/*Weth* Rn 4; MüKoZPO/*Lindacher* Rn 18; aA Zö/*Vollkommer* Rn 7) angefochten werden. Bei Zurückweisung des Antrags wird durch **Beschluss** entschieden, der nach § 567 der sofortigen Beschwerde unterliegt. Im Rahmen von Abs 1 handelt es sich um eine gebundene Entscheidung, während Abs 2 dem Richter bei der Vertreterbestellung Ermessen eröffnet. 4

II. Prozessuale Stellung der Beteiligten. Der Vertreter ist nicht zur Übernahme des Amtes verpflichtet. Gegen den Beklagten und den zur Kostentragung Verurteilten hat er einen Anspruch auf Vergütung und Auslagenersatz. Die Beiordnung des **Prozesspflegers**, der von dem Kl einen Kostenvorschuss verlangen kann, ist im Wege der Prozesskostenhilfe möglich. Im Verfahren hat er die Stellung eines gesetzlichen Vertreters. Die Bestellung endet mit dem Eintritt des gesetzlichen Vertreters in den Prozess (nicht bereits seiner Bestellung), mit dem Widerruf der Bestellung sowie mit dem Erlangen der Prozessfähigkeit durch die Partei. Die Prozesshandlungen des Vertreters bleiben voll wirksam, auch nachdem der gesetzliche Vertreter in den Rechtsstreit eingetreten ist, die Bestellung widerrufen wurde oder sich gezeigt hat, dass die Partei von Anfang an prozessfähig war. Der **Beklagte** ist durch die Einsetzung des Prozesspflegers nicht gehindert, seine vermeintliche Prozessfähigkeit geltend zu machen. Zu diesem Zweck kann er Rechtsmittel einlegen (BGH NJW 66, 2210). Schriftsätze sind dem Beklagten – bei hinreichendem Verständnis – persönlich zuzustellen (BSG NJW 94, 215); zu den Terminen ist er zu laden. 5

§ 58 Prozesspfleger bei herrenlosem Grundstück oder Schiff.

(1) Soll ein Recht an einem Grundstück, das von dem bisherigen Eigentümer nach § 928 des Bürgerlichen Gesetzbuchs aufgegeben und von dem Aneignungsberechtigten noch nicht erworben worden ist, im Wege der Klage geltend gemacht werden, so hat der Vorsitzende des Prozessgerichts auf Antrag einen Vertreter zu bestellen, dem bis zur Eintragung eines neuen Eigentümers die Wahrnehmung der sich aus dem Eigentum ergebenden Rechte und Verpflichtungen im Rechtsstreit obliegt.
(2) Absatz 1 gilt entsprechend, wenn im Wege der Klage ein Recht an einem eingetragenen Schiff oder Schiffsbauwerk geltend gemacht werden soll, das von dem bisherigen Eigentümer nach § 7 des Gesetzes über Rechte an eingetragenen Schiffen und Schiffsbauwerken vom 15. November 1940 (RGBl. I S. 1499) aufgegeben und von dem Aneignungsberechtigten noch nicht erworben worden ist.

A. Normgegenstand. Wird das Eigentum an einem Grundstück durch Verzicht ggü dem Grundbuchamt und Eintragung in das Grundbuch aufgegeben (§ 928 I BGB), so kommt das Recht der Aneignung dem Fiskus (§ 928 II BGB) oder einem nach Art 129 EGBGB Berechtigten zu. Rechte an dem Grundstück – etwa aus einer Hypothek, Grundschuld oder Reallast – werden durch die Eigentumsaufgabe nicht berührt. Der Grundsatz effektiven Rechtsschutzes gebietet, Inhabern von dinglichen Rechten an dem Grundstück während des zeitlich unabsehbaren Zeitraums der Herrenlosigkeit zur **klageweisen Durchsetzung** ihrer Ansprüche zu verhelfen. Diesem Personenkreis eröffnet die Bestimmung unabhängig von der Möglichkeit, eine Aneignung durch die zuständige Stelle oder eine Pflegerbestellung nach § 1913 BGB zu betreiben, das Recht auf Bestellung eines besonderen Vertreters (Prozesspfleger). Die Regelung ist auch bei der Aufgabe des Eigentums an Schiffen oder Schiffsbauwerken anwendbar (Abs 2). Die bei Ausschließung eines Eigentümers im Aufgebotsverfahren (§ 927 BGB) entsprechend anwendbare Bestimmung gilt nur in Klage-, wegen der Streichung des § 688 I 2 aF nicht in Mahnverfahren. 1

B. Voraussetzungen der Bestellung eines Prozesspflegers. Erforderlich ist einmal der Eintritt der Herrenlosigkeit vor Rechtshängigkeit, weil die Eigentumsaufgabe nach Rechtshängigkeit zur Anwendung des § 265 führt (St/J/*Bork* Rn 4). Gegenstand der beabsichtigten Klage muss ein **dingliches Recht** – auch aus Vormer- 2 kung oder Nachbarrecht – bilden (MüKoZPO/*Lindacher* Rn 4). Der Antrag ist bei dem Vorsitzenden des nach **§ 24 ausschließlich zuständigen** Prozessgerichts zu stellen, der abw von § 57 das Gesuch bei fehlender örtlicher Zuständigkeit abzulehnen hat (Musielak/*Weth* Rn 3). In dem Antrag, der keinem Anwaltszwang unterliegt, ist das verfolgte Recht zu bezeichnen und mittels eines Grundbuchauszugs der Nachweis der Herrenlosigkeit zu führen. Gefahr im Verzuge braucht nicht dargelegt zu werden. Gegen die Zurückweisung des Antrags steht die sofortige Beschwerde (§ 567) offen.

3 **C. Prozessuale Stellung des Prozesspflegers.** Er ist als Interessenwahrer des künftigen Eigentümers zur Geltendmachung aller Verteidigungsmittel berechtigt, um eine unzulässige oder unbegründete Klage abzuwehren. Der nicht zur Übernahme des Amtes verpflichtete Prozesspfleger ist damit **gesetzlicher Vertreter** des künftigen Eigentümers. Für seine Kosten haftet der auf Verlangen zu einem Kostenvorschuss verpflichtete Antragsteller; dieser kann mit seiner Klage, falls sich die dingliche Haftung auf solche Kosten erstreckt (§ 118 BGB), den erforderlichen Betrag als Nebenforderung geltend machen. Das Amt endet mit der Eintragung eines neuen Eigentümers (nicht erst seinem Eintritt in den Prozess), mit dem Ende der Herrenlosigkeit auf andere Weise als nach § 928 II BGB und mit dem Widerruf der Bestellung. In den beiden erstgenannten Fällen wird der Prozess von dem neuen Eigentümer ohne Verfahrensunterbrechung übernommen.

Titel 2 Streitgenossenschaft

§ 59 Streitgenossenschaft bei Rechtsgemeinschaft oder Identität des Grundes.

Mehrere Personen können als Streitgenossen gemeinschaftlich klagen oder verklagt werden, wenn sie hinsichtlich des Streitgegenstandes in Rechtsgemeinschaft stehen oder wenn sie aus demselben tatsächlichen und rechtlichen Grund berechtigt oder verpflichtet sind.

§ 60 Streitgenossenschaft bei Gleichartigkeit der Ansprüche.

Mehrere Personen können auch dann als Streitgenossen gemeinschaftlich klagen oder verklagt werden, wenn gleichartige und auf einem im Wesentlichen gleichartigen tatsächlichen und rechtlichen Grund beruhende Ansprüche oder Verpflichtungen den Gegenstand des Rechtsstreits bilden.

1 **A. Normgegenstand.** Der für den zweiten Titel maßgebliche Begriff der Streitgenossenschaft und ihre **Zulässigkeitsvoraussetzungen** werden durch §§ 59, 60 determiniert. § 61 stellt Grundsätze auf, die für die einfache Streitgenossenschaft verbindlich sind, während § 62 spezielle Regeln für die notwendige Streitgenossenschaft schafft. § 63 enthält Anordnungen über den Prozessbetrieb und die Ladung, die für beide Arten der Streitgenossenschaft gelten. Der Gesetzgeber ermöglicht die Streitgenossenschaft aus prozessökonomischen Erwägungen. Von Klägerseite müssten – wäre auf die Einrichtung der Streitgenossenschaft verzichtet worden – mehrere Prozesse angestrengt werden, wenn ein Kl mehrere Parteien oder mehrere Kl eine oder mehrere Parteien verklagen möchten. In derartigen Konstellationen bestünde infolge der wechselseitigen Unabhängigkeit der Verfahren über die lästige Notwendigkeit einer Wiederholung der Sachverhaltsermittlung und der Beweisaufnahme hinaus die greifbare Gefahr einander widersprechender Entscheidungen, wobei sich zudem die Vervielfältigung der Kosten nachteilig auswirken würde. Zwecks **einheitlicher Behandlung des Tatsachenstoffs** und zur **Kostenersparnis** gestatten §§ 59, 60 die Verbindung selbständiger Prozessrechtsverhältnisse, die aus tatsächlichen und rechtlichen Gründen zusammenhängen.

2 **B. Streitgenossenschaft. I. Begriff.** Eine Streitgenossenschaft liegt begrifflich vor, wenn Prozesse mehrerer Kl oder Prozesse – gleich eines oder mehrerer Kläger – gegen mehrere Beklagte miteinander verbunden werden, also auf Kläger- oder Beklagtenseite bzw beiden Seiten mehrere Parteien stehen. Unter einer Streitgenossenschaft ist daher die Zusammenfassung mehrerer Einzel- bzw Parallelprozesse in einem Verfahren zu verstehen. Keine Streitgenossenschaft ist gegeben, wenn eine parteifähige Personenvereinigung mehrere Gesellschafter oder Vertreter hat. Ebenso ist die Beteiligung – außerhalb der Parteirolle stehender – Dritter am Rechtsstreit (Nebenintervention, § 66; Streitverkündung, § 72; notwendige Beiladung, §§ 640e, 856 III) von der Streitgenossenschaft zu unterscheiden. §§ 59 ff finden in allen Verfahren der ZPO einschließlich der Zwangsvollstreckung, im arbeitsgerichtlichen Verfahren, aber nicht in Verfahren des FamFG (BGH NJW 80, 1960 f; BayObLG NJW-RR 91, 1506) Anwendung. In Baulandsachen genießen §§ 217–231 BauGB den Vorrang (BGH NJW 89, 1038 f).

II. Arten. Das Gesetz differenziert zwischen der einfachen und der in § 62 (vgl die dortigen Erläuterungen) geregelten – ein einheitliches Vorgehen durch oder gegen die Streitgenossen gebietenden – notwendigen Streitgenossenschaft. Ferner kann zwischen einer ursprünglichen und einer nachträglichen Streitgenossenschaft sowie – abhängig davon, auf welcher Parteiseite die Personenmehrheit anzutreffen ist – einer aktiven oder passiven Streitgenossenschaft unterschieden werden. 3

III. Begründung und Beendigung der Streitgenossenschaft. Eine (**ursprüngliche**) Streitgenossenschaft wird regelmäßig durch Klageerhebung eines Klägers gegen mehrere Beklagte oder gemeinschaftliche Klageerhebung mehrerer Kl gegen einen oder mehrere Beklagte begründet. Eine zeitgleiche Zustellung der Klagen ist nicht erforderlich. Gegen die einzelnen Streitgenossen können unterschiedliche Anträge erhoben werden, so dass verschiedene Klagearten – gegen den einen Streitgenossen eine Leistungsklage, gegen den anderen ein Feststellungsantrag – miteinander kombiniert werden können (BayObLG NJW-RR 03, 134; 90, 742). Handelt es sich um eine einfache Streitgenossenschaft, besteht im Unterschied zur notwendigen Streitgenossenschaft kein Zwang, die Ansprüche in einem einheitlichen Verfahren zu verfolgen; vielmehr kann der Kl gegen die einzelnen Beklagten auch getrennt vorgehen (BGH NJW 87, 439). Eine (**nachträgliche**) Streitgenossenschaft entsteht aufgrund einer von Klägerseite veranlassten **Parteierweiterung** (BGH NJW 03, 2172; 89, 3225), indem die Klage gegen einen weiteren Beklagten gerichtet wird oder auf Klägerseite eine weitere Person – wie etwa iRd § 856 II – dem Rechtsstreit beitritt. Auch der Beklagte kann nachträglich mittels einer Widerklage gegen den Kl und einen Dritten eine Parteierweiterung erwirken. Als Beispiele einer nachträglichen Streitgenossenschaft sind ferner der Eintritt mehrerer Gesamtrechtsnachfolger für eine Partei sowie die Prozessverbindung (§ 147) zu nennen. Die Streitgenossenschaft **endet**, wenn eine Person an die Stelle der Streitgenossen tritt, der Prozess gegen einen der Streitgenossen ohne dessen weitere Beteiligung an einem Rechtsmittel-, Nach- oder Betragsverfahren sowie der Kostenentscheidung seinen Abschluss findet oder die Verfahren gegen die einzelnen Streitgenossen abgetrennt (§ 145) werden. 4

C. Spezielle Voraussetzungen der Streitgenossenschaft. Da die Verbindung gleichgelagerter Verfahren aus prozessökonomischen Gründen sachgerecht erscheint, sind die Zulässigkeitsvoraussetzungen der einfachen Streitgenossenschaft großzügig auszulegen (BGH NJW 92, 981 f). §§ 59, 60 kennen drei Fälle der einfachen Streitgenossenschaft. 5

I. Rechtsgemeinschaft. Nach § 59 Alt 1 ist eine Streitgenossenschaft bei (behaupteter) Rechtsgemeinschaft zulässig, wenn Streitgegenstand des Verfahrens die materielle Rechtsbefugnis an einer Sache oder einem Recht bildet (BGHZ 92, 351, 353 = NJW 85, 385). Als Beispiele sind die Gesamtgläubigerschaft (Klage auf Freigabe eines zugunsten mehrer Personen hinterlegten Betrags, BGHZ 88, 331 f), die Gesamtschuldnerschaft (etwa der Gesellschafter einer nicht rechtsfähigen Innen-GbR), die Gemeinschaft von Miteigentümern und die Gesamthandsgemeinschaft zu nennen. Ebenso sind die Fälle der Teilhaftung etwa mehrerer Bauherren einer Bauherrengemeinschaft (§ 420 BGB) und der akzessorischen Haftung (Hauptschuldner und Bürge), aber auch das Zusammentreffen der persönlichen und dinglichen Haftung (Grundschuld, Hypothek) betroffen. Ferner gilt die Bestimmung bei Geltendmachung von Forderungen gegen eine GbR bzw OHG und ihre Gesellschafter sowie bei Inanspruchnahme von Schädiger/Versicherungsnehmer und Versicherer (BGH MDR 12, 181). 6

II. Identität des tatsächlichen und rechtlichen Grundes. Diese in § 59 Alt 2 geregelte Streitgenossenschaft greift nur ein, wenn die Identität kumulativ bzgl des tatsächlichen und rechtlichen Grundes gegeben ist. Darum genügt eine Identität des tatsächlichen Grundes bei einem unterschiedlichen Rechtsgrund nicht (BGH NJW 92, 981). Die Regelung ist einschlägig bei Ansprüchen aus einem Verkehrsunfall gegen mehrere Schädiger oder aus einem Vertrag gegen mehrere Vertragspartner (Koblenz MDR 10, 281). Ebenso verhält es sich bei einer negativen Feststellungsklage gegen Zedent und Zessionar (Skusa NJW 11, 2698) und Ansprüchen von Mutter und Kind gegen den nichtehelichen Vater. 7

III. Gleichartige Ansprüche aus gleichartigem tatsächlichem und rechtlichem Grund. Alternative 3 einer Streitgenossenschaft ist in § 60 geregelt. Wegen des weiten Tatbestandes von § 60 wird eine Unterscheidung der drei Varianten einer Streitgenossenschaft vielfach abgelehnt und eine Streitgenossenschaft bereits dann zugelassen, wenn eine gemeinsame Verhandlung und Entscheidung zweckmäßig erscheint (Musielak/*Weth* Rn 7 mwN). Dieser sich ohne Not vom Tatbestand der §§ 59, 60 lösenden Würdigung ist nicht zu folgen (MüKoZPO/*Schilken* Rn 3). Zustimmungswürdig erscheint es vielmehr, die Bestimmung des § 60 aus Zweckmäßigkeitsgründen weit auszulegen (BGH NJW 75, 1228). Abweichend von § 59 Alt 2 8 setzt § 60 keine Identität von tatsächlichem und rechtlichem Grund voraus, sondern begnügt sich mit dem weniger strengen Merkmal der Gleichartigkeit hinsichtlich Anspruch, Tatsachen und Rechtsgrund.

9 **1. Anspruch.** Die Gleichartigkeit der **Ansprüche** ist nach dem abstrakten Inhalt des Verlangens zu beurteilen und bei mehreren Schadensersatzansprüchen (KG MDR 00, 1394), mehreren Lieferungsansprüchen aus Kaufvertrag, mehreren wechselrechtlichen Ansprüchen oder mehreren Unterhaltsansprüchen gegeben. Ohne Bedeutung ist, ob die verschiedenen Ansprüche auf derselben Anspruchsgrundlage fußen, so dass aus einem Schadensereignis gegen einen Streitgenossen vertragliche und gegen einen anderen deliktische Schadenersatzansprüche erhoben werden können (BayObLGR 05, 900 f).

10 **2. Tatsachen.** Der Tatsachenstoff ist gleichartig, falls mehrere Bauherren aus einem gemeinsamen Bauvertrag verklagt werden (BayObLGZ 83, 64, 66) oder ein einheitliches Schadensereignis (Verkehrsunfall, ärztliche Fehlbehandlung auch bei zeitlich aufeinander folgender Versorgung: BayObLGR 02, 425) die Grundlage für Ansprüche von oder gegen mehrere Personen bildet (KG MDR 00, 1394). In gleicher Weise ist es zu bewerten, wenn der bauplanende und der aufsichtführende Architekt wegen Baumängel (BayObLG NJW-RR 98, 814) oder mehrere Bauhandwerker wegen Mängeln an demselben Bauwerk in Anspruch genommen werden (BayObLG NJW-RR 98, 209). Handelt es sich um eine Mehrheit gleichartiger Lebenssachverhalte, müssen die Ansprüche in einem inneren Zusammenhang stehen (BGH NJW-RR 91, 381), wobei eine bloße Ähnlichkeit des Sachverhalts und des wirtschaftlichen Hintergrundes – wie bei der Erhebung von Prospektansprüchen verschiedener Anleger gegen verschiedene Prospektverantwortliche – nicht genügt (BGH NJW 92, 981 f; Ddorf RR 11, 572, 573). Hingegen liegt eine Streitgenossenschaft vor, wenn ein Anleger Treuhandkommanditist und Wirtschaftsprüfer wegen Prospektmängel auf Schadensersatz in Anspruch nimmt (BGH RR 11, 1137). Am gebotenen inneren Zusammenhang fehlt es, wenn die beklagten Streitgenossen nicht einem gemeinsamen, sondern verschiedenen Gegnern gegenüberstehen (BGH NJW 92, 981 f: zulässig dagegen die Erhebung von Ansprüchen verschiedener Anleger gegen einen Gegner), mehrere Beklagte wegen unabhängig voneinander vorgenommener illegaler Mitschnitte einer urheberrechtlich geschützten Filmproduktion verklagt werden (KG MDR 00, 1394), Beklagte aus verschiedenen Unfallereignissen belangt werden (Celle OLGR 05, 663) oder gegen verschiedene Gläubiger Ansprüche aus Insolvenzanfechtung erhoben werden (vgl BGHZ 160, 259 f). Dagegen ist der innere Zusammenhang gegeben, wenn mehrere Käufer oder Versicherungsnehmer die Verträge unter gleichartigen Bedingungen abgeschlossen haben (St/J/*Bork* § 60 Rn 3), mehrere Unterhaltsgläubiger gegen den gleichen Unterhaltsschuldner vorgehen (Frankf FamRZ 88, 521) oder der Unterhaltsschuldner ggü mehreren Unterhaltsgläubigern einen Abänderungsanspruch (§ 323) verfolgt (BGH NJW 98, 685 f). Ebenso verhält es sich, sofern der Geschädigte Anleger die Gesellschaft, Vermittler und Treuhänder in Anspruch nimmt (BayObLGR 05, 900 f; NJW-RR 03, 134). Schließlich kann ein Wohnungseigentümer einen anderen Wohnungseigentümer und dessen Mieter wegen Störungen und Lärmbelästigungen auf Unterlassung in Anspruch nehmen (München NJW-RR 08, 1466, 1467). Auch können mehrere Wohnungseigentümer wegen auf gleichartigem Vorgehen beruhender Verunreinigungen belangt werden (LG München I RR 11, 374 f).

11 **3. Rechtsgrund.** Gleichartigkeit des **Rechtsgrundes** greift ein, sofern der Anspruch auf einem ähnlichen Vertragstyp, GoA, ungerechtfertigter Bereicherung, Delikt oder Unterhaltsverpflichtungen beruht. Diese Voraussetzung ist erfüllt, wenn mehrere Dritte wegen derselben Pfändung Drittwiderspruchsklage (§ 771) erheben (Zweibr MDR 83, 495) oder ein Makler aus eigenständigen Verträgen von Käufer und Verkäufer Entlohnung fordert (BGH NJW-RR 91, 381) oder gegen mehrere Mithaftende aus einem Leasingvertrag Schadensersatzansprüche verfolgt werden (BGH JR 87, 291 f). Einer in den Konstellationen des § 60 mitunter auftretenden **Unübersichtlichkeit des Verfahrens** (vgl BGH NJW 92, 981) kann durch eine Trennung (§ 145) oder den Erlass von Teilurteilen (§ 301) entgegengewirkt werden.

12 **IV. Fehlen der speziellen Voraussetzungen der Streitgenossenschaft.** Wird eine Klage von mehreren oder gegen mehrere Personen erhoben, ohne dass die Voraussetzungen der §§ 59, 60 eingreifen, so ist nicht die Klage, sondern die **Verbindung der Verfahren unzulässig.** Das Gericht ist berechtigt, im Falle einer Rüge (§ 295) verpflichtet, die Verfahren zu trennen (§ 145), falls es nicht die Voraussetzungen einer Verbindung nach § 147 befürwortet. Selbst wenn die Voraussetzungen der §§ 59, 60 gegeben sind, kann das Gericht, das bei gemeinsamer Verhandlung und Entscheidung eine Unübersichtlichkeit des Verfahrens befürchtet, eine Verfahrenstrennung (§ 145) vornehmen. Als ungeschriebene Voraussetzung fordert die Rechtsprechung, dass die in Anspruch genommenen Streitgenossen zumindest **einem gemeinsamen Gegner** gegenüberste-

hen, so dass es nicht angängig ist, wenn sich die Klagen mehrerer Streitgenossen jeweils nur gegen einzelne, aber nicht alle beklagten Streitgenossen richten (BGH NJW 92, 981 f). Die **Zuständigkeit** des LG, die bei einer Streitgenossenschaft allein auf einer Streitwertaddition beruht, entfällt bei einer Unterschreitung des Werts von 5.000 € infolge einer Abtrennung von Verfahren (Zö/*Vollkommer* Rn 8). Unzulässig ist eine **eventuelle subjektive Klagehäufung**, die dadurch gekennzeichnet ist, dass die gegen einen weiteren Streitgenossen erhobene Klage vom negativen Ausgang des Verfahrens gegen den vorrangig in Anspruch genommenen Streitgenossen abhängig gemacht wird (BGH NJW 72, 2302; BAG NJW 94, 1084, 1086; Hamm MDR 05, 533; LAG Köln MDR 99, 376). Da zu jedem Streitgenossen ein eigenständiges Prozessrechtsverhältnis begründet wird, knüpft der Klageantrag bei dieser Gestaltung unzulässigerweise an eine außerprozessuale Bedingung an (Hamm MDR 05, 533). Das mit dem unzulässigen Eventualantrag verfolgte Ziel, die im Verfahren gegen den zunächst in Anspruch genommenen Beklagten gewonnenen Ergebnisse im Verfahren gegen den weiteren Beklagten zu verwerten, kann im Wege einer **Streitverkündung** (§ 72) verwirklicht werden.

D. Allgemeine Sachurteilsvoraussetzungen. Die Streitgenossenschaft führt zu einer subjektiven oder 13
objektiven Klagehäufung mit der Folge der Anwendbarkeit des § 260. Demnach muss sowohl die **Zuständigkeit** des Prozessgerichts für sämtliche Klagen als auch dieselbe **Prozessart** gegeben sein. Die Zuständigkeit des Prozessgerichts kann durch eine Zuständigkeitsbestimmung nach § 36 Nr 3 geschaffen werden. Hat der Kl mit einem Streitgenossen eine Zuständigkeitsvereinbarung getroffen, kann einem anderen Streitgenossen jedoch nicht mit Hilfe des § 36 Nr 3 dieser Gerichtstand aufgezwungen werden (BayObLG MDR 99, 760 f). Da zu jedem Streitgenossen ein gesondertes Rechtsverhältnis begründet wird, sind im Verhältnis zu jedem Streitgenossen die **allgemeinen Sachurteilsvoraussetzungen** zu prüfen (BGH NJW 94, 3102 f). Sind sie hinsichtlich eines einzelnen Streitgenossen nicht gegeben, ist die Klage, falls nicht eine Teilverweisung mit Abtrennung in Betracht kommt (§§ 145, 281), durch Teilurteil als unzulässig abzuweisen. Unterbrechung und Aussetzung des Verfahrens (§§ 239, 246) verwirklichen sich nur in der Person des betroffenen Streitgenossen.

§ 61 Wirkung der Streitgenossenschaft. **Streitgenossen stehen, soweit nicht aus den Vorschriften des bürgerlichen Rechts oder dieses Gesetzes sich ein anderes ergibt, dem Gegner dergestalt als Einzelne gegenüber, dass die Handlungen des einen Streitgenossen dem anderen weder zum Vorteil noch zum Nachteil gereichen.**

A. Normgegenstand. Die Bestimmung statuiert den Grundsatz der prozessualen Selbständigkeit der ein- 1
zelnen Streitgenossen. Darum ist jeder Streitgenosse so zu behandeln, als ob er nur allein mit dem Gegner prozessieren würde (BGH NJW-RR 89, 1099). Die Vorschrift wird durch die Regelung des § 63 über den Prozessbetrieb und die Terminsladungen ergänzt. Der Anwendungsbereich des § 61 beschränkt sich auf die einfache Streitgenossenschaft, weil § 62 für die notwendige Streitgenossenschaft Sonderregeln enthält. Darüber hinaus entfällt ausnahmsweise die Selbständigkeit der Streitgenossen iRd Gesamtschuldnerschaft (§§ 423 bis 425 BGB) und der Gesamtgläubigerschaft (§ 429 BGB).

B. Selbständigkeit der Streitgenossen. Das Gesetz bringt den Grundsatz der Selbständigkeit durch die 2
Formulierung zum Ausdruck, dass die Streitgenossen dem Gegner »als Einzelne gegenüberstehen«. Die Streitgenossenschaft bewirkt nur eine äußerliche Verbindung mehrerer Prozesse, deren innere Entwicklung selbstständig verläuft (BGHZ 8, 72, 78 = NJW 53, 420). Deshalb führt der einzelne Streitgenosse seinen Rechtstreit selbst, ohne dass Prozesshandlungen anderer Streitgenossen wechselseitig Vorteile oder Nachteile auslösen (BGH NJW 94, 3102 f; NJW-RR 89, 1099). Deshalb wirkt eine Prozesshandlung nur im Verhältnis zu dem Streitgenossen, dem ggü sie vorgenommen wird (BGH RR 10, 911 Rn. 22).

I. Sachurteilsvoraussetzungen. Sie sind für jeden Streitgenossen gesondert zu untersuchen (BGH NJW 94, 3
3102 f; GRUR 84, 36 f). Eine Streitgenossenschaft ermöglicht in den Fällen einer Unterhaltsklage des Kindes gegen beide Eltern (§ 35a), einer Wechselklage gegen mehrere Beklagte (§§ 603 II, 605a) und einer Haftpflichtklage iRv § 56 LuftVG einer Konzentration der örtlichen Zuständigkeit an einem Gerichtsstand. Ansonsten können unterschiedliche Gerichtsstände mehrerer Streitgenossen im Verfahren nach § 36 Nr 3 zusammengeführt werden. Verweist das LG den Rechtsstreit an das Arbeitsgericht und legt nur einer der Streitgenossen dagegen Beschwerde ein (§ 17a IV GVG), so kann die Entscheidung nicht auch für die weiteren Streitgenossen einer Prüfung unterzogen werden (BGH NJW-RR 06, 286).

4 **II. Allgemeiner Verfahrensgang.** Der Prozess wird ggü jedem einzelnen Streitgenossen durch individuelle Klagezustellung mit der Folge der Rechtshängigkeit in Gang gesetzt. Eine Klageerhebung im Wege einer eventuellen Streitgenossenschaft, also für den Fall, dass der Kl im Verfahren gegen den vorrangig verklagten Streitgenossen unterliegt, ist unwirksam, weil sie an eine außerprozessuale Bedingung, nämlich den Ausgang des fremden Prozesses, gekoppelt ist (BGH NJW-RR 08, 295; Hamm MDR 05, 533; vgl auch §§ 59, 60 Rz 12). **Zustellungen** sind generell an alle Streitgenossen zu bewirken, so dass etwaige Fristen für jeden Streitgenossen eigens laufen (KG VersR 75, 350). Mehrere Streitgenossen können einen gemeinsamen Prozessbevollmächtigten beauftragen, sich aber auch getrennt vertreten lassen. **Angriffs- und Verteidigungsmittel** können Streitgenossen ohne wechselseitige Bindung frei vorbringen. Beim Verdacht einer Unfallmanipulation darf der neben seinem Versicherungsnehmer verklagte Haftpflichtversicherer im Prozess als Streithelfer unabhängig von dem Vortrag des Versicherungsnehmers durch eine abweichende Darstellung seine Interessen wahrnehmen (BGH MDR 12, 181 Rn 3 ff). Tatsächliche Behauptungen darf ein Streitgenosse auch im Widerspruch zu einem anderen Streitgenossen aufstellen (LAG Hamm MDR 01, 531 f). Ebenso bleibt dem einzelnen Streitgenossen vorbehalten, ob er ein Vorbringen der Gegenseite als unbestritten (§ 138 III) hinnimmt (BGH NJW-RR 03, 1344). Ein Geständnis (§ 288) wirkt nur zu Lasten des die Erklärung abgebenden Streitgenossen, kann freilich ggü einem bestreitenden Streitgenossen iRd gem § 286 vorzunehmenden Beweiswürdigung berücksichtigt werden. Im Zweifel gilt freilich, dass sich ein Streitgenosse Angriffs- und Verteidigungsmittel eines anderen Streitgenossen – was ggf durch Ausübung des Fragerechts (§ 139) zu klären ist – zu Eigen macht (BGH LM Nr 1). Die **Beweisaufnahme** findet für alle Streitgenossen einheitlich statt (BGH NJW-RR 03, 1002). Die gerichtliche Beweiswürdigung hinsichtlich einer Tatsache, die für die Verfahren mehrerer Streitgenossen Bedeutung hat, kann nur in einem Sinne ausfallen (BGH NJW-RR 92, 253 f; München NJW-RR 94, 1278). Auch die Parteivernehmung eines Streithelfers ist für alle Verfahren gleichartig zu würdigen. Die Dispositionsbefugnis des einzelnen Streitgenossen bleibt unangetastet, so dass er zu einer Klageänderung (§ 263), einer Klagerücknahme (§ 269), einem Verzicht (§ 306) oder einem Anerkenntnis (§ 307) befugt ist, aber auch selbstständig einen Vergleich schließen kann. Die Frage der Säumnis und deren Folgen sind für die einzelnen Streitgenossen gesondert zu prüfen: Gegen einen allein säumigen Streitgenossen kann Versäumnisurteil erwirkt werden. Unterbrechung, Aussetzung, Stillstand und Ruhen des Verfahrens beurteilen sich jeweils nach der Person des Streitgenossen (BGH NJW-RR 03, 1002). Jeder einzelne Streitgenosse ist zur Ablehnung eines Richters wegen Befangenheit (§ 42) berechtigt; hat das Gesuch Erfolg, ist der Richter für das gesamte Verfahren ausgeschlossen. Erfordert die von dem Gericht beabsichtigte Verfahrensgestaltung die Zustimmung der Partei (schriftliches Verfahren: § 128 II; Einzelrichtereinsatz: §§ 349 III, 527 IV), ist das Einverständnis aller Streitgenossen erforderlich. Bei fehlendem Einvernehmen eines einzelnen Streitgenossen kommt eine Abtrennung des Verfahrens (§ 145) in Betracht.

5 **III. Gerichtliche Entscheidung.** Die Entscheidung kann ggü den verschiedenen Streitgenossen **unterschiedlich** ausfallen, indem der Klage gegen den einen Streitgenossen stattgegeben, sie gegen den anderen durch Sachurteil als unbegründet und gegen einen dritten durch Prozessurteil als unzulässig abgewiesen wird. Regelmäßig wird über die Klage ggü allen Streitgenossen einheitlich in einem Urt entschieden. Ist die Sache nur hinsichtlich eines Streitgenossen entscheidungsreif, kann zwar grds ein **Teilurteil** (§ 301) ergehen. Regelmäßig wird das Gericht bei einer Streitgenossenschaft gem § 301 I vom Erlass eines Teilurteils abzusehen haben, weil wegen des gleichgelagerten Streitstoffs die Gefahr **einander widersprechender Erkenntnisse** nicht ausgeschlossen werden kann (BGH NJW 04, 1452; 99, 1638 f). Das Teilurteilsverbot gilt trotz der Gefahr einander widersprechender Entscheidungen nicht, wenn das Verfahren gegen einen Streitgenossen wegen Todes oder Insolvenzeröffnung unterbrochen ist. Diese Ausnahme ist gerechtfertigt, weil die Unterbrechung zu einer faktischen Trennung der Verfahren führt (BGHR 07, 127; NZI 07, 457; BGH MDR 03, 467).

6 **IV. Rechtsmittel.** Die **Rechtsmittelfristen** laufen für die einzelnen Streitgenossen separat (BGH GRUR 84, 36 f). Die Art des Rechtsbehelfs beurteilt sich nach der prozessualen Lage des einzelnen Streitgenossen: Einem säumigen Streitgenossen ist der Rechtsbehelf des Einspruchs (§ 338) eröffnet, während ein anderer Streitgenosse das gegen ihn ergangene Endurteil mit einem Rechtsmittel anfechten kann. Legt ein Streitgenosse Rechtsmittel ein, wirkt dies nur für ihn und nicht auch seine Streitgenossen. Eine Rechtsmitteleinlegung von einem ggü dem anderen Streitgenossen scheidet aus. Der Gegner kann ein Rechtsmittel lediglich gegen einen bestimmten Streitgenossen einlegen. Bezeichnet der Rechtsmittelkläger nur einen der siegrei-

chen Streitgenossen als Rechtsmittelbeklagten, ist der andere Streitgenosse im Zweifel an dem Rechtsmittelverfahren nicht beteiligt (BGH NJW 03, 3203 f). Zu seinen Gunsten erwächst das nur tw angefochtene Urt in Rechtskraft. Der Streitgenosse, dem ggü die unterlegene Partei kein Rechtsmittel eingelegt hat, ist folgerichtig nicht berechtigt, seinerseits ein Anschlussrechtsmittel zu erheben (BGH NJW-RR 89, 1099). Der unterlegene Streitgenosse ist unabhängig davon, ob er an dem materiellen Rechtsverhältnis beteiligt und »richtige« Partei ist, zur Einlegung eines Rechtsmittels befugt. Dies ist anzunehmen, wenn eine nach Anerkennung der Rechtsfähigkeit der GbR gleichwohl von den Gesellschaftern als Streitgenossen erhobene Klage abgewiesen wurde (BGH NJW-RR 05, 118). Die **Zulassung der Revision** begünstigt nur den betroffenen Streitgenossen. Im Blick auf die Beschwerdesumme und den Streitwert werden bei Rechtsmitteleinlegung durch mehrere Parteien die Werte nur dann addiert, wenn die verfolgten Ansprüche **wirtschaftlich nicht identisch** sind (BGHR 04, 638). Erachtet das Berufungsgericht die Wiederholung einer mehrere Streitgenossen betreffenden **Beweisaufnahme** für notwendig, darf es sie nicht auf ein Prozessrechtsverhältnis beschränken und die Berufung anderer Streitgenossen durch Teilurteil zurückweisen (BGH NJW-RR 92, 253 f). Die **formelle** und **materielle Rechtskraft** ist für jeden Streitgenossen gesondert zu bewerten; eine Rechtskrafterstreckung findet bei der einfachen Streitgenossenschaft nicht statt.

V. Mitwirkung des Streitgenossen an fremdem Verfahren. Der Streitgenosse, der nur in seinem eigenen Rechtsstreit Partei ist, kann im Prozess eines anderen Streitgenossen sowohl diesem als auch dem gemeinsamen Gegners als **Streithelfer** beitreten (BGHZ 8, 72, 78 f = NJW 53, 420; BGHZ 68, 81, 85 = NJW 77, 1013). Während der Dauer der Streitgenossenschaft kann ein Streitgenosse nicht im Verfahren eines anderen Streitgenossen als **Zeuge** aussagen, es sei den, es geht um ein Beweisthema, dass ausschließlich den fremden Prozess betrifft (BGH NJW 07, 2257, 2258; MDR 99, 47 f; NJW-RR 91, 256; NJW 83, 2508). Ist der Streitgenosse aus dem Verfahren ausgeschieden, kann er uneingeschränkt als Zeuge fungieren (BGH MDR 99, 47 f; Kobl NJW-RR 03, 283). Beweisschwierigkeiten der Streitgenossen kann durch eine Verfahrenstrennung (§ 145) oder eine großzügige Handhabung der Parteivernehmung abgeholfen werden. 7

C. Kosten/Gebühren. Die Streitgenossenschaft bewirkt, dass mehrere Streitgenossen grds gem § 100 I nach Kopfteilen haften. Soweit sie als Gesamtschuldner verurteilt sind, haften sie gesamtschuldnerisch (§ 101 IV). Das Gericht kann auch eine abweichende anteilige Verteilung aussprechen (§ 101 II) oder die Kosten bestimmter Angriffs- und Verteidigungsmittel einem Streitgenossen gesondert auferlegen (§ 101 III). 8
Durch die Vertretung mehrerer Streitgenossen kann sich die Vergütung des Anwalts erhöhen. Soweit er mehrere Streitgenossen wegen desselben Gegenstands vertritt, erhöht sich seine Verfahrensgebühr für jeden weiteren Auftraggeber um 0,3 höchstens um 2,0 (Nr 1008 VV RVG).

§ 62 Notwendige Streitgenossenschaft.

(1) Kann das streitige Rechtsverhältnis allen Streitgenossen gegenüber nur einheitlich festgestellt werden oder ist die Streitgenossenschaft aus einem sonstigen Grund eine notwendige, so werden, wenn ein Termin oder eine Frist nur von einzelnen Streitgenossen versäumt wird, die säumigen Streitgenossen als durch die nicht säumigen vertreten angesehen.
(2) Die säumigen Streitgenossen sind auch in dem späteren Verfahren zuzuziehen.

Inhaltsübersicht Rz

A. Normgegenstand . . . 1
B. Prozessrechtlich notwendige Streitgenossenschaft . . . 2
I. Begriff . . . 2
II. Rechtskrafterstreckung . . . 3
1. Allseitige Rechtskrafterstreckung . . . 4
2. Einseitige Rechtskrafterstreckung . . . 5
III. Gestaltungswirkung . . . 6
IV. Behandlung sonstiger Urteilswirkungen . . . 7
C. Materiell-rechtlich notwendige Streitgenossenschaft . . . 10
I. Begriff . . . 10
II. Beispiele . . . 11
1. Gesetzlich angeordnete gemeinsame Klageerhebung . . . 11
2. Aktivprozesse von Gesamthändern und Mitberechtigten . . . 12
a) Grundsatz notwendiger Streitgenossenschaft . . . 12
b) Keine notwendige Streitgenossenschaft bei Einzelprozessführungsbefugnis . . . 13
c) Feststellungsklagen . . . 14
d) Gestaltungsklagen . . . 15
3. Passivprozesse . . . 16

	Rz		Rz
D. Rechtswirkungen der notwendigen Streitgenossenschaft	17	2. Fristsäumnis	21
I. Grundsatz	17	V. Unterbrechung, Ruhen des Verfahrens	22
II. Zulässigkeit der Klage	18	VI. Gerichtliche Entscheidung	23
III. Prozesshandlungen	19	VII. Rechtsmittel	24
IV. Säumnis	20	VIII. Rechtskraft	25
1. Terminsäumnis	20		

1 **A. Normgegenstand.** Die Vorschrift befasst sich mit der **notwendigen Streitgenossenschaft**, bei der entweder aus prozessualen oder materiellrechtlichen Gründen abw von § 61 ggü allen Streitgenossen eine inhaltlich übereinstimmende Entscheidung ergehen muss (BGHZ 36, 187, 189 f = NJW 62, 633). Der Zwang zu einer einheitlichen Entscheidung erfordert eine engere Verzahnung der von den Streitgenossen geführten Verfahren, die von § 62, der lediglich Termins- und Fristversäumnisse betrifft, nur in unvollkommener Weise geleistet wird. Deshalb werden über den Wortlaut hinausreichende zusätzliche gemeinsame Wirkungen der notwendigen Streitgenossenschaft aus § 62 hergeleitet. Das Gesetz unterscheidet je nach dem, ob die Notwendigkeit einer einheitlichen Entscheidung auf prozessualen oder materiellrechtlichen Vorschriften beruht, zwischen der **prozessrechtlich notwendigen** (§ 62 I Alt 1) und der **materiellrechtlich notwendigen** (§ 61 I Alt 2) **Streitgenossenschaft.** Eine Erweiterung der notwendigen Streitgenossenschaft über die gesetzlich normierten Konstellationen hinaus, etwa im Wege der Parteivereinbarung, ist nicht anzuerkennen (BAGE 42, 389 f = MDR 83, 1052). In ein und demselben Verfahren können nebeneinander eine einfache und eine notwendige Streitgenossenschaft eingreifen, sofern im Fall einer objektiven Klagehäufung (§ 260) für einen Anspruch eine einheitliche Entscheidung geboten ist (BGH NJW 54, 1200).

2 **B. Prozessrechtlich notwendige Streitgenossenschaft. I. Begriff.** Eine prozessrechtlich notwendige Streitgenossenschaft ist dadurch gekennzeichnet, dass die gegen einen Streitgenossen ergehende Entscheidung im Verhältnis zu dem anderen Streitgenossen **Rechtskraft** oder **Gestaltungswirkung** ausübt (St/J/*Bork* Rn 5; MüKoZPO/*Schilken* Rn 5). Im Fall der Rechtskrafterstreckung ist eine einheitliche Entscheidung geboten, weil sogar dann, wenn die Verfahren selbstständig nacheinander geführt würden, nicht abw erkannt werden dürfte (BGHZ 92, 351, 354 = NJW 85, 385). Da nur ein positives Gestaltungsurteil Gestaltungswirkung zeitigt, besteht grds die Möglichkeit, dass nach Abweisung einer ersten Gestaltungsklage ein weiterer Klageberechtigter durch die Erhebung einer neuen Gestaltungsklage die Rechtslage auch im Verhältnis zu dem Erstkläger modifiziert. Dieser Gefahr ist bei gleichzeitiger Erhebung mehrerer Gestaltungsklagen durch eine einheitliche Entscheidung vorzubeugen (MüKoZPO/*Schilken* Rn 10; *Lindacher* JuS 86, 379, 383). Handelt es sich um eine prozessrechtlich notwendige Streitgenossenschaft, sind **Einzelklagen** – im Unterschied zur materiellrechtlich notwendigen Streitgenossenschaft – uneingeschränkt zulässig (BGHZ 36, 187 f = NJW 62, 633; BGHZ 30, 195, 198 = NJW 59, 1683); freilich sollte das Gericht die Verfahren durch eine Verbindung (§ 147) zusammenführen.

3 **II. Rechtskrafterstreckung.** Eine notwendige Streitgenossenschaf liegt sowohl bei einer **allseitigen** Rechtskrafterstreckung, die bei stattgebendem und klageabweisendem Urt eingreift, als auch bei einer nur **einseitigen** Rechtskrafterstreckung vor, die entweder an die Klagestattgabe oder Klageabweisung anknüpft.

4 **1. Allseitige Rechtskrafterstreckung.** Eine allseitige Rechtskrafterstreckung sehen nur wenige Vorschriften vor: Der praktisch bedeutsame Fall einer Rechtskrafterstreckung bei **Veräußerung der streitbefangenen Sache** (§ 325) erzeugt keine Streitgenossenschaft, weil grds der Rechtsvorgänger den Rechtsstreit für den selbst nicht in den Prozess einrückenden Rechtsnachfolger fortführt, der Rechtsnachfolger allenfalls den Rechtsstreit von dem daraus ausscheidenden Rechtsvorgänger übernehmen kann, beide aber jedenfalls nie gemeinsam an dem Verfahren beteiligt sind. Ebenso verhält es sich bei der Rechtskrafterstreckung der **Vor- und Nacherbschaft** (§ 326), weil der Nacherbe während der Dauer der Vorerbschaft nicht prozessführungsbefugt ist. Unter den Voraussetzungen des § 2213 I 1 BGB kann sich infolge der Rechtskrafterstreckung des § 327 eine notwendige Streitgenossenschaft zwischen Testamentsvollstrecker und Erbe ergeben. Ferner verwirklicht sich eine notwendige Streitgenossenschaft iRd durch § 856 IV angeordneten Rechtskrafterstreckung, wenn ein Pfändungsgläubiger nach Forderungspfändung und -überweisung den Drittschuldner wegen der Pflichten aus §§ 853 bis 855 in Anspruch nimmt und sich ein anderer Pfändungsgläubiger dem

Rechtsstreit anschließt (§ 856 II). Eine allseitige Rechtskrafterstreckung sieht schließlich § 640h vor, wobei freilich regelmäßig eine gleichzeitige Parteistellung und damit eine Streitgenossenschaft ausscheidet.

2. Einseitige Rechtskrafterstreckung. Sie wird bei stattgebenden Klagen auf Feststellung der Nichtigkeit eines Hauptversammlungsbeschlusses durch § 248 AktG begründet. Ebenso verhält es sich bei erfolgreichen Klagen nach §§ 2342 BGB, 246, 275 AktG, 75 GmbHG, 51, 94 GenG, 1495, 1496 BGB, die durch das zusätzliche Merkmal der Gestaltungswirkung gekennzeichnet sind. 5

III. Gestaltungswirkung. Löst ein Urt für die Streitgenossen Gestaltungswirkung, nämlich eine unmittelbare Änderung der Rechtslage, aus, liegt häufig, weil das Recht aus materiellrechtlichen Gründen nur von mehreren Personen gemeinsam verfolgt werden kann, bereits eine **materiellrechtlich notwendige** Streitgenossenschaft (§ 62 I Alt 2) vor. Wegen der Gefahr eines Widerspruchs ist selbst dann, wenn der Kl isoliert vorgehen dürfte, tatsächlich aber gemeinsam geklagt wurde, auch eine **prozessrechtlich notwendige** Streitgenossenschaft gegeben. Beispiele bilden die Klage auf Aufhebung der fortgesetzten Gütergemeinschaft (§ 1496 BGB), die Erbunwürdigkeitsklage (§ 2342 BGB), die Anfechtungs- und Nichtigkeitsklage (§§ 248, 249 AktG, die auf die GmbH analog anwendbar sind, § 51 V GenG) gegen Gesellschafterbeschlüsse (BGHZ 122, 211, 240; BGH NJW 99, 1638), die Nichtigkeitsklage gegen AG, Genossenschaft und GmbH (§§ 275 IV AktG, 75 II GmbHG, 96 GenG) sowie eine gemeinschaftliche Vollstreckungsgegenklage nach § 767. 6

IV. Behandlung sonstiger Urteilswirkungen. Kommt weder eine Rechtskrafterstreckung noch eine Gestaltungswirkung zum Tragen, so fragt es sich, ob sonstige Urteilswirkungen eine notwendige Streitgenossenschaft konstituieren. Der Rechtsanwender muss sich stets vor Augen halten, dass **materiellrechtliche Erwägungen** und **Gründe der Logik**, die eine einheitliche Entscheidung notwendig oder wenigstens wünschenswert erscheinen lassen, nicht in eine prozessrechtlich notwendigen Streitgenossenschaft münden (BGHZ 30, 195, 199 f; 23, 73, 75 f; BGH NJW 89, 2133 f). Insbesondere vermag eine **Präjudizialität**, die Bindungswirkung eines Urteils für eine Vorfrage in einem Verfahren gegen einen anderen Beklagten, eine notwendige Streitgenossenschaft nicht zu erzeugen, weil grds nicht auszuschließen ist, dass ein einzelner Streitgenosse aus in seiner Person liegenden Gründen verliert oder obsiegt. 7

Werden nebeneinander eine **OHG** und ihr **persönlich haftender Gesellschafter** (§ 128 HGB) verklagt, fehlt es an einer notwendigen Streitgenossenschaft, selbst wenn der Gesellschafter keine persönlichen Einwendungen erhebt und die Ausschlusswirkung des § 129 HGB durchgreift, weil es für die Beurteilung, ob eine notwendige Streitgenossenschaft vorliegt, nicht auf die von dem Gesellschafter geltend gemachten Einwendungen ankommen kann (BGH NJW 88, 2113; BGHZ 63, 51, 54 = NJW 74, 2124; BGHZ 54, 251, 254 f = NJW 70, 1740). Keine notwendige Streitgenossenschaft liegt auch bei einer Klage gegen eine **Außen-GbR** und ihre akzessorisch haftenden Gesellschafter vor (BGHZ 146, 341 = NJW 01, 1056) sowie bei einer Inanspruchnahme nur der Gesellschafter. Im Verhältnis von **Hauptschuldner** und **Bürge** handelt es sich ebenfalls um eine einfache Streitgenossenschaft. Die Rechtskraft eines von dem Gläubiger zu Lasten des Hauptschuldners erwirkten Urteils wirkt ohnehin nicht gegen den Bürgen (BGHZ 76, 222, 230 f = NJW 80, 1460), dem umgekehrt ein klageabweisendes Urt unter dem Gesichtspunkt des materiellrechtlichen Einwendungsdurchgriffs (§ 768 I 1 BGB) zustatten kommt. Eine die Annahme einer notwendigen Streitgenossenschaft allein rechtfertigende Rechtskrafterstreckung ist jedoch gesetzlich nicht vorgesehen (BGH NJW 69, 1480 f; St/J/*Bork* Rn 11). Aus diesen Erwägungen besteht bei Inanspruchnahme des **persönlichen Schuldners** und des Eigentümers einer beweglichen oder unbeweglichen **dinglichen Sicherheit** (§§ 1211, 1137 BGB) ebenfalls keine notwendige Streitgenossenschaft. 8

Auch der **Schädiger/Versicherungsnehmer** und der unmittelbar haftende **Pflichtversicherer** (§ 3 Nr 1, 2 PflVG) bilden nur eine einfache Streitgenossenschaft, weil die ihnen wechselseitig zugute kommende Klageabweisung gegen den anderen Verpflichteten (§ 3 Nr 8 PflVG) Folge der materiellrechtlichen Abhängigkeit der Ansprüche und kein Fall der Rechtskrafterstreckung ist (BGHZ 63, 51, 55 = NJW 74, 2124; BGH NJW 82, 996 f; 78, 2154; aA Oldbg VersR 69, 47; Köln VersR 70, 687; Frankf NJW 74, 1473; *Gerhardt* FS Henckel 282 ff). **Miteigentümer**, **Miterben** und **Mitgläubiger**, die ohne ihre Teilhaber einzeln klagebefugt sind (§§ 1011, 2039, 432 BGB) und gegen die mangels einer Rechtskrafterstreckung voneinander abweichende Entscheidungen ergehen können, sind keine prozessrechtlich notwendigen Streitgenossen (BGHZ 92, 351, 354 = NJW 85, 385; BGHZ 79, 245, 247 = NJW 81, 1097; BGHZ 23, 207, 212 = NJW 57, 906; BGH NJW 97, 2115 f; aA St/J/*Bork* Rn 8). Wegen der fehlenden Rechtskrafterstreckung scheidet auch für die gesondert verklagbaren **Gesamtschuldner** (§ 425 BGB) eine notwendigen Streitgenossen aus (BGH NJW 92, 2413 f). Ebenso verhält es sich für gesamtschuldnerisch in Anspruch genommene Mitglieder einer Gesamthandsge- 9 meinschaft (§§ 128 HGB, 2058 BGB). Mehrere **Gesamtgläubiger** (§ 429 III BGB) sind keine notwendigen Streitgenossen. Dies gilt auch für Unterhaltsberechtigte, die auf der Grundlage des § 844 ihren Unterhaltsschaden einfordern, und mehrere durch die Amtspflichtverletzung eines Notars geschädigte Vertragsparteien (BGH NJW 93, 648 f).

10 **C. Materiell-rechtlich notwendige Streitgenossenschaft. I. Begriff.** Mit der aus einem »sonstigen Grund« notwendigen meint der Gesetzeswortlaut die materiellrechtlich notwendige Streitgenossenschaft. Damit sind die Konstellationen angesprochen, in denen eine Klage nur Erfolg haben kann, sofern sie durch oder gegen mehrere Personen erhoben wird, während die Klage Einzelner oder gegen einzelne Streitgenossen mangels **Einzel-Prozessführungsbefugnis** unzulässig ist (BGHZ 92, 351, 353 = NJW 85, 385; BGHZ 36, 187 ff = NJW 62, 633; BGHZ 30, 195, 197 = NJW 59, 1683; BGH NJW 84, 2210). Eine im Zeitpunkt der Klageerhebung vorliegende materiellrechtlich notwendige Streitgenossenschaft wird durch zwischenzeitliche Änderungen in der Rechtszuständigkeit nicht berührt: Ausgeschiedene Mitglieder bleiben Partei (§ 265 II), neue erlangen nur durch einen Beitritt (§ 265 II 2)die Parteistellung (BGH NJW 00, 291 f).

11 **II. Beispiele. 1. Gesetzlich angeordnete gemeinsame Klageerhebung.** Das Gesetz gebietet bei einer **Verwaltungsgemeinschaft**, sei es eine ehelichen Gütergemeinschaft in Gesamtverwaltung (§§ 1450, 1472 BGB) oder die Einsetzung mehrerer Testamentsvollstrecker (§ 2224 BGB), eine gemeinsame Klage. Ebenso verhält es sich bei einem **Pfandrecht** (§ 1258 II BGB) oder bei einem **Nießbrauch** (§ 1066 II, 1082 BGB) an einem Miteigentumsanteil. Die **Klage auf Auflassung eines Grundstücks** ist gegen alle Bruchteilseigentümer zu richten, weil sie über das Gesamteigentum – nicht über den eigenen Bruchteil – nur gemeinsam (§§ 747 S 2, 1008 BGB) verfügen können (BGHZ 131, 376, 379 = NJW 96, 1060; BGH NJW 08, 69, 75 Rn 71; 84, 2210; 62, 1722). Die Einräumung eines **Notwegs** an einem Grundstück kann nur gegen alle Miteigentümern erstritten werden (BGH NJW 84, 2210). Dies gilt auch bei einer Klage gegen mehrere Wohnungseigentümer auf Übernahme einer das gemeinschaftliche Eigentum betreffenden **Baulast** (BGH NJW-RR 91, 333). Mehrere Vermieter sind bei der Feststellung der Unwirksamkeit eines Mietverhältnisses notwendige Streitgenossen (Celle NJW-RR 94, 854). Die auf **Feststellung einer Bilanz** verklagten Gesellschafter sind notwendige, die auf **Mitwirkung** bei der Aufstellung einer Bilanz verklagten hingegen nur einfache Streitgenossen, weil es dabei um getrennte Mitwirkungsakte geht (BGH WM 83, 1279 f).

12 **2. Aktivprozesse von Gesamthändern und Mitberechtigten. a) Grundsatz notwendiger Streitgenossenschaft.** Ist Klägerin eine nicht rechts- und parteifähige Gesamthandsgemeinschaft, müssen die Teilhaber als notwendige Streitgenossen gemeinsam auf Leistung klagen. Dies gilt für die Gesellschafter einer nicht parteifähigen **Innen-GbR** (BGHZ 146, 341, 348 = NJW 01, 1056), sofern nicht ausnahmsweise eine Gesellschafterklage (actio pro socio) in Betracht kommt, die gemeinsam verwaltenden Ehegatten einer **Gütergemeinschaft** (BGH NJW 94, 652 f) und für mehrere Testamentsvollstrecker eines Nachlasses (Hambg MDR 78, 1031). Die Mitglieder einer nicht rechtsfähigen **Bruchteilsgemeinschaft** (§ 744 BGB) sind bei Geltendmachung einer Forderung gegen einen Dritten ebenfalls notwendige Streitgenossen. Mehrere Bewerber sind bei geschlechtsbedingter Benachteiligung im Fall von § 61b III ArbGG, mehrere Miterben iRd § 2039 BGB und mehrere Anwälte bei Geltendmachung einer gemeinsamen Honorarforderung (BGH NJW 96, 2859) notwendige Streitgenossen. Bei der Erhebung von Ansprüchen einer **Außen-GbR** liegt keine notwendige Streitgenossenschaft der Gesellschafter vor, weil die GbR selbst parteifähig ist (BGHZ 146, 341 = NJW 01, 1056; 11, 683 Rn 13). Nichts anderes gilt für Wohnungseigentümer bei Klagen einer **Wohnungseigentümergemeinschaft** hinsichtlich der das Verwaltungsvermögen betreffenden Forderungen und Verbindlichkeiten (BGHZ 163, 154, 166 f = NJW 05, 2061). In beiden Fällen wäre eine Klage durch einen bzw mehrere Gesellschafter/Wohnungseigentümer im Wege einer gewillkürten Prozessstandschaft denkbar, die jedenfalls keine notwendige Streitgenossenschaft darstellt, weil auch eine Einzelermächtigung möglich ist (BGH NJW-RR 02, 1377 f). Wurde der Antrag für alle Teilhaber gestellt, einer von ihnen aber versehentlich in der Klageschrift nicht genannt, kann das Rubrum ohne Rechtsnachteil entsprechend berichtigt werden (BGH NJW 97, 1236). Ist der Teilhaber einer Wohnungseigentümer- oder Gesamthandsgemeinschaft zugleich Verpflichteter, braucht er auf der Aktivseite nicht mitzuwirken (BGHZ 142, 290, 293 = NJW 99, 3713). **Miteigentümer**, die eine Rückübertragung nur durch eine gemeinsame Verfügung verwirklichen können, sind notwendige Streitgenossen (BGH NJW 08, 69, 75).

13 **b) Keine notwendige Streitgenossenschaft bei Einzelprozessführungsbefugnis.** Abweichend besteht in den vorbezeichneten Fällen keine notwendige Streitgenossenschaft, wenn das materielle Recht den einzel-

nen Teilhabern eine **Einzelprozessführungsbefugnis** des Inhalts verleiht, den Anspruch der Gemeinschaft (durch Leistung an diese, nicht sich selbst) geltend zu machen (BGHZ 30, 195, 197 = NJW 59, 1683). Dies gilt zugunsten von Miteigentümern (§ 1011 BGB), des das Gesamtgut verwaltenden Ehegatten (§ 1422 BGB) und Miterben (§ 2039 BGB; BGHZ 121, 22, 24 = NJW 93, 727; BGHZ 92, 351, 354 = NJW 85, 385; BGHZ 79, 245, 247 = NJW 81, 1097), in Fällen der Notgeschäftsführung (§ 744 II, 1455 Nr 10, 1472 III Hs 2 BGB) und bei Ausübung des Revokationsrechts (§ 1368 BGB). Einzelklagebefugnisse der Wohnungseigentümer werden durch § 21 I WEG verdrängt (BGHZ 163, 154, 166 = NJW 05, 2061). Weitergehend stattet das Gesetz Mitberechtigte mit einem eigenen, im Interesse der anderen Teilhaber beschränkten **materiellrechtlichen Anspruch** im Rahmen der §§ 432, 1077, 1128 III und 1281 S 2 BGB aus. Schließlich wird durch Geschäfte zur Deckung des Lebensbedarfs (§ 1357 BGB: früher Schlüsselgewalt) eine Mitgläubigerstellung der Ehegatten geschaffen.

c) **Feststellungsklagen.** Bei der Beurteilung, ob iRe Feststellungsklage eine einfache oder notwendige Streitgenossenschaft vorliegt, gelten die für eine Leistungsklage maßgeblichen Grundsätze. Darum kann ein einzelner Teilhaber Feststellungsklage erheben, sofern ihn das materielle Recht mit einer Einzelklagebefugnis versieht. Hat die Feststellung ein Recht zum Gegenstand, das nur gemeinsam besteht und das die Teilhaber nur gemeinschaftlich verfolgen können, besteht auch für eine Feststellungsklage eine notwendige Streitgenossenschaft. Erstreckt sich die Feststellung auf den **Inhalt eines gemeinschaftlichen Rechtsverhältnisses** oder die Feststellung eines der **Gesamthand zustehenden Eigentums**, greift eine notwendige Streitgenossenschaft ein. Streiten die Gesellschafter einer Personengesellschaft über die Mitgliedschaft, sind daran – wie bei einer Ausschlussklage – sämtliche Gesellschafter zu beteiligen (BGHZ 91, 132 f = NJW 84, 2104). An einer Kündigungsschutzklage haben auf Passivseite als Arbeitgeber alle Gesellschafter einer nicht parteifähigen GbR mitzuwirken (LAG Berlin MDR 98, 293). Am Streit über die Wirksamkeit eines Mietvertrages sind sämtliche Vermieter zu beteiligen (Celle NJW-RR 94, 854). Ein Gesellschafter-Erbe ist einzelprozessführungsbefugt, wenn er die Feststellung seiner Gesellschafterstellung ggü einem insoweit widersprechenden außenstehenden Dritten begehrt (Hambg ZIP 84, 1226, 1229). Klagt ein Gesellschafter auf die Feststellung, dass ein anderer Gesellschafter aus der Gesellschaft ausgeschieden ist, besteht keine notwendige Streitgenossenschaft zwischen den übrigen Gesellschaftern (BGHZ 30, 195 = NJW 59, 1683). Beim Streit um die Gesellschafterstellung des Klägers sind die GmbH und der Anteilskäufer keine notwendigen Streitgenossen (BGH WM 64, 265). Im Feststellungsstreit mit dem gesetzlichen Erben über die Gültigkeit eines Testaments sind die testamentarischen Erben keine notwendigen Streitgenossen (BGHZ 23, 73, 75 = NJW 57, 537). Machen zwei aus einem gemeinsamen Vertrag berechtigte Käufer Gewährleistungsrechte geltend, sind sie keine notwendigen Streitgenossen (Koblenz MDR 10, 281). 14

d) **Gestaltungsklagen.** Klagen dieser Art können Gesamthänder, weil ihnen das Gestaltungsrecht nur gemeinschaftlich zusteht, grds ausschließlich als notwendige Streitgenossen verfolgen. Die Klage auf **Auflösung einer OHG** (§ 133 HGB) ist gemeinsam von den Gesellschaftern gegen diejenigen zu erheben, die einer Auflösung widersprechen. Die Klage auf **Ausschließung eines Gesellschafters** (§ 140 HGB) ist von den übrigen Gesellschaftern (also unter Ausschluss des Betroffenen) gegen den (oder die) auszuschließenden Gesellschafter zu betreiben (BGHZ 64, 253, 255 = NJW 75, 1410; BGH DB 10, 2719 Rn. 30 RR 11, 115 Rn 30). Gesellschafter, die selbst nicht ausgeschlossen werden sollen, aber der Ausschließung des Gesellschafters widersprechen, sind iRd Ausschließungsklage auf Zustimmung (§ 894) zu verklagen (BGHZ 68, 81, 84 = NJW 77, 1013). Auf der Aktivseite brauchen solche Gesellschafter nicht mitzuwirken, die ihr Einverständnis mit der Ausschließung des Gesellschafters in verbindlicher Weise erklärt haben (BGH NJW 98, 146; 58, 418; BGHZ 68, 81, 83 = NJW 77, 1013). Klagen auf Entziehung der Geschäftsführungsbefugnis (§ 117 HGB) und der Vertretungsmacht (§ 127 HGB) sind gleichfalls in notwendiger Streitgenossenschaft zu führen. Diese ohnehin auf die KG anwendbaren Grundsätze gelten auch bei der Klage auf Nichtigerklärung einer faktischen Gesellschaft (BGHZ 3, 285, 288 = NJW 52, 97). Klagen mehrerer Berechtigter auf **Ausübung eines Gestaltungsrechts** (§§ 351, 461, 472 BGB) fußen auf einer notwendigen Streitgenossenschaft, während bei Ansprüchen aus einem bereits **vollzogenen** Gestaltungsrecht nur eine einfache eingreift (BGH NJW 90, 2688 f). Gestattet der Gesellschaftsvertrag die Ausschließung eines Gesellschafters durch Gesellschafterbeschluss, kann sich der betroffene Gesellschafter dagegen ohne Einbeziehung seiner Mitgesellschafter mit einer gegen die Gesellschaft gerichteten Feststellungsklage wehren (BGH DB 10, 2719 Rn. 30). Sieht der Gesellschaftsvertrag die Ausschließung eines Gesellschafters durch Gesellschafterbeschluss 15 vor, hat der betroffene Gesellschafter, ohne dass die übrigen Gesellschafter als notwendige Streitgenossen mitwirken, eine Feststellungsklage gegen die Gesellschaft zu erheben (BGH RR 11, 115 Rn 30).

16 **3. Passivprozesse.** Richtet sich eine Leistungsklage gegen Gesamthänder, liegt eine materiellrechtlich notwendige Streitgenossenschaft vor, sofern die Gesamthänder nur gemeinsam zur Erfüllung in der Lage sind (BGH NJW 00, 291 f; 75, 310 f). Diese Voraussetzung greift bei **echten Gesamthandsverbindlichkeiten** ein, die – wie der Anspruch auf Auflassung – nur aufgrund einer gemeinsamen Verfügung (§§ 1450, 2040 I BGB) erfüllt werden können (BGH NJW 62, 1722). Im Rahmen einer Klage auf Zustimmung in eine Grundbuchberichtigung sind die gemeinsam verfügungsberechtigten Erben materiellrechtlich notwendige Streitgenossen (Naumbg NJW-RR 98, 308). **Miteigentümer**, die nicht nur die Übertragung ihres Miteigentumsanteils, sondern des Gesamtgrundstücks schulden, sind notwendige Streitgenossen (BGHZ 36, 187 f = NJW 62, 633). Dem Kl als Gesellschafter einer KG zustehende Gewinnansprüche sind gegen die widersprechenden Mitgesellschafter als notwendige Streitgenossen zu verfolgen (München NZG 99, 440). Werden Gesamthänder aus ihrer **gesamtschuldnerischen Haftung** belangt, handelt es sich lediglich um eine einfache Streitgenossenschaft, weil sie individuell die gesamte Leistung schulden (BGHZ 63, 51, 54 = NJW 74, 2124; BGHZ 54, 251, 254 = NJW 70, 1740; BGH RR 10, 911 Rn.22). Die zur Zwangsvollstreckung in das Gesamthandsvermögen erforderlichen Titel gegen sämtliche Gesamthänder (§§ 736, 740, 747) können getrennt und nacheinander erwirkt werden. Bei einer Räumungsklage gegen mehrere Mieter oder Mieter und Untermieter handelt es sich um einfache Streitgenossenschaft. Wird eine **Feststellungsklage** gegen Gesamthänder erhoben, liegt eine notwendige Streitgenossenschaft vor, falls es sich um eine echte Gesamthandsschuld – wie etwa die Klage auf Feststellung des Pflichtteilsanspruchs (§ 2058 BGB) – handelt, während eine einfache Streitgenossenschaft eingreift, sofern es lediglich um eine gesamtschuldnerische Haftung geht. Grundsätzlich ist eine notwendige Streitgenossenschaft gegeben, wenn eine Klage die Feststellung eines **absoluten Rechts** oder eines **gemeinschaftlichen Rechtsverhältnisses** zum Gegenstand hat. Folgerichtig ist die Klage auf Feststellung eines **Pflichtteilsrechts** gegen mehrere Erben als notwendige Streitgenossen zu richten. Dagegen liegt bei der Klage auf Feststellung eines Erbrechts nur einfache Streitgenossenschaft vor, weil das Erbrecht auch ggü einzelnen Erben festgestellt werden kann. Infolge der Möglichkeit einer Einzelklage begründet die Klage eines Personengesellschafters gegen andere Gesellschafter auf Feststellung seiner Beteiligung oder des Ausscheidens eines Gesellschafters (BGHZ 30, 195, 197 f = NJW 59, 1683) nur eine einfache Streitgenossenschaft. Bei einer **Gestaltungsklage** gegen mehrere Gesamthänder liegt notwendige Streitgenossenschaft vor, gleich ob Auflösungsklage (§ 133 HGB) gegen mehrere widersprechende Gesellschafter (BGH NJW 58, 418) oder Klage auf Ausschluss mehrerer (§ 140 HGB) Gesellschafter (BGHZ 64, 253, 255 = NJW 75, 1410) erhoben wird.

17 **D. Rechtswirkungen der notwendigen Streitgenossenschaft. I. Grundsatz.** Auch bei einer notwendigen Streitgenossenschaft stehen die einzelnen Streitgenossen zu dem Gegner jeweils in einem gesonderten Prozessrechtsverhältnis. Der lückenhaften gesetzlichen Regelung ist nicht zu entnehmen, dass Prozesshandlungen, die von oder ggü Streitgenossen ausgeübt werden, stets einheitlich zu beurteilen sind. Deshalb hemmt die Klageerhebung gegen einen nicht ggü anderen notwendigen Streitgenossen die Verjährung (BGHZ 131, 376, 378 ff = NJW 96, 1060). Da § 62 eine einheitliche Entscheidung sicherstellen will, ist bei unterschiedlichem Prozessverhalten die Rechtsstellung des Streitgenossen ausschlaggebend, der ggü dem gemeinsamen Gegner eine bessere Position erlangt hat (**Günstigkeitsprinzip**).

18 **II. Zulässigkeit der Klage.** Sie ist für jeden Streitgenossen gesondert zu prüfen. Falls die Klage eines oder gegen einen Streitgenossen als unzulässig abzuweisen ist, kann bei einer **prozessrechtlich notwendigen** Streitgenossenschaft im Verhältnis zu den übrigen Streitgenossen ein Sachurteil ergehen. Handelt es sich dagegen um eine **materiellrechtlich notwendige** Streitgenossenschaft, erstreckt sich die Unzulässigkeit einer Klage, weil die Prozessführungsbefugnis insgesamt entfällt, auch auf die übrigen Kl (BGHZ 92, 351, 353 = NJW 85, 385; BGHZ 36, 187 = NJW 62, 633).

19 **III. Prozesshandlungen.** Da jeder Streitgenosse grds Prozesshandlungen nur mit Wirkung für seinen eigenen Prozess vornimmt, sind die Prozesshandlungen notwendiger Streitgenossen gesondert auf ihre Wirksamkeit zu untersuchen (BGHZ 131, 376, 381 = NJW 96, 1060). Jeder Streitgenosse ist berechtigt, sich durch einen eigenen **Rechtsanwalt** vertreten zu lassen. **Zustellungen** sind separat an jeden Streitgenossen zu bewirken. Die **rügelose Verhandlung** eines Streitgenossen zur Hauptsache hindert die anderen Streitgenossen nicht (Wieczorek/Schütze/*Schütze* Rn 73), die Zuständigkeit des Gerichts zu rügen (§ 39), einer Kla-

geänderung zu widersprechen (§ 267), Verfahrensfehler zu beanstanden (§ 295) oder Zulässigkeitsrügen zu erheben (§ 282 III). **Behaupten** und **Bestreiten** beschränkt sich, sofern andere Streitgenossen sich das Vorbringen nicht konkludent zu eigen machen, auf den sich erklärenden Streitgenossen. Ebenfalls bindet ein **Geständnis** (§ 288) nur den gestehenden Streitgenossen, kann aber ggü den andern Streitgenossen in die Beweiswürdigung (§ 286) einfließen (vgl BGHZ 146, 341, 349 = NJW 01, 1056). **Anerkenntnis** (§ 307) und **Verzicht** (§306) sind, weil sie den Inhalt der bei notwendiger Streitgenossenschaft einheitlichen Sachentscheidung betreffen, nur wirksam, wenn sie von allen Streitgenossen erklärt werden (Zö/*Vollkommer* 26). Anerkenntnis oder Verzicht eines einzelnen Streitgenossen können freilich iRv § 286 gewürdigt werden. Gegen die Wirksamkeit einer isolierten **Klagerücknahme** (§ 269) bestehen bei einer prozessrechtlich notwendigen Streitgenossenschaft keine Bedenken (BSG NJW 72, 175 f). Demgegenüber sprechen bei einer materiellrechtlich notwendigen Streitgenossenschaft die besseren Gründe dafür, eine isolierte Klagerücknahme nicht zuzulassen, weil der Zwang zur gemeinsamen Klage eine einseitige Rücknahme verbietet und die – sich mangels Prozessführungsbefugnis in einer Klageabweisung manifestierende – Bindung der klagewilligen an den prozessmüden Streitgenossen dem Vertretungsprinzip bei Säumnis (§ 62 I Hs 2) widerspricht (RGZ 78, 101, 104; Zö/*Vollkommer* Rn 25; aA Rostock NJW-RR 95, 381 f; St/J/*Bork* Rn 35). In Anlehnung an diese Grundsätze ist eine **übereinstimmende Erledigungserklärung** (§ 91a) nur wirksam, wenn sie von allen materiellrechtlich notwendigen Streitgenossen abgegeben wird. Mangels materieller Verfügungsbefugnis scheitern **Aufrechnung** und **Vergleich**, wenn sie bei einer materiellrechtlich notwendigen Streitgenossenschaft auf der Einzelhandlung eines Streitgenossen beruhen. **Prozesshandlungen des Gegners** sind ggü allen Streitgenossen vorzunehmen, weil ein Unterliegen ggü einem Streitgenossen wegen des Zwangs zu einer einheitlichen Entscheidung zum Verlust des Gesamtprozesses führen würde.

IV. Säumnis. 1. Terminsäumnis. Bleibt ein Streitgenosse der **Güteverhandlung** (§ 278) fern, ist sie gescheitert. Für den Fall der Säumnis in der (streitigen) **mündlichen Verhandlung** ordnet § 62 I Hs 2 im Interesse einer einheitlichen Entscheidung an, dass die erschienenen die säumigen Streitgenossen vertreten. Verhandelt ein Streitgenosse, darf gegen die säumigen weder ein Versäumnisurteil (§§ 330, 331) noch eine Entscheidung nach Lage der Akten (§§ 331a, 251a) ergehen. Dahin lautende Anträge sind durch Beschl zurückzuweisen (§ 335 Nr 1). Ein unter Verstoß gegen § 62 I Hs 2 erlassenes Teilversäumnisurteil erwächst gleichwohl in Rechtskraft (BGHZ 131, 376, 381 f = NJW 96, 1060). Das Verhandeln des erschienenen Streitgenossen wirkt ebenso wie seine Prozesshandlungen auch zugunsten des Abwesenden. Die von dem Gericht zu treffende kontradiktorische Entscheidung beruht allein auf den **Anträgen** und dem **Sachvortrag** des anwesenden Streitgenossen (RGZ 39, 411 f). Infolge der Vertretungsbefugnis kann der erschienene mit Wirkung für den säumigen Streitgenossen Anerkenntnis, Verzicht und Klagerücknahme erklären sowie ein Geständnis abgeben. Falls keine Endentscheidung ergeht, kann der säumige Streitgenosse diesen Erklärungen im späteren Verfahrensverlauf vorbehaltlich einer Präklusion (§ 296) widersprechen (Musielak/*Weth* Rn 14). Ein Versäumnisurteil darf gegen die Streitgenossen nur ergehen, wenn alle säumig sind und allen ggü die weiteren Voraussetzungen für ein Versäumnisurteil (§ 335) vorliegen. Als Folgerung des Vertretungsprinzips sind säumige Streitgenossen **im späteren Verfahren** zuzuziehen (§ 62 II). Ladungen und andere gerichtliche Handlungen sind ebenso wie Prozesshandlungen der Gegenseite auch ihnen ggü vorzunehmen. Ferner kann der säumige Streitgenosse auch selbst wieder Prozesshandlungen ausüben. 20

2. Fristsäumnis. Die für die einzelnen Streitgenossen unabhängig voneinander laufenden **Fristen** werden nach § 62 I Hs 2 durch die rechtzeitige Prozesshandlung eines Streitgenossen – was insb bei Rechtsmittelfristen bedeutsam ist – gewahrt. Die von einem Streitgenossen erwirkte Fristverlängerung kommt auch anderen Streitgenossen zustatten. Die gilt nicht für die Begründungsfrist (ebenso wie die Klagefrist) nach § 46 I 2 WEG, weil es sich um eine materiell-rechtliche Ausschlussfrist handelt (BGH NJW 09, 2132, 2134 Rn. 21). 21

V. Unterbrechung, Ruhen des Verfahrens. Die entsprechenden Tatbestände wirken nur für den Streitgenossen, in dessen Person sie sich verwirklichen. Wegen der Notwendigkeit einer einheitlichen Entscheidung darf ggü den nicht betroffenen Streitgenossen das Verfahren weder fortgeführt werden noch gar in der Sache entschieden werden. Mangels Geltung der Vertretungsfiktion ist das Verfahren analog §§ 148, 251 insgesamt auszusetzen (Zö/*Vollkommer* Rn 29; aA BAG NJW 72, 1388). 22

VI. Gerichtliche Entscheidung. Ergeht ein **Sachurteil**, muss das Gericht anders als bei einem Prozessurteil ggü allen Streitgenossen einheitlich entscheiden (BGHZ 122, 211, 240 = NJW 93, 1976, 1983; BGH NJW 23

00, 291 f). Bei einer prozessrechtlich notwendigen Streitgenossenschaft kann mangels eines Widerspruchs in der Sache die Klage gegen einen Streitgenossen als unzulässig und gegen den anderen als unbegründet abgewiesen oder ihr ihm ggü stattgegeben werden. Dagegen löst die Unzulässigkeit der Klage bei einer materiellrechtlich notwendigen Streitgenossenschaft wegen des Fortfalls der Prozessführungsbefugnis die Gesamtabweisung als unzulässig aus (BGHZ 30, 195 = NJW 59, 1683). In beiden Fällen einer notwendigen Streitgenossenschaft scheidet der Erlass eines die Sache betreffenden **Teilurteils** aus (BGHZ 131, 376, 382 = NJW 96, 1060).

24 **VII. Rechtsmittel.** Die Rechtsmittel der Streitgenossen, die sich jeweils auf den eigenen Prozess beschränken, sind grds einer getrennten Bewertung zu unterziehen. Rechtsmittelfristen werden entsprechend dem jeweiligen Zustellungszeitpunkt ggü den einzelnen Streitgenossen individuell in Lauf gesetzt. Darum besteht die Möglichkeit, dass ein Streitgenosse die Rechtsmittelfrist versäumt, ein zweiter sie wahrt und ein dritter nach fristgerechter Einlegung sein Rechtsmittel zurücknimmt. Legt ein Streitgenosse rechtzeitig ein Rechtsmittel ein, so werden auch die anderen Streitgenossen, die kein Rechtsmittel eingelegt, die Frist versäumt oder ihr Rechtsmittel wieder zurückgenommen haben, dank des § 62 II zugrundeliegenden Rechtsgedankens **Partei des Rechtsmittelverfahrens** (BGH NJW 91, 101; St/J/*Bork* Rn 40). In diesem Fall erübrigt sich die Verwerfung des verspäteten Rechtsmittels eines Streitgenossen. Der untätige Streitgenosse ist zu den Terminen zu laden, kann Prozesshandlungen vornehmen und ist in der Rechtsmittelinstanz als Partei zu vernehmen. Der Prozessgegner kann auf ihn bezogen ein Anschlussrechtsmittel einlegen (RGZ 38, 26; R/S/G § 49 Rn 50). Der passive Streitgenosse wird nicht zum Rechtsmittelkläger, so dass er an den Antrag und eine etwaige Rechtsmittelrücknahme durch den handelnden Streitgenossen gebunden ist (St/J/*Bork* Rn 42). Gegen die Rechtsmittelentscheidung kann der untätige Streitgenosse aus seiner Parteistellung seinerseits ein **weiteres Rechtsmittel** einlegen (Musielak/*Weth* Rn 20; St/J/*Bork* Rn 42; aA BSG NJW 72, 175 f). Die Kostenlast des § 97 II trifft nur den Streitgenossen, der ein zulässiges Rechtsmittel eingelegt hat. Hat der Berufungskläger mehrere notwendige Streitgenossen als Gegner, ist eine nur gegen einen Teil der notwendigen Streitgenossen eingelegte Berufung unzulässig (BGH MDR 12, 81 Rn 9).

25 **VIII. Rechtskraft.** Das gegen einen einzelnen Streitgenossen ergangene **Prozessurteil** erwächst mit Ablauf der ungenutzten Rechtsmittelfrist ohne Rücksicht auf das prozessuale Vorgehen der anderen Streitgenossen in Rechtskraft. Dagegen erlangt ein **Sachurteil** erst Rechtskraft, wenn es von keinem der Streitgenossen mehr durch Einspruch oder ein Rechtsmittel angefochten werden kann (BGHZ 131, 376, 382 = NJW 96, 1060). Ergeht (unzulässigerweise) ein **Teilurteil** gegen einen einzelnen Streitgenossen, kann es ihm ggü Rechtskraft entfalten (BGH NJW 89, 2133 f). Die Rechtskraft erstreckt sich freilich nicht auf die übrigen, von dem Teilurteil nicht betroffenen Streitgenossen (BGHZ 131, 378, 382 f = NJW 96, 1060).

§ 63 Prozessbetrieb; Ladungen. **Das Recht zur Betreibung des Prozesses steht jedem Streitgenossen zu; zu allen Terminen sind sämtliche Streitgenossen zu laden.**

1 **A. Recht zur Betreibung.** Die Vorschrift bringt in Abs 1 den aus der Selbständigkeit der Prozessrechtsverhältnisse herzuleitenden **Grundsatz** zum Ausdruck, dass jeder Streitgenosse zur selbständigen Betreibung des Prozesses berechtigt ist. Die Regelung gilt demgemäß sowohl für die einfache als auch die notwendige Streitgenossenschaft. Das Recht zur Betreibung umfasst alle auf die Fortentwicklung des Verfahrens gerichteten Handlungen, insb die Stellung von Anträgen jedweder Art. Eine rechtskräftige Entscheidung schließt den einfachen Streitgenossen von der weiteren Mitwirkung an dem Verfahren aus, während der notwendige Streitgenosse auch bei ihm ggü eingetretener Rechtskraft an dem durch das Rechtsmittel eines Streitgenossen in die höhere Instanz gelangten Verfahren weiter teilnimmt (vgl § 62 Rz 24).

2 **B. Ladung.** Zu den Terminen sind gem Abs 2 alle noch am Verfahren beteiligte Streitgenossen zu laden. Dies bedeutet, dass notwendige Streitgenossen wegen der zu ihren Gunsten wirkenden Rechtsmitteleinlegung durch andere Streitgenossen stets zu laden sind. Einfache Streitgenossen sind nicht mehr zu laden, wenn sie rechtskräftig aus dem Verfahren ausgeschieden sind oder ihnen ggü das Verfahren unterbrochen oder ausgesetzt wurde. Diese Grundsätze gelten auch für die in §§ 341a, 523, 553 geregelten Fälle der Terminsbekanntmachung. Wurde ein einfacher Streitgenosse unter Verstoß gegen § 63 nicht geladen, kann bei einer Säumnis gegen ihn kein **Versäumnisurteil** ergehen. Die unterbliebene Ladung eines Streitgenossen hindert die erschienen Streitgenossen nicht, gegen den geladenen, aber säumigen Gegner ein Versäumnisurteil zu erwirken. Ein säumiger notwendiger Streitgenosse wird durch die erschienenen Streitgenossen

vertreten (§ 62 I Hs 2). **Zustellungen** sind an alle Streitgenossen zu bewirken, sofern nicht ausschließlich ein einzelner Streitgenosse betroffen ist. Schriftsätze eines Streitgenossen sind nicht nur dem Gegner, sondern auch den auf derselben Seite stehenden Streitgenossen zuzustellen (Musielak/*Weth* Rn 2; zu engherzig LAG Hamm MDR 01, 531 f).

Titel 3 Beteiligung Dritter am Rechtsstreit

Bemerkungen vor §§ 64 ff ZPO

A. Arten von Drittbeteiligungen. Der durch das Zweiparteienprinzip geprägte Zivilprozess kennt grds nur die Beteiligung von zwei Parteien, denen als Mitkläger oder Mitbeklagte ebenfalls als Parteien anzusehende Streitgenossen zur Seite stehen können. Die Einbeziehung Dritter, die keine Parteien sind, kann auf Veranlassung des Dritten selbst, der Partei oder des Gerichts geschehen. Der Dritte, der den Gegenstand eines Rechtsstreits ganz oder tw für sich in Anspruch nimmt, kann sein Begehren durch eine Klage (**Hauptintervention**) gegen beide Parteien des bereits schwebenden Prozesses verfolgen (§ 64). Hat ein Dritter ein rechtliches Interesse am Obsiegen einer Partei, kann er ihr im Wege der **Nebenintervention** (§§ 66 bis 71) unterstützend beitreten. Die Parteien können ihrerseits die Initiative ergreifen, indem sie einen Dritten durch eine **Streitverkündung** (§§ 72 bis 77) zum Beitritt in den Rechtsstreit auffordern. 1

B. Beteiligung durch das Gericht. Im Unterschied zu anderen Verfahrensordnungen sieht die ZPO nur ausnahmsweise die Verpflichtung des Gerichts vor, vAw Dritte in den Prozess einzubeziehen (§§ 640e, 856 III). Aus Art 103 I GG wird die weitergehende verfassungsrechtliche Pflicht hergeleitet, solche Dritte, die zwar nicht förmlich am Verfahren beteiligt sind, denen ggü die gerichtliche Entscheidung aber **materiellrechtlich wirkt**, von der Klageerhebung in Kenntnis zu setzen (BVerfGE 60, 7, 13 = NJW 82, 1635 f; BVerfG NJW 88, 1963; BGHZ 97, 28, 32 = NJW 86, 2051 f). Zur Vermeidung einer uferlosen Ausweitung des Verfahrens auf mittelbar interessierte Dritte ist die Benachrichtigung nur ggü solchen Personen geboten, die im Falle ihres Beitritts die Stellung eines streitgenössischen Nebenintervenienten (§ 69) erlangen würden (Zö/*Vollkommer* Rn 2 vor § 64 mwN). Dementsprechend rückt der von dem Gericht beteiligte Dritte in die Rechtsstellung eines streitgenössischen Nebenintervenienten ein. Bei einer **Auflösungsklage** gegen eine GmbH (§§ 60 Nr 3, 61 GmbHG) hat das Gericht Mitgesellschafter zumindest von der Klageerhebung zu unterrichten, um sie in die Lage zu versetzen, sich im Wege der Nebenintervention an dem Verfahren zu beteiligen (BVerfGE 60, 7, 13 = NJW 82, 1635 f). Ist die Benachrichtigung des Gesellschafters unterblieben, ist ihm zumindest das stattgebende Urt **zuzustellen**, um ihm die Anfechtung zu ermöglichen. Unterbleibt die Zustellung, beginnt die Rechtsmittelfrist ggü dem Dritten nicht zu laufen (BGHZ 89, 121, 125 = NJW 84, 353). 2

§ 64 Hauptintervention. **Wer die Sache oder das Recht, worüber zwischen anderen Personen ein Rechtsstreit anhängig geworden ist, ganz oder teilweise für sich in Anspruch nimmt, ist bis zur rechtskräftigen Entscheidung dieses Rechtsstreits berechtigt, seinen Anspruch durch eine gegen beide Parteien gerichtete Klage bei dem Gericht geltend zu machen, vor dem der Rechtsstreit im ersten Rechtszug anhängig wurde.**

A. Normgegenstand. Die praktisch wenig bedeutsame Hauptintervention (Einwirkungsklage, Einmischungsklage) ermöglicht dem Hauptintervenienten während eines laufenden Prozesses (Haupt- oder Erstprozess), das umstrittene Recht gegen beide Parteien vor dem von ihnen angerufenen Gericht für sich in Anspruch zu nehmen. Da der Hauptintervenient seine Rechte in einem neuen, **eigenständigen Verfahren** geltend macht, ist die Einordnung des Rechtsinstituts unter den Titel »Beteiligungen Dritter am Rechtsstreit« irreführend: Der Hauptprozess findet zwischen den Erstparteien statt, während der Interventionsprozess von dem Hauptintervenienten gegen die Parteien des Hauptprozesses als Streitgenossen geführt wird. Beide Verfahren sind voneinander unabhängig, können aber nach § 147 verbunden werden (BGHZ 103, 101, 104 = NJW 88, 1204 f). Der Dritte braucht nicht den Weg der Hauptintervention zu beschreiten, sondern kann gegen die Erstparteien auch in getrennten Verfahren vorgehen. Die Hauptintervention bezweckt eine Verfahrenskonzentration und die Vermeidung widersprüchlicher Entscheidungen. 1

2 **B. Voraussetzungen der Hauptintervention. I. Anhängiger Rechtsstreit.** Eine Einwirkungsklage setzt einen schwebenden, nicht notwendig rechtshängigen (Musielak/*Weth* Rn 3), andererseits **noch nicht rechtskräftig abgeschlossenen** Prozess zwischen zwei Parteien voraus. Die spätere Anhängigkeit heilt eine vorzeitig erhobene Hauptintervention. Nach wirksamer Erhebung der Hauptintervention ist eine Beendigung des Rechtsstreits durch rechtkräftiges Urt, Klagerücknahme, Erledigung oder Vergleich unschädlich. Im Mahnverfahren kommt wegen der Formalisierung und in Verfahren des einstweiligen Rechtsschutzes wegen des Eilcharakters eine Hauptintervention nicht in Betracht. Bei allseitigem Einverständnis ist im Schiedsverfahren eine Hauptintervention vor dem Schiedsgericht – nicht dem staatlichen Gericht – zulässig.

3 **II. Zuständigkeit.** § 64 statuiert für die Interventionsklage eine **ausschließliche örtliche und sachliche** Zuständigkeit des Gerichts der 1. Instanz (nicht notwendig des gleichen Spruchkörpers), wo der Hauptrechtsstreit anhängig wurde. Diese Zuständigkeitsregel bleibt auch erhalten, wenn der Hauptprozess mittlerweile ins Rechtsmittelverfahren gelangt ist. Nach einer Verweisung ist das Adressatgericht für eine noch nicht rechtshängige Hauptintervention zuständig. Erfolgt die Verweisung des Erstprozesses erst nach Rechtshängigkeit der Hauptintervention, wird die Zuständigkeit des zuerst angerufenen Gerichts für die Einmischungsklage (§ 261 III Nr 2) nicht berührt (St/J/*Bork* Rn 14; Wieczorek/Schütze/*Mansel* Rn 40; aA LG München I NJW 67, 787). Wird keine Interventionsklage erhoben, sind die Parteien des Hauptprozesses jeweils an ihrem allgemeinen Gerichtsstand zu verklagen.

4 **III. Interventionsgrund.** Er ist gegeben, wenn der Hauptintervenient, der im Erstprozess Nebenintervenient (Streithelfer) einer der Parteien sein kann, die Sache oder das Recht, die den Streit des Erstprozesses bilden, ganz oder tw für sich in Anspruch nimmt. Es genügt, wenn der Hauptintervenient eine durch den Erstprozess in Widerspruch zu dem materiellen Recht beeinträchtigte Rechtsposition behauptet. Abgesehen von der Person des Rechtsinhabers ist eine **Identität der Klageforderung** unabdingbar (BAG 43, 312, 316). Beispiele: Klage auf Herausgabe im Hauptprozess, Inanspruchnahme des Herausgabeanspruchs durch Hauptintervenienten (RGZ 61, 241; Frankf NJW-RR 94, 957); Klage auf Feststellung des Eigentums im Hauptprozess, Behauptung des Eigentums durch Hauptintervenienten; Klage auf Zahlung aus von Hauptintervenienten abgetretener Forderung in Hauptprozess, Inanspruchnahme der Forderung durch Hauptintervenienten wegen Abtretungsmangels; Klage aus Zahlungsforderung in Hauptprozess, Inanspruchnahme der Forderung durch Hauptintervenienten infolge Pfandrecht oder Pfändung nach Überweisung zur Einziehung. Die Klage auf Herausgabe durch den Eigentümer gegen den Besitzer begründet kein Interventionsrecht des Hypothekars. Auch dem Eigentümer steht ein Interventionsgrund nicht zur Seite, wenn der Kl (Vermieter), der von dem Besitzer (Mieter) Herausgabe verlangt, dem Eigentümer ggü zum Besitz berechtigt ist. Anders verhält es sich hingegen, wenn der Eigentümer ein ihm ggü wirkendes Besitzrecht des Vermieters in Abrede stellt. Eine schlüssige Darlegung des Interventionsgrundes ist nicht erforderlich.

5 **IV. Verfahren.** Neben den speziellen Erfordernissen des § 64 müssen die **allgemeinen Sachurteilsvoraussetzungen** eingreifen. Die Klage ist nach § 82 den Parteien des Hauptprozesses über ihre dortigen Bevollmächtigten zuzustellen. Die Parteien des Hauptprozesses werden unabhängig von den Voraussetzungen der §§ 59, 60 einfache Streitgenossen, während eine notwendige Streitgenossenschaft an die Erfüllung der Erfordernisse des § 62 gekoppelt ist. Der Hauptintervenienten wird gegen den Kl regelmäßig einen sein besseres Recht proklamierenden **Feststellungsantrag** erheben. Liegen die Voraussetzungen der Hauptintervention vor, ist zugleich das Feststellungsinteresse gegeben. Dagegen wird sich gegen den Beklagten ein **Leistungsantrag** empfehlen, der inhaltlich dem Klageantrag des Hauptprozesses entspricht. Freilich sind auch **zwei Leistungsanträge** möglich, indem der Insolvenzverwalter des Zedenten den Zessionar auf Rückabtretung und den Schuldner auf Zahlung belangt. Nimmt ein Nichtberechtigter einen anderen Nichtberechtigten wegen verbotener Eigenmacht in Anspruch, kann sich der Testamentsvollstrecker als Hauptintervenient einschalten (Ddorf MDR 70, 1017). Die verbundenen Verfahren können sich unterschiedlich entwickeln, so dass die Klage gegen einen Beklagten durch Teilurteil erledigt wird, gegen den anderen infolge eines Rechtsmittels in die höhere Instanz gelangt.

6 **C. Wirkungen der Hauptintervention.** Der Hauptprozess und der Interventionsprozess bilden getrennte Verfahren und können inhaltlich abw entschieden werden. Die jeweilige Entscheidung entfaltet keine **Rechtskraft** für den anderen Prozess. Der Beklagte kann die Gefahr einer doppelten Verurteilung vermeiden, indem er dem Kl des Erstprozesses im Interventionsprozess den Streit verkündet (§ 72). Angesichts der Selbständigkeit erscheint eine Verbindung (§ 147) der Verfahren oder eine Aussetzung des Erstprozesses

(§ 65) regelmäßig sachgerecht. Wird die Klage des Hauptintervenienten abgewiesen, muss er im Interesse einer umfassenden Klärung sein Rechtsmittel auf beide Parteien des Hauptprozesses erstrecken (BGH NJW 88, 1204 f, insoweit bei BGHZ 103, 101 nicht abgedruckt).

§ 65 Aussetzung des Hauptprozesses. Der Hauptprozess kann auf Antrag einer Partei bis zur rechtskräftigen Entscheidung über die Hauptintervention ausgesetzt werden.

Der **Hauptprozess** kann vAw durch das Gericht bis zur Entscheidung des Interventionsprozesses ausgesetzt werden (§ 148). Daneben kann seine Aussetzung gem § 65 auf Antrag einer der Hauptparteien, nicht auch des Hauptintervenienten (St/J/*Bork* Rn 1; aA Wieczorek/Schütze/*Mansel* Rn 1), erfolgen. Der Antrag kann bis zum rechtskräftigen Abschluss des Hauptprozesses – also auch in der Rechtsmittelinstanz – gestellt werden. Nach rechtskräftiger Entscheidung in dem Interventionsprozess scheidet eine Aussetzung aus. Demgegenüber ist für eine Aussetzung des **Interventionsprozesses** bis zur Entscheidung des Hauptprozesses kein Raum (Ddorf OLGR 03, 14). Wird der Anspruch im Interventionsprozess rechtskräftig zugesprochen, erledigt sich der Hauptprozess. Es steht im pflichtgemäßen Ermessen des Gerichts, ob es dem Aussetzungsantrag stattgibt. Die Wirkungen der Aussetzung bestimmen sich nach § 249 ff; bei Ablehnung des Antrags ist sofortige Beschwerde (§ 252) gegeben. Aus einem im Hauptprozess ergangenen **vorläufig vollstreckbaren Urteil** kann ohne Rücksicht auf die Interventionsklage vollstreckt werden. Ein auf den Interventionsprozess gestützter Antrag auf vorläufige Einstellung der Zwangsvollstreckung ist abzuweisen. Zur Sicherung seiner Rechte stehen dem Hauptintervenienten lediglich Arrest (§ 916) und einstweilige Verfügung (§ 935) zu Gebote. 1

§ 66 Nebenintervention. (1) Wer ein rechtliches Interesse daran hat, dass in einem zwischen anderen Personen anhängigen Rechtsstreit die eine Partei obsiege, kann dieser Partei zum Zwecke ihrer Unterstützung beitreten.
(2) Die Nebenintervention kann in jeder Lage des Rechtsstreits bis zur rechtskräftigen Entscheidung, auch in Verbindung mit der Einlegung eines Rechtsmittels, erfolgen.

A. Normgegenstand. Die Bestimmung verleiht einem außenstehenden Dritten das Recht, sich im eigenen Interesse an einem **fremden Rechtsstreit** zum Zwecke der Unterstützung einer Partei (Hauptpartei) zu beteiligen. Mit dem Instrument der Nebenintervention wird dem Dritten (Nebenintervenient, Streithelfer) rechtliches Gehör (Art 103 I GG) gewährt. Infolge der Interventionswirkung des § 68 werden in voneinander abhängigen Verfahren unterschiedliche Prozessergebnisse vermieden, was mittelbar auch zu einer Verringerung von Folgeprozessen beitragen kann. 1

B. Voraussetzungen. I. Anhängiger Rechtsstreit. Die Nebenintervention setzt einen zwischen anderen Parteien anhängigen (nicht rechtshängigen: BGHZ 92, 251, 257 = NJW 85, 328) Rechtsstreit voraus. Andererseits darf der Rechtsstreit nicht durch rechtskräftiges Urt, Klagerücknahme (§ 269), Erledigung (§ 91a) oder Vergleich (§ 794) beendet sein (BGH NJW 91, 229 f; 84, 353). Wie aus Abs 2 zu ersehen ist, kann die Nebenintervention auch mit der **Einlegung eines Rechtsmittels** verbunden werden und darum noch in der Berufungs- und Revisionsinstanz erfolgen. 2

II. Verfahrensart. Die Nebenintervention ist in Urteilsverfahren **gleich welcher Prozessart** (BGH NJW 80, 1693) zulässig, angefangen von allgemeinen streitigen Klageverfahren einschließlich arbeitsgerichtlichen Verfahren (BAGE 42, 349, 356) über Mahnverfahren (BGHZ 165, 358 = NJW 06, 773), selbständiges Beweisverfahren (BGHZ 134, 190 = NJW 97, 859; Frankf NJW-RR 08, 1552, 1553; Köln NJW-RR 10, 1679, 1681), Eilverfahren des Arrests und der einstweiligen Verfügung (Ddorf NJW 58, 794), Familien- und Kindschaftssachen einschließlich Scheidungsverbund (Braunschw NJW-RR 05, 589) und Ehelichkeitsanfechtung (BGH NJW 84, 353) bis hin zu Patentnichtigkeitsverfahren (BGH NJW-RR 08, 487, 490 Rn 29, 32) und kontradiktorischen Verfahren der Zwangsvollstreckung (§§ 722, 731, 767, 768, 771, 805, 891) und echten FamFG-Streitverfahren (BGHZ 70, 346 f = NJW 78, 2298; BGHZ 38, 110 = NJW 63, 860). Mit Zustimmung der Parteien und des Schiedsgerichts ist die Nebenintervention im schiedsgerichtlichen Verfahren zulässig (Stuttg NJW-RR 03, 495 f). Unanwendbar ist die Nebenintervention im Insolvenzverfahren (Frankf Rpfleger 78, 417), im Aufgebotsverfahren (Naumbg OLG-Rspr 20, 298), im Kostenfestsetzungsverfahren (Karlsr Rpfleger 96, 83) und im Erinnerungsverfahren (§ 766: Oldbg NdsRpfl 55, 35). 3

4 **III. Beteiligung anderer Parteien.** Die Nebenintervention erfordert einen zwischen anderen Personen anhängigen Prozess, so dass die Partei oder ihr gesetzlicher bzw gewillkürter Vertreter – gleich auf welcher Seite – an einem Beitritt gehindert ist. Eine ausgeschiedene kann der verbliebenen Partei (BGHZ 18, 110, 112 = NJW 55, 1316), der Rechtsträger der **Partei kraft Amtes** als Nebenintervenient beitreten. Einer juristischen Person können ihre Mitglieder beitreten, also die Aktionäre einer AG (Neustadt NJW 53, 1266), der Gesellschafter/Geschäftsführer einer GmbH (KGRep 05, 150), die Mitglieder einem eingetragenen oder nicht rechtsfähigen Verein, die (auch vertretungsberechtigte, insoweit abl R/S/G § 50 Rn 13) Gesellschafter einer OHG (BGHZ 62, 131, 133 = NJW 74, 750), der persönlich haftende Gesellschafter einer KG. Eine Partei kann ihrem **Streitgenossen** (BGHZ 68, 81, 85 = NJW 77, 1013; Frankf NJW-RR 10, 140) oder dem Streitgenossen des Gegners (BGHZ 8, 72, 77 = NJW 53, 420) beitreten. Die Klageerweiterung auf einen Nebenintervenienten beseitigt nicht die Zulässigkeit der Nebenintervention (BAG ZIP 93, 1189). Dies ist aber anzunehmen, wenn der Nebenintervenient Rechtsnachfolger der unterstützten Hauptpartei wird.

5 **IV. Rechtliches Interesse (Interventionsgrund).** Ein rechtliches Interesse am Obsiegen der Hauptpartei, ein Interventionsgrund, liegt vor, wenn die Entscheidung des Rechtsstreits durch Inhalt oder Vollstreckung unmittelbar oder mittelbar auf privatrechtliche oder öffentlichrechtliche Verhältnisse des Nebenintervenienten einwirkt (BGH WM 06, 1252; NJW 97, 2385 f). Der Begriff des rechtlichen Interesses ist weit auszulegen (BGHZ 166, 18, 20). Ein rechtliches Interesse fehlt, falls Ansprüche gegen den Nebenintervenienten vom Ausgang des Hauptprozesses unabhängig sind, ist hingegen gegeben, wenn das Unterliegen der Hauptpartei dem Nebenintervenienten zwar keinen Nachteil, ihr Obsiegen aber einen Vorteil bringt. Die Nebenintervention ist **insgesamt** zulässig, selbst wenn sich das Interesse des Streithelfers nur auf einen Teil der Hauptsache beschränkt (Ddorf MDR 66, 852).

6 **1. Fälle eines nicht bestehenden Interventionsgrundes.** Rein **wirtschaftliche, ideelle oder tatsächliche Beeinträchtigungen,** die sich aus Freundschaft, Verwandtschaft, beruflicher Verbindung oder einer gleichartigen Situation ergeben, vermögen eine Nebenintervention nicht zu rechtfertigen. (ThoPu/*Hüßtege* Rn 5). Ein Aktionär kann seiner AG, weil es sich allein um ein wirtschaftliches Interesse handelt, nicht wegen einer bei einem Prozessverlust befürchteten Dividendenkürzung beitreten (Schlesw ZIP 99, 1760). Anders verhält es sich hingegen, wenn der Hauptprozess die **Mitgliedschaftsrechte** des Aktionärs berührt. Ein nach § 147 II AktG zur Geltendmachung von Ersatzansprüchen der Gesellschaft bestellter besonderer Vertreter kann nicht als Nebenintervenient der Beschlussmängelklage eines Aktionärs gegen einen für die Ersatzansprüche möglicherweise relevanten Hauptversammlungsbeschluss beitreten (München NJW-RR 09, 108). Wird ein Gesellschafter (Anwalt) von seiner geschiedenen Frau iRe Unterhaltsverfahrens auf Auskunft über seine Vermögensverhältnisse verklagt und beruft er sich auf seine **Geheimhaltungsverpflichtungen** innerhalb der Sozietät, rechtfertigt dies nicht den Beitritt eines Sozius (Braunschw NJW-RR 05, 589). Da ein **eigenes** rechtliches Interesse verlangt wird, kann der Nebenintervenient nicht zwecks Verwirklichung ihm fremder Drittrechte (auch nahestehender Personen) beitreten. In dieser Konstellation kommt auch dann eine Ausnahme nicht in Betracht, wenn der Beitretende gegen den Beklagten aus demselben Lebenssachverhalt fließende eigene Ansprüche künftig zu verfolgen beabsichtigt (BGH WM 06, 1252; BAG NJW 68, 73). Darum kann ein Einzelverfahren nicht unter Beteiligung weiterer Gläubiger in der Rechtsstellung von Nebenintervenienten als **Musterprozess** geführt werden. Allein die Möglichkeit, dass ein Urt in einem ersten Prozess für nachfolgende Prozesse eine **faktische Präzedenzwirkung** entfaltet, vermag ein rechtliches Interesse nicht zu begründen. Das gilt auch im Fall der Nebenintervention von "Parallelverwendern" inhaltsgleicher Allgemeiner Geschäftsbedingungen (BGH RR 11, 907 Rn. 11). Der Geschädigte kann nicht dem Schädiger im Deckungsprozess gegen dessen Versicherer beitreten (München VersR 76, 73). Soweit Schadensersatzansprüche nicht auf den Träger der Sozialversicherung übergegangen sind, ist es ihm verwehrt, den Geschädigten im Rechtsstreit gegen den Schädiger zu unterstützen (Köln MDR 71, 849). Der Krankenversicherer des Patienten kann dessen Haftpflichtprozess gegen den Arzt nicht als Nebenintervenient beitreten (Koblenz NJW-RR 2009, 963). Ebenso ist der Gläubiger an einem Beitritt zugunsten seines Schuldners im Prozess gegen dessen Freistellungsschuldner gehindert (Celle OLGR 02, 308). Gleiches gilt für einen Beitritt des Erben im Prozess des Erblassers zwecks Erhalt des ungeschmälerten Erbes. Der Anwalt 1. Instanz kann nicht zur Durchsetzung seiner Honoraransprüche dem Mandanten in der 2. Instanz beitreten. Der Schuldner ist im Streit zwischen Zedent und Zessionar über die Wirksamkeit einer Abtretung nicht befugt, den ihm »wohlgesonnenen« Gläubiger zu unterstützen. Auch ist dem Mieter ein Beitritt zugunsten des Vermieters im Prozess gegen einen Grundstückserwerber über die Wirksamkeit des Kaufver-

trages verschlossen (Hamm OLGR 03, 346). Allein die Tatsache einer **Streitverkündung** (§ 72 Abs. 1 ZPO) vermag das erforderliche rechtliche Interesse nicht zu begründen (BGH RR 11, 907 Rn. 12). Schon gar nicht rechtfertigen **Allgemeininteressen** eine Nebenintervention.

2. Fallgruppen eines bestehenden Interventionsgrundes. a) Rechtskrafterstreckung. Entfaltet ein Urt gegen einen Dritten (§§ 76 IV 2, 325, 325a, 326, 327, 727, 129 I HGB, 407 II, 408 BGB, 248 AktG, 183 InsO) Rechtskraft, kann er sich auf ein rechtliches Interesse berufen. Ebenso verhält es sich in Fällen einer **Gestaltungswirkung** (BGHZ 166, 18, 20). Ein Aktionär konnte im Anfechtungsrechtsstreit gegen die AG einem anderen Aktionär auf Klägerseite beitreten, selbst wenn er nach Ablauf der Klagefrist (§ 246 AktG) sein Anfechtungsrecht verloren hatte (BGHZ 172, 136, 140 = NJW-RR 07, 1346). Nach neuem Recht hat der Aktionär allerdings die **Frist des § 246 IV 2 AktG** zu wahren (BGH ZIP 08, 1398). Das Interventionsinteresse des Aktionärs kann allein daraus hergeleitet werden, dass ein stattgebendes Anfechtungsurteil ihm ggü Rechtskraft und Gestaltungswirkung entfaltet (BGHZ 172, 136, 140 = NJW-RR 07, 1346; BGH ZIP 08, 1398; NJW-RR 10, 1476 Rn. 9). Nicht erforderlich ist nach altem und neuem Recht, dass der Aktionär in der Hauptversammlung Widerspruch zu Protokoll gegen den Beschl erklärt hat (BGH ZIP 08, 1398). Wird mit der Anfechtungsklage eine Beschlussfeststellungsklage des Inhalts gegen die Gesellschaft verbunden, dass anstelle des auf einer unzulässigen Stimmabgabe beruhenden mangelhaften ein bestimmter anderer Beschl gefasst wurde, kann ein nicht mitverklagter Gesellschafter der Gesellschaft als Streitgenosse beitreten (BGHZ 88, 320, 330 f; Nürnberg MDR 09, 1401, 1402). Der auf Zustimmung zur Ausschließung verklagte Gesellschafter kann dem auszuschließenden Gesellschafter beitreten. Der Rechtsinhaber kann dem von einem gewillkürten Prozessstandschafter geführten Rechtsstreit beitreten (Karlsr NJW 10, 621). 7

b) Vollstreckbarkeit. Auf ein rechtliches Interesse kann sich berufen, gegen den aus dem in dem anhängigen Verfahren ergehenden Urt vollstreckt werden kann. Dies sind die Fälle des § 729 iVm §§ 25 HGB und der §§ 738, 740 ff. BGB. Gleiches gilt, wenn die Kostenentscheidung zu Lasten des Dritten wirkt (§ 1438 II BGB). Auch eine **Tatbestandswirkung** des Urteils schafft ein rechtliches Interesse. 8

c) Präjudizialität (Vorgreiflichkeit). Damit sind Konstellationen gemeint, in denen zwar keine Rechtskrafterstreckung stattfindet, faktisch aber eine Vorentscheidung für einen Anspruch oder eine Verpflichtung des Dritten stattfindet und dieser Umstand ein rechtliches Interesse des Dritten begründet. In diese Fallgruppe gehören einmal Verpflichtungen aus **akzessorischer Schuld und Haftung**, in denen der nachrangige Schuldner, sei es ein **Bürge** (§§ 767 I, 768 BGB), **Verpfänder** (§ 1210 BGB), **Hypothekenbesteller** (§ 1113 BGB) oder Schuldmitübernehmer, den Hauptschuldner in dem gegen ihn geführten Hauptprozess unterstützt. Ebenso verhält es sich für den **Gesellschafter** im Prozess gegen die OHG (§ 128 HGB) bzw die parteifähige GbR, den persönlich haftenden Gesellschafter im Verfahren gegen die KG (§§ 161 II, 128 HGB) und den Untermieter im Prozess gegen den Hauptmieter (§ 546 II BGB). In diese Rubrik fällt ferner der Beitritt der – auch kraft § 3 Nr 8 PflVG gesamtschuldnerisch mitverklagten – **Haftpflichtversicherung** in dem gegen den Versicherungsnehmer anhängigen Rechtsstreit (Frankf NJW-RR 10, 140; Ddorf VersR 04, 1020; Köln OLGR 98, 384; LG Köln VersR 93, 1095 f) und der Beitritt des Trägers der Insolvenzversicherung im Prozess des Arbeitnehmers gegen einen neuen Arbeitgeber (BAG ZIP 87, 309). 9

d) Regress. Ein rechtliches Interesse ist zu bejahen, wenn der Streithelfer entweder einen **Regress** befürchtet oder seinerseits Rückgriff nehmen kann. Der Verkäufer kann seinem von einem Abnehmer wegen eines Mangels belangten Käufer unter dem Blickpunkt seiner Eigenhaftung beitreten (§§ 478, 479 BGB). Aus dieser Erwägung ist der **Verkäufer** ferner zu einem Beitritt berechtigt, wenn der Käufer von einem Dritten auf Herausgabe der Kaufsache verklagt wird. Da er für den Bestand der verkauften Forderung haftet (§ 437 Nr 3 BGB), kann der Zedent den Zessionar bei der Klage gegen den Schuldner unterstützen. Der Notar kann zur Vermeidung einer bei Formunwirksamkeit bestehenden **Amtshaftung** dem auf Vertragserfüllung klagenden Vertragsteil beitreten. Zulässig ist eine Streithilfe des Geschäftsführers bei einer Klage der GmbH gegen einen Schuldner zur Vermeidung seiner Haftung aus § 43 GmbHG. Ein Gesamtschuldner ist wegen des Innenausgleichs (§ 426 BGB) zur Streithilfe zugunsten eines anderen Gesamtschuldners befugt (Ddorf VersR 04, 1020; LG Köln VersR 93, 1095 f). Da er einem Regress ausgesetzt ist, kann der Hauptschuldner dem auf Zahlung in Anspruch genommenen **Bürgen** beitreten (BGHZ 86, 267, 272 = NJW 83, 1111). Wegen seines **Rückgriffsanspruchs** kann der Eigentümer einer Pfandsache dem Verpfänder im Rechtsstreit mit dem Pfandgläubiger beitreten. Gleiches gilt im Blick auf seinen Forderungsanteil für einen Gesamt- 10 gläubiger im Rechtsstreit eines Mitgläubigers gegen den Schuldner. Der bereits verurteilte Gesamtschuldner kann Streithelfer des Gläubigers im Prozess gegen einen anderen Gesamtschuldner sein.

11 e) **Prozessstandschaft.** Wird der Kl als **Prozessstandschafter** tätig, ist der Rechtsinhaber zur Streithilfe berechtigt. In den vergleichbaren **Treuhandfällen** ist der Treugeber berechtigt, dem Treuhänder beizutreten. Entsprechendes ist in den Konstellationen der §§ 1074, 1285 BGB anzunehmen. Gleiches gilt in Fällen mittelbarer Stellvertretung für den Kommittenten im Prozess des Kommissionärs und umgekehrt.

12 f) **Statusverfahren.** Im **Vaterschaftsanfechtungsprozess** des Ehemannes gegen das Kind kann ein als Vater in Betracht kommender Mann zur Abwendung der Rechtsfolgen aus §§ 1607 III 2, 640e II 1 BGB dem Kind beitreten (BGHZ 83, 391, 395 = NJW 82, 1652 f). Nimmt der Dritte hingegen die Vaterschaft für sich in Anspruch, kann er den Beitritt auf seiten des Anfechtungsklägers erklären und Rechtsmittel einlegen (BGH NJW 07, 3062; MDR 09, 1173). Will der potenzielle Vater lediglich die spätere Feststellung seiner Vaterschaft verhindern, hat er die Stellung eines unselbständigen Nebenintervenienten (BGH NJW 09, 2679 Rn. 10). Im **postmortalen Vaterschaftsanfechtungsverfahren** ist es dem als Erzeuger des Kindes in Betracht kommenden Mann verwehrt, sich als Nebenintervenient mit dem Ziel der Abweisung der Klage zu beteiligen und gegen die stattgebende Entscheidung Beschwerde einzulegen (BGHZ 173, 90 = NJW 07, 3065).

13 **C. Beitritt. I. Wahlrecht des Dritten.** Liegen die Voraussetzungen des § 66 vor, hat der Dritte darüber zu entscheiden, ob er sein Recht wahrnimmt und den Beitritt erklärt. Er kann ohne zivilprozessualen Rechtsnachteil von einem Beitritt absehen. Entscheidet sich der Dritte gegen einen Beitritt, kann der Zulässigkeit einer von ihm gegen die spätere Entscheidung eingelegten **Verfassungsbeschwerde** freilich der Grundsatz der Subsidiarität entgegenstehen (BVerfG NJW 98, 2663 f). Ist dem Dritten der Streit verkündet worden (§ 72), treffen ihn – auch wenn er von einem Beitritt Abstand nimmt – die Rechtsfolgen der Interventionswirkung (§§ 68, 74). Werden **mehrere prozessuale Ansprüche** (§ 260) verfolgt, kann der Beitritt – etwa wegen teils fehlenden rechtlichen Interesses – auf einen von ihnen beschränkt werden. Im Zweifel ist dies aber nicht gewollt. Eine Begrenzung auf einen qualitativen Teil des Anspruchs scheidet hingegen aus. Falls der Dritte, was in Regressfällen denkbar ist, ein Interesse am Obsiegen beider Parteien hat, kann er wählen, welche Partei er unterstützt (BGHZ 18, 110, 112 f = NJW 55, 1316). Zwar kann er nicht beiden Parteien beitreten (KG NJW-RR 00, 514), aber von einer auf die andere Seite wechseln (BGHZ 18, 110, 112 f = NJW 55, 1316).

14 **II. Erklärung und Prüfung des Beitritts.** Der Beitritt vollzieht sich in der Form des § 70. Da es sich bei dem Beitritt um eine Prozesshandlung handelt, müssen die Prozesshandlungsvoraussetzungen gegeben sein. Sie umfassen Partei- und Prozessfähigkeit, ggf ordnungsgemäße gesetzliche Vertretung, Postulationsfähigkeit sowie – in den Grenzen des § 88 II – wirksame Bevollmächtigung eines gewillkürten Vertreters. Ein bedingter Beitritt ist unwirksam (Karlsr NJW 10, 621 f.). Die **Prozesshandlungsvoraussetzungen** hat das Gericht vAw zu prüfen (BGHZ 165, 358, 362 = NJW 06, 773). Ergibt sich ein Mangel, ist der Beitritt durch mit sofortiger Beschwerde (§ 567) anfechtbaren Beschl zurückzuweisen (HK-ZPO/*Kayser* Rn 12; aA St/J/*Bork* Rn 25: Verfahren nach § 71). Ein Prozesshandlungsvoraussetzungen entbehrender Beitritt löst, selbst wenn dies unerkannt bleibt, nicht die Interventionswirkungen des § 68 aus. Die in § 66 geregelten speziellen Voraussetzungen der Nebenintervention – insb das rechtliche Interesse – werden nur auf Rüge einer Hauptpartei (§ 71) geprüft (BGHZ 165, 358, 362 = NJW 06, 773; Nürnbg MDR 05, 473). Stellt sich im Verfahren nach § 71 ein Mangel einer Prozesshandlungsvoraussetzung heraus, findet gegen das Zwischenurteil analog § 71 II sofortige Beschwerde statt. Im Blick auf die besonderen Voraussetzungen des § 66 kommt eine Heilung durch rügelose Verhandlung (§ 295) in Betracht (Nürnbg MDR 05, 473). Wird keine Rüge erhoben, erlangt der Dritte durch seinen Beitritt **ohne Zulassungsverfahren und ohne Zulassungsentscheidung** die Stellung eines Nebenintervenienten.

15 **III. Zeitpunkt des Beitritts.** Der Beitritt kann nach Abs 2 innerhalb des Zeitraums der Anhängigkeit bis zu einer rechtskräftigen Entscheidung und darum auch noch nach einer Revisionseinlegung durch die Partei iRd Revisionsbegründung (BGH NJW 99, 2046 f) erklärt werden. Der Beitritt kann mit einem **Rechtsmittel** – auch einem Einspruch oder Widerspruch – verbunden werden, muss dann aber inhaltlich sowohl den Voraussetzungen des § 70 und als auch denen der Rechtsmitteleinlegung genügen (BGH NJW 97, 2385 f). Die Einlegung eines Rechtsmittels durch eine vermeintliche Partei kann in einen mit einer Rechtsmitteleinlegung kombinierten Beitritt umgedeutet (§ 140 BGB) werden (BGH NJW 01, 1217 f). Ein Beitritt

kann nicht mit Hilfe eines Wiedereinsetzungsgesuchs erwirkt werden (BGH NJW 91, 229f). Der wirksam erklärte Beitritt gilt für die Dauer des gesamten Verfahrens, auch der Rechtsmittelinstanzen. Wird der Beitritt erst nach Schluss der mündlichen Verhandlung erklärt, besteht keine Verpflichtung zur Wiedereröffnung (§ 156; Köln MDR 83, 409). Hier kann der Beitritt durch Einlegen eines Rechtsmittels für die höhere Instanz verwirklicht werden.

D. Ende der Nebenintervention. Sie endet in Analogie zu § 269 mit ihrer **Rücknahme**, deren Gültigkeit nicht von einer Zustimmung der Hauptparteien abhängt. Da die Rücknahme nur für die Zukunft wirkt, bleiben die von dem Streithelfer vorgenommenen Prozesshandlungen wirksam (*Bischof* MDR 99, 787, 790). Auch die Interventionswirkung (§ 68) wird durch eine Rücknahme nicht tangiert. Die Nebenintervention endet, wenn der **Hauptprozess** durch rechtskräftiges Urt, Klagerücknahme (§ 269), Erledigung (§ 91a) oder Vergleich (§ 794) abgeschlossen ist (BGH NJW 91, 229f; 84, 353). Ferner erledigt sie sich, sofern der Nebenintervenient Rechtsnachfolger der unterstützten Hauptpartei wird oder diese aus dem Prozess ausscheidet. Wird die Nebenintervention rechtskräftig zurückgewiesen (§ 71), sind die von dem Streithelfer bis dahin vorgenommenen Prozesshandlungen weiter beachtlich (BGHZ 165, 358, 363 = NJW 06, 773). 16

§ 67 Rechtsstellung des Nebenintervenienten. **Der Nebenintervenient muss den Rechtsstreit in der Lage annehmen, in der er sich zur Zeit seines Beitritts befindet; er ist berechtigt, Angriffs- und Verteidigungsmittel geltend zu machen und alle Prozesshandlungen wirksam vorzunehmen, insoweit nicht seine Erklärungen und Handlungen mit Erklärungen und Handlungen der Hauptpartei in Widerspruch stehen.**

A. Rechtsstellung des Streithelfers. Die Bestimmung befasst sich mit den dem Streitgenossen im Verhältnis zu der Hauptpartei verliehenen **prozessualen Befugnissen.** Den streitgenössischen Nebenintervenienten stattet § 69 weitergehend mit zusätzlichen Rechten aus. Der Nebenintervenient, der weder Partei des Hauptprozesses noch Vertreter der Hauptpartei ist, agiert in einem fremden Prozess neben der Hauptpartei als Dritter. Kraft eigenen Rechts ist er befugt, den fremden Rechtsstreit der Hauptpartei im eigenen rechtlichen Interesse zu fördern (BGH NJW 86, 257; 81, 2062). Der Streithelfer, der dem prozessualen **Wahrheitsgebot** unterliegt (BGH NJW 82, 281 f), handelt in eigenem Namen und aus eigenem Recht, begehrt aber nicht im eigenen Interesse Rechtsschutz und kann daher nicht zu eigenen Gunsten eine Verurteilung erstreiten (BGH NJW 95, 198 f). Mangels Parteistellung kann gegen den Streithelfer kein Antrag gestellt und ihm nichts zu- oder aberkannt werden (BGH NJW 95, 198 f). Der Nebenintervenient ist nicht befugt, Zwischenfeststellungsklage oder **Widerklage** zu erheben. Umgekehrt ist eine parteierweiternde Widerklage gegen den Streithelfer zulässig, auch wenn er dem Beklagten beigetreten ist (BGHZ 131, 76, 78 = NJW 96, 196). Die Rechte des Nebenintervenienten werden durch das Verhalten der unterstützten Partei begrenzt. Der Streithelfer wird nicht als Partei, sondern als **Zeuge** vernommen (BayObLGZ 87, 253). Darum erscheint es nicht angängig, zu Aufklärungszwecken sein persönliches Erscheinen anzuordnen (§ 141, § 273 II Nr 3). Der Tod des Streithelfers oder die Eröffnung des Insolvenzverfahrens über sein Vermögen führen nicht zur **Verfahrensunterbrechung** (Naumbg OLGR 03, 478; Ddorf MDR 85, 504). 1

B. Befugnisse des Nebenintervenienten. I. Gewährung rechtlichen Gehörs. Als Verfahrensbeteiligtem ist dem Streithelfer, der zum Rechtsstreit zuzuziehen ist (§ 71 III), rechtliches Gehör zu geben. Dem Streithelfer sind die Schriftsätze der Parteien mitzuteilen, damit er im Interesse der von ihm unterstützten Hauptpartei auf den Prozess sachlich einwirken kann. Zwecks Teilnahme an der mündlichen Verhandlung sind ihm die Termine bekanntzugeben. Wird der Nebenintervenient nicht ordnungsgemäß geladen, darf gegen die unterstützte Hauptpartei weder ein **Versäumnisurteil** (§ 335 I Nr 2) noch ein nachteiliges kontradiktorisches Urt ergehen, sondern die Sache ist zu vertagen. Selbstverständlich darf bei Abwesenheit des Streithelfers zugunsten der von ihm unterstützten Hauptpartei entschieden werden. Der Partei zuzustellende fristsetzende Verfügungen sind dem Streithelfer gem § 329 II 1 formlos mitzuteilen. Entsprechendes gilt für der Vorbereitung oder Fortsetzung des Verfahrens dienende gerichtliche Entscheidungen und **Urteile**. Rechtsmittelfristen berechnen sich nach dem Zustellungszeitpunkt an die Hauptpartei (BGH NJW 90, 190). Der Nebenintervenient hat dafür Sorge zu tragen, dass er – etwa durch eine Anfrage an die Geschäftsstelle – von dem Zustellungsdatum Kenntnis erlangt. Eine in der Person der Hauptpartei verwirklichte **Präklusion** hat der Nebenintervenient hinzunehmen (*Schulze* NJW 81, 2663 f). Zu Lasten der Partei kann eine Präklusion mangels einer Zurechnungsnorm nicht auf ein Verschulden des Streithelfers gestützt werden 2

(*Fuhrmann* NJW 82, 978 f). Freilich kann ein Eigenverschulden der Partei darin liegen, dass sie dem Streithelfer die Prozessführung überlassen hat. Präklusion scheidet aus, wenn die Hauptpartei verspätet, der Nebenintervenient fristgerecht vorträgt.

3 **II. Vornahme von Prozesshandlungen. 1. Angriffs- und Verteidigungsmittel.** Der Streithelfer kann, wobei Hs 2 Angriffs- und Verteidigungsmittel lediglich beispielhaft benennt, **alle der Partei zustehenden Prozesshandlungen** wirksam vornehmen. In der mündlichen Verhandlung ist der Streithelfer zur Entgegennahme für die Hauptpartei bestimmter Prozesshandlungen berechtigt. Die Vornahme oder Entgegennahme einer Prozesshandlung durch ihn wirkt, wie wenn die Partei selbst gehandelt hätte (BGH NJW 85, 2480). Durch sein Erscheinen in der mündlichen Verhandlung kann der Streithelfer den Erlass eines **Versäumnisurteils** gegen die Hauptpartei verhindern (BGH ZIP 94, 787 f). Der Streithelfer kann zur Begründung oder Abwehr der Klage Tatsachen behaupten oder bestreiten, Beweisanträge stellen, Beweiseinreden erheben, einem Dritten den Streit verkünden, für die Hauptpartei Richter oder Sachverständige ablehnen. Ferner darf er **materiellrechtliche Einreden** der Hauptpartei (Verjährung, Zurückbehaltung, Vorausklage) und von ihr **ausgeübte Gestaltungsrechte** (Anfechtung, Aufrechnung, Rücktritt) geltend machen (BGH VersR 85, 80). Eine von dem Streithelfer in der mündlichen Verhandlung vorgenommene Prozesshandlung ist bei einem sofortigen Widerruf der Partei wirkungslos; ebenso verhält es sich, wenn schriftsätzliches Vorbringen unverzüglich zurückgewiesen wird. Falls die Hauptpartei nicht widerspricht, kann der Streithelfer außerhalb der mündlichen Verhandlung das Einverständnis mit einer Entscheidung im schriftlichen Verfahren erklären (BayObLGZ 63, 240). Dem Nebenintervenienten ist es verwehrt, **materiellrechtliche Rechtsgeschäfte** für die Partei vorzunehmen, gleich ob es sich um die Anfechtung einer Willenserklärung, den Rücktritt vom Vertrag, die Aufrechnung mit einer Forderung der Hauptpartei oder den Abschluss eines Vergleichs handelt (BGH NJW 66, 930). Die Geltendmachung eigener materieller Rechte wird kaum in Betracht kommen, es sei denn, der Streithelfer rechnet als neben der Hauptpartei verpflichteter Gesamtschuldner mit einer ihm zustehenden Forderung auf. Der Streithelfer darf nicht im eigenen, sondern im Interesse der unterstützten Hauptpartei (vgl Rz 1) **Anträge** stellen, etwa auf Festsetzung des Streitwerts oder Hinausschieben der Zustellung (§ 317 I 3). Im **selbständigen Beweisverfahren** kann der Streithelfer Anträge auf Fristsetzung zur Klageerhebung (§ 494a I) und bei Nichtbeachtung der Frist auf Kostenerstattung (§ 494a II) stellen (Köln OLGR 05, 219 f; Ddorf BauR 04, 1657). Dem Antragsteller sind im selbständigen Beweisverfahren die Kosten des Streitfalles des Antragsgegners auch dann aufzuerlegen, wenn er der gerichtlichen Anordnung zur Klageerhebung nur deshalb nicht nachkommt, weil der Antragsgegner wegen der Eröffnung des Insolvenzverfahrens über sein Vermögen zu einer Mängelbeseitigung nicht in der Lage ist (Frankf NJW-RR 08, 1552) Der Streithelfer darf das selbständige Beweisverfahren nicht durch Fragen ergänzen, die für sein Verhältnis zur Hauptpartei, aber nicht deren Verhältnis zum Gegner relevant sind (Ddorf OLGR 04, 378).

4 **2. Rechtsmittel.** Der Streithelfer ist berechtigt, für bzw namens (BGH NJW 97, 2385 f; 95, 198 f; 90, 190) der Hauptpartei Rechtsmittel einschließlich des Einspruchs einzulegen und zu begründen (BGH NJW 85, 2480). Auch zu einer **Anschließung** an das vom Gegner eingelegte Rechtsmittel ist er befugt. Führt nur der Streithelfer das Rechtsmittel, wird er Rechtsmittelkläger und die Hauptpartei auch Partei des Rechtsmittelverfahrens (BGH NJW 93, 2944). Legen der Streithelfer und die Hauptpartei Rechtsmittel ein, handelt es sich um ein einheitliches Rechtsmittel (BGH NJW 93, 2944; 90, 190 f; 82, 2069), über das auch einheitlich zu entscheiden ist (BGH MDR 06, 944). Der Streithelfer kann sein Rechtsmittel innerhalb der für die Hauptpartei maßgeblichen **Rechtsmittelfristen** einlegen und begründen (BGH NJW 01, 1355; 90, 190), es sei denn, dass die Streithilfe im Zeitpunkt der (fristgerechten) Vornahme der Prozesshandlung bereits rechtskräftig zurückgewiesen wurde (BGH MDR 06, 944; NJW 82, 2070). Der Nebenintervenient kann eine **Verlängerung** der Rechtsmittelbegründungsfrist beantragen, deren Gewährung auch zugunsten der Hauptpartei wirkt (BGH NJW 82, 2069). Im Fall einer Fristversäumung kann der Streithelfer Wiedereinsetzung nur aus Gründen in der Person der Hauptpartei beantragen (BGH NJW 91, 229 f, anders wohl BGH NJW 86, 257). Für die Bemessung der **Beschwer** ist auf die Hauptpartei abzustellen (BGH NJW 97, 2385 f). **Anträge** darf der Streithelfer nicht im eigenen Interesse stellen (Karlsruhe MDR 08, 1354), es sei denn, er ist durch die angefochtene Entscheidung – etwa hinsichtlich der Kosten – beschwert. Umgekehrt darf der Gegner keine auf den Streithelfer bezogenen Anträge stellen. Hat nur der Nebenintervenient ohne Erfolg Rechtsmittel eingelegt, hat er allein die **Kosten** zu tragen. Legen Partei und Streithelfer Rechtsmittel ein, sind §§ 97, 101 anzuwenden.

C. Grenze der Befugnisse. Wie in Hs 1 ausdrücklich geregelt, ist der Nebenintervenient an die **Lage des Rechtsstreits** im Zeitpunkt seines Beitritts gebunden. Er darf sich nach Hs 2 durch seine Prozesshandlungen nicht mit Erklärungen und Handlungen der unterstützen Partei in Widerspruch setzen. Der Streithelfer darf für die Partei **mit oder ohne ihren Willen, aber nicht gegen ihren Willen** handeln. Eine diese Grenzen überschreitende Prozesshandlung ist unbeachtlich. 5

I. Lage des Hauptprozesses. Der unselbständige (§ 67) wie auch der streitgenössische (§ 69) Streithelfer hat den Rechtsstreit in der Lage anzunehmen, in der er sich zum **Zeitpunkt seines Beitritts** befindet (Hs 1). Der Nebenintervenient ist an die Prozesshandlungen der Hauptpartei und des Gerichts gebunden. Dies gilt für Geständnisse, Einwilligungs- und Verzichtserklärungen, den Beginn und Ablauf von Fristen einschließlich bereits entstandener Präklusionslagen (§§ 296, 529, 531), Versäumungen von Prozesshandlungen wie auch den Schluss der Tatsachenverhandlung. **Angriffs- und Verteidigungsmittel**, die von der Hauptpartei versäumt wurden oder auf die sie verzichtet hat, kann der Nebenintervenient nicht geltend machen. Eine von der Hauptpartei versäumte Notfrist kann, weil für den Fristlauf (auch von Rechtsmitteln) allein auf die Partei abzustellen ist, nicht mehr nachgeholt werden. Mangels **Dispositionsbefugnis** über den Streitgegenstand darf der Streithelfer die Klage nicht beschränken und zurücknehmen, weder eine Klageänderung vornehmen noch ihr zustimmen, keine Zwischenfeststellungs- und Widerklage erheben, weder **Erledigung**, **Anerkenntnis** noch **Verzicht** erklären und keinen Vergleich schließen. 6

II. Widerspruch der Hauptpartei. 1. Ausdrückliche oder konkludente Kundgabe. Prozesshandlungen der Hauptpartei genießen im Falle einer Divergenz ggü denen des Streithelfers Vorrang (Hs 2). Der Antrag eines Streithelfers, dem Antragsteller die Kosten eines selbständigen Beweisverfahrens aufzuerlegen, ist unwirksam, wenn die vom Streithelfer unterstützte Partei dem Antrag widerspricht (BGH NJW-RR 08, 261 Rn 8). Die Partei kann dem Vorgehen des Nebenintervenienten ausdrücklich oder durch ihr prozessuales Gesamtverhalten (konkludent) widersprechen (BGHZ 165, 358, 361 = NJW 06, 773; BGH NJW-RR 91, 358, 363; Saarbr MDR 02, 842). Im Zweifel ist nicht von einem entgegenstehenden Willen der Hauptpartei auszugehen (BGH NJW 85, 2480). Lässt sich ein abweichender Wille der Hauptpartei nicht feststellen (BGHZ 165, 358, 361 = NJW 06, 773), sind **Prozesshandlungen** des Streithelfers wirksam. Ungeklärt ist, ob der Widerspruch der Hauptpartei als einseitige Erklärung ggü dem Gericht im Anwaltsprozess nur von einem postulationsfähigen Prozessvertreter geltend gemacht werden kann (BGH NJW-RR 10, 983 Rn. 28).Einen von der Partei benannten Sachverständigen darf der Streithelfer nicht ablehnen, ferner Beweisfragen nicht in einer Weise formulieren, dass ihre Beantwortung zum Nachteil der Hauptpartei ausschlägt (Ddorf OLGR 04, 378). Untätigkeit der Partei, die etwa im Nichtausnutzen einer Frist und dem Nichteinlegen eines Rechtsmittels liegen kann, stellt keine Hindernis für eigene Prozesshandlungen des Streithelfers dar (BGHZ 165, 358, 361 = NJW 06, 773). Ein **Geständnis der Hauptpartei** darf der Nebenintervenient widerrufen, wenn die Hauptpartei nicht widerspricht und die Voraussetzungen (§ 290) für einen Widerruf eingreifen (BGH NJW 76, 292, 293 f). Ein Geständnis des Streithelfers selbst ist bei Widerspruch der Hauptpartei unbeachtlich und auch bei der Beweiswürdigung nicht zu berücksichtigen. Räumt die Beklagte ein Transportgut dem Streithelfer übergeben zu haben, kann dieser seine Obhut nicht bestreiten (BGH MDR 08, 816). Der **Kostenantrag** des Streithelfers ist bei Widerspruch der Hauptpartei nicht zu berücksichtigen (BGH NJW-RR 08, 261). 7

2. Rechtsmittel. Der Nebenintervenient ist nicht berechtigt, ein von der Hauptpartei eingelegtes Rechtsmittel zu beschränken oder zurückzunehmen. In dieser Weise kann er aber mit einem von ihm selbst für die untätig gebliebene Partei eingelegten Rechtsmittel verfahren (BGH NJW 84, 2480). Legen die Hauptpartei und der Streithelfer Rechtsmittel ein und nimmt die Hauptpartei ihr Rechtsmittel zurück, ist der Streithelfer, weil die **Rechtsmittelrücknahme** der Hauptpartei für sich genommen nicht als Widerspruch gegen das von dem Streithelfer eingelegte Rechtsmittel zu deuten ist, zur Durchführung seines Rechtsmittels berechtigt (BGHZ 76, 299, 302 = NJW 80, 1693; BGH NJW 89, 1357 f; 85, 2480). Anders verhält es sich, wenn in der Rechtsmittelrücknahme der Partei ein Widerspruch gegen die Fortführung des Prozesses zu erkennen ist (BGH NJW 89, 1357 f). Ein Widerspruch kann ausdrücklich erklärt werden (BGH NJW 09, 2679, 2680 Rn. 12; NJW-RR 99, 285 f), aber auch in einem gerichtlichen bzw außergerichtlichen Vergleich oder Anerkenntnis zum Ausdruck kommen (BGH NJW 88, 712; Dresd NJW-RR 94, 1550; Hamm OLGR 02, 229). Mit einem Berufungsverzicht dürfte die Hauptpartei ebenfalls den Widerspruch gegen ein Rechtsmittel des Streithelfers zum Ausdruck bringen (Musielak/*Weth* Rn 9; aA Hambg NJW 89, 1362 f). In diesen Fällen ist das Rechtsmittel als unzulässig zu verwerfen (BGHZ 92, 275, 279). Wurde das **rechtliche Gehör** 8 des Streithelfers verletzt, kann er auch im Widerspruch zu der Hauptpartei die Gehörsrüge nach § 321a ZPO einlegen (BGH NJW 09, 2679, 2681 f Rn. 22 ff). Ist das Rechtsmittel des Nebenintervenienten zulässig, darf ein verspätetes Rechtsmittel der Hauptpartei, weil es sich rechtlich nur um ein Rechtsmittel handelt, nicht als unzulässig verworfen werden (BGH NJW 85, 2480; 82, 2069). Dies gilt auch im umgekehrten Fall. Legt allein der Streithelfer ein Rechtsmittel ein, hat er bei einem Unterliegen die Kosten zu tragen (vgl § 101 Rn. 12).

§ 68 Wirkung der Nebenintervention. Der Nebenintervenient wird im Verhältnis zu der Hauptpartei mit der Behauptung nicht gehört, dass der Rechtsstreit, wie er dem Richter vorgelegen habe, unrichtig entschieden sei; er wird mit der Behauptung, dass die Hauptpartei den Rechtsstreit mangelhaft geführt habe, nur insoweit gehört, als er durch die Lage des Rechtsstreits zur Zeit seines Beitritts oder durch Erklärungen und Handlungen der Hauptpartei verhindert worden ist, Angriffs- oder Verteidigungsmittel geltend zu machen, oder als Angriffs- oder Verteidigungsmittel, die ihm unbekannt waren, von der Hauptpartei absichtlich oder durch grobes Verschulden nicht geltend gemacht sind.

1 **A. Normgegenstand.** Die Bestimmung statuiert die sog **Interventionswirkung**, die darin besteht, dass das unter Beteiligung des Nebenintervenienten im Vorprozess ergangene rechtskräftige Urt für ein späteres Verfahren zwischen dem Nebenintervenienten und der Hauptpartei Bindungswirkung entfaltet. Die Interventionswirkung ist **von Amts wegen** zu beachten (BGHZ 96, 50, 54). Sie entfällt, wenn der Streithelfer berechtigterweise die Einrede der mangelhaften Prozessführung, die nur bei ausdrücklicher Geltendmachung zu berücksichtigen ist, erhebt. Die Interventionswirkung richtet sich allein gegen den Streithelfer, so dass die Hauptpartei die Unrichtigkeit des in dem Vorprozess ergangenen Urteils einräumen kann.

2 **B. Voraussetzungen.** Die Interventionswirkung ist an zwei im Vorprozess verwirklichte Voraussetzungen gekoppelt, eine wirksame Nebenintervention und ein rechtskräftige Entscheidung.

3 **I. Wirksamer Beitritt.** Eine Partei des Folgeprozesses muss der anderen Partei in dem früheren Prozess beigetreten sein. Es genügt, wenn die allgemeinen **Prozesshandlungsvoraussetzungen** (vgl § 66 Rz 14) vorlagen, der Beitritt erklärt und nicht nach § 71 zurückgewiesen wurde. Erfolgte **keine Zurückweisung**, ist es ohne Bedeutung, wenn die Voraussetzungen eines Beitritts (§ 66), insb ein rechtliches Interesse, nicht gegeben waren (BGH WM 72, 346) oder der Beitritt selbst verfahrensmäßig fehlerhaft (§ 70) war. Die Interventionswirkung entfällt nicht durch eine **Rücknahme** der Nebenintervention oder Untätigkeit in dem Vorprozess.

4 **II. Rechtskräftiges Sachurteil.** Interventionswirkung kann nur ein formell rechtskräftiges, zum Nachteil der Hauptpartei ergangenes **Sachurteil,** auch ein Grundurteil (§ 304; BGHZ 65, 127, 135), auslösen. Ebenfalls ausreichend ist ein **Teilurteil** (§ 301), dessen tragenden Feststellungen sich überdies auf den nicht eingeklagten Teil der Forderung erstrecken (BGH NJW 68, 1480 f). Ein **Prozessurteil** hat keine Interventionswirkung. Entsprechend verhält es sich für einen vor Erlass eines Urteils und einen in der Rechtsmittelinstanz geschlossenen **Prozessvergleich**, durch den das bereits ergangene nicht rechtskräftige vorinstanzliche Urt wirkungslos wird (BGH BB 05, 1762 f; DB 67, 814; VersR 58, 762). Lautet der Vergleich aber dahin, dass die Parteien ihre wechselseitigen Rechtsmittel zurücknehmen, entfaltet das dadurch rechtskräftig gewordene Ersturteil Interventionswirkung (BGH NJW 68, 1480 f). Gleiches gilt, wenn die Partei von sich aus ihr Rechtsmittel zurücknimmt (Kobl OLGR 01, 243 f).

5 **C. Interventionswirkung. I. Begriff.** Die Interventionswirkung ist eine Entscheidungswirkung eigener Art, die an die Rechtskraft des Vorprozesses anknüpft. Die nicht mit der **Rechtskraftwirkung** gleichzusetzende Interventionswirkung umfasst weitergehend auch die **rechtlichen und tatsächlichen Grundlagen** des Ersturteils, die für den Folgeprozess verbindlich sind. Nur in einem weiteren Sinne steht die Interventionswirkung der Rechtskraftwirkung gleich, weil sie auf der Rechtskraft der Vorentscheidung beruht. Ferner kann ihr Drittwirkung zugesprochen werden, da der Nebenintervenient als Dritter betroffen ist. Im Unterschied zur Rechtskraftwirkung kann die Interventionswirkung durch den Vorwurf der mangelhaften Prozessführung beseitigt werden. Die vAw zu berücksichtigende Interventionswirkung (BGHZ 100, 257, 263 = NJW 87, 1894) kann von den Parteien des Folgeprozesses **abbedungen** werden. Umgekehrt kann sich eine Partei freiwillig den Ergebnissen des Vorprozesses, an dem sie nicht beteiligt war, unterwerfen (Ddorf

NJW-RR 93, 1471). Interventionswirkung löst ein Urt nicht für einen in einem **anderen Rechtsweg** zu führenden Folgeprozess aus (BGHZ 123, 44, 48 = NJW 93, 2539).

6 **II. Subjektive Reichweite.** Die Interventionswirkung beschränkt sich auf das Verhältnis zwischen dem **Nebenintervenient und der von ihm unterstützter Hauptpartei** einschließlich deren Rechtsnachfolger. Sie erstreckt sich nicht auf das Verhältnis der Hauptpartei zu ihrem Gegner, des Nebenintervenienten zum Gegner der Hauptpartei (BGHZ 92, 275, 277 = NJW 85, 386; BGH NJW 93, 122 f) und des Nebenintervenienten zum gesetzlichen Vertreter der Hauptpartei (RGZ 148, 321 f). Die Interventionswirkung tritt nur zugunsten, nicht zum Nachteil der unterstützen Hauptpartei ein (BGHZ 100, 257, 260 = NJW 87, 1894; BGH NJW 97, 2385 f; Saarbr NJW 10, 3662, 3664 f). Tritt der rechtskräftig verurteilte **Gesamtschuldner** dem Gläubiger in einem Prozess gegen den anderen Gesamtschuldner bei, so entfaltet dessen Verurteilung keine Interventionswirkung in einem Regressprozess des erstverurteilten Gesamtschuldners, weil der andere Gesamtschuldner nicht unterstützte Hauptpartei war und die Interventionswirkung nicht zugunsten des Nebenintervenienten ausschlägt. Die Interventionswirkung ist unteilbar, sie kann dem Nebenintervenienten nur uneingeschränkt oder überhaupt nicht, hingegen nicht isoliert hinsichtlich der der Hauptpartei günstigen Punkte entgegengehalten werden (BGH NJW-RR 89, 766 f).

7 **III. Objektive Reichweite.** Die Interventionswirkung betrifft nicht nur – wie die Rechtskraft – die Richtigkeit der im Urteilstenor ausgesprochenen Rechtsfolge, sondern erstreckt sich auf alle tatsächlichen und rechtlichen Grundlagen der früheren Entscheidung, die sog »Entscheidungselemente« (BGHZ 116, 95, 102 mwN = NJW 92, 1698; BGHZ 8, 72, 82 = NJW 53, 420; Köln NJW-RR 92, 119 f). Bei einem **Teilurteil** erfasst die Interventionswirkung, weil die in dem Ersturteil getroffenen Feststellungen unteilbar sind, nicht nur den eingeklagten, sondern den gesamten Anspruch (BGH NJW 68, 1480f). Kann eine Entscheidung auf mehrere Begründungen – fehlende Vollmacht oder bereits fehlende vertragliche Einigung – gestützt werden, beschränkt sich die Interventionswirkung auf den von dem Ersturteil gewählten Lösungsweg (Köln NJW-RR 92, 119 f). **Überschießende Feststellungen**, auf denen das Ersturteil nicht beruht, nehmen an der Interventionswirkung nicht teil. Ob es sich um überschießende Feststellungen handelt, ist nicht aus der Warte des Erstgerichts, sondern aus objektiver Sicht zu beurteilen (BGHZ 157, 97 = MDR 04, 464; BGH FamRZ 08, 1435). Nimmt der geschädigte Anlieger den Halter eines von der Fahrbahn abgekommenen PKW nach § 7 StVG wegen der Beschädigung eines Zauns auf Ersatz in Anspruch, so bildet die für die Haftung unerhebliche Annahme eines Verschuldens des Fahrers eine überschießende Feststellung. Eine allein den Streithelfer betreffende **(Mehrfach-)Begründung** erzeugt keine Interventionswirkung, weil der Streithelfer, wenn die auf die Hauptpartei bezogene Begründung trägt, gehindert ist, die alternative Begründung mit einem Rechtsmittel anzufechten. Entsprechendes gilt für **Hilfserwägungen**, obiter dicta und bloße Rechtsansichten. **Fehlende Feststellungen**, die das Gericht hätte treffen müssen, aber nicht getroffen hat, lösen keine Interventionswirkung aus (BGHZ 85, 252, 256 = NJW 83, 820). Wurde die Werklohnklage eines Bauhandwerkers mangels Nachweis des Vertragsschlusses gegen den Bauherrn abgewiesen, steht damit noch nicht fest, dass der im Vorprozess beigetretene Generalunternehmer Auftraggeber war (Karls OLGR 05, 629, insoweit unklar BGHZ 85, 252, 255 = NJW 83, 820). Bei gestaffelten Vertragsverhältnissen wie bei einem **Werk-** und **Subunternehmer** entfaltet die Entscheidung über für beide Vertragsverhältnisse identische Streitpunkte wie Sach-, Rechts- und Werkmängel Bindungswirkung im Folgeverfahren, also auch hinsichtlich von dem Subunternehmer zu verantwortender Mängel (Ddorf RR 11, 597, 598). Wird im Vorprozess die Klage gegen den Vertretenen mangels Vollmachtnachweises abgewiesen, steht in dem Folgeprozess gegen den Vertreter noch nicht fest, dass es überhaupt zu einer vertraglichen Einigung kam (Köln NJW-RR 92, 119 f). Hat das Erstgericht wegen Unaufklärbarkeit einer Tatsache eine **Beweislastentscheidung** zum Nachteil der Hauptpartei getroffen, kann der Streithelfer, sofern er ebenfalls beweisbelastet ist, wegen der Interventionswirkung im Folgeprozess nicht mehr zum Beweis der Tatsache zugelassen werden (BGHZ 85, 252, 257 f = NJW 83, 820; BGHZ 16, 217, 229 = NJW 55, 625). Trägt hingegen die Hauptpartei auch im Verhältnis zu dem Streithelfer die Beweislast, führt die Beweislastentscheidung des Erstprozesses dazu, dass die Hauptpartei wegen des »non liquet« auch den Folgeprozess verliert (BGHZ 85, 252, 257 f = NJW 83, 820; BGHZ 99, 50, 52 f). Dies gilt auch, wenn die Hauptpartei im Erstprozess zu Unrecht als beweispflichtig angesehen wurde, aber im Folgeprozess gegen den Streithelfer die Beweislast trägt (BGHZ 85, 252, 258 = NJW 83, 820). Ist der Kl im Erstprozess mit einer auf fehlende Vertretungsmacht gestützten Klage (§ 179 I BGB) mangels Nachweises der fehlenden Vertretungsmacht unter Verkennung der Beweislast gegen den Vertreter unterlegen, verliert er auch den Folgeprozess gegen den im Erstprozess beigetretenen

Vertretenen, weil er die Vollmacht des Vertreters nicht zu beweisen vermag. Ist hingegen die Klage gegen den Vertretenen mangels Vollmachtnachweis abgewiesen worden, steht im Regressprozess gegen den Vertreter dessen fehlende Vollmacht fest (Köln NJW-RR 92, 119 f).

8 **D. Einrede mangelhafter Prozessführung.** Mit Hilfe der Einrede der mangelhaften Prozessführung kann der Streithelfer die Interventionswirkung beseitigen. Sei greift in **zwei Alternativen** ein, wenn der Streithelfer entweder infolge der Lage des Prozesses zur Zeit seines Beitritts oder infolge des Verhaltens der Partei außerstande war, durch Angriffs- oder Verteidigungsmittel den Prozessausgang zu beeinflussen.

9 **I. Lage des Rechtsstreits.** Mangels einer Möglichkeit, in den Rechtsstreit lenkend einzugreifen, braucht ein Streithelfer keine Interventionswirkung zu befürchten, dem **nach Schluss der mündlichen Verhandlung** in einer nicht rechtsmittelfähigen Sache der Streit verkündet wurde (Köln MDR 83, 409). Erfolgte die Streitverkündung erst in der **Rechtsmittelinstanz** und wurden deshalb Einwendungen des Nebenintervenienten nicht berücksichtigt, ist er nicht gehindert, den Sachvortrag in dem Folgeprozess zu erheben. Hat ein Rechtsmittel etwa wegen eines von der Partei erteilten Geständnisses keine Erfolgsaussichten, kann dem Streithelfer die Einlegung nicht zugemutet werden (BGH NJW 76, 292, 294).

10 **II. Mangelhafte Prozessführung.** Es schlägt nicht zum Nachteil des Streithelfers aus, wenn er **Angriffs- oder Verteidigungsmittel** wegen eines Widerspruchs zum Vortrag der Hauptpartei nicht vorbringen konnte. Darum kann der Streithelfer im Folgeprozess Angriffs- und Verteidigungsmittel geltend machen, Beweisanträge stellen und Rechtsauffassungen vertreten, die im Vorprozess am Widerspruch der unterstützten Partei gescheitert waren (BGH NJW 82, 281 f). Der Streithelfer darf im Widerspruch zu einem von der Hauptpartei erteilten **Geständnis** (§ 288) vortragen, es sei denn, es hätte für in die Möglichkeit bestanden, das Geständnis im Einverständnis der unterstützten – etwa bei Abgabe der Erklärung falsch informierten – Partei zu widerrufen (BGH NJW 76, 292, 293 f). Unschädlich ist es für den Streithelfer, wenn die Partei ihm unbekannte Angriffs- und Verteidigungsmittel absichtlich oder aus grobem Verschulden nicht vorgebracht hat (BGH NJW 76, 292). Die behauptete mangelhafte Prozessführung der Hauptpartei und die Ursächlichkeit für den Prozessausgang hat der Streithelfer in dem Folgeprozess zu beweisen. Die Rücknahme eines **Rechtsmittels** durch die Hauptpartei wirkt nicht zu Lasten des Streithelfers (BGH NJW 88, 712 f). Anders verhält es sich hingegen, wenn der Streitverkündete nicht beitritt und die Partei das Rechtsmittel auf Anraten des Gerichts zurücknimmt (OLGR Kobl 01, 243). Wird dem Nebenintervenienten das gegen die Hauptpartei ergangene Urt erst nach oder nach **Ablauf eines wesentlichen Teils der Rechtsmittelfrist** bekannt, so dass ihm die Einlegung eines Rechtsmittel nicht zugemutet werden kann, greift die Interventionswirkung nicht ein (*Deckenbrock/Dötsch* JR 04, 6, 8).

§ 69 Streitgenössische Nebenintervention. **Insofern nach den Vorschriften des bürgerlichen Rechts die Rechtskraft der in dem Hauptprozess erlassenen Entscheidung auf das Rechtsverhältnis des Nebenintervenienten zu dem Gegner von Wirksamkeit ist, gilt der Nebenintervenient im Sinne des § 61 als Streitgenosse der Hauptpartei.**

1 **A. Voraussetzungen.** Begrifflich handelt es sich um eine (selbständige) streitgenössische Nebenintervention, sofern die Hauptsacheentscheidung auf ein zwischen dem Nebenintervenienten und der **Gegenpartei** bestehendes **Rechtsverhältnis** einwirkt. Neben den Voraussetzungen des § 66 verlangt § 69, der für den streitgenössischen Nebenintervenienten abw von §§ 67, 68 besondere Befugnisse und Rechtsfolgen vorsieht, zusätzlich eine **Rechtskrafterstreckung** des Urteils auf das Rechtsverhältnis zwischen dem Streithelfer und dem Gegner. Der Verweis auf eine sich aus Vorschriften des bürgerlichen Rechts ergebende Rechtskrafterstreckung ist längst überholt und beruht darauf, dass zum Zeitpunkt des Inkrafttretens der ZPO die Rechtskraftlehre dem bürgerlichen Recht zugeordnet wurde (BGHZ 92, 275, 277 = NJW 85, 386). Ein einfacher wird nicht dadurch zum streitgenössischen Nebenintervenienten, dass ihn das Gericht entsprechend behandelt (BayObLG NJW-RR 87, 1423).

2 **I. Rechtsverhältnis zum Gegner.** Im Unterschied zu § 66 setzt die streitgenössische Nebenintervention nicht nur ein Rechtsverhältnis zwischen dem Streithelfer und der unterstützten Partei, sondern zusätzlich zwischen dem Streithelfer und der Gegenpartei voraus (BGHZ 92, 275, 277 = NJW 85, 386). Entsprechend dem üblichen Verständnis ist ein Rechtsverhältnis eine durch den Sachverhalt aufgrund einer Rechtsnorm gegebene Beziehung einer Person zu einer anderen oder zu Gegenständen (BGHZ 92, 275, 278 = NJW 85,

386). Die Rechtsbeziehung muss tatsächlich gegeben sein; eine **nur mittelbare Abhängigkeit** idS, dass ein Recht oder eine Verbindlichkeit des Streithelfers von einem Recht oder einer Verbindlichkeit der Parteien des Hauptprozesses abhängen, reicht nicht. Der Untermieter ist im Rechtsstreit zwischen Hauptmieter und Vermieter trotz § 546 II BGB mangels eines Rechtsverhältnisses zu dem Vermieter kein streitgenössischer Nebenintervenient (BGH NJW 01, 1355). Wegen der in § 425 II BGB vorgesehenen rechtlichen Selbständigkeit der Gesamtschuldner scheitert eine streitgenössische Nebenintervention, wenn ein Gesamtschuldner dem anderen im Prozess gegen den Gläubiger beitritt (BGH NJW 01, 1355; BayObLG NJW-RR 87, 1423). Der dem Rechtsstreit im Falle einer Anfechtungsklage des Kindes, der Mutter oder des rechtlichen Vaters beitretende potenzielle biologische Vater ist lediglich unselbstständiger Nebenintervenient, nicht aber streitgenössischer Nebenintervenient, falls der potenzielle biologische Vater der Partei mit dem Ziel beitritt, eine spätere Feststellung der eigenen Vaterschaft zu verhindern (BGH NJW 09, 2679, 2680 Rn. 10). Hat das Kind mit seiner Anfechtungsklage gegen den rechtlichen Vater obsiegt, kann die Mutter hiergegen auch dann Berufung einlegen, wenn sie auf Seiten des Kindes und nicht auf Seiten des Vaters beigetreten ist (BGH NJW 09, 1469).

II. Urteilswirkungen. Nach dem Wortlaut des § 69 entsteht eine streitgenössische Nebenintervention nur 3
bei einer Rechtskrafterstreckung im Verhältnis zwischen Streithelfer und Gegenpartei. Weitergehend ist die Bestimmung auch in Fällen der Gestaltungswirkung und der erweiterten Vollstreckbarkeit anwendbar.

1. Rechtskraftwirkung. Grundfall einer streitgenössischen Nebenintervention ist eine **Rechtskrafterstreckung** des Vorprozesses auf das Rechtsverhältnis zwischen dem Streithelfer und dem Gegner, die etwa durch 4
§§ 76 IV, 325, 327, 640e, 728, 856, 61 II GmbHG, 248, 249, 256 VII AktG, 111 II GenG, 183 InsO, 128, 129 HGB, 407 II, 408 BGB, 3 Nr 8 PflVG statuiert wird. Einschränkend muss sich die Rechtskrafterstreckung gerade auf das Rechtsverhältnis des Nebenintervenienten zur Gegenpartei beziehen. Eine (allseitige) **Rechtskrafterstreckung für und gegen alle** (Beispiel § 640h) genügt nicht, weil der Nebenintervenient in diesen Fällen wie jeder Dritte von der Entscheidung betroffen ist und dieser Umstand es nicht rechtfertigt, ihm erweiterte Befugnisse zuzubilligen (BGHZ 92, 275, 277 = NJW 85, 386). Ein der Partei beitretender materieller Rechtsnachfolger ist trotz Rechtskrafterstreckung (§ 325) kraft § 265 II 3 nur einfacher Nebenintervenient. Ebenso ist einfacher Nebenintervenient der Versicherer, der dem beklagten Schädiger als seinem Versicherungsnehmer im Haftpflichtprozess beitritt (Frankf NJW-RR 10, 140). Der Erwerber des Patents, der einem vor der Eintragung des Rechtsübergangs eingeleiteten Nichtigkeitsverfahren auf Seiten des Beklagten beitritt, ist entsprechend § 265 Abs. 2 Satz 3 ebenfalls nicht streitgenössischer Nebenintervenient (BGH GRUR-Prax 11, 556 Rn. 98 f).

2. Gestaltungswirkung. Gleich steht der Rechtskrafterstreckung eine dem Urt innewohnende, ggü jeder- 5
mann, also auch dem Streithelfer, geltende Gestaltungswirkung, sofern zwischen der Gegenpartei und dem Streithelfer ein **Rechtsverhältnis** gegeben ist. Ein formell rechtskräftiges Gestaltungsurteil ändert unmittelbar die bestehende Rechtslage, indem ein Rechtsverhältnis begründet, umgestaltet oder aufgehoben wird. Beispiele bilden die Klage auf Aufhebung der fortgesetzten Gütergemeinschaft (§ 1496 BGB), die **Erbunwürdigkeitsklage** (§ 2342 BGB), die **Anfechtungs- und Nichtigkeitsklage** (BGH NJW-RR 10, 1476 Rn. 9; §§ 248, 249 AktG, die auf die GmbH analog anwendbar sind, § 51 V GenG) gegen Gesellschafterbeschlüsse (BGHZ 122, 211, 240; BGH NJW 99, 1638; NZG 09, 948), die Nichtigkeitsklage gegen AG, Genossenschaft und GmbH (§§ 275 IV AktG, 75 II GmbHG, 96 GenG) sowie eine gemeinschaftliche **Vollstreckungsgegenklage** nach § 767. Schweben mehrere aktienrechtlichen Anfechtungsverfahren, die denselben Hauptversammlungsbeschluss betreffen, kann ein Mitaktionär jedem als Streithelfer beitreten (BGH NZG 10, 831 Rn. 15, 16). Die Ausschlussfrist des § 246 Abs. 4 AktG gilt nicht zu Lasten des auf Seiten der beklagten Gesellschaft beitretenden Nebenintervenienten (BGH NZG 09, 948). In diesen Fällen ist § 69 zumindest analog anwendbar (vgl auch *Gehrlein* AG 94, 103 ff).

3. Erweiterte Vollstreckbarkeit. Auch in diesen Konstellationen liegt, ohne dass es auf ein Rechtsverhältnis 6
zwischen Streithelfer und Gegenpartei ankommt, eine streitgenössische Nebenintervention vor (BGH NJW 01, 1355 f). Als Beispiele sind §§ 729, 740, 741, 743 zu nennen. Keine streitgenössische Nebenintervention ist gegeben, wenn gegen den Streithelfer noch ein Duldungstitel erwirkt werden muss (BGH NJW 01, 1355 f). Nicht ausreichend ist eine bloße **Tatbestandswirkung** (Frankf OLGR 05, 641).

B. Rechtsstellung des streitgenössischen Nebenintervenienten. Der streitgenössische Nebenintervenient 7
hat eine eigenartige Doppelstellung, weil er Streithelfer bleibt, ihm aber durch die Verweisung des § 69 auf

§ 61 die (fiktive) Stellung eines Streitgenossen zukommt (BGH NJW 65, 760). Da § 69 eine Rechtskrafterstreckung, Gestaltungswirkung oder erweiterte Vollstreckbarkeit voraussetzt, ist der streitgenössischen Nebenintervenient stets als **notwendiger Streitgenosse** (§ 62 I Alt 1) anzusehen. Seiner Rechtsstellung nach ist der streitgenössische Nebenintervenient zwischen einfachem Streithelfer und Partei angesiedelt. Deshalb ist zwischen den Befugnissen zu unterscheiden, die er als Streithelfer und denen, die er als notwendiger Streitgenosse wahrnehmen darf. Soweit die gerichtliche Entscheidung zu seinen Lasten Rechtskraft entfaltet, kann sich der streitgenössische Nebenintervenienten im Blick auf die Interventionswirkung (§ 68) nicht auf eine **mangelhafte Prozessführung** durch die Hauptpartei berufen.

8 **I. Befugnisse eines Streithelfers.** Da auch der streitgenössische Nebenintervenient an einem fremden Rechtsstreit mitwirkt, muss er den Prozess in der Lage zum Zeitpunkt seines Beitritts annehmen. Er ist nicht befugt, für sich selbst Anträge zu stellen und etwa eine Widerklage zu erheben. Dem streitgenössischen Nebenintervenienten kann mangels Parteistellung nichts zu- oder aberkannt werden. Ferner darf der streitgenössische Nebenintervenient nicht über den **Streitgegenstand** verfügen, weder eine Klageänderung vornehmen noch eine Zwischenfeststellungsklage (§ 256 II) erheben oder gar die Klage zurücknehmen. Ebenso ist es ihm verwehrt, ein Rechtsmittel der unterstützten Hauptpartei zurückzunehmen. Auch kann er nicht für sich selbst in der Hauptsache bestreiten. Einer **Klagerücknahme** durch die unterstützte Hauptpartei kann er, weil er auch auf die Klageerhebung keinen Einfluss hat, nicht entgegentreten (BGH NJW 65, 760; NZG 10, 831 Rn. 16; München MDR 00, 1152; Köln NJW-RR 95, 1251) und nicht etwa den Prozess nach Klagrücknahme selbstständig weiterführen (BGH NJW 65, 760). Entsprechendes gilt bei einer **übereinstimmenden Erledigungserklärung** (§ 91a). Ein Grund für die Entbehrlichkeit einer Zustimmung des streitgenössischen Nebenintervenienten liegt darin, dass sowohl bei einer Klagerücknahme als auch einer Erledigung keine den Streithelfer bindende (§ 68) Sachentscheidung ergeht (München MDR 00, 1152).

9 **II. Befugnisse des Streitgenossen.** Als wesentlicher Unterschied zum einfachen darf der streitgenössische Nebenintervenient das Recht der unterstützten Hauptpartei betreffende Angriffs- und Verteidigungsmittel auch **gegen deren Widerspruch** wahrnehmen (BGHZ 92, 275 f = NJW 85, 386; BGHZ 89, 121, 124 = NJW 84, 353). Der neben dem Versicherungsnehmer verklagte Versicherer darf im Interesse einer Klageabweisung einen der Darstellung des Versicherungsnehmers widersprechenden Sachverhalt vortragen (BGH MDR 12, 181 Rn 3 ff). Ein Geständnis (§ 288) der Hauptpartei ist bei einem Widerspruch des streitgenössischen Nebenintervenienten unbeachtlich, aber iRd § 286 zu würdigen. Ebenso verhält es sich, wenn die Hauptpartei einem Geständnis des streitgenössischen Nebenintervenienten widerspricht. Ein Anerkenntnis (§ 307) oder ein Verzicht (§ 306) der unterstützten Hauptpartei ist bei einem Widerspruch des streitgenössischen Nebenintervenienten wirkungslos (BGH NJW-RR 93, 1254; Schlesw NJW-RR 93, 930). Mangels Dispositionsbefugnis über den Streitgegenstand ist der streitgenössische Nebenintervenient nicht zu einem Anerkenntnis oder Verzicht berechtigt (ThoPu/*Hüßtege* Rn 6; str). Zum Zwecke der Aufklärung kann das persönliche Erscheinen des streitgenössischen Nebenintervenienten angeordnet werden (§ 141). Er ist iRd Beweiserhebung als Partei und nicht als Zeuge zu vernehmen. Eine Frist- oder Terminsversäumung liegt nicht vor, wenn der streitgenössische Nebenintervenient die Frist gewahrt hat oder im Termin erschienen ist. **Unterbrechungsgründe** (§§ 239 ff) in der Person des streitgenössischen Nebenintervenienten sind zu beachten. Für den streitgenössischen Nebenintervenienten, dem Urteile nicht nur formlos mitzuteilen, sondern zuzustellen sind, laufen unabhängig von der Zustellung an die Hauptpartei eigene, auf die an ihn bewirkte Zustellung bezogene **Rechtsmittelfristen** (BGHZ 89, 121, 125 = NJW 84, 353; BGH NJW 01, 1355; NJW-RR 97, 919). War der streitgenössische Nebenintervenient erstinstanzlich nicht beigetreten, bestimmen sich die Rechtsmittelfristen nach dem Zeitpunkt der Zustellung an die Hauptpartei (BGH NJW 08, 1889; ZIP 05, 45). Dem nicht beigetretenen und über das Verfahren nicht informierten Streithelfer kann Wiedereinsetzung gewährt werden (BGH NJW 08, 1889, 1890). Der Streithelfer ist ungeachtet eines **Rechtsmittelverzichts** der Hauptpartei zur Rechtsmitteleinlegung befugt (BGH NJW 08, 1889). Abweichend vom einfachen kann der streitgenössische Nebenintervenient ein Rechtsmittel auch gegen den Willen der unterstützten Hauptpartei durchführen (BGHZ 92, 275 f = NJW 85, 386; NJW 09, 1496 f. Rn. 13 ff.; Nürnberg MDR 09, 1401). Einer Rechtsmittelrücknahme durch die Hauptpartei kann er, gleich ob es sich um deren oder um sein eigenes Rechtsmittel handelt, widersprechen. Dies gilt selbst dann, wenn die Hauptpartei auf ein Rechtsmittel verzichtet oder die Rechtsmittelfrist versäumt hat. Hat hingegen allein die Hauptpartei das Rechtsmittel eingelegt, kann er der Rechtsmittelrücknahme nicht widersprechen (BGH RR

11, 263 Rn. 4). Der streitgenössischen Nebenintervenient kann wegen in seiner Person eingreifender Gründe **Wiedereinsetzung** beantragen.

§ 70 Beitritt des Nebenintervenienten. **(1) [1]Der Beitritt des Nebenintervenienten erfolgt durch Einreichung eines Schriftsatzes bei dem Prozessgericht und, wenn er mit der Einlegung eines Rechtsmittels verbunden wird, durch Einreichung eines Schriftsatzes bei dem Rechtsmittelgericht. [2]Der Schriftsatz ist beiden Parteien zuzustellen und muss enthalten:**

1. die Bezeichnung der Parteien und des Rechtsstreits;
2. die bestimmte Angabe des Interesses, das der Nebenintervenient hat;
3. die Erklärung des Beitritts.

(2) Außerdem gelten die allgemeinen Vorschriften über die vorbereitenden Schriftsätze.

A. Beitritt. Die Bestimmung regelt Form und Inhalt der Beitrittserklärung nicht nur für die einfache (§§ 66 ff) und die streitgenössische (§ 69) Nebenintervention, sondern auch für die Streitverkündung (§§ 72 ff). 1

I. Form. Der Beitritt erfolgt durch Einreichung eines Schriftsatzes. Im Parteiprozess kann die Erklärung schriftlich oder zu Protokoll der Geschäftsstelle abgegeben werden. Im **Anwaltsprozess** und im Rechtsmittelverfahren ist der Schriftsatz durch einen Rechtsanwalt zu unterzeichnen. Stets müssen die **Prozesshandlungsvoraussetzungen** (vgl § 66 Rz 14) gegeben sein. Der Beitritt kann auch dem **Abschluss eines Vergleichs** dienen; hier kann die Erklärung, wobei der Beitretende selbst im Anwaltsprozess ausnahmsweise keiner anwaltlichen Vertretung bedarf, in das Vergleichsprotokoll aufgenommen werden. Der Schriftsatz ist bei dem Prozessgericht, im Falle der Verbindung mit einem Rechtsmittel bei dem Rechtsmittelgericht – dort auch, wenn der Beitritt nach Rechtsmitteleinlegung durch die Hauptpartei erst in der Rechtsmittelinstanz erfolgt – einzureichen. Der Schriftsatz bedarf vAw der **Zustellung** an beide Parteien, die freilich keine Zulässigkeitsvoraussetzung des Beitritts bildet (Karlsr OLGR 03, 298). 2

II. Inhalt des Schriftsatzes. Im Schriftsatz sind nach Abs 1 S 2 die Parteien und der Rechtsstreit zu bezeichnen (Nr 1). Zur Angabe des Interventionsgrundes (Nr 2) kann auf eine vorausgegangene Streitverkündung verwiesen werden (BGH NJW 97, 2385; 94, 1537 f). Die **Beitrittserklärung** (Nr 3) muss erkennen lassen, welcher Partei der Streithelfer beitritt. Eine ausdrückliche Erklärung ist nicht geboten (Ddorf NJW-RR 97, 443), eine dem **Sinne nach eindeutige Erklärung** vielmehr ausreichend (BGH NJW 94, 1537). Es genügt bereits, wenn sich der Dritte als »Nebenintervenient« bzw »Streithelfer« bezeichnet oder das **Rechtsmittel** namens des Streithelfers eingelegt wird (BGH NJW 97, 2385; 94, 1537). Ein bedingter Beitritt ist unwirksam (Karlsr NJW 10, 621, 622). Wird der Beitritt mit einer Rechtsmitteleinlegung verbunden, muss er auch den inhaltlichen Anforderungen des § 70 I Nr 1 bis 3 genügen (BGH NJW 97, 2385). Unzulässig ist ein Beitritt, wenn – etwa bei Unterliegen beider Parteien und einem mit der Rechtsmitteleinlegung verbundenen Beitritt – unklar bleibt, für welche Partei das Rechtsmittel eingelegt und der Beitritt erklärt wird (BGH NJW 94, 1537 f). Eine gescheiterte (§ 265 II 2) Prozessübernahme (KG ZMR 98, 514 f) wie auch die Rechtsmitteleinlegung durch den vermeintlichen Kl kann in einen Beitritt umgedeutet werden (BGH NJW 01, 1217). Bei mehreren Streitgegenständen ist im Zweifel davon auszugehen, dass sich der Beitritt auf diejenigen bezieht, in denen der Dritte nach dem Prozessstoff oder Inhalt der Streitverkündungsschrift Regressansprüchen ausgesetzt ist (Ddorf NJW-RR 97, 443). 3

B. Mängel des Beitritts. Die Amtsprüfung beschränkt sich auf die Prozesshandlungsvoraussetzungen (Köln NJW-RR 10, 1679, 1681). **Mängel des Schriftsatzes** (Nr 1–3) werden nicht vAw geprüft. Sie werden durch rügelose Einlassung (§ 295) geheilt (BGH NJW 76, 292 f; Nürnbg MDR 05, 472). Wird ein Mangel gerügt, ist darüber nach § 71 zu entscheiden. Mängel können bis zur **rechtskräftigen Zurückweisung** des Nebenintervenienten beseitigt werden. 4

§ 71 Zwischenstreit über Nebenintervention. **(1) [1]Über den Antrag auf Zurückweisung einer Nebenintervention wird nach mündlicher Verhandlung unter den Parteien und dem Nebenintervenienten entschieden. [2]Der Nebenintervenient ist zuzulassen, wenn er sein Interesse glaubhaft macht.**

(2) Gegen das Zwischenurteil findet sofortige Beschwerde statt.

(3) Solange nicht die Unzulässigkeit der Intervention rechtskräftig ausgesprochen ist, wird der Intervenient im Hauptverfahren zugezogen.

1 **A. Antrag auf Zurückweisung der Nebenintervention. I. Antragsbefugnis.** § 71 dient dem Zweck, einen Zwischenstreit (**Interventionsstreit**) über die Zulässigkeit einer Nebenintervention ohne Belastung des Hauptprozesses rasch beizulegen. Tritt ein Nebenintervenient dem Rechtsstreit bei, kann **jede Partei des Hauptprozesses** und jeder Streitgenosse mit Hilfe eines Sachantrags (§ 297) die Zurückweisung der Nebenintervention beantragen (Köln NJW-RR 10, 1679, 1681). Beruht der Beitritt auf einer **Streitverkündung** (§§ 72 ff), steht dem Streitverkünder ein Antragsrecht nur zu, wenn der Nebenintervenient dem Gegner beigetreten ist. Unzulässig ist der Antrag, wenn die Partei des Hauptprozesses, ohne die Zurückweisung zu beantragen, zur Sache verhandelt (§ 295) oder auf das Rügerecht verzichtet hat (Köln NJW-RR 10, 1679, 1681). Ferner kann der Antrag zurückgenommen werden (Köln NJW-RR 10, 1679, 1681). Der **Streitverkündete** kann ein Widerspruchsrecht mit dem Begehren, selbst zurückgewiesen zu werden, nicht geltend machen (*Bischof* MDR 99, 787 f). Wird dem Beitritt von keiner Seite widersprochen und liegen die Prozesshandlungsvoraussetzungen vor, ist die Streithilfe, ohne dass eine gerichtliche Entscheidung ergeht, zulässig (BGHZ 38, 110 f; Köln NJW-RR 10, 1679, 1681).

2 **II. Mögliche Rügen.** Inhaltlich kann der Antrag darauf gestützt werden, dass ein rechtliches Interesse (§ 66) fehlt oder die Form des Beitritts (§ 70) nicht gewahrt wurde. Schließlich kann auch geltend gemacht werden, dass die – ohnehin vAw zu prüfenden – **Prozesshandlungsvoraussetzungen** (vgl § 66 Rz 14) nicht vorliegen.

3 **B. Verfahren. I. Mündliche Verhandlung.** Über den Antrag auf Zurückweisung der Nebenintervention ist mündlich zu verhandeln. Besteht im Hauptverfahren **Anwaltszwang** (§ 78), gilt dies auch für den Interventionsstreit. Erscheint eine Partei oder der Nebenintervenient nicht, darf keine **Versäumnisentscheidung** getroffen werden. Vielmehr ist aufgrund des mündlichen Vortrags der Erschienenen und der Schriftsätze zu entscheiden (BAGE 19, 366, 368 = NJW 68, 73). Erscheint überhaupt niemand, ist nach Lage der Akten (§ 251a) zu entscheiden. Fehlen dem Nebenintervenienten vAw zu prüfende Prozesshandlungsvoraussetzungen, ist der Beitritt durch nach § 567 mit sofortiger Beschwerde anfechtbaren Beschl zurückzuweisen. Der Nebenintervenient hat sein rechtliches Interesse (§ 66) schlüssig darzulegen (Frankf NJW-RR 00, 348) und sein Tatsachenvorbringen glaubhaft zu machen (§ 294). Gelingt ihm dies nicht, ist die Nebenintervention wie auch im Fall des Rechtsmissbrauchs (BGHZ 165, 358, 362 = NJW 06, 773) unzulässig. Nach rechtskräftiger Zurückweisung kann die Nebenintervention auf ein neu entstandenes rechtliches Interesse gestützt werden.

4 **II. Parteien.** An dem Interventionsstreit sind jedenfalls die widersprechende bzw die widersprechenden Parteien sowie der Nebenintervenient beteiligt. Gleiches gilt für die unterstützte Partei, die dem Beitritt ausdrücklich zugestimmt hat. Auch eine von dem Nebenintervenienten nicht unterstützte **neutrale Partei**, die dem Beitritt nicht widersprochen hat, wirkt an dem Interventionsstreit mit (Wieczorek/Schütze/*Mansel* Rn 15; str).

5 **C. Zwischenurteil.** Über die Zulassung der Nebenintervention wird gem Abs 2 durch Zwischenurteil (Frankf NJW-RR 10, 140, 141), das den Parteien vAw zuzustellen ist, entschieden. Inhaltlich handelt es sich um ein **Feststellungsurteil**, das auf Zulassung oder Zurückweisung des Nebenintervenienten lautet. Die Zulassung kann auf einzelne prozessuale Ansprüche (selbständige Streitgegenstände), aber nicht nur auf einzelne Streitpunkte eines Anspruchs beschränkt werden. Die Entscheidung über die Zulassung kann auch in dem **Endurteil** getroffen werden (BGH NJW 82, 2070). Die Entscheidung über die Nichtzulassung der Nebenintervention kann dadurch erfolgen, dass dem Beschwerdeführer im Endurteil die Kosten der Nebenintervention auferlegt werden und diese Entscheidung in den Entscheidungsgründen begründet wird (KG NJW-RR 10, 142). Eine stillschweigende Zulassung kann in einem Endurteil liegen, durch das einer Partei die Kosten der Nebenintervention auferlegt werden (BGH NJW 63, 2027). Auch in den Fällen einer Verbindung mit dem Endurteil ist die Zulassungsentscheidung nur mit der **sofortigen Beschwerde** anfechtbar (BGH NJW 63, 2027; Hamm OLGR 03, 346).

6 **D. Sofortige Beschwerde.** Das Zwischenurteil ist mit der sofortigen Beschwerde anfechtbar; die Beschwerdefrist beträgt zwei Wochen ab Urteilszustellung (§ 569). Dies gilt regelmäßig auch dann, wenn das Urt nachträglich berichtigt wird (KG NJW-Rr 10, 142). Wird der Beitritt zurückgewiesen, sind der **Nebenintervenient** und die unterstützte Hauptpartei beschwerdeberechtigt (Frankf NJW 70, 817). Im Falle der Zulassung der Nebenintervention sind grds beide **Hauptparteien** beschwerdebefugt; beruht die Nebenintervention auf einer Streitverkündung, ist nur der Gegner der unterstützten Partei beschwert. Ist die Hauptsacheentscheidung in

Rechtskraft erwachsen, fehlt einer sofortigen Beschwerde gegen die Zulassung des Beitritts das Rechtsschutzinteresse, weil der Nebenintervenient die Hauptpartei nicht mehr unterstützen kann (Nürnbg MDR 94, 834). Gegen die Beschwerdeentscheidung kann im Falle der Zulassung Rechtsbeschwerde zum BGH eingelegt werden (§ 574 I Nr 2).

E. Beteiligung des Nebenintervenienten am Hauptverfahren. Dem Nebenintervenienten sind die Schriftsätze der Hauptparteien mitzuteilen, zu den Terminen ist er zu laden. Ist der Nebenintervenient nicht ordnungsgemäß geladen, können die erschienen Partei nicht verhandeln; auch darf in diesem Fall kein **Versäumnisurteil** gegen die nicht erschienene unterstützte Partei ergehen. Der Nebenintervenient ist am Hauptprozess zu beteiligen, solange die Nebenintervention nicht **rechtskräftig** zurückgewiesen worden ist. Bis zur Rechtskraft der Zurückweisung von dem Nebenintervenienten vorgenommene Prozesshandlungen bleiben wirksam (BGHZ 165, 358, 363 = NJW 06, 773), so dass die mit der Beschwerde gegen die Zurückweisung der Nebenintervention verbundene Berufung gegen die Hauptsacheentscheidung auch bei späterer Zurückweisung der Beschwerde ihre Wirksamkeit behält (BGH NJW-RR 06, 644; NJW 82, 2070). Mangelt es an Prozesshandlungsvoraussetzungen, sind die von dem Nebenintervenienten vorgenommenen Prozesshandlungen unwirksam. 7
Rechtsbeschwerde nach Nr 3502, 3503, 3516 VV RVG.

F. Kosten/Gebühren. I. Gericht. Gerichtsgebühren entstehen nicht. Das Verfahren wird durch die jeweilige Gebühr für das Verfahren im Allgemeinen mit abgegolten. Im **Beschwerdeverfahren** entsteht eine Festgebühr iHv 75 € nach Nr 1810 KV. Die Gebühr kann sich nach Nr 1811 KV auf 50 € ermäßigen. Im Verfahren der **Rechtsbeschwerde** entsteht eine Festgebühr iHv 150 € nach Nr 1823 KV. Diese Gebühr kann sich nach Nr 1824 KV auf 50 € und nach Nr 1825 KV auf 75 € ermäßigen. 8

II. Anwalt. Für den Anwalt zählt die Tätigkeit mit zum Rechtszug (§ 19 I 2 Nr 3 RVG). Im **Beschwerdeverfahren** entstehen die Gebühren nach Nr 3500 ff VV RVG und im Verfahren der **Rechtsbeschwerde** nach Nr 3502, 3503, 3516 VV RVG. 9

§ 72 Zulässigkeit der Streitverkündung.

(1) Eine Partei, die für den Fall des ihr ungünstigen Ausganges des Rechtsstreits einen Anspruch auf Gewährleistung oder Schadloshaltung gegen einen Dritten erheben zu können glaubt oder den Anspruch eines Dritten besorgt, kann bis zur rechtskräftigen Entscheidung des Rechtsstreits dem Dritten gerichtlich den Streit verkünden.
(2) [1]Das Gericht und ein vom Gericht ernannter Sachverständiger sind nicht Dritter im Sinne dieser Vorschrift. [2]§ 73 Satz 2 ist nicht anzuwenden.
(3) Der Dritte ist zu einer weiteren Streitverkündung berechtigt.

A. Begriff. Streitverkündung ist die durch eine Partei (**Streitverkünder**) erfolgte förmliche Benachrichtigung eines am Prozess nicht beteiligten Dritten (**Streitverkündungsempfänger, Streitverkündeter, Streitverkündungsgegner**) vom Schweben eines Prozesses, um ihm die Möglichkeit der Prozessbeteiligung oder in den Fällen der §§ 75 bis 77 der Prozessübernahme zu geben und dem Streitverkünder den Rückgriff gegen den Dritten zu erleichtern (§ 68). Das Institut der Streitverkündung dient dem Zweck, widersprechenden Bewertungen desselben Sachverhalts durch verschiedene Richter vorzubeugen und zugleich überflüssige Verfahren zu vermeiden (BGHZ 36, 212, 215 = NJW 62, 387). Der Anwendungsbereich der Streitverkündung ist mit dem der Nebenintervention deckungsgleich. Die Rechtswirkungen der Streitverkündung (§§ 74, 68) werden unabhängig davon ausgelöst, ob sich der Streitverkündete zum Beitritt entschließt oder nicht. Es steht im freien Ermessen des Streitverkünders, ob er eine Streitverkündung erklärt; eine Verpflichtung zu einer Streitverkündung sieht lediglich § 841 vor. Die Streitverkündung liegt vornehmlich im **Interesse des Streitverkünders**, der dank der Interventionswirkung (§§ 74, 68) dagegen geschützt wird, zwei Prozesse zu verlieren, obwohl er nach materiellem Recht wenigstens in einem von ihnen obsiegen müsste (BGHZ 100, 257, 262 = NJW 87, 1894). Steht dem Beklagten – etwa einem Bürgen – ein Regress offen, bestünde die Gefahr, dass er nach einer Verurteilung zur Zahlung an den Gläubiger den Rückgriffsprozess gegen den Schuldner mangels einer Hauptverbindlichkeit ebenfalls verliert. 1

B. Streitverkündung. I. Prozesshandlung. Da die Streitverkündung eine Prozesshandlung darstellt, ist sie nur wirksam, wenn die allgemeinen **Prozesshandlungsvoraussetzungen** (§ 66 Rz 14) vorliegen. Die Form der Streitverkündung sowie ihre weitere Behandlung werden in § 73 geregelt. Die Frage, ob die Streitver- 2 kündung zulässig war und darum materiellrechtliche und prozessrechtliche Wirkungen auslösen konnte, wird erst in dem **Folgeprozess** geprüft (BGHZ 116, 95, 98 = NJW 92, 1698; BGHZ 100, 257, 259 = NJW 87, 1894). Das gilt auch dann, wenn die Streitverkündung ggü dem bereits bestellten oder erwarteten Prozessbevollmächtigten des Gegners erfolgt (BGH NJW 11, 1078 Rn. 9 ff). Allerdings sind in dem Vorprozess eingetretene Heilungswirkungen (§ 295) und Bindungswirkungen (§ 71 II) zu beachten.

3 **II. Person des Streitverkündeten.** Die Streitverkündung kann sich gegen jeden Dritten richten, der nicht Partei ist. Darum kann nicht die Partei sich selbst oder dem Gegner den Streit verkünden. Ebenso scheidet eine Streitverkündung an den eigenen gesetzlichen Vertreter oder den eigenen Prozessbevollmächtigten aus. Dritter (Streitverkündeter) kann hingegen ein Streitgenosse des Gegners oder des Streitverkünders sein. Auch einem **Zeugen** kann der Streit verkündet werden; dient die Maßnahme freilich dem Zweck, auf sein Aussageverhalten Einfluss zu nehmen, ist der Antrag wegen Rechtsmissbrauchs unzulässig. Wie Abs 2 nunmehr klarstellt, können **Richter** und **gerichtlich bestellte Sachverständige** wie auch sonstige neutrale Amtsträger aufgrund ihrer mit einer Streithilfe unvereinbaren Rechtsstellung in dem Prozess nicht Streitverkündete sein (BGHR 07, 415; NJW 06, 3214). Falls die Voraussetzungen einer Streitverkündung im Verhältnis sowohl des Klägers als auch des Beklagten zu einem Dritten bestehen, können beide ihm den Streit verkünden (**doppelte Streitverkündung**). Freilich kann der Dritte nur einer Partei beitreten. Eine Interventionswirkung wird hier lediglich im Verhältnis zur unterlegenen Partei begründet. Schließlich ist der Streitverkündete nach Abs 3 seinerseits berechtigt, einem Dritten den Streit zu verkünden (**weitere Streitverkündung**). Diese Befugnis hängt nicht davon ab, ob der (Erst-)Streitverkündete dem Rechtsstreit beigetreten ist (BGH VersR 97, 1363, 1365). Ein solches Vorgehen kann sich bei Lieferungsketten – Inanspruchnahme des Letztverkäufers durch Käufer, Rückgriff gegen Vorverkäufer – anbieten. Die Streitverkündungswirkungen verwirklichen sich hier zwischen dem Weiterverkünder und dem Dritten. Wer von einer ihm möglichen weiteren Streitverkündung abgesehen hat, kann sich nicht im nachfolgenden für ihn ungünstig verlaufenden Rechtsstreit unter Hinweis auf den Vorprozess auf die Einrede der unzulässigen Rechtsausübung berufen.

4 **C. Voraussetzungen der Streitverkündung. I. Anhängiger Prozess.** Die Streitverkündung setzt nicht anders als die Nebenintervention einen anhängigen, nicht rechtshängigen (BGHZ 92, 251, 257 = NJW 85, 328) Rechtsstreit voraus und kann bis zu dessen rechtskräftigem Abschluss – also auch in den Rechtsmittelinstanzen und mithin iRe Nichtzulassungsbeschwerde (BGH WM 10, 372 Rn. 18) – stattfinden. Wie die Nebenintervention kann eine Streitverkündung in Streitigkeiten aller Art erklärt werden (vgl im einzelnen § 66 Rz 2 f).

5 **II. Verhältnis zu Drittem. 1. Anspruch gegen Dritten oder Anspruch eines Dritten.** Voraussetzung der Streitverkündung ist nach dem Wortlaut des § 72, dass die Partei im Falle eines Unterliegens in der Sache entweder einen Anspruch auf Schadloshaltung bzw Gewährleistung gegen einen Dritten hat oder einen solchen Anspruch eines Dritten befürchtet. Der Anspruch der Partei gegen den Dritten oder der ihr drohende Anspruch des Dritten müssen in einem gewissen **Abhängigkeitsverhältnis** zu dem eingeklagten Anspruch stehen. Eine Streitverkündung scheidet aus, wenn dem Streitverkünder **ausschließlich** im Fall des Obsiegens Ansprüche zustehen oder drohen können (Karlsr OLGZ 84, 230, 232). Die Befürchtung der Partei, dass die **Zwangsvollstreckung** gegen den Gegner fruchtlos verläuft, rechtfertigt keine Streitverkündung, weil § 72 die obsiegende Partei nicht vor dem Vollstreckungsrisiko, sondern die unterliegende Partei vor dem Feststellungsrisiko des Erstprozesses schützt. Eine wegen der Befürchtung des Unterliegens erklärte Streitverkündung bleibt zulässig, auch wenn der Streitverkünder tatsächlich obsiegt (BGHZ 36, 212, 214 = NJW 62, 387). Ebenfalls zulässig ist eine Streitverkündung, wenn die Partei sowohl im Fall des Obsiegens als auch des Unterliegens einen Anspruch befürchtet: Verklagt der Hauptunternehmer den Subunternehmer wegen mangelhafter Leistung auf Schadensersatz, darf er dem Besteller den Streit verkünden, dessen Gewährleistungsansprüchen er unabhängig vom Ausgang des Prozesses gegen den Subunternehmer ausgesetzt ist.

6 **2. Subjektive Sicht des Streitverkünders.** Keine Voraussetzung der Streitverkündung ist es, dass der Anspruch der Partei gegen den Dritten oder des Dritten gegen die Partei tatsächlich **begründet** ist. Maßgeblich ist vielmehr die subjektive Sicht des Streitverkünders (BGHZ 70, 187, 189 = NJW 78, 643; BGHZ 65, 127, 131 = NJW 76, 39). Es genügt, wenn der Streitverkünder von der **berechtigten Annahme** geleitet wird, bei ungünstigem Prozessausgang Drittansprüche zu haben oder ihnen ausgesetzt zu sein (Naumbg

OLGR 06, 150; Köln OLGR 05, 219), ein Rückgriff gegen den Streitverkünder also nicht aussichtslos erscheint (Frankf NJW 70, 817). Es müssen – wie die Rechtsprechung formuliert – **naheliegende Gründe** (BGHZ 65, 127, 131 = NJW 76, 39) einen **Regress** durch oder gegen die Partei vermuten lassen. Unerheblich ist, wie der Vorprozess endet, ob der Streitverkünder siegt oder unterliegt (BGHZ 36, 212, 214 = NJW 62, 387). Ohne Bedeutung ist ferner, ob der die Streitverkündung auslösende Anspruch später tatsächlich geltend gemacht wird (BGHZ 116, 95, 101 = 92, 1698; 65, 127, 131 f = NJW 76, 39).

3. Sicherung von Ansprüchen gegen Dritte. Eine Streitverkündung ist zum einen zulässig, sofern der Streitverkünder Ansprüche auf »Gewährleistung« oder »Schadloshaltung« gegen einen Dritten zu haben glaubt. Der Tatbestand ist nach einhelliger Auffassung nur beispielhaft gefasst und die Vorschrift unabhängig von der Art des Anspruchs großzügig anzuwenden (BGHZ 116, 95, 101 = NJW 92, 1698). Ausschlaggebend ist darum, ob der die Streitverkündung motivierende Drittanspruch mit dem im Erstprozess geltend gemachten Anspruch in einem wechselseitigen Verhältnis der Ausschließlichkeit (**Alternativverhältnis**) des Inhalts steht, dass der Erstbeklagte und der Dritte dem Streitverkünder alternativ haften (BGHZ 116, 95, 100 f = NJW 92, 1698; BGH NJW 89, 521 f). Die alternativen Ansprüche brauchen weder auf derselben Rechtsgrundlage zu beruhen noch inhaltlich identisch zu sein: Es genügt, dass sie auf das **gleiche wirtschaftliche Ziel** gerichtet sind (BGHZ 116, 95, 101 = NJW 92, 1698). 7

a) Gewährleistungsansprüche. Sie kommen auf der Grundlage der §§ 434, 435, 437, 453 (Kauf); 523 (Schenkung); 365 (Leistung an Erfüllung statt); 536 ff, 581 (Miete); 633, 634 (Werkvertrag); 651d (Reisevertrag); 1624; 2182; 2376 BGB; §§ 377, 378 HGB in Betracht. Es steht gleich, ob der Gewährleistungsanspruch im Folgeprozess angriffs- oder verteidigungsweise geltend gemacht wird. Ansprüche auf Nichtzahlung bzw Nutzungsentschädigung bilden kein Gewährleistungsrecht oder einen Anspruch auf Schadenshaltung (BGHZ 179,361 Rn 23). 8

b) Schadloshaltung. Damit sind Schadensersatzansprüche gemeint, die der Partei bei Verlust des Hauptprozesses gegen den Streitverkündeten zustehen. Hierzu gehören **Regressansprüche** des Unternehmers beim Verbrauchsgüterkauf gegen den Lieferanten (§§ 478, 479 BGB), des **Bürgen** gegen den Hauptschuldner (§ 774 BGB), des **Beauftragten** (Geschäftsführer) gegen den Auftraggeber (Geschäftsherr: §§ 670, 677, 683 BGB), des versicherten Schädigers gegen den **Versicherer**, des Versicherers gegen den Versicherungsnehmer, des Dienstherrn gegen den Beamten im Fall der Staatshaftung, des Mandanten gegen den Rechtsanwalt bei verspäteter Verjährungsunterbrechung. Ferner sind zu nennen die Ersatzansprüche des Versenders gegen den Spediteur und Lagerhalter wegen Verlust, Beschädigung oder verspäteter Lieferung des Gutes (§§ 424, 439 HGB), Regessansprüche des Bauträgers gegen Architekt und Bauunternehmer (NJW 12, 674) sowie der Rückgriff im Wechsel- und Scheckrecht und unter Gesamtschuldnern. 9

c) Wechselseitige Ausschließung (Alternativansprüche). In diese Kategorie fallen Ansprüche des Streitverkünders gegen Dritte, die **anstelle des Beklagten** alternativ als Schuldner der eingeklagten Leistung oder von Schadensersatz in Betracht kommen. Derartige Konstellationen liegen vor, falls für Baumängel entweder der Bauhandwerker oder der Baubetreuer einzustehen hat (BGHZ 70, 187 = NJW 78, 643), für einen Wasserschaden eine von zwei unabhängig an einem Bau beteiligte Firmen verantwortlich ist (BGHZ 65, 127 = NJW 76, 39), der Werklohn entweder vom Hauseigentümer oder dem Mieter geschuldet ist (Bambg OLGZ 79, 209), der Ersatzanspruch wegen Verletzung der Streupflicht gegen die Stadt oder den Hauseigentümer bzw gegen die Orts- oder die Verbandsgemeinde gerichtet ist (BGH MDR 86, 127). Besteht – wie bei einer Gesamtschuld – eine **kumulative Haftung**, scheidet mangels alternativer Schuldnerschaft eine Streitverkündung aus (BGHZ 100, 257, 259 = NJW 87, 1394; BGH NJW 08, 519, 520; Saarbr OLGR 05, 371). Soweit Gesamtschuldner in unterschiedlichem Umfang haften, ist Alternativität gegeben (BGHZ 70, 187, 191 = NJW 78, 643). Nicht ausreichend ist hingegen eine **subsidiäre Haftung** eines Dritten, weil ein gleichzeitiges Vorgehen gegen beide Schuldner ausscheidet (Hamm MDR 85, 588 f; anders wohl BGHZ 8, 72, 80 = NJW 53, 420). 10

4. Abwehr von Drittansprüchen. Die Partei hat den Anspruch eines Dritten zu besorgen, sofern ihr bei Unterliegen eine eigene Schadensersatzpflicht droht. Dies ist in Situationen anzunehmen, in denen die streitverkündende Partei – gleich ob in eigenem oder fremdem Interesse – den Rechtsstreit über ein **fremdes Recht** führt und dem Dritten für den Ausgang des Prozesses verantwortlich ist. Beispiele sind die Verwaltung fremden Vermögens, die Prozessführung des Pfandgläubigers und die handelsrechtlichen Tätigkeiten des Kommissionärs, Frachtführers, Spediteurs und Lagerhalters (BGHZ 116, 95, 102 mwN = NJW 92, 11

1698). Ebenso ist die Regelung anwendbar, wenn der auf Nichtzahlung verklagte Hauptmieter seinen Untermieter wegen der von diesem behaupteten, von dem Hauptmieter ggü dem Vermieter geltend gemachten Nichtmängel den Streit verkündet (BGHZ 179, 361 Rn 23). Die Vorschrift ist ohne Rücksicht auf die konkrete Ausgestaltung von Gewährleistungsrechten weit auszulegen (BGHZ 179, 361 Rn 24).

12 **D. Kosten/Gebühren. I. Gericht.** Gerichtsgebühren entstehen nicht.

13 **II. Anwalt.** Die Streitverkündung wird durch die jeweilige Verfahrensgebühr des Rechtsanwalts mit abgegolten (§ 19 I 1 RVG).

§ 73 Form der Streitverkündung.

[1]Zum Zwecke der Streitverkündung hat die Partei einen Schriftsatz einzureichen, in dem der Grund der Streitverkündung und die Lage des Rechtsstreits anzugeben ist. [2]Der Schriftsatz ist dem Dritten zuzustellen und dem Gegner des Streitverkünders in Abschrift mitzuteilen. [3]Die Streitverkündung wird erst mit der Zustellung an den Dritten wirksam.

1 **A. Form der Streitverkündung.** Die Bestimmung regelt Form und Inhalt der Streitverkündung. Die Formerfordernisse dienen mit Rücksicht auf die Bindungswirkung der §§ 74, 68 dem Schutz des Dritten. Dem Anwendungsbereich der Vorschrift unterliegen sämtliche, auch spezialgesetzlich geregelte, Arten der Streitverkündung einschließlich der §§ 75 ff. Die Streitverkündung erfolgt durch **Einreichung** eines **bestimmenden Schriftsatzes** (§ 129 I) beim Prozessgericht. Auch im Anwaltsprozess besteht kein Anwaltszwang, weil die Streitverkündung – abw von der Nebenintervention – zu Protokoll der Geschäftsstelle erklärt werden kann. Diese Erleichterung beruht darauf, dass der Dritte noch nicht Verfahrensbeteiligter ist (BGHZ 92, 251, 253 = NJW 85, 328). Falls der Schriftsatz von einem Anwalt gefertigt und eingereicht wird, muss er, um Wirksamkeit zu entfalten, von diesem unterzeichnet werden. Der Mangel wird durch Nachholung der Unterschrift geheilt (BGHZ 92, 251, 254 = NJW 85, 328). Der Schriftsatz wird dem Streitverkündeten **als Wirksamkeitsvoraussetzung vAw zugestellt** (§ 73 S 3) und dem Gegner formlos mitgeteilt. Wird die Unterrichtung der Gegenpartei versäumt, ist dies unschädlich. Soweit die Streitverkündung unstatthaft ist (§ 72 II), hat die Zustellung zu unterbleiben (BGHR 07, 415; NJW 06, 3214). Gegen eine »verbotswidrige Zustellung« ist die sofortige Beschwerde eröffnet.

2 **B. Inhalt des Schriftsatzes.** Der Wille, einem bestimmten Dritten den Streit zu verkünden, muss aus dem Schriftsatz hervorgehen. Die Erklärung darf nicht an eine **Bedingung** geknüpft werden (BGH NJW-RR 89, 766 f). Ferner ist der **Grund der Streitverkündung** (BGH NJW 08, 519, 521) und die **Lage des Rechtsstreits** anzugeben. Zu diesem Zweck sind die Parteien und das Gericht, wo der Rechtsstreit schwebt, zu bezeichnen und der tatsächliche Hintergrund des Streitgegenstands zu umreißen. Die Höhe des Anspruchs braucht nicht angegeben zu werden. Bisher ergangene Entscheidungen und Beweiserhebungen sind zu konkretisieren; der Streitverkündete ist über einen anberaumter Termin in Kenntnis zu setzen. Inhaltlich muss der Streitverkündungsschriftsatz so klar gefasst sein, dass der Streitverkündete die Notwendigkeit eines Beitritts prüfen kann (BGH NJW 02, 1414; WM 10, 372 Rn. 9). Die Streitverkündigungsschrift genügt den Konkretisierungserfordernissen, wenn in ihr der Anspruchsgrund in ausreichendem Maße bezeichnet wird. Fehlen die erforderlichen Mindestangaben, wird die Verjährung nicht unterbrochen oder gehemmt (NJW 12, 674). Da der Streitverkündete ein Recht auf Akteneinsicht hat, ist die Mitteilung von Abschriften des Akteninhalts entbehrlich. Über die **Zulässigkeit der Streitverkündung** wird nicht im Prozess der Hauptparteien, sondern in einem etwaigen späteren Prozess entschieden.

§ 74 Wirkung der Streitverkündung.

(1) Wenn der Dritte dem Streitverkünder beitritt, so bestimmt sich sein Verhältnis zu den Parteien nach den Grundsätzen über die Nebenintervention.

(2) Lehnt der Dritte den Beitritt ab oder erklärt er sich nicht, so wird der Rechtsstreit ohne Rücksicht auf ihn fortgesetzt.

(3) In allen Fällen dieses Paragraphen sind gegen den Dritten die Vorschriften des § 68 mit der Abweichung anzuwenden, dass statt der Zeit des Beitritts die Zeit entscheidet, zu welcher der Beitritt infolge der Streitverkündung möglich war.

1 **A. Beitritt.** Die Bestimmung befasst sich mit den **prozessrechtlichen Wirkungen** der Streitverkündung, während die **materiellrechtlichen Rechtsfolgen** im Zivilrecht geregelt werden. Gleich ob der Streitverkündete beitritt (Abs 1) oder nicht (Abs 2), zeitigt die Streitverkündung **Interventionswirkung** (Abs 3).

I. Voraussetzungen. Der Beitritt vollzieht sich in der Form des § 70, so dass der Schriftsatz im Anwaltsprozess der Unterzeichnung durch einen Rechtsanwalt bedarf. Das außerdem notwendige **rechtliche Interesse** (§ 66) ist regelmäßig in der Streitverkündung zu erkennen (Köln OLGR 05, 219). Der Streitverkündete kann statt dem Streitverkünder dem Gegner beitreten (BGHZ 85, 252, 255 = NJW 83, 820), muss dann jedoch – weil das rechtliche Interesse in diesem Fall nicht aus der Streitverkündung hergeleitet werden kann – bei einem Widerspruch des Streitverkünders ein rechtliches Interesse dartun (Stuttg MDR 70, 148). Als Rechtsfolge des Beitritts erlangt der Streitverkündete die Rechtsstellung eines **Nebenintervenienten** (§§ 66 ff). 2

II. Prüfung. Die Voraussetzungen eines **wirksamen Beitritts** werden wie bei der Nebenintervention nur auf einen Zurückweisungsantrag (§ 71) geprüft. Einen solchen Antrag kann allein der Gegner, aber nicht der Streitverkünder und auch nicht der Streitverkündete stellen. Der Streitverkünder kann ausnahmsweise Zurückweisung beantragen, wenn der Dritte dem Gegner beitritt. Wurde der Antrag auf Zurückweisung (§ 71) abgelehnt, wird die Zulässigkeit der Streitverkündung im Folgeprozess nicht mehr geprüft (Hamm NJW-RR 88, 155). Ebenso verhält es sich, sofern eine Rüge unterblieben ist und der Streitverkündete von den Hauptparteien unbeanstandet an dem Verfahren mitgewirkt hat. In diesen Fällen verwirklicht sich die **Interventionswirkung**, selbst wenn die Streitverkündung unzulässig war (BGH NJW-RR 08, 519, 520; WM 76, 56). Sehen die Hauptparteien von einer Rüge ab, beruft sich aber der Dritte bei seinem Beitritt auf einen fehlenden Streitverkündungsgrund, ist, weil der Streitverkündete keinen Zurückweisungsantrag stellen kann, das rechtliche Interesse in dem Folgeprozess zu prüfen (*Bischof* MDR 99, 788 f). Bei einer Zurückweisung des Beitritts tritt wegen der fehlenden Möglichkeit einer Einflussnahme auf den Prozess die Interventionswirkung nicht ein. Eine **Hemmung der Verjährung** tritt unabhängig von einer Rüge nur ein, wenn die Streitverkündung tatsächlich zulässig war (BGH NJW 08, 519, 520). 3

B. Nichtbeitritt. Sieht der Streitverkündete von einem Beitritt ausdrücklich ab oder erklärt er sich nicht, wird der Rechtsstreit ohne ihn fortgesetzt (§ 74 II). Im laufenden Prozess kann der Dritte dann keine Befugnisse wahrnehmen. Da im Erstprozess keine Prüfung stattfinden konnte, sind hier die Voraussetzungen der Nebenintervention in dem **Folgeprozess** zu untersuchen (BGHZ 100, 257, 259 = NJW 87, 1894; BGHZ 65, 127, 131 = NJW 76, 39). Tritt der Streitverkündete dem Gegner bei, liegt im Verhältnis zum Streitverkünder ein Nichtbeitritt vor (BGH NJW 04, 1521 f; BGHZ 103, 275, 278 = NJW 88, 1378; BGHZ 85, 252, 255 = NJW 83, 820). 4

C. Nebeninterventionswirkung. I. Voraussetzungen. Die Interventionswirkung hängt davon ab, dass die Streitverkündung formgerecht erklärt wurde (§ 73), den **Zulässigkeitsvoraussetzungen** des § 72 entspricht, für den Streitverkündeten die Möglichkeit einer Einflussnahme auf den Prozess bestand (BGH NJW 82, 281 f) und vor Abschluss des Folgeprozesses eine rechtskräftige Sachentscheidung erging. Die Interventionswirkung hängt nicht davon ab, dass der Prozess zum Nachteil des Streitverkünders ausging (BGHZ 70, 187, 189 = NJW 78, 643; BGHZ 65, 127, 131 = NJW 76, 39; BGHZ 36, 212, 214 = NJW 62, 387; aA Zö/*Vollkommer* Rn 6). Diese Voraussetzungen sind nur zu prüfen, sofern **kein Beitritt** erklärt wurde. Ist der Streitverkündete hingegen beigetreten, hatte eine Rüge nach § 71 keinen Erfolg oder wurde die Beteiligung des Streitverkündeten von keiner Partei beanstandet, entfällt eine weitere Prüfung (vgl oben Rz 3). Sind der Erst- und der Folgeprozess gleichzeitig anhängig, kann der Folgeprozess im Blick auf die Interventionswirkung nach § 148 ausgesetzt werden. 5

II. Rechtsfolgen. Die Streitverkündung löst im Verhältnis zwischen Streitverkünder und Streitverkündetem die Interventionswirkung des § 68 aus. Danach kann der Dritte ggü der Hauptpartei in einem späteren Prozess keine **Einwendungen** erheben, die im Vorprozess geltend gemacht werden konnten. Die Interventionswirkung, die nach Rücknahme der Streitverkündung entfällt (Köln OLGR 05, 219, 221), greift nach dem Wortlaut des Abs 3 (»gegen«) nur **zugunsten** und nicht zuungunsten des Streitverkündenden ein. Der **Gegner des Streitverkünders** ist von der Interventionswirkung nicht betroffen. Die Interventionswirkung bestimmt sich nach dem frühesten **Zeitpunkt**, zu dem im Anschluss an die Streitverkündung der Beitritt möglich war (Abs 3). Tritt der Streitverkündete tatsächlich bei, ist der möglicherweise spätere Zeitpunkt des Beitritts ohne Bedeutung. Erfolgte die Streitverkündung zu einem Zeitpunkt, in dem der Streitverkündete – etwa nach Schluss der mündlichen Verhandlung in der letzten Tatsacheninstanz – auf den Rechtsstreit keinen Einfluss mehr nehmen konnte, kommt eine Interventionswirkung nicht mehr zum Tragen (BGH NJW 82, 281 f). 6

7 **D. Materiellrechtliche Folgen der Nebenintervention.** Die Zustellung einer **ordnungsgemäßen Streitverkündung** (§§ 72, 73) hemmt nach § 204 I Nr 6, § 209 BGB die **Verjährung** (BGH VersR 01, 253 f). Die Einreichung genügt, sofern alsbald zugestellt wird (§ 167). Die Streitverkündung muss **zulässig** sein (BGHZ 179, 361 Rn18; 175, 1, 6 f; 160, 259, 263; 70, 187, 189 = NJW 78, 643; BGHZ 65, 127, 130 = NJW 76, 39; Saarbr OLGR 05, 371). Die Hemmungswirkung wird gegenständlich durch die Streitverkündungsschrift und das Erfordernis der Zulässigkeit der Streitverkündung begrenzt (BGHZ 179, 361 Rn 31=NJW 2009, 1488). Die Interventionswirkung ist auf den Umfang beschränkt, in dem die im Vorprozess festgestellten Tatsachen auch im nachfolgenden Prozess erheblich sind. Die Hemmungswirkung der Streitverkündung geht darüber hinaus und erfasst den gesamten Anspruch des Streitverkünders (BGHZ 179, 361 Rn 38). Der Umfang der verjährungsunterbrechenden ausgesprochene Entscheidung über den erhobenen Anspruch; sie ergreift vielmehr die gesamten tatsächlichen und rechtlichen Grundlagen des Urteils. Daher spielt es für die Reichweite der Wirkung der Streitverkündung grundsätzlich keine Rolle, ob in dem Verfahren, in dem die Streitverkündung erfolgt, nur ein Teil des Schadens, welcher der Streitverkündungsschrift zugrunde liegt, eingeklagt worden ist (BGH NJW 12, 674). Hemmung tritt auch ein, wenn der Streitverkünder im Erstprozess wider Erwarten obsiegt (BGHZ 36, 212 = NJW 62, 387). Unbehelflich ist eine Streitverkündung, sofern auch aus Sicht des Streitverkünders der der Streitverkündung zugrunde liegende Anspruch durch den Ausgang des Vorprozesses nicht berührt werden kann (BGH NJW 02, 1414, 1416; BGH 12, 674). Die Hemmung der Verjährung wird unabhängig davon bewirkt, ob der Streitverkündete auf den Hauptprozess überhaupt noch Einfluss nehmen konnte (BGH NJW 79, 264 f). Die Verjährung endet **sechs Monate** nach der rechtskräftigen **Sachentscheidung** oder anderweitigen Erledigung – gleich ob durch Abweisung als unzulässig oder Klagerücknahme – des Vorprozesses (§ 204 II 1 BGB).

§ 75 Gläubigerstreit.

[1]Wird von dem verklagten Schuldner einem Dritten, der die geltend gemachte Forderung für sich in Anspruch nimmt, der Streit verkündet und tritt der Dritte in den Streit ein, so ist der Beklagte, wenn er den Betrag der Forderung zugunsten der streitenden Gläubiger unter Verzicht auf das Recht zur Rücknahme hinterlegt, auf seinen Antrag aus dem Rechtsstreit unter Verurteilung in die durch seinen unbegründeten Widerspruch veranlassten Kosten zu entlassen und der Rechtsstreit über die Berechtigung an der Forderung zwischen den streitenden Gläubigern allein fortzusetzen. [2]Dem Obsiegenden ist der hinterlegte Betrag zuzusprechen und der Unterliegende auch zur Erstattung der dem Beklagten entstandenen, nicht durch dessen unbegründeten Widerspruch veranlassten Kosten, einschließlich der Kosten der Hinterlegung, zu verurteilen.

1 **A. Normgegenstand.** Im Fall der **Hauptintervention** (§ 64) streiten zwei Gläubiger über eine Forderung, gegen die der Beklagte Einwendungen erhebt. In dieser Situation kann der Hauptintervenient die Initiative ergreifen und seinen Anspruch sowohl gegen den Kl als auch den Beklagten des Hauptprozesses durchsetzen. Abweichend hiervon ist der Schuldner (Beklagte) im **Prätendentenstreit** (§ 75) zur Erfüllung des Klageanspruchs bereit. Die praktisch wenig bedeutsame Norm erleichtert dem Beklagten das Ausscheiden aus dem Rechtsstreit, wenn er an der Klärung, wer sein Gläubiger ist, nicht interessiert ist. Der Schuldner, der sich über seine Verpflichtung, aber nicht die Person des Gläubigers im Klaren ist, kann jedes Prozessrisiko durch **rechtzeitige Hinterlegung** unter Rücknahmeverzicht (§§ 372 S 2, 396 BGB) ausschließen. Nach Klageerhebung eröffnet § 75 dem Beklagten (**Urbeklagten**) eine entsprechende prozessuale Möglichkeit: Mit Hilfe einer Streitverkündung kann er auf den Beitritt des anderen Forderungsprätendenten (**Zweitprätendenten**) hinwirken und im Fall eines Beitritts, der zu einem Prozess des Zweitprätendenten gegen den **Kl des Hauptprozesses** (**Urkläger, Erstprätendenten**) führt, nach Hinterlegung unter Rücknahmeverzicht aus dem Rechtsstreit entlassen werden. Ein Prätendentenstreit kann zwischen den Gläubigern nicht nur im Wege des § 75, sondern auch mit Hilfe einer **Feststellungsklage** des einen gegen den anderen Gläubiger, die freilich keine **Rechtskraft** ggü dem Schuldner entfaltet, ausgetragen werden (BGHZ 123, 44, 47 = NJW 93, 2539; BGH NJW-RR 87, 1439 f). Schließlich besteht die Möglichkeit, dass **zwei Schuldner** durch eine Feststellungsklage untereinander klären, wer dem Gläubiger tatsächlich verpflichtet ist (BGHZ 123, 44, 47 = NJW 93, 2539).

2 **B. Voraussetzungen des Prätendentenprozesses. I. Forderung.** Der Rechtsstreit muss eine Forderung auf Leistung hinterlegungsfähiger Gegenstände (§ 372 BGB), also nicht notwendig eine Geldforderung, betreffen. Wegen der Möglichkeit der Hinterlegung kommt als Klageart nur eine **Leistungsklage**, keine Feststellungsklage in Betracht (BGH KTS 81, 217 f). Eine Aufrechnung genügt – schon wegen der fehlenden

Rechtshängigkeit – nicht.

II. Beanspruchung durch Dritten. Der Dritte – also eine andere Person als die Prozessparteien – muss die den Gegenstand des Rechtsstreits bildende Forderung – nicht notwendig in vollem Umfang – in Anspruch nehmen. Zwischen der streitbefangenen und der beanspruchten Forderung muss zumindest eine **Teilidentität** bestehen (BGH NJW 96, 1673). Sie liegt vor, wenn es sich bei dem Dritten um einen Pfand- oder Sicherungsgläubiger handelt. 3

III. Streitverkündung und Beitritt. Schließlich bedarf es einer Streitverkündung des Urbeklagten an den Zweitprätendenten. Es liegt im Ermessen des Schuldners, ob er von der Befugnis zur Streitverkündung Gebrauch macht. Die Form der Streitverkündung bestimmt sich nach § 73. Weiteres Erfordernis ist der Beitritt des Dritten, der im Anwaltsprozess dem Anwaltszwang unterliegt. Der Eintritt bedeutet die **Geltendmachung der Forderung** in der Klägerrolle ggü dem Urbeklagten als Schuldner und dem Urkläger als angeblichem Gläubiger. Sieht der Dritte von einem Beitritt ab, wird der Rechtsstreit zwischen den ursprünglichen Parteien fortgesetzt. Der Dritte kann sich auch damit begnügen, dem Streitverkünder als Nebenintervenient beizutreten (BGH KTS 81, 217 f). 4

IV. Hinterlegung. Letzte Voraussetzung bildet die Hinterlegung des Leistungsgegenstandes unter Rücknahmeverzicht zugunsten der streitenden Gläubiger. Die Hinterlegungsbefugnis folgt unmittelbar aus § 75, so dass die weiteren Voraussetzungen des § 372 entbehrlich sind (BGH NJW 97, 1501). Die Schuld muss in **vollem Umfang einschließlich Nebenleistungen** wie Zinsen durch die Hinterlegung getilgt werden. 5

C. Rechtswirkungen. I. Entlassung des Beklagten. Liegen die Voraussetzungen des § 75 vor, ist der Urbeklagte auf seinen Antrag aus dem Rechtsstreit zu entlassen. Der Antrag ist von dem Urbeklagten in der **mündlichen Verhandlung** in Anwesenheit des Urklägers und des Zweitprätendenten zu stellen (§ 297). Wird dem Antrag stattgegeben, wird die Entlassung durch **Endurteil** ausgesprochen. Zugleich sind dem Beklagten die durch seinen unbegründeten Widerspruch gegen die Existenz der Schuld entstandenen Kosten des Klägers aufzuerlegen. Über die weiteren Kosten wird in dem Schlussendurteil entschieden. Falls der Antrag abgelehnt wird, weil gewisse Voraussetzungen fehlen, geschieht dies durch ein **Zwischenurteil** (§ 71), das vom Urbeklagten und dem Zweitprätendenten mit sofortiger Beschwerde (§ 567) anfechtbar ist. 6

II. Prätendentenstreit. Im Anschluss an die Entlassung des Beklagten findet der eigentliche **Forderungsprätendentenstreit** der Gläubiger statt. Tatsächlich kommt es nicht zu einem Parteiwechsel und einer Fortsetzung des bisherigen Prozesses, sondern es beginnt ein **neuer Rechtsstreit** anderen Gegenstandes zwischen den Prätendenten ohne Rückgriff auf den bisherigen Prozessstoff, wobei allein der Bestand der Forderung gegen den Schuldner feststeht. Zwar tritt der Zweitprätendent an die Stelle des Urbeklagten, wird sich aber, wenn der Kl nunmehr **Leistungsklage** auf Einwilligung in die Auszahlung des hinterlegten Betrages erhebt, nicht mit einem Klageabweisungsantrag begnügen, sondern seinerseits Widerklage auf Einwilligung in die Auszahlung an sich beantragen (BGH NJW 61, 1457 f). 7

D. Schlussurteil. Rechtsgrundlage für den Anspruch auf Einwilligung in die Auszahlung bildet § 812 BGB (BGH NJW 61, 1457 f). Die **Rechtskraft** des Schlussurteils erstreckt sich auch auf den ausgeschiedenen Urbeklagten. Hat der Zweitprätendent nur Klageabweisung beantragt und nicht Widerklage erhoben, kann er nach Abweisung der Klage nicht Auszahlung des hinterlegten Betrages verlangen (BGH NJW 00, 291, 294). Außerdem muss – soweit noch nicht geschehen – über die dem unterliegenden Prätendenten aufzuerlegenden **Kosten** entschieden werden. Werden Klage und Widerklage abgewiesen, ist der hinterlegte Betrag ohne neue Klage an den Urbeklagten auszukehren. 8

E. Kosten/Gebühren. I. Gericht. Es entstehen keine besonderen Gerichtsgebühren. Die Tätigkeit des Gerichts wird durch die Gebühr für das Verfahren im Allgemeinen mit abgegolten. 9

II. Anwalt. Auch für den Anwalt ist die Tätigkeit durch die im Rechtsstreit verdienten Gebühren mit abgegolten (§ 19 II 2 Nr 3 RVG). 10

§ 76 Urheberbenennung bei Besitz.

(1) [1]**Wer als Besitzer einer Sache verklagt ist, die er auf Grund eines Rechtsverhältnisses der im § 868 des Bürgerlichen Gesetzbuchs bezeichneten Art zu besitzen behauptet, kann vor der Verhandlung zur Hauptsache unter Einreichung eines Schriftsatzes, in dem er den mittelbaren Besitzer benennt, und einer Streitverkündungsschrift die Ladung des mittelbaren Besit-**

zers zur Erklärung beantragen. [2]Bis zu dieser Erklärung oder bis zum Schluss des Termins, in dem sich der Benannte zu erklären hat, kann der Beklagte die Verhandlung zur Hauptsache verweigern.
(2) Bestreitet der Benannte die Behauptung des Beklagten oder erklärt er sich nicht, so ist der Beklagte berechtigt, dem Klageantrage zu genügen.
(3) [1]Wird die Behauptung des Beklagten von dem Benannten als richtig anerkannt, so ist dieser berechtigt, mit Zustimmung des Beklagten an dessen Stelle den Prozess zu übernehmen. [2]Die Zustimmung des Klägers ist nur insoweit erforderlich, als er Ansprüche geltend macht, die unabhängig davon sind, dass der Beklagte auf Grund eines Rechtsverhältnisses der im Absatz 1 bezeichneten Art besitzt.
(4) [1]Hat der Benannte den Prozess übernommen, so ist der Beklagte auf seinen Antrag von der Klage zu entbinden. [2]Die Entscheidung ist in Ansehung der Sache selbst auch gegen den Beklagten wirksam und vollstreckbar.

1 **A. Voraussetzungen der Urheberbenennung.** Die praktisch bedeutungslose Vorschrift gibt dem verklagten, für einen anderen besitzenden **unmittelbaren Besitzer** die Befugnis, den mittelbaren Besitzer an seiner Stelle zum Eintritt in den Prozess zu bewegen oder, wenn dieser nicht in den Prozess eintritt und der Beklagte am Ausgang des Rechtsstreits uninteressiert ist, gefahrlos dem Klageantrag zu genügen.

2 **I. Besitzklage.** Die Vorschrift betrifft Klagen, bei denen die Passivlegitimation aus dem Besitzrecht herrührt und die etwa die **Herausgabe** einer beweglichen oder unbeweglichen Sache (§§ 985, 1007 II, 1227 BGB) zum Gegenstand haben. Ferner kommen Klagen auf **Vorlegung** (§§ 809, 810 BGB), **Hinterlegung** oder Aufsuchung (§ 867 BGB) in Betracht. Unanwendbar ist § 76 bei Klagen aus §§ 861, 1007 I BGB sowie schuldrechtlichen Herausgabeklagen, weil diese Ansprüche nicht nur an den Besitz, sondern **zusätzliche Merkmale** (verbotene Eigenmacht, Bösgläubigkeit, Schuldverhältnis) anknüpfen.

3 **II. Mittelbarer Besitz.** Der Besitzer muss behaupten, den Besitz aufgrund eines Besitzmittlungsverhältnisses (§ 868 BGB) innezuhaben. Dabei kann es sich um Nießbrauch, Pfandrecht, Miete, Pacht, Verwahrung, Leihe, Auftrag, Nachlasspflegschaft, Nachlassverwaltung oder Testamentsvollstreckung handeln. Die Behauptung einer bloßen **Besitzdienerschaft** (§ 855 BGB) genügt nicht.

4 **III. Rechtshängigkeit, Urheberbenennung.** Wie aus dem Wortlaut »verklagt« hervorgeht, muss Klage erhoben und die Sache rechtshängig sein. Freilich darf die mündliche Verhandlung noch nicht begonnen haben. Vielmehr muss der Beklagte vor der Verhandlung zur Hauptsache einen Schriftsatz bei dem Prozessgericht einreichen, in dem er den mittelbaren Besitzer benennt, ihm den Streit verkündet und seine Ladung zwecks Erklärung beantragt. Es besteht auch im Anwaltsprozess **kein Anwaltszwang**. Terminsbestimmung, Zustellung des Schriftsatzes und Ladung erfolgen vAw. Verfahrensmängel können durch § 295 geheilt werden. Der Beklagte ist berechtigt, die **Verhandlung zur Sache** bis zur Erklärung des Benannten oder bis zum Schluss des Termins, in dem er sich zu erklären hat, zu **verweigern** (Abs 1 S 2).

5 **B. Rechtsfolgen. I. Bestreiten des Besitzes.** Sofern der Benannte den mittelbaren Besitz bestreitet oder sich nicht erklärt, liegt es im Ermessen des Beklagten, ob er den Prozess fortsetzt oder den Klageantrag – mit der Folge seiner Erledigung – erfüllt. Im Falle der Fortsetzung entfaltet das zwischen Kl und Beklagtem ergangene rechtskräftige Urt ggü dem Benannten keine Rechtskraft, aber **Interventionswirkung** (§§ 68, 74). Befriedigt der Beklagte den Kl, wird er ggü dem Benannten von jeder Haftung frei (Abs 2).

6 **II. Anerkennung des Besitzes.** Erkennt der Benannte den mittelbaren Besitz – auch durch konkludentes Verhalten (Zweibr JurBüro 83, 185) – als zutr an, ist er berechtigt (aber nicht verpflichtet), mit **Zustimmung des Beklagten** den Prozess zu übernehmen (Abs 3 S 1). Die Übernahme vollzieht sich durch eine entsprechende Erklärung in der mündlichen Verhandlung, ohne dass es einer gerichtlichen Entscheidung bedarf. Neben der Zustimmung des Beklagten ist ausnahmsweise ein **Einverständnis auch des Klägers** erforderlich, sofern der verfolgte Anspruch unabhängig von einem Besitzmittlungsverhältnis besteht (Abs 3 S 2), etwa mit § 985 BGB konkurrierende schuldrechtliche Ansprüche aus Leihe oder Verwahrung verfolgt werden. Sieht der Benannte von einer Übernahme ab, kommt der Beklagte nicht in den Genuss der Haftungsfreistellung des Abs 2; ein rechtskräftiges Urt übt freilich zu Lasten des Benannten **Interventionswirkung** (§§ 68, 74) aus. Anstelle einer Übernahme kann der Benannte auch eine Hauptintervention (§ 64) vornehmen oder dem Beklagten als Streithelfer (§ 66) beitreten.

III. Ausscheiden des Beklagten. Im Fall der Übernahme ist der Beklagte auf seinen Antrag nach mündlicher Verhandlung von der Klage zu entbinden. Im Falle der Stattgabe wird der Beklagte durch mit der Berufung anfechtbarem **Endurteil** aus dem Prozess entlassen. Dann wird das Verfahren ohne Bindung an die bisherigen Prozessergebnisse zwischen dem Kl und dem Benannten fortgeführt, wobei das dort ergehende Schlussendurteil auch für und gegen den Beklagten wirkt (Abs 4 S 2). Wird der Antrag auf Entlassung abgewiesen, ergeht ein mit sofortiger Beschwerde anfechtbares, keine Kostenentscheidung enthaltendes (Köln NJW 54, 238) **Zwischenurteil** (§ 71). Stellt der Beklagte nach Übernahme durch den Benannten keinen Entlassungsantrag, werden beide Streitgenossen. 7

§ 77 Urheberbenennung bei Eigentumsbeeinträchtigung. Ist von dem Eigentümer einer Sache oder von demjenigen, dem ein Recht an einer Sache zusteht, wegen einer Beeinträchtigung des Eigentums oder seines Rechts Klage auf Beseitigung der Beeinträchtigung oder auf Unterlassung weiterer Beeinträchtigungen erhoben, so sind die Vorschriften des § 76 entsprechend anzuwenden, sofern der Beklagte die Beeinträchtigung in Ausübung des Rechtes eines Dritten vorgenommen zu haben behauptet.

Die Bestimmung, die ebenso wie §§ 75, 76 keine Praxisrelevanz besitzt, hat Konstellationen zum Gegenstand, in denen die **Beeinträchtigung** des **Eigentums** oder eines sonstigen **dinglichen Rechts** in anderer Weise als durch Entziehung oder Vorenthaltung des Besitzes erfolgt, der Eigentümer auf **Beseitigung** der Beeinträchtigung oder **Unterlassung** künftiger Beeinträchtigungen klagt und der Beklagte sich darauf beruft, die Beeinträchtigung in Ausübung eines Rechts eines Dritten vorgenommen zu haben. Die Bestimmung geht davon aus, dass sowohl der Beklagte als auch der Dritte als Veranlasser aus § 1004 BGB in Anspruch genommen werden können. Die Benennung ist darum auch zulässig, wenn Benennender und Benannter als Streitgenossen verklagt werden. Rechtsfolge ist die entsprechende Anwendung des § 76. 1

Titel 4 Prozessbevollmächtigte und Beistände

§ 78 Anwaltsprozess. (1) [1]**Vor den Landgerichten und Oberlandesgerichten müssen sich die Parteien durch einen Rechtsanwalt vertreten lassen. [2]Ist in einem Land auf Grund des § 8 des Einführungsgesetzes zum Gerichtsverfassungsgesetz ein oberstes Landesgericht errichtet, so müssen sich die Parteien vor diesem ebenfalls durch einen Rechtsanwalt vertreten lassen. [3]Vor dem Bundesgerichtshof müssen sich die Parteien durch einen bei dem Bundesgerichtshof zugelassenen Rechtsanwalt vertreten lassen.**

(2) Behörden und juristische Personen des öffentlichen Rechts einschließlich der von ihnen zur Erfüllung ihrer öffentlichen Aufgaben gebildeten Zusammenschlüsse können sich als Beteiligte für die Nichtzulassungsbeschwerde durch eigene Beschäftigte mit Befähigung zum Richteramt oder durch Beschäftigte mit Befähigung zum Richteramt anderer Behörden oder juristischer Personen des öffentlichen Rechts einschließlich der von ihnen zur Erfüllung ihrer öffentlichen Aufgaben gebildeten Zusammenschlüsse vertreten lassen.

(3) Diese Vorschriften sind auf das Verfahren vor einem beauftragten oder ersuchten Richter sowie auf Prozesshandlungen, die vor dem Urkundsbeamten der Geschäftsstelle vorgenommen werden können, nicht anzuwenden.

(4) Ein Rechtsanwalt, der nach Maßgabe der Absätze 1 und 2 zur Vertretung berechtigt ist, kann sich selbst vertreten.

Inhaltsübersicht

	Rz
A. Allgemeines	1
B. Bedeutung des Anwaltszwangs	2
C. Begriff des Rechtsanwalts	3
I. Zulassung	4
II. Ausländische Rechtsanwälte	5
III. Hilfspersonen	6
1. Vertreter	7
2. Abwickler	8
3. Referendare	9
4. Sonstige Personen	10
IV. Prüfung	11
D. Sachlicher Geltungsbereich	12
I. Gerichte mit Anwaltszwang	13

	Rz
II. Umfang des Anwaltszwangs	14
1. Allgemeines	14
2. Einzelne Prozesshandlungen	15
3. Ausnahmen	18
a) Beauftragter oder ersuchter Richter	18
b) Erklärungen zu Protokoll	19
c) Sonstige Ausnahmen	20
4. Inhaltliche Anforderungen	21
5. Zeitliche Grenzen	22
6. Folgen eines Verstoßes	23
E. Persönlicher Geltungsbereich	24
I. Allgemeines	24
II. Öffentlich-rechtliche Körperschaften	25
III. Sonstige Personen	26
IV. Rechtsanwälte	27
V. BGH	28

1 **A. Allgemeines.** Die Vorschrift regelt, vor welchen Gerichten Anwaltszwang besteht und welche Personen sich in einem gerichtlichen Verfahren durch einen Rechtsanwalt vertreten lassen müssen. Soweit diese Verpflichtung besteht, spricht das Gesetz von einem Anwaltsprozess (Gegenbegriff: Parteiprozess, § 79). Die Vorschrift dient zum einen dem öffentlichen Interesse an einer geordneten Rechtspflege (BGH FamRZ 87, 58; BVerwG NJW 05, 3018). Denn durch die Einschaltung von Rechtsanwälten sollen der Prozessstoff in rechtlicher Hinsicht aufbereitet und dadurch die Effektivität der mündlichen Verhandlung und der Verfahrensdurchführung gesichert, der Streit versachlicht und Chancengleichheit hergestellt werden. Zum anderen dient die Vorschrift dem Schutz der Prozessparteien, da ihr Begehren schon vor Einleitung eines gerichtlichen Verfahrens einer kritischen, an rechtlichen Maßstäben orientierten Prüfung unterzogen wird und die Partei Hilfestellung bei der Einhaltung der Verfahrensvorschriften erhält (Zö/*Vollkommer* § 78 Rn 5; MüKoZPO/*v. Mettenheim* § 78 Rn 3; B/L/A/H § 78 Rn 3). Die Vorschriften über den Anwaltszwang sind verfassungsgemäß (BVerfG NJW 93, 3192; BGH NJW 90, 3085; 06, 966), auch die Regelung zur Singularzulassung beim BGH (BVerfG NJW 02, 3765), die auch gemeinschaftsrechtlich zulässig ist (BGH Beschl v 16.6.11 – IX ZB 166/11). Die Anordnung des Anwaltszwanges ist zwingend, die Gerichte müssen sie vAw in jeder Verfahrenslage beachten (BGH NJW 92, 2706). Die bisherigen Regelungen in Abs 1 S 4 sowie Abs 2 und Abs 3 über den Anwaltszwang in Familiensachen wurden durch die Reglung in § 114 FamFG ersetzt.

2 **B. Bedeutung des Anwaltszwangs.** Der Anwaltszwang hat zur Folge, dass nur der zugelassene Rechtsanwalt postulationsfähig ist und damit nur dieser wirksam Prozesshandlungen vornehmen kann. Fehlt die Postulationsfähigkeit zum Zeitpunkt der Vornahme der Handlung, fehlt es an einer Prozesshandlungsvoraussetzung (BGH NJW 80, 2317, 2318; 05, 3773, 3774) mit der Folge, dass diese unwirksam ist. Eine Klage ist unzulässig, wenn diese von einer nicht postulationsfähigen Person erhoben wurde (BGH NJW 84, 1559). Unschädlich ist, wenn die Postulationsfähigkeit nach der Vornahme der Handlung entfällt, bspw sie zwar noch gegeben war, als die Rechtsmittelschrift auf den Weg zu Gericht gebracht wurde (= Einreichung), sie aber zum Zeitpunkt des Eingangs bei Gericht fehlte (BGH NJW 90, 1305). So weit der Anwaltszwang reicht, kann die Partei Prozesshandlungen selbst nicht wirksam vornehmen. Die Prozesshandlungen der Parteien können allerdings durch einen postulationsfähigen Bevollmächtigten genehmigt und damit geheilt werden, wofür eine Bezugnahme auf die unwirksame Handlung idR genügt. Dies gilt auch für die Klagerhebung (BGH NJW 90, 3085). Allerdings hat die Genehmigung insoweit keine Rückwirkung (BGH NJW 84, 1559; FamRZ 93, 695) und setzt deshalb bei fristgebundenen Handlungen eine Genehmigung innerhalb der Frist voraus (BGH NJW 90, 3085, 3086; 06, 2779). Die Partei kann aber neben dem Anwalt an der mündlichen Verhandlung teilnehmen und selbst das Wort ergreifen (§ 137 IV), Geständnisse und sonstige tatsächliche Erklärungen abgeben (BGHZ 8, 235, 237; Musielak/*Weth* § 78 Rn 5; aA Zö/*Greger* § 288 Rn 3c), Geständnisses und Erklärungen des Prozessbevollmächtigten widerrufen oder berichtigen (§ 85 I 2). Sie ist außerdem im Gütetermin zu hören (§ 278 II 3). Eine Heilung einer unwirksamen Prozesshandlung der Parteien nach § 295 ist nicht möglich, da die Postulationsfähigkeit eine unverzichtbare Prozesshandlungsvoraussetzung ist, die zu jedem Zeitpunkt vAw zu prüfen ist (BGH NJW 90, 3085; 92, 2706).

3 **C. Begriff des Rechtsanwalts.** Nach dem Wortlaut der Norm kann sich die Partei durch jeden Rechtsanwalt vertreten lassen, der befugt ist, vor dem Prozessgericht aufzutreten. Den Begriff des Rechtsanwalts setzt die Norm voraus. Voraussetzung ist zunächst die Prozessfähigkeit des Anwalts. Zweifeln an der Prozessfähigkeit muss das Gericht nachgehen und ggf durch gesonderte Entscheidung, die vom Rechtsanwalt selbstständig angefochten werden kann, darüber entscheiden (BVerfG NJW 74, 1279; Musielak/*Weth* § 78 Rn 10).

I. Zulassung. Weiter ist die Zulassung zur Anwaltschaft notwendig, mit der die Postulationsfähigkeit beginnt (§ 12 IV BRAO; BGH NJW 92, 2706). Diese endet mit dem Erlöschen der Zulassung (§ 13 BRAO) oder mit der Rücknahme oder dem Widerruf der Zulassung (§ 14 BRAO). Prozesshandlungen, die der Anwalt nach dem Verlust seiner Zulassung vornimmt, sind unwirksam (BGH NJW 06, 2260, 2261). Das Unterhalten einer Kanzlei in einem bestimmten Gerichtsbezirk ist nicht Voraussetzung, auch bedarf es mit Ausnahme des Bundesgerichtshofs (§ 164 BRAO) keiner besonderen Zulassung, um vor dem OLG auftreten zu dürfen. Wurde gegen den Rechtsanwalt ein Berufs- oder Vertretungsverbot nach § 150 BRAO verhängt, ist dieser nach § 156 II BRAO zurückzuweisen. Die Wirksamkeit von durch diesen oder ggü diesem Anwalt vorgenommenen Prozesshandlungen werden durch das Berufs- und Vertretungsverbot nicht berührt (§ 155 V BRAO; Hamm NJW-RR 89, 442), denn bis zu seiner Zurückweisung nach § 156 II BRAO behält er die Eigenschaft als Rechtsanwalt und auch die Zulassung wird davon nicht berührt (BGH Beschl v 22.2.10 – II ZB 8/09, MDR 10, 779). Auch berufsrechtliche Verstöße führen nicht zur Unwirksamkeit der Prozesshandlung (Hamm NJW-RR 86, 442), insb auch nicht solche gegen das Tätigkeitsverbot aus § 43a IV BRAO (BGH BGHNJW-RR 10, 67). Deshalb sind auch im Parteiprozess Erklärungen nach dem Verlust der Zulassung nicht automatisch unwirksam, allerdings kann sich die Unwirksamkeit aus einem Verstoß gegen das RDG ergeben und der Verlust der Zulassung dürfte auch zum Erlöschen der Prozessvollmacht führen (BGH NJW 06, 2260, 2261; NJW-RR 08, 1290). Fällt die Postulationsfähigkeit infolge eines Berufs- oder Vertretungsverbots während des Prozesses fort, wird das Verfahren wie bei einem Verlust der Prozessfähigkeit nach § 244 unterbrochen (BGH NJW 90, 1854, 1855). Rechtsanwalt iSd Norm ist auch die Rechtsanwaltsgesellschaft (§§ 59c, 59l BRAO), wobei die Rechtsanwaltsgesellschaft nicht auf die in § 59c BRAO allein erwähnte GmbH beschränkt ist und sich auch in der Form der AG organisieren kann (BGH NJW 05, 1568, 1569). 4

II. Ausländische Rechtsanwälte. Rechtsanwalt iSd Vorschrift ist derjenige, der nach Maßgabe der BRAO zur Ausübung des Rechtsanwaltsberufs zugelassen ist. Daraus folgt, dass ausländische Rechtsanwälte, die diese Voraussetzungen nicht erfüllen, nicht postulationsfähig sind. Eine Ausnahme gilt für Staatsangehörige der Mitgliedsstaaten der EU, der anderen Vertragsstaaten des Abkommens über den Europäischen Wirtschaftsraum und der Schweiz, die in ihrem Herkunftsstaat berechtigt sind, als Rechtsanwalt tätig zu sein. Wird ein solcher Rechtsanwalt in die für den Ort seiner Niederlassung zuständige Rechtsanwaltskammer aufgenommen, darf er als Prozessbevollmächtigter gleich einem deutschen Anwalt vor Gericht auftreten (§§ 2 EuRAG, 3 BRAO). Das Gesetz bezeichnet einen solchen Anwalt als niedergelassenen europäischen Rechtsanwalt (§ 2 I EuRAG). Ohne eine Niederlassung in Deutschland und ohne Aufnahme in die Rechtsanwaltskammer darf ein solcher Anwalt vorübergehend die Tätigkeit eines Rechtsanwalts unter den in § 25 ff EuRAG genannten Voraussetzungen ausüben (dienstleistender europäischer Rechtsanwalt, § 25 I EuRAG) und nach Maßgabe des § 28 EuRAG im gerichtlichen Verfahren als Vertreter einer Partei im Einvernehmen mit einem zugelassenen und zur Vertretung vor Gericht befugten (§ 28 II EuRAG) Rechtsanwalt (Einvernehmensanwalt) handeln (§ 28 I EuRAG). Die sich aus § 206 BRAO ergebende Befugnis zur Berufstätigkeit von Angehörigen eines Mitgliedstaates der Welthandelsorganisation beinhaltet nicht die Vertretung vor Gericht. Wird ein Schriftsatz von einem zugelassenen Rechtsanwalt auch unter Hinweis auf eine ausländische Rechtsanwaltsgesellschaft unterzeichnet, ist idR davon auszugehen, dass er nicht nur im Namen der Gesellschaft, sondern auch im eigenen Namen gehandelt hat (BGH NJW-RR 09, 3162, 3163). 5

III. Hilfspersonen. Schaltet der Rechtsanwalt Hilfspersonen ein und lässt sie im Anwaltsprozess für sich auftreten, so müssen diese entweder selbst postulationsfähig sein oder sie müssen ihre Postulationsfähigkeit von der des Rechtsanwalts, für den sie handeln, ableiten können. Lediglich dann, wenn der Hilfsperson nur die Ausführung der Parteirechte in der mündlichen Verhandlung überlassen wird, gelten diese Einschränkungen nicht, denn dies ist kein Fall der Vertretung. Die Ausführung der Parteirechte kann einer solchen Personen in Anwesenheit des Bevollmächtigten gestattet werden, woraus zugleich folgt, dass dieser selbst anwesend sein muss (B/L/A/H § 78 Rn 28). 6

1. Vertreter. Einen Vertreter kann entweder der verhinderte Rechtsanwalts selbst bestellen (§ 53 II 1 BRAO), wobei dieser dann der selben Rechtsanwaltskammer angehören und ebenfalls Rechtsanwalt sein muss, oder die Bestellung erfolgt durch die Rechtsanwaltskammer (§ 53 II 3, V BRAO), die auch andere Personen mit der Befähigung zum Richteramt oder unter bestimmten Voraussetzungen Rechtsreferendare zu Vertretern bestellen darf (§ 53 IV BRAO). Diese Vertreter haben nach § 53 VII BRAO die anwaltlichen Befugnisse des vertretenen Rechtsanwalts und sind daher auch ohne eigene Zulassung im gleichen Umfang 7 wie dieser postulationsfähig, auch soweit der vertretene Rechtsanwalt seinerseits als Vertreter handelt (BGH NJW 81, 1740). Die Verletzung der Pflicht zur Anzeige der Vertreterbestellung (§ 53 VI BRAO) ändert nichts an der Wirksamkeit der Bestellung und an der daraus abgeleiteten Postulationsbefugnis (BGH NJW 81, 1740, 1741). Die Befugnis der Vertreter zum Handeln endet mit Ablauf der Zeit, für die sie bestellt sind. Es schadet aber nicht, wenn eine während dieser Zeit verfasste, unterzeichnete und abgeschickte Rechtsmittelschrift erst nach Wegfall der Bestellung beim Rechtsmittelgericht eintrifft (BGH NJW 90, 1305; Frankf NJW 84, 2896). Der Vertreter sollte insb dann, wenn er nicht selbst postulationsfähig ist, hinreichend deutlich machen, dass er für einen postulationsfähigen Rechtsanwalt in Vertretung handelt (BGH NJW 93, 1925; 05, 3415), denn ohne diese Klarstellung droht die Unwirksamkeit der Prozesshandlung (BGH NJW 99, 365). Nach dem Grundsatz der interessengerechten Auslegung ist grds davon auszugehen, dass das für die Sozietät handlungsbefugte nicht postulationsfähige Sozietätsmitglied in Vertretung eines postulationsfähigen Mitglieds handeln wollte (BGH NJW 05, 3415).

8 **2. Abwickler.** Für einen verstorbenen Rechtsanwalt kann die Rechtsanwaltskammer nach § 55 BRAO einen Rechtsanwalt oder eine sonstige Person mit der Befähigung zum Richteramt zum Abwickler bestellen, die die Befugnisse des verstorbenen Rechtsanwalts hat (§ 55 II 3 BRAO) und damit an dessen Postulationsfähigkeit partizipiert. Hatte dieser Rechtsanwalt einen Vertreter, so sind dessen Rechtshandlungen nicht deshalb unwirksam, weil der Rechtsanwalt zur Zeit der Bestellung des Vertreters oder zur Zeit der Vornahme der Handlung bereits nicht mehr gelebt hat (§ 54 BRAO).

9 **3. Referendare.** Referendare können nach § 53 IV 2 BRAO zum Vertreter bestellt werden und partizipieren dann an der Postulationsfähigkeit des vertretenen Rechtsanwalts. IÜ sind sie nicht postulationsfähig. Referendare, die einem postulationsfähigen Anwalt zur Ausbildung zugewiesen sind, können auch im Anwaltsprozess (im Parteiprozess ergeben sich weitergehende Befugnisse aus § 157) in Anwesenheit des Rechtsanwalts vor Gericht auftreten und die Parteirechte wahrnehmen. Dies wird aus § 59 3 BRAO hergeleitet (St/J/*Bork* § 78 Rn 44) und gilt nicht für die Referendare, die eine Nebentätigkeit bei einem Rechtsanwalt ausüben (Zö/*Vollkommer* § 78 Rn 10 iVm Rn 14 vor § 78).

10 **4. Sonstige Personen.** Sonstige Personen können weder allein noch in Anwesenheit des Rechtsanwalts vor Gericht auftreten und die Parteirechte wahrnehmen. Dies gilt auch für Personen, denen die Erlaubnis zur geschäftsmäßigen Rechtsbesorgung erteilt wurde und die Mitglied der Rechtsanwaltskammer sind (§ 209 BRAO; BGH NJW 03, 3765).

11 **IV. Prüfung.** Die Postulationsfähigkeit ist in jeder Lage des Verfahrens vAw zu prüfen und muss – so weit es nicht um die Wirksamkeit einer Prozesshandlung geht – spätestens zum Schluss der mündlichen Verhandlung vorliegen (BGH NJW 05, 3773, 3774). In welcher Weise das Gericht den Nachweis fordert (Kopie der Zulassungsurkunde, Kopie der Vertreterbestellung usw), steht in seinem Ermessen, § 56 gilt entsprechend (BGH BGHReport 02, 706). Fehlt die Postulationsfähigkeit, ist die vorgenommene oder entgegengenommene Prozesshandlung unwirksam (BGH NJW-RR 07, 278), fällt die Postulationsfähigkeit später weg, wird das Verfahren nach § 244 unterbrochen (BGH MDR 90, 702; zu den Auswirkungen auf die Vollmacht vgl § 86 Rz 5).

12 **D. Sachlicher Geltungsbereich.** Der Anwendungsbereich der Norm wird durch die Aufzählung verschiedener Gerichte und durch den Begriff der Vertretung beschrieben. Die Einzelheiten der Reichweite des Anwaltszwanges ergeben sich aus Art und Umfang der diesen Gerichten zugewiesenen Verfahren sowie aus der Inhaltsbestimmung des Begriffs der Vertretung, der durch die Regelung in Abs 3 eine Begrenzung erfährt.

13 **I. Gerichte mit Anwaltszwang.** Der Anwaltszwang gilt vor den in Abs 1 aufgeführten Gerichten. Vor dem LG kann jeder allgemein zugelassene Rechtsanwalt auftreten, egal wo er residiert. Dies gilt auch, wenn das LG als Berufungsgericht tätig wird. Der Anwaltszwang besteht auch in den dem LG zugewiesenen Verfahren nach § 13 StrEG (BGH MDR 93, 766), nach § 140 I MarkenG und nach § 38 SortenSchG und in den Baulandsachen (§ 220 I BBauG; BGH NJW-RR 94, 1021). Auch vor dem OLG kann jeder allgemein zugelassene Rechtsanwalt auftreten. Nur von dem BGH bedarf es einer besonderen Zulassung des Rechtsanwalts, was verfassungsgemäß ist (BVerfG NJW 02, 3765). Diese besondere Zulassung gilt auch für die Rechtsbeschwerde (BGH FamRZ 05, 1165) einschließlich der Anhörungsrüge (BGH B v 16.7.09 – I ZB 41/09), nicht jedoch in Disziplinarsachen (BGH MDR 89, 257). Für den im Nichtzulassungsbeschwerdeverfah-

ren gestellten Antrag auf einstweilige Einstellung der Zwangsvollstreckung gilt der Anwaltszwang (BGH Beschl v 12.8.09 – XII ZA 30/09). Vor der allgemeinen Zivilabteilung des Amtsgerichts besteht kein Anwaltszwang, in Familiensachen gilt § 114 FamFG. Für das arbeitsgerichtliche Verfahren gelten die Sonderregelungen in § 11 ArbGG. Danach gilt vor dem ArbG kein Anwaltszwang, vor dem LAG und dem BAG sind neben Rechtsanwälten auch andere Personen als Prozessbevollmächtigter zugelassen (§ 11 IV, II Nr 4, 5 ArbGG).

II. Umfang des Anwaltszwangs. 1. Allgemeines. Der Anwaltszwang gilt grds für das gesamte Verfahren vor den genannten Gerichten (Ausnahme Abs 3), unabhängig davon, ob das Kollegialgericht oder der Einzelrichter den Prozess führt. Er erstreckt sich auf alle Prozesshandlungen, die schriftlich oder mündlich innerhalb oder außerhalb der mündlichen Verhandlung vor oder ggü dem Gericht vorgenommen werden (Musielak/*Weth* § 78 Rn 14; Zö/*Vollkommer* § 78 Rn 16). Der Anwaltszwang erstreckt sich in diesem Rahmen auch auf materiellrechtliche Erklärungen, die Bestandteil einer Prozesshandlung sind (zB Prozessvergleich). Materiellrechtliche Erklärungen, die außerhalb des Prozesses abgegeben werden, unterliegen auch dann nicht dem Anwaltszwang, wenn sie Einfluss auf das gerichtliche Verfahren haben (BGH NJW 84, 805; NJW-RR 89, 802). Sie können aber nur durch einen Rechtsanwalt in den Prozess eingeführt werden (St/J/*Bork* § 78 Rn 28). Daher kann ohne Anwalt vereinbart werden, die Klage oder das Rechtsmittel zurückzunehmen (BGH NJW 85, 2335; NJW-RR 89, 802) oder auf dieses zu verzichten, oder eine Abrede über eine Prorogation (St/J/*Bork* § 78 Rn 31; Musielak/*Weth* § 78 Rn 14) oder eine Sprungrevision (BGH MDR 86, 313) getroffen werden. Für die Entgegennahme von Prozesshandlungen gilt der Anwaltszwang nur innerhalb der mündlichen Verhandlung (St/J/*Bork* § 78 Rn 27; Zö/*Vollkommer* § 78 Rn 17). Außerhalb der mündlichen Verhandlung können solche Erklärungen auch ggü der Partei selbst abgegeben werden. Dies gilt aber nicht für Zustellungen innerhalb eines anhängigen Rechtsstreits (§ 172 I), diese sind an einen postulationsfähigen Anwalt zu richten (§ 172 II 1). 14

2. Einzelne Prozesshandlungen. Der Prozessvergleich unterliegt dem Anwaltszwang (Schleswig MDR 99, 252) auch dann, wenn er vor dem Einzelrichter geschlossen wird (str; Zö/*Vollkommer* § 78 Rn 18; Musielak/*Weth* § 78 Rn 15). Ob ein Dritter, der einem Prozessvergleich beitreten will, dem Anwaltszwang unterliegt, ist streitig (dafür: Köln AnwBl 82, 113, 114; MüKoZPO/*v. Mettenheim* § 78 Rn 34, 49; MüKoZPO/*Wolfsteiner* § 794 Rn 31; dagegen: BGH NJW 83, 1433; Musielak/*Weth* § 78 Rn 15; Musielak/*Lackmann* § 794 Rn 8; Zö/*Vollkommer* § 78 Rn 18; Zö/*Stöber* § 794 Rn 7). Für den Anwaltszwang spricht, dass § 794 I Nr 1 die Postulationsfähigkeit nicht regelt, der gerichtliche Vergleich anders als der außergerichtliche Vollstreckungstitel gegen den Dritten ist und Vollstreckungstitel durch eine Prozesshandlung geschaffen werden, wie dies für die Vollstreckungsunterwerfung (§ 794 I Nr 5) anerkannt ist. Die Gegenansicht hat allerdings den Wortlaut des Gesetzes für sich, das den Anwaltszwang aus Gründen der Rechtssicherheit nicht an Zweckmäßigkeitsgesichtspunkte, sondern an formale Kriterien (dazu bspw BGH NJW 00, 3356, 3357) wie die Parteistellung knüpft, die durch die Beteiligung am Vergleich nicht erfüllt werden, und dass Vollstreckungstitel nach § 794 I Nr 5 auch sonst ohne Anwalt geschaffen werden können. Allerdings unterwirft auch diese Ansicht den Widerruf des Prozessvergleichs durch den Dritten dann dem Anwaltszwang, wenn der Widerruf in der Form einer Prozesshandlung ggü dem Gericht erklärt werden soll (Musielak/*Weth* § 78 Rn 15). Für den Vergleichsschluss vor dem beauftragten oder ersuchten Richter gilt der Anwaltszwang nicht (Abs 3). Ebensowenig gilt der Anwaltszwang für einen Vergleich im PKH-Verfahren (Hambg FamRZ 88, 1299). 15

Für den Klageverzicht (§ 306) gilt Anwaltszwang (BGH NJW 88, 210), grds auch für die Klagerücknahme. Allerdings kann die ohne Anwalt erhobene Klage nach einer Verweisung vom AG an das LG noch von der Partei selbst zurückgenommen werden (Kobl NJW-RR 00, 1370). Anwaltszwang gilt auch für die Zurücknahme eines Rechtsmittels (BGH NJW 84, 805), jedoch kann ein von der Partei selbst oder durch einen postulationsunfähigen Vertreter eingelegtes Rechtsmittel in gleicher Weise wieder zurückgenommen werden (BGH NJW-RR 94, 759). Für den Rechtsmittelverzicht gilt Anwaltszwang (BGH NJW 84, 1465). Auch für den Antrag auf Verlängerung der Begründungsfrist für ein Rechtsmittel bedarf es der Vertretung durch einen Anwalt (BGH NJW 85, 1558; 88, 211). Ferner unterliegen der Einspruch gegen ein Versäumnisurteil (BGH NJW 92, 1700, 1701) und die Zustimmung zur Übertragung auf den Einzelrichter (St/J/*Bork* § 78 Rn 23) dem Anwaltszwang. Verweisungsanträge außerhalb der mündlichen Verhandlung können ohne Anwalt gestellt werden (§ 281 II 1), nicht jedoch solche in der mündlichen Verhandlung. Nach der Abgabe des Mahnverfahrens an das LG gilt Anwaltszwang (BGH NJW 79, 1658; 99, 365). Allerdings kann der Antrag auf Durchführung des streitigen Verfahrens bis zum Beginn der mündlichen Verhandlung ohne 16

Anwalt zurückgenommen werden, da der Antrag zu Protokoll der Geschäftsstelle erklärt werden kann (§§ 696 IV 2, 78 III). Die Erledigungserklärung in der mündlichen Verhandlung unterliegt dem Anwaltszwang, die außerhalb wegen § 91a I 1 nicht (Bambg NJW-RR 97, 1365, 1366). Im Anwaltsprozess gilt der Anwaltszwang auch für den Beitritt (BGH NJW 85, 328; 91, 229, 230), die Aufnahme eines unterbrochenen Verfahrens (BGH NJW 01, 1581); die Beschwerde, die sich gegen die Zurückweisung eines Ablehnungsgesuchs richtet (§ 46 II), für die Kostenbeschwerde nach § 269 V I (Köln OLGR 94, 167) und für die Anhörungsrüge nach § 321a (BGH NJW 05, 2017). Für die sofortige Beschwerde gegen einen Kostenfestsetzungsbeschluss des Rechtspflegers des Landgerichts gilt der Anwaltszwang nicht (BGHZ 166, 117, 121). Ob der Antrag nach § 494a dem Anwaltszwang unterliegt, ist umstr (dafür Zweibr NJW-RR 96, 573; dagegen Ddorf NJW 99, 506). Für den Anwaltszwang spricht der Wortlaut der Norm, der anders als § 486 IV keine Erklärung zu Protokoll der Geschäftsstelle zulässt. Der Antrag nach § 269 III nach Rücknahme des Antrags nach § 486 unterliegt nicht dem Anwaltszwang (Frankf MDR 99, 1223). Ob der Beitritt im selbständigen Beweisverfahren dem Anwaltszwang unterliegt, ist streitig (dafür; Kobl NZBau 09, 41; dagegen Stuttg Beschl v 6.10.11 – 10 W 38/11; Nürnbg Beschl v. 10.2.11 – 13 W 139/11).

17 Im Vollstreckungsverfahren nach §§ 887 ff besteht Anwaltszwang dann, wenn im Vorprozess Anwaltszwang herrschte (Köln NJW-RR 95, 644, 645) und zwar auch dann, wenn eine einstweilige Verfügung zu vollstrecken ist, die ohne mündliche Verhandlung erging (Frankf FamRZ 87, 1292; Kobl NJW-RR 88, 1279; Zö/*Vollkommer* § 78 Rn 24). Kein Anwaltszwang besteht im Verfahren der Klauselerinnerung nach § 732 (BGH NJW-RR 01, 1362). Ob für die Beschwerde gegen die Zurückweisung eines Arrestgesuchs (§ 922 III) oder eines Antrags auf Erlass einer einstweiligen Verfügung (§ 937 II) Anwaltszwang gilt, ist umstr (dafür Frankf Beschl v 1.2.11 – 6 W 91/10; OLGR 04, 221; Hamm MDR 08, 708, 709; dagegen Karlsr NJW-RR 93, 1470; Celle NJW-RR 09, 977, 978; München Beschl v 29.11.10 – 1 W 2519/10).

18 **3. Ausnahmen. a) Beauftragter oder ersuchter Richter.** Ausnahmen gelten für das Verfahren vor dem beauftragten oder ersuchten Richter (zB nach § 278 V I oder §§ 361, 362) auch dann, wenn dieser fehlerhaft als Einzelrichter bezeichnet wurde (BGH NJW 80, 2307, 2309). Nicht als beauftragter Richter gilt der Einzelrichter, der das Verfahren an sich selbst als beauftragten Richter überträgt (BGH FamRZ 86, 458). Vor dem ersuchten oder beauftragten Richter kann deshalb ein Prozessvergleich ohne Anwaltszwang geschlossen werden.

19 **b) Erklärungen zu Protokoll.** Prozesshandlungen, die zu Protokoll der Geschäftsstelle vorgenommen werden können, sind ebenfalls vom Anwaltszwang befreit. Aus der Fülle der über die ZPO verstreuten Regelungen sollen hier nur die wichtigsten erwähnt werden: Antrag auf Gerichtsbestimmung (§ 37); Richterablehnung bzw Sachverständigenablehnung (§§ 44 I; 406; BGH MDR 95, 520); Erklärung der Erledigung des Rechtsstreits (§ 91a I 1), auch in der mündlichen Verhandlung (Schleswig MDR 99, 252); Antrag auf Rückgabe einer Sicherheit (§ 109 III 1); PKH-Antrag (§ 117 I 1); Antrag auf Aussetzung des Verfahrens (§ 248 I); Anträge zur Zuständigkeit (§ 281 II 1); Antrag auf Einleitung eines selbstständigen Beweisverfahrens (§ 486 IV) einschließlich evtl Anträge des Antragsgegners (Naumbg OLG-NL 02, 181); Beschwerde im PKH-Verfahren und in sonstigen Verfahren, die in 1. Instanz Parteiprozess waren (§ 569 III Nr 1; BGH NJW 06, 2260, 2261), die Prozesskostenhilfe betreffen (§ 569 III Nr 2) oder von Dritten erhoben wurde (§ 569 III Nr 3); Rücknahme des Antrags auf Durchführung des streitigen Verfahrens (§ 696 IV 2); Rücknahme des Einspruchs gegen den Vollstreckungsbescheid (§§ 700 III 2, 697 IV 2); Arrestanträge oder Anträge auf Erlass einer einstweiligen Verfügung (§§ 920 III, 936). Die Prozesskostenhilfe iSd § 569 III Nr 2 ist bei jeder Entscheidung im Zusammenhang mit einem Prozesskostenhilfegesuch betroffen und nicht nur bei der Entscheidung über den Antrag (Brandbg OLG-NL 00, 46). Der Anwaltszwang für solche Prozesshandlungen entfällt auch dann, wenn sie nicht vor dem Urkundsbeamten der Geschäftsstelle vorgenommen werden. Die Erklärung kann deshalb auch in einem Schriftsatz oder in der mündlichen Verhandlung erfolgen (Zö/*Vollkommer* § 78 Rn 29; Musielak/*Weth* § 78 Rn 25). Die Ausnahme gilt allerdings nur für die betreffende Prozesshandlung selbst und erstreckt sich nicht auf das sich anschließende Verfahren, soweit dieses dem Anwaltszwang unterliegt, insb nicht auf eine sich anschließende mündliche Verhandlung (Saarbr NJW-RR 98, 1611, 1612 für Arrest und einstweilige Verfügung; Frankf MDR 99, 186; Musielak/*Weth* § 78 Rn 25; str aA Zö/*Vollkommer* § 78 Rn 29). Ein sich anschließendes Beschwerdeverfahren wird nicht mehr erfasst (Naumbg OLGR 04, 149; Fankf Beschl v 28.6.10 – 6 W 91/10).

20 **c) Sonstige Ausnahmen.** Vor dem Rechtspfleger besteht kein Anwaltszwang (§ 13 RpflG). Dies gilt auch für die Einlegung der sofortigen Beschwerde gegen einen Kostenfestsetzungsbeschluss des Rechtspflegers

des Landgerichts (§§ 11 I, 13 RpflG, 104 III, 569 III Nr 1; BGH NJW 06, 2260, 2261) und die sonstigen nach § 20 RpflG übertragenen Verfahren (Zö/*Vollkommer* § 78 Rn 27; Musielak/*Weth* § 78 Rn 26), insb das Kostenfestsetzungsverfahren (§ 21 RpflG) einschließlich des Beschwerdeverfahrens (München MDR 99, 1224; Nürnbg MDR 00, 233; Köln OLGR 05, 406; aA Hambg MDR 99, 1223). Anwaltszwang gilt nicht im Verfahren der Klauselerinnerung nach § 732 (BGH NJW-RR 01, 1362) und in Justizverwaltungsverfahren (§ 26 I EGGVG; B/L/A/H § 78 Rn 44; Zö/*Vollkommer* § 78 Rn 27). Die schlichte Vorlage von Urkunden durch die Partei (§ 134) unterliegt auch im Anwaltsprozess nicht dem Vertretungszwang (Brandenbg NJW-RR 95, 1471). Das Gleiche gilt für die an die Geschäftsstelle zu richtenden Gesuche um Erteilung von Ausfertigungen und Abschriften und für die Streitverkündung an einen Dritten (Zö/*Vollkommer* § 78 Rn 30).

4. Inhaltliche Anforderungen. Der Anwaltszwang soll sicher stellen, dass der schriftsätzliche Vortrag und insb Rechtsmittelschriften das Ergebnis der Durcharbeitung und Strukturierung des tatsächlichen und rechtlichen Streitstoffs unter Berücksichtigung der Anforderungen des Rechtsstreits als rechtsförmlichen Verfahren und idS Ergebnis der persönlichen geistigen Arbeit des zugelassenen Rechtsanwalts sind (BGH NJW 05, 2709, 2710; NJW-RR 06, 342, 343; NJW 08, 1311, 1312), was allerdings nicht ausschließt, dass die Schriftsätze nicht von anderen Personen unterschriftsreif vorbereitet werden, solange der zugelassene Anwalt die volle Verantwortung für den Inhalt übernimmt (BGH NJW-RR 89, 3022; NJW 08, 1311, 1312). Zum Nachweis der Erfüllung dieser Anforderungen begnügt sich das Gesetz aus Gründen der Rechtssicherheit mit der Unterzeichnung des Schriftsatzes durch den Anwalt, weshalb das Gericht bei einem so unterzeichneten Schriftsatz keinen Anlass zur Prüfung hat, ob er tatsächlich die Verantwortung übernommen und ob und wie gründlich er den Prozessstoff durchgearbeitet hat und deshalb weitere Nachweise nicht fordern darf (BGH NJW-RR 89, 3022; 98, 574, 575; NJW 05, 2709; 08, 1311, 1312). Nur wenn sich aus dem Schriftsatz zweifelsfrei ergibt, dass die sachlichen Prüfungsanforderungen nicht erfüllt sein können, verliert die Unterzeichnung ausnahmsweise ihre Beweiskraft. Dies kommt nur in zwei Fallgruppen in Betracht: Der Anwalt distanziert sich bspw durch einen Zusatz selbst von der Erklärung und lehnt damit die Verantwortung dafür ab oder nach dem Inhalt des Schriftsatzes ist es schlechthin ausgeschlossen, dass der Anwalt ihn überprüft haben könnte (BGH NJW 89, 3022, 3023; 05, 2709; 08, 1311, 1312). Für eine Distanzierung genügt es noch nicht, wenn der Anwalt sich dafür entschuldigt, dass es ihm wegen Zeitdrucks nicht möglich gewesen sei, die vom Mandanten gefertigte Berufungsbegründung auf dem Briefpapier des Anwalts einzureichen (BGH NJW 89, 394, 395). Die häufigere 2. Fallgruppe ist dadurch gekennzeichnet, dass der Schriftsatz unverständliche und wirre Ausführungen ohne Zusammenhang mit dem Streitstoff (zB dem angegriffenen Urt) enthält, die erkennen lassen, dass eine eigene Prüfung durch den Rechtsanwalt nicht stattgefunden haben kann (BGH NJW 89, 394, 395), bspw weil die mehreren Seiten eines Schriftsatzes nach Erscheinungsbild und Diktion nicht zusammenpassen (BGH NJW-RR 06, 342, 343) oder Antragstellung und Begründung nicht zusammenpassen und auf den Vortrag 1. Instanz verwiesen wird, der ausweislich der Begründung zu einem Gesuch auf Akteneinsicht dem Anwalt unbekannt war (BGH NJW 08, 1311, 1312) oder Inhalt und Diktion ergeben, dass lediglich die Auffassung des Mandanten mitgeteilt wird (OLG Zweibr MDR 10, 46). Bei der Prüfung dieser Voraussetzungen ist aber zu beachten, dass die juristische Qualität des Schriftsatzes grds unerheblich ist und auch unsachliche und polemische Formulierung nicht gegen die Prüfung durch einen Anwalt sprechen (BGH NJW 89, 394, 395). Auch eine bloß oberflächliche Prüfung eines vorgefertigten Schriftsatzes stellt die Erfüllung der Anforderungen nicht in Frage (BGH NJW 89, 394, 396: nur überflogen), denn in welchem Umfang und wie gründlich der Prozessstoff durchgearbeitet wurde, liegt im Ermessen des Anwalts (BGH NJW 89, 3022; 08, 1311, 1312). Ausnahmsweise kann diesen Anforderungen genügt sein, obwohl die eigentliche Berufungsbegründung keine Unterschrift des Rechtsanwalts trägt, wenn auch ohne die Unterschrift und ohne Beweisaufnahme feststeht, dass der Anwalt auch die Verantwortung dafür übernommen hat (BGH NJW 86, 1760, 1761). 21

5. Zeitliche Grenzen. Handlungen nach der Beendigung des Rechtsstreits unterliegen grds nicht mehr dem Anwaltszwang, weshalb es iRd bei der Zwangsvollstreckung, der Streitwertfestsetzung oder der Kostenfestsetzung nicht notwendig ist, sich von einem Anwalt vertreten zu lassen. Allerdings kann ein Antrag auf einstweilige Einstellung der Zwangsvollstreckung im Verfahren der Nichtzulassungsbeschwerde (§§ 544 II, 719 II) nur von einem beim BGH zugelassenen Anwalt gestellt werden (BGH WM WuM 04, 416). 22

6. Folgen eines Verstoßes. Die von der Partei unter Verstoß gegen den Anwaltszwang vorgenommene Prozesshandlung ist unwirksam (BGH NJW 92, 1700, 1701; Kobl NJW-RR 02, 1510). Die gilt auch, soweit die 23 inhaltlichen Anforderungen (Rz 21) nicht erfüllt sind. Erfasst der Verstoß bereits die Klageerhebung, kann eine Zustellung und Terminbestimmung unterbleiben.

24 **E. Persönlicher Geltungsbereich. I. Allgemeines.** Der in Abs 1 angeordnete Vertretungszwang gilt in erster Linie für die Parteien des Rechtsstreits, wobei an die formale Parteistellung angeknüpft wird. Eine evtl vorhandene eigene Rechtskunde der Partei ist ohne Bedeutung (St/J/*Bork* § 78 Rn 21; MüKoZPO/*v. Mettenheim* § 78 Rn 23). Darüber hinaus ergreift der Anwaltszwang aber auch die anderen Personen, die neben oder zusammen mit den Parteien im Rechtsstreit auftreten und handeln. Deshalb müssen sich auch der Nebenintervenient, der Streitverkündete nach seinem Beitritt (§ 74 I) sowie die in §§ 75–77 genannten Personen durch einen Rechtsanwalt vertreten lassen (BGH NJW-RR 05, 1237). Bei mehreren Parteien (Parteienhäufung) muss sich jede einzelne vertreten lassen. Dies gilt unabhängig von der Vertretungsfiktion nach § 62 I (Musielak/*Weth* § 78 Rn 13). Für den Anwendungsbereich ist auch ohne Bedeutung, ob es sich um eine natürliche oder eine juristische Person handelt.

25 **II. Öffentlich-rechtliche Körperschaften.** Behörden und juristische Personen des öffentlichen Rechts einschließlich der von ihnen gebildeten Zusammenschlüsse (Körperschaften, Anstalten und Stiftungen einschließlich öffentlich-rechtlicher Verbände) müssen sich grds durch einen zugelassenen Rechtsanwalt vertreten lassen (MüKoZPO/*v. Mettenheim* § 78 Rn 24; Musielak/*Weth* § 78 Rn 21, 22). Für diese Personen gilt jedoch nach Abs 2 eine Ausnahme für die Nichtzulassungsbeschwerde. In diesem Verfahren können sie sich durch eigene Beschäftigte mit der Befähigung zum Richteramt oder durch Beschäftigte anderer Behörden oder juristischer Personen mit dieser Befähigung vertreten lassen. Diese Personen sind auch befugt, sich durch einen beim BGH zugelassenen Rechtsanwalt vertreten zu lassen (BGH NJW 93, 1208).

26 **III. Sonstige Personen.** Im Verfahren der Beschwerde oder der Rechtsbeschwerde nach § 574 iVm § 127 III ist kraft ausdrücklicher gesetzlicher Anordnung die in der Person des Bezirksrevisors handelnde Staatskasse postulationsbefugt, nach der Neufassung der Vorschrift allerdings nur, wenn diese die Befähigung zum Richteramt hat, denn nach der Wertung des Gesetzgebers bedürfen behördliche Vertreter vor dem BGH ausnahmslos der Befähigung zum Richteramt (BGH Beschl v 7.7.10 – XII ZR 149/10, FamRZ 10, 1544). Der gesetzliche oder gewillkürte Vertreter einer Partei ist nicht selbst Partei und deshalb dem Anwaltszwang nicht unterworfen. Auch der Zeuge unterliegt nicht dem Anwaltszwang. Ausgenommen sind auch Personen, die bspw durch eine falsche Zustellung versehentlich in dem Prozess hineingezogen wurden (Musielak/*Weth* § 78 Rn 13).

27 **IV. Rechtsanwälte.** Rechtsanwälte, die beim Prozessgericht postulationsfähig sind, können sich nach Abs 4 selbst vertreten und müssen keinen anderen Rechtsanwalt beauftragen, was sie aber tun können. Dies gilt auch, soweit sie als Partei kraft Amtes auftreten, zB als Insolvenzverwalter, Testamentsvollstrecker oder Pfleger. Eine Ausdehnung dieser Ausnahme auf andere Volljuristen ist ausgeschlossen (Zö/*Vollkommer* § 78 Rn 37; Musielak/*Weth* § 78 Rn 34). Macht der Anwalt von seinem Selbstvertretungsrecht Gebrauch, ist er im Prozess wie jeder andere Rechtsanwalt zu behandeln, für ihn gelten die allgemeinen Vorschriften. Im Falle der Selbstvertretung gelten auch §§ 239, 244 (BGH MDR 90, 702), nur § 246 I ist nicht anwendbar, das Verfahren wird nach § 244 unterbrochen (KG NJW-RR 08, 142, 143; 07, 967). Aus dem Recht zur Selbstvertretung folgt jedoch nicht zwingend ein entsprechender Kostenerstattungsanspruch. Auch der Rechtsanwalt ist als Prozesspartei verpflichtet, die Kosten niedrig zu halten (BGH NJW 07, 2257). Ein prozesskostenhilfeberechtigter Rechtsanwalt kann nicht verlangen, sich selbst beigeordnet zu werden (BAG NJW 08, 604).

28 **V. BGH.** Vor dem BGH gilt in allen Verfahren für die Parteien, Beteiligte und beteiligte Dritte Anwaltszwang, eine Ausnahme von der Grundregel des Abs 1 S 4 wurde nicht gemacht. Allein Behörden müssen sich für die Einlegung der Nichtzulassungsbeschwerde nicht durch Rechtsanwälte vertreten lassen (Abs 2). Dies gilt auch für einen Antrag auf Einstellung der Zwangsvollstreckung im Verfahren der Nichtzulassungsbeschwerde (BGH NJW-RR 04, 936; BGH Beschl v 12.8.09 – XII ZA 30/09) und die Anhörungsrüge (BGH NJW 05, 2017; BGH Beschl v 16.7.09 – I ZB 41/09). Für übereinstimmende Erledigungserklärungen gilt dies nicht (§§ 91a I, 78 III; BGH Beschl v 15.9.11 – VI ZR 137/11).

§ 78a *(weggefallen)*

§ 78b Notanwalt. **(1) Insoweit eine Vertretung durch Anwälte geboten ist, hat das Prozessgericht einer Partei auf ihren Antrag durch Beschluss für den Rechtszug einen Rechtsanwalt zur Wahrnehmung ihrer Rechte beizuordnen, wenn sie einen zu ihrer Vertretung bereiten Rechtsanwalt nicht findet und die Rechtsverfolgung oder Rechtsverteidigung nicht mutwillig oder aussichtslos erscheint.**
(2) Gegen den Beschluss, durch den die Beiordnung eines Rechtsanwalts abgelehnt wird, findet die sofortige Beschwerde statt.

A. Allgemeines. Die Vorschrift bezweckt die Sicherstellung gleicher Chancen bei der Rechtsverfolgung und Rechtsverteidigung und soll verhindern, dass eine Partei nur deshalb keinen Rechtsschutz erhält, weil sie keinen zu ihrer Vertretung bereiten Anwalt findet (BVerfG NJW 79, 2117). Die Anwendung ist daher auf Verfahren mit Anwaltszwang beschränkt und gilt nicht im Parteiprozess (BGH MDR 89, 257). Besteht Anwaltszwang nur für einzelne Verfahrensabschnitte oder Prozesshandlungen, darf eine Beiordnung nur in diesem Umfang erfolgen. Eine Beiordnung eines Anwalts im PKH-Verfahren erfolgt ausschließlich nach § 121. Die Vorschrift ist auch in Ehesachen und Familienstreitsachen (§ 112 FamFG) anwendbar (§ 113 I FamFG). Nach Sinn und Zweck der Vorschrift scheidet die Bestellung eines Notanwalts aus, wenn eine Vertretung allein an der Nichtzahlung des Vorschusses scheiterte, denn auch die Bestellung würde an der Verpflichtung zur Vorschusszahlung nichts ändern (BGH Beschl v 8.7.10 – IX ZB 45/10). 1

B. Antrag. Erforderlich ist ein Antrag der Partei. Für den Antrag besteht kein Anwaltszwang, er bedarf keiner besonderen Form und kann sowohl schriftlich als auch zu Protokoll der Geschäftsstelle (§ 129a) gestellt werden. Im Antrag sind die Voraussetzungen für eine Beiordnung darzulegen und nachzuweisen (BGH NJW-RR 04, 864) und dazu die Bemühungen konkret unter Namensnennung vorzutragen (BGH NJW-RR 95, 1016) und die Ablehnungsgründe anzugeben und zu belegen (BGH NJW-RR 04, 864). Zu richten ist der Antrag, für den kein Anwaltszwang besteht (auf ihren Antrag), an das Prozessgericht. 2

C. Anwaltssuche. Die Partei muss trotz zumutbarer Anstrengungen keinen zu ihrer Vertretung bereiten Anwalt gefunden haben. Welche Bemühungen erforderlich sind, bestimmt sich nach den konkreten Umständen des Einzelfalls. Wenngleich die Anforderungen im Hinblick auf den Zweck der Regelung nicht überspannt werden dürfen, ist es notwendig, dass die Partei bei einer angemessenen Anzahl von Anwälten nachgefragt hat (BVerwG NVwZ-RR 00, 59). Im Verfahren der Revision oder der Nichtzulassungsbeschwerde ist eine Anfrage bei mindestens 4 Anwälten erforderlich (BGH MDR 00, 412; NJW-RR 04, 864 für die Revision; Beschl v 25.1.07 – IX ZR 186/06, Tz 2; Beschl v 16.10.08 – IX ZR 146/08, Tz 3: mehr als 4; Beschl v 28.6.10 – IX ZA 26/10: mindestens 5). Setzt man die Nachfrage bei 4 Anwälten ins Verhältnis zu der geringen Anzahl an BGH-Anwälten und überträgt diesen Maßstab auf den Zivilprozess 1. und 2. Instanz, dürfte angesichts der großen Zahl allgemein zugelassener Rechtsanwälte eine Anfrage bei mindestens 10 zu fordern sein (so auch München OLGR 93, 186; OVG Lüneburg NJW 05, 3303, 3304: Anfrage bei nur 6 Anwälten nicht ausreichend). Allenfalls in einer Region mit besonders niedriger Anwaltsdichte kann eine geringere Anzahl an Anfragen genügen, wobei zu beachten ist, dass sich die Partei bei der Anwaltssuche nicht auf den Wohnort beschränken darf und eine Suche in einem Umkreis von ca 20–30 km regelmäßig zumutbar sein dürfte. Eine Nachfrage bei sämtlichen am Wohnort oder am Sitz des Gerichts zugelassenen Anwälten ist wegen deren großer Zahl idR nicht notwendig (VGH BW NVwZ-RR 99, 280). Einer geschäftsgewandten Partei ist zuzumuten, sich auch in einer weiter entfernten größeren Stadt um einen Anwalt zu bemühen (OVG Lüneburg NJW 05, 3303, 3304). Ist die Sache eilbedürftig, können im Einzelfall geringere Anforderungen an die Anwaltssuche gestellt werden. 3

Die Partei darf sich bei ihrer Suche bis zur Grenze der Unzumutbarkeit nicht auf ihr genehme Anwälte (St/J/*Bork* § 78b Rn 6) oder allein auf Fachanwälte beschränken (OVG Münster NJW 03, 2624, 2625; OVG Lüneburg NJW 05, 3303, 3304). Die Mandatsübernahme darf nicht an der fehlenden Bereitschaft zur Zahlung eines Vorschusses (arg § 78c II; BGH MDR 00, 412) oder an der nicht rechtzeitigen Zahlung scheitern (BGH Beschl v 8.9.11 – III ZR 89/11). Ebensowenig kommt eine Bestellung in Betracht, wenn die Übernahme des Mandats daran scheitert, dass die Partei kein Honorar zahlen will, das über den sich aus der maßgeblichen Gebührenordnung ergebenden Gebühren liegt (BFH Beschl v 19.1.04 – X S 19/03 (NV); OVG Münster NJW 03, 2624). Dies gilt jedenfalls dann, wenn die vereinbarte Vergütung nicht unangemessen hoch ist und im Rechtsstreit nicht nach § 3a II 1 RVG herabgesetzt werden müsste (BSG Beschl v 16.10.07 – B 6 KA 3/07 S, Tz 5). Kein Grund für die Beiordnung besteht dann, wenn die Übernahme der Vertretung daran scheitert, dass die Anwälte sich weigerten, eine von der Partei selbst entworfene, ungeeig- 4 nete Revisionsbegründung in das Verfahren einzuführen (BGH NJW 95, 537; NJW-RR 98, 575; VersR 07, 132), sich den rechtlichen Überlegungen der Partei nicht anschließen und diese nicht in den Rechtsstreit einführen wollten oder die Prozessaussichten schlecht einschätzten (Karlsr Justiz 71, 25). Eine Beiordnung kommt nach dem Schutzzweck der Pflegschaft ferner nicht in Betracht, wenn die Partei einen Vormund oder Betreuer hat, der Rechtsanwalt und bei dem Prozessgericht zugelassen ist und dessen Wirkungskreis die Prozessführung umfasst (BVerwG NJW 79, 2117). Schließlich fehlt es an den Voraussetzungen der Norm, wenn die Partei lediglich die Höhe eines evtl geltend zu machenden Anspruchs durch einen Anwalt ermitteln lassen will (KG OLGZ 77, 245, 247).

5 **D. Mutwilligkeit oder Aussichtslosigkeit.** Hinreichende Erfolgsaussicht ist anders als im Prozesskostenhilfeverfahren nicht erforderlich, denn die Staatskasse muss nicht davor bewahrt werden, wenig aussichtsreiche Prozesse finanzieren zu müssen. Die Partei hat ihren Anwalt selbst zu bezahlen, wirtschaftliche Gesichtspunkte bleiben deshalb unbeachtet. Maßgebend ist die Zumutbarkeit der Mandatsübernahme für den beizuordnenden Anwalt (Zö/*Vollkommer* § 78b Rn 3). Aussichtslos ist die Rechtsverfolgung, wenn die Erfolglosigkeit offenbar ist (BGH NJW-RR 03, 1074) und auch durch anwaltliche Beratung kein günstigeres Ergebnis erreicht werden kann (BGH FamRZ 88, 1152, 1153; BSG Beschl v 3.1.05 – B 9a/9 SB 39/04 B, Tz 5). Da eine hinreichende Erfolgsaussicht nicht notwendig ist, kann eine Beiordnung auch dann erfolgen, wenn PKH abgelehnt werden müsste. Die Partei muss deshalb in ihrem Antrag nicht darlegen, dass ihre Sache hinreichende Aussicht auf Erfolg habe. Dieser Unterschied findet seine Rechtfertigung darin, dass aus verfassungsrechtlichen Gründen die Möglichkeiten einer Partei, Rechtsschutz zu finden, nicht über Gebühr beschnitten werden dürfen, denn fiskalische Interesse des Staates sind nicht betroffen. Die Bedeutung des Begriffs der Mutwilligkeit deckt sich mit der in § 114.

6 **E. Gerichtliche Entscheidung.** Das Prozessgericht entscheidet bei freigestellter mündlicher Verhandlung (§ 128 IV) in voller Besetzung (nicht der Vorsitzende allein) durch Beschl. Der Gegner muss vor der Entscheidung nicht gehört werden, da er nicht in seinen Rechten betroffen ist (St/J/*Bork* § 78b Rn 12; Musielak/*Weth* § 78b Rn 8). Der Beschl ist zu begründen (B/L/A/H § 78b Rn 6) und nach mündlicher Verhandlung zu verkünden (§ 329 I 1). Wird dem Antrag stattgegeben, genügt die formlose Mitteilung an die Parteien (§ 329 II 1). Der den Antrag zurückweisende Beschl ist dem Antragsteller zuzustellen (§§ 329 II 2). In beiden Fällen ist es unschädlich, wenn die Unterrichtung des Prozessgegners unterbleibt (Musielak/*Weth* § 78b Rn 8). Liegen die Voraussetzungen vor, muss ein Anwalt beigeordnet werden, das Gericht hat keinen Ermessensspielraum. Unter diesen Voraussetzungen erfolgt eine Beiordnung auch dann, wenn der Antragsteller selbst Rechtsanwalt ist (BGH Rpfleger 02, 463 zu § 121). Das Prozessgericht trifft nur eine Grundentscheidung, der Beschl spricht nur aus, dass der Partei ein beim Prozessgericht zugelassener Rechtsanwalt beigeordnet wird. Ein Anspruch auf Beiordnung eines Fachanwalts besteht nicht (OVG Münster NJW 03, 2624). Die Auswahl und namentliche Benennung erfolgt im Verfahren nach § 78c durch den Vorsitzenden. Wählt das Prozessgericht in dem Beschl schon den Anwalt aus, gilt dies als Entscheidung des Vorsitzenden nach § 78c (hM St/J/*Bork* § 78c Rn 15; B/L/A/H § 78b Rn 6; Musielak/*Weth* § 78b Rn 9). Der stattgebende Beschl ist unanfechtbar. Gegen die ablehnende Entscheidung ist die sofortige Beschwerde zulässig (§§ 78b II, 567 I Nr 1). Für die Beschwerde gilt kein Anwaltszwang (München MDR 02, 724; Musielak/*Weth* § 78b Rn 11; Zö/*Vollkommer* § 78b Rn 7; aA B/L/A/H § 78b Rn 7). Hat das Beschwerdegericht, das Berufungsgericht oder das OLG im 1. Rechtszug entschieden, kommt nur die Rechtsbeschwerde in Betracht (§ 574 I Nr 2).

§ 78c Auswahl des Rechtsanwalts.

(1) Der nach § 78b beizuordnende Rechtsanwalt wird durch den Vorsitzenden des Gerichts aus der Zahl der in dem Bezirk des Prozessgerichts niedergelassenen Rechtsanwälte ausgewählt.

(2) Der beigeordnete Rechtsanwalt kann die Übernahme der Vertretung davon abhängig machen, dass die Partei ihm einen Vorschuss zahlt, der nach dem Rechtsanwaltsvergütungsgesetz zu bemessen ist.

(3) [1]Gegen eine Verfügung, die nach Absatz 1 getroffen wird, steht der Partei und dem Rechtsanwalt die sofortige Beschwerde zu. [2]Dem Rechtsanwalt steht die sofortige Beschwerde auch zu, wenn der Vorsitzende des Gerichts den Antrag, die Beiordnung aufzuheben (§ 48 Abs. 2 der Bundesrechtsanwaltsordnung), ablehnt.

A. Allgemeines. § 78c ergänzt § 78b. Die Vorschrift setzt eine solche Entscheidung voraus und regelt die Umsetzung der nach § 78b getroffenen Grundentscheidung durch Auswahl eines bestimmten Anwalts (Abs 1), dessen Verpflichtung zum Tätigwerden (Abs 2) sowie die Rechtsbehelfe gegen die Entscheidung (Abs 3). Der Anwendungsbereich erstreckt sich mit Ausnahme von Abs 2 auch auf die Beiordnung nach § 121 V, denn die fehlende Verweisung auf § 78c beruht auf einem Redaktionsversehen (Zö/*Vollkommer* § 78c Rn 2; Musielak/*Weth* § 78c Rn 1). Die Vorschrift gilt ferner in Ehe- und Familienstreitsachen (§§ 112, 113 I FamFG). 1

B. Auswahlverfahren. Nachdem das Gericht in voller Besetzung die Beiordnung eines Notanwalts beschlossen hat, muss der Vorsitzende ohne Antrag unverzüglich vAw tätig werden. Der Vorsitzende ist an die Grundentscheidung gebunden, aus der der Partei ein Anspruch erwächst. Die Auswahl erfolgt aus dem Kreis der im Bezirk des Prozessgerichts zum Zeitpunkt der Beiordnung niedergelassenen (§ 27 BRAO) Rechtsanwälte. Die Aufhebung des Lokalitätsprinzips für Prozesse vor dem LG oder OLG hat daran nichts geändert (Bambg NJW 07, 2274, 2275). Die Auswahl eines dort nicht Niedergelassenen ist wirksam aber anfechtbar (Musielak/*Weth* § 78c Rn 3; aA B/L/A/H § 78c Rn 5: unwirksam). IÜ steht die Auswahl unter den für den konkreten Fall geeigneten Anwälten im pflichtgemäßen Ermessen und setzt nicht das Einverständnis der Partei oder des Anwalts voraus. Obwohl die Partei keinen Anspruch auf Beiordnung des von ihr ausgewählten Anwalts hat (OVG Münster NJW 03, 2624), sind Wünsche und Bedenken der Partei und des Notanwalts, uU auch solche der übrigen Prozessbeteiligten, zu berücksichtigen, wenn sich bei objektiv wertender Betrachtung daraus beachtliche Gründe für oder gegen die Beiordnung ergeben. Da sich möglichst ein Vertrauensverhältnis einstellen soll, ist die Beiordnung eines Anwalts, der die Vertretung nicht übernehmen will oder den die Partei strikt ablehnt, problematisch. Der Vorsitzende muss nicht darf aber die Beteiligten einschließlich des in Betracht gezogenen Anwalts mündlich oder schriftlich anhören, um Wünsche und Bedenken zu erfahren. Im Übrigen ist darauf zu achten, dass kein Vertretungsverbot oder sonstige Hinderungsgründe (zB wegen eines Tätigkeitsverbots nach § 45 II, III BRAO; vgl dazu Bremen Beschl v 24.4.08 – 4 WF 38/08 – BeckRS 08 09227 zu § 121) bestehen. 2

C. Entscheidung. Der Vorsitzende entscheidet durch Verfügung (Abs 3 S 1), die Form des Beschlusses ist unschädlich (B/L/A/H § 78c Rn 7; Zö/*Vollkommer* § 78c Rn 5). In der Verfügung ist der beizuordnende Anwalt namentlich zu bezeichnen, die Beiordnung einer Sozietät oder Partnerschaft soll nicht möglich sein, denn damit würde dieser die dem Vorsitzenden zugewiesene Auswahlentscheidung überlassen (Zö/*Volkommer* § 78c Rn 5; B/L/A/H § 78c Rn 7; Musielak/*Weth* § 78 Rn 3). Aus diesem Grund soll auch die Beiordnung einer Rechtsanwalts-GmbH ausscheiden (aA Nürnbg NJW 02, 3715 zu § 121). Diese Auffassung ist angesichts der Anerkennung von Rechtsanwaltsgesellschaften als Prozessbevollmächtigte (§§ 59c, 59l BRAO) überholt. Die Grundsätze aus der Entscheidung des BGH für die Zulässigkeit der Beiordnung einer Sozietät nach § 121 II (NJW 09, 440, 441) gelten auch für § 78c I mit der Folge, dass auch Rechtsanwaltsgesellschaften beigeordnet werden können (Zö/*Vollkommer* § 78c Rn 4). Die Entscheidung ist wegen der Anfechtbarkeit zu begründen. Eine fehlende Begründung macht die Entscheidung aber nicht schon deshalb unwirksam. Sie ist der Partei und dem Anwalt förmlich zuzustellen (§§ 329 II 2, 567, 569 I), die Unterrichtung des Gegners ist nicht notwendig (Musielak/*Weth* § 78c Rn 4) aber sinnvoll. Fehlt eine Grundentscheidung nach § 78b, ist die Entscheidung unwirksam, sie kann frühestens nach jener Wirksamkeit erlangen (Zö/*Vollkommer* § 78c Rn 5). Mit Zustimmung der Partei und des Notanwalts kann der Vorsitzende die Entscheidung jederzeit abändern (allgM Zö/*Vollkommer* § 78c Rn 5; Musielak/*Weth* § 78c Rn 4), sonst nur bei Vorliegen eines wichtigen Grundes (§§ 48 II, 45 BRAO). Die Änderung erfolgt nach den Regeln des Auswahlverfahrens. Die Bindung an den Beschl nach § 78b bleibt aber bestehen, diesen darf der Vorsitzende nicht aufheben. Die Entscheidung ersetzt weder den Abschluss eines Anwaltsvertrags noch die Erteilung der Prozessvollmacht. 3

D. Wirkungen. I. Verpflichtung zur Übernahme. Der beigeordnete Anwalt ist zur Übernahme der Vertretung verpflichtet (§ 48 I Nr 2 BRAO). Da die Beiordnung als solche weder ein Mandatsverhältnis begründet noch die Erteilung der Prozessvollmacht durch die Partei ersetzt, muss er unverzüglich einen Anwaltsvertrag mit der Partei abschließen und ihm muss, damit er die Stellung als Prozessbevollmächtigter erlangt, Prozessvollmacht erteilt werden (§ 80 Rz 4 f). Insoweit besteht auf Seiten des Anwalts Kontrahierungszwang, der ihn dazu verpflichtet, zum Abschluss der Vertrags an die Partei heranzutreten (allgM St/J/*Bork* § 78c Rn 17; MüKoZPO/*v. Mettenheim* § 78c Rn 12). Der Vertrag kann auch stillschweigend abgeschlossen werden, aber nicht allein durch Schweigen auf die Mitteilung von der Beiordnung (St/J/*Bork* 4

§ 78c Rn 22; Musielak/*Weth* § 78c Rn 5) oder durch die Anfrage der Partei, wie nun verfahren werden solle (Ddorf OLGR 01, 191). Erst die Erteilung der Vollmacht macht den Anwalt zum Prozessbevollmächtigten. Aber auch schon vor der Mandatserteilung bestehen für den Anwalt ab dem Zugang der Beiordnungsverfügung und vor Abschluss des Vertrags gewisse Fürsorge-, Belehrungs- und Betreuungspflichten, die gebieten, die Interessen der Partei vorläufig wahrzunehmen (BGH NJW 73, 757). Für die Partei besteht keine Verpflichtung, mit dem beigeordneten Anwalt einen Vertrag zu schließen und ihm Vollmacht zu erteilen. Sie kann sich weigern und auch nachträglich das Mandat wieder entziehen und die Vollmacht widerrufen. Sie kann aber nicht verlangen, dass ihr deshalb ein anderer Anwalt beigeordnet wird, es sei denn, es gab dafür einen wichtigen Grund (BGH NJW-RR 92, 198; Ddorf OLGR 95, 249, 250).

5 **II. Vorschuss.** Nach Abs 2 kann der Anwalt die Übernahme des Mandats von der Zahlung eines Vorschusses abhängig machen, der sich nach § 9 RVG bemisst und grds in voller Höhe der voraussichtlich entstehenden Vergütung einschließlich der Auslagen verlangt werden kann (BGH VersR 91, 122). Dies gilt nicht für die Beiordnung nach § 121 V, denn eine Vorschusspflicht ist im PKH-Verfahren ausgeschlossen. Verweigert die Partei die Vorschusszahlung, ist auf Antrag des Anwalts die Beiordnung aufzuheben.

6 **E. Rechtsbehelfe. I. Beschwerde.** Die Entscheidung des Vorsitzenden kann von der Partei mit dem Ziel, einen anderen Anwalt beigeordnet zu erhalten, und von dem Rechtsanwalt mit dem Ziel, seine Beiordnung aufzuheben, mit der sofortigen Beschwerde (§ 567 I Nr 1) angefochten werden. Sie wird darauf überprüft, ob das Ermessen fehlerfrei ausgeübt wurde (St/J/*Bork* § 78c Rn 31). Wurde die Entscheidung durch den Vorsitzenden des Berufungsgerichts erlassen, findet nur die Rechtsbeschwerde nach Maßgabe des § 574 I Nr 2) statt. Das Gleiche gilt bei einer Entscheidung durch den Vorsitzenden des Beschwerdegerichts (§ 574 I Nr 2). Sonstige Personen haben kein Beschwerderecht. Die Aufhebung der Grundentscheidung kann im Auswahlverfahren nach § 78c nicht erreicht werden. Dazu bedürfte es einer Entscheidung des Prozessgerichts (MüKoZPO/*v. Mettenheim* § 78c Rn 7; Zö/*Vollkommer* § 78c Rn 9).

7 **II. Antrag auf Aufhebung.** Hat der Rechtsanwalt erfolglos die Aufhebung seiner Beiordnung aus wichtigem Grund (§ 48 II BRAO) beantragt, kann er die Entscheidung mit der sofortigen Beschwerde angreifen (Abs 3 S 2). Dies gilt auch im Anwendungsbereich von § 121 (Karlsr OLGR 99, 62, 63; Naumbg Beschl v 6.4.05 – 8 WF 19/05). Ein wichtiger Grund ist die Weigerung der Partei, einen Anwaltsvertrag abzuschließen, die Prozessvollmacht zu erteilen, den Vorschuss zu zahlen oder eine nachhaltige und tiefgreifende Störung des Vertrauensverhältnisses (BGH NJW-RR 92, 189). Ausreichend gewichtig ist jeder Grund, der einer ordnungsgemäßen Wahrnehmung der Vertretung entgegensteht ohne Rücksicht darauf, wann der Grund entstanden ist. Ein wichtiger Grund für die Aufhebung ist auch die Forderung der Partei, der Anwalt müsse eine ihren Vorstellungen entsprechende Rechtsmittelbegründung einreichen (BGH Beschl v 10.8.98 – VI ZR 174/97, Tz 4). Gibt der Vorsitzende dem Antrag statt, steht der Partei kein Rechtsmittel zu (Karlsr OLGR 01, 143). Ob die Partei sofortige Beschwerde einlegen kann, wenn der Antrag des Rechtsanwalts zurückgewiesen wurde, ist streitig (dafür Ddorf OLGR 95, 249; Zö/*Vollkommer* § 78c Rn 9; dagegen Frankf NJW-RR 89, 569, 570; St/J/*Bork* § 78c Rn 42; Musielak/*Weth* § 78c Rn 8). Sie kann auch selbst die Aufhebung der Entscheidung beantragen, weil ihr kein Anwalt gegen ihren Willen aufgezwungen werden darf, muss dazu aber einen wichtigen Grund darlegen (Köln FamRZ 92, 966, 967 zu § 121). Wird dem Antrag der Partei gegen den Willen des Anwalts stattgegeben, steht dem Rechtsanwalt entsprechend III 2 ein Beschwerderecht zu (hM Naumbg OLGR 05, 644; Brandbg FamRZ 04, 213; Zö/*Vollkommer* § 78c Rn 9; B/L/A/H § 78c Rn 13; Köln OLGR 95, 247 für das PKH-Verfahren; aA Musielak/*Weth* § 78c Rn 8). Lehnt der Vorsitzende den Antrag der Partei ab, steht ihr ein Beschwerderecht zu (Köln FamRZ 92, 966, 967; St/J/Bork § 78c Rn 31; MüKoZPO/*v. Mettenheim* § 78c Rn 10). Da die Partei in diesen Fällen das Vertrauensverhältnis durch sachlich nicht gerechtfertigtes mutwilliges Verhalten zerstört hat, kommt die Beiordnung eines anderen Anwalts nicht mehr in Betracht (BGH Beschl v 10.8.98 – VI ZR 174/97, Tz 5; BSG Beschl v 3.11.09 – B 13 R 23/09 B, Tz 6).

8 **F. Sonstige Beendigungsgründe.** Die Partei kann dem Rechtsanwalt jederzeit das Mandat wieder entziehen und die Prozessvollmacht widerrufen. Damit endet dessen Befugnis zur Prozessvertretung, was einen wichtigen Grund für die Aufhebung der Auswahlentscheidung darstellt. Diese Entpflichtung soll die Partei jederzeit verlangen können (Nürnbg OLGR 03, 373 zu § 121). Die Partei kann aber nur dann die Auswahl eines neuen Anwalts verlangen, wenn sie einen wichtigen Grund für die Mandatsentziehung hatte, denn sonst wäre es ihr gestattet, durch Mandatsentzug die Auswahl des von ihr gewünschten Anwalts zu erzwin-

gen und das Auswahlermessen des Vorsitzenden zu unterlaufen. Allein der Umstand, dass die Partei ohne Anwalt nicht ordnungsgemäß vertreten ist, verpflichtet nicht zur Beiordnung eines anderen Rechtsanwalts. Hat eine Partei ohne hinreichenden Grund die Vertretungsbefugnis entzogen oder durch sachlich nicht gerechtfertigtes mutwilliges Verhalten die Störung des Vertrauensverhältnisses verschuldet, wäre ein solches Verlangen missbräuchlich und dem Antrag ist nicht zu entsprechen (BGH NJW-RR 92, 189; Beschl v 10.8.98 – VI ZR 174/97, Tz 4; BSG Beschl v 3.11.09 – B 13 R 23/09 B, Tz 6). Im Bereich der Prozesskostenhilfe dürfen durch den Anwaltswechsel keine höheren Kosten entstehen (Nürnbg OLGR 03, 373 zu § 121). Der Rechtsanwalt darf das Mandat nicht einseitig beenden, denn dies stünde in Widerspruch zu seiner Pflicht aus § 48 I Nr 2 BRAO (BGH NJW 73, 757). Im bleibt nur die Möglichkeit, unter den Voraussetzungen des § 48 II BRAO die Aufhebung zu erreichen.

§ 79 Parteiprozess. **(1) [1]Soweit eine Vertretung durch Rechtsanwälte nicht geboten ist, können die Parteien den Rechtsstreit selbst führen. [2]Parteien, die eine fremde oder ihnen zum Zweck der Einziehung auf fremde Rechnung abgetretene Geldforderung geltend machen, müssen sich durch einen Rechtsanwalt als Bevollmächtigten vertreten lassen, soweit sie nicht nach Maßgabe des Absatzes 2 zur Vertretung des Gläubigers befugt wären oder eine Forderung einziehen, deren ursprünglicher Gläubiger sie sind.**

(2) [1]Die Parteien können sich durch einen Rechtsanwalt als Bevollmächtigten vertreten lassen. [2]Darüber hinaus sind als Bevollmächtigte vertretungsbefugt nur

1. **Beschäftigte der Partei oder eines mit ihr verbundenen Unternehmens (§ 15 des Aktiengesetzes); Behörden und juristische Personen des öffentlichen Rechts einschließlich der von ihnen zur Erfüllung ihrer öffentlichen Aufgaben gebildeten Zusammenschlüsse können sich auch durch Beschäftigte anderer Behörden oder juristischer Personen des öffentlichen Rechts einschließlich der von ihnen zur Erfüllung ihrer öffentlichen Aufgaben gebildeten Zusammenschlüsse vertreten lassen,**
2. **volljährige Familienangehörige (§ 15 der Abgabenordnung, § 11 des Lebenspartnerschaftsgesetzes), Personen mit Befähigung zum Richteramt und Streitgenossen, wenn die Vertretung nicht im Zusammenhang mit einer entgeltlichen Tätigkeit steht,**
3. **Verbraucherzentralen und andere mit öffentlichen Mitteln geförderte Verbraucherverbände bei der Einziehung von Forderungen von Verbrauchern im Rahmen ihres Aufgabenbereichs,**
4. **Personen, die Inkassodienstleistungen erbringen (registrierte Personen nach § 10 Abs. 1 Satz 1 Nr. 1 des Rechtsdienstleistungsgesetzes) im Mahnverfahren bis zur Abgabe an das Streitgericht, bei Vollstreckungsanträgen im Verfahren der Zwangsvollstreckung in das bewegliche Vermögen wegen Geldforderungen einschließlich des Verfahrens zur Abnahme der eidesstattlichen Versicherung und des Antrags auf Erlass eines Haftbefehls, jeweils mit Ausnahme von Verfahrenshandlungen, die ein streitiges Verfahren einleiten oder innerhalb eines streitigen Verfahrens vorzunehmen sind.**

[3]Bevollmächtigte, die keine natürlichen Personen sind, handeln durch ihre Organe und mit der Prozessvertretung beauftragten Vertreter.

(3) [1]Das Gericht weist Bevollmächtigte, die nicht nach Maßgabe des Absatzes 2 vertretungsbefugt sind, durch unanfechtbaren Beschluss zurück. [2]Prozesshandlungen eines nicht vertretungsbefugten Bevollmächtigten und Zustellungen oder Mitteilungen an diesen Bevollmächtigten sind bis zu seiner Zurückweisung wirksam. [3]Das Gericht kann den in Absatz 2 Satz 2 Nr. 1 bis 3 bezeichneten Bevollmächtigten durch unanfechtbaren Beschluss die weitere Vertretung untersagen, wenn sie nicht in der Lage sind, das Sach- und Streitverhältnis sachgerecht darzustellen.

(4) [1]Richter dürfen nicht als Bevollmächtigte vor einem Gericht auftreten, dem sie angehören. [2]Ehrenamtliche Richter dürfen, außer in den Fällen des Absatzes 2 Satz 2 Nr. 1, nicht vor einem Spruchkörper auftreten, dem sie angehören. [3]Absatz 3 Satz 1 und 2 gilt entsprechend.

A. Grundsatz und Ausnahmen. Als Parteiprozess bezeichnet das Gesetz Verfahren, in denen im Gegensatz 1
zum Anwaltsprozess die Parteien den Prozess selbst führen können, weil eine Vertretung durch Anwälte nicht nach § 78 geboten ist. In diesen Verfahren ist die prozessfähige Partei (§ 52) selbst postulationsfähig und kann wirksam handeln, sie kann sich aber auch durch die in Abs 2 und Abs 4 aufgezählten Personen vertreten lassen. Dies gilt nach Abs 1 S 2 nicht für Personen, die eine fremde (Prozessstandschaft) oder ihnen zum Zweck der Einziehung auf fremde Rechnung abgetretene Geldforderung (Inkassozession, Inkassoermächtigung) geltend machen. Diese müssen sich durch einen Rechtsanwalt vertreten lassen, es sei

denn, die Personen wären nach Abs 2 zur Vertretung befugt. Die Regelung greift die Beschränkungen in §§ 1 I, 2 II RDG auf, die die Inkassotätigkeit auf den außergerichtlichen Bereich bis zur Abgabe an das Streitgericht (Abs 2 Nr 4) beschränken. Nach dem eindeutigen Wortlaut von Abs 1 S 2 ist nur die Vertretung durch Rechtsanwälte zulässig, nur wer selbst zum Personenkreis von Abs 2 gehört, darf sich auch durch die in Nr 1–4 erwähnten Personen vertreten lassen. Eine Ausnahme vom Vertretungsgebot gilt für den ursprünglichen Gläubiger, der etwa bei einer Sicherungsabtretung die abgetretene Forderung geltend macht; für diesen bleibt es beim Regelfall des Abs 1 S 1. Für die Vollabtretung der Forderung gilt die Einschränkung nicht (Zö/*Vollkommer* § 79 Rn 4). Die Vorschrift gilt auch für das Verfahren in Ehesachen und Familienstreitsachen (§§ 112, 113 I FamFG). Für die übrigen Verfahren nach dem FamFG enthält § 10 FamFG eine ähnliche Regelung. Sie findet auch im Zwangsversteigerungsverfahren Anwendung (BGH NJW 11, 929, 930). Die Vorschrift dient der Gewährleistung eines geordneten Verfahrensablaufs und sichert damit die Funktionsfähigkeit der Gerichtsbarkeit. Sie ist deshalb kein Schutzgesetz iSv § 823 II BGB (Karlsr Urt v 26.11.2009 – 4 U 60/09, AnwBl 10, 220, Tz 35 f). Sie verstößt weder gegen Art 3 GG noch gegen Art 12 GG (BGH NJW 11, 929, 932).

2 **B. Vertretungsberechtigte Personen.** Auch im Parteiprozess ist die Vertretung durch Rechtsanwälte der Regelfall, die sich wie auch sonst durch Untervertreter vertreten lassen können. Rechtsanwälte können im Parteiprozess darüber hinaus Referendaren, die bei ihnen iRd Vorbereitungsdienstes beschäftigt sind, für die Verhandlung Vollmacht erteilen (§ 157). Die Ausnahmen in Abs 2 S 2 Nr 1–4 sind dem Regelungszweck entsprechend eng auszulegen (B/L/A/H § 79 Rn 5). Immobilienmakler können daher nicht als Gläubigervertreter im Zwangsversteigerungsverfahren auftreten (BGH NJW 11, 929, 931).

3 **I. Beschäftigte (Abs 2 Nr 1).** Die Rechtsform, in der die Genannten handeln, ist für die Anwendung der Norm ohne Bedeutung. Nach dem Wortlaut kommt es auch nicht darauf an, ob das Beschäftigungsverhältnis öffentlichrechtlicher oder privatrechtlicher Natur ist, ob es zeitlich befristet und welcher Art die Beschäftigung ist und ob der Beschäftigte mit der Streitsache befasst ist oder eine Position mit Entscheidungsbefugnissen bekleidet. Maßgebend ist allein, dass es sich um einen Prozess des Geschäftsherrn (Dienstherrn) handelt. Behörden und juristische Personen des öffentlichen Rechts einschließlich der von ihnen gebildeten Zusammenschlüsse können sich auch durch Beschäftigte anderer Behörden oder juristischer Personen oder Zusammenschlüssen vertreten lassen. Damit wird für eine nicht mehr überschaubare Vielzahl von Personen die Möglichkeit einer Vertretung eröffnet, was für das Gericht im Einzelfall eine erhebliche und durch die Sache kaum gerechtfertigte Mühe bei der Klärung der Vertretungsbefugnisse bedeuten kann (zu Recht krit B/L/A/H § 79 Rn 11 f). Eine besondere Qualifikation wird nicht verlangt.

4 **II. Angehörige ua (Abs 2 Nr 2).** Die Vorschrift betrifft eine Mischung verschiedenster Personen. Der Kreis der volljährigen Familienmitglieder ist durch die Bezugnahme auf § 11 LPartG und § 15 AO umschrieben: Verlobte, (ehemalige) Ehegatten, Verwandte und Verschwägerte in gerader Linie, Geschwister und Geschwisterkinder, Ehegatten der Geschwister und Geschwister der Ehegatten, Geschwister der Eltern sowie Pflegeeltern und Pflegekinder (§ 15 AO). Weiter können Personen mit der Befähigung zum Richteramt (§ 5 I DRiG) Vertreter sein (s.a. § 6 II RDG). In beiden Fällen kommt es nicht darauf an, ob eine solche Vertretung einmalig ist oder wiederholt stattfindet (Zö/*Vollkommer* § 79 Rn 7). Schließlich kann auch eine Vertretung durch Streitgenossen erfolgen, was va bei der einfachen Streitgenossenschaft Bedeutung hat und ermöglicht, die Prozessführung in einer Hand zu konzentrieren, ohne dass ein gemeinsamer Prozessbevollmächtigter bestellt werden muss. In allen Fällen ist eine Vertretung nur zulässig, wenn kein Zusammenhang mit einer entgeltlichen Tätigkeit besteht, es darf also kein Zusammenhang mit einem gezahlten oder zu zahlenden Entgelt bestehen, auch wenn die Vertretung selbst nicht zu vergüten ist (Zö/*Vollkommer* § 79 Rn 7). Im Einzelnen ist noch vieles unklar (B/L/A/H § 79 Rn 18), das Merkmal ist jedenfalls nicht mit dem Merkmal der Unentgeltlichkeit in § 516 BGB deckungsgleich (Zö/*Vollkommer* § 79 Rn 7). An diesem Merkmal scheitert die Vertretung des Versicherungsnehmers durch die Versicherung im Haftpflichtprozess auch bei einer Streitgenossenschaft, denn die Abwehr der Ansprüche durch die Versicherung steht im Zusammenhang mit dem gegen Entgelt gewährten Versicherungsschutz. Dieses nach dem Wortlaut der Norm unvermeidbare (*Zschieschack*, NJW 10, 3275) aber unbefriedigende Ergebnis kann nur durch den Gesetzgeber korrigiert werden.

5 **III. Verbraucherzentralen (Abs 2 Nr 3).** Die Vertretungsbefugnis setzt voraus, dass sich der Rechtsstreit auf die Einziehung von Geldforderungen von Verbrauchern (§ 13 BGB) bezieht und dass dies nach dem

Statut der Verbraucherzentrale/des Verbandes zum Aufgabenbereich gehört. Erfasst werden auch deliktische Forderungen von Verbrauchern (Bsp: BGH NJW 07, 593). Eine Ermächtigung zum Inkasso ist nicht erforderlich. Für andere als die aufgezählten Vereinigungen gilt die Regelung nicht.

IV. Inkasso (Abs 2 Nr 4). Zur Vertretung berechtigt sind nur die nach § 10 I Nr 1 RDG registrierten natürlichen oder juristischen Personen, die Inkassodienstleistungen nach § 2 II RDG erbringen. Die Befugnis gilt nicht für Handlungen in einem streitigen Verfahren und für solche, die ein streitiges Verfahren einleiten. Eine Vertretung ist deshalb im Mahnverfahren nur bis zur Abgabe an das Gericht (§ 695) möglich. Nach der Auffassung des Gesetzgebers soll durch den Wortlaut der Norm die Stellung des Antrag auf Durchführung des streitigen Verfahrens nach dem Widerspruch (§ 696 I 1) erfasst sein (BTDrs 16/6634, 55; Zö/*Vollkommer* § 79 Rn 9), obwohl es sich eigentlich um einen ausgeschlossenen Antrag auf Einleitung eines streitigen Verfahrens handelt. Eine Vertretung ist weiter zulässig im Verfahren der Zwangsvollstreckung wegen Geldforderungen in das bewegliche Vermögen mit Ausnahme der streitigen Verfahren wie zB der Vollstreckungserinnerung (Zö/*Vollkommer* § 79 Rn 9). 6

V. Juristische Personen. Abs 2 S 3 enthält eine Sonderregelung für die Fälle, in denen es sich bei den Vertretern nach Abs 2 S 2 Nr 1–4 nicht um natürliche Personen also idR um juristische Personen handelt. Diese handeln durch ihre Organe und die mit der Prozessvertretung beauftragten Vertreter. In welcher Weise dieser »Auftrag« erteilt worden sein muss und wie er ggf nachzuweisen ist, lässt sich dem Gesetz nicht entnehmen. Eine Einzelvollmacht oder Prokura und eine Bevollmächtigung durch Satzung genügt, eine bloße Beschäftigung bei einer solchen Person hingegen nicht. 7

C. Zurückweisung. Die Voraussetzungen der Vertretungsbefugnis sind vom Gericht vAw zu prüfen. Eine besondere Form des Nachweises ist nicht vorgeschrieben, es gilt der Freibeweis (Zö/*Vollkommer* § 79 Rn 11). Diese Beweiserleichterung ist aber beschränkt auf die Frage, ob der Handelnde nach Abs 2 S 2 Nr 1–4 grds zur Vertretung befugt ist. Der Nachweis der zusätzlich erforderlichen Vollmacht erfolgt nach den allgemeinen Regeln (§ 80 Rz 10 f). Ist die handelnde Person nicht zur Vertretung befugt oder verbleiben Zweifel, ist sie durch unanfechtbaren Beschl zurückzuweisen (Abs 3 S 1), der bekanntgegeben aber nicht zugestellt werden muss (§ 329 II 1). Eine Zustellung schadet aber nicht. Wegen der Unanfechtbarkeit bedarf es eigentlich keiner Begründung, die aber wegen der Möglichkeit einer auf die Verletzung von Art 103 GG gestützten Verfassungsbeschwerde zu empfehlen ist. Mit der Wirksamkeit des Beschlusses verliert der Vertreter seine Handlungsbefugnisse. Die bis zur Wirksamkeit der Zurückweisung von dem Vertreter oder ggü ihm vorgenommenen Prozesshandlungen bleiben wirksam, der Beschl entfaltet keine Rückwirkung (Abs 3 S 2; BGH MDR 10, 958). 8

Ist die Vertretungsbefugnis gegeben und scheidet deshalb eine Zurückweisung nach Abs 3 S 1 aus, kann das Gericht Vertretern nach Abs 2 S 1–3 durch unanfechtbaren Beschl die weitere Vertretung insgesamt und nicht nur den weiteren Vortrag untersagen, wenn sie zu einer sachgerechten Darstellung nicht fähig sind (Abs 3 S 3). Diese Unfähigkeit darf nicht nur bloß kurzfristig bestehen (Erschöpfung) und muss eine gewisse Erheblichkeit erreichen (zB Angetrunkenheit; ungenügende Selbstbeherrschung; mangelnde Erfassung des Sachverhalts; Unklarheit des Denkens und des Ausdrucks usw; B/L/A/H § 79 Rn 28). Mit der Wirksamkeit des Beschlusses verliert der Vertreter seine Postulationsfähigkeit. Da eine fehlerhafte Untersagung als Verfahrensmangel im Rechtsmittelzug inzident überprüfbar sein soll (Zö/*Vollkommer* § 79 Rn 11; B/L/A/H § 79 Rn 25), ist trotz der Unanfechtbarkeit eine Begründung zu empfehlen. Außerdem können Maßnahmen nach §§ 177, 178 GVG ergriffen werden. 9

D. Richter. Für Richter, die zum Kreis der nach Abs 2 S 2 Nr 2 vertretungsberechtigten Personen gehören, enthält Abs 4 eine Einschränkung: Sie dürfen nicht bei dem Gericht auftreten, dem sie angehören. Der Ausschluss geht über den nach § 41 Nr 4 hinaus und bezieht sich auf das Gericht als Organisationseinheit, der der Richter zugewiesen ist, und nicht nur auf den Spruchkörper. Ehemalige Richter dürfen auch vor dem Gericht auftreten, dem sie früher angehörten (BayVGH Beschl v 26.2.09 – 3 CS 08.3301, Tz 45; Zö/*Vollkommer* § 79 Rn 12). Ehrenamtlichen Richtern, die nach II S 2 Nr 1–4 vertretungsbefugt sind, ist nur das Auftreten vor dem Spruchkörper, dem sie angehören, und nur in den Fällen der Nr 2–4 untersagt. Als Beschäftigte (Abs 2 S 2 Nr 1) dürfen sie auch vor ihrem eigenen Spruchkörper auftreten. Das Vertretungsverbot gilt für das gesamte Verfahren und nicht nur für die mündliche Verhandlung (Zö/*Vollkommer* § 79 Rn 12). Für die Zurückweisung gilt Abs 3 S 1, 2 entsprechend. 10

11 **E. Vollmacht.** Die Regelungen in Abs 1 S 2, Abs 2 und Abs 4 betreffen lediglich die Befugnis zur Vertretung der Partei vor Gericht und damit die Postulationsfähigkeit. Hinzukommen muss eine Vollmacht, ohne die deren Handlungen nicht für die Partei wirken (RegE BTDrs 16/3655, 87). Der Umfang der Vollmacht ergibt sich aus §§ 81-83, der Nachweis erfolgt nach § 80, vollmachtlose Vertreter sind nach §§ 88, 89 zu behandeln. Da es sich nicht um einen Anwaltsprozess handelt, muss die Vollmacht allerdings nicht zwingend umfassend sein und kann beschränkt werden (B/L/A/H § 79 Rn 24).

§ 80 Prozessvollmacht.

[1]Die Vollmacht ist schriftlich zu den Gerichtsakten einzureichen. [2]Sie kann nachgereicht werden; hierfür kann das Gericht eine Frist bestimmen.

1 **A. Grundlagen.** Als Prozessvollmacht wird die spezielle Vollmacht bezeichnet, die den Bevollmächtigten zur Prozessführung für den Vertretenen ermächtigt. Entsprechend ihrer Zweckbestimmung findet auf sie grds nur das Prozessrecht Anwendung. Dies gilt auch, soweit Prozesshandlungen außerhalb eines gerichtlichen Verfahrens vorgenommen werden (zB Vollstreckungsunterwerfung nach § 794 I Nr 5; BGH NJW 04, 844, 845). Die allgemeinen Regeln der §§ 164 ff BGB gelten nur, soweit das Prozessrecht in §§ 80 ff auf sie verweist (BGH NJW 03, 1593, 1594; 04, 59, 60) oder in ihnen ein allgemeiner Rechtsgedanke zum Ausdruck kommt (BGH NJW 03, 963, 964), wie bei den Regeln der Duldungs- und Anscheinsvollmacht (BGHZ 40, 197, 204; Frankf OLGR 00, 264, 265). Nicht anwendbar sind §§ 171, 172 BGB, denn §§ 80, 88, 89 enthalten abschließende Regelungen (BGH NJW 03, 1594, 1595: 04, 59, 60; 04, 839, 840; Musielak/*Weth* § 80 Rn 5). Das Gleiche gilt für § 174 BGB (BGH NJW 03, 963, 964; BVerwG NZA-RR 04, 389, 392). Deshalb gelten auch die Regelungen über die Genehmigung (§§ 180 ff BGB) nicht. Rechtsklarheit über das Vorliegen einer Vollmacht wird nach § 89 geschaffen (BGH NJW 03, 963, 964; Rostock OLGR 00, 454, 456). Die Vorschrift gilt auch für das Verfahren in Ehesachen und Familienstreitsachen (§§ 112, 113 I FamFG) mit der Maßgabe, dass für Ehesachen eine besondere Vollmacht notwendig ist (§ 114 V FamFG). Für die übrigen Verfahren nach dem FamFG enthält § 11 S 1, 2 FamFG eine identische Regelung. Auch §§ 71 II, 81 II, III ZVG enthalten Sonderregelungen.

2 Die Prozessvollmacht ist wie die Vollmacht nach BGB von dem zugrunde liegenden Grundgeschäft (zB Auftrag, Geschäftsbesorgung usw) zu trennen mit der Folge, dass das Grundgeschäft allein das Dürfen im Innenverhältnis bestimmt während das Können im Außenverhältnis durch §§ 81 ff geregelt wird. Diese Abstraktheit, die verhindert, dass Wirksamkeitsmängel des Grundgeschäfts auf die Vollmacht durchschlagen, wird nur in den Fällen durchbrochen, in denen das Grundgeschäft gegen ein auch den Schutz des Vertretenen bezweckendes Verbotsgesetz verstößt. Dann erstreckt sich die Nichtigkeit ausnahmsweise auch auf die Prozessvollmacht (BGH NJW 03, 1594, 1595; 04, 59, 60; Zö/*Vollkommer* § 80 Rn 2 zum RDG iVm § 134 BGB). Unabhängig davon muss die Vollmacht von der dazu befugten Person erteilt worden sein, weshalb eine Vollmachtserteilung allein durch den Aufsichtsratsvorsitzenden ohne einen entsprechenden Aufsichtsratsbeschluss unwirksam ist (Zweibr Beschl v 23.6.10 – 4 U 169/09, Tz 13 f; München Urt v 13.10.05 – 23 U 1949/05, Tz 46; einschränkend BAG NZA 04, 336, 338; 04, 746, 747 für Betriebratsbeschlüsse). Das Gleiche gilt, wenn ein notwendiger einstimmiger Gesellschaftsbeschluss fehlt (Stuttg Urt v 12.7.10 – 5 U 33/10, Tz 22, 29). Ein Berufsrechtsverstoß des Anwalts kann zur Nichtigkeit des Anwaltsvertrags führen, daraus folgt aber nicht die Unwirksamkeit der Prozessvollmacht (Hamm MDR 89, 266; NJW 92, 1174, 1175 zu § 45 BRAO aF). Dies gilt insb auch für den Verstoß gegen das Tätigkeitsgebot aus § 43a IV BRAO (BGH BGHReport 09, 946).

3 Allerdings schließen manche umfassenden Vollmachten eine Ermächtigung zur Prozessführung mit ein. Dies gilt für die Generalvollmacht in Bezug auf Vermögensangelegenheiten, die Prokura nach § 49 HGB, idR auch für die Handlungsvollmacht nach § 54 HGB, die Bestellung als geschäftsführender Gesellschafter (§ 714 BGB), die gesetzlichen Vertreter einer juristischen Person und schließlich für die Bestellung zum Abwickler (B/L/A/H § 80 Rn 8; Zö/*Vollkommer* § 80 Rn 9). In diesen Fällen ist die Prozessvollmacht nur dann wirksam, wenn auch die Vollmacht nach den für sie geltenden materiell-rechtlichen Vorschriften (zB §§ 164 ff BGB) wirksam ist (BFH DB 85, 28 für den Liquidator; Musielak/*Weth* § 80 Rn 10). Dies gilt auch für den Betreuer, sofern die Erfüllung der übertragenen Aufgabe die Führung eines Prozesses notwendig macht (Karlsr NJW-RR 99, 1699, 1700).

4 **B. Erteilung. I. Allgemeines.** Für die Erteilung der Vollmacht enthält die ZPO keine besonderen Regeln. Sie bedarf auch keiner besonderen Form und kann uU auch durch schlüssiges Verhalten erteilt werden (BGHZ 40, 197, 203; NJW 2004, 844, 846). Sie ist nach hM Prozesshandlung (BGH NJW 07, 772; BVerwG

NJW 06, 2648; Musielak/*Weth* § 80 Rn 5) und setzt deshalb Prozessfähigkeit des Vollmachtgebers nach Maßgabe der §§ 50 ff voraus (BGH NJW 87, 440). Als Prozesshandlung ist sie bedingungsfeindlich (BAG NJW 06, 2648, 2649), auch eine Anfechtung nach §§ 119 f BGB ist ausgeschlossen (Musielak/*Weth* § 80 Rn 5). Sie wird auch dann nach deutschem Prozessrecht beurteilt, wenn sie im Ausland erteilt wurde. Allein die Frage der Rechtsmacht zur Erteilung bestimmt sich nach der fremden Rechtsordnung (BGH NJW 90, 3088).

II. Erklärung. Die Erteilung geschieht durch einseitige empfangsbedürftige Willenserklärung des Vollmachtgebers ggü dem Bevollmächtigten, dem Prozessgegner oder dem Gericht (BGH FamRZ 95, 1484) und wird mit Zugang wirksam. Sie ist formlos wirksam (BGH NJW 02, 1957; 04, 844) und kann deshalb mittels jeder Übermittlungsform (BGHZ 126, 269; NJW 2002, 1957) und auch stillschweigend (BGH FamRZ 81, 865, 866) erteilt werden, bspw durch Teilnahme der Partei in einem Verhandlungstermin, in dem der Anwalt als ihr Bevollmächtigter auftritt (BGH FamRZ 95, 1484). Sie wird wirksam, wenn sie einem der möglichen Erklärungsempfänger zugegangen ist. Auch eine Vollmachtserteilung durch Telefonanruf bei Gericht soll möglich sein (Oldbg OLGR 96, 129). Wegen des erforderlichen Nachweises sollte die Vollmachtserteilung jedoch schriftlich erfolgen. Zulässig ist auch eine Vollmachtserteilung zu Protokoll der Geschäftsstelle oder gem Sitzungsprotokoll (B/L/A/H § 80 Rn 7). Ob in einem PKH-Gesuch mit dem Antrag, einen bestimmten Rechtsanwalt beizuordnen, eine Vollmachtserteilung zu sehen ist, hängt vom Einzelfall ab (offen BGH VersR 86, 580), die Beiordnung allein begründet jedenfalls kein Vertretungsverhältnis (BGHZ 60, 258; NJW 87, 440). 5

III. Notwendiger Inhalt. Die Erklärung muss die Bezeichnung des Rechtsstreits, für den die Vollmacht gelten soll, die Bezeichnung des Vertreters und die Erklärung der Bevollmächtigung enthalten. Die Bezeichnung des Rechtsstreits geschieht durch die Benennung der Streitparteien und des Streitverhältnisses, insb wenn die Prozessvollmacht schon vor der Einleitung des gerichtlichen Verfahrens erteilt wurde. 6

IV. Vollmachtgeber. Vollmachtgeber ist idR die Partei. Fehlt dieser die Prozessfähigkeit, wird die Vollmacht vom gesetzlichen Vertreter erteilt (§ 51). Die Befugnis zur Erteilung der Vollmacht bestimmt sich grds nach dem materiellen Recht und den daraus abzuleitenden Handlungsbefugnissen. Sie kann aber auch vom Nebenintervenienten oder einem am Prozess beteiligten Dritten erteilt werden, zB durch den Haftpflichtversicherer, der gem § 101 I VVG dem Versicherungsnehmer einen Rechtsanwalt zu stellen und dementsprechend die Berechtigung hat, namens und in Vollmacht des Versicherungsnehmers dem Anwalt Prozessvollmacht zu erteilen (BGH NJW 91, 1176, 1177; 07, 2258, 2260). Nur bei einem ausdrücklichen Widerspruch des Versicherten ist die Versicherung nicht zur Vollmachtserteilung berechtigt (Bremen VersR 91, 1281; Saarbr OLGR 99, 487). Vollmachtgeber kann nach § 1902 BGB insb auch der Betreuer sein. 7

V. Bevollmächtigte. Eine wirksame Erteilung setzt auch auf Seiten des Bevollmächtigten Prozessfähigkeit voraus (§§ 51 ff), denn sonst liefe sie ins Leere. Dessen Postulationsfähigkeit ist jedoch nicht Wirksamkeitsvoraussetzung (BGH NJW 95, 1841; BayObLG FamRZ 86, 597, 598). Die Prozesshandlungen eines solchen Bevollmächtigten sind – soweit Postulationsfähigkeit gefordert ist – allerdings unwirksam. Wird eine Anwaltssozietät bevollmächtigt, ist durch Auslegung zu ermitteln, ob sich die Vollmacht auf alle Sozien oder nur auf den das Mandat entgegennehmenden Rechtsanwalt erstrecken soll (BGH NJW 00, 1333, 1334). Im Zweifel wird der Parteiwille darauf gerichtet sein, die Vollmacht den Personen zu erteilen, mit denen auch der Anwaltsvertrag zustande kommt (BGH NJW 94, 257; NJW 95, 1841). Ein Einzelauftrag dürfte anzunehmen sein, wenn ein Sozietätsmitglied als Notanwalt oder im Verfahren der Prozesskostenhilfe beigeordnet und entsprechend der Beiordnung von der Partei beauftragt wird (BGHZ 56, 355, 361; NJW 91, 2294), wenngleich auch in diesen Fällen das Mandat der Sozietät erteilt worden sein kann (Köln MDR 93, 114). Dies gilt nach den Grundsätzen der Anscheins- und Duldungsvollmacht auch bei einer Scheinsozietät (BGH NJW 00, 1333, 1334). Sind nicht alle Mitglieder der Sozietät Rechtsanwälte und betrifft der erteilte Auftrag in erster Linie Rechtsbesorgungen, erstreckt sich der Auftrag idR nicht auf die nicht anwaltschaftlichen Mitglieder (BGH NJW 00, 1333, 1334). Die Erstreckung des Mandats auf neu eintretende Mitglieder bedarf des Einverständnisses des Vollmachtgebers, von dessen stillschweigender Erteilung idR auszugehen ist (BGH NJW 94, 257, 258). Auch bei einer überörtlichen Sozietät oder einer Sternsozietät (§ 59a BRAO) kann nicht allgemein angenommen werden, dass Vollmacht und Mandat nur den vor Ort tätigen Rechtsanwälten erteilt wird (Karlsr NJW-RR 95, 377; aA Ddorf NJW-RR 95, 376). Eine Rechtsanwalts-GmbH ist selbst Prozessbevollmächtigte (§ 59l 1 BRAO), die Vollmacht lautet nur auf sie (Zö/*Vollkommer* § 80 Rn 6). Auch eine Vertretung durch eine 8

Rechtsanwalts-AG ist möglich (BGH NJW 05, 1568). Die Partnerschaftsgesellschaft ist ebenfalls selbst Prozessbevollmächtigte (§§ 2, 7 IV PartGG) und durch ihre postulationsfähigen Partner oder Vertreter selbst postulationsfähig (§ 7 VI 2 PartGG). Ist für die Partei ein Betreuer bestellt, umfasst dessen Aufgabenkreis nach § 1902 BGB auch die gerichtliche Vertretung, weshalb ein postulationsfähiger Betreuer selbst vor Gericht auftreten kann (Karlsr NJW-RR 99, 1699, 1700).

9 **C. Bestellung.** Damit der Bevollmächtigte in die Stellung eines Prozessbevollmächtigten in vollem Umfang einrückt, muss er sich dem Gericht und dem Gegner ggü bestellen. Dazu muss die Vollmachtserteilung entweder durch die Partei oder den Bevollmächtigten (KG KGR 05, 417, 418) bekannt gemacht werden (BGH NJW-RR 06, 356), was auch durch telefonische Anzeige durch die Partei möglich ist (Oldbg OLGR 96, 129). Erst eine solche Verlautbarung ermöglicht eine einstweilige Zulassung nach § 89 ZPO (MüKoZPO/*v. Mettenheim* § 80 Rn 5). Eine Bestellung idS kann durch Übersendung eines Schriftsatzes erfolgen, in dessen Briefkopf der oder – bei einer Sozietät – die Anwälte aufgeführt sind (KG NJW-RR 94, 3111 zu § 176 aF). In welchem Umfang sich der Prozessbevollmächtigte bestellt (zB nur für das PKH-Verfahren oder auch für das Hauptsachverfahren), ist der Mitteilung durch Auslegung zu entnehmen (BGH NJW 02, 1728, 1729). Zustellungen, die nach der Bestellung nach § 172 an den Bevollmächtigten erfolgen, sind auch dann wirksam, wenn es an einer Prozessvollmacht fehlt (BGH NJW 87, 440).

10 **D. Vollmachtsnachweis. I. Notwendigkeit der Nachweises.** Tritt als Bevollmächtigter ein Rechtsanwalt auf, muss der Nachweis nur erbracht werden, wenn der Gegner einen Mangel der Vollmacht rügt (§ 88 I). Ist der Prozessbevollmächtigte kein Rechtsanwalt, kann das Gericht den Vollmachtsnachweis vAw verlangen (§ 88 II).

11 **II. Form der Vollmacht.** Der Nachweis dient der Rechtsklarheit und Rechtssicherheit und ist durch Einreichung einer schriftlichen (Willens-)Erklärung über die Erteilung der Vollmacht an den Prozessbevollmächtigten in deutscher Sprache (Vollmachtsurkunde) zu führen, die zu den Gerichtsakten genommen wird. Gegebenenfalls ist die Urkunde zu übersetzen (Saarbr OLGR 08, 641, 643). Sie muss den Anforderungen an die Schriftform genügen, obwohl die Erteilung der Vollmacht formlos möglich ist und § 126 BGB deshalb nicht unmittelbar gilt (Musielak/*Weth* § 80 Rn 15; Zö/*Vollkommer* § 80 Rn 8; B/L/A/H § 80 Rn 11). Sie muss daher von der Partei eigenhändig (str aA St/J/*Bork* § 80 Rn 27) unterschrieben sein, denn nur dann ist der Zweck der Vorschrift gewahrt (BAG NZA-RR 04, 607; Musielak/*Weth* § 80 Rn 15). Eine ausgefüllte Blankovollmacht kann genügen (KG Urt v 30.12.10 – 2 U 16/06, Tz 15). Eine Unterzeichnung mit einem Faksimile genügt daher ebenso wenig wie die Übermittlung per Telegramm (BGZ 126, 266, 267). Ein Telefax soll ausreichen (BGH NJW 02, 1957). Eine Unterzeichnung mittels notariell beglaubigten Handzeichens oder die Zeichnung mit der Firma bei Kaufleuten genügt (§§ 17 I, 19 HGB). Eine öffentliche Urkunde iSv § 415 über die Erteilung der Vollmacht ersetzt die Schriftform. In diesem Fall genügt die Vorlage einer beglaubigten Abschrift. Eine schriftliche Vollmacht ist auch entbehrlich, wenn die Bevollmächtigung zu Protokoll der Geschäftsstelle erfolgte oder in das Sitzungsprotokoll aufgenommen wurde (§ 160 II). In dieser Weise nachzuweisen sind die Hauptvollmacht und eine eventuelle Untervollmacht (BGHZ 166, 278, 280). Sind mehrere Vollmachten nacheinander geschaltet (Vollmachtskette), muss der Nachweis für alle bis zurück zur Partei selbst geführt werden (BGH NJW-RR 02, 1957). Im Mahnverfahren muss die Vollmacht nicht nachgewiesen werden, es genügt, dass die ordnungsgemäße Bevollmächtigung versichert wird (§ 703). Folgt die Prozessvollmacht aus einer materiell-rechtlichen Handlungsbefugnis, genügt ein entsprechender urkundlicher Nachweis, zB durch Vorlage eines Handelsregisterauszugs (Zö/*Vollkommer* § 80 Rn 9). Die auch die gerichtliche Vertretung umfassende Vollmacht des Betreuers nach § 1902 BGB wird durch Vorlage des Betreuerausweises nachgewiesen.

11a Die Auffassung, das Gericht könne von dem Schriftlichkeitserfordernis absehen, wenn es auch ohne die Vorlage einer Vollmachtsurkunde aufgrund anderweitiger schriftlicher Nachweise im Wege des Freibeweises die Überzeugung von der Erteilung der Vollmacht gewinnen könne (so KG Urt v 30.12.10 – 2 U 16/06, Tz 18f; Brandbg MDR 10, 980), widerspricht Wortlaut und Sinn und Zweck der Vorschrift, und zu dieser Einschränkung bestand nach dem zugrunde liegenden Sachverhalt auch keine Veranlassung. Denn zum Nachweis genügt jede schriftliche Erklärung, aus der sich die Erteilung einer Vollmacht ergibt, es muss sich nicht um eine als Vollmacht bezeichnete Urkunde handeln. Außerdem hat diese Form des Nachweises nur Bedeutung für den weiteren Verlauf des Rechtsstreits nach der Rüge, weshalb der Bestand der Vollmacht für die Vergangenheit auch in jeder anderen zulässigen Form nachgewiesen werden kann (St/J/*Bork* § 80 Rn 11, 21, 26; MüKoZPO/*v. Mettenheim* § 80 Rn 11, 12; Musielak/*Weth* § 80 Rn 14). Das Formerfordernis gilt auch nicht (mit Ausnahme der Vollmachtskette) für den Nachweis der Befugnis zur Erteilung der Vollmacht. Insoweit gelten die allgemeinen Regeln (B/L/A/H § 80 Rn 9; St/J/*Bork* § 80 Rn 27).

III. Die Einreichung. Nach dem Gesetz ist die Vollmacht zu den Akten einzureichen. Auf diese Weise soll für den weiteren Verlauf des Rechtsstreits Klarheit geschaffen werden. Die Nachweispflicht gilt grds in allen Prozessen, auch im einstweiligen Rechtsschutz (Saarbr MDR 08, 1233), und für alle Prozessbevollmächtigten. Die Vollmachtsurkunde ist im Original oder als öffentlich beglaubigte Abschrift (BGHZ 166, 278, 280; Saarbr OLGR 08, 641, 642) zu den Gerichtsakten abzugeben, wo sie verbleibt, denn nur so ist die Vertretungsmacht des Prozessbevollmächtigten jederzeit beweisbar. Die Vorlage einer Kopie (BGH NJW 94, 2298), auch einer Telefaxkopie (BFH NJW 96, 871; 96, 2183, 2184), genügt ebenso wenig wie ein Beweis durch sonstige Urkunden, denn im öffentlichen Interesse ist ein zweifelsfreier Nachweis geboten (BGH NJW-RR 02, 933). Auch nach Beendigung des Rechtsstreits wird die Urkunde, schon wegen der Möglichkeit einer Nichtigkeitsklage (§ 579 I Nr 4), nicht zurückgegeben. Eine Ausnahme wird tw für die Generalvollmacht gemacht (Karlsr GRUR 92, 876, 877; Zö/*Vollkommer* § 80 Rn 10; Musielak/*Weth* § 80 Rn 16; aA B/L/A/H § 80 Rn 11 und wohl BGH NJW-RR 86, 1251, 1253). Es genügt deshalb nicht, die Vollmachtsurkunde vorzuzeigen oder sich auf eine in einem anderen Verfahren zur Akte eingereichte Vollmacht zu beziehen, selbst wenn diese den Rechtsstreit erfassen würde, denn Gerichtsakten sind nur die für das konkrete Streitverfahren angelegten Akten (BGH NJW-RR 86, 1252, 1253; BFH BB 91, 2363, 2364). Ausnahmen werden zugelassen, wenn die Akten, auf die Bezug genommen wird, unmittelbar verfügbar sind, weil sie sich sofort beschaffen lassen (BGH NJW-RR 86, 1253), zT auch dann, wenn sich die Vollmacht in den Akten eines anderen Spruchkörpers des gleichen Gerichts befindet (BFH BB 91, 2363, 2364). Dies widerspricht dem Zweck der Vorschrift, während und nach Abschluss des Verfahrens jederzeit die Vollmacht prüfen zu können. Nachzuweisen in dieser Form ist nicht nur die Untervollmacht sondern auch die Hauptvollmacht (BGH NJW-RR 02, 933; München OLGR 92, 204). Bei einer Vollmachtskette ist der Nachweis in dieser Form für jede Vollmacht bis zurück zur vertretenen Partei zu führen (BGH NJW-RR 02, 933; Saarbr OLGR 08, 641, 642). Fremdsprachige Urkunden sind in die deutsche Sprache zu übersetzen (§ 184 GVG; Kobl Urt v 12.11.09 – 5 U 599/09, Tz 11 f). Ist die Vollmacht nachgewiesen, besteht eine Vermutung für deren Fortgeltung (Hamm OLGR 05, 385, 386). Nur bei konkreten Zweifeln ist eine neue Vollmacht einzureichen (BFH NJW 97, 1029; Hamm OLGR 05, 385, 386). 12

IV. Frist zur Einreichung. Kann der Prozessbevollmächtigte den Nachweis nicht führen, weil er bspw die Vollmachtsurkunde nicht in seinen Terminsakten hat, kann das Gericht ihn einstweilen nach § 89 zur Prozessführung zulassen (§ 89 Rz 3). Es kann aber auch davon absehen und eine Frist zur Nachreichung der Vollmacht bestimmen (§ 80 S 2). Die Fristsetzung richtet sich an die vertretene Partei, der Gelegenheit gegeben wird, die Vollmachtsurkunde zu den Gerichtsakten einzureichen. Dies kann vor dem Verhandlungstermin oder in der mündlichen Verhandlung unter Anberaumung eines neuen Termins erfolgen, im schriftlichen Verfahren unter Bestimmung eines Zeitpunkts, an dem die mündliche Verhandlung geschlossen wird (§ 128 II 2). Die Frist ist aber keine Ausschlussfrist (BGH 166, 278, 280), der Nachweis kann auch noch nach Fristablauf bis zum Schluss der mündlichen Verhandlung, auf die die das Verfahren abschließende Entscheidung ergeht, erbracht werden (§ 89 Rz 5, 9). Eine nachträgliche Erteilung der Vollmacht in der höheren Instanz oder eine nachträgliche Genehmigung sind ausgeschlossen (GmS NJW 84, 2149). Allerdings ist es möglich, den Nachweis einer schon zum Zeitpunkt des Erlasses des Prozessurteils erteilten Vollmacht durch Vorlage der Urkunde noch im Rechtsmittelzug nachzuholen (GmS NJW 84, 2148, 2150; BGH NJW 02, 1957). Außer durch Nachreichung der Vollmacht kann der Mangel auch durch Ausstellung einer neuen Vollmacht, ggf mit Genehmigung der bisherigen Prozessführung, behoben werden. Verbleibende Zweifel am Nachweis oder an der Mangelfreiheit der Vollmacht gehen zu Lasten der Partei, die Rechtsfolgen ergeben sich aus §§ 88, 89. 13

§ 81 Umfang der Prozessvollmacht. **Die Prozessvollmacht ermächtigt zu allen den Rechtsstreit betreffenden Prozesshandlungen, einschließlich derjenigen, die durch eine Widerklage, eine Wiederaufnahme des Verfahrens, eine Rüge nach § 321a und die Zwangsvollstreckung veranlasst werden; zur Bestellung eines Vertreters sowie eines Bevollmächtigten für die höheren Instanzen; zur Beseitigung des Rechtsstreits durch Vergleich, Verzichtleistung auf den Streitgegenstand oder Anerkennung des von dem Gegner geltend gemachten Anspruchs; zur Empfangnahme der von dem Gegner oder aus der Staatskasse zu erstattenden Kosten.**

1 **A. Normzweck.** Die Norm regelt im Zusammenwirken mit den §§ 82, 83 den Umfang der Prozessvollmacht und löst diese vom beliebig gestaltbaren Innenverhältnis zwischen der Partei und ihrem Bevollmächtigten. Sie ist – soweit § 83 nichts anderes bestimmt – im Verhältnis zu Gericht und Gegner nicht beschränkbar (BGH NJW 92, 142; BFH NJW 97, 1029, 1930). Sie schafft durch die gesetzliche Umschreibung des Umfangs die notwendige Rechtsklarheit, die eine sachgerechte und effektive Gestaltung des gerichtlichen Verfahrens erst ermöglicht. Deshalb ist § 81 zwingendes Recht (B/L/A/H § 81 Rn 1). Ohne besondere Vereinbarungen ist davon auszugehen, dass die Befugnisse des Prozessbevollmächtigten sich auch im Innenverhältnisses an der Umschreibung in §§ 81, 82 orientieren. Nach §§ 112, 113 I FamFG findet die Vorschrift auch in Ehesachen und Familienstreitsachen Anwendung. Allerdings ist für Ehesachen eine besondere Vollmacht notwendig (§ 114 V FamFG). Für die übrigen Verfahren nach dem FamFG verweist § 11 V FamFG auf § 81.

2 **B. Umfang.** Die Vollmacht ist grds eine umfassende Vollmacht für den Prozess als Ganzes (BGH MDR 85, 30). Sie ermächtigt deshalb zur Führung des Rechtsstreits in allen seinen Varianten und in allen Instanzen. Nur im Parteiprozess ist ein Spezialvollmacht für bestimmt Verfahrensabschnitte oder Prozessgestaltungen möglich (§ 83 II). Der so umschriebene Umfang der Vollmacht gilt auch für den allgemein bestellten Vertreter eines Rechtsanwalts (§ 53 BRAO), auch soweit der Vertretene seinerseits als Vertreter handelt (BGH NJW 81, 1740, 1741).

3 **I. Rechtsstreit. 1. Allgemeines.** Die Prozessvollmacht bezieht sich auf den Rechtsstreit und damit auf ein konkretes Streitverhältnis zwischen bestimmten Parteien. Sie ist weder auf ein bestimmtes Gericht noch auf eine bestimmte Instanz beschränkt, umfasst vielmehr alle Rechtszüge und gilt auch nach Verweisung oder Abgabe an ein anderes Gericht, selbst wenn der Prozessbevollmächtigte dort nicht zugelassen sein sollte. Kraft seiner Vollmacht darf er dann einen Bevollmächtigten bestellen, der in einem solchen Fall Vertreter der Partei wird (BGH NJW-RR 03, 51, 52; NJW 06, 2334, 2335). Sie besteht auch nach Klageänderung oder Erweiterung oder nach dem Beitritt eines Streithelfers fort. Selbst eine Parteiänderung auf Seiten des Gegners beeinflusst die Vollmacht nicht (St/J/*Bork* § 81 Rn 6, 19; MüKoZPO/*v. Mettenheim* § 81 Rn 4). Die vom Nebenintervenienten des Beklagten erteilte Prozessvollmacht umfasst auch dessen Vertretung als Bekl (BGH NJW 72, 52). Nur wenn eine Klage gegen eine andere als in der Vollmacht bezeichnete Partei erhoben oder erweitert werden soll oder wenn eine andere Person an die Stelle des Vollmachtgebers tritt, bedarf es einer neuen Vollmacht (St/J/*Bork* § 81 Rn 4). Sie ermächtigt auch zur Bestellung eines Prozessbevollmächtigten für den Berufungsrechtszug (BGH NJW-RR 94, 542). Bei der Wiederaufnahme ist zu beachten, dass es einer neuen Beauftragung bedarf, weil das Mandatsverhältnis mit Abschluss des Prozesses idR endet (BGH NJW 60, 818; Musielak/*Weth* § 81 Rn 2; § 86 Rz 3). Diese Grundsätze gelten auch für die schon vor der Einleitung eines Prozesses erteilte Prozessvollmacht, wenn Gegenstand des Auftrags die bestmögliche Durchsetzung der Rechte war (BGH NJW-RR 06, 279, 280).

4 **2. Einzelheiten.** Die Aufzählung der Befugnisse ist nur beispielhaft und nicht abschließend und dem Normzweck entsprechend eher weit auszulegen. Neben der Widerklage (§ 33), der Wiederaufnahme (§§ 578 ff), der Rüge nach § 321a und der Zwangsvollstreckung gehören auch zum Rechtsstreit iSd Norm: Das Kostenfestsetzungsverfahren einschließlich der Beschwerde (BVerfGE 81, 127; Kobl NJW-RR 97, 1023; Hamm OLGR 05, 385, 386); die Streitwertbeschwerde (§ 68 I GKG; Stuttg JurBüro 75, 1102); die Beschwerde im Ablehnungsverfahren nach § 46 (BGH NJW 05, 2233, 2234), auch wenn die Partei das Ablehnungsgesuch selbst gestellt hatte (Ddorf OLGR 95, 162); das mit dem Streitverhältnis in Zusammenhang stehende PKH-Verfahren (Brandbg OLGR 03, 37, 38) einschließlich des nach Beendigung des Verfahrens eingeleiteten Überprüfungsverfahren nach § 120 IV (BGH Beschl v 8.12.10 – XII ZB 39/09, Tz 29; BAG NJOZ 06, 3452, wenn der Prozessbevollmächtigte den PKH-Antrag gestellt hatte; aA Kobl FamRZ 09, 898; Hamm MDR 09, 826; Brandbg FamRZ 10, 578, wenn sowohl das PKH-Bewilligungsverfahren als auch das Hauptsacheverfahren bereits beendet ist); das damit in Zusammenhang stehende selbständige Beweisverfahren (§§ 485 ff); das Nachverfahren nach §§ 302 IV, 600; die Verfahren nach § 302 IV 4 oder § 717 II nur, wenn sie im Verfahren selbst geltend gemacht werden; das Verfahren über die Wirksamkeit des Prozessvergleichs (St/J/*Bork* § 81 Rn 5). Die Prozessvollmacht erstreckt sich weiter auf die Zwangsvollstreckung (Naumbg OLGR 98, 107, 109) einschließlich einer aus dem Rechtsstreit hervorgegangenen Vollstreckungsgegenklage (KG KGR 93, 191; Nürnbg OLGR 03, 266).

5 **II. Prozesshandlungen.** Die Vollmacht berechtigt zur Vornahme aller den Rechtsstreit betreffenden Prozesshandlungen und zur Entgegennahme der Prozesshandlungen der Gegenseite. Auch insoweit ist eine weite Auslegung geboten (Brandbg NJW 07, 1470, 1471) und die Aufzählung in der Norm nicht abschließend (Musielak/*Weth* § 81 Rn 6). Der Begriff umfasst alle Handlungen, die dem Betreiben des Verfahrens einschließlich seiner Beendigung dienen, und mit denen der Prozessbevollmächtigte die Durchsetzung der Interessen des Vollmachtgebers bezogen auf das Streitverhältnis befördert (BGH NJW 92, 1963, 1964; 03, 963, 964). Zu Vergleich, Verzichtleistung oder Anerkennung ist der Bevollmächtigte schon nach dem Wortlaut ermächtigt. Prozesshandlung idS ist auch die Erhebung, Erweiterung, Änderung oder Zurücknahme der Klage, die Einlegung oder Zurücknahme von Rechtsmitteln einschließlich des Rechtsmittelverzichts (BGH NJW-RR 89, 1344; 94, 386, 387) sowie die Stellung von Anträgen. Er darf Tatsachen behaupten, bestreiten und zugestehen und kann alle Anträge stellen und wieder zurücknehmen. Die Entgegennahme einer weiteren Kündigung bspw in einem Räumungsprozess fällt ebenso darunter (BGH NJW 03, 963, 964) wie die Entgegennahme eines weiteren Mieterhöhungsverlangens in einem Mieterhöhungsprozess (BGH NJW 03, 963, 964; WuM 03, 149). Dies gilt allgemein, soweit es iRd Streitverhältnisses zur Durchsetzung der Rechtsposition des Vollmachtgebers notwendig ist, Rechtshandlungen vorzunehmen oder zu wiederholen.

6 **III. Materiell-rechtliche Willenserklärungen. 1. Allgemeines.** Verschiedene Prozesshandlungen wie Verzicht, Vergleich oder Prozessaufrechnung wirken über den Rechtsstreit hinaus und entfalten auch materiellrechtliche Wirkungen. Deshalb umfasst die Prozessvollmacht auch solche Rechtshandlungen, soweit sie sich auf das Streitverhältnis zwischen den Streitparteien beziehen, die durch den Streitgegenstand gezogenen Grenzen nicht überschreiten und der Erreichung des Prozessziels dienen (allgM BGH NJW 92, 1963, 1964; 03, 963, 964; BAG NZA 03, 1049, 1051; Zö/*Vollkommer* § 81 Rn 10; Musielak/*Weth* § 81 Rn 7). Für den Prozessvergleich sind diese Wirkungen schon nach dem Wortlaut ausdrücklich angeordnet. Dies gilt unabhängig davon, ob die Erklärung innerhalb oder außerhalb des Prozesses abgeben wird (BGH NJW 92, 1963, 1964; 03, 963, 964). Erklärungen des Prozessbevollmächtigten in Wahrnehmung der Prozessvollmacht nach § 81 können nicht nach § 174 BGB zurückgewiesen werden (BGH NJW 03, 963, 964).

7 **2. Einzelne Rechtsgeschäfte.** Welche Erklärungen von der Prozessvollmacht erfasst sind, entscheidet sich im Einzelfall nach dem inneren Zusammenhang mit dem Gegenstand des Rechtsstreits und dem anzustrebenden Ziel, im Prozess zu obsiegen. Maßgebend ist, ob die Rechtshandlung sich auf den Gegenstand des Rechtsstreits bezieht, weil sie der Rechtsverfolgung oder Rechtsverteidigung innerhalb des Prozesses dient, und sich der Prozessbevollmächtigte deshalb bei vernünftiger, wirtschaftlicher Betrachtungsweise angesichts des Zwecks seiner Beauftragung und dem (vor)prozessualen Streitstoff im Interesse seines Vollmachtgebers zu der Handlung als ermächtigt ansehen darf (BGH NJW 92, 1963; 03, 963, 964). Innerhalb dieser Grenzen sind daher umfasst: die Anfechtungserklärung (RGZ 48, 218), die Aufrechnung (BGHZ 31, 206, 209), die Rücktrittserklärung, auch soweit diese vorprozessual erklärt wurde (BGH NJW-RR 06, 279, 280), die Genehmigung und die Geltendmachung von Gewährleistungsrechten (Musielak/*Weth* § 81 Rn 8). Die Prozessvollmacht zur Geltendmachung eines Anspruchs, dem eine Kündigung vorauszugehen hat, ermächtigt zur Kündigung (BAG NJW 88, 2691, 2693 für den Kündigungsschutzprozess), die Prozessvollmacht des Beklagten zur Entgegennahme der Kündigung (BGH NJW-RR 00, 745 für die Räumungsklage) oder eines Mieterhöhungsverlangens (BGH NJW 03, 963, 964). In der Regel wird dies bedeutsam für einseitige Rechtsgeschäfte wie Anfechtung, Genehmigung, Aufrechnung, Kündigung, Widerruf und damit für die Ausübung von Gestaltungsrechten, von denen die Geltendmachung oder Durchsetzbarkeit der streitbefangenen Forderung abhängt (BGH Rpfleger 94, 29). Auch die Befugnis zu einem außergerichtlichen Vergleich ist von der Prozessvollmacht erfasst (hM BAG NJW 63, 1469; St/J/*Bork* § 81 Rn 11; MüKoZPO/*v. Mettenheim* § 81 Rn 11), solange der Regelungsinhalt des Vergleichs nicht über den Streitgegenstand hinausgeht und zum damaligen Zeitpunkt bereits im Streit befangen war (BayObLG NJW-RR 99, 235, 236; Musielak/*Weth* § 81 Rn 8; aA Zö/*Vollkommer* § 81 Rn 11; B/L/A/H § 80 Rn 21: nicht im Regelfall). Diese Grenze ist überschritten, wenn die Klage auf Herausgabe der Nutzungen durch den Nießbraucher gerichtet ist, im Vergleich aber auf den Nießbrauch selbst verzichtet wird (BGH NJW 92, 1963, 1964). Auf den konkreten Rechtsstreit bezogene Gerichtsstandsvereinbarungen sind ebenso möglich wie Vereinbarungen über das anwendbare Recht (St/J/*Bork* § 81 Rn 10; Zö/*Vollkommer* § 81 Rn 11).

8 **3. Grenzen.** Die Grenzen der aus der Prozessvollmacht folgenden materiell-rechtlichen Befugnis sind dann überschritten, wenn es sich nicht mehr um reine Hilfsgeschäfte zur Erreichung des Rechtsschutzziels handelt, auch wenn dennoch ein gewisser Bezug zum Prozess besteht. Deshalb sind Rechtgeschäfte mit Dritten

nicht möglich (BGH Rpfleger 94, 29 für die Erwerb der eingeklagten Forderung vom Berechtigten). Eine Ausnahme gilt dann, wenn der Prozessvergleich auf einen hinzutretenden Dritten erstreckt wird, solange der Zusammenhang mit dem Prozess besteht (BGH VersR 93, 121). Abstrakte und deklaratorische Schuldanerkenntnisse bezogen auf einen noch nicht streitbefangenen Anspruch sind idR durch die Prozessvollmacht nicht gedeckt (BGH NJW 82, 1809, 1810). Das Gleiche gilt für den Erlass. In diesen Fällen bedarf es einer gesonderten Vollmacht. Eine Schiedsvereinbarung darf der Prozessbevollmächtigte ebenfalls nicht abschließen (hM St/J/*Bork* § 81 Rn 10; MüKoZPO/*v. Mettenheim* § 81 Rn 4). Auch Erklärungen ggü einer Behörde, deren Wirksamkeit von der Vorlage einer öffentlich beglaubigten Vollmacht abhängt, sind nicht erfasst (BGH NJW 60, 480 zu §§ 1484 II, 1945 III, 1955 BGB).

9 **IV. Vertreterbestellung.** Die Prozessvollmacht ermächtigt ausdrücklich zur Bestellung eines Vertreters sowie zur Beauftragung eines Prozessbevollmächtigten für die höhere Instanz. Deshalb ist die Bestellung eines Unterbevollmächtigten möglich, zB zur Wahrnehmung eines Termins (BGH NJW-RR 07, 356). Zu beachten ist aber, dass eine umfassende Übertragung der Prozessvollmacht an einen anderen grds nicht zulässig ist, wenn dieser die Prozessvertretung der Partei insgesamt übernehmen soll, denn die Prozessvollmacht berechtigt nicht zu deren Weitergabe an einen anderen (BGH NJW 81, 1727, 1728). Allerdings sind die Grundsätze der Anscheinsvollmacht anwendbar (BGH NJW 81, 1727, 1728). Eine umfassende Übertragung ist nur dann möglich, wenn die Prozessvollmacht in einer außerprozessualen Vollmacht inkludiert oder der Prozessbevollmächtigte nicht postulationsfähig ist (St/J/*Bork* § 81 Rn 14). Dies gilt bspw bei der Instanzvollmacht, wenn der Bevollmächtigte bei der höheren Instanz nicht zugelassen ist. Die Erteilung einer solchen Vollmacht enthält regelmäßig zugleich die Begründung eines Vertragsverhältnisses zur Partei (BGH NJW 06, 2334, 2335). Wird eine Untervollmacht durch einen nicht postulationsfähigen Anwalt erteilt, handelt der Unterbevollmächtigte als Vertreter der Partei und nicht als Vertreter des Hauptbevollmächtigten(BGH NJW-RR 03, 51). Das Recht zur Bestellung eines Untervertreters endet im Prozess erst mit wirksamer Beendigung der Prozessvollmacht (§ 87) und nicht schon mit der Kündigung des Mandats (BGH NJW 80, 999). Im Zweifel soll der Unterbevollmächtigte keinen unmittelbaren Gebührenanspruch gegen die Partei haben (BGH NJW 81, 1727, 1728).

10 **V. Empfangszuständigkeit.** Nach der gesetzlichen Ausgestaltung der Prozessvollmacht ist der Bevollmächtigte ermächtigt, die vom Gegner oder der Staatskasse erstatteten Kosten in Empfang zu nehmen. Dieses Recht kann ihm nicht entzogen werden (§ 83; Musielak/*Weth* § 81 Rn 10; aA Zö/*Volkommer* § 81 Rn 7), selbst dann nicht, wenn die Partei die Auskehrung der Kosten verlangen kann (MüKoZPO/*v. Mettenheim* § 81 Rn 15). Dies soll nicht gelten, wenn die Partei, die den Kostenvorschuss selbst eingezahlt hat, ausdrücklich die Auszahlung eines Überschusses an sich selbst verlangt, weil dies eine Beschränkung der Anwaltsvollmacht beinhalte (Brandbg NJW 07, 1740, 1741). Davon erfasst ist die Aufrechnung mit dem Kostenerstattungsanspruch (BFH DStR 08, 95, 97) und die Entgegennahme der Aufrechnungserklärung des Gegners (Zö/*Vollkommer* § 81 Rn 7). Eine Berechtigung zur Entgegennahme anderer Zahlungen oder Leistungen ergibt sich daraus nicht, dazu bedarf es einer Vollmacht, die sich ausdrücklich darauf erstreckt.

11 **VI. Einschränkungen und Erweiterungen.** Einschränkungen des gesetzlichen Umfangs der Prozessvollmacht sind nur zulässig und wirken nur in den durch § 83 gezogenen Grenzen ggü dem Gericht und dem Gegner. Im Innenverhältnis zwischen der Partei und ihrem Prozessbevollmächtigten ist die Vollmacht innerhalb der allgemeinen Grenzen beliebig beschränkbar (Musielak/*Weth* § 81 Rn 11). Auch Erweiterungen über den Umfang des § 81 sind im Innenverhältnis innerhalb der allgemein gültigen Vorschriften denkbar. Bei formularmäßigen Erweiterungen sind die §§ 305 ff BGB zu beachten.

§ 82 Geltung für Nebenverfahren. **Die Vollmacht für den Hauptprozess umfasst die Vollmacht für das eine Hauptintervention, einen Arrest oder eine einstweilige Verfügung betreffende Verfahren.**

1 Die Vorschrift erstreckt aus Gründen der Rechtsklarheit im Außenverhältnis die Vollmacht für den Hauptprozess im Anwaltsprozess zwingend (§ 83 I) auf die Hauptintervention (§ 64), Arrest und einstweilige Verfügung (§§ 916 ff; Zö/*Vollkommer* § 82 Rn 1; Musielak/*Weth* § 82 Rn 2). Nach §§ 112, 113 I FamFG findet die Vorschrift auch in Ehesachen und Familienstreitsachen Anwendung. Für die übrigen Verfahren nach dem FamFG verweist § 115 FamFG auf § 82. Die Vollmacht in einer Scheidungssache erstreckt sich auf die Folgesachen (§ 114 V FamFG). Voraussetzung ist lediglich, dass der gleiche Anspruch geltend gemacht wird

oder dass, im Falle einer Regelungsverfügung, ein enger sachlicher Zusammenhang besteht (MüKoZPO/*v.Mettenheim* § 82 Rn 2). Die Erstreckung der Vollmacht ist unabhängig davon, ob für das Nebenverfahren das gleiche Gericht zuständig ist und ob es vor oder nach dem Hauptprozess eingeleitet wird (St/J/*Bork* § 82 Rn 1; MüKoZPO/*v. Mettenheim* § 82 Rn 2). Umgekehrt gilt eine auch im Anwaltsprozess zulässigerweise auf das Nebenverfahren beschränkte Vollmacht nicht für den Hauptprozess (allgM Nürnb MDR 02, 232; Oldenbg MDR 02, 290; Zö/*Vollkommer* § 82 Rn 1; Musielak/*Weth* § 82 Rn 3).

Diese Erstreckung gilt auch auf Seiten des Gegners, weshalb Zustellungen an diesen erfolgen können. 2
Wegen der Selbständigkeit der Verfahren gilt aber § 172 I nicht, Zustellungen können daher auch an die Partei erfolgen, solange sich der Bevollmächtigte nicht ausdrücklich auch für das Nebenverfahren bestellt (hM Frankf OLGR 99, 283, 284; Oldbg MDR 02, 290; Nürnbg MDR 02, 232).

§ 83 Beschränkung der Prozessvollmacht.

(1) Eine Beschränkung des gesetzlichen Umfanges der Vollmacht hat dem Gegner gegenüber nur insoweit rechtliche Wirkung, als diese Beschränkung die Beseitigung des Rechtsstreits durch Vergleich, Verzichtleistung auf den Streitgegenstand oder Anerkennung des von dem Gegner geltend gemachten Anspruchs betrifft.

(2) Insoweit eine Vertretung durch Anwälte nicht geboten ist, kann eine Vollmacht für einzelne Prozesshandlungen erteilt werden.

A. Anwaltsprozess. I. Grundsatz. Im Geltungsbereich des Anwaltszwangs (§ 78 Rz 14 f) ist die Vollmacht 1
umfassend und nicht beschränkbar, die im Innenverhältnis zwischen Partei und Anwalt beliebig vornehmbaren Einschränkungen wirken grds nur in dem gesetzlich zugelassenen Umfang ggü Gericht und Gegner (BGH NJW 87, 130; NZM 00, 382). Da die Norm der Klarheit und Rechtssicherheit bezogen auf die Handlungsbefugnisse der Bevollmächtigten im Prozess dient, ist sie eng auszulegen (B/L/A/H § 83 Rn 2). Damit kann dem Prozessbevollmächtigten nur die Befugnis zum Abschluss eines Vergleichs, zu Verzicht (§ 306) oder Anerkenntnis (§ 307) entzogen werden. Die Vollmacht kann hingegen nicht auf die 1. Instanz (BGH NJW 01, 1356), einzelne Anträge (BGH NJW 87, 130, 131) oder das Hauptsachverfahren (§ 82) oder die Widerklage (BGH NJW 91, 1176, 1177) beschränkt werden. Auch das Kostenfestsetzungsverfahren kann nicht ausgenommen werden (Hamm OLGR 05, 385, 386). Dies gilt selbst dann, wenn dem Gericht und dem Gegner die Beschränkung bekannt gemacht oder diese in die Vollmachtsurkunde aufgenommen wurde (BGH NJW 91, 1176; 01, 1356). Eine Beschränkung ist auch im Anwaltsprozess insoweit zulässig, als die Prozesshandlung nicht dem Anwaltszwang unterliegt (Brandbg NJW 07, 1740, 1741; Zö/*Vollkommer* § 83 Rn 5). Nach §§ 112, 113 I FamFG findet die Vorschrift auch in Ehesachen und Familienstreitsachen Anwendung. Für die übrigen Verfahren nach dem FamFG verweist § 11 5 FamFG auf § 83.

II. Ausnahmen. Über den Wortlaut hinaus wird eine Beschränkung der Vollmacht in den Fällen des Voll- 2
machtsmissbrauchs und der Interessenkollision befürwortet. Danach ist die Vollmacht auch im Außenverhältnis nach Maßgabe des Innenverhältnisses beschränkt, wenn sonst der Bevollmächtigte in eine Interessenkollision gedrängt und dem Vollmachtgeber nach Treu und Glauben eine Zurechnung des Handelns nicht zumutbar ist und zu einem rechtlich nicht haltbaren Ergebnis führen würde (BGH NJW 91, 1176; 01, 1356; BFH NJW 97, 1029, 1030). Deshalb soll in einem Haftpflichtprozess, in dem für beide Parteien der selbe Haftpflichtversicherer einzustehen hat, eine Beschränkung der Vollmacht des vom Versicherer bestellten Anwalts auf die Abwehr der Widerklage möglich sein (BGH NJW 91, 1176, 1177). Die Außenwirkung ist auch bei einer offenbar missbräuchlichen Verwendung zum Nachteil der Partei beschränkt (BFH NJW 97, 1029, 1030).

B. Parteiprozess. Im Parteiprozess findet Abs 1 keine Anwendung, weshalb die Vollmacht beliebig 3
beschränkt und nur für einzelne Prozesshandlungen erteilt werden kann. Eine solche Vollmacht erlischt mit der Vornahme der Handlung (Zö/*Vollkommer* § 83 Rn 4). So ist eine Terminsvollmacht möglich, die zu allen im Termin nach seinem Zweck vorzunehmenden Prozesshandlungen (auch Vergleich, Anerkenntnis und Verzicht) ermächtigt (Zö/*Vollkommer* § 83 Rn 4; B/L/A/H § 83 Rn 4), aber nicht über den Termin hinaus wirkt (BVerwG NZA-RR 04, 389, 392; B/L/A/H § 83 Rn 4), weshalb an Unterbevollmächtigte, die einen Termin wahrgenommen haben und damit lediglich Terminsvertreter waren, nicht zugestellt werden kann (BGH NJW-RR 06, 356). Verbreitet sind auch die reine Zustellungsvollmacht (Zustellungsermächtigung), die aber eine Zustellung an den Vollmachtgeber selbst nicht hindert, denn § 172 gilt nur für die unbeschränkte Vollmacht (Musielak/*Weth* § 83 Rn 4). Im Einzelfall ist der Umfang der Vollmacht durch

Auslegung zu ermitteln. Dabei ist zu beachten, dass §§ 80, 81 auch im Parteiprozess gelten, die Prozessvollmacht deshalb im Zweifel unbeschränkt ist (MüKoZPO/*v. Mettenheim* § 83 Rn 8; Musielak/*Weth* § 83 Rn 3).

4 **C. Vornahme der Beschränkung.** Die Beschränkung wirkt nur dann im Außenverhältnis ggü Gegner und Gericht, wenn sie eindeutig bekannt gemacht wird (BGH NJW 55, 545). Dies geschieht durch ausdrückliche schriftliche oder mündliche Mitteilung an den Prozessgegner. Es genügt auch die Aufnahme in die dem Gericht vorgelegte Vollmachtsurkunde (BFH NJW 97, 1029; BAG NJW 63, 1469). Dann ist keine gesonderte Bekanntmachung an den Gegner erforderlich (B/L/A/H § 83 Rn 1; Musielak/*Weth* § 83 Rn 4). Eine Beschränkung der Vollmacht kann auch erst im Verlauf des Prozesses vorgenommen werden (Brandbg NJW 07, 1470, 1741). Sie muss in gleicher Weise wie eine anfängliche Beschränkung eindeutig und ausdrücklich sein und offen gelegt werden (BSG Urt v 2.9.09 – B 12 P 2/08 R, Tz 13). Ist der Erklärungsgehalt mehrdeutig oder fehlt es an einer solchen Kundgabe der Beschränkung, entfaltet sie im Außenverhältnis keine Wirkung (BGH NJW-RR 00, 745; MüKoZPO/*v. Mettenheim* § 83 Rn 5; Musielak/*Weth* § 83 Rn 4). Dies gilt auch für eine Beschränkung nach Maßgabe von Abs 2 (Musielak/*Weth* § 83 Rn 4). Allerdings soll es einem Anwalt im Parteiprozess gestattet sein, sich nur in einem beschränkten Umfang zum Prozessbevollmächtigten zu bestellen, was wie eine Vollmachtsbeschränkung wirkt (Hamm AnwBl 72, 189).

5 **D. Wirkungen.** Werden die durch eine zulässige und ordnungsgemäß bekannt gemachte Beschränkung gezogenen Grenzen der Vollmacht überschritten, fehlt es an einer Prozesshandlungsvoraussetzung und die Prozesshandlung ist unwirksam (Musielak/*Weth* § 83 Rn 5; Zö/*Vollkommer* § 83 Rn 2). Das Gericht muss die Einschränkung vAw berücksichtigen und ggf darauf hinweisen (MüKoZPO/*v. Mettenheim* § 83 Rn 5). Ist die Beschränkung unwirksam oder nicht ordnungsgemäß verlautbart, wirkt sie nur im Innenverhältnis und die Überschreitung der Befugnisse hindert die Wirksamkeit der Prozesshandlung nicht (BGH NJW 91, 1175). Die weisungswidrige Rücknahme eines Rechtsmittels oder ein Rechtsmittelverzicht (BGH FamRZ 88, 496; 96, 300, 301) oder die Bestellung eines Prozessbevollmächtigten für die nächste Instanz (BGH VersR 02, 1303) ist wirksam. Der Prozessbevollmächtigte macht sich uU schadensersatzpflichtig.

§ 84 Mehrere Prozessbevollmächtigte.

[1]Mehrere Bevollmächtigte sind berechtigt, sowohl gemeinschaftlich als einzeln die Partei zu vertreten. [2]Eine abweichende Bestimmung der Vollmacht hat dem Gegner gegenüber keine rechtliche Wirkung.

1 **A. Regelungszweck.** Auch diese Norm dient den Ziel, Klarheit und Rechtssicherheit zu schaffen und legt die Befugnisse mehrerer Bevollmächtigter im Verhältnis zu Gericht und Gegner in der Weise abschließend und zwingend fest, dass im Außenverhältnis jeder Einzelvollmacht hat. Anders als die StPO begrenzt die ZPO die Zahl der Bevollmächtigten nicht. Die Vorschrift gilt auch im Parteiprozess (München OLGR 06, 655). Nach §§ 112, 113 I FamFG findet die Vorschrift auch in Ehesachen und Familienstreitsachen Anwendung. Für die übrigen Verfahren nach dem FamFG verweist § 11 V FamFG auf § 84.

2 **B. Mehrere Bevollmächtigte.** Ohne Bedeutung ist, ob mehrere Anwälte von Anfang an oder nacheinander bevollmächtigt wurden. Im letzten Fall kann in der Bevollmächtigung des weiteren Anwalts der Widerruf der Bevollmächtigung des ersten zu sehen sein, notwendig ist eine solche Folge aber nicht. Es kommt darauf an, ob darin die Erklärung zu sehen ist, der neue solle anstelle des früheren bestellt werden (BGH FamRZ 04, 865, 866; NJW 07, 3640, 3642; BAG Urt v 18.11.09 – 5 AZR 41/09, Tz 10; BSG NJW 01, 1598; Kobl NJW-RR 97, 1023). Wenn der neue Prozessbevollmächtigte in einer von ihm eingereichten Berufung ausschließlich sich selbst als Bevollmächtigten aufführt, liegt allein darin noch nicht die konkludente Anzeige des Erlöschens des Mandats des bisherigen (Bremen OLGR 06, 418, 419). Die Norm gilt auch bei der Bevollmächtigung einer Sozietät (§ 59a BRAO), bei der im Zweifel allen Mitgliedern Prozessvollmacht erteilt wird (BGH NJW 71, 1801; 94, 257; 95, 1841; auch im Falle der überörtlichen Sozietät, Zö/*Vollkommer* § 84 Rn 1). Bei nachträglicher Gründung einer Sozietät erstreckt sich die Vollmacht nur dann auf die neuen Mitglieder, wenn sie zumindest stillschweigend auf diese erweitert wird (BGH NJW 88, 1973). Tritt ein neues Mitglied in eine bestehende Sozietät ein, ist dessen Einbeziehung in den Anwaltsvertrag in aller Regel durch Auslegung zu ermitteln (BGH NJW 94, 257). Wird jedoch ein Mitglied einer Sozietät als Notanwalt bestellt und beauftragt, sind die anderen Mitglieder nicht bevollmächtigt (BGH NJW 71, 1810; 91, 2294). Bei Anwälten in Bürogemeinschaft (§ 59a III BRAO) ist nur der jeweils Beauftragte Prozessbevollmächtigter.

C. Wirkungen. Jeder der Prozessbevollmächtigten hat im Außenverhältnis eine nur nach § 83 beschränkbare (BSG NJW 98, 2078) Einzelvertretungsmacht, selbst wenn in die Vollmachtsurkunde eine Beschränkung aufgenommen wurde, nach der die Anwälte nur gemeinsam handeln dürfen (Zö/*Vollkommer* § 84 Rn 1; Musielak/*Weth* § 84 Rn 3). Die Erklärung eines jeden Prozessbevollmächtigten bindet grds die anderen und die Partei (BGH NJW 07, 3641; BSG NJW 98, 2078; BVerwG NJW 75, 1795, 1796). Das von einem Bevollmächtigten eingelegte Rechtsmittel kann von einem anderen zurückgenommen werden. Dies gilt auch, wenn mehrere Prozessbevollmächtigte Berufung eingelegt haben und einer von ihnen die Berufung zurücknimmt, solange sich aus seiner Erklärung oder den Umständen nicht ergibt, dass er nur das von ihm selbst eingelegte Rechtsmittel zurücknehmen will (BGH NJW 07, 3640, 3642; BAG Urt v 18.11.09 – 5 AZR 41/09, Tz 10). Geben sie einander widersprechende Erklärungen ab, ist zu unterscheiden: Handelt es sich um nicht widerrufliche Prozesshandlungen (zB Geständnis, Anerkenntnis, Verzicht) gilt nur die frühere Erklärung (München OLGR 06, 655; Musielak/*Weth* § 84 Rn 4; Zö/*Vollkommer* § 84 Rn 1). Kann die Erklärung widerrufen werden, gilt die spätere, wenn sie als Widerruf zu deuten ist (MüKoZPO/*v. Mettenheim* § 84 Rn 3; Musielak/*Weth* § 84 Rn 4; Zö/*Vollkommer* § 84 Rn 1). Bei gleichzeitiger Abgabe widersprechender Erklärungen sind die Rechtsfolgen umstr (BAG Urt v 18.11.09 – 5 AZR 41/09, Tz 10; München OLGR 06, 655; ThoPu/*Hüßtege* § 84 Rn 3: wirkungslos; B/L/A/H § 84 Rn 4: freie Würdigung). Kann auch durch Ausübung des richterlichen Fragerechts (§ 139) keine Klarheit erlangt werden, sind die Erklärungen unbeachtlich (Musielak/*Weth* § 84 Rn 4). 3

Zustellungen können ggü jedem der Bevollmächtigten vorgenommen werden, die Zustellung an einen von ihnen ist ausreichend (BGH NJW 92, 3096; FamRZ 04, 865; BVerwG NJW 98, 3582; Koblenz NJW-RR 97, 1023). Wird gleichwohl an mehrere zugestellt, ist für den Beginn der Frist die erste Zustellung maßgebend, die späteren Zustellungen setzen die Frist nicht neu in Lauf (BGH NJW 91, 1176; 03, 2100; FamRZ 04, 865; BVerwG NJW 80, 2269; 98, 3582). Auf die Kenntnis der übrigen Prozessbevollmächtigten vom Fristbeginn kommt es nicht an (OVG Münster DÖV 76, 608). 4

§ 85 Wirkung der Prozessvollmacht.

(1) [1]Die von dem Bevollmächtigten vorgenommenen Prozesshandlungen sind für die Partei in gleicher Art verpflichtend, als wenn sie von der Partei selbst vorgenommen wären. [2]Dies gilt von Geständnissen und anderen tatsächlichen Erklärungen, insoweit sie nicht von der miterschienenen Partei sofort widerrufen oder berichtigt werden.
(2) Das Verschulden des Bevollmächtigten steht dem Verschulden der Partei gleich.

A. Normzweck. Entsprechend der Vorschrift des § 164 BGB bestimmt die Norm, dass die Prozesshandlungen des Bevollmächtigten der vertretenen Partei zugerechnet werden und diese binden. Hinzu kommt eine besondere prozessuale Zurechnungsnorm in Abs 2, die sicherstellen soll, dass die Partei in jedem Fall so behandelt wird, als hätte sie den Prozess selbst geführt. Die Einschaltung eines Prozessvertreters soll nicht zu einer Verschiebung des Prozessrisikos zu Lasten des Gegners führen, indem es der Partei untersagt ist, durch die Berufung auf Vertreterverschulden die für sie nachteiligen Folgen der Fehler ihres Bevollmächtigten abzuwenden (BGH NJW 76, 1218; FamRZ 93, 308; Musielak/*Weth* § 85 Rn 1, 2; Zö/*Vollkommer* § 85 Rn 1, 2). Die Vorschrift ist auch in Statussachen verfassungskonform (BVerfG NJW 73, 1315; 82, 2324, 2325; 90, 1104; BGH NJW-RR 93, 131). Nach §§ 112, 113 I FamFG findet die Vorschrift auch in Ehesachen und Familienstreitsachen Anwendung. Für die übrigen Verfahren nach dem FamFG verweist § 11 S 5 FamFG auf § 85. 1

B. Umfang der Vertretung. I. Prozesshandlungen. Nach dem Wortlaut von Abs 1 S 2 werden der Partei die Prozesshandlungen zugerechnet. Darunter sind alle Maßnahmen und Handlungen des Prozessbevollmächtigten zu verstehen, die dieser in Wahrnehmung seiner Befugnisse aus der Prozessvollmacht vornimmt oder unterlässt (MüKoZPO/*v. Mettenheim* § 85 Rn 1, 3). Umfasst ist daher auch die Entgegennahme von Prozesshandlungen des Gerichts, des Gegners oder sonstiger Verfahrensbeteiligter insb auch die Entgegennahme von Zustellungen (Ausnahme § 141 II 2). Die Vorschrift gilt auch im Parteiprozess (Zö/*Vollkommer* § 85 Rn 5). Die Bindung der Partei an materiellrechtliche Erklärungen des Bevollmächtigten ergibt sich aus der Prozessvollmacht, so weit diese auch solche Erklärungen deckt (§ 81 Rz 6), und richtet sich nach materiellem Recht (Musielak/*Weth* § 85 Rn 4). An Rechtsausführungen ihres Bevollmächtigten ist die Partei nicht gebunden, diese können von ihr jederzeit widerrufen oder berichtigt werden (allgM Musielak/*Weth* § 85 Rn 3; Zö/*Vollkommer* § 85 Rn 1). 2

3 **II. Wirkungen.** Die Wirkungen nach Abs 1 S 1 sind umfassend und verpflichten die Partei so, als hätte sie die Handlung selbst vorgenommen. Über den Wortlaut hinaus gilt dies auch für Handlungen, die die Partei berechtigen (Musielak/*Weth* § 85 Rn 4). Ohne Bedeutung ist, ob im Innenverhältnis der Bevollmächtigte seine Befugnis überschreitet, solange die Handlung im Außenverhältnis durch die Prozessvollmacht gedeckt ist (BGH VersR 88, 526, 527). Deshalb findet eine Zurechnung auch dann statt, wenn der Bevollmächtigte gegen ausdrückliche Weisungen des Vertretenen verstoßen hat. Eine Ausnahme kommt bei einem kollusiven Zusammenwirken mit dem Prozessgegner (Musielak/*Weth* § 85 Rn 4) sowie dann in Betracht, wenn die Handlung zum wirklichen Willen der Partei in Widerspruch steht und der Irrtum des Bevollmächtigten für Gericht und Gegner offensichtlich ist (BGH VersR 77, 574; 88, 526, 527).

4 **III. Widerruf und Berichtigung. 1. Allgemeines.** Die Partei kann auch im Anwaltsprozess (§ 137 IV) Geständnisse (§ 288) und andere tatsächliche Erklärungen einschließlich der Stellungnahmen zu solchen des Gegners (§ 138 I–IV) ihres Bevollmächtigten widerrufen und berichtigen (Abs 1 S 2). Insoweit gelten die Beschränkungen für den Widerruf des Geständnisses (§ 290) nicht. Die Partei kann auch Tatsachen zugestehen, die ihr Bevollmächtigter bestritten hat (Zö/*Vollkommer* § 85 Rn 9). Macht die im Termin anwesende Partei von dieser Möglichkeit Gebrauch und widerspricht der Sachdarstellung ihres Bevollmächtigten, gilt im Parteiprozess aufgrund ihrer besseren Kenntnisse des tatsächlichen Geschehens nur ihre Erklärung (allgM Musielak/*Weth* § 85 Rn 5; Zö/*Vollkommer* § 85 Rn 7). Im Anwaltsprozess muss das Gericht versuchen, den Widerspruch zwischen den Erklärungen des Prozessbevollmächtigten und der Partei aufzuklären und ggf die widerstreitenden Erklärungen nach § 286 würdigen, wobei in der Regel der Version der Partei der Vorzug zu geben sein dürfte, da diese das Geschehen unmittelbar erlebt hat (Musielak/*Weth* § 85 Rn 4; Zö/*Vollkommer* § 85 Rn 8). An andere Erklärungen ihres Bevollmächtigten ist die Partei im Anwaltsprozess gebunden, sie kann ihnen weder entgegentreten noch sie durch eigene Erklärungen ersetzen. Dies gilt insb für einen Vergleich, einen Verzicht oder ein Anerkenntnis, da diese Erklärungen über rein tatsächliche Äußerungen hinausgehen und rechtliche Wirkungen bezogen auf den Streitgegenstand entfalten (St/J/*Bork* § 85 Rn 6; Musielak/*Weth* § 85 Rn 5). Insoweit ist die Partei auf Schadensersatzansprüche aus dem Innenverhältnis beschränkt.

5 **2. Zeitpunkt.** Nach dem Wortlaut muss der Widerruf oder die Berichtigung sofort erfolgen, die Partei muss daher unverzüglich widersprechen, sobald sie zu Wort kommt, was im Anwaltsprozess nach Maßgabe des § 137 IV möglich ist. Versäumt die Partei diesen Zeitpunkt, kann sie ein Geständnis oder tatsächliche Erklärungen nur noch nach Maßgabe der allgemeinen Regeln für den Widerruf von Prozesserklärungen berichtigen oder ändern (allgM St/J/*Bork* § 85 Rn 7; Musielak/*Weth* § 85 Rn 6; Zö/*Vollkommer* § 85 Rn 8). Für ein Geständnis gilt daher § 290.

6 **3. Parteiprozess.** Im Parteiprozess ist die Partei selbst postulationsfähig und kann deshalb auch selbst Prozesshandlungen vornehmen. In diesen Verfahren kann sie daher über Abs 1 S 2 hinaus auch Prozesshandlungen ihres Bevollmächtigten widersprechen und diese durch eigene Erklärungen ersetzen. Durch einen sofortigen Widerruf der Prozesshandlungen des Vertreters kann sie die Bindungswirkung abwenden, bei widersprechenden Prozesshandlungen gilt die der Partei, die Herrin des Verfahrens ist (Zö/*Vollkommer* § 85 Rn 5).

7 **IV. Kenntnis.** Der Partei ist auch die Kenntnis ihres Bevollmächtigten zuzurechnen, § 166 BGB gilt sinngemäß (BGH NJW 69, 925; WM 93, 972, 973). Die Grundsätze über die Zurechnung des Verhaltens des Wissensvertreters treffen auf den Prozessbevollmächtigten uneingeschränkt zu, weshalb der Partei auch bei der Wahrung materiellrechtlicher Fristen dessen Kenntnis zugerechnet wird (BGH NJW 82, 96, 97 zu § 1600b BGB; BGHReport 07, 177, 178 zur Verjährung).

8 **C. Verschuldenszurechung. I. Grundsatz.** Das Verschulden des Bevollmächtigten wird der Partei nach Abs 2 im Rahmen aller Vorschriften der ZPO zugerechnet, bei denen es auf ein Verschulden der Partei ankommt (insb §§ 233, 234, 296, 337, 367 II, 528, 530, 531, 532). Aber auch darüber hinaus muss sich die Partei die fehlerhafte Prozessführung zurechnen lassen. Auf den Grad des Verschuldens kommt es nicht an, die Vorschrift ist auch anwendbar, wenn eine besondere Form des Verschuldens gefordert wird. Deshalb muss sich die Partei auch ein etwaiges treuwidriges Prozessverhalten zurechnen lassen (Kobl NJW-RR 90, 960). Eigenes Verschulden der Partei ist nicht erforderlich, sie muss auch dann einstehen, wenn sie keine Möglichkeit zur Abwendung des Versäumnisses hatte (BGH VersR 84, 850, 851). Auch ein eventuelles Mitverschulden des Gerichts verhindert die Zurechnung nicht (BGH NJW 94, 55, 56). Der Partei bleiben nur

Schadensersatzansprüche aus dem Mandatsvertrag. Eine Ausnahme gilt nur für Vorschriften, die strafähnlichen Charakter haben und deshalb ein Verschulden der Partei selbst voraussetzen, wie die Vorschrift über die Verhängung von Ordnungsmitteln (BGH NJW-RR 11, 1363, 1364; München OLGR 96, 195; Jena OLGR 01, 304, 305; Hambg OLGR 08, 170). Deshalb können auch eigenmächtige Änderungen des Vermögensverzeichnisses nach § 305 I Nr 3 InsO durch den Bevollmächtigten dem Schuldner bei der Versagung der Restschuldbefreiung (§ 290 I Nr 6 InsO) nicht zugerechnet werden (BGH NJW 11, 1299, 1230).

II. Sachlicher Anwendungsbereich. Die Vorschrift gilt grds für die gesamte Prozessführung des Bevollmächtigten in allen Verfahrensarten der ZPO und in allen Verfahrensarten, die auf die ZPO verweisen (Musielak/*Weth* § 85 Rn 9; zB § 4 InsO; vgl BGH NJW 11, 1299, 1230). Im PKH-Verfahren gilt die Vorschrift ebenfalls (BGH NJW 01, 2720, 2721; Köln OLGR 03, 315; aA Zö/*Vollkommer* § 85 Rn 11). Auf Grund ihres Bezugs zum Prozess findet eine Zurechnung nur innerhalb des Prozessrechtsverhältnisses und damit im Verhältnis zu den anderen Prozessbeteiligten statt. Gegenüber außerhalb des Prozesses stehenden Dritten muss sich die Partei das Fehlverhalten ihres Bevollmächtigten nur nach Maßgabe der allgemeinen Vorschriften zurechnen lassen (Musielak/*Weth* § 85 Rn 8). Eine allgemeine Zurechnung des Fehlverhaltens bei der Einhaltung materiellrechtlicher Fristen über eine Wissenszurechnung hinaus wird abgelehnt (MüKoZPO/*v. Mettenheim* § 85 Rn 13; Musielak/*Weth* § 85 Rn 10). Unabhängig von einer Einordnung als materiell-rechtliche Frist ist dies für Klagefristen wegen ihrer Funktion und Ausrichtung auf den Rechtsstreit und Sinn und Zweck der Norm aber zu befürworten, zumal das Mittel zur Wahrung der Frist, die Klagerhebung, Prozesshandlung ist. Das Fehlverhalten des Bevollmächtigten bei der Einhaltung der Klagefrist nach § 4 S 1 KSchG wird nach Abs 2 zugerechnet (BAG NJW 09, 2841, 2843), auch wenn eine Gewerkschaft Prozessbevollmächtigte ist (BAG NJW 09, 2971). 9

III. Persönlicher Anwendungsbereich. 1. Bevollmächtigter. Zugerechnet wird das Verschulden des Bevollmächtigten. Dies ist jeder von der Partei bestellte rechtsgeschäftliche Vertreter, der für sie eigenverantwortlich in einem Rechtsstreit tätig werden soll (BGH VersR 84, 239), ohne dass der Anwendungsbereich auf Rechtsanwälte beschränkt wäre. Es sind die von der Partei selbst oder von ihrem Prozessbevollmächtigten beauftragten und mit einer Prozessvollmacht versehenen Bevollmächtigten einschließlich des von der Haftpflichtversicherung für die Partei bestellten Anwalts (BGH NJW 91, 1177; aber keine Anwendung im Verhältnis zu einem Mitversicherten, BGH NJW-RR 99, 1470). Auf die Postulationsfähigkeit kommt es nicht an (BGH VersR 83, 1082, 1083; 88, 2672, 2673; 94, 1841; 01, 1575; FamRZ 98, 1506), weshalb auch das Verschulden des Generalbevollmächtigten zurechenbar sein kann (BGH VersR 85, 1185, 1186). Bevollmächtigte iSv Abs 2 sind ferner der Verkehrsanwalt/Korrespondenzanwalt (BGH NJW 82, 2447; NJW-RR 91, 91; 95, 839; NJW 97, 3245), der Zustellungsbevollmächtigte (St/J/*Bork* § 85 Rn 11; Zö/*Vollkommer* § 85 Rn 17), der Instanzbevollmächtigte (BGH NJW 06, 2334) und der Kanzleiabwickler (§ 54 BRAO) sowie der nach § 53 BRAO bestellte allgemeine Vertreter (auch der Referendar) eines Rechtsanwalts (Musielak/*Weth* § 85 Rn 12; Zö/*Vollkommer* § 85 Rn 18) einschließlich des Urlaubsvertreters (BGH NJW 01, 1575). Dies gilt aber nur dann, wenn der in der Bestellung genannte Vertretungsfall vorliegt (BGH Beschl v 5.5.82 – VIII ZB 4/82). Bevollmächtigte sind ferner die mit einem Rechtsanwalt in einer Sozietät verbundenen Anwälte, wenn nicht nur ein einzelnes Sozietätsmitglied mandatiert wurde (BGH NJW 94, 257, 258; 95, 1841), wie bspw bei einer Bestellung als Notanwalt oder der Beiordnung im PKH-Verfahren (BGH NJW 91, 2294), wenngleich auch in solchen Fällen das Mandat allen Sozietätsmitgliedern erteilt werden kann (Köln MDR 93, 478). Dies gilt idR auch für später hinzutretende Mitglieder (BGH NJW 94, 257, 258) und auch für die Sozietätsmitglieder, die bei dem Gericht, vor dem die Handlung vorzunehmen ist, nicht zugelassen sind (BGH NJW 94, 257, 258; NJW 95, 1841). Für die Einbeziehung ist unabhängig von der tatsächlichen Stellung das Auftreten nach außen als Sozietätsmitglied entscheidend (BGH NJW 94, 257, 258 für eine freie Mitarbeiterin).Für eine Bürogemeinschaft gilt dies nicht (BGH VersR 79, 160). Hat eine Partei mehrere Bevollmächtigte (§ 84), haftet sie für jeden von ihnen (BGH NJW 03, 2100). Eine Zurechnung nach Abs 2 findet auch bei nicht anwaltlichen Vertretern statt, wie zB bei mit der Informationen des Anwalts beauftragten Familienangehörigen (BGH NJW-RR 95, 825) oder bei Personen, denen es die Partei überlassen hat, einen Rechtsanwalt mit der Führung des Prozesses oder der Einlegung eines Rechtsmittels zu beauftragen (BGH NJW-RR 01, 427, 428). 10

2. Hilfspersonen. Ein von einem Rechtsanwalt eingeschalteter Unterbevollmächtigter fällt nur dann unter Abs 2, wenn ihm die Sache zur selbstständigen Bearbeitung in voller anwaltschaftlicher Verantwortung übertragen wurde und er deshalb eine nicht nur untergeordnete Tätigkeit wahrnimmt (BGH VersR 84, 11

239, 240; 90, 874; NJW-RR 92, 1019, 1020; 04, 993). Die Grenzziehung im Einzelfall ist schwierig und soll von den konkreten Befugnissen des Mitarbeiters im Einzelfall und dessen Unterwerfung unter Weisungen abhängen. Das Auftreten in der mündlichen Verhandlung und die Unterzeichnung von Schriftsätzen kann ein Indiz dafür sein, nicht jedoch wenn sich diese Tätigkeit auf die vorherige Instanz bezog (BGH NJW-RR 92, 1019; 93, 892). Eine Ausnahme gilt für Sozietätsmitglieder, bei diesen genügt auch ein Verschulden bei der Ausführung einer untergeordneten Tätigkeit (BGH NJW 95, 1841; NJW-RR 03, 995). Einem bloßen Terminsvertreter wird die Sache regelmäßig nicht zur selbstständigen Bearbeitung übertragen (BGH VersR 79, 255; NJW -RR 07, 356). Nach diesen Maßstäben beurteilt sich auch, ob ein angestellter Anwalt oder ein als freier Mitarbeiter oder Urlaubsvertreter tätiger Anwalt Bevollmächtigter iSv Abs 2 ist (BGH NJW 96, 2939; 01, 1575). Der den Rechtsstreit selbstständig bearbeitende Assessor ist Bevollmächtigter (BGH NJW 04, 2901, 2902). Auf die Stellung innerhalb der Kanzlei, den Status und den Grund, warum die Person tätig wurde, kommt es nicht an (Zö/*Vollkommer* § 85 Rn 19; Musielak/*Weth* § 85 Rn 13). Auch der Zeitaufwand für die Tätigkeit ist grds unerheblich (Karlsr NJW-RR 00, 1519). Fehler des Stationsreferendars sind nicht zuzurechnen (BGH MDR 11, 1374).

12 **3. Kanzleipersonal.** Für die unselbstständig tätigen Mitarbeiter des Anwalts gilt Abs 2 nicht. Damit scheidet eine Zurechnung des Verschuldens des nichtjuristischen Büropersonals aus, solange der Anwalt nicht durch fehlerhafte Anweisungen oder durch eine unzureichende Organisation den Fehler selbst (mit)verschuldet hat (BGH NJW 07, 603; 07, 3497; MDR 06, 943). Denn § 278 BGB ist auf das prozessuale Verschulden nach § 85 im Außenverhältnis zum Gericht und Gegner nicht anzuwenden, diese Norm erfasst allein das Innenverhältnis zwischen der Partei und ihrem Bevollmächtigten (Musielak/*Weth* § 85 Rn 14). Auch für weisungsgebundene juristische Hilfskräfte wie Assessoren und Referendare haftet die Partei nicht nach Abs 2 (BGH NJW-RR 92, 1020; 93, 893; Hamm FamRZ 06, 1686). Keine Vertreter sind schließlich sonstige Dritte, die von der Partei oder dem Bevollmächtigten hinzugezogen oder sonst tätig werden, wie zB als Bote (Bremen MDR 07, 855), als mit der Leerung des Briefkastens Beauftragter (Karlsr NJW-RR 95, 954) oder als Empfänger der Ersatzzustellung (Braunschw OLGR 97, 147). Diese Grundsätze sind auf den Rechtsanwalt, der kein Fremdmandat führt, sondern eine eigene Angelegenheit betreibt, nicht anwendbar (BGH NJW 08, 924, 925).

13 **IV. Beginn und Ende der Zurechnung. 1. Beginn.** Die Verschuldenszurechnung setzt immer das Bestehen eines wirksamen Mandats im Innenverhältnis voraus und scheidet deshalb aus, wenn die Partei bei der Bevollmächtigung geschäftsunfähig war (BGH NJW 87, 440, 441). Deshalb beginnt die Zurechnung nicht schon mit der Auftragserteilung oder dem Zeitpunkt der Erteilung der Vollmacht sondern erst mit der Annahme des Auftrags durch den Bevollmächtigten (BGH NJW 67, 1567; VersR 82, 950; LAG Bremen MDR 03, 1059, 1060; Zö/*Vollkommer* § 85 Rn 22; Musielak/*Weth* § 85 Rn 15), auf die § 151 S 1 BGB anwendbar sein kann (BGH NJW 06, 2334, 2335). Selbst ein Tätigwerden vor der Annahme des Mandats führt nicht zur Anwendung von Abs 2 auf Fehler in diesem Stadium, selbst wenn später ein Mandatsverhältnis zu Stande kommt (BGH FamRZ 96, 408, 409; LAG Bremen LZA 04, 228). Wurde das Mandat mündlich angenommen, ist dieser Zeitpunkt und nicht der spätere Zugang des Bestätigungsschreibens maßgebend (BGH NJW 80, 2261). Dies gilt auch im Falle der Beiordnung nach §§ 78b, 78c, 121, denn die Beiordnung führt noch nicht zum Entstehen eines Mandatsverhältnisses, auch in diesen Fällen ist die Erteilung eines Auftrags notwendig (BGH NJW 87, 440, 441; § 78c Rz 4).

14 **2. Ende.** Die Zurechnung endet mit dem Ende des Mandatsverhältnisses und damit im Normalfall mit der Erledigung des erteilten Auftrags. Wann dies der Fall ist, bedarf der Entscheidung im Einzelfall. So endet das Mandat des für den ersten Rechtszug bestellten Anwalts idR erst mit der Annahme des Mandats durch den Rechtsmittelanwalt (BGH VersR 93, 502; 93, 770) und der für die 1. Instanz bestellte Anwalt ist verpflichtet, der Partei die Zustellung des Urteils an ihn mitzuteilen, das Urt zu übersenden und auf Rechtsmittelmöglichkeiten hinzuweisen (BGH NJW 80, 999; 90, 189, 190; NJW-RR 97, 55) und diese auch über die Fristen zu belehren (BGH NJW 77, 1198). Endet das Mandat durch Kündigung oder Mandatsniederlegung, endet die Zurechnung mit deren Wirksamkeit, da es auch für die Beendigung allein auf das Innenverhältnis ankommt (BGH NJW 06, 2334, 2335; 08, 2713, 2714). Ohne Bedeutung ist, ob die Außenvollmacht nach § 87 I fortbesteht oder ob der Anwalt nach § 87 II noch handlungsbefugt ist, denn bereits mit der Beendigung des Mandatsverhältnisses ist das die Zurechnung rechtfertigende Vertrauensverhältnis zerstört (BGH NJW 08, 234; 08, 2713, 2714; Musielak/*Weth* § 85 Rn 16). Erfolgt die Mandatsniederlegung (Kündigung) durch den Anwalt jedoch zur Unzeit, weil er zB keine Vorsorge zur Wahrung einer kurz vor

dem Ablauf stehenden Rechtsmittelfrist getroffen hat, muss sich die Partei dieses Verschulden zurechnen lassen, denn es liegt noch vor dem Ende des Mandatsverhältnisses (BGH NJW 06, 2334, 2335; Schlesw OLGR 05, 410). Ein zeitliches Zusammenfallen des schuldhaften Verhaltens mit dem Mandatsende genügt (BGH Beschl v 25.6.91 – VI ZB 15/91). Hat die Partei die Kündigung zur Unzeit ausgesprochen, trifft sie ein eigenes Verschulden (BGH NJW 08, 2713, 2715; MüKoZPO/*v. Mettenheim* § 85 Rn 22; Musielak/*Weth* § 85 Rn 16). Soweit nach §§ 53, 54 BRAO auch nach dem Tod des Anwalts noch ein Handeln des zuvor bestellten Vertreters möglich ist (§ 86 Rz 4), findet keine Zurechnung des Verschuldens statt, weil durch die Vertreterbestellung kein rechtsgeschäftliches Vollmachtsverhältnis zur Partei begründet wird (BGH NJW 82, 2324; Zö/*Vollkommer* § 85 Rn 25). Das Gleiche gilt, wenn die Zulassung des Rechtsanwalts widerrufen wurde und die sofortige Vollziehung angeordnet wurde und ihm deshalb die Berufsausübung untersagt ist (BGH NJW-RR 08, 1290; BAG NJW 07, 3226, 3227).

D. Sorgfaltsmaßstab und Verschulden. I. Verschulden. Der Begriff des Verschuldens entspricht im Grundsatz dem des § 276 BGB und erfasst fahrlässiges und vorsätzliches Verhalten (MüKoZPO/*v. Mettenheim* § 85 Rn 23, 25; Musielak/*Weth* § 85 Rn 17). So weit zT keine Zurechnung vorsätzlichen Verhaltens für die Fälle der vorsätzlichen sittenwidrigen Schädigung oder der vorsätzlichen Außerachtlassung anwaltlicher Berufspflichten befürwortet wird (Zö/*Vollkommer* § 85 Rn 13), überzeugt dies nicht, denn der Zweck der Zurechnung im Außenverhältnis zu den übrigen Prozessbeteiligten (Rz 1) steht einer aus dem Innenverhältnis gewonnenen Einschränkung entgegen, zumal die Partei den Prozessbevollmächtigten ausgewählt hat und damit ihr das Risiko eines Fehlverhaltens aufzuerlegen ist, gegen das sie sich nach Maßgabe des Innenverhältnisses und ggf mit Schadensersatzansprüchen wehren kann. Die Gegenauffassung würde dazu führen, dass dieses Risiko entgegen II dem Gegner auferlegt würde (hM St/J/*Bork* § 85 Rn 22; MüKoZPO/*v. Mettenheim* § 85 Rn 25; Musielak/*Weth* § 85 Rn 17; B/L/A/H § 85 Rn 9). Davon zu unterscheiden ist allerdings der Fall des Vollmachtsmissbrauchs, der nicht zu einer Bindung der Partei an die Handlungen ihres Prozessbevollmächtigten führt (§ 83 Rz 2). 15

II. Sorgfaltsanforderungen. Die gebotene Sorgfalt ist nach einem objektiv-typisierten Maßstab zu bestimmen (hM MüKoZPO/*v. Mettenheim* § 85 Rn 23; Musielak/*Weth* § 85 Rn 18; Zö/*Vollkommer* § 85 Rn 13). Handelt es sich um einen Rechtsanwalt, ist von diesem die übliche, von einem ordentlichen Anwalt zu fordernde Sorgfalt zu beachten (BGH NJW 85, 495, 496; 85, 1710, 1711; 07, 2047). Der Anwalt schuldet unter Zumutbarkeitsgesichtspunkten nicht die äußerst mögliche Sorgfalt (BGH NJW 92, 2488, 2489; 07, 1453, 1454). Im Grundsatz einhellig anerkannt ist auch, dass keine übersteigerten Anforderungen an die Sorgfalt gestellt werden dürfen, denn dadurch würde das Recht der Partei auf wirkungsvollen Rechtsschutz und einen zumutbaren Zugang zum Gericht verletzt (BVerfG NJW 07, 3342; BGH NJW 07, 1455, 1456; 07, 2778), wenngleich im Einzelfall über die Einhaltung dieser Grenzziehung Uneinigkeit herrscht (Musielak/*Weth* § 85 Rn 18 mwN). Allgemein werden die Sorgfaltspflichten des Rechtsanwalts dahin umschrieben, dass dieser innerhalb der kürzest möglichen Zeit mit dem geringsten Aufwand das beste Ergebnis für den Auftraggeber zu erzielen (Oldbg VersR 81, 340, 341) und er von mehreren denkbaren und gleichwertigen Maßnahmen die sicherste und gefahrloseste zu wählen hat (BGH NJW 90, 2128, 2129, 94, 55, 56). Der objektivierte Maßstab ermöglicht die Anpassung der Verschuldensanforderungen an die vom jeweiligen Prozessbevollmächtigten typischerweise zu erwartende Sorgfalt (gruppenbezogener Maßstab) mit der Folge, dass von einem juristischen Laien weniger zu erwarten ist als von einem Rechtskundigen (BGH VersR 85, 1185, 1186) und von einem Referendar weniger erwartet werden kann als von einem Rechtsanwalt (Zö/*Vollkommer* § 85 Rn 13). 16

III. Einzelne Pflichten. Die Kasuistik zu den Anwaltspflichten im Prozess ist inzwischen kaum noch überschaubar, weshalb hier nur ein kurzer Überblick gegeben werden kann: Unklare Vorstellungen über die Rechtslage entlasten den Anwalt nicht (BGH NJW 94, 55, 56). Der Anwalt muss seine Postulationsfähigkeit prüfen (BGH NJW-RR 07, 278, 279). Er muss für einen ordnungsgemäßen PKH-Antrag sorgen (BGH NJW 01, 2720, 2721). Von denkbaren Alternativen muss er die sicherste wählen (BGH NJW 93, 333; 94, 55, 56). Er muss zweckmäßigerweise sofort nach Eingang des Urteils die Partei vom Zeitpunkt der Zustellung in Kenntnis setzen und sie über die mögliche Rechtsmitteleinlegung so zeitig unterrichten, dass sie noch innerhalb der Rechtsmittelfrist über die Einlegung entscheiden kann (BGH NJW 07, 2331). Ob und welche Rechtsmittel möglich sind, hat er sorgfältig zu prüfen (BGH NJOZ 09, 3379, 3381). Der Anwalt muss sich rechtzeitig erkundigen, ob der Rechtsmittelanwalt das Mandat übernommen hat (BGH NJW 82, 2447; 01, 1576, 1577). Er muss dafür sorgen, dass mehrere Fristen in einer Sache gesondert erfasst (BGH BGHReport 17

06, 323, 324), dass Fristen ordnungsgemäß eingetragen werden (BGH Report 06, 699; NJW 06, 2778, 2779) und dass die Fristenkontrolle einer bestimmten voll ausgebildeten und sorgfältig überwachten Fachkraft übertragen wird (BGH NJW 07, 1453; 07, 3497, 3498). Der Anwalt kann sich unter diesen Voraussetzungen auf die Kontrolle der Vermerks über die Erledigung in des Handakte beschränken (BGH NJW 08, 1670, 1671). Er muss den Ablauf in Fristsachen so organisieren, dass sichergestellt ist, dass Schriftsätze tatsächlich gefertigt und abgesandt werden (BGH NJW 90, 2126; 04, 367, 368; 06, 2778, 2779). Dazu gehört auch, dass Vorfristen notiert werden (BGH NJW 94, 2831; 02, 433, 444). Außerdem muss der Anwalt den Fristablauf immer prüfen, wenn ihm die Akte zur Vorbereitung einer fristgebundenen Prozesshandlung vorgelegt wird (BGH NJW-RR 04, 1150; 05, 1085; NJW 07, 1597, 1598), zwar nicht am gleichen Tag aber auch nicht erst am letzten Tag der Frist (BGH NJW 07, 2332). Bei Anträgen auf Fristverlängerung darf das neue Ende erst eingetragen werden, wenn die Verlängerung tatsächlich bewilligt wurde (BGH NJW-RR 08, 367, 368; 11, 1598, 1599), mündliche Erkundigungen sind nur ausnahmsweise ausreichend (BGH NJW 11, 1971, 1972). Auf eine durch seine Sekretärin bei Gericht eingeholte Auskunft über die Verlängerung darf er sich verlassen (BGH NJW 96, 1682). Bei der Übermittlung durch Telefax muss ein Einzelnachweis ausgedruckt und überprüft werden (BGH NJW 04, 367, 368; 11, 2053, 11, 2367, 2368) und das Vorliegen eines ordnungsgemäßen Sendeprotokolls (BGH BGHReport 06, 746; 08, 979) so zeitnah überprüft werden, dass eine erneute Übermittlung innerhalb der Frist noch möglich ist (BGH NJW 07, 601, 602; 07, 2778). Die Richtigkeit von Rechtsmittelschriften einschließlich des angerufenen Gerichts ist zu prüfen (BGH NJW 11, 3306). Bei mündlichen Einzelanweisungen muss er dafür sorgen, dass sein Auftrag nicht in Vergessenheit gerät (BGH NJW-RR 07, 1430, 1431; 08, 928, 029; NJW 08, 526, 527). Eine Büroorganisation, die die Verwendung der elektronischen Signaturkarte des Rechtsanwalts durch eine Rechtsanwaltsgehilfin bei der Übermittlung von Rechtsmittelschriften ermöglicht, ohne dass sich eine Prüfung der Schrift durch den Anwalt feststellen lässt, begründet ein zuzurechnendes Organisationsverschulden (BGH NJW 11, 1294, 1295). Auf ein evtl Organisationsverschulden kommt es nicht an, wenn einer zuverlässigen Mitarbeiterin eine konkrete Einzelanweisung erteilt wurde, deren Befolgung die Fristwahrung gewährleistet hätte (BGH VersR 11, 1544, 1545).

18 **IV. Grenzen.** Eine Verschuldenszurechnung entfällt nicht bereits dann, wenn zum Verschulden des Prozessbevollmächtigten mitursächlich eine fehlerhafte Handhabung durch das Gericht hinzu trat (BGH NJW 94, 55, 56; 05, 3776; zweifelnd aber nicht überzeugend BVerfG NJW 02, 2937, 2938). Die Anschrift des Gerichts auf Schriftsätzen muss der Anwalt nicht selbst überprüfen (BGH NJW 96, 393, 394). Fristen darf er bis zu ihrem Ende ausnutzen (BGH NJW 07, 2331). Ebenso darf er auf die Einhaltung normaler Postlaufzeiten vertrauen (BVerfG NJW 03, 1516; 08, 587), solange keine Anhaltspunkte außergewöhnlicher Umstände bestehen (BVerfG NJW 95, 1211 für einen Poststreik). Auch auf das Funktionieren moderner Kommunikationsmittel darf er sich verlassen (BVerfG NJW 96, 2857; BGH NJW-RR 97, 250; 04, 283). Nicht schuldhaft ist idR das Vertrauen des Anwalts darauf, dass seinem ersten Fristverlängerungsantrag stattgegeben wird (BGH NJW 94, 55, 56; 97, 400). Ein früheres Verschulden einer Partei oder ihres Prozessbevollmächtigten kann seine rechtliche Erheblichkeit durch ein späteres der Partei oder ihrem Vertreter nicht zurechenbares Ereignis (sog überholende Kausalität) verlieren (BGH NJW 07, 2778, 2779). Nur eine unvorhersehbare Erkrankung stellt kein Verschulden dar (BGH BGHReport 06, 1050).

§ 86 Fortbestand der Prozessvollmacht. **Die Vollmacht wird weder durch den Tod des Vollmachtgebers noch durch eine Veränderung in seiner Prozessfähigkeit oder seiner gesetzlichen Vertretung aufgehoben; der Bevollmächtigte hat jedoch, wenn er nach Aussetzung des Rechtsstreits für den Nachfolger im Rechtsstreit auftritt, dessen Vollmacht beizubringen.**

1 **A. Systematik.** Die ZPO enthält keine allgemeine Regelung über das Erlöschen der Prozessvollmacht. Die Vorschrift bestimmt ebenso wie § 87 lediglich, dass bestimmte Ereignisse nicht zu einem Erlöschen führen und begrenzt damit die Wirkungen des Erlöschens der Vollmacht nach den materiell-rechtlichen Vorschriften. Gründe der Rechtssicherheit und der Prozesswirtschaftlichkeit lassen es unangemessen erscheinen, die Wirksamkeit von Prozesshandlungen von Ereignissen abhängig zu machen, die im Prozess nicht erkennbar sind und die eine Beendigung des Rechtsstreits hindern könnten (BGH NJW 93, 1645; BAG NZA 00, 613, 614; B/L/A/H § 86 Rn 2). Nach §§ 112, 113 I FamFG findet die Vorschrift auch in Ehesachen und Familienstreitsachen Anwendung. Für die übrigen Verfahren nach dem FamFG enthält § 11 S 5 FamFG eine Verweisung auf § 86.

B. Erlöschen der Vollmacht. I. Beendigung des Rechtsstreits. Mit dem endgültigen Ende des Rechtsstreits, für den die Prozessvollmacht erteilt wurde, erlischt diese wegen Zweckerreichung, so dass im Parteiprozess die nur für einzelne Prozesshandlungen erteilte Vollmacht mit deren Vornahme und Erfüllung der Aufgabe endet (Zö/*Vollkommer* § 86 Rn 7; B/L/A/H § 86 Rn 4). Die Vollmacht erlischt mit der Klagerücknahme (St/J/*Bork* § 86 Rn 7; Musielak/*Weth* § 86 Rn 3), nicht aber zwingend bei einem rechtskräftigen Sachurteil, weil die Prozessvollmacht nach § 81 auch für das Zwangsvollstreckungsverfahren und das Wiederaufnahmeverfahren gilt. Die Klageabweisung als unzulässig bringt die Vollmacht ebenso wenig zum Erlöschen (Musielak/*Weth* § 86 Rn 3) wie die Beendigung einer Instanz (BGH NJW-RR 91, 1214), denn die Prozessvollmacht umfasst auch die Befugnis, einen Bevollmächtigten für die nächste Instanz zu bestellen (Zö/*Vollkommer* § 86 Rn 11; § 81 Rz 3). Auch mit der Annahme des Auftrags durch den Rechtsmittelanwalt und dessen Bestellung endet die Prozessvollmacht noch nicht (St/J/*Bork* § 86 Rn 9 f; Zö/*Vollkommer* § 86 Rn 1). Die für das Prozesskostenhilfeverfahren erteilte Vollmacht erlischt nicht mit dem Bewilligungsbeschluss, sie gilt auch für das Verfahren nach §§ 120 IV, 124 (BGH Beschl v 8.12.10 – XII ZR 39/09; Tz 29), im Insolvenzeröffnungsverfahren erteilte erlischt nicht mit dem Eröffnungsbeschluss (BGH ZIP 11, 1014). 2

II. Beendigung des Mandats. Die Prozessvollmacht endet mit dem der Vollmacht zugrunde liegenden Vertrag (§ 168 S 1 BGB), also mit der Kündigung des Anwaltsvertrags durch die Partei oder den Anwalt, die nach §§ 671, 675, 627 BGB jederzeit möglich ist. In diesem Fall bestimmen sich die Außenwirkungen nach § 87. Ergibt sich die Vollmacht aus einer umfassenden materiell-rechtlichen Vollmacht (§ 80 Rz 3), erlischt sie zusammen mit dieser (Musielak/*Weth* § 86 Rn 4). Die Prozessvollmacht erlischt außerdem auch bei fortbestehendem Grundverhältnis durch den jederzeit möglichen Widerruf (§ 168 S 2 BGB), der vertraglich nicht ausgeschlossen werden kann (St/J/*Bork* § 87 Rn 7). Auch in diesem Fall bestimmen sich die Wirkungen im Prozess nach § 87. 3

III. Tod des Bevollmächtigten. Mit dem Tod des Bevollmächtigten erlischt dessen Mandat (§§ 673, 675 BGB) und als Folge davon auch die Vollmacht (§ 168 S 1 BGB). Wurde für die Kanzlei des verstorbenen Rechtsanwalts ein Abwickler nach § 55 BRAO bestellt, so wird das Fortbestehen der Vollmacht fingiert, denn dieser gilt als bevollmächtigt, sofern die Partei nicht in anderer Weise für die Wahrnehmung ihrer Rechte gesorgt hat (§ 55 II 3 BRAO). Auch die Handlungen eines für den verstorbenen Anwalt nach § 53 BRAO bestellten Vertreters bleiben nach dessen Tod wirksam, wenn sie vor der Löschung des Anwalts vorgenommen wurden (§ 54 BRAO). 4

IV. Prozessunfähigkeit. Die Prozessvollmacht erlischt mit Eintritt der Prozessunfähigkeit des Anwalts (St/J/*Bork* § 86 Rn 10; Zö/*Vollkommer* § 86 Rn 5; Musielak/*Weth* § 86 Rn 7). Im Anwaltsprozess führt dies zur Unterbrechung (§ 244). Ob der Verlust der Postulationsfähigkeit Auswirkungen auf die Vollmacht hat, weil eine Prozessvollmacht auch einem für den konkreten Rechtsstreit nicht postulationsfähigen Anwalt erteilt werden kann, und ob deshalb der Verlust der Anwaltszulassung nicht automatisch zum Erlöschen der Vollmacht führt, ist streitig (offen mit einer Tendenz zum Erlöschen der Vollmacht in einem solchen Fall BGH NJW 06, 2260, 2261; MDR 08, 873, 874; für den Fortbestand VGHBW NVwZ-RR 02, 469; Musielak/*Weth* § 86 Rn 7; dagegen BAG NJW 07, 3226; München NJW-RR 89, 255; Zö/*Vollkommer* § 86 Rn 5; B/L/A/H § 86 Rn 6). 5

V. Insolvenz des Auftraggebers. Mit der Insolvenz des Auftraggebers erlischt die Prozessvollmacht (§§ 115, 116 InsO), denn mit der Eröffnung des Insolvenzverfahrens endet das von der Partei erteilt Mandat und nach § 168 S 1 BGB als Folge auch die Vollmacht (BGH NJW-RR 89, 183; BAG NZA-RR 06, 602; Brandenbg NJW-RR 02, 265; Köln NJW-RR 03, 264; Karls OLGR 05, 42, 43; Zö/*Vollkommer* § 86 Rn 6; Musielak/*Weth* § 86 Rn 8; aA B/L/A/H § 86 Rn 12). Da der Schutzzweck der Vorschrift in diesem Fall nicht eingreift, ist § 86 nicht anwendbar, denn das Verfahren wird nach § 240 kraft Gesetzes unterbrochen (BGH NJW-RR 89, 183; Brandbg NJW-RR 02, 265). Die Voraussetzungen, unter denen die Vollmacht trotz der Eröffnung des Insolvenzverfahrens fortbesteht, sind in §§ 116, 115 II, III InsO geregelt (Karlsr OLGR 05, 42, 43; Brandbg NJW-RR 02, 265). 6

C. Fortbestand der Vollmacht. Ist die Partei durch einen Prozessbevollmächtigten vertreten, endet die wirksam erteilte Vollmacht mit Wirkung für das gerichtliche Verfahren weder durch ihren Tod noch durch den Verlust der Prozessfähigkeit des Vollmachtgebers (vgl § 673 BGB) zB durch nachträglich eintretende Geisteskrankheit (BGH NJW 83, 996, 997) oder die Notwendigkeit einer Betreuung (Musielak/*Weth* § 86 Rn 9). Dabei ist unerheblich, ob diese Veränderung vor oder nach Rechtshängigkeit eingetreten ist (BGH 7

NJW 93, 1654; BFH Urt v 25.4.06 – VIII R 102/03). Auch Änderungen in der gesetzlichen Vertretung haben keinen Einfluss, zB wenn das durch seine Eltern vertretene Kind prozessfähig wird (Karlsr OLGR 04, 533, 534). Die Vorschrift gilt ferner bei einer Veränderung der gesetzlichen Vertretung bei juristischen Personen zB bei einer Löschung im Handelsregister (BGH NJW-RR 94, 542; BAG Urt v 21.5.08 – 8 AZR 623/07 – AP BGB § 628 Nr 22; BFH NJW-RR 01, 244; BayObLG NZG 04, 1164, 1165), der Beendigung der Liquidation (Kobl NZG 98, 637, 638), bei einer Verschmelzung (BGH NJW 04, 1528) oder beim Übergang des Vermögens einer GbR oder OHG auf den allein verbliebenen Gesellschafter (BGH NJW 02, 1207). Entsprechende Anwendung findet die Vorschrift bei der Beendigung der Stellung einer Partei kraft Amtes wie dem Wechsel des Insolvenzverwalters oder der Beendigung des Insolvenzverfahrens (Zö/*Vollkommer* § 86 Rn 9; Musielak/*Weth* § 86 Rn 9). § 86 ist auch auf eine für einzelne Prozesshandlungen beschränkte Vollmacht im Parteiprozess anwendbar und gilt ferner für die Vollmacht eines nach §§ 78b, 78c der § 121 beigeordneten Anwalts (Musielak/*Weth* § 86 Rn 9).

8 **D. Folgen.** Aufgrund des Fortbestands der Vollmacht wird das Verfahren nicht nach §§ 239, 241, 246 unterbrochen, der Prozess wird mit dem bestellten Anwalt fortgeführt. Der Prozessbevollmächtigte kann den Prozess auch dann fortsetzen, wenn er nach dem Inhalt des ihm erteilten Auftrags im Innenverhältnis dazu nicht befugt ist. Er hat aber das Recht, die Aussetzung des Verfahrens zu beantragen. Beim Tod der Partei kann dies auch der Gegner beantragen (§ 246 I Hs 2). Voraussetzung für die Anwendung der Norm ist allerdings, dass eine Prozessvollmacht für den ganzen Prozess und nicht nur eine Vollmacht für einzelne Prozesshandlungen erteilt wurde, denn diese berechtigt nicht zur Führung des Prozesses iSd § 81 (Musielak/*Weth* § 86 Rn 10).

9 Handlungen des Prozessbevollmächtigten wirken für und gegen die Erben der Partei, selbst wenn der Bevollmächtigte bei Vornahme der Handlung keine Kenntnis von deren Tod hatte und sogar dann, wenn er die Klage erst nach dem Tode anhängig gemacht hat. Die Klage gilt als im Namen der Erben erhoben, das Rechtsmittel als im Namen der Erben eingelegt (BGH NJW 93, 1654), eine Erledigungserklärung gilt als Erklärung der Erben (BVerwG Beschl v 24.9.09 – 20 F 6/09, Tz 2) . Da die Erben wegen der Wirkung des § 86 wirksam vertreten wurden, findet keine Nichtigkeitsklage nach § 579 I Nr 4 statt (Schleswig MDR 86, 154). Sofern der Prozessbevollmächtigte dort postulationsfähig ist, besteht die Vollmacht auch weiter, wenn das Verfahren in eine höhere Instanz gelangt ist (OVG Münster NJW 86, 1707). Nach hM gestattet der Fortbestand der Vollmacht in jedem Fall die Bestellung eines Prozessbevollmächtigten für die höhere Instanz (Schleswig MDR 86, 154; Zö/*Vollkommer* § 86 Rn 12; Musielak/*Weth* § 86 Rn 11).

10 In gleicher Weise bleibt die wirksam erteilte Vollmacht beim Verlust der Prozessfähigkeit, bei deren Erwerb oder bei einem Wechsel des gesetzlichen Vertreters bestehen (BGH NJW 03, 1654; BAG NZA 00, 613, 614). Dies soll trotz § 56 I selbst dann gelten, wenn die Prozessfähigkeit schon vor Eintritt der Rechtshängigkeit weggefallen ist (BGH NJW 93, 1654; BAG MDR 01, 244; BayObLG ZIP 04, 2204, 2205).

11 **E. Vollmachtsnachweis.** Tritt der Bevollmächtigte nach einer auf seinen Antrag erfolgten Aussetzung (§ 246 I Hs 2) bei der Fortsetzung des Rechtsstreits für den Rechtsnachfolger auf, hat er dessen Vollmacht beizubringen. Die Vorschrift begrenzt die Fortgeltung der Vollmacht im Falle einer Aussetzung nicht, sie soll lediglich sicherstellen, dass die Vollmacht nicht widerrufen wurde oder durch Kündigung erloschen ist und ist deshalb als Ordnungsvorschrift zu deuten (St/J/*Bork* § 86 Rn 2; Musielak/*Weth* § 86 Rn 13). Nach den hier anwendbaren Grundsätzen des § 88 ist ein Vollmachtsnachweis bei einer Vertretung durch einen Rechtsanwalt wie im Fall des § 80 I nur auf Rüge zu verlangen (St/J/*Bork* § 86 Rn 2; MüKoZPO/*v. Mettenheim* § 86 Rn 9; Zö/*Vollkommer* § 86 Rn 13; Musielak/*Weth* § 86 Rn 13; aA B/L/A/H § 86 Rn 13). Eine einstweilige Zulassung richtet sich nach § 89 (allgM Musielak/*Weth* § 86 Rn 13; B/L/A/H § 86 Rn 13).

§ 87 Erlöschen der Vollmacht.

(1) Dem Gegner gegenüber erlangt die Kündigung des Vollmachtvertrags erst durch die Anzeige des Erlöschens der Vollmacht, in Anwaltsprozessen erst durch die Anzeige der Bestellung eines anderen Anwalts rechtliche Wirksamkeit.

(2) Der Bevollmächtigte wird durch die von seiner Seite erfolgte Kündigung nicht gehindert, für den Vollmachtgeber so lange zu handeln, bis dieser für Wahrnehmung seiner Rechte in anderer Weise gesorgt hat.

1 **A. Normzweck.** Auch § 87 regelt wie § 86 lediglich die Folgen eines Erlöschens der Vollmacht durch Kündigung im Verhältnis zu Gericht und Gegner, mit dem Ziel zu verhindern, dass durch Rechtshandlungen

der Partei (Abs 1) oder des Anwalts (Abs 2) die Fortführung des Prozesses behindert wird. Aus Gründen der Rechtsklarheit wirken solche Maßnahmen im Prozess erst dann, wenn wieder für eine eindeutige Vertretung gesorgt wurde. Abs 2 dient sowohl dem Schutz der Partei, die davor bewahrt werden soll, aufgrund der Mandatsniederlegung nicht mehr vertreten zu sein, als auch dem Schutz des Anwalts, dem die Möglichkeit gegeben wird, eine Haftung nach § 671 II BGB abzuwenden (BGH NJW 75, 120, 121; MüKoZPO/*v. Mettenheim* § 87 Rn 2; Musielak/*Weth* § 87 Rn 1). Dabei herrscht Einigkeit, dass der Begriff des Vollmachtsvertrags die gesetzlichen Grundlagen der Erteilung einer Vollmacht verfehlt (Musielak/*Weth* § 87 Rn 2; Zö/*Vollkommer* § 87 Rn 1). Die Vorschrift gilt auch in den Fällen der Beiordnung (§§ 78b, 78c; B/L/A/H § 87 Rn 5) und sinngemäß für den Widerruf der Bestellung (BGH NJOZ 04, 1185, 1186). Für das Erlöschen der Vollmacht durch Eröffnung des Insolvenzverfahrens (§§ 115, 116, 117 InsO) gilt die Vorschrift nicht (BGH NJW-RR 89, 183; Brandbg NJW-RR 02, 265; zum Fortbestand der Vollmacht insoweit §§ 115 II, 117 II InsO). Auch auf den Verlust der Anwaltszulassung findet Abs 1 keine Anwendung (Köln OLGR 08, 571). Nach §§ 112, 113 I FamFG findet die Vorschrift auch in Ehesachen und Familienstreitsachen Anwendung. Für die übrigen Verfahren nach dem FamFG verweist § 11 S 5 FamFG auf § 87.

B. Wirkungen der Kündigung. Die Wirkungen der Kündigung des Mandatsverhältnisses oder des Widerrufs der Vollmacht treten im Innenverhältnis sofort ein (§ 86 Rz 3), dieses wird nicht als fortbestehend fingiert (BGH NJW 59, 2307, 2308; 65, 1019, 1020). Im Außenverhältnis treten die Wirkungen erst ein, wenn die weiteren Voraussetzungen nach Abs 1 erfüllt sind, es sei denn, die Bevollmächtigung war noch nicht mitgeteilt worden und der Bevollmächtigte war noch nicht als Vertreter aufgetreten (BGH NJW 59, 2307, 2308). Trotz des Wortlauts entspricht es allgM, dass dies auch im Verhältnis zum Gericht (BGH NJW 80, 999; VersR 85, 1185, 1186; FamRZ 04, 865; Zö/*Vollkommer* § 87 Rn 3; Musielak/*Weth* § 87 Rn 3) und für die Fälle des Widerrufs der Vollmacht oder der Bestellung (Bremen OLGR 06, 418, 419) und die Mandatsniederlegung durch den Anwalt (Zö/*Vollkommer* § 87 Rn 3) gilt. 2

I. Parteiprozess. Zur Beendigung der Vollmacht im Außenverhältnis ist die Anzeige des Erlöschens erforderlich. Eine besondere Form ist nicht vorgeschrieben; dies kann deshalb durch jede Art von Mitteilung durch die Partei selbst oder ihres Prozessbevollmächtigten geschehen (BGH NJW 80, 2309, 2310), aus der sich zweifelsfrei ergibt, dass die Vollmacht erloschen ist. Unter diesen Voraussetzungen genügt auch eine stillschweigende Erklärung (Kobl NJW-RR 97, 1023). Die Anzeige ist auch dann notwendig, wenn Gericht oder Gegner bereits auf andere Weise Kenntnis erlangt haben (St/J/*Bork* § 87 Rn 9; MüKoZPO/*v. Mettenheim* § 87 Rn 4; Musielak/*Weth* § 87 Rn 4). Wirkung erlangt die Anzeige nur ggü dem jeweiligen Empfänger der Mitteilung (St/J/*Bork* § 87 Rn 10; Zö/*Vollkommer* § 87 Rn 1; Musielak/*Weth* § 87 Rn 4). Wird das Erlöschen der Vollmacht angezeigt, obwohl diese tatsächlich nicht erloschen ist, bleibt die Vollmacht bestehen, da die Vorschrift eine wirksame Kündigung voraussetzt (BGH VersR 77, 334; BVerwG MDR 84, 170, 171; Zö/*Vollkommer* § 87 Rn 1; Musielak/*Weth* § 87 Rn 4; aA MüKoZPO/*v. Mettenheim* § 87 Rn 4). 3

II. Anwaltsprozess. Im Anwaltsprozess muss zu der Anzeige der Kündigung noch die Anzeige der Bestellung eines neuen namentlich zu bezeichnenden (BGH VersR 85, 1185, 1186) Anwalts hinzutreten, um die bisherige Prozessvollmacht im Außenverhältnis zu beenden (BGH NJW 07, 2124, 2125). Auch diese Anzeige ist formlos möglich und muss eindeutig sein (Köln OLGR 92, 96). Ob die schlichte Anzeige der Bestellung eines neuen Anwalts die Anzeige des Widerrufs der Vollmacht des bisherigen beinhaltet, ist wegen § 84 nicht selbstverständlich (§ 84 Rz 2), muss durch Auslegung ermittelt werden und kommt nicht in Betracht, wenn keine vorherige oder gleichzeitige Anzeige des Erlöschens erfolgt ist (BGH NJW 80, 2309, 2310; 07, 3640, 3642; FamRZ 04, 865; Musielak/*Weth* § 87 Rn 5; Zö/*Vollkommer* § 87 Rn 2). Diese Wirkungen können nur eintreten, wenn der neue Anwalt postulationsfähig ist (BGH NJW 07, 2124, 2125). Die Vorschrift findet keine Anwendung, wenn der Anwalt seine Postulationsfähigkeit verloren hat (Köln OLGR 08, 571). Selbst die alleinige Bezeichnung des neuen Anwalts als Prozessbevollmächtigten in einer Rechtsmittelschrift beinhaltet noch nicht zwingend die Anzeige des Erlöschens (Bremen OLGR 06, 418, 419). In einem selbständigen Nebenverfahren, in dem der Anwaltszwang nicht gilt, genügt die bloße Anzeige auch dann, wenn für das zugehörige Hauptverfahren Anwaltszwang besteht (KG NJW 72, 543, 544; Karlsr OLGR 98, 56; Köln Beschl v 5.11.08 – 17 W 259/08, Rn 8 für das Kostenfestsetzungsverfahren; aA Bremen NJW-RR 86, 358; vgl allg Zö/*Vollkommer* § 87 Rn 3; Musielak/*Weth* § 87 Rn 5). Ob in einem solchen Verfahren der Antragstellung durch die Partei selbst die Anzeige der Kündigung zu entnehmen ist, muss durch Auslegung ermittelt werden (Kobl NJW-RR 97, 1023). 4

5 **III. Rechtsfolgen.** Sobald die nach Abs 1 erforderliche Anzeige erfolgt ist, erlischt die Prozessvollmacht im Außenverhältnis ex nunc mit der Folge, dass der bisherige Prozessbevollmächtigte seine Stellung als Ansprechpartner für Gericht und Gegner vollständig verliert (BGH NJW 91, 295, 296). Aufgrund der Anzeige der Bestellung eines neuen Anwalts tritt diese Rechtsfolge unabhängig davon ein, ob die Vollmacht tatsächlich erloschen ist (KG NJW 72, 544). Bis dahin gilt im Außenverhältnis die Vollmacht als fortbestehend (BGH NJW 80, 999). Gericht und Gegner können deshalb wirksam ggü dem bisherigen Prozessbevollmächtigten handeln. Zustellungen und Ladungen sind an ihn zu bewirken (BGH VersR 85, 1185, 1186; NJW 07, 2124, 2125; 08, 234), der sie entgegenzunehmen und die Partei zu unterrichten hat (BGH NJW 80, 999). Auch rechtliche Hinweise sind ihm ggü zu erteilen (BGH NJW-RR 08, 78). Schließlich ist ihm die das Verfahren abschließende Entscheidung zuzustellen (BGH NJW 75, 120, 121). Eine Wiederholung der Zustellungen nach dem Wirksamwerden des Erlöschens nach Abs 1 ist nicht erforderlich (Zö/*Vollkommer* § 87 Rn 4; Musielak/*Weth* § 87 Rn 6; zu einem Ausnahmefall BVerfG Rpfleger 83, 116). Eine Zustellung kann allerdings an der Weigerung der Mitwirkung nach § 174 scheitern (Ddorf OLGR 01, 280). Der bisherige Prozessbevollmächtigte kann iRd erteilten und fortbestehenden Vollmacht auch für die Partei wirksam Prozesshandlungen vornehmen und darf deshalb Rechtsmittel einlegen oder zurücknehmen (BGH FamRZ 90, 388; BAG NJW 82, 2519, 2520). Eine Ausnahme soll nach Treu und Glauben dann gelten, wenn die Rechtsmittelrücknahme in Widerspruch zum wirklichen Willen der Partei steht und der Irrtum des Bevollmächtigten für Gericht und Gegner offensichtlich ist (BGH FamRZ 90, 388).

6 **C. Mandatsniederlegung.** Der Prozessbevollmächtigte kann nach Abs 2 im Falle einer Kündigung (Niederlegung) des Mandats durch ihn (eine Kündigung der Vollmacht durch ihn scheidet aus, § 168 S 1 BGB; BGH NJW 65, 1019, 1020) auch dann noch für den Vollmachtgeber handeln, wenn nach Abs 1 die Vollmacht aufgrund wirksamer Anzeige erloschen wäre. Der Streit, ob Abs 2 eine Ausnahme zu Abs 1 darstellt (so Zö/*Vollkommer* § 87 Rn 6; B/L/A/H § 87 Rn 7) oder eine neben Abs 1 stehende gesetzliche Vertretungsmacht einräumt (so St/J/*Bork* § 87 Rn 15), ist für die praktische Anwendung ohne Bedeutung (Musielak/*Weth* § 87 Rn 8). Die Erweiterung der Handlungsbefugnisse gilt im Außenverhältnis und nicht lediglich im Innenverhältnis (St/J/*Bork* § 87 Rn 18; MüKoZPO/*v. Mettenheim* § 87 Rn 10). Bedeutsam ist die Vorschrift nur im Parteiprozess, denn im Anwaltsprozess ist aufgrund der Bestellung eines neuen Anwalts nach Abs 1 in anderer Weise für die Wahrnehmung der Rechte gesorgt (Musielak/*Weth* § 87 Rn 8). Sind diese Voraussetzungen geschaffen, weil ein neuer postulationsfähiger Bevollmächtigter bestellt wurde oder weil die Partei im Parteiprozess in die Lage versetzt wurde, selbst zu handeln, endet die Handlungsbefugnis nach Abs 2.

7 Bis zu diesem Zeitpunkt bestimmt sich der Umfang der Befugnisse nach §§ 81, 82 und berechtigt in diesem Rahmen auch zur Vornahme von Rechtsgeschäften (Musielak/*Weth* § 87 Rn 10) und zur Einreichung einer Rechtsmittelbegründung (BGH NJW 95, 327). Eine Verpflichtung zum Tätigwerden wird durch Abs 2 nicht begründet, (BGH NJW 65, 1019, 1020; Bremen NJW-RR 86, 358, 359; allgM), dies kann aber zur Abwendung der Haftung nach § 671 BGB geboten sein. Zustellungen und Ladungen können ordnungsgemäß an ihn vorgenommen werden (BGH NJW-RR 94, 759, 760). Der ehemals Bevollmächtigte kann sich aber grds frei entscheiden, ob er eine Zustellung entgegennehmen will (BGH NJW 65, 1019). Deshalb kann das Gericht stattdessen unmittelbar an die Partei zustellen (BGH NJW 08, 234). Entschließt er sich zum Tätigwerden, treffen ihn die gleichen Pflichten wie beim Bestehen einer Prozessvollmacht und er muss die Partei von Zustellungen unterrichten (BGH NJW 80, 999). Dies gilt auch für die Zustellung eines Versäumnisurteils (BGH NJW 07, 2124, 2125) oder des die Instanz abschließenden Urteils, denn die Vorschrift gilt nicht nur für Handlungen, die der Partei günstig sind (hM BGH NJW 08, 234; Zö/*Vollkommer* § 87 Rn 6; Musielak/*Weth* § 87 Rn 10; aA Hamm NJW 82, 1887; Köln Rpfleger 92, 242). Mit der Niederlegung des Mandats ist der Anwalt unbeschadet der Regelung in Abs 2 nicht mehr Vertreter der Partei iSv § 85 (BGH NJW 08, 234).

§ 88 Mangel der Vollmacht.

(1) Der Mangel der Vollmacht kann von dem Gegner in jeder Lage des Rechtsstreits gerügt werden.

(2) Das Gericht hat den Mangel der Vollmacht von Amts wegen zu berücksichtigen, wenn nicht als Bevollmächtigter ein Rechtsanwalt auftritt.

1 **A. Vollmachtsmangel.** Die Vorschrift regelt, unter welchen Voraussetzungen ein Mangel der Vollmacht vom Gericht geprüft werden muss und dient der Schaffung klarer Verhältnisse, was angesichts der verfah-

rensrechtlichen Folgen der fehlenden Vertretungsmacht (§§ 574 Nr 4, 579 I Nr 5) große Bedeutung hat. Sie erfasst alle Arten von Mängeln: Die Prozessvollmacht wurde nicht oder nicht wirksam erteilt, sie wurde widerrufen oder ist sonst erloschen (insoweit sind aber §§ 86, 87 zu beachten) oder sie wurde nicht in der gebotenen Form nachgewiesen (Zö/*Vollkommer* § 88 Rn 1; Musielak/*Weth* § 88 Rn 2). Ohne Bedeutung ist, ob es sich um eine Haupt- oder Untervollmacht handelt (St/J/*Bork* § 88 Rn 1). Die Vorschrift gilt in allen Verfahren nach der ZPO und in allen Stadien dieser Verfahren (BGH NJW 02, 1958), auch für die Zwangsvollstreckung (B/L/A/H § 88 Rn 3). Lediglich im Mahnverfahren bedarf es auch nach Rüge keines Vollmachtsnachweises (§ 703). Auch im WEG-Verfahren ist die Vorschrift anwendbar (B/L/A/H § 88 Rn 3). Die Prüfung der Postulationsfähigkeit erfolgt immer vAw, für sie gilt § 56 und nicht § 88 (Musielak/*Weth* § 88 Rn 2). Nach §§ 112, 113 I FamFG findet die Vorschrift auch in Ehesachen und Familienstreitsachen Anwendung. Für die übrigen Verfahren nach dem FamFG enthalten § 11 S 3, 4 FamFG eine nahezu identische Regelung, die eine Prüfung vAw auch dann ausschließt, wenn ein Notar (§ 10 II Nr 3 FamFG) auftritt.

B. Rüge. Der Mangel der Vollmacht kann jederzeit in jeder Lage des Rechtsstreits (auch noch in der 2
Zwangsvollstreckung und der Kostenfestsetzung; MüKoZPO/*v. Mettenheim* § 88 Rn 6) gerügt werden, denn auf das Rügerecht kann nicht verzichtet werden (allgM St/J/*Bork* § 88 Rn 2; Zö/*Vollkommer* § 88 Rn 3). Deshalb kann die Rüge auch erst im Rechtsmittelzug erhoben werden (BGH NJW 02, 1957, 1958) und sich auf einen früheren Zeitpunkt (zB die 1. Instanz) beziehen (Hambg NJW-RR 88, 1182, 1183). Allerdings kann der Mangel dann schon durch Genehmigung geheilt sein. Eine Grenze ergibt sich aus dem Missbrauchsverbot (KG KGR 04, 91). Die erhobene Rüge umfasst alle Prozesshandlungen und wirkt fort, weshalb die in der 1. Instanz erhobene Rüge in der höheren nicht wiederholt werden muss (BGH NJW-RR 86, 1252, 1253). Die Rüge kann zurückgenommen (Köln NJW-RR 92, 1162), das Vorliegen einer Vollmacht kann nach anfänglichem Bestreiten noch unstr gestellt werden (KG KGR 05, 26). Die Rüge kann nicht nach § 296 präkludiert sein (Musielak/*Weth* § 88 Rn 4), § 528 II gilt nicht (BGH, NJW 02, 1957). Nach Eintritt der Rechtskraft findet keine Prüfung der Vollmacht mehr statt. Deshalb kann eine Rüge im Kostenfestsetzungsverfahren nur noch bezogen auf das Kostenfestsetzungsverfahren und nicht mehr für das Hauptsachverfahren erhoben werden (BGH NJW 11, 3722 Tz 6; Hamm OLGR 05, 385, 386). Auch diese Rüge ist ausgeschlossen, wenn ein Mangel der Vollmacht bereits geprüft und verneint wurde (BGH NJW 11, 3722 Tz 7). Eine bedingte Rüge der Vollmacht für den Fall, dass keine Abweisung der Klage in der Sache erfolge, ist ohne Wirkung (Kobl OLGR 99, 68, 70). Die Rüge ist Prozesshandlung. Sie kann deshalb nicht im vorprozessualen Schriftverkehr erhoben werden, da zu diesem Zeitpunkt noch kein Prozessrechtsverhältnis besteht (Frankf Urt v 7.2.03 – 25 U 107/02, Rn 24 ff) .

C. Prüfung der Vollmacht. I. Vertretung durch einen Anwalt. Bei einer Vertretung durch einen Anwalt 3
findet in allen Verfahren sowohl im Anwaltsprozess als auch im Parteiprozess eine Prüfung der Vollmacht – auch der Untervollmacht (BGH NJW-RR 92, 933) – nur auf Rüge statt. Dies gilt auch für Verfahren oder Verfahrensabschnitte, für die kein Anwaltszwang gilt (Zwangsvollstreckung, Kostenfestsetzung, Verfahren vor dem beauftragten oder ersuchten Richter; OLG Köln OLGR 92, 96) und für selbständige Verfahren außerhalb des eigentlichen Hauptsacheverfahrens (PKH, einstweiliger Rechtsschutz usw; Zö/*Vollkommer* § 88 Rn 2; Musielak/*Weth* § 88 Rn 6). In Ehe-, Familien- und Kindschaftssachen gilt das Rügeerfordernis ebenfalls (Frankf FamRZ 79, 323). Rügeberechtigt ist der Gegner, die Partei selbst (BGH NJW 07, 3640, 3644) oder ihr Vertreter (Köln NJW-RR 92, 1162). Ohne Rüge ist dem Gericht grds eine Prüfung untersagt. Ausnahmsweise soll aber eine Amtsprüfung bei begründeten Zweifeln möglich sein (BGH NJW 01, 2095, 2096; BFH NJW 01, 2912), so bei einer offenbar interessenwidrigen Prozessführung (BFH NJW 97, 1029, 1030) oder wenn der Prozessbevollmächtigte selbst ernsthafte Zweifel an der Wirksamkeit seiner Bevollmächtigung weckt (BGH NJW 01, 2095, 2096). Macht sich die Partei die Vollmachtsrüge des Gegners zu Eigen, soll dies das Gericht binden und eine Prüfung vAw entbehrlich sein (Zweibr NJW-RR 01, 359, 360). Ergibt die Prüfung die Wirksamkeit der Volmacht, kann dies durch Zwischenurteil nach § 280 festgestellt werden (BGH NJW 11, 1739, 1740).

II. Vertretung durch einen Nichtanwalt. Tritt ein Nichtanwalt als Prozessbevollmächtigter auf, ist vAw zu 4
prüfen, ob eine ordnungsgemäße Vollmacht vorliegt. Eine Vollmachtsrüge stellt eine Anregung zur Amtsprüfung dar. Auf die Prüfung darf auch im Einverständnis mit dem Gegner nicht verzichtet werden (St/J/*Bork* § 88 Rn 7; MüKoZPO/*v. Mettenheim* § 88 Rn 7). Dies gilt auch für Inkassounternehmen, denn mit deren Erwähnung in § 79 II Nr 4 ist noch keine Gleichstellung mit Rechtsanwälten iSv § 88 II verbunden (AG Hannover NJW 10, 3313). Das Gericht hat den Prozessbevollmächtigten zur Vorlage der Vollmachts-

urkunde aufzufordern (§ 80), denn nur so kann die Beweisbarkeit der Bevollmächtigung gesichert werden (Köln Rpfleger 76, 101, 102; Hamm NJW 79, 2316; MüKoZPO/*v. Mettenheim* § 88 Rn 8; Musielak/*Weth* § 88 Rn 7; aA St/J/*Bork* § 88 Rn 6). Das Rechtsmittelgericht hat auch die ordnungsgemäße Vollmacht des Vertreters in der Vorinstanz zu prüfen (BGH NJW 01, 2095, 2096; St/J/*Bork* § 88 Rn 8a; B/L/A/H § 88 Rn 9).

5 **D. Verfahren.** Die Prüfung findet in jeder Lage des Prozesses statt, sobald das Gericht dazu in der Lage ist, regelmäßig in der mündlichen Verhandlung, die auf die Rüge zu erfolgen hat und zu der der Vertreter zuzulassen ist (BGH NJW 02, 1957). Zur Prüfung fordert das Gericht den Vertreter zum Nachweis seiner Vollmacht nach § 80 auf (§ 80 Rz 10 f). Dieser ist zum Nachweis der Vollmacht (uU einschließlich der Untervollmacht) verpflichtet (Musielak/*Weth* § 88 Rn 9; B/L/A/H § 88 Rn 6, 8). Das Gericht prüft die Vollmacht auch dann, wenn der rügende Gegner im Termin säumig ist, ein Versäumnisurteil darf ohne den Vollmachtsnachweis nicht ergehen (B/L/A/H § 88 Rn 5, 16). Für das weitere Vorgehen ist zu unterscheiden:

6 **I. Nicht behebbare Mängel.** Ist der Mangel der Vollmacht nicht behebbar (die Vollmacht ist erloschen, der Vollmachtnachweis kann nicht geführt werden), ist der vollmachtslose Vertreter durch gesonderten Beschl oder in den Gründen des Endurteils zurückzuweisen (BAG NJW 65, 1041; München OLGZ 93, 223; MüKoZPO/*v. Mettenheim* § 88 Rn 11). Der Beschl kann durch die Partei mit der sofortigen Beschwerde (§ 567) angefochten werden, nicht aber durch den zurückgewiesenen Bevollmächtigten im eigenen Namen oder durch den Gegner, denn für sie fehlt es an einer Beschwer (St/J/*Bork* § 88 Rn 9; MüKoZPO/*v. Mettenheim* § 88 Rn 11). Mit der endgütigen Zurückweisung scheidet der Vertreter aus dem Prozess aus, § 172 gilt für ihn nicht mehr (Zweibr MDR 82, 586). Ergreift der nicht behebbare Mangel bereits die Klageerhebung, ist die Klage auch bei Säumnis der nicht ordnungsgemäß vertretenen Partei durch kontradiktorisches Prozessurteil als unzulässig abzuweisen (allgM GmS NJW 84, 2149). Ein von einem vollmachtslosen Vertreter eingelegtes Rechtsmittel, das er nicht zurücknimmt, wozu er befugt ist (BAG NZA 05, 1076, 1077), ist als unzulässig zu verwerfen (GmS NJW 84, 2149; 90, 3152; 91, 1175, 1176). Wird der schon in der 1. Instanz vorhandene Mangel erst in der Berufungsinstanz erkannt, ergreift der Mangel aber nicht die 2. Instanz, ist auf das Rechtsmittel die Klage unter Aufhebung des Urteils als unzulässig abzuweisen (Musielak/*Weth* § 88 Rn 11). Ergreift der Mangel beide Instanzen, ist das Rechtsmittel zu verwerfen (BGH NJW 90, 3152; Kobl OLGR 99, 478, 479). Dies ist jedenfalls dann angemessen, wenn der Vollmachtsmangel bereits in 1. Instanz thematisiert wurde, weil dann die Partei für eine ordnungsgemäße Vollmacht hätte sorgen können und deshalb kein Bedürfnis besteht, die für die gesetzliche Vertretung geltenden Regeln über die ausnahmsweise Zulässigkeit des Rechtsmittels bei einem Streit über die ordnungsgemäße Vertretung anzuwenden (BGH NJW 90, 3152; aA Köln MDR 82, 239; Zö/*Vollkommer* § 88 Rn 6). Dies soll aber nicht gelten, wenn die Vollmacht in 1. Instanz nicht bezweifelt wurde, weil dann der einen Nichtigkeitsgrund darstellende (§ 579 I Nr 4) Mangel nicht in zumutbarer Weise ausgeräumt werden konnte (St/J/*Bork* § 88 Rn 17; Zö/*Vollkommer* § 88 Rn 6; Musielak/*Weth* § 88 Rn 11).

7 **II. Behebbare Mängel.** Entsteht der Vollmachtsmangel erst nach ordnungsgemäßer Klageerhebung oder nach Einlegung des Rechtsmittels, sind die ab diesem Zeitpunkt vorgenommenen Prozesshandlungen unwirksam, können aber von der Partei durch Erteilung oder Erweiterung der Vollmacht genehmigt werden (§ 89 Rz 13 f). In diesen Fällen des behebbaren Mangels kann das Gericht nach § 89 vorgehen.

8 **III. Verborgene Mängel.** Wird der Vollmachtsmangel nicht entdeckt, wird das Urt an den bestellten (Schein)Prozessbevollmächtigten zugestellt und setzt die Rechtsmittelfrist in Lauf. Die Partei kann den Mangel mit einem Rechtsmittel rügen oder nach Rechtskraft Nichtigkeitsklage erheben (§ 579 I Nr 4; BGH NJW 83, 883).

9 **E. Entscheidung.** Die Entscheidung ergeht gegen die nicht ordnungsgemäß vertretene Partei (St/J/*Bork* § 88 Rn 13; Zö/*Vollkommer* § 88 Rn 8; Musielak/*Weth* § 88 Rn 13), der die Rechtsmittel und die Nichtigkeitsklage gegen die Entscheidung zustehen und die uU die von dem vollmachtlosen Vertreter vorgenommenen Prozesshandlungen noch genehmigen kann, was aber voraussetzt, dass sie Partei ist (Musielak/*Weth* § 88 Rn 13). Nach hM soll der vollmachtlose Vertreter im Rubrum als solcher aufgeführt werden (Köln MDR 71, 54; St/J/*Bork* § 88 Rn 13; Musielak/*Weth* § 88 Rn 13).

10 **F. Kostenlast.** Führt der Mangel der Vollmacht zur Abweisung der Klage oder zur Verwerfung des Rechtsmittels oder ergeht sonst eine Endentscheidung gegen die nicht ordnungsgemäß vertretene Partei, sind die

Kosten abw von §§ 91 ff demjenigen aufzuerlegen, der das Auftreten des vollmachtlosen Vertreters veranlasst hat (hM BGH NJW 93, 1865; NJW-RR 98, 63; BAG NZA 05, 1076, 1077; Bambg OLGR 05, 683; Köln r+s 07, 176; Zö/*Vollkommer* § 88 Rn 11; Musielak/*Weth* § 88 Rn 14). Von dieser Kostenlast nicht erfasst sind die Kosten des angeblich Vertretenen (Ddorf NJW-RR 07, 86). Die nicht ordnungsgemäß vertretene Partei trägt die Kosten dann, wenn sie das Auftreten des Vertreters veranlasst hat (BGH NJW 92, 1458), weil sie die Prozessführung hätte erkennen und verhindern müssen (BGH NJW-RR 97, 510; Köln OLGR 05, 649; Kobl OLGR 06, 465). Dies ist auch der Fall, wenn die nicht geschäftsfähige Partei dem gutgläubigen Vertreter Vollmacht erteilt hat (BGH NJW 93, 1865). Tritt der vollmachtlose Vertreter in Kenntnis des Mangels auf, trägt er selbst die Kosten (BGH NJW 83, 833; Karlsr MDR 05, 231; Stuttg MDR 10, 1427; Zweibr Beschl v 23.6.10 – 4 U 196/09, Tz 17). Es genügt aber nicht, dass er den Mangel infolge Fahrlässigkeit nicht erkennt (BGH NJW 93, 1865; BAG NZA 05, 1076, 1077), denn das Risiko der Unwirksamkeit der von ihr erteilten Vollmacht trägt die Partei. Möglich sind aber Rückgriffsansprüche im Innenverhältnis (Zweibr NJW-RR 01, 359, 360). Unter den gleichen Voraussetzungen trägt der vollmachtlose Vertreter auch die Kosten des durch sein Rechtsmittel eingeleiteten Berufungsverfahrens (BGH NJW 88, 49, 50; KG WuM 96, 377) oder des wegen des Vollmachtsmangels erfolgreichen Rechtsmittels des Gegners (Naumbg OLGR 98, 377). Der Vertreter kann die Kostentragung nicht dadurch abwenden, dass er die von ihm veranlasste Klage zurücknimmt oder sein Mandat niederlegt (KG WuM 96, 377; Köln r+s 07, 176; Zö/*Vollkommer* § 88 Rn 11). Nimmt die Partei selbst die Klage oder das Rechtsmittel zurück, trägt sie nach §§ 269 III 2, 516 III die Kosten (Bambg OLGR 06, 275; Köln r+s 07, 176; Zö/*Vollkommer* § 88 Rn 11; aA Musielak/*Weth* § 88 Rn 15). Sind sowohl die Partei als auch der Vertreter als Veranlasser anzusehen, sind die Kosten zwischen ihnen aufzuteilen (Köln OLGR 05, 649). Veranlasser kann auch der nicht befugte gesetzliche Vertreter einer Partei sein (Karlsr FamRZ 96, 1335), nicht aber ein am Prozessrechtsverhältnis nicht beteiligter Dritter (BGH NJW 92, 1458; Bambg OLGR 05, 683).

Die Kostenentscheidung gegen die Partei ergeht durch Urt oder bei Verwerfung des Rechtsmittels durch 11
Beschl. Die Kostenentscheidung gegen den Vertreter kann in der Form eines mit dem Urt verbundenen Beschlusses oder als Bestandteil des Urteils ergehen (Zö/*Vollkommer* § 88 Rn 12). Dem Vertreter, der dadurch nicht Partei wird, steht in jedem Fall entsprechend § 99 II 1 die sofortige Beschwerde und unter den Voraussetzungen des § 574 die Rechtsbeschwerde zu (BGH NJW 88, 49, 50; Frankf OLGR 95, 249; Zö/*Vollkommer* § 88 Rn 12). In diesem Verfahren kann aber der im Hauptsacheverfahren nicht geführte Nachweis der Vollmacht nicht nachgeholt werden, wenn das wegen des Mangels ergangene Urt rechtskräftig ist (Frankf OLGR 95, 249, 250). Die Partei kann die Kostenentscheidung nur mit den in der Hauptsache zulässigen Rechtsmitteln angreifen (BGH NJW-RR 01, 929, 930).

§ 89 Vollmachtloser Vertreter.

(1) [1]Handelt jemand für eine Partei als Geschäftsführer ohne Auftrag oder als Bevollmächtigter ohne Beibringung einer Vollmacht, so kann er gegen oder ohne Sicherheitsleistung für Kosten und Schäden zur Prozessführung einstweilen zugelassen werden. [2]Das Endurteil darf erst erlassen werden, nachdem die für die Beibringung der Genehmigung zu bestimmende Frist abgelaufen ist. [3]Ist zu der Zeit, zu der das Endurteil erlassen wird, die Genehmigung nicht beigebracht, so ist der einstweilen zur Prozessführung Zugelassene zum Ersatz der dem Gegner infolge der Zulassung erwachsenen Kosten zu verurteilen; auch hat er dem Gegner die infolge der Zulassung entstandenen Schäden zu ersetzen.

(2) Die Partei muss die Prozessführung gegen sich gelten lassen, wenn sie auch nur mündlich Vollmacht erteilt oder wenn sie die Prozessführung ausdrücklich oder stillschweigend genehmigt hat.

A. Grundlagen. § 89 dient der Prozessökonomie und erlaubt die einstweilige Zulassung eines Prozessver- 1
treters, der keine Vollmacht hat oder diese nicht nachweisen kann, um die Fortsetzung des Prozesses schon vor Beseitigung des Mangels zu ermöglichen. Nach Sinn und Zweck ist die Vorschrift nur bei behebbaren Mängeln anwendbar (allgM MüKoZPO/*v. Mettenheim* § 89 Rn 1; Musielak/*Weth* § 89 Rn 1). Abs 1 S 2, 3 und Abs 2 regeln die Rahmenbedingungen, unter denen die einstweilige Zulassung erfolgen kann und schützen den Prozessgegner. Handelt es sich um einen nicht behebbaren Mangel, ist nach § 88 zu verfahren und der vollmachtlose Vertreter zurückzuweisen (§ 88 Rz 6). Im Verfahren nach §§ 935 ff gilt die Vorschrift nicht (München NVwZ-RR 99, 548). Nach §§ 112, 113 I FamFG findet die Vorschrift auch in Ehesachen und Familienstreitsachen Anwendung. Für die übrigen Verfahren nach dem FamFG verweist § 11 S 5 FamFG auf § 89.

2 **B. Einstweilige Zulassung. I. Vollmachtsmangel.** Die Vorschrift erfasst alle Fälle einer fehlenden Vollmacht, unabhängig davon, ob dem Handelnden das Fehlen der Vollmacht bewusst ist (zB GoA), er dies offen legt oder verschweigt oder ob er sich für berechtigt hält. Maßgebend ist allein, ob zu erwarten ist, dass der Vertreter den Mangel voraussichtlich wird beheben können (Musielak/*Weth* § 89 Rn 1, 2).

3 **II. Zulassung.** Die Entscheidung über die Zulassung steht im pflichtgemäßen Ermessen des Gerichts (BGH NJW 02, 1957), weder die Partei noch der Vertreter haben darauf einen Anspruch (MüKoZPO/*v. Mettenheim* § 89 Rn 4). Nach dem Zweck der Vorschrift setzt die Zulassung eine begründete Aussicht auf den Nachweis der Vollmacht oder eine Genehmigung voraus (B/L/A/H § 89 Rn 2). Von einer Zulassung kann ermessensfehlerfrei abgesehen werden, wenn der Rechtsstreit entscheidungsreif ist und ausreichend Gelegenheit bestand, den Mangel zu beseitigen (München NVwZ-RR 99, 548, 549). Ein ausdrücklicher Antrag des Vertreters ist nicht erforderlich, solange seinem Verhalten zu entnehmen ist, dass er die Vertretung fortführen will (St/J/*Bork* § 89 Rn 1; MüKoZPO/*v. Mettenheim* § 89 Rn 3). Die Entscheidung ergeht aufgrund mündlicher Verhandlung durch unanfechtbaren (vgl § 567) Beschl (BAG NJW 65, 1041; nach B/L/A/H § 89 Rn 4 soll die Verweigerung der Zulassung nach § 567 I Nr 2 anfechtbar sein). Widerspricht der Gegner nicht, kann die einstweilige Zulassung auch stillschweigend durch Fristsetzung nach Abs 1 S 2 erfolgen (BGH NJW 94, 2298; Kobl NJW-RR 06, 377). Gestattet das Gericht der als Bevollmächtigter auftretenden Person trotz der Zweifel an der Bevollmächtigung Sachanträge zu stellen, ist darin regelmäßig die einstweilige Zulassung zu sehen mit der Folge, dass ein Endurteil erst nach einer zu setzenden Frist für die Beibringung der Vollmacht ergehen kann (BFH Beschl v 15.7.10 – IV B 55/09) .

4 **III. Sicherheitsleistung.** Die Anordnung einer Sicherheitsleistung (§§ 108, 109) steht ebenfalls im Ermessen des Gerichts und geschieht in der Form des Beschlusses, in dem dafür eine Frist gesetzt wird, deren Länge unabhängig von der Länge der Frist zu Beibringung der Vollmacht ist. Beschreitet das Gericht diesen Weg, muss die Verhandlung vertagt werden, denn dann darf die Zulassung erst dann erfolgen, wenn die Sicherheitsleistung nachgewiesen ist (Musielak/*Weth* § 89 Rn 4). Der Vertreter ist vom Verfahren auszuschließen, wenn er die Sicherheit nicht erbringt. Bringt er stattdessen die Vollmacht oder die Genehmigung der Prozessführung durch die Partei bei, entfällt die Notwendigkeit der Sicherheitsleistung, eine bereits geleistete ist zurückzugeben (Musielak/*Weth* § 89 Rn 4; Zö/*Vollkommer* § 89 Rn 4). Maßstab für die Höhe einer Sicherheitsleistung sind die dem Gegner durch eine einstweilige Zulassung drohenden finanziellen Nachteile, wenn die Vollmacht oder die Genehmigung nicht beigebracht wird.

5 **IV. Fristsetzung.** Wegen Abs 1 S 2 ist eine Fristsetzung zur Beibringung der Vollmacht oder der Genehmigung notwendig (BAG VersR 08, 559; KG KGR 02, 226, 227), die nach Zeitabschnitten zu bemessen ist (OVG Kobl NJW 93, 2547: nicht ausreichend »umgehend«). Die Frist muss ausreichend lang sein, eine zu kurze Frist kann Art 103 I GG verletzen. Die Fristsetzung erfolgt in dem Beschl über die einstweilige Zulassung oder durch Verfügung des Vorsitzenden. Eine Verlängerung der Frist ist möglich (§§ 224 ff). Da es sich nicht um eine Ausschlussfrist handelt (BGH NJW 07, 772), kann die Handlung auch noch nach Fristablauf bis zur Entscheidung über die Zurückweisung nachgeholt werden. Der Nachweis der Vollmacht erfolgt nach § 80 (§ 80 Rz 10 f).

6 **V. Wirkungen.** Der einstweilen zugelassene Vertreter ist wie ein wirksam Bevollmächtigter zu behandeln und hat im Verhältnis zu Gericht und Gegner alle Rechte und Pflichten eines Prozessbevollmächtigten. Da sich der Prozess aber in einem Schwebezustand befindet, darf zwar ein Beweisbeschluss ergehen und auch eine Beweisaufnahme stattfinden, aber keine Entscheidung in der Sache, durch die der Prozess einen Abschluss erfährt (Abs 1 S 2). Neben der ausdrücklich erwähnten Endentscheidung sind auch alle anderen Entscheidungen erfasst, die zu einer (auch nur vorläufig) abschließenden Festlegung der Rechtsstellung der vertretenen Partei führen: Versäumnisurteil, Vorbehaltsurteil, Zwischenurteil (§ 280), Verweisung (§ 281). Aus der einstweiligen Zulassung ergibt sich deshalb nicht die Befugnis zum Abschluss eines unbedingten Prozessvergleichs. Dieser kann allenfalls unter der Bedingung geschlossen werden, dass die Vollmacht innerhalb der Frist beigebracht wird (Zö/*Vollkommer* § 88 Rn 10).

7 **C. Weiteres Verfahren.** Nach der einstweiligen Zulassung und nach Fristablauf findet notwendig eine weitere mündliche Verhandlung statt (Kobl NJW-RR 06, 377).

I. Beibringung der Vollmacht. Wird die Vollmacht oder die Genehmigung innerhalb der gesetzten Frist oder zumindest bis zum Schluss der mündlichen Verhandlung beigebracht, wirkt das bisherige Verhandlungsergebnis für und gegen die Partei, der Mangel ist geheilt und es kann ein Endurteil ergehen. 8

II. Keine Beibringung. Werden die Vollmacht/Genehmigung weder innerhalb der Frist noch bis zum Schluss der nachfolgenden mündlichen Verhandlung beigebracht, liegt ein endgültiger Mangel vor und die ohne Vollmacht erhobene Klage ist ohne Rücksicht auf eine evtl doch bestehende Vollmacht mit einer Kostenentscheidung nach dem Veranlasserprinzip (näher § 88 Rz 10) abzuweisen. Zugleich sind die durch die einstweilige Zulassung verursachten Kosten ohne Rücksicht auf ein evtl Verschulden (Frankf OLGR 95, 250) dem Vertreter vAw (§ 308 II) aufzuerlegen (Abs 1 S 3). Dem angeblich Vertretenen können diese Kosten nicht auferlegt werden, der vollmachtlose Vertreter kann allenfalls nach Maßgabe des materiellen Rechts bei diesem Rückgriff nehmen (MüKoZPO/*v. Mettenheim* § 89 Rn 13). In diesem Verhältnis entfaltet die Entscheidung keine Rechtskraftwirkung (Hamm OLGR 04, 373, 375). Die Entscheidung ergeht durch gesonderten Beschl, der nach Maßgabe der entsprechend anwendbaren §§ 99 II, 567 mit der sofortigen Beschwerde anfechtbar ist (BGH MDR 88, 37; BAG NJW 06, 461; Zö/*Vollkommer* § 89 Rn 8; Musielak/*Weth* § 89 Rn 10). Über die Kosten des Rechtsstreits ist im Endurteil zu entscheiden (VGHBW NJW 82, 842). Trägt der vollmachtlose Vertreter auch diese Kosten, kann einheitlich durch Urt entschieden werden, wenn der Vertreter zu diesem Zeitpunkt nicht schon durch Zurückweisung ausgeschieden war (BAG NJW 65, 1041; Zö/*Vollkommer* § 89 Rn 8). Auch in diesem Fall ist die Auferlegung der Kosten der einstweiligen Zulassung nach § 99 II anfechtbar, denn der vollmachtlose Vertreter wird dadurch nicht Prozesspartei, weshalb ihm das Rechtsmittel der Berufung nicht zusteht (BGH MDR 88, 37; Frankf OLGR 95, 249; Zö/*Vollkommer* § 89 Rn 8; Musielak/*Weth* § 89 Rn 10). Bei einer Vollmachtskette treffen die Kostenfolgen den im Prozess aufgetretenen Vertreter (München OLGR 92, 204). Die Pflicht zur Kostentragung nach dem Veranlasserprinzip gilt auch bei der Rücknahme der Klage (Köln r+s 07, 176) oder eines Rechtsmittels (Bambg OLGR 06, 275). 9

Der Vertreter ist dem Gegner außerdem zum Schadensersatz verpflichtet (Abs 1 S 3 Hs 2). Dieser materiellrechtliche Anspruch ist in einem gesonderten Prozess zu verfolgen (Zö/*Vollkommer* § 89 Rn 8; Musielak/*Weth* § 89 Rn 11). Denn dadurch, dass das Gericht dem vollmachtslosen Vertreter die Kosten des Verfahrens auferlegt, wird dieser nicht Prozesspartei (BGH MDR 88, 37). Eine Geltendmachung im laufenden Prozess ist nur dann möglich, wenn der vollmachtslose Vertreter bspw im Wege der Drittwiderklage selbst Partei wurde (B/L/A/H § 89 Rn 10). Die Schadensersatzpflicht umfasst alle Folgen des Auftretens des vollmachtslosen Vertreters, insb den durch die dadurch verursachte Verzögerung entstandenen Schaden einschließlich der Folgen einer deshalb eingetretenen Verjährung. Ein Verschulden ist nicht erforderlich, ein etwaiges Mitverschulden des Gegners ist zu berücksichtigen. Die Vorschrift lässt einen Schadensersatzanspruch aus anderen Vorschriften unberührt (St/J/*Bork* § 89 Rn 11; MüKoZPO/*v. Mettenheim* § 89 Rn 16). Da die Vorschrift allein die Verantwortlichkeit für die Bevollmächtigung regelt, soll sie keine Anwendung finden, wenn die angeblich vertretene Partei nicht existiert (BAG NZA 03, 628, 630). 10

D. Vollmacht und Genehmigung (Abs 2). Nach Abs 2 muss die Partei die Prozessführung gegen sich gelten lassen, wenn sie eine mündliche Vollmacht erteilt hat oder die Prozessführung genehmigt. 11

I. Mündliche Vollmacht. Die mündliche Erteilung einer Prozessvollmacht ist wirksam (§ 80 Rz 5), denn § 80 betrifft nur den Nachweis und trägt den Interessen des Gegners und des Gerichts an Rechtsklarheit Rechnung. Dieser Zweck ist nicht berührt, wenn es allein darum geht, ob die vertretene Partei durch die Prozessführung gebunden ist. Insoweit kann die Bevollmächtigung durch jedes Beweismittel nachgewiesen werden, es gilt der Grundsatz der freien Beweiswürdigung (St/J/*Bork* § 89 Rn 15). Der Gegner kann für das weitere Verfahren aber dennoch die Vorlage einer schriftlichen Vollmacht fordern, so dass er trotz des geführten Nachweises der Vertretung zurückzuweisen ist, wenn er diese nicht vorlegt (§§ 80, 88; MüKoZPO/*v. Mettenheim* § 89 Rn 17). 12

II. Genehmigung. 1. Allgemeines. Die Partei kann die Prozessführung nachträglich genehmigen. Die Genehmigung kann nur für die gesamte Prozessführung erfolgen, eine Beschränkung auf einzelne Prozesshandlungen ist nicht zulässig und auch für den genehmigten Teil wirkungslos (BGH NJW 87, 130; Zö/*Vollkommer* § 89 Rn 10; Musielak/*Weth* § 89 Rn 14; einschränkend St/J/*Bork* § 89 Rn 16; MüKoZPO/*v. Mettenheim* § 89 Rn 21). Die Genehmigung wirkt in die Vergangenheit, weshalb die Partei für das weitere Verfahren einen anderen Bevollmächtigten bestellen kann (St/J/*Bork* § 89 Rn 12; MüKoZPO/*v. Mettenheim* § 89 Rn 8). 13

14 **2. Genehmigungserklärung.** Die Genehmigung erfolgt idR durch ausdrückliche Erklärung ggü dem Gericht, dem Gegner oder dem Vertreter. Sie ist aber auch stillschweigend durch Weiterführen des Prozesses (RGZ 47, 413, 415) oder durch nachträgliche Erteilung einer Vollmacht möglich (BGH NJW 53, 1470; BAG NZA 03, 628, 630). Stets ist aber Voraussetzung, dass die Partei Kenntnis von der Prozessführung zumindest hinsichtlich der wesentlichen Einzelheiten und deren Unwirksamkeit hat oder zumindest mit der Unwirksamkeit rechnet und deshalb weiß oder damit rechnet, dass diese Handlungen erst durch ihre Erklärung Wirksamkeit erlangen (BGH NJW 04, 59, 61; 04, 842, 843). Deshalb erfasst die Genehmigung keinen der Partei unbekannten Rechtsmittelverzicht (BGH NJW 53, 1470). Zu einer Genehmigung ist derjenige befugt, der eine Prozessvollmacht erteilen könnte. Die Genehmigung kann auch von einem postulationsfähigen Bevollmächtigten erklärt werden, bspw durch Bezugnahme auf das Vorbringen des vollmachtslosen Vertreters (BGH NJW 90, 3085, 308; NJW-RR 07, 278, 279).

15 **3. Zeitpunkt.** Die Genehmigung kann grds nur bis zum Schluss der mündlichen Verhandlung erklärt werden, aufgrund der die Klage oder das Rechtsmittel wegen der fehlenden Vollmacht abgewiesen oder verworfen wird (BGH NJW 95, 1901, 1902; 06, 2260, 2261; KG Urt v 5.9.11 – 12 U 4/11, Tz 16). Danach scheidet eine genehmigende Nachreichung der Vollmacht in der Berufung oder Revision aus, denn durch die Entscheidung wurde der eine Genehmigung ermöglichende Schwebezustand beendet und die Prozesshandlung endgültig unwirksam (GmS NJW 84, 2149, 2150; NJW 06, 2260; BSG NJW 01, 2652; Musielak/*Weth* § 89 Rn 17; Zö/*Vollkommer* § 89 Rn 11). Eine Genehmigung in einer höheren Instanz ist daher nur möglich, wenn der Mangel nicht entdeckt worden war und die Entscheidung deshalb nicht darauf beruht, in einem solchen Fall sogar noch nach Eintritt der Rechtskraft (Rostock OLGR 00, 455, 456; Zö/*Vollkommer* § 89 Rn 11), oder wenn die Vorinstanz einen Mangel verneint hat (Ddorf OLGR 07, 241, 242). Lag zum Zeitpunkt des Schlusses der mündlichen Verhandlung eine wirksame Vollmacht vor und ist das Prozessurteil deshalb falsch, kann dies im Rechtmittelzug gerügt und nachgewiesen werden, dass zu diesem Zeitpunkt bereits eine Vollmacht erteilt war (GmS NJW 84, 2149, 2150; 92, 627; 02, 1957; Kobl NJW-RR 06, 377). Bei fristgebundenen Prozesshandlungen (zB Rechtsmittel) muss die Genehmigung vor Fristablauf erfolgen (BGH NJW 90, 3085, 3086; NJW-RR 07, 278, 279).

16 **4. Wirkungen.** Die Genehmigung wirkt auf den Zeitpunk der Vornahme der Prozesshandlung zurück, auch wenn sie nicht innerhalb der Frist erklärt wurde, die für die Prozesshandlung gilt (BGH NJW 87, 130; 95, 1901, 1902; Celle OLGR 06, 64; BFH NVwZ 05, 1462). Damit werden alle Prozesshandlungen des vollmachtslosen Vertreters voll wirksam und binden die Partei (St/J/*Bork* § 89 Rn 13; Musielak/*Weth* § 89 Rn 15), die Zustellung der Klage an einen vollmachtlosen Anwalt wird geheilt (BGHZ 101, 281) und die Verjährung durch die zunächst vollmachtlos erhobene Klage unterbrochen (BGH MDR 61, 313, 314).

§ 90 Beistand. **(1) [1]In der Verhandlung können die Parteien mit Beiständen erscheinen. [2]Beistand kann sein, wer in Verfahren, in denen die Partei den Rechtsstreit selbst führen kann, als Bevollmächtigter zur Vertretung in der Verhandlung befugt ist. [3]Das Gericht kann andere Personen als Beistand zulassen, wenn dies sachdienlich ist und hierfür nach den Umständen des Einzelfalls ein Bedürfnis besteht. [4]§ 79 Abs. 3 Satz 1 und 3 und Abs. 4 gilt entsprechend.**
(2) Das von dem Beistand Vorgetragene gilt als von der Partei vorgebracht, insoweit es nicht von dieser sofort widerrufen oder berichtigt wird.

1 **A. Begriff.** Der Beistand tritt in der Verhandlung neben der Partei zu deren Unterstützung auf. Dies gilt uneingeschränkt im Parteiprozess (§ 79 ZPO), in dem der Beistand auch neben einem Prozessbevollmächtigten der Partei auftreten kann (KG FamRZ 01, 1619; Zö/*Vollkommer* § 90 Rn 3; B/L/A/H § 90 Rn 3; aA ThoPu/*Hüßtege* § 90 Rn 1). Nach dem Wortlaut (in der Verhandlung) gilt die Vorschrift auch im Anwaltsprozess (Zö/*Vollkommer* § 90 Rn 3; B/L/A/H § 90 Rn 3; Musielak/*Weth* § 90 Rn 1), ist dort aber auf die der Partei zustehenden Rechte (§ 137 IV) beschränkt. Auch der gesetzliche Vertreter einer Partei und der Nebenintervenient können sich eines Beistands bedienen. Keine Beistände sind in der Regel die von der Partei oder ihrem Prozessbevollmächtigten zugezogenen Hilfskräfte (zB der zu einer Beweisaufnahme zugezogenen Privatgutachter). Der Beistand ist kein Vertreter oder Prozessbevollmächtigter (arg § 90 II) und bedarf deshalb keiner besonderen Vollmacht (allgM Zö/*Vollkommer* § 90 Rn 2; Musielak/*Weth* § 90 Rn 5). Er wird dadurch legitimiert (»bestellt«), dass die Partei oder ihr Prozessbevollmächtigter ihn zur Verhandlung mitbringt und vortragen lässt und ihn damit als Beistand benennt. Eine Beiordnung findet nicht statt

(B/L/A/H § 90 Rn 3; Musielak/*Weth* § 90 Rn 5). Nach §§ 112, 113 I FamFG findet die Vorschrift auch in Ehesachen und Familienstreitsachen Anwendung. Für die übrigen Verfahren nach dem FamFG enthält § 12 FamFG eine ähnliche Regelung. Die Vorschrift sichert die Funktionsfähigkeit der Gerichtsbarkeit. Sie ist deshalb kein Schutzgesetz iSv § 823 II BGB (Karlsr Urt v 26.11.2009 – 4 U 60/09, AnwBl 10, 220, Tz 35 f).

B. Qualifikation. Der Beistand muss prozessfähig sein (§§ 51, 52). Der Kreis der als Beistand in Betracht kommenden Personen ergibt sich aus dem Verweis auf § 79 II (I 2). Andere Personen kann das Gericht zulassen, wenn deren Auftreten bei objektiver Betrachtung sachdienlich ist und im konkreten Einzelfall unter Berücksichtigung der Interessen der Partei dafür ein Bedürfnis besteht (I 3). Dabei kann berücksichtigt werden, dass dies nach dem Gesetz die Ausnahme darstellt, zumal Angehörige bereits nach § 79 II Nr 2 Beistand sein können. Juristische Kenntnisse des Beistands allein rechtfertigen die Zulassung nicht. Auch Richter können Beistand sein (Abs 1 S 4 iVm § 79 IV). 2

C. Befugnisse. Der Beistand darf in den mündlichen Verhandlungen alle Prozesshandlungen vornehmen, die die Partei vornehmen darf, sein Vortrag gilt als Vortrag der Partei, wenn diese nicht sofort widerruft oder ihn berichtigt (Abs 2). Das Widerrufsrecht der Partei gilt auch für Prozesshandlungen, bspw für ein Anerkenntnis, und geht damit weiter als § 85 I 2 (Zö/*Vollkommer* § 90 Rn 5; B/L/A/H § 90 Rn 4; Musielak/*Weth* § 90 Rn 5). Diese Rechte hat der Beistand allerdings nur in Anwesenheit der Partei, die er unterstützt. Ist die Partei nicht anwesend oder verlässt diese die Sitzung, ist er nicht an deren Stelle zum Vortrag oder zur Vornahme von Prozesshandlungen befugt. Seine prozessuale Stellung endet spätestens mit dem Schluss der mündlichen Verhandlung, so dass an ihn nicht zugestellt werden darf (BGH NJW 95, 1225). 3

D. Entscheidung des Gerichts. Ungeeignete Personen, denen die Fähigkeit zu sachgerechter Unterstützung fehlt, können von weiterem Vortrag ausgeschlossen werden; sie werden durch unanfechtbaren Beschl zurückgewiesen (Abs 1 S 4 iVm § 79 III 1, 3). Personen, die geschäftsmäßig fremde Rechtsangelegenheiten besorgen ohne als Rechtsanwalt oder Beistand zugelassen zu sein, sind auszuschließen (Bremen FamRZ 04, 1582; Rostock FamRZ 06, 493). Wird einem Beistand zu Unrecht weiterer Vortrag untersagt oder zurückgewiesen, kann darin eine Verletzung des rechtlichen Gehörs und des Rechts auf ein faires Verfahren liegen (Brandbg OLGR 09, 57). Daneben besteht die Möglichkeit, gegen den Beistand Maßnahmen nach § 177 GVG zu ergreifen (MüKoZPO/*Zimmermann* § 177 GVG Rn 3; Zö/*Lückemann* § 177 GVG Rn 2). 4

Titel 5 Prozesskosten

Bemerkungen vor §§ 91 ff

Nach § 308 II hat das Gericht über die Verpflichtung, die Prozesskosten zu tragen, vAw, also auch ohne Antrag zu entscheiden. Wie diese Kostenentscheidung zu treffen ist, regeln die Vorschriften der §§ 91 ff. Ergänzend finden sich noch weitere Vorschriften für die Kostenentscheidung, zB bei 1

- Klagerücknahme – § 269 III (entsprechend anzuwenden bei Rücknahme eines Mahnantrags)
- Berufungsrücknahme – § 516 III
- Revisionsrücknahme – §§ 565, 516 III (entsprechend anzuwenden bei Rücknahme einer Nichtzulassungsbeschwerde (BGH NJW 03, 756 = AGS 03, 218 = AnwBl 03, 247)
- Verstreichenlassen der Frist zur Hauptsacheklage – § 494 II 2.

Darüber hinaus sieht das Gesetz über die §§ 91 hinaus vor, dass in bestimmten Fällen Mehrkosten getrennt und vorab einer Partei auferlegt werden können:

- § 281 III Mehrkosten einer Verweisung
- § 344 Mehrkosten der Säumnis
- § 238 Kosten eines Wiedereinsetzungsverfahrens.

Auch bei Zwischenstreiten können gesonderte Kostenentscheidungen ergehen (zB Gläubigerstreit – § 75; Streit über ein Zeugnisverweigerungsrecht nach §§ 387, 390)
Auch können ggf Dritten Kosten auferlegt werden (§ 380 – durch Ausbleiben eines Zeugen verursachte Kosten).

Das Gericht entscheidet im Rahmen seiner Kostenentscheidung nur über den **prozessualen Kostenerstattungsanspruch.** Prozessuale Kostenerstattungsansprüche können grds nur zwischen den Parteien bestehen. Darüber hinaus gewährt § 101 I auch dem unselbständigen Streithelfer einen Kostenerstattungsanspruch. Daneben können im Falle bestimmter Zwischenstreite auch Dritten Kosten auferlegt werden (etwa dem Zeugen bei unberechtigter Zeugnisverweigerung – §§ 387, 390).
Von dem prozessualen Kostenerstattungsanspruch zu unterscheiden ist der **materiell-rechtliche Kostenerstattungsanspruch.** Bei diesem Anspruch handelt es sich genau genommen nicht um einen Erstattungsanspruch, sondern um einen Schadenersatzanspruch. Ein solcher Anspruch ist gegeben, wenn eine Partei nach materiellem Recht (Verzug, Delikt, Vertragsverletzung oä) Schadenersatz schuldet und zum Schaden iSd § 249 BGB auch aufgewandte Kosten (etwa Anwaltskosten) zählen. Ein solcher materiell-rechtlicher Kostenerstattungsanspruch ist für die Kostenentscheidung grds unerheblich. Er kann allenfalls iRd Billigkeitsentscheidung nach § 91a I oder § 269 III 3 mit berücksichtigt werden. Im Übrigen müssen solche materiell-rechtlichen Kostenerstattungsansprüche gesondert geltend gemacht und notfalls eingeklagt werden. Solche Ansprüche können auch nicht aufgrund einer im Prozess ergangenen Kostengrundentscheidung festgesetzt werden. Dies gilt sowohl für die auf Klägerseite zur Anspruchsdurchsetzung angefallene vorgerichtliche Geschäftsgebühr (BGH AGS 06, 357 = NJW 06, 2560 = MDR 06, 1436) als auch für die auf Beklagtenseite zur vorgerichtlichen Abwehr angefallene Geschäftsgebühr (BGH AGS 08, 158 = NJW 08, 1323 = JurBüro 08, 302)
Nur die Prozesskosten, die aufgrund des prozessualen Kostenerstattungsanspruchs entstanden und angefallen sind, sind zu erstatten, soweit sie notwendig waren. Über die Höhe der Kosten entscheidet das Gericht nicht im Rahmen seiner Kostengrundentscheidung. Hierfür ist vielmehr ein gesondertes Verfahren (das **Kostenfestsetzungsverfahren** nach den §§ 103 ff) vorgesehen. Voraussetzung für die Kostenfestsetzung ist nach § 103 I ein zur Zwangsvollstreckung geeigneter Titel, also die Kostenentscheidung im Urt, Beschl oder einer anderweitigen gerichtlichen Entscheidung, ggf auch in einem Vergleich.
Ohne eine Kostengrundentscheidung kommt eine Kostenfestsetzung nicht in Betracht (Ausnahme, Festsetzung von Vollstreckungskosten nach § 788).
Die Kostengrundentscheidung ist grds **nicht selbstständig anfechtbar** (§ 99 I), sofern das Gesetz nicht ausnahmsweise eine isolierte Anfechtung zulässt (§§ 91a II, 99 II, 269 V, 390 III, 494 II 2).

§ 91 Grundsatz und Umfang der Kostenpflicht. **(1) [1]Die unterliegende Partei hat die Kosten des Rechtsstreits zu tragen, insbesondere die dem Gegner erwachsenen Kosten zu erstatten, soweit sie zur zweckentsprechenden Rechtsverfolgung oder Rechtsverteidigung notwendig waren. [2]Die Kostenerstattung umfasst auch die Entschädigung des Gegners für die durch notwendige Reisen oder durch die notwendige Wahrnehmung von Terminen entstandene Zeitversäumnis; die für die Entschädigung von Zeugen geltenden Vorschriften sind entsprechend anzuwenden.**
(2) [1]Die gesetzlichen Gebühren und Auslagen des Rechtsanwalts der obsiegenden Partei sind in allen Prozessen zu erstatten, Reisekosten eines Rechtsanwalts, der nicht in dem Bezirk des Prozessgerichts niedergelassen ist und am Ort des Prozessgerichts auch nicht wohnt, jedoch nur insoweit, als die Zuziehung zur zweckentsprechenden Rechtsverfolgung oder Rechtsverteidigung notwendig war. [2]Die Kosten mehrerer Rechtsanwälte sind nur insoweit zu erstatten, als sie die Kosten eines Rechtsanwalts nicht übersteigen oder als in der Person des Rechtsanwalts ein Wechsel eintreten musste. [3]In eigener Sache sind dem Rechtsanwalt die Gebühren und Auslagen zu erstatten, die er als Gebühren und Auslagen eines bevollmächtigten Rechtsanwalts erstattet verlangen könnte.
(3) Zu den Kosten des Rechtsstreits im Sinne der Absätze 1, 2 gehören auch die Gebühren, die durch ein Güteverfahren vor einer durch die Landesjustizverwaltung eingerichteten oder anerkannten Gütestelle entstanden sind; dies gilt nicht, wenn zwischen der Beendigung des Güteverfahrens und der Klageerhebung mehr als ein Jahr verstrichen ist.
(4) Zu den Kosten des Rechtsstreits im Sinne von Absatz 1 gehören auch Kosten, die die obsiegende Partei der unterlegenen Partei im Verlaufe des Rechtsstreits gezahlt hat.

1 **A. Überblick.** Die Vorschrift des § 91 regelt zum einen die Kostenentscheidung bei vollem Unterliegen und enthält darüber hinaus weitere Regelungen, die für die Kostenerstattung grdl sind. Insoweit ist § 91 die »Kernvorschrift« für die gesamte Kostenerstattung.

I. Kostenentscheidung. Nach Abs 1 S 1 hat die unterlegene Partei die Kosten des Rechtsstreits zu tragen. Damit ist die Kostenpflicht bei **vollständigem Unterliegen** geregelt. Nur dann, wenn die Partei vollständig unterlegen war bzw die Gegenpartei vollständig obsiegt hat, können die Kosten der unterlegenen Partei nach § 91 auferlegt werden. Sofern die Partei nicht vollständig unterlegen war, besteht allerdings nach § 92 II die Möglichkeit, ihr dennoch die gesamten Kosten aufzuerlegen, nämlich dann, wenn die Zuvielforderung der anderen Partei verhältnismäßig geringfügig war und keine oder nur geringfügig höhere Kosten entstanden sind (§ 92 I Nr 1). 2
Ausnahmsweise können auch der obsiegenden Partei die Kosten des Rechtsstreits auferlegt werden, nämlich bei sofortigem Anerkenntnis des Beklagten (§ 93) oder verspäteten Vorbringen im Rechtsmittelverfahren (§ 97 II).
Unbeschadet der Regelung des Abs 1 S 1 kann das Gericht auch bestimmte Kosten austrennen und diese der Gegenpartei auferlegen, etwa Kosten der Säumnis (§ 344), Mehrkosten einer Verweisung (§ 281) oder sonstige Kosten in den Fällen der §§ 94, 95, 96.

II. Zu erstattende Kosten. Zu den Kosten des Rechtsstreits, die die unterlegene Partei zu tragen hat, gehören zum einen die Gerichtskosten, also Gebühren und Auslagen des Gerichts. 3
Hinzu kommen auch die dem Gegner erwachsenen Kosten, soweit sie zur zweckentsprechenden Rechtsverfolgung oder Rechtsverteidigung notwendig waren. Diese Kosten, die dem Gegner zu erstatten sind, werden üblicherweise in

- Vorbereitungskosten,
- Vertretungskosten (also Anwaltskosten) und
- Parteikosten

aufgeteilt.
Unter **Vorbereitungskosten** sind diejenigen Kosten zu verstehen, die konkret in Bezug auf die Vorbereitung des Rechtsstreits aufgewandt worden sind (s.a. Abs 3), also nicht schon solche Kosten, die lediglich zur außergerichtlichen Abwehr oder Durchsetzung von Forderungen aufgewandt worden sind, sondern prozessbezogene Aufwendungen.
Hinzu kommen die Kosten, die durch die **anwaltliche Vertretung** im Prozess angefallen sind. Insoweit wird die Kostenerstattungspflicht in Abs 2 näher geregelt.
Darüber hinaus sind die **Parteikosten** zu ersetzen. Dazu zählen insb Reisekosten der Partei, aber auch eine Entschädigung für die durch notwendigen Reisen und Wahrnehmung von Terminen entstandene Zeitversäumnis (Abs 1 S 2). Die Höhe dieser Kosten richtet sich nach dem JVEG.
Schließlich ordnet Abs 4 auch Kosten, die eine Partei der anderen im Verlaufe des Verfahrens – idR aufgrund eines vorläufigen Titels – bereits gezahlt hat, zu den Kosten des Rechtsstreits und ermöglicht damit eine **Rückfestsetzung**.

III. Kosten eines Anwalts. 1. Grundsatz. Abs 2 ordnet an, dass in allen Prozessen die Kosten eines Rechtsanwalts der obsiegenden Partei zu erstatten sind, sofern keine gesetzlichen Ausnahmen greifen, wie etwa im Prozesskostenhilfeprüfungsverfahren (§§ 118 I 4, 127 IV) oder im Verfahren über eine Streitwertbeschwerde (§ 68 III 2 GKG). 4

2. Reisekosten des Anwalts. Näher geregelt ist auch, inwieweit die Reisekosten eines auswärtigen Anwalts zu erstatten sind. Dabei ist nach § 91 II 1 danach zu differenzieren, wo der Anwalt seine Kanzlei bzw seinen Wohnsitz hat: 5

- Hat der Anwalt seine Kanzlei im Gerichtsort, sind seine Reisekosten immer zu erstatten. Allerdings können innerhalb der politischen Gemeinde keine Reisekosten ausgelöst werden (Vorb 7 III VV RVG). Reisekosten kommen hier nur in Betracht bei auswärtigen Terminen, etwa Beweisterminen.
- Hat der Anwalt seine Kanzlei außerhalb des Gerichtsorts, ist er aber im Gerichtsbezirk niedergelassen, so sind seine Reisekosten ebenfalls immer zu erstatten, also die Reisekosten für Fahrten zum Gericht und zu sonstigen auswärtigen Terminen. Die Erstattungsfähigkeit ist nach dem eindeutigen Wortlaut auch dann gegeben, wenn der Anwalt zwar im Gerichtsbezirk niedergelassen ist, aber nicht am Ort des Gerichts seine Kanzlei hat. Der Partei steht es frei, einen Anwalt aus dem Gerichtsbezirk zu wählen. Eine Notwendigkeitsprüfung hinsichtlich der Reisekosten findet nach dem ausdrücklichen Wortlaut des § 91 II ZPO nicht statt (LG Krefeld AGS 11, 577 = JurBüro 11, 307 = RVGreport 11, 235; LG Aurich NJW-RR 11, 1029 = NJW-Spezial 11, 323). Entgegen einer häufig im Kostenfestsetzungsverfahren anzutref-

fenden Ansicht hat der BGH diese Frage noch nicht entschieden, sonder bislang ausdrücklich offen gelassen (AGS 11, 622 = MDR 11, 1321 = NJW 11, 3520 = FamRZ 11, 1867).

- Ist der Anwalt nicht im Bezirk des befassten Prozessgerichts niedergelassen und wohnt er auch nicht am Ort des Prozessgerichts, richtet sich die Kostenerstattung nach § 91 II 1, 2. Hs: Die Reisekosten dieses Anwalts sind nur insoweit erstattungsfähig, als die Zuziehung des Anwalts zur zweckentsprechenden Rechtsverfolgung oder Rechtsverteidigung notwendig war.

Es muss also eine besondere Notwendigkeit bestanden haben, einen Anwalt außerhalb des Gerichtsbezirks zu beauftragen. Ist dies nicht gegeben, sind dessen Reisekosten aber jedenfalls insoweit zu erstatten, als diese auch bei einem im Gerichtsbezirk niedergelassenen Anwalt angefallen wären. Die Reisekosten eines nicht im Gerichtsbezirk niedergelassenen Anwalts sind also nicht generell von der Erstattung ausgeschlossen, sondern nur begrenzt auf die Reisekosten eines Anwalts mit Sitz im Gerichtsbezirk. Im Hinblick auf den zwischenzeitlich aufgehobenen § 91 I 2 ZPO a.F. war in der Rspr. äußerst umstr, wann und inwieweit Kosten eines auswärtigen Rechtsanwalts erstattungsfähig waren. Zu dieser Frage ist zwischenzeitlich eine kaum noch überschaubare Rspr. des BGH ergangen. Ältere Rspr. kann wegen der geänderten gesetzlichen Regelung sowie wegen des Wegfalls des Zulassungszwangs, der auch hier eine Rolle spielte, nur noch eingeschränkt verwertet werden. In seiner Entscheidung vom 16.10.02 (AGS 03, 97 m. Anm. *Madert* = BGHReport 03, 152 m. Anm. *Madert*) hat der BGH grds Folgendes klargestellt: „Für einen Rechtsstreit vor einem auswärtigen Gericht darf sich eine Partei grds immer eines Anwalts am eigenen Ort bedienen. Die hierdurch anfallenden Reisekosten des Anwalts zum auswärtigen Gericht sind grds erstattungsfähig." (so auch BGH AGS 04, 260 = FamRZ 04, 939 = NJW-RR 04, 858 = JurBüro 04, 432 = MDR 04, 838 = zfs 04, 473 = VersR 05, 93; AGS 07, 430 = Rpfleger 07, 286 = AnwBl 07, 466 = NJW 07, 48 = MDR 07, 802 = FamRZ 07, 636 = RVGreport 07, 235; AGS 07, 430 = Rpfleger 07, 286 = AnwBl 07, 466 = NJW 07, 48 = MDR 07, 802 = FamRZ 07, 636 = RVGreport 07, 235). Zu Einzelheiten s. Rz 47.

6 **3. Mehrere Anwälte.** Die Kosten mehrerer Anwälte sind grds nicht zu erstatten. Das Gesetz geht davon aus, dass die Partei das gesamte Verfahren mit einem einzigen Anwalt durchführen kann. Daher sind die Kosten mehrerer Anwälte grds nicht erstattungsfähig (BGH AGS 07, 541 = NJW 07, 2257 = MDR 07, 1160 = RVGreport 07, 309 = Rpfleger 07, 577 = JurBüro 07, 490). Werden mehrere Anwälte, sei es nebeneinander oder nacheinander, beauftragt, so sind deren Kosten grds nur insoweit erstattungsfähig, als sie die Kosten eines Anwalts nicht übersteigen oder in der Person des Rechtsanwalts ein Wechsel eintreten musste. Darüber hinaus sind ausnahmsweise die Kosten mehrerer nebeneinander oder nacheinander beauftragter Anwälte zu erstatten, wenn besondere Gründe hierfür bestanden.

7 **IV. Kostenerstattung in eigener Sache.** Vertritt sich ein Anwalt in eigener Sache selbst, entstehen keine Anwaltsgebühren, da ein Anwalt mit sich selbst keinen Anwaltsvertrag schließen kann. Um diese »Lücke« zu schließen, schafft die Regelung in Abs 2 S 3 einen Kostenerstattungsanspruch, dem gar keine tatsächlichen Kosten zugrunde liegen. Für die Kostenerstattung wird ein Vergütungsanspruch fingiert, der dann zu erstatten ist. Die Regelung des Abs 2 S 3 gilt nur für die Vertretung in einem gerichtlichen Verfahren. Sie gilt nicht für die außergerichtliche Vertretung und auch nicht in Verfahren der frewilligen Gerichtsbarkeit, da § 80 nicht auf Abs 2 S 3 Bezug nimmt (Köln FGPrax 11, 205 = ErbR 11, 368; KG FamRZ 04, 1385 = JurBüro 05, 264; BayOblG Rpfleger 06, 571 = NJW-RR 07, 773; München MDR 07, 746 = AG 07, 411). Sie gilt auch nicht in einem berufsrechtlichen Verfahren (BGH JurBüro 03, 207).

8 **V. Güteverfahren.** Die Vorschrift des Abs 3 regelt einen besonderen Fall der Vorbereitungskosten. Sofern vor dem gerichtlichen Verfahren ein Güteverfahren durchgeführt wird, erklärt Abs 3 diese Kosten als zu den Kosten des Rechtsstreits gehörig. Tatsächlich handelt es sich nicht um Kosten des Rechtsstreits, weil es sich bei den Güteverfahren – anders als zB bei einem Mahnverfahren – nicht um ein gerichtliches Verfahren handelt. Da in manchen Fällen ein Güteverfahren vorgeschrieben ist (§ 15a EGZPO) oder zumindest der Versuch einer gütlichen außergerichtlichen Einigung gewünscht wird, soll eine Partei, die diesen Weg beschreitet, daraus keine Nachteile erleiden. Deshalb erklärt Abs 3 unter den dort genannten Voraussetzungen die dort angefallenen Kosten, also Kosten der Gütestelle sowie dort angefallene Anwaltskosten für erstattungsfähig.

9 **VI. Rückfestsetzung.** Abs 4 wiederum erklärt auch Kosten, die die später obsiegende Partei im Verlaufe des Prozesses an den später unterlegenen Gegner gezahlt hat, als zu den Kosten des Rechtsstreits gehörig. Hintergrund ist, dass eine letztlich obsiegende Partei während des Verfahrens aufgrund nicht rechtskräfti-

ger – aber vorläufig vollstreckbarer – Entscheidungen (Versäumnisurteil, erstinstanzliches Urt oä). verpflichtet sein kann, die in einem bestimmten Verfahrensabschnitt angefallenen Kosten dem Gegner zu erstatten. Wird später, etwa nach Einspruch oder Rechtsmittel, die ursprüngliche Entscheidung einschließlich der belastenden Kostenentscheidung abgeändert, dann kann die obsiegende Partei die von ihr gezahlten Beträge als Kosten des Rechtsstreits gegen den unterlegenen Gegner festsetzen lassen. Damit soll vermieden werden, dass eine Partei wegen Kosten, die sie aufgrund eines vorläufig vollstreckbaren Kostenfestsetzungsbeschlusses gezahlt hat, einklagen muss, um sie zurückzuerhalten. Diese Kosten sollen vielmehr in dem vereinfachten Kostenfestsetzungsverfahren nach den §§ 103 zB mit festgesetzt werden können. Diese Regelung ist der des § 712 II vergleichbar. Ein Rückforderungsstreit im Erkenntnisverfahren soll entbehrlich gemacht werden, indem auch insoweit die einfachere Kostenfestsetzung möglich sein soll.

B. Kostenentscheidung. Nach Abs 1 S 1 hat die unterliegende Partei die Kosten des Rechtsstreits zu tragen. **10**
Gemeint ist hier nur diejenige Partei, die **vollständig** unterliegt. Bei einem teilweisen Unterliegen gilt § 92, wobei auch hier die Möglichkeit besteht, dem nicht vollständigen Unterliegenden dennoch die gesamten Kosten des Rechtsstreits aufzuerlegen (§ 92 II).

In Ausnahmefällen können oder müssen trotz Unterliegens nicht dem Unterliegenden, sondern dem Obsiegenden die Kosten auferlegt werden (§§ 93, 93b). Eine weitere Ausnahme regelt § 97 II. Danach sind die Kosten eines erfolgreichen Rechtsmittels dem obsiegenden Rechtsmittelführer aufzuerlegen, wenn er aufgrund neuen Vorbringens obsiegt, dass er bereits in der Vorinstanz hätte vorbringen können.

Kein Unterliegen iSd § 91 ist gegeben bei Rücknahme einer Klage oder eines Mahnantrags. Es gilt dann § 269 III. Gleiches gilt bei Rücknahme einer Berufung oder Revision; es gelten dann die §§ 516 III, 565, die auch für die Rücknahme anderer Rechtsmittel analog angewandt werden.

Ungeachtet des vollständigen Unterliegens einer Partei bleibt es dem Gericht vorbehalten, bestimmte Kosten auszutrennen und diese vorab der obsiegenden Partei aufzuerlegen:

- § 94 Mehrkosten bei übergegangenem Anspruch,
- § 95 Säumniskosten,
- § 96 Kosten erfolgloser Angriffs- und Verteidigungsmittel,
- § 344 Mehrkosten eines Versäumnisurteils,
- § 281 Mehrkosten vor dem unzuständigen Gericht,
- § 238 Mehrkosten einer Wiedereinsetzung.

Ergänzend ist § 100 zu beachten, wenn die unterlegene Partei aus mehreren Streitgenossen besteht.

Nicht anwendbar ist § 91 auf einen Nebenintervenienten, da er nicht Partei ist. Selbst wenn er der unterlegenen Partei beitritt, können ihm insoweit keine Kosten auferlegt werden.

Ob eine Partei vollständig unterlegen ist, richtet sich nach den Anträgen, nicht nach dem Ergebnis. Wird einer Partei alles das zugesprochen, was sie beantragt hat, kann sie dennoch tw unterlegen sein, etwa wenn sie ihr Ziel nur mit einem Hilfsantrag erreicht hat oder aufgrund einer Hilfsaufrechnung.

Beispiel: Eingeklagt werden 5.000 €. Der Beklagte verteidigt sich damit, dass die Forderung nicht bestehe, hilfsweise rechnet er mit einer Gegenforderung auf. Die Klage wird abgewiesen, weil

a) die Klageforderung nicht besteht
b) zwar die Klageforderung besteht, aber die Hilfsaufrechnung greift

Im Fall a) ist der Kl vollständig unterlegen, so dass nach § 91 zu entscheiden ist.
Im Fall b) ist der Kl nur tw unterlegen, so dass nach § 92 zu entscheiden ist.
Wegen Einzelzeiten zu teilweisem Unterliegen s. die Einzelfälle bei § 92 Rz 15 ff.

C. Kosten. I. Überblick. Zu erstatten sind die Kosten des Rechtsstreits, sofern sie zur zweckentsprechen- **11**
den Rechtsverfolgung oder Rechtsverteidigung notwendig waren.

Zu den Kosten des Rechtsstreits gehören nur prozessbezogene Kosten. Dazu zählen zunächst einmal sämtliche Kosten, die im gerichtlichen Verfahren angefallen sind. Dabei spielt es keine Rolle, um welche Art gerichtliches Verfahren es sich handelt. Daher sind auch die Kosten des Mahnverfahrens, eines selbständigen Beweisverfahren, eines Gerichtsstandsbestimmungsverfahren, eines Zwischenverfahrens, eines Verfahrens vor dem unzuständigen Gericht etc. Kosten des Rechtsstreits.

II. Einzelfälle. Ablichtungen. Die Kosten von Ablichtungen, soweit sie zur Unterrichtung des Gerichts **12**
und sonstiger Beteiligter gefertigt werden, sind in Höhe der tatsächlichen Kosten erstattungsfähig. Eine

pauschale Abrechnung wie beim Anwalt oder wie beim Gericht ist hier allerdings nicht vorgesehen. Kann eine konkrete Abrechnung nicht vorgelegt werden, ist eine Schätzung nötig.

13 **Abmahnung.** Die Kosten einer Abmahnung in Wettbewerbssachen sind außergerichtliche Kosten und daher nicht festsetzbar (BGH NJW-RR 06, 501 = JurBüro 06, 140 = AGS 06, 146; AGS 09, 51 = RVGreport 08, 467; NJW 08, 2040 = AGS 08, 366 = JurBüro 08, 426 = RVGreport 08, 272; WRP 09, 75 = RVGreport 08, 470). Sie können allenfalls als materiell-rechtlicher Kostenerstattungsanspruch neben der Hauptforderung mit eingeklagt werden.

14 **Anwaltswechsel.** Siehe Rz 6.

15 **Attest.** Die Kosten eines Attests können ggf erstattungsfähig sein, wenn sie zum Nachweis entscheidungserheblicher Tatsachen dienen, etwa in Verfahren der elterlichen Sorge oder des Umgangsrechts.

16 **Aufenthaltsermittlung.** Die Kosten der Aufenthaltsermittlung eines Verfahrensbeteiligten, insb Kosten einer Meldeamtsanfrage oder Gewerbeamtsanfrage sind erstattungsfähig, wenn die Anfragen erforderlich waren, um zustellungs- oder ladungsfähige Anschriften zu ermitteln.

17 **Ausländischer Verkehrsanwalt.** Die Kosten eines ausländischen Verkehrsanwalts sind in Höhe der Kosten eines deutschen Verkehrsanwalts grds erstattungsfähig (BGH AGS 06, 203 = FamRZ 05, 1670 = AnwBl 05, 723 = BGHReport 05, 1426 = NJW-RR 05, 1732; NJW 05, 1373 = AGS 05, 268 = JurBüro 05, 427). Ausnahmen sind möglich,
etwa bei einer Gebührenklage (KG MDR 09, 1312 = RVGreport 09, 476). Strittig ist, ob zusätzlich die ausländische Umsatzsteuer hinzu kommt (dafür Stuttgart Justiz 07, 386 = OLGR 08, 74; München JurBüro 04, 380 = MDR 04, 841 = NJW-RR 04, 1508; dagegen Celle OLGR 08, 543).

18 **Beratungskosten.** Lässt sich eine Partei anwaltlich beraten, so sind die hierdurch entstandenen Kosten erstattungsfähig, wenn die Hinzuziehung eines Anwalts als Prozessbevollmächtigter erforderlich gewesen wäre (LG Berlin AGS 08, 515 = RVGreport 08, 268; KG JurBüro 89, 1114; KG MDR 82, 499 = Rpfleger 82, 234 = JurBüro 82, 1028). Das gilt auch dann, wenn sich der Berufungsbeklagte über Erfolgsaussicht einer gegnerischen Berufung beraten lässt und wegen der Aussichtslosigkeit der Berufung auf die Bestellung eines zweitinstanzlichen Prozessbevollmächtigten verzichtet (Ddorf JurBüro 92, 39; Karlsruhe AGS 01, 287 = JurBüro 01, 473). Gleiches gilt bei einer Revisionseinlegung (KG AGS 98, 182 = JurBüro 98, 20 = AnwBl 98, 103). Die Erstattungsfähigkeit der Beratungsvergütung ist der Höhe nach auf diejenigen gesetzlichen Gebühren und Auslagen zu beschränken, die ein als Prozessbevollmächtigter tätiger Rechtsanwalt berechnen könnte (AGS 08, 515 = RVGreport 08, 268).

19 **Berufung.** Die Kosten eines Berufungsverfahrens sind nach allgemeinen Grundsätzen zu erstatten. Probleme ergeben sich hier va bei Rücknahme der Berufung.
Nimmt der Berufungskläger seine Berufung zurück, so sind die dem Berufungsbeklagten bis dahin entstandenen notwendigen Kosten zu erstatten (§ 516 III1). Die Kostenfolge ergibt sich unmittelbar aus dem Gesetz. Zur Kostenfestsetzung ist jedoch ein gesonderter Beschl erforderlich, der auf Antrag nach § 516 III 2 zu erlassen ist.
Der Berufungsbeklagte ist grds berechtigt, sofort nach Einlegung der Berufung selbst einen Anwalt für das Berufungsverfahren zu beauftragen (BGH AGS 03, 219 = NJW 03, 756 = Rpfleger 03, 217 = AnwBl 03, 242 = FamRZ 03, 522 = MDR 03, 530 = JurBüro 03, 257; Saarbr OLGR 06, 1096; Bambg AGS 07, 273; Karlsr FamRZ 10, 61 = FF 10, 44; JurBüro 08, 540; Bremen OLGR 08, 880; Brandbg AGS 08, 621 = OLGR 09, 271; Frankf zfs 10, 405 = AG kompakt 11, 50). Etwas anderes gilt allerdings für den sich selbst vertretenden Anwalt (s. Rz 66).
Unerheblich ist, ob die Berufung lediglich „fristwahrend" eingelegt worden war. Auch in diesem Fall ist die Vertretung des Berufungsbeklagten notwendig i.S.d. § 91. Ebenso ist es unerheblich, ob der Berufungskläger den Berufungsbeklagten gebeten hatte, von einer Bestellung Abstand zu nehmen, solange er dieser Bitte nicht zugestimmt hat. Hatte der Berufungsbeklagte dagegen der Bitte des Berufungsklägers zugestimmt, zunächst von einer Bestellung im Berufungsverfahren bis zu einem bestimmten Zeitpunkt Abstand zu nehmen, ist also ein sog. Stillhalteabkommen zustande gekommen, dann ist eine Kostenerstattung ausgeschlossen, wenn die Berufung vor Ablauf des Stillhalteabkommens zurückgenommen wird (LAG Hessen AGS 11, 462 = NJW-Spezial 11, 572). Der Berufungsbeklagte ist an eine solche Stillhalteerklärung auch dann gebunden, wenn sie von seinem erstinstanzlichen Anwalt abgegeben worden ist und der Berufungsbeklagte

für das Berufungsverfahren einen anderen Anwalt beauftragt (LAG Hessen AGS 11, 462 = NJW-Spezial 11, 572). Ein Stillhaltabkommen steht der Kostenerstattung allerdings dann nicht mehr entgegen, wenn die Stillhaltefrist abgelaufen ist, Karlsr JurBüro 08, 540).

Mit der Frage, ob der Berufungsbeklagte berechtigt ist, bereits nach Einlegung der Berufung einen eigenen Anwalt im Berufungsverfahren zu beauftragen, ist noch nicht die Frage geklärt, in welcher Höhe die dem Berufungsbeklagten entstandene Verfahrensgebühr (Nr. 3200 VV RVG) zu erstatten ist. Hier ist nach den jeweiligen Verfahrensstadien zu unterscheiden.

(1) Tätigkeiten vor Berufungsbegründung. Hat sich der Anwalt des Berufungsbeklagten bereits bestellt, **19a** aber noch keinen Sachantrag gestellt, ist die in diesem Fall entstandene 1,1-Verfahrensgebühr der Nrn. 3200, 3201 Nr. 1 VV RVG eindeutig erstattungsfähig. Eine Bestellung zur Gerichtsakte ist dabei nicht unbedingt erforderlich (Brandbg AGS 08, 621 = OLGR 09, 271). Auch sonstige Tätigkeiten, nach Auftrag zur Vertretung im Berufungsverfahren, etwa die Beratung im Hinblick auf die Berufung reichen aus. Die entsprechenden Tätigkeiten, die zum Anfall der Verfahrensgebühr nach Nrn 3200, 3201 Nr. 1 VV RVG geführt haben, sind in diesem Fall glaubhaft zu machen. Die bloße Entgegennahme und Weiterleitung der Berufungsschrift und des Antrags auf Verlängerung der Berufungsbegründungsfrist sind nach Auffassung des KG allerdings noch durch die erstinstanzlichen Gebühren abgegolten und lösen keine erstattungsfähige Vergütung im Berufungsverfahren aus (KG KGR 06, 413 = RVGreport 06, 30; München JurBüro 11, 255 = FamRZ 11, 837). Nimmt der Prozessbevollmächtigte eine gegen seinen Mandanten gerichtete Rechtsmittelschrift entgegen, ist anzunehmen, dass er anschließend prüft, ob etwas für den Mandanten zu veranlassen ist. Damit entfaltet er eine Tätigkeit, die die Gebühr nach Nrn 3200, 3201 VV RVG zum Entstehen bringt; die Einreichung eines Schriftsatzes ist hierfür nicht erforderlich. Zugleich liegt in dieser Tätigkeit keine bloße Neben- bzw Abwicklungstätigkeit der erstinstanzlichen Beauftragung gem. § 19 I 2 Nr. 9 RVG (Karlsr AGS 10, 170 = FamRZ 09, 25 = FF 10, 44).

War dem Berufungskläger in 1. Instanz ratenfreie PKH bewilligt worden und verbindet er die zur Fristwahrung eingelegte Berufung mit einem erneuten PKH-Antrag, kann nicht davon ausgegangen werden, dem erstinstanzlichen Prozessbevollmächtigten des Berufungsbeklagten sei auch für die 2. Instanz konkludent ein Auftrag erteilt worden. Dazu bedarf es vielmehr weiterer Glaubhaftmachung (KG AGS 09, 454 = MDR 09, 469 = JurBüro 09, 261).

Nach zutreffender Ansicht ist es nicht erforderlich, dass der Anwalt des Berufungsbeklagten sich bereits zur Gerichtsakte bestellt hat. Die Verfahrensgebühr der Nrn. 3200, 3201 Nr. 1 VV RVG setzt nicht voraus, dass der Anwalt ggü dem Gericht tätig geworden ist, indem er sich etwa bestellt hat. Ebenso wenig ist erforderlich, dass der Berufungsbeklagte seine Verteidigung im Berufungsverfahren angezeigt hat. Der Auftrag für das Berufungsverfahren genügt. Wie sich aus Vorb. 3 II VV RVG ergibt, entsteht die Verfahrensgebühr bereits mit dem Auftrag und der Entgegennahme der Information (Zweibr OLGR 06, 750; LG Stuttg JurBüro 05, 654; KG JurBüro 05, 418 = Rpfleger 05, 569 = RVGreport 05, 314). Erforderlich ist in dieser Phase lediglich, dass der Auftrag an den Anwalt glaubhaft gemacht wird. Nach OLG Koblenz wird trotz eines bestrittenen Prozessauftrages vermutet, dass der Berufungsbeklagte seinen Anwalt beauftragt hat (Kobl AGS 08, 435 = JurBüro 08, 196 = FamRZ 08, 1018 = NJW-Spezial 08, 667). In einer weiteren Entscheidung hat das OLG Koblenz allerdings Glaubhaftmachung verlangt, dass dem Anwalt für das Berufungsverfahren bereits ein Auftrag erteilt worden sei, wenn der Gegner zunächst darum gebeten hatte, von einer Bestellung Abstand zu nehmen. In diesem Fall könne nicht ohne Weiteres von einem dennoch erteilten Auftrag ausgegangen werden. Dieser müsse vielmehr glaubhaft gemacht werden (Kobl AGS 07, 275 = JurBüro 07, 89 = MDR 07, 494 = FamRZ 07, 847). Ebenso soll eine weitere Glaubhaftmachung erforderlich sein, wenn der Berufungskläger die zur Fristwahrung eingelegte Berufung mit einem erneuten PKH-Antrag verbindet. In diesem Fall kann nicht ohne Weiteres davon ausgegangen werden, dem erstinstanzlichen Prozessbevollmächtigten des Berufungsbeklagten sei auch für die 2. Instanz konkludent ein Auftrag erteilt worden (KG AGS 09, 454 = MDR 09, 469 = JurBüro 09, 261).

– Zurückweisungsantrag bereits gestellt. Hatte der Anwalt des Berufungsbeklagten bereits einen Zurückweisungsantrag gestellt, dann ist zwar die volle 1,6-Verfahrensgebühr nach Nr. 3200 VV RVG entstanden. Eine Erstattungsfähigkeit dieser vollen 1,6-Verfahrensgebühr wird allerdings abgelehnt, weil in dieser Phase der Zurückweisungsantrag noch nicht erforderlich war. Solange der Berufungskläger seine Berufung nicht begründet und auch noch keinen Berufungsantrag gestellt hat, ist es nicht erforderlich, dass der Berufungsbeklagte seinerseits bereits schon die Zurückweisung beantragt. Erstattungsfähig ist dann nur eine ermäßigte 1,1-Verfahrensgebühr nach Nrn. 3200, 3201 Nr. 1 VV RVG (Kobl AGS 07, 274 = JurBüro 06, 485; Karlsr AGS 05, 518; Bremen FamRZ 10, 61; LG Stuttg JurBüro 05, 654; LAG Ddorf MDR 06, 659).

– **Verlängerung der Berufungsbegründungsfrist wird beantragt.** Wird eine Verlängerung der Berufungsbegründungsfrist beantragt, so ist ein hiernach gestellter Zurückweisungsantrag immer noch nicht notwendig und führt nicht zur Erstattung einer 1,6-Verfahrensgebühr. Auch in diesem Fall ist nur die ermäßigte 1,1-Verfahrensgebühr nach Nrn. 3200, 3201 Nr. 1 VV RVG erstattungsfähig (KG AGS 09, 196 = Rpfleger 09, 52 = JurBüro 08, 646).

– **Berufung ist unzulässig.** Ist die Berufung dagegen unzulässig, so ist ein sofort gestellter Zurückweisungsantrag u.E. erstattungsfähig. Eine mit einer unzulässigen Berufung überzogene Partei muss nicht warten, bis eine Begründung vorliegt, da die Berufung unabhängig von ihrer Begründung zu verwerfen ist und der Berufungsbeklagte ein schützenswertes Interesse daran hat, dass das erstinstanzliche Urt so schnell wie möglich rechtskräftig wird (Stuttg AGS 05, 575 u. 07, 272 = JurBüro 05, 366 = MDR 05, 1438; KG AGS 08, 476 = Rpfleger 08, 537 = FamRZ 08, 2145 = NJW-RR 09, 1007 = NJW-Spezial 08, 669 = JurBüro 08, 481 = RVGreport 08, 435). Die Rspr ist zT anderer Auffassung und hält auch dann nur eine ermäßigte Gebühr für erstattungsfähig.

– **Berufung wird nicht fristgerecht begründet.** Zum Teil wird vertreten, die volle 1,6-Verfahrensgebühr nach Nr. 3200 VV RVG sei dann nicht erstattungsfähig, wenn das Gericht ankündigt, dass es die Berufung wegen Ablaufs der Begründungsfrist als unzulässig verwerfen wird. Ein Sachvortrag oder -antrag des Berufungsbeklagten sei dann überflüssig, weshalb eine volle 1,6-Verfahrensgebühr nicht zu erstatten sei (Köln MDR 10, 54 = JurBüro 09, 645). Wenn nach Ablauf der Berufungsbegründungsfrist allerdings eine angemessene Zeit verstrichen ist, ohne dass das Berufungsgericht eine Verwerfungsentscheidung getroffen oder zumindest angekündigt hat, fördert ein Verwerfungsantrag des Berufungsbeklagten das Verfahren, weil er das Gericht daran erinnert, dass die Verwerfungsentscheidung noch nicht ergangen ist. Dann ist die volle Verfahrensgebühr erstattungsfähig (München NJW-RR 11, 432). Nach zutreffender Ansicht ist die volle 1,6-Verfahrensgebühr für den Zurückweisungsantrag auch dann erstattungsfähig, wenn die Berufung nicht fristgerecht begründet wird und der Zurückweisungsantrag sogleich nach Ablauf der Frist zur Begründung der Berufung gestellt wird (KG AGS 08, 476 = Rpfleger 08, 537 = FamRZ 08, 2145 = NJW-RR 09, 1007 = NJW-Spezial 08, 669 = JurBüro 08, 481 = RVGreport 08, 435). Gleiches soll gelten, wenn die Berufung – etwa wegen Fristversäumung – unzulässig ist. Auch dann soll ein Verwerfungsantrag des Berufungsbeklagtenvertreters nicht zu einem Erstattungsanspruch in Höhe einer 1,6-Verfahrensgebühr führen, es sei denn, der Antrag wird gestellt, nachdem das Gericht innerhalb einer angemessenen Frist keinen Verwerfungsbeschluss erlassen hat (München RVGreport 08, 464 = NJW-RR 09, 862 = FamRZ 09, 2113 = JurBüro 09, 488). Das ist unzutreffend. Ist die Berufung unzulässig, dann muss der Berufungskläger nicht abwarten, ob die unzulässige Berufung noch begründet wird, denn darauf kommt es gar nicht mehr an. Der Berufungsgegner hat vielmehr ein berechtigtes Interesse daran, die bereits eingetretene Rechtskraft des angefochtenen Urteils so schnell wie möglich festgestellt zu wissen.

– **Es wird Wiedereinsetzung in den vorigen Stand beantragt.** Wird nach Einlegung der Berufung Wiedereinsetzung beantragt, so ist ein Zurückweisungsantrag ebenfalls notwendig, sodass die volle 1,6-Verfahrensgebühr nach Nr. 3200 VV RVG zu erstatten ist. Diese Frage hat allerdings kaum praktische Bedeutung, da auch der Antrag auf Zurückweisung des Wiedereinsetzungsantrags die volle 1,6-Verfahrensgebühr nach Nr. 3200 VV RVG auslöst und dieser Antrag jedenfalls notwendig iSd § 91 ZPO ist.

– **Erledigung der Hauptsache.** Wird das Verfahren ohne Vorliegen einer Berufungsbegründung in der Hauptsache für erledigt erklärt und verweigert der Anwalt des Berufungsbeklagten die Zustimmung zur übereinstimmenden Erledigung, liegt hierin ein Sachantrag iSv Nrn. 3200, 3201 Nr. 1 VV RVG, der bereits die volle Gebühr auslöst, die dann auch erstattungsfähig ist (Rostock AGS 08, 309 = JurBüro 08, 260 = NJW-RR 08, 1095). Gleiches müsste gelten, wenn der Anwalt des Berufungsbeklagten der Erledigung zustimmt.

19b (2) **Berufungsbegründung war ohne weitere Hinweise und Verfügungen zugestellt.** Wird die Berufungsbegründung ohne weitere Hinweise oder Verfügungen des Gerichts zugestellt und wird anschließend die Berufung zurückgenommen, ist zu differenzieren. Es kommt darauf an, welche Tätigkeit der Anwalt des Berufungsbeklagten entfaltet hat.

– **Noch kein Zurückweisungsantrag gestellt.** Hatte der Anwalt des Berufungsbeklagten noch keinen Zurückweisungsantrag gestellt, ist nur die Gebühr nach Nrn. 3200, 3201 Nr. 1 VV RVG entstanden und somit auch nur diese Gebühr erstattungsfähig (Bremen MDR 09, 56; KG AGS 09, 196 = Rpfleger 09, 52 = JurBüro 08, 646).

– **Zurückweisungsantrag gestellt.** Wird ein Zurückweisungsantrag nach Eingang der Berufung gestellt, dann ist die volle 1,6-Verfahrensgebühr nach Nr. 3200 VV RVG entstanden und erstattungsfähig.
– **Zurückweisungsantrag war bereits vor Einreichung gestellt.** Hatte der Anwalt des Berufungsbeklagten bereits vor Eingang der Berufungsbegründung einen Zurückweisungsantrag gestellt, diesen aber nicht nach Einreichung wiederholt, ist die volle 1,6-Verfahrensgebühr nach Nr. 3200 VV RVG grds erstattungsfähig und zwar auch dann, wenn der Berufungsbeklagte sich mit der Berufungsbegründung inhaltlich nicht auseinandersetzt. Der bloße Zurückweisungsantrag genügt (BGH AGS 09, 143 = FamRZ 09, 113 = Rpfleger 09, 172 = AnwBl 09, 235 = JurBüro 09, 142 = RVGreport 09, 74 = MDR 09, 233; München MDR 11, 1267 = NJW-RR 11, 1559 = AGS 11, 569 = NJW-Spezial 11, 763 = RVGreport 11, 466). Das gilt auch dann, wenn unbedingt Berufung eingelegt und begründet worden ist, der Berufungsführer aber gebeten hatte, vorab über den Antrag auf Gewährung von Prozesskostenhilfe zu entscheiden, und das Gericht den Berufungsbeklagten, zunächst nur aufgefordert hatte, zum Prozesskostenhilfeantrag Stellung zu nehmen (KG AGS 07, 647 = MDR 08, 113). Die frühere Auffassung des BGH (AGS 07, 537 = FamRZ 07, 1735 = Rpfleger 07, 683 = MDR 07, 1397 = JurBüro 08, 35 = NJW 07, 3723 = RVGreport 07, 427 = NJW-Spezial 08, 124), dass bei einem schon vor Einreichung der Begründung gestellten und später nicht wiederholten Zurückweisungsantrag nur eine 1,1-Verfahrensgebühr gem Nrn 3200, 3201 Nr. 1 VV RVG erstattungsfähig sei, ist überholt. Dieser Auffassung hat sich der BGH jetzt ausdrücklich angeschlossen (**BGH** AGS 09, 313 = FamRZ 09, 1047 = MDR 09, 771 = NJW 09, 22 = BGHR 09, 853 = zfs 09, 465 = JurBüro 09, 432 = NJW-Spezial 09, 460 = RVGreport 09, 274 = AnwBl 09, 554 = FF 09, 339; **BGH** MDR 10, 1157 = Schaden-Praxis 10, 375 = VersR 10, 1470 = AGS 10, 513 = JurBüro 10, 649 = Rpfleger 11, 47 = FamRZ 10, 1652 = NJW-Spezial 10, 669 = RVGprof 10, 181 = RVGreport 10, 431).

(3) **Gericht setzt mit Übersendung der Berufungsbegründung eine Frist zur Erwiderung.** Setzt das Gericht mit der Zustellung der Berufungsbegründung sogar ausdrücklich eine Frist zur Berufungserwiderung, ist die volle 1,6-Verfahrensgebühr nach Nr. 3200 VV RVG für den Zurückweisungsantrag erst Recht erstattungsfähig. Es gilt dann das Gleiche wie in der vorstehenden Fallgruppe. 19c

(4) **Gericht kündigt mit Übersendung der Begründung an, zu prüfen ob es nach § 522 II ZPO entscheiden will.** Strittig ist ferner, ob eine volle 1,6-Verfahrensgebühr dann erstattungsfähig ist, wenn nach Begründung die Zurückweisung der Berufung beantragt wird oder der Anwalt des Berufungsklägers einen Schriftsatz mit Sachvortrag einreicht, das Gericht aber bereits darauf hingewiesen hatte, dass es beabsichtige, die Berufung nach § 522 II ZPO zurückzuweisen. Nach einem Teil der Rspr. sind in diesem Falle ein Zurückweisungsantrag und auch ein Sachvortrag nicht erforderlich, sodass nur eine 1,1-Verfahrensgebühr erstattungsfähig sei (Kobl AGS 07, 274 = JurBüro 06, 485 = FamRZ 06, 1472 = RVGreport 06, 431). Nach zutreffender Ansicht ist auch in diesem Fall die 1,6-Verfahrensgebühr erstattungsfähig, was der BGH jetzt auch bestätigt hat (BGH AGS 11, 44 = RVGreport 11, 69; BGH AGS 10, 513 = MDR 10, 1157 = VersR 10, 1470 = JurBüro 10, 649 = Rpfleger 11, 47 = FamRZ 10, 1652 = NJW-Spezial 10, 669 = RVGreport 10, 431; OLG Köln AGS 10, 515 = JurBüro 10, 650). Ebenso bereits OLG Celle, wonach die volle Verfahrensgebühr jedenfalls dann zu erstatten ist, wenn der Berufungsbeklagte – auch ohne dass ihm eine Frist gesetzt war – auf die Stellungnahme des Berufungsklägers zu dem Hinweisbeschluss des Gerichts erwidert hat, bevor ihm die abschließende Entscheidung des Gerichts zugegangen ist (Celle OLGR 08, 421 = NdsRpfl 08, 253). Anders wird dies bislang für den Beitritt eines Nebenintervenienten gesehen. Kündigt das Berufungsgericht bereits eine Entscheidung nach § 522 II ZPO an, soll der Nebenintervenient, der erst danach beitritt, seine Rechtsanwaltskosten nur insoweit erstattet verlangen können, als ein über das Kosteninteresse hinausgehender Sachgrund ersichtlich ist, den Berufungsbeklagten jetzt noch zu unterstützen (Kobl AGS 07, 276 = AnwBl 07, 387 = JurBüro 07, 261 = MDR 07, 866). Nach aA ist dagegen die volle 1,6-Verfahrensgebühr zu erstatten, wenn der Zurückweisungsantrag noch gestellt oder ein Schriftsatz mit Sachvortrag eingereicht wird (Kobl AGS 07, 482 u. 590 = Rpfleger 07, 115 = JurBüro 07, 89 = MDR 07, 368 = FamRZ 07, 847 = AnwBl 07, 385) . Dies ist auch richtig. Allein, dass das Gericht darauf hinweist, es sei beabsichtigt, die Berufung nach § 522 II ZPO zurückzuweisen, entbindet den Anwalt des Berufungsbeklagten nicht, die Sach- und Rechtslage zu prüfen und ggf ergänzend Stellung zu nehmen. Insoweit ist zu berücksichtigen, dass der Berufungskläger noch die Möglichkeit hat, zu dem Hinweisbeschluss Stellung zu nehmen und Aspekte vorzutragen, die das Gericht bewegen könnte, von seiner Rechtsauffassung abzurücken. Dann muss es aber dem Berufungsbeklagten zugebilligt werden, dass er ebenfalls Stellung nimmt und ggf noch weitere Argumente für eine Zurückweisung nach § 522 II ZPO vorträgt. So wird jedenfalls für den Fall, dass dem Berufungsbeklagten gleichzeitig eine Frist zur Erwiderung auf die Berufungsbegründung gesetzt wor- 19d

den ist, die volle Verfahrensgebühr als erstattungsfähig angesehen (Celle Beschl v 26.2.08–2 W 49/08).

19e (5) **Gericht kündigt erst nach Übersendung der Berufungsbegründung an, nach § 522 II ZPO entscheiden zu wollen.** Unstrittig ist wiederum der Fall, dass das Gericht erst nach Berufungserwiderung ankündigt, nach § 522 ZPO vorgehen zu wollen. In diesem Fall ist die volle 1,6-Verfahrensgebühr zu erstatten (Celle Beschl v 27.2.08–2 W 45/08; Köln MDR 10, 1222 = JurBüro 10, 650)

19f (6) **Berufung war schon vor Bestellung zurückgenommen, ohne dass der Beklagte dies wusste.** War die Berufung vor Bestellung des Anwalts des Berufungsbeklagten bereits zurückgenommen, ist die dennoch entstandene 1,1-Verfahrensgebühr nach Nrn 3200, 3201 VV RVG erstattungsfähig, da im Gegensatz zur Rücknahme der Klage bereits ein Prozessrechtsverhältnis entstanden ist.
Nimmt der Prozessbevollmächtigte des Rechtsmittelgegners nach Zustellung der Berufungsbegründung und eines Hinweisbeschlusses des Berufungsgerichts nach § 522 II ZPO für den Berufungsbeklagten Stellung, erhält er eine 1,6-Verfahrensgebühr erstattet, auch wenn zu diesem Zeitpunkt die Berufungsrücknahme schon bei Gericht vorliegt, der Berufungsbeklagte und sein Anwalt davon jedoch keine Kenntnis hatten (Köln AGS 10, 515 = JurBüro 10, 650 auch 522; Kobl AGS 05, 131 = JurBüro 05, 181 = MDR 05, 297 = AnwBl 05, 151 = Rpfleger 05, 332 = FamRZ 06, 2 = RVGreport 05, 118; Brandbg RVGreport 10, 194).
– **Erwiderung in Unkenntnis der Rücknahme.** Die volle 1,6-fache Verfahrensgebühr nach Nr. 3200 VV RVG ist vom Berufungsführer zu erstatten, wenn der Prozessbevollmächtigte des Rechtsmittelgegners sich nach der gleichzeitig erfolgten Zustellung der Berufungsbegründung und eines Hinweisbeschlusses des Berufungsgerichts nach § 522 II ZPO für den Berufungsbeklagten bestellt und hierbei zugleich unter Stellung eines Zurückweisungsantrags auf die Berufung erwidert. Dass dem Rechtsmittelgegner bzw seinem Prozessbevollmächtigten die zu diesem Zeitpunkt schon bei Gericht vorliegende Berufungsrücknahme des Rechtsmittelführers nicht bekannt ist, steht der Erstattungsfähigkeit nicht entgegen (Kobl AGS 05, 131 = JurBüro 05, 81 = MDR 05, 297 = AnwBl 05, 151 = Rpfleger 05, 332 = FamRZ 06, 2 = RVGreport 05, 118; Köln AGS 10, 515 = JurBüro 10, 650).

20 **Beweisanwalt.** Die Kosten eines zusätzlichen Beweisanwalts sind dann erstattungsfähig, wenn durch seine Einschaltung Kosten des Prozessbevollmächtigten vermieden werden, insb Reisekosten des Prozessbevollmächtigten zu auswärtigen Beweisterminen. Die Rechtsprechung nimmt eine Erstattungsfähigkeit auch dann an, wenn die Kosten des Beweisanwaltes bis 10 % über den ersparten Kosten des Prozessbevollmächtigten liegen.

21 **Beweisverfahren.** Die Kosten eines selbständigen Beweisverfahrens zählen zu den Kosten des Rechtsstreits, wenn der Gegenstand des Beweisverfahrens ganz oder tw Gegenstand des nachfolgenden gerichtlichen Verfahrens wird (BGH NJW 05, 294 = AGS 05, 24).

22 **Detektivkosten.** Detektivkosten können erstattungsfähig sein. Maßgeblich für die Erstattungsfähigkeit ist, ob sie zur zweckentsprechenden Rechtsverfolgung oder -verteidigung notwendig waren, ob also eine vernünftige Prozesspartei berechtigte Gründe hatte, eine Detektei zu beauftragen. Hinzu kommen muss, dass die Detektivkosten sich – gemessen an den wirtschaftlichen Verhältnissen der Parteien und der Bedeutung des Streitgegenstandes – in vernünftigen Grenzen halten und prozessbezogen waren, die erstrebten Feststellungen wirklich notwendig waren und die Ermittlungen nicht einfacher und/oder billiger erfolgen konnten. Die Beeinflussung des Prozessausgangs ist dabei regelmäßig ein Indiz für die Notwendigkeit (Ddorf AGS 09, 203 = FPR 09, 378).

23 **Ersatzkraft.** Muss eine Partei für die Dauer ihrer Abwesenheit infolge von Gerichtsterminen eine Ersatzkraft einstellen, sind die dadurch verursachten Kosten grds erstattungsfähig.

24 **Einvernehmensanwalt.** Beauftragt eine ausländische, im EU-Gebiet ansässige Partei neben dem ausländischen Prozessbevollmächtigten einen deutschen Einvernehmensanwalt (§ 28 EurRAG), so sind dessen Kosten neben den Kosten des ausländischen Anwalts erstattungsfähig (BGH AGS 05, 268 = AnwBl 05, 431 = JurBüro 05, 427 = GuT 05, 125; München [unter Aufgabe seiner vorherigen gegenteiligen Rspr.] JurBüro 1984, 380 = MDR 04, 841 = NJW-RR 04, 1508; EuGH NJW 04, 833 = MDR 04, 358 = RVGreport 04, 32). Die Kosten des Einvernehmensanwalts berechnen sich nach den Nrn 2200 ff VV RVG.

25 **Finanzierungsosten.** Kosten zur Prozessfinanzierung, insb ein Darlehen, das zur Finanzierung von Anwalts- und Sachverständigenkosten aufgenommen wird, können erstattungsfähig sein. Voraussetzung ist,

dass es sich um nicht unerhebliche Kosten handelt und die Partei nicht in der Lage war, diese Kosten aus ihren laufenden Einkünften aufzubringen.

Fotos. Siehe Lichtbilder. 26

Fahrtkosten. Siehe Reisekosten. 27

Fotokopien. Siehe Ablichtungen. 28

Flugreisekosten der Partei. Soweit die Teilnahme der Partei an einem Verhandlungs- und Beweistermin 29
geboten ist, sind die Kosten einer Flugreise jedenfalls insoweit erstattungsfähig, als dadurch die Kosten einer anderweitigen günstigeren Anreise vermieden worden sind. Darüber hinaus sind Flugreisekosten auch dann erstattungsfähig, wenn sie eine erhebliche Zeitersparnis mit sich bringen. Die Kosten müssen darüber hinaus in einem angemessenen Verhältnis zu der Bedeutung der Sache stehen. Dies ist bei Bagatellstreitigkeiten regelmäßig abzulehnen (BGH JurBüro 08, 8 = NJW-RR 08, 654 = AnwBl 08, 216).

Flugreisekosten des Anwalts. Die Kosten einer Flugreise sind immer dann erstattungsfähig, wenn die 30
Flugreise günstiger war als ein anderes öffentliches Verkehrsmittel oder besondere Gründe gegeben waren, die eine Flugreise erforderlich gemacht haben.
Zunächst muss also einmal festgestellt werden, ob ein anderes Verkehrsmittel überhaupt günstiger gewesen wäre. Den Flugreisekosten gegenüberzustellen sind also die Pkw-Reisekosten bzw die Kosten einer Bahnreise erster Klasse zuzüglich Reisekosten (Taxi oÄ) in Höhe der erstattungsfähigen Strecke einschließlich der Fahrt zum Abfahrtbahnhof und vom Ankunftsbahnhof zum Gericht. Gegebenenfalls ist auch noch eine Übernachtung einzubeziehen (Stuttg MDR 10, 898 = Rpfleger 10, 548 = AnwBl 10, 536 = NJW-Spezial 10, 571 = FamRZ 11, 498). Wäre ein anderes Verkehrsmittel nicht günstiger gewesen, dann sind die Flugreisekosten erstattungsfähig. Ist die Höhe der erstattungsfähigen Flugreisekosten nicht feststellbar, weil der Anwalt eine zu teure Flugverbindung gewählt hat, sind jedenfalls die bei Benutzung der ersten Klasse der Bahn anfallenden Kosten zuzüglich derjenigen einer erforderlichen Übernachtung zu erstatten (Stuttg MDR 10, 898 = Rpfleger 10, 548 = AnwBl 10, 536 = NJW-Spezial 10, 571 = FamRZ 11, 498).
Wäre eine kostengünstigere Reisemöglichkeit gegeben gewesen, sind die teureren Flugreisekosten nur notwendig und damit erstattungsfähig, wenn besondere Gründe gegeben waren, die eine Flugreise erforderlich gemacht haben. Das wiederum wird angenommen, wenn mit der Flugreise entweder eine erhebliche Zeitersparnis verbunden war oder die Entfernung sehr groß war und die Benutzung anderer Verkehrsmittel sehr umständlich gewesen wäre. Die Flugreisekosten des Prozessbevollmächtigten zum Gerichtstermin sind jedenfalls dann erstattungsfähig, wenn sich hierdurch der Zeitaufwand für die Anreise ggü einer Fahrt mit der Bahn um drei Stunden verkürzt (Hambg Rpfleger 08, 445 = JurBüro 08, 432 = MDR 08, 1428). Ein Reiseantritt vor 6.00 Uhr morgens ist idR nicht zumutbar. Der Rechtsanwalt ist nicht gehalten, angemessene Flugkosten im Falle zusätzlich notwendig werdender Kosten einer Unterbringung durch besondere Anstrengungen – etwa einer deutlich längeren Bahnfahrt – wieder zu reduzieren (Hambg AGS 11, 463). Ein kleinlicher Maßstab ist nicht anzulegen. Flugreisekosten des Anwalts sind auch dann erstattungsfähig, soweit sie in einem angemessenen Verhältnis zu den Kosten einer Bahnreise in der ersten Wagenklasse stehen (Köln AGS 10, 566 = JurBüro 10, 480 = Rpfleger 10, 549 = MDR 10, 1287 = AnwBl 10, 536).
Flugreisekosten sind in Höhe der Kosten für einen Flug in der Economy-Class erstattungsfähig, wenn die Mehrkosten der Flugreise nicht außer Verhältnis zu den Kosten der Benutzung der Bahn (erste Wagenklasse) stehen; dies ist für einen Flug von München nach Frankfurt regelmäßig der Fall (Frankf AGS 08, 409 = MDR 08, 1005 = RVGreport 08, 395).
Die Erstattungsfähigkeit notwendiger Reisekosten des Rechtsanwalts gem Abs 2 S 1 unterliegt dem Grundsatz der Kostengeringhaltung. Der Rechtsanwalt ist daher gehalten, eine möglichst günstige Flugverbindung zu wählen (Stuttg MDR 10, 898 = Rpfleger 10, 548 = AnwBl 10, 536 = NJW-Spezial 10, 571 = FamRZ 11, 498; LAG Hamburg AGS 10, 259 = JurBüro 10, 309 = RVGreport 10, 33 = JurBüro 10, 296). Ein Rechtsanwalt darf für eine Geschäftsreise zwar grds das für ihn bequemste und zeitgünstigste Verkehrsmittel wählen; er hat bei seiner Auswahl des Verkehrsmittels jedoch zu prüfen, ob die Benutzung des von ihm ausgewählten Verkehrsmittels unverhältnismäßig teuer würde. Ist das der Fall, sind die Mehrkosten unangemessen und können iRd Kostenfestsetzung nur in Höhe der günstigen Reisemöglichkeit geltend gemacht werden (Naumbg ZfBR 02, 627).
Umstritten ist, ob die Kosten einer Business-Class erstattungsfähig sind oder nur die Kosten der Economy-Class. Die Kosten der Economy-Class sind auf jeden Fall erstattungsfähig (Frankf AGS 08, 409 = MDR 08,

1005 = RVGreport 08, 395). Zum Teil wird vertreten, die Erstattungsfähigkeit von Flugreisekosten eines Prozessbevollmächtigten sei nicht auf die Kosten eines Fluges in der Economy-Class beschränkt, auch die Inanspruchnahme der Business-Class sei erstattungsfähig (Saarbr Beschl v 2.4.09 – 5 W 58/09; Hambg Rpfleger 08, 445 = JurBüro 08, 432 = MDR 08, 1428). Nach aA sind dagegen nur die Kosten der Economy-Class zu erstatten (LAG Hamburg AGS 10, 259 = JurBüro 10, 309 = RVGreport 10, 33 = JurBüro 10, 296; Hambg AGS 11, 463). Der Rechtsanwalt ist jedoch nicht verpflichtet, einen sog. „Billigflug" zu nutzen (Stuttg MDR 10, 898 = Rpfleger 10, 548 = AnwBl 10, 536 = NJW-Spezial 10, 571).

31 **Gerichtskosten.** Vorgelegte Gerichtskosten sind grds zu erstatten.

32 **Gutachten.** Die Kosten für Rechtsgutachten sind grds nicht erstattungsfähig. Sie können allenfalls bei besonderen Spezialmaterien oder bei Anwendung ausländischen Rechts erstattungsfähig sein.
Die Kosten für sonstige Gutachten sind erstattungsfähig, wenn sie verfahrensbezogen sind und die Sachkunde der Partei nicht ausreicht, um ihre Rechte hinreichend wahrzunehmen Insoweit können auch Kosten eines vorprozessualen Gutachtens erstattungsfähig sein, wenn dies prozessbezogen war. Gutachten, die vorbereitend zur Ermittlung des Schadens oder des Sachverhalts aufgewandt werden, sind dagegen nicht prozessbezogen und damit nicht erstattungsfähig.

33 **Gerichtsstandsbestimmungsverfahren.** Die Kosten eines zum Rechtsstreit gehörenden Gerichtsstandsbestimmungsverfahrens sind Kosten des Rechtsstreits und damit erstattungsfähig. Soweit das Gerichtsstandsbestimmungsverfahren eine eigene selbständige Angelegenheit ist, muss dort eine gesonderte Kostenentscheidung ergehen. Dann sind die Kosten aufgrund dieser Entscheidung zu erstatten und festzusetzen (Celle AGS 09, 474 = NJW-RR 09, 143). Siehe im Einzelnen § 37 Rz 6.

34 **Geschäftsgebühr.** Eine vorgerichtlich entstandene Geschäftsgebühr ist nicht festsetzbar, da es sich um außergerichtliche Kosten handelt (BGH AGS 06, 357 = FamRZ 06, 1114 = NJW 06, 2560 = JurBüro 06, 586; AGS 08, 158 = NJW 08, 1323 = FamRZ 08, 878 = AnwBl 08, 378 = JurBüro 08, 302).
Eine vorgerichtlich entstandene Geschäftsgebühr ist allerdings dann zu berücksichtigen, wenn sie in einem vorangegangenen Schlichtungsverfahren angefallen ist (s. Abs 4).

35 **Kopiekosten.** Siehe Ablichtungen.

36 **Hebegebühr.** Hebegebühren sind, soweit sie notwendig waren, erstattungs- und festsetzungsfähig (BGH NJW 07, 1535 = AGS 07, 212 = JurBüro 07, 253).

37 **Inkassobürokosten.** Kosten eines Inkassobüros sind grds nicht festsetzbar. Solche Kosten müssen ggf als materiell-rechtlicher Schadenersatzanspruch mit eingeklagt werden.

38 **Lichtbilder.** Die Kosten für Lichtbilder sind erstattungsfähig, wenn die Vorlage der Lichtbilder im Verfahren erforderlich war. Die Notwendigkeit solcher Lichtbilder kann sich insb dann ergeben, wenn der Zustand einer Sache, einer Wohnung oder eines Grundstücks oä zu dokumentieren ist.

39 **Mediationsverfahren.** Die Kosten eines gerichtsnahen Mediationsverfahrens sind Kosten des Rechtsstreits und daher auch erstattungsfähig (Celle NJW 09, 1219 = AGS 09, 173; Rostock JurBüro 07, 194 = RVGreport 08, 54).

40 **Meldeamtsanfrage.** Siehe Aufenthaltsermittlung.

41 **Mahnschreiben.** Die Kosten von Mahnschreiben und Mahnungen sind nicht erstattungsfähig. Es handelt sich um außergerichtliche Kosten, die als materiell-rechtlicher Schadenersatz ggf mit eingeklagt werden können.

42 **Mahnverfahren.** Die Kosten des Mahnverfahrens sind Kosten des Rechtsstreits und daher erstattungsfähig.

43 **Meldeamtsanfragen.** Siehe Aufenthaltsermittlung.

44 **Öffentliche Zustellung.** Siehe Zustellung.

45 **Privatgutachten.** Siehe Gutachten.

46 **Prozesskostenhilfe.** Die Kosten eines Prozesskostenhilfeverfahrens sind nicht erstattungsfähig (§§ 118 I 2, 120 IV). Soweit es nach Bewilligung von Prozesskostenhilfe zum gerichtlichen Verfahren kommt, gehen

diese Kosten in den Kosten des Rechtsstreits auf. Soweit Prozesskostenhilfe nicht bewilligt wird, findet eine Erstattung der dort angefallenen Kosten nicht statt. Jede Partei trägt die ihr entstandenen Kosten selbst.

Reisekosten der Partei. Die Reisekosten der Partei sind immer zu erstatten, wenn die Teilnahme am Termin notwendig war. Die durch Teilnahme an einem Gerichtstermin veranlassten Reisekosten einer Partei sind grds notwendig iSd § 91, ohne dass es darauf ankommt, ob das persönliche Erscheinen angeordnet war (Kobl AGS 10, 102 = JurBüro 10, 210 = FamRZ 10, 1104 = NJW-Spezial 10, 187; Köln JurBüro 92, 813 = VersR 93, 75 = MDR 93, 182 = Rpfleger 93, 126). Das gilt grds auch dann, wenn die Partei aus dem Ausland anreist (Kobl AGS 11, 517 = JurBüro 11, 598). Die fehlende persönliche Ladung darf nicht als Rechtfertigung genommen werden, die angefallenen Kosten als nicht notwendig abzutun. Es ist grds das Recht einer jeden Partei, an den Verhandlungsterminen ihres eigenen Rechtsstreits teilzunehmen. Dies gilt insb für einen Gütetermin, da hier die Sache aufgeklärt und mit den Parteien erörtert werden soll. Es sollen auch Vergleichsverhandlungen geführt werden. Das ist nur in Anwesenheit der Parteien möglich. Die Teilnahme an Beweisterminen ist ebenfalls grds notwendig, weil die Partei das Recht hat, hier ihr Fragerecht auszuüben und idR nur die Partei die nötige Nähe zum Sachverhalt hat, dem Zeugen oder Sachverständigen Vorhaltungen zu machen und ergänzende Fragen zu stellen. 47

Lediglich die Anreise zu Verkündungsterminen oder reinen Protokollierungsterminen ist nicht notwendig. Besteht allerdings die Möglichkeit, dass im Protokollierungstermin über eine bereits ausgehandelte Einigung nochmals verhandelt wird oder dass sich dort Fragen ergeben, ist auch die Anreise zu diesem Termin notwendig.

Grundsätzlich hat die Partei zur Anreise das günstigste Mittel zu wählen. Ein kleinlicher Maßstab ist hier jedoch nicht angebracht. Höhere Kosten, die eine erhebliche Zeitersparnis einbringen, sind daher erstattungsfähig. Siehe zB Flugkosten.

Hinsichtlich der Höhe der zu erstattenden Reisekosten verweist § 91 Abs 1 S 2 ZPO auf die Regelungen des JVEG zur Entschädigung von Zeugen. Ersetzt werden danach zunächst die Fahrtkosten der Partei (§ 5 JVEG) iHv 0,25 €/km zuzüglich sonstiger Kosten (Parkgebühren, Fähre etc). Darüber hinaus wird der Partei eine Entschädigung für Aufwand nach § 6 JVEG zugestanden. Des Weiteren werden nach § 7 JVEG sonstige Aufwendungen anlässlich der Reise oder Terminswahrnehmung ersetzt. Dazu zählen neben den in § 7 Abs 1 S 2 JVEG ausdrücklich erwähnten Kosten einer Vertretung und einer Begleitperson auch Übernachtungskosten der Partei. Neben den Reisekosten erhält die Partei auch eine Entschädigung für Verdienstausfall oder Zeitversäumnis (s. Rz 60, 62).

Eine Reise liegt immer dann vor, wenn die Partei ihren Sitz oder Wohnsitz verlassen muss. Ein Verlassen der politischen Grenzen des Wohnortes oder des Sitzes der Partei ist – im Gegensatz zu einer Geschäftsreise des Anwalts – nicht erforderlich. Die Reisekosten einer Partei sind auch dann erstattungsfähig, wenn die Reise innerhalb des Ortes stattfindet (LAG Hessen Beschl v 21.8.88 – 8 Ta 170/80; AG Limburg AGS 10, 568 = NJW-Spezial 10, 732).

Soweit das Gericht iRd gerichtsnahen Mediation einen Mediationstermin anberaumt, sind auch die durch diesen Termin verursachten Kosten grds erstattungsfähig. Zu den erstattungsfähigen vorgerichtlichen Reisekosten zählen auch Kosten für Reisen zur Teilnahme an einem Termin im Güteverfahren nach § 15a EGZPO. Ebenso können Informationsreisekosten zum Anwalt zur Vorbereitung der Klage erstattungsfähig sein.

Reisekosten des Anwalts. Siehe Rz 5. 48

Richterablehnung. Kosten im Richterablehnungsverfahren sind nicht erstattungsfähig, zumal das Richterablehnungsverfahren zum Rechtsstreit gehört. Im Beschwerdeverfahren sind dagegen die angefallenen Kosten zu erstatten. (BGH NJW 05, 2233 = AGS 05, 413 = JurBüro 05, 482). Hierzu gehören insb die Kosten des Anwalts. 49

Schlichtungsverfahren. Die Kosten eines vorgerichtlichen Schlichtungsverfahrens sind nach Abs 3 erstattungsfähig. Siehe Rz 73. 50

Schutzschrift. Die Kosten einer Schutzschrift (1,3-Verfahrensgebühr nach Nr. 3200 VV RVG) sind erstattungsfähig, selbst dann, wenn der spätere Verfügungsantrag wieder zurückgenommen wird (BGH NJW 03, 1257 = AGS 03, 272 = JurBüro 03, 369; AGS 07, 477 = JurBüro 07, 430 = MDR 07, 1163 = NJW-RR 07, 1575 = RVGreport 07, 348; AGS 08, 274 = NJW-RR 08, 1093 = JurBüro 08, 428 = RVGreport 08, 223 = AnwBl 08, 550; RVGreport 09, 265; Frankfurt AGS 08, 442 = RVGreport 08, 314). 51

52 **Strafanzeige.** Die Kosten einer Strafanzeige sind grds nicht erstattungsfähig. Sie können allerdings als materiell-rechtlicher Kostenerstattungsanspruch mit geltend gemacht werden, wenn die Strafanzeige notwendig war. So können die Kosten einer Strafanzeige beim Verkehrsunfallprozess als materiell-rechtliche Schadensposition erstattungsfähig sein, wenn die Strafanzeige nach Verkehrsunfallflucht erforderlich war, um den Verursacher zu ermitteln (LG Frankfurt JurBüro 82, 1247 = AnwBl 82, 385 = MDR 82, 759 = ZfSch 82, 299 = VersR 83, 164; KG JurBüro 83, 1251 = AnwBl 83, 563 = RuS 84, 4; Saarbr OLGR 98, 136).

53 **Streitverkündungskosten.** Die Kosten einer Streitverkündung sind nicht erstattungsfähig (KG JurBüro 06, 34 = MDR 06, 236; München MDR 89, 548 = JurBüro 89, 1121).

54 **Sachverständigenkosten.** Siehe Gutachten.

55 **Schreibauslagen.** Kosten für Schreibauslagen sind grds erstattungsfähig, also Portokosten, Kosten für Ablichtungen s. Rz 12. Ob auch Kosten für Papier, Drucker etc erstattungsfähig sind, wenn die Partei Schriftsätze selbst fertigt, ist fraglich, zumal solche Kosten idR kaum beziffert werden können.

56 **Testkaufkosten.** Testkaufkosten können erstattungsfähig sein, wenn sie Testbezogen sind (München OLGR 04, 205 = AGS 04, 363; Dresd NJW-RR 97, 573 = GRUR 97, 401).

57 **Übersetzungskosten.** Sind fremdsprachliche Urkunden zu übersetzen, so sind deren Kosten grds erstattungsfähig. Gleiches dürfte gelten, wenn die Partei der deutschen Sprache nicht hinreichend mächtig ist und sie sich die Schriftsätze und Schreiben des Gerichts und der Gegenseite übersetzen lassen muss.

58 **Übernachtungskosten der Partei.** Übernachtungskosten der Partei können erstattungsfähig sein. Das gilt insb dann, wenn eine An- und Abreise am Terminstag nicht möglich ist, also wenn die Partei bereits am Vortrag anreisen muss, um rechtzeitig zum Termin zu erscheinen oder wenn die Partei keine Gelegenheit mehr hat, nach dem Termin noch am selben Tage nachhause zu kommen.

59 **Umsatzsteuer.** Die Umsatzsteuer ist erstattungsfähig, wenn die Partei nicht zum Vorsteuerabzug berechtigt ist. Siehe hierzu § 104 I 2.

60 **Verdienstausfall.** Verdienstausfall für den allgemeinen Prozessaufwand ist nicht erstattungsfähig. Die Parteien werden auch hier nicht mit der Begründung gehört, sie hätten einen Anwalt beauftragen können, dann wären weit höhere Kosten entstanden. Verdienstausfall wird nur für die Zeitversäumnis anlässlich einer notwendigen Reise erstattet. Dies folgt aus Abs 1 S 2. Siehe Rz 62.

61 **Verweisung des Rechtsstreits.** Die vor Verweisung des Rechtsstreits anfallenden Kosten sind Kosten des Rechtsstreits und daher zu erstatten. Gegebenenfalls sind die Kosten nach § 281 III auszutrennen und vorab gesondert derjenigen Partei aufzuerlegen, die das unzuständige Gericht angerufen hat.

62 **Zeitversäumnis.** Die Kosten der Zeitversäumnis der Partei für die Vorbereitung und Bearbeitung des Rechtsstreits sind nicht erstattungsfähig. Die Kosten für Zeitversäumnis sind nur iRe Reise oder für die Teilnahme an Terminen erstattungsfähig (Abs 2 S 2). Das gilt auch für die Teilnahme eines Geschäftsführers am Gerichtstermin (BGH AGS 09, 100 = MDR 09, 230 = AnwBl 09, 239 = Rpfleger 09, 274 = JurBüro 09, 141 u. 277 = NJW 09, 1001 = RVGreport 09, 113).

Die Höhe der Entschädigung richtet sich gem § 91 Abs 1 S 2 Hs 2 ZPO nach den für die Entschädigung von Zeugen geltenden Vorschriften, also den §§ 20 ff JVEG. Die Entschädigung für Zeitversäumnis beträgt nach § 20 Hs 1 JVEG 3,00 EUR je Stunde, soweit weder für einen Verdienstausfall noch für Nachteile bei der Haushaltsführung eine Entschädigung zu gewähren ist. Ausgeschlossen ist eine Entschädigung, wenn der Partei durch die Reise oder die Terminswahrnehmung ersichtlich kein Nachteil entstanden ist (§ 20 Hs 2 JVEG). Soweit die Partei einen eigenen Haushalt für mehrere Personen (also außer für sich selbst noch für eine weitere Person, Ehemann, Lebenspartner, Kind oder Elternteil etc.) zu führen hat, erhält sie für ihre Zeitversäumnis eine Entschädigung. Soweit sie eine Vertretung beauftragt, erhält sie deren Kosten nach § 7 Abs. 1 JVEG in konkreter Höhe erstattet. Eine weitere Entschädigung nach § 21 S 1 JVEG kommt daneben nicht in Betracht (§ 21 S 2 JVEG).Wird keine konkrete Entschädigung nach § 7 Abs. 1 JVEG geltend gemacht, erhält die Partei eine Entschädigung iHv 12,00 EUR je Stunde (§ 21 S 1 JVEG). Bei einer teilzeitbeschäftigten Partei wird eine Entschädigung für höchstens zehn Stunden je Tag gewährt abzgl der Zahl an Stunden, die der vereinbarten regelmäßigen täglichen Arbeitszeit entsprechen (§ 21 S 2 JVEG).

Da § 91 II 2 ZPO für einen Anspruch auf Entschädigung nur auf die entstandene Zeitversäumnis abstellt, ist für einen Entschädigungsanspruch nicht erforderlich, dass ein konkreter Verdienstausfall nachgewiesen wird. Es reicht vielmehr aus, dass die Zeitversäumnis einen messbaren Nachteil für die Partei mit sich bringt.

Zeugenauslagen. Soweit ein Beteiligter Auslagen eines Zeugen erbringt, sind diese Kosten erstattungsfähig. Dies gilt immer dann, wenn der Zeuge gehört worden ist, weil sich dann die Notwendigkeit bereits aus der Vernehmung ergibt. Aber auch Zeugen, die lediglich gestellt, aber nicht gehört worden sind, können erstattungsfähig sein, wenn die Gestellung des Zeugen aus Sicht der Partei geboten war. Dass es zB wegen Abschluss eines Vergleichs nicht mehr zur Anhörung des Zeugen gekommen ist, ist unerheblich. Zu fragen ist dann, ob die Anhörung des Zeugen im Falle der streitigen Fortsetzung des Verfahrens durchgeführt worden wäre. 63

Da die Zeugen grds vom Gericht geladen werden, betrifft dies ohnehin nur die Fälle, in denen eine Partei kurzfristig einen präsenten Zeugen zum Termin stellt und für dessen Auslagen aufkommt. Wird der Zeuge gehört, hat er ohnehin einen Anspruch gegen die Staatskasse. Erstattungsfähig sind die von einer Partei vorgelegten Zeugenaussagen auch dann, wenn die Partei auf Auslagen verzichtet hat, nämlich dann, wenn der Auslagenverzicht im Hinblick darauf erklärt worden ist, dass die Partei die Kostenübernahme zugesagt hat.

Zinsen. Siehe Finanzierungskosten. 64

Zustellungskosten. Die Kosten einer öffentlichen Zustellung sind erstattungsfähig, ebenso die Kosten einer Zustellung durch Vermittlung des Gerichtsvollziehers, wenn insoweit ein besonderes Interesse besteht, etwa bei Vollziehung einer einstweiligen Verfügung. 65

D. Anwalt in eigener Sache. Vertritt sich ein Rechtsanwalt in eigener Sache selbst, so entstehen keine Gebühren und Auslagen nach dem RVG. Voraussetzung für einen Gebührenanspruch wäre ein Anwaltsvertrag, der hier aber nicht vorliegt. Der sich selbst vertretende Anwalt schließt nicht mit sich selbst einen Anwaltsvertrag. Daher sind die Vorschriften des RVG zunächst einmal nicht anwendbar. Ein Anwalt in eigener Sache könnte danach lediglich Kostenerstattung wie eine Partei verlangen. Um diese »Lücke« zu schließen, schafft Abs 2 S 3 einen Kostenerstattungsanspruch. Der sich selbst vertretende Anwalt erhält diejenigen Gebühren und Auslagen – gemeint ist nach dem RVG – erstattet, die er als Gebühren und Auslagen eines bevollmächtigten Rechtsanwalts erstattet verlangen könnte. Es ist also danach zu fragen, welche Gebühren und Auslagen der Anwalt hätte erstattet verlangen können, wenn er sich nicht selbst vertreten hätte, sondern die Vertretung einem Kollegen übertragen hätte. 66

Unerheblich ist, ob der Anwalt die Vertretung in eigener Sache offengelegt hat (LG Nürnberg-Fürth AnwBl 00, 324).

Abs 2 S 3 gilt auch dann, wenn der Anwalt als Partei kraft Amtes aufgetreten ist (LSG Baden Württemberg MDR 95, 1152 = AnwBl 96, 171). Die Vorschrift gilt ebenfalls für einen **Rechtsbeistand** entsprechend. Er kann in eigener Sache die gleiche Vergütung verlangen wie ein bevollmächtigter Anwalt (Hamm AGS 02, 124 = OLGR 02, 246). Auch für einen Rechtslehrer aD sind analog Abs 2 S 3 die Kosten bis zur Höhe der sonst anfallenden Rechtsanwaltsvergütung festzusetzen (AG Starnberg RVGreport 08, 320; AG Tempelhof-Kreuzberg AGS 10, 516). Für den **Patentanwalt** gilt die Vorschrift dagegen nicht. Er kann in eigener Sache keine Kostenerstattung geltend machen (BayVerfGH NJW 93, 2794; München AnwBl 93, 289). Einem **Inkassounternehmen**, das abgetretene Forderungen in eigenem Namen geltend macht, kann auch dann nicht die Erstattung fiktiver Anwaltskosten nach Abs 2 S 3 verlangen, wenn ihm die Erlaubnis zur Besorgung fremder Rechtsangelegenheiten erteilt worden ist (Hambg JurBüro 98, 545 = MDR 98, 1374).

Die Vorschrift des Abs 2 S 3 gilt grds in allen Verfahren in denen sich die Kostenerstattung nach § 91 richtet. Keine Anwendung findet sie, daher in den Verfahren, in denen eine Kostenerstattung ausgeschlossen ist, wie etwa im Prozesskostenhilfeprüfungsverfahren (§§ 118 I 4, 127 IV) oder im Verfahren über eine Streitwertbeschwerde (§ 68 III 2 GKG). Sie gilt auch nicht in einem berufsrechtlichen Verfahren (BGH JurBüro 03, 207); ebenso wenig in Verfahren der freiwilligen Gerichtsbarkeit (hier: Spruchstellenverfahren, BayObLG Rpfleger 06, 571 = NJW-RR 07, 773; München MDR 07, 746 = AG 07, 411).

Hinsichtlich des Umfangs der zu erstattenden Kosten gelten die gleichen Grundsätze wie bei tatsächlicher Fremdvertretung. Zu beachten sind allerdings einige Besonderheiten.

67 **Fristwahrende Berufung.** Ein Anwalt, der sich selbst vertritt, erhält keine Verfahrensgebühr für das Berufungsverfahren erstattet, wenn die Berufung des Prozessgegners nur fristwahrend eingelegt und innerhalb der Begründungsfrist zurückgenommen worden ist (BGH AGS 08, 155 = NJW 08, 1087 = JurBüro 08, 205; aA Ddorf AGS 09, 461 = MDR 10, 115 = NJW-Spezial 09, 651). Bei einer nicht rechtskundigen Partei sind die Kosten eines beauftragten Anwalts in diesem Fall nur deshalb erstattungsfähig, weil sie in einer als risikobehaftet empfundenen Situation eine anwaltliche Vertretung für erforderlich halten darf. Ein Anwalt, der sich selbst vertritt, empfindet die Situation nicht in gleicher Weise als risikobehaftet und bedarf keines Rates. Dafür, Information und Beratung zu fingieren, besteht keinerlei Anlass.

68 **Mehrere Anwälte.** Vertreten sich mehrere Anwälte in eigener Sache selbst, so kann grds nicht jeder von ihnen die Erstattung derjenigen Kosten verlangen, die entstanden wären, wenn er einen eigenen Anwalt beauftragt hätte. Vielmehr sind grds insgesamt nur die Kosten eines gemeinsamen Anwalts erstattungsfähig (BGH NJW 07, 2257 = AGS 07, 541 = JurBüro 07, 490; Düsseldorf JurBüro 07, 263 = MDR 07, 747). Nur dann, wenn hinsichtlich ihrer Rechtsverteidigung Interessenkonflikte zwischen ihnen bestanden oder zu erwarten waren, kann die jeweilige Eigenvertretung mehrerer Anwälte erstattungsfähig sein. Dies kann etwa der Fall sein, wenn sich eine Klage gegen mehrere Anwälte einer zwischenzeitlich aufgelösten Sozietät richtet.

69 **Reisekosten.** Nimmt der Anwalt einen auswärtigen Termin war, so sind seine Reisekosten erstattungsfähig. Ein Rechtsanwalt ist nicht gehalten, darauf zu verzichten, sich vor einem auswärtigen Prozessgericht selbst zu vertreten, und stattdessen einen dort zugelassenen Rechtsanwalt mit seiner Prozessvertretung zu beauftragen (BGH AGS 03, 276 = JurBüro 03, 426).

70 **Übergangsrecht.** In Übergangsfällen (§§ 60, 61 RVG) ist mangels eines Auftrags aus Praktikabilitätsgründen auf das erste Tätigwerden des Anwalts in eigener Sache abzustellen. Abzustellen ist auf die erste Tätigkeit im Rechtsstreit. Es kommt es nicht auf das Datum der Zustellung an. Auch dann wenn die Zustellung vor der Gebührenänderung erfolgt, rechtfertigt dies nicht die Anwendung alten Rechts, wenn der Anwalt nach der Gebührenänderung mit seiner prozessbezogenen Tätigkeit begonnen hat. Ebenso wenig rechtfertigt eine vorgerichtliche Anwaltstätigkeit vor Änderung des Gebührenrechts die Anwendung alten Gebührenrechts für die Berechnung von Gebühren im gerichtlichen Verfahren (so München AGS 05, 342 mit Anm *N. Schneider* = RVGreport 05, 301)

71 **Umsatzsteuer.** Die gesetzliche Regelung ist eindeutig. Umsatzsteuer ist nach dem RVG ein Auslagentatbestand (Nr 7008 VV), so dass es also zunächst einmal darauf ankommt, ob bei einem bevollmächtigten Anwalt Umsatzsteuer angefallen wäre. Das wird grds der Fall sein, so dass sich dann die Frage des § 104 Abs 2 S 3 anschließt, ob eine Vorsteuerabzugsberechtigung gegeben ist.

Handelt es sich um einen **betriebsbezogenen Rechtsstreit**, wäre die Umsatzsteuer eines bevollmächtigten Anwalts nicht erstattungsfähig, so dass sie auch nach Abs 2 S 3 erstattet verlangt werden kann. Die Rechtsprechung stellt zT darauf ab, dass bei einer Eigenvertretung keine Umsatzsteuer anfalle und sich daher die Erstattungsfrage nicht stelle (zuletzt Saarbr OLGR 09, 254), was im Hinblick auf die Regelung des Abs 2. S 3 jedoch nicht zutr ist, aber idR zum selben Ergebnis führt.

Handelt es sich um eine private Angelegenheit des Rechtsanwalts, dann würde ein bevollmächtigter Rechtsanwalt Umsatzsteuer abrechnen. Diese wäre auch erstattungsfähig. Vertritt der Anwalt sich selbst und erklärt er, nicht zum Vorsteuerabzug berechtigt zu sein, dann ist die Umsatzsteuer auch erstattungsfähig (BGH AGS 03, 276 = JurBüro 03, 426). Die Rspr. verkennt an dieser Stelle häufig, dass auch die Tätigkeit eines Anwalts in einer eigenen privaten Sache, also nicht betriebsbezogen, umsatzsteuerpflichtig ist (AnwK-RVG/*N. Schneider* Nr 7008 VV RVG Rn 71).

72 **Verkehrsanwalt.** Zusätzliche Kosten eines Verkehrsanwalts können iRd Abs 2 S 3 nicht geltend gemacht werden. Insbesondere kann der Anwalt in eigener Sache nicht Verkehrsanwalt sein (Frankf NJW 72, 1328; Rostock MDR 01, 115 = JurBüro 01, 194; AnwK-RVG/*N. Schneider* Nr 3400 Rn 23).

73 **E. Kosten eines Güteverfahrens.** Die Kosten eines vorgerichtlichen Güteverfahrens sind keine Kosten des Rechtsstreits, weil es sich bei dem Güteverfahren um außergerichtliche Tätigkeiten handelt. Da in vielen Fällen Güteverfahren vorgeschrieben sind, so zB nach § 15a EGZPO, ordnet Abs 3 an, dass die Kosten eines solchen Verfahrens als Kosten des Rechtsstreits gelten und je nach Kostenquote von der unterliegenden Partei dann auch zu erstatten sind.

Voraussetzung ist, dass zwischen der Beendigung des Güteverfahrens und der Klageerhebung nicht mehr als ein Jahr verstrichen ist. Ist diese Frist versäumt, dann zählen die Kosten nicht mehr zum gerichtlichen Verfahren.
Unabhängig von der Regelung des Abs 3 können Kosten eines vorgerichtlichen Güteverfahrens als materiell-rechtlicher Schaden mit eingeklagt werden.
Nicht zu verwechseln mit einem Güteverfahren ist das gerichtliche Mediationsverfahren. Dieses zählt mit zum gerichtlichen Verfahren, so dass insoweit bei der Kostenerstattung keine Probleme auftreten.
Voraussetzung für die Kostenerstattung ist, dass der Gegenstand des Schlichtungsverfahrens und der Streitgegenstand des Rechtsstreits übereinstimmen (Ddorf AGS 09 352 = JurBüro 09, 366). Des Weiteren muss das Güteverfahren vor Rechtshängigkeit durchgeführt worden ist. Güteverfahren, die nach Rechtshängigkeit durchgeführt werden, fallen nicht unter Abs 3 (Ddorf AGS 09 352 = JurBüro 09, 366), so dass sie vom prozessualen Kostenerstattungsanspruch nicht gedeckt sind. Insoweit kann lediglich ein materiell-rechtlicher Kostenerstattungsanspruch geltend gemacht werden
Umstritten ist die Reichweite der Regelung des Abs 3. Eindeutig ist, dass sich Abs 3 auf die von der betreffenden Gütestelle erhobenen Kosten (Gebühren und Auslagen) erstreckt. Diese bestimmten sich idR nach dem jeweiligen Landesrecht. Hinsichtlich der Parteikosten (Reisekosten, Zeitversäumnis) und Anwaltskosten wird zT vertreten, dass diese nicht unter Abs 3 fallen (Musielak/*Wolst* § 91 Rn 34). Dies dürfte jedoch unzutreffend sein. Insbesondere dann, wenn das Gesetz vorschreibt, dass ein Güte- oder Schlichtungsverfahren vorher durchzuführen ist, sind diese Kosten als Vorbereitungskosten zwingend notwendig, so dass Sinn und Zweck der Vorschrift dafür spricht, diese auch in die Kostenerstattung aufzunehmen (Karlsr AGS 09, 98 = JurBüro 08, 538; LG Freiburg AGS 09, 99, Köln AGS 10, 46; Ddorf AGS 09, 352 = JurBüro 09, 366; AG Schwäbisch Gmünd AGS 10, 45). Hinzu kommt, dass dadurch eine Mehrarbeit der Gerichte vermieden wird, da die Kosten andernfalls als materiell-rechtlicher Schadenersatzanspruch stets mit eingeklagt werden müssten.
Gleiches gilt aber auch bei Güteverfahren, die freiwillig sind. Solche Verfahren dienen der Prozessvermeidung. Bemüht sich aber eine Partei darum, den Rechtsstreit zu vermeiden, indem sie zuvor eine Gütestelle in Anspruch nimmt, dann wäre es unbillig, ihr die Erstattung dieser Kosten im nachfolgenden Rechtsstreit zu versagen, wenn das Güteverfahren keinen Erfolg gehabt hat (aA LG Mönchengladbach JurBüro 03, 207 = AnwBl 03, 313, weil ein solcher Schlichtungsversuch unter dem Gesichtspunkt einer kostensparenden Prozessführung zur zweckentsprechenden Rechtsverfolgung nicht notwendig sei).

F. Rückfestsetzung (Abs 4). Die Vorschrift des Abs 4 ist durch das JuMoG v 2.7.04 eingefügt worden. Eine 74
entsprechende Verfahrensweise war bis dato bereits herrschende Praxis. Die Vorschrift dient letztlich der Entlastung der Gerichte.
Insoweit wird klargestellt, dass zu den Kosten des Rechtsstreits i.S.d. Abs 1 auch solche Kosten zählen, die eine Partei der anderen Partei im Verlaufe des Rechtsstreits gezahlt hat (Ddorf AGS 11, 409 = JurBüro 10, 649 = MDR 11, 189). Hatte der nach der vorläufigen Festsetzung erstattungspflichtige Schuldner die festgesetzten Kosten bereits gezahlt, kann er diese zurückverlangen, soweit sie nach der neuen Kostentscheidung nicht (mehr) geschuldet sind. Dieser Rückzahlungsanspruch kann im **vereinfachten Verfahren** nach den §§ 103 ff ZPO festgesetzt werden.
Bis zur Einführung des Abs 4 hatte die Rechtsprechung eine Rückfestsetzung überwiegend in entsprechender Anwendung des § 717 II zugelassen und war somit zu gleichen Ergebnissen gekommen. Auf diese ältere Rechtsprechung kann allerdings nur eingeschränkt zurückgegriffen werden.
Bedeutung hat diese Rückfestsetzung, wenn aufgrund eines vorläufig vollstreckbaren Urteils eine Kostenfestsetzung erfolgt ist und das Urt im weiteren Verlauf des Verfahrens (etwa im Nachverfahren oder im Verfahren nach Einspruch oÄ) oder in höherer Instanz (Berufung oder Revision) einschließlich der Kostenentscheidung **abgeändert** oder **aufgehoben** wird, sodass die frühere Kostenfestsetzung unzutreffend geworden ist. Gleiches gilt, wenn die Parteien im weiteren Verlauf des Verfahrens einen **gerichtlichen Vergleich** mit einer abweichenden Kostenregelung geschlossen haben. Anlass zur Rückfestsetzung kann auch ein **gerichtlicher Gesamtvergleich in einem anderen Verfahren** sein, wenn dort auch die Kosten des betreffenden Verfahrens mit geregelt worden ist (München JurBüro 05, 598 = NJW-RR 06, 72).
Die Vorschrift des Abs 4 ist entsprechend anwendbar, wenn eine Kostenfestsetzung aufgrund einer **nachträglichen Streitwertänderung** unzutreffend geworden ist (§ 107 I).

Die Rückfestsetzung ist unabhängig vom Zeitpunkt der Anhängigkeit oder Beendigung des Verfahrens. Einer Kostenrückfestsetzung steht auch nicht entgegen, dass sie vor dem Inkrafttreten des Justizmodernisierungsgesetzes am 1.9.04 abgelehnt worden ist (BGH NJW-RR 05, 79 = RVGreport 04, 475).
Eine Rückfestsetzung kommt nur hinsichtlich der **Kosten** in Betracht, nicht hinsichtlich sonstiger gezahlter Beträge.
Zinsen, die auf den später wirkungslos gewordenen ursprünglichen Kostenfestsetzungsbeschluss gezahlt worden sind, können ebenfalls rückfestgesetzt werden (Zweibr JurBüro 04, 657 = OLGR 05, 94).
Die Partei, die Rückfestsetzung beantragt, muss Kosten i.S.d. Abs 1 an den Gegner **gezahlt** haben. Unerheblich ist, welche Kosten sie hätte zahlen müssen. Eine Rückfestsetzung kommt nur hinsichtlich der tatsächlich gezahlten Kosten in Betracht. Ebenso ist es für den Rückfestsetzungsanspruch unerheblich, ob die Zahlung unter Vorbehalt erfolgt ist oder nicht (München JurBüro 05, 598 = NJW-RR 06, 72).Nicht erforderlich ist, dass die Kosten, die gezahlt worden sind, festgesetzt waren, auch wenn dies der Regelfall sein wird. Zwingend ist dies aber nicht.
Die Rückfestsetzung erfolgt nur auf **Antrag** nach § 103 I.

75 Nach Inkrafttreten des Abs 4 könnte man daran denken, dass hinsichtlich des Rückzahlungsanspruchs **Glaubhaftmachung** ausreicht (§ 104 III). Das würde allerdings dem Grundsatz widersprechen, dass eine materiell-rechtliche Prüfung im Kostenfestsetzungsverfahren grds nicht durchzuführen ist. Daher sind gezahlte Beträge nur dann zu berücksichtigen, wenn sie unstr sind. Im Übrigen ist die Partei auf eine Zahlungsklage zu verweisen.
Eine Rückfestsetzung scheitert dagegen nicht, wenn der Gegner dem Rückzahlungsanspruch Einwendungen entgegen setzt, wie z.B. eine Aufrechnung. Dem Rückfestsetzungsanspruch können **materiell-rechtliche Einwendungen** grds nicht entgegengehalten werden (München JurBüro 05, 598 = OLGR 05, 817 = NJW-RR 06, 72). Materiell-rechtliche Einwände werden ggü dem Rückfestsetzungsantrag nur berücksichtigt, wenn sie unstr oder offenkundig sind.
Daher setzt eine **Aufrechnung** gegen die nach Abs 4 mögliche Rückfestsetzung von Kosten eine unstreitige Aufrechnungslage voraus (Frankfurt/M. AGS 08, 621 = JurBüro 07, 366 = MDR 07, 920 = RVGreport 07, 394). Die früher vertretene Gegenauffassung (Kobl JurBüro 85, 1883; Ddorf JurBüro 81, 1407 = Rpfleger 81, 409 = VersR 82, 102) ist seit Einführung des Abs 4 nicht mehr vertretbar. Bei den rückfestzusetzenden Beträgen handelt es sich um Kosten i.S.d. Abs 1 (Abs 4). Hinsichtlich dieses Kostenerstattungsanspruchs sind materiell-rechtliche Einwendungen grds ausgeschlossen. Soweit die tatsächlichen Voraussetzungen eines materiell-rechtlichen Einwands gegen den Rückzahlungsanspruch feststehen, kann dieser allerdings auch im Verfahren der Rückfestsetzung berücksichtigt werden (LAG Rheinland-Pfalz AE 10, 117 (hier: umfassender Vergleich in einem Parallel-Verfahren).
Soweit einerseits gezahlte Kosten zurückzuzahlen, andererseits aber weitere Kosten des Gegners entstanden sind, können die jeweiligen Ansprüche nach § 106 **ausgeglichen** werden.
Das Gericht hat auf Antrag auszusprechen, dass die rückfestgesetzten Kosten nach § 104 I 2 **zu verzinsen** sind (Zweibr JurBüro 04, 657 = OLGR 05, 94; Kobl JurBüro 12, 1231 = NJW-Spezial 11, 701). Eine Verzinsung kann erst ab Eingang des Rückfestsetzungsantrags verlangt werden (§ 104 I 2 ZPO).
Da die Rückfestsetzung der einfachere und billigere Weg zur Erlangung eines Rückzahlungstitels ist, fehlt es für eine gleichgerichtete Zahlungsklage am **Rechtsschutzbedürfnis**, solange eine Rückfestsetzung nach Abs 4 in Betracht kommt. Eine gleichwohl erhobene Klage ist unzulässig (Ddorf AGS 11, 409 = JurBüro 10, 649 = MDR 11, 189).
Aufgrund der Verweisung des § 107 III auf § 104 III 3 ZPO ist eine Rückfestsetzung auch nach einer **Streitwertänderung** möglich. Sind also aufgrund einer gerichtlichen Wertfestsetzung Kosten festgesetzt worden und wird nach Herabsetzung des Streitwertes gem. § 107 I neu festgesetzt, dann kann die erstattungspflichtige Partei zuviel gezahlte Beträge rückfestsetzen lasen.

§ 91a Kosten bei Erledigung der Hauptsache.

(1) [1]Haben die Parteien in der mündlichen Verhandlung oder durch Einreichung eines Schriftsatzes oder zu Protokoll der Geschäftsstelle den Rechtsstreit in der Hauptsache für erledigt erklärt, so entscheidet das Gericht über die Kosten unter Berücksichtigung des bisherigen Sach- und Streitstandes nach billigem Ermessen durch Beschluss. [2]Dasselbe gilt, wenn der Beklagte der Erledigungserklärung des Klägers nicht innerhalb einer Notfrist von zwei Wochen seit der Zustellung des Schriftsatzes widerspricht, wenn der Beklagte zuvor auf diese Folge hingewiesen worden ist.

(2) [1]Gegen die Entscheidung findet die sofortige Beschwerde statt. [2]Dies gilt nicht, wenn der Streitwert der Hauptsache den in § 511 genannten Betrag nicht übersteigt. [3]Vor der Entscheidung über die Beschwerde ist der Gegner zu hören.

Inhaltsübersicht

	Rz
A. Allgemeines	1
I. Normzweck	1
II. Anwendungsbereich	3
B. Erledigendes Ereignis	7
I. Allgemeines	7
II. Einzelfälle	9
C. Übereinstimmende Erledigungsklärung	17
I. Erklärung	17
II. Zeitpunkt der Erledigungserklärung und des erledigenden Ereignisses	23
III. Wirkung	25
IV. Kostenentscheidung	27
1. Verfahren und Form	27
2. Bisheriger Sach- und Streitstand	29
3. Billigkeitserwägungen	30
V. Streitwert	37
VI. Rechtsmittel und Rechtskraft	38
D. Teilweise übereinstimmende Erledigungserklärung	41
E. Einseitige Erledigungserklärung des Klägers	45
I. Rechtsnatur/Wirkung	45
II. Form und Zeitpunkt der Erklärung	49
III. Zeitpunkt der Erledigung	51
IV. Verhältnis zu § 269 III 3	54
V. Verfahren und Entscheidung	56
VI. Rechtsmittel und Rechtskraft	59
VII. Streitwert	61
F. Teilweise einseitige Erledigungserklärung des Klägers	63
G. Einseitige Erledigungserklärung des Beklagten	64
H. Erledigungserklärung zwischen den Instanzen und in der Rechtsmittelinstanz	65
I. Erledigung zwischen den Instanzen	65
II. Erledigung in der Rechtsmittelinstanz	66
III. Erledigung des Rechtsmittels	68
I. Hilfsanträge zur Erledigung	70
I. Hilfsanträge des Klägers	70
II. Hilfsanträge des Beklagten	72
III. Übereinstimmende Hilfsanträge	73
J. Gebühren und Kosten	74
K. Sonderfälle	75

A. Allgemeines. I. Normzweck. Wird eine ursprünglich zulässige und begründete Klage durch ein nachträgliches Ereignis unzulässig oder unbegründet, droht dem Kl Klageabweisung mit der Folge der Kostenlast (§ 91). Um dies zu vermeiden, könnte er zwar die Klage zurücknehmen (§ 269 I) oder auf den geltend gemachten Anspruch verzichten (§ 306). In beiden Fällen verbliebe es – bei Reduzierung der Verfahrensgebühr gem Nr 1211 GKG-KV – jedoch bei seiner grds Kostentragungspflicht (§ 91 bzw § 269 III 2 Hs 1). Dies kann insb dann zu Unbilligkeiten führen, wenn das nachträglich eingetretene Ereignis nicht aus der Sphäre des Klägers, sondern des Beklagten stammt, etwa wenn der Bekl die Forderung nach Klageerhebung erfüllt. § 91a ermöglicht dem Gericht eine Kostenentscheidung nach Billigkeitsgesichtspunkten unter Berücksichtigung des bisherigen Sach- und Streitstandes, wenn die Parteien den Rechtsstreit in der Hauptsache übereinstimmend für erledigt erklären (zur Entstehungsgeschichte vgl *Schumann* FS Vollkommer 06, 155 ff). Die Vorschrift dient damit in erster Linie der Kostengerechtigkeit. Darüber hinaus dient sie aber auch der Prozessökonomie, da Entscheidungsgrundlage grds der »bisherige Sach- und Streitstand« ist, so dass neues Vorbringen nur eingeschränkt zu berücksichtigen ist und eine Beweisaufnahme idR ausscheidet (s. Rz 29). 1

Zu unterscheiden sind übereinstimmend und einseitig erklärte Erledigung vor und nach Rechtshängigkeit sowie umfassende und tw Erledigung. Die Problematik der Erledigung des Rechtsstreits in der Hauptsache ist in § 91a nur unvollständig, nämlich lediglich für den Fall übereinstimmender und umfassender Erledigungserklärungen (Rz 17 ff) geregelt, wobei bereits hier vieles umstr ist. Für die Folgen einseitiger (Rz 45 ff) oder nur teilweiser (Rz 41 bzw 63) Erledigungserklärungen haben Rspr und Lehre hieran anknüpfend Voraussetzungen und Rechtsfolgen geregelt, die zT jedoch ebenfalls sehr umstr sind. 2

II. Anwendungsbereich. Die Vorschrift und die zu ihr entwickelten Grundsätze der Erledigung des Rechtsstreits gelten zunächst für alle kontradiktorischen Verfahren der ZPO, die der Dispositionsmaxime unterliegen und mit einer selbständigen Entscheidung über eine Hauptsache und die Kosten enden. Darunter fallen neben dem Urteilsverfahren folgende Verfahren: **Arrest und einstweilige Verfügungen**, das **Zwangsversteigerungsverfahren**, soweit es sich um ein kontradiktorisches Verfahren handelt und nicht § 788 vorgeht (BGHZ 170, 378 = NJW 07, 2993), der Zwischenstreit (zB nach § 71 – Oldbg VersR 66, 3

1173), das Richterablehnungsverfahren (Rostock NJW-RR 07, 429) und das **Zwangsvollstreckungsverfahren**, soweit nicht die speziellere Vorschrift des § 788 vorgeht, insb Erinnerungen nach § 766 (LG Frankenthal Rpfleger 84, 361), Pfändungsverfahren (LG Fulda Rpfleger 93, 172), Verfahren nach § 794a (BGH NJW-RR 09, 422; LG Waldshut Tiengen WuM 93, 621), Verfahren nach § 765a (BGH WuM 10, 250; aA Ddorf NJW-RR 96, 637: § 788 III ist spezieller) und die Verfahren nach §§ 887, 888, 890 (BGH WuM 05, 139; Karlsr FamRZ 10, 1839; BayObLG NJW-RR 97, 489; München MDR 91, 357; aA Braunschw JurBüro 99, 46 für § 887). Eine differenzierte Betrachtungsweise gilt für das **Mahnverfahren** (Rz 79). Im **selbständigen Beweisverfahren** findet § 91a keine Anwendung (Rz 80). Das **Kostenfestsetzungsverfahren** nach §§ 103 ff kann selbst nicht für erledigt erklärt werden, da dort keine Kostengrundentscheidung ergeht. Eine Erledigungserklärung kommt aber im Beschwerdeverfahren in Betracht (BGH NJW 09, 234; KG KGR 09, 592; Rz 66 ff). Die Grundsätze zur Erledigung gelten in allen Rechtszügen, wobei streng zwischen Erledigung der Hauptsache und des Rechtsmittels zu trennen ist (vgl Rz 68). Nicht anwendbar ist § 91a im **Vorabverfahren über den Rechtsweg** (BGH NJW-RR 01, 1007). Im Verfahren der **Vollstreckbarerklärung eines ausländischen Titels** kommt eine Erledigung der Hauptsache allenfalls in Betracht, wenn sich das erledigende Ereignis erst im Beschwerderechtszug verwirklicht (BGH NJW-RR 10, 571). Auch im **PKH-Verfahren** ist für eine Erledigungserklärung kein Raum, sofern die Klage nicht rechtshängig geworden ist (BGH FamRZ 09, 1663). Das gilt auch dann, wenn die Klage zugleich mit dem PKH-Antrag eingereicht wurde und noch vor ihrer Zustellung für erledigt erklärt wird (Karlsr FamRZ 97, 220; Brandbg MDR 00, 1393; Hamm FamRZ 00, 1514). Zur Anwendbarkeit im Zuständigkeitsbestimmungsverfahren vgl KG KGR Berlin 05, 885; München 30.3.11 – 34 AR 201/10).

4 § 91a gilt auch in Verfahren, in denen die ZPO entsprechend anzuwenden ist, wie etwa das **Patentnichtigkeitsverfahren** (BGH GRUR 84, 339), das **Gebrauchsmusterlöschungsverfahren** (sowohl vor dem deutschen Patentamt als auch vor dem Bundespatentgericht – BGHZ 135, 61 = NJW 97, 3241), das **Patent-Rechtsbeschwerdeverfahren** (BGH NJW-RR 94, 381; zur Erledigung im Einspruchsverfahren vgl *Hövelmann* GRUR 07, 283) und das **Kartellverwaltungsstreitverfahren** (BGH NJW-RR 06, 1341; WRP 08, 252; aA München GRUR 87, 316). Zum Prüfungsmaßstab bei einseitiger Erledigungserklärung vgl BGH NJW-RR 87, 1272; Rz 48.

5 In der **freiwilligen Gerichtsbarkeit** und dem Verfahren nach dem FamFG (zur Erledigung dort s. Rz 77) findet § 91a auch in sog echten Streitverfahren keine Anwendung. Soweit eine Kostenentscheidung ergeht, richtet diese sich nach § 83 II iVm § 81 FamFG (Schulte-Bunert/Weinreich/*Brinkmann* § 22 Rn 18). Etwas anderes gilt für Ehesachen und Familienstreitsachen, in denen § 91a über § 113 I FamFG entspr Anwendung findet. Dem § 91a vorgehende Sonderregelungen enthalten insoweit die §§ 131, 132, 150 (vgl Rz 32), §§ 181, 183 und § 243 FamFG (vgl Rz 81). Entspr Anwendung findet § 91a auch in den Verwaltungsstreitverfahren nach der BRAO und der BNotO (BGH MDR 09, 896;; BGHZ 50, 197 und BGH DNotZ 67, 330).

6 Aufgrund dessen kontradiktorischen Charakters findet § 91a auch im **Insolvenzeröffnungsverfahren** Anwendung (BGH NJW 02, 515, 516 und NJW-RR 05, 418; Köln NZI 01, 318 und näher Rz 78). Gleiches gilt für das Gesamtvollstreckungsverfahren, wenn der Schuldner die dem Eröffnungsantrag zugrunde liegende Forderung nach Anordnung der Sequestration beglichen hat (LG Frankfurt aO ZIP 95, 1211; aA LG Magdeburg ZIP 94, 578). Einige Verfahrensordnungen enthalten Sonderregelungen, wobei zT auf § 91a und die hierzu entwickelten Grundsätze zurückgegriffen werden kann, zB § 161 II VwGO (dazu *Deckenbrock/Dötsch* JuS 04, 489, 589, 689), § 193 SGG (BSG NZS 99, 264) und § 138 I FGO (BFH NJW 70, 1862). Die Vorschrift findet auch im **arbeitsgerichtlichen Urteilsverfahren** Anwendung (BAG NZA 00, 279). Im **arbeitsgerichtlichen Beschlussverfahren** ist die Sonderregelung des § 83a ArbGG zu beachten (s. Rz 75). Bei einer Aufnahme des Rechtsstreits durch eine Partei wegen der Kosten nach § 17 III 1 AnfG ist § 91a entspr anzuwenden (KG ZMR 10, 136). Zur Erledigung eines verfassungsgerichtlichen Verfahrens vgl BVerfGE 85, 113.

7 **B. Erledigendes Ereignis. I. Allgemeines.** Von Erledigung – genauer: Erledigung des Rechtsstreits in der Hauptsache – spricht man, wenn eine ursprünglich zulässige und begründete Klage durch ein Ereignis nach Rechtshängigkeit (dazu Rz 51 ff) gegenstandslos (unzulässig oder unbegründet) geworden ist (BGH NJW 86, 588; BGHZ 106, 359 = NJW 89, 2885; BGHZ 155, 392 = NJW 03, 3134; krit zur Terminologie *Prütting/Wesser* ZZP 116, 267, 277 ff). Dabei ist Hauptsache der vom Kl verfolgte Streitgegenstand bzw die begehrte Rechtsfolge. Erledigung kann also nur eintreten, wenn die Klage im Zeitpunkt des erledigenden Ereignisses zulässig und begründet war. Eine erst später eintretende Unzulässigkeit der Klage ist unschädlich (BGH NJW 86, 588). Das die Erledigung auslösende Ereignis muss vor der Erledigungserklärung liegen

(BGH NJW 86, 588) und ist von dieser streng zu trennen. Ersteres ist ein faktisches Ereignis, das zur Unzulässigkeit oder Unbegründetheit der Klage führt, das gerichtliche Verfahren selbst jedoch unberührt lässt. Für dieses ist allein von Bedeutung, ob die Parteien den Rechtsstreit für erledigt erklären. Die Erledigungserklärung ist eine Prozesshandlung.

Das die Erledigung auslösende Ereignis stammt typischerweise, aber nicht notwendig aus der Sphäre des Beklagten. Nach hM kommt es allein auf den objektiven Eintritt des Ereignisses und nicht auf die Frage einer subjektiven Verantwortlichkeit an (BGHZ 184, 128=NJW 10, 2422; BGH NJW-RR 93, 1319 mwN auch zur Gegenauffassung, welche darauf abstellt, ob das Ereignis in den Verursachungs- bzw Verantwortungsbereich des Klägers selbst fällt). Dem ist zuzustimmen. Billigkeitserwägungen können nach Zustimmung des Beklagten zur Erledigung iRd Kostenentscheidung nach § 91a berücksichtigt werden, um etwaige Nachteile für diesen abzuwenden. Etwas anderes kann gelten, wenn der Kl sich durch sein Verhalten selbst freiwillig klaglos stellt, indem er nach Erhebung der Rücktrittsklage die Sache veräußert (Schlesw MDR 02, 475). Die Erledigung nur eines von mehreren Klagegründen führt nicht zur Erledigung des Rechtsstreits (Ddorf MDR 78, 763). 8

II. Einzelfälle. Häufigster Fall ist die freiwillige **Erfüllung** des Klageanspruchs durch den Bekl oder einen Dritten (St/J/*Bork* Rn 6 Fn 14), auch wenn sie nur unter Vorbehalt der Rückforderung erfolgt (Nürnb FamRZ 00, 1025). Das gilt allerdings nicht, wenn der Vorbehalt nicht nur – wie üblich – § 814 BGB ausschließen soll, sondern die Erfüllung unter die Bedingung des Bestehens der Forderung stellt und damit dem Gläubiger weiterhin die Beweislast für deren Bestehen aufbürdet. Das ist insb anzunehmen, wenn der Schuldner während des Rechtsstreits zahlt und diesen trotzdem fortsetzt. Ggf muss der Schuldner beweisen, dass die Leistung unter Aufrechterhaltung der Beweislast erfolgte (BGHZ 139, 357 = NJW 99, 494). Bsp für Erfüllung sind die Herausgabe der herausverlangten Sache, die Erteilung der begehrten Auskunft (BGHZ 141, 318 = NJW 99, 2520), die Mängelbeseitigung bei der Vorschussklage (Kobl NJW-RR 90, 981), der Abdruck bzw die Ausstrahlung einer Gegendarstellung (Kobl NJW-RR 06, 484), die Abgabe der erstrebten Willenserklärung oder der verlangten strafbewehrten Unterlassungserklärung (und damit Wegfall der Wiederholungsgefahr beim Unterlassungsanspruch – BGH NJW-RR 06, 566; Hamm GRUR 84, 70; Frankf GRUR-RR 11, 338; *Bernreuther* GRUR 07, 660) sowie die Vereinigung von Gläubiger- und Schuldnerstellung durch Konfusion (Köln NJW-RR 92, 1337). Bei einer Überweisung kommt es auf die Gutschrift an (Hamm OLGR 95, 80). Keine Erledigung tritt dagegen ein, wenn der Bekl lediglich zur Abwendung der drohenden Zwangsvollstreckung aus einem vorläufig vollstreckbaren Titel (BGHZ 94, 274 = NJW 85, 2405; Saarbr NJW-RR 98, 1068; Hamm NJW-RR 06, 391; für den Sonderfall des Abdrucks bzw der Ausstrahlung einer Gegendarstellung vgl Kobl NJW-RR 06, 484) oder aus einem durch etwaige Aufhebung im Nachverfahren auflösend bedingten Vorbehaltsurteil (BGHZ 86, 269 = NJW 83, 1111) leistet. Gleiches gilt für die Beitreibung aus einem vorläufig vollstreckbaren Titel (Saarbr NJW-RR 98, 1068; zust *Becker-Eberhard* JuS 98, 884; aA B/L/A/H Rn 61). Erledigung tritt auch nicht ein, wenn erst im Laufe des Schadenersatzprozesses nach § 717 II festgestellt wird, dass der im Vorprozess geltend gemachte Anspruch besteht, da ein Schaden von Anfang an gefehlt hat (BGH NJW-RR 05, 1135). Die Zahlung durch einen verklagten Gesamtschuldner führt nicht zwangsläufig zur Erledigung für den anderen, sofern die Gesamtschuld streitig ist (BGH NJW 00, 1120). Zur Wirkung von Zahlungen an den GV vgl BGH NJW 09, 1085 mit Anm *Meller-Hannich* ZJS 09, 288. 9

In Betracht kommt ferner insb die **Aufrechnung**, auch durch den Kl (BGH NJW 86, 588). Wegen der materiellrechtlichen Rückwirkung (§ 389 BGB) wurde zT die Aufrechnungslage als erledigendes Ereignis angesehen (Hamm MDR 00, 296; LG Berlin ZMR 89, 98). Der BGH (BGHZ 155, 392 = NJW 03, 3134) ist der Gegenansicht (BayObLG NJW-RR 02, 373; Ddorf NJW-RR 01, 432) gefolgt, welche die durch § 389 BGB angeordnete Rückwirkung als lediglich materiellrechtliche Fiktion für die verfahrensmäßige Frage der Erledigung der Hauptsache für bedeutungslos erklärt und auf den tatsächlichen Vorgang der Erledigungserklärung als erledigendes Ereignis abstellt. Dem ist zu folgen, weil die Rechtsfolge des § 389 BGB erst durch die Aufrechnungserklärung (§ 388 S 1 BGB) »bewirkt« wird. Hierfür spricht auch, dass der Kl – etwa wegen §§ 390, 393 BGB – an einer Aufrechnung gehindert sein kann, so dass ihm nur der Weg der klageweisen Geltendmachung bleibt. Der Bekl ist demgegenüber nicht schutzwürdig, da er die Aufrechnung bei Zahlungsaufforderung vor Klageerhebung erklären kann. Für den Fall, dass der Kl ihn nicht vorprozessual zur Zahlung auffordert, kann § 93 zum Tragen kommen (BGHZ 155, 392 = NJW 03, 3134; zust *Luckey* VersR 04, 129; abl *Lindacher* LMK 04, 13). Die Hilfsaufrechnung stellt kein erledigendes Ereignis dar, weil das Gericht über die bestrittene Klageforderung noch entscheiden muss (Zö/*Vollkommer* Rn 58 »Aufrechnung«). 10

11 Auch bei der **Verjährungseinrede** ist der Zeitpunkt der Einredeerhebung maßgeblich. Die erstmalige Erhebung der Einrede der Verjährung im Laufe des Verfahrens stellt ein erledigendes Ereignis dar. Dies gilt auch dann, wenn die Verjährung des geltend gemachten Anspruchs bereits vor Rechtshängigkeit eingetreten ist (BGHZ 184, 128 = NJW 10, 2422; *Meller-Hannich* LMK 10, 304505; aA *Cziupka* JR 10, 372; Zö/*Vollkommer* Rn 58 »Verjährung«). Dass den Kl aufgrund der Geltendmachung eines verjährten Anspruchs eine subjektive Mitverantwortlichkeit für die spätere Erledigung trifft, ist für die Frage, ob ein erledigendes Ereignis vorliegt, ohne Bedeutung (vgl Rz 8). Dies kann aber iRd Billigkeitsentscheidung nach § 91a berücksichtigt werden, wenn der Bekl sich der Erledigungserklärung anschließt (BGHZ 184, 128=NJW 10, 2422; Hamm AGS 11, 147). Dagegen soll es bei der **Anfechtung** (§ 142 BGB) auf den Zeitpunkt der Entstehung des Anfechtungsgrundes ankommen (BGH NJW 03, 3268; aA St/J/*Bork* Rn 6; differenzierend *Althammer/Löhnig* NJW 04, 3077, 3080). Bei der nachträglichen **Genehmigung** eines Rechtsgeschäfts kommt es trotz der Rückwirkung (§ 184 I BGB) auf den Zeitpunkt der Genehmigungserklärung an (Köln OLGR 94, 140). Keine Erledigung tritt bei **Heilung eines Formmangels nach § 518** ein, weil die Klage von Anfang an unbegründet war (Celle MDR 94, 524). Erledigung tritt auch durch den **Untergang** der streitbefangenen Sache bzw des streitbefangenen Rechts ein, etwa bei Zerstörung der herausverlangten Sache oder Erlöschen des geltend gemachten zeitlich begrenzten Rechts während des Prozesses (zB Ablauf des Patentschutzes – BGH GRUR 83, 560) oder der Bestellung für ein privates Amt durch Zeitablauf (Köln OLGR 04, 163 – WEG-Verwalter).

12 Weitere Bsp sind der **Tod einer Partei** bei höchstpersönlichen Ansprüchen (BGH NJW-RR 86, 369; BGHZ 163, 195 = NJW 05, 2385; BGH FPR 10, 293) oder in Ehesachen (§ 131 FamFG), die **Ausschlagung der Erbschaft** (BGHZ 106, 364 = NJW 89, 2885; aA AG Northeim NJW-RR 07, 9), die **Nichtigerklärung einer Ehe** während des Scheidungsverfahrens (Ddorf FamRZ 92, 961), die **Feststellung der Nichtehelichkeit** im Unterhaltsprozess des scheinehelichen Kindes (Frankf FamRZ 91, 1457; aA Celle FamRZ 93, 437 wegen der Rückwirkung), die **befreiende Schuldübernahme** (BGHZ 61, 141), die Freigabe der gepfändeten Sache bei der **Drittwiderspruchsklage** (Zö/*Vollkommer* Rn 58 »Drittwiderspruchsklage«), die Auszahlung eines hinterlegten Betrages mit Zustimmung eines Prätendenten im **Forderungsprätendentenstreit** (BGH NJW-RR 97, 495), der **Verlust der Aktivlegitimation** (Karlsr NJW-RR 00, 626 für den Wegfall der Gesellschafterstellung während des Informationserzwingungsverfahrens) sowie der Abschluss eines – gerichtlichen oder außergerichtlichen – **Vergleichs**, wenn die Parteien die Kostenregelung ausdrücklich ausgeklammert und dem Gericht überlassen haben (iE Rz 82). Erledigung tritt auch durch willkürliche Beendigung der Benutzung eines nach **UWG** geschützten Titels ein (BGH NJW-RR 93, 1319).

13 Bsp für **nachträgliche Unzulässigkeit der Klage** sind der Wegfall des Rechtsschutzinteresses (nicht der Fortfall des wirtschaftlichen Interesses – BGH NJW-RR 06, 544), der Wegfall der gesetzlichen Vertretungsmacht (Köln FamRZ 05, 1999), der Eintritt entgegenstehender Rechtskraft wegen Entscheidung in einem Parallelprozess (Köln FamRZ 81, 487), der Wegfall der Klagebefugnis (BGH NJW 96, 2729) sowie der Verlust der Rechts- und Parteifähigkeit einer Partei während des Prozesses (BGH NJW 82, 238; NJW-RR 96, 806 wonach eine erloschene Gesellschaft im Prozess sogar noch eine Erledigungserklärung abgeben darf und ggf auch zur Tragung von Kosten verurteilt werden kann; aA Hamm NJW-RR 88, 1307). Vereinigen sich die Rechte des Klägers und des Beklagten durch Erbgang, so erledigt der Rechtsstreit sich wegen des Verbots des Insichprozesses ohne weitere Erklärung von selbst. Eine Kostenentscheidung nach § 91a ist unzulässig (BGH NJW-RR 99, 1152; 11, 488).

14 Der **Mietrechtsstreit** wird neben der Zahlung des rückständigen Mietzinses oder der Räumung der Wohnung im Räumungsprozess (Bambg NZM 99, 377; nicht bei Zwangsräumung – BayVerfGH NJW 97, 1001; Zö/*Vollkommer* Rn 58 »Räumungsklage«) auch durch nachträgliche Befriedigung des Vermieters oder Verpflichtung einer öffentlichen Stelle zur Befriedigung (§ 569 III Nr 2 S 1 BGB) erledigt (LG Bochum WuM 89, 411; LG Hamburg WuM 98, 422). Das Mieterhöhungsverfahren erledigt sich, wenn der Mieter einem Mieterhöhungsverlangen zustimmt (Musielak/*Wolst* Rn 36; aA B/L/A/H Rn 52 für den Fall, dass der Mieter einem nach § 558b III 1 BGB nachgeholten Mieterhöhungsverlangen in der Frist nach § 558b III 2 BGB zustimmt).

15 Der **Arrest** und das **einstweilige Verfügungsverfahren** werden durch den rechtskräftigen Abschluss des Hauptsacheverfahrens überholt (KG GRUR 90, 642; einschr Schlesw OLGR 98, 37). Das Hauptsacheverfahren erledigt sich durch Bestandsfestwerden der korrespondierenden Unterlassungsverfügung im Wege der Abschlusserklärung (BGH GRUR 91, 76). Erledigung tritt auch durch Wegfall der Eilbedürftigkeit ein (MüKoZPO/*Lindacher* Rn 156). Der Ablauf der Vollziehungsfrist nach § 929 II führt dagegen nicht zur

Erledigung (Hamm GRUR 89, 932). Ein nach der Versäumung der Frist erklärter Verzicht auf die Rechte aus der einstw Vfg kann ein erledigendes Ereignis sein (Frankf OLGZ 94, 91). Keine Erledigung tritt durch Ablauf des Verbotszeitraums bei einem zeitlich befristeten Verbot ein, weil die einstw Vfg weiterhin Grundlage der Vollstreckung bei Verstößen im Verbotszeitraum ist (Nürnb WRP 96, 145). Das Aufhebungsverfahren nach § 926 erledigt sich durch Erhebung der Hauptsacheklage (Frankf MDR 82, 328; GRUR 87, 650; OLGR 05, 605).

Auch **Gesetzesänderungen** können einen Erledigungsgrund darstellen (Karlsr NJW-RR 02, 1044; KG NJW-RR 95, 1511; Frankf GRUR 95, 150; zu Sonderregelungen betreffend die Kostenverteilung bei Gesetzesänderungen vgl St/J/*Bork* Rn 63). Dagegen erledigt die Hauptsache sich nicht bei **Nichtigkeitserklärung** des der Klage zugrunde liegenden Gesetzes durch das BVerfG (BGH NJW 65, 296) oder bei bloßer **Änderung der Rechtsprechung** (BGH NJW 04, 1665). Die Klärung einer verfassungsrechtlichen Frage durch das BVerfG erledigt daher nicht vor den Fachgerichten anhängige andere Verfahren zu dieser Rechtsfrage (BFH BB 94, 1134; Musielak/*Wolst* Rn 36). Bei einer negativen **Feststellungsklage** entfällt das Feststellungsinteresse, wenn eine Leistungswiderklage erhoben wird, so dass Erledigung eintritt (BGHZ 99, 340 = NJW 87, 2680; NJW 99, 2517; 06, 515; einschr für den Bereich des EuGVÜ BGHZ 134, 211 = NJW 97, 870). Die **Stufenklage** wird durch die Auskunft, der Leistungsanspruch bestehe nicht, nicht erledigt (BGH NJW 94, 2895 und iE Rz 81). In dem vom Insolvenzverwalter betriebenen **Anfechtungsprozess** tritt mit Beendigung des Insolvenzverfahrens Erledigung der Hauptsache ein (Zö/*Vollkommer* Rn 58 »Insolvenzverfahren«). Die **Feststellung einer Forderung zur Insolvenztabelle** erledigt die zuvor erhobene Feststellungsklage (Karlsr ZIP 89, 791). Bei der **Drittschuldnerklage** nach § 840 tritt keine Erledigung ein, wenn die im Prozess abgegebene Drittschuldnererklärung negativ ausfällt oder ergibt, dass die gepfändete Forderung von vornherein nicht bestanden hat (BGHZ 79, 275 = NJW 81, 990). Keine Erledigung tritt durch Veräußerung oder Abtretung der **streitbefangenen Sache** oder des streitbefangenen Anspruchs ein, weil diese nach § 265 II auf den Prozess keinen Einfluss haben (AG Köln WuM 89, 31). Bei Übernahme des Prozesses durch den Rechtsnachfolger mit Zustimmung des Gegners (§ 265 II 2) entscheidet das Gericht über die bis zu seinem Ausscheiden aus dem Rechtsstreit entstandenen Kosten des ursprünglichen Beklagten in entsprechender Anwendung des § 91a (BGH NJW 06, 1351). 16

C. Übereinstimmende Erledigungsklärung. I. Erklärung. Die dogmatische Einordnung der übereinstimmenden Erledigungserklärungen (prozessuale Bewirkungshandlungen, Prozessvertrag zwischen den Parteien, Klageverzicht oder privilegierte Klagerücknahme) ist umstr (vgl bereits *Habscheid* JZ 63, 579), hat jedoch praktisch kaum Bedeutung. Es ist nahe liegend, die übereinstimmenden Erledigungserklärungen als Rechtsinstitut eigener Art zu begreifen (Musielak/*Wolst* Rn 14; MüKoZPO/*Lindacher* Rn 27). Die Erledigungserklärung ist eine Prozesshandlung, dh die einzelnen Prozesshandlungsvoraussetzungen (insb Partei-, Prozess- und Postulationsfähigkeit) müssen vorliegen. In Anwaltsprozessen besteht auch dann kein Anwaltszwang, wenn die Erklärung in der mündlichen Verhandlung erfolgt. Hierfür spricht neben dem Wortlaut des § 78 III Hs 2 (»vor dem Urkundsbeamten vorgenommen werden können«) auch der Zweck des Abs 1 S 1 (Schlesw MDR 99, 252; aA *Bergerfurth* NJW 92, 1655, 1657). 17

Die Erklärung kann in der mündlichen Verhandlung (§ 297), schriftsätzlich oder zu Protokoll der Geschäftsstelle erfolgen. Die Erledigung muss nicht wörtlich oder ausdrücklich erklärt werden. Die Erklärung kann auch durch schlüssiges Handeln erfolgen. Ausreichend ist, wenn sich der hierauf gerichtete Wille der Partei konkludent im Wege der Auslegung ihres prozessualen Verhaltens ermitteln lässt (BGH NJW-RR 91, 1211). Von übereinstimmenden Erledigungserklärungen ist auszugehen, wenn die Parteien nur noch über die Kosten des Rechtsstreits streiten (Saarbr OLGR 00, 496) oder nach »Antragsrücknahme« widerstreitende Kostenanträge stellen und die Kostentragungspflicht erörtern (Köln NJW-RR 98, 143). Wesentlich ist, dass die Erklärungen inhaltlich übereinstimmend zum Ausdruck bringen, dass sie den Streit in der Hauptsache beenden wollen, ohne dass eine Klagerücknahme oder ein Anerkenntnis vorliegt (*Pape/Notthoff* JuS 95, 912, 914). Eine Erledigungserklärung des Klägers liegt vor, wenn dieser sich darauf beruft, dass sein ursprüngliches Begehren wegen eines nachträglichen Ereignisses gegenstandslos geworden sei und er deshalb daran nicht mehr festhalte, dem Beklagten aber – abw vom Regelfall des § 269 I, III 2 Hs 1 – die Kosten aufzuerlegen seien. Hiervon ist bei Ermäßigung des Klageantrages unter Berufung auf eine nachträgliche Zahlung des Beklagten auszugehen (BGHZ 21, 298 = NJW 56, 1517). Von Zustimmung des Beklagten ist auszugehen, wenn dieser weder der Erledigung widerspricht, noch das erledigende Ereignis bestreitet und nur noch Kostenantrag stellt (BayObLG NJW-RR 99, 1687; Saarbr OLGR 00, 496). Von seinem Widerspruch ist demgegenüber auszugehen, wenn er durch Festhalten an seinem Klageabweisungsan- 18 trag zum Ausdruck bringt, dass er eine streitige Entscheidung wünscht. Die Erledigungserklärung des Klägers ist von der Klagerücknahme und dem Klageverzicht abzugrenzen, wobei zu berücksichtigen ist, dass der Kl bei diesen jeweils grds die Kosten des Rechtstreits zu tragen hat (vgl Rz 1). Erklärt der Kl eine privilegierte Klagerücknahme nach § 269 III 3 und erklärt der Bekl sich daraufhin mit dieser einverstanden, so liegen beiderseitige Erledigungserklärungen vor (*Schumann* FS Vollkommer 06, 155, 195). Zur Auslegung, sofern eine privilegierte Klagerücknahme nach § 269 III 3 in Betracht kommt, vgl auch Rz 55. Zur Erklärung »abzüglich am … gezahlter …« vgl Rz 44. Die Erklärung des Beklagten ist vom Anerkenntnis abzugrenzen. Erklärt der Bekl, er erkenne den Antrag auf einseitige Erledigungserklärung an und das sei keine mit der Erklärung des Klägers übereinstimmende Erledigungserklärung, ist nach § 307 zu verfahren (Hamm NJW-RR 95, 1073). Sofern Zweifel an der gewollten Rechtsfolge bestehen, hat das Gericht nach § 139 auf Klärung hinzuwirken.

19 Bloßes Schweigen des Beklagten reicht grds nicht für die Annahme, er schließe sich der Erledigungserklärung an (Stuttg MDR 10, 1078; Ddorf MDR 03, 1013). Nach **§ 91a I 2** wird die Zustimmung des Beklagten aber fingiert, wenn dieser einer entsprechenden Erklärung des Klägers nicht binnen einer Notfrist (§ 224 I) von zwei Wochen nach Zustellung des die Erklärung enthaltenen Schriftsatzes widerspricht, sofern er zuvor auf diese Folge hingewiesen worden ist. Der Richter sollte den eine Erledigungserklärung enthaltenen Schriftsatz zur Verfahrensbeschleunigung stets mit einem entsprechenden Hinweis in der Begleitverfügung zustellen, um Verzögerungen durch erforderliche Rückfragen zu vermeiden. Zu den Anforderungen an die Hinweispflicht vgl BGH NJW 09, 1973.

20 Die Reihenfolge der Erledigungserklärungen ist unerheblich. Die Form der Erklärung bindet den sich Anschließenden nicht. Sofern die übereinstimmenden Erklärungen schriftsätzlich abgegeben wurden, hat eine Wiederholung in der mündlichen Verhandlung nur deklaratorischen Charakter (Hamm JurBüro 96, 85). Die Erklärungen sind ggü dem Gericht abzugeben. Für die Wirksamkeit ist daher auch der Eingang der Erklärung beim Gericht maßgeblich (St/J/*Bork* Rn 22). Bei Abgabe der Erklärung vor einem anderen AG nach § 129a gilt der Eingang beim Prozessgericht (B/L/A/H Rn 65). Die Anschlusserklärung ist auch noch nach Erlass eines Endurteils möglich (Hambg NJW 70, 762). Erst das Vorliegen beider übereinstimmender Erledigungserklärungen bewirkt die prozessuale Erledigung der Hauptsache. Daraus folgt, dass die bis dahin einseitige Erledigungserklärung bis zum Anschluss der anderen Partei frei widerruflich ist (*Pape/Notthoff* JuS 96, 341, 344). Eine solche Rückkehr zum ursprünglichen Klageantrag ist als eine nach § 264 Nr 2 zulässige Klageänderung zu behandeln (BGH NJW 02, 442). Nach der Anschlusserklärung sind wegen der die Rechtshängigkeit beseitigenden Wirkung (vgl Rz 25) aus Gründen der Rechtssicherheit weder Widerruf noch Anfechtung möglich (Köln VersR 74, 605). Etwas anderes gilt nur, wenn ein Restitutionsgrund vorliegt (Ddorf NJW 64, 822; weitergehend MüKoZPO/*Lindacher* Rn 38 bei einvernehmlicher Erklärung der Parteien).

21 Kostenanträge der Parteien sind, obwohl regelmäßig gestellt, nicht erforderlich, da eine Entscheidung nach § 308 II vAw ergeht (aA *Brox* JA 83, 289, 290). Eine Kostenentscheidung unterbleibt aber, wenn beide Parteien übereinstimmend darauf verzichten (*Brox* JA 83, 289, 290). Die Erledigungserklärung muss nicht begründet werden. Im Hinblick auf die Kostenentscheidung sind Angaben zum Erledigungsgrund aber zweckmäßig. Eine bedingte Erklärung ist grds zulässig, etwa die Erledigungserklärung für den Fall, dass die Klage vor Erfüllung zugestellt wurde (KG NJW-RR 98, 1074) oder dass ein zuvor geschlossener Prozessvergleich widerrufen wird (Frankf MDR 78, 499). Zur Zulässigkeit von Hilfsanträgen im Zusammenhang mit der Erledigung vgl Rz 70 ff. Zur Erledigungserklärung nur für die Zukunft vgl Rz 26.

22 Die Erklärungen müssen von den Parteien ausgehen. Die Erklärung eines Streitgenossen wirkt nur für dessen Prozessrechtsverhältnis. Bei notwendigen Streitgenossen ist die Erklärung nur wirksam, wenn sie von allen Streitgenossen abgegeben wird (*Pape/Notthoff* JuS 95, 912, 914; § 62 Rz 19; aA MüKoZPO/*Lindacher* Rn 32). Allerdings muss die Kostenentscheidung nicht notwendig einheitlich ausfallen (BGH MDR 85, 914). Im Falle der **Nebenintervention** ist die Erledigungserklärung der Partei auch bei Widerspruch des Streithelfers wirksam. Dies gilt auch bei Widerspruch des streitgenössischen Nebeninvenienten (§ 69), da auch dieser letztlich nur Prozessgehilfe ist und der Rechtsstreit beendet wird, ohne dass eine Entscheidung in der Hauptsache ergeht, deren Rechtskraft und Gestaltungswirkung sich auf ihn erstrecken könnte (München MDR 00, 1152; Köln AG 03, 522; aA Musielak/*Wolst* Rn 58).

23 **II. Zeitpunkt der Erledigungserklärung und des erledigenden Ereignisses.** Auf den Zeitpunkt der materiellrechtlichen Erledigung kommt es bei übereinstimmend abgegebenen Erledigungserklärungen nicht an, weil das Gericht nicht prüft, ob tatsächlich ein erledigendes Ereignis vorliegt (vgl Rz 25). Der Rechtstreit kann daher auch dann übereinstimmend für erledigt erklärt werden, wenn das erledigende Ereignis zwischen Einreichung (Anhängigkeit) und Zustellung (Rechtshängigkeit – §§ 253 I, 261 I) der Klage (BGHZ 21, 298 = NJW 56, 301; BGHZ 83, 12 = NJW 82, 1598; Köln NJW-RR 00, 1456; Celle NJW-RR 94, 1276) oder sogar noch vor Einreichung der Klageschrift (Karlsr FamRZ 04, 960; Hamm MDR 01, 470) eingetreten ist (aA B/L/A/H Rn 68 ff). Der Zeitpunkt der Erledigung kann aber für den Inhalt der Kostenentscheidung (»bisheriger Sach- und Streitstand«) von Bedeutung sein.

Hiervon ist der Zeitpunkt der Abgabe der Erledigungserklärungen zu trennen. Die Wirksamkeit der Erledigungserklärungen setzt Rechtshängigkeit voraus (Brandbg NJW-RR 01, 1436; München OLGR 97, 202; Musielak/*Wolst* Rn 15). Da die Erledigungserklärung Prozesshandlung ist, kann sie nur iRd Prozessrechtsverhältnisses erklärt werden. Anhängigkeit reicht nicht, da durch die Einreichung der Klageschrift noch kein Prozessrechtsverhältnis entsteht, welches erledigt sein kann (aA MüKoZPO/*Lindacher* Rn 30; *Bergerfurth*, NJW 92, 1655, 1656: ausreichend ist, wenn der Bekl auf andere Weise als durch Zustellung von der Einreichung der Klage erfahren hat und nach Anhängigkeit übereinstimmende Erledigungserklärungen abgegeben werden. Zum gleichen Ergebnis kommen die Vertreter der Auffassung, dass in der Zustimmungserklärung des Beklagten ein heilender Verzicht auf die förmliche Klagezustellung zu sehen sei, so Köln NJW-RR 00, 1456; Zö/*Vollkommer* Rn 17; St/J/*Bork* Rn 14). Eine bereits vor Klagezustellung abgegebene Erklärung wird erst mit Rechtshängigkeit wirksam. In dem – seltenen – Fall, dass es nach Abgabe der übereinstimmenden Erledigungserklärungen nicht mehr zur Klagezustellung kommt, muss der Kl einen etwaigen materiellen Kostenerstattungsanspruch nicht in einem neuen Rechtsstreit geltend machen. Seit Einführung des § 269 III 3 durch das ZPO-Reformgesetz kann er stattdessen auch die Klage zurücknehmen und eine Kostenentscheidung nach Billigkeitsgesichtspunkten herbeiführen (R/S/G § 130 Rn 11). Die Vorschrift findet nach dem nunmehr eindeutigen Gesetzeswortlaut auch Anwendung, wenn es nicht mehr zur Zustellung der Klage kommt (zur vorherigen Regelung BGH NJW 04, 1530). Nach Wegfall der Rechtshängigkeit scheidet auch eine Erledigungserklärung aus. Während das Verfahren ruht, können Erledigungserklärungen abgegeben werden, da die Rechtshängigkeit hierdurch nicht beseitigt wird. Nach einer Klageänderung kann wegen des früher geltend gemachten Anspruchs nicht mehr für erledigt erklärt werden, da dessen Rechtshängigkeit weggefallen ist (BGH NJW 92, 2236). Die übereinstimmenden Erledigungserklärungen können auch noch nach Schluss der mündlichen Verhandlung und sogar nach Erlass der die Instanz abschließenden Entscheidung bis zum Ablauf der Rechtsmittelfristen abgegeben werden (iE Rz 65). Nach Eintritt der Rechtskraft (§ 705) scheidet eine Erledigungserklärung dagegen aus. Zur Erledigung in der Rechtsmittelinstanz vgl Rz 66 ff. **24**

III. Wirkung. § 91a ist Ausfluss der Dispositionsmaxime. Mit den übereinstimmenden Erledigungserklärungen entfällt die Rechtshängigkeit des Klagebegehrens bis auf die Kostenfrage (BGHZ 106, 359 = NJW 89, 2885). Eine Fortsetzung des Verfahrens scheidet aus. Weder können neue Sachanträge gestellt werden (BayObLG JurBüro 96, 97), noch ist eine Klagerücknahme möglich (Bambg NJW-RR 97, 1365). Das Gericht ist an die Erklärungen gebunden, dh es hat nicht zu prüfen, ob tatsächlich Erledigung eingetreten ist (BGHZ 21, 298 = NJW 56, 301; BGHZ 83, 12 = NJW 82, 1598; Brandbg WuM 09, 472; aA B/L/A/H Rn 68 ff). Erledigungsgrund ist nicht das außerprozessuale Ereignis, sondern die übereinstimmende, das Gericht bindende Erledigungserklärung beider Parteien selbst (*Hölzer* JurBüro 91, 2). Eine Entscheidung ergeht nur noch über die bis dahin entstandenen Kosten des Rechtsstreits. Soweit das Gericht in der Kostenentscheidung erwähnt, die Hauptsache sei erledigt, bindet das weder das Gericht noch die Parteien (St/J/*Bork* Rn 23). Bereits ergangene, aber noch nicht rechtskräftige Entscheidungen werden analog § 269 III 1 Hs 2 wirkungslos (Hamm MDR 85, 591). Im Urkundsprozess macht die übereinstimmende Erledigungserklärung im Nachverfahren das (formell rechtskräftige) Vorbehaltsurteil wirkungslos (Frankf OLGR 96, 69). Auf Antrag muss die Wirkungslosigkeit analog § 269 IV durch Beschl festgestellt werden. Eine beschlossene Vorlage ist nicht mehr auszuführen; die Erledigungserklärung nach Vorlage erledigt auch das Vorlageverfahren (BayObLG NJW-RR 87, 1301; 92, 341). Die Zwangsvollstreckung ist entsprechend §§ 775 Nr 1, 776 einzustellen und bereits getroffene Vollstreckungsmaßnahmen aufzuheben (Frankf OLGR 00, 320). Ein auf der Grundlage des wirkungslos gewordenen Vollstreckungstitels ergangener Ordnungsmittelbeschluss ist aufzuheben, selbst wenn er rechtskräftig geworden ist (KG NJW-RR 99, 790). Die Wirkungslosigkeit eines erstinstanzlichen Urteils infolge übereinstimmender Erledigungserklärungen in der Rechtsmittelinstanz stellt keine Aufhebung iSd § 717 II dar (BGH NJW 88, 1268). Eine erneute Klage bleibt zulässig (BGH NJW 91, 2280; Köln NJW-RR 94, 917). Die ne bis in idem Sperre greift nicht, da keine rechtskräftige Entscheidung zur Hauptsache vorliegt. Soweit die Gegenauffassung sich auf das Verbot widersprüchlichen Verhal- **25**

tens stützt (R/S/G § 130 Rn 20; MüKoZPO/*Lindacher* Rn 42 mwN), überzeugt dies nicht, da eine neue Klage nach allgemeiner Ansicht selbst nach Klagerücknahme möglich ist (zutr Musielak/*Wolst* Rn 19).

26 Wird die Hauptsache übereinstimmend und uneingeschränkt für erledigt erklärt, hat dies zur Folge, dass ein im Verfahren erlassener, noch nicht rechtskräftig gewordener Unterlassungstitel ohne weiteres entfällt. Der Titel kann danach auch dann keine Grundlage für Vollstreckungsmaßnahmen mehr sein, wenn die Zuwiderhandlung gegen das ausgesprochene Unterlassungsgebot zuvor begangen worden ist. Ein Gläubiger kann jedoch seine Erledigungserklärung auf die Zeit nach dem erledigenden Ereignis beschränken und die Erledigung **ex-nunc** erklären, wenn ein bereits erstrittener Unterlassungstitel weiterhin als Grundlage für Vollstreckungsmaßnahmen wegen Zuwiderhandlungen, die vor dem erledigenden Ereignis begangen worden sind, aufrechterhalten bleiben soll (BGHZ 156, 335 = NJW 04, 506). Umstr ist, ob es sich dabei um eine vollständige (so Braunschw NJW-RR 96, 380; Musielak/*Wolst* Rn 50) oder nur tw (so MüKoZPO/*Lindacher* Rn 117; Zö/*Vollkommer* Rn 53: »horizontale Teilerledigung«) Erledigung handelt.

27 **IV. Kostenentscheidung. 1. Verfahren und Form.** In der Regel wird im schriftlichen Verfahren entschieden. Die Durchführung einer mündlichen Verhandlung steht im Ermessen des Gerichts. Die Anordnung einer solchen muss nicht begründet werden und ist unanfechtbar (Musielak/*Wolst* Rn 20). Sofern eine mündliche Verhandlung anberaumt wird, besteht im Anwaltsprozess Anwaltszwang (St/J/*Bork* Rn 32). Die Entscheidung ergeht durch Beschl, der wegen § 329 III zuzustellen ist. Den Parteien ist nach allgemeinen Grundsätzen rechtliches Gehör zu gewähren (Art 103 GG). Der Hauptsachetenor lautet: »Die Kosten des Rechtsstreits trägt/tragen…«. Einer Entscheidung über die vorläufige Vollstreckbarkeit bedarf es nicht, weil der Beschl kraft Gesetzes vollstreckbar ist (§§ 794 I Nr 3, 91a II). Der Beschl ist zu begründen, soweit nicht § 313a eingreift. Die Parteien können auf die Begründung verzichten (Hamm MDR 06, 350).

28 Zuständig ist das Gericht, bei welchem die Hauptsache bis zur übereinstimmenden Erledigungserklärung anhängig war. Die Entscheidung ergeht durch den Einzelrichter, soweit die Sache auf ihn übertragen war (§ 348 bzw § 527 III Nr 3). Bei der Kammer für Handelssachen entscheidet der Vorsitzende (§ 349 II Nr 6). Sofern die Parteien den Rechtsstreit vor einem – sachlich oder örtlich – **unzuständigen Gericht** übereinstimmend für erledigt erklären, scheidet eine Verweisung des Rechtsstreits nach § 281 aus, da die Rechtshängigkeit entfallen ist (vgl Rz 25). In diesem Fall sind die Kosten nicht im Hinblick auf die anfängliche Unzulässigkeit der Klage stets dem Kl aufzuerlegen (so aber Hamm NJW-RR 94, 828; Brandbg NJW-RR 96, 955; NJW 02, 1659). Bei der Kostenentscheidung ist vielmehr zu berücksichtigen, welche Partei im Falle einer hypothetischen Verweisung voraussichtlich unterlegen wäre (BGH MDR 10, 888; Stuttg MDR 89, 1000). Kommt das Gericht danach zur Kostentragungspflicht des Beklagten, sind hiervon entspr § 281 III 2 die Mehrkosten ausgenommen, die der Kl durch Anrufung des unzuständigen Gerichts verursacht hat (BGH MDR 10, 888; Musielak/*Wolst* Rn 11).

29 **2. Bisheriger Sach- und Streitstand.** Das Gericht entscheidet über die Kosten nach pflichtgemäßem Ermessen. Das Ermessen kann durch eine zwingende gesetzliche Kostenregelung entfallen (B/L/A/H Rn 122). Grundlage der Entscheidung ist der Sach- und Streitstand im Zeitpunkt der Erledigungserklärungen, wobei das erledigende Ereignis selbst unberücksichtigt bleibt. Zu berücksichtigen ist sämtliches bis zum Zeitpunkt der letzten Erledigungserklärung eingegangene Parteivorbringen einschließlich des im Erledigungsschriftsatz selbst enthaltenen (Hamm WRP 93, 339). Aus dem Wortlaut (»bisheriger Sach- und Streitstand«) sowie dem Zweck der Vorschrift (Prozessökonomie) ergeben sich Beschränkungen: **Neuer Sachvortrag** ist nur zu berücksichtigen, wenn er unstr ist (Ddorf MDR 93, 1120; weitergehend MüKoZPO/*Lindacher* Rn 52; gegen jegliche Berücksichtigung Karlsr NJW-RR 90, 978). Das gilt auch für das Beschwerdeverfahren (Celle OLGR 09, 651). Ist damit zu rechnen, dass der gebotene Hinweis zu ergänzendem Vorbringen und dieses zur Schlüssigkeit der Klage geführt hätte, ist dies bei der Kostenentscheidung zu berücksichtigen (Köln OLGR 05, 587). Eine **Beweisaufnahme** ist nicht ausgeschlossen (BGHZ 21, 298 = NJW 56, 1517), findet jedoch idR nicht mehr statt. Eine Ausnahme gilt lediglich für präsente Beweismittel, die ohne erheblichen Zusatzaufwand zu verwerten sind wie zB Urkunden (Bambg FamRZ 99, 174) oder amtliche Auskünfte, nicht aber präsente Zeugen (Hamm AnwBl 90, 48). Ob es sich um Beweisanträge des Klägers oder des Beklagten handelt, ist unerheblich (aA *Smid* ZZP 97, 245, 299 ff: nur Beweisanträgen des Klägers muss entsprochen werden). Tw wird eine Beweisaufnahme weitergehend jedenfalls dann für zulässig gehalten, wenn dies zur Vermeidung eines grob unbilligen Ergebnisses erforderlich sei, etwa weil bislang nur Zeugen der Gegenseite vernommen waren (*Bergerfurth* NJW 92, 1655, 1657). Das Ergebnis einer bereits durchgeführten Beweisaufnahme ist zu verwerten.

3. Billigkeitserwägungen. Leitprinzip für die Kostenentscheidung ist das Veranlassungsprinzip, dh die Kosten sind dem aufzuerlegen, der sie bei Fortführung des Rechtsstreits zu tragen hätte (MüKoZPO/*Lindacher* Rn 1). Dabei sind die **allgemeinen Regeln des Kostenrechts (§§ 91 ff)** entspr anzuwenden. Nach §§ 91, 92 hat grds derjenige die Kosten zu tragen, der voraussichtlich unterlegen wäre. Das Gericht prüft aus der Sicht ex-ante, wie der Rechtsstreit bei Fortführung ausgegangen wäre (im Urkundsprozess kommt es auf den mutmaßlichen Ausgang des Nachverfahrens an – MüKoZPO/*Lindacher* Rn 151 mwN). Dabei nimmt es lediglich eine **summarische Prüfung** vor, bei der schwierige rechtliche und tatsächliche Fragen nicht abschließend geklärt werden müssen (BGH NJW 54, 1038; NJW-RR 09, 422; ZIP 10, 344; BVerfG NJW 93, 1060). Dieser hypothetische Ausgang des Rechtsstreits ist der Kostenentscheidung zugrunde zu legen. Das Gericht entscheidet auf der Grundlage der vor Eintritt des erledigenden Ereignisses geltenden Rechtslage (BGH GRUR 04, 350). Auf neue rechtliche Gesichtspunkte muss hingewiesen und ggf rechtliches Gehör gewährt werden. Nahe liegende hypothetische Entwicklungen sind zu berücksichtigen (BGH NJW-RR 04, 377 und MDR 10, 888). Es ist davon auszugehen, dass vom Gericht nach § 139 angeregte sachdienliche Anträge gestellt worden wären (Zö/*Vollkommer* Rn 26 aE). Maßgeblicher Zeitpunkt für die Erfolgsprognose ist die Rechtshängigkeit. Bei Erledigung zwischen An- und Rechtshängigkeit ist auf den Zeitpunkt der Einreichung der Klage abzustellen (Brandbg 20.12.07, 5 U 226/01; Zö/*Vollkommer* Rn 16 aE; *Prechtel* ZAP 07 Fach 13, 1391, 1398; aA Hamm FamRZ 98, 444). 30

Soweit die Entscheidung auf der Basis eines beschränkt aufgeklärten Sachverhalts ergeht, trifft das Gericht seine Prognose nach überwiegender Wahrscheinlichkeit. Bleibt das Ergebnis gänzlich offen, etwa weil noch weitere Sachaufklärung oder eine Beweisaufnahme durchzuführen wäre, sind die Kosten entspr zu teilen oder gegeneinander aufzuheben (Kobl NJW-RR 99, 943; Celle NJW-RR 86, 1061; s.a. Rz 33 aE zur Möglichkeit einer Erledigungsfeststellungserklärung des Klägers). Eine Entscheidung nach Beweislastregeln verbietet sich, wenn eine an sich gebotene Beweisaufnahme aufgrund übereinstimmender Erledigungserklärungen unterbleibt, da dies einer – unzulässigen – vorweggenommenen Beweiswürdigung gleichkäme (aA B/L/A/H Rn 121). Bietet die beweisbelastete Seite hingegen gar keinen Beweis an, kann durchaus darauf abgestellt werden, da eine vorweggenommene Beweiswürdigung insoweit nicht droht. 31

Soweit sich aus **Sondervorschriften des Kostenrechts** eine andere Kostenverteilung ergibt, ist dies zu beachten. Entsprechende Anwendung finden zB **§ 344** (Stuttg Justiz 84, 19; aA LG Frankfurt/M JurBüro 89, 1458), **§ 281 III 2** (vgl Rz 28), **§ 93b** (Köln WuM 97, 336; LG Frankenthal ZMR 91, 303; AG Saarburg WuM 08, 34), **§ 183 FamFG** (Brandbg FamRZ 01, 503 zu § 93c aF), **§ 101** (Stuttg MDR 99, 116); **§ 97 II** (Frankf WRP 84, 692; Hamm MDR 00, 296) und **§ 98** (vgl Rz 82). Für Scheidungs- und Scheidungsfolgesachen enthalten **§§ 132, 150 FamFG** die allgemeinen Kostenvorschriften verdrängende Sonderregelungen (*Caspary* FPR 09, 303). Wird ein Scheidungsverfahren durch Tod eines Ehegatten beendet, ist § 150 FamFG spezieller (BGH FamRZ 83, 683; NJW-RR 86, 369; Köln FamRZ 10, 1105; aA Nürnbg JurBüro 97, 262; Bambg NJW-RR 95, 1289, jeweils zu § 93a aF). In Unterhaltssachen ist die Sondervorschrift des § 243 FamFG zu beachten (vgl Brandbg NJW-RR 03, 795, Naumbg OLGR 04, 281, jeweils zu § 93d aF; Rz 81). Anzuwenden ist insb auch der **Rechtsgedanke aus § 93** (BGH NJW-RR 06, 773; Stuttg JurBüro 11, 542). Erfüllt der Bekl die Klageforderung sogleich nach Klageerhebung bzw Fälligkeit, sind die Kosten daher dem Kl aufzuerlegen, wenn der Bekl keinen Anlass zur Klageerhebung gegeben hat (KG WRP 03, 101; Hamm VersR 97, 217; MDR 99, 956). Die Beweislast für das Vorliegen der Voraussetzungen des § 93 trifft in diesem Fall den Bekl (Frankf NJW-RR 09, 1437). Umgekehrt sind die Kosten in »reziproker« Anwendung des Grundgedankens aus § 93 dem Beklagten aufzuerlegen, wenn dieser durch sein Verhalten zur Erhebung der Klage Anlass gegeben hat (Karlsr NJW-RR 98, 1454; FamRZ 04, 960; Frankf NJW-RR 89, 571; Saarbr FamRZ 10, 829). 32

Das Bestehen eines **materiellrechtlichen Kostenerstattungsanspruchs** des Klägers ist zu berücksichtigen (BGH NJW 02, 680; Köln FamRZ 01, 1718; Hamm MDR 01, 470; aA Hamm FamRZ 98, 444). Ein solcher kann etwa aus §§ 280, 286 BGB bestehen, wenn der Bekl die Klageforderung vor Rechtshängigkeit erfüllt und der Kl in unverschuldeter Unkenntnis der Zahlung Klage einreicht. In Betracht kommt auch ein Kostenerstattungsanspruch nach § 840 II 2 (*Becker-Eberhard* FS zum 50jährigen Bestehen des BGH 00 Bd III 273, 283). Lassen sich die Voraussetzungen dieses materiellrechtlichen Kostenerstattungsanspruchs (va Verzug des Beklagten) ohne besondere Schwierigkeiten und insb ohne Beweisaufnahme feststellen, sind die Kosten des Rechtsstreits trotz Unbegründetheit der Klage unter dem Gesichtspunkt der Billigkeit dem Beklagten aufzuerlegen. Verbleiben Zweifel am Bestehen des Anspruchs, darf das Gericht ihn nicht berücksichtigen. Soweit hierzu nichts vorgetragen wurde, kann der Richter einen etwaigen Schadenersatzanspruch 33 außer Acht lassen, da er dessen Bestehen nicht abschließend prüfen kann. Er ist auch nicht gehalten, insoweit weitere Sachaufklärung zu betreiben (BGH NJW 02, 680). Die Kostenentscheidung muss klar erkennen lassen, ob über den materiellrechtlichen Erstattungsanspruch abschließend entschieden wurde (St/J/*Bork* Rn 34). Lässt der Erstattungsanspruch sich nicht ohne weitere Beweisaufnahme feststellen, so dass Kostenteilung droht, ist dem Kl zu erlauben, eine nicht anschließungsfähige Erledigungsfeststellungserklärung abzugeben (LG Hanau NJW-RR 00, 1235; *Prütting/Wesser* ZZP 116, 267, 277; *Elzer* NJW 02, 2006, 2007; offen gelassen von BGH NJW-RR 06, 929). Eine Aushebelung der Klageänderungstheorie droht insoweit nicht (aA *Lange* NJW 01, 2150). Ein Feststellungsinteresse ist dem Kl zuzuerkennen, wenn er unter Berücksichtigung des bisherigen Sach- und Streitstandes eine nach billigem Ermessen zu treffende ihm günstige Kostenentscheidung nicht erwarten kann (*Bredemeyer* JA 10, 535, 537). Ob es sich um eine anschließungsfähige Erledigungserklärung handelt, hat das Gericht durch Auslegung zu ermitteln, wobei es nach § 139 auf eine sachgerechte Antragstellung hinzuwirken hat (*Bredemeyer* JA 10, 535, 539).

34 Bei einem **Anerkenntnis des Beklagten** ist zu differenzieren: Bezog das Anerkenntnis sich auf den prozessualen Hauptanspruch, ergeht ein Anerkenntnisurteil nach § 307, wobei die Kostenentscheidung sich nach §§ 91, 93 richtet (Hamm NJW-RR 95, 1073). Erkennt der Bekl den Anspruch materiellrechtlich an und erklären die Parteien den Rechtsstreit in der Hauptsache für erledigt, sind die Kosten dem Beklagten aufzuerlegen. Auch durch die vorbehaltlose Zahlung der Klageforderung und Erklärung zur Übernahme der Kosten des Rechtsstreits begibt der Bekl sich freiwillig in die Rolle des Unterlegenen, so dass ihm die Kosten des Rechtsstreits ohne Rücksicht auf die Zulässigkeit und Begründetheit aufzuerlegen sind (BGH MDR 04, 698). Die Erfüllung der Klageforderung allein ist zwar Indiz für eine freiwillige Unterwerfung, lässt jedoch keinen zwingenden Schluss hierauf zu. Das gilt insb dann, wenn der Bekl plausible wirtschaftliche Motive für sein Verhalten anführt (Kobl NJW-RR 99, 943; Frankf MDR 96, 426). Auch der Abgabe einer strafbewehrten Unterlassungserklärung kommt nicht notwendig Anerkenntniswirkung zu (LG Berlin Magazindienst 09, 572). Die Zahlung durch einen Dritten darf nicht ohne weiteres zu Lasten des Beklagten berücksichtigt werden (LG Berlin MDR 95, 638). Die ausdrückliche **Anerkennung der Kostenpflicht** durch eine Partei ist zu berücksichtigen (BGH JZ 85, 854; BAG NJW 04, 533). In diesem Fall sind die Kosten der anerkennenden Partei in Anwendung des Gedankens des § 307 ohne weitere Sachprüfung aufzuerlegen (*Prechtel* ZAP 07 Fach 13, 1391, 1396).

35 Bei **verzögerter Abgabe der Erledigungserklärung** hat der Kl hierdurch entstandene zusätzliche Kosten zu tragen (Frankf OLGR 98, 71; München NJW-RR 93, 571). Die **willkürliche Herbeiführung** des erledigenden Ereignisses kann iRd Billigkeitsentscheidung berücksichtigt werden (Hamm NJW-RR 93, 1279). Bei **Erledigung durch Gesetzesänderung** trägt derjenige die Kosten, dem sie ohne die Gesetzesänderung aufzuerlegen gewesen wären (BGH GRUR 04, 350; KG NJW-RR 95, 1511). Beharrt der Kl auf einer Kostenentscheidung nach § 91a, obwohl der Bekl sich für den Fall der Klagerücknahme zur Kostenerstattung verpflichtet hat, hat er hierdurch evtl entstehende zusätzliche Gerichtskosten zu tragen (LG Hamburg MDR 02, 540). Bei einer **Vaterschaftsfeststellungsklage** sind die Kosten in aller Regel auch dann dem beklagten Mann aufzuerlegen, wenn dieser bereits vorher zur Anerkennung der Vaterschaft bereit war (KG FamRZ 94, 909; MüKoZPO/*Lindacher* Rn 139). Keine Rolle für die Kostenentscheidung spielen die **wirtschaftlichen Verhältnisse der Parteien**.

36 Über die **Kosten der Nebenintervention** ist unter Berücksichtigung der Erfolgsaussichten des Klagebegehrens zu entscheiden (BGH MDR 85, 914). Bei notwendiger Streitgenossenschaft braucht die Entscheidung nicht der auf einem Anerkenntnis beruhenden Kostenregelung zwischen den Parteien zu folgen (BGH JZ 85, 853; Oldbg OLGR 07, 832). Schließen die Parteien in einem Prozessvergleich ausdrücklich die Kosten des Streithelfers von der Kostenverteilung aus, so sind die Kosten entsprechend § 91a nach dem mutmaßlichen Prozessausgang zu verteilen (Hamm MDR 88, 325). Werden die Kosten der Hauptparteien gegeneinander aufgehoben, so steht dem Nebenintervenienten gegen den Gegner der von ihm unterstützten Hauptpartei ein Anspruch auf Erstattung seiner Kosten nicht zu (BGHZ 154, 351 = NJW 03, 1948).

37 **V. Streitwert.** Mit Abgabe der Erledigungserklärungen reduziert sich der Streitwert und bemisst sich nur noch nach der Summe der bis dahin angefallenen Gerichts- und Rechtsanwaltskosten. Dabei bildet der Wert der Hauptsache die Obergrenze (*Pape/Notthoff* JuS 95, 1016, 1018 und § 3 Rz 119). Die Streitwertänderung hat auf die Zuständigkeit keine Auswirkung (perpetuatio fori – § 261 III Nr 2). Bei schriftsätzlicher Abgabe der Erledigungserklärungen tritt die Streitwertreduktion auch dann bereits mit deren Eingang bei Gericht ein, wenn noch eine mündliche Verhandlung durchgeführt wird (Hamm JurBüro 96, 85; Ddorf JurBüro 07, 256). Zum maßgeblichen Zeitpunkt für die Streitwertreduktion vgl auch *Abramenko* ZMR 04, 487.

VI. Rechtsmittel und Rechtskraft. Gegen den Beschl findet nach Abs 2 S 1 die **sofortige Beschwerde** statt. Die Vorschrift regelt lediglich die Statthaftigkeit; die weiteren Voraussetzungen ergeben sich aus den §§ 567 ff. Es muss sich um eine Entscheidung des Amtsgerichts oder erstinstanzliche Entscheidung des Landgerichts handeln (§ 567 I) und der Beschwerdewert von 200,01 € (§ 567 II 1) muss erreicht werden. Nach Abs 2 S 2 iVm § 511 II Nr 1 müsste bei streitigem Fortgang des Verfahrens in der Hauptsache zudem die Berufungssumme von 600,01 € erreicht worden sein (BGH NJW-RR 03, 1504 – maßgeblich ist das voraussichtliche Unterliegen einer Partei, von dem das Gericht bei der Kostenentscheidung ausgegangen ist). Die Beschwerde ist binnen einer Notfrist von zwei Wochen ab Zustellung, spätestens 5 Monate ab Verkündung (§ 569 I 2 Hs 2), einzulegen. Anwaltszwang besteht nach § 78. Unter den Voraussetzungen des § 569 III kann die Einlegung zu Protokoll der Geschäftsstelle erfolgen. Eine Anschlussbeschwerde ist zulässig (§ 567 III). Der Verzicht der Parteien auf eine Begründung des Beschlusses beinhaltet ohne Hinzutreten weiterer Umstände keinen stillschweigenden Rechtsmittelverzicht (BGH NJW 06, 3498; aA Hamm MDR 06, 350). 38

Das Beschwerdegericht kann die Kostenentscheidung nach § 91a nur eingeschränkt überprüfen. Es prüft, ob die Voraussetzungen für eine Ermessensentscheidung vorlagen, ob das Ermessen ausgeübt und die Grenzen der Ermessensausübung eingehalten wurden und ob alle wesentlichen Umstände beachtet wurden (Thüringen 7.2.11 – 4 W 65/11; aA Musielak/*Wolst* Rn 25: eigene Ermessensentscheidung). Es gilt das Verbot der reformatio in peius (KG FamRZ 94, 1608). § 571 II 1 ist nur eingeschränkt anwendbar. Neue Tatsachen dürfen im Beschwerdeverfahren unter den gleichen Voraussetzungen wie erstinstanzlich (dazu Rz 29) verwertet werden, soweit sie für eine angemessene Kostenentscheidung von Bedeutung sind (Ddorf JR 95, 205; Hamm MDR 11, 1319; aA Hamm OLGR 99, 316: Ausschluss jeglichen neuen Sachvortrages). Nach Abs 2 S 3 ist der Gegner zu hören. Die Anhörung kann unterbleiben, wenn das Rechtsmittel keine Erfolgsaussicht hat (Musielak/*Wolst* Rn 25). Die Beschwerde kann nicht auf die – sachliche oder örtliche – Unzuständigkeit des Gerichts gestützt werden (§ 571 II 2). Eine Ergänzung der Kostenentscheidung nach § 321 ist zulässig (Stuttg MDR 99, 116). Die sofortige Beschwerde nach Abs 2 ist auch statthaft, wenn das Gericht fehlerhaft nicht durch Beschl, sondern durch Urt entschieden hat. Nach dem **Grundsatz der Meistbegünstigung** besteht ein Wahlrecht zwischen Berufung und sofortiger Beschwerde (Schlesw FamRZ 00, 1513). Das mit der Berufung angerufene Gericht entscheidet nicht durch Urt, sondern durch Beschl, gegen den eine Revision nicht statthaft ist. Eine Rechtsbeschwerde kommt unter den Voraussetzungen des § 574 in Betracht (aA wohl BGH NJW-RR 03, 1075). Die Zulassung darf nicht aus materiellrechtlichen Gründen erfolgen, da es nicht Zweck des Kostenverfahrens ist, Rechtsfragen von grundsätzlicher Bedeutung zu klären oder das Recht fortzubilden, soweit es um Fragen des materiellen Rechts geht (BGH BB 04, 1078; WM 08, 2201; NJW-RR 09, 422). Die gleichwohl erfolgte Zulassung bindet den BGH aber nach § 574 I Nr 2 (BGH WM 08, 2201). 39

Der Beschl wird nach allgemeinen Regeln formell rechtskräftig. Hinsichtlich der erledigten Hauptsache entfaltet der Beschl keinerlei materielle **Rechtskraft** (Celle FamRZ 98, 684; BGH NJW 91, 2280). Eine erneute Klage bleibt zulässig (vgl Rz 25). 40

D. Teilweise übereinstimmende Erledigungserklärung. Eine tw Erledigungserklärung ist zulässig, wenn und soweit der für erledigt erklärte Teil abtrennbar ist. Die Voraussetzungen des § 301 brauchen nicht vorzuliegen. Die tw Erledigungserklärung kann den Teil eines Streitgegenstandes oder bei objektiver Klagehäufung einen von mehreren Streitgegenständen betreffen. Erklären die Parteien den Rechtsstreit übereinstimmend, aber nur tw für erledigt, entfällt die Rechtshängigkeit auch nur in diesem Umfang. Nur insoweit ist über die Kosten des Rechtsstreits nach § 91a zu entscheiden (aA B/L/A/H Rn 203: Kostenentscheidung nach §§ 91, 92 ff). Dabei gelten die aufgezeigten Grundsätze zur übereinstimmend erklärten Hauptsacheerledigung entspr. Die durch Fortsetzung des Verfahrens gewonnenen Erkenntnisse und Beweisergebnisse können verwertet werden (MüKoZPO/*Lindacher* Rn 118). Im Übrigen ergeht eine Entscheidung nach den allgemeinen Regeln im Urt. Wegen des **Grundsatzes der Kosteneinheit** ergeht kein gesonderter Beschl nach § 91a. Vielmehr bedarf es einer einheitlichen Kostenentscheidung im Urt, die teils auf § 91a und teils auf §§ 91, 92 beruht (**gemischte Kostenentscheidung** – Zweibr NJW 73, 1935; Frankf NJW-RR 90, 177). Sofern nicht eine Seite vollständig obsiegt, bedarf es der Ermittlung einer Kostenquote unter Berücksichtigung des Obsiegens/Unterliegens der Parteien (zur Berechnung der Kostenquote vgl *Pape/Notthoff* JuS 96, 148, 150). Eine Verteilung nach Zeitabschnitten oder hinsichtlich bestimmter Anträge ist unzulässig (Kobl JurBüro 84, 1395). Hat der übereinstimmend für erledigt erklärte Teil der Hauptsache keine Kosten verursacht, hat sich die Kostenentscheidung insgesamt nach dem streitig entschiedenen Teil der Hauptsache zu 41 richten (Celle 20.1.10 – 6 W 5/10). Eine Ausnahme vom Grundsatz der einheitlichen Kostenentscheidung wird lediglich dann gemacht, wenn der Rechtsstreit hinsichtlich eines Streitgenossen in vollem Umfang übereinstimmend für erledigt erklärt wird und daher über die außergerichtlichen Kosten dieses Streitgenossen getrennt entschieden werden kann. Ist der Rechtsstreit iÜ noch nicht entscheidungsreif, kann über die **außergerichtlichen Kosten des ausscheidenden Streitgenossen** nach § 91a durch Beschl entschieden werden (*Pape/Notthoff* JuS 96, 148, 149).

42 Die auf der Grundlage des § 91a entstandenen Kosten sind ohne Sicherheitsleistung vollstreckbar. Da dem Gläubiger durch den Grundsatz der einheitlichen Kostenentscheidung kein Nachteil entstehen darf, sind diese Kosten betragsmäßig zu ermitteln, sofern es sich iÜ um einen Fall des § 709 S 1 handelt und nicht nur eine ganz geringfügige oder fast vollständige Teilerledigung vorliegt (zur Berechnung *Pape/Notthoff* JuS 96, 148, 151). Sofern das Gericht ausnahmsweise einen gesonderten Kostenbeschluss erlassen hat (s.o. Rz 41 aE), ist nach allgemeinen Grundsätzen das Rechtsmittel der sofortigen Beschwerde gem § 91a II gegeben. Gegen das Urt, das eine einheitliche Kostenentscheidung enthält, ist nach allgemeinen Grundsätzen **Berufung** statthaft, in deren Rahmen auch die Kostenentscheidung nach § 91a mit überprüft wird (KG MDR 86, 241; St/J/*Bork* Rn 42; aA Zweibr NJW 73, 1935). Die Berufung ist nur zulässig, wenn der nicht erledigte Teil der Hauptsache die Berufungssumme erreicht (BGH MDR 11, 810). Der auf § 91a beruhende Teil der Kostenentscheidung ist zudem nach Abs 2 S 1 mit der **sofortigen Beschwerde** anfechtbar (BGHZ 40, 265= NJW 64, 660; BGH NJW 03, 1504; München 30.9.2011 – 9 U 2138/11; aA B/L/A/H Rn 153). Das Beschwerdegericht hat nach dem Grundsatz einheitlicher Entscheidung die Kostenentscheidung insgesamt neu zu fassen, wobei der nicht angefochtene Teil der Kostenentscheidung unverändert übernommen wird (St/J/Boiz Rn 41). Wird ein erstinstanzliches Urt mit einer Kostenmischentscheidung von einer Partei mit der Berufung und von der anderen mit der sofortigen Beschwerde angefochten ist eine Verfahrensverbindung nach § 147 erforderlich (Hburg WuM 98, 181). Auch insoweit gilt, dass dem Gläubiger durch den Grundsatz der Kosteneinheit kein Nachteil entstehen darf. Eine **Revision** ist dagegen unzulässig, soweit mit ihr eine Überprüfung der auf § 91a beruhenden Kostenentscheidung begehrt wird (BGHZ 113, 362=NJW 91, 2020; aA *Piekenbrock* JR 07, 180, 182). Die Revision kann hinsichtlich des auf § 91a beruhenden Teils der Kostenentscheidung nur darauf gestützt werden, dass das Berufungsgericht die Voraussetzungen dieser Bestimmung verkannt hat (BGH BB 11, 2818). Aufgrund der isolierten Anfechtbarkeit bedarf die Kostenentscheidung einer Begründung, soweit sie auf § 91a beruht. Im Urteilstenor ist nicht anzugeben, zu welchem Teil die Kostenentscheidung auf § 91a beruht. Wird das erstinstanzliche Urt nur tw angefochten und der Rechtsstreit in der Rechtsmittelinstanz nur insoweit für erledigt erklärt, ist über die gesamten Kosten des Rechtsstreits durch Beschl zu entscheiden (BGH MDR 76, 379; Celle MDR 78, 234).

43 Die Bestimmung des **Streitwerts** bei der teilweisen übereinstimmenden Erledigungserklärung ist umstr. Nach zutreffender Ansicht gilt jeweils der Streitwert der Hauptsache, dh nach der teilweisen Erledigungserklärung nur noch der um den für erledigt erklärten Teil reduzierte Hauptsachewert (BGH JurBüro 81, 1489; NJW-RR 95, 1089; Frankf MDR 83, 1033 und § 3 Rz 120). Die durch den für erledigt erklärten Teil entstandenen Kosten und die auf den erledigten Forderungsteil entfallenden Zinsen werden nicht berücksichtigt, da es sich um Nebenforderungen handelt (§ 4 I HS 2) (aA für die Gebühren: Kobl JurBüro 92, 626; für die Zinsen: BGHZ 26, 174 = NJW 58, 342; für beides: Köln VersR 74, 605). Eine Berücksichtigung wäre auch im Hinblick auf den Arbeitsaufwand und das Gebührenergebnis äußerst unökonomisch (zutr *Pape/Notthoff* JuS 96, 148, 150). Werden nach übereinstimmender Erledigungserklärung hinsichtlich der Hauptforderung nur noch die Nebenforderungen geltend gemacht, bemisst der Streitwert sich nach diesen (AG Meindorf AGS 10, 455).

44 Durch den Antrag »Zahlung von … abzgl am … gezahlter …« bringt der Kl zum Ausdruck, dass er die Zahlung des Beklagten in erster Linie auf die Zinsen verrechnet haben will. Die Erklärung kann als tw Erledigungserklärung (BGH NJW-RR 91, 1211; Frankf MDR 77, 56) oder tw Klagerücknahme auszulegen sein (Köln MDR 92, 410; B/L/A/H Rn 80). Bei Ermäßigung der Klageforderung sollte der Kl klarstellen, wie er den nicht mehr geltend gemachten Betrag rechtlich behandelt wissen will (*Prechtel* ZAP 07 Fach 13, 1391, 1397). Das Gericht hat ggf nach § 139 auf Klärung hinzuwirken (*Schneider* MDR 83, 370).

45 **E. Einseitige Erledigungserklärung des Klägers. I. Rechtsnatur/Wirkung.** Erklärt der Kl den Rechtsstreit in der Hauptsache für erledigt und schließt der Bekl sich der Erledigungserklärung nicht an, sondern beantragt weiterhin Klageabweisung, fehlt es an einer gesetzlichen Regelung zur Behandlung dieser Konstellation. § 91a ist nicht einschlägig, da keine übereinstimmenden Erledigungserklärungen vorliegen. Es wäre unbillig, wenn dem Kl aufgrund der Weigerung des Beklagten keine Möglichkeit bliebe, einer aus seiner

Sicht unberechtigten Kostentragung zu entgehen und er auf eine Klagerücknahme mit anschließender erneuter Klage wegen seines möglichen materiellrechtlichen Kostenerstattungsanspruchs zu verweisen wäre. Auch § 269 III 3 hilft ihm nicht weiter, da diese Vorschrift nicht für den Wegfall des Klageanlasses nach Rechtshängigkeit gilt (BGH NJW 04, 223; Rostock MDR 08, 593; aA *Bonifacio* MDR 02, 499, 500; *Lindacher* JR 05, 92, 93). Auf der anderen Seite muss der Bekl, der davon ausgeht, dass die Klage von Anfang an aussichtslos war, die Möglichkeit haben, eine rechtskraftfähige und bindende Entscheidung in der Sache selbst und nicht nur über die Kosten zu erzwingen. Um den Interessen beider Parteien gerecht zu werden, wurden Voraussetzungen und Rechtsfolgen der einseitigen Erledigungserklärung entwickelt, wobei Einigkeit besteht, dass eine solche grds zulässig ist. Dem Recht des Klägers, das Verfahren einseitig für erledigt zu erklären, entspricht das Recht des Beklagten, der Erklärung zu widersprechen.

Die einseitige Erledigungserklärung beendet den Rechtsstreit in der Hauptsache nicht. Die Rechtshängigkeit des für erledigt erklärten Anspruchs entfällt nicht, sondern dieser bleibt verfahrensrechtlich Hauptsache (BGH NJW 90, 2682 und NJW 10, 2270). In der einseitigen Erledigungserklärung liegt eine nach § 264 Nr 2 regelmäßig zulässige Klageänderung vom ursprünglichen Leistungsantrag in einen Feststellungsantrag, der darauf gerichtet ist, die Erledigung der Hauptsache festzustellen. Der Rechtsstreit wird erst durch ein entsprechendes Feststellungsurteil beendet. Diese sog **Klageänderungstheorie** entspricht der ständigen Rechtsprechung des BGH (NJW 86, 588; 94, 2363; 02, 442), der sich die Instanzgerichte angeschlossen haben (Nürnb NJW-RR 87, 1278; 89, 444; Bambg NZM 99, 377; Karlsr NJW-RR 94, 761) und dem überwiegenden Teil des Schrifttums (*Bergerfurth* NJW 92, 1655, 1658; *Habscheid* JZ 63, 579, 625; *Lüke* FS Weber 75, 323, 327 ff; Zö/*Vollkommer* Rn 34; St/J/*Bork* Rn 47). Im Schrifttum sind Rechtsnatur und dogmatische Einordnung der einseitigen Erledigungserklärung nach wie vor sehr umstr. Abweichende Einordnungsversuche reichen von der Umdeutung der einseitig gebliebenen Erledigungserklärung in einen Klageverzicht (*Lindacher* Jura 70, 687, 705) oder eine privilegierte Klagerücknahme (*Blomeyer* JuS 62, 212; NJW 82, 2750) bis zur Annahme eines Rechtsinstituts sui generis, bei dem im Wege eines Zwischenstreits festzustellen sei, ob Erledigung eingetreten ist (MüKoZPO/*Lindacher* Rn 92; R/S/G § 130 Rn 34 ff; *Schwab* ZZP 72, 127, 133 ff; *Jost/Sundermann* ZZP 105, 261, 282 ff). Andere gehen von einer Bewirkungshandlung aus, welche unmittelbar die Rechtshängigkeit beende (*Assmann* Erlanger FS Schwab 90, 179 und FS Merle 10, 39). 46

Folge der Klageänderung ist, dass das Gericht nur noch über die Frage zu entscheiden hat, ob die Klage ursprünglich zulässig und begründet war und durch ein nachträgliches Ereignis ihre Zulässigkeit oder Begründetheit verloren hat. Der Streitgegenstand der Feststellungsklage schließt den der ursprünglichen Leistungsklage folglich ein. Die Kostenentscheidung beruht auf §§ 91, 92 (vgl Rz 57). Der Bekl ist auch bei unstreitigem Erledigungsereignis nicht verpflichtet, der Erledigungserklärung zuzustimmen. Denn auch dann hat er ein schutzwürdiges Interesse an der rechtskräftigen Feststellung, die Klage sei ursprünglich unzulässig oder unbegründet gewesen oder habe sich nicht erledigt. Eines besonderen Rechtsschutzinteresses für seinen Klageabweisungsantrag bedarf es nicht (BGH NJW 82, 768; 92, 2235; aA Hambg NJW 70, 762). 47

Im Verwaltungsprozess wird es demgegenüber für ausreichend erachtet, dass eine möglicherweise zulässige und begründete Klage jedenfalls jetzt unzulässig oder unbegründet ist. Die ursprüngliche Zulässigkeit und Begründetheit der Klage sind daher nicht zu prüfen (BVerwGE 20, 146 = NJW 65, 1035; BVerwG 31, 318 = NJW 69, 1789; BVerwGE 82, 41 = NVwZ 89, 862). Ein entsprechend eingeschränkter Prüfungsumfang gilt auch für materielle Verwaltungsstreitverfahren, die kraft besonderer Zuweisung der Entscheidung der Zivilgerichte unterliegen (BGH NJW-RR 87, 1272 – Kartellverwaltungsverfahren; MDR 84, 665 – Patentnichtigkeitsverfahren; MüKoZPO/*Lindacher* Rn 88; Zö/*Vollkommer* Rn 58 »Kartellverwaltungsverfahren«). 48

II. Form und Zeitpunkt der Erklärung. Für die Erklärung gilt zunächst das zur übereinstimmenden Erklärung Ausgeführte (Rz 17 ff) mit nachfolgenden Besonderheiten. Da § 91a I 2 für die einseitige Erledigungserklärung nicht gilt, verbleibt es nach den allgemeinen Regeln beim Anwaltszwang (§ 78). Die Erklärung kann nur in der mündlichen Verhandlung erfolgen, sofern nicht nach § 128 II, III schriftlich verhandelt wird. Der Feststellungsantrag muss nicht ausdrücklich gestellt werden, sondern ist in der Erledigungserklärung des Klägers konkludent enthalten. 49

Eine vor Rechtshängigkeit abgegebene Erledigungserklärung wird erst mit Zustellung der Klage wirksam. Kommt es nicht zu dieser, ist die Erklärung mangels Bestehen eines Prozessrechtsverhältnisses unwirksam (vgl Rz 24). Eine Heilung durch Verzicht scheidet hier von vornherein aus. Die Erklärung wird als Klagerücknahme auszulegen sein (*Rixecker* ZZP 96, 505, 511 f). Nach Schluss der letzten mündlichen Verhandlung kann eine einseitige Erledigungserklärung in dieser Instanz ebenfalls nicht mehr erklärt werden (vgl iE Rz 65). Zur Erledigungserklärung in der Rechtsmittelinstanz vgl Rz 66. 50

51 **III. Zeitpunkt der Erledigung.** Da das Gericht bei der einseitigen Erledigungserklärung zu prüfen hat, ob tatsächlich Erledigung eingetreten ist, kommt dem Zeitpunkt des erledigenden Ereignisses – anders als bei übereinstimmenden Erledigungserklärungen (Rz 23) – eine wichtige Bedeutung zu. Einigkeit besteht, dass erledigende Ereignisse jedenfalls solche sind, die **nach Rechtshängigkeit** eintreten und zur Unzulässigkeit oder Unbegründetheit der bis zu diesem Zeitpunkt zulässigen und begründeten Klage führen. Dagegen können jedenfalls Ereignisse, die vor Einreichung der Klage, mithin **vor Anhängigkeit** des Rechtstreits liegen, keine Erledigung bewirken, da es bereits an einem Prozessrechtsverhältnis fehlt, das sich erledigen könnte (MüKoZPO/*Lindacher* Rn 107). Zahlt der Bekl die Forderung und reicht der Kl in Unkenntnis dieser Zahlung Klage ein, so wäre eine einseitige Erledigungserklärung zwar zulässig, aber ohne Erfolg, da die Klage zu keiner Zeit begründet war.

52 Sehr umstr ist dies hingegen für den Fall, dass das erledigende Ereignis **zwischen An- und Rechtshängigkeit** eingetreten ist. Die Verneinung der Erledigung kann hier zu unbilligen Ergebnissen führen, wenn der Bekl die Klageforderung nach Einreichung, aber vor Zustellung der Klage erfüllt und der Kl einen materiellrechtlichen Anspruch auf Erstattung der aus dem Rechtsstreit entstandenen Kosten – etwa aus Verzug (§§ 280 II, 286 BGB) – gegen den Beklagten hat. Der in der einseitigen Erledigungserklärung liegende Feststellungsantrag wäre zwar zulässig, aber unbegründet. Der Kl müsste die Klage mit der Kostenfolge aus § 269 III 2 zurücknehmen und seinen Erstattungsanspruch in einem neuen, weiteren Prozess geltend machen. Unter Umständen müsste er zugleich noch Vollsteckungsgegenklage im Hinblick auf den Kostenfestsetzungsbeschluss aus dem ersten Verfahren erheben (*Sannwald* NJW 85, 898). Auf den Zeitpunkt der Zustellung der Klage hat der Kl keinen Einfluss. Zum Teil wird daher in entsprechender Anwendung der §§ 696 III, 167 auf den Zeitpunkt der Anhängigkeit abgestellt, so dass Erledigung auch dann festzustellen sei, wenn das erledigende Ereignis zwischen Einreichung und Zustellung der Klage eingetreten ist. Danach soll es für die Erledigung darauf ankommen, ob die Klage im Zeitpunkt der Einreichung zulässig und begründet war. Zur Begründung werden Gesichtspunkte der Prozessökonomie und der Billigkeit angeführt (KG OLGZ 80, 241; Naumbg FamRZ 02, 1042, München NJW 79, 274; *Ulrich* NJW 94, 2793, 2794). Zudem wird darauf verwiesen, dass auch in anderen Verfahrensordnungen (VwGO, FGO) die Rechtshängigkeit bereits mit Klageeinreichung eintrete (MüKoZPO/*Lindacher* Rn 105; *Rixecker* ZZP 96, 505, 513). Dabei wird jedoch außer Acht gelassen, dass erst die Zustellung einer Klage das Prozessrechtsverhältnis, die Parteien und den Streitgegenstand bestimmt (§§ 253 II, 261). Vor Zustellung der Klage ist noch kein Rechtsstreit iSd ZPO vorhanden, der sich erledigen könnte und es fehlt an einem Prozessrechtsverhältnis. Im Stadium der Anhängigkeit kann auch keine Hauptsache vorliegen, die sich erledigen könnte. Die Feststellung, der Rechtsstreit sei in der Hauptsache erledigt, setzt daher nach einseitiger Erledigungserklärung des Klägers voraus, dass die Klage nach Eintritt der Rechtshängigkeit unzulässig oder unbegründet geworden ist (BGHZ 83, 12 = NJW 82, 1598; stRspr NJW-RR 88, 1151; NJW 94, 2895). Der Zeitpunkt der Klagezustellung lässt sich anhand der Akten auch leicht feststellen. Die Beweislast für den Zeitpunkt der Erledigung richtet sich nach den allgemeinen Regeln (St/J/*Bork* Rn 11). Bestehen Zweifel hinsichtlich des Erledigungszeitpunktes, kann die Erledigungserklärung hilfsweise für den Fall gestellt werden, dass die Klage vor Erfüllung der Klageforderung zugestellt wurde (KG NJW-RR 98, 1074; Nürnb DAR 95, 330).

53 Einen etwaigen **materiellrechtlichen Kostenerstattungsanspruch** gegen den Beklagten kann der Kl im Wege der Klageänderung im bisherigen Prozess geltend machen, indem er nunmehr Ersatz der ihm entstandenen und noch entstehenden Prozesskosten vom Beklagten begehrt (BGH WM 79, 1128; Stuttg NJW-RR 97, 1222). Dies kann problematisch sein, weil der Kl zum einen die Kosten genau ausrechnen müsste und zum anderen hinsichtlich der noch nicht bezahlten Anwaltskosten nur ein Freistellungsanspruch besteht. Soweit die Prozesskosten sich noch nicht beziffern lassen, kann er daher die Klage auf Feststellung ändern, dass der Bekl ihm sämtliche in dem Verfahren entstandenen und noch entstehenden Kosten des Rechtsstreits zu erstatten habe (BGHZ 83, 12 = NJW 82, 1598; BGHZ 91, 126 = NJW 84, 1901; BGH NJW 94, 2895; Nürnb DAR 95, 330; einschr St/J/*Bork* Rn 12; krit *Stöhr* JR 85, 490, 491). Eine solche Klageänderung ist jedenfalls sachdienlich iSd § 263, sofern man nicht bereits § 264 Nr 3 für anwendbar hält. Die Ermittlung dieser Kosten bleibt dann dem Kostenfestsetzungsverfahren nach §§ 103 ff überlassen. Wird dem entsprechenden Feststellungsantrag stattgegeben, fallen Hauptsache- und Kostentenor zusammen (KG WRP 96, 429; *Sannwald* NJW 85, 898, 899). Für den Streitwert ist das Kosteninteresse maßgeblich. Für eine »reziproke« (spiegelbildliche) Anwendung des § 93, die zT für die Fälle der Erledigung zwischen An- und Rechtshängigkeit vorgeschlagen wird, wenn der Bekl durch sein Verhalten zur Einreichung der Klage Veranlassung gegeben hat und der Kl sofort nach der Erfüllungshandlung für erledigt erklärt (Frankf NJW-RR

89, 571; Kobl MDR 94, 1045; *Blomeyer* NJW 82, 2750), besteht daher kein praktisches Bedürfnis (so auch Stuttg NJW-RR 97, 1222; Musielak/*Wolst* Rn 38; vgl auch Rz 57).

IV. Verhältnis zu § 269 III 3. Nach § 269 III 3 idF des JuMoG kann der Kl nunmehr auch die Klage zurücknehmen, wenn der Klageanlass vor Rechtshängigkeit weggefallen ist. Die Anwendbarkeit auf Fälle der Erledigung vor Anhängigkeit ist allerdings umstr (dafür LG Düsseldorf NJW-RR 03, 213; Zö/*Greger* § 269 Rn 18c; § 269 Rz 21; dagegen *Bonifacio* MDR 02, 499). Dass die Klage zugestellt wurde, ist nach § 269 III 3 HS 2 ausdrücklich nicht mehr erforderlich (so auch schon die bisherige Rspr: BGH NJW 04, 1530). Auch das Erfordernis der Unverzüglichkeit der Klagerücknahme ist entfallen. Folge einer solchen **privilegierten Klagerücknahme** ist ein Kostenbeschluss entsprechend den zu § 91a entwickelten Grundsätzen. Im Hinblick auf diese Neuregelung wird für eine Umstellung der Klage auf einen Kostenfeststellungsantrag bei Erledigung vor Rechtshängigkeit tw das Feststellungsinteresse bzw das Rechtsschutzbedürfnis verneint (ThoPu/*Hüßtege* Rn 36; *Tegeder* NJW 03, 3327; im Ergebnis auch Zö/*Vollkommer* Rn 31–32: abschließende Sonderregelung des Falles der einseitigen Erledigungserklärung vor Rechtshängigkeit). Damit wird den Interessen des Klägers indessen nicht hinreichend Rechnung getragen. Der Kl kann ein Interesse an einer rechtskräftigen Klärung haben, etwa wenn das Ergebnis der Kostenentscheidung nicht sicher vorhersehbar ist, weil es von einer iRd § 269 III 3 nicht mehr durchzuführenden Beweisaufnahme abhängt. Bei einer Entscheidung nach § 269 III 3 wäre der Kl auf das billige Ermessen des Gerichts angewiesen, während im Falle der Klageänderung in eine Feststellungsklage eine strengbeweisliche Entscheidung zu treffen ist. Schwierige Rechtsfragen müssen iRd Billigkeitsentscheidung nicht abschließend geklärt werden. Materiellrechtliche Kostenerstattungsansprüche werden nur berücksichtigt, soweit sich ihr Bestehen ohne besondere Schwierigkeiten und insb ohne Beweisaufnahme feststellen lässt (vgl Rz 33). Soweit der Sachverhalt sich nicht aufklären lässt, droht dem Kl Kostenaufhebung oder -teilung. Kostengünstiger ist der Weg über § 269 III 3 ohnehin nicht, da Nr 1211 KV-GKG auch bei dieser Regelung nicht eingreift. Es besteht daher auch neben der Möglichkeit einer privilegierten Klagerücknahme ein schutzwürdiges Interesse des Klägers an einer Umstellung seiner Klage auf Feststellung der Kostentragungspflicht bei Erledigung vor Rechtshängigkeit (so auch die hM: LG Berlin NJW-RR 04, 647; AG Spandau ZMR 04, 584; § 269 Rz 24; Zö/*Greger* § 269 Rn 18e; *Bonifacio* MDR 02, 499; *Musielak* JuS 02, 1203, 1206). Eine Differenzierung nach der Vorhersehbarkeit der Kostenentscheidung (so *Elzer* NJW 02, 2006) ist angesichts der erforderlichen hypothetischen Kostenentscheidung des Gerichts demgegenüber nicht praktikabel und würde auch zu Rechtsunsicherheiten führen. 54

Beantragt der Kl im Falle der Erledigung vor Rechtshängigkeit, dem Beklagten die Kosten aufzuerlegen oder erklärt er die Klage einseitig für erledigt, so bedarf sein Antrag der Auslegung. Eine generelle Auslegung als privilegierte Rücknahme gem § 269 III 3 (so Köln OLGR 04, 79; München OLGR 06, 163) verbietet sich angesichts der Alternativität beider Verfahrensweisen ebenso wie die Auslegung als Begehren, die Ersatzpflicht des Beklagten für die nutzlos aufgewandten Kosten festzustellen (so BGH NJW 81, 990; 94, 2895). Für die Abgrenzung kommt es maßgeblich darauf an, ob der Kl zu erkennen gibt, dass er eine Entscheidung im streitigen Verfahren erwartet oder aber bereit ist, sich mit einer Billigkeitsentscheidung im summarischen Verfahren zu begnügen (*Schur* KTS 04, 373, 395). Das Gericht hat ggf nach § 139 auf Klärung hinzuwirken. 55

V. Verfahren und Entscheidung. Über den Feststellungsantrag ist in einem normalen Erkenntnisverfahren nach mündlicher Verhandlung durch Endurteil nach § 300 zu entscheiden. Das Feststellungsinteresse ergibt sich aus dem Kosteninteresse des Klägers, der sonst die Kosten tragen müsste. Das Gericht prüft, ob die Hauptsache sich erledigt hat, ob also die ursprünglich zulässige und begründete Klage durch ein Ereignis nach Rechtshängigkeit unzulässig oder unbegründet geworden ist. Maßgeblich ist, ob die Klage im Zeitpunkt des erledigenden Ereignisses zulässig und begründet war (BGH NJW 86, 588; 92, 2235; aA BGHZ 91, 126 = NJW 84, 1901, wonach es für die Beurteilung der Zulässigkeit auf den Zeitpunkt der Abgabe der Erledigungserklärungen ankommen soll). Über streitige Fragen ist Beweis zu erheben. Es gelten die allgemeinen Beweislastregeln. Der Kl muss die ursprüngliche Zulässigkeit und Begründetheit sowie den Eintritt des erledigenden Ereignisses nach Rechtshängigkeit beweisen (St/J/*Bork* Rn 49). 56

War die Klage bereits ursprünglich unzulässig oder unbegründet, hat sie sich durch ein Ereignis vor Rechtshängigkeit erledigt oder kann keine Erledigung festgestellt werden (Nürnb NJW-RR 89, 444), so ist die Feststellungsklage abzuweisen. Sofern das Gericht davon ausgeht, dass Erledigung nicht eingetreten ist, sollte der Kl darauf hingewiesen werden, dass die hilfsweise Aufrechterhaltung des ursprünglichen Hauptantrages angezeigt ist (*Brox* JA 83, 289, 292; *Hölzer* JurBüro 91, 6 und Rz 70). Hat die Feststellungsklage 57

Erfolg, wird festgestellt, dass der Rechtsstreit in der Hauptsache erledigt ist. Dabei handelt es sich um ein Sachurteil, kein Prozessurteil. Die **Kostenentscheidung** richtet sich ausschließlich nach **§§ 91, 92** (BGH NJW 94, 289; *Becker-Eberhard* FS zum 50jährigen Bestehen des BGH 00 Bd III, 273, 297). Das gilt auch für Kosten, die durch eine verspätete Erledigungserklärung des Klägers entstanden sind (Ddorf NJW-RR 97, 1566; Stuttg OLGR 03, 137; aA München NJW-RR 93, 571). § 91a findet weder unmittelbare noch entsprechende Anwendung, da diese Vorschrift allein bei übereinstimmenden Erledigungserklärungen Anwendung findet (aA MüKoZPO/*Lindacher* Rn 98; *Schwab* ZZP 72, 127, 140; *Jost/Sundermann* ZZP 105, 261, 285). Eine entsprechende Anwendung des § 93 im Falle der Erledigung zwischen An- und Rechtshängigkeit, wenn der Bekl durch sein Verhalten zur Einreichung der Klage Veranlassung gegeben hat und der Kl sofort nach der Erfüllungshandlung für erledigt erklärt, ist abzulehnen (vgl Rz 53). Eine solche kommt auch dann nicht in Betracht, wenn der Kl nach Eintritt der Erledigung »sofort« den Klageverzicht erklärt (Kobl NJW-RR 86, 1443; *Ulrich* NJW 94, 2793, 2795; aA Frankf GRUR 93, 931; Zö/*Vollkommer* Rn 47). Die alleinige Anwendung der §§ 91, 92 ist auch nicht unbillig, da der Bekl es selbst in der Hand hat, durch seine Zustimmung zur Erledigungserklärung eine Kostenentscheidung nach § 91a herbeizuführen. Eine **vorläufige Vollstreckbarkeit** ist nur hinsichtlich der Kosten auszusprechen, so dass idR ein Fall des § 708 Nr 11 Alt 2 vorliegt. Sofern die Erledigung des Rechtsstreits in der Hauptsache festgestellt wird, entfallen frühere, noch nicht rechtskräftige Entscheidungen (BGH NJW 74, 503). Aus Klarstellungsgründen empfiehlt sich eine – lediglich deklaratorische – Aufhebung (Musielak/*Wolst* Rn 41).

58 Erklärt der Kl den Rechtsstreit vor einem – sachlich oder örtlich – unzuständigen Gericht einseitig für erledigt, wird eine **Verweisung** überwiegend für unzulässig gehalten (München MDR 86, 61; Zö/*Vollkommer* Rn 58 »Verweisung«). Nach der Gegenauffassung (*Vossler* NJW 02, 2373; Musielak/*Foerste* § 281 Rn 5) soll zwar eine Verweisung erfolgen, die Feststellungsklage jedoch aufgrund der Unzulässigkeit der ursprünglichen Klage im Zeitpunkt der Erledigung regelmäßig abzuweisen sein. Eine solche Verweisung ohne Auswirkung auf den Entscheidungsinhalt wäre jedoch sinnlos (so zutr Zö/*Vollkommer* Rn 58 »Verweisung«) und widerspricht dem Grundsatz der Prozessökonomie, welcher dem Institut der Hauptsacheerledigung zugrunde liegt.

59 **VI. Rechtsmittel und Rechtskraft.** Das auf die Feststellungsklage ergehende Urt ist mit allgemeinen Rechtsmitteln (Berufung und Revision) anfechtbar. Eine Beschwer des Beklagten liegt vor, soweit das Gericht mit Rechtskraftwirkung die Zulässigkeit und Begründetheit der Klage bis zum Eintritt des erledigenden Ereignisses feststellt. Der Kl ist beschwert, wenn seine Klage abgewiesen wird. Dass es dem Kl im Prinzip um eine Abänderung der Kostenentscheidung geht, lässt seine Beschwer trotz § 99 I nicht entfallen (BGHZ 57, 224 = NJW 72, 112). Der Wert der Beschwer errechnet sich nach der Summe der Kosten der Vorinstanz, die dem Rechtsmittelführer wegen seines Unterliegens im Erledigungsstreit in der abschließenden Entscheidung auferlegt wurden (BGH NJW-RR 93, 766). Eine isolierte Anfechtung der Kostenentscheidung analog § 91a II ist unzulässig. Etwas anderes gilt nach dem Grundsatz der Meistbegünstigung, wenn das Gericht fehlerhaft nach § 91a entschieden hat (Köln OLGR 98, 151). Dasselbe gilt, wenn das Gericht in reziproker Anwendung des § 93 entschieden hat (Stuttg NJW-RR 97, 1222; Rz 57).

60 Das Urt wird nach allgemeinen Grundsätzen formell und materiell rechtskräftig. Beim klageabweisenden Urt richtet die Rechtskraftwirkung sich danach, warum die einseitige Erledigungserklärung des Klägers keinen Erfolg hatte, ob also die ursprüngliche Klage unzulässig oder unbegründet war oder keine Erledigung eingetreten ist. Dies muss sich aus den Entscheidungsgründen des Urt ergeben. Die Rechtskraft der ergangenen Entscheidung steht einer neuen Klage nur dann entgegen, wenn das Urt wegen ursprünglicher Unbegründetheit der Klage ergangen ist. Durch das stattgebende Urt wird mit Rechtskraft festgestellt, dass die Klage bis zum erledigenden Ereignis zulässig und begründet war und durch dieses Ereignis nunmehr gegenstandslos geworden ist (St/J/*Bork* Rn 54; *Röckle* AnwBl 93, 317, 319; aA Zö/*Vollkommer* Rn 46). Die Rechtskraftwirkung umfasst also sowohl den ursprünglichen Bestand der Klageforderung als auch deren wirksame Erledigung, da der Streitgegenstand der Feststellungsklage den der ursprünglichen Klage mit einschließt (*Habscheid* JZ 63, 624, 625). Eine neue Klage mit demselben Streitgegenstand wäre unzulässig.

61 **VII. Streitwert.** Bis zur einseitigen Erledigungserklärung ist der Streitwert der Hauptsache maßgeblich. Die Bemessung des Streitwerts nach einer einseitigen Erledigungserklärung ist demgegenüber sehr umstr (Überblick bei *Deckenbrock/Dötsch* JurBüro 03, 287). Soweit zT auf einen ggü der Hauptsache um 20–50 % geringeren Streitwert abgestellt wird (München JurBüro 95, 644; Brandbg OLGR 00, 490; Köln JurBüro 91, 832), ist dies eine konsequente Verlängerung der Klageänderungstheorie, die von einem Feststellungsantrag

ausgeht (vgl Rz 46). Für die Annahme eines unveränderten Streitwerts des ursprünglichen Klageantrages (so München NJW-RR 96, 956; Köln MDR 95, 103; Schlesw OLGR 05, 527) lässt sich anführen, dass der Streitgegenstand der Feststellungsklage den der ursprünglichen Leistungsklage einschließt, so dass eine der Rechtskraft fähige Entscheidung über diesen ergehen kann (vgl Rz 60). Beide Ansätze werden jedoch dem tatsächlichen Interesse des Klägers, welches für die Bestimmung des Streitwertes maßgeblich ist, nicht gerecht. Dieses ist vielmehr nach einseitiger Erledigung in aller Regel darauf gerichtet, eine Kostenbelastung zu vermeiden bzw seine Kosten erstattet zu bekommen. Der Streitwert wird daher richtiger Ansicht nach durch die bis zur Erledigung angefallenen Kosten bestimmt (so die stRspr des BGH NJW 61, 1210; NJW-RR 90, 1474; 96, 1210; zust KG Grundeigentum 07, 652; Köln OLGR 05, 19; München NJW-RR 95, 1086 und § 3 Rz 121). Dabei tritt die Streitwertreduzierung nicht schon mit Eintritt des erledigenden Ereignisses, sondern erst mit der Erledigungserklärung des Klägers ein (BGH MDR 10, 1342). Nach oben wird der Streitwert durch das Hauptsacheinteresse begrenzt (BGH NJW-RR 90, 1474). Der Rechtsmittelstreitwert besteht in den Summen derjenigen Kosten der Vorinstanzen, die dem nunmehrigen Rechtsmittelkläger auferlegt sind (BGH NJW 61, 1210; NJW-RR 93, 765).

Auf den unveränderten Streitwert des ursprünglichen Klageantrages ist nur ausnahmsweise abzustellen, 62
wenn die Erledigungserklärung des Klägers auf einer von ihm erklärten Aufrechnung beruht (BGH WM 78, 737) oder wenn in einer Ehrenschutzsache auch nach tatsächlicher Erledigung das Interesse an einer mittelbaren Rechtfertigung des jeweiligen Standpunktes deutlich im Vordergrund steht (BGH NJW 82, 768).

F. Teilweise einseitige Erledigungserklärung des Klägers. Auch eine nur tw einseitige Erledigungserklä- 63
rung ist bei entsprechender Teilbarkeit (vgl Rz 41) möglich. Im Urteilstenor muss zum Ausdruck kommen, dass sich die Feststellung der Erledigung nur auf einen Teil des Rechtsstreits bezieht. Die Kostenentscheidung ergeht einheitlich nach den §§ 91, 92. Im Rahmen der vorläufigen Vollstreckbarkeit ist zu beachten, dass der Feststellungstenor nicht vollstreckbar ist. Der Gebührenstreitwert setzt sich im Falle einseitiger Teilerledigungserklärung nach zutreffender Ansicht aus dem Wert der Resthauptsache zuzüglich der nach der Differenzmethode zu ermittelnden Kosten des für erledigt erklärten Teils zusammen (BGH NJW-RR 96, 1210; Nürnb NJOZ 06, 2718; Stuttg OLGR 09, 490; vgl auch Rz 61). Der Wert des Feststellungsantrages muss hier anders als bei übereinstimmender Teilerledigung (vgl Rz 43) hinzugerechnet werden, da es sich um einen Sachantrag handelt und § 4 I Hs 2 keine Anwendung findet (vgl auch § 3 Rz 122). Das Urt ist mit allgemeinen Rechtsmitteln anfechtbar. Zur Berechnung der Rechtsmittelbeschwer vgl BGH NJW-RR 88, 1465; 93, 765. Eine isolierte Anfechtung der Kostenentscheidung scheidet aus.

G. Einseitige Erledigungserklärung des Beklagten. Der Bekl kann den Rechtsstreit nicht einseitig für erle- 64
digt erklären, weil der Streitgegenstand durch den Kl bestimmt wird (BGH NJW 94, 2363). Ein rechtliches Interesse des Beklagten an einer solchen einseitigen Erledigungserklärung besteht auch nicht, da er im Falle der tatsächlichen Erledigung mit seinem Abweisungsantrag die Abweisung der Klage erreichen kann. In seiner Erledigungserklärung kann aber eine vorweggenommene Zustimmung zur Erledigungserklärung des Klägers liegen, da die Reihenfolge der Erledigungserklärungen unerheblich ist (vgl Rz 20).

**H. Erledigungserklärung zwischen den Instanzen und in der Rechtsmittelinstanz. I. Erledigung zwi- 65
schen den Instanzen.** Tritt die Erledigung nach Schluss der letzten mündlichen Verhandlung, aber vor Einlegung eines Rechtsmittels bzw Rechtskraft eines bereits ergangenen Urteils ein, ist zw übereinstimmenden und einseitigen Erledigungserklärungen zu unterscheiden (*Hausherr* MDR 10, 973). § 91a ist Ausfluss der Dispositionsmaxime (Rz 25). Daraus folgt, dass die Parteien den Rechtsstreit auch nach Schluss der letzten mündlichen Verhandlung vor der Verkündung einer Entscheidung (LAG Berlin MDR 06, 57) und sogar nach Erlass eines Urteils bis zum Ablauf der Rechtsmittelfristen (BGH NJW 95, 1095; *Bergerfurth* NJW 92, 1655, 1656) jederzeit übereinstimmend ggü dem Instanzgericht für erledigt erklären können. Das ergangene Urt wird analog § 269 III 1 HS 2 wirkungslos (vgl Rz 25). Die Kostenentscheidung ist auf der Grundlage des § 91a zu treffen. Nach Einlegung eines Rechtsmittels müssen die Erledigungserklärungen ggü dem Rechtsmittelgericht abgegeben werden. Die einseitige Erledigungserklärung ist in der jeweiligen Instanz hingegen – wie aus §§ 261 II, 297 folgt – grds bis zum Schluss der letzten mündlichen Verhandlung abzugeben. Hält eine Partei den Rechtsstreit nach Urteilserlass für erledigt, muss sie das gegen die getroffene Entscheidung statthafte Rechtsmittel mit dem Ziel einlegen, die Feststellung der Erledigung der Hauptsache zu bewirken. Für die Beschwer genügt insoweit die Existenz des klageabweisenden Urteils (BGH NJW-RR 92, 1032; Nürnb FamRZ 00, 1025; einschr BGH NJW 04, 1173 für Zulassungssachen im

anwaltsgerichtlichen Verfahren). Eine Wiedereröffnung der mündlichen Verhandlung scheidet von vornherein aus. Ist das erledigende Ereignis dagegen zwar nach Schluss der mündlichen Verhandlung, aber vor Urteilserlass eingetreten, ist eine einseitige Erledigungserklärung ggü dem Gericht der 1. Instanz möglich. Dieses wird idR die mündliche Verhandlung nach § 156 ZPO wiederzueröffnen haben. Unterlässt der Kl eine entspr Erledigungserklärung, fehlt es für ein stattdessen nach Urteilserlass eingelegtes Rechtsmittel mit dem Ziel der Erledigungserklärung jedoch nicht am Rechtsschutzbedürfnis (*Hausherr* MDR 10, 973; MüKoZPO/*Lindacher* Rn 114; aA LG Hamburg MDR 95, 204; Musielak/*Wolst* Rn 33; hier 2. Aufl).

66 **II. Erledigung in der Rechtsmittelinstanz.** Inwieweit die Parteien den Rechtsstreit auch in der Rechtsmittelinstanz einseitig oder übereinstimmend für erledigt erklären können, ist umstr. Zumindest für die **Berufungs- und Beschwerdeinstanz** ist allgemein anerkannt, dass einseitige und übereinstimmende Erledigungserklärungen nach allgemeinen Grundsätzen möglich sind (LG Tübingen JurBüro 01, 157; MüKoZPO/*Lindacher* Rn 43). Die Erledigung der Hauptsache kann auch noch während des Verfahrens über eine Nichtzulassungsbeschwerde, erklärt werden (BGH NJW-RR 07, 694 und WRP 10, 759). Besonderheiten ergeben sich lediglich insoweit, als die Zulässigkeit des jeweiligen Rechtsmittels – also insb auch die Beschwer – als zusätzliche Voraussetzung einer wirksamen Erledigungserklärung geprüft werden muss (BGHZ 50, 197). Ein unzulässiges Rechtsmittel ist trotz übereinstimmender Erledigungserklärungen zu verwerfen. Der Zulässigkeit des Rechtsmittels steht der vorherige Eintritt der Erledigung nicht unter dem Gesichtspunkt der mangelnden Beschwer entgegen (BGH NJW 75, 539; *Habscheid* JZ 63, 579, 580). Etwas anderes gilt, wenn der Bekl die Leistung, zu der er verurteilt wurde, nach Urteilserlass vorbehaltlos erbringt (BGH NJW 00, 1120; Köln OLGR 04, 181; Hamm NJW-RR 91, 1343). Sofern der Rechtsstreit in der Rechtsmittelinstanz für erledigt erklärt wird, verlieren die vorinstanzlichen Urteile ihre Wirkung und sind aufzuheben (Zö/*Vollkommer* Rn 50). Wird die Erledigung erst in der Berufungsinstanz erklärt, ist das Verfahren gem § 522 II anwendbar (Rostock MDR 06, 947). Erklären die Parteien den Streitgegenstand der Hauptberufung in der Hauptsache für erledigt, und beantragen sie insoweit eine Kostenentscheidung nach § 91a, verliert eine **Anschlussberufung** dadurch nicht ihre Wirkung (BGH NJW 86, 852). § 91a findet bei Rücknahme des Hauptrechtsmittels keine entspr Anwendung auf die Kosten der unselbständigen Anschlussberufung. Diese sind vielmehr nach § 516 III 1 grds dem Berufungskläger aufzuerlegen (BGH NJW-RR 05, 727; 06, 1147; aA Frankf NJW-RR 93, 768; 95, 945).

67 Auch in der **Revisionsinstanz** sind übereinstimmende Erledigungserklärungen zulässig (BGHZ 106, 359 = NJW 89, 2885; BGHZ 123, 264 = NJW 94, 256). Diese führen dazu, dass gem § 91a über die gesamten Kosten des Rechtsstreits zu entscheiden ist (BGH VersR 07, 84). Im Rahmen der Billigkeitsentscheidung ist maßgeblich, wie sich die Revisionsentscheidung auf die Kostenentscheidung der Vorinstanzen ausgewirkt hätte (BGH NJW-RR 04, 377; BauR 03, 1075). Umstr ist dagegen, unter welchen Voraussetzungen auch eine einseitige Erledigungserklärung zulässig ist. Das ist jedenfalls der Fall, wenn das erledigende Ereignis unstr ist, da das Revisionsgericht in diesem Fall keine neuen tatsächlichen Feststellungen treffen muss (BGHZ 106, 259 = NJW 89, 2885; BGH NJW-RR 93, 1123). Das gleiche gilt, wenn die einschlägig relevanten Fakten bereits durch das Instanzgericht festgestellt sind (BGH NJW 65, 537). Unschädlich ist, dass die Erledigungserklärung schon im Berufungsverfahren hätte abgegeben werden können (BGHZ 106, 359 = NJW 89, 2885). Etwas anderes gilt, wenn das erledigende Ereignis bereits vor Schluss der mündlichen Verhandlung der letzten Tatsacheninstanz eingetreten ist (BAG MDR 08, 465). Bestreitet der Bekl dagegen das erledigende Ereignis, kann der Vortrag des Klägers nicht Gegenstand des Revisionsverfahrens sein (*Smid* ZZP 97, 245, 299; Musielak/*Wolst* Rn 7; aA MüKoZPO/*Lindacher* Rn 112).

68 **III. Erledigung des Rechtsmittels.** Von der Erledigung der Hauptsache in der Rechtsmittelinstanz ist die Erledigung des Rechtsmittels selbst zu unterscheiden. Ob die in der Rechtsmittelinstanz abgegebene Erledigungserklärung die Hauptsache oder das Rechtsmittel betrifft, ist ggf durch Auslegung zu ermitteln. Die das Rechtsmittel betreffende Erledigungserklärung wird im Grundsatz ganz überwiegend für zulässig erachtet (BGH NJW 98, 2453; 09, 234; NJW-RR 01, 1007; BAG NJW 08, 1979; Brandbg OLGR 08, 63; *Heintzmann* ZZP 87, 199; Zö/*Vollkommer* Rn 19; aA Karlsr FamRZ 91, 464; *Habscheid* NJW 60, 2132; offen gelassen BGHZ 127, 74 = NJW 94, 2832). Sofern die zunächst angefochtene Entscheidung aufrechterhalten werden soll, kann ein praktisches Bedürfnis für eine das Rechtsmittel betreffende Erledigungserklärung bestehen. Denn dieses Ziel kann mit der die Hauptsache betreffenden Erledigungserklärung nicht erreicht werden, so dass dem Rechtsmittelkläger bei Ablehnung einer Erledigungserklärung nur die Möglichkeit der kostenpflichtigen Rücknahme des Rechtsmittels bliebe. Soweit diese Kostenfolge zu unbilligen Ergebnissen

führt, ist eine das Rechtsmittel betreffende Erledigungserklärung folglich als zulässig zu erachten. Das ist bspw der Fall, wenn die vom Beklagten angefochtene Entscheidung im Laufe des Rechtsmittelverfahrens richtig wird und dieser der geänderten Sachlage nicht durch Anerkenntnis mit der Kostenfolge aus § 93 Rechnung tragen kann (MüKoZPO/*Lindacher* Rn 126; *Gaier* JZ 01, 445, 446). Die Möglichkeit, ein sofortiges Anerkenntnis iSv § 93 abzugeben, kann den Rückgriff auf die Erledigterklärung des Rechtsmittels entbehrlich machen (Nürnbg MDR 08, 940). Gleiches gilt, wenn der auf unzulässige Abtrennung einer Folgesache gegründeten Berufung gegen das Scheidungsurteil dadurch der Boden entzogen wird, dass die andere Partei die von ihr abhängig gemachte Folgesache durch Rücknahme des Antrags beseitigt (KG FamRZ 82, 950) oder wenn die Beschwer nach einer Urteilsberichtigung gem § 319 (Hamm FamRZ 87, 1056; LG Bochum ZZP 97, 215; aA BGHZ 127, 82 = NJW 94, 2832) oder durch verbindliche Entscheidung über die Klagerücknahme (BGH NJW 98, 2453) oder durch prozessuale Überholung (Frankf NJW-RR 98, 1447) entfällt. Eine Rechtsmittelerledigung ist auch zuzulassen, wenn der durch die angefochtene Entscheidung bejahte ordentliche Rechtsweg nachträglich durch Gesetz begründet wird (BGH NJW-RR 01, 1007). In den genannten Fällen würden einerseits Erledigungserklärungen betreffend die Hauptsache ihr Ziel verfehlen, andererseits die Rücknahme des Rechtsmittels zu Kostenungerechtigkeiten führen. Wird die Klage erst während der Berufungsinstanz unzulässig oder unbegründet, besteht hingegen idR kein Anlass, eine Erledigungserklärung des Klägers betreffend das Rechtsmittel zuzulassen, denn dieser kann den Rechtsstreit in der Hauptsache für erledigt erklären (*Gaier* JZ 01, 445, 446).

Sofern nur das eingelegte Rechtsmittel übereinstimmend für erledigt erklärt wird, bleibt der Bestand der angefochtenen Entscheidung unberührt. Das Rechtsmittelverfahren endet. Die angefochtene Entscheidung wird rechtskräftig. Das Gericht hat insb nicht zu prüfen, ob eine Rechtsmittelerledigung eingetreten ist. Es ist nur noch entspr § 91a über die Kosten des Rechtsmittelverfahrens zu entscheiden (Hambg NJW 60, 2151; *Gaier* JZ 01, 445, 448; aA MüKoZPO/*Lindacher* Rn 129). Die einseitige Erledigungserklärung beinhaltet nach der Klageänderungstheorie eine Änderung des Rechtsmittelantrages in einen solchen auf Feststellung der Erledigung des Rechtsmittels. Der Antrag ist begründet, wenn das zunächst zulässige und begründete Rechtsmittel durch einen während des Rechtsmittelverfahrens eingetretenen Umstand unzulässig oder unbegründet geworden ist (Karlsr OLGR 02, 56; *Gaier* JZ 01, 445, 446; *Heintzmann* ZZP 87, 199, 214 ff). Bei Abweisung des Feststellungsantrages ergeht eine Kostenentscheidung nach § 97 I. Wird Erledigung festgestellt, sind die Kosten des Rechtsmittelverfahrens nach § 91 dem Rechtsmittelgegner aufzuerlegen (Frankf NJW-RR 89, 63; MDR 98, 559; aA Rostock NJW-RR 07, 430: § 91a analog). 69

I. Hilfsanträge zur Erledigung. 1. Hilfsanträge des Klägers. Wenn der Kl sich nicht sicher ist, ob tatsächlich Erledigung eingetreten ist, droht ihm bei einseitiger Erledigungserklärung ein Unterliegen mit seiner Feststellungsklage, weil seine ursprüngliche Klage möglicherweise zwar zulässig und begründet war, sich aber nicht erledigt hat. Insoweit ist allgemein anerkannt, dass der Kl neben der Erledigungserklärung (Klageänderung in einen Feststellungsantrag) hilfsweise den alten Klageantrag aufrechterhalten kann (BGH NJW 65, 1597; WM 82, 1260; *Bergerfurth* NJW 68, 530; 92, 1655, 1659; Zö/*Vollkommer* Rn 35). Wird die Klage abgewiesen, weil sie von Anfang an unbegründet war, braucht das Gericht auf den Hilfsantrag nicht mehr einzugehen, weil sich daraus keine weitergehenden Urteilswirkungen ergeben (BGH WM 82, 1260). Haupt- und Hilfsantrag betreffen denselben Gegenstand iSd § 45 I 3 GKG. Sofern das Gericht im Falle einseitiger Erledigungserklärung davon ausgeht, dass Erledigung nicht eingetreten ist, sollte es den Kl auf die Erforderlichkeit eines solchen Hilfsantrages hinweisen (vgl Rz 57). 70

Dagegen ist eine **hilfsweise Erledigungserklärung** des Klägers bei Festhalten am ursprünglichen Hauptantrag nach zutreffender hM nicht möglich, weil dies zu einer unangemessenen Verlagerung des Kostenrisikos auf den Beklagten führen würde (BGHZ 106, 359 = NJW 89, 2885; NJW-RR 06, 1378; AG 10, 749; *Teubner/Prange* MDR 89, 586; aA BGH NJW 75, 539; Schlesw NJW 73, 1933, Hambg OLGR 08, 370). Will der Kl trotz Zweifeln am Erledigungseintritt an seinem ursprünglichen Klageantrag festhalten, muss er das Kostenrisiko tragen. Erweist sich die Klage wegen Eintritts der Erledigung als unbegründet, so ist sie abzuweisen. Dem kann der Kl nicht durch hilfsweise Erledigungserklärung entgehen. Eine hilfsweise erklärte Erledigung der Hauptsache, die in der Erwartung der Zustimmung der Gegenseite abgegeben wird und dazu führen soll, dass das Gericht nicht mehr über die Hauptsache, sondern nur noch über die Kosten entscheidet, ist mit dem auf Verurteilung gerichteten Hauptantrag nicht zu vereinbaren und verbietet sich daher auch aus prozessualen Gründen (BGH NJW-RR 06, 1378; weitergehend Frankf ZIP 08, 2286). Ob ein nicht anschließungsfähiger Erledigungsfeststellungsantrag (vgl Rz 33 aE) hilfsweise erklärt werden kann oder ob es für die hilfsweise begehrte Feststellung, dass die Klage bis zum Eintritt des erledigenden Ereig- 71 nisses zulässig und begründet war, am Feststellungsinteresse fehlt, ist umstr (bejahend BGH NJW-RR 98, 1571; LG Hanau NJW-RR 00, 1233; *Prütting/Wesser* ZZP 116, 267, 293; *Assmann*, FS Merle 10, 39, 45 f; verneinend BGH NJW-RR 06, 1378).

72 **II. Hilfsanträge des Beklagten.** Auch eine hilfsweise Erledigungserklärung des Beklagten ist unzulässig (Ddorf NJW-RR 92, 384; aA *Bergerfurth* NJW 92, 1655, 1660). Die Beendigung der Rechtshängigkeit kann nicht von einer innerprozessualen Bedingung abhängig gemacht werden, die in der Entscheidung über den Klageanspruch besteht. Ob der Klageanspruch gegeben, der auf seine Abweisung gerichtete Gegenantrag der beklagten Partei also unbegründet ist, steht erst mit der Rechtskraft der Entscheidung über den Klageanspruch fest. Mit der Rechtskraft dieser Entscheidung endet aber die Rechtshängigkeit des Klageanspruchs, so dass sowohl die Erledigungserklärung als auch die Anschlusserklärung, die durch das Bestehen bzw Nichtbestehen des Klageanspruchs bedingt sind, nicht mehr wirksam werden (zutr Ddorf NJW-RR 92, 384).

73 **III. Übereinstimmende Hilfsanträge.** Dies gilt folgerichtig auch für übereinstimmende Erledigungserklärungen, die von der Begründetheit des Hauptantrages abhängig gemacht werden. Die Einräumung der Möglichkeit hilfsweiser übereinstimmender Erledigungserklärungen würde auch dem Sinn und Zweck des § 91a (Prozessökonomie) widersprechen (zutr *Teubner/Prange* MDR 89, 586, 587). Keine Bedenken bestehen gegen hilfsweise abgegebene übereinstimmende Erledigungserklärungen, die von einer innerprozessualen Bedingung abhängig gemacht werden, die nicht in der Entscheidung über einen Hauptantrag besteht, etwa die hilfsweise Erledigungserklärung für den Fall, dass ein widerruflich geschlossener Prozessvergleich widerrufen wird (Frankf MDR 78, 499) oder der Unzulässigkeit eines Rechtsmittels (Hamm NJW 73, 1376).

74 **J. Gebühren und Kosten.** Bei dem der **einseitigen Erledigungserklärung** nachfolgenden Verfahren handelt sich um ein normales Erkenntnisverfahren (vgl Rz 56), so dass hinsichtlich der anfallenden Gebühren und Kosten keine Besonderheiten gelten. Bei **übereinstimmenden Erledigungserklärungen** und einer Entscheidung durch Beschl gelten KV-GKG Nr 1210, 1220, 1230, 1250, 1310, 1410. Eine Reduzierung der Verfahrensgebühr findet grds nicht statt. Etwas anderes gilt, wenn keine Kostenentscheidung ergeht oder die Entscheidung einer zuvor mitgeteilten Einigung der Parteien über die Kostentragung oder der Kostenübernahmeerklärung einer Partei folgt (Nr 1211 Nr 4, 1221, 1222 Nr 4, 1231, 1232 Nr 4, 1251, 1252 Nr 4, 1311 Nr 4, 1411 Nr 4 KV-GKG). Der Kostenantrag des Rechtsanwalts wird durch die Gebühren nach Nr 3100 ff VV-RVG abgegolten. Besondere Anwaltsgebühren entstehen nicht (§ 19 I Nr 9 RVG). Eine Terminsgebühr nach Nr 3104 fällt nur an, wenn ausnahmsweise eine mündliche Verhandlung stattfindet (BGH NJW 08, 668). Die Terminsgebühr des Klägervertreters reduziert sich, wenn es möglich gewesen wäre, die Erledigung noch durch Einreichung eines Schriftsatzes vor Aufruf der Sache zu erklären (BGH MDR 10, 1342; abl *Jungbauer* DAR 11, 553). Für das Beschwerdeverfahren fällt eine Gebühr nach 3500 VV-RVG an.

75 **K. Sonderfälle. Arbeitsgerichtliches Beschlussverfahren.** Es ist die Sonderregelung des § 83a ArbGG zu beachten, wonach das Verfahren nach übereinstimmenden Erledigungserklärungen ohne Kostenentscheidung einzustellen ist (§ 83a II 1). Aus dem Wesen des Beschlussverfahrens und der fehlenden prozessualen Kostentragungspflicht ergeben sich Besonderheiten: Die Zustimmung eines Beteiligten gilt nach § 83a III 2 als erteilt, wenn dieser sich innerhalb einer ihm gesetzten Frist nicht äußert. Bei Widerspruch eines Beteiligten prüft das Gericht nur, ob ein erledigendes Ereignis eingetreten ist. Auf die ursprüngliche Zulässigkeit und Begründetheit des Antrags kommt es dagegen nicht an. Ist ein erledigendes Ereignis eingetreten, ist das Verfahren entsprechend § 83a II einzustellen (BAGE 65, 105 = NJW 91, 192). Als erledigendes Ereignis kommen anders als im Zivilprozess auch Umstände vor Rechtshängigkeit in Betracht (BAG NJW 08, 1977).

76 **Arrest/einstweilige Verfügungsverfahren.** Zur Erledigung dort vgl *Vossler* MDR 09, 667. Hauptsache ist nicht der zu sichernde Anspruch, sondern die begehrte Rechtsfolge auf einstweilige Regelung oder Sicherung (Hamm MDR 87, 589; Zö/*Vollkommer* Rn 58 »Arrest und einstw Verfügung«). Eine Erledigung im Eilverfahren ist grds auf dieses beschränkt; eine dort abgegebene Erledigungserklärung bezieht sich im Zweifel nicht auf ein anhängiges Hauptverfahren und umgekehrt (*Vossler* MDR 09, 667). Im Verfahren des vorläufigen Rechtsschutzes beginnt das Prozessrechtsverhältnis schon mit Einreichung der Antragsschrift, mit der alle Wirkungen der Rechtshängigkeit eintreten. Erledigung liegt daher auch vor, wenn das erledigende Ereignis nach Eingang der Antragsschrift bei Gericht, aber vor Zustellung einer Terminsladung, Beschlussverfügung oder Aufforderung zur Äußerung liegt (Köln GRUR 88, 646; 01, 424; AG Weilheim MDR 85, 148). Eine Rechtsbeschwerde ist wegen § 542 II 1 nicht zulässig (BGH NJW 03, 3565). Bsp für Erledigung bei Rz 15.

Freiwillige Gerichtsbarkeit und Verfahren nach dem FamFG. Erledigung der Hauptsache tritt bereits ein, wenn nach Einleitung des Verfahrens ein Ereignis stattfindet, das eine Änderung der Sach- und Rechtslage herbeiführt, so dass der Verfahrensgegenstand fortfällt und die Weiterführung des Verfahrens mit dem Ziel einer Sachentscheidung keinen Sinn mehr hätte (BGH NJW 82, 2505; München FGPrax 06, 228 und iE Schulte-Bunert/Weinreich/*Brinkmann* § 22 Rn 18–31). Zur Rechtsgrundlage für die Kostenentscheidung vgl Rz 5. 77

Insolvenzverfahren. Beim Insolvenzeröffnungsverfahren handelt es sich um ein quasi-kontradiktorisches Verfahren, auf welches § 91a iVm § 4 InsO nach ganz hM entsprechend anwendbar ist (BGHZ 149, 178 = NJW 02, 515; NJW-RR 05, 418; Köln NZI 02, 157; Celle OLGR 01, 96; LG Koblenz NZI 01, 265; aA LG Magdeburg ZIP 94, 578; AG Hamburg ZIP 02, 2270). Erledigung tritt außer bei Erfüllung oder Hinterlegung der dem Eröffnungsantrag zugrunde liegenden Forderung auch durch Verfahrenseröffnung auf Antrag eines Dritten (BGH NJW-RR 05, 418) oder Abweisung des Eröffnungsantrages mangels Masse in einem Parallelverfahren (LG Göttingen ZIP 92, 572) ein. Nach Erlass (nicht erst ab Rechtskraft) des Eröffnungsbeschlusses scheidet eine Erledigungserklärung aus, weil das Verfahren der Disposition der Parteien entzogen ist (Celle ZIP 00, 673). Prüfungsmaßstab für die Kostenentscheidung nach § 91a ist, ob der Antrag ursprünglich zulässig war, insb ob Insolvenzgrund und Forderung glaubhaft gemacht sind. Ob der Antrag auch begründet war, prüft das Gericht nicht, da es auf den Sach- und Streitstand im Eröffnungsverfahren ankommt (LG Kiel KTS 98, 575; AG Köln NZI 00, 94; AG Göttingen ZIP 07, 295). Eine tw Erledigungserklärung ist unzulässig, weil die Eröffnung als Antragsziel unteilbar ist (AG Duisburg NZI 03, 161). Umstr ist die Behandlung sog »Druckanträge« öffentlich-rechtlicher Gläubiger, deren primäres Ziel es ist, den Schuldner zu Teilzahlungen zu bewegen (vgl dazu *Schmahl* NZI 02, 177). Eine schematische Betrachtung, wonach die Kosten in solchen Fällen stets dem Gläubiger aufzuerlegen sind, verbietet sich (so aber LG Hamburg ZVI 02, 37; AG Hamburg ZIP 05, 364; ZVI 02, 299; ZIP 01, 257; noch weitergehend MüKo-InsO/*Schmahl* § 13 Rn 145 ff; LG Duisburg ZIP 09, 342, wonach die Erledigungserklärung wegen Rechtsmissbrauchs unwirksam und damit unbeachtlich sein kann, was mit der Dispositionsmaxime nur schwerlich vereinbar ist). Allerdings kann es entsprechenden Anträgen am Rechtsschutzbedürfnis fehlen, so dass sie von vornherein unzulässig sind (AG Potsdam NZI 03, 155; AG Dresden ZInsO 09, 1173; FK-Inso/*Schmerbach* § 13 Rn 168). Auch eine **einseitige Erledigungserklärung** ist zulässig (BGH NJW-RR 05, 418; 09, 188; Köln NZI 02, 157; Celle OLGR 01, 96; aA LG Bielefeld ZIP 86, 1594). Zu prüfen ist hier, ob der Insolvenzeröffnungsantrag im Zeitpunkt des erledigenden Ereignisses zulässig und begründet war und sich durch ein nachträglich eingetretenes Ereignis erledigt hat (BGH NJW-RR 09, 188). Dabei ist ohne Durchführung einer weiteren Beweisaufnahme auf den bisherigen Verfahrensstand abzustellen (Köln NZI 02, 157). Erklärt der Antragsteller seinen Eröffnungsantrag einseitig für erledigt, findet gegen die Entscheidung des Insolvenzgerichts, welche die Erledigung des Antrags feststellt und dem Antragsgegner die Kosten des Verfahrens auferlegt, die sofortige Beschwerde nach §§ 6, 34 II InsO statt; § 91a ist nicht anwendbar (BGH NJW-RR 09, 188). In einem höheren Rechtszug ist die Erledigungserklärung nur zulässig, wenn auch das eingelegte Rechtsmittel zulässig ist. Jedenfalls dann, wenn die Voraussetzungen für die Zulässigkeit einer Insolvenzrechtsbeschwerde nicht gegeben sind, kann vor dem Rechtsbeschwerdegericht ein Gläubigerantrag auf Eröffnung eines Insolvenzverfahrens nicht mehr einseitig für erledigt erklärt werden (BGH NJW-RR 05, 418). 78

Mahnverfahren. Problematisch ist, dass Zahlungen im Mahnverfahren häufig vor Rechtshängigkeit erfolgen, die erst nach Widerspruch mit Abgabe an das Streitgericht eintritt. Die Rückwirkungsfiktion nach §§ 696 III, 700 II, wonach auf die Zustellung des Mahnbescheides abzustellen ist, greift nur bei alsbaldiger Abgabe an das Streitgericht. Gleichwohl werden **übereinstimmende Erledigungserklärungen** ganz überwiegend auch bei vorheriger Erfüllung des geltend gemachten Anspruchs für zulässig erachtet, da in diesem Fall nicht zu prüfen ist, ob tatsächlich Erledigung eingetreten ist (Naumbg OLGR 99, 94; Musielak/*Wolst* Rn 4; *Fischer* MDR 97, 706; Rz 23, 25; aA Zö/*Vollkommer* Rn 58 »Mahnverfahren«). Rechtsfolge ist der Erlass eines Kostenbeschlusses nach § 91a, der – ggf nach Überleitung ins streitige Verfahren – durch das Prozessgericht ergeht (*Prechtel* ZAP 07 Fach 13, 1391, 1403). Auch eine **einseitige Erledigungserklärung** kommt in Betracht, sofern das erledigende Ereignis nach Zustellung des Mahnbescheides liegt und die Sache alsbald iSd §§ 696 III, 700 II an das Streitgericht abgegeben wird (Nürnb NJW-RR 87, 1278; *Fischer* MDR 97, 706, 707; aA *Liebheit* NJW 00, 2235). Daneben, oder wenn diese Voraussetzungen nicht vorliegen, gibt es je nach Verfahrensstand verschiedene Möglichkeiten des Antragstellers auf Zahlungen im Laufe des Mahnverfahrens zu reagieren. Je nach Lage der Dinge kann er das Verfahren nicht oder nur auf die 79

Kostenfrage beschränkt weiter betreiben, den Streitantrag zurücknehmen, den Mahnantrag mit der Kostenfolge entsprechend § 269 III 2, 3 zurücknehmen (*Ruess* NJW 06, 1915) oder seinen Antrag in einen solchen auf Feststellung der Kostentragungspflicht umstellen, sofern ihm ein materieller Kostenerstattungsanspruch gegen den Schuldner zusteht (*Prechtel* ZAP 07 Fach 13, 1391, 1403 ff; *Wolff* NJW 03, 553). Wird nach Abgabe ans Prozessgericht mit der Anspruchsbegründung weniger geltend gemacht als im vorangegangenem Mahnverfahren, bedarf der Antrag der Auslegung. Im ermäßigten Antrag kann eine tw Erledigungserklärung, eine konkludente Teilrücknahme des Antrags auf Durchführung des streitigen Verfahrens oder eine Teilrücknahme des Mahnantrages liegen (*Prechtel* ZAP 07 Fach 13, 1391, 1402 mwN). Sinkt der ursprünglich höhere Streitwert durch die Antragsermäßigung vor Abgabe an das Streitgericht unter 5.000 €, wird statt des Landgerichts das Amtsgericht zuständig, da es für die sachliche Zuständigkeit auf den Zeitpunkt des Eingangs der Akten beim Streitgericht ankommt (Frankf JurBüro 93, 557; NJW-RR 96, 1403; Musielak/*Wolst* Rn 55).

80 **Selbstständiges Beweisverfahren.** § 91a und die hierzu entwickelten Grundsätze zur Erledigung der Hauptsache finden im selbständigen Beweisverfahren keine Anwendung (BGH NJW-RR 04, 1005; NJW 07, 3721; NJW-RR 11, 931 Ddorf BauR 09, 291; § 485 Rz 27; aA noch Frankfurt OLGR 93, 227; München NJW-RR 00, 1455; 01, 1580; Hamm OLGR 99, 220; differenzierend: *Lindacher* JR 99, 278 und ders in MüKoZPO Rn 145 f – nur, wenn sich auch das Hauptsacheverfahren erledigt hat). Eine direkte Anwendung der Vorschrift scheidet aus, da das selbständige Beweisverfahren lediglich der Feststellung eines Sachverhalts und nicht der Entscheidung über ein streitiges Rechtsverhältnis dient und dort – vom Sonderfall des § 494a abgesehen – keine Kostengrundentscheidung ergeht, diese vielmehr dem Hauptverfahren vorbehalten ist. Es mag unbefriedigend erscheinen, die Parteien hinsichtlich eines etwaigen materiellrechtlichen Kostenerstattungsanspruchs auf die Geltendmachung in einem gesonderten Verfahren zu verweisen, wenn die ursprünglich angestrebte Beweisaufnahme durch ein Ereignis nach Verfahrenseinleitung (etwa Mängelbeseitigung durch den Antragsgegner oder Erfüllung der Ansprüche in anderer Weise) obsolet geworden ist. Dies kann jedoch nicht durch entsprechende Anwendung des § 91a umgangen werden. Einer solchen steht zwar nicht bereits entgegen, dass der Gesetzgeber in § 494a die Fälle einer Kostenentscheidung im selbständigen Beweisverfahren abschließend geregelt hat, so dass es an einer planwidrigen Regelungslücke fehlt (zutr *Ende* MDR 97, 123, 125; *Notthoff* JurBüro 98, 61). Durchgreifende Bedenken ergeben sich aber aus der mangelnden Vergleichbarkeit der Erledigung der Hauptsache mit der »Erledigung« des selbständigen Beweisverfahrens (BGH NJW 07, 3721). In der Anordnung der Beweiserhebung iSv § 490 II liegt keine Entscheidung über ein Recht oder einen Anspruch, noch ergeht eine solche Anordnung zum Nachteil des Antragsgegners. Deshalb kann auch aus der in Übereinstimmung mit dem Antragsgegner abgegebenen Erklärung des Antragsgegners selbst dann kein Schluss auf eine materielle Kostentragungspflicht gezogen werden, wenn er nach Anordnung des selbständigen Beweisverfahrens eine Handlung vornimmt, die das Interesse des Antragstellers entfallen lässt, diesen hierauf klageweise in Anspruch zu nehmen (BGH NJW 07, 3721). Vor allem aber ist eine Ermessensentscheidung unter Berücksichtigung der materiellen Rechtslage, wie sie nach § 91a vorgesehen ist, aufgrund der bis zum erreichten Verfahrensstand festgestellten Sachlage im selbständigen Beweisverfahren in aller Regel nicht möglich (aA *Lindacher* JR 99, 278, der auf die Erfolgsaussichten eines hypostasierten Hauptverfahrens abstellt). Ein Abstellen auf die Zulässigkeit und Begründetheit des Beweissicherungsantrages (so München NJW-RR 00, 1455) verbietet sich, da es dem Grundsatz widerspräche, dass sich die Kostentragungspflicht grds nach dem materiellen Ergebnis des Hauptsacheprozesses und der Notwendigkeit der Kosten für die Rechtsverfolgung beurteilt (BGH NJW 07, 3721). Auch eine einseitige Erledigungserklärung scheidet danach aus (BGH NJW-RR 04, 1005; MDR 05, 227, wonach eine entsprechende Erklärung regelmäßig als Antragsrücknahme aufzufassen ist – krit *Looff* NJW 08, 24).

81 **Stufenklage.** Erledigung kann zunächst dadurch eintreten, dass der Bekl den auf der ersten Stufe geltend gemachten Auskunfts- bzw Rechnungslegungsanspruch erfüllt. Sofern die Parteien den Rechtsstreit daraufhin auf der ersten oder zweiten Stufe übereinstimmend für erledigt erklären, ergeht kein Kostenbeschluss nach § 91a. Der Sach- und Streitstand ist vielmehr nach Maßgabe des § 91a in der abschließenden Kostenentscheidung iRd Urteils zum Leistungsanspruch zu berücksichtigen. Erklärt der Kl den Auskunfts- bzw Rechnungslegungsanspruch für erledigt und widerspricht der Bekl der Erledigungserklärung, scheidet der Erlass eines Feststellungsurteils nach den Grundsätzen zur einseitigen Erledigungserklärung aus. Aus dem Charakter des Auskunftsanspruch als Hilfsmittel zur Bezifferung des Hauptantrages ergibt sich vielmehr, dass der Kl unmittelbar auf den bezifferten Leistungsantrag übergehen kann (BGH NJW 79, 925; 01, 833;

BGHZ 94, 268 = NJW 85, 2405; Köln MDR 96, 637; aA Frankf MDR 89, 1108; *Bernreuther* JA 01, 490, 491). Über die Kosten ist dann einheitlich im Urt über den Leistungsanspruch zu befinden. Gleiches gilt für den auf der zweiten Stufe geltend gemachten Antrag auf Abgabe der eidesstattlichen Versicherung oder Wertermittlung. In der Rechtsmittelinstanz ist eine einseitige Erledigungserklärung demgegenüber zulässig (BGHZ 141, 307 = NJW 99, 2520). Soweit die nach Erhebung der Stufenklage erteilte Auskunft des Beklagten ergibt, dass ein Leistungsanspruch nicht besteht, droht dem Kl die Abweisung der gesamten Stufenklage als unbegründet mit der Kostenfolge aus § 91. Eine einseitige Erledigungserklärung des Klägers bzgl des Rechnungslegungs- bzw Leistungsantrages wäre ohne Erfolg, weil dieser von vornherein unbegründet war (BGH NJW 94, 2895; aA Karlsr FamRZ 89, 1100). Da nach hM bereits mit Erhebung der Stufenklage sämtliche Ansprüche rechtshängig werden, findet auch § 269 III 3 keine Anwendung, da Erledigung erst nach Rechtshängigkeit eingetreten ist (aA Zö/*Vollkommer* Rn 58 »Stufenklage«). Eine entsprechende Anwendung des § 93 nach privilegiertem Klageverzicht (so etwa *Lüke* JuS 95, 143) ist ebenfalls abzulehnen. In Unterhaltsprozessen wurde die Problematik durch Änderung des § 93d aF (seit dem 1.9.09 § 243 FamFG) und § 269 III 2 durch das KindUG zum 1.7.98 gelöst. Eine analoge Anwendung auf andere Fälle verbietet sich jedoch angesichts des eindeutigen Willens des Gesetzgebers (*Bernreuther* JA 01, 490, 492; aA *Timme* JA 00, 224). Sofern der Kl einen materiell-rechtlichen Schadenersatzanspruch gegen den Beklagten hat, weil dieser sich bei Erhebung der Stufenklage mit der Auskunftserteilung in Verzug befand, kann er seine Klage auf Feststellung der Kostentragungspflicht ändern. Eine solche Klageänderung ist jedenfalls sachdienlich, sofern man nicht bereits § 264 Nr 3 für anwendbar hält (BGH NJW 94, 2895). Erklären die Parteien den Rechtsstreit in diesem Fall übereinstimmend für erledigt, ist ein etwaiger materiellrechtlicher Schadenersatzanspruch iRd Billigkeitsentscheidung nach § 91a zu berücksichtigen (Saarbr AGS 10, 456; Stuttg NJW-RR 07, 1580; Karlsr FamRZ 02, 1719; Rz 33). Auch der Rechtsgedanke des § 243 FamFG kann insoweit Berücksichtigung finden (Brandbg NJW-RR 03, 795; Naumbg OLGR 04, 281; 08, 295 jeweils zu § 93d aF; Rz 32). Ergibt die Auskunftserteilung einen wesentlich geringeren Leistungsanspruch als erwartet, kann trotz Bestehen des Ersatzanspruchs eine Kostenteilung angemessen sein (Dresd OLGR 01, 85). Nimmt der Kl den Leistungsantrag zurück und erklären die Parteien den Rechtsstreit auf der Auskunftsstufe übereinstimmend für erledigt, ist eine Quotelung der Kosten nach dem Maßstab der unterschiedlichen Streitwerte vorzunehmen (Rostock JurBüro 08, 265). Ist auf der ersten Stufe bereits ein rechtskräftiges Teilurteil ergangen und erklären die Parteien den Rechtsstreit später übereinstimmend für erledigt, richtet die Kostenentscheidung sich insgesamt nach § 91a I 1. Für die Wertberechnung in Bezug auf die das Verfahren insgesamt betreffenden Gebühren ist auf den Wert des Leistungsanspruchs als des höchsten Einzelanspruchs iSd § 44 GKG abzustellen (Saarbr AGS 11, 91).

Vergleich. Erledigt der Rechtsstreit sich durch einen **gerichtlichen Vergleich**, ist zunächst die in dem Vergleich getroffene Kostenregelung maßgeblich. Sofern die Parteien eine Kostenregelung nicht getroffen haben, werden die Kosten nach § 98 gegeneinander aufgehoben. Für eine Kostenentscheidung nach § 91a ist nur Raum, sofern die Parteien die Kostenentscheidung unter Ausschluss des § 98 dem Gericht überlassen (BGH NJW 07, 835). Eine solche andere Vereinbarung iSd § 98 kann auch in einer negativen Kostenregelung bestehen (BGH NJW 65, 103; Celle OLGR 03, 239). Das bloße Fehlen einer ausdrücklichen Regelung zur Kostentragung reicht für die Annahme einer solchen negativen Kostenregelung aber nicht aus (Brandbg FamRZ 08, 529). Die Parteien müssen die Kostentragung ausdrücklich einer Entscheidung des Gerichts unterstellen und damit zu erkennen geben, dass sie die gesetzliche Regelung des § 98 vermeiden wollen (Brandbg FamRZ 09, 1171). Die entsprechende Vereinbarung muss formgerecht sein. Beim Prozessvergleich ist dies wegen §§ 160 III Nr 1, 162 I, 165 nur der Fall, wenn sie ausdrücklich in den Vergleichstext mit aufgenommen wurde. Der Streit der Parteien, ob die Kosten des Rechtsstreits durch den Vergleich erfasst sind, ist einer Entscheidung nach § 91a nicht zugänglich, sondern muss durch Urt entschieden werden (Frankf JurBüro 83, 1878). Umstr ist, ob das Gericht den Vergleichsinhalt bei der Entscheidung nach § 91a berücksichtigen muss (so Schlesw MDR 05, 1437; noch weitergehend Bremen OLGZ 89, 102 – Vergleichsinhalt allein maßgeblich) oder zumindest kann (Stuttg MDR 11, 1066). Richtiger Ansicht nach ist allein auf den festgestellten Sachverhalt abzustellen, da die Parteien gerade darauf verzichtet haben, eine vergleichsweise Kostenregelung zu treffen und stattdessen eine sachbezogene Entscheidung durch das Gericht wünschen (so auch Celle OLGR 03, 239; Oldbg NJW-RR 92, 1466; Stuttg NJW-RR 99, 147). Ist die Rechtshängigkeit durch Abschluss eines Vergleichs entfallen, gehen anschließend abgegebene Erledigungserklärungen ins Leere, so dass eine Kostenentscheidung nach § 91a nicht mehr möglich ist (Karlsr MDR 10, 1079). § 98 gilt für den **außergerichtlichen Vergleich** entsprechend (BGH NJW 65, 103; München JurBüro 82

83, 1880). Bei der Frage, ob die Parteien eine andere Vereinbarung iSd Vorschrift getroffen haben, können mangels Formbedürftigkeit auch außerhalb des Vergleichstextes liegende Indizien zur Auslegung des Parteiwillens herangezogen werden. Ob in jedem Fall eine Kostenentscheidung nach § 91a getroffen werden muss, wenn die Parteien die Erledigung aufgrund eines außergerichtlichen Vergleichs anzeigen (dafür Schlesw JurBüro 93, 746; Brandbg NJW-RR 99, 654; Zö/*Vollkommer* Rn 58 »Vergleich«) oder nur, wenn die Parteien die Kostenfrage ausdrücklich offen gelassen und zur Entscheidung des Gerichts gestellt haben (dafür Saarbr NJW-RR 96, 320; Musielak/*Wolst* Rn 20), ist umstr. Nach § 91a ist jedenfalls dann zu entscheiden, wenn in dem außergerichtlichen Vergleich keine Kostenregelung enthalten ist, die Parteien um die Kostentragungspflicht streiten und um eine Entscheidung des Gerichts über die Kosten nachsuchen (BGH NJW-RR 97, 510). Im Rahmen der Ermessensentscheidung sind der Vergleichsinhalt und der Rechtsgedanke des § 98 zu beachten (BGH NJW-RR 97, 510; Jena OLGR 00, 367).

83 **Versäumnisverfahren.** Eine übereinstimmende mündliche Erledigungserklärung scheidet bei Säumnis des Beklagten im Termin naturgemäß aus. Von einer Zustimmung des Beklagten kann grds auch dann nicht ausgegangen werden, wenn die Erledigungserklärung schriftsätzlich angekündigt war. Sofern nicht die Voraussetzungen des § 91a I 2 vorliegen, kommt nur eine einseitige Erledigungserklärung in Betracht. Wenn die Erledigungserklärung in diesem Fall nicht vorab schriftsätzlich mitgeteilt wurde, wird bei Zugrundelegung der Klageänderungstheorie die Zulässigkeit eines Versäumnisurteils wegen § 335 Nr 3 zT verneint (so MüKoZPO/*Prütting* § 331 Rn 31; Musielak/*Stadler* § 331 Rn 15). Dem kann nicht gefolgt werden, da es sich um einen ermäßigten Antrag iSd § 264 Nr 2 handelt, auf den § 335 Nr 3 keine Anwendung findet (Köln MDR 95, 103; KG MDR 99, 185; Zö/*Vollkommer* Rn 37, 58; Zö/*Herget* § 335 Rn 4; *Müther* MDR 97, 528, 529 und § 335 Rz 10). Der Erlass eines Versäumnisurteils ist daher nach allgemeinen Grundsätzen möglich. Im Rahmen der Schlüssigkeitsprüfung ist zu prüfen, ob die Klage im Erledigungszeitpunkt zulässig und begründet war. Der Tenor muss neben der Kostenentscheidung auch die Erledigungsfeststellung enthalten. Der Bekl kann sich der Erledigungserklärung zusammen mit dem Einspruch anschließen. Ergeht sodann ein Kostenbeschluss nach § 91a, wird das ergangene Versäumnisurteil analog § 269 III 1 Hs 2 wirkungslos (Rz 25). Bei Säumnis des Beklagten im Einspruchstermin kann der Kl Verwerfung des Einspruchs mit der Maßgabe beantragen, dass der Rechtsstreit in der Hauptsache erledigt ist (KG MDR 99, 185).

§ 92 Kosten bei teilweisem Obsiegen.

(1) [1]Wenn jede Partei teils obsiegt, teils unterliegt, so sind die Kosten gegeneinander aufzuheben oder verhältnismäßig zu teilen. [2]Sind die Kosten gegeneinander aufgehoben, so fallen die Gerichtskosten jeder Partei zur Hälfte zur Last.

(2) Das Gericht kann der einen Partei die gesamten Prozesskosten auferlegen, wenn

1. die Zuvielforderung der anderen Partei verhältnismäßig geringfügig war und keine oder nur geringfügig höhere Kosten veranlasst hat oder

2. der Betrag der Forderung der anderen Partei von der Festsetzung durch richterliches Ermessen, von der Ermittlung durch Sachverständige oder von einer gegenseitigen Berechnung abhängig war.

Inhaltsübersicht

	Rz
A. Überblick	1
B. Teilweises Obsiegen, teilweises Unterliegen	2
C. Kostenfolge	3
I. Überblick	3
II. Verhältnismäßige Teilung	4
III. Kostenaufhebung	5
IV. Volle Kostenlast trotz teilweisem Obsiegen	6
1. Überblick	6
2. Verhältnismäßig geringe Zuvielforderung (§ 92 II Nr 1)	7
a) Überblick	7
b) Geringfügige Zuvielforderung	8
c) Keine oder verhältnismäßig geringe Mehrkosten	9
3. Ermessen des Gerichts, sachverständige Ermittlung oder gegenseitige Abrechnung	10
a) Überblick	10
b) Ermessen des Gerichts	11
c) Sachverständige Ermittlung	12
d) Gegenseitige Abrechnung	13
V. Volle Kostenerstattung trotz teilweisem Unterliegen	14
D. Einzelfälle	15
Aufrechnung	15
Beschränkte Erbenhaftung	16
Erbenstellung	17
Eventualaufrechnung	18
Fälligkeit	19
Freistellung statt Zahlung	20
Gesamtschuldner	21

	Rz
Haupt- und Hilfsantrag	22
Hilfsaufrechnung	23
(1) Unstreitige Hilfsaufrechnung	24
(2) Streitige Hilfsaufrechnung	25
Klagenhäufung	26
Klagerücknahme, teilweise	27
Kosten, vorgerichtliche	28
Kostenentscheidung	29
Streitgenossen	30
Stufenklage	31
Unerlaubte Handlung	32
Widerklage	33
Zinsen	34
Zukünftige Leistung	35
Zurückbehaltungsrecht	36
Zwischenfeststellungsantrag	37

A. Überblick. Die Vorschrift regelt die Kostenverteilung, wenn jede Partei teils obsiegt, teils unterliegt. Die Kosten sind dann grds zu teilen (§ 92 I). Der Umfang des Unterliegens und Obsiegens ist dabei unerheblich. Solange nicht eine Partei vollständig obsiegt, führt jedes auch noch so geringfügige Unterliegen zur Anwendung des § 92 und schließt damit die Vorschrift des § 91 aus. Trotz eines teilweisen Obsiegens können allerdings nach § 92 II dennoch einer Partei die Kosten des Rechtsstreits alleine auferlegt werden. 1

Nach § 92 können die Kosten

- verhältnismäßig auf die Parteien verteilt werden,
- gegeneinander aufgehoben werden oder
- einer Partei insgesamt auferlegt werden.

Der Regelfall, dass die Kosten verhältnismäßig geteilt oder gegeneinander aufgehoben werden, ist in § 92 I 1 geregelt. Die Voraussetzungen für den Ausnahmefall, dass einer Partei trotz teilweisem Obsiegen die gesamten Kosten auferlegt werden können, findet sich in § 92 II.

Darüber hinaus enthält § 91 I 2 die Legaldefinition für die Kostenfolge, wenn die Kosten eines Rechtsstreits »gegeneinander aufgehoben« werden, was zB auch für Kostenmischentscheidungen oder auch die Kostenentscheidung nach einem Vergleich (§ 98) oder nach übereinstimmend erklärter Hauptsacheerledigung (§ 91a) Bedeutung hat.

B. Teilweises Obsiegen, teilweises Unterliegen. Soweit jede Partei tw obsiegt und tw unterliegt, richtet sich die Kostenentscheidung nach § 92. Kein Fall dieser Vorschrift liegt vor, wenn die Klage tw zurückgenommen wird und iÜ Erfolg hat. Zwar dringt auch dann der Kl mit seinem Begehren nur tw durch. Die Klagerücknahme ist aber kein Unterliegen idS, so dass hier eine gemischte Kostenentscheidung nach §§ 91, 269 zu treffen ist. Wird dagegen auf die Klageforderung tw verzichtet und hat sie iÜ Erfolg oder wird die Klageforderung tw anerkannt und iÜ abgewiesen, dann ist § 92 anzuwenden, wobei hinsichtlich des Anerkenntnisses oder des Verzichts die Vorschrift des § 93 zum Tragen kommen kann, so dass eine gemischte Kostenentscheidung zu treffen ist. 2

Unbeschadet der Regelungen nach § 92 I, II können besondere Kosten vorab einer Partei auferlegt werden:

- § 94; Mehrkosten bei übergegangenem Anspruch,
- § 95; Mehrkosten der Säumnis,
- § 96; Kosten erfolgloser Angriffs- und Verteidigungsmittel,
- § 344; Mehrkosten der Säumnis nach Einspruch gegen ein Versäumnisurteil,
- § 700 iVm § 344; Mehrkosten der Säumnis nach Einspruch gegen einen Vollstreckungsbescheid (str. aA AG Halle [Saale] AGS 10, 408),
- § 281 III 2; Mehrkosten vor dem unzuständigen Gericht,
- § 238 IV; Mehrkosten einer Wiedereinsetzung.

Unerheblich ist, in welchem Umfang die Parteien jeweils unterlegen sind. Jedes auch noch so geringfügige Unterliegen reicht aus. Die Kostenentscheidung richtet sich dann immer nach § 92, wobei allerdings die Möglichkeit in Betracht kommt, einer Partei nach § 92 II die Kosten ungeachtet des teilweisen Unterliegens der anderen Partei in voller Höhe aufzuerlegen.

Entgegen einer häufig anzutreffenden Auffassung kommt es nicht darauf an, ob die Forderung, mit der eine Partei unterlegen ist, streitwertmäßig zu berücksichtigen ist. Daher ist ein teilweises Unterliegen auch dann gegeben, wenn die Klage nur hinsichtlich einer Nebenforderung, etwa vorgerichtlicher Kosten oder Zinsen abgewiesen wird. Ein teilweises Unterliegen ist auch dann gegeben, wenn der Kl iRe Stufenklage nach § 254 mit dem Auskunftsantrag durchdringt, der Leistungsantrag aber abgewiesen wird. Siehe zu Einzelfällen Rz 15 ff.

3 **C. Kostenfolge. I. Überblick.** Wenn jede Partei teils unterliegt und teils obsiegt, sind die Kosten grds nach § 92 I gegeneinander aufzuheben oder verhältnismäßig zu teilen. Daneben besteht in den Fällen des § 92 II auch die Möglichkeit, eine Partei trotz teilweisen Obsiegens alleine mit den Kosten zu belasten. Soweit ein teilweises Obsiegen und Unterliegen mit einem Kosten befreienden Anerkenntnis oder Verzicht, einem Teilvergleich oder einer Klagerücknahme einhergeht, ist eine Kostenmischentscheidung zu treffen, bei der einerseits auf § 92 und andererseits auf §§ 93, 98, 269 abzustellen ist.

4 **II. Verhältnismäßige Teilung.** Grundsätzlich ist von einer verhältnismäßigen Teilung auszugehen (§ 92 II 1, 2. Alt.). Es ist eine einheitliche Quote für die gesamten Kosten des Rechtsstreits zu treffen. Eine Aufteilung nach Streitgegenständen ist unzulässig. So darf insb nicht angeordnet werden, dass eine Partei die Kosten der Klage und die andere Partei die Kosten der Widerklage zu tragen habe. Ebenso ist eine Verteilung nach Verfahrensabschnitten unzulässig (etwa: der Beklagte trägt die bis zum … angefallenen Kosten, der Kl die nach dem ... angefallenen Kosten). Beides stellt keine verhältnismäßige Teilung der Kosten dar, abgesehen davon, dass in diesen Fällen bestimmte Kostenpositionen gar nicht zugeordnet werden können. So entstehen die gerichtlichen und die anwaltlichen Verfahrensgebühren nur einmal aus dem Gesamtwert und lassen sich wegen der Gebührendegression gar nicht auf Teile des Streitgegenstands oder Zeitabschnitte verteilen. Wird dennoch fehlerhaft so entschieden, muss der Festsetzungsbeamte die Kostenentscheidung auslegen und die auf die Parteien entsprechenden Kosten bzw Kostenanteile ermitteln (Naumbg FamRZ 00, 434 = NJW-RR 00, 1740).

Möglich sind **Bruchteile** oder **prozentuale Beträge**. Zulässig – wenn auch unüblich – ist es, die Kosten einer Partei nach einem bestimmten Streitwert aufzuerlegen und die weitergehenden Kosten der anderen Partei. Dies ist letztlich auch eine verhältnismäßige Teilung. Zulässig ist es auch, eine betragsmäßige Verteilung vorzunehmen, also einer der Parteien einen bestimmten festen Betrag aufzuerlegen und der anderen Partei den unbezifferten Restbetrag.

Bei der verhältnismäßigen Teilung ist auf beiden Seiten zu berücksichtigen, in welchem Umfang die Partei mit ihren Anträgen durchgedrungen ist bzw in welchem Umfang ihre Anträge abgewiesen worden sind. Dabei ist nicht darauf abzustellen, ob und inwieweit diese Anträge beim Streitwert ins Gewicht fallen. Das Obsiegen und Unterliegen stellt nicht auf die wertmäßig erfassten Gegenstände ab, sondern auf das wirtschaftliche Unterliegen. Daher muss auch ein Unterliegen mit solchen Gegenständen bei der Kostenverteilung berücksichtigt werden, die streitwertmäßig nicht erfasst oder privilegiert bewertet werden. So hat also auch die Abweisung des Zinsantrags oder einer anderen Nebenforderung vorbehaltlich des § 92 II grds zu einer verhältnismäßigen Kostenteilung zu führen (s. Rz 28, 34). Gleiches gilt in anderen Fällen, in denen Wertprivilegierungen bestehen, etwa bei der Stufenklage (s. Rz 31) oder auch zukünftigen Leistungen (s. Rz 35).

Die verhältnismäßige Teilung der Kosten richtet sich nach dem jeweiligen Anteil am Obsiegen und Unterliegen. Eine mathematische exakte Genauigkeit wird hier bei der Kostenregelung nicht gefordert. Das Gericht kann die Anteile angemessen auf- und abrunden. Es darf insoweit auch berücksichtigen, wenn hinsichtlich bestimmter Verfahrensgegenstände höhere Kosten angefallen sind.

Sind auf Kläger- oder Beklagtenseite mehrere Personen beteiligt, so kann die verhältnismäßige Teilung auch bedeuten, dass die außergerichtlichen Kosten eines Streitgenossen in voller Höhe der Gegenpartei auferlegt werden, während der andere seine Kosten selbst tragen muss. Dann sind nur die Kosten der Gegenpartei zu quoteln.

Beispiel: A und B werden verklagt; die Klage gegen den A wird abgewiesen, der Klage gegen den B wird stattgegeben.

Die außergerichtlichen Kosten des A sind in voller Höhe dem Kl aufzuerlegen. Die außergerichtlichen Kosten des B trägt dieser alleine. Nur die Gerichtskosten und die Kosten des A sind zu quoteln. Diese tragen A und B jeweils zur Hälfte.

Zur Kostenentscheidung bei Streitgenossen s. § 100.

5 **III. Kostenaufhebung.** Neben der verhältnismäßigen Teilung ermöglicht § 92 I 1, 1. Alt. auch, die Kosten gegeneinander **aufzuheben**. Werden die Kosten gegeneinander aufgehoben, gilt § 92 I 2:

- Jede Partei hat ihre eigenen Kosten selbst zu tragen, also sowohl die eigenen Parteikosten als auch die eigenen Anwaltskosten.
- Die angefallenen Gerichtskosten (Gebühren und Auslagen) werden hälftig geteilt. Das bedeutet, dass die eine Hälfte von Klägerseite und die andere Hälfte von Beklagtenseite zu tragen ist. Soweit Kläger- und Beklagtenseite aus mehreren Personen bestehen, gilt § 100. Untereinander haften mehrere Kl oder

Beklagte also für die jeweilige Hälfte nach Kopfteilen (§ 100 I), sofern nicht nach § 100 IV 1 gesamtschuldnerische Haftung ausgesprochen worden ist.

Beispiel: A und B beantragen, C und D als Gesamtschuldner zu verurteilen. Im Urt, in dem B und C als Gesamtschuldner tw verurteilt werden, hebt das Gericht die Kosten gegeneinander auf.
A, B, C und D tragen ihre außergerichtlichen Kosten jeweils selbst. Eine Kostenerstattung scheidet aus.
Von den Gerichtskosten tragen A und B einerseits und C und D andererseits je die Hälfte (§ 92 I 2). Während sich A und B die auf sie entfallende Hälfte teilen (§ 100 I), haften C und D gesamtschuldnerisch für die andere Hälfte (§ 100 IV 1).

Eine Aufhebung der Kosten kommt grds nur dann in Betracht, wenn beide Parteien etwa in gleicher Höhe obsiegt haben und unterlegen waren. Ansonsten ist verhältnismäßig zu teilen.
Strittig ist, ob die Aufhebung der Kosten nur dann in Betracht kommen soll, wenn jede Partei etwa gleich hohe Kosten hat, so Hambg (MDR 85, 770 = Rpfleger 85, 374). Diese Auffassung ist jedoch unzutreffend. Würde man die Möglichkeit, die Kosten gegeneinander aufzuheben, nur dann für anwendbar halten, wenn auf beiden Seiten nahezu gleich hohe Kosten anfallen, dann wäre diese Vorschrift überflüssig, weil dies immer auf dasselbe Ergebnis hinauslaufen würde wie eine hälftige Teilung der Kosten. Vielmehr soll gerade die Möglichkeit, die Kosten gegeneinander aufzuheben, dem Gericht ermöglichen, einer Partei, die kostensparend verfahren ist, diesen Vorteil zu erhalten, etwa wenn eine Partei sich selbst vertreten hat.
Beispiel: Der Beklagte wird von dem AG auf Zahlung von 4.000 € verklagt. Er vertritt sich selbst und wird zur Zahlung von 2.000 € verurteilt. Würde man hier die Kosten hälftig verteilen, müsste der Beklagte auch die Kosten des Klägeranwalts zur Hälfte tragen. Bei Kostenaufhebung gegeneinander würde ihm dagegen der Vorteil, dass er sich selbst vertreten hat, erhalten bleiben, weil er nur seine eigenen Kosten trägt. Der Kl müsste seine gesamten Anwaltskosten selbst tragen.

Unbillig erscheint die Kostenaufhebung dagegen, wenn auf Seiten einer Partei Mehrkosten angefallen sind, die sie nicht verhindern konnte.
Beispiel: Vor dem AG Köln wird der in Berlin wohnende Beklagte auf Zahlung von 5.000 € verklagt und zur Zahlung von 2.500 € verurteilt. Hier wäre es unangemessen, die Kosten gegeneinander aufzuheben, da dann der Beklagte seine gesamten Reisekosten und die seines Anwalts oder die Mehrkosten eines Terminsvertreters oder Verkehrsanwalts selbst tragen müsste. Hier ist es angemessen, die Kosten hälftig zu teilen, den Kl also auch an den Mehrkosten des Beklagten zu beteiligen.

Beispiel: Der Kl verklagt drei Gesamtschuldner auf Zahlung von 10.000 €. Diese werden als Gesamtschuldner auf Zahlung von 5.000 € verurteilt.
Auch hier wäre es unbillig, die Kosten gegeneinander aufzuheben, da auf Seiten der Beklagten eine nach Nr 1008 VV RVG um 0,6 erhöhte Verfahrensgebühr angefallen ist.

IV. Volle Kostenlast trotz teilweisem Obsiegen. 1. Überblick. Nach § 92 II kann das Gericht einer Partei 6
die gesamten Kosten des Verfahrens auferlegen. Insoweit handelt es sich um eine Ermessensvorschrift des Gerichts, nicht um eine zwingende Rechtsfolge.

2. Verhältnismäßig geringe Zuvielforderung (§ 92 II Nr 1). a) Überblick. Nach § 92 II Nr 1 kann das 7
Gericht die Kosten einer Partei insgesamt auferlegen, wenn die Zuvielforderung der anderen Partei

– verhältnismäßig geringfügig war

und

– keine oder nur geringfügig höhere Kosten verursacht hat.

b) Geringfügige Zuvielforderung. Voraussetzung ist zunächst einmal, dass die unberechtigte Zuvielforde- 8
rung geringfügig war. Hier geht die Rechtsprechung von einer Grenze von 1/10 aus. Bis zu 1/10 kann die Mehrforderung noch als geringfügig angesehen werden, wobei allerdings zu berücksichtigen ist, dass bei hohen Streitwerten auch ein geringfügiger Prozentsatz durchaus einen nicht unerheblichen Nominalwert ausmachen kann. Letztlich ist dies jeweils eine Frage des Einzelfalls.

c) Keine oder verhältnismäßig geringe Mehrkosten. Darüber hinaus dürfen durch die Zuvielforderung 9
entweder keine Mehrkosten oder nur geringfügige Mehrkosten entstanden sein. Im Gegensatz zu der bis zum 27.7.01 geltenden Gesetzeslage, wonach keine Mehrkosten entstanden sein durften, ist es jetzt also unschädlich, wenn geringfügige Mehrkosten entstehen. Auf die frühere Rechtsprechung kann insoweit

daher nicht mehr zurückgegriffen werden. Die Mehrkosten können in Anwalts-, Partei- oder Gerichtskosten bestehen, etwa eine durch einen Gebührensprung verursachte Steigerung der Gerichts- und Anwaltsgebühren.

Keine Mehrkosten fallen idR an, wenn lediglich eine Nebenforderung zurückgewiesen wird, weil diese nach § 43 I GKG streitwertmäßig nicht erfasst wird. Ebenfalls fallen keine Mehrkosten an, wenn das Unterliegen nicht zu einem Gebührensprung geführt hat.

Beispiel: Eingeklagt werden 1.860 €. Zugesprochen werden 1.700 €.

Hätte der Kl nur 1.700 € geltend gemacht, wären dieselben Gerichts- und Anwaltsgebühren angefallen, da zwischen 1.700 und 1.860 € kein Gebührensprung liegt.

Beispiel: Eingeklagt werden 50 zukünftige Monatsmieten (§ 259). Das Gericht spricht nur 48 Mieten zu. Das Unterliegen mit zwei von 50 Mieten ist geringfügig. Da der Streitwert ohnehin auf 42 Monatsmieten begrenzt ist (§ 9), sind auch keine Mehrkosten entstanden. § 92 II Nr 1 ist anwendbar.

Auch wenn aufgrund des abgewiesenen Mehrwerts keine höheren Gebühren ausgelöst worden sind, können sich aus anderen Gründen Mehrkosten ergeben haben, etwa Kosten einer Beweisaufnahme, wenn über eine abgewiesene geringfügige Mehrforderung Beweis erhoben worden war.

Hier wird man bei der Geringfügigkeit eine Grenze von 10 % annehmen können, wobei auch hier wiederum zu berücksichtigen ist, dass bei sehr hohen Streitwerten ein geringfügiger Prozentsatz durchaus einen nicht unerheblichen Nominalbetrag ausmachen kann. Sind tatsächlich Mehrkosten entstanden, sollte von der Anwendung des § 92 II Nr 1 zurückhaltend Gebrauch gemacht werden.

10 **3. Ermessen des Gerichts, sachverständige Ermittlung oder gegenseitige Abrechnung. a) Überblick.** Das Gericht kann darüber hinaus nach § 92 II Nr 2 einer Partei die gesamten Kosten auferlegen, wenn sie zwar nicht vollständig obsiegt hat, der Betrag der Forderung aber von der Festsetzung durch richterliches Ermessen abhängig war. Dem Wortlaut nach »Betrag der Forderung« gilt diese Alternative nur für Geldforderungen. Man wird sie jedoch auch auf andere Ansprüche entsprechend anwenden müssen.

11 **b) Ermessen des Gerichts.** Unter § 92 II Nr 2 fallen insb unbezifferte Schmerzensgeldklagen oder andere Klagen, bei denen der Kl die Höhe der Forderung nicht beziffern muss, sondern in das Ermessen des Gerichts stellen kann. Sinn und Zweck der Vorschrift ist es, dem Kl das Risiko abzunehmen, dass er nicht vorhersehen kann, wie das Gericht entscheiden wird. Allerdings muss der Kl bei unbezifferten Klageanträgen ungefähr eine Größenordnung angeben, so dass auch hier die vollständige Kostenlast der beklagten Partei nur dann in Betracht kommt, wenn das Abweichen aufgrund des gerichtlichen Ermessens geringfügig ist. Erreicht die Urteilssumme nicht die vom Kl geäußerte ungefähre Größenvorstellung, so ist die unbezifferte Schmerzensgeldklage mit entsprechender Kostenquote tw abzuweisen (Köln ZfSch 94, 362 = VersR 95, 358).

Ein weiterer Fall nach § 92 II Nr 2 ist dann gegeben, wenn die Herabsetzung einer anwaltlichen Vergütungsforderung aufgrund einer Vergütungsvereinbarung beantragt wird (§ 3a II RVG). Auch hier ist die Herabsetzung in das Ermessen des Gerichts gestellt. Ein bezifferter Antrag ist auch hier nicht erforderlich.

Die Vorschrift des § 92 II Nr 2 gilt auch dann, wenn das Gericht eine Bestimmung nach § 319 BGB ersetzt.

Beispiel: Der Anwalt klagt eine 2,0-Geschäftsgebühr (Nr 2300 VV RVG) ein. Der Beklagte hält diese Festsetzung für unbillig und zahlt eine 0,9-Gebühr. Der Kl klagt daraufhin den Differenzbetrag ein. Das Gericht hält nach Einholung eines Kammergutachtens den Ansatz einer 2,0-Gebühr für unbillig und hält lediglich eine 1,0-Gebühr für angemessen. Es verurteilt den Beklagten auf den sich danach ergebenden restlichen Differenzbetrag und weist die Klage iÜ ab.

Auch hier kann von § 92 II Nr 2 Gebrauch gemacht werden, indem die Kosten in voller Höhe dem Kl auferlegt werden, da die Festsetzung der Höhe der Gebühr im Ermessen des Gerichts (§ 319 BGB) steht und die Klage nur in geringfügiger Höhe begründet war.

Zu § 92 II Nr 2 zählen auch Klagen auf Schadenersatz oder Feststellung, wenn das Gericht die Höhe des Schadens nach § 287 I, II abschätzt.

Keine Anwendung findet § 92 II Nr 2, wenn es um die Bewertung eines Mitverschuldens geht. Die Frage des Mitverschuldens steht nicht im Ermessen des Gerichts.

Im Falle des § 92 II Nr 2 kommt es nicht darauf an, dass das Unterliegen verhältnismäßig geringfügig war und allenfalls geringfügige Mehrkosten verursacht hat. Anderenfalls wäre diese Regelung ggü § 92 II Nr 1 überflüssig. Hier ist vielmehr der Situation des jeweiligen Partei Rechnung zu tragen, dass sie aus nicht zu vertretenden Gründen nicht in der Lage war, die Klageforderung sicher zu beziffern oder zu bestimmen.

c) Sachverständige Ermittlung. Darüber hinaus ist § 92 II Nr 2 auch dann anwendbar, wenn der Betrag einer Forderung von der Ermittlung durch einen Sachverständigen abhängig war. Auch hier kommt es nicht darauf an, ob die Zuvielforderung verhältnismäßig geringfügig war und allenfalls geringfügige Mehrkosten ausgelöst hat. LG Nürnberg-Fürth RuS 08, 264: Hängt der Forderungsbetrag von der Ermittlung durch Sachverständige ab, kann der Ansicht nicht gefolgt werden, wonach die Anwendung der Vorschrift des § 92 II Nr 2 auszuscheiden hat, wenn der auszuurteilende Betrag um mehr als 20 % von dem beantragten abweicht; vielmehr beurteilt sich die Frage nach der Anwendbarkeit des § 92 II Nr 2 allein danach, ob das von dem Kl ursprünglich Eingeklagte auf einem ex ante betrachtet verständlichen und nachvollziehbaren Schätzfehler beruht oder nicht. 12
Die Anwendbarkeit des § 90 II Nr 2 wird nicht dadurch ausgeschlossen, dass der Kl einen bestimmten Betrag fordert. Sofern das Abweichen allerdings wesentlich ist, dürfte § 92 II Nr 2 nicht mehr anwendbar sein.

d) Gegenseitige Abrechnung. Darüber hinaus ist § 92 II Nr 2 anwendbar, wenn der Betrag der Forderung von einer gegenseitigen Berechnung abhängig ist und einer Partei die Höhe der Gegenforderung nicht bekannt war. Diese Vorschrift hat in der Praxis kaum Bedeutung. 13

V. Volle Kostenerstattung trotz teilweisem Unterliegen. Analog anzuwenden ist § 92 II, wenn der Kl nur tw Unterliegt und das Unterliegen geringfügig ist. Dann können in analoger Anwendung des § 92 II dem Beklagten dennoch die gesamten Kosten des Rechtsstreits auferlegt werden. 14
Beispiel: Eingeklagt sind 1.900 €. Das Gericht spricht dem Kl lediglich 1.860 € zu und weist die Klage iÜ ab.
Auch hier kann von § 92 II Nr 1 Gebrauch gemacht werden, indem die Kosten in voller Höhe dem Beklagten auferlegt werden, da der zuviel eingeklagte Betrag von 40 € geringfügig war und dadurch keine besonderen Kosten angefallen sind.

D. Einzelfälle. Aufrechnung. Obsiegt der Beklagte mit einer Primäraufrechnung, so dass die Klage abgewiesen wird, ist von einem vollen Unterliegen des Klägers auszugehen. Die Hauptforderung als solche war nicht bestritten. Mit seiner Klageverteidigung ist der Beklagte voll durchgedrungen. Anders verhält es sich dagegen bei der Hilfsaufrechnung (s. Rz 23). 15

Beschränkte Erbenhaftung. Beantragt der Kl, den Erben uneingeschränkt zu verurteilen und wendet dieser die beschränkte Erbenhaftung ein, so dass er nur unter dem Vorbehalt der beschränkten Erbenhaftung verurteilt wird, ist der Kl insoweit unterlegen. Hier kommt es darauf an, ob nur über die beschränkte Erbenhaftung gestritten wird oder auch über die Forderung. 16
Haben die Parteien nur über die Beschränkung gestritten, wird § 91 oder § 93 anzuwenden sein.
Beispiel: Der Kl klagt gegen den Beklagten auf Zahlung einer Kaufpreisforderung iHv 10.000 €. Der Beklagte erkennt die Forderung an, wendet aber ein, der Kaufvertrag sei mit seinem zwischenzeitlich verstorbenen Vater geschlossen worden und beruft sich auf die beschränkte Erbenhaftung.
Verurteilt das Gericht uneingeschränkt, weil es davon ausgeht, dass der Beklagte Vertragspartner sei, ist dieser voll unterlegen (§ 91); verurteilt das Gericht unter dem Vorbehalt der beschränkten Erbenhaftung, weil es davon ausgeht, der Erblasser sei Vertragspartner gewesen, unterliegt der Kl in vollem Umfang, so dass nach § 91 oder bei sofortigem Anerkenntnis nach § 93 zu entscheiden ist.

Haben die Parteien über die Forderung und die Beschränkung gestritten, kann es zu einem Teilunterliegen kommen, wobei § 92 II Nr 1 anzuwenden sein kann.
Abwandlung: Der Beklagte bestreitet den Abschluss eines Kaufvertrages und trägt vor, wenn ein Kaufvertrag geschlossen worden sei, dann mit dem Erblasser, so dass er nur beschränkt hafte. Der Kl bleibt bei seiner Auffassung, dass der Beklagte unmittelbar als Vertragspartner uneingeschränkt hafte.
Gibt das Gericht der Klage statt, allerdings unter der Beschränkung der Erbenhaftung, sind beide Parteien unterlegen. Der Kl hat sein Ziel, die uneingeschränkte Verurteilung des Beklagten nicht erreicht. Ebenso wenig hat der Beklagte sein Ziel, die uneingeschränkte Abweisung der Klage, erreicht.
Das Interesse an der Beschränkung der Erbenhaftung ist zu schätzen und dann bei der Quote zu berücksichtigen, sofern nicht ein Fall des § 92 II Nr 1 gegeben ist. Die wirtschaftliche Bedeutung der beschränkten

Erbenhaftung kann ggf von erheblicher Bedeutung sein, etwa bei überschuldetem Nachlass, so dass dann nicht mehr von einem geringfügigen Unterliegen nach § 92 II Nr 1 ausgegangen werden kann.

17 **Erbenstellung.** Ein Schuldner gibt keinen Anlass zur Klage iSd § 93, wenn er nicht an den Erben des Gläubigers leistet, bevor dieser ihm seine Erbenstellung nachgewiesen hat (Hambg OLGR 03, 101; KG JurBüro 09, 264 = ErbR 09, 198 und 280).

18 **Eventualaufrechnung.** Siehe Hilfsaufrechnung.

19 **Fälligkeit.** Beantragt der Kl sofortige Leistung oder die Leistung zu einem bestimmten Termin, wird die Klage jedoch erst zu einem späteren Termin zugesprochen, so unterliegt er tw. Dieses Unterliegen wird idR allerdings geringfügig sein und keine gesonderten Kosten auslösen, so dass häufig von der Vorschrift des § 92 II Nr 1 Gebrauch gemacht werden kann. Ist allerdings nur die Fälligkeit im Streit, dann unterliegt der Kl ggf in voller Höhe.
Beispiel: Der Kl beantragt Räumung und Herausgabe einer Wohnung. Der Beklagte verteidigt sich damit, erst in sechs Monaten zur Räumung und Herausgabe verpflichtet zu sein, was er auch anerkenne.
Gibt das Gericht dem Beklagten Recht und weist es die Klage ab, ist der Kl in vollem Umfang unterlegen und hat die Kosten des Rechtsstreits zu tragen (§ 91); gibt es der Klage auf das Anerkenntnis hin statt und verurteilt es den Beklagten zur späteren Räumung und Herausgabe, dürfte § 93 greifen. In beiden Fällen wird dann auch von einem geringeren Streitwert auszugehen sein, nämlich dem Wert der streitigen Zeit von sechs Monaten (§ 41 I, II GKG; s. Stuttg AGS 09, 46 = NZM 09, 320).

20 **Freistellung statt Zahlung.** Verlangt der Kl Schadensersatz in Form einer Geldzahlung und wird der Beklagte lediglich zur Freistellung verurteilt, so liegt darin ein teilweises Unterliegen des Klägers, da die Freistellung ggü der Zahlung ein »Minus« ist. Hier dürfte in der Regel jedoch § 92 II Nr 1 zum Tragen kommen, da die Abweichung wirtschaftlich betrachtet geringfügig ist und idR keine besonderen Kosten auslöst.

21 **Gesamtschuldner.** Beantragt der Kl, mehrere Beklagte als Gesamtschuldner zu verurteilen und werden sie lediglich als Teilschuldner oder nach Kopfteilen verurteilt, liegt insoweit ein Unterliegen vor, das idR nicht geringfügig ist, so dass § 92 II Nr 1 nicht greifen dürfte.
Beispiel: Der Kl verklagt zwei Beklagte auf Zahlung von 5.000 € als Gesamtschuldner. Das Gericht verurteilt jeden Beklagten zur Zahlung von 2.500 €.
Zwar hat der Kl insgesamt seine 5.000 € zugesprochen erhalten. Gegenüber jedem der beiden Beklagten verliert er jedoch zur Hälfte, so dass nach § 92 I zu entscheiden ist.

22 **Haupt- und Hilfsantrag.** Hier unterscheidet die Rechtsprechung danach, ob Haupt- und Hilfsantrag denselben Gegenstand betreffen.
Betrifft der Hilfsantrag einen **anderen Gegenstand** als der Hauptantrag, so ist unstrittig von einem teilweisen Unterliegen auszugehen, wenn das Gericht erst auf den Hilfsantrag hin verurteilt, weil der Kl dann mit seinem Hauptantrag unterliegt.
Beispiel: Der Kl verlangt eine Kaufpreisforderung iHv 5.000 €; hilfsweise eine Darlehensforderung iHv 3.000 €.
Wird dem Hauptantrag stattgegeben, obsiegt der Kl in voller Höhe (Wert: 5.000 € – § 45 I 2 GKG). Werden beide Anträge abgewiesen, obsiegt der Beklagte in voller Höhe (Wert: 8.000 €, § 45 I 2 GKG). Wird der Beklagte auf den Hilfsantrag verurteilt, unterliegt der Kl iHv 5.000 € und der Beklagte iHv 3.000 €, so dass entsprechend zu quoteln ist (Wert: 8.000 €, § 45 I 2 GKG).

Sofern Haupt- und Hilfsantrag **denselben Streitgegenstand** betreffen, soll nach wohl überwiegender Auffassung nicht gequotelt werden. Begründet wird dies damit, dass der Hilfsantrag in diesem Falle nach § 45 I 3 GKG nicht streitwerterhöhend wirke. Abgesehen davon, dass der abgewiesene Hauptantrag besondere Kosten verursachen kann – etwa durch eine Beweisaufnahme –, ist es für das Obsiegen und Unterliegen unerheblich, inwieweit dieses streitwertmäßig erfasst wird (s. Rz 4). Auch in diesem Fall ist daher zu quoteln, wobei die Umstände des Einzelfalls bei der Quote berücksichtigt werden können.
Hier kann es auch zu einer Kostenmischentscheidung kommen, etwa wenn der Beklagte den Hilfsantrag kostenbefreiend anerkennt (§ 93) und der Hauptantrag zurückgewiesen wird. Dann sind die Kosten insgesamt dem Kl aufzuerlegen und zwar nach den §§ 92, 93.

Beispiel: Wie vorangegangenes Beispiel. Der Beklagte bestreitet die Kaufpreisforderung und erkennt die Darlehensforderung an.
Die auf den Hauptantrag entfallenden Kosten sind dem Kl nach § 92 I aufzuerlegen, die Kosten des Hilfsantrages nach § 93.

Unterliegt der Kl mit seinem Hauptantrag, während er mit einem erst im zweiten Rechtszug zulässigerweise gestellten Hilfsantrag obsiegt, so können ihm die Kosten des ersten Rechtszuges nicht in vollem Umfang auferlegt werden, wenn die Kosten der weiteren Rechtszüge gem. § 92 geteilt werden. Vielmehr ist für die Kosten des ersten Rechtszuges dieselbe Verteilung maßgebend (BGH NJW 57, 543 = WM 57, 401).

Hilfsaufrechnung. Bei einer Hilfsaufrechnung ist zu unterscheiden, ob die zur Hilfsaufrechnung gestellte Forderung streitig oder unstr war. 23

(1) **Unstreitige Hilfsaufrechnung.** War die Hilfsaufrechnungsforderung unstr, so hat sie nicht den Streitwert des Verfahrens erhöht, unabhängig davon, ob über sie entschieden worden ist oder nicht (§ 45 III GKG). Wird die Klage abgewiesen, weil die Klageforderung nicht besteht, unterliegt der Kl in vollem Umfang und hat die Kosten nach § 91 zu tragen. Wird die Klage abgewiesen, weil zwar die Klageforderung besteht, aber die Hilfsaufrechnung greift, ist nur der Beklagte unterlegen und hat nach § 91 die Kosten zu tragen. 24
Beispiel:
Der Kl klagt auf Zahlung von 5.000 €. Der Beklagte bestreitet die Forderung und rechnet hilfsweise mit einer unstreitigen Gegenforderung iHv 5.000 € auf. Daraufhin erklärt der Kl den Rechtsstreit im Hinblick auf die Aufrechnung in der Hauptsache für erledigt. Der Beklagte widerspricht der Erledigung. Das Gericht stellt die Erledigung des Rechtsstreits fest, weil die Klageforderung bestand und durch die Aufrechnung erloschen ist.
Die Kosten hat der Beklagte zu tragen (§§ 91a, 91).

(2) **Streitige Hilfsaufrechnung.** Verteidigt sich der Beklagte hilfsweise mit einer Aufrechnung und bestreitet der Kl die Aufrechnungsforderung, so wirkt die Aufrechnung streitwerterhöhend, soweit darüber eine der Rechtskraft fähige Entscheidung ergeht (§ 45 III GKG). 25

- Wird die Klage **mangels Bestehen der Klageforderung abgewiesen**, erhöht sich der Wert nicht; der Kl hat die Kosten des Verfahrens (Wert der Klageforderung) nach § 91 zu tragen.
- Geht das Gericht davon aus, dass die **Klageforderung berechtigt** sei und hält es die **Hilfsaufrechnung** für **unbegründet**, ist der Beklagte in vollem Umfang unterlegen, so dass er nach § 91 die Kosten zu tragen hat, die sich nunmehr nach dem addierten Streitwert berechnen (§ 48 III GKG).
- Hält das Gericht dagegen sowohl die **Klageforderung als auch die hilfsweise zur Aufrechnung gestellte Forderung** für **begründet** und weist es im Hinblick darauf die Klage ab, so sind beide Parteien unterlegen, so dass die Kosten aus dem Gesamtwert (§ 45 III GKG) hälftig zu teilen oder gegeneinander aufzuheben sind (Oldbg JurBüro 91, 1257; Köln MDR 83, 226 = VersR 83, 468; Schleswig VersR 87, 996).
- Verteidigt sich der Beklagte mit **mehreren gestaffelten Hilfsaufrechnungen**, so ist entsprechend zu verfahren.

Beispiel: Der Kl klagt 10.000 € ein. Der Beklagte bestreitet die Forderung und rechnet hilfsweise auf und zwar erstens mit einer Kaufpreisforderung (20.000 €), weiter hilfsweise mit einer Darlehensforderung (10.000 €) und äußerst hilfsweise mit einer Schadensersatzforderung (5.000 €). Sämtliche Aufrechnungsforderungen werden vom Kl bestritten. Das Gericht verurteilt den Beklagten 5.000 € zu zahlen, weil es davon ausgeht, dass die Klageforderung bestehe, Kaufpreis- und Darlehensforderung unbegründet seien, aber die Schadensersatzforderung berechtigt sei.
Der Kl obsiegt iHv 10.000 € mit seiner Klageforderung. Er obsiegt weiterhin hinsichtlich der ersten beiden Hilfsaufrechnungen, wobei zu beachten ist, dass diese nur iHv jeweils 10.000 € berücksichtigt werden dürfen, da nur insoweit eine der Rechtskraft fähige Entscheidung ergeht (§ 322 II). Der Beklagte obsiegt mit den 5.000 € der dritten Hilfsaufrechnung.
Die Kosten sind im Verhältnis 30.000 € zu 5.000 € zu quoteln. Der Kl hätte danach also $1/7$ der Kosten zu tragen und der Beklagte $6/7$.

Klagenhäufung. Werden von mehreren im selben Verfahren geltend gemachten Ansprüchen nicht sämtliche zugesprochen, sondern nur ein Teil, während der andere Teil abgewiesen wird, liegt insoweit ein Teilunterliegen vor. 26

27 **Klagerücknahme, teilweise.** Wird die Klage tw zurückgenommen und iÜ entschieden, ist eine Kostenmischentscheidung zu treffen. Soweit die verbleibende Klage in voller Höhe zugesprochen oder abgewiesen wird, ist die Kostenentscheidung nach §§ 91, 269 zu treffen. Es liegt kein teilweises Unterliegen vor, da mit der verbleibenden Klage der Kl voll durchdringt. Wird der verbleibenden Klage tw stattgegeben und wird sie iÜ abgewiesen, ist die Kostenmischentscheidung nach §§ 92, 269 zu treffen.

28 **Kosten, vorgerichtliche.** Werden auch vorgerichtlich entstandene Kosten, insb verzugsbedingte Anwaltskosten, mit eingeklagt und wird dieser Kostenerstattungsanspruch ganz oder tw abgewiesen, ist der Kl insoweit unterlegen, so dass § 92 anzuwenden ist. Soweit die Kosten aus den anhängigen Gegenständen resultieren, gilt § 43 I GKG. Der Wert der Kosten erhöht nicht den Wert des Verfahrens, so dass keine Mehrkosten entstehen. Soweit die Kosten im Verhältnis zur Hauptsache geringfügig sind, kann von § 92 II Nr 1 Gebrauch gemacht werden. Anderenfalls ist nach § 92 I verhältnismäßig zu teilen oder gegeneinander aufzuheben.

Zu beachten ist, dass vorgerichtliche Kosten, die aus nicht oder nicht mehr anhängigen Gegenständen resultieren, den Wert des Verfahrens erhöhen (BGH AGS 08, 187 = NJW 08, 999 = JurBüro 08, 202; FamRZ 09, 867 = VersR 09, 806), so dass in diesen Fällen bei der Anwendung des § 92 II Nr 1 zusätzlich zu prüfen ist, ob die Mehrkosten auch verhältnismäßig geringfügig waren.

29 **Kostenentscheidung.** Bei der Kostenentscheidung des Berufungsverfahrens ist das Verhältnis von Hauptsache zum Wert des Kostenpunktes zu berücksichtigen, wenn der Berufungskläger zwar nicht in der Hauptsache, aber mit seinem Angriff gegen die ihn wesentlich belastende erstinstanzliche Kostenentscheidung obsiegt hat (Köln ZfSch 94, 362 = VersR 95, 358).

30 **Streitgenossen.** Gewinnt der Kl gegen sämtliche Streitgenossen oder gewinnen sämtliche Streitgenossen gegen den Beklagten, ist nach § 91 zu entscheiden. Dies gilt auch dann, wenn nach § 100 I die Kosten nach Kopfteilen verteilt werden.

Wird die Klage nur eines Streitgenossen oder die Klage nur gegen einen Streitgenossen abgewiesen, liegt insoweit wiederum ein teilweises Unterliegen vor, so dass nach § 92 I verhältnismäßig zu teilen oder gegeneinander aufzuheben ist. Dies gilt auch dann, wenn ein Streitgenosse für sich genommen vollständig obsiegt.

Beispiel: Der Anwalt vertritt zwei Kl, die Pflichtteilsansprüche geltend machen. Der Klage des einen Klägers wird stattgegeben, die Klage des anderen wird abgewiesen.

Zwar hat der eine Kl vollständig obsiegt und der andere war vollständig unterlegen; dennoch ist insgesamt nach § 92 zu verfahren.

31 **Stufenklage.** Auch bei einer Stufenklage kann sich eine Kostenquotierung ergeben. Hier ist das Obsiegen und Unterliegen iSd § 92 I hinsichtlich jeder einzelnen Stufe gesondert zu prüfen. Insoweit stellt die Rechtsprechung häufig unzutreffend darauf ab, dass bei einer Stufenklage nach § 44 GKG nur der höhere Wert gelte und damit faktisch der Wert der Auskunftsstufe außer Ansatz bleibe. Dies hat aber für das Obsiegen und Unterliegen keine Bedeutung. Zutreffend ist daher die Auffassung des OLG Karlsruhe (Karlsr JurBüro 94, 682; ebenso Brandbg 2009, 519 = FamRZ 2009, 1699), das Obsiegen und Unterliegen an den jeweiligen Einzelwerten festzumachen.

Beispiel: Der Pflichtteilsberechtigte klagt auf Auskunft gegen den Erben und auf Zahlung eines noch zu beziffernden Betrages. Der Beklagte beantragt insgesamt Klageabweisung. Er ist der Auffassung, er habe die Auskunft bereits hinreichend erteilt und schulde auch keine Pflichtteilsansprüche. Das Gericht verurteilt den Beklagten zur Auskunft. Nach Erteilung der Auskunft wird die Leistungsstufe mit 10.000 € beziffert und der Beklagte zur Zahlung von 5.000 € verurteilt. Das Gericht setzt den Streitwert wie folgt fest: Auskunft 2.000 €, Zahlung 10.000 €.

Der Beklagte ist unterlegen hinsichtlich der Auskunft (Wert 2.000 €) und hinsichtlich der Zahlung iHv 5.000 €, also insgesamt iHv 7.000 €. Der Kl ist unterlegen hinsichtlich der Abweisung seiner Zahlungsklage (5.000 €). Von den Kosten des Rechtsstreits hat der Kl also $^5/_{12}$ zu tragen und der Beklagte $^7/_{12}$.

Dass bei dieser Konstellation die Auskunftsstufe beim Gebührenstreitwert nicht berücksichtigt wird (§ 44 GKG), ist unerheblich, da es iRd § 92 nur auf das Unterliegen ankommt, nicht darauf, inwieweit dies streitwertmäßig erfasst ist (s. Rz 4).

Unerlaubte Handlung. Wird iRe Schadensersatzklage beantragt, festzustellen, dass der Beklagte die Forderung aus vorsätzlich begangener unerlaubter Handlung schulde, wird er aber ohne diesen Zusatz verurteilt, liegt ein teilweises Unterliegen des Klägers vor. Anzuwenden sein dürfte idR aber § 92 II Nr 1. 32

Widerklage. Wird eine Widerklage erhoben, so ist je nach Prozessausgang – vorbehaltlich der Anwendung des § 92 II Nr 1 – die Vorschrift des § 92 I anzuwenden und eine Kostenquote auszusprechen oder die Kosten sind gegeneinander aufzuheben. Unzulässig wäre es, die Kosten der Klage der einen Partei und die Kosten der Widerklage der anderen Partei aufzuerlegen, da dies keine verhältnismäßige Teilung ist. Gleichwohl wird in der Praxis häufig fehlerhaft so entschieden. Ein solcher Titel muss dann im Rahmen der Kostenfestsetzung ausgelegt werden, da es grds keine Gerichts- und Anwaltskosten gibt, die nur auf die Klage oder nur auf die Widerklage entfallen. Zweckmäßigerweise wird man dann die Kosten entsprechend der Streitwertanteile von Klage und Widerklage verteilen (Naumbg FamRZ 00, 434 = NJW-RR 00, 1740). 33
Zutreffend ist bei der Kostenverteilung wie folgt vorzugehen:

- Wird der Klage stattgegeben und die Widerklage abgewiesen, sind die Kosten des Verfahrens nach § 91 dem Beklagten aufzuerlegen.
- Wird die Klage abgewiesen und der Widerklage stattgegeben, sind die Kosten des Rechtsstreits insgesamt dem Kl aufzuerlegen (§ 91).
- Wird sowohl der Klage als auch der Widerklage ganz oder tw stattgegeben oder werden beide ganz oder tw abgewiesen, so sind die Kosten verhältnismäßig nach § 92 I zu teilen oder gegeneinander aufzuheben, es sei denn, es liegt ein Fall des § 92 II Nr 1 vor.

Beispiel: Der Kl klagt aus einem Verkehrsunfall Schadensersatz iHv 10.000 € ein; der Beklagte erhebt Widerklage iHv 8.000 €, da ein jeder von ihnen von der vollen Haftung ausgeht. Das Gericht geht von einer 50 %igen Haftung aus und gibt der Klage iHv 5.000 € statt, der Widerklage iHv 4.000 €.
Jede Partei hat hinsichtlich der Klage und der Widerklage zur Hälfte obsiegt und war zur Hälfte unterlegen, so dass die Kosten hälftig zu teilen oder gegeneinander aufzuheben sind.

Abwandlung: Das Gericht gibt der Widerklage nur iHv 2.000 € statt, da es die Schadensberechnung des Widerklägers für übersetzt hält.
Jede Partei hat hinsichtlich der Klage zur Hälfte (5.000 €) obsiegt und war zur Hälfte (5.000 €) unterlegen. Hinsichtlich der Widerklage war der Kl zu 2.000 € unterlegen, der Beklagte zu 6.000 €. Insgesamt ergibt sich damit ein Unterliegen des Klägers iHv 7.000 € und des Beklagten iHv 11.000 €, so dass die Kosten entsprechend zu teilen sind.
Nach BGH (BGHZ 19, 172 = NJW 56, 182) soll bei Abweisung von Klage und Widerklage zugunsten des Beklagten berücksichtigt werden, wenn nur für die Entscheidung über die Klage eine Beweisaufnahme erforderlich war und durchgeführt worden ist. Zutreffend dürfte das über § 96 zu lösen sein.

Zinsen. Wird der Zinsantrag tw zurückgewiesen, so liegt ein Unterliegen iSd § 92 I vor, so dass grds von einer Kostenverteilung auszugehen ist. Dass Zinsen idR beim Streitwert nicht berücksichtigt werden (§ 43 I GKG) ist unerheblich, da die Vorschrift des § 92 I auf das Unterliegen im Rechtsstreit abstellt und nicht darauf, welchen Streitwert der Gegenstand hat, mit dem die Partei unterliegt (s. Rz 4). 34
Unzutreffend daher Saarbr (OLGR 06, 794 = NJW-RR 07, 426), wonach der Zinsanspruch bei der Berechnung der beiderseitigen Obsiegens- und Unterliegensanteile nicht zu berücksichtigen sei, wenn der abgewiesene Zinsanspruch auf keiner eigenständigen Begründung beruhe, sondern sich als notwendige Folge der Klageabweisung hinsichtlich der Hauptforderung darstelle. Auf die Begründung des Zinsantrages kommt es nicht an, sondern auf das Unterliegen. Zutreffend daher AG Freiburg (AnwBl 84, 99), das die Kosten nach Anerkenntnis in der Hauptsache und Klagerücknahme hinsichtlich des Anspruchs auf vorgerichtliche Kosten und Zinsen geteilt hat, weil diese Nebenforderungen zwar keine besonderen Kosten veranlasst, aber fast die Höhe der Hauptforderung erreicht haben.
Bei den Zinsen wird allerdings idR § 92 II Nr 1 zur Anwendung kommen. Zinsen sind ggü der Hauptforderung meistens geringfügig und verursachen im Hinblick auf § 43 I GKG keine besonderen Kosten, so dass, wenn nur der Zinsantrag ganz oder tw abgewiesen wird, die Kosten des Verfahrens dennoch dem Beklagten in vollem Umfang auferlegt werden können.
Nach der Rechtsprechung sind die Zinsen dann nicht mehr geringfügig, wenn sie etwa 1/10 der Hauptsache ausmachen (BGH MDR 61, 141 = LM Nr 7 zu § 92 ZPO). In der Praxis wird dies zu wenig berücksichtigt.

Auch wenn Zinsen unterhalb dieser Grenze liegen, also als geringfügig zu betrachten sind, können sie gesonderte Kosten auslösen, was von der Rechtsprechung allerdings bislang völlig ignoriert wird.
Beispiel: Eingeklagt ist eine Forderung von 10.000 € nebst 8 % laufende Zinsen sowie rückständige Zinsen für zwei vergangene Jahre. Im Termin erscheint der Beklagte nicht. Das Gericht weist den Kl darauf hin, dass der Zinsantrag unschlüssig sei und erörtert mit dem Kl. Dieser hält seinen Zinsantrag aufrecht und beantragt insgesamt den Erlass eines Versäumnisurteils. Das Gericht erlässt ein Versäumnisurteil, in dem es die Hauptforderung zuspricht und den Zinsantrag zurückweist (§ 330 II).
Der Wert der Hauptsache beläuft sich auf 10.000 €. Der Wert der Zinsen ist für die vergangenen Jahre jeweils auf 800 € festzusetzen und für die laufenden Zinsen ebenfalls auf 800 € (Jahreswert), so dass sich insoweit ein Wert iHv 2.400 € ergibt.
Für die Verfahrensgebühr des Klägeranwalts bleiben die Zinsen außer Ansatz, da sie Nebenforderungen sind (§ 23 I 1 RVG iVm § 43 I GKG). Soweit der Kl lediglich ein Versäumnisurteil beantragt hat, nämlich aus der Hauptforderung, ist die ermäßigte Terminsgebühr nach Nrn. 3104, 3105 VV RVG angefallen. Aus dem Wert der Zinsen ist dagegen die volle 1,2-Terminsgebühr (Nr 3104 VV RVG) angefallen, da hierüber erörtert worden ist (Köln AGS 06, 224 = JurBüro 06, 254). Jetzt wird der Wert der Zinsen nach § 43 II GKG maßgebend. Insgesamt darf der Anwalt allerdings nicht mehr abrechnen, als eine 1,2-Terminsgebühr aus dem Gesamtwert (§ 15 III RVG), der sich wiederum auf 10.000 € beläuft.
Die Abrechnung des Anwalts sieht also wie folgt aus:

1.	1,3-Verfahrensgebühr, Nr 3100 VV RVG (10.000 €)	631,80 €
2.	0,5-Terminsgebühr, Nrn. 3104, 3105 VV RVG (10.000 €)	243,00 €
3.	1,2-Terminsgebühr, Nr 3104 VV RVG (2.400 €)	193,20 €
	(die Grenze des § 15 III RVG, 1,2 aus 10.000 € = 583,20 € ist nicht erreicht)	
4.	Postentgeltpauschale, VV 7002	20,00 €
	Zwischensumme	1.088,00 €
5.	19 % Umsatzsteuer, Nr 7008 VV RVG	206,72 €
	Gesamt	**1.294,72 €**

Durch den Zinsantrag sind jetzt besondere Kosten entstanden (inkl Umsatzsteuer 229,91 €, also fast 20 % der Gesamtkosten), so dass hier eine Quotelung vorzunehmen ist.

35 **Zukünftige Leistung.** Wird zukünftige Leistung verlangt, ist auch dann von einem teilweisen Unterliegen auszugehen, wenn dieses einen streitwertmäßig nicht erfassten Zeitraum betrifft. Beim Unterliegen kommt es nicht darauf an, inwieweit die unterlegene Forderung sich beim Streitwert auswirkt (Rz 4).
Beispiel: Der Kl verlangt zukünftige Mietzahlungen für die Dauer von 5 Jahren. Das Gericht spricht ihm die Mieten nur für 4 Jahre zu.
Der Streitwert beläuft sich nach § 48 I 1 GKG iVm § 9 ZPO lediglich auf den Wert der nächsten 3,5 Jahre (BGH AGS 04, 249 = JurBüro 04, 378). Für diesen Zeitraum wird die Miete zwar zugesprochen, dennoch unterliegt der Kl mit 1/5, da sein Antrag zurückgewiesen wird, soweit er auch die Mieten für das fünfte Jahr eingeklagt hat.

36 **Zurückbehaltungsrecht.** Verlangt der Kl uneingeschränkte Leistung, wird der Beklagte aber nur Zug um Zug verurteilt, weil er sich auf ein Zurückbehaltungsrecht berufen hat, so kommt es darauf an, ob das Zurückbehaltungsrecht primär oder hilfsweise geltend gemacht worden ist (ausf *Hensen* NJW 99, 395).

- War das Zurückbehaltungsrecht primär geltend gemacht, hat der Beklagte also die Forderung selbst nicht bestritten, so sind die Kosten des Rechtsstreits dem Kl aufzuerlegen (§ 91), wobei hier häufig ein nach § 93 Kosten befreiendes Zug-um-Zug-Anerkenntnis gegeben sein dürfte.
- Hat sich der Beklagte nur hilfsweise mit einem Zurückbehaltungsrecht verteidigt, hat er also primär die Forderung bestritten, dann sind die Kosten nach § 92 I zu quoteln. Das Zurückbehaltungsrecht wirkt zwar nicht werterhöhend. Bei der Quotelung ist jedoch zu berücksichtigen, dass der Kl hinter seinem Antrag zurückbleibt. Dies muss entsprechend auf die Kostenquote Einfluss haben. Die Bewertung des Unterliegens richtet sich nach dem Interesse am Zurückbehaltungsrecht (Köln MDR 08, 621 = NZBau 08, 320). Ist das Zurückbehaltungsrecht geringfügig, kann dies zur Anwendung des § 92 II Nr 1 führen (Frankf OLGR 06, 1057; AG Hamburg Urt v 22.5.06 – 644 C 168/05 – juris).

Zwischenfeststellungsantrag. Wird der Klage stattgegeben, aber ein Zwischenfeststellungsantrag abgewiesen, so liegt darin ein teilweises Unterliegen. Da der Zwischenfeststellungsantrag idR zur Werterhöhung führt, dürfte § 92 II Nr 1 idR ausscheiden. 37

§ 93 Kosten bei sofortigem Anerkenntnis. **Hat der Beklagte nicht durch sein Verhalten zur Erhebung der Klage Veranlassung gegeben, so fallen dem Kläger die Prozesskosten zur Last, wenn der Beklagte den Anspruch sofort anerkennt.**

A. Überblick. Erkennt der Beklagte die Klageforderung an und ergeht ein Anerkenntnisurteil, so unterliegt der Beklagte, so dass er an sich nach § 91 die Kosten des Rechtsstreits zu tragen hätte. In Ausnahme hierzu sieht § 93 vor, dass die Kosten dennoch dem Kl auferlegt werden können, wenn der Beklagte **sofort anerkennt** und zur Klageerhebung **keine Veranlassung** gegeben hat. Sinn und Zweck der Vorschrift ist es, einen Beklagten vor der übereilten gerichtlichen Inanspruchnahme zu schützen und umgekehrt den Kl zu sanktionieren, wenn er voreilig gerichtliche Hilfe in Anspruch nimmt. Er obsiegt dann zwar, muss aber die Kosten des Verfahrens, also seine eigenen Kosten, die Gerichtskosten und die Kosten der Gegenseite tragen. Entsprechend anzuwenden ist § 93 auch im Falle der **Widerklage** und **Drittwiderklage**. 1

Im **Mahnverfahren** ist § 93 nicht anwendbar. Hier hat allerdings der Antragsgegner die Möglichkeit, seinen Widerspruch auf die Kosten zu beschränken. In **einstweiligen Verfügungsverfahren** besteht die Möglichkeit des sog Kostenwiderspruchs. Der Antragsgegner kann die ohne mündliche Verhandlung ergangene einstweilige Verfügung »anerkennen«, indem er dagegen keinen Widerspruch einlegt, gleichzeitig aber gegen die Kostenentscheidung Widerspruch erhebt und insoweit geltend macht, für die einstweilige Verfügung keine Veranlassung gegeben zu haben, etwa weil er vorgerichtlich nicht abgemahnt worden sei und er daher keine Gelegenheit gehabt habe, das beanstandete Verhalten freiwillig einzustellen. Das Gericht kann dann in entsprechender Anwendung des § 93 die Kosten dem Antragsteller auferlegen.

Ebenfalls nicht anwendbar ist § 93 ZPO bei Anfechtungsklagen gem § 46 WEG (LG Wiesbaden Urt v 7.10.11 – 92 C 3285/11 (81).

Möglich ist auch ein Kosten befreiendes **Teilanerkenntnis.** Dann ist die Entscheidung hinsichtlich des Teilanerkenntnisses auf § 93 zu stützen und iÜ auf die §§ 91 ff. Es ergeht dann eine Kostenmischentscheidung. Die Vorschrift des § 93 ist auch iRd § 91a zu berücksichtigen, wenn erst während des Verfahrens die Begründetheit des Klageanspruchs eintritt, etwa wegen Wegfalls einer Einrede (LG Bielefeld 10.11.09 – 3 O 296/06).

B. Anerkenntnis. Voraussetzung ist, dass die Klageforderung anerkannt wird und zwar in prozessual wirksamer Weise, so dass ein Anerkenntnisurteil ergehen kann. Ergeht kein Anerkenntnisurteil, sondern erledigt sich nach dem Anerkenntnis die Hauptsache übereinstimmend, so ist nach § 91a zu entscheiden, wobei der Rechtsgedanke des § 93 zu beachten ist. 2

Beispiel: Der Beklagte wird auf Zahlung verklagt. Er erkennt sofort an und zahlt auch sofort, so dass der Kl nunmehr den Rechtsstreit in der Hauptsache für erledigt erklärt. Der Beklagte stimmt zu und stellt Kostenantrag.

Das Gericht kann jetzt – wenn die Voraussetzungen des § 93 vorliegen – iRd § 91a die Kosten nach billigem Ermessen dem Kl auferlegen, also wenn es im Falle eines Urteils nach § 93 entschieden hätte.

Das Anerkenntnis muss grds **unbedingt und vorbehaltlos** abgegeben worden sein. Ein bedingtes Anerkenntnis oder ein Anerkenntnis unter Vorbehalt, etwa unter dem Vorbehalt der Aufrechnung, einer Zug-um-Zug-Leistung oä genügt grds nicht.

Ein eingeschränktes Anerkenntnis oder ein Anerkenntnis unter Vorbehalt reichen jedoch dann, wenn der Kl im Hinblick darauf seinen Klageantrag entsprechend reduziert, so dass nunmehr ein uneingeschränktes Anerkenntnisurteil ergehen kann.

Beispiel: Der Kl klagt im April auf Zahlung von 5.000 €. Der Beklagte erkennt die Forderung an, allerdings mit der Maßgabe, dass diese erst zum 31.8. des Jahres fällig werde. Daraufhin stellt der Kl den Antrag auf zukünftige Leistung um und beantragt Zahlung zum 31.8., so dass nunmehr ein entsprechendes Anerkenntnisurteil ergeht.

Beispiel: Der Beklagte erkennt die Klageforderung an, Zug um Zug gegen Erbringung einer Gegenleistung. Der Kl ändert daraufhin den Klageantrag und stellt ihn als Zug-um-Zug-Antrag um, so dass nunmehr das Anerkenntnisurteil ergeht.

In beiden Fällen ist § 93 anwendbar.

3 **C. Sofort.** Das Anerkenntnis muss sofort abgegeben werden, also bei der erstmöglichen Gelegenheit. Wann das wiederum der Fall ist, hängt vom jeweiligen Verfahren ab.

Soweit das Gericht einen **frühen ersten Termin** zur mündlichen Verhandlung anberaumt, muss das Anerkenntnis spätestens im Termin abgegeben werden. Der Klageanspruch darf dann aber schriftsätzlich nicht zuvor bestritten worden sein. Ist eine **Frist zur Klageerwiderung** gesetzt worden (§ 275 I 1), muss das Anerkenntnis innerhalb dieser Frist abgegeben worden sein. Auch hier darf der Anspruch zuvor nicht bestritten worden sein.

Bei Anordnung des **schriftlichen Vorverfahrens** kann der Beklagte den geltend gemachten Anspruch innerhalb der Klageerwiderungsfrist jedenfalls dann »sofort« iSd § 93 anerkennen, wenn die Verteidigungsanzeige keinen auf eine Abweisung der Klage gerichteten Sachantrag enthält (BGHZ 168, 57 = NJW 06, 2490 = AGS 06, 454; Saarbr OLGR 09, 533). AA ist Celle (FamRZ 11, 1748). Danach soll ein innerhalb der Klageerwiderungsfrist abgegebenes Anerkenntnis auch dann noch sofort sein, wenn der Beklagte zuvor seine Anzeige zur Verteidigungsabsicht mit dem Antrag auf Abweisung der Klage verbunden hat.

Das Anerkenntnis muss spätestens mit Ablauf der Klageerwiderungsfrist abgegeben werden (Schlesw AGS 11, 145 = SchlHA 11, 145; LG Mannheim 9.6.09 – 2 O 200/08), und zwar im ersten Schriftsatz, mit dem zur Sache Stellung genommen wird. Wird im schriftlichen Vorverfahren in einem ersten Schriftsatz die Forderung bestritten und dann erst in einem zweiten Schriftsatz anerkannt, handelt es sich nicht mehr um ein sofortiges Anerkenntnis (Celle NJW-Spezial 09, 459 = OLGR 09, 319).

Im Falle einer **Klageänderung** muss der Beklagte, nachdem die ZPO dahin geändert ist, dass das Anerkenntnis keiner mündlichen Verhandlung mehr bedarf (§ 307 S 2), sondern jederzeit möglich ist, das Anerkenntnis innerhalb derjenigen Frist abgeben, die das Gericht ihm zur Stellungnahme auf denjenigen Schriftsatz gesetzt hat, der nach einer Klagänderung den begründeten Klagantrag enthält, oder, falls keine Frist gesetzt ist, in dem ersten Schriftsatz, in welchem er zu dem geänderten Antrag Stellung bezieht (Celle OLGR 09, 319 = NJW-Spezial 09, 459). So kann nach Übergang einer Klage auf Abschlagszahlung zu einer Klage auf Zahlung des Schlussrechnungssaldos noch sofort anerkannt werden (Stuttg NJW-RR 11, 1591).

Einem sofortigen Anerkenntnis iSd § 93 steht nicht entgegen, dass der Beklagte in einem dem Klageverfahren **vorangegangenen Prozesskostenhilfeprüfungsverfahren** keine Stellungnahme abgegeben hat (Saarbr OLGR 09, 533).

Nach Karslr (AGS 11, 564 = JurBüro 11, 542 = NJW-Spezial 11, 733) soll ein sofortiges Anerkenntnis auch dann noch möglich sein, wenn zunächst eine unstatthafte Urkundenklage erhoben wird und der Beklagten de Anspruch erst anerkennt, nachdem die klagende Partei die Abstandnahme vom Urkundenprozess (§ 596) erklärt hat.

Ein Anerkenntnis kann aber auch zu einem **späteren Zeitpunkt** noch ein »sofortiges« sein, nämlich dann, wenn im Verlaufe des Verfahrens die Klage erstmals zulässig oder schlüssig geworden ist. Das ist zB dann der Fall, wenn die Fälligkeit einer Forderung erst im Verlaufe des Rechtsstreits eingetreten oder die Forderung erstmals klagbar geworden ist.

Beispiel: Eingeklagt ist eine Anwaltsvergütung. Der Beklagte beruft sich darauf, dass ihm noch keine ordnungsgemäße Rechnung nach § 10 RVG erteilt worden sei. Im Rechtsstreit wird dann erstmals eine ordnungsgemäße Rechnung erteilt. Daraufhin erkennt der Beklagte sofort an.

Bis zur Erteilung der Rechnung war die Forderung nicht klagbar (§ 10 I RVG), so dass der Beklagte auch nicht anerkennen musste. Erst mit Erhalt der Rechnung trat die Klagbarkeit ein, so dass das Anerkenntnis ein sofortiges ist.

Beispiel: Der Beklagte beruft sich außergerichtlich auf ein Zurückbehaltungsrecht, weil ihm keine ordnungsgemäße Rechnung erteilt worden sei. Der Kl klagte dennoch uneingeschränkt auf Zahlung. Auf das im Rechtsstreit erneut erhobene Zurückbehaltungsrecht übersendet der Kl schließlich eine ordnungsgemäße Rechnung. Daraufhin erkennt der Beklagte an.

Das Anerkenntnis ist ein sofortiges, weil der uneingeschränkte Zahlungsanspruch erst mit Erteilung der Rechnung entstanden ist (BGH NJW-RR 05, 1005 = AGS 06, 88 = JurBüro 05, 558).

4 **D. Keine Veranlassung.** Darüber hinaus darf der Beklagte für die Klageerhebung keine Veranlassung gegeben haben. Eine solche Veranlassung ist idR dann gegeben, wenn der Beklagte außergerichtlich zu erkennen gegeben hat, dass er ohne gerichtliche Hilfe nicht bereit sein wird, die Klageforderung zu erfüllen. Insbesondere, wenn der Beklagte auf eine Mahnung nicht reagiert hat oder wenn er eine kalendermäßige Fälligkeit hat verstreichen lassen, ist von einer Klageveranlassung auszugehen; ebenso aber auch, wenn er

vorgerichtlich den Anspruch bestritten hat. Bei einer negativen Feststellungsklage ist Veranlassung gegeben, wenn sich der Beklagte bestimmter Rechtspositionen berühmt und davon nicht Abstand genommen hat. Legt der Beklagte gegen einen Mahnbescheid uneingeschränkt Widerspruch ein, so gibt er damit Veranlassung für das streitige Verfahren. Er kann sich dann auf § 93 nicht mehr berufen. Anders dagegen, wenn er den Widerspruch auf die Kosten beschränkt. Dann kann er im nachfolgenden streitigen Verfahren geltend machen, zur Einleitung des Mahnverfahrens keine Veranlassung gegeben zu haben.
Bei einer Vollstreckungsabwehrklage besteht Klageveranlassung, wenn der Gläubiger die Zwangsvollstreckung androht oder eine zweite vollstreckbare Ausfertigung beantragt. Sie ist ferner dann gegeben, wenn der Prozessbevollmächtigte eines Schuldners erfolglos bittet, die eingeleitete Zwangsvollstreckung bis zur Klärung ihrer Zulässigkeit auszusetzen (Saarbr OLGR 09, 970).
In Wettbewerbssachen gibt der Beklagte Anlass, wenn er auf eine vorherige Abmahnung nicht reagiert und die geforderte Unterlassungserklärung nicht abgibt.
In Verkehrsunfallsachen muss dem Haftpflichtversicherer, der nach einem Verkehrsunfall in Anspruch genommen wird, bei einem durchschnittlichen Verkehrsunfall idR eine Prüfungsfrist von 4 bis 6 Wochen zugebilligt werden, vor deren Ablauf eine Klage nicht veranlasst ist (Kobl = NJW-Spezial 11, 363 = VRR 11, 303).
Bei Unterhaltszahlungen gibt ein Schuldner, der nur Teilleistungen auf die geschuldeten Unterhaltsbeträge erbringt, auch dann Veranlassung für eine Klage auf den vollen Unterhalt, wenn er zuvor nicht zur Titulierung des freiwillig gezahlten Teils aufgefordert worden ist (BGH NJW 10, 238).
Ist vorprozessual der Anpruch bestritten worden, so ist von einer Klageveranlassung auszugehen. Das gilt auch dann, wenn zwar sofort nach einer Klageänderung anerkannt wird (zB Übergang vom den Zahlungsantrag auf einen Feststellungsantrag), wenn zuvor Einwendungen zum Grund und zur Höhe des Anspruchs erhoben worden waren (LG Dortmund Beschl v 27.11.11 – 2 O 275/10).
Ein vorprozessuales Bestreiten oder eine Erfüllungsverweigerung ist dann allerdings unbeachtlich, wenn dies zum damaligen Zeitpunkt berechtigt war, wenn also die Voraussetzungen für den Anspruch, zB Fälligkeit, Klagbarkeit oä erst im Verlaufe des Verfahrens eingetreten sind. Das vorprozessuale Verhalten des Beklagten muss also unberechtigt gewesen sein, um eine Veranlassung zur Klageerhebung zu begründen. So hat ein Bekl keine Veranlassung gegeben, wenn er nicht die Forderung als solche verweigert hat, sondern sich berechtigterweise nur auf ein Zurückbehaltungsrecht berufen hat (BGH NJW-RR 05, 1005 = AGS 06, 88 = JurBüro 05, 558).
Strittig ist, ob zu einem sofortigen Anerkenntnis auch die sofortige Zahlung hinzu kommen muss. Das Problem ist sogar weitreichender. Es gilt nicht nur für Zahlungsansprüche, sondern für sämtliche Leistungsansprüche. Die Frage ist also, ob derjenige Beklagte in den Genuss des § 93 kommen kann, der zwar sofort anerkennt, dann aber dennoch nicht erfüllt. Das Problem wird häufig bei der Frage des »sofortigen« Anerkenntnisses angesiedelt. Zutreffender Weise ist es aber eine Frage der Klageveranlassung. Zum sofortigen Anerkenntnis gehört sicherlich nicht, dass sofort geleistet wird. Die Frage muss lauten, ob derjenige, der nach einem Anerkenntnis doch nicht erfüllt, sich darauf berufen kann, keine Veranlassung gegeben zu haben. Wenn es sich bei dem Anerkenntnis also nur um ein »Lippenbekenntnis« handelt, muss dem Beklagten der Einwand abgeschnitten sein, sich darauf berufen zu können, keine Veranlassung gegeben zu haben. Tatsächlich hat er zwar möglicherweise keine Veranlassung gegeben. Er hätte sie aber gegeben, wenn er aufgefordert worden wäre. Ein Bekl, der nach Klagezustellung und Anerkenntnis nicht umgehend leistet, obwohl er dazu verpflichtet ist, der gibt damit zu erkennen, dass er auch bei einer vorprozessualen Aufforderung nicht geleistet hätte, so dass es in diesem Falle treuwidrig erscheint, sich auf die fehlende Klageveranlassung zu berufen.
Die **Darlegungs- und Beweislast** dafür, keine Veranlassung gegeben zu haben, liegt beim Beklagten (BGH NJW 07, 3645 = JurBüro 08, 221; Saarbr OLGR 09, 533; Frankf NJW-RR 09, 1437 = OLGR 09, 932). Er muss die Voraussetzungen des Ausnahmetatbestandes nach § 93 darlegen und ggf beweisen. Zweifel gehen zu seinen Lasten.
Den Beklagten, der im Wettbewerbsprozess auf die Klageerhebung hin eine strafbewehrte Unterlassungserklärung abgegeben hat und geltend macht, ihm sei die Abmahnung des Klägers nicht zugegangen, trifft grds die Darlegungs- und Beweislast für die Voraussetzungen einer dem Kl die Prozesskosten auferlegenden Entscheidung nach § 93. Im Rahmen der sekundären Darlegungslast ist der Kl lediglich gehalten, substanziiert darzulegen, dass das Abmahnschreiben abgesandt worden ist. Kann nicht festgestellt werden, ob das Abmahnschreiben dem Beklagten zugegangen ist oder nicht, ist für eine Kostenentscheidung nach § 93 kein

Raum (BGH NJW 07, 3645 = JurBüro 08, 221; Saarbr OLGR 09, 533; LG Rostock WRP 09, 1314). Bei der Frage der Klageveranlassung darf durchaus auch das weitere prozessuale Verhalten des Beklagten iRd Würdigung mit einbezogen werden, wenn der Beklagte also anerkennt, aber nicht erfüllt.

5 **E. Teilanerkenntnis.** Möglich ist auch, dass lediglich ein sofortiges Teilanerkenntnis abgegeben wird und dass hinsichtlich dieses Teils des Streitgegenstands keine Klageveranlassung gegeben worden ist. In diesem Fall sind dann die Kosten, soweit sie auf den anerkannten Teil entfallen, nach § 93 dem Kl aufzuerlegen. Im Übrigen ist im Wege der Kostenmischentscheidung über die weiteren Kosten zu entscheiden.
Beispiel: Eingeklagt sind 10.000 €. Der Beklagte erkennt 5.000 € sofort an und hat dazu auch keine Klageveranlassung gegeben.

a) Die Klage wird iÜ abgewiesen.
b) Im Übrigen wird der Beklagte verurteilt.

Im Fall a) trägt der Kl die gesamten Kosten, nämlich zur Hälfte nach § 93 und iÜ nach § 91.
Im Fall b) sind die Kosten hälftig zu teilen oder gegeneinander aufzuheben (§§ 92, 93).

6 **F. Verzichtsurteil.** Strittig ist, ob die Vorschrift des § 93 im Falle eines Verzichtsurteils »reziprok« anzuwenden ist (so Frankf WRP 82, 422). Das dürfte unzutreffend sein. Die §§ 91a und 269 II 3 stellen die gesetzliche Regelung der Fälle dar, in denen eine zunächst zulässige und begründete Klage nachträglich unzulässig oder unbegründet geworden ist. Deshalb ist § 93 nicht analog anwendbar, wenn der Kl sofort Klageverzicht gem § 306 erklärt, nachdem die Klage unzulässig oder unbegründet geworden ist.

7 **G. Anfechtbarkeit.** Die Kostenentscheidung nach einem Anerkenntnisurteil ist gem § 99 II isoliert mit der sofortigen Beschwerde nach § 567 anfechtbar (s. § 99 Rz 14 ff). Dabei kann sich sowohl der Kl mit einer sofortigen Beschwerde dagegen wehren, dass ihm die Kosten auferlegt worden sind, als auch der Beklagte mit einer sofortigen Beschwerde, dass die Kosten nicht dem Kl auferlegt worden sind. Zu Einzelheiten s. § 99.

§ 93a *(weggefallen seit 1.9.2009)*

§ 93b Kosten bei Räumungsklagen.

(1) [1]Wird einer Klage auf Räumung von Wohnraum mit Rücksicht darauf stattgegeben, dass ein Verlangen des Beklagten auf Fortsetzung des Mietverhältnisses auf Grund der §§ 574 bis 574b des Bürgerlichen Gesetzbuchs wegen der berechtigten Interessen des Klägers nicht gerechtfertigt ist, so kann das Gericht die Kosten ganz oder teilweise dem Kläger auferlegen, wenn der Beklagte die Fortsetzung des Mietverhältnisses unter Angabe von Gründen verlangt hatte und der Kläger aus Gründen obsiegt, die erst nachträglich entstanden sind (§ 574 Abs. 3 des Bürgerlichen Gesetzbuchs). [2]Dies gilt in einem Rechtsstreit wegen Fortsetzung des Mietverhältnisses bei Abweisung der Klage entsprechend.
(2) [1]Wird eine Klage auf Räumung von Wohnraum mit Rücksicht darauf abgewiesen, dass auf Verlangen des Beklagten die Fortsetzung des Mietverhältnisses auf Grund der §§ 574 bis 574b des Bürgerlichen Gesetzbuchs bestimmt wird, so kann das Gericht die Kosten ganz oder teilweise dem Beklagten auferlegen, wenn er auf Verlangen des Klägers nicht unverzüglich über die Gründe des Widerspruchs Auskunft erteilt hat. [2]Dies gilt in einem Rechtsstreit wegen Fortsetzung des Mietverhältnisses entsprechend, wenn der Klage stattgegeben wird.
(3) Erkennt der Beklagte den Anspruch auf Räumung von Wohnraum sofort an, wird ihm jedoch eine Räumungsfrist bewilligt, so kann das Gericht die Kosten ganz oder teilweise dem Kläger auferlegen, wenn der Beklagte bereits vor Erhebung der Klage unter Angabe von Gründen die Fortsetzung des Mietverhältnisses oder eine den Umständen nach angemessene Räumungsfrist vom Kläger vergeblich begehrt hatte.

1 **A. Überblick.** Die Vorschrift regelt in seinen drei Absätzen insgesamt 5 verschiedene Fälle, in denen eine von den §§ 91, 92 abweichende Kostenentscheidung ergehen kann:

- **§ 93b I 1** ermöglicht es, einem Räumungskläger die Kosten des Verfahrens ganz oder tw aufzuerlegen, obwohl er mit der Räumungsklage durchdringt.
- **§ 93b I 2** ermöglicht es, einem beklagten Vermieter die Kosten des Rechtstreits ganz oder tw aufzuerlegen, obwohl die gegen ihn gerichtete Klage auf Fortsetzung des Mietverhältnisses abgewiesen wird.

- **§ 93b II 1** ermöglicht es, dem Beklagten die Kosten einer Räumungsklage ganz oder tw aufzuerlegen, obwohl die Räumungsklage abgewiesen wird.
- **§ 93b II 2** ermöglicht es, die Kosten des Rechtstreits dem klagenden Mieter ganz oder tw aufzuerlegen, obwohl er mit seiner Klage auf Fortsetzung des Mietverhältnisses obsiegt.
- **§ 93b III** stellt einen Sonderfall des § 93 dar und ermöglicht bei Anerkenntnis des Räumungsanspruchs die Kosten ganz oder tw dem Kl aufzuerlegen, wenn dem beklagten Mieter eine Räumungsfrist bewilligt wird.

Kl iSd vorgenannten Fälle kann auch ein Widerkläger sein, Bekl auch ein Widerbeklagter.
Soweit das Verfahren neben dem Räumungsanspruch bzw dem Anspruch auf Fortsetzung des Mietverhältnisses auch weitere Gegenstände betrifft, ist eine **gemischte Kostenentscheidung** möglich, so dass zT nach § 93b entschieden werden kann und iÜ nach den §§ 91 ff.
Sämtliche Fälle der Kostenentscheidung nach § 93b gelten ausschließlich für Verfahren in **Wohnraummietsachen**, und zwar lediglich für Verfahren auf **Räumung** von Wohnraum oder auf **Fortsetzung des Mietverhältnisses** von Wohnraum. Auf andere Mietverhältnisse, etwa Gewerberaummietverhältnisse, ist die Vorschrift nicht – auch nicht entsprechend – anwendbar.
Während in den Fällen des Abs 1 und 2 ein Mietverhältnis bestehen oder zumindest behauptet werden muss, betrifft Abs 3 auch Fälle, in denen es um Räumung von Wohnraum geht, in denen ein Mietverhältnis aber nicht besteht.

B. Kostenentscheidung nach Abs 1 S 1. I. Voraussetzungen. 1. Klage oder Widerklage auf Räumung von Wohnraum. Bei dem zugrunde liegenden Verfahren muss es sich um eine Klage oder um eine Widerklage auf Räumung von Wohnraum handeln. Zwischen den Parteien muss ein Mietverhältnis bestehen oder zumindest behauptet werden, weil anderenfalls ein Einwand nach den §§ 574–574b BGB nicht möglich ist. Es muss sich um Wohnraum handeln. Für sonstige Mietverhältnisse gilt diese Vorschrift nicht. 2

2. Erfolgreiche Klage. Der Klage auf Räumung von Wohnraum muss stattgegeben worden sein. Ist die Räumungsklage abgewiesen worden, ist § 93b I 1 nicht anwendbar. 3

3. Einwand des Beklagten nach den §§ 574–574b BGB. Des Weiteren ist erforderlich, dass sich der Beklagte zumindest auch auf ein **Verlangen auf Fortsetzung des Mietverhältnisses** aufgrund der §§ 574–574b BGB berufen hat. Dies muss nicht der alleinige Grund der Klageverteidigung sein. Die Vorschrift ist daher auch anwendbar, wenn der Beklagte den Räumungsanspruch bestreitet und sich nur hilfsweise auf ein Fortsetzungsverlangen beruft. 4

4. Unberechtigtes Fortsetzungsverlangen aufgrund berechtigter Interessen des Klägers. Das Fortsetzungsverlangen des Beklagten nach den §§ 574–574b BGB darf im Ergebnis nicht gerechtfertigt gewesen sein. Das Gericht muss also den Fortsetzungsanspruch ganz oder tw verneint haben. 5
Die Ablehnung des Fortsetzungsverlangens muss darüber hinaus aufgrund berechtigter Interessen des Klägers verneint worden sein. Wird das Fortsetzungsverlangen abgelehnt, weil es aus sich heraus nicht begründet ist, ist § 93b I 1 wiederum nicht anwendbar.

5. Vorgerichtliche Berufung und Begründung. Der Beklagte muss sich ferner vorgerichtlich bereits form- (§ 574b I BGB) und fristgerecht (§ 574b II BGB) auf das Fortsetzungsverlangen nach den §§ 574–574b BGB berufen haben. Soweit er das Fortsetzungsverlangen erstmals im Rechtstreit stellt, ist § 93b I 1 nicht anwendbar. Das Fortsetzungsverlangen muss vorgerichtlich auch zutr begründet worden sein. 6

6. Nachträglich entstandene Ablehnungsgründe. Die Gründe des Klägers, also seine Interessen, die zur Ablehnung des Fortsetzungsverlangens des Beklagten geführt haben, müssen nachträglich entstanden sein, so dass der Kl sie vorgerichtlich nicht vorbringen konnte, sondern erst im Rechtstreit. Soweit der Kl die Gründe bereits vorgerichtlich hätte vorbringen können ist § 93b I 1 wiederum nicht anwendbar. 7

II. Rechtsfolge. Sind die vorgenannten Voraussetzungen gegeben, dann kann das Gericht nach billigem Ermessen die Kosten ganz oder tw dem Kl auferlegen. Das Gericht muss also nicht zwingend nach § 93b I 1 entscheiden. Es kann auch nach den §§ 91 ff entscheiden oder tw nach § 93b I 1 und iÜ nach den §§ 91 ff. 8

9 **C. Kostenentscheidung nach Abs 1 S 2. I. Voraussetzungen. 1. Klage auf Fortsetzung des Mietverhältnisses aufgrund der §§ 574–574b BGB.** Bei dem zugrundeliegenden Verfahren muss es sich um eine selbständige Klage auf Zustimmung zur Fortsetzung des Mietverhältnisses aufgrund der §§ 574–574b BGB handeln. Daraus folgt schon, dass es sich um Wohnraum handeln muss. Für sonstige Mietverhältnisse gilt diese Vorschrift nicht.

10 **2. Erfolglose Klage.** Der Klage auf Fortsetzung des Mietverhältnisses muss abgewiesen worden sein. Ist der Klage stattgegeben worden, ist § 93b I 2 nicht anwendbar.

11 **3. Unberechtigtes Fortsetzungsverlangen aufgrund berechtigter Interessen des Klägers.** Das Fortsetzungsverlangen des Klägers darf im Ergebnis nicht gerechtfertigt gewesen sein. Das Gericht muss also den Fortsetzungsanspruch ganz oder tw zurückgewiesen haben.
Die Zurückweisung der Klage muss darüber hinaus aufgrund berechtigter Interessen des Beklagten erfolgt sein. Wird das Fortsetzungsverlangen abgelehnt, weil es aus sich heraus nicht begründet ist, ist § 93b I 2 wiederum nicht anwendbar.

12 **4. Vorgerichtliche Berufung und Begründung.** Der Kl muss sich ferner vorgerichtlich bereits auf das Fortsetzungsverlangen nach den §§ 574–574b BGB berufen und dies ausreichend begründet haben. Soweit er das Fortsetzungsverlangen erstmals im Rechtstreit stellt oder begründet, ist § 93b I 2 nicht anwendbar.

13 **5. Nachträglich entstandene Ablehnungsgründe.** Die Gründe des beklagten Vermieters, also dessen Interessen, die zur Ablehnung des klägerischen Fortsetzungsverlangens geführt haben, müssen nachträglich entstanden sein, so dass der Beklagte sie vorgerichtlich nicht vorbringen konnte, sondern erst im Rechtstreit. Soweit der Beklagte die Gründe bereits vorgerichtlich hätte vorbringen können ist § 93b I 2 wiederum nicht anwendbar.

14 **II. Rechtsfolge.** Sind die vorgenannten Voraussetzungen gegeben, dann kann das Gericht nach billigem Ermessen die Kosten ganz oder tw dem obsiegenden Beklagten auferlegen. Das Gericht muss nicht zwingend nach § 93b I 2 entscheiden. Es kann auch nach den §§ 91 ff entscheiden oder tw nach § 93b I 2 und iÜ nach den §§ 91 ff.

15 **D. Kostenentscheidung nach Abs 2 S 1. I. Voraussetzungen. 1. Klage oder Widerklage auf Räumung von Wohnraum.** Bei dem zugrundeliegenden Verfahren muss es sich um eine Klage oder um eine Widerklage auf Räumung von Wohnraum handeln. Zwischen den Parteien muss ein Mietverhältnis bestehen oder zumindest behauptet werden, weil anderenfalls ein Einwand nach den §§ 574–574b BGB nicht möglich ist. Es muss sich um Wohnraum handeln. Für sonstige Mietverhältnisse gilt diese Vorschrift nicht.

16 **2. Erfolglose Klage.** Die Klage auf Räumung von Wohnraum muss abgewiesen worden sein. Ist der Räumungsklage stattgegeben worden, ist § 93b II 1 nicht anwendbar.

17 **3. Widerspruch des Beklagten nach den §§ 574–574b BGB.** Grund für die Abweisung der Räumungsklage muss sein, dass der beklagte Mieter berechtigterweise die Fortsetzung des Mietverhältnisses aufgrund der Vorschriften der §§ 574–574b BGB verlangt hat und dass das Gericht die Abweisung der Klage auf dieses Verlangen gestützt hat. Das Fortsetzungsverlangen muss nicht die alleinige Verteidigung gewesen sein. So reicht es auch aus, wenn der Beklagte sich primär auf die Unwirksamkeit der Kündigung beruft und hilfsweise auf sein Fortsetzungsverlangen.

18 **4. Keine unverzügliche Auskunft auf Verlangen des Klägers. a) Überblick.** Voraussetzung ist weiterhin, dass der Widerspruch des Beklagten außergerichtlich nicht erklärt worden ist oder dass er zwar erklärt wurde, aber auf Verlangen des Klägers nicht begründet wurde.

19 **b) Widerspruch.** Nach § 574b I BGB ist der Widerspruch des Mieters gegen die Kündigung schriftlich zu erklären. Geschieht dies nicht, kann der Kl nicht wissen, ob der Beklagte Fortsetzung verlangen wird und wie er dieses Verlangen ggf begründen wird. Der Kl kann noch nicht einmal von seinem Recht nach § 574b I 2 Gebrauch machen, weil er von dem Widerspruch nichts weiß. Bringt der Beklagte erst im Räumungsprozess den Widerspruch und trägt er dort erstmals seine berechtigten Interessen vor, dann soll er auch die daraus resultierenden kostenrechtlichen Nachteile tragen.

20 **c) Keine unverzügliche Auskunft auf Aufforderung.** Nach § 574b I 2 BGB kann nach einem Widerspruch der Vermieter vom Mieter Auskunft über die Gründe des Widerspruchs verlangen. Die Auskunft ist unver-

züglich (§ 121 I 1 BGB) zu erteilen. Fordert der Vermieter zur Begründung auf und erteilt der Mieter die Begründung nicht rechtzeitig, so dass der Kl daraufhin in gutem Glauben Räumungsklage erhebt, so sollen den Beklagten wiederum die Kostennachteile treffen, wenn er die Gründe mit denen er letztlich durchdringt, erst verspätet vorbringt.

5. Berechtigtes Fortsetzungsverlangen. Das Fortsetzungsverlangen des Beklagten nach den §§ 574–574b BGB muss im Ergebnis gerechtfertigt gewesen sein. Das Gericht muss also den Räumungsanspruch gerade im Hinblick auf den berechtigten Fortsetzungsanspruch verneint haben. 21

II. Rechtsfolge. Sind die vorgenannten Voraussetzungen gegeben, dann kann das Gericht nach billigem Ermessen die Kosten ganz oder tw dem obsiegenden Beklagten auferlegen. Das Gericht muss nicht zwingend nach § 93b II 1 entscheiden. Es kann auch nach den §§ 91 ff entscheiden oder tw nach § 93b II 1 und iÜ nach den §§ 91 ff. 22

E. Kostenentscheidung nach Abs 2 S 2. I. Überblick. Die Vorschrift des § 93b II 2 wiederum regelt den Fall, dass der Mieter auf Fortsetzung des Mietverhältnisses nach den §§ 574–574b BGB klagt und er obsiegt, obwohl er entweder keinen Widerspruch erhoben oder er auf Verlangen des Klägers die Gründe des Fortsetzungsverlangens nicht unverzüglich mitgeteilt hatte. 23

II. Voraussetzungen. 1. Klage auf Fortsetzung des Mietverhältnisses aufgrund der §§ 574–574b BGB. Bei dem zugrundeliegenden Verfahren muss es sich um eine selbständige Klage auf Zustimmung zur Fortsetzung des Mietverhältnisses aufgrund der §§ 574–574b BGB handeln. Daraus folgt schon, dass es sich um Wohnraum handeln muss. Für sonstige Mietverhältnisse gilt diese Vorschrift nicht. 24

2. Erfolgreiche Klage. Der Klage auf Fortsetzung des Mietverhältnisses muss stattgegeben worden sein. Ist die Klage abgewiesen worden, ist § 93b II 2 nicht anwendbar. 25

3. Fehlender Widerspruch des Beklagten oder keine unverzügliche Auskunft. Voraussetzung ist weiterhin, dass der Widerspruch des Beklagten außergerichtlich nicht erklärt worden ist oder dass er zwar erklärt wurde, aber auf Verlangen des Klägers nicht begründet wurde (s.o. Rz 20). 26

III. Rechtsfolge. Sind die vorgenannten Voraussetzungen gegeben, dann kann das Gericht nach billigem Ermessen die Kosten ganz oder tw dem obsiegenden Kl auferlegen. Das Gericht muss nicht zwingend nach § 93b II 2 entscheiden. Es kann auch nach den §§ 91 ff entscheiden oder tw nach § 93b II 2 und iÜ nach den §§ 91 ff. 27

F. Kostenentscheidung nach Abs 3. Sinn und Zweck der Vorschrift des § 93b III ist es, die Mietparteien zu einem Gespräch über eine zu gewährende Räumungsfrist zusammenzuführen, in welchem die Interessen beider Parteien gegeneinander abgewogen werden können (LG Hagen NJW 65, 1491; WuM 95, 322). Wer diesen Versuch nicht unternimmt, soll die vermeidbaren Kosten des Räumungsrechtsstreits tragen. 28

I. Voraussetzungen. 1. Klage auf Räumung von Wohnraum. Voraussetzung ist, dass es sich um einen Rechtsstreit auf Räumung von Wohnraum handelt. Dass ein Mietverhältnis besteht, ist nicht erforderlich. Die Vorschrift gilt also auch dann, wenn sich im Rechtsstreit herausstellt, dass zwischen den Parteien kein Mietverhältnis zustande gekommen ist. Erst recht ist die Vorschrift anwendbar, wenn über den Wohnraum ein anderes Vertragsverhältnis geschlossen worden ist, etwa ein Pachtverhältnis. Auch dann, wenn der bestehende Mietvertrag als gewerbliches Mietverhältnis zu qualifizieren ist, die Räume aber tatsächlich zum Wohnen benutzt werden, ist § 93b III anzuwenden (Köln NJWE-MietR 96, 246 = WuM 97, 336). Nicht erforderlich ist, dass der Kl als Vermieter gekündigt hat. Die Vorschrift des § 93b III ist auch dann anwendbar, wenn der Beklagte als Mieter selbst gekündigt hat, später aber dann erkennt, dass er noch eine Räumungsfrist benötigt (LG Freiburg WuM 96, 716). 29

2. Anerkenntnisurteil mit Räumungsfristbewilligung. Dem Räumungsanspruch muss durch Anerkenntnis stattgegeben worden sein. Gleichzeitig muss dem Beklagten eine Räumungsfrist bewilligt worden sein (§ 721). Ergeht lediglich ein Anerkenntnisurteil ohne Bewilligung einer Räumungsfrist kann allerdings § 93 in Betracht kommen. 30

3. Sofortiges Anerkenntnis. Das Anerkenntnis, das zu dem Anerkenntnis auf Räumung geführt hat, muss ein sofortiges gewesen sein. Insoweit gelten die gleichen Grundsätze wie bei § 93. Die Erklärung der Verteidigungsbereitschaft gegen die Räumungsklage steht einem sofortigen Anerkenntnis des Räumungsan- 31

spruchs in der darauffolgenden Klageerwiderung nicht entgegen (LG Stuttgart WuM 04, 620; LG Bonn Beschl v 26.1.04–6 T 21/04 – juris; LG Köln WuM 96, 567 = ZMR 97, 29).
Wird der Räumungsanspruch erst während des Prozesses begründet oder fällig, genügt es für ein sofortiges Anerkenntnis, wenn dieses nach Eintritt der Anspruchsvoraussetzungen oder der Fälligkeit erklärt wird. Insoweit kann auch nach einem Einspruch gegen ein Räumungs-Versäumnisurteil (LG Kiel WuM 93, 550) und auch noch im Berufungsverfahren (LG Karlsruhe WuM 93, 461) sofort anerkannt werden.
Beispiel: Die Vermieter sind Eheleute. Der Ehemann kündigt alleine das Mietverhältnis und erhebt Klage. Während des Rechtsstreits wird die Kündigung von beiden Eheleuten nachgeholt.
Bei Klageerhebung lag eine unzulässige Teilkündigung vor, die nicht zur Beendigung des Mietverhältnisses führte. Erst mit Ausspruch der erneuten Kündigung durch beide Vermieter lag eine wirksame Kündigung vor, so dass hiernach noch sofort anerkannt werden konnte.

32 **4. Vorgerichtliches vergebliches Verlangen.** Der Beklagte muss vorgerichtlich die Fortsetzung des Mietverhältnisses oder eine den Umständen angemessene Räumungsfrist von dem Kl vergeblich verlangt haben. Unschädlich ist es, wenn der Mieter vorprozessual »Kündigungswiderspruch« eingelegt, sich aber aus dem Widerspruchsschreiben jedoch – inhaltlich eindeutig – ergibt, dass unter grundsätzlicher Anerkennung der Vermieterkündigung – im Ergebnis berechtigt – nur eine Räumungsfrist begehrt wird (LG Köln NZM 98, 663 = WuM 98, 499 = DWW 98, 345). Erforderlich ist, dass der Beklagte vorgerichtlich zu erkennen gegeben hat, dass er eine Fortsetzung des Mietverhältnisses wünscht oder zumindest eine angemessene Räumungsfrist benötigt. Erforderlich ist insoweit auch, dass die Gründe für das Fortsetzungsverlangen bzw die Räumungsfrist vorgerichtlich dargelegt wurden und dass die vorgerichtlich dargelegten Gründe für sich auch ausreichend waren, die Räumungsfrist zu bewilligen. Wird außergerichtlich ohne weitere Begründung eine Räumungsfrist beantragt und diese dann erst im Rechtsstreit begründet, ist § 93b III nicht anwendbar, da der Kl vorgerichtlich nicht die Begründetheit des Räumungsfristverlangens hat erkennen können.
Der Mieter wird im Zweifel auch angeben müssen, wann er gedenkt, auszuziehen, also wie lange die beantragte Räumungsfrist sein soll. Die Anforderungen an die genaue Benennung eines Auszugstermins richten sich nach den Bedingungen des örtlichen Wohnungsmarkts, auf den der Mieter zur Anmietung einer Ersatzwohnung nach seinen Verhältnissen angewiesen ist (AG Freiburg WuM 94, 551).
Die Ermessensvorschrift des § 93b III ist nicht zum Nachteil des Vermieters anzuwenden, wenn der Mieter einen konkreten Auszugstermin nicht glaubhaft darlegt, so dass der Vermieter nicht davon ausgehen kann, dass der Mieter spätestens am Ende der begehrten Räumungsfrist auszieht. Es ist ihm dann nicht zuzumuten, mit der Räumungsklage abzuwarten (LG Frankenthal WuM 93, 547).
Ist der Mieter aufgrund Mietaufhebungsvertrages zur Räumung verpflichtet, so genügt es nicht den Anforderungen an das Begehren einer über den vertraglich vereinbarten Termin hinaus zu gewährenden angemessenen Räumungsfrist, dass der Mieter ohne Benennung eines konkreten Zeitpunkts der Räumung eine Räumungsfrist verlangt (AG Langenfeld WuM 93, 459).
§ 93b III dagegen bleibt anwendbar, wenn der Mieter im Rechtsstreit berechtigterweise eine weitere Räumungsfrist verlangt (LG Tübingen WuM 93, 545).
Vergeblich war das Verlangen, wenn der Vermieter es abgelehnt hat, eine zu kurze Frist gewährt (LG Heidelberg WuM 82, 302) oder wenn er Bedingungen gestellt hat (LG Mannheim WuM 89, 32).

33 **II. Rechtsfolge.** Sind die vorgenannten Voraussetzungen des § 93a III gegeben, dann kann das Gericht nach billigem Ermessen die Kosten ganz oder tw dem Kl auferlegen. Das Gericht muss nicht zwingend nach § 93a III entscheiden. Es kann auch nach den §§ 91 ff entscheiden oder tw nach § 93b III und iÜ nach den §§ 91 ff.
Entscheidend ist, ob der Vermieter angesichts der vom Mieter vorgetragenen Gründe Klage erheben durfte oder nicht. Grundsätzlich ist der Vermieter gehalten, mit dem Mieter über einen Räumungstermin Einigung zu suchen, wenn im Widerspruch nach der Sozialklausel die Räumungspflicht dem Grunde nach anerkannt worden ist, ein bestimmter Auszugstermin aber nicht genannt wurde (WuM 96, 352).

§ 93c *(weggefallen seit 1.9.2009)*

§ 93d *(weggefallen seit 1.9.2009)*

§ 94 Kosten bei übergegangenem Anspruch. Macht der Kläger einen auf ihn übergangenen [richtig: übergegangenen] Anspruch geltend, ohne dass er vor der Erhebung der Klage dem Beklagten den Übergang mitgeteilt und auf Verlangen nachgewiesen hat, so fallen ihm die Prozesskosten insoweit zur Last, als sie dadurch entstanden sind, dass der Beklagte durch die Unterlassung der Mitteilung oder des Nachweises veranlasst worden ist, den Anspruch zu bestreiten.

A. Überblick. Die Vorschrift des § 94 betrifft einen Fall der **Kostentrennung** und damit eine Ausnahme des Grundsatzes der Einheitlichkeit der Kostenentscheidung. Nach der Vorschrift des § 94 ist es möglich, bestimmte Kosten dem Kl auch dann aufzuerlegen, wenn er ganz oder tw obsiegt. 1
Entsprechend gilt die Vorschrift für einen Widerkläger oder auch für einen Beklagten, wenn er sich mit einer Aufrechnung aufgrund einer abgetretenen Forderung verteidigt.

B. Voraussetzungen. I. Übergegangener Anspruch. Der Kl muss einen Anspruch geltend gemacht haben, der auf ihn übergegangen ist, und zwar vor Erhebung der Klage (Musielak/*Wolst* § 94 Rn 2) Ein erst nach Klageerhebung erfolgter Anspruchsübergang wird von § 94 nicht erfasst (B/L/A/H § 94 Rn 2). Hier bietet § 93 die Möglichkeit, sofort Kosten befreiend anzuerkennen, sobald der Nachweis erbracht wird. 2
Auf die Art des Anspruchsübergangs kommt es nicht an. Unerheblich ist insoweit, ob dem Kl der Anspruch abgetreten wurde oder ob er aufgrund eines gesetzlichen Forderungsübergangs auf ihn übergegangen ist. Entsprechend anzuwenden ist die Vorschrift auf den Übergang der Prozessführungsbefugnis (Zö/*Herget* § 94 Rn 2), und zwar sowohl bei gewillkürter als auch bei gesetzlicher Prozessstandschaft (Musielak/*Wolst* § 94 Rn 2).
Unerheblich ist, um welche Art Anspruch es sich handelt. Daher gilt § 94 sowohl für vertragliche, dingliche, gesetzliche Ansprüche ua.

II. Fehlende Mitteilung oder fehlender Nachweis. Erforderlich ist ferner, dass der Kl dem Beklagten **vor Klageerhebung** nicht mitgeteilt hat, dass der geltend gemachte Anspruch auf ihn übergegangen ist. Die Mitteilung kann formlos geschehen oder auch konkludent dadurch, dass der Anspruch vorgerichtlich geltend gemacht wird. 3
Die bloße Mitteilung reicht dann nicht aus, wenn der Schuldner einen Nachweis des Anspruchsübergangs verlangt. In diesem Fall muss der Kl auf Verlangen auch den Nachweis vor Klageerhebung geführt haben.
Der Nachweis muss vorgerichtlich verlangt worden sein. Ist die Forderungsabtretung vor Einleitung des Mahnverfahrens angezeigt worden und verlangt der Beklagte erst nach Eintritt der Rechtshängigkeit den Nachweis der Forderungsabtretung hat, ist § 94 nicht mehr anwendbar (München OLGR 07, 632 = MDR 07, 1394).
In welcher Form der Nachweis zu erbringen ist, richtet sich nach den gesetzlichen Vorschriften. So kann der Schuldner uU auch die Vorlage einer Urkunde verlangen (§ 405 BGB).
Erbracht ist der Nachweis, wenn der Schuldner die Anspruchsberechtigung des Klägers vernünftigerweise nicht mehr bezweifeln kann (HK-ZPO/*Gierl* § 94 Rn. 5).

III. Bestreiten des Anspruchsübergangs durch den Beklagten. Des Weiteren muss der fehlende Nachweis bzw der auf Verlangen nicht nachgewiesene Übergang Anlass für den Beklagten gewesen sein, den Anspruchsübergang zu bestreiten. Der Beklagte muss also aufgrund der fehlenden Mitwirkung des Klägers im Ungewissen geblieben sein, ob der Anspruchsübergang tatsächlich stattgefunden hat, so dass er sich veranlasst sah, substanziiert oder mit Nichtwissen zu bestreiten. 4
Ob der Beklagte auch die Forderung selbst, also dem Grunde nach bestreitet, ist in diesem Zusammenhang irrelevant.
Das Bestreiten ist nicht durch eine fehlende Mitteilung oder einen fehlenden Nachweis bedingt, wenn der Abtretende bereits dem Beklagten die Abtretung angezeigt hat (§ 409 BGB), dem Beklagten die Abtretung bekannt war oder ihm im Falle eines gesetzlichen Forderungsübergangs die tatsächlichen Umstände bekannt waren.
Bestreitet der Schuldner die Forderung nicht, sondern beruft er sich auf ein Zurückbehaltungsrecht nach § 410 BGB (Aushändigung der Abtretungsurkunde), ist dies nicht über § 94 zu lösen, sondern ggf über § 93, wenn nach Aushändigung der Abtretungsurkunde anerkannt und gezahlt wird.

C. Kostenfolge. Sind die Voraussetzungen des § 94 gegeben, so hat der Gläubiger die Prozesskosten insoweit zu tragen, als diese durch das – letztlich erfolglose – Bestreiten verursacht worden sind. War das 5

Bestreiten erfolgreich, stellt sich also heraus, dass die Forderung gar nicht besteht, so fallen dem Kl die Kosten ohnehin nach § 91 zur Last, zumindest nach § 96, falls er aus anderen Gründen dennoch obsiegen sollte.
Zu den nach § 94 zu tragenden Kosten zählen insb die Kosten einer Beweisaufnahme über die Forderungsberechtigung. Solche Fälle werden idR allerdings selten sein, da der Schuldner häufig durch Urkundenvorlage den Nachweis führen kann und hierdurch seit Wegfall der Beweisgebühr keine gesonderten Kosten entstehen.
Erkennt der Beklagte die Klageforderung sofort an, nachdem ihm der Nachweis des Forderungsübergangs erbracht worden ist, so greift nicht die Vorschrift des § 94 (Kostentrennung), sondern die des § 93 (Musielak/*Wolst* § 94 Rn 3), so dass der Kl ohnehin die gesamten Kosten tragen muss.
Über die Kostenfolge des § 94 ist **von Amts wegen** zu entscheiden. Eines Antrags des Beklagten bedarf es nicht und ist lediglich als Anregung zu verstehen.
Sind die Voraussetzungen des § 94 gegeben, so muss das Gericht eine entsprechende Kostentrennung aussprechen. Es besteht **kein Ermessen** des Gerichts. Die Kostenfolge des § 94 ist zwingend.

6 **D. Form der Entscheidung.** Die Entscheidung nach § 94 ergeht in der Kostenentscheidung über die Kosten des Verfahrens. Ein gesonderter Beschl ist weder vorgesehen noch zulässig.
Die Austrennung der Mehrkosten kann im Fall einer offenbaren Unrichtigkeit nach § 319 nachgeholt werden und im Falle, dass das Gericht die Kostentrennung übergangen hat, im Wege der Ergänzung nach § 321.
Das Gericht kann die auszutrennenden Kosten generell oder konkret bestimmen. Der Ausspruch erfolgt in der Kostenentscheidung über die übrigen Kosten des Rechtsstreits.

7 **Beispiel:** Von den Kosten des Rechtsstreits tragen der Kl ...% und der Beklagte ...%, mit Ausnahme der Kosten Beweisaufnahme vom ..., die der Kl alleine trägt.

8 Soweit der Kl insgesamt unterliegt, er also ohnehin die Kosten des Rechtsstreits zu tragen hat (§ 91), bedarf es keines gesonderten Ausspruchs über die Mehrkosten.

9 **E. Anfechtbarkeit.** Der Ausspruch nach § 94 ist nicht isoliert anfechtbar. Er kann nur zusammen mit der Hauptsache angefochten werden (§ 99 I) oder im Falle einer isolierten Anfechtung der Kostenentscheidung (§ 99 II) zusammen mit der gesamten Kostenentscheidung.
In Betracht kommt allerdings die **Gehörsrüge nach § 321a**, wenn die Entscheidung über die Austrennung der Mehrkosten unter Verletzung des Anspruchs auf rechtliches Gehör ergangen ist.

§ 95 Kosten bei Säumnis oder Verschulden.

Die Partei, die einen Termin oder eine Frist versäumt oder die Verlegung eines Termins, die Vertagung einer Verhandlung, die Anberaumung eines Termins zur Fortsetzung der Verhandlung oder die Verlängerung einer Frist durch ihr Verschulden veranlasst, hat die dadurch verursachten Kosten zu tragen.

1 **A. Überblick.** Die Vorschrift des § 95 regelt einen Fall der **Kostentrennung** und damit eine Ausnahme vom Grundsatz der Einheitlichkeit der Kostenentscheidung. Danach können bestimmte ausscheidbare Kosten unabhängig vom Obsiegen oder Unterliegen vorab einer Partei auferlegt werden. Zur Tenorierung s.u. Rz 11 f.
Die Bedeutung dieser Vorschrift ist gering, da bei der Versäumung eines Termins idR der Erlass eines Versäumnisurteils in Betracht kommt und bei einer Fristversäumung die Anwendung von Verspätungsrecht. Darüber hinaus ist § 95 nur eine Auffangvorschrift und wird bei den in der Praxis häufigsten Fällen einer Termins- oder Fristversäumung durch die Sondervorschriften der §§ 344 und 238 IV verdrängt.
Die Vorschrift des § 95 soll eine Verzögerung oder Verschleppung des Rechtsstreits verhindern, indem sie ein solches Verhalten im Nachhinein kostenrechtlich sanktioniert.
Von der Möglichkeit des § 95, einen Teil der Kosten des Rechtsstreits einer Partei oder einem Beteiligtem vorab aufzuerlegen, ist die Möglichkeit zu unterscheiden, nach **§ 38 GKG** dem Kl oder dem Beklagten eine sog »**Verzögerungsgebühr**« aufzuerlegen. Die Vorschrift des § 95 betrifft nur die Mehrkosten des Rechtsstreits, die durch Säumnis oder Verschulden einer Partei entstanden sind. Die Vorschrift des § 38 GKG hat dagegen mit den Kosten des Rechtsstreits nichts zu tun, sondern schafft eine gesonderte zusätzliche Gebühr, die einer Partei auferlegt werden kann, wenn sie den Rechtsstreit schuldhaft verzögert. Die Vorschrift des § 38 GKG hat also Strafcharakter, während die Vorschrift des § 95 die »Veranlasserhaftung« für

entstandene Kosten betrifft. Im Gegensatz zur Kostenfolge des § 95 ist die Verhängung einer Verzögerungsgebühr auch nicht zwingend, sondern steht im Ermessen des Gerichts. Beide Maßnahmen sind voneinander unabhängig und können sogar nebeneinander ausgesprochen werden.
Eine analoge Anwendung des § 95 über seinen Wortlaut hinaus auf Fälle, in denen ein Kl nicht bereit ist, im schriftlichen Vorverfahren einen aus Sicht des Gerichts unschlüssigen Teil seiner Klageforderung zurückzunehmen, um damit einen Haupttermin entbehrlich zu machen, ist unzulässig und verfassungswidrig (BVerfG AGS 11, 203).

B. Voraussetzungen. I. Die Säumnisfälle. § 95 ist zum einen anwendbar, wenn die Partei einen Termin 2
oder eine Frist versäumt. Ein Verschulden ist hier nicht erforderlich.
Unter **Termin** nach 95 ist jeder Termin iSd §§ 214 ff zu verstehen, also ein Verhandlungstermin, ein Gütetermin (§ 278 IV), ein Erörterungstermin, ein Termin vor dem ersuchten Richter (zB nach § 278 V), ein Beweisaufnahmetermin etc. Auch ein Termin iRd gerichtsnahen Mediation dürfte hierunter fallen. Ebenso zählt hierzu ein von einem gerichtlichen Sachverständigen anberaumter Termin (Schleswig SchlHA 75, 135 = KostRsp § 3 Nr 3).
Voraussetzung ist, dass eine ordnungsgemäße Terminsladung vorliegt, dass also die Formalien in Ordnung sind und insb eine ordnungsgemäße Zustellung vorliegt.
Versäumt ist ein Termin, wenn die Partei bis zum Schluss nicht erscheint oder nicht verhandelt (§ 220 II).
Unter **Frist** iSd § 95 fallen alle gesetzlichen oder richterlichen Fristen. Voraussetzung ist auch hier selbstverständlich, dass die Frist ordnungsgemäß bestimmt war und dass die Formalien, Zustellung etc. in Ordnung sind.
In den Säumnisfällen, also bei Versäumung eines Termins oder einer Frist ist **kein Verschulden** erforderlich. Die bloße Säumnis reicht aus, um die entsprechende Kostenfolge auszulösen. Zurückhaltung ist allerdings insoweit geboten, als im Fall eines Anspruchs auf Terminsverlegung oder Fristverlängerung, dem das Gericht hätte stattgeben müssen, die Kostenfolge nicht ausgelöst wird, zB, wenn sich das Gericht geweigert hatte, einen begründeten Terminsverlegungsantrag nach § 227 zu bescheiden oder es einen solchen Antrag übersehen hat.
Selbst wenn kein Verschulden erforderlich ist, muss auch hier die Möglichkeit bestehen, sich zu entlasten, etwa wenn die Partei aufgrund höherer Gewalt gehindert war, den Termin wahrzunehmen, also wenn ihr letztlich wiederum ein Anspruch auf Terminsverlegung zustand.

II. Verschuldensfälle. Darüber hinaus können die Kosten gesondert einer Partei auferlegt werden, wenn sie 3

- die Verlegung eines Termins,
- die Vertagung einer Verhandlung,
- die Anberaumung eines Termins zur Fortsetzung der Verhandlung oder
- die Verlängerung einer Frist

durch ihr Verschulden veranlasst hat. Im Gegensatz zu dem Säumnisfällen ist hier ein Verschulden der Partei erforderlich.
Voraussetzung ist, dass ein Termin verlegt werden musste, dass die Verhandlung vertagt werden musste, 4
also mit ihr erneut begonnen werden musste, dass sich die Notwendigkeit ergab, die Verhandlung in einem weiteren Termin fortzusetzen, oder dass die Verlängerung einer Frist notwendig wurde.
In diesen Fällen kommt eine Kostentragungspflicht der Partei nur in Betracht, wenn sie den neuen Termin 5
oder die Fristverlängerung **verschuldet** hat. Insoweit gilt der Verschuldensbegriff des § 276 BGB, wobei hinsichtlich der Fahrlässigkeit auf die nach prozessrechtlichen Kriterien zu beurteilende, der Partei obliegende Sorgfalt abzustellen ist (HK-ZPO/*Gierl* § 95 Rn 5). Die Partei hat sich das Verschulden eines gesetzlichen Vertreters oder ihres Prozessbevollmächtigten zurechnen zu lassen (§§ 51 II, 85 II). Kann sie die Fristversäumung entschuldigen, kommt die Anwendung des § 95 nicht in Betracht (Celle AnwBl 71, 316). Insoweit muss auch berücksichtigt werden, dass das Gericht eine Prozessförderungspflicht trifft und es Maßnahmen zu ergreifen hat – etwa durch nachträgliche Ladung von nachbenannten Zeugen, Schriftsatznachlässe etc –, um dem Entstehen von Mehrkosten vorzubeugen.

C. Rechtsfolge. Liegen die Voraussetzungen des § 95 vor, so hat das Gericht vAw die durch die Säumnis 6
oder das Verschulden verursachten Kosten der betreffenden Partei aufzuerlegen. Möglich ist auch, dass mehreren Parteien die Kosten auferlegt werden, wenn sie den weiteren Termin oder die Fristverlängerung verursacht haben.

Ein Antrag der Gegenpartei ist nicht erforderlich. Wird er gestellt, ist er als Anregung zu verstehen. Das Gericht hat bei Vorliegen der entsprechenden Voraussetzungen die Kosten vAw auszutrennen und sie der betreffenden Partei aufzuerlegen. Ein Ermessen des Gerichts besteht hier nicht. Die Rechtsfolge ist zwingend.

7 **D. Rechtliches Gehör.** Das Gericht muss grds die obsiegende Partei darauf hinweisen, dass es beabsichtigt, ihr einen Teil der Kosten vorab aufzuerlegen. Dies gilt insb in den Fällen, in denen ein Verschulden erforderlich ist, da die Partei Gelegenheit haben muss, entlastende Umstände vorzutragen. Der Hinweis auf die Möglichkeit, die Kosten auszutrennen, kann bereits in der Terminsverlegung oder der Fristverlängerung erteilt werden. Damit weiß die Partei, dass sie mit der Kostenfolge des § 95 rechnen muss und kann entsprechend vortragen.

8 **E. Umfang der Kosten.** Der Umfang der Kosten, die nach § 95 ausgetrennt werden können, beschränkt sich auf diejenigen, die durch eine Terminsversäumung bzw Fristverlängerung entstanden sind. Es muss sich also um **Mehrkosten** handeln, die ansonsten nicht entstanden wären. Im Falle eines Termins kann es sich also nur um die Kosten eines weiteren Termins handeln, niemals um die Kosten des vorangegangenen Termins, da diese Kosten auch dann angefallen wären, wenn die Partei nicht säumig gewesen wäre.
Da durch mehrere Termine weder bei Gericht noch den Anwälten gesonderte Gebühren anfallen, können sich die Mehrkosten iSd § 95 idR nur auf Auslagen erstrecken, also zB auf die Reisekosten des Gegenanwalts (VV 7003 ff). Reisekosten der Gegenpartei, sowie die Auslagen eventueller Zeugen oder Sachverständigen, die zum neuen Termin erneut erscheinen müssen.
Zu beachten ist, dass es sich um **zusätzliche Kosten** handeln muss. Kosten eines erneuten Termins, die bei sorgfältigem Prozessverhalten der Partei bereits im ersten Termin angefallen wären, können daher nicht unter § 95 fallen.

9 **Beispiel:** Im Termin zur mündlichen Verhandlung wird ein Zeuge vernommen. Aufgrund eines nachträglich gestellten Beweisantrages des Klägers, den dieser bereits früher hätte stellen können und müssen, wird ein neuer Termin anberaumt, in dem ein weiterer Zeuge vernommen wird. Bei prozessordnungsgemäßem Verhalten hätte der Zeuge bereits zum ersten Termin benannt und geladen werden können.
Die Kosten des zweiten Zeugen fallen nicht unter § 95, da diese Kosten auch dann angefallen wären, wenn der Zeuge zum ersten Termin geladen worden wäre.
Abwandlung: Der erste Zeuge wird zum zweiten Termin erneut geladen, damit er für ergänzende Fragen zur Verfügung steht.
Die Kosten des ersten Zeugen für den zweiten Termin fallen jetzt unter § 95, da diese Kosten nicht entstanden wären, wenn der Beweisantrag auf Vernehmung des zweiten Zeugen rechtzeitig gestellt worden wäre. Dann hätten beide Zeugen in einem Termin vernommen werden können. Die erneute Vernehmung des ersten Zeugen wäre nicht erforderlich gewesen.

10 Zwischen dem Verhalten der nachlässigen Partei und den zusätzlich erwachsenen Kosten muss ein unmittelbarer kausaler Zusammenhang bestehen (HK-ZPO/*Gierl* Rn 7). Daran fehlt es, wenn es aus anderen – von der Partei nicht zu vertretenden – Gründen ohnehin zu einem neuen Termin oder einer Fristverlängerung gekommen wäre.
Unzulässig ist es daher auch, einer trotz Anordnung persönlichen Erscheinens im Termin nicht erschienenen Partei neben der Verhängung einem Ordnungsgelds ohne weiteres in die durch ihr Ausbleiben verursachte Kosten zu verurteilen; mit Kosten kann sie wegen ihrer Säumigkeit nur nach § 38 GKG oder nach § 95 belastet werden (Celle MDR 70, 57 = OLGZ 70, 164).
Erforderlich ist darüber hinaus, dass die Kosten konkret ausscheidbar sind. Daher kommt insb eine Kostenquotierung hier nicht in Betracht. Die Kosten müssen vielmehr konkret beziffert oder bestimmt sein. Bei ungenauer Tenorierung muss der Festsetzungsbeamte ermitteln, inwieweit es sich um **Mehr**kosten handelt.

11 **F. Form der Entscheidung.** Die Entscheidung nach § 95 ergeht in der Kostenentscheidung über die Kosten des Verfahrens. Ein gesonderter Beschl – wie im Fall des § 38 GKG – ist nicht vorgesehen und auch nicht zulässig (Köln NJW 72, 1999; MDR 74, 240; Ddorf MDR 90, 832).
Die Austrennung der Säumniskosten kann im Fall einer offenbaren Unrichtigkeit nach § 319 nachgeholt werden und im Falle, dass das Gericht die Kostentrennung übergangen hat, im Wege der Ergänzung nach § 321.
Das Gericht kann die auszutrennenden Kosten generell oder konkret bestimmen. Der Ausspruch erfolgt in der Kostenentscheidung über die übrigen Kosten des Rechtsstreits.

Beispiel: Von den Kosten des Rechtsstreits tragen der Kl ...% und der Beklagte ...%, mit Ausnahme der Kosten des Termins vom ..., die der Beklagte alleine trägt. 12

Soweit die Partei, die die Mehrkosten zu verantworten hat, ohnehin die Kosten des Rechtsstreits zu tragen hat, bedarf es keines gesonderten Ausspruchs. 13

G. Anfechtbarkeit. Der Ausspruch im Urt nach § 95 ist nicht isoliert anfechtbar. Er kann nur zusammen mit der Hauptsache angefochten werden (§ 99 I) oder im Falle einer isolierten Anfechtung der Kostenentscheidung (zB §§ 91a II, 99 II) zusammen mit der gesamten Kostenentscheidung. Wird über die durch eine Säumnis oder ein Verschulden entstandenen Kosten verfahrensfehlerhaft durch Beschl entschieden, soll in entsprechender Anwendung des § 99 die sofortige Beschwerde gegeben sein (Ddorf MDR 90, 832). 14
In Betracht kommt allerdings die **Gehörsrüge nach § 321a**, wenn die Entscheidung über die Austrennung der Säumniskosten unter Verletzung des Anspruchs auf rechtliches Gehör (s. Rz 7) ergangen ist.

§ 96 Kosten erfolgloser Angriffs- und Verteidigungsmittel. **Die Kosten eines ohne Erfolg gebliebenen Angriffs- oder Verteidigungsmittels können der Partei auferlegt werden, die es geltend gemacht hat, auch wenn sie in der Hauptsache obsiegt.**

A. Überblick. § 96 betrifft neben den §§ 94, 95 einen weiteren Fall der **Kostentrennung** und damit eine weitere Ausnahme des Grundsatzes der Einheitlichkeit der Kostenentscheidung. Die Vorschrift ist in allen Instanzen anwendbar, auch im Rechtsmittelverfahren. Gegenüber der Regelung des § 94 ist sie subsidiär. Ein Bestreiten der Anspruchsberechtigung ist, sofern die Voraussetzungen des § 94 gegeben sind, nach dieser Vorschrift zu bewerten. Im Übrigen, also etwa dann, wenn der Beklagte erstmals im Prozess den Anspruchsübergang bestreitet, nach § 96. 1
Im Gegensatz zu den Vorschriften der §§ 94 und 95 ist die Kostentrennung nicht zwingend; vielmehr hat das Gericht ein Ermessen, ob es die Mehrkosten austrennt oder nicht. Eine zwingende Austrennung sieht das Gesetz nur in dem Spezialfall des § 238 IV, 2. Hs vor (unbegründeter Widerspruch gegen einen Wiedereinsetzungsantrag).
Sinn und Zweck der Vorschrift ist es, Unbilligkeiten zu vermeiden, wenn die ganz oder tw unterlegene Partei die gesamten oder anteiligen Kosten des Rechtsstreits auch insoweit zu tragen hätte, als diese Kosten ausschließlich durch Angriffs- und Verteidigungsmittel der obsiegenden Partei verursacht worden sind, diese sich aber letztlich als erfolglos erwiesen haben und die obsiegende Partei aus anderen Gründen gewonnen hat.
Beispiel (AG Köln WuM 87, 384): Die Parteien streiten um eine Mietminderung. Der Vermieter behauptet, die Mängel (Feuchtigkeitsschäden) seien vom Mieter verursacht. Die Beweisaufnahme ergibt, dass der Mieter die geltend gemachten Feuchtigkeitsschäden, aufgrund derer er die Grundmiete gemindert hatte, nicht zu vertreten hat. Allerdings ist die von ihm vorgenommene Minderung zu hoch angesetzt. 2
Dem Vermieter sind die gesamten Kosten der Beweisaufnahme aufzuerlegen, während iÜ die Kosten entsprechend dem teilweisen Obsiegen hinsichtlich der Höhe der Mietminderung zu verteilen sind

In gewisser Weise kommt § 96 auch ein Sanktionscharakter zu. Die obsiegende Partei soll die Nachteile tragen, die sie durch erfolglose Angriffs- und Verteidigungsmittel verursacht hat. Allerdings ist insoweit Zurückhaltung geboten, da es einer Partei grds frei stehen muss, sich im Rechtsstreit mit allen zulässigen Mitteln zur Wehr zu setzen. Dass ein Angriffs- oder Verteidigungsmittel erfolglos geblieben ist, darf für sich alleine noch nicht die Kostenbelastung rechtfertigen. 3
In analoger Anwendung können des § 96 können bestimmte Kosten vorab einer Partei auferlegt werden, wenn nur für einen Teil der Streitgegenstände Beweis erhoben worden ist und dadurch Sachverständigenkosten ausgelöst wurden und die Partei hinsichtlich dieser Gegenstände unterlagen war, während sie hinsichtlich anderer Gegenstände siegreich war (LG Nürnberg-Fürth ZMR 11, 242). 3a

B. Voraussetzungen. I. Kostenschuldner. Kostenschuldner nach § 96 kann nur die Partei sein, die im Rechtsstreit voll oder tw obsiegt hat. Dazu gehört zunächst einmal jeder Fall, in dem das Gericht der Klage durch streitige Entscheidung ganz oder tw stattgegeben oder die Klage ganz oder tw abgewiesen hat. Hierzu gehören aber auch die Fälle, in denen der Antrag letztlich **anerkannt** wird. Das Anerkenntnis bezieht sich nur auf die Begründetheit des Anspruchs im Zeitpunkt des Schlusses der mündlichen Verhandlung, nicht auch darauf, sämtliche Kosten des Verfahrens zu übernehmen. Im Fall des § 93 ist allerdings die Anwen- 4 dung des § 96 kaum denkbar (Zö/*Herget* § 96 Rn 1; *Streit/Schade* JurBüro 04, 120 – gegen Köln Urt v 8.6.00 – 18 U 243/99, nv).

Unanwendbar ist § 96 im Falle einer **Klagerücknahme**, da der Beklagte hier nicht obsiegt (HK-ZPO/*Gierl* § 96 Rn 3). Dagegen dürfte bei einem **Verzichtsurteil** § 96 wiederum anwendbar sein.

Ebenfalls nicht anwendbar ist § 96, wenn der Rechtsstreit in der Hauptsache **übereinstimmend für erledigt erklärt** wird (HK-ZPO/*Gierl* § 96 Rn 3). Insoweit besteht auch kein Bedürfnis für die Anwendung des § 96, da bei der Entscheidung nach § 91a die Wertung des § 96 mit berücksichtigt werden kann und iRd danach vorzunehmenden Kostenentscheidung nach dem bisherigen Sach- und Streitstand Angriffs- oder Verteidigungsmittel, die voraussichtlich erfolglos geblieben wären. berücksichtigt werden können (Dresden OLGR 01, 395 = OLG-NL 02, 162; LG Hamburg WE 99, Nr 9, 14–15).

5 **II. Erfolgloses Angriffs- und Verteidigungsmittel. 1. Angriffs- und Verteidigungsmittel.** Zu den Angriffs- und Verteidigungsmittel iSd § 96 gilt im Einzelnen Folgendes:

Anordnungsverfahren. Die Kosten eines zur Hauptsache gehörenden einstweiligen Anordnungsverfahren (etwa auf Einstellung der Zwangsvollsteckung ohne gesonderte mündliche Verhandlung – s. § 19 I 2 Nr 12 RVG) können in entsprechender Anwendung des § 96 ausgetrennt werden, wenn der Antrag einer Partei im Eilrechtsschutz abgewiesen wird, der Antrag in der Hauptsache aber (tw) Erfolg hat (Naumbg OLGR 09, 4).

Aufrechnung. Die Aufrechnung ist ein Verteidigungsmittel iSd § 96 gilt im (Zö/*Herget* § 96 Rn 1); anders dagegen die Hilfsaufrechnung (s. Rz 19).

6 **Auswechseln des Klagegrundes.** Wird der Klagegrund ausgetauscht, also anstatt einer bisher unbegründeten Forderung eine andere zum Gegenstand des Verfahrens gemacht, mit der der Kl nunmehr durchdringt, können Kosten, die auf den ursprünglichen Klagegegenstand entfallen, nicht nach § 96 ausgetrennt werden (aA B/L/A/H § 96 Rn 4 mit Fehlzitat auf BGH). Hier ist vielmehr die Rücknahme des ursprünglichen Klageanspruchs iRd Klageänderung bei der Kostenquotierung (§§ 91, 92, 269) zu berücksichtigten. In Betracht kommt aber, dass besondere Kosten – etwa die einer Beweisaufnahme – über den früheren Klagegrund auszutrennen sind.

7 **Behauptungen,** die im Verlaufe des Verfahrens nicht nachgewiesen werden konnten, sind Angriffs- und Verteidigungsmittel iSd § 96.

8 **Bestreiten**, auch Bestreiten mit Nichtwissen. Bestreitet eine Partei erfolglos eine Behauptung der Gegenseite, obsiegt sie dann aber aus anderen Gründen, können ihr die Kosten der erfolglosen Beweisaufnahme nach § 96 vorab auferlegt werden:

9 **Beispiel:** Der Mieter wird aufgrund einer Betriebskostenjahresabrechnung in Anspruch genommen. Er bestreitet, dass ihm die Abrechnung fristgerecht mitgeteilt worden ist. Darüber hinaus bestreitet er die Rechtmäßigkeit der abgerechneten Heizkosten. Das Gericht erhebt zunächst Zeugenbeweis darüber, ob die Betriebskostenabrechnung dem Mieter zugegangen ist, wovon es aufgrund der Beweisaufnahme ausgeht. In der Sache wird sodann ein Sachverständigengutachten zur Höhe der Heizkosten eingeholt. Aufgrund des Sachverständigengutachtens wird die Klage abgewiesen.

Da die Kosten der Zeugenvernehmung ausschließlich durch das erfolglose Bestreiten verursacht worden sind, können diese Kosten vorab dem Beklagten auferlegt werden.

10 **Beweisantrag.** Der Beweisantrag ist ebenfalls ein Angriffs- oder Verteidigungsmittel iSd § 96. War bereits die zugrunde liegende Behauptung (Rz 7) oder das zugrunde liegende Bestreiten (Rz 8) erfolglos, führt dies bereits zur Anwendung des § 96. Die Kosten, die aufgrund eines erfolglosen Beweisantrags ausgelöst sind, können aber gesondert nach § 96 ausgetrennt werden, nämlich dann, wenn sich die zugrunde liegende Behauptung oder das zugrunde liegende Bestreiten aus anderen Gründen als zutr erweist.

11 **Beispiel:** Der Kl benennt für eine Anspruchs begründende Tatsache den Zeugen A, der zur Sache aber nichts bekunden kann. Später wird der Zeuge B vernommen, der den Vortrag des Klägers bestätigt.

Die durch die Vernehmung des Zeugen A entstandenen Kosten können den Kl nach § 96 vorab auferlegt werden.

12 **Einspruch.** Einsprüche sind keine Angriffs- und Verteidigungsmittel iSd § 96, abgesehen davon, dass hier besondere Kostenregelungen vorgesehen sind.

13 **Einrede der fehlenden Prozesskostensicherheit** nach § 110 I ist ein Verteidigungsmittel iSd § 96 (BGHZ 76, 50 = NJW 80, 838).

14 **Einreden.** Einreden sind Angriffs- und Verteidigungsmittel iSd § 96.

15 **Einwendungen.** Einwendungen sind Angriffs- und Verteidigungsmittel iSd § 96.

Erinnerung. Erinnerungen sind keine Angriffs- und Verteidigungsmittel iSd 96, zumal hier besondere Kostenregelungen vorgesehen sind. 16

Gehörsrüge. Gehörsrügen sind keine Angriffs- und Verteidigungsmittel iSd 96, abgesehen davon, dass hier besondere Kostenregelungen vorgesehen sind. 17

Gestattungsverfahren. Ist ein Antrag auf vorläufigen Zuschlag nach § 115 II GWB erfolglos geblieben, hat der Auftraggeber auch bei einer Rücknahme des Nachprüfungsantrages die im Gestattungsverfahren vor der Vergabekammer entstandenen Kosten und notwendigen Aufwendungen des antragstellenden Bieters zu tragen (München VergabeR 211, 642 = IBR 11, 364 = BauR 11, 1385; IBR 10, 651 = NZBau 10, 720).

Hilfsantrag. Wird dem Hilfsantrag stattgegeben, wird die Erfolglosigkeit des Hauptantrags bereits iRd § 92 bei der Kostenentscheidung berücksichtigt. In Betracht kommt aber, dass besondere Kosten, etwa die einer Beweisaufnahme, über den erfolglosen Hauptantrag auszutrennen sind. 18

Hilfsaufrechnung. Soweit die Hilfsaufrechnung nicht oder nur tw durchdringt, unterliegt der Aufrechnende, so dass nach §§ 91, 92 unter Berücksichtigung der Werterhöhung nach § 48 III, IV GKG zu entscheiden ist. Unzutreffend ist die Auffassung des von Frankfurt (JurBüro 82, 1701), das bei – ganz oder teilweise – durchgreifender Hilfsaufrechnung die Kostenentscheidung nach dem Prozessergebnis und nicht nach dem erhöhten Streitwert ausrichtet und dem ganz oder tw Obsiegenden die Kosten bzw Mehrkosten einer von ihm erfolglos geltend gemachten Streitwert erhöhenden Eventualaufrechnung auferlegen will. Soweit durch eine erfolglose Beweisaufnahme über eine streitige Hilfsaufrechnung besondere Kosten verursacht worden sind, können diese allerdings nach § 96 ausgetrennt werden (s. Rz 10). 19

Klage. Die Klage selbst ist kein Angriffsmittel. 20

Klageänderung, Klageerweiterung. Auch ein neuer durch Klageänderung vorgebrachter Anspruch (Karlsruhe NJW 79, 879.) oder einer Klageerweiterung sind kein Angriffs- und Verteidigungsmittel iSd § 96. Die Erfolglosigkeit bereits iRd § 92 bei der Kostenquotierung berücksichtigt. In Betracht kommt aber, dass besondere Kosten – etwa die einer Beweisaufnahme – über den früheren Klagegrund auszutrennen sind. 21

Parteiwechsel. Der Parteiwechsel ist kein Angriffs- und Verteidigungsmittel iSd § 96. Die Klagerücknahme hinsichtlich der ausgeschiedenen Partei wird iRd § 92 iVm § 269 bei der Kostenentscheidung berücksichtigt. 22

Objektive Klagenhäufung. Im Falle einer objektiven Klagenhäufung wird das Unterliegen mit einem der erhobenen Ansprüche bereits durch § 92 bei der Kostenverteilung berücksichtigt. Die Vorschrift des § 96 kann jedoch auch hier entsprechende Anwendung finden, wenn hinsichtlich eines Anspruchs besondere Kosten angefallen sind (AG Hamburg Beschl v 14.8.08 – 644 C 689/04, juris). 23

Beispiel: Der Kl macht gegen den Beklagten eine Kaufpreisforderung sowie eine Darlehensforderung in Höhe von jeweils 5.000 € geltend. Die Kaufpreisforderung wird zugesprochen. Die Darlehensforderung wird nach umfangreicher Beweisaufnahme abgewiesen. 24
Da beide Parteien zu gleichen Teilen obsiegt haben und unterlegen sind, sind die Kosten hälftig zu teilen bzw gegeneinander aufzuheben. Die Kosten der erfolglosen Beweisaufnahme können jedoch in entsprechender Anwendung des § 96 dem Kl vorab auferlegt werden.

Rechtsmittel. Rechtsmittel sind keine Angriffs- und Verteidigungsmittel iSd § 96, abgesehen davon, dass hier besondere Kostenregelungen vorgesehen sind. 25

Selbständiges Beweisverfahren. Die im selbständigen Beweisverfahren entstandenen Kosten stellen Kosten des nachfolgenden Hauptsacheverfahrens dar, sofern die Parteien und der Streitgegenstand des Beweisverfahrens sowie des Hauptprozesses identisch sind (BGH BauR 04, 1809 = NZBau 04, 674). Eine Identität der Streitgegenstände idS liegt bereits dann vor, wenn nur Teile des Streitgegenstands eines selbständigen Beweisverfahrens zum Gegenstand der anschließenden Klage gemacht werden (BGH BauR 04, 1485 = NZBau 05, 43). Bleibt die Hauptsacheklage hinter dem Verfahrensgegenstand des selbständigen Beweisverfahrens zurück, können im Hauptsacheverfahren dem Antragsteller in entsprechender Anwendung von § 96 die dem Antragsgegner durch den überschießenden Teil des selbständigen Beweisverfahrens entstandenen Kosten auferlegt werden (Jena Beschl v 13.5.11. – 9 W 201/11). 26
Hat das Gericht der Hauptsache von dieser Möglichkeit keinen Gebrauch gemacht, scheidet eine Korrektur der Kostengrundentscheidung im Wege der Kostenfestsetzung aus (BGH = NJW-RR 06, 810 = JurBüro 06, 437 = NJW 06, 2557; im Anschluss an BGH BauR 04, 1487 = NZBau 05, 44; BauR 04, 1485 = NZBau 04, 507; Jena Beschl v 13.5.11. – 9 W 201/11).
Soweit der Antragsteller und spätere Kl den Gegenstand des selbständigen Beweisverfahrens mit der Klage gegen den Antragsgegner des Beweisverfahrens nicht aufgreift, können ihm dessen Kosten im Klageverfahren analog § 96 anteilig auferlegt werden, wenn er in der Hauptsache obsiegen sollte. Das ist

regelmäßig angezeigt, wenn sich der Anspruch insoweit als unbegründet erwiesen hat (BGH NJW 05, 294 = AGS 05, 24).

Nach einer Klagerücknahme werden die Kosten eines selbstständigen Beweisverfahrens nicht vom Kostenausspruch gem § 269 III 2 umfasst. Eine Ausgrenzung dieser Kosten gem § 96 verbietet sich deshalb. Die Einbeziehung der Kosten des selbstständigen Beweisverfahrens in die Kostenentscheidung des Hauptverfahrens ist nur dann gerechtfertigt, wenn in der Hauptsache das Obsiegen und Unterliegen der Parteien festgestellt wird. Da dies nach einer Klagerücknahme nicht mehr der Fall ist, bleibt es bei dem allgemeinen Grundsatz, dass über die Kosten des selbstständigen Beweisverfahrens nicht entschieden wird. Für den Antragsgegner eröffnet das Gesetz mit der Vorschrift des § 494a II 1 eine ausreichende Möglichkeit, eine Kostenentscheidung zu seinen Gunsten zu erreichen (Ddorf NJW-RR 06, 1028 = NZBau 06, 786).

27 **Verjährungseinrede.** Obsiegt eine Partei aufgrund einer erst im Verlaufe des Prozesses erhobenen Verjährungseinrede, so können ihr die Kosten einer zuvor durchgeführten Beweisaufnahme über den Klageanspruch, die zu ihren Lasten ausgegangen ist, auferlegt werden, wenn sie bei rechtzeitiger Erhebung der Verjährungseinrede nicht stattgefunden hätte (Ddorf OLGR 98, 297 = NJW-RR 99, 283). Das gilt auch dann, wenn die Beweisaufnahme erstinstanzlich durchgeführt worden ist, und die Verjährungseinrede erstmals in der Berufungsinstanz erhoben worden ist (Ddorf OLGR 98, 297 = NJW-RR 99, 283).

28 **Beispiel:** Das Gericht hat nach Beweisaufnahme der Klage stattgegeben. In der Berufung beruft sich der Beklagte erstmals auf die Einrede der Verjährung und dringt damit durch.

Die Kosten des erstinstanzlichen Verfahrens hat der Kl zu tragen (§ 91). Allerdings können die Kosten der Beweisaufnahme dem Beklagten nach § 96 auferlegt werden. Die Kosten des Berufungsverfahrens hat der Beklagte nach § 97 zu tragen.

29 **Widerklage, Hilfswiderklage.** Widerklage und Hilfswiderklage selbst sind keine Angriffs- und Verteidigungsmittel iSd § 96. Das Unterliegen mit einer Widerklage oder Hilfswiderklage wird iRd § 92 bei der Kostenentscheidung berücksichtigt. Der Rechtsgedanke des § 96 gebietet es aber, im Falle der Rücknahme von Klage und Widerklage die Beweisaufnahmekosten, die allein durch die zurückgenommene Klage entstanden sind, ausschließlich dem Kl aufzuerlegen (Stuttg OLGR 06, 603 = MDR 06, 1317). Ansonsten ist über die Kosten von Klage und Widerklage gemeinsam nach den §§ 91 ff zu entscheiden.

30 **Wiedereinsetzungsantrag.** Anträge auf Wiedereinsetzung, sind keine Angriffs- und Verteidigungsmittel iSd § 96. Soweit ein unbegründeter Widerspruch gegen einen Wiedereinsetzungsantrag erhoben wird, gilt § 238 IV Hs 2, der § 96 vorgeht.

31 **2. Erfolglosigkeit.** Das Angriffs- und Verteidigungsmittel muss im Ergebnis erfolglos geblieben sein. Auf den Grund, weshalb der Erfolg ausgeblieben ist, kommt es dabei nicht an. Es ist insb unerheblich, ob das Angriffs- und Verteidigungsmittel sich als unzulässig oder unbegründet erwiesen hat.

Nach AG Dortmund (AG Dortmund DWW 95, 118 = NJW-RR 95, 971) soll § 96 auch analog anwendbar, wenn das Angriffsmittel erfolgreich ist, die Klage aber aus anderen Gründen abgewiesen wird.

32 **Beispiel (nach AG Dortmund):** In einem Mieterhöhungsprozess wird über die Behauptung des Vermieters, dass die ortsübliche Vergleichsmiete mit dem Mieterhöhungsverlangen nicht überschritten werde, Beweis erhoben. Die Beweisaufnahme ist erfolgreich; die Mieterhöhungsklage scheitert schließlich jedoch aus anderen Gründen.

Das Gericht hat die Kosten der Beweisaufnahme über die Höhe der ortsüblichen Vergleichsmiete in entsprechender Anwendung des § 96 dem Beklagten auferlegt, da er bzgl dieses Beweispunktes unterlegen war. Meines Erachtens ist der Fall unmittelbar nach § 96 zu lösen. Nicht die Behauptung war das Angriffsmittel. Vielmehr war das Bestreiten der ortsüblichen Vergleichsmiete das erfolglose Verteidigungsmittel.

33 **3. Verschulden.** Ein Verschulden ist hier im Gegensatz zu § 95 – und letztlich auch zu § 94 – nicht erforderlich. Die Kostenfrage des § 96 knüpft an das bloße prozessuale Verhalten bzw Ergebnis an.

34 **C. Kostenfolge.** Das Gericht »kann« die Kosten des erfolglosen Angriffs- oder Verteidigungsmittels der obsiegenden Partei auferlegen. Es handelt sich im Gegensatz zu den Regelungen der §§ 94, 95 nicht um eine zwingende Kostenfolge. Es steht vielmehr im **freien Ermessen** des Gerichts, ob es von der Vorschrift des § 96 Gebrauch macht oder nicht.

Bei seiner Ermessensausübung wird das Gericht zu berücksichtigen haben, dass es jeder Partei grds frei steht, sich umfassend zu verteidigen bzw ihren Anspruch umfassend zu begründen und sämtliche Begründungen, Einreden, Einwendungen vorzubringen und die entsprechenden Beweisanträge hierzu zu stellen.

Es ist grds das Risiko einer jeder Partei, dass sie im Unterliegensfalle die Prozesskosten tragen muss. Als Ausnahmevorschrift ist § 96 daher zurückhaltend anzuwenden. Hinzu kommt, dass eine Partei im Voraus nicht wissen kann, welche Angriffs- und Verteidigungsmittel letztlich erfolgreich sein werden. Dies kann von einem nicht vorhersehbaren Ergebnis einer Beweisaufnahme abhängen, von der Beweiswürdigung des Gerichts oder auch von der Rechtsauffassung des Gerichts.
Fehlendes Verschulden an der Erfolglosigkeit steht der Normanwendung zwar nicht entgegen, ist aber neben sonstigen Gesichtspunkten bei der Ausübung des Ermessens zu berücksichtigen (AG Hamburg WuM 07, 621).
Die Anwendung des § 96 ist daher auf solche Fälle zu beschränken, in denen das Ergebnis, also die Kostenübernahme durch die unterlegene Partei unbillig wäre. Dazu gehören sicherlich solche Fälle, in denen eine Partei wider besseres Wissen bestritten hat oder bei gehöriger Sorgfalt hätte erkennen können, dass sie mit ihrem Angriffs- und Verteidigungsmittel keinen Erfolg haben wird. Eine Austrennung ist sicherlich auch dann geboten, wenn Angriffs- und Verteidigungsmittel ersichtlich nur der Prozessverschleppung dienten.
Über die Kostenfolge nach § 96 hat das Gericht **von Amts wegen** zu entscheiden. Ein Antrag der Gegenpartei ist nicht erforderlich. Wird er gestellt, hat er lediglich den Charakter einer Anregung.
Das Gericht sollte die obsiegende Partei darauf hinweisen, wenn es beabsichtigt, ihr nach § 96 bestimmte Kosten aufzuerlegen. Dies gebietet der Grundsatz **rechtlichen Gehörs**, da die Partei die Möglichkeit haben muss, zur Frage der Billigkeit Stellung zu nehmen (B/L/A/H § 96 Rn 10.)
Die Entscheidung nach § 96 kann sich nur auf **konkret ausscheidbare Kosten** beziehen. Eine Quotierung ist nicht möglich. Die Kosten, die der obsiegenden Partei auferlegt werden, müssen hinreichend bestimmt sein. Dies kann dadurch erfolgen, dass sie konkret benannt werden oder so konkret beschrieben werden, dass die Festsetzungsorgane eindeutig feststellen können, welche Kosten hierunter fallen.
Beispiele: Die Kosten des Rechtsstreits trägt der Kl mit Ausnahme der Kosten des Sachverständigen X. 35
Diese Kosten trägt der Beklagte vorab.
Die Kosten des Rechtsstreits trägt der Beklagte mit Ausnahme der Kosten der Beweisaufnahme vom … Diese Kosten trägt der Kl.

Soweit eine Partei aus **mehreren Personen** besteht, können die Kosten ihnen gemeinsam auferlegt werden. 36
Soweit die Personen als Gesamtschuldner haften, können die Kosten gesamtschuldnerisch auferlegt werden (§ 100 IV), iÜ nur nach Kopfteilen (§ 100 I). Hat ein Streitgenosse allerdings ein besonderes Angriffs- oder Verteidigungsmittel alleine geltend gemacht, so haften die übrigen Streitgenossen nicht für die dadurch veranlassten Kosten (§ 100 III).

D. Anfechtung. Eine isolierte Anfechtung des Teils der Kostenentscheidung, der auf § 96 beruht, ist nicht 37
möglich. Die Kostenentscheidung kann nur zusammen mit der Hauptsache angefochten werden (§ 99 I) oder im Falle des § 99 II zusammen mit der Kostenentscheidung in der Hauptsache.
In Betracht kommt allerdings die **Gehörsrüge nach § 321a**, wenn die Entscheidung über die Austrennung der Kosten eines erfolglos gebliebenen Angriffs- und Verteidigungsmittels unter Verletzung des Anspruchs auf rechtliches Gehör (s. Rz 34) ergangen ist.

E. Kostenfestsetzung. Ist eine Entscheidung nach § 96 nicht ergangen, können die Kosten eines erfolglosen 38
Angriffs- oder Verteidigungsmittel nicht im Kostenfestsetzungsverfahren als nicht notwendig abgesetzt werden. Der Festsetzungsbeamte ist insoweit an die Entscheidung des Gerichts gebunden (Kobl MDR 08, 472 = JurBüro 08, 260). Das gilt auch dann, wenn das Beweisverfahren einen höheren Wert hatte, als das anschließende Klageverfahren (BGH NJW-RR 06, 810 = JurBüro 06, 437 = NJW 06, 2557; im Anschluss an BGH BauR 04, 1487 = NZBau 05, 44; BauR 04, 1485 = NZBau 04, 507).

§ 97 Rechtsmittelkosten. **(1) Die Kosten eines ohne Erfolg eingelegten Rechtsmittels fallen der Partei zur Last, die es eingelegt hat.**
(2) Die Kosten des Rechtsmittelverfahrens sind der obsiegenden Partei ganz oder teilweise aufzuerlegen, wenn sie auf Grund eines neuen Vorbringens obsiegt, das sie in einem früheren Rechtszug geltend zu machen imstande war.

A. Überblick. Entgegen der Überschrift betrifft die Vorschrift nicht generell die Kostenentscheidung im 1
Rechtsmittelverfahren. Die Vorschrift regelt nur die Entscheidung über die Kosten, soweit

– das Rechtsmittel erfolglos war (Abs 1),

- das Rechtsmittel erfolgreich war, allerdings auf Grund neuen Vorbringens, das in einem früheren Rechtszug bereits hätte geltend gemacht werden können (Abs 2).

Im Übrigen gelten die allgemeinen Vorschriften.

Die Vorschrift des Abs 1 gilt nur für **erfolglose Rechtsmittel.** Anwendbar ist Abs 1 allerdings auch dann, wenn das Rechtsmittel nur **tw erfolglos** ist. Bei der dann zu treffenden Kostenmischentscheidung ist Abs 1 insoweit anzuwenden, als die Kosten den erfolglosen Teil des Rechtsmittels betreffen. Im Übrigen ist auf die §§ 91 ff abzustellen.

Hat das Rechtsmittel keinen Erfolg, weil

- es sich durch einen Vergleich erledigt, der hinter dem Rechtsmittelantrag zurückbleibt, gilt die Kostenregelung des Vergleichs, und sofern dieser keine Kostenregelung enthält, §§ 98 oder § 91a,
- die Klage (nicht das Rechtsmittel) zurückgenommen wird, gilt § 269 III 2 oder
- sich die Hauptsache oder das Rechtsmittel selbst erledigt, gilt § 91a.

Wird das Rechtsmittel **zurückgenommen**, gelten die §§ 516 III, 565.

Ist das Rechtsmittel **erfolgreich**, richtet sich die Kostenentscheidung grds nach den §§ 91 ff Als Ausnahme hierzu regelt Abs 2, dass trotz Erfolges dem Rechtsmittelführer die Kosten des Rechtsmittels auferlegt werden können, soweit er auf Grund neuen Vorbringens obsiegt, das er in einem früheren Rechtszug hätte geltend zu machen können.

Daneben bleiben die §§ 94, 95, 96 und 344 anwendbar, so dass auch bei einer Kostenentscheidung nach Abs 1 bestimmte Kosten ausgetrennt und der anderen Partei vorab auferlegt werden können.

Ausnahmsweise können auch dem Anwalt die Kosten des Rechtsmittelverfahrens auferlegt werden, nämlich dann, wenn er ohne Vollmacht der Partei in deren Namen ein Rechtsmittel einlegt und die Partei die Einlegung des Rechtsmittels auch nicht nachträglich genehmigt.

Soweit im Rechtsmittelverfahren das Urt der Vorinstanz aufgehoben und die Sache an die Vorinstanz zurückverwiesen wird, so hat sich das Rechtsmittelgericht iRd Zurückverweisung einer Kostenentscheidung grds zu enthalten. Über diese Kosten entscheidet dann später das Gericht, an das zurückverwiesen worden ist. Dies entscheidet je nach Ausgang des Verfahrens dann auch über die Kosten des Rechtsmittelverfahrens (§§ 538, 656, 566). Das Rechtsmittelgericht kann allerdings bereits die Kosten dem Rechtsmittelführer auferlegen, wenn jetzt schon bereits feststeht, dass dieser die Kosten nach § 97 II zu tragen hat (BGH FamRZ 97, 347 = NJW 97, 1007 = MDR 97, 361 = FuR 97, 150 = FPR 97, 199).

Zur Kostenentscheidung bei Nebenintervention s. § 101 Rz 11.

2 **B. Rechtsmittel.** Die Vorschrift des § 97 gilt für alle Rechtsmittelverfahren, also für Berufung, Revision, Beschwerde, Nichtzulassungsbeschwerde oder Rechtsbeschwerde, ebenso für das Verfahren auf Zulassung der Sprungrevision (§ 566), obwohl es sich hierbei nicht um ein Rechtsmittelverfahren handelt. § 97 gilt auch entsprechend für Rechtsbehelfsverfahren wie zB die Erinnerung (AG Mönchengladbach KostRsp ZPO § 97 Nr 20).

3 **C. Kosten bei erfolglosem Rechtsmittel. I. Erfolglosigkeit des Rechtsmittels.** Das Rechtsmittel muss erfolglos geblieben sein. Dazu gehören zunächst die Fälle, in denen das Rechtsmittel als unzulässig verworfen worden oder als unbegründet zurückgewiesen worden ist.

Eine Kostenentscheidung hat ausnahmsweise dann zu unterbleiben, wenn eine Kostenerstattung ausgeschlossen ist, etwa im Verfahren der Streitwertbeschwerde (§ 68 III 2 GKG) oder im PKH-Beschwerdeverfahren (§ 127 IV). Dagegen ist im Beschwerdeverfahren gegen eine Richterablehnung eine Kostenentscheidung zu treffen (BGH NJW 05, 2233).

Wird ein Rechtsmittel nur tw verworfen oder tw zurückgewiesen und ist es iÜ erfolgreich, so ist eine gemischte Kostenentscheidung zu treffen. Soweit das Rechtsmittel keinen Erfolg hatte, ist nach Abs 1 zu entscheiden, iÜ nach den §§ 91 ff. Gleiches gilt, wenn das Rechtsmittel iÜ zurückgenommen wird.

Wird das angefochtene Urt nur in einem **Nebenpunkt**, also etwa hinsichtlich der Zinsen oder der Kosten abgeändert, dann ist es insoweit nicht erfolglos (unzutreffend BGH MDR 59, 209; NJW 92, 2969 = MDR 93, 37; Karlsr JurBüro 94, 682). Allerdings kann dann § 92 II analog angewandt werden. Soweit der Teilerfolg verhältnismäßig geringfügig war und keine oder nur geringfügig höhere Kosten veranlasst hat, kann einheitlich nach Abs 1 entschieden werden.

Werden **wechselseitig Rechtsmittel** erhoben und haben diese keinen Erfolg, werden sie also verworfen, zurückgewiesen oder zurückgenommen, so ist entsprechend den wechselseitigen Rechtsmittelanträgen nach

Abs 1 iVm § 92 I zu quotieren, so dass jeder Beteiligter die auf sein Rechtsmittel anteilig entfallenden Kosten zu tragen hat oder die Kosten gegeneinander aufgehoben werden.
Wird ein **Vergleich** geschlossen, gilt zunächst einmal die im Vergleich getroffene Kostenregelung der Parteien. Fehlt eine solche, ist nicht Abs 1 anzuwenden, soweit der Vergleich hinter dem Rechtsmittelantrag zurückbleibt, sondern es ist nach § 98 oder § 91a zu entscheiden, wobei im letzteren Fall die voraussichtliche Erfolglosigkeit des Rechtsmittels zu berücksichtigen ist.
Wird ein **Rechtsmittel zurückgenommen**, so ist es nicht erfolglos iSd Abs 1, weil darüber nicht entschieden wird. Die Kostenentscheidung richtet sich in diesem Fall nach §§ 516 III, 565.
Wird im Rechtsmittelverfahren die **Klage** selbst – also nicht nur das Rechtsmittel – **zurückgenommen**, so ist das Rechtsmittel ebenfalls nicht erfolglos iSd Abs 1, weil auch dann über das Rechtsmittel nicht mehr entschieden wird. Die Kostenentscheidung richtet sich in diesem Fall nach § 269 III 2.
Wird die **Hauptsache** im Berufungsverfahren **übereinstimmend für erledigt erklärt**, so gilt § 91a. Im Rahmen der danach zu treffenden Billigkeitsentscheidung ist allerdings die voraussichtliche Erfolglosigkeit im Rechtsmittelverfahren zu berücksichtigen.
Erledigt sich das nicht Verfahren, sondern nur das **Rechtsmittel** selbst, ist analog § 91a zu entscheiden. Das Gericht soll dann dem Rechtsmittelführer die Kosten des Rechtsmittelverfahrens auferlegen, soweit es voraussichtlich keinen Erfolg gehabt hätte.

II. Zwingende Kostenfolge. Die Erfolglosigkeit des Rechtsmittels führt zwingend zu einer Kostenbelastung des Rechtsmittelführers. Das Gericht muss dem Rechtsmittelführer die Kosten auferlegen. Ihm steht **kein Ermessen** zu. 4

III. Erfasste Kosten. Nach Abs 1 darf nur die über Kosten des Rechtsmittelverfahrens entschieden werden. Hinsichtlich der Kosten der Vorinstanz bleibt es bei den für sie geltenden Kostenvorschriften der §§ 91 ff. Das Gericht kann allerdings vAw (§ 308 II) im Rechtsmittelverfahren die Kostenentscheidung der Vorinstanz abändern. An Anträge der Parteien ist das Gericht insoweit nicht gebunden. Voraussetzung ist allerdings ein zulässiges Rechtsmittel. Im Falle eines unzulässigen Rechtsmittels darf die vorinstanzliche Kostenentscheidung nicht abgeändert werden. 5

D. Kosten eines unselbständigen Anschlussrechtsmittels. Wird über ein unselbständiges Anschlussrechtsmittel entschieden, so gelten dieselben Regelungen wie bei einer Entscheidung über das Hauptrechtsmittel. Soweit es keinen Erfolg hat, trägt der Anschlussrechtsmittelführer die Kosten. Soweit Rechtsmittel und Anschlussrechtsmittel keinen Erfolg haben, ist nach Abs 1 iVm § 92 II zu quoteln. 6
Verliert das Anschlussrechtsmittel seine Wirkung dadurch, dass das Hauptrechtsmittel **zurückgenommen** wird, so trägt der Rechtsmittelführer des Hauptrechtsmittels grds die gesamten Kosten, auch die der Anschlussberufung, sofern diese zulässig war. Dies gilt insb, wenn der Berufungsführer nach einem Hinweis gem § 522 Abs 2 seine Berufung zurücknimmt (BGH FamRZ 06, 619 = NJW-RR 06, 1147; Hamm AnwBl 08, 796; KG MDR 08, 1062 = WuM 08, 506; aA anteilige Kostenverteilung Zweibr OLGR 05, 61 = NJW-RR 05, 507).
Heftig umstr ist die Frage, wer die Kosten der Anschlussberufung trägt, wenn die Hauptberufung durch Beschl **nach § 522 II zurückgewiesen** wird. Diese Frage wird teilsweise innerhalb desselben OLG unterschiedlich beantwortet. Drei Auffassungen werden vertreten.

- Nach einer Auffassung sind die Kosten der Anschlussberufung dem Anschlussberufungsführer aufzuerlegen, so dass es also zu einer Kostenquotierung kommt (Brandbg MDR 03, 1261 = AnwBl 03, 599; Celle OLGR 05, 119 = AGS 05, 217; AGS 03, 217 = NJW 03, 2755; Dresd MDR 04, 1386 = Rpfleger 04, 653; NJW 03, 1260 = AGS 03, 175; KG AnwBl 07, 386 = JurBüro 07, 430; MDR 08, 1062 = AGS 08, 507; Beschl v 21.9.09 – 23 U 8/09; München OLGR 04, 456; Stuttg NJW-RR 09, 863 = MDR 09, 585; Ddorf MDR 10, 76).
- Nach anderer Auffassung sind die Kosten der Anschlussberufung dem Berufungskläger aufzuerlegen (Bremen OLGR 08, 719 = MDR 08, 1306; Celle MDR 04, 592; Dresd BauR 03, 1431; BauR 06, 1791; Frankf AGS 04, 408 = NJW-RR 05, 80; NJW 11, 2671 = MDR 11, 1318; Beschl. v. 18. 8. 10 – 13 U 109/08; Beschl. v. 15. 10. 10 – 13 U 109/08; Hambg MDR 03, 1251 = OLGR 03, 324; Frankf OLGR 06, 1095; Köln OLGR 04, 397 = AGS 04, 404; Köln OLGR 09, 496; Hamm NJW 11, 1520 = MDR 11, 447; NJW-RR 11, 1435 = JurBüro 11, 535; Kobl Beschl v. 10. 6. 10 – 2 U 1267/09; Beschl v 13. 1. 10 – 2 U 847/09; KG Beschl v 21. 9. 09 – 23 U 8/09; München Beschl v 31. 1. 11 – 8 U 2982/10). Das soll auch dann gelten, wenn die Anschlussberufung unzulässig war (Köln NJW-RR 11, 1435 = JurBüro 11, 535).

- Zum Teil wird auch differenziert und darauf abgestellt, ob die Anschlussberufung zulässig und begründet gewesen wäre (Karlsr OLGR 04, 335 = AGS 04, 405).

Entsprechend der Rechtsprechung des BGH zur Verwerfung des Hauptrechtsmittels (s.o.), dürfte wohl auch hier davon auszugehen sein, dass der Rechtsmittelführer die gesamten Kosten des Rechtsmittelverfahrens – also auch die des Anschlussrechtsmittels – zu tragen hat.

7 **E. Kostenlast trotz erfolgreichem Rechtsmittel. I. Voraussetzungen.** Bei erfolgreichem Rechtsmittel hat grds der Rechtsmittelgegner nach § 91 die Kosten zu tragen. Eine Ausnahme hiervon enthält Abs 2. Danach sind die Kosten eines Rechtsmittelverfahrens dem obsiegenden Rechtsmittelführer ganz oder tw aufzuerlegen, soweit das Rechtsmittel aufgrund neuen Vorbringens Erfolg hatte, das die Partei im früheren Rechtszug hätte vorbringen können. Das neue Vorbringen kann in neuen Klagegründen, neuen oder abgeänderten Klageanträgen, neuen Angriffs- und Verteidigungsmitteln, neuen Beweisanträgen oder sonstigem neuen Vorbringen liegen, das nach § 531 II zuzulassen war.
Voraussetzung ist, dass der Rechtsmittelführer das neue Vorbringen bereits in der Vorinstanz hätte einführen können. Weshalb das Vorbringen oder die Angriffs- und Verteidigungsmittel etc. in 1. Instanz unterblieben sind, ist dabei unerheblich. Die Kostenregelung des Abs 2 ist nicht auf Fälle der Prozessverschleppung, Vorsatz oder Fahrlässigkeit beschränkt. Es ist danach zu fragen, ob eine sorgfältige und auf Förderung des Verfahrens bedachte Partei den Vortrag bereits in 1. Instanz gebracht hätte (Braunschw OLGR 94, 228). Voraussetzung ist, dass der Rechtsmittelführer in der Lage war, das neue Vorbringen bereits erstinstanzlich geltend zu machen. Er muss also Kenntnis gehabt haben oder sich bei gehöriger Anstrengung Kenntnis hätte verschaffen können. Hieran ändert ein »Mitverschulden« des Erstrichters in Form eines unterbliebenen Hinweises nach § 139 nichts (Saarbr OLGR 08, 746).
Neues Vorbringen, das sich erst später ergeben hat oder von dem der Rechtsmittelführer erst später schuldlos Kenntnis erlangt hat, fällt dagegen nicht unter Abs 2.
Erforderlich ist ferner, dass der Rechtsmittelführer aufgrund des neuen Vorbringens obsiegt hat. Daher ist Abs 2 nicht anzuwenden, wenn er ohnehin auch aus anderen Gründen obsiegt hätte, auf die es wegen des neuen Vorbringens jetzt nicht mehr ankommt (München Beschl v 1.12.2011 – 23 U 2660/11).
Beispiel: Der Beklagte hat erstinstanzlich die Forderung bestritten und sich hilfsweise auf Verjährung berufen. Das Gericht gibt der Klage dennoch statt. Im Berufungsverfahren trägt der Beklagte zum Erlöschen des Anspruchs neue Tatsachen vor, die er erstinstanzlich hätte vorbringen können. Daraufhin wird das Urt der Vorinstanz abgeändert und die Klage mangels Bestehen der Forderung abgewiesen.

- Hätte das Berufungsgericht das Rechtsmittel ohne das neue Vorbringen zurückgewiesen, ist Abs 2 anzuwenden.
- Hätte das Rechtsmittel dagegen ohnehin Erfolg gehabt, weil das Berufungsgericht die Verjährungseinrede als begründet angesehen hätte, scheidet Abs 2 aus, weil das Rechtsmittel ohnehin erfolgreich gewesen wäre.

Steht nicht fest, ob das Rechtsmittel ohne das neue Vorbringen erfolgreich gewesen wäre, sollen sind die Kosten ebenfalls dem Rechtsmittelführer aufzuerlegen sein (BGH BB 05, 852 = WM 05, 948 = NJW-RR 05, 866 = MDR 05, 916).
Neues Vorbringen iSd Abs 2 sind insb

- erstmalige Geltendmachung eines Zurückbehaltungsrechts, das bereits erstinstanzlich gegeben war,
- erstmalige Erhebung der Verjährungseinrede,
- erstmalige Erhebung der Einrede nach § 2328 BGB – Verweigerungsrecht des selbst pflichtteilsberechtigen Erben (Kobl 4.9.09 – 10 U 1443/08),
- erstmals gestellter Hilfsantrag auf den hin verurteilt wird (Saarbr OLGR 08, 746),
- Klageänderung, etwa vom Übergang einer bis dahin unzulässigen Feststellungsklage zur Leistungsklage,
- neuer Tatsachenvortrag, der das Klagevorbringen schlüssig oder Einwendungen, gegen die Klageforderung erheblich macht,
- neue Beweismittel, etwa Vorlage von Urkunden.

Dagegen fällt nicht unter Abs 2, wenn sich die Rechtslage zwischenzeitlich geändert hat, also wenn zB im Verlauf des Rechtsmittelverfahrens zwischenzeitlich die Fälligkeit des Anspruchs eingetreten ist oder erstmals eine ordnungsgemäße Rechnung vorgelegt oder eine Abtretung nachgeholt wird. In diesen Fällen ist

der Berufungsgegner dadurch geschützt, dass er als Bekl kostenbefreiend anerkennen (§ 93) oder als Kl den Rechtsstreit in der Hauptsache für erledigt erklären kann (s. Rz 3).
Das gilt zB auch dann, wenn sich die Berufung nur aufgrund einer inzwischen eingetretenen Gesetzesänderung nach Erlass des angefochtenen Urteils ergibt. Hier muss der Beklagte sofort anerkennen; andernfalls trägt er die Kosten des Verfahrens (BGHZ 37, 233; der Kl muss sofort für erledigt erklären.

II. Kostenfolge. Auch nach Abs 2 ist ausschließlich über die Kosten des Rechtsmittelverfahrens zu entscheiden. Nur diese können abw vom Erfolg des Rechtsmittels verteilt werden. Über die idR neu zu entscheidenden Kosten der Vorinstanz ist nach §§ 91 ff zu befinden. Insoweit kommt jedoch auch § 96 in Betracht. Stellt sich aufgrund des neuen zweitinstanzlichen Vorbringens heraus, dass erstinstanzliche Angriffs- und Verteidigungsmittel, die Kosten ausgelöst haben, überflüssig waren, können diese jetzt ausgetrennt werden. 8
Beispiel: In 1. Instanz hat sich der Beklagte auf einen Forderungserlass berufen und hierzu Zeugen benannt, die vernommen worden sind. In der 2. Instanz erhebt der Beklagte erstmals die Verjährungseinrede, die durchgreift.
Die Kosten des Berufungsverfahrens sind dem Beklagten nach Abs 2 aufzuerlegen. Die Kosten der 1. Instanz trägt dagegen der Kl; allerdings können jetzt die Kosten der erfolglosen Beweisaufnahme nach § 96 vorab dem Beklagten auferlegt werden.

F. Anfechtung der Kostenentscheidung. Die Kostenentscheidung nach § 97 ist unanfechtbar, unabhängig davon, ob nach § 97 I oder II entschieden worden ist. In Betracht kommt lediglich die Gehörsrüge nach § 321a. 9

§ 98 Vergleichskosten.

[1]Die Kosten eines abgeschlossenen Vergleichs sind als gegeneinander aufgehoben anzusehen, wenn nicht die Parteien ein anderes vereinbart haben. [2]Das Gleiche gilt von den Kosten des durch Vergleich erledigten Rechtsstreits, soweit nicht über sie bereits rechtskräftig erkannt ist.

A. Überblick. Die Vorschrift des Abs 1 regelt die Kostenfolge bei Beendigung des Verfahrens durch Abschluss eines Vergleichs. Erforderlich ist ein förmlicher Vergleich nach § 794 Nr 1, da nur dieser das Verfahren beendet. Wird zwischen den Parteien lediglich ein außergerichtlicher Vergleich geschlossen, so beendet dieser das Verfahren noch nicht. Vielmehr bedarf es noch einer übereinstimmenden Erledigungserklärung. In einem solchen Fall gilt § 91a nicht § 98. 1
§ 98 unterscheidet zwischen den Kosten des Vergleichs (S 1) und den Kosten des durch Vergleich erledigten Rechtstreits (S 2).
Auseinanderzuhalten sind folgende Fallkonstellationen:
(1) Die Parteien schließen einen gerichtlichen Vergleich, in dem sie sich auch über die Kosten des Rechtsstreits und des Vergleichs einigen. Die Vorschrift des § 98 ist in diesem Fall nicht anwendbar, weil die Beteiligten eine Einigung getroffen haben und damit dem Gericht die Befugnis zur Entscheidung über die Kosten (§ 308 II) durch Vereinbarung entzogen ist.
(2) Die Beteiligten schließen einen Vergleich über die Hauptsache; jedoch nicht über die Kosten. Sie treffen jedoch eine Bestimmung, wie über die Kosten entschieden werden soll. Auch in diesem Fall ist § 98 nicht anwendbar, weil die Beteiligten eine anderweitige Vereinbarung iSd S 1 getroffen haben. Dazu reicht es aus, dass die Parteien erklären, die Kostenentscheidung dem Gericht zu überlassen (BGH NJW 07, 835 = JurBüro 07, 331; Brandbg AGS 09, 139 = FamRZ 09, 1171; FamRZ 08, 1202, 529; Stuttg MDR 08, 1246). Die Entscheidung hat daher nach § 91a zu ergehen, was allerdings nicht bedeutet, dass nach § 91a die Kosten nicht doch gegeneinander aufgehoben werden können, wenn dies der Billigkeit entspricht. Bei der Entscheidung kann iRd billigen Ermessens berücksichtigt werden, welche Kostentragungsregelung die Parteien selbst angestrebt haben, etwa durch eine im Vergleich vereinbarte Anregung an das Gericht (BGH NJW 07, 835 = AGS 07, 430 = JurBüro 07, 331).
Beispiel: Die Beteiligten schließen in der Hauptsache einen Vergleich und vereinbaren iÜ, dass das Gericht nach billigem Ermessen über die Kosten entscheiden soll.
Die Regelungen des § 98 sind jetzt nicht anwendbar. Die Beteiligten wollen nämlich gerade nicht die zwingende gesetzliche Regelung des § 98. Die Entscheidung hat daher nach § 91a zu ergehen.

Beispiel: Die Beteiligten schließen in der Hauptsache einen Vergleich und vereinbaren iÜ, dass eine Erstattung der notwendigen Auslagen der Parteien nicht stattfinden und das Gericht nur über die Gerichtskosten entscheiden soll.

Jetzt darf das Gericht nach § 98 nur noch über die Gerichtskosten entscheiden. Solche Vereinbarungen können insb für eine bedürftige Partei sinnvoll sein, da sie dann hinsichtlich der Gerichtskosten nicht Übernahmeschuldner (§ 29 Nr 2 FamGKG) wird, sondern Entscheidungsschuldner (§ 29 Nr 1 GKG) und sie damit von der Staatskasse freizustellen ist um vom Gegner nicht auf Erstattung in Anspruch genommen werden kann (§ 31 III FamGKG).

Keine anderweitige Bestimmung iSd S 1 liegt vor, wenn in einem Teil-Vergleich vereinbart wird, dass die Kostenregelung der Schlussentscheidung vorbehalten sein soll. Daraus ist nicht zu entnehmen, dass die Parteien von der Kostenregelung in § 98 abweichen wollen (Stuttg AGS 09, 50).

(3) Die Beteiligten schließen einen Vergleich über die Hauptsache und über die Kosten des Rechtsstreits, nicht aber auch über die Kosten des Vergleichs. Sie treffen auch keine Bestimmung, wie über die Kosten des Vergleichs zu entscheiden ist. In diesem Fall gilt S 1. Die Kosten des Vergleichs sind gegeneinander aufzuheben. Solche Fälle sind jedoch in der Praxis selten. Eine Regelung in einem gerichtlichen Vergleich über die Kosten des Rechtsstreits umfasst nach allgemeiner Ansicht im Regelfall auch die Kosten des Vergleichs (Brandbg AGS 09, 139 = MDR 09, 406).

(4) Die Beteiligten schließen einen Vergleich über die Hauptsache, aber weder über die Kosten des Rechtsstreits noch über die des Vergleichs. Für die Kosten des Vergleichs gilt S 1 und für die Kosten des durch den Vergleich erledigten Rechtsstreits gilt S 2. Das bedeutet, sowohl die Kosten des Vergleichs als auch die des Rechtsstreits sind gegeneinander aufzuheben.

(5) Die Parteien schließen einen Vergleich über die Hauptsache und treffen eine Vereinbarung über die Kosten des Vergleichs, nicht jedoch über die Kosten des Rechtsstreits. Jetzt muss das Gericht noch über die Kosten des Rechtsstreits entscheiden. Hier dürfte es idR dem Willen der Parteien widersprechen, dass das Gericht nach S 2 entscheidet. Das hätten die Parteien idR auch selbst vereinbaren können. Eine solche Regelung spricht vielmehr dafür, dass das Gericht gem § 91a nach dem bisherigen Sach- und Streitstand entscheiden soll.

(6) Die Beteiligten schließen einen Vergleich über die Hauptsache und vereinbaren darin, dass die Klage zurückgenommen werde, ohne dass sie die Kostenfolge regeln. In diesem Fall liegt eine anderweitige Bestimmung vor. Die Kostenentscheidung hat nach § 269 zu ergehen. A. A. ist das LAG Köln, Beschl v 24.9.08 – 4 Ta 229/08. Danach sind die Kosten gegeneinander aufzuheben. Die gesetzliche Regelung des § 98 sei insoweit als »anderer Grund« iSd § 269 III 2 anzusehen.

(7) Die Beteiligten schließen außergerichtlich einen Vergleich und erklären im Hinblick darauf den Rechtsstreit in der Hauptsache übereinstimmend für erledigt. Da das Verfahren nicht durch den Vergleich beendet worden ist, sondern erst durch die übereinstimmende Erledigungserklärung der Beteiligten, greifen weder S 1 noch S 2. Das Gericht muss dann nach § 91a entscheiden. Es kann sicherlich die Gedanken des § 98 im Rahmen seiner Entscheidung nach § 91a berücksichtigen. Zwingend ist dies jedoch nicht.

(8) Die Beteiligten schließen vor Gericht einen Vergleich, der nicht wirksam protokolliert worden ist, etwa weil das Gericht vergessen hat, ihn vorzuspielen und genehmigen zu lassen. In diesem Fall ist der Vergleich zwar materiell-rechtlich wirksam, nicht aber prozessual. Er beendet daher das Verfahren nicht. Hier müssen die Parteien entscheiden, ob sie den Beurkundungsmangel durch Neuprotokollierung heilen. Dann gilt § 98, soweit der Vergleich keine Regelungen zu den Kosten enthält. Die Parteien können aber auch im Hinblick auf den materiell-rechtlich wirksamen Prozessvergleich die Hauptsache übereinstimmend für erledigt erklären. Dann gilt § 91a, wobei das Gericht dann im Rahmen seines billigen Ermessens die von den Beteiligten getroffene Bestimmung zu berücksichtigen hat.

Wird ein Vergleich in einem **Zwangsvollstreckungsverfahren** geschlossenen, so sind die Kosten des Vergleichs in entsprechender Anwendung des S 1. als gegeneinander aufgehoben anzusehen, wenn nicht die Parteien ein anderes vereinbart haben (BGH AGS 07, 302 = NJW 07, 1213 = JurBüro 07, 216).

2 **B. Voraussetzungen. I. Vergleich.** Es muss sich um einen Vergleich handeln. Der Begriff des Vergleichs ist definiert in § 779 BGB und setzt voraus einen Vertrag voraus, durch den der Streit oder die Ungewissheit der Beteiligten über ein Rechtsverhältnis im Wege gegenseitigen Nachgebens beseitigt wird (§ 779 I BGB). Der Ungewissheit über ein Rechtsverhältnis steht es gleich, wenn die Verwirklichung eines Anspruchs unsicher ist (§ 779 II BGB).

II. Prozessual wirksam. Der Vergleich muss als Verfahrensvergleich wirksam geschlossen sein, da nur ein wirksamer Vergleich das Verfahren beendet. Ein Vergleich, der den Anforderungen der §§ 162, 160 III 3 nicht entspricht, reicht daher nicht aus, da dieser prozessual unwirksam ist und nicht zur Beendigung des Verfahrens führt. In diesen Fällen muss entweder neu protokolliert oder der Rechtsstreit in der Hauptsache für erledigt erklärt werden (s. Rz 1). 3

Daher gilt § 98 auch nicht für einen außergerichtlich geschlossenen Vergleich, da dieser das Verfahren nicht beendet. Hier muss das Verfahren dann noch durch eine einseitige oder übereinstimmende Erledigungserklärung mit den entsprechenden Kostenfolgen abgeschlossen werden.

III. Keine Kostenregelung der Beteiligten. Die Beteiligten dürfen im Vergleich selbst keine Kostenregelung hinsichtlich der Kosten des Vergleichs (S 1) und/oder der Kosten des Rechtsstreits (S 2) getroffen haben. Haben sie sich vergleichsweise auch über die Kosten geeinigt, dann ist kein Raum mehr für eine Kostenentscheidung. § 98 ist in diesem Fall erst gar nicht anwendbar. Soweit die Beteiligten sich nur über einen Teil der Kosten verglichen haben, bleibt § 98 iÜ anwendbar. Es darf dann nur eine Entscheidung über die Kosten ergehen, soweit die Beteiligten sich nicht darüber verglichen haben. 4

IV. Anderweitige Bestimmung. Haben die Beteiligten zwar die Kostenfolge unmittelbar nicht schon im Vergleich selbst geregelt, haben sie aber eine Bestimmung getroffen, wie es sich hinsichtlich der Kosten verhalten soll, dann ist das Gericht grds an die Bestimmung der Beteiligten gebunden und muss entsprechend tenorieren. Eine solche anderweitige Bestimmung liegt bereits dann schon vor, wenn die 5

- Parteien in der Hauptsache einen Vergleich schließen und vereinbaren, dass das Gericht nach billigem Ermessen über die Kosten entscheiden soll. Die Regelungen des § 98 sind jetzt nicht anwendbar. Die Beteiligten wollen nämlich gerade nicht die zwingende gesetzliche Regelung des § 98 (zur vergleichbaren Rechtslage nach § 98 s. BGH NJW 07, 835; Brandbg FamRZ 08, 1202, 529; Stuttg MDR 08, 1246). Die Entscheidung muss in diesem Fall nach § 91a ergehen. Allerdings kann das Gericht dennoch die Kosten gegeneinander aufheben, wenn dies der Billigkeit entspricht.
- Parteien dem Gericht sonstige Vorgaben machen. So kann bei mehreren Streitgenossen etwa vereinbart werden, dass einer der Streitgenossen auf jeden Fall von Kosten freizustellen ist oder dass die Erstattung der Prozesskosten nur im Verhältnis bestimmter Streitgenossen zu einander stattfindet. Ein Beteiligter kann vorab bestimmte Kostenpositionen anerkennen bzw deren Übernahme erklären, es kann eine Vorgabe zu Säumnis oder sonstigen Mehrkosten gegeben werden.

C. Die Kostenentscheidung. I. Überblick. Das Gericht entscheidet grds durch Beschl. Eines gesonderten Antrags bedarf es nicht (§ 308 II). 6

Ist das Verfahren nur tw durch Vergleich erledigt worden, so ist im Urt oder im Kostenbeschluss eine Kostenmischentscheidung zu treffen. Soweit der Rechtsstreit durch Vergleich erledigt worden ist, gilt S 2; iÜ gelten die allgemeinen Vorschriften.

II. Kosten des Vergleichs. Nach S 1 sind die Kosten eines abgeschlossenen Vergleichs als gegeneinander aufgehoben anzusehen, wenn die Parteien nichts anderes vereinbart haben. Das Gericht hat diese Kostenfolge grds also auszusprechen. In begründeten Ausnahmefällen kann das Gericht auch eine andere Verteilung vornehmen. Zu einer anderen Verteilung ist das Gericht verpflichtet, wenn die Parteien »ein anderes« vereinbart haben, insb also dann, wenn sie vereinbart haben, dass das Gericht nach billigem Ermessen entscheiden soll oder wenn sie dem Gericht anderweitige Vorgaben gemacht haben (s. Rz 1). Sind die Kosten gegeneinander aufzuheben, hat jede Partei ihre eigenen Kosten selbst zu tragen; die Gerichtskosten sind zu teilen (§ 92 I). Bei mehreren Streitgenossen ist § 100 zu beachten. 7

Zu den Kosten des Vergleichs gehört insb die Vergleichsgebühr nach Nr 1900 GKG-KostVerz für den Abschluss eines Mehrvergleichs. Zu den Kosten des Vergleichs gehören ferner die Einigungsgebühren (Nr 1000, 1003 VV RVG) der beteiligten Anwälte. Soweit ein Vergleich mit Mehrwert geschlossen worden ist, gehören die Gebühren, die aus dem Mehrwert angefallen sind, ebenfalls zu den Kosten des Vergleichs, also nicht nur der Mehrbetrag der Einigungsgebühr (Nr 1000 VV RVG, § 15 III RVG), sondern auch die anteilige Verfahrens- (Nr 3100 VV RVG) und Terminsgebühr (Nr 3104 VV RVG). Die noch zur BRAGO vertretene Auffassung, wonach die aus dem Mehrwert anfallende Prozessgebühr (jetzt Verfahrens-»differenz«-gebühr) zu den Kosten des Rechtsstreits zähle, weil diese vom Bestand des Vergleichs unabhängig ist, wird nach dem RVG nicht mehr vertreten (München AGS 06, 402 = JurBüro 06, 598; Kobl JurBüro 07, 138 = AGS 07, 367; LG Bad Kreuznach 9.11.06 – 1 T 206/06).

Beispiel: Im Termin zur mündlichen Verhandlung schließen die Parteien einen Vergleich über die eingeklagten 10.000 € sowie weitere nicht anhängige 5.000 €, über die zuvor auch verhandelt bzw erörtert worden ist.
Auf beiden Seiten sind folgende Gebühren angefallen:

1.	1,3-Verfahrensgebühr, Nr 3100 VV RVG (Wert: 15.000 €)		735,80 €
2.	1,2-Terminsgebühr, Nr 3104 VV RVG (Wert: 15.000 €)		679,20 €
3.	1,0-Einigungsgebühr, Nr 1000, 1003 VV RVG (Wert: 10.000 €)	486,00 €	
4.	1,5-Einigungsgebühr, Nr 1000 VV RVG (Wert: 5.000 €)	451,50 €	
	gem § 15 III RVG nicht mehr als 1,5 aus 15.000 €		849,00 €
5.	Postentgeltpauschale, Nr 7002 VV RVG		20,00 €
	Zwischensumme	2.284,00 €	
6.	19 % Umsatzsteuer, Nr 7008 VV RVG		433,96 €
	Gesamt		**2.717,96 €**

Zu den Kosten des Rechtsstreits gehören in diesem Falle Verfahrensgebühr, Terminsgebühr und Auslagen, soweit sie aus den eingeklagten 10.000 € angefallen sind, also

1.	1,3-Verfahrensgebühr, Nr 3100 VV RVG (Wert: 10.000 €)		631,80 €
2.	1,2-Terminsgebühr, Nr 3104 VV RVG (Wert: 10.000 €)		583,20 €
3.	Postentgeltpauschale, Nr 7002 VV RVG		20,00 €
	Zwischensumme	1.235,00 €	
4.	19 % Umsatzsteuer, Nr 7008 VV RVG		234,65 €
	Gesamt		**1.469,65 €**

Die übrigen Kosten (2.717,96 € – 1.469,65 € = 1.248,31 €) sind lediglich durch den Vergleich und den Mehrvergleich verursacht, so dass sie nur nach dem Ausspruch der Kosten des Vergleichs festsetzbar sind.

Schießen die Parteien einen außergerichtlichen Vergleich, gehören dessen Kosten gehören nur dann zu den erstattungsfähigen Kosten des Rechtsstreits, wenn die Parteien dies vereinbart haben (BGH AGS 11, 257 = MDR 11, 571 = NJW 11, 1680 = JurBüro 11, 369 = FamRZ 11, 885 = RVGreport 11, 232). Dies ist aber eine Frage, die sich erst im Kostenfestsetzungsverfahren stellt und für die Kostenentscheidung unerheblich ist.

8 **III. Kosten des Rechtsstreits.** Die Kosten des Rechtsstreits sind nach S 2 grds ebenfalls gegeneinander aufzuheben, es sei denn

- die Parteien haben ein anders vereinbart oder
- über die Kosten ist bereits rechtskräftig erkannt.

Haben die Parteien nichts Abweichendes vereinbart, ist auch hier grds davon auszugehen, dass die Kosten gegeneinander aufgehoben werden sollen. Das Gericht kann jedoch in begründeten Ausnahmefällen auch anders entscheiden. Dazu ist es verpflichtet, wenn sich aus dem Vergleich oder den Umständen ergibt, dass eine Entscheidung nach Sach- und Streitstand ergehen soll.
Strittig ist, wie mit Fällen der Kostentrennung zu verfahren ist. Nach *Zimmermann* (ZPO § 97 Rn 1) soll die Regelung des § 98 denen der §§ 344, 281 III 2 vorgehen. Dies erscheint nicht sachgerecht. Hat eine Partei Mehrkosten verursacht, durch Säumnis, Anrufung des unzuständigen Gerichts oder liegt ein Fall der §§ 94 ff vor, ist auch iRd § 98 die Kostentrennung zu beachten. Die Parteien haben es in der Hand, durch eine anderweitige Vereinbarung dies klarzustellen, etwa indem sie dem Gericht vorgeben, solche Kosten nicht auszutrennen. Dann ist das Gericht an die Vereinbarung der Parteien gebunden.
Beispiel: Der Kl hatte vor dem LG München Klage eingereicht. Das LG München hatte die Sache dann an das örtlich zuständige LG Köln verwiesen. Dort vergleichen die Parteien sich.
Soweit nichts Anderweitiges vereinbart ist, sind die Kosten des Vergleichs und des Rechtsstreits gegeneinander aufzuheben, mit Ausnahme der Mehrkosten der Anrufung des unzuständigen LG München; diese Kosten trägt der Kl vorab.
Darüber hinaus ist eine Kostenentscheidung nach S 2 ausgeschlossen, soweit darüber bereits rechtskräftig erkannt worden ist (Nürnbg MDR 10, 45). Diese Alternative hat in der Praxis kaum Bedeutung. In Betracht kommen insoweit Kostenentscheidungen über Zwischenstreite, etwa über die Zulassung einer Nebenintervention, ein Zeugnisverweigerungsrecht, über eine Prozesskostensicherheit oä Ist ausnahms-

weise über die Kosten oder einen Teil der Kosten bereits rechtskräftig erkannt, haben es die Parteien allerdings in der Hand, durch Vergleich eine anderweitige Regelung zu treffen. Durch einen Vergleich können sie die Rechtskraft durchbrechen.

IV. Beteiligung eines Nebenintervenienten. Zu Problemen kann es kommen, wenn am Verfahren ein Nebenintervenient beteiligt ist. S. hierzu § 101 Rz 5 ff. 8a

D. Kostenentscheidung nach Anfechtung eines Vergleichs. Wird ein gerichtlicher Vergleich angefochten, so wird über die Wirksamkeit der Anfechtung bzw des Vergleichs im selben Verfahren entscheiden, das insoweit fortgesetzt wird. Hinsichtlich der Kostenentscheidung gilt dann Folgendes: 8b

- Sieht das Gericht die Anfechtung als unbegründet an, stellt es die Wirksamkeit des Vergleichs fest. Die weiteren Kosten des Verfahrens trägt der Anfechtende.
- Hält das Gericht die Anfechtung für begründet, so wird das Verfahren fortgesetzt. Eine im Vergleich getroffene oder eine bereits ergangene Kostenentscheidung werden gegenstandslos.
- Ergeht eine Entscheidung des Gerichts, so ist darin über die gesamten Kosten des Verfahrens neu zu entscheiden.
- Beenden die Parteien das fortgesetzte Verfahren durch einen erneuten Vergleich, so gelten dieselben Rechtsfolgen wie bei einem erstmaligen Vergleichsabschluss, allerdings mit der Maßgabe, dass jetzt die gesamten Kosten, also die des „Vorverfahrens“ und des „Nachverfahrens“ zu regeln sind.

E. Anfechtung. Die Kostenentscheidung nach § 98 ist unanfechtbar (§ 99 I). Möglich ist lediglich eine Gehörsrüge (§ 321a). 9

§ 99 Anfechtung von Kostenentscheidungen.

(1) Die Anfechtung der Kostenentscheidung ist unzulässig, wenn nicht gegen die Entscheidung in der Hauptsache ein Rechtsmittel eingelegt wird.
(2) [1]Ist die Hauptsache durch eine auf Grund eines Anerkenntnisses ausgesprochene Verurteilung erledigt, so findet gegen die Kostenentscheidung die sofortige Beschwerde statt. [2]Dies gilt nicht, wenn der Streitwert der Hauptsache den in § 511 genannten Betrag nicht übersteigt. [3]Vor der Entscheidung über die Beschwerde ist der Gegner zu hören.

Inhaltsübersicht

	Rz
A. Überblick	1
B. Grundsätzliches Verbot der isolierten Anfechtung einer Kostenentscheidung (§ 99 I)	2
I. Überblick	2
II. Entscheidung in der Hauptsache	3
III. Gleichzeitige Entscheidung über Hauptsache und Kosten	4
IV. Rechtsmittel	5
V. Persönlicher Anwendungsbereich	6
VI. Verfahrensrechtlich unzulässige Kostentscheidung	7
VII. Verweigerung einer Kostentscheidung	8
VIII. Teilurteil	9
1. Teilurteil enthält Kostenentscheidung	10
2. Teilurteil zur Hauptsache – Schlussurteil nur über die Kosten	11
3. Teilurteil über einen Teil der Hauptsache und Schlussurteil über die restliche Hauptsache nebst Kosten	12
C. Ausnahmen	12a
I. Ausnahmen	12a
II. Kostenmischentscheidungen	12b
D. Anfechtung der Kostenentscheidung aufgrund Anerkenntnis	13
I. Überblick	13
II. Voraussetzungen	14
1. Anerkenntnisurteil	14
2. Inhalt der Kostenentscheidung	15
a) Grundsatz	15
b) Mischfälle	16
3. Berufungswert in der Hauptsache	17
4. Kostenbeschwer	18
5. Frist	19
6. Keine Abhilfemöglichkeit	20
7. Verfahren	21
8. Rechtsbeschwerde	22
9. Kostenentscheidung des Berufungsgerichts	23
E. Entsprechende Anwendung auf Verzichtsurteil	24

1 **A. Überblick.** § 99 I enthält den Grundsatz, dass eine Kostenentscheidung nicht isoliert anfechtbar ist, sondern nur zusammen mit der Hauptsache. Damit soll einerseits vermieden werden, dass sich ein Rechtsmittelgericht iRe isolierten Kostenbeschwerde inzidenter doch mit der Hauptsache befassen muss, obwohl diese nicht angegriffen wird. Darüber hinaus dient die Vorschrift der Prozessökonomie, indem sie die Gerichte von Rechtsmitteln freistellen will, die lediglich den Kostenpunkt betreffen.

Da § 99 I eine isolierte Anfechtung der Kostenentscheidung nicht erlaubt, ist der Rechtsweg iSd § 90 II BVerfGG erschöpft, so dass gegen eine in verfassungswidriger Weise ergangene Kostenentscheidung Verfassungsbeschwerde erhoben werden kann (BVerfG 17.11.09 – 1 BvR 1964/09).

Der Grundsatz des § 99 I gilt allerdings nicht uneingeschränkt. Das Gesetz kennt zahlreiche Ausnahmen. Eine erste Ausnahme regelt bereits § 99 II 1. Danach ist eine Kostenentscheidung, die aufgrund eines Anerkenntnisurteils erlassen worden ist, isoliert anfechtbar. Grund hierfür ist, dass in der Hauptsache aufgrund des Anerkenntnisurteils keine Schlüssigkeitsprüfung stattfindet und daher der Kostengerechtigkeit hier höheres Gewicht beigemessen wird als der Prozessökonomie (HK-ZPO/*Gierl* § 99 Rn 2).

Neben der in § 99 II 1 geregelten Ausnahme für Anerkenntnisurteile finden sich weitere Ausnahmen in:

- § 91a II 1 Kostenentscheidung nach übereinstimmend erklärter Erledigung der Hauptsache.
- § 269 V 1 Kostenentscheidung nach Klagerücknahme
- § 390 III Kostenentscheidung nach Zeugnisverweigerung
- § 494a II 2 Kostenentscheidung nach Ablauf der Frist zur Klageerhebung im selbständigen Beweisverfahren.

2 **B. Grundsätzliches Verbot der isolierten Anfechtung einer Kostenentscheidung (§ 99 I). I. Überblick.** Nach § 99 I ist die isolierte Anfechtung einer Kostenentscheidung grds unzulässig. Die Kostenentscheidung kann daher regelmäßig nur zusammen mit der Hauptsache angefochten werden.

Wird die Hauptsache mit einem Rechtsmittel angefochten, dann gilt auch im Rechtsmittelverfahren § 308 II. Das Gericht muss vAw über die Kosten entscheiden. Unabhängig davon, ob die Kostenentscheidung ausdrücklich angegriffen wird oder nicht, muss das Gericht sich mit den Kosten des Verfahrens befassen und kann die Kostenentscheidung abändern.

Voraussetzung ist ein zulässiges Rechtsmittel. Ist das Rechtsmittel nicht zulässig oder nicht statthaft, kommt auch eine Abänderung der Kostenentscheidung nicht in Betracht.

Dagegen ist es unerheblich, ob das Rechtsmittel begründet ist oder nicht. Das Gericht kann also ein Rechtsmittel in der Hauptsache zurückweisen, gleichzeitig aber im Kostenpunkt die Entscheidung der Vorinstanz abändern.

Die Partei kann daher durch Anfechtung der Hauptsache stets eine Überprüfung der Kostenentscheidung erreichen. Zum Teil wird vertreten, dass ein Rechtsmittel dann unzulässig sei, wenn der Rechtsmittelführer offensichtlich keine Entscheidung der Hauptsache erreichen wolle, sondern es ihm nur um eine Abänderung der Kostenentscheidung gehe. Es liege dann eine Umgehung des § 99 I vor (HK-ZPO/*Gierl* § 99 Rn 10).

Als unzulässige Umgehung des § 99 I sieht es das LG Hannover (LG Hannover 25.2.09 – 6 S 51/08) an, wenn durch die erstmaligen Abgabe einer einseitigen Teilerledigungserklärung in der Berufungsinstanz eine neue Prozesssituation mit dem Ziel geschaffen werden soll, dem Klagegegner die Kosten für das Verfahren in 1. Instanz aufzuerlegen, obwohl das erledigende Ereignis bereits während der 1. Instanz eingetreten ist.

3 **II. Entscheidung in der Hauptsache.** Unter Entscheidung in der Hauptsache iSd § 99 I 1 ist jede Entscheidung über den Streitgegenstand zu verstehen. Auf die Form der Entscheidung (Beschl oder Urt) kommt es nicht an.

§ 99 I 1 gilt in allen Verfahren, auch in Verfahren auf Vollstreckbarerklärung ausländischer Urteile (Naumbg OLGR 05, 105). Die Vorschrift gilt auch für Nebenverfahren wie zB die Kostenfestsetzung (Kobl NJW-RR 00, 362). Möglich ist im Kostenfestsetzungsverfahren allerdings die Erinnerung gegen eine Kostenentscheidung des Rechtspflegers, die im Erinnerungsverfahren ergangen ist. Hierüber entscheidet dann der Richter.

4 **III. Gleichzeitige Entscheidung über Hauptsache und Kosten.** Neben der Entscheidung der Hauptsache muss auch zugleich eine Kostenentscheidung ergangen sein. Die Entscheidung muss allerdings nicht zeitgleich ergangen sein und auch nicht in der Entscheidung selbst enthalten sein. Das betrifft zB die Fälle, in denen über die Hauptsache durch Teilurteil und über die Kosten durch Schlussurteil entschieden worden ist oder im Verfahren mehrere Teilentscheidungen ergangen sind und über die Kosten in der Schlussentscheidung befunden wird. Hierzu gehören aber auch die Fälle, in denen eine Kostenentscheidung im Wege der Berichtigung (§ 319) oder Ergänzung (§ 321) nachgeholt wird.

§ 99 I regelt dagegen nicht die Fälle, in denen nur eine Kostenentscheidung ergeht, ohne dass auch über die Hauptsache entschieden wird, wie bei der übereinstimmend erklärten Hauptsacheerledigung. Hier ergeht nach § 91a lediglich ein Kostenbeschluss, der nach § 91a II anfechtbar ist. Eine andere Beurteilung ergibt sich bei einseitiger Erledigungserklärung, da hier über die Hauptsache, nämlich die Frage, ob sich der Rechtsstreit in der Hauptsache erledigt hat, entschieden werden muss. Wird nach einer Klagerücknahme nur noch über die Kosten der Klagerücknahme entschieden, ist diese Entscheidung ebenfalls anfechtbar (§ 269 V).

IV. Rechtsmittel. Ausgeschlossen sind nur **Rechtsmittel**, die auf Kosten beschränkt sind. Dazu gehören Berufung, Revision und Beschwerde. 5
Auch eine Nichtzulassungsbeschwerde ist nicht statthaft, soweit sie sich gegen eine in dem Berufungsurteil enthaltene Entscheidung über die Kosten eines durch ein Anerkenntnis erledigten Teils der Hauptsache richtet (BGH 12.11.09 – V ZR 71/09).
Auf andere Rechtsbehelfe ist § 99 I nicht anwendbar. So kann daher der Einspruch gegen ein Versäumnisurteil oder Vollstreckungsbescheid auf die Kosten beschränkt werden. Im Mahnverfahren kann der Widerspruch gegen den Mahnbescheid auf die Kosten beschränkt werden. Auch in einstweiligen Verfügungsverfahren kann ein so genannter isolierter Kostenwiderspruch erhoben werden. Dann setzt sich das weitere Verfahren nur noch hinsichtlich der Kosten fort, die damit zur Hauptsache werden.
Der Ausschluss des § 99 I betrifft auch nicht die **Gehörsrüge** nach § 321a. Diese ist immer möglich und kann sich auch gegen eine Kostenentscheidung richten, wenn das Gericht bei seiner Entscheidung über den Kostenpunkt den Grundsatz des rechtlichen Gehörs verletzt hat (Frankf NJW 05, 517 = OLGR 05, 595; LG Leipzig NZV 08, 514).
Ebenso kann isoliert hinsichtlich der Kostenentscheidung **Berichtigung** (§ 319) oder **Ergänzung** beantragt (§ 321) werden.
Möglich ist ferner eine Verfassungsbeschwerde.

V. Persönlicher Anwendungsbereich. § 99 I betrifft grds nur die Parteien des Rechtsstreits, da nur zwischen ihnen eine Kostenentscheidung ergehen kann. Entsprechend anzuwenden ist § 99 I aber auch für den Nebenintervenienten, dem zwar keine Kosten auferlegt werden können, zu dessen Gunsten aber eine Kostenerstattung unter den entsprechenden Voraussetzungen auszusprechen ist (§ 101). 6

VI. Verfahrensrechtlich unzulässige Kostentscheidung. In der früheren Rechtsprechung wurde vertreten, dass eine verfahrensrechtlich unzulässige Kostenentscheidung, insb eine Kostenentscheidung gegen Dritte, mit der sofortigen Beschwerde wegen greifbarer Gesetzeswidrigkeit anfechtbar sei. Nach Einführung der Gehörsrüge (§ 321a) wird diese außerordentliche Beschwerde nicht mehr als zulässig angesehen (BGH MDR 02, 1577; KG MDR 02, 1086; LG Frankfurt NJW-RR 03, 140). Dies erscheint insoweit bedenklich, als nicht jede fehlerhafte Kostenentscheidung auf einer Gehörsverletzung nach § 321a beruhen muss. Insbesondere unbeteiligte Dritte haben nicht die Möglichkeit – wie die Parteien – die Hauptsache anzufechten und damit inzidenter auch eine Überprüfung der Kostenentscheidung zu erreichen. Zumindest in diesen Fällen sollte man in analoger Anwendung des § 99 II 1 eine sofortige Beschwerde für zulässig erachten (so Ddorf OLGR 09, 155 = JurBüro 09, 42) 7
Nach OLG Brandenburg (Brandbg FamRZ 07, 161) ist auch eine nicht statthafte Kostenentscheidung (hier: Kostenentscheidung nach Entscheidung über den Auskunftsanspruch einer Stufenklage) analog § 99 II anfechtbar.

VII. Verweigerung einer Kostentscheidung. Lehnt ein Gericht im Beschlusswege nach vorangegangenem Urt den Erlass einer Kostengrundentscheidung ab, so ist hiergegen in analoger Anwendung des § 99 II 1 die sofortige Beschwerde zulässig (Celle 03, 354 = NJW-RR 03, 1509). 8

VIII. Teilurteil. § 99 I ist auch im Falle eines Teilurteils zu beachten. Mehrere Fälle sind hier auseinander zu halten. 9

1. Teilurteil enthält Kostenentscheidung. Enthält das Teilurteil eine Kostenentscheidung, so ist die Kostenentscheidung des Teilurteils nach § 99 I grds nicht anfechtbar, es sei denn, das Gesetz lässt die isolierte Anfechtung zu. 10
Beispiel: Gegen den Beklagten zu 1) ergeht ein Teilanerkenntnisurteil. Gleichzeitig wird ausgesprochen, dass die außergerichtlichen Kosten des Beklagten zu 1) gem § 93 dem Kl auferlegt werden. Soweit sich die Klage gegen den Beklagten zu 2) richtet, wird das Verfahren fortgesetzt.

Da die Kostenentscheidung aufgrund eines Anerkenntnisses nach § 99 II 1 isoliert anfechtbar ist, kann der Kl die Kostenentscheidung des Teilurteils isoliert anfechten.
Ist die Kostenentscheidung als solche nicht isoliert anfechtbar, kann die Kostenentscheidung des Teilurteils nur zusammen mit dem Teilurteil angefochten werden.
Beispiel: Die Klage wird gegen den Beklagten zu 1) durch Teilurteil abgewiesen. Die außergerichtlichen Kosten des Beklagten zu 1) werden dem Kl auferlegt.
Eine isolierte Anfechtung der Kostenentscheidung ist nicht möglich.
Die Kostenentscheidung ist auch dann nicht anfechtbar, wenn sie an sich hätte gar nicht ergehen dürfen.
Beispiel: Durch Teilurteil wird die Klage abgewiesen; hinsichtlich der Widerklage wird das Verfahren fortgesetzt. Das Gericht erlegt die Kosten, soweit sie auf die Klage entfallen, dem Kl auf.
Eine solche Teilkostenentscheidung ist nicht zulässig. Gleichwohl ist sie unanfechtbar.
Zum Teil wurde hier früher die Auffassung vertreten, wegen greifbarer Gesetzeswidrigkeit könne die Kostenentscheidung isoliert angegriffen werden. Dies widerspricht jedoch dem eindeutigen Wortlaut des § 99 I, der nicht danach differenziert, aus welchem Grunde eine Kostenentscheidung unzutreffend ist. Möglich ist allerdings eine Gehörsrüge nach § 321a.

11 **2. Teilurteil zur Hauptsache – Schlussurteil nur über die Kosten.** Ergeht zunächst ein Teilurteil über die Hauptsache und später ein Schlussurteil lediglich über die Kosten, so ist § 99 I ebenfalls zu beachten. Das Schlussurteil kann nicht isoliert angefochten werden. Ist allerdings das Teilurteil angefochten worden, dann kann auch das Schlussurteil hinsichtlich der Kosten angefochten werden, weil es sich dann nicht um eine isolierte Anfechtung handelt.
Das gilt auch dann, wenn eine Partei das Teilurteil anficht und die andere Partei die Kostenentscheidung angreifen will. Dies geschieht dann im Wege der Anschlussberufung.
Eine gesonderte Mindestbeschwer für die Anfechtung des Kostenschlussurteils ist nicht erforderlich. Ausreichend ist, dass die Berufungssumme hinsichtlich des Teilurteils gegeben ist oder insoweit die Berufung zugelassen wurde.
Ist das Teilurteil dagegen nicht angefochten worden, dann kann das Kostenschlussurteil nicht isoliert angefochten werden. Soweit die Rechtsmittelfrist hinsichtlich des Teilurteils noch nicht abgelaufen ist, kann gegen beide Urteile Berufung eingelegt werden. Ist die Rechtsmittelfrist hinsichtlich des Teilurteils dagegen abgelaufen, kommt eine isolierte Anfechtung des Kostenschlussurteils nicht in Betracht.
Zu beachten ist, dass sich eine Anfechtung des Teilurteils nicht automatisch auch auf die Kostenentscheidung des Schlussurteils erstreckt. Insoweit muss vielmehr gesondert gegen das Schlussurteil Berufung eingelegt werden.

12 **3. Teilurteil über einen Teil der Hauptsache und Schlussurteil über die restliche Hauptsache nebst Kosten.** Ergeht zunächst ein Teilurteil über einen Teil der Verfahrensgegenstände und später ein Schlussurteil über die restlichen Verfahrensgegenstände mit Kostenentscheidung über die gesamten Kosten des Verfahrens, bestehen mehrere Möglichkeiten.
Das Schlussurteil kann jetzt – sofern in der Hauptsache die erforderliche Beschwer gegeben ist oder die Berufung zugelassen worden ist –, angefochten werden. Diese Anfechtung erstreckt sich dann auch auf die Kostenentscheidung. Eine isolierte Anfechtung der Kostenentscheidung ist dagegen nicht möglich.
Ist dagegen das Teilurteil angefochten worden, dann kann die Kostenentscheidung des Schlussurteils insoweit angefochten werden, als die Kosten den Gegenstand des Teilurteils erfassen. Das Schlussurteil muss nicht auch in der Hauptsache angefochten werden.
Ergeht zunächst ein Teilurteil und entscheidet das Gericht dann über die Kosten verfahrenswidrig durch Beschl, gilt das gleiche wie bei einer Entscheidung über die Kosten durch Schlussurteil. Auch dann, wenn die Kostenentscheidung durch Beschl ergeht, ist sie nicht selbstständig anfechtbar, sondern nur dann, wenn das Teilurteil hinsichtlich der Hauptsache angefochten worden ist (s.o. Rz 11).

12a **C. Ausnahmen. I. Ausnahmen.** Der in § 99 I niedergelegte Grundsatz erfährt im Gesetz einige Ausnahmen. Eine Kostenentscheidung ist isoliert anfechtbar.

- im Falle eines Anerkenntnisurteils (§ 99 II), dazu u. Rz 13 ff,
- nach übereinstimmend erklärter Erledigung der Hauptsache (§ 91a II 1), s. § 91a Rz 17,
- nach Klagerücknahme (§ 269 V 1),
- nach einer Entscheidung über eine Zeugnisverweigerung § 390 III),
- im selbständigen Beweisverfahren (§ 494a II 2).

II. Kostenmischentscheidungen. Kommt es in den vorgenannten Fällen zu sog Kostenmischentscheidungen, so ist die Kostenentscheidung anfechtbar, soweit sie auf einer der vorgenannten Tatbestände beruht; iÜ darf das Beschwerdegericht die Kostenentscheidung nicht abändern (München Beschl v 30. 9. 11 – 9 U 2138/11 Bau). 12b

Beispiel: Die Hauptsache (10.000 €) wird in Höhe 4.000 € übereinstimmend für erledigt erklärt. Im Übrigen wird streitig entschieden und die Klage abgewiesen. Das Gericht legt die Kosten gem. § 91a zu 40% dem Beklagten auf, weil die Klage insoweit bis zur Erledigung zulässig und begründet war. Zu 60% trägt der Kl die Kosten nach § 91 als Unterlegener.

Anfechtbar ist nur der Ausspruch, soweit dem Beklagten die Kosten nach § 91a auferlegt worden sind (§ 91a II 1).

D. Anfechtung der Kostenentscheidung aufgrund Anerkenntnis. I. Überblick. In Ausnahme zu dem Grundsatz des § 99 I ist nach § 99 II 1 eine Kostenentscheidung, die durch eine aufgrund eines Anerkenntnisses ausgesprochene Verurteilung ergeht, anfechtbar, und zwar mit der sofortigen Beschwerde (§§ 567 ff). Eine Berufung gegen die Kostenentscheidung ist nicht zulässig. Insoweit kommt auch eine Umdeutung nicht in Betracht (Frankf OLGR 08, 406). Neben der Kostenentscheidung können andere Nebenentscheidungen nicht mit angefochten werden, wie etwa der Ausspruch zur vorläufigen Vollstreckbarkeit (Frankf OLGR 08, 406). 13

Anfechtbar sind allerdings nur Kostenentscheidungen eines erstinstanzlichen Gerichts. Gegen die Kostenentscheidung aufgrund eines Anerkenntnisses im Berufungsverfahren ist die sofortige Beschwerde nicht statthaft. Insoweit kommt allerdings die Rechtsbeschwerde nach § 574 in Betracht, sofern sie zugelassen ist (BGH AGS 04, 304 =NJW 04, 2904)

II. Voraussetzungen. 1. Anerkenntnisurteil. Voraussetzung ist, dass ein Anerkenntnisurteil nach § 307 ergangen ist. Wird nach einem Anerkenntnis der Rechtsstreit in der Hauptsache für erledigt erklärt, so ist nicht § 99 II anwendbar, sondern § 91a II. Der Wortlaut ist insoweit missverständlich, als das Gesetz davon spricht, dass sich der Rechtsstreit durch ein Anerkenntnis erledigt haben muss. Aus § 99 II 1 ergibt sich jedoch eindeutig, dass es sich um eine Verurteilung handeln muss, nach der es im Falle der übereinstimmenden Erledigungserklärung nach einem außergerichtlichem Anerkenntnis fehlt. 14

In welcher Form über die Kosten nach Anerkenntnis entschieden wird, ist grds unerheblich (zu den Mischfällen s.u. Rz 16).

Wird im Anerkenntnisurteil zugleich über die Kosten entschieden, so kann die Kostenentscheidung isoliert nach § 99 II 1 mit der sofortigen Beschwerde angefochten werden. Wird auch das Urt in der Hauptsache mit der Berufung angefochten, erstreckt sich die Anfechtung des Urteils automatisch auch auf die Kostenentscheidung (§ 99 I), diese braucht dann nicht gesondert angefochten werden.

Legt der Beklagte gegen das Anerkenntnisurteil Berufung ein, weil er der Auffassung ist, es habe kein wirksames Anerkenntnis vorgelegen, so kann der Kl eine auf den Kostenpunkt beschränkte Anschlussberufung (§ 524) einlegen. Eine selbständige sofortige Beschwerde ist dann nicht (mehr) gegeben. Sie wäre als Anschlussberufung zu behandeln.

Ergeht zunächst ein Teilanerkenntnisurteil und später ein Kostenschlussurteil, kann die Kostenentscheidung gesondert nach § 99 II 1 mit der sofortigen Beschwerde angefochten werden (Karlsr FamRZ 97, 221; Jena OLGR 05, 1013; Celle ZInsO 03, 1048 = InVo 04, 142).

Ergeht zunächst ein Teilanerkenntnisurteil und wird verfahrensfehlerhaft nicht durch Kostenschlussurteil, sondern durch Beschl über die Kosten des Verfahrens entschieden, so ist die Kostenentscheidung ebenfalls nach § 99 II 1 mit der sofortigen Beschwerde anfechtbar (Jena OLGR 05, 1013; München OLGR 05, 779).

Erforderlich ist ein Anerkenntnis, durch das sich die Hauptsache ganz oder tw erledigt. Das prozessuale Anerkenntnis muss uneingeschränkt und unbedingt sein. Daher reicht ein sog »eingegrenztes« Anerkenntnis nicht aus, wenn also der Beklagte die Klageforderung lediglich »nach Maßgabe« bestimmter Einschränkungen« anerkennt (LG Düsseldorf MDR 89, 825). Hier kommt der Erlass eines Anerkenntnisurteils nur dann in Betracht, wenn der Kl seinen Klageantrag dem eingeschränkten Anerkenntnis entsprechend anpasst und ein entsprechendes Anerkenntnisurteil ergeht. Anderenfalls muss das Gericht über die »Einschränkungen« streitig entscheiden. Die Kostenentscheidung ist dann isoliert nicht anfechtbar, und zwar auch dann nicht, wenn sie den anerkannten Gegenstand betrifft (LG Düsseldorf MDR 89, 825). Daher ist auch § 99 II 1 nicht anwendbar, wenn der Beklagte lediglich die Klageforderung anerkennt, jedoch das von ihm geltend gemachte Zurückbehaltungsrecht weiterhin streitig bleibt (LG München JurBüro 91, 1696 =

MDR 92, 184). Ebenso wenig ist § 99 II 1 anzuwenden, wenn das Anerkenntnis nur für den Urkundsprozess erklärt wurde und unter dem Vorbehalt der Ausführung der Rechte im Nachverfahren stand und somit nur zu einem Vorbehaltsanerkenntnisurteil führt (Naumbg OLGR 96, 155 = NJW-RR 97, 893). Gleiches gilt, wenn die Klageforderung unter Vorbehalt einer Aufrechnung anerkannt wird.

15 **2. Inhalt der Kostenentscheidung. a) Grundsatz.** Ist ein Anerkenntnisurteil ergangen, dann ist unerheblich, wie die Kostenentscheidung ausgefallen ist. § 99 II 1 ist keineswegs nur dann anwendbar, wenn eine Kostenentscheidung nach § 93 ergangen ist. Jegliche Kostenentscheidung genügt. So kann der nach § 91 zur Tragung der Kosten verurteilte Beklagte sofortige Beschwerde mit der Begründung erheben, die Kosten des Rechtsstreits hätten dem Kl gem § 93 auferlegt werden müssen. Umgekehrt kann der Kl, dem nach § 93 die Kosten auferlegt worden sind, geltend machen, dass die Voraussetzungen des § 93 nicht vorgelegen haben und die Kosten nach § 91 dem Beklagten hätten auferlegt werden müssen.

16 **b) Mischfälle.** Erstreckt sich das Anerkenntnis nur auf einen Teil der Streitgegenstände, während iÜ kontradiktorisch entschieden, ein Vergleich geschlossen oder die Hauptsache übereinstimmend für erledigt erklärt wird, so bleibt die Kostenentscheidung insoweit anfechtbar, als sie auf dem Anerkenntnis beruht. Das Beschwerdegericht darf dann aber die Kostenentscheidung auch nur insoweit abändern, als sie auf der Klageforderung beruht, die anerkannt worden ist. Die erforderliche Beschwer sowie die Berufungssumme der Hauptsache richten sich in diesem Fall nach dem entsprechenden Teil des Verfahrens.
Beispiel: Auf eine Klage über eine Forderung in Höhe von 1.000 € wird der Rechtsstreit in Höhe eines Teilbetrages von 500 € in der Hauptsache übereinstimmend für erledigt erklärt. Die restliche Klageforderung in Höhe von 500 € wird anerkannt.

Eine sofortige Beschwerde gegen die Kotenentscheidung aufgrund des Anerkenntnisses scheitert jetzt bereits an der erforderlichen Berufungssumme in der Hauptsache (§ 99 II 2, s.u. Rz 17). Soweit die Klageforderung anerkannt worden ist (500 €), ist die Berufungssumme des § 511 II Nr 1 nicht gegeben. Die sofortige Beschwerde wäre daher unzulässig.
Beispiel: Auf eine Klageforderung von 2.000 € erkennt der Beklagte 1.000 € an. Im Übrigen wird er verurteilt. Das Gericht hebt die Kosten gegeneinander auf (§ 92), weil es von einem sofortigen Anerkenntnis ausgegangen ist (§ 93). Der Kl will sofortige Beschwerde einlegen, da er der Auffassung ist, es liege kein sofortiges Anerkenntnis vor. Der Beklagte hätte die gesamten Kosten des Verfahrens tragen müssen.

Soweit die Kostenentscheidung auf dem Anerkenntnis (1.000 €) beruht, ist die sofortige Beschwerde nach § 99 II 1 gegeben. Die erforderliche Berufungssumme in der Hauptsache (1.000 €) ist gegeben. Erforderlich ist allerdings noch, dass der Wert der hälftigen eigenen Kosten, der Gerichtskosten und der Kosten des Gegners den Betrag von 200 € übersteigen.
Hat das Gericht die Kosten nach § 92 verteilt, so können beide Parteien Beschwerde einlegen, soweit sie sich darauf berufen, die Kostenverteilung sei insoweit unzutreffend, als sie auf dem Anerkenntnis beruhe.

17 **3. Berufungswert in der Hauptsache.** Die sofortige Beschwerde ist nur zulässig, wenn in der Hauptsache die Berufungssumme des § 511 von mehr als 600 € erreicht ist. Das Gesetz stellt ausschließlich auf das Erreichen der Berufungssumme ab, nicht auf die Zulässigkeit einer Berufung. Selbst wenn die Berufung zugelassen ist (§ 511 II Nr 2), kommt eine isolierte Anfechtung der Kostenentscheidung nicht in Betracht, wenn der Wert der Berufungssumme nicht erreicht ist. In diesem Fall ist die Kostenentscheidung nur zusammen mit der Hauptsache anfechtbar.
Beispiel: Zwischen den Parteien ist streitig, ob ein wirksames prozessuales Anerkenntnis abgegeben worden ist. Das Gericht ist der Auffassung, ein solches liege vor und erlässt ein Anerkenntnisurteil. Es lässt jedoch wegen der grundsätzlichen Bedeutung die Berufung zu. Der Streitwert beläuft sich auf 500 €.

Zwar wäre jetzt eine Berufung zulässig, so dass es auf das Erreichen der Berufungssumme des § 511 II Nr 1 nicht ankäme; eine sofortige Beschwerde gegen die Kostenentscheidung kommt dennoch nicht in Betracht.
Soweit eine Kostenmischentscheidung ergangen ist, darf nur auf die Berufungssumme abgestellt werden, die auf das Anerkenntnisurteil entfällt, nicht auf die einer Gesamtanfechtung (Kobl Beschl v 28.6.07–10 U 1649/06, 10 W 171/07).
Beispiel: Auf eine Klage über 3.000 € erkennt der Beklagte 500 € an. Er wird insgesamt kostenpflichtig verurteilt, davon in Höhe von 500 € aufgrund seines Anerkenntnisses.

Abzustellen ist auf die Berufungssumme bei Anfechtung des anerkannten Teils, also 500 €, nicht auf die Berufungssumme einer Gesamtanfechtung. Die Beschwerde wäre unzulässig.
Es besteht auch keine Möglichkeit einer Zulassung der sofortigen Beschwerde.

4. Kostenbeschwer. Darüber hinaus muss der Wert des Beschwerdegegenstands, also die Kostenbeschwer gem. § 567 II den Wert von 200 € überschreiten. Der Wert der Beschwer ist nach der Kostendifferenz zu berechnen, also nach der Differenz der Kosten, die den Beschwerdeführer nach der gerichtlichen Kostenentscheidung treffen und derjenigen Kosten, die den Beschwerdeführer nach der von ihm begehrten Kostenentscheidung treffen würden. Zu berücksichtigen sind dabei die eigenen Partei- und Anwaltskosten, die Gerichtskosten und auch evtl an den Gegner zu erstattenden Partei- und Anwaltskosten. Dies gilt auch dann, wenn der Partei Prozesskostenhilfe bewilligt worden ist. Da die Bewilligung der Prozesskostenhilfe nachträglich aufgehoben und abgeändert werden kann, müssen auch insoweit die möglichen Ansprüche der Staatskasse bzw des beigeordneten Rechtsanwalts in die Beschwer mit einfließen. 18
Soweit eine Kostenmischentscheidung ergangen ist, darf nur auf die Beschwer abgestellt werden, die die aufgrund des Anerkenntnisses verteilten Kosten betrifft (Kobl Beschl v 28.6.07–10 U 1649/06, 10 W 171/07).

5. Frist. Die sofortige Beschwerde ist nach § 567 innerhalb von zwei Wochen ab Zustellung der Entscheidung zu erheben (§ 569 I 1). Die sofortige Beschwerde kann sowohl beim Ausgangsgericht als auch beim Beschwerdegericht eingereicht werden (§ 569 I 1). 19

6. Keine Abhilfemöglichkeit. Das Ausgangsgericht ist zur Abhilfe nicht befugt. Die alleinige Entscheidungskompetenz liegt beim Beschwerdegericht. 20

7. Verfahren. Das Verfahren richtet sich nach den §§ 567 ff. Vor der Entscheidung des Beschwerdegerichts ist dem Gegner rechtliches Gehör zu gewähren (§ 99 II 3). 21

8. Rechtsbeschwerde. Gegen die Entscheidung des Beschwerdegerichts ist die Rechtsbeschwerde nach § 574 gegeben, wenn das Beschwerdegericht sie zugelassen hat (§ 574 I Nr 2) oder wenn das Beschwerdegericht die sofortige Beschwerde als unzulässig verworfen hat (§ 574 I Nr 1 iVm § 522 I 4). 22

9. Kostenentscheidung des Berufungsgerichts. Ergeht im Berufungsverfahren ein Anerkenntnisurteil, so ist die dort ergangene Kostenentscheidung nicht mit der sofortigen Beschwerde anfechtbar. In Betracht kommt hier nur die Rechtsbeschwerde nach § 574, die allerdings gem § 574 I Nr. 2 der Zulassung bedarf (BGH BGHR 04, 844 = NJW 04, 2904). 23

E. Entsprechende Anwendung auf Verzichtsurteil. Soweit man § 93 im Falle eines Verzichtsurteils für analog anwendbar hält (s. § 93 Rz 6), muss man konsequenterweise auch die Vorschrift des § 99 II 1 anwenden. Will der wegen der Kosten verurteilte verzichtende Kl geltend machen, es habe ein Fall des § 93 vorgelegen, so dass die Kosten dem Beklagten aufzuerlegen seien oder sind die Kosten nach einem Verzichtsurteil in analoger Anwendung des § 93 dem Beklagten auferlegt worden, so wäre dann hiergegen die sofortige Beschwerde in analoger Anwendung des § 99 II 1 zu erheben. 24

§ 100 Kosten bei Streitgenossen.

(1) Besteht der unterliegende Teil aus mehreren Personen, so haften sie für die Kostenerstattung nach Kopfteilen.
(2) Bei einer erheblichen Verschiedenheit der Beteiligung am Rechtsstreit kann nach dem Ermessen des Gerichts die Beteiligung zum Maßstab genommen werden.
(3) Hat ein Streitgenosse ein besonderes Angriffs- oder Verteidigungsmittel geltend gemacht, so haften die übrigen Streitgenossen nicht für die dadurch veranlassten Kosten.
(4) [1]Werden mehrere Beklagte als Gesamtschuldner verurteilt, so haften sie auch für die Kostenerstattung, unbeschadet der Vorschrift des Absatzes 3, als Gesamtschuldner. [2]Die Vorschriften des bürgerlichen Rechts, nach denen sich diese Haftung auf die im Absatz 3 bezeichneten Kosten erstreckt, bleiben unberührt.

A. Überblick. Die Vorschrift des § 100 behandelt die Kostenentscheidung, wenn der unterlegene Teil aus mehreren Streitgenossen besteht. Dabei ist zum einen geregelt, mit welchem Inhalt eine Kostenentscheidung ergehen kann (Abs 2 und Abs 3) und zum anderen, welche rechtlichen Folgen bestimmte Kostenentscheidungen haben (Abs 1 und Abs 4). 1

Erfasst von § 100 werden nur die Fälle, in denen mehrere Streitgenossen **einheitlich ganz oder einheitlich tw unterliegen**. Analog anzuwenden ist die Vorschrift auch dann, wenn die Streitgenossen einheitlich obsiegen, ihnen aber dennoch einheitlich die Kosten auferlegt werden, etwa im Falle des § 93 oder § 97 II, wenn sie also nur hinsichtlich der Kosten unterliegen.
Nicht geregelt wird in § 100 dagegen, wie vorzugehen ist, wenn mehrere Streitgenossen nicht einheitlich ganz oder tw unterliegen, sondern **unterschiedlich tw obsiegen und unterliegen**. Wegen des Sachzusammenhangs werden diese Fälle aber auch hier mit kommentiert (Rz 6 ff).
Die Abs 1 und 4 regeln nicht, mit welchem Inhalt eine Kostenentscheidung zu ergehen hat. Diese Vorschriften regeln vielmehr, welche Kostenhaftung aus bestimmten Kostenentscheidungen folgt. Nach Abs 1 haften mehrere Streitgenossen, denen die Kosten ohne weitere Differenzierung auferlegt **worden** sind, **grds nach Kopfteilen. Ausnahmsweise** haften sie nach Abs 4 als Gesamtschuldner, wenn sie in der Hauptsache als Gesamtschuldner verurteilt worden sind, auch ohne dass die gesamtschuldnerische Haftung hinsichtlich der Kosten ausgesprochen worden ist.
In den Abs 2 und 3 sind dagegen Regelungen enthalten, wie das Gericht über die Kosten zu entscheiden hat. Nach Abs 2 kann das Gericht die unterschiedliche Beteiligung mehrerer Streitgenossen am gesamten Streitgegenstand zum Anlass nehmen, die Kosten ihnen nicht einfach aufzuerlegen mit der Folge, dass kopfteilige Haftung nach Abs 1 oder gesamtschuldnerische Haftung nach Abs 4 eintritt, sondern es kann die Kosten des Rechtsstreits **verhältnismäßig verteilen** und den einzelnen Streitgenossen unterschiedlich hohe Kosten auferlegen.
Nach Abs 3 wiederum können **besondere Angriffs- und Verteidigungsmittel** einem oder mehreren Streitgenossen vorab auferlegt werden. Es handelt sich insoweit um einen Fall der Kostentrennung, vergleichbar der nach § 96, wobei hier allerdings das Angriffs- oder Verteidigungsmittel nicht erfolglos gewesen sein muss, wie dies nach § 96 Voraussetzung ist.

2 **B. Haftung nach Kopfteilen.** Besteht der unterlegene Teil aus mehreren Personen, so haften diese für die Kostenerstattung nach Kopfteilen, es sei denn, es liegt der Ausnahmefall des Abs 4 vor.
Die Vorschrift des Abs 1 setzt voraus, dass ohne weitere Differenzierung die Kosten ganz oder tw mehreren Personen auferlegt worden sind. Diese Regelung greift daher nicht, wenn das Gericht nach Abs 2 verhältnismäßig geteilt hat. Ebenso wenig kommt es auf Abs 1 an, wenn das Gericht die Kopfteile bereits im Kostentenor ausgesprochen hat.
Beispiel: Drei Beklagte werden verurteilt. Die Kostenentscheidung lautet: Die Kosten des Rechtsstreits tragen die Beklagten.
In diesem Fall greift Abs 1. Jeder der Beklagten haftet nach Kopfteilen, also auf ⅓ der angefallenen Kosten.
Häufig spricht das Gericht in diesen Fällen die Kostenhaftung schon im Kostentenor aus:
Die Kosten des Rechtsstreits tragen die Beklagten zu jeweils einem Drittel.
Diese Tenorierung ist zwar überflüssig, schadet aber nichts. Sie birgt allerdings nicht selten die Gefahr, dass hier Rechenfehler unterlaufen, die dann der Berichtigung (§ 319) bedürfen.
Beispiel: Im vorliegenden Fall tenoriert das Gericht: Die Kosten des Rechtsstreits tragen die Beklagten zu je 30 %.
In diesem Fall sind nicht die gesamten Kosten des Rechtsstreits verteilt worden. Die Kostenentscheidung muss berichtigt werden. Sofern die Kostenfolge des Abs 1 gewollt ist, sollte das Gericht also von einer zusätzlichen Quotierung grds absehen.
Abs 1 spricht von dem unterliegenden Teil. Dies betrifft also insb die Fälle, in denen mehreren Streitgenossen nach § 91 die Kosten einheitlich insgesamt auferlegt worden sind oder nach § 92 einheitlich zT. Dann haften sie für den betreffenden Teil wiederum nach Kopfteilen:
Beispiel: Das Gericht tenoriert wie folgt: Die Kosten des Rechtsstreits tragen zur Hälfte die Beklagten zu 1) und 2) und zur Hälfte der Kl.
Von den hälftigen Kosten trägt jetzt jeder Bekl ½, so dass er faktisch ¼ der Kosten trägt.
Die Vorschrift des Abs 1 ist aber auch dann anzuwenden, wenn der obsiegende Teil ausnahmsweise Kosten zu tragen hat.
Beispiel: Die Klage dreier Kl wird vom Beklagten Kosten befreiend anerkannt, so dass die Kosten des Rechtsstreits gem § 93 den Klägern auferlegt werden.
Auch jetzt gilt Abs 1. Die Kl haften kopfanteilig, also zu jeweils ⅓ für die Kosten des Rechtsstreits.
Die kopfteilige Haftung kann auch mit einer Quotenhaftung einhergehen. Hinsichtlich der Quote, für die mehrere Streitgenossen haften, gilt dann wieder die kopfanteilige Haftung.

Beispiel: Der Kostentenor lautet: Der Beklagte zu 1) trägt 40 % der Kosten; die Beklagten zu 2) und 3) tragen 60 % der Kosten.
Der Beklagte zu 1) trägt dann 40 % der Kosten alleine. Für die restlichen 60 % haften die Beklagten zu 2) und 3) kopfanteilig, so dass faktisch jeder auf 30 % haftet.

C. Gesamtschuldnerische Haftung. Als Ausnahme von der kopfteiligen Haftung des Abs 1 sieht Abs 4 die 3
Haftung mehrerer Beklagten als Gesamtschuldner vor. Diese Vorschrift gilt grds nur für Beklagte, selbstverständlich auch für Widerbeklagte oder Drittwiderbeklagte. Sie gilt dagegen nicht für mehrere Kl, es sei denn in ihrer Eigenschaft als Widerbeklagte. Abs 4 gilt auch nicht für Beklagte in ihrer Eigenschaft als Widerkläger oder Drittwiderkläger.
Voraussetzung ist, dass die Beklagten in der Hauptsache als Gesamtschuldner verurteilt worden sind. Ob die gesamtschuldnerische Haftung vom Gericht zu Recht oder zu Unrecht angenommen worden ist, ist dabei unerheblich. Entscheidend ist allein, dass sie formal als Gesamtschuldner verurteilt worden sind.
Die Vorschrift ist nicht anwendbar, wenn mehrere Beklagte die Hauptsacheforderung durch **Vergleich** als Gesamtschuldner übernommen haben. Sie haften nur als Gesamtschuldner für die Kosten, wenn sie im Vergleich auch die Kostenhaftung gesamtschuldnerisch übernommen haben. Im Übrigen haften sie nach Kopfteilen, soweit das Gericht im Kostenbeschluss nach § 98 oder § 91a nicht eine anteilige Haftung nach Abs 2 ausspricht.
Nach dem eindeutigen Wortlaut des Abs 4 muss sich die gesamtschuldnerische Haftung aus dem Urt ergeben. Dabei ist es allerdings nicht notwendig, dass die gesamtschuldnerische Haftung im Urteilstenor ausgesprochen wird. Die gesamtschuldnerische Haftung mehrerer Bekl kann sich auch aus den Gründen ergeben. Zweckmäßig ist es – va im Hinblick auf die Klarheit der Kostenhaftung – im Urteilstenor ausdrücklich auszusprechen, dass mehrere Beklagte als Gesamtschuldner haften. Wird der Ausspruch der gesamtschuldnerischen Haftung in der Hauptsache versäumt und ergibt er sich auch nicht aus den Urteilsgründen, scheidet eine gesamtschuldnerische Kostenhaftung aus, selbst dann, wenn sie nach materiellem Recht gegeben wäre. Es ist dagegen nicht erforderlich, dass die gesamtschuldnerische Haftung auch im Kostentenor ausgesprochen wird.
Gegebenenfalls kann der Ausspruch der gesamtschuldnerischen Haftung im Wege der Urteilsberichtigung (§ 319) oder der Urteilsergänzung (§ 321) nachgeholt werden. Denkbar wäre auch die Nachholung im Wege der Gehörsrüge (§ 321a).
Nicht zulässig ist es, die Beklagten in der Hauptsache nicht gesamtschuldnerisch zu verurteilen, jedoch auszusprechen, dass die Beklagten die Kosten als Gesamtschuldner zu tragen haben. Ergeht sie aber dennoch, sind die Festsetzungsorgane allerdings daran gebunden.
Möglich ist es auch, dass sowohl eine kopfteilige Haftung als auch eine gesamtschuldnerische Haftung in Betracht kommt.
Beispiel: Der Beklagte zu 1) wird zur Zahlung von 10.000 € verurteilt; die Beklagten zu 2) und 3) werden als Gesamtschuldner zur Zahlung weiterer 10.000 € verurteilt. Die Kostenentscheidung lautet wie folgt: Die Kosten des Rechtsstreits tragen zu 50 % der Beklagte zu 1) und zu weiteren 50 % die Beklagten zu 2) und 3).
Da die Beklagten zu 2) und 3) als Gesamtschuldner verurteilt worden sind, haften sie für die 50 % der Kosten, auf die sie verurteilt worden sind, als Gesamtschuldner.
Abwandlung: Im vorstehenden Beispiel lautet der Kostentenor wie folgt: Die Kosten des Rechtsstreits tragen die Beklagten.
In diesem Falle würde zunächst Abs 1 gelten, nämlich dass jeder Beklagte kopfanteilig haftet, also auf ⅓. Die Beklagten zu 2) und 3) wiederum würden als Gesamtschuldner haften. Sie würden also für ⅔ der Kosten gesamtschuldnerisch haften.

D. Kostenverteilung bei unterschiedlicher Beteiligung. Nach Abs 2 kann das Gericht die Kosten bei meh- 4
reren unterlegenen Streitgenossen unter ihnen verhältnismäßig aufteilen. Dann haftet jeder Streitgenosse nur auf den Anteil, für den er verurteilt wird, wobei auch hier Kombinationen möglich sind.
Voraussetzung ist nach Abs 2 eine Verschiedenheit der Beteiligung am Rechtsstreit. Das ist insb der Fall, wenn die Streitwerte der Verfahrensteile, an denen die Streitgenossen beteiligt sind, unterschiedlich hoch sind. Das wiederum kann der Fall sein, wenn keine gemeinsame Beteiligung am gesamten Streitgegenstand besteht, sondern jeder an einem anderen Streitgegenstand beteiligt ist.

Beispiel: Verklagt werden drei Beklagte, der eine auf Zahlung von 5.000 €, der andere auf Zahlung von weiteren 10.000 € und der dritte auf Zahlung von weiteren 15.000 €.
Der Gesamtstreitwert beträgt dann 30.000 €. Jeder Beklagte ist aber unterschiedlich beteiligt, so dass hier dann entsprechend gequotelt werden kann, etwa, dass der Beklagte zu 1) ⅙ der Kosten trägt, der Beklagte zu 2) 2/6 und der Beklagte zu 3) 3/6 der Kosten.
Möglich ist aber auch, dass einer der Beklagten am gesamten Streitgegenstand beteiligt ist, der andere aber nur an einem Teil.
Beispiel: Der Kl klagt gegen die Beklagten zu 1) und zu 2) auf Zahlung von 5.000 €. Darüber hinaus klagt er gegen den Beklagten zu 2) noch weitere 5.000 € ein.
Der Beklagte zu 1) ist am gesamten Streitgegenstand mit dem Wert von 10.000 € beteiligt, der Beklagte zu 2) dagegen nur am Streitgegenstand mit einem Wert von 5.000 €. Die Kostenentscheidung könnte dann lauten: »Von den Kosten des Rechtsstreits trägt der Beklagte zu 1) 50 % und die Beklagten zu 1) und 2) weitere 50 %.« Hinsichtlich der Hälfte der Kosten würde dann der Beklagte zu 1) alleine haften; hinsichtlich der weiteren Kosten würden die Beklagten zu 1) und 2) kopfanteilig haften, also jeweils zu 25%. Klarer wäre in diesem Fall die Tenorierung: »Von den Kosten des Rechtsstreits trägt der Beklagte zu 1) 75 % und der Beklagte zu 2) weitere 25 %.«
Möglich ist auch, dass tw eine gesamtschuldnerische Haftung ausgesprochen wird.
Abwandlung: Wie vorangegangenes Beispiel. Zur Zahlung der 5.000 € werden die Beklagten zu 1) und 2) als Gesamtschuldner verurteilt.
Jetzt haftet der Beklagte für 50 % der Kosten alleine und für weitere 50 % der Kosten zusammen mit dem Beklagten zu 2) als Gesamtschuldner. die Tenorierung würde dann lauten: »Von den Kosten des Rechtsstreits trägt der Beklagte zu 1) 50 % und die Beklagten zu 1) und 2) als Gesamtschuldner weitere 50 %.«
Die Vorschrift des Abs 2 betrifft nur die unterschiedliche Beteiligung am Streitgegenstand, nicht den unterschiedlichen Prozessausgang (s. hierzu Rz 6 ff).
Nach dem Wortlaut des Abs 2 muss eine **»erhebliche« Verschiedenheit** der Beteiligungen vorliegen. In der Praxis wird diese Einschränkung kaum beachtet bzw dahingehend ausgelegt, dass schon minimale Abweichungen, die unterschiedliche Kosten, also idR einen Gebührensprung auslösen, als erheblich angesehen werden. Dies ist auch sachgerecht, da nur bei einer engen Auslegung des Tatbestandsmerkmals »erheblich« gewährleistet wird, dass jede Partei nur für die Kosten haftet, die sie selbst ausgelöst hat.
Denkbar ist schließlich auch, dass die Streitgenossen einheitlich unterliegen, aber dennoch unterschiedliche Kostenfolgen auszusprechen sind.
Beispiel: Zwei Beklagte werden als Gesamtschuldner verurteilt. Der Beklagte zu 1) erkennt die Klageforderung an; gegen den Beklagten zu 2) wird streitig entschieden.
Soweit hinsichtlich des Beklagten zu 1) die Voraussetzungen des § 93 vorliegen, sind die Kosten des Beklagten zu 1) dem Kl voll aufzuerlegen während die Kosten des Beklagten zu 2) dieser zu tragen hat. Die Kosten des Klägers und die Gerichtskosten dürften hälftig dem Kl und hälftig dem Beklagten zu 2) aufzuerlegen sein.
Soweit hinsichtlich des Beklagten zu 1) die Voraussetzungen des § 93 nicht vorliegen, kann zumindest iRd Abs. 3 berücksichtigt werden, ob durch die streitige Entscheidung besondere Kosten entstanden sind.

5 **E. Kostentrennung.** Nach Abs 3 kann das Gericht die Kosten besonderer Angriffs- oder Verteidigungsmittel austrennen, wenn diese von einem oder mehreren – aber nicht allen Streitgenossen – geltend gemacht worden sind.
Beispiel: Die Kosten des Rechtsstreits tragen die Beklagten mit Ausnahme der Kosten des Sachverständigen X, die der Beklagte zu 1) alleine trägt.
Die Vorschrift des Abs 3 ähnelt der des § 96. Zu beachten ist allerdings, dass es sich im Fall des § 96 um ein erfolgloses Angriffs- oder Verteidigungsmittel handeln muss, während nach Abs 3 auch die Kosten erfolgreicher Angriffs- und Verteidigungsmittel ausgetrennt werden können.
Auch wenn der Wortlaut insoweit missverständlich ist, ist diese Kostentrennung vom Gericht aussprechen, also ausdrücklich anzuordnen. Es ist nicht Sache der Kostenfestsetzungsbeamten, die Kosten solcher besonderen Angriffs- und Verteidigungsmittel auszutrennen. Es muss sich also aus dem Kostentenor ergeben, dass ein oder mehrere Streitgenossen bestimmte Kosten vorab zu tragen haben. Fehlt eine solche Entscheidung, kann dieses Versäumnis im Kostenfestsetzungsverfahren nicht geheilt werden.
Möglich ist es auch, mehreren Beteiligten die Kosten eines Angriffs- oder Verteidigungsmittel aufzuerlegen, die nur diese Beteiligten vorgebracht haben. Soweit die Voraussetzungen des Abs 4 vorliegen, haften die

Beteiligten dann als Gesamtschuldner; anderenfalls haften sie für die Kosten des Angriffs- oder Verteidigungsmittels kopftanteilig (Abs 1).
Beispiel: Der Kostentenor lautet: Die Kosten des Rechtsstreits tragen die Beklagten; die Kosten der Beweisaufnahme vom ... tragen die Beklagten zu 1) und 2).
Sind die Beklagten zu 1) und 2) in der Hauptsache gesamtschuldnerisch verurteilt worden, haften sie auch für die ausgetrennten Kosten der Beweisaufnahme als Gesamtschuldner. Sind sie nicht als Gesamtschuldner verurteilt, dann haften sie nach Abs 1 für die ausgetrennten Kosten der Beweisaufnahme kopfanteilig.
Übersieht das Gericht, solche Mehrkosten auszutrennen, kann dies nicht im Kostenfestsetzungsverfahren korrigiert werden. Es ist Sache des jeweiligen beklagten Streitgenossen, bei der Kostengrundentscheidung auf eine Anwendung des Abs 3 rechtzeitig hinzuwirken (KG Beschl v 19.10.11 – 5 W 220/11, 5 W 221/11, juris).

F. Unterschiedliches Obsiegen und Unterliegen. Obsiegen und unterliegen Streitgenossen nicht einheit- 6
lich, sondern unterschiedlich, gilt zunächst einmal nicht § 100. Die Kostenquotierung richtet sich vielmehr nach § 92 I. Das anteilige Obsiegen und Unterliegen ist zu berücksichtigen. Gleichwohl spielt § 100 aber auch in die Kostenentscheidung herein, nämlich soweit ein Teil der Streitgenossen wiederum einheitlich unterliegt oder gesamtschuldnerisch. Letztlich läuft die Kostenentscheidung dann auf eine Kombination von § 92 und § 100 hinaus.
In der Praxis werden solche Fälle nach der sog Baumbachœchen Formel gelöst. Die hiergegen häufig vorgebrachte Kritik ist unzutreffend. Mit der Baumbachœchen Formel lässt sich in jedem Fall ein gerechtes Ergebnis finden, das das anteilige Obsiegen und Unterliegen exakt berücksichtigt. Daher hat sich diese Berechnung in der Praxis auch bewährt und wird fast nahezu einhellig angewandt.
Die Baumbachœche Formel beruht auf folgender Erwägung: Um das anteilige Obsiegen und Unterliegen zu erfassen, werden die Werte aller Prozessrechtsverhältnisse zusammengerechnet, so dass sich dann der Gesamtwert aller »Angriffe« ergibt. Dieser Gesamtwert liegt idR über dem Streitwert, da beim Streitwert gleich gerichtete Angriffe, also solche mit identischem Gegenstand nicht zusammengerechnet werden.
Hat man dann den Gesamtangriffswert ermittelt, so ist im nächsten Schritt festzustellen, inwieweit der einzelne Beteiligte an den jeweiligen »Angriffen« beteiligt war. Als nächstes ist dann noch festzustellen, inwieweit der Beteiligte an den ihn betreffenden Anteilen obsiegt hat bzw unterlegen war. Am besten lässt sich dies an Hand von Beispielen verdeutlichen:
Beispiel 1:
Der Kl klagt gegen den Beklagten zu 1) auf Zahlung von 10.000 € und gegen den Beklagten zu 2) auf Zahlung von 5.000 € (keine gesamtschuldnerische Haftung). Der Klage gegen den Beklagten zu 1) wird stattgegeben; die Klage gegen den Beklagten zu 2) wird abgewiesen.
Nunmehr ist nach den Gerichtskosten und den Kosten der Beteiligten zu differenzieren, wobei jeweils zu berücksichtigen ist, inwieweit die Beteiligten am Gesamtwert beteiligt waren.
Der Gesamtwert aller »Angriffe« beläuft sich für die Gerichtskosten und den Kl auf 15.000 €. Der Kl war davon mit einem Anteil von 5.000 € unterlegen, da die Klage gegen den Beklagten zu 2) abgewiesen ist.
Der Gesamtwert aller Angriffe betreffend den Beklagten zu 1) belief sich auf 10.000 €. Insoweit war er in vollem Umfang unterlegen, da er insoweit verurteilt worden ist.
Der Gesamtwert aller Angriffe betreffend den Beklagten zu 2) belief sich auf 5.000 €. Er war insoweit nicht unterlegen.
Dies ergibt dann folgende Berechnung:

	Gerichtskosten	Kl	Bekl zu 1)	Bekl zu 2)
Gesamtwert der beteiligten Prozessrechtsverhältnisse	15.000	15.000	10.000	5.000
Unterliegen Kl	5.000	5.000	0	5.000
Unterliegen Bekl zu 1)	10.000	10.000	10.000	0
Unterliegen Bekl zu 2)	0	0	0	0

In einfachen Brüchen ergibt dies:

	Gerichtskosten	Kl	Bekl zu 1)	Bekl zu 2)
Unterliegen Kl	1/3	1/3	0	1/1
Unterliegen Bekl zu 1)	2/3	2/3	1/1	0
Unterliegen Bekl zu 2)	0	0	0	0
Gesamt	3/3	3/3	1/1	1/1

Die Kostenentscheidung lautet also wie folgt: Von den Gerichtskosten und den Kosten des Klägers tragen der Kl 1/3 und der Beklagte zu 1) 2/3. Die Kosten des Beklagten zu 1) trägt dieser selbst. Die Kosten des Beklagten zu 2) trägt der Kl.

Beispiel 2:

Der Kl klagt wiederum gegen den Beklagten zu 1) auf Zahlung von 10.000 € und gegen den Beklagten zu 2) auf Zahlung von 5.000 € (Keine Gesamtschuld). Der Beklagte wird verurteilt, 7.500 € zu zahlen, der Beklagte zu 2) wird verurteilt, 2.500 € zu zahlen.

Der Wert der Gesamtansprüche beläuft sich auch hier auf 15.000 €. Die Gerichtskosten berechnen sich wiederum nach 15.000 €, ebenso die Kosten des Klägers. Die Kosten des Beklagten zu 1) berechnen sich nach 10.000 € und die des Beklagten zu 2) nach 5.000 €. Das jeweilige Unterliegen berechnet sich wie folgt:

	Gerichtskosten	Kl	Bekl zu 1)	Bekl zu 2)
Gesamtwert der beteiligten Prozessrechtsverhältnisse	15.000	15.000	10.000	5.000
Unterliegen Kl	5.000	5.000	2.500	2.500
Unterliegen Bekl zu 1)	7.500	7.500	7.500	0
Unterliegen Bekl zu 2)	2.500	2.500	0	2.500

In einfachen Brüchen ergibt dies:

	Gerichtskosten	Kl	Bekl zu 1)	Bekl zu 2
Unterliegen Kl	1/3	1/3	1/4	1/2
Unterliegen Bekl zu 1)	2/3	2/3	3/4	0
Unterliegen Bekl zu 2)	0	0	0	1/2
Gesamt	3/3	3/3	4/4	2/2

Die Kostenentscheidung müsste wie folgt lauten: Die Gerichtskosten und die Kosten des Klägers tragen der Kl zu 1/3 und der Beklagte zu 1) zu 2/3. Von den Kosten des Beklagten zu 1) trägt der Kl 1/4, iÜ trägt der Beklagte zu 1) seine Kosten selbst. Von den Kosten des Beklagten zu 2) trägt der Kl 1/2, im übrigen trägt der Beklagte zu 2) seine Kosten selbst.

Beispiel 3:

Der Kl klagt gegen die Beklagten zu 1), 2) und 3) auf Zahlung von 10.000 € als Gesamtschuldner. Die Beklagten zu 1) und 2) werden gesamtschuldnerisch verurteilt 6.000 € zu zahlen. Im Übrigen wird die Klage abgewiesen.

Der Gesamtwert der Angriffe beläuft sich jetzt für die Gerichtskosten und den Kl auf 30.000 €, da der Kl von jedem der Beklagten 10.000 € verlangt. Der Gesamtwert der Angriffe für jeden Beklagten beläuft sich dagegen jeweils nur auf 10.000 €.

Der Kl unterliegt gegen jeden der verklagten Gesamtschuldner zu 1) und 2) mit 4.000 €, und gegen den Beklagten zu 3) mit 10.000 €, insgesamt also mit 18.000 €. Die Beklagten zu 1) und 2) unterliegen jeweils nur iHv 6.000 €. Der Beklagte zu 3) unterliegt gar nicht. Dies ergibt dann folgende Anteile:

	Gerichtskosten	Kl	Bekl zu 1)	Bekl zu 2)	Bekl zu 3
Gesamtwert der beteiligten Prozessrechtsverhältnisse	30.000	30.000	10.000	10.000	10.000
Unterliegen Kl	18.000	18.000	4.000	4.000	10.000
Unterliegen Bekl zu 1)	6.000	6.000	6.000	0	0
Unterliegen Bekl zu 2)	6.000	6.000	0	6.000	0
Unterliegen Bekl zu 3)	0	0	0	0	0

In einfachen Brüchen ergibt dies:

	Gerichtskosten	Kl	Bekl zu 1)	Bekl zu 2)	Bekl zu 3
Unterliegen Kl	3/5	3/5	4/10	4/10	10
Unterliegen Bekl zu 1)	1/5	1/5	3/10	3/10	0
Unterliegen Bekl zu 2)	1/5	1/5	3/10	3/10	0
Unterliegen Bekl zu 3)	0	0	0	0	0
Gesamt	5/5	5/5	10/10	10/10	10/10

Nunmehr muss noch die gesamtschuldnerische Haftung berücksichtigt werden. Die Beklagten zu 1) und 2) sind gesamtschuldnerisch verurteilt, also haften sie auch als Gesamtschuldner für die Kosten (Abs 4). Das bedeutet, dass ihre Anteile zusammengerechnet werden. Sie haften also für die Gerichtskosten und für die Kosten des Klägers zu 2/5 als Gesamtschuldner.
Da die Zusammenrechnung der Gesamtschuldner Schwierigkeiten bereiten kann, ist es zweckmäßig, die Gesamtschuldnerschaft bereits bei der Berechnung zu berücksichtigen und bei den einzelnen Anteilen danach zu differenzieren, inwieweit die Beklagten alleine und inwieweit sie als Gesamtschuldner haften:

	Gerichtskosten	Kl	Bekl zu 1)	Bekl zu 2)	Bekl zu 3)
Gesamtwert der beteiligten Prozessrechtsverhältnisse	30.000	30.000	10.000	10.000	10.000
Unterliegen Kl	18.000	18.000	4.000	4.000	10.000
Unterliegen Beklagte zu 1) und 2) als Gesamtschuldner	12.000	12.000	0	0	0
Unterliegen Bekl zu 1) alleine	0	0	6.000	0	0
Unterliegen Bekl zu 2) alleine	0	0	0	6.000	0
Unterliegen Bekl zu 3) alleine	0	0	0	0	0

In einfachen Brüchen ergibt dies:

	Gerichtskosten	Kl	Bekl zu 1)	Bekl zu 2)	Bekl zu 3)
Unterliegen Kl	3/5	3/5	4/10	4/10	10
Unterliegen Beklagte zu 1) und 2) als Gesamtschuldner	2/5	2/5	0	0	0
Unterliegen Bekl zu 1) alleine	0	0	6/10	0	0
Unterliegen Bekl zu 2) alleine	0	0	0	6/10	0
Unterliegen Bekl zu 3) alleine	0	0	0	0	0
Gesamt	**5/5**	**5/5**	**10/10**	**10/10**	**10/10**

Die Kostenentscheidung wird wie folgt lauten: Die Gerichtskosten und die Kosten des Klägers trägt der Kl zu 3/5 und die Beklagten zu 1) und 2) zu 2/5 als Gesamtschuldner. Die Kosten der Beklagten zu 1) und 2) trägt der Kl jeweils zu ⁴⁄₁₀, im übrigen tragen die Beklagten zu 1) und 2) ihre Kosten selbst. Die Kosten des Beklagten zu 3) trägt der Kl in voller Höhe.

Beispiel 4:

Der Kl klagt auf Zahlung von 10.000 € gegen die Beklagten zu 1), 2) und 3) als Gesamtschuldner. Die drei Beklagten werden gesamtschuldnerisch verurteilt 2.000 € zu zahlen. Die Beklagten zu 2) und 3) werden darüber hinaus gesamtschuldnerisch verurteilt, weitere 4.000 € (also insgesamt 6.000 €) zu zahlen.

Der Gesamtwert der Angriffe beläut sich auch hier auf 30.000 €.

Der Kl ist davon mit 16.000 € unterlegen, nämlich 4.000 € gegen den Beklagten zu 1) und 4.000 € gegen den Beklagten zu 2) und iHv 8.000 € gegen den Beklagten zu 3).

Die Beklagten zu 1 und 2 sind gesamtschuldnerisch unterlegen iHv 8.000 € (nämlich 4.000 € + 4.000 €). Alle drei Beklagten sind darüber hinaus gesamtschuldnerisch unterlegen iHv 6.000 € (nämlich 2.000 € und 2.000 € und 2.000 €).

	Gerichtskosten	Kl	Bekl zu 1)	Bekl zu 2)	Bekl zu 3)
Gesamtwert	30.000	30.000	10.000	10.000	10.000
Unterliegen Kl	16.000	16.000	4.000	4.000	8.000
Unterliegen Beklagte zu 1) und 2) als Gesamtschuldner	8.000	8.000	0	0	0
Unterliegen Beklagte zu 1), 2), 3) als Gesamtschuldner	6.000	6.000	0	0	0
Unterliegen Bekl zu 1) alleine	0	0	6.000	0.000	0.000
Unterliegen Bekl zu 2) alleine	0	0	0	6.000	0
Unterliegen Bekl zu 3) alleine	0	0	0	0	2.000

In einfachen Brüchen ergibt dies:

	Gerichtskosten	Kl	Bekl zu 1)	Bekl zu 2)	Bekl zu 3)
Unterliegen Kl	⁶⁄₁₀	⁶⁄₁₀	⁴⁄₁₀	⁴⁄₁₀	⁸⁄₁₀
Unterliegen Beklagte zu 1) und 2) als Gesamtschuldner	⁸⁄₃₀	⁸⁄₃₀	0	0	0
Unterliegen Beklagte zu 1), 2), 3) als Gesamtschuldner	⁶⁄₃₀	⁶⁄₃₀	0	0	0
Unterliegen Bekl zu 1) alleine	⁰⁄₃₀	⁰⁄₃₀	⁶⁄₁₀	0	0
Unterliegen Bekl zu 2) alleine	⁰⁄₃₀	⁰⁄₃₀	0	⁶⁄₁₀	0
Unterliegen Bekl zu 3) alleine	⁰⁄₃₀	⁰⁄₃₀	0	0	²⁄₁₀
Gesamt	³⁰⁄₃₀	³⁰⁄₃₀	¹⁰⁄₁₀	¹⁰⁄₁₀	¹⁰⁄₁₀

Die Kostenentscheidung würde dann wie folgt lauten:

Von den Gerichtskosten und den Kosten des Klägers trägt der Kl ¹⁶⁄₃₀, ⁸⁄₃₀ tragen die Beklagten als Gesamtschuldner und weitere ⁶⁄₃₀ die Beklagten zu 1) und 2) als Gesamtschuldner. Die Kosten der Beklagten zu 1) und 2) trägt der Kl jeweils zu ⁴⁄₁₀, im übrigen tragen die Beklagten zu 1) und 2) ihre Kosten selbst. Die Kosten des Beklagten zu 3) trägt der Kl iHv ⁸⁄₁₀, im übrigen trägt der Beklagte zu 3) seine Kosten selbst.

Beispiel 5:

Der Kl klagt auf Zahlung von 10.000 € gegen die drei Beklagten zu 1), 2) und 3) als Gesamtschuldner. Der Beklagte zu 1) erhebt Widerklage gegen den Kl und Drittwiderklage gegen einen Drittwiderbeklagten als Gesamtschuldner auf Zahlung von 5.000 €. Die drei Beklagten werden gesamtschuldnerisch verurteilt 5.000 € zu zahlen. Der Kl und der Drittwiderbeklagte werden als Gesamtschuldner verurteilt 2.500 € zu zahlen.

Für die Gerichtskosten beläuft sich die Summe aller Prozessrechtsverhältnisse auf 3 x 10.000 (Klage) und 2 x 5.000 € (Widerklage), insgesamt somit 40.000 €.

Für den Kl beläuft sich die Summe aller Prozessrechtsverhältnisse auf 3 x 10.000 (Klage) und 5.000 € (Widerklage), insgesamt somit 35.000 €.
Für den Beklagten zu 1) beläuft sich die Summe aller Prozessrechtsverhältnisse auf 10.000 € (Klage) und 5.000 € (Widerklage), insgesamt somit 15.000 €.
Für die Beklagten zu 2) und 3) beträgt die Summe aller Prozessrechtsverhältnisse jeweils nur 10.000 € (Klage)
Der Drittwiderbeklagte ist wiederum nur mit 5.000 € beteiligt
Der Kl ist unterlegen iHv 3 x 5.000 € (Klage) und iHv 2.500 € (Widerklage), insoweit allerdings gesamtschuldnerisch mit dem Drittwiderbeklagten.
Der Beklagte zu 1) ist unterlegen iHv 5.000 € (Klage), und zwar gesamtschuldnerisch mit den Beklagten zu 2) und 3) und weitere 2 x 5.000 € (Widerklage), insoweit alleine.
Die Beklagten zu 2) und 3) sind gesamtschuldnerisch unterlegen iHv 5.000 €.
Der Drittwiderbeklagte Kl ist unterlegen iHv 2.500 € (Widerklage), insoweit allerdings gesamtschuldnerisch mit dem Kl.
Dies ergibt folgende Verteilung:

	Gerichtskosten	Kl	Bekl zu 1)	Bekl zu 2)	Bekl zu 3)	Drittwiderbeklagter
Gesamtwert	40.000	35.000	20.000	10.000	10.000	5.000
Unterliegen Kl	17.500	17.500	7.500	5.000	5.000	0
Unterliegen Drittwiderbeklagter	2.500	0	2.500	0	0	2.500
Unterliegen Bekl zu 1)	10.000	7.500	10.000	0.000	0.000	2.500
Unterliegen Bekl zu 2)	5.000	5.000	0	5.000	0	0
Unterliegen Bekl zu 3)	5.000	5.000	0	0	5.000	0

In einfachen Brüchen ergibt dies:

	Gerichtskosten	Kl	Bekl zu 1)	Bekl zu 2)	Bekl zu 3)	Drittwiderbeklagter
Gesamtwert	40.000	35.000	20.000	10.000	10.000	5.000
Unterliegen Kl	17,5/40	17,5/35	7,5/20	5/10	5/10	0
Unterliegen Drittwiderbeklagter	2,5/40	0/35	2,5/20	0	0	2,5/5
Unterliegen Bekl zu 1)	10/40	17,5/35	10/20	0	0	2,5/5
Unterliegen Bekl zu 2)	5/40	5/35	0/20	5/10	5/10	0
Unterliegen Bekl zu 3)	5/10	5/35	0/20	0	0	0
Gesamt	40/40	35/35	20/20	10	10	5/5

Übersichtlicher ist die Darstellung, wenn man von vornherein die gesamtschuldnerische Haftung nach Abs 4 mit berücksichtigt

	Gerichtskosten	Kl	Bekl zu 1)	Kosten Bekl zu 2)	Bekl zu 3)	Drittwiderbeklagter
Gesamtwert	40.000	35.000	20.000	10.000	10.000	5.000
Unterliegen Kl alleine	15.000	17.500	5.000	5.000	5.000	0
Unterliegen Drittwiderbeklagter alleine	0	0	0	0	0	2.500

Unterliegen Kl und Drittwiderbeklagter als Gesamtschuldner	5.000		5.000	0	0	0
Unterliegen Beklagte zu 1), 2) und 3) als Gesamtschuldner	15.000	15.000	0	0	0	0
Unterliegen Bekl zu 1) alleine	5.000	2.500	10.000	0	0	2.500
Unterliegen Bekl zu 2) alleine	0	0	0	5.000	0	0
Unterliegen Bekl zu 3) alleine	0	0	0	0	5.000	0

In einfachen Brüchen ergibt dies:

	Gerichtskosten	Kosten Kl	Kosten Bekl zu 1)	Kosten Bekl zu 2)	Kosten Bekl zu 3)	Drittwiderbeklagter
Gesamtwert	40.000	35.000	20.000	10.000	10.000	5.000
Unterliegen Kl alleine	3/8	17,5/34 (= 1/2)	1/4	1/2	1/2	0
Unterliegen Drittwiderbeklagter alleine	0	0	0	0	0	1/2
Unterliegen Kl und Drittwiderbeklagter als Gesamtschuldner	1/8		1/4	0	0	0
Unterliegen Beklagte zu 1), 2) und 3) als Gesamtschuldner	3/8	6/14 (= 3/7)	0	0	0	0
Unterliegen Bekl zu 1) alleine	1/8	1/14	1/2	0	0	1/2
Unterliegen Bekl zu 2) alleine	0	0	0	1/2	0	0
Unterliegen Bekl zu 3) alleine	0	0	0	0	1/2	0
Gesamt	8/8	35/35	4/4	2/2	2/2	2/2

Die Kostenentscheidung würde dann wie folgt lauten:
Von den Gerichtskosten tragen Kl und die Beklagten, diese insoweit gesamtschuldnerisch haftend jeweils 3/8 und der Beklagte zu 1) sowie der Drittwiderbeklagte zu jeweils einem weiteren 1/8.
Von den Kosten des Klägers trägt dieser selbst 1/2 die Beklagten als Gesamtschuldner weitere 3/7 und der Beklagte zu 1) ein weiteres 1/7 alleine.
Die Kosten des Beklagten zu 1) trägt der Kl zu 1/4 alleine und der Kl sowie der Drittwiderbeklagte gesamtschuldnerisch iHv einem weiteren 1/4. Im Übrigen trägt der Beklagte zu 1) seine Kosten selbst.
Die Kosten der Beklagten zu 2) und 3) trägt der Kl jeweils zu 1/2, iÜ tragen die Beklagten zu 2) und 3) ihre Kosten selbst.
Die Kosten des Drittwiderbeklagten trägt Beklagte zu 1) zur Hälfte; iÜ trägt der Drittwiderbeklagte seine Kosten selbst.

7 **G. Umsatzsteuerprobleme.** Die Frage unterschiedlicher Vorsteuerabzugsberechtigung bei mehreren Streitgenossen ist nicht iRd Kostenentscheidung, sondern in Rahmen der Kostenfestsetzung nach §§ 103 ff. zu berücksichtigen. Die Frage der (anteiligen) Ersatttung der Umsatzsteuer ist eine Frage der Notwendigkeit nach § 91. Ist ein Teil der obsiegenden Streitgenossen vorsteuerabzugsberechtigt, der andere Teil nicht,

kommt es bzgl. einer Erstattung der Umsatzsteuerbeträge darauf an, wer im Innenverhältnis der Streitgenossen welche Kosten tragen muss. Hat danach der zum Vorsteuerabzug berechtigte Streitgenosse im Innenverhältnis die gesamten außergerichtlichen Kosten der anderen Streitgenossen zu tragen, kann keine Umsatzsteuer auf die Kosten des Prozessbevollmächtigten der Streitgenossen bei der Kostenausgleichung berücksichtigt werden (Brandbg AGS 11, 155).

§ 101 Kosten einer Nebenintervention. **(1) Die durch eine Nebenintervention verursachten Kosten sind dem Gegner der Hauptpartei aufzuerlegen, soweit er nach den Vorschriften der §§ 91 bis 98 die Kosten des Rechtsstreits zu tragen hat; soweit dies nicht der Fall ist, sind sie dem Nebenintervenienten aufzuerlegen.**
(2) Gilt der Nebenintervenient als Streitgenosse der Hauptpartei (§ 69), so sind die Vorschriften des § 100 maßgebend.

Inhaltsübersicht

	Rz
A. Überblick	1
B. Die Kostenentscheidung	2
I. Überblick	2
II. Pflicht zur Entscheidung	3
III. Form der Entscheidung	4
IV. Der Inhalt der Kostenentscheidung	5
1. Überblick	5
2. Kostenverteilung	6
a) Überblick	6
b) Volles Obsiegen oder Unterliegen (§ 91 I)	7
c) Erledigung der Hauptsache (§ 91a)	8
d) Teilweises Obsiegen und Unterliegen (§ 92)	9
e) Anerkenntnis (§ 93)	10
f) Fälle der Kostentrennung nach den §§ 94, 95, 96	11
g) Rechtsmittel (§ 97)	12
h) Vergleich (§ 98)	13
i) Klagerücknahme (§ 269)	14
j) Mehrkosten vor dem unzuständigen Gericht (§ 281)	15
k) Kosten der Säumnis (§ 344)	16
l) Kosten bei Rechtsmittelrücknahme (§§ 516 III, 565)	17
V. Umfang des Beitritts	18
1. Beitritt hinsichtlich des gesamten Streitgegenstands	18
2. Teilweiser Beitritt	19
VI. Rücknahme des Beitritts	20
VII. Wechsel der Unterstützung	21
C. Kosten der Nebenintervention	22
D. Rechtsmittel des Nebenintervenienten	23
E. Rechtsbehelfe und Rechtmittel bei unterbliebener Kostenentscheidung	24
I. Berichtigung	24
II. Ergänzung	25
III. Gehörsrüge	26
IV. Beschwerde	27
IV. Abänderung von Amts wegen im Rechtmittelverfahren	28
F. Anfechtung	29
G. Kostenfestsetzung	30
H. Streitgenössische Nebenintervention	31

A. Überblick. Die Vorschrift § 101 regelt ausschließlich die Kostenentscheidung bei einer **einfachen**, also einer **unselbständigen Nebenintervention** (§ 67). Auf die **streitgenössische Nebenintervention** (§ 69) ist Abs 1 nicht anwendbar. Insoweit gilt die Vorschrift des § 100 II (s. Rz 31). 1

Die Kosten einer einfachen (unselbständigen) Nebenintervention gehören nicht zu den Kosten des Rechtsstreits, da der Nebenintervenient – auch im Falle seines Beitritts – nicht Partei wird. Daher muss über seine Kosten gesondert entschieden werden. Da die §§ 91 ff unmittelbar nur für die Kostenverteilung zwischen den Parteien gelten, ist eine gesonderte gesetzliche Regelung für die Kostenverteilung erforderlich. Diese ist in Abs 1 enthalten.

Nach Abs 1 Hs 1 gilt der Grundsatz der so genannten »**Kostenparallelität**«: Der Kostenerstattungsanspruch des Nebenintervenienten ist grds abhängig vom Kostenerstattungsanspruch, der von ihm unterstützten Hauptpartei. Soweit keine Erstattung in Betracht kommt, trägt der Nebenintervenient seine Kosten selbst (Abs 1 Hs 2).

Hat das Gericht die Kosten zwischen den Hauptparteien gegeneinander aufgehoben (§ 92 I 2) oder haben die Parteien vereinbart, dass die Kosten des Rechtsstreits gegeneinander aufgehoben werden, dann gilt dies auch für den Nebenintervenienten. Dieser hat dann ebenfalls seine eigenen Kosten selbst zu tragen. Das folgt aus dem Grundsatz der Kostenparallelität. Bei Aufhebung der Kosten hat die Hauptpartei einen

Erstattungsanspruch nur wegen evtl gezahlter Gerichtskosten. Im Übrigen hat sie keinen Erstattungsanspruch. Das gilt dann auch für den Nebenintervenienten. Soweit er ausnahmsweise Gerichtskosten vorgelegt haben sollte, könnte er von der Gegenpartei hälftige Erstattung verlangen. Im Übrigen trägt er seine Kosten selbst (Abs 1 Hs 2). Die frühere gegenteilige Auffassung, wonach der Streithelfer bei Aufhebung der Kosten einen Kostenerstattungsanspruch iHv 50 % erhalten sollte, hat der BGH in einer Grundsatzentscheidung in Abkehr der bisherigen Rechtsprechung abgelehnt, so dass diese Auffassung nicht mehr vertretbar ist (BGH NJW 03, 1948 = JurBüro 03, 537).

Dem Nebenintervenienten können keine Kosten anderer Verfahrensbeteiligter auferlegt werden, ausgenommen bei eigenem Rechtsmittel (§ 66 II), s. Rz 12, oder ggf bei eigenen Angriffs- und Verteidigungsmitteln, s. Rz 11.

Erstattungsschuldner für die Kosten des Nebenintervenienten kann nach Abs 1 nur die **Gegenpartei** der vom Nebenintervenienten unterstützten Hauptpartei sein (zum Wechsel der unterstützten Partei s. Rz 21). Eine Erstattungspflicht der Hauptpartei ggü dem Nebenintervenienten kommt nicht in Betracht. Eine solche Erstattungspflicht kann allerdings vertraglich – etwa im Wege eines Vergleichs – geregelt werden. Möglich sind auch materiell-rechtliche Kostenerstattungsansprüche, die aber gesondert geltend zu machen sind.

Die Vorschrift des Abs 1 regelt allerdings nur, wer die durch eine einfache (unselbständige) Nebenintervention verursachten Kosten zu tragen hat. Sie hat dagegen keine Bedeutung für die Kosten des Rechtsstreits. Über diese ist nach den allgemeinen Vorschriften zu entscheiden.

2 **B. Die Kostenentscheidung. I. Überblick.** Kosten der Nebenintervention sind nicht Kosten des Rechtsstreits, da der Nebenintervenient – selbst im Falle seines Beitritts – nicht Partei wird, so dass **gesondert über seine Kosten entschieden** werden muss.

Erforderlich ist ein **wirksamer Beitritt** des Nebenintervenienten. Dazu gehört nicht nur, dass der Beitritt erklärt wird; der Beitretende muss auch erklären, auf wessen Seite er beitritt. Ohne wirksamen Beitritt darf keine Kostenentscheidung ergehen (Karlsr OLGR 07, 1000).

Eine Entscheidung über die durch eine Nebenintervention auf Seiten des Antragsgegners verursachten Kosten ist in einem selbstständigen Beweisverfahren nicht möglich, wenn der Antragsteller Hauptsacheklage gegen den Antragsgegner erhoben hat. Eine Entscheidung über die durch die Nebenintervention verursachten Kosten ist im Beweisverfahren dann unzulässig. Dazu reicht es bei einem Beitritt auf Seiten mehrerer Antragsgegner aus, dass Klage gegen einen Antragsgegner erhoben worden ist. Über die Kosten der Streithilfe ist im Hauptsacheverfahren in entsprechender Anwendung von § 101 I zu entscheiden (BGH NJW 09, 3240 = JurBüro 10, 45).

Ist der Nebenintervenient nur im **vorangegangenen selbständigen Beweisverfahren** beigetreten, ohne dass im Hauptsacheverfahren eine erneute Streitverkündung erfolgt ist, und ist der Streithelfer des selbständigen Beweisverfahrens dem Hauptsacheverfahren auch nicht gem § 66 beigetreten, muss in der das Hauptsacheverfahren abschließenden Entscheidung über die dem Nebenintervenienten entstandenen Kosten des Beweisverfahrens entschieden werden. Über die Kosten des Nebenintervenienten im Hauptsacheverfahren darf dagegen nicht entschieden werden (Celle OLGR 03, 354 = NJW-RR 03, 1509).

3 **II. Pflicht zur Entscheidung.** Über die Kosten der Nebenintervention **muss** entschieden werden. Die Entscheidung über die Kosten der Nebenintervention ergeht **von Amts wegen** (§ 308 II). Ein Antrag ist nicht erforderlich. Gleichwohl schadet es nicht, das Gericht an seine Pflicht zur Entscheidung über die Kosten der Nebenintervention zu erinnern, da in der Praxis diese Entscheidung häufig übersehen wird.

Im Rahmen der Kostenentscheidung nach Abs 1 ist nicht zu prüfen, ob der Beitritt des Nebenintervenienten prozessual zulässig war. Über die Frage der Zulässigkeit ist iRe Zwischenstreits gem § 71 zu befinden, nicht aber iRd Kostenentscheidung.

Erklärt der Nebenintervenient seinen Beitritt erst **nach Schluss der mündlichen Verhandlung**, aber noch vor dem Verkündungstermin, so soll es nicht möglich sein, die Kosten des Nebenintervenienten dem Gegner aufzuerlegen, jedenfalls nicht, wenn sich der Beitritt als rechtmissbräuchlich darstellt (Ddorf KostRsp ZPO § 101 Nr 28). Das ist unzutreffend. Da ein Beitritt auch noch nach mündlicher Verhandlung möglich ist (§ 66 II), muss folglich auch eine entsprechende Kostenentscheidung getroffen werden. Es bleibt dann vielmehr dem Kostenfestsetzungsverfahren überlassen, festzustellen, welche Kosten nach Beitritt überhaupt noch entstanden sind und inwieweit sie notwendig (§ 91 I) oder mutwillig und schikanös waren.

Nach Zweibrücken (Beschl v 7.8.06–4 U 63/05) soll eine Kostenentscheidung auch dann nicht in Betracht kommen, wenn ein erstinstanzlich beigetretener Nebenintervenient sich am Berufungsverfahren erst zu

einem Zeitpunkt beteiligt, in dem der Kl seine Berufung bereits zurückgenommen hat. Auch das ist unzutreffend. Der wirksam erklärte Beitritt in 1. Instanz, wirkt in der Rechtsmittelinstanz fort, so dass eine Kostenentscheidung zu erlassen ist. Ob sich dann Kosten ergeben, oder ob gar keine Kosten angefallen sind, weil der Nebenintervenient sich erst später zur Akte meldet, ist eine Frage der Kostenerstattung. Dabei sei darauf hingewiesen, dass das »Melden zur Akte« unerheblich ist. Kosten können für ihn auch dann entstehen, wenn sein Anwalt den Prozess nur beobachtet und keine Veranlassung sieht, einzuschreiten.
Zu **Rechtsbehelfen** und **Rechtsmitteln** bei fehlender Entscheidung über die Kosten der Nebenintervenienten s.u. Rz 24 ff.

III. Form der Entscheidung. Die Entscheidung über die Kosten der Nebenintervention hat im **Urteil** zu ergehen oder, wenn über die Kosten gesondert durch Beschl entschieden wird (zB nach §§ 91a, 269 III 2), im Beschl. Sie kann ggf im Wege der **Berichtigung** (§ 319) oder Ergänzung (§ 321) nachgeholt werden (s. Rz 24, 25). Haben die Parteien einen Vergleich geschlossen, ohne darin die Kosten der Nebenintervention zu regeln oder haben sie nach einer Erledigung der Hauptsache auf eine Kostenentscheidung verzichtet, muss das Gericht über die Kosten des Nebenintervenienten einen **gesonderten Beschluss** analog § 91a fassen. 4
Die Entscheidung über die Kosten der Nebenintervention kann in der Kostenentscheidung zur Hauptsache enthalten sein.
Beispiel: Die Kosten des Rechtsstreits und des Nebenintervenienten trägt der Beklagte.
Das Gericht kann aber auch die Kostenentscheidung von der Entscheidung über die Kosten des Rechtsstreits loslösen. Dies ist insb dann angebracht, wenn unterschiedliche Quoten auszusprechen sind (Rz 19).
Beispiel: Von den Kosten des Rechtsstreits tragen der Kl 75 % und die Beklagte 25 %. Die Kosten des Nebenintervenienten trägt der Kl.
Dass der Nebenintervenient seine Kosten selbst trägt, soweit sie nicht der Gegenpartei auferlegt worden sind, muss nicht unbedingt mit ausgesprochen werden. Der Klarheit halber bietet sich das jedoch an.
Beispiel: Die Kosten des Rechtsstreits trägt der Kl. Die Kosten des Nebenintervenienten trägt dieser selbst.

IV. Der Inhalt der Kostenentscheidung. 1. Überblick. Über die Kosten der Nebenintervention muss **ausdrücklich entschieden** werden. Eine Kostenentscheidung lediglich über die Kosten des Rechtsstreits genügt nicht. Sie kann grds nicht Festsetzungsgrundlage nach § 103 I für die Kosten des Nebenintervenienten sein. Eine solche Entscheidung kann grds auch nicht dahingehend ausgelegt werden, dass sie die Kosten des Nebenintervenienten erfasst. Ein solcher Fall kann möglicherweise allenfalls dann gegeben sein, wenn sich aus den Gründen ergibt, dass das Gericht die Kosten der Nebenintervention fehlerhaft als Kosten des Rechtsstreits angesehen und daher von einem ausdrücklichen Ausspruch abgesehen hat. 5
Die Kosten der Nebenintervention können **ausschließlich dem Gegner** der vom Nebenintervenienten unterstützten Hauptpartei auferlegt werden (Abs 1 Hs 1). Soweit er nicht haftet, trägt der Nebenintervenient seine Kosten selbst (Abs 1 Hs 2).
Eine **Kostenlast des Nebenintervenienten** für Kosten anderer Beteiligter kommt grds nicht In Betracht, jedenfalls nicht nach Abs 1. Eine Kostenpflicht ggü Dritten kann sich allenfalls aus einem Vergleich ergeben, an dem der Nebenintervenient mitgewirkt hat (s. Rz 13) oder aufgrund eines vom Nebenintervenienten nach § 66 II eingelegten eigenen Rechtsmittels (Rz 12), oder wenn er durch eigene Angriffs- oder Verteidigungsmittel besondere Kosten verursacht hat (Rz 11).
Auch die **unterstützte Hauptpartei** kann niemals Kostenschuldner nach Abs 1 sein. Kostenerstattungsansprüche zwischen der unterstützen Hauptpartei und dem Nebenintervenienten können sich allenfalls bei Abschluss eines Vergleichs ergeben, wenn dies vereinbart wird (Rz 13). Darüber hinaus kommen materiellrechtliche Kostenerstattungsansprüche in Betracht, die aber in einem gesonderten Prozess geltend zu machen wären.
Der Streitverkündete hat gegen den Streitverkünder auch dann keinen Kostenerstattungsanspruch aus analoger Anwendung des § 269 für den Fall, dass der Streitverkünder ggü dem Streitverkündeten die Streitverkündung zurücknimmt (Köln NJW-RR 02, 1726 = BauR 03, 599) abgesehen davon, dass die Streitverkündung als Prozesshandlung unwiderruflich ist.

2. Kostenverteilung. a) Überblick. Die durch die Nebenintervention verursachten Kosten sind dem Gegner der Hauptpartei insoweit aufzuerlegen als er nach den Vorschriften der §§ 91–98 die Kosten des Rechtsstreits zu tragen hat. Obwohl nicht erwähnt, gilt dies auch dann, soweit die Gegenpartei nach §§ 269, 281, 344 oder 516 III, 565 die Kosten zu tragen hat. 6

7 **b) Volles Obsiegen oder Unterliegen (§ 91 I).** Soweit die Hauptpartei in voller Höhe obsiegt und der Gegenpartei nach § 91 I die Kosten auferlegt werden, sind auch die Kosten des Nebenintervenienten der Gegenpartei aufzuerlegen. Soweit die unterstützte Hauptpartei in voller Höhe unterlegen ist und nach § 91 I die Kosten zu tragen hat, kommt ein Erstattungsanspruch des Nebenintervernieten gegen den Gegner nicht in Betracht. Der Nebenintervenient trägt dann seine eigenen Kosten selbst (Abs 1 Hs 2).

8 **c) Erledigung der Hauptsache (§ 91a).** Wird von den Hauptparteien die Hauptsache übereinstimmend für erledigt erklärt, hat eine Kostenentscheidung nach § 91a zu ergehen. Diese Kostenentscheidung ist dann auch maßgebend für die Entscheidung über die Kosten der der Nebenintervention. Hebt das Gericht die Kosten der Hauptparteien gegeneinander auf, ist entsprechend gegen den Nebenintervenienten zu entscheiden. Dieser hat also dann seine Kosten nach Abs 1 Hs 2 selbst zu tragen. Er kann lediglich vorgelegte Gerichtskosten erstattet verlangen, sollte er ausnahmsweise solche vorausgezahlt haben. Das Gericht muss hier also überlegen, ob es bei annähernd gleichem Obsiegen oder Unterliegen der Hauptparteien die Kosten gegeneinander aufhebt und damit den an sich gegebenen hälftigen Kostenerstattungsanspruch des Nebenintervenienten ausschließt. In der Regel dürfte es angemessen sein, hier die Kosten hälftig zu teilen, damit der Nebenintervenient einen entsprechenden Kostenerstattungsanspruch erhält. Unzutreffend ist es jedenfalls, die Kosten der Hauptparteien gegeneinander aufzuheben und dem Nebenintervenienten einen Kostenerstattungsanspruch iHv 50 % zuzusprechen. Dies widerspricht dem Grundsatz der Kostenparallelität.

9 **d) Teilweises Obsiegen und Unterliegen (§ 92).** War der Gegner der unterstützten Hauptpartei nur tw unterlegen, so dass eine Kostenquotierung nach § 92 I ergeht, dann sind die Kosten des Nebenintervenienten in Höhe der Erstattungsquote der Hauptpartei dem Gegner aufzuerlegen (Abs 1 Hs 1). Im Übrigen trägt der Nebenintervenient seine Kosten selbst (Abs 1 Hs 2). Er ist in Höhe des Unterliegens der Hauptpartei nicht dem Gegner erstattungspflichtig.

Werden die Kosten des Rechtsstreits gegeneinander aufgehoben, scheidet eine Kostenentscheidung zu Gunsten des Nebenintervenienten aus, weil kein Erstattungsanspruch der Hauptpartei besteht, der Voraussetzung für eine Entscheidung nach Abs 1 Hs 1 ist (s. Rz 5). Soweit die Parteien in etwa gleich erfolgreich und unterlegen waren, muss das Gericht also die Kosten hälftig teilen, wenn es dem Nebenintervenienten einen hälftigen Kostenerstattungsanspruch zukommen lassen will.

Soweit bei teilweisem Unterliegen die Kosten nach § 92 II in voller Höhe der unterstützten Hauptpartei oder in voller Höhe der Gegenpartei auferlegt werden, gilt das auch für die Entscheidung für den Nebenintervenienten.

Zur Möglichkeit unterschiedlicher Kostenquoten für Hauptpartei und Nebenintervenienten s. Rz 19.

10 **e) Anerkenntnis (§ 93).** Werden nach einem Anerkenntnis die Kosten des Verfahrens gem § 93 dem vom Nebenintervenienten unterstütztem Kl auferlegt, dann gilt diese Kostenfolge auch für den Nebenintervenienten. Dies folgt aus der Kostenparallelität sowie daraus, dass Abs 1 ausdrücklich auch auf § 93 verweist. Der Nebenintervenient trägt dann seine Kosten selbst (Abs 1 Hs 2). Dagegen muss der Gegner der Hauptpartei auch die Kosten des Nebenintervenienten nach Abs 1 Hs 1 tragen, wenn ihm die Kosten nach § 93 auferlegt werden.

11 **f) Fälle der Kostentrennung nach den §§ 94, 95, 96.** Soweit eine Kostentrennung nach den §§ 94 – 96 ergeht und der Gegner der unterstützen Hauptpartei danach bestimmte Kosten zu tragen hat, gilt diese Kostenentscheidung auch zugunsten des Nebenintervenienten (Abs 1 Hs 1). Auch dies folgt aus der Kostenparallelität, zumal die §§ 94 – 96 in der Verweisung des Abs 2 nicht ausgenommen sind. Soweit die unterstützte Hauptpartei bestimmte Kosten nach den §§ 94–96 zu tragen hat, trägt der Nebenintervenient die entsprechenden Kosten selbst (Abs 1 Hs 2).

Die gesonderte Auferlegung von ausgetrennten Kosten nach den §§ 94–96 auf den Nebenintervenienten ist dagegen grds nicht möglich, da er nicht Partei ist und die §§ 94, 95 und 96 nur für die Parteien gelten. Soweit der Nebenintervenient Angriffs- und Verteidigungsmittel vorbringt, denen die Hauptpartei nicht widerspricht, werden die dadurch ausgelösten Kosten zu den des Rechtsstreits und sind damit der Hauptpartei aufzuerlegen. Soweit die Hauptpartei den Angriffs- und Verteidigungsmitteln nach § 67 widerspricht, sind solche Handlungen unzulässig und können folglich auch grds keine Kosten auslösen. Soweit ausnahmsweise durch solche unzulässigen Angriffs- und Verteidigungsmittel Kosten ausgelöst werden, etwa bei der vorbereitenden Ladung eines Zeugen, den der Nebenintervenient benannt hat und dessen Vernehmung die Hauptpartei widerspricht, können in analoger Anwendung des § 96 die Kosten dem Nebenintervenienten getrennt auferlegt werden.

g) Rechtsmittel (§ 97). Legt die unterstützte Partei ein Rechtsmittel ein, das erfolglos ist, so dass sie nach § 97 I die Kosten des Rechtsmittels trägt, gilt dies auch für den Nebenintervenienten. Soweit bei einem erfolgreichen Rechtsmittel die Kostenentscheidung nach § 97 II ergeht, gilt auch dies kraft der Kostenparallelität für den Nebenintervenienten (Hamm MDR 94, 311). In beiden Fällen erhält er keinen Erstattungsanspruch, sondern trägt seine Kosten selbst (Abs 1 Hs 2). 12

Legt der Nebenintervenient selbst ein Rechtsmittel ein, wozu er nach § 66 II berechtigt ist, so kann er ausnahmsweise unmittelbar für die Kosten des Rechtsmittelverfahrens haften. Hier ist zu differenzieren:

- Soweit der Nebenintervenient das Rechtsmittel **neben der unterstützten Partei** einlegt, bleibt es dabei, dass die Kosten des Rechtsstreits und damit auch des Rechtsmittels nur der Hauptpartei auferlegt werden können.
- **Beteiligt sich die unterstützte Hauptpartei** dagegen **nicht am Rechtsmittelverfahren**, dann sind dem Nebenintervenienten die Kosten des Rechtsmittelverfahrens alleine aufzulegen, soweit es erfolglos war (§ 97 I) oder soweit es aufgrund neuen Vorbringens erfolgreich war (§ 97 II). Soweit es erfolgreich ist, trägt der Gegner die Kosten.
- Wird ein Rechtsmittel sowohl vom Nebenintervenienten als auch von der von ihm unterstützten Hauptpartei eingelegt, und **nimmt die Hauptpartei während des Rechtsmittelverfahrens von der weiteren Durchführung des Rechtsmittels Abstand**, so sind ihr die bis dahin entstandenen Kosten aufzuerlegen. Die weiteren Kosten treffen dann alleine den Nebenintervenienten (BGH MDR 58, 419).
- Legen sowohl Partei als auch Streithelfer Rechtsmittel ein, so hat die Streithelferin die Kosten ihrer zurückgenommenen Berufung dann zu tragen, wenn die Berufungen der unterstützten Partei und der Streithelferin unterschiedliche Teile des erstinstanzlichen Urteils angegriffen und damit unterschiedliche Streitgegenstände hatten (Stuttg 1.10.09 – 10 U 93/09).

War die vom Nebenintervenienten eingelegte Berufung erfolgreich, wird auf die Revision hin das Berufungsurteil jedoch wieder abgeändert, so treffen die Kosten des Berufungs- und Revisionsverfahrens den Nebenintervenienten, nicht die von ihm unterstützte Hauptpartei (BGH MDR 59, 571).

h) Vergleich (§ 98). Wird das Verfahren durch Vergleich beendet, so ist zunächst danach zu differenzieren, ob der Nebenintervenient am Abschluss des Vergleichs beteiligt war oder nicht. 13

aa) War der Nebenintervenient am Abschluss des Vergleichs **beteiligt**, so kommen wiederum zwei Möglichkeiten in Betracht:

(1) Der Vergleich enthält auch eine **Vereinbarung über die Kosten der Nebenintervention.** In diesem Fall ist diese Kostenregelung bindend. Eine Entscheidung des Gerichts über die Kosten der Nebenintervention darf nicht mehr ergehen. Die Entscheidungskompetenz des Gerichts (§ 308 II) ist ihm durch die Vereinbarung der Beteiligten genommen.

(2) Enthält der Vergleich nur eine Kostenregelung hinsichtlich der Kosten des Rechtsstreits, nicht aber hinsichtlich der Kosten der Nebenintervention, dann ist im Hinblick auf die Nebenintervention § 91a anzuwenden. Es ist nicht nach § 98 zu entscheiden, da die Hauptparteien durch die eigene Regelung diese Vorschrift ausgeschlossen haben. Das Gericht muss über die Kosten der Nebenintervention nach der Regel des Abs 1 entscheiden. Soweit sich aus der Kostenregelung des Vergleichs eine Erstattungspflicht der Hauptpartei ergibt, ist dem Nebenintervenienten ein Erstattungsanspruch zuzusprechen (Abs 1 Hs 1). Im Übrigen trägt der Nebenintervenient seine Kosten selbst (Abs 1 Hs 2).

Etwas anderes ergibt sich nur dann, wenn sich aus dem Vergleich entnehmen lässt, dass die fehlende Regelung über die Kosten der Nebenintervention auf einem Verzicht des Nebenintervenienten auf Kostenerstattung beruht. Faktisch liegt dann ein Vergleich über die Kosten der Nebenintervention vor, nämlich dahingehend, dass der Nebenintervenient seine eigenen Kosten selbst trägt. Dann ist für eine gerichtliche Entscheidung kein Raum mehr (Köln OLGR 09, 526; aA Kobl MDR 06, 1078 = JurBüro 06, 260).

bb) War der Nebenintervenient am Vergleich **nicht beteiligt**, so kommen wiederum verschiedene Varianten in Betracht.

(1) Haben die Parteien keine Kostenregelung getroffen, also weder über die Kosten des Rechtsstreits noch über die Kosten der Nebenintervention, dann muss das Gericht noch über die Kosten des Rechtsstreits und der Nebenintervention entscheiden. Die Entscheidung ist grds nach § 98 zu treffen, es sei denn, die Parteien haben zum Ausdruck gebracht, dass das Gericht nicht nach dieser Vorschrift entscheiden soll. Dann hat das

Gericht nach § 91a zu entscheiden (s. § 98 Rz 1). Die Entscheidung über die Kosten der Nebenintervention folgt dann nach der Regel des Abs 1 Hs 1 der Kostenentscheidung zur Hauptsache.
(2) Haben die Parteien lediglich eine Kostenregelung über die Kosten des Rechtsstreits und des Vergleichs, getroffen, nicht aber über die Kosten des Nebenintervenienten, dann ist über die Kosten des Nebenintervenienten nach § 91a unter Berücksichtigung der Regel des Abs 1 entscheiden. Das Gericht muss über die Kosten der Nebenintervention nach der Regel des Abs 1 entscheiden. Soweit sich aus der Kostenregelung des Vergleichs eine Erstattungspflicht der Hauptpartei ergibt, ist dem Nebenintervenienten ein Erstattungsanspruch zuzusprechen (Abs 1 Hs 1); iÜ trägt der Nebenintervenient seine Kosten selbst (Abs 1 Hs 2). Das gilt nach dem Grundsatz der Kostenparallelität (§ 101 I) auch dann, wenn durch einen außergerichtlichen Vergleich zwischen der Hauptpartei und der Versicherung ihres Prozessgegners beendet wird, in dem die klagende Hauptpartei sämtliche streitgegenständliche Ansprüche an die Versicherungsgesellschaft abgetreten sowie sich zur Rücknahme der Klage verpflichtet hat und sich die Versicherung zur Zahlung von Schadensersatz an die Klägerseite sowie weiter verpflichtet hat, die außergerichtlichen Kosten der Klagepartei und die Gerichtskosten zu übernehmen sowie die Klägerseite von etwaigen Kostenforderungen der Beklagten freizustellen (LG Bamberg 25.9.09 – 2 O 481/03).
Für die Kostenerstattungsquote des Nebenintervenienten ist alleine die positive Erstattungsquote der unterstützten Hauptpartei maßgebend und nicht etwa die Differenz von Erstattungsquote zur Eigenquote (BGH NJW 11, 3721 = MDR 11, 1442).
Beispiel: Von den Kosten des Rechtsstreits und des Vergleich trägt der Kl 60 % und der vom Nebenintervenienten unterstützte Beklagte 40%. Über die Kosten der Nebenintervention sagt der Vergleich nichts.
Das Gericht hat dem Kl 60% der Kosten des Nebenintervenienten aufzuerlegen und nicht etwa nur den Saldo (60% – 40% =) 20%.

Haben die Parteien vereinbart, dass die Kosten des Rechtsstreits gegeneinander aufgehoben werden (§ 92 I 2), dann gilt dies auch für den Nebenintervenienten. Dieser hat dann ebenfalls seine eigenen Kosten selbst zu tragen. Die frühere gegenteilige Auffassung, wonach der Streithelfer in diesem Fall einen Kostenerstattungsanspruch iHv 50 % erhalte, hat der BGH aufgegeben (BGHZ NJW 03, 1948 = JurBüro 03, 537; LG Berlin 19.5.09 – 5 O 340/07). Das gilt auch dann, wenn sich die Parteien in einem außergerichtlichen Vergleich verständigt haben, ihre Kosten selbst zu tragen (Rostock JurBüro 09, 367 = OLGR 09, 592).
Zum Teil wird vertreten, im Falle eines »kollusiven Zusammenwirkens« der Hauptparteien, indem diese durch Vergleich einen Erstattungsanspruch entgegen der Sach- und Rechtslage bewusst ausschließen oder reduzieren, sei diese Regelung für den Nebenintervenienten unverbindlich, so dass das Gericht dennoch in Abweichung zum Grundsatz des Abs 1 Hs 1 der Gegenpartei Kosten auferlegen könne (Zweibr NJW-RR 03, 142 = OLGR 02, 293). Dies ist abzulehnen. Es widerspricht dem eindeutigen Grundsatz des Abs 1 Hs 1. Wie der BGH entschieden hat, ist der Nebenintervenient bei Abschluss eines Vergleichs zwischen den Hauptparteien an deren Kostenregelung gebunden. Wenn die Parteien in der Hauptsache einen Kostenerstattungsanspruch ausschließen, etwa indem sie die Kosten gegeneinander aufheben, dann gilt dies auch für den Nebenintervenienten. Es ist nicht Sache des Gerichts, im Verfahren der Kostenentscheidung zu prüfen, ob hier ein Rechtsmissbrauch vorliegt oder nicht. Wenn ein solcher Fall gegeben ist, dann muss der Nebenintervenient ggf materiell-rechtliche Schadenersatzansprüche gegen seine Hauptpartei oder den Gegner geltend machen. Es ist nun einmal das Risiko einer Nebenintervention, dass sie von der Kostenregelung der Hauptsache abhängt.
(3) Haben die Parteien lediglich eine Kostenregelung über die Kosten des Rechtsstreits, nicht aber auch über die Kosten des Vergleichs, getroffen und auch nicht über die Kosten des Nebenintervenienten, dann ist über die Kosten des Vergleichs nach § 98 zu entscheiden und über die übrigen Kosten des Nebenintervenienten nach § 91a unter Berücksichtigung der Regel des Abs 1.
(4) Haben die Parteien eine Vereinbarung auch über die Kosten der Nebenintervention getroffen, so ist diese Vereinbarung für den Nebenintervenienten grds irrelevant, da die Parteien nicht über den Kostenerstattungsanspruch des Nebenintervenienten unmittelbar verfügen können. Sie können allenfalls mittelbar darüber verfügen, indem sie eine Kostenregelung treffen, nach der der Gegenpartei kein Kostenerstattungsanspruch zusteht, etwa indem die Kosten gegeneinander aufgehoben werden oder die unterstützte Hauptpartei die gesamten Kosten des Rechtsstreits übernimmt, weil es dann an einem Kostenerstattungsanspruch gegen den Gegner fehlt.
Nach dem Grundsatz der Kostenparallelität wirkt ein für den Fall der Klagerücknahme erklärter Verzicht des Beklagten auf Kostenerstattung auch zum Nachteil des Streithelfers (Karlsr JurBüro 09, 319 = NJW-RR

09, 1078); faktisch handelt es sich um einen Vergleich, an dessen Regelung der Nebenintervenient nach Abs 1 Hs 1 gebunden ist.
Dies gilt auch dann, wenn sich die Hauptparteien in einem außergerichtlichen Vergleich darauf verständigt haben, Klage und Widerklage zurückzunehmen, ihre außergerichtlichen Kosten selbst zu tragen und keine Kostenanträge zu stellen. Denn diese Kostenregelung geht der gesetzlichen Kostenfolge nach § 269 III 2 vor. Nach dem Grundsatz der Kostenparallelität hat dies – mittelbar – zur Folge, dass auch der Nebenintervenient seine außergerichtlichen Kosten selbst zu tragen hat. Für den Kostenerstattungsanspruch des Nebenintervenienten kommt es auch nicht auf die Vereinbarung zur Verteilung der Gerichtskosten, sondern nur darauf an, ob der von ihm unterstützten Hauptpartei Kostenerstattungsansprüche gegen ihren Gegner zustehen.

i) Klagerücknahme (§ 269). Wird die Klage zurückgenommen, so sind nach § 269 III 2 die Kosten entweder dem zurücknehmenden Kl oder nach § 269 III 3 dem Beklagten aufzuerlegen. Die jeweilige Kostenentscheidung ist auch für die Kosten des Nebenintervenienten maßgebend. Anders verhält es sich, wenn die Klagerücknahme aufgrund eines außergerichtlichen Vergleichs erklärt wird. 14
Nach dem Grundsatz der Kostenparallelität (Abs 1) wirkt der für den Fall der Klagerücknahme erklärte Verzicht des Beklagten auf Kostenerstattung auch zum Nachteil des Streithelfers (Karlsr JurBüro 09, 319 = NJW-RR 09, 1078). Siehe auch Vergleich Rz 13.

j) Mehrkosten vor dem unzuständigen Gericht (§ 281). Mehrkosten einer Verweisung, die die unterstützte Hauptpartei trägt, sind auch bei der Kostenentscheidung zugunsten des Nebenintervenienten auszutrennen. Diese Mehrkosten trägt der Nebenintervenient selbst (Abs 1 Hs 2). Umgekehrt sind auch die durch eine Verweisung entstandenen Mehrkosten des Nebenintervenienten der Gegenpartei aufzuerlegen, wenn diese ein unzuständiges Gericht angerufen hatte. 15

k) Kosten der Säumnis (§ 344). Werden nach einem Einspruch gegen ein Versäumnisurteil die durch die Säumnis verursachten Mehrkosten gem § 344 der unterstützten Hauptpartei auferlegt, müssen diese Kosten auch bei der Entscheidung zu Gunsten des Nebenintervenienten ausgetrennt werden. Diese Mehrkosten trägt der Nebenintervenient selbst (Abs 1 Hs 2), weil er gegen die Hauptpartei keinen Erstattungsanspruch haben kann. Umgekehrt sind die durch eine Säumnis der Gegenpartei entstandenen Kosten des Nebenintervenienten nach § 344 auszutrennen und vorab der Gegenpartei aufzuerlegen. 16

l) Kosten bei Rechtsmittelrücknahme (§§ 516 III, 565). Nimmt die Gegenpartei ein Rechtsmittel zurück, so sind die dem Nebenintervenienten im Rechtsmittelverfahren entstandenen Kosten der Gegenpartei aufzuerlegen (Abs 1 iVm §§ 515 III, 565). Soweit die Hauptpartei das Rechtsmittel zurücknimmt und damit kostenpflichtig ist, trägt der Nebenintervenient seine eigenen Kosten selbst (Abs 1 Hs 2). Hat der Nebenintervenient ein eigenes Rechtsmittel eingelegt, das er zurücknimmt, so trägt er selbst die Kosten des Rechtsmittelverfahrens (s.a. Rz 12). 17

V. Umfang des Beitritts. 1. Beitritt hinsichtlich des gesamten Streitgegenstands. Soweit sich die Nebenintervention auf den gesamten Streitgegenstand oder die gesamten Streitgegenstände erstreckt, sind die Kosten der Nebenintervention in der Höhe der Gegenpartei aufzuerlegen, in der sie die Kosten des Rechtsstreits zu tragen hat. 18

2. Teilweiser Beitritt. Erstreckte sich die Nebenintervention nur auf einen Teil des Streitgegenstands oder einen Teil der Streitgegenstände, dann ergibt sich für die Kosten der Nebenintervention eine abweichende Quote. Zu ermitteln ist ggü dem Nebenintervenienten dann, welche Kostenquote zu Lasten der Hauptpartei sich ergeben hätte, wenn der Rechtsstreit nur über die Streitgegenstände geführt worden wäre, auf die sich die Nebenintervention erstreckt. 19
Beispiel: Gegen den Beklagten werden Schadensersatzansprüche iHv insgesamt 20.000 € geltend gemacht. Wegen eines Teils dieser Ansprüche iHv 15.000 € verkündet der Beklagte dem Nebenintervenienten den Streit, der daraufhin beitritt. Hinsichtlich eines Teilbetrages von 15.000 € wird die Klage abgewiesen. Wegen der weiteren 5.000 € wird der Beklagte verurteilt. Von den Kosten des Rechtsstreits tragen der Kl 75 % und der Beklagte 25 %.
Da die Klage hinsichtlich derjenigen Streitgegenstände, auf die sich die Nebenintervention erstreckt, in voller Höhe abgewiesen worden ist, hat der Kl in diesem Falle die Kosten des Nebenintervenienten in voller Höhe zu tragen.

Abwandlung: In Höhe von 15.000 € wird der Klage stattgegeben. Wegen der weiteren 5.000 € wird die Klage abgewiesen. Von den Kosten des Rechtsstreits tragen der Kl 25 % und der Beklagte 75 %. Ungeachtet der Kostenquote in der Hauptsache würden die Kosten des Nebenintervenienten diesem in voller Höhe zur Last fallen. Ein Erstattungsanspruch gegen den Kl käme nicht in Betracht

20 **VI. Rücknahme des Beitritts.** Nimmt der Nebenintervenient seinen Beitritt zurück, soll insoweit § 269 III 2 gelten (Zö/*Herget* § 101 Rn 3). Dafür dürfte jedoch keine Veranlassung bestehen. Wird der Beitritt zurückgenommen, dann ergeht keine Kostenentscheidung zu Gunsten des Streithelfers mehr. Kosten der unterstützten Hauptpartei oder Gegenpartei muss der Streithelfer dann auch nicht tragen.

21 **VII. Wechsel der Unterstützung.** Wechselt der Nebenintervenient die Hauptpartei, die er unterstützt, nimmt er also den Beitritt ggü der einen Partei zurück und tritt er nunmehr der anderen Partei bei, sollen die Kosten des Nebenintervenienten gequotelt werden (München MDR 89, 72 = Rpfleger 89, 127; Dresd OLGR 08, 589 = JurBüro 08, 379) oder es sollen der Gegenpartei nur die Kosten des weiteren Beitritts auferlegt werden. Beides dürfte unzutreffend sein. Die Kostenentscheidung richtet sich ausschließlich danach, ob die Gegenpartei der zuletzt unterstützten Hauptpartei unterliegt oder nicht. Soweit die Kosten während dieses Beitritts entstanden sind, muss die Gegenpartei diese auch in voller Höhe tragen. Wenn man wie die vorgenannten Gerichte eine Quotierung oder Differenzierung vornimmt, hätte dies konsequenterweise nicht nur zur Folge, dass die Partei gegen den Gegner der zuletzt unterstützen Partei nur einen anteiligen Anspruch hätte, sondern dass sie auch gegen den Gegner der ursprünglich unterstützten Partei einen entsprechenden anteiligen Erstattungsanspruch haben müsste, wenn dieser obsiegt.

22 **C. Kosten der Nebenintervention.** Zu den Kosten der Nebenintervention zählen insb die dem Nebenintervenienten entstandenen Parteiauslagen sowie die Kosten seines Prozessbevollmächtigten. Es gilt insoweit § 91 II. Gesonderte Gerichtskosten fallen nicht an.
Soweit durch Prozesshandlungen des Nebenintervenienten besondere Kosten entstehen, zählen diese ebenfalls zu den Kosten des Rechtsstreits und fallen den Hauptparteien zur Last.
Soweit die Hauptpartei den Prozesshandlungen des Nebenintervenienten widerspricht (§ 67), kann sie verhindern, dass die Kosten als Kosten des Rechtsstreits gelten. Es handelt sich insoweit um Kosten der Nebenintervention. Soweit Angriffs- und Verteidigungsmittel des Nebenintervenienten, denen widersprochen ist, erfolglos geblieben sind, können sie analog § 96 dem Nebenintervenienten auferlegt werden.
Nicht zu den Kosten des Nebenintervenienten gehören die Kosten eines eventuellen **Zwischenstreits über die Zulassung der Nebenintervention** (§ 71). Diese Kosten hat im Falle der Zulassung der Nebenintervention unabhängig vom Ausgang des Rechtsstreits die widersprechende Partei zu tragen. Soweit der Beitritt des Nebenintervenienten zurückgewiesen wird, hat dieser die Kosten zu tragen (Frankf AnwBl 78, 466; LG Saarbrücken JurBüro 77, 1146; LG Itzehoe AnwBl 85, 125; AG Wiesbaden AnwBl 82, 24).
Ebenfalls nicht zu den Kosten der Nebenintervention zählen die **Kosten der Streitverkündung** einschließlich der hierdurch verursachten Zustellungskosten. Dies sind Kosten des Rechtsstreits, über die nach § 91 zu befinden ist.

23 **D. Rechtsmittel des Nebenintervenienten.** Legt der Nebenintervenient Rechtsmittel ein und widerspricht die Hauptpartei nicht, gelten die Kosten des Rechtsmittelverfahrens als Kosten des Rechtsstreits und sind ausschließlich von der Hauptpartei zu tragen.
Widerspricht die Hauptpartei dagegen dem Rechtsmittel und ist das Rechtsmittel erfolglos oder hat es nur aufgrund neuen Vorbringens Erfolg, so sind die Kosten des Rechtsmittelverfahrens gem § 97 I, II dem Nebenintervenienten und nicht der unterstützenden Partei aufzuerlegen (s. Rz 12). Nimmt der Nebenintervenient sein Rechtsmittel zurück, so trägt er die Kosten nach §§ 516 II, 565. Soweit das Rechtsmittel Erfolg hat, trägt der Gegner die Kosten (§§ 91, 92).

24 **E. Rechtsbehelfe und Rechtmittel bei unterbliebener Kostenentscheidung. I. Berichtigung.** Sofern die fehlende Entscheidung über die Kosten der Nebenintervention auf einem Schreibfehler oder einer ähnlichen offenbaren Unrichtigkeit beruht, kann das Gericht diese jederzeit auch vAw berichtigen. Das kann der Fall sein, wenn sich entsprechende Ausführungen in den Urteilsgründen finden (Kobl BauR 08, 1194), insb, wenn in den Urteilsgründen zur Kostenentscheidung die Vorschrift des Abs 1 zitiert wird (Jena OLGR 09, 504). Auch Rechenfehler sind jederzeit von dem Gericht berichtigen. Da kann der Fall sein, wenn nur ein Teilbeitritt vorliegt und das Gericht sich beim Anteil des Nebenintervenienten offensichtlich verrechnet hat.

II. Ergänzung. Hat das Gericht die Entscheidung über die Kosten der Nebenintervention übergangen, so kann nach § 321 Ergänzung beantragt werden. Die Zwei-Wochen-Frist für den Ergänzungsantrag beginnt mit Zustellung des Urteils an den Nebenintervenienten (BGH NJW 75, 218). Wird die Frist versäumt, ist eine Nachholung nicht möglich. Der Nebenintervenient kann diese Kosten auch nicht in einem gesonderten Prozess einklagen. 25

III. Gehörsrüge. Möglich ist uU auch die Nachholung der Kostenentscheidung im Wege der Gehörsrüge nach § 321a. Diese dürfte idR allerdings ausscheiden, da zumindest die Möglichkeit des § 321 besteht. 26

IV. Beschwerde. In analoger Anwendung des § 99 I muss man eine Anfechtung der Kostenentscheidung durch den Nebenintervenienten allerdings dann zulassen, wenn das Gericht sich weigert, eine Kostenentscheidung über die Kosten der Nebenintervention zu treffen, weil es der Auffassung ist, die Voraussetzungen für eine Kostenentscheidung seien nicht gegeben (Celle NJW-RR 03, 1509 = NZBau 03, 618). 27

IV. Abänderung von Amts wegen im Rechtmittelverfahren. Uabhängig von den vorstehenden Möglichkeiten kann ein Rechtsmittelgericht, wenn es zulässigerweise mit der Hauptsache befasst wird, die unterbliebene Kostenentscheidung zugunsten des Streithelfers nachholen (Kobl FamRZ 10, 1364). 28

F. Anfechtung. Die Kostenentscheidung über die Nebenintervention ist grds nicht isoliert anfechtbar (§ 99 I). Nur soweit die Entscheidung in der Hauptsache anfechtbar ist (zB §§ 99 II, 91a II, 269 IV), kann der Nebenintervenient die Kostenentscheidung anfechten. Er kann sich dabei darauf beschränken, nur die Entscheidung über die Nebenintervention anzugreifen. Er kann jedoch auch die Kostenentscheidung für die Hauptpartei anfechten (§ 66 II). Er trägt dann allerdings insoweit das Kostenrisiko des Beschwerdeverfahrens alleine. 29

Anfechtbar ist daher insb die Kostenentscheidung des Gerichts, ein Prozessvergleich sei durch die Hauptparteien geschlossen worden, ohne dass die Kosten einer Nebenintervention geregelt wurden. Dann hat das Gericht insoweit eine Kostenentscheidung in entsprechender Anwendung des § 91a zu treffen. Diese Kostenentscheidung ist dann in Anwendung dieser Vorschrift anfechtbar (Kobl JurBüro 04, 662 = AGS 04, 408).

G. Kostenfestsetzung. Die Kostenentscheidung zu Gunsten des Nebenintervenienten ist ausreichende Grundlage für die Kostenfestsetzung nach § 103 I. Der Nebenintervenient kann dann im Verfahren nach den §§ 103 ff seine Kosten gegen die Gegenpartei festsetzen lassen und, sofern die Hauptpartei in einem Vergleich Kosten übernommen hat, auch gegen die Hauptpartei. Im Kostenfestsetzungsverfahren ist nicht zu prüfen, ob die Nebenintervention notwendig war (Nürnbg JurBüro 95, 593). 30

H. Streitgenössische Nebenintervention. Im Falle einer streitgenössischen Nebenintervention richtet sich die Kostenentscheidung nach § 100 (Abs 2). 31

Auch hier wird der Nebenintervenient nicht Partei, so dass eine gesonderte **Kostenentscheidung** erforderlich ist. Fehlt diese und wird sie nicht im Wege der Urteils- oder Beschlussergänzung nachgeholt, scheidet eine Kostenerstattung und -festsetzung aus.

Bei der streitgenössischen Nebenintervention gilt der Grundsatz der Kostenparallelität nicht (BGH NJW-RR 07, 1577 = JurBüro 07, 605). Über die Kosten des streitgenössischen Nebenintervenienten ist daher selbstständig nach den §§ 91 ff zu entscheiden. Dem streitgenössischen Nebenintervenienten können auch – im Gegensatz zum unselbständigen Nebenintervenienten – Kosten des Rechtsstreits auferlegt werden.

§ 102 *(weggefallen)*

§ 103 Kostenfestsetzungsgrundlage; Kostenfestsetzungsantrag.

(1) Der Anspruch auf Erstattung der Prozesskosten kann nur auf Grund eines zur Zwangsvollstreckung geeigneten Titels geltend gemacht werden.

(2) [1]Der Antrag auf Festsetzung des zu erstattenden Betrages ist bei dem Gericht des ersten Rechtszuges anzubringen. [2]Die Kostenberechnung, ihre zur Mitteilung an den Gegner bestimmte Abschrift und die zur Rechtfertigung der einzelnen Ansätze dienenden Belege sind beizufügen.

Inhaltsübersicht

	Rz
A. Allgemeines	1
B. Vollstreckungstitel	3
I. Allgemeines	3
II. Geeignetheit zur Zwangsvollstreckung	4
1. Urteile	4
2. Beschlüsse	5
3. Vergleiche	6
III. Aufhebung bzw Änderung des zugrunde liegenden Titels	7
1. Allgemeines	7
2. Auswirkungen	8
3. Rückfestsetzung	9
4. Nichtigkeit	10
IV. Prüfungsumfang	11
C. Zuständigkeit	12
I. Prozesskosten	13
II. Zwangsvollstreckungskosten	14
D. Antrag	15
I. Prozesshandlungsvoraussetzungen	16
II. Antragsbefugnis	17
III. Rechtsschutzinteresse	18
IV. Form	19
V. Frist	20
VI. Inhalt	21
VII. Anlagen	22
1. Kostenberechnung	22
2. Belege	23
3. Vollstreckungstitel	24
VIII. Rechtskraft	25
IX. Rücknahme	26
E. Nachfestsetzung (Nachliquidation)	27

1 **A. Allgemeines.** In der Kostenentscheidung des Erkenntnisverfahrens wird die Pflicht zur Tragung der Kosten lediglich personell sowie dem Umfang nach festgelegt. Da mangels Bestimmtheit hieraus eine Vollstreckung nicht möglich ist, bedarf es der Schaffung eines Titels, aus welchem zulässigerweise die Zwangsvollstreckung betrieben werden kann. Dieser wird im Kostenfestsetzungsverfahren auf der Grundlage der Kostengrundentscheidung in Form eines Kfb, welcher die zu erstattenden Kosten betragsmäßig festsetzt, erlassen (BGHZ 28, 302, 309 = NJW 59, 434, 435). Dieser wiederum ist ein zur Zwangsvollstreckung geeigneter Titel, § 794 I 1 Nr 2. Den Kfb zeichnet eine **ambivalente Janusköpfigkeit aus**: einerseits ist er selbständiger Vollstreckungstitel, hängt andererseits jedoch in gleichsam akzessorischer Weise von Bestand und Inhalt der Kostengrundentscheidung ab. Der mit Rechtskraft der Kostengrundentscheidung endgültig und unbedingt entstandene Kostenerstattungsanspruch **verjährt** gem § 197 I Nr 3 BGB in 30 Jahren, ohne dass es einer Festsetzung nach §§ 103 ff bedürfte (BGH NJW 06, 1962; Stuttg NJW-RR 06, 1367; München FamRZ 06, 1559).

2 Nicht erforderlich ist ein Kostenfestsetzungsverfahren im **Mahnverfahren**. Sowohl der Mahnbescheid, §§ 692 I Nr 1, 690 I Nr 3, als auch der Vollstreckungsbescheid, § 699 III 1, enthalten bereits die Verfahrenskosten. Für ein isoliertes Festsetzungsverfahren ist daher grds kein Raum (BGH NJW 91, 2084). Eine Kostenfestsetzung (durch das Prozessgericht erster Instanz – auch wenn dieses zu keiner Zeit mit der Streitsache befasst war –, vgl Rz 12) ist jedoch dann möglich, wenn an sich erstattungsfähige Kosten nur deshalb nicht im Vollstreckungsbescheid aufgenommen wurden, weil sie erst nachträglich entstanden sind (BayObLG NJW-RR 05, 1012 zur Verzinsung; München NJW-RR 97, 895; Kobl JurBüro 85, 780; MüKoZPO/*Giebel* § 103 Rn 6, § 104 Rn 4). Die Gegenansicht, die sich auf das Fehlen einer Kostengrundentscheidung stützt (Nürnbg JurBüro 06, 141; KG Rpfleger 95, 424; Schlesw JurBüro 85, 782; LG Fulda NJW-RR 99, 220; Zö/*Herget* § 104 Rn 21 »Vollstreckungsbescheid«), vermag nicht zu überzeugen. Ohne es ausdrücklich auszusprechen, beinhaltet der Vollstreckungsbescheid auch eine Kostengrundentscheidung, da in ihm betragsmäßig Kosten gegen den Ag festgesetzt werden. Etwas anderes gilt, wenn bereits entstandene Kosten im Vollstreckungsbescheid nicht geltend gemacht oder, obgleich beantragt, versehentlich nicht aufgenommen wurden. In diesem Fall ist das Mahngericht zur Berichtigung (§ 319) oder Ergänzung (§ 321) zuständig (Nürnbg JurBüro 06, 141, 142). Dies gilt auch dann, wenn die Kosten schon vor Erlass des Mahnbescheides entstanden und bereits in diesen nicht aufgenommen wurden (BGH JurBüro 09, 315; s. § 699 Rz 21). Lehnt der Rechtspfleger die Aufnahme beantragter Kosten ab, ist hiergegen Erinnerung bzw Beschwerde statthaft, § 104 III, § 11 II RPflg (KG Rpfleger 05, 697). Kosten der Zwangsvollstreckung aus einem Vollstreckungsbescheid können nach § 788 I festgesetzt werden (Rz 14).

In Angelegenheiten der **freiwilligen Gerichtsbarkeit** und in Familiensachen gelten die §§ 103–107 entsprechend, § 85 FamFG. Hinsichtlich der Kosten der einstweiligen Anordnung gelten die allgemeinen Vorschriften, § 51 IV FamFG. Die Kosten der **Sequestration** können im Kostenfestsetzungsverfahren aufgrund der Kostenentscheidung des Verfahrens festgesetzt werden, in dem Sequestration angeordnet wurde (BGH NJW 06, 3010). Nicht anwendbar sind die §§ 103 ff für das **Schiedsverfahren**. Erfolgt keine Kostenfestset-

zung durch das Schiedsgericht, müssen die entsprechenden Kosten klageweise geltend gemacht werden (Kobl NJW 69, 1540; MüKoZPO/*Giebel* § 103 Rn 17).
Soweit der **Rechtsanwalt** die Festsetzung seiner Vergütung gegen den eigenen Mandanten erstrebt, gelten die Vorschriften über die Kostenfestsetzung nach § 11 II 3 RVG entsprechend. Beide Verfahren sind jedoch – schon von ihrer Zielrichtung her – voneinander unabhängig. Im Verfahren nach § 11 RVG kann der Rechtsanwalt auch die aus eigenen Mitteln verauslagten Gerichtskosten gegen seine Partei festsetzen lassen, § 11 I 1 (Gerold/Schmidt/*Müller-Rabe* § 11 Rn 114). Im schiedsgerichtlichen Verfahren ist auch § 11 RVG unanwendbar (KG Rpfleger 98, 171).

B. Vollstreckungstitel. I. Allgemeines. Zur Kostenfestsetzung erforderlich ist ein zur Zwangsvollstreckung geeigneter Titel. Entspr geeignet sind solche Titel, die eine Pflicht zur Kostenerstattung (Kostengrundentscheidung) beinhalten. Unerheblich ist, ob der Titel auch im Hauptsachetenor vollstreckbar ist, so dass auch klageabweisende oder feststellende Urteile Grundlage einer Kostenfestsetzung sein können. Ebenso unerheblich ist eine Zug-um-Zug-Verurteilung in der Hauptsache. Andernfalls würde das Verfahren nach den §§ 103 ff zweckentleert. Erforderlich ist aber, dass sich die Kostengrundentscheidung auf das Verfahren bezieht, in welchem die Kosten angefallen sind. Wird daher nach vorheriger Verurteilung eine eidesstattliche Versicherung im Verfahren der freiwilligen Gerichtsbarkeit abgegeben, ist der Beschl des Prozessgerichts 1. Instanz über die Kostentragung des Verfahrens zur Abgabe der eidesstattlichen Versicherung kein tauglicher Vollstreckungstitel (KG NJW-RR 93, 63, 64). 3

II. Geeignetheit zur Zwangsvollstreckung. 1. Urteile. Geeignete Titel für eine Kostenfestsetzung sind rechtskräftige oder für vorläufig vollstreckbar erklärte Urteile. Dies können die in §§ 704, 794, 801 oder die in § 86 I FamFG genannten Titel sein. Die Anordnung – egal welcher – Sicherheitsleistung hat auf die Möglichkeit zur Kostenfestsetzung keine Auswirkungen. Dies spielt erst bei der Vollstreckung aus dem Kfb eine Rolle (§ 104 Rz 21 f). Eine erfolgreiche Vollstreckungsabwehrklage, § 767, beseitigt lediglich die Zwangsvollstreckung aus dem früheren Urt, lässt jedoch dessen Kostenentscheidung unberührt. Diese ist damit weiterhin taugliche Grundlage für eine Festsetzung (BGH NJW 95, 3318, 3319). Eine Einstellung der Zwangsvollstreckung nach §§ 719, 707 steht einer Kostenfestsetzung ebenfalls nicht entgegen. Wird nach Erlass eines Versäumnisurteils die Hauptsache übereinstimmend für erledigt erklärt, so können die bis zum Erlass des Versäumnisurteils entstandenen Kosten aufgrund des insoweit fortbestehenden Versäumnisurteils festgesetzt werden (Kobl MDR 80, 320). 4

2. Beschlüsse. Grundlage können ebenso rechtskräftige Beschlüsse, etwa im **Arrest- oder einstweiligen Verfügungsverfahren,** sein. Dies bis zur förmlichen Aufhebung auch dann, wenn sie nach Ablauf der Frist der §§ 929 II, 936 nicht mehr vollzogen werden dürfen (Hamm JurBüro 97, 151 m abl Anm *Schröder*). Der Erlass einer Kostengrundentscheidung setzt abw von den sonstigen Regeln nicht das Bestehen eines Prozessrechtsverhältnisses voraus (Jena OLGR Jena 05, 964, 965). Dies folgt aus der Akzessorietät zur Hauptsache. Andernfalls würde der Überraschungszweck des dringlichen Hauptantrags dadurch konterkariert, dass der Ag zur Frage der Kostengrundentscheidung angehört werden müsste. Die im Verfahren über die Rechtmäßigkeit der einstweiligen Verfügung ergehende Kostenentscheidung betrifft auch die Kosten des einstweiligen Verfügungsverfahrens selbst (Zweibr JurBüro 85, 1715). Die Kosten einer **Schutzschrift**, die vorsorglich zur Verteidigung gegen einen erwarteten Antrag auf Erlass einer einstweiligen Verfügung eingereicht worden ist, sind grds erstattungsfähig, wenn ein entsprechender Verfügungsantrag bei diesem Gericht eingeht (BGH NJW 03, 1257). Umfasst die Aufhebung nach § 927 nicht auch die Kosten des Anordnungsverfahrens, bleibt der aufgehobene Arrest bzw die aufgehobene einstweilige Verfügung weiterhin taugliche Grundlage für die Festsetzung der Kosten des Anordnungsverfahrens (vgl Schlesw JurBüro 95, 308; Karlsr WRP 81, 285). 5

3. Vergleiche. Gerichtliche Vergleiche – nicht auch außergerichtliche – sind auch dann taugliche Titel, wenn sie keine Vereinbarung über die Kosten enthalten, jedoch § 98 oder § 83 I FamFG einschlägig ist. Daher fehlt die Eigenschaft zur Kostenfestsetzung dann, wenn im Vergleich eine bloß negative Vereinbarung getroffen wurde, welche dem Richter die Bestimmung der Kostenlast zuweist (MüKoZPO/*Giebel* § 103 Rn 10). Auf einen Vermerk des Richters, wonach sich die Parteien vor der Protokollierung des Vergleichs über eine bestimmte – dann aber nicht protokollierte – Kostenregelung einigten, kann die Kostenfestsetzung nicht gestützt werden (München JurBüro 96, 261). Im Falle eines Widerrufsvergleichs muss die Widerrufsfrist abgelaufen sein. Haben die Parteien die Kostentragungspflicht an eine **aufschiebende** 6

Bedingung geknüpft, kommt eine Kostenfestsetzung nur in Betracht, wenn der Eintritt der Bedingung nach Aktenlage feststeht oder vom Erstattungsberechtigten glaubhaft gemacht wird (München NJW-RR 99, 1517) Davon zu unterscheiden ist der Fall einer **auflösenden Bedingung**, d.h. einer getroffenen Kostenregelung, welche jedoch abgeändert werden soll, etwa wenn eine Partei die nach dem Vergleich geschuldete Summe nicht binnen einer bestimmten Frist zahlt. Dieser Vergleich ist taugliche Grundlage für eine Kostenfestsetzung. Im Falle des späteren Bedingungseintritts kann eine Neufestsetzung beantragt werden (Celle AG kompakt 11, 110). Da dies eine völlig neue Festsetzung erfordert und der erste Kfb samt seiner Vollstreckungswirkungen wegfällt, empfiehlt es sich eine aufschiebende Bedingung zu vereinbaren. Nicht erforderlich ist, dass der Vergleich in dem Verfahren geschlossen wurde, bzgl dessen Kosten die Festsetzung erfolgen soll. Möglich ist vielmehr auch ein **Gesamtvergleich**, mit welchem die Rechtshängigkeit weiterer, nicht vor dem Vergleichsgericht anhängiger, Verfahren beendet wird. Die Festsetzung erfolgt jedoch jeweils in dem Verfahren, in dem die Kosten entstanden sind (München Rpfleger 90, 136). Die Kosten des Gesamtvergleichs werden in dem Verfahren festgesetzt, in welchem er abgeschlossen wurde (Brandbg OLGR Brandbg 03, 256). Da das Festsetzungsverfahren nach §§ 103 f nur für »Prozesskosten« vorgesehen ist, können Gebühren für eine außergerichtliche Vergleichsverhandlung auch dann nicht festgesetzt werden, wenn in einem gerichtlichen Vergleich die nicht rechtshängige Forderung mit verglichen wird (BGH NJW-RR 05, 1731, 1732). Nicht möglich ist die nachträgliche Regelung der Kostenlast eines bereits rechtskräftig abgeschlossenen Rechtsstreits, sodass ein diesbezüglicher Vergleich als Grundlage einer Kostenfestsetzung ausscheidet (BGHZ 15, 190, 194 = NJW 55, 182; Hamm Rpfleger 89, 521; aA Kobl MDR 87, 852; München NJW 69, 2149). Ausnahmsweise können aufgrund eines Vergleichs nicht nur Kosten ggü dem Gegner, sondern auch ggü einem **Streitgenossen** festgesetzt werden, wenn sich die Parteien im Prozessvergleich auf eine Kostenregelung verständigt haben, die abschließend auch für das Verhältnis der Streitgenossen zueinander gelten soll (Köln JurBüro 93, 356). Kein geeigneter Titel ist der Anwaltsvergleich (München NJW-RR 97, 1293; Hambg NJW-RR 94, 1408). Ein vor einer Schlichtungsstelle (§ 15a EGZPO) geschlossener Vergleich, wonach die Kostenverteilung der Entscheidung des Schlichters überlassen werden soll, und der entsprechende Schlichterbeschluss sind keine taugliche Festsetzungsgrundlage (LG Bielefeld NJW-RR 02, 432).

7 **III. Aufhebung bzw Änderung des zugrunde liegenden Titels. 1. Allgemeines.** Wird der dem Kostenfestsetzungsbeschluss zugrunde liegende Titel – ggf auch nur hinsichtlich der Kostenentscheidung – aufgehoben, ganz oder tw abgeändert oder durch eine neue Entscheidung (etwa im Rechtsmittelzug) ersetzt, wird aufgrund seiner insoweit bestehenden Akzessorietät ein bereits erlassener Kfb unwirksam. Dies gilt grds auch für den Fall eines die Kostengrundentscheidung abändernden Prozessvergleichs (München NJW-RR 01, 718; zur Festsetzung von Vollstreckungskosten s. Rz 14). Der frühere Titel kann dann nicht mehr Grundlage der Kostenfestsetzung sein. Ein bereits eingeleitetes Festsetzungsverfahren wird gegenstandslos. Dies gilt auch, wenn die ursprüngliche Kostengrundentscheidung durch eine inhaltlich gleiche ersetzt wird (Frankf Rpfleger 1983, 456; München JurBüro 82, 447 mit Anm *Mümmler*; MüKoZPO/*Giebel* § 103 Rn 25 und § 104 Rn 134). Möglich ist jedoch, dass die Parteien den Fortbestand der ersten Kostengrundentscheidung per Vergleich vereinbaren (München NJW-RR 01, 718, 719, auch zum Beginn der Zinszahlungspflicht; vgl diesbzgl BGH NJW 06, 1140, § 104 Rz 20).

8 **2. Auswirkungen.** Das Kostenfestsetzungsverfahren ist beendet. Ein etwa eingeleitetes Erinnerungs- bzw Beschwerdeverfahren ist erledigt (Ddorf NJW 74, 1714; zur Kostenentscheidung in diesem Fall vgl § 104 Rz 39). Das Rechtsbehelfsverfahren ist für gegenstandslos zu erklären (Hamm JurBüro 77, 141; Ddorf NJW 74, 1714). Der erlassene Kfb verliert ohne Weiteres seine Wirkung. Aus Gründen der Rechtssicherheit ist er – deklaratorisch – aufzuheben (Hamm MDR 77, 56). Dieser Vorgehensweise im Erinnerungs- bzw Beschwerdeverfahren steht das Verbot der reformatio in peius nicht entgegen (München Rpfleger 82, 196).

9 **3. Rückfestsetzung.** Auf der Grundlage des bisherigen Kfb erstattete und nunmehr zurückzugewährende Kosten werden gem § 91 IV durch einen neuen Kfb festgesetzt (Ddorf JurBüro 10, 649; 98, 309, analog § 717 II, hM; aA München JurBüro 93, 677 m abl Anm *Mümmler*). § 91 IV gilt unabhängig vom Zeitpunkt der Anhängigkeit oder Beendigung des Rechtsstreits (BGH NJW-RR 05, 79). Rückfestsetzung erfolgt im Verfahren nach §§ 103 ff, wenn die Rückzahlungsforderung nach Grund und Höhe unstr ist, wobei ein Nichtbestreiten ausreicht (Kobl NJW-RR 03, 720; Oldbg MDR 05, 418, nicht bei str Aufrechnung). Rechtsirrige Schlussfolgerungen einer Partei stehen der Berücksichtigung einer ansonsten unstreitigen Tatsache nicht entgegen (LG Berlin JurBüro 83, 1885 mwN auch zur Gegenansicht). Materiell-rechtliche Einwendungen werden grds nicht berücksichtigt; eine Ausnahme gilt, wenn diese anerkannt oder unbestritten sind

(München JurBüro 05, 598). Unerheblich ist, ob die Zahlung unter Vorbehalt erfolgte (München JurBüro 05, 598). Eine Rückfestsetzung ist nicht möglich, wenn das Urt und damit die Kostengrundentscheidung auf einem durch das BVerfG für nichtig erklärten Gesetz beruht (Hambg MDR 03, 416). Das Verfahren steht nur für gezahlte Kosten, nicht für Schadensersatzansprüche zur Verfügung.

4. Nichtigkeit. Fehlt es an einer Kostengrundentscheidung, ist der Kfb von vornherein nichtig (BAG NJW 10
63, 1027).

IV. Prüfungsumfang. Im Kostenfestsetzungsverfahren wird nur die formelle Wirksamkeit des Titels 11
geprüft (ThoPu/*Hüßtege* § 103 Rn 2). Dies erstreckt sich bei Vergleichen etwa auf die formwirksame Protokollierung (LG Berlin Rpfleger 88, 110), iÜ insb auf die Bestimmtheit. Einem in der Hauptsache nicht hinreichend bestimmten Titel (zB ungenügende Bezeichnung der herauszugebenden Sache) kann nicht über das Kostenfestsetzungsverfahren und einen darin erlassen Kfb mittelbar die Wirkung einer tauglichen Vollstreckungsgrundlage zukommen. Mit Ausnahme der Prüfung der formellen Wirksamkeit und einer etwaigen Auslegung ist die Kostengrundentscheidung im Festsetzungsverfahren bindend (§ 104 Rz 11).

C. Zuständigkeit. Zuständig ist das erstinstanzliche Prozessgericht. Dieses entscheidet auch über die Festset- 12
zung der Kosten höherer Instanzen; auch wenn ein Arrest- oder einstweiliges Verfügungsverfahren (§ 943 I) oder eine Restitutionsklage (§ 584 I) beim Berufungsgericht anhängig gemacht wurde (MüKoZPO/*Giebel* § 104 Rn 2). Funktionell zuständig ist der Rechtspfleger, § 21 Nr 1 RPflg. Hat das Mahngericht – etwa bei Rücknahme des Mahnbescheidsantrags – über die Kosten entschieden, ist zur Festsetzung ebenfalls das Prozessgericht 1. Instanz zuständig (BayObLG Rpfleger 03, 35; Köln NJW-RR 99, 1737). Dies gilt auch bei einem Antrag auf nachträgliche Verzinsung der im Vollstreckungsbescheid festgesetzten Kosten (BayObLG NJW-RR 05, 1012, 1013). Zuständig für die Festsetzung von Kosten des Verfahrens auf Erteilung einer vollstreckbaren Ausfertigung des Vollstreckungsbescheids bei Rechtsnachfolge (einschl Erinnerungs- und Beschwerdeverfahren) ist das AG, das den Vollstreckungsbescheid erlassen hat (BayObLG Rpfleger 06, 418). Zwangsvollstreckungskosten setzt das Vollstreckungsgericht fest, § 788 II. Hiervon ausgenommen sind Vollstreckungskosten in den Verfahren nach §§ 887, 888 und § 890, welche das Prozessgericht des ersten Rechtszugs festsetzt. Zuständig zur Festsetzung von Zwangsvollstreckungskosten aus einem Vollstreckungsbescheid ist das Gericht, das für eine Entscheidung im Streitverfahren zuständig gewesen wäre (BGH NJW-RR 88, 186).

I. Prozesskosten. Festgesetzt werden die Kosten des gesamten Rechtsstreits, dh Gerichts- und außerge- 13
richtliche Kosten aller Rechtszüge. Zu den Gerichtskosten zählen die Gebühren und Auslagen, § 1 I GKG. Außergerichtliche Kosten sind va die Rechtsanwaltskosten, daneben etwa auch Reisekosten oder Kosten für die Terminswahrnehmung auf Seiten der Partei. Sonstige, darüber hinausgehende Aufwendungen der Partei sind nicht im Verfahren nach §§ 103 ff festsetzbar. So können in Übereinstimmung mit einem gerichtlichen Vergleich getätigte Aufwendungen einer Partei zur Tilgung von Kreditverbindlichkeiten auch dann nicht festgesetzt werden, wenn die andere Partei zur diesbezüglichen Freistellung verpflichtet war (Köln Rpfleger 93, 84). Möglich ist die Festsetzung einer durch außergerichtliche Verhandlungen entstandenen Terminsgebühr, wenn die tatbestandlichen Voraussetzungen des Gebührentatbestands unstr sind (BGH NJW-RR 2007, 286). Erforderlich ist jedoch stets, dass die Kosten den Rechtsstreit betreffen, der zu dem zugrundeliegenden Titel geführt hat und in dem die Kostengrundentscheidung erging, mithin eine Rechtshängigkeit der Streitsache (BGH JurBüro 09, 34, 35). Wird durch Vergleich ein anderer Rechtsstreit mit erledigt, findet die Kostenfestsetzung in jedem Verfahren gesondert statt. Die Vergleichskosten werden in dem Verfahren festgesetzt, in welchem der Vergleich geschlossen wurde (München Rpfleger 90, 136). Die zur Abwehr der Zwangsvollstreckung aufgewendeten Kosten sind als Verfahrenskosten im weiteren Sinn anzusehen und können bei kompletter oder teilweiser Titelaufhebung wie Kosten des Erkenntnisverfahrens festgesetzt werden (BGH NJW-RR 06, 1001, 1002). Zuständig ist dann das Prozessgericht.

II. Zwangsvollstreckungskosten. Diese werden vom Vollstreckungsgericht festgesetzt (§ 788 II) sofern sie 14
nicht nach § 788 I ohne Titel beigetrieben wurden. Im Falle eines vorläufig vollstreckbaren Titels und anschließender Überholung – etwa Vollstreckungsbescheid, der durch Prozessvergleich ersetzt wurde –, kann der Gläubiger Vollstreckungskosten in der Höhe festsetzen lassen, die entstanden wären, wenn er die Vollstreckung von vorneherein auf den niedrigeren Vergleichsbetrag beschränkt hätte (BGH NJW-RR 04, 503 mwN). Obgleich ein Rückgriff auf die frühere Rechtslage nicht mehr zulässig ist, kommt es entscheidend darauf an, dass der dem Vollstreckungsbescheid zugrunde liegende Anspruch zwar nicht formal, aber in der Sache bestätigt wurde.

15 **D. Antrag.** Die Kostenfestsetzung erfolgt nur auf Antrag. Ein solcher ist nur bei Einreichung der Kostenberechnung vor Urteilsverkündung entbehrlich, § 105 III. Fehlt es an einem Antrag, ist der dennoch erlassene Kfb aufzuheben (Musielak/*Wolst* § 103 Rn 7). Wird in einer höheren Instanz die erstinstanzliche Kostenentscheidung geändert, bleibt der zunächst gestellte Antrag insoweit maßgebend, wie die erstinstanzliche Entscheidung bestätigt wird (vgl BGH NJW 06, 1140 zum Zinsbeginn; abw KG Rpfleger 93, 462 mwN). In der Praxis dürfte diese Frage nur für den Zinsbeginn (§ 104 I 2) eine Rolle spielen, da etwa bei geänderter Quotelung ohnehin für die 2. Instanz (hinsichtlich der 1. Instanz kann auf den zunächst eingereichten Antrag Bezug genommen werden) eine neue Kostenberechnung eingereicht wird, in welcher man auch einen entsprechenden Antrag sehen kann. Im Kostenfestsetzungsverfahren gilt ebenfalls der Antragsgrundsatz. Daher ist ein Austausch angemeldeter, aber nicht entstandener Kosten gegen angefallene, aber nicht zur Erstattung angemeldete Kosten bei unterschiedlichen Entstehungstatbeständen (zB Verfahrens- gegen Terminsgebühr) nicht zulässig (Kobl zfs 11, 644, 645, str.). Voraussetzungen einer wirksamen Antragstellung sind:

16 **I. Prozesshandlungsvoraussetzungen.** Diese müssen sowohl auf Seiten des Ast als auch auf Seiten des Erstattungsverpflichteten vorliegen. Ein im Erkenntnisverfahren als **partei- und prozessfähig** angesehener Beteiligter gilt auch im Verfahren der Kostenfestsetzung als partei- und prozessfähig (BGH NJW-RR 04, 1505, 1506). Im Falle eines **Passivprozesses** gilt die Partei bei einem Streit über ihre Prozessfähigkeit hierfür als prozessfähig; dies gilt auch für das anschließende Kostenfestsetzungsverfahren (Köln OLGR 94, 320). Soweit die nicht existente Partei ihre Nichtexistenz geltend macht, ist sie als parteifähig zu behandeln. Dies gilt auch dann, wenn die Klage zuvor wegen fehlender Parteifähigkeit der Beklagten als unzulässig abgewiesen wurde. Gegenstand des Festsetzungsantrags sind die Aufwendungen, die dem Dritten, der für die nicht existente Partei in einem für zulässig erachteten Verfahren tätig wurde, entstanden sind (BGH NJW 08, 528, 529 mwN; Saarbr OLGR Saarbr 02, 259, 260). Im Falle einer wegen Vermögenslosigkeit gelöschten GmbH erfolgt die Festsetzung der Aufwendungen zugunsten der nicht mehr existenten Partei. Eine Erstattung zugunsten des für die nicht mehr existente Beklagte handelnden Dritten kommt jedoch nicht in Betracht (BGH aaO). Vertreten wird, dass etwas anderes bei einer zu keinem Zeitpunkt existenten juristischen Person gelte. Dieser »Partei« könnten keine notwendigen Kosten iSv § 91 I entstehen, so dass sie ebenso wenig die Kostenfestsetzung beantragen könne wie ein hinter der nicht existenten Partei stehender Dritter (Brandbg NJW-RR 02, 1217). Da keine tragfähigen Gründe dafür bestehen, zwischen der nie existenten und der später erloschenen Partei zu unterscheiden, ist diese Ansicht insoweit abzulehnen. Auch für die nie existente Partei tritt im Prozess zur Klärung der Parteifähigkeit ein Dritter auf, welchem Auslagen entstehen. Etwas anderes gilt dann, wenn sich die nichtexistente Partei in der **Sache** einlässt. In diesem Fall besteht kein hinreichender Grund, ihre tatsächlich nicht bestehende Existenz zur Ermöglichung ihrer Verteidigung zu fingieren. Ob die Aufwendungen des handelnden Dritten zu erstatten sind, ist in diesen Fällen eine Frage des materiellen Rechts und nicht im Kostenfestsetzungsverfahren zu klären (BGH NJW-RR 04, 1505, 1506). Ergibt jedoch die **Auslegung der Klageschrift**, dass eine andere, existente Person erkennbar betroffen ist, ist diese – im Erkenntnisverfahren für einen in der bezeichneten Form nicht existierenden Beklagten aufgetretene, hinter ihm stehende – Person im Kostenfestsetzungsverfahren als aktivlegitimiert anzusehen; eine abweichende Kostengrundentscheidung kann gem § 319 auf sie berichtigt werden (BGH NJW-RR 04, 501). Im Falle des **Aktivprozesses** gilt eine juristische Person – etwa eine GmbH nach Löschung – dann als parteifähig, wenn mit dem behaupteten Kostenerstattungsanspruch ein Anhaltspunkt für verwertbares Vermögen besteht (Kobl NJW-RR 04, 1222).

17 **II. Antragsbefugnis.** Antragsbefugt ist jede Partei, soweit ein Kostentitel sie als erstattungsberechtigt ausweist (MüKoZPO/*Giebel* § 103 Rn 26). Eine gewillkürte Prozessstandschaft ist nicht zulässig (Bremen NJW-RR 89, 574, 575). Es gibt keine **Nebenintervention** im Kostenfestsetzungsverfahren (BGH NJW 06, 2495, 2496, für den Fall der Nebenintervention des Anwalts; Karlsr Rpfleger 96, 83). Der Nebenintervenient des Hauptverfahrens ist nur bei entsprechender ausdrücklicher Titulierung erstattungs- und damit antragsberechtigt (AG Wiesbaden AnwBl 82, 24). Eine im Rubrum nicht aufgeführte, aufgrund **Parteiwechsels** ausgeschiedene Partei ist dann antragsberechtigt, wenn sich ihr Kostenanspruch aus dem Gesamtinhalt des Titels zweifelsfrei ergibt (Hamm JurBüro 75, 1503; Köln Rpfleger 93, 171). Der **Rechtsnachfolger** ist ebenso wie ein Pfändungsgläubiger erst dann antragsbefugt, wenn der Titel nach §§ 727 ff auf ihn umgeschrieben wurde (BGH JurBüro 10, 480; München Rpfleger 93, 207). Die Gewährung einer Antragsbefugnis vor Klauselumschreibung bei Vorlage öffentlicher oder öffentlich beglaubigter Urkunden bzw Zustim-

mung des bisherigen Gläubigers und Geständnis des Schuldners und Stellung eines Klauselumschreibungsantrages (so Zö/*Herget* § 104 Rn 4; aA ders unter § 104 Rn 21 »Abtretung«) vermischt in unzulässigerweise das Kostenfestsetzungsverfahren mit dem Klauselumschreibungsverfahren und führt im Falle gegenläufiger Entscheidungen zu Rechtsunsicherheit. Keine Kostenfestsetzung einleiten kann ein Rechtsnachfolger einer bereits vor Klageerhebung durch Verschmelzung erloschenen Partei, der im Rubrum nicht als Partei aufgeführt ist. Dies gilt auch dann, wenn er etwa zugunsten der von Anfang an nicht existierenden Partei gehandelt und Anwälte beauftragt hat (Kobl NJW-RR 01, 285; aA Hambg MDR 76, 845). Der im Wege der Prozesskostenhilfe bestellte **Rechtsanwalt** kann den Festsetzungsantrag im eigenen Namen stellen, § 126 I. Er hat jedoch deutlich zu machen, ob er den Antrag im eigenen Namen oder im Namen der Partei stellt. Im Zweifel ist der Antrag als im Namen der Partei gestellt anzusehen (Rostock MDR 06, 418). Der Wahlanwalt kann den Antrag nicht in eigenem Namen stellen, er muss ggf Vollmacht vorlegen. Unabhängig hiervon kann er nach § 11 RVG die ihm von seiner Partei geschuldeten Kosten zur Festsetzung beantragen. Wird die Kostengrundentscheidung aufgehoben oder geändert, verliert ein zuvor gestellter Kostenfestsetzungsantrag, ebenso wie ein bereits erlassener Kfb – Rz 8 –, seine Wirkung (KG Rpfleger 93, 462; aA Hamm AnwBl 82, 384, Zö/*Herget* § 104 Rn 3).

III. Rechtsschutzinteresse. Ein solches fehlt, wenn die zur Festsetzung beantragten Kosten nach Erhalt des 18
entsprechenden Gesuchs durch den Schuldner vollständig und vorbehaltlos gezahlt wurden (Ddorf Rpfleger 04, 321; s.a. zum Erfüllungseinwand § 104 Rz 16; zum Erfordernis des Rechtsschutzinteresses BGH Rpfleger 05, 382). Wird im oder nach dem Erkenntnisverfahren die Masseunzulänglichkeit angezeigt (§ 208 I InsO), darf wegen fehlenden Rechtsschutzinteresses kein Kfb mehr bzgl solcher Kosten ergehen, die bis zur Anzeige der Masseunzulänglichkeit entstanden sind (sog **Altmasseverbindlichkeiten**; BGH Rpfleger 05, 382; Rz 16). Sog **Neumasseverbindlichkeiten**, dh Kosten die erst nach der Anzeige und ab Rechtshängigkeit der Klage – der prozessuale Kostenerstattungsanspruch gelangt bereits zu diesem Zeitpunkt aufschiebend bedingt zur Entstehung (MüKoZPO/*Giebel* § 103 Rn 46) – entstehen, können aus dem gleichem Grund dann nicht festgesetzt werden, wenn der Insolvenzverwalter darlegen und ggf beweisen kann, dass auch insoweit Masseunzulänglichkeit eingetreten ist und diese Kosten aus der Masse nicht befriedigt werden können (BGH Rpfleger 05, 35; JurBüro 09, 36, 37). Zu den Folgen bei Erlass eines Kfb s. § 104 Rz 9.

IV. Form. Der Antrag kann schriftlich oder zu Protokoll der Geschäftsstelle gestellt werden. Es besteht kein 19
Anwaltszwang, § 78 V, § 13 RPflg. Die Prozessvollmacht des Rechtsanwalts für das Erkenntnisverfahren umfasst grds auch das Kostenfestsetzungsverfahren (Hamm Rpfleger 78, 421). Die **Rüge fehlender Prozessvollmacht**, § 88, kann auch im Kostenfestsetzungsverfahren erhoben werden. Es kann jedoch nur die Befugnis zur Stellung eines Kostenfestsetzungsantrags gerügt werden. Hat das Prozessgericht auf die Rüge des Gegners einen Mangel der Vollmacht verneint, kann jedoch die Wirksamkeit der Vollmacht im Kostenfestsetzungsverfahren nicht mit derselben Begründung erneut in Frage gestellt werden (BGH NJW 11, 3722).

Der von einem Verkehrsanwalt einer Partei in Ich-Form ohne Hinzusetzen eines Vertretungsverhältnisses gestellte Kostenfestsetzungsantrag kann im Zweifel nicht als in Vertretung für die Partei erhoben angesehen werden (München Rpfleger 81, 318). Mangels Ausgestaltung als Anwaltsprozess wird die Mandatsniederlegung durch bloße Anzeige, § 87 I, wirksam (München Rpfleger 79, 465; Kobl VersR 84, 545). Erfolgte eine entsprechende Anzeige bereits im Erkenntnisverfahren, fehlt es für das anschließende Kostenfestsetzungsverfahren an einer Vollmacht. Tritt für die Partei kein Anwalt auf, bedarf es einer Vollmachtsvorlage durch den Dritten, sofern sich eine solche nicht bereits bei den Akten befindet, § 88 II. Tritt die Partei ihren Kostenerstattungsanspruch an den Anwalt ab, kann dieser erst nach Umschreibung des die Kostengrundentscheidung enthaltenden Titels die Festsetzung in eigenem Namen beantragen (Musielak/*Wolst* § 103 Rn 8; vgl Rz 17).

V. Frist. Der Antrag ist fristungebunden, unterliegt jedoch der **Verwirkung.** Diese kann im formalisierten, 20
nicht auf die Klärung materiell-rechtlicher Fragen ausgelegten Kostenfestsetzungsverfahren grds jedoch nicht geltend gemacht werden (vgl § 104 Rz 16). Dem Schuldner bleibt nur die Möglichkeit einer Vollstreckungsabwehrklage, § 767 (Ddorf MDR 88, 972).

VI. Inhalt. Es bedarf der genauen Bezeichnung des Rechtsstreits sowie der Angabe, dass und welche Kos- 21
ten zur Festsetzung begehrt werden.

22 **VII. Anlagen. 1. Kostenberechnung.** Hierbei handelt es sich um eine Aufstellung aller geltend gemachten Kosten. Jede Aufwendung ist nach Grund und Betrag einzeln aufzuführen und nachvollziehbar zu bezeichnen. Diese muss weder vom Prozessbevollmächtigten persönlich stammen, noch von diesem unterzeichnet sein (Brandbg AnwBl 01, 306). Eine Bezugnahme auf die Akten genügt nur bei zur Mitfestsetzung beantragten Gerichtskosten, wenn sich die Zahlung hieraus ergibt (München Rpfleger 93, 104). Bei **Streitgenossen** bedarf es der Angabe des Anspruchstellers und des jeweiligen konkreten Erstattungsbetrags (München JurBüro 81, 1512). Etwas anderes gilt dann, wenn die Streitgenossen von einem Anwalt vertreten wurden und gemeinsame außergerichtliche Kosten entstanden sind. Eine Abschrift der Kostenberechnung für den Gegner ist dem Antrag beizufügen. Bei Fehlen stellt das Gericht gegen Berechnung von Schreibauslagen nach KV 9000 GKG eine solche her.

23 **2. Belege.** Die die einzelnen Ansätze rechtfertigenden Belege sind beizufügen, sofern sie nicht in der Gerichtsakte enthalten sind. Abschriften für den Gegner sind nicht vorzulegen (Musielak/*Wolst* § 103 Rn 9). Dies kann jedoch nur dann gelten, wenn der Gegner zur Überprüfung der Erforderlichkeit der geltend gemachten Kosten (zB Reisekosten des Rechtsanwalts) nicht auf die Belege angewiesen ist. Andernfalls erfordert die effektive Gewährung rechtlichen Gehörs auch hier die Übersendung der Belege an die Gegenpartei und damit deren Vorlage durch den Antragsteller. Eine Ausnahme gilt für Post- und Telekommunikationsauslagen des Rechtsanwalts, § 104 II 2. Hier genügt die Versicherung des Anwalts, dass sie entstanden sind. Bei anderen Auslagen ist nicht lediglich deren Entstehung, sondern auch deren Notwendigkeit glaubhaft zu machen (LG Weiden MDR 75, 669).

24 **3. Vollstreckungstitel.** Dieser ist nur dann in einfacher Ausfertigung beizufügen, wenn er nicht ohnehin dem Gericht vorliegt. Der Vorlage einer vollstreckbaren Ausfertigung bedarf es abgesehen von den Fällen einer erteilten Rechtsnachfolgeklausel nicht (MüKoZPO/*Giebel* § 103 Rn 38). Der Rechtsnachfolger hat den bereits umgeschriebenen Titel vorzulegen (vgl Rz 17).

25 **VIII. Rechtskraft.** Wurden bereits rechtskräftig Posten aberkannt, steht einem neuen Antrag, der sich auf diese Positionen bezieht, die Rechtskraft des vorherigen Kfb entgegen. Bis dato noch nicht zur Festsetzung beantragte Kosten können im Wege der Nachfestsetzung (Rz 27) geltend gemacht werden.

26 **IX. Rücknahme.** Der Antrag kann – ganz oder teilweise – bis zur Rechtskraft des Kfb zurückgenommen werden. Der Antragsteller hat nach § 269 III 2 analog die Kosten zu tragen (Musielak/*Wolst* § 103 Rn 10). Ist der Kfb bereits erlassen, bedarf die Rücknahme des Festsetzungsantrags der Zustimmung des Gegners (*Lappe* RpflStud 94, 153). Der Kfb verliert mit Rücknahme entsprechend § 269 III 1 seine Wirkung. Obgleich es hierfür keiner Aufhebung bedarf, empfiehlt sich eine solche aus Gründen der Rechtssicherheit. Die Rücknahme ist als einseitige Prozesserklärung unwiderruflich. Jedoch kann der Antragsteller einen neuen Festsetzungsantrag stellen, § 269 VI analog (*Lappe* RpflStud 94, 153, 154).

27 **E. Nachfestsetzung (Nachliquidation).** Kosten, welche im ersten Gesuch nicht enthalten waren, können nachträglich festgesetzt werden. Gleiches gilt für geltend gemachte aber versehentlich übergangene Kosten. § 321 gilt entsprechend (s. § 321 Rz 10). Unabhängig von der Frist des § 321 II können zunächst nicht geltend gemachte oder übergangene Kosten jedoch – erneut – zur Festsetzung beantragt werden (München Rpfleger 87, 262; Hamm DAR 80, 482). Die Rechtskraft des Kfb steht dem nicht entgegen. Dies gilt auch im Verfahren vor dem BVerfG (BVerfG JurBüro 95, 583). Hatte die Partei ihrem Festsetzungsantrag irrtümlich einen zu niedrigen Streitwert zugrunde gelegt, kann auch dies im Wege der Nachfestsetzung korrigiert werden (Hamm Rpfleger 82, 80). Gebunden ist der Rechtsanwalt allerdings dann, wenn er in der ursprünglichen Berechnung die Gebührenhöhe nach seinem Ermessen bestimmt hat (*Enders* JurBüro 95, 561, 564). Möglich ist die nachträgliche Geltendmachung der Umsatzsteuer, wenn diese zunächst nicht geltend gemacht wurde oder etwa wenn sich erst im Besteuerungsverfahren herausstellt, dass der Antragsteller insoweit nicht vorsteuerabzugsberechtigt ist (Hambg JurBüro 10, 596, 597; KG Rpfleger 95, 312; iÜ vgl § 104 Rz 6). Nicht möglich ist die Geltendmachung fiktiver Reisekosten, wenn zuvor die beantragten Kosten des Verkehrsanwalts rechtskräftig aberkannt wurden (Karlsr JurBüro 94, 687 mit Anm *Mümmler*).

§ 104 Kostenfestsetzungsverfahren. (1) [1]Über den Festsetzungsantrag entscheidet das Gericht des ersten Rechtszuges. [2]Auf Antrag ist auszusprechen, dass die festgesetzten Kosten vom Eingang des Festsetzungsantrags, im Falle des § 105 Abs. 3 von der Verkündung des Urteils ab mit fünf Prozentpunkten über dem Basiszinssatz nach § 247 des Bürgerlichen Gesetzbuchs zu verzinsen sind.

[3]Die Entscheidung ist, sofern dem Antrag ganz oder teilweise entsprochen wird, dem Gegner des Antragstellers unter Beifügung einer Abschrift der Kostenrechnung von Amts wegen zuzustellen. [4]Dem Antragsteller ist die Entscheidung nur dann von Amts wegen zuzustellen, wenn der Antrag ganz oder teilweise zurückgewiesen wird; im Übrigen ergeht die Mitteilung formlos.
(2) [1]Zur Berücksichtigung eines Ansatzes genügt, dass er glaubhaft gemacht ist. [2]Hinsichtlich der einem Rechtsanwalt erwachsenden Auslagen für Post- und Telekommunikationsdienstleistungen genügt die Versicherung des Rechtsanwalts, dass diese Auslagen entstanden sind. [3]Zur Berücksichtigung von Umsatzsteuerbeträgen genügt die Erklärung des Antragstellers, dass er die Beträge nicht als Vorsteuer abziehen kann.
(3) [1]Gegen die Entscheidung findet sofortige Beschwerde statt. [2]Das Beschwerdegericht kann das Verfahren aussetzen, bis die Entscheidung, auf die der Festsetzungsantrag gestützt wird, rechtskräftig ist.

Inhaltsübersicht

	Rz
A. Allgemeines	1
B. Verfahren	2
I. Zuständigkeit	2
II. Rechtliches Gehör	3
III. Darlegung des Kostenansatzes	4
1. Auslagen für Post- und Telekommunikationsdienstleistungen (Abs 2 S 2)	5
2. Umsatzsteuer (Abs 2 S 3)	6
3. Beweis	8
4. Unterbrechung	9
C. Erlassvoraussetzungen	10
I. Titel	11
II. Kostenanfall	12
III. Notwendigkeit	13
IV. Kostenstreitwert	14
V. Materielle Einwendungen	15
1. Allgemeines	15
2. Einzelfälle	16
D. Kostenfestsetzungsbeschluss	18
I. Form	18
II. Streitgenossenschaft	19
III. Verzinsung	20
IV. Vollstreckbarkeit	21
V. Rechtskraft	23
VI. Berichtigung	24
VII. Bekanntmachung	26
E. Kosten/Gebühren	27
F. Anfechtung	28
I. Rechtspflegererinnerung	29
1. Zulässigkeit	29
a) Statthaft	29
b) Beschwer	30
c) Form	32
d) Frist	33
e) Nachfestsetzung im Erinnerungsverfahren	34
2. Abhilfeverfahren	35
a) Allgemeines	35
b) Entscheidung	36
3. Entscheidung durch den Richter	37
a) Allgemeines	37
b) Entscheidung	38
4. Kosten/Gebühren	39
II. Sofortige Beschwerde	40
1. Zulässigkeit	40
a) Statthaftigkeit	40
b) Form und Frist	41
c) Beschwerdesumme	42
2. Abhilfe	44
3. Verfahren vor dem Beschwerdegericht	45
4. Entscheidung	46
5. Rechtsbehelfe	47
6. Kosten/Gebühren	48

A. Allgemeines. In dem als Annex (Musielak/*Wolst* § 104 Rn 1) zum Erkenntnisverfahren ausgestalteten Kostenfestsetzungsverfahren hat der Kostengläubiger die einfache, schnelle und kostengünstige Möglichkeit, die Kostengrundentscheidung betragsmäßig zu konkretisieren und sich somit einen vollstreckbaren Titel zu verschaffen. Das Verfahren ist formal ausgestaltet und weitgehend von der Prüfung materiell-rechtlicher Fragen befreit. Daher fehlte einem Klageverfahren, in welchem die Prozesskosten geltend gemacht werden, das Rechtsschutzbedürfnis. Unberührt bleibt die Möglichkeit der klageweisen Durchsetzung des – jedoch von anderen Voraussetzungen, etwa Verzug, abhängigen – materiell-rechtlichen Kostenerstattungsanspruchs. 1

B. Verfahren. I. Zuständigkeit. Über den Antrag entscheidet das Gericht des ersten Rechtszuges, funktionell der Rechtspfleger, § 21 Nr 1 RpflG (§ 103 Rz 12). 2

II. Rechtliches Gehör. Rechtliches Gehör ist zu gewähren. Dies folgt in Verfahren vor dem Rechtspfleger aus dem Gebot fairen Verfahrens, Art 2 I, 20 III GG (BVerfGE 101, 397, 404 f; in BVerfGE 81, 123, 126 3 wurde noch Art 103 I GG herangezogen). Das Erfordernis besteht auch für die Kostenfestsetzung im einstweiligen Verfügungsverfahren, wenn vor Erlass der Kostengrundentscheidung zu Recht noch kein rechtliches Gehör gewährt wurde (Jena OLGR Jena 05, 964, 965). Zweckmäßigerweise erfolgt die Gewährung rechtlichen Gehörs durch Übersendung einer Abschrift des Antrages nebst den Anlagen an den Gegner. Dem Rechtspfleger ist es nicht verwehrt, eine mündliche Verhandlung anzuberaumen. Erforderlich wird eine solche jedoch nur in den seltensten Fällen sein. Allenfalls bei vollkommen zweifelsfreien Ansätzen kann von der vorherigen Gewährung rechtlichen Gehörs abgesehen werden und die Mitteilung des Kostenfestsetzungsantrages sogleich mit dem Kostenfestsetzungsbeschluss erfolgen (München Rpfleger 93, 104). Zwar normiert § 105 eine entsprechende Fallgestaltung. Jedoch ist mit Blick auf die grundrechtliche Verankerung des Gehörsanspruchs von dieser Möglichkeit restriktiv Gebrauch zu machen und auf Fälle zu beschränken, in denen von vornherein ausgeschlossen werden kann, dass der Ag bei Gewährung rechtlichen Gehörs Einwendungen vorgebracht hätte, denen Einfluss auf die Entscheidung zukommen kann, mithin eine Entscheidung nie auf einer Gehörsverletzung beruhen kann. Wurde eine Auskunft vom zuständigen Richter eingeholt, etwa bei Unklarheiten im Protokoll, ist auch diese den Parteien bekannt zu geben (Zö/*Herget*, § 104 Rn 21 »Rechtliches Gehör«). Die Verletzung des Rechts auf rechtliches Gehör wird **geheilt**, wenn im Erinnerungs- bzw Beschwerdeverfahren die Einwände geltend gemacht werden können, da neues Vorbringen in beiden Verfahren zulässig ist, § 11 II 4 RPflg, § 571 II (Kobl NJW-RR 04, 286; Ddorf JurBüro 96, 86). Den Rechtspfleger trifft auch die allgemeine Hinweis- und Aufklärungspflicht des **§ 139** (Köln JurBüro 99, 257). Soweit der Antragsteller nicht einen Gesichtspunkt erkennbar übersehen hat, ist der Rechtspfleger jedoch vor einer ganz oder teilweisen Zurückweisung des Festsetzungsantrags nicht verpflichtet, dem Antragsteller Gelegenheit zur Stellungnahme zu geben (Musielak/*Wolst* § 104 Rn 2; aA MüKoZPO/*Giebel* § 104 Rn 7 unter Verweis auf Frankf NJW 99, 1265, welches jedoch lediglich zur Abhilfemöglichkeit Stellung nimmt).

4 **III. Darlegung des Kostenansatzes.** Im Kostenfestsetzungsverfahren gelten die Anforderungen des Strengbeweises nicht. Vielmehr ist der Kostenansatz **glaubhaft** zu machen, II, 1, § 294 I. Dieses Erfordernis bezieht sich sowohl auf die Entstehung als auch auf die Notwendigkeit (§ 91 I 1) der Kosten (Musielak/*Wolst* § 104 Rn 18). Können Entstehung, Notwendigkeit und Höhe der geltend gemachten Gebühren und Auslagen bereits aus der Gerichtsakte entnommen werden, wie regelmäßig die gesetzlichen Gebühren des Prozessbevollmächtigten, ist eine Glaubhaftmachung nicht erforderlich (Brandbg AnwBl 01, 306). Es findet keine Amtsermittlung statt, vielmehr gilt der Verhandlungs- und Beibringungsgrundsatz auch im Kostenfestsetzungsverfahren (KG Rpfleger 90, 224; LG Memmingen Rpfleger 07, 288; Rz 8). Der Antragsgegner kann seinerseits gegenteilige Tatsachen glaubhaft machen (BGH NJW 03, 1534). Zur Glaubhaftmachung ist lediglich erforderlich, dass die tatsächlichen Voraussetzungen des geltend gemachten Kostentatbestandes mit überwiegender Wahrscheinlichkeit feststehen müssen. Es ist dabei nicht erforderlich, dass sich die für die Festsetzung der beantragten Gebühren maßgeblichen Tatsachen ohne weitere Erhebungen aus der Gerichtsakte ergeben oder unstr sind (BGH NJW 07, 2493). Keiner Glaubhaftmachung bedarf es bei einem Geständnis hinsichtlich der die Gebühr auslösenden Tatsachen (BGH NJW-RR 07, 286). Es gilt zudem die Geständnisfiktion des **§ 138 III**, so etwa wenn sich der Gegner zu dem den Gebührentatbestand begründenden, ihm zur Stellungnahme übersandten Vortrag nicht erklärt (BGH NJW 08, 2993). Sowohl Geständnis als auch Geständnisfiktion beziehen sich nur auf Tatsachen; an rechtliche Würdigungen ist der Rechtspfleger nicht gebunden.

5 **1. Auslagen für Post- und Telekommunikationsdienstleistungen (Abs 2 S 2).** Erfasst werden Post-, Fernsprech- Telefax- und Telegrafengebühren. Statt qualifizierter Glaubhaftmachung iSv § 294 I genügt diesbzgl die Versicherung des Rechtsanwalts, dass sie entstanden sind, Abs 2 S 2 (MüKoZPO/*Giebel* § 104 Rn 13). Nicht ausreichend ist eine Erklärung durch die Partei. Die schlichte Unterzeichnung der Kostenberechnung durch den Rechtsanwalt enthält keine solche Versicherung (Zö/*Herget* § 104 Rn 21 »Post- und Telekommunikationsdienstleistungen«). Erforderlich ist eine solche Versicherung jedoch nur, wenn nicht die Pauschale des VV 7002 RVG geltend gemacht wird. Werden Auslagen bis zu dieser Pauschale geltend gemacht, ist weder eine Versicherung hinsichtlich der Entstehung noch ein Nachweis der Notwendigkeit erforderlich (Musielak/*Wolst* § 104 Rn 19). Ist in einem umfangreichen und lang andauernden Verfahren eine Glaubhaftmachung der Notwendigkeit nicht möglich, sind die Kosten in entsprechender Anwendung von § 287 II zu schätzen (München Rpfleger 93, 39). Die Erklärung nach § 104 II 2 bezieht sich nur auf das Entstehen der Auslagen, nicht auf deren Notwendigkeit und Höhe. Insoweit trifft die Partei die volle Darlegungs- und

Beweislast. Wird die Notwendigkeit bestritten, ist Einzelnachweis erforderlich. Um den Aufwand für das Gericht klein zu halten, wird jedoch eine Versicherung nach § 104 II 2 als ausreichend angesehen, wenn die angemeldeten Kosten zwar den Pauschbetrag übersteigen, jedoch im Verhältnis zum Prozessstoff angemessen erscheinen (VGH BaWü JurBüro 90, 1001; München MDR 82, 760). Andernfalls hat der Antragsteller die einzelnen abgerechneten Entgelte aufzuschlüsseln und ihre Notwendigkeit substanziiert darzulegen (Hambg JurBüro 81, 454; Frankf JurBüro 82, 555). Kommt er dieser Obliegenheit nicht nach, erfolgt Festsetzung in Höhe des Pauschalbetrages nach VV 7002 RVG (Gerold/Schmidt/*Müller-Rabe* VV 7001, VV 7002 Rn 41; aA Musielak/*Wolst* § 104 Rn 19: Absetzung soweit Kosten unangemessen hoch sind).

2. Umsatzsteuer (Abs 2 S 3). Diese ist idR ohne weitere Prüfung zu berücksichtigen, wenn die Erklärung nach Abs 2 S 3 vorliegt (BGH NJW 03, 1534). Dies gilt auch bei einer GmbH (Ddorf Rpfleger 04, 184). Die Richtigkeit der Erklärung wird grds nicht überprüft (Karlsr OLGR Karlsr 02, 288; Ddorf JurBüro 02, 590). Die bloße Geltendmachung der Umsatzsteuer ersetzt die Erklärung jedoch nicht (Karlsr JurBüro 00, 477; vgl *Hansens* JurBüro 95, 173). Das nachträgliche Vorlegen der Erklärung nach zuvor erfolgter Absetzung der Umsatzsteuer innerhalb der Rechtsmittelfrist ist als sofortige Beschwerde anzusehen (Kobl NJW-RR 00, 363). Wurde aufgrund des Antrags negativ über die Mehrwertsteuer entschieden (Asteller machte Umsatzsteuer geltend, erklärte jedoch vorsteuerabzugsberechtigt zu sein), kann dies nicht im Wege der Nachfestsetzung, sondern nur im Rechtsmittelweg korrigiert werden. In diesem Fall wurde – rechtskräftig – über die Nicht-Zuerkennung der Umsatzsteuer entschieden (München NJW-RR 04, 69). Fehlt es demgegenüber an einer Entscheidung über die Umsatzsteuer, ist eine Änderung der Erklärung im laufenden Kostenfestsetzungsverfahren und eine Nachfestsetzung noch möglich (Hambg JurBüro 10, 596, 597; Ddorf JurBüro 00, 478; München Rpfleger 96, 372). Es gilt dann die zuletzt abgegebene Erklärung. Maßgebender Zeitpunkt für die Frage der Vorsteuerabzugsberechtigung ist der der Fälligkeit der anwaltlichen Vergütung (Kobl JurBüro 99, 304). Im Falle der Abtretung ist die Vorsteuerabzugsberechtigung des Zessionars entscheidend (Schlesw JurBüro 99, 304). Haben mehrere **Streitgenossen** einen Anwalt und sind nur einzelne von ihnen zum Vorsteuerabzug berechtigt, ist die Umsatzsteuer nur entsprechend dem Anteil im Innenverhältnis zu erstatten (Köln NJW 91, 3156, 3157). Im Verkehrshaftpflichtprozess steht jedoch der Umstand, dass der Halter oder der Fahrer der obsiegenden Streitgenossen (Haftpflichtversicherer, Halter und Fahrer) vorsteuerabzugsberechtigt ist, der Geltendmachung der Umsatzsteuer dann nicht entgegen, wenn der nicht vorsteuerabzugsberechtigte Haftpflichtversicherer im Innenverhältnis der Streitgenossen die gesamten Kosten des gemeinsamen Prozessbevollmächtigten zu tragen hat (BGH NJW 06, 774). Keine Umsatzsteuer fällt an, wenn der **Anwalt** in eigener Sache tätig wird und diese Angelegenheit zu seinem beruflichen Tätigkeitsfeld gehört. Ein solches Innengeschäft unterfällt nicht der Umsatzsteuer. Dies gilt auch, wenn die Klage von Anwälten einer Sozietät erhoben wird (BGH NJW-RR 05, 363, 364: Unterlassungsanspruch wegen berufswidriger Werbung; München MDR 03, 177). Die Kosten eines **gerichtlichen Sachverständigen** stellen Gerichtskosten dar, so dass die insoweit erstattungspflichtige Partei nicht zum Vorsteuerabzug berechtigt ist (LG Karlsruhe NJW-RR 03, 788). 6

Der Kostenschuldner kann die Erklärung durch Gegenbeweis entkräften. Bloße Zweifel können die Richtigkeit der Erklärung nicht erschüttern. Zur Absetzung der geltend gemachten Umsatzsteuer muss ihre Unrichtigkeit offensichtlich und zweifelsfrei feststehen (BGH NJW 03, 1534: etwa aus dem Akteninhalt; Hambg JurBüro 01, 147; Schlesw JurBüro 96, 260). Aufgrund der formalen Ausgestaltung des Kostenfestsetzungsverfahrens geht die Bindung an die Erklärung im Zweifel vor. Das Festsetzungsverfahren dient nicht der Klärung schwieriger steuerrechtlicher Fragen. Jedoch darf das Gericht nicht sehenden Auges zur Festsetzung nicht zustehender Beträge beitragen (vgl Musielak/*Wolst* § 104 Rn 21). 7

3. Beweis. Im Falle der Geltendmachung der Umsatzsteuer findet eine Beweiserhebung über die Richtigkeit der Erklärung nach Abs 2 S 3 grds nicht statt (Kobl NJW-RR 96, 767; Ddorf NJW-RR 96, 768; zum Geständnis bzw zur Geständnisfiktion s. Rz 4). Im Übrigen kann bei bestrittenen Tatsachenbehauptungen ohne Beschränkung auf den Strengbeweis jeder angebotene Beweis erhoben werden. Der Rechtspfleger kann sich sämtlicher Beweismittel des § 294 I bedienen (BGH NJW 07, 2858). Eine Amtsermittlung findet jedoch nicht statt (Braunschw JurBüro 99, 300, 301). Hierzu können Parteien und Zeugen gehört, Akten beigezogen sowie dienstliche Äußerungen der erkennenden Richter eingeholt werden. Die dienstliche Erklärung des Richters ist, ebenso wie das Sitzungsprotokoll, ein wichtiges Indiz, bindet den Rechtspfleger jedoch nicht (Kobl Rpfleger 80, 393). Auch kann der Rechtspfleger, etwa zur Beurteilung der Angemessenheit eines privaten Sachverständigenhonorars, selbst ein Sachverständigengutachten einholen (MüKoZPO/ 8

Giebel § 104 Rn 19). Eingeholte Beweise sind nach den Grundsätzen des § 286 zu werten. Die Höhe von Parteiauslagen kann der Rechtspfleger, va wenn die völlige Aufklärung sämtlicher Umstände schwierig und im Verhältnis zum Umfang der betreffenden Kostenposition erheblich aufwändig wäre, nach § 287 schätzen (Kobl MDR 81, 502). Im Falle überwiegender Wahrscheinlichkeit der tatbestandlichen Voraussetzungen ist die Gebühr zugunsten des Ast festzusetzen, denn insoweit gilt der normale Maßstab des § 294 (BGH NJW 07, 2187, 2188).

9 **4. Unterbrechung.** Die **Aussetzung** und **Unterbrechung** des Hauptverfahrens erfasst auch das Kostenfestsetzungsverfahren (Hamm Rpfleger 88, 379; differenziert München MDR 90, 252; Musielak/*Wolst* § 104 Rn 11: nur wenn die Kostengrundentscheidung berührt ist). Im Falle der **Insolvenzeröffnung** gilt dies auch dann, wenn die Insolvenz in einem späteren Rechtszug eintritt und die Kostengrundentscheidung damit nicht rechtskräftig wird (BGH FamRZ 05, 1535; zur Möglichkeit eines lediglich feststellenden Kfb in diesen Fällen vgl Rz 16 aE). Auch ein ausländisches Insolvenzverfahren kann ein inländisches Kostenfestsetzungsverfahren unterbrechen. Dies jedoch nur, wenn ein förmlicher Eröffnungsbeschluss vorliegt (Brandbg JurBüro 11, 263). Wird dennoch die Rechtskraft der Kostengrundentscheidung bescheinigt, kann Festsetzung jedoch erfolgen (Kobl JurBüro 08, 152). Auf den Beginn der Verzinsung ab Antragseingang (§ 104 I 2) hat die Unterbrechung keine Auswirkungen (Hamm Rpfleger 81, 243). Eine Verfassungsbeschwerde gegen die Streitwertfestsetzung führt nicht zur Aussetzung des Kostenfestsetzungsverfahrens (Schlesw SchlHA 79, 58). Aufgrund der im Vergleich zur Aussetzung unterschiedlichen Ausgestaltung – maßgebend ist der Parteiwille; die Fristen des § 233 laufen weiter, § 251 S 2 – erfasst das **Ruhen** des Verfahrens (§ 251) nur dann das Kostenfestsetzungsverfahren, wenn sich der Wille beider Parteien auch hierauf bezieht (Brandbg JurBüro 10, 203; Naumbg Rpfleger 94, 306; aA Zö/*Herget* § 104 Rn 21 »Ruhen des Verfahrens«).Ist das Hauptverfahren bereits rechtskräftig abgeschlossen und tritt hiernach ein Grund ein, welcher zur Aussetzung bzw Unterbrechung des Hauptverfahrens führen würde, wird das **Kostenfestsetzungsverfahren selbstständig unterbrochen** (Brandbg JurBüro 07, 147). Die Unwirksamkeit eines nach Unterbrechung bzw trotz fehlenden Rechtsschutzinteresses (vgl hierzu § 103 Rz 18) erlassenen Kfb führt nicht zu dessen Nichtigkeit, sondern ist durch Erinnerung/Beschwerde geltend zu machen (München ZinsO 02, 1037; Stuttg Justiz 77, 61).

10 **C. Erlassvoraussetzungen.** Zur Zulässigkeit des Antrags s. § 103 Rz 16 ff. Zudem führt der Rechtspfleger eine Begründetheitsprüfung unter Einbeziehung folgender Punkte durch:
In formeller Hinsicht müssen die Festsetzungsunterlagen vorliegen sowie ein wirksamer Antrag gestellt sein. Inhaltlich wird geprüft, ob die Kosten entstanden sind, zur zweckentsprechenden Rechtsverteidigung notwendig waren (§ 91 I) sowie die Glaubhaftmachung des Kostenansatzes.

11 **I. Titel.** Es muss ein zur Zwangsvollstreckung geeigneter Titel vorliegen (§ 103 Rz 4). An die im Titel ausgesprochene Kostengrundentscheidung ist der Rechtspfleger **gebunden** (BGH NJW-RR 06, 810). Dies gilt auch, wenn hiergegen sachliche Bedenken bestehen. So kann die Partei, die mit den Kosten des Nebenintervenienten belastet ist, nicht einwenden, der Beitritt sei nicht notwendig gewesen (Nürnbg NJW-RR 95, 1214). Auch wenn die Kostenverteilung unzulässig ist, hat der Rechtspfleger hierauf basierend die Kosten festzusetzen (Schlesw JurBüro 82, 1404). Die Bindung an die Kostengrundentscheidung enthebt den Rechtspfleger jedoch nicht von der Pflicht, das Entstehen und die Notwendigkeit der Kosten zu prüfen (Hambg MDR 83, 411 für den Fall nicht erfolgter Klagezustellung; Kobl JurBüro 84, 461 für den entsprechenden Fall bei Widerklage). Etwas anderes gilt etwa, wenn die Parteien nach Rücknahme der eingelegten Berufung abw von dem angefochtenen Urt außergerichtlich eine Vereinbarung über die Kostenverteilungsquote getroffen haben und die Parteien einvernehmlich auf dieser Basis die Kostenfestsetzung beantragen (LG Köln JurBüro 03, 200). Zudem ist eine Bindung in eng begrenzten Ausnahmefällen dann abzulehnen, wenn die Beachtung der Kostengrundentscheidung zu völlig unerträglichen, dem Rechtsverständnis widerstreitenden Ergebnissen führen würde (Musielak/*Wolst* § 104 Rn 3). In diesen Fällen ist zuerst durch Auslegung zu versuchen, ein adäquates Ergebnis zu erreichen. Gelingt dies nicht, ist die Grundentscheidung unbeachtlich und ein Festsetzungsantrag zurückzuweisen (LG Mainz Rpfleger 95, 311). Möglich ist in engen Grenzen eine solche **Auslegungskorrektur** – ohne Beweisaufnahme – zur Beseitigung von Unklarheiten (KG MDR 02, 722; Schlesw JurBüro 82, 1404). Zwar besteht auch eine Bindung, wenn entgegen **§ 281 III 2** dem Kl die Mehrkosten versehentlich nicht auferlegt werden. Dies schließt eine Prüfung der Notwendigkeit der Mehrkosten nach § 91 durch den Rechtspfleger im Kostenfestsetzungsverfahren jedoch nicht aus (str, vgl Rostock JurBüro 01, 591 mwN zur noch herrschenden Gegenansicht). Dies ist originäre

Aufgabe des Rechtspflegers im Kostenfestsetzungsverfahren. Keine Bindung besteht an die dienstliche Stellungnahmen des Richters (Kobl JurBüro 95, 199; vgl Rz 8).

II. Kostenanfall. Die Kosten müssen in Grund und Höhe tatsächlich erwachsen sein. Hierbei genügt grds die Rechtspflicht zur Zahlung; es muss noch keine tatsächliche Zahlung erfolgt sein (ThoPu/*Hüßtege* § 104 Rn 9). Steht jedoch eindeutig und unstr fest, dass der Anwalt auf seinen Anspruch verzichtet hat (Bambg JurBüro 81, 768) oder der Antragsteller ggü seinem Anwalt erfolgreich die Verjährungseinrede erhoben hat (Kobl Rpfleger 86, 319), kann keine Festsetzung mehr erfolgen (vgl Rz 16). Den Anfall der Kosten hat der Rpfleger selbstständig zu prüfen, so etwa das Vorliegen der Voraussetzungen einer Einigungsgebühr nach VV 1000, 1003 RVG (KG JurBüro 09, 35, 36). Nicht erstattungsfähig sind grds **ersparte Kosten** (zB Reisekosten bei Bestellung eines Rechtsanwalts am Sitz des Gerichts statt eines »heimischen« Prozessbevollmächtigten; Celle MDR 04, 1445; Frankf Rpfleger 80, 158). Werden **Gerichtskosten** zur Mitfestsetzung beantragt, ist jedoch dann deren Zahlung nachzuweisen, wenn sich diese nicht – wie regelmäßig – aus den Akten ergibt. Andernfalls drohte der Erstattungspflichtige doppelt in Anspruch genommen zu werden (München JurBüro 95, 427). Keine Festsetzung von Gerichtskosten erfolgt jedoch ggü einem insoweit befreiten (§ 2 GKG) Kostenschuldner. Der Gläubiger hat in diesem Fall einen Rückzahlungsanspruch ggü der Staatskasse (Musielak/*Wolst* § 104 Rn 6; zur Verzinsung s. Rz 20). Da keine Bindung des Rechtspflegers an von den Parteien vertretene Rechtsansichten besteht, darf er Kosten, die nicht erwachsen sind, auch dann nicht festsetzen, wenn der Antragsgegner der irrigen Rechtsauffassung des Antragstellers zustimmt (Frankf Rpfleger 80, 158). 12

III. Notwendigkeit. Der Rechtspfleger prüft, ob die festzusetzenden Kosten zur zweckentsprechenden Rechtsverfolgung oder Rechtsverteidigung notwendig waren, § 91 I. Dies gilt für Gerichts- und Anwaltskosten. Nach § 91 II 1 gelten die gesetzlichen Gebühren und Auslagen des Rechtsanwalts der obsiegenden Partei stets als zweckentsprechende Kosten der Rechtsverfolgung oder Rechtsverteidigung (BGH NJW 05, 2317). Der Rechtspfleger hat die Frage der Notwendigkeit eigenständig zu prüfen. Hiervon ist er auch dann nicht befreit, wenn der Kostenschuldner dem entsprechenden Antrag nicht widerspricht (Karlsr JurBüro 93, 295 zu den Kosten eines Verkehrsanwalts, mit Anm *Mümmler*). Die Parteien können in einem Prozessvergleich mit Bindungswirkung die Notwendigkeit regeln (KG MDR 90, 555). Maßgebend ist die Notwendigkeit der kostenauslösenden Handlung. Die Frage, ob die Rechtsverfolgung bzw -verteidigung selbst notwendig war, wird nicht geprüft (Nürnbg NJW-RR 95, 1214). Hinsichtlich der **Gerichtskosten** prüft der Rechtspfleger vAw ob die seitens des Kostengläubigers gezahlten Beträge der Höhe nach zutr angefordert wurden. Ist dies nicht der Fall, kann der Gläubiger lediglich Rückzahlung von der Gerichtskasse verlangen (Kobl Rpfleger 85, 333). Der Kostenschuldner kann im Kostenfestsetzungsverfahren auch geltend machen, der Kostenansatz bzgl der Gerichtskosten sei unrichtig und den Ast auf einen Rückzahlungsanspruch ggü der Staatskasse verweisen (Dresd NJW-RR 01, 861, 862; Ddorf Rpfleger 85, 255; aA München JurBüro 90, 358). Kosten, die im **Vorfeld eines Prozesses** entstanden sind – etwa eine Gebühr aus VV 2400 RVG – können mangels Prozessbezogenheit nicht im Verfahren nach §§ 103 ff festgesetzt werden (Kobl FamRZ 06, 217). Festgesetzt werden kann jedoch eine Terminsgebühr nach VV 3104 I Nr 1 RVG im Falle eines Vergleichsabschlusses nach § 278 VI (BGH FamRZ 06, 1441). Nicht überprüfen darf der Rechtspfleger, ob die Einleitung des Klageverfahrens nicht doch mutwillig war, nachdem PKH bewilligt wurde. Dies war originäre Aufgabe des Prozessgerichts iRd PKH-Bewilligungsverfahrens (Musielak/*Wolst* § 104 Rn 7; aA LAG München JurBüro 96, 534 mit abl Anm *Waldner*). 13

IV. Kostenstreitwert. Hat das Gericht den der Kostenberechnung zugrunde zu legenden Wert festgesetzt (§§ 63 GKG, 33 RVG), ist dieser maßgebend. Fehlt es hieran, ermittelt der Rechtspfleger den der Kostenberechnung zugrunde zu legenden Wert selbstständig oder legt die Akte dem Richter zur Wertfestsetzung nach § 63 I GKG vor. Eine eigenständige Wertfestsetzung durch den Rechtspfleger erfolgt jedoch nicht. Bei nachträglicher Streitwertänderung findet auf Antrag das Verfahren nach § 107 statt; alternativ Erinnerung bzw Beschwerde (§ 107 Rz 2). 14

V. Materielle Einwendungen. 1. Allgemeines. Ebenso wenig wie der Rechtspfleger die Richtigkeit der Kostengrundentscheidung überprüfen kann, ist er grds berechtigt zu prüfen, ob der Kostenerstattungsanspruch aufgrund materieller Einwendungen erloschen oder gehemmt ist (ThoPu/*Hüßtege* § 104 Rn 12). Das Verfahren dient lediglich der betragsmäßigen Bestimmung des dem Grunde nach ausgeurteilten Anspruchs und ist daher zur Klärung materiell-rechtlicher Einwendungen nicht geeignet (Kobl JurBüro 11, 15

646). Insoweit bleibt dem Kostenschuldner bei einer späteren Vollstreckung aus dem Kfb nur der Weg über § 767 I oder § 775 Nr 4, 5 (BGH NJW 06, 1962). Eine **Ausnahme** kann aus Gründen der Prozessökonomie jedoch dann zugelassen werden, wenn die tatsächlichen Voraussetzungen der Einwendungen oder Einreden unstr oder offensichtlich sind (BayVGH Rpfleger 04, 65 mwN). Dies ist dann der Fall, wenn der zugrunde liegende Sachverhalt zwischen den Parteien unstr ist und hinsichtlich der rechtlichen Auswirkungen der dem Einwand zugrunde liegenden Tatsachen keine Zweifel bestehen (München NJW-RR 99, 655: keine Auslegungszweifel; KG JurBüro 09, 35, für den Fall einer Einigungsgebühr nach VV 1000, 1003 RVG). Dabei gilt die Geständnisfiktion des § 138 III, da auch in solchen Fällen keine nähere materielle Prüfung erforderlich ist (vgl BGH NJW 08, 2993, für den Fall der Entstehung eines Gebührentatbestandes; Hambg MDR 03, 294; Zö/*Herget* § 104 Rn 21 »Materiell-rechtliche Einwendungen«; aA München Rpfleger 87, 336; Hamm Rpfleger 77, 108).

16 **2. Einzelfälle.** Im Falle einer **Abtretung** kann dem Zedenten der Einwand fehlender Aktivlegitimation nur dann entgegengehalten werden, wenn die Abtretung zwischen den Parteien unstr und für das Gericht offenkundig oder durch öffentliche Urkunden nachgewiesen ist. Im übrigen bleibt nur der Weg über § 767 I (MüKoZPO/*Giebel* § 104 Rn 34). Da dem Rechtspfleger die Zuständigkeit fehlt, mit der sich aus § 322 II ergebenden Rechtskraftwirkung über die Gegenforderung zu entscheiden, ist eine **Aufrechnung** gegen den Kostenerstattungsanspruch grds unzulässig (BGHZ 3, 381, 383 = NJW 52, 144; MüKoZPO/*Giebel* § 104 Rn 36). Ist die Gegenforderung unstr oder rechtskräftig festgestellt und die Aufrechnungslage unstr, kann jedoch auch eine Aufrechnungserklärung Berücksichtigung finden (Ddorf Rpfleger 05, 696, 697; Rpfleger 96, 373: Aufrechnung des teilunterlegenen Klägers gegen die Kostenforderung mit der titulierten Hauptforderung). Da der Erstattungsanspruch mit vorläufiger Vollstreckbarkeit der Kostengrundentscheidung auflösend bedingt entsteht, kann der Aufrechnung nicht die mangelnde Fälligkeit und damit das Fehlen einer Aufrechnungslage entgegengehalten werden (Musielak/*Wolst* § 104 Rn 9). Im Falle einer Kostenquotelung, § 106, ist die Aufrechnung dann zulässig, wenn beide Parteien ihre Kostenfestsetzungsanträge eingereicht haben (München NJW-RR 00, 1524; aA Ddorf Rpfleger 96, 373, 374 für das Erinnerungs- bzw Beschwerdeverfahren; Saarbr JurBüro 78, 1089 wegen fehlender Bestimmtheit der Gegenforderung). Es bedarf dann keines Vorgehens über § 767 nach Abschluss des Festsetzungsverfahrens. Der Einwand der **Erfüllung** ist zu berücksichtigen, wenn die Zahlung unstr erfolgte (München NJW-RR 99, 655). Auch hier gilt Geständnis bzw Geständnisfiktion. Unstreitig erfolgte Teilzahlungen sind von den zu erstattenden Kosten abzusetzen. Bei unstreitiger vollständiger Zahlung fehlt für das Kostenfestsetzungsverfahren das Rechtsschutzinteresse (§ 103 Rz 18). Ausnahmsweise kann dem Festsetzungsantrag auch der Einwand des **Rechtsmissbrauchs** entgegengehalten werden (LG Berlin JurBüro 99, 645 bei Geltendmachung mehrerer Ansprüche gegen denselben Schuldner in mehreren Prozessen). Bei unstreitiger Tatsachengrundlage ist auch der Einwand der **Verjährung** des prozessualen Kostenerstattungsanspruchs – § 197 I Nr 3 BGB: 30 Jahre – zu berücksichtigen (BGH NJW 06, 1962). Auf die Verjährung der Rechtsanwaltsvergütung kann sich der Kostenschuldner berufen, wenn der Gläubiger seinem Rechtsanwalt ggü die Verjährungseinrede erhoben hat (Karlsr MDR 96, 750; BayVGH Rpfleger 04, 65; Rz 12). Der Einwand der **Verwirkung** ist, soweit er sich auf die verfahrensrechtliche Befugnis des Antragstellers bezieht, einen Kostenerstattungsanspruch geltend zu machen, unzulässig (Frankf OLGR 04, 315, 316; KG Rpfleger 94, 385; aA Bambg JurBüro 87, 1412, 1413). Ob sich der Einwand als materiellrechtliche Rechtsausübung bezogen auf den Kostenerstattungsanspruch oder als reiner Verfahrenseinwand darstellt, wird praktisch jedoch kaum zu unterscheiden sein (MüKoZPO/*Giebel* § 103 Rn 35). Als materiell-rechtlicher, gegen den Erstattungsanspruch selbst gerichteter Einwand ist er ausnahmsweise dann zu berücksichtigen, wenn über seine tatsächlichen Voraussetzungen und rechtlichen Wirkungen kein Streit besteht. Dann muss jedoch sowohl das Zeitmoment, als auch das Umstandsmoment, dh Umstände, aus denen der Erstattungspflichtige unter Berücksichtigung von Treu und Glauben den Schluss ziehen konnte, der Gläubiger werde seinen Anspruch nicht mehr durchsetzen, zwischen den Parteien unstr sein (Frankf OLGR Frankf 05, 75; KG Rpfleger 94, 385; für generelle Berücksichtigung Zö/*Herget* § 104 Rn 21 »Verwirkung«). Der **Verzicht** ist nur dann beachtlich, wenn er unstr und eindeutig ist, so dass keine Auslegungsschwierigkeiten auftauchen können (BGH NJW 07, 1213, 1214; Hamm JurBüro 93, 490; Nürnbg MDR 00, 908; München Rpfleger 77, 65: Verzicht in Scheidungsfolgenvereinbarung). Über Auslegung und Wirksamkeit des – auch außergerichtlich oder in einem anderen Verfahren vereinbarten – Verzichts darf kein Streit bestehen. Erweiternd wird vertretend, dass ein Verzicht auch dann zu berücksichtigen sei, wenn zwischen den Parteien zwar Streit um die Auslegung der Vereinbarung besteht, jedoch vernünftige Zweifel über den Inhalt der Abrede bei der Auslegung nicht verbleiben

(LG Heilbronn FamRZ 94, 1604). Da dies jedoch wieder eine wertende Betrachtung des Rechtspflegers mit Mitteln erfordert, über welche er im Kostenfestsetzungsverfahren nicht verfügt, kann dies nur bei im Einzelfall eindeutigen Vereinbarungen gelten. Geltend gemacht werden können auch Einwände hinsichtlich des **Ansatzes von Gerichtskosten**, etwa der Erstattungsgläubiger sei von der Gerichtskasse zu Unrecht zur Bezahlung von Auslagen wie Zeugen- oder Sachverständigenentschädigungen herangezogen worden und könne die entsprechenden Beträge seinerseits zurückerstattet verlangen (Dresd NJW-RR 01, 861, 862; Kobl JurBüro 90, 733; aA München MDR 90, 62, wenn Kostenschuldner im Kostenansatzverfahren selbst beschwerdeberechtigt war). Soweit jedoch im Erinnerungsverfahren nach § 66 GKG entschieden wurde, ist diese Entscheidung für das Kostenfestsetzungsverfahren bindend (Celle 12.1.10 – 2 W 2/10; Naumbg JurBüro 01, 374). Nicht eingewandt werden kann, dass mit dem Kostengläubiger vereinbart worden sei, dieser werde keinen **Rechtsanwalt beauftragen** (Köln JurBüro 95, 641). Wird nach Eintritt der Rechtshängigkeit die **Masseunzulänglichkeit** (§ 208 I InsO) angezeigt, fehlt für ein Kostenfestsetzungsverfahren das Rechtsschutzbedürfnis, da der hierin zu titulierende Anspruch nicht mehr durchsetzbar wäre, § 210 InsO (BGH Rpfleger 05, 382; vgl § 103 Rz 18). Ob zugunsten des Erstattungsberechtigten in solchen Fällen – auch bei der Beachtlichkeit materiell-rechtlicher Einwendungen – ein **feststellender Beschluss** ergehen kann, ist umstr. Die Frage ist bei Vorliegen eines Feststellungsinteresses, (§ 256 I) zu bejahen (Brandbg JurBüro 07, 147; München ZIP 04, 2248, 2249; MüKoZPO/*Giebel* § 104 Rn 60; aA München ZIP 00, 555; offen gelassen von BGH aaO).

Ein in Grund und Höhe unstreitiger **Prozesskostenvorschuss**, etwa nach § 1360a IV BGB, kann berück- 17
sichtigt werden. Hat der Vorschussgeber die gesamten Kosten zu tragen, ist der Vorschuss voll auf den Erstattungsbetrag anzurechnen, da andernfalls in Höhe des bezahlten Vorschusses die Prozesskosten doppelt zu tragen wären (Musielak/*Wolst* § 104 Rn 10). Auch im Falle der Kostenquotelung kann der Vorschuss angerechnet werden (Ddorf Rpfleger 05, 483; JurBüro 09, 90, 91). Dies im Ergebnis jedoch nur dann, wenn und soweit der Vorschuss und ein bestehender Kostenerstattungsanspruch zusammen über die dem Vorschussempfänger entstandenen Kosten hinausgehen (BGH NJW-RR 10, 718). Wurde weniger an Vorschuss gezahlt als das, was nunmehr im Wege der Kostenfestsetzung begehrt wird, kann der gezahlte Vorschuss nicht entgegengehalten werden, da es sich hierbei um einen Bestandteil der Unterhaltspflicht handelt und die Frage, ob ein Rückforderungsanspruch besteht, eine solche des materiellen Rechts ist (Köln FamRZ 06, 218). Übersteigt der Vorschuss den Kostenerstattungsanspruch des Empfängers, ist dieser nur insoweit zu berücksichtigen, als die Summe aus Erstattungsbetrag und Vorschuss den Gesamtbetrag der den Vorschussempfänger betreffenden Kosten übersteigt (BGH NJW-RR 10, 718 mwN;) .

D. Kostenfestsetzungsbeschluss. I. Form. Der Kfb ist – auch weil aus ihm die Zwangsvollstreckung 18
betrieben werden kann – mit einem vollständigen Rubrum zu versehen. Erforderlich ist auch die genaue Angabe des zugrunde liegenden Titels (Aktenzeichen, Datum, Art der Entscheidung, Erlassgericht).

Der zu erstattende Betrag ist ziffernmäßig anzugeben. Werden geltend gemachte Kosten ganz oder tw nicht festgesetzt, ist der Beschl mit einer **Begründung** zu versehen (München NJW 66, 2068). Gleiches gilt, wenn die Erstattungsfähigkeit von Kosten bestritten ist bzw kontroverser Parteivortrag vorliegt (Frankf Rpfleger 10, 111; Karlsr NJW 71, 764) und wenn der Rechtspfleger seiner Berechnung einen begründungsbedürftigen Streitwert zugrunde legt. Werden Gerichtskosten auf einen unbestimmten Kostenfestsetzungsantrag hin festgesetzt, dann sind diese Kosten im Kfb aufzuschlüsseln (München JurBüro 95, 427). Der Beschl ist mit vollständiger **Unterschrift** des Rechtspflegers zu versehen. Eine bloße Paraphe genügt nicht; ein lediglich in dieser Form unterzeichneter Kfb ist unwirksam (Brandbg NJW-RR 98, 862; Karlsr NJW-RR 04, 1507). Eine **Teilentscheidung** ist unzulässig, wenn eine widersprechende Schlussentscheidung nicht auszuschließen ist (Kobl NJW-RR 02, 1223).

II. Streitgenossenschaft. Eine Kostenfestsetzung zwischen Streitgenossen findet nur statt, wenn der Aus- 19
gleichsanspruch im Titel eindeutig geregelt ist (Kobl JurBüro 90, 1468). Bei einer anteiligen Kostentragung muss dies der Kfb entsprechend zum Ausdruck bringen. Der von jedem Streitgenossen zu zahlende Betrag ist gesondert auszuweisen (Kobl Rpfleger 95, 381) und es ist anzugeben, ob sie anteilig, gesamtschuldnerisch oder nach Kopfteilen haften. Bei einer anteiligen Kostentragung von Streitgenossen ist dies auch im Kfb auszudrücken, damit Unklarheiten des Kostentitels vermieden werden (Kobl Rpfleger 95, 381). Die Art der Haftung muss im Kfb festgeschrieben werden, da die Zwangsvollstreckung ohne die Vorlage der Kostengrundentscheidung erfolgt (LG Saarbrücken DAVorm 94, 513). Steht ein Anspruch mehreren gemeinschaftlich zu, ist anzugeben, ob Teil-, Mit- oder Gesamtgläubigerschaft besteht; grds sind sie Einzelgläubi-

ger nach Kopfteilen (Hambg JurBüro 96, 259). Ein zulässiges Gesuch mehrerer Streitgenossen auf Kostenfestsetzung bedarf der Angabe des Anspruchstellers und des jeweiligen konkreten Erstattungsbetrags (München JurBüro 81, 1512). Fehlt in einem Kfb für obsiegende Streitgenossen die Angabe eines Beteiligungsverhältnisses und hatten die Streitgenossen denselben Anwalt, so sind sie hinsichtlich des Kostenerstattungsanspruchs Gesamtgläubiger (BGH Rpfleger 85, 321). Bei fehlender Angabe der Gläubigerstellung kann Erinnerung bzw Beschwerde eingelegt werden (Kobl Rpfleger 77, 216). Obsiegt nur einer von mehreren Streitgenossen, die einen gemeinsamen Anwalt beauftragt hatten, erhält er vom unterlegenen Prozessgegner lediglich den auf ihn entfallenen Bruchteil der Kosten des gemeinsamen Anwalts erstattet. Etwas anderes gilt dann, wenn der obsiegende Streitgenosse darlegt und ggf beweist, dass er im Innenverhältnis die Kosten allein zu tragen hat (Kobl JurBüro 11, 646).

20 **III. Verzinsung.** Erforderlich für die Festsetzung von Zinsen nach § 104 I 2 ist ein entsprechender Antrag. Der Eingang dieses Antrags markiert grds auch den Zinsbeginn. Der Antrag kann nachträglich gestellt werden, auch noch nach Rechtskraft des Kfb (KG MDR 78, 1027). Wird der Kostenfestsetzungsantrag vor Erlass des Titels eingereicht, besteht ein Anspruch auf Verzinsung erst ab Vorlage eines zur Zwangsvollstreckung geeigneten Titels (KG NJW 67, 1569). Haben die Parteien eine besondere Fälligkeitsvereinbarung getroffen, entsteht der Zinsanspruch nicht vor Fälligkeit (München JurBüro 72, 260). Die in der Kostengrundentscheidung titulierten Zinsen unterliegen der kurzen Verjährungsfrist der §§ 197 II, 195 BGB. Die Verzinsung erfolgt auch im Falle von verauslagten Gerichtskosten (hierzu *Gödicke* JurBüro 2001, 512; auch dann wenn der Unterliegende nach § 2 GKG **Kostenfreiheit** hinsichtlich der nach § 2 V GKG an den Kostengläubiger zurückzuzahlenden Gerichtskosten genießt, LG Stuttgart NJW-RR 98, 1691) und Vollstreckungskosten, § 788 II 1. Da in **Ehe- und Kindschaftssachen** kein Ausspruch zur vorläufigen Vollstreckbarkeit erfolgt (vgl §§ 86 II, 116 I, 120 II FamFG), ist der Kostenerstattungsanspruch erst mit Eintritt der formellen Rechtskraft zu verzinsen (München Rpfleger 81, 71). Maßgebender Zeitpunkt für den Beginn der Zinszahlungspflicht im **Mahnverfahren** ist der Erlass des Vollstreckungsbescheids (MüKoZPO/*Giebel* § 104 Rn 62). Sind Zinsen in einem rechtskräftigen Kfb festgesetzt, kann nach einer Änderung der Rechtslage in materieller oder prozessualer Sicht (die Zinssätze des § 104 wurden mehrfach geändert, zuletzt durch das SchuldrModG) nachträglich kein höherer oder niedrigerer Zinssatz begehrt werden (BGH NJW 03, 1462 mwN auch zur Gegenansicht). Nachfestsetzung ist jedoch möglich, wenn im rechtskräftig gewordenen Kfb noch keine Zinsen zur Festsetzung beantragt wurden (s. § 103 Rz 27). Der Antrag kann in diesem Fall noch nach Rechtskraft des Kfb gestellt werden und wirkt auf den Zeitpunkt des Eingangs des – ursprünglichen – Kostenfestsetzungsantrages zurück (KG MDR 78, 1072; Zö/*Herget* § 104 Rn 6). Maßgebend für die **Höhe des Zinssatzes** ist die Fassung des § 104 I 2 im Zeitpunkt der Antragstellung (München MDR 02, 605; LG Landau/Pfalz JurBüro 03, 202). Wird die erstinstanzliche Entscheidung im Rechtsmittelverfahren **abgeändert**, können Zinsen ab Einreichung des ersten Festsetzungsantrags geltend gemacht werden, soweit der Erstattungsanspruch bestätigt wurde (BGH NJW 06, 1140: im Fall einer geänderten Quotelung). Entscheidet das Gericht in 2. Instanz infolge übereinstimmender Erledigungserklärung nach § 91a über die Kosten, können Zinsen erst ab Eingang des neuen Kostenfestsetzungsgesuchs beansprucht werden (Hamm Rpfleger 92, 315). Der nach der erstinstanzlichen Entscheidung gestellte Kostenfestsetzungsantrag bleibt für den Verzinsungsbeginn maßgebend, wenn die erstinstanzliche Kostenentscheidung zwar vom Berufungsgericht geändert, in der **Revisionsinstanz** aber unter bloßer Wiederholung des erstinstanzlichen Ausspruchs in vollem Umfang wiederhergestellt wird (KG Rpfleger 1985, 122). Schließen die Parteien im zweiten Rechtszug einen **Vergleich**, so ist für die Verzinsung der Zeitpunkt des auf die gerichtliche Entscheidung gestützten ersten Festsetzungsgesuchs nicht maßgebend. Dies gilt auch dann, wenn es nach dem Inhalt des Vergleichs bzgl der Kosten 1. Instanz bei der Kostenentscheidung der 1. Instanz verbleibt (Karlsr MDR 92, 1007; München NJW-RR 96, 703; Hamm MDR 93, 585). Zinsen bereits ab Eingang des nach dem Ersturteil gestellten Antrages können jedoch geltend gemacht werden, wenn die Parteien im Vergleich vereinbart haben, bei der Kostenentscheidung 1. Instanz solle es sein Bewenden haben (München NJW-RR 01, 718; Musielak/*Wolst* § 104 Rn 12). Im Falle des Kostenausgleichs nach **§ 106** können nur für den per Saldo festgesetzten Betrag Zinsen tituliert werden (Ddorf NJW-RR 06, 359).

21 **IV. Vollstreckbarkeit.** Den Ausspruch zur vorläufigen Vollstreckbarkeit teilt der Kfb mit der Kostengrundentscheidung. Ist letztere nur gegen Sicherheitsleistung vorläufig vollstreckbar, gilt gleiches für den Kfb. Da aus dem Kfb vollstreckt werden kann, § 794 I Nr 2, ist die Aussage zur Vollstreckbarkeit aus der Kostengrundentscheidung zur Klarstellung in den Kfb aufzunehmen (Karlsr Rpfleger 00, 555). Der Vorbehalt

nach **§ 780** ist dann aufzunehmen, wenn er sich auch auf die Kostengrundentscheidung erstreckt (Kobl NJW-RR 97, 1160). Ist bei Erlass des Kostenfestsetzungsbeschlusses die Zwangsvollstreckung aus dem die Kostengrundentscheidung enthaltenden Titel eingestellt, ist dies ebenso klarstellend in den Kfb aufzunehmen (Stuttg Rpfleger 88, 39) wie vollstreckungsbeschränkende Vereinbarungen des zugrunde liegenden Vergleichs (München Rpfleger 79, 466). **Nicht** aufzunehmen ist die sich lediglich auf die Hauptsache beziehende Zug-um-Zug-Verurteilung (Frankf Rpfleger 80, 481) und die ipso jure geltende Abwendungsbefugnis nach § 720a III (Karlsr Rpfleger 00, 555). Ebenso nicht eine **Haftungsbeschränkung**, es sei denn, der Vorbehalt bezieht sich auch auf die Kostenentscheidung (Kobl NJW-RR 97, 1160: bei beschränkter Erbenhaftung; Hamm MDR 82, 855; KG MDR 81, 851).

Zur Vollstreckung aus dem Kfb bedarf es der Erteilung einer Vollstreckungsklausel (§ 724) sowie der Zustellung des Beschlusses (§ 750). Ist der Kfb nach § 105 auf das Urt gesetzt, bedarf dieser weder einer Klausel, noch ist die sonst nach § 798 erforderliche Wartefrist zu beachten. Wird die zugrunde liegende Kostengrundentscheidung rechtskräftig ist der Kfb ohne die dort angeordnete Sicherheitsleistung vollstreckbar (Naumbg Rpfleger 02, 38). 22

V. Rechtskraft. Der Kostenfestsetzungsbeschluss kann formell und materiell in Rechtskraft erwachsen, mit der Folge, dass sich eine erneute Entscheidung über denselben Streitgegenstand verbietet (BGH NJW 2003, 1462). Die Rechtskraftwirkung bezieht sich auf die einzelnen zugesprochenen oder aberkannten Gebühren, nicht auf den Gesamtbetrag (Ddorf JurBüro 96, 256). Ferner hat sie auch hier lediglich inter-partes-Wirkung, so dass keine Auswirkungen auf das Vorgehen des Prozessbevollmächtigten gegen seine Partei nach § 11 RVG eintreten (Hambg JurBüro 81, 1402 noch zu § 19 BRAGO). Die Teilanfechtung eines Kfb mit der Erinnerung/Beschwerde hemmt die Rechtskraft auch des nicht angefochtenen Teils der Entscheidung (Köln JurBüro 81, 1404). Dies führt jedoch nicht dazu, dass nach Ablauf der Zweiwochenfrist der Erinnerung noch weitere Rügen nachgeschoben werden können (Rz 30; aA Musielak/*Wolst* § 104 Rn 39). Die rechtskräftige sachlich-rechtliche Aberkennung im Erkenntnisverfahren hindert die Geltendmachung im Kostenfestsetzungsverfahren nicht und umgekehrt (Zö/*Herget*, § 104 Rn 21 »Rechtskraft«). Einen Fall der Durchbrechung der Rechtskraft stellt § 107 dar (§ 107 Rz 1). Der rechtskräftige Kfb fällt bei Aufhebung oder Änderung der Kostengrundentscheidung weg (§ 103 Rz 7 ff). 23

VI. Berichtigung. Der Kfb kann nach **§ 319** vAw oder auf Antrag, auch noch nach Eintritt der Rechtskraft oder Rechtsbehelfseinlegung, berichtigt werden (Bambg JurBüro 95, 648, mit Anm *Mümmler* – bei Verwechselung der Parteibezeichnung). Eine Berichtigung ist auch möglich, wenn versehentlich eine von der Kostengrundentscheidung abweichende Quote zugrunde gelegt wurde (München Rpfleger 92, 217; Musielak/*Wolst* § 104 Rn 17; aA VG Hannover Rpfleger 90, 388). Bei evidenter Unrichtigkeit des Kfb- zB Verschieben der Kommastelle des titulierten Betrages – ist der Weg der Berichtigung zu wählen; die Einleitung eines Rechtsmittelverfahrens ist nicht geboten. Bei Zweifeln ob der Evidenz der Unrichtigkeit ist die sofortige Beschwerde/Erinnerung hilfsweise für den Fall der Ablehnung der Berichtigung einzulegen (Köln JurBüro 11, 530). Im Übrigen ist die Ausnahmevorschrift des § 319 eng am Wortlaut auszulegen (BGH FamRZ 08, 1925) und damit die Grenze des § 319 jedenfalls dann überschritten, wenn die Berichtigung auf eine Selbstkorrektur nicht offensichtlicher Fehler hinausläuft, welche etwa nur nach einer aufwendigen Rückrechnung ermittelt werden können. 24

Wurden beantragte Kosten versehentlich nicht festgesetzt, kann dies binnen der Frist des **§ 321 II** gerügt werden; hiernach bleibt noch die Möglichkeit der Nachfestsetzung in einem neuen Verfahren (vgl § 103 Rz 27; MüKoZPO/*Giebel* § 104 Rn 53; München JurBüro 87, 1555; aA nur Rechtsbehelfseinlegung: Zweibr Rpfleger 03, 101). 25

VII. Bekanntmachung. Dem Gegner ist eine Ausfertigung des Kfb nebst Kostenberechnung vAw zuzustellen, Abs 1 S 3. Wird das Kostenfestsetzungsgesuch ganz zurückgewiesen, erfolgt keine Mitteilung an den Gegner. Der Ast erhält idR formlose Mitteilung. Zugestellt wird ihm der Kfb nur, wenn dem Antrag nur tw stattgegeben wurde, Abs 1 S 4, da mit Blick auf die Rechtsbehelfsmöglichkeit die Zustellung die Erinnerungs- bzw Beschwerdefrist in Lauf setzt. Wurde dem zahlungspflichtigen Schuldner zuvor kein rechtliches Gehör gewährt (Rz 3), ist diesem der Kfb mit einer Abschrift des Kostenfestsetzungsantrags zuzustellen. Im Übrigen bedarf es der – erneuten – Übersendung des Antrags nur, wenn der Kfb hierauf Bezug nimmt (LG Stade Nds Rpfl 81, 280). Die Zustellung hat an den Prozessbevollmächtigten 1. Instanz zu erfolgen, § 172 I 1. Dies gilt auch, wenn die Kosten eines höheren Rechtszugs festgesetzt werden. Da das Festsetzungsverfahren nicht mehr Teil des etwaigen vorherigen Anwaltsprozesses ist, endet das Mandat des Rechtsanwalts 26 mit Niederlegung; in diesem Fall ist der Partei persönlich zuzustellen (München Rpfleger 79, 465; MDR 80, 146; aA Bremen NJW-RR 86, 358). Die im Ausland wohnende Partei ist auch noch für das Kostenfestsetzungsverfahren zur Benennung eines Zustellungsbevollmächtigten verpflichtet (Kobl Rpfleger 78, 261). Im Verfahren nach § 126 ist nur dem PKH-Anwalt zuzustellen (Zö/*Herget* § 104 Rn 7). Der Tag der Zustellung wird wegen §§ 798, 798a auf der vollstreckbaren Ausfertigung vermerkt und dem Gläubiger eine solche übersandt. Daher empfiehlt es sich (auch bei dem Antrag nur tw stattgebenden Entscheidungen), zuerst dem Gegner zuzustellen und hiernach dem Kostengläubiger eine vollstreckbare Ausfertigung mit dem Vermerk des Zustellungsdatums zu übersenden.

27 **E. Kosten/Gebühren.** Einer Kostenentscheidung bedarf es nur, wenn im Festsetzungsverfahren solche angefallen sind. Über diese ist nach §§ 91 ff durch den Rechtspfleger zu entscheiden und sie sind gleichzeitig festzusetzen (Musielak/*Wolst* § 104 Rn 15). Im Kostenfestsetzungsverfahren entstehen keine **Gerichtskosten**. Abweichendes gilt für die Auslagen. Kosten für Zustellungen sind nur zu erheben, wenn im gesamten Verfahren (Erkenntnisverfahren und Festsetzungsverfahren) mehr als zehn Zustellungen anfallen, KV 9002 GKG. War der **Rechtsanwalt** auch Prozessbevollmächtigter im Erkenntnisverfahren, erhält er für das Festsetzungsverfahren keine zusätzlichen Gebühren, § 19 I Nr 14 RVG. Seine Tätigkeit ist mit den Gebühren der VV 3100ff RVG abgegolten. Gleiches gilt bei der Festsetzung gegen die eigene Partei nach § 11 RVG (§§ 19 I Nr 14, 11 II 6 RVG). Andernfalls entsteht die Gebühr des VV 3403 RVG.

28 **F. Anfechtung.** Der geänderten Stellung des Rechtspflegers Rechnung tragend ist grds das nach allgemeinem Verfahrensrecht vorgesehene Rechtsmittel, mithin die sofortige Beschwerde, statthaft (vgl BTDrs 13/10244, 1). Abhängig von der Höhe des Beschwerdewertes (§ 567 II) und damit vom Fehlen eines nach der ZPO statthaften Rechtsbehelfs ist jedoch die Rechtspflegererinnerung nach § 11 II RPflg die statthafte Anfechtungsmöglichkeit. Ob und welches Rechtsmittel gegeben ist, entscheidet sich somit im Einzelfall nach einer konkreten Betrachtungsweise (LG Köln NJW-RR 99, 1083). Der Rechtsbehelf kann auf einzelne abtrennbare Teile der Festsetzung beschränkt werden. Zur Erweiterung s. Rz 30, 42. Wird die Kostengrundentscheidung in höherer Instanz aufgehoben oder abgeändert – auch durch Vergleich – wird das Erinnerungs- oder Beschwerdeverfahren gegenstandslos (BGH NJW-RR 07, 784; Ddorf JurBüro 81, 1097; s. § 103 Rz 8; zur Kostenentscheidung vgl Rz 35). Der Rechtsbehelf hat keine aufschiebende Wirkung, § 570 I. Da der Kfb erst mit Hinausgabe aus dem internen Geschäftsbetrieb und nicht bereits mit Unterzeichnung wirksam wird, kann auch erst ab diesem Zeitpunkt ein Rechtsbehelf eingelegt werden (Hamm JurBüro 83, 934). Die Erinnerung/Beschwerde kann bis zum Erlass der Entscheidung ohne Zustimmung des Gegners zurückgenommen werden. Der Erinnerungs- bzw Beschwerdeführer trägt in diesem Fall entsprechend § 516 III die Kosten (bei der Erinnerung iVm § 11 II 4 RPflg).

29 **I. Rechtspflegererinnerung. 1. Zulässigkeit. a) Statthaft.** ist die Erinnerung durch den Kostengläubiger, wenn beantragte Kosten ganz oder tw nicht festgesetzt wurden bzw durch den Kostenschuldner im Falle einer Festsetzung von Kosten. Sie ist bei Erreichen des Beschwerdewertes nicht mehr statthaft (Negativvoraussetzung). Will sich der Betroffene gegen die im Kostenfestsetzungsbeschluss mit festgesetzten Gerichtskosten wenden, kann er grds alternativ nach § 66 GKG oder mit der Erinnerung/sofortigen Beschwerde vorgehen (Celle 12.1.10 – 2 W 2/10).

30 **b) Beschwer.** Die Erinnerung erfordert keine Mindestsumme. Unstatthaft ist sie jedoch, wenn die Beschwer 200 € übersteigt, § 567 II, da dann die sofortige Beschwerde nach §§ 104 III, 567 I, § 11 I RPflg statthaft ist. Maßgebend ist die ganze oder tw Zu- oder Aberkennung von Kostenpositionen. Auch die Aberkennung nicht beantragter Kosten beschwert die Partei, da die Entscheidung einer Nachfestsetzung entgegenstehen kann (Hamm AnwBl 02, 437; Rz 42). Bei Anfechtung **mehrerer** in einer Sache ergangener Kfb – etwa aufgrund einer Nachfestsetzung – findet eine Addition der Beschwerdewerte nicht statt. Dieser ist – ebenso wie die Frist – gesondert für jedes Verfahren zu prüfen (Stuttg JurBüro 79, 609; Zö/Herget § 104 Rn 21 »Beschwer«; MüKoZPO/*Giebel* § 104 Rn 81; aA Nürnbg JurBüro 75, 191). Die früher vertretene Ansicht, wonach eine Erweiterung des zunächst beschränkt eingelegten Rechtsbehelfs auch noch nach Ablauf der Notfrist zulässig war (Schlesw JurBüro 87, 1726; Köln JurBüro 86, 928; Stuttg Justiz 78, 234) ist nunmehr abzulehnen. Möglich ist eine **Erweiterung innerhalb der Notfrist**, mit der Folge, dass die Erinnerung – soweit die übrigen Voraussetzungen vorliegen – bei Übersteigen der 200 €-Grenze als Beschwerde behandelt wird. Dafür, dass die beschränkte Einlegung als Rechtsmittelverzicht iÜ ausgelegt werden kann, mit der Folge des generellen Ausschlusses der nachträglichen Erweiterung, bedarf es besonderer Anhalts-

punkte (Karlsr Rpfleger 92, 494). Bei **Erweiterung nach Ablauf der Notfrist** ist zu unterscheiden: Hält sich die Erweiterung innerhalb des Beschwerdewertes bis 200 €, ist dies weiterhin fristungebunden möglich. Führt die Erweiterung nach Ablauf der Erinnerungsfrist dazu, dass der Beschwerdewert überschritten wird, wird die Erinnerung insgesamt unzulässig; die Einhaltung der Erinnerungsfrist für einen Teilbetrag wahrte nicht die Frist zur Einlegung der sofortigen Beschwerde hinsichtlich des Gesamtbetrages. Die Erinnerung ist unzulässig, da ein Rechtsmittel – sofortige Beschwerde – an sich gegeben war. Die sofortige Beschwerde ist jedoch nunmehr verfristet, so dass dem Beschwerdeführer nur ein Antrag auf WE bleibt. Dies ist Folge der Einführung einer Maximalbeschwer als Negativvoraussetzung der Erinnerung (Zö/*Herget* § 104 Rn 15 unter Verweis ua auf Nürnbg MDR 05, 534; aA MüKoZPO/*Giebel* § 104 Rn 86, jedoch nur für die sofortige Beschwerde, s. hierzu Rz 42; Musielak/*Wolst* § 104 Rn 22). Zur Absenkung des Beschwerdewertes s. Rz 42.

Zu einer selbständigen Beschwer führt auch die fehlende Angabe einer Beteiligungsquote bei Streitgenossen 31
(KG NJW-RR 01, 1435) sowie die Aufnahme einer vollstreckungsrechtlichen Haftungsbeschränkung (Stuttg JurBüro 76, 675). Die Beschwer fehlt, wenn zulasten einer Partei, die die Hälfte oder mehr der Kosten zu tragen hat, bei der Kostenfestsetzung eine Gebühr nicht berücksichtigt wurde, die – wenn überhaupt – nur auf beiden Seiten in gleicher Höhe angefallen sein kann (Karlsr Rpfleger 96, 374).

c) **Form.** Die Erinnerung kann schriftlich oder zu Protokoll der Geschäftsstelle eingelegt werden, § 11 II 4 32
RPflg, § 569 II, III. Es besteht **kein Anwaltszwang,** § 13 RPflg. Lediglich bei der – seltenen – Anberaumung einer mündlichen Verhandlung besteht Anwaltszwang, wenn das Ausgangsverfahren als Anwaltsprozess geführt wurde. Im eigenen Namen kann der Rechtsanwalt keine Erinnerung einlegen (Kobl JurBüro 95, 92). Etwas anderes gilt im Verfahren nach § 126. Der angegriffene Beschl ist genau zu bezeichnen. Eine fehlerhafte Bezeichnung des Rechtsbehelfs schadet nicht. Nicht ausreichend ist, wenn telefonisch mitgeteilt wird, ein vor Erlass der Entscheidung eingereichter Schriftsatz sei als Erinnerung zu werten (Celle Rpfleger 94, 290). Möglich ist die schriftliche Bezugnahme auf einen während der Erinnerungsfrist eingereichten Schriftsatz, der keine Rechtsmittelerklärung enthält. Die Bezugnahme muss klarstellen, dass die Einlegung einer Erinnerung gewollt war und innerhalb der Zweiwochenfrist erfolgen (Frankf Rpfleger 83, 117). Wurde die Erinnerung wegen offensichtlicher Unrichtigkeit des Kfb eingelegt, kann diese in einen Berichtigungsantrag nach § 319 umgedeutet werden (MüKoZPO/*Giebel* § 104 Rn 76).

d) **Frist.** Die Erinnerung ist binnen zwei Wochen bei dem Gericht, das den Kfb erlassen hat, einzulegen 33
(**iudex a quo**). Da der Richter des Gerichts, dem der Rechtspfleger angehört, im Nichtabhilfefall abschließend entscheidet und damit keine höhere Instanz eröffnet ist, gilt § 569 I 1, wonach der Rechtsbehelf auch beim Beschwerdegericht (iudex ad quem) eingelegt werden kann, nicht (MüKoZPO/*Giebel* § 104 Rn 116). Es handelt sich um eine Notfrist, § 569 I 1, so dass **Wiedereinsetzung**, § 233, – auch durch den Rechtspfleger (Kobl NJW-RR 02, 1219) – gewährt werden kann. Über die Wiedereinsetzung entscheidet der Rechtspfleger nur, wenn er der Erinnerung abhilft. Andernfalls legt er die gesamte Sache, einschließlich des Wiedereinsetzungsantrags, dem Richter vor (Musielak/*Wolst* § 104 Rn 29). Die Frist beginnt mit Zustellung der Entscheidung, § 11 II 4 RPflg, § 569 I 2; Zustellung an den Antragsgegner, wenn dem Antrag ganz oder tw entsprochen wird, § 104 I 3, an den Antragsteller, wenn der Antrag ganz oder tw zurückgewiesen wurde, § 104 I 4. Dies gilt auch dann, wenn dem Kfb entgegen § 104 I 3 keine Abschrift der Kostenberechnung beigefügt war, es sei denn diese – fehlende – Berechnung wurde durch ausdrückliche Bezugnahme Bestandteil des Kfb (Hamm JurBüro 01, 592; München Rpfleger 90, 503). Wird der Kfb nicht oder nicht wirksam zugestellt, beginnt die Frist spätestens fünf Monate nach der formlosen Bekanntgabe der Entscheidung zu laufen (Köln NJW-RR 11, 1215). Wurde die Partei im Kostenfestsetzungsverfahren von **mehreren Anwälten** vertreten (etwa auch vom Verkehrsanwalt), beginnt die Frist bereits mit Zustellung an einen Bevollmächtigten zu laufen (Kobl NJW-RR 97, 1023). Im Falle der Fristversäumung kann unselbständige Anschlusserinnerung eingelegt werden, § 11 II 4 RPflg, § 567 III.

e) **Nachfestsetzung im Erinnerungsverfahren.** Im Falle einer zulässigen Erinnerung können mit ihr wei- 34
tere Kosten zur Nachfestsetzung geltend gemacht werden (KG NJW-RR 91, 768). Auch iRd unselbständigen Anschlussbeschwerde können Kostenpositionen nachgeschoben werden (Bambg JurBüro 81, 1579). Davon zu unterscheiden ist die Erweiterung auf angemeldete und beschiedene, aber zunächst nicht angegriffene Positionen (vgl Rz 30). Nicht möglich ist es allerdings, eine Erinnerung **allein** auf **bisher unangemeldete Kosten** zu stützen. Insoweit fehlt eine Beschwer (BGH MDR 11, 199). Diesbezüglich ist das Verfahren der Nachliquidation eröffnet (vgl § 103 Rz 27).

35 **2. Abhilfeverfahren. a) Allgemeines.** Der Rechtspfleger kann der Erinnerung abhelfen oder sie dem Richter vorlegen, § 11 II 2, 3 RPflg. Eine Vorlage an den Richter unter Offenlassen einer Abhilfe ist unzulässig (München Rpfleger 81, 412; Ddorf Rpfleger 86, 404, mit abl Anm *Lappe/Meyer-Stolte*). Der Rechtspfleger muss der Erinnerung abhelfen, wenn er sie für zulässig und begründet hält. Ihm steht insoweit trotz des Gesetzeswortlauts kein Ermessensspielraum zu (Frankf Rpfleger 79, 388; LG Berlin Rpfleger 89, 56). Im Falle einer Änderung zu Ungunsten des Gegners ist diesem vorher rechtliches Gehör zu gewähren. Der Rechtspfleger kann auf Antrag oder vAw (§ 570 Rz 4) die Zwangsvollstreckung aus dem Kfb aussetzen, § 11 II 4 RPflg, § 570 II. Hierfür besteht ggf Bedarf, da weder Erinnerung noch sofortige Beschwerde aufschiebende Wirkung haben.

36 **b) Entscheidung.** Im Falle zulässiger und (ganz oder tw) begründeter Erinnerung erfolgt die Abhilfe durch Aufhebung, Abänderung, Ergänzung oder neuem Erlassen des Kfb. Hilft der Rechtspfleger in vollem Umfang ab, muss er auch über die außergerichtlichen Kosten des Verfahrens entscheiden (Rz 39). Bei **Teilabhilfe** erfolgt iÜ per begründetem Beschl die Richtervorlage (LG Detmold Rpfleger 96, 238) ohne eine Kostenentscheidung des Rechtspflegers im Teilabhilfebeschluss (Frankf JurBüro 85, 1718; München Rpfleger 77, 70). In diesem Fall muss durch entsprechende Abänderung des angefochtenen Kfb sichergestellt werden, dass der titulierte Kostenanspruch im Umfang der Nichtabhilfe aufrechterhalten bleibt (München Rpfleger 84, 285). Durch die Abhilfeentscheidung darf der Erinnerungsführer nicht schlechter gestellt werden (Verbot der **reformatio in peius**) und ihm darf nicht mehr als beantragt zugesprochen werden, § 308 (ThoPu/*Hüßtege* § 104 Rn 35). Das Verschlechterungsverbot bezieht sich jedoch nur auf den Gesamtbetrag, nicht auf Einzelpositionen. Diese können ausgetauscht werden (BGH NJW-RR 06, 810, 811). Im Falle streitiger Abhilfe ist der Beschl zu begründen (Frankf Rpfleger 10, 111) und in gleicher Form wie der urspr Kfb bekannt zu geben. Der Abhilfebeschluss stellt einen neuen Kfb dar, auch in dem Fall, in dem der urspr Kfb inhaltlich wiederhergestellt wird. Hiergegen ist für die nunmehr beschwerte Partei ein neues Erinnerungsverfahren eröffnet (München Rpfleger 89, 55).

37 **3. Entscheidung durch den Richter. a) Allgemeines.** Hilft der Rechtspfleger nicht vollständig ab, legt er die Erinnerung dem Richter vor, § 11 II 3 RPflg. Zuständig ist der Richter des Gerichts, dessen Rechtspfleger entschieden hat (§ 28 RPflg). Auch der Nichtabhilfebeschluss ist zu begründen (Bambg JurBüro 87, 569), wobei auf die Gründe des angefochtenen Beschlusses Bezug genommen werden kann, und den Parteien mitzuteilen (München Rpfleger 92, 382). Es besteht kein Anwaltszwang, da aus § 13 RPflg nicht hergeleitet werden kann, dass ein solcher durch die Vorlage entsteht (ThoPu/*Hüßtege* § 104 Rn. 37). Auch hier gilt das Verbot der reformatio in peius und die Bindung an die Anträge, § 308 (Rz 36). Nach Abs 3 S 2 kann das Beschwerdegericht das Kostenfestsetzungsverfahren **aussetzen**, bis die Kostengrundentscheidung formell rechtskräftig ist. Dies dient nicht dem Vollstreckungsschutz, sondern der Arbeitserleichterung, da auch ein rechtskräftiger Kfb wirkungslos wird, wenn die Kostengrundentscheidung aufgehoben oder geändert wird (MüKoZPO/*Giebel* § 104 Rn 97). Soll zusätzlich die Vollstreckung aus dem existenten Kfb unterbleiben, ist die Zwangsvollstreckung insoweit auszusetzen, § 570 III (s. Rz 35).

38 **b) Entscheidung.** Ist die Erinnerung unzulässig, wird sie verworfen, § 11 II 4 RPflg iVm § 572 II. Die Kosten werden entspr § 91 I dem Erinnerungsführer auferlegt. Bei zulässiger und begründeter Erinnerung entscheidet der Richter in der Sache. Dessen Entscheidung ist unanfechtbar. In Ausnahmefällen kann er die Sache an den Rechtspfleger zurückverweisen § 11 II 4 RPflg iVm § 573 III und diesen bindend anweisen, die Kosten in bestimmter Weise festzusetzen (Karlsr Rpfleger 93, 484).

39 **4. Kosten/Gebühren.** Das Erinnerungsverfahren ist gerichtskostenfrei, § 11 IV RPflg. Der Rechtsanwalt erhält die Gebühr des VV 3500 RVG. Dabei ist jede Erinnerung/Beschwerde eine besondere Angelegenheit, § 18 Nr 3 RVG, wobei § 16 Nr 10 RVG mehrere Verfahren über die Erinnerung/Beschwerde zu einer Angelegenheit zusammenfasst. Bei **voller Abhilfe** des Rechtspflegers hat dieser auch über die außergerichtlichen Kosten des Verfahrens zu entscheiden (Ddorf JurBüro 89, 1578; Frankf MDR 98, 1373). Bei Rücknahme der Erinnerung gilt § 516 III 1 entspr (Kobl JurBüro 02, 651). Zur entspr Anwendung von § 93 vgl Rz 48. Fällt die Kostengrundentscheidung weg, wird das Erinnerungsverfahren gegenstandslos und die Partei, die die Festsetzung beantragte, kostenpflichtig (BGH NJW-RR 07, 784 mwN; Köln, OLGR 06, 588 unter Verweis auf Rechtsgedanken des § 717 II; Frankf JurBüro 93, 489: auch dann, wenn beide Kostengrundentscheidungen inhaltlich übereinstimmen; offen lassend Hambg JurBüro 89, 502, 503).

II. Sofortige Beschwerde. 1. Zulässigkeit. a) Statthaftigkeit. Die sofortige Beschwerde gegen den Kfb ist statthaft, wenn der Beschwerdewert 200 € übersteigt. 40

b) Form und Frist. Es gilt die Formvorschrift des § 569 II, III. Es besteht, auch wenn eine Entscheidung des Rechtspflegers des LG angegriffen wird, **kein Anwaltszwang,** § 13 RPflg, § 78 V (BGH NJW 06, 2260). Die Beschwerde ist binnen zwei Wochen ab Zustellung des Kfb bei dem Gericht, dem der Rechtspfleger angehört, der die angegriffene Entscheidung erlassen hat, oder bei dem Beschwerdegericht einzulegen. Da der Rechtspfleger eine Abhilfemöglichkeit hat (Rz 44) empfiehlt sich aus Gründen der Zeitersparnis eine Einlegung beim Ausgangsgericht. 41

c) Beschwerdesumme. Gemäß § 567 II muss diese über 200 € liegen. Maßgebend ist daher, in welchem Umfang die Entscheidung angegriffen wird. Sowohl Zinsen als auch die Umsatzsteuer (Kobl MDR 92, 196) sind bei der Berechnung zu berücksichtigen (Zö/*Herget* § 104 Rn 21 »Beschwer«). Maßgebend ist der Beschwerdewert bei Einlegung. Eine nachträgliche Absenkung macht die zulässig erhobene Beschwerde nicht unzulässig (KG JurBüro 91, 1522). Legen beide Parteien Beschwerde ein, genügt es, wenn eine Partei den Beschwerdewert erreicht; die sofortige Beschwerde der anderen Partei wird **Anschlussbeschwerde,** § 567 III. Diese kann auch noch nach Ablauf der Frist erhoben und mit dieser können auch bisher nicht geltend gemachte Posten nachgeschoben werden (Bambg JurBüro 81, 1679). Bei Beträgen bis 200 € kann die Partei wahlweise auch befristete Erinnerung einlegen, da die Anschlussbeschwerde diese nicht ausschließt (Zö/*Herget* § 104 Rn 17). Im Gegensatz zur Erinnerung (Rz 30) ist eine Erweiterung der sofortigen Beschwerde generell auch noch nach Fristablauf möglich. Angemeldete, aber zunächst nicht angegriffene Positionen können daher nachträglich einbezogen werden (vgl Stuttg Justiz 78, 234; MüKoZPO/*Giebel* § 104 Rn 86). Es muss aber vor Anspruchserweiterung eine Beschwer gegeben sein. Daher ist eine allein zum Zwecke der Anspruchserweiterung eingelegte sofortige Beschwerde unzulässig (BGH MDR 11, 199). 42
Kann die nachträgliche Festsetzung nach § 106 II erfolgen, fehlt einem Beschwerdeverfahren das **Rechtsschutzbedürfnis** (Hambg MDR 05, 1138). 43

2. Abhilfe. Nach § 11 I RPflg, § 572 hat der Rechtspfleger zu entscheiden, ob er der Beschwerde abhilft. Er darf das Rechtsmittel nicht selbst zurückweisen (München Rpfleger 01, 98). Hilft der Rechtspfleger so weit ab, dass nur noch ein Betrag unterhalb der Beschwerdesumme im Streit bleibt, wird die sofortige Beschwerde zur befristeten Erinnerung und der Richter des Gerichts, dessen Rechtspfleger den angefochtenen Kfb erlassen hat, muss über die gesamte Erinnerung entscheiden. Wird dennoch dem Beschwerdegericht vorgelegt, gibt dies die Sache zurück (KG JurBüro 91, 1522). Zum sonstigen Verfahren vgl Rz 35. 44

3. Verfahren vor dem Beschwerdegericht. Die Zuständigkeit richtet sich nach §§ 72, 119 I GVG. In Familiensachen ist stets das OLG zuständig (BGH MDR 78, 737). Es findet grds keine mündliche Verhandlung statt, §§ 572 IV, 128 IV. Rechtliches Gehör ist zu gewähren. 45

4. Entscheidung. Diese ergeht durch Beschl, § 572 IV, der zuzustellen ist, § 329 III. Ist die sofortige Beschwerde unzulässig, wird sie verworfen, § 572 II 2. Ist die Beschwerde zulässig aber unbegründet, wird sie zurückgewiesen. Ist die Beschwerde zulässig und begründet, wird der angefochtene Kfb aufgehoben. Das Beschwerdegericht entscheidet entweder selbst – durch eine neue Kostenfestsetzung – oder verweist die Sache an den Rechtspfleger zurück, § 572 III. Auch hier gilt das Verbot der reformatio in peius und die Beschränkung der Änderung auf den Umfang der Anfechtung (München Rpfleger 00, 298; ThoPu/*Hüßtege* § 104 Rn 51). 46

5. Rechtsbehelfe. Die **Rechtsbeschwerde** ist nur statthaft, wenn sie vom Beschwerdegericht zugelassen wurde, § 574 I Nr 2 (BGH NJW-RR 04, 356); andernfalls ist die Entscheidung des Beschwerdegerichts unanfechtbar. Ein Mindestbeschwerdewert ist für die (zugelassene) Rechtsbeschwerde nicht erforderlich (BGH NJW-RR 05, 939). Es gibt keine Nichtzulassungsbeschwerde, was auch vor dem Hintergrund der aus dem Rechtsstaatsprinzip abzuleitenden allg Rechtsschutzgarantie verfassungsrechtlich unbedenklich ist, da hierdurch kein Instanzenzug gewährt wird. Unabhängig von ihrer einfachrechtlichen Zulässigkeit (BVerfG NJW 09, 829, 830: keine Unzulässigkeit von Verfassungs wegen; vgl zur einfachrechtlichen Zulässigkeit BFHE 225, 310 = NJW 09, 3053 mit Anm *Sangmeister*; § 321a Rz 18) ist die Erhebung einer **Gegenvorstellung** nicht geeignet, die Frist zur Einlegung einer Verfassungsbeschwerde offen zu halten (BVerfG NJW 09, 829, 831). 47

48 **6. Kosten/Gebühren.** Die Gebühren des **Gerichts** richten sich nach KV 1812 GKG, werden mithin nur bei einer Verwerfung oder Zurückverweisung erhoben. Die Gebühren des **Rechtsanwalts** richten sich nach VV 3500 RVG (s. Rz 39). Das Beschwerdegericht hat über die Kosten zu entscheiden. Diese trägt nach § 97 I bei erfolgloser Beschwerde der Beschwerdeführer. Im Übrigen gelten die §§ 91 ff. Der Unterlegene trägt auch dann die Kosten, wenn er dem Antrag nicht entgegengetreten ist (Karlsr OLGR 00, 352, 353; Jena OLGR 00, 38; aA Kobl JurBüro 84, 446: analoge Anwendung von § 93; differenzierend Nürnbg NJW-RR 00, 141, 142). Keine Kostentragungspflicht trifft die sich nicht äußernde unterlegene Partei, wenn Gegenstand des Beschwerdeverfahrens ausschließlich ein Rechenfehler des Gerichts war (Frankf NJW-RR 00, 362). Wird die Beschwerde zurückgenommen, gilt § 516 III. Bei Wegfall der Kostengrundentscheidung s. Rz 39.

§ 105 Vereinfachter Kostenfestsetzungsbeschluss.

(1) [1]Der Festsetzungsbeschluss kann auf das Urteil und die Ausfertigungen gesetzt werden, sofern bei Eingang des Antrags eine Ausfertigung des Urteils noch nicht erteilt ist und eine Verzögerung der Ausfertigung nicht eintritt. [2]Erfolgt der Festsetzungsbeschluss in der Form des § 130b, ist er in einem gesonderten elektronischen Dokument festzuhalten. [3]Das Dokument ist mit dem Urteil untrennbar zu verbinden.

(2) [1]Eine besondere Ausfertigung und Zustellung des Festsetzungsbeschlusses findet in den Fällen des Absatzes 1 nicht statt. [2]Den Parteien ist der festgesetzte Betrag mitzuteilen, dem Gegner des Antragstellers unter Beifügung der Abschrift der Kostenberechnung. [3]Die Verbindung des Festsetzungsbeschlusses mit dem Urteil soll unterbleiben, sofern dem Festsetzungsantrag auch nur teilweise nicht entsprochen wird.

(3) Eines Festsetzungsantrags bedarf es nicht, wenn die Partei vor der Verkündung des Urteils die Berechnung ihrer Kosten eingereicht hat; in diesem Fall ist die dem Gegner mitzuteilende Abschrift der Kostenberechnung von Amts wegen anzufertigen.

1 **A. Allgemeines.** Als Erleichterung und zur Beschleunigung (Rz 5) gedacht, hat die Vorschrift in der Praxis nahezu keinerlei Bedeutung. Die Negativvoraussetzungen – noch nicht erfolgte Erteilung einer Ausfertigung, keine Verzögerung nach Abs 1 und keine Absetzung beantragter Kosten, Abs 2 – werden idR nicht bzw nicht kumulativ erfüllt sein

2 **B. Anwendungsbereich.** Anwendbar ist § 105 nur bei erstinstanzlichen Entscheidungen, da das Gericht des ersten Rechtszuges für die Kostenfestsetzung zuständig ist und dort nur Entscheidungen dieser Instanz ausgefertigt werden (MüKoZPO/*Giebel* § 105 Rn 2). Der Kostenfestsetzungsbeschluss kann mit dem Urt verbunden werden. Hierzu zählen auch Versäumnisurteile, die nach § 331 III ergehen (LG Stuttgart AnwBl 81, 197). Über den Wortlaut hinaus findet die Vorschrift auf alle zur Zwangsvollstreckung geeigneten Titel Anwendung, mithin auch auf vollstreckbare Beschlüsse und Vergleiche (Zö/*Herget* § 105 Rn 1)

3 **C. Voraussetzungen.** Zusätzlich zu den in § 103 Rz 15 ff genannten Voraussetzungen ist Folgendes erforderlich:

Eine einfache oder vollstreckbare Ausfertigung des Titels darf weder im Zeitpunkt des Eingangs des Kostenfestsetzungsantrags noch im Zeitpunkt der Entscheidung des Rechtspflegers für das vereinfachte Verfahren erteilt sein (Musielak/*Wolst* § 105 Rn 2). Durch die Verbindung der Kostenfestsetzung mit der Erteilung der – einfachen oder vollstreckbaren – Urteilsausfertigung darf keine Verzögerung eintreten. Dies ist etwa dann der Fall, wenn die Vollstreckung von einer vom Gläubiger zu beweisenden Tatsache abhängt, § 726. Ungeeignet ist das Verfahren auch bei Arrest- und Verfügungstiteln, da diese keiner Vollstreckungsklausel bedürfen, §§ 929 I, 936. Unzulässig ist das Verfahren bei einer Kostenquotelung, § 106 I 2. Zwar zulässig aber nicht zweckmäßig ist das Vorgehen nach § 105, wenn Kosten abgesetzt werden (Abs 2 S 3).

4 **D. Verfahren.** Die äußerliche Verbindung steht im Ermessen des Rechtspflegers (ThoPu/*Hüßtege* § 105 Rn 3). Urt und Kfb werden zusammen ausgefertigt, § 317 III, IV. Der festgesetzte Betrag wird beiden Parteien formlos mitgeteilt. Der Gegner erhält gleichzeitig die Kostenrechnung mit dem Hinweis, dass die Kosten nach der beigefügten Berechnung festgesetzt wurden (Musielak/*Wolst* § 105 Rn 4). Ein entsprechender Vermerk hinsichtlich der Übersendung des Kostenfestsetzungsantrags wird auf der Urschrift angebracht. Stellt sich im Nachhinein die Unzulässigkeit des Vorgehens nach § 105 heraus oder verzögert sich die Urteilsausfertigung, kann der Rpfleger die Verbindung von Kfb und Urt lösen (Zö/*Herget* § 105 Rn 2). Bei einem Kfb in elektronischer Form (Abs 1 S 2) erfolgt die untrennbare Verbindung durch eine elektronische Klammer (Zö/*Herget* § 105 Rn 2). Die Kostenfestsetzung hat in einem

gesonderten elektronischen Dokument zu erfolgen, welches seinerseits mit dem Urt untrennbar zu verbinden ist (MüKoZPO/*Giebel* § 105 Rn 6)

E. Wirkungen. Es gelten die normalen Wirkungen eines Kfb. Der intendierte Beschleunigungseffekt setzt sich iRd Vollstreckung fort. Es bedarf keiner besonderen Vollstreckungsklausel, § 795a, und es ist keine Wartefrist zu beachten, § 798. Mit der förmlichen Zustellung der vollstreckbaren Titelausfertigung samt Kfb, nicht schon mit der formlosen Mitteilung, beginnt die Frist zur Einlegung der Erinnerung/Beschwerde. Trotz Verbindung – welche wieder gelöst werden kann (MüKoZPO/*Giebel* § 105 Rn 7) – bleiben die Titel rechtlich selbstständig, so dass sich die Rechtsmittel/Rechtsbehelfe und die Zwangsvollstreckung nach den jeweiligen Vorschriften richten 5

F. Entbehrlichkeit eines förmlichen Antrages (Abs 3). Dieses Verfahren ist unabhängig vom Verfahren nach Abs 1 (Musielak/*Wolst* § 105 Rn 5). Die frühzeitig eingereichte Berechnung der Kosten übernimmt die Funktion des Antrags. Eine geringfügige Kostenersparnis tritt dadurch ein, dass das Gericht die Abschrift des Kostenfestsetzungsantrags fertigt. Die Möglichkeit besteht nicht im Falle der Kostenquotelung, § 106 I 2. 6

§ 106 Verteilung nach Quoten. (1) [1]**Sind die Prozesskosten ganz oder teilweise nach Quoten verteilt, so hat nach Eingang des Festsetzungsantrags das Gericht den Gegner aufzufordern, die Berechnung seiner Kosten binnen einer Woche bei Gericht einzureichen.** [2]**Die Vorschriften des § 105 sind nicht anzuwenden.**

(2) [1]**Nach fruchtlosem Ablauf der einwöchigen Frist ergeht die Entscheidung ohne Rücksicht auf die Kosten des Gegners, unbeschadet des Rechts des letzteren, den Anspruch auf Erstattung nachträglich geltend zu machen.** [2]**Der Gegner haftet für die Mehrkosten, die durch das nachträgliche Verfahren entstehen.**

A. Allgemeines. Durch die Kostenausgleichung im Falle einer Kostenquotelung wird die Durchführung mehrerer Festsetzungsverfahren und durch die Nichtschaffung mehrerer Titel auch die Durchführung wechselseitiger Zwangsvollstreckungsverfahren vermieden. Es handelt sich nicht um eine Aufrechnung, sondern um die Ermittlung des nach Saldierung verbleibenden Erstattungsanspruchs im Wege einer Verrechnung (Zö/*Herget* § 106 Rn. 1). 1

B. Anwendungsbereich. I. Anwendbar ist § 106 bei quotenmäßiger Verteilung der gerichtlichen oder außergerichtlichen Kosten. Gerichts- und außergerichtliche Kosten werden verrechnet und nicht getrennt festgesetzt. Für die umfassende Verrechnung aller Erstattungsansprüche aller Instanzen genügt es, wenn nur ein Teil der Kosten einer Instanz nach Quoten verteilt ist. Ferner schadet es nicht, wenn die Kosten einer anderen Instanz ganz von einer Partei zu tragen, nach Festbeträgen oder nach Verfahrensabschnitten verteilt sind und erst recht nicht, wenn sie nach anderen Quoten verteilt sind (LG Berlin NJW-RR 98, 215, 216 mwN). Der Umstand, dass auf einer Seite **Gesamtschuldner** nach § 100 IV haften, steht der Anwendbarkeit nicht entgegen (Musielak/*Wolst* § 106 Rn 3; Zö/*Herget* § 106 Rn 1; ThoPu/*Hüßtege* § 106 Rn 2; aA Köln Rpfleger 92 269 mit abl Anm *Schmitz*). Besteht ausnahmsweise ein Kostenerstattungsanspruch unter Streitgenossen (§ 104 Rz 19), kann ein Kostenausgleich stattfinden (München NJW 75, 1366, 1367). Eine Verteilung nach Quoten liegt auch im Falle der Kostenaufhebung nach **§ 92 I** vor, da zwar keine außergerichtlichen Kosten, aber die Gerichtskosten zur Hälfte auszugleichen sind (Braunschw Rpfleger 77, 177; MüKoZPO/*Giebel* § 106 Rn 4). Sinn macht ein Vorgehen nach § 106 in diesen Fällen jedoch nur, wenn der Rechtspfleger aus der Akte ersieht, dass auch beide Seiten Gerichtskosten gezahlt haben. Ausgehend von Sinn und Zweck der Regelung (Rz 1) findet der Kostenausgleich entsprechend § 106 auch bei einer Kostenteilung nach **Instanzen** statt (BPatG GRUR 91, 205; Musielak/*Wolst* § 106 Rn 2; aA MüKoZPO/*Giebel* § 106 Rn 4; Zö/*Herget* § 106 Rn 1). Aus den gleichen Gründen findet ein Kostenausgleich auch statt, wenn einer Partei lediglich die Mehrkosten nach **§ 281 III 2** (aA KG Rpfleger 77, 107) oder die Säumniskosten nach **§ 344** (aA Köln Rpfleger 92, 448;), der anderen Partei die übrigen Kosten auferlegt werden (sehr str wie hier: Hamm AnwBl 82, 384; vgl Bremen JurBüro 81, 1784; aA KG aaO, Köln aaO; MüKoZPO/*Giebel* § 106 Rn 5; Zö/*Herget* § 106 Rn 1; ThoPu/*Hüßtege* § 106 Rn 2a). Das hiergegen vorgebrachte Argument, in diesen Fällen gehe es nicht um die Überschussforderung einer Partei, sondern um getrennte Ansprüche, deren Beurteilung insb im Aufklärungs- und Zeitbedarf sehr unterschiedlich sein kann (Köln aaO) verfängt nicht. Auch dem eigentlichen Kostenausgleich nach § 106 kann eine intensive Prüfung von Entstehung und Notwendigkeit der angemeldeten Kosten voraus gehen. Dies ist ureigenste Prüfungsaufgabe des Rechtspflegers 2 im Festsetzungsverfahren. Der Beschleunigungseffekt ist nur ein Ziel der Vorschrift. Ausgehend vom übrigen Telos kann es auch nicht darauf ankommen, ob die Kosten der erstattungsberechtigten Gegenpartei schon zur Festsetzung angemeldet wurden (so Musielak/*Wolst* § 106 Rn 3 unter Verweis auf Bremen JurBüro 81, 1734).

3 **II. Nicht anwendbar** ist die Vorschrift bei Kostenverteilung in einem außergerichtlichen Vergleich (Karlsr VersR 79, 944).

4 **III. Materielle Einwendungen.** Eine Aufrechnung ist grds auch im Verfahren nach § 106 ausgeschlossen. Etwas anders gilt, wenn die Aufrechnungslage unstr ist. Möglich ist die Aufrechnung – etwa mit der titulierten Hauptforderung – aber erst wenn beide Parteien ihren Festsetzungsantrag eingereicht haben, da dann die Gegenforderung bestimmbar ist (München NJW–RR 00, 524; str, s. § 104 Rz 16). Zur Berücksichtigung eines Prozesskostenvorschusses s. § 104 Rz 17.

5 **IV. Verfahren.** Liegen die Voraussetzungen vor, ist das Verfahren nach § 106 **zwingend**; es besteht kein Ermessen. Mit Eingang des ersten Festsetzungsantrags fordert der Rechtspfleger die Gegenseite zur Einreichung ihrer Kostenberechnung auf. Zur Wahrung rechtlichen Gehörs ist eine Abschrift der Kostenberechnung zu übersenden. Auf die Folgen der Fristversäumnis, Abs 2, ist der Gegner hinzuweisen. Unterbleibt die Aufforderung an die Gegenseite, ist der Kfb im Erinnerungs- bzw Beschwerdeverfahren aufzuheben (Naumbg FamRZ 07, 1350). Der Antrag nebst Kostenberechnung ist, da eine Frist in Lauf gesetzt wird, der Gegenseite zuzustellen, § 329 II 2. Ist eine Gebühr auf beiden Seiten entstanden, macht aber nur eine diese geltend, kann dies eine Hinweispflicht des Rechtspflegers auslösen (weitergehend Hamm JurBüro 02, 318, wonach Gebühr ohne Antrag zu berücksichtigen ist).

6 Ist einer oder beiden Parteien **PKH** – mit oder ohne Raten – bewilligt, sind die Parteikosten so zu berechnen, als ob keine PKH bewilligt worden wäre (Bremen, JurBüro 84, 609; Mümmler JurBüro 83, 1461). Der sich nach Ausgleich ergebende Erstattungsanspruch einer Partei ist der Höhe nach jedoch beschränkt durch die Differenz zwischen dem Gesamtbetrag ihrer Kosten und Auslagen sowie der Vergütung, die ihr Anwalt aus der Staatskasse erhalten bzw zu beanspruchen hat (Bambg FamRZ 88, 967). Um einen etwa überschießenden Betrag ist der zunächst ermittelte Erstattungsanspruch zu mindern und nur der verminderte Betrag festzusetzen. Genießt eine Partei Gebührenfreiheit, sind beim Ausgleich keine gerichtlichen Gebühren, wohl aber Auslagen zu berücksichtigen (Zö/*Herget* § 106 Rn 3).

7 **V. Entscheidung.** Es ergeht ein einheitlicher Kfb (vgl LG Bonn Rpfleger 84, 33), welcher nur den zugunsten einer Partei ermittelten Überschussbetrag festsetzt. In diesem muss die Quotelung durch Angabe der eingestellten Beträge begründet werden.

8 **VI. Anfechtung.** Der Kfb wirft zwar nur ein Endergebnis nach Verrechnung aus, enthält aber zwei Entscheidungen über die jeweiligen Anträge der Parteien. Daher kann jede Partei bei entsprechender Beschwer den Beschl mit Erinnerung bzw Beschwerde anfechten. Die Beschwer errechnet sich nach der Quote der Erstattungspflicht der Gegenseite hinsichtlich der ganz oder tw abgesetzten Gebühr bzw der Auslagen. Hat eine Partei die Hälfte oder mehr der Kosten zu tragen, ist sie nicht dadurch beschwert, dass bei der Kostenfestsetzung eine Gebühr nicht berücksichtigt wurde, die – wenn überhaupt – nur auf beiden Seiten in gleicher Höhe angefallen sein kann, da sich die Berücksichtigung der Gebühr nicht zu ihren Gunsten auswirken wird (Karlsr Rpfleger 96, 374).

9 **C. Fristversäumnis (Abs 2).** Nach Fristablauf werden nur die Kosten des Antragsstellers berücksichtigt und entsprechend der Quote festgesetzt. Ausgehend vom Wortlaut und der mit der Fristsetzung bezweckten Arbeitserleichterung für das Gericht muss der Rechtspfleger ein nach Fristablauf aber vor Hinausgabe des Kfb aus der Sphäre des Gerichts eingegangenen Antrag als verspätet nicht mehr berücksichtigen (Hamm Rpfleger 96, 261; aA LG Berlin Rpfleger 86, 194; Zö/*Herget* § 106 Rn 4). Der Gegner muss hinsichtlich seiner Kosten einen weiteren Kfb erwirken; einem Erinnerungs- bzw Beschwerdeverfahren fehlte das Rechtsschutzbedürfnis (Kobl NJW-RR 00, 519; Hambg MDR 05, 1138). Im zweiten Festsetzungsverfahren ist eine Aufrechnung mit dem titulierten Kostenerstattungsanspruch des ersten Verfahrens möglich. Wird aus dem ersten Beschl vollstreckt, kann Klage nach § 767 erhoben werden (*Lappe* MDR 83, 992).

§ 107 Änderung nach Streitwertfestsetzung. **(1) [1]Ergeht nach der Kostenfestsetzung eine Entscheidung, durch die der Wert des Streitgegenstandes festgesetzt wird, so ist, falls diese Entscheidung von der Wertberechnung abweicht, die der Kostenfestsetzung zugrunde liegt, auf Antrag die Kostenfestsetzung entsprechend abzuändern. [2]Über den Antrag entscheidet das Gericht des ersten Rechtszuges.**
(2) [1]Der Antrag ist binnen der Frist von einem Monat bei der Geschäftsstelle anzubringen. [2]Die Frist beginnt mit der Zustellung und, wenn es einer solchen nicht bedarf, mit der Verkündung des den Wert des Streitgegenstandes festsetzenden Beschlusses.
(3) Die Vorschriften des § 104 Abs. 3 sind anzuwenden.

A. Allgemeines. Die Vorschrift bezweckt die Herstellung von Rechtssicherheit für die Fälle, in denen die Ansichten über den Streitwert des die Kostenfestsetzung ausführenden Rechtspflegers und des erkennenden Gerichts auseinander fallen. Letztere hat Vorrang, so dass ein bereits erlassender Kfb unter Beachtung der Frist des Abs 2 zu ändern ist. Insoweit findet eine Durchbrechung der Rechtskraft des Kfb statt (Musielak/*Wolst* § 107 Rn 1). 1

B. Anwendungsvoraussetzungen. 1. Streitwertfestsetzung. Die Vorschrift ist auch dann anwendbar, wenn eine Streitwertfestsetzung erstmals erfolgt, nachdem die Kostenfestsetzung zuvor rechtskräftig auf der Basis eines zu hohen oder zu niedrigeren Streitwerts erfolgte (s. zB § 63 III GKG). Das Verfahren nach § 107 ist auch vor Rechtskraft des Kfb zulässig. Alternativ kann dessen Änderung vor Rechtskraft wahlweise auch durch Erinnerung bzw Beschwerde herbeigeführt werden; hiernach nur noch über § 107 (ThoPu/*Hüßtege* § 107 Rn 1). Einem Vorgehen mittels Erinnerung bzw Beschwerde fehlt nicht das Rechtsschutzbedürfnis, obwohl das Verfahren nach § 107 weder Gerichts- noch Anwaltskosten auslöst. Die Erinnerung/Beschwerde ist effektiver, etwa hinsichtlich der Möglichkeiten zur Einstellung der Zwangsvollstreckung (Hamm OLGR 04, 12). 2

2. Antrag (Abs 2). Es besteht Antrags- hierfür jedoch kein Anwaltszwang. Die Monatsfrist berechnet sich nach §§ 222, 224. Die formlose Mitteilung der Streitwertfestsetzung setzt die Frist nicht in Gang (München Rpfleger 91, 340). Der Fristablauf steht nur einer neuen Kostenfestsetzung entgegen. Nicht ausgeschlossen ist ein Bereicherungsanspruch (§ 812 BGB) oder eine Vollstreckungsgegenklage (§§ 794 I Nr 2, 795, 767) nach Fristablauf (München MDR 83, 137). Der Antrag ist auch dann innerhalb der Monatsfrist ab Zustellung bzw Verkündung der Wertfestsetzung einzureichen, wenn der Kfb zu diesem Zeitpunkt noch nicht rechtskräftig ist (München Rpfleger 91, 340; aA KG JurBüro 75, 822). In einem Antrag auf Rückfestsetzung kann ein Antrag nach Abs 2 gesehen werden (Kobl Rpfleger 89, 40). 3

C. Verfahren. 1. Ablauf. Wie bei § 104 Rz 2 ff. Eine **Rückfestsetzung** überzahlter Kosten ist möglich, wenn die Überzahlung unstr oder eindeutig feststellbar ist (Ddorf Rpfleger 81, 409). An den Gegner bzw dessen Prozessbevollmächtigten wird eine Ausfertigung zugestellt. Dem Gläubiger wird eine vollstreckbare Ausfertigung unter Vermerk des Zustellungsdatums an den Gegner erteilt. Der Schuldner des ersten Kfb kann sich gegen die Vollstreckung hieraus nach § 775 Nr 1 verteidigen. 4

2. Entscheidung. Der funktionell zuständige Rechtspfleger (§ 21 Nr 1 RPflg) des Gerichts 1. Instanz ändert den Kfb durch einen neuen Beschl ab. Es wird kein neuer Kfb erlassen. Ist der Streitwert höher festgesetzt, sollten im Änderungsbeschluss »die **weiteren** vom Schuldner zu erstattenden Kosten auf ...« festgesetzt werden (Zö/*Herget* § 107 Rn 2). Im Verfahren nach § 107 kann der Rechtspfleger **nur** die von der Wertänderung beeinflussten Posten, mithin die Gebühren in ihrer Höhe, nicht jedoch hinsichtlich ihrer Erstattbarkeit oder ihrem Grunde nach ändern (vgl LG Berlin Rpfleger 97, 454 für Erfüllungseinwand; ThoPu/*Hüßtege* § 107 Rn 4). Daher muss im Falle einer Festsetzung nach § 106 der Gegner nicht zur Einreichung einer Kostenberechnung aufgefordert werden, wenn seine Kosten nach dem neuen Streitwert berechnet werden können (Zö/*Herget* § 107 Rn 1). 5

3. Rechtsbehelf. Nach Abs 3 ist gegen den Änderungsbeschluss die sofortige Beschwerde bzw befristete Erinnerung, § 104 III statthaft (vgl § 104 Rz 28 ff). 6

D. Kosten/Gebühren. Es fallen keine Gerichtskosten an. Die Kosten des Rechtsanwalts sind durch die Gebühren der VV 3100 ff RVG abgegolten, § 19 I 2 Nr 14 RVG. 7

Titel 6 Sicherheitsleistung

§ 108 Art und Höhe der Sicherheit. **(1) [1]In den Fällen der Bestellung einer prozessualen Sicherheit kann das Gericht nach freiem Ermessen bestimmen, in welcher Art und Höhe die Sicherheit zu leisten ist. [2]Soweit das Gericht eine Bestimmung nicht getroffen hat und die Parteien ein anderes nicht vereinbart haben, ist die Sicherheitsleistung durch die schriftliche, unwiderrufliche, unbedingte und unbefristete Bürgschaft eines im Inland zum Geschäftsbetrieb befugten Kreditinstituts oder durch Hinterlegung von Geld oder solchen Wertpapieren zu bewirken, die nach § 234 Abs. 1 und 3 des Bürgerlichen Gesetzbuchs zur Sicherheitsleistung geeignet sind.**

(2) Die Vorschriften des § 234 Abs. 2 und des § 235 des Bürgerlichen Gesetzbuchs sind entsprechend anzuwenden.

1 **A. Allgemeines.** Die Vorschrift erfasst nur die prozessuale Sicherheitsleistung, etwa in den Fällen der §§ 89 (vollmachtloser Vertreter), 110–113 (Auslandsbezug), 707, 709–712, 714, 715, 719, 720, 720a, 732, 769, 771 ff, 838, 890 (Zwangsvollstreckung), 921, 923, 925 II, 927, 936, 939 (Arrest und einstweilige Verfügung). Hierunter fallen auch die Fälle, in denen auf die entsprechenden Regelungen der ZPO Bezug genommen wird, zB §§ 67 ff ZVG. Nicht erfasst ist die materielle Sicherheitsleistung nach §§ 232–240 BGB. Sie schützt Ansprüche des Schuldners bei Vollstreckung aus einer nicht rechtskräftigen Entscheidung. Umgekehrt sichert die Abwendungsbefugnis des Schuldners den Gläubiger vor den Risiken aus einer Verzögerung der Vollstreckung (Musielak/*Foerste* § 108 Rn 1). Die Entscheidung erfolgt im Endurteil nur in den Fällen der §§ 709, 711, 712, 925, 927, 939. Bei Arrest und einstweiliger Verfügung durch Endurteil oder Beschl nach §§ 921, 923, 936; im Falle des § 280 II durch Zwischenurteil. In den übrigen Fällen wird durch Beschl entschieden, wenn die Sicherheitsleistung gesetzlich vorgesehen ist (ThoPu/*Hüßtege* § 108 Rn 1).

2 **B. Parteivereinbarungen.** Die Parteien können jederzeit eine Vereinbarung sowohl über Art als auch Höhe der Sicherheitsleistung treffen. Diese Parteivereinbarung kann in einem gerichtlichen Verfahren oder außergerichtlich erfolgen. Möglich ist auch bspw lediglich die Vereinbarung einer von § 108 abweichenden Stellung einer Bürgschaft. Parteivereinbarungen haben Vorrang vor der gerichtlichen Anordnung. Wird die Parteivereinbarung nicht berücksichtigt, kann Änderungsantrag gestellt, Rechtsmittel eingelegt oder eine neue Klage erhoben werden (Zö/*Herget* 108 Rn 3). Die Parteien können mit bindender Wirkung für das Gericht von einer Sicherheit auch dort absehen, wo das Gesetz eine solche vorsieht und umgekehrt eine solche auch in Fällen vereinbaren, in denen das Gesetz keine Sicherheitsleistung kennt (MüKoZPO/*Giebel* § 108 Rn 19).

3 **C. Bestimmung von Art und Höhe. Zuständig** zur Bestimmung der Sicherheitsleistung ist das Prozessgericht, welches die Entscheidung fällt, in deren Rahmen Sicherheit zu leisten ist. Bei der KfH entscheidet der Vorsitzende, § 349 II Nr 9. Dies kann ausnahmsweise auch das Gericht höherer Instanz sein, etwa wenn die Vorinstanz zu Unrecht aber in unanfechtbarer Weise keine Entscheidung getroffen hat (BGH NJW 66, 1028, 1029). Gründe der Prozessökonomie sprechen dafür, auch das Berufungsgericht als zuständig anzusehen (LG Aachen MDR 66, 244). Im Falle einer einstweiligen Einstellung – §§ 707, 719, 732 II, 769 – ist das Gericht zuständig, welches die Einstellung anordnete, mithin das Vollstreckungsgericht.

4 **I. Höhe der Sicherheitsleistung.** Erforderlich ist eine ausdrückliche, in Geld bemessene Bestimmung. Ausnahme: §§ 709 S 2, 711 S 2. Das Ermessen des Gerichts bestimmt sich nach dem drohenden Nachteil bzw dem Schaden, dessen Eintritt abgesichert werden soll und ist voll durch das Rechtsmittelgericht überprüfbar. An seine getroffene Festsetzung ist das Gericht nach § 318 gebunden (Frankf OLGZ 70, 172). Bei der **Vollstreckungssicherheit** (§§ 709, 707, 711, 732 II, 769, 771 III, 921, 925, 936) deckt die Höhe der Sicherheit den im Falle einer Änderung oder Aufhebung des zugrunde liegenden Titels durch die Vollstreckung verursachten Schaden ab. Der ebenfalls umfasste Schaden nach § 717 II, etwa Verdienstausfall, Betriebseinstellung, wird auch im Falle einer Geldvollstreckung berücksichtigt, obgleich hier § 720a der Praktikabilität wegen die Blockade des Schuldnervermögens gestattet ohne Sicherheit für Folgeschäden zu verlangen (Musielak/*Foerste* § 108 Rn 3). Wird nur wegen eines Teilbetrages vollstreckt, ist nach § 752 **Teilsicherheit** zulässig. In diesem Fall wird die Sicherheitsleistung in Höhe des beizutreibenden Teilbetrages zuzüglich eines vom Hundertsatz, der einem Schadensersatzanspruch nach § 717 II Rechnung tragen soll, bemessen (KG NJW 77, 2270; MüKoZPO/*Giebel* § 108 Rn 10; aA Frankf JurBüro 96, 550 mwN). Werden wiederkehrende Leistungen tituliert, ist es zulässig, das Urt in Höhe des jeweils beizutreibenden Betrages für vorläufig

vollstreckbar zu erklären (Zö/*Herget* § 108 Rn 4). Im Falle einer **vermögensrechtlichen Streitigkeit** orientiert sich die Höhe der Sicherheitsleistung an der zu vollstreckenden Hauptforderung nebst Zinsen, sonstigen Nebenleistungen sowie den Verfahrenskosten. Ein etwaiger weiterer Schadensersatzanspruch ist zu berücksichtigen, wenn hierfür ausreichend konkrete Anhaltspunkte vorliegen (vgl KG NJW 77, 2270, 2272). Bei **nichtvermögensrechtlichen** Streitigkeiten richtet sich die Höhe nur nach den Kosten und einem etwaigen Schaden (MüKoZPO/*Giebel* § 108 Rn 9). Bei einem **Auskunftsanspruch** ist die durch eine verzögerte Auskunftserteilung drohende Schädigung einzubeziehen (Schlesw SchlHA 74, 169). Bei der Verpflichtung zur Abgabe einer Willenserklärung und daraufhin erfolgter Eintragung eines Widerspruchs oder einer Vormerkung im Grundbuch umfasst die Sicherheitsleistung auch den Schaden, der dem Eigentümer dadurch entsteht, dass er infolge der Eintragung ein ihm günstiges Rechtsgeschäft (Darlehnsaufnahme, Verkauf) nicht durchführen kann (*Zawar* JZ 75, 168, 169). Die Höhe kann nachträglich über §§ 716, 321 korrigiert werden. Im Übrigen besteht Bindung, § 318. Eine Heraufsetzung der Sicherheitsleistung durch das Revisionsgericht ist jedoch nicht möglich. Dies kann unter den Voraussetzungen des § 319 – nur – vom Berufungsgericht vorgenommen werden (vgl zum Ganzen BGH NJW-RR 99, 213).

Bei Sicherheit zur **Abwendung** oder **Einstellung** (va §§ 711, 712; §§ 707, 719) der Vollstreckung wird neben den Kosten auch die Hauptforderung nebst Zinsen erfasst, wenn die Vollstreckung insgesamt verzögert und dadurch auch die Erfüllung gefährdet wird (RGZ 141, 195, 196; BGH NJW 79, 417, 418; Köln NJW-RR 87, 251, 252). Geht es weniger um die Gefährdung der Erfüllung als vielmehr um die Verzögerung der Vollstreckung (zB Räumungsvollstreckung), ist nur der Verzögerungsschaden anzusetzen (Musielak/*Foerste* § 108 Rn 4). Zur Höhe der **Ausländersicherheit**: § 110 Rz 9. 5

II. Art der Sicherheitsleistung. Anders als hinsichtlich der Höhe ist dem Gericht das Ob der Bestimmung der Art der Sicherheit freigestellt. Fehlt eine ausdrückliche Bestimmung durch das Gericht, erfolgt die Sicherheitsleistung durch Stellung einer Bankbürgschaft oder Hinterlegung (I 2). Bestimmt das Gericht die Art der Sicherheitsleistung, besteht weder eine Bindung an die in §§ 232–240 BGB aufgeführten Sicherungsmittel noch hinsichtlich der dort aufgeführten Schranken. Gemäß Abs 2 sind lediglich die §§ 234 II, 235 BGB zu beachten (MüKoZPO/*Giebel* § 108 Rn 15). 6

1. Hinterlegung. Das Verfahren richtet sich nach den Hinterlegungsgesetzen der Länder, nachdem die HintO mit Wirkung zum 1.12.2010 aufgehoben wurde (BGBl I 2007, 2614; *Rückheim*, Rpfleger 10, 1). Die Überweisung an die Gerichtszahlstelle des Prozessgerichts steht der Hinterlegung nicht gleich (BGH NJW 02, 3259). Als **Geld** zählen alle gesetzlichen inländischen Zahlungsmittel. Ausländisches Geld ist zwar ebenfalls taugliche Sicherheit, jedoch sind analog § 234 III nur ¾ seines Kurswertes zugrunde zu legen (MüKoZPO/*Giebel* § 108 Rn 21). **Wertpapiere** sind solche des § 234 I, III BGB sowie deren Berechtigungsscheine, Abs 2 iVm § 234 II BGB. Es muss sich somit um Inhaber- oder blanko indossierte Orderpapiere handeln, die einen Kurswert haben und mündelsicher (§ 1807 I Nr 4 BGB) sind. Es bedarf keiner amtlichen Kursnotierung. Es genügt, wenn sich ein solcher aufgrund Angebot und Nachfrage gebildet und im Verkehr Anerkennung gefunden hat (MüKoZPO/*Giebel* § 108 Rn 22). Bestimmt das Gericht nichts Abweichendes, sichern Wertpapiere nur in Höhe von ¾ des Kurswertes, § 234 III BGB. Der Umtausch richtet sich nach Abs 2 iVm § 235 BGB. 7

Auf Antrag oder vAw kann auch eine andere Art von Sicherheitsleistung angeordnet werden. Möglich ist die Hinterlegung von Wertpapieren, die nicht unter § 234 BGB fallen, ausländischem Geld oder Kostbarkeiten (vgl etwa § 6 HintG Saarland). Zur Hinterlegung genügt nicht ein Hypothekenbrief, da hieraus dem Schuldner keine Befriedigung möglich ist (Zö/*Herget* § 108 Rn 5). Aus dem gleichen Grund verbietet sich die Sicherheitsleistung durch bloße Hinterlegung eines auf den Namen des zur Sicherheitsleistung verpflichteten Gläubigers ausgestellten Sparbuchs. Der Inhaber ist infolge der Hinterlegung nicht gehindert, seinen Anspruch gegen die Bank abzutreten oder zu verpfänden (MüKoZPO/*Giebel* § 108 Rn 15; Zö/*Herget* § 108 Rn 6; aA Köln JR 56, 22). 8

2. Bürgschaft. a) Tauglicher Bürge. Jedes im Inland zum Geschäftsbetrieb befugte Kreditinstitut, das ein der Höhe nach der Sicherheit angemessenes Vermögen besitzt, § 239 I BGB analog, kann tauglicher Bürge sein. Bürgschaften von Kreditinstituten, die ihren Sitz in anderen EWR- bzw EU-Staaten haben, genügen, wenn sie von einer (unselbständigen) hiesigen Zweigniederlassung übernommen werden (Musielak/*Foerste* § 108 Rn 7; vgl *Foerste* ZBB 01, 483). Bestehen insoweit Bedenken, muss diese der Sicherheitsgläubiger vorbringen (Celle NJW 62, 1019). Trifft das Gericht eine Bestimmung, kann auch eine ausländische Bank als Bürge zulässig sein (vgl zu den weiteren Voraussetzungen Hambg NJW 95, 2859, 2860; Ddorf VersR 97, 9

470). Unabhängig von der Frage, ob die Gestellung einer Bürgschaft durch eine »**Großbank**« dem Bestimmtheitserfordernis genügt (abl LG Berlin Rpfleger 78, 331; Frankf OLGZ 66, 304; zust MüKoZPO/*Giebel* § 108 Rn 37), sollte von einer derartigen Regelung Abstand genommen werden, da etwaige Bedenken hinsichtlich der Tauglichkeit des Bürgen im Einzelfall im Vollstreckungsverfahren zur Ablehnung der Vollstreckung führen und dort im Erinnerungsverfahren (§ 766) auszutragen wären. Generell ist zu beachten, dass die sicherungsberechtigte Partei durch die Bürgschaft nicht schlechter als durch andere Sicherungsmittel stehen darf. Daher ist es nicht ausreichend, wenn mehrere Sicherungsberechtigte lediglich Gesamtgläubiger sind, da dann der Verpflichtete mit befreiender Wirkung an einen der Gläubiger leisten kann (LG Düsseldorf Rpfleger 03, 677).

10 **b) Form.** Die erwähnte Schriftform bezieht sich auf § 766 BGB. Strengere Formvorschriften, etwa notarielle Form der Bürgschaftserklärung oder auch Nachweis der Vertretungsmacht, können angeordnet werden (Zö/*Herget* § 108 Rn 8). Dazu ist das Gericht zwar nicht verpflichtet (Hamm NJW 75, 2025; Hambg MDR 82, 588), jedoch empfiehlt sich dies mit Blick auf die durchzuführende Zwangsvollstreckung als tauglicher Nachweis. Daher ist **§ 350 HGB**, wonach die Bürgschaft keiner Form bedarf, wenn sie für den Bürgen ein Handelsgeschäft ist, zwar anwendbar und die Bürgschaft bei Vorliegen dieser Voraussetzungen materiell wirksam; § 751 II regelt nur den Nachweis. Empfehlenswert ist ein solches Vorgehen jedoch nicht. Dies liefe dem Ziel zuwider, im Vollstreckungsverfahren rasch, zuverlässig und ohne Prüfung der Kaufmannseigenschaft des Bürgen die Wirksamkeit der Bürgschaft zu klären (MüKoZPO/*Giebel* § 108 Rn 30). Im Ergebnis sollte das Gericht im späteren Interesse der Parteien daher klare Formvorschriften bestimmen.

11 **c) Inhalt.** Es muss sich um eine **selbstschuldnerische Bürgschaft** handeln. Dadurch, dass der Bürge auf die Einrede der Vorausklage verzichtet, tritt er von Anfang an gesamtschuldnerisch neben die sicherungsverpflichtete Partei. Die geforderte **Unwiderruflichkeit** verlangt, dass die Willenserklärung des Bürgen nicht einseitig aufgehoben werden kann und der Bürge daran gebunden ist (ThoPu/*Hüßtege* § 108 Rn 9). Die Bürgschaft muss unbefristet (§ 163 BGB) und unbedingt, dh weder aufschiebend noch auflösend bedingt, § 158 BGB, sein. Hinsichtlich der aufschiebenden Bedingung gilt dies ausnahmslos. Eine auflösende Bedingung ist hingegen in den Fällen zulässig, in denen ausschließlich der Sicherungsberechtigte hierüber befindet (BGH MDR 71, 388; LG Bielefeld MDR 85, 238). Möglich ist die Bestimmung, dass die Bürgschaft erlischt, wenn die Urkunde vom Schuldner oder mit seiner Zustimmung von einem Dritten an den Bürgen zurückgegeben wird. In diesem Fall muss dem Schuldner jedoch das Original der Bürgschaftsurkunde zugestellt oder für ihn hinterlegt (so im Fall Hambg WM 82, 195) worden sein; eine beglaubigte Abschrift genügt nicht (München MDR 79, 1029; Hamm WM 93, 2050). Zudem muss sichergestellt sein, dass die Bürgschaft nicht ohne Willen des Sicherungsberechtigten erlischt ehe der Sicherungszweck entfallen ist (Hambg MDR 82, 588). Unzulässig ist die Bestimmung, wonach die Bürgschaft erlischt, sobald die Veranlassung für sie weggefallen ist. Dies gebietet va die Formalisierung des Vollstreckungsverfahrens, wonach für die Vollstreckungsorgane Bestehen und Wegfall der Sicherheitsleistung unzweifelhaft bestimmbar sein muss (AG Köln DGVZ 83, 60; MüKoZPO/*Giebel* § 108 Rn 27; aA Nürnbg MDR 86, 241). Unzulässig ist ferner der Vorbehalt des Bürgen – im Austausch – befreiend hinterlegen zu dürfen (Ddorf DGVZ 90, 156; LG Bielefeld MDR 85, 238; Treber WM 00, 343; aA Kobl Rpfleger 95, 32; Zö/*Herget* § 108 Rn 9). Mehrere Vollstreckungsschuldner sind als Mit-, nicht als Gesamtgläubiger in der Bürgschaftsurkunde auszuweisen (Rz 9; Ddorf Rpfleger 03, 677).

12 **d) Bürgschaftsvertrag.** Das Zustandekommen der Bürgschaft setzt die Annahme des Vertragsangebotes seitens des Kreditinstitutes durch die sicherungsberechtigte Gegenpartei voraus. Die erforderliche Annahmeerklärung braucht weder dem Bürgen ggü ausdrücklich erklärt zu werden, § 151 BGB, noch überhaupt erklärt zu werden. Diese wird vielmehr durch die gerichtliche Entscheidung über die Zulassung der Bürgschaft als Sicherheit ersetzt (Nürnbg WM 86, 214, 215). Der Sicherungsverpflichtete muss lediglich den Zugang der Bürgschaftserklärung bewirken. Eine Zustimmungs- oder gar Annahmeverweigerung ist unbeachtlich. Es bedarf des **Zugangs** der Originalurkunde, § 130 BGB. Auch im Falle der Bewirkung der Zugangsfiktion bei Vermittlung durch den GV, § 132 I BGB iVm §§ 192 ff, bedarf es der Zustellung der Urschrift, eine beglaubigte Abschrift genügt nicht (Musielak/*Foerste* § 108 Rn 10; aA MüKoZPO/*Giebel* § 108 Rn 33). Die Zustellung kann auch an den Prozessbevollmächtigten des Sicherungsberechtigten erfolgen, da dessen Vollmacht idR auch den Abschluss des Bürgschaftsvertrages umfasst (Kobl JurBüro 01, 213; Karlsr MDR 96, 525). Möglich ist auch die Zustellung von **Anwalt zu Anwalt**, § 195, da die Prozessvollmacht auch den Abschluss des Bürgschaftsvertrags umfasst (LG Augsburg NJW-RR 98, 1368). Nach hM

genügt in diesen Fällen die Zustellung einer beglaubigten Abschrift (BGH NJW 79, 417, 418; OLG München OLGZ 65, 292, 293; aA Ddorf VersR 81, 737). Lediglich wenn das Erlöschen der Bürgschaft an die Rückgabe der Originalurkunde geknüpft ist, bedarf es auch hier – wie in diesen Fällen immer – der Zustellung des Originals (München MDR 79, 1029). Dabei stellt das Empfangsbekenntnis den Nachweis iSv § 751 II dar (LG Augsburg NJW-RR 98, 1368, 1369). Ist dem Gläubiger gestattet, Sicherheit durch Hinterlegung einer Bürgschaftsurkunde zu leisten, so darf die Zwangsvollstreckung beginnen, sobald das Original der Bürgschaftsurkunde hinterlegt ist und anwaltlich beglaubigte Abschriften der Bürgschaftsurkunde, der Annahmeanordnung der Hinterlegungsstelle des Amtsgerichts und der Annahmequittung der Gerichtskasse dem Schuldner zugestellt worden sind (Hambg MDR 82, 588).

e) Erlöschen der Bürgschaft. Diese erlischt: *aa)* Im Falle einer Anordnung nach § 109 II und § 715. *bb)* Durch Parteivereinbarung. *cc)* Bei Erlöschen der Hauptschuld, § 765 BGB. *dd)* Bei Erledigung des Sicherungsverhältnisses. Dies ist etwa der Fall bei Eintritt der Rechtskraft des Titels, bei Titelaufhebung ohne vorangegangene Vollstreckung oder Abwendung nach § 711. Ferner wenn der lediglich gegen Sicherheitsleistung vollstreckbare Titel durch einen solchen ohne Sicherheitsleistung bestätigt wird (ThoPu/*Hüßtege* § 108 Rn 12). 13

D. Verfahren. Außer in den Fällen der §§ 110 f, 712, 939, 927 erfolgt die Anordnung der Sicherheit vAw. Es bedarf keiner mündlichen Verhandlung, § 128 IV. Eine Ausnahme besteht in den Fällen der §§ 110, 710, 712, 925, 939, 927, wenn Streit herrscht. Greift dann nicht eine der Ausnahmen der §§ 251a, 331a, 128 II, III, ist mündlich zu verhandeln (MüKoZPO/*Giebel* § 108 Rn 63). In den Fällen der §§ 709, 711, 712, 925, 927, 939 erfolgt die Anordnung im Tenor des Urteils. Anordnung durch Zwischenurteil nach § 280 II im Fall des § 110, in den Fällen der §§ 921, 923, 936 durch Arrestbefehl oder einstweilige Verfügung. In den übrigen Fällen erfolgt die Anordnung durch gesonderten Beschl. Zur Zuständigkeit s. Rz 3. 14

E. Nachträgliche Änderungen. I. Änderungen der Höhe. Da die Anordnung der Sicherheitsleistung als solche und ihre Höhe Bestandteil der Entscheidung zur Hauptsache sind, ist eine diesbezügliche Änderung grds nicht mehr möglich, da dies eine unzulässige Abänderung des Urteils darstellte. Da dies jedoch nur für End- und Zwischenurteile gilt, ist eine Abänderung in lediglich vorläufigen Entscheidungen (§§ 707, 719; 732 II, 769) sowohl dem Grunde als auch der Höhe nach möglich. Hinsichtlich der Höhe verbleibt iÜ nur die Möglichkeit der Berichtigung, § 319 (BGH NJW-RR 99, 213; MüKoZPO/*Giebel* § 108 Rn 58). Eine jederzeitige Änderung ist durch **Parteivereinbarung** möglich. Diese hat Vorrang vor der gerichtlichen Bestimmung, was auch im Falle nachträglicher Änderung gilt. 15

II. Änderungen der Art der Sicherheitsleistung. Möglich ist ein Antrag auf Abänderung der Art der Sicherheitsleistung (BGH NJW 94, 1351). Über diese bestimmt das Gericht nach freiem, nicht nachprüfbarem Ermessen. Das Gericht kann daher die gesetzlichen Anforderungen sowohl verschärfen als auch mildern. Auf Antrag (s.o.) oder vAw kann daher eine andere Art bestimmt oder die zunächst bestimmte Art der Sicherheitsleistung ergänzt werden (MüKoZPO/*Giebel* § 108 Rn 59). Zuständig zur Entscheidung ist das Prozessgericht 1. Instanz (Köln MDR 97, 392). Wurde eine andere Art der Sicherheitsleistung zugelassen, etwa die Hinterlegung von Geld auf ein Anderkonto des RA oder die Verpfändung eines Sparguthabens, kann die Art der Sicherheit nur mit Zustimmung des Berechtigten umgetauscht werden, da dieser hieran ein Pfandrecht erworben hat (Zö/*Herget* § 108 Rn 12). Auch hinsichtlich der Art ist jederzeitige abweichende **Parteivereinbarung** möglich. 16

F. Wirkung der Sicherheit. Diese dient nur der Absicherung des Schuldners und haftet insb nicht der Staatskasse für Gerichtskosten (Stuttg MDR 85, 1033 für den Fall des § 110). Durch die Übernahme der Prozessbürgschaft erkennt der Bürge regelmäßig auch den Ausgang des anhängigen Rechtsstreits, in welchem er sich verbürgt, als auch für sich verbindlich an (BGH NJW 75, 1119, 1121). 17

I. Vor Eintritt des Sicherungsfalls. Der Sicherungsberechtigte hat am Hinterlegten ein Pfandrecht, § 233 BGB. Gehen Geld oder Wertpapiere infolge der Hinterlegung in das Eigentum des Fiskus über, hat der Sicherungsberechtigte ein Pfandrecht an der Rückerstattungsforderung des Verpflichteten (MüKoZPO/*Giebel* § 108 Rn 39). Im Falle der Gestellung einer Bürgschaft besteht ein direkter Anspruch gegen den Bürgen, § 765 BGB. 18

II. Nach Eintritt des Sicherungsfalls. Dieser tritt etwa bei Aufhebung oder Änderung des Titels ein, § 717. Im Falle des § 711 bei Rechtskraft des Urteils (BGH NJW 78, 43). Eine Einstellungssicherheit, § 719 iVm 19

§ 707, steht dem Gläubiger schon mit bestätigendem Berufungsurteil zu, da mit diesem die vorläufige Einstellung der Vollstreckung entfällt (München WM 94, 1899, 1900). Mit Eintritt des Sicherungsfalls steht dem Berechtigten ein Befriedigungsrecht zu. Der Sicherungsberechtigte kann den **Bürgen** in Anspruch nehmen. Der Bürge, gegen welchen nunmehr der unmittelbare Zugriff eröffnet ist, haftet nicht nur für den entstandenen Schaden, sondern auch für die Urteilssumme selbst (BGH NJW 79, 417, 418). Im Falle der Hinterlegung kann der Berechtigte Einwilligung zur Auszahlung oder – etwa bei hinterlegtem **Geld** – Herausgabe des Hinterlegten verlangen, vgl etwa § 22 III Nr 1 HintG-SL. Bei Streitigkeiten, insb bei Feststellung seiner Berechtigung, ist Klage zu erheben, § 22 III Nr 2 HintG-SL. Bei beweglichen Sachen, etwa **Kostbarkeiten**, erfolgt die Verwertung im Wege des Pfandverkaufs, § 1233 BGB, bzw im Falle des § 1221 BGB durch freihändige Veräußerung. Bei einem Pfandrecht an einem Recht richtet sich die Verwertung nach §§ 1273 ff BGB, bei Grundpfandrechten nach § 1291 BGB und bei Wertpapieren nach §§ 1292 ff BGB. Wurde dem Berechtigten am Grundstück des Verpflichteten ein Grundpfandrecht bestellt, gelten die Vorschriften über die Zwangsvollstreckung in das unbewegliche Vermögen, so dass der Berechtigte die Zwangsversteigerung bzw Zwangsverwaltung betreiben kann (MüKoZPO/*Giebel* § 108 Rn 47).

20 **G. Rechtsbehelfe.** Die **Anordnung** der Sicherheitsleistung in der Hauptsacheentscheidung kann mit dem Rechtsbehelf angegriffen werden, welcher auch gegen die Hauptentscheidung zulässig ist. Möglich ist eine Beschränkung auf die Anordnung der Sicherheit (Zö/*Herget* § 108 Rn 16; aA Köln NJW-RR 06, 66). Wird beides angegriffen, kann über die Sicherheit vorab entschieden werden, § 718. Ein **Zwischenurteil**, mit welchem der Einrede der mangelnden Prozesskostensicherheit stattgegeben und dem Kl Sicherheitsleistung aufgegeben wird, ist nicht selbstständig anfechtbar (BGHZ 102, 134 = NJW 88, 1733). Die **Art** der Sicherheitsleistung kann nicht angefochten werden. Da das Gericht über die Art der Sicherheitsleistung aufgrund nicht nachprüfbaren Ermessens entscheidet, scheidet eine nachträgliche gerichtliche Kontrolle grds aus. Anfechtbar ist lediglich der Beschl, mit welchem ein Antrag, eine bestimmte Art der Sicherheitsleistung zuzulassen, abgelehnt wird (Zö/*Herget* § 108 Rn 16). Dies gilt auch dann, wenn in der Hauptsache die Berufung statthaft ist oder bereits eingelegt wurde (Ddorf MDR 84, 852). Bei Stattgabe fehlt es für den Antragsteller an einer Beschwer, hinsichtlich des Antragsgegners an den Voraussetzungen des § 567. Bei Ablehnung steht dem Antragsteller die sofortige Beschwerde zu. Das Gericht selbst kann die Art der Sicherheit auf Antrag oder vAw nachträglich jederzeit ändern oder ergänzen. Nachträgliche Beschlüsse, die die Art der Sicherheit abändern oder ergänzen, sind unanfechtbar (Frankf MDR 81, 677; offen gelassen von BGH NJW 94, 1351). Möglich ist, einen Antrag auf Abänderung der Entscheidung zu stellen und gegen dessen Ablehnung sofortige Beschwerde einzulegen (ThoPu/*Hüßtege* § 108 Rn 16; Zö/*Herget* § 108 Rn 16; aA München MDR 84, 321). Nach Ansicht von Nürnbg (MDR 86, 241) ist ein solcher Antrag nur zulässig, wenn er auf neue Umstände gestützt wird.

21 **H. Kosten/Gebühren. I. Kosten der Sicherheitsleistung.** Die Kosten zur Gestellung der Sicherheit (zB Avalzinsen und -gebühren im Falle einer Bürgschaft) gehören zu den erstattungsfähigen Kosten (Köln Rpfleger 95, 520). Zuständig zur Festsetzung ist das Prozessgericht (BGH NJW-RR 06, 1001, 1002). Nicht erstattungsfähig sind Kreditkosten zur Beschaffung der Sicherheit und ein Zinsverlust bei der Hinterlegung eigenen Kapitals (Ddorf Rpfleger 81, 121). Wird zugunsten der bürgenden Bank eine Grundschuld bestellt, sind die diesbezüglichen Kosten ebenfalls nicht erstattungsfähig (München NJW 74, 957). Die eigentlichen Kosten der Hinterlegung und Verpfändung sind dagegen grds erstattungsfähig (MüKoZPO/*Giebel* § 108 Rn 66).

22 **II. Gerichts- und Rechtsanwaltskosten im Verfahren.** Wird der RA ggü der Bank tätig, löst dies die Geschäftsgebühr aus, VV 2300 RVG. Eine Tätigkeit iRd Hinterlegung wird nach VV 3100 RVG bzw idR nach VV 3403 RVG als Einzeltätigkeit vergütet. Dies jedoch nur dann, wenn der Rechtsanwalt nicht bereits im Verfahren tätig war. Dann ist sein Tätigwerden iRd Sicherheitsleistung durch die Verfahrensgebühr abgegolten (Ddorf JurBüro 07, 525; ; aA Zö/*Herget* § 108 Rn 17; Musielak/*Foerste* § 109 Rn 13: Die Beschaffung einer Bankbürgschaft und das Verfahren nach den Hinterlegungsgesetzen gehören nicht zum Rechtszug; zum Meinungsstand s. Gerold/Schmidt/*Müller-Rabe*, VV 3309 Rn. 293). Etwas anderes gilt nur dann, wenn der Rechtsanwalt beauftragt ist, die Sicherheit zu besorgen, dh mit dem Kreditinstitut Kontakt aufzunehmen, da dies mit seiner Tätigkeit im Erkenntnis- und Zwangsvollstreckungsverfahren nicht verbunden ist (Mayer/Kroiß/*Gierl* VV 3309 Rn. 10).

§ 109 Rückgabe der Sicherheit. **(1) Ist die Veranlassung für eine Sicherheitsleistung weggefallen, so hat auf Antrag das Gericht, das die Bestellung der Sicherheit angeordnet oder zugelassen hat, eine Frist zu bestimmen, binnen der ihm die Partei, zu deren Gunsten die Sicherheit geleistet ist, die Einwilligung in die Rückgabe der Sicherheit zu erklären oder die Erhebung der Klage wegen ihrer Ansprüche nachzuweisen hat.**

(2) [1]Nach Ablauf der Frist hat das Gericht auf Antrag die Rückgabe der Sicherheit anzuordnen, wenn nicht inzwischen die Erhebung der Klage nachgewiesen ist; ist die Sicherheit durch eine Bürgschaft bewirkt worden, so ordnet das Gericht das Erlöschen der Bürgschaft an. [2]Die Anordnung wird erst mit der Rechtskraft wirksam.

(3) [1]Die Anträge und die Einwilligung in die Rückgabe der Sicherheit können vor der Geschäftsstelle zu Protokoll erklärt werden. [2]Die Entscheidungen ergehen durch Beschluss.

(4) Gegen den Beschluss, durch den der im Absatz 1 vorgesehene Antrag abgelehnt wird, steht dem Antragsteller, gegen die im Absatz 2 bezeichnete Entscheidung steht beiden Teilen die sofortige Beschwerde zu.

A. Anwendungsbereich. Mit § 109 wird ein ggü dem Klageverfahren vereinfachtes, beschleunigtes (keine obligatorische mündliche Verhandlung) und verbilligtes (kein Anwaltszwang) zweistufiges Verfahren zur Rückerlangung der Sicherheit eröffnet, welches in allen in § 108 Rz 1 genannten Fällen der Sicherheitsleistung, mithin auch im Falle des § 110, und bei allen Arten von Sicherheitsleistungen anwendbar ist (BGH NJW-RR 06, 710, 711). Durch die Statuierung einer Frist dient es zugleich der Rechtssicherheit. Im Falle der Sicherheitsleistung durch den Gläubiger nach §§ 709 S 1, 711, 712 II 2 bietet § 715 eine einfachere Möglichkeit der Rückerlangung durch Vorlage eines Rechtskraftzeugnisses (zum Verhältnis zu § 109 s. Rz 24). Die Vorschrift des § 109 durchbricht für den Fall der Anordnung einer Sicherheitsleistung gem § 110 das Gebot des § 318, welches die Bindung des Gerichts an die Entscheidung, die in einem von ihm erlassenen Zwischenurteil enthalten ist, vorschreibt (Hambg NJW 91, 3103). 1

B. Voraussetzungen. I. Antrag. Die Fristsetzung erfolgt nur auf Antrag des Sicherungsverpflichteten. Kein Antragsrecht eines Dritten, insb nicht des Bürgen (MüKoZPO/*Giebel* § 109 Rn 15; ThoPu/*Hüßtege* § 109 Rn 2; aA Zö/*Herget* § 109 Rn 6). Der Überweisungsgläubiger nach § 835 ist antragsberechtigt (Zö/*Herget* § 109 Rn 6). Der Antrag ist schriftlich oder zu Protokoll der Geschäftsstelle einzureichen. Es besteht kein Anwaltszwang, Abs 3 S 1, § 78 V, auch nicht für eine etwaige mündliche Verhandlung, § 13 RPflg. Die sonstigen Prozessvoraussetzungen müssen vorliegen. 2

II. Wegfall des Sicherheitsanlasses. 1. Allgemeines. Die Frage des Wegfalles der Veranlassung ist nach dem jeweiligen Zweck der Sicherheit zu bestimmen, mit der ein Schwebezustand überbrückt werden soll. Dies kann etwa mit dem Erlöschen der Bürgschaft zusammenfallen, ist jedoch davon zu unterscheiden. Es genügt, wenn die Veranlassung nur für einen Teil des Streitgegenstandes oder des gesicherten Betrages entfällt (Ddorf MDR 82, 412, 413). Der Sicherungszweck entfällt, wenn die gesicherten Ansprüche nicht entstanden sind und nicht mehr entstehen können. Ferner wenn der Gläubiger befriedigt ist oder erfolgreich vollstreckt hat (Jena Rpfleger 07, 675; ThoPu/*Hüßtege* § 109 Rn 3a). Dies gilt entsprechend, wenn ein Schaden entstanden ist, der zeitnah gerichtlich geltend gemacht werden könnte (RGZ 61, 300, 301f; Musielak/*Foerste* § 109 Rn 3). Regelmäßig entfällt der Anlass durch ein unanfechtbares Berufungsurteil oder Eintritt der Rechtskraft (Stuttg Rpfleger 85, 375). Hat der Schuldner zur Abwendung der Zwangsvollstreckung Sicherheit geleistet, kann er nach Wegfall des Anlasses auf die Rückgabe des hinterlegten Geldbetrages verzichten und diesen schuldbefreiend auf die titulierte Forderung anrechnen (BGH Rpfleger 84, 74). 3

2. Einzelfälle. a) Vollstreckungssicherheit. §§ 709, 719 I 1, 732 II Hs 2, 769, 771 III. Hierdurch wird der Schuldner vor den Schäden infolge der Vollstreckung aus einem lediglich vorläufig vollstreckbaren Titel geschützt. 4

aa) Vor Vollstreckung. Der Sicherungszweck entfällt bei Verzicht auf die vorläufige Vollstreckbarkeit (München WM 79, 29). Ferner bei einem bestätigenden Berufungsurteil, auch wenn dieses noch mit der Revision angreifbar und damit nicht rechtskräftig ist, § 708 Nr 10 (Zö/*Herget* § 109 Rn 3). Dies gilt nicht, wenn das Berufungsgericht die Zwangsvollstreckung gegen Abwendungssicherheit des Schuldners (§§ 707 I, 719) einstweilen einstellt, da die Gläubigersicherheit auch den möglichen Schaden durch Leistung der 5

Schuldnersicherheit deckt (Zö/*Herget* § 109 Rn 3; Musielak/*Foerste* § 109 Rn 4; aA *Haakshorst/Comes* NJW 77, 2344, 2345).

6 **bb) Nach Vollstreckung.** Der Anlass entfällt erst mit Rechtskraft des Titels (BGHZ 11, 303, 304). Die bloße Bestätigung durch ein revisibles Berufungsurteil genügt nicht (München OLGZ 85, 457, 458; Musielak/*Foerste* § 109 Rn 4; aA Hamm NJW 71, 1186, 1187 f).

7 **cc) Sicherungsvollstreckung.** Hat der Gläubiger lediglich die Sicherungsvollstreckung nach § 720a (zB Eintragung einer Sicherungshypothek) betrieben, entfällt der Anlass bei Vorliegen eines das erstinstanzliche Urt bestätigenden – auch revisiblen – Berufungsurteils, da § 708 Nr 10 vorrangig bleibt (München OLGZ 85, 457, 459).

8 **b) Abwendungssicherheit.** Hierunter fallen etwa §§ 711 S 1, 712, 720a III, 923. Sie bezweckt den Gläubigerschutz vor Schäden infolge einer verzögerten Vollstreckung und mittelbar den Schuldnerschutz vor einer Vollstreckung ohne Gläubigersicherheit (Musielak/*Foerste* § 109 Rn 5). Hat der Schuldner Abwendungssicherheit nach § 711 geleistet und macht der Gläubiger diese durch Gegensicherheitsleistung wirkungslos, kann der Schuldner deren Rückgabe verlangen, da er die Vollstreckung nunmehr nicht abwenden kann (Köln MDR 93, 270). Der Gläubiger kann dies nicht von der gleichzeitigen Rückgabe seiner an den Schuldner geleisteten Sicherheit abhängig machen (Oldbg Rpfleger 85, 504). Neben den Fällen rechtskräftiger Klageabweisung entfällt der Sicherheitsanlass bereits mit Verkündung eines klageabweisenden oder aufhebenden Urteils (Ddorf NJW-RR 02, 1292; Frankf Rpfleger 85, 32; Hamm MDR 82, 942; für den Fall der Zurückverweisung Karlsr OLGZ 85, 82). Ferner bei Vergleichsabschluss in der Rechtsmittelinstanz, soweit die Sicherheit den nunmehr geschuldeten Betrag übersteigt (keine Übersicherung, Frankf MDR 87, 239).

9 **c) Einstellungssicherheit.** Hierzu zählen etwa §§ 707, 719, 732 II Hs 2, 769, 771 III. Sie dient ebenfalls dem Gläubigerschutz durch Verzögerung der Vollstreckung (etwa Illiquidität des Schuldners). Der Sicherungsanlass entfällt, wenn die Klage des Vollstreckungsgläubigers rechtskräftig abgewiesen wird. Im Falle einer Klage des Vollstreckungsschuldners, etwa § 767, im Falle rechtskräftiger Klageabweisung, wenn die Möglichkeit eines Verzögerungsschadens des Gläubigers ausgeschlossen werden kann (LG Bielefeld Rpfleger 93, 353 für § 769). Ausreichend ist aber bereits die bloße Verkündung eines zweitinstanzlichen Urteils, welches die Klageabweisung bestätigt (für Vollstreckungsbescheid: Ddorf NJW-RR 02, 1292) bzw die Sache unter Aufhebung zurückverweist (Stuttg Rpfleger 78, 63; Frankf Rpfleger 85, 32). Im Falle der einstweiligen Einstellung durch das Revisionsgericht, anschließender Aufhebung des Berufungsurteils und Zurückweisung entfällt der Zweck erst, sobald feststeht, dass dem Titelgläubiger kein Schaden entstanden ist (BGH NJW 82, 1397; aA Musielak/*Foerste* § 109 Rn 6). Kein Wegfall der Veranlassung einer Einstellungssicherheit, wenn die Vollstreckung – etwa aus einem Versäumnisurteil – nur gegen Sicherheitsleistung, § 709 S 3, fortgesetzt werden darf.

10 **d) Einstweiliger Rechtsschutz.** Die Verpflichtung des Arrest- bzw Verfügungsklägers zur Sicherheitsleistung, §§ 921 S 2, 936, sichert Ansprüche nach § 945. Der Anlass entfällt, sobald ein (Verfügungs-) Anspruch wegen Obsiegens in der Hauptsache rechtskräftig feststeht (RGZ 72, 27, 28; Musielak/*Foerste* § 109 Rn 7). Ferner bei Versäumen der Vollziehungsfrist, § 929 II, III, bei Aufhebung der Anordnung nach § 926 II oder § 942 III oder wenn der Schuldner sie weder anficht noch Fristsetzung zur Klage beantragt.

11 **e) Ausländersicherheit (§ 110).** Der Sicherungsanlass entfällt, wenn der gewöhnliche Aufenthalt in der EU oder in einem EWR-Staat begründet wird (BGH NJW-RR 06, 710). Ferner bei rechtskräftiger Verurteilung des Beklagten.

12 **f) Die Sicherheit für den vollmachtlosen Vertreter,** § 89, entfällt mit Genehmigung der Partei.

13 **C. Fristbestimmung. I. Zuständigkeit.** Es entscheidet das Gericht, welches die Sicherheit angeordnet hat. Bei Anordnung der Sicherheitsleistung durch das Rechtsmittelgericht entscheidet dieses auch im Verfahren nach § 109, nicht jedoch, wenn es lediglich die Entscheidung der Vorinstanz bestätigte (Zö/*Herget* § 109 Rn 7). Funktionell ist der Rechtspfleger zuständig, § 20 Nr 3 RPflg.

14 **II. Frist.** Über das Ob und die Länge der Frist wird per Beschl entschieden. Die Länge wird nach freiem Ermessen bestimmt. Die Berechnung richtet sich nach §§ 221, 222. Eine Fristverlängerung ist zulässig, § 224.

III. Inhalt. Der Sicherungsgläubiger wird aufgefordert, dem Gericht ggü in die Rückgabe der Sicherheit einzuwilligen oder Klage gegen die andere Partei oder den Bürgen (Köln OLGZ 91, 216) zu erheben. Die Folgen im Falle der Nichtbeachtung müssen nicht angedroht werden (ThoPu/*Hüßtege* § 109 Rn 6); selbiges erscheint jedoch verfahrensökonomisch sinnvoll. Der Beschl ist dem Gegner vAw zuzustellen, § 329 II, III, dem Antragsteller formlos zu übersenden. 15

D. Rückgabeanordnung (Abs 2). I. Voraussetzungen. Die Voraussetzungen der Anordnung der Rückgabe der Sicherheit sind: 16

1. Antrag. Auch hier besteht kein Anwaltszwang (Rz 2). Der Antrag kann – bedingt – bereits mit dem Fristsetzungsantrag verbunden werden. 17

2. Zustellung des Beschlusses. Eine nicht ordnungsgemäße Zustellung setzt die Frist nicht in Lauf. 18

3. Fristablauf. Die nach Rz 13 gesetzte Frist muss abgelaufen sein. 19

4. Nichterfüllung der Auflage. Ausreichend ist es, wenn diese nach Fristablauf aber vor der Anordnung nach Abs 2 erfüllt wird, etwa die Einwilligung in die Rückgabe der Bürgschaft in dieser Zeitspanne erklärt wird (München OLGR 95, 155). Möglich ist die Nachholung noch bis zum Abschluss des Rechtsmittelverfahrens (München OLGZ 66, 549). Es genügt der – formlose – Nachweis der Klageerhebung. Im Falle der Sicherheitsleistung durch Bürgschaft genügt die Klage gegen den selbstschuldnerisch haftenden Bürgen (Köln OLGZ 91, 216, 217f). Ist die Sicherheit hinterlegt und erklärt der Gläubiger die Einwilligung in die Rückgabe, bedarf diese der Form der §§ 22 III II Nr 1, 23 HintG-SL (bzw vergleichbarer landesrechtlicher Vorschriften; ThoPu/*Hüßtege* § 109 Rn 8). Andernfalls wird eine Rückgabeanordnung erlassen. Der Rechtspfleger hat weder Zulässigkeit und Erfolgsaussicht der Klage zu prüfen, noch ob die Sicherheit tatsächlich für die eingeklagte Forderung besteht (Stuttg NJW-RR 95, 1148; aA Celle OLGR 94, 325), da eine solche Prüfung dem formalisierten Verfahren nach § 109 fremd ist. Die Voraussetzungen der Fristbestimmung nach Abs 1 müssen im Zeitpunkt der Rückgabeanordnung noch vorliegen. 20

II. Entscheidung. Fehlt eine der in Rz 16 genannten Voraussetzungen, wird der Antrag zurückgewiesen. Ansonsten wird die Rückgabe per Beschl angeordnet. Dieser ist beiden Parteien zuzustellen, § 329 II, III. 21

1. Inhalt. Angeordnet wird die Rückgabe der ganzen oder eines Teils der Sicherheit. Erforderlich ist die genaue Angabe, wer was an wen zurückzugeben hat. Im Falle einer Bürgschaft wird deren Erlöschen festgestellt. Einer Anordnung zur Rückgabe der Bürgschaftsurkunde bedarf es nicht, da der Beschl den entsprechenden Beweis erbringt (ThoPu/*Hüßtege* § 109 Rn 11). Bei lediglich teilweisem Wegfall des Anlasses kann der Schuldner beantragen, die Bürgschaft Zug-um-Zug gegen eine solche auszutauschen, welche die nunmehr abzusichernde geringere Summe erfasst (Frankf NJW-RR 87, 447). 22

2. Wirkung. Diese tritt erst ab Rechtskraft des Beschlusses ein. Im Falle einer Hinterlegung erfolgt nach Vorlage des Beschlusses die Herausgabe, (vgl etwa § 22 III Nr 2 HintG-SL). Eine Bürgschaft erlischt; entsprechend wird tenoriert: »Das Erlöschen der Bürgschaft (genaue Bezeichnung) wird angeordnet«. 23

E. Rechtsbehelfe. I. Allgemeines. Da das Verfahren nach § 109 eine einfachere und spezifischere Möglichkeit zur Rückerlangung der Sicherheit bietet, fehlt einer entsprechenden **Klage** regelmäßig das Rechtsschutzbedürfnis (Zö/*Herget* § 109 Rn 1). Etwas anders gilt, wenn am Erfolg des Vorgehens über § 109 erhebliche Zweifel bestehen (BGH NJW 94, 1351, 1352). Steht dem Gläubiger der Weg über **§ 715** offen, ist dieses Verfahren, in dem es lediglich der Vorlage eines Rechtskraftzeugnisses bedarf, vorrangig und es fehlt einem Vorgehen über § 109 seinerseits das Rechtsschutzbedürfnis (Musielak/*Foerste* § 109 Rn 2; aA hM: für Gläubiger wahlweise, Zö/*Herget* § 109 Rn 1; obgleich das Verfahren nach § 715 als »noch einfacheres Verfahren« betitelnd auch MüKoZPO/*Giebel* § 109 Rn 1). Möglich ist ein Vorgehen über § 109 in diesen Fällen daher nur vor Eintritt der Rechtskraft. 24

II. Fristbestimmung. Die Bestimmung der Frist nach Abs 1 ist nur im Falle der Anordnung durch den Rechtspfleger mit der befristeten Erinnerung anfechtbar, § 11 II RPflg (Köln JurBüro 05, 554). Keine Anfechtungsmöglichkeit bei der – unschädlichen, § 8 I RpflegerG – Anordnung durch den Richter. 25

III. Ablehnung der Fristbestimmung. Hiergegen kann nur der Antragssteller sofortige Beschwerde einlegen, Abs 4, unabhängig davon, ob der Richter (§ 567 I) oder der Rechtspfleger (§ 11 I RPflg) entschieden hat. 26

27 **IV. Rückgabebeschluss.** Hiergegen kann jede Partei sofortige Beschwerde, § 11 I RPflg, § 567 I, einlegen. Im Beschwerdeverfahren kann das Fortbestehen des Sicherungsanlasses (RGZ 97, 127, 130), die Rechtmäßigkeit der Fristsetzung, nicht jedoch deren Angemessenheit überprüft werden (Zö/*Herget* § 109 Rn 10). Es besteht kein Anwaltszwang, wenn die Sache im ersten Rechtszug kein Anwaltsprozess war, §§ 569 III Nr 1, 571 IV 2. Unter den Voraussetzungen des § 574 ist die Rechtsbeschwerde zulässig.

28 **F. Kosten/Gebühren.** Das Verfahren ist gerichtskostenfrei. Für das Beschwerdeverfahren gilt KV 1811 GKG. Die Kosten des Rechtsanwaltes sind durch die Verfahrensgebühr abgegolten, § 19 I Nr 7 RVG. War der Rechtsanwalt nicht Prozessbevollmächtigter, erhält er eine 0,8 Gebühr nach VV 3403 RVG. Im Beschwerde- bzw Erinnerungsverfahren fällt eine 0,5 Gebühr nach VV 3500 RVG an. Findet ausnahmsweise eine mündliche Verhandlung statt, entsteht auch eine 0,5 Terminsgebühr nach VV 3513 RVG. Die Tätigkeit des Rechtsanwalts im Verfahren nach den Hinterlegungsgesetzen der Länder sowie zur Beschaffung der Bankbürgschaft gehört grds zum Rechtszug und ist mit der Verfahrensgebühr abgegolten (str; § 108 Rz 22).

§ 110 Prozesskostensicherheit. **(1) Kläger, die ihren gewöhnlichen Aufenthalt nicht in einem Mitgliedstaat der Europäischen Union oder einem Vertragsstaat des Abkommens über den Europäischen Wirtschaftsraum haben, leisten auf Verlangen des Beklagten wegen der Prozesskosten Sicherheit.**
(2) Diese Verpflichtung tritt nicht ein:
1. wenn auf Grund völkerrechtlicher Verträge keine Sicherheit verlangt werden kann;
2. wenn die Entscheidung über die Erstattung der Prozesskosten an den Beklagten auf Grund völkerrechtlicher Verträge vollstreckt würde;
3. wenn der Kläger im Inland ein zur Deckung der Prozesskosten hinreichendes Grundvermögen oder dinglich gesicherte Forderungen besitzt;
4. bei Widerklagen;
5. bei Klagen, die auf Grund einer öffentlichen Aufforderung erhoben werden.

1 **A. Allgemeines. I. Europarechtlicher Hintergrund.** Die frühere Fassung des § 110 wurde durch den EuGH insoweit eingeschränkt, als Kl aus EU-Mitgliedsstaaten keine Sicherheit leisten mussten, wenn die Klage mit der Ausübung gemeinschaftsrechtlich verbürgter Grundfreiheiten zusammenhing (EuGH NJW 93, 2431; NJW 97, 3299). Diesen Bedenken half die Neufassung ab. Diese gilt auch für bei Inkrafttreten am 1.10.98 bereits anhängige Verfahren (BGH NJW 01, 1219).

2 **II. Zielrichtung.** Die Vorschrift bezweckt die Absicherung des Beklagten für den Fall der Klageabweisung. Stammt der Kl nicht aus dem EU- bzw EWR-Raum, drohte die Geltendmachung des Kostenerstattungsanspruchs des Beklagten sonst an faktischen Hürden – oftmals geringer Betrag, welcher im Ausland geltend zu machen und zu vollstrecken wäre – zu scheitern. Vor derartigen Problemen soll er bewahrt werden (BTDrs 13/10871, 17). Da die Ausländersicherheit nur der Sicherung des eventuellen Kostenerstattungsanspruchs des Gegners dient, umfasst die Vorschrift nicht die Sicherung des Anspruchs der Staatskasse auf Zahlung von Gerichtskosten (Stuttg MDR 85, 1033).

3 **III. Prozessuales.** Verlangt der Beklagte Sicherheit, stellt diese eine Prozessvoraussetzung dar. Die Einrede der mangelnden Sicherheitsleistung gehört zu den die Zulässigkeit der Klage betreffenden verzichtbaren Rügen, die in der höheren Instanz nicht mehr zulässig sind, wenn sie in der Vorinstanz schuldhaft nicht erhoben wurden (BGH NJW-RR 93, 1021; NJW-RR 05, 148; Rz 9). Ein entsprechendes Verlangen des Beklagten bewirkt jedoch nicht die Unzulässigkeit der Klage, sondern führt zum Vorgehen nach § 113. Die Voraussetzungen sind vAw zu prüfen, wobei der Beibringungsgrundsatz sowie die Beweislastregeln gelten. Die Voraussetzungen des Abs 1 hat der Beklagte, das Vorliegen einer Ausnahme nach Abs 2 hat der Kl darzulegen und zu beweisen (BGH NJW 82, 1223). **Verzichtet** der Beklagte auf die Einrede, ist deren spätere Geltendmachung ausgeschlossen. Eine Ausnahme gilt dann, wenn eine Partei in Anbetracht des geringen Streitwertes auf Sicherheitsleistung verzichtet. Hierin liegt dann kein Verzicht auf die Einrede der mangelnden Sicherheit auch für den später angefallenen erheblich höheren Kostenteil, etwa bei Klageerweiterung (LG Schweinfurt NJW 71, 330). Bei unberechtigter Erhebung der Einrede kann die Beklagtenseite eine Kostenfolge aus §§ 96, 97 treffen (BGH NJW 80, 838, 839).

IV. Anwendungsbereich. Die Vorschrift gilt nur, wenn der Kläger – auch eine juristische Person (EuGH NJW 93, 2431) – seinen gewöhnlichen Aufenthalt oder Sitz (BGH NJW-RR 05, 148, 149) nicht in einem Mitgliedstaat der EU oder des EWR (zusätzlich zu den EU-Staaten: Island, Liechtenstein, Norwegen) hat. Der **gewöhnliche Aufenthalt** wird nach dem Lebensmittelpunkt, dem Schwerpunkt seiner Bindungen bestimmt (BGH NJW 75, 1068; 93, 2047, 2048; Musielak/*Foerste* § 110 Rn 3). Der **Sitz** juristischer Personen richtet sich nach § 17. Ausnahmsweise ist der tatsächliche Verwaltungssitz, nicht der satzungsmäßig festgelegte Sitz, maßgebend, wenn die juristische Person im Inland und an ihrem satzungsgemäßen Sitz keine Geschäftsräume oder eine zustellungsfähige Anschrift unterhält (Karlsr NJW-RR 08, 944, 945). Keine Pflicht zur Sicherheitsleistung besteht, wenn der im EU/EWR-Raum ansässige Kl seine Forderung von einer außerhalb des Gebietes ansässigen Person erworben hat. In diesen Fällen droht nicht eine von § 110 zu vermeidende Auslandsvollstreckung (auch nicht, wenn die dt GmbH vermögenslos ist, BGH NJW 84, 2762 zu § 110 aF; differenzierender Hambg RIW 81, 196). Eine gewillkürte Prozessstandschaft von EU/EWR-ansässigen Klägern für Gebietsfremde ist grds unzulässig (vgl Musielak/*Foerste* § 110 Rn 4). Klagt eine **Partei kraft Amtes** (Insolvenzverwalter, Nachlassverwalter), ist entscheidend, wo das verwaltete Vermögen liegt, da dies für die Schutzwürdigkeit des Beklagten erheblich ist; besteht auch inländisches Vermögen, ist zu fragen, ob dies eine ausreichende Sicherheit bietet, Abs 2 Nr 3 (Musielak/*Foerste* § 110 Rn 4). Nicht maßgebend ist die Staatsangehörigkeit des Klägers (LG Karlsruhe IPRax 05, 145). Aufenthalt und Nationalität des Beklagten spielen ebenfalls keine Rolle. 4

Die Vorschrift gilt im **Arrest- und einstweiligen Verfügungsverfahren**, sobald auf Widerspruch mündliche Verhandlung angeordnet wird. Dies ergibt eine Abwägung der beiderseitigen Interessen. Die vorherige Nichtanwendbarkeit – denkbar etwa bei Antragstellung in einer Schutzschrift – folgt nicht aus dem Wortlaut. Dieser spricht zwar nur von Klagen und im Arrest- und einstweiligen Verfügungsverfahren werden die Parteien erst bei stattfindender mündlicher Verhandlung als Arrest- bzw Verfügungskläger bezeichnet. Maßgebend ist vielmehr das vorrangige Eilinteresse des Arrest- bzw Verfügungsgläubigers. Wird mündliche Verhandlung anberaumt, tritt das Beschleunigungsinteresse zurück und überwiegt das Schutzinteresse des Beklagten. Der Sinn der Ausländersicherheit, den Beklagten vor den Risiken der Vollstreckung seiner Kostenforderung zu schützen, gebietet dann eine Anwendung auch im Eilverfahren (LG Hamburg IPRax 04, 528, 529; *Leible* NJW 95, 2817, 2819; *Stürner* IPRax 04, 513 ff). 5

Keine Anwendung findet die Vorschrift im Mahnverfahren vor Übergang ins streitige Verfahren, im Aufgebotsverfahren, im Verfahren der Vollstreckbarerklärung von Schiedssprüchen oder schiedsrichterlichen Vergleichen, §§ 1051–1058, 1060 ff (BGHZ 52, 321, 322 ff = BGH NJW 69, 2089) und im selbständigen Beweisverfahren. Nicht anwendbar ist die Regelung in FGG- und Familienverfahren. Mangels Vergleichbarkeit der Grundsätze zur Kostentragung, § 81 I 1 FamFG (Billigkeit) scheidet auch eine analoge Anwendung aus (Frankf OLGR 05, 320; aA Musielak/*Foerste* § 110 Rn 2 für echte Streitverfahren). 6

B. Voraussetzungen. Die maßgebenden Voraussetzungen müssen im Zeitpunkt der Entscheidung vorliegen. 7

I. Auslandsaufenthalt des Klägers. Bei dem Kl muss es sich um eine in Rz 4 genannte natürliche oder juristische Person handeln. Kl ist derjenige des ersten Rechtszuges. Hierzu zählt auch der Hauptintervenient, § 64. Da der Nebenintervenient nach § 101 mit Kosten belastet werden kann, ist auch er sicherungspflichtig. Der einfache Nebenintervenient fällt hinsichtlich der Kosten der Nebenintervention, der streitgenössische Nebenintervenient, § 69, auch hinsichtlich der Kosten der Klage hierunter (Zö/*Herget* § 110 Rn 3; Musielak/*Foerste* § 110 Rn 2). Der **Beklagte** wird auch nicht als Rechtsmittelkläger zum sicherungspflichtigen Kl (ThoPu/*Hüßtege* § 110 Rn 5). Die Einrede der Prozesskostensicherheit kann auch ggü einer nicht parteifähigen Klägerin erhoben werden, weil auch insoweit der Schutzzweck des § 110 ZPO eingreift (Karlsr NJW-RR 08, 944, 945 – GmbH). 8

II. Sicherheitsverlangen. 1. Allgemeines. Das Verlangen zur Stellung einer Prozesskostensicherheit muss der Beklagte äußern. Der Nebenintervenient kann Sicherheit für die dem Beklagten entstehenden Kosten verlangen, sofern dieser nicht widerspricht (Zö/*Herget* § 110 Rn 4). Entgegen der hM kann auch der **einfache Nebenintervenient** für seine eigenen Kosten Sicherheit verlangen (*Rützel* NJW 98, 2086; aA nur bei streitgenössischer Nebenintervention Hambg NJW 90, 650; Zö/*Herget* § 110 Rn 4; Musielak/*Foerste* § 110 Rn 8). Hierfür spricht der Schutzzweck der Vorschrift. Billigkeitserwägungen zugunsten des Klägers stehen dem nicht entgegen, da sowohl der Beklagte als auch der Nebenintervenient im Falle des Beitritts von prozessualen Rechten Gebrauch macht, mit deren Geltendmachung ein Kl rechnen muss. Das Verlangen muss 9 bis vor der Verhandlung zur Hauptsache bzw innerhalb der gesetzten Frist zur Klageerwiderung, **§ 282 III,** vorgebracht sein.

10 **2. Höhe.** Es sind von Anfang an die gesamten Kosten **sämtlicher Instanzen** geltend zu machen (Musielak/*Foerste* § 110 Rn 8). Möglich ist das Vorbringen noch in der **Berufungs- oder Revisionsinstanz,** jedoch nur dann, wenn die Voraussetzungen für die Sicherheitsleistung erst in dieser Instanz eingetreten sind oder wenn die Rüge in den Vorinstanzen ohne Verschulden nicht erhoben wurde (BGH NJW 01, 3630, 3631). Die Rüge mangelnder Sicherheitsleistung für die Kosten der Revisionsinstanz kann grds in dieser Instanz nicht mehr erhoben werden, falls die Voraussetzungen für eine Sicherheitsleistung bereits in der Berufungsinstanz vorlagen, Sicherheit aber nur für die Kosten erster und 2. Instanz verlangt wurde (BGH NJW 81, 2646) oder bereits im Berufungsverfahren ein Antrag auf weitere Sicherheit nach § 112 III hätte gestellt werden können (BGH NJW-RR 90, 378). Verlangt der Beklagte in 1. Instanz rechtzeitig und uneingeschränkt für alle Rechtszüge Sicherheit, setzt das Gericht 1. Instanz die Sicherheit aber nicht in Höhe aller Kosten sämtlicher Instanzen fest, darf der Beklagte abwarten, bis die Sicherheit die Kosten nicht mehr deckt und dann nach § 112 III – ggf wiederholt – Sicherheit für die Kosten sämtlicher Rechtszüge verlangen (BGH NJW-RR 05, 148; § 112 Rz 2). Hieraus wird gefolgert, dass es dem Gericht 1. Instanz zunächst möglich ist, die **Höhe der Sicherheit** nur mit den Kosten der 1. Instanz sowie denjenigen, die durch Einlegung der Berufung entstehen, zu berechnen, ehe der Beklagte in der Berufungsinstanz erneut die Einrede mangelnder Sicherheit erheben kann (MüKoZPO/*Giebel* § 108 Rn 57 mwN). Zwar läuft dies auf den ersten Blick dem Schutzzweck nicht zuwider. Es ist jedoch widersprüchlich, vom Beklagten zu verlangen, die Einrede zwecks Vermeidung der Verspätungsfolgen rechtzeitig (vor der ersten Verhandlung zur Hauptsache, BGH NJW-RR 05, 148), die Kosten sämtlicher Instanzen umfassend zu erheben, dem Gericht jedoch eine geringere Festsetzung zu gestatten. Möglich ist ein entsprechendes Verlangen auch nach einem klageabweisenden Versäumnisurteil, wenn hiergegen Einspruch eingelegt ist (Bremen NJW 62, 1822).

11 **III. Rückgabe.** Bei nachträglichem Wegfall der Voraussetzungen kann der Kl über § 109 die Rückgabe der Sicherheit verlangen, § 111 analog (BGH NJW-RR 06, 710, 711).

12 **C. Ausnahmen. I. Allgemeines.** Keine Pflicht zur Sicherheitsleistung besteht bei bewilligter **PKH** für den Kl, § 122 I Nr 2. Dies gilt auch dann, wenn das Gericht zuvor durch rechtskräftiges Zwischenurteil eine Frist nach § 113 gesetzt und diese (inzwischen) abgelaufen ist (Brandbg NJW-RR 03, 209). Ebenso wenn der Beklagte dem Kl nach § 127a Prozesskostenvorschuss leisten muss (Ddorf OLGR 97, 278). Eine Sicherheitsleistung ist ferner nicht geboten bei heimatlosen Ausländern (§ 11 Gesetz v 25.4.51, BGBl I, 269; geändert durch Gesetz v 9.7.90, BGBl I, 1354) und bei internationalen Flüchtlingen iSd Art 16 des Genfer Abkommens vom 28.7.51 (Gesetz v 1.9.53, BGBl 53 II, 559; ThoPu/*Hüßtege* § 110 Rn 8).

13 **II. Ausnahmetatbestände des Abs 2.** Darlegungs- und beweispflichtig ist der sich auf diese Ausnahmen berufende Kl.

14 **1. Verbot in völkerrechtlichen Verträgen (Nr 1).** Erforderlich ist die Wirksamkeit ggü Deutschland und die explizite Gewährung gegenseitiger Freistellung von der Pflicht zur Sicherheitsleistung (Frankf OLGR 05, 724). Nicht ausreichend sind Klauseln, welche lediglich Ausländer und Inländer hinsichtlich der gerichtlichen Geltendmachung ihrer Rechte gleichstellen oder die lediglich den freien und ungehinderten Zuritt zu den Gerichten gewähren (MüKoZPO/*Giebel* § 110 Rn 17). Hierunter fällt etwa das Haager Übereinkommen über den Zivilprozess v 1.3.54 (BGBl II 1958, 576; zu den Vertragsstaaten s. Übersichten bei *Schütze* NJW 95, 496 ff; *ders* RIW 99, 10 ff; zu weiteren Abkommen s. MüKoZPO/*Giebel* § 110 Rn 16). Nach dessen Art 17 darf den Angehörigen eines der Vertragsstaaten, die in einem dieser Staaten ihren Wohnsitz haben und vor den Gerichten eines anderen Vertragsstaates als Kl oder Nebenintervenient auftreten, wegen ihrer Ausländereigenschaft oder aufgrund fehlenden inländischen Wohnsitzes oder Aufenthalts keine Sicherheitsleistung und kein Gerichtskostenvorschuss auferlegt werden.

15 **2. Vollstreckung aufgrund völkerrechtlicher Verträge (Nr 2).** Die Vollstreckung der an den Beklagten zu zahlenden Kosten muss aufgrund völkerrechtlicher Verträge, die dem Beklagten ausreichend Schutz gewähren, erfolgen. Notwendig ist ein Abkommen über die Anerkennung und Vollstreckung im anderen Staat (vgl die Nachweise bei MüKoZPO/*Gottwald* § 328 Rn 16 ff). Erforderlich ist, dass ausdrücklich die Vollstreckung einer zugunsten des Beklagten ergangenen Kostenentscheidung zugebilligt wird.

3. Gesicherter Anspruch (**Nr 3**). Der Kl muss Eigentümer eines in Deutschland belegenen Grundvermögens oder Inhaber einer im Inland dinglich gesicherte Forderung sein. Zu den **Grundstücken** zählen auch die diesem gleichstehenden Rechte, etwa das Erbbaurecht, Wohnungs- und Teileigentum und ihre wesentlichen Bestandteile iSv §§ 93, 94 BGB. Ausreichend ist, wenn der Kl ein dingliches Anwartschaftsrecht (§§ 873, 878, 925 BGB) am Grundstück hat (MüKoZPO/*Giebel* § 110 Rn 22). Im Falle bestehender Belastungen des Grundstücks dürfen diese nicht so hoch sein, dass eine effektive Sicherung der Prozesskosten nicht mehr möglich ist. Eine **Forderung** ist dinglich gesichert, wenn für sie an inländischen Grundstücken eine Hypothek, Grundschuld oder Rentenschuld besteht. Da bewegliche Gegenstände selbst als Sicherheit ausscheiden, genügen Pfand- und Pfändungsrechte an diesen ebenso wenig wie solche an Forderungen und Rechten den Anforderungen (MüKoZPO/*Giebel* § 110 Rn 23). Nicht ausreichend ist eine Vormerkung, § 883 BGB (ThoPu/*Hüßtege* § 110 Rn 12, aA Musielak/*Foerste* § 110 Rn 6: »kann ausreichen«). Im Gegensatz zum dinglichen Anwartschaftsrecht ist das Schicksal einer Vormerkung nicht ausreichend kalkulierbar, so dass dem Beklagten nicht genügend Sicherheit geboten wird. Verliert der Kl im Laufe des Prozesses das in Nr 3 genannte Vermögen oder wird ein Grundstück in einer die Befriedigung ausschließenden Weise (höher) belastet, kann der Beklagte nach § 111 vorgehen. 16

4. Widerklage (**Nr 4**). Die Widerklage des Gebietsfremden ist privilegiert. Nicht hierzu zählt die sog Drittwiderklage, da es sich bei dieser um eine eigenständige Klage handelt, welche nicht die Privilegien der Widerklage genießt. Nach Abtrennung der Widerklage ist diese wie eine Klage zu behandeln (Zö/*Herget* § 110 Rn 6; aA Musielak/*Foerste* § 110 Rn 7). 17

5. Öffentliche Aufforderung (**Nr 5**). Hierunter fällt das Aufgebotsverfahren (§§ 433 ff FamFG). 18

D. Verfahren, Rechtsmittel. Entschieden wird regelmäßig durch **Zwischenurteil**. Wird das Begehren des Beklagten zurückgewiesen, unterliegt dieses den Rechtsmitteln der Endurteile, § 280 II 1. Im Falle der Anordnung der Sicherheitsleistung durch Zwischenurteil ist dieses nicht anfechtbar. Eine Überprüfung erfolgt erst mit dem Endurteil (BGH NJW-RR 06, 710, 711; Ddorf OLGR 97, 278; Saarbr NJW-RR 98, 1771; aA Karlsr MDR 86, 593; Bremen NJW 82, 2737). Dies gilt auch dann, wenn statt durch Urt fälschlicherweise durch Beschl entschieden wurde (Frankf OLGR 95, 415). Entsprechend unanfechtbar ist ein Zwischenurteil, welches zwar dem Verlangen dem Grunde nach stattgibt, die Höhe der Sicherheit jedoch niedriger bemisst als der Beklagte begehrte. Dieser hat die Möglichkeit, die Einrede der mangelnden Kostensicherheit aufrechtzuerhalten und das Gericht, wenn es auf seinem Standpunkt beharrt, zu einem die Einrede verwerfenden Zwischenurteil zu veranlassen, welches gem § 280 II 1 mit der Berufung anfechtbar ist. Zudem besteht die Möglichkeit des Vorgehens über § 112 III (BGH NJW-RR 90, 378). Möglich ist auch die Verwerfung der Einrede im Endurteil (Zö/*Herget* § 112 Rn 1). Ist die Sicherungspflicht in Grund und Höhe unstr, ist Entscheidung durch **Beschluss** zulässig und üblich (Musielak/*Foerste* § 110 Rn 9). In diesem wird die Frist nach § 113 bestimmt. 19

E. Gebühren. Der Erlass eines Zwischenurteils schließt die Ermäßigung der Verfahrensgebühr nach KV 1211 GKG aus (Karlsr MDR 07, 1104; zur streitigen Rechtslage vor Änderung des GKG zum 1.7.04 s. München MDR 03, 115 mwN). 20

§ 111 Nachträgliche Prozesskostensicherheit. **Der Beklagte kann auch dann Sicherheit verlangen, wenn die Voraussetzungen für die Verpflichtung zur Sicherheitsleistung erst im Laufe des Rechtsstreits eintreten und nicht ein zur Deckung ausreichender Teil des erhobenen Anspruchs unbestritten ist.**

A. Voraussetzungen. I. Späterer Eintritt der Sicherungsvoraussetzungen. Erfasst werden Änderungen der Voraussetzungen nach Rechtshängigkeit, § 261. Hierunter fällt etwa die Verlegung des Wohnsitzes bzw Sitzes in einen Nicht-EU/EWG-Staat. Zudem der spätere Verlust des Grundbesitzes oder dessen Belastung in einer Größenordnung, welche keinen Raum mehr für eine adäquate Sicherung der Prozesskosten zulässt. Ferner etwa die Aufhebung der PKH-Bewilligung für den Kl, § 122 I Nr 2. Nicht erfasst ist der Fall der Klageerweiterung, § 112 III. 1

II. Fehlende Deckung. Die nachträgliche Pflicht zur Prozesskostensicherheit tritt nicht ein, wenn die Kosten durch einen unbestrittenen Teil des erhobenen Anspruchs gedeckt sind. Diesen kann der Beklagte einbehalten. Der Klageanspruch muss so hoch wie die Sicherheitsleistung sein. Die Unbestrittenheit des 2

Anspruchs setzt kein (teilweises) Anerkenntnis voraus (Musielak/*Foerste* § 111 Rn 3; aA MüKoZPO/*Giebel* § 111 Rn 8). Negativvoraussetzung ist aber, dass der Beklagte keine Aufrechnung mit Gegenforderungen – etwa anderen Kostenerstattungsansprüchen – auch schlüssig, ankündigt, da dann nicht mehr gewährleistet ist, dass der Klageanspruch gerade die Kostenerstattung sichert (Musielak/*Foerste* § 111 Rn 3).

3 **III. Verlangen des Beklagten.** Dieses ist auch hier erforderlich und kann auch noch nach dem in § 282 III genannten Zeitpunkt erfolgen. Zwar erlaubt § 111 die nachträgliche Erhebung der Einrede. Bei nicht genügender Entschuldigung der Verspätung gilt jedoch § 296 III und die Einrede ist ausgeschlossen. Gleiches gilt bei vorherigem Verzicht (§ 110 Rz 3).

4 **B. Folgen.** Die Folgen richten sich auch hier nach § 113. Zum Verfahren und zu Rechtsbehelfsmöglichkeiten, § 110 Rz 19.

§ 112 Höhe der Prozesskostensicherheit.

(1) Die Höhe der zu leistenden Sicherheit wird von dem Gericht nach freiem Ermessen festgesetzt.

(2) [1]Bei der Festsetzung ist derjenige Betrag der Prozesskosten zugrunde zu legen, den der Beklagte wahrscheinlich aufzuwenden haben wird. [2]Die dem Beklagten durch eine Widerklage erwachsenden Kosten sind hierbei nicht zu berücksichtigen.

(3) Ergibt sich im Laufe des Rechtsstreits, dass die geleistete Sicherheit nicht hinreicht, so kann der Beklagte die Leistung einer weiteren Sicherheit verlangen, sofern nicht ein zur Deckung ausreichender Teil des erhobenen Anspruchs unbestritten ist.

1 **A. Höhe der Sicherheit.** Zum Verfahren s. § 110 Rz 19. Der nach freiem Ermessen festzusetzende Betrag orientiert sich an den vom Beklagten aufzuwendenden Prozesskosten. Maßgebend sind die voraussichtlichen Kosten aller Rechtszüge (BGH NJW-RR 05, 148; aA Musielak/*Foerste* § 112 Rn 1; *Primozic/Broich* MDR 07, 188, 189 ff). Hierunter fallen seine außergerichtlichen Kosten sowie die Gerichtskosten der Rechtsmittelinstanz, welche prognostisch von ihm als Rechtsmittelführer aufzubringen sind; nicht sonstige Gerichtskosten 1. Instanz (vgl RGZ 155, 241; BGH NJW 81, 2646; aA LG Düsseldorf MDR 89, 267: auch die außergerichtlichen Kosten des Klägers der 1. und 2. Instanz; abl Anm *Söffing* MDR 89, 599). Vertreten wird auch, die voraussichtlichen Kosten für die Berufungsinstanz auf die Kosten zu begrenzen, die entstehen würden bis der Beklagte für die Berufungsinstanz die Einrede nach § 112 III erneut erheben könnte (Karlsr NJW-RR 08, 944, 947). Nicht zu berücksichtigen sind die Kosten einer Widerklage.

2 **B. Nachträgliche Erhöhung.** Hierzu zählt der Fall, dass infolge Rechtsmitteleinlegung oder Klageerweiterung höhere Kosten zu erwarten sind. Der Beklagte kann mit dem Verlangen so lange warten, bis die zuvor erhobene Sicherheit die Kosten nicht mehr deckt. Er muss dann aber die Einrede in 1. Instanz rechtzeitig und uneingeschränkt für alle Rechtzüge erhoben haben (BGH NJW-RR 05, 148). Versäumt der Beklagte in der Berufungsinstanz die Stellung des Antrages nach § 112 III, ist er mit einem solchen auch in der Revisionsinstanz ausgeschlossen, es sei denn er kann die Verspätung genügend entschuldigen. Dies gilt auch, wenn der Antrag auf Sicherheitsleistung zuvor auf die Kosten erster und 2. Instanz beschränkt war (BGH NJW 01, 3630, 3631; NJW-RR 90, 378, 379). Erweist sich die Sicherheit nachträglich als zu hoch, kann der Kl Herabsetzung und tw Rückgabe nach § 109 verlangen (Zö/*Herget* § 112 Rn 3).

3 **C. Kosten/Gebühren.** Keine Gerichtsgebühren. Die Tätigkeit des Rechtsanwalts ist mit der Verfahrensgebühr VV 3100 RVG abgegolten. War der Rechtsanwalt insoweit noch nicht tätig, ist die Tätigkeit nach VV 3403 RVG zu vergüten; im Einzelfall ermäßigt sich die Gebühr nach VV 3405 RVG.

§ 113 Fristbestimmung für Prozesskostensicherheit.

[1]Das Gericht hat dem Kläger bei Anordnung der Sicherheitsleistung eine Frist zu bestimmen, binnen der die Sicherheit zu leisten ist. [2]Nach Ablauf der Frist ist auf Antrag des Beklagten, wenn die Sicherheit bis zur Entscheidung nicht geleistet ist, die Klage für zurückgenommen zu erklären oder, wenn über ein Rechtsmittel des Klägers zu verhandeln ist, dieses zu verwerfen.

1 **A. Fristsetzung.** Im Zwischenurteil bzw im Beschl (§ 110 Rz 19) wird bei Vorliegen der Voraussetzungen dem Kl gleichzeitig mit der Anordnung der Sicherheitsleistung eine Frist hierfür gesetzt. Die Frist richtet sich nach §§ 222, 224, 225, so dass eine Fristverlängerung zulässig ist, § 224 II. Eine Wiedereinsetzung ist

nicht möglich; aufgrund der Regelung in S 2 auch praktisch überflüssig. Neben der Frist wird die Höhe und ggf die Art der Sicherheitsleistung bestimmt.

B. Verfahren. Nach Ablauf der gesetzten Frist bzw bei Leistung der Sicherheit wird vAw Termin bestimmt. 2
Der Kl kann die Sicherheit auch noch nach Fristablauf bis zur Entscheidung leisten. Spätester Zeitpunkt ist der Schluss der mündlichen Verhandlung. Die Folgen des § 113 treten nur auf Antrag des Beklagten ein. Da die fehlende Sicherheit kein Prozesshindernis ist, muss der Beklagte zur Hauptsache verhandeln, andernfalls ergeht gegen ihn Versäumnisurteil (Hambg JW 34, 778, Nr 3). Der Antrag nach § 113 ist vor der Verhandlung zur Hauptsache zu stellen, § 282 III 1.

C. Entscheidung. Im **ersten Rechtszug** ergeht ein Endurteil, welches die Klage für zurückgenommen 3
erklärt. Es gilt die Kostenfolge des § 269 III 2. Hiergegen kann der Kl die gewöhnlichen Rechtsmittel (Berufung, ggf Sprungrevision nach § 566) einlegen. Wird fälschlicherweise durch Beschl entschieden, kann nach dem Grundsatz der Meistbegünstigung hiergegen sofortige Beschwerde mit dem Ziel der Aufhebung eingelegt werden (Zö/*Herget* § 113 Rn 3). Die zuvor unterbliebene Sicherheitsleistung kann im Rechtsmittelverfahren nicht nachgeholt werden (Musielak/*Foerste* § 113 Rn 2). In der **Rechtsmittelinstanz** ist zu differenzieren: Ist der Kl Rechtsmittelbeklagter, wird auch hier die Klage für zurückgenommen erklärt. Ist er hingegen (auch) Rechtsmittelkläger, wird das Rechtsmittel durch Endurteil verworfen. Hiergegen ist die Revision nur im Falle ihrer Zulassung zulässig. Ist der Kl säumig, kann der Beklagte zwischen dem Antrag nach § 113 und dem Antrag auf Erlass eines Versäumnisurteils wählen. War zuvor ein Versäumnisurteil gegen den Beklagten ergangen, kann der Kl im Falle eines Einspruchs die hiernach angeordnete Sicherheitsleistung bis zur neuen Entscheidung leisten (Zö/*Herget* § 113 Rn 3).

D. Kosten/Gebühren. Es fallen keine Gerichtsgebühren, insb keine Urteilsgebühren an. Die Tätigkeit des 4
Rechtsanwalts ist durch die Verfahrensgebühr, VV 3100 RVG, abgegolten.

Titel 7 Prozesskostenhilfe und Prozesskostenvorschuss

§ 114 Voraussetzungen.

[1]**Eine Partei, die nach ihren persönlichen und wirtschaftlichen Verhältnissen die Kosten der Prozessführung nicht, nur zum Teil oder nur in Raten aufbringen kann, erhält auf Antrag Prozesskostenhilfe, wenn die beabsichtigte Rechtsverfolgung oder Rechtsverteidigung hinreichende Aussicht auf Erfolg bietet und nicht mutwillig erscheint.** [2]**Für die grenzüberschreitende Prozesskostenhilfe innerhalb der Europäischen Union gelten ergänzend die §§ 1076 bis 1078.**

Inhaltsübersicht Rz

A. Allgemeines 1
I. Zweck der Prozesskostenhilfe 1
II. Verfassungsrechtliche Grundlagen 2
III. Anstehende Reformvorhaben 3
B. Geltungsbereich 4
I. Allgemeines 4
II. PKH für PKH-Prüfungsverfahren 6
1. Grundsätze 6
2. Ausnahmsweise Bewilligung 7
3. Vergleichsabschluss im PKH-Prüfungsverfahren 8
C. Partei 9
I. Natürliche Personen 9
II. Juristische Personen 11
III. Parteiwechsel 12
1. Tod der Partei 13
2. Insolvenz 14
3. Veräußerung des Streitgegenstandes 15
4. Prozessstandschaft 16
5. Abtretung 17
a) Abtretung allgemein 17
b) Rückabtretungsverträge bei übergegangenen Unterhaltsansprüchen 18
IV. Rechtsmittelverfahren 19
1. Berufung 19
2. Revision 20
3. Beschwerde 21
D. Antrag 22
E. Erfolgsaussicht 23
I. Allgemeines 23
1. Maßgeblicher Zeitpunkt 24
2. Klägerseite 25
a) Prozessvoraussetzungen 26
b) Schlüssigkeit und Erheblichkeit 27
c) Beweisantizipation 28
d) Vorwegnahme der Hauptsache 29
3. Beklagtenseite 30
a) Anerkenntnis 31

	Rz
b) Erledigung der Hauptsache	32
c) Klagerücknahme	33
F. Persönliche und wirtschaftliche Verhältnisse	34
I. Bedürftigkeit	34
II. Prozesskostenvorschuss	35
G. Mutwillen	36
I. Allgemeines	36
1. Fehlende Vollstreckungsmöglichkeiten	38
2. Vorherige außergerichtliche Streitschlichtung	39
II. Mutwillen in Familiensachen, die keine Familienstreitsachen sind (normale FG-Familiensachen)	40
III. Familienstreitsachen	41
1. Scheidungsverfahren	41
2. Unterhaltsverfahren	44
3. Hauptsache und Einstweilige Anordnung	45
4. Statusverfahren	47
IV. Insolvenzverfahren	48
1. Verbraucherinsolvenz	48
2. Insolvenzgläubiger	49
3. Insolvenzverwalter	50

1 **A. Allgemeines. I. Zweck der Prozesskostenhilfe.** Durch die Prozesskostenhilfe soll sichergestellt werden, dass jedermann unabhängig von seinen wirtschaftlichen Verhältnissen im Wesentlichen den gleichen Zugang zu den Gerichten erhält. Prozesskostenhilfe ist also eine Form der Sozialhilfe im Bereich der Rechtsfürsorge (vgl BGH FamRZ 07, 381). Bedingt durch die Vorschusspflichten sowohl hinsichtlich der Gerichtskosten als auch hinsichtlich der Rechtsanwaltsgebühren reicht der Kostenerstattungsanspruch gegen die Gegenseite von vornherein nicht aus, um einer bedürftigen Partei die Möglichkeit zur Prozessführung zu geben.

2 **II. Verfassungsrechtliche Grundlagen.** Die Verpflichtung des Staates, unbemittelten Parteien wie bemittelten Parteien gleichen Zugang zu den Gerichten zu verschaffen, folgt aus Art 3 I GG iVm Art 20 III GG (Rechtsschutzgleichheit). Verfassungsrechtlich ist es grds unbedenklich, dass die Bewilligung von Prozesskostenhilfe davon abhängig gemacht wird, dass die beabsichtigte Rechtsverfolgung/Rechtsverteidigung hinreichende Aussicht auf Erfolg hat. Eine vollständige Gleichstellung von bemittelten und unbemittelten ist nicht erforderlich, vielmehr ist eine Gleichstellung einer unbemittelten Partei mit einer bemittelten Partei ausreichend, die ihre Prozessaussichten vernünftig abwägt und dabei auch das Kostenrisiko berücksichtigt. Bewilligung von Prozesskostenhilfe ist dann geboten, wenn ein Gericht von höchstrichterlicher Rechtsprechung abweichen will, oder wenn die Entscheidung von der Beurteilung einer schwierigen Rechtsfrage abhängt (BVerfG FamRZ 07, 1876 = NJW 08, 1060 – Fall Gäfgen). Eine Verletzung des Grundsatzes der Rechtsschutzgleichheit liegt insb dann vor, wenn die Fachgerichte, denen die Beachtung des verfassungsrechtlich geschützten Zwecks der Prozesskostenhilfe obliegt, bei der Auslegung und Anwendung der Vorschriften die Anforderungen an die Erfolgsaussicht überspannen. Die Bewilligung von Prozesskostenhilfe darf daher nur dann wegen fehlender Erfolgsaussicht versagt werden, wenn ein Erfolg in der Hauptsache zwar nicht schlechthin ausgeschlossen, die Erfolgschance aber nur eine entfernte ist (BVerfG FamRZ 05, 1893). Außerdem muss das Gericht hinreichende Feststellungen treffen, die seine Entscheidung begründen, insb, wenn es eine Tatsachenfeststellung aufgrund eigener Sachkunde treffen will (BVerfG FamRZ 10, 793 zum fiktiven Einkommens bei gesteigerter Unterhaltsverpflichtung). Die beabsichtigte Rechtsverfolgung hat idR bereits dann Aussicht auf Erfolg, wenn die Entscheidung von der Beantwortung schwieriger Rechts- und Tatfragen abhängig ist (BVerfG NJW 10, 1647; BGH FamRZ 07, 1006; Saarbr FamFR 11, 445, dort zu § 1605 II BGB). Dies gilt auch, wenn keiner der eng begrenzten Ausnahmefälle vorliegt, in denen im PKH-Prüfungsverfahren eine Beweisantizipation statthaft ist (BVerfG NJW 08, 1060; s. dazu auch Rz 28). In beiden Fällen ist stets der Grundsatz zu berücksichtigen, dass die PKH nicht den Rechtsschutz bieten, sondern diesen erst überhaupt zugänglich machen soll. Die Prüfung der Erfolgsaussicht darf nicht zu einer Verlagerung des Hauptsacheverfahrens in das PKH-Verfahren führen (BVerfGE 81, 347). Das Gericht hat ferner auch im PKH-Prüfungsverfahren die Verpflichtung, Hinweise gem § 139 zu geben, und zwar im gleichen Umfang wie im Hauptsacheverfahren (BVerfG FamRZ 08, 131). Verfassungsrechtlich ist es außerdem geboten, dass das Gericht seine Entscheidung über die Bewilligung von Prozesskostenhilfe nicht im Nachhinein trifft, dementsprechend seine Erkenntnisse aus dem Hauptsacheverfahren in die Entscheidung über die Prozesskostenhilfe mit einfließen lässt (BVerfG NJW 05, 3489; Saarbr NJW 11, 1460). Schließlich dürfen

die Gerichte auch nicht in einer den verfassungsgebotenen Zweck der Prozesskostenhilfe verkennenden Weise die Mutwilligkeit einer beabsichtigten Rechtsverfolgung annehmen; dies ist aber etwa der Fall, wenn Prozesskostenhilfe verweigert wird, obwohl auch eine bemittelte Partei, die ihre Prozessaussichten vernünftig abwägt und dabei auch das Kostenrisiko berücksichtigt, das Rechtsmittel einlegen würde, dessen Einlegung der PKH-Antragsteller beabsichtigt (vgl dazu BVerfG FamRZ 09, 191). Aus dem Grundsatz der Rechtsschutzgleichheit folgt eine Pflicht zur Angleichung der Stellung Unbemittelter an die Bemittelter auch für den außergerichtlichen Rechtsschutz (BVerfG NJW 09, 209). Mit dem Beratungshilfegesetz habe der Gesetzgeber zwar den verfassungsrechtlichen Anforderungen zur Gewährleistung von Rechtswahrnehmungsgleichheit auch im Bereich der außergerichtlichen Beratung im Grundsatz Genüge getan. Allerdings sei die Regelung des § 2 II BerHG, wonach Beratungshilfe nur in den dort ausdrücklich nach Rechtsgebieten aufgezählten Angelegenheiten gewährt werde, mit dem allgemeinen Gleichheitssatz nicht vereinbar. Der Bürger darf insb nicht darauf verwiesen werden, er könne einen Widerspruch im Sozialrecht auch selbst einlegen oder sich der Hilfe der Behörde, die den angefochtenen Bescheid erlassen hat, bedienen (BVerfG NJW 09, 3417). Auch darf er sich anwaltlicher Hilfe bedienen, wenn dies notwendig ist. Die diesbezüglichen Anforderungen sind nicht zu überspannen (BVerfG AnwBl 11, 71; Beschl v 28.09.10-1 BvR 623/10).

III. Anstehende Reformvorhaben. Angesichts der steigenden Ausgaben des Staates für die Prozesskostenhilfe liegen verschiedene Reformvorschläge vor. Eine Länderinitiative hat vorgesehen, sowohl bei den wirtschaftlichen Bewilligungsvoraussetzungen erhebliche Einschnitte vorzunehmen als auch die sachlichen Voraussetzungen zu erschweren und die Dauer der Ratenzahlungen bis zur vollständigen Begleichung auszudehnen (BTDrs 16/1994). Diese Vorschläge stießen auf massive Kritik seitens der Anwaltschaft und der Sozialverbände. Im November 07 ist das Gesetz zur Begrenzung der Aufwendungen in der Prozesskostenhilfe im Bundestag beraten worden. Einkommen und Vermögen der Hilfebedürftigen sollen an die Vorschriften des Sozialhilferechts angeglichen werden. Liegt das Einkommen darüber, soll Prozesskostenhilfe grds nur noch als Darlehen gewährt werden können. Außerdem sollen die Bewilligungsvoraussetzungen geändert, ua eine Legaldefinition des Begriffs der Mutwilligkeit in das Gesetz eingefügt werden. Es könnte sein, dass in der Zukunft für Klagen, die durchaus Aussicht auf Erfolg haben, bei denen aber absehbar ist, dass eine Durchsetzbarkeit iRd Vollstreckung nicht möglich sein wird oder Kosten und Forderungen in einem Missverhältnis zueinander stehen, eine Bewilligung von Prozesskostenhilfe wegen Mutwilligkeit abgelehnt werden können wird (s. dazu Stellungnahme BRAK 27/06; *Vogel* FF 07, 90). 3

B. Geltungsbereich. I. Allgemeines. Die Vorschriften über die Prozesskostenhilfe gelten nur für die Verfahren, die in der ZPO geregelt sind, und für solche Verfahren, in deren Verfahrensordnungen die Vorschriften gesondert für anwendbar erklärt worden sind. Neben den Zwangsvollstreckungsverfahren der ZPO gelten die §§ 114 ff auch für die im ZVG geregelten Verfahren ohne gesonderten Verweis, da das ZVG als Teil der ZPO gilt. Verweise finden sich etwa in: §§ 4 ff InsO, § 29 III EGGVG, § 11 III ArbGG, § 209 I BEG, § 17 II BNotO, § 76 FamFG, 130 PatG. Im Strafverfahren gilt Prozesskostenhilfe für das Klageerzwingungsverfahren, das Adhäsionsverfahren, sowie die Privat- und Nebenklage (§§ 172 III 2, 379 III, 404 StPO). Im verfassungsgerichtlichen Verfahren kann analog § 114 Prozesskostenhilfe für konkrete Normenkontrollverfahren sowie für Verfassungsbeschwerden bewilligt werden (stRspr seit BVerfGE 1, 109, 112). Im Normenkontrollverfahren setzt die Bewilligung von PKH voraus, dass besondere Gründe eine Vertretung geboten erscheinen lassen oder zumindest von der Anhörung der Beteiligten in der mündlichen Verhandlung eine Förderung der Sachentscheidung zu erwarten ist (BVerfG NJW 95, 2911). Es kann für alle selbstständigen Verfahren PKH bewilligt werden, für das selbstständige Beweisverfahren, das Mahnverfahren, isoliert für die Zwangsvollstreckung, einstweilige Verfügung und Arrest. Für einzelne Verfahrenshandlungen kann PKH nicht bewilligt werden. 4

PKH konnte früher nur für Verfahren vor deutschen Gerichten und Notaren bewilligt werden, nicht für Verfahren oder Verfahrenshandlungen im Ausland einschließlich der Zwangsvollstreckung im Ausland. Seit Umsetzung der Richtlinie 03/8/EG des Rates vom 21.1.03 durch die §§ 1076 ff, die seit dem 21.4.04 anwendbar sind, wird grenzüberschreitende Prozesskostenhilfe in allen EU-Mitgliedstaaten gewährt. Die PKH umfasst in diesem Fall neben der Vertretung vor Gerichten auch die vorprozessuale Rechtsberatung und die Befreiung von Gerichtskosten. Auch Dolmetscher- und Reisekosten der Partei sind enthalten (*Molzer*, Prozesskostenhilfe in Familiensachen mit Auslandsbezug, FamRBInt, 08, 16). Für Deutsche, die einen Prozess im EU-Ausland führen müssen, gelten die Einkommensgrenzen des Inlandes. Das Amtsgericht dient dabei als zentrale Anlaufstelle, die bei der Übersetzung sowie bei der Prüfung der Vollständigkeit der 5

Unterlagen Hilfe leisten muss. Die Vordrucke sind durch die EG-PKHVV v 21.2.04 vereinheitlicht worden. Für das Verwaltungsverfahren kann PKH nicht bewilligt werden, es fehlt an einem Verweis.

6 **II. PKH für PKH-Prüfungsverfahren. 1. Grundsätze.** Für das Verfahren auf Bewilligung von PKH selbst kann keine PKH bewilligt werden (BGHZ 91, 311). Die vorherige Zustellung der Klage ist Voraussetzung für die Bewilligung von Prozesskostenhilfe für eine beabsichtigte Rechtsverteidigung. Erst mit der Rechtshängigkeit steht der Umfang des Streitgegenstandes fest. Solange noch nicht feststeht, ob und in welchem Umfang eine Klage erhoben wird, bedarf es noch keiner Rechtsverteidigung und demnach noch keiner Bewilligung von Prozesskostenhilfe für sie. Das gilt auch dann, wenn sich der Kl, dem Prozesskostenhilfe bewilligt worden ist, gegen eine noch nicht zugestellte Widerklage wehren will (Rostock FamRZ 08, 67). Das kann durchaus krit gesehen werden. Denn gleichzeitig gilt, dass dem Prozessgegner für das Prozesskostenhilfeprüfungsverfahren ein Kostenerstattungsanspruch nicht zusteht und wegen der insoweit klaren gesetzlichen Regelung auch kein Schadensersatzanspruch. Der Antragsgegner, der sich gegen einen Antrag auf Bewilligung von Prozesskostenhilfe mit anwaltlicher Hilfe wehrt, was der Regelfall ist, hat also insb in den Fällen unbegründeter Ansprüche, für die nicht die Erfolgsaussicht für die Klage besteht, keine Möglichkeit, seine Kosten ersetzt zu bekommen. Zu warnen ist allerdings vor der weit verbreiteten Praxis, in solchen Fällen PKH-Anträgen nicht entgegen zu treten, oder erst gar nicht zu erwidern. Neben standesrechtlichen Bedenken läuft der Prozessgegner Gefahr, seinerseits dann die PKH wegen Mutwilligkeit versagt zu bekommen (s.u. Rz 36). Die Rechtsprechung geht – was zuweilen etwas lebensfremd anmuten kann – davon aus, das der Antragsgegner selbst ohne anwaltliche Hilfe im PKH-Prüfungsverfahren die notwendigen Tatsachen vortragen kann (Brandbg FamRZ 06, 349; Oldbg FamRZ 02, 1712; Ddorf FamRZ 97, 1017 für nicht anwaltlich vertretene Partei, aA Oldbg ZFE 09, 195 mit Anm *Viefhues* juris-PR-FamR 6/09 Anm 5). Das mag zwar dem Staat PKH-Gebühren ersparen, führt aber andererseits zu einer deutlichen Mehrbelastung der erkennenden Gerichte.

7 **2. Ausnahmsweise Bewilligung.** PKH für das Prüfungsverfahren kann dann bewilligt werden, wenn die Entscheidung in der Hauptsache durch Zeugenvernehmungen tatsächlich präjudiziert wird (Schoreit/Groß/*Groß* § 114 Rn 23 mwN). Außerdem dann, wenn in besonders schwierigen Fällen ein Antragsgegner im Prüfungsverfahren ohne Beiordnung eines Rechtsanwaltes ersichtlich nicht in der Lage wäre, sachdienliche Angaben bei seiner Anhörung zu machen (Bambg OLGR 05, 398). Außerdem kann in Unterhaltsverfahren im Verfahren auf Erlass der einstweiligen Anordnung dem Antragsgegner auch bereits im PKH-Prüfungsverfahren PKH bewilligt werden, wenn die Hauptsache noch nicht rechtshängig ist. Für die Hauptsache darf aber dem Gegner keine PKH bewilligt werden, bevor in der Hauptsache dem Kl PKH bewilligt wurde (KG FamRZ 05, 526). Im umgekehrten Fall der Abänderungsklage im PKH-Prüfungsverfahren, verbunden mit einem Antrag auf Einstellung der Zwangsvollstreckung, kann dem Gegner ausnahmsweise bereits im PKH-Prüfungsverfahren PKH bewilligt werden, wenn das Gericht trotz fehlender Rechtshängigkeit ausdrücklich zur Erwiderung auf den Einstellungsantrag aufgefordert hat (Karlsr FamRZ 00, 1022).

8 **3. Vergleichsabschluss im PKH-Prüfungsverfahren.** Eine Ausnahme gilt, wenn die Parteien im PKH-Prüfungsverfahren in einem Termin zur Erörterung einen Vergleich schließen. Dann soll nicht nur über den Antrag auf Bewilligung von PKH verhandelt, sondern in der Sache selbst eine Regelung getroffen werden. In diesem Fall kann auch dem Antragsgegner PKH bewilligt werden, allerdings nur für den Abschluss des Vergleichs (BGH NJW 04, 2595; Bambg FamRZ 11, 1605; Zö/*Philippi* Rn 3; aA Kobl FamRZ 09, 1232; Hamm FamRZ 09, 145). Für das übrige Prozesskostenhilfeverfahren kann keine PKH bewilligt werden, da hier wieder der Grundsatz greift, dass für das PKH-Verfahren selbst PKH nicht bewilligt werden kann. Das ist umstr, der BGH hat allerdings ausdrücklich auch in Ansehung von Zweckmäßigkeitserwägungen und der Tatsache, dass die beklagte Partei unter diesen Umständen von einem Vergleichsschluss im PKH-Verfahren Abstand nehmen und den Vergleich erst im Hauptsacheverfahren schließen könnte, so entschieden. Eine Kostenentscheidung nach § 91a kann mangels Anhängigkeit der Hauptsache nicht ergehen (Hamm FamRZ 00, 1514). Auch in Prozesskostenhilfeprüfungsverfahren findet die Anhörungsrüge nach § 321a statt (Naumbg FamRZ 07, 917).

9 **C. Partei. I. Natürliche Personen.** Prozesskostenhilfe kann für jede Partei eines Verfahrens bewilligt werden. Mit Partei ist jede natürliche Person gemeint. Auf die Staatsangehörigkeit kommt es nicht an, auch Ausländern kann – auch wenn sie im Ausland leben – PKH bewilligt werden. Auch dem Nebenintervenienten kann PKH bewilligt werden. Dabei kommt es nur auf die Einkommens- und Vermögensverhältnisse

des Nebenintervenienten an, nicht auf die der Hauptpartei. Für jeden Beteiligten eines Verfahren sind die Voraussetzungen der Bewilligung gesondert zu prüfen, das gilt auch für Streitgenossen, unabhängig davon, ob sie notwendige oder einfache Streitgenossen sind. Bei der notwendigen Streitgenossenschaft ergeht ggü allen Streitgenossen eine einheitliche Sachentscheidung (§ 62). Es wird die Auffassung vertreten, dass wenn alle Streitgenossen bedürftig sind, sie sich durch einen gemeinsamen Rechtsanwalt vertreten lassen müssen (Kalthoener/Büttner/Wrobel-Sachs Rn 48). Diese Schlechterstellung ggü einer nicht bedürftigen Partei lässt sich allerdings kaum begründen. Auch die freie Wahl des Rechtsanwalts, auch iRd PKH, gehört zu den verfassungsrechtlichen Grundlagen eines rechtsstaatlichen Verfahrens. Auch bei Streitgenossenschaft können unterschiedliche Interessenlagen bei den Streitgenossen vorliegen, abgesehen davon, dass bereits das besondere Vertrauensverhältnis zwischen Rechtsanwalt und Partei die freie Wahl des Rechtsanwalts gebietet. Sind in einem Verfahren Streitgenossen, von denen einer bedürftig ist und einer nicht, von demselben Anwalt vertreten, so beschränkt sich die PKH-Bewilligung auf die Erhöhung der Gebühr, die aufgrund von VV 1008 entsteht (Zö/*Philippi* Rn 7 mit Verweis auf BGH NJW 93, 1715 zu § 6 BRAGO). Nach dieser Ansicht muss sich folgerichtig auch die Prüfung der Bedürftigkeit darauf beschränken, ob die Partei in der Lage ist, diesen Erhöhungsbetrag zu zahlen (Zimmermann Rn 29) In der Literatur ist die Beschränkung auf den Erhöhungsbetrag überwiegend abgelehnt worden. Einzelne Obergerichte folgen dem und beschränken die Bewilligung nicht auf die Erhöhung (Zweibr OLGR 04, 139; Hamm Rpfleger 03, 447; Bambg OLGR 01, 28). Dieser Meinung ist zu folgen. Bei einer Berechnung nach Kopfteilen würde die nicht bedürftige Partei von der Bedürftigkeit der anderen Partei profitieren und weniger bezahlen, als ihr im Falle der Alleinvertretung bzw eines Verfahrens ohne Streitgenossen obläge. Im Innenverhältnis der bedürftigen und der nicht bedürftigen Partei kann die bedürftige Partei gem § 426 BGB oder aufgrund vertraglicher Vereinbarung, auch konkludent, verpflichtet sein, einen größeren Teil der Anwaltskosten zu zahlen, als die Staatskasse erstattet. Diese Rückgriffsmöglichkeit gegen die bedürftige Partei kann auch der reichen Partei nicht dadurch genommen werden, dass ansonsten die Staatskasse belastet werde (Kalthoener/Büttner/Wrobel-Sachs Rn 48). Im Übrigen kann das Ergebnis vermieden werden, indem verschiedene Anwälte beauftragt werden, wobei dies nur bei gutem Grund möglich ist, da ansonsten Mutwilligkeit anzunehmen wäre.

Die **BGB-Gesellschaft** ist nur eingeschränkt parteifähig. Auf diese und die Erbengemeinschaft findet daher 10 ebenfalls § 114 und nicht § 116 Anwendung, der die Prozesskostenhilfe für juristische Personen regelt. Klagt eine BGB-Gesellschaft oder eine Erbengemeinschaft, so sind die Mitglieder dieser Gemeinschaft wie Streitgenossen zu behandeln. Bei der Erbengemeinschaft kommt es auf die Einkommens- und Vermögensverhältnisse aller Miterben an, wenn zwar nur ein Miterbe nach § 2039 BGB klagt, dieser aber durch die begüterten Miterben vorgeschoben werden soll (Kalthoener/Büttner/Wrobel-Sachs Rn 75; Saarbr NJW 09, 2070). Die BGB-Gesellschaft kann als Außengesellschaft durch Teilnahme am Rechtsverkehr eigene Rechte und Pflichten begründen und ist dann sowohl aktiv als auch passiv parteifähig (BGH NJW 03, 1043). Als Außengesellschaft fällt sie unter § 116 (BGH NJW 11, 1595 s.a. § 116 Rz 16). Die Innengesellschaft ist nach wie vor nicht aktiv und passiv parteifähig (s. § 50 Rz 21), ihr kann daher auch keine Prozesskostenhilfe bewilligt werden.

II. Juristische Personen. Inländische juristische Personen erhalten nur unter den Voraussetzungen des 11 § 116 PKH. Ausländischen juristischen Personen kann keine PKH bewilligt werden (s.a. §§ 1077 f).

III. Parteiwechsel. Ändert sich im Laufe des Verfahrens die Parteistellung einer Partei, bevor Prozesskos- 12 tenhilfe bewilligt worden ist, so ergeben sich unterschiedliche Folgen für die Fortsetzung des Prozesses durch die neue Partei.

1. Tod der Partei. Durch den Tod der bedürftigen Partei endet das PKH-Verfahren. Das Verfahren ist an 13 die Person des Antragstellers geknüpft. Einem Verstorbenen kann keine PKH bewilligt werden, auch wenn die Bewilligungsreife schon eingetreten war (Stuttg FamRZ 11, 1604; Oldbg FamRZ 10, 1587). Verstirbt die bedürftige Partei, so kann nur der Rechtsstreit durch die Erben fortgesetzt werden – § 239 –, nicht aber das PKH-Verfahren (Frankf OLGR 07, 599). Die Erben haben einen neuen Antrag auf Bewilligung von Prozesskostenhilfe zu stellen. Sind die Erben noch unbekannt und beantragt ihr Nachlasspfleger PKH, so ist auf den Bestand des Nachlasses abzustellen (BGH NJW 64, 1418). Etwas anderes kann gelten, wenn das PKH-Prüfungsverfahren zögerlich behandelt wurde. Dann kann unter dem Gesichtspunkt des Vertrauensschutzes auch nach dem Tod der antragstellenden Partei noch PKH bewilligt werden (Karlsr FamRZ 99, 240; aA Stuttg FamRZ 11, 1604). War der verstorbenen Partei bereits Prozesskostenhilfe bewilligt, so endet auch diese Bewilligung mit dem Tod (Frankf OLGR 95, 226). Die neue eintretende Partei haftet für bereits entstandene Gerichtskosten, nicht aber für sonstige Kosten – etwa für ein Sachverständigengutachten –, die vor ihrem Eintritt entstanden sind (Zö/Philippi Rn 12). Nehmen die Erben nach dem Tod des Erblassers, dem Prozesskostenhilfe bewilligt worden war, den Rechtsstreit nicht auf, so können sie nicht nachträglich von der Landeskasse zu den Kosten des Rechtsstreits herangezogen werden (Ddorf NJW-RR 99, 1086).

14 **2. Insolvenz.** Auch durch die Anordnung des Insolvenzverfahrens über das Vermögen der Partei wird der Rechtsstreit unterbrochen, §§ 239, 240. Die Unterbrechung erstreckt sich aber auf das PKH-Verfahren nur dann, wenn die PKH-Antrag noch nicht entscheidungsreif war (Zweibr FamRZ 06, 359; Saarbr OLGR 08, 567). Es ist streitig, ob in jedem Falle der Eröffnung des Insolvenzverfahrens während des laufenden PKH-Verfahrens die Unterbrechung auch für die Prüfung der PKH-Bewilligung gilt. Die überwiegende Meinung verneint das (Köln NJW-RR 99, 276; Karlsr NJW-RR 03, 796; Zö/*Greger* vor § 239 Rn 8). Begründet wird diese Auffassung mit der zutreffenden Erwägung, dass das PKH-Verfahren nicht kontradiktorisch geführt wird, sondern dass sich der Antragsteller und die Staatskasse gegenüberstehen. Auch die Interessenlage des Antragstellers spreche dafür, da es ansonsten dem Zufall – besser: dem zufälligen Zeitpunkt der Eröffnung des Insolvenzverfahrens – überlassen bliebe, ob er seine außergerichtlichen Auslagen gegen die Staatskasse geltend machen könne oder aber selbst tragen müsse (Zweibr Beschl v 15.11.04–4 W 155/04; Saarbr OLGR 08, 567).

15 **3. Veräußerung des Streitgegenstandes.** Die Veräußerung des Streitgegenstandes hat gem §§ 265 II, 266 auf den Prozess keinen Einfluss. Erfolgt die Veräußerung nach Rechtshängigkeit, so kann nach § 265 II der Rechtsnachfolger nur mit Zustimmung des Prozessgegners in den Rechtsstreit eintreten. Erfolgt dies, so enden ab diesem Zeitpunkt die Wirkungen der PKH-Bewilligung. Ansonsten führt ohnehin der Rechtsvorgänger als Prozessstandschafter den Rechtsstreit fort, so dass weiterhin die in seiner Person liegende Bedürftigkeit maßgeblich ist.

16 **4. Prozessstandschaft.** Bei der Prozessstandschaft macht der Prozessstandschafter ein fremdes Recht im eigenen Namen geltend, es kommt daher grds auf seine Hilfsbedürftigkeit an. Der Prozessstandschafter kann nicht geltend machen, sachlich sei nur der Rechtsinhaber interessiert, weshalb es nur auf dessen Bedürftigkeit ankomme, denn dann fehlte auch das eigene Interesse des Prozessstandschafters an der Geltendmachung des fremden Rechts. Hat der Rechtsinhaber ein eigenes Interesse an der Prozessführung, dann sind auch seine Einkommens- und Vermögensverhältnisse maßgebend (BGH VersR 92, 594). Das kann ausnahmsweise dann anders sein, wenn bei der Sicherungsabtretung eine hinreichend anderweitig gesicherte Bank für sich keinen Anlass zur Prozessführung sieht (Celle NJW 87, 182). Wenn Eltern **Unterhaltsansprüche** ihrer minderjährigen Kinder gegen den anderen Elternteil geltend machen und die Ehe der Eltern noch nicht geschieden ist, so können sie die Unterhaltsansprüche nur im eigenen Namen geltend machen (Prozessstandschaft nach § 1629 III BGB). Der Elternteil klagt im eigenen Namen, hat für die Prozesskosten aufzukommen und trägt auch das Kostenrisiko. Folgerichtig kommt es für die Prüfung der Bedürftigkeit nur auf die Einkommens- und Vermögensverhältnisse des Elternteils an, nicht auf die des Kindes (BGH FamRZ 05, 1164). Ist die Ehe der Eltern geschieden oder sind die Eltern nicht miteinander verheiratet, kann der mitsorgeberechtigte Elternteil, in dessen Obhut sich das Kind befindet, Unterhaltsansprüche des Kindes als dessen gesetzlicher Vertreter geltend machen (§ 1629 II BGB). In diesem Fall entscheidet die Einkommens- und Vermögenslage auf Seiten des Kindes. Allerdings ist dabei zu beachten, dass dem Kind gegen beide Elternteile uU analog § 1360a IV BGB ein Anspruch auf **Prozesskostenvorschuss** – als Teil des Unterhalts – zustehen kann (BGH FamRZ 04, 1633). Dementsprechend ist in der Erklärung über die persönlichen und wirtschaftlichen Verhältnisse des Kindes auch das Einkommen der Eltern anzugeben und sind die richterlichen Ermittlungen in diese Richtung auszuweiten. Ist ein Rechtsanwalt Vormund eines Kindes, so ist auch dann allein auf die wirtschaftlichen Verhältnisse des Mündels abzustellen, wenn der Vormund die Interessen des Mündels nicht als dessen gesetzlicher Vertreter wahrnimmt, sondern selbst Verfahrensbeteiligter ist. Im übrigen darf ihm Prozesskostenhilfe nicht mit der Begründung verweigert werden, sein Anspruch auf anwaltliche Vergütung sei durch die Gebühren der Vormundschaft gesichert (BGH FamRZ 11, 633).

17 **5. Abtretung. a) Abtretung allgemein.** Bei einer Abtretung kommt es grds auf die persönlichen und wirtschaftlichen Verhältnisse des Klägers an. Das gilt auch dann, wenn diejenigen, denen letztendlich der erstrittene Betrag zufließen wird, vermögend sind (BGHZ 47, 289). Anders ist die Rechtslage, wenn eine Abtretung nur zu dem Zweck erfolgt, Prozesskostenhilfe für das Verfahren zu erhalten. Das kann dann

gegeben sein, wenn ein triftiger Grund für die Abtretung nicht vorliegt (Köln FamRZ 95, 940). Außerdem kommt es dann auf die Hilfebedürftigkeit aller Erben an, wenn sich vermögende Erben in einem Rechtsstreit der Erbengemeinschaft nur von einem der Miterben vertreten lassen, der bedürftig ist. Auch dann kann allerdings eine andere Beurteilung nur dann geboten sein, wenn der bedürftige Miterbe ein gewichtiges Eigeninteresse an der Prozessführung hat, welches einen eigenen Bestand neben den wirtschaftlichen Interessen der Erbengemeinschaft hat (BGH VersR 84, 989). Eine Abtretung führt schließlich dann zu einer Prüfung deren Einkommensverhältnisse der Zedenten, wenn der vermögenslose Geschäftsführer einer GmbH selbstkontrahierend (§ 181 BGB) Ansprüche der GmbH an sich abtritt (Hambg MDR 88, 782).

b) Rückabtretungsverträge bei übergegangenen Unterhaltsansprüchen. Bei aufgrund des Unterhaltsvorschussgesetzes oder des SGB II erbrachten Sozialleistungen gehen nach § 7 I UVG bzw § 33 I SGB II **Unterhaltsansprüche** des Hilfebedürftigen im Wege des **gesetzlichen Forderungsübergangs** auf den jeweiligen Leistungsträger über. Dieser kann vertraglich die übergegangenen Ansprüche an den Hilfebedürftigen zur gerichtlichen Geltendmachung **zurückübertragen**, § 7 IV 2 UVG bzw § 33 IV 1 SGB II. Die Kosten, die dem Hilfebedürftigen hierbei entstehen, sind vom Leistungsträger zu übernehmen. Von der Rückübertragungsmöglichkeit wird in der Praxis häufig Gebrauch gemacht. Grundsätzlich kann dann der Hilfebedürftige vom Leistungsträger Kostenvorschuss verlangen, um die abgetretenen Ansprüche zu verfolgen. Regelmäßig wird der Bedürftige neben den übergegangenen Ansprüchen indes auch eigene Ansprüche verfolgen, die nicht auf den Leistungsträger übergegangen sind, sei es, weil es zukünftige, sei es, weil es rückständige Beträge sind, die den übergegangenen Anspruch übersteigen. Ob dann und in welchen Fällen Verfahrenskostenhilfe bewilligt werden kann, war in Rechtsprechung und Literatur hochstreitig, ist aber nunmehr vom BGH geklärt worden: Für die gerichtliche Geltendmachung der von einem Sozialhilfeträger rückübertragenen Unterhaltsansprüche ist der Leistungsberechtigte grds nicht bedürftig iSv § 114, da ihm ein Anspruch auf Prozesskostenvorschuss gegen den Sozialhilfeträger zusteht. Der Gesichtspunkt der Prozessökonomie begründet regelmäßig kein im Bewilligungsverfahren zu berücksichtigendes Interesse des Sozialleistungsberechtigten an einer einheitlichen Geltendmachung bei ihm verbliebener und vom Sozialleistungsträger rückübertragener Unterhaltsansprüche. Lediglich dann, wenn der Leistungsberechtigte durch den Verweis auf den Vorschussanspruch eigene Nachteile erleiden würde oder wenn sich die Geltendmachung rückübertragener Ansprüche neben den beim Unterhaltsgläubiger verbliebenen Unterhaltsansprüchen kostenrechtlich nicht auswirkt, ist der Einsatz des Vorschusses nicht zumutbar (BGH FamRZ 08, 1159). Das gilt insb für die zwischen Eingang des Verfahrenskostenhilfeantrags und Rechtshängigkeit der Klage fällig werdenden Unterhaltsansprüche. Der BGH ist ausdrücklich dem Argument nicht gefolgt, aus Gründen der Prozessökonomie die VKH-Bewilligung zuzulassen. Dogmatisch mag die Argumentation des BGH richtig sein, in der Praxis führt sie zu Schwierigkeiten. Bei Zahlung des Prozesskostenvorschusses und Rückabtretung durch den Leistungsträger wirft die Abrechnung erhebliche Probleme auf. Die Berechnung der Gebühren analog der Berechnung bei Streitgenossen (s.o. Rz 9) kann nicht ohne weiteres übernommen werden. Dem Anwalt steht eine Erhöhung nicht zu, da er die Parteien nicht gleichzeitig, sondern nacheinander vertritt. Für die bedürftige Partei und den Leistungsträger gelten dann in einem Verfahren nicht nur unterschiedliche Streitwerte, sondern auch unterschiedliche Gebührentabellen. Damit bleibt die Frage offen, was die Obergrenze der Abrechnung ist, die Regelgebühren oder die VKH-Gebühren jeweils für das gesamte Verfahren. Einzig schlüssig erscheint es, die VKH entsprechend des Streitwerts, auf den sich die Bewilligung bezieht, abzurechnen und das Verfahren sodann ebenso isoliert ggü dem Sozialhilfeträger auf der Grundlage der Regelgebühren nach dem auf ihn bezogenen Streitwert abzurechnen. Die Gesamtsumme darf freilich den Betrag nicht überschreiten, den der Anwalt für das gesamte Verfahren nach Regelgebühren erhielte, da ansonsten § 15 RVG verletzt wäre. Da zu erwarten ist, dass die Leistungsträger allein aufgrund haushaltstechnischer Schwierigkeiten jetzt nur noch zögerlich von der Möglichkeit zur Rückabtretung Gebrauch machen werden, ist mit einem erheblichen Anstieg der Unterhaltsverfahren zu rechnen. 18

IV. Rechtsmittelverfahren. 1. Berufung. Für Rechtsmittelverfahren ist jeweils gesondert PKH zu beantragen. Das PKH-Gesuch für die Berufung muss erkennen lassen, in welchen Punkten, in welchem Umfang und aus welchen Gründen die Partei Berufung einlegen will (Schlesw NJW-RR 99, 432). Das Berufungsgericht kann das Ergebnis der Beweisaufnahme der 1. Instanz bei der Prüfung der Erfolgsaussichten berücksichtigen (Köln FamRZ 93, 215). Bei Angriffen gegen die Beweiswürdigung müssen wegen § 529 I Nr. 1 Tatsachen vorgebracht werden, die durchgreifende Zweifel an der Beweiswürdigung wecken (Dresd FamRZ 03, 459). PKH für ein Berufungsverfahren darf idR nicht unter Hinweis auf die Gründe des am selben Tage 19 ergangenen Berufungsurteils versagt werden. Hat das Gericht die Berufung zugelassen und das Erscheinen des Berufungsklägers in der mündlichen Verhandlung zu dessen ausführlicher Befragung als ratsam bezeichnet, so rechtfertigt dies die Annahme hinreichender Erfolgsaussicht (BVerfG NJW 03, 3190). Gleiches muss gelten, wenn das Berufungsgericht eine eigene Beweisaufnahme durchführt. Wird nur hinsichtlich eines Teiles der Berufung die Erfolgsaussicht bejaht und erreicht dieser Teil die Berufungssumme nicht, so ist PKH wegen fehlender Erfolgsaussicht zu versagen (Hambg FamRZ 97, 621). Hat ein Rechtsmittel nur aufgrund neuen Vorbringens Erfolg, das in der 1. Instanz aus grober Nachlässigkeit unterblieben ist, so ist PKH wegen Mutwilligkeit zu versagen (Celle NdsRPfl 96, 208; Karlsr FamRZ 99, 726).

20 **2. Revision.** In der Revision ist auf den voraussichtlichen Erfolg in der Sache selbst und nicht auf den isolierten Erfolg des Rechtsmittels abzustellen (BVerfG NJW 97, 2745). Wenn das angefochtene Urt wegen eines Verfahrensfehlers nicht bestehen bleibt, sich am materiellen Ergebnis voraussichtlich jedoch nichts ändern wird, ist PKH für den Revisionskläger zu versagen (BGH FamRZ 03, 1378; BGH NJW 94, 1160). Auch bei einer zugelassenen Revision prüft das Revisionsgericht gesondert die Erfolgsaussichten des PKH-Gesuchs. Dabei soll ausnahmsweise die PKH auch dann versagt werden, wenn eine entscheidungserhebliche Frage zwar höchstrichterlich noch nicht geklärt ist, ihre Beantwortung jedoch nicht schwierig erscheint (BGH NJW-RR 03, 130).

21 **3. Beschwerde.** Die Beschwerde hat hinreichende Aussicht auf Erfolg, wenn in einer negativen Hauptsacheentscheidung die weitere Beschwerde wegen grundsätzlicher Bedeutung zugelassen werden würde (Karlsr IPRax 88, 176). Für den Beschwerdegegner kann PKH nicht bewilligt werden, wenn sich dieser weder der Beschwerde widersetzt, noch das Verfahren auf andere Art und Weise fördert (BGH FamRZ 09, 1933).

22 **D. Antrag.** Prozesskostenhilfe wird nur auf Antrag bewilligt. Der Antrag kann schriftlich oder zu Protokoll der Geschäftsstelle gestellt werden (§ 117 I S 1 Hs 2). Anwaltszwang besteht daher nicht (§ 78 V). Zu den Einzelheiten s. § 117. Die Anwaltsbeiordnung erfolgt in Anwaltsprozessen vAw, so dass ein ausdrücklicher Antrag nicht gestellt werden muss und die Beiordnung auch noch nach Abschluss der Instanz erfolgen kann (Karlsr FamRZ 08, 524). Wird der PKH-Antrag von einem Rechtsanwalt gestellt, so beantragt er damit gleichzeitig konkludent seine Beiordnung (Ddorf MDR 81, 502). Erfolgt eine Klagerweiterung, so ist ein weiterer PKH-Antrag erforderlich, die ursprüngliche Bewilligung von PKH für die Erhebung der oder die Verteidigung gegen die Klage erstreckt sich nicht auf die Klagerweiterung und einen darüber abgeschlossenen Vergleich (Kobl OLGR 07, 759). Gleiches gilt bei anderen Klagänderungen (BGH MDR 06, 224). Im PKH-Prüfungsverfahren selbst hat das Gericht vAw zu prüfen, ob die Bewilligungsvoraussetzungen vorliegen (FA-FamR/*Geißler* 16 Rn 2).

23 **E. Erfolgsaussicht. I. Allgemeines.** Weitere Voraussetzung der Bewilligung ist, dass die Rechtsverfolgung hinreichende Aussicht auf Erfolg bietet. Das ist dann der Fall, wenn das Gericht einen Erfolg der antragstellenden Partei aufgrund ihrer Sachdarstellung und aufgrund der vorgelegten Unterlagen zumindest rechtlich für möglich hält (Naumbg OLGR 05, 479 mwN). PKH kann auch nur tw bewilligt werden, wenn nur ein Teil der Rechtsverfolgung oder Rechtsverteidigung Aussicht auf Erfolg hat. Im Beschl ist dann der erfolgversprechende Antrag genau zu formulieren (Ddorf FamRZ 93, 1217).

24 **1. Maßgeblicher Zeitpunkt.** Siehe dazu § 119 Rz 21 ff.

25 **2. Klägerseite.** Der Kl hat mit dem Antrag auf Bewilligung von Prozesskostenhilfe die Grundlagen der beabsichtigten Rechtsverfolgung darzutun. Üblicherweise, aber nicht notwendig, wird ein Entwurf der beabsichtigten Klage bzw des beabsichtigten Antrags beigefügt. Im PKH-Verfahren hat dass Gericht eine summarische Prüfung der Erfolgsaussichten vorzunehmen. Grundsätzlich sind die Anforderungen an die Erfolgsaussicht nicht zu überspannen (Saarbr Beschl v 8.1.10 – 6 WF 130/09 mwN). Andernfalls wird – insb, wenn man von der obenstehenden Erwägung ausgeht, dass angesichts der Systematik davon ausgegangen werden muss, dass ein PKH-Antrag ohne anwaltliche Hilfe gestellt werden können soll – die bedürftige Partei ungerechtfertigter Maßen schlechter gestellt als die bemittelte Partei (s. zum verfassungsrechtlichen Hintergrund Rz 2).

26 **a) Prozessvoraussetzungen.** Zunächst sind die allgemeinen Prozessvoraussetzungen zu prüfen. Die Prozessunfähigkeit des Antragstellers ist nicht im PKH-Prüfungsverfahren festzustellen, sondern im Hauptsacheverfahren (Frankf FamRZ 98, 486). Bei einer Antragstellung vor einem unzuständigen Gericht ist zu

unterscheiden: Ist der Rechtsweg nicht zulässig, zB Zivilgericht statt Arbeitsgericht, so ist der Antrag abzuweisen, eine Rechtswegverweisung kommt nicht in Betracht (MüKoZPO/*Wolf* § 17 GVG Rn 4). Bei fehlender örtlicher oder sachlicher Zuständigkeit des angerufenen Gerichtes regt das Gericht wie im Hauptsacheverfahren einen Verweisungsantrag an. Erst wenn dieser ausbleibt, darf der Antrag auf Bewilligung von Prozesskostenhilfe abgewiesen werden (Saarbr NJW-RR 90, 575; Zö/*Philippi* Rn 22a mwN). Auch im PKH-Prüfungsverfahren ist auf den Verweisungsantrag hin dem Gegner rechtliches Gehör zu gewähren. Danach verweist das angerufene Gericht an das zuständige Gericht, welches für das PKH-Prüfungsverfahren – aber nicht für das Hauptsacheverfahren – an die Verweisung gebunden ist (Zö/*Philippi* Rn 22a); denn im PKH-Verfahren hat der Antragsteller die Zuständigkeit nur glaubhaft zu machen (arg § 118 II 1), dieser eingeschränkte Prüfungsmaßstab steht einer Bindungswirkung für den anschließenden Prozess entgegen (BGH NJW-RR 92, 59). Wenn ein Antrag auf Bewilligung von Prozesskostenhilfe für eine nur beabsichtigte Klage eingereicht wird und der Teil, für den PKH bewilligt wird, die Zuständigkeitsgrenze des Landgerichts unterschreitet, so ist der Antrag – falls nach dem erforderlichen Hinweis hierauf ein Verweisungsantrag ausbleibt – zurückzuweisen (Saarbr FamRZ 99, 110).

b) **Schlüssigkeit und Erheblichkeit.** Es gilt auch hier der Grundsatz, dass lediglich Tatsachen vorgetragen werden müssen, die rechtliche Würdigung aber dem Gericht obliegt. Der Umfang des Vortrags richtet sich nach den voraussichtlichen Verteidigungsabsichten des Gegners. Die Klage muss **schlüssig** sein. Das hat das Gericht gewissenhaft zu prüfen, weil die Bewilligung von PKH für eine unschlüssige Klage keiner der Parteien hilft: Der Kl wird einem Kostenerstattungsanspruch der Gegenseite ausgesetzt und der Beklagte läuft Gefahr, diesen gegen den mittellosen Kl nicht vollstrecken zu können. Die Verteidigungsmöglichkeiten des Gegners sind auch dann zu berücksichtigen, wenn dieser sich noch nicht verteidigt hat. Insoweit ist auch der **außergerichtliche Schriftverkehr** heranzuziehen. Wenn sich bereits aus der Klageschrift ergibt, dass der Antragsgegner unter Berücksichtigung seiner bestehenden Unterhaltsverpflichtungen nicht in der Lage sein wird, den eingeklagten Mindestunterhalt für alle Kinder zu zahlen, dann muss der Antragsteller auch ohne konkreten Vortrag des Antragsgegners substanziiert dazu vortragen, warum im konkreten Fall dennoch von Leistungsfähigkeit auszugehen ist. In einem solchen Fall ist auch eine vorweggenommene Beweiswürdigung zulässig (Naumbg FamRZ 07, 1179). **Einwendungen/-reden** (etwa: Mitverschulden), die sich aus der Antragsschrift ergeben, sind zu prüfen, auch die Einrede der **Verjährung**, es sei denn, dass der Beklagte sich voraussichtlich auf die Einrede der Verjährung nicht berufen wird. Zur Schlüssigkeit einer Vaterschaftsanfechtung gehört es, dass Umstände vorgetragen werden, die bei objektiver Betrachtung Zweifel an der Vaterschaft zulassen. Dazu sind konkrete Angaben zum Mehrverkehr der Kindesmutter notwendig, auf jeden Fall, wenn das beklagte Kind das Vorbringen bestreitet (einfaches Bestreiten reicht hier aus, Köln FamRZ 05, 43). Die Partei hat ihr Vorbringen unter **Beweis** zu stellen. Das angebotene Beweismittel muss geeignet sein. Es reicht nicht aus, nur die Parteivernahme des Gegners anzubieten, wenn dieser das Vorbringen bereits bestritten hat (Köln FamRZ 01, 225). Im **selbstständigen Beweisverfahren** ist die Erfolgsaussicht zu bejahen, wenn die Voraussetzungen des § 485 als gegeben angesehen werden (LG Düsseldorf MDR 86, 857; Köln VersR 95, 436). 27

c) **Beweisantizipation.** Grundsätzlich darf die **Beweisaufnahme nicht vorweggenommen** werden. Auch im PKH-Prüfungsverfahren darf eine vorweggenommene Beweiswürdigung nicht erfolgen. Allerdings gilt dieser Grundsatz hier nur eingeschränkt. Eine Beweisantizipation ist erlaubt, wenn und soweit die Gesamtwürdigung aller bereits fest stehenden Tatsachen und Indizien ein positives Beweisergebnis zugunsten des Bedürftigen als ausgeschlossen erscheinen lässt (BVerfG NJW 97, 2754; Köln NJW-RR 08, 240). Maßstab ist auch hier wieder, ob eine vernünftig denkende Partei, die den Rechtsstreit selbst bezahlen müsste, diesen bei dieser Sachlage noch führen würde. Grundsätzlich soll allerdings eine Beweisaufnahme in PKH-Prüfungsverfahren nicht erfolgen, da die Tatsache, dass eine Beweisaufnahme notwendig wird, bereits für die Erfolgsaussicht spricht. 28

d) **Vorwegnahme der Hauptsache.** Durch die PKH Entscheidung darf eine Hauptsache nicht vorweggenommen werden. Dies gilt insb, wenn die Entscheidung des Rechtsstreites von der Beurteilung höchstrichterlich noch ungeklärter Rechtsfragen abhängt (BFH/NV 08, 1669; s. zur Rechtsprechung des BVerfG Rz 2). 29

3. **Beklagtenseite.** Es kann für beide Parteien Prozesskostenhilfe bewilligt werden, wenn auf beiden Seiten die Voraussetzungen hierfür vorliegen. Für den Beklagten besteht stets dann Aussicht auf Erfolg, wenn die 30

Klage unschlüssig ist (Karlsr FamRZ 97, 375); ansonsten hängt die Überprüfung der Erfolgsaussicht von der Erheblichkeit seines Vorbringens ab.

31 a) **Anerkenntnis.** Einem Beklagten, der den Klaganspruch **anerkennt**, kann keine PKH bewilligt werden, weil gerade keine Rechtsverteidigung vorliegt (Zö/*Philippi* Rn 25). Hat der Beklagte **keine Veranlassung zur Klagerhebung** gegeben und erkennt er sofort an, dann kann jedoch PKH für die Rechtsverteidigung bewilligt werden (Brandbg Beschl v 11.1.07–10 WF 4/07). Streitig ist, ob PKH zu bewilligen ist, wenn der Beklagte einen **unschlüssigen Klageanspruch sofort anerkennt**, nachdem er außergerichtlich den Anspruch bestritten hat. Überwiegend wird die Meinung vertreten, dass auch in diesem Fall das sofortige Anerkenntnis die PKH-Bewilligung ausschließt, da die Voraussetzungen der Kostenübernahme durch den Kl wegen der Veranlassung zur Klagerhebung nicht vorliegen. Nach dieser Meinung setzt die Veranlassung zur Klagerhebung nicht voraus, dass der Klageanspruch tatsächlich besteht (Zö/*Herget* § 93 Rn3; Ddorf MDR 99, 1349). Zutreffend und anders die Gegenmeinung, der zufolge PKH bewilligt werden kann; denn es muss die Möglichkeit bestehen, sich gegen eine unberechtigte Forderung außergerichtlich zu wehren, ohne negative Kostenfolgen befürchten zu müssen. Würde die unschlüssige Forderung im Laufe des Verfahrens schlüssig, so könnte der Beklagte auch dann noch Kosten befreiend sofort anerkennen. Würde sie nicht schlüssig, und der Kl unterläge, so träfen den Beklagten ebenfalls keine Kosten. Es machte dementsprechend keinen Sinn, belastete man den Beklagten, der sich im frühen Stadium zum Anerkenntnis entschließt, mit Kosten (Hamm FamRZ 06, 1770). Ein sofortiges Anerkenntnis im Hauptsacheverfahren kann indes nicht mehr erfolgen, wenn der Beklagte im PKH-Prüfungsverfahren Klagabweisung beantragt hat (Naumbg FamRZ 07, 1584).

32 b) **Erledigung der Hauptsache.** Nach Erledigung der Hauptsache kann PKH nicht mehr bewilligt werden. Eine Ausnahme gilt dann, wenn die Sache im PKH-Verfahren erledigt und die Rechtsverfolgung in dieses vorverlagert worden ist (so Rostock NJW-RR 02, 1516 bei Eingang der Jugendamtsurkunde über Kindesunterhalt im VKH-Verfahren; dagegen aber – zu Recht – Köln FamRZ 97, 1545). Nimmt der Beklagte nach Klagezustellung und PKH-Bewilligung für die Klägerseite die geschuldete Handlung vor und stimmt er dann der klägerseitigen Erledigungserklärung nicht zu, kann ihm trotz Klagabweisung PKH nicht bewilligt werden (Nürnbg EZFamR aktuell 01, 235). Wenn das Gericht die PKH-Bewilligung verzögert hat, kann PKH auch nach Erledigung der Hauptsache noch bewilligt werden, allerdings nur dann, wenn die Hauptsache schon anhängig war (Köln EzFamR aktuell 95, 308). Das PKH-Verfahren selbst kann nicht für erledigt erklärt werden, da es kein kontradiktorisches Verfahren ist. Eine übereinstimmende Erledigungserklärung hinsichtlich der Hauptsache erstreckt sich daher nicht auf den PKH-Antrag, dieser kann nur zurückgenommen werden (BGH FamRZ 09, 1663).

33 c) **Klagerücknahme.** Auch nach Klagerücknahme kann dem Bekl PKH bewilligt werden, wenn Rechtsverteidigung und PKH-Antrag bereits zuvor gestellt wurden und die Rechtsverteidigung hinreichende Aussicht auf Erfolg hatte (BGH FamRZ 10, 197).

34 **F. Persönliche und wirtschaftliche Verhältnisse. I. Bedürftigkeit.** PKH erhält, wer nicht, nur tw oder nur in Raten in den Lage ist, die eigenen Kosten für die Führung des Rechtsstreits aufzubringen. Prozesskosten sind die Rechtsanwaltskosten, Gerichtskosten, sowie die Kosten der Beweisaufnahme. Während eines anhängigen Verfahrens muss die Partei ihr Finanzgebaren darauf einrichten, dass durch die Prozessführung Kosten entstehen. Wenn zwischen Rechtshängigkeit und PKH-Antrag Vermögen erworben und wieder leichtfertig verloren wird, so ist PKH wegen Mutwilligkeit zu versagen (Frankf OLGR 07, 184).

35 **II. Prozesskostenvorschuss.** Bedürftig ist nicht, wer einen durchsetzbaren Anspruch auf Prozesskostenvorschuss hat (§ 1360a IV BGB, für Ehegatten und minderjährige Kinder gegen ihre Eltern). Zu den Antragsvoraussetzungen gehört daher die Darlegung, dass ein Prozesskostenvorschussanspruch nicht besteht (BGH FamRZ 08, 1842; mit Anm *Bißmaier* jurisPR-FamR 20/08 Anm 1; Celle NJW-RR 06, 1304). Der Richter sollte auf eine Erklärung hierüber hinwirken. Auch volljährige Kinder haben, solange sie noch keine eigene Lebensstellung erreicht haben, gegen ihre Eltern einen Anspruch auf Prozesskostenvorschuss. Dabei sind die Eltern auch verpflichtet, den Vorschuss ratenweise aus dem Einkommen zu begleichen (BGH FamRZ 04, 1633). Dann kann allerdings dem berechtigten Kind PKH auch nur gegen Ratenzahlung bewilligt werden (Stuttg OLGR 07, 1037). Gleiches gilt hinsichtlich der Prozesskostenvorschusspflicht zwischen getrennt lebenden Ehegatten (Saarbr Beschl v 20.8.09–6 WF 84/09). Der Anspruch setzt aber jeweils voraus, dass der Rechtsstreit eine genügend enge Bindung zu der unterhaltberechtigten Person aufweist. Das ist bei der

Anfechtung eines Bescheides wegen Zweitwohnungssteuer nicht der Fall (OVG Mecklenburg-Vorpommern v 12.12.07–1 O 119/07). Die Verweisung der hilfsbedürftigen Partei auf einen Prozesskostenvorschussanspruch kommt außerdem im Regelfall nur in Betracht, wenn eine alsbaldige Realisierung des Prozesskostenvorschusses zu erwarten ist (BGH FamRZ 08, 1842). Der Anspruch muss daher rechtlich unzweifelhaft bestehen und darüber hinaus kurzfristig einigermaßen sicher durchsetzbar sein (Saarbr Beschl v 7.7.08 – 6 WF 52/08 mwN). In Eilverfahren kommt eine Verweisung auf den Prozesskostenvorschussanspruch in aller Regel nicht in Betracht, wenn dieser ersichtlich zuvor erst noch gerichtlich durchgesetzt werden müsste (Saarbr MDR 10, 1284 unter Verweis auch auf BVerfG FamRZ 10, 530).

G. Mutwillen. I. Allgemeines. Eine Rechtsverfolgung ist mutwillig, wenn eine verständige, nicht hilfebedürftige Partei ihre Rechte nicht in gleicher Weise verfolgen würde. Denn das Gebot weitgehender Angleichung der Lage von Bemittelten und Unbemittelten im Bereich des Rechtsschutzes verlangt keinen sinnlosen Einsatz staatlicher Ressourcen; daher ist stets zu prüfen, ob eine bemittelte Partei bei Abwägung zwischen dem erzielbaren Vorteil und dem dafür einzugehenden Kostenrisiko ihre Rechte in der Art und Weise wahrnehmen würde, wie es der PKH-Antragsteller beabsichtigt (vgl BGH FamRZ 10, 1147; 10, 1423; BGH JurBüro 81, 1169). Das gilt sowohl für das Ob der Rechtsverfolgung, als auch für ihr Wie. Grundsätzlich ist es dem Hilfebedürftigen zuzumuten, zunächst außergerichtliche kostenfreie Wege der Streitbeilegung zu nutzen. Außerdem hat er von mehreren verfügbaren Klagemöglichkeiten die kostengünstigste auszuwählen. Es darf dem Hilfebedürftigen aber nicht verwehrt werden, den sichersten Weg oder weitestgehenden Rechtsschutz zu wählen (Zö/*Philippi* Rn 33). So darf etwa nach bereits rechtshängigem Scheidungsantrag der Ehemann der Mutter das Vaterschaftsanfechtungsverfahren anstelle des Verfahrens nach § 1599 II BGB wählen (Brandbg FamRZ 08, 68). Mutwillen kann auch dann gegeben sein, wenn die Partei bereits im außergerichtlichen Verfahren wie auch im PKH-Prüfungsverfahren ihr Verhalten nicht auf eine Vermeidung des Rechtsstreits richtet, indem sie nicht auf Schreiben des Gegners oder des Gerichts reagiert (Brandbg OLGR 08, 38; Celle Beschl v 12.8.11 – 10 WF 299/10). Liegt eine zulässige objektive Klaghäufung vor, wie bei einer Verbindung einer Auskunftsklage mit einer bezifferten Teilklage, so ist die Klaghäufung nicht mutwillig (Stuttg FamRZ 07, 1109). Mutwilligkeit liegt dann vor, wenn der Beklagte vor der Erhebung einer Klage auf Zugewinnausgleich nicht zuvor außergerichtlich zur Auskunftserteilung oder Zahlung aufgefordert wurde (Naumbg FamRZ 07, 1814). Mutwilligkeit wird ebenfalls bejaht, wenn erstinstanzlich ein Antrag auf Protokollberichtigung gem § 164 verbunden mit einem Antrag auf Wiedereröffnung der mündlichen Verhandlung versäumt wurde und im Rechtsmittelverfahren ein unrichtiger Protokollinhalt gerügt wird (Brandbg FamRZ 05, 1843). Dem Antragsteller obliegt es außerdem, am Verfahren mitzuwirken, damit nicht die Gefahr des Prozessverlustes wegen mangelnder Mitwirkung besteht. Das gilt auch für die Verpflichtung, die notwendigen Unterlagen zum Versorgungsausgleich im Scheidungsverfahren einzureichen (Brandbg OLGR 06, 305). Zum Mutwillen auf Beklagtenseite wegen Nichtabgabe einer Stellungnahme im PKH-Prüfungsverfahren s. § 118 Rz 7. Der Versicherungsnehmer, der sich gegen den Vorwurf der Unfallmanipulation wehren will, handelt nicht mutwillig, wenn er sich von einem eigenen Rechtsanwalt vertreten lässt, auch wenn der Haftpflichtversicherer einen Anwalt beauftragt hat, der auch für ihn Klageabweisung beantragt hat (BGH NJW 10, 3522). 36

Eine Kündigungsschutzklage hat dann keine Aussicht auf Erfolg, wenn das Recht, die Unwirksamkeit der Kündigung zu verfolgen, wegen langen Zeitablaufs verwirkt ist (BAG NJW 1962, 2268). Bei Schmerzensgeldklagen soll PKH nur für einen angemessenen Betrag bewilligt werden (Ddorf JurBüro 88, 1057). Die Möglichkeit der Geltendmachung im strafrechtlichen Adhäsionsverfahren bedingt dagegen keine Mutwilligkeit der Geltendmachung im isolierten zivilrechtlichen Verfahren (LG Itzehoe SchlHA 01, 260). Mutwillig ist es, eine zweite Klage zu erheben, statt eine erste, noch anhängige Klage zu erweitern (LAG Düsseldorf JB 86, 287). 37

1. Fehlende Vollstreckungsmöglichkeiten. Die Frage, ob ein Schuldner Zahlungen leisten kann bzw die Vollstreckung gegen ihn erfolgreich sein wird, ist im Erkenntnisverfahren grds ohne Belang. Das mag es nicht ausschließen, in Einzelfällen **fehlende Vollstreckungsmöglichkeiten** zum Anlass zu nehmen, Mutwilligkeit zu bejahen, etwa bei Geltendmachung von Unterhaltsforderungen gegen einen Schuldner im Ausland (Kasachstan), wenn dort eine Realisierung nicht zu erwarten ist (Saarbr JAmt 07, 223). Dies sollte aber äußerst zurückhaltend Anwendung finden, va dann, wenn gerade der Schuldner sich darauf beruft. Unabhängig von sonstigen Interessen des Gläubigers an einer Titulierung (Verjährung, Verwirkung) ist es insb bei Unterhaltsforderungen ein falsches Signal an den Schuldner, ein Verfahren gerade dadurch verhin- 38

dern zu können, dass er sich vehement seiner Zahlungsverpflichtung entzieht (Karlsr FamRZ 05, 1099). Letztlich kann der Schuldner ja auch jederzeit unerwartet zu Geld kommen – Erbschaft, Lotteriegewinn –, auf das der Gläubiger dann mangels Titels nicht im Wege der Vollstreckung zugreifen könnte; er würde daher ggü anderen Gläubigern mit titulierten Forderungen ungerechtfertigt benachteiligt. Die Verweisung eines Unterhaltsberechtigten auf eine Klage im Ausland ist, sofern die Zuständigkeit der deutschen Gerichte gegeben ist, auch dann nicht zulässig, wenn die Rechtsverfolgung im Ausland nach Ansicht des deutschen Gerichts einfacher, schneller und billiger wäre (Zweibr DAVorm 99, 307; Oldbg Beschl v 29.6.10 – 13 WF 92/10).
Eine beabsichtigte Teilungsversteigerung ist mutwillig, wenn sie aller Voraussicht nach fehlschlagen wird, weil sich kein Bieter finden wird, der ein zulässiges Gebot abgeben wird (BGH FamRZ 2011, 967 mit im Erg zust Anm *Hintzen* WuB VI E § 180 ZVG 1.11 und *Zempel* jurisAnwZert-FamR 16/2011 Anm 1).

39 **2. Vorherige außergerichtliche Streitschlichtung.** Es gibt außer den Möglichkeiten der außergerichtlichen Streitschlichtung in familiengerichtlichen Verfahren betreffend das Sorge- und Umgangsrecht (s. hierzu Rz 40) weitere Fälle, in denen eine außergerichtliche Streitschlichtung möglich, tw erforderlich ist. Die Länder haben überwiegend von der Möglichkeit Gebrauch gemacht, durch Landesgesetz Schiedsverfahren in Bagatellangelegenheiten einzuführen. Sofern diese Möglichkeit besteht, ist die Erhebung einer Klage ohne vorherige Durchführung eines Schiedsverfahrens unzulässig, somit kann in diesem Verfahrensstadium auch keine PKH bewilligt werden. Im Übrigen gibt es eine Vielzahl von Fällen, in denen Schiedsstellen zur Bereinigung von Streitigkeiten vorgesehen sind, so zB bei den Kammern (zB Ärztekammer, Anwaltskammer, Handwerkskammer). Grundsätzlich kann jedoch Mutwillen nicht angenommen werden, wenn insoweit ohne vorherigen Versuch einer außergerichtlichen Bereinigung unter Zuhilfenahme der Schiedsstelle ein gerichtliches Verfahren beantragt wird. Das widerspräche dem Rechtsstaatsprinzip.

40 **II. Mutwillen in Familiensachen, die keine Familienstreitsachen sind (normale FG-Familiensachen).** In Sorge- und Umgangsrechtsverfahren, die sich nach dem FamFG richten, gilt nicht der gleiche Grundsatz hinsichtlich der Erfolgsaussicht und des Mutwillens wie in ZPO-Sachen. Begründet wird dies damit, dass den Beteiligten zum einen nicht die volle Dispositionsbefugnis über den Streitgegenstand zusteht, zum anderen sie wegen des Amtsermittlungsgrundsatzes zwar Anregungen geben können, das Gericht aber nicht an Anträge gebunden ist. Eine hinreichende Erfolgsaussicht ist in solchen Verfahren dann gegeben, wenn der Antragsteller im Verfahren **seine Lage verbessern** kann (Zweibr OLGR 08, 534 mit Anm *Götsche* jurisPR-FamR 20/08 Anm 5; vgl auch Karlsr FamRZ 11, 1528). Verfahrenskostenhilfe soll nur dann versagt werden, wenn ein von vornherein aussichtsloser Antrag vorliegt oder wenn er durch sein Verhalten zur Stellung des Antrags, gegen den er sich verteidigen will, Veranlassung gegeben hat (Hamm FamRZ 08, 420). Insbesondere liegt eine Begründung für die Annahme von Mutwillen für einen Antrag auf Verpflichtung des nichtsorgeberechtigten Elternteils auf Umgang nicht darin, dass dieser kein Interesse am Umgang habe (Stuttg FamRZ 06, 1060). Der Antrag auf Regelung des Umgangs mit einem umgangsunwilligen Elternteil ist auch im Hinblick auf BVerfG FamRZ 08, 845 zur regelmäßigen Verfassungswidrigkeit der Vollstreckung von Umgangsregelungen gegen unwillige zur Ausübung des Umgangs verpflichtete Elternteile nicht mutwillig (Stuttg OLGR 08, 765); denn das BVerfG hat die bloße Verpflichtung des unwilligen Elternteils zur eigenen Ausübung des Umgangs verfassungsrechtlich gebilligt und nur die Vollstreckbarkeit dieser Pflicht Einschränkungen unterworfen. Teilweise wird vertreten, der Antragsteller müsse in jedem Fall vor dem Antrag auf Bewilligung von Verfahrenskostenhilfe für ein Umgangsverfahren die **Vermittlungshilfe des Jugendamtes** in Anspruch nehmen (Dresd FamRZ 06, 808; s. hierzu und zum Folgenden eingehend mzwN *Viefhues* jurisPR-FamR 14/11 Anm 7 und jurisAnwZert-FamR 13/2011 Anm 4). Ausnahmen sollen nur dann gelten, wenn dies von vornherein aussichtslos erscheint. So zB, wenn die Kindesmutter bereits erklärt hat, dass sie Umgangskontakte nur in ihrer Anwesenheit dulden werde (Stuttg FamRZ 11, 1160; Rostock FamFR 11, 305; Schlesw OLGR 08, 128). Dieser Auffassung ist nicht zuzustimmen (zutr Hamm Beschl v 3.3.11 – 8 WF 34/11 – und v 14.3.11 – 8 WF 61/11). Allein schon, weil nur im gerichtlichen Verfahren eine vollstreckbare Regelung getroffen werden kann, kann das Vermittlungsverfahren beim Jugendamt ein gerichtliches Verfahren nicht ersetzen. Dem antragstellenden Elternteil kann nicht zugemutet werden, auf eine beim Jugendamt erreichte Einigung zu vertrauen und bei erneut auftretenden Schwierigkeiten erneut Hilfe in Anspruch nehmen zu müssen. Die stellte das Elternrecht des betroffenen Antragstellers aus Art 6 II 1 GG unverhältnismäßig hintan und trüge seinem Anspruch auf effektiven Rechtsschutz sowie auf besondere Beschleunigung gerade sorge- und umgangsrechtlicher Verfahren nicht

genügend Rechnung (vgl zu Letzterem auch BVerfGK 2, 140, 142). Es gibt auch keinen Erfahrungssatz dahingehend, dass eine bemittelte Partei immer zunächst die Möglichkeiten außergerichtlicher Streitschlichtung suchen wird (Hamm OLGR 08, 86). Eine vermittelnde Meinung vertritt das OLG Koblenz, wonach Mutwillen bei Nichteinschaltung des Jugendamtes nur dann anzunehmen ist, wenn davon auszugehen ist, dass Vermittlungsbemühungen des Jugendamtes in angemessener Zeit zum Erfolg geführt hätten (Kobl FamRZ 09, 1425; Schlesw FamFR 11, 357). Nach noch engerer Auffassung soll bereits dann eine mutwillige Rechtsverfolgung vorliegen, wenn der Antragsteller die Abänderung und gerichtliche Festlegung einer mit der Kindesmutter getroffenen Umgangsvereinbarung beim Jugendamt begehrt (AG Lüdenscheid FamRZ 08, 2041). In dieser Entscheidung wird die Bedeutung der gerichtlichen Festlegung der Umgangskontakte verkannt, unabhängig davon, dass es der bedürftigen Partei nicht verwehrt sein kann, eine wenn auch nur geringfügige Änderung und Erweiterung einer beim Jugendamt getroffenen Vereinbarung zu erreichen. Wird allerdings gar kein Versuch unternommen, eine außergerichtliche Einigung zu erzielen, und fehlen Anhaltspunkte dafür, dass die Antragsgegnerin nicht mitwirken wird, so liegt Mutwillen vor (Schlesw OLGR 08, 107). Wenn kein Anlass zu der Annahme besteht, der Vater werde auf der Durchsetzung eines Umgangsrechts bestehen, ist der Antrag auf Bewilligung von Verfahrenskostenhilfe für einen Antrag des Kindes auf Aussetzung des Umgangsrechts ohne Versuch der außergerichtlichen Streitschlichtung mutwillig (Saarbr FamRZ 10, 310). Wenn ein Antragsteller, nachdem er auf Übertragung der elterlichen Sorge angetragen hat, Gesprächstermine beim Jugendamt zur Fertigung der notwendigen Stellungnahme des Amtes nicht wahrnimmt und damit den Fortgang des Verfahrens verhindert, ist Mutwilligkeit angenommen worden (Karlsr FamRZ 04, 549). Für einen Antrag auf Übertragung der alleinigen elterlichen Sorge ist Verfahrenskostenhilfe dann zu bewilligen, wenn hinreichende Anhaltspunkte dafür bestehen, dass die Eltern nicht mehr in der Lage sind, sachlich miteinander zu kommunizieren (Brandbg Beschl v 15.10.07 – 10 WF 259/07).

III. Familienstreitsachen. 1. Scheidungsverfahren. Zu dem Verfahrenskostenhilfeantrag für einen Schei- 41
dungsantrag ist substantiierter Vortrag zum Scheitern der Ehe erforderlich. Es reicht nicht aus, nur den Ablauf des Trennungsjahres darzulegen. Vor Ablauf des Trennungsjahres darf VKH nicht bewilligt werden (Köln FamRZ 04, 52), und zwar auch dann nicht, wenn iÜ die Voraussetzungen einer einverständlichen Ehescheidung vorliegen (Dresd FamRZ 02, 890). Hiervon sind die Fälle auszunehmen, in denen die Voraussetzungen einer Härtefallscheidung nach § 1565 II BGB schlüssig und substanziiert vorgetragen werden oder in denen nur durch eine Beweisaufnahme geklärt werden kann, ob das Trennungsjahr abgelaufen ist (s. zu Letzterem Nürnbg Beschl v 2.1.81 – 7 WF 3145/80). Der Antrag der Ehegatten, über ihre Anträge auf VKH für wechselseitige Scheidungsanträge erst nach Ablauf des Trennungsjahres zu entscheiden, ist für das Gericht unbeachtlich; unschlüssige VKH-Gesuche sind immer zügig zurückzuweisen. Das Nichtbetreiben des Scheidungsverfahrens aufgrund eines Versöhnungsversuchs steht der VKH-Bewilligung für den Antragsgegner, der auf Zurückweisung des Scheidungsantrags angetragen hat, nicht entgegen (Hambg FamRZ 03, 1017). Auch nach Rücknahme des Scheidungsantrags kann dem Antragsgegner, der rechtzeitig VKH beantragt hat, noch VKH bewilligt werden. Hat sich das Verfahren aber aufgrund Versöhnung vollständig erledigt, kommt eine rückwirkende Bewilligung nicht in Betracht (München OLGR 94, 315). Ist der Scheidungsantrag zurückgenommen worden, obwohl die Ehe weiterhin zerrüttet ist, ist ein zweiter Scheidungsantrags idR mutwillig (Karlsr FamRZ 89, 1313), außer, der Antragsteller hat nachvollziehbare Gründe für eine Rücknahme und neue Antragstellung. Auch der zur Zurücknahme des Scheidungsantrags entschlossenen Partei kann noch VKH bewilligt werden, wenn die Rücknahme zu diesem Zeitpunkt das einzig zweckmäßige Verhalten ist (Karlsr FamRZ 00, 1020). Liegt eine Scheinehe vor, so ist der Berechtigte, der ein Entgelt für die Eheschließung erhalten hat, gehalten, aus diesem Rücklagen für das Scheidungsverfahren zu bilden (BGH NJW 11, 1814). IÜ ist durch diese Entscheidung noch einmal klargestellt, dass der VKH Antrag für die Scheidung einer Scheinehe nicht rechtsmißbräuchlich ist.

Der Bedürftige ist grds gehalten, Ansprüche, die als **Verbundanträge** gem § 621 – seit 1.9.09: § 137 42
FamFG – verfolgt werden können, auch im Verbund geltend zu machen, um die Streitwertaddition nach § 44 FamGKG – und damit eine Gebührendegression – zu erreichen. Die Frage, ob isolierte Anträge bei Verbundmöglichkeit grds als mutwillig anzusehen sind, hat der BGH für Familienstreit-Folgesachen geklärt und die vorher von den Obergerichten überwiegend vertretene Meinung, für einen isolierten Antrag könne VKH im isolierten Verfahren nur bewilligt werden, wenn der Beteiligte gewichtige Gründe für die isolierte Geltendmachung anführe, verworfen; grds ist ein isolierter Antrag nicht mutwillig (BGH NJW 05, 1497). Der BGH folgt der Erwägung, dass auch ein nicht bedürftiger Beteiligter bei der Entscheidung, welcher

Verfahrensweg gewählt wird, darauf achtet, dass im Verbundverfahren idR die Kosten gegeneinander aufgehoben werden. Der Beteiligte muss nicht darauf vertrauen, dass das Gericht von der Möglichkeit einer anderweitigen Kostenentscheidung gem § 150 FamFG Gebrauch macht. Im isolierten Verfahren dagegen richtet sich die Kostenentscheidung nach § 113 Abs. 1 FamFG iVm 91 ZPO bzw nach § 243 FamFG in Unterhaltssachen. Zutreffend wird darauf hingewiesen, dass das Argument, Kostenerstattungsansprüche ließen sich ohnehin oft nicht realisieren, nicht durchgreifen kann. Auch hat der BGH das Argument anerkannt, dass ein Beteiligter einen schnellen Abschluss des Scheidungsverfahrens wünschen und deshalb in Kauf nehmen kann dass die Scheidungsfolgen erst im Anschluss an die Ehescheidung geklärt werden. Ist die Rechtsverfolgung mutwillig, dann ist einer Ansicht zufolge VKH in vollem Umfang zu versagen (Brandbg OLGR 03, 37; Jena FamRZ 00, 100; Schlesw FamRZ 00, 430). Nach aA (Dresd FamRZ 99, 601, und Zweibr OLGR 99, 514) ist VKH mit der Maßgabe zu bewilligen, dass nur die Kosten erstattet werden, die auch im Verbundverfahren entstanden wären (So auch Köln NJWE-FER 00, 189; Ddorf FamRZ 94, 635). Die erste Ansicht überzeugt: Eine tw VKH-Bewilligung kommt nur im Hinblick auf einen konkreten Antrag in Betracht, aber nicht in Bezug auf die Erstattungsfähigkeit konkreter Beträge. Zudem würde so die Prüfung der Bewilligungsvoraussetzungen ins Erstattungsverfahren verlagert. Anderes gilt für Scheidungsfolgesachen, die nicht Familienstreitsachen sind. Das Argument des möglichen Kostenerstattungsanspruchs greift hier nicht durch, da idR die Kostenerstattung nicht angeordnet wird. Demnach ist der Antrag auf Übertragung der elterlichen Sorge außerhalb des Verbundes nach Ehescheidung idR mutwillig, wenn er auf eine bereits zuvor vorliegende Zustimmung des anderen Elternteils – § 1671 II Nr 1 BGB – gestützt wird (Karlsr FamRZ 06, 494).

43 Im Scheidungsverfahren erstreckt sich die VKH-Bewilligung nach § 149 FamFG, zuvor § 624 II, auf eine Folgesache zum Versorgungsausgleich, soweit sie nicht ausdrücklich ausgenommen wurden, und nach § 48 III RVG ohne besondere Anordnung auf einen **Scheidungsfolgenvergleich**. Von Letzterem werden aber nur die Regelungsgegenstände erfasst, die Gegenstand eines Verbundverfahrens sein können (Ehegatten- und Kindesunterhalt, Zuweisung von Ehewohnung und Haushaltsgegenständen, Güterrecht, elterliche Sorge und Umgang). Es kommt nicht darauf an, ob bzgl dieser Regelungsgegenstände Verfahren rechtshängig sind. Allerdings wird tw die Auffassung vertreten, bei nicht anhängigen Verbundverfahren müsse ein gesonderter Antrag auf Erstreckung der Verfahrenskostenhilfe auf den Vergleich gestellt werden (Ddorf OLGR 97, 321), das widerspricht allerdings der gesetzlichen Regelung im RVG, wonach sich die Beiordnung eines Rechtsanwalts im Scheidungsverfahren auf den Abschluss eines Scheidungsfolgenvergleichs erstreckt (so auch schon in § 122 BRAGO). Sollen nicht verbundfähige Regelungen aufgenommen werden, wie zB die Übertragung eines Vermögensgegenstandes, so bedarf es eines ausdrücklichen Antrages auf Erstreckung (Kobl FamRZ 04, 1804). Einzelne Gerichte betrachten es als mutwillig, wenn bzgl dieser Gegenstände die gerichtliche Protokollierung mehr Kosten verursacht, als eine gesondert abgeschlossene notarielle Vereinbarung (Karlsr FamRZ 04, 355). Dem ist nicht zuzustimmen, die Beteiligten haben ein Interesse daran, möglichst alle Scheidungsfolgen, auch diejenigen, die auch nach § 266 FamFG keine Familiensachen sind, umfassend und möglichst vollstreckbar zu regeln. Dazu gehört insb die Auseinandersetzung von Vermögensgegenständen (s. zur Frage einer diesbezüglichen Protokollierungspflicht des Gerichts BGH FamRZ 11, 1572), was iÜ möglicherweise auch Auswirkungen auf Folgesachen (Unterhalt) hat. Auch ein nicht bedürftiger Beteiligter würde in dieser Situation nicht anders handeln, so dass Mutwillen nicht anzunehmen ist (so auch Rostock OLGR 07, 83; Zweibr OLGR 07, 169). Im Übrigen soll bei den den von der Parteimaxime unterliegenden Familienstreitsachen wie etwa Unterhalt und Zugewinnausgleich (§ 112 FamFG) dem in Anspruch genommenen Beteiligten VKH immer dann zu bewilligen sein, wenn diese Rechtsverteidigung nicht aus besonderen Gründen von vornherein völlig aussichtslos erscheint (Karlsr FamRZ 89, 887; Karlsr FamRZ 96, 1188). Das erscheint indes fragwürdig, weil nicht recht einsehbar ist, weshalb nicht die Erfolgsaussicht im allgemeinen – und strengeren – Sinne maßgebend sein soll. Für **einstweilige Anordnungen**, ob während oder ohne Anhängigkeit eines Scheidungsverfahrens, muss jeweils gesondert VKH beantragt und bewilligt werden, arg § 51 III FamFG. In der gleichen Instanz umfasst die Bewilligung auch das Verfahren auf Aussetzung der Vollziehung.

44 **2. Unterhaltsverfahren.** Der Antrag auf Bewilligung von VKH für ein Trennungsunterhaltsverfahren kann nicht deshalb als mutwillig zurückgewiesen werden, weil bereits einmal eine einstweilige Anordnung auf Zahlung von Unterhalt im Scheidungsverfahren erwirkt, und diese durch Rücknahme des Scheidungsantrags durch der Unterhaltsgläubiger wirkungslos wurde (Schlesw OLGR 01, 214). Auch bei regelmäßigen Zahlungen besteht für den Unterhaltsgläubiger regelmäßig ein Interesse an einer Titulierung des Unter-

halts. Für den Unterhaltsanspruch von Kindern unter 21 Jahren und für den Unterhaltsanspruch nach § 1615l BGB besteht gem § 59 I 1 Nr 3 bzw Nr 4 SGB VIII die Möglichkeit, kostenfrei eine vollstreckbare Urkunde beim Jugendamt zu errichten. Dementsprechend ist der Unterhaltsgläubiger verpflichtet, vom Unterhaltsschuldner außergerichtlich die Errichtung der Urkunde zu verlangen. Ansonsten hat der Antragsgegner keine Veranlassung zur Antragserhebung gegeben, wenn er den Anspruch sofort anerkennt (BGH FamRZ 2010, 195). Der Unterhaltsgläubiger handelt also mutwillig, wenn er in einem solchen Fall VKH begehrt (Kobl OLGR 06, 961). Ist ein VKH-Antrag entscheidungsreif, bevor der Unterhaltsschuldner die Urkunde errichtet hat, und hatte ihn der Unterhaltsgläubiger hierzu aufgefordert, so wird angenommen, dass VKH zu bewilligen ist, auch wenn sich das Verfahren erledigt hat (Bambg OLGR 99, 219). Ansonsten ist der Unterhaltsschuldner nicht verpflichtet, die Kosten für eine Titulierung zu übernehmen. Einer VKH-Bewilligung kann es indes entgegenstehen, dass der Schuldner erklärt hat, an einer außergerichtlichen Titulierung bei Kostenübernahme durch den Gläubiger mitzuwirken. Bei einer erfolgten außergerichtlichen Einigung bereits vor der Antragserhebung und regelmäßiger Zahlung ist davon auszugehen, dass der Antragsgegner den Anspruch sofort anerkennen wird, dementsprechend der Antragsteller mit den Verfahrenskosten gem § 243 FamFG iVm § 93 ZPO belastet wäre. Ein vernünftig denkender, nicht bedürftiger Beteiligter würde in einem solchen Fall von der Antragserhebung absehen (Hamm NJW 07, 1758). Kommt der Sozialhilfeträger nach eingehender Prüfung der wirtschaftlichen Verhältnisse des Unterhaltsschuldners zu dem Ergebnis, dass dieser leistungsunfähig ist, und wird der Unterhaltsgläubiger auch weiterhin fortlaufend Sozialleistungen beziehen, die den Unterhaltsanspruch übersteigen, so ist ein Antrag auf Bewilligung von VKH des Unterhaltsgläubigers für einen Unterhaltsantrag mutwillig (Kobl OLGR 04, 343). Es ist in voller Höhe VKH zu bewilligen, auch wenn tw gezahlt wird. Das gilt auch dann, wenn der Unterhaltsschuldner bereit ist, einen Teil der Forderung freiwillig titulieren zu lassen. Wegen der zu erwartenden Schwierigkeiten der Zwangsvollstreckung aus zwei unterschiedlichen Titeln würde in einem solchen Fall auch ein nicht bedürftiger Unterhaltsgläubiger den Unterhalt in einem Verfahren titulieren lassen (vgl BGH FamRZ 10, 195 zu § 93; Kobl FamRZ 06, 96; Naumbg OLGR Naumbg 06, 893; Hamm FamRZ 06, 627, anders noch Hamm FamRZ 92, 577). Teilweise wird aber die Auffassung vertreten, ein Antrag auf den vollen Unterhalt sei bei freiwillig gezahltem Sockelbetrag mutwillig, wenn der Unterhaltsschuldner zur freiwilligen Titulierung des Unterhalts nicht aufgefordert worden sei (Karlsr FamRZ 02, 542). VKH könne daher nur dann bewilligt werden, wenn der Unterhaltsschuldner einer außergerichtlichen Aufforderung zur freiwilligen Titulierung nicht nachgekommen sei (Karlsr FamRZ 03, 102; Nürnbg FPR 02, 542; Oldbg FamRZ 03, 1575, differenzierend Karlsr FamRZ 03, 1763). Dem ist nur zu folgen, wenn der Unterhaltsschuldner eine Möglichkeit zur kostenfreien Titulierung des Sockelbetrages hat, wie dies beim Unterhaltsanspruch nach § 1615l BGB und beim Unterhaltsanspruch des Kindes unter 21 Jahren wegen § 59 I 1 Nr 3 bzw 4 SGB VIII der Fall ist. Anders ist die Lage hingegen, wenn der Unterhaltsschuldner – wie beim Ehegattenunterhalt – zu solch kostenfreier Titulierung keine Möglichkeit hat. Denn der Unterhaltsschuldner ist nicht verpflichtet, eine außergerichtliche Titulierung auf seine Kosten vorzunehmen (so aber Nürnbg FPR 02, 542; Oldbg FamRZ 03, 1575; dagegen zu Recht Karlsr FamRZ 09, 361). Soweit der bedürftige Unterhaltsgläubiger darauf verwiesen wird, beim Notar PKH für die Titulierung des Sockelbetrages in notarieller Urkunde zu beantragen (§ 17 II BNotO), ist dies abzulehnen, weil dann wieder zwei Titel geschaffen würden, was der BGH dem nicht VKH-bedürftigen Unterhaltsgläubiger gerade nicht zumutet, zumal eine solche Vorgehensweise unpraktikabel und langwierig ist, was mit der notwendigen schnellen Durchsetzbarkeit des Unterhalts nicht vereinbar ist. Etwas anderes gilt freilich, wenn nur der freiwillig gezahlte Betrag eingeklagt wird und mit einer Zahlungseinstellung nicht zu rechnen ist. Werden zeitgleich Stufenantrag auf Auskunft und Zahlung von Kindes- und Trennungsunterhalt und im Verbund ein Stufenantrag auf Auskunft und Zahlung von Ehegattenunterhalt eingereicht, so soll dies mutwillig sein (Zweibr OLGR 06, 796). Dem ist nicht zu folgen. Zunächst handelt es sich um unterschiedliche Auskunfts- und Leistungsansprüche, die zudem wegen § 623 I 1 bzw seit 1.9.09 wegen § 137 II FamFG (»für den Fall der Scheidung«) nur außerhalb, aber nicht innerhalb des Scheidungsverbunds im Wege objektiver Antragshäufung gemeinsam geltend gemacht werden können. Man könnte also den Unterhaltsgläubiger nur darauf verweisen, von einer Geltendmachung seines Anspruchs auf nachehelichen Unterhalt im Scheidungsverbund abzusehen. Dies stünde aber in unauflösbarem Widerspruch zu den legitimen Zielen, die der Gesetzgeber bei Schaffung des Scheidungsverbundes hatte, namentlich etwa, den wirtschaftlich schwächeren Ehegatten ua erst dann zu scheiden, wenn über seinen Antrag auf nachehelichen Unterhalt entschieden wurde. Auch eine nicht bedürftige Partei würde vorliegend nicht anders handeln.

Mutwillig handelt auch nicht, wer Unterhaltsansprüche geltend macht, obwohl die Eröffnung des Verbraucherinsolvenzverfahrens über das Vermögen des Schuldners bevorsteht. Es bestehen auch dort weitergehende Vollstreckungsmöglichkeiten für Unterhaltsansprüche (Hambg FamRZ 03, 1102). Mutwillen wird bejaht, wenn der Unterhaltsschuldner ein Rückforderungsantrag erhebt, obwohl er das Begehren hilfsweise widerantragend im anhängigen Leistungsverfahren geltend machen könnte (Karlsr OLGR 06, 139). Das gleiche gilt für einen negativen Feststellungsantrag bei noch anhängigem Leistungsantrag (Köln FamRZ 04, 39). Bei einem Abänderungsantrag ist dem Beklagten VKH nur dann zu versagen, wenn schon im derzeitigen Verfahrensstadium klar ist, dass zukünftig kein Unterhalt mehr geschuldet ist (Karlsr Beschl v 27.8.97–2 WF 70/97). Bei einer vertraglichen Verpflichtung, den anderen Elternteil von der Zahlung von Kindesunterhalt freizustellen, soll der Antrag auf Zahlung von Kindesunterhalt in Verfahrensstandschaft mutwillig sein (AG Ludwigslust FamRZ 05, 1915).Dem kann jedenfalls dann nicht gefolgt werden, wenn der betreuende Elternteil zur Freistellung des anderen Elternteils nicht in der Lage ist. Inhaber des Unterhaltsanspruchs ist das Kind, das von der Freistellungsvereinbarung seiner Eltern (Innenverhältnis) nicht berührt wird (vgl BGH FamRZ 2009, 768). Dem das Kind in Obhut habenden Elternteil muss es möglich sein, im Interesse des Kindes dessen Anspruch gegen den anderen Elternteil (Außenverhältnis) durchzusetzen. Andernfalls griffe die Mittellosigkeit des betreuenden Elternteils unmittelbar ggü dem Kind durch, das dann von niemandem Barunterhalt bekäme. Dies wäre im Ergebnis ein Unterhaltsverzicht für die Zukunft, der nach § 1614 I BGB unzulässig ist.

45 **3. Hauptsache und Einstweilige Anordnung.** In Unterhaltsverfahren besteht gem § 246 Abs. 1 FamFG die Möglichkeit, die Verpflichtung zur Zahlung laufenden Unterhalts durch einstweilige Anordnung zu regeln; diese ist vom Hauptsacheverfahren unabhängig. Es ist nicht mutwillig, ein Hauptsacheverfahren neben dem Verfahren auf Erlass einer einstweiligen Anordnung anhängig zu machen, da mit der einstweiligen Anordnung nur der laufende Unterhalt geregelt werden kann (Jena Beschl v 27.9.10 – 1 WF 327/10). In GewSchutzverfahren ist es streitig, ob gleich lautende Anträge im Verfahren auf Erlass einer einstweiligen Anordnung und im Hauptsacheverfahren mutwillig sind. Dies wird tw grds bejaht (Celle FamRZ 10, 1586; Frankf FamFR 11, 473). Teilweise wird der Hauptsacheantrag bei gleich lautender einstweiliger Anordnung nicht als mutwillig angesehen, da das Hauptsacheverfahren einen weitergehenden Rechtsschutz beinhalte, als die einstweilige Anordnung (Hamm, FamRZ 10, 825 mit Anm. Stockmann, jurisPR-FamR 9/2010 Anm 3). Zutreffender vermittelnder Auffassung zufolge ist in jedem Einzelfall zu prüfen, ob ein in derselben Lage wie der um Verfahrenskostenhilfe Nachsuchende befindlicher bemittelter Beteiligter neben dem einstweiligen Anordnungsverfahren auch noch die Hauptsache anhängig machen würde; dies wird va bei zeitgleicher Antragstellung kaum der Fall sein (Köln FamRZ 11, 1157; Celle FamRZ 10, 1586; Zweibr FamRZ 10, 666).

Der Unterhaltsgläubiger hat grds ein Wahlrecht, ob er den Kindesunterhalt im vereinfachten Verfahren oder im streitigen Antragsverfahren geltend macht (Naumbg OLGR 00, 451). Auch dem Antragsgegner kann im vereinfachten Verfahren VKH mit Beiordnung bewilligt werden (Frankf FamRZ 08, 420). Der Unterhaltsschuldner handelt mutwillig, wenn er nicht versucht hat, außergerichtlich ein Herabsetzungsbegehren durchzusetzen (München Beschl v 27.9.10 – 1 WF 327/10).

46 Der im Ausland ansässige deutsche Antragsteller kann wegen des Justizgewährungsanspruchs nicht darauf verwiesen werden, seinen Anspruch vor einem ausländischen Gericht geltend zu machen, nur weil ausländisches Recht zur Anwendung kommt (Karlsr Beschl v 18.8.10 – 5 WF 122/10). Allerdings ist in Einzelfällen Verfahrenskostenhilfe abgelehnt worden, weil die Verfahrensführung im Ausland kostengünstiger oder unter erleichterten Bedingungen durchgeführt werden konnte (Celle OLGR 1998, 58; Hamm FamRZ 01, 1533). Dabei handelte es sich jedoch im wesentlichen um Fälle, in denen die Antragsteller nicht nur sich im Ausland aufhielten, sondern es sich auch um ausländische Staatsangehörige handelte, die nach ausländischem Recht zu beurteilende und im Ausland angesiedelte Sachverhalte unterbreiteten.

47 **4. Statusverfahren.** Der Bewilligung von VKH in Vaterschaftsfeststellungsverfahren steht es nicht entgegen, dass der Antragsgegner aufgrund der bereits durchgeführten Beweisaufnahme schon als Vater feststeht. Für die Beurteilung der Erfolgsaussicht ist darauf abzustellen, ob der Antragsgegner rechtzeitig und substanziiert die bestehenden Zweifel an seiner Vaterschaft in das Verfahren eingeführt hat (Stuttg FamRZ 06, 797). Für eine Vaterschaftsanfechtung kann auch dann VKH bewilligt werden, wenn die Anerkennung der Vaterschaft bzw die Zustimmung der Mutter hierzu bewusst falsch und damit rechtsmissbräuchlich war. Das Interesse an der Feststellung der wirklichen Vaterschaft wiegt insoweit schwerer (Köln FF 06, 203).

Das Kind kann nicht auf einen Prozesskostenvorschussanspruch gegen den Scheinvater verwiesen werden. Dieser resultiert in einem solchen Fall aus einem rein formalen Unterhaltsanspruch, der sich bei Obsiegen erledigt. Im Übrigen würde man dann bei unbekanntem oder leistungsunfähigem Vater dem Scheinvater die gesamten Kosten des Verfahrens auferlegen (Hambg FamRZ 96, 1 mwN). Der Vaterschaftsfeststellungsantrag gegen einen Vater, der sich außergerichtlich zur Anerkennung bereiterklärt, mit dieser aber dann ein Jahr zuwartet, ist nicht mutwillig (Hamm FamRZ 04, 549). Der beigeladenen Kindesmutter kann VKH bewilligt werden, auch wenn die Kinder vom Jugendamt vertreten sind, da sie ihre Rechte unabhängig von denen der Kinder wahrnehmen kann (Ddorf FamRZ 01, 1467). Das gilt in Alt-Verfahren (Rechtslage bis 31.8.2009) auch dann, wenn sie keinen weiteren Beitrag zur Prozessförderung leisten kann (BGH FamRZ 10, 1243).

IV. Insolvenzverfahren. 1. Verbraucherinsolvenz. Die §§ 4a – 4d InsO enthalten eine Sonderregelung, die die Anwendung von §§ 114 ff grds ausschließt. Ist der Schuldner eine natürliche Person und hat er einen Antrag auf Restschuldbefreiung gestellt, so sind ihm die Verfahrenskosten zur Erteilung der Restschuldbefreiung zu stunden. Bei Stundung der Verfahrenskosten kann für das Verfahren ein Rechtsanwalt beigeordnet werden, § 4a I, II InsO. Zur Vorbereitung des Insolvenzantrags kann dem mittellosen Schuldner kein Rechtsanwalt im Rahmen der PKH beigeordnet werden. Es liegt noch kein gerichtliches Verfahren vor; der Schuldner kann, wenn er auch mit gerichtlicher Hilfe nicht in der Lage ist, die notwendigen Formulare zur Beantragung der Verbraucherinsolvenz auszufüllen, insoweit nur Beratungshilfe erhalten. Eine Ausdehnung der Anwaltsbeiordnung gem § 4a InsO auf die Stellung des Antrags kommt nicht in Betracht, da die Beiordnung die bereits erfolgte Stundung der Verfahrenskosten voraussetzt (BGH FamRZ 07, 1014). Eine Bewilligung von Prozesskostenhilfe kommt nur ausnahmsweise in Betracht, zB im Beschwerdeverfahren (BGH NJW 03, 2910). 48

2. Insolvenzgläubiger. Für den **Insolvenzgläubiger** kann grds Prozesskostenhilfe im Verfahren bewilligt werden. Maßgeblich ist, dass die Rechtsverfolgung Aussicht auf Erfolg hat und nicht mutwillig erscheint (BGH NJW 04, 3260). Insbesondere muss der Gläubiger mit einer **Quote** auf seine Forderung rechnen können (BGH NJW 04, 3260 unter Verweis auf LG Freiburg ZInsO 03, 954 und 1006). Allerdings ist PKH für jeden Verfahrensabschnitt gesondert zu bewilligen (LG Trier MDR 00, 662). Im Nachlassinsolvenzverfahren ist nur dann für die Antragstellung PKH zu bewilligen, wenn die Rechtslage kompliziert und für den Antragsteller nicht ohne Beiordnung eines Rechtsanwalts zu überschauen ist (LG Göttingen ZInsO 00, 619). 49

3. Insolvenzverwalter. Nach Anzeige der Masseunzulänglichkeit gem § 207 InsO kann dem Insolvenzverwalter PKH für ein Anfechtungsverfahren nicht mehr bewilligt werden. Die Rechtsverfolgung ist mutwillig, wenn auch bei Durchsetzung des Anfechtungsanspruches eine die Kosten des Verfahrens deckende Masse nicht vorhanden sein wird (BGH Beschl v 16.7.09 – IX ZB 221/08). 50

§ 115 Einsatz von Einkommen und Vermögen.

(1) [1]Die Partei hat ihr Einkommen einzusetzen. [2]Zum Einkommen gehören alle Einkünfte in Geld oder Geldeswert. [3]Von ihm sind abzusetzen:

1. a) die in § 82 Abs. 2 des Zwölften Buches Sozialgesetzbuch bezeichneten Beträge;

b) bei Parteien, die ein Einkommen aus Erwerbstätigkeit erzielen, ein Betrag in Höhe von 50 vom Hundert des höchsten Regelsatzes, der für den alleinstehenden oder alleinerziehenden Leistungsberechtigten gemäß der Regelbedarfsstufe 1 nach der Anlage zu § 28 des Zwölften Buches Sozialgesetzbuch festgesetzt oder fortgeschrieben worden ist;

2. a) für die Partei und ihren Ehegatten oder ihren Lebenspartner jeweils ein Betrag in Höhe des um 10 vom Hundert erhöhten höchsten Regelsatzes, der für den alleinstehenden oder alleinerziehenden Leistungsberechtigten gemäß der Regelbedarfsstufe 1 nach der Anlage zu § 28 des Zwölften Buches Sozialgesetzbuch festgesetzt oder fortgeschrieben worden ist;

b) bei weiteren Unterhaltsleistungen auf Grund gesetzlicher Unterhaltspflicht für jede unterhaltsberechtigte Person jeweils ein Betrag in Höhe des um 10 vom Hundert erhöhten höchsten Regelsatzes, der für eine Person ihres Alters gemäß den Regelbedarfsstufen 3 bis 6 nach der Anlage zu § 28 des Zwölften Buches Sozialgesetzbuch festgesetzt oder fortgeschrieben worden ist;

3. die Kosten der Unterkunft und Heizung, soweit sie nicht in einem auffälligen Missverhältnis zu den Lebensverhältnissen der Partei stehen;

4. weitere Beträge, soweit dies mit Rücksicht auf besondere Belastungen angemessen ist; § 1610a des Bürgerlichen Gesetzbuchs gilt entsprechend.

[4]Maßgeblich sind die Beträge, die zum Zeitpunkt der Bewilligung der Prozesskostenhilfe gelten. [5]Das Bundesministerium der Justiz gibt bei jeder Neufestsetzung oder jeder Fortschreibung die maßgebenden Beträge nach Satz 3 Nummer 1 Buchstabe b und Nummer 2 im Bundesgesetzblatt bekannt. [6]Diese Beträge sind, soweit sie nicht volle Euro ergeben, bis zu 0,49 Euro abzurunden und von 0,50 Euro an aufzurunden. [7]Die Unterhaltsfreibeträge nach Satz 3 Nr. 2 vermindern sich um eigenes Einkommen der unterhaltsberechtigten Person. [8]Wird eine Geldrente gezahlt, so ist sie anstelle des Freibetrages abzusetzen, soweit dies angemessen ist.

(2) Von dem nach den Abzügen verbleibenden, auf volle Euro abzurundenden Teil des monatlichen Einkommens (einzusetzendes Einkommen) sind unabhängig von der Zahl der Rechtszüge höchstens 48 Monatsraten aufzubringen, und zwar bei einem

einzusetzenden Einkommen (Euro)	eine Monatsrate von (Euro)
bis 15	0
50	15
100	30
150	45
200	60
250	75
300	95
350	115
400	135
450	155
500	175
550	200
600	225
650	250
700	275
750	300
über 750	300 zuzüglich des 750 übersteigenden Teils des einzusetzenden Einkommens.

(3) [1]Die Partei hat ihr Vermögen einzusetzen, soweit dies zumutbar ist. [2]§ 90 des Zwölften Buches Sozialgesetzbuch gilt entsprechend.

(4) Prozesskostenhilfe wird nicht bewilligt, wenn die Kosten der Prozessführung der Partei vier Monatsraten und die aus dem Vermögen aufzubringenden Teilbeträge voraussichtlich nicht übersteigen.

Inhaltsübersicht Rz

A. Allgemeines . . . 1
B. Festsetzung der Raten . . . 2
C. Einkommen . . . 3
I. Definition . . . 3
II. Abgrenzung von Einkommen und Vermögen . . . 5
III. Einkünfte in Geld . . . 7
1. Sozialleistungen . . . 8
2. Arbeitseinkommen . . . 9
a) Arbeitnehmer . . . 9
b) Fiktives Einkommen . . . 10
c) Selbstständige und Freiberufler . . . 11
3. Kindergeld . . . 12
4. Unterhalt . . . 13
5. Freiwillige Leistungen Dritter . . . 14
6. Mieteinkünfte . . . 15
7. Renten . . . 16
IV. Abzüge . . . 17
1. § 115 I Nr 1 a) Die in § 82 SGB XII bezeichneten Beträge . . . 17
a) Steuern (Nr 1) . . . 17
b) Sozialversicherung (Nr 2) . . . 18
c) Versicherungsbeiträge (Nr 3) . . . 19
d) Werbungskosten (Nr 4) . . . 20
e) Arbeitsförderungsgeld und die Erhöhungsbeträge des Arbeitsentgelts iSv § 43 S 4 des 9. Buches . . . 21
2. Freibeträge (§ 115 I Nr 1 b und Nr 2) . . . 22
a) Erwerbstätigenfreibetrag (§ 115 I Nr 1 b) . . . 23

Rz

b) Freibetrag für die Partei (§ 115 I Nr 2 a) . . . 24
c) Ehegatten und Lebenspartner . . . 25
d) Freibetrag für unterhaltsberechtigte Personen (§ 115 I Nr 2 b) . . . 26
3. Kosten für Unterkunft und Heizung . . . 27
4. Besondere Belastungen (§ 115 I 3 Nr 4) . . . 28
V. Ratenzahlungen (Abs 2) . . . 30
1. Ratenhöhe . . . 30
2. Dauer der Ratenzahlung . . . 31
D. Vermögen . . . 32
I. Allgemeines . . . 32
II. Unverwertbares Vermögen . . . 34
1. Vermögen aus öffentlichen Mitteln . . 35
2. Staatlich geförderte Altersvorsorge . . . 36
3. Vermögen zur Beschaffung eines Hausgrundstücks . . . 37
4. Grundvermögen . . . 38
a) Zu eigenen Wohnzwecken benutztes Hausanwesen . . . 39
b) Sonstiges Grundvermögen . . . 40
5. Lebensversicherungen . . . 41
6. Sonstiges Vermögen . . . 42
a) Zugewinnausgleich . . . 42
b) Unterhaltsabfindungen . . . 43
c) PKW . . . 44
d) Forderungen . . . 45
e) Rechtsschutzversicherung . . . 46
7. Prozesskostenvorschuss . . . 47
a) Berechtigter Personenkreis . . . 48
aa) Eheleute/Lebenspartner . . . 49
bb) Geschiedene Eheleute/ aufgehobene Lebenspartnerschaft . . . 50
cc) Nichteheliche Lebensgemeinschaft . . . 51
dd) Minderjährige Kinder . . . 52
ee) Volljährige Kinder . . . 53
ff) Sonstige Verwandte . . . 54
b) Leistungsfähigkeit . . . 55
c) Bedürftigkeit . . . 56
d) Rückforderung . . . 57
e) Verfahren . . . 58
8. Kleinere Barbeträge . . . 59
III. Unzumutbarkeit des Einsatzes von Vermögen . . . 60
1. Unzumutbarkeit . . . 60
2. Einzelfälle . . . 61
3. Darlehensaufnahme . . . 62
IV. Verlust von Vermögen . . . 63
V. Absehen von der Bewilligung wegen geringer Ratenanzahl (Abs. 4) . . . 64a

A. Allgemeines. § 115 bestimmt, unter welchen wirtschaftlichen Voraussetzungen eine Partei Prozesskostenhilfe erhält. Festgelegt werden sowohl die Einkommensgrenzen als auch die Ratenhöhe bei einzusetzendem Einkommen. Außerdem wird der Einsatz des Vermögens geregelt. § 115 verweist zur Bestimmung des einzusetzenden Einkommens und Vermögens auf das SGB XII. 1
Die Prüfung des Einkommens und Vermögens stehen unabhängig nebeneinander; hinsichtlich beider Voraussetzungen müssen die jeweiligen Grenzen erfüllt sein.

B. Festsetzung der Raten. Die Ermittlung der Ratenhöhe erfolgt in zwei Schritten. Zunächst ist das Einkommen festzustellen. Von diesem Einkommen sind die zulässigen Abzüge vorzunehmen und zwar zunächst die speziell für die Partei geltenden Beträge und dann die durch Rechtsverordnung festgelegten Freibeträge für die Partei sowie die weiteren unterhaltsberechtigten Personen. Weiterhin sind dann die Kosten für Unterkunft und Heizung zu berücksichtigen (§ 115 I Nr 3). Außerdem können spezielle Belastungen der Partei, soweit sie angemessen sind, abgezogen werden (§ 115 I Nr 4). 2

C. Einkommen. I. Definition. Zum Einkommen zählen alle Einkünfte in Geld oder Geldeswert. Die Definition ist § 82 I 1 SGB XII entnommen. Daraus folgt auch, dass der Einkommensbegriff nicht dem des Unterhaltsrechts entspricht, sondern dem des Sozialrechts. Die in Bezug genommene Vorschrift lautet: 3

§ 82 SGB XII Begriff des Einkommens

(1) Zum Einkommen gehören alle Einkünfte in Geld oder Geldeswert mit Ausnahme der Leistungen nach diesem Buch, des befristeten Zuschlages nach § 24 des zweiten Buches, der Grundrente nach dem Bundesversorgungsgesetz und nach den Gesetzen, die eine entsprechende Anwendung des Bundesversorgungsgesetzes vorsehen und der Renten und Beihilfen nach dem Bundesentschädigungsgesetz für Schaden an Leben sowie an Körper oder Gesundheit bis zur Höhe der vergleichbaren Grundrente nach dem Bundesversorgungsgesetz. Bei minderjährigen Kindern ist das Kindergeld dem jeweiligen Kind als Einkommen zuzurechnen, soweit es bei diesem zur Deckung des notwendigen Lebensbedarfs benötigt wird.

(2) Von dem Einkommen sind abzusetzen
1. auf das Einkommen entrichtete Steuern,
2. Pflichtbeiträge zur Sozialversicherung einschließlich der Beiträge zur Arbeitsförderung,
3. Beiträge zu öffentlichen und privaten Versicherungen, oder ähnlichen Einrichtungen, soweit diese Beiträge gesetzlich vorgeschrieben oder nach Grund und Höhe angemessen sind, sowie geförderte Beiträge nach § 82 des Einkommensteuergesetzes, soweit sie den Mindesteigenbetrag nach Paragraph 86 des Einkommensteuergesetzes nicht überschreiten.
4. die mit der Erzielung des Einkommens verbundenen notwendigen Auslagen,
5. das Arbeitsförderungsgeld und die Erhöhungsbeträge des Arbeitsentgeltes im Sinne von § 49 Satz 4 des 9. Buches.

(3) Bei der Hilfe zum Lebensunterhalt und Grundsicherung im Alter und bei Erwerbsunfähigkeit ist ferner ein Betrag von 30 vom 100 des Einkommens aus selbstständiger und nichtselbstständiger Tätigkeit der Leistungsberechtigten abzusetzen, höchstens jedoch 50 vom 100 des Eckregelsatzes. Abweichend von Satz 1 ist bei einer Beschäftigung in einer Werkstatt für behinderte Menschen von dem Entgelt ein Achtel des Eckregelsatzes zuzüglich 25 vom 100 des diesen Betrag übersteigenden Entgelts abzusetzen. Im Übrigen kann in begründeten Fällen ein anderer als in Satz 1 festgelegter Betrag vom Einkommen abgesetzt werden.

4 Es kommt nur auf das Einkommen der bedürftigen Partei an, nicht auf das Familieneinkommen. Das Einkommen des anderen Ehegatten spielt nur iRd Prüfung der Frage, ob ein Anspruch auf Prozesskostenvorschuss besteht, eine Rolle. Würde man das Einkommen des anderen Ehegatten immer berücksichtigen, so bestünde uU die Verpflichtung, auch über den Rahmen der Unterhaltsverpflichtung hinaus einen Prozesskostenvorschuss leisten müssen, zB auch dann, wenn eine Angelegenheit nicht persönlicher Art ist. Dementsprechend spielt das Einkommen eines Lebensgefährten erst Recht keine Rolle, da insoweit ein Unterhaltsanspruch und mithin ein Anspruch auf PKV nicht in Frage kommt (Karlsr OLGR 04, 304). Kindesunterhalt ist kein Einkommen des das Kind betreuenden Elternteils, auch wenn der Unterhalt den Freibetrag des Kindes übersteigt (Saarbr Beschl v 5.11.10–6 WF 103/10 – und v 8.12.10–6 WF 126/10).

5 **II. Abgrenzung von Einkommen und Vermögen.** Maßgeblich für die Abgrenzung von Einkommen und Vermögen ist zunächst die Zweckbestimmung. Ein Geldbetrag, der zum alsbaldigen Verbrauch bestimmt ist, gehört zum Einkommen. Vermögen – und nicht Einkommen – der bedürftigen Partei ist auch der Anspruch auf **Prozesskostenvorschuss** (BGH FamRZ 04, 1633; BAG NJW 08, 1400). Vermögen sind Zahlungen aus Vermögensauseinandersetzungen, Erbschaften etc. auch dann, wenn der Bedürftige sie zur Bestreitung seines Lebensunterhaltes verbraucht. Abfindungen für den Verlust des Arbeitsplatzes und Unterhaltsabfindungen sind jedoch dem Einkommen zuzuordnen (Karlsr FamRZ 02, 1196 mwN). Unterhaltsabfindungen sind in monatliche Beträge umzurechnen und auf den Zeitraum umzulegen, für den sie bezahlt werden. Sofern dieser Betrag dann den nach § 115 II, § 90 II SGB XII notwendigen Selbstbehalt unterschreitet, bleibt der Vermögensgegenstand unberücksichtigt (Nürnbg FamRZ 95, 942, anders Celle FamRZ 05, 1917). Im Übrigen ist die Abfindung einzusetzen (Saarbr Beschl v 10.10.11–9 WF 111/11). Bei Abfindungen, die für den Verlust des Arbeitsplatzes gezahlt werden, ist die Rechtsprechung nicht einheitlich. Nach LAG Bremen MDR 98, 801 ist die Abfindung nicht einzusetzen, wenn sie den 12–18fachen Monatsverdienst des § 10 KSchG nicht überschreitet. Findet der Arbeitnehmer innerhalb der Zeit, die dem Monatsverdienst entspricht, einen neuen Arbeitsplatz, so ist der Restbetrag als einzusetzendes Vermögen zu behandeln (Köln FamRZ 05, 211). Das Gleiche gilt, wenn der Unterhaltsberechtigte wieder heiratet, bevor die Umlagezeit für den Unterhalt abgelaufen ist.

6 Zum Einkommen zählen alle Bestandteile des Arbeitseinkommens, auch wenn sie nur einmal jährlich bezahlt werden wie Weihnachts- und Urlaubsgeld, Tantiemen sowie die Einkommensteuererstattung (Bremen FamRZ 98, 1180). Unschädlich ist, wenn das Einkommen auf ein Bankkonto überwiesen wird, es wird dadurch nicht zum Vermögen (Bambg FamRZ 97, 299).

7 **III. Einkünfte in Geld.** Mit Ausnahme der eventuellen Zurechnung von Einkünften sind anrechenbare Einkünfte nur solche Beträge, die dem Antragsteller auch tatsächlich zufließen. Es kommt nicht darauf an, ob ein Anspruch auf die jeweilige Leistung besteht. Forderungen, die sich nicht durchsetzen lassen, zählen nicht zum Einkommen. Ist aber mit der alsbaldigen Durchsetzung der Forderung zu rechnen, so ist sie dem Einkommen zuzurechnen (Zö/*Philippi* Rn 4 mwN). Hat der Antragsteller die Forderung abgetreten,

oder liegt eine **Pfändung** in die Forderung vor, so ist mangels Verfügungsbefugnis des Antragstellers Einkommen nicht vorhanden (St/J/*Bork* Rn 7).

8 **1. Sozialleistungen.** Als Grundsatz kann festgehalten werden, dass als Einkommen alle Sozialleistungen anzusehen sind, die Lohnersatzfunktion haben. Leistungen nach SGB II sind Einkommen, auch die Beträge, die als Mehrbedarf für Alleinerziehung gewährt werden (BGH FamRZ 10, 1324). Streitig ist, ob die **Hilfe zum Lebensunterhalt** gem § 27 ff SGB XII zum Einkommen hinzuzurechnen ist. § 115 I 3 Nr 1 verweist nur auf § 82 II SGB XII, eine Verweisung auf Abs 1 fehlt. Danach wäre die Sozialhilfe kein Einkommen, so dass die Hilfe anzurechnen wäre (so BVerwG NJW 88, 223). Gegen die Berücksichtigung spricht aber § 2 I SGB XII, wonach der Bezug von Sozialhilfe die anderen Sozialleistungsträger nicht entlasten soll. Im Ergebnis muss die Sozialhilfe bei der Prüfung der Bedürftigkeit unberücksichtigt bleiben (Ddorf JurBüro 94, 480). Zutreffend wird weiter darauf verwiesen, dass die Sozialhilfe zur Bestreitung des Lebensunterhaltes dienen soll, nicht zur Begleichung von Prozesskosten (Kobl FamRZ 92, 966; Köln FamRZ 93, 1472). Dagegen wird überwiegend einheitlich angenommen, dass Leistungen der Grundsicherung kein Einkommen darstellen. Begründet wird dies damit, dass der Einkommensbegriff in § 115 dem § 82 I 1 SGB XII entnommen ist. Nach dieser Vorschrift sind aber **alle Leistungen nach dem SGB XII kein Einkommen** iS dieser Vorschrift. Daraus wird entnommen, dass diese Leistungen dann auch iSd § 115 kein Einkommen darstellen (Kobl FamRZ 08, 421 zur Grundsicherung). **Ausbildungsvergütungen** und Ausbildungsbeihilfen sind Einkommen (BGH NJW 81, 2462). **Arbeitslosengeld** hat Einkommensersatzfunktion, und ist dementsprechend Einkommen. **BAföG-Leistungen** sind Einkommen, auch wenn sie als Darlehen gewährt werden (Köln FamRZ 94, 1534). **Blindengeld** ist Einkommen, allerdings gilt hier die Deckungsvermutung des **§ 1610a BGB,** dass das Blindengeld durch die Mehraufwendungen aufgezehrt wird, dementsprechend nicht zu berücksichtigen ist. Unter diese Vorschrift fallen weiterhin die Zuschüsse zur Beschaffung und Instandhaltung von Fahrzeugen (§ 11 BVG), Grundrenten und Schwerstbeschädigtenzulagen (§ 31 BVG), Pflegezulagen (§ 35 BVG), Pflegegeld nach § 64 SGB XII und § 39 SGB VIII, ausgenommen die Kosten der Erziehung, die als Entgelt für die Betreuung und Erziehung bezahlt werden (Bremen FamRZ 98, 159; Karlsruhe FamRZ 04, 145). Erziehungsgeld ist kein Einkommen – § 8 I 1 BErzGG –, auch nicht iRd Prozesskostenhilfe (Kobl FamRZ 01, 1153). Auch das Elterngeld ist bis zur Höhe von 300 € monatlich kein Einkommen (§ 10 ElterngeldG). Krankengeld hat ebenfalls Lohnersatzfunktion und ist dementsprechend Einkommen (Kalthoener/Büttner/Wrobel-Sachs Rn 214). Pflegegeld nach § 39 SGB VIII ist nur mit seinen Anteil für die Pflege und Erziehung eines Kindes oder Jugendlichen Einkommen der Pflegeperson. Der Anteil Kosten für den Sachaufwand vermindert den Bedarf des Kindes und ist von seinem Freibetrag in Abzug zu bringen (Nürnbg FamRZ 10, 1361).

9 **2. Arbeitseinkommen. a) Arbeitnehmer.** Einkommen von Arbeitnehmern ist der Lohn, das Gehalt, darunter fällt alles, was dem Antragsteller aus Erwerbstätigkeit zufließt (FA-FamR/*Geißler* 16 Rn 75). Nicht hinzuzurechnen sind Erstattungen von Fahrgeldern. Erhält der Arbeitnehmer allerdings Fahrgeld von seinem Arbeitgeber, so sind freilich die Werbungskosten um die Fahrgelderstattungen zu reduzieren (Saarbr FuR 08, 252). Weihnachts- und Urlaubsgeld sind anteilig hinzuzurechnen und zwar umgerechnet auf das Jahr, in welchem sie gewährt werden (Karlsr FamRZ 04, 1651). Überstundenvergütungen sind Einkommen. Spesen und Auslösen sind ebenfalls Einkommen, konkret entstehende Aufwendungen sind in Abzug zu bringen, vermindert um häusliche Ersparnis, insoweit ist konkrete Darlegung erforderlich (Saarbr Beschl v 6.12.10 – 6 WF 114/10; Karlsr FamRZ 04, 645). Maßgeblich ist auch hier der Jahresdurchschnitt; iRd Darlegung des Einkommens sind Gehaltsabrechnungen vorzulegen und zwar zeitnah und regelmäßig mindestens drei Abrechnungen. Sachleistungen sind dem Einkommen hinzuzurechnen. Liegt eine konkrete Berechnung von Sachleistungen oder Naturalleistungen nicht vor, so ist nach § 287 zu schätzen. Stellt der Arbeitgeber eine Dienstwohnung, so soll auch hier der geldwerte Vorteil als Einkommen zugerechnet werden (Köln OLGR 81, 489). Das ist allerdings heute nicht mehr zutr; denn die Kosten von Wohnung und Heizung werden gem §115 I Nr 3 vom Einkommen abgezogen. Hat der Antragsteller keine Mietaufwendungen, dann unterbleibt der entsprechende Abzug, wodurch der Berechnung genüge getan ist; die weitere Hinzurechnung eines geldwerten Vorteils würde den Antragsteller dementsprechend doppelt belasten. Kurzarbeitergeld hat Einkommensersatzfunktion und ist daher ebenfalls Einkommen. Einkommensteuererstattungen sind im Jahre des Zuflusses auf 12 Monate umzulegen und ebenfalls als Einkommen anzusehen (BGH FamRZ 80, 984; Nürnberg FamRZ 06, 1132). Weiterhin sind hinzuzurechnen Umsatz- und Gewinnbeteiligungen sowie Vergütungen für einmalige Leistungen (Verbesserungsvorschlag).

10 **b) Fiktives Einkommen.** Umstritten ist die Frage, ob dem Antragsteller Prozesskostenhilfe verweigert werden kann, wenn er zwar nicht über ausreichendes Einkommen verfügt, aber Einkünfte durch zumutbare Nutzung seiner Arbeitskraft erzielen könnte. Grundsätzlich kommt es nur auf das tatsächliche Einkommen, nicht aber auf die erzielbaren Beträge an. Das gilt aber dann nicht, wenn eine Partei sich absichtlich bedürftig macht, um Prozesskostenhilfe in Anspruch nehmen können (Karlsr FamRZ 87, 613).
Problematisch ist die Zurechnung fiktiven Einkommens. Teilweise wurde die Auffassung vertreten, dass die Fähigkeit, durch zumutbare Arbeit Geld zu verdienen, iRd PKH wie Einkommen zu behandeln ist (vgl Bbg FamRZ 11, 1239). Vorsatz in Bezug auf die Bedürftigkeit ist insoweit zwar nicht erforderlich, allerdings ist die fiktive Berechnung auf klare Missbrauchsfälle zu beschränken (Köln FamRZ 06, 1549; auch Zweibr FamRZ 02, 892; Kobl FamRZ 97, 376). Nach anderer Auffassung könne der Antragsteller ohne Weiteres auf eine nach der Arbeitsmarktlage mögliche Arbeitsaufnahme verwiesen werden (Köln MDR 98, 1434; s. dazu aber krit BVerfG NJW-RR 05, 1725). Der BGH (BGH NJW 09, 3658) hat die Streitfrage dahingehend entschieden, dass idR beim Bezug von Hartz-IV-Leistungen ohne Kürzung wegen Verstoßes gegen die Erwerbsobliegenheit das Gericht an diese Bewertung gebunden ist und weitere Darlegungen von Erwerbsbemühungen nicht verlangen darf. Auch ein fiktives Einkommen für den haushaltsführenden Partner einer nichtehelichen Lebensgemeinschaft kommt nicht in Betracht. Eine Zurechnung als Einkommen der antragstellenden Partei kann nur dann erfolgen, wenn ein Entgelt tatsächlich gezahlt wird (Karlsr FamRZ 05, 43). Fiktiv hinzugerechnet werden können Sozialleistungen, die nur nicht bezogen werden, weil sie nicht beantragt werden (LAG Freiburg NJW 82, 847).

11 **c) Selbstständige und Freiberufler.** Beim Einkommen selbstständig tätiger Personen ist grds vom festgestellten Gewinn auszugehen (Hamm OLGR 05, 308). Es sind Unterlagen betreffend einen zeitnahen Zeitraum vorzulegen. Die Gewinn- und Verlustrechnung für das Vorjahr reicht aus (Brandbg FamRZ 98, 1301). Die Vorlage nur eines Steuerbescheides für ein Jahr, welches länger zurückliegt, genügt nicht. Auch bei Selbstständigen ist ein Erwerbstätigenfreibetrag abzurechnen und zwar bei einer Erwerbstätigkeit von mehr als drei Stunden täglich an den Arbeitstagen ein Betrag in Höhe von max 50 % des Eckregelsatzes für einen Haushaltsvorstand gem § 82 III 1 SGB XII (Hamm aaO). Passen der Lebenszuschnitt und das ausgewiesene Einkommen nicht zusammen, insb bei hohen Ausgaben für die persönliche Lebensführung bei niedrigem bilanziellen Gewinn, so hat dies indiziellen Erkenntniswert dahingehend, dass das tatsächliche Einkommen höher liegt (Frankf FamRZ 87, 179). Grundsätzlich ist auch hier vom ausgewiesenen steuerlichen Gewinn auszugehen. Abschreibungen, wenn sie der Antragsteller vorgenommen hat, sind ebenfalls zu berücksichtigen, allerdings nur in Höhe des tatsächlich eingetretenen Wertverlustes (Zimmermann PKH § 115 Rn 64). Soweit der Antragsteller einen eingetretenen Einkommensrückgang behauptet, so hat er diesen glaubhaft zu machen.

12 **3. Kindergeld.** Kindergeld ist iRd Einkommensermittlung in voller Höhe als Einkommen des Antragstellers anzurechnen (Kobl FamRZ 07, 1824; aA – stets Einkommen des Kindes – Hamm NJW 05, 1380). Bei volljährigen Kindern ist das Kindergeld kein Einkommen der Eltern, sondern Einkommen des Kindes (Naumbg FamRZ 09, 1849).

13 **4. Unterhalt.** Unterhaltsleistungen sind Einkommen (München FamRZ 99, 598). Auch dann, wenn sie unter dem Vorbehalt der Rückforderung geleistet worden sind (Karlsr FamRZ 02, 1195). Dies gilt nur, soweit der Unterhalt in Erfüllung einer Unterhaltspflicht an den Antragsteller gezahlt wird (sonst s. freiwillige Leistungen). Alters- oder Krankenvorsorgeunterhalt sollen, da zweckgebunden, kein Einkommen sein (Stuttg FamRZ 06, 1282); dementsprechend können dann freilich auch die entsprechenden Aufwendungen für Kranken- und Rentenversicherung nicht als Abzugspositionen geltend gemacht werden. Das erscheint indes fragwürdig; es besteht kein Grund, hier von einer – anders als in den Fällen des § 1610a BGB für schadensbedingte Mehraufwendungen – gesetzlich nicht angeordneten Deckungsvermutung auszugehen. Wendet der Antragsteller seinen Alters- oder Krankenvorsorgeunterhalt nicht vollständig bestimmungsgemäß auf, so sollte der Differenzbetrag als Einkommen erfasst werden. Kindesunterhalt darf nicht als Einkommen des betreuenden Elternteils eingesetzt werden (Saarbr FamFR 11,7).
Wenn ein Unterhaltsanspruch besteht, der Unterhalt aber tatsächlich nicht bezahlt wird, dann kann kein fiktives Einkommen hinzugerechnet werden. Auch bei titulierten Unterhaltsansprüchen muss unterschieden werden. Diese sind zwar grds Einkommen und die Vollstreckung obliegt dem Unterhaltsberechtigten (Saarbr FamRZ 09, 1233); wenn aber der Berechtigte vorträgt und glaubhaft macht, der Anspruch könne nicht vollstreckt werden, ist PKH zu bewilligen. Ein Taschengeldanspruch iRd Unterhaltes ist Einkommen

und dementsprechend einzusetzen (Karlsr FamRZ 05, 1182). Wird der bedürftigen Partei Naturalunterhalt gewährt, so muss dann, wenn ein Anspruch auf Prozesskostenvorschuss nicht besteht, die Naturalleistung bewertet werden, jedenfalls dann, wenn darüber hinaus noch sonstige Einkünfte bestehen (Zö/*Philippi* Rn 10).

5. Freiwillige Leistungen Dritter. Freiwillige Leistungen Dritter, sei es in Form von Geld- oder durch Sachzuwendungen, sind nur beim Einkommen zu berücksichtigen, wenn sie regelmäßig in einem nennenswerten Umfang fließen und damit zu rechnen ist, dass dies auch in Zukunft der Fall sein wird (BGH FamRZ 08, 400). Private Unterstützungen, die regelmäßig gezahlt werden – etwa Stipendien –, sind daher Einkommen. Einkünfte von Lebensgefährten können nicht zugerechnet werden (anders aber Karlsr FamRZ 10, 748 bei mißbräuchlicher Verlagerung von Einkünften). 14

6. Mieteinkünfte. Einnahmen aus Vermietung und Verpachtung sind Einkünfte. Zu berücksichtigen ist die Kaltmiete, die bestehenden Belastungen sind in Abzug zu bringen. Es ist nicht auf die erzielbaren Einkünfte abzustellen, sondern auch die tatsächlich erzielten (Schlesw FamRZ 00, 1586). Ebenfalls hinzuzurechnen sind die Einkünfte aus Kapitalvermögen, reduziert um die damit verbundenen Ausgaben. Bestehen negative Einkünfte aus Vermietung und Verpachtung oder aus sonstigen Einkunftsarten, so dürfen die Verluste nicht zur Reduzierung von anderen Einkunftsarten eingesetzt werden (Zö/*Philippi* Rn 14, aA Karlsr FamRZ 05, 465). 15

7. Renten. Alle Renten, unabhängig davon, aus welchem Rechtsgrund sie gezahlt werden, sind Einkommen. Entschädigungen nach § 83 III 3 SGB XII, die wegen eines Gesundheit- oder Körperschadens geleistet werden, sind grds nicht als Einkommen zu berücksichtigen. Bei der Schwerbehindertenzulage gilt die Deckungsvermutung des § 1610a BGB; sie ist daher ohne weiteren Nachweis grds als aufgezehrt anzusehen. 16

IV. Abzüge. 1. § 115 I Nr 1 a) Die in § 82 SGB XII bezeichneten Beträge. a) Steuern (Nr 1). Abzuziehen sind – Abflussprinzip – die tatsächlich entrichteten Steuern, die auf das Einkommen entfallen. Demnach die laufenden Zahlungen auf Lohn- und Einkommensteuer sowie die entsprechenden Nachzahlungen. Einkommensunabhängige Steuern, wie Umsatz- oder Erbschaftssteuer sind nicht in Abzug zu bringen. 17

b) Sozialversicherung (Nr 2). Hierunter fallen die Beträge, die kraft **Gesetzes** zur Kranken-, Pflege-, Unfall-, Renten- und Arbeitslosenversicherung zu entrichten sind. Bei Arbeitnehmern ergibt sich der Abzug bereits aus der Lohnabrechnung. Bei Freiberuflern und Selbstständigen sind die entsprechenden Zahlungen abzusetzen. Das sind etwa die Beiträge zur Künstlersozialkasse oder nach dem Gesetz zur Altershilfe für Landwirte. 18

c) Versicherungsbeiträge (Nr 3). Als Abzüge anzuerkennen sind die gesetzlich vorgeschriebenen oder freiwilligen Versicherungsbeiträge, soweit sie angemessen sind. Zum Beispiel für die **freiwillige** Mitgliedschaft in der gesetzlichen **Krankenversicherung oder Rentenversicherung.** Bei nicht gesetzlich vorgeschriebenen Versicherungen hat das Gericht zu prüfen, ob die Versicherungsbeiträge angemessen sind. Berücksichtigungsfähig sind Versicherungsprämien für die **Kfz-Versicherung**, wenn die Partei ein Kfz benötigt (ArbG Regensburg JurBüro 94, 479). Das gilt allerdings nur dann, wenn daneben nicht pauschal Fahrtkosten für die Fahrt zur Arbeit geltend gemacht werden, da in der Pauschale die Kfz-Versicherung bereits enthalten ist (Saarbr Beschl v 18.2.10 – 6 WF 20/10). Rentenversicherungsprämien sind abzugsfähig, sofern sie einer angemessenen Altersversorgung dienen. Das ist der Fall, wenn eine gesetzliche Rentenversicherungspflicht nicht besteht und die Beiträge etwa der Höhe der hypothetischen alternativen Aufwendungen zur gesetzlichen Rentenversicherung entsprechen. Dient die Versicherung der Ansammlung von Kapital und nicht der Altersvorsorge, dann können die Prämien nicht vom Einkommen abgesetzt werden (Köln FamRZ 03, 1394). Abzugsfähig sind auch Beiträge zur Sterbegeldversicherung. Weiterhin abzugsfähig sind private Kranken- und Unfallversicherungen (Köln FamRZ 93, 579), die Hausratsversicherung, Gebäudehaftpflichtversicherung, Ausbildungs- und Aussteuerversicherungen (MüKoZPO/*Wax* Rn 93). Nach einer Entscheidung des OLG Bamberg können die Prämien allerdings jeweils dann nicht abgezogen werden, wenn der Versicherungsvertrag erst nach Anhängigkeit des PKH-Verfahrens abgeschlossen worden ist (Bambg JurBüro 90, 1644). 19

d) Werbungskosten (Nr 4). Gemäß § 82 II Nr 4 SGB XII können von dem Einkommen die mit der Erzielung von Einkommen verbundenen Ausgaben – Werbungskosten – abgezogen werden. In erster Linie sind dies die **Fahrtkosten** zur Arbeit. Hier ist wiederum umstr (Rechtsbeschwerden hierzu sind beim BGH 20 anhängig), ob die Fahrtkosten pauschal mit den Sätzen der unterhaltsrechtlichen Leitlinien berechnet werden oder ob die sozialrechtlichen Sätze zu berücksichtigen sind. In der Durchführungsverordnung zu § 82 SGB XII (BGBl I 818, zuletzt geändert durch Gesetz vom 21.3.05) ist eine monatliche Entfernungspauschale von 5,20 € für jeden Entfernungskilometer vorgesehen. Diese Sätze werden angewandt von Karlsr FamRZ 09, 1165; Bambg FamRZ 08, 1541; Kobl FuR 06, 323; Zweibr FamRZ 06, 799; Hamm FamRZ 06, 1553; Stuttg OLGR 08, 36; Brandbg FamRZ 08, 159. Ein Teil der Rechtsprechung und Literatur vertritt dagegen die Auffassung, dass diese Sätze zu gering seien und wendet dementsprechend die unterhaltsrechtlichen Leitlinien an (Jena FamRZ 09, 1848; Karlsr FamRZ 09, 1424, Schlesw SchlHA 11, 71, jeweils 0,30 € pro gefahrenen Kilometer; Kalthoener/Büttner/Wrobel-Sachs Rn 258a; *Nickel* FamRZ 08, 156) oder zieht § 5 II Nr 1 JVEG heran (Saarbr Beschl v 18.2.10 – 6 WF 20/10; Saarbr OLGR 09, 559; zurzeit 0,25 € pro gefahrenen Kilometer). Den letzteren Handhabungen ist zuzustimmen, wenn auch nicht zu verkennen ist, dass PKH Sozialhilfe im Bereich der Rechtsfürsorge ist. Die in der Verordnung vorgesehenen Entfernungspauschalen für den Entfernungskilometer sind nicht ausreichend. § 115 I 3 Nr 1 verweist zudem ausdrücklich nur auf § 82 II SGB XII, nicht auf die Verordnungsermächtigung in § 96 I SGB XII, um die Zivilgerichte nicht mehr als unbedingt nötig an das abw strukturierte Sozialrecht zu binden (vgl BTDrs 12/6963, 12). Teilweise wird darüber hinaus die Auffassung vertreten, dass glaubhaft zu machen ist, warum nicht öffentliche Verkehrsmittel für die Fahrt zur Arbeit eingesetzt werden (Brandbg Beschl v 13.11.07 – 9 WF 301/07). Abzugsfähig sind aber auch alle sonstigen – konkret dargelegten – **Werbungskosten**, etwa Aufwendungen für den Ankauf von Arbeitsmaterial, Beiträge zu Berufsverbänden, Fachliteratur, Zeitschriften.

21 **e) Arbeitsförderungsgeld und die Erhöhungsbeträge des Arbeitsentgelts iSv § 43 S 4 des 9. Buches.** Beim Arbeitsförderungsgeld handelt es sich um die Förderung, die die Werkstätten für Behinderte vom zuständigen Rehabilitationsträger erhalten, und die die Werkstätten zusätzlich zur Vergütung an die behinderten Mitarbeiter zahlen. Das Arbeitsförderungsgeld beträgt derzeit höchstens 26 € pro Monat und ist vom Einkommen abzusetzen.

22 **2. Freibeträge (§ 115 I Nr 1 b und Nr 2).** Von dem so ermittelten Einkommen werden dann die Freibeträge in Abzug gebracht. Es werden verschiedene Freibeträge unterschieden, wobei Anknüpfungspunkte wiederum die Regelsätze des SGB XII sind. Die Freibeträge werden jährlich jeweils zum 1.7. aktualisiert und vom BMJ in einer – im BGBl. veröffentlichten – Prozesskostenhilfebekanntmachung (PKHB) den Regelsätzen der Sozialhilfe angepasst. Seit dem 1.12. sind die Freibeträge nach der PKHB v. 7.12.11 (BGBl 11 I, 2796) anzuwenden.

23 **a) Erwerbstätigenfreibetrag (§ 115 I Nr 1 b).** Für Antragsteller, die Einkünfte aus Erwerbstätigkeit beziehen, ist der Erwerbstätigenfreibetrag in Ansatz zu bringen, dieser beträgt 50 % des höchsten Regelsatzes für den Haushaltsvorstand (derzeit 187 €).

24 **b) Freibetrag für die Partei (§ 115 I Nr 2 a).** Für die Partei sind 110 % des jeweiligen Eckregelsatzes für den Haushaltsvorstand in Abzug zu bringen (zurzeit 411 €).

25 **c) Ehegatten und Lebenspartner.** Der gleiche Freibetrag (also derzeit 411 €) steht dem Ehepartner oder dem Lebenspartner der Partei zu. Als Lebenspartner gilt nur der Partner einer eingetragenen Lebenspartnerschaft (Zö/*Philippi* Rn 29). Hat der Ehegatte oder der Lebenspartner eigene Einkünfte, so ist der Freibetrag um diese Einkünfte zu bereinigen. Das Einkommen ist wiederum genauso zu ermitteln wie das Einkommen des Antragstellers. Dementsprechend sind auch die berücksichtigungsfähigen Aufwendungen von dem Einkommen in Abzug bringen (Zö/*Philippi* Rn 29).

26 **d) Freibetrag für unterhaltsberechtigte Personen (§ 115 I Nr 2 b).** Für Personen, denen die Partei kraft gesetzlicher Unterhaltpflicht Unterhalt schuldet, sind die Freibeträge abhängig vom Alter in Abzug zu bringen. Für Erwachsene sind dies 329 €; von 15 bis 18 Jahren 316 €; von 7 bis 14 Jahren 276 €; für Kinder bis zur Vollendung des 6. Lebensjahres 241 €. Voraussetzung ist eine gesetzliche Unterhaltsverpflichtung, freiwillige Unterhaltsleistungen und Unterhaltsverpflichtungen aufgrund eines Vertrages genügen nicht. Zu den Unterhaltsleistungen zählt auch der durch Betreuung gewährte Unterhalt. Davon ist auszugehen, wenn ein minderjähriges Kind im Haushalt der antragstellenden Partei lebt, ebenso ein volljähriges Kind, welches nicht über eigene Einkünfte verfügt, allerdings nur, wenn ihm ein Unterhaltsanspruch zusteht (Saarbr Beschl v 6.12.10 – 6 WF 114/10). Betreuen Ehegatten gemeinsam ihre Kinder, so ist bei jedem Ehegatten der Unterhaltsfreibetrag ungeteilt zu berücksichtigen (str Zö/*Philippi* Rn 31), jedenfalls dann, wenn auch beide

über Erwerbseinkünfte verfügen (MüKoZPO/*Metzner* Rn 34). Für im Ausland lebende Antragsteller kann es angemessen sein, die Freibeträge nur tw in Ansatz zu bringen, wenn die Wirtschafts- und Lebensverhältnisse von Wohnsitzstaat und der Bundesrepublik Deutschland in so erheblichem Umfang voneinander abweichen, dass anderenfalls dem ausländischen Antragsteller eine gewisse Vermögensbildung ermöglicht würde (50 % für Polen, Nds FG EFG 07, 1892). Wird der Unterhalt durch die Zahlung einer Geldrente gewährt, so ist der Zahlbetrag vom Einkommen abzusetzen, unabhängig davon, ob der Betrag der Düsseldorfer Tabelle entspricht. Es können auch Beträge abgesetzt werden, die oberhalb der Tabellensätze liegen; nur wenn unangemessen hohe Beträge gezahlt werden, ist der Abzug auf das angemessene Maß zu beschränken (Köln FamRZ 89, 524). Auch bei den Kindern ist der Freibetrag um die eigenen Einkünfte zu vermindern. Die Einkünfte werden wiederum wie bei der Partei selbst ermittelt.

3. Kosten für Unterkunft und Heizung. Gemäß **§ 115 I Nr 3** werden vom Einkommen die Kosten für 27
Unterkunft und Heizung abgezogen, soweit sie nicht in einem auffälligen Missverhältnis zu den Einkommensverhältnissen der Partei stehen. Abgezogen werden nur die Kaltmiete sowie die Aufwendungen für die Heizung. Sonstige Nebenkosten wie Strom und Wasser können nicht zusätzlich abgezogen werden. Sie gehören zu den allgemeinen Lebenshaltungskosten und sind bereits im Freibetrag für die Partei mit berücksichtigt (BGH FamRZ 08, 781; Celle JurBüro 11, 145). Mit dieser Entscheidung hat der BGH den diesbezüglichen Streit in der obergerichtlichen Rechtsprechung entschieden. Sofern von der Agentur für Arbeit Kosten für Unterkunft und Heizung an den Leistungsempfänger direkt gezahlt werden, sind diese kein Einkommen des Leistungsempfängers. Da von der Arbeitsgemeinschaft die Angemessenheit der Kosten für Unterkunft und Heizung bereits geprüft worden ist, ist eine weitere Prüfung durch das Gericht entbehrlich. Für den Nachweis ggü dem Gericht reicht es aus, wenn der komplette entsprechende Bescheid vorgelegt wird; weitere Angaben in der Erklärung über die persönlichen und wirtschaftlichen Verhältnissen zu den Kosten für Unterkunft und Heizung sind dann nicht erforderlich (Karlsr NJW-RR 05, 1522). Als Unterkunftskosten abgezogen werden auch die Belastungen durch Darlehensaufnahme für den Erwerb des selbstgenutzten Familienheimes oder der Eigentumswohnung, und zwar mit Zins und Tilgungsanteilen. Auch angemessene Kosten der Instandhaltung werden berücksichtigt. Leben mehrere Personen mit ausreichenden eigenen Einkünften in der Wohnung, so sind die Kosten nach Kopfteilen aufzuteilen (Kobl MDR 95, 1165, FamRZ 00, 1093). Ansonsten – insb bei deutlich unterschiedlichen Einkünften – sind die Kosten nach der tatsächlichen Handhabung zu berücksichtigen (Saarbr Beschl v 5.11.10 – 6 WF 103/10). Die Kosten für einen Pkw-Stellplatz gehören nicht zu den Kosten der Unterkunft und sind nicht abzuziehen (Brandbg FamRZ 08, 69); Gleiches gilt für eine Garage. Auch die Kosten für den Kabelanschluss sind nicht abzugsfähig (Karlsr FamRZ 07, 95). Sowohl bei der Wohnung zur Miete als auch bei Eigentum sind nur solche Kosten abzuziehen, die nicht in einem auffälligen Missverhältnis zu den Lebensverhältnissen der Partei stehen. Hier ist ein nicht zu kleinlicher Maßstab anzulegen. Ein Missverhältnis besteht idR, wenn bei durchschnittlichen Einkommensverhältnissen die Unterkunftskosten mehr als die Hälfte des Nettoeinkommens betragen (Brandbg FamRZ 01, 1085). Bleibt nach der Trennung ein Ehegatte für die Trennungszeit in der zu großen Ehewohnung zurück, liegt kein Missverhältnis vor (München FamRZ 97, 299). Im Rahmen der Abwägung ist weiterhin zu berücksichtigen, dass durch einen angesonnenen Umzug ebenfalls Kosten entstünden. Der Antragsteller, der mit seinem Lebensgefährten und dessen Kindern in einer Bedarfsgemeinschaft lebt, kann die Kosten, mit denen er zur Deckung des Bedarfs der Gemeinschaft herangezogen wird, als besondere Belastung geltend machen. Die Wohnkosten der gesamten Bedarfsgemeinschaft sind als Kosten der Unterkunft zu berücksichtigen (Ddorf FamRZ 10, 141 mit Anm Zempel jurisPR-FamR 22/10 Anm 7).

4. Besondere Belastungen (§ 115 I 3 Nr 4). Vom Einkommen abgezogen werden weiterhin besondere 28
Belastungen der Partei, soweit der Abzug angemessen ist. Eine besondere Belastung liegt nur dann vor, wenn der entsprechende Bedarf durch den Regelsatz iSd § 22 SGB XII nicht gedeckt ist. Deswegen sind die Kosten für Ernährung, Unterkunft, Kleidung, Körperpflege, Unterhaltung von Haushaltsgegenständen, Heizung, persönliche Bedürfnisse des täglichen Lebens und auch die Fernseh- und Rundfunkgebühren sowie Telefon (Naumbg Beschl v 5.8.09 8 – WF 188/09) keine besonderen Belastungen. Außerdem liegt eine besondere Belastung nur dann vor, wenn der Abzug nicht schon nach einer anderen Alternative des § 115 gedeckt ist. Liegt eine besondere Belastung vor, ist als zweiter Schritt zu prüfen, ob der Abzug angemessen ist. Unnötige finanzielle Belastungen, insb wenn sie mutwillig eingegangen worden sind, um sich iRd PKH bedürftig zu machen, können nie abgezogen werden. Darlehens- und Ratenzahlungsverpflichtun-

gen, die in Kenntnis der bevorstehenden oder bereits entstandenen Prozesskosten eingegangen werden, können grds nicht abgezogen werden, es sei denn, es handelt sich um notwendige Anschaffungen (Zweibr FamRZ 04, 1501: notwendige Haushaltsgegenstände). Bei Verpflichtungen, die vor Absehbarkeit des Prozesses eingegangen worden sind, gelten andere Grundsätze. Diese sind idR zu berücksichtigen, es sei denn sie haben Luxuscharakter. Geschuldete, aber gestundete Raten auf Verbindlichkeiten sind nicht abzugsfähig (Saarbr Beschl v 8.12.10 – 6 WF 126/10). Ratenzahlungen können aber dann abgezogen werden, wenn sie aufgrund von Überschuldung augenblicklich nicht bedient werden und von den Gläubigern aufgrund der Pfändungsfreigrenzen nicht beigetrieben werden können (Schlesw OLGR 08, 168). Ein **Pkw**, auf dessen Benutzung der Antragsteller nicht unabweisbar angewiesen ist, muss veräußert und der Erlös zur Darlehensrückführung eingesetzt werden, wenn das wirtschaftlich zumutbar ist (Saarbr Beschl v 11.4.11 – 6 WF 38/11; Hambg FamRZ 96, 42; s. dazu auch Rz 44). Eine körperliche Behinderung eines nicht Erwerbstätigen steht einer solchen Veräußerungspflicht auch im Lichte von Art. 3 III 2 GG nicht zwingend entgegen, solange dieser seine alltäglichen Besorgungen noch mit öffentlichen Verkehrsmitteln und zu Fuß verrichten kann (Saarbr Beschl v 27.5.10 – 6 WF 50/10).

29 Unterhaltsleistungen, die der Antragsteller seinerseits an Ehegatten oder Kinder zahlt, sind abzuziehen. Als Belastungen berücksichtigt werden nur solche Unterhaltsleistungen, zu denen eine gesetzliche Verpflichtung besteht. Abgezogen werden können aber Unterhaltsleistungen an eine Lebensgefährtin, für die kein Unterhaltsanspruch besteht, wenn aufgrund des Zusammenlebens mit dem Antragsteller bei dieser die Sozialhilfe gekürzt wird. Dann kann der Kürzungsbetrag als besondere Belastung geltend gemacht werden (Ddorf FuR 09, 694; Bremen 97, 298; KG FamRZ 06, 962; anders Kobl FamRZ 97, 681). Auch die PKH-Raten aus anderen Verfahren können abgezogen werden (BGH FamRZ 90, 389; Karlsr FamRZ 88, 202). Das gilt nicht, wenn die Raten noch nicht fällig sind (Saarbr Beschl v 9.9.03 – 6 WF 48/03). Nicht berücksichtigungsfähig sind **Ratenzahlungen auf Unterhaltsrückstände** (Hamm FamRZ 07, 1661). Eine besondere Belastung sind auch die **Kosten des Umgangs**, soweit diese aufgrund der Entfernung sehr hoch sind. Ein pauschaler Abzug eines Mehrbedarfs für besonders bedürftige Personen kommt nicht in Betracht, auch die Mehrbedarfsbeträge sind Einkommen und die durch die besondere Lebenssituation entstehenden Aufwendungen konkret nachzuweisen (BGH FamRZ 10, 1324). Die üblichen Beiträge für den Kindergarten sind im allgemeinen Lebensbedarf enthalten, wenn ausreichend Kindesunterhalt gezahlt wird (Stuttg FamRZ 06, 1282; LAG Schlesw Beschl v 20.10.09 – 3 Ta 179/09).Nach aA sind Kindergartenbeiträge, Nachhilfe und Schulgeld besondere Belastungen die abgezogen werden können (MüKoZPO/*Metzner* Rn 43). Teilweise werden Kindergartenkosten, die 50 € monatlich übersteigen, in Abzug gebracht (Nürnbg FamRZ 09, 1423). Richtiger Auffassung zufolge ist jedenfalls dann ein Abzug dieser Kosten nicht gerechtfertigt, soweit sie allein aus dem Barunterhaltsbetrag bestritten werden können, der dem Kind nach Abzug des ihm zustehenden PKH-Freibetrags verbleibt (Saarbr Beschl v 8.12.10 – 6 WF 126/10). Zahlungen auf **Geldstrafen** sind keine besonderen Belastungen, die anzuerkennen wären (BGH NJW 11, 1007). Das gilt auch für Geldbußen (Celle MDR 11, 627).

30 **V. Ratenzahlungen (Abs 2). 1. Ratenhöhe.** Nachdem das maßgebliche verbleibende Einkommen der Partei ermittelt ist, wobei vom derzeitigen, nicht von erst künftigem Einkommen auszugehen ist (Stuttg FamRZ 11, 1985), ergibt sich aus der Tabelle die Höhe der evtl zu zahlenden Rate, die die Partei auf die Prozesskosten zu erbringen hat. Das Einkommen ist auf volle Euro abzurunden, übersteigt der verbleibende Rest – also das einzusetzende Einkommen – 15 € nicht, so besteht keine Ratenzahlungsverpflichtung.

31 **2. Dauer der Ratenzahlung.** Die Raten sind für höchstens 48 Monate zahlen, und zwar unabhängig von der Zahl der Rechtszüge jeweils für das gleiche Verfahren. Bei mehreren parallel oder nacheinander geführten Verfahren kann also für jedes Verfahren gesondert wiederum für 48 Monate eine Ratenzahlungsverpflichtung entstehen. Die Raten aus der früheren PKH-Bewilligung gelten dann in späteren Verfahren als besondere Belastungen (Zö/*Geimer* Rn 40,43; MüKoZPO/*Metzner* Rn 42; Stuttg FamRZ 09, 1163). Die in der Praxis zuweilen zu beobachtende Anordnung mehrerer nacheinander liegender Ratenzahlungen für jeweils 48 Monate (Tenor: "Der Antragsteller hat zu den Prozesskosten monatliche Raten zu je 30 € beizutragen, sobald er die Raten aus dem Verfahren XYZ vollständig oder 48 Monate lang erbracht haben wird.") ist demnach nicht zulässig. Bei der Berechnung der Monate werden nur die Monate mitgezählt, in denen eine Ratenzahlungsverpflichtung bestand. Bestand keine Verpflichtung, weil die Ratenzahlungsverpflichtung einstweilen eingestellt war, sei es wegen Kostendeckung, Verschlechterung der Vermögensverhältnisse oder weil die Ratenzahlungsverpflichtung erst nachträglich eingesetzt hat, so zählen diese sog.

Nullmonate nicht mit (Saarbr Beschl v 23.7.10 – 6 W 176/10-3-; Karlsruhe FamRZ 95, 1505 mwN; Stuttg RPfleger 99, 82; Zö/*Philippi* Rn 45, Zimmermann Rn 441). Die Gegenmeinung, die die Nullmonate bei der Errechnung der Höchstgrenze von 48 Monaten mitzählt (Nürnbg JurBüro 92, 757), ist abzulehnen. Aus dem Wortlaut von Abs 2 (»aufzubringen«) und der Vier-Jahres-Frist des § 120 IV 3 folgt, dass die Monatsanzahl absolut auf 48 Monate begrenzt sein soll, also nur die Monate mitgezählt werden sollen, in denen auch tatsächlich Raten aufgebracht werden. Dass dies dazu führen kann, dass sich eine Partei, die zunächst keine Raten zu zahlen hatte, uU schlechter stellt, als wenn ihr von Anfang an geringe Raten auferlegt woren wären, rechtfertigt keine andere Sicht, sondern ist eine Folge davon, dass die Begrenzung der Ratenzahlungspflicht in § 115 ZPO an die Anzahl der Raten und nicht an deren Höhe anknüpft (zutr Saarbr Beschl v 23.7.10 – 6 W 176/10-3-). Die Höchstgrenze der Ratenzahlungsverpflichtung endet allerdings vier Jahre nach rechtskräftiger Entscheidung in der Hauptsache. Der Beginn der Ratenzahlung darf nicht vor der Beschlussfassung liegen, auch wenn die Entscheidung über die Prozesskostenhilfe bereits vorher erfolgt ist (Brandbg JurBüro 07, 44). Von der Anordnung von Ratenzahlungen kann abgesehen werden, auch wenn nach der Tabelle noch Raten zu zahlen wären, wenn der Antragsteller überschuldet ist, und bereits die bestehenden Verbindlichkeiten nicht mehr bedienen kann, insb wenn bereits ein Insolvenzverfahren durchgeführt wird (Schlesw OLGR 08, 499). Werden in dieser Situation PKH-Raten nicht mehr bezahlt, so rechtfertigt dies nicht den Entzug der PKH (Schlesw OLGR 08, 499).

D. Vermögen. I. Allgemeines. Die Partei hat ihr Vermögen zur Begleichung der Prozesskosten einzusetzen, soweit dies zumutbar ist. Auch das Bestehen von Verbindlichkeiten hindert nicht daran, dass Vermögen zunächst zur Begleichung von Prozesskosten einzusetzen, jedenfalls dann, wenn die Verbindlichkeiten in langfristigen Raten zu tilgen sind. Das gilt selbst bei negativer Vermögensbilanz (Hambg FamRZ 07, 1341). Auch wenn die Verbindlichkeiten bestehen, aber nicht beglichen werden, ist Vermögen für Prozesskosten aufzuwenden (BGH FamRZ 99, 644). Hinsichtlich des Vermögens verweist § 115 III auf § 90 SGB XII; von diesen – strengen – sozialrechtlichen Maßstäben ist daher auszugehen, weswegen der Bedürftige zunächst alle verfügbaren Mittel einzusetzen hat, bevor ihm auf Kosten der Allgemeinheit Prozesskostenhilfe bewilligt werden kann (BGH FamRZ 10, 1643; Saarbr Beschl v 13.12.10 – 9 WF 114/10). § 90 SGB XII lautet: 32

§ 90 SGB XII Einzusetzendes Vermögen

(1) Einzusetzen ist das gesamte verwertbare Vermögen.

(2) Die Sozialhilfe darf nicht abhängig gemacht werden vom Einsatz oder von der Verwertung

1. **eines Vermögens das aus öffentlichen Mitteln zum Aufbau oder zur Sicherung einer Lebensgrundlage oder zur Gründung eines Hausstandes erbracht wird.**
2. **eines Kapitals einschließlich seiner Erträge, dass der zusätzlichen Altersvorsorge im Sinne des § 10a oder des Abschnitts XI des Einkommensteuergesetzes dient und dessen Ansammlung staatlich gefördert wurde,**
3. **eines sonstigen Vermögens, solange es nachweislich zur baldigen Anschaffung oder Erhaltung eines Hausgrundstücks im Sinne der Nummer 8 bestimmt ist, soweit dieses zu Wohnzwecken behinderter (§ 53 I 1) oder pflegebedürftiger Menschen dient oder dienen soll und dieser Zweck durch den Einsatz oder die Verwertung des Vermögens gefährdet würde,**
4. **eines angemessenen Hausrates, dabei sind die bisherigen Lebensverhältnisse der Nachfrageperson zu berücksichtigen,**
5. **von Gegenständen, die zur Aufnahme oder Fortsetzung der Berufsausbildung oder der Erwerbstätigkeit unentbehrlich sind,**
6. **von Familien- und Erbstücken, deren Veräußerung für die nachfragende Person oder ihre Familie eine besondere Härte bedeuten würde,**
7. **von Gegenständen, die zur Befriedigung geistiger, insbesondere wissenschaftlicher oder künstlerischer Bedürfnisse dienen und deren Besitz nicht Luxus ist,**
8. **eines angemessenen Hausgrundstücks, das von der nachfragenden Person oder einer anderen in den § 19 Abs. 1–3 genannten Person allein oder zusammen mit Angehörigen ganz oder teilweise bewohnt wird und nach ihrem Tod von den Angehörigen bewohnt werden soll. Die Angemessenheit bestimmt sich nach der Zahl der Bewohner, dem Wohnbedarf (z.B. behinderter, blinder oder pflegebedürftiger Menschen), der Grundstücksgröße, aus Hausgröße, den Zuschnitt und Ausstattung des Wohngebäudes sowie dem Wert des Grundstücks einschließlich des Wohngebäudes,**

9. kleinerer Barbeträge oder sonstiger Geldwerte, dabei ist eine besondere Notlage der nachfragenden Person zu berücksichtigen.

(3) Die Sozialhilfe darf weiterhin nicht von den Einsatz oder der Verwertung eines Vermögens abhängig gemacht werden, soweit dies für den, der das Vermögen einzusetzen hat, und für seine unterhaltsberechtigten Angehörigen eine Härte bedeuten würde. Dies ist bei der Leistung nach dem fünften bis neunten Kapitel insbesondere der Fall, soweit eine angemessene Lebensführung oder die Aufrechterhaltung einer angemessenen Alterssicherung wesentlich erschwert würde.

33 Durch die Formulierung, dass nur verwertbare Vermögensgegenstände einzusetzen sind, ist klargestellt, dass die Partei im PKH-Antrag auch nur die Vermögensgegenstände angeben muss, die einzusetzen sind. Bei Vermögensbestandteilen, bei denen eindeutig geklärt ist, dass sie nicht verwertbar sind, entfällt eine Angabepflicht (BGH FamRZ 04, 177). Zweifelhafte Vermögensgegenstände sind anzugeben, hier entscheidet das Gericht. Die in der Vorschrift aufgezählten Ausnahmen vom Vermögenseinsatz finden kumulativ Anwendung (Köln 04, 60). Das ist insb hinsichtlich der Nummern 2 und 9 von Bedeutung. In der Prozesskostenhilfe gibt es nicht die Möglichkeit, dass bei zunächst unverwertbarem Vermögen Prozesskostenhilfe lediglich als Darlehen gewährt wird, so wie es § 91 SGB XII für die Sozialhilfe vorsieht. Eine Ausnahme gilt für Gewerbetreibende. Wird eine Rechtsverfolgung beabsichtigt, die den Gewerbebetrieb betrifft, so kann geprüft werden, ob die Prozesskosten aus dem Betriebsvermögen bestritten werden können. Ist dies nicht der Fall, kann auch eine Kreditaufnahme erforderlich sein, wenn diese iRe ordnungsgemäßen kaufmännischen Geschäftsbetriebs erfolgen kann (BGH NJW-RR 07, 379).

34 **II. Unverwertbares Vermögen.** In § 90 II SGB XII ist aufgelistet, welche Vermögenswerte bereits von ihrer Art her unverwertbar sind.

35 **1. Vermögen aus öffentlichen Mitteln.** Gemäß § 90 II Nr 1 SGB XII kann die Gewährung nicht vom Einsatz eines Vermögens abhängig gemacht werden, welches aus öffentlichen Mitteln zum Aufbau oder zur Sicherung einer Lebensgrundlage oder zur Gründung eines Hausstandes erbracht wird.

36 **2. Staatlich geförderte Altersvorsorge.** Kapitalbeträge einschließlich seiner Erträge, die der zusätzlichen Altersversorgung iSd § 10a oder des Abschnitts XI des Einkommensteuergesetzes dienen, und die staatlich gefördert worden sind, sind nicht einzusetzen. § 90 II Nr 2 SGB XII schützt nur vor dem Einsatz einer staatlich geförderten Altersversorgung („Riester-Renten"). Alle anderen Altersversorgungen, die privat bedient werden und der zusätzlichen Aufstockung der Altersversorgung dienen, fallen ansonsten nur unter § 90 III SGB XII (s. Rz 41).

37 **3. Vermögen zur Beschaffung eines Hausgrundstücks.** Das zur Beschaffung eines Hausanwesens angesammelte Kapital ist gem § 90 II Nr 3 SGB XII grds nicht schutzwürdig, es sei denn, dass das Haus Wohnzwecken behinderter, blinder oder pflegebedürftiger Personen dienen soll (Dresd JurBüro 00, 314). Darunter fallen auch Bausparguthaben (BGH NJW-RR 91, 1532), es sei denn, dass das Guthaben iRe vorfinanzierten Bausparvertrages in eine bereits laufende Darlehensgewährung zur Finanzierung eines angemessenen Hausgrundstücks eingebunden ist.

38 **4. Grundvermögen.** Beim Grundvermögen wird unterschieden, ob es sich um ein zu eigenen Wohnzwecken benutztes Hausgrundstück handelt oder um vermietetes oder sonst genutztes Grundvermögen.

39 **a) Zu eigenen Wohnzwecken benutztes Hausanwesen.** Das eigenen Wohnzwecken dienende Hausanwesen gehört grds zum Schonvermögen. Dies allerdings nur dann, wenn es angemessen ist. Kriterien dafür sind der Verkehrswert, die Größe, Wohnfläche, Ausstattung unter Berücksichtigung der Anzahl der dort wohnenden Personen (eingehend Saarbr FamRZ 11, 1159: Ausgangspunkt der Prüfung sind 120 m^2 für vier Personen, für jede Person weniger sind 20 m^2 abzuziehen; dabei sollte allerdings nicht allzu schematisch verfahren werden). Die Partei hat sich hierüber zu erklären, die bloße Angabe der Größe des Grundstücks reicht nicht aus (Brandbg OLGR 05, 66). Der Partei ist es zuzumuten, ein durch Veräußerung des früheren Familienheimes erworbenes Vermögen für schon entstandene Prozesskosten einzusetzen, auch wenn damit ein anderes zu Wohnzwecken der Familie dienendes Hausanwesen angeschafft wurde (BGH FamRZ 08, 250). Insoweit ist dieser Sachverhalt anders zu beurteilen, als wenn bei Einleitung des Verfahrens ein Hausgrundstück, welches selbst bewohnt wird, vorhanden ist. Unschädlich ist es auch, wenn vor Absehbarkeit eines gerichtlichen Verfahrens der Erlös aus dem Verkauf eines **Hausgrundstückes** ausgegeben ist. Maßgeblich ist insoweit lediglich, ob bereits bei Absehbarkeit eines Verfahrens Vermögen schuld-

haft vergeudet wurde. Sind aus dem Erlös notwendige **Haushaltsgegenstände** angeschafft worden – und kann dies im PKH-Prüfungsverfahren belegt werden –, dann liegt keine Verschwendung vor, selbst wenn nach einer Trennung durch Verbrauch des Hauserlöses Lebensumstände geschaffen werden, die annähernd dem entsprechen, was zum Zeitpunkt der Ehe Standard war (Brandbg FamRZ 08, 703). Sofern die Verpflichtung bestehen soll, ein Grundstück zum Zwecke der Prozessfinanzierung zu belasten, ist weiter zu berücksichtigen, ob die voraussichtlichen Darlehensraten für länger als 48 Monaten laufen sollen, ob die zu erwartenden Prozesskostenhilferaten der Höhe nach den Zahlungen auf das Darlehen entsprechen und ob die Darlehensraten überhaupt aus dem zur Verfügung stehenden Einkommen beglichen werden können (Brandbg FamRZ 07, 1340). Wenn ein gemeinsames Einfamilienhaus ohnehin iRd Ehescheidung zu marktgerechten Bedingungen verkauft werden kann und soll, ein Ehegatte aber seine Zustimmung zur Veräußerung verweigert, so ist dieser nicht bedürftig (Frankf FamRZ 86, 925).

b) Sonstiges Grundvermögen. Wird ein Grundstück nicht zu eigenen Wohnzwecken genutzt, so ist es grds 40
als einzusetzendes Vermögen zu betrachten. Es handelt sich hierbei nicht um Schonvermögen. Soweit die Verwertung von Grundbesitz verlangt wird, muss aber in jedem Fall festgestellt werden, dass die Partei das Grundstück zeitnah verkaufen und voraussichtlich einen zur Deckung der Prozesskosten ausreichenden Erlös erzielen könnte (Brandbg FamRZ 09, 1233; Saarbr OLGR 08, 567; wohl zu weitgehend Hamm FamRZ 11, 1744: Durchsetzung eines Anspruchs auf Übertragung eines Miteigentumsanteils und Verwertung desselben binnen 13 Monaten). Das ist bei im Ausland gelegenen Miteigentumsanteilen an Grundstücken, zB Ferienwohnungen, häufig nicht der Fall (Saarbr aaO; Frankf FamRZ 99, 1671 mwN). Auch das Miteigentum an einem Zweifamilienhaus steht der Bewilligung von PKH dann nicht entgegen, wenn eine der Wohnungen mit einem Wohnrecht belastet ist (Saarbr Beschl v 8.1.04 – 9 WF 115/03). Weitergehend wird auch eine Beleihung des Grundstücks verlangt, allerdings nur dann, wenn die Partei tatsächlich ein Darlehen gegen ein Grundpfandrecht erhalten kann (str so aber Kobl FamRZ 06, 136). Teilweise wird vertreten, Grundvermögen, welches kein Schonvermögen ist, sei grds zu veräußern oder zu beleihen (Kobl MDR 02, 904; FamRZ 04, 1298). Das dürfte in dieser Allgemeinheit weder mit § 90 SGB XII noch mit § 115 in Einklang zu bringen sein. Die Beleihung eines Grundstücks kommt nur dann in Betracht, wenn die Partei nach ihren Einkommensverhältnissen überhaupt in der Lage ist, ein Darlehen zu erhalten (Brandbg FamRZ 09, 1233; vgl auch BGH FamRZ 10, 1643 zur Beleihung einer Lebensversicherung). Die Veräußerung eines Grundstücks kann häufig nicht zeitnah genug erfolgen, um noch mit dem Ziel der PKH vereinbar zu sein, der bedürftigen Partei im Wesentlichen denselben Rechtsschutz zu gewährleisten wie der bemittelten (LG Itzhoe FamRZ 11, 1608 s. hierzu auch aus verfassungsrechtlicher Sicht § 114 Rz 2). Dies gilt jedenfalls häufig dann, wenn es sich um Miteigentumsanteile handelt, und Miteigentümer gerade der Prozessgegner ist. Dann kann eine einvernehmliche Veräußerung kaum erwartet werden. Auch eine Teilungsversteigerung führt regelmäßig nicht zu einer baldigen Realisierung von Mitteln, so dass insoweit die bedürftige Partei tatsächlich oft an der Prozessführung gehindert wäre. Hier muss der Einzelfall betrachtet werden und eine Entscheidung unter Berücksichtigung des Verkehrswertes, der tatsächlichen Beleihung des Objektes und der evtl erzielten Einkünfte getroffen werden. Bestehen Unsicherheiten, ob unter Berücksichtigung des Wertes des Hausanwesens, der bestehenden Belastungen und der zu erwartenden Kosten für den Verkauf ein die Prozesskosten deckender Betrag verbleibt, so ist die Veräußerung unzumutbar und PKH zu bewilligen. Das gilt auch dann, wenn allein die Kosten, die mit der Veräußerung des Hauses verbunden sind, die zu erwartenden Prozesskosten weit überschreiten (Karlsr FamRZ 04, 1499). Der Verkauf eines nicht eigenen Wohnzwecken dienenden Miteigentumsanteiles an einem Hausgrundstück ist auch dann zumutbar, wenn dieses Hausgrundstück bislang mietfrei von Familienangehörigen bewohnt wurde, die ihrerseits Sozialhilfe beziehen (Celle MDR 03, 356).

5. Lebensversicherungen. Bei Lebensversicherungen wird unterschieden, ob es sich um Kapitallebensver- 41
sicherungen oder um Rentenversicherungen handelt. Soweit die Versicherung zur zusätzlichen Altersvorsorge dient und iSd Einkommensteuergesetzes staatlich gefördert wird, handelt es sich nicht um einzusetzendes Vermögen (s. Rz 36). Das sind nur die Versicherungen, bei denen es sich um eine so genannte Riester-Rente handelt. Soweit Lebensversicherungen zur zusätzlichen oder alleinigen Altersversorgung eines Selbstständigen dienen, müssen sie ebenfalls nicht eingesetzt werden, soweit es sich um eine angemessene Altersversorgung handelt (Stuttg FamRZ 07, 639). Bei abhängig Beschäftigten ist nicht etwa – wie im Unterhaltrecht – eine zusätzliche Altersvorsorge gerechtfertigt. Auch solche Lebensversicherungen sind einzusetzen (BGH FamRZ 10, 1643, entg. Celle FamRZ 07, 913). Im Übrigen müssen vorhandene Lebensver-

sicherungen verwertet werden. Entweder sie sind zurückzukaufen oder sie müssen beliehen werden (BGH FamRZ 10, 1643). Das gilt nur dann nicht, wenn mit der vorzeitigen Realisierung der Lebensversicherung unzumutbare Kosten verbunden sind oder aus sonstigen Gründen die Fortführung der Versicherung dringend notwendig ist (Brandbg FamRZ 06, 1045). Zinsverluste sind hinzunehmen. Der Maßstab des Einsatzes bestimmt sich nach § 90 SGB XII, so dass grds von der Zumutbarkeit des Einsatzes des Vermögens auszugehen ist (BGH FamRZ 10, 1643).Eine Ausnahme gilt allenfalls dann, wenn der Antragsteller überhaupt nicht in der Lage ist, die Raten für ein Darlehen zu bedienen. Der Einsatz des Rückkaufswerts einer Kapitallebensversicherung ist dann nicht zu beanstanden, wenn der Antragsteller über das Kapital aus der Versicherung jederzeit frei verfügen kann (BVerwG NJW 04, 3647); häufig aber dient eine solche Versicherung Sicherungszwecken und ist daher iRe Finanzierung an eine Bank verpfändet oder abgetreten. Die Tatsache, dass ein wirtschaftlicher Verlust mit dem Rückkauf der Lebensversicherung verbunden ist, reicht für sich allein für die Unzumutbarkeit der Verwertung noch nicht aus (Hamm Besch v 31.3.09 – 13 WF 52/09; Frankf FamRZ 06, 135). Weitere Indizien müssen hinzukommen, zB die Tatsache, dass der Rückkaufswert das Schonvermögen nur geringfügig überschreitet (Zweibr FamRZ 08, 524) oder dass sonstige Schulden der Partei bestehen (Nürnbg OLGR 07, 542). Eine Direktversicherung, die der Arbeitgeber nur für den Arbeitnehmer abgeschlossen hat, ist nicht einzusetzen, da der Arbeitnehmer diese Versicherung nicht verwerten darf (Kobl FamRZ 06, 628).

42 **6. Sonstiges Vermögen. a) Zugewinnausgleich.** Ein realisierter Anspruch auf Zugewinnausgleich ist kein Schonvermögen, der Geldbetrag ist einzusetzen (Brandbg Beschl v 16.8.07 – 9 WF 233/07). Spar- und Aktienvermögen ist grds einzusetzen, soweit es den Grenzbetrag der kleineren Barbeträge überschreitet. Dies gilt auch dann, wenn es der zusätzlichen Altersversorgung dienen sollte (Frankf FamRZ 05, 466). Auch eine Versicherung mit Beitragsrückgewähr, zum Beispiel eine Unfallversicherung, ist einzusetzendes Vermögen (Brandbg JurBüro 06, 655).

43 **b) Unterhaltsabfindungen.** Unterhaltsabfindungen sind grds Vermögen. Sie sind jedoch dann nicht, auch nicht ratenweise, zur Rückführung von Prozesskosten einzusetzen, wenn die Partei die Abfindung benötigt, um ihren laufenden Lebensbedarf zu decken. Eine Abfindung muss daher auf einen angemessenen Zeitraum umgelegt werden (Saarbr Beschl v 25.5.10 – 9 WF 45/10; Nürnbg FamRZ 08, 1261; Stuttg Beschl v 10.3.06–8 WF 30/06, 8 WF 31/06, 8 WF 35/06). Welche zeitliche Dauer diese Erstreckung hat, richtet sich nach den Umständen des Einzelfalls, wobei hier insb die sonstigen Einkünfte der Partei, ihre Erwerbsmöglichkeiten, das Alter etc. zu berücksichtigen sind. Wird die Partei durch die Begleichung der Prozesskosten in absehbarer Zeit sozialhilfebedürftig, so ist eine erhöhte Umlage nicht zu rechtfertigen. Grundsätzlich ist eine Abfindung auf den Zeitraum umzulegen, für den sie fließt (Kalthoener/Büttner/Wrobel-Sachs Rn 217). Auch wenn ein Vermögenserwerb im Laufe des Verfahrens daraus resultiert, dass der eingeklagte Unterhaltsrückstand in einem Betrag gezahlt wird (s. aber im Falle der Ratenzahlung Rz 29), so ist dieser Betrag grds einzusetzen, soweit die für den laufenden notwendigen Unterhalt erforderlichen Mittel gedeckt sind (Kobl AnwBl 01, 374; Dresd FamRZ 08, 1543 über § 120 IV; dagegen Nürnbg FamRZ 08, 1261; Saarbr Beschl v 25.5.10 – 9 WF 45/10: nur Anordnung von Ratenzahlung, da die Unterhaltsabfindung als zweckgebundener Ersatz für lfd Unterhaltszahlungen kein Vermögen sei; anders allerdings, soweit die Abfindung nicht zur Bestreitung des künftigen Unterhalts benötigt wird, Saarbr Beschl v 10.10.11 – 9 WF 111/11).

44 **c) PKW.** Auch Personenkraftwagen sind vom Grundsatz her als einzusetzendes Vermögen anzusehen (Saarbr Beschl v 27.5.10 – 6 WF 50/10). Es bedarf allerdings der Prüfung, ob insb unter Berücksichtigung der Notwendigkeit des PKW für die Berufsausübung oder aus anderen dringenden Gründen die Verwertung des PKW unzumutbar ist (Stuttg FamRZ 10, 1685; KG MDR 06, 946, FamRZ 07, 158). Ein PKW der Oberklasse oder der oberen Mittelklasse muss allerdings veräußert werden, um den Verkaufserlös für die Prozesskosten zu verwenden (Stuttg FamRZ 10, 1685; Bambg FamRZ 99, 1508)

45 **d) Forderungen.** Dem Antragsteller zustehende Forderungen sind Vermögenswerte, die einzusetzen sind. Die Realisierbarkeit der Forderung ist im Einzelfall zu prüfen. Ist die Durchsetzung der Forderung noch offen, so kann ihr Einsatz auch nicht als zumutbar angesehen werden. Teilweise wird hier als Zeitpunkt des Beginns von Zahlungen auf PKH der rechtskräftige Abschluss des Verfahrens gewählt, in dem die noch streitbefangene Forderung geltend gemacht wird (Bambg JurBüro 87, 1706). Dies ist allerdings bedenklich. Bei der erstmaligen Bewilligung von PKH kommt es auf die Vermögensverhältnisse zu diesem Zeitpunkt an. Bei einer Festsetzung von Ratenzahlungen für die Zukunft wird eine unzulässige Prognoseentscheidung

getroffen, unabhängig von der Tatsache, dass eine rechtskräftige Entscheidung über eine Forderung noch nicht mit einer tatsächlichen Realisierung einhergeht. Richtig erscheint vielmehr der Weg über § 120 IV (nachträgliche Verbesserung der Vermögensverhältnisse), zumal es für die Grenzen der Zumutbarkeit des Vermögenseinsatzes (auch: Schonvermögen) auf die Vermögenslage bei Festsetzung der konkreten Zahlungspflicht ankommt (Hamm MDR 12, 50). Hängt die Fälligkeit der Forderung allerdings von einer Gegenleistung des Antragstellers ab und verweigert er diese ohne Grund, so ist Prozesskostenhilfe zu versagen. Bausparverträge sind einzusetzen, auch wenn sie noch nicht zuteilungsreif sind (KG JurBüro 11, 376).

e) Rechtsschutzversicherung. Auch der Anspruch auf Deckungsschutz ggü einer Rechtsschutzversicherung gehört zum Vermögen (BGH VersR 81, 1070). Grundsätzlich entfällt der Anspruch auf PKH erst mit der Deckungsschutzzusage der Versicherung. Es gelten die allgemeinen Grundsätze zur Realisierbarkeit von Forderungen für die Fälle, in denen die Versicherung ihre Eintrittspflicht verneint. Es kann dem Antragsteller nicht zugemutet werden, erst einen Deckungsschutzprozess gegen die Versicherung zu führen. Allerdings kann von ihm verlangt werden, einen Stichentscheid nach § 17 II ARB herbeizuführen. Im Falle späterer Deckungszusage greift erneut § 120 IV. 46

7. Prozesskostenvorschuss. Angehörigen oder Lebenspartnern kann nach unterhaltsrechtlichen Vorschriften ein Anspruch auf Prozesskostenvorschuss zustehen, der zum Vermögen gehört (BGH FamRZ 08, 1159) und einzusetzen ist. Für alle Prozesskostenvorschussansprüche gilt, dass der Anspruch vorrangig vor der PKH-Bewilligung geltend gemacht werden muss. Nach Instanzende kommt die Verweisung auf einen Prozesskostenvorschuss nicht mehr in Betracht (BGH FamRZ 85, 902; Stuttg Beschl v 29.9.11–18 WF 191/11); für das einstweilige Anordnungsverfahren offenlassend Saarbr MDR 10, 1284, dort mag die stete Abänderbarkeit der einstweiligen Anordnung evtl eine andere Sicht als im Hauptsacheverfahren rechtfertigen). Für die Voraussetzungen des Prozesskostenvorschusses ist die anspruchstellende Partei darlegungs- und beweisbelastet (Köln NJW-RR 02, 1585). Zu beachten ist, dass die Durchsetzung für den Antragsteller möglich, zeitnah realisierbar und ihm zuzumuten sein muss. Das ist nicht der Fall, wenn der Anspruch voraussichtlich in der Zwangsvollstreckung nicht zu realisieren sein wird (Nürnbg FamRZ 01, 231). Außerdem liegt Unzumutbarkeit vor, wenn ein ansonsten vermögensloses Kind bei Unterliegen im Prozess mit der Rückzahlung der durch die Vollziehung der einstweiligen Anordnung begründeten Verbindlichkeit belastet würde (Karlsr FamRZ 08, 2042 für Vaterschaftsfeststellung gegen Putativvater). In Eilverfahren wie bei der einstweiligen Verfügung kommt eine Verweisung auf den Prozesskostenvorschussanspruch ebenfalls nicht in Betracht, wenn dieser erst gerichtlich durchgesetzt werden müsste (OLG Saarbr MDR 10, 1284 unter Verweis auch auf BVerfG FamRZ 10, 530; Kalthoener/Büttner/Wrobel-Sachs Rn 355). Ansonsten ist der Antragsteller verpflichtet, die gerichtliche Geltendmachung des Anspruchs zumindest zu versuchen (Zimmermann Rn 166). Allerdings besteht keine Verpflichtung, bei unbekannten Einkommensverhältnissen den Schuldner zunächst auf Auskunft in Anspruch zu nehmen. Das widerspricht dem Grundsatz, dass Prozesskostenvorschuss kurzfristig zu erlangen sein muss, ansonsten liegt Unzumutbarkeit vor (Karlsr Beschl v 29.3.05–16 WF 11/05). Es ist zumutbar, den neuen Ehegatten zur Durchsetzung einer Forderung gegen den ehemaligen Ehegatten in Anspruch zu nehmen (BGH NJW 10, 372, mit Anm Zempel jurisPR-FamR 6/2010 Anm 4). Will sich der Antragsteller auf die Unzumutbarkeit der Realisierung des Prozesskostenvorschusses berufen, so genügt es nicht, dazu Rechtsausführungen zu machen. Es ist vielmehr erforderlich, die tatsächlichen Gründe vorzutragen, aus denen sich ergibt, dass die Realisierung für den Antragsteller nicht zumutbar ist. Dazu gehört es, die Geltendmachung zumindest außergerichtlich zu versuchen. Ein minderjähriges Kind, welches einen Prozesskostenvorschussanspruch gegen die es betreuende Mutter geltend machen soll, bedarf dazu keines Ergänzungspflegers (BGH FamRZ 08, 1842). Zu beachten ist, dass als unterhaltsrechtlicher Anspruch auch der Anspruch auf Prozesskostenvorschuss den Einschränkungen des Unterhaltsrechts unterliegt. Neben der erforderlichen Prüfung der Bedürftigkeit können insb die Verwirkungsgründe des § 1579 BGB zum Ausschluss führen, so bei intensiven Verstößen gegen Anordnungen nach dem GewSchG (Bambg OLGR 07, 474). 47

a) Berechtigter Personenkreis. Ein Anspruch auf Prozesskostenvorschuss besteht für folgende Antragsteller: 48

aa) Eheleute/Lebenspartner. Für Eheleute, die in ehelicher Gemeinschaft leben, sowie für getrennt lebende Eheleute besteht gem § 1360a IV BGB und § 1361 IV BGB ein Anspruch auf Prozesskostenvorschuss in persönlichen Angelegenheiten. Der Anspruch setzt voraus, dass der Bedürftige nicht in der Lage ist, die Kosten eines Rechtsstreits zu tragen, der eine persönliche Angelegenheit betrifft. Rechtsstreit ist 49 jedes gerichtliche Verfahren, nicht nur in der ordentlichen Gerichtsbarkeit. Die Annahme einer persönlichen Angelegenheit setzt eine enge Verbindung zur Familie voraus. Das ist zB der Fall in Ehesachen, Unterhalts-, Insolvenz-, Betreuungs-, Unterbringungs-, Kündigungsschutz- und Strafverfahren (näheres s. PWW/*Kleffmann* § 1360a Rn 16). Auch die Klage auf Zugewinnausgleich gegen den geschiedenen Ehegatten ist eine persönliche Angelegenheit; vorschusspflichtig ist auch der neue Ehegatte (BGH NJW 10, 372). Über die Verweisung in §§ 5, 12 LPartG gelten diese Vorschriften auch für Lebenspartner. Der Anspruch hat unterhaltsrechtliche Voraussetzungen, insb setzt er Verzug voraus.

50 **bb) Geschiedene Eheleute/aufgehobene Lebenspartnerschaft.** Ist die Ehescheidung rechtskräftig ausgesprochen beziehungsweise die Lebenspartnerschaft aufgehoben, besteht für die Zeit danach kein Anspruch auf Prozesskostenvorschuss mehr. Der Anspruch auf nachehelichen Unterhalt beinhaltet keinen Anspruch auf Prozesskostenvorschuss (BGH NJW 84, 291). Streitig ist, ob ein Antrag auf Erlass einer diesbezüglichen einstweiligen Anordnung noch nach Rechtskraft der Ehescheidung statthaft ist, wenn die Gegenseite vor Rechtskraft der Ehescheidung mit der Zahlung eines Prozesskostenvorschusses in Verzug gesetzt worden ist. Eine Meinung verneint dies (Schlesw FamRZ 08, 614; Zweibr OLGR 00, 465); der bedürftige Ehegatte kann dann nach §§ 280, 286 II BGB einen Schadenersatzanspruch geltend machen (PWW/*Kleffmann* § 1360a Rn 139). Nach aA hindert auch die zwischenzeitlich ausgesprochene Ehescheidung die Durchsetzung des Anspruchs auf Prozesskostenvorschuss nicht, wenn vor Ehescheidung Verzug hergestellt worden ist (Frankf OLGR 05, 16; Zö/*Philippi* § 115 Rn 67a). Der letzten Auffassung ist zuzustimmen. Durch den Verzug wird der Anspruch begründet und es besteht kein Grund, den Ehegatten, der sich der Zahlungsverpflichtung entzieht, dadurch zu privilegieren, dass er durch die zwischenzeitlich eintretende Rechtskraft der Ehescheidung von der Verpflichtung frei würde (BGH FamRZ 85, 802). Zwar kann auch nach der anderen Meinung der Berechtigte den Anspruch noch als Schadenersatzanspruch geltend machen, die Durchsetzung ist jedoch wesentlich erschwert, da eine einstweilige Anordnung nicht mehr ergehen kann und eine gesondertes Verfahren notwendig wird. Daher streiten auch prozessökonomische Gesichtspunkte für die hier vertretene Lösung. Der BGH hat die Frage, ob bei bestehendem Verzug ein Antrag auf Erlass einer einstweiligen Anordnung auch noch nach Rechtskraft der Scheidung statthaft ist, offen gelassen und lediglich entschieden, dass dann, wenn eine einstweilige Anordnung vor Abschluss der Instanz beantragt wurde, diese auch noch nach Abschluss der Instanz ergehen kann (BGH NJW 85, 2265). Verliert eine bedürftige Partei den Anspruch auf Prozesskostenvorschuss durch Zuwarten bis nach der rechtskräftigen Scheidung, so macht sie sich dadurch selbst bedürftig und handelt rechtsmissbräuchlich, wenn sie nunmehr für die Kosten der Prozessführung PKH beantragt (Zweibr FamRZ 11,1603).

51 **cc) Nichteheliche Lebensgemeinschaft.** Partner einer nichtehelichen Lebensgemeinschaft, die nicht dem LPartG unterfällt, haben keinen Unterhaltsanspruch, dementsprechend auch keinen Anspruch auf Prozesskostenvorschuss. Auch der Unterhaltsanspruch der Mutter eines nichtehelichen Kindes gem § 1615l BGB sieht keinen Anspruch auf Prozesskostenvorschuss vor.

52 **dd) Minderjährige Kinder.** Bei minderjährigen Kindern folgt der Anspruch auf Prozesskostenvorschuss gegen ihre Eltern aus (§§ 1610 II, 1615a BGB iVm) § 1360a IV BGB analog (BGH FamRZ 04, 1633). Leisten die Eltern beide Barunterhalt, dann besteht der Anspruch gegen beide Elternteile anteilig (Teilschuldner), nicht gesamtschuldnerisch (*Duderstadt* FamRZ 95, 1305). Betreut ein Elternteil das Kind, während der andere Barunterhalt leistet, dann ist grds der zum Barunterhalt verpflichtete Elternteil auch verpflichtet, den Prozesskostenvorschuss zu leisten. Nur dann, wenn er nicht leistungsfähig ist, während der betreuende Elternteil seinerseits leistungsfähig ist, kommt ein Anspruch auch gegen diesen in Betracht (Dresd 02, 1412; Karlsr 96, 1100). Beantragt ein Kind VKH für eine Klage auf Feststellung der Vaterschaft, so kann es nicht auf einen Prozesskostenvorschussanspruch gegen den Putativvater verwiesen werden, da der Anspruch auf Prozesskostenvorschuss kein Teil des nach § 248 FamFG vorläufig zu regelnden Unterhaltsanspruchs ist (so Karlsr FamRZ 08, 2042 zu § 641d).

53 **ee) Volljährige Kinder.** Bei volljährigen Kindern, die noch nicht das 21. Lebensjahr vollendet haben, die allgemeine Schulausbildung absolvieren und im Haushalt eines Elternteils leben (privilegierte Volljährige), gelten die gleichen Erwägungen wie bei minderjährigen Kindern mit der Ausnahme, dass die Eltern jetzt beide für den Barunterhalt haften und dementsprechend für den Prozesskostenvorschuss immer eine anteilige Haftung besteht (Saarbr MDR 10, 1284). Bei nichtprivilegierten volljährigen Kindern besteht ein Prozesskostenvorschussanspruch nur dann, wenn das Kind noch keine eigene Lebensstellung erreicht hat

(BGH FamRZ 05, 883). Auch dann haften die Eltern für den Prozesskostenvorschuss anteilig nach ihren Einkommens- und Vermögensverhältnissen (Naumbg Beschl v 30.5.07 – 4 WF 59/07). Persönliche Angelegenheit kann zB das Verfahren zur Erlangung eines Studienplatzes sein (OVG Berlin NJW 11, 3385).

ff) Sonstige Verwandte. Darüberhinaus besteht ein Anspruch auf Prozesskostenvorschuss nicht, weder im Eltern-Kind-Verhältnis (München FamRZ 93, 823; Oldbg OLGR 97, 157), noch zwischen sonstigen Verwandten. 54

b) Leistungsfähigkeit. Der Anspruch setzt wie jeder Unterhaltsanspruch voraus, dass der Unterhaltsverpflichtete in der Lage ist, den Vorschuss – neben der darüber hinaus geschuldeten Unterhaltsleistung – zu bezahlen. Das ist dann nicht der Fall, wenn der Unterhaltschuldner selbst Anspruch auf Bewilligung von Prozesskostenhilfe ohne Ratenzahlungen hat (BGH FamRZ 04, 1633; aA – auch für PKH mit Raten – Celle MDR 09, 1410). Leistungsfähigkeit für die Zahlung eines PKV liegt allerdings dann vor, wenn der Unterhaltsschuldner zwar nicht in der Lage ist, den Prozesskostenvorschuss in einer Summe zu begleichen, aber angemessene monatliche Raten zahlen kann. Dann ist dem Unterhaltsgläubiger Prozesskostenhilfe unter Anordnung von Ratenzahlungen zu bewilligen, die der Höhe der vom Unterhaltsschuldner zu zahlenden Raten entsprechen. Bei der Bemessung der Raten darf der angemessene Selbstbehalt des Schuldners nicht unterschritten werden (BGH FamRZ 04, 1633; Saarbr Beschl v 20.8.09 – 6 WF 84/09). Der Prozesskostenvorschuss ist als Geldsumme zu zahlen. Soweit tw vertreten wird, der Anspruch könne auch auf Mitwirkung an der Verwertung gemeinschaftlichen Vermögens gerichtet sein, überzeugt dies nicht (so aber Zweibr FamRZ 02, 1200). Ob die Partei verpflichtet ist, einen Anspruch auf Herausgabe und Verwertung gemeinsamer Vermögensgegenstände durchzusetzen, ist iRd Prüfung der Bedürftigkeit nach § 115 hinsichtlich der Verwertung von Vermögen zu berücksichtigen. Es handelt sich dann aber nicht um einen Prozesskostenvorschussanspruch; denn es ist gerade ein eigener Vermögensgegenstand betroffen. Der Anspruch soll nicht aus dem Miteigentumsanteil des Gegners befriedigt werden, dazu bestünde kein Bedürfnis mehr, wenn das gemeinschaftliche Vermögen herausgegeben und auseinandergesetzt ist. 55

Die Höhe des Vorschusses richtet sich nach den zu erwartenden Kosten des Rechtsstreits und umfasst die Kosten des Hauptsacheverfahrens sowie die Kosten der einstweiligen Anordnung auf Zahlung des PKV. Hauptsache und einstweilige Anordnung sind zwei Angelegenheiten, so dass die Verfahrenswerte nicht zu addieren sind (Nürnbg NJW-RR 02, 436).

c) Bedürftigkeit. Der Berechtigte muss außerstande sein, die Kosten des beabsichtigten Rechtsstreits zu tragen. Maßstab sind nicht die Grenzen der Prozesskostenhilfe, sondern die Billigkeit (PWW/*Kleffmann* § 1360a Rn 19). Hätte die Partei nach ihren Einkommens- und Vermögensverhältnissen bereits Anspruch auf Bewilligung von Prozesskostenhilfe, dann liegt auch für den Anspruch auf Prozesskostenvorschuss Bedürftigkeit vor. Darüber hinaus liegt Bedürftigkeit vor, wenn die Tragung der Kosten zu einer Gefährdung des angemessenen – also nicht zwingend des notwendigen – Selbstbehalts des Berechtigten führt (Hambg NJW 60, 1768). Nicht bedürftig ist ein in Gütergemeinschaft lebender Ehegatte, wenn ausreichend verwertbares Gesamtgut zur Tragung der Prozesskosten vorhanden ist (Zweibr FamRZ 96, 227; NK-BGB/*Völker* § 1420 Rn 16). 56

d) Rückforderung. Ein Prozesskostenvorschussanspruch kann, wie sonstiger Unterhalt, im Regelfall vom Unterhaltsgläubiger nicht zurückgefordert werden. Da es sich um einen Vorschuss handelt, kann er ausnahmsweise dann aus Billigkeitsgesichtspunkten zurückverlangt werden, wenn die Voraussetzungen, unter denen er beansprucht werden konnte, nicht mehr bestehen, etwa weil sich die wirtschaftlichen Verhältnisse des vorschussberechtigten Ehegatten wesentlich gebessert haben oder wenn die Rückzahlung aus sonstigen Gründen der Billigkeit entspricht (BGH FamRZ 90, 491; Kobl OLGR 00, 333). Die Einkommensverbesserung auf Seiten des Berechtigten kann auch darin liegen, dass er aufgrund des Verfahrens, für welches der Vorschuss gezahlt wurde, einen höheren monatlichen Unterhalt erhält oder eine erhebliche Nachzahlung an ihn zu leisten ist (KG FamRZ 08, 2201). Obsiegt der Unterhaltsgläubiger, so kann der unterlegene Gegner im Kostenfestsetzungsverfahren den bereits geleisteten Kostenvorschuss geltend machen. Ansonsten ist die Leistung eines Prozesskostenvorschusses im Kostenfestsetzungsverfahren nur dann zu berücksichtigen, wenn die Zahlung unstr oder aktenkundig ist (Frankf FuR 01, 523). Die Kosten der einstweiligen Anordnung sind nach der Kostenentscheidung in der Hauptsache auszugleichen. Das gilt auch dann, wenn der Antrag auf einstweilige Anordnung bereits vor Rechtshängigkeit der Hauptsache zurückgewiesen wurde; die Anhängigkeit der Hauptsache reicht aus (Nürnbg FamRZ 02, 478). 57

Die mögliche Rückforderung eines Prozesskostenvorschusses wegen geänderter wirtschaftlicher Verhältnisse des Berechtigten ist dagegen im Kostenfestsetzungsverfahren nicht zu prüfen (Oldbg OLGR 98, 28).

58 **e) Verfahren.** Durch das FGG-RG wurde die verfahrensrechtliche Geltendmachung des Prozesskostenvorschussanspruchs aus dem Recht über die Prozesskostenhilfe herausgenommen und findet sich nun in § 246 FamFG. Auch diese Vorschrift regelt, wie zuvor § 127a, lediglich die verfahrensrechtlichen Fragen und begründet keinen Prozesskostenvorschussanspruch, sondern setzt ihn materiell-rechtlich voraus.

59 **8. Kleinere Barbeträge.** Gemäß § 90 Nr 9 SGB XII sind Schonvermögen kleinere Barbeträge von derzeit höchstens 2.600 €, zuzüglich 256 € für jede Person, die vom Antragsteller überwiegend unterhalten wird. Die Höhe ist geregelt in der Verordnung zur Durchführung des § 90 II Nr 9 SGB XII (aA LSG Dresden FamRZ 07, 156, nur 1.600 €, da § 115 Rechtsgrundverweisung auf § 90 SGB XII sei und demnach auch die besonderen Voraussetzungen der Durchführungsverordnung vorliegen müssten; der erweiterte Schonbetrag von 2.600 € werde nach der Durchführungsverordnung nur für Leistungen nach dem fünften bis neunten Kapitel SGB XII gewährt, zu denen die PKH nicht zähle). Der Sinn dieses »Notgroschens« liegt darin, dass der Einsatz von Kapital nicht zur vollständigen finanziellen Mittellosigkeit führen soll. Angewandt wird Nr 9 nicht nur auf Barbeträge, sondern auch auf sonstige Vermögensarten, etwa Sparbücher oder Aktien. Diese Regeln gelten grds auch für Antragsteller, die ihren Wohnsitz oder gewöhnlichen Aufenthalt in den Mitgliedstaaten der EU haben, auch wenn insoweit Unterschiede hinsichtlich der Lebensbedingungen bestehen. Denn bei der Prüfung der Frage, ob unterschiedliche Lebensbedingungen auch eine Änderung des Freibetrages rechtfertigen, kommt es hinsichtlich des Vermögensfreibetrages nicht nur auf die unterschiedlich hohen Lebenshaltungskosten an, sondern auch darauf, in welchem Umfang Systeme zur sozialen Sicherung in dem jeweiligen Land bestehen. Diese Prüfung soll nicht im Prozesskostenhilfeverfahren erfolgen, weil es das Verfahren so verkomplizieren würde, das der durch die Richtlinie 2003/8/EG verfolgte Zweck, die grenzüberschreitende Prozesskostenhilfe zu erleichtern, verfehlt würde (BGH FamRZ 09, 497).

60 **III. Unzumutbarkeit des Einsatzes von Vermögen. 1. Unzumutbarkeit.** Vermögenswerte sind dann nicht einzusetzen, wenn dies für den Antragsteller oder seinen Angehörigen eine unzumutbare Härte bedeuten würde. Die unzumutbare Härte kann sich zunächst aus der Art des Vermögens, der Entstehung des Vermögens oder dem beabsichtigten Verwendungszweck ergeben.

61 **2. Einzelfälle.** Schmerzensgeldzahlungen an ein Opfer sollen grds nicht einzusetzen sein (BVerwG NJW 95, 3001; Stuttg FamRZ 07, 1661). Wenn es einzusetzen wäre, dann stünde es nicht mehr für den Ausgleich der immateriellen Schäden oder zum Ausgleich des erlittenen Unrechts zur Verfügung. Anders wird dies gesehen für Zahlungen wegen der Verletzung des Persönlichkeitsrechts. Das liegt darin begründet, dass die Zahlungen wegen der Verletzung des Persönlichkeitsrechts anders als das Schmerzensgeld auch einen Präventionscharakter haben und deshalb oftmals im Vergleich zum Schmerzensgeld erheblich höher liegen. Für den Geschädigten steht weniger im Vordergrund, dass er finanzielle Mittel zur Verfügung hat, um mit den erlittenen Einbußen besser fertig zu werden; dementsprechend ist das Schutzbedürfnis geringer (BGH NJW 06, 1068). Grundsätzlich sind Bausparverträge einzusetzendes Vermögen. Der Einsatz kann im Einzelfall unzumutbar sein, zB wenn die Zuteilungsfrist noch nicht abgelaufen ist und deshalb der Bausparvertrag nur unter Verlust erheblicher finanzieller Mittel und unter Verlust der Möglichkeiten eines zinsgünstigen Darlehens zurückgekauft werden kann (BAG FamRZ 06, 1445). Unzumutbar kann die Verwertung von Vermögen auch dann sein, wenn die Partei nach ihren Einkommensverhältnissen ohnehin Raten zu zahlen hat und deshalb letztendlich die Prozesskosten aus eigenen Mitteln aufbringen wird (Karlsr Beschl v 3.3.05–16 WF 179/04). Unzumutbarkeit kann weiterhin gegeben sein, wenn zwar erhebliches Vermögen vorhanden ist, dieses aber auch durch hohe, nicht durch Einnahmen gedeckte Ausgaben für die Pflege des Antragstellers in einem Pflegeheim aufgezehrt werden wird (Schlesw FamRZ 99, 1672). Unzumutbar ist der Einsatz eines Bundesschatzbriefes nicht, auch wenn mit dem Verkauf geringfügige Verluste – etwa Vorfälligkeitsentschädigungen – verbunden sind (Nürnbg FamRZ 98 247). Ansprüche aus Sparanlagen, die zur Ansammlung von vermögenswirksamen Leistungen dienen, sind vor Fälligkeit nicht einzusetzen, weil ansonsten die Arbeitnehmersparzulage zurückzuzahlen wäre (Köln FamRZ 93, 1331). Sofern als einziger Vermögenswert ein den Grenzbetrag nur gering überschreitender Sparvertrag vorhanden ist, der von dem hochbetagten Antragsteller für Beerdigungskosten vorgesehen wurde, so ist dessen Einsatz unzumutbar (LG Magdeburg WuM 97, 47). Ist die Partei nur Miteigentümer eines Vermögenswertes, so ist im Einzelfall zu prüfen, ob der Einsatz des Vermögenswertes verlangt werden kann. Verweigert der andere Miteigentü-

mer die Veräußerung des Gegenstandes, so kann der Antragsteller nicht verpflichtet werden, gegen diesen zu prozessieren. Der Antragsteller darf bei der Anlage von Vermögenswerten nicht eine langfristige Bindung eingehen, und sich dann darauf berufen, dass eine Kündigung des Guthabens mit finanziellen Einbußen verbunden ist. Damit ist eine Vermögensbildung zulasten der Allgemeinheit verbunden, die nicht hinzunehmen ist (Brandbg Beschl v 8.1.08–9 UF 207/07 – Brandbg OLGR 08, 915).

3. Darlehensaufnahme. Privatpersonen, die kein Vermögen haben, können zur Bestreitung der Prozess- 62
kosten nicht auf die Aufnahme eines Kredites verwiesen werden (Karlsr FamRZ 04, 1499). Die Darlehensaufnahme kommen nur für vermögende Personen in Betracht, wie bei der Beleihung von Grundbesitz oder einer Lebensversicherung, oder am bei Unternehmern, wo die Darlehensaufnahme iRe ordnungsgemäßen kaufmännischen Geschäftsbetriebs erfolgt.

IV. Verlust von Vermögen. Ein Hilfesuchender, der mit einem bevorstehenden Prozess rechnen muss oder 63
bereits an einem Verfahren beteiligt ist, hat seine finanziellen Dispositionen darauf einzurichten, dass die Kosten für die Prozessführung entstehen werden. Er darf sich seines Vermögens nicht durch unangemessene Ausgaben entäußern. Soweit dem Gericht bekannt ist – und das ist in Verfahren nicht zuletzt durch den Vortrag des Gegners oftmals der Fall –, dass der Antragsteller über Vermögenswerte verfügt hat, ist dieser verpflichtet, zum Verbleib des Vermögens glaubhafte und plausible Erklärungen vorzutragen (BGH FamRZ 08, 1163 zur angeblichen Verwahrung eines Geldbetrages von etwa 230.000 € in der Wohnung und Diebstahl desselben). Im Prozesskostenhilfeantrag muss der Antragsteller darlegen, warum früher vorhandene erhebliche Geldbeträge nicht mehr zur Verfügung stehen (Musielak/*Fischer* Rn 55). Das muss so hinreichend deutlich und glaubhaft sein, dass der Verdacht ausgeräumt werden kann, der Hilfesuchende habe sich entweder durch unangemessene Ausgaben seines Vermögens entledigt oder er sei tatsächlich nicht kostenarm (BGH FamRZ 08, 1163). Allerdings sind die Anforderungen an die Glaubhaftmachung des Verbleibs vorhandener Vermögenswerte nicht so hoch, dass jede Ausgabe auch belegt werden müsste.

Nicht erforderlich ist, dass die Partei in der Absicht gehandelt hat, Kostenbefreiung zu erlangen. Im Einzel- 64
nen ist streitig, welche subjektiven Anforderungen an das Handeln der Partei gestellt werden müssen. PKH ist dann zu versagen, wenn die Partei grob fahrlässig ihr Vermögen derart vermindert hat, dass sie deswegen Schwierigkeiten hat, ihre Prozesskosten aufzubringen (Karlsr FamRZ 08, 1542). Ansonsten wird mutwilliges Handeln verlangt (Zö/*Philippi* Rn 74). Auch wenn das Vermögen für allgemeine Lebenshaltungskosten ausgegeben worden ist, ist nicht von einem mutwilligen Verzehr auszugehen (Nachzahlungen für Energiekosten). Aber nicht, wenn der Partei ein einzusetzendes Einkommen von mehr als Null verbleibt. Dann ist der Partei zuzumuten, sich in ihrer Lebensführung einzuschränken und das Vermögen erst dann anzugreifen, wenn die Prozesskosten daraus gedeckt sind (Karlsr FamRZ 08, 1542), zumal § 115 III iVm § 90 II, III SGB XII nur den gegenwärtigen Lebensbedarf schützen, nicht aber eine langfristige Unterhaltssicherung bezwecken wollen (Saarbr Beschl v 13.12.10 – 9 WF 114/10; Köln FamRZ 07, 488). Auch Anschaffungen für die Hausratsergänzung nach einer Trennung dürfen berücksichtigt werden, auch wenn nicht jede einzelne Anschaffung belegt werden kann. Es genügt die allgemeine Erfahrung, dass tatsächlich nach einer Trennung Neuanschaffungen getätigt werden müssen. Eine schlüssige Aufstellung reicht demnach aus (Brandbg FamRZ 08, 703); freilich kann auch hier der Antragsgegner Zweifel säen, die der Antragsteller sodann ausräumen muss. Auch der Verbrauch von Vermögen für Honorarforderungen eines weiteren Anwalts ist zu berücksichtigen, wenn der ursprünglich iRd Prozesskostenhilfe beigeordnete Rechtsanwalt von der Partei entlassen wurde, sofern die Mandatskündigung nicht fahrlässig, mut- oder böswillig war. Die Anforderungen, die an die Beiordnung eines weiteren Prozessbevollmächtigten iRd Prozesskostenhilfe gestellt werden, gelten hier nicht (Karlsr OLGR 08, 392).

V. Absehen von der Bewilligung wegen geringer Ratenanzahl (Abs. 4). Nach § 115 IV ZPO wird PKH 64a
nicht bewilligt, wenn die Kosten der Prozessführung der Partei vier Monatsraten und die aus dem Vermögen aufzubringenden Teilbeträge voraussichtlich nicht übersteigen. Zur Ermittlung hat das Gericht zunächst die zu erwartenden monatlichen Raten zu ermitteln und danach die zu erwartenden Prozesskosten. Berücksichtigt werden die Gerichtskosten und die Kosten des eigenen Anwalts, nicht die an den Gegner im Fall des Unterliegens zu erstattenden Kosten, da diese ohnehin nicht aus der Staatskasse zu zahlen wären (zutr Zö/*Geimer* Rn 79; aA B/L/A/H Rn 71). Ermessen räumt diese – in der Praxis nicht selten übersehene – Vorschrift dem Gericht nicht ein. Dem Antragsteller wird trotz grundsätzlicher Bedürftigkeit zugemutet, sich die Mittel zB durch Kredit zu beschaffen (Schoreit/Groß Rn 134, 135).

§ 116 Partei kraft Amtes; juristische Person; parteifähige Vereinigung. [1]**Prozesskostenhilfe erhalten auf Antrag**

1. **eine Partei kraft Amtes, wenn die Kosten aus der verwalteten Vermögensmasse nicht aufgebracht werden können und den am Gegenstand des Rechtsstreits wirtschaftlich Beteiligten nicht zuzumuten ist, die Kosten aufzubringen;**
2. **eine juristische Person oder parteifähige Vereinigung, die im Inland, in einem anderen Mitgliedstaat der Europäischen Union oder einem anderen Vertragsstaat des Abkommens über den Europäischen Wirtschaftsraum gegründet und dort ansässig ist, wenn die Kosten weder von ihr noch von den am Gegenstand des Rechtsstreits wirtschaftlich Beteiligten aufgebracht werden können und wenn die Unterlassung der Rechtsverfolgung oder Rechtsverteidigung allgemeinen Interessen zuwiderlaufen würde.**

[2]**§ 114 Satz 1 letzter Halbsatz ist anzuwenden.** [3]**Können die Kosten nur zum Teil oder nur in Teilbeträgen aufgebracht werden, so sind die entsprechenden Beträge zu zahlen.**

1 **A. Allgemeines.** Als Ergänzung zu § 114 wird hier die PKH-Berechtigung einer Partei kraft Amtes geregelt sowie die von juristischen Personen. Insbesondere erfasst und erleichtert wird hiermit die Durchsetzung von Ansprüchen im Insolvenzverfahren für den Insolvenzverwalter. Neben den besonderen Voraussetzungen gilt auch hier, dass die Rechtsverfolgung oder Rechtsverteidigung hinreichende Aussicht auf Erfolg haben muss und nicht mutwillig sein darf.

2 **B. Einzelheiten. I. Partei kraft Amtes.** Partei kraft Amtes sind solche, die als Partei auftreten, aber fremde Interessen vertreten und nicht mit ihrem eigenen Vermögen für die Kosten aufzukommen haben (Zö/*Philippi* Rn 2). Parteien kraft Amtes können sein der Testamentsvollstrecker gem. § 2212 BGB, der Zwangsverwalter gem. § 152 ZVG, der Pfleger des Sammelvermögens gem. § 1914 BGB, der vorläufige Insolvenzverwalter, der Insolvenzverwalter gem. § 52 InsO und auch der Nachlassinsolvenzverwalter. Außerdem der Abwickler einer Anwaltskanzlei (LG Aachen JurBüro 93, 614). Der Nachlasspfleger gem §1960 BGB ist nicht Partei kraft Amtes, da er Vertreter der Vermögensmasse ist. Gesetzliche Vertreter sind keine Parteien kraft Amtes, hier kommt es auf die Einkommens- und Vermögensverhältnisse des Vertretenen an (Schoreit/Groß/*Groß* Rn 2). Sie erhalten Prozesskostenhilfe auf Antrag, wenn die Kosten aus der verwalteten Vermögensmasse nicht aufgebracht werden können und den am Gegenstand des Rechtsstreits wirtschaftlich Beteiligten nicht zuzumuten ist, die Kosten aufzubringen.

3 **1. Kostenarmut der Vermögensmasse.** Für die Beurteilung der Kostenarmut kommt es allein auf die Vermögensmasse an. Einkommens- und Vermögensverhältnisse der Partei kraft Amtes bleiben unberücksichtigt. Im Insolvenzverfahren ist zunächst der Bestand an Barmitteln zu berücksichtigen. Außerdem heranzuziehen sind die kurzfristig realisierbaren Vermögenswerte. Masseschulden und Massekosten, die der Verwalter begleichen muss, sind vom Barbestand abzuziehen (Stuttg ZInsO 04, 56; München OLGR 98, 300). Es besteht die Verpflichtung, zunächst verwertbare Vermögensgegenstände zu verwerten und Forderungen einzuziehen (Kalthoener/Büttner/Wrobel-Sachs Rn 63). Zu berücksichtigen ist weiterhin, dass Barmittel nur dann eingesetzt werden müssen, wenn andere notwendige Tätigkeiten für die Masse auch noch anders finanziert werden können. Die wirtschaftliche Handlungsfähigkeit des Insolvenzverwalters soll bestehen bleiben (Schoreit/Groß/*Groß* Rn 7). Übersteigen danach die Passiva die Aktiva, so ist die Masse unzulänglich (Hamm MDR 98, 498). Der Insolvenzverwalter kann nur dann zur Aufnahme eines Darlehens verpflichtet werden, wenn die Gewährung des Darlehens gesichert und die Zahlung der Rückzahlungsraten möglich ist (*Steenbuck* MDR 04, 1155; Zö/*Philippi* Rn 6).

4 **2. Unzumutbarkeit der Vorschusspflicht der wirtschaftlich Beteiligten.** Wenn feststeht, dass die zur Verfügung stehenden Mittel zur Deckung der Kosten nicht ausreichen, ist zu prüfen, ob es den wirtschaftlich am Rechtsstreit Beteiligten zumutbar ist, die Kosten des Rechtsstreits zu übernehmen.

5 **a) Wirtschaftlich Beteiligte. Wirtschaftlich beteiligt** sind die Personen, deren endgültigen Nutzen der Rechtstreit anstrebt (BGH NJW 77, 2310; Bambg NJW-RR 90, 638).

6 Im **Insolvenzverfahren** können das sowohl Masse- als auch Insolvenzgläubiger sein. Nachrangige Insolvenzgläubiger kommen als Vorschusspflichtige nur dann in Frage, wenn das positive Ergebnis des Rechtsstreits ihnen auch zugute kommt (Celle OLGR 01, 215). Auch der **Steuerfiskus** ist vorschusspflichtig, sofern ihm der Erfolg der Klage weitestgehend zugute kommt (Köln OLGR 02, 240; BGH NJW 98, 472).

Das gilt auch dann, wenn einziger Beteiligter im Nachlassinsolvenzverfahren ein Landkreis ist, der übergeleitete Unterhaltsansprüche geltend macht (Celle OLGR 98, 309). Diese Entscheidungen können übertragen werden auf alle Fälle, in denen die öffentliche Hand an dem Ergebnis des Rechtsstreits beteiligt ist. Eine Besserstellung der öffentlichen Hand ggü anderen Beteiligten ist dann nicht dadurch gerechtfertigt, dass Bund, Länder und Gemeinden gem § 2 GKG von der Zahlung von Gerichtskosten befreit sind. Denn hierdurch soll lediglich verhindert werden, dass Kosten von einem Träger der öffentlichen Verwaltung an einen anderen bezahlt werden. Die Norm sagt aber nichts zur grundsätzlichen Verpflichtung der öffentlichen Hand aus, die Kosten eines Rechtsstreits zu tragen, wenn dieser in seinem wirtschaftlichen Interesse liegt. Wirtschaftlich beteiligt ist auch der **Insolvenzschuldner**. Nicht wirtschaftlich beteiligt sind die Personen, die auch ohne den Rechtsstreit eine volle Befriedigung ihrer Forderungen erwarten können. Ebenfalls nicht beteiligt sind die Gläubiger bestrittener Forderungen (Naumbg ZIP 94 383).

aa) Kostenpflicht des Insolvenzverwalters. Die Frage, ob der Insolvenzverwalter selbst wirtschaftlich Beteiligter ist, ist streitig. Er ist Massegläubiger wegen seines Vergütungsanspruchs, dennoch wird eine Vorschussverpflichtung überwiegend verneint. Selbst wenn das Verfahren nur dazu dient, der Insolvenzmasse Mittel zur Begleichung des Vergütungsanspruchs zu verschaffen, ist es ihm nicht zuzumuten, die Kosten für die Prozessführung selbst aufzubringen (BGH NJW 98, 1229, Kalthoener/Büttner/Wrobel-Sachs Fn 120; Zö/*Philippi* Rn 10a; aA Zimmermann Rn 25 mwN). Denn er nimmt eine öffentliche Aufgabe wahr, die er wiederum selbst nicht kündigen kann. Damit ist ein erhebliches Haftungsrisiko verbunden, so dass der Verwalter auch darauf angewiesen ist, die Vergütung für diesen Auftrag zu erhalten. Eine andere Ansicht würde auch gegen Art 12 I GG verstoßen. Es ist mit dem Grundrecht der Berufsfreiheit nicht vereinbar, einen Staatsbürger beruflich in erheblichem Umfang zu öffentlichen Aufgaben zu verpflichten, ohne ihm ein angemessenes Honorar zu gewährleisten (BVerfGE 54, 251; BGHZ 116, 233). Zur Frage der Mutwilligkeit eines Anfechtungsverfahrens bei Masseunzulänglichkeit s. § 114 Rz 50. 7

bb) Nachlassverfahren. Im Nachlassverfahren sind wirtschaftlich Beteiligte die Erben, Vermächtnisnehmer und Pflichtteilsberechtigten sowie die Nachlassgläubiger (Zö/*Philippi* Rn 5). 8

b) Zumutbarkeit. Die Zumutbarkeit setzt voraus, dass die verpflichteten Personen nach ihren Einkommens- und Vermögensverhältnissen in der Lage sind, die Prozesskosten zu bezahlen und dass ihnen dies auch zumutbar ist. Ob sie sich bereit erklärt haben, die Kosten zu übernehmen, ist unerheblich. Zunächst sind die voraussichtlichen Kosten des Prozesses zu ermitteln. Außerdem ist zu prüfen, wie sich der Erfolg des Rechtsstreits auf die Vermögensverhältnisse der Partei auswirken würde. 9

aa) Insolvenzgläubiger. Stehen die ermittelten Kosten in einem Missverhältnis zu dem auf einen Insolvenzgläubiger im Falle des Obsiegens entfallenden Betrag, ist keine Zumutbarkeit gegeben. Zu berücksichtigen ist weiterhin, ob die Forderung auch im Fall des Obsiegens im Wege der Zwangsvollstreckung zu realisieren sein wird. Im Insolvenzverfahren ist zu ermitteln, welche Gläubiger für die Kostenlast aufkommen müssen. Sind mehrere Gläubiger vorhanden, so haften sie für die entsprechenden Anteile der Kosten verhältnismäßig und zwar für sämtliche Kosten, auch für die von Gläubigern, die zwar eine Verbesserung ihrer Rechtsposition erwarten können, denen aber die Kostentragung nicht zuzumuten ist (Zö/*Philippi* Rn 9). Zumutbarkeit soll gegeben sein, wenn ohne den Rechtsstreit eine Null-Quote zu erwarten ist, im Falle des Obsiegens aber eine solche von 40 % (KG NZI 03, 148). Als eine nicht nur geringfügige Quotenverbesserung ist auch ein Betrag von 4,5 % angesehen worden (Kobl ZInsO 01, 96). Gläubiger, deren Forderung noch ungeklärt ist, können ebenso wenig berücksichtigt werden wie solche, deren Forderung bestritten ist. In einem solchen Fall kann die Zumutbarkeit noch nicht abschließend geklärt werden, so dass PKH zu bewilligen ist (aA Stuttg ZInsO 00, 157). Die notwendigen Fakten zur Beurteilung der Zumutbarkeit hat der Antragsteller vorzutragen. Er muss eine vollständige Übersicht über das gegenwärtige Vermögen und eine Aufstellung über die angemeldeten und anerkannten Forderungen vorlegen (Naumburg DZWIR 01, 257). 10

bb) Privatpersonen/Arbeitnehmer. Arbeitnehmern soll es im Allgemeinen nicht zumutbar sein, die Kosten eines Rechtsstreits aufzubringen, weil sie wirtschaftlich nicht stark genug dafür seien (Zö/*Philippi* Rn 14; BGH NJW 93, 135). Dies dürfte als Begründung nicht ausreichen Auch hier sind die wirtschaftlichen Verhältnisse des Einzelnen und sein Interesse am Prozessausgang zu berücksichtigen. Hat ein Arbeitnehmer die notwendigen finanziellen Mittel, um die Kosten aufzubringen, wobei hier angezeigt sein dürfte, nicht nur die Einkommens- und Vermögensverhältnisse iSd § 115 zu berücksichtigen, und hat er ein darü- 11 ber hinausgehendes Interesse am Ausgang des Rechtsstreits, so spricht nichts dagegen, von ihm die Kostentragung zu verlangen.

12 **II. Juristische Personen und parteifähige Vereinigung.** Inländische juristische Personen oder parteifähige Vereinigungen erhalten PKH, wenn die Kosten weder von ihr noch von den am Gegenstand des Rechtsstreits wirtschaftlich Beteiligten aufgebracht werden können und wenn die Unterlassung der Rechtsverfolgung oder Rechtsverteidigung allgemeinen Interessen zuwiderlaufen würde.

13 **1. Inländische juristische Personen.** Nur inländische juristische Personen haben Anspruch auf PKH. Den inländischen juristischen Personen stehen solche gleich, die ihren Sitz in der EU oder in einem anderen Vertragsstaat des Abkommens über den europäischen Wirtschaftsraum haben. Juristische Personen sind: Eingetragene Vereine (§ 21 BGB), wirtschaftliche Vereine mit eingetr. Rechtsfähigkeitsrecht (§ 22 BGB), Stiftungen, Aktiengesellschaft (§ 1 AktG), KG auf Aktien (§ 278 AktienG), Genossenschaft (§ 17 GenG), GmbH (§ 13 GmbHG), die KG, die OHG, Versicherungsverein auf Gegenseitigkeit (§ 15 VAG).

14 **a) Wirtschaftliche Beteiligung.** Auch bei den juristischen Personen kommt es nicht nur auf die Vermögensverhältnisse der Person an, sondern auch auf die der an ihr wirtschaftlich Beteiligten. Wirtschaftlich Beteiligte sind die Gesellschafter, beim Verein die Mitglieder, Vorstand, auch Gläubiger. Auch die Muttergesellschaft im Verhältnis zur Tochtergesellschaft, ebenso wie umgekehrt, wenn Beherrschung- und Ergebnisabführungsvertrag besteht (München ZIP 02, 2131). Bei der KG die Kommanditisten und Komplementäre (Schoreit/Groß/*Groß* Rn 20). Bei gemeinnützigen Vereinen ist eine wirtschaftliche Beteiligung der Vereinsmitglieder und des Vorstandes nicht gegeben (Zimmermann Rn 26). Ist einem gemeinnützigen Verein das Aufenthaltsbestimmungsrecht für ein Kind übertragen worden (Sozialdienst), so kann dem Verein PKH bewilligt werden, ohne dass es auf seine wirtschaftlichen Verhältnisse ankommt (Ddorf FamRZ FamRZ 95, 373). Die kath. Kirche ist an einer Kirchenstiftung nicht wirtschaftlich beteiligt (Bambg NJW-RR 90, 638). Anders als bei § 116 Nr 1 ist es bei § 116 Nr 2 nicht erforderlich, dass die Zumutbarkeit der Kostentragung gesondert geprüft wird. Es kommt nicht darauf an, ob die Beteiligten ggü der juristischen Person oder Personenvereinigung verpflichtet sind, die Kosten zu übernehmen. Auch nicht darauf, ob sie für die Verbindlichkeiten haften oder am Gewinn beteiligt sind (MüKoZPO/*Wax* Rn 23).

15 **b) Verfolgung allgemeiner Interessen.** Bei § 116 I Nr 2 ist weiterhin erforderlich, dass die Unterlassung der Rechtsverfolgung oder Rechtsverteidigung allgemeinen Interessen zuwiderlaufen würde. Diese Einschränkung ist verfassungsrechtlich unbedenklich (BVerGE 35, 48). Abzugrenzen sind allgemeine Interessen von einzelnen Interessen. Es hat eine Einzelfallabwägung aller denkbaren Interessen zu erfolgen. Im allgemeinen Interesse liegt die Rechtsverfolgung dann, wenn die juristische Person an der Erfüllung ihrer der Allgemeinheit dienenden Aufgaben gehindert würde (BVerfG NJW 74, 229). Von dem Ergebnis des Rechtsstreits müssen größere Kreise der Bevölkerung oder das Wirtschaftsleben angesprochen werden, sie muss soziale Wirkung nach sich ziehen und insgesamt das soziale Gefüge berührt werden (Hamm OLGR 94, 82). Es kann ausreichen, dass eine größere Anzahl von Kleingläubigern betroffen ist (BGH NJW 86, 2058). Auch, wenn durch den Rechtsstreit eine Gesellschaft und die damit verbundenen Arbeitsplätze erhalten werden können (BVerfGE 35, 348). Nicht, wenn eine GmbH vermögenslos ist und nicht mehr am Wirtschaftsleben teilnimmt. Das gilt auch dann, wenn der Rechtsstreit in der Erwartung geführt wird, dass mit der ausgeurteilten Summe der Geschäftsbetrieb wieder aufgebaut werden soll (Hamm JurBüro 89, 418). Es reicht nicht aus, wenn lediglich Rechtsfragen, mögen sie auch von allgemeiner Bedeutung sein, entschieden werden sollen (BGH NJW 65, 585).

16 **2. Parteifähige Vereinigung.** § 116 gilt nur für parteifähige Vereinigungen. Auf die BGB-Gesellschaft und die Erbengemeinschaft findet § 114 Anwendung, bei der BGB-Gesellschaft dann, wenn sie nicht ausnahmsweise rechtsfähig und dementsprechend parteifähig ist (BGH NJW 11, 1595; § 114 Rz 10).

17 **3. Missbrauch.** Erfolgt die Abtretung einer Forderung einer Gesellschaft an den Geschäftsführer nur, um § 116 zu umgehen und unter den leichteren Voraussetzungen des § 114 PKH zu erhalten, so wird auch nur unter den Voraussetzungen des § 116 PKH bewilligt. Es muss also gesondert geprüft werden, ob die Unterlassung der Rechtsverfolgung oder Rechtsverteidigung allgemeinen Interessen zuwiderläuft (Hambg MDR 88, 782).

III. Anwendung allgemeiner Vorschriften. Neben den genannten Voraussetzungen müssen die allgemeinen Voraussetzungen der Bewilligung von Prozesskostenhilfe vorliegen. Insbesondere muss die Rechtsverfolgung also Aussicht auf Erfolg haben und darf nicht mutwillig sein. 18

1. Kostenbeteiligung. Hinsichtlich der Beteiligung an den Kosten des Rechtsstreits bestimmt S 3, dass sich die Partei kraft Amtes, die inländische juristische Person oder die parteifähige Vereinigung entsprechend ihren wirtschaftlichen Verhältnissen an den Kosten der Prozessführung zu beteiligen hat. Für die Beurteilung der Bedürftigkeit findet nicht § 115 Anwendung, vielmehr ist eine Einzelfallentscheidung zu treffen, welche Einnahmen, zukünftigen Einnahmen und welches Vermögen bei der verwalteten Vermögensmasse oder deren juristischen Person zur Verfügung stehen (Schoreit/Groß/*Groß* Rn 26). Es kommt auch eine Teilzahlung in Betracht. Dabei gilt auch die Obergrenze von 48 Monaten bei einer angeordneten Ratenzahlung nicht (Zö/*Philippi* Rn 30)..§ 117 I, II finden Anwendung. Die besonderen Voraussetzungen sind bereits in der Antragsschrift darzulegen. Wird PKH für ein beabsichtigtes Rechtsmittel beantragt, so sind innerhalb der Rechtsmittelfrist auch die Darlegungen dazu, dass die Kosten nicht von der Partei und auch nicht von den am Gegenstand des Rechtsstreits wirtschaftlich Beteiligten aufgebracht werden können, vorzubringen. Fehlt der Vortrag, so kann keine Wiedereinsetzung in den vorigen Stand gewährt werden (KG MDR 05, 647). 19

2. Anwaltsbeiordnung. § 121 ist anzuwenden (s. seit 1.9.09 aber auch den – enger gefassten – § 78 II FamFG, dazu § 121 Rz 7 mwN). Dem gemeinnützigen Verein, dem im Sorgerechtsverfahren Verfahrenskostenhilfe bewilligt wird, wenn ihm das Aufenthaltsbestimmungsrecht für ein Kind übertragen worden ist, kann kein Anwalt beigeordnet werden (Ddorf FamRZ 95, 373). Ist ein Insolvenzverwalter Rechtsanwalt, so kann er beigeordnet werden, er ist hier nicht im eigenen Interesse tätig (MüKoZPO/*Wax* Rn 6). Ansonsten kommt eine Anwaltsbeiordnung nur dann in Betracht, wenn die Tätigkeit von einem Nichtjuristen auch im Rahmen seines Amtes nicht ohne anwaltliche Hilfe erledigt werden kann (KG FamRZ 94, 1397). 20

§ 117 Antrag.

(1) [1]Der Antrag auf Bewilligung der Prozesskostenhilfe ist bei dem Prozessgericht zu stellen; er kann vor der Geschäftsstelle zu Protokoll erklärt werden. [2]In dem Antrag ist das Streitverhältnis unter Angabe der Beweismittel darzustellen. [3]Der Antrag auf Bewilligung von Prozesskostenhilfe für die Zwangsvollstreckung ist bei dem für die Zwangsvollstreckung zuständigen Gericht zu stellen.

(2) [1]Dem Antrag sind eine Erklärung der Partei über ihre persönlichen und wirtschaftlichen Verhältnisse (Familienverhältnisse, Beruf, Vermögen, Einkommen und Lasten) sowie entsprechende Belege beizufügen. [2]Die Erklärung und die Belege dürfen dem Gegner nur mit Zustimmung der Partei zugänglich gemacht werden; es sei denn, der Gegner hat gegen den Antragsteller nach den Vorschriften des bürgerlichen Rechts einen Anspruch auf Auskunft über Einkünfte und Vermögen des Antragstellers. [3]Dem Antragsteller ist vor der Übermittlung seiner Erklärung an den Gegner Gelegenheit zur Stellungnahme zu geben. [4]Er ist über die Übermittlung seiner Erklärung zu unterrichten.

(3) Das Bundesministerium der Justiz wird ermächtigt, zur Vereinfachung und Vereinheitlichung des Verfahrens durch Rechtsverordnung mit Zustimmung des Bundesrates Formulare für die Erklärung einzuführen.

(4) Soweit Formulare für die Erklärung eingeführt sind, muss sich die Partei ihrer bedienen.

Inhaltsübersicht

	Rz
A. Antrag	1
I. Zuständigkeit	2
II. Form	3
1. Stillschweigende Antragstellung	4
2. Bewilligung ohne Antrag	5
III. Zeitpunkt	6
IV. Darstellung des Streitverhältnisses	7
1. Klägerseite	7
2. Beklagtenseite	9
3. Rechtsmittelverfahren	10
V. Formular	12
1. Angabe der persönlichen und wirtschaftlichen Verhältnisse	12
2. Eigenhändige Unterzeichnung	13
3. Bezugnahme auf Anlagen	14
4. Beifügung von Belegen	15
5. Ausnahmen vom Formularzwang	18
6. Pflichten des Rechtsanwalts	20
7. Einsichtnahme in die PKH-Unterlagen	22

	Rz
B. Wirkung des Antrags	23
I. Keine Rechtshängigkeit	23
1. Gleichzeitiges Einreichen von Klage und PKH-Antrag	24
2. Abänderungsklage	25
3. Verjährung	26
4. Sonstige Fristen	27
5. Rechtsmittel- und Begründungsfristen	30
a) Inhalt der Antragsschrift bei »bedingt« eingelegter Berufung	31
b) Frist und Erklärung über die persönlichen und wirtschaftlichen Verhältnisse	32
c) Wiedereinsetzung in den vorigen Stand	33
d) Wiedereinsetzung bei der Rechtsbeschwerde	34

1 **A. Antrag.** PKH wird nur auf Antrag bewilligt. Der Antrag ist für jeden Rechtszug gesondert zu stellen. Auch für jedes Verfahren, welches beim selben Gericht anhängig ist, ist gesondert PKH zu beantragen. Das gilt auch für Verbundverfahren zum Scheidungsantrag. Der Antragsteller muss partei- und prozessfähig sein. Auch im PKH-Prüfungsverfahren ist die Prozessfähigkeit vAw festzustellen, notfalls ist ein Gutachten einzuholen (BGH NJW 90, 1734; Oldbg FamRZ 08, 1455). Die Prozessfähigkeit ist Zulässigkeitsvoraussetzung. Bei Prozessunfähigkeit ist der PKH-Antrag (als unzulässig) zu verwerfen. Zu den prozessualen Zulässigkeitsvoraussetzungen zählt weiterhin das Rechtschutzbedürfnis. Dieses kann fehlen, wenn bereits ein Beschl vorliegt, durch den PKH verweigert wurde. Ein solcher Beschl wird nach Ablauf der Frist für die sofortige Beschwerde bestandskräftig. Beantragt die Partei erneut PKH und wiederholt dabei nur ihr früheres Vorbringen, dann steht die Bestandskraft der früheren Entscheidung einer erneuten PKH-Entscheidung entgegen (BGH NJW 04, 1805 mit Anm *Völker* jurisPR-FamR 12/04, Anm 2; Bambg FamRZ 97, 756; Zö/*Philippi* Rn 6). Ein wiederholter Antrag ist zulässig, wenn sich die wirtschaftlichen Verhältnisse geändert haben (Frankf OLGR 04, 287 mit Anm *Völker* jurisPR-FamR 19/04 Anm 6). Außerdem dann, wenn eine Erweiterung der Sachanträge vorliegt (Köln MDR 88, 501).

2 **I. Zuständigkeit.** Der Antrag ist bei dem Gericht zu stellen, bei dem der Rechtsstreit anhängig ist oder anhängig gemacht werden soll. Geht es um die Bewilligung von PKH für ein Verfahren in einem höheren Rechtszug, so ist also dieses Gericht zuständig. Wird im VwGO-Verfahren ein PKH-Antrag für einen noch zu stellenden Antrag auf Zulassung der Berufung gestellt, so ist für den Antrag auf Zulassung der Berufung das OVG zuständig. Der PKH-Antrag ist jedoch beim VG einzulegen, dessen Entscheidung angefochten werden soll (VG Kassel NVwZ-RR 03, 390). Im FamFG-Verfahren ist streitig, wo der VKH-Antrag für eine beabsichtigte Beschwerde einzureichen ist. Nach zutr hM ist sowohl das Rechtsmittelgericht als auch das Ausgangsgericht für die Entgegennahme zuständig (Bremen FamRZ 11, 913 und 1741 mzwN; aA – Einlegung nur beim Ausgangsgericht statthaft – Bambg NJW-RR 11, 1509). Im Kompetenzstreit kann eine Zuständigkeitsbestimmung nach § 36 Nr 6 auch im PKH-Verfahren erfolgen (BGH NJW 01, 3631; Dresd FamRZ 99, 449). Wird der Rechtsstreit vom angegangenen Gericht an ein anderes Gericht verwiesen – auch vom Zivilgericht ans Arbeitsgericht – so ist das angerufene Gericht hinsichtlich der PKH Bewilligung an die Zuständigkeitsauffassung des abgebenden Gerichtes gebunden. Das gilt allerdings nicht für die Hauptsacheentscheidung. Dort kann das angerufene Gericht sich ebenfalls für unzuständig erklären (BAG NJW 93, 751; BGH NJW 01, 3633). Funktionell ist bei erstinstanzlichen LG-Sachen ggf der Einzelrichter zuständig (§ 348), bei der Kammer für Handelssachen der Vorsitzende (§ 349 II Nr 7). Im Berufungsverfahren in Zivilsachen entscheidet die Kammer/der Senat). Im Beschwerdeverfahren gegen eine PKH-Entscheidung ist ein Mitglied des Beschwerdegerichts als Einzelrichter zuständig (§ 568). Für die Zwangsvollstreckung gilt die Zuständigkeit des Vollstreckungsgerichts (§ 117 I 3). Das gilt auch dann, wenn die beabsichtigte Vollstreckungsmaßnahme bei einem anderen Vollstreckungsorgan durchzuführen ist. Funktionell ist der Rechtspfleger zuständig (§ 20 Nr 5 RPflG). Im Insolvenzverfahren ist das Insolvenzgericht zuständig (§§ 2, 3 InsO). Ist für die Vollstreckungsmaßnahmen das Prozessgericht zuständig (§§ 887, 888, 890), dann entscheidet das jeweils zuständige Prozessgericht.

3 **II. Form.** Es besteht kein Formzwang, der Antrag kann schriftlich gestellt oder zu Protokoll der Geschäftsstelle erklärt werden. Möglich ist auch die Antragstellung bei der Rechtsantragstelle oder zu Protokoll des Gerichts in der mündlichen Verhandlung. Auch wenn für das beabsichtigte Verfahren Anwaltszwang besteht, gilt dies nicht für das PKH-Verfahren (§ 78 V). Stellt ein Anwalt den PKH-Antrag, ist die Vorlage

einer Vollmacht grds nicht erforderlich (§ 88 I). Ein schriftlich gestellter Antrag ist vom Antragsteller oder seinem Vertreter eigenhändig zu unterzeichnen (Zimmermann Rn 221).

1. Stillschweigende Antragstellung. Der Antrag ist auslegungsfähig. Auch ein stillschweigender Antrag ist möglich. Allerdings nur ausnahmsweise, wenn sich die Antragstellung eindeutig aus dem Verhalten des Antragstellers folgern lässt. Das kann der Fall sein, wenn die Einbeziehung eines Vergleichsüberhangs des Streitgegenstandes auf Vorschlag des Gerichtes erfolgt ist. Ansonsten findet keine Erstreckung der PKH auf prozessfremde Streitgegenstände statt (Kalthoener/Büttner/Wrobel-Sachs Rn 78). Eine Erstreckung ist auch bei der Stufenklage möglich, wenn eine den ursprünglichen Streitwert übersteigende Bezifferung erfolgt. Bei der Auslegung kommt es darauf an, ob der Richter gem § 139 darauf hätte hinweisen müssen, dass der ursprüngliche PKH-Antrag das Verfahren nicht mehr deckt. Im Zweifel ist nicht anzunehmen, dass die arme Partei spätere Prozessabschnitte selbst finanzieren kann (Zimmermann Rn 221). 4

2. Bewilligung ohne Antrag. Ist ohne Antrag PKH bewilligt worden, ist die PKH-Bewilligung nicht wirkungslos, sondern kann nur aufgehoben werden. Die bis zur Aufhebung entstandenen Kosten sind aus dem Gesichtspunkt des Vertrauensschutzes zu tragen (Zweibr FamRZ 03 1021: nur für Aufhebung gem § 120 IV). Ist der Rechtsstreit nach der Einreichung des PKH-Antrags, aber vor Klagerhebung in der Hauptsache erledigt, kann PKH nicht mehr bewilligt werden (Köln FamRZ 84, 916). 5

III. Zeitpunkt. Eine Frist für den Antrag gibt es nicht. Der Antrag ist vor Beendigung des Rechtszuges zu stellen. Der Rechtszug endet mit Verkündung der Endentscheidung, Rücknahme der Klage oder des Rechtsmittels, übereinstimmender Erledigungserklärung oder Vergleich (Ddorf FamRZ 06, 628). Ein verspätet gestellter Antrag ist unzulässig (BGH NJW 82, 446). Dem verspätet gestellten Antrag steht es gleich, wenn die Erklärung über die persönlichen und wirtschaftlichen Verhältnisse verspätet eingereicht wird (Brandbg FamRZ 98, 249). Das Gericht kann allerdings gestatten, PKH-Unterlagen nachzureichen (Karlsr FamRZ 11, 1608). Ist die Instanz beendet und die vom Gericht nachgelassene Frist abgelaufen, kann PKH nicht mehr bewilligt werden (Saarbr OLGR 09, 250). Wiedereinsetzung in den vorigen Stand ist nicht möglich, denn es handelt sich nicht um eine Notfrist. Streitig ist, ob bei schuldloser Versäumung der Frist analog § 66 SGB I rückwirkend PKH bewilligt werden kann (ja: *Gottwald* FamRZ 04, 1218; nein: Karlsr FamRZ 04, 122). Ausnahmsweise kann PKH auch nach Abschluss der Instanz bewilligt werden, wenn das Gericht sie bereits vor der Beendigung der Instanz hätte bewilligen müssen (s. § 114 Rz 22; KG FamRZ 00, 839). Ist die Instanz nicht beendet, der Antrag aber in einem Verfahrensstadium gestellt, in dem keine Kosten mehr anfallen können, so ist PKH zu verweigern (Karlsr FamRZ 04, 122). Die Antragstellung im Verhandlungstermin reicht aus, auch wenn die Verfahrensgebühr des Rechtsanwalts zu diesem Zeitpunkt bereits angefallen ist. Allerdings soll auf einen VKH-Antrag im Scheidungstermin – nach Antragstellung zur Ehescheidung aber vor Verhandlung zu VA und SO – nach Beendigung der Instanz nur noch erkannt werden, wenn eine vollständige Erklärung über die persönlichen und wirtschaftlichen Verhältnisse nebst erforderlichen Belegen vorgelegt wird und fehlende Belege ggf durch anderweitige Glaubhaftmachung, aber nicht durch Nachforderung von Unterlagen erledigt werden können (Karlsr FamRZ 06, 1852). 6

IV. Darstellung des Streitverhältnisses. 1. Klägerseite. Im Antrag ist das Streitverhältnis unter Angabe der Beweismittel darzustellen. Es muss der Sachverhalt geschildert und angegeben werden, wie er bewiesen werden kann (Saarbr FamRZ 93, 715). Außerdem ist anzugeben, welche Anträge gestellt werden sollen. Der Vortrag muss so substanziiert sein, dass dem Gericht eine rechtliche und tatsächliche Prüfung möglich ist (vgl BVerfG Beschl v 14.4.10 – 1 BvR 362/10). Sofern die Darlegung des Anspruchs im Antrag noch nicht ausreicht, ist das Gericht verpflichtet, auf einen schlüssigen Tatsachenvortrag hinzuwirken. Voraussetzung ist, dass zunächst ein für eine Erfolg versprechende Rechtsverfolgung oder Rechtsverteidigung ausreichender Kern an Tatsachen dargetan ist (B/L/A/H Rn 17). Unter Beachtung der einschlägigen verfassungsrechtlichen Maßstäbe (s. dazu § 114 Rn 2) dürfen allerdings die Anforderungen an den Tatsachenvortrag im PKH-Prüfungsverfahren nicht überspannt werden; dies gilt auch dann, wenn der Antragsteller anwaltlich vertreten ist. Es muss keine einem Urt vergleichbare Überzeugung des Gerichts herbeigeführt werden (OVG Nds FamRZ 06, 963). 7

Beweismittel sind anzugeben. Nur die im Erkenntnisverfahren zulässigen Beweismittel kommen in Frage. Auch hier muss das Gericht vor einer Zurückweisung des Antrags wegen unzureichenden Beweisangebots die antragstellende Partei auf den Mangel hinweisen und ihr Gelegenheit zu weiteren Beweisantritten geben (Schoreit/Groß/*Groß* Rn 17). Wird lediglich eine eidesstattliche Versicherung angeboten und ist diese im 8

Verfahren nicht zulässig (reicht aus bei Arrest, einstweiliger Verfügung bzw Anordnung), so muss das Gericht auch hier einen Hinweis geben.

9 **2. Beklagtenseite.** Für den Beklagten kommt eine PKH-Bewilligung erst nach Bewilligung für die Klägerseite in Betracht, da eine PKH-Bewilligung für das Prüfungsverfahren ausscheidet. Im rechtshängigen Verfahren gelten für ihn die gleichen Grundsätze wie für die Klägerseite. Stellt der Beklagte innerhalb der Notfrist zur Anzeige der Verteidigungsabsicht einen PKH-Antrag und läuft die Frist ab, bevor das Gericht über den PKH-Antrag entschieden hat, ist der Erlass eines bereits beantragten schriftlichen Versäumnisurteils solange ausgeschlossen, bis über den PKH-Antrag entschieden ist (*Schneider* MDR 85, 377).

10 **3. Rechtsmittelverfahren.** Wegen der objektiven Voraussetzungen im Rechtsmittelverfahren kann der Antragsteller auf den Inhalt der Akten Bezug nehmen (BGH NJW-RR 90, 1212). Lediglich zur Statthaftigkeit und Zulässigkeit des Rechtsmittels ist ergänzend vorzutragen. Es muss angegeben werden, in welchen Punkten und weshalb eine vorinstanzliche Entscheidung iRd Rechtsmittels angegriffen werden soll (Saarbr FamRZ 93, 715).

11 Im Klageerzwingungsverfahren nach der StPO muss im PKH-Antrag der entscheidungserhebliche Sachverhalt in knapper Form das Ermittlungsergebnis wiedergeben. Die wesentlichen Beweismittel sind zu nennen (Ddorf JurBüro 93, 106; Hamm NStZ-RR 93, 279).

12 **V. Formular. 1. Angabe der persönlichen und wirtschaftlichen Verhältnisse.** Weiterer notwendiger Inhalt des PKH-Antrags ist die Darstellung der wirtschaftlichen und persönlichen Verhältnisse. Die Angaben müssen vor Ende der Instanz gemacht werden, es sei denn, das Gericht hat ausnahmsweise die Nachreichung des Formulars und der Belege gestattet (Köln FamFR 11, 227). Von der Ermächtigung zur Einführung von Formularen ist Gebrauch gemacht worden. Durch das Formular soll eine Vereinfachung und Vereinheitlichung des Verfahrens ermöglicht werden. Dementsprechend besteht – verfassungsrechtlich unbedenklicher (BVerfG Beschl v 14.4.10 – 1 BvR 361/10; BVerfGE 67, 251) – Formularzwang, und zwar nicht nur für den Erstantrag, sondern auch für die jeweilige Überprüfung der wirtschaftlichen und persönlichen Verhältnisse. Das Formular muss auch dann benutzt werden, wenn der Antragsteller der deutschen Sprache nur unzureichend mächtig ist. Für das Ausfüllen des Formulars kann die Hilfe der Geschäftsstelle in Anspruch genommen werden (LAG Hamm JurBüro 81, 1581). Das Gericht kann einen Antrag allein wegen der Nichtvorlage des Formulars als unbegründet zurückweisen, es muss allerdings zuvor auf den Formularzwang hinweisen (BGH EzFamR ZPO § 117 Nr 3 mit Anm *Schneider*) und dem Antragsteller analog § 118 II 4 eine Frist setzen (Saarbr B v 27.10.11 – 9 WF 85/11). Statthaft ist die **Bezugnahme** des Antragstellers auf die in der Vorinstanz vorgelegten PKH-Unterlagen, wenn er vorträgt, dass sich in der Zwischenzeit keine Veränderungen ergeben haben (BGH Beschl v 21.1.2009 – VI ZA 17/08); allerdings müssen dann diese Unterlagen ihrerseits vollständig gewesen sein (BGH FamRZ 04, 1961 mwN und Anm *Völker* jurisPR-FamR 2/05 Anm°4). Wenn das Gericht ein elektronisches PKH-Heft führt, kann die Erklärung über die persönlichen und wirtschaftlichen Verhältnisse auch elektronisch eingereicht werden.

13 **2. Eigenhändige Unterzeichnung.** Das Formular muss eigenhändig unterzeichnet werden. Der Antragsteller hat in dem Formular die Richtigkeit und Vollständigkeit seiner Angaben zu versichern, dementsprechend muss die Urheberschaft eindeutig feststehen. Kann das Gericht sich auf sonstige Art und Weise davon überzeugen, dass die Partei sich als Urheber und zur Richtigkeit der Erklärung bekennt, kann von der Unterzeichnung abgesehen werden (Kalthoener/Büttner/Wrobel-Sachs Rn 131).

14 **3. Bezugnahme auf Anlagen.** Bei unvollständig ausgefülltem Antrag können ausnahmsweise dem Formular Anlagen beigefügt oder nachgereicht werden. Das kann erforderlich sein, wenn der Platz im Formular nicht ausreicht, um übersichtliche Angaben zu ermöglichen. Da sämtliche Angaben zu belegen sind, können Lücken im Formular auch durch die entsprechenden Belege gefüllt werden (BGH FamRZ 09, 318; MDR 86, 302). Ein Verweis auf beigefügte Belege ist zulässig, dann müssen die Belege aber beigefügt, übersichtlich geordnet und gut lesbar sein (Frankf FamRZ 97, 682). Es ist nicht Aufgabe des Gerichts, sich aus einem ungeordneten Wust von Anlagen die für es erforderlichen Belege herauszusuchen.

15 **4. Beifügung von Belegen.** Angaben im Formular sind mit Belegen zu versehen. Anders als beim Vordruck können Belege entbehrlich sein, das Gericht kann allerdings nach § 118 II 2 weitere Belege anfordern. Die Einkünfte aus nichtselbstständiger Tätigkeit sind durch aktuelle **Verdienstbescheinigungen** zu belegen. In der Regel genügt die Vorlage der drei letzten Bescheinigungen. Werden Sonderzahlungen geleistet wie

Weihnachts- und Urlaubsgeld, so sind die entsprechenden Bescheinigungen für diese Monate ebenfalls vorzulegen. Es genügt die Vorlage einer Jahresverdienstabrechnung. Auch die Vorlage von Belegen über das Einkommen des Ehegatten ist – jedenfalls auf entsprechende Anforderung des Gerichts – erforderlich (vgl BGH FamRZ 04, 99), damit geprüft werden kann, ob der Antragsteller gegen diesen einen Anspruch auf Prozesskostenvorschuss hat. Bei Selbstständigen sind Jahresabschlüsse vorzulegen, die Bescheinigung eines Steuerberaters über negative Einkünfte genügt nicht (LG Koblenz FamRZ 96, 806). Auch die Einkommensteuererstattung gehört zum Verdienst, dementsprechend wird idR auch die Vorlage des zuletzt ergangenen **Einkommensteuerbescheides** verlangt, wenn eine Erstattung geflossen ist.

Hinsichtlich des Vermögens ist die Vorlage eines aktuellen **Kontoauszugs** erforderlich, bei sonstigen Vermögenswerten genügen die Vorlage einer Kopie eines **Sparbuches**, von Jahreskontoauszügen betreffend Sparverträge oder Bausparverträge. Der Rückkaufswert einer **Lebensversicherung** ist idR durch ein aktuelles Schreiben der Versicherung zu belegen. Werden Unterhaltsverpflichtungen durch Barzahlung beglichen, muss auch dies durch Vorlage der Quittung belegt werden. 16

Schulden sind ebenfalls durch Belege glaubhaft zu machen; Darlehen durch **Darlehenskontoauszug** und Kreditvertrag. Zumindest auf Anforderung müssen auch Belege über die durch Darlehen getätigten Anschaffungen vorgelegt werden. Werden Versicherungen abgezogen, **Versicherungspolicen** und Zahlungsbeleg. Hinsichtlich der Angaben zu **Miete** und Nebenkosten ist der vollständige Mietvertrag vorzulegen sowie Zahlungsbelege über die Miete und die Zahlung der Nebenkosten. Eine eidesstattliche Versicherung anstelle der Belege soll nicht genügen, wenn die Miethöhe nachgewiesen werden soll (Brandbg FamRZ 02, 1415). Das dürfte zu eng sein, wenn tatsächlich eine Mietzahlung bar erfolgt und Quittungen nicht vorhanden sind, muss auch die Glaubhaftmachung ausreichen, es sei denn, es bestehen Zweifel an der Richtigkeit der Angaben. Auch die Belege sind in **deutscher Sprache** vorzulegen, eine Übersetzung ist erforderlich, wenn das Gericht sie verlangt (Hamm JurBüro 00, 229). 17

5. Ausnahmen vom Formularzwang. Eine Vereinfachung gilt, wenn die antragstellende Partei **Sozialhilfe** bezieht. Sie muss nach § 2 II PKHV die Abschnitte E bis J des Formulars nicht ausfüllen, wenn der aktuelle Sozialhilfebescheid beigefügt wird. Das Formular muss allerdings dennoch iÜ ausgefüllt und unterzeichnet vorgelegt werden. Ergibt sich der Sozialhilfebezug der Partei aus den Akten, so genügt dies grds nicht, dann muss jedoch das Gericht zunächst auffordern, ein Formular einzureichen, und darf nicht allein aus diesem Grund den Antrag abweisen (Nürnbg FamRZ 04, 475). Außerdem vom Formularzwang befreit sind minderjährige unverheiratete **Kinder** gem §§ 1 III, 2 I PKHVV in Kindschaftssachen und bei Geltendmachung oder Vollstreckung eines Unterhaltsanspruchs. Der Inhalt der Erklärung ist nach § 2 I Nr 1 PKHVV auf Angaben zur Bestreitung des Unterhalts und zum Einkommen und Vermögen der Unterhaltspflichtigen beschränkt. Diese sind erforderlich, um einen eventuellen Prozesskostenvorschussanspruch zu beurteilen. 18

Für Antragsteller gem § 116 – Partei kraft Amtes, juristische Personen und parteifähige Vereinigungen – gilt der Vordruck nicht. Sie haben ihre persönlichen und wirtschaftlichen Verhältnisse gesondert darzustellen. 19

6. Pflichten des Rechtsanwalts. Der Rechtsanwalt ist verpflichtet, die Partei über die Möglichkeit der Beantragung von PKH aufzuklären, wenn sich aus den bekannten wirtschaftlichen Verhältnissen ergibt, dass eine Berechtigung möglich ist (Ddorf AnwBl 87, 147; Köln FamRZ 83, 633). Hat der Rechtsanwalt nicht bereits aus dem konkreten Mandatsverhältnis genügend Kenntnis von den wirtschaftlichen Verhältnissen – wie meistens in Familiensachen – so spricht der Bezug von Wohngeld, die Bitte um Ratenzahlung auf den Kostenvorschuss sowie die Kenntnis von Lebensumständen des Mandanten dafür, dass ein solcher Anspruch besteht. Fragt die Partei konkret nach, ist in jedem Fall Auskunft zu geben (Kalthoener/Büttner/Wrobel-Sachs Rn 143). Ansonsten genügt der Hinweis auf die formalen Erfordernisse eines PKH-Antrags, die Verwendung eines sorgfältig ausgefüllten Vordrucks, Belegbeifügung und möglichst baldige Antragstellung (Ddorf AnwBl 87, 147). Der Rechtsanwalt ist nicht verpflichtet, die Erfolgsaussicht des Antrags zu prüfen. Bei zweifelhafter Hilfsbedürftigkeit muss der Rechtsanwalt allerdings, wenn Rechtsmittelfristen zu wahren sind, die Partei darauf hinweisen, vorsichtshalber die Frist durch Rechtsmitteleinlegung zu wahren. (Kalthoener/Büttner/Wrobel-Sachs Rn 144). Der Rechtsanwalt ist Organ der Rechtspflege, deshalb besteht auch ohne Mandatsvertrag die Verpflichtung, die Partei wegen ihrer vorerst fehlenden finanziellen Möglichkeiten über die PKH – notfalls finanziert über Beratungshilfe – zu beraten. Eine Verletzung der Hinweis- und Aufklärungspflicht kann einen Schadensersatzanspruch auslösen (LG Waldshut-Tiengen NJW 02, 833). 20

21 Beim Ausfüllen des Formulars leistet der **Urkundsbeamte der Geschäftsstelle** Hilfe. Er ist auch zur Beratung über die Inhalte der Erklärung und die Beifügung von Belegen verpflichtet, darf aber freilich keine sonstige Rechtsberatung in der Sache leisten.

22 **7. Einsichtnahme in die PKH-Unterlagen.** Die Unterlagen über die persönlichen und wirtschaftlichen Verhältnisse und die zugehörigen Belege sind lediglich für das Gericht bestimmt und werden deshalb nach der Aktenordnung in einem Beiheft, dem PKH-Heft, geführt. Das Recht zur Akteneinsicht umfasst grds nicht das Recht zur Einsichtnahme in das PKH-Heft der Partei durch die anderen Parteien. Dies gilt allerdings nicht für die **Staatskasse**, diese hat ein Einsichtsrecht auch in das PKH-Heft (Zö/*Philippi* § 118 Rn 2), damit sie ihrem Prüfungsauftrag nachkommen kann, ob der Partei zu Recht ratenfreie Prozesskostenhilfe gewährt worden ist (§ 127 III 1).

Das Gericht kann, wenn dem Gegner ein Anspruch auf **Auskunft** hinsichtlich des Einkommens und Vermögens des Antragstellers zusteht und nachdem es dem Antragsteller hierzu rechtliches Gehör gewährt hat, die Erklärung über die persönlichen und wirtschaftlichen Verhältnisse nebst Belegen dem Gegner zugänglich machen. Dem Antragsteller ist diese Zuleitung der Unterlagen an den Gegner mitzuteilen. Von dieser Möglichkeit sollte der Gegner nicht nur in Unterhalts- und Güterrechtsverfahren, sondern regelmäßig Gebrauch machen, schon um Vollstreckungsmöglichkeiten zu entdecken. Es reicht aus, dass ein Auskunftsanspruch besteht, dieser muss weder fällig noch Gegenstand des Rechtsstreits sein (Kobl FamRZ 11, 389; aA Brandenbg FamRZ 11, 125). Gegen die Gestattung der Einsicht ist die sofortige Beschwerde gegeben (Kobl FamRZ 11, 389); gegen die Ablehnung des Antrages auf Einsichtnahme soll hingegen keine sofortige Beschwerde statthaft sein (Bremen Beschl v 12.10.11 – 5 WF 100/11).

23 **B. Wirkung des Antrags. I. Keine Rechtshängigkeit.** Durch die Bekanntgabe des PKH-Antrags an den Gegner wird das Verfahren noch nicht rechtshängig. Demnach kann auch die Zwangsvollstreckung noch nicht gem § 769 I 1 eingestellt werden, es kommen nur Maßnahmen nach § 769 II 2 in Frage (Frankf FamRZ 82, 724; Köln FamRZ 87, 963; Ausnahmen § 769 IV sowie § 242 FamFG). Der Rechtshängigkeit wird die Übersendung des PKH-Antrags iRd Streitwertberechnung bei wiederkehrenden Leistungen gleichgestellt (§ 42 IV 2 GKG). Auch die Frist des § 696 wird durch die Übersendung gewahrt. Dagegen ist im PKH-Prüfungsverfahren nach übereinstimmender Erledigungserklärung eine Kostenentscheidung gem § 91a nicht zulässig (Naumbg Beschl v 19.7.07 – 3 WF 220/07). Auch eine Kostenentscheidung zu Lasten des Gegners ist nicht möglich (Kobl OLGR 09, 456).

24 **1. Gleichzeitiges Einreichen von Klage und PKH-Antrag.** Der Kl hat die Wahl, ob er zunächst einen PKH-Antrag für eine beabsichtigte Klage einreicht oder aber den PKH-Antrag und die Klage miteinander verbindet. Im ersten Fall soll die Klage nur dann erhoben werden, wenn PKH bewilligt wird. Es liegt mit dem PKH-Antrag noch keine Klage vor. Eine Klage, die nur für den Fall der PKH-Bewilligung erhoben wird, ist bedingt erhoben und aus diesem Grund unwirksam (Naumbg WM 93, 36). Der Unterschied liegt in der Absicht des Antragstellers zum Zeitpunkt der Einreichung des Antrags. Eine unzulässige bedingte Klageerhebung liegt dann vor, wenn der Kl bereits Klage erheben will, diese aber von der Entscheidung des Gerichts über die Bewilligung der PKH abhängig macht. Die Entscheidung über die Klageerhebung kann aber nur der Kl selbst treffen. Da üblicherweise dem PKH-Antrag als Begründung ein Schriftsatz beigefügt wird, kann es ausreichen, dem PKH-Antrag eine Klageschrift beizufügen und diese lediglich als Entwurf zu bezeichnen. Zur Klarstellung ist auch eine Bezeichnung als beabsichtigte Klage oder die Nichtunterzeichnung des Schriftsatzes ausreichend. Bei der Bezeichnung als Entwurf ist hingegen Vorsicht geboten, wenn sich ansonsten nicht ergibt, ob die Klage nur für den Fall der PKH-Bewilligung oder aber gleichzeitig erhoben werden soll. Das LG Saarbrücken hält die Bezeichnung als Entwurf nicht für ausreichend (LG Saarbrücken FamRZ 02, 1260). Ausreichen soll, in einer eingereichten "Klage" darum zu bitten, vorab über einen gestellten PKH-Antrag zu entscheiden (Köln FamRZ 84, 916; Karlsr FamRZ 89, 716, str). Für eine Klage spricht, wenn sie in der Überschrift ausdrücklich als Klage bezeichnet ist, der Zusatz „Entwurf" fehlt und der Schriftsatz unterschrieben ist (Schlesw FamRZ 10, 1359). Es empfiehlt sich, im PKH-Antrag ausdrücklich darauf hinzuweisen, dass die beigefügte, als Entwurf bezeichnete Klageschrift lediglich dazu dienen soll, den PKH-Antrag zu begründen und die Klage noch nicht erhoben werden soll. Für die Auslegung ist auch die Klagebegründung heranzuziehen. Im gegenteiligen Fall muss der Kl klarstellen, dass er die Klage unbedingt erhebt und sie nicht von der Bewilligung von PKH abhängig macht. Ist eindeutig nur ein PKH-Antrag gestellt und behandelt das Gericht diesen als Klage, dann ist dennoch keine Klage erhoben worden. Nur der Kl bestimmt den Streitgegenstand. Ergeben sich keine Anhaltspunkte, dass er die Klage „bedingt"

erheben will, so ist von Klagerhebung auszugehen (Karlsr FamRZ 11, 1425; Hamm FamRZ 80, 1127). Fehlt eine Klarstellung, dann ist eine Klage nicht dadurch zugestellt, dass Klageschrift und PKH-Antrag formlos an den Gegner zur Stellungnahme übersandt werden (Karlsr FamRZ 88, 91).

2. Abänderungsklage. Streitig ist, ob bei der Abänderungsklage schon für die Zeit ab Zugang des PKH-Antrags abgeändert werden darf. Dafür Kobl FamRZ 79, 294; Frankf FamRZ 79, 963; Zö/*Philippi* Rn 4. Der BGH hat allerdings entschieden, dass eine Abänderung noch nicht möglich ist, weil der Antragsteller die Klage auch ohne Zahlung des Gerichtskostenvorschusses gem § 14 Nr 3 GKG hätte zustellen lassen können. Damit ist für die Praxis das Argument, dass die hilfebedürftige Partei ggü der vermögenden Partei benachteiligt ist, wenn erst durch die Klageerhebung der maßgebliche Zeitpunkt der Abänderung bestimmt wird (Schoreit/Groß/*Groß* Rn 9) gegenstandslos, wenn auch gerade im Fall der Abänderungsklage darüber hinaus eine anwaltliche Vertretung geboten, da nicht nur die derzeitigen Verhältnisse darzustellen sind, sondern auch die Grundlagen des ursprünglichen Verfahrens. Dieser Vortrag ist auch bereits im PKH-Verfahren bei der Darstellung des Streitverhältnisses notwendig. Gegenüber der vermögenden Partei ist die arme Partei dementsprechend ggf durch eine längere Unterhaltszahlung belastet. 25

Die gleichen Erwägungen gelten für den Korrekturantrag nach § 240 FamFG, zuvor § 654 I, II. Die Zuleitung eines VKH-Antrags begründet keine Rechtshängigkeit, dementsprechend kann die Unterhaltsfestsetzung auch erst für die Zukunft abgeändert werden. Auch hier kommt ein VKH-Antrag der Antragserhebung nicht gleich (Hamm FamRZ 08, 1540). Bei Abänderungsanträgen auf Unterhaltserhöhung kommt die Übersendung des VKH-Antrags hingegen der Antragserhebung iSd § 238 III FamFGgleich.

3. Verjährung. Die Verjährung einer Forderung wird durch die Bekanntgabe des PKH-Gesuchs an den Schuldner gehemmt (§ 204 I Nr 14 BGB). Die Hemmung der Verjährung tritt auch ein, wenn der gestellte PKH-Antrag alsbald an den Gegner zugestellt wird. Dann wird die Hemmung der Verjährung bereits mit der Einreichung fingiert (§ 204 Nr 14 BGB). Auch hier kommt es darauf an, ob der Gläubiger alles ihm Zumutbare für eine alsbaldige Zustellung des PKH-Gesuchs getan hat. Die Einreichung eines vollständigen, mit Belegen versehenen und ordnungsgemäß begründeten PKH-Gesuchs am letzten Tag der Verjährungsfrist reicht aus (BGH FamRZ 04, 177). Ordnungsgemäß gestellt ist das PKH-Gesuch aber nicht, wenn die Parteien und das Gericht nicht ordnungsgemäß bezeichnet sind, kein ordnungsgemäßer Antrag gestellt oder Grund und Gegenstand des erhobenen Anspruchs nicht ausreichend bestimmt sind (Stuttg FamRZ 05, 526). Voraussetzung ist auch, dass die Erklärung über die persönlichen und wirtschaftlichen Verhältnisse eingereicht ist. Wenn das Gericht noch Belege nachfordert oder weitere Glaubhaftmachung verlangt, tritt die Hemmung der Verjährung dennoch ein. Die Verjährung dauert an, solange der Gläubiger bei zumutbarer Sorgfalt gehindert ist, das Verfahren sachgemäß zu betreiben. Sechs Monate nach Abschluss des PKH-Verfahrens endet die Hemmung (§ 204 II 1 BGB). Außerdem endet die Hemmung der Verjährung am Tag der Zustellung einer die PKH verweigernden Entscheidung (Dresd OLG-NL 02, 55). Wird gegen diesen Beschl fristgerecht und ordnungsgemäß begründet Beschwerde eingelegt, tritt die Verjährungshemmung wieder ein (BGH NJW 01, 2445). 26

4. Sonstige Fristen. Die Klagefrist des § 4 KSchG wird durch den PKH-Antrag samt Entwurf einer Kündigungsschutzklage nicht gewahrt (LAG Köln NZA-RR 96, 453). Die Zustellung eine Stufenklage nach Bewilligung von PKH für die Auskunftsstufe führt zur Rechtshängigkeit der Klage insgesamt, wenn bei der Zustellung nicht ausdrücklich eine Einschränkung auf die Auskunftsklage zum Ausdruck gekommen ist (BGH FamRZ 95, 797). Die Zustellung eines VKH-Gesuchs zum Scheidungsantrag führt nicht das Ende der Ehezeit gem § 3 I VersAusglG herbei. Ist lediglich ein VKH-Antrag gestellt worden, wird die VKH verweigert und dennoch der Scheidungsantrag zugestellt, so ist das Ende der Ehezeit ebenfalls nicht herbeigeführt worden (Naumbg FamRZ 02, 401). 27

Ist innerhalb der Frist des § 276 I ein PKH-Antrag eingegangen, darf das Gericht kein Versäumnisurteil im schriftlichen Vorverfahren erlassen. Der PKH-Antrag darf auch nicht zeitgleich mit dem Erlass des Versäumnisurteils zurückgewiesen werden (Brandbg OLGR 01, 301). Das PKH-Gesuch steht der Klageinreichung iRd gesetzlichen Regelung in § 204 I Nr 1–14 BGB gleich, soweit es um prozessuale Fristwahrung geht. Auch die Frist zur Klagerhebung nach Beendigung des selbstständigen Beweisverfahrens (§ 494a) ist gewahrt, weil das PKH-Gesuch insgesamt der Klagerhebung gleichgestellt ist (Ddorf NJW-RR 98, 359; Kalthoener/Büttner/Wrobel-Sachs Rn 104). 28

Die Frist für die Vaterschaftsanfechtung (§ 1600b BGB: Zwei Jahre) wird ebenfalls gehemmt, solange der Anfechtungsberechtigte innerhalb der letzten sechs Monate der Frist durch höhere Gewalt an der Rechts- 29 verfolgung gehindert ist (§§ 1600b VI, 206 BGB). Die Kostenarmut ist höhere Gewalt (Dresden MDR 01, 1118).

30 **5. Rechtsmittel- und Begründungsfristen.** Weder eine Rechtsmittelfrist noch eine Rechtsmittelbegründungsfrist wird durch einen PKH-Antrag gehemmt. Wie bei der Klage ist eine Berufungseinlegung unter der Bedingung der PKH-Bewilligung unzulässig. Der Rechtsmittelführer ist gehalten, alles zu unterlassen, was den Eindruck erweckt, er wolle eine künftige Prozesshandlung nur ankündigen und sie von der Gewährung von Prozesskostenhilfe abhängig machen. Wenn die gesetzlichen Voraussetzungen an den Inhalt einer Rechtsmittelschrift erfüllt sind, kommt die Deutung, dass der Schriftsatz nicht als unbedingte Berufung bestimmt war, nur in Betracht, wenn sich das aus den Begleitumständen mit einer jeden vernünftigen Zweifel ausschließenden Deutlichkeit ergibt (BGH NJW 88, 2046). Es besteht lediglich die Möglichkeit, PKH für eine beabsichtigte Berufung zu beantragen (dazu anschaulich Grandel, FF 09, 300). Nach Entscheidung über den PKH-Antrag kann der Berufungskläger dann Berufung einlegen, die Berufung begründen und wegen der Versäumung der Berufungsfrist **und der Berufungsbegründungsfrist** fristgerecht (§ 233: Zwei Wochen) Wiedereinsetzung in den vorigen Stand beantragen. Die Kostenarmut ist ein Hindernis, welches durch den stattgebenden PKH-Beschluss beseitigt wird und somit das Wiedereinsetzungsgesuch begründet (BGH FamRZ 06, 1522). Ist rechtzeitig vor Ablauf der Berufungsfrist PKH beantragt worden, dann ist der Rechtsmittelführer solange ohne sein Verschulden an der rechtzeitigen Vornahme der Handlung gehindert, bis über den PKH-Antrag entschieden ist. Bei Ablehnung der PKH wegen fehlender Bedürftigkeit besteht das Hindernis solange fort, wie der Antragsteller vernünftigerweise nicht mit der Ablehnung des Antrags wegen fehlender Bedürftigkeit rechnen musste (BGH FamRZ 08, 400). Die Partei darf davon ausgehen, die wirtschaftlichen Voraussetzungen für die Bewilligung von Prozesskostenhilfe ordnungsgemäß dargetan zu haben, selbst wenn die PKH-Erklärung einzelne Lücken aufweist. Das gilt jedenfalls dann, wenn diese Lücken durch beigefügte Unterlagen geklärt werden können (BGH FamRZ 09, 318). Hat der Berufungskläger innerhalb der Rechtsmittelfrist die Bewilligung von PKH beantragt, dann hat das Gericht vor Verwerfung der Berufung als unzulässig über das Prozesskostenhilfegesuch zu entscheiden (BGH FamRZ 11, 881). Setzt das Gericht der Partei eine Frist zur Vervollständigung ihrer Angaben über die persönlichen und wirtschaftlichen Verhältnisse und erfüllt die Partei die Auflagen innerhalb der gesetzten Frist, so endet ihr schutzwürdiges Vertrauen auf Bewilligung der beantragten Prozesskostenhilfe erst mit der Bekanntgabe des die Bewilligung von Prozesskostenhilfe ablehnenden Beschlusses mit der Folge, dass erst zu diesem Zeitpunkt die Wiedereinsetzungsfrist zu laufen beginnt (BGH NJW-RR 08, 1306). Voraussetzung ist, dass die Unsicherheit für die Fristversäumung kausal geworden ist. Das ist nicht der Fall, wenn der beim Berufungsgericht zugelassene Rechtsanwalt bereit war, die Berufung auch ohne die Bewilligung von Prozesskostenhilfe zu begründen (BGH FamRZ 08, 1520). Dies entnimmt der BGH bereits aus der Tatsache, dass eine **vollständige, auch als Entwurf bezeichnete Berufungsbegründungsschrift** eingereicht wird. Damit habe der Rechtsanwalt schon alles getan, was für die Durchführung der Berufung nötig war, ohne dass die Mittellosigkeit der Partei ein Hindernis war. Diese Entscheidung ist durchaus krit zu sehen. Auch in der Berufungsinstanz muss substanziiert vorgetragen werden, um das Streitverhältnis, die konkreten Berufungsangriffe und die beabsichtigten Anträge darzustellen. Es entspricht nicht der Rechtswirklichkeit, dass eine mittellose Partei nach Erlass eines Urteils, welches angegriffen werden soll, zunächst selbst ohne die Mitwirkung eines Rechtsanwalts einen PKH-Antrag stellt und erst nach Entscheidung über diesen die Berufungsbegründung fertig. Vielmehr wird der Rechtsanwalt die Berufungsbegründung fertig stellen, zumindest gedanklich, und dann den PKH-Antrag stellen. Das wird man auch von ihm erwarten müssen, da bereits seine Tätigkeit im PKH-Prüfungsverfahren für die Partei Kosten auslöst. Würde man dem BGH hier folgen, so müsste der Rechtsanwalt seine Mandanten anhalten, dem Rechtsmittelgericht eine ggf auch unfundierte Begründung des PKH-Antrags vorzulegen. Unabhängig von einer dadurch sicherlich stärkeren Belastung der Gerichte wird kein Rechtsanwalt dies tun, um dem Mandanten nicht ein unnötiges Risiko aufzubürden. Die formale Begründung des BGH, mit der vollständigen Anfertigung der Berufungsbegründungsschrift habe der Rechtsanwalt gezeigt, dass er auch bereit gewesen sei, ohne Gebühren zu arbeiten, ist eine bloße Fiktion. Der Rechtsanwalt wird nicht bereit gewesen sein, umsonst zu arbeiten, sondern lediglich vorzuleisten in der Erwartung, dass nach PKH-Bewilligung und der dann entstehenden Notwendigkeit, die Berufung zu begründen, die Arbeit dann nicht mehr anfallen würde (so auch *Zimmermann* FamRZ 08, 1521).

31 **a) Inhalt der Antragsschrift bei »bedingt« eingelegter Berufung.** Fazit ist, dass bei »bedingten« Rechtsmitteleinlegungen keinesfalls eine Schrift eingereicht werden darf, die den formalen Anforderungen einer Berufung und einer Berufungsbegründung vollinhaltlich entspricht (so aber wieder BGH NSW ZPO § 234 A, bei nicht unterschriebener aber fertig gestellter Berufungsbegründung). Es sind zwar die Angriffe anzugeben, die gegen das erstinstanzliche Urt gerichtet sind und auch in die voraussichtlichen Anträge sind zu skizzieren. Hinsichtlich des Sachvortrages ist allerdings auf den erstinstanzlichen Vortrag zu verweisen und lediglich in Form einer »Erzählung« die Anfechtungsgründe, ggf neue Tatsachen, vorzutragen. Die Praxis, die Berufungsbegründung zu fertigen, als Entwurf zu bezeichnen und dem PKH-Gesuch beizufügen, darf nach der Entscheidung des BGH nicht mehr verfolgt werden. Zulässig ist es auch, die Berufung unbedingt einzulegen und zugleich für den Fall einer ablehnenden PKH-Entscheidung zurückzunehmen (Frankf FamRZ 99, 1150). Damit entstehen aber die Kostenfolgen. Es steht der Partei frei, auch nach einer ablehnenden PKH-Entscheidung die Berufung unbedingt einzulegen und ein Wiedereinsetzungsgesuch zu begründen. Wenn ein von einem bei dem OLG zugelassenen Rechtsanwalt unterzeichneter Schriftsatz eingereicht wird, der einen konkreten Berufungsantrag enthält, die Berufungsangriffe im einzelnen darlegt und der nicht ausdrücklich als Entwurf bezeichnet ist, dann ist von einer unbedingten Berufungsbegründung auszugehen, auch wenn in einem Begleitschriftsatz darauf verwiesen wird, dass lediglich PKH für eine beabsichtigte Berufung beantragt werden soll (BGH FamRZ 09, 1408).

32 **b) Frist und Erklärung über die persönlichen und wirtschaftlichen Verhältnisse.** Soll eine bedingte Berufung durchgeführt werden, so muss PKH spätestens am letzten Tag der Rechtsmittelfrist beantragt werden bzw bei fehlendem Verschulden innerhalb der Frist des § 234. Der PKH-Antrag muss beim zuständigen Gericht eingereicht werden. Die Partei trifft eine Erkundigungspflicht hinsichtlich der Zuständigkeit (BGH NJW 87, 440). Das PKH-Gesuch muss mit der Erklärung über die persönlichen und wirtschaftlichen Verhältnisse mitsamt allen notwendigen Belegen eingereicht werden (BGH FamRZ 06, 1522). Statthaft ist die **Bezugnahme** des Antragstellers auf die in der Vorinstanz vorgelegten PKH-Unterlagen, wenn er vorträgt, dass sich in der Zwischenzeit keine Veränderungen ergeben haben; allerdings müssen dann diese Unterlagen ihrerseits vollständig gewesen sein (BGH FamRZ 04, 1961 mwN und Anm *Völker* jurisPR-FamR 2/05 Anm°4). Mängel des PKH-Antrages können nach Ablauf der Berufungsfrist nur dann noch behoben werden, wenn dadurch dem PKH-Antrag noch zum Erfolg verholfen werden kann, was nur der Fall ist, wenn der Wiedereinsetzungsantrag begründet ist. Auch einer objektiv bedürftigen Partei kann Wiedereinsetzung nur gewährt werden, wenn sie vernünftigerweise nicht damit rechnen musste, dass ihr Antrag wegen fehlender Bedürftigkeit abgelehnt werden würde. Das ist nicht der Fall, wenn die PKH-Erklärung unvollständig ausgefüllt worden ist oder wesentliche Belege fehlen (Oldbg FamRZ 08, 1869. Ebenso wenig dann, wenn schon aus der Erklärung ein Vermögen ersichtlich ist, welches das Schonvermögen erheblich übersteigt (Naumbg FamRZ 08, 1869).

33 **c) Wiedereinsetzung in den vorigen Stand.** Bei Bewilligung von PKH beginnt mit der Zustellung des Beschlusses die Wiedereinsetzungsfrist von zwei Wochen für die Berufungseinlegung (BGH NJW 01, 2545). Auch wegen der Versäumung der Berufungsbegründungsfrist ist Wiedereinsetzung fristgerecht zu beantragen. Die Frist beträgt einen Monat nach Bekanntgabe der Entscheidung, dass Wiedereinsetzung in den vorigen Stand wegen der Versäumung der Einlegungsfrist gewährt ist (BGH FamRZ 08, 3500), und nicht ab Zustellung der PKH-Entscheidung (so aber Kalthoener/Büttner/Wrobel-Sachs Rn 117). Bei Versagung von PKH hat der Antragsteller, der sich für bedürftig halten durfte, ab der Zustellung der PKH-Entscheidung eine Frist von drei bis vier Tagen für die Überlegung,, ob er das Rechtsmittel mit eigenen Mitteln einlegen will. Danach beginnt die Wiedereinsetzungsfrist von zwei Wochen, in der auch das Rechtsmittel einzulegen ist (BGH NJW-RR 09, 789). Diese Überlegungsfrist steht dem Antragsteller nicht zu, wenn er bei vernünftiger Überlegung wegen fehlender Bedürftigkeit nicht mehr mit der PKH-Bewilligung rechnen durfte (Köln OLGR 04, 378). Nach Ablauf der Überlegungsfrist beginnt die Berufungsbegründungsfrist des § 234 I 2.

34 **d) Wiedereinsetzung bei der Rechtsbeschwerde.** Die Frist für die Einlegung und Begründung einer Rechtsbeschwerde bei Wiedereinsetzung in den vorigen Stand wegen Mittellosigkeit beginnt mit der Bekanntgabe der Entscheidung über die Bewilligung von Prozesskostenhilfe und nicht mit Bekanntgabe der Entscheidung, dass Wiedereinsetzung gewährt ist. Der BGH beurteilt somit die Rechtslage bei der Berufung und Revision anders als bei der Rechtsbeschwerde, weil bei der Rechtsbeschwerde nicht zwei zeitlich voneinander unabhängige Fristen zur Einlegung und Begründung des Rechtsbehelfs existieren (BGH FamRZ

08, 3500). Die Einlegung muss daher innerhalb der zweiwöchigen Frist des § 234 I 1 und die Begründung innerhalb der Monatsfrist § 234 I 2 nachgeholt werden.
Der Berufungsbeklagte erhält keine PKH, bevor nicht die Berufung begründet ist (BAG NJW 05, 1213; Celle OLGR 03, 197).

§ 118 Bewilligungsverfahren. (1) [1]**Vor der Bewilligung der Prozesskostenhilfe ist dem Gegner Gelegenheit zur Stellungnahme zu geben, wenn dies nicht aus besonderen Gründen unzweckmäßig erscheint. [2]Die Stellungnahme kann vor der Geschäftsstelle zu Protokoll erklärt werden. [3]Das Gericht kann die Parteien zur mündlichen Erörterung laden, wenn eine Einigung zu erwarten ist; ein Vergleich ist zu gerichtlichem Protokoll zu nehmen. [4]Dem Gegner entstandene Kosten werden nicht erstattet. [5]Die durch die Vernehmung von Zeugen und Sachverständigen nach Absatz 2 Satz 3 entstandenen Auslagen sind als Gerichtskosten von der Partei zu tragen, der die Kosten des Rechtsstreits auferlegt sind.**
(2) [1]Das Gericht kann verlangen, dass der Antragsteller seine tatsächlichen Angaben glaubhaft macht. [2]Es kann Erhebungen anstellen, insbesondere die Vorlegung von Urkunden anordnen und Auskünfte einholen. [3]Zeugen und Sachverständige werden nicht vernommen, es sei denn, dass auf andere Weise nicht geklärt werden kann, ob die Rechtsverfolgung oder Rechtsverteidigung hinreichende Aussicht auf Erfolg bietet und nicht mutwillig erscheint; eine Beeidigung findet nicht statt. [4]Hat der Antragsteller innerhalb einer von dem Gericht gesetzten Frist Angaben über seine persönlichen und wirtschaftlichen Verhältnisse nicht glaubhaft gemacht oder bestimmte Fragen nicht oder ungenügend beantwortet, so lehnt das Gericht die Bewilligung von Prozesskostenhilfe insoweit ab.
(3) Die in Absatz 1, 2 bezeichneten Maßnahmen werden von dem Vorsitzenden oder einem von ihm beauftragten Mitglied des Gerichts durchgeführt.

1 **A. Allgemeines.** § 118 regelt das Verfahren auf Bewilligung von Prozesskostenhilfe ab der Antragstellung. Das PKH-Verfahren ist zügig durchzuführen. Neben dem Grundsatz, dass über einen Antrag bei Eintritt der Entscheidungsreife auch entschieden werden soll, hat der Grundsatz Auswirkungen auf die Durchführung des Verfahrens. Dies betrifft zunächst die Mitwirkungsverpflichtung des Antragstellers. Aber auch die Tatsachenfeststellungen, die das Gericht im PKH-Prüfungsverfahren trifft oder nachfordert, sowie die Aussetzung des Verfahrens sind im Lichte des Beschleunigungsgebots zu sehen. Es ist nicht zulässig, dass PKH-Verfahren wegen eines anderweitig schwebenden Rechtsstreits auszusetzen (Hamm FamRZ 85, 827). Eine Unterbrechung durch die Insolvenz findet nicht statt (s. § 114 Rz 12).

2 **B. Beteiligung des Gegners. I. Anspruch auf rechtliches Gehör.** Bereits vor der Bewilligung von PKH hat der Prozessgegner Anspruch auf rechtliches Gehör. Ihm ist daher Gelegenheit zur Stellungnahme zum PKH-Gesuch zu geben. Die Anhörung ist verpflichtend zu den Ausnahmen s. Rz 5 f.), das Gericht hat kein Ermessen, ob Gelegenheit zur Stellungnahme gegeben oder direkt PKH bewilligt wird. Die Nichtbeachtung der Anhörungsverpflichtung ist ein schwerer Verfahrensfehler (Köln Rpfleger 02, 573). Bei streitigen Verfahren folgt dies auch aus der Erwägung, dass die Einlassung des Gegners zum Vorbringen des Antragstellers die Erfolgsaussicht des PKH-Gesuchs beeinflussen kann. Ansonsten sind am PKH-Verfahren lediglich das Gericht und der Antragsteller beteiligt (BGH NJW 84, 740). Dementsprechend sind außer dem Gegner, für den die Anhörung nicht gesondert geregelt ist, keine weiteren Personen anzuhören. Dies gilt auch für die Staatskasse und für den evtl. beizuordnenden Rechtsanwalt. Ihnen ist im PKH-Prüfungsverfahren kein rechtliches Gehör zu gewähren (Zö/*Philippi* Rn 1). Zur **Einsichtnahme** in die PKH-Unterlagen s. § 117 Rz 22.

3 **II. Beteiligte.** Der Gegner der zu erwartenden Hauptsache ist nicht Beteiligter des PKH-Verfahrens. Hieran beteiligt sind nur der Antragsteller und das Gericht. Gegner ist jeder künftige Gegner der Hauptsache, wenn PKH bewilligt wird. Das ist jeder, der durch die angestrebte Rechtsverfolgung oder Rechtsverteidigung unmittelbar in seinen Rechten betroffen sein wird (MüKoZPO/*Wax* Rn 7). Der Gegner wird nur zur Erfolgsaussicht der Rechtsverteidigung oder Rechtsverfolgung angehört, nicht zu den persönlichen und wirtschaftlichen Verhältnissen der antragstellenden Partei. Hat der Prozessgegner allerdings Kenntnis davon, dass beim Antragsteller aufgrund des vorhandenen Einkommens und Vermögens kein PKH-Anspruch gegeben sein kann, so steht es ihm frei, dies vorzutragen. Das Gericht kann dann iRd Verfahrens dem Antragsteller wiederum aufgeben, zu den Angaben des Prozessgegners Stellung zu nehmen und diese ggf zu widerlegen.

III. Entbehrlichkeit der Anhörung. Die Anhörung ist nur dann entbehrlich, wenn sie aus besonderen Gründen unzweckmäßig erscheint (§ 118 I 1). Das kann in folgenden Konstellationen der Fall sein: 4

1. Aussichtslosigkeit des Antrags. Ist nach dem eigenen Vorbringen des Antragstellers ein PKH-Anspruch nicht gegeben, muss der Gegner nicht gehört werden. Das gilt dann, wenn die Rechtsverfolgung oder Rechtsverteidigung schon nach dem eigenen Vortrag, ggf auch nach Aufforderung zur Nachbesserung, keine Aussicht auf Erfolg haben kann. Gleiches gilt, wenn keine Kostenarmut vorliegt. All dies folgt bereits aus der Formulierung des Gesetzes, dass vor der Bewilligung von Prozesskostenhilfe Gelegenheit zur Stellungnahme zu geben ist. 5

2. Eilverfahren. In Eilverfahren wie dem auf Erlass einer einstweiligen Verfügung oder eines Arrests ist die Anhörung des Gegners im PKH-Prüfungsverfahren unzweckmäßig, wenn besondere Eile geboten ist oder die Anhörung den Prozesszweck vereiteln würde, weil es auf ein Überraschungsmoment ankommt. Das ist insb in Verfahren der Zwangsvollstreckung der Fall, also bei der Forderungspfändung, Hausdurchsuchung, und Nachtzeitvollstreckung (Zö/*Philippi* Rn 3). Bei einstweiligen Anordnungen auf Zahlung von Unterhalt mag in besonders gelagerten Ausnahmefällen von der Anhörung abgesehen werden können, wenn eine – gesondert glaubhaft zu machende – besondere Notlage besteht. Allein aus der Tatsache, dass eine einstweilige Anordnung beantragt wird, kann noch nicht gefolgert werden, dass eine Anhörung des Gegners unterbleiben soll. Unzweckmäßigkeit besteht weiter dann, wenn eine öffentliche Zustellung erforderlich sein würde, da bei ihr ein Schutz- und Informationszweck nicht erreicht werden kann. Zudem würde dies zu einer unzumutbaren Verzögerung des PKH-Verfahrens führen. Gleiches kann im Einzelfall gelten, wenn die Anhörung in schwer zugänglichen ausländischen Gebieten erfolgen müsste. Die Anhörung ist dann aber jeweils nach der PKH-Bewilligung nachzuholen (Zö/*Philippi* Rn 3). 6

IV. Verpflichtung zur Stellungnahme. Der Gegner ist nicht verpflichtet, iRd PKH-Prüfung eine Stellungnahme abzugeben. Auswirkungen im Klageverfahren hat eine unterlassene Stellungnahme nicht, insb ist Vortrag, der im Klageverfahren die Forderung sofort zu Fall bringt, nicht verspätet. Es besteht auch kein Grund, eine Kostenerstattungsverpflichtung anzunehmen, wenn es nach PKH-Bewilligung zur Klagabweisung kommt (Zimmermann Rn 245). Streitig ist allerdings, ob eine unterlassene Stellungnahme Auswirkungen auf eine eigene PKH-Bewilligung nach Zustellung der Klage hat. Teilweise wird vertreten, dass dann, wenn der Gegner es unterlässt, bereits im PKH-Prüfungsverfahren Einwendungen und Tatsachen vorzutragen, die zu einer eingeschränkten PKH-Bewilligung für die Klage geführt hätten, seine eigene Rechtsverteidigung insoweit mutwillig ist, und ihm deshalb auch PKH in diesem Umfang zu versagen ist (Celle MDR 11, 1235; Oldbg FamRZ 02, 1712). Die Gegenmeinung ist der Ansicht, dass aus der Tatsache, dass der Gegner nicht verpflichtet ist, im PKH-Prüfungsverfahren Angaben zu machen, zu folgern ist, dass auch für eine eigene PKH-Bewilligung nachteilige Auswirkungen nicht entstehen dürfen (Karlsr FamRZ 09, 1932; Hamm FamRZ 08, 1264; Karlsr FamRZ 02, 1132; Schlesw OLGR 05, 808; Oldbg FamRZ 09, 895 jedenfalls für nicht anwaltlich vertretene Partei; Schoreit/Groß/Groß Rn 4). Auch eine Partei, die für die Kosten selbst aufkommen muss, würde uU Einwendungen nicht vorbringen, und sich tw solche für das Hauptverfahren noch vorbehalten. Dies gilt zum Beispiel dann, wenn die Einwendungen besonders scharf sind und – so va in Familiensachen – eine ohnehin belastete Beziehung mehr als nötig belasten, obwohl schon ein anderer Einwand aus Sicht des Antragsgegners das PKH-Gesuch zu Fall bringen kann. Dies gilt umso mehr, wenn der scharfe Einwand einen höheren Prozessaufwand oder höhere Prozesskosten verursacht. Eine Versagung der PKH wegen Mutwilligkeit muss daher auf Ausnahmefälle beschränkt sein, in denen die Mutwilligkeit offenkundig ist. Für das PKH-Prüfungsverfahren selbst kann dem Antragsgegner noch keine PKH bewilligt werden (s. § 114 Rz 6). Die Stellungnahme des Gegners kann schriftlich oder zu Protokoll der Geschäftsstelle erklärt werden. 7

V. Durchführung der Anhörung. 1. Stellungnahme. Der Gegner erhält Gelegenheit zur Stellungnahme durch Übersendung des PKH-Antrags mit der Auflage, innerhalb einer vom Gericht gesetzten Frist Stellung zu nehmen. Die Länge der Frist ist nicht vorgeschrieben, sie richtet sich nach den Umständen des Einzelfalles und beträgt idR zwei Wochen. In Eilfällen wird die Frist kürzer zu bemessen sein, bei komplizierten Sachverhalten auch länger. Streitig ist, ob die Verfügung, mit der die Frist zur Stellungnahme gesetzt wird, zuzustellen ist (ja: Zö/*Philippi* Rn 4; nein: Kalthoener/Büttner/Wrobel-Sachs Rn 167). Eine Zustellung ist eher unüblich und prozessrechtlich auch nicht erforderlich, hat aber den Vorteil, dass so der Fristablauf zuverlässig überwacht werden kann. Allerdings sollte dann in der Zustellungsverfügung ausdrücklich klar- 8

gestellt werden, dass nur das PKH-Gesuch und nicht die Klage zugestellt wird. Anwaltszwang besteht für die Stellungnahme nicht.
Eine weitere – eher seltene, aber in Familiensachen doch gelegentlich anzutreffende – Möglichkeit der Anhörung des Gegners ist die Durchführung eines PKH-Prüfungstermins (s. dazu Rz 10). Dieser kommt allerdings nur im Rahmen der – davon abzugrenzenden – mündlichen Erörterung zur Herbeiführung einer vergleichsweisen Einigung in Betracht. Ansonsten dürfte die Anberaumung eines Termins nur zur Stellungnahme des Gegners keine Rechtsgrundlage finden und im Widerspruch zum Beschleunigungsgebot im PKH-Verfahren stehen (aA Zimmermann Rn 255).

9 **2. Wirkung der Anhörung.** Hat der Antragsteller einen schlüssigen Antrag auf Bewilligung von Prozesskostenhilfe gestellt und die Erklärung über die persönlichen und wirtschaftlichen Verhältnisse nebst Belegen vorgelegt, dann ist nach der Anhörung des Gegners beziehungsweise nach fruchtlosem Fristablauf der PKH-Antrag entscheidungsreif (Köln Beschl v 13.2.08 – 4 WF 22/08).

10 **VI. Termin zur Erörterung.** Gemäß § 118 I S 2 kann das Gericht die Parteien zur mündlichen Erörterung laden, wenn eine Einigung zu erwarten ist. Dann kann ein Vergleich zu gerichtlichem Protokoll genommen werden. Eine solche mündliche Erörterung kommt daher nur in Betracht, wenn das Gericht nach dem PKH-Antrag, ggf einer schriftlich erfolgten Einlassung des Gegners, davon ausgehen kann, dass ein Vergleich geschlossen werden wird. Gegen die Anberaumung eines Erörterungstermins kann keine Beschwerde eingelegt werden. Allerdings kann das Erscheinen im Termin nicht erzwungen werden, insb darf kein Ordnungsgeld wegen unentschuldigten Fernbleibens verhängt werden (Zö/*Philippi* Rn 6). Auch im Termin zur mündlichen Erörterung gilt, dass die wirtschaftlichen Verhältnisse des Antragstellers in Anwesenheit der Gegenpartei nur erörtert werden dürfen, wenn der Antragsteller damit einverstanden ist (Zimmermann Rn 255). Die mündliche Erörterung dient nicht dazu, die Klärung des Streitstoffes bis zur Entscheidungsreife zu bringen (München FamRZ 98, 630). Die Erwartung einer Einigung muss seitens des Gerichts zu bejahen und darf nicht nur eine vage Hoffnung sein (Zweibr NJW-RR 03, 1078; Karlsr FamRZ 92, 1198).

11 **Vergleich im Termin:** Der im Termin zur mündlichen Erörterung geschlossene Vergleich ist zu Protokoll des Gerichts zu nehmen. Gericht ist das Kollegium, welches die mündliche Erörterung (Kalthoener/Büttner/Wrobel-Sachs Rn 190) durchführt, der Vorsitzende, der Einzelrichter oder der vom Vorsitzenden mit der mündlichen Erörterung beauftragte Richter oder Rechtspfleger (durch Anordnung des Vorsitzenden, nicht durch Beschl, B/L/A/H Rn 46). Weder für den Termin noch für den Vergleichsabschluss besteht Anwaltszwang. Es besteht allerdings Anwaltszwang, wenn der Vergleich erst nach vollständiger PKH-Bewilligung bei Anhängigkeit eines Prozessverfahrens geschlossen wird (Köln AnwBl 82, 113). Der Vergleich ist Vollstreckungstitel nach § 794 I. Durch den Vergleichsabschluss wird das PKH-Verfahren beendet, ohne dass es eines gesonderten Beschlusses bedarf. Für den Abschluss des Vergleichs kann PKH bewilligt werden, wobei allerdings nicht PKH für das gesamte Verfahren, sondern nur für den Abschluss des Vergleichs zu bewilligen ist (BGH FamRZ 04, 1708; Zweibr FamRZ 08, 534; Frankf OLGR 07, 804). Freilich wird der anwaltlich vertretene Antragsteller vor diesem Hintergrund zuweilen allein aus Kostengründen den Abschluss eines Vergleichs im PKH-Prüfungsverfahren ablehnen und nach Bewilligung von PKH für das Hauptsacheverfahren den Vergleich dort schließen.

12 PKH muss nur für Streitigkeiten bewilligt werden, die anhängig sind. Ein Anspruch auf Protokollierung eines gerichtlichen Vergleichs nach § 127a BGB besteht ohnehin nur insoweit, als die Parteien den Streitgegenstand des Verfahrens tw oder abschließend regeln. Soweit die Einigung der Parteien darüber hinausgeht, aber noch in einem inneren Zusammenhang mit dem Streitgegenstand steht, liegt es im pflichtgemäßen Ermessen des Gerichts, ob und in welchem Umfang es die Einigung als gerichtlichen Vergleich protokolliert (BGH FamRZ 11, 1572). Also besteht auch keine Verpflichtung des Gerichts, für einen nicht rechtshängigen Streitgegenstand auch Prozesskostenhilfe zu bewilligen (Brandbg FamRZ 07, 487). Aus prozessökonomischen Gründen sollte zwar auch für nicht anhängige Streitigkeiten PKH bewilligt werden, wenn sich im Erörterungstermin herausstellt, dass Vergleichsbereitschaft besteht und ein weiteres Verfahren vermieden werden kann. Dies dient allerdings nicht dazu, sämtliche Auseinandersetzungen der Parteien durch Prozesskostenhilfe finanziert zu erledigen. Grenze muss hier jedenfalls der Missbrauch sein.

13 Ausnahmsweise besteht auch in schriftlichen Verfahren die Möglichkeit einer Bewilligung von PKH für das PKH-Prüfungsverfahren, nämlich dann, wenn aufgrund einer Verfügung des Gerichtes das Verfahren seine Erledigung findet und zu diesem Zeitpunkt die Bewilligungsreife des PKH-Antrags bereits gegeben war

(Braunschw FamRZ 06, 504 nach schriftlichem Hinweis an den Antragsgegner, er möge seine Zustimmung zur verlangten Maßnahme geben).

VII. Kostenerstattung. Im PKH-Prüfungsverfahren findet eine Erstattung der dem Gegner entstandenen Kosten nicht statt. Gerichtskosten fallen in diesem Verfahren nicht an. Sind ausnahmsweise Zeugen und Sachverständige im PKH-Prüfungsverfahren vernommen worden, so sind die entstandenen Auslagen als Gerichtskosten von der Partei zu tragen, der die Kosten des Rechtsstreits auferlegt sind. Die Staatskasse tritt zunächst in Vorlage, sodann trägt die unterlegene Partei die Kosten nach Abschluss des Rechtsstreits. Grundsätzlich ist eine Kostenentscheidung nicht notwendig. Endet allerdings das PKH-Verfahren ohne dass die Klage rechtshängig wird und sind zu erstattende Auslagen angefallen, muss auch der PKH-Beschluss eine Entscheidung darüber enthalten, wer die Auslagen für Zeugen und Sachverständige trägt. Wird die Klage im PKH-Prüfungsverfahren zurückgenommen, findet ebenfalls keine Kostenerstattung statt (Hamm FamRZ 05, 1185). Ist dennoch ohne Rechtsgrund eine Kostenentscheidung im Beschl getroffen worden, so ist diese wirksam, wenn konkret erkennbar ist, dass das Gericht eine Kostenerstattung ausdrücklich anordnen wollte und es sich nicht um eine aus Versehen eingefügte Floskel handelt (Kalthoener/Büttner/Wrobel-Sachs Rn 199). Dem Gegner sind die PKH-Verfahrenskosten auch im Hauptprozess nicht zu erstatten (KG RPfleger 95, 508). Umstritten ist, ob die Kosten des PKH-Verfahrens als Vorbereitungskosten iSd § 91 erstattet werden können. Der obsiegenden hilfsbedürftigen Partei sind die PKH-Verfahrenskosten als **Vorbereitungskosten** nach hM zu erstatten (Hamm RPfleger 73, 317; Schoreit/Groß/*Groß* Rn 39). Die Kosten einer PKH-Beschwerde fallen wegen § 127 IV nicht hierunter (Celle OLGR 02, 323). Dagegen soll der Erstattungsanspruch des obsiegenden Gegners alleine durch § 118 I 4 und § 127 VI zur Beschwerde abschließend geregelt sein. Daraus wird gefolgert, dass die zusätzlichen Auslagen des Bewilligungsverfahrens nicht aus dem Kostentitel in der Hauptsache erstattet werden können (München NJW 70, 1555). Hierdurch werden die Parteien ungleich behandelt, dies wird aber hingenommen (Kalthoener/Büttner/Strobel Sachs Rn 200). Teilweise wird für beide Parteien angenommen, dass der Hauptsachekostentitel nicht zur Festsetzung der Kosten des PKH-Prüfungsverfahrens geeignet ist und dementsprechend keine der beiden Parteien eine Erstattung als Vorbereitungskosten erhalten kann (Kobl RPfleger 75, 99; Ddorf MDR 79, 151; Schoreit/Groß/*Groß* Rn 31). Durch Vereinbarung können Kostenerstattungsansprüche zwischen den Parteien begründet werden (Zö/*Philippi* Rn 3). 14

C. Glaubhaftmachung (§ 118 II). Das Gericht kann dem Antragsteller gem § 118 II aufgeben, seine tatsächlichen Angaben glaubhaft zu machen. Dies gilt für sämtliche Voraussetzungen der Bewilligung von Prozesskostenhilfe. Insbesondere kann das Gericht dem Antragsteller auch aufgeben, weitere Tatsachen zur Aufklärung des Sachverhalts vorzutragen. Dabei sind konkrete Angaben dazu erforderlich, wo Unklarheiten bestehen und welcher Punkt daher ergänzt werden soll. Wird dem Antragsteller die Glaubhaftmachung nicht förmlich unter Fristsetzung abverlangt, so kann die PKH-Verweigerung nicht auf die fehlende Glaubhaftmachung gestützt werden (arg. § 118 II 4; Saarbr Beschl v 6.12.10 – 6 WF 110/10). 15

I. Persönliche und wirtschaftliche Verhältnisse. Für die persönlichen und wirtschaftlichen Verhältnisse ist die Vorlage von Belegen zur Glaubhaftmachung bereits in § 117 II vorgesehen. Sofern Belege nicht vorgelegt sind, hat das Gericht gem § 118 II 4 eine Frist zur Glaubhaftmachung zu setzen. Das gilt auch dann, wenn der Antrag durch einen Rechtsanwalt eingereicht wurde (BGH NJW 84, 310). Das Gericht hat Ermessen, darüber hinaus eine weitere Glaubhaftmachung zu den persönlichen und wirtschaftlichen Verhältnissen zu verlangen. Insbesondere können weitere Belege verlangt werden. Es kann auch verlangt werden, zur Glaubhaftmachung negativer Tatsachen eine eidesstattliche Versicherung vorzulegen. Das gilt insb dann, wenn sich aus der Erklärung nicht ergibt, wie die allgemeinen Lebenshaltungskosten finanziert werden, weil die angegebenen Belastungen die Einnahmen übersteigen (Kalthoener/Büttner/Wrobel-Sachs Rn 172). Es sollte daher immer darauf geachtet werden, dass die eingereichte PKH-Erklärung aus sich selbst heraus schlüssig ist. Wenn zB Einkünfte nicht vorhanden sind, weil die Partei momentan unterstützt wird, so sollte im Formular eine Erklärung abgegeben werden, dass derzeit ohne rechtliche Verpflichtung und ohne Wissen um eine Fortdauer eine wirtschaftliche Unterstützung Dritter erfolgt und in welcher Höhe. Eine eidesstattliche Versicherung darf auch verlangt werden, wenn ein konkreter Anlass zur weiteren Aufklärung über die Angaben in der PKH-Erklärung hinaus besteht (München FamRZ 89, 83). Streitig ist, ob das Gericht bei Arbeitslosigkeit des Antragstellers diesem aufgeben darf iRd Prüfung der Bedürftigkeit Erwerbsbemühungen nachzuweisen (so Bbg FamRZ 11, 1239). Das kommt nur dann infrage, wenn dem 16

Antragsteller ein fiktives Einkommen zugerechnet werden kann, weil es ansonsten zu einer missbräuchlichen Inanspruchnahme von PKH käme (s. dazu § 115 Rz 10 mwN).

17 **II. Objektive Voraussetzungen.** Zur Erfolgsaussicht des Antrags und zum Mutwillen kann das Gericht ebenfalls Glaubhaftmachung verlangen. Diese ist erst auf Verlangen des Gerichts erforderlich (Brandbg FamRZ 02, 1415). Das PKH-Gesuch darf nicht ohne Anhörung des Gegners mangels Glaubhaftmachung zurückgewiesen werden. (Kalthoener/Büttner/Wrobel-Sachs Rn 174). Das PKH-Verfahren ist zügig durchzuführen. Das Verfahren darf dementsprechend nicht durch die Anordnung von Glaubhaftmachungen verzögert werden. Bei der Auslegung ist zu beachten, dass die Anforderungen nicht in verfassungsrechtlich bedenklicher Weise überspannt werden (Frankf FamRZ 10, 1750). Der Grundsatz, dass das Hauptsacheverfahren nicht in das PKH-Verfahren vorverlagert werden darf, muss auch hier beachtet werden.

18 Die Aufzählung, welche einzelnen Erhebungen und Anordnungen zur Glaubhaftmachung benutzt werden dürfen, ist nicht abschließend. Insbesondere kann das Gericht die **Vorlegung von Urkunden** anordnen, dies betrifft Urkunden jeder Art, privat oder öffentlich. Ebenfalls angeordnet werden kann die **Beiziehung von Akten.**

Gemäß § 118 II 2 ist die Einholung von **Auskünften** von Behörden und Privatpersonen zulässig. Die Auskunft des Arbeitgebers über die Einkünfte des Antragstellers aus Erwerbstätigkeit ist in aller Regel entbehrlich. Der Antragsteller ist bereits gehalten, sein Einkommen aus Erwerbstätigkeit durch Vorlage der Verdienstabrechnungen zu belegen. Kommt er der Aufforderung zur Vorlage von Belegen insoweit nicht nach, kann bereits aus diesem Grund die PKH verweigert werden. Werden Verdienstabrechnungen nicht vorgelegt, so ist das Gericht nicht verpflichtet, vAw eine Auskunft beim Arbeitgeber des Antragstellers einzuholen, andererseits steht dem Gericht diese Möglichkeit offen, insb, wenn es an der Echtheit der Gehaltsbescheinigungen Zweifel hat. Die Auskunft kann dann schriftlich oder mündlich eingeholt werden. Eine Erzwingung der Auskunft von Privatpersonen ist nicht möglich, dann kommt allenfalls eine mündliche Zeugenvernehmung in Betracht, sofern diese ausnahmsweise im PKH-Prüfungsverfahren zulässig sein sollte. Zu beachten ist, dass § 118 II 2 keine allgemeine Ermächtigungsvorschrift ggü den Auskunftspersonen darstellt. Diese können sich auf die in ihrer Person bestehenden Verschwiegenheitspflichten berufen. Falls ein solches Schweigerecht besteht, ist vorher das Einverständnis der geschützten Personen, idR des Antragstellers, einzuholen (Zö/*Philippi* Rn 20).

19 Zur Glaubhaftmachung der objektiven Voraussetzungen sind alle Möglichkeiten gegeben, die auch für die Glaubhaftmachung der persönlichen und wirtschaftlichen Verhältnisse gelten. Insbesondere darf das Gericht auch hier die Vorlage **eidesstattlicher Versicherungen** der Partei oder späterer Zeugen anordnen. Davon sollte allerdings zurückhaltend Gebrauch gemacht werden. Das Verlangen nach einer derartigen Glaubhaftmachung ist nur dann rechtmäßig, wenn konkrete Zweifel an der Richtigkeit des Parteivortrags bestehen (Hamm FamRZ 96, 417).

20 Die **Vernehmung von Zeugen und Sachverständigen** im PKH-Prüfungsverfahren ist gem S 3 grds unzulässig. Sie kommt nur dann in Betracht, wenn die Frage, ob die Rechtsverteidigung oder Rechtsverfolgung Aussicht auf Erfolg hat, nicht auf andere Art und Weise geklärt werden kann. Voraussetzung der Vernehmung von Zeugen und Sachverständigen ist es, dass der Kl für die fragliche Tatsache überhaupt die Beweislast trägt (Brandbg FamRZ 03, 1019). Abzugrenzen ist dies von einer Vorwegnahme der Beweisaufnahme, die im PKH-Verfahren nicht erfolgen soll. Die Vernehmung von Zeugen kommt daher in Betracht, wenn der Antragsteller für sein Vorbringen nur einen einzigen, dem Gericht anderweitig als unzuverlässig bekannten Zeugen benannt hat (Celle OLGR 02, 273). Ist dieser Zeuge aber zugleich das einzige Beweismittel, das vom Antragsteller und Gegner benannt ist, würde eine Vernehmung dieses Zeugen eine vollständige Vorwegnahme der Beweisaufnahme des Hauptsacheverfahrens bedeuten. Dann ist eine Vernehmung im PKH-Verfahren nicht zulässig (Brandbg FamRZ 03, 1019). Eine Beeidigung von Zeugen und Sachverständigen findet nicht statt.

21 Die Einholung von Sachverständigengutachten kommt aber auch schon im Bewilligungsverfahren in Betracht, zB,wenn die Prozessfähigkeit des Antragstellers nur durch ein Sachverständigengutachten geklärt werden kann. Dazu muss der Antragsteller aber gesondert angehört werden (Oldbg FamRZ 08, 1455). Hinsichtlich der wirtschaftlichen Verhältnisse ist der Zeugen- und Sachverständigenbeweis bereits nach dem Wortlaut des § 118 II 3 unzulässig.

22 **D. Folgen unzureichender Glaubhaftmachung.** Sofern das Gericht dem Antragsteller aufgibt, den Sachverhalt aufzuklären und glaubhaft zu machen, so hat dies durch Verfügung mit einer entsprechenden Frist-

setzung zu geschehen. Auch für diese Frist gibt es keine gesetzliche Vorschrift, die Frist ist unter Beachtung dessen, was der Antragsteller glaubhaft machen soll, angemessen zu bestimmen. Sinnvoll ist, die Verfügung zuzustellen – aber nur diese und nicht die Klage, was in der Verfügung klargestellt werden sollte (s. Rz 8) –, da nach Ablauf der Frist der PKH-Antrag abgewiesen werden kann (§ 118 II 4). Streitig ist, ob nach Abweisung des PKH-Antrags wegen fehlender Unterlagen ein neuer Antrag mit den angeforderten Unterlagen zulässig ist. Der BGH bejaht dies wegen der fehlenden Rechtskraft des Ablehnungsbeschlusses gem § 118 II S 4 (BGH FamRZ 09, 496; 05, 2063; so auch Frankf OLGR 04, 287 mit Anm *Völker* jurisPR-FamR 19/04 Anm 6). Teilweise wird die Auffassung vertreten, ein neuer Antrag ohne neuen Vortrag oder neue Unterlagen sei mangels Rechtsschutzbedürfnisses unzulässig (Zimmermann Rn 232; Hamm FamRZ 04, 647). Dieser Auffassung ist grds zuzustimmen. Zwar erwächst der Beschl nicht in Rechtskraft, er hat allerdings als Beschl mit sozialrechtlichen Konsequenzen eine Bestandskraft. Sofern weder neue Tatsachen vorgetragen noch neue Belege vorgelegt werden können, ist daher ein gleich lautender Antrag wegen fehlenden Rechtsschutzbedürfnisses zurückzuweisen. § 118 II S 4 soll Verstöße der Partei gegen die Mitwirkungspflicht auch sanktionieren. Das machte wenig Sinn, wenn durch wiederholte Anträge diese Sanktionierung unterlaufen werden könnte. Unter Berücksichtigung der Tatsache, dass im PKH-Verfahren für den Gegner keine PKH bewilligt wird und keine Kostenerstattung möglich ist, ist auch die Grenze der Belastung für den Gegner erreicht. Die Vorstellung, der Gegner werde sich ohne anwaltliche Hilfe im PKH-Verfahren zur Wehr setzen können, ist zwar dem PKH-Recht immanent, widerspricht aber der Lebenswirklichkeit. Der BGH verneint das Rechtsschutzbedürfnis nur im Einzelfall ebenfalls, wenn die Antragstellung rechtsmissbräuchlich ist (BGH NJW 09, 857), etwa wenn bereits drei Beschlüsse über denselben Lebenssachverhalt ergangen sind (BGH NJW 04, 1805 mit Anm *Völker* jurisPR-FamR 12/04 Anm 2). Verstöße gegen die Mitwirkungspflichten führen nicht automatisch zur vollständigen Versagung von PKH. Belegt der Antragsteller zum Beispiel einzelne Abzugspositionen trotz Aufforderung nicht, dann werden diese nicht berücksichtigt und die Partei zahlt entsprechend höhere Raten (Saarbr FamRZ 11, 662; Bambg FamRZ 01, 628). Anders, wenn Einkommen nicht belegt wird, da dann dem Gericht die Prüfung abgeschnitten ist, ob der Prozesskostenhilfebewilligung gegen Ratenzahlung § 115 IV entgegensteht.

E. Sonstige Verfahrensgrundsätze. Eine Aussetzung des PKH-Bewilligungsverfahrens wegen eines anderweitig schwebenden Rechtsstreites ist unzulässig (Hamm FamRZ 85, 827). Eine Unterbrechung durch die Insolvenz findet nicht statt (s. § 114 Rz 12). Der Tod des Anwalts der PKH begehrenden Partei beeinflusst den Verfahrensablauf nicht (BGH NJW 66, 1126). 23

F. Rechtsbehelfe. Die Anordnung weiterer Glaubhaftmachung oder der Vorlage von Belegen ist unanfechtbar. Sofern die angeordneten Erhebungen die Grenzen des Zulässigen überschreiten, können sie zu einer Verzögerung der Entscheidung über das PKH-Gesuch führen, die einer Ablehnung gleichkommt. Dasselbe gilt, wenn das Gericht das PKH-Gesuch übergeht und zur Hauptsache verhandelt oder sogar über diese Beweis erhebt. Hier ist die sofortige Beschwerde gegen die Übergehung des PKH-Gesuchs zulässig (Ddorf FamRZ 86, 485; Nürnbg FamRZ 03, 1020). Wenn in der Hauptsache ein Urt ergeht, ohne dass über die PKH entschieden worden ist, so kann darin eine Verweigerung rechtlichen Gehörs liegen, die ggf mit Rechtmittel bzw – bei letztinstanzlicher Entscheidung – durch Anhörungsrüge beanstandet werden sollte. 24

G. Kosten/Gebühren. I. Gerichtskosten. Das PKH-Verfahren ist bis zur Rechtshängigkeit der Klage gerichtsgebührenfrei. Der Vergleich im PKH-Prüfungsverfahren ist ebenfalls gerichtsgebührenfrei. Die im Verfahren entstehenden Auslagen durch die Vernehmung von Zeugen und Sachverständigen sind zunächst von der Staatskasse zu tragen. Der Antragsteller haftet gem § 22 GKG (Celle NJW 66, 114). Im PKH-Prüfungsverfahren ist für eine Kostenentscheidung kein Raum. Dies gilt auch im Beschwerdeverfahren gem § 127 IV. Eine unzulässige Kostenentscheidung kann mit der Beschwerde angefochten werden (Schoreit/Groß/*Groß* Rn 37). Im Beschwerdeverfahren VV 1812 (50 €) bei erfolgloser Beschwerde. Bei tw erfolgloser Beschwerde kann das Gericht die Gebühr nach freiem Ermessen reduzieren oder von einer Gebührenerhebung absehen. 25

II. Rechtsanwalt. VV 3335 Verfahrensgebühr 1,0. Bei Abschluss eines Vergleichs VV 1003 1,0. Eine Terminsgebühr im PKH-Verfahren entsteht nicht. Die im PKH-Verfahren entstandenen Gebühren werden auf gleichartige Gebühren angerechnet, die im nachfolgenden Rechtsstreit entstehen (§§ 15 II, 16 Nr 2 RVG). Im Beschwerdeverfahren VV 3500 Verfahrensgebühr 0,5, keine Anrechnung im Hauptverfahren. Wird im PKH-Verfahren ein Vergleich geschlossen, der auch Streitgegenstände umfasst, die nicht anhängig sind, 26 dann Vergleichsgebühr VV 1000 1,5 Gebühr. Anhängig im PKH-Verfahren ist ein Gegenstand nur, wenn die Partei ausdrücklich für diesen Gegenstand PKH verlangt hatte (Zö/*Philippi* Rn 25). Das gilt auch, wenn bei Protokollierung des Vergleichs die PKH auf nicht anhängige Gegenstände erstreckt und der Anwalt insoweit beigeordnet wird. Bei der Protokollierung von Scheidungsfolgenvereinbarungen über nicht anhängige Gegenstände, die außergerichtlich ausgehandelt worden sind und zu Protokoll des Gerichts erklärt werden, 1,5 Vergleichsgebühr, mit der Berechnung nach § 15 III RVG, also höchstens 1,5 Gebühr nach dem Gesamtwert aller Gegenstände. Für Vergleichsüberhang Verfahrensgebühr 0,8 VV 3101 Nr 2 (Zö/*Philippi* Rn 25b).

§ 119 Bewilligung. (1) **[1]Die Bewilligung der Prozesskostenhilfe erfolgt für jeden Rechtszug besonders. [2]In einem höheren Rechtszug ist nicht zu prüfen, ob die Rechtsverfolgung oder Rechtsverteidigung hinreichende Aussicht auf Erfolg bietet oder mutwillig erscheint, wenn der Gegner das Rechtsmittel eingelegt hat.**
(2) **Die Bewilligung von Prozesskostenhilfe für die Zwangsvollstreckung in das bewegliche Vermögen umfasst alle Vollstreckungshandlungen im Bezirk des Vollstreckungsgerichts einschließlich des Verfahrens auf Abgabe der eidesstattlichen Versicherung.**

1 **A. Allgemeines.** § 119 regelt die zeitliche Geltungsdauer der Bewilligung von PKH und ihre sachliche Geltungsdauer für die Zwangsvollstreckung.

2 **B. Rechtszug. I. Grundsätze.** PKH muss für jeden Rechtszug besonders beantragt und bewilligt werden. Der Begriff Rechtszug ist kostenrechtlich zu verstehen, er ist dementsprechend identisch mit § 35 GKG. Der Rechtszug beginnt mit der Einreichung eines Antrags oder einer Klage bei Gericht. Er endet mit der die Instanz abschließenden gerichtlichen Entscheidung, der sonstigen Erledigung des Rechtsstreits (Vergleich, Rücknahme, Erledigung) oder durch den Tod der Partei (BGH FamRZ 04, 1707).

3 **1. Zum Rechtszug zugehörige Verfahren.** Zur Instanz gehören folgende Verfahren:
- das Verfahren nach Verweisung, Einspruch und Zurückverweisung. Auch wenn eine Sache nach erfolgreicher Verfassungsbeschwerde durch das BVerfG zurückverwiesen wird, eröffnet dies keinen neuen Rechtszug, sondern gehört kostenrechtlich zur vorangegangenen Instanz (OVG NW JurBüro 94, 176).
- das Nachverfahren nach Grund- und Vorbehaltsurteil,
- Nebenverfahren innerhalb der Instanz wie zB die Ablehnung von Richtern oder Sachverständigen,
- Folgesachen im Verbund mit der Ehescheidung,
- das Mahnverfahren (s.u.),
- das Verfahren nach Verweisung des Rechtsstreits aufgrund der §§ 281, 506, §§ 48, 48a ArbGG, § 96 GVG,
- das Kostenfestsetzungsverfahren,
- das Verfahren vor dem beauftragten oder ersuchten Richter
- Zuständigkeitsstreitigkeiten sowie Wiedereinsetzungsgesuche lösen keine besonderen Gebühren aus und gehören daher zum Rechtszug.
- die Anhörungsrüge gem § 321a gehört zur Instanz. Ist der Rechtsanwalt nur mit der Anhörungsrüge beauftragt, entsteht eine 0,5 Gebühr gem VV 3330. Bei Zurückweisung der Rüge entsteht eine Gerichtsgebühr nach KV 1700. Dementsprechend muss für die Anhörungsrüge PKH gesondert beantragt werden (Zö/*Philippi* Rn 18a).

4 **2. Isolierte Verfahren.** Nicht zum Rechtszug gehören folgende Verfahren:
- Arrestverfahren, einstweilige Verfügung. Die Bewilligung von PKH für das Arrestverfahren umfasst nicht das Aufhebungsverfahren (Zö/*Philippi* Rn 4).
- einstweilige Anordnungen
- das selbstständige Beweisverfahren
- Widerklagen. Auch die Hilfswiderklage ist ein isoliertes Verfahren. Grundsätzlich gehören Hilfsanträge zum Rechtszug, das gilt aber nur für Hilfsanträge der gleichen Partei. Die eventuelle Widerklage kann nicht anders behandelt werden als die Widerklage, es handelt sich um einen anderen Streitgegenstand. Auch für die Verteidigung gegen die Widerklage ist eine besondere PKH-Bewilligung für den Kl erforderlich (Kalthoener/Büttner/Wrobel-Sachs Rn 488).
- das Wiederaufnahmeverfahren ist ein besonderer Rechtszug

II. Einzelne Verfahren. 1. Einstweilige Anordnung. *Vor Anwendbarkeit des FamFG (Art. 111 FGG-RG):* Einstweilige Anordnungen nach §§ 620, 641d, 644 sind jeweils eigene Angelegenheiten, für die Prozesskostenhilfe besonders beantragt und bewilligt werden muss. Jede einstweilige Anordnung in einer Ehesache ist ein besonderer Rechtszug. Dabei besteht das Problem, dass bei mehreren einstweiligen Anordnungen jeweils die Viermonatsgrenze des § 115 IV nicht überschritten wird und deshalb PKH nicht bewilligt werden könnte. Dieses Ergebnis, welches dem Zweck der PKH widerspricht, soll auf unterschiedliche Art und Weise vermieden werden können: – Die späteren Anordnungsanträge werden nur noch auf ihre Erfolgsaussicht geprüft und auch hinsichtlich der Ratenhöhe nach Maßgabe der bereits bewilligten PKH für das Hauptsacheverfahren beschieden (Zö/*Philippi* § 119 Rn 4). – Unter Berücksichtigung der Tatsache, dass von der Bewilligung auch die spätere Abänderung nach § 620b sowie die Aussetzung der Vollziehung gem § 620e umfasst ist, ist jeweils die Viermonatsgrenze überschritten (Hamm RPfleger 84, 34). – Die im Hauptsacheverfahren bereits entstandenen Kosten sind bei der Entscheidung mit zu berücksichtigen, weil die einstweiligen Anordnungen innerhalb eines Verfahrens ergehen, auch wenn sie gebührenrechtlich als selbstständige Angelegenheiten gelten (Kalthoener/Büttner/Wrobel-Sachs Rn 487). – Die Bewilligung für das eA-Verfahren umfasst auch die spätere Abänderung gem § 620b (Hamm RPfleger 84, 34) und das Verfahren auf Aussetzung der Vollziehung nach § 620e. Zu folgen ist der erstgenannten Meinung. Die Einbeziehung der späteren Abänderungsmöglichkeiten in die Ratenanordnung überzeugt nicht, weil im Zeitpunkt der Bewilligung überhaupt nicht absehbar ist, ob ein solches Verfahren oder ein Verfahren auf Aussetzung der Vollziehung überhaupt folgen wird. Dementsprechend können die Kosten auch nicht in die Berechnung des Gerichts zur Ermittlung der voraussichtlichen Kosten einbezogen werden. 5
Seit Anwendbarkeit des FamFG: Einstweilige Anordnungen sind nach § 51 III FamFG selbständige Verfahren, so dass sich die soeben diskutierten Probleme erledigt haben.

2. Einstweilige Einstellung der Zwangsvollstreckung. Wenn über Anträge nach §§ 707, 719, 769 gesondert mündlich verhandelt wird, entstehen besondere Anwaltsgebühren gem VV 3328. Dann muss für ein solches Verfahren gesondert PKH beantragt werden. 6

3. Mahnverfahren. Es ist umstr, ob die für das Mahnverfahren bewilligte PKH sich auch auf das streitige Verfahren erstreckt, wenn der Streitgegenstand identisch ist. Grundsätzlich kann die PKH auf das Mahnverfahren beschränkt werden (Oldbg NJW-RR 99, 579); jedenfalls dann erstreckt sich die PKH in keinem Fall auf das nachfolgende streitige Verfahren. Überwiegend wird zutr vertreten, das für das nachfolgende streitige Verfahren stets ein gesonderter PKH-Antrag vor Abschluss der Instanz gestellt werden muss (LAG Düsseldorf JurBüro 90, 379; Schoreit/Groß/*Groß* Rn 3; Zö/*Philippi* Rn 16; Kalthoener/Büttner/Wrobel-Sachs Rn 486; aA B/L/A/H Rn 40). 7

4. Stufenklage. Bei der Stufenklage wird mit der Auskunftsstufe auch bereits der noch unbezifferte Zahlungsanspruch rechtshängig. Die daraus resultierenden Konsequenzen für die PKH-Bewilligung sind streitig. Es wird die Auffassung vertreten, dass die PKH-Entscheidung nur einheitlich ergehen kann. Daraus folge, dass die PKH-Bewilligung für die Auskunft jeden dann bezifferten Leistungsantrag mitumfasst (Jena FamRZ 05, 1186; Zweibr FamRZ 05, 46; Ddorf FamRZ 00, 101). Problematisch an dieser Ansicht ist der mögliche Missbrauch. Die Erfolgsaussicht hinsichtlich einer Auskunftsstufe wird kaum jemals fraglich sein, das ist bei der späteren Bezifferung allerdings etwas völlig anderes. Nach dieser Ansicht ist PKH bewilligt, auch wenn der Leistungsantrag später viel zu hoch beziffert wird. Die Gegenansicht geht davon aus, dass über die PKH für die Leistungsstufe erst nach der Bezifferung entschieden werden kann (Naumburg OLGR 09, 835; KG FamRZ 05, 461). Dies wird unter anderem damit begründet, dass bei der fehlenden Bezifferung die Erfolgsaussicht überhaupt noch nicht geprüft werden kann, mithin die Voraussetzungen der Bewilligung von PKH nicht vorliegen können (KG aaO). Gegen diese Auffassung wird zutr eingewandt, dass aufgrund der bereits eingetretenen Rechtshängigkeit der Leistungsstufe im Ergebnis der Antragsteller für den Differenzwert (fraglich welcher, da der Wert der Auskunft später in der Bezifferung untergeht) einen Vorschuss zahlen müsste, was er wegen fehlender Leistungsfähigkeit nicht kann (Zimmermann Rn 287). Eine vermittelnde Ansicht geht davon aus, dass die PKH-Bewilligung auf den sich aus der Auskunft ergebenden Antrag beschränkt sei, dementsprechend unter dem Vorbehalt der Erfolgsaussicht der späteren Bezifferung steht, also nach Bezifferung des Klageantrags eine erneute Entscheidung über die PKH vorbehalten bleibt (Köln FamRZ 11, 1604; Hamm Beschl v 3.8.11 – 8 WF 177/11; München FamRZ 05, 42; Karlr FamRZ 95, 1504; Zö/*Philippi* Rn 21). Dabei ist das Gericht auf die Überprüfung der Erfolgsaussicht beschränkt, eine Überprüfung der persönlichen und wirtschaftlichen Verhältnisse kann nur unter den 8

Voraussetzungen des § 124 erfolgen (Celle FamRZ 11, 301). Diese Auffassung überzeugt. Allerdings sollte der PKH-Beschluss einen Vorbehalt wegen der späteren Überprüfung der Leistungsstufe enthalten. Dies ist wegen § 124 notwendig, der eine spätere Abänderung einer PKH-Entscheidung ausschließt, soweit nicht die dort genannten Voraussetzungen vorliegen, und nicht zuletzt auch wegen des Gesichtspunkts der Rechtssicherheit für den Antragsteller. Eine Ausnahme gilt für den Fall, dass mit der Klage lediglich der Mindestunterhalt für minderjährige Kinder verlangt wird. Dann bedarf es regelmäßig keiner weiteren Entscheidung über die PKH-Bewilligung für die Leistungsstufe, weil der Beklagte beweisbelastet für seine Leistungsunfähigkeit ist (Ddorf AGS 10, 300 mit Anm Zempel, jurisPR-FamR 13/2010 Anm. 3). In dem den Umfang der PKH-Bewilligung klarstellenden Beschl darf allerdings die PKH nicht aus Gründen versagt werden, die sich nicht (erst) aus der erteilten Auskunft ergeben (Saarbr Beschl v 27.1.10–6 WF 8/10). Auch bei einem angeordneten Vorbehalt der Überprüfung der Erfolgsaussichten des Zahlungsanspruchs kann eine Versagung der PKH für die Leistungsstufe wegen anders beurteilter wirtschaftlicher Verhältnisse nur unter den Voraussetzungen der §§ 120 Abs. 4, 124 ZPO erfolgen (Celle FamRZ 11, 1608).

9 **5. Verbundverfahren.** Die für die Ehesache bewilligte PKH erstreckt sich gem § 149 FamFG, zuvor § 624 II ZPO, kraft Gesetzes auf die Verbundsache Versorgungsausgleich, sofern diese nicht ausdrücklich ausgenommen wurde. Der auf Antrag durchzuführende schuldrechtliche Versorgungsausgleich wird ebenso behandelt wie die übrigen Folgesachen; PKH muss gesondert beantragt und bewilligt werden. Teilweise wird vertreten, dass die PKH sich auf die Folgesachen erstreckt, die zum Zeitpunkt der Bewilligung bereits anhängig sind (München FamRZ 95, 822). Dies ist wegen des entgegenstehenden klaren Wortlauts von § 48 I und IV RVG abzulehnen. Auch für Vergleiche (das Gesetz spricht von Einigung) in Folgesachen soll die PKH besonders erstreckt werden müssen (Kobl FamRZ 92, 836). Das ist nicht zutr, s. § 48 III und die dazu ergangene Rspr.

10 **6. Vergütungsfestsetzungsverfahren.** Für ein Vergütungsfestsetzungsverfahren nach **§ 11 RVG** kann – anders als für ein Prozesskostenhilfeverfahren – Prozesskostenhilfe bewilligt werden (Schlesw AGS 08, 603).

11 **7. Vermittlungsverfahren.** Das Ordnungsgeldverfahren nach § 89 FamFG und das Vermittlungsverfahren nach § 165 FamFG sind unterschiedliche Angelegenheiten, so dass sich die PKH-Bewilligung für das Ordnungsgeldverfahren nicht auf ein sich anschließendes Vermittlungsverfahren erstreckt (Brandbg NJ 08, 418).

12 **8. Prüfung der Erfolgsaussicht eines Rechtsmittels.** Die Prüfung der Erfolgsaussicht eines Rechtsmittels gegen eine Entscheidung gehört nicht mehr zum Instanzenzug. Diese Prüfung findet zwischen den Instanzen statt, es kann für diese außergerichtliche Tätigkeit nur Beratungshilfe bewilligt werden (BGH FamRZ 07, 1088).

13 **III. Rechtsmittelverfahren. 1. Gesonderte Antragstellung.** Für das Rechtsmittelverfahren ist gesondert PKH zu beantragen und zu bewilligen (zum PKH-Antrag für eine beabsichtigte Berufung s. § 117 Rz 30). Es gelten die gleichen Grundsätze wie in der 1. Instanz. Es muss eine neue Erklärung über die persönlichen und wirtschaftlichen Verhältnisse vorgelegt werden (BGH FamRZ 06, 1522). Es reicht aus, auf das in der Vorinstanz benutzte Formular zu verweisen, wenn dieses genügte, um die Bedürftigkeit darzulegen, und die Verhältnisse unverändert geblieben sind. Dann muss die Partei beziehungsweise der Anwalt dies versichern (BGH FamRZ 04, 1961 mit Anm *Völker* jurisPR-FamR 2/05 Anm 4). Die Partei darf auf die Bewilligung für die höhere Instanz vertrauen, wenn sie an ihrer Hilfsbedürftigkeit selbst im Hinblick auf zwischenzeitliche Einkommenserhöhungen keinen Zweifel haben muss (BGH FamRZ 99, 664). Ein solches Vertrauen ist idR nicht gerechtfertigt, wenn die Bewilligung in 1. Instanz offensichtlich unrichtig war, zB weil der Anspruch auf Leistung eines Prozesskostenvorschusses übersehen wurde (Naumbg FamRZ 02, 1266). Die Begründung des PKH-Gesuchs muss nicht den Anforderungen an eine Berufungsbegründung entsprechen, auch nicht, wenn die Antragsschrift durch einen Rechtsanwalt gefertigt ist. Allerdings ist eine Begründung erforderlich, die zumindest erkennen lässt, in welchem Umfang und aus welchen Gründen die erstinstanzliche Entscheidung angefochten wird (Celle MDR 03, 470).

14 **2. PKH für den Rechtsmittelgegner.** Dem Gegner des Rechtsmittelführers ist PKH ohne Prüfung der Erfolgsaussichten und der Mutwilligkeit zu bewilligen. Fraglich ist allerdings, ab welchem Zeitpunkt die Notwendigkeit zur Verteidigung gegen das Rechtsmittel besteht. Grundsätzlich ist PKH für den Berufungsgegner erst dann zu bewilligen, wenn der Berufungsführer das Rechtsmittel begründet hat und die Voraus-

setzungen für eine Verwerfung des Rechtsmittels nicht gegeben sind (BGH NJW-RR 01, 1009). Teilweise wurde sogar angenommen, dass eine Verteidigung des Berufungsbeklagten nicht erforderlich ist, solange das Berufungsgericht ihn nicht zur Erwiderung aufgefordert und keinen Termin anberaumt hat (Celle MDR 04, 598). Dem Beklagten ist auch dann PKH zu bewilligen, wenn noch die Möglichkeit zur Zurückweisung der Berufung durch Beschl nach § 522 II besteht. Eine Rechtsverteidigung ist deshalb nicht mutwillig (BGH FamRZ 10, 1147, BGH FamRZ 10, 1423). Der zuvor bestehende Streit ist damit entschieden. Eine Bewilligung von PKH für den Revisionsgegner kommt aber erst dann in Betracht, wenn der Revisionsführer die Revision begründet hat und auch nicht mehr die Möglichkeit der Verwerfung der Revision durch Beschl gem § 554a besteht (BGH NJW-RR 01, 1009). Offengelassen hat der BGH noch die Frage, ob PKH zu bewilligen ist, wenn über ein vom Rechtsmittelführer gestelltes PKH Gesuch noch nicht entschieden ist, noch kein Termin anberaumt ist und noch nicht entschieden ist, ob die Revision durchgeführt wird (BGH FamRZ 10, 1147).

3. Ausnahmen. Hintergrund der Regelung in § 119 ist, dass das erstinstanzliche Urt eine Vermutung dahingehend begründet, dass das Rechtsmittel keine Aussicht auf Erfolg hat. Liegen diese Voraussetzungen nicht vor, dann erfordert der PKH-Antrag des Rechtsmittelgegners eine gesonderte Prüfung. Will das Gericht allerdings von der Regelung in § 119 abweichen und dem in 1. Instanz obsiegenden Rechtsmittelgegner keine PKH bewilligen, dann muss dies gesondert begründet werden, da ansonsten die Entscheidung willkürlich ist, Art 3 I GG (BVerfGE 72, 122; BVerfG NJW 05, 409; BVerfG Beschl v 9.1.90 – 2 BvR 1631/88, juris; jeweils unter Offenlassung der Frage, ob und ggf in welchen Grenzen trotz des eindeutigen Wortlauts von § 119 I 2 diese Vorschrift in Ausnahmefällen eine Prüfung der Erfolgsaussichten erlaubt; ebenso BVerfG Beschl v 29.12.09 – 1 BvR 1781/91, allerdings wurde die Verfassungswidrigkeit hier auf die Verletzung der in Art 3 I iVm 20 III GG verbrieften Rechtsschutzgleichheit gestützt). Ein Ausnahmefall kann vorliegen, wenn die Berufung auf einer Änderung der Rechtslage oder der höchstrichterlichen Rechtsprechung beruht (Celle FamRZ 77, 648). Oder, wenn der Rechtsmittelgegner in vorwerfbarer Weise ein unrichtiges Urt herbeigeführt hat (Karlsr FamRZ 99, 796). Auch wenn das angefochtene Urt offensichtlich falsch ist, erhält der Rechtsmittelgegner keine PKH (Brandbg FamRZ 04, 1036; MüKoZPO/*Wax* Rn 39). Offensichtlich falsch ist ein Urt dann, wenn entscheidungserhebliches Parteivorbringen nicht berücksichtigt wurde, eine Gesetzesbestimmung oder ständige höchstrichterliche Rechtsprechung übersehen wurde (Zö/*Philippi* Rn 56). Auch wenn sich die tatsächlichen Gegebenheiten nach Erlass des erstinstanzlichen Urteils geändert haben, soll im Einzelfall eine erneute Prüfung der Erfolgsaussichten für den in 1. Instanz obsiegenden Rechtsmittelgegner möglich sein, damit dieser nicht mit unnötigen Kosten belastet wird, weil er jetzt in 2. Instanz offensichtlich unterliegen wird (Schoreit/Groß/*Groß* Rn 39). 15

PKH kann nicht für ein Verfahren auf Bewilligung von PKH für eine beabsichtigte, aber noch nicht eingelegte Berufung bewilligt werden (Rostock OLGR 07, 43). Grundsätzlich kann nur dem Rechtsmittelführer und dem Rechtsmittelgegner PKH bewilligt werden. Ausnahmsweise ist eine PKH-Bewilligung auch für den nicht direkt Beteiligten möglich, zB in Verfahren zur Regelung des Versorgungsausgleichs, wenn ein Versorgungsträger Beschwerde eingelegt hat zur Überprüfung der Erfolgsaussichten der Beschwerde, wenn diese zu seinen Lasten eingelegt ist (Karlsr FamRZ 06, 1135). Dem anderen Ehegatten, der durch die Entscheidung nicht beschwert ist, kann VKH nicht bewilligt werden (Frankf Beschl v 9.3.06 – 6 UF 273/05, str, mwN). Ansonsten kann PKH für eine nur verfahrensbegleitende Rechtswahrnehmung nicht bewilligt werden, die sich weder der Beschwerde widersetzt noch das Verfahren sonst befördert (Zö/*Philippi* Rn 57).

4. Anschlussberufung. Sowohl für die Einlegung eines Anschlussrechtsmittels als auch für die Verteidigung gegen ein solches ist eine gesonderte PKH-Bewilligung notwendig. Legt der Gegner Anschlussberufung ein, so kann ihm, wenn der Berufungskläger seine Berufung wegen Versagung der PKH zurücknimmt, für die beabsichtigte Verteidigung gegen die Berufung und die Durchführung der Anschlussberufung PKH noch bewilligt werden, wenn das Gericht ihm sowohl eine Frist zur Erwiderung auf die Berufung als auch zur Erwiderung auf den PKH-Antrag gesetzt hat (Karlsr Beschl v 29.6.04 – 16 UF 134/03). Der Abänderungsbeklagte kann sich wegen der gegen ihn erhobenen Anschlussberufung auch nicht auf § 119 I 2 berufen, wenn diese auf neuen Tatsachen beruht (Hambg FamRZ 98, 849: Eintritt der Volljährigkeit beim Kindesunterhalt). Auch für eine unselbstständige **Anschlussrevision** erhält der Revisionsbeklagte keine PKH, wenn die Annahme der Revision abgelehnt wird (BGH NJW 85, 498). 16

5. Unterschiedliche Ratenhöhe. Es besteht die Möglichkeit, dass für die 1. und 2. Instanz PKH mit unterschiedlicher Ratenhöhe, bzw in einer Instanz keine Ratenzahlung angeordnet ist. Eine Verrechnung von 17

Prozesskostenhilferaten der 2. Instanz auf die Raten der 1. Instanz ist nicht zulässig, wenn in der 1. Instanz PKH ohne Raten bewilligt worden ist (Oldbg MDR 03, 110). Eine Änderung der Raten in der 1. Instanz kann nur angeordnet werden, wenn eine Änderung gem § 120 IV geboten ist (Stuttg MDR 02, 1396, Oldbg FamRZ 03, 1020). Bei unterschiedlicher Ratenhöhe in 1. und 2. Instanz ist streitig, wie die Ratenzahlung anzuordnen ist, wenn die Ratenzahlung aus dem ersten Rechtszug noch andauert, während im höheren Rechtszug geänderte Raten festgesetzt sind. Dann ist grds die vom Rechtsmittelgericht festgelegte Rate der Höhe nach vom Zeitpunkt ihrer Bewilligung an zu entrichten (Schoreit/Groß/*Groß* Rn 47). Der niedrigere Teil der 1. Instanz ist dann auf die Kosten der 1. Instanz zu verrechnen, der Differenzbetrag auf die Kosten der 2. Instanz.

18 **IV. Zeitpunkt der Bewilligung. 1. PKH nur für laufendes Verfahren.** PKH kann nur für ein laufendes Verfahren in der jeweiligen Instanz beantragt und bewilligt werden. Grundsätzlich müssen sowohl der Antrag, die Vorlage der Erklärung über die persönlichen und wirtschaftlichen Verhältnisse als auch die Bewilligung vor Abschluss der Instanz erfolgt sein. Die Vorlage der Erklärung über die persönlichen und wirtschaftlichen Verhältnisse kann vom Gericht auch über die Beendigung der Instanz hinaus gestattet werden. Dann ist die Vorlage innerhalb der vom Gericht gesetzten Frist erforderlich (Saarbr FamRZ 10, 1750). Von der PKH-Bewilligung ist die Beiordnung eines Rechtsanwalts zu unterscheiden. In Anwaltsprozessen kann die Beiordnung auch nach Abschluss der Instanz erfolgen, wenn die PKH-Bewilligung vorher erfolgt ist (Karlsr FamRZ 08, 524). Nach Abschluss der Instanz kann eine PKH-Bewilligung nur dann erfolgen, wenn zum Zeitpunkt der Hauptsacheentscheidung bereits eine positive Entscheidung über den PKH-Antrag hätte ergehen können (Brandbg FamRZ 98, 249).

Auch nach Abschluss der Instanz kann PKH mit Rückwirkung bewilligt werden, wenn der Antrag während des Verfahrens gestellt wurde (Ddorf JurBüro 87, 130).

19 **2. Wirkung ab Antragstellung.** PKH wird erst bewilligt für die Zeit ab Antragstellung. PKH-Beschlüsse werden mit Bekanntgabe wirksam, damit tritt die Wirkung der Prozesskostenhilfe ein. Streitig ist, ab welchem Zeitpunkt die Bewilligung wirkt. Nach hM wirkt der PKH-Beschluss auf die Zeit der Antragstellung zurück, jedenfalls dann, wenn alle Bewilligungsvoraussetzungen mit dem Antrag vorliegen. Insbesondere muss also die Erklärung über die persönlichen und wirtschaftlichen Verhältnisse vorgelegt sein (Schoreit/Groß/*Groß* Rn 23). Überwiegend wird verlangt, dass die PKH-Unterlagen vollständig vorliegen (Kalthoener/Büttner/Wrobel-Sachs Rn 504). Tw werden in einem solchen Fall nicht belegte Ausgaben außen vor gelassen (Bambg FamRZ 01, 628). Fordert das Gericht allerdings zu weitergehender Darlegung bzw zu weiterer Vorlage von Belegen auf, so kann dies am Eintritt der PKH-Wirkungen nichts ändern, da die verlangte Vorlage von Belegen insoweit keine Antragsvoraussetzung ist. Bei einer abweichenden Festlegung des Beginns der PKH-Wirkungen sollte dies im Beschl ausdrücklich ausgesprochen werden, um Rechtssicherheit zu schaffen. Im Zweifel ist nicht davon auszugehen, dass der Antragsteller die PKH erst mit dem Bewilligungsbeschluss erhalten will, sondern dass er die Wirkung ab Antragstellung begehrt. Ist eine abweichende Bestimmung nicht getroffen, dann wirkt die Bewilligung auf den Zeitpunkt der Antragseingangs zurück (Zö/*Philippi* Rn 41). Eine unbeschränkte Rückwirkung setzt voraus, dass der Antragsteller alles getan hat, was zur Bewilligung von PKH aus seiner Sphäre notwendig ist. Die Bewilligung von PKH für die Zeit, in der er die hinreichende Erfolgsaussicht und die Hilfsbedürftigkeit noch nicht dargetan hat, kann in die Rückwirkung nicht einbezogen werden (Karlsr FamRZ 96, 1287). Nach aA ist in den Fällen fehlender ausdrücklicher Bestimmung des Beginns der PKH nicht auf den Antragszeitpunkt, sondern auf den Zeitpunkt der Entscheidungsreife des PKH-Gesuchs abzustellen (Bambg JurBüro 85, 141; Ddorf JurBüro 87, 180). Dieser Auffassung ist zu folgen. Richtigerweise muss man davon ausgehen, dass die Wirkungen der PKH erst mit dem Eingang eines ordnungsgemäßen Antrages eintreten können. Das setzt voraus, dass sowohl die notwendigen Darlegungen zu Erfolgsaussicht und Mutwillen vorgenommen worden sind, als auch eine vollständig ausgefüllte und belegte Erklärung über die persönlichen und wirtschaftlichen Verhältnisse vorgelegt wurde. Solange der Antragsteller vorwerfbar noch nicht alles getan hat, was für die PKH-Bewilligung notwendig ist, besteht auch kein Bedürfnis dafür, die PKH-Bewilligung auf diesen Zeitpunkt vorwirken zu lassen (vgl auch BGH FamRZ 1982, 58). Das gilt auch dann, wenn der Antrag vor Ende der Instanz gestellt ist, die Belege aber erst nach Instanzende eingereicht worden sind. PKH kann dann nicht mehr bewilligt werden (Brandbg FamRZ 98, 249). Auch hier gilt, dass das Gericht im Einzelfall eine Frist über das Ende der Instanz hinaus nachlassen kann, die dann aber einzuhalten ist.

Eine **Rückwirkung auf die Zeit vor der Antragstellung** ist grds unzulässig. In besonderen Ausnahmefällen kann eine Rückwirkung auf einen Zeitpunkt vor Antragseingang ausdrücklich angeordnet werden. Das kann der Fall sein, wenn der Antragsteller im Amtsermittlungsverfahren nicht auf eine mögliche PKH-Bewilligung unter Anwaltsbeiordnung hingewiesen wurde und dies bei pflichtgemäßem Handeln des Gerichtes erforderlich gewesen wäre (Brandbg FamRZ 97, 1542). Oder wenn er aus persönlichen, nicht zu vertretenden Gründen an der Antragstellung und Beibringung der Belege gehindert worden ist (Karlsr FamRZ 87, 1166). 20

3. Bewilligungsreife. Von der Frage des Beginns der Wirkungen der PKH zu unterscheiden ist die Frage, auf welchen Zeitpunkt das Gericht bei der Beurteilung der Bedürftigkeit und der Erfolgsaussicht abzustellen hat. Für die **Bedürftigkeit** kommt es grds auf den Zeitpunkt der Entscheidung an (BGH FamRZ FamRZ 06, 548). Die Änderung der Bedürftigkeit könnte ohnehin ansonsten gem § 124 korrigiert werden. Dem Antragsteller entsteht demnach kein Nachteil, wenn bereits in der ersten Entscheidung ein anderer Zeitpunkt zugrunde gelegt wird. Auch hinsichtlich der Beurteilung der **Erfolgsaussicht** ist grds der Sach- und Streitstand im Zeitpunkt der Beschlussfassung Entscheidungsgrundlage (BFH NV 07, 2113; Saarbr OLGR 09, 929; Köln JurBüro 06, 657; München FamRZ 98, 633; Zö/*Philippi* Rn 44; aA KG FamRZ 09, 1505: Zeitpunkt der Bewilligungsreife), allerdings nur, sofern alsbald nach Entscheidungsreife entschieden wird (BGH FamRZ 10, 197). Zur Entscheidung reif ist der PKH-Antrag, wenn die Partei ihn schlüssig begründet, die Erklärung über die persönlichen und wirtschaftlichen Verhältnisse mitsamt Belegen vorgelegt und der Gegner Gelegenheit gehabt hat, sich innerhalb angemessener Frist – in der Praxis idR zwei Wochen, in schwierigeren Fällen auch länger – zum PKH-Antrag zu äußern (BGH FamRZ 10, 197). Wird dann nicht alsbald (!) entschieden, so liegt eine pflichtwidrige Verzögerung vor mit der Folge, dass auf den Zeitpunkt der Bewilligungsreife abzustellen ist (vgl Saarbr OLGR 09, 929; Hamm FamFR 11, 256; Zö/*Philippi* Rn 45 mwN: „Naturalrestitution für die Amtspflichtverletzung"). 21

Wenn um Bewilligung von PKH für eine noch nicht erhobene Klage nachgesucht wird, ist auf den Zeitpunkt der Entscheidung abzustellen (Karlsr FamRZ 94, 1123). 22

Die nach Eintritt der Entscheidungsreife aufgrund einer durchgeführten Beweisaufnahme eingetretene Verschlechterung der Erfolgsaussicht des Antragstellers darf der Bewilligung nicht entgegenstehen. Es ist dann nach jeder Auffassung für die Beurteilung auf den Zeitpunkt der Entscheidungsreife abzustellen, wobei dies nur dann gilt, wenn der Grund für die Verzögerung nicht in der Sphäre des Antragstellers liegt (KG FamRZ 07, 1469; Saarbr Beschl v 22.7.04–6 WF 51/04). Das Gericht kann die Bewilligung von PKH nicht mit der Begründung rückwirkend aufheben, dass mittlerweile die Erfolgsaussicht des Verfahrens nicht mehr gegeben sei (Köln FamRZ 03, 1397). Entsteht ein Verfahrenshindernis, bevor der PKH-Antrag entscheidungsreif ist, dann ist PKH zu versagen; Bsp: Eingang der Jugendamtsurkunde vor Ablauf der Stellungnahmefrist im vereinfachten Verfahren gem §§ 249 ff FamFG, zuvor §§ 645 ff (Naumbg OLGR 00, 28).. Wird allerdings die Klage zurückgenommen, bevor PKH bewilligt wird, dann kann, wenn vor Rücknahme die Bewilligungsvoraussetzungen vorlagen, noch PKH bewilligt werden (LAG Hamm JurBüro 88, 771; Karlsr FamRZ 88, 737). Das gilt auch bei übereinstimmender Erledigungserklärung oder bei einem Vergleich (Schlesw JurBüro 02, 85). Auch dem Beklagten kann noch nach Klagerücknahme PKH bewilligt werden, wenn die Klageverteidigung bereits erfolgt und PKH-Antrag gestellt war (BGH FamRZ 10, 197). Ist dem Antragsteller PKH versagt worden und reicht er im Beschwerdeverfahren vor der Entscheidung notwendige Unterlagen nach, so ist auf diesen Zeitpunkt abzustellen und PKH zu bewilligen (Brandbg Beschl v 13.2.07–10 WF 34/07). 23

Insbesondere dann, wenn bei nicht beschiedenem PKH-Antrag der Rechtsanwalt in der mündlichen Verhandlung sein Verhandeln davon abhängig macht, dass über den PKH-Antrag entschieden wird, kommt eine rückwirkende Bewilligung von PKH in Betracht. Bei säumiger Behandlung seitens des Gerichtes darf und sollte der Rechtsanwalt in der Verhandlung sein Auftreten von der PKH-Bewilligung abhängig machen. In diesem Fall kann er nicht als säumig behandelt werden, weil der Antragsteller einen Anspruch darauf hat, erst Klarheit darüber erlangen, ob er Kostenfreiheit genießt, bevor weitere Gebühren anfallen (Naumbg FamRZ 00, 106). 24

4. PKH-Prüfungsverfahren. Grundsätzlich kommt eine Bewilligung von PKH für das Bewilligungsverfahren nicht in Frage. (Einzelheiten s. § 114 Rz 6). Nach – allerdings abzulehnender – Ansicht soll ausnahmsweise eine Bewilligung von PKH im PKH-Verfahren dann in Betracht kommen, wenn auch der Gegner im Bewilligungsverfahren durch einen Rechtsanwalt vertreten ist, zwischen den Parteien Vergleichsverhand- 25 lungen stattfinden und im PKH-Verfahren bereits schwierigere Rechts- oder Tatfragen erörtert werden (Karls FamRZ 08, 1354). Dem steht die Entscheidung BGH FamRZ 04, 1708 entgegen.

26 **5. Bewilligungsbeschluss.** Bei der antragsgemäßen Bewilligung von PKH ist eine gesonderte Aufnahme des Umfangs der PKH im Beschl nicht erforderlich. Bei teilweiser Bewilligung von PKH ist eine genaue Bestimmung ihres Umfangs erforderlich. Außerdem ist dann eine Begründung des PKH-Beschlusses notwendig, das gilt sowohl bei Versagung der PKH wegen fehlender Erfolgsaussicht für Teile der Klage als auch dann, wenn tw Mutwilligkeit der Klage angenommen wird. Auch die Ratenhöhe ist im Beschl zu begründen (Brandbg NJW-RR 04, 581; s. zum Begründungszwang auch § 120 Rz 3). Hinsichtlich der Rechtsverteidigung des Beklagten kommt ebenfalls eine tw Bewilligung von PKH in Betracht, dann ist auch dieser Beschl insoweit zu begründen (Hamm OLGR 03, 176). Es ist nicht zulässig, die PKH auf einzelne Beweismittel oder auf kostenrechtlich unselbstständige Verfahrensabschnitte zu beschränken (Zö/*Philippi* Rn 8). Die Bewilligung unter dem Vorbehalt der Anordnung späterer Ratenzahlungen ist unwirksam (Hamm MDR 03, 1020). Ebenso unstatthaft ist die Bewilligung von PKH unter einer Bedingung (Kalthoener/Büttner/Wrobel-Sachs Rn 495).

27 Eine Kostenentscheidung enthält der PKH-Beschluss nicht. Auch dann nicht, wenn der Antrag zurückgewiesen wird, weil es im PKH-Verfahren keine Kostenerstattung gibt (s. § 118 Rz 25). Hat das Gericht fehlerhaft einen Kostenausspruch tituliert, so gilt sie als nicht vorhanden und begründet keinen Erstattungsanspruch (Zimmermann Rn 311).

28 **6. Beschwerde nach Instanzende.** Nach Instanzende ist allerdings noch die sofortige Beschwerde gegen eine PKH-Ablehnung zulässig. Noch im Beschwerdeverfahren kann demnach die Rückwirkung der Bewilligung angeordnet werden, auch nach Rechtskraft des Urteils in der Hauptsache (Köln FamRZ 97, 1544). Nach einer negativen Hauptsacheentscheidung muss der Antragsteller aber auch die Hauptsacheentscheidung anfechten. Das Gericht, das über die Beschwerde gegen die PKH-Versagung zu entscheiden hat, kann die Erfolgsaussicht nicht anders als die Vorinstanz in der rechtskräftigen Hauptsacheentscheidung beurteilen (Saarbr Beschl v 5.9.11–9 WF 72/11; Hamm Beschl v 11.5.11, 8 WF 310/10; Ddorf FamRZ 02, 1713). Denn wenn eine Hauptsacheentscheidung vorliegt, die unanfechtbar ist, ist das Beschwerdegericht hinsichtlich der PKH an die Auffassung des Erstgerichts bzgl der Erfolgsaussicht gebunden (Brandbg FamRZ 03, 1398).

29 **IV. Zwangsvollstreckung. 1. Vollstreckung ins bewegliche Vermögen.** In § 119 ist jetzt klargestellt, dass das Vollstreckungsgericht im Rahmen seiner örtlichen und sachlichen Zuständigkeit PKH pauschal für die gesamte Zwangsvollstreckung bewilligen kann (ebenso gem § 77 Abs. 2 FamFG in FG-Familiensachen). Zuständig ist das Amtsgericht als Vollstreckungsgericht. Die funktionelle Zuständigkeit ergibt sich aus § 20 Nr 5 RPflG. Grundsätzlich ist die Zuständigkeit des Rechtspflegers gegeben, es sei denn, es ist eine richterliche Handlung erforderlich. Das Gericht am Wohnsitz des Schuldners bewilligt PKH für die Mobiliarzwangsvollstreckung einschließlich des Verfahrens auf Abgabe der eidesstattlichen Versicherung sowie für alle Forderungspfändungen. Eine Befristung der Bewilligung ist unzulässig (LG Saarbr JAmt 10, 337). Für Verfahren auf Eintragung einer Zwangssicherungshypothek ist der Rechtspfleger des Grundbuchamtes zuständig, bei dem die Zwangssicherungshypothek eingetragen werden soll. Für Verfahren auf Zwangsverwaltung oder Zwangsversteigerung ist der Rechtspfleger des Versteigerungsgerichts zuständig. Für die Vollstreckung nach §§ 887, 888, 890 ist der Richter zuständig. Außerdem kann das Arrestgericht auf Antrag für den Arrestpfändungsbeschluss bereits einheitlich PKH bewilligen, dann erstreckt sich die Anwaltsbeiordnung auch auf die Arrestvollziehung (Zö/*Philippi* Rn 35). Das gilt auch für einstweilige Anordnungen und einstweilige Verfügungsverfahren. Ansonsten ist für die Zwangsvollstreckung gesondert PKH zu beantragen. Hat das Prozessgericht fälschlicherweise PKH für den Rechtsstreit einschließlich der Zwangsvollstreckung bewilligt, ist dies wirksam (§ 8 I RPflG). In der Vollstreckung ist eine Prüfung der Erfolgsaussicht nur eingeschränkt möglich, das liegt in der Natur der Sache. Eine vorherige Anhörung ist stets unzweckmäßig, deswegen lässt sich Mutwillen idR nur dann annehmen, wenn der Gläubiger eine sinnlose Vollstreckung durchführen will. Zahlt ein Unterhaltsgläubiger regelmäßig, kann PKH wegen Mutwilligkeit versagt werden (LG Freiburg DAV 90, 246). Die Bewilligung erfolgt durch Beschl. Die einzelnen Vollstreckungsmaßnahmen werden nicht gesondert bezeichnet. In der Zwangsvollstreckung ist besonders zu beachten, dass § 115 IV der PKH-Bewilligung entgegenstehen könnte, jedenfalls dann, wenn nur Vollstreckungsmaßnahmen ohne die Möglichkeit der Anwaltsbeiordnung beabsichtigt sind (MüKoZPO/*Wax* Rn 31). Für die Frage, ob die Kleinbetragsgrenze überschritten wird, sind die Kosten mehrerer Vollstreckungsmaßnahmen zu addieren (Zur Rechtsanwaltsbeiordnung s. § 121 Rz 17).

2. Vollstreckung ins unbewegliche Vermögen. In der Zwangsvollstreckung in das unbewegliche Vermögen gilt jede Vollstreckungsmaßnahme als besonderer Rechtszug. Zuständig für die PKH-Bewilligung ist das jeweilige Vollstreckungsgericht. Sondervorschriften gelten für das Insolvenzverfahren. Hier ist PKH für jeden Verfahrensabschnitt gesondert zu beantragen und zu bewilligen. 30

3. PKH für Zwangsversteigerungs- und Zwangsverwaltungsverfahren. Im Zwangsversteigerungs- und Zwangsverwaltungsverfahren ist für die PKH-Bewilligung das Vollstreckungsgericht zuständig. Hier gilt die Bewilligung für das gesamte Verfahren einschließlich des Verteilungsverfahrens. Auf Antrag kann auch für das Zwangsversteigerungsverfahren und das Zwangsverwaltungsverfahren die Bewilligung in einem Beschl erfolgen (Stöber ZVG Einl 45.2). Für den Gläubiger kann Prozesskostenhilfe nicht bewilligt werden, wenn unter Berücksichtigung des Verkehrswertes und der voreingetragenen Belastungen keine Aussicht besteht, dass eine Zuteilung aus dem Versteigerungserlös erfolgt. Für den Schuldner kann im Zwangsversteigerungsverfahren PKH bewilligt werden. Es ist allerdings streitig, ob PKH für das gesamte Verfahren (Stöber ZVG aaO), oder nur für einzelne Verfahrensabschnitte oder Verfahrenshandlungen bewilligt werden kann (MüKoZPO/*Wax* § 14 Rn 65). Der BGH hat entschieden, dass für den Schuldner im Zwangsversteigerungsverfahren eine pauschale Bewilligung von PKH nicht in Betracht kommt. Der Schuldner muss im Einzelnen darlegen, welche Rechtshandlungen er vornehmen will, um im Zwangsversteigerungsverfahren einzugreifen (BGH FamRZ 04, 177). Diese Auslegung des § 119 erscheint allerdings zu eng. Zwar ist das Zwangsversteigerungsverfahren kein Rechtszug im prozessrechtlichen Sinn. Bei Anwendung des Prinzips, dass der Begriff des Rechtszugs kostenrechtlich bestimmt ist, könnte indessen allenfalls eine Unterscheidung in der Bewilligung hinsichtlich der für das Anordnungs-, Versteigerungs- und Verteilungsverfahrens unterschiedlichen Gebühren erfolgen. Die Bewilligung der PKH hat keinen Einfluss darauf, dass die Kosten des Verfahrens gem § 788 dem Versteigerungserlös zu entnehmen sind. Bei PKH des Gläubigers sind die Kosten des Anordnungs- und des Beitrittsbeschlusses von der Gerichtskasse an der Rangstelle des Rechts einzustellen (Stöber ZVG Einl 45.8). 31

§ 120 Festsetzung von Zahlungen.

(1) [1]Mit der Bewilligung der Prozesskostenhilfe setzt das Gericht zu zahlende Monatsraten und aus dem Vermögen zu zahlende Beträge fest. [2]Setzt das Gericht nach § 115 Abs. 1 Satz 3 Nr. 4 mit Rücksicht auf besondere Belastungen von dem Einkommen Beträge ab und ist anzunehmen, dass die Belastungen bis zum Ablauf von vier Jahren ganz oder teilweise entfallen werden, so setzt das Gericht zugleich diejenigen Zahlungen fest, die sich ergeben, wenn die Belastungen nicht oder nur in verringertem Umfang berücksichtigt werden, und bestimmt den Zeitpunkt, von dem an sie zu erbringen sind.

(2) Die Zahlungen sind an die Landeskasse zu leisten, im Verfahren vor dem Bundesgerichtshof an die Bundeskasse, wenn Prozesskostenhilfe in einem vorherigen Rechtszug nicht bewilligt worden ist.

(3) Das Gericht soll die vorläufige Einstellung der Zahlungen bestimmen,

1. wenn abzusehen ist, dass die Zahlungen der Partei die Kosten decken;

2. wenn die Partei, ein ihr beigeordneter Rechtsanwalt oder die Bundes- oder Landeskasse die Kosten gegen einen anderen am Verfahren Beteiligten geltend machen kann.

(4) [1]Das Gericht kann die Entscheidung über die zu leistenden Zahlungen ändern, wenn sich die für die Prozesskostenhilfe maßgebenden persönlichen oder wirtschaftlichen Verhältnisse wesentlich geändert haben; eine Änderung der nach § 115 Abs. 1 Satz 3 Nr. 1 Buchstabe b und Nr. 2 maßgebenden Beträge ist nur auf Antrag und nur dann zu berücksichtigen, wenn sie dazu führt, dass keine Monatsrate zu zahlen ist. [2]Auf Verlangen des Gerichts hat sich die Partei darüber zu erklären, ob eine Änderung der Verhältnisse eingetreten ist. [3]Eine Änderung zum Nachteil der Partei ist ausgeschlossen, wenn seit der rechtskräftigen Entscheidung oder sonstigen Beendigung des Verfahrens vier Jahre vergangen sind.

A. Zweck. Die Vorschrift regelt die Anordnung der Ratenzahlungen aus dem Einkommen und dem Vermögen, wenn PKH ohne Ratenzahlung nicht in Betracht kommt. Die Anordnung von Ratenzahlungen aus dem Vermögen kann mit der Anordnung von Raten aus dem Einkommen kumuliert werden. 1

B. Zeitpunkt der Ratenfestsetzung. I. Ursprünglicher Beschluss. Die Festsetzung der Raten und der Beiträge aus dem Vermögen erfolgt im ursprünglichen Beschl. Enthält der Beschl keine Anordnung, ist ratenfreie PKH bewilligt. Änderungen der Einkommens- und Vermögensverhältnisse des Antragstellers werden 2 nicht im ursprünglichen PKH-Verfahren berücksichtigt, sondern gem § 120 IV. Der Vorbehalt der Überprüfung von Ratenanordnungen ist grds unzulässig (MükoZPO/*Wax* Rn 2; Zimmermann Rn 279). Teilweise wird der Vorbehalt späterer Ratenzahlungen für zulässig erachtet (Zö/*Philippi* Rn 1; Hamm FamRZ 03, 1021). Eine solche Anordnung folgt allein Zweckmäßigkeitserwägungen, er widerspricht dem Wortlaut von § 120 I. Der Vorbehalt käme allenfalls für Fälle in Betracht, in denen das Gericht weitere Glaubhaftmachung gem § 118 angeordnet hat, die zu einer Änderung der Ratenhöhe führen könnte. Richtigerweise ist hier allerdings PKH unter Außerachtlassung der noch nicht nachgewiesenen Positionen zu bewilligen. Der Antragsteller ist dann darauf zu verweisen, einen Änderungsantrag zu stellen. In keinem Fall darf die Anordnung von Ratenzahlungen auf einen Zeitpunkt nach Erlass der Hauptsacheentscheidung hinausgeschoben werden. Damit wäre eine unzulässige Abänderung oder Aufhebung einer ggf ratenfreien PKH verbunden (Hamm FamRZ 03, 1021). Maßgeblicher Zeitpunkt für die Beurteilung der Einkommens- und Vermögensverhältnisse und der Festsetzung der Raten ist der Zeitpunkt der Entscheidung (Stuttg FamRZ 11, 1985). Lediglich in Aussicht stehende Einkommensverbesserungen bleiben außer Betracht, denn die Erwartung zukünftigen Einkommens ist weder Einkommen noch Vermögen (BGH MDR 87, 918).

3 **II. Begründungszwang.** Der Beschl ist zu begründen, falls Ratenzahlung oder der Einsatz von Vermögenswerten angeordnet wurde (Brandbg OLGR 03, 504). Denn der Begründungszwang als Bestandteil einer geordneten Rechtspflege verlangt, dass einer mit Rechtsmitteln anfechtbaren Entscheidung eine nachvollziehbare Begründung beigegeben wird, wobei eine nur floskelhafte Begründung einer fehlenden gleichsteht. Ungeachtet des auch für die Begründung von Beschlüssen geltenden Gebots der „bündigen Kürze" nüssen die Gründe zumindest so präzise und ausf sein, dass den am Verfahren Beteiligten und auch dem Rechtsmittelgericht auf ihrer Grundlage eine Überprüfung der Entscheidung möglich ist (Saarbr FamRZ 11, 745 mwN; vgl auch – sonst ggf. Willkür – BayVerfGH NJW 05, 3771; Frankf Rpfl 10, 111; Hambg MDR 10, 1274). Der Beschl hat eine eindeutige Aussage über die Höhe der Ratenzahlungen und deren Beginn zu treffen (Saarbr Beschl v 3.1.11–9 WF 100/10). Er schafft insoweit einen Vertrauenstatbestand, wobei maßgeblich hier die Urschrift des Beschlusses ist. Fehler in der Ausfertigung schaffen keinen Vertrauenstatbestand, nicht für die Partei und nicht für den Rechtsanwalt (Stuttg Justiz 86, 18). Eine stillschweigende Einschränkung der Bewilligung seitens des Gerichts kommt nicht in Betracht (Frankf JurBüro 86, 79). Auch eine rückwirkende Anordnung von Ratenzahlungen ist nicht zulässig.

4 Ausnahmsweise kann rückwirkend die Ratenzahlung angeordnet werden, wenn eine Beschwerde der Staatskasse erfolgreich ist. Wegen des Vertrauensschutzes kann die Rückwirkung nur auf den Zeitpunkt eintreten, an dem die Partei von der Beschwerde Kenntnis erlangt hat (Karlsr OLGR 06, 806). Hat das Gericht die Begründung der Ratenzahlungsanordnung versäumt, so führt dies zur Aufhebung des Beschlusses im Beschwerdeverfahren und zur Zurückverweisung an das erstinstanzliche Gericht (Karlr FamRZ 91, 349).

5 Streitig ist, ob auch ein Beschl zu begründen ist, der keine Ratenzahlung angeordnet. Der Antragsteller ist durch diesen Beschl nicht beschwert. Die Staatskasse kann eingeschränkt gem § 127 Beschwerde einlegen. So wünschenswert eine Begründung sein mag, zumal sie ggf. die Grundlagen für eine Änderung gem § 120 IV festschreibt (Kalthoener/Büttner/Wrobel-Sachs Rn 516), so unüblich ist sie – soweit ersichtlich – in der gerichtlichen Praxis. In Zeiten knapper staatlicher Ressourcen erscheint der Verzicht auf eine Begründung in diesen Fällen jedenfalls gut vertretbar.

6 **III. Beginn der Zahlungen. 1. Raten aus dem Einkommen.** Die Anzahl der Raten aus dem Einkommen wird im Bewilligungsbeschluss naturgemäß nicht festgelegt. Sie ergibt sich aus der Höhe der zu erwartenden Kosten, nach oben begrenzt auf 48 Monate. Der Einsatzzeitpunkt ist vom Gericht festzulegen; eine gesetzliche Bestimmung gibt es nicht. Frühestmöglicher Zeitpunkt für den Beginn der Ratenzahlungsverpflichtung ist das Datum des Beschlusses. Eine Rückverlegung auf den Zeitpunkt des Antragseingangs ist nicht zulässig (Zimmermann Rn 283; KG MDR 99, 510). Wenn eine Bestimmung im Beschl fehlt, wird der Zahlungsbeginn bestimmt durch die erste Aufforderung zur Zahlung seitens der Gerichtkasse, wobei dann nur Raten beginnend mit dem Zugang des Beschlusses angefordert werden können. Hat die Partei aber mit dem Beschl auch keine Kenntnis von der Stelle erhalten, an die die Raten zu zahlen sind, setzt der Zahlungsbeginn erst mit Aufforderung zur Zahlung seitens der Gerichtskasse ein (Zö/*Philippi* Rn 8). Das Gericht darf auch eine besondere Notlage der Partei bei Bestimmung des Zeitpunkts der Zahlungen berücksichtigen, zum Beispiel schleppende Gehaltszahlung (LAG Düsseldorf JurBüro 86, 608).

7 **2. Raten aus dem Vermögen.** Bei der Anordnung des Einsatzes eines Vermögensbestandteils ist diese ziffernmäßig anzugeben und der Zeitpunkt der Zahlung zu bestimmen (Köln FamRZ 01, 632). Die Anord-

nung von Zuzahlungen aus dem Vermögen kann als Einmalzahlung oder auch in Raten erfolgen. Bei der Anordnung von Raten gilt die Grenze von 48 Monaten aus dem Vermögen nicht. Daher muss er auch die Anzahl der Raten enthalten, damit der Antragsteller überprüfen kann, ob der Schonbetrag des Vermögens eingehalten ist (Köln FamRZ 01, 632). Wenn einzusetzendes Vermögen nicht zeitnah verwertet werden kann, kann eine Rate aus dem Vermögen gestundet werden (München MDR 98, 365).

3. Reihenfolge. Sind sowohl Raten aus dem Einkommen und Beträge aus dem Vermögen zu zahlen, ist streitig, in welcher zeitlichen Reihenfolge die Zahlungen zu erfolgen haben. Eine Ansicht behandelt die Zahlung aus dem Vermögen vorrangig (Zö/*Philippi* Rn 11). Eine andere geht davon aus, dass die Reihenfolge der Zahlungen nicht gesetzlich bestimmt ist und daher den Umständen des Einzelfalls vorbehalten bleibt (Schoreit/Groß/*Groß* Rn 7). Dabei soll auch entschieden werden können, ob die Partei zunächst Monatsraten aus dem Einkommen zu zahlen hat oder ob sie in erster Linie auf ihr Vermögen zurückgreifen muss. Diese Lösung erscheint allerdings zweifelhaft, da § 115 keine Berücksichtigung des Einkommens der Partei bei der Frage der Zumutbarkeit des Vermögenseinsatzes vorsieht. Da die Höhe der Zuzahlung aus dem Vermögen bekannt, die Dauer der Ratenzahlung aus dem Einkommen indes unbestimmt ist, ist es sinnvoller, zuerst die Ratenanordnung aus dem Vermögen zu erfüllen und erst danach die Raten aus dem Einkommen zu verrechnen. Eine Bestimmung der Reihenfolge der Zahlungen muss im Beschl erfolgen. 8

IV. Erwartete Veränderung der Bedürftigkeit. 1. Einkommen. Gemäß Abs 1 S 2 setzt das Gericht bereits im ersten Beschl eine Änderung der Ratenhöhe fest, die sich ergibt, wenn berücksichtigte Belastungen bis zum Ablauf von vier Jahren ganz oder tw entfallen. Die Möglichkeit besteht, wenn bereits zum Zeitpunkt der Entscheidung die auf Tatsachen begründete Erwartung besteht, dass sich die finanziellen Verhältnisse der Partei bis zum Ablauf von vier Jahren nach der Bewilligung durch den Wegfall oder die Verringerung der Belastungen verbessern werden. Das erfordert eine Prognoseentscheidung von Seiten des Gerichts. Eine solche Entscheidung kommt nur in Betracht, wenn bereits aus den PKH-Unterlagen ersichtlich ist, dass eine Belastung wegfallen wird. (Wegfall von Kreditraten, Ende von Ratenzahlungsverpflichtungen). Zu beachten ist, dass nur der Wegfall besonderer Belastungen iSd § 115 I Nr 4 eine solche Prognoseentscheidung erlaubt. Der Wegfall anderer Belastungen, zB Miete, kann hier nicht berücksichtigt werden. 9

2. Vermögen. Nach dem Wortlaut und dem Sinn der Vorschrift gilt diese vorzeitige Festsetzung der Ratenänderung nur bei Raten aus dem Einkommen, nicht bei Raten aus dem Vermögen. In entsprechender Anwendung kann das Gericht auch die zukünftige Zuzahlung aus dem Vermögen bestimmen, aber nur dann, wenn Zeitpunkt und Höhe des Vermögenserwerbs gesichert sind, zB bei einem Sparbrief (Zimmermann Rn 285; Kobl MDR 99, 1346). Teilweise wird angenommen, dass eine solche sichere Prognose eines zukünftigen Vermögenserwerbs auch dann vorliege, wenn die Partei die Veräußerung eines im Miteigentum stehenden Mehrfamilienhauses dergestalt plant, dass ein Maklerauftrag erteilt ist (Karlsr Beschl v 26.9.08 – 15 WF 66/08). Eine solche Erweiterung ist abzulehnen. § 120 I spricht im Wortlaut ausdrücklich nur vom erwarteten Wegfall von Belastungen hinsichtlich des Einkommens. Soweit eine ausdehnende Analogie hinsichtlich von Vermögenszuwächsen befürwortet wird, ist hiervon zurückhaltend Gebrauch zu machen und ein solcher Fall jedenfalls nur dann anzunehmen, wenn der Vermögenserwerb nach Höhe und Anfallszeitpunkt bereits bekannt ist. Das ist bei einer lediglich beabsichtigten Veräußerung eines Hauses, bei der noch nicht einmal ein Käufer bekannt ist, nicht der Fall. 10

Umstritten ist, ob die vorzeitige Anordnung von Zuzahlungen auch für die Vermögensbeträge gilt, die der Partei aus dem Rechtsstreit in der Hauptsache selbst zufließen. Das wird tw im Hinblick darauf bejaht, dass die Partei im Prozess eine gesicherte Forderung erhält, deren Realisierung nahe liegt (Brandbg FamRZ 08, 1264; Ddorf FamRZ 90, 765). Tw wird eine Berücksichtigung bereits im ursprünglichen Beschl abgelehnt, da eine hinreichend sichere Prognose des Vermögenserwerbs noch nicht möglich ist und stattdessen erst bei konkretem Eintritt eine Änderung nach § 120 IV bevorzugt (Stuttg OLGR 06, 458). Jedenfalls um im Abänderungsverfahren eine etwaige Bösgläubigkeit des Antragstellers leichter belegen zu können, ist es sinnvoll, einen Zusatz dahingehend aufzunehmen, dass die Partei bei Zahlung der Hauptforderung eine Zuzahlung aus dem Vermögen werde leisten müssen.

C. Adressat der Zahlung. Die Zahlungen sind an die Landeskasse zu leisten. Die Gerichtskasse fordert die Ratenzahlung an, dabei wird auch die Bankverbindung mitgeteilt, auf die zu leisten ist. Die Gerichtskasse kann rückständige Beträge nach der JBeitrO vollstrecken, diese Möglichkeit besteht neben der Aufhebung der PKH. In Verfahren vor dem BGH sind die Zahlungen ebenfalls an die Landeskasse zu leisten. Die Zah- 11 lung an die Bundeskasse erfolgt nur dann, wenn PKH in der vorherigen Instanz nicht bewilligt worden ist. Dadurch soll eine einheitliche Zahlung gewährleistet werden.

12 **D. Vorläufige Einstellung der Zahlungen.** Über die vorläufige Einstellung der Zahlungen entscheidend der Rechtspfleger.

13 **I. Kostendeckung (Nr 1).** Das Gericht soll die vorläufige Einstellung der Zahlungen bestimmen, wenn abzusehen ist, dass die Zahlungen der Partei die Kosten decken. Die Partei hat höchstens 48 Monatsraten zu zahlen, jedoch nicht mehr als die insgesamt anfallenden Prozesskosten. Deshalb ist ein Vergleich der entstandenen Kosten mit den geleisteten Ratenzahlungen der Partei auch während der Instanz und der Berufungsinstanz erforderlich. Berücksichtigt werden nur die bislang angefallenen außergerichtlichen und gerichtlichen Kosten (KG Rpfleger 84, 477). Eine Verrechnung auf evtl noch anfallende Gebühren ist unzulässig (Kobl FamRZ 00, 1095; aA Schoreit/Groß/*Groß Rn 17*, alle evtl anfallenden Kosten sind zu berücksichtigen). Die Kostendeckung ist erst dann erreicht, wenn die vollen Anwaltsgebühren gedeckt sind, nicht nur die PKH-Gebühren (Zö/*Philippi* Rn 17). Ist die Kostendeckung erreicht, dann wird die Einstellung der Ratenzahlung durch Beschl angeordnet (Rechtspfleger § 20 Nr 4 RPflG). Zuviel gezahlte Raten sind zurückzuzahlen (Kobl FamRZ 00, 1095). Durch geeignete Maßnahmen ist sicherzustellen, dass die Kostendeckung regelmäßig überprüft wird. Die vorläufige Einstellung muss nicht beantragt werden, sondern erfolgt vAw.

14 **II. Anderer Kostenschuldner (Nr 2).** Die Zahlungen sind weiter vorläufig einzustellen, wenn die Kosten gegen einen anderen Verfahrensbeteiligten geltend gemacht werden können. In erster Linie kommt in Betracht, wer zur Kostenübernahme verurteilt worden ist oder sich durch Vergleich zur Kostenübernahme verpflichtet hat. Die Einstellung der Zahlungen ist unabhängig davon, ob die Partei, der Rechtsanwalt oder die Landeskasse insoweit einen Kostenerstattungsanspruch gegen einen anderen Verfahrensbeteiligten hat. Die vorläufige Einstellung der Zahlungen ist zu bewilligen, sobald der andere Kostenschuldner feststeht. Die Ungewissheit, ob die Beitreibung der Kosten gegen den Schuldner Erfolg hat, ist zunächst hinzunehmen. Wenn feststeht, dass dieser nicht zahlungsfähig ist, ist die Ratenzahlung wieder aufzunehmen. Die Tatsache, dass der Prozessgegner Zahlungen auf den titulierten Ersatzanspruch des PKH-Empfängers leistet und dadurch das Beitreibungsrecht der Landeskasse und des beigeordneten Anwalts beeinträchtigt, ändert daran nichts (BGH MDR 91, 680). Wenn bereits feststeht, dass der Gegner nicht zahlungsfähig ist, kann der Rechtspfleger von der Anordnung absehen (St/J/*Bork* Rn 16).

15 **III. Rechtsbehelfe.** Der beigeordnete Rechtsanwalt ist analog §§ 56 II, 33 III RVG beschwerdeberechtigt, wenn die vorläufige Einstellung der Ratenzahlungen fälschlicherweise angeordnet wird, sobald die ermäßigten Anwaltsgebühren gedeckt sind (Frankf JurBüro 85, 1728; Köln FamRZ 97, 1283).

16 **E. Änderung der persönlichen und wirtschaftlichen Verhältnisse (§ 120 IV). I. Zweck.** Durch die Vorschrift soll wirtschaftlichen Änderungen nach Erlass der PKH-Entscheidung Rechnung getragen werden. Sowohl die Ratenhöhe als auch die Ratenanordnung können nachträglich geändert werden. Dabei erfasst die Vorschrift sowohl Änderungen, die vAw von Seiten des Gerichts durchgeführt werden, als auch Änderungen auf Antrag der Partei.

17 **II. Wesentliche Änderung.** Erforderlich ist eine **wesentliche Änderung**, die **nachträglich** eingetreten ist. Der Begriff der Wesentlichkeit ist nicht definiert. Überwiegend wird verlangt, dass nur Änderungen zu einer Ratenanpassung führen, die voraussichtlich von einiger Dauer sind. Durch die Anpassung für die Staatskasse erzielbare Mehreinnahmen müssen in einem vertretbaren Verhältnis zum Aufwand stehen (Zimmermann Rn 407 ff). Die Vorschrift regelt die nachträgliche Entziehung oder Änderung der PKH abschließend mit § 124. Eine einmal erfolgte Bewilligung von PKH, auch wenn sie fehlerhaft erfolgt ist, begründet einen **Vertrauenstatbestand** für die begünstigte Partei; dies hat Vorrang ggü den fiskalischen Interessen des Staates (Saarbr OLGR 06, 210).

18 War die ursprüngliche PKH-Entscheidung falsch, so kann dies nicht über § 120 IV im Nachhinein korrigiert werden (BAG FamRZ 09, 687; Saarbr OLGR 09, 658; Bambg FamRZ 03, 1199). Ebenfalls keinen Grund für eine Abänderung nach § 120 IV ist es, wenn die **Verfahrenskosten** im Nachhinein höher waren, als sie iRd ursprünglichen Schätzung festgestellt und als Grundlage für eine Vermögenszuzahlung gem § 115 angenommen worden sind. Im Rahmen der Abänderung nach § 120 IV sind allein maßgeblich die geänderten persönlichen und wirtschaftlichen Verhältnisse der Partei (Brandbg OLGR 05, 794). Der Begriff der Änderung ist gleich zu verstehen wie in § 323. Das Gericht stellt einen Vergleich an zwischen den per-

sönlichen und wirtschaftlichen Verhältnissen zum Zeitpunkt der Entscheidung und denen im jetzigen Zeitpunkt. Der Rechtspfleger ist im Abänderungsverfahren an die Rechtsauffassung des Gerichts im PKH-Beschluss hinsichtlich der Berücksichtigung von Einkommen und der Abzugsfähigkeit bestimmter Positionen etc. gebunden. Er darf die Raten nicht ändern, wenn und weil er eine andere Rechtsauffassung vertritt (Saarbr Beschl v 8.12.09–6 WF 110/09; Ddorf FamRZ 06, 1001; Bambg FamRZ 05, 1101). Wird einer Partei, der in 1. Instanz PKH ohne Ratenzahlung bewilligt wurde, in 2. Instanz PKH nur mit Raten bewilligt, so rechtfertigt dies allein für den Rechtspfleger 1. Instanz nicht die Abänderung (Stuttg OLGR 02, 308).

1. Änderungen von Amts wegen. Zuständig für Änderungen vAw nach Abschluss des Verfahrens ist der Rechtspfleger. Die Akten werden ihm in regelmäßigen Abständen zur Kontrolle vorgelegt. Die Änderung ist zulässig, wenn sich die für die PKH maßgebenden persönlichen und wirtschaftlichen Verhältnisse nach der PKH-Entscheidung wesentlich geändert haben. Durch den Begriff Änderungen ist klargestellt, dass sowohl Verbesserungen als auch Verschlechterungen der wirtschaftlichen Verhältnisse erfasst und berücksichtigt werden müssen. Auch an dieser Stelle gilt, dass die Änderung schon eingetreten sein muss, eine nur erwartete Änderung reicht nicht aus. 19

a) **Verbesserung.** Es kommen sowohl Verbesserungen des Einkommens oder Wegfall von Belastungen als auch der nachträgliche Erwerb von Vermögen in Betracht. Beim Einkommen kann das sein die Erhöhung des Arbeitseinkommens oder der Bezug von Arbeitseinkommen, wenn zuvor Arbeitslosengeld bezogen wurde. Hier ist streitig, ob für eine wesentliche Änderung in Anlehnung an die Rechtsprechung zu § 323 eine Änderung von 10 % des Nettoeinkommens verlangt werden muss. Dies wird tw bejaht, auch wenn schon eine geringere Änderung des Einkommens zu einer Änderung der Ratenhöhe führen würde. Begründet wird dies im Ergebnis mit einer Praktikabilitätserwägung, damit klare Kriterien für das Massenverfahren der PKH-Abänderung bestehen (Kalthoener/Büttner/Wrobel-Sachs Rn 391; Zimmermann Rn 413). Auch nach dieser Auffassung soll eine Wesentlichkeitsgrenze aber nur dann gelten, wenn eine Abänderung zu Ungunsten der Partei erfolgen soll. Nach anderer Auffassung ist eine Änderung dann wesentlich, wenn sie geeignet ist, den wirtschaftlichen und sozialen Lebensstandard der Partei zu verändern (Hamm RPfleger 91, 64; Karlsr FamRZ 91, 840). Diese Definition ist aber gerade in Massenverfahren ungeeignet. Da eine gesetzliche Definition fehlt, sollte es dem Gericht überlassen bleiben, zu entscheiden, wann eine Änderung wesentlich ist. Nur dann können die jeweiligen Verhältnisse des Einzelfalls angemessen berücksichtigt werden. 20

Auch der nachträgliche Vermögenserwerb ist zu berücksichtigen. Das ist auch der Zufluss des Vergleichsbetrages aus dem Verfahren. Nachträgliche Vermögenszuflüsse können die Änderung der PKH nur dann begründen, wenn das Geld noch tatsächlich vorhanden ist. Die Partei ist in ihren Vermögensdispositionen insoweit frei, als anderweitige Verbindlichkeiten beglichen und auch notwendige Anschaffungen vorgenommen werden dürfen (BGH FamRZ 99, 647; Dresden FamRZ 08, 1573). Das soll dann nicht gelten, wenn die Partei langfristige Verbindlichkeiten begleicht, die noch nicht fällig sind (Köln FamRZ 05, 2003). Tw wird vertreten, dass die Partei grds so behandelt werden soll, als habe sie das Vermögen noch, wenn sie Vermögensbestandteile verbraucht hat (Zö/*Philippi* Rn 25). Der BGH hat die Kriterien, unter denen eine Fiktion des Vermögensbestandteils vorgenommen wird, entschieden. Vermögen kann zugerechnet werden, wenn die Partei es böswillig in Kenntnis der Abänderungsmöglichkeit innerhalb der Vierjahresfrist wieder ausgegeben hat. Das Abänderungsverfahren muss noch nicht begonnen haben. Die Partei darf das Vermögen lediglich für berücksichtigungsfähige Verbindlichkeiten ausgeben, die bereits bestanden haben, als der Rechtsstreit absehbar wurde (BGH FamRZ 08, 250). 21

Wenn nach einem Verfahren wegen Unterhalts eine Nachzahlung auf rückständigen Trennungsunterhalt sowie eine **Kapitalabfindung** zum Ausgleich des Anspruchs auf nachehelichen Unterhalt gezahlt werden, ist zu differenzieren. Die Nachzahlung ist zu berücksichtigen, soweit sie nicht zur Begleichung von Verbindlichkeiten und zum Ausgleich finanzierter Aufwendungen in der Vergangenheit benötigt wird (Celle FamRZ 05, 1917). Die Abfindung für den künftigen Unterhalt ist nur insoweit zu berücksichtigen, als sie nicht zur Bestreitung des Lebensunterhalts benötigt wird. Ebenso sind Zahlungen auf rückständigen **Unterhalt** in größerem Umfang zu berücksichtigen (KG FamRZ 09, 365 mit ausf Hinweisen zur Berechnung; Nürnbg FamRZ 08, 1261). Nach anderer Auffassung kann eine Zahlung aus dem Prozessvergleich auf Unterhalt nur zur nachträglichen Anordnung von Ratenzahlungen gem § 115 I 2 führen, aber nicht zum Einsatz als Vermögen gem IV und § 115 III (Nürnbg FamRZ 08, 1261). Das erscheint aber systemwidrig, da eine nachträgliche Änderung der PKH eben nur unter den Voraussetzungen des § 120 IV möglich ist und eine nachträgliche Veränderung gem § 115 nicht vorgesehen ist. Eine Berücksichtigung von Zahlungen 22 auf rückständigen Unterhalt findet aber dann nicht statt, wenn ein Elternteil Kindesunterhaltsansprüche in Prozessstandschaft geltend macht und das Kind deshalb einen höheren Vermögenszufluss erhält. Maßgeblich sind die Einkommens- und Vermögensverhältnisse des Elternteils, nicht die des Kindes, so dass der Vermögenszuwachs auf Seiten des Kindes unberücksichtigt bleibt (Nürnbg OLGR 06, 821).

23 Das Vermögen, welches durch den Verkauf des früheren Familieneigenheims zugeflossen ist, ist auch dann für die Prozesskosten einzusetzen, wenn die Partei es benutzt hat, um erneut **ein Haus** anzuschaffen. Das gilt auch iRd nachträglichen Änderung (BGH FamRZ 08, 250). Auch die Zufluss eines **Zugewinnausgleichs** stellt einen zu berücksichtigenden nachträglichen Vermögenszuwachs dar (Brandbg Beschl. v 16.8.07–9 WF 233/07). Der nachträgliche Erwerb eines Grundvermögens, welches kein Schonvermögen ist, ist in jedem Fall zu berücksichtigen (Kobl FamRZ 09, 1506).

24 **Keine Verbesserung** der wirtschaftlichen Verhältnisse ist es, wenn die Partei aufgrund Eheschließung einen **Taschengeldanspruch** gegen den Ehemann erworben hat, der lediglich einen Betrag von 166 € im Monat ausmacht (Rostock Beschl v 1.8.08–10 WF 31/08, FamRZ 08, 2291). Es reicht auch nicht aus, dass die Partei eine nicht realisierbare Forderung erwirbt (Nürnbg FamRZ 04, 1019). Keine Verbesserung ist es, wenn sich der Rückkaufswert einer bereits während des Verfahrens vorhandenen **Kapitallebensversicherungen** so erhöht, dass sie nicht mehr unter das Schonvermögen fällt (SchlHA 07, 98). Gleiches gilt, wenn nach Abschluss des Rechtsstreits eine **Eheschließung** erfolgt. Weder besteht ein Anspruch auf Prozesskostenvorschuss gegen den neuen Ehegatten wegen der angefallenen Prozesskosten, noch lösen diese einen unterhaltsrechtlichen Sonderbedarf aus (Köln FamRZ 07, 158). Das ist nur dann anders, wenn der Unterhaltsanspruch so hoch ist, dass aus diesem Raten auf die PKH gezahlt werden können (Celle FamRZ 92, 702).

25 Eine nachträgliche Anordnung von Raten ist unzulässig, wenn über das Vermögen der Partei zwischenzeitlich das Insolvenzverfahren eröffnet wurde. Die verauslagten Anwalts- und Gerichtskosten sind Insolvenzforderungen und zur Tabelle anzumelden. Der Anspruch auf Ratenzahlung entsteht dem Grunde nach bereits mit der PKH-Bewilligung (Bambg OLGR 05, 312).

26 **b) Verschlechterung.** Auch Verschlechterungen der persönlichen und wirtschaftlichen Verhältnisse sind zu berücksichtigen. Das können Änderungen des Arbeitseinkommens oder der **Verlust des Arbeitsplatzes** sein (Brandbg RPfleger 04, 53). Auch das Hinzutreten weiterer **Unterhaltspflichten** durch Eheschließung oder Geburt eines Kindes sind zu berücksichtigen (Kalthoener/Büttner/Wrobel-Sachs Rn 389). Werden nach der ursprünglichen PKH-Bewilligung neue **Verbindlichkeiten** begründet, so sind diese bei der Abänderung nur dann zu berücksichtigen, wenn sie zur Lebensführung unbedingt notwendig waren. Das kann zum Beispiel die Ratenzahlung wegen einer neu erworbenen Waschmaschine sein, da insoweit ein Anspruch auf eine Sonderzahlung im Rahmen der Sozialhilfe bestehen würde (Zweibr FamRZ 04, 1501). Auch nach der PKH-Bewilligung ist erworbenes Vermögen vorrangig zur Begleichung der Prozesskosten einzusetzen (Kobl FamRZ 07, 645). In Kenntnis der Abänderungsmöglichkeit ausgegebenes neu erworbenes Vermögen kann zugerechnet werden (Saarbr FamRZ 10, 1753).

27 **c) Änderung des PKH-Freibetrags.** Die Freibeträge der PKH werden jährlich durch eine neue Prozesskostenhilfebekanntmachung angepasst und idR um einige Euro erhöht. Die Änderungen, die sich dabei möglicherweise im Hinblick auf die Raten ergeben, die jede Partei zu zahlen hat, werden aber nicht vAw berücksichtigt. Auch hier erfolgt eine Änderung nur auf Antrag der Partei. Der Antrag ist nur begründet, wenn sich dadurch eine **Reduzierung auf null** ergibt, nicht bei einer sonstigen Ratenreduzierung (Zimmermann Rn 422 mwN).

28 **2. Änderung auf Antrag.** Bei einer Verschlechterung der wirtschaftlichen Verhältnisse sind die Raten zu ermäßigen oder auf Null zu setzen. Das Gericht wird jederzeit auf Antrag der Partei tätig, wobei ein formeller Antrag nicht erforderlich ist. Auch ein Hinweis der Partei, dass sich die finanziellen Verhältnisse verschlechtert haben, kann als Änderungsantrag ausgelegt werden (Zimmermann Rn 454). Ein Verschulden der Partei an einer Verschlechterung ihrer wirtschaftlichen Verhältnisse spielt grds keine Rolle. Allerdings gelten auch hier die Erwägungen, die bei § 115 zu einer Fiktion von Einkommen führen (s. § 115 Rz 10).

29 **III. Verfahren.** Die Partei hat sich auf Verlangen des Gerichts darüber zu erklären, ob sich die maßgebenden persönlichen und wirtschaftlichen Verhältnisse seit der Entscheidung geändert haben. Aus dem Wortlaut folgt bereits, dass die Partei nicht verpflichtet ist, Verbesserungen ihrer wirtschaftlichen Verhältnisse von sich aus mitzuteilen. Ein Formularzwang besteht für dieses Verfahren nicht (Naumbg OLGR 07, 277). Teilweise wird sogar vertreten, dass die PKH wegen fehlender Mitwirkung nicht aufgehoben werden darf,

wenn das Gericht die Partei lediglich aufgefordert hat, eine neue Erklärung über die persönlichen und wirtschaftlichen Verhältnisse einzureichen. Denn die Mitwirkungsverpflichtung beschränkt sich darauf, mitzuteilen, welche Änderungen seit dem ursprünglichen Beschl eingetreten sind (Kobl FamRZ 09, 1506; Karlsr FamRZ 05, 48). Es können nur Änderungen berücksichtigt werden, die im ursprünglichen Verfahren nicht bekannt waren. Hat eine Partei im ursprünglichen Verfahren zutreffende Angaben gemacht, aufgrund derer sie zu einer Ratenzahlung verpflichtet gewesen wäre, und es sind keine Raten angeordnet worden, dann kann dieser Fehler nicht im Verfahren nach § 120 IV korrigiert werden (Saarbr Beschl v 8.12.09 – 6 WF 110/09; Brandbg Beschl v 19.3.07 – 9 WF 45/07). Zuständig für die Überprüfung der PKH ist das ursprüngliche Gericht, bei mehreren Instanzen das erstinstanzliche Gericht. Funktionell zuständig ist der Rechtspfleger. Das Gericht setzt der Partei eine Frist, innerhalb derer sie sich erneut über ihre persönlichen und wirtschaftlichen Verhältnisse erklären soll. Diese Frist ist keine Ausschlussfrist, daher ist eine Erklärung auch dann zu berücksichtigen, wenn sie nach Ablauf der Frist eingeht, und zwar auch noch im Beschwerdeverfahren (s. Rz 35).

1. Adressat der Aufforderung des Gerichts. Den Streit, ob das Gericht die Aufforderung, sich erneut zu 30
den persönlichen und wirtschaftlichen Verhältnissen zu erklären, an die Partei oder an den RA des Hauptverfahrens richten muss, hat der BGH entschieden. Wenn der Prozessbevollmächtigte die Partei bereits im Prozesskostenhilfeverfahren vertreten hat, dann sind Zustellungen auch nach Abschluss des Hauptverfahrens an den Prozessbevollmächtigten zu richten (BGH FamRZ 11, 463).

2. Maßgeblicher Zeitpunkt. Eine Änderung der Bewilligung zum Nachteil der Partei ist unzulässig, wenn 31
seit der rechtskräftigen Entscheidung oder der sonstigen Beendigung des Verfahrens vier Jahre vergangen sind. Wird ein Verfahren nicht weiter betrieben oder ruht es, dann ist für den Fristbeginn die letzte Verfahrenshandlung maßgebend (Stuttg FamRZ 06, 1135). Maßgeblich für den Fristbeginn ist die Entscheidung in der Hauptsache, nicht die PKH-Entscheidung. Die Hauptsache endet mit Rechtskraft der letzten Entscheidung in der Hauptsache (Dresd FamRZ 02, 1415). Das Scheidungsverbundverfahren ist mit Rechtskraft der letzten Folgesache abgeschlossen. Auch dann, wenn die Folgesache nach § 628 bzw seit 1.9.09 gem § 140 FamFG abgetrennt wurde, ist die Rechtskraft der letzten Entscheidung in einer Folgesache maßgeblich (Brandbg FamRZ 05, 47, KG FamRZ 07, 646). Das gilt allerdings nicht, wenn die Folgesache Versorgungsausgleich gem § 2 I 2 VAÜG ausgesetzt wurde und erst nach Rentenbezug eines Beteiligten wieder aufgenommen werden kann (Brandbg MDR 02, 7171). Maßgeblicher Zeitpunkt für das Ende der Frist und für die Beurteilung der wirtschaftlichen Verhältnisse ist der Erlass des PKH-Beschlusses. Ausnahmsweise ist eine Änderung zum Nachteil der Partei auch nach Ablauf der Vierjahresfrist möglich, wenn die Verzögerung allein durch die Partei zu vertreten ist, insb wegen verzögerter Beantwortung von Anfragen (Zweibr FamRZ 07, 1471; Naumbg FamRZ 00, 1225; Kobl FamRZ 02, 892). Das setzt aber voraus, dass das Gericht rechtzeitig mit der Überprüfung begonnen hat. Das ist dann der Fall, wenn das Verfahren so rechtzeitig begonnen wurde, dass im normalen Geschäftsgang eine Entscheidung innerhalb der Ausschlussfrist getroffen werden kann.

Eine Ratenerhöhung ist erst ab dem Zeitpunkt des Beschlusserlasses zulässig. Eine Reduzierung der Raten 32
ist rückwirkend zulässig, und zwar bereits ab Eintritt der geänderten Verhältnisse. Auf einen Antrag kann nicht abgestellt werden, da ein solcher überhaupt nicht erforderlich ist (Dresd FamRZ 11, 1161; Zimmermann Rn 436). Hat die Partei allerdings die von ihr nach der abzuändernden Entscheidung zu erbringenden Raten schon zu einer Zeit nicht gezahlt, als sie noch leistungsfähig war, bleibt es in diesem Umfang bei der Ratenzahlungsverpflichtung (Saarbr FamRZ 09, 1616 mwN). Wäre daher die Kostenschuld der Partei im Falle ordnungsgemäßer Zahlung der von ihr entsprechend ihrer Leistungsfähigkeit geschuldeten Raten im in Rede stehenden Verfahren im Zeitpunkt ihres Abänderungsantrags vollständig erfüllt gewesen, kommt eine Abänderung nicht mehr in Frage (Saarbr Beschl v 13.1.11 – 6 WF 128/10).

3. Folgen unterlassener Mitwirkung. Erklärt sich die Partei auf Verlangen des Gerichts nicht, so kann das 33
Gericht die PKH unter den weiteren Voraussetzungen des § 124 I Nr 1 (s. dort) aufheben.

4. Inhalt der Entscheidung. Stets ist eine Begründung der Entscheidung erforderlich (vgl dazu § 120 34
Rz 3), einerlei, ob der Beschl eine Änderung der Ratenhöhe, die erstmalige Anordnung von Raten oder den Einsatz eines Teiles des Vermögens enthält. Bei einer Änderung der Einkommensverhältnisse ist die Ratenhöhe entsprechend der Tabelle anzuheben bzw zu reduzieren. Bei der Anordnung einer Einmalzahlung aus dem Vermögen ist wie bei der Erstanordnung der Betrag ziffernmäßig zu bestimmen (Kobl FamRZ 06,

1285). Streitig ist allerdings insoweit, ob eine Aufhebung der PKH erfolgt oder lediglich eine Abänderung. Der BGH spricht von Abänderung (FamRZ 07, 1720), ohne allerdings auf den Meinungsstreit einzugehen. Teilweise wird die Aufhebung bejaht (Nürnbg JB 91, 258; München Rpfleger 92, 25). Überwiegend wird aber zutr vertreten, dass der Wortlaut des § 120 eine Abänderung, keine Aufhebung ermöglicht (Saarbr Beschl v 17.11.09 – 6 WF 114/09; Ddorf FamRZ 94, 1266; Zimmermann Rn 437; Zö/*Philippi* Rn 24). Für die Partei ist der Meinungsstreit irrelevant, hat doch jede Meinung zur Folge, dass sie die vollen Kosten begleichen muss. Auswirkungen hat die Diskussion lediglich für den PKH-Anwalt, der nur bei einer Aufhebung die Festsetzung der vollen Regelgebühr gegen die Partei verlangen kann.

35 **IV. Rechtsbehelfe.** Die Entscheidung des Rechtspflegers ergeht durch Beschl. Der Beschl ist zu begründen, die fehlende Begründung führt zur Aufhebung und Zurückverweisung (Brandbg OLGR 03, 504). Der Beschl muss das konkrete Verfahren bezeichnen, sowie mit notwendiger Eindeutigkeit erkennen lassen, dass, ab wann und in welcher Höhe Raten zu zahlen sind (Saarbr Beschl v 3.1.11, 9 WF 100/10). Gegen den Beschl ist die sofortige Beschwerde gem §§ 127 II, 567 ff, § 11 RPflG gegeben. Die Frist zur Einlegung der Beschwerde beträgt einen Monat (§§ 127 II 3, 569 I 1). Die Notfrist beginnt erst mit der ordnungsgemäßen Zustellung des Beschlusses (Brandbg Rpfleger 04, 53). Hinsichtlich des Adressaten der Zustellung (Partei oder Anwalt) bestand der gleiche Streit wie bei der Aufforderung, s. dazu Rz 30; die Zustellung ist an den RA zu richten (BGH FamRZ 11, 463). Der Rechtspfleger kann abhelfen, der Richter erster Instanz ist über die Erinnerung nur entscheidungsbefugt im Fall des § 11 II RPflG, ansonsten entscheidet das Beschwerdegericht. Die Vorlage der ausgebliebenen PKH-Erklärung kann noch im Beschwerdeverfahren erfolgen, eine Aufhebung der PKH erfordert ein vollständiges Ausbleiben der Erklärung (Naumbg Beschl v 24.4.08 – 4 WF 24/08). Das gilt auch dann, wenn für das Ausbleiben der Erklärung keine ausreichende Entschuldigung vorgebracht wird (Brandbg Beschl v 1.2.08 – 9 WF 362/07, Aufgabe der bisherigen Rechtsprechung). An einer hinreichenden Erklärung fehlt es aber nicht schon dann, wenn die Partei zwar ihre geänderten Einkünfte, nicht aber ihre behaupteten Belastungen hinreichend dargetan hat. Denn dies hat allenfalls zur Folge, dass die Belastungen unberücksichtigt bleiben und mit dieser Maßgabe das einzusetzende Einkommen zu errechnen ist (Saarbr FamRZ 11, 662). Anderes gilt, wenn Einkommen nicht belegt wird, da dann dem Gericht eine Berechnung der exakten Ratenhöhe verschlossen ist. Beschwerdeberechtigt ist bei einer Erhöhung der Raten oder bei einer abgelehnten Ratenermäßigung die Partei. Sofern es bei einer Ratenanordnung verbleibt, ist die Staatskasse nicht beschwerdebefugt (LAG Ddorf JB 90, 203).

36 Ein Beschwerderecht der **Staatskasse** besteht dann, wenn die Änderungen der ratenfreien PKH in eine Bewilligung mit Raten abgelehnt wird, und dann, wenn eine ursprüngliche Bewilligung mit Ratenanordnung in eine ratenfreie PKH abgeändert wird.

37 Der PKH-Anwalt selbst ist nur beschwerdebefugt, wenn die bisherige Ratenzahlungsverpflichtung aufgehoben wird (Schlesw JB 88, 751). Wird die Anordnung von Raten bei bisher ratenfreier PKH abgelehnt, hat der Anwalt keine Beschwerdebefugnis, die Ratenanordnung soll in erster Linie der Staatskasse dienen (Hamm FamRZ 06, 349).

§ 121 Beiordnung eines Rechtsanwalts.

(1) Ist eine Vertretung durch Anwälte vorgeschrieben, wird der Partei ein zur Vertretung bereiter Rechtsanwalt ihrer Wahl beigeordnet.

(2) Ist eine Vertretung durch Anwälte nicht vorgeschrieben, wird der Partei auf ihren Antrag ein zur Vertretung bereiter Rechtsanwalt ihrer Wahl beigeordnet, wenn die Vertretung durch einen Rechtsanwalt erforderlich erscheint oder der Gegner durch einen Rechtsanwalt vertreten ist.

(3) Ein nicht in dem Bezirk des Prozessgerichts niedergelassener Rechtsanwalt kann nur beigeordnet werden, wenn dadurch weitere Kosten nicht entstehen.

(4) Wenn besondere Umstände dies erfordern, kann der Partei auf ihren Antrag ein zur Vertretung bereiter Rechtsanwalt ihrer Wahl zur Wahrnehmung eines Termins zur Beweisaufnahme vor dem ersuchten Richter oder zur Vermittlung des Verkehrs mit dem Prozessbevollmächtigten beigeordnet werden.

(5) Findet die Partei keinen zur Vertretung bereiten Anwalt, ordnet der Vorsitzende ihr auf Antrag einen Rechtsanwalt bei.

Inhaltsübersicht

	Rz
A. Zweck	1
B. Voraussetzungen der Beiordnung	2
I. Notwendige Beiordnung	3
II. Erforderliche Beiordnung	4
Einzelfälle	7
III. Beiordnung wegen des Grundsatzes der Waffengleichheit	19
1. Zwang zur Beiordnung bei Vertretung des Gegners durch einen Rechtsanwalt	20
2. Beiordnung bei sonstigen sachkundigen Gegnern	21
IV. Verkehrsanwalt	22
1. Beweisaufnahme	23
2. Verkehrsanwalt	24
V. Notanwalt	25
C. Auswahl des Anwalts	26
I. Zur Vertretung bereiter Rechtsanwalt	26
1. Änderung der Beiordnung	28
2. Bereitschaft zur Vertretung	33
II. Beiordnung eines nicht beim Prozessgericht zugelassenen Anwalts	34
1. Notwendigkeit der Beiordnung eines Verkehrsanwalts als Maßstab	35
2. Stillschweigender Verzicht auf Mehrkosten durch Beiordnungsantrag	36
D. Verfahren	37
E. Wirkung der Beiordnung	38
I. Anwaltsvertrag	38
II. Vergütung des beigeordneten Anwalts	39
III. Aufhebung der Beiordnung	40
F. Rechtsbehelfe	41
G. Kosten/Gebühren	42

A. Zweck. Die Vorschrift regelt die Fälle, in denen die Beiordnung eines Rechtsanwalts erfolgen muss, sowie ihren Umfang. Grundgedanke der Prozesskostenhilfe ist es, dem Bedürftigen iRd verfassungsrechtlich gebotenen Gleichstellung und sozialen Fürsorge weitgehend die gleichen Möglichkeiten zur Rechtswahrnehmung oder Rechtsverteidigung zu gewähren wie der bemittelten rechtsuchenden Partei. Dementsprechend ist bei der Auslegung des Begriffs der Erforderlichkeit das Prinzip der Rechtschutzgleichheit zu beachten (BVerfG FamRZ 02, 531). 1

B. Voraussetzungen der Beiordnung. Der Prozesskostenhilfeanspruch der Partei beinhaltet, dass ihr in den notwendigen Fällen zur Wahrnehmung ihrer Rechte ein Rechtsanwalt beizuordnen ist. Die Beiordnung ist im Bewilligungsbeschluss gesondert auszusprechen. Ist eine Beiordnung nicht erfolgt, aber notwendig, kann die Beiordnung in einem besonderen Beschl erfolgen. Im Beiordnungsbeschluss wird der ausgewählte Rechtsanwalt namentlich genannt. Die Beiordnung des im Verfahren tätig gewesenen Rechtsanwalts kann auch noch nach Abschluss der Instanz erfolgen, wenn der Partei PKH ohne Beiordnung für das Verfahren bewilligt worden ist (Karlsr OLGR 08, 117). 2

I. Notwendige Beiordnung. Gemäß § 121 I erfolgt eine Beiordnung in Anwaltsprozessen. Ist für das Verfahren gem § 78 die anwaltliche Vertretung vorgeschrieben, so wird der Partei zwingend zur Wahrnehmung ihrer Rechte ein Rechtsanwalt beigeordnet. Ein gesonderter Antrag ist nicht erforderlich. Das gilt dementsprechend für Verfahren vor dem LG, OLG, sowie tw in Familien- und Lebenspartnerschaftssachen. Vor dem BGH muss die Vertretung durch einen beim BGH zugelassenen Rechtsanwalt erfolgen. 3

II. Erforderliche Beiordnung. Gemäß § 121 II hat eine Anwaltsbeiordnung zu erfolgen, wenn diese erforderlich erscheint. Die Beiordnung erfolgt nur auf Antrag. Im Antrag ist der ausgewählte Anwalt namentlich zu benennen, wobei die Benennung nicht ausdrücklich erfolgen muss, sondern darin liegen kann, dass der ausgewählte Anwalt seine Beiordnung beantragt. Stellt der Anwalt den PKH-Antrag ohne ausdrücklichen Antrag auf Beiordnung, so ist der Beiordnungsantrag als stillschweigend gestellt anzusehen (Dresd FamRZ 01, 634). **Objektive** Merkmale der Erforderlichkeit sind die tatsächlichen und rechtlichen Schwierigkeiten des Rechtsstreits. **Subjektiv** kommt es auf die tatsächlichen Fähigkeiten des Antragstellers an, insb auch auf seine intellektuellen Fähigkeiten und seine Besonderheiten, wie zum Beispiel, wenn eine neurologisch-psychiatrische Beeinträchtigung vorliegt. Es verstößt gegen den Gleichheitsgrundsatz, wenn pauschal darauf abgestellt wird, dass das zu Grunde liegende Verfahren dem Amtsermittlungsgrundsatz unterliegt. Denn die Aufklärungs- und Beratungsverpflichtung des Rechtsanwalts geht über die Amtsermittlungspflicht des Richters hinaus (BVerfG FamRZ 02, 531). 4

Die Bewertung der subjektiven und sachlichen Voraussetzungen der Erforderlichkeit hat nach einem objektiven Maßstab zu erfolgen, nicht aus der Sicht des Anwalts oder der Partei (OVG Bremen JurBüro 84, 133). Dabei ist allerdings kein zu strenger Maßstab anzulegen. Tatsächlich werden auch in Verfahren, die nicht 5

dem Anwaltszwang unterliegen, die meisten Parteien eine Vertretung durch Anwälte wählen. Teilweise wird das Erforderlichkeitskriterium dadurch umgangen, dass auf die richterliche Hinweispflicht verwiesen wird (B/L/A/H Rn 32). Das entspricht allerdings nicht der Lebenswirklichkeit. Tatsächlich wird sich selbst die Partei, die nach ihren intellektuellen Fähigkeiten dazu in der Lage wäre, kaum so weit in die Besonderheiten des materiellen und des Verfahrensrechts einfinden können, um sich selbst adäquat zu vertreten. Unabhängig davon wäre mit der zwangsläufig erweiterten Fürsorge- und Hinweispflicht des Gerichts eine höhere Arbeitsbelastung für das Verfahren verbunden, so dass der beabsichtigte Zweck, eine Entlastung für die Staatskasse zu bringen, zweifelhaft ist.
Maßstab ist dementsprechend immer, ob eine vergleichbar gebildete Partei im gleichen Fall einen Rechtsanwalt zuziehen würde (Köln FamRZ 03, 1398).

6 Maßgeblicher Zeitpunkt für die Prüfung, ob die Beiordnung erforderlich ist, ist der Zeitpunkt der Entscheidungsreife (Köln FamRZ 99, 46). Entscheidet das Gericht über einen Antrag auf Bewilligung von PKH ohne sachlichen Grund erst am Ende des Verfahrens, so ist aus dem Gesichtspunkt des Vertrauensschutzes die Beiordnung notwendig, auch wenn die Voraussetzungen des § 121 eigentlich nicht vorliegen, der Anwalt aber im Verfahren tätig gewesen ist (Bambg NJW-RR 90, 1507).

7 **Einzelfälle. 1. Familiensachen nach dem bis zum 31.8.09 geltenden Recht.** Siehe dazu die Ausführungen in der 3. Aufl, § 121 Rz 7 ff.

8 **2. Ehe- und Folgesachen.** Wie nach dem bis zum 31.8.09 geltenden Recht besteht hier gem § 114 I FamFG auch schon in 1. Instanz vor dem FamG Anwaltszwang, Die Beiordnung richtet sich nach § 121 ZPO, da § 78 FamFG wegen § 113 I FamFG nicht anwendbar ist (BGH FamRZ 11,1138).

9 **3. Selbständige Familienstreitsachen.** Nach § 114 I FamFG herrscht nunmehr auch in Unterhaltsstreitverfahren durchgehend bereits im 1. Rechtszug Anwaltszwang, so dass die nach dem bis zum 31.8.2009 diskutierte Frage nach der Notwendigkeit der Beiordnung insgesamt gegenstandslos geworden ist. Auch hier ist § 113 I FamFG iVm 121 ZPO anzuwenden (s. Rz 8 aE).

10 **4. Isolierte FG-Familiensachen nach dem FamFG.** Hier richtet sich die Frage der Anwaltsbeiordnung nach § 78 FamFG. Herrscht Anwaltszwang (vor dem BGH, § 114 II FamFG), so ist nach § 78 I FamFG ein Anwalt beizuordnen. Ist anwaltliche Vertretung nicht vorgeschrieben, so beurteilt sich die Erforderlichkeit der Anwaltsbeiordnung nach § 78 II FamFG. Der BGH hat die allgemeinen Voraussetzungen dieser Vorschrift – im Wege verfassungskonformer Auslegung – für die Praxis geklärt. Demnach ist dem Beteiligten dann ein Rechtsanwalt beizuordnen, wenn dies wegen der Schwierigkeit der Sach- und Rechtslage erforderlich ist. Entscheidend ist dabei, ob ein bemittelter Rechtssuchender in der Lage des Unbemittelten vernünftigerweise einen Rechtsanwalt mit der Wahrnehmung seiner Interessen beauftragt hätte. Die gebotene einzelfallbezogene Prüfung lässt eine Herausbildung von Regeln, nach denen der mittellosen Partei für bestimmte Verfahren immer oder grds ein Rechtsanwalt beizuordnen ist, regelmäßig nicht zu. Ein Regel-Ausnahme-Verhältnis ist deswegen nicht mit dem Gesetz vereinbar. Das Verfahren kann sich für einen Beteiligten auch allein wegen einer schwierigen Sachlage oder allein wegen einer schwierigen Rechtslage so kompliziert darstellen, dass auch ein bemittelter Beteiligter einen Rechtsanwalt hinzuziehen würde. Jeder der genannten Umstände kann also für sich die Beiordnung eines Rechtsanwalts erforderlich machen, wobei sich die Erforderlichkeit auch nach den subjektiven Fähigkeiten des betroffenen Beteiligten richtet. Auch wenn der Grundsatz der Waffengleichheit kein allein entscheidender Gesichtspunkt für die Beiordnung eines Rechtsanwalts iRd Verfahrenskostenhilfe mehr ist, kann der Umstand der anwaltlichen Vertretung anderer Beteiligter ein Kriterium für die Erforderlichkeit zur Beiordnung eines Rechtsanwalts wegen der Schwierigkeit der Sach- oder Rechtslage sein (BGH FamRZ 10, 1427).

11 Hierzu hat sich erwartungsgemäß umfangreiche obergerichtliche Rechtsprechung entwickelt, die darzustellen aus Raumgründen den Kommentaren zum FamFG vorbehalten bleiben muss. Nur so viel: Über die vom BGH in seiner Grundsatzentscheidung genannten Aspekte hinausgehend wird es regelmäßig gegen eine Beiordnung sprechen, wenn alle Beteiligten gleichgerichtete Interessen verfolgen (so etwa Saarbr FamRZ 10, 1001 und 1690).

12 **5. Vereinfachtes Verfahren (§§ 249 ff FamFG).** Im vereinfachten Verfahren herrscht gem §§ 257 S. 1, 114 IV Nr 6 FamFG iVm § 78 III ZPO kein Anwaltszwang. IdR ist die Beiordnung eines Rechtsanwalts geboten (Hamm FamRZ 11, 1745).

13 **6. Betreuungsverfahren.** S Rz 10.

14 **7. Insolvenzverfahren.** Für die Vorlage des Insolvenzplans ist die Beiordnung eines Rechtsanwalts nur bei besonderen Schwierigkeiten rechtlicher oder tatsächlicher Natur geboten. Die Beiordnung ist auch nicht

deshalb erforderlich, weil ein Gläubiger eine Forderung aus einer vorsätzlich begangenen unerlaubten Handlung angemeldet hat. Für die Erhebung des Widerspruchs ist ein Rechtsanwalt nur beizuordnen, wenn der Schuldner dartut, dass er nach seinen persönlichen Fähigkeiten und Kenntnissen nicht in der Lage ist, ohne anwaltliche Beratung die Entscheidung über die Erhebung des Widerspruchs zu treffen (BGH Beschl v 14.7.05 – IX ZA 22/03).

8. Mahnverfahren. Im Mahnverfahren ist regelmäßig die Bestellung eines Rechtsanwalts nicht erforderlich. 15
Daher haben weder der Antragsteller noch der Widerspruch einlegende Gegner Anspruch auf Beiordnung eines Rechtsanwalts, auch nicht, wenn der Gegner anwaltlich vertreten ist (BGH FamRZ 10, 634).

9. Versicherungssache. Der Versicherungsnehmer, der durch die Versicherung vertreten wird, die eintreten 16
wird, benötigt keine Beiordnung eines Rechtsanwalts (KG NZV 89, 728).

10. Zwangsvollstreckung. Im Zwangsvollstreckungsverfahren muss zwischen den einzelnen Vollstre- 17
ckungsmaßnahmen unterschieden werden. Maßgeblich ist, ob die beabsichtigte Zwangsvollstreckungsmaßnahme unter Berücksichtigung der persönlichen Fähigkeiten des Antragstellers besondere tatsächliche oder rechtliche Schwierigkeiten aufweist. Das gilt auch im Fall der eingeschränkten Pauschalbewilligung nach § 119 II (BGH FamRZ 10, 288). Für die **Mobiliarzwangsvollstreckung** einschließlich des Verfahrens auf Abgabe der eidesstattlichen Versicherung ist grds eine Anwaltsbeiordnung nicht erforderlich (LG Rostock JB 03, 385; LG Deggendorf JB 02, 662; aA LG Koblenz FamRZ 05, 529). Im Einzelfall ist die Beiordnung eines Anwalts mit entsprechenden Sprachkenntnissen für einen Ausländer mit **mangelhaften Deutschkenntnissen** erforderlich (LG Duisburg FamRZ 04, 1652). Für die **Forderungspfändung in Unterhaltssachen** ist grds die Beiordnung eines Rechtsanwalts erforderlich (BGH FuR 06, 309; LG Mainz FamRZ 08, 161; LG Bad Kreuznach FamRZ 07, 1473). Es ist rechtsfehlerhaft, den Unterhaltsgläubiger stattdessen auf die Beistandschaft des Jugendamtes zu verweisen (BGH FamRZ 06, 856, FamRZ 06, 481). Ansonsten darf dem Gläubiger für die **Pfändung von Arbeitslohn** die Beiordnung nicht ohne Prüfung des Einzelfalls versagt werden (BGH NJW 03, 3136). Für eine **Kontenpfändung** ist die Beiordnung dann erforderlich, wenn die Sache im Einzelfall tatsächliche und rechtliche Schwierigkeiten aufweist, wie bei der Pfändung wegen Unterhalts (LG Berlin FamRZ 03, 318). Teilweise wird bei der Pfändung wegen Unterhalts für jede Vollstreckungsmaßnahme grds die Beiordnung für erforderlich gehalten (LG Köln ZFE 02, 134; LG Kassel JurBüro 88, 904; aA LG Stuttgart Rpfleger 90, 128; LG Münster JurBüro 93, 360). Gleiches gilt für die Vollstreckung von Unterhalts- und **Auskunftsansprüchen** wegen der damit verbundenen tatsächlichen und rechtlichen Schwierigkeiten (LG Lüneburg FamRZ 00, 1227). Im Verfahren über die **Vollstreckbarerklärung** eines ausländischen Unterhaltstitels ist die Beiordnung eines Rechtsanwalts erforderlich, auf jeden Fall dann, wenn der Unterhaltsgläubiger durch den Generalbundesanwalt als Zentrale Behörde vertreten ist und der Unterhaltsschuldner der Vollstreckbarerklärung widerspricht (Celle OLGR 06, 713). Im Verfahren betreffend die Zwangsvollstreckung wegen Verstoßes gegen Anordnungen nach dem **Gewaltschutzgesetz** ist die Beiordnung regelmäßig erforderlich (Brandbg FamRZ 07, 57). Weiterhin ist die Beiordnung erforderlich, wenn in Verfahren gem §§ 758, 761 **Widerstand des Schuldners** zu erwarten ist (LG Freiburg JB 86, 129). Für einen Antrag nach §§ 850 ff auch, wenn der Gegner anwaltlich vertreten ist (LG Hamburg FamRZ 09, 1237). Nicht für die Erteilung einer Rechtsnachfolgeklausel (Kobl FamRZ 10, 56).

11. Zwangsversteigerung. Im Zwangsversteigerungsverfahren kommt die Beiordnung eines Anwalts nur 18
dann in Betracht, wenn der Schuldner konkret dargelegt, in welcher Art und Weise er in das Verfahren eingreifen will und gegen welche vollstreckungsgerichtliche Maßnahme er sich konkret wenden will (BGH NJW-RR 04, 787; s. aber hierzu die Kritik bei § 119 Rz 31).

III. Beiordnung wegen des Grundsatzes der Waffengleichheit. Gemäß § 121 II Alt 2 besteht die Ver- 19
pflichtung, einen Anwalt beizuordnen, wenn der Gegner durch einen Rechtsanwalt vertreten ist. Dieser Grundsatz der Waffengleichheit hat keine verfassungsrechtliche Qualität; einen Grundsatz, dass rechtliches Gehör immer durch die Vermittlung eines Anwalts gewährt werden muss, gibt es nicht (BVerfGE 9, 124; daher ist § 78 II FamFG, soweit er mit der Beiordnung aus Gründen der Waffengleichheit gebrochen hat, in der Ausprägung, die er durch die verfassungskonforme Auslegung in BGH FamRZ 2010, 1427 gefunden hat – dazu Rz 10 –, verfassungsrechtlich unbedenklich, was auch – in diesem Punkt – nicht durch BVerfG NJW 09, 3417 und BVerfGK 15, 426 in Frage gestellt wurde, die dortige Abgrenzung zu BVerfGE 9, 124 betraf eine andere Frage). Auch dem Streithelfer ist ein Anwalt beizuordnen, wenn der Gegner durch einen Rechtsanwalt vertreten ist (Köln FamRZ 02, 1198). Gegner ist der Prozessgegner im Verfahren nach der ZPO. In den Familiensachen, für die der Amtsermittlungsgrundsatz gilt, ist nicht ohne Weiteres feststellbar,

wer der Gegner ist. Wenn feststeht, dass die Beteiligten unterschiedliche Ziele verfolgen, liegt eine Gegnerschaft vor (Zö/*Philippi* Rn 11).

20 **1. Zwang zur Beiordnung bei Vertretung des Gegners durch einen Rechtsanwalt.** Auf Antrag ist der bedürftigen Partei ein Rechtsanwalt immer dann beizuordnen, wenn der Gegner durch einen Anwalt vertreten ist. Der Wortlaut der Vorschrift gibt keinerlei Ermessensspielraum, dennoch soll nach verbreiteter Meinung nicht zwingend eine Verpflichtung zur Anwaltsbeiordnung bestehen, wenn der Gegner durch einen Anwalt vertreten ist (so BGHZ 91, 314; KG NJW-RR 01, 900, Ddorf FamRZ 96, 226; Hamm FamRZ 90, 896; aA Köln FamRZ 02, 1198). Nach dieser einschränkenden Auslegung soll eine Anwaltsbeiordnung dann nicht erforderlich sein, wenn zwar die Gegenpartei durch einen Anwalt vertreten ist, der Klage aber nicht entgegengetreten wird oder die Sach- und Rechtslage einfach ist (Ddorf MDR 95, 1145; Nürnbg FamRZ 95, 371). Das BVerfG hat insoweit zum Privatklageverfahren ausgeführt, dass das, was das rechtsstaatliche Gebot fairer Verfahrensführung fordert, sich nicht abstrakt feststellen lässt, sondern unter Berücksichtigung der jeweiligen Verfahrensordnung festzustellen ist. In diesem Zusammenhang kommt der Frage, in welchem Umfang die Parteien den Rechtsstreit prägen und in welchem Umfang der Amtsermittlungsgrundsatz gilt, entscheidende Bedeutung zu (BVerfGE 63, 380). Dieser Entscheidung lässt sich im Umkehrschluss entnehmen, dass jedenfalls iRd § 121 und im Arbeitsgerichtsverfahren ein Entscheidungsspielraum betreffend die Beiordnung eines Anwalts nicht besteht. In jedem Fall ist eine Vertretung durch einen Rechtsanwalt zwingend erforderlich, wenn ein streitiges Verfahren vorliegt (Schlesw OLGR 01, 1133; Zimmermann Rn 565). Das gilt auch im Verfahren mit Amtsermittlung. Der klare Wortlaut des § 121 II gebietet eine Beiordnung ohne weitere Prüfung. Auch eine Beschränkung auf streitige Verfahren ist dem Wortlaut nicht zu entnehmen (so auch Zimmermann Rn 346; Kalthoener/Büttner/Wrobel-Sachs Rn 567; Zö/*Philippi* Rn 9). Auch für nichtstreitige Verfahren mit Amtsermittlung muss daher eine Anwaltsbeiordnung ohne weitere Prüfung der Erforderlichkeit erfolgen (Köln FamRZ 98, 251). Der Grundsatz der Waffengleichheit gilt auch, wenn die bedürftige Partei selbst Juristin ist, aber nur kurze Zeit als Rechtsanwältin tätig war und der Sach- und Streitstand schwierig ist (Frankf FamRZ 01, 1533). Stellen beide Parteien anwaltlich vertreten einen Antrag auf Bewilligung von PKH und Anwaltsbeiordnung, so rechtfertigt dies allein nicht die Beiordnung nach dem Grundsatz der Waffengleichheit. Vielmehr ist zunächst bei der antragstellenden Partei zu prüfen, ob die Beiordnung eines Rechtsanwalts erforderlich ist. Erst wenn hier die Beiordnung erfolgt, ist dem Gegner aus dem Grundsatz der Waffengleichheit ebenfalls ein Rechtsanwalt beizuordnen (Zweibr RPfleger 00, 220). Im Unterhaltsverfahren ist dem durch das Jugendamt vertretenen Kind auf Antrag ein Rechtsanwalt beizuordnen, wenn der Gegner anwaltlich vertreten ist (Schlesw FamRZ 09, 900).

21 **2. Beiordnung bei sonstigen sachkundigen Gegnern.** Ist der Gegner durch eine Person oder eine Institution vertreten, die zwar kein Anwalt ist, aber ansonsten sachkundig und prozesserfahren ist, so ist in entsprechender Anwendung des Grundsatzes der Waffengleichheit auf Antrag ein Anwalt beizuordnen. So, wenn einer Naturalpartei rechtskundige und prozesserfahrene Vertreter einer Behörde gegenüberstehen, und zwar selbst in Verfahren, die dem Amtsermittlungsgrundsatz unterliegen (BVerfG NZS 11, 775 mwN zum sozialgerichtlichen Verfahren). Ebenso, wenn eine der Parteien durch einen Justiziar vertreten ist, zu dessen Aufgabenkreis gerade das betroffene Verfahren gehört (LG Regensburg ZEV 06, 35 Justiziar eines bischöflichen Ordinariats). Außerdem bei Vertretung des Gegners durch ein prozesserfahrenes Jugendamt (Ddorf FamRZ 95, 241). Es wird aber auch vertreten, dass die Beiordnung nur dann erforderlich ist, wenn der Streitfall schwierig ist (Schlesw OLGR 01, 83). Anders als dann, wenn der Gegner durch einen Rechtsanwalt vertreten ist, ist hier die Einzelfallprüfung eröffnet, da der Wortlaut der Vorschrift dem nicht entgegensteht.

22 **IV. Verkehrsanwalt.** Gemäß § 121 IV kann der Partei auf Antrag für die Wahrnehmung eines Termins zur Beweisaufnahme vor dem ersuchten Richter oder zur Vermittlung des Verkehrs mit dem Prozessbevollmächtigten ein Anwalt beigeordnet werden.

23 **1. Beweisaufnahme.** Findet ein auswärtiger Beweisaufnahmetermin statt, so kann für diesen Termin ein besonderer Anwalt beigeordnet werden, wenn die Terminswahrnehmung durch einen Vertreter der Partei nötig und sachgerecht ist (Brandbg AnwBl 96, 54). Es muss ein Beweisaufnahmetermin stattfinden, ein Termin zur mündlichen Verhandlung reicht nicht aus (Brandbg Beschl v 7.3.07 – 10 WF 53/07). Kriterien für die Notwendigkeit sind auch hier besondere Schwierigkeit der Sach- und Rechtslage oder hohe Reisekosten

für den Hauptbevollmächtigten. Dem Hauptbevollmächtigten steht es frei, anstelle der Beiordnung eines Beweisaufnahmeanwalts selbst zum Termin anzureisen. Dann sollte er allerdings sicherheitshalber die vorherige gerichtliche Entscheidung über die Erforderlichkeit der Reise gem § 46 II RVG herbeiführen (Zö/*Philippi* Rn 19).

2. Verkehrsanwalt. Auf Antrag kann der Partei zusätzlich einen Anwalt zur Korrespondenz mit dem Hauptbevollmächtigten beigeordnet werden. Der Antrag kann von der Partei, vom Hauptbevollmächtigten oder vom Verkehrsanwalt gestellt werden. Voraussetzung ist, dass besondere Gründe die Beiordnung erfordern. In der Regel wird die Beiordnung eines Verkehrsanwalts dann erforderlich sein, wenn die schriftliche oder telefonische Information des Hauptbevollmächtigten nicht möglich ist. Maßgebliche Kriterien sind Schulbildung und Ausdrucksfähigkeit der Partei, berufliche Belastung, Entfernung und Verkehrsverbindungen. Für eine Scheidung ist ein Verkehrsanwalt immer notwendig, wenn die Partei auswärts wohnt, schriftliche Information nicht möglich bzw zumutbar ist und die mündliche Information mit unverhältnismäßig hohen Reisekosten verbunden wäre (Köln FamFR 11, 398; Karlsr FamRZ 99, 304; Frankf FamRZ 09, 1615: mehr als ein halber Arbeitstag für eine Informationsreise idR mehr als 50 km). Auch wenn die Rechtslage besonders schwierig ist oder die Kosten des Verkehrsanwalts nur unwesentlich über denen einer Informationsreise liegen, ist die Beiordnung eines Verkehrsanwalt möglich (Hamm FamRZ 00, 27). Als Anhaltspunkt für die Notwendigkeit der Beiordnung wird auch die Rechtsprechung herangezogen, die zur Erstattungsfähigkeit von Verkehrsanwaltsgebühren iRd § 91 entwickelt worden ist (Karlsr OLGR 01, 20). Auch in einfach gelagerten Scheidungsfällen reicht hierfür die Entfernung von 400 km aus (Köln OLGR Köln 08, 47). Teilweise wird vertreten, dass eine bedürftige Partei auch in einfach gelagerten Sachverhalten einen Anwalt in der Nähe ihres Wohnsitzes beauftragen kann und dann die Beiordnung eines Verkehrsanwalts erforderlich ist (Karlsr OLGR 04, 230). Im Unterhaltsprozess, dessen Vorbereitung idR die Ermittlung diverser Zahlen, Daten und Fakten erfordert, liegen besondere Umstände vor, die jedenfalls für eine schreibungewandte Partei die Bestellung eines Verkehrsanwalts notwendig machen, wenn eine Informationsreise nicht zugemutet werden kann (Naumbg JMBl LSA 02, 281). Auch ein ausländischer Anwalt kann für eine im Ausland wohnende Partei als Verkehrsanwalt beigeordnet werden (Nürnbg MDR 04, 1017; Bambg FamRZ 97, 1543). Ein Verkehrsanwalt ist nicht erforderlich, wenn Informationsreisen zumutbar sind (Bambg JB 84, 616). Keine Notwendigkeit besteht weiterhin, wenn die Entfernung zwischen Verkehrsanwalt und Hauptanwalt nur einige Kilometer beträgt (Ddorf JB 86, 125). 24

V. Notanwalt. Gemäß § 121 V wird der Partei vom Vorsitzenden ein Rechtsanwalt beigeordnet, wenn die Partei keinen zur Vertretung bereiten Anwalt findet und die Beiordnung beantragt. Es ist erforderlich, dass die Partei nachweist, dass sie sich vergeblich um einen zur Vertretung bereiten Anwalt bemüht hat. Mehrere Anwälte müssen zur Vertretung nicht bereit gewesen sein (Kalthoener/Büttner/Wrobel-Sachs Rn 540). Die Partei hat keinen Anspruch auf die Auswahl eines bestimmten Anwalts (Braunschw MDR 50, 620). Ihre Wünsche sollen allerdings bei der Ausübung des Ermessens vom Vorsitzenden berücksichtigt werden (Celle NJW 54, 721). Der beigeordnete Notanwalt ist verpflichtet, mit der Partei ein Mandatsverhältnis einzugehen (BGH NJW 58, 1186; Kalthoener/Büttner/Wrobel-Sachs Rn 540; Schoreit/Groß/*Groß* Rn 65). 25

C. Auswahl des Anwalts. I. Zur Vertretung bereiter Rechtsanwalt. Die Partei wählt ihren Anwalt aus und benennt ihn im Bewilligungsverfahren. In der Regel wird die Wahl schlüssig erklärt werden, indem der Anwalt PKH beantragt; der Antrag hinsichtlich seiner Beiordnung kann ausdrücklich oder konkludent erfolgen. Ein Anwalt, der die Partei nicht vertreten hat oder nicht mehr vertritt, darf nicht beigeordnet werden (Brandbg FamRZ 07, 1753). Das Gericht ist grds an die Wahl der Partei gebunden. Das ist dann nicht der Fall, wenn der gewählte Anwalt für die konkret beabsichtigte Tätigkeit nicht postulationsfähig ist. Die Beiordnung eines gewählten Anwalts ist weiter ausgeschlossen, wenn dieser einem Vertretungsverbot unterliegt. Das ist zum Beispiel im Scheidungsverfahren der Fall, wenn beide gewählten Anwälte einer Bürogemeinschaft angehören (Bremen FamRZ 08, 1544). Die Beiordnung eines nicht vertretungsberechtigten Anwalts kann aufgehoben werden (Celle FamRZ 83, 1045). Beigeordnet werden kann nur ein Rechtsanwalt. Ein Referendar oder sonstiger Justizbeamter ist nicht wählbar (*Grunsky* NJW 80, 2041). Im Parteiprozess ist die Beiordnung eines Rechtsbeistandes bzw Prozessagenten möglich, wenn er Mitglied der Rechtsanwaltskammer ist (BGH Rpfleger 03, 513). Es kann auch eine Rechtsanwaltssozietät beigeordnet werden. Mit der Entwicklung der Rspr zur BGB-Gesellschaft ist der wesentliche Grund, eine Sozietät von der Beiordnung auszunehmen und insoweit nur eine bestimmte Person aus einer Sozietät beizuordnen, weggefallen (BGH NJW 09, 440). Im Zweifel kann die Auslegung des Antrags auch ergeben, dass der Anwalt beigeordnet wer- 26 den soll, der den Antrag unterzeichnet hat (Zweibr FamRZ 86, 287). Auch eine Rechtsanwalts-GmbH kann beigeordnet werden. Bei ihr wird die Tätigkeit durch ihre Organe und Vertreter wahrgenommen (Nürnbg MDR 02, 1459). Es wird die GmbH beigeordnet, nicht ein vom Gericht ausgewählter Rechtsanwalt, der Mitglied der GmbH ist (Nürnbg NJW 02, 3715).

27 Ein PKH-berechtigter Anwalt kann in eigener Sache nicht sich selbst als Anwalt wählen und beiordnen lassen (Frankf FamRZ 92, 1320; Kobl MDR 87, 852, Zimmermann Rn 326). Der Anwalt hat keinen Anspruch auf Beiordnung (BGH NJW 90, 836).

28 **1. Änderung der Beiordnung.** Bis zur Beiordnung kann die Wahl des Anwalts geändert werden. Hat der gewählte Anwalt mitgeteilt, dass er das Mandat niedergelegt habe, darf er nicht mehr beigeordnet werden (Stuttg FamRZ 06, 800). Nach der Beiordnung ist eine Änderung nur bei einer Mandatskündigung aus wichtigem Grund möglich oder wenn die erstrebte neue Beiordnung zu keinen Mehrkosten für die Staatskasse führt (Celle FamRZ 04, 1831; Hamm OLGR 04, 398).

29 Die Aufhebung der Beiordnung kann nur vom Anwalt beantragt werden (Brandbg FamRZ 02, 39). Nach aA kann die Partei jederzeit die Entpflichtung des ihr beigeordneten Rechtsanwalt verlangen, ohne dass dafür ein wichtiger Grund vorliegen müsse. Anspruch auf Beiordnung eines anderen Rechtsanwalts hat sie allerdings nur dann, wenn der Staatskasse dadurch keine höheren Kosten entstehen und die weitere Zusammenarbeit mit dem bisherigen Rechtsanwalt ohne ihr Verschulden nicht weiter möglich war (Nürnbg MDR 03, 712). Der Streit ist für die Partei ohne Konsequenz, nach jeder Auffassung kann ein weiterer Anwalt nur dann beigeordnet werden, wenn für die Staatskasse keine Mehrkosten entstehen und die Mandatskündigung aus wichtigem Grund erfolgt ist.

30 Der wichtige Grund kann die Zerstörung des Vertrauensverhältnisses zwischen Anwalt und Partei sein. Ist die Partei selbst für die Zerstörung des Vertrauensverhältnisses verantwortlich, kann auch wegen Mutwilligkeit die anderweitige Beiordnung unter Verursachung weiterer Kosten versagt werden (Zimmermann Rn 438). Hat die Partei durch mutwilliges Prozessverhalten die Kündigung des Mandatsverhältnisses und die Entpflichtung verursacht, kann sie die Beiordnung eines zweiten Anwaltes unter Verursachung von Mehrkosten nicht verlangen. Im besonders schweren Fällen kann eine weitere Beiordnung auch dann abgelehnt werden, wenn für das Verfahren Anwaltszwang besteht (Köln FamRZ 87, 1168). Die Änderung der Kanzleizugehörigkeit des beigeordneten Rechtsanwalts macht eine Änderung der Beiordnung nicht erforderlich (LAG Nürnberg MDR 02, 1094). Das ist dann anders, wenn bei dem bisher beigeordneten Rechtsanwalt ein Vertretungsverbot entsteht. Von einem zerrütteten Vertrauensverhältnis ist auszugehen, wenn Partei und Rechtsanwalt übereinstimmend die Entpflichtung und Beiordnung eines anderen Anwalts beantragen. Auch dann kann aber ein anderer Anwalt nur dann beigeordnet werden, wenn die Partei dem ersten das Mandat aus triftigem Grund entzogen hat (BGH NJW-RR 92, 189; Frankf FamRZ 01, 237). Ein wichtiger Grund liegt insb nicht darin, dass der Partei subjektiv der vom Anwalt erteilte Rat nicht gefällt (Frankf OLGR 05, 594). Ein wichtiger Grund kann darin liegen, dass der Anwalt von der Partei den Abschluss einer Honorarvereinbarung verlangt (Hamm JB 89, 508). Teilweise wird auch vertreten, dass es nicht auf einen wichtigen Grund ankomme, ob eine weitere Beiordnung erfolgen kann, sondern darauf, ob eine verständige nicht bedürftige Partei, die alle Kosten selbst tragen muss, ihrem bisherigen Anwalt kündigen würde (Köln FamRZ 10, 747; Zimmermann Rn 356).

31 Trägt der Rechtsanwalt die Schuld für die Kündigung des Mandatsverhältnisses, so kann eine neue Beiordnung nicht auf die Kosten beschränkt werden, die beim ersten Anwalt noch nicht angefallen sind, auch dann, wenn auch der erste Anwalt aus der Staatskasse eine Vergütung erhält. Hat der Anwalt schuldhaft zB durch falsche Beratung die Beendigung des Mandatsverhältnisses verursacht, so erhält er allerdings nach § 54 RVG keine Vergütung aus der Staatskasse (Kobl JB 03, 470).

32 **Mehrkosten:** Durch die Aufhebungsentscheidung dürfen die bereits begründeten Gebühren des ersten PKH-Anwalts nicht gekürzt werden (Brandbg FamRZ 04, 213). Streitig ist, auf welche Art und Weise sichergestellt werden kann, dass der Staatskasse durch die Beauftragung eines weiteren Anwalts keine Mehrkosten entstehen. Teilweise wird vertreten, dass bereits im Bewilligungsbeschluss ausgesprochen werden kann, dass der Umfang der Beiordnung von vornherein auf die Gebühren und Auslagen beschränkt wird, die beim vormaligen Anwalt noch nicht angefallen sind (Ddorf FamRZ 08, 1767; Hamm FamRZ 05, 1263). Teilweise wird hingegen eine solche Beschränkung abgelehnt, weil die Beiordnung nur uneingeschränkt erfolgen könne (Zimmermann Rn 355). Die Prüfung, welche Gebühren an welchen Anwalt zu erstatten seien, sei auf das Kostenfestsetzungsverfahren beschränkt (Köln FF 02, 33). Zutreffend dürfte die Auffassung sein, dass bereits im Bewilligungsbeschluss ausgesprochen werden muss, dass die Beiordnung eines zweiten Anwalts nur unter der Bedingung erfolgt, dass keine Mehrkosten für die Staatskasse entstehen. Es handelt sich um eine Beschränkung der Beiordnung, das ist keine Frage der Festsetzung der Gebühren. Die Festsetzung erfolgt nur in dem Umfang, in dem die Beiordnung überhaupt erfolgt ist. Eine Überprüfung der Rechtmäßigkeit der Einschränkung der Beiordnung darf im Festsetzungsverfahren überhaupt nicht mehr erfolgen. Der Rechtspfleger ist insoweit an den Beschl des Gerichts gebunden. (**Hinweis:** Sicherheitshalber und dieser Auffassung folgend muss der Rechtsanwalt dementsprechend bereits gegen den Beiordnungsbeschluss Beschwerde einlegen, wenn er die Einschränkung der Beiordnung für nicht zulässig hält. Mit diesem Einwand wäre er ansonsten im Festsetzungsverfahren ausgeschlossen, s. Ddorf FamRZ 08, 1767). Eine Beschränkung der Beiordnung des zweiten Anwalts auf die Mehrkosten darf nicht erfolgen, solange nicht geklärt ist, ob beim ersten Anwalt überhaupt Gebühren angefallen sind. Der Anwalt ist in diesem Fall verpflichtet, seine Entpflichtung zu betreiben und den wichtigen Grund hierfür mitzuteilen (Karlsr OLGR 07, 107). Überwiegend wird vertreten, dass der zweite Anwalt nur mit seiner Zustimmung unter Beschränkung auf die Mehrkosten beigeordnet werden darf (Hamm FamRZ 10, 1268; Karlsr FamRZ 98, 632; Köln FamRZ 04, 123; Zweibr OLGR 05, 885). Ist eine Einschränkung im Beschl nicht vorgenommen worden, so stehen im Zweifel dem Anwalt die vollen Gebühren zu (Hamm FamRZ 10, 1268; Frankf Beschl v 13.10.05–3 WF 179/04).

2. Bereitschaft zur Vertretung. Im Normalfall ist die Bereitschaft zur Vertretung daraus zu entnehmen, 33
dass der Anwalt seine Beiordnung beantragt. Ist dies nicht der Fall, hat sich das Gericht davon zu überzeugen, dass der gewählte Anwalt zur Vertretung bereit ist.

II. Beiordnung eines nicht beim Prozessgericht zugelassenen Anwalts. Ein nicht in dem Bezirk des Pro- 34
zessgerichts niedergelassener Rechtsanwalt kann nur beigeordnet werden, wenn dadurch weitere Kosten nicht entstehen, § 121 III (Saarbr OLGR 09, 713). Der Partei steht es frei, einen Anwalt zu beauftragen, der nicht am Gerichtsort ansässig ist. Die Vorschrift soll sicherstellen, dass die Staatskasse nicht unnötig mit Kosten belastet wird, die in einem solchen Fall durch die Reisekosten des Anwalts entstehen. Dabei ist aber zu beachten, dass ggf ein Verkehrsanwalt und Reisekosten der Partei für Informationsreisen zu erstatten sind. Diese sind in den Vergleich mit einzubeziehen. Das Gebot der Rechtsschutzgleichheit verlangt nicht, die bedürftige Partei vollständig mit der begüterten Partei gleichzustellen (Frankf FamRZ 08, 1355). Zu beachten ist, dass seit dem 1.7.04 § 126 Abs.1 S 2 BRAGO ersatzlos weggefallen ist. Danach konnte der beim Prozessgericht zugelassene Rechtsanwalt die Mehrkosten, die dadurch entstanden, dass er beim Prozessgericht zwar zugelassen war, seinen Wohn- oder Kanzleisitz aber nicht am Ort des Prozessgerichts hatte, ggü der Staatskasse nicht abrechnen. Mehrkosten durch die Beiordnung eines auswärtigen Rechtsanwaltes entstehen also nur dann, wenn die bei diesem anfallenden Reise- und Abwesenheitsgelder die eines im Bezirk des Prozessgerichte ansässigen Anwaltes übersteigen. Das ist dann der Fall, wenn die Entfernung zwischen dem Prozessgericht und der Niederlassung größer ist als die Entfernung zwischen dem Prozessgericht und dem von dort am weitesten entfernt liegenden Ort innerhalb des Gerichtsbezirks (Oldengb JurBüro 10, 433; München FamRZ 07, 489). Die Beschränkung der Beiordnung auf die Bedingungen eines ortsansässigen Rechtsanwaltes kann nicht mehr erfolgen, sondern nur die Beschränkung auf die Bedingungen eines im Bezirk des Prozessgerichte niedergelassenen Rechtsanwalts (Celle FamRZ 11, 1745).

1. Notwendigkeit der Beiordnung eines Verkehrsanwalts als Maßstab. Grundsätzlich kann ein auswärti- 35
ger Anwalt nur dann beigeordnet werden, wenn ansonsten die **Beiordnung eines** Verkehrsanwalts erforderlich wird und diese Kosten die Reisekosten des Hauptbevollmächtigten erreichen oder sogar übersteigen würden (Saarbr FamFR 11, 430; Frankf FamRZ 08, 1355). Im Rahmen der Prüfung, ob ein nicht beim Prozessgericht zugelassener Anwalt ausnahmsweise beigeordnet werden darf, ist zu prüfen, ob besondere Gründe ansonsten die Beiordnung eines Verkehrsanwalts erforderlich machen würden. Nur wenn dies nicht der Fall ist, darf die Beiordnung gem Abs 3 zu den Bedingungen eines ortsansässigen Anwalts erfolgen (BGH NJW 04, 2749). Damit ist die Erstattung der Reisekosten ausgeschlossen. Die Kosten können nur entstehen in Fällen, in denen eine mündliche Verhandlung voraussichtlich erforderlich sein wird. Die Beiordnung eines Verkehrsanwalts ist nur in Ausnahmefällen erforderlich. Besondere Umstände können darin liegen, dass eine Partei schreibungewandt ist, sich schwer verständigen kann und ihr auch eine Informationsreise zu dem Rechtsanwalt an seinen Kanzleisitz nicht zugemutet werden kann (Brandbg Beschl v 29.1.08 – 9 WF 392/07). Die Beiordnung eines Verkehrsanwalts soll dann notwendig sein, wenn eine erforderliche Informationsreise mehr als einen halben Arbeitstag erfordern würde, was idR anzunehmen ist, wenn die Entfernung mehr als 50 km beträgt (Frankf FamRZ 08, 1355). Im Ergebnis verursacht die Beiord-

nung eines nicht ortsansässigen Anwaltes nur dann höhere Kosten, wenn der Rechtsstreit so einfach ist, dass die Partei keine Informationsreise zu dem ortsansässigen Anwalt benötigen würde, um diesen sachgerecht zu informieren.

36 **2. Stillschweigender Verzicht auf Mehrkosten durch Beiordnungsantrag.** Unverändert streitig ist die Frage, ob im Beiordnungsantrag eines nicht am Gerichtsort ansässigen Anwalts regelmäßig ein Verzicht auf Erstattung der **Mehrkosten**, die durch die Beiordnung als nicht ortansässiger Rechtsanwalt entstehen, zu sehen ist. Das wird bejaht vom BGH (BGH NJW 06, 3784; ebenso Saarbr FamFR 11, 430). Trotz der Entscheidung des BGH wird in Teilen der obergerichtlichen Rechtsprechung anders entschieden (Frankf FamRZ 08, 1355; Rostock FamRZ 08, 1356; Brandbg Beschl v 29.1.08 – 9 WF 392/07; Hamm FamRZ 04, 708). Der Entscheidung des BGH ist nicht zuzustimmen. Sie wird damit begründet, dass der Rechtsanwalt verpflichtet sei, eine Kanzlei am Ort des Gerichts, bei dem er zugelassen ist, zu betreiben. Damit sei sichergestellt, dass Reisekosten nicht anfallen. Da bei einem Rechtsanwalt die Kenntnis des § 121 III vorauszusetzen sei, müsse ein auswärtiger Rechtsanwalt davon ausgehen, dass seinem Antrag nur im gesetzlich zulässigen Umfang stattgegeben werde. Wenn nun ein auswärtiger Anwalt die Beiordnung beantrage, liege darin konkludent das Einverständnis, nur zu den Bedingungen eines ortsansässigen Anwalts beigeordnet zu werden. Seit der Änderung des RVG und der Aufhebung der Zulassungsbeschränkungen der Rechtsanwälte können Kosten jetzt aber auch entstehen, wenn das Prozessgericht einen in seinem Bezirk ansässigen Rechtsanwalt beiordnet. Insoweit trägt die Begründung des BGH nicht mehr. Sofern sich der Verzicht auf die Mehrkosten also nicht ausdrücklich aus dem Beiordnungsantrag ergibt, ist diesbzgl bei dem Rechtsanwalt nachzufragen. Folgt man der Ansicht des BGH, so ist jedenfalls im Beschl ausdrücklich die Einschränkung auszusprechen, worin dann aber auch eine Beschwer des Anwalts gesehen werden muss. Erfolgt die Beiordnung ohne eine Begrenzung auf die für einen ortsansässigen Anwalt geltenden Bedingungen, so umfasst der Anspruch auf Vergütung auch die zur Wahrnehmung von Terminen erforderlichen Reisekosten des Anwalts (Nürnbg OLGR 08, 199; aA Stuttg FamRZ 08, 261: Prüfung im Festsetzungsverfahren). Der Anwalt kann gegen die Entscheidung, nur zu den Bedingungen eines ortsansässigen Anwalts beigeordnet zu werden, sofortige Beschwerde einlegen (Zö/*Philippi* Rn 13). Tut er dies nicht, so kann er im Kostenfestsetzungsverfahren nicht die Erstattung von Reisekosten verlangen. Der Rechtsanwalt hat Anspruch auf Erstattung der Reisekosten nach Vorbemerkung 7 II vor VV 7000 und nach VV 7003 für Geschäftsreisen zwischen seinem Kanzleisitz und seiner Wohnung, wenn das Gericht außerhalb dieser Gemeinde liegt. § 120 III gibt keine Rechtsgrundlage dafür, die Beiordnung auch in solchen Fällen zu beschränken, insb nicht auf die Beiordnung eines Anwalts zu den Bedingungen eines Anwalts am Sitz des Prozessgerichts (Celle OLGR 08, 549).

37 **D. Verfahren.** Zuständig für die Beiordnung ist das Prozessgericht, das über die Bewilligung der PKH entscheiden muss. Nur für die Bestellung des Notanwalts ist der Vorsitzende des Gerichts zuständig. Im Beschwerdeverfahren nach abgelehnter Beiordnung darf auch das Beschwerdegericht einen Anwalt beiordnen (Köln MDR 83, 324). Außer bei der notwendigen Beiordnung ist ein Antrag erforderlich, der auch konkludent erfolgen kann. Der Antrag kann auch nach dem PKH-Antrag und nach erfolgter PKH-Bewilligung gestellt werden. Eine formelle mündliche Verhandlung findet nicht statt. Bestehen Unklarheiten wie zum Beispiel ein Vertretungsverbot für den gewählten Anwalt oder Unsicherheit über die Bereitschaft zur Vertretung, so kann dies schriftlich geklärt und mitgeteilt werden (Zö/*Philippi* Rn 16). Die Entscheidung ergeht durch Beschl. Im Falle der Stattgabe genügt die formlose Übersendung des Beschlusses. Bei Ablehnung ist der Beschl zu begründen (dazu § 120 Rz 3) und zuzustellen.

38 **E. Wirkung der Beiordnung. I. Anwaltsvertrag.** Die Beiordnung führt nicht zu einem Kontrahierungszwang für den Anwalt (anders beim Notanwalt, s. Rz 25). Sie begründet auch keine Prozessvollmacht und kein Vertragsverhältnis zwischen Anwalt und Partei (Kalthoener/Büttner/Wrobel-Sachs Rn 539). Auch dadurch, dass der Anwalt der Partei oder dem Gericht mitgeteilt hat, dass er zur Vertretung bereit ist, entsteht weder Mandatsvertrag noch Vollmacht (Zimmermann Rn 349). Der Anwalt hat lediglich ab der Beiordnung die Verpflichtung zur Vertretung aus § 48 I Nr 1 BRAO und schon vor der Vollmachtserteilung dementsprechend eine Pflicht zu fürsorglicher Belehrung und Betreuung (BGHZ 30, 226). Ein Anwaltsvertrag kommt spätestens mit dem Tätigwerden des Anwalts im Einverständnis mit der Partei zustande (BGH FamRZ 05, 261). Erst ab der Mandatserteilung ist an den Anwalt zuzustellen, gilt die Zurechnung von Prozesshandlungen gem § 85 und besteht eine Anwaltshaftung (Zimmermann Rn 350). Auch der Vergütungs-

anspruch des Anwalts entsteht nicht mit der Beiordnung, sondern erst mit der Mandatierung durch die Partei (Frankf EzFamR aktuell 01, 348).
Der Anwalt ist grds in dem Umfang beigeordnet, in dem PKH bewilligt wurde.

II. Vergütung des beigeordneten Anwalts. Die Gebühren des Rechtsanwalts ergeben sich aus den §§ 44–59 RVG. Zwar hat der Anwalt aus dem bestehenden Dienstvertrag einen Vergütungsanspruch gegen die Partei. Dieser darf jedoch wegen § 122 I Nr 3 nicht geltend gemacht werden. Der Anwalt darf auch dann keine Vergütung fordern, wenn er die Partei nicht mehr für bedürftig hält (EGH München JurBüro 87, 1417). 39
Wird der Anwalt nur im PKH-Prüfungsverfahren tätig und wird die PKH verweigert, dann hat er einen Vergütungsanspruch gegen seinen Mandanten und kann diesen im Verfahren nach § 11 RVG gegen die Partei festsetzen lassen (Kobl NJW-RR 03, 575).
Endet das PKH-Prüfungsverfahren mit einem Vergleich, so erhält der Anwalt seine Gebühren aus der Staatskasse. Im Verfahren über die PKH entsteht eine Verfahrensgebühr von 1,0 (VV 3335). Eine Terminsgebühr gibt es nicht. Bei Abschluss eines Vergleichs erhält der Anwalt eine Einigungsgebühr von 1,0 (VV 1003). Sofern ein im PKH-Verfahren geschlossener Vergleich auch Gegenstände regelt, die nicht anhängig waren, so erhöht sich insoweit die Vergleichsgebühr auf 1,5 (Zö/*Philippi* § 118 Rn 25a). Das gilt auch für die Protokollierung von Scheidungsfolgenvergleichen, die außergerichtlich ausgehandelt worden sind. § 15 III RVG ist zu beachten. Für die Gegenstände, die nicht anhängig waren, entsteht eine Verfahrensgebühr von 0,8 nach VV 3101 Nr 2.

III. Aufhebung der Beiordnung. Gemäß § 48 II BRAO kann der Anwalt, der die Vertretung nicht übernehmen oder nicht mehr ausüben will, die Aufhebung der Beiordnung nur dann verlangen, wenn hierfür ein wichtiger Grund vorliegt. Das können die unüberbrückbare Zerstörung des Vertrauensverhältnisses (BGH NJW-RR 92, 198) oder auch eine nachträglich eingetretene Interessenkollision sein. Der Aufhebungsantrag muss vom Anwalt gestellt und begründet werden. Gegen die – zu begründende (dazu § 120 Rz 3) – Ablehnung des Aufhebungsantrags steht ihm die Beschwerde gem § 78c III zu (Zö/*Philippi* Rn 33). 40

F. Rechtsbehelfe. Gegen die Ablehnung der Beiordnung ist die Beschwerde gem § 127 II 3 gegeben. Dem beigeordneten Rechtsanwalt steht gegen die Entpflichtung ohne seine Mitwirkung die sofortige Beschwerde zu (Naumbg OLGR 05, 644). Die Partei hat ein Beschwerderecht gegen die Ablehnung ihres Antrags, ihr einen anderen Prozessbevollmächtigten beizuordnen (Rostock FamRZ 03, 1938). Die Beschwerde ist auch dann statthaft, wenn die Entscheidung im zugehörigen Hauptsacheverfahren nicht anfechtbar ist (BGH NJW 11, 2434). 41

G. Kosten/Gebühren. Für das PKH-Verfahren entstehen keine Gerichtskosten. Wenn die PKH-Beschwerde zurückgewiesen wird, entsteht nach KV 1812 eine Gerichtsgebühr von 50 €. Wert des Verfahrens, der Beschwerde und der Rechtsbeschwerde ist der Wert der Hauptsache, auch wenn sich die Beschwerde gegen die Versagung der Beiordnung eines Rechtsanwalts richtet (BGH FamRZ 10, 1892). 42

§ 122 Wirkung der Prozesskostenhilfe.

(1) Die Bewilligung der Prozesskostenhilfe bewirkt, dass

1. die Bundes- oder Landeskasse
a) die rückständigen und die entstehenden Gerichtskosten und Gerichtsvollzieherkosten,
b) die auf sie übergegangenen Ansprüche der beigeordneten Rechtsanwälte gegen die Partei
nur nach den Bestimmungen, die das Gericht trifft, gegen die Partei geltend machen kann,
2. die Partei von der Verpflichtung zur Sicherheitsleistung für die Prozesskosten befreit ist,
3. die beigeordneten Rechtsanwälte Ansprüche auf Vergütung gegen die Partei nicht geltend machen können.

(2) Ist dem Kläger, dem Berufungskläger oder dem Revisionskläger Prozesskostenhilfe bewilligt und ist nicht bestimmt worden, dass Zahlungen an die Bundes- oder Landeskasse zu leisten sind, so hat dies für den Gegner die einstweilige Befreiung von den in Absatz 1 Nr. 1 Buchstabe a bezeichneten Kosten zur Folge.

A. Zweck. Die Vorschrift regelt die Folgen, die die Prozesskostenhilfebewilligung für die Partei hinsichtlich der entstehenden Kosten hat. Zudem werden die Ansprüche der öffentlichen Hand und des beigeordneten 1

Rechtsanwalts auf Zahlung ihrer Vergütung beziehungsweise Auslagen bestimmt. Diese Wirkungen der PKH sind nicht disponibel, das Gericht kann eine Änderung nicht vornehmen (Kalthoener/Büttner/Wrobel-Sachs 617).

2 **B. Wirkungen für die Partei.** Sämtliche Wirkungen der Prozesskostenhilfe sind auf die Person bezogen und auf diese beschränkt. Die PKH endet mit dem Tod der Partei, dementsprechend treten die Wirkungen auch nicht für die Erben ein. War dem Erblasser ratenfreie PKH bewilligt, dann können die Erben nicht für die durch die Prozessführung des Erblassers verursachten Kosten in Anspruch genommen werden (Ddorf OLGR 99, 345). Die Partei ist von der Zahlung von Gerichtskosten, Gerichtsvollzieherkosten und der Anwaltsgebühren befreit. Sämtliche insoweit Beteiligten können Ansprüche gegen die Partei nur nach Maßgabe der Bestimmung des Gerichts geltend machen. Eine mittelbare Wirkung für andere am Rechtsstreit beteiligte Personen tritt nur insoweit ein, als ein Beweisangebot, das von der bedürftigen Partei und einer anderen Prozesspartei, die keine PKH bewilligt bekommen hat, gemeinsam gemacht wurde, nicht zurückgewiesen werden darf, weil die andere Partei keinen Vorschuss gezahlt hat (MüKoZPO/*Wax* Rn 3). PKH deckt nur die in § 122 genannten Kosten ab. Die Kosten für eine außergerichtliche Mediation können nicht aus der Staatskasse erstattet werden, auch nicht, wenn die Mediation auf Vorschlag des Gerichts erfolgt (Dresd NJW-RR 07, 80); daran ändert auch das voraussichtlich demnächst in Kraft tretende MediationsG nichts (BT-Drucks 17/8058). Kosten aus einer gerichtsinternen Mediation sind hingegen – iRd Kostenfestsetzung grds berücksichtigungsfähige – Kosten (VG Stuttgart Beschl v 21.9.11 – 5 K 2044/10).

3 **Auslagen der Partei:** Von der Prozesskostenhilfe sind auch die **Reisekosten** der Partei im Rahmen bewilligter Prozesskostenhilfe erfasst. Die Reisekosten sind auch dann aus der Staatskasse zu erstatten, wenn die Partei zunächst in Vorlage getreten ist und erst im Nachhinein einen Antrag auf Erstattung stellt. (Zweibr OLGR 06, 196). Zu den erstattungsfähigen Reisekosten der Partei gehören nur die Kosten, die durch eine gerichtliche Maßnahme veranlasst sind (Nürnbg FamRZ 98, 252; Brandbg FamRZ 04, 708). Das ist in jedem Fall gegeben, wenn das persönliche Erscheinen der Partei angeordnet worden ist. Außerdem muss es dann gelten, wenn das Erscheinen der Partei notwendig ist. Selbst wenn das persönliche Erscheinen nicht angeordnet ist, hat die Partei jedenfalls dann ein Anrecht darauf, an dem in ihrer Sache anberaumten Gerichtstermin anwesend zu sein, wenn auch eine vermögende Partei aus verständlichen Gründen am Termin teilnehmen wollen würde (München MDR 97, 100). Die Gewährung einer Reiseentschädigung setzt keine zusätzliche Prüfung der Mittellosigkeit voraus (Brandbg FamRZ 04, 634). Ist die Partei gebrechlich, ist auch ein Vorschuss für Reisekosten eines Begleiters zu zahlen (Zö/*Philippi* Rn 27).

4 Außer den Reisekosten kommen **weitere Auslagen** der Partei als Gerichtskosten in Frage, namentlich alle Kosten, die die Partei aufwenden muss, um einer gerichtlich verlangten Handlung nachzukommen oder die für eine angemessene Rechtsverfolgung oder Rechtsverteidigung auch von einer nicht hilfebedürftigen Partei aufzuwenden wären. Bei der Auslegung sind die Maßstäbe des Verfassungsrechts zu beachten. Dazu zählen Ermittlungskosten für **Detektiv** und **Privatgutachten** (Kalthoener/Büttner/Wrobel-Sachs Rn 620; KG Rpfleger 93, 74). Reisekosten zum Anwalt für Informationsreisen (Ddorf Anwbl 56, 260). Der **Verdienstausfall** einer Partei ist nicht erstattungsfähig (Frankf MDR 84, 500). Auch allgemeine Auslagen für **Telefon**, Porto und Schreibmaterial sind nicht erstattungsfähig (VGH Kassel Anwbl 94, 431). **Dolmetscherkosten** sind durch die PKH-Bewilligung abgedeckt, wenn sie auf gerichtlichen Anordnungen beruhen. Das gilt auch für die Dolmetscherkosten, die für die Korrespondenz zwischen Partei und Anwalt erforderlich sind (B/L/A/H Rn 12). Allerdings ist die Erstattungsfähigkeit von Dolmetscherkosten keine Frage, die im Festsetzungsverfahren geprüft wird. Es ist eine ausdrückliche prozessrichterliche Entscheidung über die Erstreckung der PKH auf Dolmetscherkosten und sonstige Erweiterungen der Kosten, die durch die PKH gedeckt werden sollen, erforderlich (KG JurBüro 92, 805).

5 **C. Wirkungen für den Staatskasse. I. Einziehungsverbot für Gerichtskosten.** Wenn PKH bewilligt ist, darf die Bundes- oder Landeskasse von der bedürftigen Partei außer den angeordneten Ratenzahlungen oder der Vermögenszuzahlung keine weiteren Kosten einziehen. Von der Zahlung rückständiger und künftiger Gerichtskosten, Gerichtsvollzieherkosten und Auslagen ist die Partei befreit. Gerichtskosten, die zum Zeitpunkt der PKH-Bewilligung bereits in Rechnung gestellt worden sind, sind ebenfalls nicht mehr zu begleichen. Sind im Zeitraum ab der Wirkung der PKH-Bewilligung von der Partei Zahlungen geleistet worden, so sind diese von der Staatskasse an die Partei zurückzuzahlen (Karlsr FamRZ 07, 1028; Köln JurBüro 99, 591; aA Kalthoener/Büttner/Wrobel-Sachs Rn 618, durch die Zahlung stelle der Antragsteller klar, dass er insoweit nicht bedürftig sei). Zur Vermeidung von Streitigkeiten über diese Frage sollte dann, wenn

mit einem PKH-Antrag zur Beschleunigung des Verfahrens ein Gerichtskostenvorschuss eingezahlt wird, gleichzeitig gefordert werden, dass dieser bei Bewilligung von PKH zurückzuzahlen ist. Verfolgt die Partei einen Teil des Streitgegenstandes auf eigene Kosten, nachdem ihr insoweit keine PKH bewilligt wurde, so schuldet sie Gerichtskosten nur in Höhe des Differenzbetrages zwischen den Gebühren aus dem Gesamtstreitwert und den Gebühren aus dem Wert der PKH-Bewilligung (Schlesw OLGR 05, 487).

II. Übergegangene Rechtsanwaltsgebühren. Auch zwischen dem beigeordneten Rechtsanwalt und der Partei besteht ein Anwaltsvertrag, so dass ein Vergütungsanspruch zwischen Partei und Anwalt besteht. Dieser Vergütungsanspruch geht aber gem § 59 I RVG auf die Staatskasse über, soweit die Staatskasse den Anwalt bezahlt. Nr 1b normiert, dass die Staatskasse den auf sie übergegangenen Anspruch gegen die Partei allerdings nur in dem Umfang geltend machen darf, den das Gericht bei der Bewilligung der PKH bestimmt hat. Soweit die Partei die ihr auferlegten Monatsraten oder den Betrag aus dem Vermögen bezahlt hat, kann die Staatskasse keine weiteren Beträge gegen die Partei geltend machen, auch wenn die gezahlte Vergütung des Anwalts noch nicht erreicht ist. Das betrifft aber nur die Vergütungsansprüche des eigenen Anwalts und lässt den Kostenerstattungsanspruch des Gegners unberührt. Hat auch der obsiegende Gegner im Verfahren PKH, so kann dieser Anspruch gegen die bedürftige Partei geltend gemacht werden (Dresd FamRZ 10, 583; Zweibr OLGR 08, 658; Nürnbg FamRZ 08, 803; Kobl FamRZ 08, 805; Karlsr OLGR 06, 79, Schoreit/Groß/*Groß* Rn 14). Nach aA (München FamRZ 01, 1156) soll die Vorschrift auch die übergegangenen Ansprüche des dem Gegner beigeordneten Rechtsanwalts umfassen. Die bedürftige Partei habe einen Anspruch darauf, dass sie an die Staatskasse nur die aus dem Bewilligungsbeschluss ersichtlichen Zahlungen leisten muss. Diese Auffassung überzeugt nicht. Zunächst ist nicht ersichtlich, warum insoweit die Partei, die einen Prozess verliert, dessen Gegner nicht bedürftig ist, und die dementsprechend dem Kostenerstattungsanspruch ausgesetzt ist, schlechter gestellt sein soll, als diejenige, deren Prozessgegner ebenfalls PKH erhält. Zudem besteht kein Bedürfnis für einen Vertrauensschutz. Es ist allgemein bekannt, dass derjenige die Kosten eines Rechtsstreits zu tragen hat, der diesen verliert. Aus dem PKH-Bewilligungsbeschluss ergibt sich nichts anderes. Im Übrigen erscheint es aus prozessökonomischen Gründen sehr zweifelhaft, einer bedürftigen Partei die Führung eines Rechtsstreits ohne jegliches Kostenrisiko zu ermöglichen. 6

III. Auslagen für Zeugen und Sachverständige. Auch Auslagen, die durch die Vernehmung von Zeugen oder die Einholung von Sachverständigengutachten entstehen, können von der Staatskasse gegen die Partei nicht geltend gemacht werden. Hängt die zusätzliche Vergütung eines Sachverständigen gem § 13 JVEG von der Zustimmung einer prozesskostenhilfeberechtigten Partei ab und wird diese Zustimmung durch das Gericht ersetzt, so kann die Staatskasse von der Partei die zusätzliche Vergütung ebenfalls nicht verlangen (München OLGR 01, 108). 7

D. Wirkungen für den Anwalt. I. Einziehungsverbot des Rechtsanwalts. 1. Forderungssperre. Nr 3 bestimmt, dass der beigeordnete Rechtsanwalt einen Vergütungsanspruch gegen die Partei nicht geltend machen darf. Der beigeordnete Rechtsanwalt erhält gem § 45 I RVG seine Vergütung nur aus der Staatskasse, wobei der Umfang der Vergütung durch die Beiordnung des Anwalts bestimmt ist, § 48 RVG. Nachdem – und in dem Umfang, in welchem – PKH bewilligt ist, darf der Anwalt eine Vergütung gegen die Partei nicht mehr geltend machen. Das gilt auch für die Gebühr gem VV 3335 für das PKH-Prüfungsverfahren, wenn PKH bewilligt wird. Denn dann sind PKH-Prüfungsverfahren und das Hauptsacheverfahren eine Angelegenheit, so dass die Gebühr VV 3335 rückwirkend entfällt. Die Forderungssperre ggü dem Mandanten gilt für alle nach der Beiordnung verwirklichten Gebührentatbestände, auch wenn diese bereits vor der Beiordnung erfüllt waren (BGH FamRZ 08, 982). Der Rechtsanwalt darf Vorschuss auf seine Vergütung von der Partei nicht verlangen. Auch wenn der beigeordnete Rechtsanwalt seinen Anspruch gegen die Staatskasse verjähren lässt, kann er Ansprüche gegen die eigene Partei nicht geltend machen (Köln FamRZ 95, 239). 8

Eine Abrechnung der vollen gesetzlichen Gebühren kommt nur dann in Betracht, wenn die Staatskasse aufgrund der Zahlungen der Partei Beträge erhalten hat, die über die PKH-Vergütung hinausgehen. Dann zahlt sie an den Anwalt gem § 50 I RVG eine zusätzliche Vergütung bis zur Höhe der gesetzlichen Gebühren. Die Staatskasse ist verpflichtet, so lange weitere Raten einzuziehen, bis die zusätzliche weitere Vergütung des Anwalts erreicht ist (Karlsr FamRZ 95, 495).

Vergütungsvereinbarung: § 3a III RVG bestimmt, dass eine Vereinbarung, nach der ein im Wege der PKH beigeordneter Rechtsanwalt für die von der Beiordnung erfasste Tätigkeit eine höhere als die gesetzliche

Vergütung erhalten soll, nichtig ist. Gleichzeitig ist in S 2 geregelt, dass die Vorschriften des BGB über die ungerechtfertigte Bereicherung unberührt bleiben. Die Neuregelung ggü § 4 V 1 RVG aF, wonach durch eine Vereinbarung, nach der ein im Wege der PKH beigeordneter Rechtsanwalt eine Vergütung erhalten würde, eine Verbindlichkeit nicht begründet wurde, wurde im Hinblick auf den unzureichenden Schutz des Mandanten für die Rückforderung insoweit geändert. Nunmehr ist lediglich eine Honorarvereinbarung nichtig, die eine höhere als die gesetzliche Vergütung vorsieht. Bei der Vereinbarung eines Honorars, welches die gesetzlichen Gebühren (Wahlgebühren) nicht übersteigt, ist eine Nichtigkeit der Honorarvereinbarung nicht anzunehmen. Die Sperrwirkung des § 122 besteht daneben. Solange die PKH-Bewilligung nicht aufgehoben ist, kann der Anwalt trotz Honorarvereinbarung von der Partei nichts verlangen (Gerold/Madert § 3a Rn 35). Leistet der Mandant in Kenntnis der Nichtigkeit und der Tatsache, dass er nicht zur Zahlung verpflichtet ist, trotzdem, so ist nach § 814 BGB eine Rückforderung ausgeschlossen.

9 **2. Zeitliche Wirkung der Forderungssperre.** Der Rechtsanwalt kann ab seiner Beiordnung Ansprüche auf Vergütung gegen die Partei nicht mehr geltend machen. War der beigeordnete Rechtsanwalt zuvor als Wahlanwalt tätig, so kann er nach der Beiordnung auch zuvor bereits entstandene Gebühren nicht mehr gegen die Partei geltend machen, wenn diese Gebühren auch nach der Beiordnung noch verwirklicht werden (München JurBüro 91, 96). Auch die Aufhebung der Beiordnung führt nicht dazu, dass der Anwalt wieder Ansprüche gegen die Partei geltend machen kann (Nürnbg JurBüro 87, 292). Die Änderung der PKH gem § 120 IV hat ebenfalls keine Auswirkungen auf die Forderungssperre. Auch die Gebühren des Anwalts werden durch sie nicht verkürzt. Wegen der bis zum Aufhebungsbeschluss angefallenen Gebühren bleibt der Vergütungsanspruch gegen die Staatskasse bestehen, auch soweit diese Ansprüche erst nach Aufhebung der Bewilligung geltend gemacht werden (Zweibr JurBüro 87, 237). Hier gilt umgekehrt, dass wenn der Rechtsanwalt nach Aufhebung der Beiordnung noch als Wahlanwalt tätig ist, er die Gebühren, die bereits vor der Aufhebung verwirklicht worden sind, aber nach der Aufhebung noch einmal entstehen, gegen die Partei geltend machen kann (Schoreit/Groß/*Groß* Rn 16 mwN). Gebühren, die nur vor der Beiordnung angefallen sind, erhält der Anwalt nicht aus der Staatskasse (Zweibr JurBüro 94, 352). Hat die Partei bereits vor der Beiordnung Zahlungen an den Anwalt geleistet, kann aus der Beiordnung allein ein Rückforderungsrecht der Partei gegen den Anwalt nicht hergeleitet werden (Köln JurBüro 84, 1356). Vielmehr werden iRd PKH-Abrechnung die von der Partei geleisteten Zahlungen angerechnet, so dass der Vergütungsanspruch des Anwalts gegen die Staatskasse um diesen Betrag gekürzt ist.
Die Forderungssperre endet mit der Aufhebung der PKH gem § 124 (Zö/*Philippi* Rn 12).

10 **3. Teilweise Bewilligung von PKH.** Die Sperrwirkung besteht aber nur im Umfang der Bewilligung, so dass Gebührentatbestände, die nicht von der Beiordnung erfasst sind, weiterhin geltend gemacht werden können. In diesem Umfang kann auch eine Festsetzung der Gebühren gem § 11 RVG gegen die Partei erfolgen (Ddorf FamRZ 08, 1767). Wie bei den Gerichtskosten gilt auch hier, dass dann, wenn nur für einen Teil des Anspruchs PKH bewilligt wurde, der Anwalt eine Wahlanwaltsvergütung gegen die Partei geltend machen kann und zwar in Höhe der Differenz zwischen der Wahlanwaltsvergütung aus dem Gesamtstreitwert und der Wahlanwaltsvergütung nur nach dem Wert, für den er beigeordnet ist (Ddorf Rechtspfleger 05, 267).

11 **4. Anwaltswechsel.** Bei einem Anwaltswechsel ist streitig, ob der zweite PKH-Anwalt die Gebühren, die er nicht von der Staatskasse verlangen kann, weil er unter Mehrkostenverbot beigeordnet wurde, von der Partei verlangen kann. Teilweise wird vertreten, dass dann, wenn der Anwalt ggü der Staatskasse auf Gebühren verzichtet hat, er insoweit die Kosten auch nicht von der Partei verlangen kann (KG FamRZ 04, 1737). Nach anderer Auffassung kann der Anwalt die Gebühren, die der erste Anwalt wirksam verdient hat, und die er daher nicht mehr ggü der Staatskasse abrechnen kann, von der Partei verlangen (Ddorf FamRZ 08, 1767; Ddorf OLGR 99, 388; Köln OLGR 98, 352). Dieser Auffassung ist zuzustimmen. Die Partei hat einen Anwaltswechsel in Kenntnis der PKH-Bewilligung vorgenommen. Zumindest muss es möglich sein, dass der Anwalt in diesem Fall mit der Partei eine Vereinbarung dahingehend trifft, dass die nicht aus der Staatskasse erstatteten Gebühren von der Partei zu übernehmen sind. Die Risikoabwägung geht in diesem Fall eindeutig zulasten der Partei, nicht zulasten des zweiten beigeordneten Anwalts. Auch die hinter dem Verbot stehende Überlegung, dass die Zahlung der Vergütung an den zweiten Anwalt gegen die Bedürftigkeit der Partei spricht, kann nicht überzeugen. Sofern die Partei einen Anwaltswechsel vornimmt, der unter das Mehrkostenverbot fällt – dazu eingehend § 121 Rz 28 ff –, so ist sie gehalten, sich die Mittel, die sie dann zur Begleichung der Vergütung des zweiten Anwalts benötigt, zu beschaffen. Das kann zum Beispiel

dadurch erfolgen, dass sie freiwillige Leistungen Dritter in Anspruch nimmt oder ein Darlehen aufnimmt, auch wenn sie dazu iRd § 115 nicht verpflichtet gewesen wäre. Die Frage, ob die Einschränkung der Beiordnung zu Recht erfolgt ist, ist im Festsetzungsverfahren gem § 55 RVG nicht mehr zu prüfen (Ddorf FamRZ 08, 1767).

5. Nachträgliche Abänderung/Aufhebung der PKH. Auch wenn nachträglich eine Abänderung der PKH erfolgt, wonach die Partei die Kosten aus einem zwischenzeitlich erlangten Vermögen zahlen muss, kann der Anwalt keinen Vergütungsanspruch direkt gegen die Partei geltend machen (Stuttg FamRZ 04, 1802). Im Falle der Aufhebung nach § 124 endet allerdings die Forderungssperre. 12

6. Auslagen. Es ist streitig, ob die angeordnete Einziehungssperre auch bewirkt, dass der Rechtsanwalt entstehende Reisekosten, die er aus der Staatskasse nicht verlangen kann, weil er nur zu den Bedingungen eines ortsansässigen Anwalt beigeordnet wurde, auch von der Partei nicht verlangen darf. Überwiegend wird vertreten, dass der Anwalt die Reisekosten nicht verlangen kann, wenn sie sich auf Ansprüche beziehen, die von der Beiordnung umfasst sind (Stuttg FamRZ 07, 1111; Frankf OLGR 02, 28, Zö/*Philippi* Rn 11; Gerold/Schmidt/*Müller-Rabe* § 45 Rn 75, § 11 Rn 119). Begründet wird dies damit, dass ein solches Verlangen standeswidrig sei. Nach anderer Auffassung kann der Anwalt die Reisekosten von der Partei verlangen (Nürnbg JurBüro 01, 481; Brandbg Rpfleger 00, 279). Dieser Auffassung ist zu folgen. Der Anwalt kann von der Partei Gebühren und Auslagen nur insoweit nicht verlangen, als seine Beiordnung reicht. Gebühren, die von der Beiordnung nicht umfasst werden, darf er nach allgemein anerkannten Grundsätzen gegen die Partei geltend machen. Eine Standeswidrigkeit kann nicht angenommen werden. § 16 BORA bestimmt lediglich, dass der Rechtsanwalt nach Bewilligung von Prozesskostenhilfe oder bei Inanspruchnahme von Beratungshilfe Zahlungen des Mandanten oder dritter Personen nur annehmen darf, soweit diese freiwillig und in Kenntnis der Tatsache geleistet worden sind, dass der Mandant oder der Dritte zu einer solchen Leistung nicht verpflichtet ist. Da aber die Auslagen, die durch die Beauftragung eines auswärtigen Anwalts entstanden sind, nicht von der PKH-Bewilligung umfasst sind, liegt insoweit auch keine Bewilligung von Prozesskostenhilfe iSd § 16 BORA vor. Im Interesse des Mandanten ist es allerdings sicher geboten, auf die entstehenden Mehrkosten, die durch die PKH nicht gedeckt sind, hinzuweisen. Fotokopiekosten sind grundsätzlich – mit Ausnahme der in VV 7000 geregelten Fälle – nicht erstattungsfähig (BGH JurBüro 03, 246). 13

II. Anrechnung der Geschäftsgebühr auf die Verfahrensgebühr. Die Diskussion um die Anrechnung der Geschäftsgebühr auf die Verfahrensgebühr ist durch die Einfügung des § 15a RVG zumindest tw beendet. Dieser bestimmt, dass ein Dritter sich auf eine Anrechnungsvorschrift nur berufen kann, wenn er eine der Gebühren bezahlt hat, wegen eines der Ansprüche ein Vollstreckungstitel gegen ihn besteht oder beide Gebühren in demselben Verfahren gegen ihn geltend gemacht werden. Außerdem soll die Anrechnung dergestalt erfolgen, das dem Rechtsanwalt ein Wahlrecht zusteht, welche der beiden Gebühren er geltend macht. Damit hat der Gesetzgeber auf die Rechtsprechung des BGH (BGH VIII. Zivilsenat NJW 08, 1323) reagiert und will auch verhindern, dass allein aus kostenrechtlichen Gesichtspunkten in Zukunft die kostenbewusste Partei ihrem Rechtsanwalt direkt Klageauftrag erteilen muss, um Nachteile zu verhindern. Dies gilt erst recht iRd Prozesskostenhilfe, weil dies kaum dem gewünschten Ergebnis, nämlich PKH-Aufwendungen zu sparen, entsprechen dürfte. Der BGH vertritt mittlerweile ganz überwiegend die Auffassung, dass § 15 a RVG auch für Altfälle gilt.(I.ZS, Beschl v 3.2.11 – I ZB 47/10; II. ZS NJW 09, 3101; XII. ZS FamRZ 10, 456; 11, 1222; IX. ZS AGS 10, 159; IV. ZS Beschl v 13.9.10 – IV ZB 42/09; V. ZS FamRZ 10, 1248; VI. ZS Beschl v 19.10.10 – VI ZB 26/10; VII. ZS NJW 11, 1367; XI. ZS Beschl v 28.9.10 – XI ZB 7/10). Auch der VIII. ZS hat seine zuvor gegenläufige Rechtsprechung aus Gründen der Vereinheitlichung aufgegeben und folgt nun der Mehrheit der Senate (VersR 11, 283). Offen ist daher nur noch die Beurteilung beim X. Zivilsenat, der die Anwendung auf Altfälle ausgeschlossen hatte (NJW 10, 76). Sichergestellt wird durch die Anrechnungsvorschrift des § 15a RVG, dass ein Dritter nicht über den Betrag hinaus in Anspruch genommen werden kann, den der Anwalt von seinem Mandanten verlangen kann. Dies bedeutet, dass zunächst beide Gebühren, die Geschäftsgebühr und die Verfahrensgebühr, in vollem Umfang entstehen. Lediglich in den normierten Fällen, bei Zahlung, Titulierung oder Geltendmachung in demselben Verfahren wird die Geschäftsgebühr auf die Verfahrensgebühr angerechnet, die in dem angerechneten Umfang erlischt. Im Rahmen der Festsetzung der PKH-Gebühren für den Rechtsanwalt ist die Staatskasse, ebenso wie der Prozessgegner im Kostenfestsetzungsverfahren, Dritter (Zweibr AGS 10, 329). Hat der Berechtigte für die außergerichtliche Tätigkeit, wenn sich in derselben Angelegenheit ein Verfahren mit Prozesskosten- 14 hilfe anschließt, Beratungshilfe erhalten, dann kann nicht die Verfahrensgebühr, sondern lediglich die Beratungshilfegebühr nach VV 2503 RVG anteilig abgezogen werden (Oldbg AnwBl 08, 793). Wenn keine Beratungshilfe beantragt wurde, auch wenn ein Anspruch bestand, dementsprechend eine Zahlung seitens der Staatskasse nicht erfolgt ist, kann auch keine Anrechnung erfolgen. Wenn dem PKH-Berechtigten jedoch PKH nur gegen Ratenzahlung bewilligt worden ist, der Rechtsanwalt dementsprechend bei zuvor unveränderten Einkommensverhältnissen die außergerichtliche Tätigkeit ggü seiner Partei abrechnen kann, sollte nach der BGH-Entscheidung (BGH NJW 08, 1323) eine Anrechnung der außergerichtlichen Geschäftsgebühr auf die Verfahrensgebühr im PKH-Verfahren erfolgen können, unabhängig davon, ob diese abgerechnet worden war oder nicht. Nach § 15a RVG scheidet eine Anrechnung in den Fällen, in denen eine Geschäftsgebühr weder von der Partei noch vom Gegner bezahlt oder tituliert ist, in jedem Fall aus. Problematisch ist, ob eine Festsetzung der Verfahrensgebühr in voller Höhe erfolgen kann, wenn der Rechtsanwalt die Geschäftsgebühr von der Partei oder vom Gegner erhalten hat. Nach dem Wortlaut von § 15a RVG kann sich weder der Gegner noch die Staatskasse dann auf die Anrechnung berufen, da nicht sie beide Gebühren bezahlt haben, sondern die Geschäftsgebühr und die Verfahrensgebühr von unterschiedlichen Schuldnern bezahlt werden. Andererseits kann die Bewilligung von PKH nicht dazu führen, dass der Rechtsanwalt mehr erhält, als er ohne PKH-Berechtigung von seiner Partei verlangen könnte. Die Anwendung des § 58 RVG führt zum zutreffenden Ergebnis, dass eine Anrechnung der Geschäftsgebühr stattfindet, allerdings zunächst auf die Differenz zwischen den Regelgebühren nach § 13 RVG und der PKH Vergütung verrechnet wird (Zweibr ZfSch 10, 518 mit Anm Hansens, so iE auch *Schneider* FamRZ 09, 1823; ders AGS 331).

15 **E. Wirkungen für den Gegner. I. Gerichtskosten.** Hinsichtlich der Gerichtskosten ist zu unterscheiden, ob dem Kl oder dem Beklagten PKH bewilligt worden ist.

16 **1. PKH-Partei ist Kläger.** Hat der Kl PKH und obsiegt dieser, ergeben sich keine Besonderheiten. Obsiegt der Beklagte und hat dieser Gerichtskosten bezahlt, so hätte er bei einer nicht bedürftigen Partei einen Anspruch auf Erstattung der Gerichtskosten gegen diese. Hier greift allerdings § 122 ein, wonach die bedürftige Partei von der Zahlung der Gerichtskosten befreit ist. Um hier eine Ungleichbehandlung zu verhindern, hat auch der Beklagte in einem solchen Fall keine Gerichtskosten zu zahlen. Die von ihm verauslagten Gerichtskosten sind von der Staatskasse an ihn zurückzuzahlen (BVerfG NJW 99, 3186). Hat der Kl PKH ohne Ratenzahlung, dann ist auch der Gegner einstweilen von der Zahlung rückständiger oder zukünftiger Gerichts- und Gerichtsvollzieherkosten befreit (Frankf JurBüro 83, 1227). Auch die Ladung eines Zeugen kann nicht davon abhängig gemacht werden, dass er den Vorschuss zahlt, wenn dieser Zeuge auch vom Kl benannt worden ist.

17 **2. PKH-Partei ist Beklagter.** Hat der Kl obsiegt und die PKH-Partei war beklagt, sind die Vorschüsse durch den Kl als Kostenschuldner im Verfahren gezahlt worden. Die PKH-Partei ist Kostenschuldner als unterlegene Partei. Gemäß § 31 II 1 GKG soll in einem solchen Fall die Haftung gegen den Kl als Zweitschuldner nur greifen, wenn die Zwangsvollstreckung beim Beklagten erfolglos geblieben ist. Folge wäre, dass der Kl, der als Zweitschuldner von der Staatskasse herangezogen wird, diese Gerichtskosten anschließend gegen die PKH-Partei festsetzen lassen könnte, was § 122 aber verhindert (Zimmermann Rn 559). Dementsprechend ist in § 31 III GKG geregelt, dass die Zweitschuldnerhaftung des Klägers nicht geltend gemacht werden darf, wenn dem Beklagten PKH bewilligt worden ist.

18 **3. Quotelung, Kostenaufhebung, Vergleich. a) Quotelung.** Sieht die Kostenentscheidung eine Quotelung vor, dann ist der Differenzbetrag, der auf die PKH-Partei entfällt und von der obsiegenden Partei beglichen worden ist, von der Staatskasse zurückzuzahlen (Zimmermann Rn 560).

19 **b) Kostenaufhebung.** Auch bei Kostenaufhebung werden die Gerichtskosten geteilt. Hat der Gegner der bedürftigen Partei die vollen Gerichtskosten eingezahlt, dann wird die Hälfte von der Gerichtskasse an ihn zurückgezahlt.

20 **c) Vergleich.** Wird der Rechtsstreit durch einen Vergleich beendet, in dem sich die bedürftige Partei zur Übernahme der Kosten verpflichtet, ist die Rechtslage hinsichtlich der Gerichtskosten problematisch. Der nicht bedürftige Kl ist als Antragsteller Kostenschuldner ggü der Staatskasse gem § 22 I GKG. Die PKH-Partei ist Kostenübernahmeschuldner gem § 29 Nr 2 GKG. Hier greift nun der Grundsatz des § 31 GKG ein, dass die Staatskasse die Kosten beim Antragsteller geltend machen kann, wenn die Zwangsvollstreckung bei

der bedürftigen Partei, die die Kosten übernommen hat, voraussichtlich erfolglos ist. Die Einschränkung des § 31 III GKG gilt ausdrücklich nur für die Fälle des § 29 Nr 1 GKG, nicht auf die des § 29 Nr 2 GKG (Kobl JB 92, 468; Zimmermann Rn 463). Die vom Kl verauslagten Gerichtskosten kann er deshalb gegen die beklagte PKH-Partei festsetzen lassen, weil dies im Vergleich so vereinbart ist (BGH NJW 04, 366). Ansonsten wären Manipulationen der Prozessparteien zulasten der Staatskasse möglich. Die Staatskasse selbst kann von der bedürftigen Partei keine Erstattung verlangen (Frankf Beschl v 20.9.11 – 3 WF 100/11 mwN, Stuttg NJW-RR 11, 1437). Die Gegenauffassung (Frankf NJW 11, 2147 mwN) überzeugt nicht. Sie verkennt, dass sich § 31 Abs. 3 GKG auf den Schutz des Gegners der bedürftigen Partei bezieht. Das Verhältnis der Staatskasse zur bedürftigen Partei regelt § 122 vorgreiflich.

II. Anwaltskosten. Die bedürftige Partei hat im Falle des Obsiegens einen durchsetzbaren Kostenerstattungsanspruch gegen den Gegner auch dann, wenn ihr ratenfreie Prozesskostenhilfe bewilligt wurde (BGH FamRZ 09, 1577). Durch diese Entscheidung ist der zuvor diesbzgl bestehende Streit höchstrichterlich entschieden (zuvor anders, weil die Partei gem § 122 von der Zahlung der Vergütung ggü ihrem Anwalt befreit sei, dementsprechend auch ein Anspruch gegen den Gegner nicht bestehe, Saarbr JurBüro 86, 1876; Kobl RPfleger 96, 256; Zimmermann Rn 553). Nach dieser Auffassung konnte die Gebührendifferenz lediglich vom PKH-Anwalt gegen die Partei geltend gemacht werden. Nach herrschender Meinung kann aber der Sieger eines Rechtsstreits auch gegen die mit PKH prozessierende Partei die volle Wahlanwaltsvergütung festsetzen lassen, auch wenn ihm selbst ebenfalls PKH bewilligt worden ist (Zö/*Philippi* § 123 Rn 5; Ddorf Rpfleger 97, 483). Die obsiegende PKH-Partei hat trotz Ratenzahlungsanordnung gegen den unterlegenen Gegner einen Anspruch auf Ersatz der Differenz zwischen der Wahlanwaltsgebühr und dem Betrag, den ihr Prozessbevollmächtigter bereits aus der Staatskasse erstattet erhalten hat (KG Rpfleger 87, 333). 21

F. Rechtsbehelfe. Die Entscheidung über die Erstattung von Reisekosten der Partei ist kein Justizverwaltungsakt. Gegen die Entscheidung ist die sofortige Beschwerde gem § 127 gegeben (Karlsr OLGR 00, 258). Die Staatskasse hat kein Beschwerderecht gegen die Entscheidung über die Erstattung von Reisekosten, auch wenn der Antragsteller die Reisekosten verspätet (3 Monate nach Termin) geltend gemacht hat (Nürnbg FuR 97, 358). Gegen die Geltendmachung des auf die Staatskasse übergegangenen Anspruchs des beigeordneten Rechtsanwaltes und über eine gegen den Ansatz gerichtete Erinnerung ist die Beschwerde gem § 59 RVG iVm § 66 GKG gegeben. Gegen die Festsetzung der Vergütung des beigeordneten Rechtsanwaltes ist die Erinnerung gem § 56 RVG gegeben. Sie ist weder formbedürftig noch fristgebunden. Einzulegen ist sie bei dem Gericht, bei dem die Festsetzung erfolgt ist. Der Urkundsbeamte kann abhelfen. Hilft er nicht ab, entscheidet der Richter, nicht der Rechtspfleger. 22

§ 123 Kostenerstattung. **Die Bewilligung der Prozesskostenhilfe hat auf die Verpflichtung, die dem Gegner entstandenen Kosten zu erstatten, keinen Einfluss.**

A. Grundsatz. Die Bewilligung der Prozesskostenhilfe befreit die Partei von der Zahlung von Gerichtskosten, Gerichtsvollzieherkosten und ihrer Anwaltsgebühren. Sie hat keinen Einfluss auf die Kostenerstattung, die die Partei gem §§ 91ff an den obsiegenden Gegners zu leisten hat. Dieser kann seine Kosten gem §§ 103 ff auch gegen die mit PKH prozessierende Partei festsetzen lassen. Ebenso hat der obsiegende PKH-Berechtigte einen Anspruch auf Erstattung seiner Anwaltskosten und kann diese gegen die unterlegene Partei festsetzen lassen. Für die bedürftige Partei, bei der ein Kostenerstattungsanspruch nicht zu realisieren ist, trifft das Risiko insoweit den obsiegenden Gegner. Für die Partei, der PKH mit Ratenzahlung bewilligt worden ist und die über pfändbares, aber nicht gem § 115 einzusetzendes Vermögen verfügt, sollte indes durch entsprechenden Hinweis des Rechtsanwaltes klargestellt werden, dass unabhängig von der PKH-Bewilligung ein Kostenrisiko besteht. Zwar wird im PKH-Prüfungsverfahren eine summarische Erfolgsprüfung durchgeführt, das ändert aber nichts daran, dass sich nach Durchführung des Rechtsstreits die Sach- und Rechtslage anders darstellen kann als zum Zeitpunkt der PKH-Bewilligung. 1

B. Kosten in der Hauptsache. Auch die PKH-Partei hat an den obsiegenden Gegner uneingeschränkt sämtliche Kosten zu erstatten, die gem §§ 91 ff erstattungsfähig sind. Das sind die Anwaltskosten, Gerichtskosten sowie Auslagen der Partei. Teilweise wird vertreten, dass die Kostenerstattungspflicht rechtspolitisch fragwürdig sei. Dies zT aus der Erwägung heraus, dass die Partei, der PKH bewilligt worden sei, davon ausgehen könne, dass sie keine Kosten zu tragen habe. Zum Teil deswegen, weil dem Gegner der PKH-Partei ein nicht zu vollstreckender Kostenerstattungsanspruch aufgebürdet werde, und das, obwohl die Prognose 2 des Richters falsch gewesen sei (Zimmermann Rn 458). Dieses Ergebnis muss aber hingenommen werden. Es ließe sich nach Maßgabe der verfassungsrechtlichen Vorgaben nur auf die Art und Weise lösen, dass die Kostenerstattung durch die Staatskasse übernommen würde, was zunächst rechtspolitisch verfehlt, zum anderen auch nicht zu leisten wäre. Die Kostenerstattungspflicht gilt auch für die nach § 59 RVG auf die Staatskasse übergegangenen Vergütungsansprüche des gegnerischen Rechtsanwalts (Dresd Beschl v 1.9.09 – 20 WF 751/09 mit eingehender Begründung; Oldbg FamRZ 09, 633).

3 **I. Gerichtskosten.** Hinsichtlich der Gerichtskosten, wenn der Kl gegen die bedürftige Partei obsiegt hat, gilt § 31 III GKG. Die Staatskasse muss dem Kl die verauslagten Gerichtskosten ersetzen (s. § 122 Rz 18). Eine Zweitschuldnerhaftung des Antragstellers tritt nicht ein, wenn für den Erstschuldner (Entscheidungsschuldner) PKH bewilligt ist. War dem Beklagten tw PKH bewilligt, so findet eine volle Erstattung der Gerichtskosten für den Kl seitens der Staatskasse nicht statt. Den nicht von der PKH gedeckten Teilbetrag kann und muss er gegen die Partei festsetzen lassen (Kobl FamRZ 07, 1748). Die Berechnung ist streitig. Nach einer Auffassung ist der Erstattungsanspruch gegen die Partei im Verhältnis des Streitwertes des Streitgegenstandes, für den PKH bewilligt worden ist, zu dem Streitgegenstand, für den keine PKH bewilligt ist, aufzuteilen (Ddorf JurBüro 00, 425). Nach anderer Auffassung ist zwischen der Gebühr für das Verfahren und Auslagenvorschüssen zu differenzieren. Die Auslagenvorschüsse sind im Verhältnis von Obsiegen zu Unterliegen aufzuteilen. Die Gebühr für das Verfahren ist wegen der Degression nach dem gesamten von der PKH-Bewilligung umfassten Streitwert zu erstatten (Kobl FamRZ 07, 1748).

4 **II. Kostenübernahme durch Vergleich.** Gerichtskostenbefreiung für den obsiegenden Gegner der PKH-Partei tritt nur dann ein, wenn dem Gegner die Kosten durch gerichtliche Entscheidung auferlegt worden sind. Die Befreiung gilt nicht, wenn die bedürftige Partei die Übernahme der Kosten durch gerichtlichen oder auch außergerichtlichen Vergleich übernommen hat. Dann sind die Kosten gegen die arme Partei durch den Gegner festsetzen zu lassen (§ 122 Rz 20; Schlesw OLGR Schlesw 06, 32). Ergibt sich die Kostenhaftung nicht aus einer Entscheidung, sondern unmittelbar aus dem Gesetz, ist § 31 III GKG gleichfalls nicht anwendbar (Kobl JurBüro 98, 268). Teilweise wird vertreten, dass § 31 III GKG für ausdrücklich vom Gericht vorgeschlagene Vergleiche entsprechend angewendet werden solle (Zweibr B v 1.3.10 – 5 WF 147/08; Frankf FamRZ 02, 1417; Dresd Rpfleger 02, 213; Hamm RPfleger 00, 553). Die hM schließt allerdings die analoge Anwendung aus (BGH NJW 04, 36; Kobl MDR 04, 472; Kalthoener/Büttner/Wrobel-Sachs Rn 645). Hintergrund der Regelung ist, dass die Parteien keine Disposition zulasten der Staatskasse treffen sollen. Für die analoge Anwendung spricht, dass diese Auslegung die Erledigung des Rechtsstreits durch Vergleich ggf an der Kostenentscheidung scheitern lässt. Den Interessen der Staatskasse könnte dadurch Rechnung getragen werden, dass nur auf ausdrücklichen gerichtlichen Vorschlag geschlossene Vergleiche umfasst werden. Dagegen spricht, dass es sich um eine bewusste Entscheidung des Gesetzgebers handelt und damit die für die Analogie notwendige planwidrige Regelungslücke fehlt (Vorlagebeschluss Rostock FamRZ 11, 1752). Obwohl auch die Gerichte eher ein Interesse daran haben, den Rechtsstreit durch Vergleich zu beenden, ist fraglich, ob insoweit ein ausreichender Schutz der Staatskasse vor missbräuchlicher Inanspruchnahme besteht. Der hM ist daher zuzustimmen. Der Partei, die die Kosten im Vergleich übernehmen soll, bleibt der Ausweg, eine gerichtliche Kostenentscheidung herbeizuführen, wenngleich diese teurer ist. Der Rechtsanwalt ist verpflichtet, die Partei auf das bestehende Kostenrisiko hinzuweisen (*Schneider* NJW 80, 560). Auch für das Gericht besteht eine Hinweispflicht (Zö/*Philippi* Rn 7).

5 **III. Anwaltskosten.** Ob eine PKH-Partei vom Gegner nicht nur den eigenen Prozessaufwand verlangen kann, sondern auch die Kosten des ihr beigeordneten Anwalt im eigenen Namen gegen den Gegner festsetzen lassen kann, ist streitig. Der Gegner der PKH-Partei kann gegen die Partei die vollen Kosten seines Rechtsanwalts festsetzen lassen, auch wenn ihm selbst PKH bewilligt worden ist (BGH FamRZ 09, 1577; Ddorf Rpfleger 97, 483; aA Hamm Rpfleger 03, 138; s.a. § 122 Rz 6). Von der Wahlanwaltsvergütung ist in diesem Fall der Betrag abzuziehen, den der Anwalt bereits aus der Staatskasse erhalten hat. Insoweit ist der Anspruch gem § 59 RVG auf die Staatskasse übergegangen (Kobl FamRZ 08, 805). Nach anderer Auffassung kann die PKH-Partei die Kosten des ihr beigeordneten Rechtsanwalts nicht gegen den Gegner festsetzen lassen, jedenfalls dann nicht, wenn ratenfreie PKH bewilligt ist (Hamm Rpfleger 03, 138; Kalthoener/Büttner/Wrobel-Sachs Rn 651). Der ersten Auffassung ist zuzustimmen; denn § 122 meint nur den Vergütungsanspruch des Rechtsanwalts gegen die Partei, aber nicht den Kostenerstattungsanspruch der Partei gegen den Gegner.

§ 124 Aufhebung der Bewilligung. Das Gericht kann die Bewilligung der Prozesskostenhilfe aufheben, wenn
1. **die Partei durch unrichtige Darstellung des Streitverhältnisses die für die Bewilligung der Prozesskostenhilfe maßgebenden Voraussetzungen vorgetäuscht hat;**
2. **die Partei absichtlich oder aus grober Nachlässigkeit unrichtige Angaben über die persönlichen oder wirtschaftlichen Verhältnisse gemacht oder eine Erklärung nach § 120 Abs. 4 Satz 2 nicht abgegeben hat;**
3. **die persönlichen oder wirtschaftlichen Voraussetzungen für die Prozesskostenhilfe nicht vorgelegen haben; in diesem Fall ist die Aufhebung ausgeschlossen, wenn seit der rechtskräftigen Entscheidung oder sonstigen Beendigung des Verfahrens vier Jahre vergangen sind;**
4. **die Partei länger als drei Monate mit der Zahlung einer Monatsrate oder mit der Zahlung eines sonstigen Betrages im Rückstand ist.**

A. Zweck. Durch § 124 soll zunächst sichergestellt werden, dass PKH-Bewilligungen auch im Nachhinein 1 der materiellen Rechtslage zum Zeitpunkt der Bewilligung angepasst werden können. Des Weiteren hat die Vorschrift Sanktionscharakter im Hinblick darauf, dass PKH entzogen werden kann, wenn unrichtige Angaben gemacht werden oder wenn die Partei ihren Verpflichtungen nach Abschluss des Verfahrens zur Überprüfung der persönlichen und wirtschaftlichen Verhältnisse oder den ihr auferlegten Zahlungen nicht nachkommt. Außerdem dient die Vorschrift dem Schutz der PKH-Partei, denn eine Aufhebung der einmal erfolgten Bewilligung von Prozesskostenhilfe ist nur unter den in der Vorschrift genannten Tatbestandsvoraussetzungen möglich. §124 enthält eine abschließende Aufzählung der Aufhebungsgründe (Bambg Jur-Büro 93, 702; Hamm FamRZ 94, 1268). Eine erweiternde ergänzende Auslegung ist nicht zulässig (Schoreit/Groß/*Groß* Rn 9). Insbesondere darf keine Aufhebung erfolgen, wenn die Partei zwar richtige Angaben gemacht hat, das Gericht aber aufgrund dieser Angaben die Erfolgsaussichten über die persönlichen und wirtschaftlichen Kenntnisse falsch beurteilt hat (Bambg JurBüro 89, 12). Die gegenteilige Auffassung, bei greifbarer Gesetzeswidrigkeit einer Entscheidung sei eine ergänzende Auslegung zulässig (München Jur-Büro 84, 1851; *Schneider* MDR 85, 441), ist nicht zutr und zu Recht vereinzelt geblieben. Auch die Bewilligung von PKH ohne Antrag ist wirksam und kann nicht ohne die sonstigen Tatbestandsvoraussetzungen des § 124 aufgehoben werden (Zweibr FamRZ 03, 1021; Saarbr OLGR 06, 410).

Inhaltlich ist die Aufhebung abzugrenzen von der Abänderung der PKH nach § 120 IV. Durch die Abände- 2 rung wird eine erfolgte PKH-Bewilligung lediglich abgeändert, selbst wenn diese Abänderung zur Folge hat, dass die Partei aufgrund einer Vermögenszuzahlung sämtliche Prozesskosten selbst zahlen muss, wie dies auch bei einer Aufhebung der Fall ist. Durch die Aufhebung entfällt die Wirkung der Prozesskostenhilfe, die Abänderung lässt diese bestehen. § 124 unterliegt insgesamt dem **Ermessen** des Gerichts (dazu Rz 23).

B. Persönlicher und zeitlicher Geltungsbereich. Die Vorschrift gilt für alle bedürftigen Parteien, seien es 3 natürliche Personen oder die in § 116 genannten juristischen Personen, denen PKH bewilligt werden kann (Zö/*Philippi* Rn 2). Es ist nicht Voraussetzung, dass das Verfahren bereits beendet ist. Die PKH kann sowohl während des laufenden Verfahrens, als auch nach Abschluss des Verfahrens entzogen werden. Eine zeitliche Grenze von vier Jahren nach der Beendigung des Verfahrens gibt es nur für den Tatbestand der Nr 3, nämlich dann, wenn die persönlichen oder wirtschaftlichen Voraussetzungen für die Prozesskostenhilfe nicht vorgelegen haben.

C. Die einzelnen Tatbestandsvoraussetzungen. I. Unrichtige Darstellung des Streitverhältnisses Nr 1. 4 Die PKH kann aufgehoben werden, wenn die Partei die für die Bewilligung der PKH maßgebenden Voraussetzungen durch unrichtige Darstellung des Streitverhältnisses vorgetäuscht hat.

1. Objektive Voraussetzungen. Objektiv ist erforderlich, dass die Darstellung des Streitverhältnisses durch 5 die Partei von der objektiv vorliegenden Wirklichkeit differiert. Das Verhalten der Partei kann in einem aktiven Tun, aber auch in einem Unterlassen liegen. Hierzu gehören das falsche Vortragen von Tatsachen (Naumbg OLGR 03, 332). Stellt sich der Vortrag der Partei durch eine im Verfahren durchgeführte Beweisaufnahme als unrichtig heraus, reicht das allein nicht aus, um eine Aufhebung der PKH zu rechtfertigen (Ddorf FamRZ 97, 1088; Ddorf MDR 93, 391). Daraus lässt sich aber nicht schließen, dass grds eine Aufhebung der PKH wegen falschen Vortrages nicht erfolgen darf, wenn dieses Ergebnis erst nach einer durchgeführten Beweisaufnahme in der Hauptsache feststeht (so aber Zö/Philippi Rn 2). Es besteht auch nicht die

Gefahr, dass unter Berücksichtigung dieser Auffassung ein permanenter Wechsel im Verlaufe des Rechtsstreits zwischen Annahme der Bewilligungsvoraussetzungen und Aufhebung der PKH stattfindet. Denn nur die Tatsache, dass eine Beweisaufnahme für die bedürftige Partei ungünstig verlaufen ist, beinhaltet nicht gleichzeitig die notwendige Feststellung, dass die Partei vorsätzlich falsch vorgetragen hat (Kobl OLGR 99, 410). Auch das Verschweigen einer entscheidungserheblichen Tatsache stellt eine unrichtige Darstellung des Streitverhältnisses dar. Kein Aufhebungsgrund ist es aber, wenn die Partei eines Scheidungsverfahrens verschweigt, dass die Ehe eine Scheinehe war (Frankf FamRZ 04, 1882). Verschweigt die Partei in der 1. Instanz in einem Unterhaltsprozess Einkünfte und obsiegt sie deshalb, kann die Aufhebung der PKH für die 1. Instanz erfolgen. Außerdem kann dann für die 2. Instanz die Prozesskostenhilfe allein deshalb aufgehoben werden, weil die Partei verpflichtet gewesen wäre, in der 2. Instanz ihren unrichtigen Vortrag 1. Instanz richtig zu stellen (Jena FamRZ 04, 1501). Behauptete der Kl in einem Vaterschaftsanfechtungsverfahren in der Klageschrift, er habe in der gesetzlichen Empfängniszeit mit der Kindesmutter nicht verkehrt, worauf das Gericht PKH bewilligt, und wendet er im späteren Verlauf des Prozesses Mehrverkehr ein, so rechtfertigt dies die Aufhebung der PKH, wenn jedenfalls der Einwand des Mehrverkehrs von Seiten des Klägers nicht so substanziiert vorgetragen worden ist, dass darauf ein Abstammungsgutachten eingeholt worden wäre (Köln NJW 98, 2985). Das Verschweigen von Tatsachen, die die Mutwilligkeit der Rechtsverfolgung begründen können, kann ebenfalls ausreichen, wie die Aussichtslosigkeit der Zwangsvollstreckung (Schlesw SchlHA 04, 317); hier ist aber Zurückhaltung geboten (s. § 114 Rz 38). Außerdem gehört hierzu die Angabe falscher Beweismittel oder die Unterdrückung von Beweismitteln, wie die Vernichtung von Urkunden (Kobl FamRZ 85, 301). Auch Tatsachen, die zwischen dem Zeitpunkt der Antragstellung und der Bewilligung entstehen, die die Erfolgsaussicht beeinflussen, müssen dem Gericht mitgeteilt werden. Das gilt zum Beispiel für einen bevorstehenden Umzug, der zum Zeitpunkt der Antragstellung schon bekannt war und die Zuständigkeit des Gerichts beeinflusst (München EzFamR aktuell 98, 137). Es besteht die Verpflichtung, insoweit entscheidungserhebliche Tatsachen unaufgefordert mitzuteilen. So, wenn der Streitgegenstand eines Berufungsverfahrens in einem anderen Verfahren verglichen wurde (Zweibr FamRZ 95, 374).

6 **2. Subjektive Voraussetzungen.** Es ist eine Vortäuschung durch den Antragsteller erforderlich. Mindestens bedingter Vorsatz ist erforderlich (Kobl FamRZ 85, 301). Bedingter Vorsatz ist anzunehmen, wenn die Partei bei der unrichtigen Darstellung billigend in Kauf genommen hat, dass diese zur fehlerhaften PKH-Bewilligung führen könnte (Kalthoener/Büttner/Wrobel-Sachs Rn 836; Zimmermann Rn 458) Die Partei hat sich das Verschulden ihres Prozessbevollmächtigten zurechnen zu lassen. Verschweigt der Rechtsanwalt im Verfahren auf Zahlung von Kindesunterhalt, dass zwischenzeitlich eine Jugendamtsurkunde über den Kindesunterhalt errichtet worden ist, dann ist die PKH aufzuheben (Köln OLGR 03, 315).

7 **3. Kausalität.** Unrichtige Angaben zum Streitverhältnis rechtfertigen die Aufhebung der PKH nur dann, wenn sie für die PKH-Bewilligung auch ursächlich waren. Eine rechtsmissbräuchliche Eheschließung rechtfertigt damit die Aufhebung der PKH nicht, wenn nicht zugleich die Stellung eines Scheidungsantrages ins Auge gefasst wurde (Ddorf OLGR 96, 258). Eine Aufhebung der Bewilligung findet nicht statt, wenn bei richtigen Angaben oder richtiger Würdigung der subjektiven Voraussetzungen ebenfalls PKH hätte bewilligt werden müssen (Ddorf JurBüro 91, 980). Die Aufhebung der Bewilligung als kostenrechtliche Maßnahme hat nicht den Sinn, die Partei zu bestrafen und ihr die Hilfe zu nehmen, auf die sie objektiv einen Anspruch hat (Kobl FamRZ 99, 1144; Schoreit/Groß/*Groß* Rn 11).

8 Für die Frage der Kausalität ist diese Beurteilung zutr. Anders ist der Sanktionscharakter allerdings zu sehen, wenn nur ein Teil der PKH-Bewilligung erschlichen ist. Bei der Frage, ob dann die PKH ganz oder tw aufgehoben wird, kommt es darauf an, ob die Vorschrift rein kostenrechtlichen oder auch Sanktionscharakter hat. Für eine rein kostenrechtliche Beurteilung spricht die Überlegung, dass die Partei aus dem Rechtsstaatsgebot heraus einen Anspruch darauf hat, PKH in dem Umfang zu erhalten, in dem er ihr zusteht (Zö/*Philippi* Rn 5). Dagegen spricht, dass jedenfalls Nr 1 auch subjektive Vorwerfbarkeit verlangt. Weiterhin kann das Gebot der Rechtsstaatlichkeit dem Antragsteller auch nicht zur Seite stehen, wenn er sich gerade bewusst darüber hinweggesetzt hat. In einem solchen Fall ist daher die PKH vollständig aufzuheben (Zimmermann Rn 400; Kalthoener/Büttner/Wrobel-Sachs Rn 835).

9 **II. Unrichtige Angaben über die persönlichen und wirtschaftlichen Verhältnisse (Nr 2 Alt 1).** Die PKH kann aufgehoben werden, wenn die Partei absichtlich oder aus grober Nachlässigkeit unrichtige Angaben über ihre persönlichen und wirtschaftlichen Verhältnisse gemacht hat.

1. Objektiver Tatbestand. Es werden nur unrichtige Angaben berücksichtigt, die die Partei in der Erklärung über die persönlichen und wirtschaftlichen Verhältnisse gem §§ 115, 117 gemacht hat. Berücksichtigt werden fehlerhafte Angaben über das Einkommen. Auch die Zahl der Unterhaltsberechtigten ist ein Entscheidungskriterium, ebenso wie die Höhe der geleisteten Unterhaltszahlungen. Die Aufhebung ist weiter berechtigt, wenn der Antragsteller aus grober Nachlässigkeit die Frage nach Grundvermögen und den daraus erzielten Mieteinnahmen wie auch zur Veräußerung oder Kreditaufnahme verneint hat (Ddorf JurBüro 86, 296). Sparguthaben ist anzugeben, auch wenn die Partei der Meinung ist, Sparguthaben nicht einsetzen zu müssen, da ihr mitberechtigter Ehemann den Zugriff verweigert (Brandbg Beschl v 25.9.06–9 WF 226/06). Hier ist streitig, ob bei Vorliegen der objektiven Voraussetzungen für die Bewilligung von PKH der Vorschrift ebenfalls Sanktionscharakter zukommt. Das wird tw verneint (s.o.). Teilweise wird vertreten, dass aufgrund des eingeräumten Ermessens darauf abzustellen sei, dass auch nach Berichtigung der Angaben die tatsächlichen Verhältnisse mit ausreichender Sicherheit festgestellt werden können. Sei dies der Fall, so sei der Partei die PKH zu belassen. Seien die tatsächlichen Verhältnisse aber nicht festzustellen, wobei die Darlegungslast insoweit die Partei treffe, so sei die PKH aufzuheben, ohne dass es sich dabei um eine Sanktion handele (Zweibr FamRZ 08, 160). Dem kann jedenfalls für den Fall nicht zugestimmt werden, dass bei einer von vornherein richtigen Angabe der Partei über ihre persönlichen und wirtschaftlichen Verhältnisse eine PKH-Bewilligung nicht erfolgt wäre. Nach zutreffender Ansicht kommt Nr 2 1. Alt. insoweit Strafcharakter zu. Nach der restriktivsten Auslegung führt eine falsche Angabe über die persönlichen und wirtschaftlichen Verhältnisse auch dann zur Aufhebung der PKH, wenn bei wahrheitsgemäßer Offenbarung eine abweichende Entscheidung nicht geboten gewesen wäre (Brandbg NJW 07, 25; Köln FamRZ 87, 1169; St/J/*Bork* Rn 13; MüKoZPO/*Wax* Rn 10). Nach vermittelnder und zutreffender Ansicht führt eine fehlerhafte Angabe über die persönlichen und wirtschaftlichen Verhältnisse nur dann zur Aufhebung, wenn die richtige Angabe eine PKH-Bewilligung ausgeschlossen hätte (Brandbg Beschl v 25.9.06–9 WF 226/06). 10

Ein nach einer Aufhebung wegen unrichtiger Angaben für die gleiche Instanz gestellter wiederholter Antrag auf Bewilligung von PKH ist ebenfalls abzuweisen (Naumbg FamRZ 07, 649). 11

2. Subjektive Voraussetzungen. Auf subjektiver Seite ist erforderlich, dass die Partei absichtlich oder aus grober Nachlässigkeit falsche Angaben gemacht hat. Absicht liegt vor, wenn die Partei mit dem Motiv handelte, eine fehlerhafte Bewilligungsentscheidung herbeizuführen. Direkter Vorsatz ist der auf diesen Erfolg gerichtete Wille in dem Bewusstsein, dass die falschen Angaben eine unrichtige Bewilligungsentscheidung auslösen können. Bedingter Vorsatz genügt, dafür ist der Erfolgswillen nicht erforderlich, es reicht aus, dass der Antragsteller in dem Bewusstsein gehandelt hat, seine falschen Angaben könnten zu einer fehlerhaften Bewilligung führen und dass er diesen Erfolg billigend in Kauf genommen hat (Zö/*Philippi* Rn 8). Grobe Nachlässigkeit liegt vor, wenn die Partei die jedem einleuchtende Sorgfalt bei der Zusammenstellung ihrer Angaben außer Acht gelassen hat. Das ist zum Beispiel nicht gegeben, wenn eine rechtlich ungebildete Person einen Darlehensrückzahlungsanspruch, der erst in einigen Jahren fällig wird, außer acht gelassen hat (Köln FamRZ 88, 705). Grobe Nachlässigkeit kann angenommen werden, wenn nicht nachvollziehbar ist, weshalb es zu Falschangaben kam. Außerdem, wenn solche Angaben und Lücken bei sorgfältigem Ausfüllen des Formulars einfach nicht vorkommen können (Zimmermann Rn 463). Grobe Nachlässigkeit kann auch angenommen werden, wenn die Partei eine Unfallrente nicht angibt, weil sie davon ausgeht, dass die Rente durch entsprechende Aufwendungen aufgezehrt wird (Brandbg FamRZ 06, 213). Wenn das Formular nicht vollständig ausgefüllt ist, wenn also weder Ja noch Nein angekreuzt ist, ist im Einzelfall zu prüfen, ob hier eine unrichtige Angabe vorliegt oder ob das Gericht hätte nachfragen müssen. In einem solchen Fall kann es sich um ein bloßes Übersehen der Position handeln. 12

III. Nichtabgabe einer Erklärung nach § 120 IV Nr 2 Alt 2. Das Gericht überprüft die persönlichen und wirtschaftlichen Verhältnisse nach Abschluss des Rechtsstreites für die Dauer von vier Jahren und kann die Bewilligung abändern, wenn sich die persönlichen und wirtschaftlichen Verhältnisse geändert haben. Zum Zwecke der Überprüfung ist die Partei gem § 120 IV verpflichtet, Änderungen in ihren persönlichen und wirtschaftlichen Verhältnissen mitzuteilen. Die PKH kann aufgehoben werden, wenn die Partei eine verlangte Erklärung nach § 120 IV nicht abgegeben hat. Dazu ist erforderlich, dass das Gericht die Parteien hinreichend deutlich dazu aufgefordert hat, eine Erklärung über die Änderungen in ihren wirtschaftlichen und persönlichen Verhältnissen einzureichen. Nach herrschender Ansicht ist im Rahmen der Überprüfung kein Formularzwang gegeben. Das Gericht kann nicht verlangen, dass eine erneute Erklärung über die persönlichen und wirtschaftlichen Verhältnisse gem § 117 eingereicht wird (Stuttg FamFR 11, 300; Brandbg 13

FamRZ 08, 72; § 120 Rz 29). Es genügt, wenn die Partei angibt, inwieweit sich ihre Verhältnisse geändert haben und die Angaben, soweit erforderlich, belegt (Saarbr Beschl v 24.2.10–6 WF 24/10; Kobl FamRZ 99, 1144). Wenn erst in der Beschwerdeinstanz die Erklärung über die persönlichen und wirtschaftlichen Verhältnisse eingereicht wird, so reicht dies auch aus. Eine Aufhebung verlangt ein vollständiges Ausbleiben der Erklärung. Eine Entschuldigung für das verspätete Vorbringen ist nicht erforderlich (Saarbr FamRZ 09, 1851; Brandbg FamRZ 08, 1356; aA Kalthoener/Büttner/Wrobel-Sachs Rn 842).

14 Die Aufhebung der PKH setzt voraus, dass die Erklärung von der Partei wirksam verlangt worden ist. Grundsätzlich ist eine Zustellung der Aufforderung zur Abgabe einer Erklärung nach § 120 IV nicht erforderlich. Wird der Partei aber in dieser Aufforderung eine Frist zur Abgabe der Erklärung gesetzt, sollte die entsprechende Aufforderung zugestellt werden, um den Nachweis des Zugangs erbringen zu können. Hier war streitig, ob die Zustellung an den Prozessbevollmächtigten oder an die Partei selbst erfolgen muss; nach BGH ist die Zustellung an die Partei direkt zu richten (§ 120 Rz 30).

15 **IV. Aufhebung wegen fehlender persönlicher oder wirtschaftlicher Voraussetzungen (§ 124 Nr 3).** Nr 3 ermöglicht die Aufhebung, wenn zum Zeitpunkt der Bewilligung die persönlichen oder wirtschaftlichen Voraussetzungen nicht vorgelegen haben. Neue Erkenntnisse betreffend die objektiven Voraussetzungen, also Mutwilligkeit und Erfolgsaussicht, können eine Aufhebung nur unter den Voraussetzungen der Nr 1 herbeiführen (St/J/*Bork* Rn 18). Änderungen, die nach dem Zeitpunkt der Bewilligung liegen, sind nicht zu berücksichtigen. Zu vergleichen ist daher die objektive Sach- und Rechtslage zum Zeitpunkt der Bewilligung mit den Tatsachen, die das Gericht seiner Entscheidung zu Grunde gelegt hat. Tatsachen, die dem Gericht bekannt waren, die es aber nicht berücksichtigt hat, können nicht einbezogen werden (Zö/*Philippi* Rn 15). Die Vorschrift soll eine Aufhebung der PKH in den Fällen ermöglichen, in denen eine erneute gerichtliche Prüfung bei unveränderter rechtlicher Wertung günstigere tatsächliche Verhältnisse in persönlicher oder wirtschaftlicher Hinsicht ergibt, als ursprünglich angenommen. Eine Aufhebung ist nicht zulässig in den Fällen, in denen das Gericht ohne Veränderung der tatsächlichen Grundlagen allein aufgrund erneuter Prüfung die Frage der Hilfsbedürftigkeit anders beurteilt (Saarbr FamRZ 09, 1851; Hamm Beschl v 13.11.81–8 WF 312/81; Zö/*Philippi* Rn 13 mwN). Die nur fehlerhafte Beurteilung der wirtschaftlichen Situation des Antragstellers rechtfertigt eine Aufhebung der PKH-Entscheidung nicht (Hamburg EzFamR ZPO § 124 Nr 2; Saarbr OLGR 09, 622; München AnwBl 80, 300), ebenso wenig eine anderweitige rechtliche Beurteilung tatsächlich unveränderter Umstände (Köln OLGR 02, 100). Auch die Ratenhöhe kann ohne Veränderung der tatsächlichen Grundlagen nicht mehr geändert werden (Saarbr OLGR 09, 622). Da im Gegensatz zu Nr 1 und Nr 2 keine ausdrückliche Erwähnung eines schuldhaften Handelns des Antragstellers vorliegt, ist hier ein Verschulden der Partei nicht erforderlich (Hamm RPfleger 84, 430; Brandbg FamRZ 02, 762). Das schließt nicht aus, dass Nr 3 auch die Fälle erfasst, in denen nur leichte Fahrlässigkeit ein Verschulden auf Seiten der Partei begründet. Wegen der fehlenden subjektiven Elemente kann hier immer nur eine Aufhebung erfolgen, soweit die Unrichtigkeit reicht. Der Streit um die Kausalität ist bei Nr 3 irrelevant.

16 Für die Aufhebung genügt, dass die subjektiven Bewilligungsvoraussetzungen objektiv nicht vorgelegen haben. Das kann der Fall sein, wenn Umstände vorliegen, die zum Zeitpunkt des Erlasses der Entscheidung noch unbekannt waren, wie zum Beispiel, dass der Antragsteller erst später erfahren hat, dass er ein Erbe erhalten hat oder dass eine Rentennachzahlung erfolgt (Kalthoener/Büttner/Wrobel-Sachs Rn 845). Auch das Verschweigen mutwillig herbeigeführter Bedürftigkeit, die nicht unter Nr 2 zu fassen ist, kann genügen (Ddorf JurBüro 87, 1715). Ein Fall von Nr 3 ist weiter gegeben, wenn der tatsächlich gezahlte Kindesunterhalt von dem vom Gericht zu Recht berücksichtigten Kindesunterhalt abweicht (Karlsr Beschl v 30.3.04–16 WF 35/04). Der Irrtum über die Bewilligungsvoraussetzungen muss nicht dazu führen, dass die PKH bei richtiger Betrachtung aufgehoben werden muss. Es reicht aus, wenn nur die Ratenfreiheit oder die Ratenhöhe betroffen sind (Zweibr JurBüro 85, 1569).

17 Eine nachträgliche Verbesserung der Einkommensverhältnisse rechtfertigt eine Aufhebung nicht, hier greift § 120 IV ein (Köln FamRZ 86, 1124).

18 Aufgrund der Tatsache, dass Verschulden hier nicht vorausgesetzt wird, wird das Vertrauen der Partei in die einmal getroffene PKH-Entscheidung dadurch geschützt, dass eine Aufhebung nach Ablauf von vier Jahren seit der rechtskräftigen Entscheidung oder sonstigen Beendigung des Verfahrens ausgeschlossen ist. Für den Beginn der Frist ist bei Abtrennung einer Folgesache auch die Rechtskraft der letzten Folgesache maßgeblich (Brandbg FamRZ 05, 47).

V. Aufhebung wegen Nichtzahlung von Raten (Nr 4). Die PKH kann aufgehoben werden, wenn die Partei mit der Zahlung der ihr auferlegten Raten länger als drei Monate mit einer Monatsrate oder mit der Zahlung eines sonstigen Betrages in Rückstand ist. Unter Rückstand ist Verzug zu verstehen, dementsprechend eine schuldhafte Handlung des Antragstellers (BGH NJW 97, 1077). Ein Rückstand setzt voraus, dass dem Antragsteller der Zahlungsbeginn überhaupt bekannt war. Eine Aufhebung, bevor dem Antragsteller eine Aufforderung der Gerichtskasse unter Angabe der Bankverbindung zugegangen ist, ist daher nicht möglich (Brandbg FamRZ 01, 633). 19

Ein Verschulden des Antragstellers liegt nicht vor, wenn gegen die Ratenanordnung keine Beschwerde eingelegt wurde, aber feststeht, dass der Antragsteller zur Zahlung der Raten nicht in der Lage sein wird (Köln OLGR 02, 435; Kobl JurBüro 99, 371). Falls die Partei sich darauf beruft, muss eine Überprüfung ihrer Leistungsfähigkeit noch im Aufhebungsverfahren erfolgen (Celle FamRZ 97, 1089). Teilweise wird sogar vertreten, das ohne entsprechenden Hinweis der Partei iRd Aufhebungsverfahrens eine erneute Prüfung ihrer persönlichen und wirtschaftlichen Verhältnisse zu erfolgen hat (Kobl OLGR 99, 120; Karlsr OLGR 98, 368). Gibt eine Partei keine Erklärung dazu ab, warum sie in Ratenrückstand geraten ist, ist von Verschulden auszugehen (Stuttg JurBüro 86, 297). Auch noch im Aufhebungsverfahren kann der Hinweis der Partei auf eine Verschlechterung ihrer wirtschaftlichen Lage als Änderungsantrag gewertet werden. Der Änderungsantrag kann aber nur der Aufhebung entgegengehalten werden, wenn die Zahlungsverzögerung auf der Verschlechterung der wirtschaftlichen Verhältnisse beruht (Brandbg FamRZ 01, 633). Dabei kann sich eine Veränderung aber nur aus einem Vergleich zwischen den Verhältnissen zur Zeit der Ursprungsentscheidung über die Bewilligung der PKH und dem Zeitpunkt, in dem die Partei mit der Ratenzahlung in Rückstand geraten ist, ergeben. Hat die Partei hingegen die Raten schon zu einer Zeit nicht gezahlt, als sie noch leistungsfähig war, bleibt es bei der Anwendung des § 124 Nr 4 auch dann, wenn die Partei später leistungsunfähig wird (Brandbg FamRZ 06, 1854). Dementsprechend sind auch die persönlichen und wirtschaftlichen Verhältnisse vorzutragen zu dem Zeitpunkt, als der Beklagte mit den Raten in Rückstand geriet. Erfolgt dies nicht, so ist die Aufhebung nach § 124 gerechtfertigt (Saarbr FamRZ 09, 1616). 20

Das gilt auch, wenn der Hinweis auf die verschlechterte wirtschaftliche Lage erst in der Beschwerde gegen den Aufhebungsbeschluss vorgetragen wird (Nürnbg OLGR 05, 127). Auch nach der Aufhebung der PKH wegen Nichtzahlung von Raten kommt in derselben Instanz gleichwohl eine neue Bewilligung in Betracht, wenn sich die persönlichen und wirtschaftlichen Verhältnisse der Partei verschlechtert haben. Die neue Bewilligung darf in einem solchen Fall nur dann abgelehnt werden, wenn zu erwarten ist, dass die Partei sich auch in Zukunft nicht an die Ratenzahlungen halten wird (BGH FamRZ 05, 2063).

Die Zahlung der rückständigen Raten führt dazu, dass eine Aufhebung nicht mehr möglich ist. Das gilt auch dann, wenn die Zahlung erst in der Beschwerdeinstanz erfolgt (Karlsr FamRZ 02, 1199; Zweibr OLGR 00, 422). 21

D. Verfahren. Das Aufhebungsverfahren wird vAw eingeleitet. Zuständig für die Aufhebung ist das Prozessgericht des ersten Rechtszuges. Funktionell zuständig ist der Richter für die Aufhebung nach Nr 1. Für die Aufhebung nach Nr 2–4 ist der Rechtspfleger zuständig (§ 20 Nr 4c RPflG). Rechtliches Gehör ist zu gewähren, und zwar stets der Partei (Brandbg OLGR 01, 253). Vor der Aufhebung der PKH wegen Ratenrückstands ist diese daher auf den Rückstand hinzuweisen (Brandbg FamRZ 02, 1419). Auch dem beigeordneten Anwalt ist rechtliches Gehör zu gewähren, wenn er durch die Aufhebung Ansprüche gegen die Staatskasse verlieren könnte (Zö/*Philippi* Rn 21, Zweibr EzFamR aktuell 01, 136). Dem Gegner ist rechtliches Gehör zu gewähren, wenn er durch die Aufhebung der Bewilligung die Begünstigung des § 31 III GKG verlieren könnte (LG Koblenz FamRZ 98, 252). Nur in Ausnahmefällen ist für das Aufhebungsverfahren eine mündliche Erörterung durchzuführen. § 118 gilt nur für das Verfahren auf Bewilligung von Prozesskostenhilfe, nicht für das Aufhebungsverfahren (Stuttg OLGR 98, 233). 22

Bei der Entscheidung hat das Gericht **Ermessen**, das folgt aus der Formulierung, dass das Gericht die PKH aufheben »kann« (Dresd FamRZ 98, 1522; Saarbr Beschl v 15.9.11 – 9 WF 82/11). Teilweise wird vertreten, dass es ein solches Ermessen nicht gebe, weil Staatskasse und Gegner bei Vorliegen der Voraussetzungen einen Anspruch darauf hätten, dass die PKH aufgehoben werde (B/L/A/H Rn 16). Gegen diese Auslegung sprechen neben dem Wortlaut des Gesetzes auch praktische Gründe. Bei der Ermessensausübung sind die Aufhebungsfolgen zu den vom Bedürftigen zu verantwortenden Aufhebungsgründen ins Verhältnis gesetzt werden; denn die Aufhebungsfolgen dürfen den Bedürftigen nicht übermäßig hart treffen (Saarbr Beschl v 15.9.11 – 9 WF 82/11). Der Grad des Verschuldens der Partei ist somit entscheidend zu berücksichtigen (so auch Schoreit/Groß/*Groß* Rn 30), ferner, ob der Antragsteller im Vertrauen auf die Richtigkeit der Ent- 23 scheidung finanzielle Dispositionen getroffen hat und auch treffen durfte, dann ist auch seine jetzt bestehende Leistungsfähigkeit zu beachten (Frankf MDR 02, 785).

24 Die Entscheidung des Gerichts ergeht durch – stets zu begründenden (dazu § 120 Rz 3) – Beschl. Es kommt nur die Aufhebung der PKH in Betracht. Eine Zahlungsanordnung oder Anordnung von Raten sieht § 124 nicht vor. Wenn der Prozessbevollmächtigte die Partei bereits im Prozesskostenhilfeverfahren vertreten hat, dann sind Zustellungen auch nach Abschluss des Hauptverfahrens an den Prozessbevollmächtigten zu richten (BGH FamRZ 11, 463). In Verfahren nach dem FamFG muss dem Beschl eine Rechtsbehelfsbelehrung beigefügt sein (§ 39 FamFG; Dresd FamRZ 10, 1754).

25 **E. Rechtsfolgen.** Die Aufhebung der Prozesskostenhilfe führt zu einem Verlust ihrer Wirkungen in vollem Umfang. Die Entscheidung wirkt auf den Zeitpunkt der Bewilligung zurück. Der Antragsteller kann auf Zahlung aller von der Staatskasse erbrachten Leistungen in Anspruch genommen werden (Zö/*Philippi* Rn 24). Auf Seiten des Rechtsanwalts führt die Aufhebung dazu, dass der Rechtsanwalt wiederum Ansprüche gegen die Partei direkt geltend machen kann. Er kann die volle gesetzliche Vergütung von der Partei verlangen, auch die Festsetzung gem § 11 RVG ist möglich. Die Gebührenansprüche, die vor der Aufhebung entstanden sind, können auch nach der Aufhebung noch gegen die Staatskasse geltend gemacht werden (Köln JurBüro 05, 544). Auf Seiten des Gegners der bedürftigen Partei führt die Aufhebung der PKH dazu, dass die Antragstellerhaftung gegen diese geltend gemacht werden kann. Die Privilegierung aus § 31 III GKG greift nicht mehr.

26 Die PKH-Entscheidung erwächst nicht in Rechtskraft. Damit ist ein neuer Antrag nach einer Aufhebung grds möglich (s. aber § 118 Rz 22), allerdings beginnt die Wirkung erst mit dem Zeitpunkt, in dem ein vollständiger PKH Antrag vorliegt (Kalthoener/Büttner/Wrobel-Sachs Rn 856).

27 **F. Rechtsbehelfe.** Gegen die Entscheidung des Richters ist die sofortige Beschwerde nach § 127 gegeben. Das gilt auch dann, wenn statt des eigentlich zuständigen Rechtspflegers der Richter entschieden hat (Köln FamRZ 88, 740). Gegen die Entscheidungen des Rechtspflegers ist nach § 11 I RPflG ebenfalls die sofortige Beschwerde gegeben (Naumbg JurBüro 02, 537). Rechtspfleger und Richter haben Abhilfebefugnis. Über die Beschwerde gegen die Entscheidung des Rechtspflegers wie des Richters entscheidet das Beschwerdegericht.

28 Gegen die Beschwerdeentscheidung ist eine weitere Beschwerde nicht statthaft. Nur die Rechtsbeschwerde kann zugelassen werden. Ansonsten bleibt gegen die Beschwerdeentscheidung nur die Gegenvorstellung (Köln FamRZ 88, 750). Ferner kommt die Anhörungsrüge (§ 321a) in Betracht, weil im Falle letztinstanzlicher PKH-Versagung fachgerichtlicher Rechtsschutz gegen eine mögliche Gehörsverletzung nach dem Grundsatz wirkungsvollen Rechtsschutzes iVm Art 103 I GG notwendig ist. Denn im PKH-Verfahren wird abschließend und mit Bindungswirkung für das weitere Verfahren über den PKH-Antrag befunden und die Entscheidung kann später nicht mehr iRe Inzidentprüfung korrigiert werden (vgl BVerfG MDR 08, 223 zur Richterablehnung). Beschwerdebefugt bei Aufhebung der PKH ist nur die Partei selbst. Der Anwalt ist durch den Wegfall der Forderungssperre begünstigt, daher ist er grds nicht beschwerdebefugt, anders, wenn seine Beiordnung rückwirkend aufgehoben wird (Karlsr FamRZ 1996, 1428).

§ 125 Einziehung der Kosten.

(1) Die Gerichtskosten und die Gerichtsvollzieherkosten können von dem Gegner erst eingezogen werden, wenn er rechtskräftig in die Prozesskosten verurteilt ist.
(2) Die Gerichtskosten, von deren Zahlung der Gegner einstweilen befreit ist, sind von ihm einzuziehen, soweit er rechtskräftig in die Prozesskosten verurteilt oder der Rechtsstreit ohne Urteil über die Kosten beendet ist.

1 **A. Zweck.** Durch die Vorschrift wird eine der Auswirkungen der Bewilligung von Prozesskostenhilfe auf den Gegner der mit Prozesskostenhilfe streitenden Partei geregelt. Eine rechtskräftige Verurteilung in die Prozesskosten ist Voraussetzung dafür, dass die Staatskasse von dem Gegner der PKH-Partei die Kosten einziehen darf. Dadurch soll verhindert werden, dass die in 1. Instanz obsiegende PKH-Partei, wenn sie in der 2. Instanz ganz oder tw unterliegt, an den Gegner Kosten erstatten müsste, die dieser nach dem Urt 1. Instanz bereits gezahlt hat. Eine Kostenerstattung aufgrund vorläufiger Vollstreckbarkeit, die ohne PKH möglich wäre, wird somit ausgeschlossen. In § 125 werden zwei unterschiedliche Fallgestaltungen geregelt. Abs 1 regelt die Erstattung der Kosten, von deren Zahlung die PKH-Partei aufgrund der PKH-Bewilligung befreit wurde. Abs 2 regelt die Zahlung der Kosten, von deren Begleichung der Gegner der PKH-Partei gem § 122 I Nr 1a einstweilen befreit war.

B. Tatbestände. I. PKH auf Klägerseite. Ist auf Klägerseite PKH bewilligt, dann ergeben sich keine Besonderheiten, wenn der Kl unterliegt. Die Verpflichtung zur Tragung von Kosten ergibt sich nur aus dem Bewilligungsbeschluss über die Prozesskostenhilfe. Darüber hinaus muss der Kl keine Zahlungen an die Staatskasse leisten. Unterliegt der Beklagte, dann sind von diesem erst nach dem rechtskräftigen Urt über die Kostentragungspflicht alle Gebühren und Auslagen zu zahlen. Hat der Beklagte in 1. Instanz in vollem Umfang verloren, ist in die Prozesskosten verurteilt worden und wird dann in der 2. Instanz ein Vergleich geschlossen, demzufolge die Kosten beider Instanzen gegeneinander aufgehoben werden, dann stellt das Urt 1. Instanz keine Kostengrundentscheidung mehr dar, nach welcher der Beklagte die Kosten des Verfahrens zu tragen hat. Der Beklagte zahlt dann die Gerichtskosten zur Hälfte als Übernahmeschuldner aufgrund des geschlossenen Vergleichs (Braunschw OLGR 01, 46). Wenn eine Partei aufgrund eines gegen sie ergangenen Urteils Kostenschuldner gem § 54 GKG geworden ist, dann ändert sich daran grds auch dann nichts, wenn die Kostentragung zwischen den Parteien später durch Vergleich anderweitig geregelt wird (§ 57 GKG). Das gilt aber nicht, wenn einer der Parteien Prozesskostenhilfe bewilligt worden ist. Insoweit überlagert § 125 die Regelungen des GKG. Eine Beitreibung der Gerichtskosten gegen den ursprünglichen Schuldner scheidet aus, da eine rechtskräftige Entscheidung über die Prozesskosten nicht vorliegt (Braunschw OLGR 99, 215). 2

II. PKH auf Beklagtenseite. Wenn der Kl unterliegt, dann sind von ihm alle Gebühren und Auslagen zu zahlen. Unterliegt der Beklagte, dann sind vom Kl keine Kosten einzuziehen. Zwar haftet der Kl grds nach §§ 20, 17, 18 GKG als Zweitschuldner, diese Haftung kann aber gem § 31 III GKG nicht geltend gemacht werden, weil dem Beklagten als Kostenschuldner PKH bewilligt ist. Gleiches gilt, wenn die Kosten durch gerichtliche Entscheidung gegeneinander aufgehoben worden sind (Schoreit/Groß/*Groß* Rn 7). Von dem Kl geleistete Vorschüsse sind an ihn zurückzuzahlen. Etwas anderes gilt, wenn der in die Prozesskosten verurteilte Beklagte als Antragsteller iSd § 22 GKG anzusehen ist. Das ist der Fall, wenn er Rechtsmittelkläger, Widerspruchsführer nach § 696 I im Mahnverfahren oder Einspruchsführer nach den §§ 700, 341a ist Dann gilt hinsichtlich des Klägers § 18 GKG, der bestimmt, dass die Vorschusspflicht eine endgültige Zahlungspflicht des Kl ist, unabhängig davon, ob der Beklagte rechtskräftig in die Kosten verurteilt wird. § 31 II GKG gilt über die Verweisung des § 18 S 2 GKG, so dass der Kl die von ihm gezahlten Kosten gegen den verurteilten Beklagten gem §§ 103 ff festsetzen lassen kann (Zö/*Philippi* Rn 7). 3

III. Kostenaufhebung. Wenn die Kosten durch Urt gegeneinander aufgehoben werden, dann zahlt der Kl die Hälfte der Gerichtskosten als Entscheidungsschuldner. Die andere Hälfte der Gerichtskosten kann nicht gegen den Kl geltend gemacht werden. Die Antragstellerhaftung des Klägers ist wegen § 31 III GKG nachrangig. 4

IV. Beendigung des Rechtsstreits ohne Kostenentscheidung. Wenn der Rechtsstreit ohne Entscheidung über die Kostentragung beendet wird, dann zahlt der Kl die Kosten als Antragsteller gem §§ 20, 17, 18 GKG. Auch wenn der Beklagte in einem Vergleich die Kosten ganz oder tw übernommen hat, kann die Staatskasse den Kl in vollem Umfang in Anspruch nehmen. Der Kl hat dann wieder die Möglichkeit, die Kosten gegen den hilfsbedürftigen Beklagten festsetzen zu lassen, da § 31 III GKG wegen § 29 GKG für den Übernahmeschuldner nicht gilt (s. § 122 Rn 19). 5

V. Rechtsmittel. Die dargestellten Grundsätze gelten auch für die Rechtsmittelinstanz. Antragsteller gem § 22 GKG ist dann der jeweilige Rechtsmittelführer. Gemäß § 122 III muss der Gegner des Rechtsmittelführers, dem PKH bewilligt ist, einstweilen Gerichtskosten und Gerichtsvollzieherkosten nicht zahlen. Diese Befreiung fällt allerdings weg, wenn er selbst ein selbstständiges oder unselbstständiges Anschlussrechtsmittel eingelegt hat. Im Umfang des von ihr eingelegten Anschlussrechtsmittels ist daher eine Partei ohne Rücksicht auf die PKH-Bewilligung für den Gegner auch dann vorschusspflichtig, wenn ihr PKH für die Verteidigung im Berufungsverfahren bewilligt worden ist (Ddorf JW 32, 3641). 6

§ 126 Beitreibung der Rechtsanwaltskosten.

(1) Die für die Partei bestellten Rechtsanwälte sind berechtigt, ihre Gebühren und Auslagen von dem in die Prozesskosten verurteilten Gegner im eigenen Namen beizutreiben.

(2) [1]Eine Einrede aus der Person der Partei ist nicht zulässig. [2]Der Gegner kann mit Kosten aufrechnen, die nach der in demselben Rechtsstreit über die Kosten erlassenen Entscheidung von der Partei zu erstatten sind.

1 **A. Zweck.** Neben dem Recht des Anwalts, seine Vergütung gem § 45 RVG von der Staatskasse zu verlangen, gibt ihm § 126 die Befugnis, von dem in die Prozesskosten verurteilten Gegner selbstständig die Zahlung seiner Gebühren und Auslagen zu verlangen. Die Vorschrift soll dem Anwalt über die Gebührenansprüche gegen die Staatskasse hinaus seine Gebührenansprüche sichern, quasi als Ersatz dafür, dass er Vergütungsansprüche gegen die eigene Partei nicht mehr geltend machen kann. An der Rechtsnatur des Kostenerstattungsanspruchs ändert die Vorschrift nichts, es entsteht kein selbstständiger Anspruch gegen den Gegner. Der Kostenerstattungsanspruch steht unverändert der Partei selbst zu. Weder werden Partei und Anwalt zu Gesamtgläubigern, noch sind sie im Innenverhältnis zu gleichen Anteilen berechtigt. Vielmehr macht der Anwalt den Anspruch als Prozessstandschafter geltend (BGH FamRZ 07, 710). Sein Beitreibungsrecht steht selbstständig neben dem der Partei, es handelt sich insoweit nicht um einen Anspruchsübergang von der Partei auf den Anwalt (BGH FamRZ 09, 1577; Kalthoener/Büttner/Wrobel-Sachs Rn 780).

2 **B. Beitreibungsrecht des Anwalts.** Der einer Partei im Wege der PKH beigeordnete Rechtsanwalt hat ein eigenes Beitreibungsrecht gegen die unterlegene gegnerische Partei, welches neben dem Kostenerstattungsanspruch seiner Partei besteht. Nach der hier vertretenen Auffassung kann die Partei, der Prozesskostenhilfe ohne Ratenzahlungen oder Zahlungen aus dem Vermögen bewilligt worden ist, ebenfalls die Kosten des beigeordneten Anwalts im eigenen Namen gegen den Gegner festsetzen lassen (s. § 122 Rz 6). Nach anderer Auffassung besteht ein solches Festsetzungs- und Beitreibungsrecht der Partei nicht, da sie einem Kostenanspruch ihres Anwaltes wegen der PKH-Bewilligung nicht ausgesetzt sei (Kalthoener/Büttner/Wrobel-Sachs Rn 651 mwN). Insbesondere wegen der Einredeeinschränkungen des § 126 – dazu später Rz 19 – überzeugt diese Auffassung allerdings nicht, da sie zu einer Verbesserung der Position des Gegners führt, die nicht intendiert ist. IÜ ist der Streit durch die Entscheidung des BGH (BGH FamRZ 09, 1577) iSd hiesigen Auffassung entschieden.

3 Das Beitreibungsrecht des Anwalts setzt eine Kostengrundentscheidung voraus. Wenn eine Klage vor Rechtshängigkeit zurückgenommen wird, besteht ein Prozessrechtsverhältnis nicht und ein Beitreibungsrecht kommt nicht in Betracht (Brandbg OLGR 96, 46). Dem Beitreibungsrecht des Anwalts steht es nicht entgegen, dass auch der unterlegenen Partei Prozesskostenhilfe ohne Ratenzahlungen bewilligt worden ist (Nürnbg FamRZ 08, 803). Das gilt auch dann, wenn der Erstattungsanspruch durch die Zahlung der Staatskasse bereits auf diese übergegangen ist (Nürnbg FamRZ 08, 803; Kobl FamRZ 08, 805).

4 **I. Umfang des Beitreibungsrechts.** Der PKH-Anwalt kann gegen die gegnerische Partei nur die Kosten festsetzen lassen, die diese nach § 91 erstatten muss. Festgesetzt werden können die Regelgebühren, nicht nur die ermäßigten PKH-Gebühren. Die Umsatzsteuer kann nicht verlangt werden, wenn der eigene Mandant des PKH-Anwalts vorsteuerabzugsberechtigt ist (BGH NJW-RR 07, 285). Das Beitreibungsrecht des Anwalts beschränkt sich auf die Gebühren und Auslagen, die nach seiner Beiordnung entstanden sind. War der Anwalt schon vorher für die Partei tätig, so kann eine Festsetzung nicht nach § 126, sondern nur nach den §§ 103 ff erfolgen. Die Erstattungsfähigkeit von Kosten bestimmt sich nicht nach den Grundsätzen, die für das Verhältnis zwischen Anwalt bzw Partei und der Staatskasse gelten, sondern nach den Grundsätzen der Kostenerstattung gem § 91 ff (Kobl FamRZ 03, 1400).

5 **Erstattungsfähige Kosten:** Zu den erstattungsfähigen Kosten gehören die Gebühren und Auslagen des beigeordneten Rechtsanwalts. Die gebührenrechtlichen Einwendungen kann der Prozessgegner ungehindert geltend machen. Dementsprechend müssen die Gebühren sowohl entstanden als auch erstattungsfähig sein. Voraussetzung der Vergütung ist insb: – Zulassung als Rechtsanwalt. Der Erstattungsberechtigte muss eine Zulassung als Rechtsanwalt gem der BRAO haben (Hartmann § 45 RVG Rn 3). Ausnahmen hierfür gelten für Steuerberater, die gem § 142 III FGO vor den Finanzgerichten beigeordnet werden können, sowie für Patentanwälte, die in Patentstreitsachen beigeordnet werden. Außerdem darf sich der Anwalt in zulässiger Art und Weise durch einen Anwaltsvertreter oder Ausbildungsreferendar vertreten lassen (Kalthoener/Büttner/Wrobel-Sachs Rn 699). – Der Anwalt muss eine vergütungspflichtige Tätigkeit nach der Beiordnung entfaltet haben und der Vergütungsanspruch muss fällig sein. Die Anwaltsvergütung wird fällig mit Beendigung der Angelegenheit oder Erledigung des Auftrags (§ 8 I RVG), nach Erlass der Kostenentscheidung, Beendigung der Instanz oder längerem als dreimonatigem Ruhen des Verfahrens, mit der Aufhebung der Beiordnung durch das Gericht auf Antrag des Anwalts aus wichtigem Grund, der Aufhebung der PKH-Bewilligung gem § 124 und mit dem Tod der hilfsbedürftigen Partei.

6 **Gebühren:** Der Anwalt darf die vollen Gebühren beitreiben, nicht nur die PKH-Gebühren. Muss der Gegner nur die Kosten eines Prozessbevollmächtigten erstatten, dann schließt die Kostenfestsetzung nach § 126

zugunsten eines Anwalts die weitere Festsetzung auf den Namen eines anderen aus. Dieser ist nicht berechtigt, gegen den Kostenfestsetzungsbeschluss ein Rechtsmittel einzulegen (Zö/*Philippi* Rn 4). Der Anwalt darf nur die eigenen Gebühren festsetzen lassen, nicht die Gebühren und Auslagen eines Beweisaufnahme- oder Verkehrsanwalts. Dieser kann die Festsetzung nur im eigenen Namen geltend machen (Zö/*Philippi* Rn 3, anders Kobl JurBüro 00, 145).

Auslagen: Reisekosten und Abwesenheitsgelder des nicht ortsansässigen Anwalts sind nicht erstattungsfähig. Erstattungsfähige Reisekosten der Partei darf der Anwalt nicht beitreiben (Jena MDR 98, 1438). 7

Ist einem **Streitgenossen** PKH bewilligt und die PKH-Bewilligung auf die Erhöhungsgebühr gem Nummer 1008 VV beschränkt, dann ist streitig, ob der Anwalt die volle Regelvergütung nach § 126 gegen den Gegner festsetzen lassen kann (ja: Hamm JurBüro 99, 591; nein: Celle NdsRpflg 00, 293). Grundsätzlich bestimmt sich der Umfang der Kostenerstattung nach § 91. Bei Streitgenossen können aber für den einzelnen Streitgenossen, wenn ein gemeinsamer Anwalt beauftragt wurde, gegen den Gegner nur die tatsächlich angefallenen, seiner wertmäßigen Beteiligung entsprechenden Kosten festgesetzt werden. Eine volle Festsetzung gegen den unterlegenen Gegner scheidet aus, da die Parteien ihrem Anwalt auch nicht die volle Vergütung schulden, sondern nur einen wertmäßigen Anteil (BGH FamRZ 03, 1461). Dementsprechend kann auch eine Festsetzung gem § 126 für jeden Streitgenossen, der von einem Anwalt vertreten wird, nur in Höhe des wertmäßigen Anteils erfolgen. Dem Anwalt entsteht dadurch kein Nachteil, da das Beitreibungsrecht jedem der Streitgenossen zusteht.

Der Anwalt darf nur Kosten beitreiben, die von der Staatskasse noch nicht an ihn gezahlt worden sind. 8
Macht der Anwalt von einem Kostenfestsetzungsbeschluss Gebrauch, der in vollem Umfang ergangen ist, obwohl die Staatskasse zwischenzeitlich an ihn gezahlt hat, dann handelt er rechtsmissbräuchlich. Vom Gegner an ihn überschießend gezahlte Kosten sind dann von ihm der Staatskasse zu erstatten, da der Kostenerstattungsanspruch insoweit auf die Staatskasse übergegangen ist (Saarbr JurBüro 93, 302). Ist der Anwalt sowohl im Hauptsacheverfahren als auch im **Vollstreckungsverfahren** beigeordnet, dann sind durch die Kostengrundentscheidung auch die nach § 788 erstattungsfähigen Vollstreckungskosten mit erfasst und können vom Anwalt im eigenen Namen beigetrieben werden (Zö/*Philippi* Rn 5).

II. Entstehung und Beendigung. Das Beitreibungsrecht des Anwalts entsteht mit der Verkündung eines vorläufig vollstreckbaren Urteils als auflösend bedingtes Recht (Frankf RPfleger 90, 468). Unbedingt ist das Recht erst dann, wenn der Rechtsstreit durch die Rechtskraft des Urteils oder einen Prozessvergleich beendet ist (Zö/*Philippi* Rn 2). Das führt dazu, dass Vereinbarungen der Parteien über den Kostenerstattungsanspruch vor der endgültigen Kostengrundentscheidung das Beitreibungsrecht des Anwalts aus § 126 ausschließen. Eine später erfolgende Kostengrundentscheidung zulasten des Beklagten führt nicht mehr dazu, dass der Anwalt eine Festsetzung gegen den Gegner betreiben kann. Diese Einwendung kann vom Gegner auch im Festsetzungsverfahren geltend gemacht werden. Er ist nicht auf die Vollstreckungsgegenklage aus § 767 verwiesen (BGH NJW 07, 1213). Der Anwalt muss es hinnehmen, dass sein Beitreibungsrecht durch die Partei durch eine solche Vereinbarung mit dem Gegner, aber auch durch Klagrücknahme, Erledigungserklärung oder Kostenvergleich nach Erlass des Instanzurteils beeinträchtigt wird. Die hilfsbedürftige Partei wird durch das selbstständige Beitreibungsrecht des Anwalts nicht in ihrer Prozessführung beschränkt (Schoreit/Groß/*Groß* Rn 6). 9

Dem Bezirksrevisor als Vertreter der Staatskasse steht ein eigenes Antragsrecht zur Erlangung einer Kostengrundentscheidung nicht zu, und zwar auch dann nicht, wenn dem Beklagten Prozesskostenhilfe bewilligt worden ist (Nürnbg JurBüro 89, 803).

C. Beitreibungsrecht des Anwalts und Kostenerstattungsanspruch der Partei. Das Beitreibungsrecht des Anwalts und der Kostenerstattungsanspruch der Partei bestehen nebeneinander (s. Rz 2). Die Partei kann daher selbst einen Kostenfestsetzungsantrag stellen, auch im eigenen Namen. Eine Vertretung durch ihren Anwalt ist dabei möglich, aber nicht notwendig (Kalthoener/Büttner/Wrobel-Sachs Rn 652). Die Kostenfestsetzung kann dabei auf den Namen der Partei erfolgen. Die Partei bedarf zur Festsetzung auf ihren Namen nicht der Zustimmung ihres Anwaltes (Hamm AnwBl 82, 383). Unabhängig davon kann auch der Anwalt die Kostenfestsetzung beantragen, und zwar – wahlweise – auf seinen Namen oder auf den der von ihm vertretenen Partei. Ergeben sich diesbzgl Zweifel, so sollte der Antrag so ausgelegt werden, dass der Anwalt die Festsetzung auf Namen der Partei beantragt (Ddorf AnwBl 80, 376; Kobl JurBüro 82, 775). Allerdings muss zuvor – rechtliches Gehör und Hinweispflicht – dem Anwalt Gelegenheit zur Klarstellung gegeben werden, weil die Wirkungen der Festsetzung auf Namen des Anwaltes oder auf Namen der Partei 10 unterschiedlich sind. Zunächst können dem Antrag des Anwalts die Einreden aus der Person der Partei nicht entgegengehalten werden, dem Anspruch der Partei dagegen schon. Aus anwaltlicher Sicht ist damit ein Kostenfestsetzungsantrag im eigenen Namen empfehlenswert (Kobl MDR 87, 1032). Außerdem muss der Anwalt Erfüllungshandlungen des Schuldners ggü der Partei gegen sich gelten lassen (Kalthoener/Büttner/Wrobel-Sachs Rn 653). Die Entscheidung hierüber darf nicht beim Gericht liegen (so auch Zö/*Philippi* Rn 8). Betreibt der Anwalt die Festsetzung im eigenen Namen, dann sind er und der Gegner die Parteien des Festsetzungsverfahrens. Die Zustellung der Beschlüsse des Gerichts muss daher an den Anwalt erfolgen, nicht an die Partei (Zö/*Philippi* Rn 8).

11 **I. Verstrickung (§ 126 II).** Das Nebeneinander der beiden Antragsrechte führt dazu, dass auch dann, wenn der Anwalt einen Kostenfestsetzungsantrag im Namen der Partei stellt, ein späterer Kostenfestsetzungsantrag auf den eigenen Namen nicht ausgeschlossen ist. Im Antrag auf Festsetzung auf den Namen der Partei ist kein Verzicht auf das eigene Beitreibungsrecht des Anwalts zu sehen.

Das Kostenerstattungsrecht der Partei ist durch das Beitreibungsrecht des Anwaltes verstrickt. Diese Verstrickung ist vergleichbar der durch ein Pfändungspfandrecht bewirkten oder der Rechtslage bei Überweisung einer Forderung zur Einziehung (BGHZ 5, 251). Die Verstrickung beginnt mit Verkündung der Kostengrundentscheidung. Sie ist nicht davon abhängig, ob der beigeordnete Anwalt sein Beitreibungsrecht bereits ausgeübt hat oder nicht (Schlesw JurBüro 97, 368). Die Verstrickung hat unterschiedliche Wirkungen. Zunächst bestimmt Satz 1, dass Einreden aus der Person der Partei dem Festsetzungsanspruch des Anwalts nicht entgegengehalten werden können. Außerdem kann der Gegner nur mit Kosten aufrechnen, die nach der in demselben Rechtsstreit über die Kosten erlassenen Entscheidung von der Partei zu erstatten sind. Dies bewirkt, dass die Partei nicht mit Wirkung gegen ihren Anwalt über den Kostenerstattungsanspruch verfügen kann, zum Beispiel durch einen Verzicht auf ihn oder Entgegennahme mit schuldbefreiender Erfüllungswirkung (Hamm AnwBl 82, 383). Die von der Partei erklärte Aufrechnung lässt den Kostenerstattungsanspruch ihres PKH-Anwalts unberührt. Gibt der Anwalt für seine Partei die Aufrechnungserklärung ab, dann ist darin aber ein Verzicht auf das Recht auf Beitreibung zu sehen (München RPfleger 97, 485).

12 **Beendigung der Verstrickung:** Die Verstrickung besteht solange fort, bis eindeutig feststeht, dass der Anspruch nicht mehr von dem beigeordneten Rechtsanwalt geltend gemacht werden kann. Das ist der Fall, wenn ein Kostenfestsetzungsbeschluss zugunsten der Partei ergeht. Erst dann bedarf es einer Sicherung der Ansprüche des Rechtsanwalts nicht mehr, so dass auch Einwendungen allein aus der Person der Partei den Kostenerstattungsanspruch zum Erlöschen bringen können (BGH FamRZ 07, 710). Danach sind auch Erfüllungshandlungen des Schuldners mit Wirkung gegen den beigeordneten Anwalt zulässig (BGH NJW 94, 3292). Erfolgt die Aufrechnung des Schuldners zu einem Zeitpunkt, zu welchem der Anwalt sein Beitreibungsrecht noch nicht geltend gemacht hat, aber noch ausüben kann, so greift der Einredeausschluss unverändert ein. Eine dauerhafte Verstrickung tritt ein, wenn der Anwalt seine Beitreibungsrecht durch einen Kostenfestsetzungsantrag ausgeübt hat (BGH FamRZ 07, 710). Der Einredeausschluss geht auch auf die Staatskasse über, soweit diese den Rechtsanwalt befriedigt hat (Schlesw FamRZ 07, 752).

13 **II. Doppelfestsetzung. 1. Festsetzung auf Namen des Anwalts neben Festsetzung auf Namen der Partei.** Obschon die Verstrickung beendet ist, sobald ein Kostenfestsetzungsbeschluss für die Partei ergangen ist, besteht das Beitreibungsrecht des Anwalts weiter. Eine Festsetzung zugunsten des Anwalts ist also noch möglich, auch wenn bereits ein Kostenfestsetzungsbeschluss zugunsten der Partei ergangen ist (BGH NJW 94, 3292; insoweit missverständlich verneinend BGH FamRZ 07, 710). Die Ansprüche der Partei und des Anwalts auf Festsetzung stehen selbstständig nebeneinander, so dass die formale Rechtskraft eines Kostenfestsetzungsbeschlusses für die Partei die Festsetzung zugunsten des Anwalts nicht hindert (Kalthoener/Büttner/Wrobel-Sachs Rn 656). Diese Festsetzung auf den Namen des Anwalts, nachdem bereits ein Kostenfestsetzungsbeschluss für die Partei ergangen ist, wird missverständlich auch »Umschreibung« genannt. Es ist aber ein eigenes Verfahren mit den für eine Festsetzung vorgesehenen Rechtsmitteln (BGH NJW 52, 786; Schlesw NJW-RR 04, 717). Der umgekehrte Fall ist nicht möglich. Besteht bereits ein Kostenfestsetzungsbeschluss auf den Namen des Anwalts, dann kann die Partei nicht einen weiteren Kostenfestsetzungsbeschluss auf ihren Namen erwirken (Zö/*Philippi* Rn 10). Trotz der Kostenfestsetzung für den Anwalt kann die Partei aber noch Festsetzung auf ihren Namen betreiben, wenn sie nach Titulierung für den Anwalt noch Raten leistet mit der Wirkung, dass sich der für den Anwalt titulierte Erstattungsbetrag – im Verhältnis zur Partei – um die von dieser darauf geleisteten Zahlungen vermindert. Ansonsten hätte die Partei

Nachteile, da ein Forderungsübergang von dem Anwalt auf die Partei nicht vorgesehen ist (Kalthoener/Büttner/Wrobel Sachs Rn 660).

2. Festsetzung auf Namen des Anwaltes neben Erstattung der weiteren Vergütung. Auch der Erstattungsanspruch gegen die Staatskasse besteht als weiterer Anspruch neben dem Erstattungsanspruch gegen den unterlegenen Gegner. Soweit die Staatskasse an den Anwalt leistet, geht der Anspruch auf die Staatskasse über. Die erfolgte Festsetzung gem § 126 hindert auch nicht, dass der Rechtsanwalt die weitere Vergütung gegen die Staatskasse geltend machen kann (KGR Berlin 04, 229). Ist ein Überschuss an die Partei voreilig ausgezahlt worden, obwohl noch ein Anspruch auf weitere Vergütung des Anwalts besteht, so besteht der Anspruch des Anwalts gegen die Staatskasse unverändert fort. Dann ist der Anwalt allerdings verpflichtet, die vollstreckbare Ausfertigung des Kostenfestsetzungsbeschlusses gem § 126 zurückzugeben (KGR Berlin 04, 229). 14

3. Schutz des Schuldners gegen doppelte Vollstreckung. Da mit der Doppelfestsetzung zwei Kostenfestsetzungsbeschlüsse wegen derselben Forderung vorliegen können, muss der Schuldner geschützt werden. Zunächst bestehen für ihn die Rechtsbehelfe des Kostenfestsetzungsverfahrens. Außerdem kann er Vollstreckungsgegenklage erheben, wenn er die Kostenforderung auf den ersten Kostenfestsetzungsbeschluss bereits gezahlt hat. 15

a) Vermerk auf dem Titel. Liegt noch keine Zahlung vor und hat das Gericht Kenntnis vom ersten Kostenfestsetzungsbeschluss – was normalerweise der Fall sein muss, da der Beschl in derselben Akte ergeht –, so kann auch der zweite Kostenfestsetzungsbeschluss klarstellen, welcher Titel vorrangig ist. Die Wirkungslosigkeit des ersten Beschlusses kann auf dem zweiten Kostenfestsetzungsbeschluss vermerkt werden (Stuttg NJW-RR 01, 718). Solange eine solche Feststellung auf dem Titel nicht vermerkt ist, sind beide Kostenfestsetzungen nebeneinander wirksam. Vorrang hat der Kostenfestsetzungsbeschluss zugunsten des Anwalts. Mit der Festsetzung zugunsten des Anwalts verliert die Partei die Befugnis, über die Kostenerstattungsansprüche zu verfügen, die der Anwalt einzieht. Das liegt darin begründet, dass durch die Verstrickung der Anwalt eine ähnliche Rechtsstellung hat wie ein Gläubiger, dem eine Forderung zur Einziehung überwiesen worden ist. Aus einer Analogie zu § 829 I 2 folgt dann, dass eine Verfügungsbefugnis der Partei über die Forderung nicht mehr besteht (Zö/*Philippi* Rn 9, 10). Ein Vermerk auf dem zweiten Titel, dass der erste Kostenfestsetzungsbeschluss wirkungslos wird, ist allerdings wegen des geringeren Schutzes des Schuldners – die vollstreckbare Ausfertigung befindet sich unverändert im Umlauf – die schlechtere Lösung. 16

b) Rückgabe der vollstreckbaren Ausfertigung. Eine Festsetzung ist unproblematisch möglich, wenn auf die Rechte aus dem ersten Beschl verzichtet oder die Ausfertigung des ersten Kostenfestsetzungsbeschlusses zurückgegeben wird. Der Anwalt kann sich auf den Einredeausschluss nicht berufen, solange der Kostenfestsetzungsbeschluss, der auf den Namen der Partei ergangen ist, nicht zurückgegeben oder für unwirksam erklärt wurde (Ddorf FamRZ 98, 847). Im Festsetzungsverfahren des Anwalts ist die Partei zu beteiligen, da in ihre Rechte eingegriffen wird (Zö/*Philippi* Rn 11). Eine Umschreibung des ersten Kostenfestsetzungsbeschlusses auf den Anwalt mittels entsprechender Anwendung der Vorschriften über die Klauselumschreibung gem § 727 ist nicht möglich (KG JurBüro 02, 374). 17

c) Unzulässigkeit der Titulierung für den Rechtsanwalt. Die Titulierung für den Rechtsanwalt ist unzulässig, wenn der Erstattungsanspruch erloschen ist, bevor der Antrag auf Titulierung zugunsten des Anwalts dem Gegner zugegangen ist (Köln KoRsp ZPO § 126 Nr 9). Hat die Partei daher als erstes selbst einen Kostenfestsetzungsbeschluss gegen den Gegner erwirkt und rechnet dieser dann auf, so erlischt die Kostenforderung und eine Festsetzung auf Namen des Anwalts ist nicht mehr möglich (Schlesw OLGR 03, 203). 18

D. Einschränkung der Verteidigungsmöglichkeiten. I. Einredeeinschränkungen. Nach Abs 2 kann der Gegner Einreden aus der Person der Partei nicht erheben. Als Einreden kommen alle Einwendungen des Gegners ggü dem Anwalt in Betracht, mit denen er aus den Rechtsbeziehungen ggü der Partei das Erlöschen des Kostenerstattungsanspruchs herleitet (Kobl RPfleger 83, 310; Zö/*Philippi* Rn 14). Der Begriff der Einreden ist demnach nicht auf den zivilprozessualen Begriff der Einreden reduziert. Durch die Einschränkung der Verteidigungsmöglichkeiten ist der Gegner einer bedürftigen Partei schlechter gestellt als derjenige, der den Rechtsstreit gegen eine begüterte Partei verloren hat. Dieses Ergebnis ist aber vom Gesetz bewusst gewollt. Verfassungsrechtliche Bedenken bestehen hiergegen nicht (BGH JurBüro 93, 714). Als Einwendungen kommen in Betracht: Die Zahlung der Forderung an die Partei; die Aufrechnung mit einer 19

Gegenforderung, die nicht eine Kostenforderung aus demselben Rechtszug ist; Verzicht oder Erlass. Aufrechnen kann der Gegner auch nicht mit einer Forderung, die bei Eintritt der Verstrickung bereits fällig war (Ddorf FamRZ 90, 420). Es ist unerheblich, ob diese Gegenforderung tituliert ist oder nicht (Frankf JurBüro 90, 1024). Die Aufrechnung ist erst dann wieder möglich, wenn der Anwalt die Kostenforderung nicht mehr im eigenen Namen geltend machen kann (BGH FamRZ 07, 710).

20 **Mögliche Verteidigung:** Einwendungen gegen das Beitreibungsrecht an sich sind weiter möglich, etwa dass der Vergütungsanspruch des Anwalts nicht mehr besteht oder nicht bestanden hat. Außerdem wirksam sind Rechtshandlungen der Partei oder Vereinbarungen zwischen der Partei und dem Gegner, die vor Eintritt der Verstrickung, also vor der Kostengrundentscheidung erfolgt sind. Nimmt der Revisionskläger die Revision zurück und verzichtet der Gegner auf die Kostenerstattung, so ist eine Festsetzung auch dann ausgeschlossen, wenn später eine Kostengrundentscheidung ergeht. Dieser Einwand kann vom Gegner im Festsetzungsverfahren geltend gemacht werden (BGH FamRZ 07, 123). Zulässig sind auch alle Einwendungen, die aus dem Rechtsverhältnis der bedürftigen Partei zum Anwalt herrühren. So kann der Gegner sich damit verteidigen, die Partei habe bereits an den Anwalt gezahlt oder der Anwalt habe sein Mandat schuldhaft niedergelegt (Schoreit/Groß/*Groß* Rn 18).

21 **II. Aufrechnung.** Aufrechnen kann der Gegner nur mit einer Kostenforderung, die gem der über die Kosten erlassenen Entscheidung von der Partei in demselben Rechtsstreit zu erstatten sind. Dabei kann es sich um die Berücksichtigung einer Kostenquotelung handeln oder auch um andere, gesonderte Erstattungsansprüche, wie etwa die der obsiegenden Partei auferlegten Kosten der eigenen Säumnis.

22 **III. Einreden bei doppelter Festsetzung.** Der Schutz des § 126 ist nicht in vollem Umfang gegeben, wenn eine Doppelfestsetzung vorliegt. Liegt ein Kostenfestsetzungsbeschluss zugunsten der Partei vor, dann muss der Anwalt, solange keine Festsetzung für ihn erfolgt ist, Handlungen des Gegners und der eigenen Partei gegen sich gelten lassen (Schlesw JurBüro 90, 1195). Zahlt der Gegner daher nach Festsetzung auf den Namen der Partei und vor Antrag des Anwalts an die Partei, so ist dies ggü dem Anwalt wirksam. Teilweise wird vertreten, dass eine Aufrechnung bereits nicht mehr möglich ist, sobald der Festsetzungsantrag für den Anwalt gestellt worden ist (München JurBüro 97, 589). Auch eine vor der zweiten Festsetzung erfolgte Pfändung des Kostenerstattungsanspruchs ist wirksam (München JurBüro 92, 346). Eine andere Lösung wäre aus dem Gesichtspunkt des Schutzes des unterlegenen Gegners nicht vertretbar, der nach Erlass eines Vollstreckungstitels gegen ihn diesen auch bezahlen dürfen muss. Daraus folgt allerdings auch, das eine Zahlung vor Festsetzung an die Partei unwirksam ist und auch nicht durch den Erlass des Kostenfestsetzungsbeschlusses für die Partei geheilt wird (KG JurBüro 77, 1624).

23 **1. Prüfungspflicht des Gerichts.** Das Gericht muss bei einem Festsetzungsantrag des Anwalts prüfen, ob nach der Festsetzung für die Partei eine wirksame Erfüllungshandlung des Gegners erfolgt ist. Daher sind die Partei und der Gegner im Festsetzungsverfahren zu hören.

24 **2. Folgen einer Aufrechnung für den Anwalt.** Durch den Antrag auf Festsetzung der Kosten auf den Namen der Partei riskiert der Anwalt eine Aufrechnung des Gegners oder eine Zahlung an die Partei, die uU nicht rückforderbar ist. Teilweise wird vertreten, dass der Anwalt dadurch seinen Vergütungsanspruch ggü der Staatskasse verliert, denn auch die Staatskasse kann dann den übergehenden Anspruch nicht mehr gegen den Gegner geltend machen (KG 04, 556; München MDR 97, 786; Saarbr JurBüro 93, 302).

25 **E. Rechtsbehelfe.** Die Kostenfestsetzung für die Partei und die Kostenfestsetzung für den Anwalt sind selbstständige Verfahren, bei denen jeweils die Rechtsbehelfe des Festsetzungsverfahrens gegeben sind. Gegen den Festsetzungsbeschluss ist für den Gegner die sofortige Beschwerde statthaft. Gegen die Geltendmachung des übergegangenen Anspruchs durch die Staatskasse ist die Beschwerde gem § 66 GKG zulässig. Hat der Kl vor dem Finanzgericht erfolglos die Gewährung von PKH für das Klageverfahren beantragt und ist auch seine Gegenvorstellung zurückgewiesen worden, kann er die rechtswidrige Versagung der PKH als Verfahrensmangel mit dem zulässigen Rechtsmittel gegen das klageabweisende Urt geltend machen, also idR mit der Nichtzulassungsbeschwerde (Hundt Rn 187).

26 **F. Kosten/Gebühren. I. Gericht.** Wenn die Beschwerde zurückgewiesen oder verworfen wird, fällt eine Gebühr von 50 € gem 1811 GKG-KV an. Das Gericht kann die Gebühr bei einem Teilerfolg ermäßigen oder von der Erhebung absehen. Für die Rechtsbeschwerde beträgt die Gebühr 100 € nach Nr 1823 GKG-VV.

II. RA. Streitwert: §§ 23 RVG ff der Wert der Hauptsache. 0,5 Verfahrensgebühr nach VV 3500 und 0,5 Terminsgebühr nach VV 3513. Für das Rechtsbeschwerdeverfahren Verfahrensgebühr 1,0 nach VV 3502. 27

§ 127 Entscheidungen.

(1) [1]Entscheidungen im Verfahren über die Prozesskostenhilfe ergehen ohne mündliche Verhandlung. [2]Zuständig ist das Gericht des ersten Rechtszuges; ist das Verfahren in einem höheren Rechtszug anhängig, so ist das Gericht dieses Rechtszuges zuständig. [3]Soweit die Gründe der Entscheidung Angaben über die persönlichen und wirtschaftlichen Verhältnisse der Partei enthalten, dürfen sie dem Gegner nur mit Zustimmung der Partei zugänglich gemacht werden.

(2) [1]Die Bewilligung der Prozesskostenhilfe kann nur nach Maßgabe des Absatzes 3 angefochten werden. [2]Im Übrigen findet die sofortige Beschwerde statt; dies gilt nicht, wenn der Streitwert der Hauptsache den in § 511 genannten Betrag nicht übersteigt, es sei denn, das Gericht hat ausschließlich die persönlichen oder wirtschaftlichen Voraussetzungen für die Prozesskostenhilfe verneint. [3]Die Notfrist des § 569 Abs. 1 Satz 1 beträgt einen Monat.

(3) [1]Gegen die Bewilligung der Prozesskostenhilfe findet die sofortige Beschwerde der Staatskasse statt, wenn weder Monatsraten noch aus dem Vermögen zu zahlende Beträge festgesetzt worden sind. [2]Die Beschwerde kann nur darauf gestützt werden, dass die Partei nach ihren persönlichen und wirtschaftlichen Verhältnissen Zahlungen zu leisten hat. [3]Die Notfrist des § 569 Abs. 1 Satz 1 beträgt einen Monat und beginnt mit der Bekanntgabe des Beschlusses. [4]Nach Ablauf von drei Monaten seit der Verkündung der Entscheidung ist die Beschwerde unstatthaft. [5]Wird die Entscheidung nicht verkündet, so tritt an die Stelle der Verkündung der Zeitpunkt, in dem die unterschriebene Entscheidung der Geschäftsstelle übermittelt wird. [6]Die Entscheidung wird der Staatskasse nicht von Amts wegen mitgeteilt.

(4) Die Kosten des Beschwerdeverfahrens werden nicht erstattet.

Inhaltsübersicht

	Rz
A. Zweck	1
B. Verfahren erster Instanz	2
I. Schriftliches Verfahren	2
II. Beteiligte	3
III. Zuständigkeit	4
IV. Beschluss	5
1. Begründung	6
a) Stattgebender Beschluss	6
b) Ablehnung der Bewilligung	7
2. Kostenentscheidung	9
3. Zustellung des Beschlusses	10
4. Erörterung der persönlichen und wirtschaftlichen Verhältnisse im Beschluss	11
C. Sofortige Beschwerde	13
I. Zulässigkeit	14
1. Statthaftigkeit	15
a) Statthaftigkeit bei fehlender Möglichkeit einer Anfechtung der Hauptsacheentscheidung	16
b) Rechtskraft der Hauptsacheentscheidung	17
c) Keine Beschwerde gegen Verfahrensanordnungen	19
d) PKH-Beschwerde in der 2. Instanz	20
2. Beschwerdeberechtigung	21
a) Beschwerde der Partei	22
aa) Ablehnung der Bewilligung	22
bb) Bewilligung	23
cc) Anwaltsbeiordnung	24
dd) Änderung der Raten	25
b) Beschwerde des Gegners	26
c) Beschwerde des Anwalts	27
d) Beschwerde der Staatskasse	28
3. Frist	29
a) Fristbeginn	30
b) Frist für die Staatskasse	31
c) Wiedereinsetzung	32
d) Frist in Familiensachen	33
4. Zuständigkeit	34
II. Begründetheit	35
1. Reformatio in peius	35
2. Anfall in der Beschwerdeinstanz	36
3. Neues Vorbringen	37
4. Zeitpunkt der Entscheidung	38
III. Entscheidung	39
IV. Kostenerstattung	41
V. PKH für Beschwerdeverfahren	42
D. Rechtsbeschwerde	43
E. Abgrenzung zu sonstigen Rechtsbehelfen	44
I. Abgrenzung zum Abänderungsantrag	45
II. Gegenvorstellung	46
III. Wiederholter Antrag	47
F. Besonderheiten bei Fachgerichtsbarkeiten	48
I. Verwaltungsgerichtsbarkeit	49
II. Sozialgerichtsbarkeit	50
III. Finanzgerichtsbarkeit	51
G. Kosten/Gebühren	52

1 **A. Zweck.** Die Vorschrift regelt ergänzend zu § 118 und § 119 den Gang des Bewilligungsverfahrens und die Rechtsbehelfe im PKH-Verfahren. Dabei sind die Rechtsbehelfe für die Partei und die Staatskasse deutlich unterschiedlich ausgestaltet.

2 **B. Verfahren erster Instanz. I. Schriftliches Verfahren.** Das Verfahren über die Bewilligung von Prozesskostenhilfe ist ein schriftliches Verfahren. Eine mündliche Verhandlung ist nur dann vorgesehen, wenn im Erörterungstermin der Abschluss eines Vergleichs zu erwarten ist, § 118 I. Wegen des klaren Wortlauts der Vorschrift ist eine mündliche Verhandlung nicht zulässig, wenn sie lediglich zu dem Zweck anberaumt wird, die Erfolgsaussichten zu erörtern, den Sachverhalt aufzuklären oder dem Gegner Gelegenheit zur Stellungnahme zu geben. Dadurch soll das PKH-Verfahren beschleunigt werden und außerdem vorgebeugt werden, dass PKH- und Hauptsacheentscheidung gleichzeitig ergehen, wodurch der Partei die Möglichkeit genommen wird, zu entscheiden, ob sie nach erfolgter PKH-Ablehnung das Verfahren auf eigene Kosten fortsetzt oder nicht (Schoreit/Groß/*Groß* Rn 2).

3 **II. Beteiligte.** Beteiligte des PKH-Verfahrens sind das Gericht und die Partei, die Prozesskostenhilfe begehrt, (Zö/*Philippi* Rn 12). Dagegen sind weder der Gegner noch der beizuordnende Anwalt Beteiligte (Ddorf FamRZ 06, 1613).

4 **III. Zuständigkeit.** S dazu eingehend § 117 Rz 2.

5 **IV. Beschluss.** Die Entscheidung über die Bewilligung von Prozesskostenhilfe ergeht durch Beschl. Eine stillschweigende PKH-Bewilligung ist nicht möglich (Zö/*Philippi* Rn 2). Ausnahmsweise kann in der Nichtbescheidung eines Antrags eine Entscheidung gesehen werden, die isoliert anfechtbar ist. Wenn das Gericht das Bewilligungsverfahren aussetzt oder seine Entscheidung so verzögert, dass dies einer Ablehnung gleichkommt, ist die sofortige Beschwerde zulässig (Hambg JurBüro 87, 614; Karlsr NJW 84, 985). Auch tatsächliche Erhebungen, welche die Grenzen des § 118 überschreiten, kommen der Ablehnung einer Bewilligung gleich und können daher angefochten werden (Nürnbg FamRZ 03, 1020). Wenn eine Beweisaufnahme zur Hauptsache durchgeführt wird, ohne dass vorher über den PKH-Antrag entschieden wurde, dann ist ebenfalls die Beschwerde zuzulassen. Das Beschwerdegericht kann dann das erstinstanzliche Gericht anweisen, über den PKH-Antrag zu entscheiden, bevor es das Hauptsacheverfahren weiterführt (Köln FamRZ 00, 1588).

6 **1. Begründung. a) Stattgebender Beschluss.** Der Beschl ist zu begründen, falls Ratenzahlung oder der Einsatz von Vermögenswerten angeordnet wurde (Saarbr FamRZ 11, 745; 10, 1753; Brandbg OLGR 03, 504; s. zum Begründungszwang auch § 120 Rz 3). Der Beschl hat eine eindeutige Aussage über die Höhe der Ratenzahlungen und deren Beginn zu treffen. Eine stillschweigende Einschränkung der Bewilligung seitens des Gerichts kommt nicht in Betracht (Frankf JurBüro 86, 79). Auch eine rückwirkende Anordnung von Ratenzahlungen ist nicht zulässig. Streitig ist, ob auch ein Beschl zu begründen ist, der keine Ratenzahlung angeordnet. Der Antragsteller ist durch diesen Beschl nicht beschwert; die Staatskasse kann nur eingeschränkt gem § 127 Beschwerde einlegen. In der Praxis kommt eine Begründung in diesen Fällen äußerst selten vor; sie wird notfalls – nach Beschwerde der Staatskasse – im Nichtabhilfebeschluss nachgeschoben. Richtig ist das nicht, weil gerichtliche Entscheidungen grds zu begründen sind und so auch die Änderung gem § 120 IV erleichtert wird (Kalthoener/Büttner/Wrobel-Sachs Rn 516). Allerdings schont die Verfahrensweise der Gerichte die knapp gewordenen Ressourcen in noch vertretbarer Weise.

7 **b) Ablehnung der Bewilligung.** Immer zu begründen ist ein Beschl, durch den die PKH ganz oder tw versagt wird (dazu § 120 Rz 3 und eingehend Saarbr FamRZ 11, 745 mwN). Wird der Beschl nicht begründet, so ist der Anspruch der Partei auf rechtliches Gehör verletzt, da sie eine Beschwerde gegen die Entscheidung des Gerichtes nicht sachgerecht begründen kann (Celle NdsRpfl 90, 43). Die Begründung muss so umfassend sein, dass für die Partei die tatsächliche und rechtliche Würdigung des Sach- und Streitstandes erkennbar ist (Köln OLGR 01, 198). Zu begründen ist auch ein Beschl, in dem einer Beschwerde gegen die PKH-Verweigerung nicht abgeholfen wird, wenn der Beschwerdeführer geltend macht, dass die Tatsachen, mit denen die Verweigerung begründet wird, nicht zutreffen. Enthält das Beschwerdevorbringen neuen Vortrag, so muss die Abhilfeentscheidung erkennen lassen, dass dieser neue Vortrag zur Kenntnis genommen wurde (Saarbr FamFR 11, 471; Jena FamRZ 10, 1692; Köln OLGR 02, 52). Immer begründet werden muss eine Nichtabhilfeentscheidung dann, wenn sich der Sach- und Streitstand ggü demjenigen im Zeitpunkt des angefochtenen Beschlusses – sei es aufgrund neuen Tatsachenvortrages oder aus anderen Gründen – geändert hat und die Begründung des angefochtenen Beschlusses allein nicht (mehr) ausreichend

und tragfähig ist (Köln OLGR 07, 570). Als Begründung ist es nicht ausreichend, wenn pauschal auf einen anderen Beschl Bezug genommen wird, der dem Antragsteller nicht bekannt ist (Naumbg EzFamR aktuell 01, 335) oder ihm erst zeitlich später bekannt gegeben wird (Naumbg FuR 04, 254).

Eine Ausnahme vom Begründungszwang, wenn eine PKH-Bewilligung abgelehnt wird, gilt für letztinstanzliche Entscheidungen. Da diese nicht mehr anfechtbar sind, bedürfen Ablehnungen des PKH-Antrags keiner Begründung. Nach Auffassung des BGH liegt darin auch kein Verstoß gegen Art. 103 I GG, weshalb auch eine Anhörungsrüge dagegen unbegründet ist (BGH FamRZ 06, 1029). 8

2. Kostenentscheidung. Eine Kostenentscheidung enthält der PKH-Beschluss nicht, da das PKH-Verfahren eine Kostenerstattung nicht vorsieht. Wenn im PKH-Prüfungsverfahren Auslagen durch die Vernehmung von Zeugen und Sachverständigen angefallen sind, dann wird ihre Erstattung im Hauptsacheverfahren durch die Kostengrundentscheidung geregelt. Schließt sich ein Hauptsacheverfahren nicht an, dann sind die Auslagen nach den §§ 22, 29, 31 GKG einzuziehen (Schoreit/Groß/*Groß* Rn 11). 9

3. Zustellung des Beschlusses. Eine Entscheidung über die Prozesskostenhilfe wird mit ihrer Verkündung wirksam. Beschlüsse, die in der mündlichen Verhandlung ergehen, werden dem Antragsteller durch die Verkündung mitgeteilt. Beschlüsse, in denen dem Antragsteller PKH bewilligt wird und er nicht zu Zahlungen an die Staatskasse verpflichtet wird, sind dem Antragsteller formlos mitzuteilen. Einer Zustellung bedarf es wegen Abs 3 auch nicht an die Staatskasse. Diese ist nicht Beteiligte des Verfahrens und hat daher nur ein eingeschränktes Beschwerderecht. Beschlüsse, in denen PKH ganz oder tw verweigert oder der Antragsteller zu Zahlungen verpflichtet wird, sind an diesen zuzustellen, da die Beschwerdefrist in Gang gesetzt wird. Dem Gegner sind Entscheidungen über die PKH mitzuteilen, wenn dieser angehört worden ist. Diese Informationspflicht ergibt sich aus Art. 103 I GG (Zö/*Philippi* Rn 6). Zustellungen während des laufenden Verfahrens sind gem § 172 an den für das Verfahren bestellten Prozessbevollmächtigten zu richten. Wenn der Prozessbevollmächtigte die Partei bereits im Prozesskostenhilfeverfahren vertreten hat, dann sind Zustellungen auch nach Abschluss des Hauptverfahrens an den Prozessbevollmächtigten zu richten (BGH FamRZ 11, 463). In Verfahren nach dem FamFG muss eine Rechtsbehelfsbelehrung nach § 39 FamFG beigefügt sein. Das Fehlen oder die Unrichtigkeit kann bei Ursächlichkeit ein Wiedereinsetzungsgrund sein (Dresd FamRZ 10, 1754), anders idR, wenn der Betroffene anwaltlich vertreten ist (BGH FamRZ 10, 1425). 10

4. Erörterung der persönlichen und wirtschaftlichen Verhältnisse im Beschluss. Soweit die Entscheidung in den Gründen Angaben über die persönlichen und wirtschaftlichen Verhältnisse der Partei enthält, dürfen sie dem Gegner nur mit – ausdrücklicher – Zustimmung der Partei zugänglich gemacht werden (Abs 1 S 3). Dies gilt nicht nur im schriftlichen PKH-Verfahren, sondern auch im PKH-Prüfungstermin: Erklärt der Antragsteller kein Einverständnis mit der Erörterung seiner persönlichen und wirtschaftlichen Verhältnisse, so muss der Antragsgegner für die Dauer dieser Erörterung vom Erörterungstermin ausgeschlossen werden. Die Regelung ist Ausfluss des Anspruchs der antragstellenden Partei auf Datenschutz. Werden in der PKH-Entscheidung sowohl Ausführungen zu Erfolgsaussicht und Mutwillen gemacht als auch Gründe angeführt, die die persönlichen und wirtschaftlichen Verhältnisse betreffen, so ist durch geeignete technische Maßnahmen – etwa Schwärzung oder Übersendung nur eines Auszugs der Entscheidung – sicherzustellen, dass die Ausführungen zu den persönlichen und wirtschaftlichen Verhältnissen den Gegner nicht erreichen. 11

Das Verbot der Erörterung der persönlichen und wirtschaftlichen Verhältnisse gilt auch für die Entscheidung im Beschwerdeverfahren. Zu den Angaben, die dem Gegner nicht mitgeteilt werden dürfen, gehören nicht nur die Angaben zu Einkommen und Belastungen, sondern auch die Berechnung der Ratenhöhe (Brandbg JurBüro 00, 366). 12

C. Sofortige Beschwerde. Entscheidungen über die Bewilligung von Prozesskostenhilfe können mit der sofortigen Beschwerde angefochten werden. 13

I. Zulässigkeit. Die allgemeinen Verfahrensvoraussetzungen – va Partei- und Prozessfähigkeit – müssen gegeben sein. Der geschäftsunfähige Pflegebefohlene ist hinsichtlich des PKH-Verfahren in Pflegschaftssachen prozessfähig (LG Mannheim Anwbl 82, 23). Die Beschwerde unterliegt nicht dem Anwaltszwang (§§ 78 V, 569 III). 14

15 **1. Statthaftigkeit.** Statthaft ist eine Beschwerde gegen alle dem Antragsteller ungünstigen Entscheidungen. Das sind alle, die den Antrag ganz oder tw ablehnen (etwa wegen fehlender Erfolgsaussicht, Anordnung von Ratenzahlungen oder Beiträgen aus dem Vermögen, Ablehnung der Beiordnung eines Rechtsanwalts, auch konkludent bei Nichtentscheidung eines ausdrücklich gestellten Beiordnungsantrags (Zimmermann Rn 689: Erhöhung der Raten nach § 120 IV).

16 **a) Statthaftigkeit bei fehlender Möglichkeit einer Anfechtung der Hauptsacheentscheidung.** Eine Beschwerde ist nur dann statthaft, wenn auch gegen die spätere Hauptsacheentscheidung ein Rechtsmittel gegeben wäre. Bei einer nicht rechtsmittelfähigen Hauptsacheentscheidung – etwa, weil für eine Anfechtung der Hauptsache die Berufungssumme nicht erreicht ist –, ist gem Abs 2 Nr 2 die Beschwerde unstatthaft, es sei denn das Gericht hat die PKH ausschließlich wegen der persönlichen und wirtschaftlichen Verhältnisse der Partei versagt. So ist bspw gegen einen die Prozesskostenhilfe verweigernden Beschl, der im Verfahren der unterhaltsrechtlichen einstweiligen Anordnung ergangen ist, keine Beschwerde statthaft, denn gegen die Hauptsacheentscheidung, die nach mündlicher Verhandlung ergeht, findet ebenfalls keine Beschwerde statt (BGH FamRZ 05, 790; Saarbr FamRZ 10, 1829; Hamm FamRZ 10, 1467). Ebenso bei der Einstweiligen Anordnung zum Umgangsrecht (Köln FamRZ 10, 1829). Diese Rechtsmittelbeschränkung ist dem Umstand geschuldet, dass der Rechtsschutz gegen die PKH-Versagung nicht weitergehen soll als der gegen die Hauptsacheentscheidung, andernfalls käme es zu einer inhaltlichen Überprüfung der Sache durch eine höhere Instanz, die nach dem gesetzlich vorgesehenen Instanzenzug mit der Sachprüfung gerade nicht befasst werden soll (Frankf OLGR 02, 60). Wenn die Beschwerde dagegen nur die subjektiven Bewilligungsvoraussetzungen (Leistungsfähigkeit, Zahlungsmodalitäten) betrifft, kann sie auch dann statthaft und begründet sein, wenn gegen die Hauptsacheentscheidung ein Rechtsbehelf nicht gegeben wäre (Kalthoener/Büttner/Wrobel-Sachs Rn 869). Daraus folgt, dass bei einer Entscheidung über die Aufhebung der PKH wegen Nichtzahlung der Raten nach § 124 die Beschwerde statthaft ist (Naumbg OLGR 04, 367). Auch gegen die Ablehnung der Beiordnung ist die Beschwerde unabhängig von der Anfechtbarkeit der Hauptsacheentscheidung statthaft (BGH NJW 11, 2434).

17 **b) Rechtskraft der Hauptsacheentscheidung.** Wenn der Antragsteller die fehlerhafte Beurteilung der objektiven Voraussetzungen der Bewilligung mit der Beschwerde geltend machen will, muss er nach bereits ergangener Hauptsacheentscheidung auch die Hauptsache anfechten. Die Zulässigkeit der Beschwerde nach Beendigung der Instanz ist im Einzelnen streitig. Einigkeit besteht insoweit, als dann, wenn das Gericht 1. Instanz die Entscheidung über die Bewilligung der PKH verzögert hat – so dass eine Beschwerde erst nach Abschluss der Instanz eingelegt werden kann – eine uneingeschränkte Überprüfung möglich ist (Nürnbg JurBüro 00, 313; Zö/*Philippi* Rn 49). Der Streit darüber, ob und in welcher Zeitspanne die Partei dann die Beschwerde einlegen muss (Zimmermann Rn 708, Bambg FamRZ 96, 618), ist durch die Neufassung des Beschwerderechts und die Einführung der sofortigen Beschwerde zum 31.12.01 gegenstandslos geworden.

18 Die Rechtskraft der Hauptsacheentscheidung – freilich nur in ihrem jeweiligen Umfang – steht einer abweichenden Beurteilung der Erfolgsaussicht in der PKH-Beschwerdeinstanz entgegen (Saarbr Beschl v 8.9.09 – 6 WF 88/09; Ddorf OLGR 05, 94). Das gilt auch dann, wenn die Hauptsacheentscheidung 1. Instanz während des Beschwerdeverfahrens rechtskräftig wird (Naumbg FamRZ 09, 1427). Tw wird demgegenüber vertreten, die Rechtskraft der Hauptsacheentscheidung beschränke den Prüfungsumfang des Beschwerdegerichts für die PKH nicht, so dass eine umfassende Prüfung erfolgen könne. Begründet wird dies mit einem ansonsten gegebenen Verstoß gg Art 19 IV GG (Karlsr FamRZ 00, 1588). Dem ist zuzugeben, dass der Erfolg in der Hauptsache nicht zwangsläufig mit dem Erfolg im PKH-Verfahren einhergehen muss; das liegt bereits an der summarischen Struktur des PKH-Prüfungsverfahrens. Die subjektiven Voraussetzungen der Bewilligung von Prozesskostenhilfe können auch ohne Anfechtung der Hauptsache überprüft werden (Köln FamRZ 01, 656). Eine im Insolvenzverfahren ergangene Entscheidung über die Prozesskostenhilfe kann ebenfalls nur mit der Beschwerde nach § 127 – und nicht mit den besonderen Rechtsmitteln der §§ 6, 7 InsO – angefochten werden. Dies gilt auch für den Beschl, durch den die Stundung der Verfahrenskosten abgelehnt wird (BGH NJW 03, 2910).

19 **c) Keine Beschwerde gegen Verfahrensanordnungen.** Ebenfalls ausgeschlossen ist eine Beschwerde gegen Verfahrensanordnungen im PKH-Verfahren, wie zB die Einholung von Auskünften, die Anordnung der mündlichen Erörtertung, solange sie sich noch iRd nach § 118 zulässigen Erhebungen hält (Zweibr FamRZ 04, 35). Die Bestimmung eines Termins zur mündlichen Erörterung ist auch dann nicht isoliert anfechtbar,

wenn das Gericht zeitgleich Termin zur mündlichen Verhandlung in der Hauptsache bestimmt. Wird dann im Termin der Antrag auf Bewilligung von Prozesskostenhilfe abgelehnt, so kann die bedürftige Partei zwecks Durchführung des Beschwerdeverfahrens Vertagung in der Hauptsache beantragen (Zweibr NJW-RR 03, 1078).

d) PKH-Beschwerde in der 2. Instanz. Gegen PKH-Entscheidungen in der Berufungsinstanz ist eine sofortige Beschwerde nicht gegeben, das folgt aus § 567 I, der die sofortige Beschwerde nur gegen Entscheidungen im ersten Rechtszug eröffnet. Auch wenn gegen die Entscheidung in der Hauptsache kein Rechtsmittel gegeben ist oder wenn das Berufungsgericht nach §§ 916, 936 für die Entscheidung über einen Arrest oder eine einstweilige Verfügung zuständig war, ist die Beschwerde unstatthaft (Kalthoener/Büttner/Wrobel-Sachs Rn 868). Das gleiche gilt für Entscheidungen in der FamFG-Beschwerdeinstanz, da damit eine weitere Tatsacheninstanz eröffnet würde, die im FamFG-Verfahren nicht vorgesehen ist, weil die Rechtsbeschwerde eine Überprüfung nur in rechtlicher Hinsicht vorsieht. Die Entscheidungen über die Verfahrenskostenhilfe nach § 76 FamFG sind ebenfalls mit der sofortigen Beschwerde angreifbar, wobei § 76 II FamFG die §§ 567–572 und 127 II–IV für anwendbar erklärt. 20

2. Beschwerdeberechtigung. Beschwerdebefugt ist in erster Linie die betroffene Partei. In Ausnahmefällen kann auch der beigeordnete Rechtsanwalt beschwerdebefugt sein. Allerdings besteht eine Beschwerdeberechtigung des Prozessbevollmächtigten nicht gegen die Kostengrundentscheidung (Köln OLGR 09, 674). Die Staatskasse ist nur nach Maßgabe des Abs 3 beschwerdebefugt. Eine Beschwerdeberechtigung des Gegners ist nicht gegeben. 21

a) Beschwerde der Partei. aa) Ablehnung der Bewilligung. Die Partei kann Beschwerde einlegen, wenn die PKH-Bewilligung ganz oder tw abgelehnt wird, sei es wegen der Verneinung der Erfolgsaussicht, wegen Mutwillens oder weil der Antragsteller als nicht bedürftig angesehen wird. Außerdem besteht eine Beschwerdeberechtigung, wenn die PKH-Bewilligung auf einen Zeitpunkt datiert wird, der später als die Antragstellung liegt (Zö/*Philippi* Rn 10a). 22

bb) Bewilligung. Die Bewilligung von Prozesskostenhilfe ohne Ratenzahlungen oder Einsatz von Vermögensbestandteilen ist für die Partei stets unanfechtbar. Ausnahmsweise kommt eine Beschwerde der Partei dann in Betracht, wenn die PKH auf Antrag eines Pflegers bewilligt wurde und der Betroffene selbst eine gerichtliche Verfolgung nicht wünscht (OLGZ Ddorf 83, 119). 23

cc) Anwaltsbeiordnung. Die Partei hat ein Beschwerderecht, wenn ihr Antrag auf Beiordnung eines Anwalts abgelehnt wird, auch wenn die Hauptsachentscheidung nicht anfechtbar ist (BGH FamRZ 11, 1138) . Sie ist auch beschwerdebefugt, wenn ihr ein nicht beauftragter Rechtsanwalt beigeordnet wird (Celle NdsRpfl 95, 46). Bei Beiordnung zu den Bedingungen eines ortsansässigen Rechtsanwaltes ist streitig, ob die Partei selbst oder nur der Anwalt beschwerdebefugt ist. Das ist folgerichtig die Konsequenz des Streites darüber, ob der Anwalt, der nur zu den Bedingungen eines ortsansässigen Rechtsanwaltes beigeordnet worden ist, die Reisekosten und Abwesenheitsgelder von der Partei selbst verlangen kann oder nicht (s. dazu § 122 Rz 13). Wenn das Gericht die Auffassung vertritt, der Anwalt sei nicht berechtigt, Reisekosten von der Partei zu verlangen, da der Umfang seiner Beiordnung durch die Bestimmungen des Beschlusses des Gerichtes bestimmt seien und darüber hinaus Gebühren von der Partei nicht verlangt werden könnten, so ist eine Beschwerdebefugnis der Partei ausgeschlossen, da sie nicht beschwert ist (Stuttg FamRZ 07, 1111). Dieser Auffassung kann allerdings nicht – jedenfalls nicht mehr – uneingeschränkt gefolgt werden. Aus der Tatsache, dass der Umfang der Gebührenansprüche sich nach den Bestimmungen des Bewilligungsbeschlusses richtet, wurde in der Rechtsprechung der Bundesgerichte gefolgert, dass damit klargestellt sei, dass Eingriffe in Gebührenansprüche der Anwälte zulässig seien (BAG NJW 05, 3083). Daraus wurde nun abgeleitet, dass der Anwalt auch nicht berechtigt sei, Reisekosten und Abwesenheitsgelder von der Partei zu fordern. § 4 V RVG, der bestimmte, dass eine Verbindlichkeit durch eine Vereinbarung, nach welcher der im Wege der Prozesskostenhilfe beigeordnete Rechtsanwalt eine Vergütung fordern darf, nicht begründet wird, ist mit Wirkung vom 30.6.08 aufgehoben worden. Daraus folgt nun, dass ein gesetzliches Verbot zur Geltendmachung der Reisekosten gegen die Partei nicht besteht. Der unter Einschränkungen beigeordnete Rechtsanwalt ist jedenfalls aufgrund gesonderter Vereinbarung berechtigt, die Reisekosten insoweit von der Partei zu verlangen. Damit wird wiederum eine Beschwer der bedürftigen Partei begründet, weshalb sie beschwerdebefugt sein muss, wenn die Beiordnung nur unter einer Einschränkung erfolgt. 24

25 **dd) Änderung der Raten.** Ändert der Richter noch während des Verfahrens oder der Rechtspfleger nach Abschluss der Verfahren gem § 120 IV die Ratenhöhe ab, so ist die Partei beschwerdeberechtigt, wenn die Rate erhöht oder erstmals Raten angeordnet werden.

26 **b) Beschwerde des Gegners.** Die Bewilligung von Prozesskostenhilfe ist für den Gegner nicht anfechtbar. Das gilt auch für jedes weitere Rechtsmittel im Prozesskostenhilfeverfahren. Hat das Ausgangsgericht irrig die Rechtsbeschwerde zugelassen, so begründet dies noch keine Beschwerdebefugnis des Gegners (BGH NJW 03, 2910). Der Gegner hat auch dann keine Beschwerdebefugnis, wenn er die Aufhebung der Bewilligung gem § 124 nach Abschluss des Verfahrens erreichen will (Zweibr JurBüro 86, 1096). Ausnahmsweise besteht eine Beschwerdebefugnis des Gegners, wenn seine einstweilige Kostenbefreiung gem § 122 II nicht beachtet wird (KG OLGZ 71, 423).

27 **c) Beschwerde des Anwalts.** Auch der beigeordnete oder beizuordnende Anwalt ist nicht Beteiligter des Verfahrens. Dementsprechend besteht für ihn eine Beschwerdebefugnis auch nur in Ausnahmefällen. Eine Beschwerde des Anwalts mit dem Ziel, eine höhere Ratenzahlung zu erreichen, ist nicht zulässig, auch wenn er durch eine höhere Ratenzahlung eine weitere Vergütung erhielte (Zö/*Philippi* Rn 15). Streitig ist, ob eine Beschwerdebefugnis des Anwalts gegen seine Entlassung besteht, wenn ein anderer Anwalt beigeordnet wird. Das wird tw verneint, weil die Entlassung keinen Einfluss auf die bereits entstandenen Gebühren habe (Naumbg FamRZ 07, 916). Überwiegend wird aber zutr eine Beschwerdebefugnis bejaht; denn die Beendigung der Beiordnung greift in die Rechte des Rechtsanwalts ein, weshalb eine Beschwer gegeben ist (Brandbg FamRZ 04, 213; Zö/*Philippi* Rn 19a; Kalthoener/Büttner/Wrobel-Sachs Rn 972). Dagegen wird eine Beschwerdebefugnis durchgängig angenommen, wenn der Antrag des Anwalts auf Entpflichtung abgelehnt wird. Die Beschwerdebefugnis folgt dann allerdings nicht aus § 127, sondern aus einer entsprechenden Anwendung von § 78c III (Karlsr FamRZ 99, 306). Streitig ist, ob eine Beschwerdeberechtigung des nicht ortsansässigen Anwalts gegeben ist, wenn er lediglich zu den Bedingungen eines ortsansässigen Anwalts beigeordnet worden ist und zuvor nicht ausdrücklich sein Einverständnis erklärt hat. Teilweise wird angenommen, dass keine Beschwerdeberechtigung bestehe, da durch den Antrag auf Beiordnung bereits das Einverständnis erklärt sei (Ddorf FamRZ 06, 1613). Eine weitere Meinung geht davon aus, dass eine Beschwerdebefugnis bestehe, da im Antrag auf Beiordnung noch nicht das Einverständnis der Beiordnung lediglich zu den Bedingungen eines ortsansässigen Anwaltes zu sehen sei (Köln FamRZ 05, 08; Brandbg FamRZ 00, 1385). Eine dritte Auffassung nimmt an, dass eine Beschwerdebefugnis des Anwalts bestehe, auch wenn im eigenen Antrag auf Beiordnung bereits das Einverständnis zu sehen sei (Hambg FamRZ 00, 1227). Richtigerweise ist im Antrag auf Beiordnung noch nicht das Einverständnis zu sehen, nur zu den Bedingungen eines ortsansässigen Rechtsanwaltes beigeordnet zu werden, wenn sich nicht Anhaltspunkte hierfür aus dem Beiordnungsantrag ergeben. Daher ist eine Beschwerdebefugnis des Rechtsanwalts gegeben, da er in eigenen Rechten betroffen ist (s. zum Ganzen auch § 121 Rz 34). Gegen Abänderungsentscheidungen nach § 120 IV des Inhalts, dass weitere Raten nicht mehr eingezogen werden, ist der Anwalt nicht beschwerdebefugt (Saarbr OLGR 01, 186). Er kann auch nicht geltend machen, dass höhere Raten eingezogen werden müssen (Zweibr JurBüro 00, 483). Gegen die Versagung von Prozesskostenhilfe wegen mangelnder Glaubhaftmachung der Bedürftigkeit besteht auch dann keine Beschwerdebefugnis des Prozessbevollmächtigten, wenn die Partei zwischenzeitlich unbekannten Aufenthaltes ist (Köln OLGR 00, 100). Eine Beschwerdebefugnis des Anwalts besteht dagegen, wenn seine Beiordnung rückwirkend aufgehoben wird (Karlsr FamRZ 96, 1428). Eine Beschwerdebefugnis des nicht ortsansässigen Anwaltes besteht auch dann, wenn eine ursprünglich uneingeschränkte Beiordnung nachträglich dahingehend abgeändert wird, dass die Beiordnung nur zu den Bedingungen eines ortsansässigen Anwaltes erfolgt (Ddorf FamRZ 08, 1358).

28 **d) Beschwerde der Staatskasse.** Die Staatskasse ist nur nach Maßgabe des Abs 3 beschwerdebefugt. Eine Beschwerde ist danach nur statthaft, wenn weder Monatsraten noch Beiträge aus dem Vermögen festgesetzt worden sind. Die Beschwerde kann auch nur mit dem Ziel eingelegt werden, dass die Partei Beiträge nach ihren wirtschaftlichen Verhältnissen zu leisten hat, nicht dagegen mit dem Ziel einer völligen Versagung (BGH NJW-RR 10, 494; NJW 93, 135). Gegen die Bewilligung von Prozesskostenhilfe unter Anordnung von Ratenzahlungen oder Beiträgen aus dem Vermögen besteht eine Beschwerdebefugnis nicht. Dabei spielt es keine Rolle, ob die angeordneten Beiträge aus dem Vermögen oder die Ratenzahlungen die aus der Staatskasse zu leistenden Beiträge decken werden. Eine Beschwerde mit dem Ziel, eine höhere Ratenzahlung zu erreichen, ist nicht zulässig (München JurBüro 84, 617). Die Beschwerde wird unzulässig, soweit

das Gericht auf Beschwerde der Staatskasse gegen die Bewilligung ratenfreier Prozesskostenhilfe die Zahlung niedriger Raten anordnet (Brandbg FamRZ 07, 917). Die Beschwerdebefugnis der Staatskasse besteht nur, um nachträglich eine Zahlungsanordnung erreichen zu können. Hierdurch wird eine Entlastung der Länderhaushalte bezweckt. Diese könnte auch weitergehend erreicht werden, indem der Staatskasse eine allgemeine Beschwerdebefugnis zugebilligt würde. Diese besteht aber nach dem klaren Wortlaut des Gesetzes nicht; der Staatskasse steht kein allgemeines Recht zur Kontrolle der Gerichte zu (BGH NJW 93, 135). Die Staatskasse kann sich auch nicht gegen die rückwirkende Bewilligung von Prozesskostenhilfe als solche wenden (Köln FamRZ 00, 889). Ebenso wenig kann die Staatskasse sich dagegen wehren, dass ein anderer Anwalt beigeordnet worden ist, mit der Begründung, ein wichtiger Grund hierfür habe nicht vorgelegen (Köln AGS 07, 96). Auch eine außerordentliche Beschwerde wegen greifbarer Gesetzeswidrigkeit steht der Staatskasse nicht zu, etwa mit dem Einwand, das Gericht habe die bewilligte Prozesskostenhilfe nicht auf nicht rechtshängige Streitgegenstände erstrecken dürfen (Kobl FamRZ 07, 1995). Teilweise wird eine solche außerordentliche Beschwerde wegen greifbarer Gesetzeswidrigkeit zugelassen. Der BGH hat allerdings ausdrücklich eine außerordentliche Beschwerde des Bezirksrevisors unter Hinweis auf den Wortlaut der Vorschrift und dem Sinn und Zweck der Norm für unzulässig erklärt. Insbesondere wegen des Anspruchs der Partei auf Vertrauensschutz ist eine Ausdehnung der Beschwerdebefugnis der Staatskasse über den Wortlaut hinaus nicht zulässig (BGH NJW 93, 135). Eine Beschwerde der Staatskasse ist auch im Verfahren auf Änderung der Zahlungsbestimmungen nach § 120 IV zulässig, wenn eine Änderung der ohne Zahlungsbestimmung ergangenen Bewilligung abgelehnt wird (Nürnbg JurBüro 92, 756).

3. Frist. Die Frist zur Einlegung der Beschwerde beträgt einen Monat (§ 127 II 3, III 3). Sie ist eine Notfrist. 29

a) Fristbeginn. Zum Fristbeginn s.o. Rz 10. Wenn sich die Zustellung nicht nachweisen lässt oder gegen zwingende Vorschriften des Zustellungsrechts verstoßen wurde, so gilt der Beschl mit dem Zugang als zugestellt (§ 189). Wenn der Beschl verkündet wurde und sich keine Zustellung angeschlossen hat, so gilt der Beschl mit dem Ablauf von fünf Monaten nach der Verkündung als zugestellt (§ 569 I 2). Die Frist von 5 Monaten gilt auch dann, wenn der Beschl weder verkündet noch zugestellt wurde. Dann beginnt die Frist mit dem Erlass der Entscheidung (Kobl NJW-RR 03, 1079). Durch die formlose Übersendung wird die Beschwerdefrist von einem Monat nicht in Gang gesetzt (Brandbg Rpfleger 04, 53). 30

b) Frist für die Staatskasse. An die Staatskasse wird der Beschl nicht zugestellt. Fristbeginn ist hier die Verkündung des Beschlusses. Erhält der Bezirksrevisor durch Anforderung der Akten Kenntnis vom Beschl, dann beginnt die Beschwerdefrist von einem Monat mit dem Eingang der Akten bei ihm. Außerdem muss er die Beschwerde vor Ablauf von drei Monaten ab Verkündung oder – bei nicht verkündeten Beschlüssen – ab Übergabe an die Geschäftsstelle einlegen (§ 127 III 4). 31

c) Wiedereinsetzung. Der Beschwerdeführer kann Wiedereinsetzung in den vorigen Stand beantragen, wenn er die Beschwerdefrist schuldlos versäumt hat. 32

d) Frist in Familiensachen. Betrifft die angefochtene PKH-Entscheidung eine isolierte FG-Familiensache, auf die nach Art. 111 FGG-RG noch das bis zum 31.8.09 geltende Verfahrensrecht anwendbar ist, so beträgt die Beschwerdefrist über die Verweisung des § 14 FGG einen Monat und nicht (§ 22 FGG) zwei Wochen. Denn so werde einer Vereinheitlichung des Rechtsmittelrechts in Familiensachen Rechnung getragen, weshalb insgesamt die Monatsfrist gelte, wenn ansonsten die maßgebliche Frist kürzer sei (BGH NJW 06, 2122; Brandbg NJ 07, 178). Im FamFG ist diese Frage geklärt, da in § 76 FamFG – nicht anders als in § 113 Abs 1 FamFG – auf § 127 II–IV verwiesen wird. 33

4. Zuständigkeit. Die Beschwerde ist gem § 569 bei dem Gericht, dessen Entscheidung angefochten wird, oder bei dem Beschwerdegericht einzulegen. Beschwerdegericht ist das OLG, wenn das LG, das FamG oder das AG in einer FG-Sache – unter Ausnahme der Freiheitsentziehungssachen und den von den Betreuungsgerichten entschiedenen Sachen – den angefochtenen Beschl erlassen hat (§ 119 I GVG), gegen alle anderen Entscheidungen des AG ist das LG Beschwerdegericht (§ 72 I GVG). Vor einer Sachentscheidung durch das Beschwerdegericht hat das Erstgericht zu prüfen, ob es der Beschwerde abhilft. Hat der Rechtspfleger die erste Entscheidung erlassen – zB die PKH-Bewilligung nach § 124 widerrufen –, dann ist er für die Abhilfeentscheidung zuständig, nicht der Abteilungsrichter. Hilft der Rechtspfleger nicht ab, dann legt er die Sache zur Entscheidung dem Beschwerdegericht vor (§ 11 I RPflG; Naumbg Rpfleger 02, 526); die frühere Durchgriffserinnerung ist abgeschafft. 34

35 **II. Begründetheit. 1. Reformatio in peius.** Im Beschwerdeverfahren ist eine Abänderung zulasten der beschwerdeführenden Partei nicht zulässig (BGHZ 159, 122; BGH MDR 08, 1181). Die reformatio in peius schützt den Beschwerdeführer davor, dass er auf sein eigenes Rechtsmittel hin über die mit der angegriffenen Entscheidung verbundene Beschwer hinaus belastet wird. Auch die Tatsache, dass unter den Voraussetzungen des § 124 eine Abänderung zulasten der bedürftigen Partei grds möglich ist, ändert nichts daran, dass im Beschwerdeverfahren eine Änderung über die angegriffene Entscheidung hinaus nicht möglich ist (Bremen Beschl v 3.9.08–5 WF 37/08; Zö/*Philippi* Rn 37). Umstände, die zulasten der bedürftigen Partei wirken und in der 1. Instanz nicht beachtet worden sind, hier die fehlende Prüfung eines Anspruchs auf Prozesskostenvorschuss, können in der Beschwerdeinstanz aber insoweit beachtet werden, als sie die angegriffene Entscheidung stützen. Das Verschlechterungsverbot bedeutet nur, dass eine im Ergebnis schlechtere Entscheidung als die in der 1. Instanz verboten ist. (Brandbg FamRZ 08, 1354). So darf etwa ein der Partei nachteiliger Umstand, der in der 1. Instanz nicht berücksichtigt wurde, in der Beschwerdeinstanz berücksichtigt werden, wenn im Ergebnis eine Verschlechterung der Position der Partei nicht eintritt, weil ohnehin PKH versagt wurde (Kobl OLGR 09, 659). Wegen des Verschlechterungsverbotes darf auch die Beiordnung eines nicht ortsansässigen Rechtsanwaltes, die im ursprünglichen Beschl uneingeschränkt erfolgt ist, nicht nachträglich dahingehend geändert werden, dass die Beiordnung nur zu den Bedingungen eines ortsansässigen Anwaltes erfolgt (Ddorf FamRZ 08, 1358). Wird in der Beschwerde lediglich die Beiordnung angegriffen, so darf im Beschwerdeverfahren nicht die Bewilligung der Prozesskostenhilfe insgesamt wegen fehlender Bedürftigkeit abgelehnt werden (Brandbg OLGR 07, 842). Wendet sich die Partei in der Beschwerde gegen die Anordnung von Raten, dann darf das Gericht nicht in der Beschwerdeinstanz die Aufhebung der PKH wegen § 124 nachschieben (Bremen FamRZ 09, 366).

36 **2. Anfall in der Beschwerdeinstanz.** Insgesamt ist der Prüfungsumfang des Beschwerdegerichts begrenzt durch den Umfang, in welchem die Sache in der Beschwerdeinstanz angefallen ist, also die Entscheidung – ausgehend vom Sachvortrag des Beschwerdeführers – zur Überprüfung des Gerichts gestellt ist. Das Beschwerdegericht ist daher auch nicht befugt, die Beurteilung der Erfolgsaussicht durch das erstinstanzliche Gericht zu überprüfen, wenn nur die Ratenzahlungsanordnung angegriffen ist (BayObLG FamRZ 91, 1339).

37 **3. Neues Vorbringen.** In der Beschwerdeinstanz ist auch neues Vorbringen der Partei zu berücksichtigen. Die Beschwerde ermöglicht eine volle Überprüfung in tatsächlicher und rechtlicher Hinsicht. Es gilt § 571II; daraus ergibt sich, dass die Beschwerde auf neue Angriffs- und Verteidigungsmittel gestützt werden kann. Auch die Heilung von Verstößen gegen die Mitwirkungspflicht sowie die noch nicht erfolgte Vorlage der Erklärung über die wirtschaftlichen und persönlichen Verhältnisse können sowohl bis zur Entscheidung über die Abhilfe – dann muss das Erstgericht sie noch berücksichtigen (Jena FamRZ 10, 1692) –, aber auch noch beim Beschwerdegericht nachgeholt werden (Kalthoener/Büttner/Wrobel-Sachs Rn 897). Im Einzelfall soll neues Vorbringen dann nicht zu berücksichtigen sein, wenn die Partei in 1. Instanz schuldhaft ihre Mitwirkungspflichten verletzt hat (Naumbg FamRZ 06, 216). Diese vereinzelt gebliebene Auffassung ist abzulehnen (Oldbg FamRZ 11, 662), zumal im Lichte der Präklusionsvorschrift des § 571 Abs 3, die eine ausdrückliche Fristsetzung voraussetzt.

38 **4. Zeitpunkt der Entscheidung.** Die Beschwerde ist auch nach Abschluss der Instanz weiter möglich (Nürnbg FamRZ 04, 1219). Zugrunde zu legen ist der gesamte Streitstoff zum Zeitpunkt der Entscheidung.

39 **III. Entscheidung.** Die Entscheidung des Beschwerdegerichts ergeht durch Beschl. Das Beschwerdegericht kann sogleich entscheiden, wenn die Sache unmittelbar entscheidungsreif ist. Ansonsten ist es zu eigenen Ermittlungen befugt und kann Tatsachen feststellen.

40 Die Anhörung des Gegners im Beschwerdeverfahren ist entbehrlich, wenn die Beschwerde unbegründet ist. Richtet sich die Beschwerde gegen einen Beschl, durch den PKH mangels Erfolgsaussicht abgelehnt worden ist, und erachtet das Beschwerdegericht die Beschwerde für begründet, so erhält der Gegner rechtliches Gehör (Zö/*Philippi* Rn 34). Das Gericht darf aber auch die PKH-Entscheidung aufheben und die Sache nach § 572 III an die 1. Instanz zurückverweisen, wenn es dieser die weitere Tatsachenfeststellungen überlassen will oder das Gericht 1. Instanz zu Teilfragen noch nicht Stellung genommen hat. Eine Aufhebung und Zurückverweisung ist indessen nicht sinnvoll, wenn nur noch einzelne Fragen ohne großen Aufwand zu klären sind oder das Ergebnis der unterbliebenen Prüfung auf der Hand liegt (Kalthoener/Büttner/Wrobel-Sachs Rn 900). Wenn die Entscheidung des Beschwerdegerichts mit ordentlichen Rechtsbehelfen nicht

mehr angreifbar ist, bedarf sie grds keiner Begründung. Ein Begründungszwang besteht mit Rücksicht auf die verfassungsmäßige Gebundenheit des Richters an Recht und Gesetz (Art 20 III GG) dann und insoweit, als von dem eindeutigen Wortlaut einer Rechtsnorm abgewichen werden soll und die Begründung hierfür sich nicht hinreichend aus den dem Betroffenen bekannten Gründen oder für ihn ohne Weiteres erkennbaren Besonderheiten des Falles bestimmen lässt. Das gilt auch dann, wenn das Gericht von der höchstrichterlichen Auslegung einer einfachgesetzlichen Norm abweicht (BVerfG FuR 03, 566).

IV. Kostenerstattung. Nach § 127 IV findet eine Erstattung der außergerichtlichen Kosten des Beschwerdeverfahrens nicht statt (BGH MDR 2010, 767). Damit erstreckt sich der Grundsatz, dass im PKH-Prüfungsverfahren eine Kostenerstattung ausgeschlossen ist, auch auf das Beschwerdeverfahren. Auch eine Erstattung der dem Beschwerdegegner entstandenen Kosten nach Maßgabe der im Hauptsacheverfahren ergangenen Kostenentscheidung – als Vorbereitungskosten – ist nicht zulässig (Celle OLGR 02, 323). Ebenso wenig kann der obsiegende Hilfsbedürftige aufgrund der Kostenentscheidung die Kosten des Anwalts für das Beschwerdeverfahren vom Gegner verlangen (München FamRZ 02, 472). 41

V. PKH für Beschwerdeverfahren. Für das Verfahren der Beschwerde selbst kann keine Prozesskostenhilfe bewilligt werden. Hier gilt der bekannte Grundsatz, dass für das PKH-Verfahren selbst eine Bewilligung von PKH nicht in Betracht kommt (Kalthoener/Büttner/Wrobel-Sachs Rn 906; Köln FamRZ 97, 1545; Karlsr JurBüro 94, 606 mwN zur vereinzelt gebliebenen Gegenmeinung). 42

D. Rechtsbeschwerde. Gegen die Entscheidung des Beschwerdegerichts ist die Rechtsbeschwerde zulässig, wenn das Beschwerdegericht sie in der Beschwerdeentscheidung zugelassen hat. Eine Zulassung der Rechtsbeschwerde kommt nur dann in Betracht, wenn die Rechtssache grundsätzliche Bedeutung hat (§ 574 II 1) oder wenn es um die Sicherung einer einheitlichen Rechtsprechung (§ 574 II 2) geht. Hat das Beschwerdegericht die Rechtsbeschwerde zugelassen, dann ist der BGH daran gebunden, § 574 III 2. Im PKH-Verfahren ist die Rechtsbeschwerde nur dann zulässig, wenn es um Fragen des Verfahrens oder der persönlichen Voraussetzungen ihrer Bewilligung geht (BGH FamRZ 04, 1633). Die Rechtsbeschwerde ist auch dann nur aufgrund der Zulassung durch das Beschwerdegericht zulässig, wenn das Beschwerdegericht irrig die Auffassung vertreten hat, die Vorschriften über die Prozesskostenhilfe fänden keine Anwendung, etwa im Insolvenzverfahren (BGH NJW 03, 2910). Im Rechtsbeschwerdeverfahren muss der Vertreter der Staatskasse die Befähigung zum Richteramt haben (BGH FamRZ 10, 1544; BGH FamRZ 05, 1164 ist überholt). Eine Nichtzulassungsbeschwerde ist nicht gegeben (BGH FamRZ 11, 1582). 43

E. Abgrenzung zu sonstigen Rechtsbehelfen. Alle Anträge der Partei, die bis zum Ablauf der Beschwerdefrist erfolgen, sind im Zweifel als Beschwerde aufzufassen, da mit der Beschwerde sowohl die Unrichtigkeit der getroffenen Entscheidung als auch eine zwischenzeitliche Veränderung bis zum Erlass der Beschwerdeentscheidung geltend gemacht werden können (Kalthoener/Büttner/Wrobel-Sachs Rn 861). 44

I. Abgrenzung zum Abänderungsantrag. Der in einem nach Ablauf der Beschwerdefrist eingehenden Schriftsatz enthaltene Sachvortrag zu den wirtschaftlichen und persönlichen Verhältnissen der Partei ist als Abänderungsantrag nach § 120 IV auszulegen. 45

II. Gegenvorstellung. Die Gegenvorstellung ist gerichtet auf eine Überprüfung der Sachentscheidung durch dieselbe – letzte – Instanz. Gesetzlich geregelt ist allerdings nur die Beanstandung der Verletzung des rechtlichen Gehörs. Diese kann mittels Anhörungsrüge nach § 321a ZPO und – zB – § 44 FamFG geltend gemacht werden. Damit ein Antrag der Partei als Anhörungsrüge ausgelegt werden kann, muss der Antragsteller die Verletzung seines Anspruchs auf rechtliches Gehör zumindest sinngemäß geltend machen (BayObLG FamRZ 05, 917). Ansonsten kann eine Entscheidung, die mit der Rechtsbeschwerde nicht angefochten werden kann, nur in Ausnahmefällen mit einer Gegenvorstellung angegriffen werden. Die Gegenvorstellung ist kein Rechtsbehelf, mit dem ansonsten unanfechtbare Entscheidungen in jedem Fall auf ihre Rechtmäßigkeit überprüft werden können (s.a. BVerfG NJW 09, 829). Sie kann nur Erfolg haben in Fällen, in denen die Voraussetzungen der Anhörungsrüge gegeben sind oder ein Fall greifbarer Gesetzeswidrigkeit vorliegt (Hambg FamRZ 07, 2089). 46

III. Wiederholter Antrag. Ein Rechtsbehelf der Partei, der unstatthaft wäre, kann auch als ein wiederholter Antrag auf Bewilligung von Prozesskostenhilfe nach einer erfolgten Ablehnung ausgelegt werden. PKH-Beschlüsse erwachsen nicht in materieller Rechtskraft (BGH NJW 09, 857; BGH NJW 04, 1805 mit Anm *Völker* jurisPR-FamR 12/04 Anm 2). Streitig ist, ob nach Abweisung des PKH-Antrags wegen fehlender 47

Unterlagen ein neuer Antrag mit den angeforderten Unterlagen zulässig ist (s. dazu eingehend § 118 Rz 22). Bis zum Abschluss der Instanz ist die Wiederholung als neuer Antrag zulässig, die Bewilligung kann aber frühestens auf den Zeitpunkt des Eingangs des vollständigen neuen Antrags zurückbezogen werden (Zweibr MDR 04, 336; Ddorf MDR 04, 410; Frankf OLGR 04, 287 mit Anm *Völker* jurisPR-FamR 19/04 Anm 6). Allerdings kann das Recht auf Prozesskostenhilfe auch verwirkt werden, wenn die Partei mehrfach unrichtige Angaben zu ihren persönlichen und wirtschaftlichen Verhältnissen gemacht hat und deshalb ein PKH-Antrag zurückgewiesen wurde (Naumbg FamRZ 07, 649). Die rechtskräftige Aufhebung der PKH wegen Nichtzahlung der Raten gem § 124 Nr 4 schließt die Neubewilligung von PKH für das Verfahren nicht aus, wenn mittlerweile aufgrund geänderter Verhältnisse die Partei Anspruch auf PKH ohne Ratenzahlungen hat (Zweibr Rpfleger 02, 526; aA Ddorf FamRZ 96, 617). Eine Antragswiederholung kann nur angenommen werden, wenn mit dem wiederholten Antrag neue Tatsachen vorgebracht werden (Frankf OLGR 04, 287 mit Anm *Völker* jurisPR-FamR 19/04 Anm 6). Nur bei neuem Vorbringen besteht ein Anspruch auf eine neue Sachentscheidung der Instanz (Celle MDR 11, 563). Ansonsten kann ein Antrag nur als Beschwerde oder Gegenvorstellung aufzufassen sein (Bambg FamRZ 97, 756).

48 **F. Besonderheiten bei Fachgerichtsbarkeiten.** In den Fachgerichtsbarkeiten weichen die Rechtsmittel hinsichtlich der PKH von der ordentlichen Gerichtsbarkeit tw ab.

49 **I. Verwaltungsgerichtsbarkeit.** Gegen die Ablehnung der PKH durch das VG und gegen die Ablehnung der Beiordnung eines Rechtsanwalts ist die Beschwerde zum OVG nach §146 VwGO gegeben. Es besteht kein Anwaltszwang. Im Asylverfahren ist die Beschwerde gem § 80 AsylVfG ausgeschlossen. Die Beschwerde ist gem § 147 VwGO binnen zwei Wochen nach Bekanntgabe der PKH-Entscheidung beim VG einzureichen und zu begründen, wobei die Begründung nicht mit der Einlegung erfolgen muss. Das Gericht kann nicht abhelfen und legt die Sache zur Entscheidung unverzüglich beim OVG vor. Das OVG entscheidet durch Beschl, ein Rechtsbehelf ist gegen die Entscheidung nicht gegeben.

50 **II. Sozialgerichtsbarkeit.** Gegen PKH-Entscheidungen der Sozialgerichte ist die Beschwerde statthaft, die binnen eines Monats einzulegen ist. Gemäß § 172 III 2 SGG ist die Beschwerde ausgeschlossen, wenn das Gericht ausschließlich das Vorliegen der für die PKH-Bewilligung erforderlichen persönlichen und wirtschaftlichen Verhältnisse verneint hat.

51 **III. Finanzgerichtsbarkeit.** Entscheidungen über die Bewilligung von Prozesskostenhilfe im finanzgerichtlichen Verfahren können nicht mit der Beschwerde angefochten werden, § 128 II FGO. Der Antragsteller kann lediglich eine Anhörungsrüge nach § 133a FGO oder eine Gegenvorstellung erheben. Hat der Kl vor dem Finanzgericht erfolglos die Gewährung von PKH für das Klageverfahren beantragt und ist auch seine Gegenvorstellung zurückgewiesen worden, kann er die rechtswidrige Versagung der PKH als Verfahrensmangel mit dem zulässigen Rechtsmittel gegen das klageabweisende Urt geltend machen, also idR mit der Nichtzulassungsbeschwerde (Hundt Rn 187).

52 **G. Kosten/Gebühren. Gericht.** Wenn die Beschwerde zurückgewiesen oder verworfen wird, fällt eine Gebühr von 50 € gem 1811 GKG-KV an. Das Gericht kann die Gebühr bei einem Teilerfolg ermäßigen oder von der Erhebung absehen. Für die Rechtsbeschwerde beträgt die Gebühr 100 € nach Nr 1823 GKG-VV. **Rechtsanwalt.** Streitwert nach §§ 23 RVG ff der Wert der Hauptsache. 0,5 Verfahrensgebühr nach VV 3500 und 0,5 Terminsgebühr nach VV 3513. Für das Rechtsbeschwerdeverfahren Verfahrensgebühr 1,0 nach VV 3502.

§ 127a *(aufgehoben durch das FGG-RG vom 17.12.2008, BGBl I 2008 Nr 61 mit Wirkung zum 1.9.2009)*

1 Durch das FGG-Reformgesetz wurde die verfahrensrechtliche Geltendmachung des Prozesskostenvorschussanspruchs aus dem Recht über die Prozesskostenhilfe herausgenommen und findet sich nun – systematisch sinnvoll – in § 246 FamFG. Auch diese Vorschrift regelt, wie zuvor § 127a, lediglich die verfahrensrechtlichen Fragen und begründet keinen Prozesskostenvorschussanspruch, sondern setzt ihn materiellrechtlich voraus. Zum Prozesskostenvorschuss s. § 115 Rz 47 ff.

Abschnitt 3 Verfahren

Titel 1 Mündliche Verhandlung

§ 128 Grundsatz der Mündlichkeit; schriftliches Verfahren. **(1) Die Parteien verhandeln über den Rechtsstreit vor dem erkennenden Gericht mündlich.**

(2) [1]Mit Zustimmung der Parteien, die nur bei einer wesentlichen Änderung der Prozesslage widerruflich ist, kann das Gericht eine Entscheidung ohne mündliche Verhandlung treffen. [2]Es bestimmt alsbald den Zeitpunkt, bis zu dem Schriftsätze eingereicht werden können, und den Termin zur Verkündung der Entscheidung. [3]Eine Entscheidung ohne mündliche Verhandlung ist unzulässig, wenn seit der Zustimmung der Parteien mehr als drei Monate verstrichen sind.

(3) Ist nur noch über die Kosten zu entscheiden, kann die Entscheidung ohne mündliche Verhandlung ergehen.

(4) Entscheidungen des Gerichts, die nicht Urteile sind, können ohne mündliche Verhandlung ergehen, soweit nichts anderes bestimmt ist.

Inhaltsübersicht

	Rz
A. Grundlagen	1
I. Normzweck	1
II. Vorteile, Funktion und Bedeutung des Mündlichkeitsprinzips	2
1. Vorteile	3
2. Funktion und Bedeutung	4
III. Durchbrechungen und Modifikationen des Mündlichkeitsprinzips	5
IV. Verfassungsrechtliche Implikationen; Verhältnis zu anderen Verfahrensgrundsätzen	6
B. Der Grundsatz der mündlichen Verhandlung (Abs 1)	7
I. Anwendungsbereich	7
1. Urteilsverfahren	7
2. Verhandlung der Parteien über den Rechtsstreit vor dem erkennenden Gericht	8
a) Verhandlung iSv Abs 1	8
b) Verhandlung vor dem erkennenden Gericht	9
II. Notwendigkeit der mündlichen Verhandlung	10
III. Berücksichtigung nur des mündlich Vorgetragenen	11
IV. Grundsatz der Einheit der mündlichen Verhandlung	12
1. Allgemeines	12
2. Richterwechsel	13
V. Folgen eines Verstoßes	14
C. Das schriftliche Verfahren mit Zustimmung der Parteien (Abs 2)	15
I. Anwendungsbereich	15
II. Normzweck	16
III. Voraussetzungen	17
1. Zustimmung der Parteien	18
2. Kein Widerruf der Zustimmung	19
3. Rechtsstreit noch nicht entscheidungsreif	20
4. Kein Fristablauf	21
IV. Verfahren und Entscheidung	22
1. Anordnung	22
2. Ermessen	23
3. Entscheidung	24
V. Zeitliche Begrenzungen	25
VI. Wirkungen	26
D. Fakultative mündliche Verhandlung (Abs 3 und 4)	27
I. Anwendungsbereich	27
II. Anordnung	28
III. Verfahren	29
E. Kosten/Gebühren	30

A. Grundlagen. I. Normzweck. Abs 1 verankert das Mündlichkeitsprinzip, dem bei der Schaffung der CPO von 1877 entscheidende Bedeutung zukam (zur historischen Entwicklung s. *Kip; Arens*), in den grds für alle Verfahren der ZPO geltenden allgemeinen Vorschriften über das Zivilverfahren. Darüber hinaus sieht die Vorschrift in Abs 2–4 wichtige Ausnahmen von der Mündlichkeit des Verfahrens unter engen Voraussetzungen vor. 1

II. Vorteile, Funktion und Bedeutung des Mündlichkeitsprinzips. Die mündliche Verhandlung soll den Parteien bei gleichzeitige Anwesenheit aller Prozessbeteiligten Gelegenheit geben, in unmittelbarer Rede und Gegenrede den Sach- und Streitstoff zu erörtern (BAGE 82, 74 = NJW 96, 2749). 2

3 **1. Vorteile.** Die Mündlichkeit des Verfahrens hat ggü der Schriftlichkeit anerkanntermaßen eindeutige Vorteile: das Gericht gewinnt einen lebendigen und unmittelbaren Eindruck von dem Vortrag und den Interessen der Parteien und kann wesentliche Punkte mit den Parteien erörtern. Missverständnisse können rasch aufgedeckt und beseitigt, Hinweise des Gerichts (§ 139) je nach Lage des Falles spontan beantwortet werden. Die Parteien können anhand der Reaktion des Gegners Stärken und Schwächen im eigenen Vortrag erkennen und unmittelbar auf die richterliche Überzeugungsbildung einwirken. Aufgrund der gleichzeitigen Anwesenheit aller Prozessbeteiligten hat die im Zentrum des Verfahrens stehende mündliche Verhandlung besondere Bedeutung für die Gewährung rechtlichen Gehörs (Wieczorek/Schütze/*Borck* vor § 128 Rn 16 ff, 31).

4 **2. Funktion und Bedeutung.** Das Mündlichkeitsprinzip führt zur Vereinfachung, Beschleunigung, und Konzentration des Verfahrens. Darüber hinaus dient es aber auch der materiellen Wahrheitsfindung im Prozess (Wieczorek/Schütze/*Borck* vor § 128 Rn 19, 31) und der prozeduralen Gerechtigkeit, weil es den Parteien erlaubt, unmittelbar auf das Prozessgeschehen Einfluss zu nehmen, Verfahrenskontrolle durch Öffentlichkeit ermöglicht und die Urteilsfindung iRd Erörterung mit dem Gericht transparent, verständlich und prognostizierbar machen kann. Im Übrigen soll verhindert werden, dass gerade anwaltlich nicht vertretene, prozessunerfahrene Parteien durch die Schriftlichkeit des Verfahrens an der Wahrnehmung ihrer prozessualen Rechte gehindert werden (BAG NZA 08, 726). Durch die Einführung der obligatorischen Güteverhandlung (§ 278 II – V) im Zuge der Zivilprozessreform 2001 hat der Gesetzgeber den auf einen Dialog des Gerichts mit den Parteien zielenden Stellenwert der mündlichen Verhandlung auch im Hinblick auf eine vergleichsweise Einigung deutlich ausgeweitet (Celle NJW 03, 2994; St/J/*Leipold* Rn 1). Dem Gedanken der Verfahrensgerechtigkeit trägt die Ansicht, nach der die Wahl zwischen Mündlichkeit und Schriftlichkeit nicht mehr als eine Zweckmäßigkeitsfrage sei (MüKoZPO/*Wagner* Rn 3), nicht hinreichend Rechnung.

5 **III. Durchbrechungen und Modifikationen des Mündlichkeitsprinzips.** Das Mündlichkeitsprinzip birgt aber auch Gefahren in sich, die aus der Flüchtigkeit des gesprochenen Wortes und der Schwierigkeit resultieren, komplexe Sachverhalte und Rechtsfragen in mündlicher Rede verständlich zu machen (R/S/G § 79 Rn 7). Es wird daher in der ZPO an zahlreichen Stellen modifiziert und durchbrochen, um eine schriftliche Fixierung des Streitstoffs zu ermöglichen (Musielak/*Stadler* Rn 1). Die wichtigsten Durchbrechungen sind: die Vorbereitung der mündlichen Verhandlung durch Schriftsätze (§ 129), die Bezugnahme auf Schriftstücke in der mündlichen Verhandlung (§ 137 III), das schriftliche Vorverfahren (§ 276), der Protokollierungszwang (§§ 160, 510a), die Wiedergabe des Parteivorbringens im Urteilstatbestand (§ 313 I Nr 5, II) und die für einzelne Prozesshandlungen vorgesehene Schriftform. Ferner enthalten die §§ 139 V, 283 für nachgereichte Schriftsätze Besonderheiten. Darüber hinaus sehen Abs 2–4 ausnahmsweise die Möglichkeit vor, im schriftlichen Verfahren zu entscheiden, um das Verfahren zu vereinfachen. Diese Vorschriften werden ergänzt durch § 495a, der es dem Gericht im amtsgerichtlichen Bagatellverfahren auch vAw ermöglicht, das schriftliche Verfahren anzuordnen. Ferner kann im schriftlichen Vorverfahren ein Versäumnis- oder Anerkenntnisurteil ohne mündliche Verhandlung ergehen (§§ 307 II, 331 III). Gemäß § 278 VI kann ein gerichtlicher Vergleich im schriftlichen Verfahren geschlossen werden. Reine Schriftlichkeit herrscht im Mahnverfahren (§§ 688 ff). Auch im PKH-Verfahren wird idR ohne mündliche Verhandlung entschieden (§ 127 I 2). § 128a schafft die Grundlage für die Durchführung der mündlichen Verhandlung per Videokonferenz. Trotz dieser Einschränkungen des Mündlichkeitsprinzips ist ohne Zweifel von dessen unveränderter Fortgeltung im Zivilverfahren auszugehen.

6 **IV. Verfassungsrechtliche Implikationen; Verhältnis zu anderen Verfahrensgrundsätzen.** Das Mündlichkeitsprinzip selbst ist durch die Verfassung nicht zwingend vorgegeben (St/J/*Leipold* Rn 5; R/S/G § 79 Rn 8). Insbesondere folgt aus dem durch Art 103 I GG geschützten Anspruch auf rechtliches Gehör (Einl Rz 43) nicht die Mündlichkeit des Verfahrens. Rechtliches Gehör kann nach allgemeiner Meinung vielmehr auch schriftlich gewährt werden (BVerfG NJW 94, 1043; St/J/*Leipold* Rn 7).

Die Mündlichkeit des Verfahrens ist mittelbar durch die Garantie der Öffentlichkeit (§ 169 GVG, Art 6 I EMRK) geschützt (St/J/*Leipold* Rn 5 f). Nunmehr enthält auch Art 47 GRCh eine grundrechtliche Absicherung der Mündlichkeit. Nach der Rechtsprechung des EGMR gewährleistet Art 6 I EMRK die Öffentlichkeit und damit die mündliche Verhandlung aber nicht uneingeschränkt für alle gerichtlichen Verfahren und Verfahrensabschnitte. Eine mündliche Verhandlung vor den Tatsacheninstanzen ist vielmehr dann nicht erforderlich, wenn diese nicht beantragt wurde oder der Gegenstand des Verfahrens keine Fragen von

öffentlicher Bedeutung aufwirft. Zudem ist den Anforderungen von Art 6 I EMRK an eine angemessene Verfahrensdauer Rechnung zu tragen (EGMR NJW 03, 1921). Hiernach stehen insb Abs 2 und § 495a im Einklang mit Art 6 I EMRK, weil nach diesen Vorschriften gegen den Willen der Parteien nicht ohne mündliche Verhandlung entschieden werden kann (St/J/*Leipold* § 128 Rn 6). Ferner gebietet Art 6 I EMRK die Durchführung einer öffentlichen mündlichen Verhandlung nicht, wenn über Zwischenfragen oder die Verfahrenskosten entschieden wird. Das Gleiche gilt für Entscheidungen über die Zulässigkeit eines Rechtsmittels (Celle NJW 02, 2800; St/J/*Leipold* Rn 6). Hiernach kann die Berufung auch dann durch Beschl gem § 522 II zurückgewiesen werden, wenn die angefochtene Entscheidung im schriftlichen Verfahren (Abs 2) ergangen ist (Celle NJW 02, 2800; Braunschw ZIP 03, 1154; St/J/*Leipold* Rn 6).
Der Grundsatz der Mündlichkeit des Verfahrens steht zudem im engen sachlichen Zusammenhang mit dem Unmittelbarkeitsgrundsatz (§§ 285, 355). Hiernach müssen schriftliche Sachverständigengutachten und Zeugenaussagen (§ 377 III) und der Inhalt beigezogener Urkunden oder Akten vor der Verwertung zum Gegenstand der mündlichen Verhandlung gemacht werden. Das Gleiche gilt für gerichtsbekannte (§ 291) und im Geltungsbereich des Untersuchungsgrundsatzes vAw zu berücksichtigende Tatsachen. Über das Ergebnis einer auswärtigen Beweisaufnahmen haben die Parteien gem § 285 II vorzutragen (Musielak/*Stadler* Rn 3; *Zö/Greger* Rn 1). Urteile dürfen nur von denjenigen Richtern gefällt und Beschlüsse nur von denjenigen Richtern getroffen werden, die an der letzten mündlichen Verhandlung teilgenommen haben (§§ 309, 329 I 2).

B. Der Grundsatz der mündlichen Verhandlung (Abs 1). I. Anwendungsbereich. 1. Urteilsverfahren. Abs 1 gilt seit der Einfügung von Abs 4 nur für das Urteilsverfahren. Andere Entscheidungen (Beschlüsse; Verfügungen) können nach Abs 4 ohne mündliche Verhandlung erlassen werden (s. Rz 27), es sei denn eine solche ist ausnahmsweise wie zB in §§ 320 III, 1063 II vorgeschrieben (Zö/*Greger* Rn 2). Im Schiedsverfahren gilt § 1047 I. 7

2. Verhandlung der Parteien über den Rechtsstreit vor dem erkennenden Gericht. a) Verhandlung iSv Abs 1. Unter Abs 1 fällt die mündliche Verhandlung im engeren Sinn. Hierunter versteht man Antragstellung, Sachvortrag, Erklärungen und Erörterung der Parteien als Voraussetzung einer gerichtlichen Entscheidung (St/J/*Leipold* Rn 23; R/S/G § 79 Rn 28; aA für einen weiteren Verhandlungsbegriff Wieczorek/Schütze/*Borck* Rn 3). Die Verhandlung muss einen Bezug zum Rechtstreit haben. Sie kann sich auf die Hauptsache oder prozessuale Fragen beziehen (MüKoZPO/*Wagner* Rn 6) und streitig oder im Fall der Säumnis der Parteien (§§ 239 IV, 330, 331) einseitig sein (St/J/*Leipold* Rn 28). Die Beweisaufnahme selbst ist keine Verhandlung der Parteien, sie obliegt vielmehr gem § 355 dem Gericht. Die Parteien haben jedoch gem § 285 I über das Ergebnis der Beweisaufnahme zu verhandeln (Wieczorek/Schütze/*Borck* Rn 16). Ebenso wenig ist die obligatorische Güteverhandlung Teil der mündlichen Verhandlung (Musielak/*Stadler* Rn 8). Justizverwaltungsakte wie die Entscheidung über einen PKH-Antrag und eine Richterablehnung fallen ebenfalls nicht in den Anwendungsbereich von Abs 1 (Musielak/*Stadler* Rn 7). Abs 1 gilt auch für die Streithelfer der Parteien. Für Zwischenstreitigkeiten mit Dritten gelten dagegen die Sonderregelungen in den §§ 71 I 1, 135 II, 387 I, 402 iVm 408 (MüKoZPO/*Wagner* Rn 7). 8

b) Verhandlung vor dem erkennenden Gericht. Abs 1 gebietet eine mündliche Verhandlung nur vor dem erkennenden Gericht (Musielak/*Stadler* Rn 8). Erkennendes Gericht ist das Gericht, das im konkreten Einzelfall zur Entscheidung des Rechtsstreits berufen ist (Wieczorek/Schütze/*Borck* Rn 19). Das können der originäre oder obligatorische Einzelrichter (§§ 348, 348a) und der Vorsitzende der KfH (§ 349) sein (Musielak/*Stadler* Rn 7). Abs 1 gilt auch für die Berufungs- und Revisionsinstanz (St/J/*Leipold* Rn 23; *Möhring/Nirk* FS 25 Jahre BGH 75, 305). Nicht erfasst sind dagegen Verhandlungen vor dem Vorsitzenden der Zivilkammer sowie Prozesshandlungen vor dem beauftragten oder ersuchten Richter (§§ 361 f) und dem Urkundsbeamten der Geschäftsstelle. Bei Entscheidungen des Rechtspflegers gebietet Abs 1 die Durchführung einer mündlichen Verhandlung, wenn sie auch bei einer Entscheidung durch den Richter nötig gewesen wäre (St/J/*Leipold* Rn 26). 9

II. Notwendigkeit der mündlichen Verhandlung. Der Grundsatz der mündlichen Verhandlung nach Abs 1 besagt zunächst, dass das Gericht ohne mündliche Verhandlung keine Entscheidung treffen darf (BAG NJW 96, 1166; 2749; St/J/*Leipold* Rn 8). Ein Verstoß gegen Abs 1 liegt auch vor, wenn der Beklagtenvertreter, der über den Prozessstoff nicht informiert ist, lediglich Klageabweisung beantragt (Ddorf OLGZ 83, 329; Bambg OLGZ 76, 351). Das Gleiche gilt, wenn das Gericht die Klage im Verfahren nach Einspruch gegen einen Vollstreckungsbescheid ungeachtet § 700 IV 2 durch unechtes VU abweist (Nürnbg NJW-RR 10

96, 58). Auch kann eine erhebliche zeitliche Differenz zwischen mündlicher Verhandlung und Urteilsverkündung zu einem Verstoß gegen Abs 1 führen (Hamm FamRZ 97, 1166; vgl auch BAG NJW 96, 2749).

11 **III. Berücksichtigung nur des mündlich Vorgetragenen.** Ist die Durchführung einer mündlichen Verhandlung notwendig, darf das Gericht als Prozessstoff nur berücksichtigen, was Gegenstand der mündlichen Verhandlung war (BAG NJW 96, 1166; BGH NJW 95, 1841; St/J/*Leipold* Rn 8, 29). Gemäß § 137 III zulässig in Bezug genommene Schriftstücke stehen dem mündlich Vorgetragenen gleich (St/J/*Leipold* Rn 30). Ebenso werden Anträge gem § 297 II durch Bezugnahme zum Gegenstand der mündlichen Verhandlung. Unerheblich ist, ob der Inhalt der in Bezug genommenen Urkunde günstig oder ungünstig für die vortragende Partei ist (BGH NJW 84, 128). Ein Verstoß gegen Abs 1 liegt jedoch vor, wenn das Gericht bei seiner Entscheidung in Bezug genommene Unterlagen berücksichtigt, die dem Schriftsatz nicht beigefügt waren, sondern in einem anderen Verfahren überreicht wurden (BGH NJW 95, 1841). Beigezogene Akten, deren Inhalt nicht Gegenstand der mündlichen Verhandlung war, dürfen im Urt nicht verwertet werden (St/J/*Leipold* Rn 36). Das Gleiche gilt für die Beweisführung mit Urkunden (St/J/*Leipold* Rn 35) und Tatsachen, die das Gericht im Bereich der Untersuchungsmaxime vAw berücksichtigen will (R/S/G § 79 Rn 32). Ein Verstoß gegen Abs 1 liegt auch vor, wenn die mündliche Verhandlung über die Beweisaufnahme nach § 285 I unterbleibt (BGH LM § 273 BGB Nr 6). Über das Ergebnis der Beweisaufnahme vor einem beauftragten oder ersuchten Richter haben die Parteien gem § 285 II vorzutragen, obwohl es bereits Prozessstoff und damit Urteilsgrundlage ist. Auch für den Parteivortrag nach § 285 II genügt die Bezugnahme auf die Beweisprotokolle gem § 137 III (St/J/*Leipold* Rn 37).

Nach Schluss der mündlichen Verhandlung eingereichte Schriftsätze dürfen nur berücksichtigt werden, wenn sie gem § 283 nachgelassen wurden (§ 296a). Durch die Berücksichtigung unzulässigerweise nachgereichter und damit mündlich nicht vorgetragener Schriftsätze wird gegen Abs 1 verstoßen (Köln NJW-RR 91, 1536). Umstritten ist, ob das auch für bloße Rechtsausführungen und für Schriftsätze gilt, die das mündlich Vorgetragene nur wiederholen oder zusammenfassen (dagegen *Walchshöfer* NJW 72, 1028; krit hierzu St/J/*Leipold* Rn 34). Abs 1 ist zudem verletzt, wenn das Gericht die mündliche Verhandlung im Anschluss an einen nach dem Schluss der mündlichen Verhandlung erteilten Hinweis nicht wiedereröffnet (§ 156), den Parteien aber dennoch, ohne dass die Voraussetzungen des Abs 2 vorlagen, Gelegenheit zur Stellungnahme gegeben hat (BAG NJW 96, 2749).

Aus dem Mündlichkeitsgrundsatz folgt andererseits, dass das Gericht bei seiner Entscheidung berücksichtigen muss, was nur mündlich vorgetragen wurde, dh schriftsätzlich nicht vorbereitet wurde; ggf ist nach § 283 zu verfahren (Zö/*Greger* Rn 1).

12 **IV. Grundsatz der Einheit der mündlichen Verhandlung. 1. Allgemeines.** Im Gegensatz zur Eventualmaxime des gemeinen Prozesses bilden im heutigen Zivilprozess alle Verhandlungstermine eine Einheit. Das bedeutet, dass jede Partei ihre Angriffs- und Verteidigungsmittel vorbehaltlich einer Zurückweisung als verspätet grds bis zum Schluss der letzten mündlichen Verhandlung vorbringen darf (§§ 282 ff, 296a) und dass der einmal gewonnene Prozessstoff, insb Sachanträge der Parteien, das Vorbringen von Tatsachen und Beweismitteln und Geständnisse ohne Wiederholung in späteren Terminen erhalten bleibt (R/S/G § 79 Rn 44 ff). Das Gleiche gilt für richterliche Handlungen (Beschlüsse, Teil- und Zwischenurteile etc) und für die Beweisaufnahme (St/J/*Leipold* Rn 43). Der frühere Prozessstoff kann jedoch durch die Vorgänge in der nächsten mündlichen Verhandlung unerheblich werden (zB bei Anerkenntnis, Klagerücknahme oder Säumnis). Für die Entscheidung des Rechtsstreits maßgeblich ist stets die mündliche Verhandlung, die dem Urt unmittelbar vorangeht (St/J/*Leipold* Rn 39).

13 **2. Richterwechsel.** Umstritten ist, ob bei einem Wechsel in der Besetzung des Gerichts eine Wiederholung früherer Anträge erforderlich ist (dafür BAG NJW 71, 1332; dagegen Jena OLGR 04, 170; St/J/*Leipold* Rn 44; MüKoZPO/*Wagner* Rn 12; *Kirchner* NJW 71, 2158). Nach Übertragung des Rechtsstreits zur Entscheidung auf den Einzelrichter (§ 348a I) muss vor dem Einzelrichter eine mündliche Verhandlung stattfinden, auch wenn vor der Kammer bereits verhandelt wurde; unterbleibt diese, liegt ein Verstoß gegen Abs 1 vor (Köln NJW 77, 1159). Das Gleiche gilt, wenn die Kammer den Rechtstreit gem §§ 348 III, 348a III von dem Einzelrichter übernommen hat (St/J/*Leipold* Rn 42).

14 **V. Folgen eines Verstoßes.** Der Verstoß gegen das Mündlichkeitsprinzip stellt einen wesentlichen Verfahrensmangel dar, der die Berufung (§ 538 II 1 Nr 1) und die Revision (§ 545) begründen kann (BGHZ 17, 118; BGH NJW 90, 838; St/J/*Leipold* Rn 45). Nach hM bildet es keinen absoluten Revisionsgrund, wenn die

mündliche Verhandlung unterbleibt, ohne dass die Voraussetzungen des Abs 2 vorliegen (St/J/*Leipold* Rn 47; aA für die Anwendung von § 551 Nr 5 ZPO aF BAG AP 128 ZPO Nr 9; offen lassend BAG NJW 96, 2749), so dass im Revisionsverfahren zu prüfen ist, ob die angefochtene Entscheidung auf dem Mangel beruht, was bei unterbliebener mündlicher Verhandlung regelmäßig der Fall sein dürfte (BAG NJW 96, 2749). Der Verstoß gegen das Mündlichkeitsprinzip kann zugleich eine Verletzung des rechtlichen Gehörs (Art 103 I) bedeuten, die mit der Gehörsrüge nach §321a geltend zu machen ist, wenn die Entscheidung unanfechtbar ist (St/J/*Leipold* Rn 48). Eine Heilung des Verfahrensmangels durch Verzicht oder rügelose Einlassung ist möglich, weil die Mündlichkeit des Verfahrens der Parteidisposition unterliegt, arg aus Abs 2 (St/J/*Leipold* Rn 46).

C. Das schriftliche Verfahren mit Zustimmung der Parteien (Abs 2). I. Anwendungsbereich. Das schriftliche Verfahren nach Abs 2 als eine Ausnahme zum Grundsatz der Mündlichkeit des Abs 1 gilt in allen Verfahren der ZPO, auch in den besonderen Verfahrensarten. Es gilt ebenfalls in allen Instanzen. 15

II. Normzweck. Als eine Durchbrechung des Grundsatzes der Mündlichkeit kommt der Regelung nur die Stellung einer eher selten benutzten Ausnahme zu. Es geht dabei um eine auf reiner Zweckmäßigkeit beruhende Förderung des Verfahrens durch einen besonderen schriftlichen Abschnitt. Die Regelung steht damit neben einigen anderen Durchbrechungen der strikten Mündlichkeit wie § 495a oder § 276 (zu den einzelnen Durchbrechungen s.o. Rz 5). Die einzelnen Regelungen haben unterschiedliche Voraussetzungen und berühren sich regelmäßig nicht. 16

III. Voraussetzungen. Die Anordnung des Gerichts, eine Entscheidung ohne mündliche Verhandlung zu treffen, hat vier Voraussetzungen: 17

1. Zustimmung der Parteien. Die Anordnung des Gerichts setzt die Zustimmung beider Parteien in der mündlichen Verhandlung oder in schriftlicher Form voraus, eine fernmündliche Zustimmung genügt nicht (BVerwG NJW 83, 198; BGH NJW 92, 2146, 2147). Das Schweigen auf einen Vorschlag des Gerichts reicht nicht aus (St/J/*Leipold* § 128 Rn 57). Die Zustimmung der Parteien muss zeitgleich vorliegen, es genügt also nicht, wenn die Zustimmung einer Partei zu einem Zeitpunkt erfolgt, zu dem die andere Partei ihre Zustimmung widerrufen hat (BGH NJW 01, 2479). Die Zustimmung ist eine Prozesshandlung. Für sie gilt § 78. Sie ist daher nicht anfechtbar und bedingungsfeindlich. Zum Widerruf der Zustimmung s.u. Rz 19. Im Falle von Streitgenossen bedarf es einer Zustimmung jedes einzelnen Streitgenossen, wobei bei notwendiger Streitgenossenschaft gem § 62 die Zustimmung einer Person für alle übrigen wirkt. 18

2. Kein Widerruf der Zustimmung. Gemäß Abs 2 S 1 ist die Zustimmung einer Partei widerruflich, soweit sich eine wesentliche Änderung der Prozesslage ergibt. Eine solche wesentliche Änderung ist anzunehmen bei neuem Vorbringen und neuen Beweismitteln sowie bei Antragsänderung. Ein wirksamer Widerruf löst den rückwirkenden Wegfall des schriftlichen Verfahrens aus, so dass das Gericht seine Entscheidung nur aufgrund mündlicher Verhandlung fällen darf (Musielak/*Stadler* § 128 Rn 14). Eine grundsätzliche Beschränkung des Widerrufs ergibt sich daraus, dass ab dem Zeitpunkt, ab dem auch der Gegner zustimmt, die Zustimmungserklärung unwiderruflich ist (BGH NJW 01, 2480). 19

3. Rechtsstreit noch nicht entscheidungsreif. Nach dem Zweck der Vorschrift soll Schriftlichkeit ausnahmsweise angeordnet werden, wenn dadurch eine Förderung des Verfahrens zu erreichen ist. Daraus lässt sich entnehmen, dass eine Anordnung nach Abs 2 nicht zulässig ist, wenn der Rechtsstreit bereits entscheidungsreif ist. Es muss also an der Entscheidungsreife fehlen und das Gericht muss die berechtigte Hoffnung hegen, durch einen schriftlichen Verfahrensabschnitt die Entscheidungsreife fördern zu können. 20

4. Kein Fristablauf. Nach Abs 2 S 3 ist eine Entscheidung ohne mündliche Verhandlung unzulässig, wenn seit der Zustimmung der Parteien mehr als 3 Monate verstrichen sind. Zu den Einzelheiten der Fristenfragen s.u. Rz 25. 21

IV. Verfahren und Entscheidung. 1. Anordnung. Die Anordnung eines schriftlichen Verfahrens durch das Gericht ergeht im Wege eines ausdrücklichen oder konkludenten Beschlusses, der den abschließenden Zeitpunkt für Schriftsätze alsbald festlegt (Abs 2 S 2). Die Anordnung muss also unverzüglich nach Eingang der letzten Zustimmungserklärung erfolgen. Sie bedarf einer förmlichen Zustellung (§ 329 II 2). 22

23 **2. Ermessen.** Die Entscheidung des Gerichts über ein schriftliches Verfahren liegt im Ermessen des Gerichts. Die Zustimmung der Parteien ist nicht bindend, sondern lediglich eine Ermächtigung für das Gericht. Das Ermessen ist nach dem Normzweck auszuüben.

24 **3. Entscheidung.** Bei seiner Ermessensentscheidung über die Anordnung des schriftlichen Verfahrens hat das Gericht das gesamte bisherige mündliche und schriftliche Vorbringen der Parteien zu berücksichtigen (BGH MDR 68, 314).

25 **V. Zeitliche Begrenzungen.** Die Entscheidung im schriftlichen Verfahren setzt zunächst voraus, dass die Zustimmung der Parteien nicht mehr als drei Monate zurückliegt. Dabei ist jeweils auf die letzte Zustimmungserklärung abzustellen. Weiterhin setzt die Entscheidung voraus, dass das Gericht einen bestimmten Zeitpunkt festlegt, bis zu dem die Parteien ihre Schriftsätze einreichen können. Ferner wird vom Gericht der Termin zur Verkündung seiner Entscheidung festgelegt.

Das Ende der Schriftsatzfrist entspricht im Normalverfahren dem Schluss der mündlichen Verhandlung. Soweit kurz vor Ende der Frist ein Schriftsatz mit neuem Vortrag eintrifft, muss den Gegner rechtliches Gehör gewährt werden, was in einem solchen Falle wohl eine Verlängerung der Schriftsatzfrist für beide Parteien bedingt (Musielak/*Stadler* § 128 Rn 16). Soweit Schriftsätze nach Ablauf der richterlich festgelegten Frist eingehen, gilt § 296a.

Die Anordnung des schriftlichen Verfahrens enthält noch eine weitere zeitliche Begrenzung. Denn die Zustimmung der Parteien ermächtigt das Gericht nur zu einem schriftlichen Verfahren bis zur nächsten Sachentscheidung. Als Sachentscheidung werden auch Verweisungsbeschlüsse (§ 281) sowie alle Entscheidungen über Sachanträge, die das Urt vorbereiten oder ansonsten im Normalfall aufgrund mündlicher Verhandlung ergehen, angesehen. Darunter fallen Beweisbeschlüsse (BGHZ 31, 210, 215) und Zwischenurteile. Keine Sachentscheidung stellen prozessleitende Verfügungen und Hinweise nach § 139 dar. Die Fristen des § 128 II stehen nicht zur Disposition von Gericht und Parteien (BGH NJW 92, 2146, 2147).

26 **VI. Wirkungen.** Das Gericht fällt nunmehr seine Entscheidung im schriftlichen Verfahren aufgrund aller bisherigen Ergebnisse aller Verhandlungstermine und allen schriftlichen Vorbringens. Auch der Inhalt der vorbereitenden Schriftsätze ist dabei Prozessstoff. Unzulässig wäre es lediglich, wenn das Gericht Streitstoff berücksichtigen würde, der weder aktenkundig noch vorgetragen ist (BGH NJW-RR 92, 1065). Die Entscheidung muss im anberaumten Termin verkündet werden. Nicht anwendbar ist in diesem Verfahren § 309, weil die der Entscheidung zugrundeliegende Verhandlung in diesem Falle durch das schriftliche Verfahren ersetzt ist (BGH NJW-RR 92, 1065; aA *Krause* MDR 82, 184).

Soweit iRd schriftlichen Verfahrens ein Verfahrensfehler festzustellen ist, gilt auch insoweit § 295. Die Partei muss also in ihrem nächsten Schriftsatz den Verfahrensfehler rügen. Die Anwendung des § 331 III, also ein Versäumnisurteil im schriftlichen Verfahren, ist in diesem Zusammenhang nicht möglich. Die Norm ist auch nicht analog anwendbar (BVerfG NJW 93, 2864).

Verfahrensverstöße iRd schriftlichen Verfahrens können iRv Rechtsmitteln gerügt werden. Ein absoluter Revisionsgrund nach § 547 liegt allerdings nicht vor. In Betracht kommt auch die Anhörungsrüge nach § 321a.

27 **D. Fakultative mündliche Verhandlung (Abs 3 und 4). I. Anwendungsbereich.** Durch das ZPO-RG 2002 ist der frühere Abs 3 entfallen. Nunmehr enthält Abs 3 eine Regelung, bei der nur noch über die Kosten zu entscheiden ist. In diesem Fall steht es im Ermessen des Gerichts, auf eine mündliche Verhandlung zu verzichten und die Kostenentscheidung schriftlich vorzunehmen.

Zusätzlich bringt Abs 4 die generelle Möglichkeit, auf eine mündliche Verhandlung zu verzichten, wenn das Gericht eine Entscheidung erlässt, die nicht ein Urt ist (vgl §§ 101 III VwGO, § 90 II FGO, § 124 III SGG). In Betracht kommen hier insb Kostenentscheidungen, Verweisungen nach § 281, Beweisbeschlüsse, Beschlüsse in der Berufung nach § 522, schließlich Entscheidungen über eine Nichtzulassungsbeschwerde nach § 544. Alle diese Entscheidungen ergehen durch Beschl.

28 **II. Anordnung.** Der Anordnung des Gerichts, ob es im Einzelfall mündliche Verhandlung anberaumt, kann ein Gesuch der Partei zugrunde liegen. Möglich ist im Einzelfall aber auch eine Anordnung vAw (§ 319). Die Anordnung selbst steht im Ermessen des Gerichts. Für die Ausübung des Ermessens sind wie in Abs 2 die Erwägungen zum Normzweck entscheidend. Soweit eine Anordnung durch Beschl eine Terminsbestimmung enthält, ist der Beschl förmlich zuzustellen (§ 329 II 2). Die Anordnung und die Ablehnung einer solchen Anordnung sind nicht beschwerdefähig.

III. Verfahren. Soweit das Gericht eine mündliche Verhandlung anordnet, gelten die allgemeinen Regeln der §§ 128 ff. Anzuwenden ist auch § 78. Entscheidungsgrundlage ist auch in diesem Falle neben dem Ergebnis der mündlichen Verhandlung und einer etwaigen Beweisaufnahme der gesamte schriftliche Akteninhalt. Für ein Versäumnisurteil ist in diesem Zusammenhang kein Raum. Die Entscheidung selbst erfolgt stets durch Beschl. 29

E. Kosten/Gebühren. Nach Anm I Nr 1 zu Nr 3104 VV RVG erhält der Anwalt auch dann eine Terminsgebühr, wenn in einem Verfahren, für das eine mündliche Verhandlung vorgeschrieben ist, im Einverständnis mit den Parteien ohne mündliche Verhandlung entschieden wird. Für das Verfahren muss eine mündliche Verhandlung vorgeschrieben sein. Zudem darf die ergangene Entscheidung grundsätzlich nur auf Grund mündlicher Verhandlung ergehen. Daher fällt eine Terminsgebühr nach Anm I Nr 1 zu Nr 3104 VV RVG nicht an, wenn eine Entscheidung ergeht, die ohnehin ohne mündliche Verhandlung ergehen kann. 30

Eine Terminsgebühr entsteht daher, wenn im Einverständnis der Parteien gem § 128 II im schriftlichen Verfahren entschieden wird. Sie entsteht dagegen nicht, wenn der Einspruch gegen einen Vollstreckungsbescheid ohne mündliche Verhandlung als unzulässig verworfen wird, da nach §§ 700 I, 341 II über die Zulässigkeit eines Einspruchs auch ohne mündliche Verhandlung entschieden werden kann (Kobl AGS 11, 482 = JurBüro 11, 590 = NJW Spezial 11, 604; AG Ansbach AGS 06, 544 = RVGreport 06, 388; LG Berlin RVGreport 06, 347). Ebenso wenig entsteht eine Terminsgebühr, wenn nach übereinstimmender Erledigungserklärung nur noch über die Kosten nach § 91a I entschieden wird. Über die Kosten des Verfahrens kann stets ohne mündliche Verhandlung entschieden werden (§ 128 III 3). Ein Fall der Anm Abs 1 zu Nr 3104 VV RVG liegt in diesem Fall daher nicht vor (BGH AGS 07, 610 = JurBüro 08, 23 = NJW 08, 668; KG AGS 07, 444 = NJW 07, 2193; Rostock AGS 08, 283 = MDR 08, 1066). Das gleiche gilt, wenn nach Klagerücknahme nur noch über die Kosten zu entscheiden ist. Auch eine Verweisung des Rechtsstreits genügt nicht, da auch insoweit eine mündliche Verhandlung nicht vorgeschrieben ist.

Bei der Entscheidung iSd Anm I Nr 1 zu Nr 3104 VV RVG muss es sich allerdings nicht um eine Endentscheidung handeln. Vielmehr genügt jede Entscheidung, durch die die beabsichtigte Endentscheidung wesentlich sachlich vorbereitet wird, wie zB ein Auflagen- Hinweis- oder Beweisbeschluss, nicht jedoch eine Entscheidung zur Prozess- und Sachleitung (AnwK-RVG/*Onderka* Nr 3104 Rn 39 ff).

§ 128a Verhandlung im Wege der Bild- und Tonübertragung.

(1) [1]Im Einverständnis mit den Parteien kann das Gericht den Parteien sowie ihren Bevollmächtigten und Beiständen auf Antrag gestatten, sich während einer Verhandlung an einem anderen Ort aufzuhalten und dort Verfahrenshandlungen vorzunehmen. [2]Die Verhandlung wird zeitgleich in Bild und Ton an den Ort, an dem sich die Parteien, Bevollmächtigten und Beistände aufhalten, und in das Sitzungszimmer übertragen.
(2) [1]Im Einverständnis mit den Parteien kann das Gericht gestatten, dass sich ein Zeuge, ein Sachverständiger oder eine Partei während der Vernehmung an einem anderen Ort aufhält. [2]Die Vernehmung wird zeitgleich in Bild und Ton an den Ort, an dem sich ein Zeuge oder ein Sachverständiger während der Vernehmung aufhalten, und in das Sitzungszimmer übertragen. [3]Ist Parteien, Bevollmächtigten und Beiständen nach Absatz 1 gestattet worden, sich an einem anderen Ort aufzuhalten, so wird die Vernehmung zeitgleich in Bild und Ton auch an diesen Ort übertragen.
(3) [1]Die Übertragung wird nicht aufgezeichnet. [2]Entscheidungen nach den Absätzen 1 und 2 sind nicht anfechtbar.

A. Normzweck. Die durch das ZPO-RG 2002 neu eingefügte Norm möchte den Einsatz moderner Kommunikationsmittel im Zivilprozess ermöglichen. Die Norm gilt kraft Verweisung auch in allen anderen Verfahrensordnungen. Sie durchbricht den herkömmlichen Begriff der mündlichen Verhandlung. Im Rahmen einer Videokonferenz wird nun nicht mehr vorausgesetzt, dass die Parteien und ihre Vertreter persönlich und gleichzeitig im Gerichtssaal anwesend sind. Die Regelung des Abs 2 wird durch die erweiterten Möglichkeiten in § 284 ergänzt. Anders als die Regelung des § 247a StPO ist Normzweck bei einer Videokonferenz im Zivilprozess nicht der Zeugenschutz, sondern der praktische Aspekt der Einsparung von Kosten und Zeit der Beteiligten. 1

Das eigentliche Problem der Norm besteht darin, dass sie lediglich die rechtliche Möglichkeit einer Videokonferenz einräumt. Sofern es (wie wohl in den allermeisten Fällen) in den Gerichtsgebäuden noch an der notwendigen technischen Infrastruktur fehlt, wird die Norm keine praktische Bedeutung erlangen. Unzweifelhaft gibt die Norm den Parteien keinen Anspruch auf eine solche technische Einrichtung.

2 **B. Elektronischer Zivilprozess.** Der Gesetzgeber hat alle normativen Voraussetzungen für einen elektronischen Zivilprozess geschaffen. Neben § 128a lassen §§ 130a, 130b elektronische Dokumente zu. Gleiches gilt für die elektronische Rechtsmitteleinlegung (§§ 519 IV, 520 V, 525, 549 II, 551 IV). Das Protokoll in elektronischer Form sieht § 160a mit § 130b vor. Für die Beweisaufnahme gelten die §§ 128a II, 371a, 416a. Elektronische Aktenführung und Akteneinsicht sind in §§ 298a, 299 III, 299a vorgesehen. Auch das Urt kann in elektronischer Form ergehen sowie zugestellt und berichtigt werden (§§ 130b, 317 III, 317 V, 319 II, 320 IV). Für den Antrag an den Gerichtsvollzieher gilt § 753 III 2. Schließlich ist auf die elektronische Umrüstung von Handelsregister, Grundbuch, Schuldnerverzeichnis, Mahnverfahren sowie auf das geplante Testamentsregister zu verweisen (vgl *Schwoerer*, Die elektronische Justiz, 2005). In NRW sind seit 1.10.10 die bisherigen Justizkostenmarken (zum Aufkleben) abgeschafft und durch elektronische Kostenmarken ersetzt. Insgesamt ist der Einsatz elektronischer Hilfsmittel und vernetzter Informationstechnologie keine unzulässige Maßnahme der Dienstaufsicht iSv § 26 III DRiG (BGH 6.10.11 – RiZ 7/10).

3 **C. Anwendungsbereich. I. Grundsatz.** Die Norm regelt in den beiden ersten Absätzen zwei unterschiedliche Fallgestaltungen. Abs 1 sieht eine mündliche Verhandlung in Abwesenheit einer oder beider Parteien vor, Abs 2 ermöglicht eine Beweisaufnahme im Wege der Videokonferenz. In beiden Fällen bleibt der Sitzungsort des Gerichts unverändert. Dieses muss sich also im Sitzungszimmer des Gerichts aufhalten. Eine Videokonferenz ist ausdrücklich auch im Art 8 EuBagatellVO (VO EG Nr. 861/2007) vorgesehen (s.u. Anhang zu § 1109).

4 **II. Mündliche Verhandlung durch Videokonferenz (Abs 1).** Die Regelung in Abs 1 ermöglicht eine normale mündliche Verhandlung unter Nutzung von Videotechnik, so dass eine oder beide Parteien sowie ihre Prozessbevollmächtigten und Beistände sich an jedem beliebigen Ort außerhalb des Gerichts aufhalten können und von dort aus alle Prozesshandlungen so vornehmen können, als wären sie im Sitzungssaal anwesend.

Dies hat im Einzelnen folgende **Voraussetzungen**: zunächst bedarf es des Einverständnisses beider Parteien, das auch konkludent erklärt werden kann. Weiterhin muss der Antrag zumindest einer Seite vorliegen, im Wege einer Videokonferenz zu verfahren. Weiterhin müssen die technischen Möglichkeiten vorhanden sein, an allen betreffenden Orten Bild und Ton in der Weise zu übertragen, dass alle Beteiligten die Möglichkeit haben, die vorgesehenen Prozesshandlungen vorzunehmen. § 128a ist also nicht erfüllt, wenn nur eine reine Telefonkonferenz oder nur eine reine Bildübertragung möglich wäre. Schließlich muss das Gericht die Verhandlung im Wege der Videokonferenz gestatten, wobei Abs 1 dem Gericht ausdrücklich ein Ermessen einräumt.

Das Einverständnis sonstiger Beteiligter (Urkundsbeamter, Zuhörer) ist nicht erforderlich. Gemäß Abs 3 S 1 wird die Übertragung nicht aufgezeichnet. Daher erscheint eine Beeinträchtigung von Persönlichkeitsrechten nicht möglich.

Der Ort außerhalb des Gerichtsgebäudes, an dem sich eine oder beide Parteien im Falle der Videokonferenz befinden, kann ein privater Raum sein und muss nicht öffentlich zugänglich sein (*Stadler* ZZP 111, 413, 437). Der Grundsatz der **Öffentlichkeit** der mündlichen Verhandlung bezieht sich nur auf den Gerichtssaal.

Auch der Grundsatz der **Unmittelbarkeit** ist im Falle einer Videokonferenz nicht beeinträchtigt. Die Simultanübertragung von Bild und Ton ermöglicht es den zur Entscheidung berufenen Richtern, einen gleichwertigen unmittelbaren Eindruck von dem gesamten Prozessgeschehen und den Personen zu gewinnen, wie im Falle persönlicher Anwesenheit.

Liegen die beschriebenen Voraussetzungen für eine Videokonferenz nach Abs 1 vor, so gelten alle Prozessbeteiligten als im Rechtssinne anwesend und geben damit ihre Prozesshandlungen und Erklärungen in der mündlichen Verhandlung ab. Dementsprechend ist das Verhalten des Gerichts und die Protokollierung der Vorgänge in gleicher Weise vorzunehmen wie bei realer Anwesenheit.

5 **III. Die Beweisaufnahme durch Videokonferenz (Abs 2).** Eine Beweisaufnahme durch Videokonferenz ist zulässig, wenn das Einverständnis beider Parteien vorliegt und das Gericht die Nutzung einer solchen Videokonferenz nach seinem Ermessen gestattet. Nicht erforderlich ist das Einverständnis des angehörten Sachverständigen oder des vernommenen Zeugen, dessen Einverständnis allerdings idR vorliegen wird, da eine solche Form der Vernehmung in aller Regel in seinem Interesse stattfinden wird. Typischerweise wird eine solche Beweisaufnahme in Betracht kommen, wenn zugleich der Fall des § 377 III 1 vorliegt. Dementsprechend sieht § 375 I auch vor, dass bei Verhinderung des Zeugen oder bei großer Entfernung zunächst

eine Zeugenvernehmung nach § 128a II in Erwägung zu ziehen ist, bevor eine Beweisaufnahme durch den beauftragten und ersuchten Richter stattfindet. Dies leuchtet ein, da § 128a im Gegensatz zu § 375 keine Durchbrechung des Grundsatzes der Unmittelbarkeit der Beweisaufnahme (§ 355) enthält.
Unklar ist, ob eine Beweisaufnahme nach Abs 2 gegen den Willen eines Zeugen oder Sachverständigen angeordnet werden kann. Dies wird überwiegend abgelehnt (Musielak/*Stadler* § 128a Rn 9). Allerdings wird man bei Weigerung des Zeugen oder Sachverständigen verlangen müssen, dass er der Ladung zum persönlichen Erscheinen folgt. Beruft sich der Sachverständige oder Zeuge auf einen Fall des § 375 I, wird das Gericht eine Videokonferenz auch gegen den Willen des Zeugen oder Sachverständigen durchsetzen können.
Die Norm ist nicht analog auf den **Augenscheinsbeweis** anwendbar. Nach bisherigem Stand der Technik erscheint es fraglich, ob die Einnahme eines Augenscheins im Wege der Videoaufnahme die gleiche Qualität aufweist wie der persönliche Augenschein durch das Gericht.
Bedenken gegen eine Beweisaufnahme im Wege der Videokonferenz werden (wohl zu Unrecht) geltend gemacht, wenn die Glaubwürdigkeit der Beweisperson von entscheidender Bedeutung ist. Allerdings darf bei dieser Diskussion nicht die (gewahrte) Unmittelbarkeit der Beweisaufnahme mit der Frage verwechselt werden, ob ein Zeuge die Unwahrheit leichter in eine Kamera als direkt in das Gesicht des Richters formuliert. In jedem Falle hat der Gesetzgeber zu Recht deutlich gemacht, dass eine Zeugenvernehmung im Wege der Rechtshilfe (§ 375) noch weit weniger zum Eindruck der Glaubwürdigkeit einer Beweisperson beitragen kann als eine Videokonferenz.

D. Verfahren. I. Anordnung. Sowohl im Falle von Abs 1 wie von Abs 2 erfolgt die Anordnung einer Videokonferenz durch einen Beschl des Gerichts, der nicht anfechtbar ist (Abs 3 S 2). Im Falle der positiven Anordnung einer Videokonferenz muss die Ladung genau angeben, an welchem Ort und zu welchem Zeitpunkt der Prozessbeteiligte oder die Beweisperson sich zur Videokonferenz einzufinden haben. 6

II. Dokumentation. Im Gegensatz zu § 247a StPO sieht die ZPO ausdrücklich vor, dass keine Aufzeichnung der Videokonferenz erfolgt. Dadurch wird der Schutz von Persönlichkeitsrechten gewahrt. Das Verbot der Aufzeichnung ist in der ZPO zwingend und kann auch nicht durch Einverständnis der Beteiligten überwunden werden (aA ThoPu/*Reichold* § 128a Rn 8). Unabhängig davon wird die Videokonferenz in gleicher Weise protokolliert wie eine mündliche Verhandlung. 7

§ 129 Vorbereitende Schriftsätze. **(1) In Anwaltsprozessen wird die mündliche Verhandlung durch Schriftsätze vorbereitet.**
(2) In anderen Prozessen kann den Parteien durch richterliche Anordnung aufgegeben werden, die mündliche Verhandlung durch Schriftsätze oder zu Protokoll der Geschäftsstelle abzugebende Erklärungen vorzubereiten.

A. Normzweck. Die Vorschriften über vorbereitende Schriftsätze (§§ 129–133) schaffen trotz des Grundsatzes der Mündlichkeit (§ 128 I) eine ausgewogene Verknüpfung von mündlichen und schriftlichen Elementen iRe Zivilprozesses. Denn trotz aller Vorteile einer mündlichen Verhandlung ist ein modernes zivilprozessuales Prozessgeschehen ohne ausreichende schriftliche Grundlagen nicht denkbar. Die vorbereitenden Schriftsätze kündigen deshalb den mündlichen Vortrag der Parteien an und ermöglichen so für Gericht und Prozessgegner die Vorbereitung auf den Termin. Zwar wird der Inhalt eines vorbereitenden Schriftsatzes erst durch den mündlichen Vortrag bzw die Bezugnahme (§ 137 III, 297 II) zum Inhalt der mündlichen Verhandlung, dennoch stützt sich das Gericht bei seiner Vorbereitung des Termins in zentraler Weise auf diese Schriftsätze (§ 273). 1

B. Arten der Schriftsätze. Nach ihrem Inhalt unterscheidet man die vorbereitenden Schriftsätze von den bestimmenden Schriftsätzen. Nur die vorbereitenden Schriftsätze sind im Gesetz in allg Form geregelt (§§ 129 ff). Sie sind in zentraler Weise darauf ausgerichtet, den künftigen Vortrag einer Partei in der mündlichen Verhandlung anzukündigen. Demgegenüber enthalten bestimmende Schriftsätze solche Erklärungen der Parteien, die bereits mit der Einreichung bzw Zustellung als Prozesshandlung wirksam sind. Eine allgemeine Regelung haben diese Schriftsätze in der ZPO nicht gefunden (s.u. Rz 4 ff). 2
Nach der Art der Verwendung kann man bei den Schriftsätzen diejenigen unterscheiden, deren Inhalt in der mündlichen Verhandlung vorgetragen wird (§ 137 I, II), von denjenigen, deren Inhalt durch Bezugnahme auf das Papier zum Gegenstand der mündlichen Verhandlung wird (§§ 137 III, 297 II).

Nach dem Zeitpunkt der Einreichung unterscheidet man die vor der mündlichen Verhandlung zu deren Vorbereitung eingereichten Schriftsätze (§§ 132, 282 II) von den nachgelassenen oder nachgereichten Schriftsätzen (§ 283).

3 **C. Vorbereitende Schriftsätze.** Das Gesetz ordnet die Einreichung vorbereitender Schriftsätze vor der mündlichen Verhandlung im Anwaltsprozess (§ 78) zwingend an, im Parteiprozess ist dagegen die Einreichung von Schriftsätzen fakultativ, soweit nicht durch richterliche Anordnung eine Verpflichtung ausgesprochen wird (Abs 2). Daher kann die Verpflichtung aus § 282 II im Parteiprozess nicht eintreten, wenn eine solche richterliche Anordnung nach § 129 II fehlt (BVerfG NJW 89, 706, 707). Die Anordnung einer schriftlichen Vorbereitung nach Abs 2 im Parteiprozess steht nach dem ausdrücklichen Wortlaut im Ermessen des Gerichts. In der Praxis findet auch im Parteiprozess sehr häufig eine Vertretung durch Rechtsanwälte statt, so dass die Einreichung von Schriftsätzen auch dort üblich ist. Im Übrigen wird das Gericht von einem Beschl oder einer Verfügung im Parteiprozess absehen, wenn nach dem Eindruck des Gerichts die Partei nicht in der Lage ist, sich durch schriftlichen Vortrag angemessen zu äußern.

Im Einzelnen ist zur Form und zur Art der Einreichung solcher Schriftsätze auf die §§ 129a, 496 zu verweisen, zum Inhalt der vorbereitenden Schriftsätze ist auf die §§ 130, 130a, 103b, 131 zu verweisen. Im Hinblick auf Fristen sind die §§ 132, 282 II zu beachten. Schließlich werden mit der Einreichung von vorbereitenden Schriftsätzen auch Abschriften verlangt (§ 133). Zur Beifügung von Urkunden vgl § 131; zur Zustellung von Schriftsätzen ohne die erforderlichen Anlagen s. § 131 Rz 5.

Fehlt es an einem vorbereitenden Schriftsatz, so ist § 335 I Nr 3 zu beachten, der in solchen Fällen ein Versäumnisurteil ausschließt. Ein nicht rechtzeitig eingereichter vorbereitender Schriftsatz kann eine weitere Fristsetzung nach § 283 auslösen. Weiterhin kann es zu einer Vertagung (§ 227) kommen. Schließlich führen entgegen der allgemeinen Prozessförderungspflicht verspätet eingereichte Schriftsätze zur Möglichkeit einer Präklusion (§§ 296 II, 282 II).

4 **D. Bestimmende Schriftsätze. I. Inhalt und Bedeutung.** Im Gegensatz zu den vorbereitenden Schriftsätzen enthalten die bestimmenden Schriftsätze solche Parteierklärungen, die mit der Einreichung bzw Zustellung als Prozesshandlung wirksam werden. Die bestimmenden Schriftsätze sind also im Prozess von zentraler Bedeutung. Sie eröffnen entweder eine neue Prozesslage (Klage, Einspruch, Rechtsmittel, Streitverkündung) oder sie beenden eine bestimmte Prozesslage (Klagerücknahme, Erledigungserklärung, Verzicht). Daneben werden die ein Vorbringen an sich nur ankündigenden Schriftsätze in dem Augenblick zu bestimmenden Schriftsätzen, in dem ein schriftliches Verfahren (etwa § 128 II) angeordnet ist. In diesem Verfahrensabschnitt wird auch schriftliches Vorbringen prozessual sogleich wirksam. Gleiches gilt für alle Anträge, die keine mündliche Verhandlung erfordern (§§ 44 ff, 117f, 269 II, 920f, 935 ff).

5 **II. Gesetzliche Regelung.** Auf bestimmende Schriftsätze ist § 129 nicht anzuwenden. Die §§ 130 ff werden tw im Wege der Analogie herangezogen (St/J/*Leipold* § 129 Rn 7). Eine generelle Regelung für bestimmende Schriftsätze enthält die ZPO nicht. Zu beachten sind aber vielfältige Vorschriften im Einzelfall (§§ 253 II, 340 II, III, 519 II, 520 III, 524 III, 549 I, 551 III, 554 III, 585, 587). Teilweise wird in einzelnen Vorschriften auf die allgemeinen Regelungen über vorbereitende Schriftsätze verwiesen (§§ 253 IV, 519 IV, 520 IV, 575 IV).

6 **III. Form.** Wegen ihrer zentralen Bedeutung für das Verfahren kommt der Form der bestimmenden Schriftsätze in der Praxis oftmals eine ausschlaggebende Bedeutung zu. So ergibt sich für die Klageschrift aus §§ 253, 130 eine genaue Regelung nicht nur des Inhalts, sondern auch der Form (§ 130 Nr 6). Im Wesentlichen sind es zwei Probleme, die der Praxis seit jeher Schwierigkeiten bereiten, die Unterschrift unter einen bestimmenden Schriftsatz (s.u. Rz 7) sowie die Art der technischen Übermittlung (s.u. Rz 12 f).

7 **IV. Unterschrift. 1. Erfordernis.** Nach ständiger Rechtsprechung und der von dieser Rechtsprechung immer wieder bestätigten aktuellen Gesetzeslage bedürfen bestimmende Schriftsätze der eigenhändigen Unterschrift der Person, die für den Schriftsatz verantwortlich zeichnet. Für die **Klageschrift** ist auf §§ 130 Nr 6, 253 IV zu verweisen, für die **Berufung** auf §§ 519 IV, 520 V und für die **Revision** auf die §§ 549 II, 551 IV.

Einerseits hat die Rechtsprechung im Grundsatz ihre strenge Auffassung stets bekräftigt, wonach die Urschrift eines bestimmenden Schriftsatzes der eigenhändigen Unterschrift bedarf, die durch Faksimile-Stempel oder andere technische Hilfen nicht ersetzt werden kann, andererseits sind von diesem Grundsatz eine Fülle von Ausnahmen und Ergänzungen zugelassen worden (zu diesem Widerspruch *Salamon* NZA

09, 1249). Diese Formenstrenge überrascht, weil sie sich in zentraler Weise auf eine Sollvorschrift stützt (§ 130 Nr 6), auf die die einzelnen Vorschriften für die Klageschrift und die Rechtsmittel verweisen. Dieser Gesetzeswortlaut und die vielfältigen Ausnahmen von der eigenen Unterschrift (Telegramm, Telefax) legen gewisse Einschränkungen der Formenstrenge nahe. Auch der Gesetzgeber hat mit der Neufassung des § 130 Nr 6 die Auslegung der Rechtsprechung keineswegs bestätigt (*Prütting* FS Vollkommer 06, 283, 286; aA St/J/*Leipold* § 130 Rn 16). Bis heute macht demgegenüber die Rechtsprechung geltend, der Zweck der Unterzeichnung, die Übernahme der Verantwortung für den Inhalt eines bestimmenden Schriftsatzes mache ein zwingendes Formerfordernis notwendig. Das ist vielfach und mit guten Gründen bestritten worden (grdl Vollkommer; Heinemann).

2. Eigenhändigkeit. Die Rechtsprechung verlangt eine **eigenhändige Originalunterschrift.** Sie hält damit weiterhin einen Faksimile-Stempel für unzulässig, ebenso eine maschinenschriftliche Unterschrift, eine unbeglaubigte Kopie oder eine Vervielfältigung durch Matrize (BAG NJW 09, 3596; BGH NJW 05, 2086, BGH VersR 92, 76; BGH NJW 62, 1505). Nicht ausreichend ist nach BGH auch die Blanko-Unterschrift (BGH NJW 05, 2709). Selbst eine Unterschrift unter den fertigen Text, die ohne eigene Prüfung des Textes geleistet wurde, soll nicht ausreichend sein (BGH NJW-RR 06, 342). Demgegenüber hat der GemS-OGB bestimmende Schriftsätze durch Computerfax mit eingescannter Unterschrift oder mit dem Hinweis auf die im Hinblick auf die Übertragungsart fehlende Unterschrift für zulässig angesehen (GemS-OGB NJW 00, 2340). Diese Rechtsprechung hat den Gesetzgeber veranlasst, weitergehende Regelungen in der ZPO zu unterlassen. Denn eine eingescannte Unterschrift iRd Computerfax stellt zweifellos keine eigenhändige Unterschrift dar, sondern sie ist nichts anderes als eine moderne Form des Faksimiles. Trotz solcher Wertungswidersprüche hält die Rechtsprechung des BGH und damit die Praxis am Erfordernis der Eigenhändigkeit der Unterschrift fest. Bei Behörden und öffentlichrechtlichen Körperschaften genügt der maschinengeschriebene Name des Verfassers der Schrift mit einem Beglaubigungsvermerk (BGHZ 75, 340). 8

3. Lesbarkeit. Die strenge Rechtsprechung des BGH wird noch dadurch gesteigert, dass eine eigenhändige Unterschrift zwar nicht lesbar sein muss (BGH NJW-RR 97, 760; BGH NJW 87, 1333, 1334). Sie muss jedoch individuelle Züge aufweisen und muss eine gewisse scheinbare Vollständigkeit und Unterscheidbarkeit gewährleisten. Als Unterschrift ist daher nicht anerkannt worden eine lediglich gekrümmte Linie (BGH MDR 91, 223; BGH NJW 85, 1227), ferner nur Striche, Punkte oder Schnörkel, aus denen man keinen Einzelbuchstaben herauslesen kann (BGH NJW 82, 1467; NJW 87, 1333; NJW 89, 588; NJW 94, 55; etwas großzügiger dagegen BGH NJW 97, 3380, 3381; NJW 92, 243). 9

4. Fehlen der Unterschrift. Das Fehlen einer Unterschrift unter einen bestimmenden Schriftsatz führt wie die fehlende Individualität der Unterschrift und jede Form einer unwirksamen Unterschrift zur Unwirksamkeit des gesamten Schriftsatzes. Er wird in diesen Fällen von der Rechtsprechung lediglich als ein bedeutungsloser Entwurf angesehen. Zur Heilung dieses Fehlers durch Nachholung der Unterschrift oder beigefügter unterschriebener Abschrift s.u. Rz 14. 10

V. Telefonische Erklärung. Entsprechend der strikten Rechtsprechung zum Erfordernis der eigenhändigen Unterschrift unter einen bestimmenden Schriftsatz kann eine mündliche oder telefonische Erklärung des Schriftsatzinhaltes die fehlende Unterschrift nicht ersetzen (BGH MDR 09, 707). Ebenso wenig genügt die persönliche Abgabe eines nicht unterschriebenen Schriftsatzes durch die Partei oder ihren Anwalt beim zuständigen Gericht (BGH NJW 80, 291). 11

VI. Telefax, Telegramm, Fernschreiben. Allerdings macht die Rechtsprechung seit langer Zeit deutliche Zugeständnisse an moderne Kommunikationsmittel und will dadurch den gleichmäßigen Zugang der Bürger zu Gericht stützen. So wahrt nach ständiger Rechtsprechung die Übermittlung eines Schriftsatzes durch Telefax, durch Telegramm oder Fernschreiben die jeweiligen Fristen, obwohl die Unterschrift des Absenders dem Gericht in diesen Fällen im Original nicht vorliegt (BVerfG NJW 87, 2067; BGH NJW 98, 762; NJW 94, 2097; NJW 90, 188). Nach der Entscheidung des GemS-OGB vom 5.4.00 genügt darüber hinaus die Übermittlung eines bestimmenden Schriftsatzes durch Computerfax mit eingescannter Unterschrift oder dem Zusatz der maschinellen Erstellung (GemS-OGB NJW 00, 2340). Zur Übermittlung elektronischer Dokumente vgl § 130a. Für den fristwahrenden Eingang eines per Telefax übermittelten Schriftsatzes ist es allerdings erforderlich, dass die gesendeten Signale vollständig vor Fristablauf vom Empfangsgerät des Gerichts empfangen und gespeichert wurden (BGH 7.7.11 – I ZB 62/10). 12

13 **VII. E-Mail.** Besondere Unsicherheiten sind in jüngster Zeit entstanden, soweit bestimmende Schriftsätze durch E-Mail eingereicht wurden. Dabei ist zunächst die Frage zu trennen, ob eine Einreichung eines Schriftsatzes per E-Mail unter die Schriftform nach § 126 BGB, 130 Nr 6 fällt oder ob es sich um ein elektronisches Dokument nach §§ 126a BGB, 130a handelt. Der BGH hat in jüngster Zeit deutlich gemacht, dass eine E-Mail als rein elektronisches Dokument unter § 130a fällt und damit angesichts fehlender elektronischer Signatur keine geeignete Form zur Einreichung bestimmender Schriftsätze ist (BGH 15.7.08, NJW 08, 2649; BGH 4.12.08, MDR 09, 401). Allerdings hat der BGH in seiner Entscheidung v15.7.08 (BGH NJW 08, 2649) insofern eine Ausnahme gemacht, als dort zusammen mit der E-Mail der vollständige bestimmende Schriftsatz mit der eigenhändigen Unterschrift in Form einer PDF-Datei der E-Mail angehängt war. Dieser Dateianhang wurde nach telefonisch getroffener Absprache des Anwalts mit einer Mitarbeiterin der Geschäftsstelle des Gerichts noch innerhalb der Frist bei Gericht ausgedruckt und lag nunmehr als schriftliches Dokument mit eingescannter Unterschrift iSv § 130 Nr 6 dem Gericht vor. Für diesen Sonderfall hat der BGH in der genannten Entscheidung vom 15.7.2008 einen bestimmenden Schriftsatz angenommen, der dem Unterschriftenerfordernis des § 130 Nr 6 genügt. Damit bleibt festzuhalten, dass auch künftig bestimmende Schriftsätze nicht als E-Mail versandt werden können. Lediglich eine dem Gericht ausgedruckt vorliegende Datei im verkehrsüblichen portable-document-format (PDF) mit eingescannter Original-Unterschrift ist ausreichend (überzeugend *Köbler* MDR 09, 357; *Bacher* NJW 09, 1548).

14 **VIII. Heilung.** Innerhalb laufender Fristen kann eine fehlende oder unwirksame Unterschrift jederzeit nachgeholt werden und dadurch Heilung des Fehlers erzeugen. Allerdings tritt nach der Rechtsprechung bei fristgebundenen Erklärungen keine Rückwirkung ein (BGHZ 75, 340, 349). Auch eine Wiedereinsetzung in den vorigen Stand lehnt die Rechtsprechung ab (BGH NJW 87, 957). Bei Zweifeln an der Ordnungsmäßigkeit der Unterschrift hat das Gericht einen Hinweis zu geben (§ 139). Den Gedanken der Zweckerreichung einer Form, wenn sich aus dem Schriftstück selbst oder den Anlagen die Person des Erklärenden und sein Wille, die Erklärung abzugeben und Verantwortung für sie zu übernehmen, klar und deutlich ergibt, hat die Rechtsprechung nicht anerkannt. Insbesondere hat die Rechtsprechung es abgelehnt, Beweismaterial heranzuziehen, das zum Zeitpunkt des Ablaufs der jeweiligen prozessualen Handlungsfrist nicht vorgelegen hat (aA *Vollkommer*). Allerdings reicht es aus, wenn die erforderlichen Angaben vorhanden sind und sich aus einer gleichzeitig eingereichten, unterschriebenen beglaubigten Abschrift ergibt, dass an der Absicht, den Schriftsatz in der erklärten Form einlegen zu wollen, keine Zweifel bestehen (BGH MDR 09, 882). Ausreichend ist bei fehlender Unterschrift auch ein mit dem Schriftsatz fest verbundenes und unterschriebenes Anschreiben (BGH NJW 10, 3661; 86, 1760).

15 **IX. Person des Unterzeichners.** Im Bereich des Anwaltszwangs (§ 78) ist die Unterschrift eines postulationsfähigen Rechtsanwalts oder seines Vertreters (BGH NJW 10, 3661) erforderlich. Es genügt also nicht die Unterschrift einer anderen Person, die (ohne bei Gericht zugelassen zu sein) »im Auftrag« unterschreibt. Soweit außerhalb des Anwaltszwanges im Parteiprozess ein Schriftsatz von der Partei selbst eingereicht wird, gelten die Formerfordernisse und insb die Erfordernisse zur Unterschrift für die Naturalpartei oder ihren jeweiligen Bevollmächtigten (§ 79).

§ 129a Anträge und Erklärungen zu Protokoll.

(1) Anträge und Erklärungen, deren Abgabe vor dem Urkundsbeamten der Geschäftsstelle zulässig ist, können vor der Geschäftsstelle eines jeden Amtsgerichts zu Protokoll abgegeben werden.

(2) [1]Die Geschäftsstelle hat das Protokoll unverzüglich an das Gericht zu übermitteln, an das der Antrag oder die Erklärung gerichtet ist. [2]Die Wirkung einer Prozesshandlung tritt frühestens ein, wenn das Protokoll dort eingeht. [3]Die Übermittlung des Protokolls kann demjenigen, der den Antrag oder die Erklärung zu Protokoll abgegeben hat, mit seiner Zustimmung überlassen werden.

1 **A. Normzweck.** Die Norm erleichtert es allen Verfahrensbeteiligten, Anträge zu stellen und Erklärungen abzugeben, also Prozesshandlungen vorzunehmen. Die Ersparnis liegt rein örtlich in der Möglichkeit nach Abs 1, die Anträge und Erklärungen bei jedem Amtsgericht in Deutschland abzugeben. Keine Besserstellung ist dabei bzgl der Fristen zu erzielen (Abs 2 S 2). Terminologisch unterscheidet die ZPO zwischen Einreichung als Übermittlung eines schriftlichen Antrags oder einer schriftlichen Erklärung und Anbringung als mündlicher Übermittlung (vgl §§ 496, 691 II).

B. Anwendungsbereich. Aus der Norm ergibt sich nicht, ob und welche Erklärungen zu Protokoll der Geschäftsstelle abgegeben werden können. Aus den §§ 78 V, 79, 496 ergibt sich, dass die Norm in allen Bereichen zur Anwendung kommt, in denen ein Anwaltszwang nicht besteht. Jenseits dieses generellen Anwendungsbereichs vor den Amtsgerichten hat der Gesetzgeber bei verschiedenen einzelnen Prozesshandlungen keinen Anwaltszwang vorgesehen und eine Erklärung zu Protokoll der Geschäftsstelle ausdrücklich ermöglicht, so im Falle einer Richterablehnung (§ 44 I), im Falle der Erklärung der Erledigung der Hauptsache (§ 91a I), bei der Rückgabe von Sicherheiten (§ 109 III), iRd PKH-Verfahrens (§§ 117 I, 118 I), beim Verfahren der Aussetzung (§ 248 I), bei Erklärungen im Beweisrecht (§§ 381 II, 386 IV, 406 II, 486 IV), im Beschwerderecht (§ 569 III), im Mahnverfahren (§ 702) und im einstweiligen Rechtsschutz (§§ 920 III, 936). 2

C. Aufnahme einer Prozesshandlung. I. Zuständigkeit. Zuständig zur Aufnahme von Anträgen und Erklärungen ist jedes deutsche Amtsgericht. Es handelt sich dabei um eine Maßnahme der Justizverwaltung, so dass für die Zuständigkeit innerhalb des Amtsgerichts nicht das verfassungsrechtliche Gebot des gesetzlichen Richters anzuwenden ist (MüKoZPO/*Wagner* § 129a Rn 3). 3

II. Entgegennahme. Das von einer Person angegangene Amtsgericht ist zur Aufnahme der Prozesshandlung verpflichtet. Gegen eine Ablehnung der Protokollierung kann man die Dienstaufsichtsbeschwerde erheben. In Betracht kommt auch die befristete Erinnerung gem § 573 und § 11 RPflG (KG NJW-RR 95, 637). 4

III. Protokoll. Die jeweilige Prozesshandlung (Antrag, Erklärung) ist in das Protokoll aufzunehmen. Im Protokoll enthalten sein müssen also Ort und Datum des Ereignisses, Bezeichnung des Gerichts, des Urkundsbeamten sowie der Person des Erklärenden und seine Erklärung selbst, schließlich der Abschlussvermerk sowie die Unterschrift des Urkundsbeamten. Eine Unterschrift des Erklärenden ist nicht erforderlich. Der Urkundsbeamte hat weder ein Recht noch eine Pflicht zur inhaltlichen Überprüfung der ins Protokoll aufgenommenen Erklärung. Der Normzweck gebietet es aber, durch Hinweise und Nachfragen zur Klarheit und Vollständigkeit einer Erklärung beizutragen. 5

D. Übermittlung. Gemäß Abs 2 S 1 hat die Geschäftsstelle des angegangenen Gerichts das Protokoll unverzüglich an dasjenige Gericht zu übermitteln, an das die Prozesshandlung gerichtet war. Der nunmehr gewählte Gesetzeswortlaut der Übermittlung erfasst auch jede elektronische Dokumentenübermittlung. Die Unverzüglichkeit der Übermittlung bedeutet bei dringlichen Erklärungen ein sofortiges Handeln. Nach Abs 2 S 2 tritt die Wirksamkeit der Erklärung aber erst ein, wenn das Protokoll beim zuständigen Gericht eingegangen ist. Bei einer Verzögerung bei der Weiterleitung an das zuständige Gericht muss im Falle einer Fristversäumung durch Wiedereinsetzung (§ 233) geholfen werden. Bei der Übermittlung des Protokolls trägt die Geschäftsstelle des angegangenen Gerichts nicht die Verantwortung dafür, dass das Gericht, an das sich die Prozesshandlung richtet, auch wirklich das zuständige Gericht ist. Auf Bedenken hat es den Erklärenden aufmerksam zu machen. Im Zweifelsfalle muss es aber die Erklärung an das in Bezug genommene Gericht übermitteln. Zu eigenen Überprüfungen oder Entscheidungen ist das angegangene Gericht nicht berufen. 6

§ 130 Inhalt der Schriftsätze. **Die vorbereitenden Schriftsätze sollen enthalten:**

1. **die Bezeichnung der Parteien und ihrer gesetzlichen Vertreter nach Namen, Stand oder Gewerbe, Wohnort und Parteistellung; die Bezeichnung des Gerichts und des Streitgegenstandes; die Zahl der Anlagen;**
2. **die Anträge, welche die Partei in der Gerichtssitzung zu stellen beabsichtigt;**
3. **die Angabe der zur Begründung der Anträge dienenden tatsächlichen Verhältnisse;**
4. **die Erklärung über die tatsächlichen Behauptungen des Gegners;**
5. **die Bezeichnung der Beweismittel, deren sich die Partei zum Nachweis oder zur Widerlegung tatsächlicher Behauptungen bedienen will, sowie die Erklärung über die von dem Gegner bezeichneten Beweismittel;**
6. **die Unterschrift der Person, die den Schriftsatz verantwortet, bei Übermittlung durch einen Telefaxdienst (Telekopie) die Wiedergabe der Unterschrift in der Kopie.**

A. Normzweck. Die Norm will allen Prozessbeteiligten eine Regelung an die Hand geben, wie vorbereitende Schriftsätze auszugestalten sind, damit für alle Beteiligten die wesentlichen Punkte eines privatrecht- 1 lichen Konfliktes so zusammengefasst werden, dass dem Gericht eine gute Vorbereitung der mündlichen Verhandlung ermöglicht wird und der Gegner sich auf den konkreten Streit einstellen kann. Die Norm ist als Soll-Vorschrift ausgestaltet. Darin kommt zum Ausdruck, dass die einzelnen Inhalte in einem Schriftsatz grds enthalten sein müssen, dass aber Fehler und Mängel sanktionslos und durch Nachholungen und Ergänzungen idR heilbar sind. Nicht erforderlich in vorbereitenden Schriftsätzen sind Rechtsausführungen.

2 **B. Anwendungsbereich.** Die Norm gilt für alle vorbereitenden Schriftsätze (s. § 129 Rz 3). Nach § 129 I sind vorbereitende Schriftsätze im Anwaltsprozess zwingend, im Parteiprozess sind sie kraft richterlicher Anordnung nach § 129 II erforderlich. Die Norm gilt nicht unmittelbar für bestimmende Schriftsätze (vgl dazu § 129 Rz 4 ff). Allerdings wird auf § 130 bei bestimmenden Schriftsätzen tw Bezug genommen (vgl § 253 IV). Darüber hinaus wendet man § 130 auf bestimmende Schriftsätze analog an, wobei die Rechtsprechung dort von zwingenden Erfordernissen ausgeht, insb im Falle der Unterschrift gem § 130 Nr 6 (dazu § 129 Rz 7 ff).

3 **C. Inhalt. I. Parteien, Gericht, Streitgegenstand (Nr 1).** Zunächst sind die Parteien und ihre gesetzlichen Vertreter einschl einer ladungsfähigen Anschrift so genau zu bezeichnen, dass Verwechslungen ausgeschlossen werden können. Anerkannt ist allerdings, dass bei der Feststellung der Parteien auch eine Auslegung zulässig ist (BGH NJW 1977, 1686). Soweit der Prozessgegner nicht namentlich bezeichnet werden kann, können im Einzelfall tatsächliche Angaben über die Person, ihre Tätigkeit und ihren Aufenthalt zur Identifizierung genügen. Die Norm ist va iVm der Klageschrift (§ 253 II Nr 1, IV) zu sehen. Dort ist die Notwendigkeit einer genauen Parteibezeichnung nach der Rechtsprechung eine Muss-Vorschrift (BGHZ 102, 332, 333; BGH MDR 04, 1014, 1015). Mit der Bezeichnung des Streitgegenstandes ist an dieser Stelle lediglich eine schlagwortartige Einordnung gemeint, da die folgenden Nr 2 und 3 die Einzelheiten zur Festlegung des Streitgegenstandes enthalten. Die Bezeichnung des Gerichts ergibt sich regelmäßig bereits aus der Adressierung.

4 **II. Anträge (Nr 2).** Anträge sind (va bei der Klageschrift) im Hinblick auf § 253 II Nr 2 zwingend erforderlich und sollten im Schriftsatz deutlich hervorgehoben sein. Sie müssen in ihrer Formulierung zur Verlesung geeignet sein (vgl § 297). Anzukündigen sind alle Anträge, sowohl Sachanträge als auch Prozessanträge.

5 **III. Tatsachenbehauptungen (Nr 3).** Das Gesetz verlangt Angaben zur Begründung der Anträge in tatsächlicher Hinsicht. Unter Berücksichtigung der Verteilung der Behauptungs- und Beweislast sowie der Wahrheitspflicht des § 138 kann jede Partei die Angabe von Tatsachenbehauptungen aber begrenzen. Im Hinblick auf die Prozessförderungspflicht des § 282 ist von Anfang an ein tatsächliches Vorbringen zu verlangen, das das Gericht und die Gegenpartei in die Lage versetzt zu erkennen, was im Einzelnen zur weiteren Vorbereitung des Verfahrens erforderlich ist. Soweit das Vorbringen des Klägers in einem solchen vorbereitenden Schriftsatz nicht schlüssig ist oder das Vorbringen des Beklagten nicht erheblich ist, hat das Gericht darauf hinzuweisen (§ 139). Der Umfang der Substantiierung des Vorbringens lässt sich nicht abstrakt festlegen. Für die Substantiierung kommt es auf den Einzelfall an, insb darauf, ob und inwieweit die Gegenseite bestimmte Behauptungen bestreitet.

6 **IV. Erklärungen über Behauptungen der Gegenseite (Nr 4).** Auch für dieses Vorbringen der Gegenseite gilt das unter III. Gesagte. Auch die Erklärungen des Gegners richten sich nach den Regeln der Behauptungs- und Beweislast sowie der Wahrheitspflicht des § 138. Darüber hinaus bestimmen diese Erklärungen im Einzelnen die Fragen der erforderlichen weiteren Substantiierung durch die beweisbelastete Partei sowie die Beweisbedürftigkeit von Behauptungen.

7 **V. Beweismittel (Nr 5).** Mit der Bezeichnung der Beweismittel wird ähnl wie mit den zuvor genannten Angaben das Gericht und die Gegenseite in die Lage versetzt, zu reagieren und sich einen Eindruck von den Einzelheiten des Rechtsstreits zu machen. Das Gericht wird durch diese Angaben ferner in die Lage versetzt, vorbereitende Maßnahmen und Beweisbeschlüsse (§§ 273, 358a) zu prüfen und zu veranlassen.

8 **VI. Unterschrift (Nr 6).** Mit der Unterschrift unter jeden Schriftsatz übernimmt die den Schriftsatz ausstellende Person die Verantwortung für den Text des Schriftsatzes. Zugleich wird durch die Unterschrift der perfekte Schriftsatz von einem Entwurf unterschieden. Da es sich bei allen Voraussetzungen des § 130 um Sollvorschriften handelt, wird das Gericht allerdings auch einen zwar nicht unterschriebenen aber eingereichten Schriftsatz beachten müssen. Zweifel sind nach § 139 vom Gericht abzuklären. Bei den bestim-

menden Schriftsätzen (s.o. § 129 Rz 4 ff) ist die Rechtsprechung im Hinblick auf die Unterschrift allerdings weiterhin sehr streng und behandelt insoweit das Erfordernis der Nr 6 als zwingend. Zu den Einzelheiten der Unterschrift, zu Ihrer Lesbarkeit und ihrer Vollständigkeit s.o. § 129 Rz 7 ff. Zur Unterschrift bei elektronischen Dokumenten vgl § 130a Rz 4. Zur Unterschrift bei E-Mails s. § 129 Rz 13. Zur Fristwahrung bei Fax-Versand BGH BRAK-Mitt 10, 25 und s.u. § 130a Rn 2.

VII. Abschließende Aufzählung. Der Katalog des § 130 ist abschließend. Weitere Angaben in Schriftsätzen mögen zweckmäßig sein, sie sind aber nicht erforderlich. So ist insb nicht zwingend erforderlich die Angabe des Aktenzeichens, der Name des gegnerischen Prozessbevollmächtigten sowie Rechtsausführungen zum eigenen Standpunkt. 9

§ 130a Elektronisches Dokument.

(1) [1]Soweit für vorbereitende Schriftsätze und deren Anlagen, für Anträge und Erklärungen der Parteien sowie für Auskünfte, Aussagen, Gutachten und Erklärungen Dritter die Schriftform vorgesehen ist, genügt dieser Form die Aufzeichnung als elektronisches Dokument, wenn dieses für die Bearbeitung durch das Gericht geeignet ist. [2]Die verantwortende Person soll das Dokument mit einer qualifizierten elektronischen Signatur nach dem Signaturgesetz versehen. [3]Ist ein übermitteltes elektronisches Dokument für das Gericht zur Bearbeitung nicht geeignet, ist dies dem Absender unter Angabe der geltenden technischen Rahmenbedingungen unverzüglich mitzuteilen.

(2) [1]Die Bundesregierung und die Landesregierungen bestimmen für ihren Bereich durch Rechtsverordnung den Zeitpunkt, von dem an elektronische Dokumente bei den Gerichten eingereicht werden können, sowie die für die Bearbeitung der Dokumente geeignete Form. [2]Die Landesregierungen können die Ermächtigung durch Rechtsverordnung auf die Landesjustizverwaltungen übertragen. [3]Die Zulassung der elektronischen Form kann auf einzelne Gerichte oder Verfahren beschränkt werden.

(3) Ein elektronisches Dokument ist eingereicht, sobald die für den Empfang bestimmte Einrichtung des Gerichts es aufgezeichnet hat.

A. Bedeutung und Entstehungsgeschichte. Die Norm ist ein Baustein iRd Öffnung der Justiz für den elektronischen Rechtsverkehr. Zur Zulässigkeit s.o. § 128a Rz 2. Die Vorschrift ermöglicht es, prozessuale Erklärungen, für welche gesetzlich die Schriftform vorgesehen ist, in elektronischer Form einzureichen, sofern dies durch entsprechende Rechtsverordnung nach Abs 2 bei dem konkreten Gericht zugelassen ist (s.u. Rz 7). Bislang wird freilich von der rechtlichen Möglichkeit des elektronischen Rechtsverkehrs in der Praxis nur zögerlich Gebrauch gemacht (*Degen* NJW 08, 1473, 1476). Der viel zitierte Aufbruch in die digitale Epoche (*Radke* JurPC Web-Dok 46/2006) hat jedenfalls auf breiter Front noch nicht stattgefunden. Auch soweit die Einreichung als elektronisches Dokument zulässig ist, ist sie nicht zwingend. Die Einreichung in Schriftform nach §§ 129, 130 bleibt in jedem Fall zulässig, § 130a ist somit nur eine **Option für den Absender**. Die Vorschrift ist damit die verfahrensrechtliche Spezialnorm zu § 126 III und § 126a BGB, soweit es um Schriftstücke geht, die an das Gericht gerichtet sind. Zur Anfertigung elektronischer Dokumente durch das Gericht s. § 130b, für die Zustellung elektronischer Dokumente an eine Partei s. §§ 174 III, 195. Weitere Sondervorschriften für elektronische Dokumente finden sich in § 299a (Akteneinsicht in elektronische Prozessakten) und §§ 371 I 2, 371a (elektronisches Dokument als Beweismittel). E-Mails sind als elektronische Dokumente anzusehen (BGH MDR 09, 401). 1

Die Vorschrift wurde durch das Gesetz zur Anpassung der Formvorschriften des Privatrechts und anderer Vorschriften an den modernen Rechtsgeschäftsverkehr (BGBl 2001 I, 1542) in die ZPO eingefügt und gilt seit dem 1.8.2001. Abs 1 S 3 wurde durch das Justizkommunikationsgesetz (BGBl 2005 I, 837) angefügt. Vergleichbare Regelungen finden sich in § 41a StPO, § 46c ArbGG, § 65a SGG, § 55a VwGO, § 52a FGO, § 5a GKG.

B. Begriff des elektronischen Dokuments. Das elektronische Dokument ist an keiner Stelle ausdrücklich definiert. Der Begriff »Dokument« tritt an die Stelle des früher verwendeten Ausdrucks »Schriftstück« (BRDrs 609/04, 56). Bei einem elektronischen Dokument kann es sich allerdings auch um Grafik-, Audio- oder Videodateien handeln (*Berger* NJW 05, 1016, 1017). Die Bedeutung des Attributs »elektronisch« erklärt sich im Zusammenhang mit dem für das elektronische Dokument grdsl (vgl § 126a BGB) geltenden Erfordernis einer qualifizierten elektronischen Signatur. Diese elektronische Signierung ist Substitut für die eigenhändige Unterschrift (krit dazu *Jungclaus/Viefhues* DRiZ 11, 48). Daher sind nur solche Dokumente 2 und Übermittlungsformen, die einer elektronischen Signatur zugänglich sind, elektronische Dokumente. Eine Festlegung auf **bestimmte Dateiformate** ist nicht getroffen, sie kann sich aber aus entsprechenden Bestimmungen der Verordnungen nach Abs 2 ergeben. Das **Computerfax** und andere eingescannte Schriftsätze mit eigenhändiger Unterschrift, die als **Anhang zu einer E-Mail** verschickt werden, sind keine elektronischen Dokumente iSv § 130a. Sie unterliegen den Anforderungen des § 130 (BGH NJW 08, 2649, hierzu *Köbler* MDR 09, 357). Das Dokument ist in diesem Fall der Ausdruck, nicht die Datei selbst (s. § 129 Rz 13). § 130a III gilt aber für das Computerfax entsprechend (BGHZ 167, 214; BGH BRAK-Mitt 10, 25).

3 **C. Anwendungsbereich und elektronische Signatur (Abs 1). I. Anwendungsbereich.** In elektronischer Form können nach Abs 1 vorbereitende Schriftsätze (§ 129) und deren Anlagen, Anträge und Erklärungen der Parteien (bestimmende Schriftsätze, s.o. § 129 Rz 4 ff) sowie Auskünfte, Aussagen, Gutachten und Erklärungen Dritter eingereicht werden. Damit können auch schriftliche Zeugenaussagen nach § 377 III, schriftliche Sachverständigengutachten (§ 411) und amtliche Auskünfte (§ 273 II Nr 2) in elektronischer Form eingereicht werden (krit zu dieser Aufzählung *Gilles* ZZP 118, 399, 418). Nach dem Wortlaut ist die elektronische Form nur für solche Erklärungen zulässig, die der gesetzlichen Schriftform unterliegen; erst recht wird man sie auch für formlose Erklärungen zulassen müssen. Für das **Mahnverfahren** ist die Sondervorschrift in § 690 III zu berücksichtigen (vgl *Degen* NJW 09, 199). § 130a gilt auch für die Beschwerde nach der GBO (§ 73 II GBO) sowie für Anträge und Erklärungen in Verfahren nach dem FamFG (§ 14 II FamFG).

4 **II. Elektronische Signatur. 1. Funktion.** Die Definition der »qualifizierten elektronischen Signatur« ergibt sich aus § 2 Nr 3 iVm Nr 2 SignaturG. Die elektronische Signatur tritt an die Stelle des Unterschriftserfordernisses bei der Schriftform, die Signatur dient insofern der Authentifizierung des geistigen Urhebers der Erklärung. Die Signatur soll sicherstellen, dass der im Dokument genannte Urheber mit dem tatsächlichen Urheber identisch ist. Zugleich besitzt die elektronische Signatur eine Perpetuierungsfunktion, da die Signierung verhindert, dass der Inhalt des Dokuments nachträglich verändert wird. Qualifizierte elektronische Signaturen werden durch zugelassene Zertifizierungsdienste vergeben und verwaltet, sie stehen auf der momentan höchsten Sicherheitsstufe für elektronische Erklärungen.

5 **2. Signatur als zwingendes Erfordernis.** Nach Abs 1 S 2 »soll« das elektronische Dokument mit einer Signatur versehen werden. Das Signaturerfordernis ist insofern dem Wortlaut nach optional. Aus der Gesetzgebungsgeschichte (vgl *Dästner* NJW 01, 3469, 3470) ergibt sich jedoch, dass der Gesetzgeber die Formulierung va gewählt hat, um die Parallelität mit dem Unterschriftserfordernis nach § 130 Nr 6 zu wahren, das gleichfalls als Sollbestimmung gefasst ist. § 130a ist daher wie § 130 Nr 6 auszulegen, so dass jedenfalls bestimmende Schriftsätze (vgl § 129 Rz 4 ff) in elektronischer Form zwingend mit einer Signatur zu versehen sind (BGH NJW 10, 2134; MDR 09, 401, 402; *Redeker* AnwBl 10, 293; *Hadidi/Mödl* NJW 10, 2097; *Köbler* MDR 09, 357; *Degen* NJW 08, 1473; krit *Greger* JZ 10, 681). Zulässig ist es, mehrere Dokumente (Schriftsatz nebst Anlagen) mit einer gemeinsamen Signatur zu versehen (sog Containersignatur, *Viehues* NJW 05, 1009, 1010). Auch eine Beschränkung der Signatur nach § 5 I, II zB auf einen bestimmten Höchstbetrag (sog »monetäre Beschränkung«) steht der Anerkennung der elektronischen Signatur für die Zwecke des gerichtlichen Verfahrens unabhängig vom Streitwert nicht entgegen, da die Beschränkung nur der Verhinderung des Missbrauchs im Rahmen finanzieller Transaktionen wie etwa Überweisungen dient (BFHE 215, 47 zu § 77a FGO aF). Erforderlich ist es aber, dass die qualifizierte elektronische Signatur durch einen zur Vertretung beim angerufenen Gericht berechtigten Rechtsanwalt persönlich erfolgt (BGH NJW 11, 1294).

6 **III. Hinweispflicht (Abs 1 S 3).** Nach Abs 1 S 1 muss das elektronische Dokument zur Bearbeitung durch das Gericht geeignet sein. Ist die Datei für das Gericht nicht lesbar, führt ihr Eingang nicht zu einer Einreichung iSv Abs 3, so dass die Zusendung eines nicht durch das Gericht bearbeitbaren Dokuments nicht fristwahrend wirkt. Daher hat das Gericht den Absender auf diesen Mangel unverzüglich hinzuweisen, um ihm Gelegenheit zu geben, innerhalb der Frist das Dokument in einer genügenden Form einzureichen. Eine Versäumung der Hinweispflicht begründet ein Recht auf Wiedereinsetzung nach § 233. Gleiches gilt, wenn der Absender die technischen Gründe, wegen derer das Dokument für das Gericht nicht lesbar war, nicht erkennen konnte (Musielak/*Stadler* Rn 3a).

7 **D. Verordnungsermächtigung (Abs 2).** Der reibungslose Ablauf des elektronischen Rechtsverkehrs setzt neben der entsprechenden technischen Infrastruktur auch bei den Gerichten die Kompatibilität der ver-

wendeten Dateitypen und Übertragungswege voraus. Die Frage, ab wann und inwieweit der elektronische Zugang zu Gerichten überhaupt eröffnet wird und die Ausgestaltung der technischen Einzelheiten ist nach Abs 2 durch Rechtsverordnung zu regeln. Für die Bundesgerichte mit Ausnahme des Bundesverfassungsgerichts hat der Bund mittlerweile solche Verordnungen erlassen (**BGH/BPatG**-ERVVO v 28.8.07, BGBl 2007 I, 2130, in Kraft getreten am 1.9.07; ERVVO-**BVerwG/BFH** v 26.11.04, BGBl 2004 I, 3091, in Kraft getreten am 1.12.04; Verordnung über den elektronischen Rechtsverkehr beim **BAG** v 9.3.06, BGBl 2006 I, 519; ERVVO-**BSG** v 18.12.06, BGBl 2006 I, 3219). Eine Übersicht über die auf Landesebene teilnehmenden Gerichte findet sich unter http://www.egvp.de/rechtlicheGrundlagen/spezielleGrundlagen/index.php.

E. Eingang (Abs 3). Abs 3 legt den Zeitpunkt der Einreichung eines elektronischen Dokuments. auf den 8
Moment der Aufzeichnung der Datei durch das vom Gericht bereitgestellte Empfangsgerät fest. Der Zeitpunkt des Eingangs bei Gericht ist insb iRv § 167 maßgeblich, wenn es um die Wahrung einer Frist oder die Unterbrechung der Verjährung geht. Maßgeblich ist nach Abs 3 der **Zeitpunkt der Speicherung.** Verwendet die Justizverwaltung einen zentralen Eingangsserver für mehrere Gerichte, kommt es auf die Speicherung auf diesem Server an (vgl BGH NJW 90, 990 für gemeinsames Telefaxgerät). Ob und wann das Dokument ausgedruckt wird, ist wie beim Telefax (BGH NJW 06, 2263) unbeachtlich. Scheitert die Speicherung an einer technischen Störung des Empfangsgeräts oder des Übertragungskanals und versäumt der Absender deswegen eine Frist, ist ihm auf Antrag Wiedereinsetzung zu gewähren (Musielak/*Stadler* Rn 5). Wer allerdings die Frist bis zum letzten Augeblick ausnutzt, unterliegt einem erhöhten Sorgfaltsmaßstab (vgl BGH NJW 92, 244 für Telefax).

§ 130b Gerichtliches elektronisches Dokument.

Soweit dieses Gesetz dem Richter, dem Rechtspfleger, dem Urkundsbeamten der Geschäftsstelle oder dem Gerichtsvollzieher die handschriftliche Unterzeichnung vorschreibt, genügt dieser Form die Aufzeichnung als elektronisches Dokument, wenn die verantwortenden Personen am Ende des Dokuments ihren Namen hinzufügen und das Dokument mit einer qualifizierten elektronischen Signatur versehen.

A. Normzweck. Während § 130a die Übermittlung elektronischer Dokumente an das Gericht betrifft, 1
eröffnet § 130b auch den Gerichtspersonen die Möglichkeit, die elektronische Form für solche Dokumente zu wählen, bei denen die ZPO die eigenhändige Unterzeichnung vorschreibt. Die durch das Justizkommunikationsgesetz (BGBl 2005 I, 837) eingefügte Norm soll damit die vollständig elektronische Aktenbearbeitung ermöglichen (zum Ganzen *Viefhues* NJW 05, 1009). Flankiert wird die Vorschrift durch § 174 III, der die Zustellung elektronischer Dokumente ermöglicht.

B. Anwendungsbereich und Voraussetzungen. Gerichtliche Dokumente, welche der eigenhändigen 2
Unterschrift durch eine Gerichtsperson bedürfen (Urt, § 315; Beschl, § 329 I iVm § 317 II; Protokoll, § 163), können nach § 130b auch in elektronischer Form erstellt werden. Hierfür muss die Gerichtsperson an das Ende des Dokuments ihren Namen setzen und es mit einer qualifizierten elektronischen Signatur nach § 2 Nr 3 SignaturG (s. § 130a Rn 5) versehen. Verlangt das Gesetz die Unterzeichnung mehrer Personen (§§ 163 I, 315 I), so müssen die Namen aller Beteiligten genannt werden und das Dokument mit den Signaturen aller Beteiligten versehen werden. Stimmen Namensangabe und Signaturinhaber nicht überein, ist das elektronische Dokument mit einem Formmangel behaftet. Dasselbe gilt, wenn es nicht mit einer qualifizierten oder nicht mit einer signaturgesetzkonformen Signatur versehen worden ist. Hinsichtlich der Rechtsfolgen von Formmängeln elektronischer gerichtlicher Dokumente bestehen keine speziellen Vorschriften. Für die Wirksamkeit eines formvorschriftswidrigen elektronischen Dokuments gilt derselbe Maßstab wie für schriftliche Dokumente, die an einem Mangel der Unterschrift leiden (BTDrs 15/4067, 31).

§ 131 Beifügung von Urkunden.

(1) Dem vorbereitenden Schriftsatz sind die in den Händen der Partei befindlichen Urkunden, auf die in dem Schriftsatz Bezug genommen wird, in Urschrift oder in Abschrift beizufügen.
(2) Kommen nur einzelne Teile einer Urkunde in Betracht, so genügt die Beifügung eines Auszugs, der den Eingang, die zur Sache gehörende Stelle, den Schluss, das Datum und die Unterschrift enthält.
(3) Sind die Urkunden dem Gegner bereits bekannt oder von bedeutendem Umfang, so genügt ihre genaue Bezeichnung mit dem Erbieten, Einsicht zu gewähren.

1 **A. Normzweck.** § 131 dient der Vorbereitung des Gerichts auf die mündliche Verhandlung. Die Beifügung von Urkunden soll es gleichzeitig dem Gegner erleichtern, sich schriftsätzlich oder in der mündlichen Verhandlung zu den Urkunden zu äußern (MüKoZPO/*Wagner* § 131 Rn 1; Musielak/*Stadler* § 131 Rn 1). so dass der Vorschrift eine Informations- und Vorbereitungsfunktion zukommt. Zudem dient sie der Beschleunigung des Verfahrens in allen Verfahrensstadien.

Für den Urkundsprozess enthält § 593 II und für den Urkundenbeweis enthalten die §§ 420 ff Sondervorschriften.

2 **B. Geltungsbereich.** Die Vorschrift gilt in allen Verfahren nach der ZPO. Der Begriff der nach § 131 **beizufügenden Urkunde** bezieht sich auf alle Urkunden iSv §§ 415 ff, die in § 142 I gesondert genannten sonstigen Unterlagen und auch fremdsprachige Urkunden (B/L/A/H § 131 Rn 6). Erfasst werden alle Urkunden, die sowohl den Streitgegenstand selbst als auch prozessuale Fragen (Bsp Gerichtsstandsvereinbarungen, Schiedsgerichtsabreden) betreffen.

Gemäß Abs 1 hat die Partei ein Wahlrecht, ob sie die in ihrem Schriftsatz in Bezug genommene Urkunde urschriftlich oder in Ablichtung bzw Abschrift vorlegt. Es reicht somit nicht, die ausdrücklich oder konkludent in Bezug genommene Urkunde lediglich zu zitieren oder zu erläutern. Legt die Partei die Urkunde im Original vor, muss sie gleichwohl für den Gegner eine Abschrift gem § 133 I S 1 beifügen (St/J/Leipold § 131 Rn 5; B/L/A/H § 131 Rn 10).

Voraussetzung für die Beifügungspflicht ist der sich aus dem Schriftsatz ergebende Wille der Partei, die Urkunde zum Zwecke der Beweisführung oder zum Zwecke des Tatsachenvortrags gebrauchen zu wollen (Schreiber S. 97 ff; St/J/*Leipold* § 131 Rn 2). »In den Händen halten« iSv Abs 1 meint unmittelbaren oder mittelbaren Besitz.

Soweit die Voraussetzungen (Besitz, Bezugnahme) vorliegen, gilt Abs 1 auch für Streitgenossen.

3 **C. Beschränkung auf einen Auszug (Abs 2).** Um übermäßige Schreib- oder Kopierkosten zu vermeiden, reicht nach Abs 2 auch ein **Auszug** der wesentlichen Stellen der Urkunde, wenn nur dieser Teil für den Rechtsstreit erheblich ist. Dies birgt natürlich die Gefahr, dass andere Teile, die für die Auslegung des Urkundeninhaltes maßgeblich sein können, unberücksichtigt bleiben. Hat das Gericht dahingehende Zweifel, dass lediglich der vorlegelegte Auszug von Bedeutung ist, kann es nach § 142 Vorlage der vollständigen Urkunde verlangen (MüKoZPO/*Wagner* § 131 Rn 4).

4 **D. Absehen von einer Vorlage (Abs 3).** Ist der Inhalt der Urkunde dem Gegner bereits bekannt, bedarf es keiner Beifügung zum Schriftsatz. Daneben ermöglicht Abs 3 bei Urkunden von bedeutendem Umfang, ebenfalls von der Vorlage abzusehen. In beiden Fällen ist es ausreichend, aber auch notwendig, dem Gegner Einsicht zu gewähren, welche sich nach § 134 richtet.

5 **E. Rechtsfolgen bei Verstößen.** Legt eine Partei die Urkunde nicht vor, lassen sich zwar weder eine Vorlage noch eine Einsichtsgewährung direkt erzwingen, jedoch kann das Gericht, wenn es eine Urkunde für entscheidungserheblich hält, gem § 142 I 1 eine Anordnung erlassen.

Zudem gelten dieselben Rechtsfolgen wie bei § 129: Der Gegner ist bei Nichtvorlage bzw fehlender Zugangsmöglichkeit berechtigt, pauschal zu bestreiten, muss also zu einem Vortrag, dessen Grundlage eine Urkunde bildet, nicht schweigen (BGH VersR 80, 850). Insbesondere können Angriffs- und Verteidigungsmittel nach §§ 282 II, 296 II zurück gewiesen werden.

6 **F. Klageschrift ohne Anlagen.** § 131 gilt im Grundsatz nur für vorbereitende Schriftsätze. Allerdings wird in der Praxis § 131 auf die Klageschrift und auf andere bestimmende Schriftsätze analog angewendet (BGH NJW 07, 775). Dies führt zu der praktisch bedeutsamen Fragestellung, inwieweit die Zustellung einer Klageschrift trotz fehlender Anlagen wirksam ist. Der BGH hat in seiner Entscheidung v 21.12.06 (BGH NJW 07, 775) die Auffassung vertreten, die Klageschrift und ihre Anlagen seien eine Einheit. Der Beklagte müsse schon zu Beginn eines Verfahrens vollständig darüber in Kenntnis gesetzt werden, wie das Gesamtvorbringen des Klägers im Einzelnen zu bewerten sei. Daher sei die Zustellung einer Klageschrift bei fehlenden Anlagen unwirksam. Diese Auffassung lässt sich weder aus § 131 noch aus § 253 II entnehmen und sie wird auch nicht vom Sinn und Zweck der Zustellung einer Klage getragen (*Gärtner/Mark* MDR 09, 421). Entgegen dem BGH ist eine solche Zustellung wirksam und die Zustellung der fehlenden Anlagen kann im weiteren Verfahren nachgeholt werden.

§ 132 Fristen für Schriftsätze. (1) [1]**Der vorbereitende Schriftsatz, der neue Tatsachen oder ein anderes neues Vorbringen enthält, ist so rechtzeitig einzureichen, dass er mindestens eine Woche vor der mündlichen Verhandlung zugestellt werden kann.** [2]**Das Gleiche gilt für einen Schriftsatz, der einen Zwischenstreit betrifft.**

(2) [1]**Der vorbereitende Schriftsatz, der eine Gegenerklärung auf neues Vorbringen enthält, ist so rechtzeitig einzureichen, dass er mindestens drei Tage vor der mündlichen Verhandlung zugestellt werden kann.** [2]**Dies gilt nicht, wenn es sich um eine schriftliche Gegenerklärung in einem Zwischenstreit handelt.**

A. Normzweck. Die Vorschrift dient einerseits der rechtzeitigen Vorbereitung der mündlichen Verhandlung, um nicht nur im Falle des schriftlichen Vorverfahrens, sondern auch im Fall eines frühen ersten Termins möglichst eine Entscheidungsreife herbeizuführen. Andererseits sollen die in § 132 genannten Zwischenfristen (zwischen Zustellung des Schriftsatzes an den Gegner und anberaumtem Termin) dem Gegner ausreichend Zeit für die Terminsvorbereitung einräumen und ihm dadurch die umfassende Möglichkeit rechtliches Gehör verschaffen. 1

B. Anwendungsbereich. Die Vorschrift ist wegen ihres Sondercharakters eng auszulegen und erfasst nur neue Tatsachen bzw ein anderes neues Vorbringen. § 132 gilt nur für in vorbereitenden Schriftsätzen angekündigte Angriffs- und Verteidigungsmittel iSv §§ 146, 282 II und III, ferner für neue Beweisanträge, Beweismittel und neue oder geänderte Sachanträge, mithin auch bei Klageänderung oder -erweiterung (Ddorf NJW-RR 99, 859, 860). Unanwendbar ist § 132 auf bloße Rechtsausführungen. 2

Für bestimmende Schriftsätze wie zB Klage und Rechtsmittel gelten eigene Einlassungs- oder Zwischenfristen (vgl §§ 274 III, 523 II, 553 II, 585, 593 II), so dass § 132 nicht anzuwenden ist. Generell verdrängen richterliche Fristen (§§ 273–277) und spezielle gesetzliche Fristen (§§ 214 ff) die Norm.

Eine weitere Einschränkung findet der Anwendungsbereich der Norm darin, dass sie nur dort greift, wo eine schriftliche Terminsvorbereitung vorgeschrieben ist, also im Anwaltsprozess (§ 78) und im Parteiprozess (§ 79) bei entsprechender Anordnung gem § 129 II. Wegen der Eilbedürftigkeit im Arrest- und Verfügungsverfahren findet § 132 dort keine Anwendung (ThoPu/*Reichold* § 132 Rn 3; St/J/*Leipold* § 132 Rn 7). Nicht anwendbar ist die Norm schließlich, soweit der Gesetzgeber eine Einlassungsfrist vorschreibt (§§ 274 III, 523 II, 553 II, 593 II).

C. Rechtzeitigkeit der Einreichung. Die Frist gem Abs 1 ist nach dem eindeutigen Wortlaut der Norm erst mit Zustellung an den Gegner eingehalten. In der Praxis empfiehlt sich zur Einhaltung der Frist insoweit der Eingang des Schriftsatzes bei Gericht mindestens 11 Tage vor dem Termin und im Falle einer Gegenerklärung (Abs 2 S 1) 7 Tage vor der mündlichen Verhandlung (St/J/*Leipold* § 132 Rn 7). 3

Die Fristberechnung richtet sich nach § 222 und §§ 187, 188 BGB. Möglich ist aber eine Fristverlängerung durch richterliche Fristsetzung (§§ 273–277) oder durch Terminsverlegung (§ 227). Hingegen setzt eine Verkürzung der Frist nach § 226 voraus, dass dies nicht zu einer Verletzung rechtlichen Gehörs führt.

Eine verbreitete Unsitte stellt die Übergabe von Schriftsätzen im Termin oder so kurz vor dem Termin dar, bei der eine Übermittlung an den Gegner und/oder eine entsprechend des Normzweckes vorbereitende Kenntnisnahme für die mündliche Verhandlung nicht mehr realisierbar ist. Eine solche Vorgehensweise stellt eine Missachtung von Gericht und Prozessgegner dar. Derartige Schriftsätze sind keine vorbereitenden iSd §§ 130 ff und ihre Bezugnahme stellt sich als unangemessen iSd § 137 dar und dürfen daher ausgeschlossen werden. Der sachliche Inhalt solcher Schriftsätze kann insofern allenfalls mündlich eingeführt werden (Musielak/*Stadler* § 132 Rn 4; Zö/*Greger* § 132 Rn 3a).

D. Verstoß. Ein Verstoß gegen die fristgerechte Einreichung von Schriftsätzen hat dieselben Folgen wie ein solcher gegen § 129. Insbesondere können Angriffs- und Verteidigungsmittel gem §§ 282 II, 296 II zurückgewiesen werden (BGH NJW 82, 1533). Allein wegen des verspäteten Vorbringens darf der Gegner eine Einlassung nicht verweigern (§ 138 II; BVerfG NJW 89, 795; BGHZ 94, 195, 213) und auch nicht den Vortrag des Prozessgegners einfach bestreiten, denn dies würde gegen seine Pflicht zur Wahrheit nach § 138 I verstoßen. Er muss ggf gem § 283 bei Gericht um eine Frist für die Nachreichung eines Schriftsatzes anfragen. Die verspätete Zustellung des Schriftsatzes an den Gegner steht der gänzlichen Unterlassung der schriftsätzlichen Ankündigung gleich. 4

E. Der im Termin übergebene Schriftsatz. Wird ein Schriftsatz unmittelbar vor Beginn eines Termins oder im Termin überreicht, so sind die Fristen des § 132 nicht gewahrt, wegen der Grundsätze der Münd- 5 lichkeit (§ 128 I) und des rechtlichen Gehörs (Art 103 I GG) kann auf solche Schriftsätze auch nicht Bezug genommen werden (§§ 137 III, 297 II). Damit handelt es sich nach richtiger Ansicht nicht mehr um vorbereitende Schriftsätze iSd §§ 129 ff (Musielak/*Stadler* § 132 Rn 4). Es bleibt der Partei freilich unbenommen, den Inhalt des Schriftsatzes mündlich einzuführen. Das Gericht muss je nach seinem Ermessen dem Gegner eine Frist zur Äußerung nach § 283 einräumen, die mündliche Verhandlung nach § 227 vertagen oder (beim Vorliegen der Voraussetzungen) das Vorbringen als verspätet gem § 296 zurückweisen.

§ 133 Abschriften. (1) [1]**Die Parteien sollen den Schriftsätzen, die sie bei dem Gericht einreichen, die für die Zustellung erforderliche Zahl von Abschriften der Schriftsätze und deren Anlagen beifügen.** [2]**Das gilt nicht für elektronisch übermittelte Dokumente sowie für Anlagen, die dem Gegner in Urschrift oder in Abschrift vorliegen.**
(2) **Im Falle der Zustellung von Anwalt zu Anwalt (§ 195) haben die Parteien sofort nach der Zustellung eine für das Prozessgericht bestimmte Abschrift ihrer vorbereitenden Schriftsätze und der Anlagen bei dem Gericht einzureichen.**

1 **A. Normzweck und Anwendungsbereich.** § 133 dient der Vorbereitung des Gerichts auf den Verhandlungstermin und erleichtert gleichzeitig die Information des Prozessgegners durch die Geschäftsstelle. Die Norm gilt sowohl im Anwalts- als auch im Parteiprozess. Sie gilt in jeder Verfahrenssituation und in jeder Instanz.

2 **B. Abschriften bei Zustellung durch das Gericht (Abs 1).** Während der eingereichte Schriftsatz im Original zu den Gerichtsakten genommen wird, veranlasst das Gericht die Zustellung der Abschriften an den Gegner (§§ 166 II, 270). Nach der **Ordnungsvorschrift** des Abs 1 S 1, die für alle Schriftsätze gilt, sollen die Parteien den Schriftsätzen, die sie bei Gericht einreichen, die für die Zustellung erforderliche Anzahl von Abschriften und deren Anlagen beifügen. Die Anzahl der anzufertigenden Abschriften richtet sich dabei nach der Anzahl der Gegner. Die Norm verpflichtet nicht dazu, neben der Abschrift an den Prozessbevollmächtigten eine weitere für die Partei selbst einzureichen, jedoch ist dies in der Praxis zweckmäßig und weitgehend üblich.
Werden Schriftsätze per **Telefax** übermittelt, müssen die Anlagen ebenfalls in dieser Weise gesendet oder unverzüglich nachgereicht werden (VGH Kassel NJW 91, 316; Musielak/*Stadler* § 133 Rn 1). Sofern die Einreichung von Schriftsätzen in **elektronischer Form** zulässig ist (§ 130a), trifft Abs 1 S 2 zum Zwecke der Vermeidung überflüssiger Abschriften und Kosten eine Sonderregelung. Danach bedarf es keiner Abschrift, wenn der bei Gericht elektronisch übersandte Schriftsatz auch dem Gegner in elektronischer Form (in Urschrift oder Abschrift) zugestellt wird (§ 174 III). Dadurch entfällt neben der Verpflichtung zur Zahlung von Auslagen nach GKG KV Nr 9000 Ziff 1 auch die Verpflichtung, die Auslagen für den Medientransfer nach GKG KV Nr 9000 Ziff 2 zu entrichten (BTDrs 15/4077, 31).
Bei förmlich zuzustellenden Schriftsätzen (s. § 270) bedarf es der **Beglaubigung** der Abschriften, die auch durch die Geschäftsstelle vorgenommen werden kann (§ 169 II); iÜ ist dies jedoch nicht erforderlich.

3 **C. Abschriften bei Zustellung von Anwalt zu Anwalt (Abs 2).** Die zwingende Vorschrift des § 133 II gilt nach dem insofern eindeutigen Wortlaut nur für vorbereitende Schriftsätze – nicht also für bestimmende Schriftsätze wie Klage und Rechtsmittel. Die Norm stellt sicher, dass auch bei einer Zustellung von Anwalt zu Anwalt (§ 195) das Gericht die zur Terminsvorbereitung notwendigen Schriftsätze nebst Anlagen erhält. Die Einreichung hat **sofort**, dh ohne schuldhafte Verzögerung, zu erfolgen, damit das Gericht nicht schlechter informiert ist als der Prozessgegner. Keinesfalls darf die Einreichung bei Gericht ein Weniger ggü den von Anwalt zu Anwalt zugestellten Schriftsätzen nebst Anlagen darstellen (B/L/A/H § 133 Rn 13).

4 **D. Verstoß.** Ein Verstoß gegen die Sollvorschrift des Abs 1 S 1 bzw die zwingende Norm des Abs 2 begründet keine sachlichen Nachteile für die hiergegen verstoßende Partei. Insbesondere finden die Präklusionsvorschriften der §§ 282 II, 296 II keine Anwendung. Konsequenzen ergeben sich aber für das Gericht daraus, dass es notfalls zur genügenden Vorbereitung vAw den Verhandlungstermin vertagen muss. Mögliche Sanktionen sind allerdings die Verhängung einer Verzögerungsgebühr gem § 38 GKG und die Kosten der säumigen Partei aufzuerlegen (§ 95). Fehlende Abschriften fordert die Geschäftsstelle nach oder fertigt sie auf Kosten der Partei an (§ 28 I 2 GKG, GKG KV Nr 9000 Ziff 1).

E. Schriftsätze nach Schluss der mündlichen Verhandlung. Nach der mündlichen Verhandlung und vor dem Verkündungstermin eingereichte Schriftsätze dürfen bei der Entscheidung **nicht berücksichtigt** werden (§ 296a), es sei denn das Gericht hat die Nachreichung gestattet (§§ 139 V, 156, 283). Um eine derartige Verspätung aktenkundig zu machen, bei der entweder der Schriftsatz nicht berücksichtigt wird oder der Gegner mit der Berücksichtigung dieses nachgereichten Vorbringens einverstanden und damit das Gericht gehalten ist, die Verhandlung wiederzueröffnen (§§ 156, 296a S 2), sind die nachgereichten Schriftsätze **zu den Akten** zu nehmen und die Abschriften dem **Gegner** formlos (§ 270) **mitzuteilen** (St/J/*Leipold* § 133 Rn 11; Zö/*Greger* § 133 Rn 4). Dies folgt bereits aus der Tatsache, dass alle dem Gericht eingereichten Schriftsätze formell Aktenbestandteil sind und iVm dem Eingangsstempel öffentliche Urkunden darstellen, so dass das Gericht nachgereichte Schriftsätze nicht einfach an die Partei zurückgeben darf (aA *Buchholz* NJW 55, 535 mwN). 5

§ 134 Einsicht von Urkunden.

(1) Die Partei ist, wenn sie rechtzeitig aufgefordert wird, verpflichtet, die in ihren Händen befindlichen Urkunden, auf die sie in einem vorbereitenden Schriftsatz Bezug genommen hat, vor der mündlichen Verhandlung auf der Geschäftsstelle niederzulegen und den Gegner von der Niederlegung zu benachrichtigen.

(2) [1]Der Gegner hat zur Einsicht der Urkunden eine Frist von drei Tagen. [2]Die Frist kann auf Antrag von dem Vorsitzenden verlängert oder abgekürzt werden.

A. Normzweck. § 134 gibt dem Prozessgegner einer Partei, die sich in ihrem Vorbringen auf eine Urkunde bezieht, die Gelegenheit, sich **von der Echtheit der Urkunde** anhand des Originals zu **überzeugen** (grdl Schreiber S. 50 ff). Nach § 131 erhält der Gegner lediglich eine Abschrift oder eine (unbeglaubigte) Ablichtung; gleiches gilt iRv § 133, so dass diese Vorschriften für die Prüfung der Echtheit der Urkunde nicht hilfreich sind. Um das Original nicht aus der Hand geben zu müssen, wird in der Praxis regelmäßig nach entsprechender Vorankündigung die Original-Urkunde in der mündlichen Verhandlung vorgelegt. 1

B. Anwendungsbereich. Die Vorschrift gilt sowohl für den Anwalts- als auch für den Parteiprozess. Auch im Anwaltsprozess hat die Naturalpartei ein eigenes Einsichtsrecht. Aufforderung, Benachrichtigung und Einsichtnahme nach § 134 unterliegen damit nicht dem Anwaltszwang (MüKoZPO/Wagner § 134 Rn 1; Musielak/*Stadler* § 134 Rn 1; aA Zö/*Greger* § 134 Rn 3). Für den förmlichen Urkundenbeweis gelten die vorrangigen Sonderregeln der §§ 420 ff. 2

C. Niederlegung. Gemäß Abs 1 ist das Original der Urkunde vor der mündlichen Verhandlung auf der Geschäftsstelle des Prozessgerichts niederzulegen, sofern die Partei hierzu **rechtzeitig aufgefordert** wurde. Rechtzeitig meint dabei ohne schuldhaftes Zögern iSv § 121 I 1 BGB noch vor Schluss der nächsten mündlichen Verhandlung zur Sache, §§ 136 IV, 296a bzw vor dem diesem Schluss gleichstehenden Zeitpunkt im schriftlichen Verfahren (§ 128 II). Entscheidend ist nach den Umständen des Einzelfalles, ob die Partei der Aufforderung bei unverzüglicher Bemühung nachkommen kann (B/L/A/H § 134 Rn 5). 3

Die Niederlegung begründet ein öffentlich-rechtliches Verwahrungsverhältnis: Bei Verlust der Urkunde entsteht ein Schadensersatzanspruch nach § 839 BGB wegen Amtspflichtverletzung. Die Versendung der Originalurkunde vom Prozessgericht an ein anderes Gericht (da der Gegner zB seinen allgemeinen Gerichtsstand andernorts hat) bedarf der vorherigen Zustimmung der vorlegenden Partei (Zö/*Greger* § 134 Rn 3; zweifelnd St/J/*Leipold* § 134 Rn 6; aA, dh keine Zustimmung der vorlegenden Partei erforderlich MüKoZPO/*Wagner* § 134 Rn 3).

Die nach Abs 2 recht kurz bemessene Einsichtnahmefrist beträgt drei Tage. Nach Abs 2 S 2 kann der Vorsitzende die Frist auf Antrag des Gegners verlängern und auch verkürzen – was aber erst nach vorherige Anhörung statthaft ist (§§ 224 ff).

D. Verstoß. Die verspätete oder unterbliebene Niederlegung hat dieselben Folgen wie ein Verstoß gegen § 129. Insbesondere bleibt die Bezugnahme auf eine nicht vorgelegte Urkunde unbeachtlich (nach MüKoZPO/Wagner § 134 Rn 6 und Musielak/*Stadler* § 134 Rn 3 tritt diese Folge nur bei gerichtlicher Aufforderung ein, nicht jedoch bei Aufforderung durch den Gegner). Unterlässt der Gegner die Aufforderung oder die Einsichtnahme, kann der Gegner mit einer nachträglichen Beweiseinrede ausgeschlossen werden, wenn die Voraussetzungen der §§ 282 I, 296 II erfüllt sind und die Verzögerung der Beweiseinrede gerade daraus resultiert, dass der Gegner das Einsichtsrecht nicht ausgeübt hat (Zö/*Greger* § 134 Rn 5; Musielak/*Stadler* § 134 Rn 4; aA St/J/*Leipold* § 134 Rn 4). 4

§ 135 Mitteilung von Urkunden unter Rechtsanwälten. **(1) Den Rechtsanwälten steht es frei, die Mitteilung von Urkunden von Hand zu Hand gegen Empfangsbescheinigung zu bewirken.**
(2) Gibt ein Rechtsanwalt die ihm eingehändigte Urkunde nicht binnen der bestimmten Frist zurück, so ist er auf Antrag nach mündlicher Verhandlung zur unverzüglichen Rückgabe zu verurteilen.
(3) Gegen das Zwischenurteil findet sofortige Beschwerde statt.

1 **A. Bedeutung.** Die Norm erleichtert die Einsicht in Urkunden. Sie ergänzt die Vorschrift des § 134. Sie ermöglicht es, bei anwaltlicher Vertretung beider Parteien, die Einsichtnahme der Urkunde bei der Geschäftsstelle durch Überlassung des Originals an den gegnerischen Anwalt zu ersetzen (Musielak/*Stadler* § 135 Rn 1).

2 **B. Anwendungsbereich und Frist zur Rückgabe (Abs 1). I. Anwendungsbereich.** Die Norm findet unabhängig davon Anwendung, ob es sich um einen Anwalts- oder Parteiprozess handelt, entscheidend ist einzig die anwaltliche Vertretung der jeweiligen Partei. Die Norm ist in jeder Lage des Verfahrens anwendbar.

3 **II. Rückgabefrist.** Die Übermittlung der Urkunde geschieht in beliebiger Weise gegen schriftliches Empfangsbekenntnis (§ 195). Entsprechend der Vorgabe des § 134 II 1 muss die Rückgabe grds innerhalb einer Frist von 3 Tagen erfolgen, es sei denn, mit dem übermittelnden Anwalt wurde nach dem Rechtsgedanken des § 134 II 2 eine längere (oder kürzere) Frist vereinbart.

4 **C. Zwischenstreit über Rückgabe (Abs 2). I. Säumige Rückgabe.** Wird vom Gegenanwalt die Rückgabefrist nicht eingehalten und daher die rechtzeitige Rückgabe versäumt, kann nach Abs 2 auf Antrag in einem Zwischenstreit zwischen der Person, die das Beweisführungsrecht an der Urkunde inne hat, und dem gegnerischen Rechtsanwalt über den prozessualen Rückgabeanspruch entschieden werden. Etwaige materiell-rechtliche Rückgabe- bzw Schadensersatzansprüche, auch gegen den eigenen Prozessbevollmächtigten, bleiben von der rein prozessualen Rückgabepflicht aus Abs 2 unberührt (MüKoZPO/*Wagner* § 135 Rn 4). Das Gericht muss die mündliche Verhandlung anberaumen, aufgrund derer der säumige Gegenanwalt durch Zwischenurteil zur Rückgabe der Urkunde und zur Erstattung etwaiger, durch den Zwischenstreit veranlasster Kosten verurteilt wird. Der Wortlaut des Abs 2 ist insoweit missverständlich, als die Verurteilung zur »unverzüglichen« Rückgabe nicht iSd § 121 I 1 BGB zu verstehen ist, also nicht auf die Erfüllung der Rückgabepflicht ohne schuldhaftes Zögern abstellt, sondern vielmehr eine sofortige Rückgabe meint (MüKoZPO/*Wagner* § 135 Rn 3). Ein streitiges Zwischenurteil hat auch bei Säumnis des Gegenanwalts zu ergehen, der Erlass eines Versäumnisurteils ist unzulässig (Zö/*Greger* § 135 Rn 2).

5 **II. Antrag und Parteien des Zwischenstreits.** Antragsteller ist die Partei des die Urkunde übergebenden Anwalts, Antragsgegner der Gegenanwalt persönlich, nicht die von ihm vertretene Partei.

6 **D. Sofortige Beschwerde (Abs 3) und Vollstreckung.** Gegen das Zwischenurteil findet nach Abs 3 (mit § 567 I Nr 1) die sofortige Beschwerde statt. Sie hat allerdings keine aufschiebende Wirkung (§ 570). Das dem Antrag stattgebende Zwischenurteil ist nach § 794 I Nr 3 Vollstreckungstitel und sofort vollstreckbar. Die Zwangsvollstreckung richtet sich nach der Vorschrift des § 883.

§ 136 Prozessleitung durch Vorsitzenden. **(1) Der Vorsitzende eröffnet und leitet die Verhandlung.**
(2) [1]Er erteilt das Wort und kann es demjenigen, der seinen Anordnungen nicht Folge leistet, entziehen. [2]Er hat jedem Mitglied des Gerichts auf Verlangen zu gestatten, Fragen zu stellen.
(3) Er hat Sorge zu tragen, dass die Sache erschöpfend erörtert und die Verhandlung ohne Unterbrechung zu Ende geführt wird; erforderlichenfalls hat er die Sitzung zur Fortsetzung der Verhandlung sofort zu bestimmen.
(4) Er schließt die Verhandlung, wenn nach Ansicht des Gerichts die Sache vollständig erörtert ist, und verkündet die Urteile und Beschlüsse des Gerichts.

1 **A. Normzweck und Bedeutung.** Die Norm ist im Zusammenhang mit § 139 zu sehen. Spricht der Gesetzgeber dort von der »materiellen« Prozessleitung, so kann man § 136 als »formelle« Prozessleitung bezeichnen (zu den Einzelheiten s.u. Rz 2). Die Förmlichkeiten des Verfahrens insgesamt werden weithin vom Amtsbetrieb geprägt (s. Einl Rz 30). Für die mündliche Verhandlung stellt § 136 klar, dass der formale Gang auch insoweit in den Händen des Gerichts liegt, sei es des Einzelrichters oder des Vorsitzenden von

Kammer oder Senat. Unter Prozessleitung ist die richterliche Tätigkeit zur Vorbereitung der gerichtlichen Entscheidung zu verstehen. Mittels der Prozessleitung soll ein gesetzes- und zweckmäßiger Verfahrensablauf sichergestellt werden (Musielak/*Stadler* § 136 Rn 1). Im Regelfall obliegt sie bei Kollegialgerichten dem Vorsitzenden des Gerichts, es sei denn, die Prozessleitung ist kraft ausdrücklicher Anordnung dem Einzelrichter zugewiesen (§§ 348, 348a, 568). Die Befugnis zur Prozessleitung erstreckt sich, wie aus dem weit gefassten Wortlaut des Abs 1 folgt, auch auf die Güteverhandlung nach § 278 II. Abs 2 S 2 ist inhaltsgleich mit dem früheren § 139 III. Auch darin zeigt sich eine gewisse Nähe von § 136 und § 139.

B. Begriff der Prozessleitung. I. Formelle Prozessleitung. 1. Überblick. Abs 1, 2 und 4 treffen Regelungen zur formellen Prozessleitung, die dem Vorsitzenden obliegt. Danach hat er einen ordnungsgemäßen äußeren Ablauf des Verfahrens zu gewährleisten. Er hat die Verhandlung des jeweiligen Rechtsstreits durch Aufruf der Sache zu eröffnen und den Gang der mündlichen Verhandlung zu bestimmen. Der Vorsitzende erteilt den Parteien und Prozessbevollmächtigten das Wort und kann es im Falle der Missachtung seiner Anweisungen auch wieder entziehen (Abs 2 S 1). Zusammen mit dem Urkundsbeamten trägt er die Verantwortung für eine ordnungsgemäße Protokollierung (§ 163 I). Er hat die Ordnung in der Sitzung aufrecht zu erhalten (§ 176 ff GVG, Sitzungspolizei). Anordnungen gegen Verfahrensbeteiligte beschließt das Gericht. Der Vorsitzende schließt die Verhandlung und verkündet die Entscheidungen des Gerichts (Abs 4). 2

2. Worterteilung und -entzug. Der Vorsitzende hat auf eine disziplinierte und sachliche Erörterung des Sach- und Streitstandes hinzuwirken. Auf Verlangen hat der Vorsitzende auch den Mitgliedern des Gerichts die Ausübung des Fragerechts zu gestatten, ohne dass ihm eine diesbezügliche Zweckmäßigkeitskontrolle zusteht. Im Hinblick auf das Recht zur Worterteilung und -entziehung aus Abs 2 kommt ihm ein Ermessensspielraum zu, ohne dass darin eine Verletzung des Anspruchs auf rechtliches Gehör zu sehen ist (BGHZ 109, 41). Dieser umfasst nicht das Recht zur Äußerung zu jedem beliebigen Zeitpunkt, sondern erstreckt sich auf die Gewährung des Wortes anlässlich der gesamten mündlichen Verhandlung (Musielak/*Stadler* § 136 Rn 4 mwN). Etwas anderes gilt dann, wenn es sich um den vollständigen Entzug des Wortes bis zum Schluss der mündlichen Verhandlung handelt. Der Wortentzug ist nicht an ungebührliches Verhalten iSd § 178 Abs 1 GVG gebunden, sondern kann bereits im Falle unsachlichen oder weitschweifenden Vortrags erfolgen (OVG Münster NJW 90, 1749). 3

3. Außerhalb der Verhandlung. Außerhalb der mündlichen Verhandlung zählt zur formellen Prozessleitung insb die Bestimmung der Beweisaufnahme durch den beauftragten Richter (§ 361), die Anberaumung (§§ 216, 361), Aufhebung und Verlegung eines Termins (§ 227), die Entscheidung über die Fristen (§§ 134 II 2, 226, 239 III 2, 274 III 2, 520 II 2, 521 II 1, 551 II 5, 6) sowie die Wahl zwischen frühem ersten Termin und schriftlichem Vorverfahren (§ 272 II). Die Geschäftsverteilung innerhalb des Spruchkörpers erfolgt durch den vom Gericht für jedes Jahr zu beschließenden Geschäftsverteilungsplan (§ 21g I, II GVG). 4

II. Materielle Prozessleitung. 1. Überblick. Dem Vorsitzenden obliegt auch die materielle Prozessleitung, mithin die Verantwortung für eine sachangemessene, sorgfältige Verhandlung des Falles (Abs 3 iVm § 139). Danach hat er für die erschöpfende Erörterung aller erheblicher Fragen zu sorgen (BAG NZA 93, 1036), ebenso wie für die Durchführung einer Beweisaufnahme (BGH NJW 84, 1823). Der Vorsitzende, wie jedes Mitglied des Gerichts, hat der richterlichen Frage- und Aufklärungspflicht aus § 139 zu genügen. Die Aufnahme der Regelung des früheren § 139 III aF in Abs 2 S 2 bringt keine sachliche Änderung, sondern ist aus Gründen der Systematik erfolgt. Gleichwohl ist auch dadurch eine klare Trennung zwischen formeller und materieller Prozessleitung nicht vollständig geglückt (Musielak/*Stadler* § 136 Rn 2). 5

2. Außerhalb der Verhandlung. Zur materiellen Prozessleitung außerhalb der mündlichen Verhandlung rechnen die vorbereitenden Anordnungen nach § 273, das Prüfungsverfahren zur Bewilligung der Prozesskostenhilfe nach § 118 sowie die Sachentscheidung in Dringlichkeitsfällen wie bspw nach § 944. 6

C. Schluss der mündlichen Verhandlung. I. Anordnung. Der Vorsitzende schließt die Verhandlung, wenn nach Ansicht des Gerichts die Sache vollständig erörtert ist (Abs 4). Die Erörterung mit den Parteien kann dabei aufgrund der Möglichkeit zur Bezugnahme auf die vorbereitenden Schriftstücke nach § 137 III 1 kurz gehalten werden. Eine Verpflichtung der Parteien zur Erörterung der Vollständigkeit besteht nicht (MüKoZPO/*Wagner* § 136 Rn 6 mwN). Grenzen bestehen grds auch insoweit, als es dem Gericht allein obliegt, die Vollständigkeit festzustellen. Im Hinblick auf die Verkündung der Schließung der Verhandlung 7 hat der Vorsitzende allein die entsprechende Befugnis. Die Schließung der Verhandlung ist formlos, wobei sie auch konkludent, etwa aufgrund der Verkündung der Entscheidung, oder des Aufrufs einer neuen Sache, erfolgen kann.

8 **II. Folgen.** An den Schluss der mündlichen Verhandlung knüpfen sich weitreichende Folgen. Neues, tatsächliches Vorbringen bleibt (vorbehaltlich der Regelungen der §§ 139 V, 156, 283) gem § 296a unberücksichtigt, Prozesshandlungen sind gem §§ 220 II, 231 II versäumt. Die zeitlichen Grenzen der materiellen Rechtskraft bestimmen sich nach dem Zeitpunkt des Schlusses der letzten mündlichen Verhandlung, §§ 322 I, 323 II, 767 II ebenso wie die Unterbrechungswirkung nach § 249 III.

9 **III. Verkündung.** Der Vorsitzende hat die Urteile und Beschlüsse zu verkünden (Abs 4). Die Besetzung des Gerichts muss dabei nicht dieselbe sein wie die anlässlich der letzten mündlichen Verhandlung. § 309 fordert in diesem Zusammenhang nur, dass die Richter der letzten mündlichen Verhandlung identisch sein müssen mit jenen, die die Entscheidung treffen.

10 **D. Stellung des Vorsitzenden.** Soweit das Gesetz dem Vorsitzenden die Prozessleitung überträgt, nimmt er eine selbständige, vom Kollegium unabhängige Stellung ein (Musielak/*Stadler* § 136 Rn 6). Dies schließt nicht aus, dass einzelne Aufgaben auf ein Mitglied des Gerichts übertragen werden können, so zB iRd Güteverhandlung im Hinblick auf die Einführung des Sach- und Streitstandes, § 278 V 1. Die Vertretung in der gesamten Verhandlungsleitung ist indes nur bei Verhinderung des Vorsitzenden nach Maßgabe des § 21f II GVG zulässig. Zur ordnungsgemäßen Beendigung des Termins für den Fall der Verhandlungsunfähigkeit des Vorsitzenden ist der dienstälteste Richter aus dem Kollegium befugt.

11 **E. Rechtsbehelfe.** Soweit die Parteien eine Maßnahme der Prozessleitung oder eine vom Vorsitzenden oder einem Mitglied des Prozessgerichts gestellte Frage beanstanden, entscheidet über die Beanstandung das Prozessgericht (§ 140). Eine sofortige Beschwerde ist insoweit ausgeschlossen. Darüber hinaus kann eine fehlerhafte Verhandlungsleitung des Vorsitzenden dessen Ablehnung nach §§ 42 ff rechtfertigen (Bambg FamRZ 94, 1045; Frankf NJW 70, 1884). Soweit sich die angegriffene Maßnahme auf die Sachentscheidung des Gerichts auswirkt, ist gegen sie mit dem gegen die Sachentscheidung gegebenen Rechtsbehelf die Anfechtung möglich (Musielak/*Stadler* § 136 Rn 9).

§ 137 Gang der mündlichen Verhandlung.

(1) Die mündliche Verhandlung wird dadurch eingeleitet, dass die Parteien ihre Anträge stellen.

(2) Die Vorträge der Parteien sind in freier Rede zu halten; sie haben das Streitverhältnis in tatsächlicher und rechtlicher Beziehung zu umfassen.

(3) [1]Eine Bezugnahme auf Dokumente ist zulässig, soweit keine der Parteien widerspricht und das Gericht sie für angemessen hält. [2]Die Vorlesung von Dokumenten findet nur insoweit statt, als es auf ihren wörtlichen Inhalt ankommt.

(4) In Anwaltsprozessen ist neben dem Anwalt auch der Partei selbst auf Antrag das Wort zu gestatten.

1 **A. Normzweck.** Die Vorschrift hat eine doppelte Zweckrichtung. Nach Abs 2 und Abs 4 soll einerseits die vollständige Erörterung des Rechtsstreits sichergestellt werden. Insoweit ergänzen diese Regelungen die Vorgaben aus § 136 III. Abs 1–3 regeln weiterhin Einzelheiten des Ablaufs der mündlichen Verhandlung. Sie werden durch die §§ 278, 279 für den Haupttermin ergänzt und konkretisiert. Abs 1 – Abs 3 gelten sowohl im Anwalts- wie im Parteiprozess. Abs 4 hingegen gilt nur für den Anwaltsprozess.

2 **B. Einleitung der mündlichen Verhandlung (Abs 1). I. Antragsstellung.** Die mündliche Verhandlung wird eingeleitet durch das Stellen der Anträge. Dies kann durch Verlesen der Anträge aus dem Schriftsatz (§ 297 I), aufgrund der Bezugnahme auf die vorbereitenden Schriftsätze oder, die Gestattung des Vorsitzenden vorausgesetzt, durch Erklärung zu Protokoll nach § 297 I 3 erfolgen. Die bloße Antragstellung leitet die Verhandlung ein, ohne jedoch selbst Verhandlung zur Sache zu sein, vgl §§ 39, 282 III 1, 333, 345. Wegen des Grundsatzes der Einheit der mündlichen Verhandlung besteht der einmal gestellte Antrag – auch nach einem Richterwechsel – fort (Zö/*Greger* § 137 Rn 3; Jena OLGR 04, 170; aA BAG NJW 71, 1332). Nach § 297 II ist stets von einer stillschweigenden Bezugnahme auf die zu einem früheren Zeitpunkt gestellten Anträge auszugehen, solange sich aus dem Verhalten der Partei nicht der gegenteilige Wille ergibt. Dem Stellen der Anträge kann nach § 139 IV 1 auch die Hinweispflicht vorausgehen; das Gericht kann insoweit nach Gesichtspunkten der Zweckmäßigkeit entscheiden (BGHZ 109, 41). Im Falle des Unterbleibens einer

Antragstellung ist ein dennoch ergangenes Urt wegen Verstoßes gegen die §§ 137 I, 308 I aufzuheben (Kobl MDR 02, 415).

II. Form. Die Form der Antragstellung richtet sich nach § 297. In der Praxis diktiert der Vorsitzende unter ausdrücklicher oder konkludenter Zustimmung der jeweiligen Partei den gestellten Antrag unter Bezugnahme auf den entsprechenden Schriftsatz nebst Datum und der Angabe der Blattzahl der Gerichtsakte. 3

C. Vortrag der Parteien (Abs 2, Abs 3). I. Mündlichkeitsgrundsatz. Abs 2 ist Ausfluss des Mündlichkeitsgrundsatzes, wonach die Parteien ihre Vorträge in freier Rede zu halten haben. Das bloße Ablesen der Schriftsätze kann demgemäß durch den Vorsitzenden nach § 136 II 1 unterbunden werden, wobei jedoch der Anspruch auf rechtliches Gehör einer uU weniger sprachgewandten Partei entsprechend zu berücksichtigen ist (MüKoZPO/*Wagner* § 137 Rn 6). Jedenfalls im Hinblick auf das Vorbringen der Naturalpartei ist das Verwenden von Aufzeichnungen nicht als Verstoß gegen die Vorgabe aus Abs 2 zu werten. 4

II. Bezugnahme. Die Bezugnahme auf Schriftsätze und Dokumente ist stets insoweit zulässig, als die andere Partei dem nicht widerspricht und das Gericht diese für angemessen hält (Abs 3 S 1). Die Bezugnahme steht dem mündlichen Vortrag gleich (MüKoZPO/*Wagner* § 137 Rn 7 mwN). Sofern keine der Parteien ihre jeweilige Bezugnahme eingrenzt, wird der gesamte Akteninhalt zum Gegenstand der Verhandlung und Entscheidung (BGH MDR 81, 1012). Die vorbehaltlose Antragstellung ist Ausdruck der konkludenten Bezugnahme auf den Sachvortrag aus den vorbereitenden Schriftsätzen. Eine pauschale Bezugnahme ersetzt indes nicht den substantiierten Parteivortrag. Dem Gericht darf es nicht überlassen werden, aus umfangreichen Schriftstücken nach seinem Ermessen diejenigen Tatsachen auszuwählen, die geeignet sein könnten, die Klage zu begründen (BGH NJW 56, 1878). Beigezogene Akten werden auch bei einer pauschalen Bezugnahme nur in dem Umfang Prozessstoff, als sie einen von den Parteien vorgetragenen Sachverhalt betreffen (BGH NJW 94, 3295). In Bezug genommene Unterlagen, die weder Gegenstand noch Anlage eines Schriftstücks gewesen sind, können auch nicht nach Abs 3 zum Gegenstand der mündlichen Verhandlung werden (BGH NJW 95, 1841). Wurde ein Schriftsatz erst kurz vor dem Termin eingereicht, weswegen die Kenntnisnahme durch die andere Partei fraglich erscheint, ist ein entsprechender mündlicher Vortrag erforderlich (aA *Deubner* JuS 98, 1132). 5

D. Recht zur persönlichen Anhörung (Abs 4). I. Vortragsrecht der Partei auf Antrag. Das Recht zur persönlichen Anhörung als Ausdruck des Anspruchs auf rechtliches Gehör bei einem Anwaltsprozess haben sowohl die im Termin anwesende Partei, ihr gesetzlicher Vertreter als auch der Streithelfer. Das Recht auf persönliche Anhörung besteht, anders als das Fragerecht nach § 397 I, II, indes nur »neben dem Anwalt«. Voraussetzung ist danach dessen Anwesenheit im Prozess (BVerwG NJW 84, 625). 6

Abs 4 ist zwingendes Recht (BayVerfGH NJW 61, 1523). Das Gericht kann eine entsprechende Wortmeldung nicht übergehen. Im Falle der Missachtung der Vorgaben aus Abs 2 kann das Gericht jedoch nach § 136 II 1 weiteren Sachvortrag unterbinden (Zö/*Greger* § 137 Rn 4; MüKoZPO/*Wagner* § 137 Rn 11). Anders als im Hinblick auf den Sachvortrag des Prozessbevollmächtigten muss jedoch gerade dem Umstand der Sprachgewandtheit der Partei hinreichend Rechnung getragen und deren Anspruch auf rechtliches Gehör berücksichtigt werden. Das Verwenden von Aufzeichnungen ist wie im Parteiprozess ohne weiteres zulässig. Das Übergehen einer Wortmeldung der Partei kann die Versagung rechtlichen Gehörs darstellen, vorausgesetzt, die Partei hat sich erkennbar zu Wort gemeldet und alle prozessualen Rechtsbehelfe gegen die Zurückweisung ihrer Wortmeldung geltend gemacht (BayVerfGH NJW 84, 1026). Die Ausführungen der Partei erlangen va dann Bedeutung, wenn sich der Prozessbevollmächtigte im Laufe des Verhandlungstermins außerstande sieht, zu bestimmten Tatsachen oder Beweisergebnissen ohne die Hilfe seines Mandanten Stellung zu nehmen. Verwertet das Gericht solche Tatsachen oder Beweisergebnisse sodann zum Nachteil der Partei in seiner Entscheidung, ohne ihr vorher gem Abs 4 das Wort zu gestatten oder die Gelegenheit zur entsprechenden Unterrichtung ihres Anwalts zu lassen, damit dieser sich zur Sache äußern kann, ist der Grundsatz des rechtlichen Gehörs als verletzt anzusehen (BayVerfGH NJW 61, 1523). Im Falle des Widerspruchs zwischen Anwalts- und Parteivorbringen gilt der Rechtsgedanke des § 85 I 2. Das Recht der Partei auf persönliche Anhörung kann anstelle dieser auch durch den Verkehrsanwalt ausgeübt werden (München NJW 64, 1480; NJW 66, 2070).

II. Rechtsbehelfe. Wird die Partei daran gehindert, ihr Recht zur persönlichen Anhörung auszuüben, kann sie eine Entscheidung des Gerichts nach § 140 herbeiführen (MüKoZPO/*Wagner* § 137 Rn 12). Ein Verstoß gegen die Vorgabe aus Abs 4 kann mit dem gegen das Urt zulässigen Rechtsbehelf gerügt werden (§§ 512, 7

557 II). Die Versagung rechtlichen Gehörs ist aber nur anzunehmen, wenn der Partei und ihrem Prozessbevollmächtigten die Gelegenheit zu umfassendem Sachvortrag versperrt wurde (MüKoZPO/*Wagner* § 137 Rn 13). Dies ist dann nicht der Fall, wenn der unterbliebene Vortrag der Partei durch Ausführungen ihres Prozessbevollmächtigten gleichsam kompensiert wurde (BayVerfGH NJW 61, 1523).

§ 138 Erklärungspflicht über Tatsachen; Wahrheitspflicht. **(1) Die Parteien haben ihre Erklärungen über tatsächliche Umstände vollständig und der Wahrheit gemäß abzugeben.**
(2) Jede Partei hat sich über die von dem Gegner behaupteten Tatsachen zu erklären.
(3) Tatsachen, die nicht ausdrücklich bestritten werden, sind als zugestanden anzusehen, wenn nicht die Absicht, sie bestreiten zu wollen, aus den übrigen Erklärungen der Partei hervorgeht.
(4) Eine Erklärung mit Nichtwissen ist nur über Tatsachen zulässig, die weder eigene Handlungen der Partei noch Gegenstand ihrer eigenen Wahrnehmung gewesen sind.

1 **A. Allgemeines. I. Systematik und Anwendungsbereich.** Trotz seiner Stellung im Abschnitt über die mündliche Verhandlung gilt § 138 auch für **schriftsätzliche Erklärungen** und das schriftliche Verfahren und regelt ein Kerngebiet der Parteipflichten. Er findet Anwendung für alle Verfahren und Verfahrensabschnitte der ZPO. Er gilt für Parteien und Prozessbevollmächtigte gleichermaßen.

2 **II. Normzweck.** Die Norm dient der Durchführung eines redlichen und fairen Verfahrens. Sie soll einen möglichst hohen Grad an Wahrhaftigkeit und Aufrichtigkeit bei der Aufklärung des dem Rechtsstreit zugrunde liegenden Sachverhalts sichern. Zudem stellt sie klar, dass sowohl die Dispositionsmaxime als auch der Beibringungsgrundsatz keinen Widerspruch zur Wahrheitsfindung im Zivilprozess darstellen (vgl St/J/*Leipold* Rn 1). Verhindert werden soll va der Prozessbetrug.

3 **B. Die Wahrheits- und Vollständigkeitspflicht (Abs 1). I. Allgemeines.** Abs 1 wurde 1933 in die ZPO aufgenommen und manifestiert eine **prozessuale Pflicht** der Parteien, sich vollständig und wahrheitsgemäß zu erklären. Sie richtet sich sowohl an die Parteien als auch an deren Prozessbevollmächtigte und obliegt ihnen ggü dem Gericht und dem Gegner.

4 **II. Inhalt der Wahrheitspflicht.** Die Wahrheitspflicht verpflichtet – entgegen ihrer amtlichen Überschrift – die Parteien lediglich, keine wissentlichen Falschaussagen zu tätigen. Die Norm stellt somit ein **Lügeverbot** dar. Der Vortrag muss lediglich der subjektiven Überzeugung der Partei entsprechen, zumal die objektive, tatsächliche Wahrheit der Partei oft unbekannt ist. Folglich verlangt Abs 1 keine Wahrheitspflicht sondern eine **Wahrhaftigkeitspflicht**. Der Partei ist ausschließlich eine Aussage wider besseres Wissen untersagt. Sie darf hingegen Tatsachen behaupten, von deren Vorliegen sie nicht überzeugt ist, ebenso darf sie Behauptungen des Gegners bestreiten, selbst wenn sie es für möglich hält, dass die Aussagen der Wahrheit entsprechen. Zu einer bewusst falschen Aussage ist eine Partei nicht berechtigt, auch wenn sie den tatsächlichen Umstand für unerheblich hält (BGH NJW 11, 2794).

Aussagen der Partei, die ohne jeglichen Anhaltspunkt, sozusagen **»ins Blaue«** hinein, formuliert wurden, sind von den Gerichten unterschiedlich beurteilt worden. Richtigerweise ist auch hier darauf abzustellen, dass § 138 I lediglich ein bewusst unwahres Vortragen sanktioniert, somit jegliche Behauptungen der Partei, sofern sie diese auch nur für entfernt möglich hält, ohne weiteres Vorbringen von Anhaltspunkten zulässig ist (vgl MüKoZPO/*Wagner* Rn 9; Musielak/*Stadler* Rn 6).

Dementsprechend ist auch ein Hilfsantrag der Partei zulässig, selbst wenn er im Widerspruch zum Hauptantrag steht. Solange die Partei nicht wissentlich etwas Falsches äußert, steht ihr das Recht zu, sich in einem **Eventualvortrag** auf die Behauptungen des Gegners zu stützen, für den Fall, dass sie ihre (gegenteilige) Tatsachenbehauptung nicht beweisen kann, um dadurch überhaupt eine Verurteilung zu erreichen (zB behauptet der Kl einen Kaufpreis von 15.000 €, der Beklagte bestreitet dies generell und trägt hilfsweise vor, es handele sich nur um 5.000 € (vgl B/L/A/H Rn 19).

Ein Teil der Lehre gesteht der Partei zu, von ihr als objektiv falsch erkanntes, für sie ungünstiges Vorbringen des Gegners gegen sich gelten zu lassen, solange nicht kollusiv dadurch ein Dritter geschädigt werde. Abs 1 verbiete folglich nur die **Unwahrheit zu eigenen Gunsten** (St/J/*Leipold* Rn 6 mwN). Davon abgesehen, dass außer dem Motiv der Drittschädigung fast kein Fall denkbar ist, bei dem die Partei für sie ungünstiges Vorbringen einfach hinnehmen sollte, widerspricht dieser Ansatz auch dem Sinn und Zweck des § 138, der ein faires Verfahren gewährleisten soll und folglich die Wahrheits- und Vollständigkeitspflicht der Partei nicht nur ggü dem Gegner sondern auch ggü des Gerichts bestimmt (vgl MüKoZPO/*Wagner* Rn 13).

Das Verbot der wissentlichen Falschaussage erstreckt sich sowohl auf das Behaupten als auch auf das Bestreiten von **tatsächlichen Umständen**, also auf alle inneren und äußeren Vorgänge, die einer Nachprüfung durch einen Dritten zugänglich sind. Dazu gehören auch Rechtstatsachen, also Begriffe wie Kauf, Eigentum etc, durch die ein Anspruch der ausführenden Partei zB begründet werden soll. Rechtsausführungen hingegen müssen grds nicht von Seiten der Partei getätigt werden (iura novit curia) und sind nicht von der Wahrheitspflicht umfasst.

III. Pflicht zum vollständigen Vortrag. Durch Abs 1 wird die Partei ebenso zum vollständigen Tatsachenvortrag verpflichtet. Sie darf bewusst keine zur Klarstellung des Sachverhalts erkennbar erforderliche Tatsache verschweigen (sog **Verbot der Halbwahrheit**). Dadurch wird die Partei allerdings nicht verpflichtet, alle Einzelheiten des streitigen Lebenssachverhalts detailliert darzulegen. Vielmehr genügt es, diejenigen Umstände wiederzugeben, aus denen sich die für die gewünschte Rechtsfolge notwendigen Voraussetzungen ergeben (BGH NJW 91, 2707; NJW 99, 2887; NJW 00, 3286; NJW-RR 98, 1409; BGHReport 05, 1589). Der Umfang des vollständigen Vortrags hängt also in zentraler Weise von der Verteilung der Beweislast ab. Eine darüber hinausgehende Aufklärungspflicht der nicht beweisbelasteten Partei gibt es im deutschen Recht nicht (s.u. Rz 20). 5

Bezüglich der Tatsachen, die **Einwendungen** des Gegners begründen, gilt zwar grds, dass der Gegner neben der Beweislast auch die Darlegungslast trägt. Jedoch dürfen vom Anspruchsteller solche Tatsachen, von deren rechtshemmender, -hindernder oder -vernichtender Wirkung er selbst überzeugt ist, nicht verschwiegen werden. ZB darf der Kl nicht den vollen Betrag einklagen, wenn er bereits eine Teilzahlung erhalten hat und von dieser weiß (vgl MüKoZPO/*Wagner* Rn 6). Auch außergerichtlich von der Gegenseite bereits geltend gemacht Einreden dürfen nicht verschwiegen werden.

Müsste die Partei sich bei vollständigem Vortrag einer **Straftat** oder der **Unehrenhaftigkeit** bezichtigen, gewährt die hM ihr eine Ausnahme vom wahrheitsgemäßen und vollständigen Vortrag (BVerfG NJW 81, 1431; St/J/*Leipold* Rn 13 mwN). Dabei wird jedoch übersehen, dass die Position einer Partei vor Gericht nicht gleichzustellen ist mit der eines Zeugen, dem ein entsprechendes Aussageverweigerungsrecht nach § 384 Nr 2 zusteht: Der Zeuge wird völlig unfreiwillig in einen Prozess gezogen und muss deswegen geschützt werden. Die Parteien hingegen können vor Klageerhebung das Für und Wider eines Rechtsstreits bedenken, so dass sie abschätzen können, was sie entsprechend vorzutragen haben werden (vgl MüKoZPO/*Wagner* Rn 15).

IV. Folgen eines Verstoßes. 1. Prozessuale Folgen. Das Gesetz selbst sieht für einen Verstoß gegen die Wahrheits- und Vollständigkeitspflicht zunächst keine Sanktionen vor. Ein erkennbar – weil zB durch Beweis ermittelt – **falscher Tatsachenvortrag** der Partei bleibt vom Gericht schlicht **unberücksichtigt.** Ebenfalls tritt die nach § 331 I folgende Geständniswirkung bei Säumnis des Beklagten nicht ein, wenn das Gericht den Vortrag des Klägers als unwahr erkannt hat (vgl MüKoZPO/*Wagner* Rn 17). Jedoch berechtigt ein Verstoß gegen die Wahrheitspflicht den Gegner nicht zum Widerruf eines Rechtsmittelverzichts (BGH NJW 85, 2335). Der Verstoß kann eine **Restitutionsklage** (§ 580 Nr 4) begründen. Eine unwahre Behauptung kann jederzeit widerrufen werden, das neue Vorbringen kann aber uU als verspätet zurückgewiesen werden. 6

2. Materiellrechtliche Folgen. Die Lüge der Partei kann als **Prozessbetrug** nach § 263 StGB strafbar sein. Eine Klage auf Schadensersatz kann begründet sein, da der Prozessbetrug eine unerlaubte Handlung iSv § 263 StGB iVm § 823 II, 826 BGB darstellt (weshalb dahinstehen kann, ob § 138 I selbst ein Schutzgesetz darstellt; umstr vgl Zö/*Greger* Rn 7 mwN). Bei eigenständigem Bruch der Wahrheitspflicht durch den Prozessbevollmächtigten kann der Mandant aus § 280 I BGB gegen diesen vorgehen (Köln OLGR 04, 393). 7

C. Die Erklärungslast des Gegners (Abs 2). I. Allgemeines. Abs 2 ist Ausfluss des im Zivilprozess geltenden Verhandlungsgrundsatzes (Beibringungsgrundsatz, s.o. Einl Rz 28) und der Prozessförderungspflicht und ergänzt Abs 1. Sie dient der Klärung der Beweisbedürftigkeit der von der anderen Partei vorgetragenen Tatsachen. Abs 2 stellt keine prozessuale Pflicht, sondern lediglich eine Erklärungslast dar, bei deren Nichtbeachtung Abs 3 eingreift. Eine über Abs 2 hinausgehende allg Aufklärungspflicht gibt es im deutschen Recht nicht (s.u. Rz 20). 8

II. Voraussetzung der Erklärungslast. Jede Partei hat sich gem Abs 2 über die vom Gegner behaupteten Tatsachen zu erklären. Damit ist als Grundvoraussetzung ein **substantiiertes Vorbringen** der anderen Partei von Nöten, dh die behaupteten Tatsachen müssen ausreichen, um das geltend gemachte Recht zu 9 begründen. Dabei reicht es aus, wenn der Anspruchsteller sich auf die wesentlichen Tatsachen beschränkt, die das entsprechende Recht begründen. So genügt es zB bei einer Klage auf Kaufpreiszahlung, den Vertragsschluss zu behaupten, oder bei einer Klage auf Herausgabe das Eigentum geltend zu machen (vgl MüKoZPO/*Wagner* Rn 18). Ein detailliertes Vorbringen (zB Erklärung über die Umstände des Vertragsschlusses) ist erst nach Bestreiten der anderen Partei notwendig.

10 **III. Umfang der Erklärungslast.** Der Umfang der Erklärungslast richtet sich ausschließlich nach dem Umfang des Vortrags der anderen Partei (BGH NJW 99, 1404). Jede Erklärung des Gegners setzt also voraus, dass die zunächst vortragende Partei einen einlassungsfähigen Sachvortrag behauptet, also einen Vortrag, der erkennen lässt, welcher konkrete Lebenssachverhalt angesprochen ist (dazu iE *Brose* MDR 08, 1315, 1317). Dann hat der Gegner sich konkret und gezielt zu den Behauptungen der andern Partei zu äußern. Er muss eine dem Vortrag der gegnerischen Partei entsprechende **Gegendarstellung** geben. Wurden zu einer bestimmten Tatsache keine konkreten Einzelheiten genannt, hat dies auch nicht vom Gegner zu erfolgen. Folglich bleibt von der Erklärungslast die Pflicht der behauptungs- und beweisbelasteten Partei unberührt, die für sie günstigen rechtshindernden, -hemmenden oder -vernichtenden Tatsachen vorzutragen.
Jedoch genügt ein einfaches Bestreiten nicht, wenn der Anspruchsteller genauere Angaben zu bestimmten Tatsachen dargelegt hat. Auf eine substantiierte Tatsachenbehauptung hat ein ebenso **substantiiertes Bestreiten** der gegnerischen Seite zu folgen. So reicht es zB nicht aus, das bloße Bestehen eines Kaufvertrages zu bestreiten, wenn die Gegenpartei substanziiert vorgetragen hat, wann, wo und unter welchen Umständen der Vertrag geschlossen wurde. In diesem Fall führt das einfache Bestreiten zu Abs 3. Ebenso ist die beliebte Floskel, iÜ werde alles bestritten, was nicht ausdrücklich zugestanden wurde, unbeachtlich. Die für eine substantiierte Gegendarstellung notwendigen Informationen hat sich die Partei selbst zu beschaffen, soweit sie dazu in der Lage ist. Wenn dem Beklagten allerdings ein substantiierter Vortrag schlichtweg nicht möglich ist, zB weil er von dem Kl vorgetragenen Tatsachen keine Kenntnis hat und sich auch keine Kenntnis verschaffen kann, ist **ausnahmsweise einfaches Bestreiten** ausreichend.

11 **IV. Verteilung der Darlegungslast.** Der Grundsatz, dass der Umfang der Erklärungslast des Gegners sich nach dem Vorbringen der anderen Partei richtet, wird von der stRspr des BGH mit einer wichtigen Ausnahme versehen. Demnach mindert sich die (konkrete) Darlegungslast der pflichtigen Partei, wenn sie außerhalb der von ihr darzulegenden Geschehensabläufe steht und keine nähere Kenntnis der maßgeblichen Tatsachen besitzt, während den Prozessgegner sie hat und ihm hingegen nähere Angaben zumutbar sind (BGH NJW 90, 3151; NJW-RR 02, 1280 mwN; NJW 05, 2614; NJW 09, 2894 f; vgl auch MüKoZPO/*Wagner*, Rn 21 mwN). Man spricht von einer sog »**sekundären Darlegungslast**«, die von der Rspr mit dem Hinweis auf die Grundzüge von Treu und Glauben begründet wird (Begründung umstr, dazu s.u. § 286 Rz 81; ferner MüKoZPO/*Wagner* Rn 22). Da auf der Darlegungs- oder Behauptungslast auch die (subjektive) Beweislast fußt, folgt aus der Rechtsfigur der sekundären Darlegungslast auch eine sekundäre (konkrete) Beweisführungslast. Bleibt freilich im Ergebnis ein non liquet, so ist nach der objektiven (abstrakten) Beweislast zu entscheiden, die von der sekundären Darlegungs- und Beweisführungslast nicht beeinflusst ist. Zum Ganzen eingehend Baumgärtel/*Laumen* Bd 1 § 3 Rn 40 ff, 58 ff, 61.
Für die Erklärungslast des Gegners nach Abs 2 bedeutet dies, dass dieser in solchen Fällen eine reine Tatsachenbehauptung iRd Zumutbaren unter Darlegung der für das Gegenteil sprechenden Tatsachen **substanziiert bestreiten** muss (BGH NJW 08, 982). Kommt der Gegner dem nicht nach, folgt auch hier die Geständniswirkung des Abs 3.

12 **D. Die Geständnisfiktion des Abs 3. I. Anwendungsbereich.** Das Gericht hat Abs 3 gem alle unbestrittenen Behauptungen als zugestanden anzusehen und muss diese als Streitstoff seinem Urt zugrunde legen. Dies ist Ausfluss des Beibringungsgrundsatzes. Aufgrund dessen findet Abs 3 nur in **Verfahren mit Beibringungsgrundsatz** Anwendung (allerdings auch in der Zwangsvollstreckung, Kobl MDR 97, 883), jedoch nicht in den Verfahren der Untersuchungsmaxime und ebenso wenig in den Fällen der Prüfung vAw (str, aA Musielak/*Stadler* Rn 12). Beim Versäumnisverfahren gelten die Sondervorschriften der §§ 330 ff, 542. Abs 3 gilt auch für tatsächlich vorgebrachte, aber verspätete Behauptungen des Gegners. Auch Abs 3 gilt lediglich für Tatsachen, also nicht für Umstände, denen eine wertende Betrachtung zugrunde liegt.

13 **II. Voraussetzungen.** Voraussetzung für die Geständniswirkung des Abs 3 ist, dass die belastete Partei das Vorbringen des Gegners weder ausdrücklich noch konkludent bestreitet. **Ausdrückliches Bestreiten** (»die Behauptung X trifft nicht zu«) stellt den Regelfall im Prozessalltag dar. Wie substanziiert dieses Bestreiten

sein muss, richtet sich nach dem Substantiierungsgrad des von der anderen Partei Vorgebrachten (Rz 10). Noch kein Bestreiten stellt der Antrag des Prozessbevollmächtigten dar, die Klage abzuweisen, weil er keine Informationen erhalten habe. Ebenso ist ein pauschales Bestreiten (»ins Blaue hinein«) unbeachtlich, zB wenn das gesamte gegnerische Vorbringen bestritten wird.
Konkludentes Bestreiten liegt vor, wenn die Behauptung der Gegenseite nicht in der oben skizzierten Form ausdrücklich bestritten wurde, sich jedoch sich aus den eigenen Darstellungen ein anderes Bild der Tatsachen ergibt. Bestehen seitens des Gerichts Zweifel darüber, ob bestritten wurde, hat es seiner Aufklärungspflicht nach § 139 nachzukommen. Dies ist insb bei Tatsachen relevant, die eine Partei offensichtlich nicht als entscheidungserheblich erkannt hat und sie infolge dessen nicht ausdrücklich bestritten hat.
Ebenfalls Folge des Beibringungsgrundsatzes ist, dass das Gericht auch das **Bestreiten begünstigenden Vorbringens** der Gegenseite berücksichtigen muss. Die Behauptungen dürfen nicht zugunsten des Bestreitenden als unstr verwertet werden (BGH NJW 89, 2756).

III. Rechtsfolgen. Das Nichtbestreiten führt nach Abs 3 zur **Geständnisfiktion** der vom Gegner behaupteten Tatsachen. Diese sind nicht beweisbedürftig (BGH NJW 87, 499). Die Fiktion unterscheidet sich vom förmlichen Geständnis nach § 288 dadurch, dass ihr die Bindungswirkung fehlt. Die Partei kann das Bestreiten im Prozess nachholen, allerdings vorbehaltlich der Präklusion wegen Verspätung (§§ 282, 296, 296, 530, 531). In den Fällen, in denen ein Geständnis iSd § 288 unbeachtlich wäre (zB aufgrund offenkundiger Unrichtigkeit), greift auch die Wirkung des Abs 3 nicht ein, dh offenkundig unwahre, nicht bestrittene Behauptungen gelten nicht als zugestanden. 14

E. Erklärung mit Nichtwissen (Abs 4). I. Grundsätzliches. Die Erklärung mit Nichtwissen nach Abs 4 stellt einen **Sonderfall** des Bestreitens dar. Sie ist dann zulässig, wenn der Erklärende tatsächlich keine Kenntnis der von der gegnerischen Partei behaupteten Tatsachen hat, weil sie zB nicht Gegenstand seiner eigenen Wahrnehmung waren, oder weil er sie vergessen hat. Um nicht von der Sanktion des Abs 3 erfasst zu werden, erlaubt Abs 4 eine Erklärung über diese Tatsachen auch ohne Wissen über deren Vorliegen. 15

II. Zulässigkeit. Grundsätzlich können nach Abs 4 Erklärungen mit Nichtwissen nur über diejenigen Tatsachen abgegeben werden, die **nicht Gegenstand eigener Handlungen oder Wahrnehmungen** gewesen sind (BGH NJW 09, 2894 f). Eine **Ausnahme** dazu bilden Tatsachen, die in weiter Vergangenheit liegen, sofern die Partei nach der Lebenserfahrung glaubhaft machen kann, dass sie sich nicht zu erinnern vermag. Der dafür maßgebliche Zeitpunkt ist der Moment, in dem sich die Partei vor Gericht zu erklären hat (BGH NJW-RR 02, 612). Bestreitet eine Partei nach Abs 4 mit Nichtwissen und macht sie weiterhin nähere Angaben dazu »ins Blaue hinein«, so ist dies – auch in Anbetracht des zu Abs 1 Gesagten (Rz 4) – ebenfalls zulässig. 16

III. Zurechnung fremden Wissens. Die Zurechnung fremden Wissens erfolgt bei Abs 4 lediglich für das Wissen eines **gesetzlichen Vertreters**. Das Wissen rechtsgeschäftlicher Vertreter kann indes nicht – etwa über eine Analogie des § 166 I BGB – zugerechnet werden (aA Musielak/*Stadler* Rn 17), da § 138 IV nicht eine Wissenszurechnung nach Sphären zum Gegenstand hat, sondern die subjektive Wahrhaftigkeit der Partei. Auch Kenntnisse eines sonstigen Dritten wie zB eines Versicherungsnehmers, Fahrzeugführers, Angestellten oder Beauftragten sind nicht zuzurechnen und stellen somit kein Hindernis einer Erklärung mit Nichtwissen dar (vgl MüKoZPO/*Wagner* Rn 29). 17

IV. Erkundigungs- und Informationspflicht. Verfügt die Partei betreffend die behaupteten Tatsachen lediglich über kein aktuelles Wissen, so muss sie sich im Rahmen ihre Erklärungslast nach Abs 2 die notwendigen Informationen – soweit zumutbar – einholen und ihr **Wissen auffrischen.** Dies kann zB durch das Nachschlagen in eigenen Unterlagen geschehen. 18
Ebenso ist die Partei verpflichtet, sich das Wissen derjenigen Personen, die unter ihrer Anleitung, Aufsicht oder Verantwortung tätig sind, einzuholen, da die Partei sich nicht durch arbeitsteilige Organisation ihres Betätigungsbereichs ihrer prozessualen Aufklärungspflichten entziehen können soll (BGH NJW 99, 53: NJW-RR 02, 612: NJW 04, 92). Demnach stehen Vorgänge im **eigenen Geschäfts- oder Verantwortungsbereich** den eigenen Handlungen oder Wahrnehmungen gleich. Dies stellt allerdings auch die Grenze der Informationspflicht dar: Die Partei muss sich nur diese Erkenntnisse einholen, deren Verlust auf die Arbeitsteilung zurückzuführen ist (vgl Zö/*Greger* Rn 16 mwN).

19 **V. Prozessuale Folgen.** Gibt die Partei unzulässigerweise eine Erklärung mit Nichtwissenab, hat dies ebenfalls die **Geständniswirkung** des Abs 3 zur Folge.

20 **F. Allgemeine Aufklärungspflicht.** Aus § 138 ist verschiedentlich der Schluss gezogen worden, es müsse im Prozess eine allgemeine Aufklärungspflicht der nichtbeweisbelasteten Partei geben. Im Wege einer Rechtsanalogie wurden dabei die Abs 1 u 2 sowie die §§ 423 ff herangezogen (grdl *Stürner*; früher schon *v. Hippel*). Die hM und die Rspr sind dem zu Recht nicht gefolgt (BGH NJW 90, 3151; NJW 92, 1817, 1819; NJW 97, 128, 129; NJW 00, 1108, 1109; NJW 07, 155, 156; NJW 07, 2989, speziell zu § 142; Baumgärtel/*Prütting* Bd 1, § 16). Durch eine solche umfassende Aufklärungspflicht der nichtbeweisbelasteten Partei würde das System der Beweislastverteilung ausgehöhlt. Gerade § 138 II würde funktionslos, weil bereits nach allgemeinen Regeln jede Partei in diesem Fall alles offenbaren müsste, was sie weiß. Die zeigt, dass § 138 nicht als Analogiebasis geeignet ist. Die weiteren für die Rechtsanalogie herangezogenen Normen (§ 423, 445, 448, 372a) stellen eine sehr schmale Analogiebasis dar. Zum Wesen einer den Zivilprozess prägenden kontradiktorischen Verfahrensgestaltung gehört es, dass die nichtbeweisbelastete Partei weder zur Sachverhaltsaufklärung beitragen muss noch Nachteile aus einer verbliebenen Unklarheit zu tragen hat. Keine Partei ist verpflichtet, bei der Ermittlung des Sachverhalts die Sache ihres Gegners zu betreiben. Von diesem Grundsatz wird zu Recht abgewichen, wenn sich eine materiellrechtliche Verpflichtung ergibt, dem Gegner Informationen zu übermitteln. An vielen Stellen der Rechtsordnung zeigt sich, dass das deutsche Recht materiellrechtlich geprägte Aufklärungspflichten in größerer Zahl kennt (§ 422 iVm Vorlegungsansprüchen gem §§ 716, 810, 896, 1145, 1799 BGB sowie Rechnungslegungsansprüchen gem §§ 666, 675, 681, 687, 713, 1698, 1890, 2130, 2218 BGB). Der Streit um das Verhältnis von § 138 zu einer allg Aufklärungspflicht hat auch für das Verständnis von § 142 Bedeutung (s.u. § 142 Rz 1).

21 **G. Geheimnisschutz im Zivilprozess.** Dazu s.u. § 142 Rz 17.

§ 139 Materielle Prozessleitung.

(1) [1]Das Gericht hat das Sach- und Streitverhältnis, soweit erforderlich, mit den Parteien nach der tatsächlichen und rechtlichen Seite zu erörtern und Fragen zu stellen. [2]Es hat dahin zu wirken, dass die Parteien sich rechtzeitig und vollständig über alle erheblichen Tatsachen erklären, insbesondere ungenügende Angaben zu den geltend gemachten Tatsachen ergänzen, die Beweismittel bezeichnen und die sachdienlichen Anträge stellen.
(2) [1]Auf einen Gesichtspunkt, den eine Partei erkennbar übersehen oder für unerheblich gehalten hat, darf das Gericht, soweit nicht nur eine Nebenforderung betroffen ist, seine Entscheidung nur stützen, wenn es darauf hingewiesen und Gelegenheit zur Äußerung dazu gegeben hat. [2]Dasselbe gilt für einen Gesichtspunkt, den das Gericht anders beurteilt als beide Parteien.
(3) Das Gericht hat auf die Bedenken aufmerksam zu machen, die hinsichtlich der von Amts wegen zu berücksichtigenden Punkte bestehen.
(4) [1]Hinweise nach dieser Vorschrift sind so früh wie möglich zu erteilen und aktenkundig zu machen. [2]Ihre Erteilung kann nur durch den Inhalt der Akten bewiesen werden. [3]Gegen den Inhalt der Akten ist nur der Nachweis der Fälschung zulässig.
(5) Ist einer Partei eine sofortige Erklärung zu einem gerichtlichen Hinweis nicht möglich, so soll auf ihren Antrag das Gericht eine Frist bestimmen, in der sie die Erklärung in einem Schriftsatz nachbringen kann.

Inhaltsübersicht

	Rz
A. Allgemeines	1
I. Normzweck	1
II. Systematischer Zusammenhang	2
1. Materielle Verfahrensleitung und Dispositionsmaxime	2
2. Materielle Verfahrensleitung und das Recht auf rechtliches Gehör (Art 103 I GG)	3
III. Allgemeine Voraussetzungen der Erörterungspflicht	4
1. Anwendungsbereich	4
2. Gegenstand	5
3. Anlass zur Erörterung	6
IV. Folgen der Verletzung von Pflichten nach Abs 1–3	7
B. Allgemeine materielle Prozessleitung durch Erörterung und Aufklärung (Abs 1)	8
I. Hinweise in Bezug auf tatsächliches Vorbringen	8
II. Sachdienliche Anträge	9
1. Beseitigung von Unklarheiten	9
2. Klageänderung	10

	Rz
III. Beweismittel	11
IV. Hinweise auf andere Anspruchsgrundlagen oder Einreden	12
C. Verbot von Überraschungsentscheidungen (Abs 2)	13
I. Grundsatz	13
II. Gegenstand und Voraussetzungen der Hinweispflicht nach Abs 2	14
1. Für Entscheidung der Hauptsache erheblicher Gesichtspunkt	15
2. Überraschender Charakter der Entscheidung	16
D. Hinweispflicht bezüglich Bedenken bei vAw zu berücksichtigenden Punkten (Abs 3)	17
E. Zeitpunkt der richterlichen Aufklärung und Dokumentationspflicht (Abs 4)	18
I. Zeitpunkt	18
II. Dokumentationspflicht	19
F. Schriftsatzfrist (Abs 5)	20
G. Geheimnisschutz im Zivilprozess	21

A. Allgemeines. I. Normzweck. § 139 verpflichtet das Gericht, durch Fragen und Hinweise an die Parteien auf eine sachgerechte Prozessführung durch diese hinzuwirken. Die materielle Prozessleitung durch das Gericht (zur Abgrenzung von der formellen Prozessleitung s. § 136 Rz 1 f) soll ein faires und effizientes Verfahren sicherstellen, das möglichst optimale Rahmenbedingungen zur gerechten und angemessenen Lösung des Konflikts bietet (grdl *Rensen*; zuletzt *Stürner* ZZP 123, 147 mwN). Der durch das Gesetz **zur Aktivität verpflichtete Richter** darf sich daher nicht damit begnügen, passiv das Vorbringen der Parteien zur Kenntnis zu nehmen und zu würdigen, er muss sich vielmehr mit den Parteien in den Grenzen von § 139 über den Streitstoff in rechtlicher und tatsächlicher Hinsicht auseinandersetzen, nicht zuletzt um die Akzeptanz der Entscheidung zu fördern (BTDrs 14/3722, 60). Das zwingt den Richter nicht automatisch zu einem Rechtsgespräch mit den Parteien (s.u. Rz 5). Die Einforderung eines Rechtsgesprächs ist Anwaltssache (*Hirtz* AnwBl 12, 21). 1

II. Systematischer Zusammenhang. 1. Materielle Verfahrensleitung und Dispositionsmaxime. Im Ausgangspunkt obliegt es aufgrund der Dispositionsmaxime und des Beibringungsgrundsatzes den Parteien, den Prozess zu führen. Sie müssen die Anträge formulieren, die relevanten Tatsachen vortragen, einschlägige Beweismittel benennen und ggf Einreden erheben. Das Gericht soll durch die materielle Prozessleitung die Parteien bei der Erfüllung dieser Prozessführungslast lediglich unterstützen und ihnen die effektive Nutzung ihrer Rechte ermöglichen. Die materielle Prozessleitung durch das Gericht steht daher nicht in einem Gegensatz zur Dispositionsmaxime und zum Beibringungsgrundsatz, sondern in einem dienenden Verhältnis (St/J/*Leipold* Rn 2). Sie ist keine Durchbrechung des Beibringungsgrundsatzes (Einl Rz 28). § 139 führt auch nicht zu einer »Kooperationsmaxime« (*Prütting* NJW 80, 361, 362, 364). Das **Verhältnis zwischen Richtermacht und Parteifreiheit** wurde auch durch die Neufassung der Norm iRd ZPO-RG nicht grds neu definiert (*Prütting* FS Musielak, 397, 410; *Katzenmeier* JZ 02, 533, 537). Gerade weil § 139 die Fairness des Verfahrens fördern soll, darf sich der Richter in Ausübung seiner Pflichten aus § 139 keinesfalls auf die Seite der »schwächeren« Partei stellen. Insbesondere erlaubt es die Vorschrift auch in ihrer veränderten Fassung dem Gericht nicht, auf neue Anspruchsmöglichkeiten des Klägers oder noch nicht geltend gemachte Gestaltungsrechte und Einreden des Beklagten hinzuweisen. Das Gericht darf nur Hilfestellung geben, aber nicht selbst im Interesse einer Partei die Initiative ergreifen. Es bleibt auch insoweit strikt **zur Neutralität verpflichtet** (BGH NJW 04, 164), will es sich nicht der Gefahr einer Ablehnung wegen Befangenheit nach § 42 aussetzen. Die Grenze zwischen gebotenem Hinweis und unzulässiger Parteinahme ist nur im Einzelfall zu ziehen. 2

2. Materielle Verfahrensleitung und das Recht auf rechtliches Gehör (Art 103 I GG). Aus § 139 folgt für das Gericht eine Pflicht zur Kommunikation mit den Parteien, um Unklarheiten auszuräumen und auf sachgerechte Anträge hinzuwirken. Art 103 I GG gewährt dagegen dem Einzelnen lediglich ein Recht darauf, dass das Gericht sein Anliegen zur Kenntnis nimmt und in Erwägung zieht. Eine Pflicht zum Rechtsgespräch oder eine allgemeine Frage- und Aufklärungspflicht des Gerichts ist dagegen verfassungsrechtlich nicht verbürgt (BVerfG NJW-RR 02, 69). § 139 geht insofern über Art 103 GG hinaus (BVerfGE 84, 188, 190; NJW-RR 05, 936, 937). Soweit es allerdings um das in § 139 II 2 geregelt Verbot der Überraschungsentscheidung geht, wird eine Verletzung oft zugleich auch ein Grundrechtsverstoß sein, der mangels anderer Rechtsbehelfe gegen die Entscheidung mit der Verfassungsbeschwerde gerügt werden kann. 3

4 **III. Allgemeine Voraussetzungen der Erörterungspflicht. 1. Anwendungsbereich.** § 139 gilt in **allen Instanzen** (bei Verfahren vor dem Amtsgericht ist zusätzlich § 504 zu beachten) und Verfahrensarten (zum Zwangsvollstreckungsverfahren BGH NJW 08, 1742). Ob die Parteien **anwaltlich vertreten** sind, ist für die Anwendbarkeit der Vorschrift unerheblich (BGH NJW 03, 3626).

Entsprechend seiner systematischen Stellung betrifft § 139 va die Pflichten des Gerichts in Bezug auf die **Vorbereitung und Durchführung der mündlichen Verhandlung.** Weil Hinweise nach § 139 gem Abs 4 »so früh wie möglich« zu erteilen sind, ist die Vorschrift auch in einem frühen ersten Termin nach § 275 anzuwenden, mit dem der Haupttermin vorbereitet werden soll. Auch nach der Beweisaufnahme besteht die Hinweispflicht des § 139, sie bezieht sich dann – wie § 279 III verdeutlicht – auch auf die Ergebnisse der Beweisaufnahme.

Für die **Güteverhandlung** sieht § 278 II 2 vor, dass das Gericht »den Sach- und Streitstand unter freier Würdigung aller Umstände« mit den Parteien erörtert. Der Unterschied zu § 139 liegt va darin, dass durch eine Erörterung nach § 278 va eine einvernehmliche Lösung herbeigeführt werden soll. Eine vergleichbare Zielorientierung kennt § 139 trotz § 278 I nicht. Unzulässig sind daher richterliche Hinweise an eine Partei, um damit der Gegenseite einen gerichtlichen Vergleichsvorschlag nahezubringen.

§ 139 gilt auch für schriftliche Verfahren (§§ 128 II, 495a) oder Verfahrensabschnitte (§ 276). Aus der Schriftlichkeit des Verfahrens erfolgt nicht notwendigerweise, dass auch die Hinweise schriftlich zu erteilen sind. Mündliche Erteilung ist zulässig, allerdings muss auch die mündliche Hinweiserteilung aktenkundig gemacht werden (Abs 4).

5 **2. Gegenstand.** Aus § 139 ergibt sich eine Pflicht des Gerichts, die wesentlichen rechtlichen und tatsächlichen Punkte des Streits (Sachverhältnis) mit den Parteien umfassend zu erörtern. Welche Punkte für den Streit wesentlich sind, bemisst sich nicht nach der Einschätzung der Parteien, sondern bestimmt das Gericht iRd vom Kl bestimmten Streitgegenstands und der vom Beklagten vorgebrachten Einreden. Die Erörterungspflicht betrifft auch das Verfahren selbst in seiner jeweiligen konkreten Lage (Streitverhältnis). Zu erörtern können danach sein etwa die tatsächlichen Behauptungen der Parteien, angebotene Beweismittel, das Ergebnis der Beweisaufnahme, Sach- und Verfahrensanträge der Parteien oder die rechtlich problematischen Punkte des Streits. Das Gericht ist somit zu einem **»offenen Rechtsgespräch«** mit den Parteien verpflichtet (St/J/*Leipold* Rn 19), in dessen Verlauf das Gericht auch berechtigt ist, seine eigene vorläufige Beurteilung der Rechtslage den Parteien mitzuteilen (München MDR 04, 52). Eine Pflicht besteht insoweit aber nur in den Grenzen des Verbots der Überraschungsentscheidung (Abs 2), darüber hinaus ist es Sache der Parteien und ihrer Anwälte, ein Rechtsgespräch einzufordern (s.o. Rz 1).

6 **3. Anlass zur Erörterung.** Für Fragen zur Klärung des Sach- und Streitstands und für Hinweise in Bezug auf eine Ergänzung oder Änderung des Parteivorbringens muss ein konkreter Anlass bestehen. Die Erörterungspflicht des Gerichts entsteht bei Unklarheiten, Widersprüchen, Lücken im Vortrag einer oder auch beider Parteien bzgl vom Gericht für wesentlich erachteter Punkte. Maßgeblich für eine etwaige Verletzung der Aufklärungspflicht ist der materiell-rechtliche Standpunkt des Gerichts ohne Rücksicht auf seine Richtigkeit (BGH NJW 09, 355).

Eine Hinweispflicht nach Abs 1 besteht nicht hinsichtlich solcher Anforderungen an den Sachvortrag, mit denen ein **gewissenhafter und kundiger Prozessbeteiligter** nach dem bisherigen Prozessverlauf rechnen musste (BGH NJW-RR 98, 16; vgl auch BVerfG NJW 94, 1274). Insbesondere besteht dann keine Hinweispflicht des Gerichts, wenn das Verhalten einer Partei den Schluss zulässt, dass sie nicht näher vortragen kann oder will (BGH NJW 03, 3626). Ob sich im Anwaltsprozess ein Hinweis erübrigt, wenn bereits die Gegenseite auf Unklarheiten oder Lücken im Vortrag hingewiesen hat, ist str (bejahend Musielak/*Stadler* Rn 7; verneinend Zö/*Greger* Rn 3; *Stöber* NJW 05, 3601, 3603; *Rensen* MDR 08, 1075). Der Hinweis, dass das Gericht Adressat der Aufklärungspflicht ist (*Schneider* ZAP Beilage 5/01, 12), führt insoweit nicht weiter. Entscheidend ist, ob ein gerichtlicher Hinweis trotz der Bemängelung durch den Gegner noch erforderlich ist. Grundsätzlich kann man eine Kritik des Gegners am Parteivorbringen und einen gerichtlichen Hinweis nicht gleichsetzen, da der Gegner durch den Hinweis in erster Linie seine eigene Sache fördern will. Daher ist es wenig wahrscheinlich, dass eine Partei Hinweise ihres Gegners aufgreift. Das Gericht sollte daher zu erkennen geben, dass es die Bedenken des Gegners teilt.

7 **IV. Folgen der Verletzung von Pflichten nach Abs 1–3.** Die Erörterung klärungsbedürftiger Punkte des Sach- und Streitverhältnisses durch Fragen und Hinweise ist eine Pflicht des Gerichts. Ein Ermessen besteht insoweit nicht, allenfalls ist dem Gericht ein enger Beurteilungsspielraum hinsichtlich der Klärungsbedürf-

tigkeit zuzugestehen. Die Hinweiserteilung kann in der mündlichen Verhandlung, schriftlich oder auch telefonisch (vgl die Gesetzesbegründung BTDrs 14/4722, 78) erfolgen. Bei schriftlichen oder telefonischen Hinweisen ist aber darauf zu achten, dass der Gesichtspunkt der Waffengleichheit nicht verletzt wird. Daher kann es angezeigt sein, in diesen Fällen auch die andere Seite von der Hinweiserteilung in Kenntnis zu setzen. Zur Dokumentationspflicht unten Rz 19.

Sowohl die Unterlassung eines gebotenen Hinweises oder einer erforderlichen Aufklärung wie auch die Erteilung eines unklaren (BAG NZA 08, 1206), fehlerhaften oder irreführenden Hinweises können ein Verfahrensmangel sein. Unzulässig ist umgekehrt aber zweifellos auch ein richterlicher Hinweis (zB auf einen möglichen Prozessvergleich), wenn sich dieser Hinweis als Drohung oder unzulässiger Druck darstellt (BAG NZA 10, 1250). Solche Verletzungen der richterlichen Aufklärungs- und Hinweispflicht können sowohl Konsequenzen für den jeweiligen Rechtszug als auch im Hinblick auf Rechtsbehelfe gegen die Entscheidung haben. Das Gericht, das den Hinweis oder die erforderliche Aufklärung versäumt hat, darf entsprechenden Vortrag nicht nach § 296 zurückweisen, wenn das Unterbleiben des Hinweises zur Verzögerung beigetragen hat (Ddorf WM 08, 2310).

Verletzt das Gericht seine Frage- und Hinweispflicht, so konstituiert dies einen **wesentlichen Verfahrensmangel** und damit eine für die Entscheidung wesentliche Verletzung des Gesetzes, auf die Berufung und Revision gestützt werden können. Ob die Nichterteilung eines Hinweises fehlerhaft war, bemisst sich auch in der Rechtsmittelinstanz allein vor dem Hintergrund der (möglicherweise vom Rechtsmittelgericht nicht geteilten) materiellen Rechtsansicht des Gerichts der vorherigen Instanz (BGH NJW 01, 3479, 3481). Eine Verletzung des § 139 kann somit nicht darauf gestützt werden, dass die Rechtsansicht des Gerichts falsch war und das Gericht nicht auf die in den Augen des Rechtsmittelgerichts »richtige« Sichtweise hingewiesen hat (BGH MDR 09, 26 = NJW 09, 355).

Die Einlegung eines Rechtsmittels setzt weiter voraus, dass die Partei im Einzelnen vorträgt, wie sie auf den Hinweis – wäre er pflichtgemäß erteilt worden – reagiert hätte (BAG NZA 08, 1206). Im **Berufungsverfahren** wirken sich Verstöße gegen § 139 durch die 1. Instanz iRv § 529 I Nr 1 und § 531 II Nr 2 aus, so dass neu vorgetragene Tatsachen oder neue Angriffs- oder Verteidigungsmittel aufgrund des fehlenden Hinweises in der 1. Instanz zuzulassen sind (BGH NJW-RR 05, 213). Einen Verstoß gegen § 139 zu rügen, kann insofern ein Vehikel sein, andernfalls präkludiertes Vorbringen in die Berufungsinstanz einzuführen. Bei schweren Fehlern kann das Berufungsgericht unter den Voraussetzungen von § 538 II 1 Nr 1 das fehlerhafte Urt aufheben und die Sache an das Gericht des ersten Rechtszugs zurückverweisen. Das Revisionsgericht hat diese Möglichkeit nach §§ 562, 563 (BGH NJW-RR 91, 256). Verstößt ein richterlicher Hinweis gegen die Neutralitätspflicht des Gerichts, kann dies mit der Revision nicht mehr gerügt werden, wenn die Partei ihr Ablehnungsrecht in der Vorinstanz durch Antragstellung und weitere Einlassung nach § 43 verloren hat (BGHZ 165, 223, 226 = NJW 06, 695). Bei Urteilen, gegen die weder Berufung noch Revision statthaft sind, kommt bei Verletzungen der Hinweis- und Aufklärungspflicht die **Gehörsrüge** nach § 321a in Betracht.

Versäumt das Gericht die rechtzeitige Aufklärung unklarer, für die **PKH-Bewilligung** wesentlicher Punkte, kann Prozesskostenhilfe ausnahmsweise auch nach Instanzende mit Rückwirkung gewährt werden. Denn aus einer Verletzung gerichtlicher Obliegenheiten nach § 139 darf dem Antragsteller kein Nachteil erwachsen.

B. Allgemeine materielle Prozessleitung durch Erörterung und Aufklärung (Abs 1). I. Hinweise in Bezug auf tatsächliches Vorbringen. Trägt eine Partei lückenhaft (BGH NJW-RR 03, 742; NJW-RR 03, 1718; MDR 08, 877), unverständlich (BAG NJW 89, 1236), mehrdeutig oder widersprüchlich (BGH NJW-RR 02, 1071) vor, so hat das Gericht durch entsprechenden Hinweis auf eine Ergänzung des Vortrags hinzuwirken. Lückenhafter Vortrag kann sich auch daraus ergeben, dass eine Partei ihr Vorbringen auf einer vom Gericht nicht geteilten Rechtsansicht aufbaut (Köln NJW-RR 98, 1686), so dass es etwa an der Schlüssigkeit der Klage auf Basis der vom Gericht für einschlägig gehaltenen Anspruchsgrundlage fehlt. Sind die Bedenken des Gerichts gegen die **Schlüssigkeit** der Klageforderung nach Anhörung des Klägers in der mündlichen Verhandlung nicht ausgeräumt, muss es zur Vermeidung einer unzulässigen Überraschungsentscheidung diesen unmissverständlich hierauf hinweisen und ihm Gelegenheit zum weiteren Vortrag geben (BGH NJW-RR 04, 281; NJW-RR 08, 1649). Das Gericht erfüllt seine Hinweispflicht nicht, indem es vor der mündlichen Verhandlung **allgemeine oder pauschale Hinweise** erteilt. Vielmehr muss es die Parteien auf den fehlenden Sachvortrag, den es als entscheidungserheblich ansieht, unmissverständlich hinweisen und ihnen die Möglichkeit eröffnen, ihren Vortrag sachdienlich zu ergänzen (BGHZ 140, 365, 371; BGHZ 164, 166). Hat der Adressat des Hinweises diesen nicht richtig verstanden, muss das Gericht den 8

Hinweis wiederholen und erläutern und der Partei erneut Gelegenheit zur Stellungnahme geben. Das Gleiche gilt vor dem Hintergrund des Verbots der Überraschungsentscheidung (Abs 2) dann, wenn das Gericht von seiner in einer gerichtlichen Verfügung geäußerten Auffassung später abweichen will (BGH NJW 02, 3317). Hat ein Gericht die Partei aber bereits eindeutig und unmissverständlich auf die einschlägige Rechtsprechung des Bundesgerichtshofs zu einer entscheidungserheblichen Rechtsfrage hingewiesen, muss es den Hinweis nicht wiederholen, wenn die Partei ihren Sachvortrag nicht auf den rechtlichen Hinweis eingerichtet hat (BGH NJW 08, 2036). § 139 berechtigt nicht dazu, den Parteien Vorgaben über die Länge von Schriftsätzen zu machen (Frankf NJW-RR 08, 1080).

9 **II. Sachdienliche Anträge. 1. Beseitigung von Unklarheiten.** Das Gericht ist nach § 139 gehalten, eine Partei auf Unklarheiten in gestellten Sachanträgen hinzuweisen, schon um für eine eindeutige Abgrenzung des Streitgegenstands zu sorgen. Das Gericht hat darauf hinzuwirken, dass eine dem Klageantrag entsprechende Urteilsformel die Grundlage für die Zwangsvollstreckung bilden kann (BGHZ 162, 365, 368). So ist es geboten, den Kl auf die Erforderlichkeit einer Aufzählung der herauszugebenden Zubehörstücke (RGZ 13, 264, 267), Präzisierung einer Klage auf Störungsbeseitigung (BGH NJW 92, 1101), auf die Erforderlichkeit der Aufschlüsselung einer Teilklage nach verschiedenen Beträgen (BGH NJW 58, 1590) hinzuweisen. Die Unklarheit kann sich auch auf das Verhältnis mehrerer Anträge zueinander beziehen (BGHZ 69, 47, 52).

10 **2. Klageänderung.** Problematisch ist, inwieweit das Gericht eine Klageänderung anregen darf. Vollkommen neue, über das bisher Beantragte hinausgehende Anträge darf das Gericht nicht anregen (Unzulässigkeit der Anregung, Vollstreckungsschutz zu beantragen, BGH MDR 78, 37; Möglichkeit der Stellung eines Wiedereinsetzungsantrags, BGH VersR 75, 981, 982). Es hat sich bei seinen Anregungen an dem von den Parteien bisher vorgetragenen Lebenssachverhalt und den sich aus den gestellten Anträgen begehrten Begehren zu orientieren und darf nicht gänzlich neue Aspekte oder Begehren aufwerfen. Es ist nicht Aufgabe des Gerichts, durch Fragen oder Hinweise neue Anspruchsgrundlagen, Einreden oder Anträge einzuführen, die in dem streitigen Vortrag der Parteien nicht zumindest andeutungsweise bereits eine Grundlage haben. Das Ausbleiben von Hinweisen, für die danach kein Raum besteht, macht eine Entscheidung auch nicht überraschend iSd § 139 II ZPO (BGHZ 156, 269). Das Gericht darf daher nur solche Klageänderungen anregen, die nicht auf ein neues Prozessziel gerichtet sind.
Unzulässig sind danach bspw die Aufforderung, die Klage in der Hauptsache oder hinsichtlich von Nebenforderungen zu erweitern (anders wenn das Gericht selbst die Beschränkung des Antrags angeregt hatte, Köln MDR 75, 148), die Aufforderung, die Vollstreckungsgegenklage auf eine negative Feststellungsklage umzustellen (Musielak/*Stadler* Rn 13), der Hinweis auf die Möglichkeit der »Flucht in die Säumnis« (München NJW 94, 60).
Zulässig ist dagegen der Hinweis auf die Möglichkeit der Erledigungsklärung in Folge veränderter Umstände, der Hinweis auf das Nichterreichen der 7/10 Grenze in der Immobiliarzwangsvollstreckung und die Möglichkeit eines Antrags nach § 74a I ZVG (BVerfG NJW 93, 1699), das Anraten der Umstellung des Antrags auf Duldung der Zwangsvollstreckung statt Zahlung (BGH LM § 2325 BGB Nr 2), die Korrektur eines unzutreffenden Teilungsplans (Jena FamRZ 09, 458). Grundsätzlich wird man einen Hinweis auf die Möglichkeit der Klageänderung immer dann für zulässig halten können, wenn das vom Kl verfolgte Begehren mit dem von ihm formulierten Antrag nicht erreicht werden kann. In diesen Fällen ist eine Umstellung des Antrags der Sache (des Klägers) dienlich (vgl MüKoZPO/*Wagner* Rn 28).

11 **III. Beweismittel.** Das Gericht hat nach Abs 1 S 2 darauf hin zu wirken, dass die Parteien die Beweismittel bezeichnen. Hieraus ergibt sich nicht nur eine gerichtliche Pflicht, auf das gänzliche Fehlen eines Beweisangebots für eine bestrittene Behauptung hinzuweisen, sondern auch unklare, unvollständige (BGH NJW 87, 3077, 3080) oder ungenügende (Oldenbg NJW-RR 00, 950) Beweisangebote zu beanstanden. Sind die für eine Beweisaufnahme vorgebrachten Anknüpfungstatsachen zu unbestimmt, muss das Gericht darauf hinweisen (BGH NJR-RR 09, 244). Auch Hinweise auf die Verteilung der Beweislast und die Beweisbedürftigkeit können geboten sein, wenn eine Partei diesbzgl ersichtlich falsche Vorstellungen hat. Wird eine **Urkunde als Beweismittel** benannt, jedoch entgegen § 420 nicht vorgelegt, so ist die Partei nach § 139 zur Vorlage aufzufordern (München ZIP 08, 2169). Einen Hinweis an den Kl, eine **Abtretungserklärung** vorzulegen, wird man nur dann für geboten halten können, wenn sich aus seinem bisherigen Vortrag wenigstens Anhaltspunkte für eine Abtretung der Forderung ergeben (vgl Frankf NJW 70, 1884 mit abl Anm *E. Schneider*). Im Rahmen der **Erörterung des Ergebnisses der Beweisaufnahme** kann ein Hinweis auf die Notwendigkeit weiterer Beweisangebote erforderlich sein, wenn die Beweisaufnahme die Behauptung des

Beweisführers bestätigt hat und dieser nach dem bisherigen Verfahrensablauf davon ausgehen durfte, dass der Beweis damit erbracht ist (BGH NJW 89, 2756). § 139 regelt nicht, wann das Gericht einen beantragten Beweis zu erheben hat oder ob es zur Beweiserhebung vAw verpflichtet ist (St/J/*Leipold* Rn. 46).
In der **Berufungsinstanz** darf die beweisbelastete Partei darauf vertrauen, dass sie das Berufungsgericht, wenn es in der Beweiswürdigung dem Erstrichter nicht folgen will, so rechtzeitig darauf hinweist, dass die Partei noch vor dem Termin zur mündlichen Verhandlung reagieren kann (BVerfG NJW 03, 2524).

IV. Hinweise auf andere Anspruchsgrundlagen oder Einreden. Die Frage und Hinweispflicht besteht nur iRd von den Parteien unterbreiteten Streitstoffs (St/J/*Leipold* Rn 52). Das Gericht ist daher weder berechtigt noch verpflichtet, auf andere Klagebegründungen (BGH NJW-RR 04, 495, 496) oder anderes Verteidigungsvorbringen hinzuweisen, das außerhalb des von den Parteien bisher vorgetragenen Streitstoffs liegt. Der Gesichtspunkt der Andeutung im bisherigen Vorbringen besitzt auch Bedeutung für Hinweise im Hinblick auf **Gestaltungsrechte** und die **Erhebung von Einreden** im materiellen Sinn. Im Ausgangspunkt ist es Sache der Parteien, ein Gestaltungsrecht auszuüben oder von einer Einrede Gebrauch zu machen. Es ist dem Gericht deshalb verwehrt, auf die Einführung selbstständiger, einen gesetzlichen Tatbestand eigenständig ausfüllender Angriffs- und Verteidigungsmittel in den Prozess hinzuwirken. Dies gilt für die Ausübung von Gestaltungsrechten wie für Leistungsverweigerungsrechte (BTDrs 14/4722, 77; BGHZ 156, 269 = NJW 04, 164; *Prütting* FS Musielak, 397, 406 ff). Das Gericht darf auch nicht auf ein von der berechtigten Partei übersehenes Gestaltungsrecht oder eine Einrede hinweisen. Der nicht durch Parteivorbringen veranlasste **Hinweis auf die Einrede der Verjährung ist unzulässig.** Wird gleichwohl ein Hinweis erteilt, besteht die Besorgnis der Befangenheit. Allerdings ist das Gericht verpflichtet, nachzufragen, ob es ein bestimmtes Verhalten bspw als **Anfechtung** oder Erhebung der **Verjährungseinrede** verstehen soll, wenn hinsichtlich der Auslegung des prozessualen oder bereits vorgetragenen Verhaltens Unklarheiten bestehen. 12

C. Verbot von Überraschungsentscheidungen (Abs 2). I. Grundsatz. Durch Hinweise nach Abs 2 sollen die Parteien vor überraschenden Entscheidungen des Gerichts geschützt werden. Das Verbot der Überraschungsentscheidung besitzt vor dem Hintergrund des Rechts auf rechtliches Gehör besondere – auch **verfassungsrechtliche – Bedeutung.** Nur wenn die Parteien erkennen können, welche Punkte das Gericht für entscheidend hält, können sie entsprechend vortragen und damit ihr Recht auf rechtliches Gehör effektiv wahrnehmen. 13
Abs 2 entspricht sachlich § 278 II aF, formt das Verbot der überraschenden Entscheidung aber stärker aus, da die Vorschrift die Hinweispflicht auf **rechtliche wie auf tatsächliche Gesichtspunkte** bezieht. Sachlich ändert diese Konkretisierung jedoch nichts (Musielak/*Stadler* Rn 17).

II. Gegenstand und Voraussetzungen der Hinweispflicht nach Abs 2. Die Hinweispflicht aus Abs 2 betrifft solche tatsächlichen oder rechtlichen Gesichtspunkte, die das Gericht hinsichtlich seiner Entscheidung in der Hauptsache für wesentlich erachtet. Auf einen solchen Punkt darf das Gericht seine Entscheidung nur dann stützen, wenn sichergestellt ist, dass die Parteien erkennen konnten, dass das Gericht den Punkt für relevant hält und wie es in der Sache dazu steht. Ein Überraschungsurteil liegt insb vor, wenn die das angefochtene Urt tragende Erwägung im gerichtlichen Verfahren niemals erkennbar thematisiert worden war (Karlsr VersR 08, 1548). 14

1. Für Entscheidung der Hauptsache erheblicher Gesichtspunkt. Bei Gesichtspunkten iSv Abs 2 kann es sich um die materiell- oder verfahrensrechtliche Beurteilung des Streits, um die Behandlung von Tatsachen oder um die Würdigung von Beweisen handeln. Die Hinweispflicht besteht daher bspw hinsichtlich **mangelnder Substantiierung** des Vortrags (BGH NJW-RR 99, 605) – erst recht wenn die Partei aufgrund einer Beweisaufnahme davon ausgehen durfte, dass das Gericht in dieser Hinsicht keine Bedenken hat (Saarbr MDR 03, 1372) –, hinsichtlich der **Schlüssigkeit der Klage** (BGH NJW-RR 04, 281, 282), hinsichtlich der **rechtlichen Würdigung des Gerichts** – va wenn sich diese im Laufe des Verfahrens verändert (BVerfG NJW 96, 3202) hat oder von der Auffassung der Vorinstanz abweicht (BGH NJW-RR 07, 17; ZfBR 09, 241) oder andere als die von den Parteien zitierten Anspruchsgrundlagen heranziehen will (BGH BauR 08, 1662) –, hinsichtlich der **Zurückweisung von Vorbringen als verspätet** (St/J/*Leipold* Rn 68), hinsichtlich einer bestimmten **Art der Schadensberechnung** (Nürnbg MDR 85, 240), hinsichtlich der **Auslegung eines Vertrages**, die von den Parteien nicht in Erwägung gezogen wurde (BGH NJW 93, 667), hinsichtlich der von den Parteien übersehenen **Anwendbarkeit ausländischen Rechts** (BGH NJW 76, 474). 15

Voraussetzung für eine Hinweispflicht ist, dass der Punkt für die Entscheidung der Hauptsache aus Sicht des Gerichts relevant ist. Die rechtliche Beurteilung des Prozessgerichts ist auch für das Berufungsgericht maßgeblich, wenn es überprüft, ob das Prozessgericht einen Hinweis nach Abs 2 hätte erteilen müssen. An der Entscheidungserheblichkeit fehlt es bei Gesichtspunkten, die Hilfsbegründungen des Urteils betreffen. Das Verbot der Überraschungsentscheidungen besteht dem Wortlaut nach **nicht für Nebenforderungen** iSv § 4 I, also für die Entscheidung über Früchte, Nutzungen, Zinsen, Kosten. Diese Ausnahme ist aber einzuschränken für die Fälle, in denen die Nebenforderung einen nicht nur **nebensächlichen Betrag** darstellt, wenn also etwa die Zinsen die Hauptforderung übersteigen. Umgekehrt ist die Ausnahme im Wege der Analogie auf solche Gesichtspunkte zu erstrecken, die nur geringfügige Teile der Hauptforderung betreffen, die von den Parteien nicht weiter problematisiert wurden (str, wie hier die hM vgl St/J/*Leipold* Rn 82 mwN; aA Musielak/*Stadler* Rn 20).

16 **2. Überraschender Charakter der Entscheidung.** Für das Bestehen einer gerichtlichen Hinweispflicht kommt es als wesentliches Moment entscheidend auf den **Überraschungseffekt** bei den Parteien an. Eine solche Überraschung kann sich daraus ergeben, dass das Gericht von der übereinstimmenden Beurteilung der Parteien hinsichtlich eines Gesichtspunkts abweicht (S 2) oder daraus, dass das Gericht einen Gesichtspunkt für maßgeblich hält, den eine Partei übersehen oder für unerheblich gehalten hat (S 1). Das Gericht hat diese Frage unter Zugrundelegung des bisherigen Inhalts des Prozesses zu entscheiden (St/J/*Leipold* Rn 76). Überraschend ist es für die in der **Vorinstanz** siegreiche Partei, wenn das Rechtsmittelgericht von der Rechtsansicht der Vorinstanz ohne Ankündigung abweicht (BGH ZfBR 09, 241). Der Anspruch auf rechtliches Gehör gebietet es aber nicht, dass das Rechtsmittelgericht auf seine vom erstinstanzlichen Gericht abweichende Auffassung in einer entscheidungserheblichen Rechtsfrage hinweist, wenn die angefochtene Entscheidung in diesem Punkt vom Rechtsmittelführer mit vertretbaren Ausführungen angegriffen wird (BVerwG DÖV 08, 1005). An dem Überraschungsmoment fehlt es auch, wenn die Partei in ihrem schriftsätzlichen oder mündlichen Vorbringen auf den Punkt eingegangen ist. Wenn eine Partei näheren Vortrag zu einem Punkt angekündigt hat, der dann unterblieben ist, ist ersichtlich, dass die Partei den Punkt nicht für unerheblich hält. Ein Hinweis nach Abs 2 ist daher nicht erforderlich (BGH MDR 91, 240, 241), allerdings kann ein Hinweis nach Abs 1 erforderlich sein (Musielak/*Stadler* Rn 22). Ein Hinweis des Gegners auf einen bestimmten Punkt lässt nur dann die Hinweispflicht des Gerichts entfallen, wenn durch den gegnerischen Hinweis der Punkt zum Gegenstand der Erörterung wurde. Wenn die Partei den gegnerischen Hinweis für unbeachtlich hält, was sich daraus ergibt, dass sie nicht auf ihn eingeht, bleibt die gerichtliche Hinweispflicht bestehen. Das Verbot der Überraschungsentscheidung gilt ohne Einschränkung auch im **Anwaltsprozess** (BGH NJW-RR 93, 569). Allerdings genügt es bspw, wenn das Berufungsgericht den Wert des Streitgegenstandes für die Berufungsinstanz auf 500 € festgesetzt hat, denn dadurch ist für den anwaltlich vertretenen Beklagten erkennbar, dass die Berufung nach Ansicht des Gerichts gem § 511 II Nr 1 unzulässig war, so dass der Anwalt bei Anwendung der von ihm zu verlangenden Sorgfalt davon ausgehen musste, zu dem notwendigen Kostenaufwand nicht hinreichend vorgetragen zu haben (BGH 12.11.08 – XII ZB 92/08). Gegenüber der **nicht-vertretenen, rechtsunkundigen Partei** hat sich der Richter in besonderer Weise darum zu bemühen, dass die Partei die rechtlichen Aspekte des Streits versteht und die rechtliche Beurteilung des Gerichts nachvollziehen kann (St/J/*Leipold* Rn 81).

17 **D. Hinweispflicht bezüglich Bedenken bei vAw zu berücksichtigenden Punkten (Abs 3).** Hinsichtlich der vAw zu berücksichtigenden Punkte muss das Gericht nach Abs 3 auf seine »Bedenken aufmerksam machen«. Konkret bedeutet dies, dass das Gericht die Parteien darauf hinzuweisen hat, dass es Zweifel am Vorliegen einer Prozessvoraussetzung hat. Hierzu gehört ua die anderweitige **Rechtshängigkeit**, § 261 III Nr 1 (BGH NJW 98, 2064), die **nicht ordnungsgemäße Vertretung** prozessunfähiger Parteien, **mangelnde Bestimmtheit** des Klageantrags (BGH NJW 82, 1042; NJW-RR 89, 396; WM 09, 1155), die **Zuständigkeit** des Gerichts (LAG München NZA-RR 09, 218), die **Postulationsfähigkeit** der Parteien (Köln FamRZ 95, 312), **Mängel der Berufungsschrift** (BGH NJW 91, 2081), Hinweis auf Beweisbedürftigkeit der Rechtzeitigkeit der Einlegung oder Begründung eines Rechtsmittels (BGHZ 93, 300, 305 f; VersR 91, 896; NJW-RR 92, 314, 315). Str ist, inwieweit auf das **Fehlen des Rechtsschutzbedürfnisses** hinzuweisen ist (bejahend St/J/*Leipold* Rn 91; Musielak/*Stadler* Rn 24; aA BGH NJW-RR 92, 566, 567; Kobl MDR 88, 966. In NJW 82, 1042 bejaht der BGH eine Hinweispflicht nicht im Hinblick auf das Fehlen eines Feststellungsinteresses, sondern im Hinblick auf die mangelnde Bestimmtheit des Klageantrags).

Prozesshindernisse (zB Einrede der Schieds- oder Schlichtungsvereinbarung) werden nur berücksichtigt, wenn der Beklagte sie ausdrücklich rügt. Eine Prüfung vAw findet nicht statt, Abs 3 ist daher unanwendbar. Auch auf das Bestehen sonstiger prozessualer Rügen muss das Gericht nicht nach Abs 3 hinweisen, s. aber für das amtsgerichtliche Verfahren § 504.

Die Hinweispflicht ist davon unabhängig, ob die Partei die Möglichkeit hat, das Fehlen der Prozessvoraussetzung zu beseitigen (aA wohl Musielak/*Stadler* Rn 24). Der Kl kann auf den Hinweis den Antrag in den Grenzen von § 269 zurücknehmen und hierdurch Kosten sparen. Das Kosteninteresse des Klägers ist allerdings nicht Schutzzweck der Hinweispflicht nach Abs 3, so dass eine Verletzung keine Schadensersatzansprüche wegen Amtspflichtverletzung auslöst (St/J/*Leipold* Rn 93, vgl auch Kobl MDR 88, 966). Auf Bedenken hinsichtlich der Wirksamkeit eines Rechtsgeschäfts etwa nach §§ 126, 134, 138 BGB bezieht sich Abs 3 nicht, insoweit kommt aber ein Hinweis nach Abs 2 in Betracht.

E. Zeitpunkt der richterlichen Aufklärung und Dokumentationspflicht (Abs 4). I. Zeitpunkt. Hinweise nach Abs 1–3 muss das Gericht im Interesse eines effizienten Verfahrens gem Abs 4 so früh wie möglich erteilen. Hieraus ergibt sich insb, dass Hinweise bereits iRd Vorbereitung des Haupttermins, also grds vor der mündlichen Verhandlung (BGH NJW-RR 07, 412; NJW-RR 08, 973) gegeben werden müssen. So soll der Partei Gelegenheit gegeben werden, ihr Vorbringen in der mündlichen Verhandlung zu ergänzen und nach dem Hinweis erforderliche Beweise anzutreten. Die Partei muss auf einen ohne Fristsetzung erteilten Hinweis nach der **§ 282 I** zu Grunde liegenden gesetzgeberischen Wertung so rechtzeitig reagieren, wie es nach der Prozesslage einer sorgfältigen und auf die Förderung des Verfahrens bedachten Prozessführung entspricht (BGH NJW 07, 1887). Wird der Hinweis entgegen Abs 4 nicht so früh wie möglich erteilt, kann späteres Vorbringen nicht nach § 296 II präkludiert werden. Gegebenfalls muss das Gericht die mündliche Verhandlung wiedereröffnen (§ 156 II Nr 1), wenn dem Gericht die Notwendigkeit eines Hinweises etwa aufgrund eines nicht nachgelassenen Schriftsatzes erst nach Schluss der mündlichen Verhandlung bewusst wird (BGH NJW-RR 07, 412; Ddorf WM 08, 2310). 18

II. Dokumentationspflicht. Das Gericht ist verpflichtet, sämtliche erteilten Hinweise aktenkundig zu machen. Die Dokumentation soll es dem Rechtmittelgericht ermöglichen, die Hinweiserteilung durch die Vorinstanz zuverlässig zu überprüfen. Auch wenn ein Rechtsmittel gegen die Entscheidung nicht gegeben ist, sind die Hinweise vor dem Hintergrund der Verfassungsbeschwerde und der Gehörsrüge (§ 321a) zu dokumentieren. Um Beweisprobleme zu vermeiden, stellen S 2 u 3 eine Beweisregel auf, nach der die **Nichtdokumentation Beweis für die Nichterteilung** eines Hinweises ist (BGH MDR 05, 1364) und der **Beweis der Nichterteilung** eines dokumentierten Hinweises nur durch den Beweis der Fälschung der Akten erbracht werden kann (vgl § 165 Rz 3; zur insoweit abgesenkten Darlegungslast BGH NJW-RR 08, 804). Der Dokumentationspflicht ist auch dann genügt, wenn im Protokoll festgehalten wird, dass die Sach- und Rechtslage mit den Parteien erörtert wurde und sich aus einem späteren Schriftsatz die Erteilung eines Hinweises ergibt (BGH FamRZ 05, 1555 Rn 15). Eine Dokumentation kann entfallen, wenn die Partei dem Hinweis sofort nachkommt. 19

Für die Aktenkundigmachung ist weder eine bestimmte äußere Form noch ein bestimmter inhaltlicher Hinweis vorgesehen (BTDrs 14/4722, 78). Die Art der Dokumentation hängt von der Art der Hinweiserteilung ab. Werden die Hinweise in der mündlichen Verhandlung erteilt, müssen sie ins **Protokoll** (§ 160 II) aufgenommen werden. Bei telefonischer Erteilung hat der Richter einen entsprechenden **Aktenvermerk** anzufertigen (BGHZ 164, 166). In diesen Fällen muss regelmäßig nicht der Wortlaut des Hinweises dokumentiert werden, sondern lediglich die Tatsache, dass das Gericht auf einen bestimmten Gesichtspunkt hingewiesen hat. Eine knappe, konkretisierende Inhaltsangabe genügt (Zö/*Greger* Rn. 13). Dabei ist allerdings darauf zu achten, dass späterer Streit über den Inhalt des Hinweises vermieden wird. Da die Dokumentation va der zuverlässigen Information des Rechtmittelgerichts dient, kann sie auch noch im Urt erfolgen (Tatbestand oder Gründe, vgl BTDrs 14/4722, 78; Frankf MDR 05, 647). Dabei wird man aber entgegen BGH NJW 06, 60 nicht annehmen können, dass die Dokumentation im Protokoll die Regel sein soll. Auch dass die Protokollierung »versehentlich« unterblieben ist, ist nicht Voraussetzung der Nachholung der Dokumentation im Urt.

F. Schriftsatzfrist (Abs 5). Ein Hinweis nach § 139 erfüllt seinen Zweck nur dann, wenn der Partei anschließend die Möglichkeit gegeben wird, ihren Sachvortrag unter Berücksichtigung des Hinweises zu ergänzen (BGH NJW-RR 07, 17). Die einen Hinweis nach § 139 empfangende Partei muss Gelegenheit zur Reaktion auf den Hinweis haben. Kann eine Partei einem in der mündlichen Verhandlung erteilten Hin- 20 weis nicht sofort nachkommen, so ist entweder die mündliche Verhandlung zu **vertagen** oder der Partei ist auf Antrag die Möglichkeit zu gewähren, sich schriftsätzlich zu dem Hinweis innerhalb einer angemessenen Frist zu erklären (BGH BauR 09, 681; NJW-RR 08, 973). Welche Möglichkeit das Gericht wählt, hängt vom Verfahrensstadium ab. Insoweit besteht richterliches Ermessen. Kommt eine Vertagung nicht in Betracht, ist der Partei auf Antrag befristeter Schriftsatznachlass zu gewähren (Abs 5). Auch die Möglichkeit eines Antrags nach Abs 5 kann Gegenstand eines richterlichen Hinweises nach § 139 sein (s. aber Hamm NJW 03, 2543). Ein Hinweis auf den Antrag ist etwa geboten, wenn eine Partei plausibel erklärt, dass sie zur Befolgung des Hinweises erst weitere Erkundigungen einziehen müsse. Macht die Partei vom **Schriftsatznachlass** Gebrauch, ist das Vorbringen, soweit es mit dem Hinweis zusammenhängt, nach § 296a S 2 zu berücksichtigen und kann nicht nach § 296 als verspätet zurückgewiesen werden. Neues Vorbringen, das sich nicht auf den Hinweis bezieht, kann dagegen nicht berücksichtigt werden.

21 **G. Geheimnisschutz im Zivilprozess.** Dazu s.u. § 142 Rz 17.

§ 140 Beanstandung von Prozessleitung oder Fragen. **Wird eine auf die Sachleitung bezügliche Anordnung des Vorsitzenden oder eine von dem Vorsitzenden oder einem Gerichtsmitglied gestellte Frage von einer bei der Verhandlung beteiligten Person als unzulässig beanstandet, so entscheidet das Gericht.**

1 **A. Normzweck.** Die Norm will die Möglichkeit schaffen, einen Streit über die Unzulässigkeit einer gerichtlichen Anordnung oder von Fragen innerhalb der mündlichen Verhandlung sogleich zu thematisieren und durch den gesamten Spruchkörper zu entscheiden. Die Norm ist damit Teil der Konzentration des Verfahrens.

2 **B. Anwendungsbereich.** Die Norm betrifft nur Anordnungen des Vorsitzenden bei der Prozessleitung sowie alle Fragen eines Mitglieds des Spruchkörpers in der mündlichen Verhandlung. Darunter ist auch die Güteverhandlung nach § 278 II zu verstehen. Im Falle von Maßnahmen des Vorsitzenden außerhalb der mündlichen Verhandlung vgl § 136 Rz 4. Die Norm ist in jeder Verfahrensart und in jedem Verfahrensstadium anzuwenden, soweit eine mündliche Verhandlung in Betracht kommt.

Der Gesichtspunkt der **Sachleitung** ist in einem umfassenden Sinn zu verstehen. Darunter fallen sowohl Fragen der formellen wie der materiellen Prozessleitung. Nicht zu § 140 gehören Maßnahmen der Sitzungspolizei.

§ 140 ist nur anwendbar bei zivilgerichtlichen Verfahren mit einem Spruchkörper, der aus mehreren Personen besteht. Beim Amtsgericht in Zivilsachen sowie im Falle einer Entscheidung durch den originären oder den obligatorischen Einzelrichter sowie den Vorsitzenden der Kammer für Handelssachen gilt die Norm nicht.

3 **C. Gegenstand und Berechtigung der Beanstandung.** Beanstandet werden können alle Anordnungen bzgl der Sachleitung (s.o. Rz 2) und alle Fragen eines Gerichtsmitglieds. Als Beanstandung ist es anzusehen, wenn ein Beteiligter zu erkennen gibt, dass er eine Anordnung oder eine Frage für unzulässig hält. Eines formellen Antrags bedarf es nicht. Dagegen genügt es nicht, wenn die beteiligte Person die Unzweckmäßigkeit oder die Unerheblichkeit einer Maßnahme oder Frage rügt. Ohne die Beanstandung eines Beteiligten kann das Gericht nicht vAw entscheiden. Im Hinblick auf § 295 muss eine Beanstandung in der mündlichen Verhandlung unmittelbar auf das gerügte Verhalten erfolgen.

4 **D. Verfahren. I. Antrag.** Ein förmlicher Antrag einer beteiligten Person muss nicht gestellt werden. Es genügt, dass eine Beanstandung durch das Vorbringen konkludent zum Ausdruck kommt. Zur Beanstandung berechtigt sind alle an der Verhandlung beteiligten Personen, also sowohl die Parteien und ihre Prozessbevollmächtigten als auch Streithelfer, Zeugen oder Sachverständige.

5 **II. Entscheidung.** Die Entscheidung des Gerichts über die Beanstandung und ihre Berechtigung ergeht aufgrund der mündlichen Verhandlung durch Beschl, der zu verkünden ist (§ 329 I).

6 **III. Rechtsmittel.** Gegen die Entscheidung des Gerichts kommt eine Beschwerde nicht in Betracht (BGHZ 109, 41, 43). Möglich ist jedoch eine Anfechtung der Entscheidung zusammen mit dem Endurteil (§§ 512, 557 II). Ist ein fehlerhaftes Verhalten des Gerichts durch die beteiligten Personen unbeanstandet geblieben, oder ist jedenfalls ein Beschl nach § 140 nicht herbeigeführt worden, so ist zu unterscheiden. Fehler iRd formellen Prozessleitung dürften in aller Regel unter § 295 fallen und sind daher nicht mehr angreifbar.

Fehler der materiellen Prozessleitung, die sich im Endurteil niederschlagen, können ein Rechtsmittel aber begründen (Musielak/*Stadler* § 140 Rn 6; MüKoZPO/*Wagner* Rn 8).

§ 141 Anordnung des persönlichen Erscheinens. **(1) [1]Das Gericht soll das persönliche Erscheinen beider Parteien anordnen, wenn dies zur Aufklärung des Sachverhalts geboten erscheint. [2]Ist einer Partei wegen großer Entfernung oder aus sonstigem wichtigen Grund die persönliche Wahrnehmung des Termins nicht zuzumuten, so sieht das Gericht von der Anordnung ihres Erscheinens ab.**
(2) [1]Wird das Erscheinen angeordnet, so ist die Partei von Amts wegen zu laden. [2]Die Ladung ist der Partei selbst mitzuteilen, auch wenn sie einen Prozessbevollmächtigten bestellt hat; der Zustellung bedarf die Ladung nicht.
(3) [1]Bleibt die Partei im Termin aus, so kann gegen sie Ordnungsgeld wie gegen einen im Vernehmungstermin nicht erschienenen Zeugen festgesetzt werden. [2]Dies gilt nicht, wenn die Partei zur Verhandlung einen Vertreter entsendet, der zur Aufklärung des Tatbestandes in der Lage und zur Abgabe der gebotenen Erklärungen, insbesondere zu einem Vergleichsabschluss, ermächtigt ist. [3]Die Partei ist auf die Folgen ihres Ausbleibens in der Ladung hinzuweisen.

A. Normzweck. Die Norm ergänzt § 139. Die persönliche Anhörung der Parteien ist regelmäßig hilfreich, 1
um den Sach- und Streitstand des Verfahrens durch das Gericht besser aufzuklären. Die Norm ist damit Teil der **Konzentration** des Verfahrens und sie hilft bei einer effizienten Erledigung des Rechtsstreits. Die Norm ist im Zusammenhang mit den §§ 273 II Nr 3, 278 III zu lesen und sie ist von § 448 (Parteivernehmung) abzugrenzen (s.u. Rz 2). In dem Normzweck, die idR aus eigener Anschauung gewonnenen Kenntnisse einer Partei oder beider Parteien für die Erledigung des Rechtsstreits fruchtbar zu machen, liegt zugleich eine große **Gefahr**, durch eine Parteianhörung den Streitstoff zu ergänzen und die Partei als Beweismittel zu nutzen. Insofern enthält § 141 nicht unerhebliche Gefahrenmomente (s.u. Rz 2, 4).

B. Abgrenzung und Gefahren der Anhörung. I. Parteianhörung und Parteivernehmung. Theoretisch 2
besteht ein klarer Unterschied zwischen der Parteianhörung nach § 141 und der Parteivernehmung nach §§ 445 ff. So besteht bereits ein grundlegender **formaler Unterschied bei der Anordnung**. Eine Parteianhörung wird durch Beschl des Gerichts oder als eine vorbereitende Maßnahme (vgl § 273 II Nr 3) durch Verfügung angeordnet, während die Parteivernehmung einen Beweisbeschluss erfordert (§ 450 I 1). Weiterhin besteht ein klarer **systematischer Unterschied**. Die Parteianhörung ist Teil der mündlichen Verhandlung, die Parteivernehmung ist die Heranziehung eines Beweismittels und ist damit Teil der Beweisaufnahme. Dadurch ergibt sich bei theoretischer Betrachtung auch ein klarer **zeitlicher Unterschied**. Die Parteianhörung wird idR zu Beginn des Prozesses, insb iRd Güteverhandlung in Betracht kommen (vgl § 278 III), die Parteivernehmung als Beweisaufnahme folgt erst nach der streitigen Verhandlung (§ 279 II).
Diese klaren theoretischen Unterschiede können sich in der Praxis leicht verwischen. Der Richter kann iRd Parteianhörung alle diejenigen Problempunkte erörtern, die auch Thema einer Parteivernehmung sein könnten. Der Richter kann die Parteien vAw und unter Sanktionsandrohung laden. Schließlich gibt die persönliche Anwesenheit der Partei dem Richter die Chance, denkbare Unterschiede in der Darstellung des Prozessbevollmächtigten zur Auffassung der Partei auszuloten. So liegt die Gefahr nahe, die Darstellungen der Partei iRd § 141 als endgültige Aussage und damit letztlich wie eine Beweisaufnahme zu werten. Insbesondere wird ein solches Verhalten dem Richter durch § 286 I ermöglicht, der iRd freien Beweiswürdigung ausdrücklich auch auf den gesamten Inhalt der Verhandlungen abstellt.
Wie problematisch ein solches richterliches Vorgehen letztlich dennoch ist, zeigt die Tatsache, dass die Aussagen der Partei iRv § 141 Parteibehauptungen bleiben (nicht Beweisaussagen). Es bedarf also weiterhin einer Unterscheidung zwischen der Parteienanhörung, die Teil des Streitstoffes ist, und dem Beweisstoff, der sich aus einer Beweisaufnahme ergibt. Auch ein Geständnis kann iRd Parteianhörung nicht erfolgen (BGH NJW 95, 1432).

II. Prozessuale Waffengleichheit. Zusätzliche Schwierigkeiten bei der Abgrenzung von Parteianhörung 3
und Parteivernehmung hat die berühmte Rechtsprechung des EGMR zu den Fragen der Vier-Augen-Gespräche hervorgerufen (EGMR NJW 95, 1413). Nach dieser auch von der deutschen Rechtsprechung übernommenen Auffassung widerspricht es dem verfassungsrechtlichen Gebot der Waffengleichheit, wenn eine Partei iRd Beweisführung über ein Vier-Augen-Gespräch eine Person als Zeugen benennen kann, deren Interessenverflechtung zum Beweisführer erkennbar ist, während die Gegenseite als Gesprächspart-

ner nur sich selbst und damit die Partei aufbieten kann. Der EGMR hatte im Jahre 1993 in dieser Situation die Rechtslage in den Niederlanden beanstandet. Aus deutscher Sicht wird allgemein die Auffassung vertreten, dass die Gesetzeslage dem Verfassungsgebot entspricht, weil ggü dem Zeugen die Partei entweder nach § 141 oder nach § 448 in gleicher Weise angehört werden kann. Die ausdrücklich vorgesehene Verhandlungswürdigung in § 286 I gibt sodann dem Richter die Möglichkeit, unabhängig von Partei- und Zeugenstellung die Aussagen gegeneinander abzuwägen und zu bewerten (BVerfG NJW 01, 2531; BGH NJW-RR 06, 61, 63; BGH NJW 03, 3636; NJW 99, 363). Das Gericht hat letztlich sogar die Möglichkeit, der Parteierklärung entgegen der Zeugenaussage zu folgen. Damit erscheint die deutsche Regelung als verfassungsgemäß. De lege ferenda kann freilich nicht zweifelhaft sein, dass das deutsche Recht der Parteivernehmung reformbedürftig ist.

4 **III. Eingriff in den Beibringungsgrundsatz.** Es besteht die Gefahr, dass die Befragung der Partei gem § 141 zu einem Eingriff in den Beibringungsgrundsatz führt. Jedenfalls gibt sie dem Richter die Möglichkeit, durch inquisitorische Fragen den Streitstoff zu ergänzen oder zu verändern. Dies ist insb problematisch, wenn das Gericht die Partei entgegen ihrem Willen zu neuen oder veränderten Aussagen drängt. § 138 legitimiert jedenfalls eine solche gerichtliche Inquisitionstätigkeit ebenso wenig wie § 141.

5 **IV. Verhältnis zum Prozessbevollmächtigten.** Problematisch ist schließlich eine Parteianhörung nach § 141 dann, wenn die Partei bei anwaltlicher Vertretung durch die Fragen des Gerichts in die Situation gerät, dass sie sich in Widerspruch zum schriftsätzlichen Vorbringen des Anwalts bringt. Aus der Sicht des Gerichts ist dies sicherlich ein erwünschter Weg, um den Streitstoff zu klären. Aus der Sicht des Anwalts besteht hier freilich die Gefahr, dass der Rechtsanwalt übergangen wird und so seine Stellung im Prozess als unabhängiges Organ der Rechtspflege tangiert ist.

6 **V. Verhältnis zu §§ 273, 278.** Unproblematisch ist demgegenüber das Verhältnis von § 141 zu den §§ 273, 278. § 273 II Nr 3 ist lediglich eine besondere Art der Anordnung der Parteianhörung gem § 141. Insofern stellt § 273 II Nr 3 nur eine unproblematische Verfahrensnorm dar. Demgegenüber ist die persönliche Anhörung der Parteien iRd obligatorischen Güteverhandlung nach § 278 II der Parteianhörung als solcher vorgelagert. Formal ist nämlich die obligatorische Güteverhandlung kein Teil der mündlichen Verhandlung, sondern sie geht der mündlichen Verhandlung voraus. Daher gilt im Rahmen dieser Parteianhörung § 141 nicht. So erklärt es sich, dass § 278 III die Norm des § 141 tw für entsprechend anwendbar erklärt. Auch hier ist freilich zu bedenken, dass die theoretisch klare Trennung von Güteverhandlung und streitiger mündlicher Verhandlung in der Praxis sehr leicht verwischen und ineinander übergehen kann. Dann würden auch das Gespräch mit den Parteien iRd Güteverhandlung und die Parteianhörung nach § 141 ineinander fließen. In der Praxis kann hier also die Gefahr bestehen, dass das Gericht durch allzu inquisitorische Tätigkeit bereits im Vorfeld der Güteverhandlung allzu intensiv auf einen Prozessvergleich hinarbeitet. Insgesamt muss das Gericht es also vermeiden, in diesem Stadium des Verfahrens durch Parteiaussagen den schriftsätzlichen Vortrag zu überprüfen und zu verändern.

7 **C. Anordnung des persönlichen Erscheinens.** Die Anordnung des persönlichen Erscheinens ergeht durch Gerichtsbeschluss in der mündlichen Verhandlung oder iRe vorbereitenden Maßnahme nach § 273 II Nr 3 als Verfügung. Die Anordnung ergeht vAw. Sie steht im Ermessen des Gerichts. Dieses Ermessen wird geprägt von der Einschätzung, ob eine Anhörung zur Aufklärung des Sachverhalts geboten erscheint. Als Sollvorschrift legt der Gesetzgeber dem Gericht die Anhörung nahe. Bei großer Entfernung der Partei zum Gericht und im Falle anderer wichtiger Gründe muss das Gericht von einer Anordnung absehen. Wichtige Gründe können insb Krankheit, hohes Alter oder berufliche Verhinderung sein (LG Mönchengladbach NJW-RR 97, 764). Dies gilt in besonderem Maße, wenn eine Partei im Ausland wohnt oder sich für längere Zeit im Ausland aufhält. Soweit die im Ausland befindliche Partei nicht die deutsche Staatsangehörigkeit aufweist, sollte das Gericht im Hinblick auf die Sanktionsmöglichkeit ein persönliches Erscheinen nicht erzwingen (Geimer Rn 426 ff).

Die Anordnung richtet sich im Falle natürlicher Personen an die Partei selbst, bei juristischen Personen ist die Ladung an den gesetzlichen Vertreter zu richten (Musielak/*Stadler* § 141 Rn 6). Eine positive Anordnung zum Erscheinen ist nicht anfechtbar. Auch eine negative Entscheidung oder eine Unterlassung des Gerichts kann von den Parteien nicht angegriffen werden.

8 **D. Ladung.** Nach der ausdrücklichen Anordnung in § 141 II ist bei der Anordnung des Erscheinens die Partei vAw zu laden. Dabei handelt es sich um eine formlose Ladung, die sich an die Partei persönlich rich-

tet, selbst wenn die Partei im Anwaltsprozess oder im Parteiprozess durch einen Prozessbevollmächtigten vertreten ist. Dieser erhält eine formlose Mitteilung der Ladung. Demgegenüber ist die Ladung zum Verhandlungstermin stets den Prozessbevollmächtigten zuzustellen (§ 172). Die Ladung muss nach ihrem Inhalt der Partei deutlich machen, in welcher Sache, an welchem Tag und Ort und aus welchem Rechtsgrund und zu welchem Zweck das persönliche Erscheinen angeordnet ist. Nach Abs 3 S 3 muss das Gericht die Partei insb auf die Folgen eines Ausbleibens hinweisen. In diesem Zusammenhang muss das Gericht gem Abs 3 S 2 auch auf die Möglichkeit hinweisen, einen Vertreter zu entsenden, der in gleicher Weise wie die Partei in der Lage ist, Erklärungen abzugeben und Vergleiche zu schließen.

E. Anhörung. Die Anhörung findet in der mündlichen Verhandlung statt. Im Anwaltsprozess setzt dies voraus, dass die Partei mit ihrem Prozessbevollmächtigten erschienen ist. Andernfalls kann Versäumnisurteil ergehen. Im Hinblick auf den Zweck der Norm, den Sachverhalt aufzuklären, ist Kern der Anhörung eine Befragung durch die Mitglieder des Gerichts (§ 136). Im Hinblick auf die Gefahr von Kollisionen (s.o. Rz 2) muss sich die Befragung jedenfalls in den Grenzen des § 138 halten und das System der Behauptungslast und der Substantiierung beachten. Eine Protokollierung ist nicht vorgeschrieben, wird sich in der Praxis allerdings empfehlen. 9

F. Pflicht zum Erscheinen. Nach der ausdrücklichen Regelung in Abs 3 begründet die Anordnung zum persönlichen Erscheinen eine prozessuale Pflicht der Partei (nicht nur eine Last). Als Sanktion ist die Festsetzung eines Ordnungsgeldes vorgesehen. Diese Pflicht bezieht sich freilich nur auf das Erscheinen, die Partei trifft keine Erklärungspflicht über Einzelheiten. Das Schweigen der Partei kann lediglich iRv § 138 III sowie iRd Beweiswürdigung (§ 286 I) gewertet werden. 10
Soweit die zum Termin geladene Partei ihre Verpflichtung dadurch erfüllt, dass sie einen Vertreter entsendet, muss dieser zur Aufklärung des Sachverhalts im Stande sein und zu einem denkbaren Vergleichsabschluss bevollmächtigt sein (Stuttg MDR 09, 1301; Naumbg MDR 11, 943). Vertreter kann auch der Prozessbevollmächtigte sein (BGH NJW-RR 07, 1364). Er muss aber den Kenntnisstand der Naturalpartei aufweisen und ein gleichwertiger Gesprächspartner sein (Naumburg MDR 11, 943). Werden trotz Nichterscheinens der Naturalpartei im Termin alle Fragen geklärt und wird daran anschließend ein Endurteil erlassen, so ist die Verhängung eines Ordnungsgeldes unzulässig (Naumburg MDR 10, 518). Ebenfalls unzulässig ist eine Sanktion, wenn ein gesonderter Termin zur Beweisaufnahme erforderlich wird und das unentschuldigte Ausbleiben der Partei daher keine Erschwerung der Sachaufklärung auslöst (BGH AnwBl 11, 874). Wie im Falle von § 278 III schließt die Entsendung eines geeigneten Vertreters ein Ordnungsgeld aus (aA AG Meldorf MDR 10, 520).

G. Sanktionen. Die Anordnung einer Sanktion nach Abs 3 ist verfassungsgemäß (BVerfG NJW 98, 892). 11
Die Verhängung eines Ordnungsgeldes setzt allerdings **Verschulden der Partei** voraus. Bei späterer Entschuldigung kann ein festgesetztes Ordnungsgeld wieder aufgehoben werden (§ 381). Die Festsetzung von Ordnungsgeld ist ermessensfehlerhaft, wenn in dem Termin keine Fragen zum Sachverhalt offen geblieben sind und der Rechtsstreit entscheidungsreif ist (BAG NZA 08, 1151). Die Höhe des festzusetzenden Ordnungsgeldes beträgt gem Art 6 Abs 1 EGStGB zwischen 5 und 1.000 €. Ordnungshaft kommt nicht in Betracht. Gegen die Festsetzung des Ordnungsgeldes findet die sofortige Beschwerde statt (§§ 141 III 1, 380 III). Die Verhängung von Ordnungsgeld ist auch dann möglich, wenn der erschienene Prozessbevollmächtigte nicht in der Lage ist, zum schriftsätzlichen Vorbringen der Gegenseite Stellung zu nehmen (OLG Stuttgart MDR 09, 1301).

§ 142 Anordnung der Urkundenvorlegung.

(1) [1]Das Gericht kann anordnen, dass eine Partei oder ein Dritter die in ihrem oder seinem Besitz befindlichen Urkunden und sonstigen Unterlagen, auf die sich eine Partei bezogen hat, vorlegt. [2]Das Gericht kann hierfür eine Frist setzen sowie anordnen, dass die vorgelegten Unterlagen während einer von ihm zu bestimmenden Zeit auf der Geschäftsstelle verbleiben.
(2) [1]Dritte sind zur Vorlegung nicht verpflichtet, soweit ihnen diese nicht zumutbar ist oder sie zur Zeugnisverweigerung gemäß den §§ 383 bis 385 berechtigt sind. [2]Die §§ 386 bis 390 gelten entsprechend.
(3) [1]Das Gericht kann anordnen, dass von in fremder Sprache abgefassten Urkunden eine Übersetzung beigebracht wird, die ein Übersetzer angefertigt hat, der für Sprachübertragungen der betreffenden Art in einem Land nach den landesrechtlichen Vorschriften ermächtigt oder öffentlich bestellt wurde oder

einem solchen Übersetzer jeweils gleichgestellt ist. [2]Eine solche Übersetzung gilt als richtig und vollständig, wenn dies von dem Übersetzer bescheinigt wird. [3]Die Bescheinigung soll auf die Übersetzung gesetzt werden, Ort und Tag der Übersetzung sowie die Stellung des Übersetzers angeben und von ihm unterschrieben werden. [4]Der Beweis der Unrichtigkeit oder Unvollständigkeit der Übersetzung ist zulässig. [5]Die Anordnung nach Satz 1 kann nicht gegenüber dem Dritten ergehen.

1 **A. Entstehung und Problematik der Norm.** Die Anordnung einer Urkundenvorlegung nach § 142 hat das Gesetz schon immer gekannt. Allerdings ist diese Anordnung bis zum Jahre 2001 auf diejenigen Urkunden in der Hand einer Partei beschränkt gewesen, auf die sich **diese Partei** bezogen hatte. Damit war früher § 142 inhaltlich im Wesentlichen identisch mit § 423, wobei § 142 keinen Parteiantrag vorausgesetzt hat. Durch das ZPO-RG hat sich diese Rechtslage ab dem 1.1.02 insofern in zentraler Weise geändert, als nunmehr das Gericht vAw anordnen kann, dass eine Partei oder ein Dritter Urkunden und sonstige Unterlagen vorzulegen haben, auf die sich **irgendeine Partei** des Rechtsstreits bezogen hat. Die Problematik und die Brisanz dieser Regelung ist schon im Gesetzgebungsverfahren erkannt und diskutiert worden (*Dombek* BRAK-Mitt 01, 122; *Steuer* WM 00, 1889). Seither ist § 142 noch einmal im Jahre 2008 abgeändert worden (G v 30.10.08, BGBl I, 2122).

Die **besondere Problematik der Norm** in ihrem heutigen Gewande zeigt sich an drei verschiedenen Stellen. Zunächst war und ist es ein allgemein anerkannter Grundsatz im deutschen Recht, dass der Antrag auf Vorlegung einer Urkunde, die sich in den Händen des Beweisgegners befindet, voraussetzt, dass nach materiellrechtlichen Vorschriften ein Herausgabeanspruch besteht (§ 422). Dieser Grundsatz ist durch § 423 bis heute dahingehend ergänzt, dass der Beweisgegner zur Vorlegung einer in seinen Händen befindlichen Urkunde dann verpflichtet ist, wenn er selbst sich im Prozess zur Beweisführung auf die Urkunde bezogen hat. Der neue § 142 schafft hier erstmals eine **rein prozessuale Pflicht zur Urkundenvorlegung**.

Diese prozessual verstandene Editionspflicht nach Abs 1 kann darüber hinaus als ein Schritt auf dem Weg zur generellen **Aufklärungspflicht** der nicht beweisbelasteten Partei verstanden werden (so in der Tat *Schlosser* JZ 03, 427 und FS Sonnenberger 04, 135; dagegen *Prütting* FS Nemeth 03, 703).

Eine weitere Problematik der Norm ergibt sich daraus, dass sie erkennbar nicht an die Regeln der §§ 420 ff angepasst ist (*Wagner* JZ 07, 706; *Binder* ZZP 122, 187).

2 **B. Normzweck und systematische Einordnung.** Die Norm steht in ihrer Fassung seit dem ZPO-RG 2002 in erkennbarem Zusammenhang mit dem Versuch des Gesetzgebers, die 1. Instanz zu stärken und die Rechtsmittelmöglichkeiten zu beschränken. Die Norm soll durch die Erweiterung von Editionspflichten die Aufklärungsmöglichkeiten von Gericht und Parteien erweitern. Sie hat damit freilich in mehrfacher Hinsicht systematische Probleme ausgelöst (s.o. Rz 1). Dies hat dazu geführt, dass **Bedeutung und Anwendungsbereich** der Norm bis heute heftig umstr sind.

Im Wesentlichen werden drei verschiedene Auffassungen vertreten. Nach einer ersten Auffassung soll sich § 142 nur auf solche Tatsachen beziehen, die zwischen den Parteien unstr sind. Die Vorschrift soll damit ausschließlich der Information des Gerichts bei Unklarheiten dienen. Die Norm sei also lediglich ein **Instrument der Prozessleitung**, während eine Beweiserhebung über streitige Tatsachen iRd Urkundenbeweises ausschließlich nach den §§ 415 ff erfolgen müsse (*Gruber/Kießling* ZZP 116, 305, 311; Zö/*Greger* § 142 Rn 1). Eine zweite Auffassung lehnt zwar die Einordnung von § 142 als reines Instrument der Prozessleitung ab und gibt der Norm Beweisqualität. Sie engt den Anwendungsbereich einer Vorlagepflicht aber dadurch ein, dass die gerichtliche Anordnung der Urkundenvorlage nur zulässig sein soll, wenn sich entweder die im Besitz der Urkunde befindliche Partei selbst auf diese bezogen hat oder im Falle der Bezugnahme durch den Gegner die besitzende Partei die Beweislast für die Tatsache trägt, bzw die besitzende Partei dem Gegner nach materiellem Recht zur Vorlage verpflichtet ist (*Leipold* FS Gerhardt 04, 563, 568, 582). Eine dritte Auffassung nimmt den Wortlaut und das Anliegen der Norm insoweit ernst, als sie die Vorlagepflicht auch aus rein prozessualen Gründen und ggü der nicht beweisbelasteten, aber im Besitz der Urkunde befindlichen Partei für anwendbar hält (BGH NJW 07, 2989; Musielak/*Stadler* § 142 Rn 4). Allerdings muss eine solche Auffassung darauf achten, dass § 142 nicht zu einem Instrument der Ausforschung nach den Vorstellungen des amerikanischen discovery-Verfahrens missbraucht wird (*Prütting* AnwBl 08, 158; *Zekoll/Bolt* NJW 02, 3133).

Der Gesetzeswortlaut und die historische Auslegung sprechen für die zuletzt genannte Auffassung, auch wenn einzuräumen ist, dass der Gesetzgeber mit § 142 eine »zuvor nicht vorhandene Spannung« in die ZPO hineingetragen hat (*Wagner* JZ 07, 706, 709). Es ist unstr, dass der Gesetzgeber § 142 formuliert hat, ohne eine Anpassung an die §§ 420 ff vorzunehmen. Die Praxis muss dem dadurch gerecht werden, dass sie die Norm ernst nimmt, die Voraussetzungen für eine gerichtliche Anordnung aber streng handhabt (s.u. Rz 3). Letztlich münden die Schwierigkeiten bei der Anwendung von § 142 in die Frage, welche Sanktion eine Weigerung der Urkundenvorlage auslösen kann (s.u. Rz 10).

C. Voraussetzungen der Anordnungen. I. Person der Anordnung. Nach dem eindeutigen Wortlaut kann das Gericht ggü beiden Parteien und ggü jeder dritten Person die Vorlage einer Urkunde vAw anordnen. Die Anordnung ist auch ggü einem Streithelfer möglich. Eine Einschränkung bei den Parteien auf denjenigen, der die Beweislast für die in der Urkunde enthaltene Tatsache trägt, findet nicht statt. 3

II. Gegenstand der Vorlage. Das Gesetz nennt als Gegenstand der Vorlage Urkunden und sonstige Unterlagen. Bei Urkunden gilt der zivilprozessuale Urkundenbegriff der §§ 415 ff. Sonstige Unterlagen beziehen sich insb auf diejenigen Papiere, die der Gesetzeswortlaut des § 142 vor 2002 aufgezählt hatte, nämlich Stammbäume, Pläne, Risse und sonstige Zeichnungen. Der Begriff der sonstigen Unterlagen geht allerdings weiter und kann neben allen in Papierform existierenden Unterlagen auch elektronisch gespeicherte Informationen erfassen. Zur Vorlage von Akten s. § 143. Zur Vorlage von Gegenständen, die iRe Augenscheins von Bedeutung sein können, s. § 144. Zur Vorlage von Handelsbüchern sind die speziellen Normen der §§ 102, 258–261 HGB heranzuziehen. 4

III. Besitz. Vom Gericht angeordnet werden kann die Vorlage einer Urkunde, die sich im Besitz der Person befindet, ggü der die Anordnung ergeht. Mit dem Begriff des Besitzes sind die §§ 854, 855, 868 BGB in Bezug genommen. Gemeint ist also sowohl der unmittelbare wie der mittelbare Besitz. Dagegen kann sich eine Anordnung nicht an den Besitzdiener richten (§ 855 BGB). Der Erbenbesitz (§ 857 BGB) ist ein rein fiktiver Besitz und ist in § 142 nicht angesprochen. Die Normvoraussetzung des Besitzes macht deutlich, dass eine Anordnung der Vorlegung nicht in Betracht kommt, wenn die jeweilige Urkunde oder sonstige Unterlage noch nicht existiert, sondern von der Partei erst anzufertigen wäre. 5

IV. Bezugnahme. Abs 1 sieht vor, dass eine Anordnung nur dann ergehen kann, wenn sich eine Partei auf die Urkunde bezogen hat. Ohne Bezugnahme ist eine Anordnung nach § 142 ebenso ausgeschlossen wie nach § 273 II Nr 5 und nach § 423. Der Wortlaut der Norm lässt es eindeutig genügen, dass irgendeine Partei auf das Papier Bezug genommen hat. Diese Bezugnahme muss freilich iRd Tatsachenvortrags einer Partei unter Begrenzung durch den Streitgegenstand erfolgen. Auf eine Bezugnahme auf Sachverhaltselemente, die außerhalb des eingeklagten Streitgegenstandes liegen, kann eine Anordnungspflicht nicht gestützt werden. Bezugnahme bedeutet, dass die Partei in einem Schriftsatz oder in der mündlichen Verhandlung ausdrücklich auf eine Urkunde hinweist, deren Existenz sich aus ihrem Vortrag ergibt, deren unmittelbaren oder mittelbaren Besitz bei einer Partei oder einem Dritten sie mit guten Gründen annehmen darf und deren Inhalt für den Streitgegenstand relevant ist. Damit setzt die Bezugnahme eine genaue Substantiierung des Tatsachenvortrags bzgl der Urkunde voraus (s.u. Rz 7). Die Bezugnahme muss so deutlich und individuell sein, dass für die die Urkunde besitzende Partei die Identifizierung der vorzulegenden Urkunde oder Unterlage leicht möglich ist. Nicht ausreichend ist als Bezugnahme eine Spekulation, dass eine bestimmte Art von Urkunde oder Unterlage in einer bestimmten Situation üblicherweise erstellt würde, so dass sie auch im konkreten Fall existieren müsste (Musielak/*Stadler* § 142 Rn 4). Nicht von § 142 erfasst ist eine prozessuale Auskunftspflicht der Partei darüber, welche erheblichen Urkunden und Unterlagen in ihrem Besitz vorhanden sind. 6

V. Substantiierung des Tatsachenvortrags. Aus dem Begriff der Bezugnahme und der vom Normzweck zwingend veranlassten Begrenzung der Vorlage von Urkunden, die sich auf den Streitgegenstand beziehen, ist zugleich eine genaue Substantiierung des Tatsachenvortrags derjenigen Partei zu fordern, die nicht im Besitz der Urkunde ist. Basis dieser Voraussetzung ist die für die beweisbelastete Partei grds erforderliche Behauptungs- oder Darlegungslast und für die Gegenpartei die sich aus § 138 II ergebende Erklärungs- und Substantiierungslast. So wie iRd mündlichen Verhandlung das Gericht nach dem Kenntnisstand der Parteien eine möglichst exakte Substantiierung von Anspruchsbegründung und Einwendungen verlangen kann und muss, so kann das Verlangen auf Einsicht in eine Urkunde ebenfalls nur auf in gleicher Weise substanziiert vorgetragenen Tatsachenvortrag gestützt werden. Ausgeschlossen wäre es zB, dass ein Autofahrer, der mit seinem PKW einen Unfall erlitten hat, den Hersteller auf Schadensersatz verklagt und die Vorlage sämtlicher Testergebnisse, Kunden- und Händlerbeschwerden verlangt (*Wagner* JZ 07, 706, 713). 7

8 **VI. Ausforschungsverbot.** Eng verknüpft mit den Voraussetzungen der Bezugnahme und der Substantiierung des Tatsachenvortrags ist das im Normzweck von § 142 enthaltene Ausforschungsverbot. Bereits nach allgemeinen Regeln ist ein ausforschender Beweisantrag unzulässig (vgl *Chudoba* 1993). Es ist also weder zulässig, ein Begehren nach § 142 zu stellen, obgleich man nach eigenem Bekunden keinerlei Anhaltspunkt über die Existenz der verlangten Urkunde hat. Unzulässig wäre es ebenso, statt eines bestimmten Papiers Einsicht in die gesamten Geschäftsunterlagen eines Jahres oder ähnliches zu verlangen. Wenn nicht wenigstens in abstrakter Form auf eine ganz bestimmte Urkunde oder eine sonstige Unterlage Bezug genommen wird, kann eine Anordnung nach § 142 nicht ergehen (problematisch daher AG Ingolstadt NZI 02, 588; LG Ingolstadt NZI 02, 390).

9 **VII. Ermessen des Gerichts.** Die Anordnung der Vorlage setzt schließlich eine Ermessenbetätigung des Gerichts voraus. Das Gericht muss also neben den bisher genannten Voraussetzungen abwägen, ob eine bestimmte Urkunde zum relevanten Tatsachenstoff iRd Streitgegenstandes gehört und ob die Einsicht in diese Urkunde für die Informationen des Gerichts und das bessere Verständnis des Prozessstoffes erforderlich ist. Auch das Gericht muss sich also im Rahmen seiner Ermessensbetätigung strikt davor hüten, unter Durchbrechung des Beibringungsgrundsatzes den Streitstoff auszuweiten oder die Parteien auszuforschen.

10 **D. Vorlagepflicht und Sanktion. I. Anordnung.** Das Gericht ordnet die Vorlage der Urkunde vAw an. In der mündlichen Verhandlung ergeht diese Anordnung durch Beschl, iÜ kann außerhalb der mündlichen Verhandlung nach § 273 Abs 2 Nr 5 eine Anordnung auch durch Verfügung erfolgen. Im Hinblick auf die erforderliche Ermessensbetätigung (s.o. Rz 9) ist eine Begründung der Anordnung durch das Gericht zwingend erforderlich. Das Gericht muss dabei zum Ausdruck bringen, ob es die Anordnung ggü der beweisbelasteten Partei oder (ausnahmsweise) ggü der nicht beweisbelasteten Partei erlässt. Es muss die Urkunde hinreichend genau bezeichnen und den Sachverhaltskomplex verdeutlichen, mit dem die Urkunde in Zusammenhang steht und die ihr Relevanz für den Streitgegenstand verleiht. Soweit in der Praxis mit § 142 die Gefahr einer gewissen Tendenz zur amtswegigen Beweisaufnahme verbunden ist (*Stadler* FS Beys 03, 1626, 1645), bedarf es einer gewissen Zurückhaltung bei der Anordnung.

11 **II. Weigerungsrechte.** Wird die Anordnung einer Urkundenvorlage ggü einer Partei vom Gericht ausgesprochen, so enthält das Gesetz ggü der Partei keine Weigerungsrechte, wie sie etwa beim Zeugenbeweis bestehen (§§ 383 ff) oder wie sie der Gesetzgeber im Hinblick auf dritte Personen geregelt hat (Abs 2). Darin kommt eine bewusste Unterscheidung von Partei, Zeuge und dritter Person zum Ausdruck. Die §§ 383 ff sind daher auch nicht analog auf die Partei anwendbar. Allerdings kann und muss das Gericht das Vorliegen von Rechtspositionen iSd §§ 383 ff im Rahmen seiner Ermessensausübung berücksichtigen (*Wagner* JZ 07, 706, 715). So muss der Schutz von Geschäfts- und Betriebsgeheimnissen ebenso gewahrt werden wie der Schutz vor einer Belastung der Partei selbst. Gewahrt werden müssen auch anwaltliche Berufsrechte. Generell unzulässig wäre es daher, über § 142 die Handakte des Rechtsanwalts oder weitere Aufzeichnungen aus dem Anwaltsbüro vorlegen zu lassen.

12 **III. Keine Sanktion.** Ein weiteres zentrales Problem der Norm ist ihre Sanktionslosigkeit. Die gerichtliche Vorlageanordnung ggü einer Partei kann nicht unmittelbar erzwungen werden. Es gibt auch keine Sanktion bei Nichtbefolgung der Anordnung, insb ist es nicht möglich, Ordnungsgeld oder Ordnungshaft zu verhängen. Der Rechtsgedanke des § 141 III ist nicht anwendbar. Dennoch wird überwiegend geltend gemacht, die Anordnung sei nicht sanktionslos, da sie iRd Schlüssigkeit bzw Erheblichkeit des Sachvortrags und iRd freien Verhandlungs- und Beweiswürdigung des § 286 I frei gewürdigt werden kann. Dabei wird allerdings regelmäßig übersehen, dass die freie Beweiswürdigung nach § 286 I keine Sanktion darstellt. Zwar ist es zweifellos zulässig, dass das Gericht eine Nichtbeachtung der Vorlagepflicht frei würdigt, diese Nichtbeachtung ist aber nicht identisch mit einer Beweisvereitelung, die ihrerseits nach dem Rechtsgedanken der §§ 427, 444 zu einer Beweisfiktion führen könnte. Die Anwendung dieser Normen setzt ein echtes Urkundenbeweisverfahren iSd §§ 420 ff voraus.

13 **E. Anordnung an Dritte.** Das Gesetz sieht ausdrücklich die Möglichkeit vor, dass das Gericht auch jedem Dritten und völlig Unbeteiligten ggü eine prozessuale Vorlagepflicht erlässt. Freilich steht eine solche Anordnung ggü Dritten unter dem Gebot der Zumutbarkeit und evtl. bestehender Weigerungsrechte. Angesichts der Betroffenheit vollkommen Unbeteiligter Dritter muss das Gericht im Rahmen seiner Rechtsprüfung des Abs 2 und seiner Ermessensbetätigung nach Abs 1 besonders sorgfältig prüfen, ob es dritten Personen ein solches Handeln im fremden Interesse zumuten kann und ob die in Bezug genomme-

nen Zeugnisverweigerungsrechte der §§ 383–385 vorliegen. Gegenüber dritten Personen ist damit in besonderer Weise eine zurückhaltende Anwendung von § 142 geboten.

F. Verfahren und Rechtsbehelf. I. Verfahren. Die gerichtliche Anordnung ergeht vAw. Ein Parteiantrag könnte allenfalls als Anregung dienen. Die Anordnung ergeht in der mündlichen Verhandlung durch Beschl, außerhalb der mündlichen Verhandlung wird gem § 273 II Nr 5 eine Verfügung in Betracht kommen. Zur erforderlichen Begründung des Beschlusses oder der Verfügung s.o. Rz 10. 14

II. Anordnung der Übersetzung. Nach Abs 3 kann das Gericht die Übersetzung einer fremdsprachigen Urkunde anordnen. Die dabei ausdrücklich vorgesehene Ermessensentscheidung erlaubt es dem Gericht, bei Vorhandensein erforderlicher Sprachkenntnisse die Urkunde auch ohne Übersetzung zu verwenden. Das Gesetz sieht nunmehr die Heranziehung eines Übersetzers vor, der nach landesrechtlichen Vorschriften hierzu ermächtigt oder öffentlich bestellt wurde. Allerdings ist nach dem Ermessen des Gerichts auch nach wie vor eine private Übersetzung möglich. Durch eine Bescheinigung des Übersetzers wird die Richtigkeit und Vollständigkeit der Übersetzung vermutet. Der Beweis des Gegenteils ist allerdings zulässig. Es liegt also wie im Fall des § 292 eine Beweislastregelung vor. 15

III. Rechtsbehelf. Die Anordnung und ebenso die Ablehnung einer solchen Anordnung ist nicht selbstständig mit der Beschwerde anfechtbar. Eine Anfechtung kann nach allgemeinen Regeln zusammen mit dem Endurteil erfolgen (§§ 512, 557 II). Im Falle der Ablehnung eines Parteiantrags liegt kein Fall der sofortigen Beschwerde nach § 567 I Nr 2 vor. Denn ein Parteiantrag ist regelmäßig nur als unverbindliche Anregung zu sehen. Die vom Gesetz vorgesehene Ermessensentscheidung des Gerichts steht damit nicht in Zusammenhang. 16

G. Geheimnisschutz im Zivilprozess. I. Problemstellung. Die Möglichkeit einer Anordnung der Urkundenvorlegung nach § 142 und ebenso § 144 für Augenschein und Sachverständige werfen die Frage auf, wie zu verfahren ist, wenn prozessrechtlich relevante Tatsachen einem gewissen Geheimnisschutz unterliegen (Betriebs-, Geschäfts- und Unternehmensgeheimnis, Bankgeheimnis, Fernmeldegeheimnis, Redaktionsgeheimnis, Steuergeheimnis). Der Schutz Dritter vor Offenbarung solcher Geheimnisse ist durch §§ 142 II, 144 II, 383 ff sichergestellt. Problematisch ist der Schutz der Prozessparteien angesichts des Dilemmas, zwischen Geheimhaltung mit Prozessverlust oder Offenbarung zu wählen. 17

II. Die bisherige Rechtslage. Das deutsche Recht geht von der Beweislastverteilung aus und schützt zunächst die nicht beweisbelastete Partei vor Offenbarung (BGH NJW 07, 155; 97, 128; 90, 3151; 58, 1491). Darüber hinaus gibt das deutsche Recht der beweisbelasteten Partei Auskunftsansprüche nach materiellem Recht (s.o. Rz 1) und nunmehr auch prozessuale Möglichkeiten nach §§ 142, 144. Weiter kennt das Gesetz den Ausschluss der Öffentlichkeit (§§ 172 Nr 2, 3, 174 III GVG) und Zeugnisverweigerungsrechte für Dritte, nicht aber für Prozessparteien (§§ 383 I Nr 6, 384 Nr 3). Diese Möglichkeiten haben sich in Einzelfällen als nicht ausreichend erwiesen. Weitergehende Überlegungen verweisen auf § 99 II VwGO und die Rspr des BVerfG (BVerfG E 101, 106; 115, 205) bei hoheitlich geprägten Voraussetzungen. Neuerdings werden Analogien zu Spezialregelungen erwogen (§§ 87c IV, 259 HGB, 17 UWG, 142c PatG, 19a MarkenG, 101 UrhG). Hintergrund ist die Umsetzung der sogenannten Enforcement-RiLi (v. 29.4.04, 04/48/EG; vgl *Beckhaus* Die Bewältigung von Informationsdefiziten, 2010, S. 167 ff). Gegen eine solche Analogie bestehen Bedenken im Hinblick auf das rechtliche Gehör (Art 103 I GG) sowie die Beteiligungsrechte der Parteien aus §§ 285, 357, 397 und die Grundgedanken der Beweislastverteilung (*Baumgärtel/Laumen/Prütting*, Handbuch der Beweislast, Grundlagen, 2009, § 16). 18

III. Ergebnis. Die Schaffung eines beweisrechtlichen Geheimverfahrens unter Abwägung aller kollidierenden und gegenseitigen Schutzgüter und Interessen (effektiver Rechtsschutz und prozessuale Waffengleichheit, Recht auf den Beweis und freie Beweiswürdigung, Öffentlichkeit, rechtliches Gehör, materieller Geheimnisschutz aus Art 12 I GG) ist daher Aufgabe des Gesetzgebers (dazu s.u. § 285 Rz 5; MüKo-ZPO/*Prütting* § 285 Rn 10-12; umfassend zuletzt *Stadler* ZZP 123, 261; *Beckhaus*, Die Bewältigung von Informationsdefiziten bei der Sachverhaltsaufklärung, 2010; *Adloff*, Vorlagepflichten und Beweisvereitelung im deutschen und französischen Zivilprozess, 2007). 19

§ 143 Anordnung der Aktenübermittlung. Das Gericht kann anordnen, dass die Parteien die in ihrem Besitz befindlichen Akten vorlegen, soweit diese aus Dokumenten bestehen, welche die Verhandlung und Entscheidung der Sache betreffen.

1 **A. Normzweck.** Die Norm ergänzt die gerichtlichen Anordnungen zur Vorlegung gem § 142, 144. Sie betrifft wegen der Weite des Anordnungsbereichs der §§ 142, 144 nur einen extrem schmalen Sachverhalt.

2 **B. Der Begriff der Akten.** Vorzulegen sind nach § 143 Akten, die sich im Besitz einer Partei befinden. Aus dem systematischen Zusammenhang ergibt sich, dass mit dem Begriff der Akten dabei nur diejenigen in Papierform oder elektronischer Form vorliegenden Unterlagen gemeint sind, die an sich Teil der Gerichtsakten sind, als Duplikate oder aus einem sonstigen Ereignis heraus sich aber in der Hand einer Partei befinden. Damit kann die Anordnung nach § 143 nur zu dem Zweck vorgenommen werden, die Gerichtsakten zu ergänzen (Zö/*Greger* § 143 Rn 1; weitergehend Musielak/*Stadler* Rn 1, wonach auch Akten des Gegners wiederhergestellt werden können sollen). Damit betrifft § 143 keinerlei private Handakten der Parteien, ebenso wenig den Schriftverkehr zwischen Partei und Anwalt, ebenfalls nicht Privatgutachten und erst recht nicht die anwaltlichen Akten. § 143 meint auch nicht Behördenakten, deren Beiziehung nach § 273 II Nr 2 oder § 432 erfolgen kann. Befinden sich die Gerichtsakten in einem vollständigen und ordnungsgemäßen Zustand, so ist ausschließlich gem § 299 Akteneinsicht möglich.

3 **C. Verfahren.** Die Vorlage wird in der mündlichen Verhandlung durch Beschl des Gerichts, außerhalb der mündlichen Verhandlung durch Verfügung gem § 273 II Nr 1 angeordnet. Die Anordnung ist nicht erzwingbar. Die Anordnung kann ausschließlich ggü einer Partei oder einem Streithelfer erfolgen. Eine Anordnung gegen Dritten ist nach dem eindeutigen Gesetzeswortlaut nicht möglich. Eine selbständige Anfechtung der Anordnung wie auch des Unterlassens der Anordnung ist nicht möglich.

§ 144 Augenschein; Sachverständige. (1) [1]**Das Gericht kann die Einnahme des Augenscheins sowie die Begutachtung durch Sachverständige anordnen.** [2]**Es kann zu diesem Zweck einer Partei oder einem Dritten die Vorlegung eines in ihrem oder seinem Besitz befindlichen Gegenstandes aufgeben und hierfür eine Frist setzen.** [3]**Es kann auch die Duldung der Maßnahme nach Satz 1 aufgeben, sofern nicht eine Wohnung betroffen ist.**
(2) [1]**Dritte sind zur Vorlegung oder Duldung nicht verpflichtet, soweit ihnen diese nicht zumutbar ist oder sie zur Zeugnisverweigerung gemäß den §§ 383 bis 385 berechtigt sind.** [2]**Die §§ 386 bis 390 gelten entsprechend.**
(3) **Das Verfahren richtet sich nach den Vorschriften, die eine auf Antrag angeordnete Einnahme des Augenscheins oder Begutachtung durch Sachverständige zum Gegenstand haben.**

1 **A. Normzweck.** Die Norm ergänzt die §§ 142, 143 und stellt Gegenstände, die einem Augenschein dienen können oder die zur Begutachtung durch Sachverständige erforderlich sind, den Urkunden und den sonstigen Unterlagen gem § 142 gleich. Die Norm dient damit generell zur Aufklärung des streitigen Sachverhalts sowie zur Verdeutlichung und Klärung eines unstreitigen, aber lückenhaften und unklaren Sachverhalts. Die Norm ist ähnl wie § 142 durch das ZPO-RG seit 1.1.02 erweitert worden. Die Mitwirkungspflicht Dritter ist wie in § 142 eingefügt und geregelt worden. Die Trennung zwischen Vorlegung und Duldung in Abs 1 will der Tatsache gerecht werden, dass sowohl bewegliche als auch unbewegliche Augenscheinsobjekte in Betracht kommen können.
Allerdings geht § 144 insoweit über die §§ 139–143 hinaus, als er nicht nur die Prozessleitung betrifft, sondern in Abs 1 S 1 auch eine **Regelung zur Beweisaufnahme** enthält (zur Abgrenzung vgl § 141 Rz 2, 142 Rz 10). Das Gericht kann nämlich vAw den Augenscheinsbeweis und die Begutachtung durch Sachverständige anordnen. In diesen Möglichkeiten ist eine Einschränkung des Beibringungsgrundsatzes zu sehen. Somit können im Falle von § 144 auch beweismäßig verwertbare Erkenntnisse gewonnen werden (Zö/*Greger* § 144 Rn 1), ferner können Augenscheinsobjekte gewonnen werden, ohne dass diese von einer Partei erwähnt wurden. Daher ist es konsequent, dass Abs 3 die §§ 371 ff und 402 ff für anwendbar erklärt.

2 **B. Gegenstand der Anordnung. I. Augenscheinsbeweis.** Das Gericht kann vAw nach seinem Ermessen die Anordnung treffen, dass die Einnahme eines Augenscheins in der beweisrechtlichen Form des § 371 erfolgt. Zwar wird das Gericht vorab gem § 139 abklären, ob der an sich Beweisbelastete die Initiative

ergreifen wird. Das Recht des Gerichts, diesen Beweis vAw anzuordnen, kann aber eine Parteivereinbarung nicht ausschließen.

II. Sachverständigenbeweis. Ebenso wie den Augenschein kann das Gericht auch einen Sachverständigenbeweis nach seinem Ermessen vAw anordnen. Auch hier wird das Gericht vorher mit den Parteien über deren mögliches Verhalten sprechen (§ 139). Die Möglichkeit des Gerichts, vAw die Initiative zu ergreifen, soll nicht dem Zweck dienen, die Problematik nicht eingezahlter Auslagenvorschüsse zu umgehen (Ddorf MDR 74, 321). Ausgeschlossen ist eine gerichtliche Initiative auch dort, wo der Beweisantrag einer Partei wegen Verspätung oder als Ausforschungsbeweis zurückzuweisen wäre. Hält freilich das Gericht im Interesse der Aufklärung des Rechtsstreits und auch im Interesse der Gegenpartei ein Gutachten für unentbehrlich, so wird es nach § 144 vorgehen (BGH MDR 76, 396). 3

III. Vorlegung beweglicher Gegenstände. Neben der Anordnung des Augenscheinsbeweises oder des Sachverständigenbeweises kann die Vorlegung von Gegenständen derjenigen Partei aufgegeben werden, in deren Besitz sie sich befinden. Eine solche Anordnung kommt für bewegliche Sachen in Betracht, die für das Gericht oder für den Sachverständigen einer Augenscheinseinnahme bzw einer Begutachtung unterliegen. Anders als die Beweisanordnung ist die Anordnung der Vorlegung also der Regelung des § 142 gleichzustellen, weshalb das Gesetz auch Dritte mit einbezieht. Zum Sonderfall der Wohnung s.u. Rz 5. 4

IV. Duldung. Duldung meint im konkreten Fall, dass der Besitzer der Sache eine Begutachtung bzw einen Augenschein duldet. In Betracht kommen hier insb unbewegliche Sachen oder Sachen von einer Größe und einem Gewicht, die eine normale Vorlegung unzweckmäßig erscheinen lassen. Die gesetzliche Ausnahme im Falle der Wohnung ist Art 13 GG geschuldet. Daher werden vom Schutz der Norm nicht nur Wohnungen im umgangssprachlichen Sinn erfasst, sondern auch nicht allgemein zugängliche Nebengebäude und Garagen (BGH NJW-RR 09, 1393). 5

C. Voraussetzungen. Das Gericht hat nach seinem Ermessen das Bedürfnis für die in § 144 vorgesehenen Ermittlungsmöglichkeiten zu prüfen. Darüber hinaus müssen die Voraussetzungen der Beweisführung iSv Abs 3 iVm den Normen des Augenscheins und des Sachverständigenbeweises vorliegen. 6

D. Verfahren. Die Anordnungen nach Abs 1 S 1 ergehen durch Beschl des Gerichts. Es handelt sich um einen Beweisbeschluss (§ 358). Die Anordnung einer Vorlegung nach Abs 1 S 2 kann neben einem Gerichtsbeschluss auch durch Verfügung gem § 273 II Nr 5 ergehen. Im Übrigen richtet sich auch das Verfahren nach den beweisrechtlichen Vorschriften der §§ 371 ff und §§ 402 ff. Eine Entscheidung des Gerichts nach § 144 ist ebenso wie das Unterlassen einer solchen Entscheidung nicht selbstständig anfechtbar. Eine Überprüfung von Maßnahmen nach § 144 kommt nur zusammen mit dem Endurteil in Betracht (§§ 512, 557 II). 7

§ 145 Prozesstrennung. **(1) Das Gericht kann anordnen, dass mehrere in einer Klage erhobene Ansprüche in getrennten Prozessen verhandelt werden.**

(2) Das Gleiche gilt, wenn der Beklagte eine Widerklage erhoben hat und der Gegenanspruch mit dem in der Klage geltend gemachten Anspruch nicht in rechtlichem Zusammenhang steht.

(3) Macht der Beklagte die Aufrechnung einer Gegenforderung geltend, die mit der in der Klage geltend gemachten Forderung nicht in rechtlichem Zusammenhang steht, so kann das Gericht anordnen, dass über die Klage und über die Aufrechnung getrennt verhandelt werde; die Vorschriften des § 302 sind anzuwenden.

A. Trennung mehrerer Ansprüche (Abs 1). I. Voraussetzungen. 1. Grundsätze. Eine Prozesstrennung kommt als Maßnahme der formellen Prozessleitung in allen Fällen subjektiver (§ 59 f; im Fall des § 62 ist eine Trennung ausgeschlossen) und objektiver (§ 260) Klagehäufung in Betracht. Sie setzt neben der Rechtshängigkeit der Klage (eine Trennung im Mahnverfahren ist nicht möglich; B/L/A/H Rn 4) weiter voraus, dass der abzutrennende Anspruch einen **selbständigen Streitgegenstand** bildet. Damit können rechnerisch in einer Klagesumme zusammengefasste einzelne Schadenspositionen in getrennten Prozessen verhandelt werden, wenn die verschiedenen Ansprüche selbständigen Streitgegenständen zuzuordnen sind (etwa: Abtrennung von Sachschadensersatz, Arztkosten und Verdienstausfall im Unfallprozess; vgl BGHZ 30, 18; BGH NJW 55, 1675). Eine Trennung einzelner Anspruchsgrundlagen innerhalb eines einheitlichen Streitgegenstands ist nicht zulässig. Auch im Rechtsmittelverfahren ist eine Trennung möglich. 1

2 **2. Gesetzlicher Ausschluss.** In den Fällen der §§ 246 III, 249 II, 275 IV AktG, §§ 51 III, 112 I GenG ist eine Trennung gesetzlich ausgeschlossen. In Scheidungs- und Folgesachen sind die Möglichkeiten einer Abtrennung eingeschränkt (§ 140 FamFG). Auch darf eine Trennung nicht erfolgen, wenn einer der zu trennenden Ansprüche entscheidungsreif ist. In diesem Fall ist durch Teilendurteil über den entscheidungsreifen Teil zu entscheiden (St/J/*Leipold* Rn 7). Im Berufungsrechtszug ist § 518 zu beachten.

3 **II. Wirkung.** Nach der Abtrennung ist ein neues, selbständiges Verfahren entstanden. Allerdings bleiben die bereits früher begründete Rechtshängigkeit und die Zuständigkeit des angerufenen Gerichts für beide nunmehr gesondert zu entscheidenden Prozesse erhalten. Nur im Fall einer unzulässigen Klagehäufung sind die Zuständigkeitsstreitwerte nach der Trennung mit der Option einer Verweisung an das dann zuständige Amtsgericht neu zu prüfen, da der Kl die Zuständigkeit des Landgerichts nicht durch eine unzulässige Klagehäufung erschleichen darf (St/J/*Leipold* Rn 22; MüKoZPO/*Peters* Rn 13). Die sich aus dem Geschäftsverteilungsplan ergebende Zuständigkeit des Spruchkörpers ändert sich nach der Abtrennung nicht, solange der Kl durch eine unzulässige Verbindung nicht die Geschäftsverteilung umgehen wollte (St/J/*Leipold* Rn 23). Auch ist das bisherige Prozessergebnis, insb eine bereits durchgeführte Beweisaufnahme, in beiden Verfahren verwertbar.

4 **III. Ermessen.** Die Entscheidung über die Prozesstrennung steht im pflichtgemäßen Ermessen des Gerichts. Hierbei hat das Gericht abzuwägen, ob die Abtrennung als prozessleitende Maßnahme der Förderung des Prozesses, insb seiner zeitangemessenen Erledigung, dienlich ist. Sie soll zur besseren Ordnung des Prozessstoffes führen und einer Prozessverschleppung entgegenwirken, die aus einem Streit über einzelne Ansprüche entstehen kann. Eine Abtrennung kommt immer dann in Betracht, wenn ein abgrenzbarer Teil des Prozesses rascher entschieden werden kann.

5 **1. Gebundenes Ermessen.** Das Ermessen ist gebunden, wenn die einzelnen Ansprüche unterschiedliche Prozessarten betreffen (zB Urkundenprozess und ordentliches Verfahren). Auch nach unzulässiger Anspruchsverbindung (§ 260; § 126 II FamFG) ist eine Trennung zwingend. Umgekehrt darf eine Trennung nicht erfolgen, wenn die Ansprüche in einem Eventualverhältnis stehen. Denn dann würde der hilfsweise geltend gemachte Anspruch im selbständigen Verfahren als Hauptantrag behandelt. Im Fall der notwendigen Streitgenossenschaft nach § 62 darf das Gericht die einzelnen Prozessrechtsverhältnisse nicht trennen. Generell gilt: Eine Abtrennung ist ermessensfehlerhaft, wenn ein sachlicher Grund nicht ersichtlich ist, für die Parteien mit der Abtrennung lediglich Kostennachteile verbunden sind und die Prozesstrennung zum Verlust der Rechtsmittelfähigkeit führt. Demgegenüber steht die Gefahr widersprüchlicher Entscheidungen der Abtrennung nicht entgegen: Die beim Erlass eines Teilurteils anerkannten Einschränkungen sind nicht zu beachten (BGH NJW 03, 2386).

6 **2. Verfahren.** Das Gericht (bei Kollegialgerichten also nicht der Vorsitzende allein) kann seine Entscheidung in der Form eines Beschlusses ohne Antrag der Parteien und ohne mündliche Verhandlung (§ 128 IV) treffen. Da durch die Trennung Kostennachteile und Verfahrensverzögerungen entstehen können, ist den Parteien zuvor **rechtliches Gehör** zu gewähren. Nach der Prozesstrennung sind im Regelfall durch Kopien neue Akten anzulegen. Die getrennten Verfahren können nachträglich wieder zusammengeführt werden (§ 150). Das Gericht kann unter Berücksichtigung von § 156 einen nach Schluss der mündlichen Verhandlung eingegangenen neuen Sachantrag ohne Wiedereröffnung der mündlichen Verhandlung abtrennen, da es der Kl ansonsten in der Hand hätte, die Entscheidungsreife der bereits verhandelten Ansprüche hinauszuzögern (Saarbr OLGR 08, 2). Trennt das Gericht ohne vorherige Wiedereröffnung der mündlichen Verhandlung ab, so tritt die Rechtshängigkeit erst mit der förmlichen Zustellung des unter dem neuen Aktenzeichen geführten Klageantrags ein (vgl Zö/*Greger* § 296a Rn 2a). Erfolgt die Trennung im Termin zur mündlichen Verhandlung, so kann noch im selben Termin über die nunmehr selbständigen Verfahren verhandelt werden (St/J/*Leipold* Rn 17).

7 **IV. Rechtsmittel.** Ein ordentliches Rechtsmittel gegen die ermessensfehlerhafte Abtrennung ist nicht gegeben. Jedoch hat die pflichtwidrige Abtrennung auf die Beurteilung der Rechtsmittelfähigkeit der nach der Abtrennung ergangenen Endentscheidung keinen Einfluss: Bei der Prüfung der **Rechtsmittelsumme** (§ 511 II Nr 1, § 26 Nr 8 EGZPO) darf der Rechtsmittelkläger durch die fehlerhafte Abtrennung keine Nachteile erleiden (BGH NJW 95, 3120). Andererseits ist die Abtrennung nicht allein deshalb zu beanstanden, weil sie zum Verlust der Rechtsmittelfähigkeit führt (St/J/*Leipold* Rn 15). Soweit eine unter keinem denkbaren

Aspekt vertretbare Abtrennung den Gleichheitssatz (Art 3 I GG) verletzt, kann die prozessabschließende Entscheidung mit der **Verfassungsbeschwerde** angefochten werden (BVerfG NJW 97, 649).

V. Hinweise für die Praxis. Da eine verfahrensfehlerhafte Abtrennung dem Rügeverzicht nach § 295 unterliegt, ist es ratsam, dass die Parteien der Abtrennung ausdrücklich entgegentreten. Andernfalls laufen sie Gefahr, das Erreichen der Rechtsmittelsumme nicht mehr auf den Verfahrensverstoß stützen zu können (Zö/*Greger* Rn 6a). Die Abtrennung birgt Risiken, wenn sich die Rechtskraft der abgetrennten Entscheidung auf das andere Prozessrechtsverhältnis erstreckt (so etwa im Fall des § 124 VVG). 8

B. Abtrennung der Widerklage (Abs 2). Stehen die in Klage und Widerklage geltend gemachten Ansprüche in rechtlichem Zusammenhang, so kommt eine Trennung von Klage und Widerklage nicht in Betracht. Der rechtliche Zusammenhang ist regelmäßig bei der Zwischenfeststellungs-Widerklage nach § 256 II gegeben. Selbst bei fehlendem rechtlichen Zusammenhang kann keine Trennung erfolgen, wenn die Widerklage nur hilfsweise, für den Fall der Begründetheit der Klage, erhoben wurde (BGHZ 21, 13). 9

C. Aufrechnung (Abs 3). I. Terminologie und Doppelnatur. Die Vorschrift öffnet die Option, eine zur Aufrechnung gestellte Forderung in getrennten Prozessen zu verhandeln. Hierbei stehen für die Geltendmachung der Aufrechnung im Prozess zwei Wege offen: Der Beklagte kann sich zum einen auf eine bereits **vorprozessual erklärte Aufrechnung** berufen. Zum anderen kann der Beklagte im laufenden Rechtsstreit die Klageforderung durch eine **Prozessaufrechnung** zu Fall bringen, die originäre materiellrechtliche Rechtswirkungen besitzt. Nur diese Prozessaufrechnung im engeren Sinne hat eine Doppelnatur: Sie ist einerseits materiell-rechtlich wirksame bürgerlichrechtliche Willenserklärung, die dem materiellen Zivilrecht unterliegt, und als Prozesshandlung andererseits den Bindungen des Prozessrechts unterworfen. 10

1. Außerprozessuale Aufrechnung. Die Geltendmachung einer außerprozessual erklärten Aufrechnung im Prozess ist keine Prozesshandlung im engeren Sinne, sondern zunächst ein Verteidigungsvorbringen, das in einem Tatsachenvortrag besteht. Mithin muss die außerprozessual erklärte Aufrechnung nicht zwingend von den Parteien in das Verfahren eingeführt werden. Auch der Kl kann seinem eigenen Klagevorbringen durch den Vortrag einer außerprozessualen Aufrechnung die Grundlage entziehen. In den Grenzen des § 291 findet der Aufrechnungseinwand ohne Parteivorbringen Berücksichtigung. 11

a) Präklusion. Wie jedes Tatsachenvorbringen unterliegt der Aufrechnungseinwand den Präklusionsvorschriften der §§ 282, 296. Umstritten ist, ob der Beklagte eine präkludierte außerprozessuale Aufrechnung in einem Folgeprozess geltend machen kann (so MüKoZPO/*Peters* § 149 Rn 27 f; *Häsemeyer* ZZP 118 (05), 280 ff, der die Auffassung vertritt, die Rechtskraft des der Klage stattgebenden Urteils erfasse mit der Präklusion des Aufrechnungseinwands zugleich die Feststellung über den Fortbestand der Aufrechnungsforderung), oder ob er – ebenso wie bei der Präklusion des Erfüllungseinwandes – einen endgültigen Rechtsverlust erleidet (Zö/*Greger* Rn 15). Die erst genannte Auffassung ist vorzuziehen: Über die zur Aufrechnung gestellte Forderung wurde nicht entschieden. Es erscheint nicht interessengerecht, dass der Beklagte durch den Ausschluss des Aufrechnungseinwands nicht nur im Ausgangsprozess, sondern auch im Folgeprozess unterliegt. Zudem verhält sich der im Ausgangsprozess obsiegende Kl treuwidrig, wenn er sich in Kenntnis des erstrittenen Urteils, das den Aufrechnungseinwand unberücksichtigt ließ, im Folgeprozess darauf beruft, die geltend gemachte Forderung sei durch Aufrechnung erloschen (St/J/*Leipold* Rn 67). Die Präklusionsvorschriften wirken nicht über das konkrete Prozessrechtsverhältnis hinaus. Der Vergleich mit dem endgültigen Verlust des Erfüllungseinwandes trifft nicht den Kern. Denn auch im Falle des präkludierten Erfüllungseinwands kann der unterliegende Beklagte den präkludierten Erfüllungserfolg – soweit er etwa in einer Zahlung besteht – in einem Folgeprozess kondizieren. 12

b) Unsubstantiierte Sachverhaltsdarstellung. Lässt die zur Aufrechnung gestellte Forderung eine hinreichende Individualisierung vermissen, so ist mit der Sachentscheidung über die Klageforderung keine der Rechtskraft fähige Entscheidung über die zur Aufrechnung gestellte Forderung verbunden (§ 322 Rz 69; Zö/*Vollkommer* § 322 Rn 18). Hier ist es dem Beklagten möglich, das Substantiierungsdefizit in einem Folge-(Aktiv)Prozess zu beheben. Anders ist zu entscheiden, wenn es dem Aufrechnenden nicht gelungen ist, die Begründetheit der hinreichend individualisierten Forderung substanziiert darzulegen. In diesem Fall entscheidet das Gericht in der Sache über die zur Aufrechnung gestellte Forderung, weshalb die Entscheidung gem § 322 II der Rechtskraft fähig ist (BGH NJW 94, 1538; Stuttg OLGR 01, 267). Dasselbe gilt, wenn der zur 13

Substantiierung erforderliche Sachvortrag zu präkludieren ist. Auch hier wird die zur Aufrechnung gestellte Forderung in den Grenzen des § 322 II endgültig aberkannt (BGHZ 33, 242).

14 **2. Prozessaufrechnung. a) Zulässigkeit.** Das materielle Recht kann der Aufrechnung entgegenstehen (vgl nur §§ 390, 392–394 BGB). Ebenso wird die Aufrechnung durch materiellrechtliche Aufrechnungsverbote eingeschränkt. Auch prozessrechtliche Absprachen können zur Unzulässigkeit des Aufrechnungseinwands führen. In all diesen Fällen muss das Gericht vor Eintritt in die **Sachprüfung** über die zur Aufrechnung gestellte Forderung zunächst die **Zulässigkeit der Aufrechnung** bestätigen und darf insb nicht vorab im Wege einer Alternativbegründung in der Sache über die Aufrechnungsforderung entscheiden (BGH NJW 61, 1862). Behandelt das Gericht die Aufrechnung als unzulässig, so ist die Entscheidung auch dann nicht gem § 322 II der Rechtskraft fähig, wenn die Aufrechnung zu Unrecht als unzulässig angesehen wird (BGH NJW 01, 3616).

15 **b) Aufrechnungserklärung.** Da die Prozessaufrechnung zugleich Prozesshandlung ist, muss der Aufrechnende Prozesspartei sein. Auch der Kl kann die Prozessaufrechnung erklären, wenn er sich in der prozessualen Situation in einer Schuldnerstellung befindet (zB als Kl nach § 767 oder als Widerbeklagter). Jedoch kann der Kl gegen eine hilfsweise zur Aufrechnung gestellte Forderung des Beklagten nicht seinerseits mit eigenen Forderungen aufrechnen, weil der Beklagte mit seiner Eventualaufrechnung die Reihenfolge des Prozessprogramms festgelegt hat: Hat die Hilfsaufrechung Erfolg, so geht die Aufrechnung des Klägers ins Leere (eingehend: St/J/*Leipold* Rn 29; KG MDR 06, 1252). Die Aufrechnungserklärung muss im **Anwaltsprozess** vom dafür postulationsfähigen Rechtsanwalt geltend gemacht werden, dessen Prozessvollmacht nach § 81 die Aufrechnung umfasst. Die Aufrechnungserklärung als Prozesshandlung kann konkludent erklärt werden (BGH MDR 94, 1144; aA Zö/*Greger* Rn 11, der mit Blick auf den Rechtscharakter der Aufrechung als Prozesshandlung eine ausdrückliche Erklärung verlangt). Der Streithelfer kann nicht Forderungen der Hauptpartei, wohl aber bei bestehender Gesamtschuld mit eigenen Forderungen die Prozessaufrechung erklären (Zö/*Vollkommer* § 67 Rn 11). Die Prozessaufrechnung unterliegt im **Berufungsrechtszug** der besonderen Präklusion des § 533: Die Aufrechungserklärung ist nur unter den in § 533 Nr 1 und 2 genannten Voraussetzungen zulässig. Wurde die Prozessaufrechnung demgegenüber bereits im ersten Rechtszug erklärt, so ist die Zulässigkeit eines zur Substantiierung der Aufrechnungsforderung im zweiten Rechtszug neuen Tatsachenvortrags an den Voraussetzungen der §§ 529–531 zu messen (vgl § 533 Rz 18).

16 **c) »Rücknahme« der Aufrechnung.** Die materiellrechtlichen Gestaltungswirkungen einer erklärten Aufrechnung (§ 389 BGB) können nicht rückwirkend entfallen. Da die Prozessaufrechnung allerdings zugleich Prozesshandlung und Verteidigungsvorbringen ist, kann der Aufrechnende die Aufrechnungseinrede mit prozessualer Wirkung wieder fallenlassen (BGHZ 57, 242, 244 f; Zö/*Greger* Rn 11a; aA B/L/A/H Rn 12; nach OLGR Schlesw 09, 447 kann die Rücknahme der Prozessaufrechnung sogar an die innerprozessuale Bedingung eines Vergleichswiderrufs geknüpft werden). Nunmehr ist das Gericht gehindert, über den Aufrechnungseinwand zu entscheiden. Nach vorzugswürdiger Auffassung sind die sachlich-rechtlichen Wirkungen der Prozessaufrechnung davon abhängig, dass das Gericht den Aufrechnungseinwand im Prozess berücksichtigen darf und ihn nicht als unzulässig zurückweist. Andernfalls steht es dem Beklagten frei, die unverbrauchte Gegenforderung in einem **Folgeprozess** einzufordern (BGH NJW-RR 91, 156; Zweibr NJW-RR 04, 651; St/J/*Leipold* Rn 60; aA Zö/*Greger* Rn 11a).

17 **d) Hilfsaufrechnung.** Die Aufrechnung kann hilfsweise, für den Fall erklärt werden, dass das Gericht die bestrittene Klageforderung für begründet erachtet. An den Erklärungstatbestand der Hilfsaufrechnung sind keine strengen Anforderungen zu stellen: Sie liegt immer dann vor, wenn der Aufrechnende die Berechtigung der Klageforderung unabhängig vom Aufrechnungseinwand in Zweifel zieht. Die Zulässigkeit der Eventualaufrechnung steht außer Streit. Das Gericht muss auch bei der Hilfsaufrechnung zunächst über die Klageforderung befinden und darf die Klage nicht bereits deshalb als unbegründet abweisen, weil der Aufrechnungseinwand durchgreift. Denn dann bliebe offen, ob die Forderung des Beklagten gem § 322 II rechtskräftig abgewiesen wurde. Auch eine **gestaffelte Hilfsaufrechnung** mit mehreren Gegenforderungen ist möglich: Hier ist eine eindeutige Bestimmung der Reihenfolge anzuraten. Mangels ausdrücklicher Festlegung gelten die §§ 396 I 2, 366 II BGB (BGHZ 149, 124). Allerdings ist es nicht zulässig, mehrere nicht selbständige Teilbeträge derselben Forderung in einem Eventualverhältnis zueinander aufzurechnen (BGH NJW-RR 95, 508). Die **Präklusion des Aufrechnungseinwands** führt bei der Hilfsaufrechung nach wohl überwiegender Auffassung nicht zur rechtskräftigen Aberkennung der Forderung, da die materiellrechtliche

Wirksamkeit der Hilfsaufrechnung entweder nach Maßgabe einer (auflösenden) Bedingung oder in rechtsanaloger Anwendung des § 139 BGB von der prozessualen Zulässigkeit des Aufrechnungseinwands abhängt (St/J/*Leipold* Rn 65).

II. Wirkungen. Die Aufrechnung begründet **keine Rechtshängigkeit** der zur Aufrechnung gestellten Forderung. Dies hat zur Konsequenz, dass die Forderung entweder im selben Prozess – etwa im Wege einer Eventual-Widerklage – oder in einem selbständigen Rechtsstreit eingeklagt werden kann. Zugleich finden die Prozessvoraussetzungen, die den Zugang zu dem angerufenen Gericht eröffnen, keine unmittelbare Anwendung. Dennoch ist die Entscheidung, dass die zur Aufrechnung gestellte Gegenforderung nicht besteht, nach § 322 II der Rechtskraft fähig. Mit Rücksicht auf diese Wirkungen der Rechtskraft sind der Entscheidungsbefugnis des Prozessgerichts Grenzen gesetzt: 18

1. Prüfungskompetenz des angerufenen Gerichts. a) Fehlende internationale Zuständigkeit. Wäre das Gericht für den Aktivprozess über die zur Aufrechnung gestellte Forderung international nicht zuständig, so ist der Aufrechnungseinwand jedenfalls dann zu berücksichtigen, wenn die **Forderung unbestritten, zugestanden oder rechtskräftig festgestellt** ist. Auch bei rügeloser Einlassung ist eine Entscheidung möglich. Schließlich ist die internationale Zuständigkeit des angerufenen Gerichts für den Fall einer klageweisen Geltendmachung der aufgerechneten Forderung dann nicht erforderlich, wenn die Forderung in analoger Anwendung des § 33, Art 6 Nr 3 EuGVO in Zusammenhang mit der Klageforderung steht (BGH NJW 02, 2184; *Wagner* IPrax 99, 71 ff). In allen anderen Fällen, also insb dann, wenn die Entscheidung über die nicht konnexe Gegenforderung von der Einholung eines Gutachtens abhängt, muss der Beklagte auf der Grundlage der bislang gesicherten Rechtsprechung seine Forderung vor dem international zuständigen Gericht verfolgen (Jena OLGR 09, 63). Dies gilt auch dann, wenn die fehlende internationale Zuständigkeit aus einer **Parteivereinbarung** folgt (BGH NJW 93, 2755; BGHZ 60, 85). Die Einschränkung des Aufrechnungseinwands überzeugt: Der Kl hat ein schutzwürdiges Interesse daran, dass die Gewährung des Rechtsschutzes nicht durch die Prüfung von Rechts- und Tatfragen verzögert wird, deren Entscheidung bei klageweiser Durchsetzung einem ausländischen Gericht vorbehalten wäre. Allerdings ist die Rechtsentwicklung im Fluss: Die Gegenmeinung (St/J/*Leipold* Rn 44 f mN) vermisst mit Blick auf die Auslegung von Art 6 Nr 3 EuGVO durch den EuGH (NJW 96, 42) eine im Europäischen Recht wurzelnde Begründung dafür, weshalb das Gericht – mit Ausnahme der genannten Fälle – den Aufrechnungseinwand nur dann berücksichtigen darf, wenn es auch zur Entscheidung über die Gegenforderung international zuständig ist. Klagt der Aufrechnende die Forderung zugleich vor dem dafür zuständigen Gericht in einem anderen Mitgliedstaat ein, so kann im Bereich des **EuGVO** nur das später angerufene Gericht das Verfahren bis zur Entscheidung des im Zusammenhang stehenden Rechtsstreits aussetzen (Art 28 I EuGVO). 19

b) Unzulässiger Rechtsweg. Die Rechtskraftwirkung des § 322 II verhindert regelmäßig, dass das Gericht über eine zur Aufrechnung gestellte rechtswegfremde Forderung entscheiden darf. Der Aufrechnungseinwand ist nur dann zu prüfen, wenn die zur Aufrechnung gestellte Forderung anderweitig rechtskräftig festgestellt oder unbestritten ist. Eine weitergehende Entscheidungskompetenz lässt sich insb nicht aus § 17 II GVG herleiten: Die Vorschrift eröffnet die Möglichkeit, dass das angerufene Gericht den im zuständigen Rechtsweg eingeklagten Streitgegenstand unter allen in Betracht kommenden rechtlichen Gesichtspunkten prüft. Hierzu zählen auch solche rechtliche Gesichtspunkte, deren Beantwortung der Sachkompetenz eines anderen Rechtswegs vorbehalten wäre. Da die rechtlichen Aspekte, unter denen der in die Erkenntnis des Gerichts gestellte Lebenssachverhalt zu prüfen ist, den Streitgegenstand selber nicht definieren, bewegt sich das Gericht bei seiner Entscheidung nach § 17 II GVG innerhalb des im zulässigen Rechtsweg eingeklagten Streitgegenstands. Demgegenüber bietet § 17 II GVG keine Handhabe, über einen prozessualen Anspruch zu erkennen, dessen Entscheidung im Aktivprozess einem anderen Rechtsweg vorbehalten bleiben muss (BFH NJW 02, 3126; BAG NJW 02, 317; BVerwG NJW 93, 2255). Das Gegenargument, im Interesse der Prozessökonomie und der Rechtsschutzeffektivität sei die Aufrechnung mit einer rechtswegfremden Forderungen dem Fall des § 17 II GVG gleichzustellen (Kopp/Schenke § 40 Rn 45) vermag nicht zu überzeugen, da eine **Zersplitterung des Rechtsschutzes** in unterschiedlichen Rechtswegen auch bei extensiver Auslegung des § 17 II GVG nicht vermieden werden kann: Übersteigt die zur Aufrechnung gestellte Forderung die Klageforderung, so bliebe die Entscheidung über den überschießenden Rest dem zuständigen Fachgericht vorbehalten. 20

21 **c) Streitige Gerichtsbarkeit und FamFG.** Auf das Verhältnis zwischen streitiger und freiwilliger Gerichtsbarkeit sind die vorstehenden Rechtsgrundsätze nicht zu übertragen: Innerhalb des eröffneten Rechtswegs erlauben die unterschiedlichen Verfahrensordnungen noch nicht den Schluss, dass dem streitig entscheidenden Gericht die Sachkunde und Fachkompetenz für die Beurteilung eines der freiwilligen Gerichtsbarkeit unterstehenden Lebenssachverhalts fehlt. Dies zeigt bereits die Gerichtspraxis der Geschäftsverteilung, nach der nicht selten derselbe Spruchkörper zugleich für beide Verfahrensordnungen zuständig ist (so für LwVG: BGHZ 40, 338; jedenfalls für echte Streitsachen, insb für Verfahren nach dem WEG: BGH NJW 80, 2466; für das Verfahren nach § 156 KostO: Stuttg Justiz 96, 20; St/J/*Leipold* Rn 34; aA Zö/*Greger* Rn 19b).

22 **d) Schiedseinrede.** Haben die Parteien die zur Aufrechnung gestellte Forderung durch Schiedsvereinbarung den staatlichen Gerichten entzogen, so ist die Schiedsvereinbarung im Regelfall dahingehend auszulegen, dass die Parteien zugleich die Aufrechnung mit Gegenforderungen aus diesem Rechtsverhältnis vor einem anderen Gericht als dem Schiedsgericht ausschließen wollten (BGHZ 60, 90; 38, 254; 23, 25). Denn ansonsten könnte das staatliche Gericht nach § 322 II rechtskräftig über Forderungen entscheiden, die nach dem Willen der Parteien nur vom Schiedsgericht entschieden werden sollen. Endet das Schiedsverfahren mit einem Schiedsspruch, so ist das Ziel der Schiedsvereinbarung – die Wahrung der **Entscheidungskompetenz des Schiedsgerichts** – erreicht. Mit der durch den Schiedsspruch zugesprochenen Forderung kann vor staatlichen Gerichten auch dann aufgerechnet werden, wenn die Schiedsparteien das Verfahren zur Vollstreckbarerklärung des Schiedsspruchs nach § 1060 betreiben. Denn dieses Verfahren ist nicht mehr Teil des Schiedsverfahrens (BGH MDR 08, 460). Es erscheint folgerichtig, dass das Aufrechnungsverbot wieder auflebt, wenn der Schiedsspruch während des Prozesses, in dem die Aufrechnung erklärt wurde, aufgehoben wird (offen lassend: BGH MDR 08, 460). Wird der Schiedsspruch nach dem rechtskräftigen Abschluss des Rechtsstreits aufgehoben, ist der Weg der Restitutionsklage analog § 580 Nr 6 eröffnet (BGH MDR 08, 460).

23 **e) Fehlende sachliche und örtliche Zuständigkeit.** Das Gericht kann auch dann über die zur Aufrechnung gestellte Forderung entscheiden, wenn es für die klageweise Geltendmachung der Forderung sachlich oder örtlich nicht zuständig wäre. Dies gilt selbst dann, wenn die sachliche oder örtliche Zuständigkeit ausschließlich geregelt ist (St/J/*Leipold* § 145 Rn 33), sowie auch dann, wenn die Forderung in die funktionelle Zuständigkeit der Familiengerichte (BGH MDR 89, 239) fällt.

24 **f) Prozessleitende Maßnahmen bei fehlender Entscheidungskompetenz.** Fehlt dem angerufenen Gericht die Entscheidungsbefugnis über die zur Aufrechnung gestellte Forderung, so folgt hieraus nicht zwingend, dass der Aufrechnungseinwand als solcher im Prozess ausgeschlossen werden muss. Bejaht man die sachlichrechtliche Zulässigkeit der Aufrechnung (BGHZ 16, 124, 131 ff), so ist der unauflösbar erscheinende Widerspruch zwischen der zwingenden Auseinandersetzung mit dem Aufrechnungseinwand und der fehlenden eigenen Entscheidungsbefugnis über die zur Aufrechnung gestellte Forderung pragmatisch durch **Aussetzung des Verfahrens nach § 148** zu überwinden: Dem Aufrechnenden ist ggf unter Fristsetzung Gelegenheit zu geben, die zur Aufrechnung gestellte Forderung im dafür zuständigen Rechtsweg zu prüfen (BFH NJW 02, 3128). Die Entscheidung über eine Aussetzung steht gem § 148 im Ermessen des Gerichts. Wenngleich die Ausübung des Ermessens im Regelfall eine Aussetzung des Verfahrens verlangt, können die Umstände des jeweiligen Einzelfalls einer Aussetzung entgegenstehen (BVerwG NJW 03, 2555 für die Aussetzung nach § 94 VwGO). Kommt der Aufrechnende freilich der Aufforderung zur rechtswegkonformen Rechtsverfolgung nicht nach, ist der ausgesetzte Rechtsstreit fortzuführen: Aufgrund der fehlenden Entscheidungsbefugnis über die zur Aufrechnung gestellte Forderung ist es folgerichtig, ohne Berücksichtigung des Aufrechnungseinwands zu erkennen. Nur wenn sich das angerufene Gericht einer Entscheidung über die zur Aufrechnung gestellte Forderung enthält, kann die Rechtsfolge des § 322 II vermieden werden. Nunmehr steht es dem Aufrechnenden frei, die Forderung im dafür bereitstehenden Rechtsweg einzuklagen (BGHZ 16, 140; St/J/*Leipold* Rn 37). Das BAG (MDR 08, 464) hält es im Fall der Aufrechnung mit rechtswegfremden Gegenforderungen für zulässig, ein **Vorbehaltsurteil** über die rechtswegkonforme Klageforderung zu erlassen und den Rechtsstreit sodann nach § 17a II 1 GVG an das für die Gegenforderung zuständige Gericht zu verweisen. Diese Lösung vermag nicht zu überzeugen, da sie dem für die Entscheidung über die Gegenforderung zuständigen Gericht zugleich das Nachverfahren gem § 302 IV über das Vorbehaltsurteil überträgt. Diese Möglichkeit sieht § 302 IV nicht vor, der anordnet, dass der Rechtsstreit in Betreff der vorbehaltenen Aufrechnung (ergo: vor demselben Gericht) anhängig bleibt. Überdies müsste nunmehr das Gericht, an das der Rechtsstreit verwiesen wurde, seinerseits über den im Vorbehaltsurteil

titulierten rechtswegfremden Anspruch entscheiden. Schließlich darf die Begründung eines neuen Prozessrechtsrechtsverhältnisses in dem für die Gegenforderung eröffneten Rechtsweg nicht durch Verweisung nach § 17a II 1 GVG geschehen, sondern muss den Parteien vorbehalten bleiben.

2. Gerichtliche Entscheidung. Die Entscheidung über den Aufrechnungseinwand wird iRd Prüfung der Klageforderung getroffen: Die begründete Aufrechnung führt zum Erlöschen der Klageforderung; das (Teil-)unterliegen ist bei der Kostenquote zu gewichten (zur Kostenquote: § 92 Rz 23, 24). 25

a) **Prüfungsreihenfolge.** Aufgrund der Rechtskraftwirkung des § 322 II darf das Gericht die Berechtigung der Klageforderung nicht mit Blick auf den jedenfalls begründeten Aufrechnungseinwand offenlassen. Vielmehr ist die Prüfung des Aufrechnungseinwands nur dann eröffnet, wenn sich die Klageforderung als begründet erweist. 26

b) Vermeidung divergierender Entscheidungen. Da die Entscheidung über die zur Aufrechnung gestellte Forderung gem § 322 II in Rechtskraft erwachsen kann, besteht die Gefahr divergierender rechtskräftiger Entscheidungen, wenn die zur Aufrechnung gestellte Forderung zugleich in einem anderen Verfahren eingeklagt wird. Dem ist durch Prozessaussetzung zu begegnen: Es ist praktikabel, den Rechtsstreit auszusetzen, in dem die zur Aufrechnung gestellte Forderung eingeklagt wird. Denn dieser Klage fehlt das Rechtsschutzbedürfnis, da der Gläubiger durch den erfolgreichen Aufrechnungseinwand seine Forderung sofort durchsetzen und liquidieren kann. Demgegenüber ist der wirtschaftliche Erfolg des Aktivprozesses selbst bei stattgebendem Leistungsurteil vom Ergebnis der Beitreibung abhängig (vgl Zö/*Greger* Rn 18a). Allerdings ist das Fehlen des Rechtsschutzbedürfnisses bis zur endgültigen Entscheidung über den Aufrechnungseinwand zweifelhaft, weshalb eine **Aussetzung des Aktivprozesses**, nicht hingegen dessen Beendigung durch den Erlass eines Prozessurteils sachgerecht erscheint. Denn im Fall eines klageabweisenden Prozessurteils könnte der Kl je nach der Entwicklung des Passivprozesses zur erneuten Klage gezwungen sein (vgl St/J/*Leipold* § 145 Rn 50, einschränkend: Dresd NJW 94, 139, das eine Aussetzung nur dann für zulässig erachtet, wenn davon ausgegangen werden darf, dass über die zur Aufrechnung gestellte Forderung tatsächlich entschieden wird). Auch dann, wenn der Kl die zur Aufrechnung gestellte Forderung primär aufrechnet, ist der parallele Aktivprozess auszusetzen, da das Gericht über die zur Aufrechnung gestellte Forderung nicht zwingend entscheidet (etwa nicht bei unschlüssiger Klage). **Rechnet der Beklagte** mit einer in einem anderen Verfahren bereits aufgerechneten Forderung **erneut auf**, so darf das Gericht im Folgeprozess den Aufrechnungseinwand nicht mit Blick auf die noch ausstehende Entscheidung des Erstgerichts dahinstehen lassen. Auch hier ist im Regelfall eine Aussetzung des Verfahrens sinnvoll (BGH NJW-RR 04, 1000). 27

3. Verjährungsunterbrechung. Die Geltendmachung der Aufrechnung des Anspruchs im Prozess führt gem § 204 I Nr 5 BGB zur Hemmung der Verjährung, die gem § 204 II BGB sechs Monate nach der rechtskräftigen Entscheidung oder anderweitigen Beendigung des Verfahrens endet, in dem der Aufrechnungseinwand erhoben wurde. Der Hemmungstatbestand greift ein, wenn der Aufrechnungseinwand erfolglos bleibt (etwa bei der nicht berücksichtigten Eventualaufrechnung oder der prozessual unzulässigen Aufrechnung; BGH MDR 08, 875; PWW/*Kesseler* § 204 Rn 12). 28

4. Hinweise für die Praxis. Der Kl wird die Klage zur Vermeidung von Kostennachteilen für erledigt erklären, wenn die zur Aufrechnung gestellte Forderung unstr, anderweitig rechtskräftig festgestellt worden ist, oder der Kl die Gegenforderung zugesteht. Widerspricht der Beklagte der Erledigung, weil er das Klagebegehren von Anfang an für unbegründet erachtet hat und folgerichtig die Aufrechnung nur hilfsweise erklärt hat, so wird das Gericht iRd auf Feststellung der Erledigung gerichteten Klagebegehrens über die ursprüngliche Berechtigung der Klageforderung entscheiden. Hierbei muss der Beklagte – ungeachtet der gesetzlichen Rückwirkungsfiktion des § 389 BGB – die Kosten des Rechtsstreits tragen, wenn die Klage bis zur Aufrechnungserklärung zulässig und begründet war. 29

III. Trennung der Verhandlung. Das Gericht kann bei der Aufrechnung gem Abs 3 die getrennte Verhandlung anordnen, wenn die zur Aufrechnung gestellte Forderung in keinem rechtlichen Zusammenhang zur Klageforderung steht. Eine abgetrennte Verhandlung kommt auch dann in Betracht, wenn sich der Beklagte auf eine vorprozessual erklärte Aufrechnung beruft. Demgegenüber scheidet eine Trennung aus, wenn der Beklagte die Gegenforderung nicht zur Aufrechnung stellt, sondern stattdessen ein Zurückbehaltungsrecht aus der Forderung herleitet (Zö/*Greger* Rn 25). Die getrennte Verhandlung führt keine Trennung des Prozesses herbei. Ist der Klageanspruch unbegründet, ergeht im Wege eines Endurteils die end- 30 gültige Abweisung der Klage; eine Entscheidung über die Gegenforderung ist obsolet. Hat der Klageanspruch zumindest tw Erfolg, muss das Gericht gem § 302 durch Vorbehaltsurteil entscheiden. Eine **Vorabentscheidung** über die zur Aufrechnung gestellte Forderung **kann nicht ergehen**. Ist der Beklagte in der abgetrennten Verhandlung über den Klageanspruch säumig, so ist im Dienste einer auf Verfahrensbeschleunigung gerichteten Prozessleitung ohne Vorbehalt einer Entscheidung über die Gegenforderung gegen den säumigen Beklagten durch prozessabschließendes Versäumnisurteil zu entscheiden. Umgekehrt riskiert der in der Verhandlung über die Gegenforderung säumige Kl ein die Klage abweisendes Versäumnisurteil auch dann, wenn noch nicht über die Klageforderung verhandelt wurde. Denn der anberaumte Termin erfasst mit Blick auf § 331 den Prozess als ganzes (St/J/*Leipold* Rn 78; aA Zö/*Greger* Rn 24, der wegen der »Einheit des Verfahrens« eine Entscheidung durch Versäumnisurteil ablehnt).

§ 146 Beschränkung auf einzelne Angriffs- und Verteidigungsmittel. Das Gericht kann anordnen, dass bei mehreren auf denselben Anspruch sich beziehenden selbständigen Angriffs- oder Verteidigungsmitteln (Klagegründen, Einreden, Repliken usw.) die Verhandlung zunächst auf eines oder einige dieser Angriffs- oder Verteidigungsmittel zu beschränken sei.

1 **A. Bedeutung und Wirkung.** Die Vorschrift besitzt in der forensischen Praxis kaum Relevanz. Sie erlaubt es, prozessleitend durch einen nicht selbstständig anfechtbaren, abänderbaren Beschl die mündliche Verhandlung, nicht das Verfahren als solches, auf selbständige Angriffs- und Verteidigungsmittel zu beschränken. Hierzu zählen alle zur Begründung des Klageantrags oder zur Rechtsverteidigung vorgetragenen tatsächlichen Behauptungen. Auch über einzelne Einwendungen und Einreden kann vorab verhandelt werden. Eine Beschränkung auf einzelne materiellrechtliche Tatbestandsmerkmale der den Anspruch oder die Einwendung begründenden Norm ist demgegenüber nicht möglich (Wieczorek/Schütze/*Smid* Rn 3 ff; St/J/*Leipold* Rn. 4). Ebensowenig kann eine Beweisaufnahme über eine einzelne Tatsache Gegenstand einer Anordnung nach § 146 sein. Ist der Rechtsstreit iRd beschränkten Verhandlung zur Entscheidung reif, so ist durch Endurteil, nicht hingegen durch Zwischen- oder Teilurteil über die einzelnen Angriffs- oder Verteidigungsmittel zu entscheiden. Die Berufung gegen das Endurteil bringt den Rechtsstreit auch dann vollständig in die 2. Instanz, wenn die Anordnung der beschränkten Verhandlung zum Zeitpunkt des Erlasses der Entscheidung noch fortbestand und das erstinstanzliche Gericht seine Entscheidung unter Hintanstellung weiterer Gesichtspunkte allein auf das den Gegenstand der Beschränkung bildende Angriffs- und Verteidigungsmittel gestützt hat (St/J/*Leipold* Rn 13).

2 **B. Hinweise für die Praxis.** Ordnet das Gericht die beschränkte Verhandlung an, so kann den Parteien keine nachlässige Prozessförderung vorgeworfen werden, wenn ein Vortrag zu anderen Aspekten zunächst unterbleibt. Dennoch sind die Parteien gehalten, die Erheblichkeit des Angriffs- oder Verteidigungsmittels aufrechtzuerhalten, da das Gericht nicht daran gehindert ist, auch iRd beschränkten Verhandlung insgesamt über die Klage zu entscheiden.

§ 147 Prozessverbindung. Das Gericht kann die Verbindung mehrerer bei ihm anhängiger Prozesse derselben oder verschiedener Parteien zum Zwecke der gleichzeitigen Verhandlung und Entscheidung anordnen, wenn die Ansprüche, die den Gegenstand dieser Prozesse bilden, in rechtlichem Zusammenhang stehen oder in einer Klage hätten geltend gemacht werden können.

1 **A. Voraussetzungen.** Mehrere bei demselben Gericht anhängige, nicht notwendigerweise rechtshängige Prozesse können ohne vorangehende mündliche Verhandlung (§ 128 IV) vAw durch Beschl des Gerichts miteinander verbunden werden. In den Fällen der § 518 S 2, §§ 246 III 6, 249 II, 250 III 1, 251 III, 253 II, 254 II 1, 257 II 1, 275 IV 1 AktG, §§ 51 III 5, 112 I 3 GenG ist die Verbindung zwingend vorgeschrieben. Eine Verbindung entscheidungsreifer Sachen ist dagegen unzulässig. Auch eine Verbindung von vorläufigem Rechtsschutz und Hauptsacheverfahren scheidet aus, da sie zur Aussetzung des vorläufigen Rechtsschutzes führe. Mangels gleicher Prozessart kann ein Urkundenprozess nicht mit einem ordentlichen Verfahren, auch nicht mit einem im Nachverfahren befindlichen Prozess verbunden werden. Auch nach § 126 II FamFG ist eine Verbindung unzulässig.

2 **I. Gleiches Gericht.** Die zu verbindenden Prozesse müssen bei demselben Gericht, nicht zwingend bei demselben Spruchkörper anhängig sein. Dennoch ist die **spruchkörperübergreifende Verbindung** außer-

halb des Bereichs der zwingend vorgeschriebenen Verbindung in der Gerichtspraxis regelmäßig nur dann anzutreffen, wenn alle Beteiligten (Parteien und Spruchkörper) mit der Verfahrensweise einverstanden sind. Dieses Einverständnis trägt den verfassungsrechtlichen Bedenken, wonach eine in das Ermessen des Gerichts gestellte Verbindung dem **Gebot des gesetzlichen Richters** (Art 101 I 2 GG) nicht genüge (St/J/*Leipold* Rn 15; BAG NZA 02, 1352; aA für Verfassungskonformität: B/L/A/H Rn 8; *Fischer* MDR 96, 240), hinreichend Rechnung. Will ein Einzelrichter ein Verfahren mit einer Kammersache verbinden, muss die zu verbindende Kammersache zunächst dem Einzelrichter übertragen werden (§ 348a I). Umgekehrt kann zu einer Kammersache eine Einzelrichtersache nur dann verbunden werden, wenn der Einzelrichter die Sache nach § 348 III, § 348a II auf die Kammer überträgt (St/J/*Leipold* Rn 3). Auch kann die Kammer für Handelssachen einen vor der Zivilkammer geführten Rechtsstreit nicht hinzuverbinden. Handelt es sich bei dem vor der Zivilkammer geführten Rechtsstreit um eine Handelssache, so kann – sofern der Beklagte den nach § 98 I GVG erforderlichen Verweisungsantrag stellt – nach der Verweisung eine Verbindung vor der Handelskammer erfolgen (zum umgekehrten Fall: nach § 97 I GVG kann auf Antrag des Beklagten von der Handelskammer an die Zivilkammer verwiesen werden).

II. Rechtlicher Zusammenhang. Der erforderliche rechtliche Zusammenhang ist nachgewiesen, wenn die 3
geltend gemachten Forderungen auf ein gemeinsames Rechtsverhältnis zurückzuführen sind oder aus dem gleichen Rechtsverhältnis hervorgehen. Die Identität des den Streitgegenstand definierenden Lebenssachverhalts ist nicht erforderlich (zu den Einzelheiten s. § 33 Rz 14). Darüber hinaus kommt die Verbindung in den Fällen der subjektiven und objektiven Klagehäufung in Betracht.

III. Wirkung. Die Verfahren werden zu gemeinsamer Verhandlung und Entscheidung verbunden. Damit 4
bilden die ursprünglich getrennten Prozesse nach der Verbindung eine neue Einheit.

1. Prozessrollen und Beweisaufnahme. Die Parteirollen sind nach der Verbindung anzupassen. Treten 5
sich die Parteien in den Einzelverfahren wechselseitig als Kl und Bekl ggü, so ist **eine der verbundenen Klagen als Widerklage fortzuführen**. Dennoch ist eine Beweisaufnahme, die in nur einem der vor der Verbindung selbständigen Verfahren durchgeführt wurde, nach der Verbindung für die Entscheidung des nunmehr einheitlichen Verfahrens nur mit Einverständnis der Parteien (§ 295) verwertbar (Wieczorek/Schütze/*Smid* Rn 18). Das Gericht ist daher gehalten, vor der Anordnung einer erneuten Beweisaufnahme die Notwendigkeit einer Wiederholung mit den Parteien zu erörtern. Wurde eine Partei des verbundenen Verfahrens zuvor in den Einzelverfahren als Zeuge gehört, so ist dessen Aussage nur dann zeugenschaftlich verwertbar, wenn die unter Beweis gestellte Tatsache ausschließlich die weiteren Streitgenossen betrifft (BGH MDR 99, 48; BAG JZ 73, 188; Zö/*Greger* Rn 8; St/J/*Leipold* Rn 24; krit Wieczorek/Schütze/*Smid* Rn 16).

2. Zuständigkeitsstreitwert und Rechtsmittelsumme. Obwohl sich der Zuständigkeitsstreitwert nach der 6
Verbindung im Regelfall erhöht (Ausnahme bei wirtschaftlicher Identität der Ansprüche; vgl § 5 Rz 4), bleibt die aus den Einzelverfahren resultierende sachliche Zuständigkeit des Amtsgerichts erhalten. Nur dann, wenn den Prozessparteien der Vorwurf gemacht werden kann, durch willkürliche Zerlegung des Prozessstoffes die Zuständigkeit des Amtsgerichts zu erschleichen, kommt nach der Verbindung eine Verweisung an das LG in Betracht. Die Rechtsmittelsumme wird durch die Verbindung beeinflusst.

B. Rechtsmittel. Die fehlerhafte Verbindung kann nicht selbstständig angefochten werden. Führt jedoch 7
die Verbindung von vorläufigem Rechtsschutz mit dem Hauptsacheverfahren zum Stillstand des vorläufigen Rechtsschutzes, ist die **sofortige Beschwerde des § 252** eröffnet (St/J/*Leipold* Rn 19; B/L/A/H Rn 17). Auch iRd Kostenfeststellungsverfahrens ist die verfahrensfehlerhafte Verbindung nicht zu korrigieren; die prozessleitende Maßnahme ist bindend. Da die Verbindung zu einem Austausch des gesetzlichen Richters führen kann, sind die verfassungsrechtlichen Vorgaben des Art 101 I GG zu beachten, weshalb im Einzelfall, insb bei willkürlicher Verbindung, verfassungsgerichtlicher Rechtsschutz Erfolg versprechen mag.

C. Analogie. Nicht selten werden Verfahren – sei es durch gleichzeitige Terminierung der mündlichen Ver- 8
handlung, sei es durch die Anordnung eines gemeinsamen Beweistermins – lediglich für eine gemeinsame mündliche Verhandlung miteinander verbunden. Nach der Verhandlung entscheidet das Gericht nicht in einer gemeinsamen Entscheidung, sondern bringt die jeweiligen Einzelverfahren unter Verwertung des Ergebnisses der gemeinsamen Verhandlung durch gesonderte Entscheidungen zum Abschluss. Diese Verfahrensweise bietet sich an, wenn sich der Sach- und Streitstand der Einzelverfahren nur in einem untergeordneten Umfang deckt, weshalb die gemeinsame Entscheidung nicht zweckmäßig erscheint. Die Zulässig-

keit dieser Verfahrensweise steht im Grundsatz nicht in Zweifel. Denn es steht dem Gericht ohne weiteres offen, unterhalb der Schwelle der prozessmäßigen Verbindung zur tatsächlichen Vereinfachung des Verfahrens vorübergehende Maßnahmen zu treffen (BGH NJW 57, 183). Zumindest bei fehlender Entscheidungsreife stünde es dem Gericht nach § 150 frei, selbst eine förmliche Verbindung nach Durchführung einer gemeinsamen Verhandlung noch vor der Endentscheidung wieder aufzuheben. Im Einvernehmen mit den Parteien steht nichts entgegen, den gemeinsamen Beweisaufnahmetermin durch **gleichzeitige Terminierung vor nicht personenidentischen Spruchkörpern** durchzuführen. Obwohl die Prozessparteien – anders als im Fall der förmlichen Verbindung – keine Streitgenossen sind, ist die zeugenschaftliche Verwertung der Aussage einer Partei im nicht verbundenen Parallelverfahren nur dann zulässig, wenn ihre Verwertung auch bei förmlicher Verbindung der Verfahren möglich gewesen wäre (*Grabolle/Wilske*, 1405 ff). Die Gebühren sind nach den Einzelstreitwerten, nicht nach dem Gesamtstreitwert zu berechnen (Braunschw OLGR 06, 342; München MDR 90, 345; aA *Grabolle/Wilske* MDR 07, 1408).

§ 148 Aussetzung bei Vorgreiflichkeit. **Das Gericht kann, wenn die Entscheidung des Rechtsstreits ganz oder zum Teil von dem Bestehen oder Nichtbestehen eines Rechtsverhältnisses abhängt, das den Gegenstand eines anderen anhängigen Rechtsstreits bildet oder von einer Verwaltungsbehörde festzustellen ist, anordnen, dass die Verhandlung bis zur Erledigung des anderen Rechtsstreits oder bis zur Entscheidung der Verwaltungsbehörde auszusetzen sei.**

1 **A. Verfahren.** Die mit den Wirkungen des § 249 versehene Aussetzung wird als prozessleitende, in das Ermessen des Gerichts gestellte Maßnahme durch einen vAw zu erlassenden Beschl, dem nach § 128 IV keine mündliche Verhandlung – wohl aber die Gewährung rechtlichen Gehörs – vorangehen muss (BGH Beschl v 28.9.2011 – I ZR 89/09), angeordnet. Der Beschl ist in der gebotenen Kürze zu begründen, damit die Ermessensausübung nachvollzogen werden kann.

2 **B. Anwendungsbereich.** Eine Aussetzung ist grds in jedem zivilprozessualen Verfahren möglich (zur Aussetzung im Verfahren der Nichtzulassungsbeschwerde im Patentverletzungsrechtsstreit: BGH Beschl v 28.9.2011 – X ZR 68/10).

3 **I. Eilbedürftige Verfahren.** Einschränkungen unterliegen Verfahren, die eine eilbedürftige Entscheidung verlangen. Dies gilt insb im einstweiligen Rechtsschutz: Hier ist eine Aussetzung allenfalls im Widerspruchsverfahren nach § 924 oder im Verfahren nach § 927 in Betracht zu ziehen (MüKoZPO/*Peters* Rn 3; Ddorf NJW 85, 1966; München MDR 86, 681). Im Urkundenprozess scheidet eine Aussetzung bis zum Erlass des Vorbehaltsurteils regelmäßig aus (Zö/*Greger* Rn 4); sie kommt aber dann in Betracht, wenn in einem anderen Verfahren über die Echtheit der Urkunde gestritten wird (Wieczorek/Schütze/*Smid* Rn 15; München JurBüro 03, 154). In der Zwangsvollstreckung ist eine Aussetzung nur in den Verfahren nach § 767 und § 771 möglich. Auch im Insolvenzverfahren steht die Eilbedürftigkeit des Verfahrens einer Aussetzung entgegen (BGH NZI 06, 642).

4 **II. FamFG-Verfahren.** Eine Aussetzung nach § 148 ist möglich. In den nichtstreitigen Verfahren der freiwilligen Gerichtsbarkeit kann allerdings die Funktion des jeweiligen Verfahrens einer Aussetzung im Einzelfall entgegenstehen (Wieczorek/Schütze/*Smid* Rn 18 f): So ist etwa im vormundschaftsgerichtlichen Verfahren dessen Eilbedürftigkeit zu beachten. Das Feststellungsmonopol der Landesjustizverwaltung für die Anerkennung ausländischer Entscheidungen in Ehesachen (§ 107 I FamFG) zwingt nicht zur Aussetzung: Das Gericht ist iRd Ermessensausübung im Einzelfall nicht gehindert, eine Prognose über den Ausgang des Anerkenntnisverfahrens aufzustellen (Nürnbg OLGR 09, 148).

5 **III. Rechtsmittelverfahren.** Das Berufungsgericht kann aussetzen, soweit die Aussetzung nicht dazu dient, gem § 531 ausgeschlossene Angriffs- und Verteidigungsmittel in das Verfahren einzuführen. In der Revisionsinstanz ist neues Tatsachenvorbringen nur im Ausnahmefall beachtlich; hier kommt eine Aussetzung zur Einführung neuer Tatsachen insb dann in Betracht, wenn die Tatsachen einen vAw zu berücksichtigenden Aspekt betreffen (vgl BGH NJW-RR 92, 1149).

6 **C. Gegenstand eines anderen Rechtsstreits. I. Anhängiger Rechtsstreit.** Die Aussetzung kann nur mit Blick auf einen anhängigen Rechtsstreit angeordnet werden. Bis zum Abschluss des Mahnverfahrens ist eine Aussetzung nicht zulässig; erst die Abgabe an das zur Durchführung des Streitverfahrens zuständige Gericht (§ 696 I) ermöglicht eine Aussetzung. Allerdings muss der Rechtsstreit nicht zwingend im Zivil-

rechtsweg anhängig sein. Auch ein vor Arbeits-, Verwaltungs-, Sozial- und Finanzgerichten anhängiger Rechtsstreit sowie ein anhängiges Schiedsverfahren (BGHZ 23, 26) kann Anlass für eine Aussetzung sein.

II. Ausländischer Rechtsstreit. Im Grundsatz kann ein deutsches Gericht das nationale Verfahren nach § 148 bis zum Abschluss eines ausländischen Rechtsstreits aussetzen. Allerdings ist Zurückhaltung geboten: Der Justizgewährungsanspruch steht einer Aussetzung entgegen, wenn nach § 328 Bedenken gegen die Anerkennung der ausländischen Entscheidung bestehen (Wieczorek/Schütze/*Smid* Rn 52) oder auf absehbare Zeit nicht mit einer Beendigung des ausländischen Verfahrens gerechnet werden kann. Das Internationale Prozessrecht enthält Regelungen, die insb im Fall des Zuständigkeitskonflikts mehrerer Gerichte verschiedener Staaten zur Aussetzung zwingen (etwa Art 27 I EuGVO, Art 19 II EuEheVO; zu bilateralen Verträgen vgl Wieczorek/Schütze/*Smid* Rn 53). 7

D. Vorgreifliches Rechtsverhältnis. Im Mittelpunkt der Rechtsanwendung steht die Frage, unter welchen Voraussetzungen die Entscheidung im auszusetzenden Rechtsstreit vom Ausgang eines anderen Rechtsstreits abhängt. 8

I. Rechtskrafterstreckung und Gestaltungswirkung. Die sachlichen Voraussetzungen für eine Aussetzung nach § 148 liegen vor, wenn im anderen Rechtsstreit im Sinne **echter Präjudizialität** mit materieller Rechtskraft für den auszusetzenden Rechtsstreit über ein Rechtsverhältnis entschieden wird, das im auszusetzenden Rechtsstreit Entscheidungsrelevanz besitzt. Nach dem Wortlaut der Vorschrift muss das Rechtsverhältnis den Gegenstand des anderen Rechtsstreits bilden. Demnach scheidet eine Aussetzung aus, wenn das Rechtsverhältnis nur eine Vorfrage für die Entscheidung des anderen Rechtsstreits behandelt. Paradigma für diese Fallgruppe echter Rechtskrafterstreckung ist etwa die Aussetzung einer Herausgabeklage nach § 985 BGB, wenn im Parallelprozess ein Feststellungsurteil zur Frage der Eigentümerstellung erstritten wird (zur Kasuistik vgl § 322 Rz 17 ff). Echte Rechtskrafterstreckung ermöglicht die Aussetzung auch in den Fällen der Aufrechnung mit rechtswegfremden Forderungen, die das angerufene Gericht mangels Entscheidungskompetenz nicht bescheiden kann (vgl § 145 Rz 24). Unterhalb der Ebene der Rechtskrafterstreckung ist das Kriterium der Vorgreiflichkeit auch dann erfüllt, wenn sich die Entscheidung im anderen Rechtsstreit mit Gestaltungs- oder Interventionswirkung nach § 74 III, § 68 auf den auszusetzenden Rechtsstreit erstreckt. Für Statusprozesse gelten Sonderregelungen (§§ 152 ff). Die strikte Beachtung dieser Grundsätze verengt den Anwendungsbereich der Aussetzung. Nach Auffassung des KG (KG OLGR 09, 957) soll eine Aussetzung in analoger Anwendung des § 148 zulässig sein, wenn zwischen den gleichen Prozessparteien ein Revisionsverfahren anhängig ist, in welchem Rechtsfragen zu beantworten sind, die sich als Vorfragen auch im auszusetzenden Rechtsstreit stellen (aA Karlsr Beschl v 14.7.2011 – 17 W 50/11 für den Fall eines nicht zwischen identischen Parteien geführten Revisionsverfahrens). 9

II. Vorgreifliches Verwaltungsverfahren. Ein Verwaltungsverfahren rechtfertigt die Aussetzung, wenn das Gericht an die Verwaltungsentscheidung gebunden ist (zB bei Entscheidungen der Sozialversicherungs- und Versorgungsträger bei Dienst- und Arbeitsunfällen; BGH NJW 09, 3238). Außerhalb der echten Bindung ist eine Aussetzung auch dann sinnvoll, wenn im Rechtsstreit nicht die Rechtmäßigkeit der Verwaltungsentscheidung, sondern lediglich ihr tatsächlicher Erlass Entscheidungsrelevanz besitzt. So kommt im Unterhaltsprozess eine Aussetzung in Betracht, wenn der Unterhaltsschuldner im Verwaltungsverfahren die rückwirkende Bewilligung einer Sozialversicherungsrente erstrebt. 10

III. Kasuistik. 1. Muster- und Parallelprozesse. Klagt der Kl in zwei selbständigen Verfahren Teilbeträge derselben Forderung ein oder wollen mehrere Kl aus parallel gelagerten Sachverhalten gegen denselben Beklagten gleich gelagerte Ansprüche einfordern, so liegen die Voraussetzungen für eine Aussetzung nicht vor. Der Ausgang der parallel geführten Prozesse ist voneinander unabhängig. Dennoch wird das Gericht im Einzelfall darauf hinwirken, mit Zustimmung der Parteien den Weg des § 251 zu beschreiten (BGHZ 162, 376; St/J/*Roth* Rn 19; aA für Aussetzung: MüKoZPO/*Peters* Rn 10). Das KapMuG ordnet in seinem Anwendungsbereich nach der Bekanntmachung des Musterverfahrens die Aussetzung aller bereits anhängigen oder bis zum Erlass des Musterbescheids noch anhängig werdenden Verfahren an (dort § 7). Stützt das Gericht die Aussetzung rechtsfehlerhaft auf § 7 I KapMuG, ist gegen die Aussetzung das Rechtsmittel der sofortigen Beschwerde nach § 252 eröffnet, da der Rechtsmittelausschluss nach § 7 I S 4 KapMuG nicht greift (BGHR 09, 1007). 11

12 **2. Identische Beweisfrage in parallel geführten Prozessen.** Auch dann, wenn sich in mehreren Prozessen dieselben Beweisfragen stellen, scheidet eine Aussetzung nach § 148 aus (BGHZ 162, 375; Wieczorek/Schütze/*Smid* Rn 37). Denn jeder zur Entscheidung berufene Richter muss sich eine eigene Überzeugung vom Ergebnis der Beweisaufnahme bilden. Das Gericht wird auf ein Ruhen des Verfahrens hinwirken, wenn Aussicht besteht, dass beide Parteien das Ergebnis der Beweisaufnahme für den Parallelprozess akzeptieren.

13 **3. Selbständiges Beweisverfahren.** Bei gegebener Bindungswirkung nach § 493 kann das Gericht der Hauptsache den Rechtsstreit aussetzen, wenn zwischen denselben Parteien über eine im Hauptsacheprozess entscheidungserhebliche Tatfrage ein selbständiges Beweisverfahren eingeleitet worden ist (BGH MDR 07, 542; vgl BGH NJW 03, 3057). Ermessensfehlerhaft ist die Aussetzung nicht schon dann, wenn abzusehen ist, dass nach Abschluss des selbständigen Beweisverfahrens die Durchführung einer weitergehenden Beweisaufnahme droht (Köln OLGR 09, 599).

14 **4. Verkehrsunfallprozess.** Werden die Schadensersatzklage gegen den Halter und der Direktanspruch gegen den Versicherer in getrennten Prozessen verfolgt, ist es aufgrund der wechselseitigen Rechtskrafterstreckung des § 124 I VVG nicht ermessensfehlerhaft, eines der beiden Verfahren auszusetzen. Hierbei wird die Ermessensentscheidung zugleich die Möglichkeiten einer Prozessverbindung in Betracht ziehen. Werden Direktanspruch und Halterhaftung im selben Rechtsstreit geltend gemacht, liegen die Tatbestandsvoraussetzungen für eine unmittelbare Anwendung des § 148 nicht vor. Eine analoge Anwendung ist nicht sachgerecht. Vielmehr wird das Gericht gehalten sein, durch gleichzeitige Entscheidung über beide Ansprüche einen inhaltlichen Gleichklang zu erzielen (Kobl VersR 92, 1536).

15 **5. Streitige Prozessfähigkeit.** Stellt sich in mehreren parallel geführten Rechtsstreiten die Frage nach der Prozessfähigkeit des Klägers, so kommt eine Aussetzung bis zur Vorlage eines in einem Parallelverfahren eingeholten Gutachtens nicht in Betracht: Die Wechselwirkungen beruhen auf der faktischen Ebene sich deckender Beweisfragen. Allerdings kann der Rechtsstreit bis zur Entscheidung des Vormundschaftsgerichts ausgesetzt werden, sofern ein Betreuungsverfahren nach §§ 271 ff FamFG eingeleitet ist. Denn die Anordnung einer Betreuung mit dem Aufgabenkreis der Wahrnehmung von Rechtsangelegenheiten bindet das Prozessgericht.

16 **6. Prozessaufrechnung.** Fehlt dem angerufenen Gericht die Befugnis, über die zur Aufrechnung gestellte Forderung zu entscheiden (etwa wegen des nicht eröffneten Rechtswegs), wird das Gericht eine Aussetzung erwägen, um eine sachliche Prüfung der aufgerechneten Entscheidung zu ermöglichen (Einzelheiten: § 145 Rz 19–24).

17 **7. Erbschaftsprozess und Erbscheinsverfahren.** Da der Erbschein das Erbrecht nicht verbindlich feststellt, sondern lediglich im Prozess des Erbscheinsinhabers gegen Dritte die – widerlegliche – Vermutung des § 2365 BGB besitzt, liegen die Voraussetzungen für eine Aussetzung nicht vor. Dennoch führt die Vermutung des § 2365 BGB im Zivilprozess des Erbscheinsinhabers gegen einen Dritten zur Umkehr der Beweislast. Die Entscheidung des Rechtsstreits hängt jedenfalls dann vom Ausgang des Erbscheinsverfahrens ab, wenn der Dritte den ihm obliegenden Beweis für sein eigenes Erbrecht nicht führen kann: Endet die Beweisaufnahme über das Erbrecht im Erbschaftsprozess mit einem non-liquet, so obsiegt der Kl dann, wenn er Inhaber eines Erbscheins ist. In dieser Konstellation ist eine Aussetzung des Erbschaftsprozesses möglich (München NJW-RR 95, 779; aA Zö/*Greger* Rn 9). Soweit die Entscheidung über das Erbrecht im Erbschaftsprozess in Rechtskraft erwächst, ist auch der Nachlassrichter gebunden. Hier ist zumindest dann eine Aussetzung des Erbscheinsverfahren zu erwägen, wenn das Zivilverfahren weitergehende Erkenntnisse erwarten lässt (jurisPK/*Lange* § 2360 Rn 6).

18 **8. Aktienrechtliche Anfechtungsklage.** Ein Rechtsstreit über die Anfechtung von Beschlüssen der Hauptversammlung einer Aktiengesellschaft ist bis zur Entscheidung über die ebenfalls angefochtenen Bestätigungsbeschlüsse wegen Vorgreiflichkeit auszusetzen, da im Falle der rechtskräftigen Nichtigerklärung der Ausgangsbeschlüsse eine etwaige heilende Wirkung der später gefassten Bestätigungsbeschlüsse (§ 244 S. 1 AktG) nicht mehr berücksichtigt werden kann (BGH NZG 2010, 1071).

19 **E. Analogie. I. Richtervorlage nach Art 100 I GG.** Die Richtervorlage nach Art 100 I GG ordnet die Aussetzung des anhängigen Verfahrens an. Damit ist nach der Systematik des Gesetzes im Anwendungsbereich des Art 100 I GG ein Rückgriff auf die zivilprozessuale Aussetzung nach § 148 versperrt. Allerdings ist das

Gericht nach Art 100 I GG zugleich zur Vorlage verpflichtet. Ist jedoch bereits über dasselbe Gesetz eine anderweitige Richtervorlage oder eine Verfassungsbeschwerde anhängig, so kann in entsprechender Anwendung des § 148 **ohne gleichzeitige Vorlage** ausgesetzt werden, solange sich das erkennende Gericht nicht selbst von der Verfassungswidrigkeit überzeugt hat (BGH RdE 01, 20; aA Zö/*Greger* Rn 3a; vgl auch BVerfG NJW 04, 501, wonach im Fall der Vorlage nach Art 100 II GG die Prozessökonomie eine Aussetzung in entsprechender Anwendung von § 148 ermögliche, damit »das BVerfG von weiteren Vorlageverfahren frei gehalten« werde).

II. Vorlage nach Art 234 EGV. Im Vorlageverfahren nach Art 234 EGV kann das Gericht ohne gleichzeitige Vorlage nach § 148 aussetzen, wenn eine entscheidungserhebliche Auslegungsfrage bereits Gegenstand eines beim EuGH anhängigen Verfahrens ist (Saarbr OLGR 01, 408; Ddorf NJW 93, 1661; LAG Hamm Beschl v 30.8.2011 – 1 Ta 344/11; ebenso für § 94 VwGO: BVerwG NVwZ 05, 1061; aA Zö/*Greger* Rn 3b; offen lassend BGHZ 162, 377 f). Auch Art 234 EGV zwingt nur in dem konkreten Fall zur Aussetzung, in dem sich das Gericht zur Vorlage entscheidet. Die Norm enthält nicht den gewissermaßen überwölbenden Regelungsgehalt, alle Verfahren vorzulegen, in denen der Vorlagefrage Entscheidungsrelevanz zukommt. 20

F. Ende der Aussetzung. Ist ein Verfahren bis zur Erledigung eines anderen Verfahrens ausgesetzt, so **endet die Aussetzung ipso iure** mit der Erledigung dieses Verfahrens, ohne dass es einer Aufnahmeerklärung durch die Parteien oder eines Aufhebungsbeschlusses des Gerichts bedarf (BGHZ 106, 298; Zö/*Greger* Rn 8; Wieczorek/Schütze/*Smid* Rn 64; vgl Oldenbg MDR 08, 763: wird gem § 251 für die Dauer eines Mediationsverfahrens das Ruhen des Verfahrens angeordnet, ist eine förmliche Wiederaufnahme erforderlich). Enthält der Aussetzungsbeschluss Formulierungen, die die Abgabe einer Aufnahmeerklärung erforderlich erscheinen lassen, kommt eine Wiedereinsetzung in Betracht, wenn die Parteien infolge der mit dem Wegfall des Aussetzungsgrundes eingetretenen Aufhebung der Aussetzung Fristen versäumen. 21

G. Rechtsmittel. Der Beschl über die Aussetzung des Verfahrens ist mit der sofortigen Beschwerde angreifbar (§ 252). Wurde der Antrag auf Aussetzung abgelehnt, kann dies nur iRd gegen die prozessbeendende Entscheidung eröffneten Rechtsmittels angegriffen werden. Die Rechtskontrolle beschränkt sich auf die Prüfung, ob Ermessensfehler unterlaufen sind. Das Rechtsmittelgericht darf dabei nicht sein eigenes Ermessen an die Stelle des Erstgerichts setzen. 22

H. Hinweise für die Praxis. I. Prozessuale Alternativen. Nicht selten ist es zweckmäßig, den Abschluss eines anderen Verfahrens auch dann abzuwarten, wenn die strengen Voraussetzungen für eine Aussetzung nicht vorliegen. Dies kann rechtskonform dadurch geschehen, dass die Parteien das Ruhen des Verfahrens beantragen. Will das Gericht ohne Einverständnis der Parteien, etwa durch eine sachlich nicht gerechtfertigte Vertagung oder langes Hinauszögern der Terminierung, die Aussetzung betreiben, kann dieses Prozedere gewissermaßen als konkludente Aussetzung verstanden werden und nach § 252 einer Rechtskontrolle unterliegen (St/J/*Roth* Rn 21). 23

II. Aussetzung und Verjährung. Die Parteien sind zum Erhalt der Verjährungseinrede gehalten, den Verfahrensstand des anderen Rechtsstreits **engmaschig zu beobachten**: Nach § 204 I Nr 1 BGB wird die Verjährung durch Klageerhebung gehemmt; die Hemmung endet gem § 204 II 1 BGB sechs Monate nach der rechtskräftigen Entscheidung. Zwar bleibt die Hemmung während der Aussetzung erhalten. Da die Aussetzung jedoch mit der Erledigung des anderen Rechtsstreits endet, ohne dass es einer prozessualen Erklärung der Parteien oder eines Aufnahmebeschlusses bedarf, gerät das Verfahren iSd § 204 II 2 BGB in Stillstand, solange die Parteien nach Wegfall des Aussetzungsanlasses das Verfahren nicht weiterbetreiben (BGHZ 106, 298 f). 24

§ 149 Aussetzung bei Verdacht einer Straftat.

(1) Das Gericht kann, wenn sich im Laufe eines Rechtsstreits der Verdacht einer Straftat ergibt, deren Ermittlung auf die Entscheidung von Einfluss ist, die Aussetzung der Verhandlung bis zur Erledigung des Strafverfahrens anordnen.
(2) [1]Das Gericht hat die Verhandlung auf Antrag einer Partei fortzusetzen, wenn seit der Aussetzung ein Jahr vergangen ist. [2]Dies gilt nicht, wenn gewichtige Gründe für die Aufrechterhaltung der Aussetzung sprechen.

A. Verdacht einer strafbaren Handlung. Die Vorschrift ermöglicht die ermessensgebundene Aussetzung, wenn sich im Laufe des Rechtsstreits der Verdacht einer strafbaren Handlung ergibt, deren Ermittlung 1 voraussichtlich Tatsachen offenlegt, die für die Entscheidung des Zivilverfahrens von Bedeutung sind. Die strafbare Handlung muss nicht notwendigerweise von Prozessbeteiligten begangen worden sein. Auch ein gegen einen Dritten gerichtetes Ermittlungsverfahren kann Tatsachen aufdecken, die Entscheidungsrelevanz besitzen. Ein dringender Tatverdacht iSd § 203 StPO ist nicht erforderlich; es genügt, wenn **»zureichende tatsächliche Anhaltspunkte«** iSd § 152 II StPO ein Einschreiten der Staatsanwaltschaft verlangen (St/J/*Roth* Rn 3). Auch **Ordnungswidrigkeitenverfahren**, insb im Verkehrsunfallprozess (vgl B/L/A/H Rn 3), nicht aber ehrengerichtliche Verfahren, dienstrechtliche Disziplinar- und parlamentarische Untersuchungsverfahren, können eine Aussetzung rechtfertigen (St/J/*Roth* Rn 6; Wieczorek/Schütze/*Smid* Rn 3; KG GWR 2011, 359). Nach dem Wortlaut des Gesetzes muss sich der Verdacht »im Laufe des Rechtsstreits« ergeben. Diese zeitliche Einschränkung ist nicht sachgerecht: Es steht mit dem gesetzgeberischen Zweck in Einklang, auch einem bereits vor Beginn des Zivilverfahrens entstandenen Verdacht nachzugehen (Frankf MDR 82, 675).

2 **B. Entscheidungsrelevanz.** Die Vorschrift verlässt den strengen Rahmen des § 148 und erlaubt die Aussetzung bereits dann, wenn das Ergebnis der Ermittlungen die tatsächliche Grundlage des Zivilurteils und mithin den Ausgang des Zivilverfahrens beeinflusst. Hierbei steht die Identität der rechtlichen Prüfung einer Aussetzung nicht entgegen. So kann das Zivilgericht zB die auf § 823 II BGB, § 263 StGB gestützte Schadensersatzklage mit Blick auf ein Strafverfahren aussetzen, das den Betrugsvorwurf zum Gegenstand hat. Eine Aussetzung kommt demgegenüber nicht in Betracht, wenn das Zivilgericht bei feststehendem Sachverhalt die Einschätzung des Strafgerichts zu einer Rechtsfrage abwarten will (Ddorf MDR 85, 239): Die Wahrung der einheitlichen Rechtsprechung ist dem BGH, ggf dem GrS (§ 132 II GVG) vorbehalten. Auch darf die Aussetzung nicht dazu dienen, einer zu früh erhobenen Restitutionsklage zum Erfolg zu verhelfen: Die vor der erforderlichen strafrechtlichen Verurteilung erhobene Klage (§ 581 I) ist als unzulässig abzuweisen (§ 581 Rz 2). Die Aussicht, dass der Abschluss eines Strafverfahrens rechtliche oder tatsächliche Hindernisse einer Zeugenvernehmung auszuräumen vermag, ermöglicht die Aussetzung nicht (KG MDR 83, 139: keine Aussetzung mit Blick auf den Wegfall eines Zeugnisverweigerungsrechts).

3 **C. Ermessensbindung.** Der zu erwartende Erkenntnisgewinn aus der Verwertung der strafrechtlichen Ermittlungen und die Nachteile, die den Prozessbeteiligten aus einer Verzögerung des Zivilverfahrens drohen, sind gegeneinander abzuwägen. Ist ein zeitnaher Abschluss des Strafverfahrens innerhalb eines Jahres nicht zu erwarten, scheidet eine Aussetzung idR aus (Zö/*Greger* Rn 2).

4 **I. Paralleler Zeugenbeweis.** Das Zivilgericht ist an die Tatsachenfeststellung des Strafgerichts nicht gebunden (KGR 06, 329; Saarbr OLGR 03, 80). Auch nach der Aussetzung muss sich das Zivilgericht am Maßstab der §§ 286, 287 seine eigene Überzeugung bilden. Eine Aussetzung erscheint daher im Regelfall nicht sachgerecht, wenn die im Zivil- und Strafverfahren relevanten Beweisfragen durch Zeugenbeweis aufzuklären sind: Bereits aufgrund der oft unzureichenden Protokollierung von Zeugenaussagen im Strafverfahren – gem § 273 II StPO enthält das Protokoll im Regelfall nur die wesentlichen Ergebnisse der Vernehmungen – wird **eine Wiederholung des Zeugenbeweises** kaum zu vermeiden sein. Nicht selten nehmen Parteien eine vermeintliche Falschaussage im Zivilverfahren zum Anlass, parallel zu dem noch nicht abgeschlossenen Zivilverfahren Strafanzeige wegen eines Aussagedelikts zu stellen. Auch hier wird das Zivilgericht einem Aussetzungsantrag im Regelfall nicht stattgeben, sondern sich seine eigene Überzeugung von der Glaubwürdigkeit des Zeugen bilden: Jedenfalls in den Fällen, in denen das Gericht die Glaubwürdigkeit von Zeugen oder Parteien beurteilen muss, lässt sich die Aussetzung nicht damit begründen, dass das Strafurteil für die Zulässigkeit einer Restitutionsklage gem § 580 Nr 1 und 3, § 581 I Tatbestandswirkung besitzt (aA Wieczorek/Schütze/*Smid* Rn 8; Musielak/*Stadler* Rn 3; grds gegen eine Aussetzung: ThoPu/*Reichold* Rn 3).

5 **II. Vorrang des Untersuchungsgrundsatzes.** Umgekehrt ist eine Aussetzung va dann in Betracht zu ziehen, wenn ein parallel geführtes Strafverfahren objektivierbare Beweise – insb im Wege einer sachverständigen Begutachtung – erhebt oder die Ermittlungsbehörde iRd Untersuchungsgrundsatzes Beweisermittlungen anstellt, die dem Zivilgericht, das – mit hier nicht darzustellenden Einschränkungen – den Verhandlungsgrundsatz wahren muss, versperrt sind. Durch Aussetzung können im Wege von Durchsuchungs- und Beschlagnahmemaßnahmen gefundene Ermittlungsergebnisse in die zivilprozessuale Beweiswürdigung Eingang finden. Auch dann, wenn der auf Beiziehung der Ermittlungsakten gerichtete Beweisantrag nicht vollzogen werden kann, da Zwecke des Strafverfahrens der Akteneinsicht entgegenstehen (§ 477 II StPO), ist eine Aussetzung regelmäßig nicht zu vermeiden.

D. Verfahren. Das Gericht entscheidet über eine Aussetzung nach § 149 vAw. Den Parteien ist zuvor rechtliches Gehör zu gewähren (Art 103 I GG). Der Beschl ist zu begründen und unterliegt der Anfechtung nach § 252. Eine Darstellung des Sachverhalts ist nicht erforderlich (Bremen MDR 2011, 881). Eine floskelhafte Begründung, wonach etwa das Ermittlungs- bzw Strafverfahren in komplexen Wirtschaftsstrafsachen regelmäßig einen erheblichen Erkenntnisgewinn verspricht, reicht zur Begründung nicht aus; die maßgeblichen Aspekte der Ermessensausübung sind zu benennen (BGH MDR 2010, 280). Nach einem Jahr kann der Prozess nur dann weiter ausgesetzt werden, wenn gewichtige Gründe für die Aufrechterhaltung der Aussetzung vorliegen. Auch vor Ablauf der Jahresfrist kann das Gericht die Aussetzung gem § 150 jederzeit aufheben. Die Aussetzung nach § 149 endet mit der Erledigung des Strafverfahrens. 6

§ 150 Aufhebung von Trennung, Verbindung oder Aussetzung. [1]**Das Gericht kann die von ihm erlassenen, eine Trennung, Verbindung oder Aussetzung betreffenden Anordnungen wieder aufheben. [2]§ 149 Abs. 2 bleibt unberührt.**

A. Verfahren. Die prozessleitenden Maßnahmen der Trennung, Verbindung und Aussetzung sind reversibel. Das Gericht kann die getroffenen Maßnahmen durch Beschl, dem keine mündliche Verhandlung vorausgehen muss (§ 128 IV), bei gegebener Sachdienlichkeit wieder aufheben, sofern die Ermessensbindung nicht zur Trennung oder Aussetzung zwingt (vgl hierzu § 145 Rz 5; § 149 Rz 5). War das Gericht aufgrund eines Antrags zur Aussetzung verpflichtet (§ 152–154; § 246, § 136 I FamFG), so kann auch die Aufhebung der Aussetzung nur aufgrund Antrags des ursprünglichen Antragstellers erfolgen (MüKoZPO/*Wagner* Rn 1). Endet die Aussetzung bereits mit dem Wegfall des Aussetzungsgrundes, so besitzt eine gleichwohl ausgesprochene förmliche Aufhebung des Aussetzungsbeschlusses nur deklaratorische Natur (vgl § 148 Rz 21, 23). 1

B. Rechtsmittel. Beschlüsse nach § 150, die eine Trennung oder Verbindung aufheben, sind nicht selbstständig anfechtbar und können nur zusammen mit dem Rechtsmittel gegen das verfahrensbeendende Urt angefochten werden. Freilich hat das Rechtsmittel nur dann Aussicht auf Erfolg, wenn die Entscheidung auf dem Verfahrensfehler beruhen kann. Gegen die Aufhebung einer Aussetzung findet die Beschwerde des § 252 statt. 2

§ 151 *(weggefallen)*

§ 152 Aussetzung bei Eheaufhebungsantrag. [1]**Hängt die Entscheidung eines Rechtsstreits davon ab, ob eine Ehe aufhebbar ist, und ist die Aufhebung beantragt, so hat das Gericht auf Antrag das Verfahren auszusetzen. [2]Ist das Verfahren über die Aufhebung erledigt, so findet die Aufnahme des ausgesetzten Verfahrens statt.**

A. Vorgreifliche Ehe- und Kindschaftsverfahren. Die Aussetzung nach § 152–154 vermeidet die Inzidentprüfung von Rechtsverhältnissen in Ehe- und Kindschaftssachen, deren rechtsgestaltende Entscheidung den Familiengerichten vorbehalten ist. Eine Aussetzung ist zu erwägen, wenn die statusrechtlichen Fragen nach den zu § 148 entwickelten Kriterien »vorgreiflich« für die Entscheidung des Rechtsstreits sind. Da die Aufhebung der Ehe erst mit Rechtskraft des Aufhebungsurteils ohne Rückwirkung eintritt, liegen die Voraussetzungen der Vorgreiflichkeit im Regelfall nicht vor (Ausnahme: § 1318 V BGB; zur fehlenden praktischen Relevanz: St/J/*Roth* Rn 3). Eine analoge Anwendung kommt in Betracht, wenn die Entscheidung in einem laufenden Ehescheidungsverfahren für den Rechtsstreit vorgreiflich ist (MüKoZPO/*Wagner* Rn 3). 1

B. Voraussetzungen und Verfahren. Für eine Aussetzung nach § 152 muss das Eheaufhebungsverfahren anhängig sein. Hierbei hängt die Vorgreiflichkeit der Entscheidung nicht davon ab, ob die Ehe, deren Aufhebung betrieben wird, zwischen den Parteien des Rechtsstreits eingegangen wurde (Zö/*Greger* Rn 2). Die Entscheidung kann nach § 128 IV – nach Gewährung rechtlichen Gehörs – ohne mündliche Verhandlung durch Beschl ergehen (St/J/*Roth* Rn 7; aA Zö/*Greger* Rn 3; Wieczorek/Schütze/*Smid* Rn 6). Bei Antragstellung ist die Aussetzung zwingend. Fehlt der nach § 152 erforderliche Antrag, ist zur Vermeidung der Inzidentprüfung eine nach § 148 vAw anzuordnende Aussetzung in Betracht zu ziehen (MüKoZPO/*Wagner* Rn 2). Gegen die Anordnung der Aussetzung findet nach § 252 die Beschwerde statt. Der Rechtsstreit ist von den Parteien nach § 250 aufzunehmen, wenn das Verfahren über die Aufhebung, sei es durch rechts- 2 kräftige Entscheidung, sei es durch Antragsrücknahme oder den Tod eines Ehegatten (§ 131 FamFG), eine Erledigung gefunden hat.

§ 153 Aussetzung bei Vaterschaftsanfechtungsklage. Hängt die Entscheidung eines Rechtsstreits davon ab, ob ein Mann, dessen Vaterschaft im Wege der Anfechtungsklage angefochten worden ist, der Vater des Kindes ist, so gelten die Vorschriften des § 152 entsprechend.

1 **A. Anwendungsbereich.** Im Vaterschaftsanfechtungsverfahren nach § 169 Nr 4 FamFG ist die Prüfung der statusrechtlichen Frage dem dafür zuständigen Familiengericht vorbehalten. Die Vorschrift ermöglicht auf Antrag oder vAw die Aussetzung, sofern – wie etwa im Unterhaltsprozess – die Frage der Vaterschaft Entscheidungsrelevanz besitzt. Im vorläufigen Rechtsschutz ist Zurückhaltung mit der Aussetzung geboten: Problematisch ist, ob die Eilbedürftigkeit des im vorläufigen Rechtsschutz geltend gemachten Unterhaltsanspruchs einer Aussetzung entgegensteht, wenn der Ausgang des Anfechtungsverfahrens nicht verlässlich beurteilt werden kann. Bei offenem Ausgang dürfte es dem Unterhalt begehrenden Kind gelungen sein, Verfügungsanspruch und Verfügungsgrund zumindest glaubhaft zu machen: Hier wird die Eilbedürftigkeit des vorläufigen Rechtsschutzes einer Aussetzung regelmäßig entgegenstehen (MüKoZPO/*Wagner* Rn 4, St/J/*Roth* Rn 2). Die Partei des auszusetzenden Rechtsstreits muss nicht Beteiligte des Vaterschaftsanfechtungsverfahrens sein.

2 **B. Erledigung des Statusverfahrens.** Nach der Erledigung des Statusverfahrens kann der ausgesetzte Rechtsstreit aufgenommen werden (Verweis auf § 152). Hierbei ist § 181 FamFG zu beachten: In den dort geregelten Fällen führt der Tod eines Beteiligten (§ 172 FamFG: Kind, Mutter oder Vater) erst dann zur Erledigung der Hauptsache, wenn der Rechtsstreit nicht binnen der vom Gericht gesetzten Frist aufgenommen worden ist.

§ 154 Aussetzung bei Ehe- oder Kindschaftsstreit. (1) Wird im Laufe eines Rechtsstreits streitig, ob zwischen den Parteien eine Ehe oder eine Lebenspartnerschaft bestehe oder nicht bestehe, und hängt von der Entscheidung dieser Frage die Entscheidung des Rechtsstreits ab, so hat das Gericht auf Antrag das Verfahren auszusetzen, bis der Streit über das Bestehen oder Nichtbestehen der Ehe oder der Lebenspartnerschaft im Wege der Feststellungsklage erledigt ist.
(2) Diese Vorschrift gilt entsprechend, wenn im Laufe eines Rechtsstreits streitig wird, ob zwischen den Parteien ein Eltern- und Kindesverhältnis bestehe oder nicht bestehe oder ob der einen Partei die elterliche Sorge für die andere zustehe oder nicht zustehe, und von der Entscheidung dieser Fragen die Entscheidung des Rechtsstreits abhängt.

1 Die Vorschrift ergänzt die Aussetzungsmöglichkeiten der §§ 152, 153 für die Fälle der in §§ 121 Nr 3, 151 Nr 1, 169 Nr 1 und § 269 I Nr 2 FamFG eröffneten Klagen. Anders als nach §§ 152, 153 muss der Streit über die statusrechtlichen Fragen zwischen den Parteien des auszusetzenden Rechtsstreits entstanden sein. Aufgrund der ggü §§ 152, 153 unterschiedlichen Formulierung der Vorschrift ist es nicht erforderlich, dass die Feststellungsklage bereits anhängig ist. Da das Gericht auf Antrag einer Partei zwingend aussetzen muss, kann der Antragsteller den Rechtsstreit verzögern, wenn er davon Abstand nimmt, die Feststellungsklage zu erheben. Nach dem Wortlaut des § 155 kann das Gericht eine nach § 154 erfolgte Aussetzung nicht aufheben, wenn der Rechtsstreit, um dessentwillen ausgesetzt worden ist, verzögert betrieben wird. Damit bleibt nur die Möglichkeit, dass die von der Verzögerung benachteiligte Partei ihrerseits Feststellungsklage erhebt (St/J/*Roth* Rn 1). Hinsichtlich des Verfahrens gilt das zu § 152 Gesagte (§ 152 Rz 2). Auch hier kommt eine vAw anzuordnende Aussetzung nach § 148 ZPO in Betracht, wenn die Parteien trotz anhängiger Feststellungsklage keinen Antrag auf Aussetzung stellen.

§ 155 Aufhebung der Aussetzung bei Verzögerung. In den Fällen der §§ 152, 153 kann das Gericht auf Antrag die Anordnung, durch die das Verfahren ausgesetzt ist, aufheben, wenn die Betreibung des Rechtsstreits, der zu der Aussetzung Anlass gegeben hat, verzögert wird.

1 **A. Verzögerung.** In den Fällen der auf Antrag angeordneten Aussetzung nach §§ 152, 153 kann die Aussetzung aufgehoben werden, wenn der Rechtsstreit, der Anlass für die Aussetzung ist, vorwerfbar verzögert wird. Eine lediglich objektive Verzögerung genügt nicht: Da das Gericht unter den in §§ 152, 153 genann-

ten Voraussetzungen dem Antrag auf Aussetzung auch dann zwingend stattgeben muss, wenn die zeitnahe Erledigung des Rechtsstreits aus objektiven Gründen fraglich ist, erschiene es widersprüchlich, diese Aspekte im Verfahren nach § 155 auf Antrag des Prozessgegners zu berücksichtigen (Zö/*Greger* Rn 1; MüKoZPO/*Wagner* Rn 1; aA St/J/*Roth* Rn 3, der auch in Fällen einer objektiven Verzögerung eine Aufhebung für zulässig erachtet).

B. Verfahren. Die Aufhebung der Aussetzung erfolgt durch Beschl, der im pflichtgemäßen Ermessen des Gerichts steht. Allerdings ist ein Antrag erforderlich. Hat das Gericht die Aussetzung in den Verfahren der §§ 152, 153 mangels dortiger Antragstellung von Amts wegen nach § 148 vorgenommen, kann diese Aussetzung nach § 150 aufgehoben werden. Weist das Gericht den Antrag auf Aufhebung der Aussetzung zurück, so unterliegt diese Entscheidung gem § 567 I Nr 2 der sofortigen Beschwerde. Die Anordnung der Aufhebung kann gem § 252 mit der sofortigen Beschwerde angefochten werden. 2

§ 156 Wiedereröffnung der Verhandlung. **(1) Das Gericht kann die Wiedereröffnung einer Verhandlung, die geschlossen war, anordnen.**

(2) Das Gericht hat die Wiedereröffnung insbesondere anzuordnen, wenn

1. **das Gericht einen entscheidungserheblichen und rügbaren Verfahrensfehler (§ 295), insbesondere eine Verletzung der Hinweis- und Aufklärungspflicht (§ 139) oder eine Verletzung des Anspruchs auf rechtliches Gehör, feststellt**
2. **‚nachträglich Tatsachen vorgetragen und glaubhaft gemacht werden, die einen Wiederaufnahmegrund (§§ 579, 580) bilden, oder3.zwischen dem Schluss der mündlichen Verhandlung und dem Schluss der Beratung und Abstimmung (§§ 192 bis 197 des Gerichtsverfassungsgesetzes) ein Richter ausgeschieden ist.**

A. Bedeutung. Nicht selten reichen Parteien nach Schluss der mündlichen Verhandlung Schriftsätze mit dem Ziel ein, die geschlossene Verhandlung wieder zu eröffnen. Nur auf diese Weise kann es gelingen, die Schranke des § 296a zu durchbrechen, der der Berücksichtigungsfähigkeit von Angriffs- und Verteidigungsmitteln nach Schluss der mündlichen Verhandlung entgegensteht. Die Vorschrift korrespondiert zugleich mit §§ 529, 531: Hat das Gericht verfahrensfehlerfrei von einer Wiedereröffnung abgesehen, so kann das in der Instanz nach § 296a ausgeschlossene Vorbringen im Berufungsrechtszug als neues Vorbringen nur unter den Voraussetzungen des § 531 II zugelassen werden (§ 531 Rz 6). 1

B. Ermessensgebundene Wiedereröffnung. Die dargestellte Stellung in der Systematik des Verfahrensrechts verbietet es, Wiedereinsetzung nach Abs 1 bereits dann zu gewähren, wenn der im nicht nachgelassenen Schriftsatz enthaltene Sachvortrag Entscheidungsrelevanz besitzt. Umgekehrt ist eine Wiedereinsetzung geboten, wenn das Tatsachenvorbringen nach § 531 II Nr 3 Berücksichtigung finden müsste: Es dient letztlich der Konzentration des Verfahrens, wenn der Streit unter Vermeidung eines Rechtsmittels in der eröffneten Instanz erledigt werden kann (vgl BGH NJW 07, 1357, 1360: eine Wiedereröffnung ist nicht geboten, wenn das verspätete Vorbringen allein auf Nachlässigkeit beruht). Eine durch Zeitablauf innerhalb der Spruchfrist eingetretene Änderung der materiellen Rechtslage – zu denken ist etwa an den Ablauf einer Kündigungsfrist – zwingt nicht zur Wiedereröffnung: Es ist nicht interessenwidrig, wenn der Kl den prozessualen Nachteil aus der zu früh erhobenen Klage trägt. Ebensowenig ist das Gericht zur Wiedereröffnung gezwungen, wenn die Fälligkeitsvoraussetzungen eines Anspruchs erst nach Schluss der mündlichen Verhandlung geschaffen werden. Die **Wiedereröffnung zum Zwecke der vergleichsweisen Erledigung des Rechtsstreits** ist im Regelfall nicht sachgerecht, sofern die Anregung zum Vergleichsgespräch nur einseitig vorgetragen wird. 2

C. Zwingende Wiedereröffnung nach Abs 2. Die Vorschrift formuliert in Abs 2 Gründe, die zur Wiedereröffnung zwingen. Nr 1 ist Ausfluss des mit dem Zivilprozessreformgesetz verfolgten Zwecks, durch Vermeidung von Rechtsmitteln das Verfahren erstinstanzlich zu beenden. Eine Wiedereröffnung nach Nr 1 ist insb dann geboten, wenn das Gericht erstmals im Termin einen rechtlichen Hinweis erteilt, zu dem sich die Partei nicht rechtzeitig äußern kann, und das Gericht davon abgesehen hat, auf einen Schriftsatznachlass hinzuwirken (BGH GRUR 2010, 1117). Wird in einem nachgelassenen Schriftsatz neuer entscheidungserheblicher Tatsachenvortrag gehalten, muss das Gericht die geschlossene Verhandlung wiedereröffnen, um dem Gegner rechtliches Gehör zu gewähren (BGH MDR 11, 1313), 3

4 **D. Verfahren und Rechtsmittel.** Die geschlossene Verhandlung muss nicht ausdrücklich wiedereröffnet werden. Es genügt, wenn das Gericht im vorgesehenen Verkündungstermin etwa in den Fällen des Abs 2 Nr 1 die unterlassenen Hinweise oder Aufklärung in einem Beschl erteilt. Scheidet nach dem Schluss der Beratung und Abstimmung, aber vor der Verkündung der Entscheidung, ein Richter aus dem Spruchkörper aus, so entscheidet das Kollegialgericht in der verbliebenen Besetzung der Schlussverhandlung ohne Hinzuziehung eines Vertreters. Dies gilt jedenfalls dann, wenn über eine Wiedereröffnung nach Abs 1 oder Abs 2 Nr 1 zu beraten ist (BGH NJW 02, 1426). Aus Gründen der Praktikabilität sollte die Hinzuziehung des geschäftsplanmäßigen Vertreters auch in den Fällen des Abs 2 Nr 2 nicht erforderlich sein. Gegen die Wiedereröffnung findet kein Rechtsmittel statt. Hat das Gericht verfahrensfehlerhaft von einer Wiedereröffnung abgesehen, so zwingt dies bei gegebener Kausalität des Verfahrensfehlers nach §§ 513 I, 545 I zur Korrektur der angefochtenen Entscheidung.

5 **E. Hinweise für die Praxis.** Die Ablehnung der Wiedereröffnung muss nicht ausdrücklich beschieden werden. Jedoch ist es hilfreich, wenn das Gericht in den Entscheidungsgründen der auf die geschlossene Verhandlung ergangenen Entscheidung darlegt, weshalb es von einer Wiedereröffnung Abstand genommen hat. Zumindest sollte die Ermessensprüfung nach § 156 in Gestalt eines vom Berichterstatter oder vom Vorsitzenden gefertigten Aktenvermerks transparent gemacht werden (B/L/A/H Rn 21).

§ 157 Untervertretung in der Verhandlung.

Der bevollmächtigte Rechtsanwalt kann in Verfahren, in denen die Parteien den Rechtsstreit selbst führen können, zur Vertretung in der Verhandlung einen Referendar bevollmächtigen, der im Vorbereitungsdienst bei ihm beschäftigt ist.

1 **A. Funktion.** Mit dem RDG wurde die bisherige Trennung zwischen der Vertretung außerhalb der Verhandlung und der Vertretung im Termin aufgehoben: Die Zulässigkeit der Prozessvertretung im Parteiprozess wird nunmehr einheitlich für das gesamte Verfahren in § 79 geregelt. Die Vorschrift des § 157 beleuchtet einen Teilaspekt und regelt die Vertretung des Rechtsanwalts in der mündlichen Verhandlung des Parteiprozesses (§ 79). Sie entspricht inhaltlich der Regelung des § 59 II 2 BRAO in der vor Inkrafttreten des RDG geltenden Fassung. Die Ausführung der Parteirechte durch den Referendar in der mündlichen Verhandlung hat keine eigenständige Regelung erfahren. Sie folgt aus § 90 (BTDrs 16/6634, 55).

2 **B. Stationsreferendare.** Nach dem Willen des Gesetzgebers können **nur Stationsreferendare**, nicht Referendare, die außerhalb ihrer Stage im Wege einer Nebenbeschäftigung einer Tätigkeit bei einem Rechtsanwalt nachgehen (nach dem Wortlaut des Gesetzes mithin nicht »im«, sondern »während« des Vorbereitungsdienstes beschäftigt werden), mit der Vertretung bevollmächtigt werden (BTDrs 16/3655, 91). Diese Differenzierung ist nicht sachgerecht und weder zum Schutz der Rechtspflege noch zum Schutz der Anwaltschaft erforderlich: Zumindest nach Abschluss der Anwaltsstage sollte es einem Referendar möglich sein, das Ausbildungsziel durch selbständiges Auftreten in der mündlichen Verhandlung auch dann zu vertiefen, wenn der Referendar nicht nur gelegentlich (so BTDrs 16/3655, 91; Feuerich/Weyland § 59 Rn 10), sondern mit gewisser Regelmäßigkeit in der Verhandlung auftritt.

3 **C. Sonstige Mitarbeiter.** Nicht selten werden Mitarbeiter, va Bürovorsteher, mitunter auch Assessoren mit Vollmacht in die mündliche Verhandlung entsandt. Der Gesetzgeber hat hierfür kein unabweisbares Regelungsbedürfnis erblickt. Dennoch ist auch auf der Grundlage des reformierten Rechts die Bevollmächtigung dieser Mitarbeiter als unzulässig anzusehen, insoweit diese Mitarbeiter **ständig und regelmäßig** mit der Terminswahrnehmung beauftragt werden (BTDrs 16/3655, 91).

4 **D. Gebühren.** Der Rechtsanwalt kann nach § 5 RVG die ihm zustehenden gesetzlichen Gebühren auch dann geltend machen, wenn er sich durch einen Stationsreferendar vertreten lässt. Die Höhe des Gebührenanspruchs eines Nebentätigkeitsreferendars ist umstr: In der Regel dürfte eine Vergütung in Höhe von 2/3 der gesetzlichen Gebühren angemessen erscheinen (Römermann/Hartmann § 5 Rn 42).

§ 158 Entfernung infolge Prozessleitungsanordnung.

Ist eine bei der Verhandlung beteiligte Person zur Aufrechterhaltung der Ordnung von dem Ort der Verhandlung entfernt worden, so kann auf Antrag gegen sie in gleicher Weise verfahren werden, als wenn sie freiwillig sich entfernt hätte.

Wird im Parteiprozess die nicht anwaltlich vertretene Partei gem § 177 GVG vom Ort der Verhandlung verwiesen, steht es dem Gegner frei, Versäumnisurteil oder eine Entscheidung nach Lage der Akten zu beantragen. Eine Vertagung nach § 337 dürfte ausscheiden, da die Säumnis in den Fällen des § 177 GVG regelmäßig nicht schuldlos ist (aA wohl MüKoZPO/*Wagner* Rn 1). Auch scheidet die grds zulässige Möglichkeit, gegen die entfernte Person gem §§ 141 III, 380 I, 409 I Ordnungsgelder zu verhängen, aus, wenn das die Entfernung rechtfertigende Verhalten bereits Anlass für ein Ordnungsgeld nach § 178 GVG gewesen ist (vgl hierzu: *Kissel/Mayer* § 177 Rn 8). 1

§ 159 Protokollaufnahme. (1) [1]**Über die Verhandlung und jede Beweisaufnahme ist ein Protokoll aufzunehmen.** [2]**Für die Protokollführung kann ein Urkundsbeamter der Geschäftsstelle zugezogen werden, wenn dies auf Grund des zu erwartenden Umfangs des Protokolls, in Anbetracht der besonderen Schwierigkeit der Sache oder aus einem sonstigen wichtigen Grund erforderlich ist.**
(2) **Absatz 1 gilt entsprechend für Verhandlungen, die außerhalb der Sitzung vor Richtern beim Amtsgericht oder vor beauftragten oder ersuchten Richtern stattfinden.**

A. Protokoll. Das Sitzungsprotoll wird als Maßnahme der formellen Prozessleitung (§ 136) regelmäßig zunächst **vorläufig aufgezeichnet** (§ 160a) und hat – wenn das vorläufige Protokoll auf Ton- oder Datenträger aufgezeichnet wird – kein schriftliches Substrat. Dennoch müssen sowohl die mitgeschriebenen als auch die auf Datenträgern erfassten vorläufigen Protokolle in solchen Teilen, die den Beteiligten in der Sitzung vorzulesen sind, vollständige Texte enthalten: Es ist also nicht statthaft, etwa die Protokollierung von Zeugenaussagen in der vorläufigen Aufzeichnung nur zu skizzieren und den Text bei der Ausfertigung des Protokolls (§ 160a II) zu ergänzen (St/J/*Roth* Rn 10 f). Bestandteile des Protokolls, die den Beteiligten nicht vorzulesen oder zur Durchsicht vorzulegen sind, können noch nach Abschluss des Termins angefertigt werden (BGHZ 14, 397; Saarbr NJW 72, 61). 1

B. Verhandlung. Protokollierungszwang besteht in jeder Verhandlung vor dem erkennenden Gericht sowie außerhalb der Sitzung vor dem beauftragten (§ 361) oder dem ersuchten (§ 362) Richter. Die Protokollierung umfasst die Güteverhandlung des § 278. Gegenstand und Lauf der Verhandlung bleibt für den Protokollierungszwang ohne Einfluss: Auch dann, wenn beide Parteien säumig sind, ist ein Protokoll zu fertigen, das das Verhandlungsergebnis (Vertagung oder Ruhen des Verfahrens nach § 251a III) festhält. Ebenso sind Verkündungstermine sowie Verhandlungen im selbständigen Beweisverfahren (§ 492) und dem Verfahren der PKH-Bewilligung (§ 118 I 3) zu protokollieren. 2

C. Urkundsbeamter der Geschäftsstelle. I. Einsatzfelder. Im Regelfall hat die Aufnahme des Protokolls durch den Vorsitzenden zu erfolgen, der sich in der forensischen Praxis regelmäßig eines Ton- oder Datenträgers (§ 160a I) bedienen wird. Ein Urkundsbeamter der Geschäftsstelle ist nur aus wichtigem Grund hinzuzuziehen. Diese im Ermessen des Vorsitzenden liegende Maßnahme kommt insb dann in Betracht, wenn bei der Vernehmung von Zeugen die Notwendigkeit eines Vorhalts der wörtlichen Protokollierung absehbar ist. Auch bei komplizierten Vergleichsverhandlungen, in denen der Vergleichstext erst in der Verhandlung entwickelt werden kann, bietet der Einsatz von Urkundsbeamten Vorteile, da die technische Ausstattung der Gerichte eine einfach zu bewerkstelligende Rückverfolgung der Protokollierung nicht immer gewährleistet. In den beiden genannten Fällen erscheint es sachgerecht, den Urkundsbeamten erst während der Verhandlung für die konkrete Aufgabenstellung hinzuzuziehen. 3

II. Eigenverantwortlichkeit. Der Urkundsbeamte hat das Protokoll eigenverantwortlich abzufassen. Hierbei hat es sich in der Gerichtspraxis etabliert, dass der Vorsitzende den Inhalt der Zeugenaussagen zusammenfasst und in das Protokoll diktiert. Kann selbst nach Rücksprache über die Richtigkeit des Diktats keine Einigkeit erzielt werden, so müssen Urkundsbeamter und Richter ihre divergierenden Auffassungen im Protokoll durch die Anfertigung entsprechender Vermerke niederschreiben. 4

III. Aufgaben der Justizverwaltung. Die Justizverwaltung ist verpflichtet, Protokollführer bereitzustellen. Sie genügt dieser Pflicht nur dann, wenn die ausgewählten Personen die Fähigkeit besitzen, dem Diktat des Vorsitzenden auf angemessene Weise – sei es durch die Beherrschung von Kurzschrift, sei es durch hinreichend sicheres Maschinenschreiben – zu folgen. Dennoch hat der Vorsitzende auf die Auswahl der konkreten Person keinen unmittelbaren Einfluss. Allerdings kann der Vorsitzende – stellt sich während der Sitzung heraus, dass der zugeteilte Protokollführer seiner Aufgabe nicht gewachsen ist – die Verhandlung 5 notfalls abbrechen (BGH NJW 88, 417). Die Maßnahme, einen Protokollführer hinzuziehen, unterliegt nicht der dienstaufsichtlichen Weisung (BGH NJW 78, 2509). Hierbei ist es mit der richterlichen Unabhängigkeit nicht vereinbar, wenn sich der Richter ggü der Verwaltung für die Anforderung eines Protokollführers rechtfertigen muss (B/L/A/H Rn 5 f, 10).

§ 160 Inhalt des Protokolls. (1) Das Protokoll enthält

1. den Ort und den Tag der Verhandlung;
2. die Namen der Richter, des Urkundsbeamten der Geschäftsstelle und des etwa zugezogenen Dolmetschers;
3. die Bezeichnung des Rechtsstreits;
4. die Namen der erschienenen Parteien, Nebenintervenienten, Vertreter, Bevollmächtigten, Beistände, Zeugen und Sachverständigen und im Falle des § 128a den Ort, von dem aus sie an der Verhandlung teilnehmen;
5. die Angabe, dass öffentlich verhandelt oder die Öffentlichkeit ausgeschlossen worden ist.

(2) Die wesentlichen Vorgänge der Verhandlung sind aufzunehmen.

(3) Im Protokoll sind festzustellen

1. Anerkenntnis, Anspruchsverzicht und Vergleich;
2. die Anträge;
3. Geständnis und Erklärung über einen Antrag auf Parteivernehmung sowie sonstige Erklärungen, wenn ihre Feststellung vorgeschrieben ist;
4. die Aussagen der Zeugen, Sachverständigen und vernommenen Parteien; bei einer wiederholten Vernehmung braucht die Aussage nur insoweit in das Protokoll aufgenommen zu werden, als sie von der früheren abweicht;
5. das Ergebnis eines Augenscheins;
6. die Entscheidungen (Urteile, Beschlüsse und Verfügungen) des Gerichts;
7. die Verkündung der Entscheidungen;
8. die Zurücknahme der Klage oder eines Rechtsmittels;
9. der Verzicht auf Rechtsmittel;
10. das Ergebnis der Güteverhandlung.

(4) [1]Die Beteiligten können beantragen, dass bestimmte Vorgänge oder Äußerungen in das Protokoll aufgenommen werden. [2]Das Gericht kann von der Aufnahme absehen, wenn es auf die Feststellung des Vorgangs oder der Äußerung nicht ankommt. [3]Dieser Beschluss ist unanfechtbar; er ist in das Protokoll aufzunehmen.

(5) Der Aufnahme in das Protokoll steht die Aufnahme in eine Schrift gleich, die dem Protokoll als Anlage beigefügt und in ihm als solche bezeichnet ist.

1 **A. Protokollierung der Formalien (Abs 1). I. Tag und Ort der Verhandlung (Nr 1).** Die Uhrzeit des Aufrufs ist nicht zwingend aufzunehmen. Die Protokollierung der genauen Zeit bietet sich jedoch an, wenn der Erlass eines Versäumnisurteils im Raum steht. Wird die Verhandlung nach § 128a unter Einsatz von bildtechnischen Verfahren von einem anderen Ort aus geführt, so ist auch dieser Ort zu bezeichnen.

2 **II. Bezeichnung des Rechtsstreits (Nr 3).** Der Rechtsstreit wird durch die Parteiangaben bezeichnet. Im Regelfall wird nur ein verkürztes Rubrum aufgenommen. Enthält das Protokoll einen Vollstreckungstitel, sind die Parteien mit voller Anschrift zu bezeichnen, um die vollstreckungsrechtlichen Voraussetzungen des § 750 I zu erfüllen. Es erweist sich als praktikabel, die fehlenden Angaben in der Vollstreckungsklausel nachzutragen (St/J/*Roth* Rn 3; aA Zö/*Stöber* Rn 2, der eine Protokollberichtigung nach § 164 für erforderlich hält).

3 **III. Namen der Zeugen (Nr 4).** Auch die Namen der nicht vernommenen Zeugen werden sinnvollerweise protokolliert. Denn es kann es für die Beurteilung der Glaubhaftigkeit einer späteren Aussage von Bedeutung sein, wenn die Zeugen bereits an einer früheren Verhandlung teilgenommen haben. Der Zeitpunkt der Entlassung der Zeugen und Sachverständigen wird üblicherweise nicht im Protokoll selber festgehalten, sondern in einem eigenen Formular, welches der Berechnung der Entschädigungsleistung dient. Auch ein Verzicht auf die Geltendmachung von Zeugenentschädigung wird üblicherweise protokolliert.

IV. Ausschluss der Öffentlichkeit (Nr 5). In der nichtöffentlichen Sitzung sind die Namen aller anwesenden Personen zu protokollieren. Personen, die gem § 175 III GVG zum Zwecke der Dienstaufsicht an der nichtöffentlichen Sitzung teilnehmen, sind nicht ins Protokoll aufzunehmen (Zö/*Stöber* Rn 2). 4

B. Wesentliche Vorgänge der Verhandlung (Abs 2). I. Gerichtliche Hinweise. Eine Protokollierung gerichtlicher Hinweise ist mit Blick auf § 139 IV geboten, da der Nachweis für die Erteilung von Hinweisen nur durch den Inhalt der Akten geführt werden kann. Setzt sich das Gericht iRd Erörterung des Sach- und Streitstandes (§ 139 I) detailliert mit den streitentscheidenden Aspekten auseinander, ist es sachgerecht, den Inhalt und das Ergebnis dieser Erörterung festzuhalten. Die floskelhafte Formulierung: »Das Gericht führt in den Sach- und Streitstand ein.« ist nicht aussagekräftig und führt nicht aus dem Verfahrensfehler (s. dazu: § 139 Rz 7; § 531 Rz 10) hinaus, wenn der Rechtsmittelführer die Notwendigkeit einer Hinweiserteilung darlegen kann (vgl BGH NJW 06, 60, 62; *Rensen* MDR 06, 1203). Auch die Reaktion der Parteien auf die Hinweise ist zu protokollieren: Für die Prüfung eines Verfahrensfehlers ist es von Relevanz, ob und auf welche Weise die Parteien von einer ihnen eingeräumten Gelegenheit zur Stellungnahme Gebrauch gemacht oder ob sie sich eine Frist zur Stellungnahme erbeten haben. Unterbleibt die Dokumentation der Hinweiserteilung im Protokoll, so kann sie entweder nach § 139 IV durch einen nachträglich gefertigten Aktenvermerk oder durch Erwähnung im Tatbestand des Urteils nachgeholt werden (BGH NJW 06, 62). 5

II. Neuer Sachvortrag. Führt eine Partei in der mündlichen Verhandlung neuen Vortrag ein, ist dies im Protokoll zu vermerken. Auch die Reaktion der Gegenpartei ist aufzunehmen; sie ist für die Zulassung des Vorbringens ausschlaggebend: Bleiben die erstmals im Berufungsrechtszug vorgetragenen Tatsachen unbestritten, so scheitert das Vorbringen im Berufungsrechtszug nicht an der Schranke des § 531 II (BGH MDR 05, 527). 6

III. Erheben von Verfahrensrügen. Aufgrund der Rechtswirkungen des § 295 gehört das Rügen fehlerhaft angewandter Verfahrensvorschriften, auf deren Einhaltung die Parteien verzichten können (etwa die Einhaltung der Einlassungsfrist), zu den wesentlichen Vorgängen der Verhandlung. Schweigt das Protokoll hierzu, steht der Rügeverzicht mit der Beweiswirkung des § 165 fest. 7

IV. Äußerer Verfahrensablauf. Das Protokoll muss deutlich werden lassen, wann die Güteverhandlung in eine Hauptverhandlung übergeht (§§ 278 II, 279 I). Prozessleitende Verfügungen, Zwischenbescheide, Beweisanordnungen und die Verhandlung über das Beweisergebnis nach §§ 279 III, 285 II sind zu protokollieren; ebenso der Umstand, dass ein Beweisantrag abgelehnt wurde. Eine kurze Unterbrechung der mündlichen Verhandlung ist im Protokoll nicht zwingend zu erwähnen. Vergleichsvorschläge werden sinnvollerweise zu Dokumentationszwecken protokolliert. 8

V. Beiziehung von Akten. Werden Beiakten zum Gegenstand der Verhandlung gemacht, so sind diese Aktenbestände genau zu bezeichnen. Nach dem Wegfall der Beweisgebühr ist die ergänzende Angabe, ob die Beiziehung der Akten oder sonstiger Urkunden zu Beweis- oder zu Informationszwecken erfolgt, nicht mehr von Relevanz. Auf Grund der Einheit der mündlichen Verhandlung ist es nicht erforderlich, im Fortsetzungstermin die Beiziehung der Akten erneut zu protokollieren. 9

C. Zwingende Protokollierung des Verhandlungsverlaufs (Abs 3). I. Vergleich (Nr 1). 1. Formwirksames Zustandekommen. Ein gerichtlicher Vergleich kann formwirksam auf verschiedene Weise abgeschlossen werden: Im Regelfall wird der Vergleichstext unmittelbar im Protokoll aufgenommen. In diesem Fall muss der Vergleichstext vorgelesen oder – sofern ein tontechnisches Verfahren angewandt wird – abgespielt und genehmigt werden (§ 162 I). Das laute Diktieren ersetzt das Abspielen nicht (Zweibr OLGR 04, 292). Zum andern kann der Vergleich auf einer eigenen Urkunde festgehalten werden, die dem Protokoll als Anlage beigefügt wird. Hier muss das Protokoll selber die Anlage bezeichnen (Abs 5). Dies geschieht bspw durch die Formulierung: »Die Parteien schließen den mit der Datumsangabe vom … versehenen Vergleich, der diesem Protokoll als Anlage beigefügt ist.« Eine Ergänzung eines im Gerichtsprotokoll aufgenommenen Vergleichs kommt in Betracht, wenn die Parteien auf ein Inventarverzeichnis oder auf technische Ausführungen Bezug nehmen. Zur Formwahrung müssen auch hier das Protokoll (sofern die Anlage den Vergleichstext nur ergänzt) und die Anlage verlesen werden oder – dies bietet sich bei umfangreichen Anlagen an – den Parteien zur Durchsicht vorgelegt werden (§ 162 I 1). Im Protokoll ist die Verlesung beziehungsweise das Vorlegen der Anlage sowie deren Genehmigung durch die Parteien festzuhalten. 10

11 **2. Funktion der Formenstrenge.** Nur ein nach §§ 159 ff formgerecht protokollierter Vergleich hat verfahrensbeendende Wirkung und kann Vollstreckungstitel nach § 794 sein (BGHZ 10, 388, 390; Zweibr NJW-RR 92, 1408; BGH NJW 84, 1465, 1466). Aufgrund der Doppelnatur des Vergleichs kann ein wegen formeller Mängel in prozessualer Hinsicht unwirksamer Prozessvergleich materiellrechtlich Bestand haben (BGH NJW 85, 1962). Insbesondere kann – sofern der Vergleich nach § 162 II 1 und 2 vorgelesen und genehmigt wurde – ein ohne den Protokollvermerk nach § 162 I 3 abgeschlossener Vergleich materiellrechtlich gem § 127a BGB die notarielle Beurkundung ersetzen. Hierbei ist der Beweis über die Einhaltung der Förmlichkeiten des § 162 II 1 und 2 ohne Beschränkung nach § 165 zu führen (BGHZ 142, 84, 88). Ein Verzicht auf die Einhaltung der Formvorschriften ist nicht wirksam (keine Heilung nach § 295). Allerdings kann es den Parteien im Einzelfall nach Treu und Glauben verwehrt sein, sich auf die Formunwirksamkeit des Vergleichs zu berufen, insb wenn der Vergleich von beiden Seiten lange Zeit als wirksam angesehen und vollzogen wurde (BAG NJW 70, 349).

12 **3. Berichtigung und Ergänzung.** Ein unvollständiger Vergleich (etwa wegen fehlender Kostenregelung) kann nicht im Wege der Protokollberichtigung ergänzt werden (Nürnbg MDR 03, 652). Vielmehr ist die Regelung des § 98 zu beachten: Fehlen Anhaltspunkte dafür, dass die Parteien den Vergleich bewusst auf die Hauptsache beschränken wollten (in diesem Fall hat das Gericht in analoger Anwendung des § 91a über die Kosten des Rechtsstreits zu entscheiden; vgl Zö/*Herget* § 98 Rn 3), so sind die Kosten gegeneinander aufzuheben.

13 **II. Anträge (Nr 2).** Der Wortlaut differenziert nicht danach, ob die Anträge sich auf die Sache selbst (sog Sachanträge, die Inhalt, Gegenstand oder Wirkung der erstrebten Entscheidung betreffen) oder nur auf das weitere Verfahren (sog Prozessanträge, insb Klageabweisungs-, Beweis-, Vertagungs- und Kostenantrag) beziehen. Es spricht daher viel dafür, dass auch Prozessanträge entgegen der hM (Zö/*Stöber* Rn 6; B/L/A/H Rn 9; Köln NJW-RR 99, 288) nach Abs 3 zwingend protokolliert werden müssen (MüKoZPO/*Wagner* Rn 5; Musielak/*Stadler* Rn 6). Die Streitfrage besitzt geringe praktische Relevanz, da ein Prozessantrag mit der Wirkung des § 165 regelmäßig als wesentlicher Vorgang nach Abs 2 Aufnahme in das Protokoll finden wird (St/J/*Roth* Rn 16). Werden die Anträge nicht durch Bezugnahme auf schriftsätzlichen Vortrag, sondern mündlich zu Protokoll erklärt (§ 297 I 3), sind die weiteren Formalien des § 162 I zu beachten.

14 **III. Erklärungen, deren Feststellung vorgeschrieben ist (Nr 3).** Hierunter fallen die Zeugnisverweigerung vor einem beauftragten oder ersuchten Richter nach § 389 I, die Zustimmung zur Scheidung und deren Widerruf (§ 134 FamFG). Im amtsgerichtlichen Verfahren korreliert die Vorschrift mit § 510a, der es dem Gericht ermöglicht, alle Erklärungen im Protokoll festzustellen, deren Protokollierung das Gericht für erforderlich hält.

15 **IV. Aussagen der Zeugen, Sachverständigen und Parteien (Nr 4). 1. Zeugenaussagen.** Zeugen bekunden zunächst im Zusammenhang zur Sache. Erst danach wird die Aussage durch den Vorsitzenden ins Protokoll diktiert. Hierbei wird die Authentizität der Aussage nicht gewährleistet, da der Richter die Aussage auf ihren Kern zurückführt. Richter neigen dazu, sprachliche Unzulänglichkeit zu glätten. Dies birgt die Gefahr, dass der Inhalt der protokollierten Aussage die Persönlichkeit des Zeugen nicht richtig widergibt. Verwickelt sich der Zeuge im Verlauf der Aussage in Widersprüche, so müssen diese Widersprüche in der Chronologie des Protokolls nachvollzogen werden können. Eine wörtliche Protokollierung der Aussage kann nicht erzwungen werden. Sie ist nur durch den Einsatz technischer Aufzeichnungsgeräte zu erreichen, wenn man den abzusehenden Streit darüber, ob das Diktierte dem Wortlaut der Aussage entsprochen hat, vermeiden will. Auch die außersprachlichen Begleitumstände des Aussageverhaltens, etwa nicht aus der Gerichtssituation resultierende Unsicherheit und Nervosität, können im Protokoll festgehalten werden, wenn diese Aspekte Rückschlüsse auf die Glaubhaftigkeit der Aussage zulassen.

16 **2. Parteianhörung.** Angaben der Parteien iRe Parteianhörung unterfallen nicht dem unmittelbaren Anwendungsbereich der Nr 4. Diese Angaben sind nicht zwingend zu protokollieren (BGH FamRZ 89, 157, 158). Hat das Gericht die Parteianhörung angeordnet, um einen Beitrag zur Aufklärung des Sachverhalts zu leisten (§ 141 I 1), sind diese Angaben als wesentlicher Vorgang der Verhandlung nach § 160 II zu dokumentieren. Dasselbe gilt, wenn die Aufklärung des Sachverhalts Aspekte offen legt, die die Glaubhaftigkeit des Parteivortrags in Zweifel ziehen oder positiv erhärten. Denn dann zeichnet sich ab, dass die Angaben iRd Beweiswürdigung Berücksichtigung finden werden.

3. Sachverständige. Sofern der Sachverständige sein Gutachten unmittelbar in der Verhandlung erstattet, ist das vollständige Gutachten zu protokollieren. Auch bei der Erläuterung eines zuvor schriftlich eingereichten Gutachtens reicht die floskelhafte Formulierung: »Der Sachverständige erläutert ausf sein Gutachten.« nicht aus (BGH NJW 01, 3269, 3270). Allerdings kann der Pflicht zur Protokollierung auch dadurch Genüge getan werden, dass die Erläuterungen des Sachverständigen in einem Aktenvermerk, im Tatbestand des Urteils oder in den Entscheidungsgründen hinreichend deutlich aufgezeichnet werden. 17

4. Ersetzung der Protokollierung durch Berichterstattervermerk. Die Protokollierung von Zeugen- und Sachverständigenaussagen kann durch eine von der Beweiswürdigung getrennte Darstellung im Urt oder durch einen Vermerk des Berichterstatters über das Ergebnis der Beweisaufnahme ersetzt werden (BGH NJW 91, 1547, 1548 f). Die Notwendigkeit eines solchen Berichterstattervermerks stellt sich insb dann, wenn die vorläufige Protokollaufzeichnung aus technischen Gründen, die erst nach Schluss der Verhandlung erkannt werden, nicht ausgewertet werden kann. Hierbei sollte – sofern das Urt nicht am Verhandlungstag gefällt wird – der Berichterstattervermerk den Parteien innerhalb der Spruchfrist zugänglich gemacht werden, um **das rechtliche Gehör** zu wahren. Entsteht Streit, ob der Berichterstattervermerk die Zeugenaussagen zutr widergibt, wird das Gericht, in dessen Sphäre der Protokollierungsfehler wurzelt, eine Wiederholung der Beweisaufnahme in Betracht ziehen müssen. Führt die unterlassene Protokollierung dazu, dass die tatsächlichen Grundlagen der Entscheidung nicht in vollem Umfang überprüfbar sind, so kann das Rechtsmittelgericht seiner Aufgabe, die Tatsachenfeststellung auf Rechtsfehler zu überprüfen, nicht nachkommen. Mithin unterliegt der Protokollierungsmangel nicht der Parteidisposition und kann nicht durch Rügeverlust nach § 295 geheilt werden (BGH NJW 87, 1200, 1201). 18

V. Augenschein (Nr 5). Die Protokollierung des Augenscheinsbeweises erfasst die Sinneswahrnehmungen des Richters, mitunter auch die Wiedergabe seines subjektiven Eindrucks, der den Richter bei der Betrachtung des Augenscheinsobjekts befällt. Die Protokollierungspflicht wird in § 161 relativiert. Mängel der Protokollierung können nicht nach § 295 geheilt werden. Ein Mangel des Protokolls kann durch eine Wiedergabe des nicht protokollierten Inhalts der Beweisaufnahme im Urt behoben werden, wenn das Ergebnis der Beweisaufnahme im Urt von der Beweiswürdigung abgrenzbar dargestellt wird (Hamm MDR 03, 830). Denn nur dann ist eine Überprüfung des Urteils auf rechtsfehlerfreie Tatsachenfeststellung (§§ 513, 546) möglich. 19

VI. Entscheidungen (Nr 6). Ergehen im Verhandlungstermin Beschlüsse, Urteile und Verfügungen, so ist deren Erlass zu protokollieren. Hierbei sind bei der Verkündung von Urteilen die unter Nr 7 dargestellten Förmlichkeiten zu wahren. Bei abgekürzten Urteilen nach § 313b genügt die protokollierte Bezugnahme auf den Antragschriftsatz, wobei die Urteilsformel noch nicht schriftlich abgefasst sein muss (Beispiel: »Es ergeht ein Versäumnisurteil nach Antrag gem Schriftsatz vom ...«). Im Fall einer Entscheidung nach § 540 I 2 kann das Protokoll neben der Urteilsformel auch Angaben zum Sach- und Streitstand und die tragenden Entscheidungsgründe enthalten. Das Urt selber muss mit dem dann noch verbleibenden Inhalt (§ 313 I Nr 1–4) und den Unterschriften der Richter (§ 315 I 1) mit dem Protokoll verbunden werden (BGH NJW 04, 1666). Auch darf das Protokoll neben den erforderlichen Angaben nach § 540 I 1 zugleich sämtliche nach § 313 I Nr 1–4 erforderlichen Angaben enthalten. In diesem Fall genügen die Unterschriften aller Richter auf dem Protokoll, das zugleich das vollständige Urt darstellt (BGH MDR 08, 996). 20

VII. Verkündung der Entscheidungen (Nr 7). Erst mit der Verkündung will das Gericht für die Verbindlichkeit seines Spruches einstehen. Mithin verleiht erst die Verlautbarung des Urteils im Verkündungstermin dem Urt rechtliche Existenz (BGHZ 14, 39, 44) und setzt die Rechtsmittelfrist in Lauf. Der Beweis der ordnungsgemäßen Verkündung kann nur durch das Protokoll erbracht werden (BGH MDR 2011, 681). Vor der Verkündung besitzt das Urt lediglich die Rechtsqualität eines Entscheidungsentwurfs. Eine wirksame Urteilsverkündung setzt voraus, dass die Urteilsformel im Zeitpunkt der Verkündung schriftlich niedergelegt ist. Hierzu genügt auch ein in Kurzschrift verfasster Text (BGH NJW 99, 794). Es steht der Wirksamkeit der Verkündung nicht entgegen, wenn das Protokoll unter Verstoß gegen § 160a II nicht unverzüglich nach der Sitzung gefertigt wird und die Förmlichkeiten des § 160a nicht eingehalten werden. Allerdings besitzt ein nachträglich hergestelltes Protokoll, das die Verkündung einer Entscheidung feststellt, die Beweiskraft des § 165 nur dann, wenn es innerhalb der Fünfmonatsfrist der §§ 517, 548 erstellt worden ist (BGH MDR 2011, 681). Aus dem Verkündungsprotokoll muss hervorgehen, dass die Verkündung in einer öffentlichen Sitzung in der Form des § 311 II vollzogen wurde. Jedoch ist es nicht erforderlich, dass die Protokollierung nach den einzelnen Tatbestandsalternativen des § 311 II 1 und 2 differenziert. In der 21

Regel genügt die Formulierung, dass »das anliegende Urt verkündet worden ist« (BGH NJW 85, 1782; BGH NJW-RR 04, 1651, 1652). Der Verkündungsvermerk des Urkundsbeamten der Geschäftsstelle nach § 315 III und die dienstliche Äußerung des Richters ersetzen die fehlende Protokollierung nicht (Brandbg FamRZ 02, 467). Auch wird die nicht protokollierte Verkündung nicht durch die förmliche Zustellung des Urteils ersetzt (Mü, Urt. v. 29.7.2011 – 10 U 425/11). Zur Anfechtbarkeit sog. Scheinurteile vgl § 511 Rz 8.

22 **VIII. Klagerücknahme, Rechtsmittelrücknahme und Rechtsmittelverzicht (Nr 8 und 9).** Sofern die Prozesshandlungen (§§ 269, 515, 516) in der mündlichen Verhandlung vorgenommen werden, ist nicht nur die Erklärung selbst, sondern auch die nach § 269 I uU erforderliche Einwilligung des Gegners zu protokollieren und nach § 162 zu genehmigen. Die Protokollierung ist nicht Wirksamkeitsvoraussetzung dieser Prozesshandlungen, deren Vornahme bei fehlender Protokollierung unstr gestellt oder auf andere Weise bewiesen werden kann (Zö/*Stöber* vor § 159 Rn 3; für Rechtsmittelverzicht: BGH NJW-RR 2007, 1451). Erledigt sich der Rechtsstreit nach Maßgabe der Nr 8 und 9, gelten die Protokollerleichterungen des § 161 Nr 2.

23 **IX. Aufnahme bestimmter Vorgänge und Äußerungen (Abs 4).** Die Vorschrift hat mit Blick auf Abs 2, der die Protokollierung der wesentlichen Vorgänge anordnet, nur geringe praktische Bedeutung. Zu den Vorgängen und Erklärungen gehören insb Äußerungen, aber auch Gesten der Prozessparteien während der Verhandlung, die geeignet sind, gem § 286 in die Beweiswürdigung Eingang zu finden. Mitunter mag es Anlass geben, auch das Verhalten nicht am Prozess beteiligter Personen im Protokoll festzuhalten (St/J/*Roth* Rn 31). Der Vorsitzende entscheidet in Ausübung der formellen Prozessleitung (§ 136), wenn dem Antrag auf Aufnahme in das Protokoll stattgegeben werden soll. Demgegenüber muss der gesamte Spruchkörper nach Abs 4 S 2 und 3 durch unanfechtbaren, kurz zu begründenden Beschl die Ablehnung einer Protokollierung beschließen. Der Antrag auf Protokollaufnahme kann nur bis zum Schluss derjenigen Verhandlung gestellt werden, über die das Protokoll aufgenommen ist. Ein später gestellter Antrag ist unzulässig (Schlesw MDR 2011, 751). Bittet eine Prozesspartei um Aufnahme eines Vorganges, der vom Gericht nicht wahrgenommen wurde, hilft die Protokollierung nicht weiter: Bestreitet der Gegner das Geschehen, muss die Protokollierung den fehlenden Nachweis deutlich werden lassen.

24 **X. Protokollanlage (Abs 5).** Eine Anlage zum Protokoll nimmt an der Beweiskraft des Protokolls teil (St/J/*Roth* Rn 33), wenn die Anlage dem Protokoll beigefügt und im Protokoll als solche bezeichnet ist. Es empfiehlt sich, auch auf der Anlage selbst einen Vermerk über ihre Eigenschaft als Protokollanlage anzufügen (das Fehlen dieses Vermerks steht der Gleichstellung der Anlage nicht entgegen BGHZ 10, 327, 329). Ebensowenig ist es erforderlich, dass der Vorsitzende die Anlage unterschreibt oder dass die Anlage fest mit dem Protokoll verbunden ist (BGH NJW-RR 04, 1651, 1652; aA B/L/A/H Rn 22, der eine Unterschrift des Vorsitzenden für erforderlich erachtet, wenn kein Urkundsbeamter zugezogen wurde).

25 **D. Hinweise für die Praxis.** In der forensischen Praxis liegt der Schwerpunkt der Protokollierung in der Wiedergabe des Beweisergebnisses (Abs 3 Nr 4 und 5). Die Prozessvertretung wird daher darauf achten, dass das Protokoll die Aussagen von Zeugen und Sachverständigen im Wesentlichen zutr wiedergibt. Mit Blick auf die Rechtsmittelinstanz hat jede Partei ein Interesse daran, dass die an die Gegenseite erteilten Hinweise im Protokoll aufgenommen werden. Schweigt das Protokoll, kann die Hinweiserteilung nicht bewiesen werden. Mithin verspricht die aus § 139 hergeleitete Verfahrensrüge der Gegenpartei Aussicht auf Erfolg. Beschlussfassungen nach Abs 4 belasten das Verhandlungsklima. Ein besonnenes Gericht wird daher im Zweifel der beantragten Protokollierung nicht entgegentreten.

§ 160a Vorläufige Protokollaufzeichnung.

(1) Der Inhalt des Protokolls kann in einer gebräuchlichen Kurzschrift, durch verständliche Abkürzungen oder auf einem Ton- oder Datenträger vorläufig aufgezeichnet werden.

(2) [1]Das Protokoll ist in diesem Fall unverzüglich nach der Sitzung herzustellen. [2]Soweit Feststellungen nach § 160 Abs. 3 Nr. 4 und 5 mit einem Tonaufnahmegerät vorläufig aufgezeichnet worden sind, braucht lediglich dies in dem Protokoll vermerkt zu werden. [3]Das Protokoll ist um die Feststellungen zu ergänzen, wenn eine Partei dies bis zum rechtskräftigen Abschluss des Verfahrens beantragt oder das Rechtsmittelgericht die Ergänzung anfordert. [4]Sind Feststellungen nach § 160 Abs. 3 Nr. 4 unmittelbar aufgenommen und ist zugleich das wesentliche Ergebnis der Aussagen vorläufig aufgezeichnet worden, so kann eine Ergänzung des Protokolls nur um das wesentliche Ergebnis der Aussagen verlangt werden.

(3) [1]Die vorläufigen Aufzeichnungen sind zu den Prozessakten zu nehmen oder, wenn sie sich nicht dazu eignen, bei der Geschäftsstelle mit den Prozessakten aufzubewahren. [2]Aufzeichnungen auf Ton- oder Datenträgern können gelöscht werden,

1. soweit das Protokoll nach der Sitzung hergestellt oder um die vorläufig aufgezeichneten Feststellungen ergänzt ist, wenn die Parteien innerhalb eines Monats nach Mitteilung der Abschrift keine Einwendungen erhoben haben;

2. nach rechtskräftigem Abschluss des Verfahrens.

[3]Soweit das Gericht über eine zentrale Datenspeichereinrichtung verfügt, können die vorläufigen Aufzeichnungen an Stelle der Aufbewahrung nach Satz 1 auf der zentralen Datenspeichereinrichtung gespeichert werden.

(4) Die endgültige Herstellung durch Aufzeichnung auf Datenträger in der Form des § 130b ist möglich.

A. Funktion und Beweiskraft. Die vorläufige Protokollierung ermöglicht einen effizienteren Einsatz des nichtrichterlichen Personals und entspricht in der Gerichtspraxis der Regel. Allerdings besitzt nur das nachträglich hergestellte, endgültige Protokoll die volle Beweiskraft des § 165 (vgl BGH NJW 99, 794). **Die Einhaltung der Förmlichkeiten kann nach § 165 nur durch das Protokoll, nicht unter Rückgriff auf die vorläufigen Aufzeichnungen bewiesen werden.** Weicht der Inhalt der vorläufigen Aufzeichnung vom Protokoll ab, so können die vorläufigen Aufzeichnungen nur außerhalb des Anwendungsbereichs von § 165 ein Beweismittel nach § 415 II sein (Zö/*Stöber* Rn 7). Daneben kann die vorläufige Aufzeichnung den Weg zu einer Protokollberichtigung nach § 164 ebnen. 1

B. Aufzeichnungsmethoden. I. Tonaufzeichnung und elektronische Datenerfassung. Die vorläufige Aufzeichnung des Protokolls ist die Regel. In der Praxis kommen bislang meist Tonaufzeichnungsgeräte zum Einsatz. Vor allem bei der Sachverständigenbefragung hat es sich bewährt, die vorläufigen Aufzeichnungen durch Protokollführer in der Verhandlung durch Einsatz von Computertechnik zu fertigen, da dann evtl auftretende Verständigungsschwierigkeiten, insb in Bezug auf Fachtermini, an Ort und Stelle ausgeräumt werden können 2

II. Vorläufige Aufzeichnung der Beweisaufnahme. Werden Feststellungen nach § 160 III Nr 4 und 5 vorläufig mit einem Tonaufnahmegerät aufgezeichnet, entspricht es jedenfalls dann, wenn das Urt nicht im Verhandlungstermin gesprochen wird, der gängigen Praxis, bei der Herstellung des Protokolls den gesamten Inhalt der Tonaufnahme, also auch die Zeugenaussagen, in die Reinschrift zu übernehmen. Ein solches Verfahren ist schon deshalb geboten, um eine tragfähige Grundlage für die Beweiswürdigung zu schaffen. Sofern die Reinschrift des Protokolls jedoch in Gemäßheit des Abs 2 S 1 nicht die aufgezeichneten Feststellungen selbst, sondern lediglich einen Vermerk darüber enthält, dass Feststellungen vorläufig aufgezeichnet wurden, ist das Protokoll auf Antrag der Parteien bis zum rechtskräftigen Abschluss des Verfahrens oder auf Anforderung des Rechtsmittelgerichts zu ergänzen. Wurden – was in der Praxis noch seltener angetroffen wird – die Aussagen von Zeugen und Sachverständigen im Wortlaut aufgenommen und zugleich in der vorläufigen Aufzeichnung das wesentliche Ergebnis dieser Aussagen zusammengefasst, so darf sich die Reinschrift des Protokolls nach Abs 2 S 4 darauf beschränken, die Aussagen auf ihren Kern zurückzuführen. Auf Antrag einer Partei ist das Protokoll nur um diese Zusammenfassung zu ergänzen (MüKoZPO/*Wagner* Rn 4). Einen Anspruch auf Fertigung des vollen Wortprotokolls haben die Parteien nicht. 3

C. Herstellung des Protokolls. I. Unverzügliche Herstellung. Das Protokoll ist im Fall der vorläufigen Aufzeichnung unverzüglich, mithin iSd § 121 I 1 BGB ohne schuldhaftes Zögern, nach der Sitzung herzustellen. Die verspätete Herstellung berührt die Beweiskraft nicht (BGH NJW 85, 1782; 94, 3358; 99, 794). Eine verspätete Ausfertigung des Protokolls kann – sofern sie auf einem richterlichen Versäumnis beruht – nach Maßgabe des § 26 II DRiG beanstandet werden. Unter den weiteren Voraussetzungen des § 839 BGB kann im Einzelfall ein Amtshaftungsanspruch gegeben sein (Zö/*Stöber* Rn 4; Wieczorek/Schütze/*Smid* Rn 12). Viel häufiger dürfte die Ursache einer verspäteten Herstellung jedoch nicht im richterlichen Bereich, sondern in der unzureichenden Organisation der Geschäftsstellen- und Kanzleiarbeit liegen. Mithin impliziert Abs 2 S 1 das **an die Adresse der Organisationsverantwortlichen gerichtete Gebot, die sachlichen und personellen Voraussetzungen für einen zügigen Bürobetrieb zu schaffen.** 4

5 **II. Unbrauchbare Aufzeichnungen.** Können die vorläufigen Aufzeichnungen – etwa wegen eines technischen Fehlers – nachträglich nicht mehr übertragen werden, so ist die Verhandlung nicht zwingend zu wiederholen. Es begegnet im Grundsatz keinen Bedenken, die nach § 160 zu protokollierenden Vorgänge aus dem Gedächtnis niederzuschreiben. Freilich muss im Protokoll deutlich werden, inwieweit die vorläufigen Aufzeichnungen nicht ausgewertet werden konnten (eingeschränkter Vermerk nach § 163 I 2). Hinsichtlich der Protokollierung einer Beweisaufnahme (§ 160 III Nr 4 und 5) gelten Besonderheiten (§ 160 Rz 18 f). Mängel der Sitzungsniederschrift zwingen nicht zur Aufhebung eines auf die unzureichend protokollierte Verhandlung ergangenen Urteils. Vielmehr muss der Rechtsmittelführer darlegen, dass und inwieweit die angefochtene Entscheidung auf dem Rechtsfehler beruht (BGH 10.8.01, RiZ (R) 5/00, entsprechende Passage nicht abgedruckt in NJW 02, 359). Kann jedoch der für die Beweiswürdigung relevante Tatsachenstoff nachträglich nicht mehr ermittelt werden, sind Ausführungen zur Erheblichkeit des Verfahrensfehlers entbehrlich.

6 **D. Aufbewahren der Aufzeichnungen.** Die vorläufigen Aufzeichnungen werden üblicherweise dauerhaft in den Prozessakten foliiert, soweit die vorläufigen Aufzeichnungen in Schriftform gefertigt wurden. Ton- und Datenträger werden im Regelfalle im Wege der Sammelverwahrung auf der Geschäftsstelle aufbewahrt.

7 **I. Einsichtnahme der Parteien.** Bis zur Löschung können die Parteien in rechtsanaloger Anwendung des § 299 die Ton- oder Datenträger mit den vorläufigen Aufzeichnungen mit Erlaubnis des Vorsitzenden auf der Geschäftsstelle einsehen beziehungsweise abhören. Ein Anspruch auf Überlassung der Datenträger besteht demgegenüber nicht. Sofern keine gewichtigen Gründe entgegenstehen, haben die Parteien auch das Recht, eine Kopie der vorläufigen Aufzeichnung zu erhalten. Wird auf den vorläufigen Aufzeichnungen die Stimme von Verfahrensbeteiligten (Parteien, Zeugen und Sachverständige) wiedergegeben, darf ein Vervielfältigungsstück der Aufzeichnungen zur Wahrung des Persönlichkeitsrechts und zum Schutz des gesprochenen Wortes nur mit Zustimmung der Betroffenen ausgehändigt werden (Zö/*Stöber* Rn 10): Der Schutz des Persönlichkeitsrechts tritt bei der Aufnahme des Wortprotokolls in der Verhandlung und gewissermaßen spiegelbildlich dazu auch beim Abhören der Aufzeichnungen auf der Geschäftsstelle hinter der durch die Prozessstellung begründeten Pflicht zur Aussage zurück (vgl Wieczorek/Schütze/*Smid* Rn 9; St/J/*Roth* Rn 3). Demgegenüber ist bei der Fertigung und Aushändigung einer Kopie die prozessuale Zweckbindung der Tonaufnahme nicht mehr gewährleistet (MüKoZPO/*Wagner* Rn 10).

8 **II. Löschung der Ton- oder Datenträger.** Die vorläufigen Aufzeichnungen können nach rechtskräftigem Abschluss des Verfahrens sowie nach der endgültigen Herstellung des (uU ergänzten) Protokolls gelöscht werden, wenn die Parteien innerhalb eines Monats nach Mitteilung der Abschrift keine Einwendungen erhoben haben. Die Monatsfrist beginnt durch die formlose Mitteilung der Abschrift an die Parteien, deren Datum in den Akten und sinnvollerweise auch auf den Datenträgern selbst zu vermerken ist. Die Löschung wird durch die Geschäftsstelle veranlasst. Einer Mitwirkung des Vorsitzenden bedarf es im Regelfall nicht (MüKoZPO/*Wagner* Rn 8; aA St/J/*Roth* Rn 15, der eine gemeinsame Entscheidung von Vorsitzendem und Urkundsbeamten favorisiert; Zö/*Stöber* Rn 9; Wieczorek/Schütze/*Smid* Rn 23: Entscheidung ist dem Vorsitzenden vorbehalten). Die Löschung ist bis zum Abschluss einer beantragten Protokollberichtigung unzulässig.

9 **E. Elektronisches Dokument.** Die Regelung des Abs 4 erlaubt die Ersetzung der Reinschrift durch Erstellung eines elektronischen Dokuments nach § 130b. Hierbei wird die handschriftliche Unterzeichnung durch eine qualifizierte elektronische Signatur ersetzt.

10 **F. Exkurs: Tonaufnahmen durch Verfahrensbeteiligte.** Nur mit Erlaubnis des Vorsitzenden und mit der Zustimmung aller anwesenden Beteiligten darf der Verhandlungsablauf auf einer Tonaufnahme mitgeschnitten werden (Zö/*Stöber* Rn 12; St/J/*Roth* Rn 21; MüKoZPO/*Zimmermann* § 169 Rn 48; das Verbot des § 169 S 2 GVG betrifft lediglich Mitschnitte zum Zwecke der öffentlichen Vorführung).

§ 161 Entbehrliche Feststellungen.

(1) Feststellungen nach § 160 Abs. 3 Nr. 4 und 5 brauchen nicht in das Protokoll aufgenommen zu werden,

1. **wenn das Prozessgericht die Vernehmung oder den Augenschein durchführt und das Endurteil der Berufung oder der Revision nicht unterliegt;**
2. **soweit die Klage zurückgenommen, der geltend gemachte Anspruch anerkannt oder auf ihn verzichtet wird, auf ein Rechtsmittel verzichtet oder der Rechtsstreit durch einen Vergleich beendet wird.**

(2) [1]In dem Protokoll ist zu vermerken, dass die Vernehmung oder der Augenschein durchgeführt worden ist. [2]§ 160a Abs. 3 gilt entsprechend.

A. Zweck. Die Vorschrift entlastet die Kanzleiarbeit und stellt es in das Ermessen des Vorsitzenden, von den Protokollanforderungen des § 160 III Nr 4 und 5 abzuweichen: Die Protokollierung darf sich – freilich neben den Angaben nach § 160 I Nr 4 – auf den Vermerk beschränken, dass eine Vernehmung oder der Augenschein durchgeführt worden ist (Abs 2 S 1). Die Praxis sollte von den Möglichkeiten des Abs 1 Nr 1 nur zurückhaltend Gebrauch machen: Sofern die Entscheidung nicht unmittelbar in der mündlichen Verhandlung ergeht, ist eine vollständige Protokollierung allein deshalb geboten, um eine verlässliche Grundlage für die innerhalb der Spruchfrist zu treffende Beweiswürdigung zu sichern. Auch können die Parteien vor der Verkündung eventuelle Unstimmigkeiten in der Protokollierung aufzeigen, wenn ihnen eine Ausfertigung des Protokolls rechtzeitig innerhalb der Spruchfrist zugeht (MüKoZPO/*Wagner* Rn 1). Eine vollständige Protokollierung des Beweisergebnisses erhöht die Transparenz der Entscheidungsfindung. 1

B. Voraussetzungen. I. Rechtskräftiges Endurteil (Abs 1 Nr 1). Protokolle über Verhandlungen des Prozessgerichts brauchen keine Feststellungen nach § 160 III Nr 4 und Nr 5 zu enthalten, wenn das auf die Verhandlung ergehende Endurteil nicht mit Rechtsmitteln angefochten werden kann. Die Vorschrift erfasst mithin nur Endurteile, gegen die Rechtsmittel unstatthaft oder unzulässig sind (§ 511 I und II; § 543). Bei einem Berufungsurteil muss die Zulässigkeitsschranke des § 26 Nr 8 EGZPO für die Nichtzulassungsbeschwerde unterschritten sein (BGH NJW 03, 3057; 3352, 3353). Da bis zum Prozessabschluss die Möglichkeit einer Klageerweiterung nicht ausgeschlossen ist, finden die Protokollerleichterungen des § 161 nur auf die Verhandlung Anwendung, die dem Endurteil unmittelbar vorausgeht. Solange der Abschluss des Verfahrens nicht abgesehen werden kann, ist auch in Verfahren, deren Streitwert die Rechtsmittelsumme nicht erreicht, vollständig zu protokollieren. Die vollständige Protokollierung ist schon deshalb sinnvoll, damit das Protokoll im Fall eines zwischenzeitlichen Richterwechsels eine tragfähige Grundlage dafür bilden kann, die Zeugenaussagen im Wege des Urkundenbeweises zu verwerten. Verhandlungen vor dem beauftragten oder ersuchten Richter oder dem vorbereitenden Einzelrichter nach § 527 I 1 sind keine Verhandlungen des Prozessgerichts. Sie sind – anders als Verhandlungen des entscheidenden Einzelrichters (§§ 348, 348a I, 349 III, 526 I, 527 III, IV, 568 S 1) – vollständig zu protokollieren. 2

II. Nichtstreitige Beendigung des Rechtsstreits (Abs 1 Nr 2). Neben den aufgeführten Verfahrensbeendigungen durch Klagerücknahme (§ 269), Anerkenntnis (§ 307), Vergleich, Verzicht (§ 306) und Rechtsmittelverzicht (§§ 515, 565; für den Einspruch: § 346), erfasst die Vorschrift die Rücknahme des Rechtsmittels (§§ 516 I, 565). Bei übereinstimmender Erledigung darf nur dann nach Maßgabe des Abs 1 verfahren werden, wenn die Voraussetzungen des § 91a II S 2 gegeben sind (für eine generelle Anwendung der Nr 2 bei übereinstimmender Erledigung: St/J/*Roth* Rn 4; MüKoZPO/*Wagner* Rn 5; generell dagegen: Zö/*Stöber* Rn 4). Bei teilbarem Streitgegenstand kann der Vorsitzende dann nach Abs 1 Nr 2 protokollieren, wenn die durchgeführte Beweisaufnahme zur Erledigung eines Teilstreitgegenstandes geführt hat (zB nach Vernehmung von Zeugen zu einem Beweisthema, das ausschließlich einen Teilstreitgegenstand erfasst, schließen die Parteien einen Teilvergleich). Da die nichtstreitige Erledigung des Rechtsstreits vor Durchführung der Beweisaufnahme regelmäßig nicht abzusehen ist, wird die während der Beweisaufnahme gefertigte vorläufige Protokollierung nach § 160a die vollständigen Feststellungen des § 160 III Nr 4 und 5 enthalten. Hier kommt die Arbeitserleichterung des § 161 nur bei der Ausfertigung des Protokolls zum Tragen. 3

III. Verzicht auf Protokollierung. Die Parteien können über die Protokollanforderungen nicht disponieren: Ein Verzicht auf die nach §§ 160, 161 gebotene Protokollierung ist nicht wirksam. Ebensowenig kann der Rechtsverstoß durch rügelose Einlassung nach § 295 geheilt werden (BGH NJW 03, 3057, 3058; 87, 1200; Hamm OLGR 03, 259; St/J/*Roth* Rn 12; Zö/*Stöber* Rn 9; aA BVerwG NJW 88, 579: generelle Heilung nach § 295 möglich, sofern der Protokollierungsfehler in der nächsten mündlichen Verhandlung nicht gerügt werde; nach MüKoZPO/*Wagner* Rn 8 sei ein Rügeverzicht nach § 295 möglich, wenn die Feststellungen in einem Berichterstattervermerk festgehalten und den Parteien zur Stellungnahme zugeleitet wurden; ebenso: BGH VersR 80, 751; nach ThoPu/*Reichold* Rn 5 kommt eine Heilung nach § 295 jedenfalls im Berufungsrechtszug nicht in Betracht). 4

C. Vorläufige Protokollaufzeichnung (Abs 2 S 2). Die Verweisung auf § 160a III hat Relevanz, wenn die Feststellungen nach § 160 III Nr 4 und 5 vorläufig aufgezeichnet wurden. In diesem Fall können die voll- 5 ständigen Feststellungen – sofern im Nachhinein Streit über die Voraussetzungen des § 161 I entsteht – bei Bedarf im Wege der Protokollberichtigung gesichert werden.

6 **D. Rechtskontrolle.** Die fehlerhafte Anwendung von § 161 ist nicht isoliert, sondern nur zusammen mit der sodann ergangenen Entscheidung anfechtbar. Jedoch bleibt eine rechtsfehlerhaft unterlassene Protokollierung zum einen dann folgenlos, wenn die gebotenen Feststellungen in einem Aktenvermerk des Vorsitzenden oder Berichterstatters dokumentiert wurden. Zur Wahrung des rechtlichen Gehörs (Art 103 I GG) ist der Aktenvermerk den Parteien rechtzeitig innerhalb der Spruchfrist zuzuleiten. Unterbleibt die mögliche Übersendung (etwa deshalb, weil die Entscheidung noch in der Verhandlung verkündet wird; in diesem Fall liegt ein Gehörsverstoß nicht vor: BGH NJW 91, 1547, 1549; St/J/*Roth* Rn 12), so setzt der in der Verletzung des rechtlichen Gehörs liegende Verfahrensfehler den Kausalitätsnachweis (§ 513 I Alt 1; § 545 I) und im Revisionsrechtszug eine ordnungsgemäße Verfahrensrüge (§ 551 III Nr 2b) voraus. Zum andern hält der Protokollierungsfehler einer Rechtskontrolle stand, wenn das wesentliche Beweisergebnis im Urt selbst – freilich getrennt von der Beweiswürdigung – im Tatbestand oder den Entscheidungsgründen – niedergeschrieben wurde. Fehlen Akten- bzw Berichterstattervermerk und eine Darstellung des Beweisergebnisses in der Entscheidung, so leidet das Urt unter einem Tatbestandsmangel (§ 313 I Nr 5, II), der vom Revisionsgericht auch ohne Verfahrensrüge berücksichtigt werden muss. Die Revision führt – sofern das Beweisergebnis entscheidungserheblich ist – zur Aufhebung und Zurückverweisung (BGHZ 40, 84, 86 f; vgl BGHZ 163, 376; MüKoZPO/*Wagner* Rn 9; Zö/*Stöber* Rn 9). Unterläuft der Tatbestandsmangel dem erstinstanzlichen Gericht, kann das Berufungsgericht die Sache nur unter den Voraussetzungen des § 538 II Nr 1 zurückverweisen; vgl Hamm OLGR 03, 259).

§ 162 Genehmigung des Protokolls.

(1) [1]Das Protokoll ist insoweit, als es Feststellungen nach § 160 Abs. 3 Nr. 1, 3, 4, 5, 8, 9 oder zu Protokoll erklärte Anträge enthält, den Beteiligten vorzulesen oder zur Durchsicht vorzulegen. [2]Ist der Inhalt des Protokolls nur vorläufig aufgezeichnet worden, so genügt es, wenn die Aufzeichnungen vorgelesen oder abgespielt werden. [3]In dem Protokoll ist zu vermerken, dass dies geschehen und die Genehmigung erteilt ist oder welche Einwendungen erhoben worden sind.

(2) [1]Feststellungen nach § 160 Abs. 3 Nr. 4 brauchen nicht abgespielt zu werden, wenn sie in Gegenwart der Beteiligten unmittelbar aufgezeichnet worden sind; der Beteiligte, dessen Aussage aufgezeichnet ist, kann das Abspielen verlangen. [2]Soweit Feststellungen nach § 160 Abs. 3 Nr. 4 und 5 in Gegenwart der Beteiligten diktiert worden sind, kann das Abspielen, das Vorlesen oder die Vorlage zur Durchsicht unterbleiben, wenn die Beteiligten nach der Aufzeichnung darauf verzichten; in dem Protokoll ist zu vermerken, dass der Verzicht ausgesprochen worden ist.

1 **A. Systematik.** Die Gesetzesformulierung ist nicht leicht zugänglich. Der Sinn erschließt sich, wenn man Abs 2 für Feststellungen nach § 160 III Nr 4 und 5 als Ausnahme zu Abs 1 versteht (vgl ThoPu/*Reichold* Rn 3).

2 **I. Feststellungen nach § 160 III Nr 4 und 5.** Werden Feststellungen nach § 160 III Nr 4 entgegen der wohl überwiegenden Praxis im vollen Wortlaut unmittelbar auf Ton- oder Datenträger aufgezeichnet, so muss die Aussage nach dem Regelungsgehalt von Abs 2 S 1 nur dann abgespielt werden, wenn der Beteiligte, dessen Aussage aufgezeichnet worden ist, das Abspielen der Aufzeichnung verlangt. Das Gericht muss in diesem Fall weder danach fragen, ob auf ein Abspielen verzichtet wird, noch einen eventuellen Verzicht im Protokoll vermerken. Abs 2 S 2 regelt den Fall, dass Feststellungen nach § 160 III Nr 4 und 5 – wie dies dem Regelfall entsprechen dürfte – durch den Vorsitzenden in geraffter Form diktiert werden. In diesem Fall muss das Diktat – unabhängig davon, ob im Termin das endgültige Protokoll gefertigt wird oder das Diktat der vorläufigen Protokollaufzeichnung dient – der Aussageperson durch Abspielen, Vorlesen oder Vorlage zur Durchsicht zur Kenntnis gelangen. Die Art und Weise der Wiedergabe ist in Abs 1 S 1 und 2 geregelt: Wird in der Verhandlung bereits das endgültige Protokoll erstellt (Abs 1 S 1), sind die im Protokollentwurf fixierten Aussagen den Beteiligten vorzulesen oder zur Durchsicht vorzulegen. Im Fall der vorläufigen Protokollierung genügt ein Abspielen (Abs 1 S 2). Die Maßnahmen können allerdings unterbleiben, **wenn alle Beteiligten**, nicht nur die Aussageperson (MüKoZPO/*Wagner* Rn 6; Wieczorek/Schütze/*Smid* Rn 22), **nach der Aufzeichnung** (ein vorheriger Verzicht ist unbeachtlich) **darauf verzichten.** Unterbleibt der Verzicht, ist die Genehmigung der Beteiligten einzuholen; ggf sind die Einwendungen der Betei-

ligten gegen die Protokollierung im Protokoll oder der vorläufigen Protokollierung zu vermerken (Abs 1 S 3). Im Fall des Verzichts ist im Protokoll festzuhalten, dass ein Verzicht ausgesprochen worden ist (Abs 2 S 2 letzter Hs). Wird die Genehmigung zurückgezogen oder verweigert – etwa weil das Gericht die Einwendungen nicht für stichhaltig hält und ihnen nicht abhilft – ist das Beweisergebnis dennoch uneingeschränkt verwertbar: Das Gericht wird sich iRd Beweiswürdigung mit den Einwendungen auseinandersetzen (BGH NJW 84, 1465, 1466; BVerwG NJW 86, 3154, 3157).

II. Feststellungen nach § 160 III Nr 1, 3, 8, 9 und zu Protokoll erklärte Anträge. Die genannten Feststellungen und zu Protokoll erklärte Anträge sind – sofern im Termin das endgültige Protokoll hergestellt wird (Regelungsgehalt von Abs 1 S 1) – den Beteiligten vorzulesen oder zur Durchsicht vorzulegen. Ist das Protokoll nur vorläufig aufgezeichnet worden, genügt es, wenn die Aufzeichnungen vorgelesen oder abgespielt werden. Hinsichtlich dieser Feststellungen und der Protokollanträge sind die Formalien des Abs 1 S 1 zwingend einzuhalten. Ein Verzicht der Beteiligten ist nicht möglich. Im Protokoll ist festzuhalten, dass die Wiedergabe der Feststellungen erfolgt ist und die Genehmigung erteilt ist. Gegebenenfalls sind auch die Einwendungen der Beteiligten im Protokoll festzuhalten (Abs 1 S 3). Einseitige Prozesshandlungen sind nicht allein deshalb unwirksam, weil nach deren Vornahme die Genehmigung verweigert wird (Wieczorek/Schütze/*Smid* Rn 3; St/J/Roth Rn 7, 9). Allerdings ist die Einhaltung aller Förmlichkeiten des Abs 1, mithin auch die Genehmigung der Vergleichsparteien, Wirksamkeitsvoraussetzung eines Prozessvergleichs (Zö/*Stöber* Rn 6; MüKoZPO/*Wagner* Rn 4; St/J/*Roth* Rn 8) und einer Vereinbarung über den Versorgungsausgleich nach § 6 VersAusglG (Saarbr OLGR 98, 40; Brandbg FamRZ 00, 1157). 3

B. Rechtsverstoß. Werden die Förmlichkeiten des § 162 nicht eingehalten, so fehlt dem Protokoll die Beweiskraft einer öffentlichen Urkunde (BGH NJW 84, 1465). 4

I. Fehlerhafte Genehmigung von Prozesshandlungen. Auf die Wirksamkeit einseitiger Prozesshandlungen bleibt die Beachtung des § 162 ohne Relevanz. Die Prozesshandlungen werden allein durch ihre Erklärung ggü dem Gericht wirksam; die Genehmigung dient jedenfalls bei einseitigen Prozesshandlungen nicht dem Schutz vor Übereilung, sondern soll zusätzliche Gewähr für die Richtigkeit des Protokolls bieten (für Anerkenntnis: BGHZ 107, 142, 145 f; 142, 84, 88; für Rechtsmittelverzicht: BGH NJW-RR 2007, 1451; St/J/*Roth* Rn 9; MüKoZPO/*Wagner* Rn 5; aA Wieczorek/Schütze/*Smid* Rn 18, wonach die Missachtung der Anforderungen des Abs 1 in allen Fällen des § 160 III Nr 1, 3, 8 und 9 die Erklärung unwirksam mache): Besteht Streit über die Vornahme der Prozesshandlung, scheidet bei Protokollierungsfehlern das Protokoll als Beweismittel aus, weshalb im Einzelfall eine Beweisaufnahme über die in der Verhandlung abgegebenen Erklärungen erforderlich werden kann (Wieczorek/Schütze/*Smid* Rn 1). **Beim Prozessvergleich führt ein Rechtsverstoß nach § 162 zur Unwirksamkeit als Prozesshandlung.** Materiellrechtlich kann ein Vergleich dennoch wirksam sein; unterbleibt lediglich der Protokollvermerk (Abs 1 S 3), so kann der Prozessvergleich gem § 127a BGB die notarielle Form ersetzen (BGHZ 142, 88). Beim Prozessvergleich können die Parteien über die Einhaltung der Protokollanforderungen nicht disponieren: Ein unterlassenes Verlesen oder eine fehlende Genehmigung wird nicht durch rügelose Einlassung nach § 295 geheilt (vgl MüKoZPO/*Wagner* Rn 4). 5

II. Verfahrensfehlerhafte Feststellungen nach § 160 III Nr 4 und 5. Unterbleibt das erforderliche Abspielen oder die Genehmigung der Parteien, so ist die ansonsten ordnungsgemäß protokollierte Aussage prozessual zunächst verwertbar. Da die Tatsachengrundlage – anders als im Fall der fehlenden Protokollierung der Aussage – nachvollzogen werden kann, leidet das Urt nicht unter einem Tatbestandsmangel iSd § 313 I Nr 5. Die Rechtskontrolle ist erst dann eröffnet, wenn der Rechtsmittelführer unter Beachtung der § 520 III Nr 3 und 4, § 551 III Nr 2 darlegen kann, in welchen Punkten das Protokoll die Aussage fehlerhaft wiedergibt und weshalb der Protokollierungsfehler das Beweisergebnis zum Nachteil des Rechtsmittelführers beeinflusst. Der Einhaltung des § 162 unterliegt hinsichtlich der Feststellungen nach § 160 III Nr 4 und 5 der Parteidisposition: Der Verfahrensverstoß kann nach § 295 I nicht mehr geltend gemacht werden, wenn die Parteien in der nächsten sich an die Beweisaufnahme anschließenden Verhandlung den Mangel nicht rügen (BGHZ 28, 310, 311). 6

C. Hinweise für die Praxis. Die gebräuchliche Abkürzung »v. g.« bzw »v. u. g.« steht für »vorgelesen und genehmigt«. Soll eine Vereidigung der Aussageperson erfolgen, ist es trotz eines Verzichts ratsam, die Aussage vor der Eidesleistung noch einmal abzuspielen oder vorzulesen. 7

§ 163 Unterschreiben des Protokolls. (1) [1]**Das Protokoll ist von dem Vorsitzenden und von dem Urkundsbeamten der Geschäftsstelle zu unterschreiben.** [2]**Ist der Inhalt des Protokolls ganz oder teilweise mit einem Tonaufnahmegerät vorläufig aufgezeichnet worden, so hat der Urkundsbeamte der Geschäftsstelle die Richtigkeit der Übertragung zu prüfen und durch seine Unterschrift zu bestätigen; dies gilt auch dann, wenn der Urkundsbeamte der Geschäftsstelle zur Sitzung nicht zugezogen war.**
(2) [1]**Ist der Vorsitzende verhindert, so unterschreibt für ihn der älteste beisitzende Richter; war nur ein Richter tätig und ist dieser verhindert, so genügt die Unterschrift des zur Protokollführung zugezogenen Urkundsbeamten der Geschäftsstelle.** [2]**Ist dieser verhindert, so genügt die Unterschrift des Richters.** [3]**Der Grund der Verhinderung soll im Protokoll vermerkt werden.**

1 **A. Unterschriftsleistung.** Das Protokoll wird im Regelfall vom Vorsitzenden und dem Urkundsbeamten der Geschäftsstelle unterzeichnet. Der Urkundsbeamte fertigt die Reinschrift des Protokolls. Er bestätigt mit seiner Unterschrift die Richtigkeit der Protokollausfertigung. Das gilt auch dann, wenn er nicht zur Sitzung hinzugezogen wurde. Bei stenographischer Aufzeichnung muss der Urkundsbeamte jedenfalls dann über den Gesetzeswortlaut hinaus nach Abs 1 S 2 verfahren, wenn er zur Verhandlung hinzugezogen wurde. Hat hingegen der Richter die stenographischen Aufzeichnungen gefertigt, ist Prüfung und Unterschriftsleistung des Urkundsbeamten zumindest dann erforderlich, wenn ihm zugleich die Reinschrift des Protokolls übertragen wurde (weitergehend B/L/A/H Rn 4; ThoPu/*Reichold* Rn 1; aA St/J/*Roth* Rn 5; Zö/*Stöber* Rn 3; Musielak/*Stadler* Rn 1). Auch die vorläufige Protokollaufzeichnung auf Datenträgern wird im Wortlaut der Vorschrift nicht geregelt: Die Richtigkeit des endgültigen Protokolls ist in gleicher Weise zu bestätigen, wie dies im Fall der Tonaufzeichnung geschieht (aA Zö/*Stöber* Rn 3; St/J/*Roth* Rn 5; Wieczorek/Schütze/*Smid* Rn 7). Die Unterschrift ist handschriftlich zu leisten. Falls die Reinschrift des Protokolls gem § 160a IV als elektronisches Dokument erstellt wird, fügen Richter und Urkundsbeamter am Ende des Dokuments ihren Namen hinzu und versehen das elektronische Dokument mit ihrer qualifizierten elektronischen Unterschrift (§ 130b). Im Geschäftsgang leistet der Urkundsbeamte der Geschäftsstelle die Unterschrift im Regelfall vor dem Richter. Erst danach wird die Protokollausfertigung dem Richter vorgelegt, der die Richtigkeit der Protokollierung – im Regelfall aus dem Gedächtnis – eigenständig überprüft. Können Meinungsverschiedenheiten über das richtige Verständnis der Tonaufnahmen nicht ausgeräumt werden, müssen die divergierenden Auffassungen im Protokoll kenntlich gemacht werden (St/J/*Roth* Rn 4).

2 **B. Verhinderung.** Eine Verhinderung iSd Abs 2 liegt vor, **wenn Richter oder Urkundsbeamter nicht nur vorübergehend zur Unterschriftsleistung außerstande sind.** Hierbei führt ein Ausscheiden aus dem Richterdienst oder – den Urkundsbeamten der Geschäftsstelle betreffend – aus dem öffentlichen Dienstverhältnis eine Verhinderung im vorgenannten Sinn herbei. Wechselt der Richter lediglich geschäftsplanmäßig, so steht dies einer Unterzeichnung nicht entgegen. Selbst nach einer Versetzung an ein anderes Gericht kann der Richter die erforderliche Unterschrift noch leisten (Zö/*Stöber* Rn 8). Auch Erkrankungen auf unabsehbare Zeit und ein längerer Urlaub stellen Verhinderungsgründe dar (Musielak/*Stadler* Rn 4).

3 **I. Reihenfolge im Verhinderungsfall.** Im Falle der Verhinderung des Vorsitzenden unterschreibt für ihn der dienstälteste beisitzende Richter. Ist auch der dienstälteste Beisitzer verhindert (dieser Fall ist nicht geregelt), so ist der verbleibende Beisitzer zur Unterschrift gehalten (St/J/*Roth* Rn 8; Musielak/*Stadler* Rn 4). Erst wenn die gesamte Richterbank verhindert ist, genügt die Unterschrift des Urkundsbeamten der Geschäftsstelle, sofern dieser zur Sitzung hinzugezogen wurde. Im Fall der Verhinderung des Urkundsbeamten der Geschäftsstelle genügt die Unterschriftsleistung des Vorsitzenden, an deren Stelle in der soeben dargestellten Reihenfolge die Unterschriften der Beisitzer treten.

4 **II. Fehlerhafte oder fehlende Unterschrift.** Wird die dargestellte Reihenfolge im Verhinderungsfall nicht eingehalten oder kann die erforderliche Unterschrift nicht geleistet werden (weil die Unterschriftspersonen aus dem Dienst ausgeschieden sind oder der verhinderte Einzelrichter keinen Urkundsbeamten der Geschäftsstelle zur Verhandlung hinzugezogen hat), so erfüllt das Protokoll nicht die Voraussetzungen einer öffentlichen Urkunde und kann keine Beweiskraft nach § 165 entfalten. Eine fehlende Unterschrift kann noch in der Rechtsmittelinstanz nachgeholt werden (BGH NJW 58, 1237; Musielak/*Stadler* Rn 3). Die fehlende Angabe des Verhinderungsgrundes (§ 163 II S 3) hindert die Beweiskraft nicht (Musielak/*Stadler* Rn 4).

§ 164 Protokollberichtigung. **(1) Unrichtigkeiten des Protokolls können jederzeit berichtigt werden.**

(2) Vor der Berichtigung sind die Parteien und, soweit es die in § 160 Abs. 3 Nr. 4 genannten Feststellungen betrifft, auch die anderen Beteiligten zu hören.

(3) [1]Die Berichtigung wird auf dem Protokoll vermerkt; dabei kann auf eine mit dem Protokoll zu verbindende Anlage verwiesen werden. [2]Der Vermerk ist von dem Richter, der das Protokoll unterschrieben hat, oder von dem allein tätig gewesenen Richter, selbst wenn dieser an der Unterschrift verhindert war, und von dem Urkundsbeamten der Geschäftsstelle, soweit er zur Protokollführung zugezogen war, zu unterschreiben.

(4) [1]Erfolgt der Berichtigungsvermerk in der Form des § 130b, ist er in einem gesonderten elektronischen Dokument festzuhalten. [2]Das Dokument ist mit dem Protokoll untrennbar zu verbinden.

A. Gegenstand der Berichtigung. Jede Unrichtigkeit – auch Unvollständigkeit – ist zu berichtigen; der Gesetzeswortlaut eröffnet keinen Ermessensspielraum (B/L/A/H Rn 6). Allerdings bietet § 162 keine Möglichkeit, eine inhaltliche Korrektur einer korrekt protokollierten Vereinbarung herbeizuführen: **Kalkulationsfehler und Fehler bei der Willensbildung von Vergleichserklärungen** sind der Protokollberichtigung nicht zugänglich (Nürnbg MDR 03, 652; Frankf MDR 86, 152, 153; Zö/*Stöber* Rn 3). Nur dann, wenn das Protokoll den vorgelesenen und genehmigten Wortlaut fehlerhaft wiedergibt, ist eine Korrektur möglich (zur entsprechenden Anwendung von § 164 auf den Fall des fehlerhaft festgestellten schriftlichen Vergleichs s. § 278 VI 3). Auch ist es unzulässig, im Wege des Berichtigungsantrags auf eine Protokollergänzung nach § 160 Abs. 4 ZPO anzutragen (Fallbeispiel: Schlesw MDR 2011, 751). Auf die Entscheidungserheblichkeit des Fehlers kommt es nicht an. Auch muss die Unrichtigkeit – anders als im Fall des § 319 I – nicht offensichtlich sein. 1

B. Verfahren. I. Jederzeitige Berichtigung. Die Berichtigung erfolgt vAw und ist nicht fristgebunden: Auch im Rechtsmittelverfahren kann eine Korrektur des erstinstanzlichen Protokollierungsfehlers erfolgen, solange das Prozessrechtsverhältnis fortbesteht (vgl St/J/*Roth* Rn 2). Ein förmlicher Protokollberichtigungsantrag ist nicht erforderlich. Die Protokollberichtigung kann einer Verfahrensrüge den Erfolg entziehen (sog Rügeverkümmerung): Das Rechtsmittelgericht ist de lege lata mit Ausnahme des Fälschungsaufwandes an einer sachlichen Überprüfung gehindert (aA Foerste/Sonnabend NJW 2010, 978). 2

II. Rechtliches Gehör und Einvernehmen. Vor einer Berichtigung sind die Parteien, Nebenintervenienten und – soweit Feststellungen nach § 160 III Nr 4 betroffen sind – die anderen Beteiligten (Zeugen, Sachverständige, vernommene Parteien) anzuhören. Kann eine Übereinstimmung zwischen Richter und zugezogenem Urkundsbeamten nicht erzielt werden, so scheidet eine Berichtigung aus (Saarbr NJW 72, 61). Bei Verhandlungen eines Kollegialgerichts ist das Einvernehmen innerhalb des gesamten Spruchkörpers nicht erforderlich. Allerdings wird sich der die Protokollverantwortung tragende Richter vor einer Berichtigung jedenfalls dann, wenn Feststellungen nach § 160 III Nr. 4 zu berichtigen sind, im Kollegium rückversichern und vernünftigerweise von einer Berichtigung Abstand nehmen, wenn kein Einvernehmen innerhalb der Richterbank hergestellt werden kann. 3

III. Form. 1. Stattgebende Berichtigung. Der Berichtigungsvermerk, der nicht in der Gestalt eines Beschlusses erfolgt, ist entweder vollständig auf dem Protokoll anzubringen. Bei Platzmangel kann der Protokollvermerk, der nicht fehlen darf, auf eine mit dem Protokoll zu verbindende Anlage verweisen. Eine Berichtigung kann keinesfalls durch Radierungen oder Überschreiben vorgenommen werden (Musielak/*Stadler* Rn 4). Sodann ist der Vermerk von dem Richter, der das Protokoll unterschrieben hat, und von dem Urkundsbeamten der Geschäftsstelle – sofern er zur Protokollführung hinzugezogen wurde – zu unterschreiben. Ist allerdings ein Fehler bei der Übertragung der vorläufigen Protokollaufzeichnung zu berichtigen, deren Richtigkeit auch der nicht zugezogene Urkundsbeamte nach § 163 I 3 bestätigt hat, muss auch der nicht zugezogene Urkundsbeamte – über den Wortlaut des § 164 hinaus – den Berichtigungsvermerk unterzeichnen (St/J/*Roth* Rn 9). Wurde der Termin vor einem Einzelrichter durchgeführt, so muss der Richter den Berichtigungsvermerk selbst dann unterschreiben, wenn er nach § 163 II an der Unterzeichnung des Protokolls verhindert war. Ist der zuständige Richter oder der Urkundsbeamte an der Unterzeichnung der Protokollberichtigung verhindert, ist die in analoger Anwendung des § 163 II benannte Person zur Unterschrift berufen (Zö/*Stöber* Rn 6). 4

5 **2. Ablehnung.** Die Ablehnung der Berichtigung, die aus sachlichen Gründen bereits dann erfolgen muss, wenn kein Einvernehmen über die Fehlerhaftigkeit hergestellt werden kann, wird durch Beschl ausgesprochen, an dem nur der Richter mitwirkt (Zö/*Stöber* Rn 10; Musielak/*Stadler* Rn 7; aA St/J/*Roth* Rn 17, der einen gemeinsamen Beschl von Richter und Urkundsbeamtem für erforderlich erachtet; ebenso: B/L/A/H Rn 13).

6 **C. Rechtsmittel.** Die Protokollberichtigung ist nach § 567 I Nr 2 anfechtbar: Gegen die vorgenommene Berichtigung ist die sofortige Beschwerde nicht statthaft (BGH MDR 05, 46). Nur im Fall der Ablehnung einer Protokollberichtigung durch das Amtsgericht oder erstinstanzlich entscheidendes LG findet die sofortige Beschwerde statt (weitergehend: St/J/*Roth* Rn 18, der auch dann, wenn die Berichtigung von einer unzuständigen Person oder ohne Anhörung der Beteiligten ausgesprochen wurde, die sofortige Beschwerde eröffnen will). Hierbei gelten jedoch folgende Einschränkungen: Da die Mitglieder des Rechtsmittelgerichts an der Verhandlung, deren Protokollierung beanstandet wird, nicht teilgenommen haben, ist über den Wortlaut des § 567 I Nr 2 hinaus **keine Rechtskontrolle möglich, wenn das Ausgangsgericht die Berichtigung aus sachlichen Gründen abgelehnt hat** (Musielak/*Stadler* Rn 8; Zö/*Stöber* Rn 11; Frankf NJW-RR 07, 1142; weitergehend: B/L/A/H Rn 15, der die Rechtskontrolle auch dann ermöglichen will, wenn der Verfahrensablauf durch dienstliche Äußerungen der Gerichtspersonen geklärt werden kann). Mithin beschränkt sich die zulässige Rechtskontrolle im Wesentlichen auf die Beachtung des bei der Berichtigung einzuhaltenden Verfahrens: Wird die Berichtigung etwa mit der Begründung abgelehnt, die beantragte Berichtigung sei verspätet, ist die Beschwerde insoweit eröffnet (Schlesw MDR 2011, 751). Erhebt der Beschwerdeführer den Einwand der Fälschung, ist gegen die Ablehnung der Berichtigung auch eine sachliche Überprüfung möglich, da sich das Rechtsmittelgericht bereits nach § 165 S 2 mit dem Fälschungseinwand auseinandersetzen muss. Entscheidungen des beauftragten oder ersuchten Richters können mit der Erinnerung nach § 573 angefochten werden.

§ 165 Beweiskraft des Protokolls.

[1]Die Beachtung der für die Verhandlung vorgeschriebenen Förmlichkeiten kann nur durch das Protokoll bewiesen werden. [2]Gegen seinen diese Förmlichkeiten betreffenden Inhalt ist nur der Nachweis der Fälschung zulässig.

1 **A. Gegenstand und Umfang der Beweiskraft. I. Funktion.** Die gesetzliche Beweisregel erfasst das Sitzungsprotokoll unter Einbeziehung einer eventuellen Berichtigung und entfaltet Beweiskraft für alle Förmlichkeiten der Verhandlung (worunter auch die Güteverhandlung zählt). Daneben erfüllt das ordnungsgemäß errichtete Protokoll die Voraussetzungen einer öffentlichen Urkunde, weshalb die Beweiskraft des § 165 von den Beweiswirkungen der §§ 415, 418 flankiert wird (St/J/*Roth* Rn 2). Hinsichtlich aller notwendigen Feststellungen entfaltet § 165 auch eine negative Beweiskraft; fehlen hierzu Protokollangaben, steht mit der Beweiswirkung des § 165 fest, dass die zu protokollierenden Vorgänge nicht stattgefunden haben. Demgegenüber erlaubt die fehlende fakultative Protokollierung keine mit Beweiswirkung versehenen Rückschlüsse. Die Beweiswirkung ist auf das konkrete Prozessrechtsverhältnis beschränkt und in einem etwaigen Folgeprozess nicht zu beachten. Auch im Kostenfestsetzungsverfahren sind die für die Verwirklichung der Gebührentatbestände maßgeblichen Umstände ohne Bindung an S 1 zu ermitteln (Musielak/*Stadler* Rn 1; Ddorf MDR 89, 751). Bei Widersprüchen zwischen Protokoll und Urteilstatbestand genießt der Beweiswert des Protokolls den Vorrang (§ 314 S 2).

2 **II. Förmlichkeiten der Verhandlung.** Der äußere Hergang der Verhandlung (§ 160 I) sowie alle Feststellungen nach § 160 II, soweit diese den äußeren Ablauf der Verhandlung betreffen, werden von der Beweisregel erfasst. Hierzu zählen insb die Verhandlung nach der Beweisaufnahme nach §§ 279, 285 und das Stellen von Prozessanträgen (St/J/*Roth* Rn 10) sowie Erledigungserklärungen. Auch Abgabe und Inhalt der Antragstellung nach § 160 III Nr 2, nicht aber die einseitigen Prozesshandlungen (§ 160 III Nr 1, 3, 8 und 9) sind nach S 1 bewiesen (str BGH NJW-RR 2007, 1451: Die Erklärung des Rechtsmittelverzichts gehört nicht zu den für die Verhandlung vorgeschriebenen Förmlichkeiten; aA St/J/*Roth* Rn 11: Ob die Erklärungen abgegeben wurden, betrifft die Förmlichkeit der Verhandlung; allerdings erstreckt sich die Beweisregel weder auf die Wirksamkeit der Prozesshandlungen, noch auf deren Auslegung) . Hinsichtlich der Feststellungen nach § 160 III Nr 4 und 5 nimmt nur die Tatsache der entsprechenden Beweiserhebung – über § 160 I Nr 4 auch die namentliche Bezeichnung der vernommenen Personen –, nicht jedoch der Inhalt der protokollierten Aussagen oder das Ergebnis eines erhobenen Augenscheins an der Beweis-

kraft teil. Auch die Identität des Namensinhabers steht nicht mit der Beweiskraft des § 165 fest (St/J/*Roth* Rn 11; ThoPu/*Reichold* Rn 2). Hier setzt jedoch die flankierende Beweisregel der §§ 415, 418 an: Die öffentliche Urkunde erbringt – freilich mit der Möglichkeit des Gegenbeweises (§ 415 II, § 418 II) – den Beweis dafür, dass die protokollierten Aussagen vollständig und richtig protokolliert wurden.

B. Fehlen der Beweiswirkung. Formale Mängel der Protokollierung (§§ 162, 163, 130b) hindern die Beweiswirkung. Bei offensichtlicher Lückenhaftigkeit greift die Beweiskraft – soweit die Lücke reicht – nicht durch (BGHZ 26, 340, 343; Zö/*Stöber* Rn 5). Auch bei widersprüchlichem Protokollinhalt ist der Beweis ohne Einschränkung mit allen zulässigen Beweismitteln nach § 286 zu führen. Das Verkündungsprotokoll besitzt keine Beweiskraft, wenn es nicht innerhalb der Fünfmonatsfrist des § 517 erstellt wurde (§ 160 Rz 21). Der Fälschungseinwand (S 2) setzt den Nachweis einer vorsätzlichen Fälschung voraus und kann mit allen Beweismitteln geführt werden. An die Darlegungslast bei behaupteter Protokollfälschung sind keine strengen Anforderungen zu stellen. Sie ist bereits erfüllt, wenn Indizien für den objektiven Tatbestand und Schlussfolgerungen für die subjektiven Anforderungen vorgetragen werden (BGH FamRZ 2010, 1326; MDR 08, 706). Bloße Zweifel an der Echtheit des Protokolls genügen zum Entkräften der Beweiskraft nicht. Der Ausgang eines eventuellen Strafverfahrens ist hierzu nicht abzuwarten. 3

Titel 2 Verfahren bei Zustellungen

Untertitel 1 Zustellungen vom Amts wegen

§ 166 Zustellung. **(1) Zustellung ist die Bekanntgabe eines Dokuments an eine Person in der in diesem Titel bestimmten Form.**
(2) Dokumente, deren Zustellung vorgeschrieben oder vom Gericht angeordnet ist, sind von Amts wegen zuzustellen, soweit nicht anderes bestimmt ist.

A. Allgemeines. I. Zustellungsreformgesetz. Mit Wirkung zum 1.7.02 ist das Zustellungsrecht grdl reformiert worden. **Übergangsvorschriften** sind nicht vorgesehen worden. Die Reform diente insb der Rechtsvereinfachung und einer rechtswegübergreifenden Vereinheitlichung; außerdem trägt sie den Möglichkeiten der Informationstechnologie Rechnung. 1

II. Systematik. §§ 166–190 regeln den gesetzlichen Regelfall der Zustellung **von Amts wegen** (s. Abs 2). Diese Vorschriften gelten auch für die Zustellung auf **Betreiben einer Partei** (§§ 191–195), soweit in den §§ 191–195 nicht etwas anderes ausdrücklich vorgeschrieben ist. Ist eine Zustellung im Parteibetrieb vorgesehen, ist eine vAw vorgenommene Zustellung unwirksam (BGH MDR 10, 885 Tz 15 ff); Gleiches gilt im umgekehrten Fall (Zö/*Stöber* vor § 166 Rn 3) mit Ausnahme des Falls einer Zustellung nach § 195 I 2. Eine Heilung ist insoweit ausgeschlossen (s. § 189 Rz 5). **Welche Dokumente** zuzustellen sind, ist in §§ 166 ff nicht geregelt; dies bestimmt sich nach den Vorschriften des Verfahrensrechts. Der **Verstoß** gegen zwingende Zustellungsvorschriften macht die Zustellung unwirksam (zum früheren Recht s. RGZ 124, 22, 24; BGHZ 8, 314, 316; 30, 299, 303 = NJW 59, 1871). Zustellungsmängel können allerdings nach § 189 und nach § 295 **geheilt** werden (umfassend zur Heilung s. § 189 Rz 1 ff). Hinsichtlich der Besonderheiten für die Zustellung zum Zweck der Zwangsvollstreckung s. die Kommentierung zu § 750. Für Zustellungen innerhalb der **EU** gelten die §§ 1067–1069. 2

III. Begriffe. Die **Zustellung** ist in Abs 1 legaldefiniert. Zum erforderlichen **Zustellungswillen (-absicht)** s.u. Rz 7. **Zusteller** ist, wer die Zustellung ausführt (§ 182 II Nr 8). **Zustellungsveranlasser** oder **-betreiber** ist, in wessen Auftrag zugestellt wird (vgl § 193 I 1; § 193 Rz 2). **Zustellungsadressat** ist die Person, an die die Zustellung erfolgen soll (§ 182 II Nr 1). Das ist die nicht vertretene prozessfähige Partei, ihr gesetzlicher Vertreter (§ 170 I 1), bei nicht natürlichen Personen der Leiter (§ 170 II) oder im gerichtlichen Verfahren stets der ProzBev (§ 172). Ein Bevollmächtigter iSd § 171 ist dagegen nicht Zustellungsadressat (St/J/*Roth* § 182 Rn 5). Die Person, der das Schriftstück tatsächlich übergeben wird, ist der **Zustellungsempfänger** (§ 182 II Nr 2). Dies ist der Zustellungsadressat, der Vertreter gem § 171 und in den Fällen des § 178 die Ersatzperson. 3

4 **IV. Zustellung an Soldaten.** Zur Zustellung an **Soldaten** der **Bundeswehr** s. den Erlass des Bundesministers der Verteidigung v 23.7.98 (VMBl 98, 246), geändert durch Erlass v 10.3.03 (VMBl 03, 95) und v 14.6.04 (VMBl 04, 109). Zur Zustellung an Angehörige der NATO-Streitkräfte s. Art 32 Nato-Truppenstatut Zusatzabkommen.

5 **B. Normzweck.** Die Zustellung dient dem **Nachweis**, dass und wann das zuzustellende Schriftstück dem Empfänger zugegangen ist. Sie soll dem Adressaten ggü gewährleisten, dass er Kenntnis von dem zuzustellenden Schriftstück nehmen und seine Rechtsverteidigung oder Rechtsverfolgung darauf einrichten kann. Insoweit dient die Zustellung der Verwirklichung des rechtlichen Gehörs (BVerfGE 67, 208, 211 = NJW 84, 2567, 2568). Eine Zustellung kommt va dann in Betracht, wenn die Bekanntgabe Rechtsfolgen herbeiführt, insb Rechte des Empfängers begründet (zB empfangsbedürftige Willenserklärung, s. § 132 BGB). Besondere Bedeutung hat die Zustellung in gerichtlichen Verfahren: durch die Zustellung der Klageschrift wird die Klage rechtshängig (§ 253 I iVm § 261 I); die Zustellung einer gerichtlichen Entscheidung kann Wirksamkeitsvoraussetzung sein (Ersetzung der Urteilsverkündung gem § 310 III) oder für die Bestandskraft von Bedeutung sein (Zustellung verkündeter Urteile, § 317 I, oder von Beschlüssen, § 329 II 2, III). Eine **formlose Mitteilung** genügt, wenn diese lediglich zur Information des Adressaten erfolgt, durch sie aber nicht unmittelbar Rechte, Pflichten oder sonstige Wirkungen begründet werden sollen (vgl zB § 73 S 2, 2. Var, § 104 I 4, § 141 II 2, § 251a II 3, § 270 S 1, § 329 II 1, § 377 I 2).

6 **C. Zustellung. I. Voraussetzungen. 1. Anordnung.** Die Zustellung muss gesetzlich vorgeschrieben (vgl zB §§ 253 I, 317 I 1, 693 I) oder durch Verfügung des Richters oder Rechtspflegers nach pflichtgemäßem Ermessen angeordnet sein (vgl Abs 2). In diesem Fall beweist die Zustellung die erforderliche Mitteilung, die allerdings auch formlos hätte erfolgen können (vgl Rz 5). Der Urkundsbeamte ist an die Anordnung des Richters oder Rechtspflegers gebunden (Zö/*Stöber* Rn 6). Ein Verstoß wird – soweit überhaupt erforderlich – bei tatsächlichem Zugang geheilt (§ 189). Der **Zustellungsveranlasser** (Rz 3) muss die Zustellung angeordnet oder beauftragt haben.

7 **2. Zustellungswille.** Die Bekanntgabe eines Dokuments ohne **Zustellungswillen** (oder **Zustellungsabsicht**) entfaltet keine Zustellungswirkung. Veranlasst der Urkundsbeamte die Zustellung, kommt es auf dessen Willen an. Hat der Richter oder Rechtspfleger die Zustellung verfügt, ist dessen Willensäußerung entscheidend (BGH NJW 56, 1878, 1879). Der Zustellungswille muss dem Zustellungsempfänger erkennbar sein (BGH VersR 01, 606). Er braucht sich nicht auf die Form des zuzustellenden Schriftstücks (Ausfertigung oder Abschrift) zu beziehen (BGH NJW 59, 885). Die Äußerung des Zustellungswillens kann widerrufen werden (RGZ 150, 392, 394). Dazu genügt aber nicht die Rückforderung eines Schriftstücks zur Berichtigung; eine gleichwohl erfolgte Zustellung ist also wirksam (BGH NJW-RR 92, 251, 252; 93, 1213, 1214). Eine Heilung ist bei fehlendem Zustellungswillen nicht möglich (BGHZ 7, 268).

8 **3. Dokument.** Es können nicht nur Urkunden, sondern alle schriftlich abgefassten Texte zugestellt werden. Ob die Urschrift, eine Ausfertigung oder eine beglaubigte Abschrift zuzustellen ist, richtet sich nach der gesetzlichen oder gerichtlichen Anordnung (Rz 6). In der Regel verbleibt die Urschrift des zuzustellenden Dokuments bei den Akten und es wird vAw eine beglaubigte Abschrift zugestellt (zur Beglaubigung s. § 169 Rz 2 ff). Die Vorschriften des Verfahrensrechts können allerdings eine besondere Form bestimmen, in der das Schriftstück zuzustellen ist (zB § 750 II). Bei gerichtlichen Entscheidungen wird idR eine Ausfertigung zugestellt (BGHZ 14, 342, 344 = NJW 54, 1722, 1723). Bei Urteilen ist die Zustellung einer Ausfertigung erforderlich und die Zustellung lediglich einer beglaubigten Abschrift setzt Rechtsmittelfristen nicht in Lauf (BGH NJW 10, 2519).

9 **4. Ausführung.** Die Zustellung des Dokuments muss in der gesetzlich vorgeschriebenen Form ausgeführt werden, wobei die Zustellungshandlungen ggü dem Zustellungsempfänger (Rz 3) vorgenommen werden müssen. Ggf sind die besonderen Voraussetzungen der gewählten Zustellungsform zu beachten (zB § 186 II). Die **Bekanntgabe** des Dokuments (Abs 1) erfolgt grds durch Übermittlung des Schriftstücks an den Zustellungsadressaten oder seine Ersatzperson (§§ 173–175, 177–181), in den Fällen des § 184 durch die Aufgabe zur Post oder bei der öffentlichen Zustellung (§ 185) durch den Aushang an der Gerichtstafel gem § 186 II 1. Zu den Besonderheiten für Zustellungen im Ausland s. § 183. Die **Beurkundung** ist nicht Wirksamkeitsvoraussetzung der Zustellung (BTDrs 14/4554, 15), sondern dient lediglich dem Nachweis der Zustellung.

II. Wirksamkeit. Ein Verstoß gegen zwingende Zustellungsvorschriften macht die Zustellung unwirksam. Die persönlichen Prozesshandlungsvoraussetzungen müssen grds nicht erfüllt sein (Ausnahmen: §§ 170 I, 172, 174). Ggf muss die Zustellung wiederholt werden Die Zustellung ist nicht gesondert **anfechtbar.** Gegen die Verweigerung einer Zustellung kann nach § 23 EGGVG vorgegangen werden. 10

III. Heilung. Eine unwirksame Zustellung kann durch Genehmigung oder gem § 189 oder § 295 **geheilt** werden (zu den Einzelheiten s. § 189 Rz 1 ff). 11

D. Verfahrensvergleich. Arbeitsgericht: Die Verweisung in § 46 II ArbGG umfasst auch die Zustellungsvorschriften der ZPO. Zu beachten ist jedoch die Sonderregelung des § 50 ArbGG. **Entschädigungsgericht:** § 209 I BEG verweist allgemein auf die Vorschriften der ZPO; hinsichtlich der Zustellung bestimmt § 209 V BEG, dass diese stets vAw zu erfolgen hat. **Freiwillige Gerichtsbarkeit:** § 15 II FamFG verweist für die Bekanntgabe auf §§ 166–195 ZPO und sieht zusätzlich eine Bekanntgabe durch Aufgabe des Schriftstücks zur Post mit einer widerleglichen Zugangsfiktion nach drei Tagen vor. **Insolvenzverfahren:** Generell sind gem § 4 InsO die §§ 166–195 ZPO entsprechend anzuwenden; § 8 InsO sieht jedoch Sonderregelungen vor, insb die Mitwirkung des Insolvenzverwalters bei der Zustellung, die ihrerseits im Falle des § 307 I 3 InsO weitgehend abbedungen sind. Außerdem spielt die öffentliche Bekanntmachung (§ 9 InsO) eine erhebliche Rolle im Insolvenzverfahren. **Strafverfahren:** § 37 StPO verweist auf §§ 166–195 ZPO mit einer Sonderregelung in Abs 2 für die Zustellung an mehrere Empfangsberechtigte. **Zwangsversteigerung und -verwaltung:** §§ 3–7 ZVG enthalten weitgehend eigenständige Regelungen über die Zustellung, die jedoch erst nach der Anordnung der Zwangsvollstreckung und nicht auf den Beitrittsbeschluss Anwendung finden (§ 8 ZVG). 12

§ 167 Rückwirkung der Zustellung.

Soll durch die Zustellung eine Frist gewahrt werden oder die Verjährung neu beginnen oder nach § 204 des Bürgerlichen Gesetzbuchs gehemmt werden, tritt diese Wirkung bereits mit Eingang des Antrags oder der Erklärung ein, wenn die Zustellung demnächst erfolgt.

A. Normzweck. Sollen durch die Zustellung Rechte eines Verfahrensbeteiligten gewahrt werden, soll dieser nicht mit Verzögerungen belastet werden, auf die er keinen Einfluss hat. Die Wirkung einer Erklärung oder eines Antrags tritt daher grds bereits mit dem Eingang bei Gericht ein. Die Anwendung des § 167 setzt nicht voraus, dass zur Zeit der Zustellung die zu wahrende Frist bereits abgelaufen ist; die Hemmung der Verjährung tritt daher auch dann bereits mit dem Eingang etwa einer Streitverkündungsschrift bei Gericht ein, wenn der Anspruch zum Zeitpunkt der demnächst erfolgten Zustellung noch nicht verjährt war (BGH NJW 10, 856, 857). Um auch dem Interesse des Zustellungsadressaten, dass eine durch Fristablauf erlangte Rechtsposition fortbestehe, Rechnung zu tragen, ist die vorgeschriebene Rückwirkung auf die Fälle begrenzt, in denen die Zustellung »demnächst« erfolgt (einschränkend hierzu BGHZ 168, 306, 312 f = NJW 06, 3206). Daneben kommt in Ausnahmefällen bei Ablauf der Verjährungsfrist ein Einredeverlust wegen Rechtsmissbrauchs in Betracht (vgl BGH NJW 02, 3110). 1

B. Anwendungsbereich. I. Zustellungsarten. § 167 erfasst alle Arten von Zustellungen, auch Auslandszustellungen und öffentliche Zustellungen (St/J/*Roth* Rn 3) sowie Parteizustellungen (§ 191). 2

II. Erfasste Fristen: Verjährungsfrist (§ 204 BGB; auch beim Gütestelleverfahren, Abs 1 Nr 4: BGH WM 09, 2032 Tz 14), Klagefrist im Mieterhöhungsverfahren (§ 558b II 2 BGB), Anfechtungsfrist nach §§ 3, 4 AnfG (Frankf OLGR Frankf 94, 263), Frist für aktienrechtliche Anfechtungs- oder Nichtigkeitsklage (BGH NJW 89, 904 f.; BGHZ 189, 32 Tz 11 = NJW-RR 11, 976), Klagefristen nach § 12 III 1 VVG (Ddorf NJW-RR 86, 1413), § 46 WEG (BGH NJW 2009, 999, 1000) und Art. 12 III 1 Nato-Truppenstatut AusfG (BGH VersR 79, 1709 f), Ausschlussfrist des Art. 237 § 2 EGBGB (BGH WM 01, 477), Frist für Kündigungsschutzklage nach § 4 S 1 KSchG, für Hauptsacheklage nach § 926 I (KG Urt v 23.10.09 – 8 U 121/09). Zur Vollziehungsfrist gem § 929 s. dort Rz 9. Die Regelung ist auch dann anwendbar, wenn der Schuldner befristet auf die Verjährungseinrede verzichtet hat (BGH NJW 74, 1285). Eine Änderung der Rechtslage steht der Anwendung des § 167 nicht entgegen (BGH NJW 08, 1674). 3

Kann eine **materiellrechtliche Frist** sowohl durch gerichtliche als auch durch außergerichtliche Geltendmachung gewahrt werden, gilt § 167, wenn der Anspruchsteller die gerichtliche Form wählt (BGHZ 177, 319 Tz 20 ff = NJW 09, 765). Dies gilt für die Ausschlussfristen nach § 801 I 1 BGB und § 89b IV 2 (BGHZ 53, 332, 338 = NJW 70, 1002, 1003 f), die Vorbehaltsfrist des § 16 Nr 3 Abs 2 VOB/B (BGHZ 75, 307, 313 4

= NJW 80, 455, 456) und für die vereinbarte Frist zur Inanspruchnahme einer Bürgschaft (BGH NJW 82, 172, 173). Obwohl eine andere Interessenlage insofern nicht erkennbar ist, soll etwas anderes für tarifvertragliche Ausschlussfristen (BAG AP § 496 ZPO Nr 3 m abl Anm *Hueck*; AP § 345 ZPO Nr 4 mit krit Anm *Grunsky* NJW 76, 1520) und die Vorbehaltsfrist des § 2 S 2 KSchG (BAGE 89, 149) gelten. Ob der Eingang des Antrags auf Zustellung einer Willenserklärung (zB für eine Anfechtung nach § 124 I, III BGB) fristwahrend wirkt, ist streitig (abl LG Nürnberg-Fürth MDR 06, 413, St/J/*Roth* Rn 3; bejahend Zö/*Greger* Rn 3). Für die Frist nach § 121 BGB gilt § 167 nach Auffassung des V. ZS des BGH jedenfalls nicht (vgl BGHZ 177, 319 Tz 26 = NJW 09, 765; vgl auch BGH NJW 75, 39). § 167 ist in den Fällen **unanwendbar**, in denen die Rechtshängigkeit nicht nur rechtswahrend, sondern rechtsstärkend oder rechtsvermehrend wirkt, wie zB in §§ 286 I 2, 291, 292, 407 II, 818 IV, 987 ff, 996, 1002, 1384, 1613 I 1, 2023 BGB. Wegen § 323 III s. § 323 Rz 47.

5 **C. Tatbestandsvoraussetzungen. I. Eingang.** Der Zeitpunkt des Eingangs ist der, zu dem das Schriftstück in die Verfügungsgewalt des in der Adresse angegebenen Gerichts gelangt ist. Die Mitwirkung des Gerichts (zB durch die Entgegennahme des Schriftstücks) ist nicht erforderlich (BVerfGE 52, 203 = NJW 80, 580; BGHZ 80, 62 = NJW 81, 1216). Der Eingang bei einem anderen Gericht genügt auch dann nicht, wenn dort ein dem *internen* Postaustausch dienendes Postfach eingerichtet ist und das Schriftstück in dieses eingelegt wird (LAG Bremen MDR 96, 417; s. aber BVerfG NJW 05, 3346). Ist das Schriftstück falsch adressiert und wird es ungeöffnet an das bezeichnete Gericht weitergeleitet, so liegt zunächst kein Eingang vor (BGH NJW 94, 1354).

6 Die **Verfügungsgewalt** des Gerichts wird nur durch die Abgabe in üblicher Form begründet, also insb bei der Geschäftsstelle des Gerichts, bei einer hierfür eingerichteten Einlaufstelle, uU bei der Gerichtskasse (BGH NJW 84, 1239) oder dem zuständigen und zur Annahme bereiten Richter. Nicht genügend ist die Abgabe zB beim Hausmeister, Reinigungs- oder Kanzleipersonal. Der Einwurf in den für die allgemeine Briefpost vorgesehenen Hausbriefkasten genügt stets (BGHZ 80, 62 = NJW 81, 1216; NJW 84, 1237). Dies gilt auch dann, wenn mit der Leerung (zB wegen Dienstschlusses des Gerichts) am selben Tag nicht mehr zu rechnen ist, und unabhängig davon, ob auch ein sog Nachtbriefkasten eingerichtet ist (BVerfG NJW 91, 2076; BGH NJW 84, 1237). Es genügt auch das Einlegen des Schriftstücks in ein von dem Gericht unterhaltenes Postfach (BGH NJW 86, 2646) oder in ein im Gebäude eines anderen Gerichts eingerichtetes Empfangsfach (BVerfG NJW 05, 3346; BGH NJW-RR 89, 1214). Unterhalten mehrere Gerichte eine gemeinsame Einlaufstelle, so gelangt ein Schriftstück in die Verfügungsgewalt des Gerichts, an das das Schriftstück adressiert ist; ein falsch adressierter Brief geht also erst nach seiner Weiterleitung an das zuständige Gericht dort ein (BGH NJW 75, 2294; 83, 123; NJW-RR 97, 892; BAG NJW 02, 845; aA MüKoZPO/*Lüke* Rn 38). Ein Eingang beim richtigen Gericht liegt aber dann vor, wenn beide Gerichte einen gemeinsamen Briefkasten unterhalten und aus dem Schriftstück trotz der falschen Adresse (zB aufgrund des Aktenzeichens) ersichtlich ist, an welches Gericht das Schriftstück gerichtet sein sollte (BGH NJW 89, 590, 591; aA BAG NJW 02, 845, 846). Das gilt erst recht, wenn eine Adresse ganz fehlt (BGH NJW 92, 1047). Befindet sich ein richtig adressierter Schriftsatz zusammen mit anderer Post in einem mit einer anderen Adresse versehenen Sammelumschlag, steht dies dem Eingang nicht entgegen, wenn der Umschlag von der gemeinsamen Einlaufstelle ungeöffnet an die bezeichnete Stelle weitergeleitet wurde (BGH NJW-RR 05, 75). Der Eingang bei einem auswärtigen Spruchkörper steht dem Eingang bei dem Stammgericht gleich, ebenso wie umgekehrt (BGH NJW 67, 107; Karlsr NJW 84, 744).

7 Erklärungen zu **Protokoll** des Urkundsbeamten der Geschäftsstelle (vgl §§ 44 I, 78 V, 129a, 920) sind mit dem Ende der Protokollierung eingegangen. Bei **elektronischen Dokumenten** kommt es gem § 130a III auf die Aufzeichnung durch die Empfangseinrichtung an. Das gilt auch für ein Telefax (BGH NJW 06, 2263); der vollständige Ausdruck ist nicht mehr erforderlich (so noch BGH NJW 84, 2097). Die telefonische Übermittlung bewirkt keinen Eingang, auch nicht das Zusprechen eines Telegramms durch die Post (Zö/*Greger* Rn 9; aA BGHSt 14, 233 = NJW 60, 1310; JZ 53, 179; vgl auch GemS-OGB BGHZ 144, 160, 162 ff = NJW 00, 2340, 2341).

8 Ein **unzuständiges Gericht** ist nach dem Grundsatz des fairen Verfahrens verpflichtet, ein erkennbar falsch adressiertes Schriftstück an das zuständige Gericht **weiterzuleiten**, so etwa bei einer bei der Vorinstanz eingereichten Rechtsmittelschrift. Für die Fristwahrung ist der Eingang beim zuständigen Gericht maßgeblich. Die Weiterleitung kann im ordentlichen Geschäftsgang erfolgen, besondere Bemühungen (zB Übermittlung durch Boten oder per Fax) sind nicht erforderlich (BVerfG NJW 95, 3173, 3175). Zur Wiedereinsetzung in einem solchen Fall, s. § 233 Rz 55 f.

II. Zustellung demnächst. Die Zustellung muss »demnächst« erfolgen. Dadurch ist kein starrer zeitlicher Rahmen vorgegeben, sondern es ist eine Abwägung erforderlich, für die maßgeblich ist, ob der Zustellungsbetreiber alles ihm Zumutbare für eine alsbaldige Zustellung getan hat und ob der Rückwirkung keine schützenswerten Belange des Zustellungsempfängers entgegenstehen (BGH NJW 99, 3125). Danach ist zu differenzieren: 9

Versäumnisse des **Zustellungsbetreibers**, die ohne Auswirkung auf die Dauer des Zustellungsverfahrens geblieben sind, sind unbeachtlich (BGH NJW-RR 03, 599). Hat ein Versäumnis des Zustellungsbetreibers zu einer Verzögerung von mehr als 14 Tagen geführt, ist die Rückwirkung ausgeschlossen (BGH NJW 04, 3775, 3776 mwN). Bei Zweifeln kann es erforderlich sein, bereits vor Klageerhebung Nachforschungen (zB über die zutreffende Anschrift) anzustellen (Ddorf FamRZ 98, 1456). Ein Versäumnis liegt nicht allein darin, dass der Kl nicht nachfragt, warum eine vom Gericht zu veranlassende Zustellung noch nicht erfolgt ist (BGH NJW 05, 1194, 1195; BGHZ 168, 306, 310 ff = NJW 06, 3206; aA BGH NJW-RR 06, 1436). Ein Verschulden des Zustellungsbetreibers liegt auch nicht darin, dass dieser darauf vertraut, dass ein Gericht einen falsch adressierten Schriftsatz an das zuständige Gericht im ordentlichen Geschäftsgang weiterleitet (BGH MDR 07, 1276). Etwas anderes gilt dann, wenn er einen Irrtum des Gerichts erkennt, etwa dass das Gericht eine unbedingt erhobene Klage als PKH-Antrag behandelt (BGH NJW 10, 73), und gleichwohl untätig bleibt. 10

Für das **Mahnverfahren** sieht § 691 II vor, dass der Zustellungsadressat eine Rückwirkung auch dann noch hinnehmen muss, wenn der fristgerecht gestellte Antrag auf Erlass eines Mahnbescheids wegen formaler Mängel zurückgewiesen und dann innerhalb eines Monats Klage erhoben und diese demnächst zugestellt worden ist. Der BGH hat diese Wertung auf alle Mängel, die der Zustellung eines Mahnbescheids entgegenstehen, übertragen (BGHZ 150, 221, 225 f = NJW 02, 2794). Hier hindert eine vom Zustellungsbetreiber zu vertretende Verzögerung von bis zu einem Monat die Rückwirkung also nicht. Diese Privilegierung des Zustellungsbetreibers ist allerdings auf das Mahnverfahren beschränkt (BGH Grundeigentum 05, 1420). 11

Dem **Adressaten** zuzurechnende Verzögerungen (zB falsche Adressangabe, Wohnungswechsel, Inhaftierung) stehen der Rückwirkung nicht entgegen (BGH NJW 88, 411, 413; 93, 2614, 2615). Der Zustellungsbetreiber muss jedoch innerhalb eines zumutbaren Zeitrahmens die möglichen Maßnahmen ergreifen, zB indem er eine öffentliche Zustellung beantragt. Verzögerungen, die ihre Ursache im Geschäftsbetrieb des **Gerichts** haben, sind grds unbeachtlich (BGH NJW-RR 03, 559; BGHZ 168, 306, 310 ff = NJW 06, 3206: keine zeitliche Begrenzung; ebenso BGH WM 09, 2032 Tz 15, wo es um eine Verzögerung von mehr als einem Jahr ging; krit hierzu: MüKoZPO/*Lüke* 2. Aufl, § 270 Rn 52). Ist die Verzögerung sowohl vom Gericht als auch vom Zustellungsbetreiber verursacht, sind die vom Gericht zu vertretenden Verzögerungen nicht anzurechnen (BGH NJW 00, 2282; krit *Schuschke* EWiR 00, 1077). Die Belange des Zustellungsempfängers treten bei dieser Rechtsprechung ganz in den Hintergrund, obwohl der Zustellungsbetreiber ggf Amtshaftungsansprüche wegen der verzögerten Zustellung geltend machen kann (vgl BGH VersR 83, 831 = MDR 84, 124). 12

Bei Verzögerungen, die weder auf Versäumnissen des Zustellungsbetreibers noch des Gerichts, sondern auf den **Besonderheiten** des **Zustellungsverfahrens** beruhen (insb bei Auslandszustellungen), kann eine Zustellung nach mehreren Monaten noch demnächst sein (BGH VersR 83, 831, 832 = MDR 84, 124; NJW 03, 2830, 2831; *Brand* NJW 04, 1138, 1141). 13

D. Beweislast. Die Beweislast für die Umstände, aus denen die Rückwirkung hergeleitet werden soll, trägt der Zustellungsbetreiber. Soweit sich die Toleranzpflicht bei Versäumnissen des Zustellungsbetreibers verkürzt (vgl Rz 10), setzt dies die Erweislichkeit der Kausalität des Versäumnisses für die Verzögerung voraus; die Beweislast trägt insoweit der Zustellungsadressat (BGH NJW-RR 06, 1436). 14

E. Kasuistik. Der Kl braucht den **Gerichtskostenvorschuss** nicht von sich aus mit der Klage bzw dem Mahnbescheidsantrag einzuzahlen, sondern er kann die Aufforderung durch das Gericht abwarten (BGH NJW 86, 1347, 1348; NJW 93, 2811, 2812). Bleibt eine Aufforderung aus, muss der Kl allerdings nach spätestens 3 Wochen nachfragen, einzahlen oder einen Antrag nach § 14 GKG stellen (BGHZ 69, 361, 364 = NJW 78, 215, 216; NJW-RR 92, 470). Nach Aufforderung muss der Kl unverzüglich, dh idR binnen 2 Wochen, den Vorschuss einzahlen (BGH NJW 86, 1347, 1348; KGR 00, 233; strenger KG MDR 10, 503, 504: weniger als eine Woche mwN). Individuelle Besonderheiten können dabei berücksichtigt werden (vgl Hamm NJW 77, 2364, für eine größere Behörde). Auf eine Vorschusszahlung durch seinen Rechtsschutzversicherer darf der Kl nicht untätig warten (BGH VersR 68, 1062, 1063; Saarbr OLGR 08, 557). Eine Verzögerung, die durch die Zahlung mittels Scheck eingetreten ist, ist unschädlich (BGH NJW-RR 93, 429). 15

16 **Mängel** der **Klageschrift**, die die Zustellung verzögern, beruhen idR auf einem Versäumnis des Klägers. Das gilt etwa für die Angabe eines falschen Vornamens (BGH NJW 92, 1820, 1822) oder einer falschen Adresse (BGH FamRZ 88, 1154). Etwas anderes gilt, wenn der Irrtum auf einem Verhalten des Beklagten beruht (BGH NJW 88, 411, 413) oder wenn der Kl mit einer Anschriftenänderung des Beklagten nicht zu rechnen brauchte (BGH NJW 93, 2614, 2615). Das Nichtbeifügen der erforderlichen **Abschriften** ist nachlässig (BGH VersR 74, 1106). Soll die Klage im Ausland zugestellt werden, braucht der Kl die erforderlichen weiteren Exemplare der Klageschrift nicht beizufügen und die förmliche Zustellung zu beantragen (BGH NJW 03, 2830; aA *Brand* 04, 1138, 1140). Zu einem vorgeschalteten PKH-Verfahren vgl § 204 I Nr 14 Hs 2 BGB.

17 Die **Rückfrage** des Gerichts wegen einer fehlenden Streitwertangabe ist nicht vorwerfbar (BGH NJW 72, 1948, 1949), es sei denn, dass der Zeitraum, der bei zügiger Bearbeitung erforderlich ist, um mehr als 14 Tage überschritten wird (BGH NJW 94, 1073). Verzögerungen durch unnötige Rückfragen des Gerichts sind dem Kl nicht vorzuwerfen (BGH NJW 84, 242). Der ProzBev kann sich zur Beantwortung von Anfragen des normalen Postwegs bedienen; eine telefonische Beantwortung ist nicht erforderlich (BGH VersR 92, 433).

§ 168 Aufgaben der Geschäftsstelle. (1) [1]**Die Geschäftsstelle führt die Zustellung nach §§ 173 bis 175 aus.** [2]**Sie kann einen nach § 33 Abs. 1 des Postgesetzes beliehenen Unternehmer (Post) oder einen Justizbediensteten mit der Ausführung der Zustellung beauftragen.** [3]**Den Auftrag an die Post erteilt die Geschäftsstelle auf dem dafür vorgesehenen Vordruck.**
(2) **Der Vorsitzende des Prozessgerichts oder ein von ihm bestimmtes Mitglied können einen Gerichtsvollzieher oder eine andere Behörde mit der Ausführung der Zustellung beauftragen, wenn eine Zustellung nach Absatz 1 keinen Erfolg verspricht.**

1 **A. Zustellung nach Abs 1.** Die Zustellung vAw ist grds Aufgabe der Geschäftsstelle, dh des Urkundsbeamten der Geschäftsstelle bzw seines Stellvertreters (vgl § 153 GVG), der insoweit als unabhängiges Organ der Rechtspflege tätig wird (Frankf OLGR Frankf 02, 167). Dies schließt die eigenverantwortliche Prüfung der Zustellungsbedürftigkeit, die Herstellung von Ausfertigungen bzw Anforderung fehlender Abschriften (vgl § 133 I) sowie Beglaubigung derselben und die Überwachung der Zustellung (Eingang der Zustellungsurkunde oder des Empfangsbekenntnisses) ein. Grds kann die Geschäftsstelle eine der in §§ 173–175 genannten Zustellungsarten wählen oder gem § 176 einen Zustellungsauftrag erteilen. Grds muss die einfachste und kostengünstigste Möglichkeit mit den besten Erfolgsaussichten gewählt werden. Der Richter oder Rechtspfleger kann bindende Weisungen erteilen (BGH NJW-RR 93, 1213, 1214; BTDrs 14/4554, 16). Keine eigene Entscheidung trifft die Geschäftsstelle auch, wenn die Zustellung im Ausland (§ 183) oder eine öffentliche Zustellung (§§ 185–187) angeordnet ist. Eine erkennbar **mangelhafte Zustellung** muss **wiederholt** werden (BGH NJW 90, 176, 177). Bestehen Bedenken gegen die Ordnungsgemäßheit der Zustellung, informiert die Geschäftsstelle die Beteiligten unverzüglich, um diesen Gelegenheit zur Abhilfe zu geben.

2 **B. Zustellung nach Abs 2.** Ist die Zustellung nach Abs 1 nicht erfolgversprechend, kann der Vorsitzende des Prozessgerichts, sein Vertreter (§ 21f II GVG) oder ein von ihm bestimmtes Mitglied des Prozessgerichts, wie zB der Berichterstatter (vgl § 273 II), ggf der Rechtspfleger (§ 4 I RPflG), nach pflichtgemäßem Ermessen den GV (zB bei der Zustellung an einen Wohnsitzlosen mit bekanntem Aufenthaltsort) oder eine andere Behörde (Wasserschutzpolizei für Zustellung auf Schiffen) mit der Zustellung beauftragen. Die Verhältnismäßigkeit (Kosten der Zustellung) ist zu beachten (vgl BTDrs 14/4554, 16); Ermessensfehler führen aber nicht zur Unwirksamkeit einer erfolgten Zustellung. Die Übergabe des Zustellungsgegenstandes erfolgt nach § 176 I, die Ausführung der Zustellung gem § 176 II nach §§ 177 bis 181.

3 **C. Kosten/Gebühren.** KV 9002 unter Berücksichtigung von Abs 1 der Vorbemerkung zu Teil 9. Für Zustellung durch öffentliche Bekanntmachung s. KV Nr 9004. Auslagenvorschuss gem § 17 GKG.

§ 169 Bescheinigung des Zeitpunktes der Zustellung; Beglaubigung. (1) **Die Geschäftsstelle bescheinigt auf Antrag den Zeitpunkt der Zustellung.**
(2) **1Die Beglaubigung der zuzustellenden Schriftstücke wird von der Geschäftsstelle vorgenommen. 2Dies gilt auch, soweit von einem Anwalt eingereichte Schriftstücke nicht bereits von diesem beglaubigt wurden.**

A. Abs 1. Der Gegner des Zustellungsadressaten erhält bei der Zustellung vAw keinen Zustellungsnachweis, benötigt diesen aber gem § 750 II oder § 798 für die Zwangsvollstreckung. Daher bescheinigt der Urkundsbeamte der Geschäftsstelle (vgl § 153 GVG) schriftlich auf Antrag (gem § 78 V kein Anwaltszwang) den **Zeitpunkt** der Zustellung. Der Antrag kann formlos und sogar konkludent (zB durch Antrag auf Erteilung einer vollstreckbaren Ausfertigung) gestellt werden. Dazu muss der Urkundsbeamte die Wirksamkeit der Zustellung prüfen. Die Bescheinigung muss unter Angabe der Dienstbezeichnung unterschrieben sein. Die Erteilung der Bescheinigung wird in den Akten vermerkt. Die Bescheinigung ist öffentliche Urkunde iSd § 418 I (zu den Anforderungen an den Beweis des Gegenteils s. § 418 Rz 14). **Rechtsbehelf:** Erinnerung gem § 573 I 1. Zu Besonderheiten im **Mahnverfahren** s. § 703b. Für die **Zustellung** auf Betreiben der **Parteien** ist § 193 III Sondervorschrift. 1

B. Abs 2. I. Beglaubigungsbefugnis. Die Geschäftsstelle hat die Beglaubigungsbefugnis für die bei der Zustellung zu übergebende **beglaubigte Abschrift** des zuzustellenden Schriftstücks. Vom Anwalt (oder vom Erlaubnisinhaber iSd § 25 EGZPO) eingereichte Schriftstücke kann gem S 2 auch dieser beglaubigen. Darüber hinaus hat der Rechtsanwalt keine Beglaubigungsbefugnis (BGHZ 92, 76, 79 = NJW 84, 2890). Der GV ist bei der Parteizustellung beglaubigungsbefugt (vgl § 192 II). In welchen Fällen die Zustellung einer beglaubigten Abschrift ausreicht, regelt § 169 nicht (s. hierzu § 166 Rz 8). 2

II. Beglaubigte Abschrift. Sie ist eine Zweitschrift (meist Fotokopie oder zweiter Ausdruck), auf der bescheinigt ist, dass sie mit der Urschrift inhaltlich übereinstimmt. Umfasst sie mehrere Blätter, kann die Beglaubigung auf einem mit der Abschrift derart verbundenen Blatt erfolgen, dass die Verbindung als dauernd gewollt erkennbar und nur durch Gewaltanwendung zu lösen ist (zB Heftung, vgl BGH NJW 74, 1383, 1384). Der **Beglaubigungsvermerk** muss deutlich machen, dass alle Seiten bei der Beglaubigung vorgelegen haben und von ihr umfasst sein sollen (BGH NJW 04, 506, 507, 508). Die Abschrift kann bei einem Urt abgekürzt sein, muss aber auch dann die Unterschriften der Richter umfassen (vgl im Einzelnen BGH Rpfleger 73, 15). Wird die Abschrift von einer Ausfertigung des Urteils erteilt (§ 317 II–VI), muss sich dies aus dem Beglaubigungsvermerk ergeben. Zur Abschrift eines elektronischen Dokuments s. § 317 III. Der Beglaubigungsvermerk muss handschriftlich **unterschrieben** sein (zu den Anforderungen an die Unterschrift vgl BGH NJW 85, 1227). Beglaubigt der Urkundsbeamte der Geschäftsstelle, muss dies erkennbar sein. 3

Ohne Beglaubigung ist die Zustellung unwirksam (BGH NJW 52, 934; BGHZ 55, 251, 252 = NJW 71, 659 mwN). Eine Heilung nach § 189 ist nicht möglich (Zö/*Stöber* § 189 Rn 9). Weicht die Abschrift von der Urschrift so ab, dass der Zustellungsempfänger den Inhalt der Urschrift in ihren für den Rechtsstreit wesentlichen Bestandteilen nicht mehr zweifelsfrei erkennen kann (zB weil eine Seite oder Anlage fehlt), ist die Zustellung formungültig (BGH NJW 01, 1653, 1654; FamRZ 07, 372). Auch insofern ist eine Heilung nicht möglich (BGHZ 24, 116, 119). Allein das Fehlen des Verkündungs- oder Zustellungsvermerks auf dem zugestellten Schriftstück macht die Zustellung nicht unwirksam (BGHZ 8, 303, 304 = NJW 53, 622). 4

III. Ausfertigung. Die Ausfertigung ist die Abschrift einer gerichtlichen Entscheidung und ersetzt die Urschrift im Rechtsverkehr (vgl §§ 317 II–IV, 329 I). Sie ist eine öffentliche Urkunde (BGH NJW 10, 2519 Tz 14). Die Ausfertigung muss erkennen lassen, dass das Original unterschrieben ist (BGH NJW 75, 781; VersR 80, 741, 742; FamRZ 90, 1227; vgl auch § 315 Rz 10 aE). Dazu genügt es, dass die Namen der Richter in Maschinenschrift ohne Klammern angegeben sind (BGH NJW 10, 2519 Tz 19). Hat ein Richter für einen anderen, verhinderten Richter unterschrieben, muss erkennbar sein, wer tatsächlich unterschrieben hat (BGH VersR 81, 576; NJW 78, 217; NJW-RR 87, 377). Die Ausfertigung muss eine wortgetreue Wiedergabe der Urschrift und grds vollständig sein; das Fehlen eines einzelnen Worts kann unschädlich sein (BGH NJW-RR 05, 1658; BGH Beschl v 10.11.11 – IX ZB 165/10; Naumbg MDR 00, 601). Nach diesen Maßstäben ist auch zu beurteilen, ob mit einer schwarz-weißen Ausfertigung eines Schriftstücks, das farbige Lichtbilder enthält, eine wirksame Zustellung bewirkt werden kann. Eine farbige Wiedergabe ist danach nur dann Wirksamkeitsvoraussetzung der Zustellung, wenn die Farbigkeit für das Verständnis des Tenors erforderlich ist; daran fehlt es idR, wenn das Lichtbild lediglich der Identifizierung eines Gegenstandes dient (Köln Beschl v 1.9.09 – 6 W 85/09; ähnl jurisPK/*Hess*, § 12 UWG Rn 123; aA Hambg NJW-RR 07, 986; enger auch Frankf GRUR 09, 995, weiter mglw Frankf GRUR-RR 2011, 340 zur ähnlichen Problematik der Zustellung von Anlagen). Zum Ausfertigungsvermerk s. § 49 BeurkG. Ist dieser vor der Verkündigung angebracht worden, kann er sich nur auf den Urteilsentwurf beziehen (vgl § 317 II) und kann daher nicht 5 zu einer wirksamen Zustellung des Urteils führen (BGH NJW-RR 93, 956). Zur Form der Ausfertigung s. § 317 IV, zur Ausfertigung eines elektronischen Dokuments vgl § 317 III.

6 **C. Kosten/Gebühren.** Für die Bescheinigung gem Abs 1 fällt keine Gebühr an, ggf aber im Beschwerdeverfahren (vgl KV Nr 1812).

§ 170 Zustellung an Vertreter. **(1) 1Bei nicht prozessfähigen Personen ist an ihren gesetzlichen Vertreter zuzustellen. 2Die Zustellung an die nicht prozessfähige Person ist unwirksam.**
(2) Ist der Zustellungsadressat keine natürliche Person, genügt die Zustellung an den Leiter.
(3) Bei mehreren gesetzlichen Vertretern oder Leitern genügt die Zustellung an einen von ihnen.

1 **A. Anwendungsbereich.** § 170 gilt auch bei Parteizustellung (§ 191), ebenso bei der Zustellung an einen Streitverkündungsempfänger oder Drittschuldner, nicht aber bei der Zustellung an Zeugen oder Sachverständige (MüKoZPO/*Häublein* Rn 1 mwN). In Kindschaftssachen iSd §§ 151 ff FamFG ist auch an ein Kind, das das 14. Lebensjahr vollendet hat, zuzustellen (§§ 159 IV, 164 FamFG). Ist ein Beschl nach § 41 I 2 FamFG demjenigen zuzustellen, dessen erklärtem Willen er nicht entspricht, kann nicht nach § 170 an den Vertreter dieser Person (zB Betreuer) zugestellt werden (vgl BGH NJW-RR 11, 1011).

2 **B. Zustellung an gesetzlichen Vertreter. I. Tatbestandsvoraussetzungen.** Zum Fehlen der Prozessfähigkeit s. § 52. Zum gesetzlichen Vertreter s. § 51 Rz 2 ff. Nach der Neufassung des § 35 I GmbHG durch das MoMiG wird eine GmbH, die keinen Geschäftsführer hat, durch die Gesellschafter vertreten (S 2); eine führungslose AG (ohne Vorstand) wird durch den Aufsichtsrat vertreten (§ 78 I 2 AktG). Zudem sind nach dem MoMiG eine **GmbH** nach § 8 IV Nr 1 GmbHG und eine **AG** nach § 37 III Nr 1 AktG verpflichtet, bei der Anmeldung zum Handelsregister eine inländische Geschäftsanschrift anzugeben (zu den Übergangsfristen s. § 3 EGGmbH bzw § 18 EGAktG). Zusätzlich können GmbH und AktG im Handelsregister eine andere Anschrift einer für Zustellungen empfangsberechtigten Person eintragen lassen. Ein Rangverhältnis zwischen der Zustellung an den gesetzlichen Vertreter oder die weitere Empfangsperson besteht nicht (BRDrs 354/07, 123 f). Ist unter beiden Anschriften, die für Dritte jederzeit – auch online – einsehbar sind, eine Zustellung nicht möglich, eröffnen § 15a HGB (für materiellrechtliche Erklärungen) und iÜ § 185 Nr 2 die Möglichkeit einer öffentlichen Zustellung, soweit nicht eine Zustellung unter einer ohne Ermittlungen bekannten anderen inländischen Anschrift möglich ist. Ist der Aufsichtsrat gem § 112 AktG (oder § 52 I GmbHG) zur Vertretung berufen, weil Prozessgegner ein Vorstandsmitglied ist, ist an diesen zuzustellen (eingehend hierzu sowie etwaigen, aber praktisch seltenen Heilungsmöglichkeiten *Gehle* MDR 11, 957 ff). Für eine **Wohnungseigentümergemeinschaft** ist der Verwalter Zustellungsvertreter (§ 45 I WEG; s.a. § 27 III Nr 1 WEG – zu Einzelheiten vgl MüKoZPO/*Häublein* Rn 5). Auch der Ersatzzustellungsvertreter nach § 45 II, III WEG ist als gesetzlich berufener Vertreter gesetzlicher Vertreter iSd § 170 I (*Schmid* MDR 08, 662, 663 zu Einzelheiten s. *Köhler* ZfIR 10, 85 ff). Bei einer rechtsfähigen GbR kann an den Geschäftsführer zugestellt werden (BGH NJW 07, 995 f). Die **Vertretungsbefugnis** darf nicht allgemein oder im Einzelfall (zB nach § 112 AktG, vgl *Hager* NJW 92, 352) **ausgeschlossen** sein. Der Vertreter darf insb nicht Verfahrensgegner sein (vgl § 178 Rz 11). Zuzustellen ist an den oder einen von mehreren (vgl Abs 3) gesetzlichen Vertreter. Dieser ist Zustellungsadressat iSd § 182 II Nr 1 (s. § 182 Rz 6). Eine Zustellung an nur einen Vertreter ist zum Schutz des Zwecks der Doppelvertretung aber dann nicht ausreichend, wenn eine juristische Person notwendig durch zwei mehrgliedrige Organe vertreten wird (vgl zB §§ 246 II S 2 AktG, 51 III 2 GenG; BGHZ 70, 384, 386; BGH NJW 92, 2099; vgl auch BGHZ 32, 114, 119 = NJW 60, 1006). Das Vertretungsverhältnis muss deutlich gemacht sein. Fehlt ein Vertreter, kann nicht zugestellt werden. Ggf kann an einen Prozessunfähigen ersatzweise gem § 178 zugestellt werden (BGH Rpfleger 73, 129; s.a. § 178 Rz 5).

3 **II. Wirkungen.** Die Zustellung an den gesetzlichen Vertreter wirkt für und gegen die vertretene Person. Die Zustellung an einen Prozessunfähigen ist unwirksam (Abs 1 S 2). Unerheblich ist, ob die Prozessunfähigkeit bekannt ist. Heilung nach § 189 ist nicht möglich. Allerdings kann der gesetzliche Vertreter die Zustellung genehmigen (vgl § 189 Rz 3). Auch eine Genehmigung nach § 295 ist möglich. Eine Rechtsmittelfrist wird aber gleichwohl in Gang gesetzt, wenn die Prozessunfähigkeit nicht aus dem zuzustellenden Schriftstück erkennbar ist (BGHZ 176, 74 = NJW 08, 2125; krit MüKoZPO/*Häublein* Rn 4; *Eyinck* MDR 08, 1255 f mwN zur aA). In diesem Fall steht aber eine Nichtigkeitsklage zur Verfügung (§§ 578 I, 579 I Nr 4, 586 III, 584 II).

C. Zustellung an Leiter. Ist an eine juristische Person, Behörde oder sonstige parteifähige Vereinigung zuzustellen, gilt zunächst Abs 1, so dass an den gesetzlichen Vertreter zuzustellen ist. Es genügt gem Abs 2 aber auch die Zustellung an den Leiter. Leiter ist, wer (ohne zur Prozessführung befugt zu sein) dazu berufen ist, die gesamte Einheit zu leiten und zu repräsentieren. Dies ist zB der Behördenleiter, nicht aber der Leiter einer Untergliederung des Adressaten (BTDrs 14/4554 17). Die Anwendung des § 170 II auf eine AG ist bedenklich (*Tielmann* ZIP 02, 1879). Gibt es mehrere Leiter, genügt die Zustellung an einen von ihnen. Für die Wirksamkeit der Zustellung nach Abs 2 ist es nicht erforderlich, dass die juristische Person oder Dienststelle, für die das Schriftstück bestimmt ist, genannt ist. 4

§ 171 Zustellung an Bevollmächtigte.

[1]An den rechtsgeschäftlich bestellten Vertreter kann mit gleicher Wirkung wie an den Vertretenen zugestellt werden. [2]Der Vertreter hat eine schriftliche Vollmacht vorzulegen.

A. Normzweck. § 171 ermöglicht die Zustellung an die Person, die (ohne ProzBev zu sein, vgl hierzu § 172) aufgrund der Vollmacht mit der Angelegenheit unmittelbar befasst ist, mit Wirkung für und gegen den Vertretenen. Der Vertreter ist Zustellungsempfänger, der Vertretene bleibt Zustellungsadressat (vgl § 166 Rz 3). Es handelt sich um eine Ersatzzustellung. Die Zustellung kann, muss aber nicht an den Bevollmächtigten erfolgen. Eine Zustellung nach § 171 ist nicht möglich bei einer Adressierung »eigenhändig« oder »persönlich«. § 171 ist auch auf die **Parteizustellung** anwendbar. 1

B. Tatbestandsvoraussetzungen. I. Vertreter. § 171 ist auf alle Formen rechtsgeschäftlicher Vertretung (§ 167 BGB) anwendbar, so auf die Prokura (§ 49 HGB – zu Problemen s. Zö/*Stöber* Rn 7) und die Postempfangsvollmacht (Zö/*Stöber* Rn 3 mwN; krit hierzu *Coenen* DGVZ 02, 183; Nürnbg NJW-RR 98, 495, 496). Die Vollmacht muss das Recht zur Entgegennahme von Postsendungen umfassen. Sie kann ggü dem Zustellungsveranlasser erteilt werden (§ 167 BGB). Eine Anzeige ggü dem Gericht ist nicht erforderlich. Ausreichend ist es, wenn die schriftliche Vollmacht der die Zustellung ausführenden Person vorgelegt wird (s. Rz 4). Ist der Bevollmächtigte als Gegner an dem Verfahren beteiligt, kann an ihn nicht zugestellt werden (entspr § 178 II). Bei mehreren Vertretern ist § 170 III entsprechend anzuwenden (St/J/*Roth* Rn 1; ThoPu/*Hüßtege* Rn 4; aA Zö/*Stöber* Rn 7). Heilung gem §§ 189, 295 ist möglich. 2

II. Maßgeblicher Zeitpunkt und Form. Die Vollmacht muss wirksam zu dem Zeitpunkt vorliegen, zu dem die Zustellung ausgeführt wird. Anderenfalls ist die Zustellung unwirksam. Heilung ist aber möglich (vgl § 189 Rz 1 ff). Wegen S 2 muss die Vollmacht, damit sie wirksam ist, schriftlich erteilt sein (BTDrs 14/4554 17; Zö/*Stöber* Rn 4; aA MüKoZPO/*Häublein* Rn 3; St/J/*Roth* Rn 4, s.a. *Jordans* MDR 08, 1198). 3

III. Ausführung der Zustellung. Gemäß S 2 muss der Vertreter die Vollmachtsurkunde dem Zusteller vorlegen. Ansonsten darf die Zustellung nicht ausgeführt werden. Der Zusteller muss die Identität des Vertreters und die Vorlage der Vollmachtsurkunde feststellen. Die Vorlage wird gem § 182 II Nr 3 beurkundet. Die Nichtvorlage der Vollmachtsurkunde macht die Zustellung allerdings nicht unwirksam, wenn die Urkunde tatsächlich existiert (Zö/*Stöber* Rn 4; eingehend zu dieser Problematik *Manteuffel* JR 08, 94). Weigert sich der Bevollmächtigte, das zuzustellende Schriftstück anzunehmen, kann nicht (auch nicht gem § 179) zugestellt werden. 4

§ 172 Zustellung an Prozessbevollmächtigte.

(1) [1]In einem anhängigen Verfahren hat die Zustellung an den für den Rechtszug bestellten Prozessbevollmächtigten zu erfolgen. [2]Das gilt auch für die Prozesshandlungen, die das Verfahren vor diesem Gericht infolge eines Einspruchs, einer Aufhebung des Urteils dieses Gerichts, einer Wiederaufnahme des Verfahrens, einer Rüge nach § 321a oder eines neuen Vorbringens in dem Verfahren der Zwangsvollstreckung betreffen. [3]Das Verfahren vor dem Vollstreckungsgericht gehört zum ersten Rechtszug.

(2) [1]Ein Schriftsatz, durch den ein Rechtsmittel eingelegt wird, ist dem Prozessbevollmächtigten des Rechtszuges zuzustellen, dessen Entscheidung angefochten wird. [2]Wenn bereits ein Prozessbevollmächtigter für den höheren Rechtszug bestellt ist, ist der Schriftsatz diesem zuzustellen. [3]Der Partei ist selbst zuzustellen, wenn sie einen Prozessbevollmächtigten nicht bestellt hat.

A. Normzweck und Bedeutung. Die Prozessführung liegt in der Hand des ProzBev, er soll möglichst schnell und umfassend über alle zuzustellenden Schriftstücke Kenntnis erhalten; daher ist innerhalb des 1

Rechtszugs (s. Rz 7 ff) **zwingend** an ihn als Zustellungsadressaten (vgl § 166 Rz 3) zuzustellen (BGH MDR 11, 121 Tz 10). Dies gilt auch dann, wenn er nicht postulationsfähig ist. Der Verstoß gegen § 172 macht die Zustellung unwirksam (Heilung ex nunc gem §§ 189, 295 ist allerdings möglich) und kann eine Verletzung des Anspruchs auf rechtliches Gehör begründen. § 172 ist auf alle Zustellungen **anwendbar**, auch auf die Parteizustellung (§ 191). **Ausnahmen**, wenn die persönliche Beteiligung der Partei am Verfahren vorgesehen ist, sind in §§ 141 II 2, 239 III 1, 244 II 3, 246 II, 273 IV 2, 278 IV 2, 450 I 3, 613, 900 I 3 geregelt. § 172 gilt auch bei formlosen Mitteilungen (RGZ 149, 158, 162).

2 **B. Tatbestandsvoraussetzungen. I. Prozessbevollmächtigter.** ProzBev ist, wem die Partei für den anhängigen Rechtsstreit eine Prozessvollmacht (§§ 80 ff) erteilt hat. Eine Vollmacht nur für einzelne Prozesshandlungen genügt nicht (BGHZ 61, 308, 311 = NJW 74, 240, 241). ProzBev kann auch ein AN (insb Justitiar) sein. Nicht ProzBev sind: Verkehrsanwalt (BGH NJW 92, 699 zu § 176 aF), Untervertreter oder Terminsbevollmächtigter (BGH NJW-RR 07, 356). Hat sich ein Anwalt vollmachtlos bestellt, muss gleichwohl an ihn gem § 172 zugestellt werden (BGH NJW-RR 87, 440 zu § 176 aF). Sind **mehrere** ProzBev bestellt, genügt Zustellung an einen (BGHZ 118, 312, 322). Wird an mehrere zugestellt, treten die Zustellungswirkungen daher mit der ersten Zustellung ein (BGHZ 112, 345, 347; BGH FamRZ 04, 865; BVerwG NJW 98, 3582). Für die Wirksamkeit der Zustellung kommt es nicht auf die Wirksamkeit der Vollmachtserteilung an; entscheidend ist allein die **Bestellung**. Zustellungen an einen gegen das RDG verstoßenden Bevollmächtigten sind bis zu dessen Zurückweisung durch das Gericht wirksam (BGH NJW-RR 10, 1361).

3 **II. Bestellt.** Die Bestellung ist die Kundgabe des Vertretungsverhältnisses durch den ProzBev oder die vertretene Partei ggü dem Gericht oder dem Gegner. Sie kann bereits vorprozessual erfolgen (Hambg NJW-RR 93, 958 zu § 176 aF; zB durch das Einreichen einer Schutzschrift, MüKoZPO/*Häublein* Rn 6, differenzierend B/L/A/H Rn 21 jeweils mwN). Die Bestellung kann formlos und sogar konkludent erfolgen (zB Auftreten vor Gericht, BGH NJW-RR 92, 699 zu § 176 aF; MDR 11, 121 Tz 10). Sie gilt für das jeweilige Verfahren. Die Bestellung für ein PKH-Verfahren kann die Bestellung für das Hauptsacheverfahren beinhalten (BGH NJW 02, 1728, 1729). Ist ein RA bestellt, ist an diesen unabhängig davon zuzustellen, ob eine Prozessvollmacht tatsächlich erteilt war (BGHZ 118, 312, 322 = NJW 92, 3096, 3099; BGH NJW 02, 1728, 1729). Das Fehlen der Vollmacht ist nur auf Rüge des Gegners zu prüfen (vgl § 88 Rz 2).

4 Die Bestellung kann auch durch den **Gegner** angezeigt werden, zB durch Angabe eines Beklagtenvertreters in der Klageschrift (BGH NJW-RR 11, 997; 00, 444, 445). Voraussetzung ist, dass die vertretene Partei oder ihr Vertreter dem Gegner von dem Bestehen der Prozessvollmacht Kenntnis gegeben hat. Allein der Umstand, dass ein RA vorprozessual tätig geworden ist, genügt hierfür nicht (BGH MDR 81, 126). Der Kl trägt das Risiko, dass der von ihm bezeichnete Anwalt keine Prozessvollmacht hat und die Zustellung deshalb unwirksam ist (BVerfG NJW 07, 3486, 3488; BGH NJW 11, 997). Auch wenn das Gericht entgegen der hier vertretenen Auffassung an die Partei zustellt, muss es zur Wahrung eines fairen Verfahrens den angegebenen RA von der Zustellung an die Partei benachrichtigen (BVerfG NJW 87, 2003).

5 Die Pflicht, an den ProzBev zuzustellen, **besteht**, wenn der Zustellungsveranlasser zu dem Zeitpunkt der Erteilung des Zustellungsauftrags (BGH NJW-RR 86, 286, 287) die Bestellung **kennt** oder **kennen muss** (BGH NJW 81, 1673, 1674; str). Auch die Entscheidungen, die vor der Bestellung erlassen worden sind, sind an den ProzBev zuzustellen (Köln NJW 83, 460 zu § 176 aF). Ist unaufklärbar, ob sich zu dem Zeitpunkt, zu dem die Zustellung veranlasst wird, ein ProzBev bestellt hatte, ist trotz der grds Beweislast der Partei für die Rechtzeitigkeit ihrer Prozesshandlungen davon auszugehen, dass die Zustellung unwirksam ist (BGH NJW 81, 1673, 1674; München OLGR 99, 10).

6 Die Pflicht zur Zustellung an den ProzBev **endet** erst mit dem Erlöschen der Vollmacht gem § 87. Im Parteiprozess genügt die Anzeige der Mandatsbeendigung (BGH NJW 91, 295 zu § 176 aF). Wird an den bisherigen RA zugestellt, ist diese Zustellung gleichwohl wirksam (BGH NJW 08, 234 Rn 11). Im Anwaltsprozess ist die Bestellung eines neuen ProzBev erforderlich (BGH NJW 75, 120 zu § 176 aF). Der RA ist verpflichtet, an ihn nach Beendigung des Mandatsverhältnisses zugestellte Schriftstücke an die Partei oder den neuen Bevollmächtigten weiterzuleiten. Erlischt die Zulassung des RA, sind ab dem Zeitpunkt der Mitteilung hiervon an das Gericht §§ 87, 172 nicht mehr anwendbar. Ein Berufs- oder Vertretungsverbot steht der Wirksamkeit einer Zustellung an den RA nicht entgegen (§ 155 V 2 BRAO). Stirbt der ProzBev, wird das Verfahren gem § 244 unterbrochen.

7 **III. Rechtszug.** Der ProzBev muss »für den Rechtszug« bestellt sein. Dieser beginnt mit Anhängigkeit (s. § 261 Rz 2) und endet mit Eintritt der formellen Rechtskraft der abschließenden Entscheidung oder sobald

dagegen ein Rechtsmittel eingelegt ist. Die Zustellung der abschließenden Entscheidung gehört stets noch zu dem Rechtszug, auch wenn bereits ein Rechtsmittel eingelegt ist. Auch ein Verfahren zur Überprüfung von Prozesskostenhilfe gehört zum Rechtszug (Brandbg Rpfleger 08, 265 mwN, str; nach BGH MDR 11, 183 sowie MDR 11, 1314 jedenfalls dann, wenn der ProzBev die Partei bereits im Prozesskostenhilfebewilligungsverfahren vertreten hat). Zum Rechtszug gehört auch ein Beschlussverfahren nach Beendigung des Rechtsstreits ohne Urt (etwa durch Klagerücknahme, Vergleich, beidseitige Erledigungserklärung), ebenso das Kostenfestsetzungsverfahren (Zö/*Stöber* Rn 14; aA KG NJW 72, 543). Bei **Abgabe** oder **Verweisung** schließt der Rechtszug das Verfahren vor dem neuen Gericht ein.

Abs 1 S 2 stellt klar, dass der Rechtszug auch umfasst: Einspruchsverfahren (§§ 338, 700), Verfahren nach Aufhebung und Zurückverweisung (§§ 538, 563, 566 VIII, 572 III, 577 IV), Wiederaufnahme (§§ 578, 579), Anhörungsrüge (§ 321a) sowie die auf neuem Vorbringen beruhenden Zwangsvollstreckungsverfahren, dh die Klageverfahren gem §§ 731, 767–770, 785–786a. Nach Abs 1 S 3 umfasst der Rechtszug außerdem das Verfahren vor dem Vollstreckungsgericht (§ 764), also insb die Zwangsvollstreckung in Forderungen und die Verfahren nach § 1 I ZVG. Zum Rechtszug gehören aber auch die Verfahren, für die das Prozessgericht oder das Grundbuchamt als Vollstreckungsorgan zuständig sind (insb §§ 887–891). § 172 gilt schließlich auch für die zur Einleitung der Zwangsvollstreckung erforderlichen Zustellungen (§§ 750, 751 II, 756, 765). Ein in höherer Instanz geschaffener Vollstreckungstitel (zB Vergleich) ist daher an den ProzBev 1. Instanz zuzustellen; das Rechtsmittelurteil ist allerdings an den ProzBev der höheren Instanz zuzustellen. 8

Nicht zum Rechtszug gehören dagegen Klagen aus Anlass der Zwangsvollstreckung, bei denen eine neue Partei auftritt (§§ 771, 774, 805, 810 II, 878). Zum Rechtszug eines **selbständigen Beweisverfahrens** gehört nicht das Hauptsacheverfahren. Für Nebenverfahren iSd § 82, insb die Verfahren des einstw Rechtsschutzes, hat der Anwalt zwar Vollmacht, so dass an ihn zugestellt werden kann; sie gehören aber nicht zum Rechtszug, so dass die Zustellung an ihn nicht gem § 172 zwingend ist (vgl Nürnbg MDR 02, 232 zu §§ 176, 178 aF; Zö/*Stöber* Rn 18). Ein eigenes Verfahren ist auch das Kostenfestsetzungsverfahren nach § 11 RVG, so dass nur an denjenigen ProzBev zuzustellen ist, der sich für dieses Verfahren eigens bestellt. 9

C. Ausführung der Zustellung. An eine RA-Gesellschaft ist wie an eine GmbH nach § 170 zuzustellen (59c I BRAO). In einer Anwaltssozietät kann an jeden Sozius zugestellt werden, das gilt auch bei einer überörtlichen Sozietät. Die frühere Auffassung, es müsse an einen am Ort des Prozessgerichts ansässigen RA zugestellt werden (KG NJW 94, 3111; *Boin* MDR 95, 882), kann nach der Änderung des Zulassungsrechts keine Geltung mehr beanspruchen; es ist dann eine Frage der internen Organisation der Kanzlei, das Schriftstück an den sachbearbeitenden RA weiterzuleiten (vgl LG Berlin NJW-RR 03, 428). 10

D. Rechtsmittel (Abs 2). Hat sich für die Rechtsmittelinstanz bereits ein ProzBev bestellt, ist eine Rechtsmittelschrift gem S 2 an diesen zuzustellen. Hat sich noch kein neuer ProzBev bestellt, ist an den ProzBev des abgeschlossenen Rechtszugs, dessen Entscheidung angefochten wird, zuzustellen (S 1). Er muss noch bestellt sein (beachte hierzu Rz 4). Anderenfalls oder wenn überhaupt kein ProzBev bestellt war und ist, muss an die Partei selbst zugestellt werden (S 3). Bei Verstoß gegen Abs 2 ist die Zustellung unwirksam, das Rechtsmittel aber nicht unzulässig. 11

§ 173 Zustellung durch Aushändigung an der Amtsstelle.

[1]Ein Schriftstück kann dem Adressaten oder seinem rechtsgeschäftlich bestellten Vertreter durch Aushändigung an der Amtsstelle zugestellt werden. [2]Zum Nachweis der Zustellung ist auf dem Schriftstück und in den Akten zu vermerken, dass es zum Zwecke der Zustellung ausgehändigt wurde und wann das geschehen ist; bei Aushändigung an den Vertreter ist dies mit dem Zusatz zu vermerken, an wen das Schriftstück ausgehändigt wurde und dass die Vollmacht nach § 171 Satz 2 vorgelegt wurde. [3]Der Vermerk ist von dem Bediensteten zu unterschreiben, der die Aushändigung vorgenommen hat.

A. Anwendungsbereich: Zustellungen aller Art, nicht nur an RA. 1

B. Tatbestandsvoraussetzungen. Aushändigung bedeutet persönliche Übergabe (nicht Einlegen in Anwaltsfach) durch den Urkundsbeamten der Geschäftsstelle, einen von ihm Beauftragten, Richter oder Rechtspfleger. Der Empfänger muss Annahmewillen haben, § 179 ist nicht anwendbar. Das Schriftstück kann offen übergeben werden (§ 176 I gilt nicht). Die **Amtsstelle** umfasst alle Diensträume des Gerichts sowie jeden Ort, an dem gerichtliche Tätigkeit ausgeübt wird (s. zB § 219 I). Der **Vermerk** gem S 2 ersetzt die Zustellungsurkunde als Nachweis der Zustellung. Er ist auf dem ausgehändigten Schriftstück und in 2 den Akten (zweckmäßig: dem Original des Schriftstücks) anzubringen und zu unterschreiben (S 3). Er muss das Datum enthalten und die Zustellung zum Ausdruck bringen. Bei Zustellung an einen Vertreter (§§ 170, 171) ist dessen Person und ggf die Vorlage der Vollmacht gem § 171 S 2 zu vermerken. Der Vermerk kann durch ein Protokoll ersetzt werden.

3 **C. Verstoß.** Bei Verletzung des § 173 ist die Zustellung unwirksam, kann aber geheilt werden. Der Vermerk ist nur Zustellungsnachweis, nicht Wirksamkeitsvoraussetzung, und kann daher nachgeholt werden (BGH NJW 83, 884 zu § 213 aF).

§ 174 Zustellung gegen Empfangsbekenntnis. **(1) Ein Schriftstück kann an einen Anwalt, einen Notar, einen Gerichtsvollzieher, einen Steuerberater oder an eine sonstige Person, bei der auf Grund ihres Berufes von einer erhöhten Zuverlässigkeit ausgegangen werden kann, eine Behörde, eine Körperschaft oder eine Anstalt des öffentlichen Rechts gegen Empfangsbekenntnis zugestellt werden.**
(2) [1]An die in Absatz 1 Genannten kann das Schriftstück auch durch Telekopie zugestellt werden. [2]Die Übermittlung soll mit dem Hinweis "Zustellung gegen Empfangsbekenntnis" eingeleitet werden und die absendende Stelle, den Namen und die Anschrift des Zustellungsadressaten sowie den Namen des Justizbediensteten erkennen lassen, der das Dokument zur Übermittlung aufgegeben hat.
(3) [1]An die in Absatz 1 Genannten kann auch ein elektronisches Dokument zugestellt werden. [2]Gleiches gilt für andere Verfahrensbeteiligte, wenn sie der Übermittlung elektronischer Dokumente ausdrücklich zugestimmt haben. [3]Für die Übermittlung ist das Dokument mit einer elektronischen Signatur zu versehen und gegen unbefugte Kenntnisnahme Dritter zu schützen. [4]Die Übermittlung kann auch über De-Mail-Dienste im Sinne von § 1 des De-Mail-Gesetzes erfolgen.
(4) [1]Zum Nachweis der Zustellung genügt das mit Datum und Unterschrift des Adressaten versehene Empfangsbekenntnis, das an das Gericht zurückzusenden ist. [2]Das Empfangsbekenntnis kann schriftlich, durch Telekopie oder als elektronisches Dokument (§ 130a) zurückgesandt werden. [3]Wird es als elektronisches Dokument erteilt, soll es mit einer qualifizierten elektronischen Signatur nach dem Signaturgesetz versehen werden.

1 **A. Normzweck und Anwendungsbereich.** § 174 schafft eine erleichterte Möglichkeit der Zustellung an Zustellungsadressaten, bei denen aufgrund ihres Berufes mit hinreichender Sicherheit erwartet werden kann, dass sie das Empfangsbekenntnis unverzüglich zurücksenden. Neben den in Abs 1 beispielhaft aufgezählten Personen kommen für die Zustellung nach § 174 Wirtschaftsprüfer, Hochschullehrer, Regierungsmitglieder oder Bürgermeister in Betracht. Unerheblich ist es, in welcher Funktion der Person zugestellt wird, ob zB an einen RA als ProzBev, Partei oder gesetzlichen Vertreter zugestellt wird. Ob eine Zustellung nach § 174 erfolgen soll, liegt im pflichtgemäßen Ermessen des (weisungsgebundenen, § 168) Urkundsbeamten. An andere Personen, deren Zuverlässigkeit nicht durch ihren Beruf ausgewiesen ist, kann nicht nach § 174 zugestellt werden; Heilung ist aber nach § 189 möglich. Anwendbar auch auf **Parteizustellung** unter Beachtung des § 195. Für **Verbandsvertreter** im arbeitsgerichtlichen Verfahren s. § 50 II ArbGG.

2 **B. Zustellung im Schriftverkehr (Abs 1).** Neben den allgemeinen Zustellungsvoraussetzungen (s. § 166 Rz 6) erfordert § 174, dass der Zustellungsadressat das zuzustellende Schriftstück persönlich entgegennimmt mit der Bereitschaft, dieses als zugestellt anzunehmen (BGH NJW 06, 1206, 1207). Eine Ersatzzustellung ist nicht möglich. Entgegengenommen hat der Zustellungsadressat das Dokument, wenn er daran derart Gewahrsam erlangt hat, dass er von seinem Inhalt Kenntnis nehmen kann. Es genügt nicht, dass ein RA das Schriftstück tatsächlich erhalten oder hiervon Kenntnis genommen hat (BGH NJW 89, 1154); vielmehr muss er **empfangsbereit** sein, was er durch seine Unterschrift auf dem Empfangsbekenntnis dokumentiert (BVerfG NJW 01, 1563, 1564; BGH NJW 07, 600, 601). Hat er das Schriftstück in dieser Weise entgegengenommen, ist es unerheblich, ob er tatsächlich Kenntnis von seinem Inhalt genommen hat. Ein RA ist zwar nicht verfahrensrechtlich, wohl aber standesrechtlich zur Entgegennahme verpflichtet (BGHZ 30, 299, 305). Fehlende Empfangsbereitschaft kann nicht nach § 189 geheilt werden.

3 Der **Zustellungswille** wird idR durch die Übersendung des vorbereiteten Empfangsbekenntnisses oder die Bitte um Übersendung eines solchen zum Ausdruck gebracht (BGHZ 14, 342, 344).

4 Das **Empfangsbekenntnis** ist auch nach neuem Recht Wirksamkeitsvoraussetzung der Zustellung (BTDrs 14/4554 18; BGH NJW 05, 3216, 3217; *Eyinck* MDR 11, 1389, 1390). Es muss (auf Kosten des Zustellungsadressaten) in der Form des Abs 4 vom Zustellungsadressaten persönlich (nicht sein Büropersonal, vgl BSG

rv 09, 191) erteilt und zurückgesandt werden. Ein schriftliches oder als Telekopie übermitteltes Empfangsbekenntnis muss von dem Zustellungsadressaten eigenhändig und handschriftlich unterschrieben sein (BGH NJW-RR 92, 1150). Das Empfangsbekenntnis kann auch als elektronisches Dokument (§ 130a II) zurückgesandt werden (Abs 4 S 2). Es sollte in nahem zeitlichem Zusammenhang mit der Zustellung ausgestellt werden; dies ist aber nicht Wirksamkeitsvoraussetzung. Erforderlich ist lediglich, dass der Empfänger sich bewusst ist, noch an einem Zustellungsvorgang mitzuwirken. **Anfechtung** und **Widerruf** des Empfangsbekenntnisses sind ausgeschlossen, wenn es erteilt, dh der Geschäftsstelle zugegangen, ist. Wird das unterschriebene Empfangsbekenntnis von einer Bürokraft weisungswidrig an das Gericht zurückgesandt, steht das der Wirksamkeit der Zustellung zu dem in dem Empfangsbekenntnis angegebenen Datum nicht entgegen (BGH NJW 07, 600, 601). Die Verwendung eines bestimmten **Formulars** für das Empfangsbekenntnis ist nicht erforderlich (BGH NJW 87, 2679 zu § 212a aF; Hamm NJW 10, 3380, 3381). Genügend ist die Bezugnahme auf das empfangene Schriftstück in einem Schriftsatz (BTDrs 14/4554, 18; BGH NJW 89, 1154). Inhaltlich genügen die Bezeichnung des zugestellten Schriftstücks und die Bestätigung der Zustellung. Die Angabe des Datums der Zustellung sieht Abs 4 S 1 ebenfalls vor, diese ist – wenn auch sehr sinnvoll – nicht Wirksamkeitsvoraussetzung (BGH NJW 05, 3216, 3217; str). Gleiches gilt für eine falsche Datumsangabe (BGH NJW-RR 92, 1150, 1151).

Das Empfangsbekenntnis begründet als Privaturkunde (vgl BGH NJW 90, 2125; VersR 94, 371; FamRZ 95, 5
799; aA BGH NJW 87, 1335; 07, 600, 601; BSG NJW-RR 02, 1652; BVerwG NJW 94, 535: öffentliche Urkunde iSd § 418) vollen **Beweis** für die Zustellung (Abs 4 S 1). Der Beweis des Gegenteils ist zulässig (BGH NJW 06, 1206; OVG Lüneburg NJW 05, 3802); an ihn sind strenge Anforderungen zu stellen (BVerfG NJW 01, 1563, 1564; BGH NJW 96, 2514 zu § 212 aF; NJW 06, 1206, 1207). So beweist der Eingangsstempel des RA nicht die Zustellung an diesem Tag (BAG NJW 95, 2125; vgl auch BGH MDR 2010, 414 – Rn 9); der Eingangsstempel des Gerichts nicht, dass vor dem darin angegebenen Datum zugestellt worden ist (BGH NJW 90, 2125; *Eyinck* MDR 11, 1389, 1390 f; s. aber auch VGH Mannheim NJW 05, 1678 (L) = NVwZ-RR 05, 364; OVG Münster NJW 10, 3385). Fehlt in dem Empfangsbekenntnis die Datumsangabe, muss der Nachweis des Zustellungsdatums auf andere Weise geführt werden; das Gericht entscheidet in diesem Fall nach freier Überzeugung (BGH NJW 05, 3216, 3217). Weigert sich der RA das Empfangsbekenntnis zurückzusenden, soll jedenfalls im finanzgerichtlichen Verfahren derjenige Tag als Zustellungstag anzusehen sein, an dem das Urt nach dem normalen Verlauf der Dinge erstmals in die Hände des RA gelangt sein könnte (BFHE 159, 425). Der **Verlust** des Empfangsbekenntnisses macht die Zustellung nicht unwirksam; der Nachweis der Zustellung auf andere Weise bleibt möglich.

C. Zustellung durch Telekopie. Definition in § 130 Nr 6. Anstelle der Übersendung im Schriftverkehr 6
kann das zuzustellende Schriftstück an die in Rz 1 genannten tauglichen Zustellungsadressaten auch mittels Telekopie zugestellt werden. Der einleitende Hinweis gem § 174 II 2 (»soll«) drückt den Zustellungswillen aus und dient dazu, dem Zustellungsadressaten bzw seinen Mitarbeitern die Bedeutung des Schriftstücks leichter erkennbar zu machen. Über die Zustellung gem Abs 2 soll ein Vermerk in die Akten aufgenommen werden (BTDrs 14/4554, 18). Auch dies ist allerdings nicht Wirksamkeitsvoraussetzung und kann über die Entgegennahme des Schriftstücks als zugestellt nichts aussagen. Im Übrigen gilt das zur Zustellung im Schriftverkehr Gesagte.

D. Zustellung eines elektronischen Dokuments. Definition in § 130a. Bis zur Einführung einer elektroni- 7
schen Akte hat Abs 3 insb Bedeutung für die Zustellung von gespeicherten Computerdateien mittels E-Mail. Das Dokument ist mit einer elektronischen Signatur zu versehen und gegen unbefugte Kenntnisnahme zu schützen. Als Adressaten kommen neben den in Abs 1 Genannten (vgl Rz 1) auch andere Verfahrensbeteiligte in Betracht. Im Übrigen gilt das zur Zustellung im Schriftverkehr Gesagte.

E. Kosten/Gebühren. KV Nr 9002. 8

§ 175 Zustellung durch Einschreiben mit Rückschein.

[1]Ein Schriftstück kann durch Einschreiben mit Rückschein zugestellt werden. [2]Zum Nachweis der Zustellung genügt der Rückschein.

A. Normzweck. § 175 ist eine eigenständige Zustellungsart, die der Vereinfachung der Zustellung dient 1
(daher sind §§ 177–181 nicht anwendbar). Eine Parteizustellung kann nicht gem § 175 erfolgen (§ 192 I).

2 **B. Wirkung.** Die Zustellung ist mit der Übergabe des Schriftstücks an den Zustellungsadressaten oder seinen Bevollmächtigten (§ 171) ausgeführt. Die Übergabe an einen Ersatzempfänger nach den AGB des Postunternehmens genügt, sofern der Ersatzempfänger dem Kreis der in §178 I genannten Personen entstammt (str; wie hier MüKoZPO/*Häublein* Rn 3; allein auf die AGB stellen ab Musielak/*Wolst* Rn 2; ThoPu/*Hüßtege* Rn 4; Zö/*Stöber* Rn 3; dagegen ist nach BSG NJW 05, 1303, 1304, zust *Eyinck* MDR 06, 785, der Zugang in den Machtbereich des Empfängers iSd § 130 I 1 BGB entscheidend). Wird die Annahme des Schriftstücks **verweigert**, kann nicht nach § 175 zugestellt werden. Dasselbe gilt, wenn das Schriftstück nicht innerhalb der Lagerfrist abgeholt wird. Diese Schwierigkeiten sind iRd Ermessens bei der Wahl dieser Zustellungsart zu berücksichtigen. Bei einer arglistigen Zugangsvereitelung kann sich der Empfänger nicht auf den fehlenden Zugang berufen; dafür genügt bloße Nachlässigkeit, etwa eine unterlassene Mitteilung einer geänderten Anschrift in einem laufenden Verfahren, nicht (BGH NJW-RR 11, 233 Tz 17). Die Beweislast für die Arglist liegt beim Zustellungsveranlasser (MüKoZPO/*Häublein* Rn 5).

3 **C. Zustellungsnachweis.** Die Zustellung wird durch den Rückschein als Privaturkunde iSd § 416 (BSG NJW 05, 1303, 1304) bewiesen (S 2). Dieser enthält allerdings keine Angaben über den Inhalt des übergebenen Schriftstücks. Wirksamkeitsvoraussetzung für die Zustellung ist der Rückschein nicht.

4 **D. Verfahrensvergleich.** § 4 VwZG enthält für das Verwaltungsverfahren eine entsprechende Zustellmöglichkeit, lässt aber auch ein »Übergabe-Einschreiben« genügen. Für das Strafverfahren s. § 37 II StPO. Auch Auslandszustellungen sind durch Einschreiben mit Rückschein möglich (vgl unten § 183 Rz 3).

5 **E. Kosten/Gebühren.** KV Nr 9002 unter Beachtung der Vorbemerkungen zu Teil 9.

§ 176 Zustellungsauftrag.

(1) Wird der Post, einem Justizbediensteten oder einem Gerichtsvollzieher ein Zustellungsauftrag erteilt oder wird eine andere Behörde um die Ausführung der Zustellung ersucht, übergibt die Geschäftsstelle das zuzustellende Schriftstück in einem verschlossenen Umschlag und ein vorbereitetes Formular einer Zustellungsurkunde.
(2) Die Ausführung der Zustellung erfolgt nach den §§ 177 bis 181.

1 **A. Bedeutung.** Bietet die Zustellung nach §§ 173–175 keine hinreichende Aussicht auf Erfolg, ist gem § 176 zuzustellen (Ausführung gem Abs 2 nach §§ 177–181). § 176 ist die sicherste Form der Zustellung; insb wird bei unberechtigter Annahmeverweigerung die Zustellung fingiert (vgl § 179). Auf die Parteizustellung ist § 176 nicht anwendbar.

2 **B. Auftrag.** Der Urkundsbeamte der Geschäftsstelle beauftragt die Post oder einen Justizbeamten (= Justizbediensteter iSd § 168). **Post** iSd § 176 ist ein nach § 33 I PostG beliehenes Unternehmen (vgl § 168 I), nicht notwendig also die Deutsche Post AG. Als **Justizbediensteter** kommt jeder geeignete Bedienstete des Gerichts, der Staatsanwaltschaft oder einer JVA in Betracht. Für den Auftrag an den GV oder eine andere Behörde ist ein Richter zuständig (vgl § 168 Rz 2); auch hier erfolgt die Übergabe durch den Urkundsbeamten. Der Beauftragte ist an Weisungen des Urkundsbeamten (zB Zustellung mit Zeitangabe, nur persönliche Zustellung) gebunden; ein Verstoß führt aber nicht zur Unwirksamkeit, wenn die gesetzlichen Vorschriften eingehalten worden sind.

3 **C. Ausführung.** Das zuzustellende Schriftstück ist zum Schutz des Zustellungsadressaten in einem verschlossenen Umschlag (möglich ist auch ein Fensterumschlag) zu übergeben. Ein Verstoß führt wegen Zweifeln an der Identität des Inhalts zur Unwirksamkeit (BGH LM § 176 Nr 3; Heilung möglich), nach neuem Recht dagegen aber nicht mehr das Fehlen des Aktenzeichens auf dem Umschlag (Stuttg NJW 06, 1887 ff). Für das beizufügende Formular hat das BMJ gem § 190 Vordrucke erstellt (vgl § 1 Nr 2 ZustVV, Anlage 2).

4 **D. Kosten/Gebühren.** KV Nr 9002.

§ 177 Ort der Zustellung.

Das Schriftstück kann der Person, der zugestellt werden soll, an jedem Ort übergeben werden, an dem sie angetroffen wird.

1 § 177 bestimmt die persönliche Übergabe zum **Leitbild** der Zustellung (BGH NJW 01, 885, 887) und erleichtert im Vergleich zu § 180 aF die Zustellung. § 177 ist auch auf die Parteizustellung anwendbar. Die

Zustellung kann grds an **jedem Ort** ausgeführt werden, vermeidbare Belästigungen sollen aber vermieden werden (zB Zustellung am Ort der Religionsausübung oder zur Nachtzeit; s.a. § 27 S 2 GVGA), ohne dass dadurch die Wirksamkeit der Zustellung berührt würde. Der Zustellungsadressat muss persönlich angetroffen werden; verweigert er unberechtigt die Annahme des zuzustellenden Schriftstücks, gilt § 179.

§ 178 Ersatzzustellung in der Wohnung, in Geschäftsräumen und Einrichtungen.

(1) Wird die Person, der zugestellt werden soll, in ihrer Wohnung, in dem Geschäftsraum oder in einer Gemeinschaftseinrichtung, in der sie wohnt, nicht angetroffen, kann das Schriftstück zugestellt werden

1. in der Wohnung einem erwachsenen Familienangehörigen, einer in der Familie beschäftigten Person oder einem erwachsenen ständigen Mitbewohner,
2. in Geschäftsräumen einer dort beschäftigten Person,
3. in Gemeinschaftseinrichtungen dem Leiter der Einrichtung oder einem dazu ermächtigten Vertreter.

(2) Die Zustellung an eine der in Absatz 1 bezeichneten Personen ist unwirksam, wenn diese an dem Rechtsstreit als Gegner der Person, der zugestellt werden soll, beteiligt ist.

A. Normzweck. Um das Verfahren zu vereinfachen und zu beschleunigen, ermöglicht § 178 (auch bei Parteizustellung) die Zustellung mit sofortiger Wirkung an eine Ersatzperson, wenn der Zustellungsadressat oder sein rechtsgeschäftlicher Vertreter (§ 171) nicht angetroffen (vgl § 177) werden. § 178 beruht auf der Vermutung, dass die Ersatzperson das Dokument an den Adressaten weitergibt; dass dies tatsächlich geschieht, ist aber nicht Wirksamkeitsvoraussetzung der Zustellung. Eine Wissenszurechnung erfolgt nach § 178 nicht, wenn es materiellrechtlich (zB § 932 BGB) oder prozessrechtlich (zB § 233) auf Kenntnis ankommt. Abs 2 verbietet die Zustellung, wenn für die Ersatzperson eine Interessenkollision besteht. 1

B. Tatbestandsvoraussetzungen. I. Nicht angetroffen. Eine Ersatzzustellung ist nur dann zulässig, wenn der Zusteller eine Zustellung an einem der in § 178 genannten Orte versucht und den Zustellungsadressaten dort nicht angetroffen hat. Der Zustellungsversuch darf nicht zu einer allgemein unpassenden Zeit erfolgt sein. Nicht angetroffen ist der Adressat insb, wenn der Zusteller aus irgendeinem Grund nicht zu dem Adressaten gelangen konnte, und auch dann, wenn er zwar anwesend, eine Zustellung an ihn aber nicht möglich ist, weil er an der Annahme des Dokuments gehindert ist. Eine Ersatzzustellung ist auch möglich, wenn ein Angehöriger des Adressaten auf Nachfrage dessen Abwesenheit beteuert (BFHE 173, 213, 215). Eine Durchsuchung der Räume, um den Adressaten aufzufinden, ist nicht zulässig, aber auch nicht erforderlich. Erklärt der Adressat, er könne das Dokument nicht entgegennehmen, greift § 179 ein. Ist der Adressat verstorben, kann an ihn nicht mehr, auch nicht nach § 178 zugestellt werden. 2

II. Ersatzzustellung in der Wohnung. 1. Wohnung. Wohnung ist der Raum oder sind die Räume, in denen der Adressat tatsächlich lebt (BGH NJW-RR 97, 1161 zu § 181 aF), insb wo er übernachtet (Dresd Rpfleger 05, 269), wo er also – zumindest vorübergehend – seinen räumlichen Lebensmittelpunkt hat. Dass er dort seine Schlafstelle hat, ist nicht zwingend erforderlich (Köln NJW-RR 89, 443). Der äußere Anschein, eine Wohnung zu unterhalten, genügt nicht, kann aber unter engen Voraussetzungen dazu führen, dass dem Adressaten die Berufung auf eine fehlerhafte Ersatzzustellung wegen unzulässigen Rechtsmissbrauchs versagt sein kann (BGH NJW 11, 2440 Tz 14 f), was verfassungsrechtlich unbedenklich ist (BVerfG NJW-RR 10, 421 Tz 18). Ein Adressat kann mehrere Wohnungen haben. Bei einem Einfamilienhaus gehören zur Wohnung auch Hof und Garten. Die Definition des § 7 BGB ist nicht maßgeblich (BayObLG Rpfleger 84, 105), ebensowenig die behördliche Meldung (BGH NJW-RR 86, 1083 zu § 181 aF). Wohnung kann auch ein Hotel- oder Klinikzimmer sein; eine Ferienwohnung dagegen grds nicht. Eine vorübergehende Abwesenheit zB aufgrund Reise, Klinikaufenthalt (BGH NJW 85, 2197; Zweibr MDR 84, 762 jeweils zu § 181 aF), U-Haft (Hamm Rpfleger 03, 377; Dresd Rpfleger 05, 269), Wehrdienst (München NJW-RR 91, 1470 zu § 181 aF) heben die Wohnungseigenschaft nicht auf, solange damit zu rechnen ist, dass die Ersatzperson in absehbarer Zeit Gelegenheit hat, das Dokument dem Adressaten auszuhändigen. Daher verliert die Wohnung ihren Charakter bei einer Strafhaft von einem Monat (BGH NJW 51, 931) oder mehr (BGH NJW 78, 1858; LAG Sachsen-Anhalt MDR 98, 924; KG NJW-RR 06, 514) oder einem längeren berufsbedingten Auslandsaufenthalt (BGH NJW-RR 97, 1161). Der Verbleib eines Familienangehörigen in der Wohnung kann das Fortbestehen einer persönlichen Bindung an die Wohnung indizieren (BGH NJW 78, 1858; Braunschw MDR 97, 884). Anderes gilt, wenn die Wohnung **aufgegeben** ist. Die Auf- 3 gabe der Wohnung setzt einen vom Willen getragenen Aufgabeakt voraus, mit dem der Wohnungsinhaber nach außen erkennbar zum Ausdruck gebracht hat, dass er seine bisherige Wohnung nicht weiter als Lebensmittelpunkt nutzen wird (vgl BGH NJW 88, 713; NJW-RR 05, 415). Abzustellen ist dabei nicht auf die Sichtweise des Zustellungsveranlassers oder des Zustellers, sondern auf einen mit den Verhältnissen vertrauten Beobachter; es ist daher nicht erforderlich, alle den Anschein des Fortbestands der Wohnung begründenden Merkmale, wie etwa das Namensschild, zu entfernen (BGH NJW 2011, 2440 Tz 17). Auch hier ist die Ummeldung nicht entscheidend, hat aber indizielle Bedeutung.

4 **2. Zustellungsempfänger. Familienangehörige** sind nicht nur der Ehegatte und Kinder, sondern auch Pflegekinder oder in die Familie aufgenommene nahe Verwandte, ggf auch der nichteheliche Lebensgefährte (BTDrs 14/4554 20; BGHZ 111, 1, 5 = NJW 90, 1666). Eine Hausgemeinschaft ist nicht erforderlich (für diesen Fall s. Rz 7).

5 **Erwachsensein** setzt nicht Volljährigkeit voraus; ausreichend ist, dass der Empfänger nach Alter und geistiger Entwicklung den Zweck und seine Verpflichtung zur Weitergabe des Dokuments an den Adressaten zu erkennen vermag. Dazu muss er idR mindestens 14 Jahre alt sein (vgl BSG MDR 77, 82; LG Köln MDR 99, 889; vgl auch LG Konstanz NJW-RR 99, 1508). Ein Minderjähriger kann daher in eigener Sache als Ersatzperson eine Zustellung an seinen gesetzlichen Vertreter (s. § 170 I) entgegennehmen.

6 Als in der Familie **beschäftigte Person** kommt auch eine nur stundenweise, aber dauernd und regelmäßig beschäftigte Putzfrau in Betracht (Nürnbg NJW-RR 98, 495 zu § 181 aF). Sie kann auch dann »in der Familie« beschäftigt sein, wenn der Zustellungsadressat alleine lebt (Zö/*Stöber* Rn 11 mwN; aA ThoPu/*Hüßtege* Rn 12). Ein Beschäftigungsverhältnis gerade mit dem Adressaten ist nicht erforderlich; auch ein Gefälligkeitsverhältnis kann genügen (Hamm MDR 82, 516 zu § 181 aF). Die Person muss in dem dargestellten Sinne (Rz 5) erwachsen sein.

7 Erwachsene (s. Rz 5) **ständige Mitbewohner** sind nicht mit dem Adressaten verheiratete Partner oder Mitglieder einer Wohngemeinschaft. Eine gemeinsame Haushaltsführung ist nicht erforderlich, das Bewohnen einer anderen Wohnung im gleichen Haus genügt aber nicht.

8 **III. Ersatzzustellung im Geschäftsraum.** Der Zustellungsadressat muss einen **Geschäftsraum** unterhalten, also in den Räumen regelmäßig geschäftlich (gleich welcher Art) mit Publikumsverkehr tätig werden (Büro, Laden, Warte- oder Sprechzimmer, bei Publikumsverkehr auch Lager oder Werkstatt, Behörde, auch Messestand, BGH NJW-RR 08, 1082 Tz 4). Der Geschäftsraum kann Bestandteil einer Wohnung sein (zB Arbeitszimmer eines RA). Der Rechtsschein eines Geschäftsraums genügt (BGH NJW 98, 1958, 1959). Dass der Geschäftsführer einer GmbH zwischenzeitig inhaftiert ist, lässt die Geschäftsraumeigenschaft nicht entfallen (BGH NJW-RR 08, 1565 Rn 7 ff). Im Übrigen gelten hinsichtlich der **Aufgabe** des Geschäftsraums dieselben Grundsätze wie für die Aufgabe der Wohnung (BGH NJW-RR 10, 489; s. dazu auch Rz 3). Nach Bestandskraft des Widerrufs einer Rechtsanwaltszulassung kann in den bisherigen Kanzleiräumen nicht mehr nach §§ 178, 180 zugestellt werden (BGH NJW-RR 11, 561 Tz 3). Bei der Zustellung an eine nicht prozessfähige Person (s. § 170 I), zB eine juristische Person, kann in den Geschäftsräumen des gesetzlichen Vertreters zugestellt werden. Nicht erforderlich ist, dass die Zustellung eine **geschäftliche Angelegenheit** betrifft (*Gerecke* JurBüro 11, 508 ff). Zu Besonderheiten bei der Zustellung einer aktienrechtlichen Anfechtungsklage s. MüKoZPO/*Häublein* Rn 20. **Beschäftigte** Personen sind alle für den Geschäftsbetrieb des Zustellungsadressaten tätigen Personen, die erkennbar eine solche Vertrauensstellung innehaben, dass davon ausgegangen werden kann, dass sie das Dokument an den Adressaten weitergeben, also auch Auszubildende oder der mitarbeitende Ehepartner. Die Person muss erwachsen (s. Rz 5) sein.

9 **IV. Ersatzzustellung in Gemeinschaftseinrichtungen.** Solche müssen zum Wohnen organisiert sein, wie zB Altenheim, Kaserne, Krankenhaus, Wohnheim. Sie können privatrechtlich oder öffentlichrechtlich betrieben werden. Der Zustellungsadressat muss dort **wohnen** (vgl Rz 3). Zustellungsempfänger ist der Leiter oder ein rechtsgeschäftlich bevollmächtigter Vertreter (§ 167 BGB). Die Vollmacht kann formlos erteilt sein; § 170 gilt nicht.

10 **V. Ausführung der Ersatzzustellung.** Das zuzustellende Dokument wird dem Empfänger in einem verschlossenen Umschlag (s. § 176 I) übergeben. Er muss in der Wohnung, den Geschäftsräumen oder den Gemeinschaftseinrichtungen angetroffen worden sein. Zur **Beurkundung** s. § 182 Abs 2 insb Nr 2 und 4. Der Empfänger ist verpflichtet, das in Empfang genommene Dokument an den Adressaten unverzüglich iSd § 121 I 1 BGB **weiterzuleiten**. Die Verletzung dieser Pflicht ist strafbewehrt, §§ 246, 274 I Nr 1 StGB,

und kann Schadensersatzpflichten auslösen. Die Wirksamkeit der Zustellung bleibt hiervon allerdings unberührt.

C. Abs 2. Zur Vermeidung von **Interessenkollisionen** kann eine Ersatzzustellung nicht an den Prozessgegner erfolgen. Ein Verstoß macht die Zustellung unwirksam. **Heilung** ist möglich. Über den Wortlaut »**Rechtsstreit**« hinaus ist die Zustellung in allen Angelegenheiten unzulässig, in denen zwischen dem Zustellungsadressaten und der Ersatzperson eine konkrete Interessenkollision besteht (Ddorf NJW-RR 93, 1222). **Gegner** sind auch alle Personen, die dem unmittelbaren Verfahrensgegner nahestehen (zB Ehegatte oder nahe Familienangehörige, BGH NJW 84, 57) oder seinen Weisungen unterworfen sind (Karlsr MDR 84, 151). Im Strafverfahren ist der Verletzte Gegner (Hambg NJW 64, 678); ebenso der Schuldner bei einem an den Drittschuldner adressierten Pfändungs- und Überweisungsbeschluss (BAG NJW 81, 1399; aA LG Bonn DGVZ 98, 12). Gegner ist auch dessen Streithelfer, grds aber nicht der Streitverkündungsempfänger, solange er dem Rechtsstreit nicht beigetreten ist. Besteht Grund für die **Annahme** einer **Interessenkollision**, vermerkt der Urkundsbeamte auf dem Umschlag sowie dem Formular der Zustellungsurkunde (vgl Nr 1.9), wer als Ersatzperson ausgeschlossen ist. Wird dennoch an diese Person zugestellt, kommt es für die Wirksamkeit der Zustellung auf das tatsächliche Bestehen einer Interessenkollision an (BGH NJW-RR 03, 208). 11

D. Verstoß. Ein Verstoß gegen § 178 macht die Zustellung unwirksam, ist aber heilbar. Soweit die Beweiskraft der Zustellungsurkunde reicht (s. § 182 Rz 1), trägt der Zustellungsadressat die Beweislast für Mängel der Zustellung. Macht er geltend, nicht an der Zustellungsanschrift gewohnt zu haben, muss er zu seiner anderen Wohnung konkret vortragen (BGH FamRZ 90, 143; Karlsr NJW-RR 92, 700, 701). 12

§ 179 Zustellung bei verweigerter Annahme.

[1]Wird die Annahme des zuzustellenden Schriftstücks unberechtigt verweigert, so ist das Schriftstück in der Wohnung oder in dem Geschäftsraum zurückzulassen. [2]Hat der Zustellungsadressat keine Wohnung oder ist kein Geschäftsraum vorhanden, ist das zuzustellende Schriftstück zurückzusenden. [3]Mit der Annahmeverweigerung gilt das Schriftstück als zugestellt.

A. Normzweck. § 179 ermöglicht die die Zustellung auch gegen den Willen des Zustellungsadressaten. 1

B. Tatbestandsvoraussetzungen. I. Verweigerung. Die Annahme ist verweigert, wenn der Zustellungsadressat oder die Ersatzperson in den Fällen des § 178 das Schriftstück nicht entgegennimmt, obwohl er dies könnte (abl für den Fall des § 178 I Nr 3 ThoPu/*Hüßtege* Rn 2 mwN; dagegen zutr MüKoZPO/*Häublein* Rn 2). Bestehen Zweifel, ob die die Annahme verweigernde Person tauglicher Empfänger iSd § 178 ist, kann nicht nach § 179 verfahren werden. 2

II. Unberechtigt. Grds ist die Verweigerung der Annahme unberechtigt. Eine Ausnahme gilt nur dann, wenn die Zustellung nicht zeitgerecht (zB grds zur Nachtzeit oder an Sonn- und Feiertagen) oder an einem unpassenden Ort (vgl § 177 Rz 1) versucht wird. Ein Verweigerungsrecht besteht auch bei begründeten Zweifeln über die Identität der als Zustellungsadressaten behandelten mit der auf dem Umschlag angegebenen Person sowie im Fall des § 178 II. 3

III. Zurücklassen. Wird die Annahme verweigert, lässt der Zusteller das Dokument in der Wohnung oder dem Geschäftsraum zurück, zB durch Einwurf in einen Briefkasten oder Durchschieben unter der Tür. Dadurch soll dem Zustellungsadressaten die Möglichkeit verschafft werden, vom Inhalt des Schriftstücks Kenntnis zu nehmen (BTDrs 14/4554, 21). Eine Abgabe an Dritte (Nachbarn) ist unzulässig. Hat der Zustellungsadressat weder Wohnung noch Geschäftsraum (zB im Fall des § 178 I Nr 3) oder verweigert er die Zustellung an einem anderen Ort (vgl § 177) ist das Schriftstück **zurückzusenden** (S 2). Lebt der Zustellungsadressat in einer Gemeinschaftseinrichtung, die über individuelle Briefkästen verfügt, soll ein Zurücklassen des Dokuments dort ausnahmsweise zulässig sein (MüKoZPO/*Häublein* Rn 6). 4

C. Wirkung. Mit der unberechtigten Verweigerung und dem Zurücklassen bzw der Rücksendung ist die Zustellung wirksam. Unerheblich ist, ob der Zustellungsadressat vom Schriftstück Kenntnis erlangt oder es abhanden kommt. Bei einer berechtigten Verweigerung ist keine Zustellung erfolgt. Heilung ist möglich. Bei der Beurkundung der Zustellung sind die Angaben gem § 182 II Nr 5 zu machen. 5

§ 180 Ersatzzustellung durch Einlegen in den Briefkasten. [1]**Ist die Zustellung nach § 178 Abs. 1 Nr. 1 oder 2 nicht ausführbar, kann das Schriftstück in einen zu der Wohnung oder dem Geschäftsraum gehörenden Briefkasten oder in eine ähnliche Vorrichtung eingelegt werden, die der Adressat für den Postempfang eingerichtet hat und die in der allgemein üblichen Art für eine sichere Aufbewahrung geeignet ist.** [2]**Mit der Einlegung gilt das Schriftstück als zugestellt.** [3]**Der Zusteller vermerkt auf dem Umschlag des zuzustellenden Schriftstücks das Datum der Zustellung.**

1 **A. Normzweck.** § 180 beschleunigt die Zustellung und vermeidet eine Zustellung durch Niederlegung. Dem Zustellungsadressaten wird der Zugang zu dem Schriftstück erleichtert.

2 **B. Tatbestandsvoraussetzungen.** Eine Zustellung nach § 178 I Nr 1 oder 2 muss gescheitert sein. Dies ist sie auch, wenn das Geschäft nicht mehr geöffnet ist (BGH NJW 07, 2186 Rn 6; BVerwG NJW 07, 3222 Rn 4). Unanwendbar ist § 180, wenn die Geschäftsräume oder die Wohnung aufgegeben worden sind (BGH NJW-RR 10, 489 Tz 21). Kein Raum für eine Zustellung nach § 180 ist, wenn eine Zustellung nach § 178 zur Unzeit (vgl § 179 Rz 3) versucht worden ist (*Eyinck* MDR 11, 1389, 1392). Für § 178 I Nr 3 gilt § 181. § 180 soll jedoch dann entsprechend anwendbar sein, wenn der Zustellungsadressat in einer Gemeinschaftseinrichtung lebt (§ 178 I Nr 3) und dort einen Briefkasten unterhält (BFH Beschl v 17.6.09 – II B 33/08). Wurde die Annahme verweigert, ist nach § 179 zu verfahren. Zur **Ausführung** der Zustellung wird das Schriftstück in einen sich in einem ordnungsgemäßen Zustand befindlichen (dh insb nicht überquellenden) Briefkasten oder eine ähnliche für den Postempfang eingerichtete Vorrichtung (zB Briefschlitz) eingelegt. Die Zugehörigkeit zur Wohnung bzw dem Geschäftsraum muss durch Beschriftung oder Ort der Anbringung erkenntlich sein. Dazu kann die Angabe des Namens des alleinvertretungsberechtigten Vorstandsmitglieds des Zustellungsempfängers genügen (BFH/NV 08, 741). Eine gemeinschaftliche Nutzung eines Briefschlitzes in einem von einem überschaubaren Personenkreises bewohnten Mehrfamilienhaus ist unschädlich, wenn der Adressat diese Vorrichtung gewöhnlich für den Erhalt von Postsendungen verwendet (BGH NJW 11, 2440 Tz 20 ff, zust *Eyinck* MDR 11, 1389, 1393). Eine fehlende Abschließbarkeit schadet nicht, wenn dies für den Zusteller nicht erkennbar ist (Nürnbg MDR 09, 1064). Ist eine Einlegung in der dargestellten Weise nicht möglich, muss durch Niederlegung (§ 181) zugestellt werden. § 178 II ist entsprechend anwendbar, wenn auch der Gegner (vgl § 178 Rz 11) Zugang zu dem Briefkasten hat (Nürnbg NJW-RR 04, 1517; Saarbr DGVZ 10, 83; vgl auch *Eyinck* MDR 06, 785, 786). Auf dem Umschlag ist zur Information des Zustellungsadressaten gem S 3 das Datum der Zustellung zu vermerken; die Angabe, wo das Schriftstück eingelegt wurde, ist nicht erforderlich (BGH NJW 06, 150).

3 **C. Wirkung.** Sind die Voraussetzung gem Rz 2 erfüllt, ist mit der Einlegung die Zustellung bewirkt. Unerheblich ist, ob der Zustellungsadressat Kenntnis von dem Schriftstück erlangt. Bei der Beurkundung sind die Angaben gem § 182 II Nr 4 und 6 zu machen. Der Vermerk gem S 3 ist nicht Wirksamkeitsvoraussetzung.

§ 181 Ersatzzustellung durch Niederlegung. (1) [1]**Ist die Zustellung nach § 178 Abs. 1 Nr. 3 oder § 180 nicht ausführbar, kann das zuzustellende Schriftstück auf der Geschäftsstelle des Amtsgerichts, in dessen Bezirk der Ort der Zustellung liegt, niedergelegt werden.** [2]**Wird die Post mit der Ausführung der Zustellung beauftragt, ist das zuzustellende Schriftstück am Ort der Zustellung oder am Ort des Amtsgerichts bei einer von der Post dafür bestimmten Stelle niederzulegen.** [3]**3Über die Niederlegung ist eine schriftliche Mitteilung auf dem vorgesehenen Formular unter der Anschrift der Person, der zugestellt werden soll, in der bei gewöhnlichen Briefen üblichen Weise abzugeben oder, wenn das nicht möglich ist, an der Tür der Wohnung, des Geschäftsraums oder der Gemeinschaftseinrichtung anzuheften.** [4]**Das Schriftstück gilt mit der Abgabe der schriftlichen Mitteilung als zugestellt.** [5]**Der Zusteller vermerkt auf dem Umschlag des zuzustellenden Schriftstücks das Datum der Zustellung.**
(2) [1]**Das niedergelegte Schriftstück ist drei Monate zur Abholung bereitzuhalten.** [2]**Nicht abgeholte Schriftstücke sind danach an den Absender zurückzusenden.**

1 **A. Normzweck.** Die Ersatzzustellung soll auch dann durchgeführt werden können, wenn weder der Zustellungsadressat noch eine Ersatzperson angetroffen wird. Zu verfassungsrechtlichen Bedenken bei großen Amtsgerichtsbezirken vgl Zö/*Stöber* Rn 3b, der allerdings nicht hinreichend berücksichtigt, dass es sich um die ultima ratio für die seltenen Fälle handelt, in denen eine Zustellung nach § 180 nicht möglich ist.

B. Tatbestandsvoraussetzungen: Unausführbarkeit der Ersatzzustellung. Die Zustellung nach § 181 ist subsidiär ggü der Zustellung nach § 178 und § 180. Daher muss eine Ersatzzustellung nach diesen Vorschriften versucht worden sein, sich aber als unausführbar herausgestellt haben. Maßgeblich für diese Beurteilung sind allein die gesetzlichen Bestimmungen, nicht etwa auch die Praxis des beauftragten Postunternehmens. Bei unbefugter Annahmeverweigerung gilt § 179, eine Niederlegung ist dann ausgeschlossen. 2

C. Durchführung der Zustellung. Das Schriftstück wird bei der Niederlegungsstelle **niedergelegt**. Eine solche ist gem Abs 1 S 1 die Geschäftsstelle des AG, in dessen Bezirk der Zustellungsort liegt, oder – wenn mit der Zustellung die Post (vgl § 176 Rz 2) beauftragt ist – die von der Post hierfür bestimmte Stelle am Ort der Zustellung oder des zust AG (Abs 1 S 2; vgl hierzu BGH NJW 01, 832). Die Bestimmung muss durch allgemeine Organisationsmaßnahmen der Post und darf nicht nur für den Einzelfall erfolgen. Das niedergelegte Schriftstück ist gem Abs 2 drei Monate (Berechnung nach § 222) zur Abholung bereitzuhalten. Dies schließt eine ordnungsgemäße Verwahrung ein. Das Schriftstück kann nur an den Empfänger persönlich oder an eine durch eine Empfangsvollmacht (vgl hierzu BGHZ 98, 140, 144 = NJW 1986, 2826, 2827) legitimierte Person herausgegeben werden. Für die Rücksendung ist die Niederlegungsstelle verantwortlich. Ist das Schriftstück beim Prozessgericht als dem zust AG (vgl Abs 1 S 1) niedergelegt, wird es zu den Akten genommen. Auch nach der Rücksendung kann das Schriftstück an den Empfänger herausgegeben werden. Über die Niederlegung ist eine schriftliche **Mitteilung** auf dem Vordruck gem § 1 Nr 4 ZustVV zu machen. Diese ist am Zustellungsort zurückzulassen und zwar in der für Briefe üblichen Form abzugeben. Die Anforderungen sind hier geringer als bei § 180 (vgl *Eyinck* MDR 08, 1255, 1256). Ist ein Briefkasten vorhanden, der den Anforderungen des § 180 entspricht (s. dort Rz 2), muss nach dieser Vorschrift zugestellt werden. Ist eine Abgabe nicht möglich, ist die Mitteilung an die Tür anzuheften. Ein Ablegen auf dem Schreibtisch kann ausreichend sein, wenn dies üblich ist (Köln NStZ-RR 09, 314). Auf dem Schriftstück ist gem Abs 1 S 5 das Datum der Zustellung zu vermerken. In die **Zustellungsurkunde** sind insb Angaben nach § 182 II Nr 4 und 6 aufzunehmen. Die Zustellungsurkunde erbringt gem § 418 Beweis für die Niederlegung und die schriftliche Mitteilung, nicht aber dafür, dass der Zustellungsadressat unter der Zustellungsanschrift eine Wohnung hat. 3

D. Wirkung. Die Zustellung wird bei Vorliegen der Voraussetzungen gem Rz 2 mit der Abgabe der ordnungsgemäßen Mitteilung wirksam (Abs 1 S 4). Unerheblich ist, ob der Zustellungsadressat das Schriftstück tatsächlich empfängt oder auch nur Kenntnis davon erlangt (BGH NJW-RR 06, 563 zu § 182 aF). Dies kann nur für eine Wiedereinsetzung von Bedeutung sein (vgl BGH NJW 94, 2898 für § 182 aF). Ein falscher oder unrichtiger Vermerk (Rz 3) oder Mängel der Niederlegung (bis hin zum nachträglichen Verlust des Schriftstücks) schaden dagegen nicht (BTDrs 14/4554, 22). Unterbleibt die Niederlegung allerdings ganz, ist die Zustellung unwirksam (MüKoZPO/*Häublein* Rn 13). Heilung ist möglich (§ 189). 4

§ 182 Zustellungsurkunde.

(1) [1]Zum Nachweis der Zustellung nach den §§ 171, 177 bis 181 ist eine Urkunde auf dem hierfür vorgesehenen Formular anzufertigen. [2]Für diese Zustellungsurkunde gilt § 418.

(2) Die Zustellungsurkunde muss enthalten:

1. **die Bezeichnung der Person, der zugestellt werden soll,**
2. **die Bezeichnung der Person, an die der Brief oder das Schriftstück übergeben wurde,**
3. **im Falle des § 171 die Angabe, dass die Vollmachtsurkunde vorgelegen hat,**
4. **im Falle der §§ 178, 180 die Angabe des Grundes, der diese Zustellung rechtfertigt und wenn nach § 181 verfahren wurde, die Bemerkung, wie die schriftliche Mitteilung abgegeben wurde,**
5. **im Falle des § 179 die Erwähnung, wer die Annahme verweigert hat und dass der Brief am Ort der Zustellung zurückgelassen oder an den Absender zurückgesandt wurde,**
6. **die Bemerkung, dass der Tag der Zustellung auf dem Umschlag, der das zuzustellende Schriftstück enthält, vermerkt ist,**
7. **den Ort, das Datum und auf Anordnung der Geschäftsstelle auch die Uhrzeit der Zustellung,**
8. **Name, Vorname und Unterschrift des Zustellers sowie die Angabe des beauftragten Unternehmens oder der ersuchten Behörde.**

(3) Die Zustellungsurkunde ist der Geschäftsstelle unverzüglich zurückzuleiten.

1 **A. Allgemeines. I. Zweck und Beweiskraft der Zustellungsurkunde.** Die Zustellungsurkunde dient dem Nachweis der Zustellung. Sie ist, auch wenn sie von einem Postmitarbeiter ausgestellt ist, öffentliche Urkunde mit der Beweiskraft gem § 418 (Abs 1 S 2; s.a. § 418 Rz 9 f). Diese Beweiskraft betrifft aber nur die Angaben, die die beurkundende Person selbst festgestellt oder ausgeführt hat (BGH NJW 04, 2386 mit Anm *Hau* IPrax 06, 20), zB ob der Zusteller den Adressaten angetroffen hat. Keine Beweiswirkung hat die Zustellungsurkunde dagegen hinsichtlich der Frage, ob der Zustellungsadressat unter der in der Urkunde angegebenen Anschrift eine Wohnung unterhält (BVerfG NJW-RR 92, 1084, 1085; BGH NJW 92, 1963) oder ob die Person, die bei einer Zustellung gem § 178 I Nr 2 das Schriftstück entgegengenommen hat, beim Zustellungsadressaten beschäftigt ist (BGH NJW 04, 2386, 2387). Insofern kann der Zustellungsurkunde aber eine Indizwirkung zukommen (BGH NJW 11, 2440 Tz 18 hinsichtlich der Existenz von Geschäftsräumen). Soweit die Beweiskraft reicht, muss der Beweisgegner den vollen Beweis der Unrichtigkeit des Inhalts der Zustellungsurkunde führen, was zunächst einer substantiierten Darlegung der Unrichtigkeit bedarf (BGH NJW 06, 150). Bei äußeren Mängeln der Urkunde gilt § 419. Die Zustellungsurkunde ist **keine Wirksamkeitsvoraussetzung** der Zustellung (Stuttg NJW 06, 1887); sie dient nur ihrem Nachweis. Dieser kann aber auch auf andere Weise geführt werden. Sie ist in zeitlichem und örtlichem Zusammenhang mit der Zustellung zu erstellen (BGH NJW 81, 874, 875; 90, 176, 177 jeweils zu § 191 aF).

2 **II. Anwendungsbereich.** Eine Zustellungsurkunde ist bei Zustellungen gem § 171 an den Bevollmächtigten und gem § 176, die nach §§ 177 bis 181 auszuführen sind, anzufertigen. Bei Parteizustellungen sind die Sonderregelungen der §§ 193 II, III, 194 II zu beachten.

3 **III. Form.** Für die Zustellungsurkunde ist das Formular gem § 1 Nr 1 ZustVV Anlage 1 (BGBl I 04, 620 f) zu verwenden.

4 **IV. Mängel.** Der Zusteller (und nur er) kann Mängel der Zustellungsurkunde auch nachträglich mit einem unterschriebenen Vermerk berichtigen (BVerwG DGVZ 84, 149 für § 190 aF). Eine nachträgliche Unterschrift berührt die Wirksamkeit der Zustellung nicht (BGH NJW-RR 08, 218). Dies kann allerdings die Beweiskraft mindern. Der ursprüngliche Inhalt der Zustellungsurkunde muss lesbar bleiben. Genügt die Zustellungsurkunde nicht den Anforderungen des § 182, entfaltet sie nicht die Beweiskraft des § 418. Ein anderer Beweis der Zustellung bleibt aber möglich. Die Zustellung selbst bleibt wirksam, auch bei schweren Mängeln der Zustellungsurkunde (str, vgl *Eyinck* MDR 06, 785, 787).

5 **V. Rücksendung.** Gemäß Abs 3 muss der Zusteller die ausgefüllte Zustellungsurkunde unverzüglich (dh ohne schuldhaftes Zögern, § 121 I BGB), an die Geschäftsstelle zuleiten, die die Zustellung beauftragt hat (§ 176). Die Parteien können bei der Amtszustellung nur durch Akteneinsicht (§ 299) Kenntnis vom Inhalt der Zustellungsurkunde erhalten; bei der Parteizustellung wird die Zustellungsurkunde der die Zustellung betreibenden Partei übermittelt (§ 193 III), dem Zustellungsadressaten kann eine beglaubigte Abschrift übergeben werden (§ 193 II).

6 **B. Inhalt. I. Nr 1.** Der **Zustellungsadressat** (vgl § 166 Rz 3) muss so genau bezeichnet sein, dass er identifiziert werden kann, idR durch die Angabe von Vor- und Familiennamen. Zustellungsadressat ist im Fall des § 170 I der gesetzliche Vertreter, ein Zustellungsbevollmächtigter oder im Fall des § 172 der ProzBev. Bei juristischen Personen oder Behörden genügt die Angabe derselben ohne den Vertreter (BGHZ 107, 296, 299 = NJW 89, 2689; 97, 1584, 1586). Kann zwischen mehreren Zustellungsadressaten gewählt werden, können sie alle in die Urkunde aufgenommen werden.

7 **II. Nr 2.** Der **Zustellungsempfänger** ist die Person, der das Schriftstück tatsächlich übergeben worden ist (§ 166 Rz 3). Anforderungen an die Bezeichnung wie nach Rz 6. Sind Adressat und Empfänger identisch, genügt die Angabe »persönlich« oder »selbst«.

8 **III. Nr 3.** Die **Vollmachtsurkunde** muss bei der Zustellung nach § 171 vorgelegt werden (s. § 171 Rz 4). Dass dies geschehen ist, ist zu beurkunden. Angaben zum Inhalt der Vollmacht sind nicht erforderlich (MüKoZPO/*Häublein* Rn 7; St/J/*Roth* Rn 7; aA Zö/*Stöber* Rn 7), können aber bei der Beweisführung hilfreich sein.

9 **IV. Nr 4.** Bei einer **Ersatzzustellung** muss die Tatsachengrundlage für diese angegeben werden. Bei einer Zustellung nach **§ 178** muss angegeben sein, dass der Adressat nicht angetroffen worden ist (vgl die Angaben unter Nr 6 des Formulars gem Rz 3), bei **§ 180**, warum eine Zustellung nach § 178 unausführbar war

(vgl die Angaben unter Nr 10 des Formulars gem Rz 3). Wird nach **§ 181** zugestellt, muss in dem bei 11.2 des Formulars (vgl Rz 3) vorgesehenen Feld angegeben sein, wie die Mitteilung abgegeben oder ob sie angeheftet wurde. Für die Zustellung nach § 180 gilt dies nicht (BGH NJW 06, 150). Bei einer Niederlegung gem § 181 verlangt der Gesetzeswortlaut zwar nicht eine genaue Angabe der Niederlegungsstelle, um die Niederlegung nachvollziehen zu können, sind aber die im Formular unter 11.1.1 bis 3 vorgesehenen Angaben erforderlich.

V. Nr 5. Die Person, die die **Annahme verweigert** hat (vgl § 179), ist identifizierbar (wie Rz 6) anzugeben. 10
Die Angabe weiterer Einzelheiten (Uhrzeit und Umstände des Zustellversuchs/Grund der Verweigerung) verlangt Nr 5 zwar nicht, sie sind aber erforderlich, damit das Gericht die Rechtmäßigkeit der Verweigerung überprüfen kann (ebenso MüKoZPO/*Häublein* Rn 10; Zö/*Stöber* Rn 9). Zu beurkunden ist auch, ob das Schriftstück am Zustellungsort zurückgelassen oder zurückgesandt worden ist (vgl § 179 Rz 4). Genauere Angaben, wo das Schriftstück zurückgelassen worden ist, verlangt Nr 5 nicht; Ankreuzen eines der Felder 12.1 bis 12.3 auf dem Formular gem Rz 3 genügt daher (aA ThoPu/*Hüßtege* Rn 13).

VI. Nr 6. Dass gem **§ 180 S 3** (s. dort Rz 2) oder **§ 181 I 5** (s. dort Rz 3) auf dem Umschlag ein **Zustellungsvermerk** angebracht worden ist, muss in die Zustellungsurkunde aufgenommen werden. Darüber hinaus soll Nr 6 zum Ausdruck bringen, dass in allen Fällen der Zustellung auf dem Umschlag ein solcher Vermerk anzubringen ist (Zö/*Stöber* Rn 10). Wirkungen hat diese Angabe aber nicht. 11

VII. Nr 7. Der **Ort** (idR nach Straße und Hausnummer, München MDR 02, 414) und der **Zeitpunkt** der Zustellung sind in der Zustellungsurkunde anzugeben. Gewöhnlich reicht die Datumsangabe, die Uhrzeit ist nur auf Anordnung der Geschäftsstelle (vgl § 176 und 1.11 des Formulars) erforderlich. 12

VIII. Nr 8. Die Person des Zustellers ist mit Namen und Vornamen anzugeben; dieser muss außerdem die Zustellungsurkunde unterschreiben, damit sie ihre (Beweis-)Wirkungen entfalten kann (zu den Anforderungen an die Unterschrift s. Frankf NJW 93, 3079). Wegen § 176 I muss auch das beauftragte Postunternehmen oder die ersuchte Behörde mitgeteilt werden. 13

§ 183 Zustellung im Ausland.

(1) [1]Eine Zustellung im Ausland ist nach den bestehenden völkerrechtlichen Vereinbarungen vorzunehmen. [2]Wenn Schriftstücke auf Grund völkerrechtlicher Vereinbarungen unmittelbar durch die Post übersandt werden dürfen, so soll durch Einschreiben mit Rückschein zugestellt werden, anderenfalls die Zustellung auf Ersuchen des Vorsitzenden des Prozessgerichts unmittelbar durch die Behörden des fremden Staates erfolgen.
(2) [1]Ist eine Zustellung nach Absatz 1 nicht möglich, ist durch die zuständige diplomatische oder konsularische Vertretung des Bundes oder die sonstige zuständige Behörde zuzustellen. [2]Nach Satz 1 ist insbesondere zu verfahren, wenn völkerrechtliche Vereinbarungen nicht bestehen, die zuständigen Stellen des betreffenden Staates zur Rechtshilfe nicht bereit sind oder besondere Gründe eine solche Zustellung rechtfertigen.
(3) An einen Deutschen, der das Recht der Immunität genießt und zu einer Vertretung der Bundesrepublik Deutschland im Ausland gehört, erfolgt die Zustellung auf Ersuchen des Vorsitzenden des Prozessgerichts durch die zuständige Auslandsvertretung.
(4) [1]Zum Nachweis der Zustellung nach Absatz 1 Satz 2 Halbsatz 1 genügt der Rückschein. [2]Die Zustellung nach Absatz 1 Satz 2 Halbsatz 2 und den Absätzen 2 und 3 wird durch das Zeugnis der ersuchten Behörde nachgewiesen.
(5) [1]Die Vorschriften der Verordnung (EG) Nr. 1393/2007 des Europäischen Parlaments und des Rates vom 13. November 2007 über die Zustellung gerichtlicher und außergerichtlicher Schriftstücke in Zivil- oder Handelssachen in den Mitgliedstaaten und zur Aufhebung der Verordnung (EG) Nr. 1348/2000 (ABl. EU Nr. L 324 S. 79) bleiben unberührt. [2]Für die Durchführung gelten § 1068 Abs. 1 und § 1069 Abs. 1.

A. Normzweck. § 183 gilt für alle Zustellungen, die außerhalb des Staatsgebiets der BRD durchzuführen 1
sind. Die Vorschrift soll Zustellungen im internationalen Rechtsverkehr erleichtern und beschleunigen. Sie ist durch das Gesetz zur Verbesserung der grenzüberschreitenden Forderungsdurchsetzung und Zustellung, durch das ua die EuZVO 1393/2007 vom 13.11.07 umgesetzt worden ist, mit Wirkung zum 13.11.08 vollständig neugefasst worden. Die Neufassung bringt den Vorrang völkerrechtlicher Vereinbarungen und die

Subsidiarität der diplomatischen und konsularischen Zustellung deutlicher zum Ausdruck. Außerdem sollte das Verhältnis der Zustellungsalternativen zueinander klarer geregelt werden (BTDrs 16/8839, 14). Wird an einen Adressaten gem § 177 zugestellt, der sich nur vorübergehend im Inland aufhält, gelten die allg Vorschriften, so dass insb eine Übersetzung des Schriftstücks nicht erforderlich ist (str, vgl Zö/*Geimer* Rn 25). **Ob** eine Zustellung im Ausland zu erfolgen hat oder ob im Inland zugestellt werden kann, bestimmt sich nach dt. Recht (BGH, MDR 11, 121 Tz 8).

Innerhalb der **EU** gilt die EuZVO (Abs 5), s. hierzu §§ 1067-1069. § 183 gilt auch für **Parteizustellungen**; ein GV darf allerdings nicht nach Abs 1 durch Einschreiben mit Rückschein zustellen (Zö/*Geimer* Rn 1e mwN; str). Vereinbarungen der Parteien über die Zustellung im Ausland sind unzulässig (str; aA *Geimer* IZPR Rn 2101). Die **Ausführung** der Zustellung ist Aufgabe der Justizverwaltung, deren Entscheidung gem § 9 ZRHO als Justizverwaltungsakt nach § 23 EGVGV anfechtbar ist. Die Ausführung ist Bestandteil der auswärtigen Angelegenheiten der BRD nach Art 32 I GG, nicht der Rechtspflege.

2 **B. Tatbestandsvoraussetzungen. I. Zustellung aufgrund internationaler Verträge (Abs 1). 1. Allgemeines.** Eine Zustellung gem Abs 1 setzt das Bestehen einer völkervertraglichen Vereinbarung voraus. Dass der Staat, in dem die Zustellung erfolgt, eine postalische Zustellung möglicherweise duldet, genügt nicht. Denn die bloße Duldung bietet keine hinreichende Sicherheit dafür, dass die Zustellung auch anlässlich der Entscheidung über die Vollstreckbarkeit der gerichtlichen Entscheidung als wirksam angesehen wird (vgl BTDrs 16/8839, 20).

3 **2. Zustellungsarten.** Durch **Einschreiben mit Rückschein** (Abs 1 S 2, 1. Var), dh wie nach § 175 (s. dort), soll vorrangig zugestellt werden, wenn eine internationale Vereinbarung dies gestattet. Dies kann eine bilaterale Vereinbarung, aber auch ein multilaterales Abkommen sein (vgl für Einzelheiten www.rechtshilfe-international.de). Nach Art 10 lit a HZÜ kann durch die Post zugestellt werden, wenn der Staat, in dem die Zustellung erfolgen soll, dem nicht widersprochen hat. Einen solchen Widerspruch haben zB China, Norwegen, die Schweiz, Türkei, USA und die Ukraine erklärt. Die BRD hat von ihrem Widerspruchsrecht zu Art 10 lit a HZÜ (§ 6 S 2 AGHZÜ) Gebrauch gemacht. Dieser Widerspruch ist nach bisher hM »allseitig« ausgelegt worden, so dass eine Zustellung ins Ausland als ausgeschlossen angesehen wurde (vgl Ddorf ZfIR 99, 324 mwN). Jedenfalls die Argumentation des OLG Ddorf dürfte allerdings durch die Neufassung des § 183 überholt sein. Eine postalische Zustellung erlaubt auch Art 6 Nr 1 HZPÜ 1954 (BGBl II 1958, 577 mit AG S. 939). Zum Anwendungsbereich von HZÜ, HZPÜ 1954 und HZPÜ 1905 s. Zö/*Geimer* Rn 93. Fehlt eine solche Vereinbarung, ist eine Zustellung durch Einschreiben mit Rückschein verboten (*Schmidt* IPrax 04, 13). Die Zustellung ist vollzogen, wenn das Schriftstück dem Adressaten, seinem Ehepartner, einem Zustellungsbevollmächtigten (§ 184 I) oder einer nach den Postvorschriften des betreffenden Staates zulässigen Ersatzperson übergeben worden ist. Dies kann ein mit der Entgegennahme von Postsendungen allgemein betrauter Hausmeister einer Appartementanlage sein (Celle NJW-RR 05, 1589). Durch die Ausgestaltung als Soll-Vorschrift soll der Möglichkeit weitergehender völkervertraglicher Vereinbarungen (die allerdings noch nicht bestehen und die etwa eine Zustellung auf elektronischem Weg vorsehen könnten) Rechnung getragen werden (BTDrs 16/8893, 20). Der **Nachweis** der Zustellung kann gem Abs 4 durch den Rückschein geführt werden. Er muss einen Erledigungsvermerk des Zustellers enthalten; genügend ist auch die Unterschrift des Adressaten. Der Rückschein ist private Urkunde iSd § 416. Andere Beweismittel sind aber ebenso zulässig. Verweigert der Adressat die Annahme, gilt die Zustellung als erfolgt (vgl BGH NJW 97, 2051, 2052; Zö/*Geimer* Rn 45 mwN).

4 Grds nachrangig zur Zustellung mittels Einschreiben mit Rückschein steht die Zustellung im Wege des **unmittelbaren Behördenverkehrs** zur Verfügung (Abs 1 S 2, 2. Var), die § 183 I Nr 2 aF entspricht. Diese bietet einen komplizierteren, aber den im internationalen Verkehr am weitesten verbreiteten Weg der Zustellung. Für das **Ersuchen** ist der Vorsitzende des Prozessgerichts zuständig (vgl § 168 Rz 2). Zur Ausführung der Zustellung s. Rz 1. Ist das Ersuchen nicht an die zust ausländische Stelle gerichtet worden, soll dieser Fehler nicht dadurch geheilt werden können, dass der Adressat das Schriftstück tatsächlich erhalten hat (Jena WM 01, 1393). Der **Nachweis** der Zustellung erfolgt gem Abs 4 durch das Zeugnis der ersuchten Behörde. Dieses ist nach dem für die Behörde geltenden Recht auszustellen (vgl § 415). Die Echtheit eines ausländischen Zeugnisses ist nach § 438 zu beurteilen; ihm kommt die Beweiskraft des § 418 I zu (BGH NJW 02, 521, 522 zu § 202 aF). Das Zeugnis ist nicht Wirksamkeitsvoraussetzung; der Nachweis kann auch auf andere Weise geführt werden (Zö/*Geimer* Rn 2).

3. Auswahl. Die Wahl zwischen den verschiedenen Zustellungsmöglichkeiten des Abs 1 trifft das Gericht (vgl BGH NJW 03, 2830, 2831 zu § 202 I aF). Die Parteien können hierzu Anregungen geben oder Informationen mitteilen, deren Kenntnis für die Ermessensausübung hilfreich ist. Für die Entscheidung kann es relevant sein, ob mit einer Rücksendung des Rückscheins zu rechnen ist, was entgegen früheren Erwartungen nicht immer sichergestellt ist (vgl BTDrs 16/8839, 20). Misslingt der Versuch der Zustellung nach § 183, ist eine öffentliche Zustellung (§ 185) möglich. 5

II. Zustellung auf diplomatischem Weg (Abs 2). Die Zustellung nach Abs 2 ist ggü Abs 1 subsidiär, dh dass eine Zustellung auf diplomatischem Weg erst in Betracht kommt, wenn die einfacheren Übermittlungswege aus rechtlichen oder tatsächlichen Gründe nicht zur Verfügung stehen (BTDrs 16/8839 20). S 2 nennt Regelbeispiele, in denen nach Abs 2 zuzustellen ist. **Besondere Gründe** für eine Zustellung im diplomatischen Verkehr liegen insb dann vor, wenn an einen ausländischen Staat oder ausländische Diplomaten zugestellt werden soll, weil in diesen Fällen die außenpolitischen Belange der BRD berührt sind. Für den Nachweis der Zustellung (vgl Abs 4) gilt das in Rz 4 aE Gesagte. 6

III. Zustellung an Bedienstete deutscher Auslandsvertretungen. Genießen diese Immunität, wird das Zustellungsersuchen an die zust deutsche Auslandsvertretung gerichtet. Anders als nach § 183 I Nr 3 aF ist eine Mitwirkung des Auswärtigen Amtes nicht mehr erforderlich. Für den Nachweis der Zustellung (vgl Abs 4) gilt das in Rz 4 aE Gesagte. 7

IV. Mängel. Mängel der Zustellung können die Wirksamkeit der Zustellung in Frage stellen (vgl etwa § 15 I HZÜ), sie können insb auch der Anerkennung der Entscheidung zum Zwecke der Vollstreckung im Ausland entgegenstehen (s. § 328 Rz 20). 8

C. Kosten/Gebühren. Bei Zustellung durch Einschreiben mit Rückschein gilt KV Nr 9002. Für die Prüfung des ausgehenden Ersuchens durch die Justizverwaltung s. Nr 200 des Gebührenverzeichnisses zu § 2 I JVKostO. Für Übersetzungen sind die Auslagen zu erstatten. Für die Gebühren und Auslagen der deutschen Auslandsvertretung gelten AKostG und AKostV. Ist PKH bewilligt, gelten §§ 53 II, 54 III ZRHO. 9

§ 184 Zustellungsbevollmächtigter; Zustellung durch Aufgabe zur Post.

(1) [1]Das Gericht kann bei der Zustellung nach § 183 anordnen, dass die Partei innerhalb einer angemessenen Frist einen Zustellungsbevollmächtigten benennt, der im Inland wohnt oder dort einen Geschäftsraum hat, falls sie nicht einen Prozessbevollmächtigten bestellt hat. [2]Wird kein Zustellungsbevollmächtigter benannt, so können spätere Zustellungen bis zur nachträglichen Benennung dadurch bewirkt werden, dass das Schriftstück unter der Anschrift der Partei zur Post gegeben wird.
(2) [1]Das Schriftstück gilt zwei Wochen nach Aufgabe zur Post als zugestellt. [2]Das Gericht kann eine längere Frist bestimmen. [3]In der Anordnung nach Absatz 1 ist auf diese Rechtsfolgen hinzuweisen. [4]Zum Nachweis der Zustellung ist in den Akten zu vermerken, zu welcher Zeit und unter welcher Anschrift das Schriftstück zur Post gegeben wurde.

A. Normzweck. § 184 erleichtert weitere Zustellungen im Ausland, ist aber im Geltungsbereich der EuZVO nicht anwendbar (BGH NJW 11, 1885 Tz 17 ff). Durch die Neufassung durch das Gesetz zur Verbesserung der grenzüberschreitenden Forderungsdurchsetzung und Zustellung ist der Anwendungsbereich erweitert worden und erfasst nun auch solche Zustellungen, die aufgrund völkerrechtlicher Verträge durch Einschreiben mit Rückschein erfolgen könnten. Dies gilt auch dann, wenn völkerrechtlich eine vereinfachte Zustellung zulässig ist (Musielak/*Wolst* Rn 1). Verfassungsrechtliche Bedenken bestehen gegen § 184 nicht (BVerfG NJW 1997, 1772 zu § 175 aF). 1

B. Tatbestandsvoraussetzungen. Eine **Anordnung** nach § 184 kann nur bei einer Zustellung nach § 183 innerhalb eines anhängigen Verfahrens getroffen werden. Im Rahmen einer Inlandszustellung, zB auf einem Messestand als Geschäftsraum iSd § 178 I Nr 2, kann keine Anordnung nach § 184 ergehen (BGH NJW-RR 08, 1082). Ist ein ProzBev bestellt, ist § 172 vorrangig. Die Anordnung sowie der Hinweis gem Abs 2 S 3 sind gemeinsam mit dem Schriftstück zuzustellen. Der **Hinweis** auf die Folgen (s. Rz 4) einer unterlassenen Benennung innerhalb der Frist ist Wirksamkeitsvoraussetzung für die Anordnung. Anordnung und Hinweis müssen ggf in eine für den Adressaten verständliche Sprache übersetzt sein (str). **Zuständig** ist der Vorsitzende des Prozessgerichts (vgl § 168 Rz 2; Köln MDR 11, 1068 f.; MüKoZPO/*Häublein* Rn 7; aA Frankf NJW-RR 10, 285). Die (nicht anfechtbare) Anordnung steht im **Ermessen** des 2

Gerichts und sollte wegen der für den Adressaten damit verbundenen Erschwernisse nur dann erfolgen, wenn hierfür ein praktisches Bedürfnis besteht, etwa weil sich bisherige Zustellungen als schwierig durchführbar erwiesen haben. Insbesondere im Fall des § 183 I 2 Var 1 (Einschreiben mit Rückschein) ist Zurückhaltung geboten. Sind Zustellungen auf diesem Weg bisher in einem zumutbaren Zeitraum ausgeführt worden, ist für eine Anordnung nach § 184 kein Raum. Die **Frist** (Abs 1 S 1) muss angemessen sein und sollte daher idR 2 bis 3 Wochen nicht unterschreiten.

3 **C. Wirkung. I. Ein Zustellungsbevollmächtigter ist benannt.** Der Zustellungsbevollmächtigte wird durch Erteilung der entspr (stets widerruflichen) Vollmacht und eine Mitteilung hiervon an das Gericht bestellt (vgl § 172 Rz 3 f). Die Vollmacht erlischt, wenn sich ein ProzBev bestellt (dann § 172). Dem Zustellungsbevollmächtigten kann, muss aber nicht zugestellt werden. Er muss prozessfähig sein (§ 170 I 2; str) und eine Wohnung (vgl § 178 Rz 3) oder einen Geschäftsraum (vgl § 178 Rz 8) im Inland haben.

4 **II. Kein Zustellungsbevollmächtigter.** Unterbleibt die Benennung, können weitere Zustellungen nach Ablauf der Frist **durch Aufgabe** eines einfachen Briefs **zur Post** unter der bekannten Anschrift der Partei vorgenommen werden. Übersetzungen sind nicht erforderlich (BGH NJW 99, 1871, 1872; krit MüKoZPO/*Häublein* Rn 11). Änderungen der Anschrift müssen nur berücksichtigt werden, wenn sie dem Gericht mitgeteilt worden sind. Zwei Wochen nach Aufgabe zur Post (Einwurf in den Briefkasten; aA: Leerung desselben: Zö/*Stöber* Rn 8) gilt das Schriftstück als zugestellt (Abs 2 S 1, Fiktion). Unerheblich ist, ob das Schriftstück den Adressaten tatsächlich erreicht; dies kann aber eine Wiedereinsetzung rechtfertigen (vgl BGH NJW 00, 3284, 3285). Das Gericht kann in der Anordnung nach Abs 1 S 1 nach fristgemäßem Ermessen eine längere Frist bestimmen. Fristberechnung: § 222 I. Die Fiktion gilt auch, wenn durch die Zustellung eine Frist in Lauf gesetzt wird (BGH NJW 92, 1701). Zustellungsort ist dort, wo das Schriftstück zur Post gegeben worden ist, so dass es sich nicht um eine Auslandszustellung handelt (vgl BGH NJW 99, 1187, 1188; 02, 521, 522 zu § 175 aF). Wird **nach Ablauf** der Frist ein Zustellungsbevollmächtigter benannt, kann nicht mehr nach Abs 2 verfahren werden. Gleiches gilt, wenn sich ein ProzBev bestellt oder die Partei einen Wohnsitz oder Geschäftsraum im Inland begründet.

5 Die Zustellung wird durch einen unterschriebenen Aktenvermerk des Urkundsbeamten der Geschäftsstelle nachgewiesen (Abs 4 S 2). Dabei sind mindestens das Datum und die Postanschrift des Adressaten anzugeben. Aus dem Vermerk muss sich auch ergeben, dass das Schriftstück tatsächlich zur Post aufgegeben worden ist. Eine Ergänzung des Vermerks durch Bezugnahmen ist allerdings möglich (BGH MDR 10, 650). Der Vermerk ist öffentliche Urkunde (§ 418). Bei Mängeln des Vermerks kann der Nachweis der Zustellung auf andere Weise geführt werden.

§ 185 Öffentliche Zustellung. **Die Zustellung kann durch öffentliche Bekanntmachung (öffentliche Zustellung) erfolgen, wenn**

1. **der Aufenthaltsort einer Person unbekannt und eine Zustellung an einen Vertreter oder Zustellungsbevollmächtigten nicht möglich ist,**
2. **bei juristischen Personen, die zur Anmeldung einer inländischen Geschäftsanschrift zum Handelsregister verpflichtet sind, eine Zustellung weder unter der eingetragenen Anschrift noch unter einer im Handelsregister eingetragenen Anschrift einer für Zustellungen empfangsberechtigten Person oder einer ohne Ermittlungen bekannten anderen inländischen Anschrift möglich ist,**
3. **eine Zustellung im Ausland nicht möglich ist oder keinen Erfolg verspricht oder**
4. **die Zustellung nicht erfolgen kann, weil der Ort der Zustellung die Wohnung einer Person ist, die nach den §§ 18 bis 20 des Gerichtsverfassungsgesetzes der Gerichtsbarkeit nicht unterliegt.**

1 **A. Normzweck.** § 185 ermöglicht als ultima ratio (mittels Fiktion) Zustellungen in Fällen, in denen eine Zustellung auf einem anderen Weg nicht oder nur sehr schwer durchführbar ist (BGHZ 118, 45, 48 = NJW 92, 280, 2281). § 185 ist auch auf Parteizustellungen anwendbar. Ein Mahnbescheid kann nicht nach § 185 zugestellt werden (§ 688 II Nr 3), wohl ein Vollstreckungsbescheid (§ 699 IV S 3). Die öffentliche Zustellung eines Pfändungs- und Überweisungsbeschlusses an den Drittschuldner ist nicht möglich (vgl § 829 Rz 58). Zur öffentlichen Zustellung an Angehörige der NATO-Truppen vgl Art 36 I NTS-ZA. Sie findet nicht statt in den Fällen der §§ 763 II 3, 829 II 2, 835 III 1, 841, 844 II, 875 II. Nr 2 ist durch das **MoMiG** mit Wirkung vom 1.11.08 eingefügt worden.

B. Tatbestandsvoraussetzung. I. Allgemein. Die öffentliche Zustellung muss angeordnet sein (vgl § 186). Für die Ausführung und Wirkungen s. §§ 186–188. 2

II. Einzelfälle. 1. Unbekannter Aufenthalt (Nr 1). Als **Person**, deren Aufenthalt unbekannt sein muss, kommt jeder Prozessbeteiligte oder sein Vertreter (zB GmbH-Geschäftsführer, Stuttg MDR 05, 472) in Betracht. Anwendbar ist § 185 auch auf Zeugen oder Drittschuldner (MüKoZPO/*Häublein* Rn 2; aA Musielak/*Wolst* Rn 3 mwN). Der Zustellungsadressat muss noch leben, jedenfalls darf sein Tod nicht feststehen (vgl Celle FamRZ 05, 1492). Der **Aufenthalt** muss allgemein **unbekannt**, dh für den Zustellungsveranlasser mit zumutbarem Aufwand nicht ermittelbar sein (vgl BGHZ 149, 311, 314 = NJW 02, 827, 828; KG NJW-RR 06, 1380, 1381). Nicht erforderlich ist, dass niemand den Aufenthalt kennt. Generell sind hohe Anforderungen zu stellen und eingehende Ermittlungen erforderlich (vgl BFHE 201, 425, 431). Erforderlich ist grds jedenfalls eine ergebnislose Anfrage an die mutmaßlich zuständige Meldebehörde (KG MDR 98, 124 zu § 203 aF), ggf auch an den Vermieter, Nachbarn, Arbeitgeber. Ist eine E-mail-Adresse oder eine Telefonnummer bekannt, muss dort nach einer Anschrift nachgefragt werden (Frankf NJW 09, 2543, 2544). In Ehesachen können strengere (AG Neustadt FamRZ 05, 377), in Zwangsvollstreckungsverfahren im Hinblick auf das vorangegangene Verfahren geringere Anforderungen gelten. Bei Ausländern mit früherer Inlandsanschrift ist beim Bundesverwaltungsamt in Köln nachzufragen. Dass die Voraussetzungen des § 185 erfüllt sind, muss das Gericht feststellen (vgl § 186 Rz 2). Ist eine Zustellung an einen Vertreter (§ 170, 171) oder Zustellungsbevollmächtigten (§ 184) möglich, ist eine öffentliche Zustellung ausgeschlossen. An einen Prozessunfähigen kann nicht nach § 185 zugestellt werden. 3

2. Zustellung an juristische Person (Nr 2). Nach § 8 IV Nr 1 GmbHG ist eine GmbH und nach § 37 III Nr 1 AktG eine AG verpflichtet, bei der Anmeldung zum Handelsregister eine inländische Geschäftsanschrift anzugeben. Zu den Übergangsfristen vgl § 3 EGGmbH bzw § 18 EGAktG. Änderungen der Anschrift müssen gem § 31 I HGB zur Eintragung in das Handelsregister angemeldet werden. Zusätzlich können GmbH und AktG im Handelsregister eine andere Anschrift einer für Zustellungen empfangsberechtigten Person eintragen lassen. Damit soll die Möglichkeit von Zustellungen unter den eingetragenen Anschriften, die für Dritte jederzeit einsehbar sind, sichergestellt werden. Sanktioniert wird ein Verstoß gegen diese Eintragungspflichten insb durch die Möglichkeit einer öffentlichen Zustellung gem § 185 Nr 2. Dies gilt nur dann nicht, wenn eine Zustellung unter einer ohne Ermittlungen dem Gericht oder dem Antragsteller bekannten inländischen Anschrift möglich ist. Entsprechendes gilt für eine ausländische AG mit inländischer Zweigniederlassung und eine SE. Dass eine ausländische Zustellungsanschrift bekannt ist, steht einer öffentlichen Zustellung nicht entgegen (BRDrs 354/07 123). Bekannt ist die inländische Anschrift nur dann, wenn sie in allen für die Ausführung einer Zustellung erforderlichen Bestandteilen bekannt ist (vgl BRDrs 354/07 117). Für materiellrechtliche Erklärungen eröffnet § 15a HGB die entsprechende Möglichkeit einer öffentlichen Zustellung. Auf **Personengesellschaften** ist die Vorschrift nicht anwendbar, obwohl auch diese zur Eintragung einer Geschäftsadresse im Handelsregister verpflichtet sind (vgl BRDrs 354/07, 115 und 125). 4

3. Auslandszustellung (Nr 3). Steht fest, dass eine Zustellung im Ausland unausführbar ist, weil die ersuchten Behörden die Rechtshilfe generell (vgl Länderteil der ZRHO) oder im Einzelfall verweigern, kann öffentlich zugestellt werden. Insoweit ist zu beachten, dass eine Dauer von bis zu einem Jahr für eine Zustellung im Ausland nicht ungewöhnlich ist; ein Zeitraum von mehr als einem Jahr muss allerdings wohl nicht abgewartet werden (BGH NJW-RR 09, 855, 856 f). Zur Gewährung rechtlichen Gehörs kann eine formlose Übersendung des Schriftstücks erforderlich sein (vgl Köln NJW-RR 98, 1683). § 185 ist unanwendbar im Anwendungsbereich der EuZVO (vgl *Heiderhoff* EuZW 06, 235, 237). 5

4. Immunität (Nr 4). Hierunter (§§ 18–20 GVG) können Ausländer im Inland und Inländer im Ausland fallen, wenn eine Zustellung im Ausland gem § 183 an diese nicht durchführbar ist. 6

C. Verstoß. Ein Verstoß gegen § 185 macht die Zustellung jedenfalls dann wirkungslos idS, dass Rechtsmittelfristen nicht ausgelöst werden, wenn er für das Gericht (§ 186) erkennbar gewesen wäre (BGH NJW 07, 303; Stuttg MDR 05, 472). Gleiches gilt, wenn eine andere Zustellung ohne weiteres möglich gewesen wäre (BGHZ 149, 311, 321 = NJW 02, 827). Ansonsten ist die Zustellung wirksam; ggf ist Wiedereinsetzung zu gewähren (BGHZ 149, 311, 321 = NJW 02, 827), wozu allerdings die bloße Unkenntnis von der öffentlichen Zustellung nicht genügt (vgl MüKoZPO/*Häublein* Rn 15). IdR ist der Anspruch auf rechtliches Gehör verletzt (BVerfG NJW 88, 2361). Ist die öffentliche Zustellung erschlichen, können hieraus keine Rechte 7 hergeleitet werden (§ 242 BGB). Heilung ist möglich (§ 189). Zudem kann das Berufen auf die Unwirksamkeit der öffentlichen Zustellung rechtsmissbräuchlich sein (BGH NJW-RR 08, 1310)

8 **D. Kosten/Gebühren.** Die Bewilligung ist gebührenfrei, für Auslagen (vgl § 187) gilt KV 9004. Der RA erhält als ProzBev keine gesonderte Gebühr, anderenfalls gilt VV 3403; für das Beschwerdeverfahren s. VV 3500 u VV 3513. Wird eine Willenserklärung gem § 132 II BGB zugestellt, gilt § 137 Nr 4 KostO.

§ 186 Bewilligung und Ausführung der öffentlichen Zustellung. **(1) [1]Über die Bewilligung der öffentlichen Zustellung entscheidet das Prozessgericht. [2]Die Entscheidung kann ohne mündliche Verhandlung ergehen.**

(2) [1]Die öffentliche Zustellung erfolgt durch Aushang einer Benachrichtigung an der Gerichtstafel oder durch Einstellung in ein elektronisches Informationssystem, das im Gericht öffentlich zugänglich ist. [2]Die Benachrichtigung kann zusätzlich in einem von dem Gericht für Bekanntmachungen bestimmten elektronischen Informations- und Kommunikationssystem veröffentlicht werden. [3]Die Benachrichtigung muss erkennen lassen

1. die Person, für die zugestellt wird,

2. den Namen und die letzte bekannte Anschrift des Zustellungsadressaten,

3. das Datum, das Aktenzeichen des Schriftstücks und die Bezeichnung des Prozessgegenstandes sowie

4. die Stelle, wo das Schriftstück eingesehen werden kann.

[4]Die Benachrichtigung muss den Hinweis enthalten, dass ein Schriftstück öffentlich zugestellt wird und Fristen in Gang gesetzt werden können, nach deren Ablauf Rechtsverluste drohen können. [5]Bei der Zustellung einer Ladung muss die Benachrichtigung den Hinweis enthalten, dass das Schriftstück eine Ladung zu einem Termin enthält, dessen Versäumung Rechtsnachteile zur Folge haben kann.

(3) In den Akten ist zu vermerken, wann die Benachrichtigung ausgehängt und wann sie abgenommen wurde.

1 **A. Bewilligung (Abs 1). I. Verfahren.** Für die Bewilligung ist das Prozessgericht **zuständig**, dh das Gericht, bei dem das Verfahren anhängig ist, für das Urt, das Gericht, das dieses erlassen hat, und bei Rechtsmitteln das Rechtsmittelgericht. Das Vollstreckungsgericht wird erst nach der Titelzustellung (§ 750) zuständig. Die internationale Zuständigkeit des angerufenen Gerichts ist nicht Voraussetzung für eine öffentliche Zustellung (Köln MDR 03, 230). Es entscheidet das Gericht, nicht der Vorsitzende allein (Ausnahme Kammer für Handelssachen, vgl § 349 Rz 2); in ihm gem § 4 I RPflG übertragenen Sachen ist der Rechtspfleger zuständig. Bei **Parteizustellungen** ist ein Antrag erforderlich, für den ggf Anwaltszwang besteht (§ 78; vgl Musielak/*Wolst* Rn 2 mwN). Das Gericht entscheidet durch **Beschluss** (vgl § 329), der in jedem Fall zu begründen ist. Die Ablehnung ist mit sofortiger Beschwerde anfechtbar (§ 567 I Nr 2), die Bewilligung nur mit dem Rechtsmittel gegen die Sachentscheidung (Verletzung rechtlichen Gehörs). Eine öffentliche Zustellung ohne Bewilligung oder Bewilligung durch das unzuständige Gericht ist unwirksam.

2 **II. Voraussetzungen.** Über die Bewilligung entscheidet das Gericht vAw, wenn die Zustellung durch die Geschäftsstelle (vgl § 168) nicht durchführbar iSd § 185 ist. Die Bewilligung kann nur für den Einzelfall, dh für eine einzelne Zustellung (wenn auch mglw mehrerer Schriftstücke) ausgesprochen werden.
Bei Parteizustellungen muss der Zustellungsveranlasser die Erfolglosigkeit der notwendigen Ermittlungen (§ 185 Rz 3) nachweisen. Auch bei Zustellungen im Amtsbetrieb trägt die Partei, die ein Interesse an der öffentlichen Zustellung hat, die Nachteile, die sich ergeben, wenn das Gericht das Vorliegen der Voraussetzungen des § 185 nicht feststellen kann. Wenn auch das Gericht hier eine Ermittlungspflicht trifft, ist der Partei gleichwohl entsprechender Vortrag anzuraten. Das Gericht entscheidet nach **Ermessen** (§ 185: »kann«; Zö/*Stöber* Rn 4 mwN; aA ThoPu/*Hüßtege* Rn 2; St/J/*Roth* Rn 13), auch über die ergänzenden Anordnungen gem §§ 187, 188 S 2. Liegen die Voraussetzungen des § 185 vor, verlangt der Anspruch auf effektiven Rechtsschutz idR die Bewilligung der öffentlichen Zustellung. Bei der Ermessensentscheidung ist zu berücksichtigen, ob Umstände vorliegen, die bei einer Durchführung des Rechtshilfeverfahrens zu einer Vereitelung des Rechts der betreibenden Partei führen können (BGH NJW-RR 09, 855 Rn 17). Gegen jenes ist aber das Schutzbedürfnis des Zustellungsadressaten abzuwägen. Für dieses sind insb die Gründe für die Unausführbarkeit von Zustellungen von Bedeutung. Unerheblich sind die Erfolgsaussichten der Klage.

3 **B. Ausführung (Abs 2, 3). Zuständig** ist der Urkundsbeamte der Geschäftsstelle (§ 153 GVG). **Veröffentlicht** (Abs 2 S 1 u ggf S 2) wird aus Gründen des Persönlichkeitsschutzes nur eine Benachrichtigung mit

dem Inhalt des Abs 2 S 3. Eine Veröffentlichung nur im Internet genügt nicht. Der Prozessgegenstand (Abs 2 S 3 Nr 3) muss nur allgemein, aber aussagekräftig (zu wenig: Zahlungsanspruch) bezeichnet werden. Gemäß Abs 2 S 4 und 5 sind zusätzliche **Hinweise** erforderlich, um dem Zustellungsadressaten die Folgen der öffentlichen Zustellung vor Augen zu führen. Die Rechtsverluste (Abs 2 S 4) bzw –nachteile (Abs 2 S 5) bei der Zustellung einer Ladung (§ 214) müssen nur allgemein beschrieben sein (zB Verlust von Rechtsmittelmöglichkeiten; Versäumnisurteil). Der **Vermerk** gem Abs 3 wird zweckmäßigerweise auf der Urschrift angebracht, die nach ihrem Abhängen in die Akte genommen wird. Er dient dem Nachweis der öffentlichen Zustellung und ist nicht Wirksamkeitsvoraussetzung. Der Nachweis kann aber auch auf jede andere Weise geführt werden.

§ 187 Veröffentlichung der Benachrichtigung. Das Prozessgericht kann zusätzlich anordnen, dass die Benachrichtigung einmal oder mehrfach im elektronischen Bundesanzeiger oder in anderen Blättern zu veröffentlichen ist.

Die **Anordnung** gem § 187 kann mit der Bewilligung (§ 186) oder nachträglich nach gerichtlichem **Ermessen** ausgesprochen werden. Maßgeblich ist, ob durch die zusätzliche Veröffentlichung gem § 187 die Kenntnisnahme durch den Adressaten oder eine ihm nahestehende Person wahrscheinlicher wird. **Blätter** sind insb Zeitungen. Ist eine Veröffentlichung gem § 187 angeordnet, muss der gesamte Inhalt der Benachrichtigung (§ 186 Rz 3) veröffentlicht werden; die Ausführung der Anordnung ist gem § 186 III zu vermerken. 1

§ 188 Zeitpunkt der öffentlichen Zustellung. [1]Das Schriftstück gilt als zugestellt, wenn seit dem Aushang der Benachrichtigung ein Monat vergangen ist. [2]Das Prozessgericht kann eine längere Frist bestimmen.

A. Normzweck. § 188 **fingiert** die Zustellung, die bei Vorliegen der Voraussetzungen der §§ 185, 186 wirksam ist. Tatsächliche Kenntnis des Adressaten vom Schriftstück ist unerheblich. 1

B. Frist. Die **Frist** wird nach § 222 berechnet; § 222 II ist nicht anwendbar (MüKoZPO/*Häublein* Rn 2). Sie beginnt mit dem Aushang gem § 186 II 1 (Tag des Aushangs nicht mitgerechnet, § 187 I BGB) und kann nicht verkürzt, wohl aber gem S 2 im Bewilligungsbeschluss des Gerichts (§ 186) nach dessen Ermessen **verlängert** werden. Wird die Benachrichtigung vor Fristablauf von der Gerichtstafel entfernt, ist die Zustellung unwirksam (str; wie hier Ddorf Urt v 15.3.11 – 24 U 128/10; MüKoZPO/*Häublein* Rn 4 mwN). Eine Veröffentlichung nach § 187 ist für die Berechnung des Zeitpunkts gem § 188 unerheblich. 2

§ 189 Heilung von Zustellungsmängeln. Lässt sich die formgerechte Zustellung eines Dokuments nicht nachweisen oder ist das Dokument unter Verletzung zwingender Zustellungsvorschriften zugegangen, so gilt es in dem Zeitpunkt als zugestellt, in dem das Dokument der Person, an die die Zustellung dem Gesetz gemäß gerichtet war oder gerichtet werden konnte, tatsächlich zugegangen ist.

A. Normzweck. Entscheidend für die Wirksamkeit einer Zustellung soll sein, dass der Adressat oder sein Vertreter (§§ 170–172) Kenntnis von dem Schriftstück erhalten hat. Ist dies der Fall, soll es auf Formalitäten nicht ankommen und die Zustellung wird **fingiert**. Voraussetzung ist aber stets das Vorhandensein eines Zustellungswillens (vgl Rz 5). Ein **Nachweis** der Zustellung ist nicht Voraussetzung ihrer Wirksamkeit; daher führt § 189 insoweit nicht zu einer Fiktion der Zustellung, sondern hat lediglich Bedeutung für die Bestimmung des maßgeblichen Zustellungszeitpunkts. 1

B. Anwendungsbereich. § 189 gilt für alle Zustellungen, auch wenn dadurch Notfristen in Gang gesetzt werden. Heilung ist auch bei Zustellung im Parteibetrieb möglich (Dresd NJW-RR 03, 1721) wie auch bei Auslandszustellungen, soweit Völkerrecht nicht entgegensteht. Dies gilt auch für Zustellungen, die unter das Haager Zustellungsübereinkommen (HZÜ) fallen, unabhängig davon, ob das gem Art 5 I a HZÜ anwendbare Recht des Zustellungsstaates eine Heilung vorsieht (BGH NJW 11, 3581 Tz 21 ff). Keinesfalls kann jedoch durch § 189 das Fehlen einer im Fall einer Auslandszustellung erforderlichen Fristsetzung gem § 339 II geheilt werden (BGH NJW 11, 2218 Tz 14 f). Alle **Mängel** des **Zustellungsverfahrens**, die zur Unwirksamkeit der Zustellung führen, können unter § 189 fallen. Mängel des Zustellungsgegenstandes, zB 2 eine fehlende Beglaubigung, können dagegen nicht gem § 189 geheilt werden (vgl BGHZ 100, 234, 238 = NJW 87, 2868; 130, 71, 74 = NJW 95, 2217, aA BVerwG, Beschl v 6.7.07–8 PKH 2/07, juris). Zu Abweichungen der zugestellten Abschrift von der Urschrift s. § 169 Rz 4. Eine fehlende Unterschrift unter einer Entscheidung führt zur Unwirksamkeit, wenn die Zustellung Wirksamkeitsvoraussetzung der Entscheidung ist (§§ 310 III, 329).

3 **Weitere Heilungsmöglichkeiten** sind die rückwirkende Genehmigung des Zustellungsadressaten, wenn an eine falsche Person zugestellt worden ist, und ein Rügeverzicht gem § 295, soweit die Verfügungsmacht der Parteien reicht (vgl BGH NJW 92, 2099, 2100). Dieser wirkt allerdings nur ex nunc. Außerdem kann die Berufung auf eine fehlerhafte Zustellung rechtsmissbräuchlich sein, wenn der Zustellungsempfänger die Heilung des Zustellungsmangels bewusst verhindert hat (KGR 05, 131 für den Fall einer fehlenden Vollziehung einer einstw Vfg nach § 929 II ZPO). Schließlich kann die Zustellung neu (mit Wirkung ex nunc) vorgenommen werden.

4 **C. Tatbestandsvoraussetzungen. I. Zugang.** Das Schriftstück muss auf irgendeine Weise derart in den Herrschaftsbereich (in die Hand) des Zustellungsadressaten oder seines Stellvertreters (§§ 170–172) gelangt sein, dass dieser von dessen Inhalt Kenntnis nehmen und es behalten konnte (BGH NJW 89, 1154 zu § 198 aF). Tatsächliche Kenntnisnahme ist nicht erforderlich. Ist ein ProzBev bestellt, kann nur an diesen zugestellt werden (vgl § 172 I 1). Es genügt aber, dass er an dem Schriftstück zeitgleich mit seiner Bestellung oder sogar bereits zuvor Besitz erlangt hat (BGH MDR 11, 121 Tz 11; s.a. KG MD 11, 431 zur Heilung im Fall einer Zustellung zum Zweck der Vollziehung einer einstw Vfg gem § 929). Wird gegen Empfangsbekenntnis zugestellt, genügt zudem nicht der Zugang, zusätzlich ist Empfangsbereitschaft (vgl § 174 Rz 2) erforderlich. Der Zugang bei einer Ersatzperson gem § 178 genügt nicht, weil diese nicht Zustellungsadressat ist.

5 **II. Zustellungswille.** An einer heilungsfähigen Zustellung fehlt es, wenn das Schriftstück ohne den Zustellungswillen des Zustellungsveranlassers (§ 166 Rz 7) zugegangen ist (BTDrs 14/4554, 24; BGH NJW 03, 1192, 1193; MDR 11, 121 Tz 11). Dies setzt den Willen gerade zur Zustellung voraus, eine Zustellung muss also angeordnet sein (vgl §§ 168, 176), die Absicht einer lediglich formlosen Mitteilung genügt dagegen nicht. Entscheidend ist bei der Amtszustellung der Wille des für das Verfahren zuständigen Organs, grds also des Richters (§ 270 I S 1), nicht der Geschäftsstelle, die lediglich die Zustellung ausführt (§ 168). Daher kann eine Zustellung im Partei- statt im Amtsbetrieb nie nach § 189 geheilt werden (BGH MDR 10, 885 Tz 15 ff). Das gilt auch im umgekehrten Fall (aA Musielak/*Wolst* Rn 2). Etwas anderes gilt (im Ergebnis zu Recht), wenn der Antrag auf Durchführung eines selbständigen Beweisverfahrens nicht förmlich zugestellt worden ist; hier soll im Hinblick auf die materiell-rechtichen Wirkungen eine Heilung nach § 189 möglich sein (BGH NJW 2011, 1965 Tz 33 ff); richtig wäre es allerdings gewesen, dieses materiell-rechtiche Problem nicht über das Prozessrecht, sondern durch eine dem Sinn und Zweck der Hemmungsvorschriften (vgl BGH, aaO Tz 46) entsprechende Auslegung des § 204 I Nr 7 BGB zu lösen (ebenso *Eyinck* MDR 11, 1389, 1394; *Grothe* NJW 11, 1970, 1971).

6 **D. Wirkung.** Die Fiktion des § 189 führt alle Rechtsfolgen einer wirksamen Zustellung herbei. Ein gerichtliches Ermessen besteht nicht. Maßgeblicher Zeitpunkt ist der Zugang (Rz 4). Dieser (ggf der spätestmögliche) ist nach allgemeinen Grundsätzen von demjenigen, der sich auf die Wirksamkeit der Zustellung beruft, nachzuweisen (*Heß* NJW 02, 2417, 2421). Über die Heilung entscheidet das Gericht, das mit der Frage der Wirksamkeit der Zustellung im anhängigen Verfahren befasst ist; bei der Erteilung des Rechtskraftzeugnisses (§ 706 I) der Urkundsbeamte der Geschäftsstelle. Eine Feststellungsklage soll nicht zulässig sein, weil die Zustellung Realakt und nicht Rechtsverhältnis ist (Zö/*Stöber* Rn 16).

§ 190 Einheitliche Zustellungsformulare.

Das Bundesministerium der Justiz wird ermächtigt, durch Rechtsverordnung mit Zustimmung des Bundesrates zur Vereinfachung und Vereinheitlichung der Zustellung Formulare einzuführen.

1 § 190 erfasst Formulare für den Zustellungsauftrag (§ 168 I S 2), die Zustellungsurkunde (§ 182), die schriftliche Mitteilung über eine Zustellung durch Niederlegung (§ 181 I S 2) und den für den Versand vorgeschriebenen Umschlag nach § 176 I 1. Die entsprechende VO (ZustVV) findet sich in BGBl I 02, 671, die Änderung mit neuem Formular der Zustellungsurkunde in BGBl I 04, 619.

Untertitel 2 Zustellungen auf Betreiben der Parteien

§ 191 Zustellung. Ist eine Zustellung auf Betreiben der Parteien zugelassen oder vorgeschrieben, finden die Vorschriften über die Zustellung von Amts wegen entsprechende Anwendung, soweit sich nicht aus den nachfolgenden Vorschriften Abweichungen ergeben.

A. Normzweck. Die Amtszustellung ist nach der gesetzlichen Konzeption nunmehr der Regelfall (vgl § 166 Rz 2); soweit eine solche nicht vorgeschrieben ist, ist die Zustellung der Parteidisposition überlassen. 1

B. Anwendungsbereich. Eine Parteizustellung kommt insb in Betracht bei Willenserklärungen (§ 132 BGB), für Titel gem §§ 750, 756, 795, insb den Vollstreckungsbescheid gem § 699 IV 2, Arrest und eV (§§ 922 II, 936), und im Bereich der Pfändung für die Vorpfändung (§ 845), Pfändungs- und Überweisungsbeschlüsse (§§ 829 II, 835 III, 846, 857 I, 858 III) und den Verzicht des Pfandgläubigers (§ 843 S 2 und 3). 2

Grds sind die §§ 166–190 anwendbar, **Ausnahmen**: statt § 166 II gilt § 191; § 168 ist durch § 192 modifiziert; § 169 wird durch §§ 193 II u 192 II ersetzt; § 173 ist unanwendbar, da eine Aushändigung an der Amtsstelle nicht möglich ist; statt § 174 (Zustellung gegen Empfangsbekenntnis) gilt § 195; § 175 (Zustellung durch Einschreiben) ist unanwendbar, da der GV zu beauftragen ist; § 176 I wird durch § 194 modifiziert; § 182 III wird durch § 194 II ersetzt. Eine Auslandszustellung durch Einschreiben mit Rückschein gem § 183 I 2 Var 1 darf der GV nicht selbst vornehmen, sondern insoweit ist eine gerichtliche Anordnung erforderlich (vgl iE MüKoZPO/*Häublein* Rn 3). 3

C. Zustellungsauftrag. Zustellungsveranlasser (§ 176) ist die Partei, die sich allerdings der Geschäftsstelle bedienen kann (§ 192 III). Der Auftrag ist auf dem Vordruck gem § 190 zu erteilen und richtet sich gem § 192 I stets an den GV (§ 154 GVG). Der Auftrag ist ein verfahrensrechtlicher Antrag und begründet kein Vertragsverhältnis. Anwaltszwang besteht nicht. Die Partei kann sich vertreten lassen. Eine ohne Auftrag bewirkte Zustellung ist unwirksam, kann jedoch von der zustellenden Partei rückwirkend genehmigt werden. Ein **Antrag** an das Gericht ist erforderlich, wenn die Mitwirkung des Gerichts dies erfordert, so bei der Auslandszustellung für die Anordnung gem § 183 I 2 Var 1 (s.o. Rz 3) und für Ersuchen gem § 183 I 2, 2. Var, II, III, für die Aufforderung, einen Zustellungsbevollmächtigten zu benennen (§ 184 I), sowie die Bewilligung der öffentlichen Zustellung (§ 186 I). 4

D. Kosten/Gebühren. Nr 100–102 GVKostG-KV. 5

§ 192 Zustellung durch Gerichtsvollzieher. (1) Die von den Parteien zu betreibenden Zustellungen erfolgen durch den Gerichtsvollzieher nach Maßgabe der §§ 193 und 194.

(2) [1]Die Partei übergibt dem Gerichtsvollzieher das zuzustellende Schriftstück mit den erforderlichen Abschriften. [2]Der Gerichtsvollzieher beglaubigt die Abschriften; er kann fehlende Abschriften selbst herstellen.

(3) [1]Im Verfahren vor dem Amtsgericht kann die Partei den Gerichtsvollzieher unter Vermittlung der Geschäftsstelle des Prozessgerichts mit der Zustellung beauftragen. [2]Insoweit hat diese den Gerichtsvollzieher mit der Zustellung zu beauftragen.

A. Normzweck und mögliche Zustellungsarten. Die Parteizustellung erfolgt grds durch den GV. Eine Zustellung durch die Partei selbst ist nicht vorgesehen, auch nicht durch Einschreiben mit Rückschein (Dresd NJW-RR 03, 1721). Der GV nimmt die Zustellung entweder selbst vor (§ 193) oder beauftragt seinerseits die Post (§ 194). Er entscheidet zwischen diesen beiden Möglichkeiten nach pflichtgemäßem Ermessen u ist insoweit nicht an Weisungen der Partei gebunden. Ggf kann aber eine persönliche Zustellung geboten sein (vgl Zö/*Stöber* Rn 3). Der GV handelt nach den gem § 154 GVG erlassenen Verordnungen (Gerichtsvollzieherordnung, GVO, und Geschäftsanweisung der GV, GVGA), die in den JMBl veröffentlicht sind. 1

Der GV kann gem § 176 Zustellungen nach §§ 177–181 ausführen, eine Zustellung nach den §§ 173–175 ist dagegen ausgeschlossen. Zu Auslandszustellungen im Parteibetrieb s. § 191 Rz 3, 4. 2

B. Zuständigkeit. Gemäß § 154 GVG ist allein der GV funktional zuständig. Die örtliche Zuständigkeit bestimmt sich danach, in wessen Bezirk die Zustellung ausgeführt werden soll, bei persönlicher Zustellung 3 also nach dem Wohnort oder Sitz des Zustellungsadressaten (vgl § 166 Rz 3). Bedient sich der GV für die Zustellung der Post (§ 194), ist zusätzlich der GV zuständig, in dessen Bezirk der Auftraggeber oder sein ProzBev wohnt bzw seinen Amtssitz hat (§ 22 GVO). Ein Verstoß macht die Zustellung allerdings nicht unwirksam.

4 **C. Übergabe des Schriftstücks.** Die Partei oder ihr Vertreter übergibt dem GV das zuzustellende Schriftstück (vgl § 166 Rz 8) in Urschrift (vgl §§ 193, 194). Die Übergabe kann auch durch eine Übermittlung per Telefax erfolgen (Ddorf DGVZ 04, 125; str). Außerdem sind die erforderlichen ggf durch einen RA (§ 169 II) bereits beglaubigten Abschriften zu übergeben. Fehlen Abschriften oder Beglaubigungen kann der GV diese herstellen (vgl im Einzelnen § 26 GVGA).

5 **D. Abs. 3.** Diese Vorschrift hat praktische Bedeutung insb im Vollstreckungsverfahren für die Zustellung des Pfändungs- und Überweisungsbeschlusses. Eine Vermittlung durch die Geschäftsstelle ist ausgeschlossen für die Zustellung des Vollstreckungsbescheids im Fall des § 699 IV 1 Hs 2 sowie in Verfahren vor dem AG mit Anwaltszwang, insb in Familiensachen, § 78 II (MüKoZPO/*Häublein* Rn 6). Auch wenn sich die Partei der **Vermittlung der Geschäftsstelle** des Prozessgerichts bedient, handelt es sich um einen Zustellungsauftrag der Partei gem § 191. Der Urkundsbeamte (§ 153 GVG) erteilt dem GV den Auftrag im Namen der Partei. Da um die Vermittlung auch schlüssig nachgesucht werden kann, sollte in Zweifelsfällen die Vermittlung ausdrücklich verlangt oder aber ausgeschlossen werden (»Ich stelle selbst zu«). Bei Pfändungs- und Überweisungsbeschlüssen wird das Gericht idR ohne besondere Erklärung davon ausgehen, dass es um eine Vermittlung ersucht ist.

6 **E. Kosten/Gebühren.** Für die Zustellung fallen Gebühren nach Nr 100–102 GVKostG-KV an, für die Beglaubigung nach Nr 102, für die Herstellung von Abschriften (vgl Rz 4) nach Nr 700.

§ 193 Ausführung der Zustellung.

(1) [1]Der Gerichtsvollzieher beurkundet auf der Urschrift des zuzustellenden Schriftstücks oder auf dem mit der Urschrift zu verbindenden hierfür vorgesehenen Formular die Ausführung der Zustellung nach § 182 Abs. 2 und vermerkt die Person, in deren Auftrag er zugestellt hat. [2]Bei Zustellung durch Aufgabe zur Post ist das Datum und die Anschrift, unter der die Aufgabe erfolgte, zu vermerken.
(2) Der Gerichtsvollzieher vermerkt auf dem zu übergebenden Schriftstück den Tag der Zustellung, sofern er nicht eine beglaubigte Abschrift der Zustellungsurkunde übergibt.
(3) Die Zustellungsurkunde ist der Partei zu übermitteln, für die zugestellt wurde.

1 **A. Normzweck.** Dem Zustellungsveranlasser soll ein Nachweis über die Zustellung mit der Beweiskraft des § 418 verschafft werden. Dazu werden § 182 und § 184 ergänzt. Auch bei der Parteizustellung ist die Beurkundung nicht Wirksamkeitsvoraussetzung der Zustellung (vgl § 166 Rz 9).

2 **B. Beurkundung der Zustellung (Abs 1).** Der GV kann nach seiner Wahl die Zustellung auf der Urschrift selbst beurkunden oder das Formular der Zustellungsurkunde gem § 182 II benutzen. In diesem Fall muss er die Zustellungsurkunde mit der Urschrift körperlich (haltbar) verbinden. In beiden Fällen ist der Zustellungsveranlasser (vgl § 191 Rz 4), nicht sein Vertreter, in einem unterschriebenen Vermerk zu bezeichnen. Im Übrigen richtet sich der notwendige Inhalt der Urkunde nach § 182 II. Verlangt der Zustellungsveranlasser dies oder ist dies erkennbar von Bedeutung, ist auch die Uhrzeit der Zustellung zu beurkunden. Die Zustellungsurkunde übermittelt der GV an den Zustellungsveranlasser oder dessen Vertreter. Eine Aufgabe zur **Post** (Abs 1 S 2) ist nur vorgesehen, wenn nach § 184 I S 2 zugestellt wird, weil die Partei trotz gerichtlicher Anordnung keinen Zustellungsbevollmächtigten bestellt hat. Der Vermerk muss den Anforderungen nach § 184 II S 4 (vgl § 184 Rz 5) entsprechen.

3 **C. Zustellungsvermerk (Abs 2).** Der GV kann dem Zustellungsempfänger entweder eine beglaubigte Abschrift der Zustellungsurkunde übergeben oder er vermerkt auf dem Schriftstück den Tag (ggf mit Uhrzeit) der Zustellung. Der Vermerk entspricht dem Vermerk nach § 180 S 3 (s. dort Rz 2) und § 181 I 5 (s. dort Rz 3). Damit wird auch dem Zustellungsadressaten eine sichere Kenntnis vom Zeitpunkt der Zustellung verschafft. Bei einer Aufgabe zur Post (s.o. Rz 2) ist auch das Datum des Ablaufs der Frist gem § 184 II zu vermerken.

§ 194 Zustellungsauftrag. **(1) [1]Beauftragt der Gerichtsvollzieher die Post mit der Ausführung der Zustellung, vermerkt er auf dem zuzustellenden Schriftstück, im Auftrag welcher Person er es der Post übergibt. [2]Auf der Urschrift des zuzustellenden Schriftstücks oder auf einem mit ihr zu verbindenden Übergabebogen bezeugt er, dass die mit der Anschrift des Zustellungsadressaten, der Bezeichnung des absendenden Gerichtsvollziehers und einem Aktenzeichen versehene Sendung der Post übergeben wurde.**
(2) Die Post leitet die Zustellungsurkunde unverzüglich an den Gerichtsvollzieher zurück.

A. Normzweck. Wenn nicht besondere Umstände eine persönliche Zustellung gebieten, kann sich der GV zum Zwecke der Vereinfachung zur Zustellung der Post (Begriff wie in § 176, s. dort Rz 2) bedienen. 1

B. Ausführung. Der GV erteilt den Auftrag auf dem Vordruck gem § 168 I 3 und übergibt gem § 176 I das Schriftstück in einem verschlossenen Umschlag (nach Formular gem § 190) mit einem vorbereiteten Vordruck der Zustellungsurkunde. Auf dem zu übergebenden Schriftstück vermerkt der GV (mit Unterschrift) den Zustellungsveranlasser (§ 191 Rz 4). Das **Übergabezeugnis** gem Abs 1 S 2 dient dem Nachweis und ist nicht Wirksamkeitsvoraussetzung der Zustellung. Wird es auf einem Übergabebogen angebracht, ist dieser mit der Urschrift körperlich fest zu verbinden. Es ist die tatsächlich verwendete Anschrift anzugeben. Der GV muss das Zeugnis unterschreiben. 2

Die Post führt die Zustellung nach den §§ 177–181 aus. Die von dem Postbediensteten (§ 182 II Nr 8) ausgefüllte Zustellungsurkunde ist unverzüglich (§ 121 BGB) an den GV zurückzuleiten, der sie an den Zustellungsveranlasser übermittelt (§ 193 III). Der GV überwacht die Ausführung der Zustellung durch die Post. 3

C. Kosten/Gebühren. Der GV erhält nach GV KostG-KV Nr 101 2,50 €; für Auslagen gilt Nr 701. 4

§ 195 Zustellung von Anwalt zu Anwalt. **(1) [1]Sind die Parteien durch Anwälte vertreten, so kann ein Dokument auch dadurch zugestellt werden, dass der zustellende Anwalt das Dokument dem anderen Anwalt übermittelt (Zustellung von Anwalt zu Anwalt). [2]Auch Schriftsätze, die nach den Vorschriften dieses Gesetzes vom [richtig] von Amts wegen zugestellt werden, können stattdessen von Anwalt zu Anwalt zugestellt werden, wenn nicht gleichzeitig dem Gegner eine gerichtliche Anordnung mitzuteilen ist. [3]In dem Schriftsatz soll die Erklärung enthalten sein, dass von Anwalt zu Anwalt zugestellt werde. [4]Die Zustellung ist dem Gericht, sofern dies für die zu treffende Entscheidung erforderlich ist, nachzuweisen. [5]Für die Zustellung an einen Anwalt gilt § 174 Abs. 2 Satz 1 und Abs. 3 Satz 1, 3 entsprechend.**
(2) [1]Zum Nachweis der Zustellung genügt das mit Datum und Unterschrift versehene schriftliche Empfangsbekenntnis des Anwalts, dem zugestellt worden ist. [2]§ 174 Abs. 4 Satz 2, 3 gilt entsprechend. [3]Der Anwalt, der zustellt, hat dem anderen Anwalt auf Verlangen eine Bescheinigung über die Zustellung zu erteilen.

A. Normzweck. § 195 vereinfacht das Verfahren, indem es die unmittelbare Zustellung von RA zu RA ermöglicht. Die Zustellung nach § 195 entfaltet alle Zustellungswirkungen, kann also auch die Rechtshängigkeit einer Widerklage oder geänderten Klage begründen. 1

B. Tatbestandsvoraussetzungen. I. Anwendungsbereich. Die Zustellung von RA zu RA ist immer möglich bei Parteizustellungen, kann aber auch eine Amtszustellung ersetzen, wenn nicht zugleich eine gerichtliche Anordnung zuzustellen ist. Wichtigster Anwendungsfall ist die Zustellung von Schriftsätzen (nicht aber der Klageschrift, § 253 V 1, Rechtsmittel- oder Rechtsmittelbegründungsschriften). Eine Anwaltszustellung ist aber möglich bei Schriftsätzen, die eine Klageänderung oder die Erhebung einer Widerklage enthalten. Eine Zustellung nach § 195 genügt auch zur Einleitung der Zwangsvollstreckung gem § 750 II. Rechtsmittel oder Einspruchsfristen können durch eine Zustellung nach § 195 allerdings nicht in Gang gesetzt werden. Willenserklärungen nach § 132 BGB können nach allg Meinung nur durch den GV zugestellt werden. Zur Prozessbürgschaft s. § 108 Rz 17. Eine Zustellung nach § 195 ist nicht zwingend; der RA kann auch den GV nach § 192 beauftragen. Daneben ist weiter eine Mitteilung nach § 135 möglich. 2

II. Vertretung durch RA. Zustellungsveranlasser und -adressat (vgl § 166 Rz 3) müssen durch einen RA (oder eine ihm gleichgestellte Person, zB Abwickler) vertreten sein. Für das Erlöschen einer bestehenden 3

Vollmacht gilt § 87, für die Überprüfung § 88. Eine unmittelbare Zustellung an die anderen in § 174 genannten Personen (s. dort Rz 1) ist nicht möglich.

4 **III. Ausführung.** Das zuzustellende Schriftstück ist zu **übermitteln** (vgl § 174 Rz 3). Dies kann auch gem § 174 II 1 durch Telekopie oder gem § 174 III 1, 3 als elektronisches Dokument geschehen. Eine Abschrift muss beglaubigt sein (vgl § 169 Rz 3 f). Die Übermittlung muss zum Zweck und dem **Willen** der Zustellung geschehen. Dieser Wille kommt in dem Zustellungsvermerk (zB »Ich stelle selbst zu«) zum Ausdruck, den das Schriftstück gem Abs 1 S 3 enthalten soll. Dieser ist nicht Wirksamkeitsvoraussetzung; erforderlich ist nur, dass der Zustellungswille erkennbar geäußert worden ist. Hierfür genügt auch die Übersendung eines vorbereiteten Empfangsbekenntnisses. Die Erklärung »Gegner hat Abschrift« lässt dagegen auf eine formlose Übersendung ohne Zustellungswillen schließen.

5 **IV. Entgegennahme.** Der empfangende RA muss zum Empfang des Schriftstücks als zugestellt bereit sein. Das setzt voraus, dass er die Zustellungsabsicht kennt (BGH NJW 81, 462 zu § 212 aF). Unterzeichnet er das Empfangsbekenntnis (s. Rz 6), kann vermutet werden, dass er das Schriftstück empfangen und als zugestellt angenommen hat. Im Übrigen gilt das zu § 174 Rz 5 f Gesagte. Weigert sich der RA, an der Zustellung mitzuwirken (was möglich, wenn auch standeswidrig ist), bleibt nur die Zustellung nach § 191 oder – soweit dies möglich ist (vgl Rz 2) – die Amtszustellung.

6 **V. Empfangsbekenntnis.** Dieses dient nicht nur dem Nachweis der Zustellung, sondern ist für deren Wirksamkeit vorausgesetzt. Der Verlust des Empfangsbekenntnisses ist aber unschädlich; der Beweis der Zustellung muss dann auf andere Weise geführt werden. Für die inhaltlichen und formellen Anforderungen gilt das zu § 174 Rz 5 Gesagte entsprechend. Auch hier ist eine Übermittlung per Telekopie oder als elektronisches Dokument möglich (§ 174 Rz 7 f). Zur Beweiskraft s. § 174 Rz 6.

7 **C. Gegenbescheinigung (Abs 2 S 3).** Diese ist nicht Wirksamkeitsvoraussetzung für die Zustellung. Weil der zustellende RA das Datum der Zustellung bei der Absendung noch nicht kennt, kann die Bescheinigung erst nachträglich erteilt werden. Hierzu ist der zustellende RA auf Verlangen verpflichtet. Für den Nachweis des Zeitpunkts der Zustellung ist im Zweifel das Empfangsbekenntnis maßgeblich.

§§ 195a–213a *(weggefallen)*

Titel 3 Ladungen, Termine und Fristen

§ 214 Ladung zum Termin. **Die Ladung zu einem Termin wird von Amts wegen veranlasst.**

1 **A. Normzweck.** Die Vorschrift dient der Sicherstellung der Terminsdurchführung durch Information der daran Beteiligten; dies geschieht regelmäßig durch die Aufforderung, zu dem gleichzeitig mitgeteilten Termin (Sitzung des Gerichts) zu erscheinen (»Ladung«). Während die Terminsbestimmung durch das Rechtspflegeorgan vorgenommen wird, das den Termin durchführt (Richter bzw Vorsitzender des Spruchkörpers, Rechtspfleger oder im Fall des § 899 der Gerichtsvollzieher), obliegt die Ladung der Geschäftsstelle (§ 153 GVG) als selbständige Aufgabe. Zustellung der richterlichen Terminsverfügung (neben der Ladung) ist nicht erforderlich. Umgekehrt kann die Übermittlung einer richterlichen Terminsverfügung, etwa die Zustellung eines Beweisbeschlusses mit Terminsanberaumung, die Ladung beinhalten.

2 **B. Einzelheiten. I. Erforderliche Angaben.** Entsprechend ihrem Informationszweck muss die Ladung eindeutige Angaben über das Gericht, die genaue Anschrift des Gerichtsgebäudes oder sonstigen Ortes (zB bei Lokaltermin), an dem der Termin stattfinden soll, ferner die Angabe von Terminstag und Uhrzeit enthalten. Erforderlich ist weiter die Angabe des Verfahrens (Aktenzeichen), schon wegen eventueller Rückfragen. Die Art des Termins (mündliche Verhandlung, Beweisaufnahme, Abgabe der eidesstattlichen Versicherung usw) sollte ebenso mitgeteilt werden wie die Funktion, in der der Geladene erscheinen soll (Partei, Zeuge usw). Bei der Ladung auswärtiger Beteiligter (insb bei Zeugen und Parteien) empfiehlt sich die Beifügung einer Anfahrtsskizze, evtl mit Hinweis auf nahe gelegene Parkmöglichkeiten (eine solche übersichtlich gestaltete Skizze sollte jeder Geschäftsstelle von der Gerichtsverwaltung zur Verfügung gestellt sein).

II. Form. Ladungen erfolgen grds schriftlich, regelmäßig durch förmliche Zustellung (§ 329 II 2). Ist die Terminsbestimmung in einer verkündeten Entscheidung erfolgt, ist eine Ladung nicht erforderlich (§ 218). In vielen Fällen können Ladungen aber auch formlos übersandt werden, brauchen also nicht zugestellt zu werden, zT wird dann von bloßer Terminsmitteilung gesprochen (Bsp: Zeugenladung § 377 I 2; persönliches Erscheinen der Partei § 141 II 1; Terminsmitteilung an Parteien bei Beweisaufnahme vor dem ersuchten oder beauftragten Richter; mündliche Verhandlung im Zwischenstreit, § 366 II). (Fern-)Mündliche Ladung ist nicht völlig ausgeschlossen, zB bei kurzfristigem Bedürfnis einer Terminsverlegung oder Benennung eines Zeugen noch kurz vor dem Termin. 3

Bei Anwaltswechsel oder Anwaltsbeauftragung nach schon erfolgter Ladung ist eine zusätzliche Ladung des Anwalts nicht erforderlich (Köln MDR 01, 891), formlose Mitteilung des Termins ist aber sinnvoll und zumindest guter Brauch. 4

III. Sonderfälle. Für die Ladung von Angehörigen der Stationierungstruppen gilt § 37 Gesetz zum NATO-Truppenstatut (BGBl 61 II 1247). Von der deutschen Gerichtsbarkeit befreite Personen (Exterritorialität, vgl §§ 18–20 GVG) können nicht geladen werden. 5

§ 215 Notwendiger Inhalt der Ladung zur mündlichen Verhandlung.

(1) [1]In der Ladung zur mündlichen Verhandlung ist über die Folgen einer Versäumung des Termins zu belehren (§§ 330 bis 331a). [2]Die Belehrung hat die Rechtsfolgen aus den §§ 91 und 708 Nr. 2 zu umfassen.

(2) In Anwaltsprozessen muss die Ladung zur mündlichen Verhandlung, sofern die Zustellung nicht an einen Rechtsanwalt erfolgt, die Aufforderung enthalten, einen Anwalt zu bestellen.

A. Normzweck. Die Vorschrift dient der Information (Warnung) des Geladenen über die Säumnisfolgen und ggf der Ermöglichung einer Versäumnisentscheidung. 1

B. Notwendiger Inhalt. In einer Ladung zur mündlichen Verhandlung (auch zu späteren Verhandlungsterminen, ausgenommen Fälle des § 218) muss gem Abs 1 über die Folgen der Säumnis (Versäumnisurteil nach § 330 oder § 331, Entscheidung nach Aktenlage gem § 331a, Kostenfolge des § 91 und die vorläufige Vollstreckbarkeit ohne Sicherheitsleistung, § 708 Nr 2) belehrt werden. Hierzu finden in der Praxis entsprechende Formulare mit den erforderlichen Belehrungen Verwendung. Auf die Rechtsfolgen der §§ 345, 700 VI (zweites Versäumnisurteil nur mit Berufung anfechtbar) muss sich die Belehrung nicht erstrecken (BGH MDR 10, 1340). 2

Erfolgt die Zustellung in einem Anwaltsprozess nicht an einen Rechtsanwalt (zB weil die Partei noch keinen anwaltlichen Prozessbevollmächtigten bestellt hat), muss die Belehrung gem Abs 2 durch die Aufforderung ergänzt werden, einen Rechtsanwalt zu bestellen. Bei Zustellung an einen Rechtsanwalt ist eine Aufforderung zur Anwaltsbestellung nach Wortlaut und Sinn der Vorschrift auch dann nicht erforderlich, wenn der Rechtsanwalt selbst Partei oder nicht am Prozessgericht zugelassen ist. Die Aufforderung ist in späteren Ladungen zu wiederholen, solange die Bestellung noch nicht erfolgt ist (Zö/*Stöber* Rn 2; Musielak/*Stadler* Rn 1, MüKoZPO/*Gehrlein* Rn 4, hM). Folge einer unterlassenen, unrichtigen oder unvollständigen Belehrung über die Säumnisfolgen oder die Aufforderung zur Anwaltsbestellung: die Ladung ist unwirksam, ein Versäumnisurteil unzulässig (§ 335 I 2). Hierauf kann sich auch derjenige berufen, dem die Säumnisfolgen bzw die Notwendigkeit einer Anwaltsbestellung bekannt sind, selbst dann, wenn er einen Anwalt ungeachtet der fehlenden Belehrung bestellt hat (MüKoZPO/*Gehrlein* Rn 5). Mängel der Ladung können aber durch rügelose Einlassung zur Sache geheilt werden (§ 295). 3

§ 216 Terminsbestimmung.

(1) Die Termine werden von Amts wegen bestimmt, wenn Anträge oder Erklärungen eingereicht werden, über die nur nach mündlicher Verhandlung entschieden werden kann oder über die mündliche Verhandlung vom Gericht angeordnet ist.

(2) Der Vorsitzende hat die Termine unverzüglich zu bestimmen.

(3) Auf Sonntage, allgemeine Feiertage oder Sonnabende sind Termine nur in Notfällen anzuberaumen.

A. Normzweck. Gerichtliche Verfahren sollen zügig und effektiv durchgeführt werden. Diesem Ziel dient die unverzügliche Terminierung durch das Gericht. 1

2 **I. Grundsatz.** Gerichtliche Termine in einem laufenden Verfahren werden durch das Gericht (Amtsbetrieb im Gegensatz zum früheren Parteibetrieb) und regelmäßig vAw anberaumt, also unabhängig von Anträgen der Parteien, die lediglich Anregungen darstellen.

3 **II. Ausnahmsweise Antragserfordernis.** Bei der Stufenklage (§ 254) nach Abschluss einer Stufe wird nur auf Antrag (auch der beklagten Partei, vgl Karlsr FamRZ 97, 1224) terminiert; ebenso bei Ruhen des Verfahrens (§ 251) und Aussetzung sowie Unterbrechung (vgl § 249). Das gleiche gilt beim Grundurteil, wenn vor Rechtskraft der (positiven) Entscheidung über den Grund zur Höhe verhandelt werden soll (§ 304 II); dagegen Fortsetzung vAw nach Erlass eines Vorbehaltsurteils; dies gilt auch im Urkundsprozess(Zö/Greger § 600 Rn 8) zumindest bei Eintritt der Rechtskraft des Vorbehaltsurteils (MüKoZPO/*Gehrlein* Rn 5). Auch im Verfahren nach Widerspruch gegen Mahnbescheid wird vor Eingang der Widerspruchsbegründung nur auf Antrag des Gegners terminiert (§ 697 III). Bei einem Befangenheitsgesuch muss die Rechtskraft einer darüber ergehenden Entscheidung abgewartet werden (hier wird häufig übersehen, dass der abgelehnte Richter nicht schon nach Erlass des die Ablehnung für unbegründet erklärenden Beschlusses, sondern erst nach Ablauf der Rechtsmittelfrist bzw nach erfolglos durchgeführtem Rechtsmittel terminieren darf).

4 **III. Sonderfälle.** Vor Einzahlung des Gerichtskostenvorschusses (§ 12 I GKG) soll nicht terminiert werden (zu den Ausnahmen für die bedürftige Partei vgl § 14 Nr 1, 3 GKG). In bestimmten Fällen (Klage beim unzuständigen Gericht, durch die Partei selbst im Anwaltsprozess oder bei offensichtlichen Mängeln einer von der Naturalpartei im Parteiprozess eingereichten Klage) wird der Vorsitzende zunächst der klagenden Partei durch entsprechenden Hinweis Gelegenheit geben, unnötige Kosten zu vermeiden, etwa durch Rücknahme der Klage vor Zustellung an den Gegner oder durch den Antrag, die Sache formlos an das zuständige Gericht abzugeben.

5 **B. Beschleunigungsgebot.** Das Gesetz ordnet in Abs 2 im Interesse der Beschleunigung des Verfahrens ausdrücklich eine unverzügliche Terminierung an. Dabei hat der Vorsitzende allerdings ein weites Ermessen: insb muss die erforderliche Vorbereitung des Termins durch das Gericht berücksichtigt werden, um den Termin möglichst effektiv durchzuführen und überflüssige Folgetermine zu vermeiden. Da die Erfahrung zeigt, dass häufig erst der durch den anberaumten Termin auf alle Beteiligten verursachte Druck das Verfahren voranbringt, ist in jedem Fall auf eine zügige Terminierung Wert zu legen und sollte auch bei Wahl des schriftlichen Vorverfahrens grds alsbald nach Eingang von Klagerwiderung (jedenfalls nach Replik des Klägers hierauf) terminiert werden, schon um eine Aufblähung des Prozessstoffs zu vermeiden (vgl Karlsr OLGR 01, 459). In Familiensachen darf die Terminierung nicht unterbleiben, um das Anhängigmachen von Folgesachen abzuwarten (Frankf NJW 86, 389). Termin zur mündlichen Verhandlung über den Einspruch gegen ein Versäumnisurteil darf erst nach Eingang des Einspruchs bestimmt werden, eine vorherige Terminsanberaumung ist auch dann unzulässig und unwirksam, wenn sie in einer verkündeten Entscheidung (§ 218) „für den Fall des Einspruchs" erfolgt (BGH NJW 11, 928)

6 **C. Sinnvolle Terminierungspraxis.** Berechtigten Wünschen der Prozessbeteiligten (insb bei weiter Anreise von Zeugen oder Prozessbevollmächtigten) sollte iRd Möglichen bei der Terminierung aus Gründen der gerichtlichen Fürsorgepflicht und zwecks Vermeidung von Terminsverlegungen und Vertagungen Rechnung getragen werden. Die Reihenfolge der Terminierung eingehender Sachen unterliegt der richterlichen Unabhängigkeit. Der Richter kann deshalb von ihm als besonders eilbedürftig angesehene Sachen vorziehen, einfache Sachen noch auf einen kurzfristig frei werdenden Termin legen uä; dabei dürfen aber nicht einzelne Sachen völlig unbearbeitet bleiben oder generell unangemessen weiträumig terminiert werden (zu Möglichkeiten der Dienstaufsicht vgl BGHZ 93, 238, 244). Auch bei starker Arbeitsüberlastung fordert die hM alsbaldige Terminierung, ggf auch lange im Voraus, sog »Wartelisten« werden allgemein als unzulässig angesehen (St/J/*Roth* Rn 5; Zö/*Stöber* Rn 17; Musielak/*Stadler* Rn 7). Ob das auch dann gilt, wenn zB die Termine in einem stark überlasteten amtsrichterlichen Dezernat über ein Jahr hinaus im voraus angesetzt werden müssten, erscheint zweifelhaft (vgl Rostock OLGR 01, 279); bei einem derart »aus dem Ruder« gelaufenen Dezernat dürfte eine Abhilfe durch Dezernatswechsel, Entlastung uä unumgänglich und mit der Forderung, unverzüglich alle Verfahren zu terminieren, einer effektiven Rechtspflege nicht geholfen sein. Sogenannte Sammeltermine sind idR wenig sinnvoll und bei sachgerechter Vorbereitung auch nicht erforderlich (vgl Zö/*Stöber* Rn.19).

7 **D. Anfechtbarkeit.** Die Terminierung als solche ist nicht selbstständig anfechtbar; auch ein Rechtsmittel gegen die bloße Nichtterminierung sieht das Gesetz nicht vor. Eine lange Untätigkeit kann in ihrer Wir-

kung zwar insoweit einer Aussetzung des Verfahrens gleichkommen, als das Verfahren für einen längeren Zeitraum überhaupt nicht gefördert und weiterbetrieben wird. Teilweise wird deshalb befürwortet, die Beschwerde in Analogie zu § 252 (Schlesw NJW 82, 246; MüKoZPO/*Gehrlein* Rn 10; Musielak/*Stadler* Rn 11) oder als außerordentlichen Rechtsbehelf (Saarbr NJW-RR 99, 1290) bei einem sachlich nicht mehr zu rechtfertigendem, der Rechtsverweigerung gleichkommendem Verfahrensstillstand zuzulassen. Hiergegen ist einzuwenden, dass es bei bloßer Untätigkeit des Gerichts an einer anfechtbaren Entscheidung fehlt. Gegenvorstellungen und Dienstaufsichtsbeschwerden sind ohne weiteres zulässig, werden aber – ebenso wenig wie eine Beschwerdeentscheidung über die Nichtterminierung – häufig nicht den gewünschten kurzfristigen Erfolg haben. Langer Untätigkeit kann allerdings unter dem Gesichtspunkt effektiven Rechtsschutzes verfassungsrechtliche Relevanz zukommen; eine fast dreijährige Anhängigkeit eines zivilrechtlichen Wirtschaftrechtsstreits ohne Terminanberaumung soll jedoch noch hinnehmbar sein (BVerfG NJW 04, 3320).

E. Feiertagsregelung. Gerichtstermine sind grds werktags von montags bis freitags durchzuführen. Die Notwendigkeit, von der in Abs 3 grds eröffneten Möglichkeit, einen Termin an einem Sonnabend, Sonntag oder allgemeinen Feiertag durchzuführen, dürfte sich nur in ganz seltenen Ausnahmefällen ergeben, zB, wenn ein im entfernten Ausland wohnender Zeuge nur während eines kurzfristigen Inlandsaufenthalts vernommen werden kann oder aus sonstigen besonderen Gründen kein Termin an einem normalen Werktag in Betracht kommt. 8

§ 217 Ladungsfrist. **Die Frist, die in einer anhängigen Sache zwischen der Zustellung der Ladung und dem Terminstag liegen soll (Ladungsfrist), beträgt in Anwaltsprozessen mindestens eine Woche, in anderen Prozessen mindestens drei Tage.**

A. Normzweck. Die Ladungsfrist ist eine Mindestfrist zum Schutz der Prozessbeteiligten; sie soll einerseits die erforderliche Terminsvorbereitung sicherstellen, dient aber auch dem Schutz der Dispositionsfreiheit der Parteien, die nicht mit einer plötzlichen Terminierung »überrumpelt« werden sollen. Mindestfristen gelten auch für Eilverfahren, va dort wird aber eine Abkürzung der Frist auf Antrag (§ 226) in Betracht kommen. Für den Wechsel- und Scheckprozess gelten nach §§ 604, 604a kürzere Fristen. 1

B. Praktische Bedeutung. In der Praxis wird regelmäßig mit deutlich längeren Fristen gearbeitet, zum einen, weil die ganz kurzfristigen Terminstage schon belegt sind, zum anderen, weil die angemessene Vorbereitung des Termins einen längeren Zeitraum als die Mindestfrist erfordert oder aus sonstigen Gründen die Gefahr besteht, dass ein Prozessbeteiligter wegen erheblicher Gründe Vertagung beantragen muss, so dass sich die beabsichtigte Beschleunigung in das Gegenteil verkehren würde. Ist eine besonders kurzfristige Terminierung in Einzelfall möglich oder wegen einer besonderen Situation sinnvoll, wird sich eine vorherige Terminsabsprache empfehlen. 2

I. Anwendungsbereich. Die Ladungsfrist ist auch im Fall einer Terminsverlegung einzuhalten, ausgenommen, es wird lediglich die Terminsstunde geringfügig geändert (zu weitgehend Brandbg NJW-RR 98, 500 betreffend eine Verlegung von 10 auf 14.30 Uhr; wie hier MüKoZPO/*Gehrlein* Rn 3, Musielak/*Stadler* Rn 1). Da § 217 auch der Dispositionsfreiheit der Parteien dient, ist auch ein Verschieben der Terminsstunde um mehrere Stunden nur bei Einhaltung der Ladungsfrist, Einverständnis der Parteien oder Rügeverzicht möglich. Auch bei verkündeten Terminen (§ 218) ist die Frist des § 217 einzuhalten (aA BGH NJW 64, 658, wie hier Musielak/*Stadler* Rn 2; MüKoZPO/*Gehrlein* Rn 2). Dies ergibt sich aus dem Zweck, die Dispositionsfreiheit der Partei zu schützen; allerdings beginnt die Frist ab Verkündung, denn von diesem Zeitpunkt bestand für die Parteien die Möglichkeit der Kenntnisnahme. 3

II. Ausnahmen. Die Ladungsfrist gilt nach ihrem Sinn und Zweck nicht für Verkündungstermine, die eine Anwesenheit der Parteien nicht erfordern (§ 312), ferner nicht ggü Zeugen und für die Ladung der Partei zur Anhörung nach § 141 oder zur Parteivernehmung. Auch in diesen Fällen empfiehlt es sich aber, von zu kurzen Fristen abzusehen, um Verlegungsanträge oder entschuldigtes Fernbleiben zu vermeiden. 4

C. Rechtsfolgen bei Verstoß. Die Nichteinhaltung der Ladungsfrist führt zur Unwirksamkeit der Ladung; an das Nichterscheinen oder Nichtverhandeln der Partei können dann keine Folgen geknüpft werden; der Erlass eines Versäumnisurteils oder einer Entscheidung nach Aktenlage ist unzulässig (§§ 335 I 2, 331a, 251a). 5

§ 218 Entbehrlichkeit der Ladung. Zu Terminen, die in verkündeten Entscheidungen bestimmt sind, ist eine Ladung der Parteien unbeschadet der Vorschriften des § 141 Abs. 2 nicht erforderlich.

1 **A. Normzweck.** Die Vorschrift dient der Ersparung von Verwaltungsaufwand beim Gericht, indem die Verkündung die Ladung ersetzt; dies ist gerechtfertigt, weil die Parteien entweder bei der Verkündung anwesend sind und dabei von der Terminsbestimmung Kenntnis genommen haben (zB bei einer Entscheidungsverkündung iRe Verhandlungstermins oder unmittelbar nach einer Beweisaufnahme) oder aber die Möglichkeit der Kenntnisnahme hatten, weil sie zu dem Verkündungstermin ordnungsgemäß geladen waren. Deshalb greift § 218 nach allgemeiner Meinung nach nicht ein, wenn ein Ladungsmangel zu dem Verkündungstermin vorlag und die Partei auch nicht erschienen war (Musielak/*Stadler* Rn 3; MüKoZPO/*Gehrlein* Rn 1; Zö/*Stöber* Rn 1; St/J/*Roth* Rn 3, ThoPu/*Hüßtege* Rn 2).

2 **B. Einzelheiten.** Eine Ausnahme zu § 218 sieht § 335 II im Falle der Vertagung bei Nichterscheinen einer Partei vor. Der Grund hierfür liegt darin, dass Anlass für die Vertagung idR ein Umstand ist, der dem Erlass eines Versäumnisurteils entgegensteht, zB Nichteinhaltung der Einlassungsfrist, so dass die Partei »berechtigt« ferngeblieben ist.

3 § 218 verbietet eine nochmalige Ladung nicht; erfolgt diese ohne Einhaltung der Ladungsfrist, wird die Wirksamkeit der bereits über § 218 fiktiv bewirkten Ladung dadurch nicht beseitigt (Zö/*Stöber* Rn 1; aA St/J/*Roth* Rn 1 sowie MüKoZPO/*Gehrlein* Rn 3: dann Einhaltung der Ladungsfrist ab Zustellung erforderlich); auch ein Wiedereinsetzungsgrund wird sich regelmäßig nicht daraus ergeben, dass eine Partei sich auf die Nichteinhaltung der Ladungsfrist in der nach § 218 nicht erforderlichen Ladung beruft und den Termin versäumt. Wenn sie zu einem Termin, zu dem sie – weil die Verkündung die Ladung ersetzte – ordnungsgemäß geladen war, nicht erscheint, obliegt es ihr, sich alsbald zu erkundigen oder ggf entstehende Nachteile zu tragen.

§ 219 Terminsort. (1) Die Termine werden an der Gerichtsstelle abgehalten, sofern nicht die Einnahme eines Augenscheins an Ort und Stelle, die Verhandlung mit einer am Erscheinen vor Gericht verhinderten Person oder eine sonstige Handlung erforderlich ist, die an der Gerichtsstelle nicht vorgenommen werden kann.

(2) Der Bundespräsident ist nicht verpflichtet, persönlich an der Gerichtsstelle zu erscheinen.

1 **A. Normzweck, Grundsatz.** Termine sind schon aus organisatorischen Gründen grds an der »Gerichtsstelle«, dh im Gerichtsgebäude durchzuführen; dazu gehören auch Zweigstellen, Nebengebäude, selbst wenn sie nur vorübergehend angemietet sind; auch insoweit liegt das Hausrecht beim Gericht.

2 **B. Ausnahme Lokaltermin.** Termine, die nicht an der Gerichtstelle abgehalten werden, sind so genannte Ortstermine, die nur unter den in Abs 1 genannten Ausnahmefällen zulässig sind. Der Hauptfall ist die Einnahme des Augenscheins (zB einer Unfallstelle, eines Baumangels). Die Verhandlung mit einer am Erscheinen verhinderten Person wird va bei länger dauernder Bettlägerigkeit oder Krankenhausaufenthalt eines unverzichtbaren Zeugen in Betracht kommen; als Alternative ist in derartigen Fällen aber auch die in § 128a eröffnete Möglichkeit einer Videokonferenz in Betracht zu ziehen.

3 Die Durchführung von Ortsterminen wird durch die in § 144 geregelten Duldungspflichten Dritter gesichert. Den Parteien und auch Dritten kann danach die Duldung eines Augenscheins aufgegeben werden, sofern nicht eine Wohnung betroffen ist. Verweigert die Partei die Durchführung eines zumutbaren Augenscheins (Beweisvereitelung), kann die Behauptung des Gegner als bewiesen angesehen werden (§ 371 III).

4 **C. Sonderstellung des Bundespräsidenten.** Abs 2 stellt klar, dass der Bundespräsident nicht verpflichtet ist, im Gerichtsgebäude zu erscheinen; als Zeuge ist er in seiner Wohnung zu vernehmen (§ 375 II). Für Mitglieder der Bundesregierung, des Bundestages oder eines Landtages vgl § 382.

§ 220 Aufruf der Sache; versäumter Termin. (1) Der Termin beginnt mit dem Aufruf der Sache.

(2) Der Termin ist von einer Partei versäumt, wenn sie bis zum Schluss nicht verhandelt.

A. Normzweck. Der Aufruf der Sache soll den ordnungsgemäßen Beginn jedes Gerichtstermins unter Anwesenheit aller Beteiligten sicherstellen. Termin meint die Gerichtssitzung in einem konkreten einzelnen Verfahren, während sich die Sitzung des Gerichts an einem bestimmten Sitzungstag regelmäßig über mehrere einzelne Verfahren erstreckt. Hiervon zu unterscheiden ist der Begriff der mündlichen Verhandlung, die mit der Antragstellung beginnt (§ 137 I) und mit der Schließung durch den Vorsitzenden gem § 136 IV endet. Bei dem vom Vorsitzenden zu veranlassenden Aufruf der Sache handelt es sich um eine – durch Art 103 I GG gebotene – wesentliche Förmlichkeit, die den ordnungsgemäßen Beginn jedes Gerichtstermins unter Anwesenheit aller Beteiligten gewährleisten soll. Sie verpflichtet das Gericht ggü den anwesenden Parteien und Beteiligten, sie effektiv in die Lage zu versetzen, den Termin auch wahrzunehmen (BVerfGE 42, 364). 1

B. Einzelheiten. Die Anforderungen an die Art und Weise des Aufrufs einer Sache hängen von den Umständen ab. Besondere Umsicht des Gerichts ist bei tw immer noch üblichen so genannten Sammelterminen geboten, bei denen bis zu 20 Sachen auf dieselbe Terminsstunde angesetzt werden. Diese fragwürdige Praxis ist besonders im Parteiprozess unangebracht, schon weil die nicht rechtskundige und mit diesem Verfahren regelmäßig nicht vertraute Partei dadurch eingeschüchtert und verunsichert werden kann. Ein Sammelaufruf zu Beginn der Terminsstunde genügt keinesfalls. Sinnvollerweise wird der im Sitzungssaal erfolgende Aufruf durch Lautsprecher auf den Gerichtsflur und ggf das Wartezimmer übertragen. Ein nochmaliger Aufruf vor Erlass eines Versäumnisurteils nach Ablauf der regelmäßig einzuhaltenden 15-minütigen Wartefrist ist üblich und sinnvoll. Als wesentliche Förmlichkeit ist der Aufruf der Sache zu protokollieren. Ohne ordnungsgemäßen Aufruf der Sache darf kein Versäumnisurteil ergehen. 2

C. Säumnis. Abs 2 stellt zum Schutz des Säumigen klar, dass er noch bis zum Schluss der mündlichen Verhandlung (§ 136 IV) die Möglichkeit hat zu verhandeln und damit den Erlass eines Versäumnisurteils abzuwenden (BGH NJW 93, 861, 862); versäumt ist der Termin mithin erst, wenn die Partei bis zu diesem Zeitpunkt überhaupt nicht (zum unvollständigen Verhandeln vgl § 334) verhandelt. Erscheint die Partei erst nach Schluss der mündlichen Verhandlung, aber vor Verkündung eines Versäumnisurteils, ändert das an der Säumnis nichts mehr; es stellt sich allenfalls die Frage, ob die Voraussetzungen für den Wiedereintritt in die mündliche Verhandlung (§ 156) vorliegen, was bei unverschuldeter Säumnis in Betracht kommt. Erscheint die Partei erst nach Verkündung des Versäumnisurteils, spielt es zunächst keine Rolle, ob die Säumnis unverschuldet war; der »säumigen Partei« bleibt nur der Weg, gegen das Versäumnisurteil Einspruch einzulegen. Falls der Gegner noch anwesend ist, kann die Verhandlung (über den Einspruch und zur Hauptsache) im Prinzip sofort fortgesetzt werden. Ein Anspruch auf sofortige Verhandlungsfortsetzung besteht allerdings nicht (St/J/*Roth* Rn 12). Zur unzulässigen Terminierung der Verhandlung „für den Fall des Einspruchs“ vgl § 216 Rn 5 aE. 3

§ 221 Fristbeginn. **(1) Der Lauf einer richterlichen Frist beginnt, sofern nicht bei ihrer Festsetzung ein anderes bestimmt wird, mit der Zustellung des Dokuments, in dem die Frist festgesetzt ist, und, wenn es einer solchen Zustellung nicht bedarf, mit der Verkündung der Frist.**

A. Normzweck. Ebenso wie gesetzliche Fristen dienen richterliche Fristen der Strukturierung und Beschleunigung des Verfahrens. Auf Seiten des Gerichts setzt dies regelmäßig eine angemessene Erfassung des konkreten Prozessstoffs in der jeweiligen Phase des Rechtsstreits voraus, denn eine sinnvolle Förderung und Beschleunigung des Prozesses kann nur durch adäquate Fristsetzung erreicht werden. Beispiele für richterliche Fristen: Frist zur Klagerwiderung, zur Benennung von Zeugen, Vorlage von Urkunden, zur Stellungnahme zu einem gerichtlichen Hinweis, Ergänzung des Sachvortrags, vgl ferner §§ 56 II, 89 I 2, 356, 769 II, 926 I. Keine richterliche Frist ist die von den Parteien iRe (auch gerichtlichen) Vergleichs vereinbarte Widerrufsfrist; für sie gilt § 221 nicht; sie ist nach §§ 187, 188 BGB zu berechnen und beginnt am Tag nach Vergleichsabschluss. 1

B. Einzelheiten. In manchen Fällen setzt das Gericht selbst den Beginn der Frist fest (»Den Parteien wird zur Stellungnahme zum Ergebnis der Beweisaufnahme eine Frist von 3 Wochen ab Erhalt des Sitzungsprotokolls gesetzt.«); in diesem Fall gilt für den Fristbeginn das in der Fristsetzung bestimmte Ereignis. Häufig wird aber nur ein bestimmter Zeitraum angesetzt, ohne dass der für den Fristbeginn maßgebliche Zeitpunkt bestimmt ist. Für diese Fälle regelt § 221, dass für den Fristbeginn der Zeitpunkt der Zustellung des die Fristsetzung enthaltenden Schriftstücks maßgeblich ist, soweit eine Zustellung erforderlich ist; dies trifft 2 gem § 329 II 2 für alle nicht verkündeten Beschlüsse oder Verfügungen zu, durch die eine Frist in Lauf gesetzt wird. Bei Fristsetzungen, die in verkündeten Entscheidungen enthalten sind, beginnt der Fristlauf hingegen mit der Verkündung. Beispiel: im Verhandlungstermin oder in einem gesonderten Verkündungstermin wird sogleich ein Auflagen- und Beweisbeschluss verkündet. Im letzteren Fall ist es möglich, dass die Frist beginnt, ohne dass die Partei davon etwas weiß; vor diesem Hintergrund kann es in derartigen Fälle sinnvoll sein, den Fristbeginn ausdrücklich auf den Erhalt des verkündeten Beschlusses festzulegen; in diesem Fall bedarf es aber der Zustellung. Etwaige Mängel der Zustellung können allerdings gem § 189 geheilt werden (die noch zu § 187 aF ergangene gegenteilige Entscheidung BGH NJW 89, 227 dürfte durch die Gesetzesänderung überholt sein).

3 Der Fristbeginn setzt selbstverständlich voraus, dass die Fristsetzung selbst wirksam erfolgt ist, wozu die richterliche Unterzeichnung einer entsprechenden Verfügung gehört (bloße Namensparaphe genügt nicht, BGH NJW 80, 1167).

§ 222 Fristberechnung. **(1) Für die Berechnung der Fristen gelten die Vorschriften des Bürgerlichen Gesetzbuchs.**

(2) Fällt das Ende einer Frist auf einen Sonntag, einen allgemeinen Feiertag oder einen Sonnabend, so endet die Frist mit Ablauf des nächsten Werktages.

(3) Bei der Berechnung einer Frist, die nach Stunden bestimmt ist, werden Sonntage, allgemeine Feiertage und Sonnabende nicht mitgerechnet.

1 **A. Regelungsinhalt, Anwendungsbereich.** Nach § 186 BGB finden die §§ 187–193 BGB ohnehin nicht nur für Rechtsgeschäfte, sondern auch für die in Gesetzen oder gerichtlichen Verfügungen getroffenen Fristen Anwendung; dies wird hier durch den Verweis auf die Vorschriften des Bürgerlichen Gesetzbuchs im Grunde wiederholt. Abs 2 entspricht in seinem Regelungsgehalt weitgehend § 193 BGB. Abs 3 enthält für nach Stunden berechnete Fristen (dies kommt in Wechsel- und Scheckverfahren in Betracht, vgl §§ 604 II, 605a) eine eigenständige Regelung, der allerdings keine große praktische Bedeutung zukommt. Für die Widerrufsfrist eines Vergleichs gilt § 187 BGB unmittelbar (also iA Fristlauf ab Vergleichsabschluss gem § 187 I BGB), so dass es eines Rückgriffs auf § 222 nicht bedarf.

2 **B. Einzelheiten.** Für den Fristbeginn kommt es darauf an, ob der Beginn eines Tages (§ 187 I BGB) oder ein Ereignis/ein in den Lauf des Tages fallender Zeitpunkt (§ 187 II BGB) maßgeblich ist; nur im ersten Fall wird der betreffende Tag mitgezählt. Aus dieser Differenzierung folgt die in § 188 BGB im Einzelnen geregelte Bestimmung des Fristendes, die sprachlich kompliziert erscheint, aber eine einfache Berechnung ermöglicht.

3 **I. Berechnungsbeispiele. 1. Berechnung bei Fristbeginn nach § 187 I BGB.** Typische Beispiele: Rechtsmittelfrist, Ladungsfrist, Einlassungsfrist. Zustellung am Montag, 20.3.: Ablauf einer 3-Tagesfrist am Donnerstag 23.3., einer Wochenfrist am Montag, 27.3., einer Monatsfrist am 20.4. Ist der 20.4. ein Samstag, endet die Frist erst am Montag, 22.4. Bei einer Zustellung am 31.3. endet die Monatsfrist am 30.4., dem letzten Tag des folgenden Monats (§ 188 III BGB), entsprechend bei einer Zustellung am 30.1. in Schaltjahren am 29.2., sonst am 28.2. Setzt das Gericht frühen ersten Termin auf einen Montag (21.4. an, ist die Einlassungsfrist (§ 274 III) nur gewahrt, wenn die Zustellung der Klagschrift spätestens am Freitag, 4.4. erfolgt.

4 **2. Berechnung bei Fristbeginn nach § 187 II BGB.** Typisches Beispiel ist die Fristverlängerung, zB einer am Montag, 2.11. ablaufenden Frist: (neuer) Fristbeginn Dienstag, 3.11., Ablauf einer 3-Tagesfrist mithin am Donnerstag, 5.11., einer Wochenfrist am Montag, 9.11., einer Monatsfrist am 2.12.

5 **3. Stundenfristen (Abs 3).** Hierbei werden Sonnabende, Sonntage und allgemeine Feiertage nicht mitgerechnet. Bsp: (mindestens) 24 Stunden Ladungsfrist im Wechselprozess (§ 604 II, III). Zustellung am Samstag, 9.00 Uhr, Fristablauf am Montag, 24 Uhr.

6 **II. Ausnahme.** Für die 5-Monatsfrist zur Niederlegung des vollständig abgefassten und unterschriebenen Urteils auf der Geschäftsstelle (vgl dazu die Grundsatzentscheidung GemS-OGB NJW 93, 2603) soll die Vorschrift nicht gelten (BAG NJW 00, 2835; Frankf NJW 72, 2313), so dass die Frist zB an einem Sonnabend ablaufen kann.

§ 223 *(weggefallen)*

§ 224 Fristkürzung; Fristverlängerung. (1) [1]**Durch Vereinbarung der Parteien können Fristen, mit Ausnahme der Notfristen, abgekürzt werden.** [2]**Notfristen sind nur diejenigen Fristen, die in diesem Gesetz als solche bezeichnet sind.**
(2) **Auf Antrag können richterliche und gesetzliche Fristen abgekürzt oder verlängert werden, wenn erhebliche Gründe glaubhaft gemacht sind, gesetzliche Fristen jedoch nur in den besonders bestimmten Fällen.**
(3) **Im Falle der Verlängerung wird die neue Frist von dem Ablauf der vorigen Frist an berechnet, wenn nicht im einzelnen Fall ein anderes bestimmt ist.**

A. Normzweck. Die Vorschrift regelt die (beschränkten) Möglichkeiten der Fristverlängerung und Fristverkürzung. 1

I. Fristverlängerung durch Parteivereinbarung. Die in Abs 1 eröffnete Möglichkeit, dass die Parteien – mit Ausnahme der Notfristen – gesetzliche und richterliche Fristen (durch Prozessvertrag) abkürzen (also nicht: verlängern) können, dürfte kaum praktische Relevanz haben. Notfristen sind nach der gesetzlichen Definition in S 2 nur diejenigen, die ausdrücklich als solche bezeichnet sind, also die Rechtsmittelfristen (Berufung, Revision, sofortige Beschwerde, Rechtsbeschwerde, Einspruch gegen Versäumnisurteil oder Vollstreckungsbescheid), ferner die Frist zum Widerspruch gegen eine Klagrücknahme (§ 269 II 4), die Verteidigungsanzeige gem § 276 I 1; die Frist für die Erhebung der Wiederaufnahmeklage (§ 586 I) sowie für die Anfechtungsklage gegen ein im Aufgebotsverfahren ergangenes Ausschlussurteil (§ 958 I 1). Notfristen können weder verkürzt noch verlängert werden und werden auch durch das Ruhen des Verfahrens nicht beeinflusst (§ 251 S. 2), anders bei Aussetzung und Unterberechung (§ 249 I). 2

II. Fristverlängerung durch das Gericht. Gemäß Abs 2 können gesetzliche Fristen nur abgekürzt oder verlängert werden, wenn dies im Gesetz ausdrücklich vorgesehen ist (s. § 226); bei allen Notfristen (insb Rechtsmittelfristen) ist dies ausgeschlossen. Die Fristverlängerung setzt einen Antrag der Partei voraus, der vor Ablauf der Frist eingehen muss. Die Bewilligung der Fristverlängerung kann bei rechtzeitigem Antrag aber auch nach Fristablauf erfolgen (hM seit BGHZ 83, 217; vgl St/J/*Roth* Rn 10 mwN). 3

Abs 3 wird nur relevant, wenn bei einer Fristverlängerung oder Fristverkürzung das neue Fristende nicht (wie aus Gründen der Klarheit geboten) datumsmäßig festgelegt ist. Für die Fälle, in denen die Frist um einen bestimmten Zeitraum (zB 1 Woche) verlängert oder verkürzt wird, stellt Abs 3 klar, dass die neue Frist vom Ablauf der bisherigen Frist berechnet wird. 4

§ 225 Verfahren bei Friständerung. (1) **Über das Gesuch um Abkürzung oder Verlängerung einer Frist kann ohne mündliche Verhandlung entschieden werden.**
(2) **Die Abkürzung oder wiederholte Verlängerung darf nur nach Anhörung des Gegners bewilligt werden.**
(3) **Eine Anfechtung des Beschlusses, durch den das Gesuch um Verlängerung einer Frist zurückgewiesen ist, findet nicht statt.**

Nach Abs 1 bedarf es keiner Verhandlung über einen Antrag auf Friständerung; eine mündliche Verhandlung ist mithin theoretisch möglich, dürfte aber praktisch so gut wie nie vorkommen. 1

Abs 2 beruht auf der Annahme, dass der Antragsgegner durch eine Fristabkürzung und wiederholte Fristverlängerung besonders betroffen ist und setzt deshalb dessen Anhörung vor einer entsprechenden Bewilligung voraus. Die Anhörung kann telefonisch erfolgen. Zustimmung des Gegners ist nicht gefordert, wird diese aber anwaltlich versichert, erübrigt sich eine (nochmalige) Anhörung durch das Gericht. Für die Frist zur Begründung von Berufung und Revision enthalten §§ 520 II 2 und 550 II 5, 6 besondere Vorschriften. 2

Abs 3 schließt lediglich die Anfechtung einer abgelehnten Fristverlängerung aus; die Anfechtung einer abgelehnten Fristverkürzung dürfte deshalb gem § 567 I Nr 2 zulässig sein, da ein das Verfahren betreffendes Gesuch zurückgewiesen wurde (ebenso MüKoZPO/*Gehrlein* Rn 8; St/J/*Roth* Rn 9; Zö/*Stöber* Rn 8); die Anfechtungsmöglichkeit bei abgelehnter Fristverkürzung ist aber ohne praktische Relevanz, da die Durchführung des Rechtsmittelverfahrens der erstrebten Beschleunigung gerade entgegenstehen dürfte. 3

§ 226 Abkürzung von Zwischenfristen. (1) **Einlassungsfristen, Ladungsfristen sowie diejenigen Fristen, die für die Zustellung vorbereitender Schriftsätze bestimmt sind, können auf Antrag abgekürzt werden.**

(2) Die Abkürzung der Einlassungs- und der Ladungsfristen wird dadurch nicht ausgeschlossen, dass infolge der Abkürzung die mündliche Verhandlung durch Schriftsätze nicht vorbereitet werden kann.
(3) Der Vorsitzende kann bei Bestimmung des Termins die Abkürzung ohne Anhörung des Gegners und des sonst Beteiligten verfügen; diese Verfügung ist dem Beteiligten abschriftlich mitzuteilen.

1 Während § 224 die Änderung richterlicher Fristen betrifft, behandelt § 226 die Abkürzung einzelner gesetzlicher Fristen, nämlich der Ladungsfrist (§ 217), der Einlassungsfrist (§ 274 III 1) und der so genannten Schriftsatzfrist (§ 132). Die Vorschrift gibt dem Vorsitzenden (theoretisch) sehr weitgehende Befugnisse, weil die Abkürzung gem Abs 3 ohne vorherige Anhörung des Gegners und gem Abs 2 auch dann angeordnet werden kann, wenn die schriftsätzliche Vorbereitung des Termins nicht mehr gewährleistet ist. Die praktische Bedeutung der Vorschrift dürfte jedoch sehr gering sein, weil die gesetzlichen Mindestfristen ohnehin kurz bemessen sind und eine Abkürzung nur in Betracht kommt, wenn für die Beteiligten eine sinnvolle Terminsvorbereitung noch möglich und zumutbar ist; den Beteiligten darf das rechtliche Gehör nicht abgeschnitten werden. Daraus ergibt sich zugleich, dass – ohne dass dies im Gesetz besonders erwähnt ist – eine Abkürzung der Fristen nur bei Vorliegen eines erheblichen Grundes, also in erster Linie bei besonderer Eilbedürftigkeit in Betracht kommt.

2 Abkürzung der Ladungsfrist kann im **Urkundsprozess** in Betracht kommen, ferner im **einstweiligen Verfügungsverfahren**, falls das Gericht (zB im Hinblick auf eine als aussichtsreich erachtete gütliche Einigung) nicht ohne mündliche Verhandlung entscheiden will. Vorsorgliche Beantragung einer Fristabkürzung empfiehlt sich daher. In dem Antrag, eine einstweilige Verfügung wegen besonderer Dringlichkeit ohne mündliche Verhandlung zu erlassen, liegt aber der **konkludente Antrag auf Abkürzung der Ladungsfrist**. In allen Fällen der Fristabkürzung dürfte sich eine vorherige telefonische Terminsabsprache empfehlen; anderenfalls besteht die Gefahr, dass eine Terminsverlegung erforderlich wird und dies den erstrebten Beschleunigungseffekt zunichte macht.

§ 227 Terminsänderung.

(1) [1]Aus erheblichen Gründen kann ein Termin aufgehoben oder verlegt sowie eine Verhandlung vertagt werden. [2]Erhebliche Gründe sind insbesondere nicht
1. das Ausbleiben einer Partei oder die Ankündigung, nicht zu erscheinen, wenn nicht das Gericht dafür hält, dass die Partei ohne ihr Verschulden am Erscheinen verhindert ist;
2. die mangelnde Vorbereitung einer Partei, wenn nicht die Partei dies genügend entschuldigt;
3. das Einvernehmen der Parteien allein.
(2) Die erheblichen Gründe sind auf Verlangen des Vorsitzenden, für eine Vertagung auf Verlangen des Gerichts glaubhaft zu machen.
(3) [1]Ein für die Zeit vom 1. Juli bis 31. August bestimmter Termin, mit Ausnahme eines Termins zur Verkündung einer Entscheidung, ist auf Antrag innerhalb einer Woche nach Zugang der Ladung oder Terminsbestimmung zu verlegen. [2]Dies gilt nicht für
1. Arrestsachen oder die eine einstweilige Verfügung oder einstweilige Anordnung betreffenden Sachen,
2. Streitigkeiten wegen Überlassung, Benutzung, Räumung oder Herausgabe von Räumen oder wegen Fortsetzung des Mietverhältnisses über Wohnraum auf Grund der §§ 574 bis 574b des Bürgerlichen Gesetzbuchs,
3. (weggefallen)
4. Wechsel- oder Scheckprozesse,
5. Bausachen, wenn über die Fortsetzung eines angefangenen Baues gestritten wird,
6. Streitigkeiten wegen Überlassung oder Herausgabe einer Sache an eine Person, bei der die Sache nicht der Pfändung unterworfen ist,
7. Zwangsvollstreckungsverfahren oder
8. Verfahren der Vollstreckbarerklärung oder zur Vornahme richterlicher Handlungen im Schiedsverfahren;
dabei genügt es, wenn nur einer von mehreren Ansprüchen die Voraussetzungen erfüllt. [3]Wenn das Verfahren besonderer Beschleunigung bedarf, ist dem Verlegungsantrag nicht zu entsprechen.
(4) [1]Über die Aufhebung sowie Verlegung eines Termins entscheidet der Vorsitzende ohne mündliche Verhandlung; über die Vertagung einer Verhandlung entscheidet das Gericht. [2]Die Entscheidung ist kurz zu begründen. [3]Sie ist unanfechtbar.

A. Normzweck. Der Rechtsstreit soll nach angemessener Vorbereitung durch die Beteiligten zügig und in strukturierter Form durchgeführt werden. Häufige Terminsverlegungen führen zu einer Verzögerung des Verfahrens und zu erhöhtem organisatorischem Aufwand sowohl beim Gericht (neue Ladungen) als auch bei den Prozessbeteiligten, die umdisponieren müssen. Besonders misslich und deshalb möglichst zu vermeiden ist die kurzfristige Verlegung eines umfangreichen Termins auf einen wesentlich späteren Zeitpunkt, weil dies eine nochmalige Einarbeitung der Prozessbeteiligten erforderlich macht. Terminsänderungen sind deshalb auf die Fälle erheblicher Gründe beschränkt. 1

Das Gesetz unterscheidet zwischen Terminsverlegung (ein bereits angesetzter Termin wird vor seinem Beginn auf einen anderen Zeitpunkt verlegt), Terminsaufhebung (Absage eines Termins ohne gleichzeitige Festlegung eines neuen Termins) und Vertagung (Abbruch eines bereits begonnenen Termins, ggf unter Anberaumung eines Fortsetzungstermins). Für die Vertagung ist das Gericht (Spruchkörper) zuständig, iÜ jeweils der Vorsitzende allein.

B. Einzelheiten. I. Glaubhaftmachung. Zur Verhinderung von Missbrauch sieht Abs 2 auf Verlangen des Vorsitzenden (bzw bei Vertagung auf Verlangen des Gerichts) Glaubhaftmachung (§ 294) der geltend gemachten Verlegungsgründe vor. Erhebliche Gründe aus der Sphäre des Gerichts: Erkrankung, dienstliche Verhinderung des Richters; mangelnde Vorbereitung des Termins durch das Gericht (anders bei der Partei s.u. Rz 6), die im Einzelfall die Durchführung des Termins zwecklos erscheinen lässt: zB bei einem übersehenen rechtlichen Gesichtspunkt, der dem Prozess eine neue Wendung gibt: hier kann es sinnvoll (prozessökonomisch) sein, mit einem Hinweisbeschluss zu vertagen. Terminsverlegung kann auch geboten sein, wenn sich aus den Zustellnachweisen ergibt, dass die Einlassungs- oder Ladungsfrist nicht eingehalten ist (anders wenn mit einem Verzicht auf die Fristeinhaltung bzw rügeloser Einlassung (§ 295) zu rechnen ist, dies kann ggf telefonisch abgeklärt werden, bevor eine Terminsverlegung verfügt wird). 2

II. Erheblicher Grund. Aus der Sphäre der Prozessbevollmächtigten: persönliche Verhinderung durch Krankheit, Urlaub, Terminskollisionen; die Verweisung des Anwalts auf eine Terminswahrnehmung durch den Sozius wird idR unzulässig sein, wenn dieser nicht ohnehin eingearbeitet ist. Bei Kollision mehrerer Gerichtstermine wird abzuwägen sein, welcher der kollidierenden Termine am sinnvollsten verlegt werden sollte (in erster Linie der später anberaumte oder weniger umfangreiche und deshalb leichter verlegbare Termin) hierüber sollte ggf eine Abstimmung zwischen den betroffenen Gerichten erfolgen (vgl Wieczorek/Schütze/*Gerken* Rn 11). 3

Verlegungsgrund (auch für einen Verkündungstermin) kann auch sein, dass die Parteien (aussichtsreiche) **Vergleichsverhandlungen** aufgenommen haben. Das Vorliegen eines erheblichen Grundes führt zu einer Verlegungspflicht des Gerichts (MüKoZPO/*Gehrlein* Rn 5). 4

Persönliche Verhinderung einer anwaltlich vertretenen Partei, die an dem Termin teilnehmen will, ist Verlegungsgrund jedenfalls dann, wenn das persönliche Erscheinen der Parteien angeordnet ist oder die Teilnahme aus Sicht des Gerichtes erforderlich erscheint. Ist das nicht der Fall, wird ein erheblicher Grund für die Terminsverlegung von der hM nur bejaht, wenn die Partei ein besonderes Interesse an der Teilnahme darlegen kann (BVerwG NJW 91, 2097; St/J/*Roth* Rn 5); dies erscheint unter dem Gesichtspunkt, dass die Partei ein Recht auf Teilnahme an ihrem Prozess hat und sich das Interesse grds bereits aus der Parteistellung ergibt, nicht unbedenklich. 5

III. Kein erheblicher Grund. Abs 1 Nr 1, 2 spricht die Selbstverständlichkeit aus, dass die (verschuldete) mangelnde Vorbereitung der Partei sowie das (nicht entschuldigte) Ausbleiben bzw dessen Ankündigung kein Grund für eine Terminsverlegung sind. Anderenfalls stünde es im Belieben der Partei, das Verfahren hinauszuzögern. Der Termin ist vielmehr durchzuführen, die Nachteile des Nichterscheinens (Versäumnisurteil) oder der mangelnden Vorbereitung (§§ 138 III, 296 I, II) hat die Partei zu tragen. Auch die fehlende Vorbereitung eines Termins infolge Anwaltswechsels ist kein erheblicher Grund, es sei denn, der Wechsel geschah ohne Verschulden der Partei (BGHZ 27, 163, 165); bei einem Anwaltswechsel nach einer Erschütterung des Vertrauensverhältnisses muss die Partei deshalb darlegen, dass der Anwalt den Vertrauensverlust verschuldet hat (BGH NJW-RR 08, 876). 6

IV. Erleichterte Terminsverlegung. Nach Abschaffung der gesetzlichen Gerichtsferien (früher § 200 GVG) sieht Abs 3 nunmehr für die Hauptferienmonate Juli und August eine Terminsverlegung auf Antrag vor, ohne dass es der Darlegung eines erheblichen Grundes bedarf. Anwälten und Parteien soll in dieser Zeit 7 eine vereinfachte Terminsverlegung ermöglicht werden. Abs 3 findet ausdrücklich keine Anwendung auf Verkündungstermine, bei denen eine Anwesenheit der Parteien/Anwälte ohnehin nicht erforderlich ist.

8 **V. Einzelne generell eilbedürftige Verfahrens.** Konkrete Ausnahmen der Verlegungspflicht sind in S 2 Nr 1-8 für bestimmte, allgemein als eilbedürftig eingestufte Verfahren vorgesehen (inhaltlich weitgehend entsprechend der früheren Ferienregelung in § 200 II GVG aF); umgekehrt enthält S 3 eine Ausnahme für den Fall, dass in einem nicht unter S 2 fallenden Verfahren ein konkreter Beschleunigungsbedarf vorliegt, was insb zu bejahen ist, wenn das Verfahren zuvor bereits verschleppt worden ist (BGH NJW 09, 687; MDR 10, 1077). IE geht es um folgende Angelegenheiten:

9 **Nr 1: Verfahren des Einstweiligen Rechtsschutzes**: Arrestverfahren (§§ 916 ff) und einstweilige Verfügungsverfahren (§§ 935–944), sowie die einstweiligen Anordnungen aus dem Familienrecht, einschließlich der betr Rechtsmittelverfahren. Die auf § 945 gestützte Schadensersatzklage fällt nicht unter Nr 1.

10 **Nr 2: Streitigkeiten über Räume**: dies betrifft – unabhängig vom Rechtsgrund – Verfahren, in denen es um Überlassung, Benutzung oder Räumung/Herausgabe geht; die Klage auf Fortsetzung des Mietverhältnisses nach Sozialwiderspruch (§ 574a BGB) ist ausdrücklich genannt, obwohl sie bereits unter »Benutzung« fallen dürfte. Ansprüche auf Mietzinszahlung oder Zustimmung zur Mieterhöhung fallen nicht unter Nr 2.

Bei den **Familiensachen gem Nr 3** sowie den **Wechsel- und Schecksachen nach Nr 4** ist die Eilbedürftigkeit offensichtlich.

11 **Nr 5 und 6** betreffen eher seltene Fälle, nämlich Nr 5 einen Streit über die **Fortsetzung eines angefangenen Baus** und Nr 6 die **Herausgabe einer Sache an eine Person, bei der sie nicht der Pfändung unterliegt** (also etwa Herausgabe von gem § 811 unpfändbaren Sachen).

12 **Nr 7: Zwangsvollstreckungsverfahren** damit sind alle Verfahren (auch Rechtsmittelverfahren) der Zwangsvollstreckung einschließlich Zwangsverwaltung und Zwangsversteigerung nach dem ZVG gemeint; auch das (in gleicher Weise eilbedürftige) Verfahren der Teilungsversteigerung (§§ 180 ff GVG) gehört dazu, auch wenn es sich nicht um Zwangsvollstreckung im engeren Sinn handelt (ausf dazu: Zö/*Stöber* Rn 18; St/J/*Roth* Rn 32; aA Karlsr Rpfleger 91, 263; Musielak/*Stadler* Rn 10; ThoPu/*Hüßtege* Rn 27).

13 **Nr 8: Verfahren der Vollstreckbarkeitserklärung sowie richterliche Handlungen im Schiedsverfahren:** Hierbei geht es um Verfahren nach §§ 722 ff und 1050, 1062 ff. Die praktische Bedeutung dürfte gering sein, da tw ohnehin keine mündliche Verhandlung erforderlich ist (vgl § 1063).

14 **VI. Antragsfrist.** Zu beachten ist, dass der Verlegungsanspruch nur besteht, wenn der Antrag binnen einer Woche nach Zugang der Ladung oder Terminsbestimmung gestellt wird (Abs 3). Damit soll verhindert werden, dass der Antrag kurz vor dem Termin gestellt und so zur Verfahrensverzögerung missbraucht wird (Wieczorek/Schütze/*Gerken* Rn 24). Für die Berechnung der Wochenfrist ist der Zugang der Ladung oder Terminsbestimmung maßgeblich. Allerdings soll im Fall des § 218 auf das Verkündungsdatum abgestellt werden (Brandbg NJW-RR 98, 500; MüKoZPO/*Gehrlein* Rn 13; Zö/*Greger* Rn 10). Dies überzeugt schon deshalb nicht, weil das Gesetz auf den Zugang der Ladung oder der Terminsbestimmung abstellt; es ist deshalb (wenn die Verkündung in Abwesenheit der Parteien/Anwälte erfolgt) auf den Zugang der verkündeten, die Terminsbestimmung enthaltenden Entscheidung bzw des Protokolls abzustellen (so zutr *Feiber* NJW 97, 160, 161). Die kurze Antragsfrist soll nur ein taktisches Hinauszögern des Antrags verhindern; dies ist nicht zu besorgen, wenn auch bei verkündeten Terminen auf den Zugang der Terminsbestimmung durch Übersendung des Protokolls abgestellt wird, weil der Partei auch dann nur ein kurzer Überlegungszeitraum ab Kenntnis von dem Termin zur Verfügung steht und taktische Manöver nicht zu besorgen sind. Abs 3 beruht auf der Annahme, dass in den Hauptferienmonaten auf die Darlegung und Prüfung eines erheblichen Grundes verzichtet werden kann, weil er ohnehin in den meisten Fällen vorliegen wird. Dieser Zielsetzung wird die hM, die auf das Datum der Verkündung abstellt, nicht gerecht, denn sie wird in diesen Fällen regelmäßig dazu führen, dass die Wochenfrist schon verstrichen ist, wenn die Prozessbeteiligten von dem Termin erfahren. Da die Wochenfrist nicht wiedereinsetzungsfähig ist, bleibt nur die Darlegung eines erheblichen Grundes, den das Gesetz für die Hauptferienzeit gerade für entbehrlich angesehen hat.

15 **VII. Abgelehnte Terminsverlegung.** Rechtsfolgen einer nicht erfolgten, aber gebotenen Verlegung: Keine Säumnis der nicht erschienenen Partei, zu deren Gunsten hätte verlegt werden müssen. Ein gleichwohl erlassenes Versäumnisurteil wäre nicht in gesetzlicher Weise ergangen und kann deshalb nicht die Kostenfolge des § 344 auslösen. Ggf kann die benachteiligte Partei auf die Nichtverlegung einen Befangenheitsantrag stützen. Falls in dem zu Unrecht nicht verlegten Termin streitiges Urt ergeht, kommt in der Rechtsmit-

telinstanz Aufhebung und Zurückverweisung wegen Verletzung des rechtlichen Gehörs (Verfahrensfehler) in Betracht (BFH DStRE 07, 587, 588).

Eine Anhörung des Gegners ist in den Fällen des Abs 3 nicht erforderlich und vom Gesetz auch für die Fälle des Abs 2 nicht vorgesehen; meist sehen die Gerichte deshalb davon auch ab. Ausnahmen sind indes geboten, wenn bei nicht völlig eindeutigem Verhinderungsgrund verlegt werden soll, insb, wenn bereits mehrere Terminsverlegungen erfolgt sind oder sonst ein Beschleunigungsinteresse des Gegners in Betracht kommt; in diesen Fällen empfiehlt sich ohnehin eine (telefonische) Terminsabsprache, um die Durchführung der Termins zu einem nicht allzu weit hinausgeschobenen neuen Zeitpunkt sicher zu stellen. 16

VIII. Begründungspflicht. Abs 3 verpflichtet das Gericht ausdrücklich, die Terminsänderung (kurz) zu begründen; dazu reicht idR der Hinweis auf den Verhinderungsgrund der jeweiligen Partei. Bei einer vAw erfolgten Aufhebung dürfte es zumindest angebracht sein, über die Floskel »aus dienstlichen Gründen« hinaus den konkreten Grund mitzuteilen (Erkrankung des Berichterstatters, Dezernatswechsel oä) sowie – soweit möglich – mitzuteilen, wann mit einem Fortgang des Verfahrens zu rechnen ist. 17

§ 228 *(weggefallen)*

§ 229 Beauftragter oder ersuchter Richter. **Die in diesem Titel dem Gericht und dem Vorsitzenden beigelegten Befugnisse stehen dem beauftragten oder ersuchten Richter in Bezug auf die von diesen zu bestimmenden Termine und Fristen zu.**

A. Normzweck. Erstreckung der Regelungen auf die Sonderfälle des kommissarischen Richters, nämlich des beauftragten (§§ 268 V 1, 361) und des ersuchten Richters (§§ 278 V 1, 362). 1

B. Einzelheiten. Gegen Entscheidungen des beauftragten oder ersuchten Richters in diesem Bereich ist die Erinnerung an das Prozessgericht zulässig (§ 573 I). Dies soll nach weit verbreiteter Meinung unabhängig davon gelten, ob die Entscheidung nach §§ 214–227 überhaupt anfechtbar wäre (St/J/*Roth* Rn 2; Musielak/*Stadler* Rn 1; MüKoZPO/*Gehrlein* Rn 2). Dem kann nicht gefolgt werden: in den Fällen des § 225 Nr 3, und § 227 IV 3 hat die dort angeordnete Unanfechtbarkeit ihren guten Grund. Eine Erinnerung gegen die entsprechende Entscheidung des Richterkommissars zuzulassen, ist weder vom Wortlaut (Unanfechtbarkeit schließt auch eine Erinnerung aus) noch von Sinn und Zweck der Norm geboten, sondern liefe dem Beschleunigungsgedanken entgegen; insb beim beauftragten Richter würde allein die Aktenübersendung wegen einer Erinnerung dazu führen können, dass eine zu Recht abgelehnte Terminsverlegung de facto doch noch erreicht wird. 2

Titel 4 Folgen der Versäumung; Wiedereinsetzung in den vorigen Stand

§ 230 Allgemeine Versäumungsfolge. **Die Versäumung einer Prozesshandlung hat zur allgemeinen Folge, dass die Partei mit der vorzunehmenden Prozesshandlung ausgeschlossen wird.**

A. Normzweck. Die Vorschrift regelt die allgemeinen Folgen der Versäumung einer Prozesshandlung. Die Partei ist mit der versäumten Prozesshandlung ausgeschlossen (Präklusion) und muss die damit verbundenen Nachteile tragen. Der auf diese Weise auf die Partei ausgeübte Druck soll sie im Interesse einer zügigen Verfahrensdurchführung zur Einhaltung von Fristen und sorgfältiger Prozessführung veranlassen. Da die Folge der Versäumung unabhängig von einem Verschulden der Partei durch die bloße Versäumung (im Grundsatz sogar ohne vorherige Androhung oder Antrag des Gegners eintritt (§ 231), bedarf es, auch unter dem Gesichtspunkt des rechtlichen Gehörs, einer Korrektur für die Fälle unverschuldeter Fristversäumung. Voraussetzungen und Verfahren hierfür sind in den Vorschriften über die Wiedereinsetzung in den vorigen Stand (§§ 233-238) geregelt. In bestimmten Fällen unterbleibt die Präklusion trotz Fristversäumung, etwa wenn ein unter Verstoß gegen gesetzte Fristen erfolgter Parteivortrag nicht zu einer Verfahrensverzögerung führt (vgl § 296). In anderen Fällen (vgl § 283) führt die Fristversäumung nicht zwingend zur Präklusion, sondern ist die Berücksichtigung des verspäteten Vorbringens in das Ermessen des Gerichts gestellt. 1

2 **B. Tatbestandsvoraussetzungen. I. Prozesshandlung.** Bsp: Klage, Rechtsmittel, Widerspruch gegen Mahnbescheid, Nebenintervention, Streitverkündung, Behaupten, Bestreiten, Anerkenntnis, Verzicht, Geständnis, Anträge jeder Art (Beweisantrag). Das bloße Nichterscheinen (»Säumnis«) ist als solche keine Prozesshandlung, hierfür gelten nicht §§ 230 ff, sondern spezielle Vorschriften, vgl zu den Folgen des Nichterscheinens von Zeugen (§ 380), Parteien (§§ 141 III, 251a, 454) sowie des Gläubigers und Schuldners (§§ 877, 901). Einen Sonderfall stellt ferner die Säumnis der Partei in Sinne von §§ 330 ff dar; zwar ist diese idR gleichfalls mit einem Nichterscheinen verbunden, doch geht es dabei in erster Linie um die Versäumung einer Prozesshandlung (der Antragstellung)

3 **II. Versäumung.** Eine Prozesshandlung ist versäumt, wenn sie nicht bis zum Ablauf einer dafür bestehenden Frist (wirksam) vorgenommen wurde. Versäumt ist sie deshalb auch dann, wenn sie zwar innerhalb der Frist vorgenommen wurde, aber an Mängeln leidet, die zur Unwirksamkeit führen (fehlende Unterschrift unter bestimmenden Schriftsatz; Antrag durch nicht postulationsfähigen Anwalt oder durch die Partei persönlich im Anwaltsprozess, Rechtsmitteleinlegung beim unzuständigen Gericht). Innerhalb der Frist können Mängel der Prozesshandlung behoben, der Vortrag ergänzt werden usw. Die Vornahme einer Prozesshandlung schon vor Fristbeginn ist möglich und unschädlich (Einspruch gegen einen noch nicht wirksam zugestellten Vollstreckungsbescheid, Rechtsmittel gegen ein verkündetes, aber noch nicht zugestelltes Urt).

4 **III. Frist.** Damit sind in erster Linie die gesetzlichen Fristen (insb Rechtsmittel- und Rechtsmittelbegründungspflichten) gemeint, aber auch richterliche Fristen fallen darunter. Die Frist muss nicht zwingend durch ein Datum festgelegt werden, sondern kann auch durch eine bestimmte Prozesslage gekennzeichnet sein, zB Schluss der mündlichen Verhandlung für § 295 I.

§ 231 Keine Androhung; Nachholung der Prozesshandlung. **(1) Einer Androhung der gesetzlichen Folgen der Versäumung bedarf es nicht; sie treten von selbst ein, sofern nicht dieses Gesetz einen auf Verwirklichung des Rechtsnachteils gerichteten Antrag erfordert.**
(2) Im letzteren Fall kann, solange nicht der Antrag gestellt und die mündliche Verhandlung über ihn geschlossen ist, die versäumte Prozesshandlung nachgeholt werden.

1 **A. Normzweck.** Die Vorschrift stellt den (strengen) Grundsatz auf, dass allein die Fristversäumung dazu führt, dass deren hieran geknüpfte nachteilige Folgen eintreten; es bedarf mithin grds keiner Belehrung, keiner Androhung und auch (sofern nicht besonders gesetzlich angeordnet) keines gegnerischen Antrags. Dies ist insb für die Rechtsmittelfristen von Bedeutung. Im Zivilprozess erfolgt auch im Parteiprozess keine Belehrung oder Androhung, so dass sich auch die nicht anwaltlich vertretene Partei selbst darum kümmern muss, ob, in welcher Form oder unter welchen Voraussetzungen eine Entscheidung mit Rechtmitteln angegriffen werden kann. Dies wird aber dadurch relativiert, dass Berufung und Revision im Zivilprozess ohnehin dem Anwaltszwang unterliegen, was in der Bevölkerung auch weithin bekannt sein dürfte. Von einem Anwalt muss die erforderliche Rechtskenntnis ohne weiteres erwartet werden; dies gilt auch im Fall einer Änderung der Gerichtsorganisation (häufige Fehlerquelle!). Die Gewährung effektiven Rechtschutzes ist durch das Fehlen einer Rechtmittelbelehrung vAw im Zivilprozess nicht in Frage gestellt (vgl BVerfG NJW 95, 3173, MüKoZPO/*Gehrlein* Rn 1). Mangelnde Rechtskenntnis der Partei über den Rechtsweg bzw das zulässige Rechtsmittel scheidet daher von vornherein als Wiedereinsetzungsgrund aus.

2 **B. Ausnahmen. I. Androhung/Belehrung.** Es gibt eine Reihe gesetzlicher Ausnahmen, bei denen eine Belehrung über die mit der Versäumung verbundenen Rechtsnachteile vorgeschrieben ist, zB beim schriftlichen Vorverfahren (§ 276 II), bei der Klagerwiderung (§ 277 II), mit der Folge, dass bei unterbliebener Belehrung eine der Partei nachteilige Entscheidung (Versäumnisurteil) nicht möglich ist (vgl § 331 I Nr 4). Weitere Belehrungen sind in § 504 (bzgl Unzuständigkeit des Amtsgerichts) und § 692 I 4 (Hinweis auf möglichen Erlass des Vollstreckungsbescheids) vorgesehen. Eine vorherige Androhung ist bei der Verurteilung zu Ordnungsgeld oder Ordnungshaft erforderlich (§ 890 II).

3 **II. Antrag.** Auch zum Antragserfordernis gibt es einige gesetzliche Ausnahmen. Dann tritt die nachteilige Folge nicht automatisch ein, sondern setzt einen Antrag der Gegenseite voraus. Bsp: nach vergeblicher Anordnung der Klagerhebung im Arrestverfahren erfolgt die Aufhebung des Arrestes nur auf Antrag, § 926 II; die versäumte Prozesshandlung kann nachgeholt werden, solange der Antrag noch nicht gestellt ist. Bei Versäumnisurteil im schriftlichen Vorverfahren gilt die Besonderheit, dass die Prozesshandlung (Verteidi-

gungsanzeige) sogar noch bis zur Übergabe des unterschriebenen Versäumnisurteils an die Geschäftsstelle nachgeholt werden kann, mit der Folge, dass die nachteilige Folge nicht eintritt (§ 331 III).

§ 232 *(weggefallen)*

§ 233 Wiedereinsetzung in den vorigen Stand.

War eine Partei ohne ihr Verschulden verhindert, eine Notfrist oder die Frist zur Begründung der Berufung, der Revision, der Nichtzulassungsbeschwerde oder der Rechtsbeschwerde oder die Frist des § 234 Abs. 1 einzuhalten, so ist ihr auf Antrag Wiedereinsetzung in den vorigen Stand zu gewähren.

Inhaltsübersicht Rz

A. Normzweck . . . 1
I. Begriff, Wirkung . . . 2
II. Strenger Maßstab . . . 3
B. Die einzelnen Voraussetzungen der Wiedereinsetzung . . . 4
I. Antrag . . . 4
II. Frist . . . 5
1. Anwendbare Fristen . . . 5
2. Unanwendbare Fristen . . . 6
III. Versäumung der Frist . . . 9
1. Begriff . . . 10
2. Amtsprüfung . . . 11
a) Unvollständiges Rechtsmittel . . . 12
b) Prüfungsumfang des Gerichts . . . 13
c) Mängel der Zustellung . . . 14
IV. Schuldlosigkeit der Partei an der Fristversäumung . . . 18
1. Typische Beispiele für schuldlose Fristversäumung der Partei . . . 19
2. Beispiele für ein die Wiedereinsetzung ausschließendes Verschulden der Partei selbst . . . 20
3. Postlauf . . . 21
4. Ursächlichkeit . . . 22
5. Bedürftige Partei . . . 24
C. Verschulden des Rechtsanwalts . . . 27
I. Allgemeines . . . 27
II. Früherer Rechtsanwalt . . . 29
III. Einzelheiten zum Anwaltsverschulden . . . 30
1. Büroorganisation allgemein . . . 31
a) Einfache Tätigkeiten . . . 32
b) Delegation von Aufgaben auf Fachkraft . . . 34
c) Juristisch ausgebildetes Hilfspersonal . . . 35
d) Nicht delegierbare Aufgaben . . . 36
2. Gehäufte Fehler in einer einzigen Sache . . . 37
3. Vertretungsfall . . . 38
4. Faxübermittlung . . . 39
5. Fristenwesen . . . 40
a) Prüfung der rechtzeitigen Rechtsmitteleinlegung . . . 41
b) Ausgangskontrolle . . . 42
aa) Grundsatz . . . 42
bb) Ausgangskontrolle bei Faxübermittlung . . . 43
c) Streichen der Frist . . . 44
d) Delegation der Fristenkontrolle . . . 45
e) Delegation der Fristberechnung? . . . 46
f) Elektronischer Fristenkalender . . . 47
g) Bedeutung der Vorfristen . . . 48
6. Rechtsmittelauftrag . . . 49
7. Einzelanweisung des RA an sein Personal . . . 51
8. Erhöhte Sorgfaltspflicht bei Fristausschöpfung . . . 52
a) Grundsatz . . . 52
b) Verpflichtung zur »Kompensation« . . . 53
c) Sinnvolle Verfahrensweise nach eingetretener Fristversäumung . . . 54
9. Mitverschulden des Gerichts an der Fristversäumung . . . 55
a) Fehlgeleitete Schriftsätze . . . 55
b) Mehrfache Zustellung, falsche Auskünfte . . . 57
c) Vertrauenstatbestand durch das Gericht . . . 58
d) Kein gerichtliches Mitverschulden . . . 59
10. Fristverlängerung . . . 61
11. Computer . . . 63

A. Normzweck. Die Möglichkeit der Wiedereinsetzung dient einerseits der Verwirklichung des verfassungsrechtlichen Grundsatzes des Zugangs zum Gericht, der nicht unzulässig erschwert werden darf. Andererseits erfordert es auch die Einzelfallgerechtigkeit, einer Partei, die schuldlos eine Frist versäumt hat, eine Möglichkeit zur Beseitigung der Folgen der Fristversäumung einzuräumen. 1

2 **I. Begriff, Wirkung.** Durch die Bewilligung der Wiedereinsetzung wird rückwirkend der Zustand hergestellt (fingiert), als sei die fristgebundene Handlung rechtzeitig vorgenommen worden. Es handelt sich damit um eine Durchbrechung der zunächst eingetretenen Rechtskraft. Dies wird besonders deutlich, wenn im Zeitpunkt des Wiedereinsetzungsantrags ein verspätet eingelegtes Rechtsmittel bereits verworfen ist: hat das Wiedereinsetzungsgesuch Erfolg, wird das Rechtsmittel nachträglich als rechtzeitig behandelt, die auf der angenommenen Verspätung des Rechtsmittels basierende Entscheidung wird ohne weiteres gegenstandslos. Bei der Ausgestaltung der Wiedereinsetzung ist aber auch der Rechtssicherheit ein hoher Stellenwert eingeräumt, wie die absolute Frist für die Wiedereinsetzung (§ 234 III) deutlich macht.

3 **II. Strenger Maßstab.** Nicht selten verfolgen die Gerichte bei den Voraussetzungen der Wiedereinsetzung eine sehr strenge Tendenz, die Instanzgerichte oftmals noch strikter als BGH; insb bei den an einen Rechtsanwalt zu stellenden Sorgfaltspflichten werden gelegentlich übertriebene Maßstäbe angelegt (vgl St/J/*Roth* Rn 28: »juristischer Supermann«), denen Gerichte mitunter selbst nicht genügen. Die verfassungsrechtliche Komponente (Rechtsschutz, Zugang zum Gericht) darf in diesem Zusammenhang nicht übersehen werden, nicht ohne Grund hat das BVerfG wiederholt Anlass zum Eingreifen gesehen (vgl etwa zur Pflicht, eine falsch adressierte Berufungsschrift weiterzuleiten BVerfG NJW 95, 3173, 3175).

4 **B. Die einzelnen Voraussetzungen der Wiedereinsetzung. I. Antrag.** § 233 setzt ausdrücklich einen Antrag auf Wiedereinsetzung voraus (Ausn: § 236 II 2). Der Wiedereinsetzungsantrag steht nur der Partei zu, die die Frist versäumt hat. Zur Form und den Voraussetzungen des Antrags vgl § 236.

5 **II. Frist. 1. Anwendbare Fristen.** Hauptsächlicher Anwendungsbereich der Wiedereinsetzung sind die Notfristen (§ 224 I 2), also insb die Fristen zur Einlegung und Begründung von Rechtsmitteln. In Betracht kommt aber auch die Wiedereinsetzungsfrist selbst (Bsp: die Partei erfährt am 2.3., dass ihre Einspruchsschrift auf dem Postweg verloren gegangen ist, muss aber wegen eines am 4.3. erlittenen schweren Verkehrsunfalls zwei Wochen intensivmedizinisch behandelt werden und versäumt deshalb schuldlos die Wiedereinsetzungsfrist). Nach hM analoge Anwendung auf Anschlussrechtsmittel gem §§ 524, 554 (BGH, VersR 77, 152; Zweibr NJW-RR 03, 1299, 1300; St/J/*Roth* § 233 Rn 9; Zö/Greger § 233 Rn 6; MüKoZPO/Gehrlein Rn 14; ThoPu/*Hüßtege* § 233 Rn 5; aA wohl Hamm NJW-RR 03, 1720, 1721, wobei im dort entschiedenen Fall die Fristversäumung nicht ohne Verschulden der Partei eingetreten sein dürfte).

6 **2. Unanwendbare Fristen.** Für andere Fälle der Versäumung prozessualer Fristen (etwa: Antrag auf Tatbestandsberichtigung oder Urteilsergänzung, vgl BGH NJW 60, 866 und 80, 785 f) kommt Wiedereinsetzung (auch im Wege analoger Anwendung) nicht in Betracht; dem steht die bewusste Beschränkung des § 233 auf die darin ausdrücklich genannten Fristen entgegen (MüKoZPO/*Gehrlein* Rn 16). Keine Anwendung auf die Versäumung der Frist zum Widerruf eines gerichtlichen Vergleichs (hM: BGHZ 61, 394, 396; BGH, NJW 95, 521 f, Zö/*Greger* Rn 7; MüKoZPO/*Gehrlein* Rn 15; Musielak/*Grandel* Rn 1; dagegen mit beachtlichen Gründen und der erwägenswerten Empfehlung, die Anwendbarkeit der §§ 233 ff im Vergleich zu vereinbaren St/J/*Roth* Rn 12 mwN). Unanwendbar bei materiellen Ausschlussfristen, zB für die Anfechtungsklage nach § 246 I AktG (St/J/*Roth* Rn 11 mit weiteren Beispielen; Saenger Rn 4), desgleichen nicht bei Versäumung der Anmeldefrist in Gesamtvollstreckungsverfahren (BGH NZI 07, 411). Ebenfalls keine Wiedereinsetzung bei weisungswidriger Rücknahme eines Rechtsmittels für das dann verspätet eingelegte Rechtsmittel (BGH NJW 07, 3640), oder wenn die erklärte Rücknahme des Rechtsmittels auf einem unverschuldeten Irrtum beruht. In diesen Fällen fehlt es bereits an einer Versäumung der Prozesshandlung, weil das Rechtsmittel zunächst wirksam eingelegt war (BGH NJW 91, 2839). Eine andere Beurteilung kommt nur für die engen Ausnahmefälle in Betracht, in denen ein Widerruf der Rechtsmittelrücknahme möglich ist (zB wenn ein Restitutionsgrund vorliegt und gegen die das Rechtsmittel verwerfende Entscheidung die Restitutionsklage möglich wäre, vgl BGH aaO mwN; in diesen Fällen ist jedoch die Rücknahme unwirksam, so dass es angesichts des wirksam eingelegten Rechtsmittels einer Wiedereinsetzung gar nicht bedarf).

7 **Wiedereinsetzung gegen ein Versäumnisurteil?** Bei unverschuldeter Säumnis der Partei in dem Verhandlungstermin, in dem Versäumnisurteil erlassen wurde, wird häufig zusammen mit dem Einspruch »Wiedereinsetzung« beantragt. Dies ist verfehlt. Für die **Terminsversäumung** (in Abgrenzung zur Versäumung einer Frist) gelten die Sondervorschriften der §§ 330 ff, deshalb sind die Vorschriften über die Wiedereinsetzung nicht anwendbar (vgl MüKoZPO/*Gehrlein* § 230 Rn 3). Durch den rechtzeitigen Einspruch wird der Prozess ohnehin in die Lage versetzt, in der er sich vor Eintritt der Säumnis befand (§ 342). Ziel eines wegen Erlass eines Versäumnisurteils gestellten Wiedereinsetzungsantrags ist regelmäßig die Vermeidung

der Kostenfolge des § 344, wonach die durch die Versäumnis entstandenen Kosten auch dann der säumigen Partei aufzuerlegen sind, wenn sie im weiteren Verfahren nach dem Einspruch in der Sache obsiegt. Diese Frage ist über § 344 zu lösen, denn die dort angeordnete Kostenfolge greift nur ein, wenn das Versäumnisurteil in gesetzlicher Weise ergangen ist. Hieran fehlt es aber bei unverschuldeter Säumnis einer Partei, bei der das Gericht nach § 337 hätte vertagen müssen. Ob die unverschuldete Säumnis für das Gericht bei Erlass des Versäumnisurteils erkennbar war, ist iRd Kostenentscheidung nicht erheblich (BGH NJW 61, 2207).

Praxishinweis: bei unverschuldeter Säumnis sollte deshalb nicht (jedenfalls nicht ausschließlich) Wiedereinsetzung beantragt, sondern darauf hingewiesen werden, dass eine Kostenentscheidung nach § 344 wegen der fehlenden Säumnis nicht in Betracht kommt. Auch im Hinblick auf eine Einstellung der Zwangsvollstreckung aus dem Versäumnisurteil bedarf es der Wiedereinsetzung nicht; da das Versäumnisurteil bei unverschuldeter Säumnis der Partei nicht in gesetzlicher Weise ergangen ist, ermöglicht § 719 I 2 die Einstellung der Zwangsvollstreckung ohne Sicherheitsleistung. Beim Versäumnisurteil im schriftlichen Vorverfahren besteht allerdings die Besonderheit, dass § 276 I 1 die Frist für die Verteidigungsanzeige ausdrücklich als Notfrist bezeichnet, so dass jedenfalls eine Fristversäumung iSd § 233 vorliegt. Gleichwohl erscheint fraglich, ob in diesen Fällen ein Rechtsschutzbedürfnis für die Wiedereinsetzung zu bejahen ist; ohnehin darf ein Versäumnisurteil nicht mehr ergehen, wenn die Verteidigungsanzeige zwar verspätet eingeht, aber ein von den Richtern unterschriebenes Versäumnisurteil zu diesem Zeitpunkt noch nicht auf der Geschäftsstelle eingegangen ist (§ 276 I 1 Hs 2). Teilweise wird ein Wiedereinsetzungsantrag für die Zeitspanne zwischen Übergabe des Urteils an die Geschäftsstelle und Zustellung für sinnvoll gehalten (MüKoZPO/*Gehrlein* Rn 11; St/J/*Leipold* § 276 Rn 39). Auch insoweit geht es aber bei der Wiedereinsetzung allein darum, ob die Kostenfolge des § 344 abgewehrt und eine Einstellung der Zwangsvollstreckung ohne Sicherheitsleistung erfolgen kann; beides ist nicht von einer Wiedereinsetzung abhängig. Auch § 238 I passt nicht auf den Fall des versäumten Termins oder der versäumten Verteidigungsanzeige. Vorzuziehen ist daher die Auffassung, die weder die Terminssäumnis noch die versäumte Verteidigungsanzeige als wiedereinsetzungsfähig ansieht (St/J/*Roth* § 233 Rn 8; vgl Brandbg NJW-RR 02, 285 f). 8

III. Versäumung der Frist. Wiedereinsetzung setzt begrifflich Fristversäumung voraus, so dass vorrangig zu prüfen ist, ob die Prozesshandlung nicht doch rechtzeitig wirksam vorgenommen wurde (BGH NJW 03, 2460). 9

1. Begriff. Versäumt ist eine Prozesshandlung, wenn sie überhaupt nicht, nicht rechtzeitig oder nicht formgerecht (Berufungseinlegung durch einen nicht postulationsfähigen Anwalt oder die Partei selbst) oder beim unzuständigen Gericht vorgenommen wurde. Der Zeitpunkt des Eingangs einer Rechtsmittelschrift wird regelmäßig durch den Eingangsstempel des Gerichts belegt, § 418. Der Gegenbeweis ist jedoch zulässig (§ 418 II), auch mittels Freibeweises (BGH NJW-RR 06, 354). Dass einzelne Seiten einer Berufungsbegründung handschriftlich abgefasst sind, steht der rechtzeitigen Rechtsmitteleinlegung selbstverständlich auch dann nicht entgegen, wenn eine Leseabschrift erst nach Fristablauf eingereicht wird (BGH WuM 10, 694). 10

2. Amtsprüfung. Die Frage der Rechtzeitigkeit hat das Gericht vAw zu klären, selbst wenn die Fristversäumung unstr ist. Stellt sich heraus, dass die Frist entgegen der Annahme der Parteien gewahrt ist, ist der Wiedereinsetzungsantrag ohne weiteres gegenstandslos und über ihn nicht zu entscheiden (BGHZ 165, 318, 324). Das Gericht ist bei dieser Prüfung nicht an die förmlichen Beweismittel der ZPO gebunden, es gilt – wie allgemein bei Amtsprüfung – das Freibeweisverfahren. Hieran hat auch § 284 S 2 nichts geändert, denn diese Vorschrift erweitert lediglich – für den Fall des Einverständnisses beider Parteien – den Anwendungsbereich des Freibeweises auf die der Parteidisposition unterliegende Beweisaufnahme (aA – Freibeweis generell nur noch im Einverständnis der Parteien zulässig: Zö/*Greger* § 284 Rn 1) auch eine von der Partei vorgelegte eidesstattliche Versicherung kann mithin bei der Frage der rechtzeitigen Vornahme einer fristgebundenen Handlung berücksichtigt werden. Allerdings muss der volle Beweis für die rechtzeitige Handlung erbracht werden, dh wenn dem Gericht die eidesstattliche Versicherung nicht ausreicht, hat es die Partei darauf hinzuweisen und ihr Gelegenheit zu weiterem Beweisantritt, etwa Benennung von Zeugen zu geben (BGH NJW 00, 814). Macht die Partei geltend, den Schriftsatz rechtzeitig in den Nachtbriefkasten geworfen zu haben, hat das Gericht dienstliche Äußerungen der für die Leerung des Briefkastens zuständigen Beamten über seine Funktionstüchtigkeit einzuholen (BGH WuM 11, 176). Jedenfalls darf das Gericht nicht Wiedereinsetzung ablehnen, ohne die Frage der Fristversäumung zuvor zu klären. Umgekehrt kann 11 das Gericht von einer Beweisaufnahme über die Rechtzeitigkeit Abstand nehmen und aus Gründen der Verfahrensvereinfachung sogleich Wiedereinsetzung gewähren, wenn deren Voraussetzungen offenbar gegeben sind (BGH NJW-RR 02, 1070, 1071).

12 a) **Unvollständiges Rechtsmittel.** Trotz Wahrung der Rechtsmittelbegründungsfrist kommt Wiedereinsetzung ausnahmsweise in Betracht, wenn eine Rechtmittelbegründungsschrift ohne Verschulden des Rechtsmittelführers nicht vollständig übermittelt wurde (BGH NJW 00, 364: Fehlen einzelner Seiten aufgrund eines Versehens einer bisher zuverlässigen Bürokraft); iÜ kann Wiedereinsetzung aber grds nicht zur Ergänzung einer wirksam (fristgerecht) eingereichten, jedoch inhaltlich tw unzureichenden Begründung gewährt werden (etwa zur Nachholung von Verfahrensrügen BGH NJW 97, 1309, aA Zö/*Greger* § 233 Rn 9).

13 b) **Prüfungsumfang des Gerichts.** Das Gericht darf sich nicht mit der Feststellung begnügen, dass ein fristgebundener Schriftsatz nicht zu den Akten gelangt ist, denn die Frist ist bereits dann gewahrt, wenn der Schriftsatz rechtzeitig in den Empfangsbereich des Gerichts gelangt ist, also vor Fristablauf in den Briefkasten des Gerichts geworfen wurde. Kann dies festgestellt werden, so ist die Frist gewahrt, auf einen anschließenden – im Einzelfall durchaus möglichen – Verlust im Geschäftsgang kommt es nicht mehr an. Rechtzeitig eingegangen ist ein fristgebundener Schriftsatz auch dann, wenn er in den Abendstunden am Tag des Fristablaufs nicht in einen Nachtbriefkasten, sondern in einen sonstigen Briefkasten des Gerichts eingeworfen wird (vgl BVerfG NJW 91, 2076, 2077); das gleiche gilt für einen Schriftsatz, der bis 24.00 Uhr in ein Postfach des Gerichts eingelegt wird (BGH NJW 86, 2646). Genügt dem Gericht die eidesstattliche Versicherung des RA, er habe den Schriftsatz persönlich am letzten Tag der Frist in den Gerichtsbriefkasten geworfen, nicht zur Wiedereinsetzung, hat es den RA als Zeugen zu vernehmen (BGH NJW-RR 10, 217). Trägt die Partei vor, dass der fristgebundene Schriftsatz rechtzeitig in den Gerichtsbriefkasten eingeworfen wurde, muss das Gericht Nachforschungen bei der Eingangsstelle vornehmen, ggf Gelegenheit dazu geben, die Person, die den Schriftsatz eingeworfen haben soll, als Zeugen zu benennen usw. Ähnlich verhält es sich, wenn die Partei geltend macht, ein Schreiben sei rechtzeitig gefaxt, wie aus dem Faxprotokoll auf der Rückseite des Schreibens ersichtlich. In einem solchen Fall sollte auf einen Abgleich mit dem Empfangsprotokoll des Faxgeräts im Gericht gedrängt werden, denn korrespondierende Daten auf Sende- und Empfangsgerät können – insb im Zusammenhang mit Sendeprotokoll, vorgelegtem Original des Faxschreibens und ggf einer eidesstattlichen Versicherung der Hilfskraft – den Beweis für die rechtzeitige Rechtsmitteleinlegung erbringen (Zweibr NJW-RR 02, 355). Der Verlust eines Faxschreibens im gerichtlichen Geschäftsgang berührt die wirksam erfolgte Rechtsmitteleinlegung nicht. Rechtzeitig eingegangen ist ein Faxschreiben iÜ bereits, wenn das Empfangsgerät des Gerichts die Signale bis zum Ablauf des letzten Tages des Frist 24.00 Uhr vollständig empfangen hat, auf den Ausdruck bzw die Dauer des Ausdruckvorgangs kommt es (entgegen der auf den vollständigen Ausdruck abstellenden früheren Rechtsprechung) nicht mehr an (BGHZ 167, 214, 219 ff); der Empfang muss mithin vor 0.00 Uhr des Folgetages erfolgt und abgeschlossen sein (BGH NJW 07, 2045).

14 c) **Mängel der Zustellung.** Ferner kann sich die Rechtzeitigkeit auch aus einem Zustellmangel ergeben, der zur Folge hat, dass die Frist noch gar nicht begonnen hat. Denkbare Fälle: öffentliche Zustellung, obwohl die Voraussetzungen für das bewilligende Gericht **erkennbar** nicht vorlagen (BGHZ 149, 311); Zustellung an die (im Verfahren als prozessunfähig behandelte) Partei selbst statt an den gesetzlichen Vertreter; Zustellung einer unvollständigen Urteilsausfertigung (jedenfalls bei Fehlen ganzer Seiten, BGHZ 138, 166) oder einer inhaltlich unrichtigen Urteilsausfertigung (aber nicht bei Unrichtigkeiten, die bei der Urteilsabfassung gem § 319 hätten berichtigt werden können, als instruktives Bsp vgl BGH NJW-RR 06, 1570: es kommt darauf an, ob die Partei aus der Ausfertigung wenigstens den Inhalt der Urschrift und va den Umfang ihrer Beschwer und die tragenden Entscheidungsgründe erkennen kann. Die Zustellung einer beglaubigten Urteilsabschrift setzt die Berufungsfrist nicht in Gang; erforderlich ist die Zustellung einer Urteilsausfertigung, d.h. mit Unterschrift des Urkundsbeamten, Dienstsiegel oder –stempel und Bezeichnung als Ausfertigung (BGH NJW 2010, 2519). Fehlt auf einer Zustellungsurkunde die erforderliche Unterschrift des Zustellers, kann diese nachgeholt werden; die entsprechend ergänzte Urkunde ist nach § 419 frei zu würdigen (BGH NJW-RR 08, 218, 219).

15 Lässt sich die ordnungsgemäße Zustellung einer Entscheidung nicht zweifelsfrei feststellen, kann die daran anknüpfende Prozesshandlung (Rechtsmitteleinlegung) regelmäßig nicht versäumt sein. Dabei ist jedoch zu beachten, dass die Berufungsfrist und die Berufungsbegründungsfrist in jedem Fall mit Ablauf von

5 Monaten ab Verkündung des Urteils beginnt, also unabhängig von der Wirksamkeit einer Zustellung, §§ 517 und § 520 II, ebenso für die Revision §§ 548 und 551 II 3. Hat der Anwalt Kenntnis von einem Verkündungstermin, erhält er jedoch keine Zustellung, ist er im Hinblick auf diese Regelung gehalten, sich nach der Entscheidung zu erkundigen. Erhält er aber trotz mehrfacher Nachfrage keine Auskunft, ob und mit welchem Inhalt eine Entscheidung verkündet worden ist, kann der Partei nicht zugemutet werden, vorsorglich ein fristwahrendes Rechtsmittel einzulegen, so dass Wiedereinsetzung zu gewähren ist, wenn die Rechtsmittelfrist infolge der absoluten Frist des § 517 nicht gewahrt worden ist (BGH NJW-RR 04, 786).

Nicht jeder Mangel der Zustellung führt allerdings zu deren Unwirksamkeit. Die fehlende Unterschrift des Zustellers auf der Zustellungsurkunde (§ 182 II Nr 8) kann nachgeholt werden (BGH NJW-RR 08, 218, 219). **Praxishinweis:** Die häufig vernachlässigte Frage, ob die Frist überhaupt versäumt wurde, ist vorrangig und sorgfältigst zu prüfen. Es ist auch möglich, vorsorglich (hilfsweise) Wiedereinsetzung zu beantragen, für den Fall, dass die Rechtzeitigkeit nicht bewiesen werden kann (BGH NJW 07, 1457). Zur Möglichkeit des Gerichts, aus Gründen der Prozessökonomie auch bei nicht abschließend geklärter Fristversäumung Wiedereinsetzung zu bewilligen vgl oben Rz 11. 16

Soweit die Rechtsmittel- oder Rechtsmittelbegründungsfrist mit dem Ablauf von 5 Monaten ab Verkündung beginnt (§§ 517, 520 II 1, 548, 551 II 2) wird über den Fristbeginn regelmäßig keine Unklarheit bestehen, weil die Verkündung durch das Verkündungsprotokoll belegt ist (zum Sonderfall der behaupteten Protokollfälschung vgl BGH NJW-RR 08, 804); allerdings ist zu beachten, dass es an einer wirksamen Verkündung fehlt, wenn nicht innerhalb der Fünfmonatsfrist ein beweiskräftiges Protokoll über die Verkündung eines Urteils auf der Grundlage einer schriftlich fixierten Urteilsformel erstellt wurde (BGH NJW 11, 1741). 17

IV. Schuldlosigkeit der Partei an der Fristversäumung. Zentraler Prüfungspunkt bei der Wiedereinsetzung ist die Frage, ob die Partei die Fristversäumung zu vertreten hat, also nicht die erforderliche Sorgfalt angewendet hat. Maßstab ist die »Sorgfalt einer ordentlichen Prozesspartei« mithin ein objektiver Fahrlässigkeitsmaßstab (Zö/*Greger* § 233 Rn 12), nach der Gegenansicht (St/J/*Roth* § 233 Rn 25; Musielak/*Grandel* § 233 Rn 4) soll es unter dem Blickwinkel der Einzelfallgerechtigkeit und mit Blick auf den Justizgewährungsanspruch auf die individuellen Fähigkeiten der Partei ankommen, so dass zB bei einem Ausländer ein anderer Maßstab anzulegen wäre als bei einer deutschen Prozesspartei. Im Ergebnis dürfte der Unterschied so groß nicht sein, denn dass in die Betrachtung individuelle Umstände (etwa Krankheit) einzubeziehen sind, ist der Wiedereinsetzung immanent, andererseits reicht für Schuldlosigkeit mangelnde Erfahrung im Rechts- und Geschäftsleben, Unkenntnis von Rechtsmittelfristen usw nicht aus, weil vorausgesetzt wird, dass sich eine (geschäftsfähige) Prozesspartei diese Kenntnis mit Hilfe Dritter (Rechtsanwalt) verschafft, allerdings wird bei der Beurteilung der hierfür erforderliche Zeitaufwand ggf zu berücksichtigen sein. Nach einer vermittelnden Ansicht soll bei einem RA ein objektiver Maßstab angelegt werden, während es bei anderen Personen auf die jeweiligen subjektiven Fähigkeiten ankommen soll (Tho/Putzo/*Hüßtege* Rn 13). Kein Wiedereinsetzungsgrund ist das nachträgliche Auffinden einer der Partei günstigen Entscheidung (vgl BGH NJW 09, 2310). 18

1. Typische Beispiele für schuldlose Fristversäumung der Partei. Schwerwiegende Erkrankung der Partei: dabei kommt es nicht auf die ärztliche Krankschreibung an, sondern darauf, ob die mit der Erkrankung verbundenen Einschränkungen des Betroffenen der Fristwahrung entgegenstehen, indem sie zB die Beauftragung eines Anwaltes hindern; Beinbruch oder grippaler Infekt reichen regelmäßig nicht aus; vgl BGH JurBüro 07, 615, wonach es darauf ankommt, ob durch die Erkrankung eine physische oder psychische Ausnahmesituation verursacht wurde, die eine sachgerechte Interessenwahrnehmung unmöglich macht. Eintritt der Geschäftsunfähigkeit genügt in jedem Fall (BGH NJW 87, 440: für die Dauer der Geschäftsunfähigkeit bzw bis zur Bestellung eines gesetzlichen Vertreters). Abwesenheit, wenn die Partei nicht mit einer Zustellung rechnen musste; bei einem laufenden Verfahren deshalb nur dann, wenn sie ausreichende Vorkehrungen getroffen hat, dass sie rechtzeitig und zuverlässig Kenntnis erhält (ausreichend: Beauftragung 16-jähriger Tochter BGH NJW-RR 02, 137). Bei unvorhergesehenen Ereignissen (unerwartete Dienstreise) kommt es auf den Einzelfall an. Verlust von Schriftstücken ist unverschuldet, wenn er außerhalb des Verantwortungsbereichs der Partei geschieht (zB auf dem Postweg). Im Einzelfall begründen Schuldlosigkeit: Tod oder akute Erkrankung eines nahen Angehörigen, insb kurz vor Fristablauf (BGH NJW-RR 01, 1648: vorzeitige Wehen der Ehefrau; VersR 85, 47: Nierenkolik des Schwagers). Zu beachten ist in all diesen Fällen die Kausalität: fällt das Hindernis (zB die Erkrankung) noch vor Fristablauf weg, so dass die Fristwahrung noch möglich gewesen wäre, wenn auch die Überlegungszeit kürzer ist, so liegt kein Wiedereinset- 19 zungsgrund vor. Die Wiedereinsetzung dient nicht dazu, der Partei in jedem Fall die volle Frist zur Verfügung zu stellen.

20 **2. Beispiele für ein die Wiedereinsetzung ausschließendes Verschulden der Partei selbst.** Nichtzahlung eines vom Anwalt angeforderten Kostenvorschusses (BGH NJW-RR 05, 143, 145); bei Mittellosigkeit vgl aber Stichwort *bedürftige Partei* Rz 24), zu späte Beauftragung oder unzutreffende Information des Prozessbevollmächtigten, Fehlen eines Briefkastens mit der Folge des Abhandenkommens von Schriftstücken; sonstige Fälle der Nichterreichbarkeit in einem laufenden Verfahren (Ausnahme: unvorhergesehene Ereignisse) oder des Verlustes von Schriftstücken im eigenen Verantwortungsbereich (vgl aber BGH NJW 94, 2898 zu ungeklärtem Abhandenkommen der Benachrichtigung über die Zustellung); Vergessen (soweit nicht auf Erkrankung beruhend); bei eigener Rechtsmitteleinlegung: falsche Anschrift, unzuständiges Gericht; Unterfrankieren der Rechtsmittelschrift (BGH NJW 07, 1751); Bedienungsfehler am Computer oder Telefax. Scheitert die vollständige Übertragung einer 160 Seiten umfassenden Verfassungsbeschwerde mehrfach, so darf nicht schon um 18.15 Uhr des letzten Tages der Frist von weiteren Übertragungsversuchen abgesehen werden (BVerfG NJW 07, 2838). Betraut die Partei einen Mitbewohner damit, Post für sie entgegenzunehmen und sie davon zu verständigen, muss sie sich deren etwaiges Versäumnis nicht zurechnen lassen (BGH NJW-RR 08, 218, 220), weil diese Person nicht Bevollmächtigter iSd § 85 II ist.

21 **3. Postlauf.** Auf die Einhaltung der von der Bundespost (BGH NJW-RR 04, 1217) oder sonstigen Briefbeförderern (BGH NJW-RR 08, 930) angegebenen Brieflaufzeiten darf vertraut werden, auch vor den Feiertagen (BGH NJW 08, 587). Verlust auf dem Postweg ist grds schuldlos. Bei unvollständiger Anschrift kommt es darauf an, ob gleichwohl nach üblichem Gang der Dinge ein rechtzeitiger Eingang beim Empfänger erwartet werden konnte: bejaht für Fehlen von Postleitzahl und Hausnummer bei innerorts an das OLG 5 Tage vor Fristablauf versandtem Schriftsatz (BVerfG NJW 01, 1566 f). Geht bei einer Zustellung nach § 184 das Schriftstück auf dem Postweg verloren, steht der Wiedereinsetzung nicht entgegen, dass die Partei die Benennung eines Zustellbevollmächtigten versäumt hat (BGH NJW 00, 3284).

22 **4. Ursächlichkeit.** Nur ursächliches Verschulden (der Partei oder ihres Anwalts), dh ein Verschulden, das für die konkrete Fristversäumung im Sinne adäquater Kausalität ursächlich geworden ist, schadet der Wiedereinsetzung, nicht aber ein Mangel, der sich nicht rechtlich erheblich ausgewirkt hat. Dabei genügt allerdings Mitursächlichkeit, so dass die Partei die Möglichkeit ausschließen muss, dass ein festgestelltes unsorgfältiges Verhalten zur Fristversäumung beigetragen hat. Beispiel fehlender Ursächlichkeit: trotz mangelnder Fristenkontrolle ist ein Schriftsatz rechtzeitig abgesendet worden, aber auf dem Postweg verloren gegangen oder länger als nach den angegebenen Beförderungszeiten unterwegs gewesen (vgl BGH WuM 04, 412 sowie NJW 07, 2778); bei allgemein unzureichender Büroorganisation trifft der Anwalt eine ausreichende Einzelanweisung, bei deren Beachtung die Fristeinhaltung erwartet werden durfte. Als fehlende Ursächlichkeit werden tw auch die Fälle mitwirkenden Verschuldens des Gerichts angesehen: Der Anwalt wirft die richtig an das OLG als zuständiges Berufungsgericht adressierte Rechtsmittelbegründung zwei Wochen vor Fristablauf versehentlich in den Briefkasten des benachbarten Landgerichts (hier beruht die Fristversäumung bei wertender Betrachtung auf einem Versäumnis des Gerichts, von dem innerhalb von zwei Wochen eine Weiterleitung des offensichtlichen Irrläufers erwartet werden kann, vgl dazu unten Rz 55). Auf einer wertenden Betrachtung beruht auch die Bewilligung von Wiedereinsetzung, wenn es im Anschluss an eine arglistig erschlichene öffentliche Zustellung zu einer Fristversäumung gekommen ist (BGHZ 118, 45).

23 Die **Beweislast** für die Nichtursächlichkeit eines Fehlers liegt beim Antragsteller: ist die Ursächlichkeit eines Organisationsmangels für die Fristversäumung nicht ausgeräumt, kann Wiedereinsetzung nicht gewährt werden (BGH NJW 01, 76, 77).

24 **5. Bedürftige Partei.** Insoweit ist das verfassungsrechtliche Gebot der Chancengleichheit von bemittelten und mittellosen Parteien zu beachten (BGH NJW 93, 732): die bedürftige Partei darf sich grds darauf beschränken, innerhalb der Rechtsmittelfrist einen Prozesskostenhilfeantrag für das beabsichtigte Rechtsmittel unter Beifügung vollständiger PKH-Unterlagen einzureichen, soweit sie vernünftigerweise nicht mit der Ablehnung ihres Antrags wegen fehlender Bedürftigkeit rechnen muss. An dieser Voraussetzung fehlt es nicht schon dann, wenn die spätere Berechnung des Gerichts ergibt, dass die Kosten der Prozessführung voraussichtlich 4 Monatsraten um 50 € unterschreiten (§ 115 IV) und deshalb PKH nicht bewilligt werden kann (BGH NJW-RR 08, 1238). Im Einzelfall schaden selbst einzelne Lücken im Vordruck nicht, etwa

wenn sie aus den eingereichten Unterlagen ohne weiteres geschlossen werden können (BGH NJW-RR 08, 942). Übermittelt der Anwalt den PKH-Antrag per Fax, muss er durch entsprechende organisatorische Maßnahmen dafür Sorge tragen, dass auch die vollständigen Unterlagen mit übertragen werden (BGH FamRZ 07, 809); dies ist anhand eines Ausdrucks des Sendeprotokolls zu überprüfen (BGH MDR 10, 1011).

Einer Begründung der Erfolgsaussicht des Rechtsmittels bedarf es nicht, schon gar nicht müssen die Erfordernisse der Rechtsmittelbegründung erfüllt sein (BGH NJW-RR 01, 1146). Das Gericht prüft dann die Erfolgsaussicht des beabsichtigten Rechtsmittels vAw anhand der Aktenlage. Nichts anderes gilt, wenn die bedürftige Partei einen Rechtsanwalt findet, der das Rechtsmittel schon vor Bewilligung formularmäßig einlegt, aber nicht begründet; er braucht auch keinen Antrag auf Verlängerung der Rechtsmittelbegründungsfrist zu stellen (BGH NJW-RR 05, 1586, 1587). 25

Wird die Durchführung eines Rechtsmittels von der Bewilligung von PKH abhängig gemacht, wird regelmäßig nicht die Einlegung des Rechtsmittels unter den Vorbehalt der Bewilligung gestellt, sondern die Rücknahme des Rechtsmittels für den Fall der Nichtbewilligung vorbehalten (BGH NJW-RR 07, 1565). Zur Wiedereinsetzungsfrist nach PKH-Ablehnung vgl § 234 Rz 6, nach Bewilligung § 234 Rz 7. Das durch Mittellosigkeit begründete Hindernis entfällt durch nachträglichen Vermögenserwerb, Deckungszusage einer Rechtsschutzversicherung oder der Bewilligung von PKH. An der Ursächlichkeit der Mittellosigkeit für die Fristversäumung fehlt es, wenn der RA der bedürftigen Partei schon vor der PKH-Bewilligung bereit war, das Rechtsmittel einzulegen oder zu begründen (BGH NJW 08, 2855). Die Begründung eines PKH-Antrags für ein noch beabsichtigtes Rechtsmittel ist einer vollständig erstellten Rechtsmittelbegründung aber nicht gleichzusetzen (BGH NJW 11, 230). 26

C. Verschulden des Rechtsanwalts. I. Allgemeines. § 85 II stellt das Verschulden des Prozessbevollmächtigtem ausdrücklich dem Verschulden der Partei gleich. Eigenes Verschulden des Rechtsanwaltes muss sich die Partei deshalb zurechnen lassen, ebenso wenn der Sozius für den Rechtsanwalt handelt. Das gleiche gilt für das Handeln eines juristisch voll ausgebildeten Vertreters (Assessor als freier Mitarbeiter), dem der Anwalt die selbständige Bearbeitung der Rechtsangelegenheit überlassen hat (BGH NJW 04, 2901), das eines nach § 53 BRAO bestellten Vertreters (BGH VersR 93, 124, 125) oder eines Abwicklers gem § 55 BRAO (BGH NJW 92, 2158). Die Partei muss jedoch ein Verschulden des (sonst zuverlässigen) **Hilfspersonals** des Anwaltes nicht zurechnen lassen. Zum Hilfspersonal kann auch ein angestellter Anwalt zählen, wenn ihm noch nicht die selbständige Bearbeitung von Rechtssachen anvertraut ist, die Grenze zwischen Hilfstätigkeit und eigenverantwortlicher Bearbeitung ist unter Berücksichtigung aller Umstände des Einzelfalls zu ziehen (BGH NJW-RR 92, 1019). Der Rechtsanwalt ist gehalten, seine Büroorganisation sachgerecht zu gestalten und dadurch die Einhaltung von Fristen sicher zu stellen. Organisationsfehler sind eigene Fehler des Rechtsanwalts und schaden der Partei. 27

Delegation. Der Anwalt darf also Aufgaben delegieren und sollte das auch tun, um sich auf die eigentliche Tätigkeit als Organ der Rechtspflege konzentrieren zu können. Übernimmt er auch einfache Aufgaben selbst (faxen, frankieren, Adressen heraussuchen, e-mail schreiben) und unterläuft ihm dabei – auch unter Druck – ein Versehen, kommt Wiedereinsetzung nicht in Betracht (vgl BGH FamRZ 03, 667: falsche Eingabe der Faxnummer durch Anwalt). Auch bei nicht delegierbaren Aufgaben schadet dem Anwalt jedes Versehen (BGH NJW-RR 04, 1148: falsche Bezeichnung des Rechtsmittelführers). 28

II. Früherer Rechtsanwalt. Ein schuldhaftes Verhalten ihres früheren Rechtsanwalts, also etwa ein nach Mandatsniederlegung erfolgtes schuldhaftes Verhalten muss sich die Partei hingegen nicht zurechnen lassen (BGH NJW 08, 2713). Bsp: Nach Mandatsniederlegung nimmt der Anwalt noch eine Zustellung nach § 87 II wirksam entgegen und informiert die Partei davon nicht (oder gibt ein falsches Zustelldatum an), so dass die Partei die Rechtsmittelfrist versäumt (BGH NJW 08, 234). Auch das Handeln des Prozessbevollmächtigten nach Widerruf der Zulassung und Löschung aus der Anwaltsliste ist der Partei grds nicht zurechenbar (BGH MDR 08, 873). Die Niederlegung eines Mandats, zB wegen Arbeitsüberlastung, ist kein Anwaltsverschulden, wenn noch genügend Zeit zur Beauftragung eines anderen Anwalts bleibt (BGH VersR 87, 286); anders hingegen, wenn der Anwalt das Mandat zur Unzeit niederlegt (BGH NJW 06, 2334: Niederlegung am letzten Tag der Wiedereinsetzungsfrist); in diesem Fall ist das schuldhafte Verhalten auch während des bestehenden Mandats erfolgt und somit der Partei zurechenbar. 29

III. Einzelheiten zum Anwaltsverschulden. Grundsätzliche Anwaltspflichten, deren auch nur leicht fahrlässige Verletzung der Wiedereinsetzung entgegensteht: Rechtskenntnis; Wahl des sichersten Weges bei 30 unklarer Rechtslage; Vermeidung von Fehlerquellen. Bsp: Das Ausfüllen des Empfangsbekenntnisses mit der Anweisung, es noch nicht abzusenden, sondern es zusammen mit dem zuzustellenden Schriftstück nochmals vorzulegen, birgt erhebliche Fehlerquellen, wenn das Empfangsbekenntnis versehentlich doch abgesendet wird; dem Anwalt hätte das zumindest bei der erforderlichen Überprüfung der Rechtsmittelfrist auffallen müssen (vgl BGH NJW 07, 600, 602). Ist das zuzustellende Schriftstück nicht beigefügt, darf der Anwalt das Empfangsbekenntnis – selbstverständlich – nicht unterzeichnen (BGH NJW 00, 2112). Grundsätzlich darf der Anwalt das Empfangsbekenntnis über eine Urteilszustellung erst unterzeichnen und zurückgeben, wenn neben dem Zustelldatum auch die Eintragung der Fristen in Handakte und Fristenkalender sichergestellt ist, anderenfalls muss er besondere Einzelanweisungen treffen (BGH NJOZ 04, 3149) oder sonst erhöhte Sorgfalt anwenden, hierfür genügt die bloße Anordnung der sofortigen Wiedervorlage der Handakten nicht (BGH NJW 03, 1528). Der beim OLG nicht zugelassene Anwalt, der als Vertreter eines dort zugelassenen Anwalts tätig ist, muss selbst sicherstellen, dass seine Postulationsfähigkeit gewährleistet ist (BGH NJW-RR 07, 278). Auch bei unterbliebener Rechtsmittelbelehrung nach § 17 II FamFG ist das Versäumnis des Instanzanwalts, selbst statt durch einen am BGH zugelassenen Anwalt Rechtsbeschwerde einzulegen, nicht unverschuldet (BGH MDR 10, 1073). Bei unklarer Rechtslage muss der RA den sichersten Weg wählen und ggf bei mehreren in Betracht kommenden Gerichten Rechtsmittel einlegen (BGH NJW 11, 386). Der Anwalt muss die Partei über die Urteilszustellung so rechtzeitig und vollständig informieren, dass der Auftrag zur Rechtsmitteleinlegung auch unter Berücksichtigung einer angemessenen Überlegungsfrist rechtzeitig erteilt werden kann (BGH NJW 07, 2331). Zur Mandatsniederlegung s.o. Rz 29. Zur Wiedereinsetzung bei plötzlicher Erkrankung des RA trotz fehlerhaften Verlängerungsantrags vgl BGH NJW 2009, 3039. Auch bei Sachen, die dem RA als nicht fristgebunden vorgelegt wurden, muss er sich in angemessener Zeit (1 Woche) vergewissern, wieviel Zeit für die Bearbeitung zur Verfügung steht (BGH NJW 11, 1600).

31 **1. Büroorganisation allgemein.** Der Anwalt darf Tätigkeiten an sein gut ausgebildetes Personal übertragen. Dabei sind sorgfältige Auswahl und (auch bei zuverlässigen Kräften jedenfalls stichprobenartige) Überwachung erforderlich; auf zu Tage tretende Fehlerquellen muss umgehend reagiert werden. Zu unterscheiden sind einfache Tätigkeiten, Aufgaben, die an eine erfahrene, zuverlässige Fachkraft delegiert werden dürfen, und Aufgaben, die der RA selbst vornehmen muss (typisches Bsp: Rechtsmitteleinlegung).

32 **a) Einfache Tätigkeiten.** Mit einfachen Tätigkeiten dürfen auch Auszubildende betraut werden, ohne dass eine besondere Überwachung erforderlich wäre, wenn sie sich bislang als zuverlässig erwiesen haben bzw von ihnen eine gewissenhafte Ausführung des Auftrags erwartet werden kann. Bsp: Einkuvertieren der Post (BGH MDR 11, 1195); Botengang; Einwurf der Rechtsmittelschrift in den Gerichtsbriefkasten auf dem Heimweg (BGH NJW 07, 603), Heraussuchen der postalischen Anschrift des Gerichts oder der Faxnummern (anders wenn der Anwalt diese Angaben bei einem Schriftsatz mitdiktiert, dann muss er die Richtigkeit der Übertragung prüfen oder den Mitarbeiter mit Adressprüfung beauftragen, BGH NJW 96, 393); faxen, frankieren, e-mail-Sendung; Schreibtätigkeit; hierunter fällt auch die Anordnung, einen falsch adressierten Schriftsatz (Verlängerungsantrag) zu vernichten, ihn mit richtiger Adresse neu zu schreiben und nach Unterschrift abzusenden: der RA muss nach seiner Unterschrift unter das richtig adressierte, neue Schreiben nicht damit rechnen, dass die Angestellte das neue Schreiben vernichtet und das falsch adressierte Schreiben an das unzuständige Gericht absendet, statt es zu vernichten (BGH BRAK-Mitt 07, 200). Auch die Einzelanweisung, bei der bereits unterzeichneten Berufungsschrift auf der durchgestrichenen ersten Seite die Adresse des LG durch die des OLG zu ersetzen und den Schriftsatz per Fax an das OLG zu übermitteln, bedarf keiner Kontrolle (s. aber u Rz 39); streicht der RA in einem solchen Fall nach Unterrichtung über die ordnungsgemäße Übermittlung des Schriftsatzes eigenhändig die Frist im Kalender, liegt ein der Partei zuzurechnendes Anwaltsverschulden nicht darin, dass sich der RA auf die Auskunft der Angestellten verlassen hat (BGH AnwBl 10, 624).

33 Eine Nachfrage des Anwalts, ob eine einfache Tätigkeit ordnungsgemäß ausgeführt wurde, ist grds nicht erforderlich (dann wäre die sinnvolle Konzentration des Anwaltes auf seine nicht delegierbaren Aufgaben kaum möglich). Dies gilt auch dann, wenn er sich eines mit ihm in Bürogemeinschaft befindlichen Rechtsanwalts als Boten bedient (BVerfG NJW 95, 249; vgl auch BVerfG NJW 02, 1411 zur Beauftragung eines Stationsreferendars). Auch die Überprüfung, ob ein (in welcher Form auch immer) abzusendender Rechtsmittelschriftsatz vom Anwalt unterschrieben ist, kann delegiert werden. Existiert eine solche grundsätzliche Anweisung, ist es unschädlich, wenn der Anwalt versehentlich der Mitarbeiterin einen nicht unterschriebe-

nen Schriftsatz persönlich zur Weiterleitung aushändigt (BVerfG NJW 96, 309). Bei einem Anwaltswechsel in der Berufungsinstanz ist der Anwalt nicht gehalten, auch ohne konkrete Anhaltspunkte zu prüfen, ob die vom früheren Anwalt eingereichte Berufungsschrift ordnungsgemäß unterzeichnet war (BGH NJW 02, 3636). Auch die Überprüfung, ob einem Antrag auf Sprungrevision das Original der Einwilligungserklärung des Antragsgegners beigefügt ist, kann der RA als büromäßige Aufgabe ohne Bezug zu Rechtsfragen auf sein zuverlässiges Personal übertragen und braucht die Ausführung nicht persönlich zu überprüfen (BGH NJW-RR 07, 1975).

b) Delegation von Aufgaben auf Fachkraft. Einer zuverlässigen (voll ausgebildeten) Fachkraft kann die Führung des Fristenkalenders, die Notierung und Überwachung von Fristen übertragen werden. Auch hier ist eine Überwachung in Form von Stichproben erforderlich und es müssen Vorkehrungen gegen eigenmächtige Fristveränderungen durch das Personal getroffen werden. Wird eine ausgebildete Kraft nach längerer Berufspause eingesetzt, ist anfangs eine wesentlich engmaschigere Überwachung erforderlich (BGH NJW 00, 3649 f); ebenso bei neuen Mitarbeitern, jedoch nicht über eine Probezeit von 6 Monaten hinaus (BGH NJW 11, 1080). Wird im Ausnahmefall wegen Personalmangels eine Auszubildende mit der Fristüberwachung betraut, genügen bloße Stichproben nicht, sondern es muss eine regelrechte Kontrolle durch den Rechtsanwalt selbst oder andere geeignete Kräfte gewährleistet sein (BGH NJW 07, 3497). Besondere Vorkehrungen gegen Verwechslungen sind erforderlich, wenn – wie nicht selten in Familiensachen – in mehreren Verfahren gleicher Parteien mehrere Fristen für Rechtsmittel und Rechtsmittelbegründung zu notieren sind (BGH, NJW 10, 3585); zu den bei Kompetenzüberschneidungen (Streichen der Fristen auch durch den RA) erforderlichen Vorkehrungen vgl BGH NJW 11, 385). 34

c) Juristisch ausgebildetes Hilfspersonal. Bei einem Referendar kann sich der Anwalt idR auf Kenntnis und Bedeutung der Fristen verlassen, die Führung des Fristenkalenders kann einem Referendar jedenfalls dann übertragen werden, wenn er darin eingewiesen und ausgebildet wurde, das Verschulden des Referendars ist der Partei in diesem Fall nicht anzulasten (BGH NJW 06, 1070). Anders natürlich, wenn der Referendar nicht als Hilfspersonal eingesetzt ist, sondern zB als amtlich bestellter Vertreter des Rechtsanwalts (§ 53 BRAO) handelt und insofern dem Anwalt gleichsteht. 35

d) Nicht delegierbare Aufgaben. Bestimmte Aufgaben muss der Rechtsanwalt in jedem Fall selbst wahrnehmen: Überwachung/Überprüfung der Rechtsmittelfrist bei Aktenvorlage; Fertigen des Rechtsmittelschrift, einschließlich der Bestimmung des zuständigen Gerichts. Zur Frage der richtigen (vollständigen) Angabe des angefochtenen Urteils vgl BGH NJW 01, 1070. Der Anwalt muss Posteingänge selbst daraufhin durchsehen, ob der Ablauf von Fristen droht (BGH VersR 94, 1368). Bei einer elektronisch übermittelten Rechtsmittelbegründung muss die qualifizierte Signatur durch einen RA erfolgen (BGH NJW 11, 1294). 36

2. Gehäufte Fehler in einer einzigen Sache. Dies kann auf mangelnde Organisation hindeuten (entweder nicht ausreichend verständlich und eindeutig gestaltete Organisation oder unzulängliche Überwachung (BGHR ZPO § 233 Büropersonal 11), anders bei mehreren kurz hintereinander auftretenden Fehlern einer erfahrenen Bürokraft in derselben Angelegenheit (BGHReport 02, 434). Enthält eine Rechtsmittelschrift mehrere zulässigkeitsrelevante Fehler, darf der Anwalt die Korrektur nicht ausschließlich der Hilfskraft überlassen, sondern muss eine eigene Kontrolle vornehmen (BGH NJW 95, 263). 37

3. Vertretungsfall. Der Anwalt muss Vorsorge für Vertretungsfälle (Krankheit, Urlaub usw) treffen; dies gilt sowohl für den Rechtsanwalt selbst als auch für seine Angestellten. Vorhersehbaren Vertretungsfällen des Anwalts selbst (Urlaub, periodische Erkrankung) ist durch rechtzeitigen Antrag auf Vertreterbestellung Rechnung zu tragen (BGH NJW 96, 1540); unterbleibt dies, ist eine daraus resultierende Fristversäumung nicht unverschuldet (BGH NJW 06, 2412). Darüber hinaus hat der Einzelanwalt (zB durch Absprache mit einem vertretungsbereiten Kollegen) sicherzustellen, dass auch in einem Notfall (Unfall, plötzliche Erkrankung) unaufschiebbare Prozesshandlungen wie Rechtsmitteleinlegungen erfolgen können (BGH VersR 94, 1207, 1208) Bei Ausfall mehrerer Angestellter kann der Anwalt im Einzelfall zur Kompensation durch erhöhte eigene Sorgfalt (ausnahmsweise auch: eigene Fristenkontrolle) verpflichtet sein (BGH NJW 02, 3029, 3031). Es muss aber nicht für jeden theoretisch denkbaren Ausnahmefall Vorsorge getroffen werden (vgl BGH NJW-RR 04, 1149: plötzliche Erkrankung einer am späten Nachmittag allein im Büro verbliebenen Kraft). 38

39 **4. Faxübermittlung.** Die Büroorganisation muss sicherstellen, dass die Faxnummer des Empfängers zuverlässig ermittelt wird und überprüft werden kann (BGH NJW-RR 06, 1648); dabei darf sich der Anwalt auf gebräuchliche Verzeichnisse verlassen (BGH NJW-RR 97, 952). Erkennbare Fehlerquellen sind auszuschalten (vgl BGH NJW 00, 1043 zur automatischen Übernahme der Faxnummer aus einem Stammdatenblatt). Erforderlich ist eine allgemeine Anweisung, die vollständige und richtige Übermittlung eines fristgebundenen Schriftsatzes anhand des Sendeprotokolls/Überprüfung der Empfängernummer nachzuvollziehen (BGH NJW-RR 05, 1373). Soweit bereits gerichtliche Schreiben vorliegen, ist die Faxnummer daraus und nicht aus einem Verzeichnis zu entnehmen (BGH NJW-RR 11, 1557). Die Kontrolle muss sich darauf erstrecken, ob die gewählte Nummer mit der im gerichtlichen Schreiben angegebenen übereinstimmt und ob es sich tatsächlich um ein Schreiben des Empfängergerichts handelt (BGH NJW 11, 312). Eine konkrete Einzelanweisung des RA an seine Büroangestellte, einen fristgebundenen Schriftsatz per Fax zu übersenden, macht die Ausgangskontrolle nicht entbehrlich (BGH MDR 10, 1145; NJW 11, 2367). Die Faxübermittlung darf nicht vorschnell aufgegeben werden, wenn nicht auszuschließen ist, dass die Übermittlung nur an der Belegung des Empfängergeräts scheitert (BGH NJW 11, 1972)

40 **5. Fristenwesen.** An die Organisation des Fristenwesens einer Anwaltskanzlei stellt die Rechtsprechung sehr strenge Maßstäbe, denn die rechtzeitige Erstellung und Einreichung fristgebundener Schriftsätze gehört zu den zentralen Aufgaben des RA. Dieser hat durch geeignete Maßnahmen sicher zu stellen, dass die Berechnung einer Frist, ihre Notierung auf den Handakten, die Eintragung in den Fristenkalender sowie die Quittierung der Kalendereintragung durch einen Erledigungsvermerk auf den Handakten von der zuständigen Bürokraft zum frühest möglichen Zeitpunkt und in unmittelbarem zeitlichen Zusammenhang vorgenommen werden (BGH NJW 03, 1815).Dem Büropersonal muss auch aufgegeben werden, das Datum der Zustellung gesondert und deutlich abgehoben von dem nicht maßgeblichen Aufdruck des Eingangsdatums zu vermerken (BGH MDR 10, 1075). Die mündliche Anweisung, eine Rechtsmittelfrist einzutragen, reicht nur, wenn zusätzlich ausreichende organisatorische Maßnahmen dafür getroffen sind, dass eine korrekte Fristeintragung erfolgt und die mündliche Anweisung nicht vergessen wird (BGH MDR 08, 654). Fristen zur Einhaltung von Rechtsmitteln müssen als solche gekennzeichnet sein und sich von gewöhnlichen Fristen deutlich unterscheiden (BGH NJW 04, 688, 689); zu den Anforderungen bei Führung mehrerer Fristenkalender vgl BGH NJW 2011, 1597. Denkbare Fehlerquellen sind soweit als möglich auszuschließen (BGH NJW 88, 2804). Hat der RA durch allgemeine Kanzleianweisung sichergestellt, dass im Fristenkalender eingetragene Fristen erst nach Erledigung gelöscht werden, darf die mit der Kontrolle betraute Anwaltsgehilfin die Frist eigenständig löschen (BGH MDR 08, 704). Die vom RA sicher zu stellende Fristenüberwachung bezieht sich auch auf die 5-Monatsfrist der §§ 517, 520 II 2, 548, 551 II 3 (BGH NJW 94, 459; aA unter Hinweis auf zu hohen Organisationsaufwand Wieczorek/Schütze/*Gerken* Rn 55).

41 **a) Prüfung der rechtzeitigen Rechtsmitteleinlegung.** Bei Eingang einer gerichtlichen Mitteilung über das Eingangsdatum einer Rechtsmittelschrift muss überprüft werden, ob die Rechtsmittelschrift rechtzeitig eingegangen ist; ist das nicht der Fall, muss innerhalb der Frist des § 234 Wiedereinsetzung beantragt werden (BGH NJW 92, 2098).

42 **b) Ausgangskontrolle. aa) Grundsatz.** Darüber hinaus ist eine Ausgangskontrolle erforderlich, die eine nochmalige **selbständige** Prüfung voraussetzt (BGH NJW 06, 2412, 2413). Erforderlich ist eine allgemeine Anweisung, den Fristenkalender am Ende eines jeden Arbeitstages dahin zu kontrollieren, ob sämtliche Fristen des Tages erledigt und ausgetragen worden sind (BGH NJW 96, 1540), das gilt selbstverständlich auch bei Führung eines elektronischen Fristenkalenders; die gleiche Sorgfalt ist bei der Übermittlung eines Rechtsmittelauftrags an einen anderen Anwalt zu wahren, da von dessen rechtzeitiger Einschaltung die Fristwahrung des Rechtsmittels abhängt (BGH NJW 97, 2120, 2121).

43 **bb) Ausgangskontrolle bei Faxübermittlung.** Die bloße Angabe, vor Büroschluss werde kontrolliert, ob alle Fristen erledigt seien, erst dann werde die Frist gelöscht, genügt bzgl Telefaxübermittlung nicht (BGH NJW 04, 367, 369). Es muss anhand des Sendeprotokolls überprüft werden, ob die Rechtsmittelschrift an die richtige Faxnummer und vollständig (Seitenzahl!) übermittelt wurde, erst dann darf die Frist gelöscht werden. (BVerfG NJW 07, 2839). Dabei wird überwiegend verlangt, dass die Richtigkeit der Faxnummer nochmals eigenständig geprüft wird, der bloße Abgleich, ob die im Schriftsatz angegebene Faxnummer verwendet wurde, genügt nicht (BGH NJW 06, 2412; FamRZ 07, 1095); anders BGH NJW-RR 02, 860 (für den Fall, dass die Angestellte die Faxnummer zuvor herausgesucht und in den Schriftsatz eingefügt hatte)

sowie BGH NJW 07, 1690 (wenn die Faxnummer aus dem konkreten Aktenvorgang handschriftlich auf den zu übersendenden Schriftsatz übertragen wurde, reicht der Abgleich zwischen der gewählten und der im Schriftsatz eingefügten Nummer aus). Der Vergleich der Anzahl der zu übermittelnden Seiten mit den laut Sendebericht versandten Seiten ist besonders nachdrücklich anzuordnen, wenn die Vorgaben eines in der Kanzlei verwendeten Handbuchs in diesem Punkt lückenhaft sind (BGH NJW 08, 2508).
Der Anwalt muss ferner für Störfälle Vorsorge treffen und sicherstellen, dass der Übermittlungsvorgang dann entweder vollständig wiederholt oder der Anwalt informiert wird, um selbst in geeigneter Weise über nunmehr zu treffende Maßnahmen zu entscheiden (BGH NJW 04, 367, 369).

c) Streichen der Frist. Der Anwalt hat organisatorische Vorkehrungen dafür zu treffen, dass Fristen im Fristenkalender erst dann (und zwar unverzüglich, nicht erst am nächsten Tag: BGH NJW-RR 09, 937) gestrichen bzw mit einem Erledigungsvermerk (am besten mit Datum/Namenszeichen, vgl BGH VersR 93, 772) versehen werden, wenn die Frist wahrende Handlung auch tatsächlich erfolgt oder jedenfalls so weit gediehen ist, dass von einer fristgerechten Vornahme auszugehen ist. Dies ist zB der Fall, wenn der fristgebundene Schriftsatz gefertigt und abgesandt, zumindest aber postfertig gemacht ist (BGH NJW 01, 1577; NJOZ 08, 359 – beachte aber BGH NJW 11, 2051: die Ablage noch nicht kuvertierter SS im Postausgangsfach genügt nicht); ist dies geschehen, braucht der Eingang bei Gericht nicht überwacht zu werden (BVerfG NJW 92, 38). Eine allgemeine Weisung, Fristen erst nach telefonischer Rückfrage beim Empfänger zu streichen, genügt deshalb in jedem Fall (BGH NJW-RR 02, 60). Die pauschale Anweisung »die Erledigung der Einhaltung von Frist und Vorfrist im Fristenbuch zu vermerken« ist jedoch völlig unzureichend (BGH NJW-RR 06, 1649). Ausreichend ist hingegen die konkrete Anweisung, das ordnungsgemäß unterzeichnete Handaktenexemplar einer Rechtsmittelbegründungsschrift vollständig zu übermitteln (BGH NJW 06, 1521). 44

d) Delegation der Fristenkontrolle. Nur einer erprobten Fachkraft (nicht mehreren Personen) ist die Fristenkontrolle zu übertragen (BGH NJW 06, 1520). Eine Vertretung ist aber zulässig, wenn zu jedem Zeitpunkt nur eine Kraft zuständig ist, zB wenn die Zuständigkeit nach Dienstschluss der zunächst zuständigen Fachkraft wechselt. Die Zuständigkeiten müssen lediglich klar in der Weise geregelt sein, dass immer eindeutig festzustellen ist, wer zuständig ist (BGH NJW 07, 1453). Die Erledigung der fristgebundenen Sachen muss am Ende eines jeden Arbeitstages anhand des Fristenkalenders überprüft werden (BGH NJW 97, 2120, 2121). 45

e) Delegation der Fristberechnung? Die Berechnung der Fristen stellt die anspruchsvollste Aufgabe beim Fristenwesen dar. Die Berechnung komplizierter bzw in seiner Kanzlei nur selten vorkommender Fristen darf der Anwalt überhaupt nicht auf das Hilfspersonal zur selbständigen Erledigung delegieren (BGH NJW 04, 350). 46

f) Elektronischer Fristenkalender. Der Fristenkalender kann selbstverständlich auch (ausschließlich) in elektronischer Form geführt werden, muss dann aber die gleichen Kontrollfunktionen wie bei Führung eines schriftlichen Kalenders gewährleisten. 47

g) Bedeutung der Vorfristen. Für Rechtsmittelbegründungen müssen – um auch für den Fall von Zwischenfällen die rechtzeitige Bearbeitung sicher zu stellen – Vorfristen (idR etwa 1 Woche) notiert werden, zu dem die Akten einem Rechtsanwalt vorgelegt werden müssen (BGH NJW 94, 2831); dass hierzu geeignete Anweisungen bestehen, hat der Anwalts im Wiedereinsetzungsverfahren vorzutragen (BGH NJW 02, 443). Der Anwalt hat den Ablauf von Rechtsmittelbegründungsfristen zwar nicht bei jeder Vorlage der Handakten (BGH NJW-RR 99, 429), aber immer dann eigenverantwortlich zu prüfen, wenn ihm die Akten im Zusammenhang mit der fristgebundenen Prozesshandlung, insb zu deren Bearbeitung vorgelegt werden (BGH NJW 07, 1597, 1598, stRspr). Diese Verpflichtung entsteht bereits mit der Vorlage der Akten an ihn, nicht erst bei deren Bearbeitung; die Beachtung des Fristablaufs ist in diesem Fall eigenständige und nicht delegierbare Aufgabe des Anwalts (BGH NJW 97, 1311). Werden die Akten dem Anwalt aufgrund einer Vorfrist zur Bearbeitung vorgelegt, muss er eigenverantwortlich prüfen, ob das Fristende richtig ermittelt und eingetragen ist. Das muss nicht notwendig am Tag der Vorfrist geschehen, weil die Vorfrist gerade den Sinn hat, dem Rechtsanwalt einen gewissen Spielraum zur Bearbeitung bis zum endgültigen Ablauf der Frist zu verschaffen. Die Prüfung kann daher auch noch am folgenden Tag vorgenommen werden; der RA kann aber nicht die Bearbeitung bis zum letzten Tag der Frist zurückstellen, ohne die Prüfung der Frist vorgenommen zu haben (BGH NJW 07, 2332). Zur notwendigen Überprüfung gehört die Kontrolle des Bürovermerks in der Handakte über die Eintragung der Frist im Fristenkalender (BGH NJW 07, 1597); die 48

Eintragung im Fristenkalender selbst braucht der Anwalt darüber hinaus nicht selbst zu prüfen, außer es drängen sich an der Richtigkeit Zweifel auf (BGH NJW 08, 1670).

49 **6. Rechtsmittelauftrag.** Bei einem Rechtmittelauftrag an einen anderen Anwalt ist besondere Sorgfalt auf Seiten beider Anwälte erforderlich. Alle für die Einhaltung der Rechtsmittelfrist erforderlichen Angaben, insb das vom Anwalt eigenverantwortlich festzustellende Zustelldatum der anzufechtenden Entscheidung müssen richtig und vollständig übermittelt und der Rechtsmittelauftrag eindeutig und unmissverständlich erteilt werden (BGH NJW 00, 3071). Dies enthebt den beauftragten Anwalt allerdings nicht der Pflicht, das Zustelldatum selbst zu überprüfen. Bei fernmündlicher Übermittlung sind Hörfehler auszuschließen (BGH aaO); empfehlenswert dürfte hier sein, sich den Auftrag zusätzlich per Fax übermitteln zu lassen, um jedes Missverständnis auszuschließen.

50 Ganz generell bedarf es bei Erteilung eines Rechtsmittelauftrags einer besonderen Fristenkontrolle im Hinblick auf die Annahme des Mandats (BGH NJW 01, 1576). Die Fristenkontrolle muss sicherstellen, dass das Mandat so rechtzeitig angenommen wird, dass die Rechtsmittel- bzw Rechtsmittelbegründungsfristen gewahrt werden können. Die Kontrolle, ob ein Rechtsmittelauftrag angenommen wurde, darf nicht allein dem Hilfspersonal überlassen werden; vielmehr muss sich der Anwalt die Handakten so rechtzeitig vorlegen lassen, dass bei Nichtübernahme des Mandats der Rechtsmittelauftrag noch einem anderen übernahmebereiten Rechtsanwalt erteilt werden kann (vgl BGH NJW 01, 3195 f). Allerdings ist der Anwalt, zu dem eine Partei wechselt, nachdem ihr bisheriger Prozessbevollmächtigter das Rechtsmittel bereits eingelegt und begründet hat, iRe Akteneinsicht nicht verpflichtet, die fristgebundenen Schriftsätze seines Vorgängers auf das Vorhandensein ordnungsgemäßer Unterschriften zu prüfen (BGH NJW 02, 3636).

51 **7. Einzelanweisung des RA an sein Personal.** Auf allgemeine organisatorische Regelungen kommt es nicht an, wenn im Einzelfall der Anwalt von einer bestehenden Organisation abweicht und einer zuverlässigen Kraft eine konkrete Einzelanweisung erteilt hat, deren Befolgung die Fristwahrung sichergestellt hätte (BGH NJW 04, 367 mwN); Beispiel: Besteht die allgemeine Weisung, bei Übermittlung eines fristgebundenen Schriftsatzes den Versand abzuwarten und anhand des Sendeberichts die vollständige Übermittlung zu kontrollieren, ist die konkrete Einzelanweisung der sofortigen Übermittlung eines unterzeichneten Schriftsatzes ausreichend (BGH MDR 10, 100).

Anders wiederum, wenn die Einzelanweisung nicht die bestehende Organisation außer Kraft setzt, sondern sich darin einfügt und nur einzelne Elemente ersetzt (BGH NJW 09, 3036) oder wenn der Anwalt von der ihm selbst ohne weiteres möglichen Beseitigung eines erkannten Fehlers absieht (BGH MDR 11, 1448). Die bloße Anweisung der sofortigen Übermittlung per Fax genügt auch dann nicht, wenn die Angestellte dem Anwalt im Laufe des Tages die Übermittlung telefonisch bestätigt (BGH FamRZ 07, 720), denn damit ist keine Ausgangskontrolle sichergestellt. Ausreichend ist aber die Anweisung, einen Schriftsatz sofort per Telefax zu übermitteln und sich durch Telefonanruf vom vollständigen Eingang zu vergewissern; ebenso Auftrag zur sofortigen Übermittlung per Telefax an eine Angestellte, die allgemein angewiesen ist, die Telefaxübermittlung jeweils anhand des Sendeberichts zu kontrollieren (BGH NJW-RR 02, 1289). Kein Anwaltsverschulden ferner bei Absehen von der Eintragung in den Fristenkalender und ausdrücklicher Weisung, den bereits fertig gestellten Schriftsatz in die Ausgangsmappe für die Post zum Berufungsgericht zu legen (BGH NJW 96, 130). Wird bei einer Einzelweisung nicht unmissverständlich deren sofortige Erledigung angeordnet, müssen Vorkehrungen gegen das Vergessen getroffen werden (BGH NJW 08, 526, 527). Setzt die Einzelanweisung nicht die bestehende Organisation außer Kraft, sondern fügt sie sich darin ein und ersetzt nur einzelne Elemente, reicht das aus.

52 **8. Erhöhte Sorgfaltspflicht bei Fristausschöpfung. a) Grundsatz.** Fristen dürfen grds bis zum Ablauf des letzten Tages, also bis 24.00 Uhr ausgeschöpft werden (BVerfG NJW 91, 2076). Allerdings muss der Rechtsmittelführer in diesen Fällen erhöhte Sorgfalt anwenden, um die Einhaltung der Frist sicher zu stellen (BGH NJW 98, 2677; 06, 2637) Dies geht aber nicht soweit, dass er sich auch auf unvorhergesehene Umstände einzustellen und diese von vornherein einzukalkulieren hat (Verkehrsunfall, Reifenpanne, vgl BGH NJW 98, 2677). Der unverzügliche Zugriff auf die benötigte Faxnummer des Empfängers muss jedoch sicher gestellt sein (BGH NJW 04, 516). Zur Frage, inwieweit auf Faxübertragungszeiten vertraut werden darf, vgl BGH NJW 05, 678. Bei Telefax einer umfangreichen Rechtsmittelschrift an das BVerfG kann es unsorgfältig sein, mit dem Fax so knapp vorher zu beginnen, dass wegen der zu erwartenden Belegung des Faxanschlusses die Fristwahrung gefährdet ist (BVerfG NJW 06, 1505: danach ist es zu spät, mit der Übermittlung einer 10 Minuten in Anspruch nehmenden Sendung erst um 23.30 Uhr zu beginnen).

Ergeben sich bei der Übermittlung des Fax Schwierigkeiten, muss der anwesende Anwalt eingreifen und alle Fehlerquellen (falsche Faxnummer) in Betracht ziehen (BGH NJW-RR 06, 1648). Bloße Zweifel an der Funktionstüchtigkeit des Empfangsgeräts des Gerichts darf er nicht zum Anlass nehmen, nach wenigen gescheiterten Übertragungsversuchen um 20.30 Uhr am Tag des Fristablauf weder eine Fehlersuche am eigenen Gerät vorzunehmen noch von einem anderen Gerät aus zu faxen oä (BVerfG NJW 06, 829).

b) Verpflichtung zur »Kompensation«. Bei auftretenden Schwierigkeiten (Faxgerät fällt um 23 Uhr aus 53
oder ist ständig belegt) müssen alle anderen Möglichkeiten erwogen werden, den fristgerechten Eingang des Schriftsatzes noch zu bewerkstelligen (BVerfG NJW 07, 2838). Hierzu gehört auch die Verwendung eines anderen Faxanschlusses des Rechtsmittelgerichts (OLG Celle NJW-RR 06, 1724, Saenger Rn 52); bei sofortiger Beschwerde kann wegen § 567 I 1 bei Faxbelegung des Beschwerdegerichts an das Untergericht gefaxt werden und umgekehrt. Ggf muss in Kauf genommen werden, kleinere Korrekturen der Rechtsmittelbegründung handschriftlich einzufügen (BGH NJW-RR 04, 1502). Reicht die Zeit zB noch aus, den Schriftsatz zum 1 km entfernten Gericht zu bringen, muss von dieser Möglichkeit Gebrauch gemacht werden (OVG Hamburg NJW 00, 1667). Unzumutbare Anforderungen, etwa 60 km Fahrt um 23 Uhr, um die Rechtsmittelschrift persönlich noch rechtzeitig zu überbringen, dürfen aber nicht gestellt werden (BGH NJW-RR 04, 283).

c) Sinnvolle Verfahrensweise nach eingetretener Fristversäumung. Zeichnet sich allerdings ab, dass die 54
Einhaltung der Frist nicht mehr möglich ist, gereicht es dem Anwalt (und seiner Partei) nicht zum Nachteil, wenn er es in der Nacht überhaupt nicht mehr versucht, denn an der Versäumung der Frist kann ein Einwurf nach 24 Uhr nichts mehr ändern, und für die Wiedereinsetzung hat er die Frist von 2 Wochen (bzw von einem Monat in den Fällen des § 234 I 2), die er wiederum ausnutzen darf (vgl BGH NJW 88, 2045, 2046). Es empfiehlt sich in einem solchen Fall, an einem der nächsten Arbeitstage in Ruhe den vollständigen Wiedereinsetzungsantrag einschließlich der Glaubhaftmachung (vgl § 236 Rz 7) zu erstellen und zusammen mit dem schriftgebundenen Schriftsatz einzureichen.

9. Mitverschulden des Gerichts an der Fristversäumung. a) Fehlgeleitete Schriftsätze. An ein unzustän- 55
diges Gericht gelangte Rechtsmittelschriften müssen iRd üblichen Verfahrens an das zuständige Gericht weitergeleitet werden; dies gilt insb für leicht erkennbare Irrläufer (BVerfG NJW 02, 3692 ; ähnl BGH NZM 11, 722: örtlich unzuständiges Berufungsgericht sowie BGH NJW 11, 3240 bei Verstoß gegen § 64 FamFG). Das gleiche gilt nach dem Gedanken einer fortwirkenden Fürsorgepflicht, wenn das zu Unrecht angegangene Gericht zuvor mit der Sache befasst war (BGH NJW 98, 908). Ein die Wiedereinsetzung gebietendes Mitverschulden des Gerichts liegt auch vor, wenn das Gericht den RA auf erkannte Bedenken wegen fehlender funktioneller Zuständigkeit nicht hinweist (BGH NJW 11, 683) Bei einer Berufungsschrift, die schon vor Zustellung des landgerichtlichen Urteils an dieses gerichtet wird, kann der Rechtsmittelführer auf die rechtzeitige Weiterleitung vertrauen, auch wenn ihm zwischenzeitlich die falsche Adressierung auffällt (BGHR 07, 981). Bei Einreichung eines Verlängerungsantrags für die Berufungsbegründung beim unzuständigen LG darf der Rechtsmittelführer darauf vertrauen, dass innerhalb von 5 Arbeitstagen eine Weiterleitung an das zuständige OLG erfolgt (BGH NJW 06, 3499). Auf die besondere Rechtsmittelzuständigkeit nach § 72 II GVG darf der RA nicht schon deshalb vertrauen, weil das angefochtene Urteile als WEG-Sache bezeichnet ist (BGH NJW 11, 3306).

Allerdings geht das Gebot fairen Verfahrens nicht so weit, dass das angegangene Berufungsgericht ver- 56
pflichtet wäre, unmittelbar nach Eingang einer Rechtsmittelschrift seine Zuständigkeit zu prüfen, um den Rechtsmittelführer auf etwaige Versäumnisse aufmerksam zu machen. (BGH NJW 05, 3776). Die Praxis eines Landgerichts, eingehende Berufungen zunächst lediglich durch die Geschäftsstelle zu erfassen und erst nach Eingang der Berufungsbegründung einer richterlichen Zuständigkeitsprüfung zu unterziehen, ist von verfassungs wegen nicht zu beanstanden und begründet keinen Wiedereinsetzungsgrund (BVerfG NJW 06, 1579). Besondere Maßnahmen (Hinweis per Telefon oder Telefax auf die fehlerhafte Rechtsmitteleinlegung) muss das Gericht nicht ergreifen, auch wenn es zuvor mit der Sache befasst war (BVerfG NJW 01, 1343). Der normale Geschäftsgang muss nicht darauf eingerichtet sein, fehlgeleitete Schriftstücke besonders frühzeitig zu entdecken und weiterzuleiten (BGH NJW-RR 07, 1429). Dass eine fristgemäße Weiterleitung an das zuständige Gericht zu erwarten war, hat der Wiedereinsetzung begehrende Antragsteller darzulegen und glaubhaft zu machen (BGH NJW-RR 05, 1373). Enthält ein Fristverlängerungsantrag ein offenbares Schreibversehen (Fristablauf 19.3., beantragte Verlängerung versehentlich 15.3. statt 15.4.) kann dies unter

dem Gesichtspunkt fairen Verfahrens trotz Anwaltsverschulden die Wiedereinsetzung rechtfertigen, wenn das Gericht ohne Hinweis Fristverlängerung bis 15.3 verfügt (BGH NJW 98, 2291).

57 **b) Mehrfache Zustellung, falsche Auskünfte.** Bei doppelter Zustellung, die mit dem (unzutreffenden) Hinweis des Gerichts verbunden ist, die erste Zustellung sei unwirksam, ist Wiedereinsetzung zu gewähren, wenn der Anwalt im Vertrauen darauf die Rechtsmittelfrist berechnet und das Rechtsmittel verspätet eingelegt hat (BGH MDR 05, 1184; NJW 11, 522); ansonsten muss der Anwalt wissen, dass die nochmalige Zustellung an dem bereits durch die erste Zustellung ausgelösten Lauf der Rechtsmittelfrist nichts ändert (BGH NJW-RR 06, 563). Auf die Auskunft der Geschäftsstelle über das Eingangsdatum einer Rechtsmittelschrift darf sich der Anwalt verlassen (BVerfG NJW 95, 711). Auch sonstige falsche Auskünfte der Geschäftsstelle oder des Gerichts können Wiedereinsetzung begründen, zB die Mitteilung, die Beifügung der angefochtenen Entscheidung sei nicht mehr erforderlich (BGH NJW-RR 97, 1020), ferner die unzutreffende Mitteilung, Fristverlängerung sei gewährt worden (BGH NJW 96, 1682), anders aber bei grobem Anwaltsverschulden (vgl BGH NJW 94, 2299: Fristverlängerungsantrag beim unzuständigen Gericht). Ob eine **falsche Rechtsmittelbelehrung** durch das Gericht oder ein unzutreffender Hinweis des Gerichts auf die eigene Zuständigkeit einen Wiedereinsetzungsgrund darstellen, ist eine Frage des Einzelfalls (vgl BGH VersR 89, 603 sowie BGH NJW-RR 04, 408, s. aber auch unten Rz 59).

58 **c) Vertrauenstatbestand durch das Gericht.** Nach jahrzehntelanger unbeanstandeter Hinnahme einer unleserlichen Unterschrift muss das Gericht darauf hinweisen, dass es von dieser Praxis abgehen will; wird eine Rechtmittelschrift überraschend wegen einer bisher nicht beanstandeten unleserlichen Unterschrift nunmehr als unwirksam angesehen, begründet das einen Wiedereinsetzungsgrund (BVerfG NJW 88, 2787), ebenso uU die Entgegennahme des Fristverlängerungsantrags einer Naturalpartei ohne Hinweis auf den Anwaltszwang (BGH NJOZ 04, 673).

59 **d) Kein gerichtliches Mitverschulden.** Auf Hinweise des Gerichts, die offensichtlich nicht mit der Rechtslage in Einklang stehen (Aufforderung, den Zulassungsbegründungsantrag – entgegen § 124a IV 5 VwGO beim Berufungsgericht einzureichen, vgl BVerfG NJW 04, 2887), darf sich der Anwalt aber idR nicht verlassen. Bei einer Häufung von Verfahrensfehlern kann der Grundsatz des fairen Verfahrens jedoch die Bewilligung der Wiedereinsetzung rechtfertigen. (BVerfG aaO, hat im Hinblick auf eine schwer nachvollziehbare Gesetzeslage und bei unzutreffendem Hinweis durch zwei Gerichte Wiedereinsetzung bewilligt).

60 Ebenfalls kein die Wiedereinsetzung begründendes gerichtliches Mitverschulden, wenn sich aus der Mitteilung des Gerichts offensichtlich kein Vertrauenstatbestand ableitet, etwa wenn der Beamte lediglich erklärt, es sei mit einer Fristverlängerung durch den zuständigen Richter zu rechnen. Ebenso begründet die Mitteilung der Geschäftsstelle, ein fehladressierter Verlängerungsantrag werde weitergeleitet, kein Vertrauen auf den rechtzeitigen Eingang beim zuständigen Gericht. Kein gerichtliches Mitverschulden bei Nichtannahme einer unterfrankierten Sendung (BGH WM 07, 1049); bei nur teilweiser Bewilligung eines Verlängerungsantrags ohne ausdrückliche Teilablehnung jedenfalls dann, wenn die Verlängerung bis zu einem konkret bezeichneten Tag erfolgt (BGH MDR 08, 40).

61 **10. Fristverlängerung.** Bemerkt der Anwalt, dass er eine Rechtsmittelbegründung wegen Arbeitsüberlastung nicht rechtzeitig erstellen kann, muss er rechtzeitig einen Fristverlängerungsantrag an das zuständige Gericht stellen; versäumt er die Antragstellung, ist die Versäumung der Rechtsmittelbegründungsfrist nicht schuldlos. Ein Anwalt darf bei einem ersten, fristgerecht gestellten Verlängerungsantrag auch darauf vertrauen, dass die beantragte Fristverlängerung von einem Monat erfolgt, wenn einer der Gründe des § 520 II 2 dargelegt wird, also zB Einwilligung des Gegners, Arbeitsüberlastung des Anwalts (BVerfG NJW 07, 3342); er kann deshalb einen Fristverlängerungsantrag auch noch ganz kurz vor Fristablauf stellen; ihn trifft dann auch keine Erkundigungspflicht innerhalb der ursprünglichen Frist (BGH 11.9.07, VIII ZB 73/05, juris). Dass die Bewilligung durch das Gericht erst nach Fristablauf erfolgt, ist (seit BGHZ 83, 217) unschädlich. Anders ist es, wenn ein erheblicher Grund nicht dargelegt worden ist (BGH NJW 93, 134: Verlängerungsantrag ohne Angabe von Gründen); das Gericht ist in einem solchen Fall nicht verpflichtet, die Ablehnung der Fristverlängerung noch rechtzeitig per Fax oder Telefon mitzuteilen; hierauf darf der Anwalt nicht darauf vertrauen, vielmehr trifft ihn in diesem Fall eine Erkundigungspflicht (BGH NJOZ 08, 300). Da eine Verlängerung der Berufungsbegründungsfrist über einen Monat hinaus nur mit Einwilligung des Gegners zulässig ist (§ 520 II 3), muss der Anwalt das Einverständnis einholen und anwaltlich versichern, nur dann kann er erwarten, dass eine weitere Verlängerung bewilligt wird(BGH NJW 09, 1181); eine

Ausnahme dürfte für allerdings für den Fall anzunehmen sein, dass einem rechtzeitigen Akteneinsichtsgesuch des Anwalts noch nicht entsprochen wurde (BGH NJW-RR 00, 847; NJW 04, 1742); für das Revisionsverfahren ist dieses Problem durch § 551 II 6 Hs 2 gelöst. In jedem Fall muss alsbald nach Einreichung eines Verlängerungsantrages das hypothetische Ende der beantragten Fristverlängerung im Fristenkalender eingetragen und als vorläufig gekennzeichnet werden (BGH MDR 10, 1142; NJW 11, 1598). Der endgültige Ablauf der Berufungsbegründungsfrist darf nicht schon mit Einreichung des Fristverlängerungsantrages, sondern erst dann eingetragen werden, wenn eine beantragte Fristverlängerung tatsächlich gewährt worden ist (BGH VersR 84, 336, NJW-RR 06, 1649, 1650); jedenfalls ist durch geeignete Maßnahmen sicher zu stellen, dass vor dem beantragten Fristablauf das wirkliche Ende der Frist – ggf durch genaue (telefonische) Rückfrage bei Gericht – festgestellt wird (BGH NJW-RR 08, 367, 368; NJW 11, 1971). Bei Eingang der schriftlichen Verlängerungsverfügung ist das darin angegebene Fristende zu überprüfen.

Hat der Anwalt alles getan, um einen rechtzeitigen Verlängerungsantrag zu stellen, bei dem er von einer Gewährung der beantragten Fristverlängerung ausgehen durfte, ist dieser Antrag aber ohne Verschulden des Anwalts nicht rechtzeitig bei Gericht eingegangen (Verzögerung oder Verlust auf dem Postweg), kommt Wiedereinsetzung in die versäumte Frist in Betracht; dabei ist grds die Begründung innerhalb der beantragten Fristverlängerung nachzuholen, es sei denn, die Wiedereinsetzungsfrist ist zu diesem Zeitpunkt noch nicht abgelaufen (BGH NJW 96, 1350; NJW-RR 09, 1583). 62

11. Computer. Unvorhergesehener Ausfall kurz vor Fristablauf kann Wiedereinsetzung begründen (Celle, NJW-RR 03, 1439); erforderlich ist aber eine substantiierte Darstellung des Defekts (Datenverlust?). Bedient der Prozessbevollmächtigte den Computer ohne anwesende Schreibkraft selbst, muss er darlegen, dass er hinreichend damit vertraut war, sonst liegt das zuzurechnende Verschulden darin, dass er die Arbeit nicht einer darin geübten Schreibkraft anvertraut hat (vgl BGH NJW 04, 2525). Ein Bedienungsfehler des RA ist der Partei als Verschulden zuzurechnen (BGH NJW 06, 2637, 2638); ein Bedienungsfehler einer versierten, zuverlässigen Schreibkraft kann hingegen Wiedereinsetzung begründen (sehr weitgehend BGH NJW 07, 2559 betr Berufungsbegründung in 7 Einzeldiktaten). 63

§ 234 Wiedereinsetzungsfrist.

(1) [1]Die Wiedereinsetzung muss innerhalb einer zweiwöchigen Frist beantragt werden. [2]Die Frist beträgt einen Monat, wenn die Partei verhindert ist, die Frist zur Begründung der Berufung, der Revision, der Nichtzulassungsbeschwerde oder der Rechtsbeschwerde einzuhalten.

(2) Die Frist beginnt mit dem Tag, an dem das Hindernis behoben ist.

(3) Nach Ablauf eines Jahres, von dem Ende der versäumten Frist an gerechnet, kann die Wiedereinsetzung nicht mehr beantragt werden.

A. Normzweck. Die Vorschrift setzt der Wiedereinsetzung im Interesse der Rechtssicherheit enge zeitliche Grenzen, nämlich grds von zwei Wochen ab Wegfall des unverschuldeten Hindernisses für die Fristeinhaltung, kombiniert durch die in Abs 3 bestimmte Ausschlussfrist von einem Jahr ab Ende der versäumten Frist. 1

I. Frist. Bei Versäumung einer Rechtsmittelbegründungsfrist (für Berufung, Revision, Nichtzulassungsbeschwerde oder Rechtsbeschwerde gilt auch für die Wiedereinsetzung eine Monatsfrist; die Vorschrift gilt auch im Patentnichtigkeitsverfahren (BGH GRUR 08, 280). Die Monatsfrist für die aufgezählten Fälle der Versäumung der Rechtsmittelbegründungsfrist ist durch das 1. Justizmodernisierungsgesetz eingefügt worden und soll der bei PKH-Verfahren auftretende Problematik begegnen (dazu näher unten Rz 8 ff). Generell darf das Gericht über einen WE-Antrag vor Ablauf der Wiedereinsetzungsfrist nicht abschlägig entscheiden und kann ein Verstoß die Zulassung der Rechtsbeschwerde begründen (BGH NJW 11, 1363). 2

II. Wiedereinsetzung in die versäumte Wiedereinsetzungsfrist. Zu beachten ist, dass auch gegen die Versäumung der Wiedereinsetzungsfrist des Abs 1 (nicht aber der Ausschlussfrist des Abs 3) ihrerseits Wiedereinsetzung gewährt werden kann (§ 233); die hierfür maßgebliche 2-Wochen-Frist läuft unabhängig von der Wiedereinsetzungsfrist für die zunächst versäumte Frist. Bsp: Die Berufungsbegründung (Frist 11.4.) geht infolge eines der Partei nicht zuzurechnenden Verschuldens der Rechtsanwaltsgehilfin erst am 12.4. bei Gericht ein. Dies erfährt der Anwalt durch gerichtliche Mitteilung am 18.4. Die einmonatige, also bis 18.5. laufende Wiedereinsetzungsfrist gegen die Versäumung der Berufungsbegründungsfrist wird durch den am 12.5 abgesandten Wiedereinsetzungsantrag wegen einer nicht absehbaren Verzögerung der Brieflaufzeit 3 nicht eingehalten, was der Anwalt am 20.5. erfährt. Für den Antrag auf Wiedereinsetzung wegen Versäumung der Wiedereinsetzungsfrist läuft die zweiwöchige Frist ab diesem Zeitpunkt. Wenn dem Rechtsmittelführer die Akten nicht zur Verfügung gestellt werden, kann auch die Wiedereinsetzungsfrist für die Begründung seines Rechtsmittels analog §§ 520 I, 575 II 3, 551 II 6 angemessen verlängert werden (BGH NJW-RR 08, 146).

4 **B. Fristbeginn und Fristberechnung.** Die Wiedereinsetzungsfrist beginnt mit dem Ablauf des Tages, an dem das Hindernis für die Nichteinhaltung der Frist entfallen ist, dieser Tag wird also nicht mitgerechnet (§ 187 I BGB). Das Hindernis entfällt in dem Zeitpunkt, in dem entweder die Ursache der Verhinderung – zB Krankheit (BGH NJW 11, 1601); Unkenntnis einer ergangenen Entscheidung – wegfällt oder das Fortbestehen des Hindernisses nicht mehr als unverschuldet angesehen werden kann, insb weil die Partei oder ihr Anwalt bei Anwendung der gebotenen Sorgfalt hätten erkennen können und müssen, dass die Frist versäumt war (BGH NJW 00, 592, stRspr). Beispiel: Unterlässt der RA die gebotene Nachfrage, ob die Fristverlängerung gewährt ist, wird die WE-Frist zu dem Zeitpunkt in Gang gesetzt, zu dem er eine klärende Antwort erhalten hätte (BGH NJW 12, 159).

5 **I. Beispiele.** Das Hindernis der Unkenntnis der Urteilszustellung entfällt mit Übermittlung eines Kostenfestsetzungsbeschlusses oder Zugang einer Vollstreckungsandrohung ohne Sicherheitsleistung der Gegenseite (BGH NJW 01, 1430, 1431); ferner wenn die Partei eine ihr während des Urlaubs zugegangene Entscheidung auch nach ihrer Rückkehr nicht zur Kenntnis nimmt, weil sie sich nicht um die eingegangene Post kümmert. Weitere Bspe: der Anwalt unterlässt die gebotene Fristenprüfung, wenn ihm die Handakten zum Zweck der Rechtsmitteleinlegung oder Rechtsmittelbegründung vorgelegt werden (BGH NJW-RR 05, 1085; MDR 11, 1208); mangels entsprechender Anweisung unterbleibt die gebotene Überprüfung der Fristeinhaltung anhand der gerichtlichen Mitteilung über das Eingangsdatum des fristgebundenen Schriftsatzes (BGH NJW 94, 458). Bei der Begründung eines Wiedereinsetzungsgesuchs ist deshalb besonders Sorgfalt auf den Vortrag zum **Wegfall des Hindernisses** zu verwenden (wodurch genau und zu welchem Zeitpunkt ist das Hindernis entfallen).
War bei Wegfall des Hindernisses die Frist noch nicht abgelaufen, so ist zu unterscheiden: reicht die – wenn auch verkürzte – Frist noch zur Vornahme der Handlung, ist kein Wiedereinsetzungsgrund gegeben; ist das nicht der Fall, liegt zwar ein Wiedereinsetzungsgrund vor, die Frist für den Wiedereinsetzungsantrag beginnt in diesem Fall aber schon vor der Versäumung der eigentlichen Frist zu laufen (vgl BGH NJW-RR 90, 830).

6 **II. Prozesskostenhilfe. 1. Ablehnende Entscheidung.** Wird PKH abgelehnt, so beginnt die zweiwöchige Frist für einen Wiedereinsetzungsantrag in die versäumte Rechtsmittelfrist grds mit der Mitteilung des die PKH ablehnenden Beschlusses (dies gilt auch, wenn die Partei Gegenvorstellung einlegt (BGH VersR 80, 86); der Partei ist jedoch ein Überlegungszeitraum von etwa 3 bis 4 Tagen zusätzlich dafür zuzubilligen, ob sie das Rechtsmittel auf eigene Kosten durchführen will (stRspr BGH NJW-RR 90, 451; MDR 08, 99); ab diesem Zeitpunkt läuft die Frist für die Wiedereinsetzung und die damit zu verbindende Einlegung des Rechtsmittels; auf einen späteren Wegfall der Mittellosigkeit kommt es nicht an, weil Wiedereinsetzungsgrund nicht die Mittellosigkeit als solche, sondern die noch fehlende Entscheidung des Gerichts über ein Gesuch, von dem die Partei annehmen durfte, es werde Erfolg haben (BGH 18.8.09 – VIII ZR 153/09). Auf die förmliche PKH-Ablehnung darf die Partei jedoch nicht warten, wenn ihr das Gericht unter eingehender Darlegung der Berechnung mitteilt, dass die Voraussetzungen nicht vorliegen (BGH NJW-RR 07, 793) oder dies für die Partei aus anderen Gründen offenbar wird. Auch bei Ablehnung eines PKH-Antrags wegen mangelnder Erfolgsaussicht kann es der mittelllosen Partei nicht verwehrt werden, das Rechtsmittel auf eigene Kosten durchzuführen; ihr steht auch in diesem Fall der genannte Überlegungszeitraum von 3-4 Tagen zusätzlich zur WE-Frist zu. Dies gilt selbst dann, wenn das Berufungsgericht die Erfolgsaussicht der Rechtsverteidigung bereits in einem vorangegangenen Beschwerdeverfahren gegen die PKH-ablehnende Entscheidung der 1. Instanz verneint hat. WE kommt schließlich auch dann in Betracht, wenn die Partei erst über eine Verfassungsbeschwerde die Bewilligung von PKH erreicht (BVerfG WuM 11, 352: keine PKH-Verweigerung nur wegen geringer wirtschaftlicher Bedeutung der Sache), Besonderheiten gelten, wenn das Berufungsgericht (pflichtwidrig!) die Berufung wegen Nichteinhaltung der Begründungsfrist verwirft, ohne zuvor über ein PKH-Gesuch entschieden zu haben. Die Wiedereinsetzungsfrist hinsichtlich der abgelaufenen Berufungsbegründungsfrist beginnt dann erst mit Zustellung des die Verwerfungsentscheidung aufhebenden Beschlusses; der Rechtsmittelführer ist also bei einer nachträglichen PKH-Entscheidung

des Berufungsgerichts nicht gehalten, die Berufung noch während des laufenden Rechtsbeschwerdeverfahrens gegen die Verwerfungsentscheidung zu begründen (BGH MDR 11, 1493).

2. Bewilligende Entscheidung. Auch im Fall der PKH-Bewilligung beginnt die Wiedereinsetzungsfrist mit 7
der Mitteilung des gerichtlichen Beschlusses, falls erst auf Gegenvorstellung PKH bewilligt wird, ist dieser Beschl maßgeblich (vgl BGHZ 41, 1). Im Zeitpunkt der PKH-Entscheidung werden aber regelmäßig nicht nur die Rechtsmittel-, sondern auch die Rechtsmittelbegründungsfrist verstrichen sein, weil auch diese nach der ab 2002 bestehenden Rechtslage (anders als nach früherem Recht) ab Zustellung der angefochtenen Entscheidung läuft (§§ 520 II 1, 551 II 2). Deshalb muss die Partei (sofern sie das Rechtsmittel noch nicht eingelegt hatte) zunächst innerhalb einer zweiwöchigen Frist Wiedereinsetzung wegen Versäumung der Rechtsmittelfrist beantragen und das Rechtsmittel nachträglich einlegen (Nachholung der versäumten Prozesshandlung, § 236 II 2); außerdem ist binnen eines Monats Wiedereinsetzung wegen Versäumung der Rechtsmittelbegründungsfrist zu beantragen und die Rechtsmittelbegründung nachzuholen (zum Fristbeginn s.u. Rz 9 ff).

3. Besonderheiten. Der bedürftigen Partei wird regelmäßig nicht zugemutet, iRd PKH-Verfahrens zur Ver- 8
meidung der Versäumung der Rechtsmittelbegründungsfrist einen Antrag auf Verlängerung dieser Frist zu stellen (BGH NJW-RR 05, 1586); zum einen wird es nicht selten vorkommen, dass die PKH-Entscheidung auch nach Ablauf der ersten Fristverlängerung noch nicht ergangen ist, zum anderen könnte auf diese Weise eine Gleichbehandlung mit der bemittelten Partei nicht erreicht werden.

Vor der Einfügung der Monatsfrist durch das 1. Justizmodernisierungsgesetz ist in der Rechtsprechung im Wege der verfassungskonformen Auslegung des § 236 II 2 befürwortet worden, eine (ein- oder zweimonatige) Begründungsfrist im Zeitpunkt der Zustellung der PKH-Entscheidung neu beginnen lassen (BGH NJW 03, 3275 und 3782; NJW 04, 2902, 2903). Dieser Lösungsweg dürfte nach der nunmehrigen gesetzlichen Regelung des § 234 I 2 verschlossen sein (vgl MüKoZPO/*Gehrlein* Rn 9). Da auch diese Regelung vor dem Hintergrund der gebotenen Gleichstellung bemittelter und unbemittelter Parteien noch unbefriedigend erscheint, hat der BGH nunmehr einen anderen Lösungsweg eingeschlagen:

Wird dem Rechtsmittelführer nach Bewilligung von Prozesskostenhilfe Wiedereinsetzung gegen die Versäu- 9
mung der Berufungsfrist gewährt, beginnt die Monatsfrist zur Nachholung der Berufungsbegründung des § 234 I 2 erst mit der Mitteilung der Wiedereinsetzungsentscheidung (BGHZ 173, 14). Durch diesen »Kunstgriff« wird erreicht, dass auch der bedürftigen Partei ein ähnlicher Zeitraum für die Rechtsmittelbegründung zur Verfügung stehen kann wie der bemittelten Partei, denn von der Mitteilung über die PKH-Bewilligung bis zur Mitteilung der Wiedereinsetzungsentscheidung bzgl der Rechtsmittelversäumung werden regelmäßig mehrere Wochen vergehen, va dann, wenn die Partei die zunächst laufende zweiwöchige Wiedereinsetzungsfrist ab Mitteilung der PKH-Bewilligung ausschöpft. Dies kommt aber nur zum Tragen, wenn die bedürftige Partei zunächst nur einen isolierten PKH-Antrag (ohne Rechtsmitteleinlegung) gestellt hatte. Nach BGH NJW 08, 3500 ist diese Rspr jedoch nicht auf die Rechtsbeschwerdebegründung übertragbar; bei der Rechtsbeschwerde läuft zur Einlegung und Begründung eine einheitliche Frist; die Wiedereinsetzungsfrist wegen Versäumung der Frist zur Einlegung und Begründung der Rechtsbeschwerde beginnt deshalb einheitlich ab Bekanntgabe der PKH-Bewilligung. Auch eine Übertragung auf Wiedereinsetzungsanträge einer bemittelten Partei kommt nicht in Betracht (BGH ZIP 10, 1822).

Die wünschenswerte völlige Gleichstellung zwischen bemittelter und unbemittelter Partei wird ohnehin 10
nicht erreicht, denn die einmonatige Frist für die Wiedereinsetzung gegen die versäumte Rechtsmittelbegründungsfrist kann als gesetzliche Frist mangels ausdrücklicher Bestimmung nicht verlängert werden (vgl § 224 II), so dass die bedürftige Partei wegen § 236 II die Rechtsmittelbegründung innerhalb der einmonatigen Wiedereinsetzungsfrist (dh ohne Verlängerungsmöglichkeit) nachholen muss.

Zur Veranschaulichung: Bei Zustellung des Berufungsurteils am 3.3. und Ablauf der Rechtsmittelbegrün- 11
dungsfrist am 3.5. besteht für die bemittelte Partei Verlängerungsmöglichkeit bis 3.7. ohne Zustimmung des Gegners (§ 551 II 4) sowie weitere Verlängerungsmöglichkeit bei Zustimmung des Gegners/fehlender Verzögerung oder Vorliegen erheblicher Gründe; der bemittelten Partei steht mithin in diesen Fällen ab Berufungseinlegung regelmäßig ein Zeitraum von jedenfalls 3 Monaten zur Begründung des Rechtsmittels zur Verfügung, und zwar mit der Möglichkeit weiterer Verlängerung. Für die bedürftige Partei sieht die Situation ungünstiger aus: bei Mitteilung der PKH-Bewilligung zB am 10.5. bleiben ihr zwei Wochen zur Rechtsmitteleinlegung/Wiedereinsetzungsantrag; entscheidet das Gericht unverzüglich über die Wiedereinsetzung und geht der Partei die Entscheidung über die Bewilligung der Wiedereinsetzung am 10.6. zu,

muss sie die Revision bis 10.7. begründen und Wiedereinsetzung in die versäumte Revisionsbegründungsfrist beantragen, ohne dass ihr eine Möglichkeit der Verlängerung der Revisionsbegründungsfrist zur Verfügung stünde. Auch mittels einer vorsorglich schon im PKH-Verfahren beantragten Verlängerung der Revisionsbegründungsfrist kann das Problem nicht befriedigend gelöst werden, denn je nach Dauer des PKH-Verfahrens kann auch diese schon abgelaufen sein (vgl oben Rz 8).

12 Hatte die bedürftige Partei das Rechtsmittel bereits unbedingt eingelegt, so bedarf es nach PKH-Bewilligung keiner Wiedereinsetzung wegen Versäumung der Rechtsmittelfrist, denn diese Frist wurde von vornherein gewahrt. In diesem Fall ist lediglich die Rechtsmittelbegründungsfrist versäumt; insofern besteht die nach wie vor unbefriedigende Situation, dass die bedürftige Partei innerhalb eines Monats Wiedereinsetzung beantragen und innerhalb dieser Frist die Rechtsmittelbegründung nachholen muss. Für den Fall, dass dem Rechtsmittelführer die Akten nicht zur Verfügung standen, lässt der BGH nunmehr eine Verlängerung der einmonatigen Wiedereinsetzungsfrist in analoger Anwendung der §§ 575 II 3, 551 II 6 zu (NJW-RR 08, 146); inwieweit diese Analogie auf sonstige Fälle der Fristverlängerung ausgedehnt wird, bleibt abzuwarten. Dem Rechtsanwalt der bedürftigen Partei dürfte jedenfalls auch in anderen Fällen ein Fristverlängerungsantrag anzuraten sein. Wird dieser abgelehnt und ist der Rechtsanwalt zB wegen unvorhergesehener Ereignisse nicht in der Lage, den Wiedereinsetzungsantrag nebst der dazu erforderlichen Rechtsmittelbegründung rechtzeitig zu erstellen, kommt uU noch ein Wiedereinsetzungsantrag gegen die versäumte einmonatige Wiedereinsetzungsfrist in Betracht.

13 Insgesamt ist es unbefriedigend, dass eine völlige Gleichbehandlung zwischen bemittelten und unbemittelten Parteien trotz der auf einen Monat verlängerten Wiedereinsetzungsfrist und den Bemühungen der Rechtsprechung (Beginn der Begründungsfrist erst ab Mitteilung der Wiedereinsetzungsentscheidung bzgl der versäumten Rechtsmittelfrist, Verlängerungsmöglichkeit der Wiedereinsetzungsfrist bei fehlender Akteneinsicht, s.o.) bislang nicht erreicht werden konnte. Zum einen ist jedenfalls diejenige bedürftige Partei, die wegen ihrer Mittellosigkeit nur die Rechtsmittelbegründungsfrist versäumt hat, das Rechtsmittel aber sogleich mit ihrem PKH-Antrag eingelegt hat, weiterhin benachteiligt, weil es in diesem Fall nicht zu einer Wiedereinsetzungsentscheidung bzgl der Rechtsmittelfrist kommt, so dass für den Beginn der Wiedereinsetzungsfrist in die versäumte Rechtsmittelbegründungsfrist nur die Mitteilung der PKH-Bewilligung in Betracht kommt, mit der das zuvor (allein) bestehende Hindernis der Mittellosigkeit entfallen ist. Für die Rechtsmittelbegründung steht dann – entgegen der Situation einer bemittelten Partei – grds nur der Zeitraum von einem Monat zur Verfügung. Es kann auch nicht angenommen werden, dass dieser Nachteil nicht schwer wiege, weil die bedürftige Partei die Hauptarbeit für die Begründung bereits bei Einreichung des PKH-Gesuchs geleistet habe (so aber Wieczorek/Schütze/*Gerken* Rn 3), denn der PKH-Antrag für ein Rechtsmittel bedarf keiner Begründung in der Sache (BGH NJW-RR 01, 1146). Es kann auch nicht angenommen werden, dass die Partei regelmäßig einen Anwalt finden wird, der die Hauptarbeit für die Begründung des Rechtsmittels bereits vor der Bewilligung der PKH leistet. Deshalb ist bei Nachholung der zunächst versäumten Berufungsbegründung vor Entscheidung über einen rechtzeitig gestellten PKH-Antrag grds davon auszugehen, dass die Mittellosigkeit der Partei für die zunächst unterlassene Prozesshandlung und sodann für ihre Verspätung ursächlich geworden ist; es muss nicht dargelegt werden, weshalb das Rechtsmittel nicht schon vor Fristablauf unabhängig von der PKH-Entscheidung begründet werden konnte (BGH NJW 99, 3271, s. aber auch BGH NJW 08, 2855: fehlende Ursächlichkeit bei Einreichung einer vollständigen, aber als Entwurf bezeichneten Berufungsbegründungsschrift innerhalb laufender Rechtsmittelfrist).

14 Auf der anderen Seite kann das Abstellen auf die Mitteilung der Wiedereinsetzung in die versäumte Rechtsmittelfrist gem BGHZ 173, 14 im Einzelfall auch dazu führen, dass die bedürftige Partei ungerechtfertigt günstiger dasteht, etwa wenn über die Wiedereinsetzung nicht alsbald vorab entschieden wird, vgl Wieczorek/Schütze/*Gerken* Rn 4) und sich der Zeitraum für die Rechtsmittelbegründung dadurch wesentlich verlängert (Bsp: PKH-Antrag für beabsichtigtes Rechtsmittel; Zugang der positiven PKH-Entscheidung 5.3., Rechtsmitteleinlegung und Wiedereinsetzungsantrag am 10.3., aus gerichtsinternen Gründen wird erst am 2.5. Wiedereinsetzung bewilligt und dem Rechtsmittelführer am 8.5. mitgeteilt; von diesem Zeitpunkt hat er dann noch einen Monat Zeit für die Rechtsmittelbegründung. Gerechnet vom Zeitpunkt der Bekanntgabe der PKH-Bewilligung stehen ihm mithin deutlich mehr als zwei Monate zur Verfügung, so dass er ggü der bemittelten Partei begünstigt ist).

Entsprechend ihrem Wortlaut gilt die Monatsfrist für die Wiedereinsetzung in den aufgezählten Fällen der Fristversäumung generell, nicht nur für die Wiedereinsetzung nach Prozesskostenhilfe, die Motiv für die Einführung der längeren Wiedereinsetzungsfrist in diesen Fällen gewesen ist (BGH NJW 08, 1164). 15

III. Ausschlussfrist. 1. Normzweck. Die in Abs 3 vorgesehene absolute Ausschlussfrist von einem Jahr nach dem Ende der versäumten Frist, die nicht verlängert werden kann und gegen deren Versäumung Wiedereinsetzung nicht möglich ist, dient der Absicherung der formellen Rechtskraft und Rechtssicherheit und kann damit naturgemäß zu unbillig erscheinenden Ergebnissen führen. Es überrascht daher nicht, dass die Rechtsprechung (gegen den Wortlaut) verschiedene Ausnahmen zugelassen hat, insb, wenn der Grund für die Fristversäumung in der Sphäre des Gerichts liegt: BGH NJW-RR 04, 1651 (Zustellung einer unrichtigen Urteilsausfertigung, die Partei erfährt erst nach Ablauf der 5-Monats-Frist, dass sie zu einer viel höheren Zahlung verurteilt ist); das Gericht hat über ein rechtzeitig gestelltes PKH-Gesuch nicht innerhalb der Jahresfrist entschieden (BGH NJW 73, 1373) oder die Entscheidung dem Antragsteller nicht mitgeteilt (BGH, NJW-RR 08, 878). BVerfG NJW 04, 2149 lässt eine Ausnahme von der Jahresfrist unter dem Gesichtspunkt des fairen Verfahrens zu, weil das Berufungsgericht sie zunächst selbst übersehen und erst nach mehrjähriger Verhandlung bemerkt hatte; ähnl BGH NJW 11, 522: Versäumung der Einspruchsfrist im erstinstanzlichen Verfahren wird erst in der zweiten Instanz bemerkt. 16

2. Fristberechnung. Die Ausschlussfrist wird vom Ende der versäumten Frist an berechnet. Bsp: Ende der Berufungsfrist 22.3.; Beginn der Ausschlussfrist für einen Wiedereinsetzungsantrag am 23.3. (§§ 187 II, 188 BGB), Ende der Ausschlussfrist am 22.3. des Folgejahres (§ 187 II Hs 2 BGB). Beachte: nur der Antrag auf Wiedereinsetzung ist spätestens innerhalb der Jahresfrist zu stellen, die Wiedereinsetzungsentscheidung des Gerichts kann hingegen auch nach Fristablauf erfolgen. Für die Wiedereinsetzung vAw soll die Jahresfrist des Abs 3 hingegen nicht gelten (Ddorf NJW-RR 03, 136, Saenger Rn 8). 17

3. Sonderfälle, prozessunfähige Partei. Obwohl die Zustellung in diesem Fall an den gesetzlichen Vertreter zu erfolgen hat und § 170 I 2 die Zustellung an die nicht prozessfähige Person ausdrücklich für unwirksam erklärt, löst die Zustellung an die unerkannt geschäftsunfähige Partei die Rechtsmittelfrist aus (BGH NJW 08, 2125). Auch dem Geschäftsunfähigen ist mithin nach Ablauf der Jahresfrist die Möglichkeit der Beantragung von Wiedereinsetzung endgültig verschlossen; ihm wird aber regelmäßig die Nichtigkeitsklage wegen mangelnder Vertretung zur Verfügung stehen. In anderen Fällen des Ablaufs der Ausschlussfrist (dies mag in erster Linie nach öffentlicher Zustellung in Betracht kommen) kann der rechtskräftige Titel in Ausnahmefällen mit einer Wiederaufnahmeklage (§§ 578 ff) angegriffen werden, für die eine Ausschlussfrist von 5 Jahren ab Rechtskraft gilt (§ 586 II 2); iÜ kann im Einzelfall unter dem Gesichtspunkt der sittenwidrigen Erschleichung/Ausnutzung eines Titels unter engen Voraussetzungen eine Klage nach § 826 BGB in Betracht kommen (vgl Palandt/*Sprau* § 826 Rn 52 ff mwN). 18

§ 235 *(weggefallen)*

§ 236 Wiedereinsetzungsantrag. **(1) Die Form des Antrags auf Wiedereinsetzung richtet sich nach den Vorschriften, die für die versäumte Prozesshandlung gelten.**

(2) [1]Der Antrag muss die Angabe der die Wiedereinsetzung begründenden Tatsachen enthalten; diese sind bei der Antragstellung oder im Verfahren über den Antrag glaubhaft zu machen. [2]Innerhalb der Antragsfrist ist die versäumte Prozesshandlung nachzuholen; ist dies geschehen, so kann Wiedereinsetzung auch ohne Antrag gewährt werden.

A. Normzweck. Die Vorschrift stellt zunächst klar, dass es für die Wiedereinsetzung eines Antrags bedarf, eine Bewilligung vAw mithin nicht in Betracht kommt (Ausnahme Abs 2 Hs 2). IÜ werden in Abs 1 die formellen Antragserfordernisse (mit Ausnahme der schon in § 234 geregelten Frist), in Abs 2 die inhaltlichen Anforderungen geregelt. 1

B. Voraussetzungen. I. Form des Wiedereinsetzungsantrags. Gemäß Abs 1 muss die für die versäumte Prozesshandlung geltende Form eingehalten werden, also regelmäßig Schriftform (soweit nicht Erklärung zu Protokoll der Geschäftsstelle zulässig ist, vgl § 496 im Parteiprozess); im Anwaltsprozess ist der Wiedereinsetzungsantrag von einem postulationsfähigen Anwalt zu stellen. Konnte die versäumte Prozesshandlung wahlweise bei zwei verschiedenen Gerichten vorgenommen werden, gilt das auch für den entsprechen- 2 den Wiedereinsetzungsantrag: die Wiedereinsetzung gegen die Versäumung der Frist für die sofortige Beschwerde (vgl § 569 I 1) kann deshalb sowohl beim Gericht, dessen Entscheidung angefochten wird, also auch beim Beschwerdegericht beantragt werden; das Gericht, dessen Entscheidung angefochten wird, kann aber über Wiedereinsetzung und Beschwerde nur iSd Abhilfe entscheiden und muss anderenfalls dem Beschwerdegericht vorlegen, das dann über Beschwerde und Wiedereinsetzungsantrag entscheidet.

3 Der Antrag kann auch konkludent gestellt werden, eine Auslegung ist mithin wie auch sonst bei prozessualen Anträgen zulässig. Bei Unklarheiten kommt Hinweis oder Nachfrage gem § 139 in Betracht. Bringt die Partei Entschuldigungsgründe für die Versäumung der Frist vor, wird darin regelmäßig ein stillschweigender Wiedereinsetzungsantrag zu sehen sein (vgl St/J/*Roth* Rn 4). Geht die Partei hingegen – wie bei einem Fristverlängerungsantrag – selbst davon aus, dass die Frist noch nicht abgelaufen ist, kann ein konkludenter Wiedereinsetzungsantrag nicht angenommen werden (vgl BGH NJW-RR 00, 1730, 1731; St/J/*Roth* aaO).

4 **II. Notwendiger Inhalt des Wiedereinsetzungsantrags.** Auf den Inhalt des Wiedereinsetzungsgesuchs ist besondere Sorgfalt zu verwenden, da anderenfalls Rechtsverluste drohen. Nicht zwingend erforderlich, aber unbedingt anzuraten ist die Verbindung von Wiedereinsetzungsgesuch und nachzuholender Prozesshandlung (es sei denn diese ist bereits, wenn auch verspätet vorgenommen worden). **Unabdingbar ist die detaillierte Angabe der Tatsachen, aus denen sich der Wiedereinsetzungsgrund ergibt**, nämlich der Umstände, die zur Fristversäumung führten, ferner die Umstände, aus denen sich ergibt, dass den Antragsteller an der Fristversäumung weder ein eigenes noch ein ihm zuzurechnendes Verschulden seines Prozessbevollmächtigten trifft, ferner die für die Einhaltung der Wiedereinsetzungsfrist (§ 234) erforderlichen Angaben. Letzteres erfordert die Mitteilung der Tatsachen, aus denen sich ergibt, wann das Hindernis behoben oder nicht mehr unverschuldet war (BGH NJW 00, 592; NJW-RR 11, 1284).

5 **1. Detailgenauigkeit.** In allen Punkten sind konkrete, individualisierte (fallbezogene) – mithin einer Beweisaufnahme zugängliche – Angaben erforderlich und genügen pauschale (allgemeine) Angaben wie »Krankheit« nicht, denn nicht jede Krankheit ist ein der Fristeinhaltung entgegenstehendes Hindernis; es muss also Art und Dauer der Erkrankung mitgeteilt werden (BVerfG NJW-RR 07, 1717). Soweit die Fristversäumung auf dem Verschulden einer Hilfskraft beruhen soll, sind regelmäßig deren Name, Ausbildungsstand sowie Einzelheiten zur Büroorganisation und Überwachung der Kraft mitzuteilen (BGH NJW 02, 2180, 2181). Unbedingt zu vermeiden sind Widersprüchlichkeiten im Geschehensablauf bzw in der Sachverhaltsdarstellung iRd Wiedereinsetzungsantrags und einer hierzu vorgelegten eidesstattlichen Versicherung (instruktives Beispiel BGH NJW 02, 1429). Ebenso wenig kann Wiedereinsetzung gewährt werden, wenn mehrere in wesentlichen Punkten unvereinbare eidesstattliche Versicherungen vorgelegt werden (vgl Nürnbg NJW 06, 2195). Beruft sich die Partei darauf, dass der Hilfskraft eine (ausreichende) Einzelanweisung erteilt worden ist, ist das Nichtverschulden des Anwalts nur dann dargetan, wenn außerdem erläutert wird, welche Vorkehrungen gegen das Vergessen der Anordnung getroffen worden sind, es sei denn, dass es sich um eine unmissverständlich sofort auszuführende Anweisung handelt (BGH NJW 04, 688). Diese Darlegung hat wiederum innerhalb der Wiedereinsetzungsfrist zu erfolgen, anderenfalls ist ein Organisationsverschulden des Prozessbevollmächtigten zu vermuten (BGH aaO). Da es bei einer ausreichenden Einzelanweisung nicht darauf ankommt, ob die allgemeine Organisation des Fristenwesens den Sorgfaltsanforderungen genügte, ist insoweit weder Vortrag noch Glaubhaftmachung erforderlich (BGH NJW-RR 97, 955).

6 **2. Glaubhaftmachung.** Die für die Bewilligung der Wiedereinsetzung maßgeblichen Tatsachen müssen, soweit sie sich nicht schon aus den Akten ergeben oder sonst gerichtsbekannt oder offenkundig sind (vgl BGH NJW 06, 1205), glaubhaft gemacht werden (§ 294). Es empfiehlt sich, die Glaubhaftmachung grds mit der Antragstellung zu verbinden, auch wenn das nicht zwingend ist (s.u. Rz 9). Die Anforderungen an die Glaubhaftmachung können jedoch im Einzelfall herabgesetzt sein, wenn infolge von Organisationsmängeln in der Gerichtssphäre über die schlichte Erklärung des Antragstellers hinaus keine weiteren Mittel zur Glaubhaftmachung erlangt werden können (BVerfG NJW-RR 02, 1006 bzgl Nichtaufbewahrung des die Rechtsmittelschrift enthaltenden Briefumschlags).

7 **a) Geschlossene Darstellung.** Sinnvoll ist es in jedem Fall, das Wiedereinsetzungsgesuch sogleich insgesamt fertig zu stellen, also eine umfassende geschlossene Darstellung der tatsächlichen Abläufe zu geben und parallel dazu die zur Glaubhaftmachung erforderlichen Beweismittel (meist eidesstattliche Versicherungen und Urkunden – zb Ablichtung des Fristenkalenders) zu erstellen bzw beizuziehen; diese Verfahrensweise wirkt der Gefahr späterer Korrekturen oder Widersprüche bei ggf erforderlicher Ergänzung ent-

gegen. Der Antragsteller muss sich bei seiner Darstellung **auf einen konkreten Sachverhalt festlegen.** Er kann nicht alternativ vortragen oder den tatsächlichen Geschehensablauf unbestimmt lassen, wenn dabei die Möglichkeit der verschuldeten Fristversäumung offen bleibt (BGH, NJW 08, 3501 f.; Musielak/*Grandel* Rn 4). Soweit der Anwalt in seinem Wissen stehende Tatsachen bestätigt, genügt regelmäßig die anwaltliche Versicherung.

Ein **Nachschieben von Gründen** nach Ablauf der Wiedereinsetzungsfrist ist grds nicht möglich. Die Gründe, die die Wiedereinsetzung rechtfertigen, müssen innerhalb der Wiedereinsetzungsfrist vorgebracht werden. Erst recht kann keine Wiedereinsetzung gewährt werden, wenn der ursprünglich mitgeteilte Sachverhalt nach Fristablauf durch einen völlig anderen Geschehensablauf ersetzt wird (BAG NJW 95, 2125) oder wenn in der Beschwerdeinstanz neues Vorbringen zu organisatorischen Maßnahmen nachgeschoben wird, auf deren Fehlen die Versagung der Wiedereinsetzung in der angefochtenen Entscheidung gestützt worden ist (BGH NJW 97, 2120). Erkennbar unklare oder ergänzungsbedürftige Angaben (zB zur Zuverlässigkeit von Büroangestellten), können allerdings nach Ablauf der Antragsfrist erläutert bzw ergänzt werden, ggf auch noch im Beschwerdeverfahren (BGH NJW 91, 1359; 99, 2284). In derartigen Fällen muss das Gericht der Partei durch Hinweis gem § 139 Gelegenheit zur Erläuterung oder Vervollständigung geben (BGH NJW 07, 3212). Eine Verletzung dieser Hinweispflicht kann einen Verstoß gegen den Grundsatz der Gewährung rechtlichen Gehörs begründen (BGH MDR 08, 877). 8

b) Zeitpunkt für die Glaubhaftmachung. Die den Antrag auf Wiedereinsetzung begründenden Tatsachen sind nach der gesetzlichen Regelung bei der Antragstellung oder im Verfahren über den Antrag glaubhaft zu machen. Die Glaubhaftmachung kann mithin bis zur Entscheidung über den Antrag und auch noch im Beschwerdeverfahren (s.o. Rz 8) nachgeholt werden, aber **nicht im Rechtsbeschwerdeverfahren**, denn der Beurteilung des Rechtsbeschwerdegerichts unterliegen (anders als im früheren Verfahren der sofortigen Beschwerde nach § 577 aF) nur der in den Tatsacheninstanzen festgestellte Sachverhalt sowie der auf Verfahrensrüge zu beachtende dortige Sachvortrag (BGH NJW 04, 367, 369). 9

c) Anforderungen an die Glaubhaftmachung. Zu achten ist auf eine ordnungsgemäße und detaillierte eidesstattliche Versicherung (also mit dem ausdrücklichen Hinweis, dass sie zur Vorlage bei Gericht in dem sinnvollerweise konkret bezeichneten Verfahren bestimmt ist). Unzureichend ist es, in der eidesstattlichen Versicherung auf umfangreichen Sachvortrag in einem anderweitigen Schriftstück Bezug zu nehmen; vielmehr ist eine eigene, in sich geschlossene Tatsachenschilderung vorzunehmen, auf die sich die eidesstattliche Versicherung bezieht (BGH NJW 88, 2045, 2046). Zur Glaubhaftmachung eines Versehens (zuverlässige Fachkraft trägt Frist nicht ein oder verstößt sonst gegen allgemeine Anweisungen), bedarf es nicht einer Darlegung näherer Umstände oder von Gründen, die das Versehen erklären könnten (BGH NJW-RR 05, 1006; NJW 06, 1205). Die Anforderungen an die Glaubhaftmachung dürfen indes nicht überspannt werden (vgl BGH NJW 92, 1898, 1899 – krankheitsbedingte Einschränkung der Arbeitsfähigkeit des Anwalts führt dazu, dass er erst kurz vor Fristablauf erkennt, dass die Rechtsmittelbegründung nicht mehr rechtzeitig fertig gestellt werden kann). Für die Überzeugungsbildung des Gerichts genügt die **überwiegende Wahrscheinlichkeit des vorgetragenen Geschehensablaufs** (BGH NJW 96, 1682). Im Zusammenhang mit einer Telefaxübermittlung wird regelmäßig der ausgedruckte Sendebericht zur Glaubhaftmachung beizufügen sein (allerdings kann die Einhaltung der Ausgangskontrolle auch durch Eidesstattliche Versicherung der Hilfskraft glaubhaft gemacht werden, BGH NJW 93, 732). Einzelheiten dazu, wie eine bislang zuverlässig arbeitende Fachkraft vom Rechtsanwalt überwacht worden ist, brauchen nicht mitgeteilt zu werden (BGH NJW 94, 2552). 10

3. Nachholung der versäumten Prozesshandlung. Dies muss zwingend innerhalb der Wiedereinsetzungsfrist geschehen, allerdings kommt auch insoweit eine Auslegung in Betracht und kann im Einzelfall in einem Wiedereinsetzungsgesuch auch die nachgeholte Prozesshandlung liegen. Regelmäßig ist dem Wiedereinsetzungsantrag gegen eine bestimmte versäumte Prozesshandlung ohne weiteres der Wille zu entnehmen, diese Prozesshandlung nunmehr vorzunehmen; sofern keine weiteren Formerfordernisse zu wahren sind, kann deshalb dem Wiedereinsetzungsantrag im allgemeinen die konkludente Nachholung der versäumten Prozesshandlung entnommen werden. Bsp: im Wiedereinsetzungsantrag gegen die versäumte Einspruchsfrist kann die Einlegung des Einspruchs gesehen werden (BVerfG NJW 93, 1635; Zö/*Greger* Rn 8); eine Berufungsbegründung, aus der klar ersichtlich ist, gegen welches Urt sie sich richtet, enthält konkludent die Einlegung (Wiederholung) des Rechtsmittels, so dass eine Nachholung der Berufung nicht erforderlich ist, wenn wegen fehlender Unterschrift der zunächst eingereichten Rechtsmittelschrift Wiedereinset- 11 zung beantragt wird (BGH NJW 00, 3286). Handelt es sich bei der versäumten Frist um eine Rechtsmittelbegründungsfrist, hilft der Gesichtspunkt, dass die Partei mit dem Wiedereinsetzungsantrag iA auch die versäumte Handlung nachholen will, nicht weiter, weil die inhaltlichen Anforderungen an die Rechtsmittelbegründung regelmäßig nicht gewahrt sind. Ein bloßer Fristverlängerungsantrag kann die gem Abs 2 S 2 nachzuholende Rechtsmittelbegründung nicht ersetzen (BGH NJW 88, 3021; krit dazu *Ganter* NJW 94, 164). Hat die Partei im PKH-Verfahren einen Schriftsatz eingereicht, der formell (also auch: Unterzeichnung durch einen am Rechtsmittelgericht zugelassenen Anwalt) und inhaltlich den Anforderungen der Berufungsbegründung entspricht, reicht die Bezugnahme auf diesen Schriftsatz, wobei idR von einer konkludenten Bezugnahme auszugehen ist (BGH NJW 08, 1740).

12 **4. Pflicht zur Wiedereinsetzung.** Unter den Voraussetzungen von Abs 2 S 2 muss (ohne Ermessensspielraum) Wiedereinsetzung vAw bewilligt werden. Bsp: PKH-Bewilligung, danach Einlegung und Begründung des Rechtsmittels innerhalb der Wiedereinsetzungsfrist (vgl BGH MDR 08, 99, 100). IÜ kommt Wiedereinsetzung vAw in Betracht, wenn die versäumte Handlung nachgeholt wurde und die übrigen Voraussetzungen offenkundig oder aktenkundig sind (BGH NJW-RR 04, 408, 409) oder wenigstens erkennbar gemacht werden (St/J/*Roth* Rn 14 mwN). Bsp: die Berufungsbegründung ist verspätet, weil dem Berufungsführer zwar eine Fristverlängerung mitgeteilt wurde, innerhalb derer die Begründung auch einging, jedoch die Fristverlängerung mangels Unterschrift des Vorsitzenden unwirksam war; aus dem Umschlag, in dem sich die Rechtsmittelschrift befindet, ist ersichtlich, dass die Schrift rechtzeitig an das richtige Gericht abgesandt, von der Post aber zunächst fehlgeleitet wurde. Teilweise wird angenommen, Abs 2 S 2 wolle verhindern, dass Wiedereinsetzung an einem Behördenverschulden jeglicher Art scheitere (Zö/*Greger* Rn 5; B/L/A/H Rn 16); unabhängig von einem Behördenverschulden erscheint es aber vom Gerechtigkeitsgehalt und aus Gründen der Prozessökonomie wenig angemessen, zusätzlich einen Wiedereinsetzungsantrag zu fordern, wenn die schuldlose Fristversäumung für das Gericht zu Tage liegt und die versäumte Handlung bereits nachgeholt ist.

13 **5. Isolierte Versagung der Wiedereinsetzung.** Ist Wiedereinsetzung in einem gesonderten Beschl versagt worden, ohne dass zugleich über das Rechtsmittel entschieden wurde, **muss** diese Entscheidung gesondert angefochten werden, um sie nicht in Rechtskraft erwachsen und für die Entscheidung über die Verwerfung des Rechtsmittels bindend werden zu lassen (BGH NJW 02, 2397, 2398); das Rechtsmittel gegen die Verwerfungsentscheidung kann nicht auf Wiedereinsetzungsgründe gestützt werden, wenn das Vordergericht nicht zugleich (kombinierte Entscheidung) über die Wiedereinsetzung entschieden hatte (BGH NJW 82, 887). Umgekehrt steht die Verwerfung eines Rechtsmittels als unzulässig wegen Versäumung der Rechtsmittelbegründungsfrist einem Antrag auf Wiedereinsetzung in den vorigen Stand gegen die Versäumung der Rechtsmittelbegründungsfrist nicht entgegen; bei Gewährung der Wiedereinsetzung wird dem Verwerfungsbeschluss die Grundlage entzogen und dieser gegenstandslos (BGH NJW-RR 07, 1718).

§ 237 Zuständigkeit für Wiedereinsetzung. **Über den Antrag auf Wiedereinsetzung entscheidet das Gericht, dem die Entscheidung über die nachgeholte Prozesshandlung zusteht.**

1 **A. Normzweck.** Aus Gründen der Verfahrensökonomie ist das Gericht, das über die nachgeholte Prozesshandlung zu befinden hat, auch zur Nebenentscheidung über die Wiedereinsetzung berufen, bei Einspruch gegen Versäumnisurteil oder Vollstreckungsbescheid also das Gericht, welches das Versäumnisurteil erlassen hat bzw das für das streitige Verfahren zuständige Gericht, bei Rechtsmitteln das Rechtsmittelgericht. Ist der Antrag auf Wiedereinsetzung wegen Versäumung einer Rechtsmittelfrist nicht gerechtfertigt, so wird regelmäßig in einem Beschl das Rechtsmittel verworfen und der Wiedereinsetzungsantrag abgelehnt.

2 **B. Einzelheiten. I. Wiedereinsetzungsantrag nach Entscheidung über das Rechtsmittel.** Die Zuständigkeit des für die Entscheidung über die versäumte Prozesshandlung berufenen Gerichts für den Wiedereinsetzungsantrag besteht auch dann, wenn es das Rechtsmittel bereits verworfen hatte. Dies sollte eigentlich überhaupt nicht vorkommen, weil das Gericht verpflichtet ist, der Partei vor der Verwerfungsentscheidung rechtliches Gehör zu gewähren, indem es auf die Fristversäumung und die aus diesem Grund beabsichtigte Verwerfung hinweist; die Partei erhält so Gelegenheit, zur Fristversäumung Stellung zu nehmen und ggf sogleich Wiedereinsetzung zu beantragen. Anderenfalls kann es passieren, dass die Partei erst durch die Verwerfungsentscheidung davon erfährt, dass das Rechtsmittel verspätet eingelegt wurde. Die Partei kann (und muss im eigenen Interesse) dann selbstverständlich den Wiedereinsetzungsantrag noch bei dem

Gericht anbringen, das bereits das Rechtsmittel in der Hauptsache verworfen hat. Gibt das Gericht dem Wiedereinsetzungsantrag statt, wird seine zuvor ergangene, das Rechtsmittel verwerfende Entscheidung ohne weiteres gegenstandslos. Das gleiche gilt, wenn das Wiedereinsetzungsgesuch erst in der Rechtsmittelinstanz Erfolg hat.

II. Entscheidung des Rechtsmittelgerichts über Wiedereinsetzung. Aus Gründen der Prozessökonomie 3
wird es als zulässig angesehen, dass das mit dem Rechtsmittel in der Hauptsache befasste Gericht die Entscheidung an sich zieht, zB wenn im Rechtsmittelverfahren über die Verwerfungsentscheidung offensichtlich ist, dass ein von der Vorinstanz noch nicht beschiedener Wiedereinsetzungsantrag begründet ist (BGH VersR 93, 500; NJW 96, 2581), nicht aber im umgekehrten Fall, dass der Wiedereinsetzungsantrag aus Sicht des Rechtsmittelgerichts abzulehnen wäre. Grund: die Bewilligung der Wiedereinsetzung ist unanfechtbar, bleibt also bestehen, selbst wenn sie zu Unrecht erfolgte. Deshalb soll das Rechtsmittelgericht die Entscheidung nicht an sich ziehen können, wenn nach seiner Auffassung kein Wiedereinsetzungsgrund vorliegt. Die Begründung, die Chance einer abweichenden unanfechtbaren Entscheidung des Instanzgerichts solle dem Antragsteller erhalten bleiben, erscheint indes (zB bei offensichtlicher Verfristung des Wiedereinsetzungsantrags) wenig überzeugend; anders wiederum, wenn es lediglich an der Glaubhaftmachung fehlt, die noch im Beschwerdeverfahren bis zur Entscheidung, nicht aber im Rechtsbeschwerdeverfahren nachgeholt/ergänzt werden kann, oder wenn den Parteien zur Frage der Wiedereinsetzung noch Gelegenheit zu näherem Vortrag zu gewähren ist (vgl BGHZ 101, 134, 141).

§ 238 Verfahren bei Wiedereinsetzung.

(1) [1]**Das Verfahren über den Antrag auf Wiedereinsetzung ist mit dem Verfahren über die nachgeholte Prozesshandlung zu verbinden.** [2]**Das Gericht kann jedoch das Verfahren zunächst auf die Verhandlung und Entscheidung über den Antrag beschränken.**
(2) [1]**Auf die Entscheidung über die Zulässigkeit des Antrags und auf die Anfechtung der Entscheidung sind die Vorschriften anzuwenden, die in diesen Beziehungen für die nachgeholte Prozesshandlung gelten.** [2]**Der Partei, die den Antrag gestellt hat, steht jedoch der Einspruch nicht zu.**
(3) Die Wiedereinsetzung ist unanfechtbar.
(4) Die Kosten der Wiedereinsetzung fallen dem Antragsteller zur Last, soweit sie nicht durch einen unbegründeten Widerspruch des Gegners entstanden sind.

A. Normzweck. Dem engen inhaltlichen Zusammenhang zwischen der Wiedereinsetzung und der nachge- 1
holten Prozesshandlung trägt Abs 1 S 1 durch den Grundsatz der verfahrensmäßigen Verbindung, also der gleichzeitigen Abhandlung, Rechnung. Im Hinblick auf die Verfahrensökonomie stellt Abs 1 S 2 es jedoch in das Ermessen des Gerichts, das Verfahren zunächst auf die Verhandlung und Entscheidung über den Antrag auf Wiedereinsetzung zu beschränken.

B. Einzelheiten des Verfahrens. I. Vorabentscheidung über Wiedereinsetzung. Ob das Gericht von der 2
Möglichkeit der Vorabentscheidung Gebrauch macht, ist eine Frage der Zweckmäßigkeit.

1. Bewilligung. Ist Wiedereinsetzung nach Auffassung des Gerichts ohne weiteres zu bewilligen, wird es 3
idR sinnvoll sein, dies vorab auszusprechen, jedenfalls, wenn die Hauptsache noch nicht entscheidungsreif ist. Dem Gegner muss zuvor – selbstverständlich – rechtliches Gehör zu dem Wiedereinsetzungsgesuch gewährt werden. Nur im umgekehrten Fall, dass das Gesuch abgelehnt wird, ist eine Anhörung des Gegners nicht erforderlich, da er durch die Ablehnung des gegnerischen Wiedereinsetzungsantrags nicht belastet wird.

Die Vorabentscheidung im Fall der Bewilligung der Wiedereinsetzung hat – da sie gem Abs 3 unanfechtbar 4
ist – den Vorteil, dass sich die Parteien anschließend auf die Hauptsache konzentrieren können (MüKoZPO/*Gehrlein* Rn 9). Sie kann ohne mündliche Verhandlung durch Beschl ergehen. Hat das Gericht – was die Ausnahme sein dürfte – vorab nur über den Wiedereinsetzungsantrag mündlich verhandelt, hat die Entscheidung durch Zwischenurteil (§ 303) zu ergehen (MüKoZPO/*Gehrlein* Rn 10); bei einer nach mündlicher Verhandlung bewilligten Wiedereinsetzung durch Beschl dürfte die falsche Entscheidungsform aber unschädlich sein, da die positive Wiedereinsetzungsentscheidung gleichwohl wirksam und ohnehin nicht anfechtbar ist.

2. Ablehnung. Liegen die Voraussetzungen für die Bewilligung der Wiedereinsetzung aus der Sicht des 5
Gerichts nicht vor, ist eine Vorabentscheidung darüber regelmäßig unzweckmäßig (vgl BGH NJW-RR 08,

218), denn aus der Versagung der Wiedereinsetzung wird sich regelmäßig die Unzulässigkeit des Rechtsmittels ergeben, so dass dieses zu verwerfen ist; dies sollte aus Gründen der Prozessökonomie gleichzeitig mit der Ablehnung der Wiedereinsetzung erfolgen. Die Konstellation, dass der Wiedereinsetzungsantrag unbegründet, das Rechtsmittel aber gleichwohl nicht als unzulässig verworfen werden kann, dürfte nur dann eintreten, wenn die Wiedereinsetzung begehrende Partei irrig von der Versäumung der Frist ausgegangen ist (zB wenn sich später herausstellt, dass die angefochtene Entscheidung gar nicht wirksam zugestellt war, vgl BGHZ 47, 289, 291). In diesem Sonderfall dürfte der gebotene gerichtliche Hinweis, dass die Prozesshandlung fristgemäß und zulässig ist, regelmäßig dazu führen, dass der Wiedereinsetzungsantrag zurückgenommen oder nur noch hilfsweise gestellt wird.

6 **3. Unzweckmäßige isolierte Entscheidung. a) Isolierte Versagung der Wiedereinsetzung.** Wird entgegen der Zweckmäßigkeit Wiedereinsetzung gegen Versäumung der Rechtsmittelfrist durch gesonderten Beschl abgelehnt, muss dagegen Rechtsmittel eingelegt werden, sonst erwächst die Versagung der Wiedereinsetzung in Rechtskraft und ist für die Entscheidung über das Rechtsmittel bindend (BGH NJW 02, 2397).

7 **b) Isolierte Rechtsmittelverwerfung.** Ist umgekehrt das Rechtsmittel wegen Versäumung der Begründungsfrist bereits verworfen worden, steht das einem Wiedereinsetzungsantrag nicht entgegen. Wird nachträglich Wiedereinsetzung bewilligt, entzieht das dem Verwerfungsbeschluss die Grundlage (BGH NJW-RR 07, 1718), ohne dass es einer ausdrücklichen Aufhebung bedarf. Bei ordnungsgemäßem Verfahrensablauf sollte eine derartige Situation allerdings nicht eintreten, denn das Gericht muss dem Rechtsmittelführer vor der Verwerfung seines Rechtsmittels als unzulässig rechtliches Gehör gewähren (BGH aaO), ihn also etwa darauf hinweisen, dass das Rechtsmittel verspätet eingelegt wurde; dies gibt der betroffenen Partei Gelegenheit, Wiedereinsetzungsgründe vorzubringen und Wiedereinsetzung zu beantragen. Dies dient der Verfahrensökonomie und Vermeidung überflüssiger Rechtsmittel. Über den Wiedereinsetzungsantrag ist dann spätestens mit der Entscheidung über das Rechtsmittel zu befinden. Hat das Gericht nur über das Rechtsmittel entschieden, liegt darin, dass über die beantragte Wiedereinsetzung nicht entschieden wurde, eine Verletzung des rechtlichen Gehörs, die im Rechtsbeschwerdeverfahren zur Aufhebung des Verwerfungsbeschlusses führt (vgl BGH aaO). Das Gleiche gilt, wenn das Gericht den Verwerfungsbeschluss erlassen hat, ohne die Partei zuvor überhaupt auf die Versäumung hingewiesen zu haben; auch diese Verletzung des rechtlichen Gehörs führt zur Aufhebung des Verwerfungsbeschlusses (BGH JurBüro 09, 54).

8 **II. Anzuwendende Vorschriften.** Abs 2 ordnet an, dass für die Entscheidung über die Wiedereinsetzung die für die nachgeholte Prozesshandlung geltenden Vorschriften anzuwenden sind. Dabei macht es keinen Unterschied, ob über die Wiedereinsetzung isoliert vorab oder zusammen mit der nachgeholten Prozesshandlung entschieden wird (vgl BGH NJW-RR 08, 218). Die Verwerfung einer Berufung, einer Revision, einer Nichtzulassungsbeschwerde oder Rechtsbeschwerde kann durch Beschl ohne mündliche Verhandlung ergehen, so dass in einem Beschl sowohl die Wiedereinsetzung gegen Versäumung eines solchen Rechtsmittels versagt als auch die Verwerfung des Rechtsmittels ausgesprochen werden kann. Dies dürfte auch der Regelfall sein. Ein die Berufung verwerfender Beschl ist mit der Rechtsbeschwerde anfechtbar (§ 522 II 3), unabhängig vom Beschwerdewert. Hat das Berufungsgericht mündlich verhandelt, ist im Wege des Urteils über die Wiedereinsetzung und die Berufung zu entscheiden; hiergegen ist (sofern keine Zulassung der Revision erfolgt) das Rechtsmittel der Nichtzulassungsbeschwerde gegeben und zwar unabhängig von der Wertgrenze des § 26 Nr 8 EGZPO (Musielak/*Ball* § 522 Rn 17; vgl auch BGH NJW-RR 03, 132).

9 Die Entscheidung über den Einspruch gegen ein Versäumnisurteil muss nach der seit 1.1.02 bestehenden Rechtslage stets durch Endurteil ergehen, und zwar auch dann, wenn zuvor nicht mündlich verhandelt worden war (§ 341 II). Wird isoliert vorab (negativ) über die Wiedereinsetzung gegen die Versäumung der Einspruchsfrist gegen ein Versäumnisurteil entschieden, muss mithin auch das in Urteilsform geschehen (BGH NJW-RR 08, 218); eine dennoch in Beschlussform ergangene Entscheidung ist nach dem Grundsatz der Meistbegünstigung (BGHZ 98, 362) gleichwohl (auch) mit dem gegen das Urt gegebenen Rechtsmittel anfechtbar.

10 Die Bewilligung der Wiedereinsetzung beseitigt rückwirkend die Folgen der Fristversäumung, die verspätete Rechtshandlung wird als rechtzeitig behandelt (Fiktion): wird einem Anwalt Wiedereinsetzung gegen die Versäumung der Rechtsmittelfrist gegen ein ihn aus der Anwaltschaft ausschließendes Urt gewährt, wird damit der Verlust der Zulassung rückwirkend beseitigt und sind Prozesshandlungen, die der Anwalt zwischen der zunächst eingetretenen Rechtskraft des Ausschließungsurteils und der Gewährung der Wiedereinsetzung vornimmt, wirksam (BGHZ 98, 325). Eine vor der Wiedereinsetzung ergangene Entschei-

dung über die Verwerfung eines Rechtsmittels wird gegenstandslos, kann aber aus Gründen der Klarstellung auch ausdrücklich aufgehoben werden.

Auch die Frage, ob die (negative) Entscheidung über die Wiedereinsetzung der Anfechtung unterliegt, richtet sich nach den Vorschriften, die für die Anfechtbarkeit der nachgeholten Prozesshandlung (also für die Hauptsache) gelten. Ist in der Hauptsache kein Rechtsmittel zulässig (zB im Falle des § 542 II bei Berufungsurteilen im Arrest- oder einstweiligen Verfügungsverfahren), so ist auch die Versagung der Wiedereinsetzung nicht mit Rechtsmitteln anfechtbar (BGH NJW 03, 69; Saenger § 238 Rn 9). 11

Erfolgen Versagung der Wiedereinsetzung und Verwerfung des Rechtsmittels gleichzeitig – typischerweise in einem »kombinierten« Beschl (vgl St/J/*Roth* Rn 11) wird sich das hiergegen eingelegte Rechtsmittel der Partei regelmäßig auf beide Entscheidungselemente beziehen, denn wenn Wiedereinsetzung zu gewähren ist, kann auch die Verwerfung des Rechtsmittels keinen Bestand haben. Die Frage, ob in einem solchen Fall die Wiedereinsetzungsentscheidung isoliert angefochten werden kann (dagegen St/J/*Roth* Rn 12) ist rein akademischer Natur, denn jedenfalls mit nachträglicher Bewilligung der Wiedereinsetzung ist der Verwerfung des Rechtsmittels die Grundlage entzogen.

III. Verfahren bei Säumnis. Ist im Verfahren über die Wiedereinsetzung und die Hauptsache eine der beiden Parteien säumig, gilt folgendes (vgl St/J/*Roth* Rn 8 f): Ist die Wiedereinsetzung begehrende Partei säumig, so wird auf Antrag des Gegners der Wiedereinsetzungsantrag durch Versäumnisurteil abgelehnt und das Rechtsmittel verworfen. Hiergegen kann die säumige Partei mit der Begründung, ein Fall der Säumnis habe nicht vorgelegen, Berufung bzw Revision einlegen (vgl §§ 514 II, 565); der Einspruch steht ihr hingegen nicht zu (§ 238 II 2). Ist der Gegner der Wiedereinsetzung beantragenden Partei säumig, prüft das Gericht die Zulässigkeit und Begründetheit des Wiedereinsetzungsantrags; fehlt es daran, ergeht unechtes Versäumnisurteil, mit dem der Wiedereinsetzungsantrag abgelehnt und das Rechtsmittel verworfen wird, anderenfalls wird ein (echtes) Versäumnisurteil erlassen, in dem Wiedereinsetzung gewährt und über das Rechtsmittel entschieden wird. Dieses Versäumnisurteil kann, soweit es die Entscheidung über das Rechtsmittel betrifft, vom Gegner ggf mit dem Einspruch angefochten werden; die erfolgte Bewilligung der Wiedereinsetzung bleibt allerdings auch in diesem Fall unanfechtbar (Abs 3). 12

IV. Konkludente Entscheidung über Wiedereinsetzung? Ob Wiedereinsetzung nur ausdrücklich oder auch stillschweigend bewilligt werden kann, ist umstr (dafür St/J/*Roth* Rn 5; ThoPu/*Hüßtege* Rn 5, dagegen Rostock NJW-RR 99, 1507; B/L/A/H Rn 6; MüKoZPO/*Gehrlein* Rn 190). Nicht erforderlich ist jedenfalls eine ausdrückliche Entscheidungsformel im Urteils- oder Beschlusstenor, vielmehr kann sich die Wiedereinsetzung auch aus den Gründen der Hauptsacheentscheidung ergeben (St/J/*Roth* aaO), etwa wenn das Urt Ausführungen dahin enthält, dass das Rechtsmittel wegen unverschuldeter Säumnis als rechtzeitig behandelt wird. Trifft das Gericht nur in der Hauptsache eine ausdrückliche Entscheidung (Urt oder Beweisbeschluss in der Hauptsache einerseits oder Verwerfung des Rechtsmittels als unzulässig andererseits), und beschäftigen sich die Gründe auch nicht ansatzweise mit der Frage der Wiedereinsetzung, liegt es nahe, dass das Gericht diese Frage völlig übersehen hat. 13

Ein Beweisbeschluss macht bei einem verspätet eingelegten Rechtsmittel zwar nur dann Sinn, wenn Wiedereinsetzung bewilligt wird, daraus lässt sich aber wegen der Möglichkeit eines Versehens nicht auf eine konkludente Entscheidung schließen. Hierfür besteht auch kein Bedürfnis, da die ausstehende Entscheidung über die Wiedereinsetzung im Regelfall ohne weiteres nachgeholt werden kann, ggf auch noch in der Rechtsmittelinstanz. Würde man umgekehrt in dem Erlass eines Beweisbeschlusses gleichzeitig die konkludente Bewilligung der Wiedereinsetzung (und im Erlass eines Verwerfungsbeschlusses die Ablehnung) sehen, wäre die – sinnvolle – Nachholung der Wiedereinsetzungsentscheidung (wenn zB das Gericht kurz darauf das Übergehen des Antrags bemerkt) nicht mehr möglich. Es wäre unbefriedigend, wenn das Gericht, das kurz nach Erlass eines Beweisbeschlusses oder einer Verwerfungsentscheidung bemerkt, dass es einen Wiedereinsetzungsantrag übersehen hat, dies nicht nachträglich durch ausdrückliche Entscheidung korrigieren könnte.

V. Unanfechtbarkeit. Die Bewilligung der Wiedereinsetzung ist nach der ausdrücklichen Regelung in Abs 3 nicht anfechtbar. Sie kann weder iRe Rechtsmittels gegen die Hauptsacheentscheidung vom Rechtsmittelgericht überprüft werden noch iRe vom Gericht gegen die Wiedereinsetzung zugelassenen (jedoch unstatthaften) Rechtsbeschwerde: Eine Entscheidung, die vom Gesetz der Anfechtung entzogen ist, bleibt auch bei – irriger– Rechtsmittelzulassung unanfechtbar (BGH NJW 03, 211). Die Bewilligung kann schließlich auch vom Gericht selbst grds nicht iRe Gegenvorstellung geändert werden. Die Unanfechtbar- 14 keit im Falle der Bewilligung kann aus Gründen des sparsamen Umgangs mit Justizressourcen hingenommen werden, weil es sich für den Gegner der Partei, der Wiedereinsetzung bewilligt wird, nur um eine prozessuale Zwischenentscheidung handelt und ihm alle Verteidigungsmöglichkeiten in der Sache bleiben. Allerdings kann das Gericht nach BGHZ 130, 97, 100 eine schon gewährte Wiedereinsetzung auf Gegenvorstellung des Gegners aufheben, wenn dessen rechtliches Gehör verletzt und noch keine abschließende Entscheidung der Instanz ergangen ist. Diese Entscheidung hat zu Recht überwiegend Zustimmung gefunden, wobei das Ergebnis zT auch mit einer Anwendung des § 321a gerechtfertigt wird (so BGH MDR 09, 520; Musielak/*Grandel* Rn 5; Zö/*Greger* Rn 6; St/J/*Roth* Rn 10; Saenger Rn 7). Die Pflicht zur Gewährung rechtlichen Gehörs auch im Wiedereinsetzungsverfahren ergibt sich unmittelbar aus Art. 103 I GG; ein Verstoß hiergegen kann eine Verfassungsbeschwerde gegen den Wiedereinsetzungsbeschluss rechtfertigen (BVerfG NJW 82, 2234). Wegen der nach BGHZ aaO bestehenden Abänderungsmöglichkeit des Gerichts wird die Partei aber zunächst versuchen müssen, eine derartige Abänderung der gerichtlichen Entscheidung herbeizuführen.

15 **VI. Kosten/Gebühren.** Die praktische Bedeutung der Kostenregelung in Abs 4 dürfte gering sein, da regelmäßig im Wiedereinsetzungsverfahren keine gesonderten Anwalts- oder Gerichtskosten anfallen (vgl § 15 RVG), bei mündlicher Verhandlung allein über den Wiedereinsetzungsantrag (vgl § 238 I 2) sind Auslagen (Fahrtkosten) denkbar, gesonderte Anwaltskosten allenfalls dann, wenn abgesehen von der Verhandlung über die Wiedereinsetzung bis zum Abschluss des Verfahrens kein Verhandlungstermin stattgefunden hat. Findet im Wiedereinsetzungsverfahren eine Beweisaufnahme statt, können ferner Zeugenauslagen entstehen; Kosten einer Beweisaufnahme zur Frage der Rechtzeitigkeit eines Rechtsmittels (die Anwaltsgehilfin wird zu der Frage vernommen, ob sie den Schriftsatz in den Gerichtsbriefkasten eingeworfen hat) gehören allerdings nicht zum eigentlichen Verfahren der Wiedereinsetzung. Für das Verfahren der Beschwerde gegen die Ablehnung der Wiedereinsetzung entstehen allerdings Gerichts- und Anwaltsgebühren (vgl Nr 3500, 3513 VV RVG).

16 Der rechtspolitische Sinn der Vorschrift erscheint fraglich. Nach allgemeiner Meinung (St/J/*Roth* Rn 14; Saenger Rn 11) handelt es sich um einen Gleichlauf zu § 344. Dieses Argument überzeugt nicht, denn bei unverschuldeter Säumnis findet § 344 gerade keine Anwendung, weil dann das Versäumnisurteil nicht gesetzmäßig ergangen ist; das gilt auch dann, wenn das fehlende Verschulden für das Gericht bei Erlass des Versäumnisurteils nicht erkennbar war (BGH NJW 61, 2207; 04, 2309, 2311). Am klaren Wortlaut der Vorschrift ist allerdings nicht zu rütteln. Erklären lässt sich die Kostenfolge dann praktisch nur damit, dass der Wiedereinsetzungsgrund aus der Sphäre der Partei kommt und sie deshalb die dadurch verursachten Kosten auch tragen soll, wenn sie später obsiegt. Jedenfalls geht die Regelung des § 269 III 2 vor, dh bei Klagrücknahme trägt der Kl auch etwaige Kosten der Wiedereinsetzung (Tho/Pu/*Hüßtege* Rn 21; Saenger Rn 11).

17 Wenig Sinn macht auch die in Abs 4 Hs 2 vorgesehene Ausnahme, dass die Kosten der Wiedereinsetzung durch einen unbegründeten Widerspruch des Gegners entstanden sind, denn das Gericht ist vAw zur Prüfung der Voraussetzungen der Wiedereinsetzung verpflichtet, der Widerspruch des Gegners dürfte daher regelmäßig auf das Verfahren ohne Einfluss bleiben (Musielak/Grandel Rn 8; St/J/*Roth* Rn. 14).

18 Eine Kostenentscheidung ist nicht schon mit der Entscheidung über die Wiedereinsetzung zu treffen, sondern erst mit der Entscheidung in der Hauptsache (BGH NJW 00, 3284, 3285; Zö/*Greger* Rn 11; ThoPu/*Hüßtege* Rn 10; 20, wohl auch Musielak/*Grandel* Rn 8; aA B/L/A/H Rn 15). Wird Wiedereinsetzung versagt und das Rechtsmittel als unzulässig verworfen, trägt der Rechtmittelführer ohnehin die Kosten; wenn der Rechtsmittelführer nach erfolgreicher Wiedereinsetzung in der Hauptsache unterliegt, erübrigt sich eine gesonderte Entscheidung über die Kosten der Wiedereinsetzung ebenfalls; nur bei einem Obsiegen des Rechtsmittelführers nach erfolgter Wiedereinsetzung ist mithin ein gesonderter Ausspruch über die Kosten der Wiedereinsetzung erforderlich.

Titel 5 Unterbrechung und Aussetzung des Verfahrens

Bemerkungen vor §§ 239 ff ZPO

A. Anwendungsbereich. Die §§ 239 ff gelten für das Erkenntnisverfahren in allen Instanzen, und zwar 1
unabhängig davon, ob eine mündliche Verhandlung vorgeschrieben ist oder im schriftlichen Verfahren nach § 128 II, III, entschieden werden soll. Dies gilt auch, wenn nur noch über die Kosten zu entscheiden ist, etwa bei Klagerücknahme oder bei beiderseitiger Erledigungserklärung (LSG Berlin-Brandenburg ZIP 09, 2360). Die §§ 239 ff gelten nur für das **rechtshängige** Erkenntnisverfahren (vgl § 261). Ereignisse nach Klageerhebung, aber vor Zustellung an den Beklagten können nicht zur Unterbrechung oder Aussetzung führen (BGH NJW-RR 09, 566). Auf die Prozessart kommt es nicht an (ThPu/Hüßtege Vorb § 239 Rn1), so dass die §§ 239 ff z.B. bei Vollstreckungsgegenklagen nach § 767 (BGH NJW-RR 09, 60) und bei Verfahren nach §§ 722, 723 (BGH FamRZ 08, 1749) ebenfalls Anwendung finden.Sie gelten grds auch bei Arrest und einstweiliger Verfügung (BGH NJW 04, 1388 aE), im Kostenfestsetzungsverfahren (BGH NZI 06, 128; Kobl JurBüro 08, 152; Karlsr FamRZ 09, 1702 – auch bei Aussetzung gem § 246 -; LG Detmold ZIP 11, 1028) und im Mahnverfahren (BGH NJW 74, 493). Zu den Besonderheiten iRd § 244 vgl dort Rz 2. Die §§ 239 ff gelten **nicht** im PKH-Verfahren (BGH NJW-RR 06, 1208; LSG Niedersachsen-Bremen NZS 09, 647; Kobl NZI 10, 686; KG FamRZ 08, 286; Köln NJW-RR 99, 276; aA Hamm MDR 06, 1309), im selbständigen Beweisverfahren, soweit die Beweisaufnahme noch nicht beendet ist (BGH NJW 04, 1388; 11, 1679), bei der Streitwertfestsetzung (BGH NJW 00, 1199 – aber nicht, wenn es um das Nichterreichen der Berufungssumme geht; MüKoZPO/*Gehrlein* vor §§ 239 ff Rn 10). Für das Zwangsvollstreckungsverfahren finden besondere Vorschriften Anwendung, wie zB §§ 727, 779, § 88 ff InsO, die jedenfalls für ihren Geltungsbereich die §§ 239 ff verdrängen (BGH NJW 07, 313208, 918 – Klauselerteilung). Vollstreckungsschutz nach §§ 719, 707 kann auch während der Unterbrechung gewährt werden (BGH NJW 01, 375).

Grundsätzlich gelten die §§ 239 ff **kraft Verweisung** auch im arbeitsgerichtlichen Verfahren (§§ 46 II, 64 VI, 2
72 V ArbGG), im verwaltungsgerichtlichen Verfahren (§ 173 VwGO), im finanzgerichtlichen Verfahren (§ 155 FGO) und im sozialgerichtlichen Verfahren (§ 202 SGG), soweit keine Sonderregelungen in den jeweiligen Verfahrensordnungen vorhanden sind. Für die Familiensachen, die in § 111 Fam FG im einzelnen und abschließend aufgeführt sind (Schulte-Bunert/Weinrich/*Rehm*e § 111 Rn 1), ist in § 113 I 2 FamFG eine Verweisung auf den allgemeinen Teil der ZPO und damit auf die §§ 239 ff enthalten, soweit es um Ehe- und Familienstreitsachen iSv § 112 FamFG geht. Allerdings sind im FamFG auch Sonderregelungen für Familiensachen bei **Tod** eines Beteiligten vor dem (rechtskräftigen) Abschluss des Verfahrens getroffen worden. So bestimmen § 131 FamFG für Ehesachen und § 208 für Ehewohnungs- und Haushaltssachen, dass in einem solchen Fall das Verfahren als in der Hauptsache erledigt gilt; eine Erledigungserklärung bedarf es nicht (Zö-Philippi § 131 FamFG Rn 4; § 208 FamFG Rn 5). Wegen der Kosten bleibt aber in derartigen Fällen das Verfahren anhängig und insoweit gelten die §§ 239, 246 (Schulte-Bunert/Weinrich §131 Rn 1). Eine weitere Sonderregelung ist für rechtshängige Abstammungsverfahren iSd § 169 FamFG – ebenfalls eine Familiensache – in § 181 FamFG enthalten; dort ist bestimmt, dass bei Tod eines Beteiligten das Verfahren nur fortgesetzt wird, wenn ein Beteiligter dies innerhalb einer Monatsfrist ggü dem Gericht verlangt; ansonsten gilt das Verfahren jedenfalls in der Hauptsache als erledigt und ist nur noch im Bezug auf die Kosten anhängig.

Im allgemeinen Teil des FamFG ist für die **Aussetzung** eine besondere Regelung in § 21 enthalten, die für die Vorgreiflichkeit § 148 dahingehend modifiziert, dass zusätzlich ein wichtiger Grund verlangt wird (vgl hierzu näher Schulte-Bunert/Weinrich/Brinkmann § 21 Rn 5 ff). Sonderregelungen zu § 21 FamFG, der wegen § 113 I FamFG ohnehin nicht für die dort genannten Familiensachen gilt (Schulte-Bunert/Weinrich/Brinkmann §21 Rdn 3), finden sich z.B. in § 381 FamFG (Registersachen) und in § 440 FamFG (Aufgebotsverfahren). Für die Familiensachen sind besondere Aussetzungsregelungen z.B. in § 136 FamFG (Aussetzungssetzung des Scheidungsverfahrens bei Aussicht auf Erhaltung der Ehe) und in § 221 II FamFG (Versorgungsausgleichssachen) vorhanden.

B. Regelungsinhalt. Zu unterscheiden ist zwischen dem **tatsächlichen und rechtlichen Stillstand**. Beide 3
Fälle setzen Rechtshängigkeit (§ 261) voraus (vgl oben Rz 1). In beiden Fällen werden die Akten nach der Aktenordnung nach sechs Monaten weggelegt. Nur der rechtliche Stillstand, auf den sich die §§ 239 ff beziehen, hat darüber hinaus folgende Wirkungen: Prozessuale Fristen laufen nicht weiter und beginnen nach Beendigung von vorne (§ 249 I); Handlungen des Gerichts mit Außenwirkung, zB Ladungen, sind

unzulässig; Prozesshandlungen einer Partei sind ggü dem Gegner unwirksam (§ 249 II). Wegen der Einzelheiten vgl Erl zu § 249.

4 Das Hindernis, das den rechtlichen Stillstand bewirkt, ist regelmäßig behebbar. Es kann aber auch zum tatsächlichen (endgültigen) Stillstand führen (MüKoZPO/*Gehrlein* vor §§ 239 Rn 1).

5 Da der Gesetzgeber von einer Fortsetzung des Prozesses ausgeht, ist der rechtliche Stillstand auf besondere Anlässe beschränkt und stellt eine Ausnahme dar; eine **Analogie** kommt deshalb grds nicht in Betracht.

6 **C. Unterbrechung.** Tritt der rechtliche Stillstand kraft Gesetzes, dh ohne Antrag oder Anordnung, ein (§§ 239–245), spricht man von Unterbrechung. Diese ist vAw zu beachten (BGH NJW 02, 2107). Beendet wird die Unterbrechung durch Aufnahme des Verfahrens gem § 250 (vgl dort).

7 Bei einem **Streit** über die Unterbrechung ist nach mündlicher Verhandlung in einem Zwischenurt nach § 303 zu entscheiden, wenn die Unterbrechung bejaht wird (BGHZ 82, 209; BGH NJW 05, 290; WM 09, 2330; NZG 10, 139). Dieses Urt, das bei Zustimmung der Parteien im schriftlichen Verfahren (§ 128 II) ergehen kann (BGH WM 09, 2330), ist wie ein Endurt anfechtbar (BGH NJW-RR 06, 288). Wird die Unterbrechung verneint, erübrigt sich ein Zwischenurt, da der Rechtsstreit fortgesetzt wird. Ergeht jedoch ein die Unterbrechung verneinendes Zwischenurt, ist dies nicht gesondert anfechtbar (vgl §§ 512, 557 II; Zö/*Greger* vor § 239 Rn 3). Entsprechendes gilt für die Aufnahme (vgl auch § 239 Rz 15; § 240 Rz 12).

8 **D. Aussetzung und Ruhen.** Aussetzung und Ruhen treten nur mit der Verkündung oder Zustellung eines entsprechenden Beschlusses ein, der vAw oder auf Antrag zwingend oder nach einer Ermessensausübung des Gerichtes ergeht. Die Aussetzung ist nur zulässig, wenn das Gesetz sie vorsieht, wie zB in der ZPO in §§ 65, 148, 149, 152-154, 246, 247, 578 II sowie in den §§ 21, 136, 221 II, 381, 440 FamFG (vgl oben Rz 2; s. auch Kommentierung bei Schulte-Bunert/Weinrich), § 97 V ArbGG, § 7 I KapMuG, Art 27 f EuGVVG. Das Ruhen eines Verfahrens, eine besondere Form der Aussetzung, kann nach § 251, § 251a III, § 278 IV, V 3 angeordnet werden. Zur **Vorlage** s. § 252 Rz 2.

9 Die Aussetzung wird beendet durch Aufhebung (§ 150) oder durch Aufnahme des Rechtsstreits (§ 250). § 250 gilt auch im Falle des Ruhens.

Die Frage des **Rechtsmittels** im Falle der Aussetzung oder ihrer Ablehnung ist in § 252 geregelt. § 252 gilt auch für das Ruhen des Verfahrens als Sonderfall der Aussetzung (vgl § 252 Rz 1).

10 **E. Kosten/Gebühren.** Die Anträge nach §§ 239 ff lösen grds keine zusätzlichen Gebühren und Kosten aus. Das Verfahren vor und nach Aufnahme bildet für die **Gerichtskosten** eine einheitliche Gebühreninstanz (§ 35 GKG); für eventuelle Zwischenurteile fallen keine Gebühren an (Musielak/*Stadler* § 239 Rn 17; Zö/*Greger* § 239 Rn 19). Entsprechendes gilt grds für die **Rechtsanwaltsgebühren**; die Verfahrens- und Terminsgebühr entsteht nach Aufnahme nicht erneut (§ 15 II RVG); etwas anderes kann bei einer längeren Unterbrechung nach § 15 V 2 RVG gelten (Musielak/*Stadler* § 239 Rn 16; Zö/*Greger* § 239 Rn 19).

§ 239 Unterbrechung durch Tod der Partei.

(1) Im Falle des Todes einer Partei tritt eine Unterbrechung des Verfahrens bis zu dessen Aufnahme durch die Rechtsnachfolger ein.

(2) Wird die Aufnahme verzögert, so sind auf Antrag des Gegners die Rechtsnachfolger zur Aufnahme und zugleich zur Verhandlung der Hauptsache zu laden.

(3) [1]Die Ladung ist mit dem den Antrag enthaltenden Schriftsatz den Rechtsnachfolgern selbst zuzustellen. [2]Die Ladungsfrist wird von dem Vorsitzenden bestimmt.

(4) Erscheinen die Rechtsnachfolger in dem Termin nicht, so ist auf Antrag die behauptete Rechtsnachfolge als zugestanden anzunehmen und zur Hauptsache zu verhandeln.

(5) Der Erbe ist vor der Annahme der Erbschaft zur Fortsetzung des Rechtsstreits nicht verpflichtet.

1 **A. Zweckrichtung des Gesetzes.** Mit dem Tod einer Partei wird das Verfahren grds kraft Gesetzes unterbrochen (für das FamFG vgl vor §§ 239 ff Rz 2). Für das materielle Recht gilt § 1922 BGB. Der Erbe tritt mit dem Erbfall (Tod) als Gesamtrechtsnachfolger in die vermögensrechtliche Position des Erblassers und ist deshalb von diesem Zeitpunkt an Partei. Allerdings ist häufig nicht eindeutig, wer Erbe geworden ist. Außerdem kann der Erbe die Erbschaft ausschlagen (§ 1942 ff BGB), so dass dann der nächstberufene von Anfang an als Erbe gilt (§ 1953 BGB) mit der weiteren Folge, dass auch er ein Ausschlagungsrecht hat. Deshalb ist es sinnvoll, dass das Verfahren erst mit der Aufnahme durch den (endgültig feststehenden) Rechtsnachfolger fortgesetzt wird (Abs 1).

B. Anwendungsbereich. § 239 wird durch § 246 (s. dort) verdrängt, gilt also nicht, wenn zur Zeit des Todes eine Vertretung durch einen **Prozessbevollmächtigten** stattfand; dabei kommt es auf die jeweilige Instanz an (BFH FamRZ 09, 113, zum Beginn der nächsthöheren Instanz vgl § 244 Rz 4). Dies gilt unabhängig davon, ob Rechtsanwaltszwang (§ 78) besteht (vgl MüKoZPO/*Gehrlein* § 239 Rn 4). Ist der Prozessgegner **Alleinerbe** der verstorbenen Partei, endet der Prozess als »Insichprozess« von selbst (BGH NJW-RR 99, 1152). Findet bei Tod einer Partei **keine Rechtsnachfolge** in Bezug auf den Streitgegenstand statt (Beispiel: Ehe- oder Lebenspartnerschaftssachen) oder geht der Streitgegenstand mit dem Tod unter, ist kein Raum für eine Unterbrechung in der Hauptsache; es tritt Erledigung ein; der Rechtsnachfolger kann aber wegen der Kosten den Prozess aufnehmen (MüKoZPO/*Gehrlein* § 239 Rn 5; Zö/*Greger* § 239 Rn 3; zum FamFG vgl auch vor §§ 239 ff Rz 2). 2

Beim **Tod einer Partei kraft Amtes** (zB Testamentsvollstrecker, Insolvenzverwalter, Nachlassverwalter, Zwangsverwalter) oder bei Wechsel des Amtswalters findet nicht § 239, sondern § 241 Anwendung (MüKoZPO/*Gehrlein* § 239 Rn 13, 14; Zö/*Greger* § 239 Rn 7; offengelassen BGH NJW 93, 3072). In diesen Fällen erfolgt keine Rechtsnachfolge kraft Gesetzes. Etwas anderes gilt, wenn die Verwaltung endet und der tatsächliche Rechtsträger der Partei kraft Amtes folgt; hier findet § 239 analog Anwendung (BGH NJW 93, 3072). 3

Bei Beendigung der **gewillkürten Prozessstandschaft** durch Tod des Prozessstandschafters greift § 239 nicht ein; vielmehr kann der Rechtsinhaber nach den Regeln des gewillkürten Parteiwechsels in den Rechtsstreit eintreten (BGH NJW 93, 3072; MüKoZPO/*Gehrlein* § 239 Rn 12). 4

C. Voraussetzungen. I. Partei. Parteien eines Zivilprozesses sind diejenigen, von denen und gegen die die staatlichen Rechtsschutzhandlungen begehrt werden (MüKoZPO/*Gehrlein* § 239 Rn 9; vgl auch § 50 Rz 2 ff). Als Partei gilt nicht der einfache **Nebenintervenient/Streithelfer** (§§ 66, 67); sein Tod unterbricht das Verfahren nicht (ThoPu/*Hüßtege* § 239 Rn 2). Der Tod eines notwendigen **Streitgenossen** (§ 62) unterbricht das Verfahren nach § 239, während bei einfacher Streitgenossenschaft (§ 61) nur das Prozessrechtsverhältnis zu dem Verstorbenen und seinem Prozessgegner betroffen ist; dieselbe Unterscheidung ergibt sich für den streitgenössischen Streithelfer (§ 69), der notwendig oder einfach sein kann (MüKoZPO/*Gehrlein* § 239 Rn 10; zur Möglichkeit eines Teilurteils im Falle des Todes eines einfachen Streitgenossen vgl BGH NJW 07, 156). 5

II. Tod der Partei. Bei **natürlichen Personen** unterbricht der Tod das Verfahren, auch wenn dieses unter der Firmenbezeichnung (§ 17 HGB) geführt worden ist. Dem Tod gleichzustellen ist die Todeserklärung nach § 9 VerschG. 6

Bei **juristischen Personen** und parteifähigen Personenvereinigungen, zB OHG, KG, GbR (BGH NJW 01, 1056), nichtrechtsfähigen Vereinen, Gewerkschaften, (BGH NJW 68, 1830) und politischen Parteien (§ 3 ParteienG) findet § 239 analog Anwendung, wenn die Partei bzw die Personenvereinigung ohne Liquidation untergeht und eine Gesamtrechtnachfolge eintritt; nur bei Vorliegen beider Voraussetzungen ist die Situation mit dem Tod einer natürlichen Person vergleichbar (BGH NJW 71, 1844; 02, 1207; BFH DB 09, 487; MüKoZPO/*Gehrlein* § 239 Rn 15). Dies ist zB der Fall, wenn das Vereinsvermögen nach § 46 BGB an den Fiskus fällt, wenn das Gesellschaftsvermögen ohne Liquidation auf den letzten Gesellschafter übergeht (BGH NJW-RR 05, 118; MüKoZPO/*Gehrlein* Rn 15), bei Abtretung sämtlicher Anteile an einer Personengesellschaft auf den einzigen Gesellschafter (BGH NJW-RR 06, 1289) und bei der Fusion von Sparkassen (MüKoZPO/*Gehrlein* § 239 Rn 16). Auch bei der übertragenden **Umwandlung** durch Verschmelzung (§§ 2 ff UmwG), bei der Aufspaltung (§ 123 I UmwG) und bei der Vermögensübertragung nach § 174 II 2 Nr 1 UmwG findet eine Verfahrensunterbrechung analog § 239 statt (BGH NJW 04, 1528; MüKoZPO/*Gehrlein* § 239 Rn 16; Zö/*Greger* § 239 Rn 6; aA ThoPu/*Hüßtege* § 239 Rn 3). 7

§ 239 greift nicht bei **Löschung** einer GmbH, einer KG oder OHG ein, weil die Gesellschaft als fortbestehend gilt, solange Vermögen vorhanden ist (BGH NJW 82, 238; BAG 88, 2637). Nicht anwendbar ist § 239 auch bei einem Betriebsübergang nach **§ 613a BGB** (BAG BB 77, 395; MüKoZPO/*Gehrlein* § 239 Rn 17) und bei formwechselnder Umwandlung nach **§§ 190 ff UmwG**; hier kommt eine Rubrumsberichtigung in Betracht (MüKoZPO/*Gehrlein* § 239 Rn 17). Bei einer Vermögensübertragung nach § 174 II Nr 2, 3 UmwG, bei einer Abspaltung nach § 123 II UmwG und bei einer Ausgliederung nach § 123 III UmwG finden die Regeln eines gewillkürten Parteiwechsels Anwendung (BGH NJW 01, 1217; MüKoZPO/*Gehrlein* § 239 Rn 17). 8

9 **D. Rechtsnachfolger.** Rechtsnachfolger ist derjenige, der bei Tod der Partei Inhaber der streitbefangenen Rechtsposition wird (MüKoZPO/*Gehrlein* § 239 Rn 22; ThoPu/*Hüßtege* § 239 Rn 4). Das ist grds der **Erbe** bzw die Erbengemeinschaft (vgl §§ 1922, 2032 BGB). Beim ungeteilten Nachlass können alle Erben gemeinsam oder auch nur ein einzelner Miterbe aufnehmen, sofern dieser gem § 2039 BGB berechtigt ist zur Geltendmachung des Klageanspruchs (BGH FamRZ 12, 26) oder – im Passivprozess – als Gesamtschuldner haftet (vgl §§ 2058, 1967 ff BGB). Besteht eine **Testamentsvollstreckung**, kann im Aktivprozess nicht der Erbe, sondern nur der Testamentsvollstrecker den Prozess aufnehmen (§ 2212 BGB); anders stellt sich die Lage bei einem Passivprozess dar (§ 2213 BGB).

10 Im Falle der **Sonderrechtsnachfolge** gilt § 239 für den Sonderrechtsnachfolger – zB bei Erbfolge nach der Höfeordnung, Nachfolgeklausel bei Personengesellschaften, der überlebende Ehegatte bei allgemeiner Gütergemeinschaft, wenn das Gesamtgut betroffen ist, der Nacherbe im Prozess des Vorerben (s.a. § 242), der Bezugsberechtigte bei der Lebensversicherung (MüKoZPO/*Gehrlein* § 239 Rn 27; Zö/*Greger* § 239 Rn 9). Dies gilt entsprechend für den **Zessionar** einer für den Fall des Todes abgetretenen Forderung (ThoPu/*Hüßtege* § 239 Rn 4; Zö/*Greger* § 239 Rn 9).

11 **Nicht** Rechtsnachfolger sind Personen, die bei Tod des Rechtsinhabers nur einen schuldrechtlichen Anspruch erlangen – zB der Vermächtnisnehmer iSd § 2174 BGB (BFH/NV 11, 1722) – oder die nicht kraft Gesetzes aufgrund des Todes des Rechtsinhabers Berechtigte werden – zB der Erbschaftskäufer oder der Pfändungsgläubiger (MüKoZPO/*Gehrlein* § 239 Rn 28). Einzelne **höchstpersönliche Rechte** – zB Recht am eigenen Bild – gehen nicht immer auf den Erben, sondern möglicherweise auf den nicht erbberechtigten Ehegatten bzw auf bestimmte Angehörige über und diese gelten dann als Rechtsnachfolger für diese Rechtsposition (MüKoZPO/*Gehrlein* § 239 Rn 28).

12 **E. Dauer der Unterbrechung.** Die Unterbrechung, die mit dem Tod einer Partei (vgl Rz 6 – 8) beginnt, **endet** grds mit der Aufnahme durch den Rechtsnachfolger oder durch den Gegner (Abs 1, 2). Besonderheiten ergeben sich im Fall der Nachlasspflegschaft, Testamentsvollstreckung und dann, wenn über den Nachlass das Insolvenzverfahren eröffnet wird (vgl §§ 243, 241, 240).

13 **F. Aufnahme des Rechtsstreits.** Die Aufnahme kann nur durch den Rechtsnachfolger oder den Gegner erfolgen. Eine Fortsetzung des Verfahrens vAw ist hingegen nicht vorgesehen (MüKoZPO/*Gehrlein* § 239 Rn 38). Wie sich aus Abs 5 und indirekt auch aus § 1958 BGB ergibt, ist der Erbe nach Annahme der Erbschaft zur Aufnahme nicht nur berechtigt, sondern **verpflichtet** (MüKoZPO/*Gehrlein* § 239 Rn 22). Eine frühere Aufnahme enthält grds konkludent auch die Annahme der Erbschaft. Im **Rubrum** des anschließenden Urteils ist ein Hinweis auf die Rechtsnachfolge zu geben (»als Erbe des am ... verstorbenen ...«, vgl Anders/Gehle AssEx Rn B-14). Wenn der Rechtsnachfolger die Aufnahme verzögert – dies setzt Kenntnis voraus (MüKoZPO/*Gehrlein* § 239 Rn 40) –, kann sie nach Abs 2 durch **den Gegner** erfolgen.

14 Die **Form** der Aufnahme ist in § 250 geregelt (s. dort). Aus den Abs 2, 3 ergibt sich, dass das Gericht im Falle der Aufnahmeerklärung durch den Rechtsnachfolger oder bei Antrag des Gegners vAw einen Termin iSd § 216 bestimmt zur Verhandlung über die Rechtsnachfolge und über die Hauptsache (MüKoZPO/*Gehrlein* § 239 Rn 31, 41; ThoPu/*Hüßtege* § 239 Rn 7).

15 Derjenige, der die Aufnahme beantragt, muss alle Tatsachen für die Rechtsnachfolge **darlegen und beweisen**; das folgt mittelbar aus § 239 IV, der ähnl wie § 331 I im Falle der Säumnis des Rechtsnachfolgers für die behaupteten Tatsachen zur Rechtsnachfolge eine Geständnisfiktion enthält (MüKoZPO/*Gehrlein* § 239 Rn 31, 39). Sind die Tatsachen für die Rechtsnachfolge unstr oder bewiesen, wird dies in einem **Zwischenurteil** (§ 303) oder in den Entscheidungsgründen des Endurt festgestellt (MüKoZPO/*Gehrlein* § 239 Rn 32, 43). Sind die Tatsachen für die Rechtsnachfolge nicht hinreichend dargelegt oder nicht bewiesen, wird der Antrag auf Fortsetzung des Rechtsstreits durch Endurteil kostenpflichtig zurückgewiesen; dieses Urt kann auch in Form eines Versäumnisurteils ergehen, wenn der Aufnehmende säumig ist (BGH NJW 04, 2983; FamRZ 05, 201; MüKoZPO/*Gehrlein* § 239 Rn 32; Zö/*Greger* § 239 Rn 12). Zu den Rechtsmitteln vgl vor §§ 239 ff Rz 7.

16 Tritt die Unterbrechung nach Erlass der Endentscheidung, aber vor Eintritt der Rechtskraft (**zwischen den Instanzen**) ein, ist Folgendes zu unterscheiden: Keine Besonderheiten ergeben sich, wenn vor der Unterbrechung ein Rechtsmittel eingelegt wurde. Dann ist der Aufnahmeantrag in der Rechtsmittelinstanz zu erklären; es gelten die allgemeinen Ausführungen (vgl Rz 13 – 15).

17 Ist **noch kein Rechtsmittel** eingelegt worden, können der Rechtsnachfolger und sein Gegner (unter den Voraussetzungen des Abs 2) den Antrag auf Aufnahme in der unteren Instanz stellen; wird die Rechtsnach-

folge nicht hinreichend dargelegt bzw bewiesen, wird der Antrag durch Urt kostenpflichtig zurückgewiesen; diese Entscheidung ist anfechtbar (ThoPu/*Hüßtege* § 239 Rn 9, 21). Ansonsten werden die Rechtsnachfolge sowie festgestellt, dass die Entscheidung gegen den Rechtsnachfolger wirkt. Auch diese Entscheidung ist selbstständig anfechtbar (RGZ 140, 353). War das Urt für die verstorbene Partei negativ und anfechtbar, besteht für den Rechtsnachfolger, nicht aber für den Gegner (vgl § 249 II) außerdem die Möglichkeit Rechtsmittel einzulegen und gleichzeitig die Aufnahme vor dem Rechtsmittelgericht zu beantragen. Wird die Rechtsnachfolge verneint, ist das Rechtsmittel als unzulässig zu verwerfen; ansonsten ergeht eine Sachentscheidung (MüKoZPO/*Gehrlein* § 239 Rn 45; Musielak/*Stadler* § 239 Rn 11).

Soweit die verstorbene Partei **obsiegt** hat, kann der Rechtsnachfolger den Titel umschreiben lassen (§ 727); 18 eine Aufnahme ist für ihn in einem solchen Fall grds entbehrlich und es fehlt das Rechtsschutzbedürfnis; etwas anderes gilt, wenn die Zwangsvollstreckung den Eintritt der Rechtskraft erfordert – zB § 894 – oder die Rechtsnachfolge nicht nach § 727 nachzuweisen ist; dann muss der Rechtsnachfolger das Verfahren aufnehmen, um seine Berechtigung klären zu lassen (Zö/*Greger* § 239 Rn 14–16).

Wird der Rechtsstreit nicht mit dem (wirklichen) Nachfolger, sondern mit einem **Dritten** fortgesetzt, kann 19 der wahre Rechtsnachfolger einen Aufnahmeantrag stellen; wenn das Gericht rechtskräftig über die wahre Rechtsnachfolge entschieden hat, wird der Prozess mit dem wirklichen Rechtsnachfolger fortgesetzt; ist bereits vorher eine rechtskräftige Entscheidung in der Hauptsache ergangen, kommt nur ein neuer Prozess in Betracht (Zö/*Greger* § 239 Rn 18).

G. Kosten/Gebühren. Wegen der Kosten wird auf die Erläuterungen oben vor §§ 239 ff Rz 10 verwiesen. 20

§ 240 Unterbrechung durch Insolvenzverfahren.

[1]Im Falle der Eröffnung des Insolvenzverfahrens über das Vermögen einer Partei wird das Verfahren, wenn es die Insolvenzmasse betrifft, unterbrochen, bis es nach den für das Insolvenzverfahren geltenden Vorschriften aufgenommen oder das Insolvenzverfahren beendet wird. [2]Entsprechendes gilt, wenn die Verwaltungs- und Verfügungsbefugnis über das Vermögen des Schuldners auf einen vorläufigen Insolvenzverwalter übergeht.

A. Zweckrichtung des Gesetzes. Mit der Eröffnung des Insolvenzverfahrens wird die Rechtshängigkeit 1 nicht beseitigt (Celle ZIP 11, 2127). Der Schuldner verliert aber seine Verwaltungs- und Verfügungsbefugnis einschließlich der Prozessführungsbefugnis über sein zur Insolvenzmasse gehörendes Vermögen; an seine Stelle tritt nach § 80 I InsO der Insolvenzverwalter. Die von dem Schuldner erteilte Prozessvollmacht erlischt nach § 117 InsO. Folgerichtig bestimmt § 240 S 1, dass das Verfahren mit dem Eröffnungsbeschluss unterbrochen wird. Dasselbe gilt nach § 240 S 2, wenn die Verwaltungs- und Verfügungsbefugnis über das Vermögen des Schuldners auf einen vorläufigen Insolvenzverwalter nach §§ 21 II 1 Nr 2, 1, Fall, 22 I 1 InsO übergeht, nicht hingegen bei Auferlegung eines Zustimmungsvorbehaltes gem § 21 II 1 Nr. 2, 2, Fall InsO (KG NZG 11, 429).. Sinn dieser Regelung ist, dass dem Insolvenzverwalter genügend Bedenkzeit für die Frage, ob er den Prozess aufnehmen will, eingeräumt werden soll. Auch die Gläubiger, deren gemeinschaftliche Befriedigung durch das Insolvenzverfahren bezweckt wird, sollen nicht durch laufende Prozesse beeinträchtigt werden.

B. Anwendungsbereich. § 240 gilt für rechtshängige Erkenntnisverfahren in allen Instanzen, und zwar 2 unabhängig davon, ob der Schuldner auf der Kläger- oder der Beklagtenseite steht (vgl allgemein zum Anwendungsbereich vor §§ 239 ff Rz 1, Rz 2). Die Vorschrift gilt unmittelbar auch für die Anfechtung von Beschlüssen des **Wohnungseigentümers** (LG Düsseldorf ZMR 11, 671), während sie in Verfahren der **freiwilligen Gerichtsbarkeit** grds keine Anwendung findet (LG Bonn ZIP 11 2031). Für das **Zwangsvollstreckungsverfahren** gelten die speziellen Regeln der §§ 88 ff. InsO, die eine Anwendung des § 240 verbieten (BGHZ 172, 16). § 240 setzt **Rechtshängigkeit** voraus (BGH NJW-RR 09, 566; München MDR 08, 291). Wird das Insolvenzverfahren nach Klageerhebung (Anhängigkeit), aber vor Zustellung an den beklagten Insolvenzschuldner, dh vor Rechtshängigkeit, eröffnet, ist die Klage unzulässig. Der daraus resultierende Kostenerstattungsanspruch gehört aber als Neuerwerb zur Insolvenzmasse (§ 35 InsO) und ist allein vom Insolvenzverwalter gem § 80 InsO geltend zu machen (BGH NJW-RR 09, 566).

§ 240 findet auch bei der Verbraucherinsolvenz (BGH NJW-RR 04, 48) und Nachlassinsolvenz (vgl ThoPu/*Hüßtege* § 240 Rn 2) Anwendung. **§ 246** gilt nicht; § 240 ist in dieser Vorschrift nicht erwähnt und nach § 117 InsO erlischt – anders als in den in § 246 genannten Fällen – die Prozessvollmacht; deshalb gilt § 240 sowohl im Parteien- als auch im Anwaltsprozess (BGH ZIP 88, 1584; s.a. § 246 Rz 2). Betroffen sein muss die Insolvenzmasse, so dass § 240 nicht bei einem Verfahren gem § 888 eingreift (Naumbg FamRZ 08, 620). Dasselbe gilt für **höchstpersönliche** und **nicht vermögensrechtliche** Ansprüche (Zö/*Greger* § 240 Rn 8). Soweit eine Eigenverwaltung nach § 270 InsO angeordnet wird, ist kein Insolvenzverwalter zu bestellen; vielmehr bleiben die Verwaltungs- und Verfügungsbefugnisse beim Schuldner; gleichwohl ist eine Unterbrechung auch in diesem Fall zu bejahen, weil der Schuldner bei einer Eigenverwaltung die Aufgabe des Insolvenzverwalters mitübernehmen muss (BGH MDR 07, 612). Ein Rechtsstreit über eine Forderung ist auch dann unterbrochen, wenn der Schuldner die Forderung vor Eröffnung des Insolvenzverfahrens abgetreten hat, diese **Abtretung** jedoch nach insolvenzrechtlichen Vorschriften anfechtbar ist (BGH NJW-RR 10, 1351).

3 **C. Voraussetzungen. I. Eröffnung.** § 240 setzt die Eröffnung des Insolvenzverfahrens nach § 27 InsO oder die Bestellung eines vorläufigen Insolvenzverwalters nach § 21 II 1 Nr 1 iVm Nr 2 InsO voraus. Auf die Frage, ob der Eröffnungsbeschluss wirksam ist, kommt es nicht an; er muss lediglich wirksam unterzeichnet sein (BGH NJW 98, 609). Wird der Eröffnungsbeschluss im Beschwerdeweg aufgehoben, endet die Unterbrechung von diesem Zeitpunkt an und nicht rückwirkend (vgl § 34 III 3 InsO; ThoPu/*Hüßtege* § 240 Rn 3a).

4 Die Eröffnung eines **ausländischen** Insolvenzverfahrens unterbricht den Prozess unter den Voraussetzungen der §§ 352, 343 InsO bzw Art 15, 16 EU InsVO, die dem autonomen Recht vorgehen. Im Grundsatz wird durch die Eröffnung des ausländischen Insolvenzverfahrens ein im Inland anhängiger Prozess nach § 352 I 1 InsO unterbrochen, wenn er zur Zeit der Eröffnung rechtshängig ist und die Insolvenzmasse betrifft. Nach § 343 I 2 Nr. 1 und 2 InsO ist die Anerkennung des ausländischen Insolvenzverfahrens aber zu versagen, wenn der ausländische Staat für die Verfahrenseröffnung nach deutschem Recht nicht zuständig ist oder die Anerkennung gegen den deutschen ordre public verstößt (BGH WM 09, 2330; NZG 10, 139 – zu einem US-amerikanischen Insolvenzverfahren – Patentnichtigkeitsverfahren; zu Art. 15, 16 EU InsVO vgl Brandbg ZInsO 11, 1563). Dabei werden nicht alle ausländischen Insolvenzverfahren schrankenlos anerkannt, sondern nur solche, die in etwa dieselben Ziele wie ein deutsches Insolvenzverfahren verfolgen, d.h. die alsbaldige Liquidation des Schuldnervermögens oder auch die Erhaltung des Bestands eines Unternehmens bei Befriedigung der Gläubiger (BGH WM 09, 2330). Dagegen ist nicht zwingend erforderlich, dass im Ausland ein Insolvenzverwalter bestellt ist oder die Eröffnung durch Gerichtsentscheidung erfolgt (BGH WM 09, 2330). Wenn das ausländische Recht eine Unterbrechung anordnet, richtet sich die Aufnahmeberechtigung nach dem ausländischen Recht (BGH NJW 98, 928).

5 **II. Partei.** Das Insolvenzverfahren muss sich auf das Vermögen einer am Rechtsstreit beteiligten Partei beziehen. Deshalb gilt nach hM § 240 nicht in einem Verfahren, an dem die Gesellschafter beteiligt sind, wenn über das Vermögen der Gesellschaft ohne Rechtspersönlichkeit das Insolvenzverfahren eröffnet wird; gleichwohl ist das Verfahren unterbrochen und kann nach § 93 InsO durch den Insolvenzverwalter aufgenommen werden; es findet § 17 AnfG analog Anwendung (BGH NJW 03, 590; 11, 683; MDR 09, 279; Kobl MDR 10, 470; Brandbg MDR 10, 840). Mit der Unterbrechung soll der Gläubigerwettlauf um die Gesellschafterhaftung vermieden werden. Durch Eröffnung des Insolvenzverfahrens über das Vermögen einer KG, OHG oder BGB-Gesellschaft wird das Verfahren der Gewinnfeststellung nicht unterbrochen, da seine steuerlichen Folgen nur die Gesellschafter persönlich betreffen (FG Hambg EFG 09, 708). Wird über das Vermögen eines persönlich haftenden **Gesellschafters** das Insolvenzverfahren eröffnet, wird der Rechtsstreit gegen die **Gesellschaft** nicht unterbrochen (BGH NJW 11, 683). Dies gilt auch bei Eröffnung des Verfahrens über das Vermögen des **Geschäftsführers** einer GmbH; dieser behält seine Vertretungsbefugnis nach § 35 GmbHG als persönlich geschuldete Dienstleistung (Ddorf MDR 11, 391).
Es gelten für den Parteibegriff dieselben Grundsätze, wie sie bei § 239 dargelegt sind (s. dort Rz 5). So wird bei einfachen Streitgenossen im Falle der Eröffnung des Insolvenzverfahrens gegen einen das Verfahren auch nur gegen diesen unterbrochen (Kobl MDR 10, 281). Kann das Verfahren aber nicht vollständig abgeschlossen werden, ist auch eine Teilkostenentscheidung möglich (KG BB 10, 1610; zur Möglichkeit eines Teilurteils vgl OLG Hamm 24.02.10, 8 U 118/08).

6 **III. Insolvenzmasse.** Eine Unterbrechung findet nur statt, wenn die Insolvenzmasse (§§ 35, 36 InsO) betroffen ist, wobei ein mittelbarer Bezug genügt (BGH NJW 10, 2213). Das bedeutet, dass der Streitgegenstand aus der Insolvenzmasse geleistet oder deren Bestandteil werden soll (Zö/*Greger* § 240 Rn 8). Unpfändbare Gegenstände nach § 36 InsO gehören hierzu nicht (Hamm NJW 05, 2788). Dagegen umfasst die Insolvenzmasse auch den **Neuerwerb** während der Insolvenz (Hamm NJW 05, 2788). Ferner werden

auch Prozesse erfasst, die nach der Eröffnung des Insolvenzverfahrens auf Aussonderung oder abgesonderte Befriedigung gerichtet sind (vgl § 86 InsO), sowie Feststellungs- und Unterlassungsklagen, die die Insolvenzmasse betreffen (BGH NJW 95, 1750). Bei Ansprüchen auf Auskunft, Rechnungslegung und Urkundenvorlegung kommt es auf den dahinterstehenden Hauptanspruch an; gehört dieser zur Insolvenzmasse, wird das Verfahren nach § 240 unterbrochen (MüKoZPO/*Gehrlein* § 240 Rn 19). Dies gilt aber nicht für einen Anspruch auf Drittauskunft aus einem Wettbewerbsverstoß (BGH NJW 10, 2213). Nicht zur Insolvenzmasse gehören der **Versorgungsausgleich** (Frankf FamRZ 04, 1043) und **künftige Unterhaltsansprüche** gegen den nach § 850 c I pfändungsfreien Neuerwerb des Schuldners (BAG Rpfleger 10, 86).Ein **Kündigungsrechtsstreit** wird durch Eröffnung des Verbraucherinsolvenzverfahrens über das Vermögen des Arbeitsnehmers nicht unterbrochen, da es sich um einen höchstpersönlichen Anspruch handelt (BAG NJW 10, 1955). Dasselbe gilt für einen Verwaltungsrechtsstreit, bei dem es um eine **Gewerbeuntersagung** geht (OVG Münster DÖV 10, 325). Eine aktienrechtliche Beschlussmängelklage wird durch Eröffnung des Insolvenzverfahrens über das Vermögen der AG nur dann nach § 240 unterbrochen, wenn der angefochtene Beschl zu einer Vergrößerung der Insolvenzmasse führt (BGH 11 MDR 11, 1244).

D. Dauer der Unterbrechung. Die Unterbrechung beginnt mit der im Eröffnungsbeschluss angegebenen Stunde (§ 27 II Nr 3 InsO) oder mit der Bestellung des vorläufigen Insolvenzverwalters, wenn damit ein allgemeines Verfügungsverbot verbunden ist. Auf die Kenntnis der Parteien oder des Gerichts kommt es nicht an. Sie endet mit der Aufnahme (vgl Rz 8), durch Freigabeerklärung des Insolvenzverwalters (BGH NJW 05, 2015) oder durch Beendigung des Insolvenzverfahrens, dh durch Aufhebung des Eröffnungsbeschlusses (§ 34 III InsO), Aufhebung des Insolvenzverfahrens (§ 200 InsO oder § 258 InsO), Einstellung des Insolvenzverfahrens (§§ 207, 211, 212, 213 InsO)), und zwar jeweils mit der Bekanntmachung der entsprechenden Entscheidung (BGH NJW 90, 1239). Im Anschluss daran kann jede frühere Partei den Rechtsstreit fortsetzen. 7

E. Aufnahme des Verfahrens. Für die Aufnahme sind in den §§ 85, 86, 180 II 184 I 2 InsO Sonderregelungen vorhanden. Danach sind aufnahmeberechtigt in erster Linie der Insolvenzverwalter (§§ 85 I 1, 86 I InsO) sowie der Gegner (§§ 85 II, 86 I, 180 I, 184 I 2 InsO) und im Aktivprozess auch der Schuldner, wenn der Verwalter die Aufnahme ablehnt (§ 85 II InsO). Geht der Schuldner irrig von seiner Prozessführungsbefugnis aus und erklärt er die Aufnahme des Verfahrens, ist er durch Beschl aus dem Prozess zu weisen (BFH/NV 09, 1149). Darüber hinaus findet § 239 II – IV entsprechende Anwendung, wenn der Verwalter die Aufnahme verzögert. Allerdings gilt § 239 II nur für den Gegner und nicht für den Schuldner bzw den Nebenintervenienten des Schuldners (BGH NJW-RR 10, 1351). 8

Der Insolvenzverwalter kann die Klage **zurücknehmen**, ohne die Aufnahme erklärt zu haben (Celle ZIP 11, 2127).

Um **Aktivprozesse** iSd § 85 InsO handelt es sich bei Prozessen, mit denen zugunsten des Schuldners ein Recht – das kann auch die Befreiung von Pflichten und Lasten sein – geltend gemacht wird und dieses zur Masse gelangen soll; auf die formale Parteirolle kommt es nicht an (BGH NJW-RR 05, 989; 10, 1053; BFH/NV 09, 1149). 9

Passivprozesse iSd § 86 InsO sind Prozesse, in denen ein Recht gegen den Schuldner geltend gemacht wird, dh die auf die Schmälerung der Insolvenzmasse zielen und die eine Aussonderung (§§ 47, 48 InsO), eine abgesonderte Befriedigung (§§ 49–51 InsO) oder Masseverbindlichkeiten (§§ 53–55 InsO) betreffen (vgl BGH NJW-RR 10. 1053; BFH/NV 09, 1149). Bei einem gegen den Insolvenzschuldner gerichteten gesetzlichen **Unterlassungsanspruch** wegen Verletzung eines gewerblichen Schutzrechtes des Klägers oder wegen eines Wettbewerbsverstoßes handelt es sich um einen Passivprozess (BGH NJW-RR 10, 1053). 10

Soweit es um sonstige Forderungen der Insolvenzgläubiger geht (§ 38 InsO), kann (nur) nach §§ 180 II, 184 I 2 InsO aufgenommen werden, wenn die Forderung gem § 174 InsO zur Tabelle angemeldet wurde und bestritten ist, und zwar vom Insolvenzverwalter bzw einem anderen Insolvenzgläubiger (§ 179 InsO) oder vom Schuldner (§ 184 InsO). Dann muss allerdings der schon bei Insolvenzeröffnung anhängige Rechtsstreit als Feststellungsrechtsstreit fortgesetzt werden (BGH ZIP 04, 2345). Ist die Forderung dagegen nicht bestritten, nimmt der Gläubiger nur am Insolvenzverfahren teil (§ 87 InsO). Mit der Feststellung iSd § 178 erlangt er nämlich einen vollstreckbaren Titel nach Abs 3, so dass der unterbrochene Rechtsstreit in der Hauptsache erledigt ist (FG EFG 10, 1909; Zö/*Greger* § 240 Rn 13). 11

Was das **Verfahren** und die **Entscheidung** über die Wirksamkeit der Aufnahme anbelangt, ergeben sich ggü § 239 keine Besonderheiten. Es kann wegen der **Darlegungs- und Beweislast** und wegen der Entschei- 12 dung – Zwischenurt oder Endurt – auf § 239 Rz 15 verwiesen werden. Gegen das Zwischen- oder das Endurt kann auch iRd § 240 Berufung eingelegt werden (BGH NJW-RR 06, 288; vgl auch vor §§ 239 ff Rz 7). Nimmt der Insolvenzverwalter das Verfahren auf, ist im **Rubrum** wegen der beschränkten Zwangsvollstreckung neben seinem Namen auch seine besondere Stellung aufzunehmen (»des Herrn ..., in seiner Eigenschaft als Insolvenzverwalter über das Vermögen ...«; vgl Anders/Gehle AssEx Rn D-13).

13 Tritt die Unterbrechung **zwischen Instanzen** ein, kommt es für die Frage der Zuständigkeit des Gerichts in Bezug auf die Wirksamkeit der Aufnahme auch iRd § 240 darauf an, ob vor der Unterbrechung ein Rechtsmittel eingelegt worden ist (vgl § 239 Rz 16 – 18).

14 Ergeht eine Entscheidung unter Verletzung von **§ 240**, kann der Insolvenzverwalter das Rechtsmittel einlegen, ohne das Verfahren selbst aufnehmen zu müssen (BGH NJW 97, 1445). Aber auch der Insolvenzschuldner oder sein Prozessbevollmächtigter können gegen eine solche Entscheidung ein Rechtsmittel einlegen, weil es nicht um die Hauptsacheentscheidung, sondern lediglich um die Unterbrechung des Verfahrens geht und § 117 InsO für diesen Fall nicht gilt (BGH MDR 09, 1000; LSG Berlin-Brandenburg ZIP 09, 2360; vgl auch BAG NJW 09, 3529; § 249 Rz 8).

15 **F. Kosten/Gebühren.** Wegen der Kosten wird auf die Erläuterungen oben vor §§ 239 ff Rz 10 verwiesen.

§ 241 Unterbrechung durch Prozessunfähigkeit. (1) Verliert eine Partei die Prozessfähigkeit oder stirbt der gesetzliche Vertreter einer Partei oder hört seine Vertretungsbefugnis auf, ohne dass die Partei prozessfähig geworden ist, so wird das Verfahren unterbrochen, bis der gesetzliche Vertreter oder der neue gesetzliche Vertreter von seiner Bestellung dem Gericht Anzeige macht oder der Gegner seine Absicht, das Verfahren fortzusetzen, dem Gericht angezeigt und das Gericht diese Anzeige von Amts wegen zugestellt hat.

(2) Die Anzeige des gesetzlichen Vertreters ist dem Gegner der durch ihn vertretenen Partei, die Anzeige des Gegners ist dem Vertreter zuzustellen.

(3) Diese Vorschriften sind entsprechend anzuwenden, wenn eine Nachlassverwaltung angeordnet wird.

1 **A. Anwendungsbereich.** § 241 regelt den dritten Fall der Unterbrechung. Neben dem Tod einer Partei oder der Eröffnung des Insolvenzverfahrens führt auch der Verlust der Prozessfähigkeit während des Prozesses, der Tod des gesetzlichen Vertreters oder die Beendigung seiner Vertretungsbefugnis zu einer Unterbrechung. Dadurch sollen Nichtigkeitsklagen nach § 579 I Nr 4 vermieden werden (Musielak/*Stadler* § 241 Rn 1). Bei **ursprünglicher Prozessunfähigkeit** gilt § 241 nicht; die Klage wird durch Prozessurteil abwiesen (Hamm NJW-RR 98, 470). § 241 findet im rechtshängigen Erkenntnisverfahren in allen Instanz Anwendung, und zwar unabhängig davon, ob die betreffende Partei Kl oder Bekl ist (vgl allgemein zum Anwendungsbereich: vor §§ 239 ff Rz 1, Rz 2). Nach § 241 III gilt § 241 I, II auch im Falle der **Nachlassverwaltung** (§ 1981 BGB) entsprechend in einem Prozess, den der Erbe bzgl des Nachlasses führt; der Erbe verliert durch die Nachlassverwaltung seine Prozessführungsbefugnis (§ 1984 BGB).

2 § 241 gilt wegen der Sonderregelung des § 246 nicht, wenn ein Prozessbevollmächtigter bestellt ist. Wird eine Partei während des Prozesses prozessfähig, besteht kein Bedürfnis für eine Unterbrechung; von diesem Zeitpunkt an führt die Partei den Prozess selbst (Zweibr FamRZ 01, 115). Tritt für die Partei ein Pfleger oder Betreuer (§§ 1911, 1913, 1896 ff BGB) in den Prozess ein, findet keine Unterbrechung statt (Musielak/*Stadler* § 241 Rn 4).

3 **B. Voraussetzungen. I. Partei.** Hier gelten dieselben Grundsätze wie bei § 239 (s. dort Rz 5). § 241 ist entsprechend anwendbar, wenn eine **Partei kraft Amtes** stirbt, prozessunfähig wird oder das Amt verliert (Zweibr NJW-RR 00, 815; Zö/*Greger* § 241 Rn 1; vgl auch oben § 239 Rz 3).

4 **II. Prozessfähigkeit.** § 52 (s. dort) knüpft an die Geschäftsfähigkeit an. Sie beinhaltet die prozessuale Handlungsfähigkeit (vgl § 52 Rz 1) und gilt nur für natürliche Personen. Wird der sich selbst vertretende RA prozessunfähig, greift § 241 ein; daneben kommt § 244 zur Anwendung (München NJW 89, 255).

5 **III. Gesetzlicher Vertreter oder Beendigung der Vertretungsbefugnis.** Bei einer Gesamtvertretung greift § 241 nur ein, wenn alle ihre Vertretungsbefugnis verlieren oder die verbleibenden Vertreter nicht allein vertretungsbefugt sind, wie es zB bei § 1680 I BGB der Fall ist (ThoPu/*Hüßtege* § 241 Rn 3a). Bei Handelsgesellschaften oder bei einer GbR wird das Verfahren unterbrochen, wenn keine organschaftliche Vertre-

tung mehr gegeben ist (Musielak/*Stadler* § 241 Rn 2), so z.B. bei Löschung einer GmbH im Handelsregister (FG Berlin EFG 10, 349). § 241 I gilt auch beim Tod des einzigen Liquidators der Gesellschaft (BFH/NV 10, 2106), wenn nicht eine Vertretung durch einen Prozessbesvollmächtigten erfolgte (§ 246). Die Vertretungsbefugnis endet, wenn der gesetzliche Vertreter entlassen oder als Organ einer juristischen Person ersatzlos abberufen wird (Zö/*Greger* § 241 Rn 4). Dagegen wirkt sich der Wechsel in der Vertretung nach Rechtshängigkeit – so z.B. vom Geschäftsführer zum Liquidator – nicht auf das Verfahren aus und dieses wird nicht unterbrochen, wenn die Gesellschaft durch einen Prozessbevollmächtigten vertreten wird (BGH NJW 08, 2441 – Aufgabe der Eintragungsabsicht einer Vor-GmbH).

C. Aufnahme des Verfahrens. Mit dem Eintritt der in § 241 beschriebenen Ereignisse beginnt die Unterbrechung, ohne dass es auf die Kenntnis ankommt (ThoPu/*Hüßtege* § 241 Rn 6). Die Unterbrechung endet mit der Aufnahme des Verfahrens. Die Form der Aufnahme ergibt sich aus § 250 (s. dort). Erforderlich ist eine schriftsätzliche Anzeige des (neuen) gesetzlichen Vertreters ggü dem Gericht oder eine entsprechende Anzeige des Gegners, mit der dieser seine Absicht bekundet, das Verfahren fortzusetzen (Abs 1); in beiden Fällen muss das Gericht die Anzeige vAw nach § 241 II zustellen. Die Zustellung ist bei einer Anzeige des Gegners Wirksamkeitsvoraussetzung für die Aufnahme (Abs 1 aE). Erfolgt die Anzeige mündlich zu Protokoll, kann der Formmangel nach § 295 geheilt sein (KG JurBüro 11, 321). 6
Zum **Verfahren**, der Art der **Entscheidung** und zu den **Rechtsmitteln** vgl § 239 Rz 15; vor §§ 239 ff Rz 7.

D. Kosten/Gebühren. Wegen der Kosten wird auf die Erläuterungen oben vor §§ 239 ff Rz 10 verwiesen. 7

§ 242 Unterbrechung durch Nacherbfolge.

Tritt während des Rechtsstreits zwischen einem Vorerben und einem Dritten über einen der Nacherbfolge unterliegenden Gegenstand der Fall der Nacherbfolge ein, so gelten, sofern der Vorerbe befugt war, ohne Zustimmung des Nacherben über den Gegenstand zu verfügen, hinsichtlich der Unterbrechung und der Aufnahme des Verfahrens die Vorschriften des § 239 entsprechend.

Der Eintritt der Nacherbschaft setzt nicht zwingend den Tod des Vorerben voraus (vgl §§ 2103, 2106 II BGB); außerdem ist der Nacherbe nicht Rechtsnachfolger des Vorerben, sondern des Erblassers. Deswegen findet § 239 keine direkte Anwendung, sondern greift nur über § 242 ein. Auf die Erläuterungen zu § 239 wird Bezug genommen. 1
§ 242 gilt nicht bei bestehender Prozessvollmacht iSd § 246 (Zö/*Greger* § 242 Rn 2). § 242 findet nur in **Aktivprozessen** des Vorerben über die seiner Verfügung unterliegenden Nachlassgegenstände (§§ 2112, 2136 BGB) Anwendung. Der Grund dieser Regelung liegt darin, dass das Urt nach § 326 II für und gegen den Nacherben wirken würde. Entsprechend anwendbar ist § 242, wenn der Vorerbe mit Zustimmung des Nacherben handelt (Zö/*Greger* § 242 Rn 1). Schlägt der Nacherbe aus (§ 2142 BGB), greift § 239 V ein. 2

§ 243 Aufnahme bei Nachlasspflegschaft und Testamentsvollstreckung.

Wird im Falle der Unterbrechung des Verfahrens durch den Tod einer Partei ein Nachlasspfleger bestellt oder ist ein zur Führung des Rechtsstreits berechtigter Testamentsvollstrecker vorhanden, so sind die Vorschriften des § 241 und, wenn über den Nachlass das Insolvenzverfahren eröffnet wird, die Vorschriften des § 240 bei der Aufnahme des Verfahrens anzuwenden.

§ 243 betrifft drei Sonderfälle, nämlich die Nachlasspflegschaft (§ 1960 BGB), die Testamentsvollstreckung (§§ 2212, 2213, 2197 ff BGB) und die Nachlassinsolvenz (§ 1975 BGB, §§ 315 ff InsO). Die Anwendung dieser Vorschrift setzt in allen Fällen voraus, dass das Verfahren bei Tod einer Partei nach § 239 unterbrochen wurde. Daher ist § 243 nicht im Falle des § 246 (Bestehen einer Prozessvollmacht) anwendbar. Entsprechende Anwendung findet § 243 im Falle des **§ 242**, dh dann, wenn für den Nacherben ein Testamentsvollstrecker oder Nachlasspfleger bestellt wird (MüKoZPO/*Gehrlein* § 243 Rn 1). § 243 modifiziert in den drei Sonderfällen das Ende der Unterbrechung. 1
Bei der **Nachlasspflegschaft** und der **Testamentsvollstreckung** kann die Aufnahme nach § 241 (vgl dort Rz 6) durch eine Anzeige des Nachlasspflegers bzw des Testamentsvollstreckers ggü dem Gericht erfolgen. Zur Aufnahme des Verfahrens ist darüber hinaus der Prozessgegner mit einer Erklärung ggü dem Gericht berechtigt, dass er das Verfahren fortsetzen wolle. In beiden Fällen muss nach § 241 II eine Zustellung der Anzeige jeweils an den anderen Aufnahmeberechtigten erfolgen. Die Aufnahme ist schon vor der Erbschaft 2

möglich, wie sich aus §§ 2213 II, 1960 BGB ergibt; **§ 239 V gilt nicht** (MüKoZPO/*Gehrlein* § 243 Rn 5). Bei der Testamentsvollstreckung ist nach hM im **Passivprozess** auch eine Aufnahme durch den Erben nach § 239 möglich (vgl § 2213 BGB), während dies im **Aktivprozess** (vgl § 2212 BGB) ausgeschlossen ist (BGH NJW 88, 1390). Der Gegner kann den Testamentsvollstrecker (auch nach Aufnahme durch den Erben) gegen dessen Willen durch Anzeige seiner Fortsetzungsabsicht in das Verfahren hineinziehen (BGH NJW 88, 1390).

3 Ist nach der Unterbrechung des Verfahrens gem § 239 das **Nachlassinsolvenzverfahren** eröffnet worden, findet über § 243 die Vorschrift des § 240 Anwendung (s. § 240 Rz 8 – 14). Soweit zu diesem Zeitpunkt das Verfahren bereits aufgenommen worden ist, findet § 240 direkt Anwendung (MüKoZPO/*Gehrlein* § 243 Rn 6).

§ 244 Unterbrechung durch Anwaltsverlust.

(1) Stirbt in Anwaltsprozessen der Anwalt einer Partei oder wird er unfähig, die Vertretung der Partei fortzuführen, so tritt eine Unterbrechung des Verfahrens ein, bis der bestellte neue Anwalt seine Bestellung dem Gericht angezeigt und das Gericht die Anzeige dem Gegner von Amts wegen zugestellt hat.

(2) [1]Wird diese Anzeige verzögert, so ist auf Antrag des Gegners die Partei selbst zur Verhandlung der Hauptsache zu laden oder zur Bestellung eines neuen Anwalts binnen einer von dem Vorsitzenden zu bestimmenden Frist aufzufordern. [2]Wird dieser Aufforderung nicht Folge geleistet, so ist das Verfahren als aufgenommen anzusehen. [3]Bis zur nachträglichen Anzeige der Bestellung eines neuen Anwalts erfolgen alle Zustellungen an die zur Anzeige verpflichtete Partei.

1 **A. Anwendungsbereich.** In **Anwaltsprozessen** sind die Parteien selbst nicht postulationsfähig, vielmehr müssen sie sich durch einen beim Prozessgericht zugelassenen RA vertreten lassen (§ 78). Die Postulationsfähigkeit ist Wirksamkeitsvoraussetzung für die jeweilige Prozesshandlung (ThoPu/*Hüßtege* § 78 Rn 2). Deshalb tritt in Anwaltsprozessen die Unterbrechung nicht mit dem Tod einer Partei ein (vgl § 246), jedoch wird das Verfahren nach § 244 durch den Tod des RA oder durch den Eintritt seiner Vertretungsunfähigkeit unterbrochen. Seine bisherigen Prozesshandlungen bleiben aber wirksam (BFH/NV 09, 198).

2 § 244 gilt nicht im **Parteienprozess**, auch wenn die Partei sich durch einen RA vertreten lässt; stirbt dieser oder wird er vertretungsunfähig, tritt die Partei an seine Stelle (BGH WM 10, 777; Zö/*Greger* § 244 Rn 1). § 244 gilt für das Hauptsacheverfahren, nicht aber für die »Nebenverfahren«, soweit die Prozesshandlung zu **Protokoll der Geschäftsstelle** erklärt werden kann, so zB im Prozesskostenhilfeverfahren, § 117 I 1 (BGH NJW 66, 1126), beim Arrest und bei der einstweiligen Verfügung, §§ 920 III, 936, und beim Ablehnungsgesuch, § 44 I 2 Hs (MüKoZPO/*Gehrlein* § 244 Rn 4; vgl auch vor §§ 239 ff Rz 1, Rz 2).

3 **B. Voraussetzungen. I. Partei.** Hier gilt derselbe Partbeibegriff wie bei § 239 (vgl dort Rz 5). § 244 gilt über den Wortlaut hinaus im Anwaltsprozess auch bei einer **Partei kraft Amtes**, wenn deren Prozessbevollmächtigter verstirbt oder vertretungsunfähig wird (Zö/*Greger* § 244 Rn 1).

4 **II. Anwalt.** Darunter versteht man den wirksam beauftragten RA, dh den Prozessbevollmächtigten, wobei es auf die jeweilige Instanz ankommt (ThoPu/*Hüßtege* § 244 Rn 4). Die **nächst höhere Instanz** beginnt erst mit der Einlegung des Rechtsmittels, so dass eine Unterbrechung auch dann eintritt, wenn das Urt an den Prozessbevollmächtigten zugestellt wird und dieser vor Einlegung des Rechtsmittels sowie vor Ablauf der Rechtsmittelfrist verstirbt (BGH NJW 95, 1095; BAG NJW 07, 3226). Ist der Rechtsstreit in verschiedenen Instanzen anhängig (zB Anfechtung eines Teilurteils), tritt die Unterbrechung nur in der Instanz ein, in der der verstorbene RA tätig war (MüKoZPO/*Gehrlein* § 244 Rn 11).

5 Vertritt sich der RA als Partei selbst (§ 78 IV), wird das Verfahren im Falle seiner Vertretungsunfähigkeit nach § 244 unterbrochen (BGH NJW 02, 2107; KG NJW-RR 08, 142). Dasselbe gilt, wenn er verstirbt; in diesem Fall ist § 246 nicht einschlägig, weil keiner den Aussetzungsantrag stellen kann (MüKoZPO/*Gehrlein* § 244 Rn 8). § 246 und nicht § 244 greift ein, wenn dem RA vor dem maßgeblichen Ereignis ein allgemeiner Vertreter nach § 53 BRAO bestellt wurde (KG NJW-RR 08, 142; vgl auch § 246 Rz 5).

6 **III. Tod.** Die Unterbrechung beginnt mit dem Tod des Prozessbevollmächtigten. Sind mehrere RA beauftragt worden, reicht der Tod eines Bevollmächtigten nicht aus (BAG NJW 72, 1388).

7 **IV. Vertretungsunfähigkeit.** Dem Tod gleichgestellt ist der Wegfall der rechtlichen Vertretungsfähigkeit eines RA. Hierzu zählen folgende Konstellationen: Der Wegfall der Geschäftsfähigkeit (BGH NJW 59,

1587), der Wegfall der Postulationsfähigkeit (BGH MDR 76, 487), das Erlöschen oder die Rücknahme bzw der Widerruf der Zulassung nach §§ 13 ff BRAO (BGH NJW 57, 713), das Vertretungsverbot und die Ausschließung nach § 114 I Nr 4, 5, § 204 BRAO, die Erteilung eines vorläufigen Berufs- oder Vertretungsverbotes gem. §§ 150, 155 BRAO (BAG NJW 07, 3226; Hamm NJW 08, 3075 – auch ohne Kenntnis des Gerichts) und die Erteilung eines Berufsverbotes nach § 70 StGB (BGH NJW 90, 1854). Der RA, der sich im amtsgerichtlichen Verfahren selbst vertritt, kann auch nach dem Berufsverbot noch wirksam Berufung bis zu einer Zurückweisung nach § 156 II BRAO einlegen; das folgt aus § 155 V 1 BRAO (BGH WM 10, 777).Die Partei, die sich auf die Prozessunfähigkeit beruft, trägt die **Beweislast** (BGH NJW 02, 2107).

§ 244 ist nicht anwendbar, wenn die Partei dem RA das Mandat entzieht (MüKoZPO/*Gehrlein* § 244 Rn 14). Auch seine tatsächliche Verhinderung, zB Erkrankung, reicht nicht aus (MüKoZPO/*Gehrlein* § 244 Rn 14). 8

C. Dauer der Unterbrechung. Die Unterbrechung beginnt mit dem Tod oder dem Verlust der Vertretungsfähigkeit. Soweit der Vertretungsunfähigkeit eine Entscheidung zugrundeliegt, kommt es auf den Eintritt der Rechtskraft bzw Bestandskraft an (MüKoZPO/*Gehrlein* § 244 Rn 19). 9

Die Unterbrechung **endet** mit der **Anzeige** des neuen RA ggü dem Gericht und der Zustellung dieser Anzeige an den Gegner. Die Anzeige kann auch konkludent erklärt werden, so zB durch Einreichung einer Rechtsmittelschrift (BGH NJW 90, 1854). Bei einem vorübergehenden Verlust der Vertretungsbefugnis, so zB bei einem vorläufigen Berufsverbot (vgl Rz 7), kann der ursprüngliche RA bei Wiedererlangung der Vertretungsbefugnis die Anzeige erstatten; er gilt als neuer RA iSv § 244 (MüKoZPO/*Gehrlein* § 244 Rn 21). 10

Wird die Anzeige **verzögert**, weil die Partei keinen neuen RA bestellt, oder dieser die Anzeige unterlässt, hat das Gericht nach Abs 2 auf Antrag des Gegners die Partei selbst zur mündlichen Verhandlung zu laden; dies muss das Gericht mit der Aufforderung verbinden, einen beim Prozessgericht zugelassenen RA zu bestellen (§ 215 II). Mit der Zustellung der Ladung endet die Unterbrechung (ThoPu/*Hüßtege* § 244 Rn 20). Erscheint in diesem Termin kein RA für die Partei, kann ein Versäumnisurt nach §§ 330, 331 ergehen. Als zweite Möglichkeit sieht Abs 2 vor, dass das Gericht auf Antrag der Partei eine Frist bestimmt, innerhalb der die Partei einen RA zu bestellen hat. Dann gilt der Rechtsstreit mit dem erfolglosen Fristablauf gem Abs 2 S 2 als aufgenommen (vgl hierzu BGH/NV 09, 198). Nach Abs 2 S 3 haben dann alle Zustellungen an die anzeigepflichtige Partei zu erfolgen, bis die Bestellung eines neuen RA angezeigt wird. Die zweite Möglichkeit bietet sich an, wenn kein Termin erforderlich ist, zB wenn nur noch die Zustellung des Urteils aussteht (Zö/*Greger* § 244 Rn 5). 11

§ 245 Unterbrechung durch Stillstand der Rechtspflege. **Hört infolge eines Krieges oder eines anderen Ereignisses die Tätigkeit des Gerichts auf, so wird für die Dauer dieses Zustandes das Verfahren unterbrochen.**

Die Vorschrift greift ein, wenn ein Stillstand der Rechtspflege durch einen Krieg oder ein ähnliches Ereignis, wie zB Naturkatastrophen, Revolution, eingetreten ist. § 245 gilt dagegen nicht, wenn alle Richter eines Gerichtes ausfallen, wie zB, wenn alle erfolgreich abgelehnt oder erkrankt sind (MüKoZPO/*Gehrlein* § 245 Rn 2). Die Unterbrechung endet durch Wiederaufnahme der gerichtlichen Tätigkeit. 1

§ 246 Aussetzung bei Vertretung durch Prozessbevollmächtigten. **(1) Fand in den Fällen des Todes, des Verlustes der Prozessfähigkeit, des Wegfalls des gesetzlichen Vertreters, der Anordnung einer Nachlassverwaltung oder des Eintritts der Nacherbfolge (§§ 239, 241, 242) eine Vertretung durch einen Prozessbevollmächtigten statt, so tritt eine Unterbrechung des Verfahrens nicht ein; das Prozessgericht hat jedoch auf Antrag des Bevollmächtigten, in den Fällen des Todes und der Nacherbfolge auch auf Antrag des Gegners die Aussetzung des Verfahrens anzuordnen.**

(2) Die Dauer der Aussetzung und die Aufnahme des Verfahrens richten sich nach den Vorschriften der §§ 239, 241 bis 243; in den Fällen des Todes und der Nacherbfolge ist die Ladung mit dem Schriftsatz, in dem sie beantragt ist, auch dem Bevollmächtigten zuzustellen.

A. Anwendungsbereich und Zweckrichtung. Eine Prozessvollmacht erlischt gem § 86 nicht in den Fällen der §§ 239, 241, 242, so dass eine Unterbrechung (zum Begriff: vgl vor §§ 239 ff Rz 6) zum Schutz der Partei nicht erforderlich ist und deshalb nach Abs 1 Hs 1 nicht eintritt; es besteht aber nach Abs 1 Hs 2 die Möglichkeit, einen Antrag auf Aussetzung des Verfahrens (zum Begriff: vgl vor §§ 239 ff Rz 8) zu stellen. § 246 gilt auch, 1 wenn die GmbH ihre Prozessfähigkeit durch Löschung im Handelsregister verliert, selbst wenn der Prozessvertreter der GmbH nach der Löschung sein Mandat niederlegt, ohne aber zuvor ggü der GmbH den Vollmachtsvertrag wirksam gekündigt zu haben. (FG Berlin EFG 10, 349). Zweck des § 246 ist es, insb dem Prozessbevollmächtigten Zeit zu geben, sich mit dem Rechtsnachfolger, dem (neuen) gesetzlichen Vertreter oder dem Nacherben bzw Nachlassverwalter zu verständigen und sich eine neue Prozessvollmacht gem § 86 Hs 2 geben zu lassen (ThoPu/*Hüßtege* § 246 Rn 1). § 246 gilt in allen Verfahren, für die §§ 239, 241, 242 Anwendung finden (vgl vor §§ 239 ff Rz 1, Rz 2, § 239 Rz 2 ff, § 241 Rz 1, 2; § 242 Rz 1, 2). § 246 einerseits und §§ 239, 241, 242 andererseits schließen sich gegenseitig aus; eine Unterbrechung oder eine Aussetzung kommen nur alternativ in Betracht (MüKoZPO/*Gehrlein* § 246 Rn 3). Auf die Frage, ob Anwaltszwang besteht, kommt es nicht an; § 246 gilt dementsprechend auch im **Parteienprozess** (vgl § 239 Rz 2).

2 § 246 ist im Insolvenzfall nicht anwendbar; der Unterschied zu den erfassten Fällen besteht darin, dass nach § 117 InsO die Prozessvollmacht erlischt (BGH NJW ZIP 88, 1584; s.a. oben § 240 Rz 2).

3 **B. Voraussetzungen. I. Aussetzungsgrund.** Hierzu gehören der Tod einer Partei (vgl oben § 239 Rz 5-8), Verlust ihrer Prozessfähigkeit (vgl oben § 241 Rz 4), Wegfall ihres Vertreters (vgl oben § 241 Rz 5), Anordnung der Nachlassverwaltung (vgl oben § 241 Rz 1) und Eintritt der Nacherbfolge (vgl oben § 242 Rz 1, 2).

4 **II. Vertretung durch einen Prozessbevollmächtigten.** Voraussetzung für die Anwendbarkeit des § 246 ist, dass eine wirksame Prozessvollmacht erteilt wurde, der Prozessbevollmächtigte postulationsfähig ist und das Mandat zur Zeit des Ereignisses (Rz 3) noch besteht (ThoPu/*Hüßtege* § 246 Rn 3). Ob Anwaltsszwang besteht, ist unerheblich (Rz 1). Grundsätzlich erfolgt die Vertretung durch einen RA; dies ist aber nicht zwingend erforderlich (ThoPu/*Hüßtege* § 246 Rn 3). Für die Frage der Prozessbevollmächtigung kommt es auf die **jeweilige Instanz** an (BFH FamRZ 09, 113; ThoPu/*Hüßtege* § 246 Rn 3). Bezüglich des Beginns der nächst höheren Instanz wird auf die Ausführungen zu § 244 Rz 4 Bezug genommen.

5 Vertritt sich ein RA **selbst** (§ 78 IV), gilt grds § 244 und nicht § 246; § 246 greift aber ein, wenn dem RA zuvor ein allgemeiner Vertreter nach § 53 BRAO bestellt wurde (KG NJW-RR 08, 142; vgl oben § 244 Rz 5).

6 **III. Antrag auf Aussetzung.** Antragsberechtigt sind nach Abs 1 Hs 2 der Prozessbevollmächtigte und in den Fällen des Todes der Partei sowie der Nacherbfolge (§§ 239, 242) auch der Gegner. Auf den Meinungsstreit, ob der Prozessbevollmächtigte ein eigenes Antragsrecht hat (so: MüKoZPO/*Gehrlein* § 246 Rn 15; aA: ThoPu/*Hüßtege* § 246 Rn 4), kommt es in der Praxis nicht an. Der Antrag kann konkludent erklärt werden, und es ist eine Auslegung möglich. Allein die Mitteilung, dass die Partei verstorben ist, reicht für einen Aussetzungsantrag grds nicht aus (BGH VersR 93, 1375).

7 Eine **Frist** ist im Gesetz nicht vorgesehen. Die Antragsmöglichkeit beginnt mit dem Eintritt des Ereignisses und endet grds mit dem rechtskräftigen Abschluss des Rechtsstreits (ThoPu/*Hüßtege* § 246 Rn 3). Allein das »rügelose« Verhandeln nach Eintritt des maßgeblichen Ereignisses kann nicht als Verzicht auf das Antragsrecht ausgelegt werden (so: MüKoZPO/*Gehrlein* § 246 Rn 13; aA Musielak/*Stadler* § 246 Rn 3). Das Gericht muss auf den zulässigen Antrag die Aussetzung anordnen; eine Angemessenheitskontrolle findet nicht statt (München BB 05, 2436).

8 **C. Dauer der Aussetzung.** Die Aussetzung **beginnt** mit der Wirksamkeit der gerichtlichen Anordnung (vgl § 248). Die Wirkung tritt schon mit der formlosen Mitteilung des Aussetzungsbeschlusses durch das Gericht (§ 329 II 1) und nicht erst mit der nach § 329 II 2 erforderlichen Zustellung ein (BGH MDR 11, 1134). Die Aussetzung umfasst auch das Kostenfestsetzungsverfahren (vgl vor §§ 239 ff Rz 1).
Die Aussetzung **endet** nach Abs 2 durch **Aufnahme** (§§ 239, 242) oder **Anzeige** (§§ 242, 243). Hier finden die Regeln der jeweiligen Unterbrechensnorm Anwendung (vgl oben § 239 Rz 12 ff – auch für § 242; § 241 Rz 6). Die Erwähnung von § 243 in Abs 2 beruht darauf, dass bei Tod einer Partei im Falle einer Nachlasspflegschaft oder Testamtensvollstreckung § 241 gilt.

§ 247 Aussetzung bei abgeschnittenem Verkehr.

Hält sich eine Partei an einem Ort auf, der durch obrigkeitliche Anordnung oder durch Krieg oder durch andere Zufälle von dem Verkehr mit dem Prozessgericht abgeschnitten ist, so kann das Gericht auch von Amts wegen die Aussetzung des Verfahrens bis zur Beseitigung des Hindernisses anordnen.

1 Nach dieser Vorschrift kann das Gericht **von Amts wegen** das Verfahren aussetzen, wenn eine Partei (zum Begriff: vgl oben § 239 Rz 5) aus den genannten Gründen verhindert ist, ihre Rechte im Verfahren (zum

Geltungsbereich: vgl oben vor §§ 239 ff Rz 1) geltend zu machen. Aus den Beispielen und dem Begriff »Zufälle« ist abzuleiten, dass es sich um Umstände handeln muss, die die Partei nicht zu vertreten hat und die einen größeren Kreis von Personen treffen (MüKoZPO/*Gehrlein* § 247 Rn 3). Aus dem Wortlaut und der Systematik des Gesetzes ergibt sich, dass eine Aussetzung auch erfolgen kann, wenn die Partei durch einen Prozessbevollmächtigten vertreten wird (Musielak/*Stadler* § 247 Rn 1). Grundsätzlich reicht ein Auslandsaufenthalt auch in einem entfernten Land nicht aus, weil nicht von einer Verkehrsabgeschnittenheit iSv § 247 auszugehen ist; etwas anderes kann zB bei einem Bundeswehreinsatz gelten, wenn die Kommunikation nicht mehr möglich ist (vgl Zweibr NJW 99, 2907: nicht beim Kfor-Einsatz im Kosovo).

§ 248 Verfahren bei Aussetzung.

(1) Das Gesuch um Aussetzung des Verfahrens ist bei dem Prozessgericht anzubringen; es kann vor der Geschäftsstelle zu Protokoll erklärt werden.
(2) Die Entscheidung kann ohne mündliche Verhandlung ergehen.

Die Vorschrift gilt für §§ 246, 247. Für das Gesuch – Antrag oder Anregung bei einer Entscheidung von Amts wegen – besteht nach § 78 III **kein Anwaltszwang**, weil diese Prozesshandlung nach Abs 1 Hs 2 auch zu Protokoll der Geschäftsstelle erklärt werden kann. Zuständig ist das Prozessgericht in der jeweiligen Instanz (zum Beginn der nächst höheren Instanz vgl § 244 Rz 4). 1

Die Entscheidung ergeht grds durch **Beschl**; wenn die Aussetzung abgelehnt wird, kann die Entscheidung auch im Endurt ergehen (MüKoZPO/*Gehrlein* § 248 Rn 4). Soweit eine mündliche Verhandlung stattgefunden hat (freigestellt nach Abs 2), wird der Beschl verkündet (BGH NJW 87, 2379). Der Beschl ist in jedem Fall gem § 329 II 2 zuzustellen; denn gegen die Entscheidung findet das Rechtsmittel der **sofortigen Beschwerde** nach § 252 statt (s. dort). Grundsätzlich treten die Wirkungen der Aussetzung erst mit der Verkündung oder Zustellung des Beschlusses ein (BGH NJW 87, 2379). Jedoch reicht auch eine formlose Mitteilung (vgl § 246 Rz 8). 2

Wegen der Kosten wird auf die Erläuterungen oben vor §§ 239 ff Rz 10 Bezug genommen. 3

§ 249 Wirkung von Unterbrechung und Aussetzung.

(1) Die Unterbrechung und Aussetzung des Verfahrens hat die Wirkung, dass der Lauf einer jeden Frist aufhört und nach Beendigung der Unterbrechung oder Aussetzung die volle Frist von neuem zu laufen beginnt.
(2) Die während der Unterbrechung oder Aussetzung von einer Partei in Ansehung der Hauptsache vorgenommenen Prozesshandlungen sind der anderen Partei gegenüber ohne rechtliche Wirkung.
(3) Durch die nach dem Schluss einer mündlichen Verhandlung eintretende Unterbrechung wird die Verkündung der auf Grund dieser Verhandlung zu erlassenden Entscheidung nicht gehindert.

A. Anwendungsbereich. Die Vorschrift gilt für alle Verfahrensarten, für die §§ 239 ff jeweils anwendbar sind (vgl vor §§ 239 ff Rz 1, Rz 2). Bei einer **wirksamen** Unterbrechung oder Aussetzung treten die in den Abs 1, 2 beschriebenen Wirkungen (vgl vor §§ 239 ff Rz 3) ein, während Abs 3 nur für die Unterbrechung gilt. § 249 gilt **zeitlich** nur während der Dauer der Unterbrechung oder Aussetzung. Für das **Ruhen** als Sonderfall der Aussetzung (vgl vor §§ 239 ff Rz 8) sieht § 251 S 2 ein Sonderregelung vor (vgl iE: § 251 Rz 1). 1

Die Vorschrift findet für alle Arten der Unterbrechung (§§ 239 bis 245) und Aussetzungen (§ 246 f) Anwendung; sie gilt auch für Aussetzungen, die in anderen Vorschriften vorgesehen sind (vgl iE vor §§ 239 ff Rz 8), soweit auf das Verfahren iA die ZPO anzuwenden ist und keine speziellen Regelungen existieren (MüKoZPO/*Gehrlein* § 249 Rn 1). § 249 gilt auch für Verfahren nach dem FamFG, wie es in § 21 I 2 FamFG ausdrücklich und für Familiensachen (Ehe- und Familienstreitsachen) durch Verweisung allgemein in § 113 I 2 FamFG geregelt ist (vgl zur Systematik vor §§ 239 ff Rz 2). 2

B. Fristen. In Abs 1 sind mit Fristen alle **eigentlichen Fristen** des Prozessrechtes gemeint, und zwar unabhängig davon, ob es sich um gesetzliche oder richterliche Fristen sowie um Notfristen oder gewöhnliche Fristen handelt; nicht hierunter fallen die uneigentlichen und die materiell-rechtlichen Fristen (LAG Sachsen MDR 01, 834; ThoPu/*Hüßtege* § 249 Rn 2). Deshalb haben die Unterbrechung und die Aussetzung keinen Einfluss auf die Verjährung der Klageansprüche; allerdings kann § 204 II BGB eingreifen, so z.B., wenn im Falle des § 240 der Insolvenzverwalter die rechtshängige Forderung aus der Masse freigibt, das Verfahren aber gleichwohl nicht fortgeführt wird (Celle 17.02.09, 16 U 78/08). 3

Mit dem Eintritt der Unterbrechung oder Aussetzung endet der Lauf einer eigentlichen Frist; die **volle Frist** beginnt nach Abs 1 mit dem Ende der Unterbrechung oder Aussetzung **neu** zu laufen. Hat das Gericht 4 einen festen Endzeitpunkt bestimmt, ist die richterliche Frist nach Ende der Unterbrechung oder Aussetzung neu festzulegen (vgl BGH NJW 75, 692).

5 Bei einem Streit über die Voraussetzungen der Unterbrechung beginnt die Rechtsmittelfrist für das in der Hauptsache gegen den Rechtsnachfolger ergangene Urt erst mit der Zustellung des Zwischenurteils (vgl vor §§ 239 ff Rz 7).

6 **C. Prozesshandlungen der Parteien.** Werden Prozesshandlungen in Ansehung der **Hauptsache** während der Unterbrechung oder Aussetzung vorgenommen, sind diese ggü dem Gegner nach Abs 2 unwirksam. Die Vorschrift greift nicht ein, wenn die Prozesshandlungen nicht die Hauptsache betreffen und die §§ 239 ff keine Anwendung finden, so zB im PKH-Verfahren (vgl vor §§ 239 ff Rz 1). Sie betrifft auch nicht die Wirksamkeit der Prozesshandlung ggü dem **Gericht**, so dass diese nicht nach Ende der Unterbrechung oder Aussetzung erneut vorgenommen werden muss, wie zB die Einlegung eines Rechtsmittels (BGH NJW 97, 1445; ZIP 09, 1027; ThoPu/*Hüßtege* § 249 Rn 7). Die Prozesshandlung ist ggü dem Gegner nicht nichtig, sondern (nur) unwirksam, so dass ein **Rügeverzicht** nach § 295 möglich ist (Zö/*Greger* § 249 Rn 4). Gegenüber **Dritten** ist die Prozesshandlung wirksam (Zö/*Greger* § 249 Rn 6). Aus der relativen Unwirksamkeit folgt, dass diese nicht vAw beachtet werden muss (Musielak/*Stadler* § 249 Rn 4).

7 **D. Handlungen des Gerichts.** Diese sind, soweit sie die Hauptsache betreffen und nach außen wirken, (zB Verhandlungen, Ladungen, Zustellungen, Beiladungen) unzulässig und grds für die Parteien unwirksam (BAG 09.07.08, 5 AZR 518/07; OVG Münster NJW 10, 3529; MüKoZPO/*Gehrlein* § 249 Rn 19). Dies ist zwar nicht ausdrücklich geregelt, ergibt sich aber aus dem Sinn und Zweck der §§ 239 ff und aus dem Umkehrschluss zu Abs 3 (BGH NJW 90, 1854; MüKoZPO/*Gehrlein* § 249 Rn 19). Zulässig sind Handlungen des Gerichts, die nicht den Geltungsbereich der §§ 239 ff (vgl vor §§ 239 ff Rz 1) betreffen, wie zB PKH-Verfahren (vgl Rz 6), Vollstreckungsschutz nach §§ 719, 707 (BGH NJW 01, 375); Streitwertfestsetzung (BGH NJW 00, 1199 – aber nicht, wenn es um das Nichterreichen der Berufungssumme geht); Berichtigungen nach §§ 319, 320 (MüKoZPO/*Gehrlein* § 249 Rn 21).

8 **Entscheidungen** während der Unterbrechung oder Aussetzung sind zwar wirksam, aber grds anfechtbar, allein wegen und während des Verfahrensstillstandes (BGH NJW 01, 2095; NJW 05, 290; MDR 09, 1000; Hamm MDR 11, 888; LG Saarbrücken ZIP 10, 1823; BAG NZA 08, 1204; BFH/NV 11, 613; OVG Münster NJW 10, 3529; aA Köln NJW-RR 88, 701). Hier kommt eine Aufhebung und Zurückverweisung nach § 538 II 1 in Betracht (Zö/*Greger* § 249 Rn 10). Auf die Kenntnis des Gerichts vom Grund der Unterbrechung, z.B. von der Insolvenzeröffnung, kommt es nicht an (BFH/NV 09, 1819). Anfechtungsberechtigt sind alle von der Entscheidung betroffenen Parteien, selbst wenn der Grund der Unterbrechung nur für eine Partei gilt (BFH/NV 09, 1819). Auch wenn der Insolvenzschuldner seine Prozessführungsbefugnis verliert, kann er bzw sein Prozessbevollmächtigter neben dem Insolvenzverwalter gegen die unter Verstoß gegen § 240 ergangene Entscheidung vorgehen (vgl § 240 Rz 14).

9 Die **Verkündung** einer Entscheidung ist im Falle der Unterbrechung nach Abs 3 – nicht bei Aussetzung (vgl Rz 1) – zulässig, wenn der Schluss der mündlichen Verhandlung noch vor Eintritt der Unterbrechung lag. Im schriftlichen Verfahren entspricht dem der Zeitpunkt iSd § 128 II 2 (BFH NJW 91, 2792; BFHE 233, 379). Abs. 3 gilt aber nicht für Beschlüsse, die ohne mündliche Verhandlung ergehen. So ist ein entsprechender Beschl, der zwar von dem Gericht gefasst, aber erst nach Eröffnung des Insolvenzverfahrens (vgl § 240) bekannt gegeben wurde, ohne rechtliche Wirkung (vgl BFH 19.10.10, I B 18/10).
Abs 3 findet entsprechende Anwendung, wenn vor der Unterbrechung ein **unzulässiges Rechtsmittel** eingelegt wurde; dieses kann während der Unterbrechung verworfen werden (Zö/*Greger* § 249 Rn 9). Abs 3 greift nicht ein, wenn die Unterbrechung vor Ablauf einer Schriftsatzfrist nach **§ 283** erfolgt; diese Frist läuft nach Abs 1 nicht weiter und beginnt mit Beendigung der Unterbrechung erneut (MüKoZPO/*Gehrlein* § 249 Rn 23). Wird den Parteien jedoch eine Frist zur Stellungnahme auf **Rechtsfragen** gesetzt, ist die Verkündung einer Entscheidung nach Abs. 3 möglich (München MDR 11, 506).

§ 250 Form von Aufnahme und Anzeige. **Die Aufnahme eines unterbrochenen oder ausgesetzten Verfahrens und die in diesem Titel erwähnten Anzeigen erfolgen durch Zustellung eines bei Gericht einzureichenden Schriftsatzes.**

1 Die Vorschrift regelt nur die Form und gilt für die Aufnahme der Verfahren in den Fällen der §§ 239, 240, 242, 243 (nur Nachlassinsolvenz), (uU) § 246 II und für die Anzeige in den Fällen der §§ 241, 243 (iÜ),

244, (uU) 246 II. Sie ist auch anwendbar für das Ruhen nach §§ 250, 251a III (ThoPu/*Hüßtege* § 250 Rn 1).

2 Die Aufnahme und die Anzeige – beides Prozesshandlungen – haben in **Form** eines bei Gericht einzureichenden Schriftsatzes zu erfolgen, der vAw zugestellt werden muss (§ 166). Die Erklärung kann auch in der mündlichen Verhandlung ggü dem Gegner erfolgen (Musielak/Stadler § 250 Rn 2), jedenfalls kann Heilung nach § 295 eintreten (KG JurBüro 11, 321).Es besteht **Anwaltsszwang** nach § 78 (ThoPu/*Hüßtege* § 250 Rn 1). Beim Revisionsgericht kann der Schriftsatz auch durch den Berufungsanwalt erfolgen (BGH NJW 01, 1581). Beim Amtsgericht ist auch nach § 496 eine Erklärung zu Protokoll der Geschäftsstelle möglich.
Die Erklärung kann **ausdrücklich** oder **konkludent** erfolgen (BGH NJW 95, 2171). Es reicht grds eine schlüssige Erklärung aus; Unterlagen über die betreffenden Umstände, zB die Rechtsnachfolge, müssen nicht zwingend beigefügt werden. Eine konkludente Aufnahme muss eindeutig einen entsprechenden Willen erkennen lassen; eine bloße Sachstandanfrage (des Insolvenzverwalters) reicht nicht aus (Bay. LSG ASR 09, 226). Im Falle eines Streites muss allerdings derjenige, der die Aufnahme beantragt oder die Anzeige erstattet, diese Umstände beweisen (vgl § 239 Rz 15); uU gelingt dies durch Vorlage von Urkunden.
Zuständig ist das Gericht, bei dem Rechtsstreit anhängig ist (zum Beginn der nächst höheren Instanz vgl § 244 Rz 4), wobei allerdings auch die Erklärung mit der Rechtsmitteleinlegung verbunden werden kann (Musielak/*Stadler* § 250 Rn 2).

3 Die Aufnahme bzw Anzeige ist **entbehrlich**, wenn der Verfahrensstillstand für eine bestimmte Zeit oder bis zum Eintritt eines genau beschriebenen Ereignisses ausgesprochen wird (MüKoZPO/*Gehrlein* § 250 Rn 1). Dies gilt zwar auch, wenn die Aussetzung oder das Ruhen bis zum Abschluss eines anderen vorgerichtlichen Verfahrens angeordnet wird (BGH NJW 89, 1729). Nach OLG Oldenburg (MDR 08, 763) liegt ein solcher Fall aber nicht vor, wenn das Ruhen für die Dauer des **Mediationsverfahrens** angeordnet wird (vgl § 251 Rz 3); dann soll das Ruhen nicht mit dem Scheitern des Mediationsverfahrens enden, sondern es soll grds eine förmliche Aufnahme notwendig sein.

§ 251 Ruhen des Verfahrens.

[1]Das Gericht hat das Ruhen des Verfahrens anzuordnen, wenn beide Parteien dies beantragen und anzunehmen ist, dass wegen Schwebens von Vergleichsverhandlungen oder aus sonstigen wichtigen Gründen diese Anordnung zweckmäßig ist. [2]Die Anordnung hat auf den Lauf der im § 233 bezeichneten Fristen keinen Einfluss.

1 Das Ruhen ist ein Unterfall der Aussetzung (vgl vor §§ 239 ff Rz 8, 9). Die Vorschrift gilt für das Erkenntnisverfahren (vgl im Einzelnen: vor §§ 239 ff Rz 1). Sie ist nicht anwendbar im Insolvenzverfahren (BGH ZIP 10, 856).Das Ruhen hat grds dieselben Wirkungen wie die Aussetzung, dh es gelten grds die Abs 1 und 2 des § 249 (vgl Erläuterungen zu § 249). Nach S 2 besteht lediglich die Besonderheit, dass die Fristen des § 233 – das sind insb Notfristen iSd § 224 I 2 und die Rechtsmittelbegründungsfristen nach §§ 520 II 1, 551 II 1 (BGH NJW-RR 10, 275)– weiterlaufen; diese Fristen unterliegen nicht der Disposition der Parteien (vgl BGH NJW 09, 1149 – Berufungsbegründungsfrist beim Mediationsverfahren).

2 Die Vorschrift setzt voraus, dass beide Parteien das Ruhen **beantragen** (BFH/NV 10, 908; zum Parteienbegriff vgl § 239 Rz 5-8), und zwar schriftsätzlich, in der mündlichen Verhandlung oder im amtsgerichtlichen Verfahren auch zu Protokoll der Geschäftsstelle nach § 496 (ThoPu/*Hüßtege* § 251 Rn 2). Es gilt § 78 (ThoPu/*Hüßtege* § 251 Rn 2). Der Antrag iSv § 251 enthält **nicht** zugleich den Antrag auf Verlängerung der Berufungsbegründungsfrist (BGH NJW-RR 10, 275).

3 Das Ruhen des Verfahrens wird durch das Gericht nur dann angeordnet, wenn es **zweckmäßig** ist. Es handelt sich um einen unbestimmten Rechtsbegriff, der voll überprüfbar ist (OVG Bln/Bbg NVwZ-RR 11, 624; Lüneburg DVBl 11, 649). Dabei hat das Gericht abzuwägen zwischen der Dispositionsmaxime einerseits und der Prozessförderung bzw Prozesswirtschaftlichkeit andererseits (Zö/*Greger* § 251 Rn 2). Das Gesetz nennt beispielhaft schwebende Vergleichsverhandlungen; in diesem Fall kann uU das Ruhen des Verfahrens auf Antrag auch angeordnet werden, wenn die Sache entscheidungsreif ist (ThoPu/*Hüßtege* § 251 Rn 3). Dagegen hat der BFH (ZSteu 09, R 1021, 2. Senat; BFH/NV 09, 1633, 4. Senat; vgl auch FG Düsseldorf EFG 10, 428 – Anhörungsrüge) bei Unzulässigkeit einer Nichtzulassungsbeschwerde die Anordnung des Ruhens des Verfahrens abgelehnt. Diese Zweckmäßigkeitserwägungen in der Finanzgerichtsbarkeit sind jedenfalls auf die ordentliche Gerichtsbarkeit und die Arbeitsgerichtsbarkeit nicht ohne weiteres zu übertragen, weil insoweit wegen der Dispositionsmaxime eine andere Wertung gilt. Findet im Einverständnis der Parteien eine gerichtliche Mediation statt, wird für das Streitverfahren immer auf der Grundlage des § 251 iVm

§ 278 V 3 analog das Ruhen des Verfahrens bis zum Abschluss des Mediationsverfahrens angeordnet (vgl zum gerichtlichen Mediationsverfahren: Zö/*Greger* § 278 Rn 33 f; vgl auch oben § 250 Rz 3).
Zu den anderen wichtigen Gründen zählt nicht die Nachholung des obligatorischen Güteverfahrens gem § 15a EG ZPO (BGH NJW 05, 437).

4 Das Ruhen beginnt mit Wirksamwerden des sogenannten **Ruhensbeschlusses**, der wegen § 252 (s. dort) nach § 329 II 2 zuzustellen ist, auch wenn die sofortige Beschwerde wegen der beiderseitigen Zustimmung und damit wegen fehlender Beschwer, unzulässig sein kann (Zö/*Greger* § 251 Rn 5). Jedoch wird der Ruhensbeschl auch mit der formlosen Mitteilung wirksam (vgl § 248 Rz 2). Das Ruhen endet entweder mit dem im Ruhensbeschl bezeichneten Ereignis, zB Fristablauf, oder mit **Aufnahme** des Verfahrens durch eine Partei gem § 250 (ThoPu/*Hüßtege* § 251 Rn 7). Entfallen die Voraussetzungen für die Zweckmäßigkeit, kann das Gericht das Ruhen vAw für beendet erklären (OVG Bln/Bbg NVwZ 11, 624).

§ 251a Säumnis beider Parteien; Entscheidung nach Lage der Akten. **(1) Erscheinen oder verhandeln in einem Termin beide Parteien nicht, so kann das Gericht nach Lage der Akten entscheiden.**
(2) [1]Ein Urteil nach Lage der Akten darf nur ergehen, wenn in einem früheren Termin mündlich verhandelt worden ist. [2]Es darf frühestens in zwei Wochen verkündet werden. [3]Das Gericht hat der nicht erschienenen Partei den Verkündungstermin formlos mitzuteilen. [4]Es bestimmt neuen Termin zur mündlichen Verhandlung, wenn die Partei dies spätestens am siebenten Tag vor dem zur Verkündung bestimmten Termin beantragt und glaubhaft macht, dass sie ohne ihr Verschulden ausgeblieben ist und die Verlegung des Termins nicht rechtzeitig beantragen konnte.
(3) Wenn das Gericht nicht nach Lage der Akten entscheidet und nicht nach § 227 vertagt, ordnet es das Ruhen des Verfahrens an.

1 **A. Zweckrichtung und Anwendungsbereich.** Die Vorschrift dient der Prozessförderung. Erscheinen oder verhandeln beide Parteien nicht , kann das Gericht vAw nach Lage der Akten entscheiden (Abs 1), vertagen (Abs 3), das Ruhen des Verfahrens anordnen (Abs 3) oder unter den Voraussetzungen des Abs 1 S 4 einen neuen Termin bestimmen (vgl Rz 5). Welche Entscheidung zu erfolgen hat, liegt im pflichtgemäßen Ermessen des Gerichts. Die Vorschrift betrifft einen besonderen Fall der Säumnis und passt eher zu den §§ 330 ff. Nur Abs 3 Alt 2 sieht einen Fall des rechtlichen Verfahrensstillstandes iSd § 239 ff vor.
Die Vorschrift gilt im Erkenntnisverfahren grds für alle Verfahrensarten und für alle Rechtszüge (vgl iE vor §§ 239 ff Rz 1). § 251a ist nicht anwendbar, wenn ein Antrag auf Erlass eines Versäumnisurteils gestellt (§§ 330, 331), oder nach § 331a eine Entscheidung nach Lage der Akten beantragt wird (ThoPu/*Hüßtege* § 251a Rn 2).

2 **B. Säumnis der Parteien.** Eine Säumnis der Parteien (zum Parteienbegriff vgl § 239 Rz 5 – 8) liegt vor, wenn diese im Termin zur mündlichen Verhandlung nicht erscheinen oder nicht verhandeln (§ 333). Dieser Säumnisbegriff ist inhaltsgleich mit dem in §§ 330, 331, 331a, 333, 514 (zum Begriff der Säumnis vgl § 330 Rz 7). Im Anwaltsprozess kommt es auf den postulationsfähigen RA an (Anders/Gehle AssEx Rn H-5) Voraussetzung für die Säumnis ist weiter, dass es sich um einen mündlichen Verhandlungstermin vor dem erkennenden Gericht handelt, keine Voraussetzung des § 335 Nr 2–4 vorliegt, insb ordnungsgemäß unter Beachtung der Ladungsfrist geladen wurde und sich die säumige Partei nicht ausreichend entschuldigt hat; ansonsten muss die Sache nach § 337 vertagt werden (vgl iE Anders/Gehle AssEx Rn H-5-7).

3 **C. Entscheidung nach Lage der Akten.** Wenn **Entscheidungsreife** vorliegt und beide Parteien in einem früheren mündlichen Verhandlungstermin desselben Rechtszuges mündlich verhandelt, dh die Anträge im Termin gestellt haben (zum Begriff der mündlichen Verhandlung vgl § 128 Rz 8; näher Anders/Gehle AssEx Rn A-12f) – eine Güteverhandlung reicht nicht (LArbG Hamm AA 11, 144) -, kann nach Lage der Akten entschieden werden. Beschlüsse, wie Beweis- und Hinweisbeschlüsse, sind hingegen auch ohne frühere mündliche Verhandlung möglich (ThoPu/*Hüßtege* § 251a Rn 3). Liegt eine **Klageänderung** nach der (ersten) mündlichen Verhandlung vor, kann ein Urt als Entscheidung nach Lage der Akten nur verkündet werden, wenn der gesamte Prozessstoff in der früheren mündlichen Verhandlung erfasst wurde; unschädlich ist daher nur eine Beschränkung des Klageantrages (MüKoZPO/*Gehrlein* § 251a Rn 19).

4 Grundlage für die **Entscheidung** ist der gesamte Prozessstoff, der mündlich oder schriftsätzlich bis zu dem Termin, in dem beide Parteien säumig sind, vorgetragen worden ist; die Geständnisdiktion des § 331 I 1 gilt

nicht (Anders/Gehle AssEx Rn H-24). Ist der Rechtsstreit danach zur Entscheidung reif und ist bereits einmal vorher mündlich verhandelt worden, ergeht ein Urt; ansonsten folgt die als nächste zu treffende Entscheidung; das kann ein Auflagen-, Hinweis- oder Beweisbeschluss sein; bei einem solchen Beschl muss dann weiter mündlich verhandelt werden (Anders/Gehle AssEx Rn H-24). Das Urt ist ein kontradiktorisches Urt, gegen das Berufung oder Revision, nicht hingegen der Einspruch statthaft ist. Wird es ohne vorherige mündliche Verhandlung erlassen, kommt eine Zurückweisung entspr § 538 II Nrn 2,6 in Betracht (LArbG Hamm AA 11, 144). Das Urt unterscheidet sich nicht von anderen kontradiktorischen Urteilen; lediglich im Rubrum wird anstelle von »auf die mündliche Verhandlung vom ...« formuliert: »nach Lage der Akten am ... (= versäumter Termin)«. Eine Entscheidung über die vorläufige Vollstreckbarkeit richtet sich nicht nach § 708 Nr 2, wie im Falle des § 331a; es gelten vielmehr die allgemeinen Regelungen der §§ 708 Nr 11, 709.

Für den Erlass eines Urteils sind folgende Förmlichkeiten zu beachten: Das Gericht muss in einem **Beschluss** anordnen, dass nach Lage der Akten entschieden wird und gleichzeitig einen Verkündungstermin bestimmen (§ 310), der durch formlose Mitteilung bekannt gegeben wird und frühestens zwei Wochen nach dem versäumten Termin stattfinden darf (Abs 2 S 1-3). Dieser Beschl ist nicht anfechtbar (Musielak/*Stadler* § 251a Rn 3). Wenn eine der Parteien spätestens am siebenten Tag vor dem Verkündungstermin einen neuen Termin beantragt und glaubhaft macht (§ 295), dass sie bzw der Prozessbevollmächtigte ohne Verschulden säumig war und keinen Verlegungsantrag stellen konnte, muss das Gericht einen **neuen Termin** bestimmen (vgl Abs 2 S 4). 5

Eine Vertagung nach Abs 3 setzt nach § 227 I **erhebliche Gründe** voraus. Diese können zB bejaht werden, wenn erhebliche Zweifel an einer ordnungsgemäßen Ladung bestehen (ThoPu/*Hüßtege* § 251a Rn 13). 6

Das **Ruhen** des Verfahrens kann als Sanktion für die säumigen Parteien gewertet werden (ThoPu/*Hüßtege* § 251a Rn 14). Im Rahmen des Ermessens wird das Gericht von dieser Möglichkeit aufgrund seiner Prozessförderungspflicht keinen Gebrauch machen, wenn die Sache entscheidungsreif ist und vorher einmal mündlich verhandelt wurde bzw wenn nach Abs 2 S 4 ein neuer Termin zu bestimmen ist oder eine Vertagung in Betracht kommt. Für das Ruhen gelten die Ausführungen zu § 251 (s. dort). Eine **Beschwerde** gegen den Ruhensbeschluss ist nicht möglich (Zö/*Greger* § 251a Rn 11; aA Köln NJW-RR 92, 1022). 7

§ 252 Rechtsmittel bei Aussetzung. **Gegen die Entscheidung, durch die auf Grund der Vorschriften dieses Titels oder auf Grund anderer gesetzlicher Bestimmungen die Aussetzung des Verfahrens angeordnet oder abgelehnt wird, findet die sofortige Beschwerde statt.**

A. Anwendungsbereich. Die Vorschrift ist anwendbar bei **Beschlüssen**, mit denen die Aussetzung (zum Begriff: s.o. vor §§ 239 ff Rz 8, 9) angeordnet oder abgelehnt wird. Dabei werden alle Fälle der Aussetzung (s.o. vor §§ 239 ff Rz 8) erfasst und nicht nur die der §§ 246 f (MüKoZPO/*Gehrlein* § 252 Rn 2). 1

§ 252 gilt auch für die Anordnung oder Ablehnung des **Ruhens** nach §§ 251, 251a III als Sonderfall der Aussetzung (MüKoZPO/*Gehrlein* § 252 Rn 11; vgl a § 251 Rz 4).

Allerdings gehen die Sonderregelungen dem § 252 vor, wie z.B. § 7 I 4 KapMuG, der in einem **Kapitalanleger-Musterverfahren** (vgl näher: Stackmann NJW 10, 31) den Aussetzungsbeschluss für unanfechtbar erklärt; jedoch werden Rechtsstreitigkeiten, in denen kein Musterfeststellungsantrag nach § 1 KapMuG gestellt werden kann, von § 7 I KapMuG von vornherein nicht erfasst, so dass die sofortige Beschwerde nach § 252 statthaft ist (BGH NJW 09, 2539; ZIP 11, 494). Dasselbe gilt für Haftungsgründe, die nicht Gegenstand des Musterverfahrens nach dem KapMG wären; hier ist eine sofortige Beschwerde statthaft (München ZIP 10, 1920).

Nicht anwendbar ist § 252 bei Entscheidungen, die im Zusammenhang mit der **Unterbrechung** (zum Begriff s.o. vor §§ 239 ff Rz 6, Rz 7) stehen (MüKoZPO/*Gehrlein* § 252 Rn 4; aA ThoPu/*Hüßtege* § 252 Rn 1). Ebenso wenig greift die Vorschrift ein bei einer Aussetzung, die im Zusammenhang mit einem **Vorlagebeschluss** nach Art 100 GG oder bei Vorlage an den EuGH erfolgt, da in diesen Fällen ein rechtlicher Verfahrensstillstand nicht eintritt (Celle NJW-RR 09; 857; Ddorf BauR 09, 1933; Musielak/*Stadler* § 252 Rn 1; aA *Pfeiffer* NJW 94, 1996). Dies gilt auch, wenn das aussetzende Gericht auf den Ausgang eines anderen bereits vor dem EuGH anhängigen Verfahren warten will (Celle NJW-RR 09, 857). 2

Keine Anwendung findet § 252, wenn die Entscheidung über die Aussetzung im **Endurt** erfolgt. Diese Entscheidung kann mit den gewöhnlichen Rechtsmitteln gegen ein Urt angefochten werden, wenn es im Einzelfall zulässig ist (MüKoZPO/*Gehrlein* § 252 Rn 7). 3

4 Die Vorschrift gilt entsprechend auch für Entscheidungen, die einem Verfahrensstillstand gleich kommen (Hamm FamRZ 08, 703), so zB bei einer Anordnung nach § 364 (Köln NJW 75, 2349), bei Ablehnung der Aufnahme des ausgesetzten Verfahrens (Nürnbg MDR 04, 231), so auch wegen einer zwischenzeitlichen Aussonderung der Akten nach Ablauf der Aussonderungsfristen (Köln FamRZ 03, 689) oder bei einer Tatbestandsberichtigung (Ddorf NJW-RR 04, 1723). Dasselbe gilt bei völliger Untätigkeit des Gerichts über einen längeren Zeitraum, wenn tatsächlich derselbe Zustand wie bei einer Aussetzung herbeigeführt wird; dies folgt aus Art 19 IV GG (Hambg NJW-RR 85, 1022; KG NJW-RR 05, 374; Brandbg MDR 09, 948). Die Möglichkeit einer Beschwerde nach § 252 bei Untätigkeit des Gerichts schließt die Erschöpfung des Rechtsweges – Voraussetzung für eine Verfassungsbeschwerde (§ 90 II 1 BVerfGG) – aus (BVerfG WM 10, 822). § 252 ist auch entsprechend anwendbar bei einer die Beendigung des Verfahrens feststellenden gerichtlichen Entscheidung (BAG NJW 09, 3471).
Keine entsprechende Anwendung findet § 252 bei Ablehnung eines Terminsverlegungsantrages; diese Entscheidung ist nach § 227 IV 3 unanfechtbar (Frankf NJW 04, 3049; OLGR Brandbg 09, 506).
Der Beschl, mit dem das **FamG** die Wiederaufnahme eines nach § 148 ausgesetzten Verfahrens zum Versorgungsausgleich ablehnt, ist mit der sofortigen Beschwerde nach **§ 21 II FamFG** anfechtbar (Nürnbg NJW 10, 2145).

5 **B. Rechtsmittel. I. Sofortige Beschwerde.** Bei einem Beschl des Amts- oder Landgerichts im ersten Rechtszug, mit dem eine Aussetzung angeordnet oder abgelehnt wird, ist die sofortige Beschwerde nach §§ 252, 567 I Nr 1 statthaft. Bei der sofortigen Beschwerde ist die Form- und Fristvorschrift des § 569 zu beachten. Ergeht nach Ablehnung der Aussetzung ein Endurteil, ist die Beschwerde prozessual überholt und damit gegenstandslos (MüKoZPO/*Gehrlein* § 252 Rn 16).
Uneingeschränkt zu überprüfen ist, ob ein Aussetzungsgrund vorliegt (BGH MDR 06, 704; BAG NZA 09, 1436). Die **Ermessensentscheidung** ist iÜ nur auf Ermessensfehler zu kontrollieren; eine eigene Ermessensentscheidung durch das Beschwerdegericht darf nicht erfolgen (BGH MDR 06, 704; KG MDR 07, 736).

6 **II. Rechtsbeschwerde.** Hat das Beschwerdegericht die Rechtsbeschwerde zugelassen, ist eine weitere Überprüfung der Beschwerdeentscheidung statthaft (§ 574 I Nr 2; vgl BGH GWR 09, 398; NJW 09, 2539; OLG Hamm FamRZ 08, 703). Die Rechtsbeschwerde ist auch bei einer Aussetzungsentscheidung des Oberlandesgerichts oder des Landgerichts als Berufungsgericht im Falle ihrer Zulassung statthaft.

7 **III. Kosten/Gebühren.** Da das Beschwerdeverfahren einen Teil der Hauptsache bildet, ergeht in der Rechtsmittelinstanz keine Kostenentscheidung; die Kosten des Beschwerdeverfahrens sind Teil der Prozesskosten und werden bei der Hauptsacheentscheidung berücksichtigt (BGH MDR 06, 704; NJW 09, 2539).

8 **IV. Streitwert.** Der Streitwert für die Beschwerde gegen die Aussetzung oder gegen die Ablehnung der Aussetzung wird nach § 3 ermittelt; er richtet sich nach dem Interesse der Parteien an der Entscheidung über die Aussetzung und beträgt einen Bruchteil des Hauptsachestreitwertes (1/5: Brandenbg FamRZ 96, 496; Hambg MDR 02, 479; ½, wenn Entscheidungsreife behauptet wird: Hamm OLGR 97, 354; vgl allgem: Anders/Gehle, Streitwertlexikon, 3. Aufl, Düsseldorf 98, Stichwort „Aussetzung des Verfahrens", Rn 1, 2; Zö/Herget § 3 Rn 16, Stichwort „Aussetzungsbeschluss").

Buch 2 Verfahren im ersten Rechtszug

Abschnitt 1 Verfahren vor den Landgerichten

Titel 1 Verfahren bis zum Urteil

§ 253 Klageschrift. **(1) Die Erhebung der Klage erfolgt durch Zustellung eines Schriftsatzes (Klageschrift).**

(2) Die Klageschrift muss enthalten:

1. die Bezeichnung der Parteien und des Gerichts;

2. die bestimmte Angabe des Gegenstandes und des Grundes des erhobenen Anspruchs, sowie einen bestimmten Antrag.

(3) Die Klageschrift soll ferner die Angabe des Wertes des Streitgegenstandes enthalten, wenn hiervon die Zuständigkeit des Gerichts abhängt und der Streitgegenstand nicht in einer bestimmten Geldsumme besteht, sowie eine Äußerung dazu, ob einer Entscheidung der Sache durch den Einzelrichter Gründe entgegenstehen.

(4) Außerdem sind die allgemeinen Vorschriften über die vorbereitenden Schriftsätze auch auf die Klageschrift anzuwenden.

(5) [1]Die Klageschrift sowie sonstige Anträge und Erklärungen einer Partei, die zugestellt werden sollen, sind bei dem Gericht schriftlich unter Beifügung der für ihre Zustellung oder Mitteilung erforderlichen Zahl von Abschriften einzureichen. [2]Einer Beifügung von Abschriften bedarf es nicht, soweit die Klageschrift elektronisch eingereicht wird.

Inhaltsübersicht

	Rz
A. Normzweck	1
B. TBVoraussetzungen	2
I. Klageerhebung	2
II. Inhalt der Klageschrift	3
1. Form (Abs 5)	3
a) Allgemeines	4
b) Abschriften und Anlagen	5
c) Unterschrift	6
d) Elektronische Form	7
e) Erklärung zu Protokoll	8
2. Notwendiger Inhalt (Abs 2)	9
a) Partei	9
b) Gericht	12
c) Streitgegenstand	13
d) Klageantrag	16
3. Nicht notwendiger Inhalt (Abs 3 und 4)	20
a) Streitwert	21
b) Entscheidung durch den Einzelrichter	22
C. Hinweise zur Verhandlung und Prozesstaktik	23
D. Gerichtskostenvorschuss	24
E. Kosten/Gebühren	25
I. Gericht	25
II. Anwalt	26

A. Normzweck. Mit der Klage wird der das Gericht bindende (§ 308 I) Streitgegenstand festgelegt, der bei einem anderen Gericht nicht mehr anhängig gemacht werden kann (§ 261 III Nr 1), den Umfang der Rechtskraft (§ 322) und den vollstreckungsfähigen Inhalt des Urteils (§ 724) bestimmt. 1

B. TBVoraussetzungen. I. Klageerhebung. Mit der Einreichung der Klageschrift ist die Klage bei Gericht **anhängig**. Erst mit der **Zustellung** der Klageschrift an den Gegner tritt die **Rechtshängigkeit** (§ 261 I) und Vollendung der Klageerhebung ein. 2

Die Klageschrift muss als solche für das Gericht sowie den Gegner den ernsthaften Willen des Kl zur Einleitung eines gerichtlichen Verfahrens erkennen lassen. Daran kann es fehlen, wenn der Schriftsatz nahezu ausschl beleidigenden Inhalt hat (BFH NJW 93, 1352). Unzulässig ist auch die Erhebung der Klage unter einer Bedingung (BGHZ 4, 54). Etwas anderes gilt nur dann, wenn sie für den Fall der Bewilligung von Prozesskostenhilfe erhoben werden soll und die Klageschrift lediglich als Klageentwurf bei Gericht eingereicht wird (BGH NJW-RR 03, 1558). Wird nach PKH-Bewilligung dem Gegner nur eine Abschrift des PKH-Gesuchs zugestellt, wird die Klage erst anhängig, wenn der Antragsteller in der mündlichen Verhandlung zu erkennen gibt, dass er den PKH-Antrag als Klageschrift ansehen will (Celle NJW-RR 11, 1564) .

Innerhalb eines bestehenden Prozessrechtsverhältnisses ist die Erhebung der Klage als sog Hilfsklage (zB Eventualwiderklage) oder Hilfsantrag unter einer innerprozessualen Bedingung möglich (BGH NJW 84, 2937; gilt auch für Insolvenzanträge BGH WM 10, 898).

3 **II. Inhalt der Klageschrift. 1. Form (Abs 5).** Die Klageschrift ist beim Gericht schriftlich einzureichen. Im Verfahren vor dem Amtsgericht kann die Klage auch mündlich zu Protokoll der Geschäftsstelle eines jeden Amtsgerichts angebracht werden, die das Protokoll unverzüglich an das Adressatgericht zu übersenden hat (§§ 496, 129a). In diesen Fällen ist das Protokoll – an Stelle der Klageschrift – durch das Adressatgericht zuzustellen.

4 a) **Allgemeines.** Es sind die allg Vorschriften über die vorbereitenden Schriftsätze auf die Klageschrift anzuwenden (§ 253 IV). Diese Bezugnahme betrifft im Wesentlichen die §§ 130 ff, so weit diese von der Rspr entgegen ihrem Wortlaut nicht als zwingend angesehen werden (zB § 130 Nr 6 gem RGZ 151, 82).

5 b) **Abschriften und Anlagen.** Mit der Klageschrift sollen sonstige Anträge und Erklärungen einer Partei, die zugestellt werden sollen, dem Gericht schriftlich unter Beifügung der für ihre Zustellung oder Mitteilung erforderlichen Anzahl von **Abschriften** eingereicht werden. Fehlende Abschriften können vom Gericht gegen Berechnung von Schreibauslagen angefertigt oder – was in der Praxis der Regelfall sein sollte – durch das Gericht beim Kl nachgefordert werden, was in jedem Fall zu einer Verzögerung der Zustellung der Klage führt. **Anlagen**, auf die der Kl im Schriftsatz Bezug nimmt, gehören zu der dem Bekl zuzustellenden Klageschrift ungeachtet der Frage, inwieweit eine Bezugnahme auf Anlagen in der Klageschrift zulässig ist (BGH NJW 07, 775). Die unterbliebene Zustellung von Anlagen steht der Begründung eines Prozessrechtsverhältnisses dann nicht entgegen, wenn die Anlagen dem Bekl ohnehin bekannt sind oder wenn aufgrund des vorprozessualen Sachstandes das Informationsbedürfnis des Bekl durch die fehlenden Anlagen nicht oder nur unwesentlich beeinträchtigt wird (Stuttg 26.9.2011-5 U 166/10, anhängig BGH VIII ZR 307/11). Verjährungshemmung durch Zustellung der Klageschrift tritt nicht ein, wenn der **Beglaubigungsvermerk** vom Prozessbevollmächtigten des Kl nicht unterschrieben ist (BGHZ 76, 222).

6 c) **Unterschrift.** Da es sich bei der Klageschrift um einen bestimmenden Schriftsatz iSd § 129 handelt, ist sie eigenhändig zu unterschreiben (§ 130 Nr 6), weil nur so dem Schriftformerfordernis Rechnung getragen werden kann. Die Unterschrift muss wenigstens individuelle Züge aufweisen (BGH Grundeigentum 08, 539). Bei Behörden und öffentlich-rechtlichen Körperschaften genügt der maschinengeschriebene Name des Verfassers mit einem Beglaubigungsvermerk (BGHZ 75, 340). Im Anwaltsprozess muss die Klage durch den RA eigenhändig unterschrieben sein (BGHZ 92, 251), wobei Faksimileunterschrift nicht ausreicht (BGH NJW-RR 1999, 1251). Die Unterschrift des RA muss grds auf dem Original des bei dem Gericht eingereichten Schriftsatzes zu finden sein und zwar am Ende des Textes. Damit sollen Zweifel an der Urheberschaft des Schriftsatzes ausgeschlossen werden. Die fehlende Unterschrift macht die Erhebung der Klage unwirksam und führt nicht zu den prozessualen und materiell-rechtlichen Wirkungen der Klageschrift. In zahlreichen Einzelfällen hat die Rspr es trotz fehlender Unterschrift als ausreichend angesehen, wenn sich aus sonstigen Umständen die Urheberschaft des Schriftsatzes und der Wille der Klageerhebung ergeben (BGHZ 92, 251).

7 d) **Elektronische Form.** Mit Rücksicht auf die Bedürfnisse des modernen Verkehrs, insb elektronischer Kommunikationsmittel, hat die Rspr für die Klageschrift (und andere bestimmende Schriftsätze) ein Telegramm, Fernschreiben oder Telefax genügen lassen. Wurde zunächst beim Telefax noch gefordert, dass das Ursprungsdokument mit einer Unterschrift versehen war, so reicht nunmehr ein Computerfax mit eingescannter Unterschrift aus (BGH NJW 05, 2086). Es besteht die Möglichkeit, Schriftsätze und Anlagen auch als elektronische Dokumente einzureichen, wenn diese für die Bearbeitung durch das Gericht geeignet sind. Voraussetzung ist nach § 130a I 2, dass die verantwortende Person das Dokument mit einer qualifizierten elektronischen Signatur nach dem Signaturgesetz versieht.

8 e) **Erklärung zu Protokoll.** Während eines laufenden Prozesses kann eine Klage durch Einreichung eines Schriftsatzes, der den Erfordernissen der Klageschrift genügen muss, oder zur Protokoll in der mündlichen Verhandlung erhoben werden. Hierbei handelt es sich regelmäßig um eine Widerklage, Zwischenfeststellungsklage oder eine Klageänderung, insb in der Form der Klageerhöhung.

9 **2. Notwendiger Inhalt (Abs 2). a) Partei.** Partei ist, wer aus Sicht des Empfängers der Klage objektiv Partei sein soll. Es ist stets die Sache des Kl, die Parteien zu bestimmen. Die Klageschrift muss Parteien und

gesetzliche Vertreter bestimmbar bezeichnen, damit man weiß, wer gegen wen prozessiert. Vor allem der Bekl muss so genau benannt sein, dass ihm die Klage zugestellt werden kann. Die Parteien sollen nach § 130 Nr 1 bezeichnet werden nach Namen, Stand oder Gewerbe, Wohnort und Parteistellung. § 130 Nr 1 ist nur eine sanktionslose Ordnungsvorschrift. Nach Stand und Gewerbe bezeichnet man die Parteien kaum noch.

Die Bezeichnung einer Partei ist als Teil einer Prozesshandlung **auszulegen**, wobei der gesamte Inhalt der 10 Klageschrift einschl Anlagen zu berücksichtigen ist (BGH NJW-RR 08, 582). Entscheidend ist, welchen Sinn die Erklärung aus der Sicht des Gerichts und des Prozessgegners hat (BGHZ 4, 328; BGH NJW 87, 1946). Demgemäß ist bei einer dem Wortlaut nach unrichtigen Bezeichnung grds diejenige Person als Partei anzusehen, die nach dem Gesamtzusammenhang der Prozesserklärung als Partei gemeint ist (BGH NJW-RR 06, 1569) oder nach dem objektiven Sinn betroffen ist (BGH NJW-RR 95, 764). Deshalb kann auch ein Fehler in der Parteibezeichnung jederzeit vAw durch Rubrumsberichtigung beseitigt werden (BGH NJW-RR 06, 42).

Die Angabe einer ladungsfähigen **Anschrift** aller Parteien ist grds zwingendes Erfordernis für eine wirk- 11 same Klageerhebung (Hamm OLGR 05, 313; beachte: in Berufungsschrift ist Anschrift des Berufungskl entbehrlich, BGH NJW 05, 3773), aber rechtsmissbräuchlich bei Vereitelung von Kostenerstattungdanspruch (BGH 13.1.12 V ZR 183/10). Erforderlich ist eine Kenntlichmachung der Parteien, die so bestimmt ist, dass über ihre Identität kein Zweifel bestehen kann. Unzureichend ist eine Mail-Anschrift bzw Telefonnummer (BSG NZS 04, 504), eine »c/o«-Adresse (LG Dortmund 1.1.07–22 O 57/06) oder ein Postfach (BVerwG NJW 99, 2608).

Verweigert der **Kl** seine Anschrift, ist die Klage auch bei anwaltlicher Vertretung unzulässig (BGHZ 102, 332; KGR Berlin 05, 834), es sei denn, schützenswerte Interessen (zB Bedrohung, Geheimhaltung) stehen entgegen (BFH NJW 01, 1158; Schlesw OLGR 99, 41). Die Nennung der Anschrift kann entbehrlich sein, wenn das Risiko erschwerter Durchsetzung von Kostenerstattungsansprüchen durch Sicherheitsleistung ausgeschlossen wird (BVerfG NJW 96, 1272). Das Erfordernis der Angabe der ladungsfähigen Anschrift darf nicht zu einer unzumutbaren Einschränkung des aus Art 19 Abs 4 GG abgeleiteten Gebots führen, den Zugang zu den Gerichten nicht unnötig zu erschweren oder zu versagen (BFH/NV 11, 2084).

Die Angabe einer ladungsfähigen Anschrift des **Bekl** ist notwendig, weil sonst die Zustellung der Klageschrift und damit die Begründung eines Prozessrechtsverhältnisses nicht möglich wäre. Die Angabe der Arbeitsstelle kann ausreichen (BGH NJW 01, 885). Die fehlende Angabe einer ladungsfähigen Anschrift kann im Berufungsrechtszug auch dadurch nachgeholt werden, dass der Bekl seine Anschrift mitteilt und sie vom Kl nicht angezweifelt wird (BGH NJW 11, 3237). Auf die Angabe der Anschrift des Bekl wird dann verzichtet, wenn die Voraussetzungen der öffentlichen Zustellung (§ 185) vorliegen.

Genaue Angabe des **Namens** ist immer zweckmäßig, aber nicht immer nötig. Man kann die Parteien auch auf andere Weise unterscheidbar bezeichnen. In Ausnahmefällen sind Klagen gegen Bekl zulässig, deren Namen dem Kl nicht bekannt sind, wie unbekannte Erben oder Hausbesetzer, wenn die Identität der Bekl durch ihren Aufenthaltsort und ihre Anzahl eingegrenzt werden kann (Oldbg NJW-RR 95, 1164; Köln NJW 82, 1888).

Tenorierungsbeispiel: Die unbekannten Erben des am … verstorbenen …, vertreten durch den Nachlasspfleger …

Es muss der **gesetzliche Vertreter** angegeben werden, soweit dies für die Zustellung erforderlich ist (§ 170). Bei Firmen ist deren Rechtsform anzugeben. Die namentliche Bezeichnung des Vertreters (Leiters nach § 170 II) ist nicht unbedingt erforderlich (BGH NJW 89, 2689), ebenso wenig die korrekte Angabe der Vertretungsverhältnisse. So wird bei der GmbH als genügend angesehen, »vertreten durch den Geschäftsführer« (BGH NJW 93, 2811). Ebenso gehört bei einer Klage gegen den Fiskus die Angabe der Vertretungsbehörde nicht zu den zwingenden Erfordernissen einer ordnungsgem Klage (Zweibr OLGZ 78, 108).

Tenorierungsbeispiel: Das minderjährige Kind (Name), gesetzlich vertreten durch die sorgeberechtigten Eltern …

Wird eine **Partei kraft Amtes** verklagt oder tritt sie als Kl auf, ist die verwaltete Vermögensmasse anzugeben. Wird im Einzelfall die Vermögensmasse nicht angegeben, läuft die Partei kraft Amtes Gefahr, selbst Partei des Rechtsstreits zu werden.

Tenorierungsbeispiel: (Name), als Insolvenzverwalter über das Vermögen des …. (als Testamentsvollstrecker/Nachlassverwalter über den Nachlass des … am … in … verstorbenen …)

Der Kaufmann darf unter seiner **Firma** klagen und verklagt werden (§ 17 II HGB). Die Firma ist kein Rechtssubjekt, sondern nur der Name des Kaufmanns. Partei wird der Inhaber der Firma.
Tenorierungsbeispiel: GmbH, gesetzlich vertreten durch deren Geschäftsführer ...;
KG, gesetzlich vertreten durch den (die) persönlich haftenden Gesellschafter ...;
GmbH & Co. KG, gesetzlich vertreten durch die (Name) GmbH, diese vertreten durch deren Geschäftsführer ...;
OHG, vertreten durch deren Gesellschafter ...;
Partnerschaftsgesellschaft, vertreten durch den/die alleinvertretungsberechtigten Gesellschafter ...;
AG, gesetzlich vertreten durch ihren Vorstand, dieser vertreten durch den Vorstandsvorsitzenden ...;
(bei Aktionärsklage nach § 246 II AktG) AG, gesetzlich vertreten durch ihren Vorstand, dieser vertreten durch den Vorstandsvorsitzenden ..., **und** den Aufsichtsrat, dieser vertreten durch den Aufsichtsratsvorsitzenden ...
Bei der **GbR**, die nach der Rspr (BGH NJW 01, 1056) als Außengesellschaft parteifähig ist, genügt es, wenn diese identifizierbar beschrieben wird, also unter der Bezeichnung, unter der sie im Rechtsverkehr auftritt. Das gilt auch für den nichtrechtsfähigen **Verein** (BGH NJW 08, 69).
Tenorierungsbeispiel: (Name), Gesellschaft bürgerlichen Rechts, vertreten durch deren alleinvertretungsberechtigte(n) Gesellschafter ...;
Verein (Name), vertreten durch den Vorstand, dieser vertreten durch den Vorsitzenden ...
Eine **Wohnungseigentümergemeinschaft** ist rechtsfähig, soweit sie bei der Verwaltung des gemeinschaftlichen Eigentums am Rechtsverkehr teilnimmt (BGH NJW 07, 2987). Nunmehr bestimmt auch § 10 VI WEG (v 26.3.07), dass die WEG vor Gericht klagen und verklagt werden kann.
Tenorierungsbeispiel: Wohnungseigentümergemeinschaft »...straße ... in ...«, vertreten durch den Verwalter ...

12 **b) Gericht.** In der Klageschrift ist das Gericht genau zu bezeichnen, bei dem die Klage erhoben werden soll. Anzugeben ist das Gericht als solches, weder der Spruchkörper noch die Spruchabteilung. Es genügt deshalb zB AG oder LG nebst Ortsangabe. Will der Kl vor der KfH verhandeln, ist diese in der Klageschrift anzugeben (§ 96 GVG). Es ist zu empfehlen in der Klageschrift anzugeben, ob es sich zB um eine Familiensache oder eine Mietrechtsstreitigkeit über Wohnraum handelt, weil davon die Zuständigkeit des Gerichts bzw der entspr Abteilung abhängt. Beim LG kann es auch angezeigt sein, schon in der Klageschrift mitzuteilen, um welche Art von Streitigkeiten es sich iSd Kataloges des § 348 II a–k handelt. Die entspr Klageschrift wird dann im Zweifel schneller zur funktionell zuständigen Zivilkammer gelangen.
Der Kl hat bei mehreren Gerichtsständen grds ein Wahlrecht (§ 35).
Die Zuständigkeit des anzurufenden Gerichts ist sorgfältig zu prüfen, weil die Wahl des unzuständigen Gerichts im schlimmsten Fall zum Unterliegen, bei einer zulässigen Verweisung (§ 281) jedoch zumindest zu Mehrkosten führen kann. Die Wirkungen der Klageerhebung (§§ 261, 262) treten, falls zunächst das unzuständige Gericht in Anspruch genommen wurde, mit ex tunc Wirkung ein (BGHZ 35, 374), wenn nachträglich an das zuständige Gericht verwiesen (§ 281) oder die Zuständigkeit in zulässiger Weise vereinbart wurde.

13 **c) Streitgegenstand.** Die bestimmte Angabe von Gegenstand und Grund des Anspruchs dient auf der Ebene der Zulässigkeit allein dazu, den Streitgegenstand festzulegen. Dafür kommt es nicht darauf an, ob der maßgebliche Lebenssachverhalt vollständig beschrieben oder Klageanspruch schlüssig oder substanziiert dargelegt ist (BGH WRP 09, 745).Nach dem herrschenden zweigliedrigen Streitgegenstandsbegriff wird der Streitgegenstand (prozessuale Anspruch) durch den Klageantrag bestimmt, in dem sich die vom Kl begehrte Rechtsfolge konkretisiert, und den Lebenssachverhalt (Klagegrund), aus dem der Kl diese Rechtsfolge herleitet (BGH NJW 08, 3711). Nach dem Streitgegenstand beurteilt sich der Umfang der **Rechtshängigkeit** (§ 261 III Nr 1, § 17 I 2 GVG), der **materiellen Rechtskraft** einer gerichtlichen Entscheidung (§ 322), ob eine **Klageänderung** (§ 263 mit Ausn in § 264 Nr 2, 3) oder eine **objektive** Klagenhäufung (§ 260) vorliegt. Der Kl hat Tatsachen vorzutragen, die einen Lebenssachverhalt ausfüllen, aus dem ein Anspruch folgen kann (BGH NJW 91, 2707). Es reicht aus, dass dieser Lebenssachverhalt von anderen Sachverhalten abgrenzbar ist. Es kommt nicht darauf an, ob der maßgebende Lebenssachverhalt bereits in der Klageschrift vollständig beschrieben oder der Klageanspruch schlüssig und substanziiert dargelegt wird; dies bleibt eine Frage der Begründetheit der Klage (BGH MDR 76, 1005). Vielmehr ist es – entspr dem Zweck der Klageerhebung, dem Schuldner den Willen des Gläubigers zur Durchsetzung seiner Forderun-

gen zu verdeutlichen – iA ausreichend, wenn der Anspruch als solcher identifizierbar ist (BGH NJW-RR 04, 639). Dazu ist erforderlich, dass er durch seine Kennzeichnung von anderen Ansprüchen so unterschieden und abgegrenzt wird, dass er Grundlage eines der materiellen Rechtskraft fähigen Vollstreckungstitels sein kann und dem Schuldner die Beurteilung ermöglicht, ob er sich gegen den Anspruch zur Wehr setzen will (BGH MDR 11, 1311). Wann diese Anforderungen erfüllt sind, kann nicht allg und abstrakt festgelegt werden; vielmehr hängen Art und Umfang der erforderlichen Angaben im Einzelfall von dem zwischen den Parteien bestehenden Rechtsverhältnis und der Art des Anspruchs ab (BGH NJW 09, 56). Unbestimmt ist die **alternative** Klagehäufung, bei der der Kl ein einheitliches Klagebegehren aus mehreren prozessualen Ansprüchen (Streitgegenständen) herleitet und dem Gericht die Auswahl überlässt, auf welchen Klagegrund es die Verurteilung stützt (BGH AnwBl 11, 592). Bei einer **Teilleistungsklage**, mit der mehrere selbständige Ansprüche geltend gemacht werden, ist näher zu spezifizieren, wie sich der eingeklagte Betrag auf die einzelnen Ansprüche verteilen soll und in welcher Reihenfolge diese Ansprüche bis zu der geltend gemachten Gesamtsumme zur Entscheidung des Gerichts gestellt werden sollen (BGH NJW 08, 3142). Sollen sich mehrere Anträge auf **verschiedene Klagegründe** stützen, sind diese dem jeweiligen Antrag zuzuordnen. Es ist im Einzelnen darzustellen, inwieweit welcher Anspruch in welcher Höhe geltend gemacht wird und mit welcher Begründung (BGH NJW 84, 2346). So muss die auf Restmiete gestützte Klage für jeden Monat darlegen, in welcher Höhe für diesen Monat noch Miete geltend macht. Eine sog **Saldoklage** ist unzulässig (KGR Berlin 02, 300). Die Angabe der anspruchsbegründenden **Rechtsnorm** ist stets entbehrlich. Dennoch sollte die materielle Anspruchsgrundlage benannt (beim Kaufvertrag zB § 433 II BGB) und die dem Begehren zugrunde liegenden und die Anspruchsnorm ausfüllenden Tatsachen dargelegt werden.

Eine **Frist** wird zwar durch Klage beim unzuständigen Gericht gewahrt (BGHZ 97, 155), aber nicht bei unbestimmtem Sachvortrag. Nur eine wirksam erhobene Klage kann eine vorprozessuale Ausschlussfrist wahren. So muss die Gläubigeranfechtungsklage nach § 2 AnfG die bestimmte Angabe enthalten, für welche vollstreckbare Forderung und für welchen Betrag der Rückgewähranspruch geltend gemacht wird (BGHZ 99, 274). Die Klage hemmt die **Verjährung** (§ 204 I) nur für Ansprüche in der Gestalt und in dem Umfang, wie sie mit der Klage geltend gemacht werden, also nur für den streitgegenständlichen prozessualen Anspruch (BGH WM 07, 1241). Eine unbezifferte Schmerzensgeldklage muss eine genügende Grundlage für die Ausübung des richterlichen Ermessens bieten und damit die Festsetzung des Schmerzensgeldes ermöglichen, insb das Ausmaß, den Umfang, die Dauer der medizinischen Behandlung und die Folgen der Verletzung möglichst genau angeben (BGH NJW 74, 1551). Eine Klageschrift, die diesen zwingenden Anforderungen nicht entspricht, ist nicht geeignet, eine Klagefrist zu wahren; eine spätere Beseitigung des Mangels kann nicht auf den Zeitpunkt der Einreichung der Klageschrift zurückwirken, sondern erst vom Zeitpunkt der Beseitigung an wirken (BGH NJW 09, 56). Beachte: Die Einreichung einer Klageschrift durch einen beim Prozessgericht nicht zugelassenen Anwalt kann – fristwahrend – geheilt werden, wenn ein beim Prozessgericht zugelassener RA die Klage genehmigt (BGH NJW 90, 3085). 14

Die gebotene Individualisierung der Klagebegründung kann auch erfolgen durch eine konkrete **Bezugnahme** oder Verweisung auf andere Schriftstücke wie Anlagen, sonstiger Akteninhalt oder Beiakten (BGH NJW-RR 05, 216), wenn sie nicht bloß pauschal, sondern konkret auf bestimmte Objekte bezogen ist. Die Gerichte sind nicht verpflichtet, durch unzumutbare Sucharbeit umfangreiche ungeordnete Anlagenkonvolute von sich aus durchzuarbeiten, um so die erhobenen Ansprüche zu konkretisieren (BGH NJW-RR 04, 639). Im Anwaltsprozess muss der RA grds selbst Gegenstand und Grund in der Klageschrift bezeichnen. Die bloße Bezugnahme auf Parteivorbringen oder auf einen Schriftsatz eines Dritten ist nicht zulässig. Für zulässig erachtet wird ua die Bezugnahme auf ein Inventarverzeichnis (BGH NJW 08, 3142), einen Schriftsatz des Prozessbevollmächtigten eines Streitgenossen, auf einen eigenen Schriftsatz in einem Verfahren des einstw Rechtsschutzes (BGHZ 13, 246), auf ein vom RA eingereichtes Prozesskostenhilfegesuch (BGHZ 22, 254) oder auf die von der Partei selbst im vorangegangenen Mahnverfahren eingereichte Anspruchsbegründung (BGHZ 84, 136), aber nicht auf ein von der Partei unterschriebenes Gesuch auf Bewilligung von Prozesskostenhilfe (BGHZ 22, 254). Das Gericht darf umfangreiches Aktenkonvolut nicht übergehen, wenn die geltend gemachte Forderung sich schon bei flüchtigem Durchlesen der durchnummerierten und in Bezug genommenen Anlagen belegt wird (BVerfG NJW 94, 2683) oder das Klagebegehren aus sich heraus verständlich ist (Stuttg MietRB 09, 358). Die Rspr hinsichtlich einer zulässigen Bezugnahme ist nicht einheitlich. Es wird deshalb empfohlen, die Bezugnahme ausschl auf konkrete Schriftstücke zu beziehen, die nicht allzu umfangreich sein sollten. 15

16 d) **Klageantrag.** Dieser dient neben dem mitzuteilenden Lebenssachverhalt der Festlegung des Streitgegenstandes, der den Entscheidungsspielraum des Gerichts nach § 308 I bestimmt. Damit wird der Streitgegenstand abgegrenzt und zugleich eine Voraussetzung für die etwa erforderlich werdende Zwangsvollstreckung geschaffen. Daran gemessen ist ein Klageantrag grds hinreichend bestimmt, wenn er den erhobenen Anspruch konkret bezeichnet, dadurch den Rahmen der gerichtlichen Entscheidungsbefugnis (§ 308) absteckt, Inhalt und Umfang der materiellen Rechtskraft der begehrten Entscheidung (§ 322) erkennen lässt, das Risiko eines Unterliegens des Kl nicht durch vermeidbare Ungenauigkeit auf den Bekl abwälzt und schließlich eine Zwangsvollstreckung aus dem Urt ohne eine Fortsetzung des Streits im Vollstreckungsverfahren erwarten lässt (BGH NJW 99, 954). Der Antrag muss aus sich heraus verständlich sein ggf muss das Gericht zur Auslegung die Antragsbegründung heranziehen (BAG NZA 11, 1304). Ein Zahlungsantrag „zzgl USt" ist bestimmbar, weil die genaue Berechnung anhand allgemein kundiger Daten ohne Weiteres möglich ist (KG NZG 11, 865). Der Klageantrag auf Duldung der Modernisierung einer Mietwohnung ist hinreichend bestimmt, wenn der erstrebte Duldungserfolg sowie der Umfang der zu duldenden Arbeiten in seinen wesentlichen Umrissen und Schritten im Antrag umschrieben werden (BGH Grundeigentum 2011, 1545).

Welche Anforderungen an die Konkretisierung des Streitgegenstands in einem Klageantrag zu stellen sind, hängt jedoch auch von den Besonderheiten des anzuwendenden materiellen Rechts und den Umständen des Einzelfalls ab. Die Anforderungen an die Bestimmtheit des Klageantrags sind danach in Abwägung des zu schützenden Interesses des Beklagten, sich gegen die Klage erschöpfend verteidigen zu können, sowie seines Interesses an Rechtsklarheit und Rechtssicherheit hinsichtlich der Wirkungen mit dem ebenfalls schutzwürdigen Interesse der klagenden Partei an einem wirksamen Rechtsschutz festzulegen (BGH NJW 03, 668; WM 02, 1986). Im Einzelfall sind generalisierende Formulierungen unvermeidlich, da andernfalls die Möglichkeit, gerichtlichen Rechtsschutz zu erlangen, durch prozessuale Anforderungen unzumutbar erschwert wird (BAG NZA 11, 1169). Das Fehlen eines bestimmten Klageantrags führt zur Abweisung der Klage als unzulässig. Genügt eine Verurteilung zur Abgabe einer Willenserklärung nicht dem Bestimmtheitserfordernis, kann dieser Mangel nicht nachträglich im Verfahren nach § 888 geheilt werden (BGH NJW 11, 3161).

17 Ein **Unterlassungsantrag** darf nicht derart undeutlich gefasst sein, dass der Streitgegenstand und der Umfang der Prüfungs- und Entscheidungsbefugnis des Gerichts nicht mehr klar umrissen sind, der Bekl sich deshalb nicht erschöpfend verteidigen kann und im Ergebnis dem Vollstreckungsgericht die Entscheidung darüber überlassen bleibt, was dem Bekl verboten ist (BGH WRP 09, 831; vgl zur wettbewerbsrechtlichen Unterlassung v. Ungern-Sternberg GRUR 09, 901, 1009). Unterlassungsanträge, die lediglich den Wortlaut eines Gesetzes wiederholen, sind grds unbestimmt (BGH NJW 09, 3582), außer die Verbotsnorm selbst ist eindeutig und konkret gefasst oder der Anwendungsbereich einer Rechtsnorm ist durch eine gefestigte Auslegung geklärt (BGH MDR 11, 501). Es genügt grds die Wiedergabe des in § 909 BGB enthaltenen Verbots, ein Grundstück in der Weise zu vertiefen, dass der Boden eines benachbarten Grundstücks die erforderliche Stütze verliert (BGH NJW 09, 2528) oder die Bezugnahme auf einen Straftatbestand (München WRP 08, 1471). Dagegen muss der beeinträchtigte Kl es dem Bekl überlassen, durch welche Maßnahmen die Wiederherstellung des ursprünglichen Zustands erreicht wird, wenn der Bekl die Folgen einer unzulässigen Vertiefung zu beseitigen hat.

Tenorierungsbeispiel: Der Beklagte wird verurteilt, es bei Meidung eines für jeden Fall der Zuwiderhandlung fälligen Ordnungsgeldes in Höhe von bis zu 250.000 €, ersatzweise Ordnungshaft, zu unterlassen, beleidigende Äußerungen ggü dem Kl zu tätigen, insb wörtlich oder sinngemäß zu sagen, der Kl »ticke nicht mehr richtig«.

18 Zahlungsanträge müssen **beziffert** sein, können aber auf ausl Währungen lauten (BGH NJW 80, 2017; BAG NJW 96, 741). Bei Arbeitsvergütungen ist der Bruttobetrag anzugeben, sofern nicht eine Nettoabrede besteht (BAG NJW 01, 3570). Die Berechnung darf nur offen bleiben, wenn sie anhand allg zugänglicher und bekannter Fakten (zB Mehrwertsteuersatz, Basiszinssatz und sonstige Indizes) zu ermitteln ist.

19 Bei ausnahmsweise zugelassenen **unbezifferten** Klagen wird der zuzuerkennende Betrag in das Ermessen des Gerichts gestellt, wie Schätzung gem § 287 (BGH WRP 09, 745), Schmerzensgeld (§ 253 II BGB), Leistungsbestimmung nach § 315 III 2 BGB oder Vertragsstrafe (§ 343 BGB); die erforderlichen ausreichenden Grundlagen für die Feststellung oder Schätzung müssen aber vorgetragen werden (BGH MDR 75, 741); es besteht jedoch keine Bindung des Gerichts an einen »Mindestbetrag«, sofern die Bemessung in das Ermes-

sen des Gerichts gestellt worden ist (BGHZ 132, 341). Andererseits fehlt es bei Angabe einer Mindestsumme an einer Beschwer, wenn dem Kl diese Summe zugesprochen wird (BGH NJW-RR 2004, 863).
Tenorierungsbeispiel: Der Beklagte wird verurteilt, an den Kl ein angemessenes Schmerzensgeld zu bezahlen, dessen Höhe in das Ermessen des Gerichts gestellt wird, nebst Zinsen in Höhe von 5 Prozentpunkten über dem jeweiligen Basiszinssatz seit Rechtshängigkeit.

3. Nicht notwendiger Inhalt (Abs 3 und 4). Über die notwendigen Voraussetzungen hinaus stellt das 20
Gesetz einige Formvorschriften für die Klageschrift auf, die nach allgM nicht zwingend eingehalten werden müssen. Mängel bei den nicht notwendigen Voraussetzungen des Inhalts einer Klageschrift berühren die Zulässigkeit der Klage nicht. Liegen die Voraussetzungen nicht vor, kann dies allerdings zu Verzögerungen führen und uU eine Fristwahrung nach § 167 ausschließen. In allen Fällen, in denen die Wirkungen des § 167 herbeigeführt werden sollen, sind stets auch die nicht notwendigen Inhalte der Klageschrift beizufügen; eine ohne die in Bezug genommenen Anlagen zugestellte Klageschrift ist unwirksam (BGH NJW 07, 775).

a) Streitwert. Die Klageschrift soll den Streitwert angeben, wenn hiervon die Zuständigkeit des Gerichts 21
abhängt und der Streitgegenstand nicht in einer bestimmten Geldsumme besteht. Bei der Zahlungsklage entfällt die Verpflichtung zur Angabe des Streitwertes stets und auch bei Rechtsstreitigkeiten für die eine besondere Zuständigkeit des Gerichts besteht (vgl zB § 19 I BNotO; § 29a I). Die Angabe des Streitwertes ist insb notwendig bei den unbezifferten Zahlungsklagen sowie den übrigen Leistungsklagen (zB Herausgabe- und Unterlassungsklagen), den Feststellungs- und Gestaltungsklagen.

b) Entscheidung durch den Einzelrichter. Die Klageschrift soll eine Äußerung dazu enthalten, ob einer 22
Entscheidung der Sache durch den Einzelrichter Gründe entgegenstehen. Im Hinblick auf die durch die ZPO-Reform eingeführten Änderungen ist diese Regelung überflüssig, weil gem § 348 I 1 idR der Einzelrichter (originärer Einzelrichter) entscheidet. Im Übrigen haben die Parteien keinerlei Einfluss darauf, ob der Einzelrichter entscheidet oder nicht, insb weil die Entscheidungen des Gerichts insoweit unanfechtbar sind (§ 348 II).

C. Hinweise zur Verhandlung und Prozesstaktik. Das Gericht hat auf die sachdienliche Fassung der Kla- 23
geanträge hinzuwirken (BGH MDR 09, 998). Etwaigen Zweifeln und Unsicherheiten muss durch Hilfsanträge Rechnung getragen werden (BGH NJW 98, 2048). Auch auf Einwendungen des Bekl im laufenden Prozess muss uU sofort mit Hilfsanträgen reagiert werden.
Bei schlüssiger Klagebegründung ist die Angabe näherer Einzelheiten, die Zeit, Ort und Umstände bestimmter Ereignisse betreffen, entbehrlich, soweit diese Einzelheiten für die Rechtsfolgen nicht von Bedeutung sind. Eine Ergänzung ist erst geboten, wenn infolge der Einlassung des Gegners der Tatsachenvortrag unklar wird (BGH NJW 92, 2427). In welchem Maße die Partei ihr Vorbringen durch die Darlegung konkreter Einzeltatsachen substanziieren muss, hängt vom Einzelfall ab (BGH VersR 90, 656). Dabei beurteilt sich die Schlüssigkeit einer Klage nach dem Vorbringen des Kl im Zeitpunkt der letzten mündlichen Tatsachenverhandlung.
Eine Partei ist daher nicht gehindert, ihr Vorbringen im Laufe des Rechtsstreits zu ändern, insb zu präzisieren, zu ergänzen oder zu berichtigen (BGH NJW-RR 95, 1340). Hat eine Partei die materiell-rechtlichen Voraussetzungen für den Anspruch unzureichend vorgetragen, kann sie diese jederzeit in den Prozess einführen. So ändert sich der Streitgegenstand einer Werklohnklage nicht, wenn eine neue Schlussrechnung vorgelegt wird. Das Vorbringen kann auch nicht in der Berufungsinstanz als verspäteter Vortrag gem §§ 527 I, 296 I zurückgewiesen werden (BGH NJW-RR 04, 167).
Da der RA selbst für die sachgerechte Antragstellung zu sorgen hat, haftet er seiner Partei bei unsachgemäß Prozessführung (BGH NJW-RR 90, 1241).

D. Gerichtskostenvorschuss. Nach § 12 I GKG soll die Klage erst nach Zahlung der Verfahrensgebühr 24
zugestellt werden. Diese Gebühr ergibt sich nach Nr 1210 KV Anlage 1 zu § 3 II GKG (GebührenS 3,0). Auch bei Erweiterung des Klageantrags soll vor Zahlung der Gerichtskosten keine gerichtliche Handlung vorgenommen werden. Hiervon sind nach § 12 II Nr 1–6 GKG einzelne Verfahren ausgenommen (zB Widerklage oder Scheidungsfolgesachen). Bund und Länder sowie die nach Haushaltsplänen des Bundes oder eines Landes verwalteten öffentlichen Anstalten und Kassen sind nach § 2 GKG von der Zahlung eines Kostenvorschusses befreit.

25 **E. Kosten/Gebühren. I. Gericht.** Für den Rechtsstreit 1. Instanz wird eine 3,0-Gebühr für das Verfahren im Allgemeinen erhoben (Nr 1210 KV). Die Gebühr ist sofort fällig (§ 6 I Nr 1 GKG) und vorauszuzahlen (§ 12 I GKG). Wird die Klage später erweitert, ist der Differenzbetrag zwischen einer 3,0-Gebühr aus dem neuen Gesamtwert und dem bereits gezahlten Betrag nachzuzahlen. Zur Klageerweiterung s. § 263 Rz 29; zur Widerklage s. § 33 Rz 36.
Unter den Voraussetzungen der Nr 1211 GKG-KostVerz ermäßigt sich die Gerichtsgebühr im Nachhinein auf 1,0, nämlich bei Klagerücknahme, Anerkenntnisurteil, Verzichtsurteil oder Urt, das nach § 313a II keinen Tatbestand und keine Entscheidungsgründe enthält, oder nur deshalb Tatbestand und Entscheidungsgründe enthält, weil zu erwarten ist, dass das Urt im Ausland geltend gemacht wird (§ 313a IV Nr 5), gerichtlichem Vergleich oder Erledigungserklärungen nach § 91a, wenn keine Entscheidung über die Kosten ergeht oder die Entscheidung einer zuvor mitgeteilten Einigung der Parteien über die Kostentragung oder der Kostenübernahmeerklärung einer Partei folgt.
Werden nicht anhängige Gegenstände in einen Vergleich mit einbezogen, entsteht aus dem Mehrwert eine 0,25-Gebühr nach Nr 1500 GKG-KostVerz.

26 **II. Anwalt.** Die Gebühren des Rechtsanwalts im erstinstanzlichen Verfahren richten sich nach Teil 3 Abschnitt 1 VV RVG. Der Anwalt erhält eine 1,3-Verfahrensgebühr (Nr 3100 VV RVG), die sich bei vorzeitiger Erledigung auf 0,8 ermäßigt (Nr 3101 VV RVG). Bei mehreren Auftraggebern erhöht sich die Gebühr um 0,3 je weiteren Auftraggeber (Nr 1008 VV RVG). Hinzukommen kann eine Terminsgebühr (Nr 3104 VV RVG) sowie im Falle eines Vergleichs eine Einigungsgebühr iHv 1,0 nach Nr 1000, 1003 VV RVG. Der Abgeltungsbereich der anwaltlichen Gebühren ergibt sich insb aus § 19 RVG.
Werden später nicht anhängige Gegenstände in einen Vergleich mit einbezogen, entstehen die Gebühren des Anwalts auch aus dem Mehrwert, wobei sich die Einigungsgebühr sich auf 1,5 beläuft (Nr 1000 VV RVG).
Eine vorangegangene Geschäftsgebühr (Nr 2300, 2303 VV RVG) ist anzurechnen (Vorbem 3 IV VV RVG), ebenso eine zuvor im Mahnverfahren angefallene Verfahrensgebühr (Anm zu Nr 3305, Anm zu Nr 3307 VV RVG). Für die Kosten des Rechtsstreits ist dies wegen des neuen § 15a II RVG jedoch im Ergebnis unbeachtlich.

§ 254 Stufenklage.

Wird mit der Klage auf Rechnungslegung oder auf Vorlegung eines Vermögensverzeichnisses oder auf Abgabe einer eidesstattlichen Versicherung die Klage auf Herausgabe desjenigen verbunden, was der Beklagte aus dem zugrunde liegenden Rechtsverhältnis schuldet, so kann die bestimmte Angabe der Leistungen, die der Kläger beansprucht, vorbehalten werden, bis die Rechnung mitgeteilt, das Vermögensverzeichnis vorgelegt oder die eidesstattliche Versicherung abgegeben ist.

1 **A. Normzweck.** Die Besonderheit der Stufenklage liegt nicht in der Zulassung einer Anspruchsverbindung in einer Klage, sondern in erster Linie in der Zulassung eines unbestimmten Antrags entgegen § 253 Abs 2 Nr 2. Die Stufenklage soll dem Kl die Prozessführung nicht allgemein erleichtern. Vielmehr muss sein Unvermögen zur bestimmten Angabe der von ihm auf der letzten Stufe seiner Klage beanspruchten Leistung gerade auf den Umständen beruhen, über die er auf der ersten Stufe Auskunft begehrt. Somit ist iRd Stufenklage die Auskunft lediglich ein Hilfsmittel, um die (noch) fehlende Bestimmtheit des Leistungsanspruchs herbeizuführen (BGH NJW 11, 1815). Die Stufenklage ermöglicht es, den gesamten Streitstoff mit einer Klage geltend zu machen. Die Stufenklage ist ein Sonderfall der objektiven Klagehäufung gem § 260 (BGH NJW 94, 3102), nämlich drei Klagen auf Auskunftserteilung, Versicherung der Richtigkeit an Eides Statt und Zahlung oder Herausgabe. Die Besonderheit liegt darin, dass bei Obsiegen des Kl über die Klageanträge nicht gleichzeitig, sondern stufenweise entschieden wird. Hauptanwendungsfall einer Stufenklage ist die spätere Bezifferung eines Geldbetrags. Weiterhin kommen Ansprüche auf Herausgabe unterschiedlicher Gegenstände in Betracht, wie Übereignung beweglicher Sachen oder Grundstücke, Verschaffung des Besitzes an Sachen, Abtretung von Forderungen oder Übertragung sonstiger Rechte, Erteilung einer Gutschrift im Bankverkehr usw (BGH NJW 03, 2748).

2 **B. TBVoraussetzungen.** Die ordnungsgemäße Erhebung einer Klage setzt grds einen bestimmten Antrag voraus. Hierzu ist der Kl oft nicht in der Lage, weil er zur Bestimmung seines Leistungsantrags sich vom Gegner noch notwendige Informationen beschaffen muss. Steht dem Kl ein materiell-rechtlicher Aus-

kunfts- oder Rechnungslegungsanspruch gegen den Anspruchsgegner zu, kann er als Ausn zu § 253 II Nr 2 einem unbestimmten Zahlungs- oder Herausgabebetrag geltend machen. Der unbestimmte Antrag kann für den Fall einer Veräußerung der Sache sogar alternativ auf Herausgabe oder Zahlung des Erlöses oder Leistung von Schadensersatz lauten (BGH NJW 03, 2748).

I. Prozessuale Voraussetzungen. Eine Stufenklage liegt nur dann vor, wenn in der Klageschrift zumindest **zwei Anträge** in dem Stufenverhältnis verbunden sind. Im Regelfall sind dies der **Auskunfts- und der Leistungsantrag**. 3

Tenorierungsbeispiel:
Der Beklagte wird verurteilt,
1) dem Kl binnen einer vom Gericht festzusetzenden Frist Auskunft zu erteilen über ... (genaue Bezeichnung!);
2) für den Fall, dass die erteilte Auskunft nicht mit der erforderlichen Sorgfalt aufgestellt sein sollte, die Richtigkeit und Vollständigkeit seiner Auskunft eidesstattlich zu versichern;
3) den sich nach Auskunftserteilung ergebenden Betrag nebst Zinsen in Höhe von 5 Prozentpunkten über dem Basiszinssatz seit dem ... zu zahlen.

1. Rechtshängigkeit und Verjährungshemmung (§ 204 I Nr 1 BGB). Mit der Klageerhebung (§ 261 I) werden alle vom Kl geltend gemachten Ansprüche sofort rechtshängig, auch das noch unbestimmte Leistungsverlangen, sogar alternative Ansprüche (BGH NJW 03, 2748). Damit wird der Ablauf der Verjährungsfrist für sämtliche Klageansprüche gehemmt (BGH NJW 92, 2563; NJW-RR 95, 770). Voraussetzung ist aber, dass auch der Leistungsantrag der dritten Stufe gestellt wird und lediglich seine Bezifferung vorbehalten bleibt. Die Hemmung tritt auch ein, wenn in Abweichung von den üblichen Fällen nicht eine Auskunftsstufenklage erhoben, sondern in der ersten Stufe allein die Abgabe der eidesstattlichen Versicherung verlangt wird (Brandbg NJW-RR 05, 871). 4

Die Verjährungsfrist wird nur in der Höhe gehemmt, in der der Anspruch später beziffert wird (BGH NJW 92, 2563). Die Hemmung dauert während der Vollstreckung der Hilfsansprüche und einer zur Überprüfung der erteilten Auskunft erforderlichen Zeit fort (Naumbg OLGR 05, 950). Wenn jedoch kein Zahlungsantrag gestellt und das Verfahren von beiden Parteien nicht weiterbetrieben wird, wird der Anspruch umfassend in seiner ganzen Höhe gehemmt (BGH NJW 92, 2563). 5

Von der Stufenklage zu unterscheiden ist die Klage, die an sich nur auf Auskunftserteilung oder Rechnungslegung abzielt. Die bloße Ankündigung, den Leistungsantrag nach Erteilung der Auskunft stellen zu wollen, ist nicht die Leistungsklage selbst und hemmt nicht die Verjährung (BAG NJW 96, 1693). 6

2. Unbestimmtheit. Ein Klageantrag ist unbestimmt und deswegen unzulässig, wenn die Bezifferung eines Zahlungsanspruchs gegen einen Bekl von einer Auskunft abhängig gemacht wird, die von einem weiteren Bekl im Wege einer Stufenklage verlangt wird, selbst wenn die beiden Bekl als Streitgenossen (§§ 59, 60) in Anspruch genommen werden (BGH NJW 94, 3102). Die Prozessvoraussetzungen müssen bei jedem Kl selbstständig vorliegen. 7

3. Rechtsschutzbedürfnis. Wo die Stufenklage (Leistungsklage) möglich ist, fehlt grds das Rechtsschutzbedürfnis für die Feststellungsklage (BGH NJW 96, 2097). Im **gewerblichen Rechtsschutz** und im **Urheberrecht** erfährt dieser Grundsatz jedoch **Einschränkungen**. Das rechtliche Interesse für eine Feststellungsklage entfällt idR nicht bereits dadurch, dass der Kl im Wege der Stufenklage auf Leistung klagen kann, weil die Feststellungsklage trotz möglicher Leistungsklage meist durch prozessökonomische Erwägungen geboten ist (BGH MDR 03, 1304). Die Stufenklage ist unzulässig, wenn die Auskunft überhaupt nicht dem Zwecke einer Bestimmbarkeit des Leistungsanspruchs dienen, sondern dem Kl sonstige mit der Bestimmbarkeit als solcher nicht in Zusammenhang stehende Informationen über seine Rechtsverfolgung verschaffen soll. Sie kann jedoch in eine Klagehäufung gem § 260 umgedeutet werden (BGH NJW 11, 1815). 8

II. Materiell-rechtliche Voraussetzungen. 1. Informationsanspruch. Nach ihrem Sinn und Zweck soll die Auskunft oder Rechnungslegung den Kl in die Lage versetzen, den Umfang seiner Leistungsansprüche selbst zu ermitteln. Daher muss sie inhaltlich bestimmt und nachvollziehbar sein (BGH NJW-RR 87, 876). Enthält sie Lücken, die der Auskunftspflichtige seiner Einlassung nach in tatsächlicher Hinsicht noch ausfüllen kann oder stellt der Leistungspflichtige nach erteilter Auskunft klar, dass seine Angaben falsch waren (BGH NJW 1986, 423), ergeht ein Urt auf Auskunftserteilung, das nach § 888 vollstreckt wird (Stuttg Justiz 94, 241). Die Stufenklage ist unzulässig, wenn die Auskunft nicht lediglich der Bezifferung des Leistungsan- 9 spruchs dienen soll, sondern lediglich der Beschaffung von Informationen zu seiner Durchsetzung oder zur Abwehr einer Aufrechnung (BGH NJW 00, 1645). Unerheblich ist jedoch, dass die in der ersten Stufe begehrte Auskunft auch Bedeutung für den Anspruchsgrund hat, wenn die Informationen zugleich für die Anspruchshöhe relevant sind (Hamm OLGR 08, 342).

10 **2. Eidesstattliche Versicherung.** Es reicht zur Erfüllung des Auskunftsanspruchs nicht aus, wenn die Erteilung der Auskunft verweigert wird. Die Pflicht zur Abgabe der eidesstattlichen Versicherung setzt voraus, dass die geschuldete Auskunft in formaler Hinsicht (äußerlich) vollständig erteilt worden ist, anderenfalls muss die Auskunftserteilung zunächst über § 888 erzwungen werden (Naumbg FamRZ 07, 1813). Erst wenn Grund zu der Annahme besteht, dass die vom Bekl erteilte Auskunft oder das von ihm abgelieferte Verzeichnis nicht mit der erforderlichen Sorgfalt erstellt worden ist, kann der Kl nach §§ 259 II, 260 II BGB die Abgabe einer eidesstattlichen Versicherung verlangen. Der Kl muss Anhaltspunkte für die mangelnde Sorgfalt darlegen und beweisen (BGHZ 89, 137). Unvollständige oder unrichtige Erklärungen begründen noch keine mangelnde Sorgfalt (Naumbg 12.10.10 – 1 U 73/10). Vielmehr muss hinzukommen, dass diese mangelhaften Angaben bei gehöriger Sorgfalt des Auskunftsverpflichteten hätten vermieden werden können (BGHZ 89, 137). Hierbei ist sein Gesamtverhalten einschl seines früheren Verhaltens zu würdigen. So ist eine mangelnde Sorgfalt anzunehmen, wenn der Auskunftspflichtige sich über das Begehren des Kl abfällig geäußert oder wenn er seine Angaben im Nachhinein mehrfach ergänzt oder berichtigt hat (Köln NJW-RR 98, 126).

11 **C. Verfahren. I. Abgesonderte Verhandlung.** Da der Kl auf die von dem Bekl zu erteilende Auskunft angewiesen ist und sich mit ihr evtl erst nach Abgabe der eidesstattlichen Versicherung abfinden wird, bevor er seinen Leistungsantrag präzisiert, wird bei der Stufenklage über jede Stufe grds separat verhandelt und entschieden (BGH NJW-RR 96, 833). Denn zu der Frage, ob der Bekl eine eidesstattliche Versicherung abzugeben hat bzw ob der Kl seinem Leistungsantrag nunmehr einen bestimmten Inhalt geben muss, kann das Gericht idR erst dann Stellung nehmen, wenn der Bekl zur Auskunftserteilung rechtskräftig verurteilt ist und den Auskunftsanspruch (ggf aufgrund von Vollstreckungsmaßnahmen) erfüllt hat (Karlsr NJW 85, 1349). Ohne Auflösung des Scheidungsverbundes ist vorab eine Entscheidung in der Auskunftsstufe zulässig, denn § 137 FamFG verlangt nur, dass über die letzte Stufe der Folgesache gleichzeitig mit der Scheidung entschieden wird (Jena OLGR 09, 531).

12 **II. Entscheidung.** Über jeden Einzelantrag wird gesondert entschieden (BGHZ 10, 385). Eine einheitliche Entscheidung über die mehreren in einer Stufenklage verbundenen Anträge ist grds nicht zulässig (BGH NJW-RR 11, 189), ausnahmsweise nur dann, wenn die Klage unzulässig ist oder sich bereits bei der Prüfung des Auskunftsanspruchs ergibt, dass dem Hauptanspruch die materiell-rechtliche Grundlage fehlt (BAG ZIP 11, 1835; BGH NJW 02, 1042).

Seinen Abschluss findet der auf den beiden ersten Stufen geführte Rechtsstreit jeweils durch Erlass eines Teilurteils, mit dem zB der Bekl zur Auskunftserteilung oder zur Abgabe der eidesstattlichen Versicherung verurteilt wird. Bis zur Rechtskraft dieses Teilurteils und bis zur Erfüllung des dem Kl darin zuerkannten Anspruchs, ggf im Wege der Zwangsvollstreckung, ist der Rechtsstreit unterbrochen. Termin zur Fortsetzung der mündlichen Verhandlung auf der nächsthöheren Stufe wird nur auf Antrag einer Partei bestimmt (Karlsr FamRZ 97, 1224). Ist der Bekl säumig, kann gegen ihn auf der jeweiligen Stufe ein (Teil-)Versäumnisurteil ergehen. Macht der Beklagte, der von der Klägerin auf Zahlung von Zugewinnausgleich in Anspruch genommen wird, eine gegenläufige Stufenklage anhängig, darf das Gericht über den Zahlungsantrag der Klägerin erst entscheiden, wenn es zuvor über die vorgreiflichen Stufen der Widerklage entschieden hat (Hamm FamRZ 11, 745).

13 **1. Erledigung der Auskunft.** Wenn der Bekl nach Erhebung einer Stufenklage die verlangte Auskunft erteilt und nur noch zu den weiteren Klageansprüchen Einwände vorträgt, kann der Kl den Rechtsstreit im Hinblick auf den Auskunftsanspruch (tw) nach § 91a für erledigt erklären. Falls sich der Bekl dem anschließt, ergeht keine isolierte Kostenentscheidung durch Beschl, sondern es ist die Kostenentscheidung nach § 91a in der abschließenden Entscheidung mit zu berücksichtigen. Schließt sich der Bekl der Erledigungserklärung nicht an, entscheidet das Gericht durch Teilurteil über die Erledigung des Rechtsstreits.

2. Unbegründetheit. Bei **Unbegründetheit des Auskunftsverlangens** ist zu unterscheiden: 14

a) Fehlen eines Leistungsanspruchs. Ist die Auskunftslage schon bei **Fehlen eines Leistungsanspruchs** unbegründet, wird – selbst wenn die Parteien bis dahin nur auf der ersten Stufe verhandelt haben und der Kl nur einen Antrag zur ersten Stufe gestellt hat – die gesamte Stufenklage als unbegründet abgewiesen. Denn das Schicksal auch des Leistungsbegehrens steht bereits fest. Gleiches gilt bei Säumnis des Kl für das Versäumnisurteil nach § 330. 15

b) Andere Gründe. Ist der Auskunftsanspruch **aus anderen Gründen** nicht gegeben, etwa deshalb, weil das Gericht ihn aufgrund von Erklärungen des Bekl für erfüllt hält, darf der Leistungsanspruch nicht mit abgewiesen werden. Es ergeht vielmehr hinsichtlich des Auskunftsanspruchs ein abweisendes Teilurteil. Der Kl hat nunmehr Gelegenheit, seinem Leistungsantrag bis zur nächsten mündlichen Verhandlung die gebotene inhaltliche Bestimmtheit zu geben; andernfalls wird die Klage als unzulässig abgewiesen. 16

3. Ergebnislose Auskunft und Erledigung der 3. Stufe. Stellt sich aufgrund der durch den Bekl erteilten Auskunft (und ggf bei Abgabe der eidesstattlichen Versicherung) heraus, dass nichts vorhanden ist und deshalb ein Leistungsanspruch nicht besteht, muss die Klage abgewiesen werden. 17

Eine **einseitige** Erledigungserklärung gem § 91a hilft dem Kl nicht, da der Leistungsantrag zu keiner Zeit begründet war (BGH NJW 94, 2895). Auch die analoge Anwendung des § 93 nutzt dem Kl nichts). In Frage käme eine Rücknahme des letzten Klageantrags, allerdings mit der Kostenfolge der §§ 269 III, 261 (Hamm NJW-RR 91, 1407; aA Stuttg FamRZ 94, 1595). In diesen Fällen erscheint es allerdings gerechtfertigt, dem Bekl sämtliche Kosten des Rechtsstreits aufzuerlegen, denn dieser war immerhin mit der Auskunftserteilung in Verzug. Die Erhebung einer Stufenklage stellte die adäquate Folge dieses Verzugs dar, so dass der Bekl nach § 286 I BGB im Hinblick auf die hierdurch verursachten Kosten zur Zahlung von Schadenersatz verpflichtet ist. Diesen Schadensersatzanspruch kann der Kl entweder in einem Folgeprozess oder aber im laufenden Prozess im Wege einer als sachdienlich anzusehenden Klageänderung nach § 263 als Zahlungs- oder Feststellungsklage geltend machen (BGH NJW 94, 2895). 18

Bei **übereinstimmenden** Erledigungserklärungen kann idR iRd § 91a der Schadenersatzanspruch im Hinblick auf die durch den Rechtsstreit verursachten Kosten ohne Weiteres als Billigkeitskriterium berücksichtigt werden (Nürnbg FamRZ 01, 1381; Karlsr NJW-RR 98, 1454). Der Beklagte kann dem Kl bei einer völlig überhöhten Wertangabe zu Prozessbeginn einen Mitverschuldenseinwand an der Entstehung zu hoher Prozesskosten entgegenhalten (Saarbr AGS 10, 456). 19

III. Rechtskraft. Es besteht Bindungswirkung hinsichtlich des im Teilurteil bejahten Rechtswegs (Stuttg OLGR 09, 910). Hat der Kl bzgl des Auskunftsanspruchs ein obsiegendes Teilurteil erstritten und kann der Bekl im weiteren Verlauf des Rechtsstreits neue Tatsachen vortragen, die die Anspruchsgrundlage für die Auskunftsverpflichtung entfallen lassen, stellt sich die Frage, ob dem die Rechtskraft des Teilurteils entgegensteht. Dabei muss unterschieden werden: 20

Wenn der Kl den Bekl mit dem **zweiten** Stufenantrag auf Abgabe der eidesstattlichen Versicherung in Anspruch nimmt, geht der Streit nur noch um die Frage, ob der Bekl die erforderliche Sorgfalt hat walten lassen. Einwände gegen den Grund des Auskunftsanspruchs sind ihm verwehrt (BGH WM 75, 1086). 21

Anders ist es, wenn der Kl auf der **dritten** Stufe die Leistung verlangt. Hier bleibt es bei dem Grundsatz, dass die Rechtskraft eines Teilurteils sich auf den Anspruch beschränkt, auf den der Tenor sich bezieht. Teilurteile, mit denen der Bekl zur Auskunftserteilung oder zur Abgabe der eidesstattlichen Versicherung verurteilt wird, entfalten im Hinblick auf den Leistungsanspruch also keine Rechtskraftwirkung (BGH NJW 97, 3019); sie binden das Gericht auch nicht über § 318 (BGHZ 107, 236). Deshalb ist eine Partei, die im ersten Abschnitt einer Stufenklage mit verspätetem Verteidigungsvorbringen ausgeschlossen war, nicht gehindert, dieses Vorbringen in den folgenden Abschnitten wieder aufzugreifen (Karlsr NJW 85, 1349). 22

IV. Rechtsmittel. Als Rechtsmittel gegen jedes einzelne der erlassenen Teilurteile kommt die Berufung in Betracht. Ihre Zulässigkeit hängt ganz allg von der Beschwer oder der Zulassung ab (§ 511). 23

Das Berufungsgericht kann, auch wenn nur ein Teilurteil über die Auskunftsklage erlassen und angefochten wurde, die Klage insgesamt abweisen, wenn es zu der Auffassung gelangt, dass deren Unbegründetheit feststeht (BGH NJW-RR 87, 1029). Ist umgekehrt in der 1. Instanz bereits die gesamte Klage als unbegründet abgewiesen worden und hält das Berufungsgericht die Entscheidung über die letzte Stufe für fehlerhaft, kann es das Urt insoweit aufheben und das Verfahren an die Vorinstanz zurückverweisen (BGHZ 30, 213). Eine Zurückverweisung im gebührenrechtlichen Sinn, die einen neuen Rechtszug begründet, liegt nicht 24 vor, wenn das Rechtsmittelgericht das eine Stufenklage insgesamt abweisende Urt der untergeordneten Instanz aufhebt, selbst zur Auskunftserteilung verurteilt und die Sache dann zur weitergehenden Entscheidung über die Stufenklage an das untergeordnete Gericht zurückverweist (München 4.2.11 – 11 W 160/11).

25 **V. Prozesskostenhilfe/Verfahrenskostenhilfe.** Bei der Stufenklage bezieht sich die Prozesskostenhilfebewilligung für den Kl von vornherein auf sämtliche Stufen (Stuttg FamRZ 11, 387; München FamRZ 05, 42). Die abw Auffassung, wonach die Bewilligung stets nur nach der erneuten Prüfung der Schlüssigkeit (Köln FamRZ 11, 1604) oder nur auf jeder Stufe gesondert zu erfolgen habe (Naumbg OLGR 09, 835), überzeugt nicht. Da der (unbezifferte) Zahlungsantrag sofort rechtshängig wird und auch den Gebührenstreitwert bestimmt, muss auch die Prozesskostenhilfe sofort und für alle Stufen bewilligt werden. Da sie von vornherein auf den Zahlungsantrag beschränkt ist, der sich aus der Auskunft ergibt, besteht für die Staatskasse nicht die Gefahr, für die Kosten überhöhter Zahlungsanträge aufkommen zu müssen (Hamm FamFR 11, 519). Fordert der Kl später mehr als die Auskunft hergibt, erstreckt sich die Bewilligung der Prozesskostenhilfe nicht auf diese Mehrforderung (Ddorf AnwBl 00, 59).

26 Erkennt der Bekl seine Auskunftspflicht an, bedarf es keiner Prozesskostenhilfe zur Rechtsverteidigung (Brandbg FamRZ 98, 1177). Nur wenn er von Anfang an Auskunftspflicht und Anspruchsgrund bestreitet, ist die Prozesskostenhilfe für alle Stufen zu bewilligen. Erkennt der Bekl den Auskunftsanspruch verspätet an und führt der Kl den Prozess wegen dieser Auskunft nicht fort, kann dem Bekl die Prozesskostenhilfe zur Verteidigung gegen die Auskunftsklage mangels Erfolgsaussicht und zur Verteidigung gegen die Leistungsklage wegen Mutwilligkeit verweigert werden, wenn er den Prozess durch rechtzeitige Auskunftserteilung hätte vermeiden können (Ddorf FamRZ 97, 1017).

27 **VI. Streitwert.** Gemäß § 5 sind bei der Berechnung des Zuständigkeitsstreitwertes die Einzelwerte der mit der Klage geltend gemachten Ansprüche (Auskunftserteilung, eidesstattliche Versicherung und Leistung) zusammenzurechnen (Brandbg MDR 02, 536).

28 **1. Stufenklage.** Gemäß § 44 GKG ist für den Gebührenstreitwert der Stufenklage allein der nach den ursprünglichen Zahlungserwartungen des Klägers zum Zeitpunkt der Einreichung der Klage am höchsten bewertete Anspruch (idR Leistungsantrag) maßgeblich. Dies gilt auch bei der sog stecken gebliebenen Stufenklage, wenn es also nicht zur Verhandlung über den Leistungsanspruch kommt oder wenn nach Auskunft oder aus sonstigen Gründen der Leistungsantrag nicht mehr beziffert wird (hM; Saarbr AGS 11, 91; Karlsr ZEV 09, 40 mwN; aA Stuttg OLGR 09, 267). Dieser Wert gilt für die auf der letzten Stufe anfallenden Gebühren, während die Gebühren auf den unteren Stufen nach dem dort geltenden Einzelwert entstehen (Celle OLGR 09, 487).

29 **2. Auskunftsanspruch.** Der Wert des Auskunftsanspruchs bemisst sich nach dem wirtschaftlichen Interesse, das der Kl in der Klagebegründung mit seinen Vorstellungen und Erwartungen zum Ausdruck gebracht hat (Kobl OLGR 08, 490). Der Wert beträgt idR einen Bruchteil desjenigen Leistungsanspruchs, der durch die Geltendmachung des Auskunftsanspruchs vorbereitet werden soll (BGH NJW-RR 93, 1154; Frankf FamRZ 97, 38). In der Praxis haben sich Werte von 1/10 bis 1/4 des Leistungsbegehrens eingespielt (Brandbg JurBüro 08, 314).

30 Die **Beschwer** des **Kl** bei Abweisung einer Auskunftsklage bemisst sich nach anderen Grundsätzen als die Beschwer des zur Auskunft verurteilten Bekl (BGHZ 128, 85). Die Beschwer des Kl beträgt einen Bruchteil des durch die Auskunft vorzubereitenden Leistungsanspruchs nur dann, wenn sich die Abweisung auf den Auskunftsanspruch beschränkt. Wird nicht nur das Auskunftsbegehren, sondern die Stufenklage insgesamt abgewiesen, bemisst sich die Beschwer des Kl nach dem Werts des Hauptanspruchs (BGH NJW 02, 71).

31 Der Wert des Beschwerdegegenstandes des zur Auskunftserteilung verurteilten **Bekl** richtet sich nicht nach dessen Interesse, die Durchsetzung des Hauptanspruchs zu verhindern, sondern nur nach dem Aufwand an Zeit und Kosten, den die Erteilung der konkreten Auskunft erfordert (BGH FamRZ 05, 104). Die Auskunftspflicht ist persönlicher Natur und ist daher nicht mit berufstypischen Leistungen, insb eines Steuerberaters, vergleichbar. Der Aufwand der Auskunft kann nicht daran ausgerichtet werden, welche Vergütung ein Dritter für diese Leistung fordern könnte. Im Einzelfall kann ein Geheimhaltungsinteresse der zur Auskunft verurteilten Partei für die Bemessung des Rechtsmittelinteresses erheblich sein (BGHZ 164, 63).

32 **3. Eidesstattliche Versicherung.** Beim Wert des Anspruchs auf Abgabe der eidesstattlichen Versicherung kommt es auf das Interesse des Kl an, die Auskunft der eidesstattlichen Versicherung zu erhärten. Es ist also zu fragen, welche weiteren Auskünfte er sich von der Strafdrohung des § 156 StGB verspricht. Der Streit-

wert des Verfahrens auf Abgabe der eidesstattlichen Versicherung ist regelmäßig nicht anders zu beurteilen als der des Auskunftsverfahrens (BGH NJW-RR 91, 1467).

(nicht besetzt) 33

D. Hinweise zur Verhandlung und Prozesstaktik. Die Stufenklage hat mehrere Vorteile: Durch Vermeidung mehrerer Einzelprozesse Beschleunigungseffekt und Verringerung des Kostenrisikos, auch die noch unbestimmte Leistungsstufe wird rechtshängig, Eintritt der Hemmung der Verjährung auch für die Leistungsklage und die Stufenklage ist – wegen der Degression der Gebührentabelle – stets kostengünstiger als mehrere – bis zu drei – Einzelklagen. 34

Die auf die Stufenklage ergangene Entscheidung über den Auskunftsanspruch erwächst im Hinblick auf den auf der letzten Stufe verfolgten Anspruch nicht in Rechtskraft und entfaltet insoweit auch keine Bindung iSv § 318. Damit ist es rechtlich nicht ausgeschlossen, dass die maßgeblichen Vorfragen im weiteren Verfahren über den Zahlungsanspruch anders als im Teilurteil beurteilt werden (BGH NJW-RR 11, 189).

E. Kosten/Gebühren. I. Gericht. Das Verfahren über eine Stufenklage ist auch gebührenrechtlich eine einzige Angelegenheit. Die Gebühr für das Verfahren im Allgemeinen entsteht nur einmal. Maßgebend ist nach § 44 GKG der höhere Wert, also idR der Wert des Leistungsantrags. Dieser Wert ist auch dann maßgebend, wenn es nicht mehr zur Bezifferung der Leistungsstufe kommt, etwa weil sich das Verfahren in der Auskunftsstufe erledigt oder die Klage vor Bezifferung zurückgenommen wird. Das Gericht muss dann nach dem objektiven Vorbringen des Klägers schätzen, mit welchen Ansprüchen aus seiner Sicht zu rechnen gewesen wäre. Die Wertangabe nach § 61 GKG kann hier ein wichtiges Indiz sein. Das Gericht sollte auf eine solche Wertangabe durch den Kl drängen. 35

Stufenwerte können bei den Gerichtsgebühren nicht entstehen. Die 3,0-Gerichtsgebühr (Nr 1210 KV) entsteht daher nach dem höchsten Wert. Eine Ermäßigung nach Nr 1211 KV scheidet aus, wenn über die Auskunft ein nicht privilegiertes Urt ergangen ist.

II. Anwalt. Auch für den Anwalt ist die Stufenklage eine einzige Angelegenheit. Auch für ihn gilt über § 23 I 1 RVG die Vorschrift des § 44 GKG. Hier kann es allerdings zu Stufenstreitwerten führen. 36

Wird sowohl über die Auskunft als auch den Leistungsantrag verhandelt, entstehen die Gebühren aus dem Höchstwert. Wird nur über die Auskunft verhandelt und hiernach die Klage insgesamt abgewiesen, entstehen die Gebühren ebenfalls aus dem Gesamtwert (KG AGS 08, 40 = MDR 08, 45; Stuttgart FamRZ 08, 533 = OLGR 08, 352; aA Celle OLGR 09, 490 = FamRZ 09, 452). Wird nur über die Auskunftsstufe verhandelt und erledigt sich das Verfahren dann durch Klagerücknahme o.ä., entsteht die Verfahrensgebühr (Nr 3100 VV RVG) aus dem höheren Wert, die Terminsgebühr (Nr 3104 VV RVG) dagegen nur aus dem Wert der Auskunftsstufe (Köln Beschl v 13.7.09 – 19 W 17/09).

§ 255 Fristbestimmung im Urteil.

(1) Hat der Kläger für den Fall, dass der Beklagte nicht vor dem Ablauf einer ihm zu bestimmenden Frist den erhobenen Anspruch befriedigt, das Recht, Schadensersatz wegen Nichterfüllung zu fordern oder die Aufhebung eines Vertrages herbeizuführen, so kann er verlangen, dass die Frist im Urteil bestimmt wird.

(2) Das Gleiche gilt, wenn dem Kläger das Recht, die Anordnung einer Verwaltung zu verlangen, für den Fall zusteht, dass der Beklagte nicht vor dem Ablauf einer ihm zu bestimmenden Frist die beanspruchte Sicherheit leistet, sowie im Falle des § 2193 Abs. 2 des Bürgerlichen Gesetzbuchs für die Bestimmung einer Frist zur Vollziehung der Auflage.

A. Normzweck. Die Fristbestimmung im Urt soll dem Gläubiger die für die begünstigten Erfüllungsansprüche erforderliche Fristsetzung ersparen, darüber hinaus aber die Klage wegen des Sekundäranspruchs nicht erleichtern. 1

Tenorierungsbeispiel:

1) Der Beklagte wird verurteilt, die Bohrmaschine Marke …, Artikel Nr. ..., Farbe ..., an den Kl herauszugeben.

2) Dem Beklagten wird zur Herausgabe eine (in das Ermessen des Gerichtes gestellte) Frist gesetzt. Nach Ablauf dieser Frist lehnt der Kl die Leistung ab.

3) Für den Fall, dass die gesetzte Frist fruchtlos verstreicht, wird der Beklagte verurteilt, einen Betrag in Höhe von ... € nebst Zinsen in Höhe von 5 Prozentpunkten über dem Basiszinssatz seit Fristablauf an den Beklagten zu zahlen.

2 **B. TBVoraussetzungen. I. Abs 1.** Solche Rechte, Schadensersatz wegen Nichterfüllung zu fordern oder die Aufhebung eines Vertrages herbeizuführen, hat der Kl neben dem Hauptanwendungsfall des § 281 BGB zB durch analoge Anwendung auf Rechte nach §§ 250, 264 II, 354 BGB, § 375 HGB. § 281 BGB findet nach hM Anwendung auf eine Herausgabeklage aus § 985 BGB, die nicht auch (zusätzlich) auf Vertrag gestützt ist (München 23.4.2008 – 15 U 5245/07).
Die Fristsetzung muss beantragt werden, die Dauer der Frist kann ins Ermessen des Gerichts gestellt werden. Die Frist beginnt mit Rechtskraft des Urteils. Die Fristbestimmung erhöht den Streitwert nicht.

3 **II. Abs 2.** Ein Recht auf Anordnung der Verwaltung kann zB nach §§ 1052, 2128 BGB verlangt werden.

4 **III. Zulässigkeit der Schadensersatztenorierung.** Nur im Verfahren vor dem AG (§ 510b iVm § 888a) oder dem ArbG (§ 61 II ArbGG iVm § 888a) kann das Gericht bei Handlungspflichten eine Entschädigung für den Fall des ergebnislosen Fristablaufs festsetzen.
Ansonsten ist die Geltendmachung eines bedingten Schadensersatzes nur nach § 259 möglich. Diese Klagehäufung (§ 260) entspricht dem Gläubigerbedürfnis, eine doppelte Prozessführung zu vermeiden, und damit zugleich dem Gebot der Prozesswirtschaftlichkeit (BGH NJW 99, 954). Deshalb kommt es auf den Zeitpunkt der Entscheidungsreife nicht an (Ddorf OLGR 99, 409).
Ggü einem solchen vom Fristablauf abhängigen Schadensersatzanspruch ist eine Aufrechnung mit einer Gegenforderung nicht möglich (Ddorf OLGR 00, 108). Der Bekl kann die Aufrechnung mit einer Vollstreckungsgegenklage (§ 767) geltend machen. Da die Aufrechnungslage erst nach Schluss der letzten mündlichen Verhandlung des Vorprozesses entstanden ist, ist der Bekl nicht präkludiert (§ 767 II).

5 **IV. Zulässigkeit der Schadensersatztenorierung.** Da alle Anträge denselben Gegenstand betreffen, wenn der Kl für den Fall der Nichterfüllung seines Leistungsantrages zusätzlich Fristsetzung und Verurteilung des Beklagten zur Zahlung von Schadensersatz begehrt, werden ihre Werte wegen der wirtschaftlichen Identität nicht zusammengerechnet (Frankf AGS 11, 446).

§ 256 Feststellungsklage.

(1) Auf Feststellung des Bestehens oder Nichtbestehens eines Rechtsverhältnisses, auf Anerkennung einer Urkunde oder auf Feststellung ihrer Unechtheit kann Klage erhoben werden, wenn der Kläger ein rechtliches Interesse daran hat, dass das Rechtsverhältnis oder die Echtheit oder Unechtheit der Urkunde durch richterliche Entscheidung alsbald festgestellt werde.
(2) Bis zum Schluss derjenigen mündlichen Verhandlung, auf die das Urteil ergeht, kann der Kläger durch Erweiterung des Klageantrags, der Beklagte durch Erhebung einer Widerklage beantragen, dass ein im Laufe des Prozesses streitig gewordenes Rechtsverhältnis, von dessen Bestehen oder Nichtbestehen die Entscheidung des Rechtsstreits ganz oder zum Teil abhängt, durch richterliche Entscheidung festgestellt werde.

1 **A. Normzweck.** Die ggü den Leistungs- und Gestaltungsklagen subsidiäre **Feststellungsklage** soll den Parteien eine frühzeitige verbindliche Klärung ihres streitigen Rechtsverhältnisses ermöglichen. Sie richtet sich nur auf Feststellung des Leistungs- oder Gestaltungsrechts und wird nur zugelassen, wenn der Kl ein besonderes rechtliches Interessen an der baldigen Feststellung hat. Zweck der **Zwischenfeststellungsklage** ist die Ausdehnung der Rechtskraftwirkung auf das streitige vorgreifliche Rechtsverhältnis. Sie ist ein Ausgleich dafür, dass die Grundlagen der Entscheidung bis auf die tragenden Gründe (§ 322) nicht in Rechtskraft erwachsen können (BGH NJW 92, 1897).

2 **B. TBVoraussetzungen.** Die positive Feststellungsklage stellt das Bestehen eines Rechtsverhältnisses fest, die negative die seines Nichtbestehens und die Zwischenfeststellungsklage entscheidet über ein den Klageanspruch stützendes vorgreifliches Rechtsverhältnis. Sondervorschriften: § 179 InsO (Feststellung einer bestr Insolvenzforderung), § 7 AnfG (Gläubigeranfechtung außerhalb InsO), §§ 606, 640 (Vaterschaftsfeststellung). Entsprechende Anwendung in feststellenden Entscheidungen im Verfahren über den Versorgungsausgleich, obwohl grds FamFG-Sache (BGH NJW 84, 610).

3 **I. Feststellungsklage. 1. Rechtsverhältnis.** Gegenstand einer Feststellungsklage kann – vom Fall der Urkundenfeststellungsklage abgesehen – grds die Feststellung des Bestehens oder Nichtbestehens eines gegenwärtigen Rechtsverhältnisses sein. Unter Rechtsverhältnis ist eine bestimmte, rechtlich geregelte Beziehung einer Person zu anderen Personen oder einer Person zu einer Sache zu verstehen (BGHZ 22, 43). Darunter fallen auch einzelne Folgen solcher Rechtsbeziehungen, zB einzelne Ansprüche (BGH

NJW 84, 1556), auch Statussachen (BGH NJW 73, 51). Das Rechtsverhältnis ist so genau zu bezeichnen, dass über dessen Identität und damit über den Umfang der Rechtskraft des begehrten Feststellungsausspruchs keinerlei Ungewissheit herrschen kann (BGH NJW 01, 445).

Zum Bsp Inhaltsbestimmung eines Vertrages; rechtsstreitbeendende Wirkung eines Prozessvergleichs (Hamm OLGR 00, 348); Feststellung des Urteilsinhalts, weil der Tenor für die ZwV zu unbestimmt oder die Tragweite zweifelhaft ist; Gewährung von Versicherungsschutz (BGH VersR 09, 1485); Berechtigung zur Mietzinsminderung (BGH WM 85, 1213); Fortbestand des Mietvertrages (BGH NJW-RR 02, 1377); Einbeziehung bestimmter streitiger Einzelposten in die Auseinandersetzungsrechnung (BGH NJW 85, 1898); Unzulässigkeit einer Gläubigeranfechtung (BGH NJW 91, 1061); Fehlen eines Regressanspruchs gg RA (BGH NJW 92, 436); Wirksamkeit (BGH NJW 96, 259; WM 09, 2131) oder Unwirksamkeit (BGH NJW-RR 92, 227) eines Gesellschafterbeschlusses (aber: Geschäftsführer nur bei Nichtigkeit, BGH NJW-RR 08, 706); titelergänzende Feststellung, dass die Klage auch aus unerlaubter Handlung begründet ist (BGHZ 152, 148); Amtshaftungsanspruch wegen Falschauskunft (BGH BauR 01, 1404); Reichweite eines Vollstreckungstitels (BGH NJW 97, 2320); Persönlichkeitsrechtsverletzung durch Theaterstück (BGH NJW 09, 751); Ehrverletzung durch Stadionverbot (BGH NJW 2010, 534). 4

Zur Feststellung der Ersatzpflicht eines **künftigen Schadens** ist streitig, ob für das Interesse die Möglichkeit eines Schadenseintritts ausreicht (BGH NJW-RR 07, 601; NJW 01, 1431; 3414) oder eine gewisse Wahrscheinlichkeit gegeben sein muss (BGHZ 166, 84 für reine Vermögensschäden; offen gelassen in BGH BauR 10, 812). Wird die Feststellung künftiger Schadensersatzpflicht aus einer bereits eingetretenen Rechtsgutsverletzung beantragt, so reicht für das Feststellungsinteresse die Möglichkeit eines Schadenseintritts aus (Stuttg ZMR 11, 149). Diese darf nur verneint werden, wenn aus der Sicht des Klägers bei verständiger Würdigung kein Grund besteht, mit dem Eintritt eines Schadens wenigstens zu rechnen (BGH NJW 01, 1431). Erfasst sind die Schäden ab Klageeinreichung (BGH NJW 00, 3287). Künftiger Rabattverlust durch Rückstufung in der Fahrzeug-Vollkaskoversicherung (BGH NJW 92, 1035). Feststellung der Ersatzpflicht künftiger immaterieller Schäden, außer wenn ausschl voraussehbare Schädigungsfolgen in Betracht kommen, die von der Zubilligung des Schmerzensgelds umfasst wären (Grundsatz der Einheitlichkeit des Schmerzensgelds; BGH NJW-RR 06, 712). Freistellung von Unterhaltsansprüchen unerwünschter Kinder nach misslungener Sterilisation (BGH VersR 82, 68). 5

Das Rechtsverhältnis braucht nicht zwischen den Parteien sondern es kann auch zwischen einer Partei und einem **Dritten** bestehen (Geschädigter bzgl Deckungsschutz des Versicherers für Schädiger, BGH NJW-RR 01, 316) sowie zwischen Dritten (Prätendentenstreit, BGH NJW-RR 92, 252). Zulässig ist eine isolierte Drittwiderklage gegen den Zedenten der Klageforderung, mit der die Feststellung beantragt wird, dass ihm keine Ansprüche zustehen. Eine Widerklage gegen einen bisher am Prozess nicht beteiligten Dritten ist zwar grds nur zulässig, wenn sie zugleich ggü dem Kl erhoben wird. Ausnahmen von diesem Grundsatz sind aber möglich, wenn unter Berücksichtigung prozessökonomischer Erwägungen eine Vervielfältigung und Zersplitterung von Prozessen über einen einheitlichen Lebenssachverhalt vermieden werden kann (BGH NJW 08, 2852). 6

Mit Anerkennung einer **Urkunde** ist die Feststellung der Echtheit gemeint (BGH MDR 59, 209). 7

2. Kein Rechtsverhältnis. Bloße Elemente oder Vorfragen eines Rechtsverhältnisses, reine Tatsachen oder etwa die Wirksamkeit von Willenserklärungen oder die Rechtswidrigkeit eines Verhaltens sind kein Rechtsverhältnis (BGH NJW 08, 1303). Die Beantwortung von Rechtsfragen oder von für Rechtsverhältnisse erheblichen Vorfragen läuft auf die Erstellung von Rechtsgutachten hinaus. Dazu sind die Gerichte nicht berufen. Deshalb könne nicht Gegenstand einer Feststellungsklage sein: Unwahrheit oder Rechtswidrigkeit einer Tatsachenbehauptung (BGHZ 68, 331); Berechnungsgrundlagen für einen Anspruch (BGH NJW 95, 1097); Schadensersatzpflicht wg Räumungsschäden (Brandbg JurBüro 10, 386); Beurteilung unterschiedlicher Rechtsfolgen wie Annahmeverzug (BGH NJW 00, 2663) oder Schuldnerverzug (BGH NJW 00, 2280); Geschäftsfähigkeit, Rechtswidrigkeit, Verschulden, Wirksamkeit einer Anfechtung; Annahmeverzug; Schuldnerverzug; vertragsgemäße Schiedsgutachten (BGH MDR 85, 37); Unterhaltspflicht (Karlsr NJW-RR 89, 969); Rechtswidrigkeit eines Haftbefehls (München 26.07.10 – 1 U 2201/10). 8

3. Feststellungsinteresse. a) Voraussetzungen. Ein rechtliches Interesse an der alsbaldigen Feststellung des Bestehens oder Nichtbestehens eines Rechtsverhältnisses besteht, wenn dem Recht oder der Rechtslage des Kl eine gegenwärtige Gefahr der Unsicherheit droht und wenn das angestrebte Urt geeignet ist, diese Gefahr zu beseitigen (BGH NJW 06, 2780), wenn der Streit insgesamt beseitigt und das Rechtsverhältnis 9

der Parteien abschließend geklärt werden kann (BGH NJW 84, 1118). Als positive Prozessvoraussetzung enthält das rechtliche Interesse eine Einschränkung der Rechtsschutzfunktion (keine unnütze/unlautere Prozessführung, keine Verfolgung zweckwidriger Ziele). Deshalb kein Interesse für nur auf die Vergangenheit gerichtete Feststellung, aus der sich keinerlei Rechtsfolgen für die Zukunft ergeben (BAG 09.11.10 – 1 ABR 76/09) oder der Eintritt irgendeines Schadens ungewiss ist (Stuttg TranspR 2010, 387).
Tenorierungsbeispiel: Es wird festgestellt, dass der Beklagte verpflichtet ist, dem Kl den materiellen und immateriellen Schaden zu ersetzen, der ihm durch den Unfall am ... in ... entstanden ist und noch entstehen wird, sofern dieser nicht auf die Sozialversicherungsträger übergegangen ist.
Bei einer **negativen** Feststellungsklage ergibt sich das Interesse an einer der Rechtskraft fähigen Entscheidung regelmäßig daraus, dass mit der richterlichen Feststellung die Führung eines neuerlichen Rechtsstreits über einen Anspruch ausgeschlossen wird, der nur tw eingeklagt worden ist oder dessen sich der Gegner jedenfalls außergerichtlich berühmt hat (BGH NJW 08, 2852). Feststellungsinteresse aber dann, wenn der Kl befürchten muss, dass ihm der Bekl aufgrund seines vermeintlichen Rechts ernstliche Hindernisse entgegensetzen wird (zB Bekl hält mit einer nach Treu und Glauben zu erwartenden eindeutigen Erklärung zu unwirksamer Schönheitsreparaturklausel zurück – BGH NJW 10, 1877).
Tenorierungsbeispiel: Es wird festgestellt, dass dem Kl über den mit der Klage geltend gemachten Anspruch in Höhe von **...** € hinaus kein weiter gehender Anspruch von **...** € zusteht.
Unzulässig ist der einfache Antrag auf Feststellung, dass der Kl dem Bekl nichts schulde, weil es der Angabe des konkreten Schuldgrundes und Schuldgegenstandes bedarf (BGH NJW 84, 1556). **Ergänzende** Feststellungsklage zulässig, wenn aufgrund konkreter Anhaltspunkte damit zu rechnen ist, dass gegen einen vollstreckbaren Titel Vollstreckungsgegenklage erhoben werden wird (BGH NJW 06, 2922). Ist eine Vollstreckungsgegenklage wegen Präklusion des Aufrechnungseinwandes abgewiesen worden, ist eine Klage auf Feststellung, dass die titulierte Forderung durch dieselbe Aufrechnung erloschen sei, unzulässig (BGH NJW 09, 1671).

10 Ob das Feststellungsinteresse vorliegt, hängt von der Formulierung und Auslegung des Antrags sowie der Interessenlage ab (BGH NJW 09, 751). Ein rechtliches Interesse an der alsbaldigen Feststellung eines Vertragsverhältnisses besteht: Anspruchsgegner leugnet den Eintritt einer Bedingung, die Anspruchsgrundlage oder deren Wirksamkeit (BGH NJW 86, 2507); zur Verjährungshemmung (München WM 10, 1459); Wirksamkeit eines Darlehensvertrages (Ddorf 19.11.10 – 17 U 15/07); Nichtbestehen eines wettbewerbsrechtlichen Unterlassungsanspruchs (Hamm MMR 10, 29); Reichweite eines Vollstreckungstitels (BGH NJW 97, 2320), Fortbestand eines Arbeitsverhältnisses (BAG BB 00, 1252; MDR 97, 370) oder sonstigen Rechtsverhältnisses (BGH NJW 00, 354); trotz abgeschlossener Schädigung bei ungewissen Schadensbeseitungsmaßnahmen (BGHZ 164, 249); bei Unklarheit über Inhalt eines Aufsichtsratsbeschlusses (BGH NJW 97, 318); wenn sich der Bekl einer Forderung gegen den Kl berühmt (BGH AnwBl 85, 199). Eine Berühmung ist die mdl oder schriftl Verlautbarung ggü einem Dritten einen Rechtsanspruch zu haben. Interesse für zweite Feststellungsklage besteht, wenn sie unerlässlich ist, um den Eintritt der Verjährung zu verhindern. Das ist nicht der Fall, wenn der Gläubiger eines rechtskräftig festgestellten Anspruchs die Möglichkeit hat, einen Neubeginn der Verjährung nach § 212 I Nr 2 BGB zu erreichen durch die Vornahme einer weiteren Vollstreckungshandlung (BGH NJW-RR 03, 1076). Aber Interesse eines Titelgläubigers auf Feststellung des Rechtsgrundes der unerlaubten Handlung nach einem auf den Rechtsgrund beschränkten Widerspruch des insolventen Schuldners (BGH MDR 11, 130); dieser Feststellungsanpruch des Rechtsgrundes unterliegt nicht der Verjährung des Leistungsanspruchs (BGH MDR 11, 122).

11 Zulässig ist die Klage auf Feststellung einer bereits eingetretenen, aber bestr **Erbenstellung**. Bei einer Klage eines Nachkommens des Erblassers gegen andere Nachkommen auf Feststellung der Alleinerbschaft kann aus Gründen der Rechtsklarheit und Rechtssicherheit wegen des Vorverhaltens des Bekl ein besonderes Feststellungsinteresse ausnahmsweise vorliegen (Brandbg FamRZ 09, 1610). Dem steht nicht entgegen, dass ein Urt im streitigen Verfahren nur zwischen den Parteien wirkt und keine Bindungswirkung für das Erbscheinsverfahren mit seinen weiteren Beteiligten, den im Testament genannten Erben, entfaltet (BGHZ 47, 58); ebensowenig ein bereits durchgeführtes Erbscheinsverfahren, weil das Ergebnis des Erbscheinsverfahrens mangels einer der Rechtskraft fähigen Entscheidung keine Bindungswirkung für einen nachfolgenden Prozess über die Feststellung des Erbrechts hat (BGH FamRZ 10, 1068). Es fehlt an einem gegenwärtigen konkreten Rechtsverhältnis, wenn die Feststellung begehrt wird, das Erbrecht nach noch lebenden Personen festzustellen (BGHZ 37, 137; Schlesw OLGR 03, 89). Das Feststellungsinteresse fehlt auch, wenn die Unsicherheit nicht gerade zwischen den Prozessparteien besteht, weil ein Erbe Feststellung seiner Erbenstellung beantragt, obwohl die Erbunwürdigkeit des Bekl bereits rechtskräftig festgestellt worden ist (OLGR Saarbrücken 07, 95). Dennoch können Beteiligte eines erbrechtlichen Streits oft ein Interesse daran haben, noch zu Lebzeiten ihre Rechtsposition verbindlich klären zu lassen. Deshalb besteht für eine positive Feststellungsklage des Erblassers gegen einen **Pflichtteilsberechtigten** auf Feststellung eines Pflichtteilsentziehungsrechts das Feststellungsinteresse, weil die Klärung der Grenzen der Testierfreiheit iA keinen längeren Aufschub verträgt (BGH NJW 74, 1084). Dasselbe gilt auch für die Klage eines Pflichtteilsberechtigten auf Feststellung des Nichtbestehens eines Pflichtteilsentziehungsrechts (BGH NJW 04, 1874). Das Feststellungsinteresse entfällt aber mit dem Tod des Erblassers, weil ab diesem Zeitpunkt nicht mehr das Pflichtteilsentziehungsrecht, dessen Bestehen oder Nichtbestehen zur Vorfrage wird, sondern nur noch die Frage, ob ein Pflichtteilsanspruch besteht oder nicht, zulässiger Streitgegenstand sein kann (BGH NJW-RR 93, 391).

b) Subsidiarität. Ein Feststellungsinteresse ist nicht gegeben, wenn dem Kl ein im Vergleich zu einer Feststellungsklage einfacherer, schnellerer und kostengünstigerer Weg mit einem im Wesentlichen gleichwertigen Verfahrensergebnis zur Verfolgung seines prozessualen Ziels offen steht (BGH NJW-RR 08, 1578). Da die andere Rechtsschutzmöglichkeit zumutbar sein muss (BGH NJW 00, 1256), besteht keine allg Subsidiarität der Feststellungsklage ggü der Leistungsklage. Die Feststellungsklage führt unter dem Gesichtspunkt der Prozesswirtschaftlichkeit zu einer sinnvollen und sachgem Erledigung der aufgetretenen Streitpunkte (BGH NJW 96, 2725), weil bei öffentlichen Institutionen zu erwarten ist, dass sie sich einem Feststellungsurteil beugen (BGHZ 28, 123). Auch bei möglicher teilweiser Bezifferung besteht Feststellungsinteresse, wenn der Anspruch seiner Natur nach sinnvollerweise erst nach Abschluss seiner Entwicklung beziffert werden kann (BGH NJW 88, 3268); keine Aufspaltung in Leistungs- und Feststellungsklage (BGH VersR 91, 788). Der Besteller kann neben der Kostenvorschussklage die (klarstellende) Feststellung begehren, dass der Unternehmer auch die übersteigenden Mängelbeseitigungskosten zu tragen hat (BGH IBR 08, 721). Der Beseitigung eines durch EA im Ehescheidungsverbundverfahren ergangenen Kindesunterhaltstitels (Bremen FamRZ 00, 1165) mit der negativen Feststellungsklage nach § 620b steht ein kostengünstigerer Abänderungsantrag nach § 620b dem Rechtsschutzinteresse nicht entgegen (Naumbg NJWE-FER 01, 240), jedoch der Klage gegen eine EA nach § 246 FamFG, weil die Unterhaltshauptsache bereits anhängig ist (Köln OLGR 01, 94). 12

Feststellungsklage ist subsidiär ggü möglicher Stufenklage (BGH NJW 96, 2097), aber nicht im Wettbewerbsrecht (BGH MDR 03, 1304); Klage auf Freistellung von einer Verbindlichkeit (BGH NJW 96, 2725), Feststellung einer Räumungspflicht ggü Klage nach § 257 (KG MDR 06, 534); Erhebung einer Zwischenfeststellungsklage (Brandbg OLGR 08, 69). Dem Drittschuldner, der mit einer negativen Feststellungsklage die Unwirksamkeit des Pfändungsbeschlusses geltend macht, fehlt das Rechtsschutzinteresse, wenn ihm gem § 766 die Erinnerung gegen den Pfändungsbeschluss zusteht. Das Rechtsschutzinteresse für eine negative Feststellungsklage des Drittschuldners auf Nichtbestehen der gepfändeten Forderung ist erst gegeben, wenn der Drittschuldner erfolglos gegen den Gläubiger gem §§ 840, 843 vorgegangen ist (BGHZ 69, 144). 13

c) Alsbaldige Feststellung. Eine vorsorgliche Feststellungsklage ist unzulässig. Ausnahmsweise kann in Fällen der Kündigung eines Dienstvertrages ein Interesse des Gekündigten an der Feststellung des Fortbestehens gegeben sein, wenn sich der Arbeitgeber weiterer Beendigungsgründe berühmt (Brandbg GmbHR 09, 824). Aus der Feststellung müssen sich Folgen für die Gegenwart oder Zukunft ergeben, so dass die Feststellungsklage über ein vergangenes Rechtsverhältnis grds unzulässig ist (BGH WM 81, 1050) ebenso wie über ein erst in der Zukunft möglicherweise noch eintretendes Ereignis (BGHZ 120, 239), es kann aber betagt oder bedingt sein (BGH NJW 84, 2950). Es kann durch Erfüllung schon erloschen sein, wenn Rechtsfolgen für die Gegenwart abgeleitet werden (BGH MDR 79, 746). Unzulässig ist die Feststellung des Erbrechts nach einer noch lebenden Person (BGHZ 37, 137), aber zulässig die Klage auf Feststellung des Nichtbestehens eines Pflichtteilsentziehungsrechts (BGH NJW 04, 1874). 14

d) Wegfall. Das Feststellungsinteresse muss bei Schluss der mündlichen Verhandlung noch vorliegen (BGHZ 18, 98). Tatsachen, die zum Wegfall des Feststellungsinteresses führen und erst nach der letzten Tatsachenverhandlung entstanden sind, dürfen noch in der Revisionsinstanz verwertet werden, ebenso neue Tatsachen, die dieses Interesse begründen können (BGH NJW 84, 56). 15

Das zunächst vorhandene Interesse an einer negativen Feststellung erlischt idR, sobald der Gegner wegen desselben Gegenstandes Leistungsklage (BGH NJW-RR 90, 1532) oder als Bekl Widerklage (Frankf NJW 70, 2069) erhebt und diese nicht mehr einseitig zurücknehmen kann (BGH NJW 97, 870; GRUR-RR 10, 496); zweckmäßig ist dann Erledigung der Hauptsache. Anders ist es, wenn der Rechtsstreit über die nega- 16 tive Feststellungsklage bei Erhebung der Leistungsklage im Wesentlichen entscheidungsreif ist (BGH NJW 73, 1500); dann kann der Bekl die Entwicklung nicht mehr durch eine Leistungsklage aufhalten.

17 Feststellungsklage bleibt aber zulässig, auch wenn im Laufe des Prozesses der Schaden bezifferbar, eine Leistungsklage also möglich wird (BGH NJW-RR 04, 79). Feststellungsinteresse entfällt nicht schon durch eine einseitige nicht bindende Verzichts- oder Beschränkungserklärung des Gegners, er werde keine weiteren Ansprüche geltend machen (BGH NJW 06, 2780); erforderlich ist vielmehr, dass die Rechtsposition des Klägers endgültig gesichert ist (Köln Magazindienst 11, 443). Schädiger muss zugleich ankündigen, dass er für zukünftige Schäden auf die Einrede der Verjährung verzichtet (München NJW-Spezial 08, 171). Klage auf Feststellung des Bestehens einer Forderung aus vorsätzlich begangener unerlaubter Handlung ist noch nach Aufhebung des Insolvenzverfahrens und Ankündigung der Restschuldbefreiung zulässig (BGH NJW 09, 1280). Rechtsschutzinteresse für die Klage eines Titelgläubigers auf Feststellung des Rechtsgrundes der unerlaubten Handlung entfällt nicht nach einem auf den Rechtsgrund beschränkten Widerspruch des insolventen Schuldners (BGH MDR 11, 130).
Bei negativen Feststellungsklagen mehrerer Kl ist str, ob im Hinblick auf unterschiedliche allgemeine Klägergerichtsstände eine Gerichtsstandsbestimmung nach § 36 Abs. 1 Nr. 3 ZPO (analog) in Betracht kommt (so München NJW-RR 10, 645 gegen München 12.5.10–34 AR 9/10 und 18/10).

18 **4. Entscheidung.** Fehlt das Rechtsschutzinteresse ist die Klage grds als **unzulässig** abzuweisen, kann bei Vorliegen der sachlichen Voraussetzungen aber auch als **unbegründet** abgewiesen werden (BGHZ 12, 308). Wird Ersatzpflicht künftigen Schadens zugesprochen, muss die Mitverschuldensquote des Kl festgestellt werden (BGH NJW 78, 544). Ist die streitige Verpflichtung teilbar, so darf, wenn dem Interesse des Kl mit einer solchen teilweisen Feststellung genügt wird, eine Klageabweisung regelmäßig nur insoweit erfolgen, als der geleugnete Anspruch besteht; im übrigen muss der Klage stattgegeben werden (BGH WM 85, 901).

19 Ein Urt, das eine negative Feststellungsklage aus sachlichen Gründen abweist, besitzt dieselbe **Rechtskraft** wie ein Urt, das das Gegenteil dessen, was mit der negativen Feststellungsklage begehrt wird, positiv feststellt (BGH NJW 03, 3058). Wird die auf Feststellung des Nichtbestehens einer bestimmten Darlehensforderung gerichtete Klage aus sachlichen Gründen abgewiesen, steht das Bestehen der Forderung auch dann positiv fest, wenn es in den Entscheidungsgründen heißt, es sei weder die Nichthingabe noch die Hingabe des Darlehens bewiesen (BGH NJW 83, 2032). Die Reichweite der Bindungswirkung eines Feststellungsurteils ergibt sich aus der Urteilsformel, Tatbestand und Entscheidungsgründen sowie dem ergänzend heranzuziehen Parteivorbringen (BGH NJW 08, 2716). Beim Feststellungsurteil ist (bis auf die Kosten) nichts zu vollstrecken.

20 **5. Streitwert.** Der Wert der positiven Feststellungsklage beläuft sich regelmäßig auf 80 % des Wertes einer entspr Leistungsklage (BGH NJW-RR 01, 316). Bei der negativen Feststellungsklage ist er so hoch wie der Anspruch, dessen sich der Gegner rühmt (BGH NJW 70, 2025).

21 **II. Zwischenfeststellungsklage (Abs 2).** Gegenstand einer Zwischenfeststellungsklage kann nur ein im Laufe des Prozesses str gewordenes Rechtsverhältnis sein, von dessen Bestehen oder Nichtbestehen die Entscheidung des Rechtsstreits ganz oder zT abhängt. Da nur die Entscheidung über den Klageanspruch in Rechtskraft erwächst (§ 322), kann dies in einem späteren Rechtsstreit ders Parteien über weitere auf das vorgreifliche Rechtsverhältnis gestützte Ansprüche zu einer abw Beurteilung führen; dies soll § 256 II vermeiden (BGH MDR 79, 746), so bei Feststellungswiderklage ggü Teilklage (BGH WM 61, 403). Im Rahmen einer Stufenklage kann der Auskunftsanspruch mit einer Zwischenfeststellungsklage verbunden werden, wenn durch die Entscheidung über den Auskunftsanspruch das Rechtsverhältnis nicht erschöpfend klargestellt wird (BGH WM 99, 746).

22 **1. Klageerhebung.** Gleichzeitig mit Hauptantrag oder nachträglich bis zum Schluss der mündlichen Verhandlung, auch noch in der Berufungsinstanz (BGHZ 53, 94), aber nicht Revisionsinstanz (BGH NJW 61, 777), sogar hilfsweise für den Fall der Abweisung der Hauptantrags (BGH NJW 92, 1897) oder vom Bekl als Widerklage kann die Klage erhoben werden.

23 **2. Vorgreiflichkeit.** Wenn darüber befunden werden muss, ob das streitige Rechtsverhältnis besteht, liegt Vorgreiflichkeit vor, zB Wirksamkeit eines Vergleichs (BAG NZA 10, 1250). Nicht vorgreiflich, wenn die Klage zur Hauptsache unabhängig davon abweisungsreif ist, ob das zwischen den Parteien streitige Rechtsverhältnis besteht (BGH NJW-RR 10, 640). Daran fehlt es auch, wenn der Kl festzustellen beantragt, dass die von dem Bekl zur Aufrechnung gestellte Forderung in Höhe der Klageforderung bereits dem Grunde

nach nicht besteht (BGH NJW 07, 82); aber vorgreiflich die Feststellung der Haftungsquote für sämtliche Schadenspositionen im Schadensersatzprozess (LG Bonn MDR 10, 1346). Das vorgreifliche Rechtsverhältnis kann schon vor dem Prozess str gewesen sein (BGH NJW-RR 90, 320).

3. Rechtsschutzbedürfnis. Ein solches muss vorliegen, aber kein Feststellungsinteresse (BAG NZA 97, 50), weil dieses durch die Vorgreiflichkeit des festzustellenden Rechtsverhältnisses für die Hauptentscheidung ersetzt wird (BGH MDR 79, 746). Ein Rechtsschutzbedürfnis besteht bereits bei der bloßen Möglichkeit, dass das inzidenter ohnehin zu klärende Rechtsverhältnis zwischen den Parteien noch über den gegenwärtigen Streitgegenstand hinaus Bedeutung hat oder gewinnen kann (BGH NJW 11, 2195), zB wegen Mängel ggü einer Werklohnklage (BGH NJW-RR 08, 262). 24

4. Entscheidung. Die Entscheidung erfolgt durch Teil- oder Endurteil, welches aber nur auf Antrag einer Partei ergehen kann (BGH MDR 05, 645). Trotz möglicher Widerspruchsgefahr kann über eine Zwischenfeststellungsklage durch Teilurteil entschieden werden (Hamm JurBüro 10, 266). 25

C. Hinweise zur Verhandlung und Prozesstaktik. Für die negative Feststellungsklage gilt der allgemeine Grundsatz, dass hierfür dasjenige Gericht örtlich zuständig ist, das im Fall einer Leistungsklage umgekehrten Rubrums zuständig wäre (Göttingen 26.7.11 2 O 1096/11). 26
Berühmt sich der Bekl Gläubiger einer Darlehensforderung zu sein, und klagt der angebl Schuldner auf negative Feststellung, hat der Bekl die **Beweislast**; kann er den Beweis nicht erbringen, ist der Klage stattzugeben (BGH NJW 93, 1716).

§ 257 Klage auf künftige Zahlung oder Räumung. **Ist die Geltendmachung einer nicht von einer Gegenleistung abhängigen Geldforderung oder die Geltendmachung des Anspruchs auf Räumung eines Grundstücks oder eines Raumes, der anderen als Wohnzwecken dient, an den Eintritt eines Kalendertages geknüpft, so kann Klage auf künftige Zahlung oder Räumung erhoben werden.**

A. Normzweck. Klagerecht vor Fälligkeit soll dem Kl schnelle Vollstreckung erlauben. Bekl muss alle Gegenrechte schon im Prozess vorbringen (wg § 767 II). 1

B. TBVoraussetzungen. I. Geldforderung. 1. Fälligkeit. Kalendermäßige Fälligkeit nach Ablauf der Zahlungsfrist oder nach Stundung. Nicht Anspruch auf Durchführung von Schönheitsreparaturen, weil Fälligkeit sich nach dem Grad der Abnutzung der Wohnung richtet (LG Hannover NZM 02, 120). Kalendermäßig bestimmt, wenn die Leistung im Laufe eines bestimmten Jahres oder in gleich bleibenden Raten innerhalb mehrerer Jahre zu erfolgen hat (Kobl KTS 01, 637). 2

2. Nicht von Gegenleistung abhängig. Dies ist ein Vertrag nach vollständiger Erfüllung, also nicht, wenn Zug um Zug zu erfüllen (§ 322 BGB) oder Zurückbehaltungsrecht (§ 274 BGB) besteht. 3

II. Räumung. 1. Nicht Wohnzwecken dienend. Bei Wohnraum Klage nach § 259. 4

2. Kalendermäßige Fälligkeit. Erst nach Ablauf der Mietdauer. Das Schweigen des Gewerberaummieters zur Erfüllung seiner Räumungspflicht nach Kündigung gibt keinen Anlass zur Klage (LG Berlin GuT 10, 247). 5

C. Hinweise zur Verhandlung und Prozesstaktik. Der Bekl kann Kostenlast durch sofortiges Anerkenntnis vermeiden (Hamm ZMR 96, 499). Spätere Einwendungen kann der Bekl nach § 767 geltend machen (BGH MDR 96, 1232). Zwangsvollstreckung erfolgt nach § 751 I. 6

§ 258 Klage auf wiederkehrende Leistungen. **Bei wiederkehrenden Leistungen kann auch wegen der erst nach Erlass des Urteils fällig werdenden Leistungen Klage auf künftige Entrichtung erhoben werden.**

A. Normzweck. § 258 will vermeiden, dass mehrere Rechtsstreitigkeiten mit identischem Sachverhalt geführt werden müssen, um eine Titulierung der künftig fällig werdenden Ansprüche zu erreichen. 1

B. TBVoraussetzungen. I. Wiederkehrende Leistungen. Dies sind einseitige (BGH NJW 86, 3142) Ansprüche, die sich als einheitliche Folgen aus demselben Rechtsverhältnis ergeben, so dass die einzelne Leistung in ihrer Entstehung nur noch vom Zeitablauf abhängig ist (BGH NJW 07, 294), wie Ansprüche 2 auf Rente nach §§ 759, 843 II, 844 II, 912 ff BGB, Unterhalt (BGH NJW 07, 2249), Kapitalzins oder Erbbauzins gem § 9 ErbbauVO (BGH NJW 07, 294) oder Eigentümer-Besitzer-Verhältnis (BGH MDR 96, 1232). **Nicht** unter § 258 fallen im Gegenseitigkeitsverhältnis stehende Rechtsverhältnisse (BGH WM 04, 193), deren Voraussetzungen nicht nur vom Zeitablauf abhängig sind, sondern Tag für Tag neu festzustellen sind, wie Miete oder Pacht (Stuttg OLGR 08, 25), Lohn (BGH NJW 86, 3142), Krankentagegeld (Kobl VersR 09, 104) oder künftige Ansprüche auf eine noch festzustellende Arbeitsunfähigkeitsrente (LG Dortmund 16.07.09 – 2 O 29/08).

3 Ein Titulierungsinteresse für künftigen **Unterhalt** besteht auch dann, wenn bislang **freiwillig**, pünktlich und vollständig gezahlt worden ist (BGH NJW 98, 3116). Bei stattgebendem Unterhaltsurteil für die Vergangenheit müssen wegen § 767 II geleistete Zahlungen im Tenor berücksichtigt werden. Ein Unterhaltsgläubiger, der im Besitz einer vollstreckbaren **Jugendamtsurkunde** ist, die ohne seine Billigung einseitig errichtet wurde, kann eine ihm zustehende Mehrforderung wahlweise mit Abänderungsklage (§ 323) oder Erstklage geltend machen. Die Erstklage hat sich jedoch auf die Zusatzforderung zu beschränken (Zweibr FamRZ 11, 1529). Wurde die Unterhaltsklage wegen fehlender Bedürftigkeit **abgewiesen**, dann ist der Unterhalt nach Eintritt der vormals fehlenden Voraussetzung nicht im Wege einer Abänderungsklage (§ 323), sondern einer neuen Leistungsklage geltend zu machen (BGHZ 82, 246). Verlangt der Gläubiger im Vorprozess ersichtlich nicht einen Teilbetrag des geschuldeten vollen Unterhalts, sondern Unterhalt in zu geringer Höhe, kann er den von ihm begehrten weiteren Unterhalt nicht im Wege der Nachforderungsklage (Fall der Leistungsklage gem § 258), sondern nur im Wege einer Abänderungsklage durchsetzen (Bremen ZFE 10, 386).
Ist einem Kl der **volle** Verdienstausfall in Form einer Rente zugesprochen worden, so kann er nach einer Veränderung der Verhältnisse einen höheren Rentenbetrag nur mit der Abänderungsklage verlangen (BGHZ 34, 110). Spricht ein Urt eine Verdienstausfallrente nur als **Spitzenbetrag** über einen freiwillig gezahlten Sockelbetrag hinaus zu, handelt es sich um eine Teilklage, die nicht rechtskräftig feststellt, dass der zugrunde liegende Unterhaltsanspruch im Umfang der freiwilligen Zahlung besteht (BGH NJW 85, 1340). Deshalb ist für Mehrforderungen des Gläubigers nicht die Abänderungsklage, sondern die Nachforderungsklage gegeben. Dies hat zur Folge, dass ohne Rücksicht auf das Ergebnis des Vorprozesses sämtliche Anspruchsgrundlagen neu vorzutragen und notfalls zu beweisen, und alle Einwendungen neu zu prüfen sind, d.h. auch solche, die im Vorprozess ggf bereits abschlägig verbeschieden worden sind (München 18.11.11-10 U 405/11).

4 **II. Bestehender Anspruch.** Im Zeitpunkt der mündlichen Verhandlung muss die Grundlage der Leistungspflicht nach Grund und Höhe festgestellt werden können (BGHZ 87, 121).

§ 259 Klage wegen Besorgnis nicht rechtzeitiger Leistung. **Klage auf künftige Leistung kann außer den Fällen der §§ 257, 258 erhoben werden, wenn den Umständen nach die Besorgnis gerechtfertigt ist, dass der Schuldner sich der rechtzeitigen Leistung entziehen werde.**

1 **A. Normzweck.** Der Gläubiger kann bereits vor Fälligkeit eines Anspruchs einen Vollstreckungstitel erlangen.

2 **B. TBVoraussetzungen. I. Ansprüche.** Außer den Fällen der §§ 257, 258 sind alle Arten von noch nicht fälligen Ansprüchen umfasst, auch bedingte (BGHZ 5, 342) und von einer Gegenleistung abhängige Leistungen, zB Herausgabe (BGH NJW-RR 05, 1518); bedingte Schadensersatzklage gem § 283 BGB (BGH NJW 99, 954); auf Sozialhilfeträger übergeleitete Unterhaltsansprüche (BGH NJW 92, 1624) oder vertragliche Unterlassungsansprüche (BGH MDR 60, 134).

3 **II. Besorgnis.** Hinsichtlich der Leistungsverweigerung besteht Besorgnis bei ernstlichem Bestreiten (BGHZ 5, 344), wenn aus den Erklärungen des Schuldners oder seinem Verhalten über die bloße Nichtleistung hinaus der Schluss zu ziehen ist, dass er nicht leisten wolle. Auch wenn der Schuldner die Forderung nicht bestreitet, kann sich dies aus der mit der Nichtzahlung verbundenen **Zahlungsunfähigkeit** ergeben (BGH NJW 03, 1395).

4 Die Erklärung des **Mieters**, dass er nicht ausziehe (LG Berlin NZM 99, 71), reicht aus für die Herausgabeklage und zugleich für die künftig fällig werdende Nutzungsentschädigung bis zur Herausgabe der Wohnung (BGH NJW 03, 1395), jedoch nicht bei Schweigen des Mieters auf die Kündigung (Karlsr NJW 84, 2953). Klage auf Zustimmung zur Mieterhöhung kann mit Klage auf Zahlung der erhöhten Miete verbunden werden (BGH NJW-RR 05, 1169), auch Verurteilung zur Leistung unter Vorbehalt einer behördlichen

Genehmigung (BGH NJW 78, 1262). Eine Klage des Vermieters auf zukünftige Leistung ist zulässig, wenn der Mieter einen Rückstand an Miete und Mietnebenkosten in einer die Bruttomiete mehrfach übersteigenden Höhe hat auflaufen lassen (BGH NJW 11, 2886).

III. Zwangsvollstreckung. Erfolgt nach §§ 726 I, 751 I. 5

C. Hinweise zur Verhandlung und Prozesstaktik. Die Klage auf zukünftige Leistungen kann in geeigneten Fällen (§§ 592 ff) im Urkundenprozess erhoben werden (Oldbg WuM 99, 225). Eine Klage nach § 259 kann, wenn sie wegen Nichtentstehung der geltend gemachten Ansprüche unzulässig ist, in eine Klage nach § 256 umgedeutet werden (BGH NJW-RR 06, 1485). 6
Der **Streitwert** einer Klage auf zukünftige Leistung von Nutzungsentschädigung nach beendetem Mietvertrag bis zum – unbekannten – Zeitpunkt der Räumung bestimmt sich nicht nach § 9 ZPO (so Hamm FamRZ 08, 1208), sondern nach § 48 Abs. 1 GKG i.V.m. § 3, also Jahreswert, aber ohne Feststellungsabschlag von 20% (Stuttg MDR 11, 513).

§ 260 Anspruchshäufung. **Mehrere Ansprüche des Klägers gegen denselben Beklagten können, auch wenn sie auf verschiedenen Gründen beruhen, in einer Klage verbunden werden, wenn für sämtliche Ansprüche das Prozessgericht zuständig und dieselbe Prozessart zulässig ist.**

A. Normzweck. Klagehäufung ist der Oberbegriff für die subjektive (Streitgenossenschaft; mehrere Parteien am Rechtsstreit beteiligt) und objektive Klagehäufung (mehrere prozessuale Ansprüche/Streitgegenstände). Diese Norm dient der Prozessökonomie. Der Kl kann mehrere Ansprüche in einer Klage geltend machen. Diese Bestimmung hat keine große praktische, aber theoretische Bedeutung zur Bestimmung des Streitgegenstands. 1

B. TBVoraussetzungen. I. Mehrere Ansprüche. Nach dem zweigliedrigen Streitgegenstandsbegriff liegt eine objektive Klagehäufung vor, wenn mehrere Anträge gestellt werden oder mehrere Lebenssachverhalte zur Begründung eines Antrags vorgetragen werden. **Keine** Anspruchshäufung, sondern eine einheitliche Klage liegt vor, wenn der Kl seinen Antrag auf mehrere rechtliche Gesichtspunkte (Anspruchsgrundlagen) stützt. 2

1. Anspruchshäufung. Die Anspruchshäufung kann ursprünglich erfolgen durch Erhebung einer Klage mit mehreren Streitgegenständen oder nachträglich durch Verbindung durch das Gericht (§ 147). Die nachträgliche Einbeziehung eines weiteren Klagebegehrens (§ 261 II) ist eine Klageänderung (BGH NJW 07, 2414). Eine unzulässige Stufenklage kann in eine Klagehäufung umgedeutet werden (BGH NJW 11, 1815). 3

2. Formen. Drei Formen der Anspruchshäufung sind möglich: 4

a) Kumulativ. Mehrere Streitgegenstände nebeneinander. Auch wenn ein Antrag auf Räumung und Herausgabe einer Pachtsache auf mehrere Kündigungserklärungen gestützt wird, die sich auf verschiedene Kündigungsgründe beziehen und zu unterschiedlichen Zeitpunkten das Pachtverhältnis beenden (Naumbg NL-BzAR 11, 490). Bei Teilklagen ist zur Bestimmung des Streitgegenstandes und damit der materiellen Rechtskraft darauf zu achten, dass der Kl genau darlegt, welchen Teilbetrag aus welchem Gesamtanspruch er geltend macht (BAG NZA 11, 1116; BGH NJW 90, 2068) oder die Reihenfolge angibt, in der das Gericht diese Ansprüche prüfen soll (BGH NJW 00, 3718). 5

b) Eventuell. Hauptantrag und Hilfsantrag für den Fall, dass ihm nicht stattgegeben wird (BGH NJW 01, 1285), auch im Falle des Obsiegens (BGH NJW 01, 1285, uneigentlicher Hilfsantrag) oder mehrere Hilfsanträge (BGH NJW 92, 2080). Es ist Auslegungsfrage, ob der Hilfsantrag nur für den Fall der Unbegründetheit oder auch der Unzulässigkeit des Hauptanspruchs gestellt wird. Hilfsantrag nur zulässig, wenn Haupt- und Hilfsantrag rechtlich und wirtschaftlich zusammenhängen (RGZ 144, 71). 6
Tenorierungsbeispiel: Der Beklagte wird verurteilt, den Pkw ..., amtliches Kennzeichen ..., Fahrgestell Nr. ..., an den Kl herauszugeben; hilfsweise, an den Kl ... € nebst Zinsen in Höhe von 5 Prozentpunkten über dem Basiszinssatz ab Klagezustellung zu zahlen.
Sie können sich dennoch rechtslogisch widersprechen (Hauptantrag auf Vertragsansprüche, Hilfsantrag verlangt Folgerung aus Vertragsnichtigkeit) oder als zwei selbstständig nebeneinander stehende Klagegründe zugleich wechselseitig im Eventualverhältnis geltend gemacht werden (BGH NJW 92, 2080).

Tenorierungsbeispiel: Es wird festgestellt, dass das Arbeitsverhältnis der Parteien durch die Kündigung der Beklagten vom ... nicht beendet ist; hilfsweise für den Fall, dass dem Antrag stattgegeben wird, wird die Beklagte verurteilt, den Kl zu den bisherigen Bedingungen auf demselben Arbeitsplatz weiterzubeschäftigen. Zulässig ist auch Feststellungsklage, hilfsweise Zahlungsklage (Saarbr OLGR 00, 448). Wenn das Berufungsgericht über den Hilfsantrag in der Sache entschieden hat, kann dieser in der Revisionsinstanz nicht mehr zum Hauptantrag erhoben werden (BGHZ 170, 176).

7 c) **Alternativ.** Kl will nur einen von verschiedenen Anträgen durchsetzen, wobei er die Auswahl dem Gericht oder dem Schuldner überlässt, zB Wahlschuld (§ 262 BGB) oder Verschuldenshaftung für Vertiefungsschäden und verschuldensunabhängigem nachbarschaftlichem Ausgleichsanspruch (BGH MDR 97, 1021). Ansonsten sind Alternativanträge (»Oder«-Klage zB Wandelung oder Minderung) unzulässig (BGH NJW-RR 90, 122).

8 **II. Zulässigkeit.** Die Zulässigkeitsvoraussetzungen sind für jeden einzelnen Antrag gesondert zu prüfen. In Fällen des § 15a EGZPO entfällt ein nach dem Landesgesetz bestehendes Schlichtungserfordernis nicht deshalb, weil der schlichtungsbedürftige Antrag im Rechtsstreit mit einem nicht schlichtungsbedürftigen Klageantrag verbunden wird. Der schlichtungsbedürftige Klageantrag ist als unzulässig abzuweisen, wenn kein Schlichtungsverfahren durchgeführt wurde (BGH NJW-RR 09, 1239).

9 **1. Identität der Parteien.** Ansprüche des Kl, auch wenn er teils aus eigenem, teils aus abgetretenem Recht klagt (BGH MDR 60, 384), gegen denselben Bekl (sonst subjektive Klagenhäufung, §§ 59 ff). Ein Zusammenhang zwischen den Ansprüchen nicht nötig (Darlehen und Kaufvertrag).

10 **2. Dasselbe Prozessgericht und dieselbe Prozessart.** Familien- und Nichtfamiliensachen können nicht verbunden werden, auch wenn dasselbe AG zuständig ist (BGH NJW 79, 426). Unzulässig ist Verbindung von Haupt- und Arrestprozess; Geltendmachung von nichtwechselrechtlichen Ansprüchen im Wechselprozess (BGH NJW 82, 2258); allgemeine Klage mit Nichtigkeits- oder Restitutionsklage (RGZ 91, 195). Zulässig aber Urkundenwiderklage im ordentlichen Verfahren (BGHZ 149, 222).

11 **3. Kein Verbindungsverbot.** Mit Ausnahme der Sonderfälle von § 265 FamFG ist die Verbindung einer Nichtfamiliensache mit einer Familiensache unzulässig (zB Ehesache gem § 126 II FamFG; Abstammungssache gem § 179 II FamFG), auch nicht im Verhältnis von Hauptanspruch und Hilfsanspruch (BGH NJW 1981, 2417).
Die Bestimmung eines gemeinsam zuständigen Gerichts für mehrere Streitgegenstände, die zur Zuständigkeit verschiedener Gerichte gehören, ist im Gesetz nicht vorgesehen und nicht zulässig (München NJW-RR 2011, 1002).

12 **4. Folge.** Bei unzulässiger Verbindung erfolgen auf Antrag des Kl Trennung (§ 145) oder Verweisung (§ 281), ohne Antrag Klageabweisung (BGH NJW 82, 2258).

13 **III. Verfahren.** Trotz gemeinsamer Verhandlung, Beweisaufnahme und Entscheidung kann das Gericht analog § 146 die Verhandlung auf einen Antrag beschränken und diesen durch Teilurteil abweisen (BGHZ 56, 79).

14 **IV. Besonderheiten für Eventualhäufung.** Über den Hilfsantrag darf nicht vor dem Hauptantrag durch Teilurteil entschieden werden (BGH NJW-RR 89, 650), auch nicht durch Grundurteil (BGH NJW 98, 1140). Für den Fall des obsiegenden Hauptantrags ist Eventualwiderklage zulässig (BGHZ 132, 390).

15 **1. Haupt- und Hilfsantrag unbegründet.** Klage wird insgesamt abgewiesen.

16 **2. Hauptantrag begründet.** Mit Rechtskraft des stattgebenden Endurteils entfällt die Rechtshängigkeit des Hilfsantrags rückwirkend.

17 **3. Hauptantrag unbegründet.** Abweisung mit Entscheidung über Hilfsantrag; Abweisung durch Teilurteil möglich (BGH NJW 95, 2361), außer der Hauptantrag ist nochmals hilfsweise beim Hilfsantrag geltend gemacht (BGH NJW 92, 2080).

18 **4. Erledigung des Hauptantrags.** Entscheidung über Hilfsantrag (BGH NJW 03, 3202).

5. Mangelnde Zuständigkeit. Fehlt für den Hauptantrag die Zuständigkeit, ist auf Antrag zu verweisen; fehlt sie für den Hilfsantrag, ist nach Abweisung des Hauptantrags durch Teilurteil auf Antrag zu verweisen (BGH NJW 80, 1283) oder bei funktioneller Unzuständigkeit abzugeben (BGH FamRZ 81, 1047). 19

6. Rechtsmittel. a) Hauptantrag stattgegeben. Bei Rechtsmittel des Bekl ist auch der Hilfsantrag Gegenstand des Rechtsmittelverfahrens (BGH NJW-RR 90, 518). 20

b) Hauptantrag abgewiesen und Hilfsantrag zugesprochen. aa) Bei Rechtsmittel des Bekl. Der Hauptantrag fällt in der Rechtsmittelinstanz nicht an, nur bei Rechtsmittel des Kl (BGHZ 41, 38). 21

bb) Bei Rechtsmittel des Kl.. Gibt das Rechtsmittelgericht dem Hauptantrag statt, dann ist die Verurteilung der Vorinstanz nach dem Hilfsantrag vAw aufzuheben (BGHZ 146, 298). Hebt das Rechtsmittelgericht die Abweisung des Hauptanspruchs auf und verweist die Sache zurück, bleibt die unangefochten gebliebene Entscheidung über den Hilfsanspruch bestehen. Kommt die Vorinstanz zur Begründetheit des Hauptanspruchs, dann hat es die frühere Entscheidung über den Hilfsantrag aufzuheben (BGHZ 106, 219). 21

C. Hinweise zur Verhandlung und Prozesstaktik. Mit der im Ermessen des Kl stehenden Anspruchshäufung kann er die Berufungssumme und die Zuständigkeit des LG erreichen. 22

D. Kosten/Gebühren. I. Gericht. Die Werte mehrerer Ansprüche werden nach § 39 I GKG zusammengerechnet, so dass sich die Gebühr für das Verfahren im Allgemeinen nach dem Gesamtwert aller anhängigen Ansprüche berechnet. 23

II. Anwalt. Für den Anwalt liegt im Fall der Klagenhäufung nur eine einzige Angelegenheit vor. Die Gebühren entstehen nur einmal, und zwar auch hier aus den nach § 39 I GKG zusammen gerechneten Werten (§ 23 I 1 RVG). Zu beachten ist, dass sich im Falle einer objektiven Klagehäufung der Höchstwert der anwaltlichen Gebühren auf bis zu 100 Mio € erhöhen kann (§ 22 Abs 2 RVG). 24

§ 261 Rechtshängigkeit.

(1) Durch die Erhebung der Klage wird die Rechtshängigkeit der Streitsache begründet.

(2) Die Rechtshängigkeit eines erst im Laufe des Prozesses erhobenen Anspruchs tritt mit dem Zeitpunkt ein, in dem der Anspruch in der mündlichen Verhandlung geltend gemacht oder ein den Erfordernissen des § 253 Abs. 2 Nr. 2 entsprechender Schriftsatz zugestellt wird.

(3) Die Rechtshängigkeit hat folgende Wirkungen:

1. **während der Dauer der Rechtshängigkeit kann die Streitsache von keiner Partei anderweitig anhängig gemacht werden;**
2. **die Zuständigkeit des Prozessgerichts wird durch eine Veränderung der sie begründenden Umstände nicht berührt.**

A. Normzweck. Es soll eine doppelte Prozessführung ausgeschlossen werden, um Verzögerung und Verteuerung des Prozesses zu verhindern (Prozesswirtschaftlichkeit) und divergierende gerichtliche Entscheidungen über denselben Streitgegenstand und zwischen denselben Parteien zu vermeiden (Rechtssicherheit). 1

B. TBVoraussetzungen. I. Rechtshängigkeit durch Klage (Abs 1). Von der Rechtshängigkeit zu unterscheiden ist die schon bei Einreichung der Klage bei Gericht eintretende Anhängigkeit, die das allg Befassen des Gerichts mit der Sache bezeichnet. Erst die Erhebung der Klage führt zur Rechtshängigkeit. 2

1. Klageerhebung. Diese erfolgt durch Zustellung der Klageschrift an den Gegner (§ 253 I), im einstw Rechtsschutzverfahren schon bei Antragseingang (München OLGR 93, 103). Die Klage muss zwar formell ordnungsgemäß sein, evtl rückwirkende Heilung oder Nachholung ex nunc (Frankf FamRZ 80, 710), aber unerheblich, ob sie sonst zulässig (BGHZ 25, 66) und begründet ist. 3

a) Mahnverfahren. Im **Mahnverfahren** tritt die eine alsbaldige Abgabe der Streitsache an das Prozessgericht voraussetzende Rückwirkungsfiktion des § 696 III (vgl § 167) nur ein, wenn der Kl binnen zwei Wochen nach Zugang einer gerichtlichen Aufforderung die Durchführung des streitigen Verfahrens beantragt und den Gerichtskostenvorschuss einzahlt (Dresd OLGR 01, 395). 4

b) Ausländisches Gericht. Erhebung der Klage vor einem **ausl** Gericht, wenn mit Anerkennung der ausl Entscheidung zu rechnen ist (BGH NJW 86, 2195). Ob und wann Rechtshängigkeit im Ausland eingetreten 5 ist, richtet sich nach der lex fori des ausl Gerichts (BGH NJW-RR 92, 642). Es verstößt gegen den deutschen ordre public, wenn das ausl Gericht die ihm bekannte deutsche Rechtshängigkeit nicht berücksichtigt. Die ausl Entscheidung eines Drittstaates in Ehesachen kann nur anerkannt werden, wenn dies auch der Heimatstaat tut (München NJW 64, 979).

6 **2. Keine Rechtshängigkeit.** Durch Aufrechnung (BGH NJW 72, 450), Anmeldung im Insolvenzverfahren (§ 174 InsO), durch Schieds- (BGH NJW 58, 950) oder FamFG-Verfahren entsteht keine Rechtshängigkeit.

7 **3. Streitsache.** Bei unbezifferter Leistungsklage der gesamte Anspruch (BGH NJW 74, 1551); bei Stufenklage auch der Hauptanspruch (Brandbg FamRZ 07, 55), jedoch nicht bei isolierter Auskunftsklage (Hambg FamRZ 83, 602). Bei Wechselklage wird der Anspruch aus dem Grundgeschäft nicht rechtshängig; bei Gesuch auf eVfG/Arrest nicht der Hauptanspruch; bei bloßem PKH-Antrag nicht die Hauptsache (Nürnbg FamRZ 00, 36), jedoch bei gleichzeitiger Einreichung, außer Abhängigkeit von PKH-Bewilligung wird eindeutig klargestellt (BGH FamRZ 96, 1142); bei einem Hilfsantrag ist die Rechtshängigkeit auflösend bedingt durch das Schicksal des Hauptantrags.

8 **II. Rechtshängigkeit neben Klage (Abs 2).** Rechtshängigkeit tritt bei nachträglicher Klageerweiterung, Klageänderung, Widerklage etc ein mit Zustellung des Schriftsatzes an den Gegner. Auch wenn im schriftlichen Verfahren der Schriftsatz noch vor dem (nach § 128 Abs. 2 S. 2 ZPO bestimmten) Zeitpunkt eingeht ist die Zustellung notwendig (LG Mannheim MittdtschPatAnw 10, 496). Zustellung von Anwalt zu Anwalt reicht nach § 195 aus (BGH NJW 92, 2235), sonst mit Antragstellung in Verhandlung (§ 297). Da Sachanträge nur bis zum Schluss der mündlichen Verhandlung gestellt werden können, sind danach weder Klageerweiterung (BGH NJW-RR 97, 1486) noch Widerklage (BGH NJW-RR 92, 1085) zulässig.

9 **III. Ende der Rechtshängigkeit.** Durch formell rechtskräftiges Urt, Klagerücknahme, Erledigungserklärung oder Prozessvergleich (auch wenn er unwirksam ist, BGH MDR 78, 1019) wird die Rechtshängigkeit beendet.

10 **IV. Wirkung (Abs 3).** § 261 bezieht sich nach seinem Wortlaut zwar nur auf das Klageverfahren; die Vorschrift ist aufgrund vergleichbarer Interessenlage (Prozessökonomie und Vermeidung von einander widersprechenden Entscheidungen) aber auch entsprechend anzuwenden im einstweiligen Verfügungsverfahren (Hambg WRP 10, 790) oder selbständigen Beweisverfahren (BGH NJW-RR 10, 891).

11 **1. Rechtshängigkeitssperre (Nr 1). a) Anderweitige Rechtshängigkeit.** Bei Identität der Parteien (BGH NJW 01, 3713) und des Streitgegenstands (BGH NJW 89, 2064).

12 Auch ausl Rechtshängigkeit steht entgegen, wenn die dortige Entscheidung hier anerkannt würde (Bambg OLGR 00, 106), jedoch nicht, wenn das ausl Verfahren eine unzumutbare lange Verfahrensdauer hat (BGH NJW 83, 1269) oder bei Rabbinatsgericht in Israel rechtshängig ist (BGH NJW-RR 94, 642). Die Identität mit einer im Parallelprozess auftretenden Vorfrage begründet keine doppelte Rechtshängigkeit (BGH NJW-RR 10, 640).

13 **b) Folge.** Die doppelte Rechtshängigkeit ist in jeder Lage des Verfahrens, auch noch in der Rechtsmittelinstanz, vAw zu beachten (BAG DB 11, 593). Wegen des Prozesshindernisses ist die zweite Klage vAw als unzulässig abzuweisen (BGH NJW 86, 2195). Ergehen irrtümlich zwei Urteile in ders Sache, kann das zweite Urt mit der Restitutionsklage vernichtet werden.

14 **2. Fortdauer der Zuständigkeit (Nr 2).** Perpetuatio fori betrifft nur die Zuständigkeit, aber nicht die Unzuständigkeit. Internationale (BayObLGR 93, 60), örtliche und sachliche Zuständigkeit bleibt trotz Veränderung der sie begründenden Umstände erhalten, auch wenn diese eine ausschl Zuständigkeit begründen würden (BGH NJW 01, 2477). Ohne Einfluss ist auch eine Änderung der Rspr (BGHZ 70, 295).

15 Dagegen ist Verweisung möglich bei nachträglicher Klageänderung (BGH NJW 62, 1819), Änderung des Streitgegenstands (BGH NJW 90, 53) oder der gerichtsinternen Zuständigkeit (BGH NJW 81, 2464), Klageerweiterung gem § 506. Ein unzuständiges Gericht kann durch nachträgliche Vereinbarung (Zweibr NJW-RR 89, 716) oder rügelose Einlassung (§ 39) zuständig werden, ein zuständiges Gericht kann aber nicht durch Vereinbarung unzuständig gemacht werden (BGH NJW 63, 585).

16 Die Verweisung der Hauptsache an ein anderes Gericht begründet dessen Zuständigkeit auch für ein anhängiges Verfügungsverfahren (Einschränkung der perpetuatio fori mangels „innerer Rechtfertigung). Dies gilt nicht, wenn zunächst eine einstw Vfg bei einem sachlich zuständigen Gericht beantragt und erst

danach andernorts Hauptsacheklage (z.B. durch Widerklage) erhoben wird (Karlsr MDR 2010, 1013).
Rechtshängigkeit fällt bei (versehentlich) nicht weiterverfolgtem und nicht zurückgenommenem Zinsantrag trotz Urteils nicht weg. Da eine Urteilsergänzung gem § 321 nicht in Betracht kommt, ist das Verfahren insoweit fortzusetzen (AG Köln 2.9.10 264 C 401/09). 17

§ 262 Sonstige Wirkungen der Rechtshängigkeit. **[1]Die Vorschriften des bürgerlichen Rechts über die sonstigen Wirkungen der Rechtshängigkeit bleiben unberührt. [2]Diese Wirkungen sowie alle Wirkungen, die durch die Vorschriften des bürgerlichen Rechts an die Anstellung, Mitteilung oder gerichtliche Anmeldung der Klage, an die Ladung oder Einlassung des Beklagten geknüpft werden, treten unbeschadet der Vorschrift des § 167 mit der Erhebung der Klage ein.**

Nach dem **materiellen Recht** richten sich die Auswirkungen der prozessualen Geltendmachung eines Anspruchs. Solche Vorschriften können Rechte erhalten (zB Verjährungshemmung gem § 204 BGB, Ersitzung gem § 941 BGB), beenden (zB Besitzansprüche gem § 864 BGB) oder erweitern (zB Verzug gem § 286 BGB, Prozesszinsen gem § 291 BGB; Haftungsverschärfung gem §§ 987, 989 BGB). 1

Auch wenn es für die materiellrechtlichen Wirkungen allein auf die Klageerhebung (§ 253) ankommt, wirkt die demnächstige Zustellung zwecks Fristwahrung und Verjährungshemmung zurück (§ 167), sogar bei unzulässiger Klage (BGH NJW 96, 2152). 2

§ 263 Klageänderung. **Nach dem Eintritt der Rechtshängigkeit ist eine Änderung der Klage zulässig, wenn der Beklagte einwilligt oder das Gericht sie für sachdienlich erachtet.**

A. Normzweck. Der Bekl soll vor neuen Angriffen des Kl geschützt werden, die jedoch aus Gründen der Prozessökonomie zugelassen werden sollen, um durch Nutzung des bisherigen Prozessstoffs einen neuen Rechtsstreit zu vermeiden. 1

B. TBVoraussetzungen. Nach dem herrschenden zweigliedrigen Streitgegenstandsbegriff wird der Streitgegenstand durch den Klageantrag, in dem sich die von dem Kl in Anspruch genommene Rechtsfolge konkretisiert, und den Lebenssachverhalt (Anspruchsgrund) bestimmt, aus dem der Kl die begehrte Rechtsfolge ableitet (BGHZ 117, 1). Eine Klageänderung liegt deshalb vor, wenn entweder der Klageantrag und/oder der Klagegrund ausgewechselt wird (BGH NJW 08, 3570) und entspr beim gewillkürten Parteiwechsel und bei nachträglicher objektiver Klagehäufung (BGH NJW 07, 2414). 2

I. Objektive Klageänderung. An die Stelle eines bisher rechtshängigen Anspruchs wird ein neuer prozessualer Anspruch geltend gemacht durch Änderung von 3

1. Antrag. Zum Bsp Übergang von Feststellungs- zur Leistungsklage (Kobl NJW-RR 90, 1023), Abstandnahme vom Urkundenprozess (BGH NJW 11, 2796) oder Hilfsantrag zum Hauptantrag (BGHZ 170, 176); Wechsel zwischen Gewährleistungsansprüchen (BGH NJW 90, 2682). Umstellung des Klageantrags auf Zahlung an den Zessionar ist keine Änderung des Streitgegenstands (BGH NJW 99, 2110). Ein bedingter Antrag auf Parteiwechsel ist prozessual unzulässig (Naumbg OLGR 08, 356). 4

2. Lebenssachverhalt. Geltendmachung eines Anspruchs aus abgetretenem Recht statt der Geltendmachung aus eigenem Recht (BGH 21.1.10 – IX ZB 281/08); Übergang von Wechselklage zur Klage aus dem Grundverhältnis (BGH NJW-RR 87, 58); Auswechslung des Gegenstandes und des Bestimmungsorts der Fracht (Ddorf NJW-RR 93, 1149); Umstellung von Abschlagsforderung auf Schlussforderung (BGH NJW 99, 713); Auswechseln der Gebührentatbestände bei Honorarabrechnung (BGH NJW-RR 00, 1521); Abwandlung der Verletzungsform bei Unterlassungsklage (BGHZ 168, 179); Wechsel zwischen Gewährleistungsansprüchen (BGH NJW 90, 2682); Übergang anfechtungsrechtlichen Anspruchs auf Bereicherung (BGH NJW 08, 3570). 5

II. Subjektive Klageänderung. Während beim gesetzlichen Parteiwechsel die neue Partei in den Prozess eintritt (§§ 239 f), ist der gewillkürte Parteiwechsel als Klageänderung zu behandeln, deren Zulässigkeit sich nach § 263 richtet (BGH NJW 76, 239). Bei der Prüfung der sachlichen Zuständigkeit des angerufenen Gerichts ist bei der Klageerhöhung § 506, bei der Klageermäßigung § 261 III Nr 2 und bei der nachträglichen objektiven Klagenhäufung § 5 zu beachten. 6

7 Kein Parteiwechsel liegt vor, wenn nur die fehlerhafte Parteibezeichnung (nicht: Benennung der falschen Person als Partei) **berichtigt** wird (BGH NJW 81, 1453). Durch Auslegung (BGH NJW 87, 1946) ist festzustellen, wer erkennbar betroffen werden soll (BGH NJW-RR 08, 582).

8 **Bedingter** Parteiwechsel ist unzulässig (BGH NJW-RR 04, 640), denn es handelt sich um die Begründung eines Prozessrechtsverhältnisses mit einer anderen Partei, dessen Klärung nicht bis zum Ende des Rechtsstreits in der Schwebe bleiben darf.

9 **1. Erster Rechtszug.** Hier ist der Klägerwechsel, der Beklagtenwechsel und die Parteierweiterung (zusätzlicher Bekl oder Eintritt eines weiteren Kl) aus Gründen der Prozessökonomie uneingeschränkt als Klageänderung nach § 263 anzusehen (BGHZ 65, 264), somit bei Sachdienlichkeit auch gegen den Willen der Beteiligten zulässig. Zulässig ist Parteiwechsels bei Umstellung der gegen die Wohnungseigentümergemeinschaft erhobenen Klage auf eine Klage gegen die übrigen Wohnungseigentümer, jedoch Pflicht zur Beiladung des Wohnungseigentumsverwalters (BGH NJW 2010, 2132).

10 **2. Revision.** In der **Revision** ist ein gewillkürter Parteiwechsel nicht mehr möglich (BGH NJW-RR 90, 1213).

11 **3. Zweiter Rechtszug. Kläger**wechsel ist wie in 1. Instanz zulässig (BGHZ 155, 21). Die verweigerte Einwilligung des Bekl kann durch Sachdienlichkeitserklärung des Gerichts überwunden werden (vgl § 533; BGH NJW 89, 3225). Klägerwechsel in 2. Instanz setzt eine zulässige Berufung voraus (BGH NJW 94, 3358).

12 **Beklagten**wechsel oder die Erstreckung der Klage auf weitere Bekl ist nur zulässig, wenn der neue Bekl zustimmt oder die Verweigerung der Zustimmung rechtsmissbräuchlich wäre (BGH NJW 98, 1496); eine Ersetzung wegen Sachdienlichkeit ist ausgeschlossen (BGH NJW 96, 2799; anders BGH GRUR 96, 865).

12a Außerhalb des § 264 kann der Berufungsbeklagte neue oder geänderte Anträge nur iRe Anschlussberufung nur bis zum Ablauf der Berufungserwiderungsfrist (§ 524 Abs 2 S 2) geltend machen (München 15.7.11 – 10 U 4408/09).

13 **III. Zulässigkeit. 1. Einwilligung.** Einer Zustimmung des Bekl bedarf es nicht, solange er noch nicht zur Hauptsache verhandelt hat (Hamm VersR 92, 736). Die Einwilligung des Bekl ist als Prozesshandlung ausdrücklich in mündlicher Verhandlung oder schriftlich zu erklären (BGH NJW 92, 2235), auch konkludent oder durch rügelose Einlassung (§ 267).

14 Die verweigerte Zustimmung ist unbeachtlich, wenn sie rechtsmissbräuchlich ist (BGH NJW 97, 2885). Dies ist der Fall, wenn ein schutzwürdiges Interesse des neuen Bekl an der Weigerung nicht anzuerkennen und ihm nach der gesamten Sachlage zuzumuten ist, in den bereits im Berufungsrechtszug schwebenden Rechtsstreit einzutreten (BGH NJW 87, 1946). Kein Missbrauch ist anzunehmen, wenn die Belange des Eintretenden dadurch beeinträchtigt würden, dass er erst in der 2. Instanz in ein Verfahren hineingezogen wird, an dem er bisher nicht beteiligt war (KG ZMR 06, 549).

15 **2. Sachdienlichkeit.** Liegt vor, wenn der bisherige Prozessstoff als Entscheidungsgrundlage verwertbar bleibt und durch die Zulassung ein neuer Prozess vermieden wird (BGH NJW 01, 1210). Es ist unerheblich, ob nach Zulassung neue Parteierklärungen und Beweiserhebungen nötig werden und dadurch die Erledigung des Rechtsstreits verzögert wird (BGH NJW-RR 87, 58).

16 Da es auf die Prozesswirtschaftlichkeit ankommt (Hamm FamRZ 00, 1173), ist eine Klageänderung auch noch in der 2. Instanz sachdienlich (BGH NJW 85, 1841), wenn das Erg der bisherigen Prozessführung verwertet werden kann und ein neuer Prozess zwischen den Parteien vermieden wird, auch wenn die Klageänderung schon in 1. Instanz hätte vorgenommen werden können und eine neue Beweisaufnahme notwendig wird (BGH NJW-RR 94, 1143). Es ist unerheblich, dass eine Tatsacheninstanz verloren geht (BGH NJW 85, 1784). Bejaht das Berufungsgericht die Sachdienlichkeit (§ 533), dann erfolgt keine Zurückverweisung an die 1. Instanz (BGH NJW 84, 1552). Über die Sachdienlichkeit kann noch das Revisionsgericht entscheiden (BGHZ 123, 132).

17 Keine Sachdienlichkeit, wenn ein völlig neuer Streitstoff in den Rechtsstreit eingeführt werden soll, bei dessen Beurteilung das Erg der bisherigen Prozessführung nicht verwertet werden kann (BGHZ 143, 189).

18 Bei Sachdienlichkeit kann das Vorbringen nicht nach § 296 als verspätet zurückgewiesen werden, denn die Geltendmachung eines neuen Anspruchs im Wege der Klageänderung stellt kein Angriffsmittel dar (BGH MDR 85, 394).

19 **3. Kraft Gesetzes.** §§ 264 Nr 2 und 3, 265 II.

IV. Wirkung. Die Rechtshängigkeit des früheren Antrags endet mit zulässiger Klageänderung (BGH NJW 90, 2682), aber nicht bei Unzulässigkeit (BGH NJW 88, 128). Der neue Bekl ist an den bisherigen Prozessverlauf nicht gebunden. Ein Anerkenntnis der alten Partei kann von der neuen widerrufen werden, Verjährungshemmung und Zinsbeginn tritt ggü dem neuen Bekl erst mit Zustellung der Klageänderung ein; die neue Partei kann die Wiederholung der Beweisaufnahme verlangen (§ 398). Maßgeblich ist, ob der neue Bekl dem bisherigen Verfahren zustimmt, den Prozessverlauf schon bisher maßgeblich beeinflusst hat und schutzbedürftig ist. 20

V. Entscheidung. Die Zulässigkeit wird vAw geprüft; ein besonderer Beschl ist nicht erforderlich. Durch Zwischenurteil (§ 303) kann vorab über die Zulässigkeit entschieden werden. IdR wird die Zulässigkeit der Klageänderung in den Entscheidungsgründen festgestellt. Da § 269 nicht anwendbar ist, erfolgt keine tw kostenpflichtige Klageabweisung (Naumbg OLGR 06, 108). 21

1. Zulässig. Bei **Zulässigkeit** wird im Urt nur über den neuen Antrag entschieden. Wegen Erlöschens der Rechtshängigkeit des alten Antrags ist keine Einwilligung des Bekl nach § 269 I erforderlich, da diese Bestimmung nicht neben § 263 anwendbar ist (Hamm OLGR 05, 556). 22

a) Objektive Klageänderung. Hier trägt der Kl die ausscheidbaren Mehrkosten des nicht mehr geltend gemachten Anspruchs quotenmäßig nach § 92 oder analog § 96 (Naumbg OLGR 06, 108). 23

b) Subjektive Klageänderung. In diesem Fall hat der ausscheidende Kl seine eigenen außergerichtlichen Kosten und von den bis zu seinem Ausscheiden entstandenen Gerichtskosten und außergerichtlichen Kosten des Bekl die der Beteiligung des Kl entspr Quote (idR die Hälfte) zu tragen (Hamm VersR 92, 736; anders Stuttg NJW 73, 1756 § 269 III). Da es sich nur um einen Rechtszug handelt, fallen die Prozesskosten (aus dem einfachen Streitwert) nur einmal an. Für den neuen Kl besteht das Risiko, dass der Bekl den geänderten Klageanspruch sofort anerkennt oder erfüllt, so dass ihm nach §§ 91a, 93 die Kosten auferlegt werden können (KG MDR 08, 164; Köln OLGR 07, 608). 24

2. Unzulässig. Bei **Unzulässigkeit** der Klageänderung ist die neue Klage durch Prozessurteil mit der Kostenfolge nach § 91 abzuweisen (BGH LM § 268 aF Nr 1). Über den ursprünglichen Antrag ist wegen § 308 nicht mehr zu entscheiden, außer wenn er neben dem neuen Antrag (hilfsweise) aufrechterhalten wird (Frankf 21.12.79–5 U 67/79). 25

3. Falsche Bezeichnung. Wird der richtige Bekl falsch bezeichnet ist die **Parteibezeichnung** zu berichtigen, der Scheinbekl auf dessen Antrag durch eine Entscheidung des Gerichts aus dem Rechtsstreit zu entlassen und dem die Falschbezeichnung anzulastenden Kl die Kosten des Scheinbekl aufzuerlegen (BGH NJW-RR 08, 582). 26

VI. Rechtsmittel. Die Entscheidung (Zwischenurteil oder im Endurteil), dass eine Klageänderung nicht vorliege oder die Änderung zuzulassen sei, ist nicht anfechtbar (§ 268). Dies gilt nicht bei Parteiänderung (BGH NJW 81, 989; aA Jena OLGR 00, 205). Außerdem ist anfechtbar die Entscheidung, dass Klageänderung vorliege oder Änderung nicht zuzulassen sei. Die Zulassung ist jedoch eine Ermessensfrage. Das Rechtsmittelgericht kann die Ermessensausübung nur darauf nachprüfen, ob der Tatrichter den Begriff der Sachdienlichkeit und damit die Grenzen seines Ermessens überschritten hat (BGH NJW 96, 2869). 27

C. Hinweise zur Verhandlung und Prozesstaktik. Bei gewillkürter Prozessstandschaft kann der Rechtsinhaber Zeuge sein; der Gegner kann den materiell Berechtigten mit einer Drittwiderklage in den Prozess hineinziehen und damit als Zeugen ausschalten. 28

Bei **Erweiterung** kann sich die sachliche Zuständigkeit ändern (§ 506) und Kostenvorschusspflicht (§ 12 I 2 GKG) begründen. Bei Beschränkung ändert sich die sachliche Zuständigkeit nicht (§ 261 III Nr 2). Da eine tw Klagerücknahme darin enthalten sein kann, ist Zustimmung des Bekl nach § 269 erforderlich oder Erklärung der teilweisen Erledigung (§ 91a) oder Verzicht (§ 306) geboten.

Wird mit einem **Rechtsmittel** durch eine Klageänderung anstelle des bisherigen ein neuer prozessualer Anspruch in das Verfahren eingeführt, ohne dass der in den Vorinstanzen erhobene Klageanspruch nicht wenigstens tw weiterverfolgt wird, ist das Rechtsmittel unzulässig (BGH NJW 08, 3570).

D. Kosten/Gebühren. I. Gericht. Wird die Klage geändert, so kann dies zu einer Erhöhung des Gebührenstreitwertes führen, da für die Berechnung des Gebührenstreitwertes – im Gegensatz zur Berechnung des Zuständigkeitsstreitwertes – die Werte sämtlicher im Laufe des Verfahrens anhängig gewordener 29

Gegenstände nach § 39 I GKG zusammengerechnet werden (Kobl AGS 07, 151; Hamm OLGR 07, 324; KG AGS 08, 188; Celle OLGR 08, 630; aA Dresd OLGR 07, 470; Ddorf AGS 11, 86 = JurBüro 10, 648). Daher erhöht sich idR durch eine Klageänderung schon alleine deshalb die für das Verfahren im Allgemeinen zu zahlende 3,0 Gebühr (Nr 1210 KV). Der sich nach dem höheren Streitwert ergebende Betrag ist vorauszahlungspflichtig (§ 12 I 1 GKG), was in der Praxis aber häufig übersehen wird.

30 **II. Anwalt.** Auch für den Anwalt gilt § 39 I GKG (§ 23 I 1 RVG). Auch seine Gebühren berechnen sich grds nach dem Gesamtwert sämtlicher im Verlaufe des Rechtsstreits anhängiger Gegenstände. Dies gilt zumindest für die Verfahrensgebühr (Nr 3100 VV RVG). Die Terminsgebühr (Nr 3104 VV RVG) berechnet sich dagegen nur aus der Summe der Werte derjenigen Gegenstände, über die auch verhandelt worden ist.

§ 264 Keine Klageänderung.

Als eine Änderung der Klage ist es nicht anzusehen, wenn ohne Änderung des Klagegrundes
1. **die tatsächlichen oder rechtlichen Anführungen ergänzt oder berichtigt werden;**
2. **der Klageantrag in der Hauptsache oder in Bezug auf Nebenforderungen erweitert oder beschränkt wird;**
3. **statt des ursprünglich geforderten Gegenstandes wegen einer später eingetretenen Veränderung ein anderer Gegenstand oder das Interesse gefordert wird.**

1 **A. Normzweck.** Nr 1 hat nur klarstellende Funktion, weil keine Änderung des Streitgegenstands betroffen ist. Die unbeschränkte Zulässigkeit einer Modifizierung des Klageantrags nach Nr 2 und 3 bezweckt die prozessökonomische und endgültige Erledigung des Streitstoffs zwischen den Parteien.

2 **B. TBVoraussetzungen.** Sämtliche Fallgruppen des § 264 setzen voraus, dass der Kern des Klagegrunds unverändert bleibt (BGH NJW 07, 83); sonst liegt Klageänderung vor (BGH NJW 96, 2869). § 264 ist gem § 525 S 1 auch auf das Berufungsverfahren anzuwenden, weshalb § 533 auf solche Änderungen keine Anwendung findet (BGH MDR 06, 565).

3 **I. Ergänzung oder Berichtigung (Nr 1).** Ist die Klarstellung der Parteibezeichnung oder der tatsächlichen Angaben. Änderung der rechtlichen Einordnung durch bloße Konkretisierung des Lebenssachverhalts liegt in der Vorlage einer neuen Schlussrechnung (BGH NJW-RR 04, 167) oder bei Austausch einzelner Schadensposten (BGH NJW-RR 06, 253). Der Anspruch auf Abschlagszahlung ist nur eine modifizierte Form des einheitlichen Anspruchs auf Werklohn (BGH NJW-RR 06, 390), ebenso wie der Übergang von der vertraglichen Vergütung auf gesetzliche Anspruchsgrundlagen (BGH BauR 02, 1831), von der Abschlags- auf die Schlusszahlungsklage, wenn Schlussrechnung bereits vor Klageerhebung erteilt (BGH NJW-RR 06, 390), vom ordentlichen Prozess zum Urkundenprozess (BGHZ 69, 66), Zahlung an den Nebenintervenienten statt an den Kl (München 15.7.11 – 10 U 4408/09) oder vom Wechsel- in den gewöhnlichen Urkundenprozess (BGH NJW 93, 3135).

4 **II. Erweiterung oder Ermäßigung (Nr 2). 1. Erweiterung.** Ist die quantitative als auch qualitative Erhöhungen des Klageantrags wie die Erhöhung der Teilklage auf das Ganze, Erhöhung von Nebenforderungen, Übergang von der Feststellungs- zur Leistungsklage (BGH NJW-RR 02, 283) und umgekehrt (BGH NJW 85, 1784), sogar noch in der 2. Instanz (BGH NJW 92, 2296), jedoch nur, wenn die erstinstanzlichen Tatsachenfeststellungen den nunmehr geltend gemachten Anspruch begründen (Brandbg 15.07.09 – 13 U 120/07); Übergang von Abschlagszahlung auf Schlusszahlung (BGH NJW 85, 1840), Zahlung statt Auskunft (BGH NJW 79, 926), Zahlung statt Befreiung von Verbindlichkeit (BGH NJW 94, 944); Erhöhung von der Freistellungs- zur Zahlungsklage (BGH NJW 94, 944); Klage auf sofortige statt künftiger Leistung und Klage auf Zahlung an sich statt Zahlung an Dritte (BGH NJW-RR 90, 525); Umstellung von Zahlung auf Hinterlegung (BGH NJW-RR 05, 955).

5 **2. Beschränkung.** Ist die quantitative als auch qualitative Ermäßigung etwa eines Zahlungsantrages, Leistung Zug um Zug statt uneingeschränkter Verurteilung, Klage auf künftige statt sofortige Leistung, Übergang von der Leistungs- zur Feststellungsklage, Hinterlegung statt Zahlung (BGH NJW-RR 05, 955).

6 Bei der Beschränkung handelt es sich je nach auszulegender Willensrichtung des Kl um Klagerücknahme, Klageverzicht oder Erklärung der Erledigung der Hauptsache (BGH NJW 90, 2682). Bei Abwandlung einer wettbewerbsrechtlichen Verletzungsform ist der reduzierte Antrag zwar gedanklich, nicht aber prozessual

(iSv Nr 2) ein Minus, weil seine Begründung von tatsächlichen Voraussetzungen abhängt, die zuvor nicht Antragsinhalt waren (BGHZ 168, 179).

III. Forderung des Surrogats statt des ursprünglich geforderten Gegenstands (Nr 3). Dies betrifft Veränderung nach Rechtshängigkeit (Hamm NJW-RR 01, 142). Das Interesse ist iSv Schadensersatz zu verstehen. Anderer Gegenstand ist etwa Zahlung statt Wandelung oder das Surrogat gem § 285 BGB, Herausgabe der Pachtsache statt Feststellung der Pachtbeendigung (BGH NJW-RR 96, 1020), Wertersatz nach Versteigerung (Saarbr OLGR 08, 943), Übergang von Abschlags- auf Schlusszahlungsklage, wenn Schlussrechnung während des Prozesses erstellt (Stuttg NJW-RR 11, 1591; Naumbg NJW-RR 11, 1389) oder Rückzahlung der Bürgschaftssumme statt Herausgabe der Urkunde (BGH NJW 96, 2869). Eine Berufung kann mit einem klageerweiternden Wechsel vom Feststellungs- zum Leistungsantrag verbunden werden (BGH NJW 92, 2296). Einer Zustimmung des Bekl bedarf es nicht; ebenso wenig spielen Sachdienlichkeitserwägungen eine Rolle. 7

C. Hinweise zur Verhandlung und Prozesstaktik. Die Zulässigkeit beurteilt sich nach § 263, wenn der Kl seinen ursprünglichen Antrag ändert und zusätzlich einen neuen Anspruch in den Rechtsstreit einführt, wie der Wechsel vom Erfüllungsanspruch zum Schadensersatzanspruch (BGH NJW-RR 96, 1276). 8

In der Änderung des Klageantrags von einer Leistungsklage auf eine Feststellungsklage liegt eine Klagerücknahme (Kobl OLGR 07, 683), die die Kostentragungspflicht des § 269 Abs 3 S 2 auslöst. In Fällen, in denen die Streitgegenstände nicht identisch sind, aber durch eine Klageänderung eine Identität hergestellt werden kann, kann der anhängige Rechtsstreit gem. § 180 Abs. 2 InsO aufgenommen werden (Brandbg BauR 10, 1969). 9

§ 265 Veräußerung oder Abtretung der Streitsache. **(1) Die Rechtshängigkeit schließt das Recht der einen oder der anderen Partei nicht aus, die in Streit befangene Sache zu veräußern oder den geltend gemachten Anspruch abzutreten.**

(2) [1]Die Veräußerung oder Abtretung hat auf den Prozess keinen Einfluss. [2]Der Rechtsnachfolger ist nicht berechtigt, ohne Zustimmung des Gegners den Prozess als Hauptpartei an Stelle des Rechtsvorgängers zu übernehmen oder eine Hauptintervention zu erheben. [3]3Tritt der Rechtsnachfolger als Nebenintervenient auf, so ist § 69 nicht anzuwenden.

(3) Hat der Kläger veräußert oder abgetreten, so kann ihm, sofern das Urteil nach § 325 gegen den Rechtsnachfolger nicht wirksam sein würde, der Einwand entgegengesetzt werden, dass er zur Geltendmachung des Anspruchs nicht mehr befugt sei.

A. Normzweck. Es werden die Auswirkungen der Rechtsnachnachfolge auf den Prozess geregelt. Aus Gründen der Wirtschaftlichkeit wird der Rechtsvorgänger am Prozess festgehalten und der Gegner vor einer willkürlichen Verlagerung der Sachlegitimation geschützt (BGH GRUR 12, 149). Ohne § 265 müsste die ursprüngliche Klage abgewiesen werden. Die subjektive Rechtskraft (§ 325) und Vollstreckbarkeit (§§ 727, 731) erstrecken sich auf den Rechtsnachfolger. 1

B. TBVoraussetzungen. I. Sache oder Anspruch (Abs 1). 1. Sache. Umfasst auch Rechte und rechtsähnl Positionen (Brandbg NJW-RR 96, 724), zB Mitgliedschaftsrechte an AG oder GmbH (BGHZ 169, 221 oder gesellschaftsvertraglicher Anspruch gg Mitgesellschafter (BGH NJW 60, 964). 2

2. Geltend gemachter Anspruch. Dies ist nicht prozessual zu verstehen, sondern entspr § 194 BGB das der Klage zugrunde liegende subjektive Recht. 3

3. Streitbefangen. Eine Sache ist streitbefangen, wenn die Veräußerung der Sache oder die Abtretung eines Rechts dem Kl die Aktiv-, dem Bekl die Passivlegitimation nimmt (Frankf OLGR 06, 379). IdR geht es um Eigentum und Besitz, aber auch Ansprüche gg Störer (BGHZ 18, 223), auf ein Notwegrecht (BGH MDR 76, 917), Klage auf Duldung der Zwangsvollstreckung nach den §§ 1147, 1192 BGB (Schlesw SchlHA 11, 145) oder Berichtigungsanspruch nach § 894 BGB (BGH MDR 02, 1185). 4

Nicht streitbefangen ist die Sache, wenn persönliche Ansprüche geltend gemacht werden, auch nicht bei Sicherung eines schuldrechtlichen Anspruchs durch Vormerkung (BGHZ 39, 21). 5

II. Veräußerung oder Abtretung. Dies ist weit zu fassen (BGH NJW 60, 964), umfasst aber nur Fälle der Veränderung der Berechtigung und nicht der Verpflichtung (BGH MDR 75, 300). 6

7 **1. Einzelrechtsübergang. a) Rechtsgeschäft.** Übertragung, Belastung oder Aufgabe eines Rechts, wenn dadurch dem Kl die Aktiv-, dem Bekl die Passivlegitimation genommen wird, entspr auch Übergang des Wohnungseigentums während eines WEG-Verfahrens (§ 48 II 3 WEG). Mit Beschl der Eigentümergemeinschaft, die Verfolgung eines sog gemeinschaftsbezogenen Anspruchs an sich zu ziehen, wird dem einzelnen Miteigentümer die Verfahrensführungsbefugnis entzogen (str, Hamm 5.11.09 – 15 Wx 15/09; aA München NZM 08, 76; Hambg ZMR 09, 306). Hat der einzelne Anspruchsinhaber seinen Individualanspruch vor dem Beschl rechtshängig gemacht, kann er das Verfahren analog §§ 265, 326 fortsetzen (Hamm aaO).

8 **b) Gesetz.** Rechtsverlust infolge gesetzlichen Forderungsübergangs wie § 426 II BGB (BGH NJW 63, 2067), § 67 VVG (KG MDR 08, 1269), Übergang des Unterhaltsanspruchs auf den Sozialhilfeträger (Nürnbg NJW-RR 95, 262) oder kraft Hoheitsakts wie beim Rechtsverlust durch Enteignung oder Restitution (Berlin KGR 00, 56), Überweisung iRd Zwangsvollstreckung (BGHZ 169, 221), Versteigerung eines Grundstücks (BGH NJW 02, 2101) oder Eigentumsverlust im Aufgebotsverfahren (BGH NJW-RR 09, 660).

9 **2. Kein Einzelrechtsübergang.** Ein solcher findet nicht statt (§ 265 II nicht anwendbar) bei Erwerb und Verlust einer Prozessführungsbefugnis wie Aufhebung der Zwangsverwaltung (BGH NJW-RR 03, 1419), Beendigung des Insolvenzverfahrens (BGHZ 175, 86) oder Freigabe eines Gegenstandes durch Insolvenzverwalter (BGHZ 46, 249; LG Hamburg EWiR 02, 727), befreiende Schuldübernahme (BGHZ 61, 140), sonstigen rechtsgeschäftlichem Schuldnerwechsel (BGH MDR 75, 300), Erbschaftsausschlagung (BGH NJW 89, 2885), Veräußerung eines Patents (BGH GRUR 12, 149).

10 **3. Nach Rechtshängigkeit.** Es ist abzustellen auf den letzten zum Rechtserwerb nötigen Teilakt (BGH NJW 98, 156).

11 **III. Rechtsfolge.** Der Prozess wird zwischen den bisherigen Parteien unverändert fortgeführt (**Abs 2 S 1**). Prozessual hat die Abtretung auf das laufende Verfahren keinen Einfluss; der Rechtsnachfolger ist nicht berechtigt, ohne Zustimmung des Gegners den Prozess als Hauptpartei anstelle des Rechtsvorgängers zu übernehmen oder eine Hauptintervention zu erheben. Der Rechtsstreit wird vom Zedenten in gesetzlicher Prozessstandschaft fortgeführt und bindet nach Maßgabe des § 325 Abs. 1 ZPO auch den Rechtsnachfolger. Dem neuen Rechtsinhaber fehlt die Prozessführungsbefugnis, er kann sich lediglich als Nebenintervenient am Vorprozess beteiligen. Eine eigene Klage des Zessionars ist danach unzulässig, ebenso ein weiteres selbständiges Beweisverfahren gegen denselben Antragsgegner zu den gleichen Tatsachen (BGH 27.10.11 – VII ZB 126/09). IÜ stünde auch der Einwand anderweitiger Rechtshängigkeit (§ 261 Abs 3 Nr 1) entgegen. Der Klageantrag muss jedoch der neuen materiellrechtlichen Lage angepasst werden. In der Revisionsinstanz nur zulässig, wenn das Berufungsgericht die Rechtsnachfolge festgestellt hat (BGH NJW-RR 06, 275).

12 **1. Rechtsnachfolge beim Kl.** Umstellung zur Leistung an den Rechtsnachfolger (Nürnbg FamRZ 95, 236), andernfalls muss die Klage wegen fehlender Aktivlegitimation abgewiesen werden (BGH NJW 86, 3206). Wird der Klage statt gegeben, ist der Rechtsnachfolger daran gebunden. Kl erhält die vollstreckbare Ausfertigung (§§ 724, 725) und kann für den Rechtsnachfolger vollstrecken; dem Rechtsnachfolger bleibt Titelumschreibung gem §§ 727, 731 (BGH NJW 84, 806). Wird die Klage abgewiesen, erstreckt sich die Rechtskraft auf den Rechtsnachfolger; der Rechtsnachfolger kann nicht mehr neu klagen (§§ 322, 325 I).

13 **2. Rechtsnachfolge beim Bekl.** Kl kann die Hauptsache für erledigt erklären (§ 91a), die Klage zurücknehmen und eine neue Klage gegen den Rechtsnachfolger erheben oder nach § 264 Nr 3 die Klage auf Ersatz des Interesses (Schadensersatz oder Surrogatherausgabe) ändern (Brandbg NJW-RR 96, 724). Er kann die Klage auch unverändert lassen und sodann mit Vollstreckungsklausel gg den Rechtsnachfolger gem § 727 oder § 731 vorgehen.

14 **IV. Übernahme durch Rechtsnachfolger.** Bei Grundstücksveräußerung ohne weiteres (**§ 266 I**), ansonsten mit Zustimmung des Gegners (**Abs 2 S 2**). Wird eine Forderung nach Schluss der letzten mündlichen Verhandlung abgetreten, kann der Rechtsnachfolger sogar durch Berufungseinlegung den Rechtsstreit übernehmen, wenn der Gegner sich rügelos hierauf einlässt (Kobl OLGR 04, 357). Das Gericht kann die Zustimmung nicht durch Erklärung der Sachdienlichkeit ersetzen (BGH NJW 96, 2799). Verweigert der Gegner seine Zustimmung, dann wird der übernahmebereite Rechtsnachfolger durch Endurteil aus dem Prozess gewiesen (BGH NJW 88, 3209).

1. Rechtsnachfolge beim Kl. Es ergeht ein Urt des Rechtsnachfolgers gegen Bekl, aber nicht über die Kosten des ausgeschiedenen Kl; diese müsste der Kl mit eigener Klage gegen den Rechtsnachfolger oder den Bekl geltend machen. Statt Übernahme kann der Rechtsnachfolger auch als einfacher Nebenintervenient beitreten (§ 67). Der Rechtsnachfolger kann auch eine Hauptintervention erheben (§ 64) zB Klage gegen Kl auf Feststellung seines Eigentums und gegen Bekl auf Herausgabe, falls Bekl dieser Klage zustimmt. Eine eigene Klage gegen den Bekl kann der Rechtsnachfolger wegen §§ 261 III Nr 1, 325 I nicht zulässig erheben (Ausn: § 266). Die unzulässige Klage hemmt dennoch die Verjährung der Forderung nach § 204 Abs. 1 Nr. 1 BGB (BGH NJW 11, 2193). 15

Der Berufung des Rechtsnachfolgers eines Kl aus 1. Instanz ist nur dann zulässig, wenn er dem Rechtsstreit als Nebenintervenient beitritt und in dieser Stellung auch das Rechtsmittel einlegt (BGH NJW 96, 2799). 16

2. Rechtsnachfolge beim Bekl. Mit der Übernahme endet die Rechtshängigkeit der Klage gegen den ursprünglichen Bekl und wird insoweit gegenstandslos (BGH NJW 06, 1351). Das Gericht entscheidet über die bis zu dem Ausscheiden aus dem Rechtsstreit entstandenen Kosten des ursprünglichen Bekl in entspr Anwendung von § 91a I (BGH NJW 06, 1351). Wird der Klage stattgegeben, kann Kl gegen Bekl vollstrecken, wenn Bekl (wieder) Rechtsinhaber ist. Kl kann auch gegen den Rechtsnachfolger vollstrecken, wenn sich die Rechtskraft auf den Rechtsnachfolger erstreckt (§§ 325 I, 727, 731). Erstreckt sie sich nicht auf den Rechtsnachfolger (zB weil Rechtsnachfolge gutgläubig gem § 325 III oder vor Rechtshängigkeit gem § 325 II eingetreten), kann Kl nicht gegen den Rechtsnachfolger vollstrecken. Seiner weiteren Klage gegen den Rechtsnachfolger steht Rechtskraft des Urteils gegen den Bekl nicht entgegen. 17

V. Gutglaubensschutz (Abs 3). Abs 2 S 1 ist nicht anwendbar, wenn ein Urt nach § 325 II nicht gegen den Rechtsnachfolger des Kl wirken würde. Das ist der Fall, wenn die streitbefangene Sache (nicht Forderung) nach materiellem Recht gutgläubig erworben werden kann (zB nach §§ 932 ff, 935 BGB, § 366 HGB) und der Rechtsnachfolger von der Rechtshängigkeit weder positiv Kenntnis hatte noch grob fahrlässig Unkenntnis (doppelte Gutgläubigkeit). 18

Der Bekl kann dem Kl den Einwand entgegensetzen, dass er zur Geltendmachung nicht mehr befugt ist mit der Folge der Klageabweisung wegen fehlender Aktivlegitimation. Der Rechtsnachfolger kann aus abgetretenem Recht selbst gegen Bekl klagen. 19

§ 266 Veräußerung eines Grundstücks.

(1) [1]Ist über das Bestehen oder Nichtbestehen eines Rechts, das für ein Grundstück in Anspruch genommen wird, oder einer Verpflichtung, die auf einem Grundstück ruhen soll, zwischen dem Besitzer und einem Dritten ein Rechtsstreit anhängig, so ist im Falle der Veräußerung des Grundstücks der Rechtsnachfolger berechtigt und auf Antrag des Gegners verpflichtet, den Rechtsstreit in der Lage, in der er sich befindet, als Hauptpartei zu übernehmen. [2]Entsprechendes gilt für einen Rechtsstreit über das Bestehen oder Nichtbestehen einer Verpflichtung, die auf einem eingetragenen Schiff oder Schiffsbauwerk ruhen soll.

(2) [1]Diese Bestimmung ist insoweit nicht anzuwenden, als ihr Vorschriften des bürgerlichen Rechts zugunsten derjenigen, die Rechte von einem Nichtberechtigten herleiten, entgegenstehen. [2]In einem solchen Fall gilt, wenn der Kläger veräußert hat, die Vorschrift des § 265 Abs. 3.

A. Normzweck. Als Ausn zu § 265 II 2 soll dem durch die Formvorschriften bei Grundstücksveräußerung geschützten Prozessgegner ein Parteiwechsel ohne seine Zustimmung zumutbar sein. 1

B. TBVoraussetzungen. I. Rechtsstreit. Zwischen Besitzer und einem Dritten über ein grundstücksbezogenes Recht oder Verpflichtung (**Abs 1**), zB Prozesse über Grunddienstbarkeiten, Aufgebotsverfahren für Briefhypothek (BGH NJW-RR 09, 660), Vorkaufsrechte, Hypothek, Grundschuld, Nießbrauch, aus § 894 BGB, Nachbarrecht (BGHZ 175, 253); Notwegrecht (Karlsr NJW-RR 95, 1042). **Nicht**: Klagen aus schuldrechtlichem Anspruch, zB Kaufvertrag. Wegen eines anderen Anwendungsbereichs als § 265 gilt § 266 nicht bei jeder Veräußerung eines streitbefangenen Grundstücks, sondern nur dann, wenn die Parteien über das Bestehen oder Nichtbestehen eines von der Person des jeweiligen Eigentümers unabhängigen dinglichen Rechts, welches für ein Grundstück in Anspruch genommen wird, oder über eine auf dem Grundstück ruhende Verpflichtung streiten (BGH NJW 06, 1351). 2

3 **II. Abs 1.** Hat der Besitzer das Grundstück nach Rechtshängigkeit veräußert, ist der Grundstückserwerber berechtigt und auf Antrag des Gegners **verpflichtet** zur Übernahme des Prozesses. Die Rechtsfolgen sind die gleichen wie bei der zustimmenden Übernahme in § 265.

4 Der Erwerber ist zum Termin zu laden. Erscheint er nicht, gilt die Rechtsnachfolge als zugestanden; entspr § 239 IV wird durch Versäumnisurteil entschieden. Macht der Rechtsnachfolger von seiner Berechtigung, den Rechtsstreit zu übernehmen, keinen Gebrauch und ist er mangels Antrags des Prozessgegners auch nicht zur Übernahme verpflichtet, führt der Rechtsvorgänger den Rechtsstreit nach § 265 II weiter.

5 **III. Abs 2 S 1.** Der Grundstückserwerber hat die Rechte und Pflichten nach Abs 1 nicht (es bleibt bei § 265 II, III), wenn gegen ihn keine Rechtskrafterstreckung eintritt. Das ist nach § 325 II der Fall, wenn der Rechtsnachfolger doppelt gutgläubig war (bzgl der dinglichen Rechtslage und der fehlenden Rechtshängigkeit). Erlangt das Urt gem § 325 III ohne Rücksicht auf guten Glauben gg den Erwerber Rechtskraft, bleibt es bei Abs 1.

6 **IV. Abs 2 S 2.** Hat der Kl veräußert, kann der Bekl dessen fehlende Aktivlegitimation rügen (**Abs 2 S 2**); die Klage wird dann abgewiesen.

§ 267 Vermutete Einwilligung in die Klageänderung.

Die Einwilligung des Beklagten in die Änderung der Klage ist anzunehmen, wenn er, ohne der Änderung zu widersprechen, sich in einer mündlichen Verhandlung auf die abgeänderte Klage eingelassen hat.

1 **A. Normzweck.** Die unwiderlegbare Vermutung der Einwilligung dient dem Interesse der Rechtssicherheit.

2 **B. TBVoraussetzungen.** Die Einwilligung ist nicht ausdrücklich zu erklären, sondern kann auch stillschweigend erteilt werden, indem sich der Gegner rügelos auf den neuen Sachvortrag einlässt (BGH NJW-RR 05, 437). Es ist unerheblich, ob sich der Bekl der Klageänderung bewusst ist.

3 Entspr anwendbar ist § 267, wenn Bekl vorbehaltlos über die zur Aufrechnung gestellte Forderung verhandelt (BGH NJW-RR 90, 1470).

4 **C. Hinweise zur Verhandlung und Prozesstaktik.** Will der Bekl eine stillschweigende Einwilligung verhindern, ist sein positives Handeln erforderlich, in dem sein Widerspruchswille (zumindest schlüssig) zum Ausdruck kommt (BGH NJW 90, 2682).

§ 268 Unanfechtbarkeit der Entscheidung.

Eine Anfechtung der Entscheidung, dass eine Änderung der Klage nicht vorliege oder dass die Änderung zuzulassen sei, findet nicht statt.

1 **A. Normzweck.** Eine Verzögerung des Prozesses soll verhindert werden.

2 **B. TBVoraussetzungen.** Unanfechtbar ist die Entscheidung, dass eine Änderung nicht vorliegt (§ 264) oder dass sie zulässig ist (§ 263), wie Parteierweiterung (Jena OLGR 00, 205). Anfechtbar mit Endurteil, wenn die geänderte Klage nicht zugelassen wirdoder das Gericht aufgrund seiner abweichenden Auslegung des Klageantrags einen Klageantrag behandelt hat, der so nicht gestellt war (BAG NZA 11, 1054).

3 Hat das Berufungsgericht sachlich über eine erst in der Berufungsinstanz erhobene Widerklage entschieden, so kann entspr § 268 mit der Revision weder angegriffen werden, dass das Berufungsgericht die Voraussetzungen des § 533 bejaht und die Widerklage deshalb zugelassen hat, noch, dass es § 533 nicht für anwendbar gehalten hat (BGH NJW-RR 08, 262).

4 Da § 268 nicht bei Wechsel des Bekl gilt, ist eine Entscheidung, die den vom Kl beantragten Parteiwechsel in der Berufungsinstanz für zulässig erklärt, für den alten und neuen Bekl anfechtbar (BGH NJW 81, 989).

§ 269 Klagerücknahme.

(1) Die Klage kann ohne Einwilligung des Beklagten nur bis zum Beginn der mündlichen Verhandlung des Beklagten zur Hauptsache zurückgenommen werden.

(2) [1]Die Zurücknahme der Klage und, soweit sie zur Wirksamkeit der Zurücknahme erforderlich ist, auch die Einwilligung des Beklagten sind dem Gericht gegenüber zu erklären. [2]Die Zurücknahme der Klage erfolgt, wenn sie nicht bei der mündlichen Verhandlung erklärt wird, durch Einreichung eines Schriftsatzes. [3]Der Schriftsatz ist dem Beklagten zuzustellen, wenn seine Einwilligung zur Wirksamkeit der Zurücknahme der Klage erforderlich ist. [4]Widerspricht der Beklagte der Zurücknahme der Klage

nicht innerhalb einer Notfrist von zwei Wochen seit der Zustellung des Schriftsatzes, so gilt seine Einwilligung als erteilt, wenn der Beklagte zuvor auf diese Folge hingewiesen worden ist.
(3) [1]Wird die Klage zurückgenommen, so ist der Rechtsstreit als nicht anhängig geworden anzusehen; ein bereits ergangenes, noch nicht rechtskräftiges Urteil wird wirkungslos, ohne dass es seiner ausdrücklichen Aufhebung bedarf. [2]Der Kläger ist verpflichtet, die Kosten des Rechtsstreits zu tragen, soweit nicht bereits rechtskräftig über sie erkannt ist oder sie dem Beklagten aus einem anderen Grund aufzuerlegen sind. [3]Ist der Anlass zur Einreichung der Klage vor Rechtshängigkeit weggefallen und wird die Klage daraufhin zurückgenommen, so bestimmt sich die Kostentragungspflicht unter Berücksichtigung des bisherigen Sach- und Streitstandes nach billigem Ermessen; dies gilt auch, wenn die Klage nicht zugestellt wurde.
(4) Das Gericht entscheidet auf Antrag über die nach Absatz 3 eintretenden Wirkungen durch Beschluss.
(5) [1]Gegen den Beschluss findet die sofortige Beschwerde statt, wenn der Streitwert der Hauptsache den in § 511 genannten Betrag übersteigt. [2]Die Beschwerde ist unzulässig, wenn gegen die Entscheidung über den Festsetzungsantrag (§ 104) ein Rechtsmittel nicht mehr zulässig ist.
(6) Wird die Klage von neuem angestellt, so kann der Beklagte die Einlassung verweigern, bis die Kosten erstattet sind.

A. Normzweck. Diese Norm regelt die Befugnis des Kl zur Klagerücknahme und die daraus resultierende Wirkung und Kostentragungspflicht. Da der Kl nach Klagerücknahme neu klagen könnte (Abs 6), soll der Bekl dies mit seiner erforderlichen Einwilligung verhindern und eine Klageabweisung erzwingen können. 1

B. TBVoraussetzungen. Klagerücknahme ist abzugrenzen von Erledigungserklärung (§ 91a), Klageänderung (§ 263) oder Verzicht (§ 306). Auslegung und Umdeutung einer eindeutigen Klagerücknahme in eine einseitige Erledigungserklärung ist unzulässig (BGH NJW 07, 1460). Bei der qualitativen Klagebeschränkung ist von einer zustimmungsfreien Antragsbeschränkung nach § 264 Nr 2 auszugehen (Frankf WuW/E DE-R 811-816). Anwendung unmittelbar auf Klage und Widerklage und mittelbar auf sonstige Anträge, über die eine mündliche Verhandlung notwendig ist. 2

I. Zulässigkeit (Abs 1). 1. Gegenstand. Die Rücknahme kann einen Parteiwechsel oder eine quantitative Klagebeschränkung betreffen. Ein nicht mehr weiter verfolgter **Teil** des Anspruchs muss dem Streit der Parteien entzogen werden (BGH NJW 90, 2682). 3

2. Zeitpunkt. Möglich ab Rechtshängigkeit (Abs 3 S 3) bis zur Rechtskraft. Nur eine wirksam erhobene Klage kann mit Kostenentscheidung zurückgenommen werden (Karlsr MDR 97, 689), weil anderenfalls noch kein Prozessrechtsverhältnis zustande gekommen ist (Hamm NJW-RR 94, 63), auch nicht bei Verzicht des Bekl auf Zustellung (Nürnbg OLGR 99, 263). Nach übereinstimmender Erledigung der Hauptsache ist Klagerücknahme ausgeschlossen (Bambg NJW-RR 97, 1365). 4

II. Einwilligung des Bekl (Abs 1). Erforderlich ab Beginn der mündlichen Verhandlung dh idR mit Stellung des Klageabweisungsantrags (§ 137 I), **nicht** mit Erörterung von Zulässigkeitsfragen, Erörterung der Sachlage mit dem Gericht (Dresd OLGR 97, 187), Güteverhandlung (BGHZ 100, 383), Erklärungen des nicht postulationsfähigen Gegners (Stuttg OLGR 04, 159). 5

III. Erklärung (Abs 2). Gegenüber Streitgericht (BGH MDR 81, 1002) durch Einreichung eines Schriftsatzes oder in der mündlichen Verhandlung zu Protokoll (S 2). Rücknahme und Einwilligung sind als Prozesshandlung unwiderruflich, bedingungsfeindlich und unanfechtbar (BGH NJW-RR 08, 85). 6

1. Rücknahme. Kann auch durch schlüssiges Verhalten erklärt werden. Erforderlich dafür ist, dass das Verhalten der Partei den Willen zur Rücknahme **eindeutig und unzweifelhaft** ergibt (BGH NJW-RR 96, 885). Keine konkludente Klagerücknahme ist die bloße Nichtzahlung des Auslagenvorschusses (Ddorf BauR 02, 350) oder die Rücknahmeerklärung in einem anderen Verfahren (BGH MDR 81, 1002). Erklärt der Kl nach nur tw bewilligter **PKH**, dass der Klageantrag nur im Umfang bewilligter Prozesskostenhilfe gestellt werde, liegt darin eine konkludente Klagerücknahme (Hamm NJW-RR 06, 7); vor Klagezustellung kann PKH-Antrag ohne Einschränkung zurückgenommen werden (Nürnbg FamRZ 00, 36). Eine **Verpflichtung** zur Klagerücknahme (BGH WM 86, 1061) hat nicht die Wirkung einer Klagerücknahme; wird die Rücknahme dem Gericht nicht erklärt, kann der Bekl die Verpflichtung einwenden, so dass die Klage als unzu- 7 lässig abzuweisen ist (BGH NJW 64, 549). Trotz **Anwaltszwangs** (§ 78) kann nach Berufung des Bekl der in der höheren Instanz nicht zugelassene Kl die Klage zurücknehmen (BGHZ 14, 210). Nach Abgabe der Sache an das LG im **Mahnverfahren** kann der Kl ohne RA beim LG den Antrag auf Durchführung des streitigen Verfahrens und auch die Klage (Kobl NJW-RR 00, 1370) zurücknehmen (§ 696 IV 2). Wird nur der Antrag auf streitiges Verfahren (§ 696 IV) zurückgenommen, nicht aber der Mahnantrag, können dem Kl nach § 269 III 2 die Kosten nicht auferlegt werden (BGH NJW-RR 06, 201).

8 **2. Einwilligung.** Muss nicht ausdrücklich erfolgen, sondern kann sich aus sonstigen Umständen ergeben, wenn sicher feststeht, dass der Bekl mit der Rücknahme einverstanden ist (Kobl 11.7.02–5 U 291/01), zB Stellung eines Kostenantrags (Celle ZIP 11, 2127). Abs 2 S 4 fingiert die Einwilligung, wenn der Bekl nach Belehrung nicht binnen einer Notfrist zwei Wochen widerspricht. Aus prozessökonomischen Gründen kann Einwilligung bereits vor der Klagerücknahme erfolgen (str).

9 **Verweigerung** der Einwilligung ist auch konkludent möglich. Da die Einwilligung nicht in dem Termin erfolgen muss, in welchem die Klagerücknahme erklärt wurde (Dresd MDR 97, 498), gilt es nicht als Verweigerung, wenn der Bekl sich nicht sofort äußert.

10 Der Widerspruch des Bekl als Berufungskl gegen die tw Klagerücknahme ist **rechtsmissbräuchlich**, wenn er damit die mündliche Verhandlung über die Berufung insgesamt erzwingen will (Rostock OLGR 04, 85).

11 Ist Rücknahme der Klage wegen fehlender Einwilligung unwirksam, wird der Prozess fortgeführt (BGH NJW 98, 3784) ohne dass die Sachanträge zu wiederholen sind (BGHZ 141, 184).

12 **IV. Wirkung (Abs 3).** Rechtshängigkeit und Verjährungshemmung entfallen rückwirkend. Ein noch nicht rechtskräftiges Urt wird wirkungslos (**S 1**), bei Rücknahme vor BGH alle vorinstanzlichen Urteile (BGH 1.6.10 – XI ZR 63/10).

13 **1. Kosten (S 2 Hs 1).** Trägt der Kl, soweit nicht bereits rechtskräftig über sie erkannt ist oder sie dem Bekl aus einem anderen Grund aufzuerlegen sind. Grund: er hat sich mit der Klagerücknahme freiwillig in die Rolle des Unterlegenen begeben hat (BGH NJW-RR 05, 1662) ohne Rücksicht auf die materielle Rechtslage (BGH NJW 04, 223). Die Regelanordnung des Abs 3 S 2 ist eine Ausprägung des allg den §§ 91, 97 zugrunde liegenden Prinzips, dass die unterlegene Partei die Kosten des Rechtsstreits zu tragen hat (Rostock MDR 08, 593). Kosten des Rechtsstreits sind diejenigen, die im Falle der Rücknahme der Klage nach deren Zustellung erstattungsfähig gewesen wären (BGH NJW 06, 775), auch die außergerichtlichen Kosten des auf Beklagtenseite beigetretenen, am Vergleich nicht beteiligten streitgenössischen Nebenintervenienten (BGH NJW-RR 10, 1476).

14 Zu den Kosten des Hauptsacheverfahrens gehören die Kosten eines vorausgegangenen **selbstständigen Beweisverfahrens** (BGH NJW 07, 1279), auch wenn die Streitgegenstände nur tw identisch sind (BGH NJW 07, 1282), aber **nicht**, wenn das selbstständige Beweisverfahren zur Zeit der Klagerücknahme noch nicht abgeschlossen war (BGH ZfBR 05, 790) oder der Antrag zurückgenommen wurde (Zweibr NJW-RR 04, 821). Wird der Antrag auf Durchführung eines selbständigen Beweisverfahrens zurückgenommen, so ist über die Kostenfolge aus Abs 3 S 2 im anhängigen Hauptsacheverfahren zu entscheiden (BGH NJW-RR 05, 1015).

Eine Kostenentscheidung im selbständigen Beweisverfahren kommt nicht in Betracht, wenn ein Hauptsacheverfahren anhängig ist (BGH MDR 05, 227) oder der Ast sich in einem anderen mit dem Ag geführten Rechtstreit hilfsweise auf ein Zurückbehaltungsrecht wegen Mängeln beruft, die Gegenstand des selbständigen Beweisverfahrens sind (Stuttg BauR 11, 1710). Über die Kosten eines selbstständigen Beweisverfahrens ist in entspr Anwendung von Abs 3 S 2 zu entscheiden, wenn der Antragsteller seinen Antrag zwar nicht förmlich zurücknimmt, das Verfahren aber nicht weiter betreibt zB den angeforderten Kostenvorschuss nicht einzahlt (Saarbr BauR 11, 151). Eine im selbstständigen Beweisverfahren unzulässige einseitige Erledigungserklärung ist regelmäßig in eine Antragsrücknahme mit der Kostenfolge des Abs 3 S 2 umzudeuten (BGH NJW-RR 11, 932) . Dies gilt auch dann, wenn das Beweissicherungsinteresse zum Zeitpunkt der Erklärung entfallen war (BGH NJW 11, 1292).

15 Da bei **Stufenklage** eine objektive Klagehäufung vorliegt, erfolgt nur eine tw Klagerücknahme (Köln NJW-RR 92, 1480), wenn Kl den unbezifferten Zahlungsantrag nach Erledigung des Auskunftsbegehrens zurücknimmt, so dass über diesen Teil nach Abs 3 S 2, über die Auskunftsstufe aber nach §§ 91, 91a zu Lasten des Bekl zu entscheiden ist (München FamRZ 92, 1449; abw Hamm NJW-RR 91, 1407).

16 Bei **teilweiser** Klagerücknahme oder teilweiser Anwendung oder Nichtanwendung von Abs 3 S 2 bzw 3 ist im Endurteil ohne ausdrücklichen Antrag eine einheitliche Kostenentscheidung zu treffen durch quoten-

mäßige Verteilung entspr § 92 (Kobl JurBüro 91, 1542). Hat der Kl nach teilweiser Erfüllung seiner Forderung die Klage (tw) zurückgenommen statt sie insoweit für erledigt zu erklären, so hat er entspr der Quote für diesen Teil die Kosten des Rechtsstreits zu tragen, da Abs 3 S 3 auf § 91a keine Anwendung findet (Rostock MDR 08, 593).

Im **Mahnverfahren** ist § 269 III anwendbar (Saarbr 26.06.09 – 8 W 175/09). Macht der Ast geltend, dass der Anlass zur Einreichung des Mahnantrags vor Rechtshängigkeit entfallen sei und dass er deswegen den Mahnantrag zurückgenommen habe, so dass der Gegner die Kosten zu tragen habe (§ 269 III 3), so hat über die Kosten des Mahnverfahrens nach Abgabe das für das str Verfahren zuständige Gericht zu entscheiden, also nicht das Mahngericht (BGH NJW 05, 512 und 513). 17

Wird der Antrag auf **eV** dem Gegner nicht zugestellt, sondern nach Eingang wieder zurückgenommen, ist kein Prozessrechtsverhältnis entstanden, also kein Kostenbeschluss nach § 269 III möglich (Brandbg MDR 99, 570), wenn der Gegner zufällig davon erfährt (aA München MDR 93, 687; Hambg MDR 00, 786). 18

Bei **Parteiwechsel** scheidet der alte Bekl aus: Beschl, wonach dem Kl die außergerichtl Kosten des Bekl auferlegt werden; über die anderen Kosten wird später im Urt entschieden. Entspr, wenn die Klage gegen einen von mehreren Bekl zurückgenommen wird (Kobl VersR 85, 789). 19

2. Ausnahme (S 2 Hs 2). Dem Bekl können die Kosten ggf ganz oder tw auferlegt werden, soweit bereits rechtskräftig über die Kosten erkannt ist, wie Vergleich (BGH NJW-RR 04, 1506) sowie aus einem anderen prozessualen Grund wie § 93d (BGH NJW 04, 223), Säumniskosten (BGHZ 159, 153) oder Rücknahme des Scheidungsantrags gem § 626 I 2 (BGH NJW-RR 07, 1586). Bei Klagerücknahme kommt ein der Kostenentscheidung entgegengerichteter materiell-rechtlicher Anspruch auf Kostenerstattung nicht in Betracht, wenn der Sachverhalt, der zu dieser Kostenentscheidung geführt hat, unverändert bleibt (BGH NJW 11, 2368). 20

3. Wegfall Klageanlass (S 3). Nach billigem Ermessen bestimmt sich die Kostentragungspflicht unter Berücksichtigung des bisherigen Sach- und Streitstands, wenn der Anlass zur Einreichung der Klage **vor** Rechtshängigkeit (auch vor Anhängigkeit!) weggefallen und die Klage daraufhin unverzüglich zurückgenommen wird, aus Gründen der Prozessökonomie auch bei Klagerücknahme **nach** Rechtshängigkeit (Hamm NJW-RR 11, 1563; Jena 03.06.11 – 4 W 248/11). Dies gilt ebenso bei Rücknahme der mit einem PKHgesuch verbundenen Klage vor deren Zustellung (BGH NJW-RR 05, 1015), aber mangels eines Prozessrechtsverhältnisses nicht, wenn Klage von der vorherigen Bewilligung von PKH abhängig gemacht wurde (Stuttg FamRZ 10, 316) oder nach Bewilligung nur das PKH-Gesuch zugestellt wurde (Celle NJW-RR 11, 1564). Der Anlass zur Klageeinreichung entfällt nicht, wenn Klagerücknahme vor Zustellung der Klageschrift infolge eines rechtlichen Hinweises des Gerichts erfolgt (Ddorf OLGR 07, 670). 21

Der Kl hat die Kosten des Rechtsstreits zu tragen, wenn die Klage vor Ablauf der angemessenen und von der Rechtsprechung zugebilligten Prüfungsfrist des gegnerischen Haftpflichtversicherers von etwa vier bis sechs Wochen eingereicht wurde (Saarbr 09.02.10 – 4 W 26/10). Bei Kostenübernahmeerklärung der bekl Haftpflichtversicherung soll Kl weitere Kosten durch Klagerücknahme vermeiden (Schadensminderungspflicht) und weitere Kosten übernehmen, wenn er Klagerücknahme unterlässt (Münch 14.10.11 – 10 U 2800/11; probl, da Kl erst nach Zahlung befriedigt und dann Erledigungserklärung gem § 91a der richtige Weg).

Abs 3 S 3 setzt die Erledigung aus sachrechtlichen Gründen vor Anhängigkeit bzw Rechtshängigkeit voraus (Hamm MDR 10, 1013). Daran fehlt es, wenn die Klage durch ein Versehen doppelt erhoben wurde, die Klagepartei dies vor Zustellung erkannte, daraufhin die Klage zurücknimmt und die andere Partei durch Zufall von der Klageerhebung und -rücknahme Kenntnis erlangte (OLGR München 09, 915).

Der Kl ist **darlegungs- und beweispflichtig** dafür, dass seine Belastung mit Kosten billigem Ermessen widerspricht (BGH NJW 06, 775). Die Klage sowie der Kostenantrag müssen deshalb zumindest formlos dem Bekl mitgeteilt werden, bevor eine Kostenentscheidung zu seinen Lasten ergeht.

Letztlich kann ein Kl nicht gezwungen werden, sich nur deshalb durch Klagerücknahme in die Rolle des Unterlegenen zu begeben, weil das erledigende Ereignis vor Rechtshängigkeit eintrat. In einem solchen Fall kann er an der Klage festhalten und seinen Antrag auf Erstattung der durch die Klageerhebung entstandenen Kosten umstellen. Kann er diese noch nicht beziffern, ist auch ein entspr Feststellungsantrag zulässig (Naumbg JurBüro 11, 150).

4. Analoge Anwendung. Bei Klagerücknahme vor deren Zustellung nach dem Veranlasserprinzip, wenn eine wirksam eingereichte Klage trotz bereits erfolgter »Rücknahme« versehentlich noch zugestellt wird 22

(München 20.12.10 – 7 W 2720/10) oder dem Empfänger der zugestellten Klage die bereits zuvor erfolgte Rücknahme nicht mitgeteilt worden ist (Schlesw NJW-RR 87, 951), bei Tod des Bekl vor Klagezustellung (LG Rottweil MDR 01, 1374) sowie auf das vergaberechtliche Beschwerdeverfahren als streitiges Verfahren vor einem ordentlichen Gericht (Karlsr ZfBR 08, 730). Da ein gewillkürter Beklagtenwechsel kostenrechtlich wie eine Klagerücknahme zu behandeln ist, hat eine Kostentenscheidung analog Abs 3 zu ergehen (Schlesw SchlHA 10, 178).
Keine analoge Anwendung bei Rücknahme des Antrags auf Erlass einer **einstw Verfügung**, weil diese schon mit Eingang bei Gericht rechtshängig wird (Brandbg 13.09.11 – 6 W 73/11; KG MDR 09, 765; Stuttg NJW-RR 07, 527).

23 **V. Gerichtliche Entscheidung (Abs 4). 1. Beschluss.** Es steht im Belieben des Kl, ob er nach § 269 Abs 4, Abs 3 S 3 vorgeht oder die Klage auf das Kosteninteresse umstellt (KG 31.3.11 8 U 125/10). Bei Streit über Wirksamkeit der Klagerücknahme stellt das Gericht auf **Antrag** diese Wirkung durch **Beschluss** fest (BGH NJW-RR 93, 1470; aA Celle 9.11.11 – 8 W 58/11 Entscheidung durch (Zwischen)Urteil nach Fortsetzung der mündlichen Verhandlung). Dies vermeidet die Kostenautomatik bei Klagerücknahme und erspart eine neue Klage auf Kostenerstattung aus einem materiell-rechtlichen Kostenerstattungsanspruch. Der Beschl über die Wirkungen, insb Kostentragungspflicht, ist zu begründen (KGR Berlin 08, 125).

24 Der Kl kann statt dessen seinen materiell-rechtlichen Kostenerstattungsanspruch durch sachdienliche Klageänderung (§ 263) auf bezifferte Leistungsklage wegen der entstandenen Kosten fordern (München NJW 66, 161) oder auf (unbezifferte) Feststellung, dass der Bekl verpflichtet ist, dem Kl alle Kosten zu erstatten, die ihm in diesem Verfahren entstanden sind und noch entstehen werden (Nürnbg DAR 95, 330). Das Rechtsschutzbedürfnis ist gegeben, denn bei einer Klageänderung ist eine strengbeweisliche Entscheidung zu treffen, während der Kl bei Bestreiten des Bekl andernfalls auf das billige Ermessen des Gerichts (ohne Beweisaufnahme) angewiesen ist; aber nicht, wenn bereits ein Kostenbeschluss nach Abs 3 ergangen ist.

25 **2. Urteil.** Hält das Gericht die Rücknahme für unwirksam, muss es den Rechtsstreit fortsetzen und durch **Urteil** sachlich entscheiden. In den Entscheidungsgründen wird es die Unwirksamkeit der Rücknahme feststellen. Es ist grds davon auszugehen, dass der Kl seinen ursprünglichen Klageantrag für den Fall der Unwirksamkeit der Klagerücknahme aufrechterhält. Stellt der Kl nach Verweigerung der Einwilligung keinen Antrag mehr, ergeht VU auf Klageabweisung; anderenfalls Endurteil (Dresd OLG-NL 94, 231).

26 **VI. Rechtsmittel (Abs 5).** Sofortige Beschwerde (§ 567), wenn der Streitwert der Hauptsache im Beschlusszeitpunkt 600 € (S 1) und die Beschwer 200 € übersteigt und noch kein rechtskräftiger Kostenfestsetzungsbeschluss ergangen ist (S 2). Gilt auch in Familienstreitsachen (Zweibr FamRZ 11, 1614). Eine gemischte Kostenentscheidung (§ 269 und § 93a) kann anfechtbar sein (BGH NJW-RR 07, 1586). Bei teilweiser Klagerücknahme ist die sofortige Beschwerde zulässig gegen den Teil der Kostenentscheidung im Urt, der auf Abs 3 beruht (München MDR 11, 1067). Der Beschl des Beschwerdegerichts kann nur nach § 574 angegriffen werden durch zugelassene Rechtsbeschwerde.
Eine rechtskräftige Entscheidung nach Abs 3 S 2 bleibt wirkungslos, wenn der Kostenbeschluss mangels Klagezustellung unzulässig war. Weil es mangels eines Prozessrechtsverhältnisses keinen Rechtsstreit gibt, findet keine Kostenerstattung statt und die Kostengrundentscheidung wird ausnahmsweise im Kostenfestsetzungsverfahren korrigiert (Stuttg 17.11.09 – 8 W 452/09).

27 **VII. Neue Klage (Abs 6).** Diese ist zulässig. Der Bekl braucht sich darauf nicht einzulassen, solange seine Aufwendungen aus dem vorherigen Verfahren noch nicht erstattet sind. Voraussetzung ist die Identität des Streitgegenstands der alten und der neuen Klage (Ddorf MDR 93, 477). Die Einrede kann der Bekl auch ggü einer Vollstreckungsgegenklage erheben (BGH NJW 92, 2034). Werden die Kosten nicht erstattet, wird die neue Klage als unzulässig abgewiesen.

§ 270 Zustellung; formlose Mitteilung.

[1]Mit Ausnahme der Klageschrift und solcher Schriftsätze, die Sachanträge enthalten, sind Schriftsätze und sonstige Erklärungen der Parteien, sofern nicht das Gericht die Zustellung anordnet, ohne besondere Form mitzuteilen. [2]Bei Übersendung durch die Post gilt die Mitteilung, wenn die Wohnung der Partei im Bereich des Ortsbestellverkehrs liegt, an dem folgenden, im Übrigen an dem zweiten Werktag nach der Aufgabe zur Post als bewirkt, sofern nicht die Partei glaubhaft macht, dass ihr die Mitteilung nicht oder erst in einem späteren Zeitpunkt zugegangen ist.

A. Normzweck. Die Form der Übermittlung von Parteierklärungen an die übrigen Prozessbeteiligten wird festgelegt, nämlich durch förmliche Zustellung (§§ 166 ff) oder formlose Mitteilung. Außerdem wird die Zugangsfiktion bei Postversand geregelt. 1

B. TBVoraussetzungen. I. Förmliche Zustellung. Klage (§ 271), Widerklage, bestimmende Schriftsätze wie Klageänderung, -erweiterung, -beschränkung, Erledigungserklärung, Einspruch; Klagerücknahme nach mündlicher Verhandlung (§ 269 II 4); Antrag des selbstständigen Beweisverfahrens (BGH MietRB 11, 281). 2

II. Formlose Mitteilung. Sonstige nicht sachbestimmende Schriftsätze, wie Antrag auf Klageabweisung (BGH NJW 65, 397; anders KG NJW 70, 616, wonach schon jeder sachbezogene Antrag zuzustellen ist); Beweisantrag; Verweisung; Terminsverlegung werden formlos mitgeteilt. Die wird nach S 1 seit 1.7.02 nicht mehr zugestellt, nur noch formlos mitgeteilt. fordert aber noch die Zustellung, wenn die Klage zurückgenommen wird. 3

III. Zugangsfiktion. Beim Postversand wird vermutet, dass bei Aufgabe zur Post ein Brief, auch sog Einwurf-Einschreiben (Stuttg StRR 09, 402), innerorts am nächsten Tag zugegangen ist, im Fernverkehr am übernächsten Tag. Dies ist nicht bindend, wenn die Partei glaubhaft (§ 294) machen kann, dass sie den Brief nicht oder erst später erhalten hat (VerfG des Landes Brandbg 20.5.10 – 28/09). 4

Die Zugangsfiktion oder eine unvollständige Mitteilung kann das in Art 103 I GG verankerte Gebot rechtlichen Gehörs verletzen, wenn eine Prozesspartei sich zum gesamten dem Gericht zur Entscheidung unterbreiteten Vortrag des Prozessgegners nicht äußern kann (BVerfGE 50, 285). Dies setzt voraus, dass ihr die Angriffs- oder Verteidigungsmittel des Gegners auch vollständig zugänglich gemacht werden (München NJW 05, 1130). 5

§ 271 Zustellung der Klageschrift.

(1) Die Klageschrift ist unverzüglich zuzustellen.
(2) Mit der Zustellung ist der Beklagte aufzufordern, einen Rechtsanwalt zu bestellen, wenn er eine Verteidigung gegen die Klage beabsichtigt.

A. Normzweck. § 271 dient neben der Verfahrensbeschleunigung auch der Rechtssicherheit wegen der Rechtshängigkeitswirkungen (§ 261). Die Aufforderung nach Abs 2 ermöglicht dem Bekl eine frühzeitige Verteidigung. 1

B. TBVoraussetzungen. I. Zustellung. Die Zustellung einer beglaubigten Abschrift der Klage erfolgt vAw (§§ 166 ff). Es bedarf weder eines besonderen Antrags des Kl noch obliegt es ihm, um die Zustellung der Klage in bestimmter Form zu ersuchen; das Gerichte selbst hat dafür Sorge zu tragen, dass eine wirksame Zustellung erreicht wird (BGH NJW 03, 2830). Die Zustellung ist unwirksam, wenn die Klageschrift zugestellt wird ohne die in Bezug genommenen Anlagen oder ohne Übersetzung in EU-Auslandsfällen (gem Art 8 I EuZVO, VO EG 1348/00) und deshalb vom Empfänger zurückgewiesen wird (BGH NJW 07, 775). Zweifel an der Wirksamkeit der Klagezustellung rechtfertigen nicht die Abweisung der Klage wegen fehlender Rechtshängigkeit, sofern die Heilung des etwaigen Zustellungsmangels noch möglich ist (BGH NJW-RR 11, 417). 2

1. Unverzüglich. Die Zustellung der Klageschrift ist im ordentlichen Geschäftsgang möglich, sobald die Verfahrensgebühr (§ 12 GKG), auch vom Bekl (Ddorf OLGZ 83, 117), eingezahlt ist. Das Gericht darf bei ungeklärter interner Zuständigkeit die Zustellung nicht verzögern (LG Berlin ZMR 05, 955). 3

2. Vorschuss. Nicht erforderlich bei Kostenfreiheit, Armut oder Eilbedürftigkeit (§ 14 GKG). Die Verfahrensgebühr enthält bis zu zehn Zustellungen (GKG KV 1210/9002). 4

Der dem Kl kraft Gesetzes zustehende Anspruch auf unverzügliche Zustellung seiner Klage kann wegen Rechtsmissbrauchs ausgeschlossen sein (Briefbogen mit aufgedruckter verfassungswidriger politischer Zusätze, LG Stuttgart NJW 94, 1077). Eine gegen den Schuldner gerichtete Klage darf nicht ohne Rückfrage einfach an den Insolvenzverwalter zugestellt werden, da es andernfalls nicht zum Eintritt der Rechtshängigkeit kommt (BGHZ 127, 156). 5

II. Aufforderung. Nur im Anwaltsprozess (§ 78) vorgeschrieben. 6

III. Rechtsmittel. Gegen die Ablehnung der Zustellung ist die sofortige Beschwerde nach § 567 statthaft (Frankf OLGR 07, 512). 7

§ 272 Bestimmung der Verfahrensweise. (1) Der Rechtsstreit ist in der Regel in einem umfassend vorbereiteten Termin zur mündlichen Verhandlung (Haupttermin) zu erledigen.
(2) Der Vorsitzende bestimmt entweder einen frühen ersten Termin zur mündlichen Verhandlung (§ 275) oder veranlasst ein schriftliches Vorverfahren (§ 276).
(3) Die Güteverhandlung und die mündliche Verhandlung sollen so früh wie möglich stattfinden.

1 **A. Normzweck.** Durch Konzentration und Beschleunigung des Prozesses soll der Rechtsstreit in einem umfassend vorbereiteten Termin zur mündlichen Verhandlung (Haupttermin) beendet werden. Um dies zu ermöglichen kann der Vorsitzende in einem frühen ersten Termin oder durch das schriftliche Vorverfahren den Prozessstoff aufbereiten, aber nicht im Urteilsverfahren vor dem Arbeitsgericht (§ 46 II 2 ArbGG) sowie in Ehe- und Kindschaftssachen (§§ 611 II, 640).

2 **B. TBVoraussetzungen.** Ob der Vorsitzende einen frühen ersten Termin (§ 275) bestimmt oder sich für ein schriftliches Vorverfahren (§ 276) entscheidet, steht in seinem freien, nicht nachprüfbaren Ermessen (BGHZ 86, 31), auch wenn er damit ein zunächst angeordnetes schriftliches Vorverfahren abbricht (KG MDR 85, 416). Nach Anberaumung des Haupttermins ist die Rückkehr in das schriftliche Vorverfahrens unzulässig (München MDR 83, 324).

3 **I. Haupttermin (Abs 1).** Ist auch der Termin nach Scheitern des frühen ersten Termins (§ 275 II). In beiden Fällen sind vorbereitende Maßnahmen (§ 273) zu treffen um im Haupttermin einen Verfahrensabschluss zu erreichen.

4 **II. Früher erster Termin (Abs 2 Alt 1).** Dieser kann sowohl der Vorbereitung des Haupttermins wie der Entscheidung des Rechtsstreits dienen. Er ist ein vollwertiger Termin, der nicht allein das weitere Verfahren vorbereitet, sondern in geeigneten Fällen bereits zum Urt führen soll (BGHZ 86, 31). Die Gestaltung dieses Termins regelt § 275.

5 **III. Schriftliches Vorverfahren (Abs 2 Alt 2).** Das schriftliche Vorverfahren bezweckt eine gütliche Vorbereitung des Haupttermins.

6 **IV. Güteverhandlung und Terminierung (Abs 3).** Es ist so früh wie möglich zu verhandeln dh am nächsten freien Termin unter Einhaltung der Ladungsfrist (Köln OLGR 05, 311). Auch wenn die Verhandlung so früh wie möglich stattfinden soll, ist der Termin sachgerecht vorzubereiten (Ddorf OLGR 05, 285). Die nach § 216 gebotene unverzügliche Terminsbestimmung hat die Ladungs-, Einlassungs- und Klageerwiderungsfristen zu beachten (§§ 217, 274 III, 276 I). Eine Terminierung darf nicht hinausgeschoben werden um einen verspäteten Beweisantrag zu ermöglichen (BGH NJW 81, 286; aA Hamm NJW 80, 293). Jedem Termin geht eine Güteverhandlung voraus (§ 278 II). Regelmäßig schließt sich sofort an die (erfolglose) Güteverhandlung der frühe erste Termin bzw Haupttermin an und ggf mit Beweisaufnahme (§ 279).

§ 273 Vorbereitung des Termins. (1) Das Gericht hat erforderliche vorbereitende Maßnahmen rechtzeitig zu veranlassen.
(2) Zur Vorbereitung jedes Termins kann der Vorsitzende oder ein von ihm bestimmtes Mitglied des Prozessgerichts insbesondere
1. **den Parteien die Ergänzung oder Erläuterung ihrer vorbereitenden Schriftsätze aufgeben, insbesondere eine Frist zur Erklärung über bestimmte klärungsbedürftige Punkte setzen;**
2. **Behörden oder Träger eines öffentlichen Amtes um Mitteilung von Urkunden oder um Erteilung amtlicher Auskünfte ersuchen;**
3. **das persönliche Erscheinen der Parteien anordnen;**
4. **Zeugen, auf die sich eine Partei bezogen hat, und Sachverständige zur mündlichen Verhandlung laden sowie eine Anordnung nach § 378 treffen;**
5. **Anordnungen nach den §§ 142, 144 treffen.**

(3) [1]Anordnungen nach Absatz 2 Nr. 4 und, soweit die Anordnungen nicht gegenüber einer Partei zu treffen sind, 5 sollen nur ergehen, wenn der Beklagte dem Klageanspruch bereits widersprochen hat. [2]Für die Anordnungen nach Absatz 2 Nr. 4 gilt § 379 entsprechend.
(4) [1]Die Parteien sind von jeder Anordnung zu benachrichtigen. [2]Wird das persönliche Erscheinen der Parteien angeordnet, so gelten die Vorschriften des § 141 Abs. 2, 3.

A. Normzweck. Als Ausprägung der Beschleunigungs- und Konzentrationsmaxime soll der Prozessstoff beim Termin vorliegen. Nur im einstw Verfahren besteht wegen §§ 920 II, 936, 294 II keine Vorbereitungspflicht (München WRP 78, 400). 1

B. TBVoraussetzungen. I. Vorbereitende Maßnahmen. Diese beziehen sich einmal auf das Parteivorbringen (Abs 2 Nr 1), zum anderen auf die Vorbereitung der Sachaufklärung durch persönliche Anwesenheit der Parteien (Abs 2 Nr 3) oder durch die Herbeischaffung von Beweismitteln (Abs 2 Nr 2, 4 und 5). 2

1. Zuständigkeit. Zuständig ist der Vorsitzende oder ein von ihm bestimmtes Mitglied des Prozessgerichts (§ 275 I), während der vorterminliche Beweisbeschluss nach § 358a vom Kollegialgericht Besetzung erlassen wird. 3

2. Erforderlichkeit. Die Maßnahme ist erforderlich, wenn sie geeignet ist, den Sachvortrag der Parteien so weit aufzuklären, dass eine abschließende Entscheidung im Termin erfolgen kann. Das Gericht hat den Verhandlungsgrundsatz zu beachten (Naumbg OLGR 07, 2) und darf wegen der Neutralitätspflicht keine willkürliche Amtsaufklärung (BVerfG NJW 94, 1210) oder Ausforschung betreiben. Es ist in Kauf zu nehmen, dass ein Zeuge evtl unnötig geladen wird (BGH NJW 75, 1744). 4

3. Form. Die Vfg muss die volle Richterunterschrift (nicht nur ein Handzeichen) tragen, was sich aus der Ausfertigung ergeben muss (BGHZ 76, 236). Fristen müssen eindeutig bestimmt sein, bei Präklusionsfristen (§ 296) ist Zustellung erforderlich (§ 329 II 2). Die andere Partei ist formlos zu unterrichten. 5

4. Rechtzeitig. Ist so früh wie möglich, aber nicht vor Anspruchsbegründung im Mahnverfahren (Celle NdsRpfl 95, 20) und erst nach Eingang der Klageerwiderung (BGH NJW 87, 499) und mit ausreichender Zeit zur Erledigung bis zum Termin (BGH NJW 83, 575). Eine Streitbeendigung im Termin scheidet von vornherein aus (BGH NJW-RR 05, 1296) bei einem Durchlauftermin (BGHZ 86, 31; BVerfG NJW 92, 299) oder offensichtlich schwierigen Prozess (BGHZ 98, 368). 6

II. Abs 2. Nennt nur Beispiele, die nicht abschließend sind. 7

1. Nr 1. Das Gericht kann unter Fristsetzung anordnen, dass eine Partei nicht nur den Sachvortrag ergänzt, sondern Behandlungsunterlagen (Hambg OLGR 96, 35), Skizzen, Fotos, Augenscheinsobjekte (zB schadhafte Sachen) zur Gerichtsakte reicht oder zum Termin mitbringt. 8

2. Nr 2. Amtliche Auskünfte von Behörden sind als Beweismittel im Prozess zulässig (BGH MDR 64, 223). Sie können Zeugenvernehmung oder Sachverständigengutachten ersetzen (Bremen OLGR 06, 105). Behörde ist iSd Staats- und Verwaltungsrechts aufzufassen (BGH NJW 64, 299). Keine Behörden sind demnach private Banken oder Versicherungen. Die behördliche Auskunft ist zwar nicht erzwingbar, aber der Sacharbeiter kann als Zeuge oder Sachverständiger geladen werden. Amtsauskunft kann ersetzen 9

3. Nr 3. Unter den Voraussetzungen der §§ 141, 279 II kann das persönliche Erscheinen der Parteien angeordnet werden (Abs 4 verweist auf § 141 II, III), um sowohl eine Aufklärung des zwischen den Parteien streitigen und unübersichtlichen Sachverhalts als auch eine gütliche Beilegung des Rechtsstreits zu versuchen (Ddorf OLGR 94, 183). 10

4. Nr 4. a) Zeuge. Ein Beweisantrag ist erforderlich (Abs 3 S 1) und Zahlung des vom Richter festzusetzenden Auslagenvorschusses (Abs 3 S 2; § 379). Dem Zeugen ist bei der Ladung das Beweisthema mitzuteilen (Saarbr OLGR 05, 960). Ihm kann aufgegeben werden, Unterlagen einzusehen und mitzubringen (§ 378). Möglich ist auch die Aufforderung an die Partei, einen Zeugen zum Termin mitzubringen (BGH NJW 80, 1848). 11

b) Sachverständige. Ein Beweisantrag ist nicht erforderlich. Bei Ladung auf Antrag (§§ 402, 379) kann ein Auslagenvorschuss gefordert werden, aber nicht bei Ladung vAw. Die Einholung eines vorherigen Gutachtens (§ 358a) ist nicht sinnvoll, sondern nur die Ladung des Sachverständigen zur mündlichen Verhandlung, wenn damit zu rechnen ist, dass dieser für eine mündliche Begutachtung im Termin benötigt wird (Brandbg BauR 07, 1582). 12

5. Nr 5. Den Parteien kann aufgegeben werden, Urkunden, -übersetzungen und Schriftstücke (§ 142) sowie Augenscheins- und Begutachtungsobjekte (§ 144) vorzulegen. Auch Dritte können aufgefordert werden, solche Unterlagen dem Gericht vorzulegen. 13

14 Das Gericht kann auch Akten beiziehen (Oldbg OLGR 02, 4). Die Verwertung der beigezogenen Akten im Urt ist aber nur auf Beweisantritt und nach Wahrung von Art 103 GG zulässig (BVerfG NJW 94, 1210); eine Partei muss sich also substanziiert auf bestimmte Urkunden der Akten beziehen (BGH NJW 94, 3295).

15 **III. Benachrichtigung (Abs 4).** Die Beweisaufnahme ohne Benachrichtigung der Parteien ist unzulässig (Schlesw NJW 91, 303) und die Verwertung der angeordneten Maßnahmen verletzt das Recht auf rechtliches Gehör (BVerfG NJW 94, 1210). Die Partei wird ohne förmliche Zustellung persönlich geladen. Gibt die Partei dem Anwalt eine Vollmacht nach § 141 III 2, so kann bei Nichterscheinen kein Ordnungsgeld gegen sie ergehen, weshalb das Erscheinen einer Partei nicht erzwingbar ist.

16 **IV. Verspätungsfolgen.** Bei Fristversäumnis (§§ 296, 528) hat das Gericht iRd ihm eingeräumten Ermessens nach Maßgabe des Zumutbaren abzuwenden (BGH NJW-RR 02, 646; *Geisler* AnwBl 06, 524); ansonsten ist die Anwendung der Präklusionsvorschriften missbräuchlich und unzulässig (BGH NJW 87, 499), auch wenn die Verspätung nicht entschuldigt wurde (BGH NJW 79, 1988).

17 **Zumutbar** sind vorbereitende Anordnungen, wenn es sich um einfache und klar abgrenzbare Streitpunkte handelt, die ohne unangemessenen Zeitaufwand im normalen Geschäftsgang geklärt werden können (BGH NJW 96, 528). Keinesfalls zumutbar ist die Absetzung und Neuanberaumung eines Termins (BGH NJW 99, 585) oder die Anordnung von Eilmaßnahmen (BGH NJW 80, 1102). Das Gericht hat Zeugen oder Sachverständige vorsorglich zur Verhandlung zu laden (BGH NJW-RR 02, 646), uU auch durch Telefon oder Fax, falls nicht, ist der Prozessbevollmächtigte aufzufordern, die nicht mehr ladbaren Zeugen zum Termin mitzubringen (BGH NJW 80, 1848). Umfangreiche Beweisaufnahmen kommen iA nicht in Betracht (BGH NJW 80, 1105). Die Vernehmung mehrerer Zeugen ist dem Gericht stets zuzumuten (BGH NJW 91, 1182), aber nicht mehr die Ladung von acht Zeugen (BGH NJW 99, 3272).

18 **C. Hinweise zur Verhandlung und Prozesstaktik.** Verfahrensleitende Maßnahmen können nicht selbstständig mit der Beschwerde angefochten werden (Köln OLGR 08, 503).

§ 274 Ladung der Parteien; Einlassungsfrist.

(1) Nach der Bestimmung des Termins zur mündlichen Verhandlung ist die Ladung der Parteien durch die Geschäftsstelle zu veranlassen.
(2) Die Ladung ist dem Beklagten mit der Klageschrift zuzustellen, wenn das Gericht einen frühen ersten Verhandlungstermin bestimmt.
(3) 1Zwischen der Zustellung der Klageschrift und dem Termin zur mündlichen Verhandlung muss ein Zeitraum von mindestens zwei Wochen liegen (Einlassungsfrist). 2Ist die Zustellung im Ausland vorzunehmen, so hat der Vorsitzende bei der Festsetzung des Termins die Einlassungsfrist zu bestimmen.

1 **A. Normzweck.** Die Vorschrift dient dem Schutz der Parteien durch Anordnung der Ladung zum Termin und Einräumung einer Einlassungsfrist für den Bekl.

2 **B. TBVoraussetzungen. I. Terminsbestimmung (Abs 1).** Diese erfolgt bei Wahl des frühen ersten Termins unverzüglich (§§ 216 II, 272 II).

3 **II. Ladung (Abs 2).** Die Ladung wird vAw zugestellt (§§ 214, 270, 166 ff); Ladung des Kl beim AG formlos (§ 497 I); bei Bestellung eines Prozessbevollmächtigten wird dieser geladen (§ 172). Bei Wahl des frühen ersten Termins gleichzeitige Zustellung von Klageschrift und Ladung des Bekl.

4 **III. Einlassungsfrist (Abs 3).** Die Frist zur Einlassung beträgt mindestens zwei Wochen, aber nicht bei eV (LG Hamburg Magazindienst 06, 137). Sie ist eine Schutzfrist zug des Bekl, die nur für die Zeit zwischen Zustellung der Klage und dem ersten darauf folgenden Termin gilt; für alle späteren Termine (auch Klageänderung, Widerklage) gelten nur noch die Fristen der §§ 217, 132 (Ddorf OLGR 99, 147). Ist die Frist nicht gewahrt, kann gegen den Bekl kein VU ergehen (Köln OLGR 01, 229).

§ 275 Früherer erster Termin.

(1) [1]Zur Vorbereitung des frühen ersten Termins zur mündlichen Verhandlung kann der Vorsitzende oder ein von ihm bestimmtes Mitglied des Prozessgerichts dem Beklagten eine Frist zur schriftlichen Klageerwiderung setzen. [2]Andernfalls ist der Beklagte aufzufordern, etwa vorzubringende Verteidigungsmittel unverzüglich durch den zu bestellenden Rechtsanwalt in einem Schriftsatz dem Gericht mitzuteilen; § 277 Abs. 1 Satz 2 gilt entsprechend.

(2) Wird das Verfahren in dem frühen ersten Termin zur mündlichen Verhandlung nicht abgeschlossen, so trifft das Gericht alle Anordnungen, die zur Vorbereitung des Haupttermins noch erforderlich sind.
(3) Das Gericht setzt in dem Termin eine Frist zur schriftlichen Klageerwiderung, wenn der Beklagte noch nicht oder nicht ausreichend auf die Klage erwidert hat und ihm noch keine Frist nach Absatz 1 Satz 1 gesetzt war.
(4) [1]Das Gericht kann dem Kläger in dem Termin oder nach Eingang der Klageerwiderung eine Frist zur schriftlichen Stellungnahme auf die Klageerwiderung setzen. [2]Außerhalb der mündlichen Verhandlung kann der Vorsitzende die Frist setzen.

A. Normzweck. Die Vorschrift regelt die Maßnahmen durch Fristsetzung um die Parteien zu veranlassen, den gesamten Streitstoff schon im frühen ersten Termin als Haupttermin (BGHZ 88, 180), jedenfalls aber in einem darauf folgenden Haupttermin zu erledigen. Gilt nicht in Ehe- und Kindschaftssachen (§§ 611 II, 640) und beim Arbeitsgericht (BAG NZA 08, 1084). 1

B. TBVoraussetzungen. I. Vorbereitung des frühen ersten Termins. 1. Verteidigung des Bekl. a) Frist. Die Erwiderungsfrist beträgt mindestens zwei Wochen (§ 277 III). Die gesetzte Frist verliert ihre Wirkung nicht durch nachfolgende Verweisung an die KfH (Frankf OLGR 93, 55). 2

b) Fristversäumnis. Früher erster Termin ist vollwertiger Verhandlungstermin (BGHZ 86, 31). Deshalb kann bei **Fristversäumnis** das Vorbringen gem § 296 als verspätet zurückgewiesen werden (iE *Geisler* AnwBl 06, 524); aber nicht, wenn Frist formunwirksam (BGHZ 76, 236) oder zu kurz (BGHZ 124, 71), bloßer Durchruftermin (BVerfG NJW 85, 1149; BGHZ 98, 368) oder zu wenig Zeit für Verhandlung (BGH NJW-RR 05, 1296) eingeplant war. Bei versäumter Klagerwiderungsfrist kann insoweit keine Wiedereinsetzung gewährt werden, weil es sich nicht um eine Notfrist handelt. Der Wiedereinsetzungsantrag kann auch nicht als Verteidigungsmittel iSv § 296 Abs 1 angesehen werden (Kobl JurBüro 11, 42). 3

2. Replik des Kl (Abs 4). Eine dem Kl vor Eingang der Klageerwiderung gesetzte Frist zur Stellungnahme auf die Klageerwiderung (Replik) ist unwirksam (BGHZ 76, 236). 4

3. Zuständigkeit. Zuständig ist das Gericht, so dass eine Fristsetzung durch den Vorsitzenden oder Berichterstatter sanktionslos bleibt (Köln OLGR 99, 322). 5

II. Ablauf. Der frühe erste Termin wird Haupttermin, wenn die Sache sodann erledigt werden kann (Karlsr OLGZ 83, 92), etwa bei klarem Streitstoff, Säumnis, Anerkenntnis, übereinstimmende Erledigungserklärung, Vergleich, Klagerücknahme etc. Nach gescheiterter Güteverhandlung (§ 278 II) oder bei Säumnis des Bekl schließt sich das streitige Verfahren nach den Regeln des Haupttermins an (§ 279 I). 6

III. Vorbereitung des Haupttermins. Der nächste Termin ist so vorzubereiten, dass der Prozess möglichst entscheidungsreif ist. So kann dem Kl eine Frist zur Replik (Abs 4), dem Bekl eine Klageerwiderungsfrist (Abs 3) gesetzt oder sonstige prozessleitende Anordnungen (Abs 2) wie Beweis-, Aufklärungs- oder Auflagenbeschluss getroffen werden. 7

§ 276 Schriftliches Vorverfahren.

(1) [1]Bestimmt der Vorsitzende keinen frühen ersten Termin zur mündlichen Verhandlung, so fordert er den Beklagten mit der Zustellung der Klage auf, wenn er sich gegen die Klage verteidigen wolle, dies binnen einer Notfrist von zwei Wochen nach Zustellung der Klageschrift dem Gericht schriftlich anzuzeigen; der Kläger ist von der Aufforderung zu unterrichten. [2]Zugleich ist dem Beklagten eine Frist von mindestens zwei weiteren Wochen zur schriftlichen Klageerwiderung zu setzen. [3]Ist die Zustellung der Klage im Ausland vorzunehmen, so bestimmt der Vorsitzende die Frist nach Satz 1.
(2) [1]Mit der Aufforderung ist der Beklagte über die Folgen einer Versäumung der ihm nach Absatz 1 Satz 1 gesetzten Frist sowie darüber zu belehren, dass er die Erklärung, der Klage entgegentreten zu wollen, nur durch den zu bestellenden Rechtsanwalt abgeben kann. [2]2Die Belehrung über die Möglichkeit des Erlasses eines Versäumnisurteils nach § 331 Abs. 3 hat die Rechtsfolgen aus den §§ 91 und 708 Nr. 2 zu umfassen.
(3) Der Vorsitzende kann dem Kläger eine Frist zur schriftlichen Stellungnahme auf die Klageerwiderung setzen.

1 **A. Normzweck.** Das Vorverfahren hat den Zweck, die Standpunkte der beiden Parteien vor dem Haupttermin im Wechsel von Schriftsätzen zu eruieren. Die Vorschrift regelt die Maßnahmen, die getroffen werden können mit dem Ziel der umfassenden und schnellstmöglichen Vorbereitung des Termins zur mündlichen Verhandlung. Gilt nicht in Ehe- und Kindschaftssachen (§§ 611 II, 640), Arbeitssachen (§ 46 II S 2 ArbGG) und nach Einspruch gg Vollstreckungsbescheid (§ 700 IV 2).

2 **B. TBVoraussetzungen. I. Aufforderung und Fristsetzung an Bekl.** Die vom Vorsitzenden (oder dem sonst zuständigen Richter) unterzeichnete Vfg der Fristsetzung muss der Partei, an welche sich die Fristsetzung richtet, gem § 329 II 2 in beglaubigter Abschrift zugestellt werden (BGHZ 76, 236). Der Kl ist formlos zu unterrichten. Mangelhafte Fristsetzung ist nicht nach § 295 heilbar (BGH NJW 90, 2389).

3 **1. Aufforderung.** Das Gericht fordert zur Anzeige der Verteidigungsabsicht binnen nicht verlängerbarer Notfrist von zwei Wochen (Abs 1 S 1) auf. Nur bei Klagezustellung im Ausland (§ 183) bestimmt der Vorsitzende eine längere Frist (Abs 1 S 3).

4 **2. Fristsetzung.** Zur Klageerwiderung binnen einer – vom Gericht gesetzten, verlängerbaren (§ 224 II) – Frist von mindestens zwei weiteren Wochen (Abs 1 S 2). Bewilligung einer zu langen Klageerwiderungsfrist ist nicht anfechtbar (Schlesw NJW 83, 459 bei mehr als einem Jahr). Eine zu kurze Frist ist unwirksam (Ddorf GesR 11, 668; BGHZ 124, 71).

5 **3. Belehrung (Abs 2).** Hat vierfach zu erfolgen (Säumnisfolgen, Rechtsanwaltszwang, Kostentragungspflicht und vorläufige Vollstreckbarkeit) und beim AG zusätzlich nach § 499 (Folgen des schriftlichen Anerkenntnisses).

6 **II. Fristsetzung an Kl zur Replik (Abs 3).** Der Vorsitzende kann dem Kl frühestens nach Eingang der Klageerwiderung eine Frist zur schriftlichen Stellungnahme auf die Klageerwiderung setzen (BGHZ 76, 236). Ohne gleichzeitige Zustellung der Klageerwiderung ist die Fristsetzung unwirksam (Nürnbg MDR 91, 357).

7 **III. Verfahrensfortgang. 1. Rechtzeitige Anzeige.** Verteidigungsanzeige und Klageerwiderung: ggf Aufforderung zur Replik (Abs 3) und Bestimmung des Haupttermins. PKH-Antrag gilt als Verteidigungsanzeige. Entspr § 337 ist der Erlass des schriftlichen VU bis zur Entscheidung über den PKH-Antrag zurückzustellen.

8 **2. Keine Verteidigungsanzeige.** Auf Antrag des Kl ergeht gegen Bekl Versäumnisurteil im schriftlichen Verfahren (§ 331 III), auch nach vorausgegangenem Mahnverfahren, weil der Widerspruch bzw der Einspruch nicht mehr als Anzeige der Verteidigungsabsicht gilt (§ 697 II 1). Ein unechtes VU gegen den Kl setzt mündliche Verhandlung voraus.

9 **3. Verspätete Verteidigungsanzeige.** Geht die Anzeige noch vor Übergabe des unterschriebenen VU bei der Geschäftsstelle ein (KG MDR 89, 1003; allgM Ddorf AnwBl 97, 50 Eingang bei Gericht), wird das VU nicht mehr erlassen (dh nicht mehr hinausgegeben und zugestellt); geht die Anzeige nach Erlass des VU ein, kann der Bekl dagegen Einspruch einlegen, nicht aber Wiedereinsetzung(§ 233) gegen die Fristversäumung (KG NJW-RR 97, 56).

10 **4. Untätigkeit nach Erklärung.** Erklärt der Bekl fristgemäß, dass er der Klage entgegentrete, bleibt aber sonst untätig, gilt § 296 I, wird ihm keine Frist gesetzt §§ 282, 296 II (iE *Geisler* AnwBl 06, 524).

11 **5. Anerkenntnis.** Erklärt Bekl ausdrücklich, dass er den Klageanspruch **anerkennt,** so ergeht ohne mündliche Verhandlung (auch ohne Antrag des Kl) ein Anerkenntnisurteil (§ 307 II). Das Anerkenntnis ist noch bis zum Ablauf der Klageerwiderungsfrist (Schlesw SchlHA 11, 145) »sofort« iSd § 93, wenn die Verteidigungsanzeige keinen auf eine Abweisung der Klage gerichteten Sachantrag enthält (BGHZ 168, 57).

§ 277 Klageerwiderung; Replik.

(1) [1]In der Klageerwiderung hat der Beklagte seine Verteidigungsmittel vorzubringen, soweit es nach der Prozesslage einer sorgfältigen und auf Förderung des Verfahrens bedachten Prozessführung entspricht. [2]Die Klageerwiderung soll ferner eine Äußerung dazu enthalten, ob einer Entscheidung der Sache durch den Einzelrichter Gründe entgegenstehen.
(2) Der Beklagte ist darüber, dass die Klageerwiderung durch den zu bestellenden Rechtsanwalt bei Gericht einzureichen ist, und über die Folgen einer Fristversäumung zu belehren.
(3) Die Frist zur schriftlichen Klageerwiderung nach § 275 Abs. 1 Satz 1, Abs. 3 beträgt mindestens zwei Wochen.

(4) Für die schriftliche Stellungnahme auf die Klageerwiderung gelten Absatz 1 Satz 1 und Absätze 2 und 3 entsprechend.

A. Normzweck. Die Vorschrift regelt die inhaltlichen und förmlichen Anforderungen an Klageerwiderung und Replik mit dem Ziel, den Prozessstoff so zu konzentrieren, dass der Prozess in einem Haupttermin zu erledigen ist. Aus Nachlässigkeit lückenhaftes Vorbringen ist zu verhindern. 1

B. TBVoraussetzungen. I. Inhalt (Abs 1). Der Bekl muss nicht alle Verteidigungsmittel (vgl § 282) auf einmal vorbringen, auch nicht bei Fristsetzung (vgl §§ 282, 296 II). Maßgeblich zur Beurteilung einer nachlässigen Prozessführung ist die Prozesslage (Klagevortrag, gerichtlicher Hinweis, bisheriger Verhandlungsverlauf). Deshalb hängt die Prozessförderungspflicht der Partei von der Mitwirkungspflicht des Gerichts ab (§§ 139, 273), das bei der Stoffsammlung einschl Beweisangeboten mitzuwirken und rechtliche Hinweise zu geben hat. 2

II. Einzelrichter. Ebenso wie der Kl (§ 253 III) soll sich der Bekl zur Übertragung auf den Einzelrichter (§§ 348, 348a) äußern. 3

III. Frist. Sowohl für Klageerwiderung (Abs 3) als auch Replik (Abs 4) besteht eine Mindestfrist von 2 Wochen. Bei erneuter Fristsetzung wird vorherige Frist bedeutungslos (Kobl OLGR 03, 115). 4

Die zu kurz gesetzte Frist kann Befangenheit des Richters begründen (Jena BauR 04, 1815; anders, wenn versehentlich Karlsr OLGR 08, 728). 5

IV. Belehrung. Bei Anwaltszwang (§ 78) ist über Notwendigkeit der RA-Bestellung und Folgen einer Fristversäumung zu belehren unabhängig davon, ob die Partei bereits durch RA vertreten ist (BGHZ 88, 180) oder noch einen RA beauftragen wird (BGH NJW 91, 493). 6

Die Belehrung darf ggü Laien nicht nur den Wortlaut des § 296 I wiederholen (ausreichend bei RA: BGH NJW 91, 493), sondern muss ausreichend klar sein, also so eindeutig, dass bei Fristversäumung iA jede Verteidigung abgeschnitten ist und der Prozess vollständig verloren werden kann. Sie muss mit dem vollständigen Namen des Richters unterschrieben sein (Frankf NJW-RR 11, 1001). Anderenfalls ist die Fristsetzung unwirksam (BGH NJW 91, 2773). 7

§ 278 Gütliche Streitbeilegung, Güteverhandlung, Vergleich.

(1) Das Gericht soll in jeder Lage des Verfahrens auf eine gütliche Beilegung des Rechtsstreits oder einzelner Streitpunkte bedacht sein.

(2) [1]Der mündlichen Verhandlung geht zum Zwecke der gütlichen Beilegung des Rechtsstreits eine Güteverhandlung voraus, es sei denn, es hat bereits ein Einigungsversuch vor einer außergerichtlichen Gütestelle stattgefunden oder die Güteverhandlung erscheint erkennbar aussichtslos. [2]Das Gericht hat in der Güteverhandlung den Sach- und Streitstand mit den Parteien unter freier Würdigung aller Umstände zu erörtern und, soweit erforderlich, Fragen zu stellen. [3]Die erschienenen Parteien sollen hierzu persönlich gehört werden.

(3) [1]Für die Güteverhandlung sowie für weitere Güteversuche soll das persönliche Erscheinen der Parteien angeordnet werden. [2]§ 141 Abs. 1 Satz 2, Abs. 2 und 3 gilt entsprechend.

(4) Erscheinen beide Parteien in der Güteverhandlung nicht, ist das Ruhen des Verfahrens anzuordnen.

(5) [1]Das Gericht kann die Parteien für die Güteverhandlung vor einen beauftragten oder ersuchten Richter verweisen. [2]In geeigneten Fällen kann das Gericht den Parteien eine außergerichtliche Streitschlichtung vorschlagen. [3]Entscheiden sich die Parteien hierzu, gilt § 251 entsprechend.

(6) [1]Ein gerichtlicher Vergleich kann auch dadurch geschlossen werden, dass die Parteien dem Gericht einen schriftlichen Vergleichsvorschlag unterbreiten oder einen schriftlichen Vergleichsvorschlag des Gerichts durch Schriftsatz gegenüber dem Gericht annehmen. [2]Das Gericht stellt das Zustandekommen und den Inhalt eines nach Satz 1 geschlossenen Vergleichs durch Beschluss fest. [3]§ 164 gilt entsprechend.

A. Normzweck. Die Vorschrift verpflichtet das Gericht zur gütlichen Streitbeilegung mit dem Ziel der Verfahrensbeschleunigung, der Kostensenkung sowie der Verwirklichung des Rechtsfriedens. 1

B. TBVoraussetzungen. I. Sühneversuch (Abs 1). In jeder Lage des Verfahrens, aber nicht vorgeschrieben in den Rechtsmittelinstanzen (§§ 525 S 2, 555 I 2). 2

3 **II. Güteverhandlung. 1. Bedeutung.** Auch wenn sie der mündlichen Verhandlung vorausgehen muss, hat es keine Folgen, wenn sie vom Gericht unterlassen wird. Das Gericht kann einen Vergleich schon vor der mündlichen Verhandlung vorschlagen und darin bisher nicht geltend gemachte Ansprüche einbeziehen (KG MDR 99, 1018). Auf die Vorläufigkeit der im Vergleichsgespräch geäußerten Rechtsansicht braucht das Gericht nicht laufend hinzuweisen (KG MDR 99, 253).

4 **2. Ausnahme.** Die Güteverhandlung entfällt, wenn ein vorheriger Einigungsversuch vor einer Gütestelle (§ 15a I EGZPO) gescheitert ist oder wenn sie aussichtslos erscheint.

5 **3. Ablauf (Abs 2 S 2).** Der Sach- und Streitstand ist mit den Parteien zu erörtern. Bei unklarem Sachverhalt verletzt das Gericht die ihm obliegende richterliche Aufklärungspflicht, wenn es die Parteien nicht persönlich und detailliert zu dem vorgetragenen Geschehensablauf anhört (Bremen OLGR 07, 384). Andererseits muss der Richter bei der Darlegung des Streitstands darauf achten, dass er sich nicht festlegt und keine Ablehnungsgründe schafft (zB Hinweis auf Verjährung, BGH NJW 04, 164).

6 **4. Beauftragter oder ersuchter Richter (Abs 5 S 1).** Das Kollegialgericht kann beschließen, dass der Gütetermin vor einem Mitglied des Gerichts (beauftragter Richter, § 361) oder eines anderen Gerichts (ersuchter Richter, § 362, § 157 GVG) stattfindet mit der Folge, dass der anschließende Verfahrensabschnitt nicht dem Anwaltszwang unterliegt, auch nicht für den Vergleichsabschluss (Ddorf NJW 75, 2298; entgegen Celle Rpfleger 74, 319). Zweifelhaft, ob dies auch gilt, wenn der Einzelrichter des LG »an sich selbst« als beauftragter Richter verweist (bejahend Kobl NJW 71, 1043).

7 **5. Persönliches Erscheinen (Abs 3).** Zur Güteverhandlung sollen die Parteien geladen werden (§ 141), Organe von Gesellschaften auch dann, wenn diese mit den Angelegenheiten des Prozesses normalerweise nicht selbst befasst sind; diese können einen geeigneten Vertreter (§ 141 III 2) entsenden (Karlsr OLGR 05, 522; LG Braunschweig NJW-RR 04, 390). Die Partei trägt das Risiko für den Fall, dass sich der Vertreter als nicht genügend unterrichtet erweist und die Partei als unentschuldigt ausgeblieben gilt mit der Folge eines Ordnungsgeldes gem. § 141 III 1 (Stuttg OLGR 09, 790).

8 **III. Abschluss. 1. Anwesenheit keiner Partei.** Erscheint keine Partei und lassen sich deren Prozessbevollmächtigte nicht auf eine Güteverhandlung ein, wird das Ruhen des Verfahrens (§ 251) angeordnet (IV).

9 **2. Anwesenheit einer Partei.** Erscheint nur eine Partei kann keine Güteverhandlung stattfinden (vgl § 279 I). Wurde nicht nur zum Gütetermin sondern auch zur mündlichen Verhandlung geladen, kann nach Übergang in die Verhandlung gegen die säumige Partei Versäumnisurteil beantragt werden (§§ 330 ff).

10 **3. Anwesenheit beider Parteien.** Erscheinen beide Parteien, können diese sich über die Beendigung des Rechtsstreits einigen oder es wird vom Gericht eine außergerichtliche Streitschlichtung vorgeschlagen (Abs 5 S 2), was bei Zustimmung der Parteien zum Ruhen des Verfahrens führt (Abs 5 S 3). Kommt es zu keiner Einigung, schließt sich die mündliche Verhandlung an oder es wird unverzüglich Verhandlungstermin bestimmt (§ 279).

11 **4. Ergebnis.** Das Erg der Güteverhandlung ist zu protokollieren (§ 160 III Nr 10). Erklärte Geständnisse sind mangels Verhandlung nicht bindend, aber Protokollerklärungen beim beauftragten oder ersuchten Richter (§ 288 I); sonstige Erklärungen können verwertet werden.

12 **IV. Vergleich im schriftlichen Verfahren (Abs 6). 1. Rechtsnatur.** Die gütliche Streitbeendigung kann durch Vergleich erfolgen (Doppelnatur als Rechtsgeschäft und Prozesshandlung), der außergerichtlich, vor Gericht oder als Anwaltsvergleich (§ 796a) geschlossen werden kann. Der Prozessvergleich wird im Termin protokolliert (§§ 160, 162 ff), ist Vollstreckungstitel (§ 794 I Nr 1) und unterliegt dem Anwaltszwang, auch vor Einzelrichter, aber nicht vor beauftragten oder ersuchten Richter (Ddorf NJW 75, 2298) und nicht für beitretende Dritte (BGHZ 86, 160).

13 Anders als ein Prozessvergleich beendet der außergerichtliche Vergleich den Rechtsstreit nicht unmittelbar, gewährt wegen seines sachlich-rechtlichen Inhalts dem Prozessgegner eine Einrede (BGH NJW 02, 1503).

14 Zur Entlastung von Gericht und Parteien ist nach Abs 6 ein Vergleichsabschluss außerhalb des Verhandlungstermins möglich; Abs 6 gilt auch gem § 36 III FamFG sowie analog im PKH-Verfahren (LG Lüneburg NJW-RR 03, 1506). Der Beschlussvergleich ist Vollstreckungstitel nach § 794 I Nr 1. Voraussetzung der Zwangsvollstreckung aus diesem Titel ist aber nicht die Zustellung des Vergleichs selbst iSd § 750 I, sondern die gem Abs 6 S 2 vAw erforderliche Zustellung des Feststellungsbeschlusses (LG Ingolstadt Rpfleger 05,

456). Nach Nürnbg OLGR 05, 195 hat der Feststellungsbeschluss den Charakter einer vollstreckbaren gerichtlichen Entscheidung. Dagegen ist nach Oldbg OLGR 05, 253 der Feststellungsbeschluss keine Entscheidung iSv § 329 III und damit auch kein Vollstreckungstitel, da er lediglich feststellenden Charakter hat und daher nicht vAw zuzustellen ist.

2. Form. Sowohl das Gericht als auch die Parteien können einen Vergleich schriftlich vorschlagen. Beim 15
Vorschlag des Gerichts müssen die Parteien/ProzBev den Vorschlag durch Schriftsatz ggü dem Gericht annehmen (Jena FamRZ 06, 1277). »Unterbreiten« gem Abs 6 S 1 erfordert eine eigenständige, von der Erklärung der Annahme der außergerichtlichen Vereinbarung abgesetzte Erklärung der Parteien ggü dem Gericht. Eine gemeinsame Erklärung oder die Erklärung einer Partei mit Zustimmung der anderen Partei reicht nicht aus (Karlsr NJW-RR 11, 7), auch nicht eine Erklärung zu Protokoll oder Tonträger (Hamm 13.1.12).
Durch unanfechtbaren (München MDR 03, 533) Beschl stellt das Gericht Zustandekommen und Inhalt des Vergleichs fest.

a) **Widerrufsvorbehalt.** Mit dem Vorbehalt wird nicht der Widerruf als solcher unter eine Bedingung 16
gestellt, vielmehr werden die Voraussetzungen festgelegt, unter welchen ein wirksamer Widerruf (bedingungslos) erklärt werden darf (BGH NJW 72, 159; Zweibr FamRZ 10, 1357 gegen Oldbg OLGR 08, 435). Die Widerrufsmodalitäten sind genau zu bestimmen. Wird nichts vereinbart, kann der Widerruf sowohl dem Gericht als auch der anderen Vergleichspartei ggü erklärt werden (BGHZ 164, 190). Haben die Parteien (konkludent) vereinbart, dass eine Widerrufserklärung (auch) ggü dem Gericht erfolgen kann, so ist ein nur dem Gericht ggü erklärter Widerruf wirksam (BGH MDR 05, 1429).

b) **Schriftform.** Gemäß § 127a BGB wird die notarielle Beurkundung durch einen Protokollvergleich 17
ersetzt. Es ist str, ob Vereinbarungen, die eine notarielle Beurkundung erfordern (zB Auflassung § 925 BGB; Versorgungsausgleich § 7 Abs 2 VersAusglG), auch durch einen Beschlussvergleich nach Abs 6 formwirksam zustande kommen. Der Beschlussvergleich kann zwar die Schriftform nach § 126 BGB ersetzen, aber nicht die notarielle Beurkundung entspr § 127a BGB.
Für eine analoge Anwendung des § 127a BGB wird vorgebracht (BAG NJW 07, 1831), dass nach Sinn und der Zweck des Vergleichs streitige Rechtsverhältnisse zwischen den Parteien insgesamt bereinigt werden sollen. Dafür sei es unerlässlich, dass ein gerichtlicher Vergleich auch ein formbedürftiges Rechtsgeschäft erfassen kann. Es komme nicht auf die Formalitäten der Beurkundung an, sondern entscheidend auf diejenigen eines gerichtlichen Vergleichs, der im schriftlichen Verfahren einen – sogar besseren – Schutz vor Übereilung biete und zudem durch die gerichtliche Feststellung seines Zustandekommens einer Prüfung seiner Wirksamkeit unterliege. Durch den Hinweis auf § 164 setze der Gesetzgeber den nach Abs 6 zustande gekommenen Vergleich mit dem Protokollvergleich gleich.
Gegen eine Anwendung von § 127a BGB spricht der Wortlaut und der Schutzzweck der Beurkundung. Der Zweck der notariellen Beurkundung liegt nicht nur in der Warn- und Beweisfunktion, sie dient auch der rechtlichen Beratung und Betreuung der anwesenden Beteiligten. Mangels mündlicher Verhandlung und Protokollierung ist die materiell-rechtliche Form nicht gewahrt. Es fehlt die Beratung der Beteiligten mit Warnhinweis, indem ihnen durch die Notwendigkeit der gleichzeitigen Anwesenheit vor Gericht oder der Beteiligung eines Notars die Bedeutung des Sache vor Augen geführt wird.
Deshalb ist ein im schriftlichen Verfahren abgeschlossener Vergleich nicht ausreichend für die Form der **Auflassung** nach § 925 Abs 1 S 3 BGB (Ddorf NJW-RR 06, 1609). Es kann auch keine Eigentumsumschreibung im Grundbuch erfolgen, denn fehlendes Protokoll und keine gleichzeitige Anwesenheit entspricht nicht § 29 GBO.
Gerichtlicher Feststellungsbeschluss über die Bewilligung der **Löschung** einer bestimmten Vormerkung kann eine Löschungsbewilligung für eine Vormerkung als formgerecht iSv § 29 GBO nachweisen (KG MDR 11, 688). Es komme nicht auf die Frage an, ob der Beschlussvergleich auch die notarielle Beurkundung ersetzt, weil weder § 29 GBO eine notarielle Urkunde erfordere noch das materielle Recht an die Wirksamkeit der Löschungsbewilligung für eine Vormerkung besondere Formanforderungen stelle.
Der Beschlussvergleich erfüllt nicht die formellen Voraussetzungen nach § 7 VersAusgl für eine Vereinbarung über den **Versorgungsausgleich** (Brandbg FamRZ 08, 1192; anders Frankf 14.12.10 – 5 UF 105/10; Naumbg NJ 08, 467); jedoch bei Zustandekommen der Vereinbarung auf Vorschlag des Gerichts (München FamRZ 11, 812).

18 **3. Wirkung.** Der Feststellungsbeschluss hat nur deklaratorische Wirkung, so dass ein Widerruf des Vergleichs nach Vergleichsabschluss nicht mehr in Betracht kommt (Hamm NJW 11, 1373).
Der Prozessvergleich hat eine Doppelnatur (hM), einerseits ein materiell-rechtlicher Vertrag und andererseits eine Prozesshandlung, die den Rechtsstreit unmittelbar beendet und dessen Wirksamkeit sich nach den Grundsätzen des Prozessrechts richtet (BGHZ 79, 71). Die verfahrensbeendende Wirkung eines Vergleiches kann nicht mehr durch eine Vereinbarung nach Abs 6 beseitigt und das Verfahren sodann fortgesetzt werden (Frankf FamRZ 10, 1584).

19 **4. Streit über Inhalt.** Die Unwirksamkeit des festgestellten Vergleichs ist durch Antrag auf Terminsanberaumung zur Fortsetzung des Rechtsstreits geltend zu machen (LG Stuttgart JurBüro 05, 322), über den durch Endurteil zu entscheiden ist (BGH MDR 96, 1286).

20 **5. Berichtigung (Abs 6 S 3).** Der nicht anfechtbare (BGH MDR 05, 46) Feststellungsbeschluss ersetzt nur die gerichtliche Protokollierung, so dass Unrichtigkeiten entspr § 164 jederzeit berichtigt werden können. Eine Erklärung ist unrichtig, wenn das Gewollte nicht zutr zum Ausdruck gebracht wird. Der Fehler muss also bei der Verlautbarung des Willens, nicht bei dessen Bildung unterlaufen sein (BGH NJW 85, 742). Fehler im Vorfeld des Beschlusses sind nur dann zu berichtigen, wenn sie im Zeitpunkt der Beschlussfassung noch fortwirken. Dies ist nicht der Fall, wenn der Vergleichsvorschlag und der Beschl von unterschiedlichen Richtern gefertigt worden sind.

21 **C. Hinweise zur Verhandlung und Prozesstaktik.** Mit Prozessvergleich nicht zu verwechseln die Prozessvereinbarung (Prozessvertrag). Dies sind Vereinbarungen zwischen den Parteien über den Prozess, die nicht dem Anwaltszwang unterliegen, wenn sie vor (danach str) einem Rechtsstreit geschlossen werden. Ein Vertrag, in dem sich eine Partei zu einem bestimmten prozessualen Verhalten verpflichtet, ist wirksam, wenn das vereinbarte Verhalten möglich ist und weder gegen ein gesetzliches Verbot noch gegen die guten Sitten verstößt (BGH NJW-RR 06, 632). So können vereinbart werden: Klagerücknahme, Rechtsmittelverzicht (BGH NJW 58, 1397), Verzicht auf Urkundenprozess, Verzicht auf Klageerhebung (BGH NJW-RR 06, 632), Wirkung der Rechtshängigkeit auf Verjährungshemmung (BGH WM 08, 1078), keine bestimmten Beweismittel zu verwenden, die Verjährung hemmendes materielles Stillhalteabkommen (BGH NJW 98, 2274) oder Rügen, Einreden und Einwendungen nicht zu erheben (Brandbg OLGR 08, 597). Die örtliche und sachliche Zuständigkeit kann nur beschränkt vereinbart werden (§§ 38 ff), die funktionelle Zuständigkeit überhaupt nicht (außer § 566, Sprungrevision BGH NJW 86, 198). Die staatliche Gerichtsbarkeit kann durch Schiedsvereinbarung (§§ 1025 ff) ausgeschlossen werden. Zulässig ist auch die Verpflichtung, eine bestimmte Klage nicht zu erheben (BGH NJW-RR 06, 632).

§ 279 Mündliche Verhandlung.

(1) [1]Erscheint eine Partei in der Güteverhandlung nicht oder ist die Güteverhandlung erfolglos, soll sich die mündliche Verhandlung (früher erster Termin oder Haupttermin) unmittelbar anschließen. [2]Andernfalls ist unverzüglich Termin zur mündlichen Verhandlung zu bestimmen.
(2) Im Haupttermin soll der streitigen Verhandlung die Beweisaufnahme unmittelbar folgen.
(3) Im Anschluss an die Beweisaufnahme hat das Gericht erneut den Sach- und Streitstand und, soweit bereits möglich, das Ergebnis der Beweisaufnahme mit den Parteien zu erörtern.

1 **A. Normzweck.** Die Vorschrift regelt den Übergang von der Güteverhandlung zum streitigen Verfahren in der mündlichen Verhandlung, die sich mit dem Ziel weiterer Konzentration und Beschleunigung an die Güteverhandlung anschließen soll.

2 **B. TBVoraussetzungen. I. Verhandlung (Abs 1).** Der frühe erste Termin (§ 275) oder Haupttermin (§ 279 II) schließen sich an die Güteverhandlung unmittelbar an oder es wird unverzüglich Verhandlungstermin bestimmt (Abs 1 S 2).

3 **II. Beweisaufnahme (Abs 2).** Die Beweisaufnahme folgt unmittelbar der streitigen Verhandlung.

4 **III. Abschlusserörterung (Abs 3).** Den Parteien muss Gelegenheit zur erneuten Erörterung des Sach- und Streitstandes einschl des Erg der Beweisaufnahme (§ 285 I) gegeben werden. Der Anspruch auf Gewährung rechtlichen Gehörs kann die Vertagung oder die Gewährung einer Schriftsatzfrist zum Beweisergebnis gebieten, wenn von einer Partei eine umfassende sofortige Stellungnahme nicht erwartet werden kann

(BGH NJW 11, 3040). Die Erörterung ist nach § 160 II zu protokollieren (BGH NJW 90, 121). Fehlt im Protokoll ein Hinweis darauf, dass den Parteien die Möglichkeit zur Stellungnahme eröffnet wurde, ist aufgrund der formellen Beweiskraft des Protokolls davon auszugehen, dass den Parteien diese Möglichkeit nicht eingeräumt wurde (Naumbg 23.03.10 – 12 U 131/09).

Das Unterlassen der Abschlusserörterung (Protokollnachweis § 165) verletzt das rechtliche Gehör gem Art 103 I GG (BGH ZMGR 07, 141). Ohne zusätzliche Anhaltspunkte darf bloßes Schweigen nicht in einen Verzicht auf das Erörterungsrecht nach § 295 umgedeutet werden (BGH MDR 02, 528). 5

§ 280 Abgesonderte Verhandlung über Zulässigkeit der Klage. **(1) Das Gericht kann anordnen, dass über die Zulässigkeit der Klage abgesondert verhandelt wird.**
(2) [1]Ergeht ein Zwischenurteil, so ist es in Betreff der Rechtsmittel als Endurteil anzusehen. [2]Das Gericht kann jedoch auf Antrag anordnen, dass zur Hauptsache zu verhandeln ist.

A. Normzweck. Diese Vorschrift dient der Prozesswirtschaftlichkeit, indem über die Sachurteilsvoraussetzungen abgesondert verhandelt wird ähnl wie in § 146 für einzelne Angriffs- und Verteidigungsmittel. Das Gericht braucht sich nur mit den abgesonderten Fragen zu befassen und die Parteien ersparen sich (zumindest vorläufig) Sachvortrag zu sonstigen Fragen. 1

B. TBVoraussetzungen. I. Zulässigkeitsfrage. Alle Fragen der Zulässigkeit wie allg und bes Prozessvoraussetzungen (vAw) sowie Prozesshindernisse (Einrede). Nicht: Zwischenstreit über prozessuale Fragen (§ 303) oder Anspruchsgrund (§ 304); wirksame Aufnahme des unterbrochenen Rechtstreits (BGH NJW 96, 3345); Beendigung des Rechtsstreits durch Prozessvergleich (BGH NJW 96, 3345); Zulässigkeit eines Rechtsmittels (BGH NJW-RR 04, 851); Klageänderung (aber bei Parteiwechsel, BGH NJW 81, 989); Rechtswegzuständigkeit (Sonderregel gem § 17a GVG). 2

Prozesshindernisse sind unbeachtlich, wenn diese nicht rechtzeitig gerügt wurden (§§ 282 III, 296 III) oder eine sachliche oder örtliche (nicht internationale, BGH NJW-RR 07, 1509) Unzuständigkeit hinzunehmen ist (§§ 513 II, 545 II). 3

II. Zwischenstreit. 1. Anordnung. Die **Anordnung** der abgesonderten Hauptsacheverhandlung erfolgt vAw und steht im nicht nachprüfbaren (Frankf MDR 85, 149) Ermessen des Gerichts (bei der KfH der Vorsitzende, BGH NJW-RR 01, 930). Sie ergeht ohne mündliche Verhandlung durch unanfechtbaren Beschl, den das Gericht wieder ändern oder aufheben kann. 4

2. Verfahren. Es gelten die allg Regeln. Mündliche Verhandlung (Ausn: § 128 II), anders LG Ddorf InstGE 13, 116. Bei Streit über Parteifähigkeit (BGH 24, 91), Prozessfähigkeit (BGHZ 110, 294) oder gesetzlicher Vertretung (BGHZ 111, 219) gilt die Partei zunächst als partei- und prozessfähig. Bei Säumnis kann ein VU ergehen (§ 347 II). Streitwert des Zwischenstreits wie Hauptsache. 5

3. Entscheidung. a) Unzulässigkeit. Die unzulässige Klage wird durch **Endurteil** abgewiesen (nicht bei Unzulässigkeit des Rechtswegs, BGH NJW 91, 1686) bzw bei Hilfsantrag erfolgt Verweisung durch Beschl (§§ 281, 506). Bei Einrede fehlender Ausländersicherheit ist nach § 113 zu verfahren. Prozessurteil ist mit Berufung bzw Revision anfechtbar. 6

b) Zulässigkeit. Die Zulässigkeit der Klage wird im **Zwischenurteil** (Abs 2 S 1) festgestellt (BGHZ 44, 46; NJW 03, 426). Dieses ist selbstständig anfechtbar, auch bei gleichzeitiger Bejahung der Aufnahme des unterbrochenen Hauptsacheverfahrens (BGH NJW-RR 06, 913), und unterliegt daher der formellen Rechtskraft gem § 705. Ist es mit Rechtsmitteln nicht mehr anfechtbar, kann es mit Rechtsmittel gegen das später ergehende Endurteil grds nicht mehr überprüft werden; insoweit bindet es das Rechtsmittelgericht gem §§ 512, 557 II. Dennoch soll ein die Immunität des Bekl fälschlicherweise verneinendes und damit die deutsche Gerichtsbarkeit bejahendes rechtskräftiges Zwischenurteil keine Bindungswirkung entfalten, obwohl es unangefochten geblieben ist (BGHZ 182, 10). 7

Ein Zwischenurteil, das sich seinem Inhalt nach nicht auf die Klärung einer prozessualen Vorfrage beschränkt, sondern tatsächlich eine Entscheidung über den materiellen Streitgegenstand trifft, ist als Sachurteil uneingeschränkt mit einem Rechtsmittel anfechtbar (BGH NJW-RR 06, 565). Wegen § 513 II ist eine Berufung gegen ein Zwischenurteil unzulässig, das die örtliche Zuständigkeit bejaht (BGH NJW-RR 01, 930). Das Zwischenurteil, das der Einrede der mangelnden Prozesskostensicherheit (§ 110) stattgibt und dem Kl Sicherheitsleistung aufgibt, ist nicht selbstständig anfechtbar, weil darin noch nicht über die Zulässigkeit der Klage entschieden wird (BGH NJW 88, 1733; Jena OLGR 08, 480).

8 c) **Rechtswegzuständigkeit.** Hier gilt § 17a GVG: Entscheidung ohne Verhandlung durch Beschl, dagegen sofortige Beschwerde und bei Zulassung Rechtsbeschwerde zum BGH.

9 d) **Folge.** Nach Rechtskraft des Zwischenurteils wird vAw Verhandlungstermin über die Hauptsache bestimmt (BGH NJW 79, 2307). Das Gericht ist an das Zwischenurteil gebunden (§ 318), ebenso das Rechtsmittelgericht (§§ 512, 557 II). Keine Bindung für ein die Immunität einer Partei fälschlicherweise verneinendes Zwischenurteil, weil in jedem Verfahrensstadium vAw zu prüfen ist, ob die deutsche Gerichtsbarkeit gegeben ist (BGHZ 182, 10). Das Zwischenurteil ist selbstständig anfechtbar und unterliegt der formellen Rechtskraft gem § 705.

10 **III. Hauptsache. 1. Vorzeitige Verhandlung.** Auf **Antrag** kann das Gericht schon vor Rechtskraft des Zwischenurteils durch unanfechtbaren (München NJW 74, 1514; Frankf MDR 85, 149; aA Karlsr NJW 71, 662, sofortige Beschwerde analog § 252) Beschl die **vorzeitige Verhandlung** über die Hauptsache anordnen (Abs 2 S 2). Dies führt bei Anfechtung des Zwischenurteils zur gleichzeitigen Anhängigkeit des Prozesses in zwei Instanzen (BAG NJW 67, 648).

11 **2. Entscheidung.** Das Endurteil zur Hauptsache ist, auch bei formeller Rechtskraft, auflösend bedingt durch die Aufhebung des Zwischenurteils und Klageabweisung (BGH NJW 06, 3496). Das Hauptsacheurteil fällt von selbst weg, das Berufungsgericht kann jedoch in seinem Urt die Gegenstandslosigkeit des Hauptsacheurteils deklaratorisch feststellen. Hat der Kl aus dem Hauptsacheurteil bereits vollstreckt, ist er nach § 717 II schadensersatzpflichtig.

§ 281 Verweisung bei Unzuständigkeit.

(1) [1]Ist auf Grund der Vorschriften über die örtliche oder sachliche Zuständigkeit der Gerichte die Unzuständigkeit des Gerichts auszusprechen, so hat das angegangene Gericht, sofern das zuständige Gericht bestimmt werden kann, auf Antrag des Klägers durch Beschluss sich für unzuständig zu erklären und den Rechtsstreit an das zuständige Gericht zu verweisen. [2]Sind mehrere Gerichte zuständig, so erfolgt die Verweisung an das vom Kläger gewählte Gericht.

(2) [1]Anträge und Erklärungen zur Zuständigkeit des Gerichts können vor dem Urkundsbeamten der Geschäftsstelle abgegeben werden. [2]Der Beschluss ist unanfechtbar. [3]Der Rechtsstreit wird bei dem im Beschluss bezeichneten Gericht mit Eingang der Akten anhängig. [4]Der Beschluss ist für dieses Gericht bindend.

(3) [1]Die im Verfahren vor dem angegangenen Gericht erwachsenen Kosten werden als Teil der Kosten behandelt, die bei dem im Beschluss bezeichneten Gericht erwachsen. [2]Dem Kläger sind die entstandenen Mehrkosten auch dann aufzuerlegen, wenn er in der Hauptsache obsiegt.

1 **A. Normzweck.** § 281 dient der Rechtssicherheit und der Verfahrensbeschleunigung, weil durch die Verweisung nutzlose Zuständigkeitsstreitigkeiten und eine Klageabweisung durch Prozessurteil vermieden werden und der Kl keine neue Klage erheben muss.

2 **B. TBVoraussetzungen.** Die ordentlichen Gerichte können sich nach mehreren Bestimmungen für unzuständig erklären und den Rechtsstreit an ein anderes Gericht verweisen, wegen örtlicher oder sachlicher Unzuständigkeit durch Beschl nach I und wegen Unzulässigkeit des Rechtswegs durch Beschl nach § 17a II GVG. Ersterer ist unanfechtbar (Abs 2 S 2); gegen letzteren ist die sofortige Beschwerde gegeben (§ 17a IV 3 GVG).

3 **I. Anwendungsbereich.** § 281 gilt nur bei örtlicher oder sachlicher, nicht bei funktioneller (BGH NJW 06, 2782) oder internationaler Unzuständigkeit oder Unzulässigkeit des Rechtswegs.

§ 281 gilt nicht nur für Urteilsverfahren, sondern für alle Verfahren der ZPO in Fällen der örtlichen oder sachlichen Unzuständigkeit werden die Vorschriften entspr angewandt, etwa im PKH-Verfahren (BGH NJW 01, 3633), eV (BGH FamRZ 89, 847) oder selbstständigen Beweisverfahren (Schlesw OLGR 09, 828), auch bei instanzieller Unzuständigkeit (Widerklageerhebung in Berufungsinstanz, Hambg OLGR 03, 373), aber nicht Berufungseinlegung beim funktionell unzuständigem Gericht (BGH NJW-RR 97, 55; NJW 10, 1818), außer „in schwierigen Grenzfällen" der Zuständigkeit (Rostock 18.04.11 1 S 171/10) . WEG-Sachen fallen unter ZPO (München OLGR 08, 630).

1. Funktionelle Zuständigkeit. Die funktionelle Zuständigkeit betrifft die gesetzliche Zuordnung von bestimmten Geschäften an bestimmte Rechtspflegeorgane eines Gerichts (Rostock OLGR 07, 287). Ist ein Spruchkörper nach der Geschäftsverteilung unzuständig, ein anderer Spruchkörper desselben Gerichts aber zuständig, erfolgt formlose **Abgabe** (ohne Bindungswirkung) an den nach der Geschäftsverteilung zuständigen Spruchkörper. § 281 ist auf solche gerichtsinternen Abgaben nicht anwendbar; bei Zuständigkeitsstreit entscheidet das Präsidium (§ 21e GVG). **4**

Abgabe erfolgt bei Zuständigkeitsstreit zwischen Familiengericht/Vormundschaftsgericht (BGH NJW-RR 90, 707); Prozessgericht/Familiengericht (Bambg FamRZ 90, 179); AG/LandwirtschaftsG nach § 12 LwVfG (BGHZ 114, 277). **5**

§ 17 a VI GVG bestimmt die entspr Anwendung des allg Zuständigkeitsbestimmungsverfahrens in Rechtswegfragen auch für die funktionelle Zuständigkeitsverteilung verschiedener Spruchkörper der ordentlichen Gerichtsbarkeit (§ 13 GVG) in ihrem Verhältnis zueinander, aber nicht Zivilkammer zur KfH (LG Hannover NJW-RR 11, 834).

Erklären sich innerhalb eines Gerichts zwei Spruchkörper deshalb für unzuständig, weil sie verschiedener Ansicht darüber sind, ob es sich um eine Familiensache handelt, so bestimmt das höhere Gericht entspr § 36 Nr 6 den Spruchkörper (BGHZ 71, 264). **6**

Wird eine Berufung bei einem funktionell unzuständigen Gericht eingelegt, kommt eine Verweisung trotz Antrags an das zuständige Gericht nicht in Betracht. In diesen Fällen scheidet sowohl unmittelbare als auch entspr Anwendung des § 281 aus; die Berufung ist als unzulässig zu verwerfen (BGH NJW-RR 97, 55). **6a**

Hat ein Gericht sich für funktionell unzuständig erklärt und die Rechtswegzuständigkeit eines anderen Gerichts bejaht, besteht kein weitergehendes Bedürfnis dafür, die Frage der funktionellen Zuständigkeit auf Veranlassung desjenigen Spruchkörpers überprüfen zu lassen, an den der Rechtsstreit verwiesen worden ist (Hamm FamRZ 11, 658). **6b**

2. Sondervorschriften. Innerhalb der ordentlichen Gerichte kann AG ans LG (§ 506) oder an die KfH eines LG (§ 96 II GVG), die Zivilkammer an die KfH verweisen und umgekehrt (§§ 97 ff GVG). Diese Beschlüsse sind für die Kammer, an die verwiesen wird, bindend (§ 102 GVG). Bei Kompetenzkonflikt zwischen einer KfH und einer Zivilkammer desselben Gerichts entscheidet nicht das Präsidium, sondern das OLG entspr § 36 Abs. 1 Nr. 6 (BGHZ 71, 271; Ddorf NJW-RR 2001, 1220). **7**

Eine Familiensache kann bei einem wichtigen Grund an ein anderes Gericht abgegeben werden (§ 4 FamFG).

3. Entsprechende Anwendung. Wird eine Ehesache rechtshängig, während bei einem anderen Gericht erstinstanzlich anhängig ist eine Familiensache betr Kindschaft (§ 153 FamFG), Ehewohnung oder Haushalt (§ 202 FamFG), Unterhalt (§ 233 FamFG), Güterrecht (§ 263 FamFG) oder sonstige Familiensache (§ 202 FamFG), müssen diese an das Gericht der Ehesache abgegeben werden. § 281 II u III gilt entspr. **8**

In Familiensachen sowie in Angelegenheiten der freiwilligen Gerichtsbarkeit bestimmt § 3 FamFG die Verweisung bei Unzuständigkeit.

Im Verhältnis zwischen freiwilliger Gerichtsbarkeit und ordentlicher streitiger Gerichtsbarkeit sind §§ 17–17b GVG entspr anwendbar, soweit es um ein Antragsverfahren oder echtes Streitverfahren der freiwilligen Gerichtsbarkeit geht (BGH NJW 01, 2181), aber nicht bei einem Amtsverfahren (BGH ZVI 07, 80).

In allen anderen ZPO-Verfahren in Fällen der örtlichen oder sachlichen Unzuständigkeit wird § 281 entspr angewandt, etwa im PKH-Verfahren (BGH NJW 01, 3633), eV (BGH FamRZ 89, 847) oder selbstständigen Beweisverfahren (Schlesw OLGR 09, 828), auch bei fehlender instanzieller Zuständigkeit (Widerklageerhebung in Berufungsinstanz, Hambg OLGR 03, 373), aber nicht Berufungseinlegung beim funktionell unzuständigem Gericht (BGH NJW-RR 97, 55; NJW 10, 1818).

(nicht besetzt) **9–13**

4. Rechtsweg. Ist der Rechtsweg zulässig, bedarf es keiner besonderen Entscheidung, außer eine Partei hat die Zulässigkeit des Rechtswegs gerügt (§ 17 a III 2 GVG; BGH NJW 99, 651). **14**

Ist der Rechtsweg (zB Amtsgericht statt Arbeitsgericht) unzulässig, spricht das Gericht dies nach Anhörung der Parteien vAw aus und verweist den Rechtsstreit zugleich an das zuständige Gericht des zulässigen Rechtsweges (§ 17 a II GVG). Der Beschl ist im Gegensatz zu § 281 zu begründen und mit der Beschwerde anfechtbar.

Dies gilt entspre für die in bürgerlichen Rechtsstreitigkeiten, Familiensachen und Angelegenheiten der freiwilligen Gerichtsbarkeit zuständigen Spruchkörper in ihrem Verhältnis zueinander (§ 17 a VI GVG), aber nicht im PKH-Verfahren (OLG München 26.11.2010 1 W 2523/10).
Die Zulässigkeit des Rechtswegs prüft das Berufungsgericht nicht mehr (§ 17 a V GVG). Es ist an die Entscheidung auch gebunden einer stillschweigend bejahten Zulässigkeit des Rechtsweges (BGH NJW 08, 3572). Anders jedoch bei erfolgter Rüge, die eine Vorabentscheidung nach § 17 a III 2 GVG erfordert hätte (BGH VersR 10, 790). In diesem Fall verweist das Berufungsgericht (OLG Köln NJW-RR 95, 910) unter Aufhebung des erstinstanzlichen Urteils (BGH NJW 98, 2057).
Die Verweisung ist für das Gericht, an das der Rechtsstreit verwiesen worden ist, hinsichtlich des Rechtsweges bindend (§ 17 a II 3 GVG), jedoch Weiterverweisung wegen örtlicher oder sachlicher Unzuständigkeit oder in einen anderen Rechtsweg (BGHZ 70, 295) möglich.

15 **5. Internationale Zuständigkeit.** Die internationale Zuständigkeit ist auch im Berufungsverfahren vAw zu prüfen (BGH NJW 87, 3081). Da § 281 die Verweisung auf inländische Gerichte (Köln NJW 88, 2182) beschränkt, scheidet eine Verweisung an ein ausl Gericht auch bei Anwendung des EuGVVO aus (Ddorf WM 00, 2192).
Fehlt es an der internationalen Zuständigkeit, darf ein VU gegen den säumigen Berufungskl nicht ergehen. Vielmehr ist das angefochtene Urt zu ändern und die Klage als unzulässig abzuweisen (BGH NJW 61, 2207).

16 **II. Verweisung (Abs 1). 1. Zeitpunkt.** Erst ab Rechtshängigkeit (BGH NJW-RR 97, 1161); vorher formlose Abgabe an das zuständige Gericht (BGH NJW 83, 1062) ohne Bindungswirkung (Dresd FamRZ 10, 480).

17 **2. Voraussetzung.** Das angegangene Gericht muss zum Schluss der mündlichen Verhandlung örtlich oder sachlich unzuständig sein, so dass Zuständigkeitsvereinbarung bzw rügelose Einlassung (§§ 38 ff) sowie die Fortdauer der Zuständigkeit gem § 261 III Nr 2 zu beachten sind. Ausgeschlossen ist die Verweisung, wenn das Gericht neben anderen Gerichten auch zuständig ist (BGH NJW 06, 847; Frankf NJW 01, 3792).

18 Eine Gerichtsstandsvereinbarung nach Rechtshängigkeit kann entspr § 261 Abs. 3 Nr. 2 nicht dazu führen, die Unzuständigkeit eines einmal angerufenen zuständigen Gerichts zu begründen (BGH NJW-RR 10, 891), daher keine Weiter- oder Rückweisung (BGH NJW 63, 585). Ist jedoch ein unzuständiges Gericht angegangen, können die Parteien nach Rechtshängigkeit die Zuständigkeit eines sonst unzuständigen Gerichts vereinbaren, an das dann zu verweisen ist.

19 **a) Teilunzuständigkeit.** Bei Anspruchskonkurrenz (unerlaubte Handlung, Vertrag) ist die Teilverweisung wegen eines Klagegrundes unzulässig (BGH NJW 71, 564). Erstrebt der Kl die Prüfung aller Klagegründe in einem Rechtsstreit, muss die Klage im allgemeinen Gerichtsstand erhoben werden.

20 Ausn: Teilverweisung ist zulässig bei Klagenhäufung (§ 260) wegen eines selbstständigen Anspruchs; Widerklage bei ausschl Gerichtsstand (§ 33 II).

21 **b) Haupt- und Hilfsantrag.** Sind für Haupt- und Hilfsantrag verschiedene Gerichte zuständig, kann erst nach Abweisung des Hauptantrags das Verfahren wegen des Hilfsanspruchs abgegeben werden (BGH NJW 81, 2417); ist das Gericht für den Hauptantrag unzuständig, für den Hilfsantrag zuständig, ist die ganze Sache zu verweisen (BGH NJW 56, 1357) und nach Abweisung des Hauptantrags wegen des Hilfsantrags zurückzuverweisen.

22 **c) Klage und Widerklage.** Besteht kein Sachzusammenhang (§ 33) kann die Hauptklage bei verschiedenen Zuständigkeiten isoliert verwiesen werden. Die nach § 33 begründete Zuständigkeit der Widerklage bleibt von der Abtrennung (§ 145) unberührt.

23 **d) Rechtsmittelverfahren.** Bei zulässigem Rechtsmittel ist Verweisung an das zuständige Gericht auch in der Berufungsinstanz zulässig (KG 01.03.11 14 U 122/08), sogar im Revisionsverfahren (BGHZ 16, 345). Die Verweisung erfolgt durch Urt unter gleichzeitiger Aufhebung des Urt der Vorinstanz (BGH NJW-RR 88, 1405). Eine Verweisung ist wegen § 513 II ausgeschlossen, wenn das Erstgericht sich für zuständig hielt, aber nicht das Rechtsmittelgericht (BGH NJW-RR 05, 501).

24 **3. Antrag des Kl. a) Voraussetzung.** Die Verweisung wegen örtlicher oder sachlicher Unzuständigkeit setzt einen Antrag des Kl (Abs 1 S 1) voraus (außerhalb mündlicher Verhandlung kein Anwaltszwang, Abs 2 S 1).

Der Antrag kann auch bei Säumnis des Bekl gestellt werden, sogar nach Erlass eines Teilanerkenntnisurteils (BGH NJW-RR 92, 1091), in der Rechtsmittelinstanz (BGHZ 16, 339), als Hilfsantrag (BGHZ 5, 105) oder im Verfahren nach § 36 Nr 6 (BGHZ 71, 69). 25

Der Antrag muss das zuständige Gericht angeben. Ein als zuständig vereinbartes Gericht muss hinreichend bestimmt oder bestimmbar sein (Brandbg NJW 06, 3444); notfalls muss darüber Beweis erhoben werden (BayObLG NJW-RR 00, 1311). Der Kl kann unter mehreren zuständigen Gerichten wählen (Abs 1 S 2). 26

Der Bekl kann die Verweisung – außer bei nachträglicher sachlicher Unzuständigkeit (§ 506) – nicht beantragen; er ist nicht schutzbedürftig, weil die Klage ohne Verweisung wegen Unzuständigkeit des Gerichts abzuweisen ist. Dem Bekl muss jedoch rechtliches Gehör zum Verweisungsantrag gewährt werden (BVerfGE 61, 37). Seine rügelose Einlassung steht der Verweisung nicht entgegen (Nürnbg OLGR 07, 148), beim AG nur nach Belehrung gem §§ 504, 39 S 2 (BGH NJW-RR 92, 1091). 27

b) Ausnahme. Von Amts wegen erfolgt die Verweisung bei der Unzuständigkeit des Rechtswegs (§ 17a II GVG), im Mahnverfahren (§§ 696 I, 700 III) und in Familiensachen (§§ 153, 233, 263 FamFG). Deshalb kann in diesen Fällen die Klage nicht als unzulässig abgewiesen werden. 28

III. Entscheidung. 1. Bei Zuständigkeit. Bejaht das Gericht seine Zuständigkeit, so begründet es diese im Urt. 29

2. Bei Unzuständigkeit. Verneint es seine Zuständigkeit, weist es bei fehlendem Verweisungsantrag die Klage durch Prozessurteil ab. Zuvor ist der Kl nach § 139 auf das Antragserfordernis hinzuweisen (BGH NJWE-FER 97, 115). 30

3. Verweisung. Bei fehlendem Verweisungsantrag wird die Klage durch Prozessurteil abgewiesen. Zuvor ist der Kl nach § 139 auf das Antragserfordernis hinzuweisen (BGH NJWE-FER 97, 115). 31

Die Verweisung des Rechtsstreits erfolgt durch Beschl an das zuständige Gericht (Abs 1 S 1). Eine Verweisung ist nur möglich, wenn das Gericht aus keinem rechtlichen Gesichtspunkt örtlich zuständig ist, also nicht bei allg neben bes Gerichtsstand. Die einmal getroffene Wahl des Kl zwischen zwei Gerichtsständen ist unwiderruflich (BayObLG NJW-RR 91, 187), außer bei ausschließlichem Gerichtsstand (zB. §§ 24, 29 a, 802; § 122 FamFG).

Der zu begründende Beschl wird nicht zugestellt, sondern den Parteien formlos mitgeteilt (§ 329 II) oder nach mündlicher Verhandlung verkündet (BGH MDR 95, 739). Er wird mit der Mitteilung an die Parteien wirksam und damit bindend (BGH NJW-RR 95, 641). Er stellt die Unzuständigkeit des verweisenden und die Zuständigkeit des angewiesenen Gerichts fest. 32

(nicht besetzt) 32

IV. Verfahren des Empfangsgerichts. 1. Anhängigkeit. Mit Eingang der Akten bei dem im Beschl bezeichneten Gericht wird der Rechtsstreit anhängig. Das Verfahren vor beiden Gerichten bildet eine Einheit, so dass der Rechtsstreit vor dem neuen Gericht in der Lage fortgesetzt wird, in der er sich bei dem verweisenden Gericht befand (BGHZ 91, 126). 34

Den bisherigen Akteninhalt einschließlich der Entscheidungen des verweisenden Gerichts muss das aufnehmende Gericht beachten. Darunter fallen Rechtshängigkeitswirkung (BGHZ 97, 155), Prozesshandlungen, Anträge und Parteierklärungen (Zweibr OLGR 98, 130), Einzelrichterzuweisung (Frankf OLGR 03, 340), Teilanerkenntnisurteil (BGH NJW-RR 92, 1091), PKH-Bewilligung (Ddorf NJW-RR 91, 63). Das übernehmende Gericht wird auch Hauptsachegericht für einen Arrest (§ 919) und das diesem Gericht übergeordnete Gericht wird Rechtsmittelgericht (KG NJW 69, 1816). 35

2. Bindungswirkung. Der Verweisungsbeschluss ist im Interesse der Prozessökonomie sowie zur Vermeidung von Zuständigkeitsstreitigkeiten und dadurch bewirkter Verzögerungen und Verteuerungen in der Gewährung effektiven Rechtsschutzes für das angewiesene Gericht bindend (Abs 2 S 4). Dies entzieht auch einen sachlich zu Unrecht erlassenen Verweisungsbeschluss grds jeder Nachprüfung (BGH 27.5.08 X AZR 45/08). Er muss objektiv vertretbar sein, nicht entscheidend ist, ob die Verweisung zutr begründet ist oder ob das verweisende Gericht evtl. eine Vorschrift übersehen hat (Karlsr MDR 11, 1499). Die Bindungswirkung gilt auch im Zuständigkeitsbestimmungsverfahren nach § 36 I Nr 6 (BayObLG WM 05, 2157) und entspr im selbständigen Beweisverfahren (BGH NJW-RR 10, 891). Eine Verweisung ist nicht nur hinsichtlich derjenigen Zuständigkeitsfrage bindend, derentwegen verwiesen worden ist (soweit also verweisendes und angewiesenes Gericht in der Zuständigkeitsfrage konkurrieren), sondern auch hinsichtlich sonstiger 36

Zuständigkeitsfragen, soweit das verweisende Gericht die Zuständigkeit auch in dieser Hinsicht geprüft und bejaht hat (BGH NJW-RR 98, 1219). Verfahrensfehler (Verweisung ohne Antrag, BGHZ 139, 305 oder durch Urt statt Beschl, BGH NJW-RR 00, 1731) stehen einer Bindung nicht entgegen.

37 (nicht besetzt)

38 Das Gericht kann den Verweisungsbeschluss nicht zurücknehmen, allenfalls gem § 319 berichtigen (BGH NJW-RR 93, 700). Eine Zurückverweisung (BGH NJW-RR 94, 126) an das verweisende Gericht ist ebenso wie eine Weiterverweisung an ein drittes Gericht (BGH NJW-RR 98, 1219) ausgeschlossen; jedoch nicht bei Klageänderung (BGH NJW 90, 53).

39 (nicht besetzt)

40 Bindungswirkung kommt für das Gericht, an das verwiesen wird, nur bei Abgabe oder Verweisung von einem Gericht an ein anderes, nicht jedoch von einem Spruchkörper an einen anderen innerhalb desselben Gerichts zu (BGH NJW 80, 1282).

41 Bei negativem Kompetenzkonflikt entscheidet das übergeordnete Gericht gem § 36 I Nr 6; entspr bei Rechtswegverweisung nach § 17a GVG, wobei derjenige oberste Gerichtshof des Bundes zuständig ist, der zuerst darum angegangen wird (BGH NJW 01, 3633; BAG NJW 06, 1371).
Hat ein Gericht ein PKH-Verfahren verwiesen, bindet das darin bezeichnete Gericht hinsichtlich der Frage der Zuständigkeit für dieses Verfahren, nicht jedoch für das ggf. folgende Klageverfahren (Celle MDR 11, 1318).

42 **3. Keine Bindung.** Die Bindungswirkung entfällt nur dann, wenn der Verweisungsbeschluss schlechterdings nicht als iRd § 281 ergangen anzusehen ist, etwa bei fehlendem **Bindungswillen** des verweisenden Gerichts oder weil er auf einer **Verletzung rechtlichen Gehörs** beruht, nicht durch den gesetzlichen Richter erlassen wurde oder nicht mehr verständlich erscheint und offensichtlich unhaltbar ist, etwa weil er jeder gesetzlichen Grundlage entbehrt und deshalb als **willkürlich** betrachtet werden muss (BGH NJW-RR 11, 1364). Hierfür genügt nicht, dass der Beschl inhaltlich unrichtig oder fehlerhaft ist (BGH NJW 06, 847).

43 a) **Bindungswille.** Der Verweisungsbeschluss bindet nur insoweit als er binden will. Der Bindungswille ergibt sich aus dem objektiven Inhalt des Verweisungsbeschlusses (BGHZ 63, 214). Es kommt also darauf an, welche Art der Zuständigkeit das verweisende Gericht für das zweite Gericht geprüft und bejaht hat (BGH NJW 64, 45).

44 Die Verweisung eines Rechtsstreits an ein Gericht desselben Rechtswegs oder von der Zivilkammer an die Kammer für Handelssachen (oder von dieser an die Zivilkammer) schließt die Weiterverweisung in einen anderen Rechtsweg nicht aus (BAG NJW 93, 1878).
Verweist das AG nur wegen des Streitwerts an das übergeordnete LG, ohne die ausschl örtliche Zuständigkeit eines anderen LG erkannt und geprüft zu haben, hat ihm insoweit ein Bindungswille gefehlt, das LG kann an das örtlich zuständige LG weiter verweisen (BayObLG NJW-RR 96, 956).

45 Ist nur die örtliche Zuständigkeit des zweiten Gerichts festgestellt worden, so kann wegen sachlicher Zuständigkeit weiter verwiesen werden und umgekehrt (BAG NJW 70, 1702). Hat dagegen das verweisende Gericht sowohl die sachliche als auch die örtliche Zuständigkeit des zweiten Gerichts bejaht, kommt eine Weiterverweisung wegen fehlender sachlicher oder örtlicher Zuständigkeit nicht in Betracht.

46 Kein Bindungswille, wenn das verweisende Gericht irrtümlich gemeint hat, der Wohnsitz des Bekl liege im Gerichtsbezirk (BAG NZA 94, 959) oder die Postleitzahl verwechselt hat (BayObLG NJW-RR 00, 1734).

47 Das Gericht, an das der Rechtsstreit im Mahnverfahren abgegeben ist, ist hierdurch in seiner Zuständigkeit nicht gebunden (§ 696 V 1). Der Kl verliert aber sein Wahlrecht (§ 35) durch die Angaben im Mahnantrag. Die Verweisung an ein nachträglich bezeichnetes anderes Gericht (zB Erfüllungsort) ist ohne Bindungswirkung (BGH NJW 93, 1273). Wurde im Mahnantrag das Wohnsitzgericht fälschlich angegeben, ist ein Verweisungsbeschluss an ein nachträglich vom Kl bezeichnetes anderes, aufgrund Vereinbarung der Parteien ausschl zuständiges Gericht bindend, denn hier hatte der Ast kein Wahlrecht (BGH NJW 93, 2810).

48 Keine Bindung bei Verweisung von Zivilkammer an KfH (Nürnbg NJW 93, 3208); Verweisung von LG an das AG-FamG, wenn eindeutig keine Familiensache vorliegt (BayObLG NJW-RR 93, 10).

49 Die Verweisung im PKH-Verfahren entfaltet nur für dieses Verfahren Bindungswirkung, mangels Rechtshängigkeit der Klage jedoch nicht für das nachfolgende Hauptsacheverfahren (Celle MDR 11, 1318).

50 Hat ein Gericht eine Klage wegen örtlicher Unzuständigkeit – rechtskräftig – abgewiesen, so steht diese Entscheidung der Bindungswirkung eines später in einem neuen Verfahren über denselben Streitgegenstand von einem anderen Gericht erlassenen Verweisungsbeschluss an das erste Gericht nicht entgegen (BGH NJW 97, 869).

Keine Bindung bei Erschleichung eines Gerichtsstands durch Täuschung des Gerichts (Celle OLGR 04, 252). 51

b) Willkür. Willkür liegt nur vor, wenn dem Verweisungsbeschluss jede rechtliche Grundlage fehlt und er bei verständiger Würdigung der das Grundgesetz beherrschenden Gedanken nicht mehr verständlich erscheint und offensichtlich unhaltbar ist (BGH NJW-RR 11, 1364). 52

Liegt vor, wenn dem Beschl bei der Auslegung und Anwendung der Zuständigkeitsnormen jede rechtliche Grundlage fehlt (BGH NJW-RR 08, 370). Dies ist der Fall, wenn der Verweisungsbeschluss bei verständiger Würdigung der das Grundgesetz beherrschenden Gedanken nicht mehr verständlich erscheint und offensichtlich unhaltbar ist (BVerfGE 29, 45) oder wenn eine nachvollziehbare Begründung fehlt (BGH NJW 96, 3013). Willkür idS fehlt dann, wenn das verweisende Gerichts sich für seine – wenn auch unrichtige – Auffassung auf jedenfalls vertretbare Argumente beruft; selbst wenn ein Verweisungsbeschluss von einer „ganz überwiegenden" oder „fast einhelligen" Rechtsauffassung abweicht, muss er nicht willkürlich sein (BGH NJW-RR 02, 1498), wenn das unzuständige Gericht tatsächlich einen Abwägungs- und Entscheidungsprozess vorgenommen hat und die Entscheidung für die Minderansicht bewusst erfolgt ist.

Die **Abgrenzung** zwischen der fehlerhaften, gleichwohl aber bindenden, und der willkürlichen Entscheidung hängt letztlich davon ab, wie die Verweisung begründet wird (Karlsr FamRZ 91, 90). So ist bindende Wirkung zu versagen, wenn das verweisende Gericht den ihm zur Entscheidung vorgelegten Sachverhalt evident falsch erfasst (KGR Berlin 08, 668), eine eindeutig einschlägige Zuständigkeitsregel in den Gründen des Verweisungsbeschlusses nicht erörtert hat (KGR Berlin 08, 248) oder dies auch nicht aus den Akten zu ersehen ist (KG MDR 93, 176, MDR 98, 618). Die fehlende Begründung der Verweisung ist jedoch unschädlich, wenn der Verweisung ein übereinstimmender Antrag der Beteiligten zugrunde liegt (BGH FamRZ 88, 943; NJW-RR 08, 1309). 53

Da eine Verweisung die Unzuständigkeit des verweisenden Gerichts voraussetzt, kann die Bindungswirkung eines Verweisungsbeschlusses darüber hinaus auch dann entfallen, wenn sich ein nach geltendem Recht unzweifelhaft zuständiges Gericht gleichwohl über diese Zuständigkeit hinwegsetzt und den Rechtsstreit an ein anderes Gericht verweist, weil es eine klare Zuständigkeitsnorm nicht beachtet oder zur Kenntnis nimmt (BGH NJW 93, 1273) oder bei fehlender Rechtsgrundlage mangels Begründung nicht nachvollziehbar ist, auf welcher gesetzlichen Grundlage die Verweisung erfolgt ist (BGH NJW 06, 847; Stuttg OLGR 09, 297; Brandbg 02.11.10 – 9 AR 9/10) und damit objektiv der Anschein erweckt wird, das Gericht sehe das Fehlen der eigenen Zuständigkeit nicht als Voraussetzung für eine Verweisung des Rechtsstreits (BayObLGR 00, 56).

Willkürliche Verweisung: gegen Antrag des Kl oder auf Antrag des Bekl (Brandbg OLGR 06, 677); wegen „Sachzusammenhangs" (BGH FamRZ 97, 488); Verstoß gegen § 3 InsO (BGH NJW 06, 847); an OLG als 1. Instanz (BGHZ 2, 278); nur zur Kostenentscheidung (Frankf ZVI 05, 367); Unkenntnis länger zurückliegender Gesetzesänderung oder bewusste Missachtung (BGH NJW 02, 3634); Übersehen des ausschl Gerichtsstands nach § 29a (Jena Grundeigentum 00, 56), des besonderen Gerichtsstands der Widerklage gem § 33 (Zweibr OLGR 00, 299) oder des Erfüllungsorts (Dresden NZV 2011, 287), der fortbestehenden Zuständigkeit nach § 261 III Nr 1 (BGH NJWE-FER 98, 136) oder der eigenen Zuständigkeit (Frankf NJW 01, 3792); Verweisung nach § 281 statt nach § 17a II GVG (München FamRZ 10, 2090); von Zivilkammer an KfH, obwohl nicht alle Bekl Verweisungsantrag gestellt haben (Celle NdsRpfl 10, 59); der angemessene Schmerzensgeldbetrag sei weit niedriger, so dass das Amtsgericht sachlich zuständig sei (Brandbg VRR 10, 242). 54

Keine willkürliche Verweisung, wenn Beschl inhaltlich unrichtig oder sonst fehlerhaft ist, also bei gewöhnlicher Falschverweisung bei Rechtsirrtum (BGH FamRZ 97, 173), Missachtung der Rspr (BGH NJW-RR 02, 1498), Abweichen von der hM (BGH NJW 03, 3201; Naumbg MDR 10, 519), auch Verfahrensmängel (BGH FamRZ 98, 360), Verweisung im Einvernehmen beider Parteien (BGH NJW-RR 08, 1309; Celle 3.8.11 4 AR 43/11) oder Beurteilung der Zuständigkeitsfrage nur nach Wohnsitz ohne Erfüllungsort in Erwägung zu ziehen (BGH NJW-RR 11, 1364). 55

c) Versagung rechtlichen Gehörs. Eine Gehörsverletzung (BGHZ 71, 69) liegt vor, wenn der Partei vor (BVerfGE 61, 37) der Verweisung keine Gelegenheit zur Stellungnahme innerhalb angemessener Frist (BGH NJW-RR 92, 258) gegeben wird, die Verweisung vor Ablauf der Stellungnahmefrist erfolgt (Stuttg 56

OLGR 07, 955) oder das Gericht auf den die Zuständigkeit betreffenden Kern des Vortrags einer Partei in keiner Weise eingeht (Frankf 16.12.10 – 11 AR 3/10).

57 **4. Folge.** Ablehnung der Übernahme des Rechtsstreits und Rücksendung des Vorgangs mit neuer Entscheidung über den Verweisungsantrag (München OLGR 94, 213) bzw Weiterverweisung (auch an ein ArbG, BGH NJW 64, 1416).

58 **V. Rechtsmittel. 1. Unanfechtbarkeit.** Sowohl der das Gericht bindende (auch fehlerhafte) Verweisungsbeschluss wegen fehlender örtlicher oder sachlicher Zuständigkeit (BGH NJW 06, 847) als auch der die Verweisung ablehnende Beschl (BGH FamRZ 04, 869) sind unanfechtbar (Abs 2 S 2); dies gilt auch bei Verweisung durch Urt (BGH GuT 08, 217). Nur gegen eine Rechtswegverweisung ist die sofortige Beschwerde gegeben (§ 17a IV 3 GVG). Lehnt das angewiesene Gericht die Übernahme ab und verweist zurück, ist der Beschl nicht mit der Beschwerde anfechtbar (Ddorf OLGR 96, 48).

59 **2. Anfechtbarkeit.** Ausnahmsweise **anfechtbar** ist die (nicht bindende) Verweisung vor Rechtshängigkeit (BayObLGZ 99, 94), bei fehlendem Bindungswillen oder wenn sie willkürlich ist oder auf einer Versagung des rechtlichen Gehörs beruht. Die mangelnde Bindungswirkung kann im Wege der Vorlage nach § 36 I Nr 6 oder durch sofortige Beschwerde (§ 567) geltend gemacht werden (hM).

60 **VI. Kosten.** Der Verweisungsbeschl ergeht ohne Kostenentscheidung (Abs 3). Über die gesamten Kosten entscheidet das Gericht, an das verwiesen wird. . Dem Kl sind die durch die Anrufung des unzuständigen Gerichts entstandenen Mehrkosten aufzuerlegen. Erfolgt die Verweisung von einem höheren Gericht an ein Gericht des ersten Rechtszuges, so kann über die Kosten des Rechtsmittelverfahrens schon mit der Verweisung entschieden werden (BGHZ 12, 52).

61 Mehrkosten sind die Differenzkosten zwischen den tatsächlich entstandenen und den Kosten, die angefallen wären, wenn der Prozess sofort bei dem zuständigen Gericht anhängig geworden wäre (Nürnbg OLGR 01, 367). Ein Anwaltswechsel ist nicht notwendig (München MDR 01, 174).

62 Unterbleibt eine Mehrkostenaussonderung und versäumt es der Bekl, von der befristeten Möglichkeit eines Antrags auf Urteilsergänzung nach § 321 Gebrauch zu machen (Hamm MDR 00, 1149), kann die falsche Kostenentscheidung im Kostenfestsetzungsverfahren nicht mehr wegen fehlender Erforderlichkeit korrigiert werden (Naumbg MDR 01, 1136; Hambg MDR 98, 1502; Kobl NJW-RR 92, 892; aA Rostock JurBüro 01, 591; Frankf OLGR 01, 56). Der Bekl muss dann die Mehrkosten zahlen. Das Gleiche gilt, wenn in einem Prozessvergleich der Bekl die Kosten des Rechtsstreits trägt (Karlsr JurBüro 88, 1695; aA Bremen JurBüro 87, 285).

§ 282 Rechtzeitigkeit des Vorbringens.

(1) Jede Partei hat in der mündlichen Verhandlung ihre Angriffs- und Verteidigungsmittel, insbesondere Behauptungen, Bestreiten, Einwendungen, Einreden, Beweismittel und Beweiseinreden, so zeitig vorzubringen, wie es nach der Prozesslage einer sorgfältigen und auf Förderung des Verfahrens bedachten Prozessführung entspricht.

(2) Anträge sowie Angriffs- und Verteidigungsmittel, auf die der Gegner voraussichtlich ohne vorhergehende Erkundigung keine Erklärung abgeben kann, sind vor der mündlichen Verhandlung durch vorbereitenden Schriftsatz so zeitig mitzuteilen, dass der Gegner die erforderliche Erkundigung noch einzuziehen vermag.

(3) [1]Rügen, die die Zulässigkeit der Klage betreffen, hat der Beklagte gleichzeitig und vor seiner Verhandlung zur Hauptsache vorzubringen. [2]Ist ihm vor der mündlichen Verhandlung eine Frist zur Klageerwiderung gesetzt, so hat er die Rügen schon innerhalb der Frist geltend zu machen.

1 **A. Normzweck.** § 138 regelt den Inhalt des Sachvortrags, während § 282 den Zeitpunkt bestimmt, bis wann ohne prozessuale Nachteile noch vorgetragen werden kann. In Ergänzung zur Konzentrations- und Beschleunigungspflicht des Gerichts (§§ 272, 273) verpflichtet diese Vorschrift die Parteien zur zügigen und konzentrierten Prozessführung.

2 **B. TBVoraussetzungen.** Abs 1 betrifft das rechtzeitige Vorbringen von Angriffs- und Verteidigungsmittel **in** der mündlichen Verhandlung, während sich Abs 2 auf die rechtzeitige Mitteilung **vor** der mündlichen Verhandlung bezieht. Obwohl es sich bei Zulässigkeitsrügen begrifflich um Verteidigungsmittel handelt, gilt für diese allein die Sonderregelung in Abs 3 (BGH NJW-RR 06, 496).

I. Angriffs- und Verteidigungsmittel. Dazu gehört jedes Vorbringen, das dazu dient, den geltend gemachten prozessualen Anspruch durchzusetzen oder abzuwehren, wie Behauptungen, Bestreiten, Einwendungen, Einreden, Beweisanträge, Aufrechnung (BGHZ 91, 293) etc. 3

nicht: Rechtsausführungen, Klage, Anspruchsbegründung (§ 697 I), Klageänderung, Klageerweiterung, Sachanträge, Anschlussberufungsantrag; sie sind bis zum Schluss der Verhandlung zulässig, Rechtsausführungen jederzeit, auch Schaffung der materiell-rechtlichen Voraussetzungen für den Anspruch erst im Laufe des Verfahrens (BGH NJW-RR 04, 167: Vorlage neuer Schlussrechnung). 4

II. Rechtzeitiges Vorbringen (Abs 1). In der Verhandlung haben die Parteien ihre Angriffs- und Verteidigungsmittel so zeitig vorzubringen, wie es nach der Prozesslage einer sorgfältigen und auf Förderung des Verfahrens bedachten Prozessführung entspricht. Danach soll Vorbringen aus prozesstaktischen Erwägungen nicht zurückgehalten werden, eine Partei aber nicht verpflichtet sein tatsächliche Umstände erst zu ermitteln (BGH NJW 03, 200) oder sich medizinisches Fachwissen anzueignen (BGHZ 159, 245). Eine Partei ist nicht gehindert, im Laufe des Prozesses ihr Vorbringen zu ändern, selbst in Widerspruch zum früheren Vortrag (BGH NJW-RR 00, 208). 5

Das Vorbringen ist rechtzeitig, wenn es nach der Prozesslage einer sorgfältigen und auf Förderung des Verfahrens bedachten Prozessführung entspricht. Dem entspricht das Vorbringen im ersten Termin immer, da der erste Gerichtstermin der frühestmögliche Zeitpunkt ist; Verspätung nur, wenn innerhalb der Instanz mehrere Verhandlungstermine stattgefunden haben und das Vorbringen bereits im ersten Termin erfolgt ist (BGH NJW-RR 05, 1007). Deshalb kann Vorbringen im ersten Termin nie nach Abs I verspätet sein. 6

III. Rechtzeitiger Schriftsatz (Abs 2). Angriffs- und Verteidigungsmittel, auf die der Gegner voraussichtlich ohne vorherige Erkundigung keine Erklärung abgeben kann, sind vor der mündlichen Verhandlung so zeitig durch vorbereitende Schriftsätze mitzuteilen, dass der Gegner die erforderliche Erkundigung noch einzuholen vermag. 7

Abs 2 gilt nur im Anwaltsprozess (§ 129 I) und im Parteiprozess nur, wenn den Parteien durch richterliche Anordnung aufgegeben worden ist, die mündliche Verhandlung durch Schriftsätze oder durch zu Protokoll der Geschäftsstelle abzugebende Erklärungen nach § 129 II vorzubereiten (BGH GRUR 10, 859). 8

Allein die bloße Nichteinhaltung der mit Abs 2 korrespondierenden Schriftsatzfrist des § 132 I schließt eine Stellungnahme durch den Gegner nicht aus (BGH NJW 97, 2244). Abs 2 schützt allein den Gegner und bezweckt nicht, dem Richter die rechtzeitige Terminsvorbereitung zu ermöglichen (BGH NJW 99, 2446). Rechtzeitig ist der Vortrag, wenn der Gegner die erforderliche Erkundigung noch einziehen kann. Zwei Wochen vor der Verhandlung dürften entspr § 274 III ausreichen (BGH NJW 82, 1533). 9

IV. Verstoß. Schriftsatzfrist (§ 283), Vertagung (§ 227) oder Präklusion möglich, wenn Rechtsstreit verzögert wird und Verspätung grob nachlässig ist (§ 296 II; vgl *Geisler* AnwBl 06, 524). Daneben Sanktionen durch Auferlegung der Kosten (§ 95) oder Verzögerungsgebühr (§ 38 GKG). 10

V. Abs 3. 1. Verzichtbare Rügen. Die Zulässigkeit der Klage betr verzichtbare Rügen müssen vor der ersten Verhandlung zur Hauptsache für alle Rechtszüge und bei Fristsetzung innerhalb der Frist erhoben werden (BGH NJW-RR 06, 496). 11

Verzichtbare Rügen sind Einrede der Rechtshängigkeit (§ 261 III Nr 1), Rechtskraft (§§ 318, 322), fehlende Vollmacht (§ 88 I), fehlenden Ausländersicherheit (§ 110), fehlenden Kostenerstattung nach Klagerücknahme (§ 269 VI) oder fehlenden Klagbarkeit wegen Schlichtungsvereinbarung (Ddorf OLGR 92, 236). 12

Die Einrede der Schiedsvereinbarung (BGHZ 147, 394) und die Rüge der internationalen Unzuständigkeit (BGHZ 134, 127) müssen nicht innerhalb der Klageerwiderungsfrist vorgebracht werden, sondern erst bis zum Beginn der mündlichen Verhandlung. 13

2. Sonderregelungen. Besonderheiten gelten für Zuständigkeit durch rügelose Einlassung (§ 39) oder Zuständigkeit der KfH (§ 101 GVG). 14

3. Gilt nicht. für die vAw zu beachtenden Zulässigkeitsvoraussetzungen. Diese unverzichtbaren Rügen (zB Rechtshängigkeit, Rechtskraft, Unzulässigkeit des Rechtswegs, Einreden gegen Parteifähigkeit, gegen Prozessfähigkeit, ordnungsgemäße Vertretung) braucht der Bekl nicht zu beanstanden; sie sind vom Gericht in jeder Lage des Verfahrens zu prüfen. 15

4. Verstoß. Präklusion von verzichtbaren Zulässigkeitsrügen nach § 296 III, außer der Bekl kann die Verspätung genügend entschuldigen. Es ist unerheblich, ob eine Verzögerung eintritt. 16

17 **C. Hinweise zur Verhandlung und Prozesstaktik.** § 282 begründet eine Prozessförderungspflicht der Parteien allein zu dem Zweck, dass dem jeweiligen Gegner die Abgabe seiner Stellungnahmen zum Vorbringen der Gegenseite rechtzeitig ermöglicht wird (BGH NJW 89, 716). Wenn das Gericht sicherstellen will, dass die Schriftsätze der Parteien bereits in einem Zeitpunkt bei Gericht eingehen, in dem noch die Ladung von Zeugen und andere vorbereitende Maßnahmen angeordnet werden können, kann es entspr Fristen setzen. Nach § 139 IV muss das Gericht Hinweise grds so frühzeitig vor der mündlichen Verhandlung erteilen, dass die Partei Gelegenheit hat, ihre Prozessführung darauf einzurichten. Erteilt es erst in der mündlichen Verhandlung den Hinweis, muss es der betroffenen Partei genügend Gelegenheit zur Reaktion hierauf geben (BGH NJW-RR 08, 973).

§ 283 Schriftsatzfrist für Erklärungen zum Vorbringen des Gegners. **[1]Kann sich eine Partei in der mündlichen Verhandlung auf ein Vorbringen des Gegners nicht erklären, weil es ihr nicht rechtzeitig vor dem Termin mitgeteilt worden ist, so kann auf ihren Antrag das Gericht eine Frist bestimmen, in der sie die Erklärung in einem Schriftsatz nachbringen kann; gleichzeitig wird ein Termin zur Verkündung einer Entscheidung anberaumt. [2]Eine fristgemäß eingereichte Erklärung muss, eine verspätet eingereichte Erklärung kann das Gericht bei der Entscheidung berücksichtigen.**

1 **A. Normzweck.** Als Ausnahme zum verbotenen Vorbringen nach Schluss der mündlichen Verhandlung gem § 296a hat eine Partei anstatt der sonst notwendigen Vertagung (§ 227) die Möglichkeit noch nachträglich zu erwidern zwecks Gewährung rechtlichen Gehörs.

2 **B. TBVoraussetzungen.** § 283 gilt im Anwaltsprozess (§ 129 I), im Parteiprozess nur gem § 129 II.

3 **I. Vorbringen des Gegners.** Betrifft neue Angriffs- und Verteidigungsmittel (§ 282) im vorbereiteten Schriftsatz, nicht: bloße Rechtsausführungen, Beweiswürdigung, uU bloßes Bestreiten. Bezieht sich nicht auf das, was – ausnahmsweise – dazu nach § 283 von der Gegenpartei noch vorgetragen wird (LG Hannover 23.3.2011 – 23 O 15/09).

4 **II. Nicht rechtzeitig.** Dies ist die Mitteilung, wenn die Schriftsatzfrist (§ 132) oder Prozessförderungspflicht (§ 282 II) nicht beachtet sind.

5 **III. Keine Erklärungsmöglichkeit.** Die überraschte Partei kann die Einlassung nicht einfach verweigern (Braunschw OLGR 95, 146), fehlende Information des Bevollmächtigten geht zu ihren Lasten (LG Berlin NJW 04, 781).

6 **IV. Antrag.** Der Antrag muss von der überraschten Partei gestellt werden, nicht vom Gegner. Gericht soll Antragstellung anregen (Köln VersR 89, 278).

7 **V. Entscheidung.** Die gleichzeitig mit Verkündungstermin bestimmte Frist muss angemessen sein; die Ablehnung der Nachfrist muss begründet werden (BVerfG NJW 92, 2144). Eine Schriftsatzfrist muss auch dann gewährt werden, wenn das Gericht der Auffassung ist, das Vorbringen des Gegners sei unerheblich, denn diese nicht bindende Meinung kann sich ändern oder vom Berufungsgericht anders beurteilt werden (*Schneider* MDR 98, 137; aA *Gaier* MDR 97, 1093). Da im Termin übergebenen Schriftsätzen die Feststellung des Inhalts nicht sogleich möglich ist, gilt die Bewilligung der Frist nur vorsorglich (BGH NJW 65, 297).

8 Eine doppelte Fristsetzung für den Kl und zugleich für den Bekl zur Erwiderung auf den nachzulassenden Schriftsatz stellt einen unzulässigen Übergang ins schriftliche Verfahren dar (Schlesw SchlHA 83, 182); es muss dann nochmals mündlich verhandelt werden (Köln NJW-RR 87, 1152).

9 Eine vom Richterkollegium bewilligte Frist kann nur von ihm und nicht vom Vorsitzenden verlängert werden (§§ 224 II, 225); ein innerhalb der vom Vorsitzenden fälschlich verlängerten Frist eingereichter Schriftsatz ist trotzdem zu berücksichtigen (BGH NJW 83, 2030).

10 **VI. Anfechtbarkeit.** Die Fristbestimmung oder Ablehnung ist nicht anfechtbar, allenfalls mit dem Rechtsmittel gegen das Endurteil (Naumbg 18.4.11 – 2 W 19/11).
In der Nichtgewährung eines Schriftsatznachlasses liegt keine Gehörsverletzung, wenn der Kl sich bei der Darlegung, was er bei ausreichendem rechtlichen Gehör noch vorgetragen hätte, ausschließlich auf eine Wiederholung bereits in der mündlichen Verhandlung getätigter Ausführungen beschränkt (BFH/NV 11, 1717).

VII. Verwertung des Schriftsatzes. Durch den Schriftsatznachlass erhält eine Partei nur das Recht, sich über die Richtigkeit des ihr nicht rechtzeitig mitgeteilten gegnerischen Vorbringens zu erklären; weitere Ausführungen sind unzulässig und unbeachtlich (BGH NJW 79, 1306). 11

1. Fristgerecht eingereichte Erklärungen (S 2 Hs 1). Solche muss das Gericht berücksichtigen, jedoch nicht: neuen Klagegrund (München NZG 00, 202), neue Anträge (München MDR 81, 502) oder neue Tatsachen, die mit dem verspäteten Vorbringen des Gegners nicht im Zusammenhang stehen (BGH NJW 79, 1306). Der neue Sachvortrag ist verspätet (§ 296a), aber auch der übrige Sachvortrag kann verspätet sein (§ 296). Der Gegner kann nicht nochmals darauf erwidern (§ 296a). 12

2. Verspätet eingereichte Erklärungen (S 2 Hs 2). Diese kann das Gericht berücksichtigen (BGH NJW 04, 3102). Hat das Gericht zum Zeitpunkt des Eingangs des verspäteten Schriftsatzes seine Entscheidung noch nicht beraten und abgefasst, ist es regelmäßig ermessensfehlerhaft, wenn es das verspätete Vorbringen bei seiner Entscheidung nicht berücksichtigt (Brandbg ZOV 09, 131 mwN). 13

Das Vorbringen in einem nicht nachgelassenen Schriftsatz, einem Schriftsatz, der die Grenzen des § 283 überschreitet, oder zwar nachgelassen ist, aber verspätet eingeht, bleibt nach § 296a unberücksichtigt (Ddorf OLGR 04, 394). Vor Zurückweisung wegen Verspätung (§ 296) muss das Gericht den Gegner anhören, denn dieser könnte den neuen Vortrag nicht bestreiten (Frankf NJW 87, 1089). 14

Will das Gericht darauf eingehen, hat es die mündliche Verhandlung wieder zu eröffnen (Kobl NJW-RR 01, 65). § 156 II zwingt zur Wiedereröffnung, soweit § 139 verletzt war (BGH NJW 83, 2030). Erfolgt der Schriftsatznachlass auf Hinweis des Gerichts zu Schlüssigkeitsbedenken, dann muss es bei neuem Tatsachenvortrag zur Beseitigung dieser Bedenken die Verhandlung wiedereröffnen, denn § 283 ist nicht anwendbar, weil der nachgelassene Schriftsatz nicht zu verspätetem Vorbringen des Gegners gewährt worden ist (Zweibr OLGR 00, 221). 15

C. Hinweise zur Verhandlung und Prozesstaktik. Kann eine sofortige Äußerung auf einen gerichtlichen Hinweis (§ 139 IV) nicht erwartet werden, darf die mündliche Verhandlung nicht ohne weiteres geschlossen werden. Damit die Partei hierauf reagieren kann, muss das Gericht die mündliche Verhandlung vertagen, ins schriftliche Verfahren übergehen oder gem § 139 V iVm § 296a einen Schriftsatznachlass gewähren (BGH NJW-RR 07, 412). 16

Die Gewährung einer Schriftsatzfrist erfordert einen (oft vergessenen) **Antrag** auf Schriftsatznachlass. Zwecks einer etwaigen Verfassungsrüge in der Rechtsmittelinstanz ist darauf zu achten, dass der Antrag ins **Protokoll** aufgenommen wird (§ 160 III Nr 2). Wird ein begründeter Antrag zurückgewiesen, dann kann darin eine Behinderung in der Ausübung der Parteirechte liegen, die eine Ablehnung wegen Besorgnis der Befangenheit rechtfertigen kann, aber noch nicht bei kürzerer Fristgewährung als beantragt (Brandbg MDR 97, 690). 17

Die Nachfrist bestimmt den Schluss der mündlichen Verhandlung als Stichtag für Abänderungsklage (§ 323 II) und Zwangsvollstreckungsgegenklage (§ 767 II). Wurde von einem Kollegialgericht Schriftsatznachlass gewährt, können über den eingegangenen Schriftsatz nur die erkennenden Richter iSv § 309 befinden. Wurde einer der Richter inzwischen versetzt, muss die mündliche Verhandlung zwingend wiedereröffnet werden (Oldbg OLGR 00, 123). 18

§ 284 Beweisaufnahme.

[1]Die Beweisaufnahme und die Anordnung eines besonderen Beweisaufnahmeverfahrens durch Beweisbeschluss wird durch die Vorschriften des fünften bis elften Titels bestimmt. [2]Mit Einverständnis der Parteien kann das Gericht die Beweise in der ihm geeignet erscheinenden Art aufnehmen. [3]Das Einverständnis kann auf einzelne Beweiserhebungen beschränkt werden. [4]Es kann nur bei einer wesentlichen Änderung der Prozesslage vor Beginn der Beweiserhebung, auf die es sich bezieht, widerrufen werden.

Inhaltsübersicht

	Rz
A. Grundlagen des Beweisrechts	1
B. Begriff und Funktion des Beweises	2
C. Die Methode der Sachverhaltsermittlung im Prozess	3
D. Gegenstand des Beweises	7
I. Tatsachen	7
II. Rechtssätze	9
III. Erfahrungssätze	10

	Rz
E. Arten des Beweises	11
I. Haupt- und Gegenbeweis	12
1. Hauptbeweis	12
2. Gegenbeweis	13
3. Beweis des Gegenteils	14
II. Vollbeweis und Glaubhaftmachung	15
III. Unmittelbarer und mittelbarer Beweis	16
IV. Strengbeweis und Freibeweis	17
1. Strengbeweis	17
2. Freibeweis	18
F. Beweisverbote	21
I. Beweiserhebungsverbote	22
1. Allgemeines	22
2. Ausforschungsbeweis	23
II. Beweisverwertungsverbote	25
1. Allgemeines	25
2. Fallgruppen	27
a) Heimliche Tonbandaufnahmen	27
b) Andere heimliche Überwachungsmaßnahmen	28
c) Foto-, Film- und Videoaufnahmen	29
d) Rechtswidrige Erlangung vorhandener Beweismittel	30
e) Mithören von Telefon- und anderen Gesprächen	31
f) Heimlicher Vaterschaftstest	33
g) Auf Verfahrensfehlern beruhende Beweismittel	34
G. Das Verfahren der Beweiserhebung (§ 284 S 1)	35
I. Beweisantrag	35
II. Beweisanordnung	37
III. Die Ablehnung von Beweisanträgen	38
1. Allgemeines	38
2. Ablehnungsgründe	39
a) Ermessen des Gerichts	40
b) Mangelnde Bestimmtheit des Beweisantrages	41
c) Unerheblichkeit des Beweisthemas	42
d) Fehlende Beweisbedürftigkeit	43
e) Fehlende Verfügbarkeit des Beweismittels	44
f) Ungeeignetheit des Beweismittels	45
g) Wahrunterstellung	46
h) Tatsache bereits erwiesen	47
i) Unzulässigkeit der Beweiserhebung	48
IV. Beweisaufnahme, Beweiswürdigung und Beweislast	49
H. Die Entbindung vom Strengbeweis (§ 284 S 2–4)	50
I. Zweck	50
II. Einverständnis der Parteien	51
III. Widerruf des Einverständnisses	52

1 **A. Grundlagen des Beweisrechts.** Das Beweisrecht wird in der ZPO an verschiedenen Stellen geregelt. Die §§ 284–294 betreffen die allgemeinen Grundlagen des Beweises. Die allgemeinen Regeln über die konkrete Beweiserhebung sind in den §§ 142–144 (Beweiserhebung vAw) und in den §§ 355–370 enthalten, während die einzelnen Beweismittel in den §§ 371–455 aufgeführt sind. Der Eid und die eidesgleiche Bekräftigung werden in den §§ 478–484 geregelt. Schließlich hat das selbständige Beweisverfahren in den §§ 485–494 seinen gesetzlichen Niederschlag gefunden. Das Beweisrecht der ZPO hat aber nicht nur Bedeutung im Zivilprozess. Es gilt darüber hinaus weitgehend im arbeitsgerichtlichen Verfahren, im gesamten Verwaltungsprozessrecht (§ 98 VwGO, § 118 SGG, § 82 FGO) und im Verfahren der Freiwilligen Gerichtsbarkeit (vgl § 30 I FamFG). Seine außerordentliche Bedeutung für jedes gerichtliche Verfahren ergibt sich ohne weiteres daraus, dass der Prozesserfolg fast regelmäßig auch oder ausschließlich von der Beweisbarkeit des geltend gemachten Rechts abhängt.

2 **B. Begriff und Funktion des Beweises.** Das Gericht darf eine schlüssige, aber streitige Behauptung nur dann seiner Entscheidung zugrunde legen, wenn es von der Wahrheit dieser Behauptung überzeugt ist. Die Wahrheitsfindung geschieht durch **Beweis** oder Beweisführung. Es handelt sich um einen Vorgang, der dem Richter die Überzeugung von der Wahrheit (oder Unwahrheit) einer Behauptung verschaffen soll. Diese Überzeugung ist wiederum Voraussetzung für die richterliche Rechtsanwendung, dh die Subsumtion des konkreten Sachverhalts unter die jeweilige Rechtsnorm und damit die Streitentscheidung selbst. Allerdings wird der Begriff »Beweis« in der Praxis auch für verwandte Phänomene herangezogen, etwa für das einzelne Beweismittel (»Beweis: Zeugnis Fritz Meier«), für die Beweisaufnahme (»Beweis durch Sachverständigengutachten«) oder für den Beweiserfolg (»Der Beweis ist erbracht.«).

3 **C. Die Methode der Sachverhaltsermittlung im Prozess.** In der Praxis hat sich mit der sog **Relationstechnik** eine Methode entwickelt, die eine möglichst effektive und für die Beteiligten kostengünstigste Ermittlung des entscheidungserheblichen Sachverhalts gewährleistet (s. dazu Anders/Gehle Rn A 2 ff; Sattelma-

cher/Sirp/*Schuschke* Rn 179 ff). Unter der Geltung des Beibringungsgrundsatzes ist es Sache der Parteien, den entscheidungserheblichen Sachverhalt in den Prozess einzuführen. In aller Regel werden dabei bestimmte Umstände und Tatsachen zwischen den Parteien streitig sein, so dass unterschiedliche Sachverhaltsdarstellungen vorliegen, nämlich diejenige des Klägers und diejenige des Beklagten. Die Relationstechnik beruht auf dem Gedanken, dass dementsprechend auch verschiedene Denkschritte (»Stationen«) notwendig sind, um den entscheidungserheblichen Sachverhalt herauszuarbeiten und zu klären, ob eine Beweisaufnahme notwendig ist.

Zunächst muss in der sog **Klägerstation** geprüft werden, ob das Vorbringen des Klägers, dh der unstreitige Sachverhalt und die von ihm behaupteten (nämlich vom Beklagten bestrittenen) Tatsachen seinen Klageantrag rechtfertigen. Es handelt sich um eine rein rechtliche Schlüssigkeitsprüfung, bei der die Wahrheit der vom Kl behaupteten Tatsachen unterstellt wird. Das abweichende Vorbringen des Beklagten bleibt also unberücksichtigt. Ist bereits das – isolierte – Vorbringen des Klägers – ggf nach Hinweisen des Gerichts gem § 139 auf die mangelnde Schlüssigkeit – nicht geeignet, seinen Klageantrag zu rechtfertigen, wird die Klage ohne weitere Prüfung und ohne Ansehung des Beklagtenvorbringens abgewiesen. Ist das Vorbringen des Klägers schlüssig, muss in einem zweiten Schritt iRd sog **Beklagtenstation** geprüft werden, ob das tatsächliche Vorbringen des Beklagten, seine Richtigkeit unterstellt, ggü dem Klägervorbringen erheblich ist. Eine Beklagtenstation ist also nur erforderlich, wenn die Sachverhaltsdarstellung des Beklagten von derjenigen des Klägers abweicht. Ist dies nicht der Fall, etwa wenn der Beklagte bei unstreitigem Sachverhalt nur eine abweichende Rechtsauffassung vertritt, muss der Klage auf der Grundlage der Schlüssigkeitsprüfung stattgegeben werden. 4

Erst wenn das Vorbringen des Klägers schlüssig und das des Beklagten erheblich ist, muss der Richter iRd sog **Beweisstation** feststellen, welchen Sachverhalt er seiner Entscheidung zugrunde zu legen hat und ob er vor dieser Entscheidung eine Beweisaufnahme durchführen muss. Dazu ist zunächst zu klären, welche Tatsachen beweiserheblich, dh zwischen den Parteien streitig und für die Entscheidung erheblich sind. Beweiserhebliche Tatsachen bedürfen ausnahmsweise keines Beweises mehr, wenn sie nicht beweisbedürftig sind. Eine Beweisaufnahme kann zB entfallen bei zugestandenen Tatsachen (§ 288), bei offenkundigen Tatsachen (§ 291), bei Tatsachen, deren Vorliegen gesetzlich vermutet wird (§ 292), bei Tatsachen, die auf Grund eines Anscheinsbeweises (§ 286 Rz 26 ff) oder von unstreitigen oder bewiesenen Indizien (§ 286 Rz 46 ff) feststehen, bei Tatsachen, deren Beweis der Gegner vereitelt hat (§ 286 Rz 86 ff) oder bei Tatsachen, die einer Schadensschätzung gem § 287 zugänglich sind. Nicht beweisbedürftig sind ferner streitige Tatsachen bei einem **gleichwertigen** (äquipollenten) **Parteivorbringen** (s. dazu Anders/Gehle Rn A 126 f). Trägt der Beklagte unter Bestreiten der klagebegründenden Behauptungen Tatsachen vor, die ebenfalls den Klageanspruch rechtfertigen, so ist sein Bestreiten unerheblich, weil der Klage dann ohne Beweisaufnahme durch eine **alternative Sachverhaltsfeststellung** stattzugeben ist (Prütting S. 143 f). Entgegen der Auffassung des BGH (NJW 89, 2756 = ZZP 103, 218 mit Anm *Musielak*) ist es nicht erforderlich, dass sich der Kl das Vorbringen des Beklagten ausdrücklich hilfsweise zu Eigen macht, was allerdings im Zweifel ohnehin anzunehmen ist (vgl BGH NJW-RR 94, 1505 f). Übergeht das Gericht ein Beweisergebnis, von dem anzunehmen ist, dass es sich eine Partei als für sie günstig zu Eigen gemacht hat, liegt darin eine Verletzung des Anspruchs auf rechtliches Gehör (BGH NJW-RR 2010, 495). 5

Soweit Tatsachen danach beweisbedürftig sind, prüft das Gericht, ob die richtige, nämlich beweisführungsbelastete Partei für sie Beweis angeboten hat. Ist dies nicht der Fall, muss es die betreffende Partei auffordern, für ihre Behauptungen Beweis anzutreten (§ 139 Rz 11). Sodann führt es ggf die Beweisaufnahme durch und würdigt anschließend die erhobenen Beweise (§ 286 Rz 2 ff). Kann es sich trotz Ausschöpfung aller Beweismittel nicht mit der erforderlichen Gewissheit von der Wahrheit einer Tatsachenbehauptung überzeugen, greifen die Regeln über die Verteilung der Beweislast (§ 286 Rz 52 ff) ein, die dem Gericht vorgeben, wie es im Falle eines non liquet zu entscheiden hat. 6

D. Gegenstand des Beweises. I. Tatsachen. Gegenstand des Beweises sind in erster Linie **Tatsachen.** Das sind alle konkreten, nach Raum und Zeit bestimmten, vergangenen, gegenwärtigen und zukünftige Geschehnisse und Zustände der Außenwelt und des menschlichen Seelenlebens, die das objektive Recht zur Voraussetzung einer Rechtswirkung gemacht hat (BVerfG NJW 93, 2165; BGH NJW 98, 1223, 1224). Zum Tatsachenbegriff gehören also nicht nur »äußere« Tatsachen als sinnfällige, für die Außenwelt wahrnehmbare Ereignisse (*Hansen* JuS 92, 327), sondern auch »innere« Tatsachen wie Kenntnis, Absicht, Arglist, das Wissen und Wollen des Erfolges beim Vorsatz, der Wille eines Erblassers (BGHZ 86, 41, 43 = NJW 83, 672, 673; Karlsr FamRZ 09, 729, 730) oder das Schmerzempfinden einer Person (BGH NJW 86, 1541, 1542). 7

Der Beweis dieser Tatsachen kann typischerweise nur mit Hilfe des Indizienbeweises (§ 286 Rz 46 ff) bewiesen werden (vgl BGH NJW-RR 04, 247, 248 für den Kenntnisstand des Geschäftsführers einer Gesellschaft). Gegenstand des Beweises können danach ferner hypothetische Tatsachen (das mutmaßliche Verhalten eines arglistig Getäuschten), zukünftige Tatsachen (Prognosen über die Gewinnentwicklung eines geschädigten Unternehmens), das Nichtvorliegen von Tatsachen (sog negative Tatsachen, § 286 Rz 63) und die Unmöglichkeit einer Tatsache sein.

8 Grds keines Beweises zugänglich sind dagegen die sog **juristischen Tatsachen**. Sie sind nicht tatsächlicher Natur, sondern ergeben sich erst durch die Subsumtion konkreter Tatsachen unter Rechtssätze, dh auf Grund einer allein dem Richter obliegenden rechtlichen Beurteilung. Die Parteien verwenden allerdings häufig in ihrem Vorbringen zum Zwecke der Vereinfachung allgemein geläufige Rechtsbegriffe, um eine ganzen Tatsachenkomplex zu bezeichnen. Solche Rechtsbegriffe stellen dann tatsächliche Behauptungen dar und können auch zugestanden werden (§ 288 Rz 3), sofern es sich um einfache und allgemeine Begriffe des täglichen Lebens handelt wie Kauf, Schenkung, Miete oder Darlehen (vgl BGH NJW 98, 2058, 2060 für den Begriff »öffentlicher Weg«; Kobl NJW-RR 93, 571, 572 für den Begriff »Eigentum«; ausf dazu *Orfanidis* FS Ishikawa 01, 381 ff). Sie können deshalb ausnahmsweise auch Gegenstand einer Beweiserhebung sein. Werden derartige Rechtsbegriffe behauptet und vom Gegner nicht bestritten, kann das Gericht sie ohne Beweiserhebung seiner Entscheidung zugrunde legen (BGH DtZ 1995, 328 für die Eigentümerstellung bei ehemaligem Volkseigentum).

8a Zu den Tatsachen, über die Beweis erhoben werden kann, gehören schließlich auch die sog **Hilfstatsachen des Beweises**. Sie betreffen den Zulässigkeit oder den Beweiswert eines Beweismittels und dienen zur Begründung von Beweiseinreden, etwa die mangelnde Glaubwürdigkeit eines Zeugen oder die Unechtheit einer Urkunde (Baumgärtel/*Laumen* Bd 1 § 13 Rn 4). Nicht zu den Tatsachen gehören **Werturteile**. Sie bringen eine überwiegend auf einer Wertung beruhende subjektive Beurteilung zum Ausdruck und können deshalb nicht durch eine Beweisaufnahme auf ihren Wahrheitsgehalt überprüft werden (BGH NJW 82, 2248, 2249 für den Vorwurf des Betruges), sondern unterliegen lediglich der Kategorie der Richtigkeit. Schließlich ist auch die Auslegung einer Willenserklärung keine Tatsachen-, sondern eine Rechtsfrage (BGH NJW-RR 89, 1282). Gegenstand des Beweises ist dagegen die Feststellung des Erklärungstatbestandes, der die Grundlage der Auslegung bildet (Baumgärtel/*Laumen* Bd 2 § 133 Rn 1).

9 **II. Rechtssätze.** Das Gericht muss das gesamte geltende Recht kennen oder sich – bei Unkenntnis – die Kenntnis selbst verschaffen (iura novit curia). Nur ausnahmsweise wird dem Richter die Kenntnis eines Rechtssatzes nicht zugemutet. Dies gilt gem § 293 für das ausländische Recht, für Gewohnheitsrecht und Statuten. In diesen Fällen können Rechtssätze auch Gegenstand eines Beweisverfahrens sein (s. dazu näher § 293 Rz 1 ff).

10 **III. Erfahrungssätze.** Gegenstand des Beweises können auch Erfahrungssätze sein. Darunter sind Regeln der allgemeinen Lebenserfahrung sowie die iRe besonderen Fach- und Sachkunde erworbenen Regeln aus Kunst, Wissenschaft, Handwerk und Gewerbe, Handel und Verkehr zu verstehen (MüKoZPO/*Prütting* Rn 44). Dazu gehört auch das Bestehen eines **Handelsbrauchs** (Celle NJW-RR 00, 178), einer **Verkehrssitte** (BGHZ 111, 110, 112 = NJW 90, 1723, 1724) und einer **Verkehrsanschauung** (BGH NJW-RR 95, 676, 677). Die Besonderheit von Erfahrungssätzen besteht darin, dass sie – anders als Tatsachen – nicht Bestandteil der Subsumtion sind, sondern ähnl wie Rechtsnormen als Obersätze oder jedenfalls als Bestandteil von Obersätzen dienen. Sie brauchen deshalb von den Parteien nicht behauptet zu werden und sind auch nicht geständnisfähig (St/J/*Leipold* Rn 17; zweifelnd Musielak/*Foerste* Rn 4 mit Hinweis auf BGH MDR 04, 742 f; für einen behaupteten Handelsbrauch oder eine Verkehrssitte wird man auch Beweislastgrundsätze heranziehen müssen, vgl Baumgärtel/*Laumen* Bd 2 § 133 Rn 2). Soweit über Erfahrungssätze Beweis erhoben werden muss, geschieht dies regelmäßig durch Einholung eines Sachverständigengutachtens, im Einzelfall zur Feststellung einer Verkehrsanschauung auch durch eine Meinungsumfrage (vgl BGH NJW 93, 493, 494; BGHZ 156, 250, 254 = NJW 04, 1163, 1164). Die Einleitung eines förmlichen Beweisverfahrens ist aber zur Feststellung von Erfahrungssätzen nicht zwingend geboten. Der Richter kann auch auf die eigene Sachkunde zurückgreifen oder selbst Ermittlungen anstellen. Bei Kollegialgerichten reicht es dabei aus, dass eines der Mitglieder die erforderliche Sachkunde besitzt (vgl BGHSt 12, 18, 19 = NJW 58, 156). Das Gericht muss den Parteien dann allerdings Gelegenheit geben, zu der beanspruchten Sachkunde Stellung zu nehmen (BGH NJW 96, 584, 586). Spätestens im Urt ist auch im Einzelnen darzulegen, aus welchen Gründen das Gericht die eigene Sachkunde für ausreichend erachtet hat (BGH NJW 00, 1946,

1947). Der Verstoß gegen Erfahrungssätze kann vom Revisionsgericht nachgeprüft werden (BGH NJW 03, 1244, 1246). Dies gilt aber nicht für die Würdigung des Beweiswertes eines nicht allgemein bekannten Erfahrungssatzes im Einzelfall (BGH NJW 73, 1411)

E. Arten des Beweises. Die verschiedenen Arten des Beweises lassen sich einteilen nach dem **Zweck** des Beweises (Haupt- und Gegenbeweis), nach seinem **Ziel** (Vollbeweis und Glaubhaftmachung), nach der **Art der Beweisführung** (unmittelbarer und mittelbarer Beweis) und nach dem **Verfahren** (Streng- und Freibeweis). 11

I. Haupt- und Gegenbeweis. 1. Hauptbeweis. Der Hauptbeweis ist der Beweis der objektiv beweisbelasteten Partei für das Vorliegen der Tatbestandsmerkmale der jeweils anzuwendenden Rechtsnorm. Welche Partei ihn zu führen hat, ist eine Frage der Verteilung der objektiven Beweislast (§ 286 Rz 54). Der Hauptbeweis ist geführt, wenn der Beweisführer dem Gericht die volle Überzeugung von der Wahrheit der behaupteten Tatsache verschafft hat (zu dem dazu erforderlichen Beweismaß s. § 286 Rz 21 ff). 12

2. Gegenbeweis. Der Gegenbeweis obliegt der nicht beweisbelasteten Partei. Er dient dazu, dass dem Gericht die tatsächlichen Behauptungen der beweisbelasteten Partei zweifelhaft bleiben. Der Gegenbeweis ist deshalb schon dann erbracht, wenn die – vorläufige – Überzeugung des Gerichts von der Wahrheit einer beweisbedürftigen Tatsache wieder erschüttert wird (BGH NJW 86, 2571, 2572). Relationstechnisch darf der Gegenbeweis eigentlich nur erhoben werden, wenn der Hauptbeweis erfolgreich erbracht worden ist (Celle WM 1974, 246). In der Praxis wird er allerdings aus prozessökonomischen Gründen üblicherweise mit dem Hauptbeweis zusammen angeordnet und in einem Termin erhoben. Das Gericht prüft dann in einer Gesamtschau, ob der Hauptbeweis und, wenn ja, der Gegenbeweis erbracht ist. Der Gegenbeweis kann auf zweierlei Weise geführt werden (Baumgärtel/*Laumen* Bd 1 § 2 Rn 4 f): mit dem **direkten Gegenbeweis** wird das beweisbedürftige Tatbestandsmerkmal, von dessen Vorliegen sich das Gericht auf Grund des Hauptbeweises eine vorläufige Überzeugung gebildet hat, *unmittelbar* angegriffen. Der direkte Gegenbeweis kann allerdings gem § 445 II nicht mit Hilfe einer Parteivernehmung geführt werden. Demgegenüber zielt der **indirekte Gegenbeweis** darauf ab, den Schluss auf das Nichtvorliegen des dem Hauptbeweis zugrunde liegenden Tatbestandsmerkmals durch Indizien, dh tatbestandsfremde Tatsachen, zu widerlegen oder jedenfalls in Zweifel zu ziehen (ThoPu/*Reichold* vor § 284 Rn 11). Diese Indizien müssen – im Gegensatz zur sonstigen Führung des Gegenbeweises – zur vollen Überzeugung des Gerichts bewiesen werden (BGHZ 6, 169, 171 = NJW 52, 1137). Trotz § 445 II kann der indirekte Gegenbeweis auch mit Hilfe einer Parteivernehmung geführt werden (BGHZ 33, 63, 66 f = NJW 60, 1950). Ergeht die Entscheidung auf Grund eines erfolgreich geführten – direkten oder indirekten – Gegenbeweises, so handelt es sich um eine non liquet Entscheidung, weil die objektiv beweisbelastete Partei dann den Hauptbeweis nicht hat führen können. Gelingt der Gegenbeweis dagegen nicht, verbleibt es beim erfolgreich geführten Hauptbeweis. Die gerichtliche Entscheidung beruht dann auf einem feststehenden, dh bewiesenen Sachverhalt. 13

3. Beweis des Gegenteils. Der Beweis des Gegenteils wird in § 292 S 1 erwähnt. Er dient va der Widerlegung gesetzlicher Vermutungen (§ 292 Rz 4), von Beweisregeln (§ 286 Rz 16) und von öffentlichen Urkunden (§§ 415 ff). Anders als beim Gegenbeweis genügt es für die erfolgreiche Beweisführung nicht, dass das Gericht in seiner Überzeugung unsicher geworden ist; vielmehr muss dem Gericht die volle Überzeugung von der Unwahrheit des vermuteten Tatbestandsmerkmals verschafft werden (BGH NJW 02, 3027, 3028). Der Beweis des Gegenteils ist ferner dann zu führen, wenn die Rspr – wie etwa bei der Arzthaftung wegen eines groben Behandlungsfehlers – im Wege der Rechtsfortbildung eine Umkehr der objektiven Beweislast annimmt. So muss ein Arzt, dem ein grober Behandlungsfehler unterlaufen ist, den vollen Beweis erbringen, dass seine Pflichtverletzung den Schaden nicht verursacht hat (s. dazu ausf Baumgärtel/*Katzenmeier*, Bd 6, § 823 Anh II Rn 12 ff.). Der Sache nach ist der Beweis des Gegenteils keine dritte Art des Beweises, sondern eine Form des Hauptbeweises (BAG ZIP 98, 1809, 1810; St/J/*Leipold* Rn 6; aA B/L/A/H, Einf § 284 Rn 12; Jäckel Rn 203: je nach Verteilung der Beweislast könne der Beweis des Gegenteils Haupt- oder Gegenbeweis sein). Beruht die richterliche Entscheidung auf einem erfolgreich geführten Beweis des Gegenteils, liegt dem Urteil – wie bei einem erfolgreichen Hauptbeweis – ein festgestellter Sachverhalt zugrunde. 14

II. Vollbeweis und Glaubhaftmachung. Der Vollbeweis unterscheidet sich von der Glaubhaftmachung durch das jeweils erforderliche **Beweismaß**, dh den Grad der Überzeugung, den das Gericht gewinnen muss, um eine streitige Tatsache seiner Entscheidung zugrunde legen zu dürfen. Während der Vollbeweis 15 entsprechend dem in § 286 I 1 festgelegten Regelbeweismaß die volle Überzeugung des Gerichts vom Vorliegen der behaupteten Tatsache verlangt (§ 286 Rz 3), darf es sich bei der Glaubhaftmachung mit einem geringeren Grad von Wahrscheinlichkeit begnügen (§ 294 Rz 2). Die Glaubhaftmachung ist allerdings nur zulässig, wenn das Gesetz sie ausdrücklich erlaubt oder vorschreibt (s. die Aufstellung unter § 294 Rz 1).

16 **III. Unmittelbarer und mittelbarer Beweis.** Der unmittelbare (direkte) Beweis hat tatsächliche Behauptungen zum Gegenstand, die unmittelbar ein gesetzliches Tatbestandsmerkmal als vorhanden oder nicht vorhanden ergeben sollen (BGHZ 53, 245, 260 = NJW 70, 946, 950 – Anastasia). Er kann Hauptbeweis wie Gegenbeweis sein und sowohl als Vollbeweis wie auch als Glaubhaftmachung auftreten. Der mittelbare (indirekte) Beweis oder **Indizienbeweis** bezieht sich dagegen auf tatbestandsfremde Tatsachen, die den Schluss auf das Vorliegen oder Nichtvorliegen des streitigen Tatbestandsmerkmals zulassen sollen (s. dazu näher § 286 Rz 47). Der Indizienbeweis ist geeignet, die volle Überzeugung des Gerichts zu begründen, wenn andere Schlüsse aus den Indiztatsachen ernsthaft nicht in Betracht kommen (BGH NJW-RR 01, 887).

17 **IV. Strengbeweis und Freibeweis. 1. Strengbeweis.** Der Strengbeweis ist die Beweiserhebung in dem vom Gesetz (§§ 355 ff) vorgesehenen Verfahren und ausschließlich mit den fünf in der ZPO genannten Beweismitteln Augenschein (§§ 371 ff), Zeuge (§§ 373 ff), Sachverständiger (§§ 402 ff), Urkunde (§§ 415 ff) und Parteivernehmung (§§ 445 ff). Unter Geltung des Strengbeweises kann also die Beweisführung zB nicht durch die Vorlage einer eidesstattlichen Versicherung erfolgen (BGH MDR 70, 135).

18 **2. Freibeweis.** Der Freibeweis ist die vom Beweisantritt unabhängige, nicht auf die gesetzlichen Beweismittel beschränkte und von zwingenden Vorschriften über das Beweisverfahren befreite Tatsachenermittlung vAw (*Oberheim* JuS 96, 1111, 1112). Bis zur Einführung des § 284 S 2–4 (s. dazu Rz 50 ff) durch das am 1.9.04 in Kraft getretene JuMoG (BGBl I, 2198) war der Freibeweis in der ZPO ohne gesetzliche Grundlage. Nach einhelliger Auffassung macht der Freibeweis keine Ausnahme vom Grundsatz des Vollbeweises; es muss also auch durch den Freibeweis die volle Überzeugung des Gerichts von der zu beweisenden Tatsache begründet werden (BGH NJW 87, 2875, 2876 = ZZP 101, 294, 295 mit Anm *Peters*; BGH NJW 08, 1531, 1532). Im Übrigen finden aber weder die Grundsätze über die **Unmittelbarkeit** und **Parteiöffentlichkeit** der Beweisaufnahme Anwendung, noch bedarf es eines Beweisbeschlusses und eines besonderen Termins zur Beweisaufnahme. Darüber hinaus ist das Gericht in der Wahl seiner Erkenntnisquellen frei; es kann etwa eigene Recherchen anstellen, telefonische Auskünfte einholen, schriftliche Zeugenaussagen verwerten (BGH NJW-RR 92, 1338 f), eidesstattliche Versicherungen (BGH NJW 92, 627, 628; vgl aber BGH NJW 00, 2814: Beweiswert eingeschränkt und zum Beweis der Fristwahrung regelmäßig nicht geeignet) oder amtliche Auskünfte einholen und Zeugen oder Sachverständige ergänzend per E-Mail befragen (BTDrs 15/1508, 18). Reichen die Erkenntnisquellen des Freibeweises nicht aus, um dem Gericht die volle Überzeugung von der zu beweisenden Tatsache zu verschaffen, muss auf die im Gesetz ausdrücklich genannten Beweismittel des Strengbeweises zurückgegriffen werden (BGH NJW 00, 2814).

19 Die Rspr wendet den Freibeweis va zur Klärung von Tatsachen an, die das Verfahren selbst betreffen und vAw zu prüfen sind. Dazu gehört die Feststellung der vAw zu prüfenden Prozessvoraussetzungen, namentlich der Parteifähigkeit (RGZ 118, 196, 197), der Prozessfähigkeit (BGH NJW 90, 1734, 1735 = ZZP 103, 464, 467 mit abl Anm *Bork*; BGH NJW 96, 1059, 1060 = ZZP 110, 109, 110 mit abl Anm *Oda*; BGHZ 143, 122, 124 = NJW 00, 289, 290) und der Prozessführungsbefugnis (BGHZ 125, 196, 202 = NJW 94, 2549, 2550; BGHZ 187, 10, 13 Rd 7 = NJW 10, 3033), die Feststellung der Zulässigkeit von Rechtsmitteln (BGH NJW 05, 3501), insb die fristgerechte Einlegung der Berufung (BGH NJW 97, 3319) oder die wirksame Zustellung eines Vollstreckungsbescheides (Hamm NJW-RR 95, 223), die Ermittlung von Beweisverboten (BGH NJW 03, 1123, 1124 = BGHReport 03, 456, 457 mit Anm *Laumen*). Ferner findet der Freibeweis Anwendung im Verfahren zur Bewilligung von Prozesskostenhilfe (zu den Möglichkeiten des Gerichts s. oben § 118 Rz 15 ff.), im amtsgerichtlichen Bagatellverfahren nach § 495a (MüKoZPO/*Prütting* Rn 31), im Verfahren der Freiwilligen Gerichtsbarkeit (BGHZ 40, 54, 57 = NJW 63, 1972; Zweibr NJW-RR 88, 1211), zur Ermittlung fremden Rechts (BGH NJW 61, 410, 411; 66, 296, 298; s. dazu § 293 Rz 8), Gewohnheitsrechts, Statuten und von Erfahrungssätzen (BGH VersR 71, 129 f).

20 Ein derart breiter Anwendungsbereich des Freibeweises ist – unbeschadet des Weges über die Zustimmung beider Prozessparteien nach § 284 S 2 – abzulehnen (zur Kritik vgl Peters S.72 ff; St/J/*Berger* vor § 355 Rn 24). Die von der hM ins Feld geführten prozessökonomischen Gründe vermögen für sich allein eine Abkehr von den gesetzlichen Prinzipien der Unmittelbarkeit (§ 355 I) und Parteiöffentlichkeit (§ 357) der

Beweisaufnahme nicht zu rechtfertigen (zutr MüKoZPO/*Prütting* Rn 28; *Peters* ZZP 101, 296, 298). Diese Grundsätze sollen gerade die Parteien in den Prozess der Beweiserhebung einbeziehen und ihnen Gelegenheit geben, auf die Feststellung des Sachverhalts Einfluss zu nehmen. Darüber hinaus ist eine Differenzierung zwischen den prozessualen und den – ausschließlich dem Strengbeweis unterliegenden – materiellrechtlichen Tatsachen nicht gerechtfertigt, weil beide für den Ausgang eines Rechtsstreits gleichermaßen von Bedeutung sein können. Der Freibeweis kann deshalb keine Anwendung finden auf die Ermittlung sämtlicher Tatsachen, die unmittelbaren Einfluss auf die Endentscheidung haben können (Grunsky § 42 I 2, S. 439). Dies betrifft die vAw zu prüfenden Prozess- und Rechtsmittelvoraussetzungen (MüKoZPO/*Prütting* Rn 28) sowie die Ermittlung von Beweisverboten (*Laumen* BGHReport 03, 458 f) und von Erfahrungssätzen (*Pieper* BB 87, 273, 280). Soweit die Letzteren außerhalb des Verfahrens oder gerichtsintern ermittelt werden, handelt es sich ohnehin nicht um Beweiserhebung, sondern um die Sammlung des Verfahrensstoffs (vgl *Pohlmann* ZZP 106, 181, 203). Auch bei der Ermittlung ausländischen Rechts kann nur zT von einem – zulässigen – Freibeweis gesprochen werden (s. dazu § 293 Rz 8). Keine Bedenken bestehen gegen die Anwendung des Freibeweises dagegen im amtsgerichtlichen Bagatellverfahren nach § 495a, bei dem der Richter das Verfahren ohnehin nach freiem Ermessen bestimmen kann (*Fischer* MDR 94, 978, 981; *Kunze* NJW 95, 2570), im Verfahren zur Bewilligung von Prozesskostenhilfe (§ 118 Rz 15 ff), im schiedsrichterlichen Verfahren (§ 1042 Rz 8), generell bei der Glaubhaftmachung (§ 294 Rz 3) und bei der Einholung amtlicher Auskünfte (§§ 273 II Nr 2, 358a S 2 Nr 2). Im Verfahren der Freiwilligen Gerichtsbarkeit hat das Gericht nach pflichtgemäßen Ermessen die Wahl zwischen Streng- und Freibeweis (vgl § 30 I FamFG). Unabhängig von den Voraussetzungen des § 30 II u III FamFG kann sich dieses Ermessen jedoch im Einzelfall auf die Anwendung des Strengbeweises reduzieren, wenn durch den Freibeweis eine genügende Aufklärung nicht zu erwarten ist (Zweibr NJW-RR 88, 1211; Stuttg MDR 80, 1030, 1031; zu einzelnen Fallgruppen vgl *Pohlmann* ZZP 106, 181, 193).

F. Beweisverbote. Im Einzelfall kann der Beweisführung der Parteien bzw der Beweisaufnahme durch das Gericht ein sog Beweishindernis entgegenstehen. Ist bereits die Erhebung eines Beweises unzulässig, spricht man von einem **Beweiserhebungsverbot**. Möglich ist es aber auch, dass ein bereits vorhandenes Beweisergebnis nicht in die Beweiswürdigung des Gerichts einbezogen werden darf. In diesen Fällen handelt es sich um ein **Beweisverwertungsverbot.** 21

I. Beweiserhebungsverbote. 1. Allgemeines. Beweiserhebungsverbote verbieten den Beweisantritt durch ein bestimmtes Beweismittel oder über einen bestimmten Beweisgegenstand. So sind im Urkunden-, Wechsel- und Scheckprozess gem §§ 595 II, 605 I und 605a Zeugen, Sachverständige und Augenschein als Beweismittel ausgeschlossen. In § 80 I (schriftliche Vollmacht) und in den §§ 165 S 1, 314 S 2 (Sitzungsprotokoll) ist die Beweisführung mit anderen Beweismitteln als den genannten Urkunden unzulässig. Ein Beweiserhebungsverbot besteht auch für eine Parteivernehmung im Falle des direkten Gegenbeweises (§ 445 II) und für die Vernehmung eines Zeugen, der sich in berechtigter Weise auf ein Zeugnisverweigerungsrecht berufen hat (§§ 383 I, 384). Das Gleiche gilt für die Vernehmung eines Zeugen über Tatsachen, die unter seine Verschwiegenheitspflicht fallen (§ 383 III). Unzulässig ist deshalb die Vernehmung eines Arztes über Tatsachen, die seiner Schweigepflicht unterliegen. Werden Richter oder Beamte als Zeugen vernommen, so dürfen sie nur über Umstände befragt werden, auf die sich ihre Aussagegenehmigung bezieht (§ 376 I). Unzulässig ist es schließlich, eine dritte Person als Zeugen über Tatsachen zu vernehmen, die der Beweispflichtige dieser Person unter Verstoß gegen seine Verschwiegenheitspflicht gemacht hat (Köln NJW-RR 93, 1073). 22

2. Ausforschungsbeweis. Nicht erhoben werden darf auch ein Beweis, der auf eine unzulässige Ausforschung der anderen Partei gerichtet ist. Dieser sog Ausforschungsbeweis tritt in zwei verschiedenen Erscheinungsformen auf. Zum einen kann ein völlig unsubstantiierter Beweisantritt darauf abzielen, durch die Beweisaufnahme erst beweiserhebliche Tatsachen in Erfahrung zu bringen, die der Beweisführer dann zur Grundlage eines neuen Prozessvorbringens macht. Zu denken ist etwa an die pauschale Behauptung »erheblicher Mängel« bei einem vom Beklagten errichteten Bauwerk mit dem Beweisantritt »Sachverständigengutachten« (vgl LG Köln NZM 99, 404 für Mängel in einer Wohnung). Ein solcher **Beweisermittlungsantrag** muss nach einhelliger Auffassung als unzulässig zurückgewiesen werden (BGH NJW 84, 2888, 2889; MDR 91, 688 f; *Baumgärtel* MDR 95, 987; *Gremmer* MDR 07, 1172, 1173). Eine andere Beurteilung ist nur in Verfahren unter Geltung des Untersuchungsgrundsatzes geboten (R/S/G § 116 Rn 17). 23

24 Zum anderen kann ein Ausforschungsbeweis dann vorliegen, wenn eine Partei für das Vorliegen eines bestimmten Umstandes ohne greifbare Anhaltspunkte willkürlich Behauptungen »aufs Geratewohl« oder »ins Blaue hinein« aufstellt (BGH NJW-RR 91, 888, 891; NJW 91, 2707, 2709; 95, 2111, 2112; NJW-RR 99, 361). Bei der Bewertung dieser Beweisangebote als unzulässig ist allerdings Zurückhaltung geboten. Angesichts der zahlreichen aufhebenden Entscheidungen des BGH zu dieser Frage (BGH NJW 96, 394; 1541, 1542; NJW-RR 96, 1212 f; NJW 01, 2632, 2633; 03, 140, 141; NJW-RR 03, 491 f; 04, 337, 338) liegt der Verdacht nahe, dass Instanzgerichte zuweilen das Verbot des Ausforschungsbeweises heranziehen, um zeitraubende Beweisaufnahmen zu vermeiden (vgl auch *Geipel/Prechtel* MDR 11, 336 f.). Der Hinweis auf die Wahrheitspflicht des § 138 I hilft insoweit nicht weiter (so aber noch BGH NJW 68, 1233, 1234), weil dieser Grundsatz nur Behauptungen wider besseren Wissens verbietet. Behauptungen »auf gut Glück« oder »ins Blaue hinein« sind deshalb nur unbeachtlich, wenn die betreffende Partei ihre Unrichtigkeit positiv kennt oder von ihrem Gegenteil überzeugt ist (R/S/G § 116 Rn 19). Einer Partei steht es vielmehr frei, Tatsachen zu behaupten und unter Beweis zu stellen, die sie nur für wahrscheinlich oder für möglich hält (BGH NJW-RR 00, 273, 275; 03, 69; ausf *Kiethe* MDR 03, 1325, 1326 ff). Die Behauptung von vermuteten Tatsachen kommt va in Betracht bei inneren Tatsachen (BGH NJW 83, 2034, 2035), bei Kausalverläufen (BGH NJW 95, 1160 f) und bei Verhandlungen oder Vereinbarungen zwischen dritten Personen, an denen die beweisführungsbelastete Partei nicht teilgenommen hat (BGH NJW 01, 2327, 2328 – Bürge bzgl Vereinbarung zwischen Gläubiger und Hauptschuldner; BGH NJW-RR 02, 1419, 1420 – Konkursverwalter bzgl Vereinbarung zw Gläubiger und Gemeinschuldner). Nur ganz ausnahmsweise kann danach ein Beweisantritt unbeachtet bleiben, wenn die entsprechende Behauptung erkennbar ohne jegliche Anhaltspunkte völlig aus der Luft gegriffen ist (BGH NJW-RR 00, 273, 275; MüKoZPO/*Prütting* Rn 78). Liegen die Voraussetzungen eines unzulässigen Ausforschungsbeweises vor und hat das Gericht gleichwohl Beweis erhoben, so ist das daraus gewonnene Beweisergebnis verwertbar (BGHZ 166, 283, 289 = NJW 06, 1657, 1659; Brandbg NJW-RR 01, 1727; *Peters* ZZP 76, 145, 157). Aus dem Beweiserhebungsverbot folgt also nicht ohne weiteres auch ein Verwertungsverbot.

25 **II. Beweisverwertungsverbote. 1. Allgemeines.** Es ist seit jeher höchst streitig, ob und inwieweit das Gericht ein rechtswidrig erlangtes Beweismittel seiner Entscheidung zugrunde legen und im Rahmen seiner Beweiswürdigung verwerten darf (zum Streitstand vgl nur Baumgärtel/*Prütting* Bd 1 § 6 Rn 3; *Kiethe* MDR 05, 965 ff; *Störmer* JuS 94, 334 ff). Abzulehnen sind von vornherein Extrempositionen, die derartig erlangte Beweismittel entweder generell zulassen (*Werner* NJW 88, 993, 1002; H. Roth S. 279 ff; *Brinkmann* AcP 206, 746 ff) oder gänzlich ausschließen wollen (Konzen S. 244 ff; *Pleyer* ZZP 69, 321, 334 ff; Reichenbach S. 57 ff). Ausgangspunkt der Überlegungen muss das aus dem Justizgewährungsanspruch (Einl Rz 45) folgende Recht der Parteien sein, für ihre Tatsachenbehauptungen auch Beweis anzutreten und zu führen (MüKoZPO/*Prütting* Rn 18). Aus diesem »Recht auf Beweis« (so der Titel eines Beitrags von *Habscheid* ZZP 96, 306 ff) folgt, dass ein Beweisergebnis im Normalfall verwertet werden darf und eine Abweichung von dieser Regel einer besonderen Rechtfertigung bedarf (MüKoZPO/*Prütting* Rn 66; *Katzenmeier* ZZP 117, 375, 377; *Kiethe* MDR 05, 965, 967). Diese Rechtfertigung ergibt sich nicht allein aus der rechtswidrigen Erlangung des Beweismittels selbst. Maßgebend muss vielmehr sein, ob der **Schutzzweck der verletzten Norm** eine Verwertung im Prozess verbietet (BGHZ 153, 165, 171 f = NJW 03, 1123, 1124 = BGHReport 03, 456 mit Anm *Laumen* = JZ 03, 630 mit Anm *Leipold* = ZZP 117, 371 mit Anm *Katzenmeier*; Karlsr NJW 02, 2799, 2800; Baumgärtel/*Prütting* Bd 1 § 6 Rn 5; *Gehrlein* VersR 11, 1350, jeweils mwN).

26 Ein Verwertungsverbot greift danach insb dann ein, wenn ein verfassungsrechtlich geschütztes Grundrecht des Einzelnen – etwa das aus Art 1 und 2 GG folgende allgemeine Persönlichkeitsrecht – verletzt ist und die Beweiserhebung eine erneute Grundrechtsverletzung bedeuten würde (R/S/G § 110 Rn 24). Erforderlich ist allerdings stets eine **Güterabwägung** zwischen dem gegen eine Verwertung sprechenden verletzten Rechtsgut auf der einen und dem ggf auch schutzwürdigen Interesse des Beweisführers an der Verwertung des Beweismittels auf der anderen Seite (BVerfGE 106, 28, 51 = NJW 02, 3619, 3624; BGHZ 162, 1, 8 = NJW 05, 497, 499; BGH NJW 10, 289, 290 ff; BAGE 105, 356, 358 = NJW 03, 3436, 3437; abw Muthorst, S. 69 ff, 89 ff). Insoweit wird aber auf Seiten des Beweisführers eine Notwehr- oder notwehrähnliche Situation vorliegen müssen (BGH NJW-RR 2010, 1289, 1292). Verstöße gegen einfaches Recht werden dagegen nicht ohne weiteres ein Verwertungsverbot nach sich ziehen (Zö/*Greger* § 286 Rn 15a; für die Verletzung von Mitbestimmungsvorschriften ausf *Altenburg/Leister* NJW 06, 469 ff). Liegt ein Verwertungsverbot vor, darf es nicht durch die Heranziehung eines anderen Beweismittels ausgehöhlt werden. Ist etwa die Verwertung

einer heimlich aufgenommenen Tonbandaufnahme unzulässig, darf auch ein Zeuge, dem das Tonband vorgespielt wurde, nicht über den Inhalt der Aufnahme vernommen werden (BayObLG NJW 90, 197, 198). Die Partei, die sich auf ein Beweisverwertungsverbot beruft, muss die zugrunde liegenden Tatsachen zur vollen Überzeugung des Gerichts beweisen (BGHZ 153, 165, 169 = NJW 03, 1123, 1124). Entgegen der Auffassung des BGH ist der Freibeweis bei der Beweisführung nicht zuzulassen (Zö/*Greger* § 286 Rn 15a; *Katzenmeier* ZZP 117, 375, 376; *Laumen* BGHReport 03, 458).

2. Fallgruppen. a) Heimliche Tonbandaufnahmen. Es besteht heute Einigkeit darüber, dass heimliche Tonbandaufnahmen oder andere Tonaufzeichnungen, die ohne Zustimmung des Betroffenen hergestellt werden, eine Verletzung des durch Art 1 und 2 GG geschützten Persönlichkeitsrechts darstellen und deshalb grds einem Beweisverwertungsverbot unterliegen (BVerfGE 34, 238, 245 = NJW 73, 891, 892; BGH NJW 98, 155). Eine andere Beurteilung ist nur dann geboten, wenn der Beweisgegner seine Zustimmung zur Aufnahme erteilt hatte (vgl Köln NJW-RR 94, 720) oder die Aufnahme iRd üblichen geschäftlichen Verkehrs – etwa bei fernmündlichen Durchsagen, Aufnahme von Bestellungen oä – erfolgt ist (BVerfGE 34, 238, 247 = NJW 73, 891, 892). Zulässig bleibt jedoch die Vernehmung eines Zeugen, der an dem aufgenommenen Gespräch selbst teilgenommen hat (BVerfG NZA 02, 284, 285; *Heinemann* MDR 01, 137, 138; *Gehrlein* VersR 11, 1350, 1353). Dies gilt selbst dann, wenn der Zeuge die unzulässige Tonbandaufnahme als Gedächtnisstütze benutzt hat (BVerfG aaO). Nur im Einzelfall kann eine Güter- und Interessenabwägung dazu führen, ein durch die Verletzung des Persönlichkeitsrechts gewonnenes Beweismittel im Prozess zuzulassen. Dies ist zB bejaht worden zur Identifizierung eines anonymen Anrufers, der unter falschen Namen Verleumdungen verbreitet hat (BGH NJW 82, 277), zur Feststellung erpresserischer Drohungen (BGHZ 27, 284, 290 = NJW 58, 1344) oder zur Abwehr eines kriminellen Angriffs auf die berufliche Existenz des Beweisführers (BGH NJW 94, 2289, 2292 f). Das Interesse des Beweisführers, sich ein Beweismittel zur Durchsetzung zivilrechtlicher Ansprüche zu sichern, reicht aber für sich allein nicht aus (BVerfGE 106, 28, 50 = NJW 02, 3619, 3624; BGH NJW 88, 1016, 1018). 27

b) Andere heimliche Überwachungsmaßnahmen. Die gleichen Grundsätze greifen ein für andere heimliche Überwachungsmaßnahmen. Grundsätzlich unverwertbar bei der Durchsetzung oder Abwehr zivilrechtlicher Ansprüche sind deshalb zB die Ergebnisse eines umfassenden Bewegungsprofils einer Person auf Grund einer **GPS-Observierung** durch einen Detektiv (Oldbg NJW 08, 3508 f; vgl auch OVG Hambg NJW 08, 96, 98 ff.; zur Strafbarkeit eines solchen Vorgehens LG Lüneburg NJW 11, 2225 ff. mit Anm *Ernst*), zumal in diesen Fällen eine punktuelle persönliche Beobachtung oft ausreichen wird (zum Anspruch auf Auskunft über die Person des Auftraggebers bei einer vorzeitig aufgedeckten GPS-Observation vgl Kobl NJW 07, 2863). 28

c) Foto-, Film- und Videoaufnahmen. Soweit Foto-, Film-, Video- oder ähnliche Bildaufzeichnungen unter Verletzung des allgemeinen Persönlichkeitsrechts entstanden sind, können sie grds ebenfalls nicht als Beweismittel verwertet werden (BGHZ 35, 363, 365 = NJW 61, 2059 – Ginsengwurzel; Köln NJW 05, 2997, 2998; Ddorf NJW 07, 780 f; ausf *Horst* NJW 09, 1787 ff). Dies gilt etwa für die Videoüberwachung eines Arbeitsplatzes (BAG NJW 03, 3436, 3439; 05, 313, 317), eines Stellplatzes in einer Tiefgarage (Karlsr NJW 02, 2799 f), einer Waschküche nach der Beschädigung von Waschmaschinen (Köln NJW 05, 2997 f) oder eines Fahrstuhls nach Graffiti-Schmierereien (KG WuM 08, 663). Unerheblich ist es dabei, ob die Videoüberwachung tatsächlich stattgefunden hat, weil eine Verletzung des Persönlichkeitsrechts bereits in dem auch durch eine entsprechende Attrappe herbeigeführten Überwachungsdruck liegen kann (BGH NJW 10, 1533, 1535; LG Bonn NJW-RR 05, 1067, 1068). Ist die Intimsphäre nicht betroffen, etwa bei reinen Sachaufnahmen, wird das Interesse des Beweisführers an der Verwertung regelmäßig überwiegen (vgl Celle MDR 80, 311 – Aufnahme eines Balkons). Das Gleiche kann trotz Vorliegens einer Persönlichkeitsrechtsverletzung auf Grund einer entsprechenden Güterabwägung gelten, wenn die schutzwürdigen Interessen des Beweisführers höher einzuschätzen sind. Die heimliche Videoüberwachung eines Arbeitnehmers ist danach gerechtfertigt, wenn der konkrete Verdacht einer strafbaren Handlung oder einer ähnlichen schweren Verfehlung zu Lasten des Arbeitgebers besteht und die Videoüberwachung das einzig verbleibende Mittel zur Aufklärung des Verdachts darstellt (BAG NJW 03, 3436, 3437; s. dazu auch *Kiethe* MDR 05, 965, 969). Aber auch außerhalb des Arbeitsrechts kann die Verwertung einer heimlichen Videoüberwachung zulässig sein, wenn dadurch der Nachweis einer erheblichen Straftat erbracht werden kann (Ddorf NJW-RR 98, 241 – Aufzeichnung eines Überfalls; Saarbr FamRZ 11, 985 f. – Nachweis von Belästigungen durch einen Stalker). 29

30 **d) Rechtswidrige Erlangung vorhandener Beweismittel.** Hat sich der Beweisführer die unter a) und b) genannten Beweismittel in rechtswidriger Weise verschafft, begründet dies nicht ohne weiteres ein Beweisverwertungsverbot (HK-ZPO/*Saenger* § 286 Rn 29; *Werner* NJW 88, 993, 994; aA St/J/*Leipold* Rn 113). Zu denken ist an den Diebstahl von Unterlagen (BAG NJW 03, 1204, 1206 – Diebstahl eines Werkzeugbewegungsbuchs), Fotos, Briefen und sonstigen persönlichen Aufzeichnungen oder die Veruntreuung von Daten (»Datenklau«, vgl *Dauster/Braun* NJW 00, 319 ff). Der Grund ist darin zu sehen, dass der Schutzzweck der §§ 823, 858 BGB und §§ 242, 246 StGB nicht vorrangig auf ein entsprechendes Beweisverwertungsverbot gerichtet ist (Baumgärtel/*Prütting* Bd 1 § 6 Rn 14). Außerdem kann der Beweisführer die Vorlage dieser Beweismittel ggf ohnehin gem §§ 421 ff erzwingen. Etwas anderes muss aber dann gelten, wenn in der Verwertung des Beweismittels selbst eine Verletzung des allgemeinen Persönlichkeitsrechts des Beweisgegners liegen würde. Dies ist zB zu bejahen bei gestohlenen Liebesbriefen (LG Bonn FamRZ 67, 678 mit Anm *Bosch*) oder Tagebuchaufzeichnungen (BGH NJW 64, 1139 für das Strafverfahren). In diesen Fällen hat wie auch ansonsten eine Güter- und Interessenabwägung stattzufinden, wobei diese regelmäßig eher für ein Beweisverwertungsverbot sprechen dürfte (vgl BVerfGE 80, 367 ff = NJW 90, 563 ff; *Baumgärtel* FS Klug 83, 477, 488 f). Hat ein Versicherer auf Grund einer unwirksamen Schweigepflichtsentbindung Informationen über den Gesundheitszustand des VN erhalten, die eine arglistige Täuschung durch den VN aufdecken, so handelt es sich zwar um eine Verletzung des Rechts auf informationelle Selbstbestimmung. Die gebotene Güteabwägung führt aber regelmäßig nicht zu einem Beweisverwertungsverbot (BGH NJW 10, 289, 292; Saarbr VersR 09, 1479, 1481 = OLGR 09, 330, 339). Dies muss jedenfalls dann gelten, wenn der Versicherer die Daten im Vertrauen auf die Wirksamkeit der Schweigepflichtsentbindung erhoben hat (vgl auch BGH NJW 12, 301, 302).

31 **e) Mithören von Telefon- und anderen Gesprächen.** Beim Mithören von Telefongesprächen mit Hilfe einer zusätzlichen Sprech- und Mithöreinrichtung oder einer Raummithöranlage ist zunächst danach zu unterscheiden, ob der jeweilige Gesprächspartner Kenntnis vom Mithören einer dritten Person hat. Ist er auf die Anwesenheit eines Dritten und das Einschalten eines Lautsprechers hingewiesen worden, so kann von seiner Zustimmung ausgegangen werden, falls er nicht ausdrücklich widersprochen hat (BVerfG NJW 03, 2375; weitergehend Jena MDR 06, 533: mutmaßliche Einwilligung, wenn der Gesprächspartner nach den Umständen mit einem Mithörer rechnen musste). Die mithörende Person kann dann ohne weiteres als Zeuge zum Inhalt des Telefongesprächs vernommen werden. Liegt nicht einmal eine stillschweigende Zustimmung vor, hat die frühere Rspr lange Zeit zwischen Gesprächen privater und geschäftlicher Natur unterschieden (BGH NJW 64, 165, 166; 82, 1397, 1398; Karlsr OLGZ 80 Nr 65; Ddorf NJW 00, 1578; Brandg NJW-RR 02, 1127, 1129). Nach der neueren Rspr des BVerfG (BVerfGE 106, 28, 44 ff = NJW 02, 3619, 3622 ff) und des BGH (NJW 03, 1727 ff = JZ 03, 1109 ff mit abl Anm *Foerste*; BGH NJW-RR 10, 1289, 1292 Rn 28) folgt aus dem Persönlichkeitsrecht ein »Recht am gesprochenen Wort«, so dass unabhängig vom Gesprächsinhalt ein Beweisverwertungsverbot besteht, falls eine Zustimmung des Betroffenen nicht vorgelegen hat (zust HK-ZPO/*Saenger* § 286 Rn 25; *Kiethe* MDR 05, 965, 968 ff). Dem kann jedoch in dieser Strenge nicht gefolgt werden (zur Kritik an der neueren Rspr vgl ua Baumgärtel/*Prütting* Bd 1 § 6 Rn 19; *Foerste* NJW 04, 262, 263; *Greger* BRAK-Mitt 05, 150, 153; *Balthasar* JuS 08, 35, 38 ff). Hat das mitgehörte Gespräch – wie zumeist im geschäftlichen Verkehr – keinen vertraulichen Charakter, wird das Interesse des Beweisführers an der Verwertung des Beweismittels regelmäßig höher zu bewerten sein (vgl LAG Bremen MDR 94, 597). Bei einem vertraulichen Gespräch wird man auch insoweit eine Güter- und Interessenabwägung vornehmen müssen (sehr weitgehend allerdings BAG NZA 09, 674 ff = NJW 10, 104, 107 für das zufällige Mithören eines Telefongesprächs). Befindet sich der Beweisführer in einer Notwehr- oder notwehrähnlichen Lage oder will er mit dem Beweismittel eine Straftat abwehren, so kann sein Interesse an der Beweisführung je nach Schwere des Eingriffs den Vorrang haben vor dem Persönlichkeitsrecht des Beweisgegners (vgl BGH NJW-RR 2010, 1289, 1292; *Helle* JR 00, 353, 360). Dazu gehört entgegen der Auffassung des BGH (NJW 03, 1727, 1728 f) auch die Abwendung eines versuchten Prozessbetruges (Musielak/*Foerste* § 286 Rn 8; *Balthasar* JuS 08, 35, 36), von dem man allerdings erst sprechen kann, wenn tatsächlich bereits ein Schriftsatz täuschenden Inhalts bei Gericht eingereicht worden ist (zutr *Kiethe* MDR 05, 965, 969). Ohne weiteres zulässig ist natürlich die Vernehmung des Lauschzeugen über die Tatsache, dass überhaupt ein Telefongespräch stattgefunden hat sowie über die Wortbeiträge des anwesenden Gesprächspartners (Oberheim Rn 1768).

32 Für das Mithören von anderen Gesprächen durch sog **Lauschzeugen** greifen diese Grundsätze entsprechend ein. Soweit eine Verletzung des Persönlichkeitsrechts vorliegt, reicht das bloße Interesse des Beweis-

führers, sich für einen zukünftigen Prozess einen Zeugen zu verschaffen, nicht aus, um eine Verwertung des so gewonnenen Beweismittels zu rechtfertigen (vgl BGH NJW 70, 1848 f = JZ 71, 387 mit Anm *Artz* – Belauschen durch ein Loch in der Wand; BGH NJW 91, 1180 = JZ 91, 927 mit Anm *Helle* – Mithören durch einen Türspalt zur Küche). Eine andere Beurteilung ist geboten, wenn die Aussage des Lauschzeugen das einzige Mittel darstellt, um einen kriminellen Angriff auf die berufliche Existenz des Beweisführers abzuwehren (BGH NJW 94, 2289, 2292 f = MDR 94, 766 mit Anm *Baumgärtel* – Mithören in einer öffentlichen Gaststätte).

f) Heimlicher Vaterschaftstest. Einem Beweisverwertungsverbot unterliegt nach der Rspr auch ein heimlich, dh ohne Kenntnis und Einverständnis der allein sorgeberechtigten Mutter eingeholtes **DNA-Vaterschaftsgutachten**, weil es sich um einen Eingriff in das allgemeine Persönlichkeitsrecht und das daraus folgende Recht auf informationelle Selbstbestimmung handelt (BGHZ 160, 1, 5 ff = FamRZ 05, 340, 342 f; Celle FamRZ 04, 48; Jena FamRZ 03, 944, 945; aA im Hinblick auf das Recht des Vaters auf Kenntnis seiner Vaterschaft ua Baumgärtel/*Prütting* Bd 1 § 6 Rn 20; *Reichenbach* AcP 206, 598 ff; *Wellenhofer* FamRZ 05, 665 ff). Das BVerfG (NJW 07, 753 ff = FamRZ 07, 442 ff) hat diese Rspr zwar gebilligt, dem Gesetzgeber aber gleichzeitig aufgegeben, bis zum 31.3.08 ein rechtsförmiges Verfahren zur Verwirklichung des Rechts des rechtlichen Vaters auf Kenntnis seiner Vaterschaft bereitzustellen. Dem ist der Gesetzgeber mit dem am 1.4.08 in Kraft getretenen »Gesetz zur Klärung der Vaterschaft unabhängig vom Anfechtungsverfahren« (BGBl I, 441 ff) nachgekommen, das dem rechtlichen Vater gem § 1598a BGB einen Anspruch auf Einwilligung in eine genetische Abstammungsuntersuchung zubilligt (s. dazu *Wellenhofer* NJW 08, 1185 ff; *Helms* FamRZ 08, 1055 ff). Ohne Weiteres verwertbar ist dagegen ein gerichtliches Abstammungsgutachten, das nicht hätte eingeholt werden dürfen, weil das Gericht die Anfechtungsklage auf Grund eines heimlich eingeholten DNA-Gutachtens zu Unrecht für schlüssig gehalten hat (BGHZ 166, 283, 289 = NJW 06, 1657, 1659). 33

g) Auf Verfahrensfehlern beruhende Beweismittel. Ob Verfahrensfehler bei der Beweisaufnahme zur Unverwertbarkeit des dadurch gewonnenen Beweisergebnisses führen, hängt vom Schutzzweck der jeweils verletzten prozessualen Norm ab (Baumgärtel/*Prütting* Bd 1 § 6 Rn 23). Von einem Beweisverwertungsverbot wird man insb dann ausgehen müssen, wenn der Verstoß geeignet ist, den Wert des Beweisergebnisses zu beeinträchtigen (zutr Zö/*Greger* § 286 Rn 15c). Dies gilt etwa für die unterbliebenen Belehrung eines Angehörigen über sein Zeugnisverweigerungsrecht gem § 383 II oder §§ 52 III, 163a V StPO (BGH NJW 85, 1470, 1471), die fehlende Vereidigung eines Dolmetschers (BGH NJW 94, 941), die Verletzung der Beweisunmittelbarkeit (§ 355) oder der Parteiöffentlichkeit (§ 357). In diesen Fällen gebietet der Schutzzweck der verletzten prozessualen Norm ein Verwertungsverbot. Erforderlich ist allerdings stets eine entsprechende Rüge, da diese Verfahrensverstöße gem § 295 heilbar sind (BGH NJW 85, 1158, 1159). Verwertbar ist dagegen ein Beweisergebnis, das gewonnen wurde, obwohl das Klagevorbringen unschlüssig war oder gem § 296 I hätte zurückgewiesen werden müssen (Zö/*Greger* § 286 Rn 15c). Das Gleiche gilt für eine Zeugenaussage, bei der der Zeuge nicht über seine Schweigepflicht nach § 383 III belehrt worden ist (BGH NJW 90, 1734, 1735). Ist eine Partei als Beschuldigter in einem Ermittlungsverfahren nicht nach § 163a IV iVm § 136 I 2 StPO über ihr Aussageverweigerungsrecht belehrt worden, kann ihre Aussage gleichwohl im Zivilprozess verwertet werden (aA *Leipold* JZ 03, 632), und zwar entgegen der Auffassung des BGH (BGHZ 153, 165, 171 f = NJW 03, 1123, 1124) unabhängig von einer Interessenabwägung im Einzelfall (wie hier *Katzenmeier* ZZP 116, 375, 379; *Balthasar* JuS 08, 35, 38). Der Zweck der Belehrungspflicht des § 136 I 2 StPO besteht nicht darin, den Betroffenen vor einer zivilrechtlichen Inanspruchnahme zu schützen (Zö/*Greger* § 286 Rn 15d; *Gehrlein* VersR 11, 1350, 1352). 34

G. Das Verfahren der Beweiserhebung (§ 284 S 1). I. Beweisantrag. Unter Geltung des Verhandlungsgrundsatzes ist es grds Sache der beweisbelasteten Partei, Beweis anzutreten (vgl BVerfG NJW 94, 1210, 1211), dh dem Gericht anzubieten, eine bestimmte Behauptung durch ein bestimmtes Beweismittel festzustellen. Außer dem Zeugenbeweis kann das Gericht allerdings alle anderen Beweismittel der ZPO auch vAw heranziehen (§§ 142, 144, 293, 448), wovon in der Praxis nur wenig Gebrauch gemacht wird. Relevanter ist die aus § 139 I 2 folgende Verpflichtung des Gerichts, Beweisanträge der Parteien anzuregen und auf die genaue Bezeichnung von Beweisthema und Beweismittel hinzuwirken (s. § 139 Rz 11). Der Beweisantrag erfolgt in der mündlichen Verhandlung (§ 137 I). Im Anwaltsprozess geschieht dies regelmäßig bereits im vorbereitenden Schriftsatz (§ 130 Nr 5), üblicherweise durch Hervorhebung im Text unter der zu beweisenden Tatsachenbehauptung (Beweis: Zeugnis des ...). In der mündlichen Verhandlung kann dann gem 35

§ 137 III auf den vorbereitenden Schriftsatz Bezug genommen (BGH NJW-RR 96, 1459, 1460). Die Wiederholung eines Beweisantrages ist deshalb grds nicht erforderlich, es sei denn, das Gericht hat erkennen lassen, dass es eine Beweisaufnahme als erschöpfend ansieht (BGH MDR 69, 746). In der Berufungsinstanz genügt jedoch die pauschale Bezugnahme auf die erstinstanzlichen Beweisantritte nicht; ist der Beweisführer der Auffassung, sein Beweisantritt sei in unzulässiger Weise übergangen worden, muss er ihn in 2. Instanz ausdrücklich wiederholen (BGHZ 35, 103, 106 = NJW 61, 1458). Zulässig bleibt ein Beweisantritt bis zum Schluss der mündlichen Verhandlung, soweit nicht die Voraussetzungen für eine Zurückweisung wegen Verspätung (§§ 296, 530, 531 II) vorliegen. Der Beweisführer kann seinen Beweisantrag jederzeit bis zur Beweisaufnahme zurücknehmen. Besonderheiten bestehen lediglich dann, wenn ein Zeuge bereits zur Vernehmung vor dem Richter erschienen bzw die Vernehmung schon begonnen hat (§ 399) oder eine Urkunde in der mündlichen Verhandlung bereits vorgelegt worden ist (§ 436).

36 Notwendiger Inhalt des Beweisantritts ist die genaue Angabe des **Beweisthemas** und die Bezeichnung des **Beweismittels.** Das Beweisthema betrifft die bestimmte Bezeichnung der Tatsache, die bewiesen werden soll. Im Falle des mittelbaren Beweises (Rz 16) bezieht sich das Beweisthema auf die Indiztatsachen, die den Schluss auf das Vorliegen der Haupttatsache zulassen sollen. Wie konkret das Beweisthema bezeichnet werden muss, richtet sich unter Berücksichtigung der Wahrheits- und Vollständigkeitspflicht gem § 138 I nach den Umständen des Einzelfalles, insb nach der jeweiligen Einlassung des Gegners (BGH NJW-RR 04, 1362, 1363). Wird das Beweisthema nicht bestimmt genug bezeichnet, kann der Beweisantritt als unzulässiger Ausforschungsbeweis (Rz 23) zurückgewiesen werden (vgl BVerfG NJW 09, 1585, 1586; BGH NJW-RR 94, 377, 378). Auch das Beweismittel muss genau bezeichnet werden (zum Beweisantritt Zeugnis »NN« s. § 356 Rz 6 sowie *Gottschalk* NJW 04, 2939 ff). Nur beim Sachverständigenbeweis genügt die bloße Angabe der zu begutachtenden Punkte (§ 403). Die Person des Sachverständigen braucht nicht benannt zu werden. Unter den Beweismitteln des Strengbeweises (Rz 17) kann der Beweisführer frei wählen, soweit das Gesetz nicht ausnahmsweise – wie etwa im Urkundenprozess – die Beweisführung von vornherein auf bestimmte Beweismittel beschränkt (Rz 22). So ist eine Partei nicht gehalten, zum Beweis einer inneren Tatsache die betreffende Person als unmittelbaren Zeugen zu benennen; er kann auch beantragen, stattdessen einen Dritten zu vernehmen, dem ggü sich die betreffende Person über ihre Absichten geäußert hat (BGH NJW 92, 1899, 1900; NJW-RR 02, 1433, 1435). Auch die Benennung eines **Zeugen vom Hörensagen** ist zulässig, da er über seine eigene konkrete Wahrnehmung berichten soll (BVerfG NJW 01, 2245, 2246; Baumgärtel/*Laumen* Bd 1 § 13 Rn 27). Ferner kann der Beweisführer statt des Zeugenbeweises oder Sachverständigenbeweises den Urkundenbeweis antreten (vgl näher St/J/*Leipold* Rn 35 ff). So ist er nicht gehindert, die Aussage eines Unfallzeugen ggü seinem Haftpflichtversicherer im Wege des Urkundenbeweises in den Prozess einzuführen (BGH NJW-RR 07, 1077, 1078).

37 **II. Beweisanordnung.** Kommt das Gericht zu dem Ergebnis, dass die Beweiserhebung notwendig und zulässig ist, ordnet es die Beweisaufnahme an, und zwar entweder formlos in der mündlichen Verhandlung oder durch formellen Beweisbeschluss (§§ 358, 358a, 359), falls die Beweisaufnahme ein besonderes Verfahren erfordert. Der Beweisbeschluss ist nicht anfechtbar, kann aber gem § 360 auf Antrag oder vAw jederzeit geändert werden. Er enthält zwar keine Aussage über die Verteilung der objektiven Beweislast, aus der Auferlegung des Auslagenvorschusses (§§ 379, 402) lässt sich aber entnehmen, bei welcher Partei das Gericht die konkrete Beweisführungslast sieht (Baumgärtel/*Laumen* Bd 1 § 3 Rn 34).

38 **III. Die Ablehnung von Beweisanträgen. 1. Allgemeines.** Anders als die StPO in § 244 III–V kennt die ZPO keine Vorschrift, in der die Voraussetzungen und das Verfahren für die Ablehnung von Beweisanträgen geregelt sind. Aus dem Recht der Parteien auf Beweis (Rz 25) und ihrem Anspruch auf Gewährung des rechtlichen Gehörs (Art 103 I GG) folgt jedoch die Pflicht des Gerichts, die angebotenen entscheidungserheblichen Beweismittel auch auszuschöpfen (BVerfG NJW-RR 01, 1006, 1007; NJW 03, 1655, 1656). Im Hinblick darauf sollte von der Möglichkeit, Beweisanträge abzulehnen, nur mit äußerster Vorsicht Gebrauch gemacht werden (BGH NJW 00, 3718, 3720). Namentlich dürfen keine übertriebenen Anforderungen an die Substantiierung des Sachvortrags gestellt werden (vgl BGH NJW-RR 10, 1217, 1218 f; Frankf NJW-RR 10, 1689, 1690; s. dazu näher unten § 286 Rz 83 f). Insb bedarf die Ablehnung eines Beweisantrages stets einer Begründung (KG NJW-Spezial 11, 202). Die unberechtigte Ablehnung eines Beweisantrages rechtfertigt die Berufung oder Revision (vgl BGH NJW 92, 1768, 1769 – unterbliebene Ladung eines im Ausland wohnenden Zeugen; BGH NJW 09, 2604 f – Übergehen eines Antrags auf ergänzende Begutachtung) und ggf die Verfassungsbeschwerde (BVerfG NJW 96, 183, 184 – abgelehnter Antrag auf Erläuterung

eines schriftlichen Sachverständigengutachtens; BVerfG NJW 09, 1585 f – Nichteinholung eines angebotenen Sachverständigengutachtens), jedenfalls dann, wenn die Ablehnung im Prozessrecht keine Stütze findet. Hat das Gericht etwa ein Beweisangebot übergangen, weil der entsprechende Auslagenvorschuss nicht eingezahlt worden ist, so verletzt es den Anspruch der Parteien auf rechtliches Gehör, wenn es nicht zuvor für die Einzahlung eine Frist gesetzt hat (BVerfG NJW-RR 04, 1150, 1151). Das Gleiche gilt, wenn sich das Gericht allein auf ein Geständnis des Beklagten im Strafprozess stützt, ohne die auf die Unrichtigkeit dieses Geständnisses gerichteten Beweisangebote im Zivilprozess zu berücksichtigen (BGH NJW-RR 04, 1001, 1002; weitere Beispiele bei *Fellner* MDR 08, 602, 603).

2. Ablehnungsgründe. In Anlehnung an § 244 II – IV StPO hat die Rspr eine Reihe von Gründen entwickelt, bei deren Vorliegen eine Ablehnung von Beweisanträgen ausnahmsweise zulässig ist. Eines besonderen Verfahrens für die Ablehnung eines Beweisantrages bedarf es nicht. Insbesondere ist eine Ablehnung schon darin zu sehen, dass das Gericht einen angebotenen Beweis nicht erhebt (Zö/*Greger* Vor § 284 Rn 8a). Ebenso wenig ist eine gesonderte Begründung in den Entscheidungsgründen zwingend erforderlich; sie empfiehlt sich allerdings in Zweifelsfällen sowie dann, wenn eine Partei erkennbar besonderen Wert auf die Erhebung eines bestimmten Beweises gelegt hat. Dem vollständigen Übergehen von Beweisanträgen steht es iÜ gleich, wenn eine zunächst angeordnete Beweisaufnahme vom Gericht nicht zu Ende geführt wird (BGH NJW 92, 1768 – Absehen von der Vernehmung eines im Ausland lebenden Zeugen). 39

a) Ermessen des Gerichts. Die Ablehnung eines Beweisantrages kommt zunächst in Betracht, wenn die Beweisaufnahme ohnehin im Ermessen des Gerichts steht. So kann es von der Einholung eines Sachverständigengutachtens absehen, wenn es meint, selbst die erforderliche Sachkunde zu besitzen (BGH NJW 00, 1946, 1947; Baumgärtel/*Laumen* Bd 1 § 4 Rn 22). Im Anwendungsbereich des § 287 steht es ebenfalls im pflichtgemäßen Ermessen des Gerichts, ob es eine beantragte Beweisaufnahme anordnet (BGHZ 133, 110, 115 = NJW 96, 2501, 2502; zu den Grenzen § 287 Rz 19). Schließlich kann das Gericht einen Beweisantrag zurückweisen, wenn er verspätet angetreten worden ist (§§ 282, 296 II). 40

b) Mangelnde Bestimmtheit des Beweisantrages. Der Beweisantrag muss das Beweisthema und das Beweismittel genau bezeichnen. Daran fehlt es ins beim Beweisermittlungsantrag (Rz 23), der darauf gerichtet ist, durch die Beweisaufnahme entscheidungserhebliche Tatsachen erst in Erfahrung zu bringen (vgl LG Köln NZM 99, 404: Behauptung »erheblicher Mängel« in einer Wohnung unter Beweisantritt »Sachverständigengutachten«). Solche Beweisanträge können zurückgewiesen werden, wenn das Gericht zuvor der betreffenden Partei Gelegenheit zur Konkretisierung des Beweisangebotes gegeben hat. Allerdings dürfen an die Präzisierung eines Beweisantrages auch keine übertriebenen Anforderungen gestellt werden. So geht es nicht an, den Beweisantrag zum Hergang eines Verkehrsunfalls mit der Begründung zurückzuweisen, es sei nicht angegeben, ob die benannten 5 Zeugen Fußgänger oder Fahrzeugführer gewesen seien (KG MDR 08, 588). 41

c) Unerheblichkeit des Beweisthemas. Ein Beweisantrag ist unerheblich, wenn die betreffende Tatsache auch bei Gelingen des Beweises keinen Einfluss auf die gerichtliche Entscheidung haben kann (für den Strafprozess BGH NJW 00, 370, 371), etwa weil das Klagevorbringen auch ohne diese Tatsache schlüssig ist oder eine Hilfsbegründung der Klage ohne eine Beweisaufnahme zum Erfolg verhelfen kann. Bei einem Indizienbeweis (§ 286 Rz 47) hängt die Erheblichkeit eines Beweisantritts zusätzlich davon ab, ob die zu beweisende Tatsache – Ihre Richtigkeit unterstellt – iVm weiteren Indizien und dem sonstigen Sachverhalt einen hinreichend sicheren Schluss auf das Vorliegen der Haupttatsache zulässt (BGHZ 53, 245, 261 = NJW 70, 946, 950; NJW-RR 93, 443). Wird ein Zeuge zum Beweis einer in der Person eines Dritten vorhandenen inneren Tatsache benannt, so ist der Beweisantritt nur erheblich, wenn auch schlüssig dargelegt wird, auf Grund welcher Umstände der Zeuge Kenntnis von der zu beweisenden Tatsache erlangt hat (BGH NJW 92, 2489; großzügiger BGH NJW-RR 04, 247, 248). 42

d) Fehlende Beweisbedürftigkeit. Ist die unter Beweis gestellte Tatsache nicht beweisbedürftig, ist eine Beweisaufnahme überflüssig. Nicht beweisbedürftig sind nicht bestrittene (§ 138 III), zugestandene (§ 288), offenkundige (§ 291) und vermutete Tatsachen (§ 292), ferner Tatsachen, die auf Grund eines Anscheinsbeweises (§ 286 Rz 26 ff), einer tatsächlichen Vermutung (§ 292 Rz 6), einer Beweisvereitelung (§ 286 Rz 90 f), einer Schadensschätzung (§ 287) oder von unstreitigen bzw bewiesenen Indizien als feststehend zu behandeln sind. Die Beweisbedürftigkeit fehlt ferner für einen Gegenbeweis, solange der Hauptbeweis nicht erbracht ist (s. aber Rz 13). 43

44 **e) Fehlende Verfügbarkeit des Beweismittels.** Davon kann nur die Rede sein, wenn das Beweismittel nicht nur vorübergehend, sondern auf unabsehbare Zeit nicht verfügbar ist. An diese Annahme sind strenge Anforderungen zu stellen (BGH NJW 06, 3416, 3418; NJW 12, 296, 297; Köln MDR 01, 109). Ist lediglich die ladungsfähige Anschrift eines Zeugen nicht bekannt, muss zunächst gem § 356 eine Frist gesetzt werden. Ein im Ausland lebender Zeuge soll bereits dann nicht verfügbar sein, wenn endgültig feststeht, dass er vor dem Prozessgericht nicht erscheinen wird (vgl BGH NJW 92, 1768, 1769 = ZZP 105, 500 mit Anm *Leipold*) und auch eine Vernehmung im Wege der Rechtshilfe nicht geboten ist, weil es für die Glaubwürdigkeit des Zeugen entscheidend auf den persönlichen Eindruck des erkennenden Gerichts ankommt (Saarbr NJW-RR 98, 1685; Kobl NJOZ 07, 4656). Dagegen spricht allerdings, dass auch einer Vernehmung im Wege der Rechtshilfe Beweiswert zukommt (St/J/*Leipold* Rn 61). Außerdem ist stets zu prüfen, ob nicht die Teilnahme an der Beweisaufnehme des ersuchten Gerichts möglich ist, um sich ein eigenes Bild von der Glaubwürdigkeit des Zeugen zu machen (vgl Stuttg BeckRS 10, 13002), oder ob nicht zumindest eine Videovernehmung des Zeugen in Betracht kommt (vgl dazu ausf *Dötsch* MDR 11, 269 ff.). Eine auf § 384 Nr 2 gestützte Aussageverweigerung zum gleichen Tatsachenkomplex in einem anderen Verfahren reicht nicht aus, um den Zeugen von vornherein als unerreichbar anzusetzen (BGH NJW 12, 296, 297). Nicht verfügbar ist aber zB ein Zeuge, von dem nicht einmal der Name bekannt ist, oder eine Urkunde, die in Verlust geraten ist. Muss davon ausgegangen werden, dass ein Zeuge auf Grund gesundheitlicher Beeinträchtigungen endgültig nicht mehr vor dem Prozessgericht erscheinen wird, so ist – bevor seine Unerreichbarkeit angenommen werden kann – noch an die Möglichkeit zu denken, den Zeugen im Wege der Bild- und Tonübertragung (§ 128 II) oder nach § 375 I 2 durch ein Mitglied des Prozessgerichts zu vernehmen (BGH VRR 10, 322).

45 **f) Ungeeignetheit des Beweismittels.** Bei der Qualifizierung eines Beweismittels als ungeeignet ist besondere Vorsicht geboten, weil die Gefahr einer vorweggenommenen Beweiswürdigung hier besonders groß ist (vgl BVerfG NJW-RR 01, 1006, 1007; BGH NJW 00, 3718, 3720). Ein Beweisantrag darf also nicht mit der Begründung abgelehnt werden, die behauptete Tatsache sei höchst unwahrscheinlich (vgl BVerfG NJW-RR 01, 1006, 1007), ein Zeuge sei von vornherein unglaubwürdig (vgl BGH NJW 88, 566, 567 mit Anm *Walter* zur sog Beifahrerrechtsprechung) bzw von zu geringer Aussagekraft (BGH MDR 05, 164) oder die Beweisaufnahme sei mit zu hohen Kosten verbunden (BVerfG NJW 79, 413). Völlig ungeeignet ist ein Beweismittel nur dann, wenn ohne Rücksicht auf das Ergebnis der bisherigen Beweisaufnahme die Lebenserfahrung die sichere Prognose zulässt, dass die Beweiserhebung mit dem beantragten Beweismittel das im Beweisantrag in Aussicht gestellte Ergebnis nicht erbringen kann (BVerfG NJW 04, 1443: Benennung einer namentlich nicht genannten Bedienung einer Diskothek für einen für sie unbedeutenden, 9 Monate zurückliegenden Vorgang). Es muss jede Möglichkeit ausgeschlossen sein, dass der übergangene Beweisantrag Sachdienliches ergeben könnte (BGH NJW 04, 767, 769; MDR 08, 1115, 1116). Nicht geeignet ist danach etwa die Benennung eines Zeugen zu Feststellungen über einen regionalen Mietwagenmarkt (BGH NJW 07, 2122, 2124: Sachverständigenbeweis erforderlich; zur Notwendigkeit einer stationären Heilbehandlung Kobl NJW-RR 10, 41: ebenfalls Sachverständigenbeweis erforderlich), zur Ursächlichkeit eines Verkehrsunfalls für die körperlichen Beschwerden des Klägers (BerlVGH NJW-RR 09, 1362, 1363: Sachverständigenbeweis erforderlich) oder zum voraussichtlichen Erlös eines Grundstücks in der Zwangsversteigerung (BGH NJW 93, 1796, 1797). Ist die Vaterschaft durch ein Blutgruppengutachten bereits »praktisch erwiesen« (Wahrscheinlichkeit von 99,99 %), so kann der Antrag auf Einholung eines DNA-Gutachten abgelehnt werden, wenn Hinweise auf den Mehrverkehr der Mutter nicht vorhanden sind (Brandbg MDR 00, 888, 889; anders BGH NJW 06, 3416, 3418, wenn für Mehrverkehr Zeuge benannt ist). Die Ungeeignetheit eines Zeugen kann sich auch aus einer Behinderung ergeben, etwa die Benennung eines Tauben für den Inhalt eines Gesprächs oder eines Blinden für einen Unfallhergang. Auch die Vernehmung eines Kindes kann abgelehnt werden, wenn es im Hinblick auf sein Alter nicht in der Lage war, den zu beweisenden Vorgang intellektuell zu erfassen. Als völlig ungeeignetes Beweismittel sieht die Rspr schließlich zu Recht eine polygraphische Untersuchung (**Lügendetektor**) an, und zwar unabhängig davon, ob der Test mit Zustimmung der betreffenden Partei oder gar beider Parteien erfolgt ist (BGHSt 44, 308, 319 ff für den Strafprozess; BGH NJW 03, 2527, 2528 = BGHReport 03, 1105, 1106 mit zust Anm *Laumen* für den Zivilprozess; ebenso KG FamRZ 11, 839; *Gehrlein* VersR 11, 1350, 1351).

46 **g) Wahrunterstellung.** Zulässig ist die Ablehnung eines Beweisantrages mit der Begründung, die zu beweisende Tatsache könne als wahr unterstellt werden (BVerfG NJW 93, 254, 255; BGH NJW 00, 3718, 3720).

So kann etwa ein Beweisangebot zur schlechten wirtschaftlichen Lage des Versicherungsnehmers als wahr unterstellt werden, wenn das Gericht den Beweis der vorsätzlichen Brandstiftung durch den Versicherungsnehmer ohnehin nicht als geführt ansieht (BGH NJW-RR 05, 1051, 1052). Bei einer alkoholbedingten Verursachung eines Verkehrsunfalls kann die Behauptung des Fahrers, er sei vom Gegenverkehr geblendet worden, als wahr unterstellt werden, weil ein nüchterner Fahrer die Situation trotz der Blendung gemeistert hätte (Kobl NVersZ 01, 554 f). An diesen Beispielen wird allerdings auch deutlich, dass es für diese Fälle keiner eigenen Kategorie bedarf, es vielmehr bereits an der Beweisbedürftigkeit der behaupteten Tatsache fehlt (zutr *E. Schneider* ZZP 75, 173, 207; Jäckel Rn 283).

h) Tatsache bereits erwiesen. Sieht das Gericht einen Beweis auf Grund anderer Beweismittel bereits endgültig als erwiesen an, kann ein weiterer Beweisantrag zum gleichen Beweisthema abgelehnt werden (BGH NJW 00, 3718, 3720; Oberheim Rn 1521). Dies gilt allerdings nicht, solange ein Gegenbeweis noch möglich ist. Gänzlich unzulässig ist dagegen die Ablehnung eines Beweisantrages mit der Begründung, das **Gegenteil** sei **bereits erwiesen** (BGH NJW-RR 02, 1072, 1073). Eine beantragte Zeugenvernehmung darf deshalb nicht abgelehnt werden, weil eine behördliche Mitteilung die behauptete Tatsache nicht bestätigt hat (BVerfG NJW-RR 01, 1006, 1007). Die Vernehmung eines Zeugen ist auch nicht deshalb entbehrlich, weil die unter Beweis gestellte Tatsache durch ein Privatgutachten belegt wird, dessen Richtigkeit der Gegner – in zulässiger Weise – lediglich pauschal bestritten hat (BGH MDR 09, 1298, 1299). 47

i) Unzulässigkeit der Beweiserhebung. Ein Beweisangebot muss abgelehnt werden, wenn ein Beweiserhebungsverbot (Rz 22 ff) besteht. Es kann sich aus dem Gesetz (Benennung eines Zeugen im Urkundenprozess, § 595 II), aus Grundsätzen des Prozessrechts (unzulässiger Ausforschungsbeweis, Rz 23 f) oder auch aus einer entsprechenden Parteivereinbarung ergeben. So können die Parteien durch einen **Beweismittelvertrag** ein konkretes Beweismittel oder eine bestimmte Art von Beweismitteln ausschließen (§ 286 Rz 94). Ein Beweiserhebungsverbot besteht schließlich auch dann, wenn der späteren Verwertung des Beweismittels ein Beweisverwertungsverbot entgegenstünde (Zö/*Greger* Vor § 284 Rn 11). 48

IV. Beweisaufnahme, Beweiswürdigung und Beweislast. Der Beweisanordnung folgt die eigentliche Beweisaufnahme, die den Vorschriften der §§ 355–484 unterliegt. Die Parteien haben gem § 357 I das Recht, der Beweisaufnahme beizuwohnen, die grds vor dem Prozessgericht stattfinden muss (§ 355 I 1). Unmittelbar im Anschluss an die Beweisaufnahme ist über deren Ergebnis mit den Parteien zu verhandeln (§§ 279 III, 285). Das Gericht hat das Ergebnis der Beweisaufnahme einschließlich des gesamten Inhalts der Verhandlungen frei zu würdigen (§ 286 I). Kann es sich mit der erforderlichen Gewissheit (§ 286 Rz 3) vom Vorliegen einer Tatsache überzeugen, legt es sie seiner Entscheidung zugrunde. Anderenfalls entsteht ein non liquet, das es mit Hilfe der Regeln über die Verteilung der objektiven Beweislast überwinden kann (§ 286 Rz 58 ff). 49

H. Die Entbindung vom Strengbeweis (§ 284 S 2–4). I. Zweck. Die durch das JuMoG v 24.8.04 eingeführten Vorschriften, die bislang in der gerichtlichen Praxis keine Bedeutung erlangt haben, sollen nach dem Willen des Gesetzgebers (BTDrs 15/1508, 12 ff) den Zivilprozess beschleunigen und effektiver gestalten sowie die Parteiherrschaft verstärken (krit dazu mit Recht St/J/*Leipold* Rn 124 ff; *Knauer/Wolf* NJW 04, 2857, 2862; *Völzmann-Stickelbrock* ZZP 118, 359, 377 ff). Soweit die Parteien ihr Einverständnis erklärt haben, entbinden diese Vorschriften das Gericht von dem in S 1 vorgeschriebenen Strengbeweis und lassen den Freibeweis über seinen herkömmlichen Anwendungsbereich (Rz 19) hinaus auf alle Tatsachen zu. Das Gericht kann also sämtliche Beweise »in der ihm geeignet erscheinenden Art« (vgl die Beispiele Rz 18) aufnehmen und ist insb nicht an die Grundsätze über die Unmittelbarkeit und Parteiöffentlichkeit der Beweisaufnahme (§§ 355, 357) gebunden. Abgesehen von diesen Besonderheiten gelten aber auch hier die allgemeinen Voraussetzungen für eine Beweisaufnahme (Beweisantritt, Beweisanordnung usw). Namentlich muss auch beim Freibeweis die volle Überzeugung des Gerichts von der Wahrheit der zu beweisenden Tatsache begründet werden (BGH NJW 08, 1531, 1533; LG Saarbr NJW-RR 10, 496, 497). Die systematische Stellung von S 1 (Strengbeweis grds bei jeder Beweiserhebung) zu S 2 und 3 (Ausnahmen nur mit Einverständnis der Parteien) lässt iÜ durchaus die Auslegung zu, dass nunmehr die Zulässigkeit des Freibeweises generell, dh auch in seinem herkömmlichen Anwendungsbereich (Rz 19), vom Einverständnis der Parteien abhängig ist (St/J/*Leipold* Rn 129; Zö/*Greger* Rn 1; *Knauer/Wolf* NJW 04, 2857, 2862; *Musielak* FG Vollkommer, 06, 237, 248; aA aber BGH NJW 08, 1531, 1533; ferner MüKoZPO/*Prütting* Rn 27; *Fölsch* MDR 04, 1029, die an der bisherigen Handhabung festhalten wollen). 50

51 **II. Einverständnis der Parteien.** Für die Zulässigkeit des Freibeweises ist das Einverständnis beider Parteien erforderlich. Als Prozesshandlung ist es unanfechtbar und bedingungsfeindlich. Seine Erteilung kann schriftlich oder in der mündlichen Verhandlung erfolgen. Im Anwaltsprozess unterliegt das Einverständnis dem Anwaltszwang. Bei Streitgenossenschaft – auch bei einfacher – ist das Einverständnis aller Streitgenossen jedenfalls dann erforderlich, wenn die betreffende Beweisaufnahme für alle Streitgenossen relevant ist (St/J/*Leipold* Rn 141). Nach S 3 kann das Einverständnis auf einzelne Beweiserhebungen beschränkt werden, etwa die ergänzende telefonische Befragung eines abwesenden Zeugen in der mündlichen Verhandlung. Soweit eine solche Beschränkung nicht erklärt wird, ist vom generellen Einverständnis auszugehen (HK-ZPO/*Saenger* Rn 65). In der Praxis wird allerdings das generelle Einverständnis nur selten erklärt. Überhaupt ist die praktische Bedeutung der § 284 S 2–4 gering geblieben (ebenso Jäckel Rn 369). Selbst bei Einverständnis beider Parteien kann eine Beweisaufnahme im Wege des Freibeweises ermessensfehlerhaft sein, wenn nur durch einen Strengbeweis eine angemessene Aufklärung des Sachverhalts zu erwarten ist. Steht etwa Aussage gegen Aussage, wird eine telefonische Zeugenvernehmung regelmäßig ausscheiden (zutr LG Saarbr NJW-RR 10, 496, 497).

52 **III. Widerruf des Einverständnisses.** Das Einverständnis kann nach S 4 nur bis zum Beginn der Beweiserhebung, auf die sie sich bezieht, widerrufen werden. Damit soll verhindert werden, dass der Widerruf erst erfolgt, wenn die Beweiserhebung bereits begonnen und sich zuungunsten einer Partei entwickelt hat (BTDrs 15/3482, 17). Ferner ist der Widerruf nur möglich bei einer **wesentlichen Änderung der Prozesslage.** Dies setzt voraus, dass sich zwischen Einverständniserklärung und Widerruf das Interesse der Partei an der vereinfachten Beweiserhebung durch objektiv vorliegende Umstände weggefallen ist. Zu denken ist etwa daran, dass zwischenzeitlich neue Erkenntnisse aufgetaucht sind, die gegen die Glaubwürdigkeit eines telefonisch zu befragenden Zeugen sprechen (vgl St/J/*Leipold* Rn 143). Ist der Widerruf wirksam, muss die Beweisaufnahme wiederum nach den Regeln des Strengbeweises erfolgen.

§ 285 Verhandlung nach Beweisaufnahme.

(1) Über das Ergebnis der Beweisaufnahme haben die Parteien unter Darlegung des Streitverhältnisses zu verhandeln.
(2) Ist die Beweisaufnahme nicht vor dem Prozessgericht erfolgt, so haben die Parteien ihr Ergebnis auf Grund der Beweisverhandlungen vorzutragen.

1 **A. Zweck.** Die Vorschrift soll gewährleisten, dass die Parteien unmittelbar nach der Beweisaufnahme zum Beweisergebnis Stellung nehmen können. Die Regelung dient damit der Gewährung des rechtlichen Gehörs. Die Parteien haben auf diese Weise die Möglichkeit, auf die endgültige Beweiswürdigung des Gerichts Einfluss zu nehmen, Beweiseinreden zu erheben oder auch neue Beweisanträge zu stellen. Die Wiederholung der bereits gestellten Sachanträge ist dabei nicht erforderlich (BGHZ 63, 94, 95 = NJW 74, 2322), entspricht aber einer in der Praxis üblichen Handhabung (»wiederholen die in der Sitzung vom … gestellten Anträge«). Geschieht dies nicht, liegt ein Fall der Säumnis nicht vor. Soweit die Parteien Gelegenheit zur Stellungnahme hatten, ist ihrem Anspruch auf rechtliches Gehör Genüge getan (BGH NJW 04, 1732). Unabhängig von einer ausdrücklichen Stellungnahme kann davon ausgegangen werden, dass sich eine Partei die zu ihren Gunsten sprechenden Beweisergebnisse jedenfalls stillschweigend zu Eigen macht (BGH NJW 06, 63, 65). Hat die Beweisaufnahme nicht vor dem Prozessgericht stattgefunden, soll § 285 II zumindest für das Beweisergebnis die Geltung der Grundsätze über die Mündlichkeit und Unmittelbarkeit der Beweisaufnahme sicherstellen (MüKoZPO/*Prütting* Rn 1). Ferner lässt sich aus dieser Vorschrift der Schluss ziehen, dass **beweisrechtliche Geheimverfahren** mit dem geltenden Zivilprozessrecht nicht zu vereinbaren sind (Rz 5, 7).

2 **B. Beweisaufnahme vor dem Prozessgericht (Abs 1).** Hat die Beweisaufnahme vor dem Prozessgericht stattgefunden, schließt sich die Verhandlung über das Beweisergebnis unmittelbar an (§ 279 III). Der Beweistermin ist deshalb gleichzeitig Verhandlungstermin (§ 370 I). Der Anspruch der Parteien auf sachgerechte Gewährung des rechtlichen Gehörs kann es allerdings im Einzelfall gebieten, ihnen Gelegenheit zur schriftlichen Stellungnahme zum Beweisergebnis einzuräumen. Die ist etwa notwendig bei einem mündlich erstatteten Gutachten im Arzthaftungsprozess über schwierige medizinische Fragen, um einer medizinisch nicht sachkundigen Partei die Möglichkeit zu geben, sich anderweitig sachverständig beraten zu lassen (BGH NJW 88, 2802 f, anders aber, wenn das schriftliche Gutachten rechtzeitig vor dem Beweistermin vorlag und die mündliche Erläuterung keine neuen Aspekte hat zutage treten lassen, BGH NJW 91, 1547,

1548). Erbringt die Beweisaufnahme ein völlig überraschendes Ergebnis, ist dem allein erschienenen Anwalt ebenfalls Gelegenheit zur Rücksprache mit seiner Partei und zur schriftlichen Stellungnahme zu geben (Kobl NJW-RR 91, 1087, 1088). Im Einzelfall kann auch eine Vertagung notwendig sein, etwa nach der umfassenden Erörterung eines Sachverständigengutachtens (BGH NJW 11, 3040 Rn 6) oder wenn der Sachverständige in seinen mündlichen Ausführungen neue und ausführlichere Beurteilungen ggü dem bisherigen Gutachten abgegeben hat (BGH NJW-RR 11, 428 Rn 5).

Erfolgt die Stellungnahme in zulässiger Weise schriftlich, ist sie gem §§ 279 III, 285 I erneut mit den Parteien zu erörtern, es sei denn, die Parteien hätten einer Verweisung des Rechtsstreits in das schriftliche Verfahren (§ 128 II) zugestimmt. Die Verhandlung über das Beweisergebnis ist gem § 160 II im Protokoll festzuhalten (BGH NJW 90, 121, 122). Fehlt ein solcher Hinweis im Protokoll, steht gem § 165 I fest, dass sie nicht stattgefunden hat. Der Verstoß gegen § 285 I begründet einen Verfahrensfehler (BGH MDR 01, 830 m abl Anm *E. Schneider* MDR 01, 781) und kann die Revision rechtfertigen, falls nicht ausgeschlossen werden kann, dass die Stellungnahme der Parteien zum Beweisergebnis zu einer anderen Entscheidung geführt hätte (BGH BGHReport 06, 529 mit Anm *Fölsch*). Eine Anwendung des § 295 ist nicht möglich, weil es sich um einen Fehler bei der Urteilsfällung handelt (BGH ZZP 65, 267; HK-ZPO/*Saenger* Rn 5; MüKoZPO/*Prütting* Rn 6; **aA** *E. Schneider* MDR 01, 781, 782). 3

C. Beweisaufnahme außerhalb des Prozessgerichts (Abs 2). Hat die Beweisaufnahme vor dem beauftragten (§ 361) oder den ersuchten Richter (§§ 372 II, 375, 402, 434, 451), in einem anderen Verfahren (§ 411a), im Ausland oder iRe selbständigen Beweisverfahrens stattgefunden (§ 485), haben die Parteien, dh in erster Linie der Beweisführer, das Ergebnis der Beweisaufnahme vor dem Prozessgericht vorzutragen und darüber zu verhandeln. Das Gleiche gilt bei einem **Richterwechsel** nach der Beweisaufnahme und bei Rückübertragung der Sache vom Einzelrichter auf das Kollegium. Keines Vortrags bedarf es dagegen, wenn die Beweisaufnahme vAw durchgeführt worden ist oder eine vAw zu berücksichtigende Tatsache betraf. Für den Vortrag der Parteien reicht die Bezugnahme auf das Protokoll (§ 137 III), auf ein schriftliches Gutachten (§ 411) oder auf schriftliche Auskünfte aus. Für die Verletzung des Abs 2 gilt das zu Abs 1 Gesagte (Rz 3) entsprechend. 4

D. Verbot des beweisrechtlichen Geheimverfahrens. Soweit der beweisbelasteten Partei kein materiellrechtlicher Auskunftsanspruch gegen die andere Partei zusteht (vgl dazu Baumgärtel/*Laumen* Bd 1 § 10 Rn 1 ff), scheitert ihre Beweisführung nicht selten daran, dass die andere Partei (oder eine dritte Person) ein berechtigtes Interesse an der Wahrung ihrer Betriebs-, Geschäfts- und Unternehmensgeheimnisse geltend machen kann. Dieses Geheimhaltungsinteresse wird zB in §§ 87c IV, 259 S 2 HGB, 17 UWG materiellrechtlich und in §§ 383 I Nr 6, 384 Nr 3 verfahrensrechtlich geschützt. Selbst wenn die Voraussetzungen dieser Vorschriften nicht vorliegen, kann die Offenlegung von geheimen Daten für die betroffene Partei unzumutbar sein (vgl BGHZ 116, 47, 56 = NJW 92, 1817, 1819; *Kiethe*, JZ 05, 1034, 1035). Seit längerer Zeit wird deshalb versucht, dem Beweisführungsinteresse der beweisbelasteten Partei einerseits und dem Geheimhaltungsinteresse des Beweisgegners andererseits im Wege der Rechtsfortbildung durch die Zulassung eines besonderen beweisrechtlichen Geheimverfahrens Rechnung zu tragen (vgl die Übersicht bei Baumgärtel/*Prütting*, § 8 Rn 42 Fn 43), wie es etwa das schweizerische Prozessrecht kennt (dazu *Baumgärtel* FS Habscheid 89, 1 ff; zur neuen schweizerischen Bundes-ZPO *Rodriguez* ZZP 123, 303 ff). So wird in Anlehnung an § 87c IV HGB vorgeschlagen, einem vom Gericht bestellten Sachverständigen – etwa einem Wirtschaftsprüfer oder einem Notar – Einsicht in die Geschäftsunterlagen zu gewähren, der dann nur das Ergebnis referiert, ohne die Grundlagen seiner Begutachtung offen zu legen (R/S/G § 116 Rn 44; Stürner S. 223 ff; *Stadler* NJW 89, 1202, 1205; *Schlosser* FS Großfeld 99, 997, 1005; *Wagner* ZZP 108, 193, 210 ff; mit »Unbehagen« auch Zö/*Greger* § 402 Rn 5b). Das BAG hat sogar ein Verfahren für zulässig angesehen, bei dem ein Arbeitnehmer mit einem Gewerkschaftssekretär vor einem Notar erschien, um diesem ggü seine Gewerkschaftsmitgliedschaft und seine Zugehörigkeit zum Betrieb der Beklagten nachzuweisen (BAGE 70, 85, 97 ff = NJW 93, 612 ff; ebenso die Vorinstanz LAG Nürnberg AuR 91, 220 mit zust Anm *Grunsky*; abl aber *Prütting/Weth* NJW 93, 576 f; *Walker* FS E. Schneider 97, 147 ff). Der Notar wurde dann als Zeuge zu diesen Umständen vernommen, ohne die Identität des Arbeitnehmers offen zu legen. 5

Gefordert wird in diesem Zusammenhang auch die Einführung eines sog **In camera-Verfahrens** in den Zivilprozess in Anlehnung an die Regelung des § 99 II VwGO (*Wagner* JZ 07, 706, 717 ff; *Stadler* ZZP 123, 261, 274 ff). Es handelt sich dabei um ein selbständiges Zwischenverfahren, bei dem ein Fachsenat des OVG oder des BVerwG darüber entscheidet, ob die Vorenthaltung von Urkunden, Akten und sonstigen 6

Dokumenten durch eine Behörde rechtmäßig ist (vgl ausf *Mayen* NVwZ 03, 537 ff). Das Gericht hat dabei das öffentliche Geheimhaltungsinteresse gegen das Rechtsschutzinteresse der jeweiligen Prozesspartei abzuwägen.

7 Gegen solche Verfahrensweisen bestehen erhebliche Bedenken. Wie sich aus § 285 ergibt, darf das Gericht nur solche Umstände seiner Entscheidung zugrunde legen, die in einem ordnungsgemäßen Verfahren gewonnen worden und Gegenstand der mündlichen Verhandlung gewesen sind (BGH NJW 06, 2482, 2485). Auch das in § 357 verbürgte Recht der Parteien auf Teilnahme an der Beweisaufnahme steht einem Geheimverfahren entgegen (MüKoZPO/*Heinrich* § 357 Rn 9). Eingeschränkt ist ferner der Grundsatz der freien Beweiswürdigung (§ 286 I 1). Danach ist das Gericht verpflichtet, Beweisergebnisse – etwa Zeugenaussagen oder Sachverständigengutachten – sorgfältig und krit zu würdigen. Dies ist aber kaum möglich, wenn die Grundlagen des Beweisergebnisses nicht offen gelegt werden. Vor allem aber ist mit den Vorschriften der §§ 285, 357 auch der verfassungsrechtlich garantierte Anspruch auf rechtliches Gehör betroffen, auf den eine Partei nicht von vornherein verzichten kann (Baumgärtel/*Prütting* Bd 1 § 8 Rn 47). Ihm ist Vorrang zu geben vor dem Interesse der beweisbelasteten Partei an der Offenlegung eines Betriebs- oder Geschäftsgeheimnisses der anderen Partei. Da die wirklichen Grundlagen einer gerichtlichen Entscheidung bei einem Geheimverfahren nicht ersichtlich und deswegen auch nicht nachvollziehbar sind, kann auch nicht davon ausgegangen werden, dass eine solche Entscheidung letztlich gerechter wäre als eine ansonsten drohende Beweislastentscheidung zu Lasten der beweisbelasteten Partei (zutr Baumgärtel/*Prütting* Bd 1 § 8 Rn 48). Die Zulassung eines beweisrechtlichen Geheimverfahrens kann deshalb jedenfalls de lege lata nicht befürwortet werden (ebenso BGHZ 116, 47, 58 = NJW 92, 1817, 1819; Köln NJW-RR 96, 1277; St/J/*Leipold* vor § 128 Rn 61; *Prütting/Weth* DB 89, 2273, 2276 f; *Walker* FS E. Schneider 97, 147 ff, jeweils mwN). Dies gilt auch für ein In camera-Verfahren, solange eine dem § 99 II VwGO entsprechende Regelung im Zivilprozess nicht besteht.

§ 286 Freie Beweiswürdigung.

(1) [1]Das Gericht hat unter Berücksichtigung des gesamten Inhalts der Verhandlungen und des Ergebnisses einer etwaigen Beweisaufnahme nach freier Überzeugung zu entscheiden, ob eine tatsächliche Behauptung für wahr oder für nicht wahr zu erachten sei. [2]In dem Urteil sind die Gründe anzugeben, die für die richterliche Überzeugung leitend gewesen sind.
(2) An gesetzliche Beweisregeln ist das Gericht nur in den durch dieses Gesetz bezeichneten Fällen gebunden.

Inhaltsübersicht

	Rz
A. Zweck	1
B. Freie Beweiswürdigung	2
I. Bedeutung	2
II. Ziel der Würdigung	3
III. Gegenstand der Würdigung	4
1. Gesamter Inhalt der Verhandlung	4
2. Privates und amtliches Wissen	6
3. Erkenntnisse aus anderen Verfahren	7
IV. Einschränkungen der freien Beweiswürdigung	10
1. Bindung an Denk-, Naturgesetze und Erfahrungssätze	10
2. Distanz gegenüber den Beweismitteln	11
3. Ausschluss der Beweiswürdigung aus verfahrensrechtlichen Gründen	14
4. Begründungspflicht (§ 284 I 2)	15
5. Gesetzliche Beweisregeln (§ 286 II)	16
6. »Gewillkürte« Beweisregeln	17
V. Überprüfung der Beweiswürdigung	19
1. Berufung	19
2. Revision	20
C. Beweismaß	21
I. Einführung	21
II. Das Regelbeweismaß	22
III. Beweismaßsenkung	23
IV. Beweismaßsteigerung	25
D. Anscheinsbeweis	26
I. Bedeutung	26
II. Rechtsnatur	27
III. Voraussetzungen	28
IV. Die Entkräftung des Anscheinsbeweises	29
V. Die Revisibilität des Anscheinsbeweises	30
VI. Anwendungsbereich	31
1. Haftungsbegründende Kausalität	32
2. Verschulden	34
a) Straßenverkehr	35
b) Arzthaftung	38
c) Schiffsverkehr	39
d) Skiunfälle	40
e) Grobe Fahrlässigkeit und Vorsatz	41
3. Individuelle Willensentschlüsse	42

	Rz
4. Weitere Einzelfälle	43
E. Indizienbeweis	46
F. Der Beweis für das äußere Bild	48
I. Allgemeines	48
II. Voraussetzungen	49
III. Anwendungsbereich	51
G. Beweislast und Behauptungslast	52
I. Einführung	52
II. Begriff der Beweislast	53
1. Objektive Beweislast	54
2. Subjektive Beweislast	55
III. Die Rechtsanwendung im Falle des non liquet	57
IV. Die Verteilung der Beweislast	58
1. Grundregel	59
2. Beweislastsonderregeln	60
3. Kriterien ohne Bedeutung für die Beweislastverteilung	61
a) Beweisschwierigkeiten im Einzelfall	61
b) Beweislastprinzipien	62
c) Parteirolle	63
d) Negative Fassung eines Tatbestandsmerkmals	64
e) Zeitablauf	65
V. Die Beweislastumkehr	66
1. Begriff	66
2. Voraussetzungen	67
3. Fallgruppen	68
a) Produzentenhaftung	69
b) Arzthaftung	70
c) Andere grobe Berufspflichtverletzungen	72
d) Verletzung der Schutzpflichten gem § 618 BGB	73
e) Verletzung der Aufklärungs-, Hinweis- und Beratungspflicht	74
VI. Die »Beweiserleichterung bis zur Beweislastumkehr«	75
VII. Einzelfälle	77
VIII. Die Behauptungslast	78
1. Begriff	78
a) Objektive und subjektive Behauptungslast	79
b) Abstrakte und konkrete Behauptungslast	80
2. Behauptungs- und Beweislast	82
3. Inhaltliche Anforderungen	83
H. Die Beweisvereitelung	86
I. Begriff und Erscheinungsformen	86
II. Tatbestandsvoraussetzungen	89
III. Rechtsfolgen	90
I. Beweisverträge und Beweislastverträge	92
I. Beweislastverträge	93
II. Beweismittelverträge	94
III. Verträge über Beweiswürdigung und Beweismaß	95
IV. Geständnis- und Vermutungsverträge	96

A. Zweck. Mit dem Grundsatz der freien Beweiswürdigung enthält § 286 das **zentrale Prinzip** des **Beweisrechts**, das inzwischen als allgemeiner Grundsatz des Prozessrechts in allen Verfahrensordnungen enthalten ist (vgl § 261 StPO, § 108 I VwGO, § 128 I SGG, § 96 I FGO, § 84 S 1 ArbGG). Die freie Beweiswürdigung ist das Ergebnis einer langen geschichtlichen Entwicklung, in der es immer wieder ein Hin und Her zwischen Freiheit und Bindung des Richters bei der Beweiswürdigung gegeben hat (vgl dazu ausf Walter S. 75 ff). Mit Ausnahme der in Abs 2 bezeichneten Beweisregeln ist der Richter nunmehr von jedem Zwang bei der Würdigung des Beweiswerts eines Beweismittels befreit. Auch den Parteien ist es verwehrt, durch entsprechende Vereinbarungen in die freie Beweiswürdigung des Gerichts einzugreifen (Rz 95). In § 286 I ist darüber hinaus das **Beweismaß** (Rz 21 ff) geregelt, dh die Frage, welches Grad an Überzeugung erforderlich ist, um eine tatsächliche Behauptung »für wahr oder nicht für wahr zu erachten«. In einem engen sachlichen Zusammenhang mit der Beweiswürdigung und in diesem Rahmen mit zu erörtern sind weitere Phänomene des Beweisrechts, nämlich der **Anscheinsbeweis** (Rz 26 ff), der **Indizienbeweis** (Rz 46 ff), der **Beweis für das äußere Bild** (Rz 48 ff), **Beweislast** und **Behauptungslast** (Rz 58 ff), die **Beweisvereitelung** (Rz 86 ff) sowie die Möglichkeit von **Parteivereinbarungen** mit **beweisrechtlichen Bezügen** (Rz 92 ff). Zum allgemeinen Beweisrecht s. ferner § 284 Rz 1 ff. 1

B. Freie Beweiswürdigung. I. Bedeutung. Der Grundsatz der freien Beweiswürdigung bedeutet, dass der Richter über den konkreten Beweiswert eines Beweismittels nach freier Überzeugung, dh grds ohne Bindung an gesetzliche Beweisregeln, befinden kann (R/S/G § 113 Rn 1). So ist er nicht gehindert, seine Überzeugung allein aus der Glaubhaftigkeit und Plausibilität des Klägervortrags herzuleiten (Saarbr NJW-RR 11, 178, 179), einer Parteibehauptung mehr Glauben zu schenken als einem Zeugen oder einem Sachverständigen (BVerfG NJW 01, 2531, 2532; BGH NJW 99, 363, 364), das Ergebnis einer Anhörung nach § 141 höher zu bewerten als die Aussage des als Partei vernommenen Prozessgegners (BGH NJW 03, 2527, 2528 2

= BGHReport 03, 1105, 1106 mit Anm *Laumen*) oder trotz mehreren bestätigenden Zeugenaussagen das Gegenteil der entsprechenden Behauptungen als erwiesen zu erachten (KG MDR 04, 533). Ganz allgemein darf er aus einer Beweisaufnahme und den sonstigen Verhandlungsstoff Schlussfolgerungen ziehen, an die die Parteien nicht gedacht haben. Eine rechtliche Bindung des Richters an die Ergebnisse eines Sachverständigengutachtens schließt § 286 I ebenfalls aus. Das Gesetz geht vielmehr davon aus, dass der Richter – trotz aller Schwierigkeiten im Einzelfall – durchaus in der Lage ist, sich über den Wert oder Unwert eines Sachverständigengutachtens ein eigenes Urt zu bilden (vgl BGH NJW 92, 2354, 2355 für ein medizinisches Gutachten). So hat er zB zu prüfen, ob dem Gutachten fehlerhafte juristische Vorstellungen des Sachverständigen zugrunde liegen (BGH NJW-RR 95, 914, 915). Freilich darf der Richter sein eigenes Wissen nicht ohne weiteres an die Stelle der fachkundigen Aussage eines Sachverständigen setzen (BVerfG FamRZ 99, 1417, 1418; BGH NJW-RR 97, 1108). Erforderlich ist vielmehr der Nachweis der entsprechenden Sachkunde und die Darlegung einer nachvollziehbaren Begründung für die Abweichung im Urt (BGH NJW 97, 1446). Liegen widersprüchliche Gutachten vor, darf der Richter den Streit der Sachverständigen nicht dadurch entscheiden, dass er ohne einleuchtende und logisch nachvollziehbare Begründung einem von ihnen folgt (BGH NJW-RR 04, 1679, 1680). Aber auch ansonsten erfährt die Freiheit der Beweiswürdigung Einschränkungen durch den aus § 286 I 2 folgenden Zwang, die gewonnene Überzeugung auch begründen zu müssen (s. dazu Rz 15).

3 **II. Ziel der Würdigung.** Das Ziel der freien Beweiswürdigung ist die **Überzeugung des Gerichts** vom Vorliegen einer entscheidungserheblichen Tatsache. Welche Anforderungen an diese Überzeugung zu stellen sind, ist in erster Linie eine Frage des erforderlichen Beweismaßes. Während das Beweismaß regelt, **wann** ein Beweis gelungen ist, bestimmt die Beweiswürdigung, **ob** ein Beweis gelungen ist, dh der Richter im konkreten Fall eine bestimmte Behauptung als bewiesen ansehen darf (MüKoZPO/*Prütting* Rn 28). Nach der ständigen Rspr des BGH erfordert die richterliche Überzeugung keine absolute oder unumstößliche Gewissheit und auch keine an Sicherheit grenzende Wahrscheinlichkeit, sondern nur einen für das praktische Leben brauchbaren Grad von Gewissheit, der Zweifeln Schweigen gebietet, ohne sie völlig auszuschließen (BGHZ 53, 245, 256 = NJW 70, 946, 948; BGH NJW 03, 1116, 1117; NJW 08, 2845, 2846; ebenso BAGE 85, 140, 154 = NZA 97, 705, 708). Der BGH betont damit das subjektive Element iSd persönlichen Überzeugung des Richters als maßgebliches Kriterium. Gleichzeitig stellt er aber auch zu Recht klar, dass die richterliche Überzeugung nicht mit der rein persönlichen Gewissheit gleichgesetzt werden darf (BGH NJW-RR 94, 567). Stellt man allein auf die persönliche Überzeugung des Richters ab, könnte die Sachverhaltsfeststellung zufällig und willkürlich getroffen werden mit der Folge, dass ein objektiv gleiches Beweisergebnis in zwei verschiedenen Fällen zu unterschiedlichen Ergebnissen führen könnte. Zum Merkmal der persönlichen Überzeugung muss deshalb eine objektive Bezugsgröße – die objektive Wahrheit als idealer Bezugspunkt der Tatsachenermittlung – hinzukommen (Walter S. 150). Der Zweck des Zivilprozesses – die Herbeiführung einer der materiellen Rechtslage gerecht werdenden Entscheidung – kann nur erreicht werden, wenn die Sachverhaltsfeststellung der Wahrheit möglichst nahe kommt. Allein sachgerecht ist deshalb eine **Kombination** von **subjektiven und objektiven Faktoren** (ganz hM, vgl MüKoZPO/*Prütting* Rn 11, 19; Baumgärtel/*Laumen* Bd 1 § 4 Rn 29; *Katzenmeier* ZZP 117, 187, 195, jeweils mwN). Die Basis, um zu einer der Wahrheit möglichst nahe kommenden Sachverhaltsfeststellung zu gelangen, bietet dabei die Wahrscheinlichkeit eines Geschehens. Wie hoch der Wahrscheinlichkeitsgrad sein muss, um eine genügende objektive Basis für die Überzeugungsbildung darstellen zu können, ist eine Frage des gesetzlich vorgeschriebenen Beweismaßes (Rz 21 ff).

4 **III. Gegenstand der Würdigung. 1. Gesamter Inhalt der Verhandlung.** Gegenstand der Beweiswürdigung sind zunächst alle entscheidungserheblichen **Tatsachen** einschließlich der negativen Tatsachen (Rz 63) sowie der inneren Tatsachen wie Wille, Vorsatz oder Kenntnis (§ 284 Rz 7). Bei den Indiztatsachen, mit deren Hilfe üblicherweise solche inneren Tatsachen bewiesen werden können, ist zusätzlich zu prüfen, ob sie (ggf mit anderen Indizien) den Schluss auf die jeweilige Haupttatsache zulassen (s. dazu Rz 46 ff). In die Beweiswürdigung einzubeziehen sind ferner **Erfahrungssätze**, die auf einer allgemeinen Lebenserfahrung oder besonderer Fach- oder Sachkunde des Gerichts oder eines Sachverständigen beruhen (§ 284 Rz 10). Von der Beweiswürdigung ausgenommen sind dagegen sämtliche **Rechtsnormen.** Das Gericht hat sie zu kennen (iura novit curia) und unabhängig von entsprechendem Parteivorbringen ggf vAw zu ermitteln. Eine Ausnahme machen nur die in § 293 genannten Rechtssätze.

Gegenstand der Beweiswürdigung ist aber nicht nur das Ergebnis einer Beweisaufnahme, sondern nach dem Wortlaut des § 286 I 1 der »**gesamte Inhalt der Verhandlungen**«, dh der gesamte Tatsachenstoff, von dem der Richter im Laufe des Verfahrens in prozessordnungsgemäßer Weise Kenntnis erlangt hat (MüKoZPO/*Prütting* Rn 7). Zu denken ist etwa an Eigentümlichkeiten im Verhalten der Parteien oder sonstigen Prozessbeteiligten, widersprüchlicher oder ständig wechselnder Sachvortrag (BGH NJW 02, 1276, 1277), offensichtliche Verstöße gegen die Wahrheitspflicht, die Nichtbeantwortung von Fragen während der Anhörung oder der Widerruf eines Beweisangebotes. Auch das außerprozessuale Verhalten einer Partei – etwa in einem früheren Verfahren (Ddorf WRP 83, 499, 501) – kann, wenn es Gegenstand der mündlichen Verhandlung gewesen ist, bei der Beweiswürdigung berücksichtigt werden. Zum Bestandteil der Beweiswürdigung kann es auch gehören, dass ein Zeuge seine Aussage verweigert (vgl Hamm VersR 83, 870, 871; dies gilt ggf auch bei einer Aussageverweigerung nach § 384 Nr 2, vgl München NJW 11, 80, 81 m zust Anm *Helling*), dass eine Partei einen Zeugen nicht von der Verpflichtung zur Verschwiegenheit befreit, eine Parteivernehmung ablehnt (§§ 446, 447) oder zum Vernehmungstermin trotz ordnungsgemäßer Ladung nicht erscheint (§ 454 I). Hat das Gericht den Gegenbeweis erhoben, obwohl der Hauptbeweis noch gar nicht geführt war (vgl § 284 Rz 13), muss es das Ergebnis des Gegenbeweises ebenfalls in seine Beweiswürdigung einbeziehen (Zö/*Greger* Rn 2). Treten bei einer Beweisaufnahme Umstände zu Tage, die von keiner Partei behauptet worden sind, müssen auch sie bei der Beweiswürdigung berücksichtigt werden, weil davon auszugehen ist, dass die dadurch begünstigte Partei sich diese Umstände stillschweigend hilfsweise zu Eigen macht (BGH NJW 01, 2177, 2178). Verstößt das Gericht gegen diesen Grundsatz, kann darin eine Verletzung des Anspruchs auf rechtliches Gehör liegen (BGH MDR 10, 227). Bestehen Zweifel, ob sich eine Partei die bei einer Beweisaufnahme zutage tretenden ihr günstigen Umstände hilfsweise zu Eigen macht, müssen diese durch Befragung (§ 139) beseitigt werden, denn Tatsachen, die von keiner Partei behauptet worden sind, dürfen nicht verwertet werden (BGH NJW-RR 90, 518). Bei der Beweiswürdigung zu berücksichtigen ist schließlich die Beweisvereitelung durch eine Partei (s. näher Rz 86 ff). 5

2. Privates und amtliches Wissen. Privates Wissen (zB eigene Erfahrungen mit dem verklagten Unternehmen) darf der Richter schon im Hinblick auf § 41 Nr 5 nicht in seine Beweiswürdigung einfließen lassen, denn ein Richter kann nicht zugleich Zeuge sein. Dazu gehören auch Erkenntnisse aus einer privaten Besichtigung von relevanten örtlichen Gegebenheiten. Eine andere Beurteilung ist für **allgemeinkundige Tatsachen** und für Erfahrungssätze geboten (BGH NJW 04, 1163, 1164: Verständnis einer Werbeaussage in bestimmten Verkehrskreisen). Sie müssen allerdings vor der Verwertung zum Gegenstand der mündlichen Verhandlung gemacht worden sein (§ 291 Rz 7). Zum amtlichen Wissen gehören insb **gerichtskundige Tatsachen**, dh Umstände, die dem erkennenden Gericht aus seiner jetzigen oder früheren amtlichen Tätigkeit bekannt geworden sind, also etwa die Prozessunfähigkeit einer Partei, die Insolvenz eines Unternehmens, die Umfirmierung einer Firma oder die Streichung eines Rechtsanwalts aus der Anwaltsliste. Wie die allgemeinkundigen Tatsachen müssen sie von den Parteien nicht behauptet worden sein, um verwertet werden zu können, wenn den Parteien nur Gelegenheit zur Stellungnahme gegeben worden ist (BGH NJW 95, 1677, 1678). Nicht zu den gerichtskundigen Tatsachen gehört nach hM die eigene Sachkunde des Richters, die er sich durch die häufige Bearbeitung ähnl liegender Rechtsstreitigkeiten erworben hat (Zö/*Greger* § 291 Rn 2 mwN; aA BGH NJW 98, 3498, 3499: Kenntnisse aus jahrelanger Erfahrung in Prozessen um Arzneimittelwerbung). Aber auch diese Kenntnisse sind bei der Urteilsfindung verwertbar, wobei es im Einzelfall sogar ausreichen kann, dass das Gericht pauschal auf seine langjährige einschlägige Erfahrung verweist (BGH NJW 91, 2824, 2825; zu streng BGH NJW-RR 97, 1108). Beruht die Sachkunde auf Sachverständigengutachten, die in früheren Verfahren erstattet worden sind, muss das Gericht allerdings den Parteien Gelegenheit geben, zu diesen Erkenntnisquellen Stellung zu nehmen (BGH NJW 91, 2824, 2826). 6

3. Erkenntnisse aus anderen Verfahren. Schriftstücke aus den Akten anderer Gerichte oder anderer Verfahren des gleichen Gerichts können grds im Wege des Urkundenbeweises verwertet werden. Dies gilt zB für eine amtliche Auskunft (BVerwG NJW 86, 3221), ein Protokoll über eine Zeugenvernehmung (BGH NJW 00, 1420, 1421), ein Geständnis im Strafverfahren (BGH NJW-RR 04, 1001 f) oder allg für Feststellungen in einem Strafurteil (KG MDR 10, 265, 266). Die Verwertung setzt freilich stets einen Beweisantrag einer der Parteien oder jedenfalls eine entsprechende Anregung voraus (BGH NJW 05, 1324, 1325); die Zustimmung der anderen Partei ist dagegen nicht erforderlich (BGH NJW 85, 1470, 1471). Ohne einen entsprechenden Antrag oder eine Anregung dürfen deshalb Aussagen, die Zeugen vor dem erkennenden Gericht in einem anderen Verfahren gemacht haben, nicht verwertet werden (BGH NJW-RR 11, 569). Die 7 tatsächlichen Feststellungen aus anderen Gerichtsverfahren entfalten keine Bindungswirkung für den Richter des Zivilprozesses (BGH NJW 05, 1024, 1025). Auch ein Geständnis des Angeklagten im Strafprozess hat nicht die gleiche Wirkung wie ein zivilprozessuales Geständnis gem § 288. Es kann aber iRd Beweiswürdigung als wichtiges Indiz für die Wahrheit der zugestandenen Tatsache herangezogen werden und im Einzelfall auch zur Überzeugungsbildung ausreichen (zur Verpflichtung des Gerichts, sich mit den Feststellungen in einem Strafurteil auseinander zu setzen vgl KG MDR 10, 265, 266). Wird dagegen von der betroffenen Partei Beweis für die Unrichtigkeit ihres früheren Geständnisses angetreten, muss dieser zunächst erhoben werden (BGH NJW 04, 1001, 1002).

8 Der Beweiswert eines Protokolls über die frühere **Vernehmung eines Zeugen** in einem anderen Verfahren ist als eher gering einzuschätzen, weil die Verfahrensbeteiligten sich keinen persönlichen Eindruck von dem Zeugen verschaffen können, ihm keine Fragen stellen und Vorhalte machen können und eine Gegenüberstellung auch nicht möglich ist (BGH NJW 00, 1420, 1421). Soweit es um die Beurteilung der Glaubwürdigkeit eines Zeugen geht, kann der Beweiswert einer derartigen Urkunde sogar gänzlich fehlen. Die Richtigkeit einer auf diese Weise verwerteten Zeugenaussage aus einem anderen Verfahren darf auch nur aus Gründen angezweifelt werden, die sich aus der Urkunde selbst ergeben (BGH NJW-RR 92, 1214, 1215). Beantragt eine Partei die unmittelbare Vernehmung eines Zeugen, muss das Gericht diesem Antrag entsprechen und darf sich nicht mit der urkundlichen Verwertung der Aussage begnügen (BGH NJW 00, 1420, 1422). Der Urkundenbeweis darf nicht dazu dienen, das aus § 357 I folgende grundlegende Recht der Parteien auf Teilnahme an der Beweisaufnahme auszuhöhlen (Kobl MDR 06, 771). Widerspricht eine Partei der Verwertung einer derartigen Urkunde, kann darin schon der – stillschweigende – Antrag auf unmittelbare Vernehmung des Zeugen liegen (ThoPu/*Reichold* Rn 11).

9 Anders stellt sich die Rechtslage nach Einführung des § 411a durch das 1. JuMoG für **Sachverständigengutachten aus anderen Verfahren** dar. Nach dieser Vorschrift kann das Gericht die Einholung eines Sachverständigengutachtens durch die Verwertung eines gerichtlich – nach dem 2. JuMoG auch staatsanwaltlich – eingeholten Sachverständigengutachtens aus einem anderen Verfahren ersetzen (krit zur Neuregelung *Saenger* ZZP 121, 139, 156 ff). Die Besonderheit besteht darin, dass die Verwertung nicht im Wege des Urkundenbeweises, sondern unmittelbar als Sachverständigenbeweis erfolgt. Das Gutachten wird also so behandelt, als sei es in dem jetzt zu entscheidenden Rechtsstreit eingeholt worden. Den Parteien steht dementsprechend auch das Recht zu, den Sachverständigen wegen Besorgnis der Befangenheit abzulehnen (§ 406) oder ihn zur mündlichen Erläuterung (§ 411 III) bzw zur Ergänzung seines Gutachtens (§ 411 IV) zu verpflichten. Die Anordnung der Verwertung erfolgt durch Beschl, in dem der Sachverständige mit der Maßgabe ernannt wird, dass er kein neues schriftliches Gutachten zu erstatten hat (Zö/*Greger* § 411a Rn 1). Eines Beweisantritts der Parteien bedarf es nicht, wenn das Gericht von der Möglichkeit des § 144 Gebrauch macht. Die Verwertung eines Gutachtens aus einem anderen Verfahren setzt allerdings stets voraus, dass das Beweisthema des Sachverständigengutachtens im Kern identisch ist mit dem Beweisthema des zu entscheidenden Rechtsstreits, wobei nicht auf den Wortlaut der Beweisfrage abzustellen ist (vgl *Saenger* ZZP 121, 139, 156 sowie § 411a Rz 5). Sind die Voraussetzungen des § 411a nicht gegeben, ist stets zu prüfen, ob nicht eine Verwertung im Wege des Urkundenbeweises in Betracht kommt (vgl BGH MDR 08, 915). Ein in einem Strafverfahren eingeholtes Sachverständigengutachten kann allerdings in einem Zivilprozess nicht verwertet werden, wenn es an entscheidenden Stellen Unterstellungen zu Gunsten des Angeklagten (und jetzigen Beklagten) enthält (München NJW-Spezial 11, 43).

10 **IV. Einschränkungen der freien Beweiswürdigung. 1. Bindung an Denk-, Naturgesetze und Erfahrungssätze.** Die Freiheit des Richters bei der Beweiswürdigung erfährt zunächst eine Einschränkung dadurch, dass er bei seiner Überzeugungsbildung an zwingende Denk-, Naturgesetze und Erfahrungssätze gebunden ist (BGH NJW-RR 04, 425, 426). Zu den Denkgesetzen gehören va die Regeln der Logik. So liegt ein Verstoß gegen Denkgesetze vor, wenn das Gericht Indiztatsachen, die sich zwanglos mit dem gegensätzlichen Vorbringen beider Parteien vereinbaren lassen, nur für den Vortrag einer Partei für vereinbar hält, oder ihnen eine Indizwirkung beimisst, die sie nicht haben können (BGH NJW 93, 935, 938). Ebenso schließen gesicherte naturwissenschaftliche Erkenntnisse eine freie Beweiswürdigung aus. Das Gericht hat etwa im Verkehrsunfallprozess die physikalischen Gesetze der Bewegungsenergie, im Bauprozess diejenigen der Statik (Schellhammer Rn 554) und im Vaterschaftsfeststellungsprozess die biologischen Vererbungsgesetze (BGHZ 21, 337, 338 = NJW 56, 1716 f) zu beachten. Eine Bindung besteht ferner auch an den allgemeinen Erfahrungssatz, dass Kraftfahrer bei einem Blutalkoholgehalt von 1,1 ‰ und mehr absolut fahruntüchtig sind (BGHSt 37, 89, 92 ff = NJW 90, 2393 ff; bestätigt von BVerfG NJW 95, 125 f).

2. Distanz gegenüber den Beweismitteln. Das Gericht hat die erhobenen Beweise stets krit und sorgfältig zu würdigen (Zö/*Greger* Rn 13). So darf das Gericht die Ergebnisse eines **Sachverständigengutachtens** nicht ungeprüft übernehmen, sondern muss feststellen, ob der Sachverständige von der zutreffenden Tatsachengrundlage ausgegangen ist (BVerfG NJW 97, 1909, 1910; BGH NJW 10, 3230). Die Prüfungspflicht bezieht sich ferner auf die vollständige Verwertung der vom Gericht vorgegebenen Anknüpfungs- und Befundtatsachen, die die Gesetzmäßigkeit der Befunderhebung und die dem Gutachten zugrunde liegenden juristischen Vorstellungen (München NJW 11, 3729, 3730 mwN). Teilt der Sachverständige die Tatsachengrundlage nicht mit, ist sein Gutachten nicht verwertbar (BGH NJW 01, 2795, 2796). Zur notwendigen Beweiswürdigung gehört ggf auch die Beurteilung, ob der Sachverständige die zur Beantwortung der Beweisfragen erforderliche Sachkunde besessen hat (BGH NJW-RR 98, 1117). Weist das Gutachten Widersprüche auf, hat das Gericht zur Klarstellung eine schriftliche Ergänzung des Gutachtens (BGH NJW 93, 1524, 1525) einzuholen oder eine mündliche Erläuterung durch den Sachverständigen anzuordnen (BGH NJW 95, 779, 780). Verbleibende Unklarheiten und Zweifel muss das Gericht durch eine gezielte Befragung des Sachverständigen klären (BGH MDR 10, 1052, 1053). Führen diese Maßnahmen nicht zu einer Klarstellung, ist das Gericht mangels eigener Sachkunde gehalten, einen anderen Sachverständigen mit der Begutachtung zu beauftragen (BGH NJW 01, 1787, 1788; zur Einholung eines sog „Obergutachtens" vgl Saarbr NJW-Spezial 11, 169 sowie unten § 412 Rz 4). Haben die Parteien sich widersprechende Privatgutachten kompetenter Fachleute vorgelegt, muss das Gericht ebenfalls versuchen, die Widersprüche durch einen gerichtlich bestellten Sachverständigen zu klären (BGH NJW 93, 2382, 2383). 11

Der **Zeugenbeweis** ist das häufigste, aber auch unsicherste Beweismittel. Die Richtigkeit von Zeugenaussagen wird sehr leicht negativ beeinflusst durch vielfältige Fehlerquellen, etwa Wahrnehmungs-, Erinnerungs- und Reproduktionsmängel, das Alter des Zeugen, seine Bildung, sein Beobachtungsvermögen, seine allgemeinen Einstellungen oder seine persönlichen Beziehungen zu den Parteien (vgl dazu ausf *Kirchhoff* MDR 10, 791 ff). Der Richter muss sich deshalb von der Glaubwürdigkeit eines Zeugen in jedem Einzelfall ein Urt verschaffen. Es bedarf stets einer konkreten tatrichterlichen Würdigung nach ihrer objektiven Stimmigkeit und der persönlichen Glaubwürdigkeit (zu »gewillkürten« Beweisregeln in diesem Bereich s.u. Rz 17; zu Glaubwürdigkeitskriterien *Kirchhoff* MDR 10, 791, 793; Oberheim Rn 1785 ff.). Erst wenn das Gericht sich davon überzeugt hat, dass die Aussage des Zeugen glaubhaft und der Zeuge persönlich glaubwürdig ist, darf es die von dem Zeugen bekundeten Tatsachen seinem Urt zugrunde legen (BGH NJW 91, 3284, 3285). Zur Beurteilung der Glaubwürdigkeit eines Zeugen muss sich das Gericht in aller Regel einen persönlichen Eindruck verschaffen. Die Verwertung eines Vernehmungsprotokolls aus einem anderen Verfahren reicht dafür nicht aus (BGH NJW 00, 1420, 1421 sowie oben Rz 8). Kommt es entscheidend auf die Glaubwürdigkeit eines Zeugen an, ist es willkürlich, die Beweisaufnahme gem § 375 einem ersuchten Richter zu übertragen (Kobl MDR 08, 819). Ferner darf ein Berufungsgericht keinesfalls eine Zeugenaussage anders als das erstinstanzliche Gericht würdigen, ohne den Zeugen selbst zu vernehmen (BVerfG NJW 05, 1487; BGH NJW 11, 1364 mwN). Dies gilt auch im Hinblick auf objektive Umstände, die bei der Beweiswürdigung Rolle spielen können und von der 1. Instanz nicht beachtet worden sind (BVerfG NJW 11, 49, 50; BGH NJW-RR 93, 510). Ist der Zeuge lediglich von einem Mitglied eines Kollegialgerichts vernommen worden, kann von seiner persönlichen Vernehmung nur abgesehen werden, wenn es auf eine aktenkundige und der Stellungnahme durch die Parteien zugängliche Beurteilung der Glaubwürdigkeit durch den vernehmenden Richter zurückgreifen kann (BGH NJW 97, 1586, 1587). Eindrücke, die nicht in das Verhandlungsprotokoll aufgenommen worden sind, dürfen daher nach einem Richterwechsel nicht verwertet werden, selbst wenn von drei mitwirkenden Richtern nur einer nicht an der Beweisaufnahme teilgenommen hat (BVerfG NJW 08, 2243, 2244). Bevor das Gericht die Glaubwürdigkeit eines Zeugen bejaht, muss es sich mit dem entgegenstehenden Sachvortrag einer Partei ausf auseinandersetzen (BGH NJW-RR 04, 425, 426). Wird die Unglaubwürdigkeit eines Zeugen bejaht, darf daraus nicht ohne weitere Anhaltspunkte auf die Unglaubwürdigkeit der Partei selbst geschlossen werden (BGH NJW-RR 99, 246, 247). 12

Auch der **Zeuge vom Hörensagen** ist Zeuge, da er über eine eigene konkrete Wahrnehmung berichten soll. Er kann deshalb nicht als ein von vornherein unzulässiges Beweismittel angesehen werden (BVerfG NJW 01, 2245, 2246; BGHZ 168, 79, = NJW 06, 3416, 3418). Da er allerdings nur Äußerungen von Dritten wiedergibt, ist der Beweiswert einer solchen Aussage regelmäßig als gering anzusehen (BGH NJW 84, 2039, 2040). Eine Schlussfolgerung auf das Vorliegen des jeweiligen gesetzlichen Tatbestandsmerkmals wird dann häufig nur in Verbindung mit weiteren Indizien möglich sein. 13

14 **3. Ausschluss der Beweiswürdigung aus verfahrensrechtlichen Gründen.** Im Einzelfall kann das Gericht aus verfahrensrechtlichen Gründen gezwungen sein, eine Entscheidung gegen seine Überzeugung zu fällen. Hat etwa bereits eine Beweisaufnahme stattgefunden und erscheint der Beklagte in der nächsten mündlichen Verhandlung nicht, muss gegen ihn auf Antrag des Klägers Versäumnisurteil ergehen, selbst wenn das Beweisergebnis eindeutig zu seinen Gunsten ausgefallen ist (§ 370 Rz 6). Etwas anderes gilt nur dann, wenn sich das Klagevorbringen auf Grund der Beweisaufnahme als bewusst unwahr herausstellt (s. dazu ausf unten § 331 Rz 14). Auch ein gerichtliches Geständnis iSv § 288 zwingt das Gericht dazu, die zugestandene Tatsache als wahr zu behandeln, auch wenn es davon nicht überzeugt ist (zu den Ausnahmen § 288 Rz 8). Ferner sind im Urkunden-, Wechsel- und Scheckprozess gem §§ 595 II, 605 I und 605a Zeugen, Sachverständige und Augenschein als Beweismittel ausgeschlossen, so dass der Richter nur die von den Parteien eingereichten Urkunden würdigen darf. Nicht in die Beweiswürdigung einbezogen werden dürfen schließlich Beweisergebnisse, deren Verwertung ein **Beweisverwertungsverbot** entgegensteht (s. dazu ausf § 284 Rz 26 ff).

15 **4. Begründungspflicht (§ 284 I 2).** Nach § 284 I 2 sind im Urt die Gründe anzugeben, die für die richterliche Überzeugung leitend gewesen sind. Diese Begründungspflicht dient sowohl als Grundlage für eine Überprüfung der Entscheidung durch das Rechtsmittelgericht als auch der Selbstkontrolle des Richters, der dadurch gezwungen wird, die wesentlichen Gesichtspunkte seiner Überzeugungsbildung im Urt nachvollziehbar darzulegen (BGH NJW 91, 1894, 1895). Das Gericht braucht dabei nicht auf jedes einzelne Beweismittel ausf einzugehen. Das Urt muss lediglich erkennen lassen, dass eine umfassende Beweiswürdigung überhaupt stattgefunden hat (BGH NJW-RR 05, 568, 569). Eine nähere Begründung ist zB vonnöten, wenn ein Zeuge als unglaubwürdig angesehen werden soll (BGH NJW 91, 3284; Köln OLGR 98, 56 f), wenn das Gericht auf Grund seiner eigenen Sachkunde von den Feststellungen eines sachverständigen Zeugen (BGH NJW 03, 1325, 1326) oder Sachverständigen (BGH NJW 97, 1446) abweichen oder wenn es bei Vorliegen zweier sich widersprechender Gutachten für eines von beiden entscheiden will (BGH NJW-RR 04, 1679, 1680). Unzureichend als Begründung sind die in der Praxis weit verbreiteten **Floskeln** und **Leerformeln** (vgl dazu *Kirchhoff* NJW 99, 1473, 1474; gegen die Verwendung von »formelhaften Wendungen« auch BGH MDR 00, 323, 324). Formulierungen wie »Die Aussage war in sich klar und widerspruchsfrei« oder »Der Zeuge hat den Sachverhalt lebendig und anschaulich geschildert« (weitere Beispiele bei Baumgärtel/*Laumen* Bd 1 § 4 Rn 7) sind als Begründung unbrauchbar, weil ihnen letztlich kein Aussagewert zukommt. Sie können nämlich ohne weiteres für, aber auch gegen die Glaubhaftigkeit einer Aussage herangezogen werden.

16 **5. Gesetzliche Beweisregeln (§ 286 II).** Die freie Beweiswürdigung wird ausgeschlossen durch die von § 286 II ausnahmsweise zugelassenen Beweisregeln. Abweichend vom Wortlaut der Vorschrift sollten mit ihr nur die in den bei Inkrafttreten der ZPO noch geltenden landesrechtlichen Beweisregeln aufgehoben werden, nicht aber die Beweisregeln, die außerhalb der ZPO in anderen Reichs- und Bundesgesetzen enthalten sind (MüKoZPO/*Prütting* Rn 27). Solche Beweisregeln finden sich zB in § 190 StGB (BGH NJW 85, 2644, 2645), §§ 60, 66 PStG, § 318 III HGB und §§ 32–35 GBO. In der ZPO sind Beweisregeln enthalten in den § 165 (Protokoll), §§ 174 I 2, 183 II, 195 II, 270 S 2, 357 II 2, 497 I 2 (Zustellung), § 314 (Tatbestand; zur Reichweite BGH MDR 08, 816) und in den §§ 415–418, 435, 438 II (Beweiskraft öffentlicher und privater Urkunden). Entgegen seinem Wortlaut ist ferner § 371a I 2 (Qualifizierte elektronische Signatur) als Beweisregel anzusehen (Baumgärtel/*Laumen* Bd 1 § 4 Rn 9 mit Nw zur Gegenmeinung). Gesetzliche Beweisregeln schreiben ohne Rücksicht auf die Überzeugung des Gerichts die Wahrheit oder Unwahrheit einer Tatsache fest. Bis zum Beweis des Gegenteils (BGH NJW 02, 3027, 3028 für § 212a aF) – bzw bis zum Gegenbeweis im Falle des § 371a I 2 – schließen sie also jede Beweiswürdigung aus. Keine Beweisregeln, sondern Beweislastregelungen sind die gesetzlichen Vermutungen iSd § 292. Sie bestimmen, wer im Streitfall den Hauptbeweis zu führen und wer die Folgen der Beweislosigkeit zu tragen hat (§ 292 Rz 1 ff). Nicht zu den gesetzlichen Beweisregeln gehören ferner die Vorschriften über das Geständnis (§§ 288–290) sowie die Bestimmungen, die das Gericht als Folge einer unterbliebenen Prozesshandlung einer Partei verpflichten, bestimmte Tatsachen ohne Prüfung ihres Wahrheitsgehaltes seiner Entscheidung zugrunde zu legen (§§ 138 III, 239 IV, 242, 244 II 2, 331 I, 439 III, 539 II 1).

17 **6. »Gewillkürte« Beweisregeln.** Der Freiheit des Richters bei der Beweiswürdigung entspricht die Pflicht, diese Freiheit auch auszuschöpfen. Demgegenüber neigt die Praxis zuweilen dazu, diesen gesetzlich gewährten Freiraum durch die Bildung von zusätzlichen »gewillkürten« Beweisregeln wieder einzuschränken (vgl dazu Baumgärtel/*Laumen* Bd 1 § 4 Rn 11 ff). Bekannt und weit verbreitet war die sog **»Beifahrerrechtspre-**

chung« der Instanzgerichte, wonach den Zeugenaussagen von Insassen unfallbeteiligter Kraftfahrzeuge generell nicht zu folgen ist, wenn nicht andere objektive Anhaltspunkte für deren Richtigkeit sprechen (vgl zB LG Köln NZV 88, 28 f; AG München NJW 87, 1425 mit Anm *Putzo*). Der BGH hat darin zu Recht einen Verstoß gegen § 286 I gesehen, weil es nicht auf eine individuelle Würdigung des gesamten Inhalts der Verhandlung geht, sondern um die Anwendung einer abstrakten Beweisregel, die das Gesetz nicht kennt (BGH NJW 88, 566 mit zust Anm *Walter*; ebenso BGH NJW 95, 955, 956; KG MDR 09, 680; vgl auch Bambg MDR 04, 647, 648: kein Erfahrungssatz dafür, dass ein vorbestrafter Zeuge unglaubwürdig ist; krit aber *Foerste* NJW 01, 321, 322 f). Ebenso wenig können Aussagen von Personen, die am Prozessausgang wirtschaftlich interessiert sind, von vornherein als parteiisch oder unzuverlässig eingeordnet werden (BGH NJW 95, 955). Eine weitere ungeschriebene, aber weit verbreitete Beweisregel lautet etwa wie folgt: »Einem Zeugen ist zu glauben, wenn nicht ganz gewichtige Gründe gegen seine Zuverlässigkeit sprechen und sich diese Gründe auch in das Urt schreiben lassen« (grdl *Reinecke* MDR 86, 630; vgl auch *Einmahl* NJW 01, 469, 473; *Kirchhoff* MDR 10, 791, 792). Es bedarf keiner Begründung, dass sich eine derartige pauschale Würdigung ebenfalls nicht mit dem Grundsatz der freien Beweiswürdigung vereinbaren lässt (MüKoZPO/*Prütting* Rn 26).

Dies kann allerdings nicht bedeuten, dass nicht eine **typisierende Beweiswürdigung** in gewissen Grenzen zulässig oder gar geboten wäre (*Foerste* NJW 01, 321, 323 ff). Als notwendiger Bestandteil jeder Überzeugungsbildung können das Erfahrungswissen sowie das Judiz des erkennenden Richters ohne weiteres dazu führen, manchen Personengruppen mehr zu misstrauen bzw zu vertrauen. Im Rahmen einer konkreten und individuellen Beweiswürdigung ist eben auch der Umstand zu berücksichtigen, dass bei Beifahrern – die oft mit der jeweiligen Partei verwandt oder befreundet sind – nach der Lebenserfahrung die Wahrscheinlichkeit einer Falschaussage größer ist als bei anderen Zeugen (ebenso Jäckel Rn 725). Auf der anderen Seite wird den Aussagen von Polizeibeamten in der Praxis im Allgemeinen ein hoher Beweiswert beigemessen, weil sie schon kraft ihres Berufes zu besonders sorgfältiger und objektiver Beobachtung verpflichtet sind (Karlsr VersR 77, 937). Auch einer Bankquittung kommt üblicherweise im Hinblick auf das von den Banken regelmäßig eingesetzte qualifizierte Personal und die vorhandenen organisatorischen Kontrollmaßnahmen ein erhöhter Beweiswert zu (Köln NJW 93, 3079, 3080). 18

V. Überprüfung der Beweiswürdigung. 1. Berufung. Die Überprüfung der Beweiswürdigung durch das Berufungsgericht erfolgt nach Maßgabe des § 529 I 1. Danach ist es an die Beweiswürdigung der 1. Instanz gebunden, soweit nicht konkrete Anhaltspunkte Zweifel an der Richtigkeit und Vollständigkeit der entscheidungserheblichen Feststellungen begründen und deshalb eine erneute Feststellung gebieten. Die Prüfungskompetenz des Berufungsgerichts beschränkt sich aber nicht darauf, ob die Tatsachenfeststellung verfahrensfehlerfrei erfolgt ist (BGHZ 160, 83, 92 f = NJW 04, 2751, 2753). Zweifel an der Richtigkeit und Vollständigkeit der entscheidungserheblichen Feststellungen können sich vielmehr auch aus der Möglichkeit von unterschiedlichen Bewertungen ergeben (BVerfG NJW 05, 1487; BGHZ 162, 313, 317 = NJW 05, 1583, 1584; dazu *Manteuffel* NJW 05, 2963 ff; abl aber *Unberath* ZZP 120, 323, 338 ff im Hinblick auf die geänderte Funktion der Berufung nach der ZPO-Reform). Würdigt das Berufungsgericht ein Beweisergebnis anders als das erstinstanzliche Gericht, ist es nicht nur zu einer erneuten Tatsachenfeststellung berechtigt, sondern auch verpflichtet (BVerfG NJW 03, 2524; BGH NJW 07, 2919, 2921). Zu den Einzelheiten § 529 Rz 12 f. Nur diese Auslegung entspricht der Funktion des Berufungsgericht als zweite – wenn auch eingeschränkte – Tatsacheninstanz, dessen Aufgabe auch nach der Reform des Zivilprozesses von 2001 in der Gewinnung einer »fehlerfreien und überzeugenden«, dh der materiellen Rechtslage entsprechenden Entscheidung besteht (BTDrs 14/4722, 59 f). Dem Berufungsgericht steht es nach alledem also zB frei, die Glaubwürdigkeit eines Zeugen anders zu beurteilen als das erstinstanzliche Gericht. Es muss dann aber grds die Vernehmung des Zeugen wiederholen (BGH NJW-RR 02, 1649, 1650; NJW 07, 2919, 2921; s. dazu näher § 398 Rz 3). Das Gleiche gilt, wenn das Beweisergebnis aus anderen Gründen für das erstinstanzliche Gericht nicht verwertbar gewesen ist (BGH NJW 00, 2024, 2025 – Verstoß gegen § 355). 19

2. Revision. Demgegenüber ist das Revisionsgericht an die Beweiswürdigung des Tatrichters gebunden, wenn sich nicht ein begründeter Revisionsangriff gerade gegen dessen tatsächliche Feststellungen richtet (§ 559 II). Nach der üblichen Formulierung ist das Revisionsgericht auf die Prüfung beschränkt, ob sich der Tatrichter mit dem Prozessstoff und den Beweisergebnissen umfassend und widerspruchsfrei auseinandergesetzt hat, die Würdigung also vollständig und rechtlich möglich ist und nicht gegen Denkgesetze und Erfahrungssätze verstößt (BGH NJW-RR 04, 425, 426; BGHZ 186, 96, 110 Rn 38 = NJW-RR 11, 270, 274 20 mwN). Der revisionsrechtlichen Überprüfung unterliegen daneben Verfahrensfehler im Zusammenhang mit der Anwendung des §286. Überprüfbar ist danach zB, ob die Beweiskraft von Indizien richtig beurteilt worden sind (BGH NJW 93, 935, 938; krit dazu Zö/*Greger* Rn 24), die Voraussetzungen eines Anscheinsbeweises vorliegen (BGH NJW 97, 2757, 2759), ein Beweisantritt zu Unrecht übergangen worden ist (BGH NJW-RR 95, 722, 723 f), das von §286 geforderte Beweismaß eingehalten ist (BGH NJW 99, 486, 488), der Grundsatz der Unmittelbarkeit der Beweisaufnahme verletzt ist (BGH NJW 91, 1302; NJW-RR 11, 569), die Darstellung der leitenden Gründe für die Überzeugungsbildung im Urt ausreichend ist (BGH NJW 98, 2969, 2971) oder ein allgemeiner Erfahrungssatz verkannt worden ist (BGH NJW-RR 00, 1547, 1548 – Unvereinbarkeit mit Lebenserfahrung).

21 **C. Beweismaß. I. Einführung.** Während die Beweiswürdigung die Frage beantwortet, **ob** ein Beweis im konkreten Fall geführt ist, gibt das Beweismaß generell an, **wann** ein Beweis gelungen ist (Rz 3). Es bestimmt also den Grad der Gewissheit, der erreicht sein muss, um von der Wahrheit einer zu beweisenden Tatsache ausgehen zu dürfen (vgl BGHZ 53, 245, 256 = NJW 70, 946, 948). Das richtige Beweismaß ist als Rechtsfrage von der Beweiswürdigung als reine Tatfrage streng zu trennen (Baumgärtel/*Laumen* Bd 1 §4 Rn 56 mwN). Im Interesse der Vorhersehbarkeit und damit der Rechtssicherheit muss das Beweismaß rechtssatzmäßig bestimmt sein, dh es bedarf grds einer **abstrakt-generellen Regelung** (*Katzenmeier* ZZP 117, 187, 189). Der Richter ist deshalb daran gehindert, das Beweismaß im konkreten Einzelfall selbst zu bestimmen (aA ua R/S/G §113 Rn 15). Allein die Frage, ob das abstrakt festgelegte Beweismaß im konkreten Fall erreicht ist, unterliegt der Beurteilung durch den Richter. Aus der Abstraktheit des Beweismaßes folgt ferner, dass es der Parteidisposition entzogen ist (Rz 95). Die Unterscheidung zwischen abstraktem Beweismaß und dem im konkreten Fall erreichten Beweismaß hat schließlich Bedeutung für die Revisibilität einer Entscheidung, weil die Tatsachenfeststellung – anders als die Bestimmung des abstrakten Beweismaßes – vom Revisionsgericht nur eingeschränkt überprüfbar ist (Rz 20).

22 **II. Das Regelbeweismaß.** Lange Zeit war die Frage, ob der Richter seiner Überzeugung eine sehr hohe oder lediglich eine überwiegenden Wahrscheinlichkeit zugrunde legen muss, äußerst umstr. Unter dem Einfluss des anglo-amerikanischen und des skandinavischen Rechts sind die Befürworter des sog **Überwiegensprinzips** davon ausgegangen, dass eine Tatsache schon dann als bewiesen gelten kann, wenn ihr Vorliegen wahrscheinlicher ist als ihr Nichtvorliegen (*Kegel* FG Kronstein, 67, 321 ff; Motsch S. 37 ff; weitere Nachweise bei Baumgärtel/*Laumen* Bd 1 §4 Rn 59). Diese Lehre hat sich zu Recht nicht durchsetzen können (vgl Baumgärtel/*Laumen* Bd 1 §4 Rn 61 ff). Gegen sie spricht bereits der Wortlaut des §286 I, wonach für die Überzeugungsbildung entscheidend darauf abzustellen ist, ob eine tatsächliche Behauptung »für wahr oder nicht für wahr zu erachten sei« und nicht, ob eine Behauptung wahrscheinlich wahr oder wahrscheinlicher ist als eine andere. Damit stellt der Gesetzgeber als Regelbeweismaß auf die volle Überzeugung von der Wahrheit ab. Auch der Gegensatz zwischen §286 I einerseits und §287 sowie §294 andererseits lässt sich nur damit erklären, dass der Richter nach dem Willen des Gesetzgebers im Normalfall nicht schon die Tatsachen seiner Entscheidung zugrunde lagen darf, für deren Richtigkeit nur eine überwiegende Wahrscheinlichkeit spricht (MüKoZPO/*Prütting* Rn 36). Nur so lassen sich auch die zahlreichen Normen erklären, die in Abweichung von diesem Regelbeweismaß die Anforderungen an dieses Beweismaß absenken (vgl die Aufstellung bei Prütting S. 80 ff; s. ferner unten Rz 23). Das Überwiegensprinzip würde zudem das gesetzliche System der Beweislastverteilung weitgehend verdrängen und damit den Gerechtigkeitswert von Beweislastregeln (dazu *Katzenmeier* ZZP 117, 187, 213) außer Acht lassen. Auf der anderen Seite erfordert die Überzeugung keine mathematische, jeden Zweifel und jede Möglichkeit des Gegenteils ausschließende Gewissheit, weil eine solche ohnehin nicht zu erreichen ist (BGH NJW 98, 2969, 2971). Für eine behauptete Tatsache muss deshalb mit der ganz hM (St/J/*Leipold* Rn 5 ff mwN) eine sehr hohe Wahrscheinlichkeit sprechen, damit der Richter sie für wahr erachten und seiner Entscheidung zugrunde legen kann (sog **Vollbeweis**, s. §284 Rz 15).

23 **III. Beweismaßsenkung.** In einer Vielzahl von Fällen weicht das Gesetz vom Regelbeweismaß ab und begnügt sich mit einem geringeren Grad an richterlicher Überzeugung. Dazu gehören zunächst sämtliche Vorschriften, in denen das Gesetz die bloße Glaubhaftmachung einer behaupteten Tatsache ausdrücklich erlaubt oder gar vorschreibt (s. die Aufstellung §294 Rz 1). Bei ihnen reicht die überwiegende Wahrscheinlichkeit für das Vorliegen der jeweils behaupteten Tatsache aus (BGH NJW 02, 1429, 1430). Ferner gibt es zahlreiche Vorschriften, die zwar keine Glaubhaftmachung vorsehen, aber durch ihren Wortlaut die Anforderungen an die richterliche Überzeugung absenken, etwa §252 S 2 BGB (»mit Wahrscheinlichkeit erwartet

werden konnte«), § 651a II BGB (»wenn der Anschein begründet wird«), § 844 II BGB (»mutmaßliche Lebensdauer«), § 22 AGG (»vermuten lassen«) oder § 375 I und I a (»wenn ... anzunehmen ist«). Das Gleiche gilt für alle Normen, die dem Richter die Befugnis zur Schätzung einräumen, zB § 3 (Streitwertfestsetzung nach Ermessen) und § 287 (s. ausf § 287 Rz 17) oder die Bestimmung eines Betrages nach Billigkeitsgesichtspunkten zulassen (§§ 315 III 2, 319 I, 829, 2048 S 3 BGB).

Darüber hinaus kann eine Senkung des abstrakt und normativ festgelegten Regelbeweismaßes über die gesetzliche vorgesehenen Fälle hinaus in engen Grenzen auch durch eine richterrechtliche Rechtsfortbildung erfolgen (Baumgärtel/*Laumen* Bd 1 § 4 Rn 66 mwN; aA Zö/*Greger* Rn 20, der das Beweismaß für unabänderbar hält). Im Hinblick auf den normativen Charakter des Regelbeweismaßes muss eine solche Rechtsfortbildung auf Ausnahmefälle beschränkt werden, in denen eine Abweichung aus zwingenden, typischerweise vorliegenden Gründen geboten ist. Davon ist insb dann auszugehen, wenn die Verwirklichung einer Anspruchsnorm generell nur durch eine derartige Beweiserleichterung erreicht werden kann, die Anspruchsnorm also ohne eine Beweismaßsenkung leer laufen würde (*Baumgärtel* FS 600 Jahre Universität Köln, 88, 165, 177, 180). Als Beispiel für eine gelungene Rechtsfortbildung idS kann zB der **Beweis für das äußere Bild** gelten (näher Rz 48 ff). Beim **Nachweis der Kausalität** in Haftungsfällen werden ebenfalls aus Gründen des materiellen Rechts häufig geringere Anforderungen an das Beweismaß zu stellen sein, weil ansonsten entsprechende Ansprüche vielfach kaum durchsetzbar sein dürften (MüKoZPO/*Prütting* Rn 47; Walter S. 195 f, 201). Entgegen einer verbreiteten Auffassung ist mit der Anwendung des Anscheinsbeweises dagegen keine Beweismaßsenkung verbunden (Rz 27). 24

IV. Beweismaßsteigerung. Angesichts der vom Regelbeweismaß ohnehin geforderten sehr hohen Wahrscheinlichkeit eines Umstandes sind gesetzliche Beweismaßsteigerungen eher selten. Freilich kann die Verwendung des Wortes »offenbar« in einigen Vorschriften des materiellen Rechts – etwa §§ 319 I, 562a S 2, 660 I 2, 2155 III, 2217 I 1 BGB – darauf hindeuten, dass der Gesetzgeber in diesen Fällen besonders hohe Anforderungen an die richterliche Überzeugung normieren will (MüKoZPO/*Prütting* Rn 43; Huber S. 141 ff; abl aber Musielak/*Foerste* Rn 20, St/J/*Leipold* Rn 6). Eine Beweismaßsteigerung nimmt die Rspr bei Klagen nach § 826 BGB gegen rechtskräftige Urteile an, indem der Nachweis verlangt wird, dass das Urt »offensichtlich« unrichtig ist (BGH NJW 74, 557) und »strenge Anforderungen« an die Beweisführung gestellt werden (BGHZ 40, 130, 133 f = NJW 64, 349). 25

D. Anscheinsbeweis. I. Bedeutung. Der Anscheinsbeweis oder prima facie Beweis ist zwar im Gesetz nicht geregelt (§ 371a I 2 ist als Beweisregel anzusehen), hat aber in der Gerichtspraxis eine erhebliche Bedeutung und kann inzwischen als gewohnheitsrechtlich anerkannt gelten (Celle MDR 96, 1248; St/J/*Leipold* Rn 141). Von der Struktur her weist er Parallelen zu den gesetzlichen Vermutungen und zum Indizienbeweis auf, weil jeweils vom Vorliegen einer unstreitigen oder bewiesenen, aber an sich nicht erheblichen Tatsache auf das Vorhandensein einer zu einer entscheidungserheblichen Rechtsnorm gehörenden Haupttatsache geschlossen wird. Der Anscheinsbeweis dient letztlich dazu, mit Hilfe der allgemeinen Lebenserfahrung eine Lücke in der Sachverhaltsfeststellung zu überbrücken. Kennzeichnend für den Anscheinsbeweis ist eine »**Irgendwie-Feststellung**« durch den Richter (*Lepa* NZV 92, 129, 130). Bei einem Auffahrunfall geht das Gericht also zunächst vom Verschulden des Auffahrenden aus, ohne dass der Geschehensablauf im Einzelnen geklärt werden müsste. Es begnügt sich also mit der Feststellung, dass der Fahrer »irgendwie« fahrlässig gehandelt hat, weil er entweder zu schnell gefahren ist, keinen ausreichenden Abstand eingehalten hat oder auf ein Bremsen des Vorausfahrenden zu spät reagiert hat (vgl BGH NJW-RR 89, 670, 671). Die Funktion des Anscheinsbeweises besteht damit in einer Beweiserleichterung für die beweisführungsbelastete Partei. 26

II. Rechtsnatur. Es besteht heute Einigkeit darüber, dass der Anscheinsbeweis keinen Einfluss auf die Verteilung der objektiven Beweislast hat (anders noch *Diederichsen* NJW 66, 211, 214 ff; weitere Nachw bei Baumgärtel/*Laumen* Bd 1 § 12 Rn 5 Fn 22). Während die Anwendung von Beweislastnormen das Vorliegen eines non liquet zur Voraussetzung hat, soll der Anscheinsbeweis eine Beweislastentscheidung gerade verhindern. Abzulehnen ist auch die Auffassung, der Anscheinsbeweis sei dem materiellen Recht zuzuordnen, weil hinter ihm eine materiell-rechtliche Risikozuordnung stehe (Zö/*Greger* vor § 284 Rn 29). Dies widerspricht der engen methodischen Nähe des Anscheinsbeweises zum Indizienbeweis iRd richterlichen Beweiswürdigung (MüKoZPO/*Prütting*, Rn 54). Der Anscheinsbeweis stellt sich vielmehr als Beweiswürdigungsregel dar, die den Richter berechtigt und verpflichtet, die durch Erfahrungssätze begründete Wahrscheinlichkeit für das Vorliegen einer behaupteten Tatsache zur Überzeugungsbildung und damit zum Beweis ausreichen zu lassen. Es geht also um die konsequente Berücksichtigung des bestehenden Erfahrungswissens iRd freien Beweiswür- 27 digung. Terminologisch wäre es deshalb sachgerechter, von einer Beweiswürdigung auf Grund des ersten Anscheins zu sprechen (St/J/*Leipold* Rn 129). Entgegen einer verbreiteten Auffassung (HK-ZPO/*Saenger* Rn 39; St/J/*Leipold* Rn 133; weiter Nachw bei Baumgärtel/*Laumen* Bd 1 § 12 Rn 7 Fn 29) führt der Anscheinsbeweis nicht zu einer Reduzierung des Beweismaßes. Die beim Anscheinsbeweis anzuwendenden Erfahrungssätze müssen vielmehr geeignet sein, die volle Überzeugung des Gerichts von der Wahrheit einer Tatsachenbehauptung zu begründen (BGHZ 100, 31, 33 = NJW 87, 2876; R/S/G § 113 Rn 16; Baumgärtel/*Laumen* Bd 1 § 12 Rn 7 mwN). Davon zu trennen ist die Frage, ob die anzuwendenden materiell-rechtlichen Normen nach ihrem Sinn und Zweck – wie häufig beim Beweis der Kausalität – eine Reduzierung des Beweismaßes verlangen. Als Beweiswürdigungsregel ist der Anscheinsbeweis prozessrechtlicher Natur und unterliegt deshalb in Prozessen mit internationalen Bezügen der lex fori (BGH NJW 85, 554; MüKoZPO/*Prütting* Rn 50; *Thole* IPrax 10, 285, 286 f; aA ua AG Geldern NJW 11, 686, 687; Zö/*Geimer* § 363 Rn 160 mwN; *Staudinger* NJW 11, 650, 651 f).

28 **III. Voraussetzungen.** Die Anwendung der Grundsätze über den Anscheinsbeweis setzt das Vorliegen eines **typischen Geschehensablaufs** voraus, dh es muss ein Tatbestand feststehen oder bewiesen werden, bei dem die Regeln des Lebens und die Erfahrung des Üblichen und Gewöhnlichen dem Richter die Überzeugung vermitteln, dass auch in dem von ihm zu entscheidenden Fall der Ursachenverlauf so gegeben ist wie in den vergleichbaren Fällen (BGH NJW-RR 88, 789, 790; ähnl BGH NJW 02, 1644, 1646). Auf Grund der Typizität des Geschehensablaufs muss es sich also erübrigen, die tatsächlichen Einzelumstände eines historischen Geschehens nachzuweisen. Abzustellen ist dabei nicht ausschließlich auf die Wahrscheinlichkeit des angenommenen Geschehens, sondern auf dessen Erscheinungsform als **Muster** (BGH NJW 91, 230, 231). Auch eine weniger hohe statistische Wahrscheinlichkeit kann also zur Anwendung des Anscheinsbeweises führen. Auf Grund der Typizität des Geschehens wird der Richter trotz des Vorliegens einer ihm bewussten Lücke und ohne eine ins Einzelne gehende Ermittlung des konkreten Sachverhalts im Wege einer abstrakten Gesamtbetrachtung des Falles zur Entscheidung befugt. Die Darlegungs- und Beweislast für das Vorliegen eines typischen Geschehensablaufs trägt die Partei, die sich auf das Eingreifen eines Anscheinsbeweises beruft (BGHZ 7, 198, 201; BGH NJW 06, 300, 301). Dabei verändert sich das Beweisthema. Nicht die Haupttatsache bedarf des substantiierten Vortrags und des Beweises, sondern die Vermutungsgrundlage, dh die Tatsachen, aus denen sich der typische Geschehensablauf ergibt. Diese müssen voll bewiesen werden.

29 **IV. Die Entkräftung des Anscheinsbeweises.** Sind die Voraussetzungen des Anscheinsbeweises unstr oder bewiesen, hat dies eine **Umkehr der konkreten Beweisführungslast** zur Folge (Baumgärtel/*Laumen* Bd 1 § 3 Rn 53, § 12 Rn 27). Der Beweisgegner kann die durch das Vorliegen eines typischen Geschehensablaufs begründete Überzeugung des Gerichts durch die Führung des **Gegenbeweises** erschüttern, indem er Tatsachen darlegt und ggf beweist, aus denen sich die ernsthafte Möglichkeit eines von der Lebenserfahrung abweichenden Geschehensablaufs ergibt (BGHZ 100, 31, 34 = NJW 87, 2876). Diese Tatsachen müssen zur vollen Überzeugung des Gerichts bewiesen werden (BGH NJW-RR 89, 670, 671). Der Beweis des Gegenteils – dass sich nämlich der abweichende Geschehensablauf tatsächlich so ereignet hat-, braucht dagegen nicht geführt zu werden, weil der Anscheinsbeweis gerade keine Umkehr der objektiven Beweislast zur Folge hat. Die nur vage Möglichkeit eines abweichenden Geschehensablaufs reicht auf der anderen Seite nicht aus, um den Anscheinsbeweis zu erschüttern. Es ist vielmehr kennzeichnend für den Anscheinsbeweis, dass es – abstrakt – auch anders gewesen sein kann als der typische Geschehensablauf vermuten lässt. Gelingt dem Beweisgegner der Gegenbeweis, greift die ursprüngliche Beweislage wieder ein, so dass die beweisbelastete Partei wieder den vollen Beweis für die behauptete Haupttatsache trägt (Zweibr NJW-RR 02, 749).

30 **V. Die Revisibilität des Anscheinsbeweises.** Die tatsächlichen Feststellungen eines angefochtenen Urteils sind für das Revisionsgericht bindend, so dass die revisionsrechtliche Prüfung grds auf Grund des vom Berufungsgericht festgestellten Sachverhalts vorzunehmen ist. Im Zusammenhang mit der Anwendbarkeit des Anscheinsbeweises kann das Revisionsgericht aber überprüfen, ob ein bestehender Erfahrungssatz beachtet, ob er richtig angewandt und ob der Wahrscheinlichkeitsgrad des Erfahrungssatzes richtig eingeschätzt worden ist (BGH NJW 97, 2757, 2759; BGH MDR 10, 806, 807). Verletzte Rechtsnorm ist dabei unmittelbar § 286 und nicht etwa der jeweilige Erfahrungssatz. Dem Tatrichter bleibt aber die Beurteilung überlassen, welcher Beweiswert dem Erfahrungssatz im konkreten Fall zukommt (BGH NJW 73, 1411, 1412) und welche Tatsachen im Einzelfall ausreichen, um den Anscheinsbeweis zu erschüttern (BGH NJW 69, 277).

VI. Anwendungsbereich. Der Anscheinsbeweis war lange Zeit auf den Nachweis der Kausalität und des Verschuldens beschränkt. Inzwischen findet er aber auch bei vielen anderen Tatbestandsmerkmalen Anwendung (vgl die Übersicht bei E. Schneider Rn 401 ff). Entscheidend ist jeweils, ob für den betreffenden Bereich genügend gesicherte Erfahrungssätze vorhanden sind, die den Schluss auf das Vorliegen eines bestimmten Tatbestandsmerkmals zulassen. 31

1. Haftungsbegründende Kausalität. Im Wege des Anscheinsbeweises kann sowohl der Schluss von der Ursächlichkeit eines Fehlverhaltens auf den eingetretenen Schaden als auch der umgekehrte Schluss von bestimmten Schadensbildern auf eine typische Ursache gezogen werden (BGH NJW 97, 528, 529). So können die erlittenen Verletzungen eines Fahrzeuginsassen dem ersten Anschein nach dafür sprechen, dass er nicht angeschnallt gewesen ist (BGH NJW 91, 230, 231). Steht fest, dass ein Fahrer entgegen § 21 a I 1 StVO nicht angeschnallt war, greift ein Anscheinsbeweis dafür ein, dass bei einem Frontalzusammenstoß mit einer mittleren Aufprallgeschwindigkeit Verletzungen an Kopf und Brust vermieden worden wären, wenn der Sicherheitsgurt angelegt worden wäre (Naumb MDR 08, 1031). Bei der **Verletzung von Schutzgesetzen** kommt ein Anscheinsbeweis in Betracht, wenn im Zusammenhang mit dem Verstoß gerade derjenige Schaden eingetreten ist, der mit Hilfe des Schutzgesetzes verhindert werden sollte (BGH NJW-RR 86, 1350 – fehlender Handlauf bei einer Treppe; ebenso Köln VersR 92, 512, 513; BGH NJW 05, 2454 – Loch in der Pflasterung eines Gehweges). Das Gleiche gilt für die Verletzung von **Unfallverhütungsvorschriften** (BGH NJW 84, 360, 362 – Zusammenbruch eines nicht DIN-gerechten Gerüstes; BGH MDR 85, 42 – unzureichende Sicherung bei einer Kreissägemaschine), von **Verkehrssicherungspflichten** (BGH NJW 94, 945, 946 – extreme Glätte von mit Steinfliesen belegten Treppenstufen; BGH NJW 01, 2019, 2020 – Hörsturz durch überlauter Musik bei Rockkonzert; einschränkend Karlsr JZ 00, 789 mit Anm *Stadler/Bensching*; BGH NJW 08, 3775, 3777 – Salto auf Trampolin; dazu *Wesser* NJW 08, 3761 ff; Frankf MDR 09, 263 – fehlende Polsterung von Metallpfosten an der Talstation eines Skilifts) und von **Aufsichtspflichten** (KG NJW-RR 00, 242, 243 – Ertrinken eines Nichtschwimmers in einem Spaßbad). 32

Ist die Fahrtüchtigkeit eines Fahrers infolge Alkoholeinfluss beeinträchtigt, so ist dies dem ersten Anschein nach ursächlich für einen zeitlich eng nachfolgenden Unfall, wenn ein nüchterner Fahrer die Verkehrssituation gemeistert hätte (BGH NJW 92, 119, 120, vgl auch Köln NJOZ 03, 2308). Grundsätzlich besteht auch ein Anscheinbeweis dafür, dass der Konsum von Cannabis ursächlich für einen nachfolgenden Unfall gewesen ist. Dieser Anscheinsbeweis ist aber erschüttert, wenn der Unfall auch für einen Idealfahrer unvermeidbar gewesen ist (Saarbr NJW 07, 1889, 1890). Bei einem **Glatteisunfall** spricht der erste Anschein dafür, dass der Unfall bei Erfüllung der Streupflicht vermieden worden wäre, falls der Geschädigte innerhalb der zeitlichen Grenzen der Streupflicht zu Fall gekommen ist (BGH NJW 84, 432, 433 = JR 84, 247 mit Anm *Baumgärtel*; BGH NJW 09, 3302, 3303; zur Erschütterung dieses Anscheinsbeweises s. Celle NJW-RR 04, 1251). Das Auffahren auf ein unbeleuchtetes Fahrzeug ist dem ersten Anschein nach auf die fehlende Beleuchtung zurückzuführen (BGH VersR 64, 296; Frankf MDR 05, 985, 986), die tödlichen Kopfverletzungen eines Motorradfahrers auf die fehlende Benutzung eines Schutzhelms (BGH NJW 83, 1380). Steht die HIV-Kontaminierung eines Blutprodukts fest (was der Geschädigte zu beweisen hat), so greift ein Anscheinsbeweis dafür ein, dass die HIV-Infektion des Empfängers (und dessen Ehepartners) auf die Transfusion dieses Blutes zurückzuführen ist, wenn die Infizierten weder einer Risikogruppe angehörten noch nach der Art ihrer Lebensführung einer gesteigerten Infektionsgefahr ausgesetzt waren (BGH NJW 05, 2614, 2615 = BGHReport 05, 1318 mit Anm *Laumen*; BGH NJW-RR 2010, 1331, 1332; s. dazu auch *Katzenmeier* NJW 05, 3391 ff). Ist ein Immunglobulinpräparat mit einem Hepatitis C-Virus infiziert gewesen, kann dem ersten Anschein nach davon ausgegangen werden, dass die Hepatitis C-Infektion eines Patienten durch das Präparat verursacht worden ist (Celle NJW-RR 97, 1456, 1457). Entsteht kurz nach dem Hantieren mit einem Feuerzeug in einer mit Stroh und Heu gefüllten Feldscheune ein Brand, so ist dieser dem ersten Anschein nach auf das Erzeugen der offenen Flamme zurückzuführen (BGH NJW 10, 1072, 1073). Das Abbrechen eines Zahns beim Verzehr eines aus verschiedenen Fleischstücken und Hackfleischröllchen bestehenden Gerichts ist dagegen nicht dem ersten Anschein nach auf ein in der Hackfleischmasse verborgenen festen Fremdkörper zurückzuführen (BGH NJW 06, 2262, 2263). 33

2. Verschulden. Bei typischen Geschehensabläufen wird das Verschulden dem ersten Anschein nach als bewiesen angesehen, wenn der Schadenserfolg nach allgemeiner Lebenserfahrung auf einem schuldhaften Verhalten beruht. 34

35 a) **Straßenverkehr.** Geeignete Sätze der Lebenserfahrung, die für ein Verschulden eines der Beteiligten sprechen, finden sich va im Straßenverkehrsrecht (ausf *Metz* NJW 08, 2806 ff; *Martis/Enslin* MDR 09, 489 ff; *Dörr* MDR 10, 1163 ff). So spricht das Auffahren auf ein Fahrzeug dem ersten Anschein nach dafür, dass der Fahrer fahrlässig gehandelt hat, weil er entweder keinen ausreichenden Sicherheitsabstand eingehalten, zu schnell gefahren oder auf eine Geschwindigkeitsverminderung des Vorausfahrenden zu spät reagiert hat (BGH NJW 89, 670, 671; MDR 07, 717). Dieser Anscheinsbeweis ist erschüttert, wenn der Vorausfahrende ohne zwingenden Grund (Frankf NJW 07, 87, 88) oder zur Disziplinierung des Auffahrenden (München NJW-Spezial 08, 393) scharf gebremst hat, zurückgerollt oder rückwärts gefahren (Hamm ZfS 01, 355), seinerseits aufgefahren ist (Ddorf VersR 99, 729, 730) oder kurz zuvor einen Fahrbahnwechsel vollzogen hat (BGH MDR 11, 157 – Überholvorgang kurz vor Autobahnausfahrt; Köln OLGR 96, 187; Saarbr MDR 09, 1336, 1337; KG NJW 11, 28, 29; ausf zum Auffahrunfall *Quaisser* NJW-Spezial 11, 585 f.). Bleibt bei einem Zusammenstoß zwischen zwei Fahrzeugen ungeklärt, ob der Unfall durch ein Zurücksetzen oder ein Auffahren erfolgt ist, fehlt es jedoch an der tatsächlichen Grundlage für eine Anwendung des Anscheinsbeweises (Hamm NJW-Spezial 10, 297). Ein Anscheinsbeweis für das Verschulden des Fahrers ist ferner dann anzunehmen, wenn er ohne erkennbaren Grund von der Fahrbahn abkommt und auf die Gegenfahrbahn gerät (BGH NJW-RR 86, 383; zur Erschütterung dieses Anscheinsbeweises vgl BGH NJW 96, 1828), wenn er auf regennasser (BGH VersR 71, 439), vereister (BGH VersR 69, 895), schneeglatter Fahrbahn (BGH VersR 71, 842, 843; Schlesw NZV 98, 411) oder allgemein in einer Verkehrslage, die bei ordnungsgemäßer Fahrweise ohne weiteres zu meistern gewesen wäre (BGH VersR 64, 532) ins Schleudern gerät, wenn es in einem unmittelbaren räumlichen und zeitlichen Zusammenhang mit seiner Vorfahrtsverletzung zu einem Unfall kommt (BGH NJW 82, 2668; s.a. KG MDR 08, 81 – Einfahrt in eine Autobahn) oder wenn er beim Linksabbiegen mit einem entgegen kommenden und geradeaus fahrenden Fahrzeug zusammenstößt (BGH NJW-RR 07, 1077; Frankf NZV 10, 508, 509; KG MDR 10, 266). Das Gleiche gilt bei einer Kollision mit einem überholenden Fahrzeug für den nach links in ein Grundstück Einbiegenden (Bremen MDR 10, 26; KG MDR 10, 568; MDR 11, 97, 98). Bei einem Unfall im Zusammenhang mit einem Ein- und Aussteigen aus einem am Fahrbandrand geparkten Fahrzeug (BGH NJW 09, 3791, 3792; KG MDR 08, 260; ausf dazu *Schauseil* MDR 11, 961 ff.) oder mit dem Anfahren vom Fahrbahnrand (Saarbr MDR 03, 506, 507) spricht der Anscheinsbeweis für ein Verschulden des Ein- oder Aussteigenden bzw des Anfahrenden (ausf *Quaisser* NJW-Spezial 12, 9). Ein Anscheinsbeweis greift schließlich auch ein gegen einen Fahrer, der beim Ausfahren aus einem Grundstück einen Verkehrsunfall erleidet (Köln DAR 06, 27, 28). Weicht ein Fahrzeugführer einem auf seine Fahrspur wechselnden Fahrzeug aus und kollidiert infolgedessen mit der Leitplanke, so wird dem ersten Anschein nach ein Verschulden des den Fahrstreifen wechselnden Fahrzeugführers vermutet (LG Saarbrücken NJW-RR 11, 32).

36 Der allgemein gegen einen Wartepflichtigen eingreifende Anscheinsbeweis für das Vorliegen eines Verkehrsverstoßes ist allerdings erschüttert, wenn Tatsachen nachgewiesen werden, aus denen sich die ernsthafte Möglichkeit ergibt, dass der Vorfahrtsberechtigte beim Anfahren noch nicht sichtbar gewesen ist (Brandbg MDR 10, 265). Das Gleiche gilt, wenn der Vorfahrtsberechtigte unmittelbar vor dem Unfall unter Verstoß gegen § 5 III Nr. 1 StVO ein anderes Fahrzeug überholt hat, dessen Fahrer keine Mühe hatte, rechtzeitig vor Erreichen der im Kreuzungsbereich liegenden Unfallstelle anzuhalten (Saarbr NJW-Spezial 10, 746).

37 Dem ersten Anschein nach schuldhaft handelt auch, wer im betrunkenen Zustand nicht in der Lage ist, eine Verkehrssituation zu meistern, die ein nüchterner Fahrer ohne weiteres bewältigt hätte (BGHZ 18, 311, 318 f = NJW 56, 21; Naumbg RuS 05, 54; Hamm NJW-Spezial 10, 362). Dies gilt sowohl für Kraftfahrer, Fahrradfahrer als auch für Fußgänger. So spricht der erste Anschein für ein Verschulden eines Fußgängers, der betrunken auf der Straße liegt und dann überfahren wird (BGH NJW 76, 897). Ereignet sich ein Verkehrsunfall in unmittelbarem Zusammenhang mit dem Überqueren der Fahrbahn durch einen Fußgänger, so kann ein Anscheinsbeweis dafür sprechen, dass der Fußgänger unter Missachtung der Sorgfaltsangelegenheiten des § 25 III StVO auf die Fahrbahn getreten ist. Dieser Anscheinsbeweis ist allerdings erschüttert, wenn die Straße nur eingeschränkt eingesehen werden konnte und die ernsthafte Möglichkeit besteht, dass der Fußgänger das Fahrzeug bei Beginn der Überquerung noch nicht sehen konnte (Saarbr MDR 10, 1182, 1183). Bei einem Zusammenstoß eines Rückwärtsfahrenden mit einem stehenden Fahrzeug spricht der erste Anschein für eine Sorgfaltspflichtverletzung des Rückwärtsfahrenden (KG MDR 10, 503). Kommt es bei Anwendung des sog Reißverschlussverfahrens im unmittelbaren Zusammenhang mit dem Einfädeln zu einer Kollision, handelt der Spurwechsler dem ersten Anschein nach schuldhaft (AG Dortmund NJW 10, 2523, 2524, vgl auch *Heß/Burmann* NJW 11, 1124, 1127). Das Gleiche gilt, wenn sich ein Unfall in

einem unmittelbaren zeitlichen und örtlichen Zusammenhang mit einem Wendemanöver ereignet (KG NZV 02, 230).

b) Arzthaftung. Im Arzthaftungsrecht ist der Anwendungsbereich des Anscheinsbeweises eher eingeschränkt, weil nicht ohne weiteres aus dem Misslingen einer ärztlichen Behandlung auf ein Verschulden des Arztes geschlossen werden kann (vgl Baumgärtel/*Katzenmeier* Bd 6 § 823 Anh II Rn 9). Ein Anscheinsbeweis ist jedoch zu bejahen, wenn die medizinische Behandlung zu einem Schaden geführt hat, der typischerweise auf einem ärztlichen Behandlungsfehler beruht (ausf Katzenmeier S. 429 ff). Ein Verschulden wird man insb annehmen können, wenn Gegenstände in der Operationswunde zurückgelassen werden, etwa das Zurücklassen einer großen Arterienklemme in der Bauchhöhle (BGHZ 4, 138, 144 = NJW 52, 382) und das Auffinden eines Bauchtuches (BGH VersR 52, 180, 181), von Tamponresten (BGH VersR 56, 577, 578) in der Operationswunde oder eines Katheterstücks in der Arterie zwischen Herz und Lunge (Hamm VersR 78, 332). Tritt nach der Injektion eines Medikaments eine Lähmung (BGH VersR 57, 336) oder eine ausgedehnte Gewebenekrose (Ddorf VersR 84, 241) auf, kann ebenfalls dem ersten Anschein nach von einem Verschulden des Arztes ausgegangen werden. Für eine schuldhaft falsche Spritztechnik des Arztes spricht es, wenn sofort nach der Injektion eines Antirheumatikums in den Gesäßmuskel erhebliche Schmerzen auftreten (LG Ravensburg VersR 88, 1076). Ein Anscheinsbeweis für ein schuldhaftes Verhalten von Krankenhausmitarbeitern greift schließlich dann ein, wenn ein Patient beim Einschieben in einen Krankenwagen mit dem Kopf an die Oberkante des Fahrzeugs stößt (Hamm MDR 06, 1228). 38

c) Schiffsverkehr. Bei dem Zusammenstoß von Schiffen spricht der erste Anschein für ein Verschulden des Schiffsführers, wenn er gegen einschlägige Vorschriften des Schiffsverkehrs (BGH MDR 71, 562 – Nichtabgabe der vorgeschriebenen Nebelzeichen; Hambg MDR 74, 675 – unterlassene Schallsignale) oder gegen Regeln der seemännischen Praxis verstoßen hat (BGH NJW 69, 1109 – Verlust eines Ankers; zur Erschütterung dieses Anscheinsbeweises bei Vorliegen eines verborgenen Materialfehlers BGH VersR 77, 247, 248). Fährt ein Schiff auf ein vorausfahrendes (Köln VersR 79, 439) oder stillliegendes Schiff (BGH MDR 82, 646; anders, wenn das stillliegende Schiff nicht beleuchtet war, BGH MDR 66, 578) auf, so beruht dies dem ersten Anschein nach auf einem Verschulden der Schiffsführung des auffahrenden Schiffes. Das Gleiche gilt, wenn ein Schiff mit einem Bauwerk kollidiert (BGH VersR 65, 560). 39

d) Skiunfälle. Bei einer Kollision von zwei Skifahrern, von denen der eine Fahrer sich vor dem Unfall hinter dem anderen Fahrer befunden hat, spricht ein Beweis des ersten Anscheins dafür, dass der hintere Skifahrer den Unfall durch eine Verletzung der Regel Nr. 3 des internationalen Skiverbandes (uneingeschränkter Vorrang des vorausfahrenden Skifahrers) und damit schuldhaft verursacht hat (Brandb MDR 08, 860, 861). Die sog FIS-Regeln stellen in den Alpenländern geltendes Gewohnheitsrecht dar (Hamm NJW-RR 01, 1537; Ddorf VersR 97, 193 f). Sie gelten auch für Snowboard-Fahrer (Brandb MDR 06, 1113). Wird also etwa ein Skifahrer durch einen Snowboard-Fahrer an der hinteren Körperhälfte verletzt, so streitet für ihn der Anscheinsbeweis, dass der Snowboard-Fahrer den Vorrang des vorausfahrenden Skifahrers nicht beachtet hat. Dieser Anscheinsbeweis ist jedoch erschüttert, wenn der Zusammenprall im spitzen Winkel während eine fast abgeschlossenen Überholvorgangs erfolgt ist (Brandb MDR 06, 1113, 1114). 40

e) Grobe Fahrlässigkeit und Vorsatz. Entgegen der hM (BGH NJW 03, 1118, 1119; *Oberheim* JuS 96, 918, 919 jeweils mwN) kann im Einzelfall auch eine bestimmte Schuldform – grobe Fahrlässigkeit und Vorsatz – einem Anscheinsbeweis zugänglich sein (ebenso Prütting S. 107; *Walter* ZZP 90, 270, 278). Maßgeblich ist, ob ein typischer Vorgang bewiesen oder unstr ist, der nach der Lebenserfahrung den Schluss auf eine ungewöhnlich grobe Sorgfaltspflichtverletzung zulässt. So hat etwa ein Verstoß gegen § 12 I Nr 5 UVV ein so großes Gewicht, dass er schon für sich allein ein subjektiv gesteigertes Verschulden nahe legt (BGH NJW 01, 2092, 2093 – tödlicher Sturz aus 5,4 m Höhe). Ein Anscheinsbeweis für das Vorliegen grober Fahrlässigkeit ist ferner angenommen worden, wenn ein Fahrzeugführer sein Fahrzeug bei 10 %-igem Gefälle ohne Einlegen eines Ganges abstellt (Karlsr MDR 07, 721), wenn ein Pilot mit einem nur für Sichtflug ausgerüsteten Flugzeug in ein schweres Gewitter hinein fliegt (LG Ravensburg VersR 82, 389), wenn ein Fahrer mit einer Blutalkoholkonzentration von 2,0 ‰ einen Unfall verursacht (Köln VersR 69, 1014, 1015; vgl auch Hambg VersR 83, 236–1,3 ‰; Köln RuS 93, 406, 407–1,9 ‰; Naumbg RuS 05, 54–1,15 ‰; Hamm NJW 11, 85 – Überschreitung von 1,1 ‰) oder wenn ein Kraftfahrer ohne erkennbaren Anlass auf ein beleuchtetes Hindernis auffährt (LG Tübingen VersR 66, 726). Mangels eines typischen Geschehensablaufs wird es dagegen für ein **vorsätzlichen Handeln** regelmäßig keinen Anscheinsbeweis geben können (abl zB 41

BGH NJW 02, 1643, 1645 für eine vorsätzliche Brandstiftung, BGH VersR 79, 281, 282 für die Verwirklichung einer sonstigen Straftat). Ausnahmsweise ist ein Anscheinsbeweis für eine vorsätzliche sittenwidrige Schädigung zu Lasten der Gläubiger einer Gesellschaft angenommen worden, wenn die Geschäftsführer sämtliche Geschäftsanteile der Gesellschaft ohne jegliche Sicherheit für einen Kaufpreisanspruch veräußert haben (Dresd MDR 01, 884).

42 **3. Individuelle Willensentschlüsse.** Nach stRspr des BGH kommt ein Anscheinsbeweis für individuelle Willensentschlüsse nicht in Betracht, weil sie von jedem Menschen nach verschiedenen, ihm eigenen Gesichtspunkten gefasst würden, so dass es an der erforderlichen Typizität des Geschehensablaufs fehle. Dies hat er mehrfach für die **Absicht zur Selbsttötung** (BGHZ 100, 214, 216 = NJW 1987, 1944) und für den **Vorsatz zur Brandstiftung** entschieden (BGHZ 104, 256, 261 = NJW 88, 2040, 2041), ferner etwa für den Entschluss zur Scheidung zu einem bestimmten Zeitpunkt (BGH LM Nr 11 (C)), für eine arglistige Täuschung (BGHZ 31, 351, 357 = NJW 60, 818), für die Fahruntüchtigkeit bei einem unter der absoluten Grenze liegenden Alkoholisierungsgrad (BGH NJW 88, 1846) oder für die Beachtung des Beurkundungsgesetzes (BGH NJW-RR 03, 1432, 1434). Daran ist sicher richtig, dass es im Bereich individueller Willensmomente vielfach an Erfahrungssätzen fehlen wird, die eine Anwendung des Anscheinsbeweises ermöglichen. Auf der anderen Seite sind auch das Wissen, die Entschlüsse oder die Gefühle einer Person häufig »typisch«. Die nach dem ersten Anschein begründete Annahme eines bestimmten äußeren Handlungsablaufs schließt häufig die Feststellung innerer Vorgänge mit ein (vgl Baumgärtel/*Laumen* Bd 1 § 12 Rn 50 mwN). Es sind deshalb durchaus Erfahrungssätze denkbar, die typischerweise auf bestimmte subjektive Willensentscheidungen schließen lassen. Dem trägt auch die Rspr des BGH Rechnung, indem er im Einzelfall doch einen Anscheinsbeweis für individuelle Willensentscheidungen zulässt. So nimmt er bei der Haftung von Anwälten, Notaren, Steuer- und Anlageberatern wegen der Verletzung der Aufklärungs- und Beratungspflicht in inzwischen stRspr im Wege des Anscheinsbeweises eine **Vermutung des aufklärungsrichtigen Verhaltens** an (für die Anwaltshaftung BGH NJW 04, 1521, 1522; für die Notarhaftung BGH NJW 00, 664, 667; für die Steuerberaterhaftung BGH NJW 04, 444 f; für die Prospekthaftung bei Anlageberatung BGH NJW-RR 10, 952, 953). Bei kaufmännischen Umsatzgeschäften besteht ein Anscheinsbeweis für den Ursachenzusammenhang zwischen einer arglistigen Täuschung des Verkäufers und dem Kaufentschluss des Käufers (BGH NJW 58, 177). Befindet sich ein Warnhinweis auf einem Produkt, besteht ein Anscheinsbeweis dafür, dass Verbraucher diesem Hinweis auch Folge leisten (BGH NJW 92, 560, 562). Begehrt ein Mieter Schadensersatz wegen Vortäuschung des Eigenbedarfs, spricht der erste Anschein für eine Vortäuschungsabsicht, wenn der Mieter die freigemachte Wohnung nicht selbst bezogen hat (LG Aachen WuM 95, 164; LG Mannheim WuM 95, 710; offen gelassen von BGH NJW 05, 2395 ff = BGHReport 05, 1161 ff mit Anm *Laumen*; vgl dazu auch BVerfG NJW 97, 2377). Die Zugabe von Diäthylenglycol zu Wein begründet schließlich einen Anscheinsbeweis dafür, dass dies in der Absicht erfolgt ist, eine höhere Weinqualität vorzutäuschen (AG Bad Kreuznach MDR 87, 232).

43 **4. Weitere Einzelfälle.** Ein Anscheinsbeweis für den **Zugang von Willenserklärungen** kommt nicht in Betracht. Die gilt sowohl für die Übermittlung durch einfache Briefe, Einschreibebriefe, Telefaxe (BGH NJW 95, 665, 666; aA München MDR 99, 286 iVm einer eidesstattlichen Versicherung des Absenders; Celle NJOZ 08, 3072, 3078) oder E-Mails (zum Ganzen ausf Baumgärtel/*Laumen* Bd 2 § 130 Rn 2 ff). Zwar ist ein Erfahrungssatz des Inhalts, dass abgesendete Willenserklärungen den Empfänger auch erreichen, nach der Statistik durchaus anzuerkennen. Da der Erklärungsgegner den negativen Beweis der ernsthaften Möglichkeit, dass ihm die Willenserklärung nicht zugegangen ist, regelmäßig nicht zu führen vermag, würde das an sich zu beweisende Merkmal des Zugangs praktisch durch den bloßen Beweis der Absendung ersetzt, was der in § 130 I 1 BGB zum Ausdruck kommenden gesetzlichen Wertung widerspricht (BGHZ 24, 308, 312 ff = NJW 57, 1230, 1231). Eine Ausnahme wird man machen müssen bei sog **Einwurf-Einschreiben**, wenn ein von dem zustellenden Mitarbeiter der Post unterschriebener Auslieferungsbeleg vorgelegt wird, in dem die Tatsache der Zustellung bestätigt wird (AG Paderborn NJW 00, 3722, 3723; Baumgärtel/*Laumen* Bd 2 § 130 Rn 21 mwN). Bei der Versendung einer **E-Mail** rechtfertigen sowohl eine Eingangsbestätigung als auch eine Lesebestätigung im Wege des Anscheinsbeweises den Schluss darauf, dass die E-Mail auch zugegangen ist (*Mankowski* NJW 04, 1901, 1902; Baumgärtel/*Laumen* Bd 2 § 130 Rn 30). Dagegen besteht kein Anscheinsbeweis dafür, dass eine E-Mail vom angegebenen Absender stammt (Köln OLGR 02, 396; s. dazu näher Baumgärtel/*Laumen* Bd 2 § 126a Rn 6 ff mN zur Gegenmeinung).

Treten in einem engen zeitlichen Zusammenhang mit **Abbrucharbeiten** auf einem Grundstück bei einem Nachbarhaus, das 28,5 m entfernt ist, Risse in der zugewandten Außenwand auf, die ihren Ausgang von einer Absenkung im Bereich des Kellers nehmen, kann dem ersten Anschein nach von einer Verursachung der Risse durch die Abbrucharbeiten ausgegangen werden (Frankf MDR 10, 22). Ist ein Vertrag seiner inhaltlichen Gestaltung nach für eine mehrfache Verwendung entworfen und von einem Bauträger gestellt worden, spricht der erste Anschein für einen vom Bauträger verwendeten **Formularvertrag,** der der Kontrolle durch die §§ 305 ff. BGB unterliegt (BGHZ 118, 229, 238 = NJW 92, 2160, 2162). Bei kleineren und mittleren Arbeitseinkommen und einer gleichbleibend geringen Überzahlung des Arbeitsentgelts spricht ein Anscheinsbeweis für eine Entreicherung des Arbeitnehmers (BAG NJW 96, 411, 412). Ist einem Arbeitnehmer in zeitlichem Zusammenhang mit einer Krankheit gekündigt worden, kann dem ersten Anschein nach davon ausgegangen werden, dass die Kündigung aus Anlass der Arbeitsunfähigkeit erfolgt ist (BAG NJW 81, 1061). Sind **Nachnahmesendungen** ausgehändigt worden, so greift ein Anscheinsbeweis dafür ein, dass sie auch bezahlt worden sind (LG Hannover NJW-RR 99, 1225). Dies setzt allerdings voraus, dass der vom Versender erteilte Auftrag auch ordnungsgemäß ausgeführt worden ist, dh dem Empfänger die Ware tatsächlich als Nachnahmesendung übergeben worden ist. Die Beweislast für diesen Umstand trägt derjenige, der sich auf das Eingreifen des Anscheinsbeweises beruft (BGH NJW 06, 300, 301). Dieser Beweis ist noch nicht durch den Nachweis als erbracht anzusehen, dass die versandfertig verpackte Ware an ein Beförderungsunternehmen mit dem Auftrag, die Sendung per Nachnahme zuzustellen, weitergegeben worden ist (BGH aaO). 44

Bei einer Geldabhebung mit einer **gestohlenen EC-Karte** geht der BGH dem ersten Anschein davon aus, dass der Dieb die Geheimnummer kannte, weil sie zusammen mit der Karte aufbewahrt worden ist (BGHZ 160, 308 ff = NJW 04, 3623 ff; ebenso Karlsr MDR 08, 1112, 1113; LG Berlin MDR 10, 1206, 1207; beiläufig auch BVerfG NJW 10, 1129, 1130). Dem wird man nur zustimmen können, wenn eine Ausspähung nicht in Betracht kommt, weil die Karte längere Zeit nicht mehr benutzt worden war (s. dazu ausf *Timme* MDR 05, 304 ff; Baumgärtel/*Laumen* Bd 1 § 12 Rn 67 mwN). Angesichts der drastischen Zunahme der sog Skimming bzw Phishing Fälle (vgl NJW-Aktuell Heft 21/11, S 36) kann in aller Regel nicht mehr von einem typischen Geschehensablauf gesprochen werden (ausf AG Berlin-Mitte NJW-RR 10, 407, 408). Sind die in einem Immissionsschutzgesetz enthaltenen Richtwerte überschritten, spricht dies dem ersten Anschein nach für die **Unzulässigkeit der Immission** (BGHZ 121, 248 ff = NJW 93, 1656). Bei kaufmännischen Absendern ist im Wege des Anscheinsbeweises anzunehmen, dass die im Lieferschein und in der dazu korrespondierenden Rechnung aufgeführten Waren in dem verschlossenen Behältnis enthalten waren, in dem sie zum Versand gebracht worden sind (BGH NJW-RR 03, 754). Dies gilt auch dann, wenn ein Versender dem Transportunternehmer ständig eine Vielzahl von Waren übergibt (BGH NJW-RR 07, 28, 29). Fehlen konkrete Anhaltspunkte für Manipulationen Dritter, so spricht nach einer durchgeführten technischen Vollprüfung nach wohl hM ein Anscheinsbeweis dafür, dass die in Rechnung gestellten **Telefoneinheiten** vom Anschluss des Kunden verursacht und verbraucht worden sind (Hamm MMR 04, 337, 338 mwN; sehr str, vgl ausf Baumgärtel/*Laumen* Bd 1 § 12 Rn 52 f). Bei deutlichen Gebührensprüngen wird sicherlich Skepsis angebracht sein (vgl zB LG Oldenburg NJW 98, 1365; LG Berlin NJW 96, 895, 896). 45

E. Indizienbeweis. Der mittelbare (indirekte) Beweis oder Indizienbeweis bezieht sich auf Tatsachen, die nicht zu einem gesetzlichen Tatbestandsmerkmal gehören und die erst durch ihr Zusammenwirken mit anderen Tatsachen den Schluss auf das Vorliegen oder Nichtvorliegen eines gesetzlichen Tatbestandsmerkmals zulassen sollen (BGHZ 53, 245, 260 = NJW 70, 946 – Anastasia). Mit Hilfe des Indizienbeweises können va sog »**innere**« **Tatsachen** wie Kenntnis, Absicht, Arglist oder das Wissen und Wollen des Erfolges beim Vorsatz (BVerfG NJW 93, 2165 – Nachweis der Selbstnutzungsabsicht des Vermieters im Räumungsprozess) bewiesen werden. Indizien haben nur iRd Beweiswürdigung Bedeutung, lassen also die Verteilung der objektiven Beweislast unberührt. Ihre höchstmögliche beweisrechtliche Wirkung besteht darin, dass der Hauptbeweis für ein bestimmtes gesetzliches Tatbestandsmerkmal als erbracht angesehen werden kann mit der Folge einer Umkehr der konkreten Beweisführungslast (s.u. Rz 56). Der Unterschied zwischen dem Indizienbeweis und dem Anscheinsbeweis ist va darin zu sehen, dass der Indizienbeweis von individuellen Sachlagen auf die Haupttatsache schließen lässt, während der Anscheinsbeweis den Schluss von typischen Sachverhalten auf das Vorliegen eines gesetzlichen Tatbestandsmerkmals ermöglicht (*Hansen* JuS 92, 327, 330). Der Indizienbeweis vermittelt damit häufig eine höhere Wahrscheinlichkeit, weil er auf konkreten Gründen beruht, während der Anscheinsbeweis auf abstrakten Wahrscheinlichkeiten fußt. Außerdem kann 46 der Anscheinsbeweis durch die Führung des Gegenbeweises erschüttert werden, während der Indizienbeweis endgültig und unerschütterlich auf das Vorliegen der streitigen Haupttatsache schließen lässt.

47 Das Kernstück des Indizienbeweises ist die Prüfung, ob die vorgetragene Indiztatsache – ihre Richtigkeit unterstellt – den Schluss auf das Vorliegen der behaupteten Haupttatsache zulässt (BGH NJW-RR 93, 444). Reicht ein einzelnes Indiz nicht aus, um die Haupttatsache schlüssig zu beweisen, kann eine entsprechende Schlussfolgerung auch auf Grund einer **Gesamtschau** aller Indizien und der sonstigen Umstände des Falles gezogen werden (vgl *Nack* MDR 86, 366, 369). Bejaht das Gericht diese Frage, muss es die angebotenen Indizienbeweise erheben (BGH NJW 89, 2947). Der Schluss auf die Haupttatsache ist jedoch nur möglich, wenn die betreffenden Indiztatsachen feststehen, dh unstr oder bewiesen sind. Die objektive Beweislast für das Vorliegen der jeweiligen Indiztatsache trägt die Partei, die auch die Haupttatsache zu beweisen hat. Sind die Indiztatsachen bewiesen, darf der Indizienbeweis aber nicht als geführt angesehen werden, solange ein vom Gegner angetretener Gegenbeweis nicht erhoben worden ist (BGH MDR 09, 936, 937). Lassen dagegen die Indiztatsachen weder allein noch in Verbindung mit weiteren Indizien und den sonstigen Umständen des Einzelfalles einen hinreichend sicheren Schluss auf die Haupttatsache zu, so sind die entsprechenden Beweisangebote abzulehnen (BGHZ 121, 266, 271 = NJW 93, 1391). Soll mit Hilfe von Indizien ein indirekter Gegenbeweis (§ 284 Rz 12) geführt werden, müssen die Indiztatsachen ebenfalls zur vollen Überzeugung des Gerichts feststehen (BGH NJW 66, 1911, 1912). Allein die Schlussfolgerung auf Grund dieser Indizien muss bei der Führung des Gegenbeweises nicht so zwingend sein wie beim Hauptbeweis, weil er lediglich darauf gerichtet ist, die – vorläufige – Überzeugung des Gerichts wieder zu erschüttern (s. § 284 Rz 12). Besondere Bedeutung kommt dem Indizienbeweis in der Praxis für den Nachweis eines vorgetäuschten Kfz-Diebstahls (s. dazu unten Rz 48) und eines fingierten Verkehrsunfalls zu (vgl zuletzt KG MDR 08, 971; Frankf NJW-RR 10, 1689, 1690; Schlesw NJW-RR 11, 176 ff.; zu den einzelnen Beweisanzeichen Baumgärtel/*Laumen* Bd 1 § 13 Rn 25; unrichtig Celle NJW-Spezial 12, 10 f., das einen Anscheinshinweis annimmt).

48 **F. Der Beweis für das äußere Bild. I. Allgemeines.** Bei der Entwendung einer versicherten Sache kann der VN sehr leicht in eine große Beweisnot geraten, weil sich der Diebstahl regelmäßig im Verborgenen abspielt, so dass weder der VN noch der Versicherer Kenntnis von den näheren Umständen haben können. Auf der anderen Seite läuft der Versicherer nicht selten Gefahr, Opfer von vorgetäuschten Diebstählen zu werden. Der BGH trägt dieser besonderen Beweissituation durch eine **3-Stufen-Prüfung** Rechnung (grdl BGH VersR 84, 29 ff; ausf Baumgärtel/*Laumen* Bd 1 § 17 Rn 1 ff). Der VN braucht zunächst nur Tatsachen vorzutragen und (voll) zu beweisen, aus denen sich das äußere Bild eines Diebstahls ergibt (1. Stufe). Gelingt dieser Beweis, ist es Sache des Versicherers, Umstände darzulegen und zu beweisen, die mit erheblicher Wahrscheinlichkeit für eine Vortäuschung des Versicherungsfalles sprechen (2. Stufe). Erbringt der Versicherer diesen Gegenbeweis, trägt der VN die volle Beweisführungslast für den Eintritt des Versicherungsfalles (3. Stufe). Es handelt sich dabei nicht um eine Erscheinungsform des Anscheinsbeweises, da es von vornherein an einem typischen Geschehensablauf fehlt (BGH NJW 91, 2493). Außerdem führt der Beweis für das äußere Bild – anders als der Anscheinsbeweis – zu einer **Veränderung des Beweismaßes** (BGHZ 123, 217, 220 = NJW 93, 2678). Während der VN iRd 1. Stufe statt des Vollbeweises nur zu beweisen braucht, dass eine hinreichende Wahrscheinlichkeit für die versicherte Entwendung besteht, wird das Beweismaß auf Seiten des Versicherers gesteigert (aA BGH VersR 84, 29, 30; wie hier *Hansen* ZVersWiss 91, 355, 360). Er muss nämlich nicht den bloßen Gegenbeweis erbringen, sondern Tatsachen beweisen, die mit erheblicher Wahrscheinlichkeit für die Vortäuschung des Versicherungsfalls sprechen. Die Rechtsgrundlage für die Veränderung des Beweismaßes sieht der BGH in stRspr in einer **stillschweigenden vertraglichen Vereinbarung** der Parteien des Versicherungsvertrages und damit in einer materiell-rechtlichen Risikozuweisung (BGHZ 130, 1, 3 f = NJW 95, 2169; zust ua St/J/*Leipold*, Rn 137). Dagegen spricht jedoch, dass das Beweismaß im Hinblick auf seine normative Festlegung (s.o. Rz 21) jeglicher Parteivereinbarung entzogen ist (*Musielak* NZV 90, 467, 468; s.a. unten Rz 95). Die Rechtsgrundlage für die Veränderung des Beweismaßes ist vielmehr eine angesichts der besonderen Beweissituation dogmatisch gerechtfertigte und damit durchaus geglückte **richterrechtliche Rechtsfortbildung** (*Hansen* ZVersWiss 91, 355, 362 f; Baumgärtel/*Laumen* Bd 1 § 17 Rn 5 mwN).

49 **II. Voraussetzungen.** Im Rahmen der **1. Stufe** hat der VN lediglich darzulegen und ggf zu beweisen, dass er oder eine andere Person das Fahrzeug zu einer bestimmten Zeit an einem bestimmten Ort abgestellt und dort nach seiner Rückkehr nicht mehr vorgefunden hat (BGH NJW-RR 02, 671). Diese Tatsachen müssen

zur vollen Überzeugung des Gerichts bewiesen werden (BGH VersR 93, 571, 572). Umstände, die gegen die Glaubwürdigkeit des VN sprechen, bleiben zunächst außer Betracht; sie werden erst iRd 2. Stufe berücksichtigt (BGH NJW-RR 00, 315). Stehen dem VN keine Beweismittel zum Nachweis der Mindesttatsachen zur Verfügung, kann das Gericht dem Vorbringen und den Angaben des VN bei seiner Anhörung gem § 141 nach stRspr auch dann Glauben schenken, wenn er die Richtigkeit seiner Angaben ansonsten nicht beweisen kann (BGH VersR 02, 431, 432). Dies gilt selbst dann, wenn der VN tw widersprüchliche Angaben zum Tagesablauf vor dem behaupteten Abstellen des Fahrzeugs gemacht hat (Saarbr NJW 11, 1975, 1977 ff.). Begründet wird dies mit dem Erfahrungssatz, dass nicht der unredliche, sondern der redliche VN der Regelfall ist (BGHZ 132, 79, 82 = NJW 96, 1348). Letztlich kommt es in diesen Fällen zu einer **Beweismaßreduzierung auf Null.** Stehen dem VN dagegen Zeugen zur Verfügung, müssen diese auch vernommen werden (BGH NJW 11, 1364 mwN; Karlsr MDR 09, 680).

Gelingt es dem VN nicht, die Mindesttatsachen für das Vorliegen des äußeren Bildes eines Kfz-Diebstahls zu beweisen, ist seine Klage ohne weiteres abzuweisen (Hamm NJW-RR 05, 333). Ansonsten muss der Versicherer iRd **2. Stufe** Tatsachen zur vollen Überzeugung des Gerichts beweisen, aus denen sich die erhebliche Wahrscheinlichkeit der Vortäuschung des Diebstahls ergeben (BGH NJW-RR 97, 152). Welche Tatsachen insoweit geeignet sind, ist eine Frage des Einzelfalles, wobei nicht selten eine Gesamtschau von mehreren Indizien zum Ergebnis führen können, dass dem VN nicht geglaubt werden kann (vgl im Einzelnen Baumgärtel/*Laumen* Bd 1 § 17 Rn 12, 13). Zu denken ist etwa an Ungereimtheiten und Widersprüchen bei der Schadensabwicklung (BGH VersR 93, 571, 572), das Verschweigen einer nachträglich eingebauten Zündungssperre, ohne deren Überwindung das Fahrzeug nicht gestartet werden konnte (Hamm MDR 09, 1103 f), unvereinbare Angaben ggü der Polizei einerseits und dem Versicherer andererseits (BGH VersR 02, 431, 432), unrichtige Angaben zu den Eigentumsverhältnissen am angeblich entwendeten Fahrzeug oder zu dessen Finanzierung (Frankf VersR 97, 1351), zur Laufleistung des Fahrzeugs und zu eventuellen Vorschäden (Hamm RuS 98, 364), zu den Personen, die das Fahrzeug benutzt haben (BGH NJW-RR 97, 598) oder zum Abstellort des Fahrzeugs und dem Aufenthaltsort des VN (Köln NVersZ 02, 270). Gelingt dem Versicherer dieser Gegenbeweis nicht, bleibt es bei der Feststellung des äußeren Bildes, so dass die Klage zuzusprechen ist; anderenfalls tritt die beweisrechtliche Normalsituation ein, dh der VN muss den vollen Beweis für den behaupteten Diebstahl führen (BGH VersR 94, 45, 46). 50

III. Anwendungsbereich. Der Beweis für das äußere Bild greift nicht nur bei einem Kfz-Diebstahl ein, sondern auch bei anderen Entwendungsfällen, etwa bei einem Einbruchdiebstahl (BGH VersR 95, 956, Köln NJW-RR 11, 1179 f.), Nachschlüsseldiebstahl (BGH VersR 91, 1047), bei der Bauwesen- (BGH VersR 94, 1185) und Transportversicherung (Hamm ZfV 97, 30), bei Raub und räuberischen Erpressung (BGH NJW 91, 3284) und bei einem Reisegepäckdiebstahl. Nicht anwendbar ist der Beweis für das äußere Bild bei der Feuerversicherung (BGH VersR 90, 894; aA LG Köln RuS 90, 56 mit abl Anm *Wälder*), der Unfallversicherung (BGH VersR 87, 1007) und der Wildschadenversicherung (Hamm NJW-RR 04, 1264). Ebenso wenig kann der Beweis für das äußere Bild auf den **Rückforderungsprozess des Versicherers** übertragen werden (BGHZ 123, 217, 220 ff = NJW 93, 2678; BGH NJW-RR 94, 988). Fordert der Versicherer die ausgezahlte Versicherungsleistung gem § 812 I 1 BGB zurück, muss er also den vollen Beweis dafür erbringen, dass ein Diebstahl in Wirklichkeit nicht stattgefunden hat. Dies gilt grds auch dann, wenn der Versicherer seine Leistung unter Vorbehalt erbracht hat (Kobl MDR 10, 1055 f). 51

G. Beweislast und Behauptungslast. I. Einführung. Gelingt es dem Gericht trotz Ausschöpfung aller verfügbaren Erkenntnisquellen nicht, die nach § 286 I erforderliche Gewissheit für das Vorliegen oder Nichtvorliegen einer entscheidungserheblichen streitigen Tatsache zu gewinnen, ist es gleichwohl im Hinblick auf den verfassungsrechtlich verankerten Justizgewährungsanspruch (s. dazu R/S/G § 3 Rn 4) gezwungen, in der Sache selbst zu entscheiden. Dies geschieht mit Hilfe der Regeln über die Beweislast. Sie geben dem Richter ein methodisches Instrument in die Hand, um trotz eines non liquets in der Tatfrage eine Sachentscheidung treffen zu können. Die Anwendung der Beweislastregeln kommt dabei nur als **ultima ratio** in Betracht, dh sie können erst eingreifen, wenn alle zulässigen Beweismittel ausgeschöpft sind und weitere Feststellungen nicht mehr möglich erscheinen (vgl BGH NJW 85, 497, 498 = JR 85, 243, 244 mit Anm *Baumgärtel*). Abgesehen von der speziellen Norm des § 293 (s. dazu § 293 Rz 1 ff) hat die Beweislast und ihre Verteilung ausschließlich Bedeutung für die **Tatfrage**, dh für den Sachverhalt, der unter ein Tatbestandsmerkmal subsumiert werden kann (BGH NJW 73, 2207, 2208). Bei der Auslegung von Normen und Willenserklärungen können Beweislastgrundsätze nur Bedeutung erlangen für die Feststellung von Tatsa- 52 chen, die für eine bestimmte Auslegung maßgebend sein können (BGH NJW 84, 721, 722). Die Beweislast ist aber nicht nur Hilfsmittel für das Gericht im Falle eines non liquets, sie beeinflusst bereits das vorprozessuale Verhalten der Parteien, etwa für die Frage, welche Beweismittel gesichert werden sollen oder ob im Hinblick auf ein bestimmtes Beweisrisiko überhaupt ein Verfahren eingeleitet werden soll. Während des Prozesses bestimmt die Verteilung der Beweislast, welche Partei welche Tatsachen vortragen muss, ob überhaupt Beweis erhoben wird und wer den Beweis antreten muss. Da sie auf diese Weise praktisch das gesamte Prozessgefüge strukturiert, kann davon gesprochen werden, dass die Beweislast das »Rückgrat des Prozesses« bildet (Rosenberg S. 61).

53 **II. Begriff der Beweislast.** Unter den Begriff der »Beweislast« werden verschiedene, miteinander zusammenhängende Erscheinungsformen der Beweislast – die Beweislastnormen, die objektive Beweislast (Feststellungslast) und die subjektive Beweislast (Beweisführungslast) zusammengefasst, wobei die Terminologie zT sehr uneinheitlich und unpräzise ist. Im Einzelnen gilt Folgendes (s. dazu ausf Baumgärtel/*Laumen* Bd 1 § 3 Rn 10 ff):

54 **1. Objektive Beweislast.** Die objektive Beweislast oder **Feststellungslast** betrifft die Frage, zu wessen Nachteil es geht, wenn das Vorhandensein bzw Nichtvorhandensein eines entscheidungserheblichen Tatbestandsmerkmals ungeklärt bleibt. Sie dient der Überwindung eines non liquet und sichert damit gleichzeitig die aus dem Justizgewährungsanspruch folgende Entscheidungspflicht des Gerichts. Es besteht heute Einigkeit darüber, dass sich die Frage nach der objektiven Beweislast in allen Verfahrensarten stellt, und zwar unabhängig davon, ob das Verfahren von der Verhandlungsmaxime oder vom Untersuchungsgrundsatz beherrscht wird (so bereits Rosenberg S. 24 ff). Den Regeln über die Verteilung der objektiven Beweislast liegen generalisierende Risikozuweisungen des Gesetzgebers zugrunde (BGH NJW-RR 10, 1378, 1379; Prütting S. 17). Schon aus Gründen der Rechtssicherheit und der Gleichheit der Rechtsanwendung müssen diese Regeln grds vor Beginn des Prozesses abstrakt und generell festliegen (BGH NJW 04, 2011, 2013 = BGHReport 04, 1077, 1079 mit Anm *Laumen*). Der Rechtsuchende bzw sein Anwalt müssen bereits vor Beginn eines Prozesses wissen, was sie zu beweisen haben und welche Partei den Nachteil der Beweislosigkeit zu tragen hat (*Laumen* NJW 02, 3739, 3741). Diese abstrakt-generelle Ausgestaltung der Beweislastverteilung ist auch verfassungsrechtlich geboten (BVerfGE 52, 131, 147 = NJW 79, 1925). Sie folgt auch aus der Existenz
des § 309 Nr 12 BGB, der voraussetzt, dass bereits vor einer entsprechenden vertraglichen Abänderung eine abstrakt festliegende Beweislastverteilung vorhanden ist. Aus dem Rechtsnormcharakter der Beweislastregeln folgt zugleich, dass die Verteilung der objektiven Beweislast auch während des Prozesses vom Gericht nicht ohne weiteres verändert werden kann. Die grds mögliche Abweichung von den gesetzlich vorgegebenen Beweislastregeln setzt vielmehr stets die dringende Notwendigkeit einer Modifizierung der vorhandenen Regeln mit Hilfe einer methodisch begründeten Rechtsfortbildung voraus (vgl BGH NJW 01, 78, 79; s.a. Rz 66). Ausgeschlossen ist deshalb von vornherein ein Abweichen von der normativ festgelegten Verteilung der objektiven Beweislast auf Grund des konkreten Einzelfalles, etwa aus Gründen der Billigkeit oder der Beweisnot einer Partei (BGH NJW-RR 97, 892; 10, 1378, 1379).

55 **2. Subjektive Beweislast.** Die subjektive Beweislast oder **Beweisführungslast** betrifft die Frage danach, welche Partei im Rechtsstreit durch aktives Tun – etwa durch das Stellen von Beweisanträgen oder die Benennung von Beweismitteln – den Beweis einer streitigen Tatsache führen muss, um den Prozessverlust zu vermeiden. Sie ist nur denkbar in Verfahren unter Geltung der Verhandlungsmaxime – dh in weiten Teilen des Zivilprozesses und im arbeitsgerichtlichen Urteilsverfahren – und dient dementsprechend dazu, dem Richter in solchen Verfahren die Beschaffung des Prozessstoffs abzunehmen. Ihre eigenständige Bedeutung zeigt sich etwa in den §§ 445 I, 597 II, in denen ausdrücklich von dem einer Partei »obliegenden Beweis« die Rede ist. Außerdem darf keine Beweisaufnahme stattfinden, wenn allein die nicht beweisführungsbelastete Partei einen Beweis angeboten hat (Celle VersR 74, 663). Schließlich hat das Gericht seine Hinweise zur Bezeichnung der Beweismittel nach § 139 I in erster Linie an die beweisführungsbelastete Partei zu richten.

56 Im Rahmen der subjektiven Beweislast ist weiter zu unterscheiden zwischen der abstrakten und der konkreten Beweisführungslast. Die **abstrakte Beweisführungslast** regelt die Frage, welcher Partei vor und zu Beginn des Prozesses die Beweisführungslast obliegt (*Gottwald* Jura 80, 225, 226). Sie ist maßgeblich dafür, von welcher Partei die Beweisinitiative auszugehen hat. Bleibt die betreffende Partei untätig, ergeht eine Beweislastentscheidung nach den Regeln der objektiven Beweislast. Die Verteilung der abstrakten Beweis-

führungslast entspricht dementsprechend in jeder Hinsicht derjenigen der objektiven Beweislast (Prütting S. 28). Demgegenüber kommt der **konkreten Beweisführungslast** eine erhebliche praktische Bedeutung zu. Sie betrifft die Frage, welche Partei in einer bestimmten Prozesssituation, in der das Gericht bereits eine vorläufige Überzeugung vom Vorliegen einer beweisbedürftigen Tatsache gewonnen hat, einen Beweis antreten muss, um den Prozess zu gewinnen (s. dazu ausf Baumgärtel/*Laumen* Bd 1 § 3 Rn 39 ff). Die konkrete Beweisführungslast ist damit streng zu trennen von der abstrakt-generell geregelten abstrakten Beweisführungslast und der objektiven Beweislast. Zu Beginn des Prozesses deckt sich die konkrete mit der abstrakten Beweisführungslast. Hat die beweisführungsbelastete Partei das Gericht vom Vorliegen einer streitigen Tatsache – vorläufig – überzeugt, kehrt sich die Beweisführungslast um; es ist dann Sache des Gegners, die Überzeugung des Gerichts durch die Führung des Gegenbeweises wieder zu erschüttern. Die konkrete Beweisführungslast entwickelt sich also entsprechend dem jeweiligen Stand der richterlichen Beweiswürdigung und lässt die Verteilung der objektiven Beweislast unberührt. Sie kann deshalb auch im Laufe eines Rechtsstreits zwischen den Parteien mehrfach »hin und her pendeln« (Prütting S. 29). Eine Umkehr der konkreten Beweisführungslast erfolgt zB beim Anscheinsbeweis (Rz 29) und häufig bei einer Beweisvereitelung (Rz 91), aber auch in vielen anderen Prozesssituationen (vgl die Beispiele bei Baumgärtel/*Laumen* Bd 1 § 3 Rn 47 ff). Die methodische Trennung von objektiver und subjektiver Beweislast wird leider in der Praxis bislang weitgehend vernachlässigt (eine Ausnahme bildet zB die Entscheidung BGH NJW 86, 2570). Dies gilt insb für die Unterscheidung von Umkehr der objektiven Beweislast einerseits und Umkehr der konkreten Beweisführungslast andererseits, indem stets nur ohne Differenzierung von »Beweislastumkehr« die Rede ist (s.u. Rz 66).

III. Die Rechtsanwendung im Falle des non liquet. Wie es methodisch im Falle eines non liquet zur Rechtsanwendung kommt, ist seit jeher sehr streitig (vgl die Übersicht bei Baumgärtel/*Prütting* Bd 1 § 5 Rn 4 ff), hat aber für die Praxis nur geringe Bedeutung. Nach zutreffender Auffassung (Prütting S. 167 ff) enthält das Rechtssystem eine Operationsregel, die bei Vorliegen eines non liquets das Vorliegen oder Nichtvorliegen des jeweiligen Tatbestandsmerkmals fingiert. Ob das Gericht das unklar gebliebene Tatbestandsmerkmal als bewiesen oder als nicht bewiesen fingieren muss, wird von den **Beweislastnormen** bestimmt, die die Verteilung der Beweislast im Einzelfall regeln. Die umstrittene Frage nach der Rechtsnatur dieser Beweislastnormen ist dahin zu beantworten, dass sie als Risikoverteilung jeweils dem Rechtsgebiet zuzuordnen sind, dessen tatsächliche Grundlagen unklar geblieben sind (BGHZ 147, 203, 208 = NJW 01, 2096, 2098). Für jedes Tatbestandsmerkmal einer Rechtsnorm gibt es also eine entsprechende – ungeschriebene – Beweislastnorm. Die praktische Relevanz der Rechtsnatur der Beweislastnormen zeigt sich in den Rechtsmittelinstanzen. Hat das erstinstanzliche Gericht eine Beweislastnorm falsch angewandt, die – wie in aller Regel – dem materiellen Recht angehört, kommt eine Zurückweisung nach § 538 von vornherein nicht in Betracht (BGH NJW 95, 3258). In der Revisionsinstanz braucht der Verstoß gegen eine materiell-rechtliche Beweislastnorm nicht besonders gerügt zu werden, während Verstöße gegen prozessuale Beweislastnormen einer ausdrücklichen Rüge bedürfen (BGH NJW-RR 92, 110). 57

IV. Die Verteilung der Beweislast. Die Verteilung der Beweislast beruht auf einer abstrakt-generellen Entscheidung des Gesetzgebers, die in unterschiedlichen Erscheinungsformen zum Ausdruck kommen kann. 58

1. Grundregel. Bereits in § 193 des 1. Entwurfs zum BGB hatte der Gesetzgeber eine schon damals allgemein anerkannte Grundregel vorgesehen, die wie folgt lautete: »Wer einen Anspruch geltend macht, hat die zur Begründung desselben erforderlichen Tatsachen zu beweisen. Wer die Aufhebung eines Anspruchs und die Hemmung der Wirksamkeit desselben geltend macht, hat die Tatsachen zu beweisen, welche zur Begründung der Aufhebung oder Hemmung erforderlich sind« (Mot I 382). Obwohl diese Grundregel keinen Niederschlag im Gesetzestext gefunden hat, weil ihre Geltung als selbstverständlich angesehen wurde, ist ihr als Teil des Gesetzesrechts Rechtsnormqualität beizumessen (Baumgärtel/*Prütting* Bd 1 § 5 Rn 23 ff mwN). Es ist weitgehend anerkannt, dass sie gerade im BGB durch die sprachliche Fassung und den Satzbau des Gesetzes konkludent enthalten ist. In ihrer heutigen Form lautet die Grundregel entsprechend der von *Rosenberg* entwickelten **Normentheorie**: »Der Anspruchsteller trägt die Beweislast für die rechtsbegründenden Tatbestandsmerkmale, der Anspruchsgegner für die rechtshindernden, rechtsvernichtenden und rechtshemmenden Merkmale«. Davon geht auch heute noch prinzipiell die Rspr des BGH aus (BGH NJW 99, 352, 353; für die rechtsvernichtenden Merkmale auch BGH NJW-RR 05, 1328, 1329). Die Einordnung von Tatbestandsmerkmalen in rechtsbegründend, rechtsvernichtend und rechtshemmend ergibt sich aus der Auslegung des materiellen Rechts, wobei Ausgangspunkt stets die sprachliche und satzbaumäßige 59

Fassung der jeweiligen Normen sein muss (vgl MüKoZPO/*Prütting* Rn 114). So deuten etwa die Wendungen »es sei denn, dass ...« oder »sofern nicht ...« auf eine zu beweisende rechtshindernde Tatsache hin (St/J/*Leipold* Rn 85; vgl auch den Fall BGH NJW 08, 2033, 2035). Gerade die Unterscheidung zwischen rechtsbegründenden Merkmalen einerseits und rechtshemmenden Merkmalen andererseits bereitet im Einzelfall erhebliche Probleme und bedarf einer methodischen und wertenden Gesetzesauslegung (vgl Prütting S. 283).

60 **2. Beweislastsonderregeln.** Außer durch den Wortlaut und den Satzbau einer Norm kann der Gesetzgeber Abweichungen von der Grundregel auch durch ausdrückliche **gesetzliche Beweislastnormen** regeln. Solche Anordnungen finden sich vielfach im BGB (etwa §§ 179, 280 I 2, 345, 363, 543 IV 2, 619 a, 2336 III), aber auch in anderen Gesetzen (§ 22 AGG, § 1 IV ProdHaftG, § 6 UmweltHG). Die Verteilung der Beweislast regeln ferner widerlegliche Tatsachen- (§§ 685 II, 1117 III, 1253 II, 2270 II BGB) und Rechtsvermutungen (§§ 891, 1006, 1362 I 1, 2365 BGB), indem sie dem Vermutungsgegner den Beweis des Gegenteils zuweisen (ausf § 292 Rz 4). Dazu gehören jedoch nicht die sog tatsächlichen Vermutungen, die lediglich iRd Beweiswürdigung Bedeutung erlangen und allenfalls zu einer Umkehr der konkreten Beweisführungslast führen können (§ 292 Rz 6 ff). Ebenso wenig haben die gesetzlichen Beweisregeln des § 286 II (Rz 16) mit der Verteilung der Beweislast zu tun. Sie schließen lediglich die freie Beweiswürdigung des Gerichts aus, indem sie den Beweiswert eines Beweismittels ohne Rücksicht auf die Überzeugung des Gerichts festschreiben. Wie jede Norm sind auch Beweislastnormen der Auslegung, der analogen Anwendung und der richterrechtlichen Rechtsfortbildung zugänglich (Rz 54). Eine Abweichung von der gesetzlich vorgegebenen Grundregel kann deshalb in eng begrenzten Ausnahmefällen auch durch die Rspr erfolgen, wobei Voraussetzungen und Rechtsfolgen einer auf diese Weise geschaffenen Beweislastregel wiederum abstrakt und generell bestimmt sein müssen (St/J/*Leipold* Rn 73). Solche neuen Beweislastregeln hat die Rspr etwa für die Haftung des Warenherstellers und im Bereich der Arzthaftung geschaffen (näher Rz 68 f).

61 **3. Kriterien ohne Bedeutung für die Beweislastverteilung. a) Beweisschwierigkeiten im Einzelfall.** Es ist bereits erwähnt worden (Rz 54), dass Beweisschwierigkeiten im Einzelfall keinen Einfluss auf die Verteilung der objektiven Beweislast haben können. Es kommt auch nicht darauf an, für welche Partei sich im konkreten Einzelfall die Beweisführung leichter darstellt. Allgemein sind auch sonstige Billigkeitserwägungen nicht geeignet, eine Abweichung von der abstrakt-generellen Ausgestaltung der Beweislastnormen zu rechtfertigen. (BGH NJW-RR 97, 892).

62 **b) Beweislastprinzipien.** Es ist immer versucht worden, die Beweislast nicht nach der Formulierung und der Struktur der jeweiligen Rechtssätze, sondern nach inhaltlichen Prinzipien zu verteilen (vgl etwa Wahrendorf S. 59 ff). Genannt worden ist zB eine Verteilung nach Gefahrenbereichen, nach abstrakter oder konkreter Wahrscheinlichkeit, nach Treu und Glauben, dem Grundsatz der Waffengleichheit oder dem Angreiferprinzip (s. dazu näher Baumgärtel/*Prütting* Bd 1 § 5 Rn 27 ff). Es ist zwar nicht zu leugnen, dass diese Prinzipien in einzelnen Beweislastregelungen ihren Niederschlag gefunden haben. Sie sind jedoch viel zu unbestimmt, um unmittelbar als Grundlage für eine allgemeingültige Beweislastverteilungsregel zu dienen. Zudem sind das Verhältnis dieser Sachgründe zueinander und ihr Verhältnis zu der Grundregel ungeklärt. Ihre generelle Ungeeignetheit hindert allerdings nicht, alle diese Prinzipien als Wertungsgesichtspunkte bei der Auslegung unklarer Beweislastnormen heranzuziehen (St/J/*Leipold* Rn 75).

63 **c) Parteirolle.** Die jeweilige Rolle der Parteien im Prozess lässt die Verteilung der objektiven Beweislast unberührt, weil die Beweislastregeln an die Rechtsstellung der Parteien anknüpft und nicht an deren Rolle als Kl oder Bekl. Die objektive Beweislast für das Bestehen eines Anspruchs kann also im Einzelfall auch beim Beklagten liegen, etwa wenn er eine negative Feststellungsklage (BGH NJW 93, 1716, 1717) oder eine Vollstreckungsgegenklage (BGHZ 147, 203, 208 = NJW 01, 2096, 2098) erhoben hat.

64 **d) Negative Fassung eines Tatbestandsmerkmals.** Es besteht heute Einigkeit darüber, dass die negative Fassung eines Tatbestandsmerkmals ohne Einfluss auf die Verteilung der objektiven Beweislast ist (*Stieper* ZZP 123, 27, 34 ff). Im Hinblick auf die mit einem Negativenbeweis verbundenen Schwierigkeiten vermeidet es der Gesetzgeber zwar regelmäßig, die Entstehung eines Rechts von einem Negativum abhängig zu machen (vgl BGHZ 101, 49, 55 = NJW 87, 2235, 2236). Gleichwohl können auch negative Tatsachen Gegenstand des Beweises sein. Es kann sich zum einen um negativ gefasste Tatbestandsmerkmale handeln wie in den §§ 612 II, 632 II, 653 II BGB (Ist die Höhe der Vergütung *nicht* bestimmt) und in § 812 BGB (*ohne* rechtlichen Grund) oder zum anderen um den Nachweis eines sonstigen negativen Umstandes wie

etwa das Unterlassen einer gebotenen anwaltlichen Handlung, die fehlende Überforderungssituation des Kindes iRd § 828 II BGB (vgl den Fall BGHZ 181, 368, 372 = NJW 09, 3231, 3232; ebenso LG Saarb NJW 10, 944, 945) oder das Fehlen ehebedingter Nachteile bei der Befristung des nachehelichen Unterhalts gem § 1578b I 2 (s. dazu ausf Baumgärtel/*Aps* Bd 8 § 1578b Rn 2 ff). Die Beweisführung geschieht üblicherweise dadurch, dass dem jeweiligen Beweisgegner eine gesteigerte Substantiierungspflicht auferlegt wird (für den Anspruch aus § 812 BGB vgl BGH MDR 09, 693, 694; für den Anspruch aus § 1578b vgl BGH NJW 10, 1813, 1814, s. dazu allg Baumgärtel/*Laumen* Bd 1 § 15 Rn 15 ff). So darf sich etwa ein Anwalt ggü der Behauptung des Mandanten, eine gebotene Belehrung sei unterblieben, nicht mit einem bloßen Bestreiten begnügen; vielmehr muss er den Gang der Besprechung im Einzelnen schildern und konkrete Angaben darüber machen, welche Belehrungen und Ratschläge er erteilt hat und wie der Mandant darauf reagiert hat (BGH NJW-RR 07, 569, 570; s. dazu ausf Baumgärtel/*Laumen* Bd 5 § 675 Rn 29 ff). Es ist dann Sache des Mandanten, diese Angaben zu widerlegen. Kommt dagegen der Beweisgegner seiner Substantiierungspflicht nicht nach, gelten die Angaben des Beweisführers gem § 138 III als zugestanden. Im Einzelfall können die Schwierigkeiten eines Negativbeweises aber auch durch eine Herabsetzung des Beweismaßes oder mit Hilfe des Anscheinsbeweises überwunden werden (vgl Baumgärtel/*Laumen* Bd 1 § 15 Rn 13/14).

e) Zeitablauf. Keinen Einfluss auf die objektive Beweislast hat schließlich der bloße Zeitablauf, weil ihre Verteilung nicht davon abhängig sein kann, wann ein Anspruch geltend gemacht wird. Ein langer Zeitraum zwischen dem Entstehen einer Forderung und ihrer gerichtlichen Geltendmachung kann aber iRd Beweiswürdigung berücksichtigt werden und beeinflusst damit die subjektive Beweislast, indem die Beweisführung der beweisbelasteten Partei erleichtert wird. Wird etwa ein Gesellschafter nach längerer Zeit auf Erfüllung seiner Verpflichtung zur Einzahlung der Stammeinlage in Anspruch genommen, so kann der ihm obliegende Hauptbeweis für die Erfüllung der Einlageschuld schon auf Grund von – wenigen – unstreitigen oder bewiesenen Indizien als geführt angesehen werden (BGH NJW 07, 3067 f = EwiR 07, 687 mit Anm *Wagner*). Eine Umkehr der objektiven Beweislast ist selbst dann nicht gerechtfertigt, wenn der Schuldner beweistaugliche Urkunden nach Ablauf der handelsrechtlichen Aufbewahrungspflichten vernichtet hat (BGHZ 151, 48, 51 = NJW 02, 1652, 1653). Solange ein Anspruch nicht verjährt ist, muss der Schuldner noch mit seiner Geltendmachung rechnen. 65

V. Die Beweislastumkehr. 1. Begriff. Unter einer Beweislastumkehr ist ausschließlich eine Umkehr der objektiven Beweislast durch die Abweichung des Richters von den gesetzlichen Vorgaben der Beweislastverteilung im Wege einer Rechtsfortbildung zu verstehen (Baumgärtel/*Prütting* Bd 1 § 19 Rn 1 ff, 6). Ausgenommen vom Begriff der Beweislastumkehr sind also zunächst die Fälle, in denen bereits der Gesetzgeber Normen schafft, die – wie etwa § 280 I 2 BGB – von der Beweislastgrundregel abweichen. Nicht erfasst wird ferner die Umkehr der konkreten Beweisführungslast, die sich anhand des jeweiligen Standes der richterlichen Beweiswürdigung entwickelt und die die Verteilung der objektiven Beweislast unberührt lässt (Rz 56). 66

2. Voraussetzungen. Da es um eine Abweichung vom Gesetz geht, müssen die allgemeinen Voraussetzungen für eine Rechtsfortbildung vorliegen. Dazu ist neben dem Vorhandensein einer offenen oder verdeckten Gesetzeslücke die dringende Notwendigkeit einer Modifizierung der allgemeinen Beweislastregel erforderlich (vgl BGH NJW 01, 78, 79). Außerdem bedarf es wiederum einer abstrakt-generellen Regelung, dh Voraussetzungen und Rechtsfolgen der neuen Beweislastregel müssen so weit wie möglich rechtssatzmäßig festgelegt werden (St/J/*Leipold* Rn 73). Eine Umkehr der objektiven Beweislast im hier verstandenen Sinne muss deshalb von vornherein auf seltene Fallgruppen beschränkt werden. Insbesondere verbietet sie sich auf Grund der besonderen Umstände des Einzelfalles (Rz 54). 67

3. Fallgruppen. Die Rspr hat eine Reihe von Fallgruppen entwickelt, in denen für bestimmte Tatbestandsmerkmale eine Beweislastumkehr angenommen wird. Sie können jedoch nicht alle als echte Beweislastumkehr im hier verstandenen Sinne anerkannt werden. Im Einzelnen gilt Folgendes: 68

a) Produzentenhaftung. Seit der Entscheidung des BGH im Hühnerpestfall (BGHZ 51, 91 ff = NJW 69, 269 mit Anm *Diederichsen*) kehrt die Rspr entgegen dem Wortlaut von § 823 I BGB die objektive Beweislast für das Verschulden des Warenherstellers um, wenn bei bestimmungsgemäßer Verwendung eines Industrieerzeugnisses eine Person oder eine Sache dadurch geschädigt wird, dass das Produkt fehlerhaft hergestellt war. Es handelt sich um echte Umkehr der objektiven Beweislast mit der Folge, dass der Hersteller generell den vollen (Haupt)beweis dafür zu erbringen hat, dass ihm hinsichtlich des Fehlers kein Verschulden trifft. Die Beweislastumkehr erfasst sowohl die subjektive Vorwerfbarkeit als auch die objektive Pflichtverletzung 69

(BGH NJW 99, 1028, 1029). Der BGH hat seine Rspr anhand von Fabrikationsfehlern entwickelt, sie greift aber auch ein bei Konstruktions-, Instruktions- und Produktbeobachtungsfehlern (vgl *Baumgärtel* JA 84, 660, 666 f). Sie gilt ferner für Kleinbetriebe (BGHZ 116, 104, 109 ff = NJW 92, 1039 ff) sowie für leitende Angestellte und Organe des haftenden Herstellers (BGH NJW 75, 1827, 1828). Für diese Rechtsfortbildung zieht der BGH eine Reihe von Sachgründen heran, ua den Gedanken des Gefahrenbereichs und eine Analogie zu § 836 BGB (vgl ausf Baumgärtel/*Prütting* Bd 1 § 19 Rn 16 ff). Letztlich führt diese Beweislastumkehr zu einer Art Gefährdungshaftung des Warenherstellers und damit zu einer »Haftungsverlagerung durch beweisrechtliche Mittel« (*Stoll* AcP 176, 145). Im Ergebnis handelt es sich um eine durchaus gelungene Rechtsfortbildung, die inzwischen als Gewohnheitsrecht anzusehen ist.

70 **b) Arzthaftung.** Der Patient trägt zunächst die Beweislast für das Vorliegen eines **groben Behandlungsfehlers**, wobei ihm im Einzelfall Beweiserleichterungen in Form des Anscheinsbeweises zu gute kommen können (*Müller* NJW 97, 3049, 3052). Erforderlich ist insoweit der Nachweis, dass der Arzt einen Fehler begangen hat, der aus objektiver Sicht nicht mehr verständlich erscheint, weil er einem Arzt schlechterdings nicht unterlaufen darf (BGHZ 172, 1, 10 = NJW 07, 2767, 2769). Ist ein grober Behandlungsfehler unstr oder bewiesen und war der Fehler generell geeignet, den eingetretenen Schaden zu verursachen, hat der BGH lange Zeit »Beweiserleichterungen bis zur Beweislastumkehr« zugebilligt (BGHZ 85, 212, 216 = NJW 83, 333, 334; NJW 97, 796, 797; s.u. Rz 75). In neuerer Zeit hat er dann klargestellt, dass ein grober ärztlicher Behandlungsfehler regelmäßig zu einer Umkehr der objektiven Beweislast führt (BGHZ 159, 48, 53 ff = NJW 04, 2011, 2013; NJW 08, 1381, 1383). Es reicht also nicht aus, dass der Arzt die bloße Möglichkeit der Nichtursächlichkeit seiner fehlerhaften Behandlung nachweist. Vielmehr trägt er die volle Beweislast dafür, dass sein Behandlungsfehler den Gesundheitsschaden beim Patienten nicht herbeigeführt hat. Ein grober ärztlicher Behandlungsfehler kann iÜ auch in einer schweren Verletzung der ärztlichen Dokumentations- und Befunderhebungs- bzw – sicherungspflicht liegen (BGH NJW 04, 1871, 1872; MDR 11, 1286 f.). Die Beweislastsonderregel gilt sowohl für die vertragliche als auch für die deliktische Haftung des Arztes. Ob ein *grober* Behandlungsfehler vorliegt, beurteilt sich zwar auf Grund einer juristischen Wertung, die allein der Richter vorzunehmen hat. Gleichwohl ist regelmäßig zum Zwecke der Bewertung des medizinischen Geschehens ein Sachverständigengutachten einzuholen (BGH NJW 08, 1381, 1383). Trotz der berechtigten Kritik an dieser Rspr (vgl *Foerste* FS Deutsch 09, 165 ff; Baumgärtel/*Katzenmeier* Bd 6 § 823 Anh II Rn 32 ff mwN) müssen die Regeln über die Beweislastumkehr bei groben ärztlichen Behandlungsfehler als Gewohnheitsrecht angesehen werden.

71 Eine echte Umkehr der objektiven Beweislast für die objektive Pflichtwidrigkeit nimmt die Rspr in entsprechender Anwendung des § 280 I 2 BGB ferner dann an, wenn der Arzt oder das Krankenhaus durch den Einsatz medizinisch-technischer Geräte und Materialien Gefahrensituationen schafft, die im technischen Sinne voll beherrschbar sind und nicht den Unwägbarkeiten des menschlichen Körpers unterliegen (BGHZ 171, 358, 361 = NJW 07, 1682, 1683 – Infektion durch Arzthelferin; Zweibr NJW-RR 04, 1607 = OLGR 04, 598 – Infektion während einer Sprunggelenkoperation; weitere Fälle bei Baumgärtel/*Katzenmeier* Bd 6 § 823 Anh II Rn 61 ff).

72 **c) Andere grobe Berufspflichtverletzungen.** Der BGH hat seine Rspr zur Beweislastumkehr bei groben ärztlichen Behandlungsfehlern in einigen Entscheidungen auch auf andere grobe Berufspflichtverletzungen übertragen, etwa auf die Verletzung der Berufspflicht eines Schwimmmeisters (BGH NJW 62, 959, 960) oder von Pflegepersonal (BGH NJW 71, 241, 243), nicht aber bei einer groben Pflichtverletzung eines Anwalts (BGHZ 126, 217, 233 = NJW 94, 3295, 3297). Eine derartige Ausdehnung der Beweislastsonderregel ist abzulehnen. Beweisschwierigkeiten wie im Arzthaftungsprozess können zwar bei anderen groben Berufspflichtverletzungen im Einzelfall ebenfalls auftreten. Sie sind jedoch in diesen Fällen gerade nicht typisch und rechtfertigen deshalb keine generelle Umkehr der objektiven Beweislast. Zudem kann eventuellen Beweisschwierigkeiten auch durch die Heranziehung von Erfahrungssätzen im Wege des Anscheinsbeweises Rechnung getragen werden.

73 **d) Verletzung der Schutzpflichten gem § 618 BGB.** Ist der objektiv pflichtwidrige Zustand von Räumen, Vorrichtungen oder Gerätschaften iSd § 618 BGB unstr oder bewiesen und war dieser Zustand generell geeignet, den konkret beim Arbeitnehmer eingetretenen Schaden zu verursachen, muss der Arbeitgeber entgegen der Grundregel auch die fehlende Kausalität zwischen dem pflichtwidrigen Zustand und dem Eintritt des Schadens beweisen. Nach wohl hM handelt es sich dabei um eine echte Umkehr der Beweislast, so dass der Arbeitgeber den Beweis des Gegenteils erbringen muss (BGHZ 27, 79, 84 = NJW 58, 1437,

1438; Palandt/*Weidenkaff* § 618 Rn 8; Musielak S. 184 ff; früher auch *Prütting* RdA 99, 107, 111). Dagegen spricht jedoch, dass die sicherlich im Einzelfall auftretenden Beweisschwierigkeiten des Arbeitnehmers für sich allein nicht geeignet sind, eine von der gesetzlichen Grundregel abweichende Beweislastverteilung zu rechtfertigen (s.o. Rz 54). Es entspricht vielmehr einem typischen Geschehensablauf, dass bei einer generellen Eignung des pflichtwidrigen Zustandes dieser auch Ursache des konkret eingetretenen Schadens beim Arbeitnehmer geworden ist. Dies spricht dafür, iRd Beweiswürdigung die Grundsätze über den Anscheinsbeweis heranzuziehen (wie hier BAGE 83, 105, 126 = NZA 97, 96; Baumgärtel/*Prütting* Bd 1 § 19 Rn 34 mwN). Der Arbeitgeber braucht daher nur den Gegenbeweis zu führen, dh die ernsthafte Möglichkeit eines anderweitigen Geschehensablaufs darzulegen und ggf zu beweisen.

e) Verletzung der Aufklärungs-, Hinweis- und Beratungspflicht. Die beweisrechtlichen Folgen einer Verletzung der Aufklärungs-, Hinweis- und Belehrungspflicht werden sehr uneinheitlich beurteilt. Ein Teil der Rspr nimmt eine Umkehr der Beweislast für die Kausalität zwischen der Vertragsverletzung und dem eingetretenen Schaden an (grdl BGHZ 61, 118, 122 = NJW 73, 688; zuletzt BGH NJW 01, 2163, 2165 – Verkauf von GmbH-Anteilen). Danach trägt der Aufklärungspflichtige die objektive Beweislast dafür, dass der Schaden auch bei pflichtgemäßem Verhalten eingetreten wäre, weil sich der Geschädigte über jeden Rat bzw Belehrung hinweggesetzt hätte. Vereinzelt wird demgegenüber auch von einer tatsächlichen Vermutung für den Ursachenzusammenhang zwischen Aufklärungspflichtverletzung und Schaden gesprochen, ohne dass damit eine Umkehr der Beweislast verbunden sein soll BGH 116, 60, 73 = NJW 92, 560, 562 – Kindertee; BGH NJW-RR 06, 685, 687 – Anlagevermittlung). In neuerer Zeit wird zur Begründung einer Vermutung des aufklärungspflichtigen Verhaltens vermehrt die Grundsätze des Anscheinsbeweises herangezogen (grdl BGHZ 123, 311, 314 ff = NJW 93, 2359 für die Anwaltshaftung; BGH NJW 93, 2744, 2746 für die Notarhaftung; BGH NJW 97, 1235, 1236 für die Steuerberaterhaftung). Danach steht dem ersten Anschein nach fest, dass sich der Geschädigte dem Rat oder Hinweis – wäre er denn ordnungsgemäß erteilt worden – nicht verschlossen hätte. Der letztgenannten Auffassung ist zu folgen. Es entspricht in der Tat der Lebenserfahrung, dass sich derjenige, der einen Rat oder Empfehlung einholt, diesem Rat oder Empfehlung nicht verschlossen hätte. Gerade die Heranziehung des Gesichtspunktes der Lebenserfahrung, der seinen Platz ausschließlich im Rahmen der Beweiswürdigung hat, zeigt sehr deutlich, dass es nicht um eine Umkehr der Beweislast gehen kann (wie hier ua HK-ZPO/*Saenger* Rn 79). Die Entwicklung einer Beweislastsonderregel für die Kausalität zwischen Aufklärungs-, Hinweis- und Beratungspflichtverletzungen und dem eingetretenen Schaden ist deshalb keinesfalls geboten. 74

VI. Die »Beweiserleichterung bis zur Beweislastumkehr«. Seit Jahrzehnten greift der BGH bei schwierigen Beweislagen auf die Rechtsfigur der »Beweiserleichterungen bis zur Beweislastumkehr« zurück, so etwa bei Verletzung der ärztlichen Dokumentationspflicht (BGH NJW 72, 1520; BGHZ 72, 132 ff = NJW 78, 2337) sowie der Dokumentationspflicht einer Ordnungsbehörde (BGH NJW 96, 315, 317 – Einweisung eines Obdachlosen), bei Verletzung der Befundsicherungspflicht im ärztlichen Bereich (BGH NJW 89, 2332 – Unterlassen einer gebotenen Röntgenaufnahme) und iRd Haftung für Produktfehler (BGH NJW 98, 79, 81) sowie allgemein in sämtlichen Fällen der Beweisvereitelung (BGHZ 104, 323, 333 = NJW 88, 2611 mit Anm *Reinelt*; NJW 02, 825; NJW 04, 222; NJW 06, 434, 436). Lange Zeit hat der BGH auch bei Vorliegen eines groben ärztlichen Behandlungsfehlers dem Patienten Beweiserleichterungen bis zur Beweislastumkehr zugebilligt (BGH NJW 81, 2513; NJW 88, 2303, 2304; NJW 97, 796, 797). Erst kürzlich hat er dann von dieser Rechtsfigur Abstand genommen und klargestellt, dass ein grober ärztlicher Behandlungsfehler keine bloße Beweiserleichterung, sondern stets eine Umkehr der objektiven Beweislast nach sich zieht (BGHZ 159, 48, 53 ff. = NJW 04, 2011, 2013 = BGHReport 04, 1077 mit Anm *Laumen*; bestätigt von BGH NJW 05, 427 ff). 75

Soweit die »Beweislastumkehr« in dieser Rechtsfigur – wie regelmäßig – als Umkehr der objektiven Beweislast verstanden wird, muss dem entschieden widersprochen werden (zur Kritik vgl ausf *Laumen* NJW 02, 3739 ff). Es geht nicht an, dem Gericht die Möglichkeit zu eröffnen, im Einzelfall zwischen der Gewährung von Beweiserleichterungen und der Umkehr der objektiven Beweislast zu wählen (ebenso *Prütting* KF 89, 16; Zö/*Greger* Vor § 284 Rn 22). Aus dem Rechtsnormcharakter der Beweislastnormen ergibt sich, dass die Verteilung der objektiven Beweislast während des Prozesses nicht verändert werden kann (Rz 54). Ein Ermessen des Tatrichters dahingehend, dass im konkreten Einzelfall zwischen Beweiserleichterungen einerseits und einer Umkehr der objektiven Beweislast gewählt werden kann, widerspricht deshalb nicht nur den Geboten der Rechtssicherheit und Rechtsklarheit, sondern lässt sich auch mit der Bindung des Richters an 76 das Gesetz nicht vereinbaren (Baumgärtel/*Laumen* Bd 1 § 4 Rn 50 mwN). Außerdem werden dadurch in unzulässiger Weise die Bereiche von Beweiswürdigung und Beweislast miteinander vermengt (St/J/*Leipold* Rn 207). Beweiserleichterungen bis zur Umkehr der objektiven Beweislast kann und darf es deshalb nicht geben. Möglich und ohne weiteres zulässig sind dagegen »Beweiserleichterungen bis zur Umkehr der konkreten Beweisführungslast« idS, dass der Hauptbeweis als höchstmögliche Form der Beweiserleichterung – etwa auf Grund eines Anscheinsbeweises – als geführt anzusehen ist mit der Folge, dass der Beweisgegner zum Gegenbeweis – und nicht zum Beweis des Gegenteils – gezwungen ist. Das Ermessen des Gerichts bewegt sich dann ausschließlich iRd Beweiswürdigung, so dass die Verteilung der objektiven Beweislast unberührt bleibt.

77 **VII. Einzelfälle.** Wegen der Beweislastverteilung bei einzelnen Vorschriften des materiellen Rechts wird auf Baumgärtel/Laumen/Prütting Handbuch der Beweislast, 3. Aufl, Bd 2–9, 2007 ff verwiesen.

78 **VIII. Die Behauptungslast. 1. Begriff.** In Verfahren mit Verhandlungsmaxime ist es im Wesentlichen allein Sache der Parteien, für die tatsächlichen Grundlagen einer gerichtlichen Entscheidung zu sorgen, mag auch das Gericht gem § 139 verpflichtet sein, die Parteien zu einer vollständigen Erklärung über alle erheblichen Tatsachen anzuhalten. Die Rechtsfolgen von fehlendem oder nicht genügendem Tatsachenvortrag regelt die **Behauptungslast**. Darunter ist die Last der Parteien zu verstehen, diejenigen konkreten Tatsachenbehauptungen aufzustellen, die die abstrakten Voraussetzungen des jeder Partei günstigen Rechtssatzes enthalten (Rosenberg S. 44). Wie bei der Beweislast verbergen sich hinter dem Begriff »Behauptungslast« verschiedene Phänomene (vgl Baumgärtel/*Laumen* Bd 1 § 3 Rn 57 ff).

79 **a) Objektive und subjektive Behauptungslast.** Die objektive Behauptungslast betrifft die Frage, wie das Gericht zu entscheiden hat, wenn ihm keine oder nicht genügende Tatsachenbehauptungen vorliegen (St/J/*Leipold* Rn 50). Demgegenüber wird mit der subjektiven Behauptungslast danach gefragt, welche Tatsachenbehauptungen eine Partei aufstellen muss, um im Prozess Erfolg zu haben (Prütting S. 44).

80 **b) Abstrakte und konkrete Behauptungslast.** Die abstrakte Behauptungslast (auch »Anfangsdarlegungslast« genannt) beantwortet die Frage, welche Behauptungen eine Partei ungeachtet eines Vortrags der Gegenseite – also insb zu Beginn des Prozesses – aufstellen muss, um ihr Prozessziel zu erreichen. Sie wird ferner relevant bei der Prüfung der Schlüssigkeit des Klagevorbringens im Falle der Säumnis des Beklagten (§ 331 II). Bei der konkreten Behauptungslast oder Substantiierungslast geht es schließlich darum, wie konkret – dh substantiiert – die Tatsachenbehauptungen einer Partei im Hinblick auf den Sachvortrag der Gegenpartei sein müssen, um vom Gericht berücksichtigt werden zu können. Während sich die abstrakte Behauptungslast grds mit der objektiven Beweislast deckt und stets bei einer Partei verbleibt, korrespondiert die konkrete Behauptungslast mit der konkreten Beweisführungslast (Rz 56). Sie kann deshalb wie diese im Laufe eines Rechtsstreits zwischen den Parteien hin- und herpendeln. Sie ist insb abhängig von der jeweiligen Prozesssituation und der Einlassung des Gegners (vgl BGH NJW 05, 2710, 2711).

81 Eine Erscheinungsform der konkreten Behauptungslast ist auch die sog **sekundäre Behauptungslast**. Steht die an sich behauptungs- und beweisbelastete Partei außerhalb des für ihren Anspruch erheblichen Geschehensablaufs und kennt sie deshalb die maßgebenden Tatsachen nicht näher, während sie der anderen Partei bekannt und ihr ergänzende Angaben zumutbar sind, obliegt der nicht beweisbelasteten Partei eine gesteigerte Substantiierungslast (BGH NJW-RR 02, 1309, 1310; *Kiethe* MDR 03, 781, 782 f). Der Kl genügt dann seiner – zunächst abstrakten – Behauptungslast durch eine lediglich pauschale Darstellung des Sachverhalts. Es ist dann Sache der beklagten Partei, den pauschalen Vortrag des Klägers durch eine detaillierte Schilderung der streitigen Vorgänge zu erwidern. Geschieht dies nicht, greift die Geständnisfiktion des §138 III ein (BGH NJW 86, 3193, 3194). So trifft etwa den Inhaber eines Internetanschlusses, von dem aus ein urheberrechtlich geschütztes Werk ohne Zustimmung des Berechtigten öffentlich zugänglich gemacht worden ist, eine gesteigerte Substantiierungslast, wenn er geltend macht, nicht er, sondern ein Dritter habe die Rechtsverletzung begangen (BGHZ 185, 330, 333 Rn 12 = NJW 2010, 2061, 2062). Die sekundäre Behauptungslast geht aber nicht so weit, dass die beklagte Partei neben seinem substantiierten Vortrag auch entsprechende Beweismittel bezeichnen müsste (BGH NJW 08, 982, 984). Sie ist nicht nur anwendbar beim Beweis von Umständen aus der Sphäre des Gegners, sondern auch beim Beweis von Negativen (Rz 63), dh in den Fällen, in denen das materielle Recht das Nichtvorliegen von Tatsachen zur Anspruchsvoraussetzung erhoben hat oder in sonstiger Weise das Nichtvorliegen eines Umstandes bewiesen werden muss (vgl BGHZ 140, 156, 158 f = NJW 99, 579, 580). Mit einer Anerkennung einer allgemeinen prozessualen **Auf-**

klärungspflicht der nicht beweisbelasteten Partei (insb Stürner S. 92 ff; s. dazu ausf Baumgärtel/*Prütting* Bd 1 § 16 Rn 3 ff sowie oben § 138 Rz 20) ist diese Rspr jedoch nicht verbunden. Eine solche allgemeine Aufklärungspflicht ist schon deswegen abzulehnen, weil sie das gesetzliche System der Beweislastverteilung aushöhlen würde (*Arens* ZZP 96, 1, 18). Außerdem ist grds keine Partei verpflichtet, bei der Ermittlung des Sachverhalts die Sache ihres Gegners zu betreiben (BGH NJW 90, 3151; NJW 07, 155, 156).

2. Behauptungs- und Beweislast. Während die konkrete Behauptungslast unabhängig von der objektiven Beweislast ist, stimmen abstrakte Behauptungslast und objektive Beweislast hinsichtlich des Gegenstandes und des Umfangs überein (BGH NJW 89, 161, 162). Dies gilt entgegen einer verbreiteten Auffassung (vgl BAG NJW 77, 695) auch in den Fällen der §§ 291, 292. Da offenkundige und vermutete Tatsachen nicht bewiesen zu werden brauchen, bedarf es auch keiner entsprechenden Behauptung (Baumgärtel/*Laumen* Bd 1 § 3 Rn 67 ff). Wirkliche Ausnahmen von der Parallelität zwischen abstrakter Behauptungslast und objektiver Beweislast stellen dagegen die §§ 345 und 543 IV 2 BGB dar. Macht der Gläubiger die Zahlung der Vertragsstrafe geltend, so ist die Nichterfüllung der Verbindlichkeit durch den Schuldner schon nach dem Wortlaut des § 345 anspruchsbegründendes Merkmal und unterliegt der Behauptungslast des Gläubigers (Baumgärtel/*Eyinck* Bd 3 § 345 Rn 1). Gleichwohl trägt der Schuldner die objektive Beweislast für die Erfüllung seiner Verbindlichkeit, falls die Erfüllung auf eine positive Handlung gerichtet ist. Die gleiche Konstellation ergibt sich bei § 179 BGB. Nimmt der Kl den falsus procurator in Anspruch, ist die Schlüssigkeit des Klagevorbringens die Behauptung notwendig, dass der Beklagte keine Vertretungsmacht gehabt hat. Die objektive Beweislast für das Bestehen der Vertretungsmacht obliegt dagegen dem Beklagten (BGHZ 99, 50, 52 = NJW 87, 649). 82

3. Inhaltliche Anforderungen. Da die konkrete Behauptungslast von der jeweiligen Prozesssituation im Einzelfall abhängig ist, lassen sich allgemeingültige Grundsätze nur für die abstrakte Behauptungslast aufstellen. Die Rspr verlangt insoweit, dass der Kl Tatsachen vorträgt, die iVm einem Rechtssatz geeignet und erforderlich sind, das geltend gemachte Recht als in der Person des Klägers entstanden sein zu lassen (BGH NJW-RR 01, 887; NJW 09, 2137). Das Gericht muss in der Lage sein, auf Grund des tatsächlichen Vorbringens der Partei zu entscheiden, ob die gesetzlichen Voraussetzungen für das Bestehen des geltend gemachten Anspruchs vorliegen (BGH NJW 84, 2888, 2889). Überzogene Anforderungen dürfen aber an die Substantiierungslast nicht gestellt werden (vgl *Geipel/Prechtel* MDR 11, 336 f.). So muss, wenn das Zustandekommen bestimmter Abreden behauptet wird, nicht unbedingt zu Einzelheiten dieser Abreden vorgetragen werden (BGH NJW 99, 1859, 1860; vgl auch *Brose* MDR 08, 1315 ff). Ebenso wenig kann der Vortrag von Einzeltatsachen verlangt werden, die den Zeitpunkt und den Vorgang bestimmter Ereignisse betreffen (BGH NJW-RR 10, 1217, 1218). Bei einer Klage, die sich auf eine getroffene Einigung stützt, gilt dies etwa für die Umstände dieser Vereinbarung wie Zeit, Ort oder teilnehmende Personen (BGH NJW 11, 3291). Wird ein Sachmangel geltend gemacht, reicht eine hinreichend genaue Beschreibung der Mangelerscheinungen aus; die – ohnehin häufig nicht bekannte – Ursache der Mangelsymptome braucht nicht bezeichnet zu werden (BGH NJW-RR 97, 1376; NJW 12, 382, 383). Es ist vielmehr Sache des Gerichts, bei der Beweisaufnahme die Zeugen nach Einzelheiten zu befragen, die ihm für die Beurteilung der Zuverlässigkeit der Bekundungen erforderlich erscheinen (BGH NJW-RR 07, 1409; Frankf NJW-RR 10, 1689, 1690). Unerheblich ist es auch, wie wahrscheinlich die Darstellung des Klägers ist (BGH NJW-RR 96, 1402) und ob sie auf eigenem Wissen oder einer Schlussfolgerung aus Indizien besteht (BGH NJW-RR 07, 1409). Der Pflicht zur Substantiierung ist nur dann nicht genügt, wenn die vorgetragenen Tatsachen so ungenau bezeichnet sind, dass das Gericht nicht beurteilen kann, ob die Behauptung überhaupt erheblich ist, dh die gesetzlichen Voraussetzungen der daran geknüpften Rechtsfolge erfüllt sind (BGH NJW 05, 2710). 83

Kann die behauptungsbelastete Partei nach Lage der Verhältnisse die entscheidungserheblichen Tatsachen nicht kennen, ist sie nicht gehindert, Behauptungen aufzustellen, die sie nur für wahrscheinlich oder für möglich hält (BGH NJW-RR 03, 69). Zu denken ist an die Behauptung von inneren Tatsachen (vgl BGH NJW 83, 2034, 2035), von Kausalverläufen (vgl BGH NJW 95, 1160 f) und von Vereinbarungen zwischen dritten Personen, an denen die behauptungsbelastete Partei nicht teilgenommen hat (BGH NJW 01, 2327, 2330). Die Grenzen derartiger Behauptungen liegen in der Wahrheitspflicht des § 138 I, die Behauptungen wider besseren Wissen verbietet (§ 138 Rz 3 ff). Behauptungen »aufs Geratewohl« oder »ins Blaue hinein« können deshalb nur dann als unbeachtlich angesehen werden, wenn die betreffende Partei ihre Unrichtigkeit positiv kennt (vgl BGH NJW-RR 00, 273, 275). Unbeachtet bleiben kann eine Behauptung ferner dann, wenn sie erkennbar ohne jegliche Anhaltspunkte völlig aus der Luft gegriffen ist (BGH NJW 96, 84

394). Zu denken ist etwa an den behaupteten Wert eines Grundstücks, wenn sämtliche – unstreitigen – Umstände für einen deutlich niedrigeren Wert sprechen (Celle FamRZ 10, 562, 563). Geringere Anforderungen an die abstrakte Behauptungslast gelten im Anwendungsbereich des § 287 für den Vortrag zur Entstehung und Höhe eines Schadens (s. näher § 287 Rz 17).

85 Wie sich ohne Weiteres aus den §§ 263, 264 ergibt, ist eine Partei grds auch nicht gehindert, ihr tatsächliches Vorbringen im Laufe des Verfahrens – und zwar auch im Berufungsverfahren (§ 525) – zu ändern, insb zu präzisieren, zu ergänzen und zu berichtigen (BGH NJW 02, 1276, 1277; VersR 11, 1384; ausf *Gremmer* MDR 10, 245 ff). Dies gilt selbst dann, wenn sich die betreffende Partei zu ihrem früheren Vorbringen in Widerspruch setzt. Die Widersprüchlichkeit des Vorbringens kann allenfalls iRd Beweiswürdigung berücksichtigt werden (BGH NJW-RR 00, 208). Eine Grenze bilden auch die Vorschriften über die Zurückweisung wegen Verspätung (§§ 282, 296, 530, 531). Eine Partei darf auch eine bislang unbestrittene Behauptung des Gegners nachträglich noch bestreiten, weil § 138 III keine Bindungswirkung entfaltet (§ 138 Rz 14). Etwas anderes ergibt sich nur bei einem gerichtlichen Geständnis gem § 288, das nur unter den engen Voraussetzungen des § 290 widerrufen werden kann (§ 290 Rz 1 ff).

86 **H. Die Beweisvereitelung. I. Begriff und Erscheinungsformen.** Unter Beweisvereitelung wird ein Verhalten verstanden, durch das eine Partei dem beweisbelasteten Gegner die Beweisführung schuldhaft unmöglich macht oder erschwert, indem sie vorhandene Beweismittel vernichtet, vorenthält oder ihre Benutzung erschwert, oder indem sie zumindest fahrlässig die Aufklärung eines bereits eingetretenen Schadensereignisses unterlässt, um dadurch die Entstehung eines Beweismittels zu verhindern, obwohl die spätere Notwendigkeit einer Beweisführung dem Aufklärungspflichtigen bereits erkennbar gewesen sein muss (BGH NJW 97, 3311, 3312). Die Beweisvereitelung kann sich auf sämtliche Beweismittel beziehen und sowohl den Hauptbeweis als auch den Gegenbeweis betreffen, etwa wenn der Gegenbeweis zur Erschütterung eines Anscheinsbeweises vereitelt wird (BGH NJW 98, 79, 81 f mit abl Anm *Prütting* LM Nr 100 (C)).

87 Beweisvereitelnde Verhaltensweisen können sowohl während eines Prozesses als auch im vorprozessualen Stadium vorkommen. Eine **vorprozessuale Beweisvereitelung** liegt zB dann vor, wenn bei einem Streit über die Todesursache eines Hundes eine eingehende Untersuchung vor der Vernichtung des Kadavers unterlassen worden ist (Kobl OLGZ 91, 117), wenn eine Kfz-Werkstatt ein ausgetauschtes, angeblich mangelhaftes Teil entsorgt (BGH NJW 06, 434, 436), wenn ein Unfallfahrzeug sofort nach dem Unfall weiterveräußert wird, um Feststellungen zum Schadensumfang zu verhindern (Ddorf MDR 03, 215), wenn ein Versicherer dem VN den Beweis der Echtheit seiner Unterschrift dadurch unmöglich macht, dass er die Originale der Anträge nach der Mikroverfilmung vernichtet (BGH NJW-RR 01, 1471; dazu *Timme* JA 01, 534 ff), wenn jemand seine Unterschriften bewusst in einer so großen Vielfalt und Variationsbreite gestaltet, dass der von ihm erhobene Fälschungseinwand durch einen Schriftsachverständigen nicht widerlegt werden kann (BGH NJW 04, 222), wenn der wegen eines Kunstfehlers verklagte Arzt wichtige Befunde nicht aufbewahrt (BGHZ 132, 47, 50 = NJW 96, 1589), wenn die Ordnungsbehörde es versäumt, den Zustand einer Wohnung vor der Einweisung eines Obdachlosen zu dokumentieren (BGH NJW 96, 315, 317; Köln NJW 00, 3076, 3077) oder wenn ein Versicherungsvermittler seine Pflicht verletzt, einen erteilten Rat zu dokumentieren (Saarbr VersR 10, 1181 f.).. Die letztgenannten Beispiele zeigen sehr deutlich, dass die Verletzung der Dokumentations- und Befundsicherungspflicht als Unterfälle der Beweisvereitelung zu verstehen und in ihren beweisrechtlichen Folgen den übrigen Fallkonstellationen gleich zu stellen sind (*Laumen* NJW 02, 3739, 3745 mwN).

88 **Während des Prozesses** kann ein beweisvereitelndes Verhalten va darin liegen, dass die nicht beweisführungsbelastete Partei ohne triftigen Grund ihre Bank (BGH NJW 67, 2012 f), den beurkundenden Notar (BGH NJW-RR 96, 1534), ihren Steuerberater (BGH MDR 84, 48) oder Ärzte bzw Krankenhauspersonal (BGH NJW 72, 1131) nicht von einer bestehenden Schweigepflicht entbindet. Ferner ist daran zu denken, dass der auf Schadensersatz verklagte Arzt sich weigert, ein Röntgenbild vorzulegen (BGH NJW 63, 389), dass kurz vor der Besichtigung durch einen gerichtlichen Sachverständigen das angeblich vom Hausschwamm befallene Haus abgerissen und sämtlicher Schutt weggeschafft wird (Naumbg OLG-NL 99, 23), dass sich die nicht beweisführungsbelastete Partei weigert, einen nur ihr bekannten Zeugen namhaft zu machen (BGH NJW 08, 982, 984), dass der auf Schadensersatz in Anspruch genommene rechtliche Berater dem beweisführungsbelasteten Mandanten die Rückgabe von Unterlagen verweigert, die für den Nachweis eines Schadens notwendig sind (BGH NJW 02, 825), dass bei einem Streit über die Miethöhe eine Wohnungsbesichtigung durch einen Sachverständigen unmöglich gemacht wird (Frankf NJW-RR 91, 13) oder dass die auf Schadensersatz verklagte Stadt einen Baum fällen und beseitigen lässt, von dem ein Ast auf das Fahrzeug des Klägers gefallen sein soll (Bremen MDR 08, 1061 f).

II. Tatbestandsvoraussetzungen. Objektiv muss ein Tun oder Unterlassen vorliegen, ohne dass die Klärung des Sachverhalts möglich gewesen wäre (vgl BGH VersR 60, 844, 846). Das beweisvereitelnde Verhalten muss also ursächlich für die Nichtaufklärung eines entscheidungserheblichen Umstandes geworden sein. Bezüglich der rechtlichen Behandlung besteht kein Unterschied zwischen der völligen Beweisvereitelung und der bloßen Erschwerung der Beweisführung (BGH NJW 83, 2935, 2937). Subjektiv reicht jede Form des Verschuldens – dh alle Grade der Fahrlässigkeit und des Vorsatzes – aus (BGH NJW 86, 59, 60). Für ein vorprozessuales Verhalten kann dabei der Vorwurf der Fahrlässigkeit nur erhoben werden, wenn die betreffende Partei erkennen musste, dass das Beweismittel in einem zukünftigen Prozess Bedeutung erlangen könnte. Ein Verschulden von Hilfspersonen reicht dabei in entsprechender Anwendung des § 278 BGB aus; ebenso haftet eine minderjährige Partei für ein Fehlverhalten ihres gesetzlichen Vertreters (zutr Musielak/*Foerste* Rn 65). Eine Beweisvereitelung setzt allerdings stets voraus, dass sich das Verschulden nicht nur auf die Vernichtung des Beweisgegenstandes bezieht, sondern auch auf die Beseitigung seiner Beweisfunktion (BGH NJW 04, 222). Erforderlich ist also immer ein **doppelter Schuldvorwurf**. Trotz Vorliegens der objektiven und subjektiven Voraussetzungen kann im Einzelfall eine Beweisvereitelung gleichwohl zu verneinen sein, wenn das Verhalten der jeweiligen Partei unter Berücksichtigung aller Umstände nicht als rechtsmissbräuchlich angesehen werden kann. So kann in der Vorenthaltung eines Beweismittels kein missbilligenswertes Verhalten gesehen werden, wenn höherrangige Interessen der vereitelnden Partei – zB der Schutz eines Geschäftsgeheimnisses – die Weigerung als gerechtfertigt erscheinen lassen (vgl BGH NJW-RR 96, 1534). 89

III. Rechtsfolgen. Die Rechtsfolgen einer Beweisvereitelung sind seit jeher heillos umstr (vgl die Übersicht über den Meinungsstand bei Baumgärtel/*Laumen* Bd 1 § 11 Rn 27 ff). Während ein Teil des Schrifttums von einer Beweislastumkehr ausgeht (St/J/*Leipold* Rn 188; R/S/G, § 115 Rn 20 ff), bevorzugt die wohl hM eine Lösung iRd Beweiswürdigung (Zö/*Greger*, Rn 14a; Musielak S. 139; Rosenberg S. 191). Demgegenüber billigt der BGH der beweisführungsbelasteten Partei in stRspr nach der bekannten Formel »Beweiserleichterungen bis hin zur Umkehr der Beweislast« zu (BGH NJW 02, 825, 827; 04, 222; 06, 434, 436; MDR 09, 80 f; zu dieser Entscheidung auch die Bespr von *Laumen* MDR 09, 177 ff; ebenso Bremen MDR 08, 1061, 1062; Saarbr VersR 10, 1181, 1182 m abl Anm *Münkel* jurisPR extra 11, 8 ff.). Soweit damit tatsächlich eine Umkehr der objektiven Beweislast gemeint sein sollte (zweifelnd St/J/*Leipold* aaO), kann dem keineswegs gefolgt werden. Gegen eine solche Lösung sprechen bereits die in den gesetzlich geregelten Fällen der Beweisvereitelung vorgesehenen Rechtsfolgen. So sehen die §§ 371 III, 427, 441 III 3, 444, 446, 453 II lediglich vor, dass der Richter iRd Beweiswürdigung darüber zu befinden hat, ob der vereitelte Beweis als geführt anzusehen ist. Dies gilt nach Maßgabe des § 444 selbst dann, wenn die Urkunde in der Absicht beseitigt worden ist, ihre Benutzung dem Gegner zu entziehen. Ist ein Beweis als geführt anzusehen, hat dies gerade keine Umkehr der objektiven Beweislast zur Folge, sondern lediglich eine Umkehr der konkreten Beweisführungslast (wie hier HK-ZPO/*Saenger* Rn 97; *Thole* JR 11, 327, 331; s. dazu auch oben Rz 56). Die genannten Vorschriften lassen nur den Schluss zu, dass das beweisvereitelnde Verhalten einer Partei die Verteilung der objektiven Beweislast unberührt lassen soll (ebenso Frankf MDR 10, 1317, 1318 – Beweisvereitelung durch Unfallflucht). Dies ist folgerichtig, weil es sich bei einer Beweisvereitelung um ein einzelfallbezogenes Verhalten handelt, das sich häufig erst während des Prozesses zeigt und schon deshalb keinen Einfluss auf die abstrakt-generelle Verteilung der objektiven Beweislast haben darf. Durch eine Umkehr der Beweislast würde zudem die beweisführungsbelastete Partei im Ergebnis besser gestellt als sie ohne das beweisvereitelnde Verhalten stünde. Mit Hilfe des durch die Beweisvereitelung nicht zur Verfügung stehenden Beweismittels hätte die betroffene Partei nämlich auch nur den Haupt- bzw Gegenbeweis führen, dh allenfalls eine Umkehr der konkreten Beweisführungslast erreichen können. Die durch eine Umkehr der objektiven Beweislast eintretende **Überkompensation** des beweisvereitelnden Verhaltens ist durch nichts gerechtfertigt (vgl *Laumen* NJW 02, 3739, 3746). 90

Wie die gesetzlich geregelten Fälle der Beweisvereitelung zeigen, kann zugunsten der beweisführungsbelasteten Partei unterstellt werden, dass das vereitelte Beweismittel, soweit es hätte reichen können, das behauptete Ergebnis gehabt hätte. Das fingierte Ergebnis des vereitelten Beweismittels unterliegt dann aber noch – soweit dies möglich ist – uneingeschränkt der richterlichen Beweiswürdigung (zutr Frankf MDR 10, 1317, 1318; H. Weber S. 215; *Thole* JR 11, 327, 333 f.; vgl auch das Beispiel bei Baumgärtel/*Laumen* Bd 1 91

§ 11 Rn 37). Die Rechtsfolge der Beweisvereitelung besteht also darin, dass der nicht erhobene Beweis ersetzt werden kann durch das für die beweisführungsbelastete Partei bestmögliche Ergebnis des ausgefallenen Beweismittels. Eine Herabsetzung des Beweismaßes ist damit nicht verbunden (H. Weber S. 217; aA Musielak/*Foerste* Rn 63). Es verbleibt vielmehr beim Erfordernis der vollen richterlichen Überzeugung mit der Besonderheit, dass ein Element bei der Überzeugungsbildung – nämlich das voraussichtliche Ergebnis des ausgefallenen Beweismittels – als gegeben unterstellt werden *kann*. Das dem Gericht dadurch eingeräumte Ermessen trägt den vielfältigen Erscheinungsformen der Beweisvereitelung Rechnung. So kann der Umfang der Beweiserleichterung vom Grad des Verschuldens der vereitelnden Partei – Vorsatz oder Fahrlässigkeit, jeweils bezogen auf die Beweisfunktion des Beweismittels – oder von einem eventuellen Mitverschulden der beweisführungsbelasteten Partei abhängig gemacht werden. Sämtliche Fallgruppen der Beweisvereitelung rechtfertigen danach aber allenfalls Beweiserleichterungen bis hin zur Umkehr der konkreten Beweisführungslast, nicht aber eine Umkehr der objektiven Beweislast.

92 **I. Beweisverträge und Beweislastverträge.** Die Parteien können in vielfältiger Weise auf die Verteilung der Beweislast und die Beweisführung Einfluss nehmen (s. dazu näher Baumgärtel/*Laumen* Bd 1 § 20 Rn 1 ff). Zu unterscheiden sind Beweisverträge und Beweislastverträge. Während **Beweisverträge** dazu dienen, auf die Feststellung und Würdigung der entscheidungserheblichen Tatsachen durch das Gericht Einfluss zu nehmen, beziehen sich **Beweislastverträge** auf die Frage der Rechtsanwendung im Falle eines non liquet, indem sie den Nachteil der Ungewissheit über das Vorliegen einer Tatsache der einen oder anderen Partei auferlegen. Sowohl Beweisverträge als auch Beweislastverträge sind nur möglich in Verfahren mit Verhandlungsmaxime.

93 **I. Beweislastverträge.** Unter den Begriff »Beweislastverträge« fallen ausschließlich solche Vereinbarungen, die sich unmittelbar und ausdrücklich auf die Verteilung der Beweislast zwischen den Parteien beziehen. Nicht hierher gehören Verträge, in denen eine Änderung der Beweislastverteilung nur mittelbare Folge eines anderen Vertragsgegenstandes – zB einer Tatsachenbestätigung – ist. Die Zulässigkeit von Beweislastverträgen ergibt sich ohne weiteres aus der Privatautonomie, soweit sie sich auf Tatbestandsmerkmale beziehen, die der Disposition der Parteien unterliegen (BGH NJW 98, 2967, 2968). Betrifft dagegen der Beweislastvertrag Normen des öffentlichen Rechts oder des Prozessrechts, so hängt die Wirksamkeit der Vereinbarung davon ab, ob die jeweilige Rechtsvorschrift, für die die Beweislastverteilung geändert werden soll, der Disposition der Parteien unterliegt (Wagner S. 699). Soweit Beweislastklauseln in AGB enthalten sind und die gesetzlich festgelegte oder auf Richterrecht beruhende Beweislastverteilung zum Nachteil des Kunden ändern, sind sie gem § 309 Nr 12 BGB unzulässig. Nicht erfasst werden von dieser Vorschrift dagegen Beweislaständerungen, die lediglich auf zulässigen Abweichungen vom materiellen Recht beruhen. Dies gilt etwa für die formularmäßige Vereinbarung von abstrakten oder deklaratorischen Schuldanerkenntnissen (BGH NJW 03, 2386, 2387) und von vorformulierten Vollstreckungsunterwerfungsklauseln (BGHZ 99, 274, 285 = NJW 87, 904, 906). Letztere verstoßen aber gegen die Generalklausel des § 307 BGB, wenn der Notar ermächtigt wird, die Klausel ohne den Nachweis der Fälligkeit zu erteilen (BGH NJW 02, 138, 139; München NJW-RR 01, 130, 131).

94 **II. Beweismittelverträge.** Beweismittelverträge sind Vereinbarungen der Parteien über den **Ausschluss** oder die **Beschränkung** von vorhandenen Beweismitteln oder die **Erweiterung** der Beweisaufnahme auf üblicherweise nicht vorgesehene Beweismittel. Der Ausschluss kann sich auf ein konkretes Beweismittel beziehen, etwa die Übereinkunft, eine bestimmte Urkunde nicht in den Prozess einzuführen (vgl den Fall Köln OLGR 97, 66). Ferner wird in Schlichtungs- und Mediationsverfahren häufig vereinbart, dass der Schlichter oder Mediator in einem späteren Prozess nicht als Zeuge für Tatsachen benannt werden darf, die Gegenstand des Schlichtungs- oder Mediationsverfahrens gewesen sind (vgl dazu *Eckardt/Dendorfer* MDR 01, 786 ff; *Wagner* NJW 01, 1398 ff). Der Ausschluss kann auch die Art des Beweismittels betreffen, zB die Vereinbarung, aus Kostengründen auf die Beantragung eines Sachverständigengutachtens zu verzichten. Die Beschränkung kann sich ebenfalls auf ein bestimmtes Beweismittel beziehen. So haben die Parteien nach § 404 IV die Möglichkeit, sich auf die Benennung eines bestimmten Sachverständigen zu einigen, woran das Gericht grds gebunden ist (s. dazu näher § 404 Rz 13). Eine Beschränkung auf eine bestimmte Art von Beweismitteln kann darin bestehen, dass die Parteien eine Beweisführung ausschließlich mit öffentlichen Urkunden vereinbaren. Eine Erweiterung der verfügbaren Beweismittel ist schließlich heute in § 284 S 2 ausdrücklich vorgesehen, indem die Parteien die Vereinbarung des Freibeweises für einzelne Beweismittel oder generell vereinbaren können (§ 284 Rz 49 ff). Beweismittelverträge sind zulässig, soweit

den Parteien eine entsprechende Dispositionsbefugnis zusteht (BGHZ 109, 19, 29 = NJW 90, 441). Ist sein Abschluss unstr oder bewiesen, muss der Beweismittelvertrag vom Gericht vAw berücksichtigt werden (Wagner S. 685). Entgegen der hM (vgl ua St/J/*Leipold* Rn 211) ist das Gericht auch dann an den Inhalt eines die Verwendung von Beweismitteln beschränkenden Vertrages gebunden, wenn es an sich zu einer Beweiserhebung vAw berechtigt wäre (Baumgärtel/*Laumen* Bd 1 § 20 Rn 16 mwN). Sämtliche Klauseln in AGB, die zu Lasten des Kunden Beweismittel beschränken oder ausschließen bzw zugunsten des Verwenders weitere Beweismittel zulassen, sind gem § 309 Nr 12 BGB unzulässig, weil diese Vorschrift nicht nur eine Umkehr der Beweislast, sondern jeden Versuch erfasst, die Beweisposition des Kunden zu verschlechtern (BGH NJW-RR 89, 817; Nürnbg NJW-RR 00, 436).

III. Verträge über Beweiswürdigung und Beweismaß. Vereinbarungen der Parteien über die bestimmte Würdigung erhobener Beweise sind unzulässig (BGH NJW 93, 1856, 1860; MüKoZPO/*Prütting* Rn 165; Jäckel Rn 156; aA Wagner S 692 ff). Es ist gem § 286 I allein Sache des Gerichts, darüber zu entscheiden, ob es eine Tatsache für wahr oder nicht für wahr erachtet. Unwirksam ist deshalb auch eine Vereinbarung der Parteien, unter bestimmten Umständen einen Anscheinsbeweis als geführt anzusehen (St/J/*Leipold* Rn 210; für eine entsprechende Bestimmung in AGB auch BGHZ 102, 41, 46 = NJW 88, 258). Die gleichen Erwägungen gelten für Vereinbarungen über das erforderliche **Beweismaß.** Das rechtssatzmäßig vorgegebene Beweismaß (Rz 22) ist wie die Beweiswürdigung der Dispositionsfreiheit der Parteien entzogen. Unzulässig ist dementsprechend eine Vereinbarung, die erhobenen Beweise bereits bei Erreichen des Beweismaßes der Glaubhaftmachung als geführt anzusehen. Soweit die Rspr beim Beweis für das äußere Bild (Rz 48 ff) eine Beweismaßreduzierung zugunsten des VN zulässt, beruht diese nicht auf einer stillschweigenden vertraglichen Vereinbarung der Parteien, sondern auf einer entsprechenden richterrechtlichen Rechtsfortbildung (ausf Baumgärtel/*Laumen* Bd 1 § 17 Rn 3 ff). 95

IV. Geständnis- und Vermutungsverträge. Geständnisverträge sind Vereinbarungen der Parteien, mit denen eine Tatsache unwiderlegbar oder jedenfalls bis zum Beweis des Gegenteils als festgestellt gelten soll. Wie Vermutungsverträge, mit denen eine Tatsache – mit oder ohne die Möglichkeit ihrer Widerlegung – als bewiesen gelten soll, falls eine andere Tatsache bewiesen ist, dienen solche Abreden dazu, die Beweisbedürftigkeit einer Tatsache im Hinblick auf einen anhängigen oder doch drohenden Rechtsstreit zu beseitigen (Wagner S. 641). So können die Parteien vereinbaren, zur Vermeidung eines kostspieligen Sachverständigengutachtens die Höhe eines entstandenen Schadens außer Streit zu stellen und sich auf den Streit über den Anspruchsgrund zu beschränken. Geständnisverträge sind grds zulässig und verstoßen auch dann nicht gegen die Wahrheitspflicht des § 138 I, wenn die Parteien übereinstimmend von einer unwahren Tatsache ausgehen. Etwas anderes gilt nur dann, wenn das Gegenteil der einverständlich zugestandenen oder vermuteten Tatsache offenkundig oder unmöglich ist oder die Parteien mit Hilfe einer solchen Vereinbarung betrügerisch zu Lasten eines Dritten zusammenwirken wollen (Baumgärtel/*Laumen* Bd 1 § 20 Rn 29). Soweit Geständnis- und Vermutungsverträge in AGB enthalten sind, müssen sie an § 309 Nr 12 BGB gemessen werden, und zwar unabhängig davon, ob dem Kunden der Beweis des Gegenteils vorbehalten worden ist oder nicht. Je nach Inhalt der Klausel kann daneben oder stattdessen auch § 308 Nr 5 (fingierte Erklärungen) oder Nr 6 BGB (Fiktion des Zugangs) zur Anwendung kommen. 96

§ 287 Schadensermittlung; Höhe der Forderung.

(1) [1]Ist unter den Parteien streitig, ob ein Schaden entstanden sei und wie hoch sich der Schaden oder ein zu ersetzendes Interesse belaufe, so entscheidet hierüber das Gericht unter Würdigung aller Umstände nach freier Überzeugung. [2]Ob und inwieweit eine beantragte Beweisaufnahme oder von Amts wegen die Begutachtung durch Sachverständige anzuordnen sei, bleibt dem Ermessen des Gerichts überlassen. [3]Das Gericht kann den Beweisführer über den Schaden oder das Interesse vernehmen; die Vorschriften des § 452 Abs. 1 Satz 1, Abs. 2 bis 4 gelten entsprechend.

(2) Die Vorschriften des Absatzes 1 Satz 1, 2 sind bei vermögensrechtlichen Streitigkeiten auch in anderen Fällen entsprechend anzuwenden, soweit unter den Parteien die Höhe einer Forderung streitig ist und die vollständige Aufklärung aller hierfür maßgebenden Umstände mit Schwierigkeiten verbunden ist, die zu der Bedeutung des streitigen Teiles der Forderung in keinem Verhältnis stehen.

A. Normzweck. Der nach § 286 I erforderliche Vollbeweis (§ 286 Rz 3) kann im Haftungsrecht beim Nachweis des Entstehens und der Höhe eines Schadens zu erheblichen Beweisschwierigkeiten für den Geschä- 1 digten führen. Sie können darauf beruhen, dass die Bemessung des Schadens im Ermessen des Gerichts liegt (etwa bei § 253 II BGB), für die Höhe des Schadens eine hypothetische Betrachtungsweise notwendig ist (zB beim entgangenen Gewinn gem § 252 S 2 BGB), die Berechnung des Schadens aus sonstigen Gründen Schwierigkeiten bereitet oder die Beweisführung einen unverhältnismäßigen Aufwand erfordern würde. Durch § 287 soll verhindert werden, dass materiell berechtigte Schadensersatzansprüche an den hohen Beweisanforderungen des § 286 I scheitern (BVerfG NJW 10, 1870, 1871). Der Gesetzgeber billigt dem Geschädigten deshalb in mehrfacher Hinsicht **Beweiserleichterungen** zu, und zwar durch eine **Reduzierung des Beweismaßes, geringere Anforderungen** an die **Behauptungslast** sowie eine **freiere Gestaltung der Beweisaufnahme** (§ 287 S 2, 3). § 287 II erweitert diese Erleichterungen (mit Ausnahme der Möglichkeit, den Beweisführer als Partei zu vernehmen, § 287 S 3), auf andere Fälle, in denen die Höhe einer Forderung streitig ist, sofern die vollständige Aufklärung mit unverhältnismäßigen Schwierigkeiten verbunden wäre. Im Hinblick auf den erwähnten Normzweck kann deshalb § 287 keine Anwendung finden, wenn die exakte Berechnung eines Schadens ohne Weiteres möglich ist (BVerfG NJW 10, 1870, 1871 für die Berechnung einer Zinsforderung).

2 § 287 betrifft lediglich die **subjektive Beweislast** (Beweisführungslast) des Geschädigten, indem ihm die Beweisführung erleichtert wird. Die Verteilung der **objektiven Beweislast** zwischen den Parteien bleibt dagegen unberührt (BGH NJW 70, 1970, 1971; NJW 86, 246, 247). Die Anwendung des § 287 führt sicherlich in vielen Fällen dazu, ein non liquet zu vermeiden und damit die Zahl der Beweislastentscheidungen zu verringern (MüKoZPO/*Prütting* Rn 31). Die Vorschrift berechtigt aber nicht dazu, Ansprüche gleichsam nach freiem Ermessen ohne ausreichende Schätzungsgrundlage zuzusprechen. Lässt sich trotz Ausschöpfung aller Möglichkeiten des § 287 nicht einmal ein Mindestschaden feststellen, so geht dies nach allgemeinen Regeln zu Lasten des Geschädigten, der die objektive Beweislast für die Entstehung und die Höhe des behaupteten Schadens trägt.

3 **B. Die Schadensermittlung nach Abs 1. I. Anwendungsbereich.** § 287 I gilt für Schadensersatzansprüche aller Art, seien es vertragliche, gesetzliche, aus Verschulden oder Gefährdung, Ansprüche wegen Vertrauensschadens (§§ 122 I, 179 II BGB) oder auf Entschädigung wegen Nichtvermögensschadens (§§ 253 II, 651 f II BGB). Erfasst werden ferner Entschädigungsansprüche aus Aufopferung (BGHZ 29, 95, 99 f = NJW 59, 386) und Enteignung (BGHZ 29, 217, 218 f = NJW 59, 771; BGH NJW 85, 387). Nicht anwendbar ist § 287 I dagegen bei Ansprüchen auf Minderung (BGH WM 71, 1382; aA offenbar BGH NJW 05, 1713, 1714 für eine Mietminderung), Ausgleich der Bereicherung (BGH GRUR 62, 261, 262), Vertragsstrafe oder Festsetzung einer Sicherheit (MüKoZPO/*Prütting* Rn 6), weil es sich nicht um Schadensersatzansprüche handelt. In diesen Fällen ist aber stets zu prüfen, ob nicht eine Anwendung des § 287 II möglich ist (vgl zB BGH NJW-RR 05, 1157, 1158 für eine Minderung nach §§ 437 Nr 2, 441 BGB).

4 **II. Entstehung und Höhe des Schadens.** Nach dem Wortlaut des § 287 I scheint das Gericht in Anwendung dieser Vorschrift auch die Frage entscheiden zu dürfen, ob überhaupt ein Schaden entstanden ist. Entsprechend dem Zweck der Norm (Rz 1) greifen die mit ihr verbundenen Beweiserleichterungen aber erst dann ein, wenn die materielle Ersatzpflicht des Schädigers unstr oder nach dem Maßstab des § 286 I bewiesen ist. Im Einzelnen ist deshalb wie folgt zu differenzieren:

5 **1. Konkreter Haftungsgrund.** Es besteht weitgehend Einigkeit darüber, dass der konkrete Haftungsgrund ausschließlich nach den Grundsätzen des § 286 I zu beurteilen ist (BVerfGE 50, 32, 36 = NJW 79, 413, 414; BGHZ 58, 48, 53 = NJW 72, 1126). Dazu gehören alle Tatsachen, aus denen sich die Schadensersatzpflicht einer Person herleitet, dh ihr rechtswidriges Tun oder Unterlassen und ggf ihr Verschulden. Voll bewiesen werden muss also zB der Arztfehler und die als Verletzungsfolge behauptete Gehbehinderung des Patienten (BGH NJW 87, 705, 706). Setzt sich ein rechtwidriges Tun aus einer Mehrzahl von fortgesetzten Einzelakten zusammen, dann ist der den Schadensersatzanspruch auslösende Beginn dieses pflichtwidrigen Verhaltens ebenfalls als konkreter Haftungsgrund nach § 286 I festzustellen (BGH NJW-RR 87, 1019, 1020). Die Anwendung des § 287 ist in diesem Bereich selbst dann ausgeschlossen, wenn der Vollbeweis einer Primärverletzung wegen der Art der Unfallfolge nach § 286 I nicht geführt werden kann (BGH NJW 04, 777, 778). In Betracht kommen aber für die Feststellung des Haftungsgrundes andere Beweiserleichterungen, wobei insb an die Anwendung der Grundsätze über den Anscheinsbeweis (§ 286 Rz 26 ff) zu denken ist.

6 **2. Kausalzusammenhang.** In diesem Bereich liegen die eigentlichen Probleme der Norm, die auch heute noch nicht als endgültig geklärt angesehen werden können (vgl MüKoZPO/*Prütting* Rn 9 ff mwN). In Rspr

und Lit wird allgemein zwischen **haftungsbegründender** und **haftungsausfüllender Kausalität** unterschieden (BGH NJW 02, 504, 505; 05, 1653, 1654; 08, 1381, 1382; St/J/*Leipold* Rn 13 ff; abw H. Weber S. 208 ff, der zwischen realer und hypothetischer Kausalität unterscheidet). Während im Bereich der haftungsbegründenden Kausalität der Vollbeweis gem § 286 I erforderlich ist, können bei der haftungsausfüllenden Kausalität die Beweiserleichterungen des § 287 Anwendung finden (BGH NJW 92, 3298). Abzulehnen sind demgegenüber die Auffassungen, alle Kausalfragen entweder generell nach § 286 I (Prölss S. 53 ff; Wahrendorf S. 47 ff) oder nach § 287 zu beurteilen (Hanau S. 117 ff, 135 ff; Gottwald S. 78 ff). Zweifelhaft ist indes die Abgrenzung der beiden Bereiche.

a) Haftungsbegründende Kausalität. Die Rspr hat die Anwendung des § 286 I in diesem Bereich zT sehr 7
stark eingeschränkt, indem sie allein auf den unklaren Begriff des »**Betroffenseins**« abgestellt hat. Zur Anwendung des § 287 soll es danach genügen, dass der Vertragspartner oder der durch die jeweilige Vorschrift Geschützte durch ein bestimmtes Ereignis tatsächlich in seinen Rechten »betroffen« worden ist (BGHZ 4, 192, 196 = NJW 52, 301; NJW 83, 998 f; VersR 74, 782, 783; 75, 540, 541). Dagegen ist zu Recht eingewandt worden, dass dadurch die haftungsbegründende Kausalität und damit der Haftungsgrund bereits mit der konkreten Gefährdung des geschützten Rechtsgutes gegeben ist (zur Kritik vgl *Arens* ZZP 88 (75), 1, 8 ff; *Stoll* AcP 176 (76), 145, 185 f). Es ist vielmehr daran festzuhalten, dass der Ursachenzusammenhang zwischen der Handlung des Schädigers und der Verletzung eines absoluten Rechts, Rechtsguts oder Vermögens des Geschädigten auf jeden Fall zur haftungsbegründenden Kausalität gehört (MüKoZPO/*Prütting* Rn 10; St/J/*Leipold* Rn 15; R/S/G § 114 Rn 14). Bei Vertragsverletzungen hat dies zur Folge, dass der Zusammenhang zwischen Pflichtverletzung und Beeinträchtigung des Rechtgutes nach § 286 I zu beurteilen ist, während sämtliche Schadensfolgen dem Beweismaßstab des § 287 unterfallen (so wohl auch BGH NJW 93, 3073, 3076). Bei deliktischen Ansprüchen gehört der Kausalzusammenhang zwischen der Handlung des Schädigers und der ersten Rechtsgutsverletzung zur haftungsbegründenden Kausalität und damit zum Anwendungsbereich des § 286 I. Nach dieser Vorschrift zu beurteilen ist deshalb zB der Zusammenhang zwischen einem Arztfehler und der Gehbehinderung eines Patienten (BGH NJW 87, 705, 706), die Kausalität zwischen einem Hirnschaden in seiner konkreten Ausgestaltung und einer fehlerhaften Geburtseinleitung (BGH NJW 98, 3417, 3418) oder die Ursächlichkeit eines Unfalls für ein HWS-Syndrom (Celle NJW-Spezial 10, 233; München NJW 11, 396 f.; Ddorf NJW 11, 3043 ff.; s. dazu ausf *Nugel* NJW-Spezial 10, 329 f). Der Streit um die Abgrenzung zwischen haftungsbegründender und haftungsausfüllender Kausalität verliert allerdings an Relevanz, wenn man auch für die Feststellung der haftungsbegründenden Kausalität iRd § 286 I entsprechende Beweiserleichterungen – etwa im Wege des Anscheinsbeweises – zulässt (s. § 286 Rz 32).

b) Haftungsausfüllende Kausalität. Der Ursachenzusammenhang zwischen dem zum Schadensersatz ver- 8
pflichtenden Verhalten und dem Entstehen des Schadens im Einzelnen unterfällt als Teil der haftungsausfüllenden Kausalität dem Anwendungsbereich des § 287. Nach dieser Vorschrift ist zB zu beurteilen, ob die behauptete Arbeitsunfähigkeit auf dem unfallbedingten Schaden beruht (BGH NVersZ 05, 65). Das Gleiche gilt für die Frage, ob ein Schaden durch ein bestimmtes Ereignis mit verursacht worden ist (BGH NJW-RR 05, 897, 899), welche Anteile verschiedene Mitverursacher an der Entstehung eines Schaden haben (BGHZ 66, 71, 76 = NJW 76, 797) oder ob ein Dauerschaden auch einem Zweitschädiger zuzurechnen ist (BGH NJW 02, 504, 505). Nach § 287 ist auch der Kausalzusammenhang zwischen der Körperverletzung und dem Tod des Verletzten zu beurteilen (BGH NJW 92, 3298 f). Im Regressprozess gegen einen Anwalt, Notar oder Steuerberater muss das Gericht nach § 287 entscheiden, wie ein vorangegangener oder hypothetischer Rechtsstreit ohne den Beratungsfehler ausgegangen wäre (für die Haftung des Anwalts BGHZ 163, 223, 227 = NJW 05, 3071, 3072; NJW-RR 07, 569, 572). Dies gilt selbst dann, wenn im Vorprozess (oder auch in einem behördlichen Verwaltungsverfahren) der Amtsermittlungsgrundsatz galt oder gegolten hätte (BGHZ 133, 110, 112 ff = NJW 96, 2501, 2502). § 287 ist ebenfalls anwendbar, wenn es um die Frage geht, wie ein Mandant sich verhalten hätte, wenn er vom Anwalt, Notar oder Steuerberater ordnungsgemäß beraten worden wäre (BGH NJW 04, 1521, 1522 für die Anwaltshaftung; BGH NJW 00, 664, 667 für die Notarhaftung; BGH NJW 04, 444 f für die Steuerberaterhaftung) oder um die Behauptung, die Reparaturmöglichkeit in einer freien Werkstatt sei ggü einer Reparatur in einer markengebundenen Vertragswerkstatt gleichwertig (BGH NJW 10, 2941, 2942; vgl auch Frankf NJW-Spezial 11, 395; LG Saarbrücken NJW 11, 2594, 2595). Nach § 287 sind schließlich die Erfolgsaussichten einer – schuldhaft zu spät eingeleiteten – Vollstreckung zu beurteilen (BGH NJW 93, 734 f).

9 Entgegen einer in der Lit geäußerten Kritik (*Arens* ZZP 88, 1, 38 ff, 42; *Stoll* AcP 176, 145, 193 f; vgl auch R/S/G § 114 Rn 19: dogmatisch unbefriedigend) ist daran festzuhalten, dass auch **Folgeschäden** vom Anwendungsbereich des § 287 erfasst werden (vgl BGH VersR 09, 69, 70 mwN). Dabei geht es um den Kausalzusammenhang zwischen der ersten haftungsauslösenden Verletzung und einem weiteren, in einem späteren Zeitpunkt auftretenden Schaden. Bei den Folgeschäden handelt es sich zwar zT auch um Erstverletzungen, soweit ein neues Rechtsgut betroffen ist. Die in diesem Bereich häufig bestehende Beweisnot spricht aber dafür, § 287 generell auf Folgeschäden idS anzuwenden (vgl MüKoZPO/*Prütting* Rn 13). Wird etwa der bei einem Verkehrsunfall Geschädigte durch einen nachfolgenden Omnibus überrollt und dadurch zusätzlich verletzt, beurteilen sich die weiteren Auswirkungen dieser zusätzlichen Verletzung nach § 287 (BGHZ 60, 177, 184 = NJW 73, 993). Das Gleiche gilt für den Ursachenzusammenhang zwischen einem Treppensturz und der Invalidität des Verletzten (BGH NJW 93, 201), zwischen einem HWS-Schleudertrauma und einer anschließenden Hirnverletzung (BGH NJW-RR 87, 339 f), einem orthopädischen Dauerschaden (Hamm NJW-RR 94, 481, 482), einem Bandscheibenvorfall (BGH NJW-RR 09, 409; KG NJW-Spezial 10, 330) oder einem Tinnitus (München NJW 11, 396 f.), zwischen der Fehlbehandlung eines Fingers und einem anschließenden Morbus Sudeck (BGH NJW 08, 1381, 1382) oder zwischen einer HWS-Distorsion und der Verschlechterung des Zustandes eines bereits Querschnittsgelähmten (BGH NJW-RR 05, 897, 898 f).

10 **3. Mitverschulden.** Bei der Feststellung eines Mitverschuldens ist ebenfalls zwischen haftungsbegründender und haftungsausfüllender Kausalität zu unterscheiden. Die Umstände, aus denen sich ein Mitverschulden des Geschädigten an der Schadensentstehung ergeben soll, gehören zum Haftungsgrund und sind deshalb nach § 286 I zu beurteilen (BGH NJW 86, 2945, 2946; 00, 3069, 3071). Als Beweiserleichterung kommt insoweit nur der Anscheinsbeweis in Betracht (vgl den Fall BGH NJW 91, 166, 167). Die Frage nach dem Einfluss und der Gewichtung des Mitverschuldensbeitrags ist dagegen dem Bereich der haftungsausfüllenden Kausalität zuzuordnen und unterliegt damit der Anwendung des § 287 (BGH NJW-RR 88, 1373). Lässt sich auch nach dem Maßstab des § 287 eine Mitverantwortlichkeit des Ersatzberechtigten nicht feststellen, geht dies zu Lasten des Schädigers (vgl BGH NJW 92, 1035 f). Kann etwa ein Verkehrsunfall auf zwei verschiedenen Ursachen beruhen, von denen nur eine dem Geschädigten als Mitverschulden zuzurechnen wäre, muss der Schädiger beweisen, dass gerade dieser Umstand ursächlich gewesen ist (vgl BGH NZV 95, 145, 146). Für die Anwendung des **§ 254 II BGB** gelten die gleichen Grundsätze. Die Voraussetzungen dieser Vorschrift hat der Schädiger nach dem Maßstab des § 286 I voll zu beweisen. Ist eine Obliegenheitsverletzung unstr oder bewiesen und geht es nur um die Bemessung der Haftungsanteile, so kann § 287 Anwendung finden (Köln NJW-RR 05, 1042, 1044). Dies setzt allerdings voraus, dass die dafür maßgeblichen Tatsachen gem § 286 I voll bewiesen sind (BGHZ 121, 210, 214 = NJW 93, 2674, 2676).

11 **4. Höhe des Schadens.** Die wichtigste beweisrechtliche Funktion des § 287 I besteht unbestritten in der Feststellung der Höhe eines Schadens. Steht ein Schadensersatzanspruch dem Grunde nach fest und bedarf es lediglich der Ausfüllung zur Höhe, darf die Klage grds nicht vollständig abgewiesen werden (BGH NJW 10, 3434, 3435). Vielmehr muss der Tatrichter versuchen, den Schaden iRd Möglichen zu schätzen. Zur Höhe eines Schadens gehören dabei auch alle Tatsachen, die der Wertberechnung zugrunde zu legen sind wie etwa der Tag der Schadenszufügung bei einem Wertpapier mit wechselndem Börsenkurs (St/J/*Leipold* Rn 23; *Klauser* JZ 1968, 167, 168; abw BGH VersR 1960, 369, 370). Ausgenommen vom Anwendungsbereich des § 287 ist aber die jeweilige Berechnungsmethode für die Ermittlung des Schadens, ferner die Frage, ob Naturalersatz oder Geld bzw Kapital oder Rente zu gewähren ist (MüKoZPO/*Prütting* Rn 16). Nach dem Maßstab des § 287 zu beurteilen sind danach zB hypothetische Entwicklungen, etwa die Höhe des entgangenen Gewinns nach § 252 S 2 BGB (BGH NJW 87, 909, 910 – Gewinn aus einem unzulässigen Konkurrenzgeschäft; BGH NJW 99, 3481 – Gewinn aus Scheingeschäft; BGH NJW 05, 3348, 3349 – zu erwartender Gewinn aus Veräußerung eines Analysegeräts; BGH MDR 09, 1119 f – entgangener Gewinn eines Versicherungsmaklers), die vermutliche Lebensdauer eines getöteten Ehemannes (BGHZ 1, 45, 46 = NJW 51, 195) oder die Höhe eines Verdienstausfallschadens (BGH NJW-RR 88, 3016, 3017; Ddorf NJW 11, 1152, 1153).

11a Soweit es um die für die Bemessung eines **Erwerbsschadens** erforderliche **Prognose der hypothetischen Einkommensentwicklung** geht, ist von einem voraussichtlich durchschnittlichen Erfolg des Geschädigten in seiner Tätigkeit auszugehen und auf dieser Grundlage die weitere Prognose der entgangenen Einnahmen anzustellen (BGH MDR 11, 29, 30 für die Behauptung der Geschädigten, sie hätte ohne den Schadensfall trotz ihres fortgeschrittenen Alters eine gut bezahlte Festanstellung erhalten). Soweit es um ein jüngeres Kind geht, über dessen berufliche Zukunft noch keine zuverlässige Aussage möglich ist, kann es geboten sein, bei der erforderlichen Prognose auch den Beruf sowie die Vor- und Weiterbildung der Eltern, ihre Qualifikation in der Berufstätigkeit, die beruflichen Pläne für das Kind sowie schulische und berufliche Entwicklung von Geschwistern zu berücksichtigen (BGH NJW 11, 1148 ff. mit Anm *Schiemann*; LG Münster NJW-RR 11, 1593 ff.). Nach § 287 I zu schätzen ist ferner der Zeitwert eines beschädigten oder zerstörten Gegenstandes, wobei mangels näherer Anhaltspunkte ein mittlerer Wert anzusetzen sein wird (BGH NJW 10, 3434, 3436 Rz 23), ein unfallbedingter Mehrbedarf (BGH NJW-RR 92, 792 f), die Bemessung einer Lizenzgebühr bei einer Schutzrechtsverletzung (BGHZ 82, 310, 316 f = NJW 82, 1151 – Patent; BGH NJW 10, 2354, 2357 – Foto eines Unfallfahrzeugs; Ddorf NJW-RR 99, 195, 199 – Lichtbild), die angemessenen Ab- und Anmeldekosten nach einem Unfall (Hamm NJW-RR 95, 224), die Nutzungsausfallentschädigung bei einem älteren Kraftfahrzeug (BGH NJW 05, 1044 f), der Nutzungswert einer Arztpraxis (KG NJW-RR 96, 431, 433), die Höhe eines Wildschadens an Forstpflanzen (BGH NJW 11, 852, 853), der Mehrbedarf für die häusliche Pflege eines schwerstgeschädigten Kleinkindes (Ddorf NJW-RR 03, 90 f) oder die Höhe eines Unfallersatztarifs bei dem Ersatz von Mietwagenkosten (BGH NJW 07, 2916; s. dazu ausf *Martis/Enslin* MDR 08, 6 ff) einschließlich der ersparten Eigenaufwendungen (BGH NJW 10, 1445, 1446). Steht fest, dass das Kfz des Klägers vor dem streitgegenständlichen Unfallereignis bereits mehrere andere Unfälle erlitten hat, so ist eine Schätzung der Höhe des erlittenen Schadens erst möglich, wenn der Kl den Vollbeweis nach § 286 I für den konkreten Umfang des Vorschadens und ggf dessen völlige Beseitigung geführt hat (KG NJW 08, 1006, 1007; Brandg ZfS 08, 107, 108).

In Ermangelung abweichender Anhaltspunkte darf der Richter im Einzelfall zur Schätzung der Höhe eines Schadens auch auf entsprechende **Tabellen** für typische Schadensfälle zurückgreifen. Dies gilt zB für die Schätzung eines Haushaltsführungsschadens (vgl BGH NJW 09, 2060, 2061 = FamRZ 09, 596, 597; Ddorf NJW 11, 1152, 1154, jeweils mit Hinweis auf Schulz-Borck/Pardey, Schadensersatz bei Ausfall von Hausfrauen und Müttern im Haushalt), wobei allerdings stets die konkrete haushaltsspezifische Behinderung maßgeblich ist (vgl ausf *Heß/Burmann* NJW-Spezial 11, 457 f), für den Nutzungsausfallschaden bei Kfz (Sanden/Danner, *Küppersbusch*, Nutzungsausfallentschädigung 2012 für PKW, Geländewagen und Transporter, vgl BGHZ 161, 151, 154 = NJW 05, 277) oder für Tarife bei Mietwagen, wobei sowohl der Schwacke Mietpreisspiegel als auch der Mietpreisspiegel des Frauenhofer-Instituts geeignete Schätzungsgrundlagen darstellen vgl BGH NJW 11, 1947, 1948; Stuttg DAR 09, 705; Köln NZV 10, 514; KG DAR 10, 642, 643; s. dazu ausf *Martis/Enslin* MDR 09, 848 ff; *dies* MDR 10, 1032, 1033 f; *Wittschier* NJW 12, 13 ff). Im Rahmen seines Ermessens kann das Gericht allerdings von dem sich aus den Listen ergebenden Tarif durch Abschläge oder Zuschläge abweichen (BGH aaO; für die Bildung eines Mittelwerts beider Markterhebungen Karlsr NJW-RR 12, 26 ff mwN). Eine Orientierungshilfe bei der Bemessung von **Schmerzensgeld** können auch die verbreiteten Schmerzensgeld-Tabellen darstellen, wobei stets die konkreten Umstände des Einzelfalles im Auge zu behalten sind (zutr Jäckel Rn 819). 12

5. Vorteilsausgleichung. Ist dem Geschädigten vorzuhalten, dass er durch das schädigende Ereignis auch materielle Vorteile erhalten hat, die er sich auf seinen Schadensersatzanspruch anrechnen lassen muss, so können solche Vorteile auch in Anwendung des § 287 ermittelt werden (BGH NJW 05, 1041, 1043). Der Schädiger hat dazu substanziiert Anhaltspunkte für die Schätzung einer wirtschaftlich fassbaren Wertverbesserung darzulegen und ggf zu beweisen (BGH NJW-RR 91, 789). Dies gilt grds auch für **Steuervorteile**, die sich der Geschädigte auf seinen Schaden anrechnen lassen muss. Da es dabei häufig um Umstände geht, die nur der Geschädigte selbst kennen kann, genügt der Schädiger seiner Darlegungs- und Beweislast in diesen Fällen zunächst bereits dadurch, dass er auf den steuerrechtlichen Entlastungstatbestand hinweist und eine ungefähre Größenordnung angibt. Es ist dann Sache des Geschädigten, iRd ihm obliegenden sog sekundären Behauptungslast im Einzelnen darzulegen, ob und wie der Steuervorteil bei seiner Klageforderung berücksichtigt worden ist (BGH NJW 87, 1814, 1815 = JZ 87, 574 mit Anm *Laumen*; BGH MDR 08, 685, 686 f; 10, 1255, 1256). Verbleibende Zweifel gehen aber zu Lasten des beweisbelasteten Schädigers. 13

6. Grenzen der Schätzung. Um eine Schätzung nach § 287 vornehmen zu können, muss die ersatzberechtigte Partei schlüssig sog Ausgangs- oder **Anknüpfungstatsachen** dargelegt haben (BGH NJW 96, 775). Werden diese Tatsachen vom Gegner bestritten, so ist darüber Beweis zu erheben (BGH NJW-RR 98, 331, 333). Eine Schätzung ist nicht möglich, wenn sie mangels greifbarer, vom Kl vorzutragender Anhaltspunkte »völlig in der Luft hängen« würde (BGH NJW-RR 09, 1404; NJW 10, 3434, 3436; Köln OLGR 06, 165, 14

166). Beim schwierigen Schadensnachweis im Wettbewerbsrecht (BGHZ 119, 20, 30 = NJW 92, 2753, 2756) und bei Erwerbsschäden (BGH NZV 02, 268, 269) legt die Rspr allerdings keine allzu hohen Maßstäbe an. Reichen die Anknüpfungstatsachen nicht aus, um den eingetretenen Schaden in seinem gesamten Umfang zu schätzen, muss das Gericht auch ansonsten versuchen, einen auf jeden Fall eingetretenen **Mindestschaden** zu ermitteln (BGH NJW 05, 3348, 3349). Voraussetzung für eine Schadensschätzung nach § 287 ist aber stets, dass ein Schaden tatsächlich bereits eingetreten ist (München NJW-Spezial 11, 46). Anderenfalls ist der Kl auf eine Feststellungsklage zu verweisen (BGH NJW 92, 1035).

15 **C. Die Schadensermittlung nach Abs 2.** § 287 II erweitert den Anwendungsbereich der Norm auf alle vermögensrechtlichen Streitigkeiten, soweit es sich um Ansprüche auf **Geld oder vertretbare Sachen** handelt. Nach seinem Wortlaut setzt die Anwendung des § 287 II lediglich voraus, dass die Höhe der jeweiligen Forderung streitig ist und deren vollständige Aufklärung mit Schwierigkeiten verbunden ist, die zur Bedeutung des streitigen Teils der Forderung in keinem Verhältnis stehen. Dies ist etwa der Fall bei unverhältnismäßig hohen Kosten einer Beweisaufnahme (vgl BGH NJW 05, 2074, 2075 für die Ermittlung der ortsüblichen Vergleichsmiete auf Grund eines qualifizierten Mietspiegels anstatt eines Gutachtens). § 287 II bezieht sich allerdings nur auf Streitigkeiten über die Höhe einer Forderung, nicht dagegen auf den Haftungsgrund und die Kausalität. Eine weitere Einschränkung ergibt sich daraus, dass Abs 2 nur auf die S 1 und 2 des Abs 1 verweist und dementsprechend die sog Schätzungsvernehmung des § 287 I 3 ausgeschlossen ist. Eine Parteivernehmung kann daher nur unter den engen Voraussetzungen des § 448 angeordnet werden.

16 § 287 II greift zB ein bei einem Anspruch auf Anpassung eines Prozessvergleichs wegen Wegfalls der Geschäftsgrundlage (BGH NJW 84, 1746, 1747; Köln NJW 94, 3236, 3237), bei der Bemessung eines Mehr- oder Minderbedarfs im Unterhaltsrecht (BGH FamRZ 01, 1603, 1604; Hamm NJW 05, 369, 370), bei der Schätzung des Werts der als Nutzungen herauszugebenden Gebrauchsvorteile (BGHZ 115, 47, 49 = NJW 91, 2484), bei einer Minderung nach §§ 437 Nr 2, 441 BGB (BGH NJW 05, 1157, 1158), bei dem Anspruch auf angemessene Vergütung für die rechtswidrige Veröffentlichung eines Fotos (BGH NJW 92, 2084, 2085), bei der Berechnung eines Ausgleichsanspruchs nach § 89b HGB (BGH NJW 00, 1413, 1415), bei der Bemessung der wirtschaftlichen Vorteile der privaten Nutzung eines Firmenfahrzeugs (Bambg FamRZ 07, 1818), bei der Bewertung eines Vermögensgegenstandes im Zugewinnausgleich (BGH FamRZ 11, 183, 184) und bei einem Abzug »neu für alt« (Karlsr NJW-RR 88, 370, 373; AG Bad Hersfeld NJW-RR 99, 1211, 1212). Eine zumindest entsprechende Anwendung kommt in Betracht bei der Feststellung der Masseunzulänglichkeit (BGHZ 147, 28, 38 = NJW 01, 3704, 3706; BGHZ 154, 358, 369 = NJW 03, 2454, 2457).

17 **D. Die Beweiserleichterungen im Einzelnen. I. Reduzierung des Beweismaßes.** Eine Beweiserleichterung besteht zunächst darin, dass die Anforderungen an die richterliche Überzeugung durch eine Reduzierung des Beweismaßes verringert werden (BGHZ 149, 63, 66 = NJW 02, 128, 129; NJW-RR 06, 1238, 1239). Wie sich aus dem unterschiedlichen Wortlaut beider Normen ergibt, braucht sich das Gericht iRd § 287 im Gegensatz zu § 286 I keine Überzeugung über die Wahrheit oder Unwahrheit einer behaupteten Tatsache zu verschaffen. Für die richterliche Überzeugung reicht deshalb eine **überwiegende**, allerdings auf gesicherter Grundlage beruhende **Wahrscheinlichkeit** eines Schadens aus (BGHZ 159, 254, 257 = NJW 04, 2828, 2829; 05, 3275, 3277). Es wird also in Kauf genommen, dass das Ergebnis der Schätzung nicht dem wirklichen Schaden entspricht. Der Richter muss aber bestrebt sein, seine Schätzung möglichst nahe mit der Wirklichkeit in Übereinstimmung zu bringen (BGH NJW-RR 98, 331, 333). Eine Entscheidung nach reinen Billigkeitsgesichtspunkten ist dem Gericht verwehrt.

18 **II. Erleichterung der Behauptungslast.** Darüber hinaus ist die Pflicht des Klägers zur genauen Substantiierung der klagebegründenden Tatsachen erleichtert (BGH NJW 00, 1572, 1573; 96, 2924, 2925; 94, 663, 664). Eine Klage darf nicht wegen lückenhaften Vorbringens abgewiesen werden, solange noch greifbare Anhaltspunkte für eine Schätzung vorhanden sind (BGH NJW-RR 00, 1340, 1341). Geht es etwa um den unfallbedingten Mehrbedarf an Haushaltshilfen nach § 843 BGB, bedarf es keiner spezifizierten Darlegung der einzelnen Arbeiten. Deren Umfang ist vielmehr gem § 287 zu schätzen (BGH NJW-RR 92, 792 f). Der Kl ist allerdings stets gehalten, sog **Schätzungstatsachen** vorzutragen, die das Gericht als Anknüpfungspunkt seiner Schätzung zugrunde legen kann (BGH NJW 95, 1023, 1024). Diese Anknüpfungstatsachen dürfen nicht nur überwiegend wahrscheinlich sein, sondern müssen zur vollen Überzeugung des Gerichts feststehen; ggf muss zunächst über sie Beweis erhoben werden (BGH NJW 88, 3016, 3017; NJW-RR 98, 331, 333). Allgemein gehaltenen Angriffen gegen die Schätzungsgrundlagen ohne Bezug zum konkreten Fall braucht das Gericht jedoch nicht nachzugehen (BGH NJW 08, 1519, 1520 für den Schwacke-Miet-

preisspiegel). Ist der Kl ohne weiteres in der Lage, zur Entstehung und Höhe seines Schadens substanziiert vorzutragen, kommt eine Anwendung des § 287 nicht in Betracht (BGH NJW 96, 775, 776). Er muss dann nach § 139 aufgefordert werden, diese Substantiierung vorzunehmen (Baumgärtel/*Prütting* Bd 1 § 9 Rn 14).

III. Freiere Gestaltung der Beweisaufnahme. Nach § 287 I 2 steht es im pflichtgemäßen Ermessen des Gerichts, ob und inwieweit es eine beantragte Beweisaufnahme anordnet. Dies bedeutet, dass es – anders als sonst – nicht verpflichtet ist, allen gestellten Beweisanträgen nachzugehen (BGH NJW 91, 1412, 1413; BGHZ 133, 110, 115 = NJW 96, 2501, 2502; vgl aber auch BVerfG NJW 03, 1655). Die Ablehnung von Beweisanträgen muss allerdings in der gerichtlichen Entscheidung begründet werden (BGH NJW 82, 32, 33). Die Grenzen des Ermessens liegen – wie üblich – im Willkürverbot. Willkürlich ist die Zurückweisung eines Beweisantrages zB dann, wenn das Beweisergebnis unabdingbare Grundlage für eine Schadensschätzung gewesen wäre (BGH NJW-RR 88, 534, 535). Das Gleiche gilt, wenn das Gericht eine abstrakte Schadensberechnung zu Lasten des Beweisführers vornimmt, obwohl dieser Beweis für eine konkrete Schadensberechnung angeboten hat (BVerfGE 50, 32, 35 f = NJW 79, 413, 414: Ablehnung des Beweisangebotes als »höchst unökonomisch«). Wird eine Beweisaufnahme angeordnet, ist das Gericht an die Regeln über den Strengbeweis (§ 284 Rz 17) und damit an die in der ZPO ausdrücklich genannten Beweismittel gebunden. Die Anwendung des Freibeweises scheidet deshalb iRd § 287 aus (HK-ZPO/*Saenger* Rn 19). 19

§ 287 I 2 eröffnet dem Gericht ferner die Möglichkeit, nach seinem Ermessen von der Einholung eines Sachverständigengutachtens abzusehen. Hält das Gericht zB das Ergebnis eines Sachverständigengutachtens für überzeugend, kann es nicht gezwungen werden, ein Gegengutachten einzuholen (BGH NJW 89, 3009, 3010). Eine Ermessensüberschreitung liegt allerdings dann vor, wenn das Gericht einen Antrag auf Einholung eines Sachverständigengutachtens im Hinblick auf eine eigene Sachkunde zurückweist, ohne im Einzelnen anzugeben, auf welchen Gründen diese Sachkunde beruht (BGH NJW 97, 1640, 1641). Will es seine Entscheidung auf ein von der einen Partei eingereichtes Privatgutachten stützen, darf es einen von der anderen Partei angebotenen substantiierten Gegenbeweis ebenfalls nicht zurückweisen (BGH NJW-RR 88, 331, 333). 20

Schließlich ist das Gericht – allerdings ausschließlich im Falle des § 287 I – gem § 287 I 3 berechtigt, den Beweisführer vAw als Partei zu vernehmen (sog **Schätzungsvernehmung**). Es handelt sich um einen Unterfall der Parteivernehmung nach § 448 mit der Besonderheit, dass nicht bereits ein »gewisser Beweis« für das Vorbringen des Beweisführers erbracht sein muss. Die Schätzungsvernehmung ist allerdings nur zulässig zur Höhe des Schadens. Für die Feststellung von allen anderen klagebegründenden Tatsachen kann eine Parteivernehmung nur bei Vorliegen der allgemeinen Voraussetzungen der §§ 445, 447 und 448 vorgenommen werden (St/J/*Leipold* Rn 51). Eine Beeidigung des Beweisführers ist durch die Verweisung auf § 452 I 1, II–IV möglich, wenn das Gericht bereits einigen Beweis durch die Schätzungsvernehmung für erbracht hält. 21

E. Verfahren. Das Gericht muss in seiner Entscheidung die tatsächlichen Grundlagen seiner Schätzung und ihre Auswertung in objektiv nachprüfbarer Weise angeben (BGHZ 6, 62, 63 = NJW 52, 978; NJW-RR 03, 873, 874; MDR 10, 1461, 1462). Dazu gehört auch eine Begründung dafür, warum einem bestimmten Beweisangebot nicht nachgegangen worden ist. Die Angabe von sämtlichen Einzelheiten der Schadensberechnung ist jedoch nicht erforderlich (MüKoZPO/*Prütting* Rn 33). In der Berufungsinstanz ist die Ausübung des Ermessens nach § 287 voll nachprüfbar. Das Berufungsgericht kann also auch seine Schadensschätzung und sein Ermessen an die Stelle der Auffassung des erstinstanzlichen Gerichts setzen (BGHZ 63, 353, 358 = NJW 75, 388). In der Revisionsinstanz ist das Ermessen dagegen nur daraufhin nachprüfbar, ob das Gericht seiner Entscheidung falsche oder unsachliche Erwägungen zugrunde gelegt (BGHZ 92, 85, 90 ff = NJW 84, 2282, 2284; NJW-RR 98, 331, 333), wesentliche Tatsachen unberücksichtigt gelassen hat (BGH NJW 11, 852, 853) oder bei seiner Schätzung unrichtige Maßstäbe herangezogen hat (BGH NJW 11, 1146). Ein Revisionsgrund liegt ferner dann vor, wenn das Gericht die Möglichkeit einer Schätzung gar nicht erst in Erwägung gezogen hat (BGH NJW-RR 05, 1157, 1158). Hinsichtlich der revisionsrechtlichen Überprüfung der Beweiswürdigung selbst gelten für § 287 die für § 286 dargestellten Grundsätze (s. dazu § 286 Rz 20 und BGH NJW 08, 2910, 2911). 22

§ 288 Gerichtliches Geständnis.

(1) Die von einer Partei behaupteten Tatsachen bedürfen insoweit keines Beweises, als sie im Laufe des Rechtsstreits von dem Gegner bei einer mündlichen Verhandlung oder zum Protokoll eines beauftragten oder ersuchten Richters zugestanden sind.
(2) Zur Wirksamkeit des gerichtlichen Geständnisses ist dessen Annahme nicht erforderlich.

1 **A. Begriff und Abgrenzungen.** Das gerichtliche Geständnis ist die innerhalb eines Rechtsstreits abgegebene Erklärung einer Partei, dass eine von der anderen Partei behauptete Tatsache wahr ist (BGH NJW 02, 1276, 1277). Mit einem Geständnis entfällt die Beweisbedürftigkeit der betreffenden Tatsache, die dann ohne Beweisaufnahme der gerichtlichen Entscheidung zugrunde gelegt werden kann. Die zugestandene Tatsache bindet das Gericht (Ausnahme Rz 8) und ist für die gestehende Partei unwiderruflich (Ausnahme § 290). Als Prozesshandlung müssen die allg Prozesshandlungsvoraussetzungen (Einl Rz 50) vorliegen. Außerdem ist das Geständnis damit bedingungsfeindlich, es sei denn, es handele sich um eine innerprozessuale Bedingung (BGH NJW-RR 03, 1145, 1146). Bezieht sich das Geständnis auf eine dem Gestehenden ungünstige Tatsache, die der Gegner noch gar nicht behauptet hat, so tritt die Geständniswirkung erst ein, wenn sich der Gegner diese Tatsache ausdrücklich, stillschweigend oder nur hilfsweise zu Eigen macht (BGH NJW-RR 94, 1405). Es handelt sich dann um ein sog antizipiertes oder **vorweggenommenes Geständnis** (ausf *Orfanides* FS Baumgärtel 90, 427 ff). Ein gerichtliches Geständnis ist nur in einem Verfahren mit Beibringungsgrundsatz denkbar, nicht aber bei Geltung des Untersuchungsgrundsatzes. Ebenso wenig können die Parteien über Tatsachen verfügen, die einer Prüfung vAw unterliegen (St/J/*Leipold* Rn 27). »Geständnisse« können hier nur iRd Beweiswürdigung als Indiz für die Richtigkeit der betreffenden Tatsache herangezogen werden.

2 Vom **Anerkenntnis** (§ 307) und vom **Klageverzicht** (§ 306) unterscheidet sich das Geständnis dadurch, dass es sich ausschließlich auf Tatsachen bezieht und nicht auf den geltend gemachten prozessualen Anspruch als solchen. Geständniswirkung entfaltet gem § 138 III auch das **bloße Nichtbestreiten** einer Tatsache. Im Gegensatz dazu muss das gerichtliche Geständnis aber ausdrücklich erklärt werden (zur Auslegung einer Erklärung, mit der eine Tatsache ausdrücklich »außer Streit gestellt« wird vgl BGH NJW 94, 3109); außerdem können die nach § 138 III zugestandenen Tatsachen grds noch bis zum Schluss der mündlichen Verhandlung bestritten werden, während dem Geständnis Bindungswirkung zukommt. **Offenkundige Tatsachen** (§ 291) muss das Gericht vAw beachten, ohne dass es einer entsprechenden Parteierklärung bedarf. **Außergerichtliche Geständnisse** sind entsprechende Erklärungen einer Partei außerhalb des jeweiligen Rechtsstreits, etwa das Geständnis in einem Strafverfahren (BGH NJW-RR 04, 1001 = ProzRB 04, 233 mit Bespr *Laumen*), in einem Vorprozess (BGH NJW 94, 3165, 3167) oder ein vorprozessuales Eingestehen (zB in Form einer Quittung BGH NJW-RR 98, 1470). Solche Geständnisse haben zunächst nur Indizwirkung iRd Beweiswürdigung, auch wenn sie – was zulässig ist – widerrufen werden. Ihnen in der Rechtswirkung gleichgestellt sind gerichtliche Geständnisse, die die Anforderungen des § 288 nicht erfüllen, etwa weil sie von einer prozessunfähigen Partei abgegeben worden sind. Geständniswirkung kommt dem außergerichtlichen Geständnis erst dann zu, wenn es von der gestehenden Partei ausdrücklich oder stillschweigend in den Prozess eingeführt worden ist (BGH NJW-RR 05, 1297, 1298).

3 **B. Voraussetzungen. I. Tatsachen.** Gegenstand eines Geständnisses können nur die von einer Partei behaupteten Tatsachen (§ 284 Rz 7) sein. Dazu gehören nicht nur nach außen sichtbare Geschehnisse oder Zustände, sondern auch innere Tatsachen wie Kenntnis, Absicht oder das Wissen und Wollen des Erfolges beim Vorsatz. Erfasst werden ferner sog juristische Tatsachen. Das sind allgemeine (Rechts-)Begriffe des täglichen Lebens, mit denen ein ganzer Tatsachenkomplex bezeichnet wird wie etwa Kauf (BGH NJW 99, 3481), Schenkung, Darlehen (BGH NJW 62, 1395), Stellung als Erbe (BGH LM Nr 1 zu § 260 BGB) oder Eigentümer (BGH DtZ 95, 328), Geschäftsfähigkeit eines Erblassers (BGH NJW-RR 03, 1145, 1146), Vertragsschluss mit dem Gegner (BGH NJW-RR 06, 281, 282; nicht aber die Passivlegitimation bei schwieriger Rechtslage (BGH NJW 10, 3576, 3577) oder die Vereinbarung der Unverfallbarkeit einer Rentenanwartschaft (BGH MDR 07, 1278). Dazu gehören präjudizielle Rechtsverhältnisse jedenfalls dann, wenn sie Gegenstand einer selbständigen Feststellungsklage sein können (BGH NJW-RR 03, 1578, 1579). Nicht Gegenstand eines Geständnisses können dagegen Werturteile (BGH NJW 58, 1968 – Sittenwidrigkeit; BGHZ 129, 136, 155 = NJW 95, 1739, 1744 – Fortführungsprognose bei einer Gesellschaft), Erfahrungssätze und Einzelelemente der Beweiswürdigung (zB Glaubwürdigkeit eines Zeugen) sein, da ihnen ein Tatsachenwert nicht zukommt. Das Gleiche gilt für die Auslegung von Urkunden, Willenserklärungen und Vertragsklauseln (St/J/*Leipold* Rn 10). Geständnisfähig sind insoweit nur die tatsächlichen Grundlagen der Auslegung.

4 **II. Ungünstige Tatsachen.** Das Geständnis muss sich auf eine für den Gestehenden ungünstige und vom beweisbelasteten Gegner behauptete Tatsache beziehen (vgl BGH NJW 90, 392, 393). Erforderlich ist also stets, dass die Tatsache ohne das Geständnis beweisbedürftig gewesen wäre und die Beweisbedürftigkeit

durch das Geständnis weggefallen ist. Betrifft das Geständnis eine Tatsache, die der beweisbelastete Gegner noch gar nicht behauptet hat, greift die Geständniswirkung erst ein, wenn sich der Gegner die Tatsache zu Eigen macht, sog **vorweggenommenes Geständnis** (Rz 1). Vor diesem Zeitpunkt ist das Geständnis frei widerrufbar, kann aber als Indiz iRd Beweiswürdigung für die Wahrheit der betreffenden Tatsache herangezogen werden.

5 **III. Die Erklärung des Geständnisses.** Das Geständnis ist eine einseitige (§ 288 II) Erklärung an das Gericht iRe mündlichen Verhandlung oder zu Protokoll eines beauftragten oder ersuchten Richters. Es genügt auch die ausdrückliche oder stillschweigende (BGH NJW 90, 1150, 1151; Hamm NVersZ 01, 403, 404; dazu *Panetta* NJOZ 08, 2166 ff) Bezugnahme nach § 137 III auf einen entsprechenden Schriftsatz (BGH NJW 99, 1113). Ein rein schriftliches Geständnis ist nur möglich in schriftlichen Verfahren (§§ 128 II, 251a, 331a). Erforderlich ist ferner ein Geständniswille, der ggf durch Auslegung der Erklärung zu ermitteln ist (BGH NJW 00, 276, 277). Es muss zum Ausdruck kommen, dass die Partei die Tatsachenbehauptung der gegnerischen Partei endgültig gegen sich gelten lassen will (BGH NJW-RR 96, 699, 700). Das bloße Nichtbestreiten einer gegnerischen Behauptung reicht dafür regelmäßig nicht aus (BVerfG NJW 01, 1565, 1566). Zum Nichtbestreiten müssen weitere Umstände hinzukommen, die auf das Vorliegen eines Geständnisses schließen lassen (vgl BGH NJW 96, 1044). Verbleibende Zweifel muss das Gericht ggf durch Fragen nach § 139 ausräumen. Beantragt der Beklagte die Abweisung der Klage allein wegen einer von ihm erklärten Hauptaufrechnung, sind die der Klage zugrunde liegenden Tatsachen stillschweigend zugestanden (BGH NJW-RR 96, 699, 700; aA Celle OLGR 99, 111). Wendet der auf Rückzahlung eines Darlehens in Anspruch Genommene ein, er habe das Geld zwar erhalten, aber als Geschenk, so ist jedenfalls die Auszahlung des Geldes zugestanden (R/S/G § 112 Rn 12). Ein Geständnis muss gem § 160 III Nr 3 im Protokoll festgehalten werden. Wirksamkeitsvoraussetzung ist die Protokollierung allerdings nur bei einem Geständnis vor dem beauftragten oder ersuchten Richter, nicht aber bei Abgabe vor dem Prozessgericht (BGH NJW-RR 03, 1578, 1579).

6 Erklärt werden kann das Geständnis zunächst von der Partei selbst oder – bei Prozessunfähigen – durch ihre gesetzlichen Vertreter (BGH NJW 87, 1947, 1948 – Vertretung eines Minderjährigen durch beide Elternteile). Eine Erklärung der Partei hat im Parteiprozess sogar Vorrang vor derjenigen ihres Anwalts (Zö/*Greger* Rn 3c). In Verfahren mit Anwaltszwang kann jedoch nur der Anwalt selbst gestehen (BGH NJW-RR 06, 672, 673; str, aA MüKoZPO/*Prütting* Rn 27; R/S/G § 112 Rn 8). Erklärungen einer Partei iRe Parteivernehmung nach §§ 445 ff können nicht als Geständnis gewertet werden, sondern finden lediglich iRd Beweiswürdigung als Indiz für die Wahrheit der betreffenden Tatsache Berücksichtigung (BGHZ 129, 108, 109 ff = NJW 95, 1432; *Orfanides* NJW 90, 3174 ff). Das Gleiche gilt für Erklärungen einer Partei anlässlich einer Anhörung nach § 141 (BGH NJW 06, 672, 673; Hamm NJW-RR 97, 999; aA LG Arnsberg NJW-RR 03, 1186, 1187; MüKoZPO/*Prütting* Rn 20). Jeder Streitgenosse kann für seinen Prozess (§ 61) ein Geständnis abgeben, ein Streithelfer aber nur dann, wenn er sich damit nicht in Widerspruch zur Hauptpartei begibt.

7 **IV. Rechtsfolgen.** Das Geständnis hat zur Folge, dass die zugestandene Tatsache nicht mehr beweisbedürftig ist und vom Gericht in seiner Entscheidung als wahr berücksichtigt werden muss, selbst wenn es von der Wahrheit nicht überzeugt ist (R/S/G § 112 Rn 13; aA *Olzen* ZZP 98, 403, 421). Dies gilt auch für bewusst unwahre Geständnisse (BGH NJW 95, 1432, 1433). § 138 I steht nicht entgegen, weil die Wahrheitspflicht nur bewusst unwahre Behauptungen *zugunsten* der betreffenden Partei verbietet. Die gestehende Partei ist in den Grenzen des § 290 an das Geständnis gebunden. Die Bindungswirkung beschränkt sich aber auf den jeweiligen Rechtsstreit (BGH NJW 06, 154, 157). In einem neuen Verfahren kann das Geständnis allenfalls als außergerichtliches Geständnis (Rz 2) iRd Beweiswürdigung herangezogen werden (für ein Geständnis im Strafverfahren BGH NJW-RR 04, 1001). Die Bindungswirkung erstreckt sich auch auf den einfachen Streithelfer, selbst wenn das Geständnis falsch sein sollte (Schlesw NJW-RR 00, 356, 357). Die Bindungswirkung entfällt jedoch, wenn sich der Streitgegenstand des Verfahrens – etwa bei einer Klageänderung – verändert (Ddorf MDR 00, 1211). Ein in 1. Instanz abgegebenes Geständnis behält seine Wirksamkeit gem § 535 sowohl in der Berufungsinstanz als auch gem § 555 in der Revisionsinstanz (BGH NJW-RR 99, 1113). Die Frage, ob überhaupt ein wirksames Geständnis vorliegt, kann dabei vom Rechtsmittelgericht uneingeschränkt überprüft werden (BGH NJW-RR 05, 1297, 1298).

8 Die Rechtsfolgen eines Geständnisses treten ausnahmsweise nicht ein, wenn eine **unmögliche** Tatsache zugestanden wird oder die Unwahrheit der zugestandenen Tatsache **offenkundig** ist iSv § 291 (BGH NJW

79, 2089). Unwirksam ist das Geständnis ferner, wenn die Parteien kollusiv zu Lasten eines Dritten – etwa des Haftpflichtversicherers der gestehenden Partei – zusammenwirken (Ddorf NJW-RR 98, 606). Das Gleiche gilt bei einem betrügerischen Zusammenwirken zum Nachteil eines Streithelfers (Schlesw NJW-RR 00, 356, 357). Unschädlich ist dagegen der Umstand, dass die gestehende Partei die zugestandene Tatsache gar nicht wahrgenommen hat oder wahrnehmen konnte (BGH NJW 94, 3109; aA *Orfanides* NJW 90, 3174, 3178).

§ 289 Zusätze beim Geständnis. **(1) Die Wirksamkeit des gerichtlichen Geständnisses wird dadurch nicht beeinträchtigt, dass ihm eine Behauptung hinzugefügt wird, die ein selbständiges Angriffs- oder Verteidigungsmittel enthält.**
(2) Inwiefern eine vor Gericht erfolgte einräumende Erklärung ungeachtet anderer zusätzlicher oder einschränkender Behauptungen als ein Geständnis anzusehen sei, bestimmt sich nach der Beschaffenheit des einzelnen Falles.

1 Die Vorschrift betrifft das sog **modifizierte Geständnis** und statuiert gleichzeitig den Grundsatz der Teilbarkeit des Geständnisses. **Abs 1** stellt klar, dass die Wirksamkeit eines Geständnisses nicht durch die Hinzufügung eines selbständigen Angriffs- und Verteidigungsmittels (§ 282 Rz 4, 5) beeinträchtigt wird. Das Geständnis einerseits und die Tatsachen, die zur Begründung des Angriffs- und Verteidigungsmittels behauptet werden, andererseits sind also prozessual getrennt zu behandeln und zu verwerten. Zu denken ist etwa daran, dass der Beklagte den Vertragsschluss zugesteht, aber Erfüllung des Vertrages durch Zahlung behauptet (St/J/*Leipold* Rn 1).

2 **Abs 2** betrifft demgegenüber sonstige zusätzliche oder einschränkende tatsächliche Behauptungen, die sich auf denselben Tatbestand beziehen wie das Geständnis selbst. In diesem Fall muss zunächst im Wege der Auslegung geklärt werden, welche Tatsachen zugestanden werden sollen und welche nicht. Diese Frage kann vom Revisionsgericht uneingeschränkt überprüft werden (BGH NJW 01, 2550, 2551). Stehen die nicht zugestandenen Tatsachen zur Beweislast der anderen Partei, handelt es sich nur um ein **motiviertes Leugnen** der klagebegründenden Tatsachen (vgl Musielak/*Huber* Rn 3: der auf Zahlung verklagte Käufer räumt den Vertragsschluss ein, bestreitet aber die Lieferung der Ware, was der Verkäufer zu beweisen hat). Trägt dagegen die geständige Partei nach allg Regeln die Beweislast für die nicht zugestandenen Zusätze oder Einschränkungen, wird von einem **qualifizierten Geständnis** gesprochen (St/J/*Leipold* Rn 4: der auf Zahlung verklagte Käufer gesteht den Vertragsschluss zu, behauptet aber, als Vertreter gehandelt zu haben). Die Abgrenzung erfolgt also nach der Verteilung der objektiven Beweislast, die durch § 289 unberührt bleibt.

§ 290 Widerruf des Geständnisses. **[1]Der Widerruf hat auf die Wirksamkeit des gerichtlichen Geständnisses nur dann Einfluss, wenn die widerrufende Partei beweist, dass das Geständnis der Wahrheit nicht entspreche und durch einen Irrtum veranlasst sei. [2]In diesem Fall verliert das Geständnis seine Wirksamkeit.**

1 **A. Zweck.** Die Vorschrift stellt klar, dass der Widerruf eines Geständnisses nur unter den dort genannten engen Voraussetzungen möglich ist. Da es sich um eine Prozesshandlung handelt, kommt die Möglichkeit einer Anfechtung des Geständnisses nach §§ 119 ff BGB von vornherein nicht in Betracht. § 290 betrifft nur das gerichtliche Geständnis. Ein außergerichtliches Geständnis (§ 288 Rz 2) kann ohne weiteres widerrufen werden. Das Gleiche gilt für ein vorweggenommenes Geständnis, solange es nicht bindend geworden ist (§ 288 Rz 1). Hat der Prozessbevollmächtigte oder der Beistand das Geständnis abgegeben, so kann es die anwesende Partei gem § 85 I 2 bzw § 90 II unabhängig von den Voraussetzungen des § 290 widerrufen. Möglich ist ferner ein Widerruf des Geständnisses mit Einverständnis des Gegners, was aber in der Praxis kaum vorkommen dürfte. Keine entsprechende Anwendung kann § 290 auf ein Anerkenntnis iSd § 307 (BGHZ 80, 389, 393 = NJW 81, 2193, 2194) und einen Klageverzicht gem § 306 finden.

2 **B. Voraussetzungen.** Wie sich bereits aus dem Wortlaut des § 290 ergibt, trägt die widerrufende Partei die volle Beweislast für die Unwahrheit der zugestandenen Tatsache. Ansonsten nach materiellem Recht bestehende Beweiserleichterungen kommen ihr dabei nicht zugute (Frankf MDR 82, 329). Sie muss ferner beweisen, dass das unwahre Geständnis durch einen Irrtum veranlasst worden ist. Irrtum ist die unbewusste Unkenntnis des wirklichen Sachverhalts (Zö/*Greger* Rn 2). Gleichgültig ist dabei die Art des Irr-

tums, dh Rechts- oder Tatsachenirrtum, entschuldbar oder verschuldet (BGH MDR 05, 834, 835). Unbeachtlich ist lediglich ein Motivirrtum, weil es allein auf die Wahrheit der zugestandenen Tatsache ankommt (MüKoZPO/*Prütting* Rn 5; Zö/*Greger* Rn 2; aA Ddorf OLGR 01, 249; Musielak/*Huber* Rn 2; Jäckel Rn 388 mwN). Macht der Widerrufene Geltend, dass sein Geständnis auf Verständigungsschwierigkeiten beruht, so hat er neben der Unwahrheit des Geständnisses auch zu beweisen, dass es auf seinen mangelnden Sprachkenntnissen zurückzuführen ist (BGH FamRZ 05, 1667, 1669).

Da es schon begrifflich an einem Irrtum fehlt, kann ein bewusst unwahres Geständnis nicht widerrufen werden (BGHZ 37, 154, 155 = NJW 62, 1395). Das Gleiche gilt, wenn die gestehende Partei keine Kenntnis von der Wahrheit oder Unwahrheit der zugestandenen Tatsache hat und damit das Risiko der Unwahrheit bewusst in Kauf nimmt (BGH NJW 11, 2794, 2795; Saarbr MDR 02, 109). Maßgebend ist in entsprechender Anwendung des § 166 BGB stets der Irrtum desjenigen, der das Geständnis abgegeben hat. Dies kann die Partei sein, ihr gesetzlicher Vertreter oder auch ihr Prozessbevollmächtigter. Soweit der Prozessbevollmächtigte auf Weisung seiner Partei gestanden hat, gilt § 166 II BGB entsprechend (RGZ 146, 348, 352). Der widerrufende Streithelfer muss den Irrtum der gestehenden Partei beweisen (Celle BauR 96, 263). 3

C. Rechtsfolge. Die Rechtsfolge des Widerrufs besteht darin, dass die Wirkungen des Geständnisses ex tunc entfallen (**S 2**). Die Beweisbedürftigkeit der betreffenden Tatsache lebt also wieder auf mit der Folge, dass die ursprüngliche Beweislastverteilung wieder eingreift. Eine Verwertung des Geständnisses als Indiz iRd Beweisführung kommt nicht in Betracht (HK-ZPO/*Saenger* Rn 12). 4

§ 291 Offenkundige Tatsachen. **Tatsachen, die bei dem Gericht offenkundig sind, bedürfen keines Beweises.**

A. Begriff. Die Vorschrift stellt klar, dass offenkundige Tatsachen nicht beweisbedürftig sind. Sie können deshalb der gerichtlichen Entscheidung zugrunde gelegt werden, ohne dass ein besonderes Beweisverfahren und eine Beweiswürdigung stattgefunden haben. § 291 betrifft nur Tatsachen (§ 284 Rz 7), nicht aber Erfahrungssätze (BGHZ 156, 250, 252 = NJW 04, 1163, 1164: Verkehrsauffassung bestimmter Kreise) oder gar Rechtssätze, selbst wenn sie im Einzelfall offenkundig sein sollten. Zu unterscheiden ist zwischen **allgemeinkundigen** und **gerichtskundigen Tatsachen.** 1

I. Allgemeinkundige Tatsachen. Allgemeinkundig sind Tatsachen, die in einem größeren oder kleineren Bezirk einer beliebig großen Menge bekannt sind oder wahrnehmbar waren und über die man sich aus zuverlässigen Quellen ohne besondere Fachkunde sicher unterrichten kann (R/S/G § 112 Rn 26 im Anschluss an BVerfGE 10, 177, 183 = NJW 60, 31). Dazu gehören etwa historische und politische Begebenheiten, geographische oder örtliche Verhältnisse, Börsenkurse, Unglücksfälle, Zahlenangaben in statistischen Jahrbüchern (BGH NJW-RR 93, 1122), der in der Fachpresse monatlich veröffentlichte Lebenshaltungskostenindex (BGH NJW 92, 2088, 2089), die Nichtexistenz magischer Kräfte (LG Kassel NJW-RR 88, 1517; LG Aachen MDR 89, 63), die Verkehrsgeltung berühmter Marken (München GRUR-RR 01, 303: adidas) oder die Lichtverhältnisse an einem bestimmten Tag (BGH NJW 07, 3211). Grds allgemeinkundig sind auch Erkenntnisse aus dem Internet, jedenfalls soweit sie ohne weiteres zugänglich und zuverlässig sind (Frankf NJW-RR 08, 1194 – Materialrecherche zu den Inhaltsstoffen von Bauplatten; Dresd NJW-RR 07, 1619 f. – Regeln des Motocross-Dachverbandes; ArbG Siegen MMR 06, 836 – Recherche nach einer polnischen Telefonnummer; vgl dazu ausf *Dötsch* MDR 11, 1017 f.; zweifelhaft aber AG Köln NJW 11, 2979: Einträge in Wikipedia). Nicht allgemeinkundig sind dagegen Umstände, die zwar allgemein bekannt, deren Wirkungen aber einzelfallbezogen sind (zutr Jäckel Rn 406). So ist zwar die Impulsartigkeit von Tennislärm allgemeinkundig, macht aber die Feststellung der konkret vorhandenen Belästigung nicht entbehrlich (Schlesw NJW-RR 91, 715, 716; anders wohl München MDR 04, 531 = OLGR 04, 167: Offenkundigkeit der Beeinträchtigung des Mietgebrauchs durch den Betrieb einer Ganztagsschule mit 450 Schülern im gleichen Gebäude). In diesen Fällen dürfte aber häufig ein Anscheinsbeweis eingreifen. 2

II. Gerichtskundige Tatsachen. Gerichtskundig sind Tatsachen, die dem Gericht – entweder dem Einzelrichter oder der Mehrheit eines Kollegiums – aus seiner jetzigen oder früheren Tätigkeit in dienstlicher Eigenschaft bekannt geworden sind (*Stackmann* NJW 10, 1409). Dies können Erkenntnisse aus früheren Zivil- und Strafverfahren sein, aus Vorgängen der Freiwilligen Gerichtsbarkeit oder aus Angelegenheiten der Justizverwaltung, also etwa eine strafgerichtliche Verurteilung, das Ergebnis einer Beweisaufnahme eines früheren Verfahrens, die Erbenstellung einer Partei, die Existenz einer Betreuung, die Prozessunfähig- 3 keit einer Partei, die Streichung eines Anwalts aus der Anwaltsliste, die Anerkennung einer Vaterschaft oder die Ablehnung der Insolvenzeröffnung mangels Masse (vgl Musielak/*Huber* Rn 2). Dazu reicht es allerdings nicht aus, dass der Richter die Tatsache selbst nie positiv gekannt hat, sondern sie nur aktenkundig ist, dh sie vom Richter nunmehr erstmalig festgestellt werden müsste (St/J/*Leipold* Rn 9; B/L/A/H Rn 5; str, aA ThoPu/*Reichold* Rn 2; vgl auch *Stackmann* NJW 10, 1409, 1410 ff zu Erkenntnissen aus parallel geführten Massenverfahren). Anderenfalls wäre die Grenze zum Urkundenbeweis überschritten, der einen entsprechenden Beweisantritt einer Partei voraussetzt (zutr Musielak/*Huber* Rn 2). Sind dem Gericht die Aussagen von Zeugen aus einem früheren Verfahren bekannt, können sie gleichwohl nicht als gerichtsbekannt verwertet werden, wenn die beweispflichtige Partei deren Vernehmung beantragt (vgl BGH MDR 11, 562). Der Grundsatz der Unmittelbarkeit der Beweisaufnahme (§ 355 I 1) hat in diesem Falle Vorrang.

4 **III. Nicht gerichtskundige Tatsachen.** Nicht gerichtskundig ist das private Wissen des Richters, weil es gerade nicht aus dienstlicher Tätigkeit bekannt geworden ist. Dies folgt bereits aus dem Grundsatz, dass niemand in einer Person zugleich Richter und Zeuge sein darf (vgl § 41 Rz 30). Die private Augenscheineinnahme eines Richters ist jedoch dann zulässig, wenn sie dazu dient, das Vorhandensein einer offenkundigen Tatsache zu bestätigen, also etwa die Existenz einer Ampelanlage an einer bestimmten Kreuzung (Zö/*Greger* Rn 1). Zu unterscheiden von der Gerichtskundigkeit einer Tatsache ist auch die **eigene Sachkunde** des Gerichts, die es sich durch die jahrelange Bearbeitung ähnl liegender Rechtsstreitigkeiten erworben hat. Diese Kenntnisse begründen keine Offenkundigkeit iSd § 291 (aA BGH NJW 98, 3498, 3499: jahrelange Erfahrung aus Prozessen mit Arzneimittelwerbung), können aber im Einzelfall die Einholung eines Sachverständigengutachtens entbehrlich machen (BGH NJW-RR 07, 357, 358). Die Frage, wie angesprochene Verkehrskreise eine bestimmte Werbung verstehen, kann deshalb nicht iSd § 291 offenkundig sein, weil sich die Feststellung der Verkehrsauffassung auf Erfahrungswissen stützt, § 291 aber nur auf Tatsachen, nicht auf Erfahrungssätze anwendbar ist (BGHZ 156, 250, 252 = NJW 04, 1163, 1164).

5 **B. Wirkung.** Die Offenkundigkeit einer Tatsache lässt ihre Beweisbedürftigkeit entfallen. Es findet weder ein Beweisverfahren noch eine Beweiswürdigung statt. Eine offenkundige Tatsache kann auch nicht wirksam bestritten oder ihr Gegenteil zugestanden werden (§ 288 Rz 2). Unberührt bleiben aber die Regeln über die Verteilung der objektiven Beweislast. Außerdem ist jederzeit der Beweis des Gegenteils bzw der Gegenbeweis gegen eine als offenkundig behauptete Tatsache möglich (BGHZ 156, 250, 253 = NJW 04, 1163, 1164; BayVerfGH FamRZ 11, 655, 656; aA Zö/*Greger* Rn 4). Die Art der Beweisführung ist davon abhängig, welche Partei an sich die objektive Beweislast für das Vorhandensein der offenkundigen Tatsache trägt (vgl MüKoZPO/*Prütting* Rn 19). Obliegt sie der durch die Annahme der Offenkundigkeit begünstigten Partei, braucht die Gegenpartei nur den Gegenbeweis zu führen, dh Tatsachen darlegen und ggf beweisen, die geeignet sind, die Überzeugung des Gerichts von der Offenkundigkeit zu erschüttern (vgl den Fall BGH NJW-RR 90, 1376; s. dazu auch Oberheim Rn 1578). Gelingt dieser Beweis, ist es Sache der begünstigten Partei, den vollen Beweis für den Inhalt der angeblich offenkundigen Tatsache zu führen. Trägt dagegen die Gegenpartei die objektive Beweislast, so muss sie den Beweis des Gegenteils erbringen, dh zur vollen Überzeugung des Gerichts beweisen, dass die angeblich offenkundige Tatsache unwahr ist. Ist eine Tatsache allgemeinkundig, aber dem Gericht nicht bekannt, ist im Einzelfall auch eine Beweiserhebung über die Offenkundigkeit denkbar, wobei als Beweismittel insb ein Sachverständigengutachten in Betracht kommt (R/S/G § 112 Rn 29). Eine Beweisaufnahme über die Gerichtskundigkeit einer Tatsache ist dagegen nicht möglich.

6 Nicht einheitlich wird seit jeher die Frage beantwortet, ob es trotz des Wegfalls der Beweisbedürftigkeit einer offenkundigen Tatsache noch einer entsprechenden Behauptung bedarf, maW ob das Gericht eine offenkundige Tatsache auch ohne entsprechenden Parteivortrag seiner Entscheidung zugrunde legen darf. Dies wird von einer verbreiteten Auffassung im Hinblick auf die im Zivilprozess geltende Verhandlungsmaxime verneint (BAG NJW 77, 695; St/J/*Leipold* Rn 18 mwN). Dagegen spricht jedoch, dass den Parteien nicht die Befugnis eingeräumt werden darf, dem Gericht durch das Unterlassen entsprechender Behauptungen offenkundige Tatsachen als Entscheidungsgrundlage zu entziehen (ausf MüKoZPO/*Prütting* Rn 13). Wie beim Geständnis (§ 288 Rz 8) und beim Nichtbestreiten von Tatsachen muss eine Dispositionsfreiheit der Parteien auch iRd § 291 ausscheiden, wenn es um offenkundige Tatsachen geht. Mit der heute hM ist deshalb davon auszugehen, dass das Gericht eine offenkundige Tatsache auch ohne entsprechende Behauptung durch die Parteien in den Prozess einführen und seiner Entscheidung zugrunde legen darf (BSG NJW 79, 1063; Frankf MDR 77, 849; AG Tempelhof FamRZ 05, 1260, 1261; HK-ZPO/*Saenger* Rn 10; R/S/G

§ 112 Rn 25). In der Praxis kommt dieser Streitfrage allerdings kaum Bedeutung zu. Führt das Gericht eine offenkundige Tatsache in den Prozess ein, wird sich nämlich die dadurch begünstigte Partei die betreffende Tatsache zumindest stillschweigend zu Eigen machen. Davon kann bereits dann ausgegangen werden, wenn die offenkundige Tatsache für eine Partei günstig ist und zu ihrem bisherigen Vortrag nicht in Widerspruch steht (vgl BGH NJW-RR 95, 684, 685).

C. Verfahren. Soweit sich keine der Parteien auf die offenkundige Tatsache berufen hat, muss das Gericht sie zur Gewährung des **rechtlichen Gehörs** (Art 103 I GG) zum Gegenstand der mündlichen Verhandlung machen (BVerfGE 10, 177, 183; NJW 60, 31; BGH NJW-RR 93, 1122, 1123). Eine Ausnahme ist in engen Grenzen nur dann anzuerkennen, wenn absolute Klarheit darüber besteht, dass sowohl dem Gericht als auch beiden Parteien die Offenkundigkeit der betreffenden ohne weiteres bewusst ist (BGHZ 31, 43, 45 = NJW 59, 2213, 2214). Die Entscheidung über die Offenkundigkeit einer Tatsache trifft das Kollegium ggf durch Mehrheitsbeschluss (BGH VersR 60, 511). Die Feststellung der Offenkundigkeit gilt nur immer für die jeweilige Instanz. Das **Berufungsgericht** muss deshalb die Offenkundigkeit stets in eigener Zuständigkeit beurteilen und ist nicht an die Auffassung des erstinstanzlichen Gerichts gebunden (MüKoZPO/*Prütting* Rn 16; einschränkend im Hinblick auf § 529 I 1 St/J/*Leipold* Rn 15). Dagegen ist das **Revisionsgericht** an die Feststellung der Offenkundigkeit durch das Berufungsgericht gebunden (§ 559 II). Es kann aber nachprüfen, ob der Tatrichter die Begriffe »allgemeinkundig« und »gerichtskundig« verkannt und den Parteien ausreichend rechtliches Gehör gewährt hat. Soweit es sich um Umstände handelt, die vAw zu berücksichtigen sind, kann das Revisionsgericht die Offenkundigkeit ausnahmsweise auch selbst beurteilen, ohne an die Wertung der Tatsacheninstanz gebunden zu sein (BAGE 87, 234, 240 f = NZA 98, 661, 663). 7

§ 292 Gesetzliche Vermutungen.

[1]Stellt das Gesetz für das Vorhandensein einer Tatsache eine Vermutung auf, so ist der Beweis des Gegenteils zulässig, sofern nicht das Gesetz ein anderes vorschreibt. [2]Dieser Beweis kann auch durch den Antrag auf Parteivernehmung nach § 445 geführt werden.

A. Begriff und benachbarte Phänomene. § 292 stellt klar, dass gesetzliche Vermutungen grds widerlegbar sind und Ausnahmen vom Gesetz ausdrücklich angeordnet werden müssen. Die Wirkung einer gesetzlichen Vermutung besteht darin, dass die vermutete Tatsache nicht mehr beweisbedürftig ist. Insoweit besteht eine Parallele zu den nicht bestrittenen Behauptungen (§ 138 III), dem Geständnis (§ 288) und den offenkundigen Tatsachen (§ 291). Abzugrenzen sind die gesetzlichen Vermutungen des § 292 von den **unwiderlegbaren gesetzlichen Vermutungen**, den **Fiktionen**, den **Auslegungsregeln**, den sog **Vermutungsverträgen** (§ 286 Rz 96) und den von der Rspr häufig herangezogenen sog **tatsächlichen Vermutungen.** 1

Nicht unter § 292 fallen zunächst bereits dem Wortlaut nach solche Vermutungen, die vom Gesetz als **unwiderlegbar** ausgestaltet sind. Sie finden sich zB in §§ 39 und 267 und va in § 1566 I und II BGB. Sie haben keine beweisrechtliche Funktion, verändern also insb nicht die Verteilung der objektiven Beweislast, sondern ordnen lediglich eine bestimmte prozessuale oder materiell-rechtliche Rechtsfolge an (St/J/*Leipold* Rn 6). Ist die Vermutungsbasis unstr oder bewiesen, greift zwingend die jeweilige Vermutung ein, und zwar unabhängig davon, ob die Vermutung im Einzelfall mit der Wirklichkeit übereinstimmt oder nicht. Dadurch unterscheiden sie sich von den **Fiktionen**, wie sie etwa in den §§ 108 II 2, 119 II, 177 II 2, 892, 893 und 1923 II BGB enthalten sind. Bei ihnen steht von vornherein fest, dass die mit ihnen bezweckte Gleichstellung von zwei Tatbeständen mit der Lebenswirklichkeit nicht übereinstimmt. Im Gesetz wird eine Fiktion häufig durch die Worte »gilt« oder »gelten« zum Ausdruck gebracht. Nicht zu den gesetzlichen Vermutungen gehören ferner **Auslegungsregeln**. Das sind Rechtsnormen, nach denen »im Zweifel« ein bestimmter Gesetzesinhalt gelten soll (MüKoZPO/*Prütting* Rn 10). Da sie sich nicht auf Tatsachenbehauptungen beziehen, ist § 292 nicht anwendbar. **Vermutungsverträge** sind Vereinbarungen der Parteien, mit denen eine Tatsache – mit oder ohne die Möglichkeit ihrer Widerlegung – als bewiesen gelten soll, falls eine andere Tatsache unstr oder bewiesen ist (ausf Baumgärtel/*Laumen* Bd 1 § 20 Rn 34 ff). Sie dienen zwar auch dazu, die Beweisbedürftigkeit einer Tatsache zu beseitigen, fallen jedoch als vertraglich vereinbarte Vermutung ebenfalls nicht unter § 292. Soweit sie in AGB enthalten sind, müssen sie ohnehin am Maßstab des § 309 Nr 12 BGB gemessen werden. Streng zu trennen von den gesetzlichen Vermutungen des § 292 sind die sog **tatsächlichen Vermutungen**, die – ohne eine gesetzliche Grundlage zu haben – im Einzelfall von der Rspr zur Behebung von Beweisschwierigkeiten herangezogen werden (s. dazu unten Rz 6 ff.). 2

3 **B. Die widerlegbaren gesetzlichen Vermutungen.** Nach dem Gegenstand der Vermutung ist zunächst zu unterscheiden zwischen Tatsachen- und Rechtsvermutungen. Bei den **Tatsachenvermutungen** schließt das Gesetz von einem tatbestandsfremden Umstand auf das Vorliegen eines gesetzlichen Tatbestandsmerkmals, also etwa aus dem Besitz des Pfandes auf dessen Rückgabe durch den Pfandgläubiger (§ 1253 II BGB) oder aus dem Besitz des Hypothekenbriefes auf die Übergabe an den Gläubiger (§ 1117 III BGB). Als Tatsachenvermutung sind zB einzuordnen die §§ 363, 685 II, 938, 1213 II, 1375 II 2, 1377 III, 1625, 2009 und 2270 II BGB. Demgegenüber wird bei **Rechtsvermutungen** unmittelbar aus dem Vorliegen einer Tatsache auf das Bestehen oder Nichtbestehen eines Rechts oder Rechtsverhältnisses geschlossen, also zB vom Besitz auf das Eigentum (§ 1006 I 1 BGB) oder von der Eintragung im Grundbuch auf das Bestehen des eingetragenen Rechts (§ 891 BGB). Weitere Rechtsvermutungen sind enthalten in den §§ 921, 1138, 1155, 1362, 1380 I 2, 1964 und 2365 BGB.

4 Die Wirkung einer gesetzlichen Vermutung besteht in der **Verschiebung des Beweisthemas.** Nicht die vermutete Tatsache oder das vermutete Recht muss bewiesen werden, sondern lediglich die **Vermutungsbasis,** dh die Ausgangstatsache, an die das Gesetz die Vermutung knüpft. Ist die Vermutungsbasis unstr oder bewiesen, entfällt nicht nur die Beweisbedürftigkeit für die vermutete Tatsache oder das vermutete Recht. Der Inhalt der Vermutung braucht auch nicht behauptet zu werden, denn die Wirkungen einer gesetzlich vorgesehenen Vermutung können nicht davon abhängen, ob die begünstigte Partei die Vermutung kennt oder nicht (MüKoZPO/*Prütting* Rn 21; aA *Musielak* JA 10, 561, 564 f). Insoweit muss das Gleiche gelten wie bei den offenkundigen Tatsachen (§ 291 Rz 6). Entbehrlich ist deshalb auch ein Vortrag zu den Entstehungstatsachen des vermuteten Rechts (BGH NJW 10, 363, 364 mwN). Greift die gesetzliche Vermutung ein, kommt es zu einer **Umkehr der objektiven Beweislast** zum Nachteil des Vermutungsgegners. Dies macht deutlich, dass es sich bei den gesetzlichen Vermutungen des § 292 um Beweislastregeln handelt (St/J/*Leipold* Rn 8). Eine Beweiswürdigung des Gerichts findet nicht statt. Das Gericht muss die vermutete Tatsache oder das vermutete Rechts also auch dann seiner Entscheidung zugrunde legen, wenn es von dessen Vorliegen nicht überzeugt ist.

5 Der Vermutungsgegner kann sich auf zweierlei Weise gegen das Eingreifen der Vermutung wehren. Zum Einen kann er versuchen, mit Hilfe des **Gegenbeweises** (§ 284 Rz 12) die Vermutungsbasis anzugreifen. Dieser Beweis ist also bereits dann geführt, wenn die Überzeugung des Gerichts vom Vorliegen der Ausgangstatsache erschüttert ist. Gelingt der Gegenbeweis, entfällt die Vermutungswirkung mit der Folge, dass die beweisbelastete Partei versuchen muss, die vermutete Tatsache oder das vermutete Recht mit den üblichen Beweismitteln nachzuweisen. Zum Anderen steht dem Vermutungsgegner die Möglichkeit offen, gegen die Vermutung selbst den **Beweis des Gegenteils** (§ 284 Rz 13) zu führen. Da es sich der Sache nach um einen Hauptbeweis handelt, ist der volle Beweis des Gegenteils der Vermutung erforderlich (St/J/*Leipold* Rn 16). Es reicht also nicht aus, dass die Überzeugung des Gerichts vom Vorliegen der gesetzlichen Vermutung lediglich erschüttert wird; vielmehr muss das Gericht davon überzeugt sein, dass die vermutete Tatsache oder das vermutete Recht nicht besteht (BGH NJW 02, 2101, 2102; 04, 217, 219). Der Beweis des Gegenteils kann mit allen zulässigen Beweismitteln geführt werden. Dazu gehört – wie § 292 S 2 klarstellt – auch der Antrag auf Parteivernehmung nach § 445. Dem Vermutungsgegner kommen bei der Beweisführung die auch sonst üblichen Beweiserleichterungen zugute, also etwa die Grundsätze über den Anscheinsbeweis (§ 286 Rz 26 ff) oder die der sekundären Behauptungslast (§ 286 Rz 81). So dürfen zB an die Widerlegung der Eigentumsvermutung des § 1006 BGB keine übertriebenen Anforderungen gestellt werden (vgl BGHZ 160, 90, 109 f = NJW 05, 359). Der Vermutungsgegner kann sich regelmäßig auf die Widerlegung der vom Besitzer vorgetragenen Erwerbsgründe beschränken.

6 **C. Die sog tatsächliche Vermutungen.** Bei schwierigen Beweislagen greift die Rspr in vielfältiger Weise und mit völlig uneinheitlichen Rechtsfolgen auf sog tatsächliche Vermutungen zurück. Die bekannteste ist wohl die Vermutung der Vollständigkeit und Richtigkeit einer Privaturkunde, die nach Auffassung des BGH als Beweislastregel anzusehen ist und zu einer Umkehr der objektiven Beweislast führen soll (BGH NJW 02, 3164, 3165). Die gleiche Rechtsfolge wird im Wettbewerbsrecht bei der tatsächlichen Vermutung für die Wiederholung eines Wettbewerbsverstoßes angenommen, so dass der Beklagte den Nachweis der fehlenden Wiederholungsgefahr erbringen muss (BGH GRUR 01, 453, 455). Zu einer Beweislastumkehr soll auch die sog GEMA Vermutung für deren Wahrnehmungsbefugnis führen (BGHZ 95, 274, 276 = NJW 86, 1244). Das Gleiche gilt, wenn DIN-Normen nicht beachtet worden sind. Es soll dann eine zur Beweislastumkehr führende widerlegbare Vermutung dafür bestehen, dass ein Schaden bzw ein Mangel auf dieser Verletzung beruht. Der jeweilige Beklagte hat dann zu beweisen, dass der Schaden bzw der

Mangel nicht auf der Verletzung der DIN-Normen zurückzuführen ist (BGH NJW 91, 2021, 2022; Brandb NJW-RR 09, 1468 f).

Demgegenüber gibt es aber auch Entscheidungen, die eine beweislastverändernde Wirkung der tatsächlichen Vermutung verneinen. Besteht etwa bei einem gegenseitigen Vertrag ein auffälliges Missverhältnis zwischen Leistung und Gegenleistung, greift iRd Frage der Sittenwidrigkeit des Vertrages eine tatsächliche Vermutung für ein verwerfliches Handeln des Vertragspartners ein (s. dazu näher Baumgärtel/*Laumen* Bd 2 § 138 Rn 7 ff). In diesen Fällen ordnet der BGH die tatsächliche Vermutung als bloße Beweiserleichterung ausschließlich dem Bereich der Beweiswürdigung zu, wobei er es offen lässt, ob es sich um einen Anscheinsbeweis handelt oder der Vermutung lediglich die Bedeutung als Indiz zukommt (BGHZ 146, 298, 305 = NJW 01, 1127, 1128; BGH NJW 04, 2671, 2673; 10, 363, 364 = MDR 10, 135). Die bei der Haftung von Anwälten, Steuerberatern und Notaren bestehende tatsächliche Vermutung des aufklärungsrichtigen Verhaltens begründet der BGH demgegenüber in ständiger Rspr mit der Anwendung der Grundsätze über den Anscheinsbeweis (für die Anwaltshaftung BGH NJW-RR 06, 923, 925, für die Steuerberaterhaftung BGH NJW-RR 07, 857, 859; für die Notarhaftung BGH NJW 00, 2110, 2111; weitere Beispiele von tatsächlichen Vermutungen bei Baumgärtel/*Laumen* Bd 1 § 14 Rn 2). 7

Tatsächliche Vermutungen beruhen regelmäßig auf der **Verwertung von Erfahrungswissen**. Bei der Heranziehung von Sätzen der Lebenserfahrung geht es aber nicht um die Veränderung der beweisrechtlichen Risikoverteilung, sondern um die – tatsächliche – Beurteilung eines Lebenssachverhalts (vgl Prütting S. 55; *Musielak* JA 10, 561, 562 f). Derartige Erfahrungssätze gehören deshalb – unabhängig von ihrer Stärke – ausschließlich in den Bereich der Beweiswürdigung und sind nicht geeignet, die Verteilung der objektiven Beweislast zu beeinflussen (BGH NJW 10, 363, 364; HK-ZPO/*Saenger* Rn 4; Jäckel Rn 425). Es besteht auch keine Notwendigkeit, mit Hilfe einer tatsächlichen Vermutung in die gesetzlich vorgegebene Beweislastverteilung einzugreifen. Dies gilt auch und gerade für die angeführten Beispiele aus der Rspr (s. dazu näher Baumgärtel/*Laumen* Bd 1 § 14 Rn 8 ff). Soweit die den tatsächlichen Vermutungen zugrunde liegenden Erfahrungssätze stark genug sind, können die Regeln über den Anscheinsbeweis herangezogen werden mit der Folge einer Umkehr der konkreten Beweisführungslast (§ 286 Rz 29), dh der Hauptbeweis für eine bestimmte Tatsache kann mit Hilfe der tatsächlichen Vermutung als geführt angesehen werden, so dass der Gegner den Gegenbeweis – und nicht etwa den Beweis des Gegenteils – zu erbringen hat. Dies gilt zB für die Vermutung der Vollständigkeit und Richtigkeit einer Privaturkunde (s. dazu näher Baumgärtel/*Laumen* Bd 2 § 125 Rn 5 ff; wie hier auch Jäckel Rn 658), die Vermutung des aufklärungsrichtigen Verhaltens bei der Haftung von rechtlichen Beratern oder die Vermutung für das Fortbestehen eines inneren Willens (weitere Beispiele bei Baumgärtel/*Laumen* Bd 1 § 14 Rn 13 ff). Reichen die Erfahrungssätze nicht für einen Anscheinsbeweis aus, kann ihnen iRd Beweiswürdigung die Bedeutung von Indizien zukommen, mit denen allein oder in Verbindung mit anderen Indizien im Einzelfall der Beweis für das Vorliegen der Haupttatsache geführt werden kann. 8

Anders als bei einer gesetzlichen Vermutung (s.o. Rz 4) ist die durch die tatsächliche Vermutung begünstigte Partei nicht von der Behauptungslast für die vermutete Tatsache enthoben. Bei Verträgen mit einem auffälligen Missverhältnis zwischen Leistung und Gegenleistung (s.o. Rz 6) bedarf es also des Vortrags zum subjektiven Merkmal der Sittenwidrigkeit, dh der verwerflichen Gesinnung des Vertragspartners (BGH NJW 10, 363, 364 f). 9

§ 292a *(weggefallen)*

§ 293 Fremdes Recht; Gewohnheitsrecht; Statuten.

[1]Das in einem anderen Staat geltende Recht, die Gewohnheitsrechte und Statuten bedürfen des Beweises nur insofern, als sie dem Gericht unbekannt sind. [2]Bei Ermittlung dieser Rechtsnormen ist das Gericht auf die von den Parteien beigebrachten Nachweise nicht beschränkt; es ist befugt, auch andere Erkenntnisquellen zu benutzen und zum Zwecke einer solchen Benutzung das Erforderliche anzuordnen.

A. Zweck. Rechtssätze können grds nicht Gegenstand des Beweises sein. Das Gesetz geht davon aus, dass der Richter das geltende Recht kennt oder, wenn es ihm nicht bekannt ist, vAw ermittelt (iura novit curia). Dazu gehört nicht nur das gesamte inländische Gesetzesrecht einschließlich des internationalen Privatrechts (BGH NJW 96, 54), des internationalen Verfahrensrechts (BGH NJW 92, 3106), des Steuerrechts und des Rechts der ehemaligen DDR (St/J/*Leipold* Rn 5), sondern auch das Recht der Europäischen 1

Gemeinschaften, die in das innerstaatliche Recht transformierten Normen des Völkervertragsrechts (Art 59 II GG) sowie die allgemeinen Regeln des Völkerrechts (Art 25 S 1 GG). Von diesem Grundsatz macht § 293 eine Ausnahme für Rechtssätze, deren Kenntnis vom Gericht üblicherweise nicht ohne weiteres verlangt werden kann. Für diese Rechtssätze wird damit die Möglichkeit einer Beweiserhebung eröffnet, dh sie sind Gegenstand des Beweises, wenn und soweit sie dem Gericht tatsächlich unbekannt sind (**S 1**). Die auf diese Weise ermittelten Rechtssätze werden dadurch aber nicht etwa zu Tatsachen (*Spickhoff* ZZP 112, 265, 286 ff).

2 **B. Anwendungsbereich. I. Ausländisches Recht.** Das sind alle Rechtssätze, die in keinem Teil der Bundesrepublik gelten. Neben dem ausländischen Gewohnheits- und Statuarrecht gehören dazu auch die von ausländischen Gerichten entwickelten Regelungswerke wie Unterhaltstabellen oä. Gegenstand der Ermittlungen können außerdem auch die Auslegung und die Anwendung der ausländischen Rechtssätze durch die Gerichte des jeweiligen Landes sein.

3 **II. Gewohnheitsrecht. Gewohnheitsrecht** ist das durch ständige Übung angewandte und von der Überzeugung der Rechtmäßigkeit und Notwendigkeit getragene ungeschriebene und nicht auf einem Rechtssetzungsakt beruhende Recht (Zö/*Geimer* Rn 3). Dazu gehört auch die sog **Observanz** als örtlich begrenztes Gewohnheitsrecht. Nicht zum Gewohnheitsrecht zählen Erfahrungssätze, Verkehrssitten und Handelsbräuche, weil es sich nicht um Rechtsnormen handelt (MüKoZPO/*Prütting* Rn 20; weitergehend *Oestmann* JZ 03, 285, 287 ff).

4 **III. Statuten. Statuten** sind autonome Satzungen von öffentlich-rechtlichen Körperschaften, Anstalten und Stiftungen (einschränkend St/J/*Leipold* Rn 27, der den Begriff heute für gegenstandslos hält, aA auch *Feurer* ZZP 123, 427, 431 ff: diese Rechtssätze seien unschwer aus Amtsblättern feststellbar). Dazu gehören ua Ortsatzungen über Kehr- und Streupflichten, Bebauungspläne (BGH NJW-RR 95, 1296, 1297), Satzungen von Berufsverbänden und Universitäten (HK-ZPO/*Saenger* Rn 5) sowie ferner Tarifverträge (BAGE 39, 321, 328; zust insoweit auch *Feurer* aaO S. 432), die zwar auf einer privatrechtlichen Einigung beruhen, aber vom Gesetzgeber mit Rechtsnormqualität ausgestattet worden sind. Rein privatrechtliche Vereinbarungen wie Individualverträge, Allgemeine Geschäftsbedingungen oder Vereinssatzungen fallen jedoch nicht unter § 293 (aA *Feurer* aaO S. 431 ff: alle privat gesetzten Rechtsnormen).

5 **IV. Analoge Anwendung.** Eine entsprechende Anwendung des § 293 ist insb bei nicht mehr geltenden Rechtssätzen gerechtfertigt. Entgegen der hM (*Nickl* NJW 89, 2091, 2093) kommt sie im Einzelfall auch bei schwierigen steuerrechtlichen Fragen in Betracht (wohl auch BGHZ 140, 111, 113 = NJW 99, 638). Das Steuerrecht ist in Teilen so unübersichtlich geworden, dass es von einem Zivilrichter kaum mehr sachgerecht zu handhaben ist. In Betracht kommt insoweit auch die Einholung einer amtlichen Auskunft der Finanzverwaltung (Stuttg MDR 89, 1111).

6 **C. Art und Umfang der Ermittlungen.** Sind dem Richter die in S 1 genannten Rechtssätze aus seiner Praxis bekannt – etwa in Scheidungsverfahren häufig anzuwendende ausländische Vorschriften – bedarf es keines besonderen Beweisverfahrens. Das Gericht kann dann den Rechtssatz ohne weiteres seiner Entscheidung zugrunde legen (HK-ZPO/*Saenger* Rn 8). Ist dies nicht der Fall, ermittelt es die Rechtssätze vAw (BGH NJW-RR 05, 1071, 1073). Es besteht also weder eine objektive Beweislast noch eine Beweisführungslast der Parteien (BGHZ 120, 334, 342 = NJW 93, 1073, 1074). Ein non liquet kann sich allenfalls für solche tatsächlichen Umstände ergeben, von denen das ausländische Prozessrecht die Zuständigkeit abhängig macht (BGH aaO). Das Gericht ist auch dann zur Ermittlung vAw verpflichtet, wenn die Parteien übereinstimmend von der Geltung deutschen Rechts ausgehen (MüKoZPO/*Prütting* Rn 47). An ein Geständnis oder ein Nichtbestreiten ist das Gericht also nicht gebunden. Während dem Gericht danach also kein Ermessen zusteht, wenn es um das »**Ob**« der Ermittlung der in S 1 genannten Rechtssätze geht, ist das »**Wie**« der Ermittlungen in das pflichtgemäße Ermessen des Gerichts gestellt. Insoweit kommen verschiedene Möglichkeiten in Betracht, wobei die Ermittlungspflicht umso intensiver ist, je komplexer und fremder das anzuwendende Recht ggü dem deutschen ist (BGH NJW 06, 762, 764). Soweit es um die Anwendung einer dem deutschen Recht verwandten Rechtsordnung geht, sind die Anforderungen dagegen geringer (BGH aaO).

7 **I. Gerichtsinterne Ermittlungen.** Der erkennende Richter kann zunächst versuchen, sich die Kenntnis des ausländischen Rechts durch eigene Recherchen zu verschaffen, indem er in Kommentare, Lehrbücher oder

sonstige Veröffentlichungen zu ausländischen Rechtsordnungen – etwa die jährlich veröffentlichten Gutachten zum internationalen und ausländischen Privatrecht – Einsicht nimmt, Kollegen bzw andere Rechtskundige befragt, bei seinem Referendar ein Kurzgutachten in Auftrag gibt oder auf entsprechende Ausführungen der Parteien zurückgreift. Ein solches Vorgehen wird sich insb bei einfachen Rechtsfragen anbieten, etwa bei Rechtsnormen des deutschsprachigen Auslands (BGHZ 118, 151, 163 = NJW 92, 2026, 2029; vgl dazu auch Musielak/*Huber* Rn 4). Es handelt sich dabei nicht um eine Beweiserhebung im eigentlichen Sinne, sondern um einen gerichtsinternen Vorgang (MüKoZPO/*Prütting* Rn 24). Das so ermittelte Recht bedarf dann »keines Beweises« iSd § 293 S 1.

II. Formloses Verfahren. § 293 S 2 eröffnet dem Gericht ferner die Möglichkeit, innerhalb des Verfahrens alle ihm zugänglichen Erkenntnisquellen in formloser Weise heranzuziehen. Es kann dabei vAw tätig werden und ist nicht auf die Beweismittel der ZPO beschränkt. Nur im Hinblick auf dieses formlose Beweisverfahren lässt sich davon sprechen, dass bei der Ermittlung des ausländischen Rechts die Grundsätze des Freibeweises anwendbar sind (Baumgärtel/*Laumen* Bd 1 § 2 Rn 22). Das Gericht kann in diesem Rahmen formlos Auskünfte von Privatpersonen oder in- und ausländischen Behörden einholen, um die Vorlage von Akten ersuchen oder Gutachten aus anderen Verfahren beiziehen. In Betracht kommen Auskunftsersuchen an deutsche oder ausländische Botschaften, Konsulate oder Ministerien, aber auch an rechtswissenschaftliche Universitätsinstitute, die häufig in der Lage sind, formlose Kurzauskünfte zu erteilen. Eine erhebliche praktische Bedeutung iRd formlosen Verfahrens hat das Europäische Übereinkommen v 7.6.68 betreffend Auskünfte über ausländisches Recht (BGBl 74 II, 938; abgedruckt bei MüKoZPO/*Prütting* Rn 33 ff). 8

III. Förmliches Beweisverfahren. Dem Gericht steht schließlich die Möglichkeit offen, einen Sachverständigen mit der Erstattung eines Gutachtens über die jeweilige Rechtsfrage zu beauftragen. Wählt es diesen Weg, ist es an die Regeln über den Sachverständigenbeweis gebunden, dh es gilt der **Strengbeweis** (BGH NJW 94, 2959, 2960; krit *Geisler* ZZP 91, 176, 193 ff). Das Gericht hat dementsprechend zunächst einen Beweisbeschluss zu erlassen, in dem es den Sachverständigen benennt (§ 404). Ferner muss es den Sachverständigen auf rechtzeitigen Antrag einer Partei zur mündlichen Verhandlung laden, damit die Parteien ihm ergänzende Fragen stellen können (§§ 402, 397). Insoweit steht dem Gericht kein Ermessen zu. Da es die Rechtssätze des § 293 S 1 von Amts wegen ermitteln muss, kann es die Einholung des Sachverständigengutachtens auch nicht von der vorherigen Einzahlung eines Kostenvorschusses abhängig machen (Musielak/*Huber* Rn 6). Als Sachverständige kommen va Wissenschaftler aus rechtsvergleichenden Universitätsinstituten oder Max-Planck-Instituten für ausländisches und internationales Privatrecht in Betracht (vgl die Zusammenstellung von geeigneten Sachverständigen bei *Hetger* DNotZ 03, 310). Auch ein solches Gutachten kann im Einzelfall unzureichend sein, wenn es auf die konkrete Ausgestaltung des Rechts in der ausländischen Rechtspraxis und Rechtsprechung ankommt (vgl den Fall BGH NJW 03, 2685, 2687). In diesen Fällen muss ggf zusätzlich ein Gutachten eines Sachverständigen des jeweiligen Landes eingeholt werden (vgl BGH NJW-RR 91, 1211, 1212). 9

IV. Mitwirkung der Parteien. Im Rahmen des den Parteien zustehenden Rechts auf Gewährung des rechtlichen Gehörs können die Parteien Rechtsausführungen machen und diese durch die Vorlage eines Privatgutachtens untermauern. Auf diese Weise können sie den Umfang der Ermittlungen durch den Richter beeinflussen, indem sie ihn zwingen, sich mit dem Gutachten auseinanderzusetzen und ggf weitergehende Ermittlungen anzustellen (BGHZ 118, 151, 164 = NJW 92, 2026, 2029). Darüber hinaus kommt den Parteien nach hM auch eine **Mitwirkungspflicht** zu (BGH NJW 76, 1581, 1583; Frankf MDR 83, 410; St/J/*Leipold* Rn 47; Zö/*Geimer* Rn 16). Sie sind danach gehalten, das Gericht iRd Zumutbaren »nach Kräften zu unterstützen« (BGH aaO). Daran ist sicher richtig, dass man von den Parteien eine konkrete Darstellung des ausländischen Rechts erwarten darf, wenn sie zu den Erkenntnisquellen einer ausländischen Rechtsordnung unschwer Zugang haben (BGHZ 118, 151, 164 = NJW 92, 2026, 2029). Dies beantwortet aber nicht die Frage, welche Rechtsfolgen es haben kann, wenn die Parteien diesen Erwartungen nicht entsprechen. Das Gericht darf dann allenfalls zum Nachteil der betreffenden Partei davon ausgehen, dass durchgreifende neue Erkenntnisse ggü der bislang festgestellten Rechtslage nicht zu gewinnen sind (BGH aaO). Ein zwangsläufiger Rechtsnachteil im Sinne einer prozessualen Last kann aber aus der fehlenden Mitwirkung der Parteien nicht hergeleitet werden (ausf MüKoZPO/*Prütting* Rn 32). Unzulässig sind dementsprechend auch »Auflagenbeschlüsse« des Gerichts, mit denen den Parteien aufgegeben wird, ihr Vorbringen zum ausländischen Recht durch die Vorlage eines Gutachtens zu konkretisieren (s. dazu *Huzel* IPRax 90, 77 ff; für 10 die Zulässigkeit solcher Auflagen aber St/J/*Leipold* Rn 48). Nach alledem sind die Parteien zwar zur Mitwirkung bei der Ermittlung befugt, aber nicht verpflichtet.

11 **D. Besondere Verfahrensarten.** Im **Versäumnisverfahren** werden die Behauptungen des Klägers über das Eingreifen von ausländischen Rechtssätzen, Gewohnheitsrecht und Statuten von der Geständnisfunktion des § 331 I nicht erfasst (Kobl IPRspr 02 Nr 1; aA München NJW 76, 489 mit abl Anm *Küppers*), weil es sich gerade nicht um Tatsachenbehauptungen handelt. Das Gericht muss also auch in diesem Fall die Rechtslage vAw ermitteln. Die gleichen Grundsätze gelten im **Urkundenprozess**, in dem zur Ermittlung des ausländischen Rechts ausnahmsweise ein Sachverständigengutachten eingeholt werden kann (BGH NJW-RR 97, 1154). Im Verfahren über **Arrest** und **einstweilige Verfügung** wird es im Hinblick auf die Eilbedürftigkeit häufig nicht möglich sein, das ausländische Recht zuverlässig zu ermitteln. Die Ermittlung beschränkt sich dann auf alle präsenten und kurzfristig erreichbaren Erkenntnisquellen (Kobl IPRax 95, 171). Im Ergebnis muss sich das Gericht mit einer summarischen Schlüssigkeitsprüfung begnügen, dh mit einer gewissen Wahrscheinlichkeit für die Richtigkeit der vom Antragsteller behaupteten ausländischen Rechtslage (St/J/*Leipold* Rn 57). Hinzukommen muss eine Abwägung der Interessen von Antragsteller und Antragsgegner. Lässt sich das ausländische Recht in der Kürze der Zeit nicht ermitteln, kann auf das deutsche Recht zurückgegriffen werden.

12 **E. Anwendung und Auslegung des fremden Rechts.** Das Gericht darf die Anwendung des fremden Rechts nicht auf den reinen Gesetzeswortlaut beschränken, sondern muss die tatsächliche Rechtslage unter Berücksichtigung der ausländischen Rechtslehre und Rechtsprechung ermitteln (BGH NJW 03, 2685, 2686). Es ist deshalb als Verletzung des § 293 anzusehen, wenn die Rechtsprechung des obersten Gerichtshofes eines Landes außer Betracht gelassen wird (BGH NJW 76, 1588, 1589). Ist das ausländische Recht lückenhaft, kann sich im Einzelfall sogar die Notwendigkeit einer Rechtsfortbildung ergeben, die sich dann allerdings iRd Wertungen des ausländischen Rechts bewegen muss (*Jansen/Michaels* ZZP 116, 3, 39 ff). Lässt sich trotz Ausschöpfung aller Erkenntnisquellen der genaue Inhalt des ausländischen Rechts nicht ermitteln, so geht dies nicht zu Lasten der Partei, die aus der Anwendung des ausländischen Rechts Rechte für sich herleitet. Da es sich nicht um Tatsachen handelt, kann auch keine Partei beweisfällig bleiben (BGH NJW 61, 410). Für das Gericht besteht vielmehr ein Entscheidungszwang. Es muss dann zunächst versucht werden, auf das Recht zurückzugreifen, das dem eigentlich anzuwendenden Recht am nächsten verwandt ist (Köln NJW 80, 2646, 2648; St/J/*Leipold* Rn 66; in diese Richtung tendiert auch BGH NJW 82, 1215, 1216; ausf dazu MüKoZPO/*Prütting* Rn 59 ff). Erst wenn dies ebenfalls nicht zum Erfolg führt, ist auf das deutsche Recht als lex fori abzustellen (vgl BGHZ 69, 387, 394 = NJW 78, 496). Alternativ können die Parteien auch noch im laufenden Rechtsstreit die Geltung des deutschen Rechts vereinbaren.

13 **F. Rechtsmittel.** In der **Berufungsinstanz** kann sowohl die Ermittlung als auch die Anwendung des fremden Rechts voll überprüft und durch die eigene Beurteilung des Berufungsgerichts ersetzt werden (St/J/*Leipold* Rn 70; vgl auch den Fall Saarbr NJW 02, 1209 f). Da es nicht um Tatsachen geht, ist § 529 I 1 nicht anwendbar. In der **Revisionsinstanz** ist zunächst voll überprüfbar, ob überhaupt ausländisches Recht heranzuziehen war. Dies kann nur dann offen bleiben, wenn die Anwendung des deutschen und des ausländischen Rechts zu den gleichen Ergebnissen führt (BGH NJW 91, 2214). Ist ein förmliches Beweisverfahren (Rz 9) durchgeführt worden, ist ferner nachprüfbar, ob die Regeln des Strengbeweises eingehalten worden sind (HK-ZPO/*Saenger* Rn 27). Dagegen steht die Art der Ermittlungen im Ermessen des Tatrichters und kann von der Revisionsinstanz nur noch auf Ermessensfehler hin überprüft werden, wobei der BGH allerdings strenge Maßstäbe anlegt (vgl BGHZ 118, 151, 162 ff = NJW 02, 2026, 2028 f). So müssen die Entscheidungsgründe erkennen lassen, dass der Tatrichter sein Ermessen bei der Ermittlung überhaupt ausgeübt hat (BGH NJW-RR 90, 248, 249). Anderenfalls ist davon auszugehen, dass eine ausreichende Ermittlung verfahrensfehlerhaft nicht stattgefunden hat (BGH NJW-RR 02, 1359, 1360). Die richtige Anwendung und Auslegung des ausländischen Rechts kann dagegen vom Revisionsgericht grds nicht überprüft werden (BGHZ 118, 151, 166 = NJW 02, 2026, 2029; BGH NJW 03, 2685, 2686). Daran hat sich auch durch die Neufassung des § 545 I nichts geändert (s. dazu ausf unten § 545 Rz 6; anders aber zB *Hess/Hübner* NJW 09, 3132 ff). Die Prüfung der Verfahrensrüge, der Tatrichter habe das ausländische Recht fehlerhaft ermittelt, setzt allerdings im Einzelfall auch die Prüfung des ausländischen Rechts voraus (vgl BGHZ 122, 373, 378 = NJW 93, 2312). Hat das Berufungsgericht keine Feststellungen zum Inhalt eines anwendbaren ausländischen Rechtssatzes getroffen, kann das Revisionsgericht die aus seiner Sicht entscheidungserheblichen ausländischen Rechtsnormen auch selbst ermitteln (BGH NJW-RR 04, 308, 309). Auf diese

Weise kann es faktisch zu einer Revisibilität des ausländischen Rechts kommen (krit *Spickhoff* ZZP 112, 265, 290). Ohne weiteres revisibel ist das ausländische Recht demgegenüber in der Freiwilligen Gerichtsbarkeit (vgl den Fall BGHZ 44, 121, 126 ff = NJW 65, 2052) und gem § 73 I ArbGG im arbeitsgerichtlichen Verfahren.

§ 294 Glaubhaftmachung. **(1) Wer eine tatsächliche Behauptung glaubhaft zu machen hat, kann sich aller Beweismittel bedienen, auch zur Versicherung an Eides statt zugelassen werden.**
(2) Eine Beweisaufnahme, die nicht sofort erfolgen kann, ist unstatthaft.

A. Begriff und Anwendungsbereich. Die Glaubhaftmachung ist eine eigenständige Art der Beweisführung, die ggü dem üblichen Beweisverfahren bzgl der **Beweismittel**, der **Beweisaufnahme** und des **Beweismaßes** Besonderheiten aufweist. Die Glaubhaftmachung ist nur dort zulässig, wo sie das Gesetz vorschreibt oder ausdrücklich erlaubt. Eine entsprechende Anwendung des § 294 auf andere Fälle ist nicht möglich (BGH VersR 73, 186, 187). Vor allem das Verfahrensrecht enthält zahlreiche Vorschriften, die eine Glaubhaftmachung fordern oder zulassen. Die Wichtigsten sind die §§ 44 II und IV, 104 II, 118 II 1, 227 III, 236 II, 381 I 2, 406 III, 511 III, 531 II 2, 589 II, 605 II, 719 I 2, 769 I 2, 900 IV, 920 II, §§ 18 II 1 u 51 I 2 FamFG sowie §§ 14 I, 15 II 1, 290 II InsO. Im Bereich des materiellen Rechts sind die §§ 885 I 2, 899 II 2, 1953 III 2, 2146 II und 2228 BGB zu nennen (weitere Beispiele bei MüKoZPO/*Prütting* Rn 6 ff; Scherer S. 9 ff). Lässt das Gesetz die Glaubhaftmachung zu, so gilt dies auch für den Gegenbeweis des Gegners, der dann auch zu den Mitteln der Glaubhaftmachung greifen darf (Köln KTS 88, 553, 554). Gegenstand der Glaubhaftmachung sind ausschließlich Tatsachen. Dies gilt auch dann, wenn in einer Norm – wie in § 920 II – von einem »Anspruch« die Rede ist, der glaubhaft zu machen ist. Die Glaubhaftmachung bezieht sich dann auf die tatsächlichen Voraussetzungen des Anspruchs (vgl Scherer S. 49 ff). 1

B. Die Besonderheiten bei der Glaubhaftmachung. I. Reduzierung des Beweismaßes. In Abweichung vom Regelbeweismaß des Vollbeweises (§ 286 Rz 22) reicht bei der Glaubhaftmachung ein geringerer Grad an richterlicher Überzeugung aus. Glaubhaft gemacht ist eine behauptete Tatsache bereits dann, wenn ihr Vorliegen überwiegend wahrscheinlich ist (BVerfGE 38, 35, 39; BGHZ 156, 139, 141 = NJW 03, 3558, 3559; BGH NJW-RR 11, 136, 137). Erforderlich und ausreichend ist es also, wenn etwas mehr für das Vorliegen der behaupteten Tatsache spricht als gegen sie (BGH aaO). Dies gilt auch in den Fällen, in denen das Gesetz die Glaubhaftmachung nicht erfordert, sondern – wie etwa in den §§ 104 II, 118 II 1, 227 III – nur genügen lässt (MüKoZPO/*Prütting* Rn 24). Die Absenkung des Beweismaßes greift ferner auch ein bei der Führung des Indizienbeweises, indem es ausreicht, dass die Gesamtheit der Indizien lediglich mit überwiegender Wahrscheinlichkeit den Schluss auf das Vorliegen der Haupttatsache zulässt (BGH NJW 98, 1870). Die Absenkung des Beweismaßes gilt auch für den Gegenbeweis gegen die glaubhaft gemachte Tatsache des Antragstellers (Köln ZIP 88, 664, 665). Hat die beweisbelastete Partei dagegen statt der Glaubhaftmachung den Vollbeweis erbracht, gilt auch für den Gegenbeweis das Regelbeweismaß (HK-ZPO/*Saenger* Rn 3). 2

II. Mittel der Glaubhaftmachung. Bei der Glaubhaftmachung kommen nicht nur die in §§ 371 ff geregelten Beweismittel des Strengbeweises in Betracht, sondern va die **Versicherung an Eides Statt**, die von Dritten, aber auch von den Parteien selbst stammen kann (vgl Celle NJW-RR 87, 447, 448). Ausgeschlossen ist sie nur in den Fällen der §§ 44 II, 406 III und 511 III. Erforderlich ist dabei stets eine eigene Sachdarstellung der betreffenden Partei (BGH NJW 96, 1682; Kobl MDR 05, 827, 828). Wertlos ist deshalb eine eidesstattliche Versicherung, in der eine Partei nur auf die Schriftsätze ihres Anwalts Bezug nimmt und deren Richtigkeit bestätigt (Karlsr OLGR 98, 95; großzügiger Kobl MDR 05, 827). Schenkt das Gericht einer eidesstattlichen Versicherung keinen Glauben, muss es der betreffenden Partei Gelegenheit geben, Beweis durch ein Beweismittel des Strengbeweises anzutreten (BGH MDR 10, 648 – ReNo-Fachangestellte als Zeugin anstelle ihrer eidesstattlichen Versicherung). Der eidesstattlichen Versicherung steht die sog **anwaltliche Versicherung** jedenfalls dann gleich, wenn sie sich auf Umstände bezieht, die der Anwalt in seiner Eigenschaft als Prozessbevollmächtigter der betreffenden Partei wahrgenommen hat (Köln MDR 86, 152). Zulässig als Beweismittel sind ferner privat eingeholte Sachverständigengutachten (KG Rpfleger 87, 262), Lichtbilder (Jena OLGR 97, 94), unbeglaubigte Fotokopien (BGHZ 156, 139, 143 = NJW 03, 3558, 3559), schriftliche Zeugenaussagen (§ 377 III) oder telefonische Auskünfte und Bestätigungen. 3

III. Präsente Beweismittel. Eine erhebliche Einschränkung besteht ggü dem normalen Beweisverfahren darin, dass eine Beweisaufnahme nur sofort erfolgen kann, dh sämtliche Beweismittel präsent sein müssen 4

(§ **294 II**). Damit ist verbunden, dass eine Beweiserhebung vAw nicht stattfindet, die Parteien also alle Beweismittel selbst beibringen müssen (BGHZ 156, 139, 141 = NJW 03, 3558). Die betreffende Partei muss deshalb eine amtliche Auskunft selbst beschaffen (BGH NJW 58, 712), eine Urkunde in der mündlichen Verhandlung vorlegen und Zeugen oder Sachverständige zum Verhandlungstermin stellen. Die bloße Benennung von Zeugen zur Glaubhaftmachung reicht in diesen Fällen selbst dann nicht aus, wenn das Verfahren – wie etwa in Gewaltschutzsachen – vom Untersuchungsgrundsatz beherrscht wird (Bremen NJW-RR 11, 1511, 1512 mwN). Eine Vertagung zum Zwecke der Beweisaufnahme ist nicht zulässig. Die unter Verstoß gegen § 294 II gewonnenen Beweisergebnisse sind aber jedenfalls dann verwertbar, wenn der Zweck des § 294 II – die Vermeidung von Prozessverzögerungen – bereits zuvor obsolet geworden ist (BGH FamRZ 89, 373). Die Beschränkungen des § 294 II gelten allerdings nicht, wenn das Gesetz – wie etwa in den §§ 104 II, 605 II – die Glaubhaftmachung nur genügen lässt, sie also nicht zwingend vorschreibt.

5 **C. Die Verteilung der Glaubhaftmachungslast.** Die Notwendigkeit der Glaubhaftmachung lässt die Beweislast grds unberührt. Die Verteilung der Glaubhaftmachungslast richtet sich daher nach der Verteilung der objektiven Beweislast. Etwas anderes kann sich nur ergeben, wenn das Gericht **ohne Anhörung des Gegners** entscheidet und bereits aus dem Vorbringen des Antragstellers konkrete Anhaltspunkte für das Bestehen von Einwendungen vorhanden sind. Der Antragsteller trägt dann zum Ausgleich der fehlenden Substantiierungsmöglichkeit des Antragsgegners die Glaubhaftmachungslast dafür, dass die nach dem eigenen Vorbringen nahe liegenden Einwendungen des Antragsgegners nicht entgegenstehen. Ergeben sich aus dem Vorbringen des Antragstellers Anhaltspunkte für das Vorliegen von Einreden und Gestaltungsrechten des Antragsgegners, braucht der Antragsteller das Nichtvorliegen dieser Rechte nicht glaubhaft zu machen, solange nicht feststeht, ob sich der Antragsgegner auf diese Rechte beruft. Etwas anderes gilt wiederum dann, wenn der Antragsteller selbst vorträgt, der Antragsgegner habe sich auf eine entsprechende Einrede berufen; in diesem Fall muss er auch das Nichtbestehen der Einrede glaubhaft machen.

§ 295 Verfahrensrügen.

(1) Die Verletzung einer das Verfahren und insbesondere die Form einer Prozesshandlung betreffenden Vorschrift kann nicht mehr gerügt werden, wenn die Partei auf die Befolgung der Vorschrift verzichtet, oder wenn sie bei der nächsten mündlichen Verhandlung, die auf Grund des betreffenden Verfahrens stattgefunden hat oder in der darauf Bezug genommen ist, den Mangel nicht gerügt hat, obgleich sie erschienen und ihr der Mangel bekannt war oder bekannt sein musste.

(2) Die vorstehende Bestimmung ist nicht anzuwenden, wenn Vorschriften verletzt sind, auf deren Befolgung eine Partei wirksam nicht verzichten kann.

1 **A. Zweck. 1.** Auf die Einhaltung einer verzichtbaren (Rz 5–7) Verfahrens-, insb Formvorschrift (Rz 3), kann die Partei, in deren Interesse sie liegt, durch Verzicht (Rz 9) oder durch rügelose Einlassung (Rz 10) verzichten. Nach dem Grundsatz der Subsidiarität hat eine Partei alle zur Verfügung stehenden prozessualen Möglichkeiten zu ergreifen, um eine Korrektur eines Verfahrensverstoßes zu erwirken. Erkennt sie einen Verfahrensverstoß und äußert sie sich trotz der Möglichkeit hierzu schuldhaft nicht, ist der Verstoß geheilt. Diese Heilungswirkung (Rz 14) durch wenigstens fahrlässige (Rz 12) rügelose Einlassung hält die betroffene Partei an, einen Verfahrensfehler alsbald zu rügen. Sie dient insoweit der Rechtssicherheit. Die Rüge im Nachhinein soll das Verfahrensergebnis nicht mehr in Frage stellen können. Zudem müssen nach einem Verzicht oder einer rügelosen Einlassung fehlerhafte und damit an sich unwirksame (Bewirkungshandlungen) oder unzulässige (Einwirkungshandlungen) Verfahrenshandlungen nicht prozessunökonomisch wiederholt werden. Eine Heilung wirkt in den Instanzen fort (§§ 534, 556; Rz 14).

2 § 295 gilt über Verweise auch für andere Verfahrensordnungen, zB iVm **§ 202 SGG** im sozialgerichtlichen Verfahren (BSG NJW 11, 107; USK 08, 35, Rn 66; NZS 09, 99, 106); iVm **§155 FGO** – dazu und zur Verletzung der Sachaufklärungspflicht (§ 76 I FGO) und zur unterlassenen Beweisaufnahme als (verzichtbaren) Verfahrensmangel (§ 115 II Nr 3 FGO) s. BFH/NV 09, 1665; BFH 4.11.09 – IX B 166/09 (nv); 23.7.09 – X B 119/08 (nv); ferner 20.9.07 – IX B 54/07 (NV); 12.7.07 – III B 138/06 (NV); 29.12.06 – IX B 139/05 (NV); iVm **§ 173 VwGO** (BVerwGE 107, 128, 131 f; NVwZ 08, 563, 568). Zur entspr Anwendbarkeit des § 295 im Verfahren nach **§ 111 BNotO** vgl BGH NJW-RR 00, 1664 f; im **FamFG-Verfahren** Celle NJW-RR 06, 1076, 1077 (zum Fehlen eines förmlichen Übertragungsbeschlusses nach § 526 iVm § 30 I 3 FGG [s. § 68 V FamRG]); Karls FGPrax 10, 239, 241 (Erbscheinsverfahren); zur analogen Anwendung im **Spruchverfahren** s. Karlsr 8.11.04 – 12 W 53/04.

B. Verzichtbarer Verfahrensverstoß. Erfasst sind **Verfahrenshandlungen**, die entweder die geforderte Form, die Voraussetzungen, die Zeit oder den Ort einer Prozesshandlung des Gerichts oder der Parteien missachten, zB §§ 253, 166 ff, 271, 274, 283, 311 ff, 355 ff. Unter § 295 fallen **nicht** Bestimmungen, die den **Inhalt** der Prozesshandlung betreffen, wie zB §§ 139, 286, 287, 308 (§ 308 Rz 11). 3

Eine Heilung ist nur bei **verzichtbaren** Rügen möglich (Abs 2). Das ist idR bei Vorschriften der Fall, die das Parteiinteresse schützen wollen. Insoweit besteht Parteiherrschaft (Wieczorek/Schütze/*Assmann* Rn 3, 10). Dagegen bleiben Mängel, über deren Heilung die Parteien **nicht disponieren** können, unabhängig von einer Rüge mittels Berufung und Revision angreifbar (§§ 520 II 2 Nr 2, 538 II Nr 1, 546, 547): **Nicht heilbar** sind insb Verstöße gegen Verfahrensvorschriften, die dem öffentlichen Interesse oder dem Schutz der anderen Partei dienen und daher idR vAw zu beachten sind (§ 282 Rz 15; Wieczorek/Schütze/*Assmann* Rn 22), zB die Zulässigkeit des Rechtsweges, die Partei- (§ 50 Rz 11), Prozess- (§§ 51 ff) und Postulationsfähigkeit (§ 78 Rz 2 – zu den Sachurteilsvoraussetzungen s. § 50 Rz 11, § 56 Rz 2), der Eintritt der Rechtshängigkeit (§ 261 III), die ausschließliche Zuständigkeit (§ 40 II; BGH NJW 06, 1660, 1661), die Entscheidung durch den gesetzlichen Richter (Art 101 I 2 GG, § 16 GVG; BGH NJW 09, 1351, 1352 f; § 41 Rz 15), mithin die ordnungsgemäße Besetzung des Gerichts (BVerwG NJW 97, 674; BSG NJW 11, 107; vgl §§ 22, 75, 122, 132, 139, 192 GVG), ua die Zuständigkeitsverteilung zwischen Einzelrichter und Kammer (BGH NJW 01, 1357; 93, 600, 601), der Öffentlichkeitsgrundsatz, soweit nicht auf Mündlichkeit verzichtet ist und eine mündliche Verhandlung stattfindet (vgl OVG Berlin-Brandenburg NJW 10, 1620, 1621), oder umgekehrt das Gebot, nicht öffentlich zu verhandeln (Köln NJW-RR 86, 560 f; Wieczorek/Schütze/*Assmann* Rn 26; aA Zö/*Greger* Rn 5), Formmängel eines Prozessvergleichs (§ 160 Rz 11), die Protokollierungspflicht nach § 161 III Nr 4 (BGH NJW 03, 3057, 3058; 87, 1200, 1201: die tatsächlichen Unterlagen der Entscheidung müssen für das Rechtsmittelgericht ersichtlich sein; BGH 26.5.04 – VIII ZR 310/03; zur Parteivernehmung s. BGHZ 40, 84, 86 f, zur Zeugenaussage BGH NJW 87, 1200 f; s. § 161 Rz 4), der Antragsgrundsatz (§ 308), der Verhandlungsgrundsatz (RGZ 156, 376), Klagausschlussfristen (BGH NJW 90, 3085, 3086), die Vereidigung des Dolmetschers (§ 189 GVG; BGH NJW 87, 260), die Vorschriften über das Urt (§§ 300 ff; vgl St/J/*Leipold* Rn 34), die Urteilszustellung (BGH NJW 76, 2263, 2264) oder über die Begründung eines anfechtbaren Berufungsurteils (BGH 18.7.07 – XII ZR 87/05 Rn 22; BGH FamRZ 07, 1314), die Zulässigkeit von Rechtsbehelfen (BGH NJW-RR 89, 441) oder Rechtsmitteln (BGH NJW 75, 1704), die Beachtung der Rechtsmittelzuständigkeit und der dadurch bedingten Besetzung des Rechtsmittelgerichts (BGH NJW-RR 92, 1152); die wirksame Fristsetzung als Voraussetzung einer Präklusion nach § 296 (§ 296 Rz 11; BGH NJW 90, 2389, 2390). **Nicht heilbar** ist auch die Zulassung einer Streitverkündung, wenn der Schriftsatz den Klageanspruch und die Regressmöglichkeit nicht klar genug für den Streitverkündungsempfänger erkennen lässt (BGH NJW 08, 519, 522) oder der Dritte nicht erklärt, auf wessen Seite er beitritt (BAG 31.1.08 – 8 AZR 11/07 Rn 43). Zum Verstoß gegen § 273 IV 1 s. Rz 11; zur Versäumnis der nicht disponiblen Klagefrist des § 246 AktG s. Karlsr NZG 08, 714; zu § 929 II Köln NJW-RR 87, 575, 576. 4

Heilbar sind die praxisrelevanten Mängel der **Klageerhebung** (BGH NJW-RR 99, 1251, 1252) und -zustellung (§§ 189 [zur Auslandszustellung BGH NJW 11, 3581], 271), s. BGH NJW 96, 1351: Der Schriftsatz des Klägers enthielt entgegen § 253 II Nr 2 weder einen bestimmten Antrag noch die bestimmte Angabe des Gegenstands und des Grundes des erhobenen Anspruchs, sondern nahm Bezug auf ein PKH-Gesuch, in dem ein inhaltlich den Anforderungen des § 253 II entsprechender Klageentwurf enthalten war. Nach widerspruchs- und rügeloser Inbezugnahme des Entwurfs in der mündlichen Verhandlung und Verlesung des Antrags aus diesem war der Mangel geheilt (vgl Karls OLGR 09, 233). Entspr gilt – mit Wirkung aber nur *ex nunc* – für das Fehlen der Zustellung der Klageschrift (BGH NJW 96, 1351, 1352); dazu **Rz 14**, s. ferner BGHZ 25, 66, 72 ff (zur Klageerweiterung); BGH FamRZ 08, 680 Rn 12 (mangelhafte Zustellung der Klageschrift an eine prozessunfähige Partei wird durch rügelose Verhandlung durch den Betreuer zur Sache geheilt); BGH NJW 10, 3376, 3377 (Heilung fehlender Zustellung durch Klagabweisungsantrag); zur Zustellung einer gegen den Gemeinschuldner gerichteten Klage an den Insolvenzverwalter s. Nürnbg OLGZ 94, 454; zur fehlenden Unterschrift BGH NJW 75, 1704; zur Klage nach dem KSchG BAG NJW 86, 3224, 3225 f. 5

Heilbar sind zudem einfache Fehler bei der Auslegung und Würdigung des Geschäftsverteilungsplanes (BGH NJW 64, 200, 201, 09, 1351, 1352 f), Prozesshandlungen der Partei während Unterbrechung oder Aussetzung (§ 249 Rz 6), die unberechtigte Ablehnung eines Antrags auf Terminsverlegung (§ 227 I; KG 6.7.07 – 12 U 122/08; s.a. § 227 Rz 15), Mängel der Ladung zum Termin (BGH 21.1.10 – I ZB 74/08 Rz 12; § 215 Rz 3), der Verstoß gegen Einlassungs- (§ 274 III) und Ladungsfristen (s. § 189), gegen die (nicht aus- 6 schließliche) Zuständigkeit (s. § 39), gegen den Mündlichkeitsgrundsatz (§ 128 I; vgl RGZ 115, 222, 223) zB bei fehlender Zustimmung der Parteien zur Anordnung des schriftlichen Verfahrens (BGH NJW 07, 2122 f) und gegen das Recht auf rechtliches Gehör (BFH/NV 03, 1595) bei nachträglicher Möglichkeit zur Äußerung (BGH NZI 10, 692; Rz 13), gegen § 285 I (Verhandlung nach Beweisaufnahme; s. § 285 Rz 3) sowie gegen die Vorschriften über die Streitgenossenschaft (§§ 59 ff) und die Beteiligung Dritter am Rechtsstreit (§§ 64 ff; s. § 66 Rz 11, § 71 Rz 1), eine Streitverkündung mittels Schriftsatzes mit unzureichenden Angaben (nur) zur Lage des Rechtsstreits (BGH NJW 76, 292; § 70 Rz 4), der Verstoß gegen die Vorschriften über eine nachträgliche Klageerhebung (§ 261 II).

7 Ferner ist **heilbar** der fehlende Sachzusammenhang einer **Widerklage** (§ 33 Rz 33), die Besorgnis der Befangenheit (§§ 42 II, 43; BGH NJW 08, 1672; NJW 06, 2776, 2777; 695, 696) oder die nur konkludente Entscheidung über die Ablehnung (BVerwG NJW 1992, 1186), die nicht ordnungsgemäße Protokollierung (§§ 160 ff) einer Zeugen- oder Sachverständigenaussage, sofern daraus kein Tatbestandsmangel folgt (BVerwG NVwZ 08, 563, 568), idR der Verstoß gegen den Grundsatz der Unmittelbarkeit der **Beweisaufnahme** (BVerfG NJW 08, 2243, 2244; BGH NJW-RR 97, 506; Frankf 8.12.10 – 19 U 22/10), eine Beweisaufnahme ohne Beweisantritt (BAG BB 72, 1455, 1456) oder Beweisbeschluss (§ 358, § 450) oder sonstige Anordnung, Verwertung eines gerichtlichen Sachverständigengutachtens aus dem selbständigen Beweisverfahren ohne Beschl nach § 411a (Stuttg 7.12.10 – 10 U 140/09), das Übergehen eines Beweisantrags (BFH/NV 10, 1841) oder eine unvollständige Beweisaufnahme (vgl BFH 28.1.06 – VI B 141/08), die Verwendung eines unzulässigen Beweismittels (BGH NJW-RR 07, 1624, 1625; 1987, 445; s. § 286 Rz 31) wie zB die Verwertung der Aussage eines Angehörigen als Zeugen, obwohl keine Belehrung nach § 383 II erfolgte (§ 383 Rz 8), oder der Aussage aus dem Ermittlungsverfahren ohne damalige Belehrung nach §§ 52 III, 163a V StPO (BGH NJW 85, 1158), oder (entgegen § 407a II 1) die Verwertung eines Gutachtens, das von einem anderen Sachverständigen stammt als von dem durch das Gericht beauftragten (Zweibr NJW-RR 99, 1386; s. § 404 Rz 5), die Vernehmung des Zeugen als Partei oder der Partei als Zeugen (§ 373 Rz 15), die unterbliebene Hinzuziehung eines Dolmetschers (s. § 185 I GVG) und eine deshalb fehlerhafte Übersetzung (BVerwG NJW 88, 722 f), ein Verstoß gegen § 249 (BGH NJW 69, 48, 49) sowie gegen § 250 (zur nur mündlich zu Protokoll des Gerichts erfolgten Anzeige KG v 30.12.10 – 2 U 16/06).

8 Zudem sind zu beachten § 39 ZPO (zur Klage vor einem sachlich oder örtlich unzuständigen Gericht), **§ 267** für widerspruchslose Einlassung nach einer **Klageänderung** (vermutete Einwilligung) und **§§ 282 III, 296 III** für verzichtbare Rügen zur Zulässigkeit der Klage. **§ 43** ist ggü § 295 spezieller (BGH NJW 06, 695, 696; § 43 Rz 1). Seit dem 1.7.02 gilt für die Heilung von **Zustellungsmängeln § 189** (s. dort).

9 **C. Verzicht oder wenigstens schuldhaft rügelose Einlassung.** Die Heilung eines Verstoßes gegen eine verzichtbare Verfahrensvorschrift setzt voraus, dass der Verstoß bei Gerichtshandlungen durch keine Partei oder bei Parteihandlungen nicht durch die andere Partei **wenigstens konkludent gerügt** wird. Dabei bestehen geringe Anforderungen an eine Rüge; effektiver Rechtsschutz bzw Verfahrensrechte dürfen nicht durch überzogene Rügeanforderungen entwerten oder unangemessen eingeschränkt werden (BVerfG NVwZ 10, 954, 956): Die Anmeldung von Widerspruch oder (konkreter) Bedenken genügt (Koblenz OLGR 01, 257, 258). Die betroffene Partei kann weitergehend **ausdrücklich** (oder schlüssig, aber eindeutig) durch einseitige Prozesshandlung ggü dem Gericht auf die Rüge, dh auf die Geltendmachung des eingetretenen Mangels, **verzichten**. Der Verzicht ist unwiderruflich und unanfechtbar. Er erfolgt einseitig und bedarf keiner Annahme (St/J/*Leipold* Rn 6; str). Er wird grds in der mündlichen Verhandlung (zulässig ist auch ein Verzicht außerhalb der mündlichen Verhandlung, St/J/*Leipold* Rz 6; aA MüKoZPO/*Prütting* Rz 35) oder schriftlich im schriftlichen Verfahren nach § 128 II oder auch im Verfahren nach billigem Ermessen (§ 495a) erklärt. Er sollte protokolliert werden (Rz 13).

10 Häufiger ist, dass die betroffene Partei **verhandelt** (s. § 43 Rz 3; § 333 Rz 3 f), ohne den Verstoß wenigstens **schlüssig**, zB durch einen Antrag auf eine mangelfreie Handlung (s. Rz 9), zu **rügen**. Dabei erfordert ein „Verhandeln zur Sache" regelmäßig, aber nicht in jedem Falle (vgl § 280 I bzgl Zulässigkeitsrügen; § 39 Rz 5), die Stellung eines Sachantrags (Wieczorek/Schütze/*Assmann* Rn 50). Anderes gilt, wenn die Partei derart am Prozessgeschehen teilnimmt, dass ihr Verhalten auch ohne Antragstellung auf eine bestimmte Entscheidung des Gerichts in der Sache gerichtet ist, zB wenn ein Bekl durch sein Auftreten im Verhandlungstermin und seine Beteiligung am Rechtsstreit für Gericht und Gegenpartei klargestellt hat, dass er sich gegen die beantragte Verurteilung zur Wehr setzen will (BGA NZA 07, 1450, 1452; s.a. BGH NJW 72, 1373, 1374: zur Partei, die Klagabweisung begehrt). Jedenfalls genügt ein rügeloser Sachantrag (§ 297), damit Heilung eintritt. Soweit die Partei nicht im Termin erscheint oder hier nicht verhandelt (§ 333), lässt sie

sich nicht (rügelos) ein (Jena FamRZ 03, 1843), dh verliert sie ihr Rügerecht nicht (St/J/*Leipold* Rn 10). Da eine Annahme durch die andere Partei nicht erforderlich ist, ist eine rügelose Einlassung aber möglich, wenn der Gegner nicht erscheint oder nicht verhandelt (zum Fall des § 342 s. § 342 Rz 6f). Spätester Zeitpunkt der Rüge ist der Schluss der **nächsten** (obligatorischen oder fakultativen) **mündlichen** Parteiverhandlung nach dem Mangel vor dem erkennenden zuständigen Gericht (Wieczorek/Schütze/*Assmann* Rn 46). Die Beweisaufnahme ist keine mündliche Verhandlung. Der Verstoß ist also spätestens im anschließenden Termin zur Fortsetzung der mündlichen Verhandlung nach der Beweisaufnahme (vgl § 370) zu rügen. Ausreichend ist, dass dann auf den Inhalt älterer Schriftsätze (zB Klageerwiderung), in der die Mängel gerügt sind, Bezug genommen wird (Karlsr NZG 08, 714, 716). Im zulässiger Weise angeordneten **schriftlichen Verfahren** (s. § 128 Rz 26) oder in dem nach billigen Ermessen (§ 495a) hat die Partei ihr erkennbare Mängel im nächsten eingereichten Schriftsatz innerhalb der Schriftsatzfrist nach § 128 II 2 (enger MüKoZPO/*Prütting* Rn 41: Nichtschreiben innerhalb der Frist nach § 128 II 2 bewirke keinen Rügeverzicht) zu rügen (St/J/*Leipold* Rn 15). Fehlt es an einer Schriftsatzfrist nach § 128 II 2 oder schweigt die Partei, tritt Heilung mit der nächsten Entscheidung des Gerichts ein (Musielak/*Huber* Rn 6; ThoPu/*Reichold* Rn 6; Zö/*Greger* Rn 8). Kein Verlust des Rügerechts tritt allein dadurch ein, dass der Berechtigte bei der Entscheidung nach Lage der Akten (§§ 251a, 331a) den Mangel nicht schriftlich rügt, sondern erst im nächsten Termin, in dem mündlich verhandelt wird (Wieczorek/Schütze/*Assmann* Rn 44). Der Verstoß gegen § 527 II 2 muss erst im Termin vor dem vollen Senat gerügt werden (BGH NJW 94, 801, 802). In Hinblick auf die Beweiskraft des Protokolls ist die Rüge zu **protokollieren** (Rz 13).

Bloßes Schweigen ist **keine** Einlassung iSd § 295 I. Eine solche kann in einem Schweigen nur gesehen werden, wenn dafür ganz besondere Umstände Anlass geben (BGH NJW 07, 2122: verneinend im Fall, dass die Partei eine Anfrage auf Zustimmung zum Verfahren nach § 128 I nicht beantwortete). Auch liegt darin keine rügelose Einlassung, wenn ohne die Parteien vor dem Termin hiervon zu benachrichtigen (§ 273 IV 1) ein Sachverständiger zum Termin geladen wird, die Parteien dieses dann rügen und an der Anhörung des Sachverständigen teilnehmen und danach Sachanträge stellen oder sie beantragen, schriftsätzlich Stellung zum Ergebnis der Anhörung nehmen zu können (BGH DStR 08, 1891, 1894). 11

Subjektiv genügt für den Verlust des Rügerechts, dass die betroffene Partei bzw ihr gesetzlicher Vertreter oder Prozessbevollmächtigter (§§ 51 II, 85 II) den Verfahrensmangel – bei Beachtung der erforderlichen Sorgfalt (vgl § 276 II BGB) – wenigstens hätte kennen können (BGH NJW 94, 329, 330). Die Partei, die erst nach der nächsten mündlichen Verhandlung rügt, muss darlegen, dass sie den Mangel nicht gekannt und dessen Unkenntnis nicht verschuldet hat, den Mangel also nicht früher hätte erkennen können (BGH NJW-RR 99, 1251, 1252). Bspw sind Fehler, die die Parteien bei der Schlussverhandlung noch nicht kennen konnten, solche bei der Urteilsfällung (BGH NJW 00, 2024, 2025: fehlerhafte Würdigung der Beweisaufnahme; Wieczorek/Schütze/*Assmann* Rn 38, 57) oder eine verfahrensfehlerhafte Parteivernehmung nach § 448 (BGH NJW 99, 363, 364). Ein (ggf stillschweigender) Wille der Partei zu verzichten ist nicht erforderlich (BGH NJW 58, 104); das Unterlassen der Rüge infolge **Unaufmerksamkeit genügt**. 12

D. Gerichtliche Hinweispflicht/Wiedereröffnung/Nachweis. Jedenfalls im Verfahren vor dem Amtsgericht hat das Gericht auf den Verlust der Rügemöglichkeit **hinzuweisen** (§ 504 entspr). Darüber hinaus besteht eine Hinweispflicht gem § 139, wenn die Partei ansonsten in unzulässiger Weise durch die Entscheidung des Gerichts **überrascht** (dazu § 139 Rz 13ff) werden würde (BGH NJW 58, 104; einschr Musielak/*Huber* Rn 6). Nach § 156 II Nr 1 ist die **Wiedereröffnung** insb anzuordnen, wenn ein entscheidungserheblicher und rügbarer Verfahrensfehler (§ 295), insb eine Verletzung der Hinweis- und Aufklärungspflicht (§ 139) oder eine Verletzung des Anspruchs auf rechtliches Gehör, vorliegt. **Nachweis**: Das Sitzungsprotokoll enthält über die in § 160 I, III ausdrücklich aufgeführten Punkte hinaus alle wesentlichen Vorgänge der Verhandlung (§ 160 II, § 165 S 1). Dazu zählen ua Prozessanträge wie ein Beweisantrag oder prozessleitende Verfügungen wie eine vom Gericht gesetzte Erklärungs-, Nachreichungs- oder Schriftsatzfrist. Schweigt das Protokoll zu behaupteten Verfahrensverstößen, liefert es den Beweis dafür, dass ein bestimmter Antrag nicht gestellt wurde oder ein bestimmter Vorgang (zB eine Rüge) nicht stattgefunden hat (§ 160 Rz 7). Wird Protokollierung verweigert, muss daher Antrag auf Protokollberichtigung (§§ 160 IV, 164) gestellt oder der Nachweis der Fälschung des Protokolls (vgl § 165 S 2) geführt werden (vgl BFH 5.10.10 – IX S 7/10). 13

E. Wirkung. Der Verzicht oder die wenigstens fahrlässig unterlassene Rüge führt dazu, dass der Mangel in Ansehung (nur) der Partei, die nicht gerügt bzw die verzichtet hat, **grds rückwirkend** (*ex tunc*) geheilt wird. Die mangelhafte Prozesshandlung gilt ab der Heilung als fehlerfrei und gültig, und zwar auch in den 14

Rechtsmittelinstanzen (§§ 534, 556). Auf den vormaligen Verfahrensfehler kann kein Rechtsmittel gestützt werden. Allerdings ist für die **Klage** (und entspr den **Mahnbescheid**) zu unterscheiden: War eine Zustellung nur fehlerhaft erfolgt, bewirkt der Verlust des Rügerechtes, dass der Anspruch (*ex tunc*) in dem Augenblick rechtshängig geworden ist, in dem die Klage fehlerhaft zugestellt worden war (BGH NJW 84, 926). War aber eine Klage (oder Antrag auf Scheidung [s § 1587 II BGB]) überhaupt nicht zugestellt worden, gilt sie erst als ab der Heilung (*ex nunc*) zugestellt (Zweibr FamRZ 06, 128); Rechtshängigkeit tritt mit dem Verlust des Rügerechtes *ex nunc* ein (Karlsr NZG 08, 714, 716). Auch wenn ein gem § 253 II wesentlicher Inhaltsmangel geheilt wird, wirkt die Heilung bzgl der Verjährungshemmung (§ 204 BGB) erst (*ex nunc*) ab rügeloser Einlassung (**Rz 5**; BGH NJW 72, 1372, 1374; 96, 1351 f). Materielle Ausschlussfristen (zB § 35 I EheG; § 1594 BGB; § 246 I AktG) bleiben gewahrt, wenn die Heilung demnächst nach Zustellung iSv § 167 erfolgt (BGH NJW 75, 1557 f; Karlsr NZG NZG 08, 714).

15 Die Verletzung einer das Verfahren der **Berufungsinstanz** betreffenden Vorschrift kann in der Revisionsinstanz nicht mehr gerügt werden, wenn die Partei das Rügerecht bereits in der Berufungsinstanz gem § 295 verloren hat (§ 556; vgl BGH NJW 06, 695, 696).

§ 296 Zurückweisung verspäteten Vorbringens.

(1) Angriffs- und Verteidigungsmittel, die erst nach Ablauf einer hierfür gesetzten Frist (§ 273 Abs. 2 Nr. 1 und, soweit die Fristsetzung gegenüber einer Partei ergeht, 5, § 275 Abs. 1 Satz 1, Abs. 3, 4, § 276 Abs. 1 Satz 2, Abs. 3, § 277) vorgebracht werden, sind nur zuzulassen, wenn nach der freien Überzeugung des Gerichts ihre Zulassung die Erledigung des Rechtsstreits nicht verzögern würde oder wenn die Partei die Verspätung genügend entschuldigt.
(2) Angriffs- und Verteidigungsmittel, die entgegen § 282 Abs. 1 nicht rechtzeitig vorgebracht oder entgegen § 282 Abs. 2 nicht rechtzeitig mitgeteilt werden, können zurückgewiesen werden, wenn ihre Zulassung nach der freien Überzeugung des Gerichts die Erledigung des Rechtsstreits verzögern würde und die Verspätung auf grober Nachlässigkeit beruht.
(3) Verspätete Rügen, die die Zulässigkeit der Klage betreffen und auf die der Beklagte verzichten kann, sind nur zuzulassen, wenn der Beklagte die Verspätung genügend entschuldigt.
(4) In den Fällen der Absätze 1 und 3 ist der Entschuldigungsgrund auf Verlangen des Gerichts glaubhaft zu machen.

Inhaltsübersicht

	Rz
A. Zweck/Systematik	1
B. Zurückweisung nach Abs 1 (Verstoß gegen Fristsetzung)	5
I. Grobes Prüfungsschema	5
II. Angriffs-/oder Verteidigungsmittel (s. § 282 Rz 4 f)	6
III. Versäumnis einer richterlichen Frist	8
IV. Zurechenbare Verspätung	14
1. Grundsatz	14
2. Verletzung der richterlichen Fürsorgepflicht	22
3. Fehlende Kausalität	28
4. Hinweispflicht	29
V. Verschulden	30
VI. Einzelheiten zum Zeugenbeweis	33
VII. Einzelheiten zum Beweis durch Sachverständigengutachten	37
VIII. Begründung	39
IX. Rechtsfolge	40
C. Zurückweisung nach Abs 2	41
I. Angriffs- und Verteidigungsmittel	41
II. Verspätung	42
III. Verzögerung	45
IV. Grobe Nachlässigkeit	46
V. Rechtsfolge	48
D. Verspätete verzichtbare Zulässigkeitsrügen (Abs 3)	49
E. Glaubhaftmachung (Abs 4)	51
F. Wirkung	52
G. Darstellung im Urteil	54
H. Vermeidungsstrategien	55
I. Flucht in die Säumnis	56
II. Flucht in die Widerklage/Klagehäufung/Klageänderung	58
III. Flucht in die Klagerücknahme	59
IV. Insolvenz	60
V. Berufung	61
I. Wirkung der Zurückweisung in Berufung und Revision	62

1 **A. Zweck/Systematik. Zweck.** Nach der Verhandlungsmaxime bringen die Parteien die zur Ausfüllung der Rechtsnormen (mit den gewünschten Rechtfolgen) erforderlichen Tatsachen selbst bei (*da mihi facta, dabo tibi ius*; s. § 286 Rz 78). Sie bestimmen dadurch über den der gerichtlichen Entscheidung zugrunde zu

legenden Prozessstoff. Grds ist keine Partei gezwungen, im Erkenntnisverfahren vorzutragen. Trägt sie schuldhaft nicht oder unvollständig vor, ist die verfahrensfehlerfrei (Rz 22 ff) ergangene Entscheidung gerecht, auch wenn bei hypothetischer Zugrundelegung vollständigen Vortrags eine andere Entscheidung ergangen wäre. Damit die Parteien in angemessener Zeit eine Entscheidung erhalten und das Gericht effizient arbeiten kann, ist eine **zeitliche Grenze** erforderlich, bis zu der beachtlich vorgetragen werden kann (s.a. § 296a). Die Parteien sind nach der Prozessförderungspflicht (als Ausdruck der Beschleunigungsmaxime) gehalten, fristgerecht vorzutragen und iÜ ihr Verfahren, wenn sie es führen wollen, zügig und konzentriert zu führen: Ihnen günstige, bereits bekannte (vgl BGH NJW-RR 04, 167, 168) Umstände sollen sie nicht „tropfenweise", sondern in gesammelter Form so bald als möglich in den Rechtsstreit einführen oder zumindest den Vortrag ankündigen (BGH NJW 08, 1312, 1313; Rz 34), um eine möglichst zeitnahe und umfassende und sachlich richtige Entscheidung zu ermöglichen (BVerfG NJW 05, 1768, 1769): Sie haben gem § 282 I in der mündlichen Verhandlung ihre Angriffs- und Verteidigungsmittel (Rz 6), aber auch nur evtl erhebliche Tatsachen (Eventualmaxime), so rechtzeitig vorzubringen, wie es nach der Prozesslage einer sorgfältigen und auf Förderung des Verfahrens bedachten Prozessführung entspricht (einschr Wieczorek/Schütze/*Weth* Rn 73: Prozesstaktik bleibe möglich). Vorbringen soll grds nicht aus prozesstaktischen Erwägungen zurückgehalten werden (BGH NJW 03, 200, 202). In Hinblick auf die Berufung (s. § 530 Rz 2, 7, § 531 Rz 1, 4, 7) hat die Partei alles zum Streitstoff gehörende vorzutragen, soweit sie nicht darauf vertrauen darf, dass das Gericht es für unerheblich hält, selbst wenn der Vortrag für das erstinstanzliche Urt unerheblich ist (zu § 531 I: BGH NJW-RR 06, 1292, 1293).

Indem § 296 in der 1. Instanz (über §§ 525, 530 auch für das zweitinstanzliche Verfahren, für die 2. Instanz: 2
§§ 531, 532 ZPO) **schuldhaft** (Rz 30 f) verspäteten Vortrag sanktioniert, indem dieser zurückgewiesen werden muss (Abs 1) bzw kann (Abs 2), dh für die Entscheidung nicht berücksichtigt wird, bezweckt die Norm, unnötige Verzögerungen einer Entscheidung zu verhindern. Einer überlangen Verfahrensdauer soll entgegengewirkt, **nicht** aber der Prozess **über Gebühr beschleunigt** werden: Die Erfordernisse eines ordnungsgemäßen Verfahrens (s. Rz 22) müssen strikt gewahrt bleiben (BVerfG NJW 87, 2003 f; BGH NJW 82, 822, 823 f). Das gilt insb für die durch Art 103 I GG gebotene Gewährung rechtlichen Gehörs (§ 321a Rz 6): Die Parteien haben u.a. ein Recht auf Information (§ 299 Rz 1), auf angemessene Äußerung zum Sach- und Streitstand und auf angemessene Berücksichtigung ihres Vorbringens durch das Gericht (Wieczorek/Schütze/*Weth* Rn 4–8). Grds ist das rechtliche Gehör in der Weise zu gewähren, die für das in Betracht kommende Verfahren vorgeschrieben ist (BGH GRUR 11, 654, 655). Die in einer Präklusion liegende Einschränkung des Anspruchs auf rechtliches Gehör ist verfassungsrechtlich nur dann gerechtfertigt, wenn sie der Abwehr pflichtwidriger Verfahrensverzögerungen dient (vgl BVerfG NJW 87, 2733, 2735; BGH NJW-RR 05, 669, 671). Zur Prüfung hat das Gericht das verspätete Vorbringen zur **Kenntnis** zu nehmen (BVerfG NJW 87, 2003 f).

§ 296 greift im **gesamten Erkenntnisverfahren**, zT über Verweisungen (Rz 9), idR aber nur nach mündli- 3
cher Verhandlung, aber, soweit ihr Fehlen nicht entgegensteht, auch im schriftlichem Verfahren (s. § 251a; § 128 II). Auch gilt § 296 auch im Verfahren des Arrestes und der einstweiligen Verfügung (§§ 916 ff; aA Kobl NJW-RR 87, 509, 510). Auch im Urkundsprozess, im Beschwerdeverfahren vor dem BPatG (BGH GRUR 10, 859), **nicht** aber im Beschwerdeverfahren nach §§ 567 ff (s. § 571 II 1) oder im arbeitsgerichtlichen Verfahren (s. § 46 II 2 ArbGG), ist die Norm anwendbar (MüKoZPO/*Prütting* Rn 7). Beim schriftlichen Beschlussverfahren ist der gesamte bis zur Entscheidung eingegangene Vortrag zu berücksichtigen (BVerfG NJW 83, 2187). Für das **Beschwerdeverfahren** enthalten § 571 II, III Sonderregelung, die § 296 ausschließen.

Systematik. Abs 1 regelt die Zulassung verfristeter, **Abs 2** die Zulassung entgegen der allgemeinen Prozess- 4
förderungspflicht nicht rechtzeitig vorgebrachter oder mitgeteilter Angriffs- und Verteidigungsmittel (vgl auch § 115 S 1 FamFG und dazu Celle NJW-RR 11, 1162; Köln NJW-RR 11, 1447 f). **Abs 3** betrifft verspätete und verzichtbare Rügen zur Zulässigkeit der Klage. **Abs 4** eröffnet es dem Gericht, Glaubhaftmachung (§ 294) des Entschuldigungsgrundes wegen der Verspätung zu verlangen.

B. Zurückweisung nach Abs 1 (Verstoß gegen Fristsetzung). I. Grobes Prüfungsschema. Zurückzuwei- 5
sen (s. IX.) ist ein streitiges Angriffs-/Verteidigungsmittel (s. II.), das erst nach Ablauf einer bestimmten richterlichen Frist (s. III.) ohne Entschuldigung der Verspätung vorgebracht wurde (s. V.) und dessen Zulassung die Entscheidung des gesamten Rechtsstreits verzögern würde (s. IV.).

6 **II. Angriffs-/oder Verteidigungsmittel (s. § 282 Rz 4 f).** Erfasst ist jedes neue Vorbringen, welches der Durchsetzung bzw Abwehr des geltend gemachten prozessualen Anspruchs – dieser wird bestimmt durch den Klageantrag und den Lebenssachverhalt, aus dem der Kl die begehrte Rechtsfolge herleitet – dient, zB Behauptungen, Bestreiten, Einwendungen, Einreden (einschließlich der ausfüllenden Tatsachenbehauptungen), Beweismittel, Beweiseinreden (vgl § 146, § 282 I) und Beweisanträge (BGH NJW 04, 2828, 2830). Zu den Verteidigungsmitteln zählt auch die Geltendmachung einer Aufrechnung (BGH NJW 84, 1684, 1687), und zwar sowohl die einer Prozessaufrechnung als auch die einer vorprozessual erklärten (Rz 52 f; Wieczorek/Schütze/*Weth* Rn 44 f). Nach dem **BGH** greift § 296 **nicht** bei erst im Laufe des Verfahrens geschaffenen materiellrechtlichen Anspruchsvoraussetzungen, wenn bei einer Zurückweisung als verspätet der Streit ansonsten in einem weiteren Rechtsstreit mit demselben Gegenstand erneut ausgetragen werden müsste (so BGH NJW-RR 05, 1687, 1688; dazu Rz 7).

7 **Keine** Angriffs- und Verteidigungsmittel sind der Angriff und die Verteidigung selbst, mithin verfahrensbestimmende Anträge wie Klage (und Widerklage; vgl BGH NJW 81, 1217; 95, 1223; 00, 2513), Partei- (vgl BGH NJW 97, 870) bzw Klageänderung samt nachträglicher objektiver Klagehäufung (vgl BGH NJW 01, 1210, 1211), Klageerweiterung samt dem Vorbringen zur Begründung (vgl BGH NJW 85, 3079). Auch Bewirkungshandlungen (zB Klage- oder Einspruchsrücknahme) sowie Prozessanträge, zB auf Vertagung (§ 227) oder Fristverlängerung (§ 224 II) oder durch Vertrag (zB § 398 BGB; vgl St/J/*Leipold* Rn 45) oder durch neue Tatsachen geschaffene **materiell-rechtliche Anspruchsvoraussetzungen** (BGH NJW-RR 04, 167: zu einer erstmals fälligkeitsbegründenden Schlussrechnung; aA MüKoZPO/*Prütting* Rn 56; *Schenkel* NZBau 07, 6 ff) sind durch § 296 nicht erfasst. Die prozessrechtlichen Präklusionsvorschriften sollen die Partei anhalten, bereits vorliegenden Tatsachenstoff rechtzeitig vorzutragen, nicht aber sollen sie auf eine beschleunigte Schaffung der materiell-rechtlichen Anspruchsvoraussetzungen hinwirken (BGH NJW-RR 07, 494, 495). Und tatsächliche oder materiellrechtliche Vorgänge, die beim Ablauf einer gesetzten Frist noch nicht geschaffen waren, können grds nicht präkludiert sein. Insoweit ist nach hM bei **Gestaltungsrechten** generell zwischen der Ausübung und ihrer Geltendmachung im Prozess zu unterscheiden und nur die Tatsachenbehauptung, dass das Recht ausgeübt worden ist, als Verteidigungsmittel iSd prozessualen Verspätungsvorschriften anzusehen. Nach vorzugswürdiger Ansicht können Gestaltungsrechte (zB Aufrechnung und Anfechtung) nach § 296 selbst aber dann unerheblich bleiben, wenn nicht nur ihr prozessualer Vortrag, sondern auch die Herbeiführung ihrer materiell-rechtlichen Tatsachen verspätet erfolgt. Dabei ist zu differenzieren, ob die Voraussetzungen wie zB bei der Anfechtung (s. § 143 I BGB) rückwirkend alleine durch eine einseitige rechtsgeschäftliche Erklärung der Partei oder ob sie auch durch zusätzliche neue Tatsachen geschaffen werden (vgl St/J/*Leipold* Rn 44). Nur im ersten Fall greift § 296 I. Zusätzlich scheidet § 296 aus, wenn eine zeitliche Beschränkung dem Zweck des Gestaltungsrechts, dem Berechtigten einen zeitlichen Spielraum zu eröffnen (wie zB beim vertraglichen Rücktrittsrecht und beim Recht zur ordentlichen Kündigung), widerspräche (*Leipold* aaO Rn 42; Wieczorek/Schütze/*Weth* Rn 78). So wird das Ziel der Norm (Rz 1) angemessen berücksichtigt, dass über den Streitstoff in angemessener Zeit abschließend entschieden wird (**s.a. Rz 6**). Entspr gilt für das Verteidigungsmittel der Erhebung einer **Einrede** (zB der Verjährung), die bzgl der Folgen einer Verspätung zu behandeln sind wie Einwendungen (BGH NJW 08, 3434, 3435). **Nicht** erfasst ist – anders als Vortrag zu einem neuen Angriffs- oder Verteidigungsmittel (BGH 11.12.08 – III ZR 7/08 Rn 5) – **bloß ergänzender Vortrag** einer Partei, wenn diese schon durch ihren rechtzeitigen Vortrag ihrer Darlegungslast genügte, dh Tatsachen vorgetragen hatte, die in Verbindung mit einem Rechtssatz geeignet sind, das geltend gemachte Recht als in ihrer Person entstanden erscheinen zu lassen. Liegt insoweit substantiierter Vortrag vor, ist es Sache des Tatrichters, in die Beweisaufnahme einzutreten und ggf Sachverständigenbeweis zu erheben. Die Partei selbst ist nicht gehalten, ihren schlüssigen Sachvortrag von sich aus durch Einholung eines Gutachtens zu ergänzen (Rz 31, 46). Legt sie gleichwohl ein solches vor, kann dieses nicht nach §§ 296 I, 282 I ausgeschlossen sein (BGH 11.5.10 – VIII ZR 301/08 Rn 12). Das gilt sogar auch bei rechtzeitigem unsubstantiiertem Vortrag, wenn die Partei mangels der lediglich bei einem Sachkundigen vorhandenen Kenntnis von Einzeltatsachen nicht umhin kann, nur vermutete Angaben (§ 284 Rz 21 f) als Behauptung in den Rechtsstreit einzuführen (BGH 14.2.08 – III ZR 73/07 Rn 13).

8 **III. Versäumnis einer richterlichen Frist.** Der Vortrag muss verspätet nach Ablauf einer der in Abs 1 aufgezählten, ordnungsgemäß gesetzten (Rz 11) **richterlichen Frist** erfolgen. **§ 296 I** nennt:

§ 273 II Nr 1: Frist zur Ergänzung oder Erläuterung klärungsbedürftiger Punkte in vorbereitenden Schriftsätzen

§ 273 II Nr 5 iVm § 142: Frist zur Vorlage von Urkunden, iVm § 144: Vorlage von Augenscheinsobjekten durch eine Partei
§ 275 I 1: Frist (277 III: mindestens 2 Wochen) zur Klageerwiderung vor dem frühen 1. Termin
§ 275 III: Frist (277 III: mindestens 2 Wochen) zur Klageerwiderung im frühen 1. Termin
§ 275 IV: Frist zur Replik auf eine (eingegangene) Klageerwiderung
§ 276 I 2: Frist zur Klageerwiderung im schriftlichen Vorverfahren
§ 276 III: Frist zur Replik auf eine eingegangene Klageerwiderung im schriftlichen Vorverfahren
§ 277 nennt keine eigenen Fristen, sondern zeigt, dass neben rechtzeitigem Eingang auch der dort in Abs 1 und 4 genannte **Inhalt** erforderlich ist.

Aufgrund ausdrücklicher Anordnung ist § 296 I **entsprechend anwendbar** durch § 340 III 3 (iVm §§ 340 I, 339): Begründung eines Einspruchs gegen VU (wenn Belehrung nach § 340 III 4 erfolgte); § 411 IV 2: Stellungnahme zu einem schriftlichen Sachverständigengutachten; § 530: Berufungsbegründung (s. dort); § 697 III 2: Begründung des durch Mahnbescheid geltend gemachten Anspruchs bei Terminsbestimmung, § 700 V: Begründung des geltend gemachten Anspruchs bei Terminsbestimmung. In den Fällen der §§ 697 III 2 und 700 V führt fehlende Begründung bis zum Schluss der mündlichen Verhandlung zur Abweisung als unzulässig. Hat der Gläubiger im Anwendungsbereich der Gesamtvollstreckungsordnung die Anmeldefrist schuldlos versäumt, ist § 296 entsprechend anzuwenden; § 234 I 1 gilt nicht (BGH ZIP 07, 974). 9

Auf **andere Fälle** ist Abs 1 **nicht** anwendbar, also zB nicht auf vorbereitende (§ 132; vgl BGH NJW 89, 716) oder nachgelassene (§ 283; vgl BVerfG NJW 92, 679, 680) Schriftsätze (Rz 21), die Beibringung nach § 356 (Rz 35 f), versäumte Vorschusszahlungen (§§ 379, 402; vgl BGH NJW 82, 2559, 2560; Rz 35), eine verspätete Anspruchsbegründung im Mahnverfahren ohne Terminsbestimmung (§ 697 I; vgl BGH NJW 82, 1533, 1534). Ggf greift hier § 296 II. 10

Die Fristsetzung wirkt nur, wenn sie **ordnungsgemäß gesetzt** wurde: Die in § 296 I aufgeführten Fristen werden »nur durch eine förmliche Zustellung (§ 329 II 2 ZPO) einer beglaubigten Abschrift der ordnungsgemäß unterzeichneten Verfügung des Vorsitzenden in Lauf gesetzt« (BGH NJW 90, 2389): Die Fristsetzung muss durch den Richter mit vollem Namen unterzeichnet (BGH NJW 80, 1167 f; 90, 2389, 2390) sein; eine Paraphe reicht nicht (Frankf NJW-RR 11, 1001). Die Zuständigkeitsregeln zwischen Gericht (Fall des § 275 III, IV 1) und dem Vorsitzenden (Fälle der §§ 273 II Nr 1 und Nr 5; 275 I 1; 276 I 2, III) sind zu beachten. Die Fristsetzung muss, wenn sie nicht verkündet wurde, dem, ggü dem sie gesetzt wird, förmlich zuzustellen sein (§ 329 II 2, s. § 329 Rz 28); eine bloße Mitteilung der Geschäftsstelle genügt nicht (BGH NJW 09, 515). Die Fristsetzung muss eindeutig sein und über die geforderten Auflagen und den Fristbeginn und das Fristende Gewissheit verschaffen (BGH NJW 90, 2389, 2390). Die Fristdauer muss wenigstens dem gesetzlichen Mindestzeitraum entsprechen. In den Fällen des §§ 276 II und 277 II, IV und wohl auch in dem des § 697 III 2 muss, selbst ggü der anwaltlich vertretenen Partei, eine eindeutige **Belehrung** über die Folgen der (schuldhaften) Fristversäumnis enthalten sein (BGH NJW 83, 822, 824), so dass die betroffene Partei keiner Fehlvorstellung über die Wirkung des Fristablaufs unterliegen kann (BGH 17.10.07 – IV ZR 56/07, Rn 7; KG NJW-RR 08, 371, 372; § 277 Rz 7). Die bloße Wiedergabe des Gesetzeswortlautes genügt ggü der Partei nicht; ggü dem RA reicht ein klarer Hinweis auf § 296. Die Einhaltung der strengen Förmlichkeiten, an die das Gesetz die Möglichkeit der Präklusion knüpft, ist vAw zu beachten. Ihre Verletzung ist nicht nach § 295 I (§ 295 Rz 5), ggf aber nach § 189 (s. § 295 Rz 5; § 189 Rz 2 f), **heilbar**. Im Falle einer **nicht** ordnungsgemäßen Fristsetzung kann ggf **§ 296 II** greifen. 11

Die Frist hat **angemessen bemessen** zu sein und zu berücksichtigen, ob dem Fall ein umfangreicher und verwickelter Sachverhalt mit in tatsächlicher Hinsicht zahlreichen Einzelfragen zugrunde liegt oder er in rechtlicher Hinsicht überdurchschnittliche Schwierigkeiten aufweist (BGH NJW 94, 736, 737). Insoweit kann eine Frist unangemessen auch dann sein, wenn das gesetzliche Mindestmaß eingehalten ist (Ddorf 22.9.11 – I-8 U 29/11). Eine unangemessene Frist ist unwirksam, nach aA (Zö/*Greger* Rn 9b) sei dies Angemessenheit ggf beim Verschulden (Rz 30–32) zu prüfen. 12

Versäumt ist die Frist, wenn die Partei (oder ihr Streithelfer) das neue Angriffs- und Verteidigungsmittel nach der Klagebegründung und vor Schluss der mündlichen Verhandlung (sonst: § 296a) nach Ablauf der **hierfür** gesetzten Frist (Rz 8 f) bei Gericht vorbringt. Gleichgestellt dem Fall, dass die Partei sich überhaupt nicht in der Frist äußert, ist, dass sie nur ganz allgemein – formell – vorträgt, ohne sich gem der Prozesslage sachlich entspr der Aufforderung zum dort konkret benannten Punkt zu erklären (vgl § 277 I, IV). Allein Inhaltsmängel oder verbliebene Unklarheiten führen nicht zur Versäumnis, sondern geben Anlass, 13 dass das Gericht unter Fristsetzung nachfragt oder Hinweise (§ 139) gibt. Eine dann verspätete Ergänzung kann § 296 II unterfallen (Rz 43).

14 **IV. Zurechenbare Verspätung. 1. Grundsatz.** Verspäteter Vortrag ist (nur) zurückzuweisen, wenn seine Zulassung zur Überzeugung des Gerichts (§ 286) die Erledigung des Rechtsstreits (nicht nur ganz unerheblich, Rz 16) aus der Perspektive des Schlusses der mündlichen Verhandlung verzögerte. Das ist nach dem ganz **herrschenden absoluten Verzögerungsbegriff** der Fall, »wenn der Prozess bei Zulassung des verspäteten Vorbringens länger dauern würde als bei dessen Zurückweisung. Dagegen ist es unerheblich, ob der Rechtsstreit bei rechtzeitigem Vorbringen ebenso lange gedauert hätte« (BGH NJW 83, 575, 576). Der **BGH** (NJW 79, 1988; 80, 945, 946) lehnt den sog relativen Verzögerungsbegriff ab. Es wird die Dauer des Prozesses bei Zulassung des Vortrags der Dauer bei Nichtzulassung gegenübergestellt, nicht der hypothetischen Dauer bei rechtzeitigem Vorbringen. Dafür spricht der Wortlaut des § 296 und die Praktikabilität: Das Gericht müsste ansonsten ggf mit großem Aufwand und idR mit Unsicherheiten behaftet eine hypothetische Verfahrensdauer bei rechtzeitigem Vortrag ermitteln.

15 Das **BVerfG** (NJW 87, 2733, 2375) hat den absoluten Verzögerungsbegriff im **Grundsatz** gebilligt, ihn aber praktisch bedeutsam **eingeschränkt**: Es dürften die Präklusionsvorschriften nicht dazu benutzt werden, verspätetes Vorbringen auszuschließen, wenn ohne jeden Aufwand erkennbar ist und sich ohne weitere Erwägungen aufdrängt, dass die Verspätung allein nicht kausal für eine Verzögerung ist (BVerfG NJW 95, 1417), sondern dieselbe Verzögerung auch bei rechtzeitigem Vorbringen eingetreten wäre (BVerfG NJW 87, 2733, 2735). Das BVerfG übernimmt damit den relativen Verzögerungsbegriff, wenn sich die Schwierigkeiten einer hypothetischen Einschätzung der Verfahrensdauer (Rz 14) nicht stellen (aA *Saenger* Rn 19; MüKoZPO/*Prütting* Rn 82; Wieczorek/Schütze/*Weth* Rn 102: Das BVerfG behandele nur die [ggf fehlende] Kausalität der Verspätung für die Verzögerung – s. dazu Rz 28). Demnach ist der **relative Verzögerungsbegriff** maßgeblich, wenn die Verspätung **offensichtlich** für eine Verzögerung nicht ursächlich war. Damit wird einer Überbeschleunigung begegnet (St/J/*Leipold* Rn 58; Zö/*Greger* Rn 22). Die Praxis scheint insb für § 296 II den relativen Begriff anzuwenden (zB Hamm NJW-RR 95, 126, 127: keine Verzögerung, wenn auch bei fristgerechtem Vortrag ein Beweisbeschluss hätte ergehen müssen und der Rechtsstreit folglich nicht erledigt worden wäre; Bremen 9.2.09 – 3 U 24/08; zu § 296 I s. Ddorf 22.9.11 – I-8 U 29/11).

16 **Eine ganz geringfügige**, unerhebliche Verzögerung der Erledigung des Rechtsstreits (zB nur um wenige Minuten) rechtfertigen die ggf scharfen Präklusionswirkungen nicht (Hambg NJW 79, 1717, 1719; Zö/*Greger* Rn 18; aA Stuttg NJW 84, 2538, 2539; MüKoZPO/*Prütting* Rn 106), doch ist sie erheblich, wenn wie idR die Berücksichtigung des verspäteten Vorbringens einen neuen Termin zur mündlichen Verhandlung erforderlich macht.

17 **Musterbeispiel** einer Verzögerung ist, dass der Prozess (zB wegen Entscheidungsreife, § 300 I) im Ganzen (Rz 18) sofort beendet werden könnte, wenn der Vortrag zurückgewiesen würde, bei dessen Zulassung aber ein weiterer Termin (zB zur Zeugenvernehmung) erforderlich würde, weil die Zeugen nicht mehr rechtzeitig geladen werden können (s. Rz 33). Entsprechendes gilt, könnte ohne Berücksichtigung des neuen Vortrags in der Berufungsinstanz die Sache nach ihrer Übertragung auf den Einzelrichter entschieden werden, während bei Zulassung des Vortrags die Sache dem Spruchkörper (§ 526 II 1 Nr 1) vorgelegt werden müsste (KG 26.11.09 – 8 U 126/09, Rn 44). Es reicht für die Zulassung **nicht** aus, dass sich das Gericht seine Überzeugung von der Richtigkeit des verspäteten Vorbringens schon in der ersten Verhandlung bilden könnte, wenn im Fall der Beweisführung weiterer Prozessstoff berücksichtigt werden müsste, dessen abschließende Beurteilung einen weiteren, späteren Verhandlungstermin erforderte (BGH NJW 83, 1495; sog mittelbare Verzögerung; aA St/J/*Leipold* Rn 69). Das Gericht muss sich **nicht** auf eine zweistufige Beweisaufnahme einlassen (Rz 33 und 38) und ist auch nicht verpflichtet, bei der Festsetzung eines Verhandlungstermins die durch die Verspätung entstandene Zeitknappheit zu berücksichtigen und zum Ausgleich einer Verspätung ggf einen späteren Termin anzusetzen (BGH NJW 81, 286; 99, 585).

18 **Keine** Verzögerung tritt ein, wenn der neue Vortrag, zB Beweisangebote, ohne Zeitverlust miterledigt, zB der im Termin präsent gestellte Zeuge vernommen (Rz 33) oder der anwesende Sachverständige zu neu behaupteten Mängeln befragt werden kann. Ebenso besteht nach hM keine Verzögerung, wenn der Rechtsstreit weder bei Zulassung des Vorbringens noch bei dessen Zurückweisung **im Ganzen** entscheidungsreif wäre (BGH NJW-RR 99, 787; Brandbg NJW-RR 98, 498, 499: bei einer Klage gegen mehrere Streitgenossen kann nicht ein Streitgenosse mit seinem verfristeten Vorbringen ausgeschlossen werden, wenn sich das Gericht damit im Verfahren gegen andere Streitgenossen noch befassen muss). Nach aA solle eine Verzögerung auch bei fehlender Entscheidungsreife bejaht werden, wenn der Zeitaufwand bzgl der Erledigung

wegen des zugelassenen Vortrags (zB deswegen erforderliches Sachverständigengutachten) die ansonsten noch ohnehin erforderliche Prozessdauer eindeutig überstiege (*Saenger* Rn 20; St/J/*Leipold* Rn 52).

Kann der Rechtsstreit nicht insgesamt erledigt werden, kann verspätetes Vorbringen **nicht** durch **Teilurteil** gem § 301 über denjenigen Teil der Klage, den das verspätete Vorbringen betrifft, zurückgewiesen werden. § 296 will eine Verzögerung des gesamten Rechtsstreits in der Lage, in der er sich im Zeitpunkt des Vorbringens befindet, verhindern. Ist er noch nicht insgesamt zur Entscheidung reif, tritt keine Verzögerung durch die Zulassung des Vortrags ein. Es dürfen daher durch Teilurteil nicht Angriffs- oder Verteidigungsmittel als verspätet zurückgewiesen werden, die im zeitlichen Rahmen des restlichen, dem Schlussurteil vorbehaltenen Rechtsstreits berücksichtigt werden können, ohne dass dessen Erledigung dadurch verzögert wird. Das gilt auch, wenn über weitere Klageansprüche aus anderen Gründen durch Teilurteil entschieden werden kann. Auch dann ist es der gegnerischen Partei zuzumuten, sich auf die Berücksichtigung des verspäteten Vorbringens einzulassen, da der Rechtsstreit ohnehin noch nicht zu Ende ist (BGH NJW 80, 2355 f; abl Wieczorek/Schütze/*Weth* Rn 129, 202). Das ist bei einer Widerklage, die im Sachzusammenhang mit der Klage steht (vgl § 33), zu beachten (BGH NJW 81, 1217). Möglich bleibt eine Zurückweisung im Grundurteil (§ 304; vgl BGH WM 79, 918, 921). 19

Rechtliche Ausführungen können nie verspätet sein. Recht und Gesetz muss das Gericht ohnehin anwenden (*iura novit curia*). Zudem bewirkt auch streitiger Vortrag keine Verzögerung, wenn die beweisbelastete Partei beweisfällig bleibt, die andere Partei zugesteht (§ 288) oder die behaupteten Tatsachen offenkundig (§ 291) oder unerheblich (zum unschlüssigen Vortrag BGH NJW 85, 1539, 1543) sind (Musielak/*Huber* Rn 5, 21). Für **unstreitiges Vorbringen** gilt § 296 ZPO **nicht**, da es nicht eine Entscheidung iSd Norm verzögert (Stuttg NJW 09, 1089 f). Die Vorschriften über die Behandlung verspäteter Angriffs- und Verteidigungsmittel betreffen nur beweisbedürftiges Vorbringen (BGH NJW 80, 945, 447; 05, 291, 292; 08, 3434 f [je zu § 531 II]). Das gilt auch in der Berufungsinstanz, wenn das Mittel im ersten Rechtszug aus Nachlässigkeit nicht geltend gemacht worden ist (BGH NJW 09, 2532, 2533). An beweisbedürftigem Vorbringen fehlt es auch, wenn ein unstreitiger Tatsachenvortrag erst aufgrund einer unstr erhobenen Einrede materiell-rechtliche Wirkung entfaltet (BGH NJW 08, 3434, 3435: zur erstmals in der Berufung erhobenen Verjährungseinrede – s. dazu den Vorlagebeschluss BGH NJW 08, 1312, 1314. Die unstreitige neue Tatsache ist gerade wegen ihrer materiell-rechtlichen Wirkungen zu berücksichtigen, damit das Gericht nicht sehenden Auges auf einer falschen, von keiner Partei vorgetragenen tatsächlichen Grundlage entscheidet (BGH NJW 09, 2532, 2533: zur Fristsetzung zur Nacherfüllung iSv §§ 323 I, 281 I 1 BGB, die erst im Laufe des Berufungsverfahrens erfolgt). Das gilt selbst dann, wenn die Zulassung des verfristeten unstreitigen Vortrags dazu führt, dass vor einer Sachentscheidung (aus anderen Gründen) eine Beweisaufnahme notwendig wird (BGH NJW 05, 291, 292; Wieczorek/Schütze/*Weth* Rn 54). 20

Kann über ein verfristetes Vorbringen nicht sofort abschließend verhandelt werden, ist, soweit möglich, gem **§ 283** eine **Schriftsatznachlassfrist** zu setzen. Das Gericht hat auf § 138 II hinzuweisen, zu einer Erklärung aufzufordern (sonst: § 138 III) und ggf die Stellung eines Antrags nach § 283 anzuregen (§ 139 I). Die Frage der Verzögerung wird erst nach der Erwiderung des Gegners beurteilt (BGH NJW 85, 1556, 1558). Erst wenn das verfristet Vorgebrachte durch fristgerecht eingegangenen nachgelassenen Schriftsatz bestritten wird (Rz 20), kann es eine Verzögerung bewirken (Rz 14) und deswegen zurückzuweisen sein (Brandbg NJW-RR 98, 498). Allein die Verzögerung durch Einräumung der Frist nach § 283 rechtfertigt keine Zurückweisung (BGH NJW 85, 1556, 1558; KG NZV 10, 579); das gilt auch, wenn der Gegner keinen Antrag nach § 283 stellt oder wegen der Erklärungsfrist ein schon vorgesehener Verkündungstermin hinausgeschoben werden muss (BGH NJW 85, 1539, 1543). 21

2. Verletzung der richterlichen Fürsorgepflicht. Eine Zurückweisung scheidet aus, wenn es möglich ist, dass für die Verzögerung des Rechtsstreits ein **Fehler des Gerichts** mitursächlich ist (Köln NJW 80, 2421, 2422), insb wenn der Richter die Verzögerung durch seine pflichtwidrige Verfahrensleitung mit verursacht hat (vgl Rz 2; s. EGMR NJW-RR 09, 141). Das Gericht muss eine Verspätung durch zumutbare vorbereitende Maßnahmen ausgleichen (Rz 25): Das BVerfG prüft über eine bloße Willkürkontrolle ua hinaus, ob **(a)** die Rechtsanwendung offenkundig unrichtig ist (BVerfG NJW 00, 945, 946), ob **(b)** ein richterliches Fehlverhalten, namentlich eine **unzulängliche Verfahrensleitung** (vgl §§ 273, 358a; s.a. BVerfG NJW 90, 2373, 2374; 00, 945, 946) oder **(c)** eine Verletzung der **gerichtlichen Fürsorgepflicht** (vgl § 139; zur Pflicht zum rechtzeitigen Hinweis Celle NJW-RR 98, 499, 500) die Verzögerung mit verursacht hat, ob **(d)** Vortrag missbräuchlich zurückgewiesen wird, obwohl das Gericht den Termin erkennbar unzureichend vorbereitet hat (zusammenfassend BVerfG NJW 87, 2733, 2734), oder ob **(e)** die Anwendung der Präklusionsvorschrif- 22 ten aus anderen Gründen rechtsmissbräuchlich ist (BVerfG NJW 87, 2733, 2735). § 296 ZPO ist verfassungsgemäß, da eine solche Ausgestaltung des Verfahrens gewährleistet, dass der Beteiligte ausreichend Gelegenheit hatte, sich zu allen für ihn wichtigen Punkten zur Sache zu äußern und nicht bewirkt, dass er mit Angriffs- oder Verteidigungsmitteln ausgeschlossen wäre, obwohl er ohne eigenes Verschulden (Rz 30) an einem rechtzeitigen Vorbringen gehindert gewesen war (so [zu § 531 II Nr 3] BVerfG NJW 05, 1768, 1769).

23 Die Zurückweisung eines neuen Verteidigungsmittels kommt **nicht** in Betracht, wenn es durch einen **gerichtlichen Hinweis** veranlasst wurde (BGH NJW-RR 07, 1612, 1613) und der Hinweis **neue**, bisher nicht erörterte oder schuldlos übersehene Gesichtspunkte enthält (§ 296a Rz 6). Hatte die Partei zuvor schuldhaft ihre Prozessförderungspflicht verletzt, bewirkt der Hinweis aber nicht, dass das danach Vorgetragene nicht verspätet sein könnte (str, zutr MüKoZPO/*Prütting* Rn 125). Insbesondere muss das Gericht nicht auf Widersprüche im Vortrag hinweisen, wenn diese zB aufgrund der Klageerwiderung offensichtlich sind (BGH 11.12.08 – III ZR 7/08).

24 § 296 ist keine Strafnorm. Das Gericht hat eine ansonsten drohende Verzögerung durch mögliche **prozessleitende Maßnahmen** zur Terminsvorbereitung abzuwenden, wenn diese Maßnahmen **zumutbar** und dann damit prozessrechtlich geboten sind (BVerfG NJW 90, 2373; BGH NJW 99, 585; 02, 290, 291): Die Frage einer Verzögerung ist unter Berücksichtigung der Möglichkeit des Gerichts, durch vorbereitende Maßnahmen eine Verzögerung zu vermeiden, zu beantworten (BGH NJW 84, 1964, 1965; 99, 585; NJW-RR 02, 646). Ansonsten diente die Zurückweisung des verspäteten Vorbringens nicht mehr der Verhinderung der Folgen säumigen Parteiverhaltens, sondern wirkte einer Verzögerung entgegen, die erst infolge unzureichender richterlicher Verfahrensleitung drohte (BVerfG NJW-RR 95, 377, 378).

25 Die **Zumutbarkeit** richtet sich nach den jeweiligen Umständen wie zB der Zeit, die für die Terminsvorbereitung zur Verfügung steht. Bei langfristiger Terminsbestimmung ist ggf eine weiträumige Verhandlungszeit einzuplanen (BVerfG NJW 90, 2373). Allerdings muss das Gericht nicht die Verhandlung so weit hinausschieben, dass alle nach dem verspäteten Vorbringen in Betracht kommenden Beweise noch erhoben werden können (BGH NJW 02, 290, 291). Eine vorbereitende Maßnahme nach **§ 273** (s. § 273 Rz 16 f) ist grds zumutbar, wenn es sich um einfache und klar abgegrenzte Streitpunkte handelt, die ohne unangemessenen Zeitaufwand geklärt werden können (BGH NJW 96, 528, 529; 02, 290, 291). So verletzt der Tatrichter seine Prozessförderungspflicht, wenn er eine nicht fristgemäß beantragte Zeugenvernehmung aufgrund dann eintretender Verzögerung (Rz 17) nicht veranlasst, obwohl er diese nach § 273 II Nr 4 ZPO auffangen könnte. Weitere Maßnahmen können sein, vorsorglich Zeugen oder Sachverständige zu laden, wenn dazu ein hinreichender Anlass besteht (BGH NJW-RR 02, 646, 647), der beantragenden Partei aufzugeben, die nicht mehr ladbaren Zeugen im Termin präsent zu stellen (BGH NJW 80, 1848, 1849; s.a. Rz 33), oder ein mündliches statt ein schriftliches Sachverständigengutachten einzuholen.

26 Eine Zurückweisung verspäteten Vorbringens ist auch **im frühen ersten Termin** als vollwertigem Haupttermin möglich (BGH NJW 83, 575; § 276 Rz 3). Das Vorbringen darf im frühen ersten Termin jedoch dann nicht zurückgewiesen werden, wenn nach der Sach- und Rechtslage eine Streitbeendigung in diesem Termin von vornherein ausscheidet (BGH NJW 87, 500), etwa weil es sich erkennbar um einen sog. »**Durchlauftermin**« handelt (BGH NJW 83, 575). Bei einem solchen, bei dem die Parteien aufgrund der gerichtlichen Verfahrensgestaltung (Rz 22, 25) davon ausgehen dürfen, dass nur vorbereitend für den abschließenden Haupttermin der Streitstoff erörtert und geordnet wird und es noch nicht zu einer Entscheidung kommt (Hamm NJW-RR 95, 958), ist § 296 I ZPO nicht anwendbar (BVerfG NJW 85, 1149; 92, 299, 300; BGH NJW-RR 05, 1296, 1297). Typische Fälle für einen Durchlauftermin sind, dass viele Sachen auf dieselbe Terminsstunde anberaumt werden (Sammeltermine), für eine offensichtlich komplexe und schwierige Sache nur eine unangemessen kurze Verhandlungsdauer vorgesehen ist (BGH NJW 87, 500), die gesetzte Klageerwiderungsfrist kurz vor dem Termin endet und so sichtbar macht, dass das Gericht auf diese Erwiderung nicht mehr mit gebotenen vorbereitenden Maßnahmen (§ 273) reagieren wird, oder sonstige Aufforderung, die erkennen lassen, dass das Gericht bei Terminierung auf einen weiteren Termin zielte (zT krit MüKoZPO/*Prütting* Rn 100 f; Wieczorek/Schütze/*Weth* Rn 111 f).

27 In der auf eine einvernehmliche Streitbeilegung zielenden **Güteverhandlung** (§§ 278, 279) wird auch verspäteter Vortrag berücksichtigt, da hier der Sach- und Streitstand »unter freier Würdigung aller Umstände« zu erörtern ist (§ 278 II 2). Auf die (mögliche) Zurückweisung des Vortrags in der unmittelbar anschließenden mündlichen Verhandlung (vgl § 279 I 1 – s. aber Rz 26) und die Konsequenzen für die Streitentscheidung ist dabei aber hinzuweisen. Wird erst nach § 279 I 2 Termin bestimmt, hat das Gericht zu versu-

chen, eine mögliche Verzögerung durch zumutbare Maßnahmen (Rz 24) aufzufangen und ggf entspr zu terminieren.

3. Fehlende Kausalität. Die Zurückweisung von Vorbringen als verspätet verstieße gegen den Anspruch auf rechtliches Gehör (Art 103 GG), wenn sich ohne weitere Erwägungen aufdrängt, dass die Verzögerung auch bei rechtzeitigem Vorbringen eingetreten wäre (Rz 15), dass also die Pflichtwidrigkeit – die Verspätung allein – **nicht kausal** für die Verzögerung ist (BVerfG NJW 95, 1417; BGH NJW-RR 05, 1296, 1297). Ist ohne jeden Aufwand erkennbar, dass die Verspätung allein nicht kausal für eine Verzögerung des Rechtsstreits ist, wäre eine Präklusion rechtsmissbräuchlich, denn sie dient erkennbar nicht dem mit ihr verfolgten Zweck (BGH NJW-RR 11, 526, 527: zu § 379 S 2). So kann eine um wenige Tage verfristete, aber vor Terminsbestimmung eingegangene Einspruchsbegründung nicht gem §§ 340 III, 296 I deswegen zurückgewiesen werden, weil in ihr für erheblichen Beklagtenvortrag Zeugen benannt werden und dazu zunächst der Gegenseite die Möglichkeit zur Stellungnahme eingeräumt werden müsste: Dieses und die Zeugenvernehmung im Einspruchstermin (§ 341a – s. Rz 56) hätte in gleicher Weise bei rechtzeitigem Eingang veranlasst werden müssen (so BVerfG NJW 95, 1417, 1418; ähnl Dresd NJW-RR 99, 214, 215). Im Übrigen ist, hat ein **Dritter** die Verspätung ohne Zusammenhang mit der Parteiverspätung mit verursacht, die Verspätung der Partei nicht zuzurechnen (Rz 33; Wieczorek/Schütze/*Weth* Rn 134, 143). 28

4. Hinweispflicht. Wegen des Rechts auf Gewährung rechtlichen Gehörs (Art 103 I GG) hat das Gericht den Parteivortrag, der für die Frage entscheidungserheblich ist, ob Angriffs- und Verteidigungsmittel zuzulassen sind, die erst nach Ablauf einer hierfür gesetzten Frist vorgebracht werden, zur Kenntnis zu nehmen und in Erwägung zu ziehen (BVerfG NJW 87, 485). Will es den Vortrag als verspätet zurückweisen, hat es darauf hinzuweisen, wenn nicht schon der Gegner für die andere Partei erkennbar Verspätung rügt, sodass diese keine Überraschung wäre (Musielak/*Huber* Rn 35; aA Wieczorek/Schütze/*Weth* Rn 12 mit Rn 149: Hinweis sei nie entbehrlich). Vor der Zurückweisung muss sich die vortragende Partei dazu äußern können, zB um Entschuldigungsgründe (Rz 30 f) vorbringen zu können. 29

V. Verschulden. Eine Zurückweisung scheidet aus, wenn die Partei bzw ihr Vertreter/Bevollmächtigter (§§ 51 II, 85 II) die Verspätung (Rz 14 f) genügend entschuldigt. Für eine Zurückweisung müssen Verzögerung und fehlende Entschuldigung zusammentreffen (BGH NJW 81, 287; 87, 1949, 1950). Der Begriff des Verschuldens umfasst wie bei § 276 I BGB auch leichte Fahrlässigkeit (vgl § 276 II BGB: im Verkehr erforderliche Sorgfalt). Das Verschulden wird bei Abs 1 – anders als bei Abs 2 – **widerleglich vermutet**. Die Verspätung ist **nicht schuldhaft**, wenn die Partei (bzw ihr Vertreter) in der konkreten Situation nach ihren persönlichen Fähigkeiten die Verspätung nicht vermeiden konnte. Für die Fristversäumnis eines Anwalts als Prozessbevollmächtigten wird auf die für einen Anwalt übliche Sorgfalt abgestellt. Kann sich die Partei entschuldigen, ist der Vortrag zuzulassen. **Glaubhaftmachung**: Abs 4 iVm § 294 (Rz 51). 30

§ 296 zielt auf schuldhaft verspäteten Vortrag der einer Partei bekannten Tatsache oder einer solchen, über die sich die Partei unschwer durch Erkundigungen über eine wesentliche Frage hätte Gewissheit verschaffen können. **Nicht** erfasst sind Tatsachen, die der Partei (zuvor) schuldlos nicht bekannt waren (BGH NJW 88, 60, 62). Eine Partei ist grds nicht verpflichtet, tatsächliche Umstände, die ihr unbekannt sind, zu ermitteln oder sonst zB durch Einholung eines Privatgutachtens näher zu erforschen. Entsprechendes gilt für Beweismittel. Entschuldigt ist eine Verzögerung, die dadurch entsteht, dass die Partei aufgrund ihrer Krankheit nicht vortragen konnte, dass der Vertrauensanwalt zunächst (zB urlaubsbedingt) nicht erreichbar ist (Köln NJW 80, 2421, 2422), oder dass Vortrag wegen eines Fehlers des Gerichts (s. Rz 22) zunächst unterblieb, zB wenn dieses zuvor eine Aufforderung oder einen Hinweis (Rz 29) missverständlich formulierte. 31

Die Partei muss sich **spätestens im nächsten Termin** entschuldigen (Karlsr Die Justiz 79, 14). Eine Entschuldigung für die Verspätung erst in der Berufungsinstanz ist grds nicht mehr möglich (s. Rz 1, 62), es sei denn, eine Entschuldigung in 1. Instanz wäre ohne Verschulden unterblieben (Köln JMBl NW 07, 215). 32

VI. Einzelheiten zum Zeugenbeweis. Im Rahmen des Zumutbaren (Rz 24) hat das Gericht auch verspätet vorgetragene, einfache und deutlich abgegrenzte Streitpunkte zu klären, wenn sich dies zB durch die Vernehmung telefonisch greifbarer Zeugen iRd mündlichen Verhandlung ohne unzumutbaren zeitlichen Aufwand bewerkstelligen lässt (BVerfG NJW 90, 2373: ggf Vernehmung 6 statt 1 Zeugen; s.a. BGH NJW 02, 290, 291). Die zusätzliche Vernehmung stellt für sich keinen unzumutbaren Zeitaufwand dar. Zu ihr ist das Gericht insb verpflichtet, wenn die Beweisantritte schon vor Anberaumung eines langfristig bestimmten Verhandlungstermins angekündigt waren (BGH NJW 91, 2759, 2760). Ansonsten gelten Schranken (BGH NJW 99, 3272, 33

3273: Vernehmung 8 weiterer Zeugen ist nicht zumutbar). Zudem kann die Vernehmung verspätet benannter, **präsenter Zeugen** zurückgewiesen werden, wenn diese im Termin zwar vernommen werden könnten, die Vernehmung aber ggf bei einer der benennenden Partei günstigen Aussage weitere, den Prozess verzögernde Beweiserhebungen (zB die Vernehmung nicht präsenter Gegenzeugen) erforderlich machen würde: Es kommt darauf an, ob sich der Rechtsstreit als ursächliche Folge des verspäteten Vorbringens verzögerte (BGH NJW 82, 1535, 1536). Benennt eine Partei einen Zeugen entgegen der ihr gem § 282 I und II obliegenden Prozessförderungspflicht zu spät, kann die Zulassung wegen ansonsten eintretender Verzögerung nicht nach § 296 II verweigert werden, wenn der Zeuge noch ordnungsgemäß geladen wird, aber **nicht zum Termin erscheint**. Die Verzögerung durch einen weiteren Termin zur Zeugenvernehmung ist dann nicht dem Verhalten der beantragenden Partei zuzurechnen (BGH NJW 87, 1949, 1950). Geht aber wegen verspäteten Beweisantritts die Ladung dem Zeugen nicht zu und erscheint er auch nicht freiwillig im Termin, steht einer Zurückweisung nicht entgegen, dass der Zeuge sich der Partei ggü zum Erscheinen bereit erklärt hatte und ggf auch bei rechtzeitiger Ladung ausgeblieben wäre (BGH NJW 89, 719).

34 Grds. muss die Partei keine Beweise ermitteln (Rz 31; s.a. Stuttg 7.12.10 – 10 U 140/09: es sei nachlässig iSv § 531 II 1 Nr. 3, wenige Mitarbeiter, die als Zeuge in Frage kommen, nicht zu befragen). Schuldhaft ist es, hält eine Partei ein vorhandenes Beweismittel zu einem zentralen Punkt des Rechtsstreits **bewusst zurück**, um abzuwarten, zu welchem Ergebnis die Erhebung der bisher angebotenen Beweise führt (KG NZV 09, 596; 597: je zur Berufung). Das gilt auch, wenn die Partei nicht damit rechnete, dass das Gericht einem bereits benannten Zeugen nicht glaubt (BGH VersR 07, 373). Die nicht beweisbelastete Partei darf auch nicht mit ihren Beweisanträgen zuwarten, bis klar ist, ob die beweisbelastete Partei den Beweis geführt hat. Das gilt auch, wenn es sich bei dem später angebotenen Gegenbeweismittel um einen schon von der beweisbelasteten Partei benannten Zeugen handelt (Ddorf TranspR 07, 23).

35 Versäumt die beantragende Partei, innerhalb der nach § 379 S 1 gesetzten Frist **Auslagenvorschuss** einzuzahlen, wird der Zeuge nicht geladen (§ 379 S 2), ohne dass es einer Androhung dieser Folge bedürfte (§ 231 I; BGH NJW 98, 761 f). Das Gericht versucht, in anderer Weise auf Grund des bereits vorhandenen oder anzuregenden Parteivortrags und der verfügbaren Beweismittel die Beweisfrage zu klären (BGH NJW 07, 2122, 2123). Die Partei kann den Zeugen im Termin stellen (Rz 33, § 379 Rz 9). Sie kann aber mit dem Beweismittel gem § 356 ausgeschlossen sein, wenn die Voraussetzungen des § 296 II vorliegen (vgl Frankf 19.11.08 – 4 U 119/08), dh wenn insb sie grob nachlässig handelte (Rz 46; BVerfG NJW-RR 04, 1150) und die Erhebung des Beweises das Verfahren verzögerte (Rz 45 mit 14, 24). Unterlässt das Gericht die Vernehmung eines Zeugen (nur) wegen Nichteinzahlung des Vorschusses, so liegt darin keine Zurückweisung iSd §§ 296, 531 I (KG 6.7.06 – 12 U 166/05).

36 Die Vernehmung eines (ggf schuldhaft) zunächst ohne **ladungsfähige Anschrift**, iÜ aber konkret und rechtzeitig benannten Zeugens darf nur unter den Voraussetzungen des § 356 abgelehnt werden. Die individualisierende Benennung eines Zeugen ist auch ohne Angabe seiner ladungsfähigen Anschrift ein den Anforderungen des § 373 genügender beachtlicher Beweisantritt. Die Ablehnung kann nicht stattdessen wegen verspäteten Nachreichens der ladungsfähigen Anschrift auf § 296 II gestützt werden (BVerfG NJW 00, 945, 946; BGH NJW 93, 1926, 1927).

37 **VII. Einzelheiten zum Beweis durch Sachverständigengutachten.** Ein erstmals in der mündlichen Verhandlung gestellter Antrag, einen Sachverständigen **anzuhören**, kann als verspätet zurückgewiesen werden, wenn nicht die Anhörung bereits vAw geboten ist. Voraussetzung ist, dass durch die Kammer (BGH NJW-RR 01, 1431, 1432) unmissverständlich (BGH NJW-RR 06, 428) eine Ausschlussfrist nach § 411 IV gesetzt wurde. Im Falle geforderten, aber nicht gezahlten Auslagenvorschusses (§§ 379, 402) unterbleibt die Beauftragung, ist das Beweismittel jedoch nicht präkludiert; ggf. greift § 296 II (BGH 19.11.09 – I ZR 186/07; Rn 16f). Zudem kann nach Fristsetzung § 356 einschlägig sein (**Rz 35**). Entspr gilt im Interesse der zügigen Verfahrensabwicklung auch im selbstständigen Beweisverfahren (Köln 19.7.10 – 11 W 49/10).

38 Ist im Termin zusätzlich ein Sachverständiger zu vernehmen, sind entspr vorbereitende Maßnahmen nur geboten, wenn seine Vernehmung neben der ansonsten vorgesehenen Beweisaufnahme in einem Termin zu bewältigen ist. Eine sog zweistufige Beweisaufnahme, bei der die weitere Beweiserhebung nach ihrem Thema und ihrem Umfang vom Ergebnis der ersten Beweiserhebung abhängig ist, kann grds nicht verlangt werden (vgl BVerfG NJW 90, 2373; BGH NJW 82, 1535). Anderes gilt, wenn der Sachverständige kein neues Gutachten erstellen, sondern seine bisherige Begutachtung lediglich anhand der Zeugenaussagen überprüfen und ergänzen soll. Dies ist zu veranlassen, wenn die vollständige Beweisaufnahme in dem Termin durchgeführt werden kann (vgl BVerfG NJW 90, 2373 f).

VIII. Begründung. Das Gericht muss die Tatsachen, die die Voraussetzungen des § 296 ausfüllen, genau benennen. Eine pauschale Zurückweisung ist unzulässig (BGH NJW-RR 96, 961). Eine Zurückweisung kann sich immer nur auf bestimmte, konkret bezeichnete Angriffs- bzw Verteidigungsmittel beziehen, bzgl der die Zurückweisungsvoraussetzungen jeweils einzeln geprüft werden müssen (Celle NJW 10, 1535). Zudem hat das Gericht darzulegen, warum die Verspätung nicht durch zumutbare Maßnahmen (Rz 24 f) ausgeglichen werden konnte (BGH NJW 99, 585), dh welche konkreten Bemühungen erforderlich gewesen wären und warum sie nicht erfolgreich ergriffen werden konnten (zB Vielfalt und konkrete Schwierigkeit der anstehenden Beweisfragen). 39

IX. Rechtsfolge. Folge im Falle des Abs 1 ist, dass das Gericht den Vortrag **zwingend zurückzuweisen** hat. 40

C. Zurückweisung nach Abs 2. I. Angriffs- und Verteidigungsmittel. Es müssen Angriffs- und Verteidigungsmittel (Rz 6) vorgebracht bzw mitgeteilt werden, und zwar vor Schluss der mündlichen Verhandlung (sonst: § 296a). 41

II. Verspätung. Der **verspätete** Zeitpunkt des Vorbringens verstößt zwar nicht gegen eine Fristsetzung iSv Abs 1, aber gegen die **allgemeine Prozessförderungspflicht.** Dabei regelt **§ 282 I** (s. § 282 Rz 6 f), ob Angriffs- und Verteidigungsmittel rechtzeitig vorgebracht wurden und betrifft (nur) Vorbringen in der mündlichen Verhandlung, nicht das in der Güteverhandlung (Rz 27). Auch solches im ersten Termin kann nicht erfasst sein: Vorgebracht wird in der mündlichen Verhandlung (§§ 137, 128 I). Schriftsätze kündigen das Vorbringen nur an. Folglich kann Vorbringen nicht früher erfolgen als im ersten Termin und in diesem nie nach §§ 282 I, 296 II verspätet sein (BGH NJW 93, 1926, 1927; NJW-RR 05, 1007; NJW 06, 1741). § 282 I ist nur anwendbar, wenn innerhalb der Instanz mehrere Verhandlungstermine stattgefunden haben und das Vorbringen nicht bereits im ersten Termin (bis zu dessen Ende) erfolgt ist (BGH NJW 92, 1965). Ggf greift § 296 II (Wieczorek/Schütze/*Weth* Rn 162). 42

Jede Partei ist grds gehalten, sobald wie ihr möglich (idR also im ersten Rechtszug; vgl BGH NJW-RR 10, 1500, 1501: zur Aufrechnungserklärung) alle Angriffs- und Verteidigungsmittel vorzubringen, deren Relevanz für den Rechtsstreit ihr bekannt ist oder hätte bekannt sein müssen (Rz 1; BGH NJW 04, 2825, 2827). **§ 282 II** soll dem Gegner eine angemessene Vorbereitung und Erwiderung ermöglichen. Er soll sich im Verhandlungstermin zu neuen Behauptungen des Gegners nach § 138 substanziiert und wahrheitsgemäß erklären und sachgemäß verhandeln können. Das gilt zB für die Klageerwiderung, die Replik und die Anspruchsbegründung nach einem Mahnverfahren (§ 697 II 1), wenn keine Frist gesetzt war (sonst: Abs 1). Fälle möglicher Zurückweisung nach §§ 296 II, 282 II sind auch, dass eine Frist, die nicht unter § 296 I fällt, missachtet oder nachgeschoben (s. Rz 13) oder zu erhobenen Sachanträgen vorgetragen wird (vgl Saarbr NJW 10, 3662, 3663 f: Das Gericht vertagte um drei Monate, um dem Bekl ergänzenden Vortrag zu ermöglichen, und der Bekl reichte erst einen Tag vor dem neuen Termin den entspr Schriftsatz ein). Erforderlich nach § 282 II ist **nicht**, dass neues Vorbringen so rechtzeitig schriftsätzlich angekündigt wird, dass das Gericht noch vorbereitende Maßnahmen nach § 273 treffen kann (BGH NJW 99, 2446). Auch die bloße Nichteinhaltung der Wochenfrist des § 132 I rechtfertigt in Anwaltsprozessen keine schematische Zurückweisung des dann erfolgten Vorbringens nach §§ 296 II, 282 II (BGH 30.3.06 – VII ZR 139/05 Rn 2; BGH NJW 97, 2244), wenn auch idR der Schriftsatz 3 Wochen vor dem Verhandlungstermin eingegangen sein sollte (vgl BGH NJW 82, 1533, 1534). § 282 II, der schriftsätzliches Vorbringen verlangt, gilt in erster Linie im Anwaltsprozess (§ 78 I), in dem die mündliche Verhandlung durch Schriftsätze vorzubereiten ist, § 129 I. Ansonsten kommt seine Anwendung nur bei richterlicher Anordnung nach § 129 II in Betracht (§ 282 Rz 8). 43

§ 296 II (iVm § 555 I 1) findet auf **Zulässigkeitsrügen keine** Anwendung. Zwar handelt es sich auch bei diesen Rügen begrifflich um Verteidigungsmittel, doch enthalten die §§ 282 III und 296 III für sie Sonderregelungen, die nach Wortlaut und systematischer Stellung den allgemeinen Bestimmungen des § 282 I und II und des § 296 I und II vorgehen und diese verdrängen (Rz 49). 44

III. Verzögerung. Allein die Zulassung der Angriffs- oder Verteidigungsmittel **verzögerte** die Erledigung des Rechtsstreits (Rz 14 f), wobei dieses der Partei **zuzurechnen** (Rz 22, 28) ist. 45

IV. Grobe Nachlässigkeit. Die Verspätung muss auf einer **grober Nachlässigkeit** der Partei oder ihres gesetzlichen Vertreters bzw Prozessbevollmächtigten (§§ 51 I, 85 II) beruhen. Grob nachlässig handelt die Partei, wenn sie ihre Pflicht zur Prozessführung in besonders gravierender Weise vernachlässigt, sie also dasjenige unterlässt, was nach dem Stand des Verfahrens jeder Partei hätte als notwendig einleuchten müs- 46 sen (BGH NJW 97, 2244, 2245). Einfache Fahrlässigkeit genügt nicht. Beispiele für grobe Nachlässigkeit sind, dass die Partei wenigstens fahrlässig eine ihr mögliche Aufrechnung nicht im ersten Rechtszug, sondern erst in der Revisionsinstanz erklärt (BGH NJW-RR 10, 1500, 1501), oder ein Beweismittel zu einem zentralen Punkt des Rechtsstreits bewusst zurückhält, um erst einmal abzuwarten, zu welchem Ergebnis die Erhebung der bisher angebotenen Beweise führt (BGH VersR 07, 373). Die Partei hat vielmehr auch die nur hilfsweise in Erwägung zu ziehenden Angriffs- und Verteidigungsmittel alsbald vorzutragen, wenn diese geeignet sind, das Verfahren abzukürzen. Insoweit hat die Partei sich auch durch ihr unschwere Erkundigungen über eine für die Entscheidung des Rechtsstreits wesentliche Frage Gewissheit zu verschaffen (BGH NJW 88, 60, 62). Die Partei ist aber grds nicht verpflichtet, tatsächliche Umstände, die ihr nicht bekannt sind, erst zu ermitteln (BGH NJW 03, 200, 202), zB Baumängel, die sie aus eigener Sachkunde nicht ohne Gutachter erkennen konnte (Celle NJW 10, 1535, 1536). Allenfalls bei Vorliegen besonderer Umstände kann anderes gelten (BGH 30.6.10 – IV ZR 229/07 Rz 11). Bei einem komplexeren Streitstoff genügt es, schwer darstellbare Angriffs- oder Verteidigungsmittel zunächst anzukündigen (Nürnbg 14.5.07 – 5 U 180/07).

47 Die säumige Partei trifft **keine Beweislast.** Die grobe Nachlässigkeit wird anders als das Verschulden bei § 296 I **nicht vermutet** (aA Wieczorek/Schütze/*Weth* Rn 183 f). Die verspätet vortragende Partei trägt eine Behauptungs- und Beweislast erst und nur, wenn substanziiert auf grobe Nachlässigkeit hindeutende Tatsachen vorgetragen sind (s. aber BGH NJW 82, 2559, 2561). Die den Vorwurf der groben Nachlässigkeit begründenden Tatsachen muss das Gericht in seinem Urt feststellen (BGH NJW 03, 200, 202). Vorab ist der Partei **Gelegenheit zur Stellungnahme** zu den Gründen der Verspätung (BGH NJW-RR 91, 701; 02, 646, 647) und Glaubhaftmachung des Entschuldigungsgrundes (Rz 51) zu geben.

48 **V. Rechtsfolge.** Die Folge ist, dass, liegen die Voraussetzungen des § 296 II vor (Beweislast: Rz 47), die Angriffs- und Verteidigungsmittel zurückgewiesen werden **können** (nicht: müssen). Die Zurückweisung steht damit – anders als bei Abs 1 (Rz 3) – zwar in pflichtgemäßem Ermessen des Gerichts (BGH NJW 81, 1218; aA MüKoZPO/*Prütting* Rn 180; Wieczorek/Schütze/*Weth* Rn 195: liegen die Voraussetzungen vor, müsse zurückgewiesen werden). Regelmäßig wird eine schuldhafte Verspätung aber nach dem Sinn und Zweck des § 296 (Rz 1) und der ihm immanenten Abwägung zur Zurückweisung führen müssen. Bei der Ermessensentscheidung ist der Grad der Nachlässigkeit, die Bedeutung des Rechtsstreits und die Dauer der drohenden Verzögerung zu berücksichtigen. Die Zurückweisung darf nicht pauschal erfolgen. Sie kann sich nur auf bestimmte, konkret bezeichnete Angriffs- bzw Verteidigungsmittel beziehen, da feststehen muss, dass ihre Berücksichtigung die Erledigung des Rechtsstreits verzögerte (BGH NJW-RR 96, 961; s. zur Begründungspflicht Rz 39). Zuvor ist die Partei zu **hören** (Rz 29).

49 **D. Verspätete verzichtbare Zulässigkeitsrügen (Abs 3).** Erfasst sind verspätete, verzichtbare Rügen des Beklagten betreffend der Zulässigkeit der Klage (§ 282 Rz 11 ff). Ihre Verspätung bestimmt sich nach § 282 III (s. dort); auf eine **Verzögerung** des Rechtsstreites (Rz 14 f) kommt es **nicht** an. Abs 2 findet auf Zulässigkeitsrügen keine Anwendung. Sie sind zwar Verteidigungsmittel, doch ist ihre Zurückweisung durch die vorgehenden §§ 282 III und 296 III geregelt. Der Bekl hat sie nach § 282 III 1 ZPO lediglich gleichzeitig und vor der Verhandlung zur Hauptsache vorzubringen, wenn ihm nicht eine Frist zur Klageerwiderung (§§ 275 I 1, 276 I 2) gesetzt wurde, sodass die Frist des § 282 III 2 gilt (BGH NJW-RR 06, 496, 497). Die Rüge ist zuzulassen, wenn die Verspätung entschuldigt ist (Rz 30), ansonsten zurückzuweisen, sodass sie nicht berücksichtigt wird. Auf ihre Zulassung kann Berufung und Revision gestützt werden (BGH NJW 85, 743, 744).

50 **Verzichtbar** ist die Rüge der mangelnden Vollmacht (§ 88 I – aA MüKoZPO/*Prütting* Rn 157), der fehlenden Ausländersicherheit (§ 110), der fehlenden Kostenerstattung nach Klagerücknahme (§ 269 VI) und der Schiedsvereinbarung, für die jedoch abschließend (§ 1032; dazu BGH NJW 01, 2176) gilt. Bei einem Antrag auf Verweisung des Rechtsstreits an eine andere Kammer gilt § 296 III gem § 101 I 3 GVG entsprechend. **Von Amts wegen** zu beachtende Zulässigkeitsvoraussetzungen (§ 282 Rz 15) sind dagegen vom Gericht in jeder Lage des Verfahrens zu berücksichtigen. Das gilt im Falle ausschließlicher Zuständigkeit. Ansonsten gehen bzgl der Zuständigkeit bei rügeloser Einlassung die spezielleren §§ 39, 504 vor (vgl BGH NJW 97, 397, 398; Saarbr NJW 05, 906, 907; § 39 Rz 2); für die internationale Zuständigkeit gilt vorrangig Art 24 EuGVO (vgl BGH NJW 97, 397, 398).

51 **E. Glaubhaftmachung (Abs 4).** Vor Zurückweisung ist die Partei, idR unter Einräumung einer angemessenen (kurzen) Frist, aufzufordern, die Tatsachen, aus denen sich die Entschuldigung der Verspätung ergibt,

glaubhaft zu machen (Celle NJW 10, 1535). Das gilt auch, wenn das Gericht die bereits durch die Partei versuchte Glaubhaftmachung nicht für ausreichend hält (BGH NJW 86, 3193, 3194). Die Zurückweisung von verspätetem Vorbringen nach Abs 1 kann nur auf fehlende Glaubhaftmachung von Entschuldigungsgründen gestützt werden, wenn das Gericht eine solche verlangt hat (Brandbg NJW-RR 98, 498, 499). IdR legt die Partei zur Glaubhaftmachung eine entspr eidesstattliche Versicherung vor (§ 294 I). Der Richter würdigt die präsenten Beweismittel (§ 294 II) und entscheidet nach seiner freien Überzeugung (§ 286). Die Kriterien zu § 233 (§ 233 Rz 18 ff) können herangezogen werden.

F. Wirkung. Verspätetes, zurückgewiesenes Vorbringen führt nicht dazu, dass keine Sachprüfung stattfindet, nur bleibt bei dieser das Vorbringen unbeachtet: Die Zurückweisung bewirkt, dass die Sachprüfung so vorzunehmen ist, als hätte die Partei das verspätete Vorbringen nicht vorgetragen (BGH NJW-RR 96, 961). Wird nur durch verspäteten Vortrag erheblich bestritten, bleibt der Vortrag der anderen Partei insoweit unstr (§ 138 III). Bestrittene Tatsachen, für die nur verspätet Beweise angetreten werden, bleiben unbewiesen. Bei der rechtlichen Würdigung von Anträgen oder Einwendungen bleibt der verspätete Vortrag außen vor (BGH NJW 61, 115). Als Folge bleibt ggf die (streitige) Verteidigung, eine Forderung sei erfüllt, zB durch Zahlung oder außerprozessual erklärter Aufrechnung, (trotz § 389 BGB) unberücksichtigt. Allgemein gilt bei Gestaltungsmitteln, dass idR nicht die materiellrechtliche Ausübung, aber die Behauptung, dass die erforderlichen Tatsachen vorgelegen hätten und dass das Recht ausgeübt worden sei, verspätet sein kann (MüKoZPO/*Prütting* Rn 51-53). Entsprechendes gilt bei Einreden iSd BGB (MüKoZPO/*Prütting* Rn 54). 52

Bei einer **Aufrechnung**, die erstmals im **Prozess** erklärt und zugleich geltend gemacht wird (Prozessaufrechnung; dazu § 145 Rz 14 f), und bei der zwar die Erklärung, dass aufgerechnet werde (§ 388 Satz 1 BGB), zulässig ist und rechtzeitig erfolgt und geltend gemacht wird, jedoch der (schon gegebene, Rz 6) **ausfüllende Tatsachenvortrag** zu den Voraussetzungen der Aufrechnung verspätet vorgetragen wurde, bleibt dieser Vortrag nach § 296 unberücksichtigt. Eine deshalb ggf folgende Entscheidung, dass die Gegenforderung nicht besteht, ist bis zur Höhe des Betrags, für den die Aufrechnung geltend gemacht wurde, der Rechtskraft fähig (§ 322 II). Denn eine solche aberkennende Entscheidung liegt auch vor, wenn die Aufrechnung aus prozessualen Gründen scheitert, insb wegen Verspätung tatsächlichen Vorbringens oder wegen fehlender Substantiierung (BGH NJW-RR 91, 971, 972; aA Palandt/*Grüneberg* § 388 Rn 2). Ist dagegen schon der **Aufrechnungseinwand** selbst verspätet und deshalb zurückgewiesen worden, so wird nach hM (vgl PWW/*Pfeiffer* § 388 Rz 8; Staud/*Gursky* Vorb §§ 387 ff Rn 31 ff) die Gegenforderung nicht mit Rechtskraftwirkung aberkannt. Statt das Risiko einer Verspätung einzugehen bietet sich an, die Gegenforderung durch Widerklage geltend zu machen (Rz 58). 53

G. Darstellung im Urteil. Über die Frage, ob verspäteter Vortrag zurückgewiesen wird, ergeht nicht etwa ein Zwischenurteil (Rz 18) oder ein Beschl (BGH NJW 02, 290, 291). Das Gericht prüft die Verzögerung bezogen auf den Schluss des letzten Termins der mündlichen Verhandlung. Der Vortrag wird in der Prozessgeschichte im **Tatbestand** des Urteils wie sonstiger streitiger Vortrag, nur mit Hinweis auf den Eingang und ggf die vorherige (förmliche) Fristsetzung (Rz 8 ff), mit dem Datum der Zustellung sowie sonstigen für die Beurteilung der Verspätung relevanten Daten, dargestellt. Wegen der Einzelheiten bietet sich Bezugnahme an (§ 313 II 2). Wird der Vortrag zurückgewiesen, ist er am besten in der allgemeinen Prozessgeschichte am Ende des Tatbestandes, ansonsten im Zusammenhang mit dem sonstigen streitigen Parteivortrag zu bringen. In den **Entscheidungsgründen** wird die Zurückweisung bzw Zulassung in Hinblick auf § 296 begründet (Rz 39), wenn Verspätung vorliegt oder sie nahe lag bzw um sie gestritten wurde. Regelmäßig erfolgt die Erörterung im Falle der Zurückweisung dort, wo der nicht berücksichtigte, klar anzugebende Vortrag zu behandeln gewesen wäre. 54

H. Vermeidungsstrategien. Zusammenwirkend können die Parteien der Zurückweisung des Vortrags wegen Verspätung entgegnen, wenn sie bewirken, dass das Verfahren ruht (§ 251). Einseitige Vermeidungsstrategien, wenn die Versäumnis nicht entschuldigt werden kann (Rz 30), sind (*Büßer* JuS 09, 319 ff): 55

I. Flucht in die Säumnis. Bei der sog »Flucht in die Säumnis« lässt die Partei ein Versäumnisurteil (vorläufige Vollstreckung: §§ 708 Nr 2, 719 I 2; keine Abwendungsbefugnis nach § 711) gegen sich ergehen. In der Einspruchsfrist (§ 339 I [Notfrist]) legt sie Einspruch (§ 338) ein, sodass der Prozess in die Lage vor Eintritt der Versäumnis zurückversetzt (§ 342) und ein Termin zur Verhandlung über den Einspruch anberaumt wird (**§ 341a**). Sie nimmt die Säumnisentscheidung (mit der **Kostenfolge** des § 344) in Kauf, damit nach einem Einspruch der ansonsten präkludierte Vortrag noch vorgebracht werden kann (§ 340 III; vgl 56

BGH NJW 02, 290, 291; § 340 Rz 12–14): Soweit Vortrag schon verspätet zum Zeitpunkt der Säumnis war, bleibt er es auch nach der Rückversetzung nach § 342 (§ 339 Rz 6, § 342 Rz 5). Doch fehlt es ggf an der nach § 296 II für eine Zurückweisung erforderlichen Verzögerung der Erledigung. Denn aufgrund zulässigen Einspruchs ist nach § 341a Termin zu bestimmen. Vorher kann nicht entscheiden werden. Die dem Einspruch eigene Verzögerung des Rechtsstreits nimmt das Gesetz in Kauf (BGH NJW 80, 1105, 1106). Angriffs- und Verteidigungsmittel können daher nicht verspätet sein, wenn das Gericht sie mit zumutbaren Maßnahmen (Rz 24 f) noch bis zu diesem Termin berücksichtigen kann (BGH NJW 80, 1105, 1106). Der Einspruchstermin soll unverzüglich (§ 216 II) und so früh wie möglich stattfinden (§ 272 III). Er muss nicht über ansonsten freie Termine hinaus verschoben werden, damit bei verspätetem Vorbringen alle danach in Betracht kommenden Beweise erhoben werden können (vgl BGH NJW 81, 286; 02, 290, 291). Er ist aber sorgfältig vorzubereiten (§ 273, s. Rz 22) und darf nicht bewusst kurzfristig angesetzt werden, um die ‚Gnadenfrist, willkürlich abzukürzen (Ddorf MDR 05, 1189, 1190; § 341 Rz 3). Die Zurückweisung wegen Verspätung bleibt möglich, wenn der verspätet erst in der Einspruchsfrist (oder danach) gebrachte Vortrag im Einspruchstermin (zeitlich) nicht mehr verwertet werden kann (zB aufwendiges Sachverständigengutachten) oder über den Termin nach § 341a hinaus einen weiteren Termin nötig macht. Bezüglich der angemessenen Frist zur Begründung des Einspruchs ist die Verlängerungsmöglichkeit nach § 340 III 2 zu beachten (s. dort). Bei der »Flucht in die Säumnis« kann gegen die Partei gem § 38 GKG eine **Verzögerungsgebühr** verhängt werden, wenn deren schuldhaftes Verhalten – ein grobes Verschulden oder eine Verschleppungsabsicht sind nicht erforderlich – die Anberaumung eines neuen Termins zur mündlichen Verhandlung nötig macht (Celle NJW-RR 07, 1726; aA Hamm NJW-RR 95, 1406). Zur Pflicht des **Anwalts** zum Einspruch s. BGH NJW 02, 290.

57 **Grenzen**: Nach mündlicher Verhandlung kann Entscheidung nach **Lage der Akten** (§ 331a) beantragt und so die Flucht verbaut werden. Auch ist die Wirkung eines **2. VU** (§§ 700 I, 345) zu beachten. Im Einspruchstermin kann ggf eine (hilfsweise) Widerklage helfen (Rz 58). Nach hM (München NJW-RR 95, 127; Zö/*Greger* Rn 40; aA ThoPu/*Reichold* Rn 39 mit § 340 Rn 9) **versagt** der Fluchtweg zudem in Fällen des **Abs 3** (verzichtbare Zulässigkeitsrüge); der Verzicht durch Versäumung ist hier endgültig.

58 **II. Flucht in die Widerklage/Klagehäufung/Klageänderung.** Die Widerklage ist kein Angriffsmittel, sondern der Angriff selbst (Rz 7). Sie kann grds nicht wegen Verspätung zurückgewiesen werden, und zwar grds auch nicht unter dem Gesichtspunkt des Rechtsmissbrauchs (BGH NJW 95, 1223, 1224). Entspr gilt, wenn der Kl die Klage erweitert oder ändert (§ 263 Rz 18), zB im Falle einer nachträglichen objektiven Klagehäufung, bei der neben dem bisher verfolgten Anspruch ein weiterer Anspruch mit verschiedenem Lebenssachverhalt zugrunde liegt, es sich mithin um verschiedene Streitgegenstände handelt (BGH NJW 01, 1210, 1211; s. § 253 Rz 13). Soweit der Vortrag zum neuen Antrag auch den ursprünglichen Antrag begründen soll und die Anträge im Sachzusammenhang stehen, kann er nicht verspätet sein, weil es für die Frage der durch seine Berücksichtigung eintretenden Verzögerung darauf ankommt, ob ansonsten der Rechtsstreit insgesamt entschieden werden könnte (Rz 18). Entspr kann der Beklagte der Präklusion entgehen, wenn er seinen Vortrag zum Klageabweisungsantrag mit einer Widerklage (oder deren Erweiterung) verbindet (abl MüKoZPO/*Prütting* Rn 110 f; Wieczorek/Schütze/*Weth* Rn 204, 206), zB nach § 261 II durch Geltendmachung in der mündlichen Verhandlung (§ 261 Rz 8). Die Widerklage ist ggü einer (hilfsweisen) Prozessaufrechnung (Rz 53) sicherer. Aus Kostengründen bietet sich ggf an, sie neben einer Aufrechnung als Verteidigung hilfsweise zu erheben. **Grenzen**: Zu Recht hat der BGH (NJW 87, 2257, 2258) erwogen, dass eine Widerklage zurückzuweisen ist, wenn sie ausnahmsweise rechtsmissbräuchlich ist, insb wenn sie nur den Sinn hat, den Verspätungsfolgen zu entgehen. Ferner droht Abtrennung nach § 145 (§ 145 Rz 1 ff) und gilt in der Berufungsinstanz § 533.

59 **III. Flucht in die Klagerücknahme.** Dieser Weg wird in der Praxis selten gewählt. Nach Beginn der mündlichen Verhandlung ist Zustimmung des Gegners erforderlich (§ 269 I). Die Kosten hat der Kl zu tragen (§ 269 III 2).

60 **IV. Insolvenz.** Nur im Einzelfall mag für den Beklagten die Insolvenz, die vAw dazu führt, dass das Verfahren unterbrochen ist (§ 240), ein Weg sein (dazu Musielak/*Huber* Rn 46).

61 **V. Berufung.** Vortrag, der von der Partei erstinstanzlich nicht gebracht wurde, darf nicht nach § 531 I unberücksichtigt gelassen werden, weil der Vortrag gerade nicht im vorangegangenen Rechtszug angewendet wurde. Allerdings greift **§ 531 II Nr 3** (s. dort; hier Rz 1, 62).

I. Wirkung der Zurückweisung in Berufung und Revision. Das im Rechtszug übergeordnete Gericht darf weder eine von der Vorinstanz unterlassene Zurückweisung nachholen (BGH NJW 81, 2255, 2256) noch die Zurückweisung auf eine andere als die von der Vorinstanz angewandte Vorschrift stützen. Ein Wechsel der Präklusionsbegründung durch das Rechtsmittelgericht kommt grds nicht in Betracht (BGH GRUR 10, 859, 861; NJW 06, 1741; NJW-RR 05, 1007). § 531 I eröffnet nur die Prüfung, ob eine Zurückweisung in 1. Instanz zu Recht vorgenommen worden ist. Die Entscheidung darüber, ob im ersten Rechtszug vorgetragene Angriffs- und Verteidigungsmittel als verspätet zurückgewiesen werden können, obliegt aber allein dem Richter dieses Rechtszugs. Das bezieht sich auch auf Präklusionsentscheidungen ohne Ermessensspielraum (§ 296 I). Unterbleibt rechtsfehlerhaft eine Zurückweisung, so ist dieser Verfahrensfehler überholt und das Vorbringen zu berücksichtigen, weil auch die verfahrensfehlerhafte Zulassung die Zurückweisungsvoraussetzung der drohenden Verzögerung beseitigt, sie sich gleichsam selbst heilt. Eine zu Unrecht erfolgte Zulassung verspäteten Vorbringens 1. Instanz kann wegen der damit verbundenen Einführung in das Verfahren das Berufungsgericht nicht korrigieren (BGH NJW 06, 1741, 1742; NJW 04, 2382, 2383). Eine nachträgliche Zurückweisung erstinstanzlich bereits vorgetragener Angriffs- und Verteidigungsmittel als verspätet durch das Rechtsmittelgericht scheidet aus (BGH NJW 06, 1741, 1742; 07, 3127; BAG NJW 08, 2362, 2363). Entspr gilt, wenn eine Zurückweisung aufgrund fehlerhafter Anwendung der dafür herangezogenen Vorschrift vom Rechtsmittelgericht aufzuheben und die Anwendung einer an sich eingreifenden Präklusionsnorm fehlerhaft unterblieben ist. Ist in der Berufungsinstanz Vorbringen fehlerhaft zugelassen worden, kann daraufhin erfolgtes Vorbringen der anderen Partei nicht nach § 531 II Nr 3 oder nach § 525 S 1, § 282 I, § 296 II als verspätet zurückgewiesen werden (BGH 16.10.08 – IX ZR 108/06, Rn 10). Während die Zulassung verspäteter Angriffs- und Verteidigungsmittel unanfechtbar ist, kann die fehlerhafte Zulassung verzichtbarer Zulässigkeitsrügen (Abs 3) mit Berufung und Revision beanstandet werden (Rz 49). Zu unstreitigem Vortrag s. Rz 20. 62

§ 296a Vorbringen nach Schluss der mündlichen Verhandlung.

[1]Nach Schluss der mündlichen Verhandlung, auf die das Urteil ergeht, können Angriffs- und Verteidigungsmittel nicht mehr vorgebracht werden. [2]§ 139 Abs. 5, §§ 156, 283 bleiben unberührt.

A. Zweck. § 296, der die Zurückweisung **vor** Schluss der mündlichen Verhandlung (oder was dem gleichsteht; Rz 4) regelt, wird durch den verfassungskonformen § 296a (BVerfG NJW 85, 3005) flankiert. § 296a unterstreicht die Prozessförderungspflicht (§ 296 Rz 1), schützt das rechtliche Gehör des Gegners, entspricht dem Grundsatz der Mündlichkeit und der Verhandlungsmaxime, dient der Prozesswirtschaftlichkeit und gewährt, dass das Gericht nach bei Entscheidungsreife (§ 300) zu bestimmendem Verhandlungsschluss bis zum Verkündungstermin (§ 311 IV) ungestört die Entscheidung absetzen kann (Zö/*Greger* Rn 1). 1

B. Anwendungsbereich. § 296a erfasst – wie § 296 – **Angriffs- und Verteidigungsmittel** (§ 296 Rz 6 f). Nicht erfasst sind Sachanträge, die ohnehin gem §§ 256 II, 261 II, 297 in der mündlichen Verhandlung zu stellen sind (BGH NJW 00, 2512, 2513; BGH 19.3.09 – IX ZB 152/08), oder bloße Rechtsausführungen (§ 296 Rz 20), wobei diese, wenn sie neu sind und das Gericht ihnen folgen will, dem Gegner mitzuteilen sind und uU die Verhandlung wieder zu eröffnen ist (§ 296 Rz 23; BAG NJW 09, 1163, 1164). 2

Der **Angriff selbst** ist wie eine Klageerweiterung oder -rücknahme oder eine Widerklage **nicht** von § 296a erfasst (§ 296 Rz 7). Sachanträge müssen aber ohnehin spätestens in der mündlichen Verhandlung gestellt werden (Rz 2, BGH 27.10.11 – III ZR 235/10). Geht unzulässiger Weise nach Schluss der mündlichen Verhandlung ein entsprechender Sachantrag (zur Widerklage s. BGH NJW 00, 2512, 2513) ein und eröffnet das Gericht nicht wieder (Rz 6), liegt zB bei einer Klageerweiterung eine neue Klage über den bisher nicht rechtshängigen Teil vor. Ohne Wiedereröffnung kann das Gericht darüber nicht entscheiden (BGH 19.3.09 – IX ZB 152/08; Ddorf MDR 00, 1457; s.a. BGH NJW-RR 92, 1085: eine zugestellte Widerklage könne als unzulässig abgewiesen werden). Es teilt das Vorbringen dem Gegner nur formlos mit (str); selbst fehlerhafte Zustellung bewirkt keine Rechtshängigkeit (BGH NJW-RR 97, 1486). Der Streit- bzw Beschwerdewert erhöht sich nicht (BGH 19.3.09 – IX ZB 152/08; Karlsr OLGR Karlsr 07, 592). Nach Einzahlung des (weiteren) Vorschusses (vgl § 12 GKG) wird die Sache – ggf nach Rückfrage beim Kläger – als neue Sache eingetragen und zugestellt (§ 270), wobei der Kl klarzustellen hat, dass sie nur den erweiterten Teil umfasst (sonst bestünde teils doppelte Rechtshängigkeit). Oder der Kl nimmt den Schriftsatz zurück und verzichtet 3 auf Zustellung (vgl *Fischer* NJW 94, 1316). Jedenfalls fällt wegen § 6 Nr 1 GKG die Verfahrensgebühr nach GKG KV 1210 an (aA Ddorf MDR 00, 1457).

4 Die Norm gilt im Verfahren mit **obligatorischer mündlicher Verhandlung**, auch bei Entscheidung nach Lage der Akten (§ 251a II 4), und wegen § 128 II 2 im **schriftlichen Verfahren** (BGH 28.7.11 – VII ZR 180/10 Rz 13), ferner in Verfahren mit **freigestellter** mündlicher Verhandlung, wenn eine solche stattgefunden hat (MüKoZPO/*Prütting* Rn 3; Wieczorek/Schütze/*Assmann* Rn 3; aA München MDR 81, 1025; St/J/*Leipold* Rn 8: maßgebender Zeitpunkt sei die Absendung des Urteils). § 46 II 1 ArbGG verweist auf § 296a. Wegen des Ausnahmecharakters scheidet eine analoge Anwendung in anderen Verfahrensordnungen, zB im FamFG-Verfahren, aus.

5 Das Vorbringen muss **nach Schluss der mündlichen Verhandlung** (s. § 136 IV) erfolgen. Dieser braucht nicht ausdrücklich verkündet zu sein. Beendet das Gericht den letzten Verhandlungstermin ohne zu vertagen oder neu zu terminieren, wird deutlich, dass die Verhandlung geschlossen ist. § 296a setzt voraus, dass nach Verhandlungsschluss ein volles Endurteil ergeht. Ein Zwischenurteil genügt nicht, ein Teilurteil nur, wenn der beschiedene Streitgegenstand nicht Gegenstand der späteren mündlichen Verhandlung ist (Celle OLGR Celle 04, 110; St/J/*Leipold* Rn 16). Verkündet es in einem Verkündungstermin nur einen Beweisbeschluss, hatte es die Verhandlung nicht geschlossen (St/J/*Leipold* Rn 9). Nach Widerruf eines Vergleichs ist neuer Vortrag erlaubt, wenn nicht – wie häufig – für den Fall des Widerrufs ein Entscheidungstermin bestimmt worden war (Hamm VersR 05, 1445).

6 **C. Ausschlussgründe (S 2).** Es dürfen nicht die Voraussetzungen der **Wiedereröffnung** (s. dazu § 156 Rz 2; BGH NJW 93, 134; 00, 142, 143; BAG NJW 08, 1097, 1101 f) vorliegen. Insoweit ist – vom Fall eines Wiederaufnahmegrundes abgesehen – die Wiedereröffnung nur geboten, wenn sich aus dem nicht nachgelassenen Vorbringen ergibt, dass es aufgrund eines nicht prozessordnungsgemäßen Verhaltens des Gerichts, insb einer Verletzung der richterlichen Aufklärungspflicht oder des Anspruchs auf rechtliches Gehör, nicht rechtzeitig in den Rechtsstreit eingeführt worden ist (BGH NJW 00, 142, 143; 07, 1357, 1360). Ferner darf kein Fall der **Fristsetzungen nach §§ 283, 139 V** vorliegen: Trägt die Partei innerhalb einer ihr nach § 283 Satz 1 gesetzten Frist zum verspäteten Vorbringen des Gegners vor, ist ihr Vortrag zu berücksichtigen; im Ausnahmefall ist die Verhandlung wieder zu eröffnen. Das gilt selbst dann, wenn das Urt bereits gefällt (§ 309), aber noch nicht verkündet ist (BGH NJW 02, 1426; BAG NJW 09, 1163, 1164). Gibt das Gericht in der mündlichen Verhandlung einen **neuen** entscheidungserheblichen rechtlichen **Hinweis**, darf es die mündliche Verhandlung nicht ohne Weiteres schließen, wenn eine sofortige Äußerung nach den konkreten Umständen und den Anforderungen des § 282 I nicht erwartet werden kann (BGH NJW 99, 2123; NJW-RR 08, 973 f). Es gewährt auf Antrag Schriftsatzfrist nach **§ 139 V** (oder vertagt oder verfährt nach § 128 II), ansonsten wird wieder eröffnet (§ 156 II Nr 1; BGH NJW-RR 07, 412; WM 05, 2338; zum neuen Sachverständigengutachten BGH NZBau 09, 244). Gewährt es Frist nach § 139 V, ist dem **Gegner** zum in der Frist nachgereichten Schriftsatz rechtliches Gehör zu geben, insoweit durch ihn neuer entscheidungserheblicher Prozessstoff eingeführt wird. Dazu muss das Gericht die mündliche Verhandlung wiedereröffnen oder in das schriftliche Verfahren übergehen (BGH 20.9.11 – VI ZR 5/11: zum nachgelassenen Schriftsatz, mit dem präsente Beweismittel vorgelegt wurden, die nach § 285 I zum Gegenstand der mündlichen Verhandlung zu machen sind).

7 **D. Folge.** Ein nachträglich vorgebrachtes Angriffs- oder Verteidigungsmittel nimmt das Gericht, auch wenn das Urt schon gefällt, aber noch nicht verkündet ist (BGH NJW 02, 1426), zur Kenntnis und zu den Akten und teilt es dem Gegner formlos mit; eine Zustellung (ohne Wiedereröffnung) begründet keine Rechtshängigkeit. Das Vorbringen bleibt (ohne mündliche Verhandlung darüber; BGH NJW 00, 2512, 2513) unberücksichtigt (Ausnahmen: Rz 6). Der Streitwert wird nicht erhöht (Rz 3). Es ist dann in der 2. Instanz neues Vorbringen, sodass es nicht nach § 531 I zurückgewiesen werden kann (BGH NJW 79, 2109, 2110). Seine Berücksichtigung entgegen § 296a stellt einen wesentlichen Mangel iSv § 538 II Nr 1 dar, doch kann der Vortrag nicht mehr gem § 531 II Nr 3 ausgeschlossen werden (Hamm VersR 05, 1444, 1445). Vorbringen, das nicht § 296a unterfällt, kann nach **§ 296** verspätet sein.

8 **E. Darstellung.** Wenn es zeitlich möglich ist wird das nachträgliche Vorbringen, welches nicht berücksichtigt wird, mit Nennung aller relevanten Daten in der allgemeinen Prozessgeschichte am Ende des Tatbestandes ganz kurz aufgeführt. In den Entscheidungsgründen wird dann im Zusammenhang mit der Erörterung des Tatbestandsmerkmals, dessen Ausfüllung es dienen soll, dargelegt, warum und inwieweit es unberücksichtigt bleibt.

§ 297 Form der Antragstellung. **(1) [1]Die Anträge sind aus den vorbereitenden Schriftsätzen zu verlesen. [2]Soweit sie darin nicht enthalten sind, müssen sie aus einer dem Protokoll als Anlage beizufügenden Schrift verlesen werden. [3]Der Vorsitzende kann auch gestatten, dass die Anträge zu Protokoll erklärt werden.**

(2) Die Verlesung kann dadurch ersetzt werden, dass die Parteien auf die Schriftsätze Bezug nehmen, die die Anträge enthalten.

A. Zweck. Wenigstens ein Mal – es gilt der Grds der Einheit der mündlichen Verhandlung – müssen die Sachanträge in der mündlichen Verhandlung (§ 296a Rz 3) wirksam gestellt werden; eine Wiederholung nach einem Richterwechsel (aA BAG NJW 71, 1332) oder einer Beweisaufnahme ist unnötig, aber üblich (Folge: Verlust des Rügerechts, §§ 39, 43, 295). Ohne Sachanträge (Rz 2) der Parteien hat das Gericht keine Sachentscheidungsbefugnis (vgl BAG NJW 03, 1548 f, NZA 07, 1450, 1452). Es ordnet dann das Ruhen des Verfahrens an (§ 251). Stellt nur eine Partei keinen Antrag, entscheidet es durch Versäumnisurteil (§§ 333, 330, 331). § 297 soll für alle Verfahrensarten der ZPO sicherstellen, dass die (den Streit- und Urteilsgegenstand mitbestimmenden) Sachanträge in eindeutiger Weise und nachvollziehbar gestellt werden. 1

B. Anträge. Erfasst sind nur Anträge, die den Inhalt der Entscheidung betreffen (Sachanträge iSv § 308), zB Klageantrag, -änderung, -erweiterung, -rücknahme, einseitige und übereinstimmende (§ 91a; str) Erledigungserklärung und Anträge nach § 269 IV, die Anträge auf Ergänzung nach § 321 und auf Vollstreckbarkeitserklärung (§ 714), Rechtsmittel- und Anschließungsanträge (§§ 520 III Nr 1, 524 III, 551 III Nr 1), Anträge auf Erlass eines Arrestes oder einer einstweiligen Verfügung in der mündlichen Verhandlung. Rein negative Abweisungs- und Zurückweisungsanträge sind nur sachbezogen und daher **nicht** erfasst (BGH NJW 65, 397; 70, 99, 100 f; BAG NZA 07, 1450, 1452 f; Wieczorek/Schütze/*Assmann* Rn 6; aA MüKoZPO/*Prütting* Rn 6). Für sie genügt, dass sich in der mündlichen Verhandlung der Willen der Partei zur Abwehr des Antrags des Gegners aus dem Vorbringen ergibt, ohne dass eine nach den Ordnungsvorschriften der §§ 137, 297 an sich gebotene Antragstellung erfolgt (BGA aaO). Auch nicht erfasst sind Anträge, die nur das Verfahren betreffen (Prozessanträge), zB Anträge auf Protokollierung (§ 160 IV) oder Tatbestandsberichtigung (§ 320), Terminsbestimmung (auch nach § 697 III), Vertagung oder Aussetzung, Verweisung (zB nach § 281), Fristverlängerung oder -verkürzung, Prozessabtrennung oder -verbindung, Verlesung einer Urkunde (§ 424), Beweisanträge (§§ 355 ff). Soweit sich Sach- und Prozessantrag überlagern können, zB bei Anerkenntnis (§ 306), Verzicht (§ 307), Versäumnisurteil (§§ 330, 331) oder Entscheidung nach Lage der Akten (§ 331a), betrifft § 297 nur den Sachantrag (St/J/*Leipold* Rn 12). 2

C. Verfahren. Der Idee nach werden die Sachanträge grds aus vorbereitenden Schriftsätzen (§§ 129, 130 Nr 2, 282, 496), ansonsten aus einer dem Protokoll als Anlage (§ 160 V) beizufügenden, dem Gegner zur Durchsicht vorzulegenden oder vorzulesenden, uU erst im Termin erstellten Schrift, deren Autor eindeutig sein muss, **verlesen** (Abs 1 S 1 und 2). Zudem kann der Vorsitzende nach pflichtgemäßem Ermessen eine Erklärung zu Protokoll gestatten (Abs 1 Satz 3), zB nach richterlichem Hinweis neu gefasste Sachanträge (beachte § 261 II). In der Praxis kommt eine mündliche Antragstellung zu Protokoll häufiger bei anwaltlich nicht vertretenen Parteien vor. Ansonsten nehmen die Parteien regelmäßig auf die die Anträge enthaltenden Schriftsätze **Bezug**, wie es **Abs 2** erlaubt. Dabei muss der Bezugspunkt eindeutig sein (BAG NJW 03, 1548, 1549). Aus Gründen der Rechtsklarheit und wegen der zentralen Bedeutung der Sachanträge ua für Streitgegenstand und Rechtskraft muss eindeutig sein, ob Anträge gestellt werden, was beantragt wird und was nicht. Daher kommt eine konkludente Bezugnahme der Anträge nur in Betracht, wenn der Gegenstand des Rechtsstreits fest umrissen und klar ist, dass die Bezugnahme auf die Schriftsätze zum Zwecke der Antragstellung und nicht nur zur Erörterung der Sach- und Rechtslage erfolgte (BAG NZA 09, 276, 277). Unklarheiten, zB ob eine nur tw Verlesung eine Klagerücknahme bedeuten solle, hat das Gericht zu versuchen aufzuklären (§ 139). Im schriftlichen Verfahren (§ 128), bei einer Entscheidung nach Lage der Akten (§ 251a, 331a) und im Verfahren mit fakultativer mündlicher Verhandlung (zB §§ 921, 937 II) werden die Anträge mit der Einreichung des Schriftsatzes gestellt. Zur Widerklage beachte § 261 II (s. dort). 3

In das **Protokoll** (Beweiskraft: § 165) ist die Art der Antragstellung aufzunehmen (§ 160 III Nr 2), nur im Fall des Abs 1 Satz 3 auch der Antragsinhalt. Schweigt das Protokoll, ist entspr Beweis durch den Tatbestand (§ 314) möglich (St/J/*Leipold* Rn 22, str.). Bei mündlich zu Protokoll gestellten Anträgen (Abs 1 Satz 3) ist auch deren Verlesung und Genehmigung zu protokollieren (§ 162 I). 4

5 **Formmängel** erfolgter Antragstellung sind, auch in der Rechtsmittelinstanz, nach § 295 heilbar (vgl Karlsr 2.11.03–19 U 35/03). **Nicht** nach § 295 heilbar ist, dass keine Anträge (§§ 253 II Nr 2, 308) gestellt wurden (Rz 1). Wird zu Gunsten des Kläges/Widerklägers gegen § 308 I verstoßen, kann Heilung in der Berufungsinstanz durch seine entspr Klageänderung erfolgen (BGH NJW 93, 925, 928; BAG NJW 06, 1798, 1799).

§ 298 Aktenausdruck. **(1) Von einem elektronischen Dokument (§§ 130a, 130b) kann ein Ausdruck für die Akten gefertigt werden.**

(2) Der Ausdruck muss den Vermerk enthalten,

1. welches Ergebnis die Integritätsprüfung des Dokumentes ausweist,

2. wen die Signaturprüfung als Inhaber der Signatur ausweist,

3. welchen Zeitpunkt die Signaturprüfung für die Anbringung der Signatur ausweist.

(3) Das elektronische Dokument ist mindestens bis zum rechtskräftigen Abschluss des Verfahrens zu speichern.

1 **A. Zweck.** Mittels elektronischen Rechtsverkehrs (dazu *Degen* NJW 08, 1473; 09, 199), dh unter Verwendung digitalisierter Daten, sollen gerichtliche Verfahren von der Klageeinreichung bis zur Urteilszustellung, und zwar auch die Sachbehandlung, die Aktenführung und die Archivierung (§§ 298a, 299 III, 299a), ohne Qualitätseinbuße schneller und effizienter ablaufen. Ein elektronisches Dokument, das aus der in einer elektronischen Datei enthaltenen Datenfolge besteht (BGH NJW 08, 2649, 2650), fällt nicht unter § 130 (BGH 4.12.08 – IX ZB 41/08, Rn 6). **§130a** erlaubt es, ein elektronisches Dokument als Schriftsatz einzureichen. **§130b** regelt die Verwendung elektronischer Dokumente durch das Gericht. Durch Rechtsverordnungen ist geregelt, ob, wie inzwischen vielfach (www.justiz.de/ERV/index.php), eine elektronische Kommunikation zugelassen ist. Die Möglichkeit, ein elektronisches Dokument für die Akte **auszudrucken**, eröffnet **§ 298 I.** Die erforderliche Sorgfalt zu gewähren und die Beweiskraft des Ausdrucks (§ 416a) zu begründen dienen die **Formerfordernisse** des Abs 2 (Rz 4). Im Interesse der **Rechtssicherheit** ist trotz eines Ausdrucks das Originaldokument bis zum Verfahrensabschluss zu speichern (Abs 3). Andere Verfahrensordnungen sehen in §§ 55b IV 2 VwGO, § 52b IV 2 FGO und § 65b IV 2 SGG entspr Regelungen vor. Ferner verweisen § 110d I 2 OWiG und § 317 (Rz 3) auf § 298.

2 **B. Aktenausdruck (Abs 2).** Auch wenn die elektronische Kommunikation eröffnet ist, bleibt daneben die in Papierform zulässig. Auch kann weiterhin die Akte auch nicht elektronisch geführt werden (vgl § 298a I 1: »können«). Dann erlaubt Abs 1, ein in elektronischer Form bei Gericht eingegangenes (§ 130a) oder im Gericht erstelltes (§ 130b) Dokument (zB Text-, Grafik-, Videodatei) **für die Akten** in Papierform (ggf mehrfach) auszudrucken (sog. „binnenjustizieller Medientransfer"). Insb wenn ein Beteiligter keinen elektronischen Zugang (zB für die Zustellung) hat, wird die Ermessensentscheidung dahingehend gebunden sein, Ausdrucke vorzunehmen. Daneben kann das Gericht aus den Akten **für sich** einen Ausdruck fertigen; der Ausdruck durch eine(n) Partei/Anwalt selbst ist nicht erfasst. Für den Ausdruck für die Akten gelten die allgemeinen Aufbewahrungsbestimmungen, insb -fristen (vgl das SchrAG).

3 **§ 298a II** behandelt den Transfer in ein elektronisches Dokument. Für Ausfertigungen, Abschriften oder Auszüge eines in elektronischer Form vorliegenden **Urteils** (§ 130b) gilt § 317 III, der auf § 298 verweist; bzgl des Urteils bedarf es neben des Vermerks nach Abs 2 eines Ausfertigungsvermerks (s.a. § 317 IV).

4 **C. Transfervermerk (Abs 2).** Aus Gründen der Rechtssicherheit muss auf dem Ausdruck des elektronischen Dokuments (s. Abs 1) das Ergebnis der dreifachen Sorgfaltsprüfung vermerkt sein: Der nach **Nr 1** vorgesehene automatische Abgleich der Hash-Werte bezweckt, die Integrität, die Authentizität und die Gültigkeit der Signatur zu prüfen. Nach § 130a I 2 müssen bestimmende Schriftsätze mit einer qualifizierten elektronischen Signatur (§ 2 Nr 3 SigG) versehen sein, die an die Stelle der eigenhändigen Unterschrift iSv § 130 Nr 6 der das Dokument zu verantwortende Person (BGH NJW 11, 1294, 1295) tritt (vgl BGH NJW 10, 2134; § 130a Rz 4). Die Signatur ist personengebunden und wird mittels einer Chipkarte, einem Lesegerät, entspr Computersoftware bei Verwendung eines Signaturschlüssels (Identifikationscodes, PIN) auf den elektronischen Dokumenten angebracht. Nach der Signierung kann der Text nicht mehr geändert werden. Enthält das Dokument keine Signatur oder – obgleich erforderlich – keine qualifizierte Signatur, ist dieses zu vermerken. Der Vermerk erfolgt maschinell. Eine handschriftliche Unterzeichnung ist nicht erforderlich. Nach **Nr 2** ist der Inhaber des Signaturschlüssels (vgl § 2 Nr 9 SigG) anzugeben. Nach **Nr 3** ist anzugeben, wann das Dokument nach dem Prüfprogramm mit der elektronischen Signatur versehen wurde: Darüber

kann ein qualifizierter Zeitstempel, mit dem idR die Signatur versehen ist, Auskunft geben. Ein Attributzertifikat ist, anders als nach § 33 V VwVfG, nicht erforderlich.

D. Folge. Enthält der gerichtliche Ausdruck einen den Formerfordernissen genügenden Vermerk, richtet 5
sich die **Beweiskraft** nach § 416a. Ansonsten greift weder § 416a noch kann von dem Ausdruck eine wirksame Ausfertigung (vgl § 313 III) erstellt werden. Ist der Vermerk inhaltlich falsch, dh ist seine inhaltliche Richtigkeit widerlegt (vgl §§ 415 II, 418 II), kann das elektronische Dokument nicht als authentisch gelten und kommt seinem Ausdruck keine rechtliche Wirkung zu (St/J/*Leipold* Rn 7).

E. Speicherung (Abs 3). Wird von einem elektronischen Dokument in einem Verfahren, in dem **keine** 6
elektronische Akte geführt wird – im Falle des § 298a ist das Dokument als Akteninhalt aufzubewahren – ein Aktenausdruck gefertigt, ist das originäre elektronische Dokument (zu von einem Papierstück erst abgeleiteten elektronische Daten s. § 298a II 2) wenigstens bis zum rechtskräftigen Abschluss des Verfahrens, auf das es sich bezieht, zu speichern. Dadurch soll die Identität und Integrität des Dokuments überprüfbar bleiben. Dieser Zeitpunkt ist nicht mit der formellen Rechtskraft gleichzusetzen, denn auch zB das Kostenfestsetzungsverfahren gehört noch zum Verfahren iSd Abs 3 (B/L/A/H Rn 8). Ergänzend gilt das Schriftgutaufbewahrungsgesetz (**SchrAG**).

§ 298a Elektronische Akte. (1) [1]**Die Prozessakten können elektronisch geführt werden.** [2]**Die Bundesregierung und die Landesregierungen bestimmen für ihren Bereich durch Rechtsverordnung den Zeitpunkt, von dem an elektronische Akten geführt werden sowie die hierfür geltenden organisatorisch-technischen Rahmenbedingungen für die Bildung, Führung und Aufbewahrung der elektronischen Akten.** [3]**Die Landesregierungen können die Ermächtigung durch Rechtsverordnung auf die Landesjustizverwaltungen übertragen.** [4]**Die Zulassung der elektronischen Akte kann auf einzelne Gerichte oder Verfahren beschränkt werden.**

(2) [1]**In Papierform eingereichte Schriftstücke und sonstige Unterlagen sollen zur Ersetzung der Urschrift in ein elektronisches Dokument übertragen werden.** [2]**Die Unterlagen sind, sofern sie in Papierform weiter benötigt werden, mindestens bis zum rechtskräftigen Abschluss des Verfahrens aufzubewahren.**

(3) **Das elektronische Dokument muss den Vermerk enthalten, wann und durch wen die Unterlagen in ein elektronisches Dokument übertragen worden sind.**

A. Zweck. S. § 298 Rz 1. Die Norm betrifft nur das binnenjustizielle Verfahren. Sie verpflichtet nicht die 1
Parteien. Für die Zeit nach Verfahrensabschluss s. § 299a und das SchrAG.

B. Elektronische Aktenführung. Abs 1 erlaubt es, die Prozessakte insgesamt elektronisch zu führen (S 1), 2
wenn zuvor eine Rechtsverordnung dieses gestattete (S 2–4). Auch wenn die Aktenführung der Geschäftsstelle/Serviceeinheit und damit der Gerichtsverwaltung obliegt, berührt die Entscheidung, ob die Akte elektronisch geführt wird, idR so sehr die richterliche Tätigkeit, dass sie der Vorsitzende nach pflichtgemäßem Ermessen treffen sollte (St/J/*Leipold* Rn 3, 10; aA Musielak/*Huber* Rn 6; B/L/A/H Rn 5: Urkundsbeamte). Verfügt er es, wird ein (möglichst allseits kompatibles) Dokument-Management-System den elektronischen Zusammenhang der Akte (Deckel und Blattnummern) gewährleisten.

C. Transfer in elektronische Dokumente (Abs 2). Auch wenn das Gericht die Prozessakten elektronisch 3
führt, sind die Beteiligten nicht verpflichtet, Dokumente elektronisch einzureichen. Auch zum Beweis bestimmte **Urkunden** werden idR in Papierform vorgelegt. Abs 2 S 1 regelt, dass im laufenden Verfahren (nicht: Vorinstanz) eingereichte Schriftsätze und Unterlagen (zB Pläne und Zeichnungen) in papierener Form in elektronische übertragen werden sollen. Dies ist regelmäßig geboten, damit die elektronische Akte vollständig ist und eine doppelte Aktenführung vermieden wird. Insb wenn die Akte sehr umfangsreich oder die Art der Unterlagen (zB Röntgenbilder) eine Übertragung schwierig macht, wird von ihr abgesehen werden. Die Entscheidung über das ›ob‹ der Übertragung trifft der Vorsitzende (Rz 2). Die Ausführung obliegt der Geschäftsstelle.

Die **Aufbewahrungsfrist** nach Abs 2 Satz 2 (§ 298 Rz 6) bezieht sich nur auf Dokumente, die in Papierform 4
weiter benötigt werden. Beispiel ist eine Bilddatei, die nicht den gleichen Beweiswert hat wie die eingereichte papierene Originalurkunde. Wird das Original nicht mehr benötigt werden, ist es zurückzugeben. Die Antwort ist kaum vorhersehbar. Streit über den Inhalt und die Echtheit eingereichter Urkunden, zB bei

Quittungen oder über handschriftliche Zusätze, ist häufig. Der Übertragung – dem elektronischen Dokument – wird auch bei ordnungsgemäßem Vermerk (Abs 3) entspr § 420 nicht der Beweiswert des Originals zukommen (Musielak/*Huber* Rn 8; aA MüKoZPO/*Prütting* Rn 9). Schriftliche Unterlagen wie vorgelegte (§§ 142 I, 273 II Nr 1, 2, 5) oder durch Urkundenbeweis beschaffte (§§ 430, 432) oder sonst verwahrte (§ 443) Urkunden sollten daher generell aufgehoben (St/J/*Leipold* Rn 14, aA *Viefhues* NJW 05, 1009, 1013) und erst nach rechtskräftigem Abschluss des Verfahrens an den Einreichenden zurückgegeben werden.

5 **D. Übertragungsvermerk (Abs 3).** Im Dokument enthalten sein muss der genaue Zeitpunkt der Übertragung und (trotz der Schwierigkeiten bei automatisierten Scanvorgängen) namentlich die Person, die die Übertragung bewerkstelligt hat. Diese selbst muss aber nicht den Vermerk erstellen, da das Gesetz dieses nicht anordnet (aA St/J/*Leipold* Rn 11). Ausreichend ist, dass der Vermerk in den Dateieigenschaften abgelegt ist. Er muss nicht auf dem Dokument sichtbar sein (*Saenger* Rn 4). Da der Vermerk keine Außenwirkung hat, ist eine elektronische Signatur und ein Identitätsvermerk (leider) aus Vereinfachungszwecken nicht vorgesehen.

§ 299 Akteneinsicht; Abschriften.

(1) Die Parteien können die Prozessakten einsehen und sich aus ihnen durch die Geschäftsstelle Ausfertigungen, Auszüge und Abschriften erteilen lassen.

(2) Dritten Personen kann der Vorstand des Gerichts ohne Einwilligung der Parteien die Einsicht der Akten nur gestatten, wenn ein rechtliches Interesse glaubhaft gemacht wird.

(3) [1]Werden die Prozessakten elektronisch geführt, gewährt die Geschäftsstelle Akteneinsicht durch Erteilung eines Aktenausdrucks, durch Wiedergabe auf einem Bildschirm oder Übermittlung von elektronischen Dokumenten. [2]Nach dem Ermessen des Vorsitzenden kann Bevollmächtigten, die Mitglied einer Rechtsanwaltskammer sind, der elektronische Zugriff auf den Inhalt der Akten gestattet werden. [3]Bei einem elektronischen Zugriff auf den Inhalt der Akten ist sicherzustellen, dass der Zugriff nur durch den Bevollmächtigten erfolgt. [4]Für die Übermittlung ist die Gesamtheit der Dokumente mit einer qualifizierten elektronischen Signatur zu versehen und gegen unbefugte Kenntnisnahme zu schützen.

(4) Die Entwürfe zu Urteilen, Beschlüssen und Verfügungen, die zu ihrer Vorbereitung gelieferten Arbeiten sowie die Dokumente, die Abstimmungen betreffen, werden weder vorgelegt noch abschriftlich mitgeteilt.

1 **A. Zweck.** Das Gericht entscheidet über die Anträge anhand des in der Prozessakte befindlichen Prozessstoffs. Die Parteien müssen, uU auch um zu erkennen, inwieweit weiterer Vortrag geboten ist, diese Entscheidungsgrundlage kennen können (s.a. § 357 I). Ihr **Informationsrecht** ist Ausdruck ihres Rechts auf rechtliches Gehör (Art 103 I GG; BVerfG NVwZ 10, 954, 955) und des Grds der Parteiöffentlichkeit. Es kann ihnen auch nicht in Hinblick auf zu wahrende Geschäfts- oder Betriebsgeheimnisse verwehrt werden (München NJW 05, 1130, 1131; GRUR-RR 09, 191, 192). Akteninhalt, den die Parteien nicht einsehen dürfen, kann grds auch nicht für die Entscheidung verwertet werden. Daher erlaubt ihnen **Abs 1 S 1** die **Einsicht** in die Prozessakten. Dieses wird ergänzt durch ihr Recht auf Abschriften etc (Abs 1 S 2). Vom Recht auf Einsicht **nicht** erfasst sind Entwürfe und Vorentwürfe zu gerichtlichen Entscheidungen (**Abs 4**). Bezüglich der anonymisierten Entscheidung (zB Urt) selbst besteht aber eine Pflicht zur Kenntnisgabe zum Zwecke der Veröffentlichung (zur Kontrollfunktion vgl *Stackmann* NJW 10, 1409, 1411 f), idR aber auch in sonstigen Fällen (St/J/*Leipold* Rn 54 ff, 59). Das Recht der **informellen Selbstbestimmung** (Art 1 I iVm 2 I GG; BGH GRUR 07, 628, 629) und der gebotene **Datenschutz** beinhalten auch, dass nicht jedwede **Dritte** ohne Einwilligung der Parteien die Akten einsehen und Kenntnis von ihrem Inhalt nehmen dürfen. Ihr Einsichtsrecht ist von einem rechtlichen Interesse und einer Abwägung abhängig (**Abs 2**). **Behörden** können nach hM unabhängig von § 299 iRd Amtshilfe (Art 35 I GG) und der Datenschutzgesetze (s. **BDSG**) Akteneinsicht verlangen (Ddorf FamRZ 08, 1871; ThoPu/*Reichold* Rn 5; zum Betreuungsverfahren *Schulte-Bunert* BtPrax 10, 7-11). Das trägt nur, soweit der Eingriff verhältnismäßig iwS ist (enger noch St/J/*Leipold* Rn 65: § 299 II gelte; aA Ddorf aaO); vgl auch § 474 StPO. Die Übertragung personenbezogener Daten vAw richtet sich nach §§ 12 ff EGGVG sowie nach der AO über Mitteilungen in Zivilsachen (MiZi). **Abs 3** nimmt auf § 298 Bezug und regelt die Einsicht in elektronische Akten. Für **weggelegte** Akten s. § 299a.

2 Neben § 299 regeln in der ZPO als **Spezialvorschriften** die Akteneinsicht § 760 (Einsicht der am Vollstreckungsverfahren Beteiligten in die Akten des Gerichtsvollziehers), §§ 915b ff (Einsicht ins Schuldnerverzeichnis), §§ 996 II, 1001, 1016, 1022 II, 1023 (Aufgebotsverfahren). Ansonsten **verweist** § 46 II ArbGG (vgl

VG Frankfurt 11.1.11 8 K 2602/10) auf § 299, der auch über § 173 VwGO (VGH Mannheim 25.10.11 – 3 S 1616/11) bzw § 1 III GesO gilt (BGH NZI 08, 181, 182). § 299 vergleichbar sind aus anderen Verfahrensordnungen § 78 FGO, § 100 VwGO, §120 SGG und §13 FamFG (zum Akteneinsichtsrecht gewerblicher Erbenermittler Hamm FamRZ 11, 143; KG FamRZ 11, 920; 1415); zu Patentakten s. §§ 31, 99 III PatG (BGH GRUR 08, 733; 633 f.; 28.9.10 – X ZR 137/09; 16.12.10 – Xa ZR 19/10); für Kartellsachen §§ 72, 111 GWB; zum Strafverfahren s. § 147 StPO. Für Behördenakten gilt uU § 29 VwVfG. In der Zwangsversteigerung gilt § 42 ZVG. Im Insolvenzverfahren regeln §§ 66, 153, 154, 175, 188, 234 InsO die Einsicht in die gerichtlichen Insolvenzakten. Darüber hinaus verweist § 4 InsO auf § 299 (s. Rz 3, 8).

B. Akteneinsichtsrecht der Parteien (Abs 1). **Berechtigte** sind die Parteien (§ 50 Rz 2), also die behaupteten Träger des im Prozess streitigen Rechts sowie diejenigen, die über ein fremdes Recht im eigenen Namen streiten (Prozessstandschaft) und ihr jeweils Bevollmächtigter (§§ 79, 83 II); dieser hat seine Vollmacht zu belegen. Ihre Berechtigung besteht auch nach der Rechtskraft des Urteils (Wieczorek/Schütze/*Assmann* Rn 9; aA BFH NJW 06, 399, 400; Zö/*Greger* Rn 6c: es gelte Abs 2 – so wohl auch München 20.5.09 – 9 VA 5/09 zur gerichtlichen Mediationsakte). Berechtigt ist auch der Antragsgegner im einstweiligen Verfügungsverfahren (Hambg OLGR Hambg 01, 315; einschr Zö/*Greger* Rn 2: erst ab tatsächlicher Beteiligung, differenzierend Rostock 23.9.10 – 3 W 159/10: ausnahmsweise keine Recht auf Akteneinsicht, wenn ansonsten der Verfahrenszweck [zB Überraschungseffekt] gefährdet würde). Es gibt nach Abs 1 kein vorprozessuales Recht auf Akteneinsicht. Darum hat der nur potenzielle Antragsteller im Verfahren der einstweiligen Verfügung, in dem eine Schutzschrift eingereicht worden ist, kein Einsichtsrecht schon vor Stellung seines Verfügungsantrags (MüKoZPO/*Prütting* Rn 29; Wieczorek/Schütze/*Assmann* Rn 9; aA St/J/*Leipold* Rn 8: analog Abs 1). Der Partei gleich steht wegen der Wirkungen nach § 67 der Streithelfer (§§ 66 ff) sowie der dem Prozess beigetretene Streitverkündete (vgl § 74). Nach einem durchgeführten Vollstreckungsverfahren steht der durch einen Titel legitimierte Gläubiger, der eine eidesstattliche Versicherung seines Schuldners nach § 903 gegen sich gelten lassen muss, einem Verfahrensbeteiligten gleich; er kann gem § 299 I die Niederschrift und das Vermögensverzeichnis einsehen. Im Insolvenzverfahren ist über **§ 4 InsO** die Akteneinsicht neben dem Schuldner und Verwalter allen Gläubigern eröffnet, die sich am Verfahren beteiligen (Celle ZIP 07, 299; Frankf NZI 08, 618; r+s 08, 474; Köln OLGR Köln 08, 191; St/J/*Leipold* Rn 25; enger LG Karlsruhe NZI 03, 327; zum Ganzen *Friedrich/Schuster* ZIP 09, 2418 ff): Im Eröffnungsverfahren ist Beteiligter der Schuldner nebst seiner Organe, beim Fremdantrag auch der antragstellende Gläubiger. Im eröffneten Verfahren sind auch beteiligt (auch: nachrangige) Insolvenzgläubiger und Gläubiger mit Aus- und Absonderungsrechten, nach vorzugswürdiger Ansicht auch Massegläubiger (aA Köln OLGR 08, 191; Frankf NZI 10, 773, 774; s.a. Rz 8). **Nicht** erfasst sind Personen, die in den Prozess erst eintreten wollen (zB der noch nicht beigetretene Streitverkündete, potenzielle Rechtsnachfolger) oder Gläubiger ohne Titel. Für sie gilt Abs II (KG NJW 89, 534). 3

C. Gegenstand. Zur **Prozessakte** als der beim Gericht (nicht: beim Insolvenzverwalter oder Gerichtsvollzieher) selbst bzgl des konkreten Rechtsstreits angelegten gesamten Akte gehören insb die eingereichten Schriftsätze und die Protokolle, jeweils nebst Anlagen, Beiakten, die Urschriften der Urteile, Beschlüsse und Verfügungen (nicht aber deren Entwürfe, Abs 4), amtliche Schriftstücke wie dienstliche Äußerungen und Selbstanzeigen iRd Befangenheitsprüfung (§§ 44 III, 48), Zustellungsurkunden, Prozessvollmachten (§ 80). Erfasst ist – trotz der grds vorausgesetzten Vertraulichkeit (vgl Art. 7 EU-RL 08/52/EG v. 21.5.08) – auch die Gerichtsakte bzgl eines von der anderen Partei eingeleiteten, gescheiterten Mediationsverfahrens (München 20.5.09 – 9 VA 5/09). Die Entscheidung des Rechtsmittelgerichts kann nach §§ 541 II, 565 in Form einer beglaubigten Abschrift den Prozessakten beigefügt sein. Das Einsichtsrecht bezieht sich dann nur auf diese Abschrift, nicht auf die Entscheidungsurschrift (BGH 17.09.09 – IX ZR 164/07). Die Einsicht darf nicht verweigert werden, weil Aktenteile nach Auffassung des Gerichts keine Bedeutung hätten (BVerfG NVwZ 10, 954, 956). **Keine** Einsicht wird in die Aktenteile gewährt, in denen im **PKH-Verfahren** (§§ 114 ff) der Antragsteller zu seinen persönlichen und wirtschaftlichen Verhältnissen Angaben macht (vgl § 117 II 2). Per **Telefaxkopie** eingereichte Schriftsätze gehören erst zu den Prozessakten, wenn sie gem § 3 AktO mit der Akte vereinigt worden sind (Schlesw 28.11.08 – 5 W 44/08). **Nicht** zur Prozessakte gehören Gegenstände des Augenscheins oder der Begutachtung (§ 144 I 2), von den Parteien vorgelegte Beweisurkunden (§ 142; vgl Hambg WE 08, 41), von Zeugen oder Sachverständigen vorgelegte Hilfsakten und Akten anderer Gerichte und Behörden, die beigezogen wurden. Diese Gegenstände dürfen aber wegen des **Rechts auf rechtliches Gehör** der Parteien nur zur Entscheidungsfindung herangezogen werden, wenn die Par- 4 teien sie zur Kenntnis nehmen konnten (St/J/*Leipold* Rn 9–11, 16). Im Ergebnis besteht in der Praxis das Einsichtsrecht analog § 299 I in Originalurkunden, soweit diese im Prozess verwendet werden (so SchlHA 08, 27). Entsprechendes gilt auch für Augenscheinsobjekte, wie Licht- oder Röntgenbilder, soweit sie zur Entscheidungsgrundlage werden können, zB in Verbindung mit einem Sachverständigengutachten (Schlesw aaO). Bei **beigezogenen** Akten liegt in der Übersendung das Einverständnis der Behörde bzw des anderen Gerichts. Ohne dieses darf keine Einsicht gewährt, die Akte dann aber auch nicht verwertet werden (BGH NJW 52, 305, 306).

5 Bloße **Entwürfe** gerichtlicher Entscheidungen und die sonst in **Abs 4** genannten Schriftstücke sind nur innere Vorgänge des Gerichts. Entspr gilt für von Referendaren für das Gericht gefertigte Gutachten (Celle 2.2.12 – 4 W 17/12) oder sonstige Aufzeichnungen, die der Richter im Rahmen seiner Entscheidungsfindung für sich anfertigt (Frankf NJW 07, 928). Insoweit besteht auch kein Recht der Parteien zur Stellungnahme. Gerichtsinterne Aufzeichnungen, die versehentlich zu den Akten kommen, werden dadurch nicht Aktenbestandteil.

6 **D. Verfahren.** Es ist kein förmlicher Antrag erforderlich (Köln NJW-RR 86, 1124, 1125). Die Einsicht wird dem Berechtigten im Gericht, idR in der Geschäftsstelle (BGH NJW 61, 559), zu deren Geschäftszeiten gewährt. Der Vorsitzende kann den Zeitraum nach pflichtgemäßem Ermessen näher bestimmen. Erkennt der Berechtigte, dass das Gericht seinen Antrag auf Akteneinsicht bis zum Schluss der mündlichen Verhandlung unberücksichtigt lässt, darf er nicht untätig bleiben, sondern muss **rügen** und dem Gericht Gelegenheit geben, zu dem Versäumnis Stellung zu nehmen und den Antrag zu bescheiden (BVerfG NVwZ 10, 954, 956). Ein Anspruch auf **Versendung** an einen anderen Ort, zB in die Kanzlei (Brandbg NJW-RR 08, 512) oder die Wohnung der Partei, besteht nicht (Ddorf MDR 08, 1060). Ist ein **Anwalt** bevollmächtigt, bewilligt auf Antrag der Vorsitzende (aA B/L/A/H Rn 8: Vorstand) nach pflichtgemäßem Ermessen (vgl Celle ZIP 07, 299: zur Versendung der Insolvenzakte) mit Fristsetzung für die Rücksendung (zB nach 3 Tagen) idR die Versendung der Akte zur Einsicht in die Kanzlei, wenn nicht ausnahmsweise Gründe entgegenstehen (zB gerichtsbekannte Unzuverlässigkeit des Anwalts, Verlustgefahr einer unentbehrlichen Akte, unverhältnismäßige Verzögerung des Geschäftsgangs). Im Rahmen der Einsicht können selbst Notizen oder Abschriften gefertigt werden. Die Übergabe einer Kopie sollte auf entspr Bitte erfolgen, wenn dies aus Gründen der Fairness, der Verfahrensvereinfachung und -beschleunigung angezeigt erscheint (Kosten: Rz 7). Insoweit zuständig ist die Geschäftsstelle. Die Akteneinsicht (ggf über das Gerichtsfach des RAs beim aktenführenden Gericht) ist **kostenfrei** (Ausnahme: Einsicht gem § 899: GKG KV 2116). Die Aktenversendung kostet entspr KV Nr 9003 (12 €, elektronische Übermittlung: 5 €), wenn nicht schon die Gebühr nach KV Nr 2115 vom Schuldner zu erheben ist. Auslagenschuldner ist allein der Anwalt, da die Übersendung seiner Arbeitserleichterung dient (BGH NJW 11, 3041, 3042; aA Voraufl). Die Fälligkeit bestimmt § 9 III GKG. Nach § 17 II GKG kann **Vorschuss** gefordert werden. Die Partei, der PKH bewilligt ist, ist freigestellt (§ 28 III GKG). Rechtsbehelf gegen die Anforderung des Vorschusses ist Beschwerde nach § 67 GKG, gegen den Kostenansatz Erinnerung, Beschwerde und ggf weitere Beschwerde nach § 66 GKG.

7 **E. Ausfertigungen, Auszüge und Abschriften (Abs 1).** Solche, auch beglaubigte, hat die zuständige Geschäftsstelle auf Antrag eines Berechtigten (Rz 3) diesem zu erteilen. Er muss dazu kein besonderes Interesse darlegen. Auch ist sein Recht nur durch die Grenze des Rechtsmissbrauchs dem Umfang nach beschränkt (enger BFH/NV 08, 101). Der Berechtigte, der keine PKH erhält, hat die Auslagen (zB Kopierkosten von idR 0,5 € pro Seite, vgl Nr 9000 KV GKG) zu tragen.

8 **F. Einsichtsrecht Dritter (Abs 2).** Dritter ist, wer nicht Berechtigter iSv Abs 1 (Rz 3) oder Behörde (Rz 1) ist. Der Vorstand des Gerichts (Behördenleiter) oder der von diesem beauftragte Richter wird ihm nach pflichtgemäßem Ermessen auf Antrag idR Einsicht gewähren, wenn die Parteien damit **einverstanden** sind. Sind sie **nicht** einverstanden, entscheidet der Vorstand des Gerichts (bzw der beauftragte Richter) nach **pflichtgemäßem Ermessen**, ob der Dritte sein **rechtliches** und nicht nur berechtigtes oder wirtschaftliches Interesse (KG NJW 88, 1738; *Zuck* NJW 10, 2913) **glaubhaft (§ 294)** gemacht hat **und** ob es ggü den Interessen der Parteien an Schutz ihrer Daten **überwiegt** (vgl § 475 I, II StPO). Dabei liegt ein **rechtliches Interesse** vor, wenn der Dritte einen rechtlichen Bezug zum Gegenstand des konkreten Prozesses hat: Das Interesse muss sich unmittelbar aus der Rechtsordnung ergeben. Es setzt ein auf Rechtsnormen beruhendes oder durch solche geregeltes, gegenwärtig bestehendes Verhältnis einer Person zu einer anderen Person oder zu einer Sache voraus (BGH ZIP 06, 1154; *Zuck* aaO: Voraussetzung des rechtlichen Interesses ist das Bestehen eines Rechtsverhältnisses). Es liegt schon vor, wenn persönliche Rechte des Antragstellers durch

den Akteninhalt auch nur mittelbar berührt werden können, sofern ein rechtlicher Bezug zu dem Streitstoff der einzusehenden Akte besteht. Insoweit genügen auch rechtlich begründete wirtschaftliche Interessen, sofern diese Interessen einen rechtlichen Bezug zum Streitstoff der Akten haben; es muss der Interessenkreis des jeweiligen Antragstellers durch das Verfahren konkret berührt werden, und zwar durch das Verfahren selbst oder wenigstens durch den diesem zu Grunde liegenden Sachverhalt (Frankf NZI 10, 773, 774). Das rechtliche Interesse liegt daher idR vor, wenn die erstrebte Kenntnis vom Akteninhalt zur Verfolgung von Rechten oder zur Abwehr von Ansprüchen, die mit dem Prozessgegenstand im Zusammenhang stehen, dient (Frankf r+s 08, 474). So ist es **gegeben** zB idR beim Streitverkündeten, der den Beitritt oder die Reichweite der Interventionswirkung (§ 74) prüft, oder beim gesetzlichen Unfallversicherer (vgl § 199 I 2 SGB VII), der an einen Geschädigten, dessen Unfall Gegenstand des Verfahrens ist, geleistet und zu prüfen hat, ob ein gesetzlicher Anspruchsübergang gem § 116 SGB X auf ihn stattgefunden hat (Schlesw 20.1.09 – 12 Va 11/08). Auch hat es im Insolvenzverfahren der (potenzielle; vgl Frankf NZI 10, 773, 774) Gläubiger, dessen Gläubigerposition glaubhaft gemacht ist (vgl BGH ZIP 06, 1154; Frankf r+s 08, 474; BAG 6.10.211 – 6 AZR 172/10 Rz 36; einschr *Schuster/Friedrich* ZIP 09, 2418) oder wenn ein Verfahren mangels Masse nicht eröffnet wird (vgl § 4 InsO; Celle NJW 04, 863), und zwar auch zur Prüfung von Schadensersatzansprüchen ggü einem vormaligen Organ der Schuldnerin (BGH ZIP 06, 1154), oder vor Eröffnung der Insolvenzantrag erledigt ist (Schlesw NZI 08, 690; *Paulick* ZInsO 09, 906). Auch die erstrebte Feststellung, ob noch Vermögen bei der Schuldnerin vorhanden ist (BGH ZIP 06, 1154; zur Einsicht in die Zwangsverwaltungsakte LG Dortmund 16.2.11 – 1 T 105/10), dass ein Arbeitsverhältnis fortbesteht, weil die der vom Insolvenzverwalter ausgesprochenen Kündigung zu Grunde liegende Sozialauswahl grob fehlerhaft oder behauptete dringende betrieblichen Erfordernisse (vgl § 125 II 1 InsO mit § 1 I, II, III 3 KSchG) fehlten (München 27.1.11 – 9 VA 8/10), oder dass der Streitstoff das der Vollstreckung unterliegende Vermögen des Schuldners betrifft, begründet das rechtliche Interesse (KG NJW 08, 1748). Das KG (aaO) lässt es sogar ausreichen, dass ein Gläubiger aus der Akte die **Anschrift des Schuldners**, die er zur Vollstreckung benötigt, ermitteln will (so auch Brandbg JurBüro 05, 434, 436; aA München, bei: BGH 19.11.08 – IV AR [VZ] 1/08). Das ist gläubigerfreundlich, aber zweifelhaft. Denn für das rechtliche Interesse ist es **nicht** ausreichend, dass der Dritte durch die Akteneinsicht Informationen (zB die Vermögenslage des Schuldners) erfahren (ausforschen – s. § 148 Rz 8) will, die es ihm erleichtern, einen Anspruch geltend zu machen oder abzuwehren, der in keinem rechtlichen Bezug zu dem Streitstoff steht (Köln OLGR Köln 08, 191; Hambg ZIP 08, 1834; Frankf NZI 08, 618, 619: zu Neugläubigern im Insolvenzverfahren). Auch allein der Umstand, dass ein Sachverständiger in einem Prozess gutachterlich tätig war oder dass ein Rechtsuchender eine ähnliche eigene Sache betreibt, gibt ihm entgegen der hM (MüKoZPO/*Prütting* Rn 22; Wieczorek/Schütze/*Assmann* Rn 38) kein rechtliches Interesse iSd Abs 2 (zum Recht auf Kenntnis der Entscheidung s. Rz 1). Das rechtliche Interesse muss nicht bewiesen (§ 286), sondern nur **glaubhaft** gemacht sein (dazu § 294 Rz 2).

Ist das rechtliche Interesse glaubhaft gemacht, sind die berechtigten Interessen des Dritten mit denen des widersprechenden Verfahrensbeteiligten **abzuwägen**. Dessen Interesse (Rz 1) wird idR überwiegen, soweit im Verfahren (zB Familien- und Kindschaftssachen) die Öffentlichkeit (entgegen § 169 1 GVG) ausgeschlossen ist oder in ihm ansonsten vertrauliche Daten eingeführt worden sind (Geschäfts- oder Betriebsgeheimnisse, Steuerdaten [vgl § 30 AO]). Auch eine anderweitige Möglichkeit des Dritten, die durch die Einsicht erhofften Informationen zu erlangen, wiegt gegen ihn (ArbG München 27.9.10 – 31 Ca 11065/07). Bei einem besonderen Beteiligteninteresse können ggf Namen geschwärzt oder besonders geheimhaltungsbedürftige Aktenteile (zum Patentnichtigkeitsverfahren s.a. BGH GRUR 07, 815; 133) von der Einsichtnahme aus den Akten entnommen werden. Soweit möglich und zumutbar sind die **Parteien zuvor zu hören**, damit sie ihr Geheimhaltungsinteresse geltend machen können (BGH ZIP 06, 1154; zu § 475 StPO BVerfG NJW 07, 1052). Im Ausnahmefall kann auch eine unverhältnismäßige Störung des Geschäftsablaufs zur Versagung führen. Bei Verfahren mit öffentlicher Verhandlung – beachte § 128 I – gewährt die **Praxis** zu Recht großzügig Einsicht. Wissenschaftliche Zwecke rechtfertigen idR eine Akteneinsicht (vgl Art 5 III GG; § 476 StPO). Auch wenn Abs 2 kein Recht auf Abschriften nennt, können diese nach pflichtgemäßem Ermessen gestattet werden (Celle OLGR Celle 06, 725, 727 f). 9

G. Einsicht in die elektronische Akte (Abs 3). Wie in die papierene Prozessakte besteht in die elektronisch geführte (§ 298a) ein Recht auf Akteneinsicht, es gelten Abs 1 und 2. Erfasst sind auch papierene Dokumente, die nach § 298a II 2 aufbewahrt werden, nicht aber Ausdrucke des Gerichts aus der Akte allein für sich. Über die Art der Einsicht entscheidet die Geschäftsstelle (III 1; aA Wieczorek/Schütze/*Assmann* 10

Rn 34) mit Rücksicht auf den Antrag, dem idR zu entsprechen ist: Die Einsicht erfolgt (1) durch Erteilung eines (kostenpflichtigen) Ausdrucks der elektronischen Akte bzw des Aktenteils (ohne Transfervermerk iSv § 298 II, aA Wieczorek/Schütze/*Assmann* Rn 27), durch (2) kostenfreie Wiedergabe auf einem Bildschirm beim Gericht oder einem anderen Gericht oder einer Behörde, wobei zugleich eine Überprüfung der Signatur möglich ist, oder (3) durch elektronische Übermittlung der Akte zB per E-Mail (Kosten: Rz 6). Bei einer Übermittlung im öffentlichen Netz ist die übersendete Gesamtheit der Dokumente mit einer qualifizierten elektronischen Signatur zu versehen und, zB durch Verschlüsselung, zu sichern, dass kein Unbefugter vom Inhalt Kenntnis nimmt (III 4). Der Vorsitzende kann nach pflichtgemäßem Ermessen RAe (und Erlaubnisinhabern iSv § 209 BRAO [s. § 25 EGZPO]) auf deren Antrag den unmittelbaren elektronischen online-Zugriff in eine freigeschaltete Akte gestatten. Dabei muss wegen der Gefahr, dass Inhalte unkontrolliert weitergegeben werden könnten, gewährleistet sein, dass nur der RA auf sie zugreifen kann (III 3). Aus Praktikabilitätsgründen sollte insoweit genügen, dass der RA ggü dem Gericht substanziiert angibt, welche Sicherheitsmaßnahmen er getroffen hat (weitergehend St/J/*Leipold* Rn 40: Zuweisung einer Benutzerkennung nebst Passwort). § 174 I analog sollte Behörden entspr unmittelbarer Zugriff ermöglicht sein.

11 **H. Rechtsbehelfe.** Lehnt der Urkundsbeamte den Antrag des Berechtigten (Rz 3) auf Einsichtnahme oder Fertigung von Ausfertigungen etc nach Abs 1 oder 3 ab, entscheidet darüber auf Erinnerung nach § 573 I das Prozessgericht. Gegen dessen Entscheidung ist nach § 573 II die sofortige Beschwerde (§ 567 ff) zulässig. Lehnt der Vorsitzende es ab, die Akten zu übersenden (Rz 6), besteht dagegen die sofortige Beschwerde (§ 567 I Nr 2; Celle 2.2.12 – 4 W 17/12; aA: § 140 analog). Schließlich kann der Berechtigte die gerichtliche Endentscheidung selbst wegen Verletzung des Rechts auf rechtliches Gehör (Art 103 I GG) anfechten. Über Anträge nach Abs 2 entscheidet während Anhängigkeit der zuständige Richter (BGH NJW 69, 1302, 1303) als Organ der Rechtspflege (Ddorf FamRZ 08, 1871), danach steht die Ermessensentscheidung dem Vorstand des Gerichts zu (Rz 8) und ist gegen sie der Weg nach §§ 23 ff EGGVG eröffnet (Frankf r+s 08, 474, 476; NZI 10, 773; Naumb NZI 10, 766).. § 28 III EGGVG eröffnet nur, die Ermessensentscheidung der Justizbehörde auf Ermessensfehler zu überprüfen (s. dazu § 28 EGGVG Rz 9 f). Zudem ist die Dienstaufsichtsbeschwerde zulässig. Für Justizverwaltungsakte von Organen der Arbeitsgerichtsbarkeit ist § 23 EGGVG nicht einschlägig (§ 23 EGGVG Rz 4), so dass es bei der allgemeinen Zuweisung an die Verwaltungsgerichtsbarkeit gem § 40 I VwGO verbleibt.

§ 299a Datenträgerarchiv.

[1]Sind die Prozessakten nach ordnungsgemäßen Grundsätzen zur Ersetzung der Urschrift auf einen Bild- oder anderen Datenträger übertragen worden und liegt der schriftliche Nachweis darüber vor, dass die Wiedergabe mit der Urschrift übereinstimmt, so können Ausfertigungen, Auszüge und Abschriften von dem Bild- oder dem Datenträger erteilt werden. [2]Auf der Urschrift anzubringende Vermerke werden in diesem Fall bei dem Nachweis angebracht.

1 **A. Zweck.** § 299a regelt die Erteilung von Ausfertigungen etc, wenn eine **weggelegte** (s. § 7 AktenO) Akte kostengünstig und platzsparend durch Mikroverfilmung (Herstellung einer stark verkleinerten photographischen Abbildung eines Schriftstücks, Bildes ua auf Mikrofilm oder Mikrokarten) auf Bildträgern archiviert wurde und beim Gericht statt des Originals **nur** die Verfilmung aufbewahrt wird. Das Verfahren der Verfilmung ist in den einheitlichen Richtlinien für die Mikroverfilmung von Schriftgut in der Rechtspflege und Justizverwaltung (Justiz 76, 231), die Aktenführung und -aufbewahrung ist durch die AktenO und die Ergänzungsvorschriften geregelt. Daneben ist der zukünftig relevantere Fall erfasst, dass die Akte und ihre Bestandteile (§ 299 Rz 4) bei Gericht nur elektronisch gespeichert sind (zB auf Festplatte, DVD). Die elektronische Aktenführung **im Verfahren** regelt § 298a.

2 **B. Berechtigter. Ob** ein Recht auf Einsicht, Ausfertigungen, Abzüge oder Abschriften besteht, richtet sich nach § 299. Die Einsicht in in Form von Mikrofilmen archivierte Akten wird über ein Lesegerät (Dokumator) auf der Geschäftsstelle (vgl § 261 HGB) oder durch die Übersendung des Bild- bzw Datenträgers selbst gewährt (s. § 299 Rz 6). Eine elektronische Akte wird zur Einsichtnahme ausgedruckt oder, wie die im laufenden Verfahren, nach § 299 III, auf einem Bildschirm wiedergegeben oder elektronisch übermittelt. Auch § 299 III 2 gilt entspr.

3 **C. Ersetzung.** Damit eine elektronische Fassung der Akte an die Stelle der papierenen Urschrift tritt und deshalb damit vernichtet werden kann, ist die Papierakte nach den »ordnungsgemäßen Grundsätzen zur Ersetzung der Urschrift«, dh im Falle der Mikroverfilmung nach den Richtlinien für die Mikroverfilmung

(Rz 1), zu transformieren. Ua ist der Film auf Vollständigkeit und Lesbarkeit zu überprüfen. Wird die Akte zur Ersetzung der Urschrift elektronisch gespeichert, hat dies entspr den Anforderungen des § 298a II, III zu geschehen. Befinden sich in einer in papierener Form geführten Akte elektronische Dokumente iSd § 130a, wird mit diesen verknüpft der papierene Teil ebenfalls elektronisch gespeichert.
Immer ist ein **schriftlicher Nachweis** zu fertigen, dass die Wiedergabe durch den Bild- oder Datenträger mit der Urschrift übereinstimmt. Dieser verkörperte Nachweis beglaubigt die Übereinstimmung und wird im Original als quasi Beleg der Akte archiviert, und zwar idealer Weise nach der Aktenordnung (*Saenger* Rn 2). 4

D. Ausfertigungen, Abzüge oder Abschriften. Sie werden erstellt, liegt die Akte bei Gericht nur als Mikrofilm vor, indem die Mikrokopie als stark verkleinerte photografische Reproduktion rückvergrößert oder eine manuelle Abschrift gefertigt wird. Wegen der Schwierigkeiten, einen Mikrofilm zu lesen, genügt nur bei Zustimmung des Antragstellers die Überlassung eines Filmduplikats. Die bei Gericht nur elektronisch gespeicherte Akte wird ausgedruckt. Liegt bei Gericht noch das Original vor, sind nur anhand der Originalakte Ausfertigungen usw zu fertigen. Bezüglich der Form und des Inhalts von Ausfertigungen etc gelten die allgemeinen Regeln (§ 170). Sind Ausfertigungen etc danach ordnungsgemäß gefertigt worden, kommt ihnen Urkundscharakter zu. Soweit der Antragsteller zustimmt, können ihm Ausfertigungen, Auszüge und Abschriften auch als Mikrofilm oder in elektronischer Form überlassen werden. 5

E. Vermerke (S 2). An sich anzubringende Vermerke (zB nach § 734, § 320 IV 5) sind auf den schriftlichen Nachweis (s. Rz 4) zu setzen. 6

Titel 2 Urteil

Bemerkungen vor §§ 300 ff ZPO

Hinsichtlich ihrer Form lassen sich gerichtliche Entscheidungen in Urteile, Beschlüsse und Verfügungen unterteilen. **Urteile** ergehen idR aufgrund obligatorischer mündlicher Verhandlung. Dies ist auch im einstweiligen Verfügungsverfahren der gesetzliche Regelfall, § 937 II. Ausnahmen von dem Mündlichkeitsprinzip (Einl Rz 31) bestehen bei Urteilen nach Lage der Akten (§§ 251a, 331a) sowie bei Urteilen im schriftlichen Verfahren (§ 128 II, bea auch § 495a) und im schriftlichen Vorverfahren (§ 331 III). Auch das Anerkenntnisurteil (§ 307 S 2) setzt keine mündliche Verhandlung voraus. 1

A. Entscheidungsformen. Beschlüsse ergehen ohne bzw aufgrund fakultativer mündlicher Verhandlung (§ 128 IV, näher § 329 Rz 2). Sie werden vom Gericht, Rpfleger oder UdG erlassen. Ihrem Inhalt nach entscheiden sie nicht über den Streitgegenstand der Hauptsache. Sie können aber wie Urteile zu einer abschließenden Entscheidung im Hinblick auf den im jeweiligen Verfahrensstadium relevanten Streitstoff führen wie zB der PKH-Beschluss für das PKH-Verfahren (§§ 119 f), Kostenfestsetzungsbeschlüsse hinsichtlich des Umfangs der Kostenerstattung oder Beschlüsse im Arrest- oder einstweiligen Verfügungsverfahren im Hinblick auf den Sicherungsanspruch (§§ 922 I, 936). Daneben gibt es Beschlüsse, die sich auf den Verfahrensablauf beziehen wie zB Verweisungsbeschlüsse (§ 281) oder Beweisbeschlüsse. Soweit die ZPO von »Anordnungen« spricht, meint sie meist prozessleitende Beschlüsse zur Sachaufklärung (zB § 142 I), mitunter aber auch Beschlüsse mit echtem materiellen Gehalt (zB §§ 380 II, 390 II). Der Begriff »verurteilen« wird auch im Zusammenhang mit Beschlüssen gebraucht (§§ 887 II, 890, 891). 2
Verfügungen sind Anordnungen des Vorsitzenden (auch des Einzelrichters) oder eines beauftragten oder ersuchten Richters oder des UdG. Sie dienen der **Prozess- und Sachleitung** (zB §§ 226 III, 365 S 2, 400) und sind den Parteien mitzuteilen, darin unterscheiden sie sich von den rein internen Verfügungen des Richters in den Akten, die Anweisungen an die Geschäftsstelle enthalten. Einstweilige Verfügungen ergehen durch Beschl oder Urt (§§ 922 I 1, 936). 3

B. Systematik der Urteile. Urteile lassen sich nach ihrer Art systematisieren. 4

I. Art des Zustandekommens. Im Normalfall ergeht das Urt aufgrund einer streitigen, kontradiktorisch geführten mündlichen Verhandlung. Nimmt eine Partei eine Rechtsverteidigung ggü dem gegnerischen Anspruch nicht wahr oder verfolgt sie ihre eigenen Rechte nicht weiter, so beim VU (§§ 330, 331, 334), beim Verzichts- (§ 306) und Anerkenntnisurteil (§ 307), so ergeht ein nichtstreitiges Urt. 5

6 **II. Sach- und Prozessurteile.** Trifft das Urt eine Entscheidung über die **Begründetheit** des prozessualen Anspruchs, dh über den Streitgegenstand selbst, so spricht man von einem **Sachurteil**. Dazu gehören auch Versäumnisurteile (§ 331 Rz 3). Behandelt das Urt nur die **Zulässigkeit** der Klage, so liegt ein **Prozessurteil** vor, was hilfsweise Ausführungen des Gerichts zur Unbegründetheit der Klage aber nicht ausschließt. Zur gerichtlichen Prüfungsreihenfolge § 300 Rz 8.

7 **III. Inhalt des Urteils.** Die größte Bedeutung haben **Leistungsurteile**. Mit ihnen wird der Beklagte zu einem Tun oder Unterlassen verurteilt. Das kann zB die Zahlung eines Geldbetrags oder die Duldung der Zwangsvollstreckung sein. Die Leistungsurteile sind der Vollstreckung zugänglich.

8 **Feststellungsurteile** sind im Hauptausspruch der Vollstreckung im eigentlichen Sinne nicht zugänglich. Sie bedeuten keine Rechtsänderung, sondern enthalten einen Ausspruch darüber, ob zwischen den Parteien ein Rechtsverhältnis besteht oder nicht besteht, oder sie enthalten sonst einen verbindlichen Ausspruch über einen Umstand oder die Rechtslage (näher § 256). Die Entscheidung nach einseitiger Erledigungserklärung ist ein Feststellungsurteil (»Der Rechtsstreit ist erledigt.«). Feststellungsaussprüche ergänzen häufig den Leistungsausspruch, wenn zB bei einer Verurteilung des Beklagten zum Schadensersatz festgestellt wird, dass er dem Kl auch wegen der weiteren, noch nicht spezifizierten Schadensfolgen zum Ersatz verpflichtet ist. Klagen im Bereich des Vollstreckungsrechts (§§ 767, 768, 771) sind grds keine Feststellungs-, sondern Gestaltungsklagen (Rz 9), anders bei der Klage auf Erteilung der Vollstreckungsklausel iSd § 731 (§ 731 Rz 3) und der Vorzugsklage des § 805.

9 **Gestaltungsurteile** führen mit formeller Rechtskraft zu einer unmittelbaren Änderung der bestehenden Rechtslage für die Zukunft (zur Einführung: *Schlosser* Jura 86, 130; zur materiellen Rechtskraft § 322 Rz 3 ff). Sie kommen va in Betracht, wenn nur das Gericht die Rechtsmacht zur Umgestaltung der Rechtslage besitzt, dh eine gerichtliche Entscheidung konstitutive Wirkung haben soll, so zB bei Ehescheidung, Erbunwürdigkeit oder bei handels- und gesellschaftsrechtlichen Streitigkeiten. Zu den Gestaltungsklagen gehören die Klagen der §§ 323, 722, 767, 768, 771.

10 **IV. Verfahrensstadium.** Weiter lässt sich unterscheiden nach der Bedeutung des Urteils für den Fortgang des Rechtsstreits zwischen Endurteilen bzw Teilendurteilen (§§ 300, 301), Zwischenurteilen (§ 303 Rz 1) und Vorbehaltsurteilen (§ 302).

11 **C. Fehlerhafte Urteile. I. Schein- bzw Nichturteil.** Bei den so bezeichneten Urteilen liegt in Wahrheit gar kein Urt, sondern nur der **bloße Anschein** vor (*Lüke* ZZP 108, 428, 439 mwN; R/S/G § 62 Rn 12), sodass das »Urteil« unbeachtlich und wirkungslos ist (RGZ 120, 243, 245; 133, 215, 221); jede Partei kann Fortsetzung des Verfahrens beantragen (*Lüke* ZZP 108, 428). Formelle Rechtskraft tritt nicht ein (RGZ 133, 215, 220 f). Ein Nichturteil liegt vor, wenn der Ausspruch bzw das Schriftstück nicht als Willensäußerung des Gerichts angesehen werden kann, weil es nicht von einem Richter oder nicht in Ausübung der Tätigkeit als Rechtspflegeorgan erlassen wurde, so zB, wenn ein ausgeschiedener Richter entscheidet (bea aber § 309 Rz 2, aA *Jauernig* DtZ 93, 173; Musielak/*Musielak* Rn 4) oder ein sonstiger Bediensteter des Gerichts, ein Richter in einer privaten Runde oder bei Gelegenheit einer Referendars-AG (Zö/*Vollkommer* Rn 13; Musielak/*Musielak* § 300 Rn 4), nicht aber bei bloßen Besetzungsfehlern innerhalb des Spruchkörpers oder Gerichts. An einem Urt fehlt es auch, wenn das Schriftstück noch gar keine autorative Kraft entfalten sollte, so bei Zustellung eines bloßen Entwurfs (BGH NJW 95, 404; Zweibr OLGZ 87, 371, 372; Frankf NJW-RR 95, 511; § 310 Rz 8) oder wenn in Fällen des § 310 III die verkündungsersetzende Zustellung fehlt; umgekehrt erlangt ein Urt Wirksamkeit, das entgegen § 310 I 1 nicht verkündet, sondern zum Zwecke der Verlautbarung, also mit autorativem Verbindlichkeitsanspruch zugestellt wird (BGH NJW 04, 2019, 2020).
Das »Schein-/Nichturteil« darf mit **Rechtsmitteln** angegriffen werden, um den Anschein zu zerstören (BGHZ 32, 370, 375 = NJW 60, 1763, 1764; BGH NJW 95, 404; 96, 1969, 1970). Die Rechtsmittelinstanz muss ohne Prüfung des Begehrens in der Sache aufheben und zurückverweisen (Zweibr OLGZ 87, 371, 373). Nach Einlegung des Rechtsmittels darf die Vorinstanz nicht mehr durch Erlass eines neuen Urteils entscheiden (R/S/G § 62 Rn 19).

12 **II. »Wirkungslosigkeit« bei schwersten Fehlern und wirkungsgemindertes Urteil.** Die von einem Gericht erlassenen Urteile sind grds wirksam, aber ggf angreifbar. In Ausnahmefällen kann der Fehler aber so gravierend sein, dass die **Wirkungslosigkeit** des Urteils *gerechtfertigt* ist. Der die Wirkungslosigkeit begründende Fehler muss offensichtlich sein (BGHZ 127, 74, 79 = NJW 94, 2832, 2833; Musielak/*Musielak* Rn 5). In diesen Fällen besteht normalerweise weder materielle Rechtskraft noch überhaupt Tatbestands-

wirkung, wohl aber formelle Rechtskraft und bei entsprechender Bestimmtheit des Urteils auch Vollstreckungsfähigkeit (Ddorf NJW-RR 95, 895; Musielak/*Musielak* Rn 7; Zö/*Vollkommer* Rn 19; Jauernig Zivilurteil S. 141 ff). Insofern ist die Bezeichnung als »wirkungsloses Urteil« irreführend, denn häufig begründen Fehler nur die Unbeachtlichkeit einzelner Urteilswirkungen (im Sinne eines »wirkungsgeminderten« Urteils); so, wenn die materielle Rechtskraft wegen der mangelnden Bestimmtheit der in einem Teilurteil beschiedenen Einzelforderungen unklar ist (BGHZ 124, 164, 166 = NJW 94, 460), sofern nicht die Widersprüchlichkeit das Urt insgesamt unverständlich macht (dann wirkungsloses Urt, BGHZ 5, 240, 244 f = NJW 52, 818, 819). § 318 gilt auch für wirkungslose Urteile. Das Urt beendet die Instanz; es kann mit Rechtsmitteln angegriffen werden. Wegen des Fehlens der materiellen Rechtskraft ist erneute Klage möglich. Auch Nebenentscheidungen können Wirkungen erzeugen, wenn ihnen nicht derselbe Mangel wie dem Hauptanspruch innewohnt.

Relevant sind folgende **Fallgruppen** (ausf Jauernig Zivilurteil S. 150 ff):

Das Urt wird zwar von einem Gericht erlassen, das aber ggü der Partei wegen deren Exterritorialität oder wegen bestehender Sonderregeln (zB NATO-Truppenstatut) keine Gerichtsbarkeit beanspruchen darf (§ 18 GVG; R/S/G § 62 Rn 22). Bloße Verletzungen der Rechtswegzuständigkeit genügen nicht; erst recht nicht die Entscheidung einer den ordentlichen Gerichten zugewiesenen Streitsache durch Gerichte der fG (so noch BGHZ 29, 223, 228).

Wirkungslos ist das Urt, wenn das Gericht eine im deutschen Recht unbekannte oder gesetzes- oder sittenwidrige Rechtsfolge ausspricht (Oldbg MDR 89, 268), nicht aber ohne weiteres, wenn das Gericht das Kollisionsrecht falsch anwendet und nach Maßgabe eines ausländischen Statuts etwas anordnet, was dem deutschen Recht insoweit unbekannt ist; zur Abwehr dieser Rechtsfolgen greift der ordre-public-Einwand. Ein wirkungsloses Urt liegt auch dann nicht vor, wenn das Gericht zB bei einer Zahlungsklage die Sittenwidrigkeit des zugrunde liegenden Anspruchs verkennt, denn die Rechtsfolge (Zahlung) ist *als solche* und für sich genommen nicht sittenwidrig. Die bloße Unmöglichkeit der Leistungserbringung für den Beklagten begründet nicht die Wirkungslosigkeit, sondern nur die Unzulässigkeit des Urteils, wenn die (objektive) Unmöglichkeit von vornherein feststeht (BGH NJW 86, 1676 mwN); anders aber, wenn ein Urt gegen eine nicht mehr lebende Person ergeht (so wohl Hamm NJW-RR 86, 739). Generell führt der Umstand, dass das Urt mit dem materiellen Recht nicht in Einklang steht, nicht zur Nichtigkeit; der Entscheidung ist nur dann die Rechtswirkung zu versagen, wenn sie jeder gesetzlichen Grundlage entbehrt (BGH NZI 10, 99, 100, Tz 13 ff). Räumt das Gericht dem Insolvenzverwalter die Befugnis zur Geltendmachung von Anfechtungsklagen ein, obwohl die Ermächtigung im Insolvenzplan für die Fortsetzung eines Rechtsstreits über eine Insolvenzanfechtung (§ 259 III InsO) nicht besteht, so geht eine gerichtliche Anordnung über die Geltendmachung von Anfechtungsansprüchen durch den Verwalter mangels Eingreifens einer jeglichen Rechtsgrundlage von vornherein als nichtig ins Leere (BGH aaO, Tz 14 mwN).

Das Urt ist auch wirkungslos, wenn es aus Gründen, die in der tatsächlichen Natur der Sache liegen, keine Wirkung haben kann, zB wenn es gegensätzliche, widersprüchliche Rechtsfolgen anordnet oder eine nicht existente Partei verurteilt wird (zur Rechtsnachfolge § 325). Eine fehlende inhaltliche Bestimmtheit des Streitgegenstands macht das Urt wirkungslos (BGHZ 124, 164, 166 = NJW 94, 460, 461; NJW-RR 99, 1223). Gleiches gilt, wenn die Klage wegen eines Prozessvergleiches oder Klagerücknahme schon gar nicht mehr (Stuttg NJW-RR 87, 128) oder die Klage noch nicht anhängig war (auch bei noch fehlender Rechtshängigkeit: LG Tübingen JZ 82, 474; beachte aber § 269); ferner bei einem Kostenfestsetzungsbeschluss nach Aufhebung des vorläufig vollstreckbaren Urteils (KG JW 36, 3073, 3074). Nicht hierher gehören Fälle, in denen das Urt nachträglich wirkungslos wird, zB bei § 269 III 1 Hs 2.

III. Einfach fehlerhafte Entscheidungen und inkorrekte Entscheidungsform. Einfach fehlerhafte Ent- 13
scheidungen sind wirksam, aber mit Rechtsmitteln anfechtbar. Das gilt zB für ein entgegen § 240 nach Insolvenzverfahrenseröffnung ergehendes Urt (BGH NZI 09, 783 Tz 10). Hat das Gericht die falsche Form der Entscheidung gewählt (Beschl statt Urt), sog inkorrekte Entscheidung, so ist die Entscheidung wirksam und kann rechtskräftig werden (dazu bei Beschlüssen *Jauernig* FS Schumann, 243, 245 ff, 250 f); zu den statthaften Rechtsmitteln und zum Meistbegünstigungsgrundsatz § 511 Rz 9.

§ 300 Endurteil.

(1) Ist der Rechtsstreit zur Endentscheidung reif, so hat das Gericht sie durch Endurteil zu erlassen.

(2) Das Gleiche gilt, wenn von mehreren zum Zwecke gleichzeitiger Verhandlung und Entscheidung verbundenen Prozessen nur der eine zur Endentscheidung reif ist.

1 **A. Normzweck.** Die Vorschrift trifft **zwei wesentliche Aussagen**: (1) Das Gericht hat eine Pflicht zu entscheiden, sobald der Rechtsstreit oder einer von mehreren verbundenen Prozessen (Abs 2) zur Endentscheidung reif ist. § 300 ist damit eine Regelung über den maßgeblichen Entscheidungszeitpunkt, die das Verfahren beschleunigen, dessen Prozesswirtschaftlichkeit fördern und den Justizgewährungsanspruch der Parteien bedienen soll. Zugleich soll gewährleistet werden, dass ein Urt erst bei tatsächlicher Entscheidungsreife und damit auf gesicherter Grundlage ergeht. (2) Bei Endentscheidungsreife muss die Beendigung des Rechtsstreits gerade durch das (Voll-) Urt, das sog Endurteil, erzielt werden. Das Urt ist das Ziel des Prozesses. § 300 meint nur das Endurteil im Fall der Entscheidungsreife des gesamten Rechtsstreits bzw eines von mehreren verbundenen Prozessen. Bei teilweiser Entscheidungsreife im Hinblick auf den Streitgegenstand kommen Endurteile in Gestalt von Teil- oder Vorbehaltsurteilen in Betracht.

2 **B. Die einzelnen Tatbestandsvoraussetzungen. I. Endentscheidungsreife.** Der Rechtsstreit ist zur Endentscheidung reif, wenn das Gericht der Klage auf der Grundlage seiner Rechtsauffassung stattgeben oder sie abweisen kann. Dazu muss der entscheidungserhebliche Sachverhalt geklärt, eine etwa erforderliche Beweisaufnahme durchgeführt und das Angebot an (weiteren) Beweisen erschöpft sein. Das Gericht ist verpflichtet, Endentscheidungsreife herzustellen (BVerwG NJW 89, 118, 119). Auf eine weitere Klärung des Sachverhalts kann verzichtet werden, wenn das Vorbringen der Parteien nach §§ 282, 296, 530, 531 nicht beachtet werden muss und das Gericht gleichwohl in der Lage ist, den Rechtsstreit einer abschließenden Entscheidung zuzuführen. Ist der Rechtsstreit insgesamt noch nicht zur Endentscheidung reif, weil unabhängig vom verspäteten Vorbringen noch Sachverhaltsaufklärung erfolgen muss, so begründet die Zulassung des Vorbringens keine Verzögerung des Rechtsstreits (BGHZ 77, 306, 308). Eine Entscheidung unter Vorbehalt darf nur in den Fällen der §§ 302, 599 ergehen (auflösend bedingtes Endurteil). Ein Feststellungsurteil unter dem Vorbehalt eines später zu bestimmenden Mitverschuldens ist unzulässig (BGH NJW 10, 3299, 3300 Tz 11). Der Vorbehalt der beschränkten Erbenhaftung hindert die unbedingte Verurteilung nicht, sondern ist nur für die Vollstreckung bedeutsam (§ 780). Zur seerechtlich beschränkten Haftung s. die Erläuterungen zu § 305a. Zu den Anforderungen an die Bestimmtheit des Urteils vor §§ 300 ff Rz 12.

3 Die Endentscheidungsreife beurteilt sich immer nach dem **maßgeblichen Entscheidungszeitpunkt**. Das ist idR der Schluss der mündlichen Verhandlung. Ausnahmen: Ein Anerkenntnisurteil kann im Falle des § 307 II schon vor der mündlichen Verhandlung ergehen; ebenso das Versäumnisurteil nach Maßgabe des § 331 III. Zum Kleinverfahren nach § 495a s. Rz 12. Ist die Klage zur Zeit der mündlichen Verhandlung unzulässig oder das Klagevorbringen unschlüssig, ist idR Endentscheidungsreife gegeben (näher Rz 2). Das Gericht darf keine weitere Beweisaufnahme durchführen, um seine Entscheidung auf tatsächliche Umstände stützen und schwierigen Rechtsfragen ausweichen zu können (BGHZ 101, 253, 261). Das ist nicht notwendigerweise immer die prozesswirtschaftlichste Lösung (krit deshalb Grunsky VerfahrensR § 40 II 2). In den Fällen, in denen eine Klage mangels Fälligkeit des eingeklagten Anspruchs lediglich »derzeit unbegründet« ist, besteht Endentscheidungsreife ohne Rücksicht auf die Fälligkeit. War der Klageantrag ohnehin auf künftige Leistung gerichtet, ist das selbstverständlich (vgl BVerwG NJW 89, 118, 119).

4 **II. Endurteil.** Das Endurteil iSd § 300 entscheidet als **Vollurteil** den gesamten **Rechtsstreit für die Instanz** endgültig. Ein weiteres Urt desselben Spruchkörpers in demselben, anhängigen Rechtsstreit ist über den Streitgegenstand weder möglich oder gestattet; es sei denn, die Rechtsmittelinstanz verweist zurück. Auf die Möglichkeit erneuter Klage und damit auf den Eintritt der Rechtskraft kommt es für die Qualität als Endurteil nicht an. Das Versäumnisurteil ist ebenfalls ein Endurteil idS: nach Einspruch wird der Rechtsstreit in die Lage vor dem Urt zurückversetzt (§ 342). Ein Prozessurteil ist Endurteil, wenn es die Klage mangels Zulässigkeit abweist (unklar B/L/A/H Rn 4: »kann«). Ein Endurteil erübrigt sich bei Wegfall der Rechtshängigkeit (Klagerücknahme, Prozessvergleich und übereinstimmende Erledigungserklärung); dann ist ggf nur noch ein Kostenbeschluss erforderlich. Bei einseitiger Erledigungserklärung ergeht ein Endurteil über den Feststellungsantrag. Beim Prätendentenstreit (§ 75) wird der Beklagte durch Endurteil »aus dem Rechtsstreit entlassen« (R/S/G § 131 Rn 4). Ist die Zuständigkeit des angerufenen Gerichts nicht gegeben und Verweisung (§ 281) beantragt, erlässt das Gericht kein Prozessendurteil, sondern verweist den Rechtsstreit an das zuständige Gericht durch Beschl.

5 **III. Pflicht des Gerichts.** Das Gericht hat das Endurteil zu erlassen. Ein **Ermessen** steht ihm anders als bei § 301 **nicht** zu. Ist der Rechtsstreit nach der mündlichen Verhandlung zur Endentscheidung reif, so ist daher die Anordnung des schriftlichen Verfahrens (§ 128 II) nicht zulässig und verfahrensfehlerhaft (BGHZ 17, 118, 121). Erlässt das Gericht das Urt gleichwohl im schriftlichen Verfahren, handelt es sich jedoch

nicht um einen Revisionsgrund, da das Urt idR nicht auf dem Verstoß beruht (BAGE 3, 52, 54 = AP Nr 11 zu § 611 BGB Urlaubsrecht; BGHZ 17, 118, 122). Eine Verfahrensverzögerung durch das Gericht kann eine Staatshaftung nach Maßgabe der § 839 BGB, Art 34 GG sowie aufgrund Europarechts auslösen.

IV. Endurteil bei verbundenen Prozessen (Abs 2). Abs 2 erfasst ausschließlich die vom Gericht vorgenommene Verbindung mehrerer unabhängiger Verfahren gegen verschiedene Prozessgegner im Falle des § 147. Der Anspruch auf zügige Entscheidung im jeweiligen Prozessrechtsverhältnis soll sich auch bei einer vom Gericht veranlassten Verbindung durchsetzen. Ist einer der verbundenen Prozesse endentscheidungsreif, ergeht ein Endurteil, das zugleich die Verbindung wieder aufhebt. 6

Nicht erfasst ist die **objektive Klagehäufung** (§ 260) sowie der Fall der **Streitgenossenschaft** (subjektive Klagehäufung), wenn der Kl mit einer einzigen Klage mehrere Beklagte in Anspruch nimmt oder umgekehrt auf Klägerseite eine Mehrheit von Personen auftritt, und zwar auch nicht bei nachträglichem Parteibeitritt bzw Klageerweiterung. Für diese Fälle gilt § 301. Bei einer Widerklage gilt schon Abs 1.

C. Hinweise zur Prozesssituation. I. Grundlage der Entscheidung. Grundlage der Entscheidung ist das Vorbringen der Parteien und der Tatsachenstoff im **Zeitpunkt der letzten mündlichen Verhandlung**, §§ 128 I, 296a, 525 (BGHZ 77, 306, 308; BGH MDR 96, 308, 309); bei Entscheidung nach Aktenlage (§ 251a) das Datum des versäumten Termins, im schriftlichen Verfahren das Ende der Einreichungsfrist (§ 128). 7

Das anwendbare Recht bestimmt sich nach dem Zeitpunkt der Verkündung (§ 310). Rechtsänderungen zwischen mündlicher Verhandlung und Verkündungstermin sind – nach Gewährung rechtlichen Gehörs und ggf Wiedereröffnung der mündlichen Verhandlung (§ 156) – zu beachten. Das gilt auch für höhere Instanzen einschließlich der Revisionsinstanz (BGHZ 9, 101 f). Jede Instanz entscheidet nach aktuellem Recht, auch dann, wenn die Vorinstanz die veränderte Rechtslage nicht berücksichtigen konnte (BGH NJW-RR 89, 130). Damit nicht zu verwechseln sind die Fälle, in denen es nach der Art des Klagesachverhalts oder nach Maßgabe intertemporalen Rechts auf früher geltendes Recht ankommt.

II. Vorgehensweise des Gerichts. Das Gericht prüft die Prozessvoraussetzungen bzw das Fehlen von Prozesshindernissen vor dem Einstieg in die Begründetheitsprüfung der Klage. Fehlt im maßgeblichen Zeitpunkt eine Sachurteilsvoraussetzung, hat das Gericht die Klage durch Prozessurteil abzuweisen. Die Zulässigkeit der Klage darf nicht offen bleiben (BGH NJW 00, 3719 f); andernfalls soll das in der Sache entscheidende Urt nach zweifelhafter Auffassung des BAG nicht der materiellen Rechtskraft fähig sein (BAG NJW 67, 648 für die Zuständigkeit; großzügiger wohl BGH NJW 84, 2346, 2348 für die Bestimmtheit einer Teilleistungsklage). Ausnahmsweise können das **Rechtsschutzbedürfnis** und das **Feststellungsinteresse** offen bleiben, wenn die Klage sachlich unbegründet ist (BGH NJW 54, 1159, 1160; NJW 78, 2031, 2032). Generell schadet es nicht und mag den Informations- und Rechtsschutzinteressen der Parteien gerecht werden, wenn das Gericht hilfsweise und damit ohne Folgen für die Rechtskraft darauf hinweist, die Klage sei auch unbegründet. 8

War das Vorbringen zunächst schlüssig, ist es jedoch infolge späteren Vorbringens im Zeitpunkt der letzten mündlichen Verhandlung unschlüssig geworden, so hat das Gericht die Klage durch Endurteil abzuweisen. Bei widersprüchlichem Vorbringen innerhalb desselben Verfahrens ist der Vortrag aus dem letzten Termin zur mündlichen Verhandlung zugrunde zu legen, es sei denn, das frühere Vorbringen ist als bindendes Geständnis iSd §§ 288, 290 zu werten (BGH NJW-RR 95, 1340, 1341 mwN; Ddorf OLGR Ddorf 06, 741). Erforderliche Beweisaufnahmen sind durchzuführen (BGH NJW-RR 95, 1340, 1341). Umgekehrt kann ein bei Klageeinreichung zunächst unzulässiges Rechtsschutzbegehren oder ein zunächst unschlüssiges Vorbringen bis zur mündlichen Verhandlung noch zulässig bzw schlüssig werden.

III. Mehrheit rechtlicher Gründe. Dem Gericht steht es grds frei, aus welchen von mehreren einschlägigen Gründen es auf die Klage zuspricht oder sie abweist. Entscheidungsreife besteht, solange das Gericht auf Grundlage einer der Gründe eine abschließende Entscheidung herbeiführen kann. Das gilt auch, wenn sich die Begründungsansätze denklogisch ausschließen (zB Anspruch aus Vertrag oder aus Bereicherungsrecht); vgl BGH NJW 00, 590, 591; Zö/*Vollkommer* Rn 4. Anders ist es wegen der Vollstreckungsprivilegierung des § 850f, wenn ein Anspruch aus vorsätzlicher unerlaubter Handlung geltend gemacht wird (B/L/A/H Rn 10; § 850f Rz 35). 9

Bei der **Hilfsaufrechnung** ist dagegen zunächst über das Bestehen der Hauptforderung Beweis zu erheben (sog Beweiserhebungstheorie). Andernfalls wäre unklar, ob die Gegenforderung durch die Aufrechnung ver- 10 braucht ist. Die Rechtskraftwirkung des § 322 II bliebe ungewiss. Um einem Streit über die Rückforderung einer geleisteten Zahlung vorzubeugen, gilt Entsprechendes, wenn der Beklagte hilfsweise Erfüllung geltend macht – die tatsächlich erfolgte Zahlung kann aber uU bei der Beweiswürdigung hinsichtlich des Bestehens der Hauptforderung beachtlich sein. Im **Urkunden- und Wechselprozess** führt die durchgreifende Hilfsaufrechnung zur Abweisung der Klage als in der gewählten Prozessart unstatthaft (BGHZ 80, 97, 99 f).

11 **IV. Haupt- und Hilfsantrag.** Bei Haupt- und Hilfsanträgen ist **zu unterscheiden**: Ein klageabweisendes Endurteil ergeht, wenn alle Anträge unzulässig und/oder unbegründet sind. Erst wenn der Hauptantrag erfolglos bleibt, kann der Hilfsantrag geprüft werden (BGHZ 150, 377, 381). Das schließt prozessleitende Anordnungen hinsichtlich beider Anträge aus Zweckmäßigkeitsgründen nicht aus, ebenso wenig eine einheitliche Beweisaufnahme, sofern sie keine zusätzlichen Kosten generiert (zB Befragung des Zeugen auch zum Hilfsantrag). Hat der Hilfsantrag Erfolg, wird die Klage »im Übrigen« abgewiesen. Ist der Hauptantrag unbegründet, und wegen des Hilfsantrags Verweisungsantrag gestellt, ist der Hauptantrag durch Endurteil abzuweisen und sodann wegen des Hilfsantrags zu verweisen (§ 281 Rn 21; aA BambG FamRZ 09, 1939, 1940 m krit Anm Gottwald).

12 **D. Anwendungsbereich.** Die Pflicht zum Erlass eines Endurteils besteht auch im Kleinverfahren nach § 495a. Im einstweiligen Rechtsschutz gilt § 300, soweit durch Urt zu entscheiden ist (§§ 922 I 1, 936, 937 II), iÜ nur, soweit auf den jeweils erforderlichen Beschl die Regeln über Urteile anwendbar sind (s. Erl jeweils dort).

§ 300 gilt im arbeitsgerichtlichen Urteilsverfahren (§ 46 II ArbGG) und entsprechend auch für das Beschlussverfahren, § 80 II ArbGG. In der VwGO ist § 300 anwendbar nach Maßgabe des § 173 VwGO.

13 **E. Kosten/Gebühren. I. Gericht.** Urteilsgebühren entstehen in keiner Instanz, dh es werden nur die üblichen Gerichtskosten nach GKG (KV 1210 ff) fällig.

14 **II. RA.** Im Regelfall fallen in 1. Instanz an: Verfahrensgebühr (VV 3100) von 1,3; Terminsgebühr (VV 3104) 1,2; Geschäftsgebühr nach VV 2300, soweit nicht nach VV Vorbem 3 IV angerechnet (dazu BGH FamRZ 08, 2196: auch Anrechnung auf ermäßigte Verfahrensgebühr). Im Kostenfestsetzungsverfahren keine Anrechnung der Geschäftsgebühr, wenn beide Gebühren von verschiedenen RA verdient worden sind (BGH 10.12.09 – VII ZB 41/09). Für die Berufung gelten VV 3200, 3202; Revision VV 3206, VV 3210. Einigungsgebühr nach VV 1000.

§ 301 Teilurteil.

(1) [1]Ist von mehreren in einer Klage geltend gemachten Ansprüchen nur der eine oder ist nur ein Teil eines Anspruchs oder bei erhobener Widerklage nur die Klage oder die Widerklage zur Endentscheidung reif, so hat das Gericht sie durch Endurteil (Teilurteil) zu erlassen. [2]Über einen Teil eines einheitlichen Anspruchs, der nach Grund und Höhe streitig ist, kann durch Teilurteil nur entschieden werden, wenn zugleich ein Grundurteil über den restlichen Teil des Anspruchs ergeht.

(2) Der Erlass eines Teilurteils kann unterbleiben, wenn es das Gericht nach Lage der Sache nicht für angemessen erachtet.

Inhaltsübersicht

	Rz
A. Normzweck	1
B. Die einzelnen Tatbestandsvoraussetzungen	2
I. Überblick	2
II. Teilbarkeit	4
1. Bei mehreren Streitgegenständen (Abs 1 S 1 Var 1) und bei Klage und Widerklage (Abs 1 S 1 Var 3)	5
2. Bei einheitlichem Anspruch (Abs 1 S 1 Var 2, Abs 1 S 2)	6
III. Endentscheidungsreife	8
IV. Widerspruchsfreiheit; Unabhängigkeit des Teil- vom Schlussurteil	9
1. Kasuistik	12
2. Besondere Prozesslagen	15
a) Haupt- und Hilfsantrag	15
b) Widerklage (Abs 1 S 1 Var 3)	16
V. Verbindung von Teil- und Grundurteil (Abs 1 S 2)	17
C. Hinweise zur Prozesssituation	18
I. Pflicht zum Erlass des Teilurteils und Ausnahmen (Abs 1, 2)	18
II. Kostenentscheidung	20
III. Wirkungen des Teilurteils	21
D. Anwendungsbereich	23
E. Kosten/Gebühren	24

A. Normzweck. Zur Thematik vgl Lousanoff. Das Teilurteil ist ein Endurteil, das im Gegensatz zum Endurteil iSd § 300 den Rechtsstreit nicht ganz oder dem Grunde nach, sondern nur einen von mehreren Streitgegenständen (Abs 1 S 1 Var 1), einen abgrenzbaren Teil des Streitgegenstands (Abs 1 S 1 Var 2, Abs 1 S 2) oder entweder die Klage oder die Widerklage (Abs 1 S 1 Var 3) erledigt. Der Erlass des Teilurteils dient der Vereinfachung des Verfahrens durch Reduzierung der Verfahrenskomplexität sowie der Beschleunigung der gerichtlichen Entscheidungsfindung und damit dem Interesse des Kl an zügiger Titulierung (vgl BGHZ 77, 306, 310). Der Erlass des Teilurteils kann also der prozessökonomischen Erledigung des gesamten Rechtsstreits dienlich sein; allerdings spaltet es den Rechtsstreit in mehrere voneinander unabhängige Teile. Das Teilurteil ist keine bloß vorläufige Entscheidung, sondern für den jeweils erledigten Teil ein **volles Endurteil**, das selbstständig rechtskräftig wird (vgl BGH NJW 89, 2133, 2134: Teil-Versäumnisurteil) und mit Rechtsmitteln im gewöhnlichen Instanzenzug angreifbar ist (BGH NJW 98, 686, 687 mwN). Das Teilurteil darf sich deshalb auch nicht auf die Feststellung einer Anspruchsgrundlage oder eines Zeitraums der Erwerbsunfähigkeit uä beschränken (BGH NJW 92, 2080, 2081 mwN), sondern muss den Teil so entscheiden, als wäre nur dieser Teil Gegenstand des Rechtsstreits (zu den Kosten Rz 20, 24). § 301 setzt deshalb die Unabhängigkeit des Teilurteils vom sog Schlussurteil voraus (Rz 9). Die Prüfung der Zulässigkeit des Teilurteils verlangt vom Richter, die gegenwärtige Teilentscheidungsreife am möglichen Inhalt des künftigen Schlussurteils zu messen (*Jauernig* Festgabe 50 Jahre BGH S. 311, 312), dazu Rz 9. 1

B. Die einzelnen Tatbestandsvoraussetzungen. I. Überblick. Die Vorschrift unterscheidet **drei Ausgangssituationen**, namentlich eine Mehrheit von Streitgegenständen im Falle der objektiven oder subjektiven Klagenhäufung (Abs 1 S 1 Var 1), den Fall von Klage und Widerklage (Abs 1 S 1 Var 3) sowie das Teilurteil über einen Teil eines einzigen Streitgegenstands (Abs 1 S 1 Var 2). Diese Varianten sind sauber auseinanderzuhalten. (Nur) im letzteren Fall eines einheitlichen Anspruchs kann der Erlass eines eigentlich unzulässigen Teilurteils gleichwohl gestattet sein, wenn es bei einem Streit über Grund und Höhe des Anspruchs mit einem Grundurteil verbunden wird (Abs 1 S 2, vgl BGH NJW 04, 1662, 1664 f.), näher Rz 17. Abs 1 S 2 ist erst durch Gesetz vom 30.3.00 (BGBl I 330) eingeführt worden; das ist bei der Interpretation früherer Rechtsprechung zu beachten. »Anspruch« in § 301 meint wie auch sonst nicht die materiellrechtliche Anspruchsgrundlage, sondern den Streitgegenstand (Rz 5). Im Fall des § 300 II scheidet ein Teilurteil aus (§ 300 Rz 6). 2

Ob es eine **ungeschriebene eigenständige Voraussetzung der Unabhängigkeit** des Teilurteils von der Schlussentscheidung bzw der Widerspruchsfreiheit von Teil- und Schlussurteil gibt, ist umstr (dafür Hamm NJW-RR 89, 827, 828; *Prütting/Weth* ZZP 98, 131, 145; R/S/G § 59 Rn 19; dagegen *Musielak* FS Lüke 97, 561, 568 ff). Der BGH äußert sich nicht eindeutig (vgl zB BGH NJW-RR 92, 1053: Entscheidungsreife; NJW 97, 1709, 1710: Gefahr widersprechender Entscheidungen; NJW 00, 1405, 1406). Tatsächlich kann die mit diesem Merkmal verbundene sachliche Vorgabe in der Mehrzahl der Fälle über die weiteren Voraussetzungen der Entscheidungsreife und der Teilbarkeit aufgefangen werden. Wenn das weitere Verfahren über den Rest nach Maßgabe einer prognostischen Einschätzung noch auf die Entscheidung über den zu erledigenden Teil Einfluss nehmen könnte, fehlt es bereits an einer Voraussetzung für den Erlass einer abschließenden Endentscheidung über diesen Teil. Dass die Widersprüchlichkeit von einem nach mündlicher Verhandlung eintretenden künftigen Ereignis (Schlussurteil) droht (so *Prütting/Weth* ZZP 98, 131, 145 f), besagt für ein eigenständiges Gebot der Widerspruchsfreiheit argumentativ wenig, da die Prognose über den Eintritt des späteren Ereignisses im Erlasszeitpunkt anzustellen ist. Gleichwohl ist an der Widerspruchsfreiheit als einer ungeschriebenen Voraussetzung festzuhalten, um es für besondere Prozesslagen vorzuhalten, in denen das Merkmal der Entscheidungsreife nicht ausreicht (dazu *Prütting* ZZP 94, 103, 105 f). Insbesondere wird durch ein eigenständiges Merkmal die vom Gericht vorzunehmende Prüfung eindringlicher herausgestellt. 3

II. Teilbarkeit. Ein Teilurteil kann nur dort in Betracht kommen, wo es sich um einen echten »Teil« des Rechtsstreits handelt. Der zu erledigende Teil muss von dem Rest des Rechtsstreits abtrennbar sein (näher Rz 5 ff); andernfalls könnte das Teilurteil als Endurteil keine Rechtskraftwirkung entfalten (BGHZ 108, 256, 260; § 322 Rz 34). 4

1. Bei mehreren Streitgegenständen (Abs 1 S 1 Var 1) und bei Klage und Widerklage (Abs 1 S 1 Var 3). 5
Bei einer objektiven oder subjektiven Klagenhäufung (Abs 1 S 1 Var 1) sowie bei Klage und Widerklage (Abs 1 S 1 Var 3) ist die Teilbarkeit des Rechtsstreits und die Abtrennbarkeit des jeweiligen Streitgegenstands von den anderen Streitgegenständen **eo ipso** gegeben, da die Beurteilung als eigener Streitgegen-

stand einen eigenen Antrag und/oder Lebenssachverhalt voraussetzt. Das Teilurteil muss aber deutlich werden lassen, über welchen der Streitgegenstände entschieden worden ist, andernfalls fehlt es an der erforderlichen Bestimmtheit. Die Teilbarkeit fehlt auch dann nicht, wenn die Entscheidung über die restlichen Streitgegenstände von derselben Rechtsfrage abhängt oder die jeweiligen Ansprüche sonst materiell »verzahnt« sind (Rz 11; BGH NJW 04, 1662, 1664 f; NJW 07, 156, 157). Hier besteht ggf nur die Gefahr der Widersprüchlichkeit der Entscheidungen (Rz 9; vgl auch BGH NJW 11, 1815, 1816 Tz 15), ebenso trotz Selbständigkeit mehrerer Klageforderungen im Falle wechselseitiger Aufrechnungen der Parteien (zu einem solchen Fall BGH NJW 00, 958, 960).

Die Trennbarkeit des Streitgegenstands ist auch bei **subjektiver Klagenhäufung** im Falle der einfachen Streitgenossenschaft (§ 59) zu bejahen; zur Gefahr widersprüchlicher Entscheidungen aber unten Rz 9 (BGH NJW 04, 1452). Die Abgrenzbarkeit besteht auch bei Gesamtschuldnern (aA KG MDR 05, 91), da die spätere Verurteilung des anderen Gesamtschuldners »als Gesamtschuldner« keinen Widerspruch zu der ohne diesen Zusatz erfolgten Verurteilung des ersten Gesamtschuldners im vorangegangenen Teilurteil bedeutet. Bei notwendiger Streitgenossenschaft soll es grds an der Teilbarkeit fehlen (BGH NJW 99, 1638, 1639). Richtig ist das für die materiell-rechtlich notwendige Streitgenossenschaft; demgegenüber müsste ein Teilurteil bei prozessual notwendiger Streitgenossenschaft erst an der Entscheidungsreife und/oder an der fehlenden Unabhängigkeit des Teilurteils scheitern, was aber eine akademische Frage ohne Auswirkung auf das Ergebnis ist. An der Teilbarkeit fehlt es nicht, wenn die übrigen **notwendigen Streitgenossen** erklärt haben, zur eingeklagten Leistung verpflichtet und bereit zu sein (BGH NJW 62, 1722, 1723; ThoPu/*Reichold* § 301 Rn 2). Bei notwendiger Streitgenossenschaft kann ein Teilurteil außerdem zulässig sein, wenn das Verfahren gegen einen Streitgenossen wegen Insolvenzverfahrens (§ 240) oder durch Tod (§ 239) unterbrochen wird (BGHZ 148, 214, 216; BGH NJW 07, 156, 157 mwN, NZI 10, 901, Tz 14 f; Hamm 24.2.10, 8 U 118/08, BeckRS 10, 11531); die Gefahr der Widersprüchlichkeit zum Schlussurteil (Rz 9) tritt hinter den Beschleunigungszweck des § 301 ausnahmsweise zurück. Das gilt erst recht bei einfachen Streitgenossen (BGH NJW-RR 03, 1002 f; NJW 11, 2736 Tz 17). Hinsichtlich solcher Ansprüche, die nicht vom **Insolvenzverfahren** erfasst sind, kommt auch eine Verfahrensabtrennung in Betracht (Karlsr NJW-RR 06, 1302, 1303). Über diesen Teil (zB Anspruch auf künftigen Unterhalt), hinsichtlich dessen das Verfahren fortgeht, ist dann auch ein Teilurteil zulässig (Hamm FamRZ 05, 279, 280: sog vertikales, zeitabschnittsweises Teilurteil). Ein Teilurteil über die ersten Stufen einer Stufenwiderklage soll wegen der Eigenart der **Stufenklage** auch möglich sein, wenn der mit der Klage geltend gemachte Anspruch und die mit der Stufenwiderklage geltend gemachten Ansprüche auf dasselbe Rechtsverhältnis gerichtet sind und von denselben Vorfragen abhängen (BGH 16.6.10, VIII ZR 62/09, MDR 10, 944, 945 = BeckRS 10, 16879). Die Gefahr einander widersprechender Teilurteile über die auf den einzelnen Stufen einer Stufenklage geltend gemachten Ansprüche wird hingenommen (BGH NJW 11, 1815, 1817 Tz. 17). Das gilt auch für die Klagehäufung bei Auskunftsanspruch und Schadensersatzanspruch nach §§ 84, 84a AMG (BGH aaO).

6 **2. Bei einheitlichem Anspruch (Abs 1 S 1 Var 2, Abs 1 S 2).** Bei einheitlichem Streitgegenstand (Abs 1 S 1 Var 2) muss derjenige Teil, über den entschieden werden soll, ein (**quantitativ, gegenständlich und/oder zeitlich**) abgrenzbarer und eindeutig individualisierbarer Teil sein (BGHZ 108, 256, 260; NJW 92, 1769, 1770).

7 **Kasuistik:** Teilbarkeit des Streitgegenstands ist gegeben, wenn ein materieller Anspruch aus mehreren **Einzelposten** zusammengesetzt ist (BGHZ 108, 256, 260 = NJW 1989, 2745; BGH NJW 92, 1769, 1770); erforderlich ist aber eine eindeutige ziffernmäßige Konkretisierung der einzelnen Posten; zu Abs 1 S 2 unten Rz 17. Teilbarkeit ist nicht gegeben, wenn ein für einen Gesamtzeitraum bestehender Anspruch künstlich in einzelne Zeiträume geschnitten werden soll (BGHZ 108, 256, 260 f = NJW 1989, 2745), außerdem nicht, wenn ein **Saldo** Gegenstand der Klage ist (Zweibr MDR 82, 1026). Unzulässig ist ein Zwischen(teil)urteil über den Grund, mit dem ein Zurückbehaltungsrecht des Beklagten festgestellt werden soll (Bremen BeckRS 10, 11882 = IBR 10, 2965). Keine Teilbarkeit bei Ansprüchen aus Enteignung und Aufopferung im Hinblick auf einzelne Berechnungsfaktoren (vgl BGH WM 97, 1163, 1164). Ziffernmäßig nicht konkretisierte Zinsansprüche können nicht von der Hauptforderung getrennt werden. Ansprüchen kann schon ihrer Natur nach die Teilbarkeit fehlen, so bei aktienrechtlichen und sonstigen Gestaltungsklagen (BGH NJW 99, 1638). Nach Auffassung des BAG fehlen der **Kündigungsschutzklage** und dem Auflösungsantrag nach § 9 I KSchG die Teilbarkeit (BAG NJW 80, 1485, 1485 f; NJW 82, 1118, 1119). Es ist daher unzulässig, über die Sozialwidrigkeit der Kündigung durch ein Teilurteil vorab zu entscheiden und die Entscheidung über die Auflösung gegen Abfindung einem Schlussurteil vorzubehalten (BAG NJW 80, 1484, 1485 f).

Anders ist es ggf bei Klagen auf Feststellung des Fortbestands des Arbeitsverhältnisses bis zu einem bestimmten Zeitpunkt und bei Kündigungsschutzklage mit Streit über Wirksamkeit und einzuhaltende Kündigungsfrist (BAG NJW 91, 3170, 3172); hier kann aber die Gefahr der Widersprüchlichkeit bestehen. Ein **Unterlassungsbegehren** ist nicht schon eo ipso unteilbar (BGH NJW-RR 89, 263, 265). Der Ausgleichsanspruch nach § 89b HGB ist nicht teilbar (München NJW-RR 92, 1191, 1192). Anders ist es, wenn mehrere Schmerzensgeldansprüche wegen mehrerer Schadensereignisse geltend gemacht werden (Oldbg VersR 86, 926). Ein **einheitlicher Schmerzensgeldanspruch** ist dem Grundsatz nach nicht teilbar (Ddorf NJW 97, 2333, 2334, Naumb 21.1.10 1 U 66/09, BeckRS 10, 05520); die Rechtsprechung lässt es aber zu, eine Teilbarkeit durch zeitliche Zäsur herzustellen (Teilschmerzensgeld für den bei Verhandlungsschluss vergangenen Zeitraum, BGH NJW 04, 1243, 1244). Aber auch dann greift Abs 1 S 2, also kein Teilurteil über Schmerzensgeld ohne Grundurteil über weitere Ersatzansprüche (Kobl MDR 03, 1373). Bei Verbindung einer Klage auf Schmerzensgeld für vergangene Schmerzen und Feststellungsklage wegen des Zukunftschadens gilt schon vornherein Abs 1 S 1 Var 1; es besteht dann aber ggf die Gefahr widersprechender Urteile. Über **Scheidungs- und Folgesachen** kann nur unter den Voraussetzungen des Abs 1 S 2 entschieden werden (§ 623 aF); außerhalb des Verbunds kommt ein (isoliertes) Teilurteil wegen des Versorgungsausgleichs in Betracht (BGH NJW 84, 1543, 1544), aber auch hier keine isolierte Zurückweisung des Ausgleichsbegehrens (Oldbg NJW-RR 92, 712 f). Liegt ein aussonderbarer Teil des Verfahrensgegenstands vor, kann eine Teilentscheidung zum Versorgungsausgleich bei VBL-Anrechten ergehen, wenn der Rentenfall wenigstens kurz bevorsteht (BGH NJW-RR 09, 1081, 1083). Bei Scheidungsfolgesachen müssen die Voraussetzungen für eine Abtrennung vorliegen (Naumb NJW 09, 2964, 2965). Eine tw Abweisung einer Klage auf Auszahlung des Pflichtteils ist unzulässig, wenn die Höhe des Nachlasses noch nicht ermittelt ist und daher unklar ist, ob die Abweisung auf zu geringen Aktiva oder zu großen Passiva beruht (BGH NJW 64, 205). Nach neuer Rechtsprechung sind Ansprüche aus Prospekthaftung und aus Haftung wegen fehlerhafter **Anlageberatung** zwei Lebenssachverhalte und daher teilbar schon unter Abs 1 S 1 Var 1 (BGH WM 10, 1895, 1896; München 12.7.10, 19 U 5240/09, BeckRS 10, 16935).

III. Endentscheidungsreife. Die Endentscheidungsreife ist nicht anders zu definieren als bei § 300 (Rz 2), jeweils bezogen auf den zur Entscheidung durch Teilurteil gestellten Streitgegenstand. Dazu muss der entscheidungserhebliche Sachverhalt geklärt, eine etwa erforderliche Beweisaufnahme durchgeführt und das Angebot an (weiteren) Beweisen erschöpft sein. Ein **verspätetes Vorbringen** kann nicht durch Teilurteil zurückgewiesen werden, da es für § 296 auf die Endentscheidungsreife bezogen auf den gesamten Gegenstand des Rechtsstreits ankommt (§ 300 Rz 2; ebenso R/S/G § 59 Rn 12; aA B/L/A/H Rn 2). Mit § 301 lässt sich dieser »Persilschein« für die Flucht in die Widerklage allerdings nicht begründen (krit *Prütting/Weth* ZZP 98, 131, 146); die Frage ist bei § 296 zu erörtern, § 296 Rz 58. 8

Entscheidungserhebliche Fragen wie Mitverschulden (BGHZ 76, 397, 399 f) oder das Verweisungsprivileg des § 839 I 2 BGB, § 19 BNotG dürfen in ihren tatbestandlichen Voraussetzungen nicht offen bleiben. Daher können Umstände, die für das Schlussurteil bedeutsam sind, häufig die Endentscheidungsreife über den Teil ausschließen (oben Rz 3), so wenn die Entscheidung im Schlussurteil das Feststellungsinteresse des § 256 beeinflusst (RGZ 151, 381, 384). Die **Entscheidungsreife fehlt**, wenn zwar ein konkret abgrenzbarer Schadensposten eines Gesamtschadens entscheidungsreif ist, aber der Kl ohnehin nur eine Teilklage erhoben hat (Hambg MDR 1957, 747). Fordert der Kl Schadensersatz in Gestalt von Aufwendungsersatz und als entgangenen Gewinn, kann über den entgangenen Gewinn nicht entschieden werden, solange die Höhe der Aufwendungen unklar ist, soweit sie als »Sowieso«-Aufwendungen auf den Gewinn angerechnet werden müssten (BGH NJW-RR 91, 1468, 1469). Trotz Teilbarkeit der Klageforderung bzw bei mehreren Klageforderungen fehlt die Entscheidungsreife, wenn der Gesamtforderung eine streitige Gegenforderung zur **Aufrechnung** gegenübersteht, die den Betrag des für das Schlussurteil verbleibenden Restanspruchs übersteigt (Frankf MDR 75, 321, 322). Gleiches gilt bei mehreren, die zu erledigende Forderung übersteigenden Gegenforderungen mit ungeklärter Tilgungsreihenfolge (vgl BGHZ 139, 117, 118; R/S/G § 59 Rn 17). Bei einem gegen den gesamten Anspruch gerichteten Zurückbehaltungsrecht oder Leistungsverweigerungsrecht kann es uU an der Entscheidungsreife fehlen, solange der Umfang des Leistungsverweigerungsrechts ungeklärt ist. Das Gericht darf nicht selbstständig einen geschätzten Mängelbeseitigungsaufwand von der Restwerklohnforderung abziehen und damit das Leistungsverweigerungsrecht eigenmächtig exekutieren (BGH NJW 92, 1632, 1633).

Bei einer Mehrheit von Parteien fehlt die Entscheidungsreife, wenn hinsichtlich einer Partei eine Beweisaufnahme aussteht, deren Ergebnis aber für sämtliche Streitgenossen von Belang ist (BGH NJW-RR 92, 253, 254: Einheitliche Beweiswürdigung).

9 **IV. Widerspruchsfreiheit; Unabhängigkeit des Teil- vom Schlussurteil.** Das Teilurteil ist unzulässig, wenn es davon abhängig ist, wie über den restlichen Streitgegenstand entschieden wird (BGH NJW 04, 1452). Zu praktisch bedeutsamen Ausnahmen oben Rz 5. Im umgekehrten Fall ist das Teilurteil grds möglich; das Teilurteil darf also über eine für das Schlussurteil **präjudizielle Frage** entscheiden. Das tw mit Rz 4 deckungsgleiche Merkmal der Widerspruchsfreiheit verlangt, dass der Ausgang des Rest-Verfahrens den durch Teilurteil zu erledigenden Teil unter keinen Umständen mehr beeinflussen darf; eine bloße Klärung einer abstrakten Rechtsfrage, die dem Teilurteil lediglich den Charakter einer Musterentscheidung gibt, schafft aber keine Abhängigkeit des Teil- vom Schlussurteil (BGH NJW 04, 1662, 1665 für subjektive Klagenhäufung). Im Übrigen ist aber die Gefahr der Widersprüchlichkeit im weitesten Sinne gemeint. Die Widerspruchsfreiheit bezieht sich nicht allein auf Fragen der Rechtskraft (Frankf GRUR-RR 05, 69, LS; Zö/*Vollkommer* Rn 7), denn Rechtskraftkonflikte ergeben sich wegen der Teilbarkeit des Streitgegenstands und der eigenständigen Wirkung des Teilurteils idR gerade nicht. Gleichheit von „Urteilselementen" genügt (BGH NJW 11, 2736 Tz. 13) Die Entscheidung über den gebliebenen Streitgegenstand darf nicht präjudiziell für den erledigten Teil sein (BGH NJW 97, 453, 454 f; BAG NZA 06, 1062, 1063: Anwendbarkeit eines Tarifvertrags). Die Gefahr der Widersprüchlichkeit kann auch bei Streitgenossenschaften bestehen, etwa wenn das Teilurteil im Arzthaftungsprozess nur einzelne der potenziell verantwortlichen Streitgenossen erfassen soll (Karlsr NJW-RR 05, 798); ebenso bei Beteiligung an einer Schlägerei (Koblz NJW-RR 11, 315 f.). Wenn Klagen eines **Gesellschafters** auf Feststellung der Nichtigkeit (entsprechend § 249 Abs. 1 AktG) mit allgemeinen Feststellungsklagen von Nichtgesellschaftern (§ 256) verbunden sind, besteht die Gefahr von Widersprüchen, wenn in einem Teilurteil nur über die allgemeine Feststellungsklage von Nichtgesellschaftern entschieden wird (BGH ZIP 08, 2215 Tz 8).

10 Der BGH will auch den Fall der Widersprüchlichkeit infolge **abweichender Beurteilung durch das Rechtsmittelgericht** einbeziehen (stRspr BGH NJW 09, 2814, 2815; NJW 00, 958, 960, bestr). Es reicht also nicht, wenn das erstinstanzliche Gericht sich zum Zeitpunkt des Erlasses des Teilurteils darüber klar wird, welchen Inhalt das Schlussurteil gerade nach seiner Rechts- und Tatsachenauffassung haben wird. An diesem Grundsatz ist festzuhalten. Maßgebend ist die Widerspruchsfreiheit im Hinblick auf den gesamten Streitgegenstand und nicht bloß die Vereinbarkeit von denkbaren Entscheidungsinhalten in einer bestimmten Richtung. Ein Teilurteil über ein Anschlussrechtsmittel ist auch bei Entscheidungsreife unzulässig, da das Rechtsmittel durch Zurücknahme oder Verwerfung des Hauptrechtsmittels seine Wirkung verlieren kann (BGHZ 20, 311, 312). Anders ist es nur, wenn über das Hauptrechtsmittel bereits entschieden wurde.

11 Die Gefahr der Widersprüchlichkeit besteht va bei einheitlichem Anspruch (Abs 1 S 1 Var 2). Durch ein gleichzeitiges Grundurteil nach Abs 1 S 2 (Rz 17) wird die Gefahr der Widersprüchlichkeit neutralisiert. Bei mehreren Streitgegenständen (Abs 1 S 1 Var 1) kann das Teilurteil trotz der prozessualen Selbständigkeit der einzelnen Streitgegenstände vom Schlussurteil abhängig sein, wenn eine materiell-rechtliche Verzahnung besteht (BGH NJW 94, 932; 04, 1662, 1664 f) oder die Ansprüche prozessual in ein **Abhängigkeitsverhältnis** gestellt sind (BGH NJW 00, 958, 960; MDR 11, 935 Tz 14); ebenso bei objektiver Klagehäufung von Zahlungs- und Feststellungsansprüchen aufgrund desselben tatsächlichen Geschehens (BGH NJW 00, 1405, 1406; s. aber die Ausnahme zum Mindestschaden bei Schätzung nach § 287 unten Rz 17, BGH NJW 96, 1478). Keine Widerspruchsgefahr besteht bei einem Teilurteil über die Räumung und einer davon rechtlich unabhängigen Prüfung von Mietrückständen (Düsseld ZMR 09, 755 = OLGR 09, 686). Eine Divergenzgefahr ist auch bei einfachen Streitgenossen denkbar (BGH NJW 99, 1035).

12 **1. Kasuistik. Gegenrechte:** Die Gefahr der Widersprüchlichkeit besteht, wenn der Beklagte Gegenrechte und Einwendungen geltend macht, die sich gegen den gesamten streitgegenständlichen Anspruch richten oder gar darüber hinaus gehen, so bei Aufrechnung (BGHZ 139, 117 f; BGH NJW 00, 958, 960; BGHZ 173, 328, 333 Tz 18), auch bei Verknüpfung mehrerer selbständiger Forderungen durch die Hilfsaufrechnung (Koblz OLGR 09, 802 = BeckRS 09, 29676) und beim Minderungsrecht (Hamm NJW-RR 89, 827, 828) oder der Verjährungseinrede. Zum Leistungsverweigerungsrecht oben Rz 8. Keine Unabhängigkeit liegt auch bei objektiver Häufung inhaltlich zusammenhängender Anträge vor (Vollstreckungsgegenklage wegen Kaufpreisrest, Minderungsanspruch wegen des Restes, Anweisung an Notar, Vollzugsantrag zu stellen, so BGH NJW 04, 1662, 1665; vgl auch BGH NJW 01, 78, 79).

Haftungsprozess: Keine Unabhängigkeit besteht, wenn eine Haftungsquote einheitlich beurteilt werden muss (BGH NJW 01, 760), bei Geltendmachung von Minderung und Schadensersatz etwa im Reiseprozess wegen der Anrechnungsfragen (hier fehlt ggf schon die Entscheidungsreife). **Kein Teilurteil** ist möglich bei abgrenzbaren Anträgen auf Leistung und Feststellung aus demselben Schadensvorgang und bei einheitlichem Lebenssachverhalt (BGH NJW 03, 2380, 2381), etwa zur Arzt- und Krankenhaushaftung (BGH NJW 04, 1452), Verkehrsunfall oä., Architektenhaftung (Koblenz NJW-RR 11, 1002 Ls = MDR 11, 944) , soweit kein Mindestschaden zuerkannt werden kann, zu dieser Möglichkeit Rz 17. Bei einer Klage auf Feststellung von Versicherungsschutz besteht keine Unabhängigkeit, wenn ein Ausschluss des Versicherungsschutzes (zB wegen Vorsatz) auch auf den zu erledigenden Teil durchschlagen kann (Schlesw VersR 84, 1164, 1165). Eine materiell-rechtliche Verzahnung selbstständiger prozessualer Ansprüche kann bei subjektiver Klagenhäufung Abhängigkeit begründen (Ansprüche aus Amtshaftung gegen den Beamten und den Dienstherrn, BGH NJW 99, 1035, dazu schon Rz 5). Ein Teilurteil über Teile des geltend gemachten Schadensersatz wegen Baumängeln ist unzulässig, wenn über den Antrag auf Erstattung der vorgerichtlichen Anwaltskosten noch nicht entschieden ist (Frankf NJW-RR 09, 955). 13

Familien- und Erbrecht: Stufenklagen im Pflichtteilsrecht und generell werden grds durch Teilurteile erledigt (BGH NJW 06, 217); kein Teilurteil aber, wenn die Erbberechtigung des vermeintlichen Erben fraglich ist (vgl BGH NJW 06, 217 mN), dh bei fehlender Aktiv- oder Passivlegitimation ist Klageabweisung in toto durch Endurteil iSd § 300 geboten. Im Unterhaltsprozess mit Klage auf Auskunft, Rechnungslegung und Zahlung gelten diese Grundsätze entsprechend (vgl Nürnbg FamRZ 94, 1594). Beim Zugewinnausgleich verneint die Rspr tw schon die Teilbarkeit, da es sich um einen saldierten Ausgleichsanspruch handelt (Naumb FamRZ 09, 393; Köln FamRZ 89, 296; Hamm FamRZ 03, 1393; idS Brandbg FamRZ 05, 1920, 1921); tatsächlich besteht idR (nur) die Gefahr des Widerspruchs wegen späterer Änderungen der Berechnung des Anfangs- und Endvermögens (BGHZ 107, 236, 243; BGH FamRZ 02, 1097, 1098 für Klagenhäufung von Zugewinnausgleich und Ausgleichanspruch nach § 40 FGB); das Teilurteil ist daher unter Voraussetzungen des Abs 1 S 2 (Rz 17) zulässig (B/L/A/H Rn 32). Bei einer Klage auf Unterhalt ist das Teilurteil nur zulässig, wenn der Berechtigungszeitraum zeitlich eingegrenzt und nicht von derselben Tatsachen- oder Rechtsfrage abhängig ist (BGH NJW 99, 1718, 1719; Nürnbg MDR 03, 219, 220); daher ist ein Teilurteil unzulässig, wenn das Einkommen einer Partei sowohl für das Teilurteil als auch für den rechtshängig bleibenden anderen Unterhaltszeitraum von Bedeutung ist (Saarbr NJW 11, 538). Ein Teilurteil ist unzulässig bei gegenläufigen Abänderungsklagen und bei unklarer Leistungsfähigkeit des Verpflichteten, wenn mehrere Kl Ansprüche gleichrangig geltend machen (Zweibr FamRZ 01, 115, LS). 14

2. Besondere Prozesslagen. a) Haupt- und Hilfsantrag. Nach hM kann der Hauptantrag durch Teilurteil abgewiesen werden und das Verfahren über den Hilfsantrag mit weiterem Teilurteil beendet werden (BGHZ 56, 79, 80; BGH NJW 95, 2361). Anders soll es nur sein, wenn zwei selbstständig nebeneinander stehende Klagegründe zugleich wechselseitig im Eventualverhältnis geltend gemacht werden (BGH NJW 95, 2361). Tatsächlich steht die Entscheidung über den Hilfsantrag unter der innerprozessualen aufschiebenden Bedingung der *rechtskräftigen* Abweisung des Hauptantrags. Wird das erste abweisende Urt im Instanzenzug aufgehoben, besteht prozessuale Widersprüchlichkeit zu dem (stattgebenden) Urt über den Hilfsantrag, je nach Fallgestaltung auch inhaltliche Divergenz. Retten lässt sich die Widerspruchsfreiheit nur durch die Annahme, das über den Hilfsantrag entscheidende Urt sei in seiner Wirksamkeit von dem Eintritt der Rechtskraft des Teilurteils über den Hauptantrag abhängig (BGH NJW 95, 2361). Aber ein bedingtes Endurteil über den Hilfsantrag ist schon ein Widerspruch in sich und birgt vollstreckungsrechtliche Unklarheiten. Umgekehrt darf vor Erledigung des Hauptantrags kein Teilurteil über den Hilfsantrag ergehen. Bei einem einheitlichen Antrag mit verschiedenen selbständigen Lebenssachverhalten, die zugleich **wechselseitig im Eventualverhältnis** geltend gemacht werden (denkbar zB bei Zahlungsklage aus Kauf und/oder Wechsel), darf ebenfalls nicht durch Teilurteil entschieden werden (BGH NJW 92, 2080, 2081). 15

b) Widerklage (Abs 1 S 1 Var 3). Im Fall eines Rechtsstreits mit Klage und Widerklage ist der Erlass des Teilurteils nur über die Klage oder nur über die (Zwischenfeststellungs-)Widerklage oder jeweils über einen Teil des zugehörigen Streitgegenstands grds zulässig (BGH NJW 87, 441). **Unzulässig** ist das Teilurteil, wenn Klage und Widerklage denselben Sachverhalt betreffen und sich die jeweilige rechtliche Beurteilung gegenseitig ausschließen bzw die zu lösenden Fragen sich gleichen. Daher darf im Rechtsstreit über den Werklohnanspruch kein Teilurteil über die Widerklage auf Schadensersatz ergehen, wenn sowohl für die Klage als auch für die Widerklage über die streitige Frage der Abnahme zu entscheiden ist (BGH NJW 97, 16

453, 455; generell BGHZ 173, 328, 333 Tz 18 mwN); entsprechend bei Schadensersatzklage des Mieters und Widerklage auf Zahlung restlicher Miete (BGH NJW 09, 1824 Tz 7 f; B/L/A/H § 301 Rn 31). Bei einer Klage auf Feststellung der Wirksamkeit einer Mieterkündigung und Widerklage des Vermieters auf Mietzahlung ist ein Teilurteil unzulässig (BGH NJW 09, 1824). Das Gleiche gilt generell, wenn beide Klagen von derselben Vorfrage abhängen, sodass über die Widerklage kein Teilgrundurteil ergehen kann, wenn es hinsichtlich der Klage nicht erlassen werden kann (BGH NJW-RR 05, 22). Hängt die Entscheidung über eine Räumungs- und Zahlungsklage und eine Hilfswiderklage auf Rückzahlung der wegen vorhandener Mängel zuviel gezahlten Miete von der Vorfrage ab, ob die Minderung ausgeschlossen ist, besteht iSd § 301 die Gefahr widersprechender Entscheidungen, wenn das Erstgericht über die Räumungs- und Zahlungsklage durch Teilurteil entscheidet und zur Widerklage wegen der behaupteten Mängel Beweis erhebt (Ddorf NJOZ 09, 2002, 2003). Die Entscheidung über eine inzidente **Feststellungswiderklage** ist vor Erlass eines Teilurteils zu treffen (München MDR 57, 425). Über **Klage und Hilfswiderklage** muss einheitlich entschieden werden, wenn für beide Klagen die Frage der Wirksamkeit eines Vertragsverhältnisses von anspruchsbegründender Relevanz ist (München OLGR München 04, 67, 68). Erst recht kann kein Teilurteil ergehen, wenn Klage und Widerklage gegenläufig auf Einwilligung in die Auszahlung eines hinterlegten Betrags gerichtet sind (BGH NJW-RR 92, 1339, 1340). Das gilt wegen der Divergenzgefahr im Rechtsmittelzug auch bei einem Teilurteil, das eines der beiden Begehren abweist. Ferner lässt es die Gefahr der Widersprüchlichkeit nicht zu, über eine Widerklage durch Teilurteil zu entscheiden, wenn vom Widerbeklagten ggü der Widerklageforderung mit einem Teil der Klageforderung die Aufrechnung erklärt ist und wenn die Entscheidung über die Widerklage von dieser Aufrechnung abhängt (BGH NJW-RR 94, 379, 380; Frankf OLGR Frankf 05, 509; vgl auch BGHZ 173, 328, 333 Tz 20). Wird dagegen umgekehrt vom Widerkläger hilfsweise gegen die Klageforderung aufgerechnet, soll es der Zulässigkeit eines Teilurteils über die Widerklage nicht schaden, wenn mit der Widerklage dieselbe Gegenforderung geltend gemacht wird; nur Klageforderung und Hilfsaufrechnung stehen sich in einem Eventualverhältnis ggü (BGH WM 71, 1366, 1367). Ein Teilurteil über eine Anfechtungsklage nach AnfG darf ergehen, wenn der Anfechtungsbeklagte Ansprüche sowohl zum Gegenstand einer Hilfsaufrechnung als auch einer Widerklage macht, die Hilfsaufrechnung aber prozessual unbeachtlich ist (BGHZ 173, 328, 335 Tz 26). Zur Stufenwiderklage oben Rz 5.

Bei possessorischer **Besitzklage** (zB §§ 861 f BGB) mit petitorischer Widerklage (zB §§ 985, 1007 BGB) kann bei gleichzeitiger Endentscheidungsreife durch Endurteil iSd § 300 die Klage abgewiesen und auf Widerklage zugesprochen werden (Analogie zu § 864 II BGB; krit PWW/*Prütting* § 861 Rn 7). Andernfalls ist der meist früher entscheidungsreifen possessorischen Klage durch Teilurteil Rechnung zu tragen (BGHZ 53, 166, 169 f); das stattgebende Schlussurteil über die petitorische Widerklage hebt das Teilurteil aber nicht auf. Vollstreckungsrechtliche Probleme stellen sich idR nicht, da die Widerklage auf bloße Feststellung, nicht auf Herausgabe gerichtet ist.

17 **V. Verbindung von Teil- und Grundurteil (Abs 1 S 2).** Fehlt es bei einem einheitlichen Streitgegenstand (Abs 1 S 1 Var 2) an der Unabhängigkeit des Teil- vom Schlussurteil, kann ein Teilurteil gleichwohl ergehen, wenn es mit einem Grundurteil iSd § 304 über den Rest verbunden wird (BGH NJW 01, 760, 761). Die Verbindung mit dem Grundurteil ist das »Gegengift« für die drohende Widersprüchlichkeit, aber nur für diese. Ist der jeweilige Anspruchsteil nicht individualisierbar und abgrenzbar, ist der Weg über Abs 1 S 2 versperrt. Abs 1 S 2 erfasst nur den Fall des einheitlichen Streitgegenstands (Abs 1 S 1 Var 2), grds aber nicht den Fall mehrerer Streitgegenstände (Abs 1 S 1 Var 1) und der Kombination von Klage und Widerklage (Abs 1 S 1 Var 3) (BGH NJW 04, 1662, 1665). Auch für § 301 kommt es deshalb darauf an, sauber zwischen einheitlichem Anspruch und Streitgegenstandshäufung iSd § 260 mit mehreren Anträgen oder Lebenssachverhalten zu unterscheiden; zum Streitgegenstandsbegriff, Rz 2. Die Voraussetzungen des § 304 sind für den Erlass des Grundurteils nicht entbehrlich: Der Anspruch muss nach Grund und Höhe streitig sein. Ist der Haftungsgrund unstr, kann nach Auffassung des BGH gleichwohl eine Divergenzgefahr wegen späteren Streitigwerdens im Instanzenzug bestehen; das sollte für die Annahme eines streitigen Grundes iSd §§ 301, 304 ausreichen (Zö/*Vollkommer* Rn 7a; zum Problem *Schmitz* NJW 00, 3622, 3623); anders bei Anerkenntnis oder Geständnis (§ 288). Die Entscheidung als Teil- und Grundurteil muss nicht ausdrücklich in Tenor oder Rubrum zum Ausdruck kommen, wohl aber in den Gründen (BGH NJW 04, 949). Es kann Berichtigung nach § 319 verlangt werden (BGH NJW 04, 949). Abs 1 S 2 ermöglicht daher eine Zuerkennung eines **Mindestschadens** bei gleichzeitigem Grundurteil über den Rest (BGH NJW 96, 1478); die Beweisaufnahme über die Höhe des weitergehenden Schadens bleibt dem weiteren Verfahren vorbehalten.

Dem Fall des Abs 1 S 2 gleichzustellen ist eine Verbindung eines bezifferten Leistungsantrags mit einem Feststellungsantrag bei einheitlichem Lebenssachverhalt. Hier muss das Teilgrundurteil über den Leistungsantrag mit der Entscheidung über den Feststellungsantrag verbunden werden (Jena OLGR Jena 09, 545; Saarbr OLGR Saarbr 04, 414). Ein umfassendes Grundurteil kann nicht ergehen, wenn der Kl mit einer Leistungsklage auf bezifferten Schadensersatz zugleich den Antrag auf Feststellung der Verpflichtung zum Ersatz eines weitergehenden Schadens verbunden hat (BGH NJW 09, 2814, 2815 Tz 10 mwN). Dies folgt bereits daraus, dass über einen Feststellungsantrag nicht durch Grundurteil entschieden werden kann. Entscheidet ein Gericht in dieser Konstellation nicht zugleich durch (Teil-)Endurteil über den Feststellungsantrag, handelt es sich insofern nicht um ein reines Grundurteil, sondern um ein Grund- und Teilurteil. Dieses ist als Teilurteil dann unzulässig, wenn mit ihm die Gefahr einander widersprechender Entscheidungen verbunden ist (BGH NJW 09, 2814, 2815 Tz 10 f). Ist der Leistungsantrag auch in der Höhe entscheidungsreif (zB wegen § 287), muss Endurteil iSd § 300 ergehen. Ebenso gilt Abs 1 S 2 entsprechend, wenn der Betrag einer zur Aufrechnung gestellten Gegenforderung den Betrag der einheitlichen Klageforderung nicht erreicht. Über den überschießenden Teil der Klageforderung darf ein Teilurteil nur ergehen, wenn über den die Aufrechnung betreffenden Teil ein Vorbehaltsurteil (§ 302) erlassen wird (BGH NJW 96, 395).

C. Hinweise zur Prozesssituation. I. Pflicht zum Erlass des Teilurteils und Ausnahmen (Abs 1, 2). Das Gericht ist nach Abs 1 zum Erlass des Teilurteils verpflichtet, sobald die Voraussetzungen vorliegen. Bei einheitlichem Anspruch und drohender Widersprüchlichkeit ist die Verbindung mit einem Grundurteil zu prüfen, Abs 1 S 2. Ein Teilurteil ist auch in höherer Instanz möglich; ggf können die zur Annahme der Teilbarkeit erforderlichen Angaben in der Berufungsinstanz nachgeholt werden (dazu BAG NJW 78, 2114, LS). Nach Abs 2 kann das Gericht von dem Erlass nach nicht nachprüfbarem **Ermessen** absehen; das Ermessen ist aber auch tatsächlich auszuüben (BGH NJW 84, 1543, 1544). Abs 1 hat daher allenfalls die Bedeutung einer legislatorischen Wertentscheidung im Sinne eines Regel-Ausnahme-Prinzips; in praxi ist die Ausnahme die Regel. Die Parteien können den Erlass des Teilurteils (lediglich) anregen, nicht erzwingen (vgl RGZ 97, 30, 32). Das Ermessen betrifft nur den Verzicht auf ein Teilurteil, ermöglicht aber nicht dessen Erlass unabhängig von den Voraussetzungen des Abs 1. Bei der Ausübung des Ermessens hat das Gericht den Beschleunigungseffekt und die Fragen einer ggf unnötigen Aufspaltung des Rechtsstreits sowie generell die Ziele des § 301 (oben Rz 1) im Blick zu behalten. Der einstweilen gescheiterte Entwurf eines Forderungssicherungsgesetzes wollte die Ermessensvorschrift streichen und ein Absehen vom Teilurteil nur unter eng begrenzten Ausnahmen ermöglichen (BTDrs 16/511 v 2.2.06). 18

Bei einer **Stufenklage** muss durch Teilurteil entschieden werden (Rz 14); iÜ gelten die Grundsätze von oben Rz 14. Die Gefahr der Widersprüchlichkeit besteht idR nur bei Fehlen der Anspruchsberechtigung a limine. Bei **Säumnis** eines Streitgenossen (nicht iFd § 62) sowie bei Teilanerkenntnis und Teilverzicht gehen §§ 331, 307, 309 ebenfalls vor (vgl BAG NJW 82, 1118, 1119); auf Antrag (§ 307 Rz 12) ist Teilurteil unter den Voraussetzungen des Abs 1 zwingend zu erlassen. Bei einem unechten Versäumnisurteil sind die allgemeinen Regeln anwendbar. Bei einer mit der (Leistungs-)Klage verbundenen Zwischenfeststellungsklage (§ 256 II) über präjudizielle Rechtsverhältnisse kann über den Feststellungsantrag vorab durch Teilurteil entschieden werden (BGH NJW 56, 1755; oben Rz 9). Das Gericht darf aber ohne entsprechenden Antrag nicht annehmen, der Feststellungsantrag sei als »Minus« im Leistungsantrag enthalten (BGH MDR 05, 645). 19

II. Kostenentscheidung. Das Teilurteil verzichtet wegen des Grundsatzes der **Einheitlichkeit der Kostenentscheidung** grds auf einen eigenen Kostenausspruch (zB »Der Ausspruch über die Kosten bleibt der Schlussentscheidung vorbehalten«). Eine Teilkostenentscheidung ist zulässig zugunsten eines mit dem Teilurteil ausscheidenden Streitgenossen wegen dessen außergerichtlichen Kosten (Köln MDR 76, 496 f). Die vorläufige Vollstreckbarkeit richtet sich nach allgemeinen Regeln. Erledigt sich der über den Rest geführte Rechtsstreit, so hat die Schlussentscheidung nur den Kostenausspruch über die Kosten des gesamten Rechtsstreits zum Inhalt; sie ergeht richtigerweise als Urt, nicht als Beschl. 20

III. Wirkungen des Teilurteils. Das Teilurteil spaltet den Rechtsstreit in zwei Teile auf. Ein Vorbringen zu dem durch Teilurteil erledigten Teil ist im Verfahren über den verbleibenden Teil nicht mehr zulässig. Verspätete Angriffs- und Verteidigungsmittel dürfen nicht durch Teilurteil zurückgewiesen werden (Rz 4). Das Teilurteil kann für den jeweils entschiedenen Teil selbstständig formell und materiell rechtskräftig werden. Auch ein unzulässiges Teilurteil entfaltet volle Rechtskraftwirkung (vgl RGZ 132, 349, 352; BGH NJW 89, 2133, 2134). Beinhaltet der vom Teilurteil erledigte Teil des Streitgegenstands eine Vorfrage für das Schluss- 21 urteil, so hat das Teilurteil präjudizielle Wirkung. Nach allgemeinen Regeln fehlt es an der Rechtskraft, wenn der Umfang und Gegenstand der Entscheidung nicht hinreichend bestimmt ist. Das Teilurteil ist selbstständig vollstreckbar und wie jedes gewöhnliche Endurteil anfechtbar (BGH NJW 89, 2133, 2134). Die Rechtsmittelbeschwer richtet sich allein nach dem Teilurteil und dem ggf damit verbundenen Grundurteil. Letzteres gilt auch, wenn der Erlass des Teilurteils unzulässig war. Das erstinstanzliche Gericht sollte daher unter Abs 2 abwägen, ob das Teilurteil auch im Falle des Nichterreichens der Berufungssumme angemessen ist; willkürliches Aufspalten ist in jedem Fall unzulässig (weitergehend Lousanoff S. 147 ff).

22 Innerhalb des weiteren Verfahrens in derselben Instanz ist das erlassende Gericht an die ausgesprochene Rechtsfolge (nicht aber an die tatsächliche Begründung) nach Maßgabe des § 318 gebunden. Diese **Bindung** bedeutet, obwohl sie mit der Rechtskraft nichts zu tun hat, innerhalb der Instanz dasselbe wie die materielle Rechtskraft für den Richter eines zweiten Rechtsstreits (BGH WM 71, 1366, 1367). Daher besteht keine Bindung an die im Teilurteil zum Ausdruck gebrachte Rechtsauffassung, sondern nur an das Ergebnis.

In der **Rechtsmittelinstanz** hat das Rechtsmittelgericht **vAw** zu prüfen, ob das Teilurteil zulässig war, und zwar wie beim Grundurteil (§ 304 Rz 23) auch in der Revisionsinstanz; das hat der BGH jetzt unter Aufgabe früher Rspr mit Recht entschieden (BGH 11.5.11 – VIII ZR 42/10, MDR 11, 935 Tz 19 ff.; 13.7.11, VIII ZR 342/09, BeckRS 11, 20825 Tz 31; in diese Richtung schon BGH NJW 03, 2380, 2381; anders noch BGH NJW 91, 2084: nur auf Verfahrensrüge; offen BGH NJW 04, 1662, 1664, vgl dazu § 551 III Nr 2b). Das weitere Vorgehen richtet sich nach der Zulässigkeit des Teilurteils: Der BGH lässt es zu, dass das Rechtsmittelgericht bei unzulässigem Teilurteil den noch in der unteren Instanz anhängigen Rechtsstreit über den Rest an sich zieht, um die durch den Erlass des unzulässigen Teilurteils entstandene Prozesslage wieder zu bereinigen und ein Voll-Endurteil ohne Bindung nach § 318 zu ermöglichen (BGHZ 30, 213, 216; BGH NJW 00, 137, 138, NJW 11, 2800, 2802 Tz 33; stRspr). Diese Lösung hat Gründe der Prozessökonomie auf ihrer Seite, sodass die für die Klageänderung geltenden Maßstäbe der Sachdienlichkeit (§ 263) sich möglicherweise übertragen ließen (so mit beachtlichen Gründen *Musielak* FS Lüke 97, 561, 579). Im Grunde negiert das »Hinaufholen« aber die eigenen Prämissen des Teilurteils. Hat das Teilurteil sein eigenes verfahrensrechtliches Schicksal, so muss sich dies auch im Instanzenzug durchsetzen; dabei kann es an sich keinen Unterschied machen, ob das Gericht das Teilurteil aufgrund von § 301 verfahrensrechtlich gar nicht oder aus materiell-rechtlichen Gründen nicht mit dem gewählten Inhalt erlassen durfte. Unproblematisch ist das Hinaufholen aber dann, wenn die Parteien damit einverstanden sind (Ddorf VersR 89, 705). Bei zulässigem Teilurteil darf das Berufungsgericht das erstinstanzliche Verfahren dagegen schon wegen der Kostenfolgen und Beschränkungen des Rechtsmittelverfahrens nicht ohne Einverständnis der Parteien hinaufziehen; und zwar auch nicht bei Sachdienlichkeit (aA *Musielak* FS Lüke 97, 561, 579).

23 **D. Anwendungsbereich.** Die Vorschrift ist analog anwendbar im Beschwerdeverfahren nach §§ 567 ff (BPatG GRUR 91, 829, 830); ebenso im arbeitsgerichtlichen Urteilsverfahren, § 46 II ArbGG, aber auch im arbeitsgerichtlichen Beschlussverfahren (LAG Berlin DB 78, 1088). Auch in sonstigen Beschluss-Verfahren ist § 301 anwendbar, soweit nicht dessen Eigenarten die Anwendung ausschließen. Daher keine Anwendung im Hausratsverfahren (LG Siegen FamRZ 76, 698), wohl aber in anderen familienrechtlichen Streitigkeiten und fG-Verfahren (BGH NJW 84, 120 f: Versorgungsausgleich; Naumbg FGPrax 06, 166: FGG aF/FamFG). Zur Teilentscheidung über eine Patentanmeldung BGH GRUR 06, 748; krit *Hövelmann* GRUR 09, 718.

24 **E. Kosten/Gebühren.** Keine Besonderheiten, da keine Urteilsgebühren anfallen. Kostenentscheidung im Schlussurteil nach allgemeinen Regeln.

§ 302 Vorbehaltsurteil.

(1) Hat der Beklagte die Aufrechnung einer Gegenforderung geltend gemacht, so kann, wenn nur die Verhandlung über die Forderung zur Entscheidung reif ist, diese unter Vorbehalt der Entscheidung über die Aufrechnung ergehen.

(2) Enthält das Urteil keinen Vorbehalt, so kann die Ergänzung des Urteils nach Vorschrift des § 321 beantragt werden.

(3) Das Urteil, das unter Vorbehalt der Entscheidung über die Aufrechnung ergeht, ist in Betreff der Rechtsmittel und der Zwangsvollstreckung als Endurteil anzusehen.

(4) [1]In Betreff der Aufrechnung, über welche die Entscheidung vorbehalten ist, bleibt der Rechtsstreit anhängig. [2]Soweit sich in dem weiteren Verfahren ergibt, dass der Anspruch des Klägers unbegründet war, ist das frühere Urteil aufzuheben, der Kläger mit dem Anspruch abzuweisen und über die Kosten

anderweit zu entscheiden. [3]Der Kläger ist zum Ersatz des Schadens verpflichtet, der dem Beklagten durch die Vollstreckung des Urteils oder durch eine zur Abwendung der Vollstreckung gemachte Leistung entstanden ist. [4]4Der Beklagte kann den Anspruch auf Schadensersatz in dem anhängigen Rechtsstreit geltend machen; wird der Anspruch geltend gemacht, so ist er als zur Zeit der Zahlung oder Leistung rechtshängig geworden anzusehen.

A. Normzweck. Der (in das Ermessen des Gerichts gestellte) Erlass eines Vorbehaltsurteils dient der Abwehr einer durch (zweifelhafte) Aufrechnungserklärungen herbeigeführten Prozessverschleppung und damit dem Interesse des Anspruchstellers an zügiger Titulierung (BGHZ 69, 270, 272 f). Das Vorbehaltsurteil wird als auflösend bedingtes Endurteil verstanden (BGH NJW 78, 43 mwN). Tatsächlich handelt es sich um einen **Zwitter zwischen End- und Zwischenurteil**. Das Vorbehaltsurteil führt zu einer Verurteilung und steht dem Endurteil im Hinblick auf Vollstreckbarkeit und Rechtsmittel gleich (Abs 3), aber es belässt den Rechtsstreit über die vorbehaltenen Einwendungen in derselben Instanz und ist darin einem Zwischenurteil ähnl. § 302 ist eine Sonderregelung zu § 300, nicht zu § 301 (aA B/L/A/H Rn 1). In Zweifelsfällen ist § 302 eng auszulegen (Kobl MDR 02, 715, 716); nicht jede mit der Prüfung von Einwendungen verbundene Verzögerung kann die Titulierung und die Verweisung ins Nachverfahren rechtfertigen. 1

Für den **Urkunden- sowie Scheck- und Wechselprozess** gelten §§ 599, 602, 605a unabhängig von § 302. 2
Im Urkundenprozess soll aber ohne Rücksicht auf § 599 der Erlass eines Vorbehaltsurteils nach § 302 möglich sein, wenn der Beklagte sich ausschließlich mit einer bestrittenen Gegenforderung verteidigt, über die noch Beweis zu erheben ist (Celle NJW 74, 1473, 1474, zweifelhaft). Mit dem Gesetz zur Beschleunigung fälliger Zahlungen vom 30.3.00 (BGBl I 330) ist mit Wirkung zum 1.5.00 der Abs 1 neu gefasst und den Gerichten die Möglichkeit eingeräumt worden, auch bei der Aufrechnung mit einer im rechtlichen Zusammenhang mit der Klage stehenden, sog **konnexen Gegenforderung** ein Vorbehaltsurteil zu erlassen (zur intertemporalen Anwendung Oldenbg BauR 05, 887, 888). Dadurch sollte die Möglichkeit zur zügigen Titulierung fälliger Ansprüche insb für Bauunternehmer verbessert und zugleich verhindert werden, dass die Zahlungspflicht durch Aufrechnung mit unberechtigten Gegenforderungen verschleppt wird (BTDrs 14/2752, 14 f).

B. Die einzelnen Tatbestandsvoraussetzungen. I. Aufrechnung mit einer Gegenforderung (Abs 1). Der 3
Beklagte muss die Aufrechnung mit einer gegen die Klageforderung gerichteten Gegenforderung geltend gemacht haben. Ob es sich um eine inkonnexe oder konnexe Gegenforderung handelt, ist unerheblich, aber für die Ermessensausübung von Bedeutung (Rz 9 f). Die Erklärung der Aufrechnung ist unverzichtbar (BGHZ 103, 362, 368), bloße Ankündigung reicht nicht aus. Der Wortlaut des Abs 1 lässt es zu, sowohl die im Prozess erstmals erklärte Aufrechnung als auch die Geltendmachung der bereits vorprozessual erklärten materiell-rechtlichen Aufrechnung zu erfassen. Das entspricht den Grundsätzen bei § 145 Rz 10 ff und allgM (s. Nachweise dort; so auch B/L/A/H Rn 6). Bei der vorprozessual erklärten Aufrechnung ist freilich der Zweck des Abs 1 weniger tangiert, denn um die Verschleppung eines bereits begonnenen Prozesses geht es dann ebenso wenig und ebensoviel wie bei der Erhebung sonstiger rechtsvernichtender Einwendungen und bei anderen Erfüllungssurrogaten, bei denen die Möglichkeit eines Vorbehaltsurteils gerade nicht besteht.

Hat der Beklagte ein Leistungsverweigerungsrecht (zB nach § 320 BGB wegen mangelhafter Leistung) gel- 4
tend gemacht, so findet Abs 1 keine Anwendung. Andernfalls wäre das **Leistungsverweigerungsrecht** seines Sinns entleert, wenn der Kl gleichwohl einen Titel über die an sich nicht durchsetzbare Hauptforderung erhielte (vgl BGH NJW 05, 3574, 3576). Geboten ist vielmehr die Zug-um-Zug-Verurteilung (§§ 274, 322 BGB). Die Minderung ist der Aufrechnung nicht gleichzusetzen (Celle NJW-RR 05, 654); es fehlt an einem gleichartigen Gegenanspruch, da die Minderung auf unmittelbare Reduzierung des Kaufpreises gerichtet ist (§ 441 III). Anders ist es, wenn der Beklagte mit einem Anspruch nach §§ 441 IV, 638 IV iVm 346 BGB wegen zu viel gezahlten Kaufpreises oder Werklohns aufrechnet.

Keine Aufrechnung iSd Abs 1 und auch sonst ist die **Verrechnung** unselbständiger Rechnungsposten 5
(München NJW-RR 03, 864; Celle NJW-RR 05, 654; idS, aber ohne Festlegung BGHZ 165, 134, 136). Eine Aufrechnung darf nicht als Verrechnung behandelt werden mit der Folge, dass die Regelungen zur Aufrechnung umgangen würden (BGH NJW 05, 2771, 2772 zum materiellen Recht). Um eine Aufrechnung, nicht Verrechnung handelt es sich bei der Geltendmachung von selbständigen Forderungen auf Zahlung der Mängelbeseitigungskosten und der Fertigungsstellungskosten ggü dem Werklohnanspruch des Unternehmers (BGH NJW 05, 2771, 2772). Der Erlass eines Vorbehaltsurteils kann sich dann aber aus anderen Gründen als ermessensfehlerhaft erweisen (Rz 9 f).

6 Es kommt grds nicht darauf an, ob für die Gegenforderung ein anderes Gericht sachlich oder örtlich und ggf sogar ausschließlich **zuständig** ist (Ddorf FamRZ 87, 706, 707). Ist für die klageweise Geltendmachung der Gegenforderung ein anderer Rechtsweg oder die Schiedsgerichtsbarkeit eröffnet, so hindert das den Erlass des Vorbehaltsurteils nicht. Die Aufrechnung mit einer rechtswegfremden Forderung macht den Erlass eines Vorbehaltsurteils jedenfalls dann erforderlich, wenn die Aufrechnungsforderung zugleich Gegenstand einer Widerklage ist, die an ein Gericht einer anderen Gerichtsbarkeit verwiesen worden ist (LAG Köln ArbuR 06, 75, LS). Im Nachverfahren kann das Verfahren ausgesetzt werden (§ 148), um dem Beklagten Gelegenheit zu geben, in dem anderen Rechtsweg ein (feststellendes) Urt über die Gegenforderung zu erlangen (BGHZ 16, 124, 138 ff); also besteht kein Gerichtsstand des Sachzusammenhangs wie bei § 17 II GVG (hM, BAG NJW 02, 317; § 17 GVG Rz 13, § 148 Rz 10). Allerdings ist das Gericht nicht verpflichtet, das Verfahren nach § 148 auszusetzen. Es kann den Rechtsstreit nach Rechtskraft des Vorbehaltsurteils wegen der Gegenforderung auch ganz an das zuständige Gericht verweisen (LAG BW ZInsO 10, 1655). Das Gericht, an welches der Rechtsstreit verwiesen wird, muss in diesem Fall – anders als bei der Aussetzung – das Nachverfahren gem § 302 IV durchführen. Es entscheidet dann über die Aufrechterhaltung oder Aufhebung des Vorbehaltsurteils und über einen geltend gemachten Anspruch auf Schadensersatz und damit nicht über eine rechtswegfremde Forderung (so BAG NJW 08, 1020, 1021 Tz 8). Besteht hinsichtlich der Gegenforderung eine andere **internationale Zuständigkeit**, zB nach der EuGVO, gilt Folgendes: Nach Auffassung des EuGH stellt die Aufrechnung ein bloßes Verteidigungsmittel dar (EuGH IPRax 97, 115 – Danvaern), das von den Zuständigkeitsvoraussetzungen der **EuGVO** nicht berührt wird. Das für die Klageforderung zuständige Gericht darf deshalb richtigerweise auch über die Aufrechnung entscheiden (in diese Richtung jetzt auch BGH BB 02, 14, 15; anders noch BGH NJW 93, 2753, 2755; aA Zö/*Vollkommer* Rn 4); freilich ist es streitig, ob das nationale Recht die Zuständigkeit für die Gegenforderung verlangen darf (zum Streitstand BGH BB 02, 14, 15 mN). Eine dem Vorbehaltsurteil nachfolgende Aussetzung zugunsten des bei klageweiser Geltendmachung zuständigen Gerichts des anderen Mitgliedsstaats ist daher nach dem Recht der EuGVO nicht erforderlich. Diese Grundsätze gelten bei konsequenter Lesart der EuGH-Vorgaben auch für inkonnexe Gegenforderungen, was sachlich aber nicht voll überzeugt (vgl *G. Wagner* IPRax 99, 69, 74 f mit rechtsvergleichenden Hinweisen).

7 Die Gegenforderung darf noch nicht spruchreif, eine Entscheidung über Grund und/oder Höhe der Gegenforderung noch nicht möglich sein. Eine **Eventualaufrechnung** genügt. Steht fest, dass die Gegenforderung nicht besteht oder die Aufrechnung sonst nicht durchgreift, muss Endurteil iSd § 300 erlassen werden. Das Gericht muss dazu Folgendes prüfen: 1. materielle und prozessuale Wirksamkeit der Aufrechnungserklärung, 2. Fehlen von materiellen Aufrechnungshindernissen, zB §§ 393 ff BGB (BGHZ 35, 248, 250 f), 3. Fehlen von prozessualen Aufrechnungshindernissen, zB § 296 sowie 4. die Erheblichkeit des Aufrechnungseinwands (str, ebenso Musielak/*Musielak* Rn 5; Zö/*Vollkommer* Rn 4). Wendet der Kl den Verbrauch der Gegenforderung ein, so schadet das dem Erlass des Vorbehaltsurteils grds nicht (anders offenbar, aber ohne Auseinandersetzung BGH WM 75, 795, 796); die Ermessensausübung kann aber den Verzicht auf das Vorbehaltsurteil nahelegen. Macht der Kl einen Teilbetrag einer Forderung geltend, kann er den Beklagten mit einer erst im Prozess erklärten Aufrechnung nicht auf den eingeklagten Teil der Gesamtforderung verweisen (BGH aaO). Ist der Aufrechnungseinwand wegen Verspätung zurückzuweisen, entfallen die materiellen Wirkungen nach dem Rechtsgedanken des § 139 BGB. Die Möglichkeit des Erlasses des Vorbehaltsurteils hindert die Verzögerung des Rechtsstreits iSd § 296 nicht, vgl auch § 296 Rz 14 ff. Die Aufrechnung mit derselben Gegenforderung in einem anderen Prozess steht weder dem Vorbehaltsurteil noch dem Eintritt in das Nachverfahren zwingend entgegen, dazu Rz 6.

Erkennt der Beklagte den Klageanspruch »an sich« an, rechnet aber mit einer Gegenforderung auf, so kommt ein Anerkenntnisvorbehaltsurteil in Betracht, näher § 307 Rz 6.

8 **II. Endentscheidungsreife über die Klageforderung.** Die Klageforderung muss, unbeschadet der Aufrechnung, zur Verurteilung des Beklagten entscheidungsreif sein. Die Endentscheidungsreife bemisst sich nach denselben Grundsätzen wie bei § 300. Besteht nur hinsichtlich des Grundes der Klageforderung Entscheidungsreife, kann ein »Vorbehaltsgrundurteil« ergehen (BGH LM § 304 Nr 6; St/J/*Leipold* Rn 15). Betrifft die Gegenforderung nur einen Teil der Klageforderung, kann das Vorbehaltsurteil mit einem Teilurteil über den nicht von der Aufrechnung betroffenen Teil ergehen (BGH NJW 96, 395; St/J/*Leipold* Rn 16). Ein »Feststellungsvorbehaltsurteil« (so *Schmitz/Goldmann* NJW 99, 2952, 2953) gibt es insoweit nicht, schon gar nicht vAw. Eine Verhandlungstrennung über Klageforderung und Aufrechnung, § 145 III, ist keine notwendige Bedingung für den Erlass des Vorbehaltsurteils.

III. Erlass des Vorbehaltsurteils nach Ermessen des Gerichts. Der Erlass des Vorbehaltsurteils steht im **Ermessen** des Gerichts (»kann«). Eine Antragspflicht oder ein Antragsrecht der Parteien kennt das Gesetz nicht. Eine Parteivereinbarung über einen Ausschluss des Vorbehaltsurteils soll unzulässig sein (BGH LM § 355 HGB Nr 12; Zö/*Vollkommer* Rn 6a), das ist bedenkenswert, aber wohl eher Ausdruck überholter öffentlich-rechtlicher Denkmuster. Das Vorbehaltsurteil ist rechtsfehlerhaft, wenn das Gericht sein Ermessen nach Abs 1 nicht erkannt und ausgeübt hat (BGHZ 165, 134, 136). Das Ermessen kann allerdings durch das Berufungsgericht als zweite Tatsacheninstanz nachgeholt werden (Schlesw OLGR Schlesw 07, 277). Das Ermessen ist daher pflichtgebunden auszuüben und auf Ermessensfehler überprüfbar (aA ThoPu/*Reichold* Rn 6). Die Art und Weise der Ermessensausübung ist durch die Gegenforderung und den Zweck, den Kl vor einer unberechtigten Verzögerung des Rechtsstreits zu schützen, vorgegeben (BGHZ 165, 134, 136). Auch in der Neufassung des § 302 überschreitet der Richter die Grenzen idR, wenn er trotz Aufrechnung mit Ansprüchen auf Ersatz von Mängelbeseitigungskosten über den Werklohnanspruch des Bestellers durch Vorbehaltsurteil entscheidet. Ein Vorbehaltsurteil kommt in diesem Fall nur in Betracht, wenn die Gegenansprüche nach den bisher vorliegenden Beweisergebnissen oder dem Vorbringen der Parteien geringe Aussicht auf Erfolg haben und es nach einer Gesamtabwägung der Umstände angemessen erscheint, dem Besteller die rasche Vollstreckungsmöglichkeit zu eröffnen (ebenso Schlesw OLGR Schlesw 07, 277; Oldbg IBR 2008, 552). 9

Bei **inkonnexen Gegenforderungen** sollen diese Grundsätze aber nicht gelten, zB bei der Aufrechnung wegen Verzugsschaden oder mit Forderungen aus anderen Rechtsbeziehungen (BGHZ 165, 134, 139). Der BGH spricht insoweit weiter von »freiem Ermessen« (wie § 302 aF), doch muss die Überprüfung auf Ermessensfehler auch hier gelten, wenn man die Unterscheidung zwischen konnexen und inkonnexen Gegenforderungen nicht »auf kaltem Wege« wieder einführen will (im Erg wohl auch Zö/*Vollkommer* Rn 6). Macht der Beklagte den die Klageforderung übersteigenden Teil der Gegenforderung in einer Widerklage geltend, wird sich ein Vorbehaltsurteil idR nicht empfehlen. Die nach Abs 4 S 2 zu leistende Sicherheit kann ein Argument für den Erlass des Vorbehaltsurteils sein (Schlesw MDR 06, 707). Erlässt das Gericht kein Vorbehaltsurteil, kommen eine Verfahrensaussetzung (§ 148) oder die getrennte Verhandlung (§ 145 III) in Betracht. In den Fällen der Rz 6 kann der Erlass des Vorbehaltsurteils in Verbindung mit der Aussetzung des Nachverfahrens geboten sein, so bei der Aufrechnung mit eigenen Unterhaltsansprüchen gegen den Anspruch eines Ehegatten auf Zahlung von Nutzungsentschädigung für ein gemeinsames Haus (Ddorf FamRZ 87, 706, 707). Die Aussetzung eines Rechtsstreits wegen Vorgreiflichkeit eines anderweitigen Rechtsstreits im Hinblick auf eine Aufrechnungsforderung ist ermessensfehlerhaft, wenn sich der Erlass eines Vorbehaltsurteils nach § 302 ZPO aufdrängt, da der Kl auf die begehrte Leistung angewiesen ist (Schlesw MDR 06, 707: Krankenhaustagegeld). Der Erlass des Vorbehaltsurteils ist nicht willkürlich, wenn das Gericht diese Verfahrensweise mit nachvollziehbaren sachlichen Gründen beschieden und sich mit der Rspr des BGH auseinandergesetzt hat (BGH BauR 11, 720 Tz 9); Willkür folgt insoweit nicht aus dem damit herbeigeführten Unterschreiten der Wertgrenze für die NZB. 10

IV. Inhalt des Vorbehaltsurteils. Die einzige Besonderheit des Vorbehaltsurteils ggü einem Endurteil iSd § 300 besteht darin, die Entscheidung über die Aufrechnung vorzubehalten. Bei der Abfassung des Tenors ist in dem Vorbehalt die Gegenforderung **präzise zu bezeichnen** (zB »Die Entscheidung über die Aufrechnung des Beklagten wegen einer Forderung iHv X aus dem Ereignis Y bleibt vorbehalten.« oder – näher am Wortlaut des Abs 1 – »Der Beklagte wird unter Vorbehalt der Entscheidung über die Aufrechnung des Beklagten mit einer Gegenforderung iHv … aus ... verurteilt.«). Der Vorbehalt steht als Ausspruch zur Sache vor der Kostenentscheidung und dem Ausspruch zur vorläufigen Vollstreckbarkeit (aA B/L/A/H Rn 10). Für Vorbehaltsurteile iSd § 302 gelten weder § 708 Nr 4 noch Nr 5. Fehlt der Vorbehalt im Urt, kann die Ergänzung des Urteils nach § 321 beantragt werden (Abs 2). Eine Ergänzung scheidet aus, wenn das Gericht bewusst kein Vorbehaltsurteil, sondern Endurteil erlassen wollte; dann bleibt nur die Berufung. 11

C. Hinweise zur Prozesssituation. I. Wirkungen des Vorbehaltsurteils. Das Vorbehaltsurteil teilt den Rechtsstreit in zwei Teile. In Betreff der Aufrechnung bleibt der Rechtsstreit in derselben Instanz anhängig, Abs 4 S 1, sog **Nachverfahren**. Das Vorbehaltsurteil hat die Wirkung eines selbständigen Endurteils, Abs 3, es wird aber nicht materiell rechtskräftig. §§ 707, 719 gelten für die Vollstreckung entsprechend, ebenso § 715 (RGZ 47, 364, 365 f: Rückgabe der Sicherheit nach Rechtskraft des Vorbehaltsurteils). Das Gericht ist an die Entscheidung nach Maßgabe des § 318 auch vor Rechtskraft gebunden (BGH NJW 68, 2244; NJW 76, 330), was aber dessen Aufhebung im Nachverfahren gerade nicht ausschließt. Die Bindung umfasst die 12

Zulässigkeit und die Begründetheit der Klage (abgesehen von der Aufrechnung). Sie soll aber auch die Zulässigkeit der Aufrechnung erfassen, jedenfalls soweit das Gericht im Urt die Zulässigkeit der Aufrechnung bejaht hat (so BGH NJW 79, 1046) – das lässt sich unter § 318 (nur) begründen, wenn man in der Prüfung der Zulässigkeit der Aufrechnung oder in der Aufnahme des Vorbehalts eine »Entscheidung« erkennt, die dann richtigerweise auch die weiteren Prüfungspunkte von oben Rz 3 ff einschließt. Keine Bindung an die bejahte Prozessführungsbefugnis soll bestehen, wenn dem Gericht erst im Nachverfahren bekannt wird, dass eine Partei wegen eines Insolvenzverfahrens überhaupt nicht mehr prozessführungsbefugt war (Jena ZInsO 10, 256 = OLGR 09, 750).

13 Hat das Gericht fälschlicherweise nicht alle **Aufrechnungshindernisse** geprüft, stellt dies die Bindung in toto nicht grds in Frage (BGHZ 35, 248, 252; ThoPu/*Reichold* Rn 7; aA wohl BGHZ 25, 360, 366), sondern macht das Vorbehaltsurteil verfahrensfehlerhaft und mit Rechtsmitteln angreifbar (Karlsr NJW-RR 87, 254). Der Umfang der Bindung soll sich dann aber auf diejenigen Aufrechnungshindernisse beschränken, über die das Gericht entscheiden wollte (BGHZ 35, 248, 253). In der Bindung des § 318 liegt die Beschwer für den Kl; er ist rechtsmittelbefugt (BGHZ 35, 248, 249 f). Der Beklagte ist nicht beschwert, wenn trotz Bestehens von Aufrechnungshindernissen ein Vorbehaltsurteil und nicht Endurteil iSd § 300 ergangen ist (BGHZ 25, 360, 366). Mit dem **Rechtsmittel** kann die Unzulässigkeit oder Unbegründetheit der Klage ebenso geltend gemacht werden wie die Unzulässigkeit des Vorbehaltsurteils; nicht aber ein Vorbringen oder Einwände zum Bestehen der Gegenforderung selbst. Das Rechtsmittelgericht prüft die Ausübung des Ermessens auf Ermessensfehler, Rz 9. Dazu gehört die Unzweckmäßigkeit als solche nicht (BGH WM 65, 827, 828). War das Vorbehaltsurteil unzulässig, kann das Berufungsgericht das Vorbehaltsurteil aufheben und zurückverweisen oder es kann und ggf muss selbst über die Aufrechnung entscheiden (§ 538 I, II Nr 1; BGH ZZP 67, 302, 305; für § 538 II Nr 7 analog Hamm BauR 05, 1344, 1346). Das entspricht dem »Hinaufholen« beim Teilurteil (§ 301 Rz 22), ist beim Vorbehaltsurteil aber wegen der Zwitterstellung zwischen End- und Zwischenurteil weniger bedenklich. Hebt das Rechtsmittelgericht das Vorbehaltsurteil auf und weist die Klage ab, wird das Nachverfahren hinfällig; der Rechtsstreit ist dann umfassend erledigt. Ein bereits erlassenes Schlussurteil verliert seine Wirkung, wenn das noch anfechtbare Vorbehaltsurteil im Instanzenzug aufgehoben wird, da ein aufgehobenes Urt nicht für vorbehaltlos erklärt werden kann. Eines Einstellungsbeschlusses oä im Nachverfahren bedarf es nicht.

14 **II. Nachverfahren.** Das Nachverfahren ist vAw auch vor Rechtskraft des Vorbehaltsurteils einzuleiten; anders bei § 600 Rz 3. Der Streitstoff beschränkt sich auf die Aufrechnung, unterliegt aber sonst keinen Beschränkungen im Hinblick auf Beweismittel, Klageänderungen und -erweiterungen, Parteiwechsel und Widerklage; zum Urkundsprozess § 600 Rz 6 f. Gegen die Klageforderung sind nur dann Einwendungen möglich, wenn der Kl die Klage erweitert (BGHZ 37, 131, 134) oder wenn es sich um Einwendungen handelt, die nach der dem Vorbehaltsurteil vorangegangen mündlichen Verhandlung entstanden sind (im Erg Musielak/*Musielak* Rn 14; R/S/G § 59 Rn 81; St/J/*Leipold* Rn 24; Zö/*Vollkommer* Rn 7).
Das Nachverfahren wird idR durch ein Endurteil beendet. Ist der Aufrechnungseinwand unbegründet, ist im **Tenor** das Vorbehaltsurteil ohne Vorbehalt »aufrechtzuerhalten« oder besser: »für vorbehaltlos« zu erklären. Der Kostenausspruch zu Lasten des Beklagten umfasst dann die »weiteren Kosten des Rechtsstreits«, die die Kosten des Rechtsmittels gegen das Vorbehaltsurteil einschließen (Grundsatz der Kosteneinheit). Ein noch anhängiges Rechtsmittel wird (erst) mit der Rechtskraft des aufhebenden Endurteils wirkungslos, da ihm nach Aufhebung des Vorbehaltsurteils die Grundlage fehlt (vgl Zö/*Vollkommer* Rn 12). Greift die Aufrechnung voll durch, ist das Vorbehaltsurteil aufzuheben und die Klage abzuweisen, Abs 4 S 2. Über die Kosten ist dann neu zu entscheiden. Ist der Aufrechnungseinwand nur tw begründet, so ist das Vorbehaltsurteil hinsichtlich des die Gegenforderung übersteigenden Betrags für vorbehaltlos zu erklären und die Klage unter teilweiser Aufhebung des Vorbehaltsurteils iÜ abzuweisen. Eine vollständige Aufhebung und Neufassung verbietet sich, da der Kl sonst im Hinblick auf den begründeten Teil seiner Klage seinen Vollstreckungsrang verlieren könnte.

15 **III. Schadensersatz bei Aufhebung des Vorbehaltsurteils (Abs 4 S 3, 4).** Abs 4 S 3 gehört zu den materiell-rechtlichen Vorschriften in der ZPO. Die Schadensersatzpflicht ähnelt §§ 717 II, III, 945 und gehört zur »Haftung für schädigende Rechtsverfolgung«. Es handelt sich um eine **Gefährdungs-/Risikohaftung** ohne das Erfordernis eines Verschuldens (RGZ 91, 195, 203; zu § 945 BGH NJW 90, 2689 f). Aktivlegitimiert ist der Beklagte, ggf auch ein Prozessbürge, wenn er zur Abwendung der Vollstreckung gezahlt hat (BGH NJW 97, 2601, 2602); passivlegitimiert ist der Kl. Abs 4 S 3 meint nur die Aufhebung des Vorbehaltsurteils im

Nachverfahren. Bei einer Aufhebung im Instanzenzug gilt § 717 II. Der Anspruch nach Abs 4 S 3 entsteht aufschiebend bedingt mit der Verkündung des Schlussurteils (St/J/*Leipold* Rn 28), nicht erst mit dem Vollstreckungsantrag, Pfändung oder Versteigerung/Einziehung (B/L/A/H Rn 17: »Beitreibung«). Der Anspruch setzt voraus: 1. die (Teil-)Aufhebung des Vorbehaltsurteils und die Abweisung der Klage im Nachverfahren. Abs 4 S 3 gilt anders als bei § 717 III auch für das von einem OLG erlassene Vorbehaltsurteil, da der Kl auch in diesem Fall mit der Aufhebung rechnen muss (R/S/G § 59 Rn 86). 2. Vollstreckung des Klägers aus dem Vorbehaltsurteil bzw eine Leistung des Beklagten zur Abwendung der Beitreibung. 3. Kausal verursachter Schaden. Die Ersatzpflicht umfasst nicht nur den eigentlichen Gegenstand der Vollstreckung (zB Wert der versteigerten Sache), sondern auch Folgeschäden (zB Produktionsausfall infolge Verlust der Sache) sowie immateriellen Schaden bei nach § 901 erlittener Haft (§ 253 II BGB). Eine entsprechende Anwendung des § 302 IV bei einstweiligen Anordnungen wird diskutiert (näher § 717 Rz 6).

Der Anspruch kann durch einen neuen Prozess oder Widerklage geltend gemacht werden. Die Rechtshängigkeit ergibt sich dann nach den allgemeinen Regeln, nicht nach Abs 4 S 4 aE (vgl RGZ 63, 367, 369). Abs 4 S 4 lässt die Geltendmachung durch **Inzidentantrag** im anhängigen Rechtsstreit zu. Das macht nur Sinn, weil das aufhebende Urt nicht rechtskräftig geworden sein muss (St/J/*Münzberg* § 717 Rn 28), die Anhängigkeit des Nachverfahrens also trotz Aufhebung des Vorbehaltsurteils noch fortdauern kann. Die Rechtshängigkeit des Inzidentantrags wirkt auf die Zeit der Zahlung oder Leistung zurück, Abs 4 S 4. Bei Aufrechnung mit rechtswegfremder Forderung wird der Inzidentantrag nicht vor den Gerichten gestellt, die über die rechtswegfremde Forderung entscheiden, denn das »Nachverfahren« ist hier allein das ausgesetzte Ausgangsverfahren. Solange die Aussetzung fortdauert, ist über den Antrag nicht zu entscheiden. Im Anwendungsbereich der EuGVO gehen Art 2 und Art 5 Nr 3 EuGVO – anders als für die Aufrechnung selbst – vor; Art 22 Nr 5 EuGVO greift aber für den Anspruch aus § 302 IV nicht (vgl Hamm NJW-RR 01, 1575). 16

D. Anwendungsbereich. § 302 gilt vorbehaltlich der Spezialregelungen im Urkunden-, Scheck- und Wechselprozess in allen ZPO-Verfahren, auch im Rechtsmittelzug (vgl Rz 1). Im arbeitsgerichtlichen Verfahren ist § 302 über §§ 46 II ArbGG, 80 II ArbGG anwendbar. Die Vorschrift ist auch im Verwaltungsprozess entsprechend anzuwenden, § 173 VwGO. Das VG kann bei Aufrechnung mit zivilrechtlicher Forderung nach Erlass des Vorbehaltsurteils analog § 94 VwGO aussetzen und Frist zur Klageerhebung vor dem Zivilgericht festlegen (BVerwG NJW 87, 2530, 2532; 99, 160, 161 mwN). 17

E. Kosten/Gebühren. I. Gericht. Der mit dem Vorbehaltsurteil endende Teil des Verfahrens und das Nachverfahren sind gebührenrechtlich einheitlich zu beurteilen (§ 35 GKG). Keine Urteilsgebühren. 18

II. RA. Auch bei den RA-Kosten gelten gem § 15 II RVG beide Verfahrensteile als eine Gebühreninstanz. Verschiedene Angelegenheiten (§ 17 Nr 5 RVG) sind Vor- und Nachverfahren nur im Urkunden- und Wechselprozess; die Vorschrift ist nicht entsprechend anwendbar (Schlesw JurBüro 87, 1189). 19

§ 303 Zwischenurteil. **Ist ein Zwischenstreit zur Entscheidung reif, so kann die Entscheidung durch Zwischenurteil ergehen.**

A. Normzweck. Zwischenurteile haben den Zweck, den Prozess zu fördern, die Verhandlung frühzeitig von einzelnen verfahrensrechtlichen Streitpunkten zu entschlacken und die nachfolgende Prozessführung damit auf den eigentlichen Streitgegenstand zu lenken. Mit dem Zwischenurteil trifft das Gericht vorweg nach Maßgabe des § 318 bindende Feststellungen zu einzelnen Elementen eines späteren Endurteils, ohne aber – wie Teil- und Vorbehaltsurteile – über den Streitgegenstand oder einen Teil davon abschließend zu entscheiden. Bei den von § 303 erfassten Zwischenurteilen handelt es sich um unselbständige Urteile, die nur durch die Anfechtung eines späteren Endurteils zur Nachprüfung gestellt werden können (Rz 8). Davon abzugrenzen sind selbständige Zwischenurteile über das Vorliegen einer Prozessvoraussetzung (§ 280 II) oder über den Betrag einer Forderung (§ 304 II), die jeweils eigenständig wie ein Endurteil anfechtbar sind. **Nicht zu § 303** gehören »unechte« Zwischenurteile zwischen einer Partei und einem Dritten (§§ 71 I, II, 135 II, III, 142 II, 144 II, 372a, 387, 402). Eines unechten Zwischenurteils bedarf es auch, wenn wegen Parteiidentität eine nur vermeintlich eigenständige Prozesspartei (Scheinpartei) aus dem Rechtsstreit »entlassen« wird (BGH NJW-RR 95, 764; vgl auch BGH NJW 11, 778; näher § 50 Rz 6 f); zum gewillkürten Parteiwechsel näher § 50 Rz 5 ff. 1

2 **B. Die einzelnen Tatbestandsvoraussetzungen. I. Zwischenstreit.** Ein Zwischenstreit iSd § 303 hat eine zum Verfahren gehörende Vorfrage zum Gegenstand, die weder den Streitgegenstand selbst (dann ggf Teil-, End- oder Grundurteil) noch das Vorliegen einer Sachurteilsvoraussetzung (dann § 280 II) betrifft. Die Abgrenzung ist schwierig und wird in der Rechtsprechung nicht konsistent durchgehalten. Es ergeben sich folgende Grundsätze:

3 **1. Sachurteilsvoraussetzungen. Kein Zwischenstreit** iSd § 303 ist ein Streit über das Vorliegen einer Sachurteilsvoraussetzung. Stattdessen ist die Klage durch Endurteil abzuweisen oder ein selbstständig anfechtbares Zwischenurteil gem § 280 II zu erlassen. Daher findet § 303 keine Anwendung beim Streit über die Zuständigkeit des angerufenen Gerichts (Hambg WM 92, 1941, 1942, das aber § 303 mitzitiert; aA für die örtliche Zuständigkeit wohl LG Mainz NJW-RR 00, 588); verneint das Gericht die Zuständigkeit, muss es verweisen (§ 281) oder die Klage abweisen. Auch kein Fall des § 303 ist die Prüfung der Prozessfähigkeit (BGH MDR 11, 314). Stellt das Gericht die Nichtbeendigung des Rechtstreits durch einen unwirksamen Vergleich fest, gilt nicht § 303, sondern richtigerweise § 280 II (in diese Richtung BGH NJW 96, 3345, 3346 mwN), da ein Vergleich das Rechtsschutzbedürfnis für die Klage in Frage stellt. Ist der Vergleich dagegen wirksam, ist über den Antrag auf Verfahrensfortsetzung durch Endurteil zu entscheiden. Ebenso wenig gilt § 303 für die Bejahung der Zulässigkeit einer Wiederaufnahme und das Vorliegen eines Wiederaufnahmegrundes gem §§ 589 ff (so BGH NJW 05, 222, 223, zw). Über die Befreiung von der deutschen Gerichtsbarkeit nach den §§ 18-20 GVG ist im Wege eines Zwischenurteils gem. § 280 zu entscheiden, nicht nach § 303 (BGH NJW 09, 3164, 3165 Tz 18). Auch Entscheidungen über die **Verfahrensunterbrechung** und Prozessfortsetzung unter § 240 InsO, § 17 AnfG sollen nach Ansicht des BGH offenbar nicht unter § 303 fallen (näher Rz 8). Diese Rechtsprechung verwischt die Grenzen zwischen dem Zwischenurteil über die Zulässigkeit der Klage und den von § 303 erfassten Konstellationen und ist offenbar dem Bemühen geschuldet, über § 280 II eine Rechtsschutzmöglichkeit zu schaffen. Ein Zwischenurteil, das den vom Kl beantragten **Parteiwechsel** auf der Beklagtenseite in der Berufungsinstanz mit der Wirkung für zulässig erklärt, dass der bisherige Beklagte (gegen seinen Willen) aus dem Rechtsstreit ausscheidet und der neue Beklagte in das Verfahren einbezogen wird, soll ein Zwischenurteil iSd § 280 II sein (BGH NJW 81, 989); tatsächlich handelt es sich hinsichtlich der ausscheidenden Partei um ein Endurteil iSd § 300, da es die Rechtshängigkeit in diesem Prozessrechtsverhältnis beendet.

Ebenso wenig fällt die Verwerfung einer Einrede der fehlenden (Ausländer-) Prozesskostensicherheit unter § 303 (wohl auch BGH NJW 88, 1733 f). Dagegen soll die Bejahung der Einrede der fehlenden Ausländersicherheit (§ 110) dem § 303 zuzuschlagen sein (Zö/*Vollkommer* Rn 6 mit Hinweis auf BGHZ 102, 232). Bei einem Urt, das die Leistung der Sicherheit anordnet, handelt es sich jedoch um eine Anordnung iSd §§ 112, 113 S 1, und nicht um ein Zwischenurteil iSd § 303. Die Ablehnung einer Wiedereinsetzung nach § 238 bedingt idR ein Endurteil, etwa die Verwerfung eines Rechtsbehelfs. Soweit die Entscheidung durch Zwischenurteil erfolgt, soll sich aber um ein ausnahmsweise anfechtbares Zwischenurteil iSd § 303 handeln (BGHZ 47, 289, 290 f).

4 **2. § 303.** Für den **Anwendungsbereich des § 303** bleiben neben § 280 nur solche verfahrensrechtlichen Fragen, die weder unmittelbar die Zulässigkeit der Klage noch die Verfahrensfortführung (Rz 3) betreffen. Zu § 303 gehört daher neben dem Fall von Rz 3 aE der Streit über die Zulässigkeit eines Rechtsbehelfs (aber nur bei Bejahung der Zulässigkeit, sonst Verwerfung, zB § 341 I 2), ferner über die Pflicht einer Partei (nicht eines Dritten) zur Vorlage einer Urkunde (§§ 142 I, 144 I, 422, 423), über die Echtheit einer Urkunde (§ 440) und über den Widerruf eines Geständnisses (§ 290). Erfasst ist auch der Streit über die Zulässigkeit einer Klagenhäufung und einer Klageänderung, **nicht** aber das über das Ausscheiden einer Partei entscheidende Urt im Falle eines Parteiwechsels (Rz 3). Der Streit über eine Beweisaufnahme vor einem beauftragten oder ersuchten Richter kann durch Zwischenurteil erledigt werden. § 366 ordnet dazu die Zuständigkeit des Prozessgerichts an. Das Zwischenurteil kann auch ein Versäumnisurteil sein, § 347 II. Für Anordnungen ggü Dritten und einem Zwischenstreit mit Drittbeteiligung sieht das Gesetz spezielle Regelungen vor, zB §§ 71 II, 387 III, 402 (Rz 1).

5 **3. Kein Zwischenstreit.** Kein Zwischenstreit iSd § 303 liegt vor, wenn der **materiell-rechtliche Teil** bzw der Streitgegenstand selbst betroffen ist, so bei einer Entscheidung über die Aktivlegitimation (BGHZ 8, 383, 384), hinsichtlich einzelner Voraussetzungen des geltend gemachten Klageanspruchs oder bei Entscheidung über den Grund der Klageforderung (dann § 304). Präjudizielle Rechtsverhältnisse wie die Wirksamkeit eines Vertrags können nur über § 256 II zum Gegenstand einer besonderen Entscheidung gemacht werden

(BGH NJW 94, 1651, 1652). Der Streit über einzelne Angriffs- und Verteidigungsmittel, etwa die Einrede der Verjährung, fällt seit einer Novelle von 1924 nicht mehr unter § 303. Eine Zurückweisung einzelner Angriffs- und Verteidigungsmittel als verspätet (§§ 282 III, 296) kann nur in einem Endurteil oder Grundurteil erfolgen, da sich die Verzögerung nach der Endentscheidungsreife des Gesamtstreits bemisst.

II. Ermessen des Gerichts. Das Gericht ist zum Erlass des Zwischenurteils iSd § 303 nicht verpflichtet. 6
Anders ist es nur bei Säumnis, § 347 II, oder im Falle des § 366 (Zwischenstreit über Beweisaufnahme vor beauftragtem oder ersuchtem Richter). Das unselbständige Zwischenurteil ist zweckmäßig, wenn es geeignet ist, den Prozess zu fördern. Ist der Rechtsstreit bereits endentscheidungsreif, etwa bei Unzulässigkeit eines Einspruchs, so greift zwingend § 300 mit der Pflicht zum Erlass eines Endurteils. Dementsprechend kommt ein Zwischenurteil häufig nur in Betracht, wenn es die prozessuale Vorfrage bejaht. Bei den von § 303 zu unterscheidenden Streitfällen des § 280 II *muss* durch selbständiges Zwischenurteil entschieden werden.

C. Hinweise zur Prozesssituation. I. Erlass und Inhalt des Zwischenurteils. Das Zwischenurteil iSd 7
§ 303 kommt grds in jeder Verfahrenslage und in jeder Instanz in Betracht, wenn es sachdienlich und der Rechtsstreit nicht bereits endentscheidungsreif ist. Seiner Natur nach ist das Urt ein Feststellungsurteil. Das unselbständige Zwischenurteil enthält weder einen Ausspruch zu den Kosten noch zur vorläufigen Vollstreckbarkeit. Anders ist es bei einem unechten Zwischenurteil wegen Parteiwechsels (Rz 3).

II. Wirkungen des Zwischenurteils und Anfechtbarkeit. Das Zwischenurteil führt zur Bindung des 8
Gerichts nach § 318; erneutes Vorbringen zu dem Gegenstand des Urteils ist im weiteren Verfahrensverlauf unbeachtlich. Das gilt aber nur, wenn das Zwischenurteil überhaupt ergehen durfte (vgl BGHZ 8, 383, 385; § 318 Rz 6). Nachträglich eingetretene Tatsachen heben die Bindung auf, nicht aber eine Änderung der Rechtsauffassung des Gerichts. Das Zwischenurteil iSd § 303 ist **nicht selbstständig anfechtbar**, da es nur Teile der späteren Urteilsbegründung vorwegnimmt (§§ 511, 512, 574). Das gilt auch für das Versäumniszwischenurteil. Demgegenüber sind Zwischenurteile nach §§ 280, 304 wie Endurteile anfechtbar. Gegen unechte Zwischenurteile ggü Dritten ist idR das Rechtsmittel der sofortigen Beschwerde statthaft. Es ist daher sauber nach den Grundsätzen oben Rz 3 zwischen den einzelnen Gruppen von Zwischenurteilen zu unterscheiden. Die Rechtsprechung tendiert zunehmend zur Ausweitung des § 280 II zu Lasten des § 303, ohne immer deutlich zu machen, ob es sich um eine Ausnahme von der Nichtanfechtbarkeit der Zwischenurteile iSd § 303 oder um eine Zuweisung zu einem (erweiterten) Anwendungsbereich des § 280 II handelt. Zwischenurteile, die eine **Unterbrechung** feststellen, sollen jedenfalls anfechtbar sein, wenn geltend gemacht wird, Gegenstand des Rechtsstreits seien Ansprüche, die weder (im Hinblick auf § 240 ZPO) die Insolvenzmasse betreffen noch von § 17 AnfG erfasst werden (BGH NJW 05, 290, 291; 04, 2983, 2984). Ein die Unterbrechung des Rechtsstreits feststellendes Zwischenurteil kann insb dann wie ein Endurteil angefochten werden, wenn es zum Ausdruck bringt, dass die Partei, die den Prozess aufnehmen will, daran endgültig gehindert ist (BGH NJW-RR 06, 288). Eine weitere Ausnahme von der Nichtanfechtbarkeit ist nach Auffassung des BGH in Ansehung der Anfechtbarkeit eines Zwischenurteils geboten, welches über die Aufhebung eines ggf trotz Unterbrechung des Verfahrens ergangenen Versäumnisurteils befindet, ohne zugleich in der Sache zu entscheiden (BGH MDR 09, 1000 Tz 20 ff).

Im Rechtsmittelverfahren betreffend das Endurteil ist der durch Zwischenurteil vorweggenommene Teil 9
nachprüfbar. Hat das Gericht zu Unrecht durch Zwischenurteil entschieden, kann das Urt nach Maßgabe des **Meistbegünstigungsgrundsatzes** als Sachurteil (BGH WM 06, 932, 933 f) oder Zwischenurteil iSd § 280 anfechtbar sein. Gegen das verfahrensrechtlich unzulässige Zwischenurteil ist also mit dem Rechtsmittel vorzugehen, welches im Falle korrekter Entscheidung durch Teil-, End- oder Zwischenurteil gegeben wäre (BGH NJW 94, 1651, 1652). Obwohl der BGH die Verwerfung des Antrags auf Wiedereinsetzung gegen die Versäumung einer Rechtsmittelfrist als Fall des § 303 behandelt, bejaht er uU ausnahmsweise die Anfechtbarkeit (BGHZ 47, 289, 291: Zwischenurteil des OLG), da ein ablehnender Beschl ebenfalls (mit sofortiger Beschwerde) angreifbar wäre. Entscheidet das Berufungsgericht über eine Berufung gegen das Zwischenurteil fälschlicherweise durch Sachurteil, ist das Berufungsgericht daran seinerseits nicht gebunden und die Revision nicht gestattet (BGHZ 3, 244, 246; 102, 232, 236).

D. Anwendungsbereich. Im WEG-Verfahren ist § 303 entsprechend anwendbar (Köln NZM 99, 858). Im 10
Arbeitsgerichtsverfahren gilt § 303 entsprechend, § 46 II ArbGG. Ein Zwischenbeschluss analog § 303 ist im Beschlussverfahren denkbar (BAG DB 74, 1728; einschränkend aber LAG Nürnberg NZA-RR 07, 214, 215

zur Beteiligtenstellung im Beschlussverfahren); ebenso im patentgerichtlichen Verfahren (BGH NJW 67, 2116, 2117). Im arbeitsgerichtlichen Verfahren hat ein über den Grund des Anspruchs vorabentscheidendes Urt (Grundurteil) wegen § 61 V ArbGG nur die Bedeutung eines Zwischenurteils iS von § 303. Es bindet zwar das erkennende Gericht nach § 318 an die getroffene Entscheidung, kann aber nicht selbstständig, sondern abw vom Zivilprozess der ordentlichen Gerichtsbarkeit – nur zusammen mit dem über die Höhe des Anspruchs entschiedenen Endurteil angefochten werden (BAG NJW 76, 774, 775). Im finanzgerichtlichen Verfahren lässt § 99 II FGO eine Vorabentscheidung über eine entscheidungserhebliche Sach- und Rechtsfrage zu, soweit dies sachdienlich ist und die Parteien nicht widersprechen. Beachte auch § 202 SGG.

11 **E. Kosten/Gebühren. I. Gericht.** Urteilsgebühren werden nicht erhoben. Bei einem Zwischenurteil ist eine Reduzierung der Verfahrensgebühr gem KV 1211 ausgeschlossen (»es sei denn, dass ein anderes als der in Nummer 2 genannten Urteile vorausgegangen ist«). Für Zwischenurteile gegen Dritte gilt das nicht. Die Beschwerde in Fällen des § 71 II löst Kosten nach KV 1810, 1811 aus; Rechtsbeschwerde nach KV 1823.

12 **II. RA.** Zwischenurteile zählen zum Rechtszug (§ 19 I 2 Nr 3 RVG), dh keine zusätzlichen Gebühren.

§ 304 Zwischenurteil über den Grund. **(1) Ist ein Anspruch nach Grund und Betrag streitig, so kann das Gericht über den Grund vorab entscheiden.**

(2) Das Urteil ist in Betreff der Rechtsmittel als Endurteil anzusehen; das Gericht kann jedoch, wenn der Anspruch für begründet erklärt ist, auf Antrag anordnen, dass über den Betrag zu verhandeln sei.

Inhaltsübersicht

	Rz
A. Normzweck	1
B. Die einzelnen Voraussetzungen	3
I. Streit über Grund und Betrag der Klageforderung	3
1. Art des Anspruchs	3
2. Streitumfang	6
3. Prognostische Einschätzung des Betragsverfahrens	8
4. Teilbarkeit zwischen Grund und Betrag	9
II. Abgrenzung von Grund und Betrag	10
1. Grundlagen	10
2. Abgrenzung von Grund und Betrag im Einzelnen	11
a) Zulässigkeit	11
b) Anspruchsbegründung	12
c) Einwendungen	14
3. Besondere Prozesslagen	17
III. Erlass des Grundurteils	20
C. Wirkungen des Grundurteils	22
I. Bindungswirkung	22
II. Rechtsmittel	23
III. Betragsverfahren	24
D. Verfahrensvergleichung	25
E. Kosten/Gebühren	26
I. Gerichtsgebühren	26
II. RA	27

1 **A. Normzweck.** Das Grundurteil des § 304 ist ausweislich der gesetzlichen Überschrift ein Zwischenurteil (zur Einführung *Keller* JA 07, 433). Anders als das Zwischenurteil des § 303 betrifft es nicht prozessuale (Vor-)Fragen, sondern die dem Rechtsstreit zugrunde liegenden materiellen Verhältnisse. Im Unterschied zum Teil- und Endurteil erfasst es aber nicht einen eigenständigen Streitgegenstand oder einen abgrenzbaren Teil desselben. Es kann aber mit einem Teilendurteil verbunden werden; in Fällen des § 301 I 2 ist dies obligatorisch (§ 301 Rz 17; unten Rz 21 aE). Das Grundurteil ist immer stattgebender Natur, da die Klage bei fehlendem Anspruchsgrund durch (Teil-)Endurteil abzuweisen ist. Anders als das Feststellungsurteil entfaltet das Grundurteil nur innerprozessuale Bindungswirkung (§ 318), keine materielle Rechtskraft. In Betreff der Rechtsmittel ist das Zwischenurteil dem Endurteil gleichgestellt.

2 Der Erlass eines Grundurteils eröffnet die Möglichkeit, den Prozessstoff durch Aufteilung in das Grund- und das Betragsverfahren abzuschichten und die zügige Verfahrenserledigung durch die damit verbundene Konzentration auf den jeweiligen Streitstoff zu fördern. Wenn das Betragsverfahren erst nach formeller Rechtskraft des Grundurteils fortgeführt wird (Rz 24), dann kann sich das über den Betrag entscheidende Gericht bei einer Aufhebung des Grundurteils uU aufwändige Beweisaufnahmen zur Anspruchshöhe ersparen. Das Grundurteil dient also primär der prozessökonomischen Verfahrenserledigung (BGH NZM 03, 372, 373). Die Anwendung des § 304 ist indes kein Selbstläufer. Stets sind die Voraussetzungen sorgfältig zu prüfen und das dem Gericht eingeräumte Ermessen (Rz 20) gewissenhaft auszuüben, um unnötige

Kosten und zusätzlichen Prozessaufwand für die Parteien zu vermeiden, sachliche Zusammenhänge zwischen Grund und Betrag nicht zu zerreißen und zu verhindern, dass die endgültige Verfahrenserledigung eher verzögert denn beschleunigt wird (ausf *Schilken* ZZP 95, 47, 51, 57).

B. Die einzelnen Voraussetzungen. I. Streit über Grund und Betrag der Klageforderung. 1. Art des 3
Anspruchs. Der streitgegenständliche (prozessuale) Anspruch muss nach Grund und Höhe streitig sein. Das kann nur bei solchen Ansprüchen der Fall sein, die Zahlungen von Geld oder Leistung anderer **vertretbarer Sachen** zum Gegenstand haben, also nicht bei Klagen auf Abgabe einer Willenserklärung oder auf Leistung unvertretbarer Sachen, bei Räumungsklagen oder bei Unterlassungsklagen. Beseitigungsklagen eignen sich nur dann für ein Grundurteil, wenn die Beseitigung ausnahmsweise in der Zahlung eines Betrags besteht. Der jeweilige Anspruch kann persönlicher oder dinglicher Natur sein (St/J/*Leipold* Rn 4). Auf den materiell-rechtlichen Rechtsgrund der Forderung kommt es nicht an (BGHZ 53, 17, 23: Bereicherungsanspruch). Auch **Anfechtungsansprüche** (§ 11 AnfG, § 143 InsO) können durch Grundurteil beschieden werden, soweit sie auf Leistung von Geld oder vertretbare Sachen gerichtet sind, erst recht Wertersatzansprüche (§ 143 I 2 InsO). Der jeweilige Anspruch muss allerdings nicht zum Gegenstand eines Leistungsantrags gemacht sein (missverständlich St/J/*Leipold* Rn 6), wohl aber dem streitgegenständlichen Lebenssachverhalt zugehören, sodass über den Klageantrag nicht ohne Rücksicht auf den Anspruch entschieden werden kann. Es genügt deshalb auch eine Klage auf Befreiung von einer auf eine solche Leistung gerichteten Verbindlichkeit (BGH NJW 01, 155, 156 mN: in casu abl wegen Unbestimmtheit der Verbindlichkeit), auf Einwilligung in die Auszahlung eines hinterlegten Betrags oder vertretbarer Sachen (Zö/*Vollkommer* Rn 3) und auf Duldung der Zwangsvollstreckung wegen einer bestimmten Forderung – hier legt das Grundurteil die Existenz einer Duldungspflicht fest, das Betragsverfahren dessen Umfang. Es genügt nicht, dass der Anspruch nur Gegenstand einer Einwendung, insb einer Aufrechnung oder eines Zurückbehaltungsrechts ist (RGZ 101, 40, 41; BGH NJW 84, 2213, 2214).
Bei einer **Feststellungsklage** kommt ein Grundurteil über die zugrunde liegende Verpflichtung in Betracht, 4
wenn der Feststellungsantrag einen bestimmten Leistungsumfang beziffert. Fehlt es an einer Bezifferung, so ist zu differenzieren: Bei einem unbezifferten Feststellungsantrag (BGHZ 132, 320, 327) und unbezifferten Freistellungsansprüchen (BGH NJW 01, 155, 156) scheidet ein Urt iSd § 304 grds aus, da sich Grund und Höhe nicht unterscheiden lassen. Das betrifft insb Fälle, in denen eine Schadensersatzpflicht von einer künftigen, im Einzelnen noch ungewissen Entwicklung abhängt (BGH NJW 91, 1896). Hat – wie häufig im Schadensersatzprozess – der Kl den bezifferten Leistungsantrag zulässigerweise (§ 253 Rz 4) mit einem unbezifferten Feststellungsantrag über den künftigen Schaden verbunden, so kommt ein Grundurteil über den Feststellungsantrag auch dann nicht in Betracht (Frankfurt 12.7.10, 1 U 195/09, BeckRS 10, 19121); richtig ist dann ein Teilendurteil über den Leistungsantrag und (stattgebendes) Teilurteil über den Feststellungsantrag gem § 301 I 2. Umfassendes Grundurteil scheidet aus, wenn der Klagegrund nicht abschließend für alle Anträge beurteilt wird (Koblz NJW-RR 11, 1002 Ls = MDR 11, 944). Ein – unzulässiges – Grundurteil lässt sich in diesen Fällen im Zweifel nicht zugleich als ein stattgebendes Teil-Endurteil über den Feststellungsantrag auslegen oder entsprechend umdeuten (BGHZ 182, 166 Tz 10 f = NJW 09, 2814; Rostock 11.5.07 – 8 U 84/06 – juris = OLGR 07, 887). Zu den Folgen eines fehlerhaften Grundurteils Rz 23.
Ausnahmsweise kann ein Grundurteil über eine **nicht bezifferte Feststellungsklage** ergehen, wenn damit 5
ein bestimmter Betrag in der Weise geltend gemacht wird, dass die Klage auch zu einem Ausspruch über die Höhe des Anspruchs führen soll (BGH NJW 94, 3295 f), maW wenn sich die Haftung dem Grunde nach sowie die Höhe der Haftung trotz fehlender Bezifferung des Anspruchs unterscheiden lassen (vgl St/J/*Leipold* Rn 5). Das trifft va in Dreieckssituationen zu, in denen die Feststellung begehrt wird, dass der Beklagte zum Schadensersatz verpflichtet ist, soweit der Kl ggü einem Dritten mit einer titulierten und bezifferten Forderung (in einem Konkursverfahren über dessen Vermögen) ausfallen wird (so bei BGH NJW 94, 3295). Bei bezifferten Feststellungsanträgen kann generell ein Grundurteil ergehen, wenn der Antrag zulässig ist, mithin trotz Möglichkeit der Leistungsklage ein Feststellungsinteresse besteht (§ 256 Rz 9). Demgegenüber lassen unbezifferte Leistungsanträge (§ 253 Rz 4) stets ein Grundurteil zu (Bsp Grundurteil über Pflicht zum Ersatz immateriellen Schadens, Betragsverfahren über die Höhe des Schmerzensgeldes).

2. Streitumfang. Der Streit muss sich **kumulativ** auf Grund und Höhe beziehen. Der Grund iSd § 304 ist 6
enger als der Klagegrund (= Lebenssachverhalt) des §§ 253 II Nr 2, 264, reicht aber über den materiellrechtlichen Anspruch hinaus. Die Abgrenzung kann nur durch fallweise Zuordnung des jeweiligen Prozess-

stoffes erfolgen (unten Rz 10). Ist nur die Höhe der Forderung oder nur der Anspruchsgrund bestritten, darf kein Grundurteil ergehen, so bei unstreitiger Haftung im Verkehrsunfallprozess (BGH NJW-RR 89, 1149) – das Grundurteil wäre weitgehend sinnlos, da sich der Streitstoff ohnehin bereits auf den Betrag beschränkt. Will der Kl insoweit Klarheit, muss er Feststellungsantrag stellen. Ein »Anerkenntnis-Grundurteil« darf es deshalb nicht geben (aA LG Mannheim MDR 92, 898, 899); ein »Anerkenntnis« nur über den Grund eines bezifferten Anspruchs ist kein Anerkenntnis iSd § 307 (§ 307 Rz 6 f). Ein Versäumnisurteil gegen den Beklagten kann sich wegen der Geständnisfiktion des § 331 I 1 nicht in der Entscheidung über den Grund erschöpfen. Kein Grundurteil kann auch ergehen, sofern nur die Zulässigkeit der Klage in Streit steht (BGH NJW 92, 2487). Bei einer Schiedsgutachtenabrede über die Höhe des Anspruchs darf bis zur Vorlage des Gutachtens kein Grundurteil ergehen, da bei fehlender Vorlage die Klage insgesamt als »zur Zeit unbegründet« gilt (BGH NJW-RR 88, 1405; ThoPu/*Reichold* Rn 4).

7 Der Streit über den Grund muss bereits, der Streit über den Betrag darf noch nicht entscheidungsreif sein. Eine Entscheidungsreife über den Grund besteht erst, wenn sämtliche zur Feststellung des Grunds zugehörigen Fragen erledigt werden (BGH NJW-RR 07, 305, 306; 05, 1008, 1009, stRspr); das Bestehen des Anspruchs **darf nicht offen bleiben**; daher ist ein Grundurteil vor Klärung der Schlüssigkeit der Klage nicht gestattet (BGH NJW-RR 08, 1397 Tz 10, 12). Steht bereits ein bezifferbarer Teil einer einheitlichen Forderung dem Betrage nach fest, ist nach § 301 I 2 zu verfahren (Teilendurteil in Verbindung mit Grundurteil über den Gesamtanspruch). Bei einem Klagebegehren, das sich aus mehreren in einem Antrag zusammengefassten Teilansprüchen zusammensetzt, kann ein einheitliches Grundurteil nur ergehen, wenn jeder Teilanspruch gerechtfertigt ist (BGH NJW-RR 04, 1034 mwN). Das Grundurteil muss also den Rechtsstreit hinsichtlich des Grundes umfassend erledigen können (BGHZ 108, 256, 259); bei objektiver Klagenhäufung jedenfalls hinsichtlich des jeweiligen Streitgegenstands. Das Grundurteil gibt dem Klageantrag dem Grunde nach stets ganz oder tw statt. Eine die Klage wegen fehlenden Anspruchsgrundes ganz oder tw abweisende Entscheidung ist mangels verbleibenden Streits über den Betrag (Teil-)Endurteil. Fehlt es insgesamt am Klageanspruch, ist Endurteil iSd § 300 zu erlassen, fehlt der Klagegrund nur tw, so ist das Grundurteil vorbehaltlich des § 301 II mit einem abweisenden Teilurteil zu verbinden, wenn einer der Fälle des § 301 vorliegt (§ 301 Rz 17). Umgekehrt steht die Unbegründetheit eines nur quantitativ abgegrenzten Teils einer einheitlichen Klageforderung einem uneingeschränkten und bejahenden Grundurteil auch nicht entgegen (BGH NJW-RR 04, 1034).

8 **3. Prognostische Einschätzung des Betragsverfahrens.** Ein Grundurteil macht keinen Sinn und verursacht unnötige Kosten, wenn zu erwarten ist, dass die Forderung nicht in irgendeiner Höhe besteht; in einem solchen Fall sollte die Endentscheidungsreife für die Gesamtforderung hergestellt und durch Endurteil entschieden werden. Der BGH gießt diese Einsicht in eine **ungeschriebene Voraussetzung**. Danach muss es nach dem im Entscheidungszeitpunkt vorliegenden Sach- und Streitstand zumindest wahrscheinlich sein, dass der Anspruch in irgendeiner Höhe besteht (BGH NJW-RR 07, 1008, 1009). ZT wird gar eine »hohe« (BGHZ 108, 256, 260 = NJW 89, 274) oder »hinreichende« Wahrscheinlichkeit verlangt (BGH VersR 67, 1002, 1003). Daran fehlt es, wenn dem Beklagten durch Beschl die Möglichkeit eingeräumt wird, noch ergänzend zu Gegenforderungen vorzutragen, die ihrer Höhe nach den Klageanspruch übersteigen (BGH NJW-RR 07, 1008, 1009) und damit die Klageforderung schon dem Grunde nach zunichte machen. Entgegen dem BGH (NZM 03, 372, 373) ist dies aber schon wegen der geringen Fassbarkeit des **Wahrscheinlichkeitsmaßstabes** keine zwingende und für jeden Fall zu prüfende Zulässigkeitsvoraussetzung (ebenso *Schilken* ZZP 95, 45, 59), auch nicht das Erfordernis einer summarischen Prüfung (so wohl MüKoZPO/*Musielak* Rn 19). Der Erlass eines Grundurteils kann dann aber an der mangelnden Teilbarkeit von Grund und Betrag scheitern (Rz 9) oder nach der allerdings nicht angreifbaren Einschätzung des Gerichts unzweckmäßig sein (Rz 20). Nur wenn es darum geht, bestimmte Sachfragen dem Nachverfahren vorzubehalten (näher unten, Rz 24), kommt es darauf an, dass zumindest im Betragsverfahren ein Teil des Anspruchs bestehen bleibt. Die Wahrscheinlichkeitsprüfung limitiert also allenfalls diese pragmatisch motivierte Aufweichung des Merkmals des Anspruchsgrunds (Rz 14 f), ist aber kein Zulässigkeitshürde für sämtliche Grundurteile.

9 **4. Teilbarkeit zwischen Grund und Betrag.** Das Grundurteil ist mangels Bestimmtheit (BGHZ 108, 256, 260 = NJW 89, 2745) und mit Rücksicht auf die Bindungswirkung (Rz 22) unzulässig, wenn es nicht erkennen lässt, welchen dem Anspruchsgrund zugehörigen Prozessstoff es erledigt. Es muss sich aus ihm eindeutig ergeben, inwieweit es den Streit entscheiden und welchen Teil es dem Betragsverfahren überlas-

sen will (BGH NZM 03, 372, 373). Das ist insb zu beachten, wenn das Grund- mit einem Teilurteil verbunden wird. Bei einer Klageabweisung durch Teilurteil muss der aberkannte Teil der Klageforderung betragsmäßig bestimmt sein (BGH NJW 94, 2349 f; Zö/*Vollkommer* Rn 16). Ein Grundurteil kommt nicht in Betracht, wenn sich Grund und Höhe schon aus Gründen des materiellen Rechts nicht trennen lassen (BGH NJW 91, 1896). Das gilt für den Unterhaltsprozess, wenn und soweit die Leistungsfähigkeit des Verpflichteten und die Bedürftigkeit des Berechtigten Tatbestandsvoraussetzung des Anspruchs sind (Schlesw FamRZ 99, 27) sowie generell, soweit für den Anspruch eine quantitative Hürde gesetzt ist, die zugleich die Höhe des Anspruchs mitbestimmt (BGH MDR 64, 214: Rentenanspruch wegen MdE). Zu Einwendungen unten, Rz 14.

Sind die für Grund und Höhe maßgeblichen Tatsachen annähernd dieselben oder stehen sie in einem so engen Zusammenhang, dass die Herausnahme einer Grundentscheidung unzweckmäßig und verwirrend wäre, ist ein Grundurteil ebenfalls unzulässig (BGH NJW-RR 93, 91: Täuschung über Höhe des Versicherungsschadens). Beim Ausgleichsanspruch nach § 89b HGB tritt wegen der Zusammenhänge von Grund und Höhe häufig die Entscheidungsreife über Anspruchsgrund und Betrag gleichzeitig ein (MüKoZPO/*Musielak* Rn 9), sodass zwingend ein Endurteil ergehen muss.

II. Abgrenzung von Grund und Betrag. 1. Grundlagen. Die Abgrenzung des Anspruchsgrunds von dem 10
Betragsverfahren ist die schwierigste und streitträchtigste Frage des § 304. Die Abgrenzung hat sich an dem Grundsatz zu orientieren, dass § 304 eine vollständige Entscheidung über den Anspruchsgrund verlangt, die dem Nachverfahren nur den Betrag übrig lässt (vgl Musielak/*Musielak* Rn 17). Alles, was nicht nur die Höhe des Anspruchs betrifft, gehört grds zum Anspruchsgrund. Das Urt darf sich nicht auf einzelne Elemente der Begründetheit beschränken, sondern muss den Rechtsstreit hinsichtlich des Grundes **umfassend erledigen** (BGHZ 108, 256, 259 = NJW 89, 2745). Ein Grundurteil kommt deshalb nicht in Betracht hinsichtlich unselbständiger Rechnungsposten aus dem Saldo, materiell-rechtlicher oder prozessualer Vorfragen oder über einzelne Streitfragen oder Einsatzwerte bei der Schadensberechnung (vgl Zö/*Vollkommer* Rn 7). Die Rechtsprechung weicht den Grundsatz der vollständigen Erledigung des Klagegrundes jedoch zunehmend aus pragmatischen Gründen auf (Rz 14 f), was beim Grundurteil leichter hinzunehmen ist, da es anders als das Feststellungsurteil nur ein Zwischenurteil ohne materielle Rechtskraft darstellt. Im Einzelnen will die Rechtsprechung es verstärkt erlauben, Sachfragen, die eigentlich zum Anspruchsgrund gehören, dem Betragsverfahren vorzubehalten, sofern zumindest damit zu rechnen ist, dass der Anspruch in irgendeiner Höhe besteht. Damit will die Rechtsprechung die Schwierigkeiten einer Unterscheidung zwischen Grund und Höhe zugunsten einer Betrachtung aufgeben, die danach fragt, ob im Betragsverfahren noch etwas »übrig bleibt«, das dem Anspruchsteller zugesprochen werden kann (Musielak/*Musielak* Rn 17).

2. Abgrenzung von Grund und Betrag im Einzelnen. a) Zulässigkeit. Die Zulässigkeit der Klage muss im 11
Entscheidungszeitpunkt gegeben sein; andernfalls ist die Klage durch Prozessurteil abzuweisen.

b) Anspruchsbegründung. Die anspruchsbegründenden Tatsachen müssen vollständig vorliegen. Das 12
umfasst die Aktiv- und Passivlegitimation und mithin Fragen des (gesetzlichen oder rechtsgeschäftlichen) Forderungsübergangs, bea aber § 265 II. Nach hL kann auch bei einem nur teilweisem Forderungsübergang, der niedriger ist als die Klageforderung, kein Grundurteil zugunsten des früheren Gläubigers ergehen (Zö/*Vollkommer* Rn 7a; wohl auch R/S/G § 59 IV 2 Rn 50: Forderungsübergang im Grundurteil zu erörtern); die Rechtsprechung sieht das aber anders (BGH NJW 56, 1236 mN; MüKoZPO/*Musielak* Rn 18 mwN). Zugunsten des neuen Anspruchsinhabers kommt ein Grundurteil in Betracht, wenn jedenfalls ein teilweiser Anspruchsübergang feststeht (BayObLG MDR 66, 422 f).

Eine **Pfändung und Überweisung** der Forderung mit der Folge, dass nicht mehr ggü dem Kl zu erfüllen ist, soll aber dem Grundurteil nicht entgegenstehen (RGZ 170, 281, 283). Das ist zweifelhaft, da der Schuldner mit der Überweisung die Sachbefugnis verliert. Bei einer auf Leistung an eigene Person gerichteten Klage müsste der klagende Schuldner im Betragsverfahren stets mit der Folge vollständiger Klageabweisung unterliegen, da er wegen § 829 I 2 allenfalls noch auf Zahlung an den Pfändungsgläubiger, freilich auch auf Feststellung des Bestehens der Schuld, klagen kann.

Die **haftungsbegründende und haftungsausfüllende Kausalität** sowie die Zurechnung gehören zum 13
Grund des Anspruchs. Die Abgrenzung zwischen Anspruchsgrund und dem Betragsverfahren ist nicht mit der Abgrenzung zwischen § 286 und § 287 kongruent (§ 287 Rz 6). Aus pragmatischen Gründen lässt es der BGH zu, auf eine abschließende Klärung des Ursachenzusammenhangs zwischen schädigendem Ereignis

und den Schadenspositionen zu verzichten und durch ausdrückliche Vorbehalte (Rz 21) bestimmte Frage dem Betragsverfahren zu überlassen, wenn der Klageanspruch mit Wahrscheinlichkeit in irgendeiner Höhe besteht (ua BGHZ 53, 17, 23), vgl auch Rz 15. Bei einer aus **Einzelpositionen** zusammengesetzten, aber einheitlichen Ersatzforderung kann ein Grundurteil über die Ersatzpflicht ergehen; im Betragsverfahren soll dann erst ermittelt werden, ob und inwieweit einzelne Schadensposten (überhaupt) auf die schadensstiftende Handlung zurückzuführen sind (BGH NJW-RR 95, 508). Anders ist es, wenn Einzelposten eines Gesamtschadens auf rechtlich selbständige Ansprüche gestützt werden (BGH NJW 61, 1465, 1466; MüKoZPO/*Musielak* Rn 22). Nach Auffassung des BGH kann ein Grundurteil bei Einzelposten und einem Fall nach **VOB/B** aber erst erlassen werden, wenn das Gericht für jeden der Einzelposten nach der für diesen festzustellenden Tatsachengrundlage mit Anwendung der maßgeblichen Klauseln der VOB/B einen Anspruch dem Grunde nach bejaht und für wahrscheinlich erachtet, dass er in irgend einer Höhe besteht (BGH NJW-RR 2007, 305); davon weicht jetzt Stuttg (14.7.2011 10 U 59/10 – juris) ausdrücklich, aber wohl zu Unrecht ab. Wird Ersatz eines Vertrauensschadens wegen Fehlinformation vor einem Vertragsschluss geltend gemacht, muss im Grundurteil entschieden werden, ob der Getäuschte den Vertragsabschluss unterlassen oder mit der Gegenpartei einen günstigeren Preis vereinbart hätte (BGH DB 77, 1042, 1043). Zum Grundverfahren gehört auch das Bestehen der Hauptschuld im Bürgschaftsprozess (BGH NJW 90, 1366, 1367) oder der anderweitigen Einstandspflicht ggü bei einem sog Haftungsschaden, die Existenz einer Ersetzungsbefugnis des Schuldners (BGH NJW 72, 1202 f), Einwendungen wie arglistige Täuschung sowie die Wirksamkeit von Haftungsausschlüssen und Haftungsbeschränkungen, soweit sie nicht nur (abgrenzbar) die Höhe der Haftung und einen Teil der Forderung betreffen (vgl allgemein MusielakZPO/*Musielak* Rn 17).

14 **c) Einwendungen.** Ein **Mitverschulden** (§ 254 BGB, Art 77 CISG, dazu BGHZ 141, 129, 136) oder die Anrechnung einer Betriebsgefahr (§ 17 StVG) kann uU zu einem Anspruchsausschluss führen. Die frühere Rechtsprechung verlangte daher eine Entscheidung darüber im Grundurteil (RGZ 62, 145, 148; BGH NJW 79, 1933, 1935; *Schilken* ZZP 95, 45, 56 f mwN). Steht die Mitverschuldensquote fest, kann das Grundurteil den Anspruch zu der verbleibenden Quote zusprechen (BGHZ 76, 397, 400 = NJW 80, 1579; für die Entschädigung im Adhäsionsverfahren BGH NJW 02, 3560). Jüngere Entscheidungen lassen es daneben zu, die Entscheidung über das Mitverschulden dem Nachverfahren ausdrücklich vorzubehalten (Rz 21), sofern nicht davon auszugehen ist, dass das Mitverschulden den Anspruch vollständig aufwiegt (BGH NJW 97, 3176, 3177 mwN). Zur Bindung für das Nachverfahren Rz 24. Das Grundurteil spricht dann die Ersatzpflicht des Beklagten vorbehaltlich der noch zu ermittelnden Mitverschuldensquote aus. Diese Möglichkeit besteht nicht bei einem unbezifferten Feststellungsantrag (NJW 97, 3176, 3177) sowie dann, wenn zwei alternative, nicht gleichwertige Schadensverläufe in Rede stehen (BGH NJW 79, 1933, 1935). Beim **Schmerzensgeldanspruch** kann dagegen nicht durch Grundurteil eine Quotierung des Schmerzensgeldes ausgesprochen werden (so aber wohl Ddorf VersR 83, 1039; B/L/A/H Rn 16, str). Die Praxis lässt aber zu, den Anspruch auf angemessenes Schmerzensgeld durch Grundurteil festzustellen unter Berücksichtigung eines quotierten Mitverschuldens (Celle NJW 68, 1785, 1786; Köln VersR 75, 543, 544), das aber keine endgültige Quotierung des Schmerzensgeldanspruchs bedeute. Das darf den Richter im Nachverfahren aber nicht zu einer undifferenzierten und mit dem Grundurteil gleichlaufenden Quotelung eines etwa eingeklagten Mindestbetrags veranlassen, da vielmehr das beiderseitige Verschulden zu den anderen Abwägungsfaktoren in Beziehung zu setzen ist. Beim Pflichtteils(-ergänzungs)anspruch scheidet ein Grundurteil häufig aus, das den Anspruch in Höhe einer bestimmten Pflichtteilsquote zuspricht (so bei BGHZ 139, 116, 118; Zö/*Vollkommer* Rn 16); der Kl muss Zwischenfeststellung beantragen.

15 Bei der **Aufrechnung** kommt es zwar auf eine Unterscheidung zwischen konnexen und inkonnexen Gegenforderung seit der Neufassung des § 302 nicht mehr zwingend an. In Betracht kommt in beiden Fällen ein Vorbehaltsgrundurteil (MüKoZPO/*Musielak* Rn 20), das die Klärung der Gegenforderung nach Grund und Höhe dem Betragsverfahren überlasst, aber rechtlich den Regeln des § 302 folgt. Gleichwohl sollte bei konnexen Gegenforderungen der Rechtsstreit zweckmäßigerweise umfassend in einem Zug erledigt werden (anders Zö/*Vollkommer* Rn 8, bei § 302 vgl dort Rz 9 f). Die Rspr lässt ein Grundurteil nur zu, wenn die Gegenforderung nach summarischer Prüfung niedriger ist als die Klageforderung (BGH NJW-RR 94, 379, 380). Nicht zum Grund des Anspruchs gehört die Vorteilsausgleichung, soweit sie den Klageanspruch nicht offensichtlich vollständig zunichte macht (RGZ 103, 406, 408). Bei § 89b HGB müssen sämtliche Voraussetzungen des § 89b I 1 Nrn 1–3 HGB gegeben sein (BGH NJW 96, 848, 849 f).

Die Einrede des **Zurückbehaltungsrechts** und die Einrede des **nichterfüllten Vertrags** können dem Betragsverfahren überlassen werden (RGZ 123, 6, 7; BGH NJW 84, 2213 f). Bei der Verjährung soll eine Entscheidung darüber im Grundurteil entbehrlich sein, wenn sie sich nur gegen einen Teil des Klageanspruchs richtet und ein Zuspruch auf den anderen Teil im Betragsverfahren zu erwarten ist (BGH NJW 68, 2105 f); zweckmäßig ist dies aber häufig nicht. Die Haftungsbeschränkung des Erben gehört zwar zum Anspruchsgrund. Das Gericht muss aber Berechtigung und Umfang der Haftungsbeschränkung nicht prüfen, sondern lediglich den Vorbehalt beschränkter Erbenhaftung in den Tenor des Grundurteils aufnehmen; der Einwand ist dann nach Maßgabe des § 780 geltend zu machen (vgl Köln VersR 68, 380, 381; Zö/*Vollkommer* Rn 14; § 780 Rz 12). Über die Art des Schadensersatzes (Kapital oder Rente) sowie Beginn und Dauer kann in geeigneten Fällen im Betragsverfahren entschieden werden, nicht aber für die Aufteilung eines Rentenbetrags auf mehrere Bezugsberechtigte (BGHZ 11, 181, 183); die Festlegung der Rentendauer muss ausdrücklich dem Betragsverfahren vorbehalten werden (so BGHZ 11, 181, 183; BGH VersR 67, 1002, 1004). Ebenso im Betragsverfahren entschieden werden kann trotz Zugehörigkeit zum Anspruchsgrund über die Fälligkeit bei einer Klage auf künftige Leistung (St/J/*Leipold* Rn 38) sowie über Beginn und Höhe der (im Grundurteil festgestellten) Zinspflicht (noch weiter: BGH WM 85, 1166, 1167: auch Entscheidung über Grund der Zinspflicht im Betragsverfahren, wenn einfache Rechtslage).

Sonstige Einzelfälle: Im Grundurteil ist über die Aufteilung von **Rentenansprüchen** auf mehrere Berechtigte zu entscheiden (Zö/*Vollkommer* Rn 14), über das Verweisungsprivileg des § 839 I 2 (RGZ 156, 82, 87); über vertragliche Haftungsbeschränkungen und Haftungsausschlüsse nach § 158c VVG, § 3 Nrn 4 und 6 PflVersG (BGH NJW 79, 1046, 1047, s.a oben, Rz 15) oder die Dauer der Mitgliedschaft bei gesellschaftsrechtlichem Abfindungsanspruch (BGH WM 85, 1166 f) sowie die Existenz eines **Gesellschaftsverhältnisses** (BGH NJW 01, 224, 225) und ggf auch den jeweiligen Gewinnanteil (BGH WM 85, 1166 f: Quote im Grundurteil zu ermitteln, wenn Gesellschafter möglicherweise schon vollständig abgefunden ist). In geeigneten Fällen lässt die Rechtsprechung aber die Verweisung auf das Nachverfahren zu, wenn der jeweilige Einwand nicht zum vollständigen Anspruchsausschluss führt oder führen kann (so RGZ 156, 82, 87; BGH WM 76, 873 zu § 839 I 2 BGB). 16

3. Besondere Prozesslagen. Bei **objektiver Klagenhäufung** ist der Erlass des Grundurteils unproblematisch, wenn das Gericht alle streitgegenständlichen Ansprüche für gerechtfertigt erachtet; ohne diese Feststellung kann kein Grundurteil über den gesamten, geltend gemachten Anspruch ergehen (BGH NJW-RR 04, 1034). Möglich ist auch ein Teil-Grundurteil bzgl einzelner Streitgegenstände, auch wenn die übrigen Streitgegenstände noch nicht entscheidungsreif sind, denn die Zusammenfassung mehrerer Anträge und Lebenssachverhalte in einer Klage ändert an ihrer Eigenständigkeit untereinander nichts (offen BGH NJW-RR 92, 1053 mwN zum Streitstand). Allerdings sind für das Teil-Grundurteil die Voraussetzungen des § 301 zu beachten, also die Unabhängigkeit des entschiedenen Teils von den verbleibenden Streitgegenständen zu verlangen. Sind einzelne Anträge abweisungsreif, können sie durch ein mit dem Grundurteil verbundenes (Teil-)Endurteil abgewiesen werden. Auch bei einer Teilklage ist eine Vorabentscheidung über den Grund (§ 304) möglich, weil der Streitgegenstand quantitativ umgrenzt ist (BGH NJW 93, 1779, 1782). Setzt sich der Gesamtanspruch aus mehreren selbständigen Forderungen zusammen, die in einer bestimmten Reihenfolge der Teilklage zugrunde gelegt werden, und sind einzelne Forderungen schlechthin – auch dem Grunde nach – unbegründet, so kann ein Grundurteil ergehen, sofern zu erwarten ist, dass dem Kl jedenfalls auf die anderen Forderungen im Nachverfahren ein Betrag zuzusprechen sein wird (BGH aaO mN). Bei einer kumulativ auf mehrere gleichartige, aber rechtlich selbständige Verträge gestützten, zusammengesetzten Forderung ist der Erlass eines Grundurteils zulässig, das lediglich Einwendungen abschließend klärt, die alle Verträge betreffen, wie etwa den Einwand der Arglist oder die Verjährungseinrede (BGHZ 108, 256, 259 = NJW 89, 2745). Über **Hilfsanträge** darf durch Grundurteil erst entschieden werden, wenn der Hauptantrag durch zulässiges Teilurteil abgewiesen ist (vgl BGH NJW 98, 1140). Nicht zulässig ist es, alternativ Haupt- und Hilfsantrag durch Grundurteil dem Grunde nach für gerechtfertigt zu erklären (BGH NJW-RR 92, 290). 17

Materiell-rechtliche Anspruchskonkurrenz: Führt der Kl zur Begründung der Klage über einen einzigen Streitgegenstand mehrere materiell-rechtliche Anspruchsgrundlagen an (zB Vertrag und § 812 BGB), soll das Gericht nach verbreiteter Auffassung verpflichtet sein, im Grundurteil sämtliche Anspruchsgrundlagen zu prüfen (BGHZ 72, 34, 36; 77, 307, 309; diff MüKoZPO/*Musielak* Rn 29 mwN). Verschiedene Konstellationen sind indes zu unterscheiden: In einem Grundurteil darf wie in einem Endurteil die einschlägige **materiell-rechtliche** Anspruchsbegründung offenbleiben, wenn die in Betracht kommenden Anspruchs- 18 grundlagen (auch hinsichtlich des Betrags) zum selben Ergebnis führen. Ist der Klageanspruch bereits nach einer Anspruchsgrundlage voll gerechtfertigt, muss auf die anderen Anspruchsgrundlagen nicht mehr eingegangen werden (zB bei Bejahung von § 826 BGB keine insoweit redundante Prüfung von § 823 BGB) (BGHZ 72, 34, 36). Kann die Klage jedoch nur auf einer materiell-rechtlichen Anspruchsgrundlage zu einem vollen Erfolg führen (zB § 823 BGB bei einer Produkthaftungsklage wegen Haftungsbegrenzungen in §§ 10 f ProdHG), dann ist das Grundurteil jedenfalls zulässig, wenn das Gericht die weitergehende Anspruchsgrundlage prüft und für einschlägig erachtet. Ist der weitergehende Ansprüche nicht begründet, soll ein Grundurteil über den weniger weitreichenden Anspruch ebenfalls zulässig sein, wenn gleichzeitig der nicht begründete Anspruch eindeutig zurückgewiesen wird. Das muss aber nicht im Tenor geschehen, da dieser grds vom materiellen Recht freizuhalten ist; es genügt Bescheidung in den Urteilsgründen (R/S/G § 59 IV 2 Rn 58; Zö/*Vollkommer* Rn 10 mwN). Nach aA soll das Grundurteil in diesem Fall mit einem abweisenden Teilurteil über die weiterreichenden Ansprüche verbunden werden (St/J/*Leipold* Rn 35). Dieser Lösungsweg über § 301 I 2 ist jedoch nur bei ziffernmäßiger Bestimmbarkeit gangbar (»...abgewiesen, soweit es den Betrag von 500.000 € übersteigt.«), nicht hinsichtlich einzelner Tatbestandsvoraussetzungen (also zB keine Abweisung von materiell-rechtlichen Ansprüchen, die Verschulden voraussetzen). Das Grundurteil darf nicht offenlassen, ob ein Ersatzanspruch aus § 989 BGB wegen Untergangs der Sache oder aus § 286 BGB (Verzug) folgt, da der Untergang den Verzug beendet und daher die Rechtsfolgen andere sind (Objektschaden vs Verzugsschaden) (BGH NJW 64, 2414, 2415).

19 **Bei Klage und Widerklage** kann über beide Klagen jeweils durch Grundurteil entschieden werden. Der rechtliche und tatsächliche Zusammenhang wird aber häufig dazu führen, dass die Bejahung des Klageanspruchs (materiell-rechtlich) die Zurückweisung der Widerklage bedingt und umgekehrt (vgl BGH NJW 02, 1806); dann kommt (nur) ein verbundenes Teil- und Grundurteil unter den Voraussetzungen des § 301 in Betracht.

20 **III. Erlass des Grundurteils.** Unter den vorstehenden Voraussetzungen kann in jedem Prozessstadium (auch in der Revisionsinstanz, so BGH NJW 95, 1093, 1095) ein Grundurteil erlassen werden, auch nach Aktenlage (§ 251a II). Bei einer **Stufenklage** ist die jeweilige Stufe durch Teil-, nicht durch Grundurteil zu erledigen (BGH NJW 89, 2821, 2822; aA B/L/A/H Rn 3). In der Rechtsmittelinstanz kommt ein Grundurteil (aber keine tw Zurückweisung der Berufung) nach erstinstanzlichem vollem Zuspruch auf die Klage in Betracht, wenn das Rechtsmittel sowohl Grund als auch Höhe des Anspruchs erfasst und beides streitig bleibt. Ein Grundurteil kommt auch nach vorangegangenem Teilurteil in Betracht (BGHZ 77, 88, 89).

Der Erlass des Urteils liegt im **Ermessen** des Gerichts (»kann«), das nicht nachprüfbar ist (BGH WM 75, 141, 142; MüKoZPO/*Musielak* Rn 14). Das erlassende Gericht muss prüfen, ob die Spaltung des Rechtsstreits in zwei Teile (Rz 1) nach der Natur der Sache und den gegebenen Umständen zweckmäßig erscheint. Dagegen befreit das dem Gericht eingeräumte Ermessen nicht davon, die tatbestandlichen Voraussetzungen für die Zulässigkeit des Grundurteils vAw zu prüfen (BGH NJW 84, 2213, 2214).

21 Das Grundurteil hat typischerweise folgenden **Tenor**: »Der Klageanspruch ist dem Grunde nach gerechtfertigt«. Denkbar ist auch – in bewusster Abgrenzung zum Feststellungsurteil – die Formel »... wird ... für gerechtfertigt erklärt«. Über Kosten und vorläufige Vollstreckbarkeit verhält sich das Grundurteil nicht, wohl aber über Nebenforderungen. Klammert das Grundurteil einzelne Fragestellungen aus (Rz 15), so ist dies durch einen Vorbehalt kenntlich zu machen, der in die Urteilsformel aufgenommen werden sollte (»vorbehaltlich«), zumindest aber in den Urteilsgründen kenntlich gemacht ist (BGH NJW 96, 700, 701). Entscheidend ist, dass der Umfang der Entscheidung erkennbar ist. Das Grundurteil ist fehlerhaft, wenn es eine Schadensersatzpflicht feststellt, in den Entscheidungsgründen aber davon abw für Teilbereiche des Klageanspruchs die Ersatzforderung verneint wird (Hamm NJOZ 06, 515, 519).

Soweit der Klageanspruch dem Grunde nach **nur zu einem Teil** gerechtfertigt ist, ist es regelmäßig zweckmäßig, durch Teilendurteil den nicht gerechtfertigten Teil schon jetzt abzuweisen und nicht bis zum Schlussurteil zu warten (aber keine Pflicht dazu im Falle des § 301 II, s. § 301 Rz 18, aA B/L/A/H Rn 23). In den Fällen eines einheitlichen Anspruchs, § 301 I 2, muss ein Teilurteil mit einem Grundurteil zwingend verbunden werden.

22 **C. Wirkungen des Grundurteils. I. Bindungswirkung.** Das Grundurteil spaltet den Rechtsstreit. Das Grundurteil entfaltet ebenso wie sonstige Zwischenurteile **Bindungswirkung** für das erlassende Gericht in den Grenzen des § 318. Hinsichtlich des Betrags bleibt das Verfahren anhängig. Meist empfiehlt es sich, mit der weiteren Verhandlung über den Betrag bis zur formellen Rechtskraft des Grundurteils abzuwarten, da

sich sonst das Verfahren über den Betrag als nutzlos erweisen könnte. Nach formeller Rechtskraft des Grundurteils soll ein Termin vAw zu bestimmen sein (BGH NJW 79, 2307: bei Nichtbeachtung dieser Amtspflicht kein Nichtbetreiben der Parteien; Zö/*Vollkommer* Rn 19, zw). Schon vor formeller Rechtskraft kann auf Antrag (Abs 2 S 2 Hs 2) das Gericht nach seinem Ermessen die Verhandlung über den Betrag anordnen (B/L/A/H Rn 26; aA Celle NJW-RR 03, 788).

Die Bindungswirkung erfasst insb das Bestehen des Anspruchs, sodass weiteres Vorbringen dazu grds unbeachtlich ist. Zu Ausnahmen sogleich. Die Bindung erstreckt sich naturgemäß nicht auf die dem Betragsverfahren vorbehaltenen Punkte (BGH NJW 08, 436, 437 Tz 8; zur Abgrenzung Rz 11 ff). Die Bindung hängt davon ab, dass das Gericht überhaupt bindende Feststellungen treffen will (BGH NZM 03, 372, FamRZ 09, 2075, 2076). Sie soll sich auf die rechtliche Einordnung des Anspruchs erstrecken (Hamm NJW-RR 93, 693). Außerdem müssen die Feststellungen im Grundurteil zulässigerweise zum Inhalt des Urteils gemacht worden sein. Ausführungen, die nur die Höhe und Berechnung des Anspruchs betreffen, binden für das Betragsverfahren nicht (BGH NJW-RR 07, 138, 139). **Zeitlich** ist die Bindung auf die letzte mündliche Verhandlung beschränkt, sodass nachträglich entstandenen Einwendungen nachzugehen ist. Vorher entstandene, der Partei aber erst nach diesem Zeitpunkt bekannt gewordene Tatsachen sind dagegen von dem Ausschluss weiteren Vorbringens zum Grund nicht ausgenommen, vgl § 767 Rz 33. Eine nachträgliche Klageerweiterung ist möglich; sie lässt aber die Bindung hinsichtlich des bereits vorher anhängigen Antrags unberührt. Bei Klageänderung mit vollständiger Auswechselung des Klagegrundes entfällt die Bindung.

Die Bindungswirkung hindert das Gericht nicht festzustellen, dass der Anspruch der Höhe nach überhaupt nicht besteht, also zB der Schaden entgegen der prognostischen Einschätzung bei Erlass des Grundurteils (Rz 14 f) gleich Null ist oder eine Einwendung die Klageforderung der Höhe nach vollständig verbraucht (RGZ 132, 16, 19 f; BGH NJW 86, 2508). Der Schaden darf aber nicht mit der Begründung verneint werden, in Wahrheit fehle es an einer (für den Schaden ursächlichen) Pflichtverletzung, denn insoweit bleibt es bei der Bindung (BGH NJW 11, 3242, 3243 Tz. 21 f.). Wenn die Auslegung des Urteils ergibt, dass einzelne Sachfragen zugunsten des Betragsverfahrens offenbleiben sollen, ist die Bindung insoweit eingeschränkt (BGHZ 110, 196, 204). Das gilt erst recht, wenn im Tenor des Grundurteils oder in den Entscheidungsgründen ausdrückliche Vorbehalte gemacht werden (Rz 21). Hat das Gericht eine bestimmte zum Anspruchsgrund gehörende Sachfrage übersehen bzw nicht geprüft, so kann aber allein aus diesem Umstand noch nicht der Wegfall der Bindung bzw eine eingeschränkte Bindung gefolgert werden, da die Parteien sonst ständig neue Einwendungen vorbringen könnten (in diese Richtung auch BGHZ 141, 129, 136; großzügiger aber BGH NJW 61, 1465, 1466; wie hier wohl auch St/J/*Leipold* Rn 63). Ebenfalls keine Bindung besteht hinsichtlich der **Zulässigkeit der Klage**: Also kann die Klage abgewiesen werden, wenn sich erst im Betragsverfahren das Fehlen von Sachurteilsvoraussetzungen ergibt oder herausstellt, zB Wegfall der Prozessfähigkeit, (RGZ 89, 114, 119).

II. Rechtsmittel. Abs 2 stellt das Grundurteil in Betreff der Rechtsmittel dem Endurteil gleich. Entschei- 23
dend ist der wahre Inhalt der Entscheidung. Die Falschbezeichnung als Teilurteil schadet nicht, wenn es in Wahrheit ein Grundurteil ist (BGH WM 91, 107). Das Rechtsmittelgericht prüft die Voraussetzungen für den Erlass des Grundurteils vAw (BGH NZM 03, 372, 373) sowie seine sachliche Richtigkeit, nicht dessen Zweckmäßigkeit (BGH WM 75, 141, 142; s.o. Rz 20). Es kann aber nicht ohne Antrag ein unzulässiges Grundurteil als (Zwischen-)Feststellungsurteil aufrechterhalten, § 308 (BGH NJW 84, 2213, 2214). Ein Grundurteil beschwert eine Partei, soweit es für sie negative Bindungswirkung hat. Ein Grundurteil kann den Kl auch dann beschweren, wenn der Urteilstenor das Klagebegehren dem Grunde nach in vollem Umfang für gerechtfertigt erklärt, in den Entscheidungsgründen aber bindend festgestellt wird, auf welcher Grundlage das Betragsverfahren aufzubauen ist und welche Umstände abschließend im Grundverfahren geklärt sind (BGH NJW-RR 07, 138, 139). Ausführungen, die nur die Höhe und Berechnung des Anspruchs betreffen, binden für das Betragsverfahren aber nicht (BGH NJW-RR 07, 138, 139). Der bloße Anschein einer Bindungswirkung, der von einem in unzulässiger Weise die Höhe des Schadens behandelnden Grundurteil ausgeht, rechtfertigt die Zulässigkeit eines Rechtsmittels nicht (BGH NJW-RR 07, 138, 139).

Fehlt es an einem erforderlichen deutlichen **Vorbehalt** bzw der notwendigen Bestimmtheit des erledigten Streitstoffs, ist das Grundurteil rechtsfehlerhaft zustande gekommen und unzulässig (BGH NJW 96, 700, 701; Hamm NJOZ 06, 515, 519). § 538 II Nr 4 lässt die Zurückverweisung hinsichtlich des Betrags zu, wenn das Berufungsgericht das Grundurteil bestätigt oder selbst über den Grund entscheidet (§ 538 Rz 5). Das

Berufungsgericht kann bei einer Anfechtung des Grundurteils aber auch das unterinstanzliche Betragsverfahren an sich ziehen und (nach richterlichem Hinweis) durch Endurteil insgesamt entscheiden, wenn es den Anspruch nach Grund und Höhe für gerechtfertigt erachtet. Das Rechtsmittelgericht hat nach § 97 dem Rechtsmittelkläger die Kosten des Rechtsmittels (nicht des Rechtsstreits) aufzuerlegen, wenn das Rechtsmittel gegen das Grundurteil erfolglos bleibt (BGHZ 20, 397, 399 = NJW 56, 1235; Musielak/*Musielak* Rn 33).

24 **III. Betragsverfahren.** Nach Abschluss des Betragsverfahrens und bei dessen Endentscheidungsreife ist Endurteil zu erlassen. Es folgt hinsichtlich der Urteilsformel den allgemeinen Regeln des Endurteils, also besteht keine Notwendigkeit der Aufhebung des Grundurteils bei Klageabweisung und umgekehrt zu einer Verurteilung lediglich in die *weiteren* Kosten. Das Endurteil entscheidet als Schlussurteil vielmehr über die gesamten Kosten des Rechtsstreits. Vgl aber zum Rechtsmittelverfahren soeben Rz 23.
Das Grundurteil kann als VU ergehen. Eine nur **eingeschränkte Bindungswirkung** wird durch die Säumnis einer Partei aber nicht zu einer uneingeschränkten, maßgebend ist allein die Geständnisfiktion nach allgemeinen Regeln (§ 331). Ist das Grundurteil angefochten und das Verfahren noch in der Rechtsmittelinstanz anhängig, dann ergeht das Endurteil im Betragsverfahren unter der auflösenden Bedingung der Aufrechterhaltung des Grundurteils (R/S/G § 59 IV 5 Rn 68; St/J/*Leipold* Rn 55). Wird dasjenige Zwischenurteil über den Grund des Anspruchs, auf dem das Endurteil über den Betrag beruht, nach Erlass dieses Urteils rechtskräftig aufgehoben, so verliert das Endurteil über den Betrag seine Wirkung, ohne dass es eines gesonderten Ausspruchs bedürfte (BGH NJW 06, 3496, 3497; WM 2007, 1901 Tz 15 f). Dann stellt sich auch ein zu einer Widerklage ergangenes Teilurteil wegen drohender Widersprüchlichkeit meist als unzulässig dar (BGH WM 07, 1901 Tz 25). Aus gleichen Gründen ist das Endurteil bis zur formellen Rechtskraft des Grundurteils nur vorläufig vollstreckbar; es kommt also eine Haftung analog § 717 II in Betracht. Auch ohne dahingehende Verpflichtung kann es angezeigt sein, die Wirkungslosigkeit des Endurteils in dem Aufhebungsurteil betr das Grundurteil deklaratorisch festzustellen.

25 **D. Verfahrensvergleichung.** Die Vorschrift gilt in allen ZPO-Verfahren. In der freiwilligen Gerichtsbarkeit kann in vergleichbar gelagerten Fällen eine Entscheidung über den Grund eines Anspruchs ergehen (BayObLG NZM 02, 564, 567: WEG-Verfahren). § 304 gilt auch im Arbeitsgerichtsprozess (§§ 46 II, 80 II ArbGG); das Grundurteil ist aber wegen § 61 III ArbGG nicht eigenständig, sondern erst mit dem Endurteil anfechtbar. Zum Adhäsionsverfahren vgl § 406 I 2, III 3 sowie, BGH NJW 02, 3560).

26 **E. Kosten/Gebühren. I. Gerichtsgebühren.** Da der Kostenausspruch erst im Endurteil erfolgt, stellen sich Grund- und Betragsverfahren als ein einheitlicher Rechtszug dar; wie § 302 Rz 18.

27 **II. RA.** Grund- und Betragsverfahren bilden eine Gebühreneinheit. Es ist keine Zurückverweisung iSd § 21 RVG, wenn die Berufung gegen das Grundurteil verworfen oder zurückgewiesen wird (BGH FamRZ 04, 1194 f = NJW-RR 04, 1294; dem folgend Köln 1.12.06–17 W 138/06 – juris). Bei sonstiger Zurückverweisung ist die bereits entstandene Verfahrensgebühr (VV 3100) anzurechnen (Vorb 3(6) VV).

§ 305 Urteil unter Vorbehalt erbrechtlich beschränkter Haftung.

(1) Durch die Geltendmachung der dem Erben nach den §§ 2014, 2015 des Bürgerlichen Gesetzbuchs zustehenden Einreden wird eine unter dem Vorbehalt der beschränkten Haftung ergehende Verurteilung des Erben nicht ausgeschlossen.
(2) Das Gleiche gilt für die Geltendmachung der Einreden, die im Falle der fortgesetzten Gütergemeinschaft dem überlebenden Ehegatten nach dem § 1489 Abs. 2 und den §§ 2014, 2015 des Bürgerlichen Gesetzbuchs zustehen.

1 **A. Normzweck.** Vor Annahme der Erbschaft ist der Passivprozess gegen den (vorläufigen) Erben in Bezug auf Nachlassverbindlichkeiten mangels Klagbarkeit des Anspruchs unzulässig (§ 1958 BGB, dazu PWW/*Tschichoflos* § 1958 BGB Rn 1; St/J/*Leipold* Rn 1; ThoPu/*Reichold* Rn 1). Der Anspruch darf nur gegen Nachlasspfleger geltend gemacht werden; die Vollstreckung erfolgt in den Nachlass, § 778.
Nach **Annahme der Erbschaft** ist der Erbe gem §§ 2014, 2015 BGB berechtigt, die Berichtigung von Nachlassverbindlichkeiten bis zu drei Monate nach Annahme der Erbschaft (§ 2014) oder bis zur Beendigung des Aufgebotsverfahrens (§ 2015 BGB) zeitweilig zu verweigern; die Erhebung der Einrede kann zugleich die Annahme der Erbschaft bedeuten (PWW/*Tschichoflos* § 2014 Rn 1). Dem stellt § 305 eine auf Interes-

senausgleich bedachte prozessuale Regel an die Seite. Der Kl darf mit Blick auf sein Interesse an einer zügigen Rechtsdurchsetzung gegen den Erben vorgehen; das Gericht darf sachlich über die Klage befinden und den Erben verurteilen. Es muss aber dem Erben im Urt vorbehalten sein, die zeitweilig beschränkte Erbenhaftung im Zuge der Zwangsvollstreckung durch Vollstreckungsabwehrklage oder Antrag auf einstweilige Einstellung geltend zu machen (§§ 780, 782 f, 785 iVm 767, 769; vgl Rz 5).
Abs 2 stellt die Haftungsbeschränkung des überlebenden Ehegatten bei fortgesetzter Gütergemeinschaft den Fällen des Abs 1 gleich, da § 1489 II BGB auf die für Nachlassverbindlichkeiten des Erben geltenden Regeln verweist.

B. Tatbestandsvoraussetzungen. I. Erhebung der Einrede. § 305 betrifft nur die Verurteilung unter Vorbehalt in den Fällen des §§ 2014, 2015 BGB, nicht das Nachlassinsolvenzverfahren, Nachlassverwaltung oder sonstige Instrumente zur gegenständlichen Beschränkung der Haftung des Erben wie die Erschöpfungs- und Dürftigkeitseinrede (§§ 1989, 1990 BGB) (missverständlich Musielak/*Musielak* Rn 3). In allen Fällen stützt sich die Aufnahme des Vorbehalts auf § 780. Aus Abs 1 folgt lediglich, dass dieser Vorbehalt auch bei den allein aufschiebend wirkenden Einreden zulässig und ggf erforderlich ist. 2
Der Erbe muss die Einrede in den Prozess einführen, und zwar bis zum Schluss der letzten mündlichen Verhandlung (Musielak/*Musielak* Rn 3) (zur Nachholbarkeit im Rechtsmittelzug Rz 6). Unnötige Förmelei ist jedoch nicht angebracht; einer ausdrücklichen Beantragung mit dem Klageabweisungsantrag bedarf es nicht.

II. Voraussetzungen der Einrede. Das Gericht ist nicht verpflichtet, die Voraussetzungen der Einrede zu prüfen, darf dies aber (KG NJW-RR 03, 941, 942 zu § 1990 BGB). Ergibt sich nach vollständiger Prüfung die Unbegründetheit der Einrede, da der Erbe das Recht zur Haftungsbeschränkung verloren hat (§§ 2016, 1994 BGB), so muss und darf das Gericht keinen Vorbehalt in das Urt aufnehmen. 3

III. Fall des Abs 2. Für Gesamtgutsverbindlichkeiten haftet der überlebende Ehegatte im Falle der fortgesetzten Gütergemeinschaft persönlich, kann aber von den Einreden des Erben nach §§ 2014, 2015 BGB gleichfalls Gebrauch machen, sofern er nicht aus einem anderen Grund persönlich verpflichtet ist. Abs 2 verweist umfänglich auf die Regeln des Abs 1 (»Das Gleiche gilt«). 4

IV. Inhalt und Wirkung des Urteils. Der Vorbehalt betrifft nur die streitgegenständliche Erblasserschuld oder Erbfallschuld, nicht die erst nach dem Erbfall entstehenden Prozesskosten des Erben (Köln NJW 52, 1145 f), die sich als persönliche Nachlasserbenschulden darstellen. Der Vorbehalt ist nach dem Ausspruch zur Sache in das Urt aufzunehmen (näher §§ 311 II 1, 313 I Nr 4). Formulierungsbeispiel: »Dem Beklagten bleibt die beschränkte Erbenhaftung vorbehalten«. War eine unbeschränkte Verurteilung beantragt, kommt Kostenquotelung in Betracht (ThoPu/*Reichold* Rn 2), ggf greift aber § 92 II. Die Erhebung der Einrede steht der Annahme eines sofortigen Anerkenntnisses iSd § 307 nicht entgegen; für die Kosten gilt dann § 93 (B/L/A/H Rn 5). 5
Der Vorbehalt ist vAw aufzunehmen, wenn der Erbe die Einrede erhoben hat. Im Fall des § 780 II bedarf es keines Vorbehalts. Beim VU gegen den Beklagten ergeht nur dann ein Vorbehalt, wenn es der Kl beantragt oder er selbst die vorherige Erhebung der Einrede durch den Beklagten in den Prozess eingeführt hat. Das Urt ist kein Vorbehaltsurteil iSd § 302. In der Zwangsvollstreckung darf der Vollstreckungsgläubiger lediglich sichernde Maßnahmen durchführen (§ 782). Darüber hinausgehende Maßnahmen kann der Erbe nach §§ 780, 782 f, 785 iVm §§ 767, 769 abwenden.

V. Nachholbarkeit des Vorbehalts. Fehlt der Vorbehalt der beschränkten Erbenhaftung bei der Kostengrundentscheidung, so ist dies im Kostenfestsetzungsbeschluss nicht nachholbar (Hamm OLGR 01, 220; MDR 82, 855). Der **Vorbehalt** kann nach § 321 **ergänzt** werden. Hat das angefochtene Urt der von dem Schuldner erhobenen Einrede nicht durch Ausspruch eines entsprechenden Vorbehalts Rechnung getragen, so macht die Möglichkeit, die Aufnahme eines solchen Vorbehalts im Wege der Urteilsergänzung zu erreichen, aber die Berufung nicht unzulässig (Schlesw MDR 05, 350 zur Dürftigkeitseinrede). Stirbt der zur Zahlung verurteilte Beklagte nach Einlegung der Revision und macht sein Erbe, der den Rechtsstreit aufnimmt, die Einrede der beschränkten Erbenhaftung geltend, so ist ihm bei einer Zurückweisung der Revision die Beschränkung der Erbenhaftung nach Abs 1 im Revisionsurteil vorzubehalten, ohne über die Begründetheit der Einrede zu entscheiden (BGHZ 17, 69, 73 f = WM 55, 1127). 6

7 **C. Verfahrensvergleichung.** In anderen Verfahren kommt entsprechende Anwendung des § 305 in Betracht, so im kontradiktorischen FG-Verfahren oder nach § 46 II 1 ArbGG. Ebenso in der VwGO (§ 173 VwGO).

8 **D. Kosten/Gebühren.** Keine Besonderheiten. Wie § 300 Rz 13 f.

§ 305a Urteil unter Vorbehalt seerechtlich beschränkter Haftung. **(1) [1]Unterliegt der in der Klage geltend gemachte Anspruch der Haftungsbeschränkung nach § 486 Abs. 1 oder 3, §§ 487 bis 487d des Handelsgesetzbuchs und macht der Beklagte geltend, dass**

1. aus demselben Ereignis weitere Ansprüche, für die er die Haftung beschränken kann, entstanden sind und

2. die Summe der Ansprüche die Haftungshöchstbeträge übersteigt, die für diese Ansprüche in Artikel 6 oder 7 des Haftungsbeschränkungsübereinkommens (§ 486 Abs. 1 des Handelsgesetzbuchs) oder in den §§ 487, 487a oder 487c des Handelsgesetzbuchs bestimmt sind,

so kann das Gericht das Recht auf Beschränkung der Haftung bei der Entscheidung unberücksichtigt lassen, wenn die Erledigung des Rechtsstreits wegen Ungewissheit über Grund oder Betrag der weiteren Ansprüche nach der freien Überzeugung des Gerichts nicht unwesentlich erschwert wäre. [2]Das Gleiche gilt, wenn der in der Klage geltend gemachte Anspruch der Haftungsbeschränkung nach den §§ 4 bis 5m des Binnenschifffahrtsgesetzes unterliegt und der Beklagte geltend macht, dass aus demselben Ereignis weitere Ansprüche entstanden sind, für die er die Haftung beschränken kann und die in ihrer Summe die für sie in den §§ 5e bis 5k des Binnenschifffahrtsgesetzes bestimmten Haftungshöchstbeträge übersteigen.

(2) Lässt das Gericht das Recht auf Beschränkung der Haftung unberücksichtigt, so ergeht das Urteil

1. im Falle des Absatzes 1 Satz 1 unter dem Vorbehalt, dass der Beklagte das Recht auf Beschränkung der Haftung geltend machen kann, wenn ein Fonds nach dem Haftungsbeschränkungsübereinkommen errichtet worden ist oder bei Geltendmachung des Rechts auf Beschränkung der Haftung errichtet wird,

2. im Falle des Absatzes 1 Satz 2 unter dem Vorbehalt, dass der Beklagte das Recht auf Beschränkung der Haftung geltend machen kann, wenn ein Fonds nach § 5d des Binnenschifffahrtsgesetzes errichtet worden ist oder bei Geltendmachung des Rechts auf Beschränkung der Haftung errichtet wird.

1 **A. Normzweck.** § 305a gehört – wie zB Art 6a EuGVO – zu den prozessualen Sonderregelungen über die in Gestalt der Errichtung eines Haftungsfonds möglichen seerechtlichen Haftungsbeschränkungen. Die Vorschrift hat in **Abs 1 S 1** die Haftungsbeschränkung nach den Vorschriften der §§ 486 I, III, 487–487d HGB im Blick, die das Londoner Übereinkommen über die Beschränkung der Haftung für Seeforderungen (BGBl 86 II 787; Bek v 17.7.87, BGBl II 407 geändert durch das Protokoll vom 2.5.96 (BGBl 00 II 790)) umsetzen und ergänzen, sowie in **Abs 1 S 2** die Haftungsbeschränkung für binnenschaftsfahrtsrechtliche Ansprüche iSd §§ 4–5m BinSchG (BGBl 98 I 2489) (im Überblick *Stahl* TranspR 87, 205). § 305a erlaubt es dem Gericht, das Recht auf **Haftungsbeschränkung** bei der Entscheidung unberücksichtigt zu lassen und es stattdessen dem Beklagten vorzubehalten, durch Errichtung eines Haftungsfonds für die aus einem Schadensereignis entstehenden Schäden mehrerer die Haftung auf einen bestimmten Höchstbetrag zu begrenzen. Ohne diese Möglichkeit könnte die endgültige Berechtigung des Anspruchstellers erst nach Errichtung des Fonds ermittelt werden. Die Vorschrift hat ein Gegenstück in § 786a, der die Geltendmachung der vorbehaltenen Haftungsbeschränkung in der Zwangsvollstreckung regelt.

2 **B. Voraussetzungen. I. Erhebung der Einrede.** Der Beklagte muss sich auf die Haftungsbeschränkung berufen und die Voraussetzungen (Abs 1 S 1, 2) geltend machen. Eines Antrags bedarf es nicht (wie § 305 Rz 5).

3 **II. Sachlicher Anwendungsbereich. 1. Haftungsbeschränkung für Seeforderungen und gleichgestellte Forderungen (Abs 1 S 1).** Die Qualität als Seeforderungen ergibt sich aus dem in Rz 1 genannten Übereinkommen iVm § 486 I HGB. Gleichgestellt sind Forderungen aus Ölverschmutzungsschäden (§ 486 III HGB iVm dem Haftungsübereinkommens von 92 (BGBl 94 II 1152)), wenn sie gegen andere Personen als den Schiffseigentümer gerichtet sind oder für sie das HaftungsÜbk nach Art 2 nicht gilt. Eine Haftungsbeschränkung bei Ansprüchen iSd § 486 II HGB greift dagegen mangels Erwähnung in Abs 1 nicht ein; insoweit ist ein Vorgehen nach § 305a nicht möglich (so auch Zö/*Vollkammer* Rn 3).

4 **2. Binnenschaftsrechtliche Forderungen (I 2).** Dies sind solche iSd §§ 4–5m BinSchG.

III. Geltendmachung. Der Anspruch muss in der Klage geltend gemacht sein, also Streitgegenstand sein. 5

IV. Weitere Ansprüche. Aus demselben Ereignis müssen weitere materiell-rechtliche Ansprüche (anderer Gläubiger) entstanden sein, die der Haftungsbeschränkung zugänglich sind (Abs 1 S 1 Nr 1, Abs 1 S 2). 6

V. Höchstbetrag. Die Summe des eingeklagten und der weiteren Ansprüche muss die Haftungshöchstbeträge übersteigen (Abs 1 S 1 Nr 2, Abs 1 S 2). 7

VI. Haftungsfonds. Für den Ausspruch des Vorbehalts muss der Haftungsfonds nicht tatsächlich gebildet werden (§ 487c II 1 HGB, § 5d BinSchG). Darauf kommt es nur für die Geltendmachung der Haftungsbeschränkung nach Abs 2 und § 786a an, vgl § 487e 2 HGB. 8

C. Entscheidung des Gerichts. I. Entscheidung nach Ermessen. Das Gericht entscheidet über den Ausspruch des Vorbehalts nach pflichtgemäßem Ermessen (»kann«), wenn zusätzlich die Voraussetzungen des Abs 1 S 2 letzter Hs erfüllt sind. Maßgebend ist, ob die Erledigung des Rechtsstreits bei einer inhaltlichen Auseinandersetzung und weiterer Beweisaufnahme über den Grund und die Höhe der Ansprüche sämtlicher (nicht am Verfahren beteiligter) Anspruchssteller und damit bei einer Ermittlung der dem Kl zustehenden Quote unwesentlich erschwert würde (beispielhaft Köln TranspR 07, 75). Hinsichtlich der Erschwerung entscheidet das Gericht »nach freier Überzeugung«. 9

Bei einer Verurteilung ohne Vorbehalt muss das Gericht über die Haftungsbeschränkung als einer materiell-rechtlichen Einwendung gegen den geltend gemachten Anspruch vollumfänglich entscheiden und die anteilige Berechtigung des Klägers ermitteln, wie sie sich bei Errichtung des Fonds ergäbe (Zö/*Vollkommer* Rn 8: »hypothetisches Verteilungsverfahren«). Die tatsächliche Bildung des Haftungsfonds ist für die Verurteilung ohne Vorbehalt in dieser Form gleichfalls nicht erforderlich, § 487e HGB (St/J/*Leipold* Rn 7).

II. Inhalt des Urteils. Der Inhalt des Vorbehalts folgt der Unterscheidung von Rz 1. Die Formulierung sollte sich am Gesetzeswortlaut ausrichten. Das Urt ist Endurteil, kein Vorbehaltsurteil. Kosten und vorläufige Vollstreckbarkeit richten sich nach allgemeinen Regeln. 10

D. Kosten/Gebühren. Keine Besonderheiten. Wie § 300 Rz 13 f. 11

§ 306 Verzicht. **Verzichtet der Kläger bei der mündlichen Verhandlung auf den geltend gemachten Anspruch, so ist er auf Grund des Verzichts mit dem Anspruch abzuweisen, wenn der Beklagte die Abweisung beantragt.**

A. Normzweck. Die Vorschrift trägt der Dispositionsmaxime der Parteien Rechnung; das Verzichtsurteil führt zugleich zu einer prozessökonomischen und rechtskräftigen Erledigung des Verfahrens ohne weitere Sachaufklärung. Der Klageverzicht enthält die prozessrechtliche Erklärung an das Gericht, dass der geltend gemachte prozessuale Anspruch ganz oder zT nicht besteht (R/S/G § 131 Rn 69). Er hat sein Gegenstück im Anerkenntnis des § 307, dessen Wirksamkeitsvoraussetzungen sich weitgehend mit den Voraussetzungen des § 306 decken. Während sich der Klageverzicht als Zurücknahme der aufgestellten Rechtsbehauptung darstellt (ThoPu/*Reichold* Rn 1), räumt der Beklagte mit dem Anerkenntnis umgekehrt das Bestehen des Anspruchs ein. 1

B. Voraussetzungen. I. Verzicht auf den geltend gemachten Anspruch. 1. Abgrenzung zum privatrechtlichen Verzicht. Der Klageverzicht erfolgt durch eine einseitige Erklärung ggü dem Prozessgericht, auch dem Vorsitzenden der KfH (§ 349 II Nr 4) und dem vorbereitenden Einzelrichter (§ 527 III Nr 2), nicht aber ggü dem beauftragten Richter, vor dem es keine mündliche Verhandlung gibt (§ 128 I), und auch nicht vor dem ersuchten Richter. Der Klageverzicht iSd § 306 ist vom Verzicht im materiell-rechtlichen Recht sorgfältig zu unterscheiden. Der privatrechtliche Verzicht, der das gegenständliche Recht vernichtet, kommt, soweit er auf einem Erlass (§ 397 BGB) beruht, nur konsensual und nach näherer Maßgabe der allgemeinen bürgerlich-rechtlichen Regeln zustande. Der Verzicht iSd § 306 stellt sich demgegenüber nach hM als eine **reine Prozesshandlung** dar, die nur bei Vorliegen der Prozesshandlungsvoraussetzungen, aber ungeachtet materiell-rechtlicher Gültigkeitsvoraussetzungen wirksam ist (BGH WRP 11, 1064, 1065 Tz 9; Zö/*Vollkommer* Vor §§ 306, 307 Rn 5; MüKoZPO/*Musielak* Rn 1; Musielak/*Musielak* Rn 3; für Doppelnatur *Thomas* ZZP 89, 80, 83 ff); der Verzicht kann prozessual wirksam sein, obwohl diejenigen Voraussetzungen, die für die Gültigkeit des Verzichts im materiell-rechtlichen Sinne (dazu PWW/*Pfeiffer* § 397 Rn 1 f, 8) erforderlich sind, nicht vorliegen (für die vormundschaftliche Genehmigung (BGH LM § 306 Nr 1). 2

Obwohl der Klageverzicht ein materiell-rechtliches Geschäft oder ein entsprechendes Angebot zum Abschluss eines Erlassvertrags enthalten *kann*, so bilden der materiell-rechtliche Verzicht und dessen Wirksamkeitserfordernisse keinen untrennbaren und notwendigen Bestandteil des Klageverzichts: keine Doppelnatur. Die Erklärung des Verzichts auf die geltend gemachten Ansprüche unterfällt im Anwaltsprozess dem Anwaltszwang (BGH NJW 88, 210). Der Klageverzicht ist grds nicht widerruflich oder anfechtbar (näher § 307 Rz 10). Er darf auf einen abtrennbaren Teil des Klageanspruchs (näher § 301 Rz 4) beschränkt, aber seine Gültigkeit nicht von außerprozessualen Bedingungen abhängig gemacht werden.

3 Der Klageverzicht bezieht sich nicht auf Rechte, sondern auf die jeweils mit der Klage verknüpfte Rechtsbehauptung. Bei einer Klage auf Feststellung der Echtheit einer Urkunde kommt ein Verzichtsurteil daher auch dann in Betracht, wenn die Parteien über die Urkunde selbst nicht verfügen könnten (R/S/G § 131 Rn 75). Die Möglichkeit des Verzichtsurteils kann aber nicht über die prozessuale Dispositionsfreiheit des Klägers (Einl Rz 25) hinausgehen (zu besonderen Verfahrensarten unten Rz 10). Der Klageverzicht darf außerdem **zwingende Vorschriften** des materiellen Rechts nicht aushebeln oder umgehen und damit zu einem gesetzeswidrigen Zustand führen, so bei einem Klageverzicht im Unterhaltsprozess hinsichtlich zukünftigen Unterhalts, weil dies durch § 1614 I BGB ausgeschlossen ist (MüKoZPO/*Musielak* Rn 4; B/L/A/H § 307 Rn 9); in solchen Fällen liegt die Umdeutung in eine Klagerücknahme nahe. Insoweit kommt es praktisch doch auf die Vorgaben des materiellen Rechts an. Kein Klageverzicht bei Klage auf allseitige Feststellung des Erbrechts (vgl Zö/*Vollkommer* Vor §§ 306, 307 Rn 11; *Blomeyer* MDR 77, 675 zu LG Köln aaO, 674); Verzicht des Testamentsvollstreckers nur hinsichtlich seiner persönlichen Amtsdauer, nicht aber mit Blick auf das Fortbestehen der Testamentsvollstreckung als solcher (RGZ 156, 70, 75 f zum Anerkenntnis).

4 **2. Abgrenzung zu anderen Prozesshandlungen.** Als **prozessuale Erklärung** muss der Klageverzicht nicht ausdrücklich erklärt werden, wenn sich aus der jeweiligen Erklärung oder Handlung des Klägers eindeutig dessen Wille ergibt, das Nichtbestehen des Klageanspruchs zu konzedieren. Da sich der Kl mit einem in Rechtskraft erwachsenen abweisenden Verzichtsurteil der Möglichkeit einer erneuten Geltendmachung des Klageanspruchs begibt, hat das Gericht nach Maßgabe des § 139 in Zweifelsfällen den Willen des Klägers zu erforschen; abzugrenzen ist der Klageverzicht insb von der Klagerücknahme (§ 269) und der (einseitigen) Erledigungserklärung (vgl LG Leipzig NJW-RR 97, 571).

Beantragt der Kl, dem Beklagten die Kosten aufzuerlegen, so will er im Zweifel gerade keinen Verzicht erklären, sondern eine ihm günstige Kostenentscheidung nach § 269 III 2 oder durch feststellendes Erledigungsurteil nach § 91 herbeiführen. Im »Anerkenntnis« des Berufungsantrags des Beklagten durch den Berufungskläger kann ein Verzicht iSd § 306 liegen (vgl B/L/A/H § 307 Rn 10; Zö/*Vollkommer* Vor §§ 306, 307 Rn 4). Das gilt indes nicht, wenn die Annahme eines Verzichts iSd § 306 zu einer vom Kl ausdrücklich nicht gewollten Teilabweisung der Klage führen würde. In einer solchen Sonderkonstellation kann es wegen der insoweit bestehenden Regelungslücke sach- und interessengerecht sein, entsprechend § 307 das Anerkenntnis eines prozessualen Antrags zuzulassen (LG Berlin DuD 07, 858; vgl auch Stuttg NZG 04, 766, 767, näher § 307 Rz 4). In einer **Rechtsmittelbeschränkung** liegt kein Klageverzicht (BGH NJW-RR 89, 962).

5 **II. Erklärungszeitpunkt.** Der Verzicht ist »bei der mündlichen Verhandlung« zu erklären; Bezugnahme auf einen schriftsätzlich erklärten Verzicht genügt. Hat der Kl in einem Schriftsatz einen Klageverzicht für die mündliche Verhandlung angekündigt, bleibt er dem Termin aber fern, so ergeht VU gegen den Kl nach § 330, nicht Verzichtsurteil, da die Verzichtserklärung wegen § 128 I nicht wirksam in den Prozess eingeführt ist (vgl BGHZ 49, 213, 215; aA B/L/A/H Rn 6). Die nach §§ 160 III Nr 1, 162 erforderliche Protokollierung des Verzichts ist aber keine Wirksamkeitsvoraussetzung (BGHZ 107, 142, 145 f = NJW 89, 1934). Einen Klageverzicht während des schriftlichen Vorverfahrens sieht das Gesetz anders als bei § 307 II nicht vor. Nur soweit nach § 128 II das schriftliche Verfahren der mündlichen Verhandlung gleichsteht, kommt ein Verzichtsurteil ohne mündliche Verhandlung in Betracht. Es wird aber jetzt eine analoge Anwendung des § 307 vorgeschlagen (LG Heidelberg, 30.6.10, 5 O 301/09 – juris).

Der Verzicht ist in jeder Instanz möglich, nicht aber – mangels mündlicher Verhandlung und wegen § 318 – zwischen den Instanzen (Zö/*Vollkommer* Vor § 306 Rn 12 mwN). Ein Teilverzicht des Klägers in 2. Instanz beseitigt nicht die Zulässigkeit seiner Berufung, falls der verbleibende Anspruch die Berufungssumme unterschreitet (RGZ 165, 85, 87 f). Da Prozesshandlung, kann sich der Verzicht nur auf die noch rechtshängigen Ansprüche beziehen (BGH WRP 11, 1064, 1065 Tz 9).

6 **III. Antrag des Beklagten.** Der Verzicht führt ohne weitere Sachprüfung zur Klageabweisung durch Sachurteil, wenn der Beklagte dies beantragt. Dieser Antrag ist daher **Sachantrag** (*Schilken* ZZP 90, 157, 171 f;

jetzt auch Zö/*Vollkommer* Rn 5). Eines besonderen, auf Entscheidung gerade durch Verzichtsurteil gerichteten Antrags des Beklagten bedarf es nicht. Besteht der Beklagte auf Sachentscheidung durch kontradiktorisches Endurteil, so fehlt ihm dafür ein **Rechtsschutzinteresse**, die Klage ist gleichwohl durch Verzichtsurteil abzuweisen (BGHZ 76, 50, 53 = NJW 80, 838; 49, 213, 215 = NJW 68, 503). Hält der Beklagte seinen Klageabweisungsantrag gar nicht mehr aufrecht, so darf Verzichtsurteil nicht ergehen (anders bei § 307); es kommt dann Entscheidung nach Lage der Akten (§ 251a II) oder Anordnung des Ruhens des Verfahrens in Betracht (§§ 251a III iVm 251) (Ddorf FamR 86, 485, 486).

C. Entscheidung des Gerichts. Das Gericht hat nach Erklärung des Verzichts zu prüfen, ob die Voraussetzungen aus Rz 2 f vorliegen. Durch Zwischenurteil (§ 303) kann das Gericht die Ungültigkeit oder Unwirksamkeit des (vermeintlichen) Verzichts feststellen. Das Gericht darf aber nicht durch Beschl den Antrag des Beklagten auf Erlass des Verzichtsurteils zurückweisen. Das Argument, es handele sich bei dem Antrag um die Wiederholung des Sachantrags (MüKoZPO/*Musielak* Rn 5), ist freilich nicht zweifelsfrei, da man sich in den Fällen des § 335 an einer Zurückweisung des auf Erlass eines VU gerichteten Antrags durch Beschl ebenfalls nicht stört. § 306 sieht indessen eine entsprechende Handhabung wie bei den §§ 335, 336 eben nicht vor. 7

Ist der Verzicht wirksam erklärt worden, entscheidet das Gericht durch ein entsprechend überschriebenes »Verzichtsurteil«. Erst das rechtskräftige Urt beseitigt die Rechtshängigkeit (Frankf FamRZ 82, 809, 812; ausf *Schilken* ZZP 90, 157, 165 f). **Tenor**: »Der Kl wird mit dem geltend gemachten Anspruch abgewiesen«. Bei einem Verzichtsurteil in der Revisionsinstanz ist dem Verzicht in der Urteilsformel gleichfalls Ausdruck zu geben: »Die Berufung des Kl gegen das Urt ... wird in vollem Umfang mit der Maßgabe zurückgewiesen, dass die Klägerin aufgrund ihres Verzichts mit dem Anspruch abgewiesen wird.« (so bei BGH 2.6.05,III ZR 452/04 – juris). Die Abfassung des Urteils ist nach § 313b erleichtert; insb sind weder Tatbestand noch Entscheidungsgründe erforderlich. Verkündung des Urteils vor der Niederschrift der Urteilsformel ist möglich (§ 311 II). Das Verzichtsurteil ist ohne Sicherheitsleistung vorläufig vollstreckbar (§ 708 Nr 1). Die Kostenentscheidung folgt § 91. Eine reziproke Anwendung des § 93 zugunsten des Klägers kommt nach hM mit Recht nicht in Betracht (Hamm MDR 82, 676; Kobl NJW-RR 86, 1443; St/J/*Leipold* Rn 11; MüKoZPO/*Musielak* Rn 7; aA B/L/A/H Rn 3; Frankf NJW-RR 94, 62; LG Hamburg NJW-RR 87, 381, 382); war die Klage begründet und ist sie nach Rechtshängigkeit unbegründet geworden, so bietet sich statt des Verzichts zur Kostenvermeidung eine einseitige Erledigungserklärung an, die ohnehin zu einem Feststellungsurteil mit der Kostenfolge des § 91 zu Lasten des Beklagten führt (zur beiderseitigen Erledigungserklärung vgl § 91a und dort Rz 17 ff). Besteht der Beklagte auf einem streitigen Sachurteil, obwohl er daran kein Rechtsschutzinteresse hat (Rz 6), so kommt eine Kostenteilung nach § 92 in Betracht (so bei BGHZ 49, 213, 218 = NJW 68, 503, 504). 8

Denkbar ist auch ein End- und Verzichtsurteil, wenn sich der Verzicht auf einen Teil des Klageanspruchs beschränkt und der verbleibende Teil bereits entscheidungsreif ist. Ist der verbleibende Teil noch nicht entscheidungsreif, so muss in Abweichung zu § 301 II zwingend **Teilverzichtsurteil** über den vom Verzicht erfassten Teil ergehen, wenn der Beklagte Klageabweisung beantragt.

Wurde der Verzicht wirksam, aber entgegen der materiell-rechtlichen Rechtslage erklärt, so fehlt dem zugrunde liegenden materiell-rechtlichen Anspruch nach der Rechtskraft des Verzichtsurteils die Klagbarkeit (B/L/A/H Rn 5). Bei der für den Schadensersatzanspruch nach § 945 relevanten Frage, ob dem Verfügungskläger bei Erlass der einstweiligen Verfügung der dort geltend gemachte Anspruch (von Anfang an) materiellrechtlich zugestanden hat, entfaltet das Verzichtsurteil keine Bindungswirkung, da es keine Entscheidungsgründe enthält und ohne sachliche Prüfung ergeht (BGH NJW-RR 98, 1651, 1652; näher § 945 Rz 12).

Das Verzichtsurteil ist nach allgemeinen Regeln **anfechtbar**. Da der Verzicht jedoch fortwirkt, hat das Rechtsmittel des Klägers nur Erfolg, wenn der Verzicht unwirksam war oder unter den Voraussetzungen von § 307 Rz 10 beseitigt wird. 9

D. Anwendungsbereich und Verfahrensvergleichung. Ein Klageverzicht ist im zivilrechtlichen Eilverfahren möglich (Kobl NJW-RR 86, 1443); auf Antrag des Antragsgegners hebt das Gericht die eV/Arrest auf und weist den Kl mit dem geltend gemachten (Sicherungs-)Anspruch ab. 10

§ 306 ZPO ist in **familien- und eherechtlichen** Streitigkeiten anwendbar, soweit die Dispositionsbefugnis der Parteien reicht, zum Verzicht auf Beschwerde und Anschlussrechtsmittel § 67 und § 144 FamFG nF. Bei Anträgen auf Scheidung oder Aufhebung der Ehe kann der Antragsteller auf sein entstandenes Scheidungs-

oder Aufhebungsrecht verzichten (BGHZ 97, 304, 308 f = NJW 86, 2046 f); aber kein Verzichtsurteil bei der Vaterschaftsfeststellung (§§ 640 II Nr 4, 617 aF, vgl jetzt § 113 FamFG nF) und in sonstigen Ehefeststellungs-, und Kindschaftssachen, da insoweit auch ein Versäumnisurteil (§§ 632 IV, 640 aF, § 130 FamFG nF) in Abweichung zu § 330 nur die Zurücknahme der Klage fingiert und damit aus Gründen des öffentlichen Interesses zukünftig weitere Feststellungen über den Bestand der Ehe ermöglicht (iErg Zö/*Vollkommer* Vor § 306 Rn 8; St/J/*Leipold* § 306 Rn 15). Zum Unterhaltsprozess s.o. Rz 3.

11 Auch im arbeitsgerichtlichen Verfahren ist § 306 anwendbar, §§ 46 II, 80 II ArbGG. Das Fallenlassen eines **Auflösungsantrags** iSd § 9 KSchG im Kündigungsschutzprozess ist aber kein Teilverzicht, da darüber mangels Selbständigkeit des Antrags auch kein Teilurteil ergehen dürfte (richtig MüKoZPO/*Musielak* Rn 3; aA hM Zö/*Vollkommer* Rn 1; B/L/A/H Rn 3 – aber BGH NJW 80, 1484 gibt dafür nichts her).

Kein Verzichtsurteil gem § 14 III KapMuG im Musterverfahren. Haben sich die Parteien lediglich schuldrechtlich verpflichtet, das Verfahren zu einem streitigen Musterurteil zu führen, so soll dies nach teilweiser vertretener Auffassung einem Verzichtsurteil nach einer abredewidrigen Verzichtserklärung nicht entgegenstehen (MüKoZPO/*Musielak* Rn 4; aA St/J/*Leipold* §§ Rn 13; *Schilken* ZZP 90, 157, 173). Tatsächlich beansprucht aber die privatautonome Gestaltung ggü dem Interesse des Gerichts an einer prozesswirtschaftlichen Verfahrenserledigung den Vorrang. Es ist dem Prozessrecht auch sonst nicht fremd, außerprozessual entstandene Vertragsbindungen zu berücksichtigen – ein Sachantrag des Klägers trotz eines von ihm abgegebenen Klagerücknahmeversprechens führt zur Klageabweisung, da er mutatis mutandis ebenfalls als treuwidrig gilt (§ 269 Rz 7).

§ 306 gilt über § 173 VwGO auch im verwaltungsgerichtlichen Verfahren, wenn und soweit der Kl dispositionsbefugt ist und das Verzichtsurteil keine gesetzeswidrigen Ergebnisse herbeiführt (vgl BVerwG JZ 97, 263).

12 **E. Kosten/Gebühren. I. Gericht.** Urteilsgebühren fallen nicht an. Die Verfahrensgebühr ist im ersten Rechtszug von 3,0 auf 1,0 Gebühren ermäßigt (KV 1211 Nr 2), von 4,0 auf 2,0 in der Berufungsinstanz (KV 1222), von 5,0 auf 3,0 in dritter Instanz (KV 1232). Geschäftsgebühr nach VV 2300, soweit nicht nach VV Vorbem 3 IV angerechnet (dazu BGH FamRZ 08, 2196: auch Anrechnung auf ermäßigte Verfahrensgebühr).

13 **II. RA.** Es fällt die volle Terminsgebühr von 1,2 an (VV 3104). Bei vorterminlicher Klagerücknahme stellt sich der Mandant daher günstiger, soweit nicht die Terminsgebühr schon verdient war.

§ 307 Anerkenntnis.

[1]Erkennt eine Partei den gegen sie geltend gemachten Anspruch ganz oder zum Teil an, so ist sie dem Anerkenntnis gemäß zu verurteilen. [2]Einer mündlichen Verhandlung bedarf es insoweit nicht.

1 **A. Normzweck und Grundlagen.** Mit dem Anerkenntnis, einer rein prozessualen Rechtshandlung, begibt sich der Beklagte der Chancen auf den prozessualen Sieg, indem er den vom Kl erhobenen prozessualen Anspruch und die darüber aufgestellte Rechtsbehauptung als richtig und begründet anerkennt (vgl BGHZ 10, 333, 335; MüKoZPO/*Musielak* Rn 1; R/S/G § 131 Rn 39). Das Anerkenntnis führt zum Erlass eines der materiellen Rechtskraft fähigen (Teil-)Anerkenntnisurteils, das – wie das Verzichtsurteil – den Rechtsstreit ohne weitere Sachprüfung und damit in prozesswirtschaftlicher Weise beendet. In Gegenstand und Wirkungen **unterscheidet** sich das Anerkenntnis vom Geständnis, das einzelne Tatsachenbehauptungen und präjudizielle Rechtsverhältnisse betrifft (BGH NJW 85, 2713, 2716), von beiden Parteien abgegeben werden kann und die durch späteres Urt zu treffende Entscheidung nicht vorwegnimmt (näher § 288). Das Anerkenntnis iSd § 307 kann uU ein sofortiges Anerkenntnis iSd § 93 sein und damit dem Beklagten eine Möglichkeit zur kostengünstigen Beendigung des Rechtsstreits in die Hand geben.

Das 1. JuMoG hat das Erfordernis einer mündlichen Verhandlung gestrichen (S 2, näher unten Rz 4). Bereits seit dem ZPO-RG setzt das Gesetz keinen besonderen Verfahrensantrag des Klägers mehr voraus. Der Einsatzspielraum des Anerkenntnisurteils ist daher ggü dem Verzichtsurteil des § 306 noch erweitert; er erfasst insb auch den Erlass eines Anerkenntnisurteils im schriftlichen Vorverfahren.

2 **B. Voraussetzungen. I. Gegenstand und Rechtsnatur des Anerkenntnisse.** Das Anerkenntnis bezieht sich auf den **prozessualen Anspruch**, wobei es keinen Unterschied macht, ob dieser auf Leistung, Gestaltung oder Feststellung (auch bei einseitiger Erledigungserklärung, Hamm NJW-RR 95, 1073) gerichtet ist. **Präjudizielle Rechtsverhältnisse** können uU Gegenstand eines privatrechtlichen Anerkenntnisvertrags sein

(vgl PWW/*Buck-Heeb* § 781 Rn 9 ff); um als prozessuales Anerkenntnis iSd § 307 zu qualifizieren, müssen sie iRe Zwischenfeststellungsklage zum eigenen Streitgegenstand erhoben worden sein. Die hM hält auch ein Prozessanerkenntnis über den Grund des Klageanspruchs oder unter Vorbehalt etwa einer Zug-um-Zug zu gewährenden Gegenleistung für denkbar (näher unten Rz 6); nicht aber ein Anerkenntnis einzelner materieller Ansprüche bzw Klagegründe (*Baumgärtel* ZZP 87, 121, 132; Zö/*Vollkommer* Vor §§ 306, 307 Rn 2). Außerhalb des § 307 können die Parteien das Gericht bei der Beurteilung eines präjudiziellen Rechtsverhältnisses in einem streitigen Urt binden (s.u. Rz 6 f; Wagner 610 ff; ThoPu/*Reichold* §§ Rn 2; *Schilken* ZZP 90, 157, 177; vgl LG Leipzig NJW-RR 97, 571: vorbehaltlose Zahlung als Einwendungsverzicht bei einseitiger Erledigung); außerprozessuale Feststellungsverträge mit dem Inhalt, ein Recht anzuerkennen bzw nicht zu bestreiten, sind ungeachtet des § 307 prozessual beachtlich (BGH NJW 86, 2948, 2949; St/J/*Leipold* § 307 Rn 16).

Bei dem Anerkenntnis iSd § 307 handelt es sich um eine einseitige **prozessrechtliche Erklärung** ggü dem Gericht. Eine prozessuale und materiell-rechtliche Doppelnatur kommt der Erklärung nicht zu. Das gilt selbst dann, wenn sie realiter mit einem Angebot zum Abschluss eines Schuldanerkenntnisvertrags zusammenfallen mag (BGHZ 80, 389, 391). Materiell-rechtliche Willenserklärung und Prozesserklärung sind unabhängig voneinander zu beurteilen. Die Wirksamkeit des Anerkenntnisses iSd § 307 setzt das Vorliegen der Prozesshandlungsvoraussetzungen, nicht aber die für ein materielles Rechtsgeschäft geltenden Gültigkeitserfordernisse voraus. 3

II. Anforderungen im Einzelnen. 1. Einseitige Erklärung. Die Erklärung kann vom Beklagten und/oder Widerbeklagten ausgehen; »anerkennt« der Berufungsbeklagte den Rechtsmittelantrag, so kann es sich je nach Parteistellung und nach dem Ergebnis der Auslegung um einen Verzicht iSd § 306 oder um eine entsprechend § 307 zu beurteilende Situation handeln (Stuttg NZG 04, 766, 767; dazu § 306 Rz 2; aA Zö/*Vollkommer* Rn 3: kein Anerkenntnis). Als einseitige Erklärung ist das Anerkenntnis auch bei Säumnis des Gegners gültig. Das Anerkenntnis muss ggü dem Gericht nicht ausdrücklich erfolgen, es genügt, wenn sich der Wille des Beklagten ableiten lässt, sich dem **Klageanspruch zu unterwerfen** und die Rechtsfolgebehauptung des Klägers als begründet anzuerkennen. Das Gericht hat ggf nachzuforschen (§ 139). Schweigen oder außerprozessuales Verhalten genügen für ein Anerkenntnis nicht (BGH NJW 81, 686). Hat der Beklagte außerprozessual erfüllt und der Kl einseitig für erledigt erklärt, so muss Feststellungsurteil und kein Anerkenntnisurteil entsprechend § 307 ergehen (BGH aaO; LG Leipzig NJW-RR 97, 571). Ebenso wenig reicht es aus, wenn der Beklagte sein Einverständnis mit einem prozessualen Verhalten des Klägers zum Ausdruck bringt (zB Zustimmung zur Erledigungserklärung). Die Erklärung muss den Willen erkennen lassen, das Gericht von der weiteren Sachprüfung zu entbinden; zum eingeschränkten Anerkenntnis sogleich unten Rz 6. Im Anwaltsprozess hat der Prozessbevollmächtigte die Erklärung abzugeben (zur Vollmacht §§ 81, 83, s. dort § 81 Rz 5). Im amtsgerichtlichen Verfahren ist der Beklagte über die Folgen eines schriftlichen Anerkenntnisses zu belehren (§ 499 II). 4

2. Zeitpunkt und Adressat der Erklärung. Das Anerkenntnis kann vor dem Erlass der Entscheidung in **jeder Lage des Verfahrens** erfolgen, auch in der Revisionsinstanz (BGHZ 10, 333, 334). Zwischen den Instanzen verhindert die Bindung des erlassenden Gerichts an das streitige Urt eine neue Entscheidung, daher kann das Anerkenntnis erst in der höheren Instanz bei (Teil-)Aufhebung des Ausgangsurteils Wirkungen entfalten. Die Abgabe in der mündlichen Verhandlung ist nicht mehr erforderlich (S 2). Demnach kann das Anerkenntnis in der Güteverhandlung (§ 278), in der mündlichen Verhandlung, im schriftlichen Vorverfahren oder im schriftlichen Verfahren nach § 128 II erfolgen. Die notwendige Form der Erklärung richtet sich nach der jeweiligen Verfahrensart. Im Termin zur mündlichen Verhandlung ist das Anerkenntnis zu protokollieren (§§ 160 III Nr 1, 162); fehlt es daran, kann die Abgabe des Anerkenntnisses jedoch anders als durch das Protokoll festgestellt werden (BGH NJW 84, 1465 f). Die Anerkenntniserklärung muss ggü dem Prozessgericht abgegeben werden, daher genügt die Abgabe ggü dem ersuchten Richter nicht. Demgegenüber dürfte seit der Neufassung des § 307 die Abgabe vor dem beauftragten Richter ausreichen (aA Musielak/*Musielak* Rn 9). Die Klage muss aber schon **rechtshängig** sein; daher scheidet ein Anerkenntnisurteil im Mahnverfahren aus. Umgekehrt verliert das Anerkenntnis nach der Aufhebung des § 307 II aF in einem späteren Verfahrensabschnitt nicht seine Wirkung; das Anerkenntnisurteil muss nicht im selben Verfahrensabschnitt ergehen, in dem das Anerkenntnis erklärt wurde (BGH NJW 93, 1717, 1718). 5

3. Unbedingtheit des Anerkenntnisses. Der Erklärung dürfen **keine außerprozessualen Bedingungen** beigefügt sein; als prozessuale Bewirkungshandlung darf sie auch nicht unter den Vorbehalt eines Wider- 6 rufs gestellt werden (BGH NJW 85, 2713, 2176). **Keine Bedingung** idS enthält ein Anerkenntnis unter Verwahrung gegen die Kosten, das lediglich die gesetzliche Kostenfolge des § 93 auszulösen bestrebt ist. Das Anerkenntnis des nach § 3 Nr 1 PflVG in Anspruch genommenen Haftpflichtversicherers ist auch ohne dahingehende Einschränkung des Erklärungswortlauts auf den gesetzlichen Leistungsumfang beschränkt (BGH NJW-RR 96, 1239: ggf Urteilsergänzung nach § 321). Da das Anerkenntnisurteil ein Sachurteil ist, ist es auch ohne weiteres zulässig, das Anerkenntnis von der Zulässigkeit der Klage abhängig zu machen, denn die Zulässigkeit der Klage ist ohnedies vAw zu prüfen und das Anerkenntnis erstreckt sich hierauf nicht (BGH DB 76, 1009 f; Hamm WRP 92, 252, 253). Insoweit schadet es gleichfalls nicht, wenn der Beklagte (verzichtbare) **Zulässigkeitsrügen** erhebt (zB Einrede der Schiedsvereinbarung) und sich sodann hilfsweise dem Klageanspruch unterwirft, denn das prozessuale Anerkenntnis befreit den Kl nicht vom Risiko der Unzulässigkeit seiner Klage. Bei eventueller Klagenhäufung (§ 260) kann sich das Anerkenntnis auf einen der gestellten Hilfsanträge beschränken. Ist der jeweilige Hauptantrag unbegründet, so muss »Teilanerkenntnis- und Endurteil« erlassen werden, das auf das Anerkenntnis zuspricht und den nicht anerkannten Hauptantrag »im Übrigen« abweist (vgl Zweibr OLGZ 87, 311). In Betracht kommt auch ein Anerkenntnis unter dem (vollstreckungsrechtlichen) Vorbehalt beschränkter Erbenhaftung (vgl § 305 Rz 5). Ausnahmsweise zulässig ist ein Anerkenntnis unter dem Vorbehalt der Aufrechnung mit einer Gegenforderung oder im **Urkundenprozess** unter dem Vorbehalt der Geltendmachung von Gegenrechten im Nachverfahren (St/J/*Leipold* Rn 9; ThoPu/*Reichold* Rn 3; *Schilken* ZZP 157, 180 f; Ddorf NJW-RR 99, 68, 69; Brandbg NJW-RR 02, 1294). In diesen Fällen ergeht ein **Anerkenntnis-Vorbehaltsurteil** unter den Voraussetzungen der §§ 302, 599. Das ist an sich systemwidrig, da sich der Beklagte dem Klageanspruch gerade nicht unterwirft. Wegen der besonderen Prozesslage und aus praktischen Gründen ist die Sonderbehandlung jedoch gerechtfertigt. Darüber hinaus bejaht die hM die Möglichkeit eines **Anerkenntnis-Grundurteils** (LG Mannheim MDR 92, 898, 899; Zö/*Vollkommer* Rn 7), wenn sich das Anerkenntnis auf den Grund des Anspruchs beschränkt. Dem ist zu widersprechen (bereits § 304 Rz 6; ebenso St/J/*Leipold* Rn 15; MüKoZPO/*Musielak* Rn 12 mwN), da es dann an einem Streit über Grund und Höhe fehlt. Das »Anerkenntnis« wirkt aber als Geständnis der zugrunde liegenden Tatsachen (MüKoZPO/*Musielak* Rn 12). Bei sonstigen sog »eingeschränkten Anerkenntnissen«, bei denen der Beklagte den Klageanspruch anerkennt, aber materiell-rechtliche Einwendungen erhebt, die sich gegen den Bestand des Anspruchs richten, scheidet ein Anerkenntnisurteil iSd § 307 ebenfalls idR aus (im Erg BGHZ 107, 142, 147), da das Gericht einer Prüfung des gesamten *prozessualen* Anspruchs gerade nicht enthoben wird.

7 Das »Anerkenntnis« einzelner präjudizieller Klageelemente kann jedoch eine Bindung des Gerichts beim Erlass des kontradiktorischen Urteils begründen (oben Rz 2; so wohl BGHZ 107, 142, 147; unklar BGH NJW 86, 2948, 2949; ausf *Schilken* ZZP 90, 157, 175 ff, 184 aE; R/S/G § 131 Rn 43), zumindest wenn das »anerkannte« Element zum Gegenstand einer selbständigen Klage gemacht werden könnte (so St/J/*Leipold* Rn 14). Demgegenüber kommt ein Anerkenntnisurteil iSd § 307 in Betracht, wenn der Beklagte den Klageanspruch mit der Maßgabe anerkennt, er schulde nur Zug um Zug oder zu einem späteren Zeitpunkt, *und* der Kl seinen Klageantrag daraufhin anpasst (BGHZ 107, 142, 146 f; BGH NJW-RR 05, 1005, 1006), denn unter dieser Voraussetzung erfasst das Anerkenntnis den gesamten prozessualen Anspruch.

8 **4. Dispositionsbefugnis des Anerkennenden.** Eine mangelnde Dispositionsbefugnis des Beklagten über den gegen ihn geltend gemachten Anspruch macht das Anerkenntnis unwirksam (Kobl NJW-RR 00, 529, 530; R/S/G § 131 Rn 46). Daher kommt § 307 in Verfahren mit **Untersuchungsmaxime** (Einl Rz 27) nicht zum Tragen, so im Patentnichtigkeitsverfahren (BGH GRUR 95, 577), in Ehe- und Kindschaftssachen (§§ 617, 640 aF, § 113 FamFG nF), etwa bei der Anerkennung der Vaterschaft (Hamm FamRZ 88, 854) oder bei einem Anspruch auf Getrenntleben (Frankf FamRZ 84, 1123). Liegt eine allein materiell-rechtlich wirkende Vaterschaftsanerkennung und die Zustimmung der Mutter vor (§§ 641c aF iVm 1592 Nr 2, 1595 BGB), so darf ein Anerkenntnisurteil nicht ergehen. Ergeht es trotzdem, zeitigt es die Rechtskraftwirkungen des § 640h aF (§ 182 FamFG nF) (richtig BGH FamRZ 94, 694, 605; aA Zö/*Vollkommer* Vor §§ 306, 307 Rn 9), weil der Verfahrensfehler die Rechtskraft auch sonst nicht aufhebt. Im Unterhaltsprozess hat das Gericht bei der Bemessung des Elementarunterhalts zum Vorsorgeunterhalt (§§ 1578 II, III BGB) ohne Bindung an ein Anerkenntnis die allgemeinen Regeln zu beachten (BGH NJW 85, 2713, 2716). Bei der Erbunwürdigkeitsklage soll das Anerkenntnis des Beklagten ausscheiden (LG Aachen NJW-RR 88, 263; MüKoZPO/*Musielak* Rn 16 mwN auch zur aA). Im aktienrechtlichen **Beschlussanfechtungsverfahren** kommt ein Anerkenntnis trotz der Gestaltungswirkung des § 248 AktG in Betracht (*Gehrlein* AG 94, 103, 105; Hüffer § 246 Rn 17; *Fichtelmann* GmbHR 06, 810, 811 mwN zum Streitstand; offen BGH NJW-RR 93,

1253, 1254). Wenn dem Beklagten die Verfügungsmacht fehlt und die Wirkungen des Anerkenntnisses ein fremdes Vermögen treffen, soll es an einem wirksamen Anerkenntnis fehlen (wohl RGZ 44, 344, 348 f: Gütergemeinschaft; St/J/*Leipold* Rn 26). Ein Insolvenzverwalter kann eine Nichtmasseforderung nicht anerkennen (Ddorf NJW 74, 1517, 1518).

5. Sonstige Wirksamkeitsgrenzen. Wie beim Verzicht (§ 306 Rz 3) darf das Anerkenntnisurteil keine gesetzeswidrigen Zustände herbeiführen. Die ausgesprochene Rechtsfolge muss im materiellen Recht ihrer Art nach bekannt sein, darf nicht verboten sein. Ihre Erfüllung darf keine Strafbarkeit begründen und muss mit der Rechtsordnung und dem ordre public (Art 6 EGBGB) vereinbar sein (ThoPu/*Reichold* Rn 6). Das Anerkenntnis bleibt aber wirksam, wenn der Klageanspruch aus einem sitten- oder formwidrigen Grundgeschäft hergeleitet wird (R/S/G § 131 Rn 48; aA Stuttg NJW 85, 2272, 2273; Köln NJW 86, 1350, 1352; *Kothe* NJW 85, 2217, 2227; St/J/*Leipold* § 307 Rn 22, der bei Schutzgesetzverletzungen aber differenziert), denn von der Feststellung der Wirksamkeit des Grundgeschäfts will das Anerkenntnis gerade befreien. Auch iÜ müssen die Voraussetzungen, von denen das materielle Recht die Entstehung des Rechts abhängig macht, nicht vorliegen, sodass das Anerkenntnis eines Auflassungsanspruchs aus einem formnichtigen Kaufvertrag ebenso wirksam ist wie die Anerkennung sonstiger, nicht schlüssig dargelegter Ansprüche. **Prozessvertragliche Bindungen** können nach zutreffender hM dem Erlass eines Anerkenntnisurteils entgegengehalten werden (wie § 306 Rz 11; aA MüKoZPO/*Musielak* Rn 18 mwN). Widerspricht der streitgenössische Nebenintervenient, so kann kein Anerkenntnisurteil ergehen (Schlesw NJW-RR 93, 930; § 69 Rz 9). 9

6. Bindung an das Anerkenntnis. Als Prozesshandlung ist das Anerkenntnis für den Beklagten grds während des gesamten Verfahrens **bindend**, und zwar auch dann, wenn statt eines Anerkenntnisurteils ein VU ergeht und nach Einspruch streitig verhandelt wird (BGH BB 93, 1174). Es unterliegt nicht der Anfechtung der §§ 119, 123 BGB (BGHZ 80, 389, 392 = NJW 81, 2193; Kobl NJW-RR 00, 529); ist nicht kondizierbar gem § 812 BGB und kann nicht analog § 290 beseitigt werden (BGHZ 80, 389, 393 f; 107, 142, 147 f). Ein **Widerruf** ist aber möglich, wenn ihm ein Restitutionsgrund iSv § 580 zugrunde liegt, der zur Beseitigung des daraufhin ergehenden Anerkenntnisurteils im Wiederaufnahmeverfahren führen könnte (BGHZ 80, 389, 394 = NJW 81, 2193; NJW 93, 1717, 1718; 02, 436, 438). Der Widerruf kann dann mit der Berufung gegen das Anerkenntnisurteil geltend gemacht werden (BGHZ 80, 389, 394). Bei dem Anerkenntnis einer Leistungspflicht, die nach § 323 abänderbar ist, kommt ein Widerruf entsprechend dieser Vorschrift in Betracht, wenn eine wesentliche Veränderung der Verhältnisse des Anerkennenden eingetreten ist (BGH NJW 02, 436, 438). Zur Abänderungsklage nach Rechtskraft des Anerkenntnisurteils unten Rz 14. 10

C. Gerichtliche Entscheidung. I. Antrag des Klägers. Ein besonderer Antrag des Klägers ist spätestens seit der Neufassung des § 307 durch das ZPO-RG nicht mehr erforderlich. Der Sachantrag des Klägers genügt (schon bisher hM seit RGZ 44, 344, 350). Der Kl hat nach Abgabe des Anerkenntnisses kein Rechtsschutzinteresse an einem streitigen Sachurteil (BGHZ 10, 333, 336 ff; wie § 306 Rz 6). Für den Erlass des Anerkenntnisurteils muss der Sachantrag des Klägers indes dem Anerkenntnis des Beklagten inhaltlich entsprechen und vice versa. Entscheidend ist die inhaltliche, nicht die wörtliche Übereinstimmung mit dem Klagebegehren (BGH NJW 89, 1673, 1675). Dem Kl ist, auch im schriftlichen Vorverfahren, durch Gewährung rechtlichen Gehörs Gelegenheit zu geben, seinen Antrag an das Anerkenntnis anzupassen oder darüber hinaus zu erweitern oder sich zur Reichweite des Anerkenntnisses zu äußern (BGH NJW 04, 2019, 2021). Hat der Kl seinen Antrag geändert, so bleibt ein auf einen anderen prozessualen Anspruch bezogenes Anerkenntnis prozessual wirkungslos (Frankf MDR 78, 583: Feststellungs-/Leistungsantrag). Hat der Beklagte anerkannt, erscheint aber der Kl in der mündlichen Verhandlung nicht, so kann VU nach § 330 ergehen, denn auf die Begründetheit der Klage und das Anerkenntnis kommt es dann nicht an. Bei Säumnis des Beklagten ist ein VU gegen den Beklagten nicht ausgeschlossen (B/L/A/H Rn 15; missverständlich St/J/*Leipold* Rn 31; Zö/*Vollkommer* Rn 5), wenn der Kl das Anerkenntnis seinem (dann ohne Weiteres schlüssigen) Vortrag zu Eigen macht; auf Abgabe des Anerkenntnisses in der mündlichen Verhandlung kommt es ja nicht an. Den Bedürfnissen der Praxis entspräche es allerdings, den Erlass eines Anerkenntnisurteils als sog unechtes VU zu ermöglichen. Das Anerkenntnisurteil muss freilich für den Beklagten nicht zwingend kostengünstiger sein (s.u. Rz 16 f). 11

Decken sich Anerkenntnis und Antrag nur tw, so ist unter den Voraussetzungen des § 301 I zwingend durch **Teilanerkenntnisurteil** zu entscheiden (Abweichung von § 301 II; B/L/A/H Rn 18). Ein Anerkenntnisurteil im schriftlichen Vorverfahren, das vAw zuzustellen ist (§ 310 III), setzt keinen besonderen Antrag mehr voraus (so § 307 II aF); das Anerkenntnis kann auch nach Anzeige der Verteidigungsbereitschaft noch 12 erfolgen. Nach Ablauf der Frist zur Anzeige der Verteidigungsbereitschaft fehlt es aber ggf an einem sofortigen Anerkenntnis iSd § 93 (Brandbg MDR 05, 1310).

13 **II. Inhalt der Entscheidung.** Das Gericht hat zu prüfen, ob die Voraussetzungen für ein wirksames Anerkenntnis vorliegen. Da das Anerkenntnisurteil Sachurteil ist, müssen außerdem die Prozessvoraussetzungen für die Klage vorliegen (BGH NJW-RR 10, 275, 276 Tz 15); lediglich Zweifel am Rechtsschutzinteresse hindern das Sachurteil nicht. Ist die Berufung unzulässig, weil die Berufungsbegründungsfrist nicht gewahrt ist, so darf im Berufungsverfahren ein Anerkenntnisurteil jedenfalls dann nicht ergehen, wenn das Anerkenntnis nach Versäumung der Berufungsbegründungsfrist erklärt worden ist, weil dann die Sachurteilsvoraussetzungen fehlen (BGH NJW-RR 10, 275, 276 Tz 15 f). Ein Zwischenurteil bei Unwirksamkeit des Anerkenntnisses ist nach § 303 möglich (Schlesw NJW-RR 93, 930, 932). Das Urt wird als Anerkenntnisurteil überschrieben (§ 313b I 2). Seine Abfassung ist nach § 313b erleichtert. Der Hauptsachetenor weist keine Besonderheiten auf. Das AU ist nach § 708 Nr 1 ohne Sicherheitsleistung vorläufig vollstreckbar, ein Anerkenntnis-Vorbehaltsurteil im Urkunden(-Wechsel)prozess nach Maßgabe von § 708 Nr 4 (wichtig wegen der Abwendungsbefugnis gem § 711!). Bei der Kostenentscheidung kommt neben § 93b III auch § 93 in Betracht, wenn das Anerkenntnis als sofortiges zu werten ist und der Beklagte keinen Anlass zur Klage gegeben hat. Mehrkosten, die durch eine **erfolglose Rüge** der Unwirksamkeit des abgegebenen Anerkenntnisses entstanden sind, können uU derjenigen Partei auferlegt werden, die sich auf die Unwirksamkeit berufen hat (MüKoZPO/*Musielak* Rn 27), was sich mit **§ 96** begründen ließe. Der Kl trägt die Mehrkosten, wenn er auf einem streitigen Urt beharrt (BGHZ 10, 333, 339 f). Beim Teilanerkenntnisurteil (soeben Rz 12) bleibt die Kostenentscheidung dem Schlussurteil vorbehalten (dann ggf Kostenmischentscheidung, § 92).

14 **III. Rechtsmittel gegen das Anerkenntnisurteil.** Das Anerkenntnisurteil kann nach **allgemeinen Regeln** angefochten werden. Das Anerkenntnis nimmt dem Beklagten nicht die materielle Beschwer (§ 511 Rz 18; BGH NJW 92, 1513, 1514). Das Rechtsmittelgericht prüft in der Sache zunächst, ob das Anerkenntnis wirksam erklärt und seine Wirksamkeit nicht beseitigt (Rz 10) worden ist; bejaht das Gericht die Bindung an das Anerkenntnis, ist das Rechtsmittel des Beklagten schon deshalb zurückzuweisen. Die Berufungsbegründung muss sich aber mit dem Anerkenntnis innerhalb der Begründungsfrist auseinandersetzen (LAG Hamm, 25.11.09, 16 Sa 1024/09, BeckRS 10, 66075). Bei unwirksamem Anerkenntnis ist analog § 538 II 1 Nr 6 an das Ausgangsgericht zurückzuverweisen (KG NJW-RR 95, 958; Jena NJW-RR 09, 1519; § 538 Rz 24). Auch die materielle Rechtskraft eines im **Unterhaltsprozess** ergangenen Anerkenntnisurteils führt grds zur Bindungswirkung im Hinblick auf eine Abänderungsklage nach § 323 und erlaubt deshalb weder eine freie, von der bisherigen Höhe unabhängige Neufestsetzung des Unterhalts noch eine abweichende Beurteilung derjenigen Verhältnisse, die bereits im vorausgegangenen Rechtsstreit eine Bewertung erfahren haben (BGH NJW 07, 2921, 2922 Tz 14). Wird die Abänderung eines solchen Urteils verlangt, so kommt es für die Frage, ob eine wesentliche Veränderung der maßgeblichen Verhältnisse eingetreten ist, auf die dem Anerkenntnisurteil zu Grunde liegenden tatsächlichen Umstände an (BGH aaO). Die Kostenentscheidung des AU ist gem § 99 II isoliert anfechtbar (§ 99 Rz 1 ff).

15 **D. Anwendungsbereich und Verfahrensvergleichung.** § 307 gilt auch im Eilverfahren (wie § 306 Rz 10) sowie bei Klagen des kollektiven Rechtsschutzes (BGH NJW 89, 1673, 1675: AGB-Verbandsklage). Der Ausschluss des § 306 durch § 14 III KapMuG (§ 306 Rz 11) gilt für § 307 nicht.

Ein „Anerkenntnis" hinsichtlich der Zuständigkeit des Schiedsgerichts im Verfahren nach § 1032 II ist wirkungslos (Bremen NZG 10, 230). § 307 findet auch im arbeitsgerichtlichen Verfahren einschließlich des Beschlussverfahrens Anwendung, soweit die Dispositionsbefugnis der Parteien reicht. Der Vorsitzende entscheidet allein (§ 55 II ArbGG). Im fG-Verfahren kommt § 307 in echten Streitsachen in Betracht (generell abl BayObLG WuM 96, 661, 662; Keidel/Kuntze/Winkler/*Holz* vor §§ 8–18 Rn 4; für Ehesachen vgl § 113 IV Nr 6 FamFG nF). Keine Anwendung des § 307 im Adhäsionsverfahren (BGH NJW 91, 1244, zw). Im Verwaltungsgerichtsverfahren gilt § 307 über § 173 VwGO, soweit die Dispositionsbefugnis über den anerkannten Anspruch reicht (BVerwG JZ 97, 263), auch bei Anfechtungsklagen (VG Stuttgart 15.7.10, 12 K 1288/10, BeckRS 10, 51285). § 307 greift auch im sozialgerichtlichen Verfahren ein (§ 202 SGG, BSG 10.5.07 – B 10 EG 2/06 R – juris). Im Patentnichtigkeitsverfahren entspricht vollständiger Verzicht auf ein Patent einem sofortigen Anerkenntnis iSd § 93 (BPatG GRUR-RR 09, 325).

E. Kosten/Gebühren. I. Gericht. Die Verfahrensgebühr ist ermäßigt (KV 1211, 1222, 1232), wenn das gesamte Verfahren durch das Anerkenntnisurteil beendet wird, also nicht bei Teilanerkenntnisurteil mit streitigem Schlussurteil, wohl aber nach zutr Ansicht bei Anerkenntnis unter Verwahrung gegen die Kostenlast, da die Kostenentscheidung dann bloße Nebenentscheidung bleibt (Stuttg 3.2.09–8 W 34/09, OLGR 09, 454 = BeckRS 09 05298 mwN; aA Musielak/*Musielak* Rn 21). Geschäftsgebühr nach VV 2300, soweit nicht nach VV Vorbem 3 IV angerechnet (dazu BGH FamRZ 08, 2196: auch Anrechnung auf ermäßigte Verfahrensgebühr). 16

II. RA. Zu den Anwaltsgebühren bei Anerkenntnis *Hergenröder* AGS 06, 1. Die Terminsgebühr entsteht (nur) bei Erlass des AU in voller Höhe (VV 3104), auch wenn ohne mündliche Verhandlung entschieden wird (VV 3104 I Nr 1). 17
Je nach Einzelfall kann die Säumnis für den Beklagten günstiger als ein AU sein (*König* NJW 05, 1243; *Jungbauer* FuR 05, 155 mit Rechenbeispielen).

§ 308 Bindung an die Parteianträge.

(1) [1]**Das Gericht ist nicht befugt, einer Partei etwas zuzusprechen, was nicht beantragt ist.** [2]**Dies gilt insbesondere von Früchten, Zinsen und anderen Nebenforderungen.**
(2) **Über die Verpflichtung, die Prozesskosten zu tragen, hat das Gericht auch ohne Antrag zu erkennen.**

A. Normzweck und Grundlagen. Die Vorschrift enthält den bekannten Grundsatz »ne (eat judex) ultra petita partium«, kurz: ohne Antrag keine Verurteilung. Dieses Prinzip trägt der Parteiherrschaft und Dispositionsmaxime Rechnung. Da der im Urt wiedergegebene Antrag und der zugrunde liegende Sachverhalt den Streitgegenstand kennzeichnen, trägt die Antragsbindung mittelbar auch zur Eindeutigkeit der Rechtskraft bei (Köln NJW-RR 95, 1535, 1536). Das Gericht darf und muss aber auf sachdienliche Anträge hinwirken und ist an die wörtliche Fassung des Sachantrags nicht gebunden (§ 139 Rz 9); die Auslegung des Parteibegehrens anhand des Parteivortrags geht Abs 1 vor (vgl BGH NJW-RR 97, 1000, 1001; Musielak/*Musielak* Rn 7). 1
Auf dieser Grundlage darf das Gericht einer Partei nicht etwas zusprechen, was nicht beantragt ist. Umgekehrt ist es dem Gericht verwehrt, einer Partei einen Anspruch abzuerkennen, den sie nicht oder nicht mehr zur Entscheidung gestellt hat (BGH NJW 91, 1683, 1684). Von der Antragsbindung unberührt bleibt gem Abs 2 die Entscheidung über die Prozesskosten; ferner auch der Ausspruch zur vorläufigen Vollstreckbarkeit (§ 708). Vollstreckungsschutz ist nach § 712 auch ohne Antrag zu gewähren. § 308a geht als Sonderregelung vor, ebenso § 641h aF, § 182 FamFG nF und § 9 Nr 3, 4 UKlaG. Für die Berufungsinstanz normiert § 528 S 2 eine besondere Ausprägung des ultra petita-Grundsatz in der Gestalt eines Verschlechterungsverbotes; ebenso § 557 I für die Revision. Darüber hinaus gilt § 308 als grundlegendes zivilprozessuales Prinzip in einer Vielzahl von Verfahrensarten (unten Rz 12). 2

B. Antragsbindung (Abs 1). I. Grundsätze. Das Gericht ist an den Sachantrag der Partei gebunden. Das gilt ausweislich von Abs 1 S 2 auch für Anträge betreffend Früchte, Zinsen und sonstige Nebenforderungen. Ein vorangegangener Beschl über die Gewährung von PKH bestimmt nicht den Urteilsumfang; die im Prozess gestellten Anträge sind allein entscheidend (B/L/A/H Rn 1). Maßgebend ist das in der Klage zum Ausdruck gebrachte Begehren; daher liegt kein Verstoß gegen Abs 1 vor, wenn das Gericht die gesamtschuldnerische Haftung der Beklagten anordnet, obwohl dies nur in der Klagebegründung und nicht explizit im Antrag zum Ausdruck gebracht worden ist (Zö/*Vollkommer* Rn 3). 3
Die Bindung besteht sowohl in **quantitativer** als auch in **qualitativer Hinsicht**. Das Gericht ist nicht berechtigt, über den Antrag hinauszugehen; und die dem Kl zugesprochene Rechtsfolge darf sich nicht als ein »aliud« ggü der beantragten Verurteilung darstellen. Stellt der Kl allerdings einen unbezifferten Zahlungsantrag (§ 253 Rz 16), deckt die Angabe eines Mindestbetrags auch eine darüber hinausgehende Verurteilung des Beklagten (BGHZ 132, 341, 350 ff = NJW 96, 2425, 2427; zur Rechtsmittelbeschwer aber BGHZ 140, 335 = NJW 99, 1339 f). Die Antragsbindung erfasst grds nicht die rechtliche Begründung (Zö/*Vollkommer* Rn 5). Aus diesem Grund ist das Gericht nicht daran gehindert, bei der Überprüfung einzelner AGB-Klauseln andere Kautelen als Argumentationshilfe in die Prüfung der streitgegenständlichen Klauseln einzubeziehen (BGHZ 106, 259, 263 = NJW 89, 582). Daher stellt es auch keinen Verstoß gegen Abs 1 dar, wenn sich das Gericht bei mehreren denkbaren materiell-rechtlichen Anspruchsgrundlagen auf einen materiellen Anspruch stützt. Maßgebend für die Prüfung, ob sich das Urt als aliud ggü dem Sachantrag 4

darstellt, ist allein der zur Entscheidung gestellte prozessuale Anspruch. Die Abgrenzungskritierien zur Bestimmung des Streitgegenstands schlagen damit auf § 308 durch (näher § 253 Rz 16).

5 **II. Hinausgehen über den Antrag (»Mehr«) oder qualitative Abweichung vom gestellten Antrag (»Aliud«).** Abs 1 wird verletzt, wenn das Gericht einen Streitgegenstand mit einem anderen, nicht zur Entscheidung gestellten »austauscht« oder dem Kl einen prozessualen Anspruch aberkennt, den er nicht oder nicht mehr zur Entscheidung gestellt hat (BGH NJW 91, 1683, 1684), so wenn der Kl in 1. Instanz trotz einheitlichem Klageziel Ansprüche aus eigenem und fremden Recht geltend gemacht hatte und in der Rechtsmittelinstanz nur noch einen der beiden Streitgegenstände weiterverfolgt (BGH NJW-RR 91, 1683). Es ist grds zulässig, wenn das Gericht bei einem einheitlichen Streitgegenstand die einzelnen unselbständigen Posten der Höhe nach verschiebt, ganz kürzt oder bei einzelnen Rechnungsposten sogar über das Geforderte hinausgeht, solange der geltend gemachte Endbetrag nicht überschritten wird (BGH NJW-RR 91, 1279; BAG NZA-RR 10, 565, 566; St/J/*Leipold* § 308 Rn 2; Zö/*Vollkommer* Rn 4) Ein Verstoß gegen Abs 1 liegt jedoch vor, wenn der Kl einen auf konkrete Rechtsverletzungen gestützten Zahlungsanspruch geltend macht und das Gericht einen ungeklärt gebliebenen Teil mit Beträgen »auffüllt«, die einem noch nicht bezifferten Zahlungsanspruch einer Stufenklage entnommen werden (BGH NJW-RR 90, 997, 998). Die vollständige und die tw Entziehung der Geschäftsführungs- und Vertretungsbefugnis eines Gesellschafters sind verschiedene Streitgegenstände, deshalb keine Teilentziehung, wenn der Antrag auf vollständige Entziehung gerichtet ist (BGH NJW-RR 02, 540 f).

Das Gericht verstößt gegen Abs 1, wenn es seinem Urteilsausspruch über einen **Unterlassungsantrag** einen anderen Klagegrund zu Grunde legt als denjenigen, mit dem der Kl seinen Antrag begründet hat (BGHZ 154, 342, 347 f = NJW 03, 2317, 2318). Das (Berufungs-)Gericht darf ohne dahingehenden Antrag ein Schmerzensgeld nicht in Kapital- und Rentenbeiträge aufteilen (BGH NJW 98, 3411 f); die Verurteilung zur Rentenzahlung ist ein aliud ggü einem auf Kapitalbeiträge gerichteten Antrag. Umgekehrt keine Kapitalabfindung statt begehrter Rente (RGZ 136, 373, 375).

6 Ein nachbarrechtlicher Ausgleichsanspruch ist idR kein Minus, sondern ein Aliud ggü einem deliktischen Schadensersatzanspruch (idS BGH NJW 90, 1910, 1911 obiter). Ersatz in Geld statt – wie beantragt – in Natur soll zulässig sein (RG JW 36, 1937; Musielak/*Musielak* Rn 9). Beantragt der Kl in einem Nachbarrechtsstreit ua. Ersatz des **»künftigen Schadens«**, kann dies uU als (ggf hilfsweise gestellter) Antrag auf Gewährung eines nachbarrechtlichen Ausgleichsanspruchs ausgelegt werden. Das gilt nicht, wenn der Kl seinen Anspruch in konkreter Weise berechnet – die Verurteilung zu einer laufenden jährlichen Zahlung geht dann qualitativ über den Klageantrag hinaus (BGH NJW 93, 925, 927). Wird die Rente für einen bestimmten Zeitraum gefordert, ist das Gericht daran gebunden (BGH MDR 90, 533). Lautet das Klägerbegehren auf **Schadensersatz** in Gestalt von steuerlichen Mehrbelastungen im Zusammenhang mit einer Eigennutzung eines Gebäudes, so darf das Gericht keine Umzugskosten zusprechen (BGH NJW 94, 442). Unzulässig ist die Verurteilung zur Zahlung in inländischer Währung bei Antrag in ausländischer Währung (BGH IPRax 94, 366), zu Kostenvorschuss statt zu Schadensersatz (Köln MDR 02, 716, 717) oder zur Rückzahlung des Kaufpreises nach §§ 441 IV, 346 BGB (Minderung) statt nach § 346 (Rücktritt) (KG MDR 07, 1412: Klageänderung erforderlich). Kein Verstoß, wenn das Gericht bei einem Grenzstreit nach § 920 BGB eine andere Grenzlinie festsetzt, soweit sie den Kl nicht günstiger stellt als beantragt (BGH NJW 65, 37, 38). Das (Arbeits-)Gericht darf ohne Antrag eine außerordentliche nicht in eine ordentliche **Kündigung** umdeuten (BGH MDR 00, 655, 656) oder bei einer Klage auf Entfernung eines Abmahnungsschreibens die Befugnis des Arbeitsgebers zur erneuten **Abmahnung** aussprechen (BAG NJW 95, 1374 f). Zustimmung zur Grundbuchberichtigung hat eine andere Qualität als die Abgabe der Willenserklärung zur Rückübertragung der Sache (Köln NJW-RR 95, 1535, 1536; Zö/*Vollkommer* Rn 3); ähnl für Einwilligung in die Entfernung einer Kunstsignatur statt der Kennzeichnung als Fälschung (BGHZ 107, 384, 394) und ebenso, wenn das Gericht bei einer Klage nach § 767 wegen Unzulässigkeit der Zwangsvollstreckung ohne Antrag auf Herausgabe eines Versteigerungserlöses verurteilt. Auch darf das Gericht nicht ohne Antrag nach § 717 II den Vollstreckungsschaden zusprechen (B/L/A/H Rn 11). Die Klage eines Miterben gegen einen anderen auf Zustimmung zur Aufteilung kann nur einheitlich beschieden werden; denkbar ist aber die Verurteilung zu einem geringeren als dem geforderten Geldbetrag, wenn der Nachlass geringer ist als angenommen (Saarbr MDR 10, 636)

7 Erst recht liegt ein Verstoß gegen Abs 1 vor, wenn entgegen dem Antrag zur Leistung an einen Dritten statt an den Kl verurteilt wird; ebenso für den umgekehrten Fall. Das gilt auch bei Verurteilung zur Leistung an einen Rechtsnachfolger in den Fällen der §§ 265, 325, 727; ohne Antrag ist die Klage als unbegründet abzu-

weisen. Bei einem **wettbewerbsrechtlichen Unterlassungsantrag** ändert eine Abwandlung der Verletzungsform, auf die sich der Verbotsausspruch nach dem Willen des Klägers beziehen soll, den Streitgegenstand und setzt deshalb einen entsprechenden Antrag des Klägers voraus (BGHZ 168, 179, 184 f Tz 16 = NJW 07, 2777, LS = GRUR 06, 290). Dies gilt ebenso, wenn eine im Unterlassungsantrag umschriebene Verletzungsform durch Einfügung zusätzlicher Merkmale in ihrem Umfang auf Verhaltensweisen eingeschränkt wird, deren Beurteilung die Prüfung weiterer Sachverhaltselemente erfordert, auf die es nach dem bisherigen Antrag nicht angekommen wäre. Ein in dieser Weise eingeschränkter Antrag ist prozessual ein Aliud ggü dem ursprünglichen Antrag, weil seine Begründung nunmehr von tatsächlichen Voraussetzungen abhängt, die zuvor nicht zum Inhalt des Antrags erhoben worden waren (BGHZ 168, 179, 184 f Tz 16). Auch ein Antrag auf Untersagung einer bestimmten geschäftlichen Tätigkeit ist ein Aliud zu einem Unterlassungsantrag, der von anderen Voraussetzungen abhängt (BGHZ 159, 342, 348 f = NJW 03, 2317). Im Einzelnen werfen wettbewerbs- und immaterialgüterrechtliche Anträge schwierigen Fragen auf; sie betreffen vorrangig den Begriff des Streitgegenstands (s. § 253). Der BGH (GRUR 11, 521, 522 Tz. 8 ff. – TÜV) hat jetzt eine **alternative Klagehäufung** für unzulässig erklärt. Bei der daher ggf. erforderlichen kumulativen Klagehäufung muss das Gericht jetzt alle Streitgegenstände prüfen, auch wenn der Verbotsausspruch nach einem Streitgegenstand schon begründet wäre. Im Einzelnen bleibt es dabei, dass ein Schutzrecht grds. einen eigenen Streitgegenstand konstituiert, so dass Zuspruch auf ein anderes Schutzrecht ein Aliud ist (näher zum Ganzen *Thole* ZZP 124, 409, *Stieper* GRUR 11, 409).

III. Zurückbleiben hinter dem Antrag (»Weniger«). Abs 1 verbietet nicht die Zuerkennung eines Weniger (Minus) ggü dem Antrag, wenn und soweit die zuerkannte Rechtsfolge in dem gestellten Sachantrag enthalten ist (umfassend *Musielak* FS Schwab, 349, 352 f). Die Klage ist dann »im Übrigen« abzuweisen. Über einen **Hilfsantrag** darf erst entschieden werden, wenn der Hauptantrag erfolglos bleibt. Scheitert eine Stufenklage auf der ersten Stufe, so ist die gesamte Klage abzuweisen, ungeachtet dessen, dass die Anträge der Parteien auf zweiter oder dritter Stufe noch nicht gestellt sind – mit Abs 1 hat das nichts zu tun. Ist eine erhobene Leistungsklage unbegründet, entspricht aber der **Erlass eines Feststellungsurteils** dem Interesse der klagenden Partei, so kann das Gericht die Feststellung auch ohne *ausdrückliche* hilfsweise Geltendmachung eines Feststellungsantrags aussprechen (BGH NJW 84, 2295, 2296). Der Hinweis des BGH auf ein objektives Interesse am Feststellungsurteil ist indes unter Abs 1 missverständlich, denn entscheidend ist allein der nach außen erkennbare Wille des Antragstellers (Rz 3). Das Hineinlesen des Feststellungsbegehrens in den Leistungsantrag kann in der Berufungsinstanz stets nur in dem Umfang erfolgen, der noch im Streit ist (*Dunz* NJW 84, 2296). 8

Ist dem Kl bei der Berechnung seines Klageanspruchs ein Fehler zu seinem Nachteil unterlaufen mit der Folge, dass er weniger beantragt, als ihm bei Zugrundelegung seiner Rechtsauffassung bei zutreffender Berechnung zustehen würde, sind ggf alle Klagepositionen anteilsmäßig zu kürzen, wenn der Fehler nicht deutlich wird (BGH NJW-RR 02, 255, 257; Zö/*Vollkommer* Rn 2). Außerdem kommt eine Verurteilung auf **künftige Leistung** unter den Voraussetzungen der §§ 257 ff BGB in Betracht (Zö/*Vollkommer* Rn 4); fehlt es an diesen Voraussetzungen, ist die Klage ggf als »derzeit unbegründet« abzuweisen. Zulässig ist die Verurteilung auf Freistellung statt auf Zahlung sowie zur **Zug-um-Zug-Leistung** oder unter Vorbehalt nach §§ 305, 305a statt uneingeschränkter Verurteilung (Frankf FamRZ 90, 49, 50). Die Hinterlegung oder Duldung der Zwangsvollstreckung ist kein aliud ggü einem Herausgabe- oder Beseitigungsverlangen (so RGZ 79, 275, 276; BGH NJW 95, 2848, 2849). Zulässig ist bei Klagen auf Erhöhung von Leistungen aufgrund dynamischer Anpassung ein Zuspruch in einer geringeren als der beantragten Zinshöhe (BGHZ 94, 257, 260 = NJW 85, 2524, 2525: Erbbauzinsen). Vergütungsansprüche für Erfindungen als Alleinerfinder schließen Ansprüche als Miterfinder als Minus ein (BGH NJW-RR 01, 477). Zulässig ist bei **KfZ-Schäden** die Versagung eines Schadensersatzes auf Neuwagenbasis und Gewährung von Ersatz auf Reparaturkostenbasis (KG BeckRS 10, 18955). Gleiches gilt für das Verhältnis von den gegen den Patentinhaber gerichteten Anspruch des Alleinerfinders auf Übertragung ggü dem Anspruch auf Einräumung einer Mitberechtigung (BGHZ 167, 166, 168 f Tz 10 f = MDR 06, 1421). Bei Unterlassungsanträgen darf das Gericht den Antrag nicht inhaltlich verändern, erweitern, ersetzen (BGH NJW 01, 157, 158 f; Zö/*Vollkommer* Rn 4); da der Antrag naturgemäß häufig weit und unpräzise gefasst ist, kann im Einzelfall aber eine nach Abs 1 zulässige Einschränkung in Betracht kommen (B/L/A/H Rn 11). Generell darf der Klagegrund nicht ausgetauscht werden (Beispiel: bei Klagen auf Widerruf einer konkreten Äußerung oder bei Schutzrechten, BGH MDR 01, 949, 950). Wird die Unterlassung wesentlicher Lärmbeeinträchtigung und hilfsweise die Einrichtung entsprechender **Lärmschutzmaßnahmen** begehrt, darf das Gericht im Urt bestimmte Grenzwerte festset- 9 zen (BGH WM 93, 1478, 1479: Auslegung des Hilfsantrags), nicht aber zeitliche Einschränkungen des Betriebs der Immissionsquelle aussprechen, wenn die Abwehr der Immissionen über einen bestimmten Grenzwert hinaus beantragt war (BGHZ 69, 118 = NJW 77, 1920). Zulässig ist eine anders vorgenommene Aufteilung von Elementar- und Altersvorsorgeunterhalt (Hamm FamRZ 99, 443, LS). Statt einer Androhung von Zwangsgeld kann sofort Zwangsgeld festgesetzt werden (Köln NJW-RR 95, 1405, 1406), da der Antrag als Anregung zu verstehen ist. Im Einzelfall muss die Auslegung entscheiden, ob der zugesprochene Teil noch als Minus zum Antrag gelten kann. Das gilt besonders für **Feststellungsklagen** hinsichtlich von Dauerschuldverhältnissen (vgl Zö/*Vollkommer* Rn 4). Bei Gestaltungsklagen wird der Ausspruch einer anderen Rechtsfolge regelmäßig ein aliud zum Antrag darstellen. Ein Anspruch auf Zinsen iHv 5 % über dem Basiszinssatz ist als ein Antrag auf Zuspruch von Zinsen iHv 5 %-*Punkten* über dem Basiszinssatz auszulegen.

10 **C. Entscheidung über die Prozesskosten (Abs 2).** Über die Prozesskosten ist auch ohne Antragsbindung durch Kostengrundentscheidung zu entscheiden. Gibt ein Berufungsurteil nach seiner Entscheidung zur Hauptsache keinen Anlass zur Revisionsannahme, kann das Revisionsgericht im Nichtannahmebeschluss die Kostenentscheidung des angefochtenen Urteils korrigieren, wenn diese auf einer unrichtigen Streitwertfestsetzung beruht, die in der Revisionsinstanz abgeändert wurde (BGH NJW-RR 95, 1211). Gebührenfreiheit ändert an der Pflicht zur Kostengrundentscheidung nichts (Kobl Rpfleger 83, 124). Das Kostenfestsetzungsverfahren fällt als eigenständiges Verfahren unter Abs 1. Ausnahmen gelten für das PKH-Verfahren (§ 118); bei bestimmten Annex- oder Nebenentscheidungen wie einstweiligen Anordnungen (zB § 769), wenn das Rechtsmittelgericht ohne Entscheidung in der Sache zurückverweist (§ 97) oder die Kostenfolge schon kraft Gesetzes eintritt, zB bei einem Vergleich nach § 98. UU muss das Gericht aber einen (deklaratorischen) Beschl erlassen, so bei § 269 III 2, IV. Zum selbständigen Beweisverfahren § 485 Rz 27. Eine **reformatio in peius** ist hinsichtlich der Kostengrundentscheidung in der Rechtsmittelinstanz möglich (BGHZ 92, 137, 139; § 528 Rz 16). Zur Anfechtung von Kostenentscheidungen s. § 99.

11 **D. Folgen bei Verstoß gegen die Antragsbindung.** Die Voraussetzungen des § 308 sind vAw ohne besondere Rüge zu prüfen, auch in der Revisionsinstanz (BGH NJW 84, 2295; NJW-RR 89, 1087). § 308 I gehört nicht zu den nach § 295 durch Nichtrüge heilbaren Verfahrensfehlern (BGH LM Nr 7 aE). Das Urt oder der Beschl ist mit den allgemeinen Rechtsmitteln angreifbar, im Beschlussverfahren mit sofortiger Beschwerde. Die Anfechtung des unter Verstoß gegen Abs 1 ergangenen Urteils führt in der Rechtsmittelinstanz zur Aufhebung und Zurückverweisung (näher § 538 Rz 12). Ein Verstoß gegen § 308 kann aber in der Berufungsinstanz geheilt werden. Bringt der Kl, indem er die Zurückweisung der Berufung des Beklagten beantragt, zum Ausdruck, er mache sich die **Ausführungen des erstinstanzlichen Urteils** jedenfalls hilfsweise zu eigen, ist eine Bestätigung des erstinstanzlichen Urteils von seinem Antrag gedeckt (BGHZ 111, 157, 161; 124, 351, 370; BGH NJW 90, 1910, 1911; 99, 61 f). Eine Heilung des Verstoßes kommt nicht dadurch in Betracht, dass der Kl die Zurückweisung der Revision beantragt und sich damit die Entscheidung des Berufungsgerichts zu eigen macht (BGH NJW-RR 90, 997, 998), denn insoweit handelte es sich um eine in der Revisionsinstanz grds unzulässige Klageerweiterung. Eine abschließende Entscheidung über einen Streitgegenstand, über den das Berufungsgericht unter Verstoß gegen Abs 1 entschieden hatte, ist nur zulässig, wenn auf der Grundlage des festgestellten und unstreitigen Sachverhalts ohne Beschränkung der Verteidigungsmöglichkeiten des Gegners eine abschließende Entscheidung möglich und sachdienlich ist (BGH NJW 91, 1683, 1684 mwN). Sind Rechtsmittel nicht statthaft, bleibt nur eine Verfassungsbeschwerde. Ob nach Rechtskraft des Urteils eine entsprechende Anwendung von § 321 in Betracht kommt, wenn der Verfahrensfehler versehentlich erfolgte, (so *Klette* ZZP 82, 93 ff; Zö/*Vollkommer* Rn 6; R/S/G § 131 Rn 9; aA *Musielak* FS Schwab, 349, 362), ist zweifelhaft, da die ZPO-Reform mit § 321a für bestimmte Fälle von Verfahrensfehler eigene Rechtsbehelfe eingeführt hat. Ein Verstoß gegen § 308 wird sich als Verletzung des rechtlichen Gehörs darstellen lassen und dann über § 321a eine Anhörungsrüge begründen können (so jetzt auch MüKoZPO/*Musielak* Rn 22). Im Übrigen bleibt es bei der Rechtskraft des Urteils, die den über den Antrag hinaus zugesprochenen Teil einschließt (BAG 21.6.06–7 AZR 416/05 – juris).

12 **E. Anwendungsbereich.** § 308 gilt in **allen Verfahrensarten**, auch im PKH-Verfahren und trotz § 938 I auch im einstweiligen Rechtsschutz (näher dort § 938 Rz 1), nicht aber bei einstweiliger Anordnung nach § 620 aF, § 246 FamFG (so Zö/*Vollkommer* Rn 1); aber § 620 aF gewährt dem Gericht kein freies Ermessen § 308 I gilt auch im Adhäsionsverfahren (BGH NStZ-RR 09, 319). § 308 I ist nicht anwendbar bei Streitigkeiten über den öffentlich-rechtlichen oder schuldrechtlichen Versorgungsausgleich (BGHZ 92, 5, 8 f;

Ddorf FamRZ 85, 720), da auch im letzteren Fall der Antrag kein Sachantrag ist, wohl aber im Schiedsverfahren; im Rechtsmittelverfahren einschließlich des Beschwerdeverfahrens (vgl Köln NJW 80, 1531), im selbständigen Beweisverfahren (Frankf NJW-RR 90, 1023, 1024), bei der Kostenfestsetzung (St/J/*Leipold* Rn 3 mN) sowie im Patent- und Markenrecht (BPatG GRUR 81, 349; 00, 897, 898, zur Auslegung des Antrags BGH GRUR 07, 309 Tz 17). Im Nichtigkeitsverfahren schließt Vollvernichtung des Patents Teilvernichtung ein (BPatG 28.9.06, 2 Ni 37/04 – juris). Nur mit Einschränkungen kommt § 308 in WEG-Sachen sowie in fG-Verfahren zum Tragen (BayObLG Rpfleger 74, 268; bejahend für Eilantrag zur Verhinderung einer Amtshandlung des Notars Kobl KTS 95, 362, 363); zB keine Bindung in Hausratssachen (BGH NJW 92, 821, 825; B/L/A/H Rn 9). § 308 gilt auch im arbeitsgerichtlichen Urteils- und Beschlussverfahren (BAG NZA 89, 393, 394; 92, 989). Auch keine Geltung bei Festsetzung des Gegenstandswerts vor dem BVerfG (BVerfG NJW 09, 2521).

F. Kosten/Gebühren. Zur Änderung des Streitwerts bei »Aliud«- und »Mehr«-Entscheidungen *E. Schneider* MDR 71, 437 mit differenzierter Lösung. 13

§ 308a Entscheidung ohne Antrag in Mietsachen.

(1) [1]Erachtet das Gericht in einer Streitigkeit zwischen dem Vermieter und dem Mieter oder dem Mieter und dem Untermieter wegen Räumung von Wohnraum den Räumungsanspruch für unbegründet, weil der Mieter nach den §§ 574 bis 574b des Bürgerlichen Gesetzbuchs eine Fortsetzung des Mietverhältnisses verlangen kann, so hat es in dem Urteil auch ohne Antrag auszusprechen, für welche Dauer und unter welchen Änderungen der Vertragsbedingungen das Mietverhältnis fortgesetzt wird. [2]Vor dem Ausspruch sind die Parteien zu hören.

(2) Der Ausspruch ist selbständig anfechtbar.

A. Normzweck und Grundlagen. § 308a ergänzt die Ausnahmen zum ultra ne petita-Grundsatz des § 308. In der Regelung kommt eine sozialpolitische Zielsetzung des Gesetzgebers zum Ausdruck. Der in den §§ 574–574b BGB geschaffene Schutz des Mieters soll nicht an prozessualen Erfordernissen scheitern (Zö/*Vollkommer* Rn 1). Sachlich befreit Abs 1 den Mieter von der Notwendigkeit, den Fortsetzungsanspruch mit der Widerklage zu verfolgen; der Richter darf das Rechtsverhältnis ohne entsprechenden Antrag umgestalten. Daneben verfolgt § 308a aber auch handfeste prozessökonomische Ziele. Würde die Räumungsklage abgewiesen, aber nicht über die Fortdauer des Mietverhältnisses entschieden, entstünde ein Schwebezustand, der auf Sicht einen neuen Rechtsstreit generierte. 1

B. Voraussetzungen. Die **Räumungsklage** des Vermieters gegen den Mieter oder des Mieters gegen den Untermieter muss **unbegründet** sein, weil der Beklagte nach den §§ 574-574b BGB die Fortsetzung des Mietverhältnisses verlangen kann. Materiell-rechtliche Anspruchsgrundlage ist § 574a BGB, der auf § 574 BGB Bezug nimmt. Diese Vorschrift setzt voraus: 1. Wirksame Kündigung des Vermieters, 2. form- und fristgerechter Widerspruch des Mieters (§§ 574, 574b BGB), 3. unzumutbare Härte für den Mieter unter Abwägung der Vermieterinteressen (näher PWW/*Riecke* § 574 BGB Rn 2 ff). Es stellt einen wesentlichen Verfahrensfehler dar, wenn das Gericht auf eine Fortsetzung des Mietverhältnisses nach § 308a erkennt, ohne die Begründetheit der Kündigung geprüft und bejaht zu haben (LG München I WuM 01, 561). Ist die Kündigung unwirksam, dauert das Mietverhältnis ohnehin kraft der vertraglichen Vereinbarung fort. Für § 575c BGB (weitere Fortsetzung bei unvorhergesehenen Umständen) gilt § 308a analog, nicht jedoch bei einem Zeitmietvertrag (§ 575 II 2, III 1 BGB), wenn Mieter den Anspruch auf Fortsetzung nicht durch einen zeitlich bestimmten Antrag geltend gemacht hat (LG Berlin MDR 99, 1436; Zö/*Vollkommer* Rn 2; HK-ZPO/*Saenger* Rn 2; MüKoZPO/*Musielak* Rn 2). Bei außerordentlicher fristloser Kündigung greift § 308a schon wegen § 574 I 2 BGB nicht ein. Abs 1 gilt wegen seines Schutzzwecks nur für die Wohnraumvermietung, nicht entsprechend für Fortsetzungsverlangen bei Gewerbemiete. 2

Abs 1 enthält **nur eine Aussage über die Entbehrlichkeit** des Antrags, soll aber weder einem **Inzidentantrag** analog §§ 302 IV 4, 717 III 2 noch einer Widerklage das Rechtsschutzbedürfnis nehmen (LG Berlin Grundeigentum 04, 235, 236 = 62 S 254/03 – juris; ThoPu/*Reichold* Rn 8; Zö/*Vollkommer* Rn 2). Die Zulässigkeit der Widerklage ist zweifelhaft (so auch Musielak/*Musielak* Rn 8), denn der Beklagte kann auch ohne eine Widerklage sein Begehren formulieren und für die Anfechtung des Ausspruchs genügt bei ihm die materielle Beschwer (§ 511 Rz 17). 3

4 Ergibt sich aus dem Beklagtenvortrag, dass der Bekl kein Interesse an einer Fortsetzung hat oder nur die Verlängerung bis zu einem bestimmten Zeitpunkt wünscht, kann das Gericht darüber nicht hinausgehen (MüKoZPO/*Musielak* Rn 3); insoweit bedarf es des mit Abs 1 zumindest auch bezweckten Mieterschutzes (Rz 1) gerade nicht. Ein tatsächliches Fortsetzungsverlangen des Mieters ist für Abs 1 aber nicht erforderlich; es liegt ohnehin meist im Widerspruch gegen die Kündigung (Zö/*Vollkommer* Rn 2). Dem Mieter steht es frei, der Erhebung einer Räumungsklage durch eine Gestaltungsklage auf Fortsetzung des Mietverhältnisses zuvorzukommen. Hat der Mieter darin den Verlängerungszeitraum nicht bestimmt, ist Abs 1 entsprechend anzuwenden (MüKoZPO/*Musielak* Rn 2); aus Abs 1 ergibt sich demnach das Recht zu einem unbestimmten Antrag bei der selbständigen Fortsetzungsklage.

5 **C. Entscheidung des Gerichts. I. Rechtliches Gehör.** Die Parteien sind vor dem Ausspruch selbstverständlich anzuhören (Abs 1 S 2). § 308a hebt die Verhandlungsmaxime nicht auf (Musielak/*Musielak* Rn 6; ThoPu/*Reichold* Rn 7). § 308a kommt daher theoretisch auch bei Säumnis in Betracht. Bei Säumnis des Beklagten begründet unschlüssiges Klägervorbringen die Abweisung der Räumungsklage und den Ausspruch nach Abs 1, wenn sich daraus auch die Bedingungen für die Fortsetzung des Mietverhältnisses ergeben und der Fortsetzungsausspruch nicht erkennbar dem Willen des Mieters widerspricht – diese Voraussetzungen liegen selten vor (St/J/*Leipold* Rn 13). Bei Säumnis des Klägers ist die Räumungsklage ohne Sachprüfung abzuweisen und der Ausspruch nach Abs 1 zu treffen, wenn dessen Voraussetzungen vom Beklagten schlüssig vorgetragen sind (wie entsprechend § 347 bei der Widerklage).

6 **II. Inhalt des Ausspruchs.** Das Gericht hat die Dauer der Fortsetzung, am besten durch Angabe eines konkreten Endtermins, sowie die Bedingungen der Verlängerung im Tenor genau zu bezeichnen. Ausnahme nur bei Ungewissheit iSd § 574a II 2 BGB. **Tenorierungsbeispiel**: »Die Klage wird abgewiesen. Das zwischen den Parteien am ... geschlossene Mietverhältnis wird bis zum ... fortgesetzt. Die Höhe der Miete wird auf einen Betrag von ... monatlich herabgesetzt/erhöht.« Kosten nach §§ 91 ff, 93b; vorläufige Vollstreckbarkeit ohne Sicherheitsleistung, mit Abwendungsbefugnis nach §§ 708 Nr 7, 711.

7 **D. Rechtsbehelfe.** Ist die Anordnung versehentlich unterblieben, kommt entsprechend § 321 eine Urteilsergänzung in Betracht (St/J/*Leipold* Rn 11).
Gegen den Ausspruch über die Verlängerung ist gem Abs 2 eine selbständige, isolierte Anfechtung statthaft. Mit der Berufung kann der Kl der Räumungsklage das klageabweisende erstinstanzliche Urt insgesamt oder beschränkt auf den Ausspruch über die Fortsetzung des Mietverhältnisses anfechten, indem er eine Verringerung der Zeitdauer, andere Vertragsmodalitäten oder eine sonstige Abänderung des Ausspruchs begehrt. Abs 2 sagt nichts über die sonstigen Zulässigkeitsvoraussetzungen der Berufung. Die selbständige Anfechtung nach Abs 2 scheidet aus, wenn gegen das Urt insgesamt kein Rechtsmittel statthaft ist oder wenn hinsichtlich des Verlängerungsausspruchs die Berufungsvoraussetzungen nicht vorliegen. Hat das Gericht der Räumungsklage stattgegeben, kann der Bekl das Urt anfechten – auf Abs 2 kommt es nicht an. Erstrebt der Beklagte eine günstigere Gestaltung des Fortsetzungsausspruchs, kann er gem Abs 2 den Ausspruch isoliert anfechten; insoweit reicht mangels Antrags die materielle Beschwer des Beklagten aus (St/J/*Leipold* Rn 17; Musielak/*Musielak* Rn 9).
Das Berufungsgericht kann ebenfalls von § 308a Gebrauch machen; auch insoweit bleibt es bei Abs 2. Bei einem VU gegen den Kl ist ein Teileinspruch des Klägers denkbar.

8 **E. Kosten/Gebühren. I. Gericht.** Urteilsgebühren fallen nicht an, auch nicht bei einem Ergänzungsurteil (§ 321).

9 **II. RA.** Verfahrens- und Terminsgebühren (auch unabhängig von Parteiantrag) nach allgemeinen Regeln, keine zusätzliche Vergütung für Teilnahme an einer Anhörung im Falle des Abs 1 S 2.

§ 309 Erkennende Richter. **Das Urteil kann nur von denjenigen Richtern gefällt werden, welche der dem Urteil zugrunde liegenden Verhandlung beigewohnt haben.**

1 **A. Normzweck und Grundlagen.** § 309 legt fest, welcher Richter als gesetzlicher Richter iSd Art 101 I 2 bei der Urteilsfällung (§§ 192 ff GVG) mitwirken kann und darf, wenn zB im Laufe des Verfahrens ein Richterwechsel eingetreten ist (R/S/G § 80 Rn 3; BAGE 101, 145, 152 = MDR 03, 47, 48). Die Regelung ist ein Ausdruck verfassungsrechtlich verbürgter Grundsätze und daher nicht verzichtbar (Stuttg ZZP 68, 94). § 309 konkretisiert zugleich den Grundsatz der Unmittelbarkeit und Mündlichkeit des Prozesses. (Nur) derjenige

Richter darf an der Urteilsfällung mitwirken, der an der dem Urt zugrunde liegenden mündlichen Verhandlung (wohlgemerkt: nicht am gesamten Verfahren) als Richter beteiligt war (BGH NJW 81, 1273, 1274). Darin liegt eine Beschränkung des Unmittelbarkeitsgrundsatzes, die dem Umstand Rechnung trägt, dass ein Richterausfall während eines längeren Verfahrens bisweilen unvermeidlich ist. § 309 wird ergänzt durch die Vorschriften über die Entscheidungsberatung der §§ 192–197 GVG.

B. Voraussetzungen. I. Urteilsfällung. § 309 betrifft allein die Urteilsfällung, die mit Ausnahme der Fälle des § 311 II 3 in der schriftlichen Niederlegung der Urteilsformel seinen Abschluss findet, **nicht die Verkündung des Urteils** (BGHZ 61, 369, 370 = NJW 74, 143, 144; 02, 1426, 1428), sodass ein Richterwechsel nach der mündlichen Verhandlung und der geheimen Schlussberatung und der Verkündung nicht schadet. Zur Unterschriftenvertretung § 315 I 2 und dort Rz 5 ff. Vor der Verkündung ist das Urt nur ein Entwurf (iSd § 299 IV; BGHZ 14, 39, 44). Daher kann das Gericht seine Entscheidung jederzeit überdenken und erneut in eine Beratung und Abstimmung eintreten; das setzt aber einen Mehrheitsbeschluss voraus, für den ebenfalls § 309 gilt (BGHZ 61, 369, 370 = NJW 74, 143, 144; St/J/*Leipold* Rn 8). Nach der Verkündung gilt für die Berichtigung des Urteils nur § 319. 2

§ 309 gilt aber nicht nur bei Kollegialspruchkörpern, sondern auch beim **Einzelrichter**. Die Urteilsfällung ist abgeschlossen, wenn der Einzelrichter seine Urteilsformel niederlegt (Musielak/*Musielak* Rn 3; vgl auch *Vollkommer* NJW 68, 1309, 1311); auch insoweit folgt aus § 309, dass nur eben dieser Einzelrichter das Urt bis zur Verkündung ohne erneute mündliche Verhandlung abändern darf. Hat die gesamte Kammer das Urt unterschrieben, obwohl ausweislich des Protokolls nur der Einzelrichter die Verhandlung geführt hat, so ist § 309 verletzt (BGH WuM 09, 145) . § 309 ist in allen Instanzen zu beachten.

II. Teilnahme an der Verhandlung. Die das Urt sprechenden Richter müssen an der sog Schlussverhandlung teilgenommen haben (Musielak/*Musielak* Rn 2), nicht aber notwendigerweise an einer früheren Beweisaufnahme (BGH NJW 79, 2518; Hamm MDR 93, 1235 f), bea aber § 370. Eine Beweisaufnahme muss nach Richterwechsel also aus Gründen des § 309 nicht wiederholt werden, zB bei Verwertung einer Urkunde, die in einem früheren Termin zum Gegenstand des Urkundsbeweises gemacht worden ist. Der Grundsatz der Unmittelbarkeit (nicht § 309 für sich genommen; nicht ganz klar Zö/*Vollkommer* Rn 1) ist aber verletzt, wenn nach Richterwechsel nicht wörtlich protokollierte Zeugenaussagen gewürdigt werden (BGH NJW 62, 960). 3

»Verhandlung« iSd § 309 meint nur die **mündliche Verhandlung**; § 309 gilt nicht für das schriftliche Verfahren (§ 128) (BVerfG NJW 08, 2243 Tz 14 f: verfassungsrechtl unbedenklich) und auch nicht für ein AU iSd § 307 II, VU nach § 331 III, nicht für interne Verfügungen und auch nicht für die Entscheidung nach Lage der Akten, §§ 251a, 331a, weil dem Urt hier gerade nicht die Verhandlung zugrunde liegt und daher die Mündlichkeits- und Unmittelbarkeitsmaxime keine Bedeutung mehr hat (§ 251a Rz 3). Daher ist ein Richterwechsel nach einer mündlichen Verhandlung und nach einem sodann erfolgten Wechsel in das schriftliche Verfahren zulässig (Hamm BeckRS 09, 28644). Ein Richterwechsel zwischen Hinweisbeschluss nach § 522 II 2 und Zurückweisungsbeschluss soll für § 309 ohne Bedeutung sein, weil es sich um eine Entscheidung nach Aktenlage handelt (BVerfG NJW 04, 3696).

III. Wiedereröffnung der mündlichen Verhandlung. § 309 kann eine Wiedereröffnung der mündlichen Verhandlung erforderlich machen, wenn ein Richter bei einem Termin verhindert war, ein Richterwechsel nach der mündlichen Verhandlung und vor Urteilsfällung eingetreten ist (§ 156 II Nr 3; BAGE 101, 145, 152 = MDR 03, 47, 48: ehrenamtlicher Richter) oder ein Richter während der mündlichen Verhandlung vorübergehend abwesend war (BAG NJW 58, 924), sofern die Beweiskraft des Protokolls (§ 165) diesen Nachweis zulässt. 4

Nach der Beratung und Abstimmung über das Urt, aber vor Verkündung muss das Gericht einen nicht nachgelassenen Schriftsatz zur Kenntnis nehmen und eine Wiedereröffnung der mündlichen Verhandlung prüfen (BGH NJW 02, 1426, 1428). Hat der Gesamtspruchkörper eines Kollegialgerichts nach § 309 ZPO über das Urt beraten und abgestimmt, so kann jedenfalls dann über die Wiedereröffnung entsprechend § 320 IV 2 und 3 ZPO nur in der **Besetzung der Schlussverhandlung** entschieden werden, wenn eine zwingende Wiedereröffnung wegen eines Verfahrensfehlers oder eine Wiedereröffnung nach Ermessen des Gerichts in Betracht kommt (BGH NJW 02, 1426). Deshalb ergeht in diesen Fällen bei Verhinderung eines der an Schlussverhandlung und Urteilsfällung beteiligten Richter die Entscheidung über die Wiedereröffnung ohne Hinzuziehung eines Vertreters in der verbleibenden Besetzung der Richterbank (BGH aaO), denn nur die ursprünglich beteiligten Richter haben Kenntnis von dem Verfahrensgang, den es bei der

Feststellung eines Verfahrensfehlers und dessen Entscheidungserheblichkeit oder bei der Ausübung des Ermessens zu würdigen gilt. Vor der Urteilsberatung gilt § 309 unmittelbar.
Es ist mit Art 101 I 2 GG nicht vereinbar, wenn nach Ablauf der Amtsperiode eines ehrenamtlichen Richters der **Verkündungstermin** so lange verlegt wird, bis dieser erneut ernannt wird (BAGE 101, 145, 152 = MDR 03, 47, 48). Vielmehr ist dann die Wiedereröffnung der Verhandlung in der aktuellen Besetzung erforderlich.
Nach BAG NJW 71, 1332 mwN sind die Anträge nach einem Richterwechsel erneut in der Form des § 297 zu stellen (aA Jena OLGR Jena 04, 170; St/J/*Leipold* Rn 5); das ist ein unnötiger Formalismus, den auch Art 101 I 2 GG nicht gebietet. Allerdings wird sich die wiedereröffnete Verhandlung in praxi ohnehin meist in der erneuten Antragstellung erschöpfen (krit dazu B/L/A/H Rn 2). Die Wiedereröffnung (§ 156) berührt weder Parteivorbringen aus dem früheren Termin noch bindende Prozesslagen wie Geständnis, Anerkenntnis, Verzicht und Rügeverlust (St/J/*Leipold* Rn 6).
Waren die Richter, die an der mündlichen Verhandlung teilgenommen hatten, im Urt falsch wiedergegeben und wird dies (auch nach Erhebung der Revisionsrüge) nach § 319 berichtigt, so liegt ein Verstoß gegen § 309 nicht vor (BayObLGZ 86, 398, 399).

5 **C. Verstoßfolgen.** Die Mitwirkung eines Richters, der nicht an der Schlussverhandlung teilgenommen hat, ist ein absoluter Revisionsgrund (§ 547 Nr 1 vgl auch BVerfG NJW 56, 545) und Nichtigkeitsgrund iSd § 579 I Nr 1 (St/J/*Leipold* Rn 13; Zö/*Vollkommer* Rn 5). Da Gegenstand der Revision idR das Berufungsurteil ist, ist ein Verstoß gegen § 309 in 1. Instanz revisionsrechtlich nur von Bedeutung, wenn er für das zweite Urt ursächlich geworden sein kann, nicht aber, wenn das Berufungsgericht eine eigene Sachentscheidung trifft (BGH FamRZ 86, 898); seit der ZPO-Reform wird sich die Ursächlichkeit seltener ausschließen lassen. Ein Verstoß gegen § 309 ist zudem als **wesentlicher Verfahrensfehler** ein Berufungsgrund iSd § 538 II Nr 1; die Ursächlichkeit für das Urt wird bei absoluten Revisionsgründen vermutet (BGH NJW 00, 2508). Einer Rüge analog § 321a bedarf es nur bei nicht anfechtbaren Urteilen (§ 321a Rz 18); eine Urteils-Verfassungsbeschwerde wegen Verstoßes gegen Art 101 I 2 GG kommt in Betracht (BVerfG NJW 04, 3696; Zö/*Vollkommer* Rn 5), dürfte aber regelmäßig an seiner Subsidiarität scheitern.

6 **D. Anwendungsbereich.** § 309 ist in allen ZPO-Verfahren mit mündlicher Verhandlung anwendbar, bei Beschlüssen naturgemäß nur, wenn ihnen tatsächlich eine mündliche Verhandlung vorangeht (§ 329 I 2). Bei der Tatbestandsberichtigung gilt § 309 ebenfalls (§ 320 IV 2, 3; Zö/*Vollkommer* Rn 7). § 309 greift auch im arbeitsgerichtlichen Verfahren, §§ 46 II, 80 II ArbGG (im Erg BAGE 101, 145, 152 = BAG MDR 03, 47, 48, aA B/L/A/H Rn 3); vgl auch § 9 II ArbGG. Im fG-Verfahren scheidet § 309 nach allgemeiner Auffassung auch für solche Verfahren aus, in denen der Entscheidung eine mündliche Verhandlung vorausgeht (BGH MDR 05, 410: Landwirtschaftssache; BayObLG NJW-RR 91, 140: WEG; KG NJW-RR 94, 278 f: WEG). Das ist in der Pauschalität der Aussage überdenkenswert, hat aber einen Grund in dem Umstand, dass die Mündlichkeitsmaxime im fG-Prozess geringer ausgeprägt und schriftsätzliches Vorbringen auch nach dem Verhandlungstermin berücksichtigungsfähig ist.

§ 310 Termin der Urteilsverkündung.

(1) [1]Das Urteil wird in dem Termin, in dem die mündliche Verhandlung geschlossen wird, oder in einem sofort anzuberaumenden Termin verkündet. [2]Dieser wird nur dann über drei Wochen hinaus angesetzt, wenn wichtige Gründe, insbesondere der Umfang oder die Schwierigkeit der Sache, dies erfordern.
(2) Wird das Urteil nicht in dem Termin, in dem die mündliche Verhandlung geschlossen wird, verkündet, so muss es bei der Verkündung in vollständiger Form abgefasst sein.
(3) [1]Bei einem Anerkenntnisurteil und einem Versäumnisurteil, die nach §§ 307, 331 Abs. 3 ohne mündliche Verhandlung ergehen, wird die Verkündung durch die Zustellung des Urteils ersetzt. [2]Dasselbe gilt bei einem Urteil, das den Einspruch gegen ein Versäumnisurteil verwirft (§ 341 Abs. 2).

1 **A. Normzweck und Grundlagen.** § 310 regelt im Zusammenspiel mit § 311 und § 312 sowie §§ 136 IV, 160 III Nr 7 die Modalitäten der Urteilsverkündung. Erst die Urteilsverkündung, nicht schon oder erst die Unterschrift der Richter, macht aus einem Urteilsentwurf (BGHZ 14, 39, 44; NJW 04, 2019, 2020; § 309 Rz 2) den rechtlich existenten, endgültigen und damit iSd § 318 bindenden Ausspruch (vgl BGH NJW 06, 1881, 1882 Tz 13). Grundsätzlich kann das Urt erst nach seiner Verkündung zum Gegenstand von Einspruch und Rechtsmitteln gemacht werden (Ausnahmen Rz 8). Die Verkündung setzt die Fünf-Monats-

Frist der §§ 517, 548 und die Drei-Monats-Frist des § 320 II 3 für die Tatbestandsberichtigung in Gang und bringt die Wirkungen einer im Urt enthaltenen Androhung (§ 890 II) zur Geltung. Zu Ausnahmen BGH NJW-RR 11, 5 Tz 14 ff.

§ 310 bringt kollidierende Interessen zum Ausgleich. Die Möglichkeit der Urteilsverkündung im Termin (Abs 1 Var 1) trägt der Einsicht Rechnung, dass die Urteilsberatung und -verkündung am Besten unter einem noch frischen Eindruck der Ergebnisse der Verhandlung erfolgen sollte. Um jedoch solchen Verfahren gerecht zu werden, in denen im Interesse einer sorgfältigen Entscheidung eine längere (Bedenk-)Zeit bis zur Urteilsverkündung erforderlich ist, lassen Abs 1 und Abs 2 auch die Terminierung eines gesonderten Verkündungstermins zu. Abs 3 ersetzt die Verkündung durch die Zustellung des Urteils, da die Urteile in den Fällen der §§ 307 S 2, 331 III ohne mündliche Verhandlung ergehen.

B. Voraussetzungen. I. Urteilsverkündung. Die gem § 173 GVG und wegen Art 6 EMRK stets öffentliche 2
Verkündung steht nicht zur Disposition der Parteien (ThoPu/*Reichold* Rn 1). Der Anwesenheit der Parteien bei der Verkündung bedarf es aber nicht. Zur Wirkung ggü Abwesenden § 312. Ist keine Partei bei der Verkündung anwesend, so muss die Urteilsformel nicht verlesen werden; Bezugnahme auf die Formel reicht aus, § 311 IV 2. Der Verkündung bedarf es im schriftlichen Verfahren (§ 128 Rz 25, aber unten Rz 7) und bei einer Entscheidung nach Lage der Akten (§ 251a Rz 4), für Letztere gelten die Wartefristen in §§ 251a II 2, 331a S 2. Auch der Beschl ist nach mündlicher Verhandlung zu verkünden (§ 329 I). Das Urt und die Verkündung sind im Protokoll festzuhalten, § 160 III Nr 6 und 7 bzw die Urteilsformel als Anlage zum Protokoll hinzuzunehmen (§ 160 V); zur Beweiskraft vgl § 165. Der Verkündungsvermerk (§ 315 III) ersetzt nicht die Feststellung der Verkündung im Sitzungsprotokoll (BGH VersR 89, 604). Die Verkündung ist vom Vorsitzenden vorzunehmen (§ 136 IV). Urteile des Einzelrichters sind durch diesen, nicht das Kollegium zu verkünden; ein Verstoß oder sonstiger Besetzungsfehler bei der Verkündung berührt die Wirksamkeit der Verkündung aber nicht (Ddorf MDR 77, 144; sogleich Rz 8). Zur Besetzung des Gerichts bei Richterwechsel § 309 Rz 2.

Das **Datum der Verkündung** ist für den Lauf der Höchstfrist für die Berufung und Revision gem §§ 517 3
S 2, 548 maßgeblich; die Frist beginnt auch bei fehlerhafter Verkündung unter Verstoß gegen Abs 1, solange sie mit Beweiskraft protokolliert ist (BGH NJW-RR 94, 127; NJW 99, 143, 144). Die Frist läuft unabhängig davon, ob eine Partei von Verkündungstermin und Urt unverschuldet keine Kenntnis erlangt hat.

Die Verkündung erfolgt durch Vorlesen der Urteilsformel oder ggf durch Bezugnahme (§ 311 II, dort Rz 3 f). Das »Vorlesen« der Urteilsformel setzt deren schriftliche – ggf stenografische – Niederlegung vor der Verkündung voraus (BGH NJW 99, 794, vgl BGHZ 158, 37, 39 = NJW 04, 1666 f). Ein Urt ist wirksam verkündet, wenn im Protokoll die Verkündung des »anliegenden Urteils« vermerkt ist, auch ohne dass die Form der Verkündung (Vorlesen der Urteilsformel oder Bezugnahme) genannt ist (BGH NJW 94, 3358). Das Protokoll erbringt den Beweis dafür, dass das Urt auf der Grundlage einer schriftlich abgefassten Urteilsformel verkündet worden ist (BGH NJW 94, 3358; näher § 160 Rz 20); umgekehrt kann bei **Schweigen des Protokolls** der Beweis der wirksamen Verkündung gerade nicht geführt werden (BGHZ 173, 298 = NJW 07, 3210 Tz 13). Es berührt die Beweiskraft des Protokolls nicht, dass das dem Protokoll nachträglich als Anlage beigeheftete vollständige Urt im Zeitpunkt der Verkündung noch nicht vorlag, die Anlage also nicht mit der schriftlich abgefassten Urteilsformel identisch ist, die der Verkündung zugrunde lag (BGH NJW 94, 3358; näher § 165 Rz 3).

II. Verkündung im Termin der mündlichen Verhandlung. Abs 1 unterscheidet zwischen der Verkündung 4
im Termin, in dem die mündliche Verhandlung geschlossen wurde, Abs 1 S 1 Var 1, vgl § 136 IV, und der Verkündung in einem Verkündungstermin (»VT«, »Verkünder«), Abs 1 S 1 Var 2.

Unter Abs 1 S 1 Var 1 fällt das sog **Stuhlurteil**, das sich direkt an die Verhandlung anschließt und die Anwesenheit der Mitglieder des Prozessgerichts verlangt (arg e contr § 311 IV), aber auch die in praxi verbreitete Verkündung »am Schluss der Sitzung«, dh idR am Nachmittag des Sitzungstages nach der Verhandlung der weiteren Termine des Sitzungstages. Das ist zulässig (BGHZ 158, 37, 39 = NJW 04, 1666; München NJW 11, 689; B/L/A/H Rn 6; Zö/*Vollkommer* Rn 3; enger aber Musielak/*Musielak* Rn 2 f, der mit beachtlichen Gründen wegen der Öffentlichkeit die Angabe von Ort und genauem Zeitpunkt verlangt). Soll die Verkündung »am Schluss der Sitzung« und nicht nach der Verhandlung der jeweiligen Sache ergehen, so darf aber die mündliche Verhandlung (ausweislich des Protokolls) nicht geschlossen werden, weil das Urt dann nicht mehr in demselben Termin verkündet würde und damit Abs 1 2. Var, Abs 2 einschlägig wäre (BGHZ 158, 37, 39 = NJW 04, 1666). Das Protokoll für den Termin muss daher die Verkündung des

Urteils enthalten, andernfalls ist seine Existenz nicht beweisbar (vgl R/S/G § 60 Rn 6). Die Unterschrift unter das Protokoll kann auch in der Revision noch nachgeholt werden (BGH NJW 58, 1237).

5 **III. Verkündung im Verkündungstermin (Abs 1 S 1 Var 2, Abs 1 S 2, Abs 2).** Beraumt das Gericht einen Verkündungstermin an, so ist eine Ladung ebenso entbehrlich (§ 218 Rz 2) wie die Anwesenheit der übrigen Mitglieder des Prozessgerichts (§ 311 IV). Der VT darf nicht zur mündlichen Verhandlung oder Beweisaufnahme bestimmt und geeignet sein (St/J/*Leipold* Rn 13); anders bei § 87 III ZVG. Wird das Urt zeitlich vor dem vorgesehenen Termin verkündet, so berührt dies die Wirksamkeit der Verkündung nicht (Frankf OLGR 04, 312, 313); das Urt kann aber anfechtbar sein, wenn das Urt auf dem Mangel beruht, was bei § 251a der Fall sein kann (vgl St/J/*Leipold* Rn 9 Fn 16). Der VT darf auch bestimmt werden, wenn in der mündlichen Verhandlung die Voraussetzungen für ein VU vorliegen, KG 29.4.09, 8 W 37/09 – juris).
Der Verkündungstermin darf nur aus **wichtigem Grund** über drei Wochen hinaus nach hinten geschoben werden. Dies ist eine (auch dienstaufsichtlich nur begrenzt angreifbare, B/L/A/H Rn 7) Ermessensfrage. Wichtige Gründe können neben den in Abs 1 S 2 genannten Fällen von Umfang und Schwierigkeit der Sache der zwischenzeitliche Urlaub eines Richters oder die allgemeine, anhand objektiver Kriterien festzumachende Überlastung des Gerichts sein (vgl auch Zö/*Vollkommer* Rn 3). Abs 1 S 2 ist eine bloße Ordnungsvorschrift. Eine Verkündung nach Ablauf der Drei-Wochen-Frist berührt weder die Wirksamkeit des Urteils noch der Verkündung (BGH NJW 89, 1156, 1157; 99, 143, 144). Zur Anfechtung sogleich Rz 8.

6 **IV. Form (Abs 2).** Bei der Anberaumung eines Verkündungstermins muss das Urt bei der Verkündung in der nach §§ 313–313b erforderlichen Form abgefasst sein. Ein Diktat auf Tonband oder ein Stenogramm reichen insoweit nicht (München OLGZ 85, 491, 492).
Wird die mündliche Verhandlung unterbrochen und soll sie am übernächsten Tag fortgesetzt werden, so soll dies uU der versteckten Anberaumung eines allein der Verkündung dienenden Termins ohne Einhaltung der Bekanntmachungsfristen und ohne vorherige Abfassung des vollständigen Urteils dienen. Diese Umgehung des § 310 II ist jedoch im Ergebnis unschädlich (Frankf NJW-RR 88, 128). Auch sonst berührt ein Verstoß gegen Abs 2 die Wirksamkeit des Urteils nicht (NJW 89, 1156, 1157; BAG MDR 03, 47).

7 **C. Zustellung statt Verkündung (Abs 3).** Statt zu verkünden sind die ohne mündliche Verhandlung ergehenden AU (§ 307 S 2) zuzustellen – das ist seit dem ZPO-ReformG nicht mehr auf das Anerkenntnis im schriftlichen Vorverfahren beschränkt (§ 307 II aF), sodass auch im schriftlichen Verfahren des § 128 II Zustellung statt Verkündung in Betracht kommt. Außerdem gilt Abs 3 für ein VU iSd § 331 III bei nicht rechtzeitiger Anzeige der Verteidigungsbereitschaft sowie bei der Verwerfung des Einspruchs gegen ein VU gem § 341 II. Es genügt daher, dass Säumnis iS des § 331 III vor der **Zustellung des Versäumnisurteils** eingetreten ist, da das Urt vorher nicht existent ist. Auf einen früheren Zeitpunkt – beim verkündeten Versäumnisurteil der Schluss der mündlichen Verhandlung – ist nicht abzustellen (Kobl OLGR 05, 506, 507). Säumnisentscheidungen werden erst durch die Zustellung an *beide* Parteien existent, sodass auch erst mit der letzten Zustellung eine Rechtsmittelfrist in Lauf gesetzt wird (vgl BGH NJW 96, 1969, 1970; 94, 3359, 3360; VersR 82, 596, 597; Ddorf OLGR 06, 292, 293). Anders bei § 318 Rz 3. Zur Wirkung bei Streitgenossen § 61 Rz 4. Praktikabilitätsbedenken (*Schneider* NJW 78, 833) rechtfertigen keine analoge Anwendung des § 329 II (BGH NJW 94, 3359, 3360; Ddorf OLGR 06, 292, 293).
Das **Unterbleiben der Zustellung** kann die von dem Urt beschwerte Partei dazu veranlassen, vorsorglich wegen der Fünf-Monats-Frist (§§ 517, 548) ein Rechtsmittel einzulegen; in diesem Fall kann Anlass bestehen, bei späterer Rücknahme die Kosten nach § 21 GKG niederzuschlagen (München NJW 75, 836 f; Musielak/*Musielak* Rn 5). Die Zustellung muss wie bei Abs 2 das vollständig abgefasste Urt und darf nicht nur die Urteilsformel als solche enthalten (St/J/*Leipold* Rn 27): Allerdings kann das Urt nach § 313b abgekürzt werden.

8 **D. Verstoßfolgen und Rechtsmittel. I. Verkündungsmängel.** Zum Problemkomplex: *Jauernig* NJW 86, 117. Vor Verkündung oder Zustellung kann das Urt mangels Existenz noch nicht angegriffen werden (RGZ 161, 61, 63). Bei der Verlegung des VT und dem unangemessenen Hinausschieben der Frist des Abs 1 S 2 handelt es sich um einen Verfahrensfehler, der eine sofortige Beschwerde nach § 252 begründen kann (Zö/*Vollkommer* Rn 4; B/L/A/H Rn 8); ein Rechtsmittel gegen die spätere Sachentscheidung wird meist an der Kausalität scheitern.
Eine fehlerhafte Verkündung unter Verstoß gegen Abs 1-3 berührt idR die Wirksamkeit des Urteils und seiner Verkündung nicht (oben Rz 5, 3); das Urt ist daher rechtsmittelfähig und wegen eines Verfahrensfehlers

anfechtbar, wenn das Urt darauf beruht, woran es meist fehlt (BGH NJW 04, 2019, 2020). Ist jedoch die Protokollierung der Verkündung unterblieben, kann die Existenz des Urteils zunächst wegen § 165 nicht bewiesen werden (oben Rz 3; Brandbg MDR 99, 563, 564; NJW-RR 02, 356, 357); fehlt die Unterschrift unter dem Protokoll, ist **Nachholung** jedoch möglich (BGH NJW 58, 1237). Sind die Voraussetzungen für die Verkündung oder Zustellung jedoch nicht einmal im Ansatz gewahrt, so ist das Urt nicht aus dem Entwurfsstadium hinausgekommen, so beim Fehlen einer schriftlich abgefassten Urteilsformel bei der Verkündung (VersR 85, 45, 46; R/S/G § 62 Rn 14), beim formlosen Übersenden oder bei einem nur mündlich außerhalb des VT mitgeteiltem Urt (BGH NJW 64, 248; Frankf OLGZ 91, 252, 253); gleichwohl kommt eine Anfechtung der an sich nicht existenten Entscheidung in Betracht, wenn dies notwendig ist, um den Anschein des Urteils zu beseitigen (BGH VersR 84, 1192, 1193; Zö/*Vollkommer* Rn 7). Versehentliche Zustellung eines Urteilsentwurfs ist keine Verkündung; daher uU kein Rechtsmittel statthaft (BayVerfGH BayVbl 09, 55). Zur Anfechtbarkeit bei nicht ordnungsgemäßer Bekanntgabe des Verkündungstermins soeben Rz 6; in der Revisionsinstanz ist dies Revisionsgrund nach §§ 545, 551 III 2b).

Wird ein Urt fälschlicherweise zugestellt statt verkündet, liegt ein wirksames Urt vor, wenn die Zustellung erkennbar wie die Verkündung wirken sollte (BGH NJW 04, 2019, 2020; Musielak/*Musielak* Rn 10); daher liegt noch kein existentes Urt vor, wenn die Zustellung in dem Glauben an eine vorangegangene Verkündung bewirkt wird (BGH VersR 84, 1192, 1193; Frankf NJW-RR 95, 511). Überhaupt ist von einem Nichturteil, das allenfalls den Schein eines wirksamen Urteils begründet (Scheinurteil), auszugehen, wenn das Gericht den Urteilsausspruch gar nicht mit hoheitlicher Autorität nach außen tragen wollte (ähnl St/J/*Leipold* Rn 5); in den übrigen – überwiegenden – Fällen liegt ein einfacher Verfahrensfehler vor, sodass das Rechtsmittelverfahren nur dann zur Aufhebung und ggf Zurückverweisung der Sache zu führen vermag, wenn das Urt auf dem Fehler beruhen kann (§ 538 Rz 15).

Einzelfälle: Ein Verstoß gegen die **Öffentlichkeit** der Verkündung (§ 173 GVG) begründet einen absoluten 9
Revisionsgrund iSd § 547 Nr 5; macht die Verkündung und damit auch einen auf das Urt bezogenen Rechtsmittelverzicht aber nicht unwirksam (Hamm FamRZ 95, 943, 945) das Revisionsgericht kann aber die Verkündung entsprechend § 563 III ohne Rückwirkung selbst vornehmen. Wenn ein Einzelrichter bei der Zivilkammer ein von der Kammer gefälltes Urt verkündet, führt dies nicht zur »Nichtigkeit« des Urteils, sondern begründet einen minder schweren Verfahrensverstoß, da die Verkündung nur ein formaler Akt der Verlautbarung des nach § 315 von allen Richtern unterschriebenen Urteils ist (Ddorf WM 07, 889). Ebenfalls keine Nichtigkeit bei Verkündung eines Urteils durch eine **andere Kammer**: BGHZ 41, 249, 253 = NJW 64, 1568, 1570. Auch die Verkündung eines Urteils des Einzelrichters durch die Kammer ohne seine Beteiligung macht das Urt nicht wirkungslos, sondern »nur« die Verkündung verfahrensfehlerhaft (Ddorf, MDR 77, 144). Die Verkündung im **Beratungszimmer** statt im Sitzungssaal ist zulässig (missverständlich Hambg MDR 56, 234; ThoPu/*Reichold* Rn 5); aber nur wenn der Zugang der Öffentlichkeit gewährleistet ist. Ein Verfahrensfehler ist auch die Verkündung zur falschen Zeit; die Bezugnahme auf die Urteilsformel statt Vorlesung ohne die Voraussetzungen des § 311 II 2 sowie Verstöße gegen Abs 2.

Wird das Fehlen eines wirksamen Verkündungsaktes in einem (ggf aus anderen Gründen eingeleiteten) Rechtsmittelverfahren nicht gerügt, tritt wegen des Schutzzwecks (Rz 1) kein **Rügeverlust** nach § 295 ein (RGZ 161, 61, 63; BGHZ 41, 249, 252, 254; St/J/*Leipold* Rn 4; aA Zö/*Vollkommer* Rn 9), bei bloßen Verfahrensfehlern ist Rügeverlust denkbar (BGHZ aaO). Die jederzeitige Heilung durch Nachholung ist grds möglich (BGH NJW 04, 2019, 2020; grds auch Frankf NJW-RR 95, 511), aber ggf bei zwischenzeitlichem Richterwechsel und Zeitablauf nicht zweckmäßig (Frankf aaO). Die Verkündung eines noch nicht vollständig abgefassten Urt entgegen Abs 2 ist aber »nicht mit Gründen versehen« iSd § 547 Nr 6, wenn der notwendige Inhalt des Urteils nicht binnen fünf Monaten nach Verkündung schriftlich niedergelegt, von den Richtern besonders unterschrieben und der Geschäftsstelle übergeben worden ist; die Nachholung nach diesem Zeitpunkt scheidet also im Interesse effektiven Rechtsschutzes (vgl dazu BVerfG NJW 01, 2161), wegen der Gefahr von Fehlerinnerungen der Richter und aus Gründen der Rechtssicherheit aus (BGH NJW-RR 04, 1439; vgl GemS Oberste Gerichtshöfe NJW 93, 2603, 2604; BGH NJW-RR 98, 267).

Die Nachholung der Unterschriften der Richter (§ 315, s. dort Rz 5, 10) ist dagegen zwar auch in der Revisionsinstanz (BGH NJW 03, 3057), aber ebenfalls nicht mehr nach Ablauf der Fünf-Monats-Frist zulässig (NJW 06, 1881, 1882 Tz 14).

II. Zustellungsmängel. Bei einer fehlerhaften Zustellung (Abs 3) führen gleichfalls nur grundlegende 10
Mängel zum Vorliegen eines Nicht- oder Scheinurteils, das keine Rechtsmittelfristen in Gang setzen kann (BGHZ 41, 337, 339 = NJW 64, 1523; Hamm NJW-RR 95, 187), zB das Nichtmitwirken des Urkundsbe-

amten der Geschäftsstelle (B/L/A/H Rn 13). Die Nachholung ist ex nunc möglich (BGHZ 32, 370, 374 = NJW 60, 1763, 1764; St/J/*Leipold* Rn 32). War der Mangel in der Zwischenzeit durch ein Rechtsmittel gerügt, muss und kann trotzdem die Zustellung nachgeholt werden; die laufende Berufung gegen das erste Urt ist dann allenfalls als Anfechtung gegen ein Scheinurteil zu behandeln; war vor Nachholung bereits das Rechtsmittelurteil in der Sache ergangen, so lag ihm ein nicht rechtsmittelfähiges Urt zugrunde und das Rechtsmittelurteil ist ggf unrichtig und aufzuheben, zumal die Änderungen der Sachlage bis zur Nachholung der Zustellung in ihm nicht berücksichtigt sind (BGHZ 32, 370, 374 f). Bei »normalen« Zustellungsmängeln kommt eine Anfechtung des Urteils nur in Betracht, wenn der Mangel entscheidungserheblich ist (BGHZ 14, 39, 40 f = NJW 54, 1281; wie oben Rz 8 aE).

11 **E. Anwendungsbereich.** § 310 gilt in allen Verfahren der ZPO; ferner im Patentgerichtsverfahren (§ 94 PatG). Im ArbGG-Verfahren gilt § 310 über §§ 46 II, 80 II (vgl BAG NJW 05, 700, 702), außerdem sind §§ 60, 84 ArbGG zu beachten. Die Grundsätze von Rz 9 aE zur Fünf-Monats-Frist sind jetzt in §§ 66 I 2, 74 I 2 ArbGG geregelt. Im Verwaltungsgerichtsverfahren gilt § 116 VwGO (vgl BVerwG NJW 94, 273 f).

§ 311 Form der Urteilsverkündung. **(1) Das Urteil ergeht im Namen des Volkes.**

(2) [1]Das Urteil wird durch Vorlesung der Urteilsformel verkündet. [2]Die Vorlesung der Urteilsformel kann durch eine Bezugnahme auf die Urteilsformel ersetzt werden, wenn bei der Verkündung von den Parteien niemand erschienen ist. [3]Versäumnisurteile, Urteile, die auf Grund eines Anerkenntnisses erlassen werden, sowie Urteile, welche die Folge der Zurücknahme der Klage oder des Verzichts auf den Klageanspruch aussprechen, können verkündet werden, auch wenn die Urteilsformel noch nicht schriftlich abgefasst ist.

(3) Die Entscheidungsgründe werden, wenn es für angemessen erachtet wird, durch Vorlesung der Gründe oder durch mündliche Mitteilung des wesentlichen Inhalts verkündet.

(4) Wird das Urteil nicht in dem Termin verkündet, in dem die mündliche Verhandlung geschlossen wird, so kann es der Vorsitzende in Abwesenheit der anderen Mitglieder des Prozessgerichts verkünden.

1 **A. Normzweck.** Wie § 310 und § 312 gehört die Vorschrift zu den Regelungen über die Modalitäten der Urteilsverkündung. Abs 2 erklärt die Vorlesung der schriftlich niedergelegten Urteilsformel zum gesetzlichen Regelfall, der nur in bestimmten Fällen durch Bezugnahme auf die Urteilsformel ersetzt werden kann. Die Notwendigkeit schriftlicher Niederlegung soll die Gewähr für die Übereinstimmung mit dem später abgefassten Urt bieten (Mat II 1 S. 287 zu § 272). Gemäß Abs 3 ist die Begründung des Urteils bei der Verkündung entbehrlich. Abs 4 gilt für den Fall eines besonderen Verkündungstermins (§ 310 I Var 2, II).

2 **B. Voraussetzungen. I. Überschrift des Urteils.** Als Ausdruck der Legitimation aller Staatsgewalt durch das Volk (Art 20 II GG) muss das Urt die Überschrift »Im Namen des Volkes« enthalten. Es ist eine ästhetische Frage, ob diese Formel der Bezeichnung als »(End-)Urteil« vorangehen muss oder ihr nachfolgt. Fehlt es an der Eingangsformel, ist dies unschädlich (LG Dortmund WuM 95, 548).

3 **II. Vorlesung der Urteilsformel (Abs 2 S 1).** Abs 2 S 1 ist der **gesetzliche Regelfall**, der auch die Fälle betrifft, in denen die Entscheidung am »Schluss der Sitzung« erfolgt (§ 310 Rz 4; *Fischer* DRiZ 94, 95, 97). Die Urteilsformel muss im Ganzen vorgelesen werden (BGH NJW 85, 1782, 1783), nicht auch die Eingangsformel. Sie muss schriftlich niedergelegt sein (BGHZ 10, 327, 329 = NJW 53, 1829); Tonbandaufzeichnung genügt nicht, wohl aber stenografische Niederschrift (BGH NJW 99, 764) Die Verkündung ist Sache des Vorsitzenden (§ 136 IV). Die Verkündung ist zu protokollieren, § 160 III Nr 7; nur mit der Beweiskraft des Protokolls (§ 165) lässt sich die Verkündung beweisen. Nach Ablauf der Frist von fünf Monaten (§ 517) darf das Protokoll nicht mehr erstellt werden (BGH NJW 11, 1743 Tz 20). Das verlesene Urt ist als Anlage zum Protokoll zu nehmen (§§ 160 II Nr 5, 160 III; BGHZ 10, 327, 329; vgl BGHZ 158, 37, 41 = NJW 04, 1666; 06, 1881, 1882), wohl auch dann, wenn es erst nachträglich vollständig abgesetzt ist (BGH NJW 94, 3358; Zö/*Vollkommer* Rn 3). Heißt es im Protokoll, in Anwesenheit der persönlich erschienenen Parteien sei das aus der Anlage ersichtliche Urt durch »Verlesen des entscheidenden Teils« verkündet worden, so ist § 160 III Nr 7 genügt, obwohl die Formulierung des Verkündungsprotokolls unklar lässt, ob der gesamte Urteilstenor verlesen worden ist (BGH NJW-RR 04, 1651, 1652). Da der Bezug zwischen dem Verkündungsprotokoll und dem verkündeten Urt eindeutig ist, muss das Verkündungsprotokoll nicht fest mit dem verkündeten Urt verbunden sein (BGH NJW-RR 04, 1651). Enthält das Sitzungs-

protokoll nur den Ausspruch »Beschlossen und verkündet: Die Ehe wird geschieden …«, so genügt dies wegen Unklarheit über die Entscheidungsform nicht (Naumbg FamRZ 06, 959).

III. Bezugnahme auf die Urteilsformel (Abs 2 S 2). Die Bezugnahme auf die Urteilsformel reicht aus, wenn bei der Verkündung von den Parteien niemand erschienen ist; auf die Anwesenheit sonstiger interessierter Öffentlichkeit stellt Abs 2 S 2 nicht ab. Das gilt in allen Fällen von § 310 I und daher unabhängig davon, ob es sich um ein Stuhlurteil handelt oder ein VT bestimmt worden ist. Die Vorlesung machte keinen Sinn, wenn die Adressaten des Urteils nicht anwesend sind und daher nicht zu befürchten ist, dass verkündete Urteilsformel und das schriftlich abgefasste spätere Urt divergieren. Die Bezugnahme kann auch konkludent erfolgen (so *Jauernig* NJW 86, 117); die Urteilsformel muss auch hier anders als bei Abs 2 S 3 bereits schriftlich, aber muss noch nicht unterschrieben vorliegen (BGHZ 10, 327, 329; 137, 49, 52; NJW 06, 1881 Tz 13). 4

IV. Verkündung ohne schriftliche Abfassung der Urteilsformel (Abs 2 S 3). Die Verkündung kann ohne vorherige schriftliche Fixierung der Urteilsformel und dessen Vorlesen durch schlichtes Aussprechen der Urteilsformel erfolgen bei Anerkenntnisurteilen iSd § 307, beim Verzichtsurteil iSd § 306 und bei Urteilen, welche die Folge der Zurücknahme der Klage aussprechen. Der letztgenannte Fall geht idR ins Leere, da nach vollständiger Klagerücknahme durch Beschl zu entscheiden ist, § 269 IV, und für Beschlüsse gelten §§ 311 I–III nicht (§ 329 Rz 10). **Keine Anwendung** auch auf Urteile, die zT auf Klagerücknahme, zT auf streitiger Entscheidung beruhen, auf unechte VU und Entscheidungen nach Aktenlage und auch nicht auf Beschlüsse bei beiderseitiger Erledigungserklärung. Abs 2 S 3 gilt aber entsprechend für ein Urt bei Zurücknahme eines Einspruchs (§ 346) und bei Rechtsmittelrücknahme (§§ 516 III, 565). 5

V. Mitteilung der Entscheidungsgründe (Abs 3). Die Entscheidungsgründe sind bei der Verkündung nur nach Ermessen des Vorsitzenden (§ 136 IV) zu verkünden. Die Mitteilung kann durch Vorlesen der bereits abgefassten Gründe oder durch die mündliche Mitteilung des wesentlichen Inhalts erfolgen. Im letztgenannten Fall ist auf die Gefahr eines Widerspruchs zur späteren schriftlichen Fassung des Urteils zu achten; die schriftlich niedergelegten Gründe gehen vor (so B/L/A/H Rn 7). 6

VI. Verkündungstermin (Abs 4). Hat das Gericht einen Verkündungstermin angesetzt (§ 310 I Var 2), dann kann das Urt ohne die Anwesenheit der Beisitzer allein durch den Vorsitzenden verkündet werden; auch insoweit ist die Bezugnahme auf die Urteilsformel unter den Voraussetzungen oben Rz 4 möglich. 7

C. Verstöße. Ohne Verkündung wird das Urt **nicht existent**. Es schadet jedoch nicht, wenn statt der Vorlesung der Urteilsformel die Bezugnahme auf die Formel erfolgt und umgekehrt, da beide Verkündungsformen gleichwertig sind (BGH NJW 94, 3358; § 310 Rz 4 f). Der Verkündungsvermerk auf dem Urt ersetzt nicht die Protokollierung der Verkündung; diese kann aber auch nach längerer Zeit nachgeholt werden (Zweibr FamRZ 92, 972, 973). Im Übrigen gelten die Grundsätze von oben § 310 Rz 3. 8

D. Anwendungsbereich. § 311 gilt für alle Verfahren der ZPO, ferner im WEG-Verfahren (B/L/A/H Rn 2) und überhaupt in solchen Verfahren, in denen durch Urt entschieden wird und die Besonderheiten des Verfahrens nicht entgegenstehen (zB § 16 III FGG aF; anders jetzt § 38 FamFG: Entscheidung durch Beschl; für die Bekanntgabe s. § 41 FamFG). Im Arbeitsgerichtsverfahren gilt § 310 über §§ 46 II ArbGG; bea auch §§ 53 II, 60 III ArbGG. 9

§ 312 Anwesenheit der Parteien.

(1) **[1]Die Wirksamkeit der Verkündung eines Urteils ist von der Anwesenheit der Parteien nicht abhängig. [2]Die Verkündung gilt auch derjenigen Partei gegenüber als bewirkt, die den Termin versäumt hat.**

(2) Die Befugnis einer Partei, auf Grund eines verkündeten Urteils das Verfahren fortzusetzen oder von dem Urteil in anderer Weise Gebrauch zu machen, ist von der Zustellung an den Gegner nicht abhängig, soweit nicht dieses Gesetz ein anderes bestimmt.

A. Normzweck. § 312 ergänzt § 310 und § 311. Das Urt wird durch Verkündung existent, unabhängig davon, ob die Parteien bei der Verkündung anwesend sind und unabhängig von dem Zeitpunkt, zu dem sie von dem Urteilsinhalt Kenntnis erlangen. Nach dem Schluss der Verhandlung (§ 136 IV) ist die Handlungsbefugnis der Parteien erloschen (Zö/*Vollkommer* Rn 1). Die Notwendigkeit der Anwesenheit der Parteien 1 bei der Verkündung würde zudem das Verfahren idR nur in die Länge ziehen. Den Parteien kann angesonnen werden, sich über den Inhalt der Entscheidung zu informieren.

2 **B. Voraussetzungen.** Es kommt nicht darauf an, aus welchen Gründen die Partei den Verkündungstermin versäumt hat. Hat das Gericht das Urt in einem Termin verkündet, der den Parteien nicht bekanntgegeben worden war, so berührt dies die Wirksamkeit der Verkündung und des Urteils nicht (§ 310 Rz 8). Der Bekanntmachungsfehler führt als Verfahrensfehler nur dann zur Aufhebung des Urteils, wenn der Fehler wesentlich ist, was kaum vorstellbar ist.

3 Abs 2 bestätigt den Grundsatz, dass das verkündete Urt voll wirksam und existent ist. Auf die Zustellung des verkündeten Urteils an die Parteien kommt es nicht an. Das ist nicht zu verwechseln mit den Fällen, in denen die Zustellung gerade die Verkündung ersetzt (§ 310 III). Gemäß Abs 2 kann von dem wirksamen Urt vollumfänglich Gebrauch gemacht werden, auch, wenn die Gegenpartei davon noch überhaupt keine Kenntnis erlangt hat. Mit Verkündung ist es rechtsmittelfähig. Bei **Wiedereröffnung der Verhandlung** im Verkündungstermin bedarf es keiner Zustellung der Terminsbestimmung im Wiedereröffnungsbeschluss vAw (§ 218, vgl Zö/*Vollkommer* Rn 3). Die ZPO zieht jedoch an anderer Stelle Zustellungserfordernisse ein, die für den Fristenlauf maßgebend sind, so für den Fristbeginn beim Einspruch gegen ein VU (§ 339); bei den Rechtsmittelfristen (§§ 517, 548, 569, 575); nicht aber bei der Fünf-Monats-Frist (§ 517 S 2), ferner für den Berichtigungsantrag nach § 320 II 1 und die Urteilsergänzung (§ 321 II). Für die Zwangsvollstreckung gilt § 750, im einstweiligen Rechtsschutz ist die Besonderheit des § 929 II zu beachten. Zustellungen sind grds vAw zu bewirken (§ 317), die Zustellung im Parteibetrieb ist heute nur noch die Ausnahme (§ 166 Rz 2).

4 **C. Anwendungsbereich.** Im fG-Verfahren konnte die Entscheidung bisher einem Anwesenden zu Protokoll bekannt gemacht werden, § 16 III FGG aF; vgl dazu auch BayObLG NJW 70, 1551, 1552, anders jetzt § 15 FamFG.

§ 313 Form und Inhalt des Urteils. **(1) Das Urteil enthält:**

1. die Bezeichnung der Parteien, ihrer gesetzlichen Vertreter und der Prozessbevollmächtigten;
2. die Bezeichnung des Gerichts und die Namen der Richter, die bei der Entscheidung mitgewirkt haben;
3. den Tag, an dem die mündliche Verhandlung geschlossen worden ist;
4. die Urteilsformel;
5. den Tatbestand;
6. die Entscheidungsgründe.

(2) [1]Im Tatbestand sollen die erhobenen Ansprüche und die dazu vorgebrachten Angriffs- und Verteidigungsmittel unter Hervorhebung der gestellten Anträge nur ihrem wesentlichen Inhalt nach knapp dargestellt werden. [2]Wegen der Einzelheiten des Sach- und Streitstandes soll auf Schriftsätze, Protokolle und andere Unterlagen verwiesen werden.

(3) Die Entscheidungsgründe enthalten eine kurze Zusammenfassung der Erwägungen, auf denen die Entscheidung in tatsächlicher und rechtlicher Hinsicht beruht.

1 **A. Normzweck und Grundlagen.** § 313 stellt die **zentrale Vorschrift** über die Gestaltung des Urteils dar. §§ 313a, b enthalten Vereinfachungsvorschriften für bestimmte Fallgestaltungen. § 313 unterstützt die Funktionen und Wirkungen des Urteils, indem es eine genaue Bezeichnung der Parteien (persönliche Grenze der Rechtskraft) und des Gerichts verlangt, ferner die Angabe des Datums des Verhandlungsschlusses (als maßgebliche zeitliche Grenze für Rechtskraft, § 323 II und § 767 II), einen bestimmten Urteilsausspruch sowie den Tatbestand und die Entscheidungsgründe. Die beiden letztgenannten Abschnitte dienen dazu, die Parteien von der Entscheidung und deren Grundlagen zu überzeugen, zugleich aber auch dem Gericht im Sinne einer **Selbstkontrolle** und in Gestalt eines schriftlichen Begründungszwangs vor Augen zu führen, worauf es seine Entscheidung in tatsächlicher und rechtlicher Hinsicht stützt. Die schriftliche Abfassung von Tatbestand und Entscheidungsgründen ermöglicht die sowohl materiell-rechtliche als auch formelle Überprüfung durch das Rechtsmittelgericht und verhindert eine Geheimjustiz. Auch Art 6 EMRK verlangt angemessene Gründe (EGMR NJW 99, 2429). Die von den Gründen getrennte Absetzung des Urteilsausspruchs dient der Klarheit über den Entscheidungsinhalt und dessen Vollstreckung. Abs 2 und Abs 3 fördern die **Prozessökonomie**, indem sie den Umfang der in Tatbestand und Entscheidungsgründen zu machenden Angaben auf das Wesentliche beschränken.

§ 313 betrifft Urteile in sämtlichen Instanzen (anders Zö/*Vollkommer* Rn 1); für Berufungs- und Revisionsurteile gelten lediglich hinsichtlich von Tatbestand und Entscheidungsgründen Erleichterungen (§§ 540, 564). Da § 540 die Verweisung auf das erstinstanzliche Urt ermöglicht, gewinnt das erstinstanzliche Urteile auch in der Berufungsinstanz an Bedeutung (Zö/*Vollkommer* Rn 1). Bei **Beschlüssen** gilt § 313 nicht; es kommt aber entsprechende Anwendung von Abs 3 in Betracht (München NJW-RR 08, 1091, 1092; näher § 329 Rz 12).

B. Voraussetzungen. I. Allgemeines. Abs 1 zählt die Überschrift des Urteils nicht zu den zwingenden Bestandteilen von Urteilen (Oldbg MDR 91, 159, 160; Frankf OLGR Frankf 96, 11), vgl aber § 311 I. In den Fällen des § 313b (dort Rz 4) ist die Art des Urteils anzugeben; gleiches empfiehlt sich bei besonderen Urteils- und Prozesskonstellationen (zB (Urkunden-)Vorbehaltsurteil, Teilanerkenntnis- und Schlussurteil oä). Im Urteilskopf (= Rubrum) ist gem § 4 AktO auch das Aktenzeichen anzugeben. Das Urt ist auf der Urschrift, die bereits das volle Rubrum enthalten muss und nicht durch Verweisungen (zB »einrücken wie Bl«) ergänzt werden darf (BGH NJW 03, 3136), von sämtlichen mitwirkenden Richtern zu unterschreiben (näher § 315; zur Mitwirkung bei der Urteilsfällung § 309); Gleiches gilt beim **Protokollurteil** nach § 540 I 2 (BGH NJW 06, 1881; § 311 Rz 3; § 315 Rz 3). Die Urschrift darf insoweit handschriftliche Korrekturen enthalten, die noch in Reinschrift auszuführen sind (BGH NJW 01, 1653, 1654). 2

Einer **Rechtsbehelfsbelehrung** bedarf es grds nicht (NJW 02, 3410). Art 2 I iVm 20 II GG kann aber dazu verpflichten, wenn die Rechtslage völlig verworren ist (BGHZ 150, 390, 393 = NJW 02, 2171, 2173); das ist im Allgemeinen derzeit nicht der Fall (mit Recht BVerfGE 93, 99, 109, 110 = NJW 95, 3173, 3174). Das Gericht soll zur Auskunft verpflichtet sein (BGH NJW-RR 05, 1726 f; das entspricht den behördlichen Amtspflichten bei § 839 BGB, dazu PWW/*Kramarz* § 839 Rn 24); ein Hinweis auf den Anwaltszwang ist dann aber nicht notwendig (BGH aaO); bei **unrichtiger Auskunft** kommt Wiedereinsetzung aufgrund vermuteter Kausalität in Betracht (BGHZ 150, 390, 397 = NJW 02, 2171, 2173 f; Zö/*Vollkommer* Rn 26). Eine Rechtsbehelfsbelehrung ist erforderlich beim VU und VB, §§ 338 S 2, 700, und soweit das Landesrecht von der Ermächtigung in § 119 III GVG Gebrauch gemacht hat, § 119 IV GVG. Außerdem besteht eine Belehrungspflicht in einigen fG-Verfahren (§ 39 FamFG nF), sowie in anderen Verfahrensordnungen aufgrund gesetzlicher Anordnung, unten Rz 18.

II. Bezeichnung der Parteien, gesetzlicher Vertreter und Prozessbevollmächtigten (Abs 1 Nr 1). 1. Parteien. Die Bezeichnung der Parteien im Original des Urteils muss deren zweifelsfreie Identifizierung zum Zwecke der Zwangsvollstreckung und zur Rechtskraftbestimmung ermöglichen; ggf kann deshalb neben Namen, Vornamen und Anschrift auch die Berufsbezeichnung aufgenommen werden (Musielak/*Musielak* Rn 4), die Bezeichnung »jun.«/»sen.« oder sonstige klarstellende Merkmale. Für die Parteistellung gelten die Grundsätze § 50 Rz 5. Bei **Personen kraft Amtes** wie Testamentsvollstrecker, Insolvenzverwalter, Nachlassverwalter ist diese Person selbst Partei; allerdings sollte das Amtsverhältnis angegeben werden (»... als Insolvenzverwalter über das Vermögen des ...«). In der Urschrift eines insolvenzrechtlichen Beschlusses ist der jeweils betroffene Schuldner zu bezeichnen, Angaben wie »Rubrum 1« oder »Rubrum 2« reichen nicht (Köln ZIP 02, 443, 446). Bei einer **Gesamtrechtsnachfolge** während des Verfahrens durch Erbfall sind alle Erben aufzuführen; die Bezeichnung eines Bevollmächtigten genügt nicht (Zö/*Vollkommer* Rn 4). Die Erbengemeinschaft ist selbst nicht parteifähig. Bei **Minderjährigen** ist der gesetzliche Vertreter aufzuführen. Ein Einzelkaufmann kann unter seiner Firma (§ 17 HGB) verklagt werden; Partei ist daher der Firmeninhaber, dessen Name somit im Zweifel ebenfalls angegeben werden sollte. 3

Bei **Personengesellschaften** (auch bei der GbR) sind neben der Gesellschaft als Partei zweckmäßigerweise die vertretungsberechtigten Gesellschafter anzugeben, aber das Fehlen der Angaben schadet nicht (BGH NJW 97, 1236) (anders natürlich, wenn die Gesellschafter mitverklagt und deshalb Partei sind). Bei jur Personen sind die gesetzlichen Vertreter aufzuführen. Besondere Schwierigkeiten macht häufig die Bestimmung der Parteirolle bei öffentlich-rechtlichen Körperschaften; die Vertretungsbehörde ist anzugeben. Widersprüchliche bzw nicht hinreichend präzise Angaben im Rubrum schaden nicht, wenn sich durch Auslegung eindeutig ergibt, wer gemeint ist. Die ungenaue Parteibezeichnung darf vom Gericht jederzeit berichtigt werden (vgl BGH NVwZ-RR 05, 148, 149); ggf hat der Gerichtsvollzieher einen dahingehenden Antrag der Partei anzuregen bzw die Vollstreckung davon abhängig zu machen. Eine nachträgliche Korrektur darf aber selbstverständlich nicht zu einer Parteiänderung führen (§ 50 Rz 5). Erst recht darf der UdG die im Urt enthaltene Parteibezeichnung nicht eigenmächtig abändern (Zö/*Vollkommer* Rn 4).

Streithelfer sind schon wegen der sie betreffenden Kostengrundentscheidung anzugeben, nicht aber ein Streitverkündungsempfänger, der nicht beigetreten ist (Wieczorek/Schütze/*Mansel* § 74 Rn 14); die Verkündung muss auch trotz § 74 III nicht zwingend im Tatbestand erwähnt werden, da die Interventionswirkung allein den Folgeprozess betrifft. Zum Rubrum im KapMuG § 14 I 2 KapMuG: keine Auflistung der Beigeladenen.

4 **2. Prozessbevollmächtigte.** Die Bezeichnungspflicht gilt nur für die **Rechtsanwälte**, die sich bestellt haben (§ 172 Rz 3). Vollmachtsnachweis ist aber nicht erforderlich (ThoPu/*Reichold* Rn 5). Karlsr FamRZ 96, 1335 vermerkt aber einen vollmachtslosen Prozessvertreter (nur) als »Beteiligten«. Ist ein RA selbst Partei und vertritt sich selbst, so empfiehlt sich mit Blick auf das Kostenfestsetzungsverfahren eine doppelte Auflistung.

5 **III. Bezeichnung des Gerichts.** Wegen möglicher Besetzungsrügen (§ 547 I Nr 1–3) und einer denkbaren Zurückverweisung (§ 563) ist der Spruchkörper (ggf auch der Einzelrichter) anzugeben. Beispiel: »... hat die 1. Zivilkammer des LG ... durch den Richter am LG X als Einzelrichter ...«. Außerdem sind die Namen der Richter mitzuteilen, anders bei § 313b II 2. Die Angabe der Namen der Richter gerade im Rubrum ist aber von Nr 2 nicht zwingend gefordert (BGH FamRZ 77, 124); wohl aber erfordert § 315 deren Unterschriften, die wegen Nr 2 lesbar sein müssen, oder die unter die Unterschrift gesetzten Namen in Maschinenschrift (*Balzer* NJW 95, 2448 f). Die Unterschrift muss von den erkennenden Richtern geleistet werden (näher § 315 Rz 2) und den gesamten notwendigen Inhalt des Urteils decken (BGH FamRZ 07, 1314 Tz 19 zum Protokollurteil). Falsche Angaben können innerhalb der Frist des § 317 S 2 von fünf Monaten berichtigt werden (vgl § 315 Rz 10).

6 **IV. Schluss der mündlichen Verhandlung (Nr 3).** Das Datum ist maßgeblich für §§ 322, 323 II, 767 II. Der Schluss bestimmt sich nach § 136 IV; auch bei nachgelassenem Schriftsatz. Bei Wiedereröffnung nach § 156 ist die wiedereröffnete Verhandlung maßgeblich. Im Verfahren nach § 128 II ist der Tag der Schriftsatzfrist, nicht das Entscheidungsdatum anzugeben (§ 128 Rz 25, str); bei Entscheidung nach Lage der Akten (§§ 251a, 331a) der versäumte Termin. Bei VU und AU im schriftlichen Vorverfahren ist der Ablauf der Erwiderungsfrist des § 276 I 1 (Zö/*Vollkommer* Rn 6) bzw das Datum des Anerkenntnisses (Eingang bei Gericht) anzusetzen.

7 **V. Urteilausspruch (Nr 4). 1. Allgemeines.** Der **Tenor** soll die Entscheidung so vollständig enthalten, wie es die Lage gestattet (R/S/G § 60 Rn 19). Der Tenor folgt regelmäßig der Dreiteilung nach Ausspruch zur Sache, zu den Kosten und zur Vollstreckbarkeit. Beim Vorbehaltsurteil sollte der Vorbehalt dem Sachausspruch folgen (§ 302 Rz 11). Die Berufungszulassung schließt die Urteilsformel ab; einer Nichtzulassung bedarf es nicht. Festsetzungen des Streitwertes im Urt werden üblicherweise nicht in den Tenor, sondern an das Ende des Urteils gesetzt. **Haftungsbeschränkungen** (§§ 780, 781, 785, 1629a) gehören in den Tenor, und zwar vor die Kosten; ebenso Abwendungs- und Ersetzungsbefugnisse (*Wallisch/Spinner* JuS 00, 377; Zö/*Vollkommer* Rn 10). Vgl auch § 12 III 1 UWG für die öffentliche Bekanntmachung des Urteils.
Der Urteilsausspruch muss sämtliche in der letzten mündlichen Verhandlung gestellten Anträge, auch zu den Nebenforderungen, erledigen. Hat der Kl einen Teil der Forderung für erledigt erklärt, so liegt darin die Klageänderung zu einem Feststellungsbegehren, ohne Zustimmung des Beklagten ist also über den Antrag durch Feststellungsausspruch zu entscheiden (»Der Rechtsstreit ist (iHv ...) erledigt.«). Bei beiderseitiger Teil-Erledigungserklärung kann sich wegen der Kostenmischentscheidung (§ 91a II) eine deklaratorische Feststellung empfehlen (»Der Rechtsstreit ist hinsichtlich ... für erledigt erklärt worden.«).

8 Der Ausspruch muss hinreichend **bestimmt** sein (vgl auch § 253 Rz 16), um der Rechtsklarheit zu dienen sowie den Umfang der Rechtskraft und der sonstigen Entscheidungswirkungen zu konkretisieren. Daher ist darauf zu achten, dass der Ausspruch der Zwangsvollstreckung zugänglich ist (BGH NJW-RR 94, 1185, 1186). Ein widersprüchlicher und unbestimmter Urteilsausspruch erwächst nicht in Rechtskraft und ist nicht vollstreckbar, sodass eine neue Klage erhoben werden muss und kann (BGH NJW 72, 2268 f; 62, 109; vor §§ 300 ff Rz 12). Bei einem Widerspruch zu den Entscheidungsgründen hat die Urteilsformel Vorrang, wenn die Gründe in sich widersprüchlich sind oder nur tw mit dem Tenor übereinstimmen (BGH NJW 97, 3447, 3448; ThoPu/*Reichold* Rn 9); iÜ kommt ggf Berichtigung nach § 319 in Betracht. Überhaupt kann das Urt trotz Mängeln in der Urteilsformel auslegungsfähig sein (RGZ 15, 422, 423 f; BGH NJW 94, 1413, 1415; BAG NZA 10, 295, 296,Frankf 12.4.07 – 25 W 89/06 – juris). Bei Auslegungsstreitigkeiten über den Inhalt eines Urteils kommt neue Klage in Betracht (BGHZ 142, 388, 393). Der Ausspruch muss daher

zumindest im Zusammenhang mit der Entscheidungsbegründung bestimmbar sein; der Urteilsinhalt muss sich daher grds aus einer einheitlichen Urkunde ergeben (BGH NJW 00, 2207, 2208). In Sonderfällen kann in der gerichtlichen Entscheidung auch auf Anlagen, die zu den Akten gegeben sind, verwiesen werden, zB bzgl von Software oder Filmmaterial im UWG-Unterlassungsprozess, weil hier der Entscheidungsgegenstand nicht anders darstellbar ist und sonst § 890 II leer liefe. Die Bezugnahme muss aber den Gegenstand der Verurteilung **bestimmt** bezeichnen (BGH NJW 92, 1691, 1692; ThoPu/*Reichold* Rn 8). Die Bestimmtheit ist dann nicht davon abhängig, dass die Anlage mit der Urschrift der Entscheidung körperlich verbunden ist (näher BGH NJW 00, 2207, 2208). Im Verfahren nach dem UklaG verlangt § 9 Nr 1 UKlaG die Angabe der jeweiligen AGB im Wortlaut. Bei Nebenforderungen kann der Zinssatz nach Maßgabe eines *amtlichen* Leitzinses variabel sein, wenn das Vollstreckungsorgan den Vollstreckungsinhalt erkennen kann; das gilt nicht für den Liborsatz (Frankf NJW-RR 92, 684, 685); ein pauschaler Verweis auf ein anderes Gesetz ist zu unbestimmt (BGH RzW 57, 203 = LM Nr 2 zu § 31 BEG 56: Erwerbsminderungsrente nach BEG). Eine Verurteilung in fremder Währung ist denkbar (St/J/*Leipold* Rn 28). Hat der Kl eine Forderung zuzüglich Zinsen »iHv fünf Prozent über dem Basiszinssatz« gem § 288 BGB eingefordert, so sollte das Gericht den genaueren Ausspruch »Prozentpunkte« wählen. Hat es dies versäumt, muss der Gerichtsvollzieher den Titel verständigerweise idS auslegen (vgl Hamm NJW 05, 2238; *Führ* JuS 05, 1096; oben § 308 Rz 9 aE).

2. Formulierung. Die genaue Abfassung des Tenors ist vielfach **Geschmackssache.** Die Befehlsform (»Die Klage ist abzuweisen«) empfiehlt sich aber nicht. Begründungselemente sind aus dem Tenor grds herauszuhalten, anders aber wegen § 850f II bei vorsätzlichen unerlaubten Handlungen (Bsp: »Der Beklagte wird wegen einer vorsätzlich unerlaubten Handlung verurteilt, ...«), doch es reicht auch Feststellung in den Entscheidungsgründen (BGHZ 152, 166, 169 = NJW 03, 515, 516; 05, 1663 f). Bei Klageabweisung wegen Unzulässigkeit kann die Klage »als unzulässig« abgewiesen werden, ebenso, wenn die Klage »zur Zeit unbegründet« ist (*van den Hövel* Rn 68, 96). Auch insoweit genügt aber die Aufnahme in die Entscheidungsgründe, denn auch bei »normaler« Klageabweisung ergibt sich der Umfang der Rechtskraft erst aus dem Urt selbst. In besonderen Prozesssituationen kann der Tenor aus dem Gesetzeswortlaut abgeleitet werden (zB § 341: »Einspruch wird als unzulässig verworfen«; § 343: »Urteil wird aufrechterhalten«; 2. VU, § 345: »Einspruch wird verworfen«; § 597 II: »Klage wird als im Urkundenprozess unstatthaft abgewiesen«). Die Verurteilung »als Gesamtschuldner« ist im Tenor aufzunehmen; bei einer Verurteilung von BGB-Gesellschaft und Gesellschaftern »wie Gesamtschuldner«, da gerade keine echte Gesamtschuld besteht. Im Nachverfahren nach Vorbehaltsurteil ist das Urt ggf für vorbehaltslos zu erklären (vgl § 708 Nr 5). Bei der Entscheidung über die **vorläufige Vollstreckbarkeit** ist auf die Besonderheit der §§ 708, 711 zu achten, also bei § 711 auf die Befugnis zur Abwendung der Vollstreckung durch den Vollstreckungsschuldner in Höhe von zB 110 % des »auf Grund des Urteils vollstreckbaren« Betrags, wenn nicht der Vollstreckungsgläubiger Sicherheit iHv 110 % des »jeweils zu vollstreckenden« Betrags leistet; sonst wären Teilvollstreckungen des Gläubigers erschwert. 9

VI. Tatbestand (Abs 1 Nr 5, Abs 2). 1. Allgemeines. Der Tatbestand hat eine **positive** und eine **negative Wirkung:** Nur die darin wiedergegebenen Umstände sind von den Parteien behauptet worden; die nicht wiedergegebenen Umstände sind nicht behauptet worden (BGHZ 140, 335, 339 = NJW 99, 1339; 83, 885; NJW-RR 90, 1269; Oldbg NJW 89, 1165). Allerdings rückt die Rechtsprechung zunehmend von der negativen Wirkung ab, weil der Tatbestand wegen Abs 2 nicht mehr vollständig sein muss und § 137 III das Mündlichkeitsgebot aufweicht (BGHZ 158, 263, 280 f = NJW 04, 1876, 1879). Außerdem dient der Tatbestand dazu, den Kern des Streits zu identifizieren, Wesentliches vom Unwesentlichen zu trennen. Die Abfassung des Tatbestands verlangt von dem Richter die Prüfung, ob das unstreitige und streitige Parteivorbringen die Voraussetzungen des Rechtssatzes ausfüllt, der der Entscheidung zugrunde liegt. Abs 2 S 2 reduziert den erforderlichen Schreibaufwand und verlangt, dass wegen der Einzelheiten auf Schriftsätze, Protokoll und andere Unterlagen Bezug genommen wird, zB die Bezugnahme auf das Protokoll einer Beweisaufnahme. Bei einer Vertragsurkunde uä, die den Gegenstand des Streits darstellt, bietet es sich ggf an, die Kernpassage wörtlich zu zitieren, und wegen der weiteren Einzelheiten zu verweisen. 10

2. Darstellung. Ein **einleitender Satz** (dafür ThoPu/*Reichold* Rn 12) ist bei einfachen Sachverhalten meist entbehrlich und bei umfangreichem Begehren mit der Gefahr behaftet, dass er das Begehren nicht umfassend wiedergibt. Die Darstellung im Tatbestand folgt in der Praxis dem folgenden Schema: 1. Unstreitiges (»Am 1.1.10 besuchten die Parteien ...«), 2. Streitiges Klägervorbringen (»Der Kl behauptet, der Beklagte 11 habe …«), 3. ggf »kleine Prozessgeschichte«, die die Anträge verständlich macht (»Am 1.4.10 hat das Gericht durch Vorbehaltsurteil …«), 4. Anträge beider Parteien, 5. streitiges Beklagtenvorbringen, 6. ggf Replik/Duplik, 7. Prozessgeschichte (Hinweise zu protokollierten Beweisaufnahmen etc, aber kein umfangreicher Verfahrensbericht). Das Unstreitige erfasst den entscheidungserheblichen Teil des Sachverhalts aus ex-ante Sicht für den Zeitpunkt des Schluss der mündlichen Verhandlung, nicht also das Ergebnis der Beweisaufnahme, soweit das entsprechende Vorbringen nicht danach unstr geworden ist, wovon auch bei klarem Ausgang iZw gerade nicht auszugehen ist. Nicht bestrittene oder zugestandene Tatsachen (§§ 288, 138 III) gehören hierher; ebenso vorprozessuale Anerkenntnisse, soweit ihre Abgabe unstr ist, nicht aber ein Anerkenntnis iSd § 307, das iZw vor den Anträgen aufzuführen ist (»Bekl hat iHv von … anerkannt … Der Kl beantragt nunmehr, …«). Die Darstellung des streitigen Vortrags einschließlich unerledigter Beweisantritte (soweit nicht aus dem Protokoll ersichtlich, was ausreicht, BVerfG NJW 01, 2009) orientiert sich an der Darlegungslast. Beim Beklagtenvorbringen ist häufig nur ein qualifiziertes Bestreiten anzuführen. Rechtsansichten sind nur mitzuteilen, soweit für das Verständnis erforderlich; eine Trennung von Tatsachen- und Rechtsvortrag *en bloc* ist häufig unübersichtlich oder entbehrlich (ggf besser: »Kl meint, … Hierzu behauptet er, …«). Für besondere Prozesssituationen wie Klage und Widerklage ist den Besonderheiten Rechnung tragen; Vorrang hat nicht ein Anleitungsschema, sondern die **Verständlichkeit**.

12 Einer **pauschalen Bezugnahme** auf sämtliche Schriftsätze am Ende des Tatbestands oder gar »auf die Akten« bedarf es nach str Ansicht nicht (Hambg NJW 88, 2678; Oldbg NJW 89, 1165; ThoPu/*Reichold* Rn 25; Zö/*Vollkommer* Rn 11; *Fischer* JuS 95, 535, 536 f; *ders* 05, 904, 906; wohl auch R/S/G § 60 Rn 20; *Crückeberg* MDR 03, 199 f; aA *Balzer* NJW 95, 2448, 2452; vgl auch BGH NJW 81, 1621; 81, 1848; 90, 2755; BGHZ 158, 269, 281 = NJW 04, 1876, 1879; 158, 295, 309 = NJW 04, 2152, 2155 zur Ergänzung des TB durch den Akteninhalt) und sie soll gar unzulässig sein (Musielak/*Musielak* Rn 8; Hambg NJW 88, 2678; *Fischer* JuS 95, 535, 536 f), da sie eine Überprüfung durch die Rechtsmittelinstanz unmöglich mache. Die Streitfrage hängt davon ab, wie man Abs 2 mit § 314 in Einklang bringen möchte. Angemessen ist eine abschließende Verweisung auf die Schriftsätze nur dann, wenn das Gericht andernfalls doch wieder entgegen dem Gebot des Abs 2 sämtliches Vorbringen der Parteien en detail wiedergegeben müsste, um die Parteien vor der negativen Beweiswirkung des § 314, soweit man daran festhält, zu bewahren (vgl BGHZ 158, 269, 281 f = NJW 04, 1876, 1879). Aus § 137 III lässt sich jedoch ohnehin schon ableiten, dass infolge der Anträge der Parteien der gesamte Akteninhalt Gegenstand der mündlichen Verhandlung war (Zö/*Vollkommer* Rn 18).

13 **VII. Entscheidungsgründe (Abs 1 Nr 6, Abs 3).** Die Entscheidungsgründe sind der zentrale Bestandteil des Urteils; die Gründe müssen plausibel sein und dem Rechtsmittelgericht die Möglichkeit der Überprüfung bieten, sonst ist Abs 1 Nr 6, Abs 3 verletzt (Saarbr FamRZ 93, 1098, 1099), und zwar auch bei AG-Verfahren nach § 495a (LG München I NJW-RR 04, 353, 354). Bei Berufungsurteilen genügt die Bezugnahme auf die Gründe des angefochtenen Urteils nicht, wenn neues Parteivorbringen zu würdigen ist oder sich Änderungen ergeben haben (BGHZ 156, 216, 219; NJW 05, 830, 831 mwN; § 540 Rz 13). Ein **Protokollurteil** (dazu § 540 I) bedarf keiner Begründung, wenn die nach § 540 I 1 an die Stelle von Tatbestand und Entscheidungsgründen tretenden Darlegungen bereits in das Sitzungsprotokoll aufgenommen worden sind (§ 540 I 2). Es kann prozessordnungsgemäß in der Weise ergehen, dass ein Urt, welches alle nach § 313 I Nr 1–4 erforderlichen Bestandteile enthält, von den mitwirkenden Richtern (zwingend, BGH NJW-RR 10, 911, 912 Tz 8 mwN) unterschrieben und mit dem Sitzungsprotokoll verbunden wird, um so den inhaltlichen Bezug zu den in das Sitzungsprotokoll »ausgelagerten« Darlegungen nach § 540 I 1 herzustellen; keine Nachholung nach Ablauf der Frist des § 517 S 2 (BGH NJW-RR 08, 1521 Tz 10 mwN).

Die Entscheidungsgründe sind zweckmäßigerweise und nach dem Konzept des § 313 II Nr 5 und 6 vom Tatbestand zu trennen, doch unterliegt das Urt trotz fehlender **optischer Abrückung** von Tatbestand und Entscheidungsgründen nur dann der Aufhebung, wenn sich die tatsächlichen Feststellungen und die rechtlichen Erwägungen nicht hinreichend voneinander unterscheiden lassen (RGZ 102, 328, 330); umgekehrt können also tatsächliche Feststellungen auch dann als festgestellt gelten, wenn sie nur in den Entscheidungsgründen zu finden sind (BGH NJW 85, 1784, 1785). In keinem Fall darf die Auseinandersetzung mit Parteivorbringen in den Gründen deshalb unterbleiben, weil der Sach- und Streitstand »sehr detailliert im Tatbestand« dargelegt sei (zu einem solchen Fall Frankf 9.11.07 – 10 U 143/07 – juris, OLGR 08, 607).

14 **1. Gliederung.** Es empfiehlt für den Regelfall eine Untergliederung der Gründe wie folgt, wobei Zwischenüberschriften die Übersichtlichkeit fördern können und kein Tabu sein sollten: 1. Ausführungen zur Pro-

zesssituation, soweit erforderlich, 2. ein Eingangssatz, der sich aber nicht in der Wiederholung des Tenors erschöpfen sollte (besser: »Die Klage ist unbegründet, da der Kl keinen Anspruch nach § 985 BGB …«; vgl Zö/*Vollkommer* Rn 21); 3. Subsumtion unter die Tatbestandsvoraussetzungen unter Einbeziehung des etwaigen Beweisergebnisses und unter Auseinandersetzung mit den jeweils relevanten Rechtsfragen, 4. Begründung der Nebenentscheidungen (auch bei AU und streitigen Kostenanträgen Brandbg NJW-RR 00, 517); zur Rechtsmittelbelehrung unten Rz 18).
Bei Streitgenossenschaft bietet es sich ggf an, nach den verschiedenen Rechtsbeziehungen zu unterteilen, um Besonderheiten und einer unterschiedlichen Rechtsgrundlage Rechnung zu tragen. Bei Klage und Widerklage und anderen besonderen Prozesslagen hängt die Darstellung von der Verständlichkeit und den inneren Sachzusammenhängen ab; idR empfiehlt sich eine nach den Anspruchsbegehren getrennte Darstellung.

2. Stil. Die Entscheidungsgründe sind **kurz** zu halten, aber die Kürze richtet sich nach der Komplexität des Falles. Die Darstellung muss so sein, dass die Betroffenen die Gründe ebenso nachvollziehen können (Hamm FamRZ 01, 1161; Köln FamRZ 05, 1921; R/S/G § 60 Rn 24) wie die Rechtsmittelinstanz, zB auch im Hinblick auf Art 103 GG (BVerfG NJW-RR 02, 69 f). Daher ist eine schlichte und prägnante Sprache ohne überbordendes »Juristendeutsch« angemessen (*Lüke* NJW 95, 1067, 1068). Moralisierende und besserwisserische Bemerkungen sollte sich der Richter verkneifen. Auch letztinstanzliche Entscheidungen sind (unabhängig von Abs 3) zu begründen (BVerfGE 71, 122, 135 f = NJW 87, 1619 f; zu Art 234 EG BVerfG NJW 88, 1456, 1457). 15

3. Inhalt. Auf das Parteivorbringen ist angemessen und nachvollziehbar einzugehen (BayVerfGH NJW 05, 3771, 3772), nicht aber auf jede Einzelheit, sondern auf den Kern des Vorbringens; wird ein Gesichtspunkt, der von einer Partei vorgebracht wird, nicht gewürdigt, obwohl er auch nach dem Rechtsstandpunkt des Gerichts erheblich wäre, so lässt dies die Verletzung des Anspruchs auf rechtliches Gehör vermuten (BVerfG NJW 92, 2556, 2557; BGH NJW-RR 95, 1033, 1034; 97, 688, 689), aber nicht bei einem Vortrag, auf den es aus Sicht des Gerichts nicht ankommt (BAG NJW 08, 2362, 2363 Tz 6). Aber auch ein nobile officium kann das Gericht veranlassen, auf einen verfehlten Rechtsstandpunkt einer Partei obiter einzugehen. Nebenentscheidungen bedürfen idR nur eines Hinweises auf die angewendete Vorschrift; das insoweit gänzliche Fehlen einer Begründung schadet nicht, wenn das Gericht erkennbar von einem gesetzlichen Regelfall ausgegangen ist. 16
Die erhobenen Beweise sind **sorgfältig** zu würdigen (§ 286 Rz 11), § 286 I 2; auf die Bezeichnung bestimmter Aussagen als »ergiebig« oder gar »positiv ergiebig« sollte verzichtet werden. Auch iÜ muss das Gericht deutlich machen, dass es sich eine eigene Anschauung verschafft hat, daher keine Begründung eines Unterhaltsurteils anhand eines Computerausdrucks aus einem Unterhaltsberechnungsprogramm (Zweibr FamRZ 04, 1735). Wohl aber reicht uU eine Bezugnahme auf eine Entscheidung in einer Parallelsache zwischen denselben Parteien oder zwischen sonstigen Parteien, sofern die Entscheidung Gegenstand der Verhandlung war (BGH NJW 71, 39 f; NJW-RR 91, 830; strenger wohl BAG NJW 58, 119; BB 98, 1954, 1955).
Auf die **Wiedergabe des Gesetzeswortlautes** sollte nicht verzichtet werden, wenn dies dem Verständnis der Subsumtionsschritte und der Überprüfung durch die Rechtsmittelinstanz dient (aA B/L/A/H Rn 44: »überflüssig«); das kann zB bei Sachverhalten mit intertemporalen Bezügen der Kontrolle dienen, ob das Gericht das Gesetz in seiner aktuellen Fassung angewendet hat; und auch sonst der Klarheit dienlich sein (zB die Nennung der einschlägigen Tatbestandsalternative bei § 812 BGB). Wenden Urteile des Amtsgerichts **ausländisches Recht** an, so war dies bisher förmlich festzustellen, zumindest aber die angewendeten Vorschriften oder Rechtssätze des zugrunde gelegten ausländischen Rechts ausdrücklich als solche zu bezeichnen, da davon die Berufungszuständigkeit (§ 119 I Nr 1c) GVG aF) abhing (BGH NJW 07, 1211, 1213 Tz 15 f). Trotz Änderung des § 119 GVG sollte daran festgehalten werden. Auf Präjudizien und auf den Meinungsstand im Schrifttum sollte, soweit für das relevante Problem einschlägig, schon deshalb eingegangen werden, um die Überzeugungskraft des Urteils zu stärken (krit *Heitmann* NJW 97, 1827, 1828); im Zweifel kann die Einbettung in den **wissenschaftlichen Kontext** den Blick für die richtige Lösung und den rechtlichen Standort des Streits eher schärfen denn ihm abträglich sein (tendenziell anders *Heitmann* NJW 97, 1826, 1827); daher muss sich ein Urt nicht in der Wiedergabe des »Palandt« erschöpfen. Das Urt muss aber keine wissenschaftliche Abhandlung sein und sollte nicht den Versuch machen, jede einzelne Literaturauffassung aufzuspüren und zu würdigen; daher sind Nachweise auf das Notwendige zu beschränken (insoweit richtig B/L/A/H Rn 45; *Heitmann* NJW 97, 1826, 1827), erst recht in 1. Instanz, wenn die Tatsachenfragen im Vordergrund stehen.

Das Gericht entscheidet jeweils nach seinem Ermessen (BVerfG NJW 87, 2499). Auch die Verwendung von Textbausteinen ist nicht von vornherein unzulässig (Celle FamRZ 90, 419; streng aber München NJW-RR 08, 1091, 1092). Ebenso darf ein offenbar wenig ausgelasteter Richter dichten (B/L/A/H Rn 48; zB LG Frankf NJW 82, 650), was aber mE der Würde des Gerichts nicht gut ansteht. Wird die Klage vollumfänglich zugesprochen, reicht es aus, auf diejenige materiell-rechtliche Anspruchsgrundlage einzugehen, die sich am einfachsten begründen lässt; ggf kann es sich aber ein kurzer Hinweis empfehlen, dass die Klage auch aus dem anderen Gesichtspunkt begründet wäre. Bei Klageabweisung sind sämtliche naheliegenden Anspruchsgrundlagen durchzuprüfen, auch solche, die von den Parteien nicht explizit angesprochen wurden.
Die Beurteilung von Verstößen erfolgt meist aus Sicht des rechtlichen Gehörsanspruchs bzw des Justizgewährungsanspruchs: Nr 6 bzw der Anspruch auf rechtliches Gehör ist **verletzt**, wenn Entscheidungsgründe gänzlich fehlen (BGH NJW-RR 97, 688, 689); dann liegt ein Revisionsgrund vor (§ 547 Rz 13); wenn die Anträge nicht erschöpfend erledigt werden (s.a. Rz 7), Angriffs- und Verteidigungsmittel oder streitige Rechtsfragen übergangen werden (BVerfG NJW 85, 1149; BGH NJW-RR 95, 700, 701; BVerfG NJW-RR 95, 1033, 1034); bei Abweichung vom Wortlaut des Gesetzes oder einer höchstrichterlichen Rechtsprechung ohne Auseinandersetzung (BVerfG NJW-RR 95, 1033). Die Möglichkeit des Protokollurteils (§ 540 I) enthebt nicht von diesen Anforderungen (vgl BGHZ 158, 60, 61; NJW 05, 830, 831). Zu den Verstoßfolgen s.u. Rz 17.

17 **C. Verstoßfolgen.** Die Verstoßfolgen richten sich nach **allgemeinen Regeln**. Fehler nach Abs 1 Nr 1-3 können ggf eine nach § 319 zu berichtigende offenbare Unrichtigkeit darstellen. Eine Falschbezeichnung kann aber (wegen Unmöglichkeit der Zustellung) auch Verfahrensmangel iSd § 538 II Nr 1 sein (Hambg GRUR 81, 90, 91). Zu fehlenden Namen der Richter im Rubrum bereits Rz 5. Die Falschbezeichnung eines Richters, der in Wahrheit gar nicht beteiligt war, kann nach § 319 berichtigt werden (BGHZ 18, 350, 354 f = NJW 55, 1919, 1920). Trotz Verstoß gegen Abs 1 Nr 3 bleibt es bei der normalen Rechtsmittelfrist (BGH VersR 80, 744). Fehler im Urteilsausspruch können unschädlich sein, wenn der Tenor auslegungsfähig ist (RGZ 15, 422 f; BGHZ 34, 337, 339 = NJW 61, 917, 918; iÜ gilt oben Rz 8 f.
Das Fehlen des Tatbestands oder seine völlige **Widersprüchlichkeit** und Unvollständigkeit ist Verfahrensmangel iSd § 538 II Nr 1 und das Urt ist unabhängig von der Berufungsbeschwer aufzuheben (BGH NJW 04, 1576), bei einer Revision ist aber nicht notwendigerweise zurückzuverweisen (BGH NJW 81, 1848: Rechtsfragen). Zur fehlenden Abrückung von Tatbestand und Gründen oben Rz 13. Das Fehlen der Begründung ist ebenso wie seine Unverständlichkeit oder der Widerspruch von Tatbestandsfeststellung und Entscheidungsgrundlage ein Verfahrensmangel (BGHZ 32, 17, 28 = NJW 60, 866, 867; BGHR ZPO § 313 II 2 Tatbestandswidrigkeit 1; Brandbg FamRZ 06, 129, 130). Bei völligem Fehlen mangelt es an einem vollständig abgesetzten Urt iSd §§ 517 S 2, 548. Ein absoluter Revisionsgrund iSd § 547 Nr 6 liegt vor, wenn die Gründe fehlen oder die unterlegene Partei den Gründen nicht eindeutig entnehmen kann, ob das Berufungsgericht revisibles Bundesrecht oder nicht revisibles ausländisches Recht zugrunde gelegt hat (BGH NJW 07, 1211, 1213 Tz 15 f).

18 **D. Anwendungsbereich.** Die Vorschrift gilt in allen Urteilsverfahren nach ZPO. Im WEG-Verfahren gilt § 313 ebenfalls, dann mit Belehrungspflicht bei befristeten Rechtsmitteln (BGHZ 150, 390, 393 = NJW 02, 2171, 2172; München MDR 06, 412); ebenso allgemein bei fG-Verfahren (für Belehrung auch insoweit BGHZ 150, 390, 393; § 39 FamFG nF; zu den Folgen bei offensichtlich falscher Belehrung Hamm NJW 11, 463). Im ArbGG-Verfahren ist § 313 mit einigen Sonderregeln anwendbar (BAG NZA 04, 564, 565), zB ist die Nichtzulassung der Berufung oder Revision ist auszusprechen, §§ 64 III a 1, 72 I 2 ArbGG, Belehrungspflicht nach § 9 V ArbGG. In den öffentlich-rechtlichen Verfahrensordnungen bestehen Sondervorschriften; über Rechtsmittel ist zu belehren, zB §§ 117 II Nr 6, 125 II 4 VwGO.

§ 313a Weglassen von Tatbestand und Entscheidungsgründen.

(1) [1]Des Tatbestandes bedarf es nicht, wenn ein Rechtsmittel gegen das Urteil unzweifelhaft nicht zulässig ist. [2]In diesem Fall bedarf es auch keiner Entscheidungsgründe, wenn die Parteien auf sie verzichten oder wenn ihr wesentlicher Inhalt in das Protokoll aufgenommen worden ist.
(2) [1]Wird das Urteil in dem Termin, in dem die mündliche Verhandlung geschlossen worden ist, verkündet, so bedarf es des Tatbestands und der Entscheidungsgründe nicht, wenn beide Parteien auf Rechtsmittel gegen das Urteil verzichten. [2]Ist das Urteil nur für eine Partei anfechtbar, so genügt es, wenn diese verzichtet.

(3) Der Verzicht nach Absatz 1 oder 2 kann bereits vor der Verkündung des Urteils erfolgen; er muss spätestens binnen einer Woche nach dem Schluss der mündlichen Verhandlung gegenüber dem Gericht erklärt sein.
(4) Die Absätze 1 bis 3 sind nicht anzuwenden im Fall der Verurteilung zu künftig fällig werdenden wiederkehrenden Leistungen oder wenn zu erwarten ist, dass das Urteil im Ausland geltend gemacht werden wird.
(5) Soll ein ohne Tatbestand und Entscheidungsgründe hergestelltes Urteil im Ausland geltend gemacht werden, so gelten die Vorschriften über die Vervollständigung von Versäumnis- und Anerkenntnisurteilen entsprechend.

A. Normzweck und Grundlagen. Die Vorschrift ist wie § 313b eine Ausnahme zu § 313 I Nr 5 und 6. Sie ist in allen Instanzen beachtlich; für Berufung und Revision gelten aber vorrangig §§ 540, 564. § 313a ist durch das ZPO-ReformG neu gefasst und die Möglichkeiten zum Absehen von den Gründen im Falle von Abs 1 S 2 Hs 2 erweitert worden (bea auch § 26 Nr 2 S 1 EGZPO). Darin liegt eine Verallgemeinerung von § 495a II aF. Zur jüngsten Änderung durch das FamFG s.u. Rz 7. § 313a dient va der Entlastung des Gerichts, ist aber auch Ausdruck der Parteienherrschaft, denen kein Tatbestand und keine Begründung aufgenötigt werden soll, auf die sie keinen Wert legen. Verknüpft mit § 313a sind insoweit die (allerdings schwach ausgeprägten) Gebührenanreize, die mit dem Verzicht auf Tatbestand und Entscheidungsgründe für die Parteien einhergehen (s.u. Rz 11). § 313a trennt zwischen nicht rechtsmittelfähigen Urteilen (Abs 1) und an sich angreifbaren Entscheidungen (Abs 2). Im Einzelnen ist sodann zu unterscheiden zwischen der Entbehrlichkeit des Tatbestands (Abs 1 S 1) sowie, ergänzend, der Entbehrlichkeit der Entscheidungsgründe aufgrund Verzichts auf die Begründung oder der Aufnahme ihres wesentlichen Inhalts in das Protokoll (Abs 1 S 2) und der Entbehrlichkeit von Tatbestand und Entscheidungsgründen bei einem Stuhlurteil infolge eines Rechtsmittelverzichts (Abs 2). Grundsätzlich keines Tatbestands und keiner ausführlichen Entscheidungsgründe bedarf es, wenn eine Rechtsmittelüberprüfung ausscheidet und damit Tatbestand und Entscheidungsgründe partiell funktionslos werden. Abs 4 enthält Fallgestaltungen, in denen die Abfassung von Tatbestand und Gründen aus bestimmten Gründen nicht disponibel ist. 1

B. Voraussetzungen. I. Entbehrlichkeit des Tatbestands (Abs 1 S 1). Nach Abs 1 S 1 ist die Abfassung des Tatbestands in der von § 313 verlangten Form entbehrlich, was nicht ausschließt, dass das Gericht in den Gründen auf tatsächliche Feststellungen zurückgreifen muss, um sein Ergebnis sachgerecht begründen zu können. Abs 1 S 1 trägt dem Umstand Rechnung, dass die Parteien häufig mehr Wert auf die Begründung als auch eine erneute Darlegung der ihnen bekannten Faktenlage legen und der dem Urt zugrunde liegende Sachverhalt nicht mit der Beweiskraft des § 314 verbindlich festgeschrieben werden muss, wenn ein Rechtsmittel nicht statthaft ist. Zu den Auswirkungen auf die Kosten unten Rz 11. Das Rechtsmittel muss unzweifelhaft nicht zulässig sein. Das ist nicht schon dann der Fall, wenn gegen eine Partei Klageabweisung mangels Partei- oder Prozessfähigkeit erfolgte (denn dies wäre gerade Gegenstand des Rechtsmittels). Gefordert ist, dass das Urt bereits seiner Art nach nicht rechtsmittelfähig ist (insb Revisionsurteil), keine Partei die Beschwersumme für das Rechtsmittel von 600 € (§ 511 II Nr 2) erreicht und die Berufungszulassung nicht erfolgt oder (bis 31.12.11) der Beschwerdewert von 20.000 € für die Nichtzulassungsbeschwerde (§ 544, § 26 Nr 8 EGZPO) nicht erreicht ist. Die Möglichkeit der **Verfassungsbeschwerde** bleibt außer Betracht. Ist nur für eine Partei die Beschwersumme nicht erreicht, darf auf den Tatbestand nicht verzichtet werden. Ist bei einer wertabhängigen Statthaftigkeit des Rechtsmittels nicht eindeutig, ob und in welcher Höhe eine Partei beschwert ist, so ist die Unzulässigkeit des Rechtsmittels nicht unzweifelhaft und ein vollständiges Urt anzufertigen. 2

II. Entbehrlichkeit von Tatbestand und Entscheidungsgründen bei nicht rechtsmittelfähigen Urteilen (Abs 1 S 2). 1. Allgemeines. Abs 1 S 2 erfasst nur nicht rechtsmittelfähige Urteile iSd Abs 1 S 1 (»In diesem Fall«). Wie bei Abs 1 S 1 bedeutet Entbehrlichkeit (»bedarf es nicht«) keine generelle Pflicht des Gerichts zum Absehen von Entscheidungsgründen, wenn das Gericht zB mit Blick auf Parallelverfahren eine Abfassung für sinnvoll hält (vgl auch Zweibr NJW-RR 97, 1087 betr § 313b). Die Parteiherrschaft setzt sich insoweit nicht zwingend durch. Enthält das Urt Tatbestand und Entscheidungsgründe, obwohl diese nach § 313a I ZPO entbehrlich sind, erfüllt dies folgerichtig nicht die Voraussetzungen einer unrichtigen Sachbehandlung nach § 21 GKG (Brandbg FamRZ 07, 1831). Zur Kostenbegünstigung unten Rz 11. Umgekehrt darf ein Gericht Tatbestand und Begründung wegen § 318 nicht nachschieben, wenn es zB die Statt- 3 haftigkeit des Rechtsmittels übersehen hat, wohl aber kommt § 321a V in Betracht (unten, Rz 9; B/L/A/H Rn 8). Anders ist es nur bei Abs 5 (s.u. Rz 8 aE).

Das Absehen von Tatbestand und Entscheidungsgründen kann Fragen nach dem **Umfang der Rechtskraft** aufwerfen, da der Streitgegenstand nicht durch Tatbestand und Gründe identifizierbar ist. Daher kann sich ggf empfehlen, in einem erläuternden Satz den Streitgegenstand kurz darzulegen (B/L/A/H Rn 2). Verzichtet das Gericht auf weitere Erläuterungen, so ist der Umfang der Rechtskraft in einem Folgeprozess iZw unter Heranziehung der Akten zu bestimmen.

4 **2. Fallgestaltungen.** Zu unterscheiden sind zwei Fallgestaltungen. Ein Verzicht iSd Abs 1 S 2 Hs 1 muss sich auf die Begründung selbst beziehen. Der Verzicht ist eine bedingungsfeindliche und unwiderrufliche Prozesshandlung (Frankf NJW 89, 841). Die Bedingungsfeindlichkeit bezieht sich auf unbestimmte, externe Umstände, nicht aber auf Prozessergebnisse; daher ist Verzicht für den Fall des Unterliegens oder Obsiegens zulässig (St/J/*Leipold* Rn 11; Musielak/*Musielak* Rn 4). Die Prozesshandlungsvoraussetzungen müssen vorliegen; deshalb gilt Anwaltszwang nach § 78 (Naumbg FamRZ 02, 470, LS; näher § 78 Rz 16) und die Form für bestimmende Schriftsätze des § 129 (§ 129 Rz 6). Der Verzicht kann dem Urt vorangehen (Abs 3; Rz 6). Eine nach seinem Wortlaut nicht eindeutige oder konkludente Erklärung der Parteien ist auslegungsfähig auf der Grundlage einer objektiven Betrachtung (BGH NJW-RR 07, 1451, 1452 Tz 10); ein Rechtsmittelverzicht bedeutet (nur) unter den Voraussetzungen von Abs 2 einen Verzicht auf die Entscheidungsgründe. Umgekehrt enthält ein **Begründungsverzicht** regelmäßig keinen Verzicht auf das Rechtsmittel (BAG EzA § 72a ArbGG 79 Nr 107; BAG NJW 06, 1995); bei den rechtsmittelfähigen Urteilen (II) bleibt Begründungsverzicht für sich genommen also folgenlos.

Dem Begründungsverzicht stellt Abs 1 S 2 Hs 2 den Fall gleich, dass der wesentliche Inhalt der Gründe in das **Protokoll** aufgenommen wird. Die Aufnahme in das Protokollurteil meint nicht die nachträgliche Beifügung einer kurzen Wiedergabe des Inhalts der Gründe. Erfasst ist daher wie bei Abs 2 nur das Stuhlurteil, das im Anschluss an den Schlusstermin (§ 136 IV) erlassen wird. Ob mit Abs 1 S 2 eine Absenkung der Begründungsanforderungen einhergeht, ist str. Nach tw vertretener Auffassung soll der »wesentliche Inhalt« iSd Abs 1 S 2 mit den Anforderungen des § 313 III (»kurze Zusammenfassung der Erwägungen«) übereinstimmen (Zö/*Vollkommer* Rn 4 unter Hinweis auf BegrRegE BTDrs 14/4722 84 f, 93; aA wohl B/L/A/H Rn 12). In der Tat wären die Unterschiede jedenfalls marginal und in praxi nicht zu ziehen. Auf dieser Grundlage tritt allerdings eine Entlastung des Gerichts nur insoweit ein, als eine geordnete schriftliche und eigenständige Abfassung der Urteilsgründe entbehrlich ist.

5 **III. Entbehrlichkeit von Tatbestand und Entscheidungsgründen bei Verzicht auf Rechtsmittel (Abs 2).** Anders als Abs 1 behandelt Abs 2 rechtsmittelfähige Urteile. Tatbestand und Gründe bedarf es nicht, wenn die anfechtungsberechtigte Partei auf Rechtsmittel verzichtet (Abs 2 S 1, Abs 2 S 2). Ist das Urt nur für eine Partei anfechtbar, da nur sie durch das Urt beschwert ist (zur formellen und materiellen Beschwer s. § 511 Rz 17), so genügt der Verzicht dieser Partei (Abs 2 S 2), sonst müssen alle Parteien einschließlich sämtlicher Streitgenossen verzichten. Auf den Verzicht des Nebenintervenienten kommt es wegen § 67 nicht an; anders im Falle des § 69 (näher dort Rz 9). Der Rechtsmittelverzicht folgt denselben Grundsätzen wie der Begründungsverzicht (Rz 4); wegen der weitreichenden Folgen ist aber ggü einer vorschnellen Herleitung eines Verzichtswillens Vorsicht geboten (BGH NJW 74, 1248, 1249; vgl auch BGH NJW-RR 91, 1213; Wieczorek/Schütze/*Rensen* Rn 10; vgl auch Erl zu § 515). Der Verzicht muss sich auf das Urt im Ganzen beziehen. Er ist nicht davon abhängig, dass er ordnungsgemäß protokolliert wird (§ 160 III Nr 9), wenn seine Abgabe auch anderweitig bewiesen werden kann (BGH NJW-RR 07, 1451, 1452 Tz 8).

6 **IV. Zeitpunkt des Verzichts (Abs 3).** Gemäß Abs 3 kann der Verzicht in den Fällen von Abs 1 und Abs 2 vor der Verkündung des Urteils erfolgen. **Frühestmöglicher Zeitpunkt** soll nach tw vertretener Auffassung die mündliche Verhandlung sein, nach deren Schluss das Urt ergeht (Zö/*Vollkommer* Rn 6), da er sich auf ein bestimmtes Urt beziehen müsse und nicht abstrakt bleiben dürfe. Dies ist zweifelhaft, denn jeder Verzicht vor dem Urt ist »abstrakt«; ob der Verhandlungstermin ein Schlusstermin ist, bestimmen nicht die Parteien (§ 136 IV), sodass bei Abgabe der Erklärung im Termin Unsicherheit bliebe. Zudem kann ein »abstrakter« Rechtsmittelverzicht prozessvertraglichen Abreden entsprechen; daher ist Abs 3 wörtlich zu nehmen.

Der späteste Zeitpunkt für Verzichtserklärungen nach der mündlichen Verhandlung ist nach der Wochenfrist des Abs 3 S 2 zu berechnen. Im schriftlichen Verfahren gilt § 128 II 2 (§ 128 Rz 25). Diese enge Frist läuft unabhängig davon, ob ein Stuhlurteil (§ 310 I) erfolgt ist oder nicht. Sie soll dem Gericht wegen der

Pflicht zur vollständigen Abfassung des Urteils vor Verkündung (§ 310 II) zügig Klarheit über die Anforderungen an das Urt verschaffen. Maßgeblich für die Berechnung ist § 222 mit Verweis auf §§ 187 I, 188 II BGB. Wie bei allen Prozesserklärungen entscheidet Eingang bei Gericht. Eine **verspätete** Verzichtserklärung ist nicht unwirksam, sondern darf vom Gericht noch berücksichtigt werden (LAG Köln NZA 06, 878, LS; St/J/*Leipold* Rn 12; Musielak/*Musielak* Rn 5; Zö/*Vollkommer* Rn 6; aA B/L/A/H §§ Rn 16). Eine Verpflichtung darauf besteht aber selbst dann nicht, wenn das Urt noch nicht abgefasst war, denn auch generell steht das Absehen von Tatbeständen und Gründen im Ermessen des Gerichts. Erfolgt der Verzicht auf Begründung (Abs 1 S 2) oder Rechtsmittel (Abs 2) erst nach Verkündung des Urteils, das jedoch kein Stuhlurteil war bzw nicht nach dem Schluss der Sitzung erging, so kommt das Absehen von Tatbestand und Entscheidungsgründen aber wegen § 310 II nur in Betracht, wenn die Abfassung des vollständigen Urteils unterblieben war und Heilung durch Nachholung möglich wäre (vgl dort Rz 6 und § 315 II).

V. Ausnahmen (Abs 4). In den Fällen des Abs 4 sind Tatbestand und Entscheidungsgründe wegen besonderer Interessenlagen zwingend (vgl § 313b III für nichtstreitige Urteile). Die Var 2 trägt den Erfordernissen grenzüberschreitenden Anerkennung und Vollstreckung Rechnung, da die Urteilsanerkennung möglicherweise, auch wegen potenzieller ordre-public-Bedenken, ein vollständiges Urt verlangt (vgl BGH NJW 88, 3097) (für die EuGVO und EheVO gilt das aber grds nicht, vgl Art 32 EuGVO, Art 21 EheVO, §§ 30 f AVAG). 7

Das FamFG bringt seit 1.9.08 eine grundlegende Neuerung; die bisher in Abs 4 Nr 1–3 geregelten Fälle sind nicht mehr in § 313a aufgeführt, weil sie in § 38 V FamFG eigenständig geregelt worden sind. Entscheidungen ergehen insoweit künftig durch Beschl.

Abs 4 Var 1 verlangt Tatbestand und Entscheidungsgründe bei Verurteilungen zu künftig fällig werdenden wiederkehrenden Leistungen iSd § 258, um bei möglichen Abänderungsklagen gem § 323 den Eintritt einer wesentlichen Veränderung der Verhältnisse beurteilen zu können. Dies erfasst nur den Fall der Verurteilung; eine entsprechende Anwendung kommt jedenfalls bei vollständiger Abweisung der Klage nicht in Betracht, da insoweit kein Vorrang des § 323 vor einer neuen Leistungsklage besteht. 8

Abs 4 Var 2 und Abs 5. Die Regelungen behandeln Fälle, in denen zu erwarten ist, dass das Urt im Ausland geltend gemacht werden wird. Die entfernte Möglichkeit reicht zwar nicht aus; ebenso wenig wie ein rein privates Interesse. Auch der Wunsch, ein vollständiges Urt in einem ausländischen Schieds- oder Gerichtsverfahren als Argumentationshilfe vorzulegen, dürfte noch kein »Geltendmachen« sein, da es an einer rechtserheblichen Verwertung des Urteils fehlt. Liegen jedoch Anhaltspunkte dafür, dass das Urt im Ausland anerkannt oder vollstreckt werden soll, weil zB eine der Parteien im Ausland einen Wohnsitz oder Vermögen hat, der Rechtsstreit grenzüberschreitende Bezüge aufweist oäm, dann ist das Urt vollständig abzusetzen. Ohnehin mag eine vollständige Absetzung des Urteils gerade im europäischen Zivilrechtsverkehr die Akzeptanz der Urteile und den Grundsatz gegenseitigen Vertrauens fördern.

V lässt eine spätere Vervollständigung des zuvor nur abgekürzt abgefassten Urteils zu, wenn sich die Notwendigkeit, das Urt im Ausland geltend zu machen, erst nachträglich offenbart. Die in Bezug gesetzten Verfahrensvorschriften über die Vervollständigung von VU und AU finden sich in §§ 30, 31 AVAG.

C. Folgen. Ergeht das Urt in abgekürzter Form, obwohl die Voraussetzungen für ein Absehen von Tatbestand und Entscheidungsgründen nicht erfüllt sind, so stellt dies einen wesentlichen Verfahrensmangel dar; eine Nachholung vAw wäre mitunter sinnvoll (St/J/*Leipold* Rn 25), ist aber vom Gesetz nicht vorgesehen und würde ein bereits eingelegtes, auf den Mangel gestütztes Rechtsmittel praktisch zu Lasten des Beschwerten erledigen – im Extremfall könnte dann jedes Urt erst einmal gefahrlos als abgekürztes ergehen. Das **Rechtsmittelgericht** hebt daher auf und verweist nach §§ 538 II Nr 1, 547 Nr 6 zurück (BGHZ 73, 248, 250 ff; NJW-RR 04, 1576); gleiches gilt im Arbeitsgerichtsverfahren (BAG 19.6.07, AP Nr 15 zu § 313 Tz 12 ff = NZA 08, 551 nur LS). Wohl aber kommt ggf für sonst nicht angreifbare Urteile eine Fortführung des Verfahrens auf Gehörsrüge in Betracht (§ 321a Rz 16); dieser Weg hat zudem den Vorteil, dass er es den Parteien in die Hand gibt, ob sie sich mit dem Urt abfinden wollen. 9

Der umgekehrte Fall eines Nichtabsehens von Tatbestand und Gründen trotz Vorliegen der Voraussetzungen des § 313a ist unschädlich, da das Absehen im Ermessen des Gerichts liegt (Rz 3).

D. Anwendungsbereich. Die Vorschrift gilt in allen Instanzen; die Sondervorschriften (§§ 540, 564, 313b) gehen aber vor. § 313a ist entsprechend auf Beschlüsse anzuwenden, die begründet werden müssen (zB § 91a; vgl Frankf NJW 89, 841; Hamm NJW-RR 97, 318), nicht dagegen im fG-Verfahren (Musielak/*Musielak* Rn 2; Wieczorek/Schütze/*Rensen* Rn 5) und wegen § 227 S 2 FamFG bei Entscheidungen über den Ver- 10 sorgungsausgleich. Im Arbeitsgerichtsverfahren gilt § 313a entsprechend, § 69 II, IV ArbGG, nicht aber im Beschlussverfahren (B/L/A/H Rn 3), doch auch insoweit ist ein Interesse an der Begründung dann nicht erkennbar, wenn alle Beteiligten auf Rechtsmittel und Tatbestand sowie Gründe verzichten (vgl Germelmann/*Matthes* ArbGG § 84 Rn 11).

11 **E. Kosten/Gebühren. I. Gericht.** Urteile iSd § 313a II führen zu einer ermäßigten Verfahrensgebühr, in 1. Instanz von 3,0 auf 1,0 (KV 1211), insoweit aber bei Verzicht auf Entscheidungsgründe iFd § 313a I 2, In 2. Instanz Ermäßigung bei § 313a II von 4,0 auf 2,0 (KV 1222) und bei § 313a I 2 auf 3,0 (KV 1223). In Ehesachen gelten KV 1311, 1322, im einstweiligen Rechtsschutz KV 1411, 1416 (von 1,5 auf 1,0 bei § 313a II bzw von 4,0 auf 3,0 bei § 313a I 2). Wird das Urt nach Abs 5 vervollständigt, berührt dies die Ermäßigung nicht (KV 1211, 1411 aE). Die Reduzierung der Gebühren durch Rechtsmittelverzicht gilt auch bei Beschlüssen (München JurBüro 03, 650; Zö/*Vollkommer* Rn 16). Enthält ein als Folgesache allein den Versorgungsausgleich durchführendes Verbundurteil hinsichtlich des Scheidungsausspruchs keinen Tatbestand und keine Entscheidungsgründe, kommt eine – auf den Teilstreitwert der Scheidung begrenzte – Gebührenermäßigung nach KV 1311 Nr 2 nicht in Betracht (Kobl MDR 09, 253).

12 **II. RA.** Keine zusätzliche Gebühr durch Verzicht oder Antrag nach Abs 5.

§ 313b Versäumnis-, Anerkenntnis- und Verzichtsurteil. **(1) [1]Wird durch Versäumnisurteil, Anerkenntnisurteil oder Verzichtsurteil erkannt, so bedarf es nicht des Tatbestandes und der Entscheidungsgründe. [2]Das Urteil ist als Versäumnis-, Anerkenntnis- oder Verzichtsurteil zu bezeichnen.**

(2) [1]Das Urteil kann in abgekürzter Form nach Absatz 1 auf die bei den Akten befindliche Urschrift oder Abschrift der Klage oder auf ein damit zu verbindendes Blatt gesetzt werden. [2]Die Namen der Richter braucht das Urteil nicht zu enthalten. [3]Die Bezeichnung der Parteien, ihrer gesetzlichen Vertreter und der Prozessbevollmächtigten sind in das Urteil nur aufzunehmen, soweit von den Angaben der Klageschrift abgewichen wird. [4]Wird nach dem Antrag des Klägers erkannt, so kann in der Urteilsformel auf die Klageschrift Bezug genommen werden. [5]Wird das Urteil auf ein Blatt gesetzt, das mit der Klageschrift verbunden wird, so soll die Verbindungsstelle mit dem Gerichtssiegel versehen oder die Verbindung mit Schnur und Siegel bewirkt werden.

(3) Absatz 1 ist nicht anzuwenden, wenn zu erwarten ist, dass das Versäumnisurteil oder das Anerkenntnisurteil im Ausland geltend gemacht werden soll.

(4) Absatz 2 ist nicht anzuwenden, wenn die Prozessakten elektronisch geführt werden.

1 **A. Normzweck und Grundlagen.** § 313b dient wie § 313a der Verfahrensvereinfachung und Entlastung der Gerichte. Die mit der Vereinfachungsnovelle von 1976 eingefügten Abs 1 und Abs 2 sind ggü dem früheren § 313 III aF auf Verzichts- und Versäumnisurteile gegen den Kl erweitert worden. Besondere Gebührenvorteile, die über die für nichtstreitige Entscheidungen ohnehin bestehenden Ermäßigungen hinausgehen, gibt anders als bei § 313a nicht. Abs 4 (eingefügt durch JKomG zum 1.4.05) stellt eine Ausnahme zu Abs 2 dar und trägt der Möglichkeit elektronischer Aktenführung (§ 298a) Rechnung.

2 **B. Voraussetzungen. I. Abgekürztes Urteil.** § 313b meint neben Anerkenntnis- und Verzichtsurteilen iSd §§ 306, 307 nur Versäumnisurteile iSd §§ 330 ff, nicht die nur aus Anlass der Säumnis ergehenden »unechten« VU (BGH NJW-RR 91, 255), ebenso wenig Entscheidungen nach Lage der Akten (§ 331a) und erst recht nicht Prozessvergleiche (Kobl JurBüro 02, 550, 551). Für das 2. VU nach § 345 soll § 313b nicht gelten (Zö/*Vollkommer* Rn 1). Das überzeugt nicht, denn auch das 2. VU ist ein echtes VU; zudem ist bei seinem Erlass die Gesetzmäßigkeit des ersten VU ohnehin nicht zu prüfen (§ 345; anders bei § 700). Lediglich aus Gründen der Zweckmäßigkeit können sich kurze Ausführungen zur Verwerfung des Einspruchs und Hinderungsgründen der §§ 335, 337 empfehlen. Das **2. VU** ist als ebensolches zu titulieren. Kein VU ist aber die Verwerfung des Einspruchs als unzulässig nach § 341. § 313b gilt auch bei Teilurteilen (Musielak/*Musielak* Rn 2), bei Entscheidung über die Widerklage und nach Mahnverfahren (§ 697 V). Ergeht das Urt als Endurteil, das teils auf Anerkenntnis, teils auf streitiger Entscheidung beruht, befreit Abs 1 selbstverständlich nur von der Pflicht zur Anfertigung des Tatbestandes und von dem Begründungszwang hinsichtlich des anerkannten Teils, im Tatbestand ist das Anerkenntnis gleichwohl zu schildern, da sonst die Anträge nicht verständlich werden; zur Urteilsbezeichnung s.u. Rz 4. Kein teils streitiges Urt idS bedeuten Abweichungen vom Antrag, die den Kl nicht beschweren. Das gilt für die Festlegung des Rechtshängigkeitszeitpunkts bei Prozesszinsen, die nähere

Bestimmung der Sicherheitsleistung bei § 709 sowie formale Korrekturen am Antrag ebenso wie gesetzliche Vorbehalte gem §§ 302 IV, 308a, 599, 711, 721 (Zö/*Vollkommer* Rn 4). Daher ist auch das Anerkenntnisvorbehaltsurteil (§ 307 Rz 6) ein Urt iSd § 313b und muss nicht zwingend begründet werden; die vorbehaltene Aufrechnungsforderung ist aber im Tenor genau zu bezeichnen.

Das Absehen von Tatbestand und Gründen steht im **Ermessen** des Gerichts. Das Gericht darf zB auch nur auf den Tatbestand verzichten. Das Gericht kann stets eine kurze Begründung anfügen, wenn dies geboten erscheint. Haben die Parteien streitige Kostenanträge im Hinblick auf §§ 91, 93 gestellt, so ist die Kostenentscheidung zwingend zumindest kurz zu begründen, da andernfalls das über die Kostenbeschwerde (§ 99 II) entscheidende Gericht den Kostenausspruch nicht überprüfen könnte (Bremen NJW 71, 1185; Brandbg NJW-RR 00, 517). Eine Begründung ist auch sinnvoll, wenn eine Abänderung gem § 323 in Betracht kommt (*Maurer* FamRZ 89, 445, 446; B/L/A/H Rn 3), und insb bei höchstrichterlichen Versäumnisurteilen, wie dies der BGH auch häufig praktiziert (zB BGH NJW 84, 310; NZI 08, 372). 3

II. Bezeichnung des Urteils (Abs 1 S 2). Das Urt ist zwingend als Versäumnis-, Verzichts- oder Anerkenntnisurteil zu bezeichnen. Abs 1 S 2 meint nur das abgekürzte Urt iSd Abs 1 S 1. Hat das Gericht das Urt in vollständiger Form abgefasst, muss es nicht nach Maßgabe des Abs 1 S 2 bezeichnet werden (BGH FamRZ 88, 945 für Verbundentscheidung). Abs 1 S 2 gilt aber zumindest entsprechend, wenn das Endurteil zT auf Säumnis, Anerkenntnis oder Verzicht und zT auf kontradiktorischer Entscheidung beruht, obwohl Tatbestand und Gründe dann wegen des streitigen Entscheidungsteils nicht entbehrlich sind. In Betracht kommt zB eine Bezeichnung als »Anerkenntnis- und Endurteil«. Verstöße schaden jedoch nicht, s.u. Rz 8. 4

III. Ausnahme (Abs 3). Abs 3 untersagt zwingend das Absehen von Tatbestand und Entscheidungsgründen, wenn die Geltendmachung des Urteils im **Ausland** zu erwarten ist. Das entspricht § 313a IV und bemisst sich nach den gleichen Grundsätzen (§ 313a Rz 7). Ggf hat das Gericht von seinem Fragerecht Gebrauch zu machen, um einen Auslandsbezug zu ermitteln (§ 139). Ist das Urt zunächst abgekürzt ergangen, kommt eine nachträgliche Vervollständigung in Betracht. Das Verfahren richtet sich nach §§ 30, 31 AVAG. Die Vervollständigung ist nicht fristgebunden und nicht deshalb unzulässig, weil bereits bei Verkündung des Urteils mit einem Auslandsbezug zu rechnen war (Celle OLGR Celle 07, 702, 703). 5

C. Verbindung von Urteil und Klageschrift (Abs 2). I. Anforderungen. Abs 2 enthält eine weitere Erleichterung. Es genügt, dass das abgekürzte Urt auf die Klageschrift oder auf Mahnbescheid (§ 697 V; Zö/*Vollkommer* Rn 6) gesetzt wird. Auch die Niederschrift auf einem besonderen Blatt, das mit der Klageschrift verbunden wird, reicht aus. Die Verbindung ist von der Geschäftsstelle gem Abs 2 S 5 vorzunehmen. Die Angabe der Namen der Richter (Abs 2 S 2) ist entbehrlich, nicht aber deren Unterschrift (§ 315). Das Gericht (§ 313 I Nr 2) und der Tag der letzten mündlichen Verhandlung (§ 313 I Nr 3) sind anzugeben, da Abs 1 und Abs 2 insoweit keine Ausnahmen vorhalten. Die Bezeichnungen der Parteien, ihrer gesetzlichen Vertreter sowie der Prozessbevollmächtigten müssen nur in das Urt aufgenommen werden, soweit von den Angaben der Klageschrift abgewichen wird. Aus dem »soweit« folgt, dass in diesem Fall nur die Abweichungen selbst vermerkt werden müssen. Wird vollständig nach dem Antrag des Klägers erkannt, reicht die Bezugnahme auf die Klageschrift aus (Abs 2 S 4). Der **Tenor** lautet dann zB: »Bekl wird gem Antrag des Kl aus dem Schriftsatz vom … verurteilt«. Die Entscheidung über Kosten und vorläufige Vollstreckbarkeit sind ggf hinzuzufügen, es sei denn, die Klageschrift enthielt insoweit entsprechende Anträge. Wird nur tw nach dem Klägerantrag erkannt, so ist neben Tatbestand und Entscheidungsgründen auch der Tenor auszuformulieren (Rz 5). Für die Ausfertigung des abgekürzten Urteils gilt § 317 IV. Im Verfahren nach § 319 sowie § 321 sind Klageschrift und Urt als Einheit zu begreifen (St/J/*Leipold* Rn 20), sodass zB ein ausweislich der Klageschrift geltend gemachter Anspruch eine Ergänzung nach § 321 rechtfertigen kann. Eine nachträgliche Änderung der Klageschrift ist damit natürlich nicht erreichbar. 6

II. Ausnahme (Abs 4). Werden die Prozessakten elektronisch geführt (§ 298a), so kommt die Möglichkeit des Abs 2, das Urt auf Urschrift oder Abschrift der Klage zu setzen, nicht in Betracht, denn die (handschriftliche) Niederlegung auf der Klageschrift und/oder die Verbindung von Klage und Urt erwiesen sich bei elektronischer Aktenführung als Fremdkörper bzw als undurchführbar (da die Klageschrift nicht in Papierform vorliegt). Daher ist das Urt in einem neuen elektronischen Dokument herzustellen. 7

D. Verstoßfolgen. Liegen die Voraussetzungen von Abs 1 nicht vor, weil der Anwendungsbereich nicht eröffnet ist oder die Voraussetzungen von Abs 3 vorliegen, so stellt das Urt ohne Tatbestand und Entscheidungsgründe einen Verfahrensmangel dar, § 538, der ggf zur Aufhebung und Zurückverweisung berechtigt; 8

im Falle von Abs 3 kann vervollständigt werden (Rz 5). Eine **Nichtbegründung** ohne Vorliegen der Voraussetzungen ist Revisionsfehler iSd § 547 Nr 6. Die Rechtsmittelfrist läuft nicht (BGH NJW-RR 91, 255; § 517 Rz 5 ff). Der umgekehrte Fall ist unschädlich (wie § 313a Rz 9). Das Fehlen einer Bezeichnung iSd Abs 1 S 2 ändert an der Rechtsmittelfrist nichts (Ddorf MDR 85, 678, 679). Es greift aber ggf der Meistbegünstigungsgrundsatz (BGH NJW 99, 583, 584; Köln VersR 98, 387); praktisch wird das nur beim VU; dort ist ggf Berufung zulässig, wenn das abgekürzte Urt nicht als VU bezeichnet ist und die Partei daher die Eigenschaft als VU nicht erkennen kann (Hamm NJW-RR 86, 186). Die Fehlbezeichnung ist aber unschädlich, wenn die Eigenschaft als AU, VU oder Verzichtsurteil sonst deutlich erkennbar ist.

9 **E. Anwendungsbereich.** § 313b gilt in allen Instanzen und ZPO-Verfahren nach den Grundsätzen von § 313a Rz 10; ebenso im Urteilsverfahren nach ArbGG (BAG NJW 07, 1772 Tz 4); sowie über § 173 VwGO auch im Verwaltungsprozess (VG Lüneburg 9.8.07 – 1 A 114/07 – juris).

10 **F. Kosten/Gebühren. I. Gericht.** Keine Urteilsgebühren, auch dann nicht, wenn das Urt ausnahmsweise vollständig abgefasst wird. Das VU führt nicht zu einer Ermäßigung der Verfahrensgebühr, für das AU gilt KV 1211 Nr 2.

11 **II. RA.** Keine Besonderheiten; wie § 313a Rz 12.

§ 314 Beweiskraft des Tatbestandes. [1]Der Tatbestand des Urteils liefert Beweis für das mündliche Parteivorbringen. [2]Der Beweis kann nur durch das Sitzungsprotokoll entkräftet werden.

1 **A. Normzweck und Grundlagen.** § 314 ist eine Sonderregelung zu den Beweiswirkungen öffentlicher Urkunden (§§ 415, 417, 418). Sie wird vom BGH im Hinblick auf die negative Beweiskraft zunehmend funktionslos gemacht (unten Rz 5). Nach S 1 gilt das im Tatbestand dokumentierte mündliche Parteivorbringen als bewiesen, nicht aber deren Inhalt als richtig (Rz 4). In S 1 liegt eine den Richter bindende Beweisregel iSd § 286 II. Sie erfasst unmittelbar nur Vorbringen in der jeweiligen Instanz vor dem erkennenden Gericht (s.a. Rz 6).

Das Urt ist eine **öffentliche Urkunde**, die richtigerweise teils nach § 417, teils nach § 418 zu beurteilen ist (aA offenbar ThoPu/*Reichold* Rn 1: § 418). Soweit es den rechtsbestätigenden Inhalt der Entscheidung selbst angeht, ist nach § 417 ein Gegenbeweis ohnedies unzulässig; auf § 314 kommt es nicht an. Das im Tatbestand mitgeteilte Vorbringen der Parteien beruht auf deren Wahrnehmung durch das Gericht und unterfällt dem § 418 (näher § 418 Rz 4); S 2 beschränkt die Möglichkeit des Gegenbeweises über § 418 II hinaus auf das Sitzungsprotokoll.

Eine etwaige Unrichtigkeit der Feststellungen kann nur über eine Tatbestandsberichtigung gem § 320 behoben werden (BGH NJW 07, 2913, 2915 Tz 21). Die Aufhebung des Urteilsausspruchs berührt die Beweiskraft des Tatbestands nicht (RGZ 77, 29, 31), anders ist es aber bei Aufhebung des Verfahrens gem § 538 II Nr 1 (Zö/*Vollkommer* Rn 4).

2 **B. Voraussetzungen. I. Tatbestand.** Der Tatbestand iSd S 1 meint nicht nur einen äußerlich von den Entscheidungsgründen getrennten Teil des Urteils, sondern auch tatbestandliche Feststellungen innerhalb der Entscheidungsgründe, da die Beweiskraft grds nicht von dem äußerlichen Aufbau des Urteils abhängen kann (BGH VersR 74, 1021; BGHZ 139, 36, 39 = NJW 93, 55, 56; 03, 2158, 2159, BAG NZA 10, 290 Tz 47; stRspr; s. aber Rz 7). Bei Berufungsurteilen, die gem § 540 I Nr 1 keines eigenständigen Tatbestands bedürfen, findet § 314 Anwendung, wenn die Gründe des Urteils die tatsächlichen Feststellungen hinreichend und in einer der Überprüfung durch das Revisionsgericht zugänglichen Weise (§ 559) erkennen lassen (BGH NJW 97, 1931, NJW 11, 1513 Tz 12).

Im **schriftlichen Verfahren** ist § 314 schon deshalb nicht anwendbar, weil es kein mündliches Parteivorbringen gibt; anders ist es, wenn zunächst mündlich verhandelt worden war (BGH Warn 72, 200, 201; MüKoZPO/*Musielak* Rn 4) und die Richter nicht gewechselt haben (BGH NJW 56, 945, LS 1). Gleiches gilt bei einer Entscheidung nach § 251a. In beiden Fällen bezieht sich die Beweiskraft aber nicht auf sämtliches Vorbringen, sondern nur auf das Vorbringen in ebendieser mündlichen Verhandlung, das freilich auch unausgesprochen auf die Schriftsätze Bezug nehmen kann (§ 137 III).

3 **II. Mündliches Parteivorbringen.** § 314 meint die Bindung an das mündliche Parteivorbringen (BGH NJW 11, 1069, 1070 Tz 21). Dazu gehören Angriffs- und Verteidigungsmittel jeder Art (§ 282 Rz 4). Davon zu unterscheiden ist die Bindung an tatsächliche Feststellungen, etwa in den Entscheidungsgründen nach

Beweisaufnahme oder als unstreitiges oder zugestandenes Vorbringen, das im Tatbestand wiedergegeben ist (Zö/*Vollkommer* Rn 3). Insoweit ergibt sich die mit Urteilsaufhebung entfallende Bindung des Berufungsgerichts aus § 529 I (§ 529 Rz 8 ff, und unten Rz 6); neues, von den unterinstanzlichen Feststellungen abweichendes Vorbringen ist nicht präkludiert (§ 529 Rz 15 mN). Andere Feststellungen über Prozessgeschehen, Beweisaufnahmen, richterliche Hinweise, rechtliche Bewertungen (BGH NJW-RR 90, 813, 814) und dergleichen, die nicht Parteivorbringen sind, können ggf einer Beweiswirkung nach §§ 160, 165 oder nach § 418 (mit Möglichkeit des Gegenbeweises nach § 418 II) unterliegen. Der Beweis ihres Inhalts richtet sich aber nicht nach § 314 (BGH NJW 83, 2030, 2032; NJW-RR 90, 813, 814). Soweit man entgegen der hM (NJW 84, 1465 f; § 165 Rz 2) die Beweiskraft des § 165 auch auf den Inhalt von protokollierten Parteihandlungen iSd §§ 160 III Nr 1, 3-6, 8, 9 und 10 erstreckt, geht das **Protokoll** dem § 314 vor, arg e § 314 S 2 (BGH VersR 84, 946, 947). Gleiche Maßstäbe gelten für den Inhalt der Anträge (St/J/*Leipold* Rn 4; MüKoZPO/*Musielak* Rn 7). Prozesshandlungen der Partei wie Anerkenntnis oder Einwilligung in die Klagerücknahme können demgegenüber Parteivorbringen iSd § 314 sein (BVerwG NJW 88, 1228; Ddorf NJW 91, 1492, 1493; St/J/*Leipold* Rn 3; MüKoZPO/*Musielak* Rn 3; Wieczorek/Schütze/*Rensen* Rn 6). Ob Vorbringen in einem nachgelassenen Schriftsatz (§ 283) von der Beweiswirkung erfasst werden kann, obwohl das Gericht die mündliche Verhandlung nicht wiedereröffnet und über das Vorbringen nicht mehr mündlich verhandelt wird, ist fraglich, im Zweifel aber wie für das schriftliche Verfahren zu verneinen, obwohl der Vorbehalt des § 283 insoweit nur zugunsten einer Partei wirkt.

C. Beweiskraft (S 1). I. Positive Beweiskraft. S 1 begründet eine positive Beweiswirkung dahin, dass die Parteien ein bestimmtes mündliches Vorbringen in der mündlichen Verhandlung getätigt haben (BGH BB 07, 742, LS; NJW 07, 2913, 2915 Tz 21). Für erstinstanzliches Vorbringen kann auch nur der Tatbestand des erstinstanzlichen Urteils Beweis erbringen (Jena 4.5.09, 4 U 757/07, OLGR 09, 713), Konkrete Verweisungen auf bestimmte Dokumente oder Schriftsätze (§ 313 II 2) erstrecken die Beweiskraft auch auf das darin enthaltene Vorbringen (BGH NJW 83, 885, 886), wobei im Zweifelsfall die ausdrückliche Wiedergabe des Vorbringens im Tatbestand Vorrang hat (BGHZ 140, 335, 339; BGH NJW 02, 3478, 3480); wer Pauschalverweisungen »auf die Akten« für zulässig hält, müsste § 314 auch insoweit anwenden (*Balzer* NJW 95, 2448, 2452; § 313 Rz 12; s. aber Rz 5). Die positive Beweiskraft erfasst auch den Umstand, dass eine Behauptung bestritten oder nicht bestritten wurde (ThoPu/*Reichold* Rn 1), sowie die Reihenfolge des Vorbringens (RG JW 1894, 11, 12; St/J/*Leipold* Rn 3), was für Präklusion und Rügeverlust bedeutsam sein kann. Der Tatbestand liefert auch Beweis dafür, welche Abweichungen es zum schriftsätzlich angekündigten Vortrag gegeben hat (BGH VersR 83, 1160, 1161). 4

II. Negative Beweiskraft. Nach bisher hM kommt dem Tatbestand auch negative Beweiswirkung zu. Fehlt eine Wiedergabe des Parteivorbringens im Tatbestand, ist durch S 1 bewiesen, dass das Vorbringen nicht geltend gemacht wurde (BGH NJW 84, 2463; NJW-RR 90, 1269). Im Hinblick auf § 313 II nF will der BGH die negative Beweiswirkung von S 1 aber nicht mehr auf **schriftsätzlich angekündigtes Parteivorbringen** anwenden, sodass sie nur noch für Angriffs- und Verteidigungsmittel gilt, die ohne schriftsätzliche Ankündigung vorgebracht werden (BGHZ 158, 269, 280 ff = NJW 04, 1876, 1879; BGHZ 158, 295, 309 = NJW 04, 2152, 2155). Eine negative Beweiskraft könne nur gerechtfertigt sein, wenn der Tatbestand eine vollständige Wiedergabe des Vorbringens erfordere, was aber wegen § 313 II jetzt nicht mehr der Fall sei (BGH aaO). Die Partei ist daher durch S 1 auch ohne die Notwendigkeit einer Tatbestandsberichtigung nicht daran gehindert, sich auf vermeintlich übergangenes oder für unerheblich erachtetes Schriftsatzvorbringen zu berufen. 5

Unabhängig von der negativen Beweiswirkung des § 314 soll in der **Berufungsinstanz** der gesamte Akteninhalt berücksichtigungsfähig sein (BGH NJW 92, 2148, 2149; BGHZ 158, 295, 309 = NJW 04, 2152, 2155; krit *Wach/Kern* NJW 06, 1315, 1317: zwar gesamter Prozessstoff in der Berufungsinstanz, aber Nachweis nur durch Tatbestand), sodass auch ein aus einem lückenhaften Tatbestand nicht ersichtliches Parteivorbringen nicht »neu« iSd § 529 I Nr 2 ist, denn die Fehlerkontrolle auch hinsichtlich der tatsächlichen Feststellungen könne nur erfolgen, wenn der Prozessstoff der 1. Instanz dem Berufungsgericht als Ganzes zur Prüfung anfalle (so BGHZ 158, 295, 309). Die tatsächliche Grundlage für das Berufungsurteil kann daher dem Tatbestand entnommen werden und durch einen ergänzenden Rückgriff auf die Schriftsätze angereichert werden. Unter diesen Prämissen ist das »Streitigstellen« von erstinstanzlich unstreitigen Tatsachen ebenso wie umgekehrt das Außerstreitstellen von vormals streitigen Behauptungen kein Fall von § 531 (BGZ 161, 138, 141 ff = NJW 05, 291; BGH BB 00, 1962). Auf dieser Grundlage spielt die Pauschalverweisung auf die Schriftsätze keine maßgebliche Rolle (näher § 313 Rz 12).

6 **III. Beweiswirkungen und Instanzenzug.** Die Beweiswirkung des Urteilstatbestands erfasst nur das Vorbringen in der jeweiligen Instanz. Ein Tatbestand im Berufungsurteil hat daher keine Beweiskraft hinsichtlich des erstinstanzlichen Urteils (BGHZ 140, 335, 339); das gilt erst recht, wenn das Gericht von § 540 Gebrauch macht. Folgerichtig beweist der Tatbestand des Revisionsurteils nicht das Vorbringen in den unteren Instanzen. Bei mündlicher Verhandlung wird allerdings nach den Grundsätzen eben Rz 5 der bis dahin angefallene Akteninhalt durch die Stellung der Anträge auch ohne ausdrückliche Verweisung zum Gegenstand der Verhandlung gemacht (BGH NJW 92, 2148, 2149), sodass § 314 auch insoweit und mittelbar instanzenübergreifend eingreifen müsste (Musielak/*Musielak* Rn 2); die Feststellungen im Tatbestand des jeweiligen Urteils gehen aber vor. Die Bezugnahme in einem **Berufungsurteil** auf ein in derselben Sache ergangenes Revisionsurteil anstelle eines eigenen, ausformulierten Tatbestands erhebt den Tatbestand des in Bezug genommenen Urteils zum maßgeblichen Tatbestand des Berufungsurteils (BGH NJW 89, 1627, 1628).

7 **IV. Entfallen der Beweiskraft. 1. Widersprüchlichkeit.** Ist der Tatbestand in sich widersprüchlich, unklar und so lückenhaft, dass er nicht verständlich ist, kann er keine Beweiswirkungen entfalten (BGH VersR 69, 79, 80; BGHZ 144, 370, 377; 140, 335, 339 = NJW 99, 1339). Das gilt auch bei Widerspruch von Tatbestand und in den Gründen getroffenen Feststellungen des Gerichts (BGH NJW 96, 2306), auch wenn der Widerspruch in Entscheidung über Berichtigungsantrag enthalten ist (BGH NJW 11, 1513 Tz 12 aE). Davon zu unterscheiden ist der Vorrang ausdrücklicher Feststellungen im Tatbestand und Verweisungen auf Schriftsätze oder Dokumente (Rz 4). Widersprechen sich die Darstellung im äußerlich getrennt abgesetzten Tatbestand mit den Ausführungen zum Parteivorbringen in den Entscheidungsgründen, so soll der als solcher bezeichnete formelle Tatbestand vorgehen (Zö/*Vollkommer* Rn 5, idS auch BAG NJW 72, 789, LS 2; BGH NJW 89, 897, 898), doch spricht wegen Unklarheit einer Abgrenzung vom Widerspruch von Tatbestand und Feststellung mehr dafür, auch dann die Beweiskraft entfallen zu lassen (MüKoZPO/*Musielak* Rn 5; Wieczorek/Schütze/*Rensen* Rn 4), wenn Auslegung nicht weiterhilft. So kommt der Darstellung der Vereinbarung eines Pauschalpreises als unstr keine Beweiskraft zu, wenn das Gericht seine Feststellung darauf stützt, dass die Beklagte die Pauschalpreisvereinbarung »nicht substanziiert bestritten« habe (BGH NJW-RR 08, 112 Tz 7). Eine (möglicherweise fehlerhafte) Bewertung des (im Tatbestand ausgeführten) Parteivorbringens durch das Gericht lässt aber die Beweiskraft stets unberührt; Abgrenzung kann schwierig sein.

8 **2. Tatbestandsberichtigung.** Kann eine Partei eine Berichtigung des Tatbestands wegen § 320 IV 3 und Richterverhinderung nicht erreichen, obwohl das Gericht aus sachwidrigen Gründen eine Änderung abgelehnt hat, so kann es Art 2, 20 III GG gebieten, die Beweiswirkung des Tatbestands außer Acht zu lassen (BVerfG NJW 05, 657, 658; Zö/*Vollkommer* Rn 5 aE).

9 **D. Widerlegung der Beweiswirkung (S 2).** Nach S 2 ist die Entkräftung der positiven und negativen Beweiswirkung nur durch das Sitzungsprotokoll möglich. Gemeint ist das Sitzungsprotokoll in der zum Urt führenden mündlichen Verhandlung vor dem erkennenden Gericht; ein Hinweis auf Parallelprozesse oder einstweiliges Verfügungsverfahren genügte in keinem Fall. Ein Widerspruch zu Sitzungsprotokollen früherer Termine reicht ebenfalls nicht aus, es sei denn, die im Tatbestand aufgeführte Behauptung der Partei betrifft gerade den Vortrag in dem Termin, in dem das frühere Sitzungsprotokoll geführt wurde (Zö/*Vollkommer* Rn 6). Eine Widerlegungswirkung kommt dem **Protokoll** aber nur insoweit zu, als es selbst mit Beweiskraft (§ 165) ausgestattet ist. Die jeweilige Angabe muss daher an der Beweiskraft des § 165 teilnehmen, was nur auf den gesetzlich vorgeschriebenen Inhalt des Protokolls zutrifft (§ 160) (BGH NJW 91, 2084, 2085). Ist die Beweiskraft des § 165 widerlegt, ist das Protokoll zur Widerlegung gem S 2 untauglich. Ggf ist Protokollberichtigung nach § 164 zu beantragen bzw durchzuführen. Das Schweigen des Protokolls soll zum Gegenbeweis nicht ausreichen, weil es keinen Widerspruch zum Tatbestand herstellen kann (BGHZ 26, 340; OLGZ 66, 178; ThoPu/*Reichold* Rn 3).

Die Vorlage eines früheren Schriftsatzes genügt nicht (BGH NJW 07, 2913, 2915); für die negative Beweiswirkung gelten aber die Maßgaben der neueren BGH-Rechtsprechung (Rz 5). Eine Berichtigung des Tatbestands kommt (nur) über **§ 320** in Betracht (BGH NJW 93, 1851, 1852), nicht aber im Wege des Rechtsmittelverfahrens, da die Aufhebung des Urteils den Tatbestand nicht beseitigt (Rz 1 aE). Das ausdrückliche Zugeständnis der anderen Partei, dass der Tatbestand unrichtig ist, soll unerheblich sein (Frankf HRR 32, Nr 2310; MüKoZPO/*Musielak* Rn 7), doch ein wahrer Grund dafür ist nicht erkennbar, da öffentliche Interessen nicht berührt sind. Richtigerweise können die Parteien zudem in der nächsten Instanz prozessvertragliche Abreden über den beachtlichen Prozessstoff treffen (vgl Wagner S. 641 ff).

E. Hinweise zur Prozesssituation. Nach den Grundsätzen Rz 5 bedarf es nicht zwingend eines Tatbestandsberichtigungsantrags, um ein nicht im Tatbestand wiedergegebenes Parteivorbringen in der Berufungsinstanz (erneut) vorbringen zu können. Das Revisionsgericht ist demgegenüber auf die Prüfung des aus dem Berufungsurteil und dem Sitzungsprotokoll ersichtlichen Vorbringen beschränkt (§ 559), sodass ein Antrag nach § 320 oder ein auf das Übergehen des Vorbringen gerichtete Verfahrensrüge iSd §§ 559 I 2, 551 III Nr 2 sinnvoll sein kann. Der Tatbestand eines Revisionsurteils unterliegt grds nicht der Tatbestandsberichtigung, weil die in ihm enthaltene gekürzte Wiedergabe des Parteivorbringens keine urkundliche Beweiskraft besitzt (BGHR 08, 345; BGH NJW 99, 796; GRUR 04, 271 f). Nur ausnahmsweise kann der Tatbestand des Revisionsurteils nach einer Zurückverweisung für das weitere Verfahren urkundliche Beweiskraft nach § 314 entfalten, wenn es um die Wiedergabe einer in der Revisionsverhandlung abgegebenen Erklärung geht (vgl BGHR ZPO § 320 Revisionsurteil 1). 10

F. Anwendungsbereich. § 314 gilt im arbeitsgerichtlichen Verfahren entsprechend (§ 46 II ArbGG); auch insoweit keine Einschränkung des Berufungsvortrags durch § 314 (LAG RP 21.1.04 – 10 Sa 1169/03 – juris; aA noch BAG NJW 60, 166). Der Tatbestand eines Verbundurteils (§§ 623, 629 aF, § 137 FamFG nF) unter Einschluss von fG-Sachen hat im Ganzen die Wirkungen des § 314 (MüKoZPO/*Musielak* Rn 2). 11

§ 315 Unterschrift der Richter.

(1) [1]Das Urteil ist von den Richtern, die bei der Entscheidung mitgewirkt haben, zu unterschreiben. [2]Ist ein Richter verhindert, seine Unterschrift beizufügen, so wird dies unter Angabe des Verhinderungsgrundes von dem Vorsitzenden und bei dessen Verhinderung von dem ältesten beisitzenden Richter unter dem Urteil vermerkt.

(2) [1]Ein Urteil, das in dem Termin, in dem die mündliche Verhandlung geschlossen wird, verkündet wird, ist vor Ablauf von drei Wochen, vom Tage der Verkündung an gerechnet, vollständig abgefasst der Geschäftsstelle zu übermitteln. [2]Kann dies ausnahmsweise nicht geschehen, so ist innerhalb dieser Frist das von den Richtern unterschriebene Urteil ohne Tatbestand und Entscheidungsgründe der Geschäftsstelle zu übermitteln. [3]In diesem Fall sind Tatbestand und Entscheidungsgründe alsbald nachträglich anzufertigen, von den Richtern besonders zu unterschreiben und der Geschäftsstelle zu übermitteln.

(3) [1]Der Urkundsbeamte der Geschäftsstelle hat auf dem Urteil den Tag der Verkündung oder der Zustellung nach § 310 Abs. 3 zu vermerken und diesen Vermerk zu unterschreiben. [2]Werden die Prozessakten elektronisch geführt, hat der Urkundsbeamte der Geschäftsstelle den Vermerk in einem gesonderten Dokument festzuhalten. [3]Das Dokument ist mit dem Urteil untrennbar zu verbinden.

A. Normzweck und Grundlagen. Die Unterschrift der Richter, die an der Entscheidung (nicht bloß an deren Verkündung) mitgewirkt haben, soll bestätigen, dass der Spruchkörper (nicht notwendigerweise jeder einzelne beteiligte Richter) das Urt, so wie es unterschrieben wird, für verbindlich erachtet und das abgefasste Urt dem Beratungsergebnis entspricht; Änderungen nach Unterschrift sind unzulässig (St/J/*Leipold* Rn 6). Abs 1 S 2 lässt daher nur dann eine Ausnahme zu, wenn der Richter an der Unterschriftsleistung gehindert ist und der Verhinderungsgrund im Urt angeben wird. Abs 2 will wie § 310 I, II eine rasche und vollständige Abfassung des Urteils erreichen, sodass die Eindrücke aus der Verhandlung dem Gericht bei der Absetzung des Urteils noch gegenwärtig sind, und sich die Parteien zügig über die Erfolgsaussichten eines Rechtsmittels ein Bild machen können. Der **Verkündungsvermerk** des Abs 3 hat keine dem § 165 vergleichbare Beweiskraft, soll aber gleichwohl im Interesse der Rechtssicherheit und fehlerfreie Verfahrensabläufe eine Gewähr dafür liefern, dass das Urt in seiner urschriftlichen Form durch Verkündung oder Zustellung ggü den Parteien existent geworden ist. 1

B. Voraussetzungen. I. Unterzeichnung (Abs 1 S 1). 1. Beteiligte Richter. Die bei der Entscheidungsfällung mitwirkenden Richter müssen das Urt unterschreiben (Abs 1 S 1). Der Kreis der zur Unterschrift verpflichteten Richter bestimmt sich daher nach den Maßgaben des § 309. Ein Richter, der an der Beschlussfassung mitgewirkt hat, aber überstimmt wurde, ist gleichwohl zur Unterschrift verpflichtet; das deutsche Zivilprozessrecht kennt dissenting votes nicht. Die Verweigerung ist auch keine Verhinderung iSd Abs 1 S 2 (BGH NJW 77, 765), sodass die verweigerte Unterschrift wie ein sonstiges Fehlen der Unterschrift zu beurteilen ist (Rz 10). Auf die Unterschriften der das Urt verkündenden Richter kommt es nicht an; zu den Fehlerfolgen Rz 10. 2

3 **2. Unterschrift unter das Urteil.** Urt iSd Abs 1 S 1 meint die Urschrift des vollständig abgefassten (anders bei Abs 2 S 2) Urteils, da nur durch die auf der Urschrift geleistete Unterzeichnung die Verbindlichkeit dieses Urteils bestätigt wird. Ist das Urt noch nicht unterschrieben, besteht auch das Rechtsschutzinteresse für einen Befangenheitsantrag fort (Sächs LAG, 14.6.10, 3 Sa 666/09 – juris). Die Unterschriftsleistung auf einer Abschrift oder Kopie reicht daher, auch bei Nachholung der Unterschrift (Rz 10), nicht aus. Das Urt muss schon so vorliegen, wie es verbindlich sein soll. Die Unterschrift auf einem Formblatt, das Textbausteine sowie für eine Vielzahl von Fällen vorformulierte (auswählbare) Anweisungen an die Geschäftsstelle enthält, genügt nicht (Celle FamRZ 90, 419). Das hindert das Gericht aber nicht, sein Urt aus Textbausteinen zusammenzusetzen und sodann notwendige Ergänzungen oder Einschübe vorzunehmen; **§ 315 ist gewahrt**, wenn das Gericht das so zusammengeflickte Urt in seiner als endgültig erachteten Form unterschreibt (Celle FamRZ 90, 419). Handelt es sich um ein Protokollurteil (§ 540 Rz 19), bei dem das Urt im Sitzungsprotokoll enthalten ist, reicht die Unterschrift auf dem Protokoll aus, wenn das Urt iÜ vollständig abgefasst ist (§ 313); es gibt dann nur Protokoll und Urt in einem (St/J/*Leipold* Rn 3; B/L/A/H Rn 4; vgl BGH NJW-RR 07, 141 Tz 7; 07, 1567 Tz 10); umgekehrt genügt Unterschrift des vollständig abgefassten Urteils mit den Angaben nach § 313 I Nr 1–4, wenn es mit dem Protokoll verbunden wird, um so den inhaltlichen Bezug zu den in das Sitzungsprotokoll »ausgelagerten« Darlegungen nach § 540 I 1 herzustellen (BGHZ 158, 37, 41 = NJW 04, 1666; BGH NJW 05, 830, 831); es genügt aber nicht, ein vom Vorsitzenden und vom UdG unterzeichnetes Sitzungsprotokoll, das zwar neben den Darlegungen nach § 540 I 1 auch die nach § 313 I Nr 1–4 erforderlichen Angaben enthält, zu verbinden mit einem zuvor von allen mitwirkenden Richtern unterschriebenen Blatt, das lediglich die Bezeichnung des Gerichts, das Aktenzeichen und die Entscheidungsformel enthält (BGH NJW-RR 07, 1567 Tz 9).

4 Die Unterschrift selbst folgt den Anforderungen, die an bestimmende Schriftsätze zu stellen sind (§ 129 Rz 7). Daher ist die Unterschrift handschriftlich zu leisten; eine Nutzung eines Unterschriftenstempels oder einer digital eingescannten Unterschrift reicht nicht aus. Eine »Oberschrift« ist keine Unterschrift, da ihr der besondere Garantiecharakter fehlt. Die **Unterschrift** muss wenigstens den Nachnamen enthalten. Bei Namensgleichheit mehrerer Richter müssen die Namen unterscheidbar sein, etwa durch Zusätze des Vornamens oder eines Vornamenkürzels. Sonstige Zusätze eines unterschreibenden Richters sind ebenso entbehrlich wie unschädlich, zB der Hinweis auf Verfahrensfehler; es sei denn, sie stellen die durch Unterschrift zu bezeugende Übereinstimmung des Urteils mit den Beratungsergebnissen in Frage und machen insoweit die Unterschrift wertlos (BGH (1 StrafS) NJW 75, 1177; Wieczorek/Schütze/*Rensen* Rn 10). Die Unterschrift muss einen charakteristischen Schriftzug darstellen, der die Identität des Unterzeichnenden hinreichend kennzeichnet und die Nachahmung durch einen Dritten erschwert (BGH NJW 88, 713; 94, 55; KG NJW 88, 2807; Oldbg NJW 88, 2812). Die präzise **Lesbarkeit** der Unterschrift ist aber nicht verlangt, und zwar erst recht nicht, wenn der Name in Druckschrift darunter vermerkt ist. Es reicht aus, dass der Namen von einem, der den Unterzeichnenden kennt, aus dem Schriftzug herausgelesen werden kann (BGH NJW 88, 713) – daran wird Abs 1 kaum jemals scheitern. Eine bloße Paraphe soll aber nicht genügen (BGH aaO).

5 **II. Verhinderung eines Richters (Abs 1 S 2).** Abs 1 S 2 ermöglicht die Ersetzung der Unterschrift eines oder zweier Richter, auch des Vorsitzenden (BGH VersR 92, 1155), durch einen Verhinderungsvermerk; die Unterzeichnung ist dann auch nach Wegfall der Verhinderung nicht nachzuholen. Abs 1 S 2 greift nur bei kollegial besetzten Spruchkörper, nicht beim Einzelrichter (Kobl VersR 81, 688). Ist dieser an der Unterschrift gehindert, muss das bereits verkündete Urt ohne Unterschrift (und ggf sogar ohne Tatbestand und Gründe) ausgefertigt und zugestellt werden (München HRR 40 Nr 1310; MüKoZPO/*Musielak* Rn 5). Gleiches gilt, wenn das gesamte Kollegialorgan verhindert ist (BGH VersR 92, 1155).
Erfasst ist nur die Verhinderung bei der Unterschriftsleistung, wegen der Verhinderung bei der Entscheidung selbst s. § 309 Rz 5. Die Verhinderung kann auf **tatsächlichen oder rechtlichen Gründen** beruhen, zB Krankheit, urlaubsbedingte Abwesenheit oder Ausscheiden aus dem Richterdienst. Die Unterschrift darf nur von einem Richter geleistet werden, solange er noch dem aktiven Richterdienst angehört (BGH NJW 11, 1741 Tz 22). Auch ein Wechsel zur Staatsanwaltschaft verhindert die Unterschriftsleistung (St/J/*Leipold* Rn 8), und zwar konsequenterweise auch dann, wenn es sich um einen Richter auf Probe handelt, der kraft Dienstauftrags zeitweise mit der Funktion und Dienstbezeichnung als Staatsanwalt tätig ist; BGH MDR 93, 9; aA Musielak/*Musielak* Rn 6). Der Wechsel in eine andere Kammer oder Senat desselben Gerichts ist kein Verhinderungsgrund (BayOblG VRS 64, 209, 210). Die Versetzung an ein anderes Gericht hindert die Unterschrift nicht aus rechtlichen Gründen (so aber Stuttg OLGZ 76, 241, 243), wohl aber aus tatsächli-

chen Gründen (St/J/*Leipold* Rn 8); an eine Ausnahme ist zu denken, wenn die Unterschrift im Einzelfall problemlos eingeholt werden kann (zB bei gemeinsamem Dienstgebäude).
Die Verhinderung darf nicht nur kurzfristig sein; insoweit ist die Unterschrift nach Beseitigung der Verhinderung nachzuholen, nicht zu ersetzen (BGH NJW 77, 765, BAG NZA-RR 09, 553, 554 Tz 6). Eine Krankheit muss daher längerfristiger Natur sein und darf nicht nur (voraussichtlich) für wenige Tage oder nur für den Tag bestehen, an dem das Urt eigentlich unterschrieben werden sollte. Die **Drei-Wochen-Frist** des § 315 II 1 bietet einen Anhaltspunkt für die notwendige Dauer der Verhinderung, der mit dem Einzelfall abzustimmen ist (Musielak/*Musielak* Rn 5 aE).

Verhinderungsvermerk: Der Vorsitzende, (nur) bei dessen Verhinderung der (dienst-)älteste beisitzende Richter (vgl München OLGR München 02, 346), muss unter dem Urt den Umstand der Verhinderung des Beisitzers und den Verhinderungsgrund angeben. Es muss deutlich werden, dass dieser Vermerk von dem Vorsitzenden stammt (BGH NJW 61, 782). Das kann, muss aber nicht durch einen der Unterschrift des Vorsitzenden angefügten Zusatz »zugleich für den wegen …an der Unterschrift gehinderten …« geschehen (aA ThoPu/*Reichold* Rn 1; unklar Wieczorek/Schütze/*Rensen* Rn 15), zumal Abs 1 S 2 keine Vertretungsregelung ist. Es reicht auch, dass den üblichen Namensvordrucken für die Mitglieder des Spruchkörpers an der betreffenden Stelle ein Zusatz angefügt »... ist an der Unterschrift wegen … verhindert« und dieser Zusatz vom Vorsitzenden (neben seiner »normalen« Unterschrift) zusätzlich unterschrieben wird. *Insoweit* reicht zumindest bei eindeutiger Zuordnung auch eine Paraphe des Vorsitzenden aus, da Abs 1 S 2 eine Unterschrift des Vorsitzenden gerade nicht zwingend voraussetzt (vgl auch BGH VersR 84, 287). 6
Der Vermerk muss zunächst die **Tatsache der Verhinderung** und **Art und Grund der Verhinderung** enthalten. Das setzt voraus, dass sich der Vorsitzende von dem Grund Kenntnis verschafft, sonst ist der Verhinderungsvermerk unwirksam (BAG NJW 10, 2300, 2301). Die Unterschrift des Vorsitzenden mit dem Zusatz »zugleich für die an der Unterschriftsleistung gehinderten« Beisitzer ohne weitere Angaben von Gründen reicht für die Ersetzung nicht aus (BGH VersR 84, 287). Allgemeine Floskeln wie »Abwesenheit« oder »Nichterreichbarkeit« genügen ebenfalls nicht (Frankf OLGR Frankf 96, 34; Zö/*Vollkommer* Rn 1), da sie im Grunde nur die Verhinderung als solche kennzeichnen. Ausreichend ist die Angabe »wegen Krankheit«, wobei nähere Angaben zu Art und Ausmaß der Erkrankung entbehrlich sind (für »Urlaub« NJW-RR 94, 1406; s. aber Rz 8). Die Gründe müssen lediglich so genau bezeichnet sein, dass das Rechtsmittelgericht überhaupt prüfen kann, ob sie geeignet sind, eine tatsächliche oder rechtliche Verhinderung zu begründen. Die **Angabe des Grundes** muss aber keine Prüfung dahingehend ermöglichen, ob es dem Richter in concreto tatsächlich unmöglich war, die Unterschrift zu leisten, denn eine solche Prüfung nimmt das Rechtsmittelgericht nicht vor (BGH NJW 61, 782; 79, 663 f; 80, 1849, 1850; BAG NZA 00, 54, 55), weil die tatsächlichen Unsicherheiten ob dieser Nachprüfung das Rechtsmittelverfahren und den Bestand des Urteils über Gebühr belasteten; fehlt aber der Vermerk, kann das Revisionsgericht nachprüfen (BGH NJW 79, 663 f). Bei der Angabe »Urlaub« muss daher nicht die Dauer des Urlaubs angegeben werden. Willkürliche Angaben oder Erwägungen sind aber – wie auch sonst – unzulässig und begründen einen Verfahrensmangel (BAG NZA 00, 54, 55). Die Angabe des Grundes schließt die Mitteilung des Umstands der Verhinderung ein (BGH NJW 61, 782), sodass zB der vom Vorsitzenden gezeichnete Zusatz »Richter X ist im Urlaub« für Abs 1 S 2 genügte.
Ist der Vorsitzende selbst verhindert, so hat der älteste Beisitzer den Vermerk aufzunehmen. Abs 1 S 2 bezieht sich entsprechend §§ 21f II, 197 GVG auf das Dienstalter, nur hilfsweise auf das Lebensalter (Musielak/*Musielak* Rn 7; B/L/A/H Rn 5; aA St/J/*Leipold* Rn 10 Fn 18), was freilich nicht unbedingt der Einfachheit dient. Sind in einem Kollegium sowohl der Vorsitzende als auch der älteste Beisitzer verhindert, fügt der jüngste Beisitzer (neben seiner eigenen Unterschrift) den Vermerk im Hinblick auf die beiden anderen an (BGH VersR 92, 1155). Das kann auch ein Richter auf Probe sein (BGH aaO).

III. Übermittlung des Urteils an die Geschäftsstelle (Abs 2). Abs 2 meint nur »Stuhlurteile« bzw solche »am Ende der Sitzung«, bei denen die Verkündung noch im Schlusstermin erfolgt (§ 310 Rz 4). Urteile, deren Verkündung in einem besonderen »VT« erfolgen, müssen wegen § 310 II bei Verkündung vollständig abgefasst sein. 7
Abs 2 S 1 verlangt die Übermittlung in vollständiger Form (§ 313). Die Übermittlung kann zukünftig auch die elektronische Übermittlung erfassen (Zö/*Vollkommer* Rn 6); dann dürfte zwar nicht wegen Abs 2, wohl aber wegen Abs 1 die handschriftliche Unterschrift nachzuholen sein. Die Übermittlung muss grds binnen drei Wochen nach Verkündung erfolgen. Die Fristberechnung erfolgt gem § 222, §§ 187 I, 188 II BGB. Bsp: Verkündung, Montag, 1.4.; Eingang bei Geschäftsstelle bis Montag, 22.4., 24 Uhr.

8 Abs 2 S 2 lässt **Ausnahmen** zu. In diesen Fällen ist das Urt zu unterschrieben, aber ohne Tatbestand und Entscheidungsgründe an die Geschäftsstelle zu übermitteln; Abs 2 S 3 verlangt dann die alsbaldige nachträgliche Anfertigung und Übermittlung von Tatbestand und Entscheidungsgründen, die erneut eigens zu unterschreiben sind. Abs 2 steht – a maiore ad minus – nicht entgegen, dass das unterschriebene Urt bereits (nur) den Tatbestand enthält oder (nur) die Entscheidungsgründe; zweckmäßig ist die getrennte Anfertigung von Tatbestand und Gründen aber uU nicht. Nach Abs 2 S 2 soll eine Überschreitung der Drei-Wochen-Frist nur ein Ausnahmefall sein; va Schwierigkeit und Umfang der Sache können eine Verzögerung rechtfertigen. Bei erheblicher, grundloser Verzögerung kommt Beschwerde gem § 252 in Betracht. Wegen der laufenden Frist des § 320 II 3 sollte eine Absetzung des vollständigen Urteils später als drei Monate nach der Verkündung vermieden werden (Zö/*Vollkommer* Rn 6). Nach BGH (GemS NJW 93, 2603, 2604; NJW-RR 07, 141 Tz 9; stRspr mwN) ist eine nachträgliche Anfertigung nach Ablauf der Fünf-Monats-Frist (§§ 517, 548) unstatthaft: Das Urt ist, da nicht mit Tatbestand und Gründen versehen, auf Rechtsmittel aufzuheben (§ 547 Nr 6; BGH NJW 06, 1881; NJW-RR 07, 141 Tz 9).

9 **IV. Verkündungs-/Zustellungsvermerk (Abs 3).** Abs 3 verlangt von dem UdG die Angabe des Verkündungstags oder – in Fällen des § 310 III – des Zustellungstages auf dem Urt. Der Vermerk bezeugt die Übereinstimmung des verkündeten Ausspruchs mit der Urschrift (St/J/*Leipold* Rn 29) und ist daher auf die Urschrift selbst zu setzen und zu unterschreiben. Bei der Zustellung soll das Datum der letzten Zustellung zu vermerken sein (B/L/A/H Rn 14). Richtig wäre wohl eher die Aufnahme der Zustellungsdaten hinsichtlich sämtlicher Zustellungen, denn der Zweck, die Übereinstimmung zwischen der zugestellten Urteilsformel und der Urschrift zu bezeugen, ist insoweit bei jeder Zustellung und hinsichtlich jeder Partei berührt; außerdem tritt beim VV mit erster Zustellung Bindung nach § 318 ein (§ 318 Rz 3). Der Urkundsbeamte muss nicht derjenige sein, der bereits die Verkündung protokolliert oder daran mitgewirkt hatte. Das Fehlen des Vermerks ist unschädlich (BGHZ 8, 303, 308 = NJW 53, 622, 623), da allein die Feststellung der Verkündung im Sitzungsprotokoll die erfolgte Verkündung gem §§ 160 III Nr 7 iVm 165 S 1 beweist (BGH VersR 87, 680; 89, 604; Frankf NJW-RR 95, 511; Brandbg NJW-RR 02, 356, 357).

10 **C. Fehlerfolgen. I. Verstöße gegen Abs 1.** Solange das Urt nicht unterschrieben und nicht verkündet oder zugestellt ist, ist es wie ein Urteilsentwurf zu behandeln (BGHZ 137, 49, 52 f = NJW 98, 609 mwN). **Verkündung.** Das Entwurfsstadium wird aber verlassen, sobald das Urt vom Gericht verkündet wird. Das Fehlen der Unterschrift hindert nicht die Wirksamkeit der Verkündung, auch nicht in den Fällen des § 310 II (BGH NJW 89, 1156, 1157; BGHZ 137, 49, 52 f = NJW 98, 609; BGH NJW-RR 98, 1065; NJW 06, 1881 Tz 13). Die fehlende Unterschrift eines mitwirkenden Richters kann bis zum Ablauf der Fünf-Monats-Frist **nachgeholt** werden, auch nach Einlegung des Rechtsmittels (BGH NJW 55, 1919, 1920). Hat fälschlicherweise ein an der Entscheidungsfindung unbeteiligter Richter unterschrieben, ist dies wie das Fehlen der Unterschrift des zur Unterschrift verpflichteten Richters zu beurteilen. Die unrichtige Unterschrift ist zu streichen. War der Richter, der fälschlich unterschrieben hatte, auch im Rubrum aufgeführt, so ist diese Angabe im Wege eines Berichtigungsbeschlusses (§ 319) zu korrigieren (Ddorf NJW-RR 95, 636, 637). Ist die Nachholung im Entscheidungszeitpunkt über das Rechtsmittel noch nicht erfolgt, so ist das Urt wegen des Verstoßes gegen § 315 I aufzuheben (BGH NJW 77, 765); umgekehrt kann die Nachholung ein allein auf den Verfahrensmangel gestütztes Rechtsmittel zum Scheitern bringen (ggf Erledigung des Rechtsmittels. In den Fällen (Rz 5), in denen das gesamte Kollegium oder der Einzelrichter an der Unterschrift gehindert sind, wird das Urt wirksam und ist wie gewöhnlich auszufertigen und zuzustellen; auf Rechtsmittel ist es aber aufzuheben (Kobl VersR 81, 688). Genügte der Verhinderungsvermerk nicht den Anforderungen des Abs 1 S 2, so ist dies wie eine fehlende Unterschrift des verhinderten Richters zu beurteilen (BGH NJW 80, 1849 f).

Zustellung. § 317 verlangt die Angabe der Unterschriften unter der Ausfertigung. Die fehlende **Wiedergabe** der tatsächlich geleisteten Unterschriften macht die Zustellung der Ausfertigung unwirksam und setzt keine Rechtsmittelfristen in Gang (BGH NJW-RR 87, 377); maßgebend für die Frage des Vorliegens eines wesentlichen Mangels, der die Zustellung unwirksam macht ist, ist die Ausfertigung, nicht die Urschrift (BGH NJW 01, 1653, 1654). Gleichwohl ist noch vor wirksamer Zustellung eine Rechtsmitteleinlegung möglich, wenn die Verkündung bereits erfolgt war. Stimmen die Namen der im Rubrum aufgeführten Richter nicht mit denen der unterschreibenden Richter überein, so ist das Urt mangelhaft ausgefertigt und die Zustellung ebenfalls wirkungslos (RGZ 29, 366, 367; St/J/*Leipold* Rn 19). In den Fällen des § 310 III, in denen die Zustellung konstitutiv wirkt, gilt das Gleiche mit der Maßgabe, dass das Urt gar nicht erst existent wird (Musielak/*Musielak* Rn 10) und daher nur als »Schein«-Urteil Gegenstand eines Rechtsmittelverfahrens werden kann (§ 511 Rz 8). Fehlt die Unterschrift auch auf der Urschrift, so gelten die gleichen Maßstäbe: Das Urt ist mit Verkündung existent, aber ein Rechtsmittelangriff gegen das Urt möglich. Bei § 310 III muss das Urt im Zeitpunkt der Zustellung unterschrieben sein (BGHZ 137, 49, 53; BGH BB 93, 1174; zu § 8 AVAG BGH NJW-RR 98, 141), sonst wird es nicht existent.

II. Sonstige Verstöße. Verstöße gegen Abs 2 bleiben grds unbeachtlich (BGH NJW 84, 2828: Ordnungsvorschrift), es gilt aber Rz 8 (Beschwerde) und die Grenze der Fünf-Monats-Frist (Rz 10). Mängel des Verkündungs- oder Zustellungsvermerks (Abs 3) sind unbeachtlich. 11

D. Anwendungsbereich. Die Vorschrift ist in allen ZPO-Verfahren anwendbar. Das gilt auch bei Verbundurteilen iSd § 629 (§ 142 FamFG nF), die fG-Sachen einbeziehen, iÜ aber nicht für Verfahren nach dem FamFG (MüKoZPO/*Musielak* Rn 2), wohl aber für WEG-Verfahren (B/L/A/H Rn 3) und entsprechend für das Patentgerichtsverfahren (für Abs 1 S 2: BGH NJW-RR 94, 1406, 1407). § 329 I 2 verweist für Beschlüsse nicht auf § 315, gleichwohl ist jedenfalls das Unterschriftserfordernis häufig unverzichtbar (für Insolvenzeröffnungsbeschlüsse BGHZ 137, 49 = NJW 98, 609; näher § 329 Rz 14). Auch die Handelsrichter bei der KfH sind Richter iSd Abs 1 S 1 (BGHZ 42, 163, 175). Im arbeitsgerichtlichen Verfahren gilt Abs 1 beim LAG und BAG (§§ 69 I 1, 75 II ArbGG); auch ein ehrenamtlicher Richter darf den Verhinderungsvermerk anbringen (Abs 1 S 2 iVm §§ 64 VI, 72 V ArbGG). Es ist § 60 ArbGG zu beachten, der Modifikationen ggü § 315 enthält, insb ist die Unterschrift nur durch den Vorsitzenden zu leisten, § 60 IV S 1 ArbGG. Beachte ggü Abs 2 auch § 72b ArbGG. Urteile des LAG können wegen verspäteter Abfassung des Berufungsurteils unter den Voraussetzungen des § 72b ArbGG auf sofortige Beschwerde aufgehoben werden (BAG NJW 07, 1772 Tz 4 ff). 12

§ 316 *(weggefallen)*

§ 317 Urteilszustellung und -ausfertigung.

(1) [1]Die Urteile werden den Parteien, verkündete Versäumnisurteile nur der unterliegenden Partei zugestellt. [2]Eine Zustellung nach § 310 Abs. 3 genügt. [3]Auf übereinstimmenden Antrag der Parteien kann der Vorsitzende die Zustellung verkündeter Urteile bis zum Ablauf von fünf Monaten nach der Verkündung hinausschieben.

(2) [1]Solange das Urteil nicht verkündet und nicht unterschrieben ist, dürfen von ihm Ausfertigungen, Auszüge und Abschriften nicht erteilt werden. [2]Die von einer Partei beantragte Ausfertigung eines Urteils erfolgt ohne Tatbestand und Entscheidungsgründe; dies gilt nicht, wenn die Partei eine vollständige Ausfertigung beantragt.

(3) Ausfertigungen, Auszüge und Abschriften eines als elektronisches Dokument (§ 130b) vorliegenden Urteils können von einem Urteilsausdruck gemäß § 298 erteilt werden.

(4) Die Ausfertigung und Auszüge der Urteile sind von dem Urkundsbeamten der Geschäftsstelle zu unterschreiben und mit dem Gerichtssiegel zu versehen.

(5) [1]Ausfertigungen, Auszüge und Abschriften eines in Papierform vorliegenden Urteils können durch Telekopie oder als elektronisches Dokument (§ 130b) erteilt werden. [2]Die Telekopie hat eine Wiedergabe der Unterschrift des Urkundsbeamten der Geschäftsstelle sowie des Gerichtssiegels zu enthalten. [3]3Das elektronische Dokument ist mit einer qualifizierten elektronischen Signatur des Urkundsbeamten der Geschäftsstelle zu versehen.

(6) [1]Ist das Urteil nach § 313b Abs. 2 in abgekürzter Form hergestellt, so erfolgt die Ausfertigung in gleicher Weise unter Benutzung einer beglaubigten Abschrift der Klageschrift oder in der Weise, dass das Urteil durch Aufnahme der in § 313 Abs. 1 Nr. 1 bis 4 bezeichneten Angaben vervollständigt wird. [2]Die Abschrift der Klageschrift kann durch den Urkundsbeamten der Geschäftsstelle oder durch den Rechtsanwalt des Klägers beglaubigt werden.

A. Normzweck und Grundlagen. Die Vorschrift steht im Zusammenhang mit den Regelungen über die Amtszustellung in §§ 166 ff. § 317 regelt sowohl die amtswegige Zustellung des Urteils nach dessen Erlass (Abs 1) als auch, in Abs 2-4, das Verfahren der Herstellung und Erteilung einer Ausfertigung und damit die zugehörigen Aufgaben der Geschäftsstelle. Die **Amtszustellung** der Urteile ist seit 1976 der vorgeschriebene Zustellungsweg, was der Einfachheit, dem zügigen Eintritt der Rechtskraft und Klarheit über die Zustellungspflichten dient (näheres §§ 166 ff) Die Zustellung setzt die Rechtsbehelfs- und mittelfristen der §§ 339, 1

517, 548, 569 in Gang und ist Voraussetzung für eine wirksame Zwangsvollstreckung gem § 750; demgegenüber verlangt § 929 bei Arrest und einstweiligen Verfügungen regelmäßig die Zustellung im Parteibetrieb (§ 929 Rz 12), es sei denn, es handelt sich um deren Anordnung in einem amtswegig zugestellten Urt (BGH NJW 90, 122, 124). Ein VU, das verkündet worden ist, wird aus Gründen der Einfachheit nur der unterliegenden Partei zugestellt (Abs 1 S 1). Abs 1 S 3 ermöglicht das Hinauszögern der Zustellung zum Zwecke von Vergleichsverhandlungen vor dem Hintergrund der mit Zustellung einsetzenden Rechtsmittelfristen. Ausfertigungen und Abschriften vom Urt werden erst erteilt, wenn das Urt verkündet ist, um Irreführungen und den Umlauf von noch unverbindlichen Urteilsentwürfen zu vermeiden (Abs 2 S 1). Abs 3, 4 sind mit dem JKomG eingefügt bzw neu gefasst worden, um den Besonderheiten elektronisch vorliegender Urteile (§ 130b) Rechnung zu tragen.

2 **B. Zustellung von Amts wegen. I. Anforderungen an die zuzustellende Urteilsausfertigung.** Die Zustellung des Urteils erfolgt nicht durch Übermittlung der Urschrift, sondern einer amtlichen Ausfertigung (dazu Abs 2–6, BGH NJW 10, 2519, 2520 Tz 14), die das vollständige Urt einschließlich der Unterschriften enthält (BGH NJW 01, 1653, 1654), die von den nach § 309 mitwirkenden Richter zu leisten sind; anders ist es nur in den Fällen des § 313b II iVm VI. Die zum Zweck der Zustellung erstellte Ausfertigung muss die Urschrift im wesentlichen wortgetreu und richtig wiedergeben (BGH NJW 01, 1653, 1654; vgl BGHR 2006, 1115; BGH ZPO § 317 I Urteilsausfertigung 1 mN; VersR 82, 70); **unwesentliche Abweichungen** von der Urschrift, die nach § 319 berichtigt werden könnten, sind aber unschädlich (BGHZ 67, 284, 286 ff; BGH NJW-RR 06, 1570, 1571 Tz 11), ebenso ggf. das falsche Aktenzeichen (Brandbg NJOZ 09, 1819, 1820). Um die Frist des § 516 in Lauf zu setzen, ist es aber jenseits von Abs 6 nicht ausreichend, wenn lediglich eine abgekürzte Urteilsausfertigung (Abs 2 S 2) zugestellt wird, da der Zustellungsempfänger auf dieser Grundlage nicht entscheiden kann, ob er ein Rechtsmittel einlegen möchte (BGHZ 138, 166, 168; BGHR 02, 257; BGH NJW-RR 91, 255; ZIP 93, 74, 75). Für die Frage der Zustellung als Voraussetzung für den Beginn der Rechtsmittelfrist kommt es entscheidend auf die äußere Form und den Inhalt der zur Zustellung verwendeten Ausfertigung an; bei Abweichungen zwischen Urschrift und Ausfertigung ist allein die Ausfertigung maßgeblich, weil sie allein nach außen in Erscheinung tritt und die beschwerte Partei ihre Rechte nur anhand der Ausfertigung wahrnehmen kann und muss (RGZ 82, 422, 424; BGH NJW 01, 1653, 1654; vgl St/J/*Leipold* Rn 18). Beglaubigte Abschrift reicht nicht aus (BGH MDR 11, 65; BGHZ 186, 22, Tz. 18 ff. = NJW 10, 519).
Der **UdG** darf vor Zustellung unwesentliche Unrichtigkeiten der Ausfertigung (nicht des Originalurteils) analog § 319 selbst berichtigen; verweigert er dies oder die Erteilung der Ausfertigung insgesamt, ist Erinnerung (§ 573) statthaft. Die Zustellung des Urteils vor dessen Verkündung ist unwirksam (§ 3 Rz 17). Zu den Fällen des § 315 II 2, in denen notfalls ohne Tatbestand und Entscheidungsgründe zuzustellen ist, s. § 315 Rz 5; aA Musielak/*Musielak* Rn 4: nur Parteizustellung). Die zugestellte Ausfertigung muss die Unterschriften der Richter wiedergeben (BGH NJW 78, 217;); es muss deutlich werden, dass die Urschrift unterzeichnet ist (§ 315 I). Wiedergabe der Richternamen in Klammern genügt nicht (BGH NJW 75, 781), wohl aber der den Richternamen angefügte Zusatz »gez« oder maschinenschriftliche Wiedergabe ohne Klammern (Musielak/*Musielak* Rn 4). Eine Unleserlichkeit in Teilen oder geringfügige Auslassungen können für die Wirksamkeit der Zustellung unschädlich sein (BGH NJW-RR 05, 1658; NJW 01, 1653, 1654), nicht aber das Fehlen einer oder mehrerer ganzer Seiten (BGHZ 138, 166, 169 = NJW 98, 1959, 1960). Zustellungsmängel setzen die Fünf-Monats-Frist (§§ 517, 548) in Lauf.

3 **II. Zustellungsadressat.** Abs 1 S 1 verlangt Zustellung des Urteils an beide Parteien, bei Streitgenossenschaft jeweils an alle **Streitgenossen**. Die Zustellung ist Aufgabe der Geschäftstelle (§ 168). Gegenüber einem Nebenintervenienten genügt eine formfreie Übermittlung des Urteils (BGH NJW 86, 257), nicht aber ggü dem streitgenössischen Nebenintervenienten (§ 69 Rz 9). Ist das Urt dem einfachen Streithelfer gleichwohl zugestellt worden, so setzt dies keine gesonderte Rechtsmittelfrist für diesen Streithelfer in Gang (BGH NJW 86, 257; 90, 190 f mwN); seine Rechtsstellung bleibt immer von derjenigen der Hauptpartei abhängig. Für Beigeladene im Kapitalmusterverfahren gilt § 14 I 3 KapMuG. Wurde eine notwendige Beiladung versäumt, so ist der beizuladenden Person das Urt trotzdem zuzustellen (BGHZ 89, 121, 124 f im Falle des § 640e; St/J/*Leipold* Rn 7). Bei Vertretung durch einen RA oder sonstigen Prozessbevollmächtigten ist das Urt an diesen zuzustellen; ist der Vertreter mangels Vollmacht zurückgewiesen worden, ist an die Partei selbst zuzustellen (Zweibr MDR 82, 586). Bea § 87 I, wonach im Anwaltsprozess die Vollmacht bis zur Bestellung eines neuen Anwalts fortwirkt, sodass Zustellungen an den bisherigen Anwalt erfolgen müssen.

Ein verkündetes VU wird nur der unterliegenden Partei zugestellt, nicht dagegen ein unechtes VU (vgl § 330 Rz 17).
Bei AU und VU ohne mündliche Verhandlung genügt gem Abs 1 S 2 Zustellung nach § 310 III; es bedarf also keiner Verkündung, um die mit Zustellung verbundenen Wirkungen auszulösen. Die Rechtsmittel- und Einspruchsfrist beginnt bei den Urteilen iSd § 310 III erst mit der letzten Zustellung (§ 310 Rz 7).

III. Hinausschieben der Zustellung (Abs 1 S 3). Auf übereinstimmenden Parteiantrag kann der Vorsitzende die Zustellung hinausschieben. Das gilt nur für verkündete Urteile, nicht solche des § 310 III (falls die Parteien überhaupt schon vorab von der beabsichtigten Zustellung Kenntnis erlangt haben sollten). Der Antrag der Parteien ist unwiderruflich und unterliegt dem Anwaltszwang, da es sich um eine Prozesshandlung handelt. Er kann schon vor der Verkündung gestellt werden. Ein »übereinstimmender« Antrag muss nicht zwingend in einem Antragsschreiben zusammengefasst sein. Beantragt eine Partei ein Hinausschieben, reicht es aus, dass die andere Partei bei einer ihr vom Gericht gewährten Möglichkeit der Stellungsnahme ihr Einverständnis erklärt. Sind die Anträge der Parteien jeweils auf unterschiedliche Zeiträume gerichtet, so ist der kürzere Zeitraum für das Hinausschieben maßgeblich. Die **oberste Zeitgrenze** ist fünf Monate nach der Verkündung (arg §§ 517 S 2, 548 S 2). Abs 1 S 3 ist als »Kann«-Vorschrift formuliert; der Richter muss aber dem Antrag, auch hinsichtlich einer beantragten Zeitspanne, stattgeben, da Abs 1 S 3 allein im Parteiinteresse besteht. Das Hinausschieben erfolgt durch Verfügung ggü der Geschäftsstelle und sodann formlose Mitteilung durch die Geschäftsstelle an die Parteien. Einer Begründung bedarf die Bejahung des Aufschubs nicht (aA B/L/A/H Rn 5: kurze Begründung). Eine Versagung des Hinausschiebens ist mit sofortiger Beschwerde angreifbar (§ 567 I Nr 2). Ein gewährter Aufschub kann nachträglich verlängert werden, § 224 II. Unzulässig ist das Hinauszögern wegen der beteiligten öffentlichen Interessen in Ehe-, Familien- und Kindschaftssachen (§§ 618, 621c, 640 I aF, jetzt allgemein Bekanntgabe nach § 15 FamFG nF). Zum ArbGG unten Rz 10. 4

C. Ausfertigung. I. Zeitpunkt und Inhalt (Abs 2). Gemäß Abs 2 S 1 dürfen Ausfertigungen, Auszüge oder Abschriften vor Verkündung und Unterschrift sämtlicher (§ 309) Richter nicht erfolgen, da das Urt zu diesem Zeitpunkt das Entwurfsstadium noch nicht verlassen hat. Gleiches gilt für eine gem § 310 III erforderliche Zustellung. Die **verfrühte Erteilung** einer Ausfertigung ist unzulässig; ebenso ist die verfrühte Zustellung des Urteils unwirksam. Der Mangel wird durch die nachfolgende Verkündung nicht geheilt (BGH NJW-RR 93, 956); fehlender Verkündungsvermerk schadet aber nicht. Ausfertigungen, die auf Parteiantrag erteilt werden, werden ohne Tatbestand und Entscheidungsgründe ausgestellt (Abs 2 S 2); die übrigen Urteilstatbestandteile sind jedoch unverzichtbar. Anders ist es, wenn die Partei gesondert eine vollständige Ausfertigung des (ihr vAw bereits zugestellten) vollständigen Urteils beantragt. Das ist aber nicht durch Annahme eines stillschweigenden Antrags zum Regelfall zu machen (in diese Richtung aber B/L/A/H Rn 9). 5

II. Herstellung und Unterschrift (Abs 3–4). Die Erteilung der Ausfertigung erfolgt durch die Geschäftsstelle des erkennenden Gerichts (§ 168), kann aber auch durch eine andere Geschäftsstelle erfolgen, wenn dort die Urschrift des Urteils vorliegt (BAG AP Nr 1). Die Ausfertigung ist von dem UdG zu unterschreiben und mit dem Gerichtssiegel zu versehen. Für die Unterschrift gelten die gleichen Anforderungen wie bei der Unterschrift des Richters (§ 315 Rz 4; zum FGO-Verfahren BFH/NV 06, 1317), mit der Maßgabe, dass der Name des UdG für einen Außenstehenden nicht erkennbar sein muss (vgl Frankf OLGR 98, 333); es muss aber deutlich werden, dass die Ausfertigung von einem UdG unterzeichnet wurde (BGH VersR 71, 470; NJW 75, 781); zum elektronischen Dokument Rz 8. Das Gesetz stellt für den Ausfertigungsvermerk keine über die Mindestanforderungen des Abs 4 (Unterschrift, Gerichtssiegel) hinausgehenden Erfordernisse auf (BGH NJW 07, 3640, 3641 f Tz 21). Der Ausfertigungsvermerk des Urkundsbeamten der Geschäftsstelle braucht deshalb keine **Datumsangabe** zu enthalten (BGH VersR 85, 503; NJW 07, 3640, 3641 f Tz 21). Verfügt der Vermerk umgekehrt über einen Datumsvermerk, aus dem sich ergibt, dass er vor Verkündung angebracht wurden, dann ist eine mit dieser Ausfertigung bewirkte Zustellung unwirksam (BGH NJW-RR 93, 956). Auch die fehlerhafte oder fehlende Unterzeichnung eines Vollstreckungsbescheids durch den UdG macht die Zustellung unwirksam und setzt keine Einspruchsfrist in Gang (Frankf OLGR 98, 333). 6

1. Besondere Formen der Ausfertigung. Abs 5 erweitert die Möglichkeiten der Erteilung einer Ausfertigung, indem die Vorschrift die Erteilung mittels elektronischen Dokuments oder Telekopie (Fax) zulässt, 7 soweit das Urt in Papierform vorliegt. Die Telekopie muss – auch beim Computerfax – die Unterschrift des UdG und des Gerichtssiegels wiedergeben (Abs 5 S 2). Liegt das Originalurteil als elektronisches Dokument vor, so können gem Abs 3 Ausfertigungen, Auszüge und Abschriften von dem Urteilsausdruck gem § 298 erteilt werden. Vor diesem Hintergrund sind die Ausfertigungsformen des Abs 5 nicht auf das in Papierform vorliegende Urt beschränkt, da eine Übertragung von Papierform in elektronische Form jederzeit möglich ist und umgekehrt (Zö/*Vollkommer* Rn 5a).

8 **2. Elektronisches Dokument.** Geht es um die Erteilung einer Ausfertigung für ein in Papierform vorliegendes Urt durch elektronisches Dokument iSd § 130b, so muss dieses Dokument eine **qualifizierte elektronische Signatur** erhalten (Abs 5 S 3; näher § 298 Rz 5). Für die Übertragung eines Urteils, das in elektronischer Form erstellt ist, in eine Papierform, gilt Abs 3 iVm § 298. Die Ausfertigung muss die Angaben des § 298 II beinhalten; sodann hat der UdG gem Abs 4 den Ausdruck zu unterzeichnen und das Siegel anzubringen. Keiner qualifizierten elektronischen Signatur iSd Abs 5 S 3 bedarf es, wenn das Originalurteil als elektronisches Dokument erstellt wurde und nunmehr elektronisch übermittelt werden soll. Da das Originalurteil bereits qualifiziert elektronisch signiert ist (§ 130b), kann der Empfänger anhand der Signatur überprüfen, ob die ihm übermittelte Fassung mit dem Original übereinstimmt (Musielak/*Musielak* Rn 9).

9 **3. Abgekürzte Urteile (Abs 6).** Bei abgekürzten Urteilen ohne Tatbestand und Entscheidungsgründe iSd § 313b erfolgt die Ausfertigung wie unter Abs 2-5 mit einer beglaubigten Abschrift der Klageschrift (oder Mahnbescheid, § 697 V) oder durch Vervollständigung des Urteils mit dem vollen Urteilskopf, Tag der mündlichen Verhandlung und Unterschriften. Die Vervollständigung darf nicht zu Abweichungen von der Klageschrift führen. Im ersten Fall reicht es aus, die beglaubigte Abschrift auf ein mit der Klageschrift zu verbindendes Blatt zu setzen (wie § 313b II 1). Die Abschrift der Klageschrift kann von dem RA des Klägers beglaubigt und überreicht worden sein; sonst muss sie von dem UdG selbst hergestellt und beglaubigt werden.

10 **D. Anwendungsbereich.** Die Vorschrift ist im WEG-Verfahren anwendbar (B/L/A/H Rn 3); für Beschlüsse gelten gem § 329 I 2 die Abs 2 S 1, Abs 3-4. Im arbeitsgerichtlichen Verfahren gilt gem § 50 ArbGG der Abs 1 S 3 nicht. Die Vorschrift ist auch im finanzgerichtlichen Verfahren zu beachten (für § 155 FGO iVm § 317 IV s. BFH/NV 06, 1317).

§ 318 Bindung des Gerichts. **Das Gericht ist an die Entscheidung, die in den von ihm erlassenen End- und Zwischenurteilen enthalten ist, gebunden.**

1 **A. Normzweck und Grundlagen.** § 318 dient der Rechtssicherheit. Das vom Gericht erlassene Urt wird mit der Verkündung oder Zustellung (§ 310 III) nach außen wirksam und verbindlich. Mit dem Geltungsanspruch des Urteils als einer staatlichen Entscheidung, auf deren Verbindlichkeit sich die Parteien einrichten und einrichten können müssen, wäre es nicht vereinbar, wenn das Gericht seinen Ausspruch jederzeit im Wege einer Selbstkorrektur abändern oder aufheben könnte. Daher schreibt § 318 die Bindung des Gerichts an die eigene Entscheidung vor. Über die Bindung anderer Gerichte verhält sich § 318 nicht.
Die Bindungswirkung ist von der formellen Rechtskraft der Entscheidung unabhängig und tritt ihr vorgelagert bereits mit dem Erlass der Entscheidung ein. Sie ist nicht identisch mit der materiellen Rechtskraft, die auch den Richter eines zweiten Prozesses bindet (St/J/*Leipold* Rn 1); gleichwohl stimmen die Maßstäbe der Bindungswirkung innerhalb der Instanz mit den Vorgaben der materiellen Rechtskraft überein (BGHZ 51, 131, 135, 138; unten Rz 4). Wegen der ausdrücklichen Verankerung in § 318 ist es daher müßig zu entscheiden, ob der Eintritt der materiellen Rechtskraft auch eine Bindung des erlassenden Gerichts bedingt (vgl Rz 14 zu Beschlüssen), sodass es § 318 insoweit nicht bzw nur in der Vorverlagerungswirkung auf den Erlasszeitpunkt bedürfte. Nach § 318 darf das Gericht die Entscheidung nicht abändern oder aufheben und muss sie im weiteren Verfahren zu Grunde legen, solange es in derselben Instanz mit der Sache betraut ist. Dem öffentlichen Interesse an einer Berichtigung fehlerhafter Entscheidungen, das durch § 318 zurückgedrängt wird, ist durch das Rechtsmittel- und Rechtsbehelfsverfahren Rechnung getragen, das es den Parteien in die Hand gibt, ob sie ein Rechtsmittel einlegen (zur ökonomischen Analyse dieser Befugnis Eger/Schäfer/*Wagner* S. 161 ff). Das Verfahren nach den §§ 319–321 lässt einzelne Ergänzungen und technische Korrekturen zu, die den **Autoritätsanspruch** des Urteils nicht in Frage stellen. § 321 erlaubt Ergänzungen nur insoweit, als ein Antrag übergegangen und gerade nicht zum Gegenstand der Entscheidung gemacht worden ist.

B. Voraussetzungen. I. Gericht. Gebunden ist das Gericht, dh der Spruchkörper, der das End- oder Zwischenurteil erlässt. Das schließt die Bindung des Kollegiums an Entscheidungen des Einzelrichters nach Rückübertragung ein (KG JW 25, 1799 Nr 3; Zö/*Vollkommer* Rn 14; St/J/*Leipold* Rn 5). Ein Wechsel in der Besetzung des Kollegiums hebt die Bindung nicht auf. § 318 gilt für die Gerichte jeder Instanz. Von § 318 zu unterscheiden ist die Bindung des Rechtsmittelsgerichts an Entscheidungen der unteren Gerichte und umgekehrt die Bindung des unteren Gerichts an die Entscheidung des Rechtsmittelsgerichts (unten Rz 8). Zu § 318 soll auch die Bindung des Instanzgerichts an eigene Entscheidungen nach Zurückverweisung gehören (Rz 8). 2

Die **Bindung** gilt für End- und Zwischenurteile (§§ 300, 303), darunter auch für Grundurteile (§ 304). Nichturteile, die den bloßen Schein eines Urteils schaffen (vor §§ 300 ff Rz 11), binden nicht. Nicht lediglich fehlerhafte, sondern wirkungslose Urteile (vor §§ 300 ff Rz 12) sind dagegen von § 318 erfasst, allerdings nur in Gestalt des Aufhebungs- und Änderungsverbots (Rz 5), und nicht iSd Abweichungsverbots (in diese Richtung auch Musielak/*Musielak* Rn 9), da das Urt entsprechend auch nicht der materiellen Rechtskraft fähig wäre (§ 322 Rz 18). Zu beachten ist, dass auch Teilurteile (§ 301) Endurteile sind (BGH NJW 67, 1231; § 301 Rz 1); die Bindung beim Teilurteilen leuchtet auch sachlich ein, da Teil- und Schlussurteil nicht zwei voneinander unabhängigen Endurteilen gleichgestellt werden können (Musielak/*Musielak* Rn 5). Zum Vorbehaltsurteil unten Rz 11 und die Erläuterungen zu § 302.

II. Erlass. Die Bindung tritt ab Erlass ein, also mit Verkündung oder Zustellung (§ 310 III) (BGH NJW 09, 1422 Tz 3 zur FGO: frühestens mit Bekanntgabe). In den Fällen des § 310 III reicht dafür anders als bei § 317 Rz 3 die Zustellung an eine Partei aus (BGHZ 32, 370, 375). Bei einem VU gem § 331 III beginnt die Bindung unter diesen Prämissen erst mit dieser ersten Zustellung, nicht schon mit Übergabe an Geschäftsstelle (zum Meinungsstand mwN, aber im Erg offen Stuttgart 26.09.11 – 5 U 85/11 – juris; aA LG Stuttgart AnwBl 81, 197, 198; *Rau* MDR 01, 794, 795; B/L/A/H Rn 4). 3

III. Bindung. Die Bindung äußert sich in einem Aufhebungs- bzw Änderungs- und einem Abweichungsverbot. Die Bindung betrifft nicht das Urt insgesamt einschließlich von tatsächlichen Feststellungen und rechtlicher Würdigung, sondern nur den eigentlichen Ausspruch selbst, wobei die Entscheidungsgründe aber den Umfang der Bindung konkretisieren können (insb bei Klageabweisung, § 322 Rz 67). Die Bindungswirkung entspricht damit der materiellen Rechtskraft des § 322 (BGH NJW 91, 1116, 1117; 94, 1222 f; 01, 78, 79), auf deren Kommentierung verwiesen wird. Auf den subjektiven Umfang der Rechtskraft (§ 325 Rz 5) kommt es nicht an, da § 318 allein die Bindung des Gerichts beschreibt. 4

1. Aufhebungs- und Änderungsverbot. Das Gericht darf die einmal erlassene, auch eine inhaltliche falsche Entscheidung außerhalb des Verfahrens nach §§ 319–321 nicht selbst abändern oder ergänzen (näher *Lüke* JuS 00, 1042, 1043). Dieses Verbot betrifft sowohl eine eigenmächtige Änderung der ursprünglichen Entscheidung als auch den Erlass einer Entscheidung, in der die Entscheidung aufgehoben oder abgeändert wird (BGHZ 44, 395, 297 zur Rechtsmittelzulassung) oder ohne Bezugnahme auf das ursprüngliche Urt ein neues Urt hinsichtlich desselben Streitgegenstands erlassen wird. Zu besonderen Prozesssituationen unten Rz 10 ff. Die Möglichkeit der Parteien, die Bindung des Gerichts durch Vereinbarung abzubedingen, wird gemeinhin verneint (*Baumgärtel* MDR 69, 173; ThoPu/*Reichold* Rn 5; St/J/*Leipold* Rn 9; Zö/*Vollkommer* Rn 10, aA Schlosser Parteihandeln S. 16 ff; vgl Wagner S. 340 f). Eine **eigenmächtige Selbstkorrektur** wider den Vertrauensschutz der Parteien wäre aber in einer Entscheidungskorrektur mit Zustimmung der Parteien gerade nicht zu sehen; daher lässt sich das Fehlen der Dispositionsbefugnis allenfalls mit einem übergeordneten, öffentlich-rechtlich geprägten Autoritätsanspruch der gerichtlichen Entscheidung begründen. Die Bindung entfällt auch nicht dann, wenn das Gericht zwischenzeitlich **neue Erkenntnisse** gewonnen oder sich die **höchstrichterliche Rechtsprechung** geändert hat (s. aber Rz 8). Ist der Urteilsausspruch unklar, sprachlich missraten oder nicht der Zwangsvollstreckung zugänglich, so ändert dies an der Bindung grds nichts (vgl auch St/J/*Leipold* Rn 10); außerhalb des auf offensichtliche Unrichtigkeiten beschränkten § 319 darf das Gericht keine Klarstellung vornehmen. Ob die Bindung auch dann besteht, wenn das Urt aufgrund der Widersprüchlichkeit und Unklarheit ausnahmsweise nicht der materiellen Rechtskraft fähig ist (§ 322), wird wohl nur für das Abweichungsverbot (Rz 6) zu verneinen sein. Die Parteien können im Streitfalle ggf Feststellungsklage betreffend die Auslegung des Urteils erheben (§ 256). Zulässig sein soll aber eine Urteilsergänzung, die nach der Unterbrechung durch den Tod einer Partei zwischen Urteilserlass und Rechtsmitteleinlegung die Rechtsnachfolge feststellt (RGZ 68, 247, 256). 5

6 **2. Abweichungsverbot.** Die positive Seite der Bindung besteht darin, dass das Gericht die Entscheidung im weiteren Verlauf des Verfahrens in der Instanz zugrunde legen muss und nicht von ihr abweichen darf. Dieses Abweichungsverbot betrifft praktisch va die nicht instanzabschließenden und den Streitstoff nicht umfassend erledigenden Entscheidungen, dh Teil-, Vorbehaltsurteil (Rz 11) und Zwischen(grund-)urteil. Ob das Gericht zwischenzeitlich zu der Auffassung gelangt ist, seine frühere Entscheidung sei fehlerhaft, ist unerheblich. Eine Aufteilung der durch Zwischenurteil bestimmten Sicherheitsleistung auf die einzelnen Klageansprüche ist unzulässig (Frankf OLGZ 70, 172, 173; Zö/*Vollkommer* Rn 11). Weiteres Vorbringen zu dem Gegenstand der Entscheidung ist unzulässig und für das weitere Verfahren unbeachtlich (§ 303 Rz 8, § 304 Rz 22). Von dem Grundsatz, dass die Bindung nicht die Urteilsbegründung erfasst, ist auch dann keine Ausnahme zu machen, wenn sich aus den Gründen des Urteils ergibt, dass das Gericht in seinem Teilurteil nur wegen des Vorbehalts der Aufrechnung einen weiteren nach seiner Auffassung begründeten Anspruch nicht zuerkannt hatte (BGH NJW 67, 1231, 1232).

Keine Bindung besteht, wenn das vorangegangene Urt aus prozessualen Gründen nicht ergehen durfte. Ein Zwischenurteil, das nach § 303 nicht zulässig ist, bindet das Gericht daher nicht (BGHZ 8, 383, 385). Die Bindung an ein zulässiges Zwischenurteil bleibt aber bestehen, wenn das Endurteil aufgehoben und das Verfahren an die untere Instanz zurückverwiesen wird, ohne das Zwischenurteil aufzuheben (RGZ 35, 407, 408; St/J/*Leipold* § 303 Rn 13). Bei einer Stufenklage erfasst die Bindung einer Verurteilung zur Auskunft oder zur eidesstattlichen Versicherung nicht den Rechtsgrund des Hauptanspruchs (BGHZ 107, 236, 242 = NJW 89, 2821). Stellt sich nachträglich heraus, dass kein Hauptanspruch besteht und deshalb auch kein Auskunftsanspruch gegeben war, so weist das Gericht die Klage gleichwohl ohne Aufhebung der Urteile auf erster und zweiter Stufe ab. Darüber hinaus kann die Bindung nicht solche Entscheidungsgegenstände betreffen, die ihrer Natur nach nur zu einem gegebenen Zeitpunkt beurteilt werden können, zB bei Feststellung der Prozessfähigkeit.

7 **C. Bindung im Instanzenzug.** Die Bindung des Ausgangsgerichts gilt bis zur Aufhebung der die Bindung begründenden Entscheidung im Instanzenzug (BGHZ 106, 219, 221 = NJW 89, 1486, 1487); das Abweichungsverbot ist regelmäßig nach dem Erlass einer instanzbeendigenden Entscheidung funktionslos, da keine weitere Entscheidung vom Spruchkörper zu treffen ist (s. aber Rz 8; vgl St/J/*Leipold* Rn 5 f). Die Bindung eines Gerichts kann sich im Zusammenhang mit dem Instanzenzug aber auch aus anderen Gründen als § 318 ergeben.

8 **I. Bindung der Vorinstanz an Urteile des Rechtsmittelgerichts.** Die Vorinstanz ist an Urteile des Rechtsmittelgerichte, die das angefochtene Urt aufheben und zurückverweisen, gem § 563 II gebunden; diese Regel findet als allgemeiner Grundsatz auch zwischen Berufungsgericht und 1. Instanz Anwendung (BGHZ 51, 131, 135; NJW 92, 2831, 2832). Die Bindung erfasst insoweit unabhängig von § 318 auch die **rechtliche Beurteilung** der Sache, selbst wenn sie aus Sicht des Untergerichts verfehlt ist (BGH MDR 94, 1144, 1145 Zö/*Vollkommer* Rn 14). Keine Bindung besteht aber, wenn sich die Sachlage geändert hat, sodass die rechtliche Beurteilung den gegenständlichen Sachverhalt nicht mehr trifft (BGH NJW 85, 2029, 2030), oder wenn sich die höchstrichterliche Rechtsprechung geändert hat (BGHZ GemS 60, 392, 396 ff = NJW 73, 1273, 1274). Die Bindung des § 318 soll nach Zurückverweisung hinsichtlich solcher Entscheidungen bestehen bleiben, die nicht aufgehoben wurden (RGZ 35, 40; Zö/*Vollkommer* Rn 14); das ist folgerichtig, wenn und weil die instanzbeendigende Entscheidung dann durch Aufhebung und Zurückverweisung weggefallen ist und das Verfahren gleichsam in die Ausgangslage zurückversetzt wurde.

9 **II. Bindung des Rechtsmittelgerichts.** Das Rechtsmittelgericht ist wegen seiner Funktion als Kontrollinstanz niemals an Entscheidungen unterer Instanzen auf der Grundlage des § 318 gebunden. Soweit der Prüfungsmaßstab eingeschränkt ist (§§ 512, 557 II oder wegen Beschränkung des Rechtsmittels), beruht die darin begründende Bindung an das Urt nicht auf § 318 (BGH NJW-RR 87, 249, 250; Zö/*Vollkommer* Rn 14). Vgl auch § 552a. Davon zu unterscheiden ist die Bindung des Rechtsmittelgerichts an eigene Teil- und Zwischenurteile, die sich wiederum aus § 318 ergibt. Nach Auffassung des BGH ist das Berufungsgericht bei einer Aufhebung und Zurückverweisung des erstinstanzlichen Urteils darüber hinaus an die dem Aufhebungsurteil zugrunde liegende rechtliche Beurteilung gebunden, wenn erneut Rechtsmittel gegen das (zweite) Endurteil der Unterinstanz eingelegt wird (NJW 92, 2831, 2832). Diese Bindung ergibt sich **nicht aus § 318** (so wohl auch BGH NJW 92, 2831, 2832 f), der sich nicht auf die rechtliche Begründung erstreckt, sondern aus einer entsprechenden Anwendung des § 563 II und aus dem Gedanken des Vertrauensschutzes (BGHZ 60, 392, 396 f; BAG NJW 95, 97, 2343 (nur LS) = NZA 97, 821, 822; St/J/*Leipold*

Rn 7; Zö/*Vollkommer* Rn 14). Die Bindung kann aber nur die tragende Begründung erfassen (BGH MDR 05, 1241) und muss bei einer Änderung der höchstrichterlichen Rechtsprechung hinfällig werden, weil das Urt des Berufungsgerichts andernfalls sehenden Auges auf eine Aufhebung in der Revision zusteuerte. Keine Bindung an irrtümlich unterbliebene Berufungszulassung, wenn sich Divergenz zur Rspr schon aus den Gründen ergibt, das Rechtsmittelgericht muss dann die Zulassung nachholen (BGH NJW-RR 11, 1079 Tz. 14).

D. Besondere Prozesslagen. I. Grundurteil. Bei einem Grundurteil gelten die Grundsätze § 304 Rz 22. 10 Die Bindungswirkung erfasst den Anspruch, der im Zeitpunkt der letzten mündlichen Verhandlung des Grundverfahrens zur Entscheidung gestellt ist, nicht aber eine nachträgliche Klageänderung oder -erweiterung (BGH NJW 85, 496). Eine Bindung an Ausführungen zur Betragshöhe im Grundurteil besteht nicht (BGH NJW-RR 05, 1157, 1158).

II. Vorbehaltsurteil. Das Vorbehaltsurteil begründet kraft Natur der Sache eine Modifikation des Aufhe- 11 bungs- und des Abweichungsverbots; die Bindung umfasst die Zulässigkeit und die Begründetheit der Klage (abgesehen von der Aufrechnung); sie soll aber auch die Zulässigkeit der Aufrechnung erfassen, jedenfalls soweit das Gericht im Urt die Zulässigkeit der Aufrechnung bejaht hat (so BGH NJW 79, 1046, zw, dazu oben § 302 Rz 13). Im Urkundenprozess besteht die Bindung an das Vorbehaltsurteil insoweit, als dies nicht auf den Beschränkungen des Urkundsverfahrens beruht (BGHZ 158, 69, 72 = NJW 04, 1159, 1160; § 600 Rz 6 f).

III. Einstweiliger Rechtsschutz. Die Bindung gilt unmittelbar auch für Urteile (§ 937) im Arrest- und 12 einstweiligen Verfügungsverfahren. §§ 927, 936 lassen jedoch Änderungen aufgrund veränderter Umstände zu. Der über einen Schadensersatzanspruch nach § 945 entscheidende Richter ist an Entscheidungen, die er als Arrestrichter getroffen hat, schon deshalb nicht kraft § 318 gebunden, weil der Streitgegenstand ein anderer und das Schadensersatzverfahren als Urteilsverfahren eigenständiger Natur ist (näher § 945 Rz 4).

IV. Sonstige Sonderfälle. Die Gehörsrüge des § 321a beseitigt partiell die Bindung nach § 318 bei nicht 13 anfechtbaren Entscheidungen; denn andernfalls wäre das Gericht nicht in der Lage, die Verletzung des rechtlichen Gehörs durch Fortführung des Verfahrens zu heilen.
Beim VU gibt es wegen § 343 keine Bindung an das VU nach Einspruch. Entsprechendes gilt im Hinblick auf die ein Rechtsmittel verwerfenden Urteile, wenn Wiedereinsetzung in den vorigen Stand gewährt wird.
Gemäß § 16 I 1 KapMuG sind die Prozessgerichte, die das Verfahren zugunsten des Musterentscheids aussetzen, an die Entscheidung des Musterverfahrens gebunden. Diese Bindung beruht nicht auf § 318.
Bei einer Stufenklage gilt Rz 6.

V. Beschlüsse. Für Beschlüsse gilt § 318 grds nicht. Daher kann das Gericht die Entscheidung abändern 14 und korrigieren, solange das Verfahren in seiner Instanz anhängig ist, arg e § 572 I (BGH NJW-RR 06, 1554 Tz 8 f mwN für Beschlüsse nach InsO); die Frage ist str (§ 329 Rz 16). Die Verneinung der Bindung beruht auf einem argumentativen Größenschluss: Was das Gericht gem § 572 I 1 nach Einlegung der sofortigen Beschwerde durch Abhilfe tun kann, soll es auch dann tun können, wenn (noch) kein Rechtsmittel eingelegt ist, und zwar sogar zum Nachteil des Rechtsmittelführers. Die Abhilfemöglichkeit entfällt in den Fällen des § 572 I 2 bei sofortigen Beschwerden gegen Zwischenurteile iSd § 387 III und Nebenentscheidungen im Endurteil; insoweit muss auch ohne Rechtsmitteleinlegung erst recht eine Bindung iSd § 318 eintreten. Zu beachten sind auch Sonderregelungen über die Abänderbarkeit von Beschlüssen (zB §§ 124, 620b I aF, § 54 FamFG nF). Bestimmte Beschlüsse sind für das erlassende Gericht bindend, zB Beschlüsse über die Zurückweisung der sofortigen Beschwerde (BAG MDR 84, 83: § 5 KSchG). §§ 574 f sieht insoweit gerade kein Abhilfeverfahren vor. Beschlüsse, die kraft gesetzlicher Anordnung unanfechtbar (zB § 46 II Hs 1) oder formell rechtskräftig geworden sind und sachliche Entscheidungen enthalten, die materielle Rechtskraft entfalten können (§ 329 Rz 16), weisen idR auch innerprozessuale Bindungswirkung auf (BAG aaO; Zö/*Vollkommer* Rn 9 mwN), wobei man darüber streiten kann, ob diese Wirkung aus § 318 selbst oder aus dem Wesen der Rechtskraft/Unanfechtbarkeit folgt, was aber im Ergebnis keinen Unterschied macht. Das gilt zB für Beschlüsse über die Verwerfung der Berufung nach § 522 I (BGH NJW 91, 1116 f; München MDR 03, 522), Verweisungsbeschlüsse nach §§ 281, 506, Kostenfestsetzungsbeschlüsse (Hambg JurBüro 86, 462), Beschlüsse über die Zurückweisung der Gehörsrüge (§ 321a IV 4). Bei unanfechtbaren Beschlüssen bleibt nur der Weg über die Gehörsrüge, der eine Beschwerde wegen greifbarer Gesetzeswidrigkeit unnötig macht (§ 321a Rz 18).

15 **E. Anwendungsbereich.** Die Vorschrift gilt für alle Urteile in ZPO-Verfahren; nicht im fG-Verfahren (§ 18 FGG aF, § 48 FamFG; Musielak/*Musielak* Rn 2), da hier das öffentliche (Fürsorge-)Interesse meist die Notwendigkeit jederzeitiger Abänderbarkeit begründet, wohl aber im Verbundurteil (§ 629 aF). Für Beschlüsse gilt § 318 nur im Umfang von Rz 14. Im Arbeitsgerichtsverfahren ist § 318 über § 46 II ArbGG anwendbar. Die Vorschrift ist ua auch im Patentverfahren beachtlich (BPatG 15.11.05–33 W (pat) 246/03 – juris). Für Teil- und Grundurteile im strafprozessualen Adhäsionsverfahren gilt § 318 entsprechend, § 406 I 2 StPO, sodass das Zivilgericht an das strafprozessuale Urt gebunden ist.

§ 319 Berichtigung des Urteils.

(1) Schreibfehler, Rechnungsfehler und ähnliche offenbare Unrichtigkeiten, die in dem Urteil vorkommen, sind jederzeit von dem Gericht auch von Amts wegen zu berichtigen.

(2) [1]Der Beschluss, der eine Berichtigung ausspricht, wird auf dem Urteil und den Ausfertigungen vermerkt. [2]Erfolgt der Berichtigungsbeschluss in der Form des § 130b, ist er in einem gesonderten elektronischen Dokument festzuhalten. [3]Das Dokument ist mit dem Urteil untrennbar zu verbinden.

(3) Gegen den Beschluss, durch den der Antrag auf Berichtigung zurückgewiesen wird, findet kein Rechtsmittel, gegen den Beschluss, der eine Berichtigung ausspricht, findet sofortige Beschwerde statt.

Inhaltsübersicht

	Rz
A. Normzweck	1
B. Voraussetzungen	2
I. Urteil	2
II. Unrichtigkeit	3
III. Offenbar	4
C. Kasuistik und Einzelfälle	6
I. Urteilskopf	6
II. Urteilsausspruch	7
III. Rechtsmittelzulassung und -belehrung	8
IV. Inhaltliche Fehler und Verfahrensfehler	9
V. Unterschriften	10
D. Verfahren der Berichtigung	11
E. Wirkungen des Berichtigungsbeschlusses	12
F. Unwirksamkeit und Anfechtung der gerichtlichen Entscheidung	13
I. Unwirksame Berichtigungsbeschlüsse	13
II. Rechtsmittel gegen Berichtigungsbeschlüsse	14
III. Rechtsmittel bei Zurückweisung der Berichtigung	15
G. Anwendungsbereich	16
H. Kosten/Gebühren	17
I. Gericht	17
II. RA	18

1 **A. Normzweck.** Zur Thematik vgl Proske. Mit Hilfe des durch § 319 ermöglichten Berichtigungsbeschlusses soll es ermöglicht werden, eine Verfälschung des Richterspruchs, dh des vom Gericht in Wahrheit gewollten Entscheidung, durch »technische Fehlleistungen« und »banale Irrtümer« zu verhindern (BVerfG NJW 92, 1496; BGHZ 127, 74, 79 = NJW 94, 2832; BGH FamRZ 03, 1270). Das Berichtigungsverfahren stellt eine Ausnahme von der Bindung des Gerichts gem § 318 dar. Es ist nicht dazu da, die Entscheidung über übergangene Anträge und Ansprüche nachzuholen (dafür § 321) und Fehlentscheidungen oder gedankliche Fehler vAw inhaltlich zu korrigieren. Letzteres ist allein Aufgabe des Rechtsmittelverfahrens. Vielmehr soll dem vom Gericht erkennbar Gewollten (Hamm MDR 77, 760) zur Geltung verholfen werden, indem (lediglich) offenkundige Unrichtigkeiten beseitigt werden. Das dient im Ergebnis der Klarheit hinsichtlich des Urteilsinhalts und damit der Rechtssicherheit. Erhält das Gericht Kenntnis, ist es zur Berichtigung verpflichtet (Hamm NJW-RR 86, 187, 188). Tatbestandsberichtigungen erfolgen nach Maßgabe des § 320 und sind von § 319 zu unterscheiden. Mängel des nicht anfechtbaren Urteils, die auf der Verletzung rechtlichen Gehörs beruhen, sind mit der Gehörsrüge anzugreifen, § 321a.

2 **B. Voraussetzungen. I. Urteil.** Abs 1 meint Urteile jeglicher Art (End,- Teil, Zwischen-, Vorbehaltsurteil); zur entsprechenden Anwendung auf Beschlüsse s.u. Rz 16.

3 **II. Unrichtigkeit.** Abs 1 setzt zunächst eine Unrichtigkeit des Urteils voraus. Die in Abs 1 genannten Schreibfehler und Rechnungsfehler sind nur Beispiele für eine solche Unrichtigkeit. Das Urt ist unrichtig, wenn es nicht das zum Ausdruck bringt, was das Gericht im Zeitpunkt der Urteilsfällung und -abfassung gewollt hat. Es ist also der **wahre Wille des Gerichts** zu ermitteln, lässt er sich nicht feststellen, so kann keine Berichtigung erfolgen (Zweibr FamRZ 82, 1030, 1031; LAG Hamm BB 81, 795 LS). Dabei kommt es nicht darauf an, ob die Unrichtigkeit auf einem Fehler des Gerichts oder der Parteien oder eines Dritten

beruht (Ddorf OLGZ 70, 126, 128; Hamm JurBüro 89, 693; LAG München MDR 85, 170, 171; aA KG OLGZ 13, 152, 153; *Bull* Rpfleger 57, 401), denn das Interesse an Berichtigung und Selbstkorrektur besteht in allen Fällen. Unerheblich ist, ob das Gericht etwas anderes gewollt *hätte*, wenn es einen weiteren Umstand (zB eine bestimmte höchstrichterliche Rechtsprechung) bedacht *hätte*. Abs 1 meint also nur **reine Verlautbarungsmängel**, nicht aber Fehler in der Willensbildung (BGHZ 106, 370, 373 = NJW 89, 1281; 85, 742; BGHZ 127, 74, 79 = NJW 94, 2832, 2833; FamRZ 03, 1270). Der Verlautbarungsmangel kann zB auch darin liegen, dass die Klage im Tenor abgewiesen wird, obwohl das (offensichtlich) nach den Entscheidungsgründen nicht gemeint war und umgekehrt. Dies deckt sich mit der Abgrenzung zwischen § 119 I BGB und § 119 II BGB (PWW/*Ahrens* § 119 Rn 23 ff). Die Unterscheidung zwischen Verlautbarungsmangel und Fehler in der Willensbildung ist theoretisch sauber, wird aber in der Praxis nicht immer scharf gezogen. Die Rechtsprechung schließt zunehmend auch Fehler im Willensbildungsprozess ein; das trifft va auf Berechnungsfehler zu (Hamm MDR 86, 594; LAG München MDR 85, 170, 171; Köln MDR 80, 761, 762; s. aber unten Rz 7). Bei den **Rechenfehlern** ist das im Ansatz unbedenklich, da sie (wie Kalkulationsirrtümer bei § 119 I BGB) einen Widerspruch zwischen Gewolltem und Verlauteten begründen, auch wenn sie schon im Willensbildungsprozess entstanden sind (Musielak/*Musielak* Rn 4; vgl auch Hamm OLGR 08, 230). Bsp: Will das Gericht wegen 10 Schadensfällen je 100 zusprechen und spricht es die Verurteilung von 10.000 aus, so ist das Urt unrichtig iSd § 319. Insoweit liegt schon ein Verstoß gegen die Grundrechenarten vor (Hamm NJW-RR 87, 187, 188; Zweibr FamRZ 85, 614); gleichfalls kann Berichtigung erfolgen, wenn der Tenor auf 1.000 lautet, aber die vom Gericht aufgestellte Berechnung dies, ersichtlich gewollte, Ergebnis nicht unterstützt. Eine Berichtigung kommt insoweit auch in Betracht, wenn kein eigentlicher **Berechnungsfehler** vorliegt, sondern zB ein Eingabefehler bei Benutzung eines Computerprogramms, oder ein Rechnungsposten vertauscht wurde, weil dann das Gericht über den Inhalt der Entscheidung im Irrtum ist. Nicht zulässig ist aber eine Berichtigung, wenn der Rechenfehler in Wahrheit ein rein sachlicher Irrtum ist, weil das Gericht zB die Minderungsformel des § 441 BGB falsch angewendet hat und deshalb zu einem falschen Ergebnis gelangt ist. Die Grenze ist fließend; die Rechtsprechung tendiert zu einer großzügigen Handhabung. So soll Berichtigung nach § 319 möglich sein, wenn das Anfangsvermögen beim Zugewinnausgleich mit einer falschen Indexzahl für den Kaufpreisschwund hochgerechnet wird (Ddorf FamRZ 97, 1407, 1408), obwohl die Wahl des falschen Berechnungsfaktors insoweit eher einem Rechtsanwendungsfehler gleichzustellen wäre. Daher ist auch die Wahl des falschen Berechnungsprogramms keine Unrichtigkeit iSd § 319 (Saarbr MDR 05, 47). Eine Berichtigung kommt aber in Betracht, wenn ein Rechnungsposten übersehen wurde (Bambg FamRZ 00, 38: Grundstückswert bei Zugewinnausgleich), falls eine umfassende Entscheidung gewollt war und gerade kein Fall des § 321 vorliegt.

Von der Rechtsprechung gebilligt wurde auch der nachträgliche Zuschlag der MwSt auf Zinsen, obwohl das gar nicht beantragt war (Braunschw NJW-RR 94, 34, 35). Der Umstand, dass **Nebenforderungen** betroffen sind, darf aber die Abgrenzung nicht bestimmen. Auch bei sachlichen Fehlern, die auf offenbarer Gedankenlosigkeit beruhen (so Zö/*Vollkommer* Rn 4; Zweibr MDR 94, 831, 832) sollte es eher bei dem Grundsatz einer Nichtanwendung des § 319 bleiben, weil die Abgrenzung zur inhaltlichen Unrichtigkeit im Sinne eines Willensbildungsfehlers am Maßstab der Gedankenlosigkeit nur schwer vorzunehmen ist.

Der Fehler kann auch darin liegen, dass etwas nicht **verlautet** wird, dh das Urt unvollständig ist. War aber ein Anspruch geltend gemacht, der bei der Urteilsfindung übergangen wurde, so greift ausschließlich § 321. Daher ist es ohne Verstoß gegen § 318 nicht möglich, die Fehlauslegung eines Vertrags oder Gesetzes sowie eine falsche Subsumtion über § 319 zu korrigieren. Verfehlt ist es im Grundsatz auch, den Kostenausspruch wegen einer geänderten, aber übersehenen Streitwertfestsetzung nach Erhebung und Rücknahme einer Widerklage zu ändern (so aber Ddorf NJW-RR 02, 211, 212; richtig ThoPu/*Reichold* § 319 Rn 3; unten Rz 7), denn im Entscheidungszeitpunkt wollte das Gericht die Entscheidung genau so fällen, wie sie verlautet ist. Erst recht nicht darf im Rubrum und Tenor ein Bekl gestrichen werden, der ausweislich der Gründe (zu Unrecht) verurteilt werden sollte (so aber LG Stade NJW 79, 168 f). Keine Berichtigung ist die **nachträgliche Zulassung** der Rechtsbeschwerde, wenn das Beschwerdegerichte davon ausging, die Rechtsbeschwerde sei schon nach dem Gesetz zulässig (BGH NJW-RR 09, 1349, 1350 Tz. 9).

III. Offenbar. Offenbar ist die Unrichtigkeit, wenn sie sich aus dem Zusammenhang gerade dieses Urteils 4
bzw aus dem Urt selbst (BGHZ 127, 74, 80 f, zB falsche Parteibezeichnung, Rz 6,) oder zumindest aus den Vorgängen bei Erlass und Verkündung ohne weiteres, nicht notwendigerweise sofort erkennbar, ergibt (BGHZ 20, 188, 192; NJW-RR 01, 61; BGHR 03, 1168, 1169; BGH NJW 07, 518). Die Erkennbarkeit soll sich anhand der Perspektive eines Außenstehenden, nicht lediglich eines Rechtskundigen bestimmen

(*Runge* BB 77, 471, 472; B/L/A/H Rn 10). Das kann aber nicht bedeuten, dass der Fehler für einen beliebigen Dritten, der mit dem Streitstoff nicht vertraut ist, gleichsam auf den ersten Blick erkennbar sein muss (Musielak/*Musielak* Rn 7; St/J/*Leipold* Rn 10 Fn 22; eng aber BGH NJW 85, 742; NJW-RR 01, 61 (»ohne weiteres deutlich«); BAG NJW 60, 1635). Maßgebend ist stattdessen richtigerweise die Perspektive einer sachkundig beratenen Verfahrenspartei, die sich des Vorliegens eines Fehlers anhand aller ihr verfügbaren Unterlagen und Informationsquellen (Prozessakten, Protokolle, Aufzeichnungen und Hinweisen des RA) vergewissern kann (so auch Musielak/*Musielak* Rn 5; aA Ddorf BB 77, 471, 472; Zö/*Vollkommer* Rn 5), denn um die Feststellung des für die Parteien bindenden Prozessergebnisses geht es gerade. Eine Unrichtigkeit, die sich nur aus **gerichtsinternen Vorgängen** und nach einer weiteren Beweisaufnahme herleiten lässt, reicht nicht (BGHZ 78, 22, 24; NJW 85, 742). Die Unrichtigkeit eines Rechenfehlers muss aber gleichsam nicht sofort erkennbar sein, sondern kann sich auch erst aus längerem Nachrechnen und einer Überprüfung der Gesamtrechnung ergeben (BGH NJW 95, 1033, 1034; Hambg MDR 78, 583, wohl enger B/L/A/H Rn 11 »auf der Hand liegen«), wobei allerdings feststehen muss, dass das Gericht in Wahrheit den richtig ermittelten Betrag zusprechen oder aberkennen wollte (Zö/*Vollkommer* Rn 5). Hat der Erstrichter die Sache sachlich geprüft und eine Unrichtigkeit (fälschlich) verneint, so handelt es sich nicht um eine offenbare Unrichtigkeit (BGHZ 106, 370, 374). Ist der Tenor ungenau, so liegt darin noch keine Unrichtigkeit; insoweit kann eine Klage auf Feststellung des Urteilsinhalts erhoben werden, wenn eine Vollstreckung an der Unklarheit scheitert (BGH NJW 72, 2268).

5 In bestimmten Fällen verzichtet die Rechtsprechung auf die **Evidenz** in eben beschriebenen Sinne, sondern lässt es genügen, dass sich die Unrichtigkeit aus anderen Umständen als den Vorgängen bei Erlass und Verkündung ergibt, so bei Urteilen ohne Entscheidungsgründe (§ 313a I 2, 1. Alt), wenn das »Urteil so nicht gewollt war« (BGH NJW-RR 02, 712, 713). Bei Berichtigung unrichtiger Angaben über die an der Beratung und Entscheidung Mitwirkenden reicht also im Ergebnis die gerichtsinterne Erkennbarkeit (BGHZ 18, 350, 351; BGH NJW-RR 02, 712, 713; Zö/*Vollkommer* Rn 6). Nach BAG NJW 02, 1142 soll es nicht genügen, dass sich die falsche Verlautbarung des Tenors (Klageabweisung statt Zuspruch) erst aus den später abgefassten Entscheidungsgründen ergibt, weil in casu niemand außer den beteiligten Richtern ersehen könne, ob schon bei der Urteilsverkündung ein Widerspruch von Erklärtem und Gewolltem vorlag. Generell sollte man insoweit nicht kleinlich sein und allein wegen des der Urteilsverkündung zeitlichen Nachfolgens der Entscheidungsgründe nicht deren Berücksichtigungsfähigkeit ausschließen (vgl BGH NJW 95, 1033). Die Ersichtlichkeit aus den Entscheidungsgründen oder aus Vorgängen beim Erlass des Urteils ist für die Evidenz von Tenorierungsfehlern aber regelmäßig unverzichtbar (BGHZ 78, 22, 23; 127, 74, 80, zur Rechtsmittelzulassung aber Rz 8). Natürlich darf das Gericht die Entscheidungsgründe nicht bewusst so schreiben, dass sie in Widerspruch zum (mittlerweile bereuten) Urteilsausspruch stehen, um dann berichtigen zu können.

6 **C. Kasuistik und Einzelfälle. I. Urteilskopf.** Hat das Gericht die falsche Form der Entscheidung gewählt, zB Erlass eines Anerkenntnisurteils hinsichtlich des gesamten Streitgegenstands statt tw streitiger Entscheidung, so ist dies kein Fall von § 319 (Rz 3), anders ist es nur, wenn die Überschrift des Urteils die eigentlich gewollte Entscheidungsform nicht zutr wiedergibt. Hat fälschlicherweise das AG als FamG statt als ordentliches Gericht entschieden, so ist eine Umdeutung im Wege des Berichtigungsbeschlusses ausgeschlossen (BGH NJW-RR 95, 379). Falschbezeichnungen von Richtern, Parteien, Verfahrensvertretern und Prozessbevollmächtigten sowie die Angaben zur Anschrift können berichtigt werden (BayObLGZ 86, 398, 399; Zweibr NJW-RR 02, 213 f; allgemein zur Berichtigung bei Wahl des »falschen« Beklagten *Clasen* NJW 07, 2887), außerdem kann der Tag der letzten mündlichen Verhandlung nachgetragen oder korrigiert werden (BGH VersR 80, 744). Die Parteibezeichnung ist der Auslegung zugänglich, und kann sodann, und nur dann berichtigt werden, wenn sie tatsächlich unrichtig ist, nicht schon, wenn trotz Auslegung Klarstellungsbedarf darüber besteht, wer Partei ist (BAG NZA 04, 452, 454); fertigt das Gericht einen Beschl, in dem es bei unklarer Sachlage seine Rechtsauffassung über die Parteistellung kundtut, so handelt es sich um eine nicht der materiellen Rechtskraft fähige prozessleitende Verfügung (BAG NZA 04, 452). Eine **Rubrumsberichtigung** ist nur zulässig, wenn die Identität der Partei, im Verhältnis zu der das Prozessrechtsverhältnis begründet worden ist, gewahrt bleibt (BGH BGHReport 03, 1168, 1169 = BeckRS 03, 06083 mwN; BGH NJW 07, 518 Tz 12). Offenbar kann die Verwechselung zB aufgrund eines Eintrags im Handelsregister sein (LAG München 85, 171). Die Berichtigung darf also nicht zu einem Parteiwechsel oder einer Erweiterung auf eine Partei führen, die bisher nicht am Verfahren beteiligt war; das Verfahren muss sich gegen die jeweilige Partei gerichtet haben (näher *Burbulla* MDR 07, 439; iE §§ 50 Rz 5). Hat eine

Partei, die dazu nicht befugt war, Rechtsmittel eingelegt, (Bsp Ehemann in eigenem Namen für seine allein beteiligte Ehefrau) so ist das Rechtsmittel zurückzuweisen und keine Berichtigung vorzunehmen (München MDR 06, 540). Bei einer Scheinpartei gibt es keine Berichtigung auf die eigentlich involvierte Person; aber eine Scheinpartei ist zB eine Handelsgesellschaft nicht schon dann, wenn sie Rechtsform und Firma geändert hat (Ddorf VersR 77, 260: bloße Rubrumsberichtigung). Eine Berichtigung scheidet aus, wenn das Verfahren zunächst auf Erlass einer Sammelverfügung gegen »50 nicht namentlich bekannte Personen« (zB Hausbesetzer, § 253 Rz 11) gerichtet war. Dann dürfen nicht über § 319 einige, nunmehr namentlich bezeichnete Personen als (vermeintliche) Antragsgegner in den Tenor eingesetzt werden (Ddorf OLGZ 83, 351).

Eine zulässige Berichtigung ist aber möglich, wenn sich die Parteibezeichnung oder die Anschrift (bea aber § 281) während des Verfahrens geändert hat, zB durch Heirat, nach einem Rechtsformwechsel, der die Identität wahrt, auch bei übertragender Verschmelzung (BGHZ 157, 151 = NJW 04, 1528) oder beim Übergang einer Vor-GmbH zur GmbH. Hatte das Gericht oder der Kl im Laufe des Verfahrens eine Parteibezeichnung fälschlicherweise geändert, so kann mit § 319-Beschluss die richtige Parteibezeichnung wieder hergestellt werden (Kobl NJW-RR 97, 1352). War die Klage gegen eine Firma erhoben worden, so kann stattdessen oder zusätzlich der Name des **Kaufmanns** eingesetzt werden, denn die Firma ist nur der Name, unter dem der Kaufmann klagt oder verklagt wird (§ 17 II HGB). Selbstverständlich darf an die Stelle einer verklagten (Kapital)-Gesellschaft nicht der (ausnahmsweise) persönlich haftende Gesellschafter gesetzt werden (LG Hamburg NJW 56, 1761). Gleiches gilt bei der Einmann-GmbH, und zwar auch dann, wenn das Gericht eine Durchgriffshaftung bejahen würde, denn der Kl muss dann seinen Klageantrag ändern bzw erweitern. Zulässig ist die Berichtigung, wenn der Ehegatte der Beklagten versehentlich im Rubrum genannt ist (BGHZ 113, 228, 230 f). Nötige Änderungen im Hinblick auf eine Gesamtrechtsnachfolge und Eintritt eines Insolvenzverwalters sind zulässig (BGH NJW 11, 989, 990 Tz. 11). Unproblematisch ist auch die Richtigstellung der **Rechtsform** (zB OHG oder Ltd statt GmbH, Ddorf Rpfleger 97, 32) oder die Hinzufügung oder Streichung eines die Amtsstellung eines Insolvenzverwalters andeutenden Zusatzes, wenn der Insolvenzverwalter nur in seiner Funktion verklagt oder umgekehrt ausweislich der Gründe persönlich verklagt ist (BGHZ 161, 49, 50), ebenso, wenn aus Klagebegründung deutlich wird, dass der Insolvenzverwalter nach Aufhebung des Insolvenzverfahrens sein Prozessführungsrecht in Wahrheit nicht auf seine Stellung als Insolvenzverwalter, sondern als Treuhandzessionar stützt (BGH NJW 08, 860, 861 Tz 11). Ist im Tenor eine falsche Versicherungs-AG genannt, die Teil einer Unternehmensgruppe ist, kann die richtige Gesellschaft eingesetzt werden, sofern sich aus Klageschrift und Verfahren eindeutig ergibt, dass diese Gesellschaft Beklagte war und sein sollte (Hamm NJW-RR 99, 469; vgl auch Stuttg NJW-RR 99, 217, 218). Bei Klagen gegen öffentlich-rechtliche Institution ist ggf die Auslegung zulässig, dass ggf der dahinter stehende Gewährträger bzw die Trägerbehörde oder ein Zweckverband (BAG EzA § 4 nF KSchG Nr 63: Sparkasse) Bekl sein soll. Zulässig ist der Nachtrag einzelner Mitglieder einer notwendigen Streitgenossenschaft (vgl BGH NJW 00, 291, 292, Zö/*Vollkommer* Rn 14); das gilt indessen nur, wenn wirklich alle Streitgenossen Partei geworden waren und sich das (Teil-)Urteil auf sie erstreckt, andernfalls ist der Urteilsausspruch ggf fehlerhaft.

Ist eine **WE-Gemeinschaft** oder **GbR** nur im Wege der Sammelbezeichnung bezeichnet worden, was bis zur Anerkennung von deren Rechts- und Parteifähigkeit bisher zulässig war, so darf nicht auf die Gesellschafter berichtigt werden, wohl aber darf der Name der GbR korrekt angegeben werden (Zö/*Vollkommer* Rn 14). Werden vor Anerkennung der Teilrechts- und Parteifähigkeit der WE-Gemeinschaft die Eigentümer gesamtschuldnerisch in Anspruch genommen werden, ist eine bloße Rubrumsberichtigung auf die Gemeinschaft nach der Änderung der Rspr (BGHZ 163, 154 = NJW 05, 2061) nicht zulässig, sondern Parteiwechsel erforderlich (so BGH NJW 11, 1453 f. Tz. 12 f., anders für Fälle vor der Rspr-Änderung). Waren alle Gesellschafter einer GbR Partei, so kann aber nunmehr die Bezeichnung der GbR im Wege der Berichtigung verwendet werden (BGH NJW 03, 1043 f, NZG 06, 16 f), und zwar richtigerweise auch bei Passivprozessen der BGB-Gesellschafter durch zusätzliche Nennung der Gesellschaft, wenn tatsächlich *alle* Gesellschafter verklagt wurden und feststeht, dass sie gleichsam als Gruppe verklagt werden sollten (differenzierend auch *Jacoby* NJW 03, 1644, 1646; aA Zö/*Vollkommer* Rn 14). Unzulässig wäre aber statt einer bloßen Ergänzung das Auswechseln der Gesellschafter durch die Gesellschaft, da dies die Vollstreckung in das Privatvermögen unmöglich machte (hat das Gericht trotz dahingehenden Antrags aber nur über die Haftung der GbR, nicht über Haftung der Gesellschafter gem § 128 HGB analog entschieden, so gilt § 321). Bei Aktivprozessen soll der Berichtigung von einer Verurteilung zur Zahlung an die BGB-Gesellschafter in die Zahlung an die GbR jedenfalls das Rechtsschutzbedürfnis fehlen (BGH NJW-RR 03, 228 für PKH zur Durchführung eines Revisionsverfahrens; zw wegen der Möglichkeit des Mitgliederwechsels). Zulässig ist bei In-sich-Prozess einer Rechtsgemeinschaft die Streichung des verklagten Mitglieds aus dem Aktivrubrum (BGHZ 142, 290, 292: WEG). Ein irrtümlich erlassenes VU gegen den falschen Beklagten kann nicht über § 319 berichtigt werden (Stuttg 7.11.08 – 5 W 69/08 – juris).

7 **II. Urteilsausspruch.** Die Grundsätze oben Rz 3 f gelten auch bei Unrichtigkeiten des Tenors. Hat das Gericht über einen bestimmten Anspruch in einer bestimmten Weise entschieden und kommt dies durch die Entscheidungsgründe, nicht aber durch der verlauteten **Tenor** zum Ausdruck, so ist die Berichtigung zulässig (BGH NJW 64, 1858), zB bei einer Zug-um-Zug-Einschränkung, die im Tenor fehlt, oder bei Fehlen der Bezeichnung als Teil- oder Grundurteil (BGH NJW 04, 949, oben Rz 6); oder wenn das Gericht in den Gründen zu allen Stufen einer Stufenklage entschieden hat, aber dies aus dem Tenor nicht erkennbar ist. Ging das Gericht davon aus, es entschiede durch volles Endurteil, hat es aber einzelne Ansprüche übergangen, dann darf es nicht nachträglich das Endurteil als Teilurteil deklarieren. Die Berichtigung ist zulässig, wenn die Parteirollen im Tenor verwechselt wurden (Abweisung der Klage gegen Beklagten zu 1) statt 2)), oder ein zu- oder aberkannter Betrag nicht mit den Betrag übereinstimmt, der in den Gründen oder in dem mündlich verkündeten Urt genannt ist (BGHZ 89, 184, 188), oder wenn die Bezeichnung (Flurnummer, Seriennummer etc) eines zu räumenden Grundstücks oder einer herauszugebenden Sache nicht dem tatsächlich gemeinten Grundstück oder Sache entspricht. Eine Ergänzung des Vorbehalts der Haftungsbeschränkung ist nicht statthaft (iErg Kobl NJW-RR 97, 1160).

§ 319 kommt in Betracht, wenn das Gericht die **Kostenentscheidung** verkündet hatte oder darüber ausweislich der Entscheidungsgründe entschieden wurde, aber der Kostenausspruch im Tenor fehlt (BGH VersR 82, 70; München MDR 03, 522; BayObLG NJW-RR 97, 57; Hamm NJW-RR 86, 1444), auch bei einem VU, wenn im Tenor nur die außergerichtlichen Kosten eines Beteiligten genannt werden (Hambg JurBüro 85, 1560), ferner wenn die Kostenentscheidung nach § 92 erfolgen soll und bei der Ermittlung der Quote ein Anspruch, der zu- oder aberkannt wurde, nicht eingestellt wird, also bei einem reinen Berechnungsfehler, der nicht auf falscher Willensbildung beruht (weit Hamm MDR 75, 764, 765; vgl oben Rz 3).Demgegenüber darf § 319 grds nicht, auch nicht analog, zum Zuge kommen, wenn sich die Kostenquote, zB auf Streitwertbeschwerde, geändert hat (Musielak/*Musielak* Rn 7 mwN), denn die Kostengrundentscheidung beruht dann entweder auf einer sachlich verfehlten Anwendung der §§ 91 ff wegen der Heranziehung des falschen Streitwerts, also keinem bloßen Verlautbarungsmangel, oder sie erweist sich gemessen am alten Streitwert im Erlasszeitpunkt als richtig (richtig auch BGH FamRZ 08, 1925 Tz 11 ff mN; BGH MDR 77, 925; KG NJW 75, 2107; Ddorf NJW-RR 92, 1532 f; Köln FamRZ 94, 56; Stuttg MDR 01, 892, 893; Musielak/*Musielak* Rn 8; aA Frankf NJW 70, 436, 437; Ddorf NJW-RR 92, 1407; FamRZ 02, 677, 678; MDR 01, 1186; Zö/*Vollkommer* Rn 18); eine Regelungslücke liegt nicht vor. Eine Ausnahme wird man aber machen können, wenn eine Korrektur des Kostenausspruchs im Rechtsmittelverfahren nicht mehr möglich ist (in diese Richtung auch St/J/*Leipold* Rn 20). Bei bewusstem Verzicht auf eine Kostenentscheidung ist keine Berichtigung, sondern nur Ergänzung nach § 321 möglich (BGH, 10.2.11 – IX ZR 110/09, BeckRS 11, 05638).

Gleiche Grundsätze gelten bei einem **Kostenfestsetzungsbeschluss**, wenn der Rechtspfleger den geänderten Streitwertbeschluss versehentlich nicht zu Grunde legt (Musielak/*Musielak* Rn 9; aA München JurBüro 93, 680; Saenger Rn 12: § 319 zulässig), denn bei dem Ansatz eines falschen Berechnungsfaktors (= Quote) ist hier der an sich richtigen Rechnung schon von vornherein die Grundlage entzogen. Keine Unrichtigkeit iSd § 319 liegt idR vor, wenn das Gericht eine nach § 281 III 2 gebotene Kostentrennung nicht berücksichtigt hat (Hamm MDR 70, 1018; München MDR 87, 63; vgl Ddorf OLGR 99, 410), oder die Zurücknahme der Widerklage oder Beschränkung des Streitgegenstands unberücksichtigt lässt (sehr str, aA Köln OLGR 99, 292; Frankf OLGR 05, 505), denn insoweit handelt es sich, zumindest idR, schlicht um falsche Anwendung der Kostenvorschriften. Eine übergangene Kostenentscheidung hinsichtlich der Nebenintervention kann nicht im Wege der Urteilsberichtigung, sondern lediglich im Wege der Urteilsergänzung korrigiert werden (Dresden OLG-NL 05, 281), anders aber, wenn das Gericht darüber entscheiden wollte (Jena MDR 09, 1066). Erst recht scheidet § 319 aus, wenn das Gericht bewusst keine besondere Kostenentscheidung getroffen hat, weil dessen Zulässigkeit umstr ist (vgl Celle JurBüro 76, 1254). Zulässig ist die Berichtigung der Kostenentscheidung im Verbundurteil, wenn eine Vereinbarung über die Kostentragung in einem Scheidungsfolgenvergleich unberücksichtigt gelassen wurde (Frankf OLGR 02, 243). Die **Verkehrung des Tenors in das Gegenteil** ist zulässig (BAG NJW 02, 1142: in casu mangels Offenkundigkeit verneint), nicht aber mangels Divergenz von Wille und Erklärung, wenn das Gericht nach einem VB durch 1. VU verurteilt hat statt den Einspruch durch 2. VU zu verwerfen (Oldbg OLGR 06, 336) Denkbar ist auch die Ergänzung des Zusatzes »Im übrigen wird die Klage abgewiesen«, wenn ein entsprechender Wille des Gerichts aus den Gründen klar ersichtlich ist.

Beim Fehlen des Ausspruchs zur **Vollstreckbarkeit** ist Ergänzung nach § 319 zulässig, wenn sich aus den Gründen oder Protokoll zweifelsfrei ergibt, dass das Gericht im Erlasszeitpunkt insoweit eine Entscheidung treffen wollte (Celle NJW 55, 1843, 1844; Ddorf BB 77, 471, 472). Hinsichtlich einer Sicherheitsleistung für mehrere Ansprüche kann mit dem Berichtigungsbeschluss eine andere Aufteilung vorgenommen werden (Frankf Rpfleger 69, 395). Wurde der Tenor in der Hauptsache geändert, so darf sich daran wegen der Akzessorietät die Änderung der Kostenentscheidung anschließen (Proske S. 107 ff), nicht aber, wenn die berichtigte Kostenentscheidung eine neue juristische Wertung voraussetzte (Proske S. 110: keine Kostenteilung statt Aufhebung gegeneinander) und nicht bei der geänderten Streitwertfestsetzung (BGH 30.7.08 – II ZB 40/07, s.o.).

III. Rechtsmittelzulassung und -belehrung. Eine unrichtige Rechtsbehelfs-/-mittelbelehrung (§ 9 V 4 ArbGG) kann nicht Gegenstand der Berichtigung sein, insoweit sind § 9 V 3 und 4 ArbGG abschließend (BAG NJW 05, 2251, 2252 f; unten Rz 16.). Für die Zulassung eines Rechtsmittels gelten die Grundsätze von Rz 3. Hat das Gericht bei Urteilserlass den zweifelsfrei und nicht lediglich aus gerichtsinternen Vorgängen (BGH NJW-RR 01, 61) ersichtlichen Wille gehabt, das Rechtsmittel zuzulassen, ist dies aber im Tenor unterblieben, so kann dies berichtigt werden (BGHZ 78, 22, 23 = NJW 80, 2813, 2814; 04, 2389; vgl auch BGH NJW-RR 11, 1079), ebenso bei Parteiverwechselung in der Rechtsmittelzulassung (NJW 04, 779), nicht aber bei unterbliebener Entscheidung darüber (St/J/*Leipold* Rn 12), dann bleibt § 321. Neben der Berichtigung besteht auch die denkbare Möglichkeit der Nichtzulassungsbeschwerde (§§ 543 I Nr 2, 544); in Zweifelsfällen ist dafür ein Rechtsschutzinteresse gegeben. 8

Umgekehrt kann auch eine im Tenor enthaltene, aber nicht gewollte Zulassung berichtigt werden (vgl St/J/*Leipold* Rn 19). Die Frage ist lediglich, ob die Unrichtigkeit hinreichend feststellbar ist, da ein gerichtsinternes Versehen dafür nicht genügt. Neben der Abweichung zwischen Tenor und Entscheidungsgründen kann es ausreichen, dass das Gericht in einer gleichzeitig entscheidenden Parallelsache die Revision ebenfalls zugelassen hat (BGHZ 78, 22, 23) oder dies in der (verkündeten) Rechtsmittelbelehrung mitgeteilt wurde (BAG NJW 91, 1197).

IV. Inhaltliche Fehler und Verfahrensfehler. Inhaltliche Unvollständigkeiten können grds nicht nach § 319 berichtigt werden, sondern nach Maßgabe der §§ 320, 321 und im Instanzenzug, auch nicht bei nachträglichem Parteivorbringen (Köln NJW-RR 91, 1536). Rechtsanwendungsfehler können nicht berichtigt werden (BGH NJW 03, 140). Auch Fehler im Tatbestand, die sich auf die Entscheidung auswirken (können), können allenfalls über § 320 berichtigt werden, zB die Behandlung von Streitigem als unstr. Fehlbezeichnungen, Schreibfehler und ähnliches sind berichtigungsfähig, nicht aber Verfahrensmängel (dann Rechtsmittel und § 321a), wie überhaupt die Nichtberücksichtigung von Streitstoff in der Entscheidung, wie beim Übersehen eines Vergleiches oder der Einrede einer Schiedsvereinbarung, eben kein Verlautbarungsmangel ist (Köln FamRZ 97, 569: Vereinbarung über Versorgungsausgleich). 9

V. Unterschriften. Einer Berichtigung bedarf es grds nicht, wenn ein Richter das Urt nicht unterschrieben hat; eine Nachholung ist bis zum Ende der **Sechs-Monats-Frist** möglich (§ 315 Rz 10). Hatte ein Richter unterschrieben, der nicht Richter iSd § 309 war, so ist seine Unterschrift und die Angabe seiner Person im Urteilskopf durch Berichtigungsbeschluss zu streichen (Ddorf NJW-RR 95, 636, 637). 10

D. Verfahren der Berichtigung. Zur Berichtigung berechtigt ist nur das **Ausgangsgericht**, und zwar der Einzelrichter im Hinblick auf von ihm erlassene Urt auch dann, wenn das Kollegium danach das Verfahren übernommen hatte (St/J/*Leipold* Rn 22), aber nicht für Urteile des Kollegiums (Zö/*Vollkommer* Rn 22). Intern zuständig bei einem Kostenfestsetzungsbeschluss oder VB ist der erlassende Rpfleger. Von § 319 zu unterscheiden die gemeinsame Zuständigkeit von UdG und Vorsitzendem bei Änderungen des Protokolls (§ 164 III 2). Es ist nicht erforderlich, dass der Richter, dem der Irrtum unterlaufen war, an der Berichtigung mitwirkt, wenn er aus dem Kollegium ausgeschieden war (BGHZ 78, 22, 23; 106, 370, 373 = NJW 89, 1281), denn das Rechtsschutzinteresse ist auch ohne dessen Mitwirkung gewahrt. Fehler in einer Ausfertigung des Urteils kann der UdG berichtigen, der die Ausfertigung erteilt hat (§ 317 Rz 9). Auch das Rechtsmittelgericht darf berichtigen, wenn es sich das Urt zu eigen macht und solange das Verfahren vor ihm 11 anhängig ist (BGH NJW 64, 1858; BGH NJW-RR 91, 1278; BAG NJW 64, 1874), seine eigenen Urteile natürlich auch nach Beendigung des Rechtsmittelverfahrens (OLG Ddorf NJW-RR 91, 1471).

Das Verfahren wird von vAw (auch auf bloße Anregung der Parteien) oder auf Antrag in Gang gesetzt. Für den Antrag (anders bei Anregung) und das Verfahren gilt **Anwaltszwang**, § 78 (RGZ 25, 404, 405 f; LSG Saarbr NJW 81, 1232: RA als Partei auch allein). Im Übrigen ist der Antrag weder frist- noch formgebunden. Demnach kann die Berichtigung »jederzeit« erfolgen, auch nach Einlegung eines Rechtsmittels oder nach Eintritt der Rechtskraft (Hamm NJW-RR 87, 187, 188), es sei denn, der dahingehende Antrag ist wegen Rechtsmissbräuchlichkeit unzulässig. Ein **Rechtsmissbrauch** ist aber nicht schon dann anzunehmen, wenn die Berichtigung dem Rechtsmittelbegehren des Gegners die Grundlage entzieht; dann kommt Erledigungserklärung hinsichtlich des Rechtsmittels in Betracht (allgemein § 91a Rz 66 mwN). Umgekehrt schließt die Möglichkeit des Antrags nach § 319 die Rechtsmitteleinlegung nicht mangels Rechtsschutzbedürfnisses aus (BGH MDR 78, 307).

Hat aber das Gericht (durch eine Anregung oder einen unzulässigen Antrag) Kenntnis von einer Unrichtigkeit erlangt, so kann und muss es vAw berichtigen (vgl Hamm NJW-RR 87, 187, 188), wenn nicht ganz ausnahmsweise grobe Unbilligkeiten damit verbunden wären (Musielak/*Musielak* Rn 16). Stets ist die Anhörung der Parteien erforderlich (BGH NJW-RR 02, 712, 713), es sei denn, es handelt sich um die Berichtigung von bloßen Formalien (BVerfGE 34, 1, 7 f). Eine mündliche Verhandlung ist aber freigestellt.

Das Verfahren endet durch **Beschluss** iSd § 329. Der Beschl wird auf dem Urt sowie den Ausfertigungen vermerkt, entweder durch Einsetzen des Beschlusses auf das Urt oder dessen Verbindung mit dem Urt. Bei Ausfertigungen kann es sich empfehlen, diese zurückzufordern und zu ergänzen (Zö/*Vollkommer* Rn 23). Unterbleibt die Verbindung, so ist der Beschl nicht unwirksam (BVerwG NJW 75, 1795, 1796).

Abs 2 S 2 ermöglicht die Herstellung des Berichtigungsbeschlusses als elektronisches Dokument iSd § 130b. Um seinen Inhalt deutlich kenntlich zu machen, muss der Beschl in einem gesonderten Dokument festgehalten, von den Richtern gem § 130b signiert (Abs 2 S 1), und bei elektronischer Aktenführung mit dem Urt untrennbar verbunden werden (Abs 2 S 2). Bei herkömmlicher Aktenführung ist der Aktenausdruck (§ 298) samt des Transfervermerks (§ 298 Rz 4) gem Abs 2 S 1 auf das Urt zu setzen.

12 **E. Wirkungen des Berichtigungsbeschlusses.** Mit Erlass des Beschlusses gilt das Urt als von Anfang an als in der geänderten Fassung maßgeblich, und zwar für grds alle Urteilswirkungen wie Zulässigkeit des Rechtsmittels, Rechtskraft und Vollstreckung (BGH NJW 85, 742); zur unzulässigen Berichtigung der Entscheidung des FamG in eine des ordentlichen Gerichts wegen der damit verbundenen Folgen für den Instanzenzug s.o. Rz 6; (BGH NJW 93, 1399, 1400). Daher berührt die Berichtigung auch die Rechtsmittelfrist im Allgemeinen nicht (BGHZ 89, 184, 186), ein unzulässiges Rechtsmittel oder eine Zwangsvollstreckung (Kobl WRP 80, 576, 577) kann zulässig werden und umgekehrt. Überhaupt kann die Berufung offen stehen, wenn der Erfolg des Berichtigungsverfahrens nicht gesichert ist (Saarbr NJW-RR 10, 1221). § 717 II gilt nicht, da keine Aufhebung des Urteils idS erfolgt; die Vollstreckung aus dem alten Urt muss aber auf Erinnerung nach § 766 für unzulässig erklärt werden. An dem Lauf der Rechtsmittelfrist ändert sich auch dann nichts, wenn das berichtigte Urt erneut zugestellt wird (BGH NJW-RR 93, 1213 f).

Im Interesse eines **effektiven Rechtsschutzes** ist die Maßgeblichkeit der Zustellung der ursprünglichen Urteilsfassung allerdings auf Situationen zu begrenzen, in denen die Unrichtigkeit für die betroffene Partei offenkundig ist und sie ihre Beschwer klar vor Augen hat (Kobl JurBüro 08, 258; im Ansatz streng aber BGH NJW 99, 646, 647). Daher beginnt eine neue Rechtsmittelfrist, wenn das Urt in der zugestellten Ursprungsfassung keine hinreichend klare Grundlage für die Entscheidung über das weitere prozessuale Vorgehen der Parteien bietet (BGHZ 89, 184, 186 ff; BGH NJW 99, 646, 647; NJW-RR 09, 1443 Tz 8 mwN), zB bei Fehlen der Zulassung des Rechtsmittels im Tenor (BGH NJW 04, 2389) oder fehlende Kenntlichmachung der Beschwer im Tenor, insoweit auch bei offenbarer Unrichtigkeit (BGH NJW 99, 646, 647), Parteiverwechselung in der Rechtsmittelzulassung (BGHZ 17, 149, 152; 89, 184, 187) oder im Urt, sodass die Beschwer unklar bleibt (BGH VersR 89, 548, 549). Bei Auswechselung der Partei oder bei einer Berichtigung durch Erweiterung der beschwerten Parteien (Celle MDR 99, 499) beginnt also eine neue Rechtsmittelfrist für die »berichtigte Partei« mit Zustellung des berichtigen Urteils, die Frist des § 517 S 2 läuft ab Erlass des Berichtigungsbeschlusses (Ddorf MDR 90, 930; ThoPu/*Reichold* Rn 7). Gleiches gilt bei der Umwandlung von einer Klagestattgabe in eine (tw) Klageabweisung (BGH NJW 95, 1033). Ebenso ist zu entscheiden, wenn der Berichtigungsbeschluss, sei es auch während der noch laufenden ursprünglichen Rechtsmittelfrist, zu Lasten des Beklagten aufgehoben wird; vorsorgliche Berufungseinlegung für den Fall der Aufhebung des Berichtigungsbeschlusses ist also nicht erforderlich (BGH NJW 86, 935, 936; 98, 3280).

Da der Beklagte zu einem höheren als dem zunächst berichtigten Betrag verurteilt worden war, ergibt sich hinsichtlich des höheren Betrags neue Beschwer (BGH NJW 83, 935, 936).
Eine Ausnahme von dem Grundsatz der ex-tunc Wirkung der Berichtigung ist aber nach Auffassung der Rechtsprechung nicht zu machen, wenn die Partei durch eine Klageabweisung bereits beschwert ist und die Berichtigung lediglich das Ausmaß der Klageabweisung erweitert (BGHZ 89, 184, 188; umgekehrt: Verurteilung wird durch Berichtigung höher, BGH VersR 92, 636; krit mit beachtlichen Gründen Zö/*Vollkommer* Rn 25a, da das Ausmaß des Unterliegens für die Entscheidung über die Rechtsmitteleinlegung oft entscheidend sei).

F. Unwirksamkeit und Anfechtung der gerichtlichen Entscheidung. I. Unwirksame Berichtigungsbeschlüsse. Der Beschl ist nur bei grundlegenden Mängeln (vor §§ 300 ff Rz 11) unwirksam. Die Berichtigung von Rechtsanwendungsfehlern durch einen auf § 319 gestützten Beschl begründet nicht ohne weiteres dessen Unwirksamkeit (BGHZ 127, 74, 76 = NJW 94, 2832); tw wird ein solcher Beschl aber als wirkungslose Entscheidung (vor §§ 300 ff Rz 12) eingestuft, wenn ein Anwendungsfehler vorlag und/oder die Unrichtigkeit nicht offenbar war und der Beschl dazu keine näheren Erläuterungen enthält (BGHZ 20, 188, 190 = NJW 56, 830; BGH NJW 58, 1917; NJW-RR 88, 407, 408 aE; BAG AP Nr 14). Eine Berichtigung eines Verweisungsbeschlusses solle dann ohne Bindungswirkung iSd § 281 II 5 sein (BGH NJW-RR 93, 700). Die Ausnahme von der Bindung an fehlerhafte Entscheidungen ist bedenklich und, auch für Sonderbereiche wie die Fälle der Streitwertfestsetzung (Rz 7), abzulehnen (St/J/*Leipold* Rn 41; Musielak/*Musielak* Rn 19); in Betracht kommt jeweils nur Anfechtbarkeit gem § 319 III. 13

II. Rechtsmittel gegen Berichtigungsbeschlüsse. Es findet gegen einen die Berichtigung aussprechenden Beschl des erstinstanzlichen Gerichts sofortige Beschwerde statt (§ 567), Abs 3, bei einer Berichtigung durch den Rpfleger über § 11 I RpflG, sonst nur die zugelassene Rechtsbeschwerde (§ 574). Gegenstand der sofortigen Beschwerde ist allein der Beschl selbst, nicht die Hauptsache (BayObLG NJW-RR 97, 57), § 99 steht deshalb auch nicht entgegen, dass die Berichtigung nur die Kostenentscheidung betrifft. Der Berichtigungsbeschluss kann formell rechtskräftig werden und ist dann für das Rechtsmittelgericht bindend (BGHZ 127, 72, 76 = NJW 94, 2832, 2833; BGH NJW 85, 742), es bleibt die Änderung des die Kostenfolge auslösenden Urteils möglich (vgl auch BGH NJW 85, 742, 743). Hat das Gericht fälschlich durch Urt entschieden, so ist nur die sofortige Beschwerde statthaft (Hamm MDR 86, 417). 14

III. Rechtsmittel bei Zurückweisung der Berichtigung. Gegen Beschlüsse, die den Antrag auf Berichtigung zurückweisen, ist kein Rechtsmittel statthaft, Abs 3 S 1. Alt. Das gilt mit dem BGH nach der ZPO-Reform (BGH NJW-RR 04, 1654, 1655) jetzt auch bei »greifbarer Gesetzeswidrigkeit« (Kobl FamRZ 91, 100, 101) oder einer Verkennung des Begriffs der offenbaren Unrichtigkeit (so noch LAG München MDR 85, 170; Hamm NJW-RR 87, 187, 188; im Erg KG NJW 75, 2107 f), da dafür § 321a bereit steht. Eine Ausnahme wird man in teleologischer Einschränkung des Abs 3 machen können, wenn der Antrag bereits als unzulässig zurückgewiesen wird (St/J/*Leipold* Rn 44; ThoPu/*Reichold* Rn 10; früher Ddorf NJW-RR 02, 211; München OLGR 03, 110). Zur Protokollberichtigung § 164 Rz 6. 15

G. Anwendungsbereich. Die Vorschrift gilt entsprechend für die Berichtigung von Beschlüssen (§ 329) wie zB einem Beschl nach § 91a (Hamm NJW-RR 00, 1524) oder § 281 (BGH NJW-RR 93, 700), näher § 329 Rz 17; insb auch für den Kostenfestsetzungsbeschluss; aber nicht, wenn eine Kostenentscheidung, zB nach § 281 III 2 unterblieben war. Entsprechende Geltung des § 319 ist angeordnet bei § 1081 Abs. 3 (gerichtliche Bestätigung des Europäischen Vollstreckungstitels). Hat der Rechtspfleger einzelne Positionen eines **Kostenfestsetzungsantrages** übersehen, lässt sich das Versäumnis nicht über § 319 korrigieren. Es bedarf vielmehr einer Nachfestsetzung (Kobl JurBüro 07, 648). Bei Abwägung des Interesses am Bestand der Rechtskraft hinsichtlich der Kostenfestsetzung ggü dem Interesse an einem gerechten Ergebnis kann ein Berechnungsfehler als berichtigungsfähig zugunsten eines nicht am Beschwerdeverfahren beteiligten weiteren Kostengläubigers anzusehen sein (Hamm OLGR 08, 230). Im Übrigen gelten für den KFB die Grundsätze oben Rz 7. Ferner gilt § 319 auch bei Entscheidungen über den Versorgungsausgleich (Zweibr FamRZ 85, 614, zur Abgrenzung Rechenfehler/sachliche Unrichtigkeit s.o. Rz 7). Lücken oder Unrichtigkeiten des Tatbestands sind nach § 320 zu berichtigen; der Tatbestandsberichtigungsbeschluss kann aber seinerseits nach § 319 geändert werden (BGH NJW-RR 88, 407, 408). Ebenso gilt § 319 entsprechend bei Vollstreckungsbescheiden und Mahnbescheiden (Frankf Rpfleger 90, 201, 202; Ddorf NJW-RR 98, 1077) mit Zuständigkeit des Rpflegers. Das betrifft aber nur ein gerichtliches Versehen, nicht aber im Hinblick auf 16

einen Mahnbescheid die in der Verantwortung des Antragstellers liegende Parteibezeichnung und Forderungshöhe (Ddorf NJW-RR 98, 1077; St/J/*Leipold* Rn 5). Ob § 319 entsprechend für **Prozessvergleiche** gilt, ist str (abl BAG NJW 09, 1161 Tz 14 ff = JZ 09, 421 mit Anm *M. Zimmer*; BayVerfGH NJW 05, 1347; dafür Nürnbg 29.5.06–10 UF 1454/05 – juris, wenn es sich aus dem Wortlaut ergibt und die Parteien sich auf die berichtigte Fassung eingelassen hätten; B/L/A/H Rn 3). Die Analogie ist abzulehnen, da es einer Selbstkorrektur des Gerichts hier nicht bedarf und der Umfang der Mitwirkung des Gerichts bei der Vergleichsformulierung weder einem Urt gleichsteht noch überhaupt sicher zu bestimmen wäre. Vgl aber die Möglichkeit der Protokollberichtigung und zur analogen Anwendung des Abs 3 s. § 164 Rz 1.
Zur Abänderbarkeit von Beschlüssen im **Insolvenzverfahren** § 318 Rz 14; BGH NJW-RR 06, 1554; krit *Servatius* WuB VI A § 287 InsO 1.07, der für analoge Anwendung des § 319 eintritt.
§ 319 gilt entsprechend in Verfahren der fG (BGHZ 106, 370, 373 = NJW 89, 1281; Hamm Rpfleger 08, 304, 305); das ist durch § 42 FamFG nF Gesetz geworden. Im fG-Verfahren galt aber Abs 3 bisher nicht (Ddorf OLGZ 70, 126, 128), wohl aber im WEG-Verfahren (BGHZ 106, 370, 373); anders jetzt § 42 III FamFG nF. Im Arbeitsgerichtsverfahren ist § 319 über § 46 II ArbGG anwendbar, näher BAG NZA 06, 439, 440. Zu Schiedssprüchen § 1058 I Nr 1; zur Berichtigung und Widerruf beim Europäischen Vollstreckungstitel § 1081.

17 **H. Kosten/Gebühren. I. Gericht.** Für das Berichtigungsverfahren fällt keine gesonderte Verfahrensgebühr an.

18 **II. RA.** Auch insoweit ist die Tätigkeit im Berichtigungsverfahren durch die Verfahrensgebühr (VV 3100) gedeckt.

§ 320 Berichtigung des Tatbestandes. (1) Enthält der Tatbestand des Urteils Unrichtigkeiten, die nicht unter die Vorschriften des vorstehenden Paragraphen fallen, Auslassungen, Dunkelheiten oder Widersprüche, so kann die Berichtigung binnen einer zweiwöchigen Frist durch Einreichung eines Schriftsatzes beantragt werden.
(2) [1]Die Frist beginnt mit der Zustellung des in vollständiger Form abgefassten Urteils. [2]Der Antrag kann schon vor dem Beginn der Frist gestellt werden. [3]Die Berichtigung des Tatbestandes ist ausgeschlossen, wenn sie nicht binnen drei Monaten seit der Verkündung des Urteils beantragt wird.
(3) Über den Antrag ist mündlich zu verhandeln, wenn eine Partei dies beantragt.
(4) [1]Das Gericht entscheidet ohne Beweisaufnahme. [2]Bei der Entscheidung wirken nur diejenigen Richter mit, die bei dem Urteil mitgewirkt haben. [3]Ist ein Richter verhindert, so gibt bei Stimmengleichheit die Stimme des Vorsitzenden und bei dessen Verhinderung die Stimme des ältesten Richters den Ausschlag. [4]Eine Anfechtung des Beschlusses findet nicht statt. [5]Der Beschluss, der eine Berichtigung ausspricht, wird auf dem Urteil und den Ausfertigungen vermerkt. [6]Erfolgt der Berichtigungsbeschluss in der Form des § 130b, ist er in einem gesonderten elektronischen Dokument festzuhalten. [7]Das Dokument ist mit dem Urteil untrennbar zu verbinden.
(5) Die Berichtigung des Tatbestandes hat eine Änderung des übrigen Teils des Urteils nicht zur Folge.

1 **A. Normzweck und Grundlagen.** Zur Thematik vgl Weitzel. § 320 steht im Zusammenhang mit der Beweiskraft des Tatbestands für das Parteivorbringen (§ 314) und der Beurkundung des sonstigen Prozessstoffs. Nur über die Tatbestandsberichtigung (nicht über die Gehörsrüge (BGH NZI 10, 530 Tz 7)) kann verhindert werden, dass unrichtig beurkundeter Prozessstoff und Parteivortrag zur Grundlage der Entscheidung des Rechtsmittelgerichts gemacht wird; außerdem kann dadurch eine Ergänzung des Urteils gem § 321 vorbereitet werden (vgl BAG NZA 08, 1028, 1030). Mit einem Rechtsmittel kann demgegenüber nicht die Berichtigung des Tatbestands erzielt, sondern nur das Urt selbst angegriffen werden (Karlsr NJW-RR 03, 778, 779). Über seine Beweiskraft ist der Tatbestand für die tatsächlichen Grundlagen des Rechtsmittelverfahrens von Bedeutung (vgl BGH NJW-RR 07, 1434, 1435). Seit der BGH die Bindung des Berufungsgerichts an den erstinstanzlichen Stoff wieder auflockert (§ 529 Rz 5; § 531 Rz 8 ff) und den § 314 im Wesentlichen nur noch auf die positive Beweiskraft für das Parteivorbringen beschränkt (§ 314 Rz 4), ist die Notwendigkeit für Tatbestandsberichtigungsanträge allerdings gesunken (*Gehrlein* MDR 03, 421, 427; anders *Wach/Kern* NJW 06, 1315, 1317), da das Berufungsgericht das schriftsätzliche erstinstanzliche Vorbringen auch ohne eine in den Tatbestand aufgenommene Verweisung auf die Schriftsätze würdigen muss. Ein Antrag nach § 320 kommt daher va in Betracht, wenn ein im Tatbestand übergangenes Vorbringen in

den Schriftsätzen nicht enthalten war (*Stöber* MDR 06, 5 f; St/J/*Leipold* Rn 3) oder streitiges Vorbringen als unstr behandelt wurde (Karlsr NJW-RR 03, 891, 892) oder der Tatbestand den Anforderungen des § 313 II nicht genügt (vgl aber umgekehrt: Oldbg NJW 89, 1165; AG Frankfurt NJW 02, 2328: keine Erweiterung des Tatbestands notwendig, wenn § 313 II gewahrt ist). Zur Einführung mit Hinweisen für die Praxis *Nägele* ArbRB 06, 378.

B. Voraussetzungen. I. Berichtigungsgegenstand (Abs 1). § 320 erfasst allein die Berichtigung des Tatbestands (RGZ 122, 332, 334: nicht Tenor und Entscheidungsgründe), wozu aber auch die in den Entscheidungsgründen »versteckten« Feststellungen zum Tatsachenstoff gehören (BGH NJW 94, 517, 519; 97, 1931; § 314 Rz 2), und zwar auch bei Urteilen, denen überhaupt ein gesonderter Tatbestand fehlt (BGH NJW 97, 1931; aA ThoPu/*Reichold* Rn 2; Köln OLGZ 89, 78) oder bei Bezugnahme nach § 540 Abs. 1 Nr. 1 (BGH ZIP 11, 368 Tz. 13) Ebenso wenig erfasst ist das wiedergegebene Prozessgeschehen (BGH NJW 83, 2030, 2032; Zö/*Vollkommer* Rn 4), allerdings können nicht protokollierte, sondern in den Tatbestand aufgenommene Aussagen von Zeugen und Sachverständigen berichtigt werden (Celle NJW 70, 53 f; krit Musielak/*Musielak* Rn 2). 2

Inhaltlich erstreckt sich die Berichtigung auf Unrichtigkeiten, die nicht unter § 319 fallen. Abs 1 statuiert insoweit ein Exklusivverhältnis ggü § 319. Daher können Divergenzen zwischen Tatbestand und Entscheidungsgründen nur über § 319 oder im Instanzenzug bereinigt werden (RGZ 80, 172, 174). Keine Unrichtigkeit des Tatbestands ist die falsche Würdigung des Streitstoffs bzw eine fehlerhafte Beweisaufnahme (LAG Köln MDR 85, 171, 172), eine Verletzung der Hinweispflicht (FG BW EFG 96, 330) oder ein Verfahrensfehler.

Der Tatbestand ist nicht unrichtig, wenn der Parteivortrag nur dem Sinn nach, aber zutr wiedergegeben wird (AG Hattingen MDR 90, 729). Rechtsausführungen der Parteien sind nicht nach § 320 zu berichtigen (Musielak/*Musielak* Rn 2), desgleichen nicht Vorbringen aus einem nicht nachgelassenen Schriftsatz, da dieser prozessual unbeachtlich ist (Köln NJW-RR 91, 1536). Der Berichtigung einer Unrichtigkeit steht nicht entgegen, dass dann ein Verstoß gegen § 308 offenbar wird (Bsp Klägerantrag im Tatbestand wird durch Berichtigung von Zahlung in inländischer auf Zahlung in ausländischer Währung umgewandelt; Verurteilung lautet auf Zahlung in inländischer Währung); die dadurch beschwerte Partei muss den Verstoß mittels eines Rechtsmittels (nicht durch § 319) geltend machen.

Dunkelheiten sind solche Ausführungen, denen das Ziel der Ausführung nicht eindeutig zugeordnet werden kann. **Auslassungen** rechtfertigen keine Berichtigung, wenn die Wiedergabe des Parteivortrags dem Knappheitsgebot des § 313 II zum Opfer fällt. Das gilt besonders für vorbereitende Schriftsätze, weil insoweit die Bezugnahme überflüssig ist (Schlesw SchlHA 71, 18; AG Frankfurt NJW 02, 2328, § 314 Rz 5). Demgegenüber kann die Auslassung erheblicher Punkte wie zB von Beweisantritten (OGHZ 4, 23) die Berichtigung rechtfertigen (St/J/*Leipold* Rn 9); die Berichtigung erstreckt sich dann aber eben auch nur auf den Tatbestand (Abs 5). Ist ein Antrag bei der Entscheidung übergangen worden, so greift allein § 321. Die Tatbestandsberichtigung kann nur vorbereitend dafür Sorge tragen, dass ein gestellter Antrag im Tatbestand genannt wird. **Widersprüche** sind keine inhaltlichen Widersprüche der Entscheidung selbst, sondern solche in der Darstellung im Tatbestand (Bsp Behandlung einer Tatsache sowohl als streitig als auch als unstr).

Ob als generelle Regel darüber hinaus stets nur dasjenige zum Gegenstand der Berichtigung gemacht werden kann, was zum **Parteivorbringen iSd § 314** gehört (so Jena OLGR Jena 06, 455; Musielak/*Musielak* Rn 3; MüKoZPO/*Musielak* Rn 5), ist fragwürdig (ebenso *Weitzel* Tatbestand und Entscheidungsqualität S. 80 ff; St/J/*Leipold* Rn 1); der systematische Zusammenhang mit § 319 spricht eher dagegen, was nicht ausschließt, in Grenzfällen eine harmonisierte Auslegung zu finden. Bei Anlehnung an § 314 ist nur das Parteivorbringen zu berücksichtigen, das Gegenstand mündlicher Verhandlung war (KG NJW 66, 601 f; BFH BB 83, 755; MüKoZPO/*Musielak* Rn 4;); wegen der überflüssigen Verweisung auf vorbereitende Schriftsätze spielt diese Einschränkung aber ohnehin keine entscheidende Rolle. Bei einem durch die Sitzungsniederschrift bereits widerlegten Fehler des Tatbestands bedarf es § 320 an sich nicht, da dann das Protokoll allein maßgebend ist. Die Zulässigkeit des Berichtigungsantrags sollte davon aber nicht abhängen, da die Widerlegung zweifelhaft sein kann (St/J/*Leipold* Rn 6; aA Musielak/*Musielak* Rn 3).

Bei **Revisionsurteilen** kommt § 320 weitgehend nicht in Betracht, da § 314 insoweit nur für Parteivorbringen iSd § 551 III Nr 2 b und Parteierklärungen in der Revisionsverhandlung gilt, also kann nur in diesem Umfang Berichtigung beantragt werden (BGHR 08, 345; BGHR ZPO § 320 Revisionsurteil 1), nicht aber wegen der in den Vorinstanzen gestellten Anträge (BGH NJW 99, 796). Entsprechendes gilt bei einem tatbestandslosen Berufungsurteil oder wenn lediglich auf die tatsächlichen Feststellungen im Urt Bezug genommen wird (§ 540 I, II), ebenso bei einem unzulässigen Tatbestand mit Bericht über das mündliche Vorbringen in der Vorinstanz (Stuttg NJW 73, 1049). Ein Streitbeteiligter kann nur dann die Berichtigung des sein Vorbringen im *ersten* Rechtszug betreffenden Teil des Tatbestandes im Berufungsurteil verlangen, wenn er dartut, dass er im *zweiten* Rechtszug etwas über sein Vorbringen im *ersten* Rechtszug vorgetragen habe und dass dies anders gewesen sei als es im Tatbestand des Berufungsurteils niedergeschrieben ist (Jena OLGR Jena 06, 455). Wurde also in die Entscheidungsgründe eine Darstellung über Änderungen oder Ergänzungen des erstinstanzlichen Parteivortrags, dh Vorbringen iSd § 540 I Nr 1 aE, eingefügt, so gibt es keinen Grund, warum § 320 im Hinblick auf dieses Vorbringen nicht gelten sollte (BGH NJW 97, 1931; Zö/*Vollkommer* Rn 5; aA MüKoZPO/*Musielak* Rn 5 aE).

3 **II. Antrag.** Das Verfahren wird anders als § 319 nur **auf Antrag** in Gang gesetzt. Antragsberechtigt ist auch der Insolvenzschuldner nach Eröffnung des Insolvenzverfahrens hinsichtlich eines gegen ihn ergangenen Urteils (Schlesw SchlHA 71, 18). Der Antrag ist schriftsätzlich zu stellen (Abs 1). Es besteht **Anwaltszwang** in den Fällen des § 78. Vor dem AG ist Erklärung zu Protokoll der Geschäftsstelle möglich, § 496. Für den Antrag gilt § 263 entsprechend, wenn er nachträglich erweitert wird (B/L/A/H Rn 6; St/J/*Leipold* Rn 12).

4 **III. Frist (Abs 2).** Der Antrag ist binnen **zwei Wochen** seit Zustellung in vollständiger Form (§ 317 Rz 2). zu stellen; die Zustellung in abgekürzter Form (§ 317 VI) genügt daher nicht. Die Frist ist für jede Partei gesondert zu bestimmen; für den Streithelfer läuft aber keine eigene Frist (BGH NJW 63, 1251). Eine Verlängerungsmöglichkeit sieht das Gesetz nicht vor; die Frist ist nicht verzichtbar (RG JW 1899, 92). Die Einreichung wahrt die Frist. Es handelt sich nicht um eine Notfrist (§ 224 II 1), daher kommt Wiedereinsetzung in den vorigen Stand nicht in Betracht. Abs 3 S 3 enthält eine Höchstfrist von drei Monaten seit Verkündung des Urteils (in den Fällen des § 310 III: mit Zustellung), nach dessen Ablauf die Berichtigung des Tatbestands unbeschadet der fehlenden Zustellung in vollständiger Form ausgeschlossen ist. Auch der Grundsatz des fairen Verfahrens gebietet keine Fristverlängerung, wenn die Drei-Monats-Frist wegen der verspäteten Absetzung des vollständigen Urteils (§ 315 II) abläuft (so aber KG NJW-RR 01, 1296; anders wie hier im Erg BGHZ 32, 17, 27 f; Hambg MDR 05, 1010). Die vermeintliche Unrichtigkeit des Tatbestands kann dann aber im Rechtsmittelverfahren gerügt werden, allerdings nur, wenn sie entscheidungserheblich ist (BGH LM Nr 1; BGHZ 32, 17, 28; §§ 513 I, 520 III Nr 2, 529 I Nr 1, 551 III Nr 2b). § 547 Nr 6 (absoluter Revisionsgrund) greift insoweit nicht (idS BGH GemS NJW 93, 2603, 2604 f).

Das Rechtsschutzbedürfnis ist nicht schon dann zu verneinen, wenn das Urt nicht mit Rechtsmitteln angreifbar ist und keine Urteilsergänzung in Betracht kommt. Die TB-Berichtigung kann im Hinblick auf eine Verfassungsbeschwerde relevant werden (Zö/*Vollkommer* Rn 10). Auch nach Rechtskraft des Urteils kann wegen einer Wiederaufnahmemöglichkeit eine Berichtigung Sinn machen (Musielak/*Musielak* Rn 9). Das Rechtsschutzinteresse fehlt aber, wenn ein an sich statthaftes Rechtsmittel nicht eingelegt wurde, weil insoweit auch die Verfassungsbeschwerde subsidiär wäre (LG München I FamRZ 08, 1200); die Möglichkeit eines Wiederaufnahmeverfahrens dürfte demgegenüber jedenfalls in diesen Fällen bei Versäumnis von Rechtsbehelfen nicht ins Gewicht fallen (so MüKoZPO/*Musielak* Rn 10; St/J/*Leipold* Rn 6).

5 **C. Verfahren. I. Verfahrensgang.** Der Antrag ist als Sachantrag an den Gegner zuzustellen. Einer mündlichen Verhandlung bedarf es nur, wenn dies eine Partei (nicht notwendigerweise der Antragsteller) beantragt (Abs 3). Eine Pflicht zur mündlichen Verhandlung besteht aber ausnahmsweise nicht bei Unzulässigkeit des Antrags (BGH GRUR 04, 271, 272; *Naundorf* MDR 04, 1273, 1274). Bei mündlicher Verhandlung sind die Ladungsfristen (§ 217) zu beachten. Die Säumnisvorschriften finden keine Anwendung. Eine Beweisaufnahme ist nicht gestattet (Abs 4); das Ausgangsgericht entscheidet allein nach Maßgabe seiner Erinnerung, die aber durch Sitzungsprotokolle und persönliche Aufzeichnungen »aufgefrischt« werden darf (BGH NJW 63, 46).

6 **II. Besetzung des Gerichts.** Die Entscheidung über den Antrag trifft das Gericht in der in Abs 4 S 2 vorgesehenen Besetzung mit denjenigen Richtern, die an dem Urt mitgewirkt haben. Bei Verhinderung eines beisitzenden Richters ist bei Stimmengleichheit die Stimme des Vorsitzenden maßgeblich, bei dessen Verhinderung diejenige des ältesten Richters (Abs 4 S 3, zum Begriff ältester Richter § 315 Rz 6). Zum Begriff der Verhinderung § 315 Rz 5; die Zugehörigkeit des Richters zu einem anderen Spruchkörper desselben Gerichts hindert ihn an der Mitwirkung nicht (Frankf OLGR 07, 216, 217). Sind alle mitwirkenden Richter verhindert, so kann der Beschl nicht ergehen (*Hirte* JR 85, 138, 139 mwN). Der Einzelrichter, der das Urt

erlassen hat, ist allein für die Berichtigung zuständig. Bei **Verhinderung des Vorsitzenden** der KfH entscheiden die Handelsrichter allein (zweifelnd Zö/*Vollkommer* Rn 12). Eine erfolgreiche Ablehnung der Richter wegen Befangenheit macht eine Tatbestandsberichtigung durch das jeweilige Gericht unmöglich; das Rechtsmittelgericht muss dann prüfen, ob der Antrag Erfolg gehabt hätte (BAG NJW 70, 1624, LS). Die Ablehnungsvorschriften gelten auch für das Tatbestandsberichtigungsverfahren selbst (BGH NJW 63, 46), aber es soll das Rechtsschutzinteresse für den **Ablehnungsantrag** ggü allen Richtern fehlen, weil wegen Abs 4 S 2 die Tatbestandsberichtigung durch die abgelehnten Richter nicht erfolgen könne (BGH NJW-RR 07, 1653 Tz 7; Frankf MDR 79, 940; B/L/A/H Rn 12; Zö/*Vollkommer* Rn 12). Letzteres ist abzulehnen, denn im Falle einer Verhinderung sämtlicher Richter im Berufungsgericht und der dadurch begründeten Unmöglichkeit der Entscheidung über den Berichtigungsantrag muss das Revisionsgericht prüfen, ob der Antrag begründet gewesen wäre und der Fehler entscheidungserheblich war (St/J/*Leipold* Rn 25; BAG NJW 70, 1624, LS). Auch generell entfällt die Bindung des Berufungsgerichts an den Tatbestand aus Gründen des effektiven Rechtsschutzes, wenn eine Partei die Richtigkeit des Tatbestands bestreitet, aber über seinen Antrag wegen der Verhinderung der Richter nicht entschieden werden kann (BVerfG NJW 05, 657, 658 f).

D. Entscheidung und deren Wirkungen. Das Gericht entscheidet durch Beschl (arg Abs 4 S 3). § 329 fin- 7
det Anwendung. Liegt ein Mangel des Tatbestands iSd Abs 1 vor, so hat es dem zulässigen Antrag stattzugeben. **Tenorierungsbeispiel:** »Auf den Antrag des Klägers wird der Tatbestand des Urteils vom...wie folgt berichtigt: Auf Blatt...wird das Wort ersetzt durch ...«. Eine Kostenentscheidung ist weder erforderlich noch geboten. Ein den Antrag zurückweisender Beschl muss begründet werden (St/J/*Leipold* Rn 32: wegen der Möglichkeit der Beschwerde bei fehlender sachlicher Prüfung, Rz 8).
Der stattgebende Beschl ist auf dem Urt und den Ausfertigungen zu vermerken (Abs 4 S 5). Für die Behandlung eines Beschlusses als elektronisches Dokument gelten gem Abs 4 S 6 und 7 die gleichen Grundsätze wie bei § 319 (§ 319 Rz 13 ff).
Die stattgebende Entscheidung hat wie bei § 319 eine ex tunc-Wirkung; der berichtigte Tatbestand gilt als von Anfang an maßgeblich. Die Entscheidung hat wie bei § 319 grds keinen Einfluss auf den Lauf der **Rechtsmittelfristen** (vgl BGH NJW 03, 2991, 2992; JurBüro 07, 280). Eine Ausnahme ist allenfalls denkbar, wenn erst die berichtigte Fassung die Beschwer hinreichend erkennen lässt (BGH JurBüro 07, 280), näher § 319 Rz 12. Auch sonst hat die Berichtigung keinen Einfluss auf das Urt iÜ (Abs 5). Dabei kommt es nicht darauf an, ob die Rechtsanwendung und Subsumtion in den Entscheidungsgründen ersichtlich nicht mehr von der korrigierten Tatbestandsfassung gedeckt ist, denn nur über das Rechtsmittelverfahren und § 321 kann eine Änderung des Urteils erreicht werden.

E. Anfechtung. Der Beschl ist sowohl bei Stattgabe als auch bei Zurückweisung des Antrags grds unan- 8
fechtbar (Abs 4 S 4). Mit einem Rechtsmittel gegen das Urt kann die Tatbestandsberichtigung nicht erreicht werden, da die persönliche Erinnerung des Erstrichters maßgeblich ist (s. aber zur Anfechtung des (gesamten) Urteils durch Revision soeben Rz 6). Der Berichtigungsbeschluss kann seinerseits nach § 319 berichtigt werden, wenn er Verlautbarungsmängel aufweist (BGH NJW-RR 88, 407, 408; § 319 Rz 13), nicht aber wiederum nach § 320 (BGH VersR 88, 267, 268). Ähnlich wie bei § 319 ist die Entscheidung ausnahmsweise auf **sofortige Beschwerde** überprüfbar, wenn der Antrag unzulässigerweise ohne sachliche Prüfung zurückgewiesen wurde (Ddorf NJW-RR 04, 1723: analog § 252); ebenso bei Mitwirkung eines Richters, der nicht zu bei Urteilsfällung mitwirkenden Richter gehörte, denn darin liegt ein Verstoß gegen Abs 4 S 2 (Ddorf NJW 63, 2032). Zur Unbeachtlichkeit des Tatbestands bei Befangenheit des Kollegiums soeben Rz 6. Das Beschwerdegericht entscheidet nicht sachlich über den Antrag, sondern muss zurückverweisen (§ 572 III). Die Voraussetzungen für die Zulassung der Rechtsbeschwerde (§ 574 I 1 Nr 2) werden selten vorliegen.Die *Verfahrensrüge* ist bei einer durch die Unrichtigkeit bedingten Verletzung rechtlichen Gehörs nach allgemeinen Regeln gegeben (BGH NJW 11, 1513; Zö/*Vollkommer* Rdnr. 14).

F. Anwendungsbereich. Der Geltungsbereich des § 320 entspricht den Grundsätzen bei § 319 (§ 319 9
Rz 16). § 320 gilt auch im Arbeitsgerichtsverfahren (zB BAG NZA 08, 1028, 1029), im fG-Verfahren (wie § 319 Rz 16) einschließlich des WEG-Verfahrens (Köln NZM 04, 305) sowie im GWB-Rechtsbeschwerdeverfahren (BGHZ 65, 30, 36). Im Patentverfahren gilt § 96 PatG (BGH NJW-RR 97, 232, 233).

G. Kosten/Gebühren. Wie bei § 319 Rz 17. Ist der RA nur für das Ergänzungsverfahren tätig, so erhält er 10
eine 0,8-Gebühr nach VV 3403.

§ 321 Ergänzung des Urteils. **(1) Wenn ein nach dem ursprünglich festgestellten oder nachträglich berichtigten Tatbestand von einer Partei geltend gemachter Haupt- oder Nebenanspruch oder wenn der Kostenpunkt bei der Endentscheidung ganz oder teilweise übergangen ist, so ist auf Antrag das Urteil durch nachträgliche Entscheidung zu ergänzen.**
(2) Die nachträgliche Entscheidung muss binnen einer zweiwöchigen Frist, die mit der Zustellung des Urteils beginnt, durch Einreichung eines Schriftsatzes beantragt werden.
(3) [1]Auf den Antrag ist ein Termin zur mündlichen Verhandlung anzuberaumen. [2]Dem Gegner des Antragstellers ist mit der Ladung zu diesem Termin der den Antrag enthaltende Schriftsatz zuzustellen.
(4) Die mündliche Verhandlung hat nur den nicht erledigten Teil des Rechtsstreits zum Gegenstand.

1 **A. Normzweck.** § 321 stellt aus Gründen des effektiven Rechtsschutzes ein Antragsverfahren zur Ergänzung eines lückenhaften Urteils zur Verfügung, dient aber nicht dazu, fehlerhafte Entscheidungen richtigzustellen (BGH NJW 06, 1351 Tz 12); dann Rechtsmittel oder § 319. Wie das Verfahren des § 320 ist § 321 auf eine Selbstkontrolle innerhalb der Instanz gerichtet (vgl BVerfG NJW-RR 00, 1664). Von der Berichtigung iSd § 319 unterscheidet sich das Verfahren dadurch, dass die vom Gericht gefasste und gewollte Entscheidung in den Fällen des § 319 lediglich unrichtig verlautet worden ist, während das Gericht bei § 321 einen geltend gemachten Haupt- oder Nebenanspruch oder den Kostenpunkt *unbewusst* bzw aus Versehen (sonst Teilurteil iSd § 301) gar nicht erst bescheidet.

2 **B. Voraussetzungen. I. Zulässiger Gegenstand des Antrags. 1. Allgemeines.** Der Antrag ist nur statthaft und zulässig, wenn er auf die Schließung einer Entscheidungslücke abzielt. Die Zulässigkeit des Antrags ist vAw zu prüfen. Diese Lücke kann einen Haupt-, einen Nebenanspruch oder den Kostenpunkt betreffen (Zö/*Vollkommer* Rn 2). Der Antrag darf nicht nur die Korrektur einer inhaltlich falschen Entscheidung zum Ziel haben (BGH NJW 06, 1351 Tz 12). Ein Anspruch oder der Kostenpunkt ist nur »übergangen«, wenn er versehentlich nicht beachtet worden ist, nicht dagegen, wenn er rechtsirrtümlich nicht beschieden wurde (BGH MDR 53, 164, 165; NJW 06, 1351 Tz 9). Ob die Entscheidung tatsächlich lückenhaft ist, stellt sich dann als Problem der **Begründetheit des Antrags** dar; insoweit gelten die allgemeinen Regeln im Hinblick auf Darlegungs- und Beweislasten (s.a. Rz 8). War die vermeintlich zu ergänzende Entscheidung tatsächlich nicht lückenhaft, so ist der vermeintlich übergangene Anspruch bereits beschieden und dessen Rechtshängigkeit durch Entscheidung weggefallen oder jedenfalls das Ausgangsgericht an einer erneuten Sachentscheidung durch § 318 gehindert.

Auch bei dem Übergehen **unselbstständiger Teile der Entscheidung** mit der Folge, dass das Urt ausnahmsweise sowohl unvollständig als auch inhaltlich falsch wird, kommt außer der Anfechtung mit einem Rechtsmittel auch eine Urteilsergänzung nach § 321 in Betracht, und zwar auch nach Ablauf jeweils einer der maßgeblichen Fristen (BGH NJW-RR 10, 19, 20, Tz 12 f; BGH NJW-RR 96, 1238), zB wenn der bei einem Vorbehaltsurteil anzubringende Vorbehalt fehlt oder Nebenentscheidungen fehlen (Verstoß zB gegen § 308 II). Das insoweit mögliche Ergänzungsverfahren schließt aber nicht das Rechtsschutzbedürfnis für das Rechtsmittel aus (Schlesw OLGR Schlesw 04, 534).

Unzulässig ist der Antrag, wenn er auf eine Korrektur in solchen Fällen gerichtet ist, in denen ein Gericht einzelne Angriffs- oder Verteidigungsmittel übergangen oder den Anspruch einer Partei nicht beschieden hat, weil es ihr Klageziel falsch ausgelegt hat (BGH NJW 80, 840). Der Zulässigkeit eines auf Erweiterung im Kostenpunkt gerichteten Antrags steht aber nicht entgegen, dass keine festsetzungsfähigen Kosten angefallen sind. Fragen, die im Kostenfestsetzungsverfahren zu klären sind, haben keinen Einfluss auf die Kostengrundentscheidung (BGH NJW 06, 1351 Tz 12).

3 **2. Einzelheiten und Kasuistik.** Übergangene Ansprüche iSd Abs 1 betreffen nur ein bestimmtes Begehren der Partei, das zur Entscheidung durch Urt gestellt wird, oder einen Teil davon, nicht eine inhaltlich unrichtige Entscheidung (BGH NJW 02, 1500, 1501; ausf *Stackmann* NJW 05, 1537, 1538). Ansprüche idS können auch Hilfsanträge sein (BAG NJW 09, 1165), wenn es wegen des Eintritts der prozessualen Bedingung auf sie angekommen wäre; ebenso Widerklageanträge. Fehlen diese Anträge im Tatbestand, ist zunächst nach § 320 vorzugehen; dann beginnt die Frist des Abs 2 erst mit der Zustellung des Berichtigungsbeschlusses (BAG aaO). Nicht erfasst ist das Übergehen von rechtlichen oder tatsächlichen Vorbringen der Partei oder das Übersehen von Einwendungen einer Partei; dies macht das Urt inhaltlich falsch und kann eine Verletzung des rechtlichen Gehörs begründen, sodass eine Anfechtung mit Rechtsmitteln bzw § 321a in Betracht kommen. Das Übersehen eines Zurückbehaltungsrechts (BGHZ 154, 1, 4 = NJW 03,

1463) oder des Erfüllungseinwands ist deshalb kein tauglicher Antragsgegenstand. Ob ausnahmsweise eine übergangene Aufrechnungsforderung wegen § 322 II einem übergangener Anspruch gleichzustellen ist (AG Paderborn MDR 00, 1272; Zö/*Vollkommer* Rn 3), ist str (abl wohl BGH NJW-RR 96, 379) und zu verneinen, da die Rechtskraftwirkung nichts daran ändert, dass die Aufrechnung ein reiner Erfüllungseinwand ist. Wohl aber ist die Hinzufügung eines Vorbehalts der Rechte gem § 302 II möglich, was das Problem weitgehend vermindert. Zulässig ist auch ein auf Hinzufügung einer Vollstreckungsschutzanordnung oder einer Räumungsfrist (§§ 712, 721) gerichteter Antrag (BGH NJW 84, 1240) wie überhaupt die Ergänzung von Regelungen zur vorläufigen Vollstreckbarkeit (§ 716). Der Vorbehalt der beschränkten Erbenhaftung (§§ 305, 780) und Haftungsbeschränkungen (zB bei Minderjährigen (§ 1629a BGB) dürfen ergänzt werden; es sei denn, von ihrer Hinzufügung wurde auf der Grundlage einer sachlichen Prüfung abgesehen. Denkbar sind auch Erweiterungen im Hinblick auf sonstige Modalitäten der Leistungspflicht, wie Fristbestimmungen (§ 255) oder § 14 AnfG (umfassend zum Anwendungsbereich Hofmann S 193 ff).

Die nachträgliche Vervollständigung eines ohne Tatbestand und Entscheidungsgründen ergangenen Versäumnisurteils, das sich gegen eine im Ausland ansässige Partei richtet, ist (aus den Gründen § 313a Rz 7) zulässig (Celle OLGR 07, 702). Gleiches gilt aber auch sonst, wenn das Versäumnisurteil nicht die gesamten Anträge abdeckt. Wollte das Gericht aber umfassend nach Antrag entscheiden, so handelt es sich nur um einen nach § 319 zu berichtigenden Verlautbarungsmangel.

Keine Ergänzung soll in Betracht kommen, wenn das Gericht die Einordnung als deliktischen Anspruch iSd § 850 f II versehentlich unterlassen hat (*Gaul* FS Gerhardt, 259, 304), was mE nicht überzeugt. Allerdings sollte die Versäumung der Frist des § 321 dann eine Feststellungsklage nicht ausschließen.

Im **Kostenpunkt** sind Ergänzungen zulässig, etwa in solchen Fällen, in denen die Kostenteilung geboten 4
war, so bei § 281 III 2, (Hamm NJW-RR 00, 1524), § 344 (Stuttg Justiz 84, 19), § 96 sowie beim Übersehen einer Entscheidung über die Kosten der Streithilfe (vgl § 101, BGH 10.2.11, IX ZR 110/09, BeckRS 11, 05638) oder über die Kosten einer aus dem Rechtsstreit ausgeschiedenen Partei oder Scheinpartei (anders offenbar BGH NJW 06, 1351, 1352), nicht aber bei einem bewussten Vorbehalt der Kostenentscheidung für ein Schlussurteil oder wenn das Gericht von einer beiderseitigen Erledigungserklärung ausgegangen ist (§ 91a) statt von einer einseitigen Erklärung (Feststellungsbegehren; BGH NJW 02, 1500, 1501).

Auch das Übergehen der Entscheidung über die **Rechtsmittelzulassung** kann ein Vorgehen nach § 321 5
ermöglichen. Insoweit ist zu differenzieren: Hat das Gericht bewusst keinen Ausspruch zur Zulassung getroffen, so ist dies als Nichtzulassung zu behandeln; wegen des Verlautbarungsmangels kommt § 319 in Betracht. Bei irrtümlicher Annahme, es sei keine Zulassung erforderlich oder bei sonst falscher Bewertung der Zulassungsgründe ist kein Raum für eine Urteilsergänzung, da die Zulassungsfrage sachlich, wenn auch falsch, beschieden wurde. In den genannten Fällen ist daher der Antrag schon unzulässig, wenn sich die Partei in ihrer Antragsschrift auf einen solchen sachlichen Fehler stützt. Die nachträgliche Zulassung der Rechtsbeschwerde ist also keine Ergänzung iSd § 321, wenn das Beschwerdegericht bei seiner ursprünglichen Entscheidung irrtümlich davon ausgegangen ist, die Rechtsbeschwerde sei schon nach dem Gesetz statthaft (BGH NZI 09, 744 Tz 9). Hat das Gericht versäumt, über die Zulassung zu entscheiden, so soll nach hA das Schweigen des Gerichts ebenfalls wie eine Nichtzulassung zu werten sein und damit eine Urteilsergänzung ausschließen und nur § 319 unter den dort geltenden Voraussetzungen in Betracht kommen (BGH NJW 66, 931, 932; 04, 779; MDR 05, 103, 104), doch in Wahrheit fehlt es insoweit an einem Willensentschluss des Gerichts, sodass eine Zuordnung zu § 321 näher liegt (Zö/*Vollkommer* Rn 5; Musielak/*Musielak* Rn 7a; zum Problem *Stackmann* NJW 02, 781, 782), vorausgesetzt, das Gericht hat sich mit der Frage nicht befasst. Freilich mag der Nachweis eines solchen versehentlichen Schweigens ggf schwerfallen. Der BGH (NJW 04, 2529 f) will jetzt im Fall einer willkürlichen oder unter Verletzung der Verfahrensgrundrechte ergangenen Nichtzulassung eine nachträgliche Zulassung analog § 321a aF ermöglichen (näher § 321a Rz 6).

II. Weitere Zulässigkeitsvoraussetzungen des Antrags. 1. Form. Die Urteilsergänzung findet nur auf 6
Antrag statt, nicht vAw. Der Antrag ist ein Verfahrensantrag, der auf die Bescheidung des noch anhängigen Sachantrags gerichtet ist. Er ist wie Parteihandlungen im Allgemeinen auslegungsfähig (Einl Rz 55). Daher soll ein Kostenfestsetzungsantrag bei Fehlen der Kostengrundentscheidung in Betreff des Nebenintervenienten als schlüssig erklärter Antrag nach § 321 zu behandeln sein (so AG Hamburg-Blankenese MDR 07, 856, LS, zw). Tatsächlich liegt in einem **Kostenfestsetzungsantrag** jedoch nicht ohne weiteres ein Antrag auf Ergänzung der Kostengrundentscheidung (analog) § 321 ZPO, insb dann nicht, wenn der antragstellende Prozessbevollmächtigte zu erkennen gibt, dass er erst im Kostenfestsetzungsverfahren auf das Fehlen

einer Kostengrundentscheidung hingewiesen wurde und ihm dies zunächst nicht aufgefallen ist (Rostock OLGR Rostock 08, 485 f; iErg auch Kobl NJW-RR 92, 892); in bestimmten Fällen ist der fehlende Kostenausspruch im Tenor über § 319 zu korrigieren (§ 319 Rz 7). Der Antrag ist durch Schriftsatz beim iudex a quo, dh bei dem Gericht zu stellen, welches das Urt erlassen hat. Es besteht ggf Anwaltszwang, § 78, sonst gilt § 496.

7 **2. Frist.** Für den Antrag gilt eine Frist von **zwei Wochen** ab Zustellung des Urteils (Abs 2). Der Antrag darf wie bei § 320 II 2 schon vor Zustellung des Urteils gestellt werden. Die Frist beginnt bereits (anders § 320 Rz 4) mit Zustellung eines abgekürzten Urteils, wenn daraus die Ergänzungsbedürftigkeit ersichtlich ist (Hambg MDR 62, 313; St/J/*Leipold* Rn 21). Die Zustellung eines Berichtigungsbeschlusses ist maßgeblich, wenn erst der Tatbestand in seiner berichtigten Fassung offenbar macht, dass das Urt unvollständig und deshalb ergänzungsbedürftig ist (Brandbg 27.3.07 – 11 U 51/06 – juris). Hat das Berufungsgericht eine Anordnung nach § 711 wegen vermeintlicher Unanfechtbarkeit der Entscheidung (§ 713) unterlassen, so beginnt die Frist erst mit Zustellung des Beschlusses, in dem das Revisionsgericht den Wert der Beschwer auf mehr als 20.000 € (§ 26 Nr 8 ZPO) festlegt (BGH NJW 84, 1240; MüKoZPO/*Musielak* Rn 10). War die Entscheidung über die Kosten der Streithilfe unterblieben, so beginnt die Frist bei einem noch nicht rechtskräftigen Urt erst mit Zustellung an den Streithelfer (BGH NJW 75, 218), und zwar auch nach Eintritt der Rechtskraft des Urteils (BGH NJW-RR 05, 295 f), da ohne Zustellung die prozessuale Anhängigkeit des Antrags fortdauert. Musste zunächst der Tatbestand berichtigt werden, so läuft die Frist erst mit Zustellung des Berichtigungsbeschlusses (BGH NJW 82, 1821, 1822, BAG NJW 09, 1165). Das gilt aber richtigerweise nur, wenn der Antrag nach § 321 die erfolgreiche Tatbestandsberichtigung voraussetzt, also zB der übergegangene Antrag im Tatbestand nicht aufgeführt oder falsch wiedergegeben war (oben Rz 3).
Die Frist des Abs 2 ist keine Not-, sondern eine **gesetzliche Frist**, sodass eine Wiedereinsetzung in den vorigen Stand wegen § 233 ausscheidet (BGH FamRZ 80, 669, 670; NJW 80, 785, 786); eine analoge Anwendung des § 233 (§ 233 Rz 6) ist zweifelhaft (so aber Zö/*Vollkommer* Rn 6).
Ist die Frist versäumt, so hat dies **keine materiell-rechtlichen Folgen**. Die jeweilige Partei kann und muss hinsichtlich des übergangenen Anspruchs ein neues Verfahren anstrengen, da die Rechtshängigkeit des Anspruchs mit Fristablauf erlischt (BGH NJW-RR 05, 790, 791; NJW 91, 1683, 1684). Hat eine Partei aus anderen Gründen Berufung gegen das erstinstanzliche Urt eingelegt, so kann der übergangene Anspruch, dessen Rechtshängigkeit erloschen ist, daher nur im Wege einer Klageerweiterung/Klageänderung (§ 533 Rz 4 ff) zum Gegenstand des Berufungsverfahrens gemacht werden (BGH NJW-RR 05, 790, 791). Übergangene Kostenanträge können demgegenüber nicht in einer neuen Klage geltend gemacht werden, da das Rechtsmittelgericht über die Kosten des Verfahrens einheitlich zu entscheiden hat (§ 308 II) (RGZ 22, 421, 423; Zö/*Vollkommer* Rn 8).

8 **C. Verfahren und Entscheidung.** Das Gericht stellt den Ergänzungsantrag vAw zu (**Abs 3 S 2**). Es entscheidet nach fakultativer mündlicher Verhandlung (**Abs 3 S 1**). Auf Antrag ist mündlich zu verhandeln; die Verhandlung betrifft nur den übergegangenen Teil des Streitgegenstands (**Abs 4**). Das Gericht entscheidet nicht notwendigerweise in derselben Besetzung, die es bei Erlass des Urteils hatte (wie § 319 Rz 11; RGZ 30, 342, 345). Die Entscheidung ergeht stets durch Urt (RGZ 23, 422, 423; BGH WM 82, 491), zur entsprechenden Anwendung des § 321 unten Rz 10. Insoweit entscheidet das Gericht (1) über die Zulässigkeit des Antrags und (2) die tatsächliche Lückenhaftigkeit der Hauptentscheidung, und sodann (3) über den übergegangen Antrag in der Sache selbst. Ist der Antrag erfolgreich, so wird also anders als bei § 321a nicht auf Fortsetzung des Verfahrens erkannt, sondern in der Sache entschieden. Der **Tenor** folgt keinen Besonderheiten, allerdings sollte die ergänzende Natur in Zweifelsfällen klargestellt werden. Bsp: »Der Tenor des Urteils vom … wird wie folgt ergänzt: Der Beklagte wird verurteilt, …«. Ein Versäumnisurteil ist nach allgemeinen Regeln ebenso möglich wie ein Anerkenntnisurteil. Das Urt verhält sich auch zu den Kosten. Fehlt es daran, ist annahmegemäß die Kostenentscheidung des ergänzten Urteils auch insoweit für den ergänzten Teil maßgeblich; gleiches gilt, wenn eine Regelung zur vorläufigen Vollstreckbarkeit nicht eigens ausgesprochen wird. Ist der Antrag unzulässig, so empfiehlt es sich, den Antrag zurückzuweisen. Gleiches gilt, da der Antrag lediglich Verfahrensantrag ist, wenn der Antrag unbegründet ist, weil die Entscheidung gar nicht lückenhaft und der Anspruch bereits beschieden war; insofern bedarf es daher keiner (erneuten) Klageabweisung.

9 **D. Rechtsmittel.** Das Ergänzungsurteil ist iErg ein selbständiges Teilurteil (aber nicht als solches zu bezeichnen, da es nicht dem § 301 folgt), das unabhängig von dem ergänzten Urt anfechtbar ist (vgl BGH

NJW 80, 840 f; 00, 3008). Das Ergänzungsurteil ist also auch hinsichtlich Rechtsmittelsumme, Zulassung und Fristen selbstständig zu beurteilen. Das Ergänzungsurteil unterliegt seinerseits der Berichtigung nach §§ 319–320 und der Ergänzung nach § 321, wenn über den Antrag nicht abschließend entschieden wurde. Mit der Zustellung des Urteils nach § 321 beginnt die Rechtsmittelfrist gegen das ergänzte Urt von neuem, § 518, (anders § 319 Rz 12; § 320 Rz 7; BGH VersR 81, 57), wenn sie noch nicht abgelaufen war. Hat eine Partei Rechtsmittel nur gegen das ergänzte Urt eingelegt, so ist wegen der Selbständigkeit des Ergänzungsurteils der Gegenstand der Beurteilung durch das Rechtsmittelgericht allein das ergänzte Urt, das gilt auch bei der Anschlussberufung (RGZ 23, 422, 423). Hat allerdings das Gericht nach § 321 nur über Kosten und vorläufige Vollstreckbarkeit im Ergänzungsurteil entschieden, so erfasst das Rechtsmittel gegen das Hauptturteil aus Praktikabilitätsgründen ohne weiteres auch diese **Nebenentscheidungen**. Betrifft die Ergänzung also nur einen Kostenausspruch, so ist diese Entscheidung ungeachtet des § 99 anfechtbar (BGH ZIP 84, 1107, 1113), allerdings nur, wenn auch das ergänzte Urt angefochten wird (RGZ 68, 301, 302; ThoPu/*Reichold* Rn 6, unklar BGH aaO; deutlich jetzt BGH NJW 07, 3421 Tz 5). Sind beide Urteile angefochten, sind die Rechtsmittelverfahren zu verbinden, § 518 S 2. Hat das Gericht fälschlich durch Beschl entschieden, so kann nach Maßgabe des **Meistbegünstigungsgrundsatzes** auch sofortige Beschwerde in Betracht kommen (BGH WM 82, 491; Zweibr FamRZ 97, 1163, 1164; für Fälle unter dem FamFG jetzt BGH NJW-RR 11, 939 Tz. 12), es sei denn, die Berufung/Revision wären nicht zulässig gewesen wären oder es handelte sich in Wirklichkeit trotz irreführender Bezeichnung gar nicht um ein Ergänzungsurteil (Zweibr FamRZ 97, 1163). Die entsprechend § 321 erfolgte Ergänzung einer **Zurückweisung der Berufung** durch einstimmigen Beschl nach § 522 II ist aber wie die Ausgangsentscheidung selbst nicht anfechtbar. Die Zulassung der Rechtsbeschwerde durch das Berufungsgericht ändert daran nichts (BGH NJW-RR 09, 209 f Tz 5 f).

E. Anwendungsbereich. Die Vorschrift gilt in allen ZPO-Verfahren, auch in der Rechtsmittelinstanz (BGH NJW-RR 05, 790, 791), nicht aber in einer Ehesache wegen der erforderlichen Einheitlichkeit der Entscheidung (B/L/A/H Rn 3: dann nur Rechtsmittel). Die entsprechende Anwendung ist ausdrücklich vorgesehen in §§ 302 II, 599 II, 716, 721 I. Ferner kommt entsprechende Anwendung im WEG-Verfahren (Zweibr OLGR Zweibr 00, 156) und sonst im fG-Verfahren in Betracht; § 18 FGG aF ermöglichte aber insoweit ohnehin nachträgliche Änderung. Für fG-Verfahren und Familiensachen gilt seit dem 1.9.09 § 43 FamFG nF; daneben bestehen Abänderungsmöglichkeiten nach § 238 FamFG nF, § 166 FamFG nF iVm § 1696 BGB nF. 10
Im einstweiligen Verfügungsverfahren kann das Urt/Beschl zB nachträglich um eine Lösungssumme iSd § 923 oder eine Klagefrist (§ 926 I) ergänzt werden. Auf Beschlüsse findet § 321 entsprechende Anwendung (München MDR 03, 522: Beschl nach § 522 II 1; Hamm Rpfleger 73, 409, 410; § 329 Rz 18); die Frist beginnt mit dem Zugang des Beschlusses (Stuttg ZZP 69, 428; ThoPu/*Reichold* Rn 7); hinsichtlich der Anfechtung des Ergänzungsbeschlusses kommen dann auch Rechtspflegererinnerung (§ 11 II RpflG) und sofortige Beschwerde in Betracht. Unterbleibt aber eine ausdrückliche Kostenerstattungsanordnung des Tatrichters nach § 16 S 1 FreihEntzG, ist damit regelmäßig entschieden, dass eine Erstattung nicht stattfindet. Dann kommt eine Beschlussergänzung insoweit im Allgemeinen nicht in Betracht (München FGPrax 08, 44, 45). Im Kostenfestsetzungsverfahren kann die Festsetzung von Posten, die übergangen worden waren, neu beantragt werden, auch trotz Versäumung der Frist des § 321 II (München Rpfleger 87, 262, 263 mwN).
Im arbeitsgerichtlichen Verfahren ist § 321 anwendbar; allerdings sind Sondervorschriften zu beachten (§§ 64 IIIa 2, 72 I 2 ArbGG zur Revisionszulassung; Frist ab Urteilsverkündung).

F. Kosten/Gebühren. I. Gericht. Keine zusätzlichen Verfahrens- oder Urteilsgebühren. 11

II. RA. Keine zusätzlichen Gebühren (§ 19 I 2 Nr 6 RVG). Ist der RA nur für das Ergänzungsverfahren tätig, so erhält er eine 0,8-Gebühr nach VV 3403. 12

§ 321a Abhilfe bei Verletzung des Anspruchs auf rechtliches Gehör.

(1) [1]Auf die Rüge der durch die Entscheidung beschwerten Partei ist das Verfahren fortzuführen, wenn
1. **ein Rechtsmittel oder ein anderer Rechtsbehelf gegen die Entscheidung nicht gegeben ist und**
2. **das Gericht den Anspruch dieser Partei auf rechtliches Gehör in entscheidungserheblicher Weise verletzt hat.**

[2]Gegen eine der Endentscheidung vorausgehende Entscheidung findet die Rüge nicht statt.
(2) [1]Die Rüge ist innerhalb einer Notfrist von zwei Wochen nach Kenntnis von der Verletzung des rechtlichen Gehörs zu erheben; der Zeitpunkt der Kenntniserlangung ist glaubhaft zu machen. [2]Nach

Ablauf eines Jahres seit Bekanntgabe der angegriffenen Entscheidung kann die Rüge nicht mehr erhoben werden. [3]Formlos mitgeteilte Entscheidungen gelten mit dem dritten Tage nach Aufgabe zur Post als bekannt gegeben. [4]Die Rüge ist schriftlich bei dem Gericht zu erheben, dessen Entscheidung angegriffen wird. [5]Die Rüge muss die angegriffene Entscheidung bezeichnen und das Vorliegen der in Absatz 1 Satz 1 Nr. 2 genannten Voraussetzungen darlegen.

(3) Dem Gegner ist, soweit erforderlich, Gelegenheit zur Stellungnahme zu geben.

(4) [1]Das Gericht hat von Amts wegen zu prüfen, ob die Rüge an sich statthaft und ob sie in der gesetzlichen Form und Frist erhoben ist. [2]Mangelt es an einem dieser Erfordernisse, so ist die Rüge als unzulässig zu verwerfen. [3]Ist die Rüge unbegründet, weist das Gericht sie zurück. [4]Die Entscheidung ergeht durch unanfechtbaren Beschluss. [5]Der Beschluss soll kurz begründet werden.

(5) [1]Ist die Rüge begründet, so hilft ihr das Gericht ab, indem es das Verfahren fortführt, soweit dies auf Grund der Rüge geboten ist. [2]Das Verfahren wird in die Lage zurückversetzt, in der es sich vor dem Schluss der mündlichen Verhandlung befand. [3]§ 343 gilt entsprechend. [4]In schriftlichen Verfahren tritt an die Stelle des Schlusses der mündlichen Verhandlung der Zeitpunkt, bis zu dem Schriftsätze eingereicht werden können.

Inhaltsübersicht

	Rz
A. Normzweck und Grundlagen	1
B. Allgemeine Rügevoraussetzungen	2
I. Endentscheidung	2
II. Unanfechtbarkeit der Entscheidung	3
III. Rügegrund	4
1. Persönliche Anforderungen	5
2. Gehörsverletzung	6
a) Verletzungen des Art 103 I GG	6
b) Erstreckung des § 321a auf andere Grundrechtsverstöße?	9
IV. Entscheidungserheblichkeit der Gehörsverletzung	10
C. Formelle Anforderungen an die Rüge	11
I. Form (Abs 2 S 4, 5)	12
II. Frist (Abs 2 S 1)	13
D. Entscheidung des Gerichts	14
I. Spruchkörper	14
II. Verfahrensgestaltung	15
III. Prüfungsreihenfolge und Entscheidungsvarianten	16
E. Rechtsbehelfe gegen die Entscheidung über die Gehörsrüge	17
F. Konkurrenzen zu § 321a: Fortgeltung der außerordentlichen Gegenvorstellung und Beschwerde?	18
G. Anwendungsbereich	19
H. Kosten/Gebühren	20
I. Gericht	20
II. RA	21

1 **A. Normzweck und Grundlagen.** Der Rechtsbehelf des § 321a (»Anhörungsrüge, »Gehörsrüge«) dient der Wahrung des Anspruchs auf rechtliches Gehör (Art 103 GG), indem er nach Erlass und Bekanntgabe der Entscheidung, ggf auch nach Eintritt der formellen Rechtskraft, eine Fortführung des Verfahrens vor dem iudex a quo ermöglicht. Die Gehörsrüge ist als außerordentlicher Rechtsbehelf, der die Rechtskraft nicht hemmt, ggü anderen Rechtsbehelfen und Rechtsmitteln subsidiär (Rz 3). Er ergänzt § 156, der eine Wiedereröffnung der Verhandlung vor der Verkündung der Entscheidung ermöglicht. § 321a soll eine Möglichkeit zur **Selbstkorrektur** von Entscheidungen schaffen, die ein Gericht unter Verletzung des rechtlichen Gehörs einer Partei getroffen hat, und dadurch zugleich das BVerfG von Verfassungsbeschwerden entlasten, die auf Gehörsverletzungen gestützt werden (BGH WRP 08, 956 f Tz 5). Ohne einen Rechtsbehelf müsste das BVerfG häufig auf Verfassungsbeschwerde abhelfen, obwohl grundlegende verfassungsrechtliche Fragen nicht zu entscheiden sind. Indessen geht § 321a nach Auffassung des BGH nicht über den **verfassungsrechtlich gebotenen Mindestschutz** hinaus (Rz 6: BGH WRP 08, 956 Tz 4, str).

§ 321a war in seiner aF ein Ergebnis des ZPO-Reformgesetzes von 2001 und zunächst auf unanfechtbare Urteile in 1. Instanz begrenzt worden. Die Rechtsprechung hatte die Gehörsrüge zT auf unanfechtbare Entscheidungen höherer Instanzen erstreckt (Frankf NJW 05, 517; Celle NJW 03, 906 f). Das BVerfG hat in einem Plenarbeschluss entschieden, dass nach Maßgabe des Justizgewährungsanspruchs (Einl Rz 45) eine Überprüfung bei Verletzungen des rechtlichen Gehörs in allen Fachgerichtsbarkeiten und in jeder Instanz gewährleistet sein müsse. Durch das Anhörungsrügengesetz vom 9.12.04 hat der Gesetzgeber daher § 321a auf Entscheidungen gleich welcher Instanz erweitert (obwohl § 321a systematisch weiterhin den Regeln zum »Verfahren im ersten Rechtszug« zugehört, B/L/A/H Rn 4) (vgl exemplarisch BGH NJW 06, 3786:

Anhörungsrüge beim BGH). In anderen Verfahrensordnungen sind entsprechende Rechtsbehelfe installiert worden (Rz 19). Zur intertemporalen Anwendung BGH NJW 05, 1432: § 321a nF gilt für die vor dem 1.1.05 ergangenen und rechtskräftig gewordenen Entscheidungen, wenn zum Stichtag die Fristen des Abs 2 noch nicht abgelaufen waren.
In der Praxis sind erfolgreiche Rügen selten (Hommerich/Prütting et al, 126ff, 273). Das mag auf sorgfältigen Umgang der Gerichte mit dem Anspruch auf rechtliches Gehör schließen lassen (so St/J/*Leipold* Rn 5; krit zB *Sangmeister* NJW 07, 2363: »Missgeburt«). Allerdings verlangt § 321a von dem entscheidenden Gericht die Einsicht, dass es fehlerhaft gehandelt hat. Die Ausrichtung auf den iudex a quo kann durchaus ein Anlass für **rechtspolitische Kritik** sein (zB *Kroppenberg* ZZP 116, 421, 437 f: va bei Willkür; *Rensen* JZ 05, 196, 197; *Huber* JuS 05, 109, 111). Die Anreizstruktur entspricht aber dem Charakter eines jeden Selbstkontrollinstruments. Allein, es darf sich das Gericht dem Eingeständnis eigener Versäumnisse nicht reflexartig verschließen.

B. Allgemeine Rügevoraussetzungen. I. Endentscheidung. Der Anwendungsbereich erfasst Entscheidungen iwS (vor §§ 300 ffRz 2), also Urteile und Beschlüsse in jeder Instanz. Verfügungen sind damit zwar eigentlich auch erfasst (St/J/*Leipold* Rn 11), fallen aber unter Abs 1 S 2, auch wenn sie kraft gesetzlicher Anordnung unanfechtbar sind (zB Terminsverlegung, § 227 IV 3). 2
Die Entscheidung muss im Grundsatz jeweils eine **Endentscheidung** sein, dh die Instanz abschließen; andernfalls ist sie nicht rügefähig (Abs 1 S 2, s. aber Rz 3 und Rz 6). Zu den Endentscheidungen gehören Endurteile iSd § 300, aber auch Teilurteile und die den Endurteilen gleichgestellten Zwischenurteile sowie die (an sich) selbstständig anfechtbaren Zwischenurteile gegen Dritte (zB §§ 280 II 1, 304 II, 71 II, 387 III), nicht aber Zwischenurteile iSd § 303 (näher zur Abgrenzung § 303 Rz 4), und zwar auch dann nicht, wenn sie nicht in die Überprüfung der Endentscheidung einbezogen werden (§§ 512, 557 II). Soweit Zwischenurteile allerdings noch anfechtbar sind oder trotz Anfechtbarkeit unanfechtbar geworden sind, greift der Vorrang des Rechtsmittels, sodass die Gehörsrüge schon deshalb unzulässig ist (Rz 3). Verfahrensleitende Beschlüsse sind von § 321a nicht erfasst, wohl aber grds instanzbeendende Beschlüsse wie zB Kostenentscheidung nach übereinstimmender Erledigung (§ 91a I 1) oder Klagerücknahme (§ 269 IV); ebenso Verwerfungs- und Zurückweisungsbeschlüsse bei Rechtsmitteln (§§ 522, 552, 552a); PKH-Entscheidungen und Beschlüsse im Arrest- oder einstweiligen Verfügungsverfahren (§ 922 I, 936). Das Richterablehnungsverfahren vor dem BAG stellt ein selbständiges Zwischenverfahren dar, das durch die Zurückweisung des Ablehnungsgesuchs endet, sodass die Rüge statthaft ist (BVerfG NZA 08, 1201, 1203). Nicht zu den Endentscheidungen gehören Entscheidungen über die Ablehnung eines Richters (§ 46) oder Sachverständigen (§ 406 V). Das BVerfG will Abs 1 S 2 **verfassungskonform** dahin auslegen, dass Zwischenentscheidungen nur dann nicht Gegenstand der Rüge sein können, wenn sie im fachgerichtlichen Verfahren noch überprüfbar sind (BVerfG NJW 09, 833 Tz 7 ff.; zur Wiedereinsetzung s. Rz 3).

II. Unanfechtbarkeit der Entscheidung. Gegen die Entscheidung darf ein Rechtsmittel oder Rechtsbehelf nicht gegeben sein. Damit sind sowohl diejenigen Fälle erfasst, in denen die Entscheidung ihrer Art nach **generell nicht anfechtbar** ist, als auch solche, in denen **im Einzelfall kein Rechtsmittel** oder Rechtsbehelf in Betracht kommt (zB mangels Zulassung oder wegen zu geringem Beschwerdewert). Zu den von Beginn an nicht anfechtbaren Entscheidungen gehören letztinstanzliche Entscheidungen wie Revisionsurteile und Beschlüsse des BGH zu Rechtsbeschwerden und über die Ablehnung einer Nichtzulassungsbeschwerde (§ 544 V 2), Berufungsurteile in Arrest- und Verfügungsverfahren (§ 542 II); bestimmte Beschlüsse im Enteignungs- und Umlegungsverfahren (§ 542 II), gegen die weder Berufung noch Rechtsbeschwerde statthaft ist (§ 574 I 2); sowie **Beschlüsse nach § 522 II** (näher § 522 Rz 45) und Wiedereinsetzungsbeschlüsse wegen § 238 III (BGH NJW-RR 09, 642, 643 Tz 6). Erfasst sind daneben Entscheidungen, die im Einzelfall, insb wegen der fehlenden Zulassung eines Rechtsmittels unanfechtbar sind, so Berufungsurteile ohne Revisionszulassung *und* bei Unterschreiten der Wertgrenzen des § 26 Nr 8, 9 EGZPO; sowie erstinstanzliche Urteile, die mangels Erreichen der Berufungsbeschwer von 600 € (§ 511 II Nr 1) (nicht maßgeblich: die Summe des Berufungsantrags) nicht berufungsfähig sind, sofern das Gericht die Berufung nicht zugelassen hat. Ist gegen ein Berufungsurteil die Nichtzulassungsbeschwerde zulässig, so ist dies ein Rechtsbehelf iSd Abs 1 (BGHZ 161, 343, 346; BVerfG NJW 07, 3418, 3419; 159, 135, 139 f; vgl BGHZ 154, 289, 291 ff), da auf diese Weise die Aufhebung der Entscheidung erreicht werden kann (§ 544 VII). Zur willkürlichen Nichtzulassung unten Rz 7. Ein Beweisbeschluss über die Erstellung eines Gutachtens zur Klärung der Prozessfähigkeit einer Prozesspartei, der ohne deren vorherige persönliche Anhörung zu dieser Frage erlassen wurde, 3 verletzt den Anspruch dieser Partei auf rechtliches Gehör und kann von ihr ungeachtet der in §§ 321a I 2, 355 II enthaltenen Regelungen mit der sofortigen Beschwerde angefochten werden (BGH NJW-RR 09, 1233 Tz 9).

Str ist, ob die Gehörsrüge statthaft ist, wenn ursprünglich ein **Rechtsmittel zulässig**, die durch die Entscheidung beschwerte Partei jedoch die Rechtsmittelfrist versäumt hat (dafür Zö/*Vollkommer* Rn 5; ThoPu/*Reichold* Rn 2; dagegen St/J/*Leipold* Rn 21). Das Wortlautargument, auch ein nicht mehr zulässiges Rechtsmittel sei »nicht gegeben« (Zö/*Vollkommer* Rn 5), widerspricht eher dem natürlichen Wortsinn. Zudem geht es dem § 321a gerade um die Schaffung eines außerordentlichen Rechtsbehelfes, dessen es nicht bedarf, wenn ein Rechtsbehelf an sich eröffnet wäre. Sollte ausnahmsweise einmal die Verletzung des rechtlichen Gehörs erst nach Rechtskraft offenbar werden, kann unmittelbar Verfassungsbeschwerde erhoben werden (St/J/*Leipold* Rn 21). Jedenfalls sollte es die Möglichkeit, hinsichtlich eines unter der Berufungsbeschwer (§ 511 II Nr 1) liegenden Teils des Streitgegenstands die Anhörungsrüge durchzuführen, wenn die Partei hinsichtlich des anderen Teils von der Berufung absieht (Musielak/*Musielak* Rn 4), nur bei eindeutig abgrenzbaren Teilen, nicht bei bloß quantitativer Teilbarkeit geben (vgl § 301 Rz 4 ff).

Steht nur dem Gegner ein Rechtsmittel oder Rechtsbehelf zu, so berührt dies die Zulässigkeit der Gehörsrüge nicht; anders ist es aber, wenn die Gegenpartei von dem Rechtsbehelf Gebrauch macht und ein **Anschlussrechtsmittel** zulässig ist. Dann muss die von der Gehörsverletzung beschwerte Partei von der Anschließung Gebrauch machen, um auf diese Weise den Gehörsverstoß zu rügen. Dabei gelten die Form- und Fristerfordernisse des Anschlussrechtsmittels, nicht diejenigen der Abs 2 S 1–5 so aber Zö/*Vollkommer* Rn 4), denn dies bedeutete eine unzulässige Vermischung der Rechtsbehelfe und ihrer Voraussetzungen. War die Anschließung zunächst zulässig, hat die Partei jedoch die Frist versäumt (zB § 524 II 2), gilt Gleiches wie sonst bei Fristversäumnis eines (vorrangigen) Rechtsmittels. Verliert das Anschlussrechtsmittel seine Wirkung (§ 524 IV) infolge einer Zurücknahme des Hauptrechtsmittels (aA Zö/*Vollkommer* Rn 4: Fortwirkung der Anschließung), so kann und muss nunmehr das Rügeverfahren eingeleitet werden, wobei entsprechend Abs 2 S 1 erst die Kenntnis von der Rücknahme für den Fristbeginn ausschlaggebend ist (so auch St/J/*Leipold* Rn 23). Bei einer bereits eingelegten Gehörsrüge ist die Entscheidung über die Gehörsrüge auszusetzen, bis Klarheit über die Fortwirkung der Anschließung besteht (*Chr. Wolf* ZZP 116, 523, 527 f; St/J/*Leipold* Rn 23); die Gegenmeinung will gerade umgekehrt das Rechtsmittelverfahren aussetzen (Musielak/*Musielak* Rn 5 mwN), was dem grundsätzlichen Vorrang des Rechtsmittelverfahrens eher widerspricht.

Ist die Verletzung des rechtlichen Gehörs bereits nach §§ 319-321 korrigierbar, so fehlt das Rechtsschutzbedürfnis für einen Antrag nach § 321a (B/L/A/H Rn 5).

4 **III. Rügegrund.** Gemäß Abs 1 S 1 Nr 2 muss das Gericht den Anspruch der rügeführenden Partei in entscheidungserheblicher Weise verletzt haben. Die Rüge muss sich auf die Verletzung des rechtlichen Gehörs stützen (Rz 1); sie ist nur begründet, wenn die Verletzung feststeht (näher Rz 16).

5 **1. Persönliche Anforderungen.** Die rügende Partei muss selbst durch eine Missachtung ihres Anspruchs auf rechtliches Gehörs beschwert sein, die gerade von dem die Entscheidung erlassenden Gericht ausgegangen sein muss (BSG NZA-RR 05, 603, LS = NJW 05, 2638). Die Beschwer ist nach den Maßstäben wie bei § 511 Rz 17 ff zu beurteilen und für jeden Streitgenossen selbstständig zu beurteilen, und zwar auch bei prozessual notwendiger Streitgenossenschaft (anders B/L/A/H Rn 16: Umstände des Einzelfalls). Bei materiell notwendiger Streitgenossenschaft sind alle Streitgenossen beschwert (sonst müsste schon denklogisch die Entscheidungserheblichkeit wegfallen); die Rüge kann nur gemeinsam erhoben werden. Jede Beschwer reicht aus; ihre Quantifizierung ist nur für ihre Funktion als Rechtsmittelzugang und damit bei der Prüfung der Unanfechtbarkeit der Entscheidung von Bedeutung. Da auch ein **Nebenintervenient** Träger des Anspruchs auf rechtliches Gehör ist, kann er ungeachtet des § 67 die Gehörsrüge einlegen (BGH NJW 09, 2679, 2681 Tz 23: potenzieller biologischer Vater bei Vaterschaftsanfechtung).

6 **2. Gehörsverletzung. a) Verletzungen des Art 103 I GG.** Die Gehörsverletzung bestimmt sich nach denselben Maßstäben wie der verfassungsrechtliche Begriff des Art 103 I GG, der sich nach hM in einem **Mindestschutz** erschöpft und nicht etwa Fälle offensichtlicher Unrichtigkeit von Entscheidungen einbezieht (BGH WRP 08, 956 f Tz 5; BFH NJW 06, 861; Musielak/*Musielak* Rn 6; offenlassend BVerfG NJW-RR 08, 75, 76; aA HK-ZPO/*Saenger* Rn 5). Danach kann eine für § 321a relevante Rüge nur vorliegen, wenn die Vorgaben des Art 103 I GG nicht gewahrt werden, nicht aber bei jeder Verletzung von Anhörungserfordernissen wie zB §§ 91a II 2, 17a II 1 GVG, § 7 I 3 KapMuG. Der Gesetzgebungsauftrag des BVerfG (Rz 1)

bezog sich allein auf Verletzung des rechtlichen Gehörs und sollte offenbar auch nur insoweit umgesetzt worden (BTDrs 15/3606, 14). Diese Engführung entspricht dem Zweck, die Verfassungsbeschwerde zu entlasten, weil einfache prozessuale Fehler nicht rügbar sind, erklärt aber nicht hinreichend, warum andere Grundrechtsverstöße wie zB Verstöße gegen Art 101 I 2 GG (nicht: lediglich prozessuale Fehler) nicht ebenfalls von § 321a erfasst werden. Insoweit ist der Schritt zu einer analogen Anwendung bei Verletzungen anderer Verfahrensgrundrechte nicht mehr weit (dazu unten Rz 18). Wegen anderer Verstöße bleiben allerdings auch nach hM Gegenvorstellungen möglich (näher unten Rz 18; BSG NJW 06, 860; *Zuck* NJW 05, 1226, 1227; aA aber tendenziell BVerfG NJW 06, 2906, 2908).

Art 103 I GG statuiert **Informationsbefugnisse** und **Stellungnahmerechte** der Parteien sowie Kenntnisnahme- und Würdigungspflichten des Gerichts: Es hilft zu typisieren in Überraschungs- und Hinweisfälle und solche Fällen, in denen das Äußerungsrecht der Parteien verkürzt wird oder das Vorbringen nicht ausreichend gewürdigt wird (ähnl Musielak/*Musielak* Rn 6). Nicht in jedem Verfahrensfehler liegt aber eine Missachtung dieser Vorgaben, insb ist ein Verstoß gegen die richterliche Hinweis- und Aufklärungspflicht (§ 139 Rz 8 ff) und die Zurückweisung von Parteivorbringen nicht zwingend ein Verstoß gegen Art 103 GG (näher Einl Rz 43; BVerfGE 66, 116, 147; 67, 90, 95 f; 84, 188, 190; NJW 94, 848, 849, ausf *Zuck* NJW 05, 3753), ebenso wenig die fehlerhafte Rechtsanwendung im Allgemeinen oder generell eine ungerechtfertigte Annahme von Präklusion in Verkennung der §§ 296, 530, 531. Darin *kann* aber jeweils eine Verletzung des Art 103 I GG liegen.

Einzelheiten: So erkennt die **verfassungsgerichtliche Rechtsprechung** ein Verbot von Überraschungsent- 7
scheidungen (BVerfGE 84, 188, 190; 86, 133, 144; 98, 218, 263; 108, 341, 345 = NJW 03, 3687; Zö/*Vollkommer* Rn 10) ebenso an wie das Verbot, ohne vorherigen Hinweis im Urt Anforderungen an die Substantiierung eines Parteivortrags zu stellen (BVerfGE 84, 188, 190) oder die Entscheidung auf neue eingeführte, bisher nicht diskutierte rechtliche Gesichtspunkte zu stützen (BVerfGE aaO); keine Verletzung aber, soweit keine Hinweispflicht besteht (BGH 9.7.09 – II ZR 262/07, BeckRS 09 21887: Kostenentscheidung). Keine Hinweispflicht bzgl mangelnder Substantiierung besteht aber, wenn es sich um zentrale Fragen des Streits handelt und die Gegenpartei bereits auf fehlende Substantiierung hingewiesen wurde (BGH, 17.8.2010, I ZR 153/08, BeckRS 2010, 20762, Tz 5); anders wäre es mE, wenn sich aus dem Hinweis an die Gegenpartei in der konkreten Situation ein Vertrauen der Partei darauf ergibt, dass ihr Vortrag substanziiert genug ist. Ein Anspruch auf ein **Rechtsgespräch** oder einen Hinweis auf die Rechtsauffassung des Gerichts und auf Aufklärung im Allgemeinen durch das Gericht besteht aber nicht (BVerfGE 86, 133, 144 f = DtZ 92, 327; 96, 189, 204 = NJW 97, 2305, 2307; BVerfGE 108, 282, 339 = NJW 03, 3111, 3122). **Wesentlicher Vortrag der Parteien** darf in den Gründen nur dann unberücksichtigt gelassen werden, wenn es keine Gründe des formellen oder materiellen Rechts gibt, die dies entbehrlich machen, dh das Gericht das Vorbringen nicht aus Rechts- oder Tatsachengründen für unbeachtlich erachtet (BVerfGK 2, 290, 294 = NJW 04, 1519; BGH NJW 09, 1609 Tz 8; BGH WuM 11, 562); iÜ ist eine bloße Begründungsarmut aber kein Verstoß gegen Art 103 GG (BVerfGE 104, 1, 7 f = NJW 04, 3256, LS). Die Bejahung der Zuständigkeit auf der Grundlage einer Mindermeinung ist keine Willkür (Schlesw OLGR Schlesw 08, 913). Ebenfalls kein Verstoß gegen Art 103 GG, sondern allenfalls des Art 101 I 2 GG, ist idR die Missachtung der Vorlagepflicht nach **Art 234 EG** (BGH NJW 06, 1978 f). Das ist nur dann anders, wenn das Gericht die Entscheidung über die Vorlage nicht ausreichend mit den Parteien erörtert hat (BGH aaO, ausf *Poelzig* ZZP 121, 233, 236). Wohl aber handelt es sich bei der willkürlicher Nichtvorlage ggf um einen Verstoß gegen Art 101 I 2 GG (BGH aaO; *Poelzig* ZZP 121, 233, die mit guten Gründen für analoge Anwendung des § 321a eintritt, S. 237 ff). Die (willkürliche) Nichtzulassung der Rechtsbeschwerde unter Missachtung des Art 101 I 2 GG (gesetzlicher Richter) kann eine Zulassung der Beschwerde analog § 321a rechtfertigen (so BGH NJW 04, 2529, 2530 zu § 321a aF; BGH NJW-RR 07, 1654 Tz 5 f zu § 321a nF). Dabei handelt es sich indessen nicht um eine Anhörungsrüge iSd § 321a, sofern mit dem Verstoß keine Verletzung des Art 103 I GG einhergeht, sondern um eine Gegenvorstellung, die lediglich hinsichtlich ihrer Anforderungen an § 321a angelehnt ist (BGH NJW-RR 07, 1654 Tz 6; näher unten Rz 18).

Die Gelegenheit zur **schriftlichen Stellungnahme** statt mündlicher Verhandlung ist keine Verletzung des Art 103 GG (St/J/*Leipold* Rn 38), wohl aber, wenn den Parteien überhaupt die Gelegenheit versagt bleibt, zu sämtlichen entscheidungsrelevanten Fragen Stellung zu nehmen (BVerfGE 1, 418, 429; 86, 133, 144 mwN, stRspr). Das Gericht muss das gesamte Vorbringen zur Kenntnis zu nehmen, aber es muss in den Gründen nicht umfänglich auf das gesamte, auch unerhebliche Vorbringen eingehen (vgl BGH 19.8.10, VII ZB 2/09, BeckRS 10, 21498 Tz 14; krit wegen der Nachweisschwierigkeiten *Sangmeister* NJW 07, 2363, 2368). Von einer

Verletzung des rechtlichen Gehörs ist nicht schon dann auszugehen, wenn bei einem nicht berücksichtigten und nicht zur Akte gelangten Schriftsatz unaufklärbar bleibt, ob er in die Verfügungsgewalt des Gerichts gelangt und dort außer Kontrolle geraten oder ob er bereits auf dem Postweg dorthin verlorengegangen ist (Hamm NJW-RR 11, 139; aA Koblz 08, 566). Eine fehlende Befragung des Sachverständigen ist als solche keine Verletzung rechtlichen Gehörs; der Rügeführer muss vielmehr tatsächliche Behauptungen aufzeigen, von denen das Gericht ohne Befragung des Sachverständigen und bei fehlender eigener Sachkunde abgewichen ist (BGH NJW-RR 11, 475 Tz. 3 ff.) Es verstößt gegen Art 103 I GG, wenn das Amtsgericht im (vereinfachten) schriftlichen Verfahren gem § 495a ZPO durch Urt entscheidet, obwohl der Zugang der Klageerwiderung und der der Anordnung des vereinfachten Verfahrens nicht durch Rücklauf des Empfangsbekenntnisses zur Gerichtsakte festgestellt werden konnte (BVerfG NJW 06, 2248, 2249 Tz 16). Es besteht kein verfassungsrechtliches Gebot, die Anhörungsrüge gegen eine Entscheidung des BGH über eine Nichtzulassungsbeschwerde zuzulassen, mit der gegen das Berufungsurteil gerichtete Gehörsrügen als Zulassungsgrund zurückgewiesen wurden (BVerfG NJW 07, 3418, 3419; BGH WRP 08, 956 Tz 3). Die Rüge gegen den Zurückweisungsbeschluss über die Nichtzulassungsbeschwerde ist nur begründet, wenn die Zurückweisung auf einer neuen und eigenständigen Verletzung des Anspruchs auf rechtlichen Gehörs beruht (BGH NJW-RR 10, 274, 275 Tz 4). Die **Nichtzulassung** der Revision ist als solche kein Gehörsverstoß (BGH NJW 11, 1516 Tz. 4). Lässt das Berufungsgericht auf Anhörungsrüge die Revision zu, ohne einen Gehörsverstoß festzustellen, ist das Revisionsgericht nicht gebunden (BGH NJW 11, 1516 Tz. 4).

Im Einzelnen sind die Anforderungen den Vorgaben des BVerfG zu entnehmen; die Kasuistik ist **wenig strukturiert**. Es genügt ein **objektiver Verstoß**. Auf ein Verschulden des Gerichts oder der Bediensteten kommt es nicht an (BVerfGE 53, 219, 223; 62, 347, 353 stRspr). Zu den relevanten Verstößen gehören neben dem Übergehen von Parteivorbringen, Anträgen und Beweisangeboten (BVerfG NJW-RR 96, 183, 184) auch sog Pannenfälle, bei denen zB ein Schriftsatz dem Gericht nicht rechtzeitig vorgelegt wird, unauffindbar ist oder falsch abgeheftet wird. Einen Bagatell-Vorbehalt gibt es nicht, sodass auch solche Verstöße ausreichen, die sich nur im Kostenpunkt auswirken. Ein Verstoß kann und muss noch bis zur Entscheidung durch Nachholung der Gewährung des Gehörs geheilt werden. Geschieht dies, bleibt die spätere Rüge erfolglos (vgl BVerfG NJW 06, 2248, 2249).

8 Der Verstoß muss nicht offensichtlich sein (St/J/*Leipold* Rn 40), umgekehrt ist fragwürdig, ob in Fällen »**offenkundiger Unrichtigkeiten**« über § 319 hinaus eine allgemeine Rügemöglichkeit in § 321a zu installieren ist (so aber weit Köln FamRZ 05, 2075 f; Zö/*Vollkommer* 26. Aufl Rn 11; der jetzt (28. Aufl) aber von »Nichtberücksichtigungsfällen« spricht; dagegen St/J/*Leipold* Rn 40). Die zunehmende Erstreckung auf solche offenkundigen Unrichtigkeiten erklärt sich aus einer Tendenz in der Rechtsprechung des BVerfG zur Erweiterung des Willkürverbots, das sich möglicherweise in den Grundsatz rechtlichen Gehörs in Art 103 I GG hineinlesen lässt (exemplarisch BVerfG NJW 04, 3551; zur Entwicklung *Zuck* NJW 05, 3753), weil in einer willkürlichen Entscheidung neben einer Verletzung des Art 3 GG auch eine Verkürzung des rechtlichen Gehörs zu erkennen ist. Anerkannt ist, dass das **Willkürverbot** verletzt ist, wenn sich die Entscheidung unter keinem rechtlichen Gesichtspunkt vertreten lässt (BVerfGE 87, 273, 278 f = NJW 93, 996; BVerfG NJW 05, 1999, 2003; 05, 2138, 2139). Neuerdings soll aber eben auch eine offenkundig unrichtige Rechtsanwendung genügen (BVerfGE 69, 145, 149 = NJW 85, 1150; BVerfGE 75, 302, 312 = NJW 87, 2733; BVerfG NJW 04, 3551, 3552; Beispiele bei *Vollkommer* FS Schumann, 527 ff). Also hat eine Erweiterung auf Unrichtigkeiten insoweit eine Berechtigung, als in dem Verstoß eine Missachtung der grundlegenden Rechtsschutzgarantien des Art. 103 GG nach Maßgabe der Rz 7 zu erkennen ist. Solange und soweit diese Rechtsprechung unter Art 103 I GG und nicht nach Maßgabe anderer Grundrechte (fort-)entwickelt wird, spricht alles dafür, dass diese Maßgaben auch unter § 321a gelten (zur analogen Anwendung bei anderen Grundrechtsverstößen sogleich Rz 9). Für die Begründetheit des Antrags muss der Verstoß aber feststehen und nicht lediglich nicht auszuschließen sein. Eine Heilung des Verstoßes im weiteren Verfahren ist denkbar (BVerfG NJW 09, 1584). Es ist darauf zu achten, die Grenze zur einfach unrichtigen Rechtsanwendung nicht zu verwischen. Im Zweifelfall entscheiden die Präjudizien des BVerfG zu Art 103 I GG.

Auch »**sekundäre Gehörsrügen**« (*Zuck* NJW 05, 1226, 1228) sind grds zulässig, dh die Rüge, das Gericht habe über die Gehörsrüge unter Verletzung des Rechts aus Art 103 GG entschieden (*Sangmeister* NJW 07, 2363, 2364, aA VerfGH Bay, 19.10.10, 111-VI-09, BeckRS 10, 55190: nur Verfassungsbeschwerde, dazu unten Rz 17). Allerdings ist die Rüge unzulässig, wenn sie sich darauf beschränkt, bereits in der Vorinstanz erfolgte Gehörsverletzungen geltend zu machen; es bedarf der Geltendmachung »neuer« und »eigenständiger« Verletzungen des Art 103 I GG im Rügeverfahren (BGH WRP 08, 956, 957 Tz 6; NJW 08, 923 f Tz 5; 12.5.10, I ZR

203/08 – juris, GRUR-RR 10, 456 Ls.; soweit die Verletzung gerade aus dem Übergehen des Parteivorbringens im Rügeverfahren hergeleitet wird, dürfte dies aber bei entsprechender Substantiierung für die Zulässigkeit genügen, Rz 16). Die Rüge ist jedenfalls unbegründet, wenn das Gericht das Vorbringen der Partei in Erwägung gezogen hatte, auch ohne es ausdrücklich zu bescheiden (BGH NJW-RR 06, 63, 64).

b) Erstreckung des § 321a auf andere Grundrechtsverstöße? Ungeklärt ist, ob § 321a auf andere Grundrechtsverstöße erweitert werden kann. Der BGH und hM lehnen dies unter Hinweis auf den Willen des Gesetzgebers ab, helfen dann aber mit der Gegenvorstellung (BGH WRP 08, 956 Tz 4; *St/J/Leipold* Rn 73 mwN; de lege lata Zö/*Vollkommer* Rn 3; oben Rz 6; zur Gegenvorstellung unten Rz 18; offen, aber auch im Hinblick auf Art. 101 Abs. 1 S. 2 eng BGH NJW 11, 1516, 1517 Tz. 10). Schon wegen der ausufernden und wenig durchsichtigen Rechtsprechung der Gerichte zur Reichweite des Art. 103 GG ist insgesamt ein kohärentes System noch nicht entwickelt und die Rechtslage wenig geklärt. § 321a soll einerseits nur bestimmte Verfahrensverstöße abdecken, andererseits werden außerordentliche Selbstkontrollinstrumente in Gestalt der Gegenvorstellung weiter gepflegt, diese aber zugleich hinsichtlich Frist- und Form an § 321a angelehnt (Rz 18). Schon wegen der Schwierigkeit der Bezugnahme auf die Kasuistik zu Art 103 GG, den gemeinsamen Wurzeln im Rechtsstaatsgedanken und der Abgrenzung der Verfahrensgrundrechte wäre entgegen der Auffassung des BGH eine **analoge Anwendung** des § 321a als Ganzes auf andere Verletzungen von Verfahrensgrundsätzen der Klarheit dienlich (iErg *H. F. Müller* NJW 02, 2743, 2747; ThoPu/*Reichold* Rn 18). Freilich kann bei Verstößen gegen Art 101 I 2 GG die Fortsetzung des Verfahrens durch den unzuständigen Richter den Verstoß ohnehin nicht heilen (*Voßkuhle* NJW 03, 2193, 2199; anders mit Recht für den Spezialfall des Art 234 EG *Poelzig* ZZP 121, 233, 239). 9

IV. Entscheidungserheblichkeit der Gehörsverletzung. Gemäß Abs 1 S 1 Nr 2 muss der Verstoß entscheidungserheblich gewesen sein. Auch eine Gehörsverletzung rechtfertigt die Zulassung der Revision nur dann, wenn das Berufungsgericht bei ordnungsgemäßer Gewährung des rechtlichen Gehörs eine für den Verletzten günstigere Entscheidung hätte fällen müssen (BGH NJW 06, 3786 Tz 5). Der Vortrag einer Entscheidungserheblichkeit ist schon für die Zulässigkeit von Bedeutung (Rz 8; BGH NJW 08, 378, 379 Tz 3; GRUR-RR 2011, 391), in der Begründetheitsprüfung ist ihr tatsächliches Vorliegen aufzuklären. Von einem **entscheidungserheblichen Verstoß** ist auszugehen, wenn nicht auszuschließen ist, dass das Gericht bei Wahrung des rechtlichen Gehörs und bei sonst richtiger Rechtsanwendung zu einer für die rügende Partei günstigeren Entscheidung gelangt wäre (BGH NJW 05, 2624, 2625; NJW-RR 06, 428; NJW-RR 11, 424 Tz. 17; BVerfG NJW 09, 1585, 1586; vgl BVerfGE 46, 188, 192 f; 62, 347, 353; 89, 381, 392 f). Die Maßstäbe der Kausalität entsprechen dem Beruhen bei §§ 545, 547. Es genügt die nicht auszuschließende Möglichkeit einer anderen Entscheidung (s. aber Rz 8). Dabei darf aber nicht angenommen werden, dass das Gericht bei Wahrung des Gehörs zwar zugunsten der beschwerten Partei, aber materiell-rechtlich falsch entschieden hätte. Entscheidend ist daher die Rechtsauffassung des Gerichts. 10

Bei **Übergehen von Beweisanträgen** und Beweiserheblichkeit der jeweiligen Behauptung ist von der Entscheidungserheblichkeit auszugehen (BVerfGE 53, 219, 223; Zö/*Vollkommer* Rn 12); bei anderen Gehörsverletzungen kommt es darauf an, wie die Partei oder das Gericht bei richtiger Handhabung reagiert hätten. Ist zB ein gerichtlicher Hinweis versäumt wurde, muss vorgetragen werden, was die Partei in Reaktion auf den Hinweis vorgebracht oder beantragt hätte (BAG NJW 05, 1885). Die Darlegung muss konkret erfolgen. Der Hinweis auf Parallelverfahren genügt ebenso wenig wie der allgemeine Hinweis, es wäre Vertagung beantragt worden, um ein umfassendes Rechtsgutachten einzuholen, ohne dessen Ergebnis darzulegen (BGH NJW 08, 378, 379). Der Rügeführer muss ggf ausführen, mit welchen rechtlichen Argumenten er der Rechtsansicht des Gerichts entgegengetreten und weshalb die Entscheidung ohne die Gehörsverletzung möglicherweise anders ausgefallen wäre. Der Gehörverstoß kann insoweit **geheilt** werden, wenn das Gericht in dem die Rüge zurückweisenden Beschl ergänzende Ausführungen macht; das gilt aber nur, wenn bloße Rechtsausführungen der Beschwer des Rügeführers abhelfen können, nicht bei Übergehen von Beweisanträgen (BVerfG NJW 09, 1660 Ls.)

C. Formelle Anforderungen an die Rüge. Das Abhilfeverfahren wird nur auf Rüge durchgeführt, nicht vAw. Das Gericht hat aber gem Abs 4 S 1 vAw zu prüfen, ob die Rüge an sich statthaft ist, dh ob sie von einer rügeberechtigten Partei eingelegt wurde, auf eine rügefähige Entscheidung gerichtet ist, und ob sie den gesetzlichen Form- und Fristerfordernissen entspricht. 11

12 **I. Form (Abs 2 S 4, 5).** Die Rüge ist schriftlich bei dem iudex a quo zu erheben. Es gilt Anwaltszwang (§ 78), aber nicht, wenn Antrag auf Beiordnung eines Notanwalts abgelehnt worden war (BGH NJW-RR 11, 640 Tz. 3) Im Revisions- und Rechtsbeschwerdeverfahren ist die Einlegung durch einen BGH-Anwalt erforderlich (BGH NJW 05, 2017). Die Rüge ist schriftsätzlich einzureichen (BGH NJW 05, 2017), im AG-Verfahren greifen die Erleichterungen des § 496 und des § 129a. Die angegriffene Entscheidung ist zu bezeichnen (Abs 2 S 5 Hs 1) und darzulegen, worin die Gehörsverletzung liegen soll und wieso die Verletzung entscheidungserheblich war (Abs 2 S 5 Hs 2). Allgemeine Hinweise genügen nicht, sondern es bedarf einer substantiierten Begründung, andernfalls ist die Rüge bereits unzulässig (BGH NJW 08, 378, 379). Erforderlich ist eine eigenständige Auseinandersetzung mit der Entscheidung, auch mit Blick auf dem Rügeführer nachteilige Umstände (Bamb MDR 10, 833); eine Wiederholung der Begründung der Nichtzulassungsbeschwerde genügt selbst dann nicht, wenn das Revisionsgericht nach vermeintlicher Verletzung des rechtlichen Gehörs die Nichtzulassungsbeschwerde ohne Begründung zurückweist (BGH NJW 09, 1609 Tz 4). Eine unzureichende Rügebegründung kann innerhalb der Frist des Abs 2 S 1 nachgebessert werden; eine einmal zulässige Rüge kann auch nach Fristablauf noch ergänzend begründet werden. Die Form des Abs 2 S 5 erfordert es, die für die vermeintliche Gehörsverletzung relevanten Tatsachen zu schildern und sodann darzulegen, warum die Entscheidung bei Achtung des Gehörsanspruchs möglicherweise anders ausgefallen wäre. Übertriebene Anforderungen sind aber nicht zu stellen (BayVerfGH NJW-RR 11, 1209, 1210).

Eine Glaubhaftmachung ist nicht vorausgesetzt (zur Frist aber Rz 13), ebenso wenig die Bezeichnung als »Gehörsrüge«, »Anhörungsrüge« oder als »Rügeschrift«. Es muss sich lediglich das Begehren der Partei deutlich erkennen lassen. Ist nicht auszuschließen, dass eine Stellungnahme im gerichtlichen Verantwortungsbereich verloren gegangen ist, kann ein Wiedereinsetzungsantrag als Gehörsrüge nach § 321a zu behandeln sein. Der Antrag ist aber nur gestellt, wenn die versäumte Stellungnahme innerhalb der Zwei-Wochen-Frist nachgeholt wird (so Kobl FamRZ 08, 1460).

13 **II. Frist (Abs 2 S 1).** Die Rügefrist beträgt **zwei Wochen** (Abs 2 S 1). Es handelt sich um eine Notfrist iSd § 233, sodass eine Wiedereinsetzung in den vorigen Stand möglich ist. Die Frist beginnt nicht mit Zustellung des Urteils, sondern mit der Kenntniserlangung der Partei von der Verletzung ihres Anspruchs auf rechtliches Gehör. Dafür ist die positive Kenntnis der Partei oder ihres Prozessbevollmächtigten verlangt (BAG NJW 06, 2346 Tz 3). Das liegt vor, wenn der Partei sämtliche Tatsachen bekannt sind, die vorhanden sein müssen, um einen entsprechenden Schluss auf die Gehörsverletzung zu ziehen (MüKoZPO/*Musielak* Rn 10). Ein Fall des sich bewussten Verschließens vor der Kenntnis ist bei sachgerechter Auslegung einer Kenntnis iSd § 321a II 1 gleichzusetzen (Oldbg MDR 09, 764; Jena 17.8.11, 4 U 144/11 – juris; Jura NJW-RR 11, 1694; BVerfG NJW-RR 10, 1215: verfassungsrechtlich unbedenklich). Allerdings dürfte im Regelfall eine Kenntnis von dem Gehörsverstoß nicht vor Zustellung des vollständig abgesetzten Urt anzunehmen sein bzw damit zusammenfallen (BGH FamRZ 06, 1029; Musielak/*Musielak* Rn 9a; ThoPu/*Reichold* Rn 6; wohl als generelle Regel Zö/*Vollkommer* Rn 14; aA St/J/*Leipold* Rn 26: nicht vor Entscheidungserlass), denn sonst kennt die Partei die Gründe für die Verletzung des rechtlichen Gehörs nicht (BGH, 15.7.10, I ZR 160/07 – insoweit nicht in NJW-RR 10, 1414). Vor Erlass des Urteils ist keine Erhebung der Rüge möglich (anders bei § 320 II 2), auch wenn die Partei den Gehörsverstoß schon vorher kannte (St/J/*Leipold* Rn 26). Der Zeitpunkt des Fristbeginns ist iSd § 294 glaubhaft zu machen (Abs 2 S 1 Hs 2).

Abs 2 S 2 sieht aus Gründen der Rechtssicherheit eine **Höchstfrist von einem Jahr** nach Bekanntgabe der Entscheidung vor. Diese Jahresfrist stellt eine nicht verlängerbare Ausschlussfrist dar, die eine fortdauernde Unsicherheit über einen denkbaren Verfahrensfortgang vermeiden soll. Bei Urteilen und sonst förmlich verkündeten Entscheidungen ist die Bekanntgabe in Betreff der Höchstfrist aus Gründen der Klarheit und wegen des Zwecks der Ausschlussfrist mit der Verkündung des Urteils iSd § 310 gleichzusetzen, denn darin liegt eben eine »Bekanntgabe« (aA St/J/*Leipold* Rn 26; Zö/*Vollkommer* Rn 14: Zustellung des vollständigen Urteils). Abs 3 S 3 fingiert die Bekanntgabe im Hinblick auf die Jahresfrist (BVerfG NJW 07, 2242, 2244) bei Entscheidungen, die formlos mitgeteilt werden, auf den dritten Tag nach Aufgabe zur Post. Diese Frist ist auch dann maßgeblich, wenn im Einzelfall ein anderer (früherer oder späterer) Bekanntgabetag ermittelt werden kann (so auch *Rensen* MDR 05, 181, 184). Die Aufgabe zur Post muss aktenkundig gemacht werden (Zö/*Vollkommer* Rn 14), sonst beginnt die Jahresfrist insoweit nicht zu laufen.

Die Anhörungsrüge hat keinen **Einfluss auf den Lauf von Fristen** wie zB der Frist zur Einlegung der Nichtzulassungsbeschwerde oder der Wiedereinsetzungsfrist (BGH NJOZ 09, 3889, 3891 Tz 13).

D. Entscheidung des Gerichts. I. Spruchkörper. Zuständig ist das **Ausgangsgericht**. In § 321a findet sich keine Bestimmung darüber, wer an der Entscheidung über die Anhörungsrüge mitzuwirken hat. Mangels einer solchen Regelung hat das Gericht in seiner regulären Zusammensetzung über die Anhörungsrüge zu entscheiden (BGH NJW-RR 06, 63, 64), anders bei § 320 IV 2. Ein zwischenzeitlicher Richterwechsel schadet daher nicht. 14

II. Verfahrensgestaltung. Das Verfahren ist grds **kontradiktorisch** ausgestaltet. Dem Gegner ist der Schriftsatz, nicht notwendigerweise förmlich, zu übermitteln und ihm Gelegenheit zur Stellungnahme zu geben (Abs 3). Eine mündliche Verhandlung ist nach dem Ermessen des Gerichts möglich, aber nicht zwingend erforderlich, da durch Beschl entschieden wird (Abs 4 S 4). Die Anhörung des Gegners kann unterbleiben, soweit sie nicht erforderlich ist (Abs 3). Davon ist nur auszugehen, wenn die Rüge nach Auffassung des Gerichts ersichtlich unzulässig oder unbegründet ist (ThoPu/*Reichold* Rn 10). 15

III. Prüfungsreihenfolge und Entscheidungsvarianten. Aus der Prüfungsreihenfolge des Gerichts ergeben sich die möglichen Entscheidungsinhalte. Die Regelung ist an die § 341 ff (Einspruch gegen das VU) angelehnt. 16

Zunächst ist die Zulässigkeit der Rüge nach Maßgabe von Statthaftigkeit, Form und Frist zu prüfen (Abs 4 S 1). Ist sie unzulässig, so ist die Rüge als unzulässig zu verwerfen (Abs 4 S 2), also zB wenn die angegriffene Entscheidung nicht unanfechtbar war.

In einem zweiten Schritt ist sodann zu ermitteln, ob die Rüge begründet, dh der Gehörsverstoß in der geltend gemachten Weise vorliegt und tatsächlich entscheidungserheblich war. Der Rügeführer muss zwar (schon für die Zulässigkeit der Rüge) substanziiert darlegen; iRd Begründetheitsprüfung ist das Gericht jedoch zur **Amtsaufklärung** verpflichtet (Zö/*Vollkommer* Rn 17). Das Gericht darf also nicht mit Hinweis auf die Beweislast aussprechen, der Rügeführer sei für die behaupteten Verstöße beweisfällig geblieben. Für die Entscheidungserheblichkeit genügt auch im Begründetheitsstadium die nicht auszuschließende Möglichkeit einer Beeinflussung der Entscheidung (Rz 10). Soweit das Gericht dies verneint, hat es die Rüge durch unanfechtbaren Beschl zurückzuweisen (Abs 4 S 3). Der Beschl »soll« kurz begründet werden (Abs 5 S 5). Die Begründung muss der Normalfall sein (so auch B/L/A/H Rn 47; *Rensen* MDR 05, 181, 184; St/J/*Leipold* Rn 50). Mit einer sekundären Anhörungsrüge (Rz 8), die sich gegen die Nichtbescheidung bestimmter Verfahrensrügen im Beschl über die Nichtzulassungsbeschwerde richtet, kann eine Begründungsergänzung zu dem Beschl über die Ablehnung der Beschwerde nicht erreicht werden (BGH NJW-RR 06, 63, 64); die Gehörsrüge ist ohne die Geltendmachung neuer und eigenständiger Gehörsverletzungen schon nicht zulässig (BGH WRP 08, 956; Rz 8).

Ist die Rüge begründet, so hilft ihr das Gericht ab, indem es das Verfahren fortsetzt (Abs 5 S 1). Das geschieht nur, »soweit« dies durch die Rüge geboten ist (zum Unterhaltsstreit vgl Koblenz BeckRS 10, 15757). Es bedarf keiner förmlichen Entscheidung über die Fortsetzung des Verfahrens (in diese Richtung *U. Schmidt* MDR 02, 915, 917), sondern es kann zB unmittelbar ein Beweistermin angesetzt werden. Umgekehrt schadet ein Abhilfebeschluss aber auch nicht. Das Verfahren wird entsprechend § 342 in die Lage vor dem Schluss der mündlichen Verhandlung zurückversetzt, allerdings nur hinsichtlich des von der Rüge betroffenen Streitgegenstands oder eines Teils davon (»soweit … geboten«). Rügt nur ein Streitgenosse, berührt dies die Prozessverhältnisse der anderen nicht. Die Rückversetzung ermöglicht dem Gegner der beschwerten Partei nicht, zu solchen Teilen des Streitgegenstands (neu) vorzutragen, die mit dem gerügten Verstoß in keinem Zusammenhang stehen, wobei sich das Gericht aber neuen Erkenntnissen (zB einem zwischenzeitlicher Wechsel der höchstrichterlichen Rechtsprechung oder dem Auftauchen eines zuvor benannten Zeugen) nicht verschließen muss. Hat das Gericht aber durch Abhilfebeschluss abgeholfen, ist es – auch nach Richterwechsel – an diese Entscheidung entsprechend § 318 gebunden und kann sich in der Endentscheidung dazu nicht in Widerspruch setzen (VGH RP MDR 07, 544; *Petry* MDR 07, 497, 498).

Die abschließende Entscheidung ergeht in der durch die Verfahrensart vorgeschriebenen Form. Sie unterliegt nicht einem Verbot der **reformatio in peius**, kann sich also auch zu Lasten der rügeführenden Partei verschlechtern (Frankf NJW 04, 165, 168). Ihr Inhalt ist entsprechend § 343 ZPO zu wählen (Abs 5 S 3).

Tenorierung: Soll es beim ursprünglichen Tenor bleiben, so ist das Urt »aufrechtzuerhalten«. Die »weiteren Kosten« trägt der Unterlegene (zu den Kosten des Rügeverfahrens selbst unten Rz 20 f); die vorläufige Vollstreckbarkeit folgt den allgemeinen Regeln. Hat die rügeführende Partei Erfolg, so wird zB der Beklagte »unter Aufhebung des Urteils vom … verurteilt, …«. Führt die Rüge zu einem von der ursprünglichen

Entscheidung nur tw abweichenden Ergebnis, so wird die Entscheidung »abgeändert« bzw »teilweise« aufgehoben oder aufrechterhalten. Es ist darauf zu achten, die Entscheidung nicht als Ganzes aufzuheben und neu zu fassen, da die zunächst umfänglich siegreiche Partei dadurch ggf ihren Vollstreckungsrang verlöre (vgl auch § 343 Rz 7).

17 **E. Rechtsbehelfe gegen die Entscheidung über die Gehörsrüge.** Der Beschl über die Verwerfung oder Zurückweisung der Rüge ist ausweislich Abs 4 S 4 unanfechtbar. Er kann aber bei neuen und eigenständigen Gehörsverletzungen im Rügeverfahren seinerseits zum Gegenstand einer weiteren Rüge gemacht werden (Rz 8; generell nur für Verfassungsbeschwerde Zö/*Vollkommer* Rn 17). Abs 4 S 4 gilt entsprechend auch für einen Abhilfebeschluss, in dem die Fortsetzung des Verfahrens angeordnet wird. Die Endentscheidung nach Fortsetzung des Verfahrens unterliegt den allgemeinen Rechtsmitteln. Zum Vorrang der Rechtsmittel Rz 3.

18 **F. Konkurrenzen zu § 321a: Fortgeltung der außerordentlichen Gegenvorstellung und Beschwerde?** Gegen einen instanzabschließenden und rechtskräftig gewordenen Beschl ist keine Gegenvorstellung, sondern nur die Gehörsrüge zulässig (Stuttg OLGR 08, 421). Das gilt aber nur soweit, wie der geltend gemachte Verstoß zulässigerweise mit § 321a gerügt werden kann (Rz 6). Bei anderen Verfahrensverstößen als einer Gehörsverletzung (Rz 6) bleibt eine **Gegenvorstellung** denkbar (BFH NJW 06, 861; vgl jetzt BVerfG NJW 09, 829, 830 Tz 31, 34; eng aber BVerfG NJW 07, 2538 mit Anm *Sangmeister*); das ist durchaus konsequent, wenn man § 321a auf Gehörsverletzungen beschränken will (dazu krit oben Rz 9). Das BVerfG meint zwar, es verstoße gegen die verfassungsrechtlichen Anforderungen an die Rechtsmittelklarheit, wenn von der Rechtsprechung außerordentliche Rechtsbehelfe außerhalb des geschriebenen Rechts geschaffen werden, um tatsächliche oder vermeintliche Lücken im bisherigen Rechtsschutzsystem zu schließen (BVerfGE 107, 395, 416 = NJW 03, 1924; 07, 2538, 2539). Die Entscheidung betraf aber nur die »außerordentliche Beschwerde« (gegen deren Zulässigkeit auch BGH NJW-RR 11, 640), nicht eine formlose Gegenvorstellung.

Der BGH will offenbar die Form- und Fristerfordernisse der Gegenvorstellung dem **§ 321a II** entnehmen (BGH NJW-RR 07, 1654 Tz 6 zur Zulassung der Beschwerde auf Gegenvorstellung; Dresd NJW 06, 851; Frankf FamRZ 06, 964; Rostock 10.6.08 – 1 U 138/08 – juris; Frankf 13.3.09, 3 W 39/07, OLGR 09, 617; aA BFH NJW 06, 861), wobei bisher nicht geklärt ist, ob dies auch eine Gegenvorstellung ggü Urteilen einschließen soll (abl mit guten Gründen St/J/*Leipold* Rn 78).

Gerade mangels einer Gegenvorstellung gegen Urteile dürfte die Gegenvorstellung unter Geltung der Verfahrensregeln analog § 321a **keinen vollwertigen Ersatz** für eine generelle Einbeziehung von Verletzungen anderer Verfahrensfehler in den § 321a darstellen. Man muss die Effektivität der durch die Gegenvorstellung gewährten Selbstkontrolle zwar nicht von vornherein in Abrede stellen, wenn auch die Gefahr von Fehlanreizen nicht zu leugnen ist (Rz 1; differenziert mit Recht auch Zö/*Vollkommer* Rn 4). Wegen anderer Grundrechtsverstöße als solcher gegen Art 103 I GG bleibt dann nur, aber immerhin die Verfassungsbeschwerde (BGH BGHReport 04, 475; zu den problematischen Wechselwirkungen Rieble/Vielmeier JZ 11, 923, 927); wer keine Gehörsverletzung rügen will, sondern andere Grundrechtsverletzungen, darf nicht zur vorherigen Anhörungsrüge gezwungen sein (Rieble/Vielmeier aaO; anders offenbar BVerfG NJW 05, 3059 mit Anm Desens NJW 06, 1243); andernfalls wäre es auch inkonsequent, in § 321a nur einen Mindestschutz zu sehen.

Ob neben der von der hM bejahten Gegenvorstellung noch Raum für eine **außerordentliche Beschwerde** zum iudex ad quem ist, wie sie bei greifbarer Gesetzeswidrigkeit bejaht wurde (§ 567 Rz 5), ist vom BVerfG verneint worden und wird auch vom BGH abgelehnt (BGHZ 150, 133, 135; BAG NJW 05, 3231, 3232; BVerwG NJW 02, 2657; NJW 05, 771, LS = NVwZ 05, 232; BFH NJW 06, 861). Das gilt auch für Verfahren der fG (München ZIP 09, 2316 Ls; vgl jetzt § 44 FamFG nF). Das WEG enthält wegen § 321a kein Beschwerderecht gegen die Bestellung eines Ersatzzustellungsvertreters durch das Gericht nach § 45 III WEG (LG Berlin NZM 08, 896).

19 **G. Anwendungsbereich.** Zum sachlichen Anwendungsbereich des § 321a Rz 1. Die Vorschrift gilt direkt nur für die ZPO-Verfahren. Entsprechende Vorschriften bestehen in anderen Verfahrensordnungen, zB § 78a ArbGG, § 133a FGO, § 152a VwGO, § 81 II GBO, § 44 FamFG nF (dazu *Abramenko* FGPrax 09, 198). Frist des § 78a II 1 ArbGG beginnt mit Kenntnis (BVerfG NJW 07, 2242). Weitere Beispiele bei B/L/A/H Rn 4.

H. Kosten/Gebühren. I. Gericht. Bei vollständiger (nicht bei teilweiser) Verwerfung oder Zurückweisung der Anhörungsrüge Festgebühr von 50 € (KV 1700, 2500). 20

II. RA. Das Verfahren nach § 321a gehört zum Rechtszug, § 19 I Nr 5 RVG. Bei singulärer Tätigkeit im Rügeverfahren fällt eine Gebühr von 0,5 an (VV 3300). 21

§ 322 Materielle Rechtskraft.

(1) Urteile sind der Rechtskraft nur insoweit fähig, als über den durch die Klage oder durch die Widerklage erhobenen Anspruch entschieden ist.

(2) Hat der Beklagte die Aufrechnung einer Gegenforderung geltend gemacht, so ist die Entscheidung, dass die Gegenforderung nicht besteht, bis zur Höhe des Betrages, für den die Aufrechnung geltend gemacht worden ist, der Rechtskraft fähig.

Inhaltsübersicht Rz

A. Normzweck . . . 1
I. Regelungsgehalt des Abs 1 . . . 1
II. Regelungsgehalt des Abs 2 . . . 2
B. Materielle Rechtskraft . . . 3
I. Begriff und Wesen . . . 3
II. Abgrenzung von anderen Urteilswirkungen . . . 4
1. Innerprozessuale Bindungswirkung . . . 4
2. Vollstreckbarkeit . . . 5
3. Gestaltungswirkung . . . 6
4. Tatbestandswirkung . . . 7
5. Interventionswirkung . . . 8
III. Voraussetzungen . . . 9
1. Formelle Rechtskraft . . . 9
2. Rechtskraftfähigkeit . . . 10
a) Urteile . . . 10
b) Gleichgestellte Titel . . . 11
c) Beschlüsse . . . 12
d) Prozessvergleich . . . 13
IV. Wirkung . . . 14
1. Identität des Streitgegenstandes . . . 14
a) Ne bis in idem . . . 14
b) Kontradiktorisches Gegenteil . . . 15
c) Ausnahmen . . . 16
2. Vorgreiflichkeit . . . 17
a) Grundlagen . . . 17
b) Umfang der Bindungswirkung . . . 18
c) Grenzen der Bindungswirkung . . . 19
d) Beispielsfälle . . . 20
3. Bindung anderer Staatsorgane . . . 22
4. Prüfung von Amts wegen . . . 27
V. Gegenstand und Umfang . . . 28
1. Urteilsgegenstand . . . 28
a) Ermittlung . . . 29
b) Nicht erfasste Urteilselemente . . . 33
2. Teilentscheidungen . . . 34
a) Teilurteil . . . 34
b) Stufenklage . . . 35
3. Teilklagen . . . 36
a) Stattgebendes Urteil . . . 36
b) Abweisendes Urteil . . . 37
aa) Offene Teilklage . . . 37
bb) Verdeckte Teilklage . . . 38
4. Klagehäufung . . . 40
a) Objektiv . . . 40
b) Subjektiv . . . 41
VI. Grenzen . . . 42
1. Zeitlich . . . 42
2. Objektiv . . . 45
3. Subjektiv . . . 46
VII. Durchbrechung . . . 47
1. Gesetzliche Möglichkeiten . . . 47
2. Beseitigung der Rechtskraft durch Klage nach § 826 BGB . . . 48
a) Grundlagen . . . 48
b) Kritik und Stellungnahme . . . 49
c) Verhältnis zur Restitutionsklage . . . 50
d) Voraussetzungen . . . 51
aa) Objektiv unrichtiger Titel . . . 52
bb) Kenntnis der Unrichtigkeit . . . 53
cc) Missbrauch infolge besonderer Umstände . . . 54
e) Besonderheiten beim Vollstreckungsbescheid . . . 56
C. Besonderheiten bei einzelnen Urteilsarten . . . 58
I. Prozessurteil . . . 59
1. Klageabweisung als unzulässig . . . 59
2. Klageabweisung als unbegründet . . . 60
II. Leistungsurteil . . . 61
III. Gestaltungsurteil . . . 62
IV. Feststellungsurteil . . . 63
1. Positive Feststellungsklage . . . 63
2. Negative Feststellungsklage . . . 64
D. Aufrechnung (Abs 2) . . . 65
I. Anwendungsbereich . . . 65
II. Die Aufrechnung des Beklagten . . . 66
1. Wortlaut des § 322 II . . . 66
2. Entscheidung des Gerichts . . . 67
a) Klageabweisung . . . 67
aa) Nichtbestehen der Klageforderung . . . 67
bb) Begründetheit der Aufrechnung . . . 68
b) Klagestattgabe . . . 69
aa) Unzulässigkeit der Aufrechnung . . . 69

	Rz		Rz
bb) Nichtbestehen der Gegenforderung	70	c) Rechtswegfremde Gegenforderung	71
		III. Die Aufrechnung des Klägers	72

1 **A. Normzweck. I. Regelungsgehalt des Abs 1.** Die Vorschrift stellt die zentrale Regelung der materiellen Rechtskraft dar. Sie bestimmt, inwieweit der Inhalt eines Urteils über den Rechtsstreit hinaus maßgeblich ist, im Gegensatz zur formellen Rechtskraft nach § 705, die eintritt, wenn eine rechtskraftfähige Entscheidung mit ordentlichen Rechtsmitteln nicht mehr angefochten werden kann (vgl § 705 Rz 1). Die beiden Aspekte der Rechtskraft ergänzen sich gegenseitig und stellen in Ihrem Zusammenspiel sicher, dass zwischen den Parteien in der rechtskräftig entschiedenen Angelegenheit dauerhaft Rechtssicherheit und Rechtsfrieden herrscht. § 322 I setzt das Institut der materiellen Rechtskraft voraus und begrenzt diese auf die Entscheidung über den vom Kl erhobenen und ggf auf den vom Beklagten im Wege der Widerklage geltend gemachten Anspruch. Mit dieser restriktiven Formulierung wollte der Gesetzgeber die Parteien vor den unüberschaubaren Folgen der bis dahin geltenden Lehre von der Rechtskraft der Entscheidungsgründe schützen (BAG NJW 03, 1204, 1205).

2 **II. Regelungsgehalt des Abs 2.** Eine Ausnahme von diesem Grundsatz gilt nach § 322 II für die vom Beklagten zur Aufrechnung gestellte Gegenforderung. Da die Aufrechnung im Gegensatz zur Widerklage prozessual nur eine **Einwendung** darstellt, keine Rechtshängigkeit der Gegenforderung begründet und damit keinen geltend gemachten Anspruch iSd § 322 I darstellt, würde diese nicht von der Rechtskraft erfasst. Durch die Sonderregelung des § 322 II, nach der auch über die zur Aufrechnung gestellte Gegenforderung eine rechtskräftige Entscheidung ergeht, wird vermieden, dass der Bekl diese erneut gerichtlich geltend machen kann.

3 **B. Materielle Rechtskraft. I. Begriff und Wesen.** Eine gesetzliche Begriffsbestimmung findet sich für die materielle Rechtskraft weder in der ZPO noch im BGB. Über den Zweck, den Inhalt und das Wesen der materiellen Rechtskraft gibt es dementsprechend unterschiedliche Anschauungen. Zwar kommt den verschiedenen Rechtskrafttheorien eine wichtige Rolle bei der rechtstheoretisch richtigen Einordnung der Rechtskraftwirkungen zu. Für die Klärung praktischer Streitfragen zum Umfang der Rechtskraft haben sie aber allenfalls untergeordnete Bedeutung (dazu *Martens* ZZP 79, 405). Sie sollen daher hier nur knapp dargestellt werden (ausf MüKoZPO/*Gottwald* § 322 Rn 6 ff). Nach den älteren materiellen Rechtskrafttheorien (RGZ 46, 336; Pagenstecher S. 302 ff) wird dem rechtskräftigen Urt die Wirkung beigemessen, die materielle Rechtslage entsprechend der Entscheidung zu ändern, was insb für mögliche unrichtige Entscheidungen Konsequenzen hat. Nach einer neueren materiellen Rechtskrafttheorie (*Pohle* GS Calamandrei 57, S. 377) begründet die rechtskräftige Entscheidung eine unwiderlegbare Vermutung für die Richtigkeit der festgestellten Rechtsfolge. Nach heute fast einhelliger Ansicht wird demgegenüber die Auffassung vertreten, dass es – von den Sonderfällen der Gestaltungsurteile abgesehen – nicht Aufgabe des Richters ist, die materielle Rechtslage zu verändern und Ansprüche neu zu begründen, sondern seine Funktion vielmehr darin besteht, über das bestehende Recht zu entscheiden (St/J/*Leipold* § 322 Rn 19 mwN). Innerhalb der Vertreter einer solchen prozessualen Rechtskrafttheorie herrscht wiederum Uneinigkeit darüber, ob das Wesen der Rechtskraft nur in der Bindung des Richters eines zweiten Prozesses an die bereits getroffene Entscheidung liegt (Grunsky VerfahrensR § 47 III 2). Nach dieser Bindungstheorie stellt die Rechtskraft kein Prozesshindernis dar und verhindert dementsprechend nur eine abweichende, nicht aber eine zweite gleich lautende Entscheidung. Die heute ganz hL (zB Zö/*Vollkommer* Vor § 322 Rn 19; B/L/A/H Einf §§ 322–327 Rn 12; MüKoZPO/*Gottwald* § 322 Rn 12 ff), der sich auch der BGH angeschlossen hat (BGHZ 34, 337 = NJW 61, 917), betrachtet die materielle Rechtskraft als negative Prozessvoraussetzung für eine erneute Klage über den Gegenstand der rechtskräftigen Entscheidung. Dies gilt uneingeschränkt bei Identität der Streitgegenstände, aber auch wenn der Gegenstand der rechtskräftigen Entscheidung in einem später anhängig gemachten Verfahren präjudiziell ist, verhindert die materielle Rechtskraft eine erneute Verhandlung und Entscheidung über diese Vorfrage (BGH NJW 83, 2032). Die materielle Rechtskraft sichert damit innerhalb ihrer objektiven, subjektiven, zeitlichen und räumlichen Grenzen die Maßgeblichkeit der formell rechtskräftigen Entscheidung. Ihr Hauptzweck liegt in der endgültigen Befriedung eines kontradiktorischen Parteienstreits, der über denselben Streitgegenstand nicht wiederholt werden soll. Dieses ne-bis-in-idem-Gebot liegt damit zum einen im Interesse der Rechtssicherheit und des Rechtsfriedens der Parteien (BGHZ

93, 287, 289 = NJW 85, 1711), dient aber auch dem Allgemeininteresse, indem es das Ansehen der Gerichte wahrt und Wiederholungen des Streits über ein und denselben Streitstoff ausschließt (BGHZ 123, 30, 34 = NJW 93, 2943).

II. Abgrenzung von anderen Urteilswirkungen. 1. Innerprozessuale Bindungswirkung. Die in § 318 geregelte innerprozessuale Bindungswirkung tritt anders als die materielle Rechtskraft bereits **vor Eintritt der formellen Rechtskraft** ein und bestimmt, dass das die Entscheidung erlassende Gericht diese nicht mehr ändern kann und hieran im weiteren Verfahren in der Instanz gebunden ist (vgl § 318 Rz 1). Im Umfang entspricht die innerprozessuale Bindungswirkung der materiellen Rechtskraft. Ebenfalls keinen Fall der Rechtskraft stellt die in § 563 II angeordnete Bindung der Vorinstanz an die Entscheidung der Rechtsmittelinstanz im Falle der Aufhebung dar, da die Gründe der zurückweisenden Entscheidung nicht in Rechtskraft erwachsen (Wieczorek/Schütze/*Büscher* § 322 Rn 40). 4

2. Vollstreckbarkeit. Die Vollstreckbarkeit einer Entscheidung tritt ein, wenn entweder die formelle Rechtskraft eingetreten oder die Entscheidung kraft Gesetzes oder kraft richterlicher Anordnung vorläufig vollstreckbar ist. Sie setzt lediglich voraus, dass die Entscheidung einen vollstreckungsfähigen Inhalt hat, was regelmäßig bei Leistungsurteilen der Fall ist, während Feststellungs-, Gestaltungs- und klageabweisende Urteile nur wegen der Kosten vollstreckbar sind. 5

3. Gestaltungswirkung. Bei Gestaltungsurteilen tritt mit formeller Rechtskraft der Entscheidung unmittelbar eine Änderung der Rechtslage ein. Diese wirkt anders als die regelmäßig nur zwischen den Parteien wirkende materielle Rechtskraft **inter omnes.** Die Gestaltung kann, wie beim Scheidungsurteil, das materielle Recht betreffen, aber auch, zB bei der Änderungsklage nach § 323, bei Vollstreckungsgegenklage und Drittwiderspruchsklage, das Prozessrecht. Die Bindungswirkung bei Gestaltungsurteilen ist zwar an den Eintritt der formellen Rechtskraft geknüpft aber keine materielle Rechtskraftwirkung, sondern Ausfluss der auch von Dritten zu beachtenden Rechtsänderung. 6

4. Tatbestandswirkung. Von der materiellen Rechtskraft zu unterscheiden ist weiterhin die sog Tatbestandswirkung eines Urteils. Diese besteht darin, dass eine materiell-rechtliche oder prozessuale Norm die Existenz einer rechtskräftigen oder vorläufig vollstreckbaren Entscheidung als Tatbestandsmerkmal voraussetzt und daran Rechtsfolgen knüpft, wie dies zB in §§ 407 II, 864 II, 925 I 3, 2196 BGB, § 2 AnfG oder in § 717 II der Fall ist, während die materielle Rechtskraft die Reichweite der Bindung der Entscheidung zwischen den Parteien betrifft. 7

5. Interventionswirkung. Von der materiellen Rechtskraft einer Entscheidung zu unterscheiden ist schließlich die Interventionswirkung nach §§ 68, 74 III. Denn die Bindungswirkung des rechtskräftigen Urteils des Vorprozesses zu Ungunsten des Nebenintervenienten oder Streitverkündeten erweitert nicht wie die Rechtskrafterstreckung nur die subjektiven Grenzen der Rechtskraft, sondern erfasst auch die für die Entscheidung erheblichen Tatsachenfeststellungen und ihre rechtliche Beurteilung (BGHZ 103, 275, 278 = NJW 88, 1378; NJW 98, 79, 80). Sie geht insofern weiter als die materielle Rechtskraft; ist aber andererseits enger, da ihr ggü die Einrede mangelhafter Prozessführung erhoben werden kann (Musielak/*Weth* § 68 Rn 3). Die Interventionswirkung knüpft nur an die formelle Rechtskraft der Entscheidung an und beruht als Urteilswirkung sui generis auf der tatsächlichen oder jedenfalls möglichen Beteiligung des Dritten am Vorprozess. Demgemäß besteht dann keine Bindung, wenn dem Nebenintervenienten oder Streitverkündeten kein rechtliches Gehör gewährt worden ist (ausf Völzmann S. 103 f). 8

III. Voraussetzungen. 1. Formelle Rechtskraft. Die Wirkungen der materiellen Rechtskraft treten nur dann ein, wenn die Entscheidung formell rechtskräftig geworden ist (BGH NJW 04, 294, 295) und es sich um eine der Rechtskraft fähige Entscheidung handelt. 9

2. Rechtskraftfähigkeit. a) Urteile. Der Rechtskraft fähig sind die von deutschen Gerichten (zu ausländischen Entscheidungen vgl § 328 Rz 1 ff) erlassenen **Endurteile** bzw **Teilurteile** in Form von **Leistungs-, Feststellungs- und Gestaltungsurteilen.** Gleichgültig ist, ob diese aufgrund streitiger oder nichtsstreitiger Verhandlung ergehen wie **Anerkenntnis-, Verzichts- und Versäumnisurteile**, ob es sich um **stattgebende** oder **klageabweisende Sach- oder Prozessurteile** handelt (Brandbg NJW-RR 00, 1735). **Zwischenurteile** entfalten nur ausnahmsweise materielle Rechtskraft, soweit sie **im Verhältnis zu Dritten** eine Frage endgültig entscheiden (§ 303 Rz 1). Urteile in **Arrest- und einstweiligen Verfügungsverfahren** sind nach bestrittener Ansicht trotz der nur summarischen Prüfung der materiellen Rechtskraft fähig, die allerdings bei 10 stattgebenden Entscheidungen durch den Vorbehalt erleichterter Abänderbarkeit durch das Gericht nach § 927 eingeschränkt ist (BGHZ 161, 298, 304 = NJW 05, 436, 437; OLGR Hambg 05, 215; Zö/*Vollkommer* Vor § 916 Rn 13; aA Frankf FamRZ 82, 1223; *Bongen/Renaud* NJW 91, 2886, 2887) Nicht der materiellen Rechtskraft fähig sind dagegen **Vorbehaltsurteile, Zwischenurteile unter den Parteien, Grundurteile** sowie **Urteile, die eine Entscheidung der Vorinstanz aufheben oder zurückverweisen.** Bei letzteren tritt jedoch eine Bindungswirkung nach § 536 II ein.

11 **b) Gleichgestellte Titel.** Materielle Rechtskraft kommt auch den Entscheidungen zu, die einem rechtskräftigen Urt gleichgestellt sind, wie der **Schiedsspruch** (§ 1055) und die **Eintragung in die Insolvenztabelle** (§ 178 III InsO). Nach hM kommt auch dem Vollstreckungsbescheid volle materielle Rechtskraft zu (BGHZ 101, 380, 382 = NJW 87, 3256; 111, 54, 58 = NJW 91, 30).

12 **c) Beschlüsse.** Zu den Beschlüssen, welche eine **der Rechtskraft fähige sachliche Entscheidung** enthalten, gehören die Entscheidung über die Richterablehnung (BGHZ 95, 302, 305 = NJW 86, 2702), der Beschl nach § 91a bzgl der Entscheidung über die Kostenlast (BGH GRUR 92, 203, 205; *Smid* ZZP 97, 281), Kostenfestsetzungsbeschlüsse nach §§ 103, 104 (BGHZ 111, 168, 170 = NJW 90, 2060); Streitwertfestsetzungsbeschlüsse (Nürnbg OLGR München 99, 360); Beschlüsse nach § 11 RVG (BGH NJW 97, 743 noch zu § 319 BRAGO) sowie nach §§ 154, 156 KostO (Ddorf NJW-RR 96, 1406). Weiterhin enthalten die ein Rechtsmittel verwerfenden Beschlüsse nach §§ 522 I, 552 I (BGH NJW 81, 1962; NJW 91, 1116, 1117) ebenso eine der Rechtskraft fähige Entscheidung wie der die Wiedereinsetzung oder die Nichtzulassungsbeschwerde ablehnende Beschl (BGH NJW 04, 1531). Der materiellen Rechtskraft fähig sind zahlreiche Beschlüsse in der Zwangsvollstreckung etwa Entscheidungen (nach Gewährung rechtlichen Gehörs) nach § 766 (*Peters* ZZP 90, 145, 154), der Zuschlag (RGZ 138, 127) sowie Beschlüsse nach den §§ 887, 888, 890 (BGH NJW 95, 3189, 3190) und nach §§ 807, 900 IV (LG Kassel, Rpfleger 91, 118). Für Beschlüsse im Arrest- und einstweiligen Verfügungsverfahren gilt die materielle Rechtskraft nur eingeschränkt (vgl Rn 10). In materielle Rechtskraft erwachsen schließlich auch Entscheidungen nach §§ 23 ff EGGVG (BGH NJW 94, 1950, 1951); die Entscheidung über die Eröffnung (BGH NJW-RR 86, 412, 414) und die Ablehnung der Insolvenzeröffnung (BGH KTS 03, 149) sowie Entscheidungen über den Versorgungsausgleich (BGH NJW-RR 96, 642, 643). Nicht der materiellen Rechtskraft fähig sind Beschlüsse, durch die Prozesskostenhilfe versagt wird (BGH NJW 04, 1805, 1806) sowie Pfändungs- und Überweisungsbeschlüsse (Köln FamRZ 94, 1272, 1273).

13 **d) Prozessvergleich.** Keine materielle Rechtskraftwirkung kommt dem **Prozessvergleich** zu (BGHZ 86, 186 = NJW 83, 996; NJW-RR 86, 22).

14 **IV. Wirkung. 1. Identität des Streitgegenstandes. a) Ne bis in idem.** Auf der Grundlage der prozessualen Rechtskrafttheorie wirkt die materielle Rechtskraft einer Entscheidung in einem späteren Prozess als eine **negative Prozessvoraussetzung.** Nach rechtskräftiger Entscheidung ist damit nicht nur eine erneute Entscheidung über denselben Streitgegenstand, sondern bereits eine erneute Klage unzulässig und durch Prozessurteil abzuweisen (BGHZ 157, 47, 50 = NJW 04, 1252, 1253). Entscheidende Frage ist daher im zweiten Prozess stets, ob der Streitgegenstand mit dem des ersten Prozesses identisch ist, was sich nach dem dortigen prozessualen Anspruch und dem ihm zu Grunde liegenden Lebenssachverhalt bestimmt (BGH NJW 03, 3058; NJW-RR 07, 1433, 1434). Bei Abweichungen ist darauf abzustellen, ob mit der neuen Klage **im Kern** das gleiche erreicht werden soll wie im Vorprozess (BGH NJW-RR 87, 683). Einer auf eigenes Recht gestützten Klage steht zB die Rechtskraft eines Urteils zwischen denselben Parteien nicht entgegen, in dem die nur auf abgetretenes Recht gestützte Klage abgewiesen worden ist, denn hierbei handelt es sich nicht um verschiedene rechtliche Begründungen desselben prozessualen Anspruchs, sondern um verschiedene Streitgegenstände (BGH NJW 05, 2004; NJW 08, 2922).

15 **b) Kontradiktorisches Gegenteil.** Identisch sind die Streitgegenstände auch dann, wenn im Folgeprozess das **kontradiktorische Gegenteil** der im ersten Prozess ausgesprochenen Rechtsfolge begehrt wird (BGH NJW 03, 3058, 3059). Wann dies der Fall ist, kann nicht allein nach dem Wortlaut, sondern muss nach dem Sinn der Klage beurteilt werden, da abgesehen vom Fall der positiven und der negativen Feststellungsklage das exakte Gegenteil der im Erstprozess ausgesprochenen Rechtsfolge oft schwer zu bestimmen ist. So liegt bspw nach dem Sinn und Zweck der Klagen eine Identität der Streitgegenstände vor, wenn der im Streit um den Erfüllungsanspruch unterlegene Kl des Erstprozesses den Beklagten auf Zustimmung zur Löschung der Auflassungsvormerkung in Anspruch nimmt, denn diese Forderung steht in kontradiktori-

schem Gegensatz zum rechtskräftig dem Beklagten zuerkannten Erfüllungsanspruch (BGHZ 123, 137, 139 = NJW 93, 2684, 2685; NJW 96, 395, 396). Allg gilt: Wird im Erstprozess ein absolutes Recht wie das Eigentum oder das Erbrecht des Klägers rechtskräftig **bejaht**, so ist ein weiterer Prozess mit umgekehrten Parteirollen auf Feststellung des Eigentums oder des Erbrechts des vormaligen Beklagten unzulässig (BGH NJW 95, 967, 968). Ist das Eigentum oder das Erbrecht des Klägers hingegen rechtskräftig **verneint** worden, ist damit die Berechtigung des Beklagten nicht rechtskräftig festgestellt, eine erneute Klage folglich nicht ausgeschlossen. Gleiches gilt für den Streit von zwei Prätendenten. Die zur Einwilligung in eine Grundbuchberichtigung oder in die Auszahlung eines hinterlegten Betrags verurteilende Klage steht einem erneuten Prozess entgegen (BGHZ 35, 165, 171 = NJW 61, 1457), die Abweisung der Einwilligungsklage ergibt aber noch keinen Anspruch des Beklagten auf Auszahlung (BGH NJW 00, 291, 294). Unzulässig ist es danach auch, das durch ein rechtskräftiges Urt Zugesprochene in einem Zweitprozess als Bereicherung zurückzufordern (BGH NJW 86, 2645, 2646; NJW 00, 2022, 2023). Ebenso ist eine nach rechtskräftigem Räumungsurteil im Erstprozess erhobene Klage auf Wiedereinräumung des Besitzes durch den zur Räumung verurteilten Beklagten gegen den vorherigen Kl auf das kontradiktorische Gegenteil gerichtet (BGH ZMR 99, 231, 232). Zu beachten ist allerdings in allen diesen Fällen, dass die Rechtskraft nicht daran hindert, sich auf Tatsachen zu berufen, die erst nach dem Schluss der letzten mündlichen Verhandlung entstanden sind (BGH NJW 84, 126, 127). Zur Präklusion ausf unter Rz 42.

c) **Ausnahmen.** Ausnahmsweise zulässig ist eine erneute Klage auf Feststellung des Inhalts der Entscheidung dann, wenn der Vollstreckungstitel **verloren** gegangen oder **vernichtet** worden ist und nicht rekonstruiert werden kann (BGHZ 4, 314, 321). Eingeschränkt wird die materielle Rechtskraft auch für den Spezialfall, dass bei der Verurteilung zu **zukünftig fällig werdenden wiederkehrenden Leistungen** die Verjährung nach § 197 II BGB droht (BGHZ 93, 287, 289 = NJW 85, 1711), sofern ihr Ablauf nicht durch einfachere Maßnahmen, etwa Vollstreckungshandlungen nach § 212 I Nr 2 BGB, verhindert werden kann. In diesem Fall ist eine **Feststellungsklage** hinsichtlich der fällig gewordenen Raten zulässig (BGH NJW-RR 03, 1076, 1077). Eine erneute Klage über denselben Streitgegenstand ist auch bei **ausländischen Urteilen** stets zulässig, wenn diese im Inland nicht anerkannt werden und daher insoweit keine Rechtskraftwirkung entfalten. Die Rechtsprechung bejaht die Zulässigkeit einer erneuten Leistungsklage weiterhin auch bei ausländischen Urteilen, die im Inland anerkannt werden können (BGH NJW 64, 1626; NJW 86, 2193, 2194). Dem ist jedenfalls dann zuzustimmen, wenn die Anerkennung zweifelhaft ist (BGH NJW 87, 1146; ThoPu/*Hüßtege* § 722, 723 Rn 6). Einem uneingeschränkten Wahlrecht steht die Literatur dagegen zu Recht krit ggü und erkennt ein Rechtsschutzbedürfnis für eine erneute Klage nur an, sofern die Vollstreckbarerklärung nur im Wege einer Klage nach § 722 und nicht im einfacheren Klauselerteilungs- oder Beschlussverfahren erreicht werden kann (MüKoZPO/*Gottwald* § 322 Rn 49). Teilweise wird § 722 auch generell für vorrangig gehalten (St/J/*Leipold* § 322 Rn 203; *Linke* FS Schütze 99, 423, 427). 16

2. Vorgreiflichkeit. a) Grundlagen. Häufiger als eine Identität der Streitgegenstände ist der Fall, dass die in einem Vorprozess entschiedene Rechtsfolge **präjudizielle Bedeutung** für den nachfolgenden Rechtsstreit hat. Wenn die im ersten Prozess rechtskräftig entschiedene Rechtsfolge im zweiten Prozess nicht die Hauptfrage, sondern eine Vorfrage darstellt, besteht die Wirkung der Rechtskraft in der **Bindung** des nunmehr entscheidenden Gerichts **an die Vorentscheidung** (BGH NJW 95, 2993, NJW 03, 3058, 3059). Es muss den Inhalt der rechtskräftigen Entscheidung seinem Urt zu Grunde legen (BGH NJW 93, 3204). Nicht nur die erneute Entscheidung, sondern auch eine selbständige Verhandlung oder Beweisaufnahme hinsichtlich der bereits rechtskräftig entschiedenen Vorfrage sind unzulässig (BGH NJW 85, 2535; MüKoZPO/*Gottwald* § 322 Rn 50). 17

b) Umfang der Bindungswirkung. Die Bindungswirkung ist allerdings beschränkt auf den Streitgegenstand des früheren Rechtsstreits, der durch den dortigen prozessualen Anspruch und den ihm zugrunde liegenden Lebenssachverhalt bestimmt wird (BGHZ 98, 353, 358 = NJW 87, 1201; NJW 93, 3204, 3205; NJW 95, 1757 f). Keine Präjudizialität besteht hinsichtlich einzelner Urteilselemente wie Tatsachenfeststellungen und rechtlichen Folgerungen, da diese nicht in Rechtskraft erwachsen (BGH NJW 86, 2508, 2509). Bei einer klageabweisenden Entscheidung ist jedoch der aus der Begründung zu ermittelnde, die Rechtsfolge bestimmende Abweisungsgrund Teil des in Rechtskraft erwachsenden Entscheidungssatzes und nicht allein ein Element der Entscheidungsbegründung (BGH NJW 93, 3204; NJW-Spezial 11, 590). Bei einem Unterlassungsurteil erwächst nicht der Verbotsausspruch als solcher in Rechtskraft, sondern nur die vom 18

Gericht festgestellte konkrete Verletzungshandlung (BGHZ 166, 253 = NJW-RR 06, 1118, 1121; *Musielak* NJW 00, 3593, 3596; *v. Ungern-Sternberg* GRUR 09, 1009, 1015).

19 c) **Grenzen der Bindungswirkung.** In der Literatur wird zT der Begriff der Präjudizialität weit verstanden wenn eine Vorfrage des ersten Prozesses zugleich auch Vorfrage des zweiten Prozesses ist. In diesem Fall soll sich die Rechtskraftbindung nicht auf den Urteilstenor beschränken, wenn **zwingende Sinnzusammenhänge** oder **Ausgleichszusammenhänge** dies erfordern (Zeuner S. 42 ff; Grunsky VerfahrensR § 47 IV 2b; *Foerste* ZZP 108, 167 ff). Auch wenn auf diese Weise im Einzelfall widersprüchliche Entscheidungen vermieden werden können, hält die hM dieses Kriterium zu Recht für zu unbestimmt, um eine Rechtskraftbindung an präjudizielle Rechtsverhältnisse über den Wortlaut des § 322 I hinaus zu begründen (BGHZ 150, 377, 383 = NJW-RR 02, 1617, 1619; NJW 03, 3058, 3059; B/L/A/H § 322 Rn 72; MüKoZPO/*Gottwald* § 322 Rn 52 ff). Eine Prozesspartei, die ein Interesse an der rechtskräftigen und für nachfolgende Prozesse bindenden Klärung einer Vorfrage hat, muss daher im Vorprozess Zwischenfeststellungsklage nach § 256 II erheben (BGH FamRZ 84, 878, 879).

20 **d) Beispielsfälle. Präjudiziell** ist bspw: die rechtskräftige Feststellung des Eigentums an einer Sache für einen nachfolgenden Anspruch auf Herausgabe der Sache; das Urt auf Herausgabe einer Sache für den Anspruch auf Vergütung der nach Rechtshängigkeit gezogenen Nutzungen (BGH NJW 81, 1517); die Feststellung des Bestehens eines Mietverhältnisses für die nachfolgende Leistungsklage auf Mietzins (BGH NJW 04, 294) und die Abweisung eines Schadensersatzanspruchs für eine andere Forderung, die das Bestehen des abgewiesenen Schadensersatzanspruchs voraussetzt (BGH NJW 04, 3204). Ebenso schließt die rechtskräftige Abweisung einer Kündigungsschutzklage gegen eine zu einem früheren Zeitpunkt wirkende Kündigung im Verhältnis der Parteien zueinander eine Klage gegen eine danach zugegangene Kündigung aus (BAG NZA 11, 804). Nach hM ist ein rechtskräftiges Urt, das einem **vertraglichen Unterlassungsanspruch** stattgibt, präjudiziell für den **Schadensersatzanspruch** bei Zuwiderhandlungen (BGHZ 42, 340, 352 = NJW 65, 689; St/J/*Leipold* § 322 Rn 219; aA Ahrens/*Ahrens* Kap 36 Rn 127 ff, 154). Präjudizielle Wirkung kommt auch dem zur Zug-um-Zug-Leistung verurteilenden Urt insoweit zu, als es den unbeschränkten Leistungsanspruch verneint (BGHZ 117, 1,4 = NJW 92, 1172).

21 **Nicht präjudiziell** ist dagegen: das rechtskräftige Räumungsurteil gegen den Inhaber eines dinglichen Wohnungsrechts für die Frage des Bestehens dieses Rechts (BGH NJW-RR 99, 376); die Verurteilung zur Herausgabe einer Sache für den Anspruch auf Herausgabe der vor Rechtshängigkeit gezogenen Nutzungen (BGH NJW 83, 164); die rechtskräftige Abweisung einer auf eine vertragliche Schuldübernahme gestützten Klage für eine auf einen gesetzlichen Schuldübergang gestützten neuen Klage (BGH NJW 81, 2306) und die Verurteilung zur Auskunftserteilung oder Rechnungslegung iRe Stufenklage für den Zahlungsanspruch (BGH MDR 70, 577). Nicht präjudiziell ist entgegen früherer Auffassung in der Rechtsprechung und verbreiteter Ansicht der Literatur auch die rechtskräftige Entscheidung über den Grundbuchberichtigungsanspruch für das Bestehen oder Nichtbestehen des dinglichen Rechts (so aber RGZ 158, 43; BGH WM 78, 194, 195; St/J/*Leipold* § 322 Rn 220). Die dingliche Rechtslage ist für die Entscheidung über den Anspruch aus § 894 BGB nur Vorfrage, die nicht in Rechtskraft erwächst (BGH WM 00, 320, 321; WM 02, 705, 706; offen gelassen MDR 08, 815; Zö/*Vollkommer* Vor § 322 Rn 36; Musielak/*Musielak* § 322 Rn 24). Denn ihr Ziel ist nicht die Feststellung des dinglichen Rechts, sondern die Verschaffung der Buchposition, ebenso wie Ziel einer Klage nach § 985 nicht die Feststellung der präjudiziellen Vorfrage des Eigentums, sondern die Herausgabe des Besitzes ist (BGH NJW-RR 02, 516, 517). Keine Präjudizialität besteht nach hM auch im Verhältnis von **gesetzlichem Unterlassungsanspruch** und Schadensersatzanspruch. Da das Urt hinsichtlich des Grundes der Leistungspflicht nicht in Rechtskraft erwächst, ist weder die Bejahung oder Verneinung des Schadensersatzanspruchs präjudiziell für das Bestehen oder Nichtbestehen des Unterlassungsanspruchs, noch umgekehrt die Verurteilung im Unterlassungsprozess präjudiziell für den **Schadensersatzanspruch** bei Zuwiderhandlungen (BGHZ 150, 377, 383 = NJW-RR 02, 1617; R/S/G § 153 Rn 8; aA St/J/*Leipold* § 322 Rn 219; Zeuner S. 59 ff).

22 **3. Bindung anderer Staatsorgane.** Die materielle Rechtskraft einer zivilgerichtlichen Entscheidung nach § 322 ist nicht allein auf zivilprozessuale Verfahren beschränkt. Rechtskräftige Entscheidungen der streitigen Gerichtsbarkeit binden auch die **freiwillige Gerichtsbarkeit** und umgekehrt (BGHZ 40, 338, 341 = NJW 64, 863). Die materielle Rechtskraft ist auch nicht auf die ordentliche Gerichtsbarkeit beschränkt, sondern auch von den Gerichten der anderen Gerichtszweige zu beachten. Denn die unterschiedlichen Gerichtszweige sind grds als gleichwertige Teile einer einheitlichen »Dritten Gewalt« nach Art 92 GG zu betrachten.

Dies folgt insb auch aus §§ 17 II 1 GVG, aus dem sich eine rechtswegübergreifende Bindung an Entscheidungen anderer Rechtswege ergibt. Für die **Arbeitsgerichtsbarkeit** gelten die §§ 322 ff nach § 46 II 1 ArbGG unmittelbar.

In Verfahren vor den **Verwaltungs-, Sozial- oder Finanzgerichten** wird eine Identität der Streitgegenstände aufgrund der unterschiedlichen Aufgabenzuweisungen nur ganz ausnahmsweise vorliegen. Es kommt aber nicht selten vor, dass Vorfragen zu klären sind, an deren rechtskräftige Bejahung oder Verneinung der Zivilrichter in einem nachfolgenden Prozess gebunden ist. Beispielsweise ist in Entschädigungsprozessen die Entscheidung des Verwaltungs- oder Sozialgerichts über die Rechtmäßigkeit oder Rechtswidrigkeit des Verwaltungsaktes der Entscheidung zugrunde zu legen (BGHZ 9, 329; 90, 4, 12 = NJW 84, 1172, 1174). So schließt die Rechtskraft eines Bescheids über Erschließungsbeträge die Zuerkennung eines zivilrechtlichen Rückzahlungsanspruchs hinsichtlich der Beitragsleistungen aus (BGH NJW 87, 773). Neben einer den gesetzlichen Bestimmungen entsprechenden Abfindung im Flurbereinigungsverfahren ist daher kein Raum mehr für einen Entschädigungsanspruch wegen enteignungsgleichen Eingriffs (BGHZ 86, 226, 232 = NJW 83, 1661, 1662). Wird eine Entschädigung im Planfeststellungsverfahren mangels eines Enteignungstatbestands rechtskräftig abgelehnt, ist auch das Zivilgericht gehindert, in einem Prozess zwischen denselben Parteien unter enteignungsrechtlichen Gesichtspunkten eine Entschädigung zuzusprechen (BGHZ 95, 28, 35 = NJW 85, 3025, 3027).Nach ständiger Rechtsprechung ist das Zivilgericht auch im Amtshaftungsprozess an die rechtskräftige Entscheidung des Verwaltungsgerichts über die Rechtmäßigkeit der Amtshandlung gebunden (BGHZ 95, 242 = NJW 85, 2324; 146, 153, 156; 161, 305, 309 = NJW 05, 748, 749). Nicht erfasst wird jedoch die Begründung für die Rechtswidrigkeit, insoweit sind die Zivilgerichte in ihrer Beurteilung frei (BGHZ 20, 379, 382 = NJW 56, 1358; 134, 268, 273 = NJW 97, 2174). Auch bei Vorfragen iRe Enteignungsverfahrens, wie der Beurteilung der Wirksamkeit eines Bebauungsplans, ist der Zivilrichter an die im Normenkontrollverfahren ergangene Entscheidung des Oberverwaltungsgerichts gebunden (BGHZ 77, 338 = NJW 80, 2814; 105, 94, 96 = NJW 89, 216). Bei der Bemessung des Versorgungsausgleichs eines Beamten ist das Zivilgericht an die Entscheidung des Verwaltungsgerichts über die ruhegehaltsfähige Dienstzeit gebunden (BGH NJW 92, 314). Ein rechtskräftiger Anerkennungsbescheid über die öffentliche Förderung eines Bauvorhabens bindet den Zivilrichter bei der Beurteilung des öffentlich-rechtlichen Bewilligungsverhältnisses (BGH NJW-RR 94, 1272, 1274). Eine Bindung der Zivilgerichte aus Gründen der Rechtskraft besteht hingegen nicht an verwaltungsbehördliche Entscheidungen (BGHZ 158, 19, 22 = ZMR 04, 413, 414). 23

Umgekehrt sind auch die Verwaltungs-, Sozial- und Finanzgerichte grds an die rechtskräftige Entscheidung des Zivilrichters gebunden. Dabei entfaltet die zivilgerichtliche Entscheidung, wer von zwei Prozessparteien Eigentümer einer Sache, Inhaber einer Forderung oder Erbe ist, im Regelfall keine Rechtskraftbindung ggü dem Staat im Falle eines Finanz- oder Verwaltungsprozesses, da es bereits an der Identität der Parteien fehlt. Der zivilgerichtlichen Entscheidung kommt jedoch in diesen Fällen eine der Tatbestandswirkung (vgl Rz 7) angenäherte Wirkung zu. Zwar ist das Vorliegen eines Zivilurteils nicht Tatbestandsmerkmal der anzuwendenden öffentlich-rechtlichen Norm, gleichwohl kann etwa der zivilrechtlich rechtskräftig als Erbe feststehende auch als Steuer- oder Beitragspflichtiger in Anspruch genommen werden (MüKoZPO/*Gottwald* § 322 Rn 77; Wieczorek/Schütze/*Büscher* § 322 Rn 92; krit Zö/*Vollkommer* Vor § 322 Rn 11). 24

Da das zivilgerichtliche Verfahren durch die Dispositionsmaxime und den Beibringungsgrundsatz geprägt wird, während im Strafverfahren der Untersuchungsgrundsatz gilt, besteht eine **Bindung der Strafgerichte an zivilgerichtliche Entscheidungen** nur insoweit, als diesen Gestaltungswirkung oder Tatbestandswirkung zukommt. So ist etwa die rechtskräftige Vaterschaftsanfechtung im Strafverfahren wegen Verletzung der Unterhaltspflicht zu beachten (Hamm NJW 04, 2461). An eine rechtskräftige Verurteilung zur Unterhaltspflicht ist der Strafrichter hingegen nicht gebunden. Er entscheidet über das Bestehen der Unterhaltspflicht nach den für das Strafverfahren geltenden Grundsätzen (BGHSt 5, 106, 109 = NJW 54, 81). Über zivilrechtliche Vorfragen kann der Strafrichter mitentscheiden, er ist aber auch befugt, das Verfahren auszusetzen und einem der Beteiligten zur Erhebung der Zivilklage eine Frist zu bestimmen oder das Urt des Zivilgerichts abzuwarten (§ 262 II StPO). 25

Eine **Bindung der Zivilgerichte an das Strafurteil** besteht nach § 406 III StPO, soweit im Adhäsionsverfahren ein aus der Straftat resultierender vermögensrechtlicher Anspruch zugesprochen wird. Im Übrigen ist der Zivilrichter nach § 14 II Nr 1 EGZPO, der anders lautende landesrechtliche Prozessvorschriften außer Kraft setzt, wegen des im Zivilprozess herrschenden Grundsatzes freier Beweiswürdigung nicht an Entscheidungen in Strafverfahren gebunden. Etwas anderes gilt nur, soweit dem Strafurteil Tatbestandswir- 26 kung zukommt (BGH NJW 83, 230), was etwa bei strafgerichtlichen Verurteilungen als Grund für eine Erbunwürdigkeit nicht der Fall ist (BGH NJW-RR 05, 1024). Für die Restitutionsklage, bei der ein rechtskräftiges Strafurteil Zulässigkeitsvoraussetzung ist, ist der Zivilrichter nicht nur in der Beurteilung der der Restitutionsklage zu Grunde liegenden strafbaren Handlung frei, sondern auch an das Erkenntnis des rechtskräftigen Strafurteils nicht gebunden (BGHZ 85, 32, 37 = NJW 83, 230; aA *Gaul* FS Fasching 88, 157, 177; Völzmann S. 89 ff). Eine Bindung des Zivilrichters an die tatsächlichen Feststellungen eines strafrichterlichen Urteils, wie sie im 1. JuMoG vom 28.4.03 in einem neuen § 415a vorgesehen war, ist nicht Gesetz geworden, auch wenn eine solche Bindung jedenfalls zu Gunsten des Geschädigten *de lege ferenda* sinnvoll erschiene (umf Völzmann S. 121 ff).

27 **4. Prüfung von Amts wegen.** Da die materielle Rechtskraft nicht nur dem Bedürfnis der Parteien nach Rechtsicherheit dient, sondern auch eine erneute Befassung mit derselben Angelegenheit im Interesse der Funktionsfähigkeit der Gerichte verhindern will, ist diese in jeder Instanz, auch in der Revisionsinstanz, vAw zu prüfen (BGH NJW 89, 2133, 2134; 123, 30, 32 = NJW 93, 2942). Die Parteien müssen sich nicht auf die Rechtskraft des Urteils berufen. Dies gilt nicht nur bei Identität der Streitgegenstände, sondern auch dann, wenn eine im Vorprozess rechtskräftig entschiedene Rechtsfrage lediglich Vorfrage ist. Die hieraus folgende Bindungswirkung hat das Gericht ebenso vAw zu beachten (BGH, NJW 93, 3204, 3205; NJW 08, 1227, 1228). Ein Verzicht der Parteien auf die materielle Rechtskraft mit dem Ziel, den Rechtsweg neu zu eröffnen, ist unbeachtlich, da diese nicht der Parteidisposition unterliegt (BGH NJW 84, 126, 127; MüKoZPO/*Gottwald* § 322 Rn 58).

28 **V. Gegenstand und Umfang. 1. Urteilsgegenstand.** Die materielle Rechtskraft erfasst grds nur die Entscheidung des Gerichts über den vom Kl erhobenen **prozessualen Anspruch** dh den Streitgegenstand. Gegenstand der Rechtskraft ist deshalb nur das Bestehen oder Nichtbestehen der geltend gemachten Rechtsfolge aufgrund des zur Entscheidung gestellten Lebenssachverhalts (BGH NJW 76, 1095). Im Regelfall sind Streitgegenstand und Urteilsgegenstand deckungsgleich (MüKoZPO/*Gottwald* § 322 Rn 114). Unterschiede ergeben sich nur beim Teilurteil oder wenn das Gericht einen Anspruch versehentlich übergeht (§ 321 Rz 2).

29 **a) Ermittlung.** Was Urteilsgegenstand und damit von der materiellen Rechtskraft erfasst ist, ergibt sich vorrangig aus der **Urteilsformel**. Sofern der Tenor nicht ausreicht, um den Entscheidungsgegenstand konkret zu bezeichnen, müssen auch **Tatbestand und Entscheidungsgründe** zur Abgrenzung und Bestimmung des Umfangs der Rechtskraft ergänzend herangezogen werden (BGH NJW 83, 2032). Bei einer **klageabweisenden Entscheidung** ist der aus der Begründung zu ermittelnde ausschlaggebende Abweisungsgrund Teil des in Rechtskraft erwachsenden Entscheidungssatzes (BGH NJW 93, 3204, 3205). Die materielle Rechtskraft erfasst grds **alle in Betracht kommenden Anspruchsgrundlagen**. Die Rechtskraft eines Urteils, das auf vertraglicher Grundlage geltend gemachte Zahlungsansprüche abweist, erfasst daher konkurrierende Ansprüche aus ungerechtfertigter Bereicherung selbst dann, wenn das Gericht den Anspruch aus ungerechtfertigter Bereicherung oder einen sonstigen rechtlichen Gesichtspunkt übersehen hat (BGH NJW 95, 1757). Der Kl kann den Umfang der Rechtskraft auch nicht durch die Wahl eines bestimmten Gerichtsstandes auf einzelne Anspruchsgrundlagen beschränken, da das angerufene Gericht nach der Neufassung des § 17 II GVG zum 1.1.91 eine umfassende Prüfungskompetenz hat. Es ist daher nicht nur berechtigt, sondern auch verpflichtet, den Anspruch unter allen in Betracht kommenden rechtlichen Gesichtspunkten zu prüfen und für den Fall, dass eine ausschließliche Zuständigkeit für die Prüfung einer einzelnen Anspruchsgrundlage besteht, insgesamt zu verweisen (Wieczorek/Schütze/*Büscher* § 322 Rn 116). Wird allerdings in den Entscheidungsgründen eines klageabweisenden Urteils ein bestimmter materiellrechtlicher Anspruch ausdrücklich als nicht beschieden bezeichnet, kann es dem Kl nicht verwehrt werden, diesen Anspruch in einem weiteren Verfahren geltend zu machen (BGH GRUR 02, 787).

30 Übersieht das Gericht einen materiellen Anspruch oder spricht das Gericht dem Kl irrtümlich einen Anspruch ab, den dieser nicht erhoben hatte und tritt die belastete Partei dem nicht im Rechtsmittelverfahren entgegen, so ist dieser rechtskräftig aberkannt (BGH NJW 91, 1683; R/S/G § 152 Rn 5). Allerdings wird aus der Verneinung eines Anspruchs in den Entscheidungsgründen nicht generell gefolgert werden können, dass dieser Anspruch dem Kl unabhängig davon abgesprochen werden soll, ob er ihn geltend gemacht hatte. Wird bspw eine Teilklage mit der Begründung abgewiesen, dem Kl stehe die gesamte Forderung nicht zu, so beschränkt sich die materielle Rechtskraft gleichwohl nur auf die Verneinung des geltend gemachten Teilbetrags (BGH NJW 99, 287, 288 f). Umgekehrt schafft ein Urt Rechtskraft auch dann, wenn

das Gericht unter Verstoß gegen § 308 irrtümlich einen Anspruch zuspricht, den keine der Parteien erhoben hat und dieser Fehler nicht im Rechtsmittelverfahren korrigiert wird (BGHZ 34, 337, 339 f = NJW 61, 917).

Hat der Kl ein berechtigtes Interesse daran, dass ein Anspruch in bestimmter Weise rechtlich qualifiziert wird, etwa im Hinblick auf die Zwangsvollstreckung auch aus dem Gesichtspunkt der vorsätzlich begangenen unerlaubten Handlung für gerechtfertigt erklärt wird, kann er dies nur im Wege einer Zwischenfeststellungsklage erreichen (BGHZ 109, 275 = NJW 90, 834). Ansonsten erwächst die **rechtliche Qualifizierung** eines Anspruchs nach hM nicht selbstständig in Rechtskraft (MüKoZPO/*Gottwald* § 322 Rn 95 mwN; aA St/J/*Leipold* § 322 Rn 132). So umfasst die Rechtskraft eines auf § 823 BGB gestützten Zahlungstitels nicht zugleich die verbindliche Feststellung, dass eine Vorsatztat vorliegt (BGHZ 183, 77 = NJW 10, 2210 umfassend dazu *Roth* ZZP 124, 3 ff). 31

Bei Urteilen ohne Tatbestand und Entscheidungsgründe sowie bei nichtstreitigen Urteilen ist auch das **Parteivorbringen** zu berücksichtigen, da der Tenor regelmäßig allein nicht ausreicht, um den zum Streitgegenstand gehörenden Lebenssachverhalt festzulegen (BGH NJW 01, 310; NJW 01, 3053). Bei einem **stattgebenden Versäumnisurteil** gegen den Beklagten ist daher neben der Urteilsformel ergänzend auf das **Klagevorbringen** abzustellen (BGH NJW 72, 2268, 2269; BGHZ 124, 164, 166 = NJW 94, 460). Die Rechtskraft eines **klageabweisenden Versäumnisurteils** gegen den Kl macht die erneute gerichtliche Geltendmachung des Klageanspruchs in jedem Fall unzulässig (BGHZ 35, 338 = NJW 61, 1969). Diese absolute Sperrwirkung gilt nicht nur für das erstinstanzliche klageabweisende Versäumnisurteil, sondern auch für das Versäumnisurteil des Berufungsgerichts, mit dem die Berufung des Klägers gegen ein kontradiktorisches klageabweisendes Urt der 1. Instanz zurückgewiesen wurde (BGHZ 153, 239 = NJW 03, 1044; dazu *Stamm* ZZP 122, 399). Etwas anderes gilt nur, wenn die Urteilsformel Einschränkungen enthält, etwa eine Klage wegen eines fehlenden Tatbestandsmerkmals als **zur Zeit unbegründet** abgewiesen wird. In diesem Fall ist die Rechtskraftwirkung des Urteils dahin eingeschränkt, dass sie der späteren klageweisen Geltendmachung desselben Anspruchs mit der Begründung, dass das bisher fehlende Tatbestandsmerkmal nunmehr gegeben sei, nicht entgegensteht. Eine solche Feststellung lässt sich aber bei einem klageabweisenden Versäumnisurteil nicht treffen (BGHZ 153, 239, 242 = NJW 03, 1044). Bei Divergenz zwischen Urteilsformel und Entscheidungsgründen bzw Parteivorbringen ist für die Reichweite der materiellen Rechtskraft in erster Linie der Wortlaut des Tenors maßgebend (BGH NJW-RR 02, 136). 32

b) Nicht erfasste Urteilselemente. Tatsächliche Feststellungen und **rechtliche Folgerungen**, auf denen die getroffene Entscheidung aufbaut, werden von der Rechtskraft nicht erfasst (BGH NJW 86, 2508, 2509; NJW-RR 96, 827). So stellt bspw ein den vertraglichen Anspruch infolge Irrtums oder Betrugs abweisendes Urt nur das Nichtbestehen des vertraglichen Anspruchs, nicht aber den Irrtum oder den Betrug selbst rechtskräftig fest, so dass das Gericht in der Beurteilung derselben Handlung iRe Schadensersatzklage zu einem anderen Ergebnis gelangen kann (BGH NJW-RR 88, 199, 200). **Vorfragen** und **abstrakte Rechtsfragen** werden nicht rechtskräftig festgestellt (BGH NJW 95, 2993; BGHZ 183, 77 = NJW 10, 2210 s.a. Rz 19). Vom Sonderfall der in § 322 II geregelten Aufrechnung abgesehen, ergeht über **Gegenrechte** und **Einreden** (zB §§ 273, 320 BGB) keine der Rechtskraft fähige Entscheidung. Der Zulässigkeit einer späteren Klage auf die Gegenleistung steht daher nicht die materielle Rechtskraft als Prozesshindernis entgegen, da unterschiedliche Streitgegenstände vorliegen (*Batschari/Durst* NJW 95, 1650, 1652). Davon zu unterscheiden ist aber die präjudizielle Wirkung der Rechtskraft insoweit, als bei einer Zug-um-Zug-Verurteilung nach § 274 BGB die Beschränkung des Klageanspruchs aufgrund des Zurückbehaltungsrechts rechtskräftig festgestellt ist. Ebenso stellt das Herausgabeurteil für den Zeitpunkt der letzten mündlichen Verhandlung bindend fest, dass der herausgabepflichtigen Partei kein gesetzliches oder vertragliches Recht zur Verweigerung der Herausgabe zustand (BGH NJW 06, 63). 33

2. Teilentscheidungen. a) Teilurteil. Nicht identisch sind der Urteils- und der Streitgegenstand im Falle eines Teilurteils nach § 301. Das Teilurteil und Schlussurteil sind hinsichtlich der Rechtskraftwirkung getrennt zu betrachten. Die materielle Rechtskraft der Teilentscheidung erstreckt sich grds nur auf den Teil des Anspruchs, über den entschieden worden ist (BGH NJW-RR 87, 683, 685; NJW 92, 511, 512). Der Umfang der Rechtskraft ist durch Auslegung des Teilurteils zu ermitteln (BGH NJW-RR 02, 188, 189). Auch unzulässige Teilurteile werden grds materiell rechtskräftig und können das Gericht hinsichtlich der Entscheidung über den noch rechtshängigen Teil des Anspruchs binden, wenn über ein präjudizielles Rechtsverhältnis entschieden worden ist (Frankf VersR 70, 217; Zö/*Vollkommer* Vor § 322 Rn 46). 34

35 **b) Stufenklage.** Bei den Teilentscheidungen iRe Stufenklage nach § 254 erwächst nur die Entscheidung über die jeweilige Stufe in Rechtskraft. Die Entscheidung über den Auskunfts- und Rechnungslegungsanspruch (1. Stufe) bindet das Gericht folglich bei der Entscheidung über den Anspruch auf Abgabe der eidesstattlichen Versicherung (2. Stufe) und den Zahlungsanspruch (3. Stufe) nicht. Eine Verurteilung auf der 1. Stufe ist aber präjudiziell für den Anspruch auf der 2. Stufe (BGH WM 75, 1086, 1087).

36 **3. Teilklagen. a) Stattgebendes Urteil.** Wird ein Anspruch nur tw eingeklagt, so beschränkt sich die Rechtskraft im Falle eines stattgebenden Urteils nur auf den geltend gemachten und abgeurteilten Teil des Anspruchs (BGHZ 95, 330, 334 = NJW 85, 1340), sofern dieser teilbar war (BGHZ 36, 3675, 368). Dies gilt nicht nur, wenn der Kl erkennbar zum Ausdruck gebracht hat, dass sein Antrag nur einen Teil des weitergehenden Anspruchs erfasst, sondern auch wenn es sich um eine verdeckte Teilklage handelt. Für den Rechtskraftumfang ist der Vorbehalt einer späteren Nachforderung ohne Bedeutung. Das Urt schließt daher Nachforderungen nicht aus (BGH NJW 94, 3165; BGHZ 173, 374 = NJW 08, 373; Ddorf IBR 11, 181). Hinsichtlich des nicht eingeklagten Teils liegt keine Entscheidung, auch keine rechtskraftfähige Feststellung des Anspruchsgrundes für den Gesamtanspruch vor (aA *Leipold* FS Zeuner 94, 431, 445). Das Gericht kann daher in einem zweiten Prozess über die restliche Forderung oder eine weitere Teilforderung zu einem abweichenden Ergebnis gelangen (MüKoZPO/*Gottwald* § 322 Rn 128).

37 **b) Abweisendes Urteil. aa) Offene Teilklage.** Eine abweisende Entscheidung darf im Falle der Geltendmachung eines Teilanspruchs nur dann ergehen, wenn das Gericht das Bestehen des Anspruchs geprüft und verneint hat. In der Literatur wird daher zum Teile angenommen, dass sich die Rechtskraft auf den gesamten Anspruch erstreckt, so dass eine auf denselben Rechtsgrund gestützte weitere Klage bereits als unzulässig (St/J/*Leipold* § 322 Rn 153) jedenfalls aber wegen der präjudiziellen Wirkung des ersten Urteils als unbegründet abzuweisen sei (Musielak/*Musielak* § 322 Rn 73). Die hM lehnt hingegen zu Recht eine solche Ausweitung der Rechtskraft jedenfalls für den Fall einer offenen Teilklage ab (BGHZ 85, 367, 373 = NJW 83, 390, 391; 102, 135, 139 = NJW 88, 406; B/L/A/H § 322 Rn 65; Zö/*Vollkommer* Vor § 322 Rn 47; MüKoZPO/*Gottwald* § 322 Rn 129). Sie überzeugt deshalb nicht, weil die Prüfung der Gesamtforderung zwar im Einzelfall notwendig werden kann, dies aber nicht zwingend ist. So kann bspw bei Geltendmachung von Mietzinsforderungen im Wege der Teilklage die Beurteilung isoliert für den betreffenden Zeitraum erfolgen (Wieczorek/Schütze/*Büscher* § 322 Rn 130). Gegen eine Ausdehnung spricht auch der Rechtsgedanke des § 322 II und der Gleichlauf von Klage und Kostenrisiko, das sich nach dem Streitwert bemisst.

38 **bb) Verdeckte Teilklage.** Zweifelhaft ist, ob diese Grundsätze auch für die verdeckte Teilklage Geltung beanspruchen oder die freie Nachforderung in einem weiteren Prozess ausgeschlossen ist, wenn der Kl im ersten Prozess nicht zu erkennen gegeben hat, dass es sich bei dem geltend gemachten Anspruch um eine Teilklage handelt. Nach neuerer Rechtsprechung schließt die Rechtskraft einer der Teilklage in vollem Umfang **stattgebenden Entscheidung** auch bei einer verdeckten Teilklage das Recht nicht aus, Nachforderungen aus demselben Sachverhalt zu verlangen (BGHZ 135, 178, 181 = NJW 97, 1990; 151, 3 = NJW 02, 2167; 173, 374, 382 = NJW 08, 373, 375). Gleiches muss aber auch für die **klageabweisende Entscheidung** gelten. Denn geht man von einer grundsätzlichen Beschränkung der Rechtskraft auf den Streitgegenstand des Prozesses aus, lässt es sich aber dogmatisch nicht rechtfertigen, die Möglichkeit der Nachforderung bei der verdeckten Teilklage anders zu beurteilen als bei der offenen Teilklage (Frankf NJW-RR 97, 700; MüKoZPO/*Gottwald* § 322 Rn 131 ff; *Brötel* JuS 03, 429 aA St/J/*Leipold* § 322 Rn 153; Musielak/*Musielak* § 322 Rn 73). Dass Nachforderungen, die bereits im Ausgangsverfahren hätten geltend gemacht werden können, präkludiert sind (so *Marburger* GS Knobbe-Keuk 97, S. 187, 196 ff), lässt sich nicht generell annehmen, da eine rechtskraftfähige Entscheidung über den Grund des Gesamtanspruchs nicht ergeht (Zö/*Vollkommer* Vor § 322 Rn 48). Einer freien Nachforderung kann aber im Einzelfall das Verhalten des Klägers entgegenstehen, zB wenn dieser im Ausgangsprozess auf die Klageforderung vernichtet hat (BGH NJW 97, 3021).

39 Ausgeschlossen sind Nachforderungen bei der verdeckten Teilklage im Falle einer **Klage auf wiederkehrende künftige Leistung**, da ansonsten die Spezialregelung des § 323 zB für die Abänderung eines Unterhaltstitels durch die freie Nachforderung umgangen werden könnte (BGHZ 93, 330, 337 = NJW 87, 1340; 98, 353, 357 = NJW 87, 1201; NJW-RR 87, 642). Bei **Schmerzensgeldklagen** wird wegen der Unbestimmtheit des Klageantrags die Nachforderung für im Vorprozess nicht berücksichtigte Verletzungsfolgen ausgeschlossen, wenn der Kl keine offene Teilklage erhoben hat (BGH NJW 04, 1243, 1244; NJW-RR 06, 712; aA MüKoZPO/*Gottwald* § 322 Rn 136). Eine Nachforderung ist im Falle der verdeckten Teilklage nur im Hin-

blick auf Verletzungsfolgen möglich, die im Zeitpunkt der Erstentscheidung noch nicht eingetreten, erkennbar oder vorhersehbar waren (BGH NJW 95, 1614; NJW 98, 1786).

4. Klagehäufung. a) Objektiv. Bei einer **kumulativen Klagehäufung** ergeben sich keine Schwierigkeiten. Das Gericht entscheidet über mehrere Streitgegenstände, wobei die Entscheidung hinsichtlich jedes Streitgegenstandes in Rechtskraft erwächst. Bei – nur ausnahmsweise zulässiger – **alternativer Klagehäufung** erwächst die Entscheidung in Rechtskraft, soweit das Gericht über den Streitgegenstand entscheidet. Es muss daher festlegen, aus welchem der alternativ vorgetragenen Anträge oder Lebenssachverhalte die Entscheidung begründet ist (Hamm NJW-RR 92, 1279). Bei einer **eventuellen Klagehäufung** tritt Rechtskraft hinsichtlich des hilfsweise geltend gemachten Anspruchs nur ein, soweit hierüber in der Sache entschieden wird, was folglich den Eintritt der im Hauptantrag vorgesehenen Bedingung voraussetzt (BGH NJW 95, 2361). 40

b) Subjektiv. Im Falle der **einfachen Streitgenossenschaft** wirkt aufgrund der Selbständigkeit der Streitgenossen die Entscheidung nur für und gegen den Streitgenossen, dem ggü sie ergeht (BGH NJW 03, 3203). Bei **notwendiger Streitgenossenschaft** ist in der Sache einheitlich zu entscheiden, ein Teilurteil ist unzulässig (BGHZ 63, 51, 52 = NJW 74, 2124; NJW 00, 291, 292). Ein gleichwohl ergehendes Teilurteil entfaltet bei notwendiger Streitgenossenschaft aus prozessualen Gründen auch Rechtskraft ggü den anderen Streitgenossen (RGZ 132, 349, 352), bei notwendiger Streitgenossenschaft aus materiellen Gründen wirkt es hingegen nicht zu Lasten der anderen Streitgenossen (BGHZ 131, 376, 382 = NJW 96, 1060). Die wirksame Einlegung eines Rechtsmittels durch einen der Streitgenossen verhindert grds den Eintritt der Rechtskraft einer Entscheidung ggü sämtlichen Streitgenossen (BGHZ 150, 187, 192 = NJW 02, 1872). 41

VI. Grenzen. 1. Zeitlich. Wesentlicher Aspekt der materiellen Rechtskraft einer Entscheidung und deren Maßgeblichkeit für das Gericht und die Parteien ist, dass **über den Streitgegenstand abschließend** entschieden ist. Derselbe Streitgegenstand kann nicht erneut zur Entscheidung gestellt werden. Obwohl die tatsächlichen Feststellungen der Entscheidung grds nicht in Rechtskraft erwachsen, kann daher eine rechtskräftige Entscheidung über den Streitgegenstand nicht mit dem Vorbringen ausgehöhlt werden, die Entscheidung stütze sich auf unrichtige tatsächliche Feststellungen. Zu den Rechtskraftwirkungen gehört daher auch die **Präklusion von Tatsachen**, sowohl was das klagebegründende Vorbringen des Klägers angeht, als auch hinsichtlich der Einwendungen, Angriffs- und Verteidigungsmittel des Beklagten. Maßgeblicher Zeitpunkt für die Tatsachenpräklusion ist der **Schluss der letzten mündlichen Verhandlung** in der Tatsacheninstanz (BGHZ 83, 278, 280 = NJW 82, 1147, 1148). Dies folgt sinngemäß aus § 767 II (ausf zur Präklusionswirkung § 767 Rz 33 ff). 42

In einem weiteren Prozess können die Parteien keine **Alttatsachen** mehr geltend machen. Die Ausschlusswirkung der Rechtskraft geht dabei über die im ersten Prozess vorgetragenen Tatsachen hinaus und erfasst grds auch nicht vorgetragene Tatsachen, sofern diese nicht erst nach Schluss der mündlichen Verhandlung im ersten Rechtsstreit entstanden sind (BGHZ 157, 47, 50 = NJW 04, 1252). Maßgeblich ist insoweit das gesamte einem Klageantrag zugrunde liegende tatsächliche Geschehen, das bei natürlicher Betrachtungsweise nach der Verkehrsauffassung zusammengehört. Ausgeschlossen sind mithin alle Tatsachen, die bei einer natürlichen, vom Standpunkt der Parteien ausgehenden Betrachtung zu dem durch ihren Sachvortrag zur Entscheidung gestellten Tatsachenkomplex gehört hätten (BGHZ 123, 137, 141 = NJW 93, 2685). So gehören bspw bei einem Zahlungsanspruch, der sich aus einer Saldierung verschiedener Posten ergibt, alle dabei zu berücksichtigenden Vorgänge wie An- und Verkäufe, Provisionen und Spesen zu dem Lebenssachverhalt (BGHZ 123, 137, 140 = NJW 93, 2684). Als Alttatsachen ausgeschlossen sind alle zum Lebenssachverhalt gehörenden Tatsachen, auf deren Existenz es für die Anwendung des den damaligen Klageantrag rechtfertigenden Rechtssatzes angekommen wäre. Dies gilt insb für solche Tatsachen, die nur eine Ergänzung des im Vorprozess vorgetragenen Tatsachenstoffs darstellen oder die damals als unschlüssig erkannte Klage erst schlüssig machen (BGHZ 117, 1, 2 = NJW 92, 1172). 43

Die zeitliche Grenze der Rechtskraft steht demgegenüber einer Klage, die auf nach dem Schluss der letzten mündlichen Verhandlung entstandene **neue Tatsachen** gestützt wird, nicht entgegen (BGH NJW 95, 2993; NJW-RR 05, 1917). Tatsachen, die bei natürlicher Anschauung **nicht zum Lebenssachverhalt gehörten** und daher auch nicht angesprochen werden mussten, sind gleichfalls nicht als präkludiert anzusehen (BGHZ 117, 1, 6 = NJW 92, 1172). Eine auf nachträglich eingetretene und nicht vorhersehbare Spätschäden gerichtete Feststellungsklage in Anschluss an eine Leistungsklage ist daher möglich, soweit hierzu im Erstprozess nicht vorgetragen wurde, weil die Tatsachen auch sachkundigen Personen noch nicht bekannt waren (BGH NJW-RR 06, 712, 714). 44

45 **2. Objektiv.** Dagegen ist unerheblich, ob der Kl von den **zum Klagegrund gehörenden Tatsachen Kenntnis** hatte oder diese **kennen musste** und daher in der Lage war, diese dem Gericht vorzutragen (BGH NJW 04, 294, 295). Die Präklusion tritt allein nach objektiven Kriterien ein (BGHZ 157, 47, 51 = NJW 04, 1252, 1253; VersR 08, 942). Auch bei Gestaltungsrechten ist nur auf die bestehende Gestaltungsmöglichkeit und nicht darauf abzustellen, wann von ihr Gebrauch gemacht wurde (hM BGHZ 163, 339, 342 = NJW 05, 2926 mwN; zur Präklusion von Gestaltungsrechten ausf § 767 Rz 45 f).

46 **3. Subjektiv.** Die Rechtskraft erstreckt sich grds nur auf die Parteien des Prozesses. Eine Rechtskrafterstreckung auf Dritte findet nur in Ausnahmefällen statt (§§ 325–327).

47 **VII. Durchbrechung. 1. Gesetzliche Möglichkeiten.** Als Instrument der Rechtssicherheit und des Rechtsfriedens kommt der materiellen Rechtskraft grds eine überragende Bedeutung zu. Es ist daher den Parteien grds verwehrt, die rechtskräftige Entscheidung mit der Behauptung anzugreifen, der Rechtsstreit sei unrichtig entschieden worden. Das Gesetz sieht daher nur in engen Grenzen eine Beseitigung der bereits eingetretenen Rechtskraft vor. Hierzu gehören zur Vermeidung widersprechender Entscheidungen die Fälle der **gerichtlichen Zuständigkeitsbestimmung** bei rechtskräftigen Entscheidungen bei einem positiven (§ 36 Nr 5) oder negativen (§ 36 Nr 6) Kompetenzkonflikt. Die Rechtskraft wird für einen eng begrenzten Zeitraum wieder beseitigt durch die **Wiedereinsetzung** in den vorigen Stand nach §§ 233 ff wegen schuldloser Versäumung einer Rechtsmittel-, Rechtsmittelbegründungs- oder Einspruchsfrist (BGHZ 98, 325, 328 = NJW 87, 327). Rechtskräftige Verurteilungen sind bei Verurteilung zu künftig fällig werdenden wiederkehrenden Leistungen bei wesentlichen Veränderungen an die neue Situation anzupassen im Wege der **Abänderungsklage** nach § 323 und der **Nachforderungsklage** nach § 324. Die Rechtskraft wird weiterhin durchbrochen im Rahmen eines **Wiederaufnahmeverfahrens** durch Nichtigkeitsklage nach § 579 bei den dort genannten schwerwiegenden Verfahrensfehlern oder Restitutionsklage nach § 580, wenn die Entscheidung in der Sache auf einem der als Restitutionsgründe normierten schweren Fehler beruht. Die Rechtskraft entfällt schließlich dann, wenn eine Entscheidung aufgrund einer **Verfassungsbeschwerde** nach § 95 II BVerfGG aufgehoben wird.

48 **2. Beseitigung der Rechtskraft durch Klage nach § 826 BGB. a) Grundlagen.** Über die gesetzlich geregelten Fälle der Rechtskraftdurchbrechung hinaus kann nach gefestigter Rechtsprechung der Grundsatz von Treu und Glauben der Berufung auf eine rechtskräftige, aber materiell unrichtige Entscheidung entgegenstehen. Die Rechtskraft muss nach der bereits vom Reichsgericht entwickelten und vom BGH fortgeführten Formel dann zurücktreten, wenn es mit dem Gerechtigkeitsgedanken schlechthin unvereinbar wäre, dass der Titelinhaber seine formelle Rechtsstellung unter Missachtung der materiellen Rechtslage zu Lasten seines Gegners ausnutzt. In diesen Fällen gewährt die Rechtsprechung in **sehr engen Grenzen** einen auf § 826 BGB gestützten Schadensersatzanspruch, mit dem sich der Schuldner gegen die Vollstreckung aus einem erschlichenen oder sittenwidrig ausgenutzten Titel zur Wehr setzen kann (stRspr zB RGZ 61, 359, 361, BGHZ 26, 391, 396 = NJW 58, 826; 101, 380, 384 = NJW 87, 3256; NJW 05, 2991, 2993). Der Anspruch ist gerichtet auf Unterlassung der Zwangsvollstreckung und Herausgabe des Titels. Eine aufgrund des rechtskräftigen Titels bereits freiwillig erbrachte oder zwangsweise beigetriebene Leistung kann als Schadensersatz in Geld zurückverlangt werden (BGH NJW 86, 1751, 1753). Ziel der Klage nach § 826 BGB ist nicht die Aufhebung der rechtskräftigen Entscheidung. Daher sind die Streitgegenstände der beiden Prozesse weder identisch, noch wird das kontradiktorische Gegenteil der im ersten Prozess ausgesprochenen Rechtsfolge begehrt. Die Rechtsprechung hat aus diesem Grund lange Zeit die Ansicht vertreten, dass die Schadensersatzklage nach § 826 BGB das unrichtige Urt in seinem Bestand unberührt lasse und nur den hierdurch entstandenen Schaden ausgleiche (RGZ 78, 389, 393; BGHZ 50, 115, 118 = NJW 68, 1275). Die Unrichtigkeit des angegriffenen Urteils ist aber Voraussetzung für die Bejahung eines Schadensersatzanspruchs nach § 826 BGB. Da die Rechtskraft des Urteils grds eine erneute Entscheidung über das Bestehen oder Nichtbestehen des Anspruchs verbietet, liegt in der Feststellung der materiellen Unrichtigkeit der ergangenen Entscheidung eine Durchbrechung der Rechtskraft dieses Titels (heute allgA BGHZ 151, 316, 327 = NJW 02, 2940; MüKoZPO/*Gottwald* § 322 Rn 222).

49 **b) Kritik und Stellungnahme.** Das Prozessrecht regelt die Abwehr evident unrichtiger Urteile abschließend. Fälle der Rechtskraftdurchbrechung sind in der ZPO enumerativ aufgezählt. Dabei zählt die materielle Unrichtigkeit des Titels für sich gesehen noch nicht zu den Restitutionsgründen des § 580, in denen der Gesetzgeber die Rechtskraft eines Titels nur im Falle eines evidenten Nachweises der Unrichtigkeit beseitigt

wissen will. Die Anerkennung einer ohne die strengen Voraussetzungen des Restitutionsrechts gegebenen Möglichkeit der Rechtskraftdurchbrechung negiert diesen gesetzgeberischen Willen. In der Literatur ist daher die Möglichkeit einer Rechtskraftdurchbrechung mit der Klage nach § 826 BGB zu Recht scharf kritisiert worden, da sie die Vorschriften des Wiederaufnahmerechts unterläuft und zu erheblicher Rechtsunsicherheit führt (B/L/A/H Einf §§ 322-327 Rn 30; *Münzberg* NJW 86, 361; Prütting/*Weth* Rn 280 ff, 383; *Gaul* FS Henckel 95, 235, 265). In jüngerer Zeit nimmt aber die Zahl der Befürworter der höchstrichterlichen Rechtsprechung zu (Zö/*Vollkommer* Vor § 322 Rn 76; St/J/*Leipold* § 322 Rn 270 f). Ein Grund hierfür dürfte in den anerkannten Lücken des Wiederaufnahmerechts liegen, deren Schließung durch den Gesetzgeber nicht als Vorteil ggü der langjährigen richterlichen Rechtsfortbildung iRd Klage nach § 826 BGB gesehen wird (Wieczorek/Schütze/*Büscher* § 322 Rn 233). Eine flexible Generalklausel wird auch im Prozessrecht für unentbehrlich gehalten, um evidentes Unrecht und Rechtsmissbrauch zu verhindern (MüKoZPO/*Gottwald* § 322 Rn 223). Bedenklicher erscheinen dagegen Begründungsversuche, welche die Autonomie des Prozessrechts ggü dem materiellen Recht verneinen (*Hönn* FS Lüke 97, 265). Trotz der fortbestehenden dogmatischen Bedenken gegen die Konstruktion des BGH, muss die Rechtsprechung zu § 826 BGB als gesicherte richterliche Rechtsfortbildung beachtet werden (Musielak/*Musielak* § 322 Rn 93). Um der Gefahr zu begegnen, dass die Klage nach § 826 BGB zu einem Einfallstor für eine uferlose Billigkeitsrechtsprechung wird, ist eine sachgerechte und maßvolle Anwendung dieses Rechtsinstituts auf besonders schwerwiegende, eng begrenzte Ausnahmefälle notwendig. Dem ist die Rechtsprechung bislang gerecht geworden, da sie nur sehr zurückhaltend von der Rechtskraftdurchbrechung über § 826 BGB Gebrauch gemacht hat.

c) Verhältnis zur Restitutionsklage. Die Klage aus § 826 ist ggü der Restitutionsklage nicht subsidiär, sondern steht selbstständig neben den Wiederaufnahmemöglichkeiten (BGHZ 50, 115, 120 = NJW 68, 1275). Sie kann ungeachtet der im Restitutionsrecht bestehenden Einschränkungen erhoben werden, insb ohne Einhaltung der Klagefristen des § 586 und ohne die nach § 581 I ansonsten erforderliche rechtskräftige Verurteilung im Falle des Vorwurfs eines strafrechtlich relevanten Verhaltens. Der BGH lehnt allerdings in einigen Entscheidungen die Korrektur eines objektiv unrichtigen Urteils über § 826 BGB dann ab, wenn die klageerhebende Partei es schuldhaft unterlassen hat, den Rechtsgrund im Erstprozess durch Einspruch oder Berufung geltend zu machen, die Unrichtigkeit des Urteils folglich auf nachlässiger Prozessführung beruht (BGH NJW 74, 557; NJW-RR 88, 957, 959; NJW 96, 57, 59). Eine solche entsprechende Anwendung des § 582 auf die Klage nach § 826 BGB ist aber dogmatisch bedenklich, da bloße Fahrlässigkeit der einen Partei einen Anspruch bei vorsätzlichem sittenwidrigen Verhalten der anderen grds nicht ausschließen, sondern nur iRd § 254 BGB mitberücksichtigt werden kann (Wieczorek/Schütze/*Büscher* § 322 Rn 234; BGH NJW 92, 310, 311). 50

d) Voraussetzungen. Die Beseitigung der Rechtskraft im Wege einer Schadensersatzklage nach § 826 BGB kommt nach der Rechtsprechung nur unter drei Voraussetzungen in Betracht, die **kumulativ** vorliegen müssen. 51

aa) Objektiv unrichtiger Titel. Der angegriffene Titel muss ganz oder tw **materiell-rechtlich eindeutig unrichtig** sein. Bei der Prüfung der Unrichtigkeit ist nicht auf die Erstentscheidung abzustellen, sondern auf den Zeitpunkt der Entscheidung über die Klage nach § 826 BGB. Die Unrichtigkeit muss weiterhin im **tatsächlichen Bereich** liegen, etwa auf unrichtigem Tatsachenvortrag beruhen. Rechtsanwendungsfehler des Gerichts können ausnahmsweise dann genügen, wenn gerade die Manipulation zu einer fehlerhaften rechtlichen Würdigung geführt hat. 52

bb) Kenntnis der Unrichtigkeit. Weiterhin ist erforderlich, dass der Titelgläubiger positive Kenntnis von der Unrichtigkeit des Titels hat, da nur dann eine vorsätzliche Schädigung in Betracht kommt. Bloße Zweifel an der Richtigkeit genügen nicht. Es reicht jedoch aus, wenn die Kenntnis nachträglich während des Prozesses über den Schadensersatzanspruch nach § 826 BGB vermittelt wird (BGHZ 101, 380, 384 = NJW 87, 3256). 53

cc) Missbrauch infolge besonderer Umstände. Da die Durchbrechung der Rechtskraft nach der bereits vom RG und auch vom BGH stets betonten Formulierung auf besonders schwerwiegende, eng begrenzte Ausnahmefälle beschränkt bleiben muss, weil sonst die Rechtskraft ausgehöhlt, die Rechtssicherheit beeinträchtigt und der Rechtsfrieden in Frage gestellt würde (zB RGZ 163, 287, 289; BGHZ 103, 44, 46 = NJW 88, 971), reichen die objektive Unrichtigkeit des Titels und die Kenntnis seines Inhabers davon alleine noch nicht aus, um die Berufung auf den Titel als sittenwidrig anzusehen. Auch um der Gefahr entgegenzuwir- 54 ken, dass rechtskräftig entschiedene Prozesse im Wege einer Klage auf Unterlassung der Zwangsvollstreckung und Herausgabe des Titels neu aufgerollt werden (BGH NJW 88, 971), müssen weitere besondere Umstände hinzutreten, welche die Entscheidung als mit dem Gerechtigkeitsempfinden schlechthin unvereinbar erscheinen lassen (BGHZ 112, 54 = NJW 91, 30). Anerkannt sind dabei zwei Fallgruppen: die arglistige Erschleichung eines unrichtigen Titels (**Missbrauchstatbestand**) und die sittenwidrige Ausnutzung eines unrichtigen Titels (**Ausnutzungstatbestand**). Eine **Titelerschleichung** liegt vor bei unlauterer Erwirkung der Entscheidung, bspw durch bewusst wahrheitswidrigen Tatsachenvortrag, bei Verwendung gefälschter Beweismittel (BGH WM 68, 969), Verleiten von Zeugen zu Falschaussagen, Erschleichung einer öffentlichen Zustellung (BGHZ 153, 189, 198 = NJW 03, 1326) oder kollusivem Zusammenwirken des Gläubigers mit dem Vertreter einer Gesellschaft zum Nachteil eines Haftenden (BGH NJW 96, 658). Bei der **missbräuchlichen Ausnutzung** muss die Verwertung eines als unrichtig erkannten Titels als sittenwidrig erscheinen. Dies ist va bei Unterhaltstiteln der Fall, wenn titulierte Unterhaltsleistungen weiter entgegengenommen werden und die Verbesserung der wirtschaftlichen Verhältnisse verschleiert (BGH NJW 86, 1751, 1753) oder die Aufnahme einer Erwerbstätigkeit nicht mitgeteilt wird (BGH NJW 86, 2047, 2049).

55 In der Literatur wird tw die Ansicht vertreten, in Extremfällen evident unrichtiger Urteile reiche die Kenntnis des Gläubigers aus, um die Klage nach § 826 BGB zu begründen, ohne dass es dazu weiterer Umstände bedürfe (Zö/*Vollkommer* Vor § 322 Rn 74). Weiterhin soll eine erleichterte Durchbrechung der Rechtskraft in solchen Fällen zugelassen werden, in denen der Titelschuldner besonders schutzbedürftig ist, wie etwa bei sittenwidrigen Ratenkreditverträgen (dazu Rz 57) und sittenwidrigen Bürgschaftsverträgen vermögensloser naher Angehöriger (Zö/*Vollkommer* Vor § 322 Rn 74; Wieczorek/Schütze/*Büscher* § 322 Rn 245; *Tiedtke* NJW 03, 1359, 1367). Der BGH hat die Frage, ob eine offensichtliche Unrichtigkeit des Titels ausreichen kann, bislang offen gelassen (BGHZ 151, 316, 329 = NJW 02, 2940; aufgehoben von BVerfGE 115, 51; bestätigt BGH FamRZ 2006, 1024).

56 e) **Besonderheiten beim Vollstreckungsbescheid.** Die Schadensersatzklage nach § 826 BGB ist gegen jeden rechtskräftigen Titel und damit auch beim Vollstreckungsbescheid grds möglich (BGH NJW 05, 2991). Da der auf den Mahnbescheid ergehende Vollstreckungsbescheid aufgrund des einseitigen Vortrags einer Partei und ohne eine Schlüssigkeitsprüfung erlassen wird (§ 699 I), hat man dem Vollstreckungsbescheid tw nur eine verminderte Rechtskraftwirkung zugestanden, da das bloße Schweigen des Schuldners ohne jede gerichtliche Prüfung nicht zu einer rechtskräftigen Feststellung gleicher Intensität wie beim streitigen Urt führen könne (*Vollkommer* NJW 91, 31; Stuttg NJW 85, 2272). Teilweise hat man dem Vollstreckungsbescheid die Rechtskraftwirkung sogar vollständig abgesprochen (Köln NJW 86, 1350), was angesichts der Gleichstellung des Vollstreckungsbescheides mit dem Versäumnisurteil in § 700 I nicht überzeugt. Der BGH hat sich dieser Auffassung richtigerweise nicht angeschlossen, sondern dem Vollstreckungsbescheid stets **volle materielle Rechtskraft** beigemessen (BGHZ 101, 380, 382 = NJW 87, 3256; zust Prütting/Weth Rn 29 ff). Wegen der Besonderheiten des Verfahrens ist aber die Klage aus § 826 BGB unter erleichterten Voraussetzungen möglich. Wegen der fehlenden rechtlichen Überprüfung des Vorbringens des Antragsgegners auf Schlüssigkeit im Mahnverfahren reicht es aus, wenn der Vollstreckungsbescheid nach Auffassung des jetzt entscheidenden Gerichts aufgrund eines **Rechtsfehlers** materiell unrichtig ist (BGHZ 101, 380, 384 = NJW 87, 3256). Grundsätzlich ist beim Vollstreckungsbescheid eine Sittenwidrigkeit dann zu bejahen, wenn der Gläubiger auf den Schuldner Druck ausgeübt hat, dass dieser keinen Widerspruch oder Einspruch einlegt oder diesen zurücknimmt, so dass eine gerichtliche Überprüfung der materiellen Rechtslage verhindert worden ist (*Grunsky* ZIP 86, 1361, 1373 f; *Geißler* NJW 87, 166, 171). Darüber hinaus können sich die eine Sittenwidrigkeit begründenden besonderen Umstände aber bereits aus der **Wahl der Verfahrensart** ergeben, etwa dann, wenn ein Gläubiger das Mahnverfahren wählt, obwohl er erkennen kann, dass bereits eine gerichtliche Schlüssigkeitsprüfung zur Ablehnung seines Klagebegehrens führen müsste (BGH NJW 93, 3204, 3205). Dies gilt allerdings nur, soweit es sich bei dem Schuldner nicht um eine geschäftserfahrene Person handelt (BGH ZIP 98, 1731, 1732). Entscheidend ist, ob die die **Besonderheiten des Mahnverfahrens** dazu geführt haben, dass der Gläubiger für einen materiell nicht gerechtfertigten Anspruch einen rechtskräftigen Vollstreckungstitel erwirken konnte. Dies ist bspw dann nicht der Fall, wenn der Kl einen gegen ihn erlassenen Vollstreckungsbescheid trotz anwaltlicher Beratung und Unterstützung hat rechtskräftig werden lassen (BGH NJW 87, 3259, 3260).

57 Praktisch besonders relevant wurde die Klage aus § 826 BGB Mitte der achtziger Jahre, in zahlreichen Fällen in denen gegen Ratenkreditnehmer im Mahnverfahren ohne materiellrechtliche Prüfung erlassene Vollstreckungsbescheide rechtskräftig geworden waren, obwohl sie der materiellen Rechtslage und der höchst-

richterlichen Rechtsprechung zum Konsumentenkredit widersprachen und den Banken bekannt war, dass die Ratenkreditverträge infolge Zinswuchers sittenwidrig waren. Diese Fälle sind sehr stark zurückgegangen, seit § 688 II Nr 1 Forderungen von Unternehmern aus Darlehensverträgen vom Mahnverfahren ausnimmt, wenn der effektive Jahreszins den Basiszins des § 247 BGB um mehr als 12 Prozentpunkte überschreitet. Da diese Grenze recht hoch angesetzt ist, sind auch heute Klagen nach § 826 in diesem Bereich nicht ausgeschlossen. Zu übertragen sind die zum Missbrauch von Vollstreckungsbescheiden beim Ratenkredit entwickelten Grundsätze weiterhin auf Vollstreckungsbescheide, durch die Forderungen aus Partnerschaftsvermittlungsverträgen tituliert wurden (BGHZ 112, 122, 124 = NJW 90, 2550; Stuttg NJW 94, 330).

C. Besonderheiten bei einzelnen Urteilsarten. Neben den für alle rechtskraftfähigen Entscheidungen geltenden Grundsätzen zu Umfang, Gegenstand und Grenzen der materiellen Rechtskraft sind bei verschiedenen Urteilsarten Besonderheiten hinsichtlich der Rechtskraftwirkung zu beachten. 58

I. Prozessurteil. 1. Klageabweisung als unzulässig. Wird die Klage als unzulässig abgewiesen, so reicht die Rechtskraft dieser Entscheidung nur so weit, als eine Klage mit demselben Streitgegenstand, die an **demselben prozessualen Mangel** leidet, unzulässig ist (BGH NJW 85, 2535). Wird der konkrete Mangel behoben, kann eine Klage über denselben Streitgegenstand erhoben werden. Deren Zulässigkeit ist aber erneut unter allen in Betracht kommenden Gesichtspunkten zu prüfen, denn die abweisende Entscheidung stellt nicht zugleich fest, dass andere Zulässigkeitsmängel nicht existieren (Brandbg NJW-RR 00, 1735, 1736). Auch die Rechtskraft des ein Rechtsmittel oder den Einspruch verwerfenden Urteils beschränkt sich auf die konkret entscheidungserhebliche Prozessfrage (BGH NJW 91, 1116). 59

2. Klageabweisung als unbegründet. Die Bejahung der Zulässigkeit entfaltet keine Rechtskraftwirkung, wenn eine Klage in der Sache abgewiesen wird. Der Richter ist in einem zweiten Prozess über denselben Streitgegenstand nach Behebung des materiell-rechtlichen Hindernisses, etwa der fehlenden Fälligkeit des Anspruchs nicht an die Beurteilung der Zulässigkeit des Erstrichters gebunden. Er hat die Prozessvoraussetzungen erneut zu prüfen und kann dabei ggf zu einem abweichenden Ergebnis kommen (MüKoZPO/*Gottwald* § 322 Rn 174; Musielak/*Musielak* § 322 Rn 45; aA St/J/*Leipold* § 322 Rn 145). 60

II. Leistungsurteil. Ein **streitiges Urteil**, durch das eine Leistungsklage abgewiesen wird, stellt fest, dass eine Leistungspflicht nicht besteht, ein stattgebendes Urt, dass diese besteht. Der Grund der Leistungspflicht erwächst regelmäßig nicht in Rechtskraft (dazu Rz 31). Schwierigkeiten in der Ermittlung des Umfangs der Rechtskraft ergeben sich insb bei **Unterlassungsurteilen** in der Frage, wie weit das durch das Urt erlassene Verbot reicht. Nach der sog **Kerntheorie** ist nicht nur die konkrete Verletzungsform, sondern sind auch ähnliche Verhaltensweisen erfasst, die den Kern der verbotenen Handlung treffen (BGH GRUR 91, 138; GRUR 10, 855; GRUR 11, 742 umf Ahrens/*Ahrens* Kap 36). Für **nichtstreitige Urteile** ist regelmäßig zur Ermittlung des Umfangs der Rechtskraft anstelle der Entscheidungsgründe auf die Anerkenntnis- oder Verzichtserklärung (BGHZ 5, 189, 192 = NJW 52, 662; Köln NJW-RR 93, 1407); beim **Versäumnisurteil gegen den Beklagten** ist nur auf das klägerische Parteivorbringen abzustellen (BGH NJW 83, 2032). Zur Rechtskraft des **Versäumnisurteils gegen den Kläger** und zur Abweisung als zZ unbegründet s. Rz 32. 61

III. Gestaltungsurteil. Nach heute einhelliger Meinung tritt bei Gestaltungsurteilen neben die Gestaltungswirkung, durch die eine neue Rechtslage herbeigeführt wird, die materielle Rechtskraft (ThoPu/*Reichold* § 322 Rn 3; MüKoZPO/*Gottwald* § 322 Rn 188). Das stattgebende Gestaltungsurteil stellt fest, dass der Anspruch des Klägers auf Rechtsgestaltung im Zeitpunkt der letzten mündlichen Verhandlung bestand, das abweisende Gestaltungsurteil, dass jedenfalls der geltend gemachte Gestaltungsgrund in diesem Zeitpunkt nicht gegeben war (BAG NJW 94, 473, 475). Die Abweisung einer prozessualen Gestaltungsklage wie der Vollstreckungsgegenklage beinhaltet die Entscheidung, dass dem titulierten Anspruch die Vollstreckbarkeit aus den geltend gemachten Gründen nicht zu nehmen ist, trifft aber keine rechtskräftige Entscheidung über das Bestehen des Anspruchs (BGH WM 85, 703, 704; Ddorf NJW-RR 92, 1216). Umgekehrt beseitigt eine erfolgreiche Vollstreckungsgegenklage nur die Vollstreckbarkeit des titulierten Anspruchs, trifft aber keine rechtskräftige Entscheidung über das Bestehen der gegen den Anspruch erhobenen Einwendungen (BGH NJW-RR 90, 48, 49). Die Rechtskraft des einer Vaterschaftsanfechtungsklage stattgebenden Urteils stellt mit inter-omnes-Wirkung auch für nachfolgende Prozesse fest, dass das Kind nicht vom Ehemann der Mutter abstammt (BGHZ 92, 275 = NJW 85, 386). Mit einem abweisenden Urt wird demgegenüber rechtskräftig nur über das subjektive Anfechtungsrecht des jeweiligen Klägers entschieden (BGH NJW 02, 585). Einer erneuten Anfechtungsklage des Kindes steht die Rechtskraft der Entscheidung daher nicht entgegen (Ddorf NJW 80, 2760). 62

63 **IV. Feststellungsurteil. 1. Positive Feststellungsklage.** Wird einer positiven Feststellungsklage **stattgegeben**, ist das Bestehen des betreffenden Rechts oder Rechtsverhältnisses rechtskräftig festgestellt, auch wenn das Gericht nicht alle einschlägigen Aspekte gesehen und zutr gewürdigt hat (BGH NJW 79, 1046). Einwendungen, die sich auf Tatsachen stützen, die schon zur Zeit der letzten Tatsachenverhandlung vorgelegen haben, können nicht mehr berücksichtigt werden, soweit sie das Bestehen des festgestellten Anspruchs betreffen (BGH NJW 82, 2257; NJW 89, 105). Die Frage des Umfangs des Anspruchs wird hingegen von der Rechtskraft eines vorausgegangenen Feststellungsurteils nicht erfasst (BGH NJW 95, 2227; NJW-RR 05, 1517; NJW-RR 09, 455, 457 f). Soweit die Urteilsformel allein nicht ausreicht, um den Rechtskraftgehalt der Entscheidung zu erfassen, sind nach allg Grundsätzen Tatbestand und Entscheidungsgründe, erforderlichenfalls auch das Parteivorbringen, ergänzend heranzuziehen (BGH NJW 08, 2716). Wird die positive Feststellungsklage als unbegründet **abgewiesen**, ist damit das Nichtbestehen des geltend gemachten Anspruchs rechtskräftig festgestellt (BGH NJW 89, 393; NJW 94, 657, 659). Das Urt schafft Rechtskraft auch für eine später auf dieselbe Forderung gestützte Leistungsklage, die unter keinem rechtlichen Gesichtspunkt aus dem Lebenssachverhalt hergeleitet werden kann, der der Feststellungsklage zugrunde gelegen hat. Sie ist daher als unbegründet abzuweisen (BGH NJW 89, 393, 394).

64 **2. Negative Feststellungsklage.** Wird einer negativen Feststellungsklage stattgegeben, ist das Nichtbestehen des betreffenden Rechts oder Rechtsverhältnisses rechtskräftig festgestellt. Ein Urt, das diese aus sachlichen Gründen abweist, hat dieselbe Rechtskraftwirkung wie ein Urt, das das Gegenteil dessen, was mit der negativen Feststellungsklage begehrt wird, positiv feststellt (RGZ 74, 121; BGH, NJW 95, 1757). Richtet sich die negative Feststellungsklage gegen einen noch nicht näher bezifferten Anspruch, so bedeutet ihre Abweisung nur das Bestehen des Anspruchs dem Grunde nach und steht damit einer möglichen Abweisung der nachfolgenden Leistungsklage auf Zahlung eines bestimmten Anspruchs nicht entgegen (BGH NJW 86, 2508). Nach Ansicht des BGH ist auch dann auf das positive Gegenteil zu schließen, wenn die negative Feststellungsklage aufgrund eines non-liquet abgewiesen worden ist (BGH NJW 83, 2032, 2033; NJW 86, 2508, 2509; zust *Habscheid* NJW 88, 2641). Das überzeugt nicht. Die Entscheidung ist unrichtig, da für die Beweislast allein die materielle Position als Gläubiger oder Schuldner eines behaupteten Anspruchs maßgebend ist (*Tiedtke* NJW 83, 2011). Allerdings kommt auch einem fehlerhaften Urt grds volle Rechtskraftwirkung zu (zutr Zö/*Vollkommer* § 322 Rn 14; darauf abstellend auch Musielak/*Musielak* § 322 Rn 62). Dennoch kann die Klageabweisung nicht dazu führen, dass dem hinsichtlich des Bestehens des Rechtsverhältnisses »unentschiedenen« Urt im Wege des Schlusses auf das Gegenteil eine eindeutige, vom Gericht so nicht gewollte Entscheidung für das Bestehen des Rechtsverhältnisses entnommen wird (ebenso MüKoZPO/*Gottwald* § 322 Rn 186; Zö/*Vollkommer* § 322 Rn 11; *Tiedtke* NJW 90, 1697). Dem Urt kann daher nur eine beschränkte Rechtskraftwirkung beigemessen werden, es ergeben sich keine Feststellungen zum kontradiktorischen Gegenteil (Hamm NJW-RR 86, 1123, 1124).

65 **D. Aufrechnung (Abs 2). I. Anwendungsbereich.** Die Sonderregelung des § 322 II bezieht sich nur auf die Aufrechnung nach §§ 387 ff BGB, nicht aber auf sonstige Abrechnungsverhältnisse. Bei einer Verrechnung unselbständiger Rechnungsposten (BGH NJW 92, 317, 318; NJW 02, 900), einer Saldierung (BGH NJW-RR 04, 1715, 1716) oder der Geltendmachung eines Zurückbehaltungsrechts (BGH NJW-RR 96, 828) wird daher über die Gegenforderung nicht rechtskräftig entschieden. Die Aufrechnung kann sowohl innerhalb des Prozesses erstmals erklärt werden als auch als außerhalb des Prozesses erfolgte Aufrechnung im Wege einer Einwendung in den Prozess eingeführt werden. Die Aufrechnung kann sowohl als Primär- als auch als Eventualaufrechnung erfolgen, was der Regelfall ist, wenn der Bekl der Klageforderung entgegentritt. Da die Aufrechnungsforderung in beiden Fällen selbst nicht rechtshängig wird, ist auch die mehrfache Aufrechnung mit derselben Forderung in unterschiedlichen Prozessen, eine selbständige Klage oder die Geltendmachung der Forderung im Wege der Widerklage möglich (BGHZ 57, 242, 243 = NJW 72, 450; NJW 99, 1179).

66 **II. Die Aufrechnung des Beklagten. 1. Wortlaut des § 322 II.** Dem Wortlaut nach bezieht sich § 322 II nur auf den Fall, dass die Aufrechnung des Beklagten **erfolglos** bleibt, weil das Gericht das Bestehen der Gegenforderung oder aber ihre Durchsetzbarkeit oder Gegenseitigkeit verneint. Diese Einschränkung überzeugt nicht, denn angesichts des Normzwecks, den Aufrechnungsgegner zu schützen und eine erneute Geltendmachung der Forderung zu vermeiden, muss § 322 II auch dann angewendet werden, wenn die Aufrechnung **erfolgreich** ist, weil das Gericht das Bestehen der Gegenforderung bejaht (allgA BGHZ 36, 316, 319 = NJW 62, 907; *Musielak* JuS 94, 817, 825; MüKoZPO/*Gottwald* § 322 Rn 197). Im beiden Fällen ergibt

sich die Rechtskraft der Entscheidung über die Gegenforderung regelmäßig nur aus den Entscheidungsgründen, im klageabweisenden oder -stattgebenden Tenor wird sie meist nicht erwähnt (St/J/*Leipold* § 322 Rn 174).

2. Entscheidung des Gerichts. a) Klageabweisung. aa) Nichtbestehen der Klageforderung. Das Gericht hat sich mit der Gegenforderung nur dann zu befassen, wenn diese entscheidungserheblich ist. Ist die Klage abzuweisen, weil die Klage unzulässig ist oder die Klageforderung nicht besteht, ergeht keine der Rechtskraft fähige Entscheidung über die nur hilfsweise geltend gemachte Gegenforderung. Eine gleichwohl gemachte Aussage zur Gegenforderung ist als reines obiter dictum unbeachtlich. Der Kl ist nur in Höhe der Klageforderung beschwert. Auch wenn der Bekl die Klageforderung unstr stellt und sich allein mit der Aufrechnung verteidigt, hat das Gericht – sofern kein ausdrückliches Anerkenntnis vorliegt – jedenfalls die Schlüssigkeit der Klageforderung zu prüfen, denn es darf nicht rechtskräftig über die Gegenforderung entscheiden, wenn die Hauptforderung schon aufgrund des Klägervortrags nicht besteht (Wieczorek/Schütze/*Büscher* § 322 Rn 260). Das Gericht darf nach der heute allg anerkannten **Beweiserhebungstheorie** die Entscheidung über die Klageforderung nicht mit der Begründung offen lassen, dass diese jedenfalls infolge Aufrechnung erloschen sei (Zö/*Vollkommer* § 322 Rn 20; Musielak/*Musielak* § 322 Rn 84 gegen die frühere Klageabweisungstheorie). 67

bb) Begründetheit der Aufrechnung. Besteht die Klageforderung und weist das Gericht die Klage aufgrund der zulässigen und begründeten Aufrechnung ab, so ist entsprechend § 322 II rechtskräftig festgestellt, dass die Klageforderung und die Gegenforderung in der Höhe der Klageforderung bestanden haben und dass beide Forderungen infolge der Aufrechnung erloschen sind. Beide Parteien sind jeweils in Höhe der Klageforderung beschwert (BGH NJW 02, 900). Legt nur der Kl Rechtsmittel ein, ist das Gericht gehindert, das Bestehen der Klageforderung anders zu bewerten als die Vorinstanz (BGHZ 109, 179, 188 = NJW 90, 447). Legt umgekehrt nur der Bekl Rechtsmittel ein, darf das Gericht nur das Bestehen der Klageforderung überprüfen, nicht aber die zuvor bejahte Gegenforderung verneinen (BGHZ 36, 316, 319 = NJW 62, 907). Ist die Gegenforderung höher als die Klageforderung, so wird der verbleibende Teil dem Beklagten nicht rechtskräftig aberkannt, auch dann nicht, wenn die Gegenforderung in den Entscheidungsgründen insgesamt verneint wird (MüKoZPO/*Gottwald* § 322 Rn 204). Ist die Gegenforderung geringer als die Hauptforderung oder nur tw begründet, wird die Klage nur in der Höhe tw abgewiesen und damit rechtskräftig über die Gegenforderung entschieden, in der diese der Klageforderung begründet entgegensteht. 68

b) Klagestattgabe. aa) Unzulässigkeit der Aufrechnung. Wird der Klage stattgegeben, so ergeht keine der Rechtskraft fähige Entscheidung über das Bestehen der Gegenforderung, wenn die Aufrechnung **aus materiell-rechtlichen Gründen**, etwa wegen eines Aufrechnungsausschlusses (BGH NJW 97, 743, NJW 01, 3616), unzulässig ist. Gleiches gilt, wenn die Aufrechnung **aus prozessualen Gründen**, zB wegen Verspätung (BGHZ 16, 124, 140 = NJW 55, 497; 125, 351, 354 = NJW 94, 2769, 2770) oder wegen fehlender Bestimmtheit der Gegenforderung (BGH NJW 94, 1538; Köln NJW 05, 1127, 1128) als unzulässig zurückgewiesen wird. Davon zu unterscheiden ist aber der Fall, dass der Vortrag zur Gegenforderung als unsubstantiiert angesehen wird, denn in diesem Fall wird eine Entscheidung über die Begründetheit der Gegenforderung getroffen (OLGR Stuttg 01, 267). Die Frage der Zulässigkeit der Aufrechnung darf auch nicht offen gelassen werden mit der Erwägung, diese sei jedenfalls unbegründet. In diesem Fall liegt keine rechtskraftfähige Entscheidung über die Gegenforderung vor. Der Bekl ist nur in Höhe der Klageforderung beschwert (BGH NJW 88, 3210). 69

bb) Nichtbestehen der Gegenforderung. Gibt das Gericht der Klage statt, weil es die Klageforderung bejaht und die Gegenforderung für **zulässig, aber unbegründet** ansieht, so wird damit rechtskräftig über das Bestehen der Klageforderung und nach § 322 II über das Nichtbestehen der Gegenforderung des Beklagten in Höhe der Klageforderung entschieden. Der Bekl ist in diesem Fall in Höhe der Klageforderung und in Höhe des Betrages der Gegenforderung beschwert, über die das Gericht rechtskräftig entschieden hat. Bei erfolgloser Geltendmachung mehrerer Gegenforderungen erhöht sich mithin die Beschwer des Beklagten jeweils in Höhe des Betrags, in der diese der Klageforderung gegenüberstehen (BGH NJW-RR 00, 285). Für den Umfang der Rechtskraft ist im konkreten Fall der Grund des Nichtdurchgreifens der Aufrechnung beachtlich. Wird nur die Fälligkeit der Gegenforderung, die Gegenseitigkeit oder die Gleichartigkeit verneint, betrifft die Rechtskraft der Entscheidung nur diese Aspekte und hindert den Beklagten nicht daran, die Forderung in einem anderen Prozess erneut einzuklagen (Wieczorek/Schütze/*Büscher* § 322 Rn 264). 70

71 c) **Rechtswegfremde Gegenforderung.** Die Aufrechnung mit einer rechtswegfremden Gegenforderung ist nach hM trotz § 17 II GVG nur dann möglich, wenn diese unstr oder rechts- bzw bestandskräftig festgestellt ist. Bei einer bestrittenen Gegenforderung muss das Gericht das Verfahren nach § 148 aussetzen und die Entscheidung des anderen Gerichtszweiges abwarten (BVerwG NJW 99, 160; BFH NJW 02, 3126, 3127; *Mayerhofer* NJW 92, 1602, 1604; aA *Schenke/Ruthig* NJW 92, 2502, 2511; *Gaa* NJW 97, 3343). Dies soll auch für verwandte Rechtswege, zB das Verhältnis von Zivil- und Arbeitsgerichtsbarkeit gelten, jedenfalls dann, wenn eine ausschließliche Zuständigkeit besteht (BAG NJW 02, 317). Entscheidet das für die Hauptforderung zuständige Gericht über die bestrittene rechtswegfremde Gegenforderung, erwächst die Entscheidung gleichwohl nach § 322 II in Rechtskraft, da das Urt nur anfechtbar, aber nicht nichtig ist (MüKoZPO/*Gottwald* § 322 Rn 205).

72 **III. Die Aufrechnung des Klägers.** Für die Aufrechnung des Klägers gilt § 322 II seinem Wortlaut nach nicht. Die Aufrechnung im Fall der Widerklage bildet keine Ausnahme, da der Kl sich hierbei in der Rolle des Beklagten befindet und § 322 II daher unmittelbar anwendbar ist. **Ausnahmsweise** wird § 322 II aber auf die Aufrechnung des Klägers dann entsprechend angewendet, wenn sich der Kl **aus der Position des Schuldners** gegen die titulierte Forderung zur Wehr setzt. In diesen Fällen erfordert der Schutz des Aufrechnungsgegners vor erneuter Inanspruchnahme mit der Gegenforderung eine rechtskräftige Entscheidung. Erklärt der Kl bspw iRd **Vollstreckungsgegenklage** die Aufrechnung, dann erfasst die Rechtskraft eines die Vollstreckungsgegenklage abweisenden Urteils auch die Zu- oder Aberkennung von Gegenforderungen, mit denen der Kl. gegen die titulierte Forderung aufgerechnet hat (BGHZ 48, 356, 358 = NJW 68, 156; NJW-RR 06, 1628, 1629; umfassend dazu *Thole* ZZP 124, 45). Gleiches gilt für den Fall, dass der Kl nach Aufrechnung mit einer Gegenforderung **negative Feststellungsklage** darauf erhebt, dass die Forderung des Beklagten durch die Aufrechnung erloschen ist (BGH NJW 92, 982, 983).

73 Über diese Sonderfälle hinaus hält die Rechtsprechung eine entsprechende Anwendung des § 322 II bei einer eigenen Aufrechung des Klägers **aus der Position des Gläubigers** der den Gegenstand des Rechtsstreits bildenden Forderung nicht für möglich (BGHZ 89, 349, 352 = NJW 84, 1356). In diesem Fall sei eine Einbeziehung ihrer Gegenforderung in die Rechtskraftwirkung mit dem Zweck des § 322 II, der nur den Interessen des Aufrechnungsgegners diene, nicht vereinbar. Denn dieser wird vor einer erneuten Inanspruchnahme mit der Aufrechnungsforderung des Klägers durch die Abweisung der Klage und deren Rechtskraftwirkung nach § 322 I geschützt (BGH NJW 92, 382, 383; *Tiedtke* NJW 92, 1473, 1474; Wieczorek/Schütze/*Büscher* § 322 Rn 254; ThoPu/*Reichold* § 322 Rn 44). Hiergegen wird in der Literatur zu Recht eingewendet, dass § 322 II vorrangig wiederholte und insb widersprüchliche Entscheidungen über die Gegenforderung verhindern und die Gleichbehandlung von Kl und Beklagten sicherstellen soll (*Foerste* NJW 93, 1183, 1184). Zudem wird verkannt, dass es bei einer Aufrechung durch den Kl zwar keiner Erstreckung der Rechtskraft auf die erloschene Gegenforderung bedarf, je nach Fallgestaltung aber einer Rechtskrafterstreckung auf die Hauptforderung des Beklagten, gegen die der Kl aufrechnet, analog § 322 II. Wird die Klage abgewiesen, weil der Bekl sich darauf beruft, dass die Klageforderung erloschen ist, weil der Kl mit ihr in einem anderen Verfahren bereits aufgerechnet hat, ist auch eine Rechtskrafterstreckung zugunsten des abgewiesenen Klägers zu bejahen (*Zeuner* NJW 92, 2870; *Foerste* NJW 93, 1183; *Musielak* § 322 Rn 79 ff; MüKoZPO/*Gottwald* § 322 Rn 199; Zö/*Vollkommer* § 322 Rn 24).

§ 323 Abänderung von Urteilen.

(1) [1]Enthält ein Urteil eine Verpflichtung zu künftig fällig werdenden wiederkehrenden Leistungen, kann jeder Teil die Abänderung beantragen. [2]Die Klage ist nur zulässig, wenn der Kläger Tatsachen vorträgt, aus denen sich eine wesentliche Veränderung der der Entscheidung zugrunde liegenden tatsächlichen oder rechtlichen Verhältnisse ergibt.

(2) Die Klage kann nur auf Gründe gestützt werden, die nach Schluss der Tatsachenverhandlung des vorausgegangenen Verfahrens entstanden sind und deren Geltendmachung durch Einspruch nicht möglich ist oder war.

(3) Die Abänderung ist zulässig für die Zeit ab Rechtshängigkeit der Klage.

(4) Liegt eine wesentliche Veränderung der tatsächlichen oder rechtlichen Verhältnisse vor, ist die Entscheidung unter Wahrung ihrer Grundlagen anzupassen.

Inhaltsübersicht

		Rz
A.	Normzweck	1
	I. Rechtsnatur	3
	II. Anwendungsbereich	4
	1. Leistungsurteile	4
	a) Abänderung des Anerkenntnisurteils	5
	b) Abänderung klageabweisender Urteile	7
	2. Feststellungsurteile	9
	3. Gleichgestellte Titel	10
	a) Schiedsspruch, Schiedsvergleich, Vollstreckungsbescheid	10
	b) Titel von Gerichten der DDR	11
	c) Ausländische Titel	12
	4. Unanwendbarkeit	14
	a) Urteile auf Kapitalabfindung	14
	b) Unterlassungsurteile	15
	c) Einstweilige Verfügungen	16
	d) Einstweilige Anordnungen	17
	e) Entscheidungen über den Versorgungsausgleich	18
	f) Überbau- und Notwegrenten	19
	5. Parallelvorschriften	20
	6. Ausschluss der Abänderbarkeit	21
	III. Verhältnis zur Zusatzklage	22
	IV. Verhältnis zu anderen Rechtsbehelfen	26
	1. Verhältnis zum Einspruch	26
	2. Verhältnis zur Berufung	27
	3. Verhältnis zur Revision	28
	4. Verhältnis zur Vollstreckungsabwehrklage	29
B.	Voraussetzungen	32
	I. Wesentliche Veränderung (Abs 1 S 2)	32
	1. Grundlagen	32
	2. Änderung der tatsächlichen Verhältnisse	33
	3. Änderung der rechtlichen Verhältnisse	35
	4. Wesentlichkeit	36
	5. Fiktive Leistungsfähigkeit	37
	6. Besonderheiten bei Versäumnis- und Anerkenntnisurteil	39
	II. Nachträgliche Änderung (Abs 2)	40
	1. Inhalt	40
	2. Grenzen	41
	3. Härtefälle	43
C.	Verfahren und Entscheidung	44
	I. Allgemeine Prozessvoraussetzungen	44
	II. Besondere Prozessvoraussetzungen	46
	III. Zeitpunkt der Abänderung (Abs 3)	47
	1. Gesetzliche Grenze	47
	a) Vorhergehendes PKH-Verfahren	48
	b) Unzulässige oder unschlüssige Abänderungsklage	49
	2. Härtefälle	50
	IV. Begründetheit des Abänderungsantrags (Abs 4)	51
	1. Prüfungsumfang	51
	2. Konsequenz und Kritik	52
Anhang	(bis zum 31.8.2009 geltende Fassung)	

A. Normzweck. Durch das zum 1.9.09 in Kraft getretene FGG-RG (BGBl I, 2586) hat der Gesetzgeber die Regelungen über die Abänderung von Urteilen und anderen Titeln in Anlehnung an die für Unterhaltssachen geltenden Regelungen des FamFG neu strukturiert. Die Abänderbarkeit von Endentscheidungen in Unterhaltssachen fällt nunmehr nicht mehr in den Regelungsbereich der ZPO, sondern richtet sich nach den §§ 238 ff FamFG. Die Vorschriften der §§ 323–323b müssen im Zusammenhang mit § 258 gesehen werden, der eine Verurteilung zu künftig fällig werdenden wiederkehrenden Leistungen vorsieht. Eine solche Verurteilung erfordert eine Prognoseentscheidung des Gerichts darüber, wie sich die Verhältnisse künftig entwickeln werden. Da diese in Rechtskraft erwächst, ist die Geltendmachung einer der Prognose zuwiderlaufenden Entwicklung kein neues Tatsachenvorbringen, sondern ein Angriff gegen die Richtigkeit des ersten Urteils. Die Abänderungsklage des § 323 ermöglicht die Durchbrechung der Rechtskraft eines Urteils aus Gründen der materiellen Gerechtigkeit, sog. Billigkeitstheorie (BGHZ 103, 330, 337 = NJW 88, 1734, 1735; St/J/*Leipold* § 323 Rn 1). Nach aA soll keine Durchbrechung der Rechtskraft erfolgen, sondern das Abänderungsurteil im Einklang mit der Rechtskraft des fortbestehenden Titels stehen. Lediglich dessen Vollstreckbarkeit werde im Umfang der Abänderung beseitigt, sog. Bestätigungstheorie (MüKoZPO/*Gottwald* § 323 Rn 9). Da nach allgA die Abänderungsklage bereits vor Rechtskraft des Ausgangstitels erhoben werden kann, ergeben sich in den praktischen Auswirkungen keine Unterschiede. 1

2 Da sich die wirtschaftlichen Verhältnisse der Parteien in unvorhergesehener Weise verändern können, wird für den Fall, dass die tatsächliche Entwicklung von der Prognoseentscheidung erheblich abweicht, eine Korrektur ermöglicht. Aus der Zielsetzung, unabsehbare Veränderungen der maßgebenden tatsächlichen Verhältnisse nachträglich zu berücksichtigen, ergeben sich zugleich die Grenzen für die Durchbrechung der bestehenden Rechtskraft. Die sich aus der Rechtskraft ergebende Bindungswirkung des Ersturteils darf auf Abänderungsklage nur insoweit beseitigt werden, als das Ersturteil auf Verhältnissen beruht, die sich nachträglich geändert haben (BGHZ 171, 206 = NJW 07, 1961, 1964; NJW 07, 1969, 1971).

3 **I. Rechtsnatur.** Die Abänderungsklage ist eine **prozessuale Gestaltungsklage**, die sowohl dem Schuldner als auch dem Gläubiger zur Verfügung steht. Soweit mit ihr eine erneute Verurteilung erstrebt wird, ist sie zugleich auch Leistungsklage. Für einen zusätzlichen Feststellungsantrag fehlt das Rechtsschutzinteresse, da hierdurch eine iRd § 323 allein zulässige Abänderung des ursprünglichen Leistungsurteils nicht erreicht werden kann (BGH NJW 86, 3142, 3143). Soweit der Schuldner die Beseitigung der im Ersturteil ausgesprochenen Verpflichtung zur Entrichtung einer wiederkehrenden Leistung begehrt, ist die Klage als negative Feststellungsklage einzuordnen.

4 **II. Anwendungsbereich. 1. Leistungsurteile.** Eine Abänderungsklage ist möglich bei Verurteilung zu wiederkehrenden Leistungen nach § 258, die wenigstens tw in der Zukunft fällig werden. Hauptanwendungsfall des § 323 ist die Abänderung von Unterhaltsleistungen. Aber auch Schmerzensgeldrenten (BGHZ 18, 149, 167 = NJW 55, 1675; NJW 07, 2475) und Verzugszinsen (BGHZ 100, 211, 213 = NJW 87, 3266, 3267) können bei einer wesentlichen Veränderung der Verhältnisse nach Maßgabe des § 323 angepasst werden. Die Art des Urteils spielt nach hM keine Rolle, erforderlich ist lediglich, dass es sich um ein jedenfalls tw stattgebendes **Leistungsurteil** handelt.

5 **a) Abänderung des Anerkenntnisurteils.** Die Abänderung ist folglich nicht nur bei einem kontradiktorischen Urt nach § 323 I, sondern auch bei einem **Anerkenntnisurteil** möglich. Dies versteht sich nicht von selbst, da ein solches Urt nicht aufgrund von Behauptungen des Klägers, sondern allein aufgrund des Anerkenntnisses des Beklagten und ohne Rücksicht auf die materiell-rechtliche Begründetheit des Anspruchs ergeht. Auch die materielle Rechtskraft eines Anerkenntnisurteils führt aber grds zur Bindungswirkung und erlaubt deshalb weder eine freie, von der bisherigen Höhe unabhängige Neufestsetzung des Unterhalts noch eine abweichende Beurteilung derjenigen Verhältnisse, die bereits im vorausgegangenen Rechtsstreit eine Bewertung erfahren haben (Hamm FamRZ 98, 222; Karlsr FamRZ 95, 637, 638; Köln NJW-RR 87, 834; anders aber Bambg FamRZ 86, 702, 703; HK-ZPO/*Saenger* § 323 Rn 45).

6 Die Rechtslage ist ähnl zu beurteilen wie bei einem **Versäumnisurteil**, bei dem die Bindungswirkung nicht zweifelhaft ist. Allerdings liegen diesem die vom Kl vorgetragenen Tatsachen zugrunde. Da das Anerkenntnisurteil nicht auf einer passiven Säumnis des Unterhaltsschuldners, sondern auf dessen aktivem Mitwirken beruht, besteht kein Anlass, diesen hinsichtlich der Abänderbarkeit bei einem Anerkenntnisurteil besser zu stellen als bei einem Versäumnisurteil. Anderenfalls könnte er bei absehbar ungünstigem Prozessverlauf den Klageanspruch anerkennen und sich dadurch die freie Abänderbarkeit offen halten (BGHZ 173, 210 = NJW 07, 2921, 2922). Auch den Unterhaltsgläubiger, der durch das Anerkenntnisurteil genau das erhalten hat, was er beantragt hatte, bindet dieses ebenso stark wie ein voll stattgebendes streitiges Urt (*Gottwald* FamRZ 05, 1495; *Born* NJW 07, 2924). Um den Unterhaltsgläubiger nicht zu benachteiligen, könnten nicht die subjektiven Beweggründe des Unterhaltsschuldners für das Anerkenntnis, sondern nur die dem Anerkenntnisurteil zu Grunde liegenden tatsächlichen Umstände dafür maßgebend sein, ob sich nachträglich eine Veränderung ergeben hat (BGHZ 173, 210 = NJW 07, 2921, 2923). Ist eine Anpassung des Anerkenntnisurteils an zwischenzeitlich geänderte Verhältnisse nicht möglich, da sich die Berechnung nicht nachvollziehen lässt, ist der geschuldete Unterhalt nach den gesetzlichen Vorschriften neu zu berechnen (BGHZ 173, 210 = NJW 07, 2921, 2923). Nach aA soll in diesem Fall keine Bindung bestehen (HK-ZPO/*Saenger* § 323 Rn 45).

7 **b) Abänderung klageabweisender Urteile.** Bei einer Änderungsklage gegen ein klageabweisendes Urt ist zu differenzieren. Wurde eine Unterhaltsklage wegen **fehlender Bedürftigkeit** des Klägers oder **mangels Leistungsfähigkeit** des Beklagten abgewiesen, so ist nach hM nach Eintritt der vormals fehlenden Anspruchsvoraussetzungen keine Änderungsklage sondern eine erneute Leistungsklage zu erheben (BGHZ 82, 246 = NJW 82, 578; NJW 05, 142; OLG München NJW 09, 3246; MüKoZPO/*Gottwald* § 323 Rn 32). Die Gegenauffassung tritt im Hinblick auf die Schwierigkeiten, die bei Teilabweisungen und bei Verurtei-

lungen über einen freiwillig geleisteten Betrag hinaus entstehen können, für eine generelle Anwendung des § 323 auch bei klageabweisenden Unterhaltsurteilen ein (*Wax* LMK 05, 27; Zö/*Vollkommer* § 323 Rn 23). Das überzeugt nicht, da dem klageabweisenden Ersturteil keine gerichtliche Prognose zugrunde liegt und ihm damit auch keine in die Zukunft reichende Rechtskraft zukommt, die nur nach Maßgabe des § 323 durchbrochen werden dürfte.

Anwendbar ist § 323 jedoch bei einem klageabweisenden Urt, wenn dieses bereits **in einem früheren Abänderungsverfahren nach § 323 ergangen** ist und daher iRe Abänderungsklage schon einmal bei der Überprüfung der ursprünglichen Prognose die künftige Entwicklung der Verhältnisse vorausschauend berücksichtigt wurde (BGH NJW 08, 1525). Dies betrifft den Fall, dass ein Unterhaltsgläubiger, der seinen Unterhalt erfolgreich eingeklagt hatte, dessen Unterhaltsrente jedoch später – etwa wegen Wegfalls der Bedürftigkeit – im Wege der Abänderung aberkannt worden ist, in der Folge erneut Unterhalt verlangt (BGH FamRZ 05, 101, 102). Gleiches gilt im Falle eines Urteils, durch das der Unterhaltsanspruch für eine bestimmte Zeit zugesprochen und – etwa wegen der Annahme künftigen Wegfalls der Bedürftigkeit – ab einem in der Zukunft liegenden Zeitpunkt aberkannt worden ist. Denn die Streichung einer Unterhaltsrente beruht in diesen Fällen auf einer Prognose der künftigen Entwicklung, so dass die Klage auf Wiedergewährung der Unterhaltsrechte die Geltendmachung einer von dieser Prognose abweichenden tatsächlichen Entwicklung der Verhältnisse darstellt, für die das Gesetz die Abänderungsklage vorsieht (BGHZ 172, 22 = NJW 07, 2249, 2250). Als **erneute Abänderungsklage** ist daher auch bei einer klageabweisenden Abänderungsklage § 323 anwendbar. 8

2. Feststellungsurteile. Auch Feststellungsurteile können abgeändert werden, wenn die Feststellung auf einer Zukunftsprognose beruht, bspw bei einer feststellenden Entscheidung, nach der abw vom ursprünglichen Titel eine Verpflichtung zur Rentenzahlung nicht mehr besteht (Köln NJW-RR 87, 834) oder aber bei Abweisung einer negativen Feststellungsklage, weil die Verpflichtung aufgrund eines bestehenden Titels bejaht wird (Hamm FamRZ 94, 387). 9

3. Gleichgestellte Titel. a) Schiedsspruch, Schiedsvergleich, Vollstreckungsbescheid. Da Schiedssprüche, auch solche mit vereinbartem Wortlaut (§ 1053 II 2), nach § 1055 die Wirkung eines rechtskräftigen Urteils haben, sind sie nach § 323 abänderbar. Gleiches gilt wegen § 700 I für Vollstreckungsbescheide in denen eine einseitige, künftig fällig werdende wiederkehrende Leistung tituliert wird. 10

b) Titel von Gerichten der DDR. Für Urteile von Gerichten der DDR gilt § 323 nach Anl I Kap III A Abschn III Nr 5i des Einigungsvertrags (BGH NJW 94, 1002; NJW 97, 735). 11

c) Ausländische Titel. Soweit ein ausländischer Titel nach § 328 in Deutschland anzuerkennen ist, ist die Abänderungsklage zulässig. Allerdings können Abänderungsgründe nicht im Vollstreckbarerklärungsverfahren geltend gemacht werden (BGH NJW 90, 1420; KG NJW 91, 644; dazu *Gottwald* FamRZ 90, 1377). Da der ausländische Titel Wirkungen im Inland nur vermöge seiner Anerkennung entfaltet, bestimmt die inländische Rechtsordnung auch, wieweit die Abänderung des ausländischen Titels wegen veränderter Verhältnisse möglich ist. Die verfahrensrechtliche (Haupt-)Frage, ob zur Änderung des titulierten Anspruchs die Änderungsklage gegeben ist, richtet sich folglich ebenso nach deutschem Recht wie die Prozessvoraussetzungen (BGH NJW 92, 439, Köln FamRZ 05, 535). 12

Umstritten ist aber, welcher Rechtsordnung die Abänderungsregelung zu entnehmen ist. Zum Teil wird die Auffassung vertreten, dass bei Vorliegen eines inländischen Gerichtsstands das anwendbare Sachrecht dem innerstaatlichen Prozessrecht des § 323 als der lex fori zu entnehmen ist (St/J/*Leipold* § 323 Rn 17; LG Berlin FamRZ 66, 319, 320). Nach hL ist die Frage der Abänderung wegen des engen Zusammenhanges mit dem materiellen Unterhaltsrecht nach der aus der Sicht des angerufenen Gerichts als Unterhaltsstatut berufenen Rechtsordnung zu beurteilen (MüKoZPO/*Gottwald* § 323Rn 118; Zö/*Vollkommer* § 323 Rn 12; Nürnbg FamRZ 80, 925; Frankf IPRax 81, 136). Der BGH wendet jedenfalls bzgl der Grundlagen des Unterhaltsanspruchs und seiner Bemessung das der abzuändernden Entscheidung zugrunde liegende Sachrecht an (BGH NJW 83, 1976, NJW 92, 438, 439). Dem ist zu folgen, sofern kein Statutenwechsel vorliegt (Musielak/*Borth* § 323 Rn 5). 13

4. Unanwendbarkeit. a) Urteile auf Kapitalabfindung. Ist anstelle einer Rente eine Kapitalabfindung zu zahlen, kommt eine spätere Korrektur über § 323 nicht in Betracht (BGHZ 79, 187, 192 = NJW 81, 818). Dies begründet der BGH zutr damit, dass in die Berechnung der Höhe der Abfindung zwar eine Prognose der künftigen Entwicklung einfließt, die Kapitalabfindung aber zugleich Elemente eines Vergleichs beinhal- 14 tet. Der die Abfindung Leistende vertraut darauf, dass damit die Angelegenheit für ihn endgültig erledigt ist, während derjenige, der sich für eine sofortige (höhere) Abfindungszahlung anstelle einer monatlichen Rente entscheidet, damit bewusst in Kauf nimmt, dass künftige Entwicklungen nicht mehr berücksichtigt werden. Die Gegenauffassung (Zö/*Vollkommer* § 323 Rn 25) hält den Tatrichter angesichts der weit reichenden Zeiträume bei der Schätzung für überfordert und befürchtet spekulative Entscheidungen. Letzteres liegt aber gerade in der Natur der Abfindung ggü einer laufenden Zahlung.

15 **b) Unterlassungsurteile.** Zum Teil wird die Abänderungsklage auch gegen ein Unterlassungsurteil für zulässig gehalten (Kobl GRUR 88, 478, 480; B/L/A/H § 323 Rn 79). Dagegen spricht aber, dass sich die Rechtskraft eines Unterlassungsurteils auf den Zeitpunkt der letzten mündlichen Verhandlung beschränkt und nicht wie bei der Prognoseentscheidung nach § 258 in die Zukunft wirkt. Da der Schuldner des Unterlassungsanspruchs den späteren Wegfall des Anspruchs als neue Tatsachenlage mit der Klage nach § 767 vorbringen kann, bedarf es der Abänderungsklage nicht (BGH NJW 08, 1446, 1448; Musielak/*Borth* § 323 Rn 6; Zö/*Vollkommer* § 323 Rn 26). Siehe auch Rz 30.

16 **c) Einstweilige Verfügungen.** Sind künftig fällig werdende wiederkehrende Leistungen durch einstweilige Verfügung zuerkannt worden, können Änderungen nur iRd Aufhebungsverfahrens nach §§ 936, 927 geltend gemacht werden.

17 **d) Einstweilige Anordnungen.** Bei einstweiligen Anordnungen betreffend Kindes- oder Ehegattenunterhalt findet die Abänderung nur im summarischen Verfahren nach § 54 FamFG statt (BGH NJW 83, 1330, 1331 zu § 620b).

18 **e) Entscheidungen über den Versorgungsausgleich.** Die Abänderungen von Entscheidungen über den Versorgungsausgleich richtet sich nach der Klarstellung in § 227 I FamFG abw von § 48 FamFG weiterhin nach der spezialgesetzlichen Regelung des § 10a VAHRG (BGH FamRZ 04, 786).

19 **f) Überbau- und Notwegrenten.** Ist der Verpflichtete zur Zahlung einer Rente nach § 912 II 2 oder § 917 II 2 verurteilt worden, kommt eine Abänderung nach § 323 nicht in Betracht, da für die Bemessung der Rente nur der Zeitpunkt der Grenzüberschreitung bzw der Inanspruchnahme des Notwegs maßgebend ist (BGHZ 113, 32, 36 = NJW 91, 564; PWW/*Lemke* § 917 Rn 28).

20 **5. Parallelvorschriften.** In Verfahren in Familiensachen und in Angelegenheiten der freiwilligen Gerichtsbarkeit, die den Gerichten zugewiesen sind, richtet sich die Abänderbarkeit von gerichtlichen Endentscheidungen nach § 238 FamFG, der in seiner Struktur § 323 ZPO entspricht (umfassend dazu Schulte-Bunert/Weinreich/*Klein* § 238 Rn 1 ff).

21 **6. Ausschluss der Abänderbarkeit.** Ein zwischen den Parteien vereinbarter Ausschluss der Abänderbarkeit findet seine Grenze dort, wo dieser einem unzulässigen Unterhaltsverzicht für die Zukunft gleichkäme (Hamm FamRZ 01, 1023). Ansonsten ist ein Ausschluss zum Nachteil des Unterhaltsschuldners grds möglich (Saarbr FuR 04, 245), es sei denn, der eigene Unterhalt des Verpflichteten ist nicht mehr gesichert (Zweibr FamRZ 82, 302).

22 **III. Verhältnis zur Zusatzklage.** Für die Entscheidung, ob der Kl eine über den titulierten Betrag hinausgehende Nachforderung mit der Abänderungsklage oder im Wege einer **neuen Leistungsklage**, als **Zusatz- oder Nachforderungsklage** geltend machen kann, ist zunächst danach zu differenzieren, ob ein neuer Streitgegenstand vorliegt, was zB zu bejahen ist, wenn Unterhalt zunächst für den Zeitraum des Getrenntlebens und dann für die Zeit nach der Scheidung (BGH NJW 82, 655) oder für verschiedene Zeiträume des Getrenntlebens verlangt wird (St/J/*Leipold* § 323 Rn 6). In diesen Fällen muss der Kl eine neue Leistungsklage erheben und kann nicht nach § 323 vorgehen (BGH NJW 81, 978). Eine Umdeutung der Abänderungsklage in eine Leistungsklage ist jedoch möglich (BGH NJW 83, 2200, 2201; NJW-RR 86, 1260).

23 Liegt hingegen wie beim Unterhaltsanspruch des Kindes ein einheitlicher Streitgegenstand vor, könnte für die Zulässigkeit einer Klage auf Nachforderung jedenfalls im Falle eines Erhöhungsverlangens sprechen, dass über den Zusatzbetrag noch nicht rechtskräftig entschieden wurde, so dass es der Rechtskraftdurchbrechung über § 323 nicht bedarf. Der BGH lehnt dies jedoch ab und beschränkt den Kl auf die prozessuale Gestaltungsklage nach § 323 (BGHZ 34, 110, 114 = NJW 61, 871). Dabei spielt es keine Rolle, ob der Verpflichtete eine Herabsetzung oder der Berechtigte eine Anhebung des Zahlbetrages verlangt. Auch im letzteren Fall ist ihm im Anwendungsbereich des § 323 ZPO unabhängig von Rechtskraft- oder sonstigen Bin-

dungswirkungen des Urteils die Leistungsklage in Form einer Zusatz- oder Nachforderungsklage verschlossen (BGHZ 98, 353, 357 = NJW 87, 1201, 1202; NJW-RR 05, 371, 372). Eine Umdeutung der Leistungsklage in eine Abänderungsklage ist jedoch möglich (BGH NJW 92, 438, 439).

Zulässig ist eine Zusatzklage jedoch ausnahmsweise dann, wenn sich der Kl eine Nachforderung ausdrücklich vorbehalten hat, also eine **offene Teilklage** vorliegt. Hiervon ist im Zweifel auch dann auszugehen, wenn der Kl Unterhalt nur für einen beschränkten Zeitraum geltend gemacht hat (Kobl NJW-RR 86, 1457) oder nur der über eine freiwillige Zahlung hinausgehende Unterhaltsbetrag Gegenstand des Erstprozesses war (BGH NJW 82, 1284; BGHZ 93, 330, 335 = NJW 85, 1340, 1343). Sofern sich aus den Umständen aber nicht entnehmen lässt, dass die in bestimmter Höhe begehrten wiederkehrenden Leistungen nur den Teil einer an sich höheren Forderung darstellen sollen, wird vermutet, dass der gesamte Unterhaltsanspruch geltend gemacht wurde. Im Fall einer **verdeckten Teilklage** ist der Kl folglich nach hM mit Nachforderungen im Wege der Leistungsklage ausgeschlossen. In diesem Fall soll eine erweiterte Verurteilung zu wiederkehrenden Leistungen nur unter den strengen Voraussetzungen der Sonderregelung des § 323 zulässig sein (BGHZ 94, 145, 146 = NJW 85, 1701; Zö/*Vollkommer* § 323 Rn 19; *Niklas* FamRZ 87, 869, 873). Ein solcher Ausschluss der Möglichkeit verdeckter Teilklagen im Unterhaltsrecht erscheint aber fraglich und vom Gesetzeszweck des § 323 nicht gefordert (*Roth* NJW 88, 1233, 1236 ff; krit auch *Gottwald* FamRZ 92, 1374, 1376 ff). 24

Die für die Teilklage geltenden Grundsätze überträgt der BGH jedoch nicht auf außergerichtliche Titulierungen. Hat der Schuldner mit einem außergerichtlichen Titel lediglich einen Sockelbetrag anerkannt, ist der restliche Unterhalt nicht im Wege der Abänderungsklage, sondern mit der Leistungsklage geltend zu machen (BGH FamRZ 10, 195 mit Anm *Gottwald;* abl *Schmidt* FamRZ 10, 447. 25

IV. Verhältnis zu anderen Rechtsbehelfen. 1. Verhältnis zum Einspruch. Grundsätzlich kommt eine Abänderungsklage nur in Betracht, wenn die geltend gemachten Abänderungsgründe nach der letzten Tatsachenverhandlung entstanden sind. Ist der abzuändernde Titel ein Versäumnisurteil, ist zusätzlich erforderlich, dass die Abänderungsgründe durch Einspruch nicht mehr geltend gemacht werden können, die Änderung folglich erst nach Ablauf der Einspruchsfrist eingetreten ist. Zwischen dem Einspruch und der Abänderungsklage besteht daher keine Wahlmöglichkeit (RGZ 104, 228, 229 f; BGH NJW 82, 1812). 26

2. Verhältnis zur Berufung. Für das Verhältnis der Abänderungsklage zur Berufung stellt der Zeitpunkt des § 323 II die entscheidende Grenze dar. Sofern sich eine Änderung der Verhältnisse bereits vor der letzten mündlichen Verhandlung ergeben hat, ist keine Abänderungsklage, sondern nur die Berufung zulässig. Bei einer Änderung der Verhältnisse nach dem Zeitpunkt der letzten mündlichen Verhandlung und vor Ablauf der Rechtsmittelfrist hat jede Partei die Wahl, ob sie Abänderungsklage erheben oder Berufung einlegen will (Zweibr FamRZ 95, 1160; Köln FamRZ 97, 507; Rostock FamRZ 02, 673, 674). Voraussetzung ist für die Berufung allerdings zum einen die stets notwendige Beschwer. Hat die Partei in 1. Instanz voll obsiegt, bleibt ihr nur die Möglichkeit der Abänderungsklage (BGH NJW-RR 04, 495). Zum anderen darf ein Rechtsmittel noch nicht eingelegt sein. Eine Abänderungsklage neben einem laufenden Rechtsmittelverfahren ist unzulässig. Soweit bereits von einer Partei Berufung eingelegt wurde, muss der Abänderungsgrund entweder durch Klageerweiterung oder aber durch Anschlussberufung geltend gemacht werden (BGHZ 96, 205, 209 = NJW 86, 383; krit Eckert MDR 86, 542 ff; *Hoppenz* FamRZ 86, 226 ff). Entfallen die Wirkungen der Anschlussberufung, wegen Rücknahme oder Verwerfung des Hauptrechtsmittels, so billigt die Rechtsprechung der nachfolgend (innerhalb von sechs Monaten) erhobenen Abänderungsklage abw vom Wortlaut des § 323 III Vorwirkung auf den Zeitpunkt der Anschließung zu, da ein Vertrauen des Gegners in die Rechtskraft der früheren Entscheidung bereits durch die Anschlussberufung zerstört wurde (BGHZ 103, 393, 398 = NJW 88, 1735). 27

3. Verhältnis zur Revision. Zwischen der Abänderungsklage und der Revision besteht kein Konflikt, da eine Änderung der tatsächlichen Verhältnisse mit der Revision nicht geltend gemacht werden kann. Auch während des laufenden Revisionsverfahrens kann daher Abänderungsklage erhoben werden. 28

4. Verhältnis zur Vollstreckungsabwehrklage. Die Vollstreckungsabwehrklage und die Abänderungsklage für den gleichen Streitgegenstand schließen sich grds gegenseitig aus (BGHZ 163, 187, 189 = NJW 05, 2313), da sie unterschiedliche Rechtsschutzziele verfolgen (zur Abgrenzung im praktischen Fall *Jüdt* FuR 09, 301 ff; 387 ff, 439 ff). Der Streitgegenstand der Vollstreckungsgegenklage beschränkt sich auf die Beseitigung der Vollstreckbarkeit, wenn diese aufgrund materiell-rechtlicher Einwendungen unzulässig gewor- 29 den ist, während es bei der Abänderungsklage um die Anpassung des Titels an geänderte wirtschaftliche Verhältnisse geht. Nach aA soll die Vollstreckungsabwehrklage in geeigneten Fällen wahlweise neben § 323 möglich sein (B/L/A/H § 323 Rn 4; St/J/*Leipold* § 323 Rn 41 ff; München FamRZ 02, 213 für den Prozessvergleich).

30 Die durch § 767 eröffnete Möglichkeit, nachträglich entstandene Einwendungen gegen den durch Urt festgestellten **Unterlassungsanspruch** geltend zu machen (BGHZ 133, 316, 323 = NJW 97, 1702), schließt auch die entsprechende Anwendung von § 323 aus (BGH NJW 08, 1446, 1447; MüKoZPO/*Gottwald* § 323 Rn 18; Musielak/*Borth* § 323 Rn 6;). Nach aA soll in entsprechender Anwendung von § 323 auch die Abänderung rechtskräftiger Unterlassungstitel möglich sein (Kobl GRUR 88, 478, 480; B/L/A/H § 323 Rn 79). Hierzu fehlt es jedoch zum einen an einer planwidrigen Regelungslücke, da der Schuldner durch die Möglichkeit, nachträglich entstandene Einwendungen mit der Vollstreckungsabwehrklage geltend zu machen, in gleichem Umfang geschützt ist wie bei anderen Leistungsurteilen. Zudem ist das Unterlassungsurteil mit der Verurteilung nach § 258 zu künftig zu entrichtenden Leistungen auch nicht vergleichbar. Zwar bezieht sich auch das Unterlassungsurteil auf das künftige Verhalten des Schuldners. Seine Rechtskraft beschränkt sich aber auf den Zeitpunkt der letzten mündlichen Verhandlung und wirkt nicht wie bei der Prognoseentscheidung nach § 258 in die Zukunft. Da der Schuldner des Unterlassungsanspruchs nicht gehindert ist, den späteren Wegfall des Anspruchs als neue Tatsachenlage, über die das Gericht noch nicht zu entscheiden hatte, mit der Klage nach § 767 vorzubringen, bedarf es der Abänderungsklage nicht (BGH NJW 08, 1446, 1448). Sie ist nur für den Sonderfall des die Rechtskraft des ersten Urteils durchbrechenden Angriffs gegen die Richtigkeit der Prognoseentscheidung aufgrund geänderter wirtschaftlicher Verhältnisse erforderlich.

31 Grundsätzlich ist eine Umdeutung einer unzulässigen Abänderungsklage in eine Vollstreckungsabwehrklage und umgekehrt zulässig (Brandbg FamRZ 02, 1194), wobei aber zu beachten ist, dass sich der Gerichtsstand bei der Klage nach § 323 nach §§ 12 ff bestimmt, der nicht notwendig mit dem nach § 767 I maßgeblichen Prozessgericht des ersten Rechtszuges übereinstimmt.

32 **B. Voraussetzungen. I. Wesentliche Veränderung (Abs 1 S 2). 1. Grundlagen.** Voraussetzung für die Begründetheit einer Abänderungsklage ist eine wesentliche Veränderung der für die Ausgangsentscheidung maßgebenden Verhältnisse **in tatsächlicher oder rechtlicher Hinsicht** im Hinblick auf den Anspruchsgrund, die Bestimmung der Höhe der Leistungen oder die Dauer der Entrichtung. Die **Beweislast** für das Vorliegen der für ihn günstigen wesentlichen Veränderung trägt der Kl (BGH NJW 87, 1201; Brandbg FamRZ 05, 815). Soweit er sich zur Begründung seiner Klage auf Tatsachen wie die Verbesserung der Einkommensverhältnisse des Verpflichteten stützt, die diesem genauer bekannt sind als dem Kl, trifft den Beklagten aber eine sekundäre Behauptungslast. Er hat durch substantiiertes Bestreiten des Anspruchs zur Aufklärung beizutragen (Musielak/*Borth* § 323 Rn 37). Für die rechtshindernde Tatsache der fehlenden Leistungsfähigkeit trifft den Verpflichteten die Beweislast (Naumbg FamRZ 03, 1022, 1023). Auf eine **abweichende Beurteilung** der im Erstprozess maßgeblichen, unveränderten Verhältnisse kann die Abänderungsklage nach hM nicht gestützt werden (BGH VersR 81, 281; Hamm NJW 84, 315; MüKoZPO/*Gottwald* § 323 Rn 69; aA *Würthwein* ZZP 112, 469).

33 **2. Änderung der tatsächlichen Verhältnisse.** Die geänderten Verhältnisse können zum einen in einer **Veränderung der finanziellen Leistungsfähigkeit** der Verpflichteten bestehen, zB bei längerer Arbeitslosigkeit (KG NJW 85, 869); bei Eintritt von Erwerbsunfähigkeit aufgrund Krankheit (BGH FamRZ 84, 353), bei Bezug oder Wegfall einer Rente (BGH NJW-RR 89, 322; NJW 90, 709), bei einem gestiegenen Selbstbehalt aufgrund Änderung der Unterhaltsleitlinien oder Umzug in die alten Bundesländer (BGHZ 173, 210 = NJW 07, 2921). Eine Änderung kann sich aber zum anderen auch in einem **veränderten Bedarf** des Berechtigten manifestieren, zB durch erhöhten Unterhaltsbedarf aufgrund des Erreichens einer höheren Altersstufe (BGHZ 162, 234, 237 = NJW 05, 1279), Änderung der Lebenshaltungskosten (Hambg FamRZ 83, 211; BGH NJW 07, 2475) oder das Hinzukommen oder den Wegfall von Unterhaltsberechtigten (Hamm FamRZ 92, 321; Nürnbg FamRZ 96, 1090). Die Änderung der Werte einer Unterhaltstabelle stellt dabei für sich gesehen keine Änderung der tatsächlichen Verhältnisse dar. Da sie aber darauf beruht, dass sich die wirtschaftlichen Verhältnisse sowohl auf Seiten des Bedürftigen als auch auf Seiten des Verpflichteten infolge Änderung der Lebenshaltungskosten und der Einkommensverhältnisse seit der letzten Festsetzung dieser Sätze gewandelt haben, ist das auf die Änderung der Bedarfssätze gestützte Abänderungsverlangen einer Partei als Behauptung zu sehen, dass sich die Einkommen und/oder die Lebenshaltungskosten seit der vorausgegangenen Fassung in diesem Umfang geändert haben (BGH FamRZ 95, 221, 222).

Weiterhin können auch **Billigkeitsgründe**, wie etwa Einwendungen, die zu einem Wegfall oder einer Herabsetzung des Anspruchs nach § 1579 BGB führen (BGH NJW-RR 90, 1410; NJW 97, 1851), eine Klage nach § 323 begründen. Auch eine Änderung des Zinsniveaus bei Urteilen auf Zahlung von über den gesetzlichen Zinssatz hinausgehenden Zinsen kann zur Begründung der Klage nach § 323 herangezogen werden (BGHZ 100, 211, 213 = NJW 87, 3266, 3267). Schließlich können auch **Prognosefehler** die Klage nach § 323 begründen, wenn eine vorhergesehene Änderung der tatsächlichen Verhältnisse gerade nicht wie angenommen eingetreten ist, etwa die erwartete Arbeitsstelle nicht gefunden werden konnte (Hamm FamRZ 95, 1217; Kobl FamRZ 02, 471, 472). 34

3. Änderung der rechtlichen Verhältnisse. Eine Veränderung der maßgeblichen Verhältnisse kann sich weiterhin aus einer Änderung der rechtlichen Verhältnisse ergeben (BGHZ 153, 372, 383 = NJW 03, 1518; BGH NJW 09, 3303, 3305; NJW 2010, 3582). Diese kann bestehen in einer **Änderung der Gesetzeslage**, einer ihr gleichkommenden **verfassungskonformen Auslegung** einer Norm durch das BVerfG (BVerfG NJW 90, 3020)oder einer **Änderung der höchstrichterlichen Rechtsprechung** wonach zB im Falle der Aufnahme einer nachehelichen Erwerbstätigkeit durch den Unterhaltsberechtigten das dadurch erzielte Einkommen bei der Berechnung seines nachehelichen Unterhalts nicht im Wege der Anrechnungs-, sondern im Wege der Differenzmethode zu berücksichtigten ist (BGHZ 148, 105 = NJW 01, 2254). Die Gesetzesänderung muss aber für den konkreten Einzelfall erheblich sein. Daran fehlt es zB bei einem nach Veröffentlichung der Entscheidung BGH NJW 06, 2401 festgelegten Aufstockungsunterhalt, da das Inkrafttreten des § 1587b BGB für diese Fälle keine materielle Rechtsänderung herbeiführt (BGH NJW 10, 365; NJW 10, 1595; aA Stuttg NJW-RR 09, 727; Celle FamRZ 09, 2105; *Graba* FuR 08, 100, 103) und auch § 36 Nr. 1 EGZPO keine eigenständige Abänderungsmöglichkeit eröffnet (BGH NJW 10, 365; NJW 10, 3582, 3584; zust *Graba* FuR 11, 158, 161). Grundsätzlich kommt eine Abänderung des Unterhaltstitels wegen Änderung der Rechtsprechung erst ab Verkündung des maßgeblichen Urteils in Betracht (BGH NJW 07, 1969, 1971). Auch der Bekl, für den die Präklusion von Abänderungsgründen nach § 323 II nicht uneingeschränkt gilt (vgl Rz 41), kann die Änderung der Rechtsprechung erst ab diesem Zeitpunkt für sich in Anspruch nehmen (BGHZ 171, 206 = NJW 07, 1961, 1965). 35

4. Wesentlichkeit. Die Änderung der Verhältnisse ist dann als **wesentlich** anzusehen, wenn sie nicht nur vorübergehend zu einer erheblich abweichenden Beurteilung des titulierten Anspruchs in seiner Höhe, seinem Bestand oder seiner Dauer führt (BGH FamRZ 87, 456, 458). Kurzfristige Einkommens- oder Bedarfsschwankungen reichen nicht aus (BGH FamRZ 96, 345). Die Praxis orientiert sich dabei an einer **10 %-Grenze**, die jedoch nur einen Anhaltspunkt und keine feste Größe darstellt. Im Einzelfall kann eine Wesentlichkeit gerade bei Kindesunterhalt auch bei geringeren Prozentsätzen zu bejahen sein (Hamm FamRZ 04, 1051; Ddorf FamRZ 93, 1103, vgl auch BGH FamRZ 05, 608), während die Abänderung einer Schmerzensgeldrente bei einer unter 25 % liegenden Steigerung des Lebenshaltungskostenindexes idR nicht gerechtfertigt sein wird (BGH NJW 07, 2475). 36

5. Fiktive Leistungsfähigkeit. Probleme bereitet der Fall der fortdauernden Arbeitslosigkeit desjenigen Unterhaltsschuldners, dessen Leistungsfähigkeit fingiert wurde, indem ihm tatsächlich nicht erzielte Einkünfte wegen Verletzung seiner Erwerbsobliegenheit zugerechnet wurden. Hat er sich anschließend hinreichend, aber erfolglos um eine neue Beschäftigung bemüht, steht ihm nach obergerichtlicher Rechtsprechung die Abänderungsklage offen, da er nicht wegen eines einmal begangenen Fehlers für alle Zeiten als leistungsfähig gelten könne (Hamm NJW 95, 1843; Karlsr FamRZ 83, 931, 932). Wegen der auch sonst im Arbeitsleben eintretenden Veränderungen wird dem Unterhaltsschuldner folglich nach einer gewissen Übergangszeit ermöglicht, sich auf die Erfolglosigkeit von jetzt ausreichenden Erwerbsbemühungen als Abänderungsgrund zu berufen. Dabei wird in dogmatischer Hinsicht zT nur eine Annexkorrektur iRe aus anderen Gründen eröffneten Abänderungsklage für zulässig gehalten, während nach aA § 323 II entsprechend angewendet wird, um die Prognose entsprechend den aktuellen Verhältnissen zu korrigieren (dazu *Graba* FamRZ 02, 6, 11; *Born* NJW 08, 1528). 37

Der BGH differenziert hingegen nach dem Grund des Arbeitsplatzverlustes. Der Einwand, dass mit der neu aufgenommenen Erwerbstätigkeit nicht das frühere Einkommen erzielt werden kann, führt nur dann zur Zulässigkeit der Klage nach § 323, wenn der Unterhaltspflichtige schuldlos seine Arbeitsstelle verloren und sich danach nicht in ausreichendem Maße um eine neue Arbeit bemüht hat. Hat er hingegen mutwillig einen gut bezahlten sicheren Arbeitsplatz aufgegeben, ist eine Abänderung des auf fiktiver Grundlage ergangenen Urteils nur zulässig, wenn er geltend macht, dass er die frühere Arbeitsstelle in der Zwischen- 38 zeit ohnehin verloren hätte, zB aufgrund von Personalabbau, denn die Prognose geht dahin, dass er ohne das schuldhafte Verhalten noch das frühere Einkommen erzielen würde (BGH NJW 08, 1525, 1526; *Graba* FamRZ 02, 6, 10).

39 **6. Besonderheiten bei Versäumnis- und Anerkenntnisurteil.** Wird die Abänderungsklage gegen ein Versäumnisurteil gegen den Bekl gerichtet, so stellt sich die Frage ob hierbei auf die seinerzeit tatsächlich vorliegenden Verhältnisse (so Hamm FamRZ 90, 772, 773; Oldbg FamRZ 90, 188) oder nach allg Grundsätzen auf den schlüssigen Klägervortrag und damit auf die fingierten Verhältnisse abzustellen ist (so die bislang hM Hamm FamRZ 91, 1199, 1201; Karlsr FamRZ 00, 907; Köln FamRZ 02, 471, MüKoZPO/*Gottwald* § 323 Rn 77). Der BGH hat diesen Streit dahin entschieden, dass beim Versäumnisurteil gegen den Bekl eine Änderung der tatsächlichen Verhältnisse erforderlich ist. Dabei dürfen die Abänderungsgründe nicht vor Ablauf der Einspruchsfrist entstanden sein (BGHZ 185, 322, 325 = NJW 10, 2437, 2439 mit zust Anm *Norpoth* = FamRZ 10, 1150 mit krit Anm *Graba*; BGH NJW 10, 2515, 2518;). Nur in dem Umfang, in dem sich die tatsächlichen Verhältnisse nach Ablauf dieser Frist geändert haben, ist eine Abänderung des rechtskräftigen Versäumnisurteils zulässig. Zur Begründung wird vorrangig darauf abgestellt, dass ansonsten eine der Rechtskraft des Versäumnisurteils entgegenstehende „Totalrevision" erfolge, bei der auch ein im Erstverfahren nicht vorgetragener Umstand mittels Abänderungsklage korrigiert werden könnte.

39a Für das Anknüpfen an auf den Klägervortrag und damit die fingierten Verhältnisse spricht, dass § 323 I auf die für die Verurteilung maßgebenden Verhältnisse abstellt, dh auf die Urteilsgrundlage. Dennoch erscheint die Lösung des BGH sachgerecht. Denn stellt man nur auf die fingierten und nicht auf die tatsächlichen Verhältnisse ab, hat dies für den Bekl die missliche Konsequenz, dass ein möglicherweise unrichtiger Sachvortrag des Kl nicht mit einer Änderungsklage korrigiert werden kann. Zwar ist zutr, dass als Folge der Rechtskraft grds die Urteilsgrundlage dem Streit entzogen ist und der Beklagte nur neue Tatsachen vorbringen kann(MüKoZPO/*Gottwald* § 323 Rn 77; Musielak/*Borth* § 323 Rn 22). Diese neuen Tatsachen können sich aber nur auf die tatsächlich vorliegenden Umstände beziehen, da ein Vergleich von fingierten mit veränderten Verhältnissen die aus § 323 II folgende Präklusion des Versäumnisurteils nicht gewährleisten könnte (so auch *Klose* NJ 10, 433; *Bosch* FF 10, 417; aA Musielak/*Borth* § 323 Rn. 22).

39b Anders ist die Situation hingegen beim Versäumnisurteil gegen den Kl. Hier ist davon auszugehen, dass der geltend gemachte Anspruch bei Ablauf der Einspruchsfrist nicht bestand. Daher ist wie beim klageabweisenden Urt nach streitiger Verhandlung (Rz 7) bei nach Rechtskraft des Urteils eingetretenen neuen Tatsachen keine Abänderungsklage sondern eine erneute Leistungsklage zu erheben (ebenso Musielak/*Borth* § 323 Rn. 22; aA *Maurer* LMK 10, 306391 aE). Zur Abänderungsklage beim Anerkenntnisurteil s. Rz 5 f.

40 **II. Nachträgliche Änderung (Abs 2). 1. Inhalt.** Die Präklusionsregelung des § 323 II entspricht § 767 II. Sie ist durch die Neufassung iRd FGG-RG nur zum Zwecke der Präzisierung und Klarstellung sprachlich modifiziert, nicht aber inhaltlich verändert worden (BTDrs 16/6308, 257). Die Gründe, auf welche die Abänderungsklage gestützt wird, dürfen erst nach Schluss der letzten mündlichen Tatsachenverhandlung über den Sachantrag entstanden sein (BGH NJW 10, 1595,1597; Köln NJW-RR 96, 1349, 1350). Bei einem Versäumnisurteil sind nur nach Ablauf der Einspruchsfrist eingetretene Tatsachen nicht präkludiert (Rz 31). Bei mehreren aufeinander folgenden Abänderungsklagen ist auf den Schluss der letzten mündlichen Verhandlung des letzten Verfahrens abzustellen (BGH NJW 98, 161).Veränderungen, die bereits im Erstprozess **vorhersehbar** waren, jedoch im ersten Verfahren nicht berücksichtigt wurden, werden tw nicht als Abänderungsgründe zugelassen (BGH FamRZ 01, 905, 906; Köln FamRZ 80, 398; KG FamRZ 90, 1122). Auch wenn es sinnvoll ist, sicher vorhersehbare Veränderungen, wie das baldige Erreichen der nächsten Altersstufe des Unterhaltsberechtigten oder den Eintritt des Rentenalters des Verpflichteten bereits in der Erstentscheidung mit zu berücksichtigen, ist für die Präklusion von Abänderungsgründen aber nicht darauf abzustellen, ob die Abänderungstatsache im Zeitpunkt der letzten mündlichen Verhandlung des Vorprozesses vorhersehbar war, sondern darauf, ob sie bereits **objektiv eingetreten** war (Bambg FamRZ 90, 187; Hamm FamRZ 03, 460; Karlsr FamRZ 04, 1052; R/Schw/*Gottwald* § 157 Rn 23; St/J/*Leipold* § 323 Rn 27).

41 **2. Grenzen.** Die Bestimmung des § 323 II ZPO errichtet nach hM eine zeitliche Schranke nur für den Abänderungskläger (BGHZ 98, 353, 360 = NJW 87, 1201; BGH NJW 92, 364, 366). Hieran soll sich ausweislich der Gesetzesbegründung, in der von einer Tatsachenpräklusion für den Antragsteller die Rede ist (BTDrs 16/6208, 257), auch durch das FGG-RG nichts ändern. Der Bekl kann zur Verteidigung des Ersturteils gegen das Abänderungsbegehren des Klägers auch solche Tatsachen in den Prozess einführen, die bereits während des Erstprozesses vorgelegen haben, dort aber nicht vorgetragen wurden und infolgedessen

unberücksichtigt geblieben sind (BGH FamRZ 01, 1364, 1365). Dies wird in der Literatur zu Recht kritisiert, da hierdurch die Waffengleichheit der Parteien verletzt wird. (MüKoZPO/Gottwald § 323 Rn 82).

42 Jedenfalls für ein mögliches **zweites Abänderungsverfahren** schränkt der BGH die Möglichkeit des Beklagten, sich auf die tw Geltendmachung von Abänderungsgründen zu beschränken, sachgerecht ein. Versäumt er es, in einem ersten, auf Unterhaltserhöhung gerichteten Abänderungsprozess die bereits bestehenden, für eine Herabsetzung sprechenden Gründe geltend zu machen, kann er auf diese Gründe keine neue Abänderungsklage stützen. Auf diese Weise wird vermieden, dass es zu **gesonderten Abänderungsverfahren** für **Erhöhungs- und Herabsetzungsverlangen** und damit zu einer unzweckmäßigen Verdoppelung von Prozessen über den gleichen Lebenssachverhalt mit der damit verbundenen Gefahr einander widersprechender gerichtlicher Entscheidungen kommt. Die Präklusionswirkung des § 323 II gewährleistet damit, dass Gegenstand einer zulässig eingeleiteten Abänderungsklage stets der volle Unterhalt ist und nicht nur die Frage, ob aufgrund veränderter Verhältnisse eine Erhöhung oder Herabsetzung in Betracht kommt. Erstrebt eine Partei daher ihrerseits eine Änderung, ist sie verpflichtet, in einem vom Gegner eingeleiteten Klageverfahren ihre Änderungsgründe nicht nur als **Einwendung** geltend zu machen, sondern bei einem weitergehenden Abänderungsbedarf eine selbständige **Abänderungswiderklage** zu erheben (BGHZ 136, 374, 378 = NJW 98, 161).

43 **3. Härtefälle.** Die im Gesetzesentwurf in § 323 II und der Parallelvorschrift des § 238 II FamFG für Verfahren in Familiensachen und in Angelegenheiten der freiwilligen Gerichtsbarkeit vorgesehene Härteklausel, wonach auch Alttatsachen ausnahmsweise zur Begründung des Abänderungsantrags herangezogen werden können, wenn deren Nichtberücksichtigung zu einer groben Unbilligkeit führen würde, bspw weil der Gegner des Antragstellers entgegen einer Offenbarungspflicht Umstände in betrügerischer Weise verschwiegen hat (BTDrs 16/6308, 257), ist nach den Beratungen im Rechtsausschuss wieder gestrichen worden. Man befürchtete hierdurch eine erhebliche Erhöhung des Streitpotentials und damit einhergehend eine höhere Belastung der Gerichte. Da eine Härteklausel dem Rechtsanwender eine nicht gewollte Ausweitung der Anwendungsfälle suggeriere, wurde in der endgültigen Gesetzesfassung der bisherige Rechtszustand mit den von der Rechtsprechung entwickelten Einschränkungen der Präklusion beibehalten (BTDrs 16/9733, 296; dazu auch § 323 Rz 50).

44 **C. Verfahren und Entscheidung. I. Allgemeine Prozessvoraussetzungen.** Die Zuständigkeit für die Abänderungsklage bestimmt sich nach den allg Regeln (BGH FamRZ 79, 573). Eine Fortdauer der Zuständigkeit des vorherigen Prozessgerichts für das Abänderungsverfahren sieht das Gesetz nicht vor, obwohl diese wegen des Sachzusammenhangs sinnvoll wäre. Für den Klageantrag gilt § 253. Der abzuändernde Titel ist genau zu bezeichnen. Um die Interessen des Unterhaltsberechtigten im Hinblick auf die Zeitschranke des § 323 III hinreichend zu wahren, kann iRe Stufenklage nach § 254 vorab auf Auskunft über die neuen Einkommensverhältnisse geklagt werden (BGH NJW 85, 195, 196; NJW-RR 86, 746). Parteien der Abänderungsklage können nur die Parteien des Rechtsstreits sein, in dem die abzuändernde Entscheidung ergangen ist bzw deren Rechtsnachfolger (BGH NJW 83, 2200). Ist der titulierte Anspruch nur tw zB auf einen öffentlich-rechtlichen Leistungsträger übergegangen, muss die Abänderungsklage sowohl gegen die ursprüngliche Partei als auch gegen den Rechtsnachfolger gerichtet werden (Brandbg NJW-RR 03, 1448, 1449). Ein Dritter kann nur ausnahmsweise Abänderungsklage auf Erhöhung der Leistungen erheben, wenn ihm iRe Prozessvergleichs durch Vertrag zugunsten Dritter ein eigenes Recht auf die Leistung eingeräumt wurde (BGH FamRZ 82, 587).

45 Werden **gegenläufige Abänderungsklagen** gegen dasselbe Urt anhängig gemacht, betreffen beide Klagen trotz der unterschiedlichen Anträge denselben Streitgegenstand, da hierfür auf das einheitliche Rechtsverhältnis, etwa das Unterhaltsverlangen, abgestellt werden muss, innerhalb dessen sich die beiden Änderungsanträge bewegen. Der später rechtshängig gewordenen Klage steht daher das vAw zu beachtende **Prozesshindernis** des § 261 III Nr 1 entgegen (BGH FamRZ 97, 488). Der Prozessgegner hat jedoch die Möglichkeit der Widerklage.

46 **II. Besondere Prozessvoraussetzungen.** Da die Abänderungsklage bereits vor Rechtskraft des abzuändernden Urteils erhoben werden kann (BGHZ 34, 110, 116 = NJW 61, 871; 94, 145, 146 = NJW 85, 1701; abl *Roth* NJW 88, 1233, 1236), ist nur das **Vorliegen eines Urteils** über künftig fällig werdende wiederkehrende Leistungen, nicht aber die Rechtskraft der Entscheidung Voraussetzung für die Zulässigkeit der Abänderungsklage. Ein **Rechtsschutzbedürfnis** für die Abänderung besteht nicht mehr, wenn die titulierte wiederkehrende Leistung bereits vollständig vollstreckt ist. Die **schlüssige Behauptung einer wesentlichen Verän-**

derung der Verhältnisse nach dem in § 323 II genannten Zeitpunkt ist besondere Prozessvoraussetzung der Abänderungsklage. Ihr Vorliegen ist iRd Begründetheit zu prüfen. Die zeitliche Schranke des § 323 II gilt nur für das auf Abänderung gerichtete klägerische Vorbringen, nicht dagegen für die Rechtsverteidigung des Beklagten (BGHZ 98, 353, 360 = NJW 87, 1201; NJW 00, 3789, 3790; s.a. Rz 41).

47 **III. Zeitpunkt der Abänderung (Abs 3). 1. Gesetzliche Grenze.** Die Abänderung des Urteils ist grds nur für die Zeit ab Rechtshängigkeit der Klage möglich. Die neue Formulierung des § 323 III soll klarstellen, dass der Abänderungsantrag hinsichtlich des vor dem maßgeblichen Zeitpunkt liegenden Teils unzulässig ist und dass die bloße Einreichung des Abänderungsantrags bei Gericht nicht reicht, sondern grds die Zustellung des Antrags an den Gegner maßgeblich ist (BTDrs 16/6308, 258). Das Abstellen auf den Tag der Klagezustellung entspricht bisheriger höchstrichterlicher Rechtsprechung (BGH NJW 90, 709, 710; NJW 04, 1712, 1714; aA Stuttg FamRZ 80, 393, 394; Hamm FamRZ 87, 1302, 1304). Eine Rückwirkung auf den Zeitpunkt der Klageeinreichung entsprechend § 167 findet nicht statt (Hamm FamRZ 86, 386; Köln FamRZ 87, 616, 618; *Maurer* FamRZ 88, 445, 448).

48 **a) Vorhergehendes PKH-Verfahren.** Auch bei einem vorangehenden Prozesskostenhilfeverfahren stellt der BGH allein auf die nachfolgende Klageerhebung ab. Eine Vorverlegung des Zeitpunktes wird nicht für notwendig erachtet, da die arme Partei nach § 14 Nr 3 GKG die Möglichkeit habe, die Abänderungsklage ohne Zahlung eines Gerichtskostenvorschusses noch vor der Entscheidung über das Prozesskostenhilfegesuch zustellen zu lassen und ihr daher keine Nachteile entstünden (BGH NJW 82, 1050, 1051; NJW 84, 1458; Oldbg NJW-RR 03, 1090; Musielak/*Borth* § 323 Rn 34; St/J/*Leipold* § 323 Rn 36). Zudem sei die Beauftragung eines Rechtsanwalts mit entsprechender Vorschusspflicht in isolierten Verfahren vor dem Familiengericht nicht zwingend (Karlsr FamRZ 80, 1149; Hamm FamRZ 80, 1126, 1127). Auch wenn ein Anwaltszwang nicht besteht, verletzt es aber die prozessuale Chancengleichheit, wenn die auf Prozesskostenhilfe angewiesene Partei für die Anfertigung der Klageschrift auf die Rechtsantragsstelle verwiesen wird (MüKoZPO/*Gottwald* § 323 Rn 110; Wieczorek/Schütze/*Büscher* § 323 Rn 110). Als maßgeblicher Zeitpunkt für die Urteilsabänderung sollte daher auf die Zustellung des Prozesskostenhilfegesuchs an den Antragsgegner abgestellt werden (so schon Kobl FamRZ 79, 294; Frankf FamRZ 79, 963; *Maurer* FamRZ 88, 445, 448; iE auch Zö/*Vollkommer* § 323 Rn 38). Ob sich in dieser Frage durch die Neuformulierung des § 323 III eine Änderung ergeben soll, ist schwer zu beurteilen, da die Gesetzesbegründung im Zusammenhang mit der Klageeinreichung betont, dass auch die **Einreichung** eines entsprechenden Prozesskostenhilfegesuchs nicht genügt. Hieraus könnte man schließen, dass aber die Zustellung des Antrags an den Gegner ausreicht. Angesichts der Bezugnahme auf die Rechtsprechung des BGH (NJW 82, 1050), erscheint aber fraglich, ob der Gesetzgeber sich hierdurch in diese Richtung äußern wollte.

49 **b) Unzulässige oder unschlüssige Abänderungsklage.** Bei einer zunächst unzulässigen oder unschlüssigen Abänderungsklage soll für die Abänderung nach hM der Zeitpunkt maßgebend sein, in dem der Mangel behoben wird (Frankf FamRZ 85, 303, 304; Hambg FamRZ 85, 93, 94; Musielak/*Borth* § 323 Rn 35; MüKoZPO/*Gottwald* § 323 Rn 109). Ein solches Verständnis, das den Abänderungszeitpunkt noch weiter nach hinten verschiebt, als es die restriktive Zeitgrenze des § 323 III ohnehin vorsieht, ist weder durch den Wortlaut, der keine zulässige oder begründete Klage verlangt, noch durch den Sinn und Zweck des § 323 III, das Vertrauen des Verpflichteten in den Bestand der Entscheidung zu schützen, geboten. Sofern die Klage wirksam erhoben ist, kann daher auch bei späterer Behebung eines Zulässigkeitsmangels oder Substantiierung des bis dahin unschlüssigen Klagevorbringens während des Prozesses die Abänderung ab dem Zeitpunkt der Klageerhebung ausgesprochen werden (Wieczorek/Schütze/*Büscher* § 323 Rn 109).

50 **2. Härtefälle.** Die zeitliche Begrenzung der Abänderungsmöglichkeit trägt dem Vertrauen des Verpflichteten Rechnung, nicht mit Forderungen über den titulierten Anspruch hinaus für die Vergangenheit konfrontiert zu werden (BGH NJW 98, 2433, 2434). Sie ist jedoch bedenklich, wenn der Kl aus nicht von ihm zu vertretenden Gründen an einer früheren Klageerhebung gehindert war (krit *Meister* FamRZ 80, 864, 869; *Gottwald* FamRZ 92, 1374, 1375 f; *Braun* NJW 95, 936). Insbesondere bei Verstoß gegen die **Aufklärungs- und Informationspflicht** sollte § 323 III daher **teleologisch reduziert** und die Abänderung rückwirkend für den Zeitpunkt zugelassen werden, in dem der Kl bei pflichtgemäßer Information hätte Klage erheben können (MüKoZPO/*Gottwald* § 323 Rn 114). Nach hM ist der durch die Verletzung der Aufklärungs- und Informationspflichten entstehenden Unbilligkeit dagegen nur durch die Anwendung des § 826 BGB zu begegnen (BGH NJW 86, 2047; Oldbg FamRZ 96, 804; Wieczorek/Schütze/*Büscher* § 323 Rn 111).

Rechtspolitisch bedenklich ist die Vorschrift schließlich auch deswegen, weil sie den Kl zu einer frühzeitigen Klage zwingt, da er für den Zeitraum des Bemühens um eine gütliche Einigung keine Abänderung verlangen kann, obgleich das Vertrauen des Verpflichteten in den unveränderten Bestand der Erstentscheidung auch durch ein vorgerichtliches Erhöhungsverlangen bereits zerstört sein dürfte. Auf der anderen Seite birgt die sofortige Klage ohne ein vorgerichtliches Erhöhungsverlangen für den Kl die Gefahr der Kostentragungspflicht im Falle sofortigen Anerkenntnisses (Dresd FamRZ 96, 1989 mit Anm *Gottwald*).
Der Entwurf des FamFG, durch das § 323 neu strukturiert wurde, hatte zunächst entsprechend der Parallelvorschrift des § 238 III 5 für Verfahren in Familiensachen und Angelegenheiten der freiwilligen Gerichtsbarkeit in § 323 III eine der vorgeschlagenen teleologischen Reduktion entsprechende Härteklausel eingefügt. Danach sollte eine rückwirkende Abänderung ausnahmsweise dann erlaubt sein, wenn die zeitliche Begrenzung auf den Zeitpunkt der Rechtshängigkeit, insb im Hinblick auf das Verhalten des Antragsgegners, grob unbillig wäre. Aufgrund der Befürchtung, dass eine solche Klausel ggü der – für die Verfahren der freiwilligen Gerichtsbarkeit anerkannten (vgl *Brudermüller* FS Rolland 99, 45, 51 ff) – bisherigen Berücksichtigung im Wege der teleologischen Reduktion verstanden werden und zu einer Ausweitung der Ausnahmefälle führen könnte, hat man die Härteklausel nach den Beratungen im Rechtsausschuss in der endgültigen Gesetzesfassung wieder gestrichen (BTDrs 16/9733, 296).

IV. Begründetheit des Abänderungsantrags (Abs 4). 1. Prüfungsumfang. Bei der Entscheidung nach § 323 hat das Gericht im Wege einer Korrektur der ursprünglichen Prognose die künftige Entwicklung der Verhältnisse vorausschauend zu berücksichtigen. Umstritten war dabei in der Rechtsprechung und Literatur zu § 323 aF, ob das Gericht hierbei den Anspruch entsprechend der tatsächlichen materiellen Rechtslage frei neu festsetzen kann, oder ob nur eine den zwischenzeitlich eingetretenen Verhältnissen entsprechende Anpassung an die veränderten Umstände erfolgen darf. Die hM beschränkte den Richter auf die Prüfung, inwieweit aufgrund der zu berücksichtigenden neuen Tatsachen eine Abänderung des Urteils als notwendig erscheint. Hinsichtlich der sonstigen Feststellungen des angefochtenen Urteils, die nicht von der Änderung der Verhältnisse betroffen sind, besteht hingegen eine **Bindung an das Ersturteil** (BGH NJW 79, 1656, 1657; NJW-RR 90, 194; NJW 01, 937; Zö/*Vollkommer* § 323 Rn 46). In der Literatur wurde diese Beschränkung seit längerem zT heftig kritisiert und eine **freie Annexkorrektur** gefordert, da die Bindung an das Ersturteil dazu zwingt, erkannte Fehler dieser Entscheidung in das abgeänderte Urt zu übernehmen (MüKoZPO/*Gottwald* § 323 Rn 100 f; *Graba* NJW 88, 2343, 2349 f). Mit der Neufassung des § 323 IV, der vorsieht, dass die Entscheidung unter Wahrung ihrer Grundlagen anzupassen ist, hat der Gesetzgeber den Gesichtspunkt der Bindungswirkung betont (BTDrs 16/6308) und damit den Forderungen nach einer Annexkorrektur eine klare Absage erteilt. 51

2. Konsequenz und Kritik. In der Praxis begegnet die Rechtsprechung der Problematik als fehlerhaft erkannter Erstentscheidungen in der Weise, dass aus **Billigkeitsgründen** im Einzelfall Ausnahmen von der Bindung anerkannt werden, bspw für den Fall, dass der im Vorprozess obsiegende und damit nicht beschwerte Kl weniger beantragt hat, als ihm zugestanden hätte (BGH NJW 95, 534, 535). Auch wenn sich die Bemessungsgrundlagen der damaligen Entscheidung, zB bei einem Anerkenntnisurteil, nicht mehr klären lassen (BGH FamRZ 07, 1459, 1460; Hamm FamRZ 94, 763) oder wenn der Richter im Vorprozess die für die Bemessung maßgeblichen ehelichen Lebensverhältnisse nicht festgestellt hat (BGH FamRZ 87, 257), verneint die Rechtsprechung eine Bindung an die Berechnung im Ersturteil. Schließlich wird eine Neufestsetzung ohne Bindung an das Ersturteil auch dann zugelassen, wenn die Nichtberücksichtigung bestimmter Umstände zu einem **untragbaren Ergebnis** führen würde (BGH NJW 83, 1118, 1119). Die Vielfalt der Kriterien für die Anerkennung eines Ausnahmefalles und die Anzahl der hier nur beispielhaft angeführten Fälle, zeigen deutlich die Schwäche der an Treu und Glauben orientierten Lösung der hM. Mit der Anerkennung einer freien Nachprüfbarkeit könnten demgegenüber generell zutreffende Ergebnisse erzielt werden. Eine Bindung an eine als falsch erkannte frühere Bewertung oder Feststellung führt dazu, dass auch dem Abänderungsurteil erneut der Makel der Unrichtigkeit anhaftet. Wird mit der Klage nach § 323 die Änderung einer Entscheidung verlangt, kommt der Rechtskraft die Funktion der Wahrung des Rechtsfriedens nicht mehr zu, so dass ein nur teilweises Festhalten an der Rechtskraft dieser Entscheidung wenig sinnvoll erscheint, zumal an tatsächliche Feststellungen einer vorgreiflichen Entscheidung nach allg Grundsätzen keine Bindung besteht. 52

Ist die Abänderungsklage zulässig und begründet, so hat das Gericht die Vorentscheidung ab dem Änderungszeitpunkt aufzuheben und unter Abänderung der Vorentscheidung die Zahlungspflicht neu festzuset- 53 zen (Hambg FamRZ 82, 321). Soweit das bisherige Urt seine Wirkung behält, kann aus ihm weiter in etwaige Rückstände vollstreckt werden (St/J/*Leipold* § 323 Rn 76). Das Urt ist sowohl bei Erhöhung als auch bei Herabsetzung der Leistungspflicht nach § 708 Nr 8 für vorläufig vollstreckbar zu erklären, nur im ersten Fall ist § 711 anzuwenden (MüKoZPO/*Gottwald* § 323 Rn 124; Musielak/*Borth* § 323 Rn 29; aA *Scheffler* FamRZ 86, 532, 533). Über entgegen gesetzte Abänderungsklagen auf Erhöhung bzw Herabsetzung des titulierten Betrages darf nur einheitlich und nicht durch Teilurteil entschieden werden (BGH NJW 87, 441, NJW 99, 1718, 1719).

Anhang (bis zum 31.8.2009 geltende Fassung)

§ 323 Abänderungsklage. *(1) Tritt Im Falle der Verurteilung zu künftig fällig werdenden wiederkehrenden Leistungen eine wesentliche Änderung derjenigen Verhältnisse ein, die für die Verurteilung zur Entrichtung der Leistungen, für die Bestimmung der Höhe der Leistungen oder der Dauer ihrer Entrichtung maßgebend waren, so ist jeder Teil berechtigt, im Wege der Klage eine entsprechende Abänderung des Urteils zu verlangen.*
(2) Die Klage ist nur insoweit zulässig, als die Gründe, auf die sie gestützt wird, erst nach dem Schluss der mündlichen Verhandlung, in der eine Erweiterung des Klageantrages oder die Geltendmachung von Einwendungen spätestens hätte erfolgen müssen, entstanden sind und durch Einspruch nicht mehr geltend gemacht werden können.
(3) Das Urt darf nur für die Zeit nach Erhebung der Klage abgeändert werden. Dies gilt nicht, soweit die Abänderung nach § 1360a Abs. 3, § 1361 Abs. 4 Satz 4, § 1585b Abs. 2, § 1613 Abs. 1 des Bürgerlichen Gesetzbuchs zu einem früheren Zeitpunkt verlangt werden kann.
(4) Die vorstehenden Vorschriften sind auf die Schuldtitel des § 794 Abs. 1 Nr. 1, 2a und 5, soweit darin Leistungen der im Absatz 1 bezeichneten Art übernommen oder festgesetzt worden sind, entsprechend anzuwenden.
(5) Schuldtitel auf Unterhaltszahlungen, deren Abänderung nach § 655 statthaft ist, können nach den vorstehenden Vorschriften nur abgeändert werden, wenn eine Anpassung nach § 655 zu einem Unterhaltsbetrag führen würde, der wesentlich von dem Betrag abweicht, der der Entwicklung der besonderen Verhältnisse der Parteien Rechnung trägt.

A. Verbleibende Regelungen. Die Vorschrift ist in der bisherigen Fassung durch das FGG-RG mit Wirkung zum 1.9.09 geändert worden. Durch die Neufassung wurde die Abänderbarkeit von Urteilen und sonstigen Titeln wegen der hierfür geltenden unterschiedlichen Regelungen in zwei Vorschriften aufgeteilt. Der bisherige § 323 I entspricht inhaltlich § 323 I nF. Dass keine Neuentscheidung, sondern lediglich eine »entsprechende Abänderung«, dh eine Anpassung der bisherigen Entscheidung erfolgt, ist in § 323 IV nF deutlicher als bislang in § 323 I hervorgehoben. Der bisherige § 323 II entspricht inhaltlich § 323 II; der bisherige § 323 III 1 entspricht inhaltlich § 323 III. Die vorgenommene Neuformulierung soll nicht zu einer Änderung der Rechtslage sondern nur zu größerer Übersichtlichkeit führen und dient daneben der Präzisierung und Anpassung an die bisherige Rechtsprechung zu § 323 (BTDrs 16/6308, 258). Anstelle des bisherigen Verweises in § 323 IV aF regelt § 323a nunmehr die Abänderung von Prozessvergleichen und vollstreckbaren Urkunden gesondert.

B. Weggefallene Regelungen. I. Ausnahmen vom Verbot rückwirkender Abänderung (§ 323 III 2 aF). Die zeitliche Schranke des § 323 III 1 aF gilt nach der durch das KindUG mit Wirkung zum 1. Juli 1998 eingeführten Regelung des § 323 III 2 aF nicht, soweit nach den dort genannten materiell-rechtlichen Vorschriften Unterhalt auch für die Vergangenheit beansprucht werden kann. Die Erhöhung des titulierten Anspruchs ist danach bereits ab dem Zeitpunkt möglich, in dem der Verpflichtete zur Auskunftserteilung aufgefordert worden oder er in Verzug gekommen ist. Hierdurch wird insb die Möglichkeit einer außergerichtlichen Einigung gefördert, da die Notwendigkeit einer möglichst frühzeitigen Klage zur Sicherung des erhöhten Anspruchs entfällt. Die Regelung ist nur auf die ausdrücklich aufgeführten Fälle von Unterhaltsansprüchen anwendbar, eine entsprechende Anwendung auf sonstige Fälle einer künftig fällig werdenden wiederkehrenden Leistung, zB auf Schadensersatzrenten, kommt nicht in Betracht (BGH NJW-RR 05, 371, 372).

Die in § 323 III 2 aF enthaltene Ausnahme vom Verbot rückwirkender Abänderung findet sich nunmehr in § 238 III 2 FamFG, der statt des Verweises auf die Einzelvorschriften eine rückwirkende Erhöhung von Unterhalt allg für zulässig erklärt, wenn die Vorschriften des bürgerlichen Rechts dieses vorsehen.

II. Abänderung von Unterhaltsbeschlüssen im vereinfachten Verfahren (§ 323 IV, V aF). Nach § 323 IV aF ist die Abänderungsklage richtiger Rechtsbehelf für die Anpassung von Beschlüssen, durch die im vereinfachten Verfahren der Regelunterhalt von Minderjährigen festgesetzt worden ist. Um den Vereinfachungszweck des Verfahrens nach §§ 655 nicht zu konterkarieren, wird die Abänderbarkeit derartiger Beschlüsse durch § 323 V eingeschränkt. Grundsätzlich hat danach die Abänderung nach § 655 Vorrang (Nürnbg FamRZ 02, 1265; Naumbg FamRZ 02, 183). Die Parteien können eine Anpassung im Wege der Abänderungsklage nach § 323 I verlangen, wenn die im vereinfachten Verfahren mögliche Erhöhung wesentlich von dem Betrag abweicht, der der Entwicklung der besonderen Verhältnisse der Parteien Rechnung trägt. Dabei ist zu beachten, dass das vereinfachte Verfahren lediglich einer Anpassung an erhebliche Änderungen der **allg wirtschaftlichen Verhältnisse** dient (s. § 1612a II BGB), während die Änderungsklage vorrangig auf wesentliche Änderungen der dem Titel zugrunde liegenden **individuellen Verhältnisse**, wie ein erhöhtes Einkommen des Verpflichteten oder eine Vergrößerung des Bedarfs des Berechtigten gestützt wird. Insoweit ist iRv § 323 V aF für die Zulässigkeit der Abänderungsklage ein Vergleich mit demjenigen Betrag anzustellen, auf den zulässigerweise eine Abänderungsklage nach den Kriterien des § 323 I gerichtet werden könnte. Eine wesentliche Abweichung von vereinfachter Anpassung nach § 655 und individueller Anpassung nach § 323 ist danach anzunehmen, wenn die Differenz etwa 50 % beträgt (Hamm FamRZ 02, 1051). Auch die Abänderungsklage nach § 654 verdrängt die Klage aus § 323. Ist die Erhöhungs- oder Herabsetzungsklage unzulässig, kommt aber die Umdeutung in eine Klage nach § 323 in Betracht (BGH FamRZ 03, 306).
Der Regelungsgehalt des bisherigen § 655 wurde in das FamFG nicht übernommen, da die Anordnung der Kindergeldverrechnung bei der Tenorierung zunehmend in dynamisierter Form erfolgt. Im Fall einer Erhöhung des Kindergeldes ergibt sich in der überwiegenden Zahl der Fälle eine Reduktion des Zahlbetrages für den Unterhalt. Es ist dem Verpflichteten zuzumuten, diesen Umstand bei Überschreiten der Wesentlichkeitsschwelle im Wege eines regulären Abänderungsverfahrens nach § 238 FamFG geltend zu machen (Begr RegE FGG-RG, 583). § 323 V aF findet daher im neuen Recht keine Entsprechung.

§ 323a Abänderung von Vergleichen und Urkunden.

(1) [1]Enthält ein Vergleich nach § 794 Abs. 1 Nr. 1 oder eine vollstreckbare Urkunde eine Verpflichtung zu künftig fällig werdenden wiederkehrenden Leistungen, kann jeder Teil auf Abänderung des Titels klagen. [2]Die Klage ist nur zulässig, wenn der Kläger Tatsachen vorträgt, die die Abänderung rechtfertigen.
(2) Die weiteren Voraussetzungen und der Umfang der Abänderung richten sich nach den Vorschriften des bürgerlichen Rechts.

1 **A. Normzweck. I. Regelungsgehalt.** Die Regelung des § 323a ersetzt die bisherige Verweisung in § 323 IV aF auf die Absätze I – III. Das ist grds zu begrüßen, da die Verweisung als überholt anzusehen war. Bei Schaffung des § 323 IV aF im Jahre 1919 war das materiellrechtliche Institut des Fortfalls der Geschäftsgrundlage noch nicht entwickelt, so dass die einzige Abänderungsmöglichkeit, die das Gesetz für Urteile vorsah, auf gerichtliche Vergleiche und außergerichtliche vollstreckbare Urkunden erstreckt wurde. Nach Entwicklung des Rechtsinstituts des Wegfalls der Geschäftsgrundlage und erst recht nach dessen Normierung in § 313 BGB führte die beabsichtigte Erweiterung der Abänderungsmöglichkeit durch die zeitlichen Schranken des § 323 II und III zu einer Einschränkung, die sonst bei anderen Titeln nicht bestanden hätte. Aus diesem Grund wurde § 323 II und III auf andere Titel als Urteile auch nach der bisherigen Rechtslage nicht angewendet (BGHZ 85, 64, 73 = NJW 83, 228). Da die inhaltlichen Voraussetzungen der Abänderung sonstiger Titel zudem dem materiellen Recht zu entnehmen sind (BGHZ 128, 323 = NJW 95, 1346), hatte die Verweisung auf § 323 I – bis auf die Bezeichnung der Klage als Änderungsklage – praktisch keine Bedeutung mehr. Für die in § 323 IV aF noch mit angeführten Titel nach § 794 I Nr 2a richtet sich das Verfahren ab 1.9.09 nach den Vorschriften des FamFG (§§ 238 ff FamFG).

2 **II. Anwendungsbereich. 1. Prozessvergleich und vollstreckbare Urkunde.** Die Regelung bezieht sich unmittelbar nur auf den Prozessvergleich und auf vollstreckbare Urkunden, sofern diese eine Verpflichtung zur Zahlung einer künftig fällig werdenden wiederkehrenden Leistung enthalten.

3 a) **Prozessvergleich.** Haben die Parteien durch Vergleich geregelt, dass für die Zukunft kein Unterhaltsanspruch bestehen soll, ist die Rechtsprechung zur Zulässigkeit der Abänderungsklage bei klageabweisenden Urteilen nicht übertragbar, denn beim Vergleich ist das Nichtbestehen des Anspruchs nicht rechtskräftig festgestellt. § 323a I erfasst mithin nicht die Fälle, in denen für die Zukunft **keine Leistungspflicht festgelegt** worden ist. Eine analoge Anwendung über den Wortlaut des § 323a I hinaus kommt nicht in Betracht (BGHZ 172, 22 = NJW 07, 2249, 2251 zu § 323 IV aF).

4 b) **Vollstreckbare Urkunde.** Zu den Urkunden iSv § 323a I gehören neben notariellen Urkunden auch Jugendamtsurkunden nach §§ 59, 60 SGB III, da es sich hierbei um im Rahmen amtlicher Befugnisse errichtete vollstreckbare Urkunden handelt (BGH NJW 85, 64; NJW-RR 07, 779). Zudem setzt die Abänderung nach dem Wortlaut des § 323a nicht voraus, dass die Verpflichtung zur Zahlung künftig fällig werdender wiederkehrender Leistungen auf einer Vereinbarung der Parteien beruht. Auch einseitige Verpflichtungserklärungen werden hiervon erfasst (BGH NJW 84, 997; Ddorf FamRZ 06, 1212).

5 **2. Sonstige Titel.** Wegen des in § 323 zum Ausdruck kommenden allg Rechtsgedankens der clausula rebus sic stantibus, der auch dem § 313 BGB zugrunde liegt, ist die Norm nach hM grds **weit auszulegen** (BGHZ 34, 115 = NJW 61, 871; 98, 357 = NJW 87, 1201). Daran dürfte sich auch durch die Aufteilung in zwei separate Vorschriften nichts ändern. Auf andere, nicht in § 323a genannte Schuldtitel, ist die Regelung daher entsprechend anzuwenden, soweit diese bürgerlich-rechtliche Ansprüche auf künftig fällig werdende wiederkehrende Leistungen zum Gegenstand haben (B/L/A/H § 323 Rn 79). Da die Abänderung eines Titels über § 323a aber grds einen prozessualen Sonderfall darstellt, ist im Einzelfall genau zu prüfen, ob es tatsächlich um die Korrektur eines Prognosefehlers aus Billigkeitserwägungen geht. Sinngemäß anzuwenden ist § 323a danach auf:

6 a) **Anwaltsvergleiche.** Sie sind nach § 323a abänderbar, sofern sie für vollstreckbar erklärt worden sind, §§ 796a–c.

7 b) **Gerichtlich bestätigte Einigung nach § 46 ZPO-DDR.** Diese ist abänderbar nach § 323a, denn sofern die Voraussetzungen für die Verbindlichkeit gem §§ 46 I und II und 83 IV DDR-ZPO gegeben waren, steht die Einigung einem vollstreckbaren Prozessvergleich iSd § 794 I Nr 1 gleich (BGH NJW 95, 1345, 1346).

8 c) **Schuldenbereinigungspläne.** Sie sind nach § 323a abänderbar, da § 308 I 2 InsO auf § 794 I Nr 1 verweist.

9 **3. Vereinbarte Abänderung.** Es erscheint grds unbedenklich, wenn die Parteien auch bei privatschriftlichen Vereinbarungen, etwa außergerichtlichen Vergleichen, die Abänderbarkeit nach § 323a vereinbaren. Praktische Auswirkungen kommen dem jedoch nicht zu, da hier erst recht keine zeitlichen Schranken gelten und eine Abänderungsmöglichkeit auch ohne entsprechende Vereinbarung iRd § 313 BGB besteht.

10 **4. Ausschluss der Abänderbarkeit.** Ein zwischen den Parteien vereinbarter Ausschluss der Abänderbarkeit findet seine Grenze dort, wo dieser einem unzulässigen Unterhaltsverzicht für die Zukunft gleichkäme (Hamm FamRZ 01, 1023). Ansonsten ist ein Ausschluss zum Nachteil des Unterhaltsschuldners grds möglich (Saarbr FuR 04, 245), es sei denn, der eigene Unterhalt des Verpflichteten ist nicht mehr gesichert (Zweibr FamRZ 82, 302). Ein Verzicht auf die Abänderbarkeit ist aber nicht schon darin zu sehen, dass im Vergleich keine Grundlagen der Unterhaltsvereinbarung niedergelegt wurden (BGH NJW 10, 440; zust *Bosch* FF 10, 124; *Hoppenz* FamRZ 10, 276). Sind sich die Parteien einig, das mit dem Vergleich eine restlose und endgültige Regelung getroffen und damit eine spätere Abänderung wegen nicht vorhersehbarer Veränderungen der maßgeblichen Verhältnisse ausdrücklich ausgeschlossen werden soll, sollten sie dies ausdrücklich niederlegen und nicht lediglich die Anwendung des § 323a ausschließen (*Viefhues/Steiniger* ZNotP 10, 122, 126; *Heinemann* FamRB 10, 184, 187).

11 **B. Voraussetzungen. I. Tatsachenvortrag.** Die Klage, mit welcher bei einem Prozessvergleich die Anpassung an veränderte Verhältnisse verlangt werden kann, wird zwar als Abänderungsklage bezeichnet. Die prozessuale Situation nach Erlass eines rechtskräftigen Urteils ist aber mit derjenigen nach Abschluss eines auf dem Willen der Parteien beruhenden Prozessvergleichs nicht vergleichbar. Die Änderung richtet sich nur nach materiellem Recht. Dies stellt § 323a II nunmehr ausdrücklich klar. Auch für die Abänderung nach § 323a gilt aber als besondere Zulässigkeitsvoraussetzung, dass Tatsachen vorgetragen werden müssen, welche die Abänderung rechtfertigen. Derartige Tatsachen können wie bei Urteilen nicht nur in einer Ver-

änderung der tatsächlichen, sondern auch der rechtlichen Verhältnisse bestehen (BGHZ 148, 368, 377 = NJW 01, 3618). Auch für den Prozessvergleich gilt dabei, dass eine Abänderung des Titels wegen Änderung der Rechtsprechung erst ab Verkündung des maßgeblichen Urteils in Betracht kommt (BGH NJW 07, 1969, 1971).

II. Abänderung nach materiellem Recht. 1. Kriterien. Prozessvergleiche und vollstreckbare Urkunden sind nach den Regeln über den Wegfall der Geschäftsgrundlage abänderbar (BGH NJW 04, 3106, 3107; Köln FamRZ 05, 1755). Eine Anpassung kann hiernach verlangt werden, wenn sich die nach dem beiderseitigen Parteiwillen maßgebenden Verhältnisse erheblich geändert haben. Dabei können die Vertragspartner die Kriterien der Abänderbarkeit autonom bestimmen (BTDrs 16/6308, 258). Teilweise wird für die Wesentlichkeit der Änderung auch hier von einer 10%igen Schwelle als Richtwert ausgegangen, die im Einzelfall, insb bei beengten wirtschaftlichen Verhältnissen aber auch niedriger anzusetzen sein kann (BGH NJW 86, 2054, 2055; Stuttg FamRZ 00, 377; Wieczorek/Schütze/*Büscher* § 323 Rn 116). Nach aA soll diese Grenze hier nicht eingreifen, sondern allein auf materiell-rechtliche Kriterien abzustellen sein (R/S/G § 157 Rn 37; Zö/*Vollkommer* § 323 Rn 47). Dieser Ansicht folgt auch der Gesetzgeber ausweislich der Begründung zur Neuregelung des § 323a, wonach die Abänderbarkeit keiner Wesentlichkeitsgrenze unterliegt (BTDrs 16/6308, 258). Es bedarf jedoch grds der Prüfung, ob nach Treu und Glauben ein Festhalten am Vertrag der hierdurch betroffenen Partei nicht zuzumuten ist, mithin eine Störung der Geschäftsgrundlage vorliegt (BGHZ 148, 368, 377 = NJW 01, 3618; NJW 04, 3106). Eine Neufestsetzung anstelle einer Anpassung kommt nur ausnahmsweise in Betracht, wenn sich die Berechnung im Vergleich nicht mehr nachvollziehen und der damalige Parteiwille nicht ermitteln lässt (BGH NJW 01, 2259, 2261). 12

2. Zeitpunkt. Auch die zeitliche Grenze für die Abänderung richtet sich nach materiellem Recht. Prozessvergleiche (BGHZ 85, 64 = NJW 83, 228; NJW 92, 364; NJW 09, 1742, 1743 mwN) und vollstreckbare Urkunden (BGH FamRZ 84, 997; Nürnbg FamRZ 04, 212) über künftig fällig werdende wiederkehrende Leistungen können daher grds auf eine Klage nach § 323a auch rückwirkend abgeändert werden. Dies gilt auch dann, wenn bereits eine vorangegangene Abänderungsklage gegen den Prozessvergleich als unbegründet abgewiesen wurde, denn in diesem Fall tritt das Urt nicht an die Stelle des Vergleichs. Rechtskräftig entschieden ist allein über die Frage, dass im Zeitpunkt der letzten mündlichen Verhandlung über die erste Abänderungsklage keine eine Abänderung rechtfertigenden Tatsachen vorlagen. Daraus wird überwiegend hergeleitet, dass eine erneute Abänderungsklage nur auf neue, nach Schluss der mündlichen Verhandlung im vorangegangenen Abänderungsprozess eingetretene Tatsachen gestützt werden kann (Zö/*Vollkommer* § 323 Rn 37, 39; Kobl NJW-RR 99, 1680; offen gelassen in BGH, NJW 1995, 536). Jedenfalls für diesen Fall wird eine rückwirkende Abänderbarkeit für zulässig erachtet (Karlsr FamRZ 05, 816; BGH NJW 09, 1742 f; krit zur darin liegenden Heranziehung der für Urteile geltenden Präklusionsregelung des § 323 II *Graba* NJW 09, 2411, 2412). Eine rückwirkende Abänderung des Prozessvergleichs ist hingegen nicht zulässig, wenn über die Abänderung eines Vergleichs bereits durch Urt positiv entschieden worden ist, da in diesem Fall die Begrenzung des § 323 III eingreift (Hamm FamRZ 80, 1127). In der praktischen Konsequenz ist der Unterschied zur Abänderung von Urteilen letztlich gering, da regelmäßig auch für die Frage des Wegfalls der Geschäftsgrundlage nur Veränderungen zu berücksichtigen sind, die nicht bereits bei Vergleichsabschluss oder Urkundserstellung bekannt waren (Köln FamRZ 00, 905, 906). 13

3. Jugendamtsurkunden. Auf eine Jugendamtsurkunde, die auf einer Vereinbarung der Parteien beruht, sind wegen der Ähnlichkeit mit einer gerichtlichen oder notariellen Vereinbarung die Grundsätze über den Wegfall der Geschäftsgrundlage anzuwenden (BGH NJW 03, 304, 306). Handelt es sich hingegen um eine Urkunde, der nur eine einseitige Verpflichtungserklärung zugrunde liegt, entfaltet diese auch materiell keine Bindung an die tatsächlichen Verhältnisse zur Zeit der Errichtung, da diese nicht Geschäftsgrundlage einer Parteivereinbarung geworden sind, welche an die neuen Verhältnisse anzupassen wäre. Der Berechtigte kann in diesen Fällen eine Neufestsetzung des Unterhalts verlangen (BGH FamRZ 89, 172, 174; NJW 03, 3770, 3771; NJW 09, 1410, 1411; NJW 11, 1874, 1875 dazu *Hoppenz* FamRZ 11, 1045; zust *Graba* FuR 11, 158, 159). Die vollstreckbare Urkunde ist rückwirkend ab dem Zeitpunkt abänderbar, ab welchem die materiellen Grundlagen nicht mehr bestehen (Nürnbg FamRZ 04, 212). 14

§ 323b Verschärfte Haftung.

Die Rechtshängigkeit einer auf Herabsetzung gerichteten Abänderungsklage steht bei der Anwendung des § 818 Abs. 4 des Bürgerlichen Gesetzbuchs der Rechtshängigkeit einer Klage auf Rückzahlung der geleisteten Beträge gleich.

1 **A. Normzweck.** Die Vorschrift dient der Sicherung von Rückzahlungsansprüchen im Falle der Überzahlung. Da der zur Rückzahlung Verpflichtete nach bis zum 1.9.09 geltender Rechtslage nicht verschärft haftete, konnte er sich oftmals mit Erfolg nach § 818 III auf den Wegfall der Bereicherung berufen. Um dies zu verhindern, musste der Kl neben der Abänderungsklage zusätzlich eine auf Rückzahlung gerichtete Leistungsklage erheben, was zu erhöhten Kosten führte. Zudem musste der sich mit jedem Monat, in dem Überzahlungen erfolgten, stetig erhöhende Rückzahlungsanspruch immer neu angepasst werden. Dieses umständliche zweigleisige Vorgehen wird durch den Verweis auf die verschärfte Haftung nach § 818 IV entbehrlich (BTDrs 16/6308, 259).

2 **B. Regelungsinhalt.** Eine verschärfte Haftung ab Rechtshängigkeit tritt nach Sinn und Zweck der Regelung nur für eine auf Herabsetzung der Leistungen gerichtete Abänderungsklage ein. Sie entfaltet immer dann Wirkung, wenn der auf Herabsetzung der Beträge klagende Unterhaltsschuldner auch zugleich bereits bezahlte überhöhte Beträge zurückerlangen will.

§ 324 Nachforderungsklage zur Sicherheitsleistung.

Ist bei einer nach den §§ 843 bis 845 oder §§ 1569 bis 1586b des Bürgerlichen Gesetzbuchs erfolgten Verurteilung zur Entrichtung einer Geldrente nicht auf Sicherheitsleistung erkannt, so kann der Berechtigte gleichwohl Sicherheitsleistung verlangen, wenn sich die Vermögensverhältnisse des Verpflichteten erheblich verschlechtert haben; unter der gleichen Voraussetzung kann er eine Erhöhung der in dem Urteil bestimmten Sicherheit verlangen.

1 **A. Normzweck. I. Regelungsgehalt.** Die Vorschrift dient der Sicherung des Gläubigers einer Geldrente für den Fall, dass durch eine erhebliche Verschlechterung der Vermögensverhältnisse des Schuldners die künftige Vollstreckung der Rentenforderung gefährdet ist. Sie ermöglicht durch eine ggü § 323 vorrangige Nachforderungsklage die Anordnung bzw Erhöhung einer Sicherheitsleistung. Materiell-rechtliche Grundlagen für die Anordnung einer in das Ermessen des Gerichts gestellten Sicherheitsleistung im Vorprozess sind § 843 II 2 und § 1585a I BGB.

2 **II. Anwendungsbereich.** Anwendbar ist § 324 bei der Verurteilung zur Zahlung einer deliktischen Schadensrente wegen Tötung, Verletzung oder Freiheitsentziehung nach §§ 843–845 BGB und bei der Geldrente wegen Unterhaltsforderungen im Scheidungsfall nach § 1569 ff BGB. Darüber hinaus gilt § 324 auch für andere Renten soweit in den jeweiligen Vorschriften auf § 843 BGB verwiesen wird, wie zB § 618 III BGB, § 62 III HGB, § 14 II UmweltHG, § 9 II ProdHG. Ähnliche Regelungen enthalten die § 8 III HaftPflG, § 13 III StVG, § 38 III LuftVG, § 30 III AtomG. Nach § 38 III 2 LuftVG kann Sicherheitsleistung auch bei Prozessvergleichen und notariellen Urkunden nachgefordert werden. Über diesen spezialgesetzlich geregelten Fall hinaus lehnt die hM die Anwendung des § 324 auf andere Vollstreckungstitel ab, sofern dies nicht darin ausdrücklich vorbehalten ist (MüKoZPO/*Gottwald* § 324 Rn 4; St/J/*Leipold* § 324 Rn 2). Da die Gefahr für den Gläubiger, der § 324 begegnen will, bei diesen Titeln aber gleichermaßen besteht, spricht vieles für eine analoge Anwendung (so auch Wieczorek/Schütze/*Büscher* § 324 Rn 3). Dies gilt umso mehr, als nach allgA § 324 über seinen Wortlaut hinaus auch für die Klage des Schuldners auf Wegfall oder Ermäßigung der Sicherheitsleistung im Fall der erheblichen Verbesserung der Vermögensverhältnisse nach seinem Sinn und Zweck entsprechend anzuwenden ist.

3 **B. Voraussetzungen. I. Urteil.** Die nachträgliche Anordnung einer Sicherheitsleistung setzt zunächst den Erlass eines Urteils auf Zahlung einer Geldrente nach den in Rz 2 genannten Vorschriften voraus. Dieses muss noch nicht rechtskräftig sein, dh der Gläubiger kann wie bei § 323 wählen, ob er ein Rechtsmittel einlegt oder Klage erhebt.

4 **II. Erhebliche Vermögensverschlechterung.** Weiterhin muss nach dem Schluss der letzten mündlichen Verhandlung im Vorprozess eine erhebliche Verschlechterung der Vermögensverhältnisse des Schuldners eingetreten sein. Nicht ausreichend ist, wenn der Gläubiger hiervon erst später Kenntnis erlangt hat. Die Klage nach § 324 ist nicht gegeben bei Versuchen, Vermögenswerte dem Zugriff des Gläubigers zu entziehen, solange die Vermögenslage dabei unverändert bleibt (MüKoZPO/*Gottwald* § 324 Rn 5). Solchen Maßnahmen ist durch einen Antrag nach § 917, nicht aber durch eine analoge Anwendung des § 324 zu begegnen (aA die hL Musielak/*Musielak* § 324 Rn 3 mwN).

C. Verfahren und Entscheidung. Die Nachforderungsklage ist ein selbständiger Prozess, für den die Vollmacht des Vorprozesses nicht ausreicht. Die Behauptung der erheblichen Verschlechterung ist besondere Prozessvoraussetzung. Ihr Vorliegen ist iRd Begründetheit zu prüfen. Der Klageantrag ist darauf zu richten, dass hinsichtlich der zukünftig fällig werdenden Ansprüche Sicherheit zu leisten oder diese zu erhöhen ist bzw bei einem Antrag des Schuldners die Sicherheitsleistung ermäßigt bzw aufgehoben wird. Soweit das Gericht vom Urt des Vorprozesses in der Frage der Sicherheitsleistung abweicht, hebt es das frühere Urt auf. Wird die Sicherheitsleistung erstmalig angeordnet, ist das Urt Leistungsurteil. Bei einer Abänderung der bereits getroffenen Entscheidung über die Sicherheitsleistung wirkt es hingegen als Gestaltungsurteil für die Zukunft. Der Betrag der Sicherheitsleistung bemisst sich nur nach den nach Rechtskraft bzw vorläufiger Vollstreckbarkeit des Urteils fällig werdenden Raten. Für bereits fällige Raten, die beigetrieben werden können, besteht kein anzuerkennendes Bedürfnis nach einer Sicherheitsleistung mehr. 5

§ 325 Subjektive Rechtskraftwirkung. **(1) Das rechtskräftige Urteil wirkt für und gegen die Parteien und die Personen, die nach dem Eintritt der Rechtshängigkeit Rechtsnachfolger der Parteien geworden sind oder den Besitz der in Streit befangenen Sache in solcher Weise erlangt haben, dass eine der Parteien oder ihr Rechtsnachfolger mittelbarer Besitzer geworden ist.**

(2) Die Vorschriften des bürgerlichen Rechts zugunsten derjenigen, die Rechte von einem Nichtberechtigten herleiten, gelten entsprechend.

(3) [1]Betrifft das Urteil einen Anspruch aus einer eingetragenen Reallast, Hypothek, Grundschuld oder Rentenschuld, so wirkt es im Falle einer Veräußerung des belasteten Grundstücks in Ansehung des Grundstücks gegen den Rechtsnachfolger auch dann, wenn dieser die Rechtshängigkeit nicht gekannt hat. [2]Gegen den Ersteher eines im Wege der Zwangsversteigerung veräußerten Grundstücks wirkt das Urteil nur dann, wenn die Rechtshängigkeit spätestens im Versteigerungstermin vor der Aufforderung zur Abgabe von Geboten angemeldet worden ist.

(4) Betrifft das Urteil einen Anspruch aus einer eingetragenen Schiffshypothek, so gilt Absatz 3 Satz 1 entsprechend.

Inhaltsübersicht

	Rz
A. Normzweck	1
I. Regelungsinhalt	3
II. Anwendungsbereich	4
B. Beschränkung der Rechtskraft auf die Parteien	5
C. Rechtskrafterstreckung auf Dritte	6
I. Wirkung der Rechtskrafterstreckung	6
1. Abgrenzung zur Tatbestandswirkung	8
2. Abgrenzung zur Gestaltungswirkung	9
3. Abgrenzung zur Interventionswirkung	10
II. Umfang der Rechtskrafterstreckung	12
III. Zeitpunkt des Eintritts der Rechtsnachfolge	13
1. Nach Eintritt der Rechtshängigkeit	13
2. Vor Eintritt der Rechtshängigkeit	15
3. Eintritt des Rechtsübergangs	19
a) Aufschiebende Bedingung	19
b) Auflösende Bedingung	21
c) Genehmigung	22
d) Anfechtung	23
IV. Rechtskrafterstreckung auf Rechtsnachfolger	24
1. Rechtsnachfolge	24
2. Gesamtrechtsnachfolge	26
a) Natürliche Personen	26
b) Juristische Personen und Personengesellschaften	27
3. Einzelrechtsnachfolge	30
a) Besitzwechsel	31
b) Buchposition	33
4. Schuldnachfolge	34
a) Schuldbeitritt	36
b) Befreiende Schuldübernahme	37
c) Betriebsübergang	38
V. Rechtskrafterstreckung bei Prozessstandschaft	39
1. Gesetzliche Prozessstandschaft	39
2. Gewillkürte Prozessstandschaft	40
VI. Rechtskrafterstreckung kraft gesetzlicher Anordnung	41
1. Auf einzelne Personen	42
2. Auf einen bestimmten Personenkreis	43
3. Auf alle	44
VII. Rechtskrafterstreckung kraft materiellrechtlicher Abhängigkeit	45
1. Anwendungsfälle	46
2. Grenzen	49
VIII. Rechtskrafterstreckung kraft Vereinbarung	54

	Rz
D. Schutz des gutgläubigen Erwerbers (Abs 2)	55
E. Schutz bei eingetragenen dinglichen Rechten (Abs 3 S 1)	57
F. Schutz des Erstehers in der Zwangsversteigerung (Abs 3 S 2)	58
G. Schiffshypothek	59

1 **A. Normzweck.** Grundsätzlich wirkt das rechtskräftige Urt nur für und gegen die Parteien des Rechtsstreits (BGHZ 3, 385, 388 = NJW 52, 178). Nur diese haben durch ihre Herrschaft über den Prozessstoff und das Verfahren sowie ihren Anspruch auf rechtliches Gehör ausreichend Möglichkeit, den Inhalt der Entscheidung zu beeinflussen. Eine Erstreckung der Rechtskraft der Entscheidung auf einen am Prozess nicht beteiligten Dritten findet entgegen aA in der Literatur nur in Ausnahmefällen statt und bedarf der besonderen Rechtfertigung (BGH NJW 96, 395, 396). Davon abweichenden Lösungsvorschlägen in der Literatur, wonach eine Rechtskrafterstreckung immer dann eintreten soll, wenn eine materiell-rechtliche Abhängigkeit vorliegt, weil die Parteien die Wirkung für und gegen den Dritten auch durch ein Rechtsgeschäft hätten herbeiführen können (Bettermann S. 79 ff) oder das zwischen den Parteien entschiedene Rechtverhältnis vorgreiflich für das Rechtsverhältnis einer Partei zu dem Dritten und diesem die Rechtskrafterstreckung zumutbar ist (*Blomeyer* ZZP 75, 1, 10 ff), sind Rechtsprechung und hM zu Recht entgegengetreten, da eine materiell-rechtliche Abhängigkeit zwar einen notwendigen Aspekt der Rechtskrafterstreckung darstelle, aber für eine allg Rechtskrafterstreckung ohne gesetzliche Anordnung allein keine ausreichende Rechtfertigung biete (BGH NJW 96, 395, 396; BGH NJW-RR 05, 338, 339; MüKoZPO/*Gottwald* § 325 Rn 3; Musielak/*Musielak* § 325 Rn 3; *Schack* NJW 88, 865, 872).

2 Auch eine **Drittwirkung der Rechtskraft** in allen Fällen, in denen die im Vorprozess getroffene Entscheidung in einem weiteren Prozess des Dritten präjudiziell ist (*Schwab* ZZP 77, 124, 137 ff; Koussoulis S. 114 ff), lässt sich mit dem Grundsatz rechtlichen Gehörs und der Intention des Gesetzgebers, der § 325 I als Ausnahmeregelung konzipiert hat, nicht in Einklang bringen (MüKoZPO/*Gottwald* § 325 Rn 8; Zö/*Vollkommer* § 325 Rn 2), auch wenn diese in vielen Fällen zu praktisch sinnvollen Ergebnissen führen und Abgrenzungsschwierigkeiten beseitigen würden (vgl dazu Rz 45, 49).

3 **I. Regelungsinhalt.** Die in § 325 I angeordnete Ausweitung der subjektiven Grenzen des rechtskräftigen Urteils über die Parteien hinaus auf deren Rechtsnachfolger ergänzt die in § 265 getroffene Regelung und wird nur im Zusammenspiel beider Normen verständlich. Nach § 265 I kann sich eine Partei nicht dadurch dem Prozess entziehen und den Kl zu einer neuen Klage zwingen, dass sie die streitbefangene Sache veräußert oder den geltend gemachten Anspruch abtritt. Der Rechtsvorgänger hat vielmehr nach § 265 II den Prozess in gewillkürter Prozessstandschaft fortzuführen. Damit die Wirkungen eines solchermaßen gegen den Rechtsvorgänger erstrittenen Urteils nicht ins Leere gehen, muss derjenige, der während des Prozesses Rechtsnachfolger der Partei geworden ist, an das rechtskräftige Urt gebunden sein.

4 **II. Anwendungsbereich.** Die in § 325 angeordneten Ausnahmen beziehen sich nur auf den Fall der Rechtsnachfolge. Sie gelten in allen Verfahren der ZPO. Für die Nacherbfolge enthält § 326, für die Testamentsvollstreckung § 327 eine ähnl gestaltete Sonderregelung, die in ihrem Anwendungsbereich § 325 vorgeht. Entsprechende Anwendung findet § 325 auf die Rechtsnachfolge in WEG-Sachen (BGHZ 148, 335, 337 = NJW 01, 3339); in Patentnichtigkeitsverfahren (BGHZ 117, 144, 145 = NJW 93, 203; BPatG MittdtschPatAnw 11, 236); Streitigkeiten über das erteilte Patent (BGHZ 72, 236, 240 = NJW 79, 269) sowie Beschwerdeverfahren in Markensachen vor dem BPatG (NJW-RR 01, 181).

5 **B. Beschränkung der Rechtskraft auf die Parteien.** Der 1. Hs des § 325 bringt den allg Grundsatz zum Ausdruck, dass das rechtskräftige Urt nur zwischen den Parteien des Rechtsstreits wirkt, wobei es auf die formale Parteistellung ankommt (BGHZ 124, 86, 95 = NJW 94, 453, 454; vgl § 50 Rz 2). Hat ein gesetzlicher oder rechtsgeschäftlicher Vertreter den Prozess geführt, wird nicht dieser, sondern nur die Partei gebunden. Bei Prozessen von juristischen Personen wird nur diese, nicht aber ihre Mitglieder oder Gesellschafter von der Rechtskraftwirkung erfasst. Eine Rechtskrafterstreckung zwischen Gesamtschuldnern findet nach § 425 II BGB nicht statt (BGH NJW 87, 2863, 2864; NJW 06, 1628). Soweit § 129 I HGB ausnahmsweise die Erstreckung der Rechtskraft eines gegen die Gesellschaft ergangenen Urteils auf den Gesellschafter anordnet, ist diese Ausnahme von der Regel des § 425 II BGB auf andere Gesamtschuldnerverhältnisse nicht übertragbar (BGH NJW-RR 93, 1266). Aus der Verweisung des § 429 III BGB auf § 425 II BGB folgt, dass auch eine Rechtskrafterstreckung des von einem Gesamtgläubiger gegen den Schuldner erstritte-

nen Urteils auf die anderen Gesamtgläubiger nicht stattfindet. Einfache Streitgenossen sind an das ggü einem anderen Streitgenossen ergangene Urt nicht gebunden (Hamm NJW-RR 97, 90). Durch das Vorschieben eines Strohmanns kann die Rechtskraftwirkung der Entscheidung nicht unterlaufen werden. Dieser ist an die Rechtskraft der Entscheidung ebenso wie die Partei gebunden (BGHZ 123, 30, 35 = NJW 93, 2942).

C. Rechtskrafterstreckung auf Dritte. I. Wirkung der Rechtskrafterstreckung. Die Rechtskrafterstreckung besteht in einer Erweiterung der subjektiven Grenzen der Rechtskraft. Die Rechtskraft der Entscheidung ergreift hinsichtlich des streitbefangenen Gegenstandes auch den Dritten (BGH MDR 58, 319). Er ist an das Urt ebenso wie die Parteien des Rechtsstreits gebunden. Dies hat zur Folge, dass eine erneute Klage durch oder gegen den Dritten bzgl desselben Streitgegenstandes unzulässig ist. 6

Auch wenn das Urt für und gegen einen Dritten wirkt, bedarf es zur Vollstreckung der Umschreibung der Vollstreckungsklausel auf den Rechtsnachfolger nach § 727. Eine erneute Leistungsklage ist ausnahmsweise dann zulässig, wenn die Rechtsnachfolge nicht durch öffentliche oder öffentlich beglaubigte Urkunde nachgewiesen werden kann und daher Klage auf Erteilung einer Vollstreckungsklausel nach § 731 erhoben werden müsste (Kobl FamRZ 00, 900). 7

1. Abgrenzung zur Tatbestandswirkung. Von der Erstreckung der Rechtskraft zu unterscheiden ist der Fall, dass eine Entscheidung im Sinne einer Tatbestandswirkung von einer der Parteien zu respektieren ist (zB BSG MDR 88, 82), weil eine materiell-rechtliche (zB § 407 II BGB) oder prozessuale Norm (zB § 717 II) die Existenz einer rechtskräftigen oder vorläufig vollstreckbaren Entscheidung als Tatbestandsmerkmal voraussetzt (s. § 322 Rz 7). 8

2. Abgrenzung zur Gestaltungswirkung. Von der Rechtskrafterstreckung zu trennen ist weiter die inter omnes eintretende Gestaltungswirkung von Urteilen, etwa des Scheidungsurteils, die unmittelbar eine Änderung der Rechtslage herbeiführen. Die bei Gestaltungsurteilen eintretende Bindung Dritter an die Entscheidung stellt keine Rechtskrafterstreckung dar, sondern ist Ausfluss der von jedermann zu beachtenden Rechtsänderung (s. § 322 Rz 6). 9

3. Abgrenzung zur Interventionswirkung. Keinen Fall der Rechtskrafterstreckung stellt schließlich die Interventionswirkung nach §§ 68, 74 III dar (aA B/L/A/H § 325 Rn 18). Sie beruht als Urteilswirkung sui generis auf der tatsächlichen oder jedenfalls möglichen Beteiligung des Dritten am Vorprozess. Demgemäß besteht anders als bei der Rechtskrafterstreckung dann keine Bindung, wenn dem Nebenintervenienten oder Streitverkündeten kein rechtliches Gehör gewährt worden ist (s. § 322 Rz 8). 10

Davon zu unterscheiden ist die Wirkung von Nebenintervention und Streitverkündung ggü den Rechtsnachfolgern der Partei oder des Dritten, für die § 325 analog gilt (Wieczorek/Schütze/Mansel § 68 Rn 143). 11

II. Umfang der Rechtskrafterstreckung. Die Rechtskrafterstreckung wirkt grds sowohl zu Gunsten als auch zu Lasten des Rechtsnachfolgers. Eine Beschränkung der Rechtskraftwirkung auf die Entscheidung in der Hauptsache lässt sich dem § 325 nicht entnehmen (aA Zö/*Vollkommer* § 325 Rn 1). Allerdings wirkt das Urt hinsichtlich der Nebenforderungen und Kosten nur dann ggü dem Rechtsnachfolger, wenn sich die Rechtsnachfolge auch hierauf bezieht, wie zB im Erbfall (St/J/*Leipold* § 325 Rn 18; differenzierend MüKoZPO/*Gottwald* § 325 Rn 15). 12

III. Zeitpunkt des Eintritts der Rechtsnachfolge. 1. Nach Eintritt der Rechtshängigkeit. Soweit nicht ausnahmsweise eine abweichende spezialgesetzliche Regelung (s. Rz 16 ff) besteht, tritt eine Rechtskrafterstreckung nach § 325 I nur im Falle der Rechtsnachfolge nach Rechtshängigkeit ein. Für den Eintritt der Rechtshängigkeit vgl § 261 Rz 2 ff. 13

Bei einer Rechtsnachfolge nach rechtskräftiger Entscheidung über den Gegenstand des Prozesses tritt gleichermaßen eine Rechtskrafterstreckung ein, da § 325 I keine spätere zeitliche Grenze normiert (BGH NJW 83, 2032; BGHZ 114, 360, 364 = NJW 91, 2552; *Jauernig* ZZP 101, 361, 374). § 265 spielt hier jedoch keine Rolle. 14

2. Vor Eintritt der Rechtshängigkeit. Bei einer Rechtsnachfolge vor Zustellung der Klageschrift an den Beklagten wirkt das gegen die nicht mehr legitimierte Partei ergehende Urt grds nicht für den Rechtsnachfolger, auch dann nicht, wenn dieser die Prozessführung genehmigt (BGH MDR 64, 588). 15

Verschiedene materiell-rechtliche Sonderregelungen sehen jedoch in Erweiterung des § 325 I eine Rechtskrafterstreckung ausnahmsweise auch dann vor, wenn die Rechtsnachfolge bereits vor Rechtshängigkeit 16

eingetreten ist. Rechtfertigendes Element für die Rechtskrafterstreckung auf den Rechtsnachfolger ist hier, dass einer der Parteien oder dem Dritten die Übertragung des streitbefangenen Gegenstandes bei Rechtshängigkeit unbekannt war. Demgemäß tritt in diesen Fällen die Rechtskrafterstreckung nur gegen den Zessionar, nicht aber zu dessen Gunsten ein (BGHZ 52, 150, 154 = NJW 69, 1479).
So ordnen die § 407 II, 408 I BGB sowie die hierauf verweisenden Vorschriften der §§ 412, 413 BGB eine Rechtskrafterstreckung zu Gunsten des Schuldners an, der in Unkenntnis der Abtretung an den Zedenten geleistet hat. Der Zessionar muss in diesen Fällen das Urt gegen sich gelten lassen. Da es sich um eine reine Schuldnerschutzvorschrift handelt, bleibt es aber dem Schuldner überlassen, ob er sich bei Kenntniserlangung während des Prozesses auf eine zwischen ihm und dem Zedenten ergangene rechtskräftige Entscheidung beruft oder hierauf verzichtet. § 325 I verdrängt § 407 I BGB nicht. Das heißt, wirkt das Urt gegen den Zessionar, kann sich der Schuldner diesem ggü nicht mit Erfolg auf eine an den Zedenten als Titelgläubiger nach Kenntnis von der Abtretung erbrachte Leistung berufen (BGHZ 86, 337, 340 = NJW 83, 886). Der Ungewissheit, an wen er zu leisten hat, kann er daher nur durch eine schuldbefreiende Hinterlegung zugunsten beider Gläubiger entgehen (BGH NJW 01, 231).

17 Bei gewerblichen Schutzrechten gilt § 407 II BGB über § 413 BGB entsprechend, im Einzelfall sind jedoch für die Frage der Rechtskrafterstreckung die Sonderregelungen der §§ 27, 28 MarkenG, § 30 III 2, 81 I 2 PatG, § 8 IV 2, 15 I GebrMG zu beachten (ausf Wieczorek/Schütze/*Büscher* § 325 Rn 37 ff).

18 Die Vorschrift des § 372 II HGB sieht eine Rechtskrafterstreckung zu Gunsten des Gläubigers und zu Lasten eines Dritten vor, wenn der Schuldner nach Besitzerwerb des Gläubigers das Eigentum an einem Gegenstand, auf den sich das kaufmännische Zurückbehaltungsrecht nach §§ 369 ff HGB bezog, vor Rechtshängigkeit der Klage aus § 371 III HGB auf einen Dritten übertragen hat.
Unabhängig von einer Kenntnis des Dritten tritt im Falle der Löschungsklage nach § 55 IV 1 MarkenG zu Gunsten des Klägers eine Rechtskrafterstreckung auf den Rechtsnachfolger auch dann ein, wenn dieser zur Zeit der Rechtshängigkeit bereits neuer Markeninhaber war.

19 **3. Eintritt des Rechtsübergangs. a) Aufschiebende Bedingung.** Da die Rechtskrafterstreckung nach § 325 I nicht eintritt, wenn die Rechtsnachfolge vor Rechtshängigkeit erfolgt (Ausnahmen s. Rz 16 ff), stellt sich im Falle einer aufschiebend bedingten Verfügung über den streitbefangenen Gegenstand nach § 158 I BGB die Frage, auf welchen Zeitpunkt abzustellen ist. Die hM hält richtigerweise den Bedingungseintritt für maßgebend, so dass das rechtskräftige Urt für und gegen den Rechtsnachfolger wirkt, wenn die Bedingung nach Rechtshängigkeit eintritt (MüKoZPO/*Gottwald* § 325 Rn 43). Dafür spricht, dass der Rechtserwerb nach materiellem Recht erst mit dem letzten Teilakt und damit mit dem Bedingungseintritt wirksam wird. Die Gegenauffassung stellt auf den Zeitpunkt des bedingten Rechtsgeschäfts ab und nimmt eine Rechtskrafterstreckung immer dann an, wenn dieses zeitlich vor Rechtshängigkeit liegt. Auf den späteren Bedingungseintritt soll es nicht mehr ankommen, da der Erwerber bereits ein Anwartschaftsrecht erworben habe und sich der Rechtserwerb ohne weiteres Zutun des Veräußerers erfüllen könne. Folgt man dieser Ansicht, muss der Gegner in der Zeit zwischen bedingter Veräußerung und Bedingungseintritt gegen den Veräußerer und den Erwerber vorgehen, um eine ggü beiden wirkende Entscheidung zu erlangen (St/J/*Leipold* § 325 Rn 22). Eine solche Streitgenossenschaft ist aber mit der Systematik der §§ 265, 325 nicht zu vereinbaren (Wieczorek/Schütze/Büscher § 325 Rn 25), die eine Prozessführung entweder durch den ursprünglichen Rechtsinhaber oder aber dem Dritten vorsehen, wenn die Parteien dem zustimmen. Entsprechendes gilt für die Bestimmung eines Anfangstermins (§ 163 BGB).

20 Zu beachten ist aber, dass für den wichtigsten Fall des aufschiebend bedingten Rechtsgeschäft, den Erwerb unter Eigentumsvorbehalt nach § 449 BGB, eine Rechtsnachfolge und damit eine Rechtskrafterstreckung nach § 325 I unabhängig von der Frage des Bedingungseintritts schon dadurch eintritt, dass der Erwerber bei Abschluss des bedingten Rechtsgeschäfts den Besitz der streitbefangenen Sache erlangt.

21 **b) Auflösende Bedingung.** Im Falle einer auflösend bedingten Übertragung eines Gegenstandes ist bis zum Eintritt der Bedingung der Zwischenerwerber Vollrechtsinhaber. Erfolgt der Bedingungseintritt nach Rechtshängigkeit wirken daher für und gegen ihn ergangene rechtskräftige Entscheidungen auch zu Gunsten und zu Lasten des Rückerwerbers (hM Musielak/*Musielak* § 325 Rn 8; Zö/*Vollkommer* § 325 Rn 18; Wieczorek/Schütze/*Büscher* § 325 Rn 25). Die Gegenauffassung betrachtet den Rückerwerber bei einer auflösenden Bedingung nicht als Rechtsnachfolger iSd § 325 und lehnt dementsprechend eine Rechtskrafterstreckung des vor Eintritt der auflösenden Bedingung gegen den Zwischenerwerber angestrengten Prozesses ab (St/J/*Leipold* § 325 Rn 24). Entsprechendes gilt für die Bestimmung eines Endtermins (§ 163 BGB).

c) Genehmigung. Hängt die Wirksamkeit des Rechtsgeschäfts von einer Genehmigung ab, kommt es entsprechend den Überlegungen zur aufschiebenden Bedingung auf den Zeitpunkt der Genehmigung an. Liegt diese nach Rechtshängigkeit, wirkt das Urt auch für und gegen den Erwerber als Rechtsnachfolger. Dabei ist unerheblich, dass die Genehmigung zurückwirkt, da vorher getroffene anderweitige Verfügungen nach § 184 II BGB nicht unwirksam werden (BGH NJW 96, 156, 158; Wieczorek/Schütze/*Büscher* § 325 Rn 28). 22

d) Anfechtung. Fällt der streitbefangene Gegenstand aufgrund erfolgreicher Anfechtung wieder an den ursprünglichen Rechtsinhaber zurück, so ist dieser nicht als Rechtsnachfolger des Zwischenerwerbers anzusehen. Denn die Anfechtung hat zur Folge, dass sein Rechtserwerb als von Anfang an nichtig anzusehen ist (Zö/*Vollkommer* § 325 Rn 18; Wieczorek/Schütze/*Büscher* § 325 Rn 28). 23

IV. Rechtskrafterstreckung auf Rechtsnachfolger. 1. Rechtsnachfolge. Rechtsnachfolger einer Partei ist jeder, der hinsichtlich des streitbefangenen Gegenstandes in die Rechtsstellung der Partei tritt. Streitbefangen ist eine Sache, eine Forderung oder ein sonstiges Recht dann, wenn auf der rechtlichen Beziehung zu ihr die Sachlegitimation beruht (zum Begriff der streitbefangenen Sache näher § 265 Rz 4). Erfasst werden sowohl die Gesamtrechts- als auch die Einzelrechtsnachfolge. 24

Gleichgültig ist, ob die Rechtsnachfolge aufgrund **Rechtsgeschäft** (§§ 398, 873, 929 ff BGB), **Gesetz** (zB § 86 VVG; §§ 268, 412, 426 II, 774 BGB, § 33 SGB II, §§ 93, 94 SGB XII) oder **Hoheitsakt** (§§ 829, 835, § 90 ZVG) erfolgt und ob es sich um einen **abgeleiteten** oder **originären Erwerb** handelt. Keine Rolle spielt weiter, ob sich die Nachfolge auf das **volle** oder ein **gemindertes Recht** des Rechtsvorgängers bezieht. Auch eine **partielle Nachfolge** in das Recht des Rechtsvorgängers reicht aus. Rechtsnachfolger ist damit nicht nur der neue Eigentümer, sondern auch derjenige, welcher ein Anwartschaftsrecht oder ein beschränkt dingliches Recht (Pfandrecht, Hypothek oder Grundschuld, Nießbrauch etc) an dem streitbefangenen Gegenstand erwirbt. Auch ein nach Rechtshängigkeit erworbenes Pfändungspfandrecht an dem streitbefangenen Gegenstand führt dazu, dass das Urt für und gegen den Pfändungsgläubiger wirkt (BGHZ 86, 337, 339 = NJW 83, 886; München FGPrax 09, 84, 85). § 325 letzter Hs stellt die Besitznachfolge der Rechtsnachfolge gleich (näher Rz 31 f). 25

2. Gesamtrechtsnachfolge. a) Natürliche Personen. Mit dem Erbfall wird der Erbe oder die Erben nach § 1922 I BGB Rechtsnachfolger des Erblassers. Ein für oder gegen den Erblasser ergangenes Urt wirkt daher bereits aufgrund materiell-rechtlicher Anordnung für und gegen die Erben (*Völzmann* S. 98). Davon zu trennen ist die Frage, in welchem Umfang der Erbe haftet. Hierfür gelten die §§ 1967 ff. Der Erbe kann danach die Haftung auf den Nachlass beschränken, § 1975, was er im Prozess durch Einrede geltend machen muss. Nicht berührt von der Gesamtrechtsnachfolge wird eine Rechtsstellung, die der Erbe vor dem Erbfall erlangt hat. Auf den Erwerb eines nicht streitbefangenen Gegenstands vom Erblasser erstreckt sich ein Urt, das dem Erblasser das Eigentum rechtskräftig aberkennt, daher nicht (BGH MDR 56, 542; MüKoZPO/*Gottwald* § 325 Rn 21). 26

b) Juristische Personen und Personengesellschaften. Bei Personengesellschaften liegt eine Gesamtrechtsnachfolge vor im Falle Ihres Erlöschens ohne Liquidation, etwa bei Ausscheiden eines Gesellschafters aus einer zweigliedrigen Personengesellschaft und Übernahme der Aktiva und Passiva durch den verbleibenden Gesellschafter, der damit Gesamtrechtsnachfolger der beendeten Gesellschaft wird (BGH NJW 71, 1844; BGHZ 71, 296, 300 = NJW 78, 1525; NJW 00, 1119). Der bloße Gesellschafterwechsel stellt hingegen keinen Fall der Gesamtrechtsnachfolge dar, solange hierdurch die Identität der Gesellschaft nicht verändert wird (So MüKoZPO/*Gottwald* § 325 Rn 22; aA Zö/*Vollkommer* § 325 Rn 15). Im Falle der Firmenfortführung nach § 25 HGB liegt nur ein Schuldbeitritt vor, für den § 325 I nicht gilt (Rz 36). 27

Bei Kapitalgesellschaften liegt eine Gesamtrechtsnachfolge immer dann vor, wenn das gesamte Gesellschaftsvermögen der juristischen Person auf einen neuen Rechtsträger übergeht. Dies ist der Fall bei Verschmelzung von Aktiengesellschaften nach §§ 339 ff, 354 ff AktG und bei Anfall eines Vereinsvermögens an den Fiskus (§ 46 BGB). Eine Gesamtrechtsnachfolge liegt weiter vor bei Umwandlung von Gesellschaften nach dem UmWG durch Verschmelzung (§ 20 UmWG) oder Vermögensübertragung (§ 174 UmWG). In diesen Fällen wirkt eine rechtskräftige Entscheidung für und gegen den neuen Rechtsträger. Dagegen besteht bei der Umwandlung durch Formwechsel (§ 202 UmWG) der bisherige Rechtsträger in neuer Rechtsform fort. Hier bedarf es wegen der Identität des Rechtsträgers keiner Rechtskrafterstreckung. Im Falle der Spaltung (§ 123 UmwG) ist zu unterscheiden. Bei Aufspaltung erfolgt keine Rechtsnachfolge, da 28 diese zum Erlöschen des übertragenden Rechtsträgers führt. Bei der Ausgliederung wird tw von einer partiellen oder geteilten Gesamtrechtsnachfolge (LH/*Teichmann* § 123 Rn 8 f) gesprochen. Jedoch handelt es sich hier lediglich um eine besondere Übertragungsart, die es gestattet, statt der Einzelübertragung verschiedener Vermögensgegenstände eine Summe von Vermögensgegenständen in einem Akt zu übertragen (LH/*Teichmann* § 123 Rn 10). Der BGH misst dieser Art der Übertragung prozessual die gleichen Folgen zu wie einer Einzelübertragung (BGH NJW 01, 1217, 1218). Soweit in diesem Rahmen Verbindlichkeiten übernommen werden, liegt daher eine Schuldübernahme und mithin kein Fall des § 325 I vor (s. Rz 37).

29 Eine Erstreckung der Rechtskraft eines den Rechtsnachfolger beschwerenden Urteils auf seinen Rechtsvorgänger sieht § 325 I nicht vor. Der übertragende Rechtsträger, aus dem durch Ausgliederung nach § 123 II Nr. 2 UmwG ein abgespaltener Rechtsträger hervorgeht, ist nicht dessen Rechtsnachfolger iSd § 325, sondern allenfalls dessen Rechtsvorgänger (BGH NJW-RR 06, 1628, 1629).

30 **3. Einzelrechtsnachfolge.** Bei der aufgrund Rechtsgeschäft, Gesetz oder Hoheitsakt (s. Rz 25) eintretenden Einzelrechtsnachfolge bleibt der Rechtsvorgänger gem § 265 II 1 prozessführungsbefugt. Aus Gründen der Prozessökonomie und um den Prozessgegner nicht zu einer neuen Klage gegen den Rechtsnachfolger zu zwingen, wird der Prozess gegen den bisherigen Inhaber der streitbefangenen Sache oder Forderung fortgeführt. Dementsprechend ordnet § 325 I die Erstreckung der Rechtskraft auf den Rechtsnachfolger an.

31 **a) Besitzwechsel.** Zur Rechtskrafterstreckung führt weiterhin auch die Nachfolge nur in den Besitz der streitbefangenen Sache, wobei dies tw aus einer direkten (hM RGZ 82, 35, 38; BGHZ 114, 308, 309 = NJW 91, 2420, 2421; MüKoZPO/*Gottwald* § 325 Rn 30), teils aus einer analogen Anwendung des § 325 I hergeleitet wird (Musielak/*Musielak* § 325 Rn 10; *Schilken* Passivlegitimation S. 72 f.) Auch wenn die Besitznachfolge keine Rechtsnachfolge im eigentlichen Sinn ist (BGH NJW 81, 1517), gilt § 325 I aber wegen der ausdrücklichen Normierung dieses Falles unmittelbar. Dies gilt sowohl für die Nachfolge in den Eigenbesitz (RGZ 121, 379, 381; BGH NJW 81, 1517, 1518) als auch für die Nachfolge in den Fremdbesitz an der streitbefangenen Sache (B/L/A/H § 325 Rn 6; MüKoZPO/*Gottwald* § 325 Rn 30; aA Musielak/*Musielak* § 325 Rn 10 nur Eigenbesitz). Der unmittelbare Besitzer ist weiterhin nach § 325 I letzter Hs gebunden, wenn er einer der Parteien den Besitz vermittelt. Hingegen ist der Erwerber mittelbaren Besitzes an ein gegen den unmittelbaren Besitzer ergangenes Urt nicht gebunden, da § 325 I letzter Hs diesen Fall nicht erfasst. Auch auf den Besitzdiener ist § 325 I nicht anwendbar, da mangels eines eigenen Besitzrechts keine Besitznachfolge vorliegt (so auch Zö/*Vollkommer* § 325 Rn 22).

32 Praktische Bedeutung kommt dem Besitzwechsel va in den Fällen der Vermietung, Verpachtung und Leihe zu. Die rechtskräftige Entscheidung erstreckt sich in diesen Fällen auch auf den Mieter, den Pächter und den Entleiher. Begründen diese nach Rechtshängigkeit des Räumungs- bzw Herausgabeanspruchs ein Untermiet-, -pachtverhältnis etc, so erstreckt sich die Rechtskraft des gegen den Hauptmieter ergangenen Räumungstitels auch auf den Untermieter, da dieser Besitznachfolger ist (LG Karlsruhe NJW 53, 30; *Schilken* Passivlegitimation S. 91; MüKoZPO/*Gottwald* § 325 Rn 86; B/L/A/H § 325 Rn 34). Umstritten ist hingegen, ob die Rechtskrafterstreckung auch dann eintritt, wenn das Untermietverhältnis bereits vor Rechtshängigkeit der Klage gegen den Hauptmieter begründet worden ist. Die wird tw deswegen bejaht, weil sich aus dem Rückgabeanspruch des Vermieters, Verpächters oder Verleihers nach §§ 546 II, 581 II, 604 IV BGB ergebe, dass der Untermieter, -pächter oder -entleiher dem Klagenden ggü die Beendigung des Hauptmiet-, Hauptpacht- oder Hauptleihverhältnisses nicht mehr bestreiten könne (AG Hamburg NJW-RR 92, 1487; *Grunsky* VerfahrensR § 47 VI 2c; Zö/*Vollkommer* § 325 Rn 38). Eine Rechtskrafterstreckung ist aber zu verneinen, weil Haupt- und Untermieter, -pächter und -entleiher nur als Gesamtschuldner zur Rückgabe verpflichtet sind. Eine Rechtskrafterstreckung zwischen Gesamtschuldnern findet nach § 425 II BGB nicht statt (BGH NJW 2001, 1355). Die hM, der sich auch der BGH angeschlossen hat, verneint daher zu Recht eine Herausgabepflicht des Untermieters aufgrund eines gegen den Hauptmieter ergangenen rechtskräftigen Titels (BGH NJW-RR 06, 1385, 1386; MüKoZPO/*Gottwald* § 325 Rn 86, Musielak/*Musielak* § 325 Rn 18; B/L/A/H § 325 Rn 34; St/J/*Leipold* § 325 Rn 91; Wieczorek/Schütze/*Büscher* § 325 Rn 58).

33 **b) Buchposition.** Bei der Übertragung unbeweglicher Sachen ist eine Rechtsnachfolge bereits dann anzunehmen, wenn der Erwerber nur eine Buchposition erlangt (RGZ 82, 35, 38; MüKoZPO/*Gottwald* § 325 Rn 29). Zur Rechtskraftwirkung der Entscheidung über den Grundbuchberichtigungsanspruch s. § 322 Rz 21.

4. Schuldnachfolge. Grundsätzlich ist die Schuldnachfolge bereits dem Wortlaut nach keine Rechtsnachfolge iSd § 325 I (BGHZ 61, 140, 142 = NJW 73, 1700; NJW 98, 1645, 1646). Eine Rechtskrafterstreckung auf den Schuldnachfolger findet daher nur in Ausnahmefällen statt. So ist eine Rechtskrafterstreckung immer dann zu bejahen, wenn die Schuldnachfolge auf einer Rechtsnachfolge beruht, wie im Falle der Gesamtrechtsnachfolge des Erben, der nach § 1967 BGB auch für die Nachlassverbindlichkeiten haftet. Gleiches gilt für den Fall, dass die Schuldnachfolge auf dem Erwerb eines belasteten dinglichen Rechts beruht (MüKoZPO/*Gottwald* § 325 Rn 34). 34

Bei Unterlassungsansprüchen gibt es grds keine Schuldnachfolge in die Unterlassungspflicht (NJW 08, 301). Demgemäß erstreckt sich die Rechtskraft eines Unterlassungstitels nicht auf den Rechtsnachfolger. Der Anspruch muss in der Person des Rechtsnachfolgers neu entstehen. Richtiger erscheint es aber, jedenfalls für den Fall des § 8 II UWG danach zu unterscheiden, ob die Unterlassungspflicht auf dem persönlichen Verhalten des Inhabers oder seiner Angestellten oder Beauftragten als »Handlungsstörer« beruht. Eine Rechtskrafterstreckung auf den Betriebserwerber kommt hingegen beim Inhaberwechsel nach Rechtshängigkeit in Betracht, wenn die Zuwiderhandlungen von einem Betrieb als streitbefangener Sache ausgehen (*Foerste* GRUR 98, 450, 454; Wieczorek/Schütze/*Büscher* § 25 Rn 47; B/L/A/H § 265 Rn 6; für den vertraglichen Unterlassungsanspruch Ahrens GRUR 96, 518, 522). 35

a) Schuldbeitritt. Im Falle des Schuldbeitritts entsteht ein Gesamtschuldverhältnis zwischen dem bisherigen Schuldner und dem Beitretenden. Die Erstreckung der Rechtskraft einer gegen den bisherigen Schuldner ergangenen Entscheidung ist nach § 425 II BGB ausgeschlossen. Die Haftung bei Firmenfortführung nach § 25 HGB oder der Eintritt in das Geschäft eines Einzelkaufmanns gem § 28 HGB führt – sofern nichts Abweichendes vereinbart ist – zu einer gesamtschuldnerischen Haftung, so dass eine Rechtskrafterstreckung ebenfalls ausscheidet. Wird aber eine rechtskräftig festgestellte Schuld übernommen, so wird dies regelmäßig dahingehend aufzufassen sein, dass der Übernehmer das Prozessergebnis gegen sich gelten lassen will, was in den praktischen Auswirkungen einer Rechtskrafterstreckung gleichkommt (dazu BGH NJW 81, 47; MüKoZPO/*Gottwald* § 325 Rn 36). 36

b) Befreiende Schuldübernahme. Sehr umstr ist die Frage der Rechtskrafterstreckung bei einer befreienden Schuldübernahme nach §§ 414, 415 BGB. Die hM verneint eine Rechtskrafterstreckung, da der Übernehmer nicht Rechtsnachfolger ist (BGHZ 61, 140, 142 = NJW 73, 1700; MüKoZPO/*Gottwald* § 325 Rn 35; St/J/*Leipold* § 325 Rn 30). Zudem sei der Gläubiger auch nicht schutzwürdig, da er selbst den Schuldner freigestellt habe (MüKoZPO/*Gottwald* § 325 Rn 35). Nach der Gegenauffassung soll eine Rechtskrafterstreckung im Interesse des Gläubigers jedenfalls dann erfolgen, wenn die Schuldübernahme **nach Rechtskraft** der Entscheidung erfolgte und zwar **unabhängig von der Kenntnis des Übernehmers** von der rechtskräftigen Entscheidung (Bettermann S. 134 ff; *Blomeyer* ZZP 75, 1, 21; Zö/*Vollkommer* § 325 Rn 24; B/L/A/H § 325 Rn 37). Dagegen spricht, dass § 325 eine solche Unterscheidung fremd ist und eine derartige über den Wortlaut hinausgehende Rechtskrafterstreckung auch den Fall der kumulativen Schuldübernahme erfassen müsste (St/J/*Leipold* § 325 Rn 30). Richtiger erscheint es daher, auch in diesen Fällen auf die zwischen Schuldner und Übernehmer getroffene Vereinbarung abzustellen, aus der sich im Einzelfall ergeben kann, dass dieser die rechtskräftige Entscheidung auch gegen sich gelten lassen will. Dies setzt aber die **Kenntnis des Übernehmers** von der rechtskräftigen Entscheidung voraus (Wieczorek/Schütze/*Büscher* § 325 Rn 64). Wird die Schuld während des laufenden Prozesses übernommen, findet nach ganz hM keine Rechtskrafterstreckung statt (BGH NJW 01, 1218; *Blomeyer* ZZP 75, 1, 21; MüKoZPO/*Gottwald* § 325 Rn 35; St/J/*Leipold* § 325 Rn 30; Musielak/*Musielak* § 325 Rn 9). 37

c) Betriebsübergang. Der Betriebsübergang nach § 613a BGB stellt einen Sonderfall der Vertragsübernahme dar. Eine von einem Arbeitnehmer erwirkte rechtskräftige Entscheidung ggü dem alten Arbeitgeber wirkt daher auch ggü dem neuen Inhaber, auf den der Betrieb bzw der Betriebsteil übergegangen ist (BAG NJW 77, 1119 (Ls) = AP Nr. 1 zu § 325 mit Anm *Leipold*; BAG NJW 98, 331, 332). 38

V. Rechtskrafterstreckung bei Prozessstandschaft. 1. Gesetzliche Prozessstandschaft. Die Rechtskraft einer für und gegen den Prozessstandschafter ergangenen Entscheidung erstreckt sich dann auf den Rechtsinhaber, wenn diesem die Prozessführungsbefugnis zur Wahrnehmung der Interessen des Rechtsinhabers übertragen worden ist (St/J/*Leipold* § 325 Rn 54). Dies gilt regelmäßig für die **Parteien kraft Amtes**, dh den Insolvenz-, Nachlass- und Zwangsverwalter sowie den Testamentsvollstrecker (vgl § 327 Rz 5). Ausdrücklich angeordnet ist die Wirkung für und gegen das Kind bei der Prozessstandschaft eines Elternteils zur 39

Geltendmachung von Unterhaltsansprüchen gegen den anderen Elternteil in § 1629 III 2 BGB. Sie gilt aber auch für sonstige Fälle gesetzlicher Prozessstandschaft aufgrund materiell-rechtlicher Vorschriften (§§ 1422 S 1, 1429 S 2, 1629 I 3, III 1 BGB). Keine Rechtskrafterstreckung findet hingegen statt, wenn der Prozessstandschafter im Rechtsstreit **auch eigene Interessen** vertritt, etwa weil ihm mit anderen ein Recht gemeinschaftlich zusteht, wie bei §§ 432 I, 744 II, 1011, 1368, 1428, 1455 Nr 8, 2039 BGB.

40 **2. Gewillkürte Prozessstandschaft.** Bei **gewillkürter Prozessstandschaft** findet eine Rechtskrafterstreckung auf den Rechtsinhaber statt, da dieser der Prozessführung durch einen anderen zugestimmt hat (BGHZ 78, 1, 7 = NJW 80, 2461). Erforderlich ist aber, dass die Geltendmachung eines fremden Rechts erkennbar ist, der Prozessstandschafter sich folglich auf die ihm erteilte Ermächtigung berufen hat (BGH NJW 72, 1580; NJW 88, 1585, 1586). Umstritten ist die Rechtskrafterstreckung im Falle der **Inkassozession**. Da der Zessionar die volle Gläubigerstellung erhält und im eigenen Namen auftritt, wird tw eine Rechtsnachfolge erst bei Rückübertragung der Forderung an den Zedenten eine Rechtsnachfolge bejaht (St/J/*Leipold* § 325 Rn 53; Wieczorek/Schütze/*Büscher* § 325 Rn 79). Die Gegenauffassung bejaht eine Rechtskrafterstreckung, da der Zessionar als Treuhänder wirtschaftlich für den Treugeber tätig wird (RGZ 88, 290, 293; MüKoZPO/*Gottwald* § 325 Rn 47). Da die Vertretung fremder Interessen auch bei der gesetzlichen Prozessstandschaft das entscheidende Kriterium für die Rechtskrafterstreckung ist, erscheint dies vorzugswürdig.

41 **VI. Rechtskrafterstreckung kraft gesetzlicher Anordnung.** In bestimmten Fällen ordnet das Gesetz eine Erstreckung der Rechtskraft auf dritte Personen an, die nicht Rechtsnachfolger einer Partei sind. Die Wirkung kann sich dabei auf bestimmte **einzelne Personen**, einen in bestimmter Weise abgrenzbaren Personenkreis oder aber auf **alle** erstrecken, ohne dass es sich im letzten Fall um eine Gestaltungswirkung (s. Rz 9) handelt.

42 **1. Auf einzelne Personen.** Nach § 124 I VVG wirkt bei allen ab dem 1.1.08 abgeschlossenen neuen Versicherungsverträgen ein klageabweisendes Sachurteil, das zwischen dem Geschädigten und dem Versicherer ergeht, immer auch zu Gunsten des Versicherungsnehmers; ein Urt zwischen dem Geschädigten und dem Versicherungsnehmer auch zu Gunsten des Versicherers. Für Altverträge treten die Vorschriften des neuen VVG erst zum 1.1.09 in Kraft. Die Regelung entspricht inhaltlich dem bis dahin nur für den Bereich der Pflichtversicherung geltenden § 3 Nr 8 PflVG, der mit Wirkung zum 1.1.08 aufgehoben wurde. Die Rechtsprechung bejaht im Bereich der KfZ-Haftpflichtversicherung eine Bindung auch dann, wenn Versicherungsnehmer und Versicherer gleichzeitig verklagt werden (BGH NJW 82, 996, 997; NJW-RR 03, 1327). Die Rechtskraftbindung bezieht sich nur auf das Verhältnis des Versicherers zum Versicherungsnehmer. Der Geschädigte ist dagegen nicht gehindert, nach rechtskräftiger Abweisung seiner Klage gegen den Versicherungsnehmer (Halter) gegen den mitversicherten Fahrer oder wegen seiner Haftung auch gegen die Versicherung klageweise vorzugehen (BGHZ 96, 18, 22 = NJW 86, 1610, 1611). Ein Vergleich löst die Bindungswirkung nicht aus (BGH NJW-RR 85, 22). Zu Lasten des Versicherers oder des Versicherungsnehmers findet keine Rechtskrafterstreckung auf Dritte statt (BGH NJW 71, 940). Diese für § 3 Nr 8 PflVG geltenden Grundsätze dürften auch für den neuen § 124 I VVG Geltung beanspruchen.

43 **2. Auf einen bestimmten Personenkreis.** Aus Zweckmäßigkeitsgründen, insb zur Verhütung von Verwirrung durch widersprechende Entscheidungen, ordnet das Gesetz in einigen Fällen an, dass ein ggü einem Beteiligten ergangenes Urt für und gegen alle an dem streitigen Rechtsverhältnis materiell Beteiligten wirkt, zB für und gegen alle Pfandgläubiger in § 856 IV. Eine rechtskräftige Entscheidung, durch die eine Forderung festgestellt oder ein Widerspruch für begründet erklärt wird, wirkt ggü dem Insolvenzverwalter und allen Insolvenzgläubigern nach § 183 InsO. Die Eintragung in die Tabelle wirkt für die festgestellten Forderungen ihrem Betrag und ihrem Rang nach wie ein rechtskräftiges Urt ggü dem Insolvenzverwalter und allen Insolvenzgläubigern § 178 III InsO. Ein rechtskräftiges Urt, durch das bei einer AG ein Hauptversammlungsbeschluss oder die Wahl eines Aufsichtsratsmitglieds durch die Hauptversammlung für nichtig erklärt wird, wirkt nach §§ 248, 252 AktG für und gegen alle Aktionäre, den Vorstand und den Aufsichtsrat (BGHZ 132, 278, 285) bzw für und gegen alle Genossen nach §§ 51 V, 96, 111 GenG, Gesellschafter § 75 II GmbHG.

44 **3. Auf alle.** Urteile in Kindschaftssachen, die das Bestehen eines Eltern-Kind-Verhältnisses oder die elterliche Sorge betreffen (Statussachen), wirken kraft gesetzlicher Anordnung in § 184 II FamFG für und gegen alle.

VII. Rechtskrafterstreckung kraft materiell-rechtlicher Abhängigkeit. Eine über den in § 325 unmittelbar geregelten Fall der Rechtsnachfolge hinausgehende Erstreckung der subjektiven Rechtskraft wird weiterhin dann anerkannt, wenn dass das materielle Recht eine Rechtskrafterstreckung auf einen am Prozess nicht beteiligten Dritten gebietet. Umstritten ist dabei, ob es ausreicht, wenn dem Urt ein für Dritte präjudizielles Rechtsverhältnis zugrunde liegt oder ob darüber hinaus auch eine objektive Identität des Streitgegenstandes verlangt werden muss, dass also die Parteien um dasselbe Recht streiten wie die Parteien des Vorprozesses (R/S/G § 155 Rn 23). Würde man eine objektive Identität des Streitgegenstandes verlangen, so fände keine Rechtskrafterstreckung des zwischen Hauptschuldner und Gläubiger ergangenen Urteils auf den Bürgen statt, da der Gläubiger vom Hauptschuldner nicht dieselbe Leistung fordert wie vom Bürgen (Völzmann S. 99). Da aufgrund der akzessorischen Haftung des Bürgen eine Rechtskrafterstreckung **zu Gunsten des Bürgen** allg angenommen wird (s. Rz 46), erscheint dieses Abgrenzungskriterium daher nicht als tragfähig. Bejaht wird aber eine Rechtskrafterstreckung aus zivilrechtlichen Gründen nur dort, wo sich eine solche Anordnung entweder ausdrücklich oder aber aus dem Sinn und Zweck einer Vorschrift ergibt, die ihrerseits Inhalt und Umfang der Bindungswirkung näher ausgestaltet (BGH NJW-RR 06, 1628, 1629). 45

1. Anwendungsfälle. Nach § 768 I 1 BGB kann sich der Bürge darauf berufen, dass die Forderung in dem zwischen dem Hauptschuldner und dem Gläubiger geführten Prozess rechtskräftig aberkannt worden ist (BGH NJW 70, 279; BGH NJW-RR 05, 338, 339). Gleichermaßen verbindlich ist die im Prozess zwischen Gläubiger und Schuldner ergangene Entscheidung auch für den Eigentümer des hypothekarisch belasteten Grundstücks nach § 1137 I BGB und den Verpfänder einer beweglichen Sache nach § 1211 I BGB (Musielak/*Musielak* § 325 Rn 15; St/J/*Leipold* § 325 Rn 95). Ihnen geht jedoch ebenso wie dem Bürgen durch die Rechtskrafterstreckung nicht das Recht verloren, nach §§ 768 II, 1137 II, 1211 II BGB Einwendungen gegen die Forderung zu erheben (BGHZ 76, 222, 230 = NJW 80, 1460). 46

Nach § 129 HGB erstreckt sich die Rechtskraft eines gegen die Gesellschaft ergangenen Urteils auf die Gesellschafter (BGH NJW-RR 93, 1266). Weiterhin kann sich der Gesellschafter grds auf ein Urt berufen, das zu Gunsten einer OHG oder KG ergangen ist (MüKoZPO/*Gottwald* § 325 Rn 69; Zö/*Vollkommer* § 325 Rn 35). Umgekehrt erstreckt sich aber die Rechtskraft eines im Prozess gegen die Gesellschafter ergangenen Urteils nicht auf die Gesellschaft. Eine solche Rechtskrafterstreckung lässt sich weder aus § 129 I HGB noch aus § 736 herleiten (BGH NJW 11, 2048). Ein im Gesellschafterprozess ergangenes rechtskräftiges Urt über die Grundlage des Gesellschaftsverhältnisses ist für die Gesellschaft maßgebend (BGHZ 48, 175 = NJW 67, 2159). Wird eine GmbH nach § 61 GmbHG durch Urt aufgelöst, erwächst diese Entscheidung auch ggü den am Prozess nicht beteiligten Mitgesellschaftern in Rechtskraft (BVerfGE 60, 7, 9 ff = NJW 82, 1635). 47

Soweit der Gläubiger in die Rechtsposition des Schuldners eintritt, ist er in gleichem Maße wie dieser an die Rechtskraft des angegriffenen Titels gebunden (BGH NJW 88, 828, 829). So kann der widersprechende Gläubiger iRe Widerspruchsklage im Verteilungsverfahren nach § 878, § 115 I ZVG kann der Einwendungen gegen den Bestand der Forderung eines konkurrierenden Gläubigers nur geltend machen, soweit sie nicht nach § 767 II präkludiert sind oder eine Wideraufnahme begründen (BGHZ 63, 61, 62 = NJW 74, 2284). Gleiches gilt für den Insolvenzgläubiger beim Widerspruch nach § 179 II InsO, den Anfechtungsbeklagten nach dem AnfG (Zö/*Vollkommer* § 325 Rn 31; aA MüKoZPO/*Gottwald* § 325 Rn 82: Tatbestandswirkung) und den Vollstreckungsgläubiger bei der Klage nach § 805 (Musielak/*Musielak* § 325 Rn 17). 48

2. Grenzen. In der Literatur wird die Ansicht vertreten, über die gesetzlich geregelten Ausnahmefälle hinaus müsse ein Dritter unter bestimmten Voraussetzungen, etwa wenn ihm dies zumutbar sei, die rechtskräftige Entscheidung über ein vorgreifliches Rechtsverhältnis gegen sich gelten lassen (Blomeyer §§ 91 II, 93; *Schwab* ZZP 77, 124 ff). Einer solchen Ausweitung des Begriffs der materiellen Abhängigkeit ist der BGH bislang nicht gefolgt. Keine Rechtskrafterstreckung findet daher in folgenden Fällen statt: 49

Das zu Lasten des Hauptschuldners ergangene Urt muss sich der Bürge grds nicht entgegenhalten lassen (BGHZ 107, 92, 95 = NJW 89, 1276). Umgekehrt wirkt auch ein Urteils des Gläubigers gegen den Bürgen nicht für und Gegen den Hauptschuldner (BGHZ 76, 222, 230 = NJW 80, 1460). Ein im Prozess zwischen Schuldner und Bürgen ergangenes Urt wirkt nicht für und gegen den Gläubiger (BGH NJW 71, 701). 50

Die Rechtskraft von Entscheidungen gegen die Gesellschafter erstreckt sich nicht auf die Gesellschaft (MüKoZPO/*Gottwald* § 325 Rn 69). Beispielsweise ist die auf Auszahlung in Anspruch genommene Gesellschaft nicht an eine die Gewinnbeteiligung feststellende Entscheidung gebunden, welches einer der Gesellschafter gegen den anderen erwirkt hat (*Huber* JuS 72, 621, 627). Ebenso hat ein zwischen den Gesellschaftern ergangenes Urt über die Gesellschafterstellung einer Partei keine Rechtskraftwirkung ggü der GmbH 51

(Ddorf DB 93, 2474). Der im Falle der Ausfallhaftung nach einer Kaduzierung gem §§ 21, 24 GmbHG auf Zahlung in Anspruch genommene Gesellschafter kann die Rechtmäßigkeit der Kaduzierung ohne Rücksicht auf ein im Verhältnis zwischen seinem Mitgesellschafter und der Gesellschaft bzw dem Insolvenzverwalter ergangenes Urt in Frage stellen (BGH NJW-RR 05, 338, 339).

52 Die Rechtskraft eines Urteils, das einen Anspruch auf Vertragserfüllung gegen den Vollstreckungsschuldner beinhaltet, nicht auf den Vollstreckungsgläubiger, der die Forderung aus ungerechtfertigter Bereicherung wegen Nichtigkeit des Vertrags pfänden lässt (BGH NJW 96, 395, 396).

53 Hat der Leasinggeber sich unter Abtretung seiner Gewährleistungsansprüche gegen den Lieferanten ggü dem Leasingnehmer frei gezeichnet, so ist er an ein zwischen Lieferant und Leasingnehmer ergehendes Urt über die Mängelansprüche nicht aufgrund einer Rechtskrafterstreckung, sondern aufgrund der erfolgten Abtretung gebunden (BGHZ 114, 57, 62 = NJW 91, 1746).

54 **VIII. Rechtskrafterstreckung kraft Vereinbarung.** Die subjektiven Grenzen der Rechtskraft gerichtlicher Entscheidung unterliegen nicht der Parteidisposition (BGH NJW-RR 87, 642, 643; MüKoZPO/*Gottwald* § 325 Rn 90). Sie kann durch vertragliche Vereinbarung der Parteien weder auf Dritte erstreckt werden, noch ist ein Verzicht hierauf möglich. Es ist jedoch möglich, dass die Parteien bei gleich- oder ähnl gelagerten Fällen aus Gründen der Kostenersparnis die Durchführung eines Musterprozesses vereinbaren. Soweit das Ergebnis dieses Prozesses für die anderen Fälle maßgebend sein soll, handelt es sich aber nicht um einen Fall der Rechtskrafterstreckung, sondern vielmehr nur um die vertragliche Vereinbarung hinsichtlich des rechtskräftig festgestellten Rechtsverhältnisses, die grds zulässig ist, soweit die Parteien über den Streitgegenstand verfügen können (St/J/*Leipold* § 322 Rn 222; Musielak/*Musielak* § 325 Rn 20).

55 **D. Schutz des gutgläubigen Erwerbers (Abs 2).** Von der Rechtskrafterstreckung zu Lasten des Rechtsnachfolgers macht § 325 II eine Ausnahme zu Gunsten des gutgläubigen Erwerbers. Anwendbar ist § 325 II daher nur bei solchen Erwerbsvorgängen, bei denen ein gutgläubiger Erwerb des Rechtsnachfolgers möglich ist, dh nicht geschützt ist der Erwerber bei der Forderungsabtretung und im Falle einer Gesamtrechtsnachfolge. Für die Anforderungen an den guten Glauben gelten die jeweiligen Regelungen des materiellen Rechts.

56 Umstritten ist, ob § 325 II nur bei einem **Erwerb vom Nichtberechtigten** anwendbar ist (hM MüKoZPO/*Gottwald* § 325 Rn 97; Musielak/*Musielak* § 325 Rn 23; Zö/*Vollkommer* § 325 Rn 44; *v. Olshausen* JZ 88, 584, 586), oder auch bei einem Erwerb vom Berechtigten nach Rechtshängigkeit, sofern sich der gute Glaube nur auf die Rechtshängigkeit bezieht (B/L/A/H § 325 Rn 9; ThoPu/*Reichold* § 325 Rn 8, Grunsky VerfahrensR § 47 VI 2b bb). Gegen eine Anwendung auch bei einem Erwerb vom Berechtigten spricht aber, dass § 325 II keinen eigenen prozessualen Gutglaubenstatbestand begründet, sondern lediglich auf die Vorschriften über den Erwerb vom Nichtberechtigten verweist. Die entsprechende Anwendung der materiell-rechtlichen Gutglaubensvorschriften auf den Rechtsnachfolger ist daher so zu deuten, dass sein gutgläubiger Erwerb nicht gehindert wird, wenn er **im Zeitpunkt des Rechtserwerbs** neben dem guten Glauben an das Recht auch bzgl der Rechtshängigkeit in gutem Glauben ist. Liegt eine solche **doppelte Gutgläubigkeit** vor, hat der Rechtserwerb auch ggü der Rechtskraft des Urteils Bestand. Der Rechtsnachfolger ist mithin ggü einem zu seinen Ungunsten wirkenden Urt geschützt. Nicht heranzuziehen ist § 325 II bei einem zu Gunsten des Veräußerers ergangenen Urt. Auf dessen Wirkungen kann sich der Rechtsnachfolger immer schon nach § 325 I berufen, auch wenn er vom Nichtberechtigten erworben hat.

57 **E. Schutz bei eingetragenen dinglichen Rechten (Abs 3 S 1).** Systematisch stellt § 325 III 1 eine Unterausnahme von der Ausnahme des § 325 II dar, welche dazu führt, dass eine § 325 I entsprechende Rechtskrafterstreckung eintritt. Für den Erwerber eines mit einer eingetragenen Reallast, Hypothek, Grund- oder Rentenschuld belasteten Grundstücks gilt die in § 325 II vorgesehene Möglichkeit eines gutgläubigen Erwerbs nicht. Er ist an ein gegen den Rechtsvorgänger ergangenes Urt gebunden, unabhängig davon, ob er die Rechtshängigkeit gekannt hat. Dies entspricht der materiellen Rechtslage, die zum Schutz des Gläubigers eines Buchrechts einen gutgläubig lastenfreien Erwerb bei eingetragenen Rechten nicht vorsieht. § 325 III 1 hat daher nur klarstellende Funktion. Auch die Unkenntnis vom Bestehen einer eingetragenen Belastung hilft nach allg Grundsätzen nicht, da der Erwerber die Möglichkeit hat, Einsicht ins Grundbuch zu nehmen.

58 **F. Schutz des Erstehers in der Zwangsversteigerung (Abs 3 S 2).** Durch § 325 III 2 wird die Unterausnahme des § 325 III 1 wiederum zugunsten des Erstehers in der Zwangsversteigerung eingeschränkt. Hier tritt eine Rechtskrafterstreckung nur ein, wenn die Rechtshängigkeit, ähnl wie die Kündigung des eingetra-

genen Rechts nach § 54 ZVG, spätestens im Versteigerungstermin vor der Aufforderung zur Abgabe von Geboten angemeldet wird. Die Anmeldung ist auch dann erforderlich, wenn dem Ersteher die Rechtshängigkeit bekannt ist (RGZ 122, 156, 158; Zö/*Vollkommer* § 325 Rn 49). Über den Sinn der Regelung besteht Uneinigkeit. Zum Teil wird davon ausgegangen, dass sie bezweckt, dem Ersteher eine sichere Kenntnis über die Belastungen des erworbenen Grundstücks zu vermitteln und ihn vor Täuschungen und Manipulationen zu bewahren. Dieser Zweck gebiete es daher, die Anmeldepflicht über den Wortlaut hinaus auch dann zu bejahen, wenn der Rechtsstreit über das dingliche Recht bereits rechtskräftig entschieden sei ((Musielak/*Musielak* § 325 Rn 29; MüKoZPO/*Gottwald* § 325 Rn 106 f). Nach aA soll dem Ersteher vorrangig die Übernahme des Prozesses nach § 266 I ermöglicht werden, wenn er das Recht bestreiten will. Dafür spricht, dass der Bewerber über das Bestehen des Rechts schon aufgrund der Eintragung informiert ist. Da eine Übernahme nur bei schwebenden Prozessen möglich ist, wirkt ein bereits rechtskräftig entschiedener Prozess auch ohne Anmeldung ggü dem Ersteher (St/J/*Leipold* § 325 Rn 46; ThoPu/*Reichold* § 325 Rn 10).

G. Schiffshypothek. Für eingetragene Schiffshypotheken verweist § 325 IV nur auf S 1, nicht aber auf S 2 59
des § 325 III. Da auch bei Versteigerung von Schiffen seit 1940 entsprechende Anmeldepflichten bestehen, ist die bestehende Lücke durch entsprechende Anwendung des § 325 III 2 zu schließen (MüKoZPO/*Gottwald* § 325 Rn 108).

§ 325a Feststellungswirkung des Musterentscheids[1]. Für die weitergehenden Wirkungen des Musterentscheids gelten die Vorschriften des Kapitalanleger-Musterverfahrensgesetzes.

A. Normzweck. Die Vorschrift wurde durch Art 2 Ziff 3 des KapMuG in die ZPO eingeführt. Sie ist zum 1
1.1.05 in Kraft getreten und gilt wie das KapMuG bis zum 1.11.10. Sie hat keinen eigenen Regelungsgehalt, sondern eine bloße Hinweis- und Klarstellungsfunktion, indem sie für die Wirkungen des Musterentscheids auf das KapMuG verweist. Dabei dürfte die Wortwahl »weitergehende« Wirkungen nicht so zu interpretieren sein, dass die Vorschriften des KapMuG neben die Vorschriften der ZPO über die Rechtskrafterstreckung treten. Das KapMuG normiert vielmehr anstelle einer Rechtskrafterstreckung eine eigene innerprozessuale Bindungswirkung, welche über den Entscheidungssatz hinaus auch die tatsächlichen und rechtlichen Grundlagen des Musterentscheids erfasst und damit in ihrem Umfang über die Rechtskrafterstreckung nach der ZPO weit hinausgeht (vgl KK-KapMuG/*Hess* § 16 Rn 5).

B. Bedeutung des Musterentscheids. Da der ZPO eine Sammelklage grds fremd ist und sie nur eine Ver- 2
folgung einzelner Ansprüche ermöglicht, bietet sie keine Lösung für die sog Streuschäden, bei denen eine Vielzahl von Geschädigten betroffen sind, der den einzelnen treffende Schaden aber regelmäßig nicht so hoch ist, dass sich für diesen die Rechtsverfolgung wirtschaftlich lohnt (*Möllers/Weichert* NJW 05, 2737). Für den Bereich des Wettbewerbsrechts hat der Gesetzgeber bei Streuschäden den umstrittenen und wenig praktikablen Weg der Gewinnabschöpfung nach § 10 UWG gewählt. Für Streuschäden aufgrund von falschen, irreführenden oder unterlassenen öffentlichen Kapitalmarktinformationen, zB durch unrichtige Prospekte oder überzogene Meldungen zu Gewinnerwartungen, versucht der Gesetzgeber mit dem KapMuG einen anderen Weg einzuschlagen. Dieses sieht in Massenverfahren die Durchführung eines Musterverfahrens vor dem vor. Hierzu kommt es, wenn innerhalb von vier Monaten nach der Bekanntmachung eines Musterfeststellungsantrags nach § 2 I KapMuG neun weitere gleichgerichtete Musterfeststellungsanträge gestellt werden (§ 4 I 1 KapMuG). Das Prozessrisiko verringert sich für den einzelnen Kl insb dadurch erheblich, dass die oft umfangreiche und damit zeit- und kostenintensive Beweisaufnahme nicht für jedes einzelne Verfahren, sondern nur einmal erfolgen muss.

C. Wirkungen des Musterentscheids. Nicht nur in der Art der Entscheidung sondern va auch in der Wir- 3
kung unterscheidet sich der Musterentscheid von sonstigen gerichtlichen Entscheidungen. § 16 I 1 KapMuG ordnet zunächst eine innerprozessuale Bindungswirkung der Prozessgerichte an den Musterentscheid an, vergleichbar dem früheren Rechtsentscheid in Mietsachen. Da das Musterverfahren einen eigenen Streitgegenstand hat, erwächst es insoweit auch in Rechtskraft, § 16 I 2 KapMuG (*Gebauer* ZZP 119, 159, 172), wobei im Einzelnen äußerst zweifelhaft ist, in welchem Umfang sich diese über den Entscheidungssatz hinaus auch auf die tatsächlichen und rechtlichen Feststellungen erstreckt (BTDrs 15/5091, 31; *Lüke* ZZP 119, 131, 147 ff; umf zum Streitstand KK-KapMuG/*Hess* § 16 Rn 10 ff).

1 § 325a gilt gemäß Artikel 2 in Verbindung mit Artikel 9 des Gesetzes vom 16. August 2005 (BGBl. I S. 2437) erst seit dem 1. November 2005.

4 Trotz der Stellung der Verweisungsnorm hinter § 325 wird die weitergehende Wirkung des Musterentscheids für und gegen alle Parteien nicht durch eine Rechtskrafterstreckung auf Dritte erzielt. Die Wirkung ist hinsichtlich der Bindung in rechtlicher und tatsächlicher Hinsicht sowie des Einwands der mangelhaften Prozessführung vielmehr der **Interventionswirkung** der §§ 68, 74 nachgebildet. Sie unterscheidet sich jedoch von der Interventionswirkung dadurch, dass es nicht um die Vorgreiflichkeit für einen Folgeprozess zwischen einer der Parteien und einem Dritten geht, sondern eine unmittelbare Wirkung des Musterentscheids für die Beteiligten von Parallelprozessen eintritt. Alle diejenigen Beteiligten, deren Verfahren aufgrund des Musterverfahrens nach § 7 KapMuG ausgesetzt wurden und die damit nicht Musterkläger oder Musterbeklagter sind, haben nach § 8 I Nr 3 KapMuG die Stellung von Beigeladenen. Der Musterentscheid wirkt für und gegen alle Beigeladenen, unabhängig davon, ob sich diese beteiligt haben, § 16 I 3 KapMuG. Dies gilt auch dann, wenn diese ihre Klage in der Hauptsache nach dem Aussetzungsbeschluss zurückgenommen haben, § 16 I 4 KapMuG. Die Bindungswirkung zu Lasten der Beigeladenen wird in § 16 II KapMuG entsprechend § 68 Hs 2 beschränkt. Diese sind an den Musterentscheid dann nicht gebunden, wenn sie durch die Lage des Musterverfahrens zur Zeit ihrer Beiladung oder das Verhalten der Hauptpartei gehindert waren, Angriffs- oder Verteidigungsmittel geltend zu machen oder die Hauptpartei ihnen unbekannte Angriffs- oder Verteidigungsmittel absichtlich oder durch grobes Verschulden nicht geltend gemacht hat. Schließlich wirkt auch der im Rechtsbeschwerdeverfahren vom BGH getroffene Musterentscheid unabhängig von deren Beitritt für und gegen die Beigeladenen, § 16 III KapMuG.

5 Die Wirkung des § 16 KapMuG bezieht sich nur auf Parallelprozesse. Keine Bindungswirkung entfaltet der Musterentscheid für diejenigen Geschädigten, welche bis zum rechtskräftigen Abschluss des Musterverfahrens noch nicht wirksam Klage erhoben hatten und damit nicht zu Beigeladenen geworden sind. Eine präjudizielle Bedeutung wird dem Ausgang des Musterverfahrens aber in jedem Fall auch für spätere Prozesse von Geschädigten zukommen (zur grenzüberschreitenden Anerkennung der Bindungswirkung KK-KapMuG/*Hess* § 16 Rn 32 ff).

§ 326 Rechtskraft bei Nacherbfolge.

(1) Ein Urteil, das zwischen einem Vorerben und einem Dritten über einen gegen den Vorerben als Erben gerichteten Anspruch oder über einen der Nacherbfolge unterliegenden Gegenstand ergeht, wirkt, sofern es vor dem Eintritt der Nacherbfolge rechtskräftig wird, für den Nacherben.

(2) Ein Urteil, das zwischen einem Vorerben und einem Dritten über einen der Nacherbfolge unterliegenden Gegenstand ergeht, wirkt auch gegen den Nacherben, sofern der Vorerbe befugt ist, ohne Zustimmung des Nacherben über den Gegenstand zu verfügen.

1 **A. Normzweck.** Die Vorschrift schließt eine Lücke bei der Rechtskrafterstreckung auf Dritte. Da der Nacherben nicht Rechtsnachfolger des Vorerben, sondern des Erblassers ist, findet § 325 I auf ihn keine Anwendung. Dennoch ist die Erstreckung der Rechtskraft des zwischen dem Vorerben und einem Dritten ergangenen Urteils bei Streitigkeiten über Nachlassverbindlichkeiten oder Nachlassgegenstände für den Nacherben bzw den Dritten sinnvoll und aus Gründen der Prozessökonomie angebracht.

2 **I. Regelungsinhalt.** Die Regelung des § 326 ist dem § 325 I nachgebildet. Sie unterscheidet zwischen der Rechtskraftwirkung zu Gunsten des Nacherben (Abs 1) und der Rechtskraftwirkung zu Lasten des Nacherben (Abs 2) sowie nach der Stellung des Rechtsvorgängers als befreiter bzw nicht befreiter Vorerbe.

3 **II. Anwendungsbereich.** Die Vorschrift gilt nur für den Fall der Nacherbfolge, nicht im Verhältnis des scheinbaren oder vorläufigen zum endgültigen Erben. Zwar ähneln sich die Fälle insofern, als auch der endgültige Erbe Rechtsnachfolger des Erblassers und nicht der vorläufigen Erben ist. Dennoch ist der endgültige Erbe an rechtskräftige Urteile, die in Aktiv- oder Passivprozessen des Scheinerben ergangen sind, nicht gebunden (BGHZ 106, 359, 364 = NJW 89, 2885). Die Stellung des vorläufigen Erben vor Ausschlagung nach § 1959 BGB ist mit der des Vorerben nicht vergleichbar. Eine entsprechende Anwendung des § 326 für den Fall dringlicher Prozessführung nach § 1959 II BGB ist aus Gründen der Rechtssicherheit nicht anzuerkennen (Wieczorek/Schütze/*Büscher* § 326 Rn 2; aA MüKoZPO/*Gottwald* § 326 Rn 2; Musielak/*Musielak* § 326 Rn 4). Weiterhin ist nach § 326 nur einschlägig im Verhältnis des Nacherben zum Vorerben. An ein gegen den Erblasser ergangenes Urt ist der Nacherbe bereits nach § 325 I gebunden.

4 **B. Rechtskraftwirkung zu Gunsten des Nacherben. I. Nacherbfolge nach Rechtskraft.** Ist ein zwischen dem Vorerben und einem Dritten ergangenes Urt für den Vorerben günstig, so kann sich der Nacherbe

hierauf nur dann berufen, wenn das Urt vor Eintritt der Nacherbfolge rechtskräftig geworden ist. Der Rechtsstreit muss weiterhin entweder eine Nachlassverbindlichkeit oder einen der Nacherbfolge unterliegenden Gegenstand betreffen. Hierzu gehören die Kosten eigener Prozessführung des Vorerben nicht (BGH NJW 70, 1742, 1743). Unerheblich ist die Stellung des Vorerben als Kl oder Bekl des Prozesses. Bei einem teils günstigen, teils ungünstigen Urt gegen den Vorerben, tritt bei Teilbarkeit des Urteilsausspruchs (vgl § 301 Rz 4) eine Rechtskrafterstreckung hinsichtlich des günstigen Teils ein. Bei Unteilbarkeit erfolgt keine Rechtskrafterstreckung.

II. Nacherbfolge vor Rechtskraft. Bei während des Prozesses eintretender Nacherbfolge wird ein Aktivprozess des Vorerben nach §§ 239, 242, 246 unterbrochen, sofern der Vorerbe über den streitbefangenen Nachlassgegenstand verfügen kann. Ist dies nicht der Fall, verliert der Vorerbe mit Eintritt des Nacherbfalls seine Aktivlegitimation. Im Prozess gegen den Vorerben verliert dieser mit Eintritt des Nacherbfalls die Passivlegitimation, es sei denn, der Vorerbe haftet nach § 2145 für eine Nachlassverbindlichkeit. 5

C. Rechtskraftwirkung zu Lasten des Nacherben. Da der Nacherbe vor Verfügungen des Vorerben über Nachlassgegenstände geschützt werden soll, findet eine Rechtskrafterstreckung des gegen den Vorerben ergangenen Urteils gegen den Nacherben grds nicht statt, es sei denn, der Vorerbe durfte nach §§ 2112 ff, 2136 über den Gegenstand verfügen oder der Nacherbe hat der Prozessführung des Vorerben zugestimmt. Das gilt auch für Gestaltungsklagen und Klagen auf Abgabe einer Willenserklärung (MüKoZPO/*Gottwald* § 326 Rn 6). Bei Eintritt des Nacherbfalls vor Rechtskraft der Entscheidung gilt nicht § 326 II, sondern das unter Rz 5 Ausgeführte entsprechend. 6

D. Vollstreckung. Die Erteilung einer vollstreckbaren Ausfertigung richtet sich nach § 728 I. 7

§ 327 Rechtskraft bei Testamentsvollstreckung.

(1) Ein Urteil, das zwischen einem Testamentsvollstrecker und einem Dritten über ein der Verwaltung des Testamentsvollstreckers unterliegendes Recht ergeht, wirkt für und gegen den Erben.

(2) Das Gleiche gilt von einem Urteil, das zwischen einem Testamentsvollstrecker und einem Dritten über einen gegen den Nachlass gerichteten Anspruch ergeht, wenn der Testamentsvollstrecker zur Führung des Rechtsstreits berechtigt ist.

A. Normzweck. Die Notwendigkeit für die Sonderregelung des § 327 ergibt sich aus der Sonderstellung des Testamentsvollstreckers nach § 2197 ff BGB, der als Partei kraft Amtes (hM vgl § 50 Rz 36) Nachlassprozesse im eigenen Namen führt. 1

I. Regelungsinhalt. Die Vorschrift regelt, inwieweit sich die Rechtskraft von Entscheidungen, die zwischen dem Testamentsvollstrecker und einem Dritten ergehen, für und gegen den Erben erstreckt. 2

II. Anwendungsbereich. Die Vorschrift gilt nur für Prozesse die der Testamentsvollstrecker anstelle des Erben führt, nicht aber für sonstige Prozesse des Testamentsvollstreckers, die seine persönliche Stellung (BGH NJW-RR 88, 386) oder das Bestehen und die Durchführung seines Amtes betreffen. 3

B. Prozesse des Testamentsvollstreckers. I. Aktivprozess (Abs 1). Bezieht sich die Klage auf ein der Testamentsvollstreckung unterliegendes Recht, so ist der Testamentsvollstrecker unabhängig von der Klageart allein prozessführungsbefugt (§ 2212 BGB). Die Rechtskraft des von ihm erstrittenen Urteils wirkt für und gegen den Erben. Es ist im Einzelfall nach §§ 2205 ff. BGB zu prüfen, ob Gegenstand der Klage eine Streitigkeit über einen der Testamentsvollstreckung unterliegenden Nachlassgegenstand oder –anspruch ist. Nicht hierunter fallen Klagen über die Gültigkeit einer letztwilligen Verfügung oder das Bestehen oder Nichtbestehen eines Erbrechts, ebenso wenig Klagen bzgl dem Erben persönlich zustehender Ansprüche (MüKoZPO/*Gottwald* § 327 Rn 4). Ausnahmsweise kann in diesen Fällen jedoch eine Klage des Testamentsvollstreckers im eigenen Namen zulässig sein, wenn er ein rechtliches Interesse an der Feststellung hat und die Prozessführung daher im Rahmen seiner Verwaltungsaufgabe liegt (BGH NJW-RR 87, 1090, 1091) oder eine gewillkürte Prozessstandschaft hinsichtlich eines persönlichen Anspruchs des Erben vorliegt (BGHZ 78, 1, 3 = NJW 80, 2461, 2462). 4

II. Passivprozess (Abs 2). Im Prozess um eine **Nachlassverbindlichkeit** ist entscheidend, ob dem Testamentsvollstrecker die Verwaltung des (gesamten) Nachlasses zusteht. Ist dies der Fall, ist er nach § 2213 BGB neben dem Erben passiv prozessführungsbefugt (§ 2213 I 1 BGB). Die Rechtskraft der für und gegen 5 ihn ergangenen Entscheidung erstreckt sich dann auch auf den Erben. Obliegt dem Testamentsvollstrecker die Verwaltung des Nachlasses nicht (§ 2213 I 2 BGB) oder bezieht sie sich auf den Pflichtteilsanspruch (§ 2213 I 3 BGB), so kann die Klage nur gegen den Erben gerichtet werden. Dies gilt nach hM auch dann, wenn sich die Verwaltungsbefugnis auf Teile des Nachlasses bzw einzelne Nachlassgegenstände bezieht und die Herausgabe dieser Nachlassgegenstände verlangt wird. In diesem Fall ist die Klage gegen den Erben mit derjenigen nach § 2213 BGB gegen den Testamentsvollstrecker auf Duldung der Zwangsvollstreckung in die von ihm verwalteten Gegenstände zu verbinden (PWW/*Schiemann* § 2213 Rn 1; aA *Garlichs/Mankel* MDR 98, 511, 514; krit auch MüKoZPO/*Gottwald* § 327 Rn 8).

6 **C. Prozesse des Erben. I. Aktivprozess.** Ein durch den Erben geführter Prozess berührt den Testamentsvollstrecker mangels Prozessführungsbefugnis des Erben nicht. Für und gegen den Testamentsvollstrecker wirkt das Urt nur, wenn er den Erben im Rahmen gewillkürter Prozessstandschaft (vgl § 50 Rz 38 ff) wirksam zur Prozessführung ermächtigt hat (BGHZ 31, 279, 281 = NJW 60, 523; 38, 281, 286).

7 **II. Passivprozess.** Die Prozessführungsbefugnis des Erben für Passivprozesse ist durch eine Testamentsvollstreckung nicht eingeschränkt (BGH NJW 88, 1390). Nimmt ein Gläubiger den Erben in Anspruch, so wirkt ein Urt über den vom Testamentsvollstrecker verwalteten Nachlass nur zu Gunsten des Testamentsvollstreckers. Auf diese Weise werden widersprechende Entscheidungen vermieden, weil sich die Entscheidung einer möglichen nachfolgenden Klage gegen den Testamentsvollstrecker auf den Erben erstrecken würde. Eine Rechtskrafterstreckung der Entscheidung zu Lasten des Testamentsvollstreckers findet dagegen nicht statt. Um in den der Testamentsvollstreckung unterliegenden Nachlass zu vollstrecken, benötigt der Gläubiger einen eigenen Leistungs- bzw Duldungstitel gegen den Testamentsvollstrecker (§ 748 I).

8 **D. Vollstreckung.** Die Erteilung einer vollstreckbaren Ausfertigung richtet sich nach § 728 II.

§ 328 Anerkennung ausländischer Urteile. **(1) Die Anerkennung des Urteils eines ausländischen Gerichts ist ausgeschlossen:**

1. wenn die Gerichte des Staates, dem das ausländische Gericht angehört, nach den deutschen Gesetzen nicht zuständig sind;

2. wenn dem Beklagten, der sich auf das Verfahren nicht eingelassen hat und sich hierauf beruft, das verfahrenseinleitende Dokument nicht ordnungsmäßig oder nicht so rechtzeitig zugestellt worden ist, dass er sich verteidigen konnte;

3. wenn das Urteil mit einem hier erlassenen oder einem anzuerkennenden früheren ausländischen Urteil oder wenn das ihm zugrunde liegende Verfahren mit einem früher hier rechtshängig gewordenen Verfahren unvereinbar ist;

4. wenn die Anerkennung des Urteils zu einem Ergebnis führt, das mit wesentlichen Grundsätzen des deutschen Rechts offensichtlich unvereinbar ist, insbesondere wenn die Anerkennung mit den Grundrechten unvereinbar ist;

5. wenn die Gegenseitigkeit nicht verbürgt ist.

(2) Die Vorschrift der Nummer 5 steht der Anerkennung des Urteils nicht entgegen, wenn das Urteil einen nichtvermögensrechtlichen Anspruch betrifft und nach den deutschen Gesetzen ein Gerichtsstand im Inland nicht begründet war.

Inhaltsübersicht

	Rz
A. Grundlagen	1
I. Normzweck	1
II. Anwendungsbereich	2
III. Verhältnis zu anderen Regelungen	5
B. Tatbestandsvoraussetzungen	7
I. Internationale Zuständigkeit der ausl Gerichtsbarkeit (Abs 1 Nr 1)	8
1. Spiegelprinzip	9
2. Ausdrückliche gesetzliche Regelung	11
3. Fehlende gesetzliche Regelung	12
a) Einzelfälle	13
b) Gerichtstandsvereinbarung, rügelose Einlassung	14
c) Widerklage	15
4. Ausschluss der Anerkennung	16
II. Möglichkeit zur Verteidigung (Abs 1 Nr 2) bei Versäumnisentscheidungen	17
1. Grundlagen	17
2. Einlassung des Beklagten	18
3. Verfahrenseinleitendes Dokument	19
4. Ordnungsgemäße Zustellung	20
5. Rechtzeitige Zustellung	21

	Rz
III. Entgegenstehende Rechtskraft oder anderweitige Rechtshängigkeit (Abs 1 Nr 3)	22
IV. Ordre public international (Abs 1 Nr 4)	23
1. Wesentliche Grundsätze	24
2. Grundrechte	25
3. Grenzen	26
4. Einzelfälle	27
a) Punitive Damages	27
b) Spiel und Wette	28
c) Prozessbetrug	29
d) Pre-Trial-Discovery	30
e) class action	31
f) Erfolgshonorar	32
V. Gegenseitigkeit (Abs 1 Nr 5, Abs 2)	33
Anhang (galt bis 31.8.2009)	

A. Grundlagen. I. Normzweck. Die Vorschrift regelt die Anerkennung von Sachentscheidungen eines ausl Gerichts in Zivilsachen. Sie bestimmt dem Wortlaut nach nur Anerkennungshindernisse; die Nr 1 und 5 werden jedoch als Anerkennungsvoraussetzungen verstanden, dh dass derjenige sie beweisen muss, der die Anerkennung begehrt (für Nr 1: Kobl RIW 04, 302, 303; für Nr 5: BGHZ 141, 286, 302 = NJW 99, 3198). Anerkennung bedeutet keine Gleichstellung ausl Urteile mit inländischen sondern die Erstreckung der Wirkungen der Entscheidung auf das Inland. Im Gerichtsstaat unwirksame (nichtige) Urteile, entfalten daher auch im Inland keine Wirkung. Anfechtbarkeit (also nur potenzielle Unwirksamkeit) hindert die Anerkennung hingegen nicht (BGHZ 118, 312, 318 f = NJW 92, 3096). Das Prozessrecht des Urteilsstaats bestimmt auch die Urteilswirkungen, dem deutschen Recht unbekannte Wirkungen treten jedoch nicht ein. Zu den anerkennungsfähigen Wirkungen können insb zählen: die Rechtskraftwirkung (eine Klage über denselben Streitgegenstand ist unzulässig, s. Rz 29), die Gestaltungswirkung (beachte aber bspw Art 7 § 1 FamRÄndG), Drittwirkungen (Interventions-, Streitverkündungswirkung und Wirkung für Rechtsnachfolger), jedoch idR keine Tatbestandswirkung, dh ein anderes Gericht ist an die Tatsachenfeststellungen nicht gebunden (umf MüKoZPO/*Gottwald* § 328 Rn 147 ff). Für die Vollstreckung im Inland gilt § 722. 1

II. Anwendungsbereich. Die Vorschrift gilt nur für Sachentscheidungen eines Gerichts in Zivilsachen. Nicht anerkennungsfähig sind folglich Zwischenurteile über prozessuale Fragen. Aus § 723 II 1 wird gefolgert, dass nach dem geltenden ausl Prozessrecht formelle Rechtskraft eingetreten sein muss (Musielak/*Stadler* § 328 Rn 5). Diese Vorschrift besagt jedoch nur, dass eine vorläufige Vollstreckbarkeit zur Erstreckung der Vollstreckbarkeitswirkung im Inland nicht genügt (BGH NJW 86, 1440; BGH NJW 93, 1270; s. § 722 Rz 4). Endgültige Sachentscheidungen sind auch Abänderungsurteile, Versäumnisurteile, Vollstreckungsbescheide und Kostenfestsetzungsbeschlüsse, nicht hingegen Vorbehaltsurteile. 2

Wegen ihrer Vorläufigkeit wird auch Entscheidungen im **einstweiligen Rechtsschutz** tw die Anerkennungsfähigkeit versagt (BGH NJW-RR 07, 1573; Musielak/*Stadler* § 328 Rn 5; B/L/A/H § 328 Rn 9; aA: *Gottwald* FamRZ 87, 780), es sei denn, dass die Hauptsache vorweggenommen wurde (B/L/A/H § 328 Rn 9; ThoPu/*Hüßtege* § 328 Rn 2) oder sie nach erststaatlichem Recht ausnahmsweise geeignet sind, die Streitsache de facto endgültig zu erledigen (Zö/*Geimer* § 328 Rn 70; St/J/*Roth* § 328 Rn 56). Die Vorschrift des § 922 I 1 gibt jedoch zu erkennen, dass Maßnahmen deutscher Gerichte im einstweiligen Rechtsschutz Anerkennung im Ausland anstreben. Da die Anerkennung im Ausland regelmäßig nur dann erwartet werden kann, wenn Gegenseitigkeit besteht (vgl Nr 5), müssen entsprechende Maßnahmen ausl Gerichte auch im Inland anerkennungsfähig sein. Auch im Geltungsbereich des Art 32 EuGVO ist die Anerkennung von Entscheidungen im einstweiligen Rechtsschutz vorgesehen (EuGHE 95, I-2113 – Hengst/Campese; BGH NJW-RR 07, 1573), jedenfalls soweit die Entscheidungen nach Anhörung des Antragsgegners ergangen sind (umf dazu Wieczorek/Schütze/*Schütze* § 328 Rn 78). 3

Des Weiteren sind nur Entscheidungen eines **Gerichts** anerkennungsfähig, also einer »mit staatlicher Autorität bekleideten Stelle, die nach den in Frage kommenden ausl Gesetzen auf Grund eines prozessualen Verfahrens zur Entscheidung von privatrechtlichen Streitigkeiten berufen ist« (BGHZ 20, 323, 329 = NJW 56, 1436; Zimmermann § 328 Rn 4). Damit sind Entscheidungen der Verwaltung (anders: Art 7 § 1 FamRÄndG, ab 1.9.09: §§ 107, 108 FamFG) oder von Schiedsgerichten (zur Anerkennung von Schiedssprüchen §§ 1059 ff) nicht nach § 328 anerkennungsfähig. Der Begriff der Zivilsache ist als Gegenbegriff zu öffentlich-rechtlichen, einschließlich der strafrechtlichen Angelegenheiten weit auszulegen. 4

III. Verhältnis zu anderen Regelungen. Im Anwendungsbereich von Regelungen der EU (allg: EuGVO; Mahnverfahren: EuVTVO; Ehesachen: EuEheVO; Insolvenzen: EuInsVO) ist die Vorschrift nicht anzuwen- 5 den. Das betrifft Entscheidungen aus den EU-Vertragsstaaten, nicht aber Dänemark, für das weiter das EuGVÜ anwendbar bleibt. Für die **Angelegenheiten der freiwilligen Gerichtsbarkeit** einschließlich der **Familiensachen** treten ab 1.9.09 die §§ 107 ff FamFG an die Stelle der bis dahin geltenden § 16a FGG, Art 7 § 1 FamRÄndG (umf dazu Schulte-Bunert/Weinreich/*Baetge* § 10 Rn 1 ff). Für **Insolvenzverfahren** gelten die §§ 343 ff InsO und im **Seerecht** § 738a HGB vorrangig. Für **Urteile von DDR-Gerichten** gilt Art 18 I EinigVtr, wobei der bundesdeutsche ordre public auch über den ausdrücklichen Vorbehalt der Rechtsstaatlichkeit (Art 18 I 2 EinigVtr) hinaus zu beachten sein soll (BGH NJW 97, 2051; Naumbg FamRZ 01, 1013, 1014).

6 **Staatsvertragliche Regelungen** gehen iA als lex specialis vor (RGZ 71, 293, 296; BGHZ 89, 325, 336). Soweit nämlich § 328 die Anerkennung im Verhältnis zu allen Ländern regelt, betreffen Staatsverträge nur bestimmte Länder. § 328 bleibt jedoch insoweit anwendbar, als diese eine weitergehende Anerkennung nicht ausschließen, wovon nach dem **Günstigkeitsprinzip** im Zweifel auszugehen ist (BGH NJW 87, 3083, 3084). Für das Günstigkeitsprinzip wird angeführt, dass ein Vertragsstaat, dessen Urt nur nach § 328, nicht aber nach den staatsvertraglichen Regeln anerkennungsfähig ist, kein Interesse daran haben kann, dass sein Urt nicht anerkannt wird (*Geimer* NJW 72, 1010). Bei multilateralen Übereinkommen hingegen kann einem dritten Vertragsstaat durchaus daran liegen, dass Anerkennungshindernisse aus dem Staatsvertrag zu seinen Gunsten beachtet werden. Daher kann für multilaterale Verträge nicht allg von der Geltung eines Günstigkeitsprinzips ausgegangen werden. Vielmehr sind **Anerkennungshindernisse** des Übereinkommens zu beachten, zumindest soweit sie zugunsten von Belangen in einem weiteren Vertragsstaat bestehen.

7 **B. Tatbestandsvoraussetzungen.** Die Sachentscheidung eines ausl Gerichts wirkt auch ohne Entscheidung eines inländischen Gerichts im Inland, sofern die Anerkennungsvoraussetzungen vorliegen und keine Anerkennungshindernisse bestehen. Bei Streit über das Vorliegen der Voraussetzungen oder das Bestehen von Hinderungsgründen ist die Feststellungsklage zulässig (RGZ 167, 360). Dei dieser ist dann die Anerkennungsfähigkeit mit Ausnahme von Abs 1 Nr 2 vAw zu beachten (BGHZ 59, 116, 121 = NJW 72, 2179; Musielak/*Stadler* § 328 Rn 1).

8 **I. Internationale Zuständigkeit der ausl Gerichtsbarkeit (Abs 1 Nr 1).** Die Entscheidung eines ausl Gerichts wird nicht anerkannt, wenn die Gerichte des Staates nach deutschem Recht international unzuständig waren. Die Regelung soll sicherstellen, dass nur solche Entscheidungen im Inland Wirkungen entfalten, bei denen aus deutscher Sicht die Gerichte eines Staates entschieden haben, zu dem der Rechtsstreit eine hinreichende Nähe aufweist (BGHZ 120, 334, 340 f = NJW 93, 1073; 141, 286, 293 = NJW 99, 3198).

9 **1. Spiegelprinzip.** Die internationale Zuständigkeit kann sich insb aus Gerichtsstandsregeln in Staatsverträgen ergeben. Sie bestimmen nicht nur, ob sich die eigenen Gerichte des Vertragsstaats als zuständig ansehen dürfen (Entscheidungszuständigkeit), sondern zugleich auch, wann die Zuständigkeit der Gerichte eines anderen Vertragsstaats bei der Anerkennung akzeptiert werden muss (Anerkennungszuständigkeit). Entsprechendes gilt auch für § 328. Mangels zwischenstaatlicher Regeln ist nach dem sog **Spiegelprinzip** die Anerkennungszuständigkeit zu bejahen, wenn bei einer **hypothetischen Erstreckung der Regeln des deutschen Rechts zur internationalen Zuständigkeit**, die ausdrücklich nur die Zuständigkeit deutscher Gerichte bestimmen, wenigstens ein Gericht im Urteilsstaat international zuständig wäre. Nicht erforderlich ist, dass gerade das Gericht (RGZ 51, 135, 137 f; BGHZ 141, 286, 289 = NJW 99, 3198), der Gerichtszweig oder die Gerichte des Teilstaates oder der föderalen Ebene tatsächlich zuständig wären (BGHZ 141, 286, 293 = NJW 99, 3198; MüKoZPO/*Gottwald* § 328 Rn 69).

10 Das ausl Gericht muss seine Zuständigkeit nicht auf denselben Umstand gestützt haben, der es aus deutscher Sicht zuständig macht. Werden die Gerichte des Urteilsstaats aus deutscher Sicht jedoch allein aufgrund eines Gerichtsstands zuständig, den dieser Staat für die internationale Zuständigkeit deutscher Gericht nicht gelten lassen würde, steht allerdings die Gegenseitigkeit (Nr 5) in Frage (BGHZ 52, 251, 256 = MDR 69, 922; ein funktionsähnlicher Gerichtsstand im Urteilsstaat genügt aber: BGHZ 141, 286, 290 = NJW 99, 3198). Bei der Beurteilung der Anerkennungszuständigkeit ist das deutsche Gericht – anders als regelmäßig im Geltungsbereich von Staatsverträgen (Zö/*Geimer* § 328 Rn 145) – nicht an die Feststellungen des Erstgerichts gebunden (BGH MDR 68, 407). Die maßgeblichen Tatsachen sind selbst dann festzustellen, wenn es sich um sog **doppelt relevante Tatsachen** handelt, die bei einem rein innerstaatlichen Verfahren nicht Gegenstand der Zuständigkeits- sondern Begründetheitsprüfung wären (BGHZ 124, 237, 243). So ist bspw bei § 32 zu überprüfen, ob tatsächlich eine unerlaubte Handlung vorlag.

2. Ausdrückliche gesetzliche Regelung. Ausdrücklich geregelt ist die internationale Zuständigkeit der deutschen Gerichte für Ehe- und Kindschaftssachen ab 1.9.09 in den §§ 98 ff FamFG (bis 31.8.09 §§ 606a, 640a). 11

3. Fehlende gesetzliche Regelung. Mangels ausdrücklicher Regeln zur internationalen Zuständigkeit in allen sonstigen Fällen ergibt sich diese aus einer entsprechenden Anwendung der innerstaatlichen Regeln zur örtlichen Zuständigkeit aufs Ausland (BGHZ 44, 46, 47 = NJW 65, 1665; 120, 334, 337 = NJW 93, 1073), denn wenn der Gesetzgeber ein bestimmtes inländisches Gericht für so sachnah hält, dass er ihm die örtliche Zuständigkeit gibt, ist anzunehmen, dass der zuständigkeitsbegründende Aspekt auch für die internationale Zuständigkeit sachgerecht ist. Für die Gerichtsstände der §§ 32a, 32b ist dieser Schluss jedoch ausdrücklich ausgeschlossen. Für die Bestimmung der internationalen Zuständigkeit sind damit die Gerichtsstandsregeln der §§ 12 ff entsprechend heranzuziehen. Auch die Regelungen zur örtlichen Zuständigkeit in Spezialgesetzen sind zu beachten, etwa § 14 UWG oder § 82 ArbGG. Vorschriften des EU-Rechts oder aus Staatsverträgen bleiben jedoch auf ihren räumlichen Anwendungsbereich beschränkt und können daher nicht entsprechend zur Begründung der Anerkennungszuständigkeit im Verhältnis zu weiteren Staaten herangezogen werden. 12

a) Einzelfälle. Die internationale Zuständigkeit kann bspw durch den **allgemeinen Gerichtsstand** des Beklagten (§§ 12, 13, 16–18), den **Erfüllungsort** (§ 29) und den **Tat- oder Erfolgsort eines Delikts** (§ 32) begründet sein, sofern kein ausschließlicher oder sonst zwingender anderer Gerichtsstand besteht. Ein aus deutscher Sicht zwingender Gerichtsstand in einem Drittstaat ist unschädlich, wenn dieser Staat die Zuständigkeit im Urteilsstaat anerkennt (MüKoZPO/*Gottwald* § 328 Rn 70). Auch der Gerichtsstand des **Vermögens** (§ 23) wird anerkannt, selbst wenn der Kl aus dem Vermögen nicht vollständige Befriedigung erlangen kann (RGZ 4, 408, 409; BGHZ 115, 90, 93 = NJW 91, 3092), doch muss das fragliche Vermögen im Urteilsstaat mehr als nur die Verfahrens- und Vollstreckungskosten decken (BGHReport 05, 1611). 13

b) Gerichtstandsvereinbarung, rügelose Einlassung. Soweit eine Abweichung durch **Gerichtsstandsvereinbarung** grds möglich ist, richtet sich die Zulässigkeit und Wirksamkeit nach § 38 (BGH MDR 05, 1126, 1127). Ob durch **rügeloses Verhandeln** (§ 39) die Anerkennungszuständigkeit begründet wird, hängt davon ab, ob eine Rüge nur mit Blick auf die Anerkennung oder auch für das Erstverfahren relevant gewesen wäre. Hätte sich das ausl Gericht auf eine entsprechende Rüge hin für unzuständig erklärt, wird mit dem rügelosen Verhandeln auch die Anerkennungszuständigkeit begründet (BGHZ 59, 23, 23 = NJW 72, 1622; NJW 93, 1270, 1272). Ist das Gericht nach seiner Vorstellung ohnehin zuständig, hätte also eine Zuständigkeitsrüge im Erstverfahren keine Erfolgsaussicht gehabt, sodass sie daher allenfalls mit Blick auf eine Anerkennung im Ausland hätte erhoben werden können, wird damit eine Anerkennungszuständigkeit nicht begründet (BGHZ 120, 334, 340 = NJW 93, 1073). 14

c) Widerklage. Die internationale Zuständigkeit kann sich grds auch aus § 33 ergeben (BGHZ 52, 30, 33 = MDR 69, 571), nicht aber im Verhältnis zu einer Partei, die bislang nicht am Verfahren beteiligt war (BGH NJW 81, 2642, 2648). In entsprechender Anwendung dieser Vorschrift ist das Erstgericht aus deutscher Sicht auch international zuständig für die Entscheidung darüber, ob der Anspruch durch die Aufrechnung mit einer **konnexen Forderung** erloschen ist (BGH NJW 93, 2753, 2754), also mit einer Forderung, die im Zusammenhang mit der Klageforderung steht, wofür etwa genügt, wenn beide Forderungen aus derselben Geschäftsbeziehung stammen. Ob für **inkonnexe Forderungen** die internationale Zuständigkeit der Gerichte im Urteilsstaat selbstständig begründet sein muss, ist bislang nicht höchstrichterlich entschieden (offen gelassen: BGHZ 149, 120, 126 ff = NJW 02, 2182). Dafür spricht die aus § 17 II 1 GVG folgende Grundentscheidung für einen Vorrang der Prozessökonomie ggü der Entscheidung durch das sachnächste Gericht (BGHZ 153, 173, 178 = NJW 03, 828). Das ausl Gericht ist in Anwendung dieses Grundsatzes aus deutscher Sicht auch für die Entscheidung über die Verteidigungsmittel wie die Aufrechnung zuständig (vgl § 145 Rz 10 ff). Ähnlich ist der EuGH auch für Art 6 Nr 3 EuGVÜ (entsprechend Art 6 Nr 3 EuGVO) zu verstehen (EuGHE 95, I-2053 Rn 13/18 – Danværn/Otterbeck). 15

4. Ausschluss der Anerkennung. Die Anerkennung eines Urteils ist ausgeschlossen, wenn die Angelegenheit nicht der Gerichtsbarkeit des Urteilsstaates unterlag. Dies ist insb der Fall bei Entscheidungen, die den Grundsatz der Staatenimmunität (BVerfG NJW 06, 2542; BGHZ 155, 279 = NJW 03, 3488) oder die Immunität des diplomatischen Personals (kodifiziert in Art 31 WÜD für den Diplomaten selbst, in Art 37 WÜD für weitere Personen) missachtet haben. Als Teil des Völkergewohnheitsrechts ist die diplomatische 16

Immunität auch im Verhältnis zu Ländern zu beachten, die kein Vertragsstaat des WÜD sind (vgl § 18 GVG). Dasselbe gilt auch iRv Art 43 WÜK (§ 19 GVG).

17 **II. Möglichkeit zur Verteidigung (Abs 1 Nr 2) bei Versäumnisentscheidungen. 1. Grundlagen.** Grundsätzlich sind auch Entscheidungen anerkennungsfähig, die **ohne Mitwirkung** des Beklagten ergangen sind. Auch Versäumnisurteilen wird im deutschen Recht die Anerkennung nicht verwehrt. Der Bekl musste jedoch wenigstens von dem Verfahren wissen, um sich hierzu äußern zu können. Zweck der nach § 328 I Nr 2 erforderlichen Ladung ist es daher, die Gewährung rechtlichen Gehörs sicher zu stellen. Dementsprechend ist eine Anerkennung ausgeschlossen, wenn dem Beklagten das **verfahrenseinleitende Dokument** nicht ordnungsgemäß oder nicht rechtzeitig zugestellt worden und er sich nicht **auf das Verfahren eingelassen** hat. Bereits dem Wortlaut nach ist das Anerkenntnishindernis des § 328 I Nr 2 nur zu beachten, wenn sich der Bekl hierauf beruft. Beruft sich der Bekl im Zweitverfahren zunächst nicht darauf, kann die Rüge entsprechend §§ 295, 532 präkludiert sein.

18 **2. Einlassung des Beklagten.** Die Einlassung des Beklagten **auf das Verfahren** vor dem ausl Gericht reicht grds aus, um die Anerkennungsfähigkeit der Entscheidung zu begründen, da im Falle einer Einlassung davon auszugehen ist, dass der Bekl offenkundig die Möglichkeit hatte, sich zu verteidigen. Für eine Einlassung genügt jede Prozesshandlung, mit der sich der Bekl gegen die Klage verteidigt, etwa auch das Bestreiten der Zulässigkeit, wie die **Unzuständigkeitsrüge** (BGHZ 73, 378, 381 = NJW 79, 1105; Hamm NJW-RR 95, 189, 190). Unschädlich ist jedoch die Rüge einer verspäteten Zustellung, denn dass er keine ausreichende Zeit zur Verteidigung hatte, muss der Bekl auch schon gefahrlos im Erstverfahren geltend machen können. Handlungen eines gesetzlichen oder rechtsgeschäftlichen **Vertreters** genügen, sofern sie innerhalb ihrer Vertretungsmacht handeln, nicht aber eines Vertreters (**Prokurator**), den das Gericht ohne die Mitwirkung des Beklagten bestellt hat (Hamm NJW-RR 96, 773, 774).

19 **3. Verfahrenseinleitendes Dokument.** Das verfahrenseinleitende Dokument ist das Schriftstück, das nach dem Verfahrensrecht des entscheidenden Gerichts den Beklagten von dem Verfahren in Kenntnis setzt. Hierbei kann es sich um die Klage- oder Antragsschrift handeln. Kein verfahrenseinleitendes Dokument stellt hingegen eine Schutzschrift dar. Der Bekl muss aus dem Schriftstück ersehen, um welche Angelegenheit es sich handelt. Inhalt und Umfang des Anspruchs müssen daher in Grundzügen erkennbar sein, ein genauer Antrag ist jedoch nicht erforderlich (BGHZ 141, 286, 295 = NJW 99, 3198). Die Anklageschrift in einem Strafverfahren genügt daher auch für das damit verbundene Adhäsionsverfahren über die zivilrechtlichen Ansprüche, wenn sich aus der Anklageschrift ergibt, dass auch die zivilrechtlichen Ansprüche Gegenstand des Verfahrens sein werden (Zö/*Geimer* § 328 Rn 175). Da § 328 I Nr 2 nur sicherstellen soll, dass der Bekl von dem Verfahren weiß, ist es an ihm, Vorkehrungen dafür zu treffen, dass er vor der Entscheidung gehört wird (BGHZ 118, 312, 321 = NJW 92, 3096; NJW 97, 2051, 2052). Eine unzureichende Beteiligung während des Verfahrens oder auch Änderungen und Erweiterungen innerhalb des Verfahrens fallen daher nicht unter § 328 I Nr 2 (BGH WM 86, 1370, 1371). Sie können bei Verstößen gegen den Anspruch auf rechtliches Gehör aber iRv § 328 I Nr 4 relevant sein.

20 **4. Ordnungsgemäße Zustellung.** Der EuGH hat für die Anerkennungsregel des Art 27 Nr 2 EuGVÜ entschieden, dass ein Verstoß gegen die Zustellungsregeln des Art IV I des Protokolls zum EuGVÜ auch die Anerkennung hindert (EuGHE 90, I-2725, Rn 18 – Lancray/Peters und Sickert; 06, I-1579, Rn 38 – Verdoliva). Im Sinne einer einheitlichen Anerkennungspraxis hat der BGH diese strenge Haltung jedenfalls für einen Verstoß gegen zwischenstaatliches Zustellungsrecht, namentlich für die Übersetzung ins Deutsche nach Art 5 HZÜ iVm § 3 AGHZÜ, auf § 328 übertragen (BGHZ 120, 305, 312 = NJW 93, 398). Entsprechendes muss gelten, wenn das Erstgericht kein zwischenstaatliches, sondern das autonome Zustellungsrecht missachtet hat (Stuttg RIW 79, 130; Karlsr OLGR 07, 529, 530). Die Heilung richtet sich nach dem Recht des Urteilsstaats einschließlich der anwendbaren Staatsverträge. Sieht ein vorrangig zu beachtender Staatsvertrag keine Heilung vor, ist der Rückgriff auf das autonome Recht versperrt (BGHZ 120, 305, 313 = NJW 93, 398).

21 **5. Rechtzeitige Zustellung.** Auch die Rechtzeitigkeit der Zustellung ergibt sich aus dem für das Erstverfahren geltenden Prozessrecht. War die Frist des ausl Rechts unzureichend, und war dem Beklagten deshalb eine Verteidigung nicht möglich, ist die Anerkennung zu versagen. Ob die Frist angemessen ist, ergibt sich aus den Umständen des Einzelfalls. Dabei ist dem Beklagten ein höherer Zeitbedarf, etwa für die Beschaffung einer Übersetzung und eines beim Gericht zugelassenen Anwalts zuzugestehen, als bei rein innerstaat-

lichen Verfahren. Vereinzelt wird in Anlehnung an die Einlassungsfrist des § 274 III 1 eine Frist von zwei Wochen ab ordnungsgemäßer Zustellung als Untergrenze angesehen (BGH NJW 86, 2197; Musielak/*Stadler* § 328 Rn 18).

III. Entgegenstehende Rechtskraft oder anderweitige Rechtshängigkeit (Abs 1 Nr 3). Die ausländische Entscheidung ist nach § 328 I Nr 3 nicht anzuerkennen, soweit sie den inländischen Wirkungen einer früheren gerichtlichen Entscheidung widerspricht. Der Widerspruch kann zu einem **Urt eines deutschen Gerichts** bestehen, aber auch zum anerkennungsfähigen Inhalt einer früher ergangenen **ausl Entscheidung** (B/L/A/H § 328 Rn 27). Ist die Anerkennung noch nicht festgestellt worden, ist sie inzident zu prüfen. Ist ein Verfahren in Deutschland (»hier«) früher rechtshängig (nicht nur anhängig) geworden, ist die Entscheidung auch insoweit nicht anerkennungsfähig, wie sie im Widerspruch zur abschließenden Entscheidung in diesem Verfahren stehen kann. In Deutschland rechtshängig sind zum einen Prozesse vor deutschen Gerichten, aber auch Prozesse vor ausl Gerichten, soweit die Entscheidung anerkennungsfähig sein wird (BGH NJW 64, 1626; 87, 3083; Hamm NJW-RR 95, 510). 22

IV. Ordre public international (Abs 1 Nr 4). Die Anerkennung ist nach § 328 I Nr 4 ausgeschlossen, wenn sie in prozessualer oder materiell-rechtlicher Hinsicht gegen den ordre public verstößt. Das ist der Fall, wenn die Anerkennung zu einem **Ergebnis** führen würde, das so offensichtlich mit wesentlichen Grundsätzen des deutschen Rechts unvereinbar ist, dass es untragbar wäre, der Entscheidung zur Wirkung im Inland zu verhelfen. Dabei mag der angewandte Rechtssatz selbst zwar eklatant gegen wesentliche Grundsätze des deutschen Rechts verstoßen; die darauf aufbauende Entscheidung wird aber gleichwohl anerkannt, solange ihre **Wirkungen im Inland** nicht gerade wegen dieses Verstoßes als **untragbar** angesehen werden müssen. Der Vorbehalt der öffentlichen Ordnung ist im Vergleich zur entsprechenden Regelung des Kollisionsrechts (Art 6 EGBGB) noch **zurückhaltender** anzuwenden, weil die Anwendung eines dem deutschen Recht völlig widersprechenden Rechtssatzes durch ein deutsches Gericht eher als untragbar angesehen werden kann, als die bloße Anerkennung einer auf einem derartigen Rechtssatz fußenden ausl Entscheidung (BGHZ 98, 70, 74 = NJW 86, 3027; BGHZ 138, 331, 334 = NJW 98, 2358). 23

1. Wesentliche Grundsätze. Zu den wesentlichen Grundsätzen des deutschen Rechts gehören die Fundamente und Prinzipien unserer Rechtsordnung, also ihre Grundgedanken und die damit verbundenen Gerechtigkeitsvorstellungen (BGHZ 50, 370, 375 f). Damit sind Merkmale der Rechtsordnung gemeint, die so grds sind, dass sie selbst dem Gesetzgeber nur bedingt zur Disposition stehen. Sie sind nicht mit dem zwingenden Recht zu verwechseln, das lediglich der Parteidisposition entzogen ist (BGHZ 123, 268, 270 = NJW 93, 3269). Bei Verfahrensverstößen liegt ein solcher Verstoß gegen den prozessualen ordre public nur dann vor, wenn die Entscheidung nicht mehr als in einer geordneten, rechtsstaatlichen Weise ergangen angesehen werden kann (BGH VersR 92, 1281, 1284; BFH NJW 2011, 2158, 2159). In Widerspruch zum materiell-rechtlichen ordre public stünde eine ausl Entscheidung zB dann, wenn sie dem Kindeswohl in einer Weise widersprechen würde, die nach den grundlegenden deutschen Rechtsvorstellungen nicht hingenommen werden könnte (BGH NJW 80, 520; BGHZ 88, 113 = NJW 83, 2775). Das Fehlen schriftlicher Urteilsgründe begründet für sich noch keinen Verstoß gegen den ordre public, erschwert aber die Nachprüfbarkeit der Vereinbarkeit mit der Folge, dass Unsicherheiten zu Lasten des Vollstreckungsgläubigers gehen (BGH NJW 09, 3306, 3309 f; Zö/*Geimer* § 328 Rn 257). 24

2. Grundrechte. Das Gesetz nennt exemplarisch für die wesentlichen Grundsätze die Grundrechte, zu denen nicht nur die Grundrechte des GG, sondern auch die der jeweiligen Landesverfassungen und die Menschenrechte des Völkerrechts zu rechnen sind. Soweit die deutsche öffentliche Gewalt durch die Grundrechte gebunden ist (Art 1 III GG), darf sie auch keinem Grundrechtsverstoß durch eine ausl Hoheitsgewalt zur Wirkung im Inland verhelfen. Insbesondere Verstöße gegen die Verfahrensgrundrechte (Art 101 ff GG), wie namentlich des Anspruchs auf rechtliches Gehör (Art 103 I GG), können zu einer Versagung der Anerkennung führen: etwa wenn ein ordnungsgemäß bevollmächtigter Prozessvertreter allein deshalb nicht angehört wird, weil der persönlich geladene Angeklagte nicht erschienen ist (EuGHE 00, I-1935, Rn 40/44 – Krombach). Auch inhaltlich können Grundrechte betroffen sein, wenn die Entscheidung auf ausl Recht beruht, das Grundrechte verletzt. 25

3. Grenzen. Allerdings ist nicht jeder ausl Entscheidung die Anerkennung zu versagen, weil sie, wenn sie von einem deutschen Gericht getroffen worden wäre, wegen eines Verstoßes gegen Grundrechte verfassungswidrig wäre (BVerfGE 31, 58, 77 = NJW 71, 1509, 1512 – Spanierurteil). Zum einen bedarf es eines 26 gewissen Inlandsbezugs (BGHZ 120, 29, 34 = NJW 93, 848). Es ist im Einzelfall zu prüfen, inwieweit das Grundrecht unter Berücksichtigung der Gleichstellung der Staaten und der Eigenständigkeit ihrer Rechtsordnungen in Bezug auf den konkreten Sachverhalt Geltung beansprucht (BGHZ 60, 68, 79 = NJW 73, 417). Zum anderen muss der Widerspruch mit den wesentlichen Grundsätzen nach § 328 I Nr 4 offensichtlich sein, was jedenfalls als Postulat für eine restriktive Auslegung des ordre public zu verstehen ist (dazu Wieczorek/Schütze/*Schütze* § 328 Rn 43).

27 **4. Einzelfälle. a) Punitive Damages.** Ein Verstoß gegen Verfahrensgrundrechte kann in der Verurteilung zu Strafschadensersatz gesehen werden. Da hier die Sanktionswirkung einer Strafe ohne die rechtsstaatlichen Garantien eines geordneten Strafverfahrens eintritt und ein Einzelner an die Stelle des Bestrafungsmonopols des Staates tritt, verstößt der Strafschadensersatz gegen den ordre public. Da daneben auch das Rechtsprinzip des Bereicherungsverbots durch Strafschadensersatz verletzt wird (BGHZ 118, 312, 338/343 = NJW 92, 3096), wäre ein entsprechendes Urt selbst bei Beachtung der Garantien eines rechtsstaatlichen Strafverfahrens nicht anerkennungsfähig. Sofern hingegen durch den Strafschadensersatz nicht besonders abgegoltene oder schlecht nachweisbare wirtschaftliche Nachteile pauschal ausgeglichen oder vom Schädiger durch die unerlaubte Handlung erzielte Gewinne abgeschöpft werden sollen (eine Rechtfolge, die zB mit § 10 UWG auch Eingang ins deutsche Recht gefunden hat) kommt ausnahmsweise auch eine Anerkennung von »punitive damages« in Betracht (BGH NJW 92, 3096, 3098).

28 **b) Spiel und Wette.** Zu den Fällen, bei denen ein Verstoß gegen den ordre public angenommen wird, ohne dass Grundrechte betroffen wären, zählen Urteile über Wett- und Spielschulden (Hamm NJW-RR 97, 1007, 1008). Da manche Spielschulden auch nach deutschem Recht einklagbar sind (§ 763 BGB), wird man aber dem Ausland das Recht zugestehen müssen, andere Ausnahmen vorzusehen, oder sie nicht nur im Einzelfall sondern allg anzuordnen. Grundsätzlich ist zu berücksichtigen, dass § 762 BGB nicht die Missbilligung eines Spielgewinns bezweckt, denn ansonsten wäre die Rückforderung nicht ausgeschlossen. Das deutsche Recht verweigert aber innerhalb des Spielverhältnisses den Rechtsschutz, sodass trotz einer denkbaren Anerkennung eines Urteils über Spielschulden zumindest die Vollstreckung im Inland in jedem Fall ausgeschlossen ist. Die Unklagbarkeit von Börsentermingeschäften (§ 764 BGB aF) gehört seit 1989 nicht mehr zum deutschen ordre public (BGH NJW-RR 05, 1071, 1073).

29 **c) Prozessbetrug.** Schließlich widerspricht es dem deutschen ordre public, erschlichenen oder durch Straftaten erlangten Entscheidungen zur Wirkung im Inland zu verhelfen (BGH WM 86, 1370, 1371; BayObLG FamRZ 00, 836, 837; Zö/*Geimer* § 328 Rn 260). Auch die Rechtskraft zählt zu den wesentlichen Grundsätzen (vgl § 328 I Nr 3) des deutschen Rechts (B/L/A/H § 328 Rn 26). Wenn daher bei einer unzulässigen Beeinflussung des Gerichts das ausl Recht der Rechtskraft den höheren Stellenwert einräumt, ist äußerste Zurückhaltung geboten, dem ausl Gericht einen weitergehenden Schutz zu gewähren, als ihn sein eigenes Recht vorsieht.

30 **d) Pre-Trial-Discovery.** Umstritten ist die Behandlung der pre-trial-discovery des US-amerikanischen Zivilprozessrechts. Der BGH nimmt nicht generell einen Verstoß gegen den prozessualen ordre public an, da die bloße Möglichkeit, dass hierbei eine nach deutschem Prozessrecht unzulässige Ausforschung erreicht wird, die Voraussetzungen des § 328 I Nr 4 nicht erfülle (BGHZ 118, 312 = NJW 92, 3096; aA Wieczorek/Schütze/*Schütze* § 328 Rn 47). Auch sonstige Verfahrensabweichungen, wie eine unterschiedliche Gestaltung der Beweisaufnahme (cross-examination), fehlende Mündlichkeit, das Verfahren vor einer Jury oder die Kostentragung unabhängig vom Obsiegen oder Unterliegen (BGHZ 118, 312 = NJW 92, 3096; BVerfG RIW 07, 211), sind für sich gesehen keine Aspekte, die einen Verstoß gegen den ordre public begründen (Wieczorek/Schütze/*Schütze* § 328 Rn 47; St/J/*Roth* § 328 Rn 112).

31 **e) class action.** Grundsätzlich stellt die rechtspolitische Entscheidung für eine Zulassung von Sammelklagen in bestimmten Verfahren für sich gesehen noch keinen Verstoß gegen unverzichtbare Grundsätze eines freiheitlichen Rechtsstaats dar, solange auch im *class-action-Verfahren* unabdingbare Verteidigungsrechte gewahrt bleiben. Deshalb kann nicht jeder *class action* von vornherein die Zustellung versagt werden (BVerfG NJW 07, 3709, 3711). Die Anerkennungsfähigkeit von *class-action*-Urteilen ist jedoch zu verneinen, soweit es an der aktiven Beteiligung des einzelnen Mitglieds der *class* fehlt (LG Stuttgart IPRax 01, 240, 241). Da der Bekl keine Einwendungen gegen das einzelne Mitglied vorbringen kann, ist ihm kein dem deutschen Recht entsprechendes rechtliches Gehör gewährt, was einen Verstoß gegen den prozessualen ordre public begründet (*Röhm/Schütze* RIW 07, 241, 244). Dies schließt aber nicht aus, dass im Einzelfall

zu prüfen ist, welche Rechte das Verfahren den nicht aktiv beteiligten *class members* geboten hat (dazu *Heß* JZ 00, 373, 379). Sofern die Möglichkeit zur Äußerung, Einflussnahme und zum Austritt gegeben sind, können im Einzelfall auch die Anforderungen des Art. 103 I GG erfüllt sein (*Koch/Zekoll* ZEuP 10, 107, 116).

f) **Erfolgshonorar.** Nachdem das BVerfG das im deutschen Recht bestehende generelle Verbot des Erfolgshonorars für verfassungswidrig erklärt hat (BVerfGE 117, 163 = NJW 07, 979) wird man nicht mehr ohne weiteres von einem ordre public Verstoß im Falle einer **quota litis** im ausländischen Prozess ausgehen können (vgl auch Kobl RIW 04, 302). 32

V. Gegenseitigkeit (Abs 1 Nr 5, Abs 2). Entscheidungen eines ausl Gerichts werden grds nur dann anerkannt, wenn eine entsprechende deutsche Entscheidung auch dort unter vergleichbaren Bedingungen anerkannt würde. Die Regelung bezweckt, die Anerkennungsfreudigkeit der ausl Rechtsordnungen ggü deutschen Entscheidungen zu fördern. Daher muss die Gegenseitigkeit gerade zum Zeitpunkt der Anerkennung bestehen. Die Verbürgung der Gegenseitigkeit ist von dem zu beweisen, der die Anerkennung der ausl Entscheidung anstrebt (BGHZ 141, 286, 301 f = NJW 99, 3198). 33

Die Gegenseitigkeit ist nicht verbürgt, wenn die Anerkennung vergleichbarer deutscher Entscheidungen **nennenswerten Erschwernissen** im Vergleich zur Anerkennung solcher Entscheidungen des Urteilsstaats im Inland unterliegt (RGZ 7, 406, 413 f; BGHZ 42, 194, 196 = NJW 64, 2350). Nicht anerkennungsfähig sind daher etwa Entscheidungen aus Staaten, die deutsche Urteile vor der Anerkennung einer vollständigen Überprüfung auf formelle und tatsächliche Richtigkeit unterziehen (sog **révision au fond**, BGHZ 53, 332, 334 = NJW 70, 1002), oder deren Staatsangehörige nur Urteile aus dem eigenen Staat gegen sich gelten lassen müssen (**Jurisdiktionsprivileg**, BGHZ 50, 100, 105 = WM 68, 707; 53, 332, 335 = NJW 70, 1002). 34

Ob Gegenseitigkeit besteht, richtet sich an erster Stelle nach der **tatsächlichen Anerkennungspraxis**. Ist eine solche Praxis nicht nachweisbar, kann das ausl Recht selbst herangezogen werden (BGHZ 49, 50, 52 = WM 67, 1238). Verzeichnisse von Staaten, bei denen die Gegenseitigkeit verbürgt ist, finden sich bei B/L/A/H, Anhang nach § 328, MüKoZPO/*Gottwald* § 328 Rn 120 ff; Wieczorek/Schütze/*Schütze* § 328 Rn 103 ff. 35

Nach Abs 2 hindert bei **nichtvermögensrechtlichen Ansprüchen** (vgl § 708 Nr 10; zum Begriff: BGHZ 89, 200, 201 = NJW 84, 1104) eine fehlende Gegenseitigkeit nicht die Anerkennung, wenn für sie kein deutscher Gerichtsstand besteht. Die entsprechende Regelung für die Aufhebung und Nichtigkeitsentscheidung in Lebenspartnerschaftssachen und Kindschaftssachen findet sich ab dem 1.9.09 in § 109 III, IV FamFG. 36

Anhang (galt bis 31.8.2009)

Art 7 FamRÄndG Anerkennung ausländischer Entscheidungen in Ehesachen

§ 1 Anerkennung ausländischer Entscheidungen in Ehesachen. *(1) Entscheidungen, durch die im Ausland eine Ehe für nichtig erklärt, aufgehoben, dem Bande nach oder unter Aufrechterhaltung des Ehebandes geschieden oder durch die das Bestehen oder Nichtbestehen einer Ehe zwischen den Parteien festgestellt ist, werden nur anerkannt, wenn die Landesjustizverwaltung festgestellt hat, dass die Voraussetzungen für die Anerkennung vorliegen. Die Verbürgung der Gegenseitigkeit ist nicht Voraussetzung für die Anerkennung. Hat ein Gericht oder eine Behörde des Staates entschieden, dem beide Ehegatten zur Zeit der Entscheidung angehört haben, so hängt die Anerkennung nicht von einer Feststellung der Landesjustizverwaltung ab.*

(2) Zuständig ist die Justizverwaltung des Landes, in dem ein Ehegatte seinen gewöhnlichen Aufenthalt hat. Hat keiner der Ehegatten seinen gewöhnlichen Aufenthalt im Inland, so ist die Justizverwaltung des Landes zuständig, in dem eine neue Ehe geschlossen werden soll; die Justizverwaltung kann den Nachweis verlangen, dass die Eheschließung angemeldet ist. Soweit eine Zuständigkeit nicht gegeben ist, ist die Justizverwaltung des Landes Berlin zuständig.

(2a) Die Landesregierungen können die den Landesjustizverwaltungen nach diesem Gesetz zustehenden Befugnisse durch Rechtsverordnung auf einen oder mehrere Präsidenten des Oberlandesgerichts übertragen. Die Landesregierungen können die Ermächtigung auf die Landesjustizverwaltungen übertragen.

(3) Die Entscheidung ergeht auf Antrag. Den Antrag kann stellen, wer ein rechtliches Interesse an der Anerkennung glaubhaft macht.

(4) Lehnt die Landesjustizverwaltung den Antrag ab, so kann der Antragsteller die Entscheidung des Oberlandesgerichts beantragen.
(5) Stellt die Landesjustizverwaltung fest, dass die Voraussetzungen für die Anerkennung vorliegen, so kann ein Ehegatte, der den Antrag nicht gestellt hat, die Entscheidung des Oberlandesgerichts beantragen. Die Entscheidung der Landesjustizverwaltung wird mit der Bekanntmachung an den Antragsteller wirksam. Die Landesjustizverwaltung kann jedoch in ihrer Entscheidung bestimmen, dass die Entscheidung erst nach Ablauf einer von ihr bestimmten Frist wirksam wird.
(6) Das OLG entscheidet im Verfahren der freiwilligen Gerichtsbarkeit. Zuständig ist das OLG, in dessen Bezirk die Landesjustizverwaltung ihren Sitz hat. Der Antrag auf gerichtliche Entscheidung hat keine aufschiebende Wirkung. § 21 Abs. 2, §§ 23, 24 Abs. 3, §§ 25, 28 Abs. 2, 3, § 30 Abs. 1 Satz 1 und § 199 Abs. 1 des Gesetzes über die Angelegenheiten der freiwilligen Gerichtsbarkeit gelten sinngemäß. Die Entscheidung des Oberlandesgerichts ist endgültig.
(7) Die vorstehenden Vorschriften sind sinngemäß anzuwenden, wenn die Feststellung begehrt wird, dass die Voraussetzungen für die Anerkennung einer Entscheidung nicht vorliegen.
(8) Die Feststellung, dass die Voraussetzungen für die Anerkennung vorliegen oder nicht vorliegen, ist für Gerichte und Verwaltungsbehörden bindend.

§ 329 Beschlüsse und Verfügungen. (1) [1]**Die auf Grund einer mündlichen Verhandlung ergehenden Beschlüsse des Gerichts müssen verkündet werden.** [2]**Die Vorschriften der §§ 309, 310 Abs. 1 und des § 311 Abs. 4 sind auf Beschlüsse des Gerichts, die Vorschriften des § 312 und des § 317 Abs. 2 Satz 1, Abs. 3 bis 5 auf Beschlüsse des Gerichts und auf Verfügungen des Vorsitzenden sowie eines beauftragten oder ersuchten Richters entsprechend anzuwenden.**
(2) [1]**Nicht verkündete Beschlüsse des Gerichts und nicht verkündete Verfügungen des Vorsitzenden oder eines beauftragten oder ersuchten Richters sind den Parteien formlos mitzuteilen.** [2]**Enthält die Entscheidung eine Terminsbestimmung oder setzt sie eine Frist in Lauf, so ist sie zuzustellen.**
(3) **Entscheidungen, die einen Vollstreckungstitel bilden oder die der sofortigen Beschwerde oder der Erinnerung nach § 573 Abs. 1 unterliegen, sind zuzustellen.**

1 **A. Normzweck und Regelungsgehalt.** Die Vorschrift ordnet an, welche Form und zT auch welchen Inhalt die Gerichte bei der Abfassung und Verkündung von Beschlüssen und Verfügungen zu beachten haben. Sie dient daher der Rechtssicherheit (B/L/A/H § 329 Rn 2). In § 329 I 1 wird zunächst bestimmt, dass Beschlüsse, die aufgrund mündlicher Verhandlung ergehen, zu verkünden sind. Nachfolgend ist aufgelistet, welche der Urteilsvorschriften, die die Verkündung und die Zustellung betreffen, auch auf Beschlüsse und Verfügungen Anwendung finden. Die Aufzählung der in § 329 I 2 genannten Regelungen ist jedoch nicht abschließend und damit wenig hilfreich. Auch andere, nicht genannte Vorschriften sind auf Verfügungen und Beschlüsse entsprechend anwendbar. Dies muss sich allerdings aus der konkret in Frage kommenden Norm ergeben. Nach § 329 II sind nicht verkündete Beschlüsse und Verfügungen formlos durch das Gericht mitzuteilen. Lediglich Entscheidungen, die Termine bestimmen oder Fristen in Lauf setzen, bedürfen der Zustellung. Erforderlich ist jedoch, dass es sich um eine sog. echte Frist handelt. (BGH NJW 77, 717). Eine Pflicht zur Zustellung kann sich auch aus speziellen Vorschriften ergeben (zB: § 922 Abs 2, § 994 Abs 2). Das Zustellungserfordernis gilt gem § 329 III entsprechend für Vollstreckungstitel oder Entscheidungen, die mit der Erinnerung nach § 573 oder der sofortigen Beschwerde angreifbar sind. Eine nach § 329 III erforderliche Zustellung muss unabhängig davon erfolgen, ob es sich um einen verkündeten oder einen nicht verkündeten Beschl handelt (BGH NJW-RR 09, 1427, 1428 mwN). Seit der Reform des Beschwerderechts durch da ZPO-RG 1998 hat § 329 III nur noch eingeschränkte Bedeutung, da sich für die mit der sofortigen Beschwerde angreifbaren Entscheidungen das Erfordernis einer amtswegigen Zustellung bereits aus §§ 567, 569 I ergibt (Zö/*Vollkommer* § 329 Rn 27).

2 **B. Beschlüsse. I. Begriff.** In der Entscheidungsform des Beschlusses ergehen bedeutendere prozessleitende Anordnungen. In einigen Fällen können aber auch verfahrensbeendende Entscheidungen durch Beschl getroffen werden. Dieser erledigt jedoch nicht den Prozessstoff in der Hauptsache (Zö/*Vollkommer*, § 329 Rn 3). Beispielhaft sind hier neben der Entscheidung über die Gewährung von Prozesskostenhilfe (§ 119) bzw deren Versagung (§ 127 II) die Kostenentscheidung nach Erledigung in der Hauptsache (§ 91a) oder die Entscheidung über das Aussetzen des Verfahrens (§ 248) zu nennen. Innerhalb der Beschlüsse ist zu unterscheiden zwischen solchen, die aufgrund einer mündlichen Verhandlung und Beschlüssen, die ohne

notwendige mündliche Verhandlung ergehen. Zur Entscheidung durch Beschl ist anders als bei Verfügungen das erkennende Gericht als gesamter Spruchkörper berufen (R/S/G § 58 Rn 3).

II. Existenz und Wirksamwerden. Zu unterscheiden ist zwischen dem **Existentwerden** und dem **Wirksamwerden** von Beschlüssen (KG NJW-RR 00, 1239). Für beides ist von Bedeutung, ob es sich um Beschlüsse handelt, die ohne oder aufgrund einer mündlichen Verhandlung ergangen sind. 3

1. Existenz. Existent werden Beschlüsse stets dann, wenn sie den **inneren Bereich des Gerichts** verlassen haben (BGH NJW 57, 1480; BGH NJW-RR 00, 877) und von diesem nicht mehr verändert werden können (BGH NJW-RR 04, 1575). Beschlüsse, die **aufgrund einer mündlichen Verhandlung** ergehen, werden mit ihrer **Verkündung** existent, weil sie damit bereits den inneren Bereich des Gerichts verlassen. Dagegen werden **ohne notwendige mündliche Verhandlung** ergangene Beschlüsse existent, sobald sie mit dem Willen des Gerichts und dem Zweck der Bekanntgabe an die Parteien aus dessen inneren Geschäftsbetrieb gelangen und als erlassene Beschlüsse **nach außen erkennbar** werden (BGH VersR 74, 365; NJW-RR 00, 877; 04, 1575). Ist der Beschl existent, kann er, sofern er beschwerdefähig ist, angefochten werden (BGH VersR 74, 365; Frankf NJW 74, 1389; *Schneider* NJW 78, 833). 4

2. Wirksamwerden. Wirksam werden Beschlüsse, wenn sie den betroffenen Parteien bekannt gemacht worden sind (BGHZ 25, 60, 63 = NJW 57, 1480, BGHZ 164, 347, 351 = NJW 05, 3724; Zö/*Vollkommer*, § 329 Rn 7). Wann dies der Fall ist, ist einzelfallabhängig. Bereits mit ihrer **Verkündung** werden Beschlüsse ggü den Parteien wirksam, wenn ihre **Zustellung nicht vorgeschrieben** ist. Handelt es sich dagegen um **Beschlüsse, die zuzustellen sind**, werden sie bereits mit der **Zustellung an eine Partei** wirksam (Musielak/*Musielak* § 329 Rn 8; *Schneider* NJW 78, 833). Bereits mit ihrer bloßen **Mitteilung** durch das Gericht an die Parteien werden diejenigen Beschlüsse wirksam, die **weder zu verkünden noch zuzustellen** sind. Die Beachtung einer bestimmten Form ist für diese Mitteilung nicht erforderlich, ausreichend ist insoweit auch eine telefonische Benachrichtigung (BGHZ 14, 148 = NJW 54, 1604; BGH NJW-RR 00, 877; Hamm Rpfleger 87, 251). Inwieweit über diese Mitteilung ein Aktenvermerk anzufertigen ist, ist umstr (dafür *Zwirner* NJW 54, 907). Weitgehend wird dieser lediglich für sinnvoll gehalten (Hamm Rpfleger 87, 251). Mitzuteilende Beschlüsse werden mit formloser Mitteilung an die Partei wirksam (BGH NJW 87, 2379; NJW-RR 95, 641; 04, 1575), wobei darauf zu achten ist, ob die Wirksamkeit von der Mitteilung an beide Parteien abhängt (so für den Verweisungsbeschluss nach § 281: BGH NJW-RR 95, 641; Zö/*Vollkommer* § 329 Rn 22). Ohne Einfluss auf das Wirksamwerden eines Beschlusses ist es, wenn er nicht wie vorgeschrieben verkündet, sondern zugestellt wird (München MDR 54, 424, 62, 224; Köln Rpfleger 82, 113; Köln NJW-RR 98, 365). Gleiches gilt auch dann, wenn ein zuzustellender Beschl nicht zugestellt sondern verkündet wird (Musielak/*Musielak* § 329 Rn 11). Wird ein zu verkündender oder zuzustellender Beschl lediglich formlos mitgeteilt, wird er nicht wirksam (BGHZ 137, 49 = NJW 98, 609; Köln NJW-RR 98, 365). Insgesamt gilt, dass Verkündungs- oder Zustellungsfehler bei Beschlüssen nur dann deren Unwirksamkeit zur Folge haben, wenn gegen wesentliche, die Verlautbarung betreffende Vorschriften verstoßen wird. Verkündungs- oder Zustellungsmängel führen daher nur selten zur Unwirksamkeit des Beschlusses (Musielak/*Musielak* § 329 Rn 11). 5

III. Entsprechende Anwendung von Urteilsvorschriften. Die in § 329 ausgesprochenen Verweisungen auf einzelne Vorschriften über das Urt sind nicht abschließend. Darüber hinaus sind auch weitere Regelungen entsprechend anwendbar, wenn dies die Ähnlichkeit zwischen Urt und Beschl rechtfertigt. Im Einzelnen gilt dabei folgendes: 6

§ 308 (Bindung an die Parteianträge). Die Vorschrift findet auf Beschlüsse entsprechende Anwendung. Bei Beschlüssen, die auf Antrag einer Partei ergehen, darf das Gericht keine Entscheidung über die von den Parteien gestellten Anträge hinaus treffen. Dies gilt nicht für eigenständige Kostenentscheidungen in Beschlüssen, da diese vAw zu treffen sind, zB beim Arrestbeschluss nach § 922 (Zö/Vollkommer § 329 Rn 29; B/L/A/H § 329 Rn 14). 7

§ 309 (Erkennende Richter). Die Regelung gilt nach § 329 I 2 ausdrücklich für auf Grund einer mündlichen Verhandlung ergangene Beschlüsse. Somit gelten auch die §§ 192 ff GVG, dh die Beschlüsse haben durch die Richter zu ergehen, die an der Verhandlung teilgenommen haben. Der BGH verlangt zudem, dass nur diejenigen Richter mitwirken dürfen, die dazu im Zeitpunkt des Erlasses nach der Geschäftsverteilung. berufen sind (BGH MDR 05, 410). 8

9 **§ 310 (Termin der Urteilsverkündung).** Hier gilt gem § 329 I 2 lediglich § 310 I entsprechend für Beschlüsse, die verkündet werden müssen. § 310 II gilt dagegen nicht (Musielak/*Musielak* § 329 Rn 18). Der Beschl selbst ist ebenso wie seine Verkündung im Protokoll gem. § 160 III Nr 6, 7 festzustellen.

10 **§ 311 (Form der Urteilsverkündung).** Während § 311 I allgemein als nicht anwendbar angesehen wird, wird zT für § 311 II, III eine entsprechend Anwendbarkeit befürwortet (LG Frankfurt Rpfleger 76, 257; Musielak/*Musielak* § 329 Rn 18; Wieczorek/Schütze/*Rensen* § 329 Rn 26). Überwiegend wird dies jedoch abgelehnt (ThoPu/*Reichold* § 329 Rn 2; St/J/*Roth* § 329 Rn 23). Da Beschlüsse, mit deren Verkündung Rechtsmittelfristen in Gang gesetzt werden, seit der Neuregelung durch das ZPO-RG 1998 nicht mehr bestehen, hat sich dieser Streit erledigt (Zö/*Vollkommer* § 329 Rn 32). § 311 IV gilt wegen der Verweisung des § 329 I 2 entsprechend.

11 **§ 312 (Anwesenheit der Parteien).** Die Reglung ist in § 329 Abs 1 S 2 ausdrücklich für entsprechend anwendbar erklärt.

12 **§§ 313, 313a, 313b (Form und Inhalt).** Obwohl § 329 bzgl der äußeren Gestaltung von Beschlüssen keine Regelung trifft, ist § 313 auf diese entsprechend anzuwenden (BGH NJW 01, 1653). Dies gilt insb für **urteilsvertretende** und **verfahrensbeendende Beschlüsse** (Hamm OLGR 99, 13; Köln BB 01, 1499) und **Vollstreckungstitel.** Bei diesen ist ein volles Rubrum erforderlich (Brandbg Rpfleger 98, 208, Zö/*Vollkommer* § 329 Rn 34). Im Übrigen kann das Rubrum auch abgekürzt sein, solange die Bezeichnung der Parteien feststeht (BGH NJW-RR 08, 367; NJW 03, 3136). Für die Entscheidungsformel gilt, dass diese verständlich und ggf vollstreckbar sein muss (B/L/A/H § 329 Rn 15). Ein Tatbestand ist immer erforderlich, wenn der Beschl der Rechtsbeschwerde unterliegt. Ergibt sich der Tatbestand bereits aus der rechtlichen Bewertung, ist er entbehrlich. Werden Beschlüsse mit einem Tatbestand versehen, ist dieser von den Gründen deutlich abzusetzen (HK-ZPO/*Saenger* § 329 Rn 4). Hinsichtlich der Beweiskraft des Tatbestandes s. die nachfolgende Rz 13. Regelmäßig bedürfen Beschlüsse, obwohl dies nicht ausdrücklich durch § 329 vorgeschrieben wird, einer **Begründung.** Dies folgt einerseits bereits aus dem Gesetz (zB § 922 Abs 1 S 2) und für die rechtsmittelfähigen Beschlüsse aus dem Anspruch auf Gewährung rechtlichen Gehörs (Frankf OLGR 06, 114; Musielak/*Musielak* § 329 Rn 5). Auch **unanfechtbare Beschlüsse** bedürfen in einzelnen Fällen der Begründung. Weicht der Richter nämlich bei seiner Entscheidung vom eindeutigen Wortlaut des Gesetzes ab und sind die Gründe hierfür den Parteien nicht bereits bekannt oder zumindest erkennbar, bedürfen auch diese Beschlüsse einer Begründung, da das Willkürverbot des Art 3 I, 20 III GG zu beachten ist (BVerfG NJW 93, 1909; 94, 574; 98, 3484). Auf der anderen Seite kann auch bei **rechtsmittelfähigen Beschlüssen** in besonderen Konstellationen eine Begründung entbehrlich sein und zwar dann, wenn die Begründung bereits unmittelbar aus dem Gesetz folgt, auf gefestigter Rechtssprechung basiert oder dem Streitstoff unmittelbar zu entnehmen ist (Frankf Rpfleger 84, 477; BayObLG NJW-RR 91, 187; Karlsr FamRZ 91, 90). Eine fehlende Begründung kann grds im Nichtabhilfebeschluss nachgeholt werden. Ausgenommen hiervon sind diejenigen Beschlüsse, die der sofortigen Beschwerde unterliegen (ThoPu/*Reichold* § 329 Rn 10). Die Begründung hat alle Tatsachenbehauptungen zu berücksichtigen, die für die Rechtsverfolgung wesentlich sind (BVerfG NJW 78, 989; NJW 82, 30; NJW 91, 2757; Zö/*Vollkommer* § 329 Rn 24). Die Parteien können auch auf die Gründe verzichten. Allerdings ist ein Verzicht der Parteien auf die Begründung nicht möglich, solange der Beschl anfechtbar ist. Erst nach einem wirksamen Verzicht auf die Einlegung eines Rechtsmittels kann auch wirksam auf die Begründung des anfechtbaren Beschlusses verzichtet werden (Schlesw MDR 97, 1154; HK-ZPO/*Saenger* § 329 Rn 7; Zö/*Vollkommer* § 329 Rn 24). Zu beachten ist hier, dass nach herrschender Auffassung in dem Verzicht auf Entscheidungsgründe nicht auch ein Verzicht auf die mögliche Einlegung von Rechtsmitteln zu sehen ist (Hamm NJW-RR 00, 212 mwN, Schlesw MDR 97, 1154; aA Köln MDR 02, 109; Celle OLGR 01, 181; Hamm MDR 89, 919).Der Beschl ist vom Gericht zu unterschreiben. Zu den Einzelheiten zur Unterschrift s. Rz 14.

13 **§ 314 (Beweiskraft des Tatbestandes).** Die Vorschrift ist im Grundsatz nicht auf Beschlüsse anwendbar, da die Beweisregel des § 314 voraussetzt, dass ein Tatbestand iSv § 313 I Nr 5, II unabdingbar erforderlich ist, was bei Beschlüssen gerade nicht der Fall ist. (MüKoZPO/*Musielak* § 329 Rn 13; Zö/*Vollkommer* § 329 Rn 35; ThoPu/*Reichold* § 329 Rn 11). Tatsachenfeststellungen in Beschlüssen kommt daher keine Beweiskraft zu (Frankf MDR 04, 901). Der BGH wendet demgegenüber § 314 in Verfahren mit einer mündlichen Verhandlung an, da auch ein Beschl den ihm zugrunde liegenden Lebenssachverhalt und Prozessverlauf erkennen lassen müsse (BGHZ 65, 30 = NJW 75, 1837; B/L/A/H, § 329 Rn 15).

§ 315 (Unterschrift der Richter). Ob die Regelung des § 315 auf Beschlüsse Anwendung findet, wird unterschiedlich beantwortet. Teilweise wird § 315 I entsprechend angewandt (MüKoZPO/*Musielak* § 329 Rn 3), überwiegend wird die Geltung der Vorschrift für Beschlüsse jedoch abgelehnt. Dennoch ist wegen der Bezugnahme in § 329 I 2 auf § 317 II 1 die Unterschrift des Richters erforderlich (Karlsr FamRZ 94, 452), da erkennbar sein muss, welcher Richter den Beschl erlassen hat und nur die Unterschrift seine Herkunft verbürgt (BGH NJW-RR 94, 1406; Karlsr FamRZ 99, 452). Umstritten ist, ob beim Kollegialgericht die Unterschrift des Vorsitzenden oder diejenigen des Vorsitzenden und des Berichterstatters genügen (bejahend BGH NZBau 01, 517; Ddorf MDR 80, 943, wenn deutlich gemacht wird, dass es sich um eine Entscheidung des Kollegiums handelt, auch Zö/*Vollkommer* § 329 Rn 36, mit dem Hinweis, dass die Unterschrift lediglich verdeutliche, dass es sich nicht um einen bloßen Entwurf handelt; verneinend dagegen B/L/A/H § 329 Rn 8; MüKoZPO/*Musielak* § 329 Rn 3, da nur so die interne Kontrolle der Übereinstimmung der schriftlichen Fassung mit der durch die Richter gemeinsam getroffenen Entscheidung möglich sei). Fehlende Unterschriften sind mit ex nunc-Wirkung nachholbar (BGHZ 137, 49 = NJW 98, 609). Eine Paraphe ist keine ausreichende Unterschrift (Karlsr NJW 04, 1507). 14

§ 317 (Urteilszustellung und -ausfertigung). Da § 329 bereits ausdrücklich die Zustellung von Beschlüssen regelt, ist § 317 I nicht anwendbar. Dies betrifft jedoch nicht die Erteilung der Ausfertigung, insoweit findet § 317 II 1 entsprechende Anwendung. Gleiches gilt für die in § 317 III bis V getroffenen Bestimmungen, so dass die für Urteile zugelassene Ausfertigung in elektronischer Form auch bei Beschlüssen möglich ist. Dagegen darf aufgrund der fehlenden Verweisung § 317 II 2 nicht entsprechend angewendet werden (Zö/*Vollkommer* § 329 Rn 25; Wieczorek/Schütze/*Rensen* § 329 Rn 26; B/L/A/H § 329 Rn 15), so dass bei einer vollstreckbaren Ausfertigung des Beschlusses eine vollständige Wiedergabe der Urschrift erforderlich ist. Auch § 317 VI gilt hier nicht entsprechend (LG Stade Rpfleger 87, 253; Zö/*Vollkommer* § 329 Rn 37).). 15

§ 318 (Bindung des Gerichts). Die Regelung greift für Beschlüsse lediglich in bestimmten Fällen, dh das Gericht darf, was sich aus § 572 I 1 ergibt, grds seine Beschlüsse abändern und aufheben (ThoPu/*Reichold*, § 329 Rn 12; Zö/*Vollkommer* § 329 Rn 38). Beschlüsse, die der **formellen Rechtskraft** fähig sind, sind dagegen grds für das erlassende Gericht bindend und damit unabänderbar (BAG MDR 84, 83). Weiterhin ist ein Beschl nicht abänderbar, der bereits **ausgeführt** oder **prozessual überholt** ist (B/L/A/H, § 329 Rn 18). Beschlüsse zur Zuständigkeit des Gerichts, die nach §§ 36, 37 ergangen sind, sind daher ebenso wie der Arrest, die einstweilige Verfügung und die Vollstreckbarerklärung von Schiedsspruchssprüchen oder der Schiedsvergleich in Form eines Schiedsspruches nicht revidierbar. Nach hM gilt dies auch für den **Mahnbescheid** und den **Vollstreckungsbescheid** (Musielak/*Musielak* § 329 Rn 13; ThoPu/*Reichold* § 329 Rn 12; HK-ZPO/*Saenger* § 329 Rn 21; aA Karlsr Rpfleger 87, 422; *Vollkommer*, Rpfleger 75, 161). Auch der **Verweisungsbeschluss** gem § 281 stellt eine abschließende Entscheidung dar und darf deshalb nach seiner Verkündung von dem erlassenden Gericht nicht mehr geändert werden (St/J/*Leipold* § 329 Rn 15 und § 281 Rn 22). Gleiches gilt für den die Berufung nach § 522 II zurückweisenden Beschl, da er urteilsähnlich ist (BGH MDR 07, 600; München MDR 03, 522). Der Beschl, mit dem **Prozesskostenhilfe** bewilligt worden ist, kann von dem Gericht nur unter den Voraussetzungen des § 124 aufgehoben werden (Hamm FamRZ 86, 583). Dies gilt jedoch nicht für einen ablehnenden PKH-Beschluss (BVerfGE 56, 139, 154 = Rpfleger 81, 184). Auch ein unanfechtbarer Beschlusses, der unter Verletzung von Verfahrensgrundrechten erlassen worden ist, kann auf die Anhörungsrüge nach § 321 a abgeändert werden. Bei Verstößen gegen andere Grundrechte ist nur eine Gegenvorstellung möglich, die bei dem Gericht, das den Beschl erlassen hat, zu erheben ist. Aber auch hier findet § 318 entsprechend Anwendung, weil solche Beschlüsse im Wege einer Verfassungsbeschwerde ohnehin aufzuheben wären (BGHZ 150, 133 = NJW 02, 1577; Musielak/*Musielak* § 329 Rn 16). 16

§ 319 (Berichtigung). Die Vorschrift findet grds auch auf Beschlüsse Anwendung, da sie einen allgemeinen, auf Beschlüsse übertragbaren Rechtsgedanken enthält (BVerfGE 29, 45; BayObLG NJW-RR 89, 720). Offenbare Unrichtigkeiten in Beschlüssen können vAw berichtigt werden. Typische Anwendungsfälle sind die Berichtigung des Rubrums (BGH NJW-RR 95, 574) oder die Beseitigung von Rechenfehlern in Kostenfestsetzungsbeschlüssen (Hamm MDR 77, 760; VG Hannover Rpfleger 90, 388; München Rpfleger 92, 217). 17

§ 320 (Berichtigung des Tatbestandes). Die Vorschrift ist auf Beschlüsse im Grundsatz nicht anwendbar, was als Konsequenz aus der Unanwendbarkeit des § 314 folgt. (Köln MDR 76, 848; Frankf MDR 04, 901; B/L/A/H, § 329 Rn 19). Etwas anderes gilt nach hM für Beschlüsse, die zu begründen und mit tatsächlichen 18

Angaben zu versehen sind (BGHZ 65, 30 = NJW 75, 1837; Musielak/*Musielak* § 329 Rn 20). Eine entsprechende Anwendung dieser Regelung kommt auch in Betracht, wenn der Beschl aufgrund einer mündlichen Verhandlung ergangen ist (Frankf MDR 04, 901; Zö/*Vollkommer* § 329 Rn 40) und bei Berichtigungsbeschlüssen (BGH NJW-RR 88, 407; ThoPu/*Reichold* § 329 Rn 13).

19 **§ 321 (Ergänzung).** Die Vorschrift gilt auch für Beschlüsse. Versehentlich entstandene Entscheidungslücken können nachträglich geschlossen werden (München JurBüro 87, 1555; Frankf JurBüro 80, 778; Stuttg MDR 99, 116; MüKoZPO/*Musielak* § 329 Rn 14). Soweit nicht eine förmliche Zustellung vorgeschrieben ist, beginnt die Antragsfrist nach § 321 II sowie § 522 II mit Zugang des Beschlusses bei der betroffenen Partei (Hamm Rpfleger 73, 409; München MDR 03, 522).

20 **§ 321a (Abhilfe bei Verletzung rechtlichen Gehörs).** Die Regelung findet auf unanfechtbare letztinstanzliche Beschlüsse Anwendung (Zö/*Vollkommer* § 329 Rn 41a; HK-ZPO/*Saenger* § 329, Rn 37; aA B/L/A/H § 329 Rn 20).

21 **§§ 322–328 (Regelungen bzgl der Rechtskraft).** Soweit Beschlüsse auch der formellen und materiellen Rechtskraft fähig sind, finden die Vorschriften hierauf entsprechende Anwendung (dazu iE § 322 Rz 12).

22 **§ 540 (Inhalt des Berufungsurteils).** Für Beschlüsse des Beschwerdegerichts findet die Vorschrift bzgl des Inhalts des Berufungsurteils (§ 540) entsprechende Anwendung (Köln JMBlNRW 83, 64; ThoPu/*Reichold* § 329 Rn 13).

23 **§§ 578 ff (Wiederaufnahmevorschriften).** Die Vorschriften bzgl der Wiederaufnahme des Verfahrens gelten bei Vorliegen eines Nichtigkeitsantrages entsprechend für Beschlüsse (BAG NJW 95, 2125).

24 **§ 705 (Formelle Rechtskraft).** Für die der sofortigen Beschwerde unterliegenden Beschlüsse gilt § 705 entsprechend (HK-ZPO/*Saenger* § 329 Rn 41).

25 **§ 708 ff (Regelungen zur vorläufigen Vollstreckbarkeit).** Die Vorschriften über die vorläufige Vollstreckbarkeit von Urteilen finden auf Beschlüsse keine Anwendung (Zö/*Vollkommer* § 329 Rn 43).

26 **C. Verfügungen. I. Begriff.** In Form von Verfügungen ergehen regelmäßig sämtliche Prozesshandlungen. Sie werden vom vorsitzenden Richter, dem Ermittlungsrichter bzw einem von diesem beauftragten oder ersuchten Richter iRd Prozessbetriebes allein getroffen (Zö/*Vollkommer* § 329 Rn 1). Hiezu gehören ua Maßnahmen zur Vorbereitung des Termins (§ 273 II) oder die Terminsbestimmung (§ 216).

27 **II. Existenz und Wirksamwerden. 1. Existenz.** Für Verfügungen gilt im Wesentlichen dasselbe wie für Beschlüsse (s. Rz 3 f). Wie Beschlüsse werden Verfügung rechtlich existent, wenn sie den **internen Geschäftsbereich** des Gerichts verlassen haben (BGH NJW 90, 1797; NJW-RR 94, 444 f).

28 **2. Wirksamwerden.** Auch für das Wirksamwerden von Verfügungen gilt das bereits für Beschlüsse Festgestellte (s. Rz 5). Allerdings bedürfen Verfügungen, auch soweit sie aufgrund einer mündlichen Verhandlung ergangen sind, keiner Verkündung (Zö/*Vollkommer* § 329 Rn 44). Verfügungen, mit denen Fristen in Gang gesetzt werden, sind nach § 329 II 2 zuzustellen; zB eine Verfügung, mit der eine Ausschlussfrist für verspätetes Vorbringen nach § 296 I gesetzt wird (BGHZ 76, 236 = NJW 80, 1167; VersR 83, 33).

29 **III. Entsprechende Anwendung von Urteilsvorschriften.** Für Verfügungen gelten die Urteilsvorschriften mit Ausnahme der §§ 317, 319 I, II nicht entsprechend. IE ist zu beachten:

30 **§ 308 (Bindung an die Parteianträge).** Die Vorschrift gilt grds für Verfügungen nicht entsprechend, da mittels Verfügungen nicht über Sachanträge entschieden wird. Ist jedoch für den Erlass einer Verfügung ein Parteiantrag erforderlich, kommt eine entsprechende Anwendung des § 308 I in Betracht (MüKoZPO/*Musielak* § 329 Rn 16).

31 **§ 309 (Erkennende Richter).** Diese Regelung ist wegen § 329 I 2 nicht anwendbar (Zö/*Vollkommer* § 329 Rn 44).

32 **§§ 310, 311, 312 (Regelungen zur Verkündung und Berichtigung).** Verfügungen müssen nach § 29 I nicht verkündet werden. Die §§ 310 und 311 finden daher keine Anwendung. Erfolgt dennoch eine Verkündung, ist gem § 329 I 2 die Vorschrift des § 312 entsprechend anzuwenden. Für die Wirksamkeit der Verkündung kommt es dabei nicht auf die Anwesenheit der Parteien an (MüKoZPO/*Musielak* § 329 Rn 16).

§ 315 (Unterschrift der Richter). Die Unterschrift des die Verfügung erlassenden Richters ist erforderlich für Fristsetzungsverfügungen (BGHZ 76, 236 = NJW 80, 1167; BVerwG NJW 94, 746) und Zwischenverfügungen (BayObLG NJW-RR 96, 1167). Dagegen wird die Unterzeichnung mit einer Paraphe bei einer Terminsbestimmung für ausreichend gehalten, die allerdings charakteristische Merkmale aufweisen muss, um zumindest innerhalb des Gerichts den Unterzeichner klar erkennen zu lassen (BSG NJW 92, 1188; OVG Münster NJW 91, 1628). 33

§ 317 (Zustellung und Ausfertigung). Gemäß § 329 I 2 gelten § 317 II 1 und III – V sinngemäß. Die Erteilung von Abschriften ist nicht zulässig, bevor die Verfügung unterzeichnet worden ist (MüKoZPO/*Musielak* § 329 Rn 16). 34

§ 318 (Bindung des Gerichts). Die Vorschrift gilt nicht für Verfügungen (Musielak/*Musielak* § 329 Rn 22). Jedoch ist richtigerweise trotz fehlender Bindung des Gerichts ein gewisser Vertrauensschutz zu beachten, so dass man einer Partei eine ihr günstige Rechtsposition, etwa im Fall einer gewährten Fristverlängerung, nicht durch Abänderung einer Verfügung nachträglich wieder entziehen kann (*Rimmelspacher* FS Gaul 97, 553, 564; Zö/*Vollkommer* § 329 Rn 44; Wieczorek/Schütze/*Rensen* § 329 Rn 29). 35

§ 319 (Berichtigung). Der Rechtsgedanke des § 319 gilt auch für Verfügungen. Offenbare Unrichtigkeiten sind vAw zu berichtigen, was aber wegen der fehlenden Bindung an die Entscheidung auch ohne § 319 möglich wäre. Eine analoge Anwendung des § 319 III scheidet aus (MüKoZPO/*Musielak* § 329 Rn 16; Zö/*Vollkommer* § 329 Rn 44). 36

§§ 320–328 (Regelungen bzgl der Rechtskraft von Urteilen). Die Regelungen sind nicht auf Verfügungen anwendbar, da diese nicht der Rechtskraft fähig sind (ThoPu/*Reichold* § 329 Rn 14; Musielak/*Musielak* § 329 Rn 22). 37

Titel 3 Versäumnisurteil

§ 330 Versäumnisurteil gegen den Kläger. **Erscheint der Kläger im Termin zur mündlichen Verhandlung nicht, so ist auf Antrag das Versäumnisurteil dahin zu erlassen, dass der Kläger mit der Klage abzuweisen sei.**

A. Normzweck. Nach § 330 kann der Beklagte bei Säumnis des Klägers ohne sachliche Prüfung des gegen ihn geltend gemachten Anspruchs ein der Rechtskraft fähiges Urt auf Abweisung der Klage erreichen (RGZ 7, 395, 397; BGHZ 35, 338, 341; 153, 239, 243). Die CPO wich damit von früheren Prozessordnungen ab, in denen das Versäumnisurteil gegen den Kl ein Prozessurteil war, so dass eine neue Klage erhoben werden konnte (zur Gesetzesgeschichte: *Schubert* FS Egon Schneider, 92, 94). Das gilt nur noch in eigenen Sonderfällen (s. Rz 5, 14) 1

Nach den Gesetzesmaterialien steht die Säumnis des Klägers einem Verzicht auf den geltend gemachten Anspruch gleich (Mot zur CPO, 230 = Hahn/Mugdan, Materialien, 293). Da das Versäumnisurteil nach § 330 aus Gründen der Rechtssicherheit dem Verzichtsurteil nach § 306 entsprechende Rechtsfolgen herbeiführen soll, kommt es nicht darauf an, wie das Gericht nach dem Parteivortrag über den Anspruch entschieden hätte (stRspr: RGZ 7, 395, 397; BGHZ 35, 338, 341; 153, 239, 243; aA tw die Lit: Musielak/*Stadler* Rn 4; *Reischl* ZZP 116, 493, 496). 2

B. Voraussetzungen des Erlasses des Versäumnisurteils gegen den Kläger. I. Anwendungsbereich. Die Vorschriften über das Versäumnisurteil setzen die Obliegenheit der Parteien zur Mitwirkung im Verfahren durch Antragstellung und Beibringung von Tatsachen voraus. Sie sind unanwendbar in allen Verfahren, in denen der Untersuchungsgrundsatz gilt. Die §§ 330 ff galten daher in den Verfahren nach dem FGG – auch den sog echten Streitsachen – nicht (Bassenge/Roth Einl Rn 53; Jansen/*v. König/v. Schuckmann*, 3. Aufl, vor §§ 8–18 Rn 69). In den Streitigkeiten nach der ZPO sind die §§ 330 ff anwendbar, wenn auf Grund mündlicher Verhandlung (§ 128 I) und nicht im schriftlichen Verfahren (§ 128 II, III) entschieden wird. § 331 III macht hiervon eine Ausnahme, in dem er das Versäumnisurteil im schriftlichen Vorverfahren zulässt. 3

Unmittelbar einschlägig sind die §§ 330 ff für **erstinstanzliche Verfahren** nach der ZPO vor den Landgerichten und gem der Verweisung in § 495 vor den Amtsgerichten. Für die **Rechtsmittelinstanzen** gelten besondere, an das Nichterscheinen oder Nichtverhandeln des Rechtsmittelklägers oder -beklagten anknüp- 4 fende Bestimmungen (§§ 539, 565), wobei die Vorschriften für das erstinstanzliche Verfahren sinngemäß anzuwenden sind. Das das Rechtsmittel zurückweisende Versäumnisurteil ist jedoch entgegen der hM (dazu § 539 Rz 10; wie hier *Stamm* ZZP 09, 399, 417) nur ein auf die Zurückweisung des Rechtsmittel lautendes Prozessurteil; so dass sich die materielle Rechtskraft (§ 322 I) nach dem Inhalt des (rechtskräftig gewordenen) erstinstanzlichen Urteils bestimmt.

5 Für die **Verfahren nach dem FamFG** gelten die Vorschriften über das Versäumnisverfahren grds nicht. Sie sind jedoch auf Grund der allg Verweisung in § 113 I 2 FamFG auf die ZPO für die **Ehesachen** und die **Familienstreitsachen** (nach § 112 FamFG sind dies Unterhalts-, Güterrechts- und sonstige Familiensachen) entsprechend anzuwenden. In den **Ehesachen** ergeht eine Versäumnisentscheidung gegen den Antragsteller nach § 130 I FamFG nur mit der Rechtsfolge, dass der Antrag als zurückgenommen gilt (s. iÜ § 331 Rz 2 und § 331a Rz 3). In **Baulandsachen** kann nach § 227 III BauGB nur nach Lage der Akten, jedoch nicht durch Versäumnisurteil entschieden werden.

6 **II. Vorliegen der allgemeinen Sachurteilsvoraussetzungen.** Da das Versäumnisurteil über den Anspruch entscheidet, hat das Gericht das Vorliegen der Sachurteilsvoraussetzungen vAw zu prüfen. Beantragt der Beklagte den Erlass des Versäumnisurteils, muss er nach § 335 I Nr 1 diese Voraussetzungen dem Gericht nachweisen (MüKoZPO/*Prütting* Rn 24; Musielak/*Stadler* Rn 2; St/J/*Grunsky* Rn 7; aA Wieczorek/Schütze/*Borck* v § 330 Rn 64 ff unter Hinweis auf RGZ 50, 384, 386). Soweit Mängel der gerichtlichen Zuständigkeit nach § 39 oder der Klageschrift nach § 295 geheilt werden können, kann der Beklagte die Fehler beheben, indem er das Versäumnisurteil beantragt. Str ist, ob der Beklagte dann nach Einspruch des Klägers diese Mängel noch rügen kann (dazu § 342 Rz 6 f).

7 **III. Säumnis des Klägers.** Voraussetzung eines Urteils nach §§ 330 ff ist die **Säumnis des Klägers.** Eine Partei ist säumig, wenn sie trotz ordnungsgemäßer Bestimmung eines Termins zur mündlichen Verhandlung vor dem erkennenden Gericht nach Aufruf der Sache am hierzu bestimmten Ort nicht erscheint, bei notwendiger Vertretung durch einen Rechtsanwalt nicht durch einen am Prozessgericht zugelassenen Rechtsanwalt vertreten ist oder nicht zur Sache verhandelt (BGHZ 141, 351, 354). Der Verhandlung muss ein **Aufruf der Sache** (§ 220 I) vorausgehen (BVerfGE 42, 364, 371), der nicht nur im Sitzungssaal, sondern auch auf dem Gerichtsflur zu hören sein muss (KG MDR 74, 52; LG Hamburg NJW 77, 1459) und frühestens zur angesetzten Terminszeit erfolgen darf. Der Aufruf soll die Partei in die Lage versetzen, den Termin wahrzunehmen. Säumnis liegt daher trotz fehlerhaften Aufrufs vor, wenn die ordnungsgemäß geladene Partei vom Beginn der bestimmten Terminszeit an bis einem späteren Schluss der Verhandlung nicht im Gericht anwesend gewesen ist (KG NJW 87, 1338, 1339).

8 **Fehlendes Verschulden** schließt nicht die Säumnis aus, begründet jedoch ein Vertagungsgebot nach § 337 S 1. Ein Versäumnisurteil darf dann nicht erlassen werden (RGZ 166, 246, 248; BGH NJW 76, 196). Das Gericht muss für die unverschuldete Säumnis konkrete Anhaltspunkte haben (St/J/*Grunsky* Rn 7). Es obliegt daher der Partei, die nicht oder nicht rechtzeitig erscheinen kann, dem Gericht die Verhinderung und deren Grund vorher mitzuteilen (vgl BGH NJW 06, 448, 449; Celle NJW 04, 2534, 2535).

9 **Standesrechtliche Gebote,** die früher einem Anwalt ggü seinem Kollegen die Pflicht zur Ankündigung eines Antrags auf das Versäumnisurteil auferlegten, bestehen nicht mehr. Auch die anwaltlich vertretende säumige Partei muss daher damit rechnen, dass der Gegner das Versäumnisurteil beantragt (s. § 337 Rz 8).

10 **IV. Antrag des Beklagten.** Ein Versäumnisurteil setzt den **Prozessantrag der erschienen Partei** auf dessen Erlass voraus (HK-ZPO/*Pukall*, v § 330, Rn 6). Dieser Antrag ist von demjenigen auf Klageabweisung zu unterscheiden. Der Antrag zur Hauptsache kann aber dahin auszulegen sein kann, dass mit ihm zugleich die Entscheidung durch Versäumnisurteil beantragt wird (BGHZ 37, 79, 83; Kobl FamRZ 90, 894). Das Prozessgericht ist nach § 139 I gehalten, auf eine dem Begehren des Beklagten entsprechende Antragstellung hinzuwirken und Zweifel zu klären (MüKoZPO/*Prütting* Rn 6; St/J/*Grunsky* Rn 11; Wieczorek/Schütze/*Borck* Rn 6).

11 Nach heute hM kann der Beklagte gegen den säumigen Kl auch den **Antrag auf eine Entscheidung durch Prozessurteil** stellen (Musielak/*Stadler* Rn 2; St/J/*Grunsky* Rn 4; ThoPu/*Reichold* Rn 3). Eine solche Befugnis ist einzuräumen, weil das Gericht so entscheiden muss, wenn es an einer unverzichtbaren Prozessvoraussetzung fehlt (dazu Rz 17). Der Beklagte kann ein die Instanz beendendes **Sachurteil** gegen den säumigen Kl nur erreichen, indem er nach § 331a eine **Entscheidung nach Lage der Akten** beantragt (MüKoZPO/*Prütting* Rn 26; Musielak/*Stadler* Rn 3; St/J/*Grunsky* v § 330 Rn 24).

Schließlich kann sich der Beklagte dazu entschließen, angesichts der Säumnis des Klägers den **Antrag auf ein Versäumnisurteil nicht zu stellen.** Das hat allerdings zur Folge, dass er selbst säumig wird und dem Gericht die Entscheidungsmöglichkeiten nach § 251a eröffnet (Köln NJW-RR 91, 1022, 1023, Zweibr FamRZ 83, 1154, 1155; s. Rz 20). 12

V. Keine Zurückweisungsgründe nach § 335 I Nr 1, 2 und 5. Das Gericht darf dem Antrag auf Erlass eines Versäumnisurteils nur entsprechen, nachdem es festgestellt hat, dass die **in § 335 I ZPO bestimmten Hindernisse nicht vorliegen.** Die vAw zu beachtenden Verfahrensmängel (§ 335 I Nr. 1) müssen – soweit möglich – von dem Beklagten behoben worden sein (Rz 6). Der Termin muss ordnungsgemäß durch Ladung (§ 214) oder in einer verkündeten Entscheidung (§ 218) anberaumt worden sein (s. § 335 Rz 5). § 335 I Nr. 3 ist dagegen hier nicht anzuwenden, da die Klageabweisung nach § 330 ohne Rücksicht auf das tatsächliche Vorbringen der Parteien zum Anspruch erfolgt. Nr 4 betrifft das Versäumnisurteil gegen den Beklagten im schriftlichen Vorverfahren. Anwendbar ist § 335 I Nr 5, wenn das Gericht im Parteiprozess den Bevollmächtigten des Klägers erst im Termin zurückweist oder ihm die weitere Vertretung untersagt (s. § 335 Rz 12). 13

C. Entscheidungen des Gerichts. I. Das Versäumnisurteil gegen den Kläger. Beantragt der Beklagte das Versäumnisurteil und liegen die erforderlichen Voraussetzungen vor, so muss das Gericht die Klage durch Versäumnisurteil abweisen. Ein Ermessensspielraum steht ihm nicht zu. Der Inhalt der Entscheidung ergibt sich aus § 313b. Der **Tenor** des Urteils nach § 330 lautet auf Abweisung der Klage; nur in Ehesachen ist das Urt dahin zu erlassen, dass die Klage als zurückgenommen gilt (§ 130 I FamFG – zum FamFG iÜ s.o. Rz 5). In Widerspruchsverfahren nach §§ 872 ff ist nach § 881 zu tenorieren. Die **Verkündung** ist vor schriftlicher Abfassung der Formel zulässig (§ 311 II 3). 14

Tatbestand und Gründe sind grds entbehrlich (§ 313b). Rechtliche Ausführungen zum Anspruchsgrund sind reine obiter dicta und sollten unterbleiben, weil die Klageabweisung ohne Sachprüfung erfolgt (BGHZ 35, 338, 341) und das Gericht auch eine nach Aktenlage begründete Klage abweisen muss. 15

Das Urt ist nach § 313b I 2 **als Versäumnisurteil zu bezeichnen**, was aber nicht darüber entscheidet, ob ein Versäumnis- oder ein kontradiktorisches Urt vorliegt. Ausschlaggebend ist der objektive Inhalt des Urteils (RGZ 50, 384, 388; 90, 42, 43; BGH VersR 84, 1099, 1100; NJW 99, 583, 584). Eine Klageanweisung als unzulässig wegen Fehlens einer Sachurteilsvoraussetzung ist ein kontradiktorisches Urt, selbst wenn es als Versäumnisurteil erlassen worden ist (BGH NJW 99, 583, 584). 16

II. Das Prozessurteil gegen den Kläger. Eine Klageabweisung nach § 330 darf nur ergehen, wenn die Prozessvoraussetzungen vorliegen; was vAw zu prüfen ist (OGHZ 1, 354, 355; *Münzberg* AcP 159, 41, 52 f). **Fehlt es an den Sachurteilsvoraussetzungen** und kann der Mangel nicht behoben werden, ist der Rechtsstreit zur Entscheidung reif und die **Klage durch Prozessurteil als unzulässig** abzuweisen (BGH NJW-RR 86, 1041; GRUR-RR 01, 48; München OLGZ 88, 488, 490; Schlesw SchlHA 09, 334, 335; aA früher RGZ 50, 384, 386; 140, 77, 78; offen gelassen in RGZ 159, 357, 358; nun auch hM in der Lit: MüKoZPO/*Prütting* Rn 20; Musielak/*Stadler* v § 330 Rn 12; St/J/*Grunsky* v. § 330 Rn 20; ThoPu/*Reichold* Rn 3; aA B/L/A/H Rn 11; *Braun* ZZP 93, 443, 463 Fn 73; Wieczorek/Schütze/*Borck* § 330 Rn 72 ff). Der hM ist zuzustimmen, da über eine unzulässige Klage kein der Rechtskraft fähiges Sachurteil ergehen darf (vgl BGH NJW 61, 2207 für ein VU gegen den Beklagten). 17

Vor dem Prozessurteil ist dem säumigen Kl Gelegenheit zu geben, zu den Bedenken gegen die Zulässigkeit Stellung zu nehmen (BGH NJW-RR 86, 1041); das rechtliche Gehör kann vor oder auch nach dem Termin, muss aber vor der Entscheidung gewährt werden. 18

Beantragt der Beklagte Entscheidung durch Versäumnisurteil, so darf das Gericht nicht durch kontradiktorisches Endurteil gegen den Kl entscheiden, selbst wenn es einen Fall der Säumnis – zB wegen teilweisen Verhandelns des Klägers – nicht für gegeben hält (Kobl NJW-RR 91, 1087). In solchen Fällen hat das Gericht nach § 139 I 2 den Beklagten auf den sachdienlichen Antrag – in diesem Fall auf Klageabweisung durch Endurteil nach § 300 I – hinzuweisen. 19

III. Entscheidungen des Gerichts nach § 251a. Erscheint der Kl nicht und stellt der Beklagte gleichwohl nicht den Antrag auf Entscheidung durch Versäumnisurteil, so liegt darin ein **Nichtverhandeln**, mit der Folge, dass auch er nach § 333 säumig wird und das Gericht die in § 251a vorgesehenen Entscheidungsmöglichkeiten hat (Zweibr FamRZ 83, 1154, 1155). Hierbei sollte das Gericht prüfen, ob der Beklagte nicht gute Gründe für sein Verhalten hat, die eine Vertragung nach § 227 I rechtfertigen, bevor es gegen den Willen 20 beider Parteien vAw nach Lage der Akten entscheidet (§ 251a I) oder das Ruhen des Verfahrens (§ 251a III) anordnet (Wieczorek/Schütze/*Borck* Rn 11 ff).

21 **D. Die Rechtsbehelfe des Klägers.** Gegen ein im ersten Rechtszug ergangenes erstes **Versäumnisurteil** (Rz 14 ff) steht dem Kl der Einspruch nach § 338 zu. Gegen ein die Klage als unzulässig verwerfendes **Prozessurteil** (Rz 17 ff) ist die Berufung nach § 511 gegeben. Ist die Entscheidung in einer falschen Form verlautbart worden, steht dem Kl nach dem **Grundsatz der Meistbegünstigung** sowohl das nach der Art der ergangenen als auch das bei korrekter Entscheidung zulässige Rechtsmittel zu (BGH NJW 99, 583, 584).

§ 331 Versäumnisurteil gegen den Beklagten.

(1) [1]Beantragt der Kläger gegen den im Termin zur mündlichen Verhandlung nicht erschienenen Beklagten das Versäumnisurteil, so ist das tatsächliche mündliche Vorbringen des Klägers als zugestanden anzunehmen. [2]Dies gilt nicht für Vorbringen zur Zuständigkeit des Gerichts nach § 29 Abs. 2, § 38.

(2) Soweit es den Klageantrag rechtfertigt, ist nach dem Antrag zu erkennen; soweit dies nicht der Fall, ist die Klage abzuweisen.

(3) [1]Hat der Beklagte entgegen § 276 Abs. 1 Satz 1, Abs. 2 nicht rechtzeitig angezeigt, dass er sich gegen die Klage verteidigen wolle, so trifft auf Antrag des Klägers das Gericht die Entscheidung ohne mündliche Verhandlung; dies gilt nicht, wenn die Erklärung des Beklagten noch eingeht, bevor das von den Richtern unterschriebene Urteil der Geschäftsstelle übermittelt ist. [2]Der Antrag kann schon in der Klageschrift gestellt werden. [3]Eine Entscheidung ohne mündliche Verhandlung ist auch insoweit zulässig, als das Vorbringen des Klägers den Klageantrag in einer Nebenforderung nicht rechtfertigt, sofern der Kläger vor der Entscheidung auf diese Möglichkeit hingewiesen worden ist.

1 **A. Normzweck.** Abs 1 S 1 fingiert ein Geständnis (entspr § 288 I 1) des säumigen Beklagten zu den vom Kl zur Anspruchsbegründung vorgetragenen Tatsachen. Dieser muss sein Vorbringen nicht glaubhaft machen; das Versäumnisurteil soll auch ergehen, wenn der Richter Zweifel an der Wahrheit hat (Mot zur CPO, 230 = Hahn/Mugdan, Materialien, 294). Mit dem durch die Zivilprozessnovelle 1974 (BGBl I 753) eingefügten S 2 sind der Vortrag zur Vereinbarung eines Erfüllungsorts (§ 29 II) oder eines Gerichtsstands (§ 38) von der Geständnisfiktion ausgenommen und die die Zuständigkeit des angerufenen Gerichts betreffenden Voraussetzungen dem Amtsprüfungsgrundsatz unterworfen worden (*Vollkommer* Rpfleger 74, 129, 138). Abs 2 schreibt dem Gericht eine Prüfung der Schlüssigkeit des tatsächlichen Vorbringens vor. Der mit der Vereinfachungsnovelle 1976 (BGBl I 3281) eingefügte Abs 3 ermöglicht ein Versäumnisurteil im schriftlichen Vorverfahren. Dieses Versäumnisurteil dient dazu, die nicht wirklich streitigen Verfahren mit einem für das Gericht möglichst geringen Arbeitsaufwand zu erledigen (BTDrs 7/2729, 70, 80).

2 **B. Die Säumnis des Beklagten in einem Verhandlungstermin. I. Die Voraussetzungen des Versäumnisurteils gegen den Beklagten. 1. Anwendungsbereich der Norm.** Die Vorschriften über das Versäumnisverfahren müssen allgemein anwendbar sein (s. § 330 Rz 3 ff). In **Ehesachen** (§§ 121 ff FamFG) sind Versäumnisentscheidungen gegen den Antragsgegner nach § 130 II FamFG unzulässig. In den **Verbundsachen** (§§ 137 ff FamFG) ist nunmehr stets einheitlich durch Beschl zu entscheiden, auch soweit eine Versäumnisentscheidung zu treffen ist (§ 142 I FamFG). Der auf Säumnis beruhende Teil der Entscheidung ist – wie bisher (vgl BGH FamRZ 94, 1521; Zweibr FamRZ 96, 1483) – mit dem Einspruch anzufechten, über den nach § 143 FamFG ggf vorab zu verhandeln und zu entscheiden ist.

3 **2. Vorliegen der Sachurteilsvoraussetzungen.** Die **vAw zu prüfenden Sachurteilsvoraussetzungen** müssen vorliegen (s.o. § 330 Rn 6), was vom Kl darzulegen und zu beweisen ist (BGH NJW 61, 2207). Das gilt nach Abs 1 S 2 auch für den Vortrag zu den Voraussetzungen einer nach § 38 I, II ZPO zulässigen Gerichtsstandsvereinbarung. Zum Beweis zulässiger Prorogation (§ 38 I) bedarf es keines urkundlichen Nachweises der Kaufmannseigenschaft durch Registerauszug; dem Kl stehen – auch im Urkundenprozess – alle Beweismittel zur Verfügung (Frankf MDR 75, 232; ZIP 1981, 664; Karlsr MDR 02, 1269). Zweckmäßigerweise ist in solchen Fällen zumindest hilfsweise ein Antrag auf Verweisung nach § 281 I 1 stellen.

4 Die **Heilung behebbarer Mängel** durch Einlassung zur Sache (§ 39) oder durch rügeloses Verhandeln (§ 295) scheidet bei Säumnis des Beklagten aus. Das weitere Verfahren des Gerichts bestimmt sich danach, ob der Mangel noch behoben werden kann oder nicht (dazu Rz 23 ff).

3. Säumnis des Beklagten. Der Beklagte muss in dem Termin nicht erschienen sein oder nicht verhandeln. Insoweit gilt dasselbe wie für die Säumnis des Klägers (s. § 330 Rz 7). Es darf kein Vertagungsgrund nach § 337 vorliegen, also insb keine Anhaltspunkte dafür geben, dass der Beklagte ohne sein Verschulden am Erscheinen verhindert ist (s. § 330 Rz 8, 9). 5

4. Antrag des Klägers. Das Urt nach Abs 2 setzt den **Prozessantrag** des Klägers auf Erlass des Versäumnisurteils voraus. Dieser Antrag ist Grundlage dafür, dass ein Sachurteil gegen den Beklagten ohne Berücksichtigung auch der dem Richter bekannten Einwendungen ergehen kann (RGZ 28, 393, 397). Ein Versäumnisurteil ist nicht zulässig, wenn der Kl nach einem Anerkenntnis des Beklagten, das auch schriftsätzlich ggü dem Prozessgericht erklärt sein kann (HK-ZPO/*Saenger* § 307 Rn 4), ein Urt gem § 307 I beantragt (MüKoZPO/*Prütting* Rn 6). Der Prozessantrag ist vom **Sachantrag** zu unterscheiden, der nicht die Art, sondern den Inhalt der begehrten Entscheidung bezeichnet. Die hM geht jedoch davon aus, dass der Sachantrag auch den Prozessantrag enthalten kann (s. § 330 Rz 10). 6

Der Kl kann statt des Versäumnisurteils eine Entscheidung nach Lage der Akten gem. § 331a beantragen. Schließlich kann der Kl eine Vertagung anregen, was sich nach einem richterlichen Hinweis auf eine notwendige Ergänzung des Vorbringens empfiehlt. Das Gericht muss einem Antrag auf Vertagung aber nicht entsprechen, sondern hat darüber nach § 251a III iVm § 227 zu entscheiden (MüKoZPO/*Prütting* Rn 7; Musielak/*Stadler* Rn 5; *Kramer* NJW 77, 1657, 1662). 7

5. Keine Zurückweisungsgründe nach § 335 I. Das Versäumnisurteil darf nicht ergehen, wenn die in § 335 I Nr. 1 bis 3, 5 genannten Gründe für die Zurückweisung des Prozessantrags vorliegen. Dessen Erlass hat zu unterbleiben, wenn vAw zu beachtende, noch ausräumbare Verfahrensmängel vorliegen (s. § 335 Rz 4) oder der Beklagte nicht ordnungsgemäß zu dem Termin geladen worden war (s. § 335 Rz 5). Für ein Versäumnisurteil gegen den Beklagten müssen zudem das den Klageanspruch begründende tatsächliche Vorbringen und die Sachanträge nach § 335 I Nr 3 rechtzeitig mitgeteilt worden sein (s. § 335 Rz 7 ff). Schließlich darf im Parteiprozess ein Versäumnisurteil nicht ergehen, wenn der Bevollmächtigte erst im oder unmittelbar vor dem Termin zurückgewiesen oder ihm die weitere Vertretung untersagt wird (s. § 335 Rz 12 ff). 8

6. Schlüssigkeit des Klagevorbringens (Abs 2). Das Versäumnisurteil gegen den Beklagten setzt die **Schlüssigkeit des Klagevorbringens** voraus. Der Sachvortrag des Klägers ist schlüssig, wenn dieser Tatsachen vorträgt, die in Verbindung mit einem Rechtssatz geeignet und erforderlich sind, das geltend gemachte Recht als in dessen Person entstanden erscheinen zu lassen. Die **Angabe näherer Einzelheiten** (oft fehlerhaft als Substantiierung gefordert) **ist nicht erforderlich, soweit diese für die Rechtsfolge nicht von Bedeutung** sind (BGH NJW 05, 2710, 2711). Hierauf ist gerade bei der Prüfung der Schlüssigkeit nach § 331 zu achten, da eine tatrichterliche Prüfung der Wahrscheinlichkeit der Behauptungen des Klägers gerade nicht stattfinden soll (s. Rz 1). 9

Der Schlüssigkeit steht es entgegen, wenn der Kl selbst **rechtsvernichtende oder –hindernde Tatsachen** vorträgt. Eine Partei, die eine ihr ungünstige Behauptung aufstellt, muss es sich gefallen lassen, dass das Gericht diese zu ihren Ungunsten verwertet (RGZ 94, 348, 349). Das gilt auch für die **Einrede der Verjährung**. Sie ist zu berücksichtigen, wenn der Kl deren Erhebung selbst vorträgt (BGH NJW 99, 2120, 2123; Ddorf NJW 91, 2089, 20909. Ist sie jedoch nur vom Beklagten in einem früheren Termin erhoben worden, soll sie – wie anderes Vorbringen des Beklagten – nach § 332 unberücksichtigt bleiben (so: *Nierwetberg* ZZP 98, 442, 446; MüKoZPO/*Prütting* Rn 18; aA. St/J/*Grunsky* Rn 12). Str ist va die Behandlung des »Normalfalls«, wenn der Kl auf die von dem im Termin säumigen Beklagten schriftsätzlich vorgebrachte Einrede mit Rechtsausführungen reagiert hat. Mit der wohl hM ist die Einrede hier im Zweifel nicht zu berücksichtigen, weil der Beklagte seinen schriftlichen Vortrag nur in mündlicher Verhandlung in den Prozess einführen kann (BGH NJW 99, 2120, 2123). 10

7. Geständnisfiktion und Grenzen. Die Säumnis des Beklagten bewirkt, dass das **gesamte** (rechtzeitig vorgetragene) **tatsächliche Vorbringen** des Klägers als zugestanden anzunehmen ist. Ausgenommen sind die einem Geständnis nicht zugänglichen, vAw zu prüfenden Sachurteilsvoraussetzungen (s. Rz 3), was nach Abs 1 S 2 auch für das Vorbringen des Klägers zu Vereinbarungen über den Erfüllungsort- und den Gerichtsstand gilt. 11

Die Geständnisfiktion gilt **nicht für Rechtsfragen, Erfahrungs- und Rechtssätze**, zu denen auch das **ausländische Recht** nach § 293 gehört (MüKoZPO/*Prütting* Rn 13; Musielak/*Stadler* Rn 8; St/J/*Grunsky* Rn 9; Wieczorek/Schütze/*Borck* Rn 22; aA München NJW 76, 489 mit abl Anm *Küppers*). Geständnisfähiger Vor- 12 trag dazu ist dagegen das Vorbringen des Klägers zu einer Rechtswahl nach Art 27 EGBGB (Musielak/*Stadler* aaO).

13 Im **Urkundenprozess** (§§ 592 ff) gilt die Geständnisfiktion nach § 597 II nicht für die in dieser Verfahrensart nur durch Urkunden nachzuweisenden anspruchsbegründenden Tatsachen (BGHZ 62, 286, 290).

14 Unterschiedlich sind die Ansichten dazu, welche Folgen der **nach Überzeugung des Gerichts unwahre Vortrag des Klägers** auslöst. Da das fingierte Zugestehen in § 331 I 1 nicht weiter reichen kann als ein vom Beklagten erklärtes Geständnis nach § 288 I, sind der mit offenkundigen Tatsachen (§ 291) unvereinbare Vortrag des Klägers (BGH NJW 79, 2089) sowie arglistiges Handeln beider Parteien zum Nachteil eines Dritten (vgl Ddorf NJW-RR 98, 606; Schlesw NJW-RR 00, 356, 357 zu § 288) unbeachtlich. Anders ist es nach hM, wenn der Richter auf Grund vorangegangener Beweisaufnahme von der Unrichtigkeit des Klagevortrags überzeugt ist, weil die Beweisergebnisse wegen der Durchbrechung des Grundsatzes der Einheit mündlicher Verhandlung in § 332 durch die Säumnis in einem späteren Termin unerheblich sind, so dass auf Antrag des Klägers das Versäumnisurteil zu erlassen ist (vgl BAG NJW 04, 3732, 3733; MüKoZPO/*Prütting* Rn 20; Musielak/*Stadler* Rn 9; aA *Olzen* ZZP 98, 403, 421; *Weyers* FS Esser, 193, 210). Erst recht ist es nach hM unzulässig, den Antrag auf ein Versäumnisurteil bei Zweifeln an der Wahrheit des Vorbringens des Klägers wegen seines unvereinbaren Inhalts mit den von dem Beklagten nicht ordnungsgemäß in den Prozess eingeführten Urkunden abzusehen (so jedoch Brandbg NJW-RR 1995, 1471). Diese Fälle dürften so zu lösen sein, dass das Gericht das Versäumnisurteil erlassen muss, auch wenn es erhebliche Zweifel an der Wahrheit des Vortrages hat; denn diese Prüfung ist dem Gericht durch die Geständnisfiktion verwehrt (s. Rz 1). Der Vortrag, der unter bewusster Verletzung der Wahrheitspflicht vorgebracht wird, ist dagegen unbeachtlich (vgl BGH NJW-RR 03, 69, 70) und darf daher auch nicht Grundlage eines der Klage stattgebenden Versäumnisurteils sein. Ist das Gericht davon überzeugt, hat es unter Angabe der für seine Auffassung wesentlichen Gründe die Klage durch kontradiktorisches Urt abzuweisen (so wohl auch Musielak/*Stadler* § 138 Rn 7).

15 **II. Die Entscheidungen des Gerichts. 1. Das Versäumnisurteil gegen den Beklagten.** Liegen die vorstehend genannten Voraussetzungen vor, ist – soweit das tatsächliche Vorbringen schlüssig ist – nach Abs 2 Hs 1 gem dem Sachantrag des Klägers das Versäumnisurteil gegen den Beklagten zu erlassen. Das Urt ist als Versäumnisurteil zu bezeichnen; es bedarf keines Tatbestands und keiner Gründe (§ 313b I), sofern das Urt nicht im Ausland geltend gemacht werden soll (§ 313b III). Die Kostenpflicht des Beklagten folgt nach § 91 I 1 und die Vollstreckbarkeitsentscheidung nach § 708 Nr 2 (vgl iÜ § 330 Rz 15, 16).

16 Das Versäumnisurteil hat auch dann zu ergehen, wenn der Beklagte den eingeklagten Anspruch wieder zu Fall bringen kann (str ist das für den Räumungsanspruch des Vermieters in den Fällen der §§ 543 II 2, 569 III Nr 2 BGB – wie hier: LG Berlin GrundE 09, 269; PWW/*Elzer* § 569 Rn 20; aA Hambg ZMR 88, 225, 226).

17 Ist nur ein **Teil des Anspruchs schlüssig,** ist – soweit nach § 301 I zulässig – durch **Teilversäumnisurteil** zu entscheiden (vgl *Hölzer* JurBüro 91, 163, 165). Bezüglich des anderen Teiles ist zu unterscheiden. Besteht der Kl auch nach dem gem § 139 II gebotenen Hinweis auf einer Sachentscheidung, ist dieser Teil durch **kontradiktorisches Schlussurteil** abzuweisen. Diese Entscheidung kann dann – soweit auf der Säumnis des Beklagten beruhend – mit dem Einspruch, iÜ mit der Berufung angegriffen werden (BGH NJW-RR 86, 1326, 1327). Anders ist es, wenn es wegen eines Teiles des Anspruchs an den **Voraussetzungen des § 335 I fehlt**, sodass zwar kein Versäumnisurteil ergehen, aber der Mangel noch behoben werden kann. In diesem Fall ist durch Teilversäumnisurteil zu entscheiden und der weitergehende Prozessantrag durch Beschl nach § 336 I 1 zurückzuweisen (OLG-Rspr München 19, 108). Nimmt der Kl auf den Hinweis des Gerichts die Klage tw zurück, so ist insgesamt durch Versäumnisurteil – über die Kosten nach §§ 91, 92, 269 – zu entscheiden (*Hölzer* JurBüro 91, 163, 166; aA HK-ZPO/*Pukall* Rn 9 – Entscheidung durch Teil-VU und Beschl).

18 Hat der Kl zulässigerweise einen **unbezifferten Antrag** gestellt, so ist ihm im Versäumnisurteil der Betrag zuzusprechen, der nach dem Vorbringen gerechtfertigt ist (BGH NJW 69, 1427, 1428). Bleibt das Gericht hinter dem zurück, was der Kl nach seinen Angaben für angemessen hält, so ist durch Versäumnis- und kontradiktorisches Urt zu entscheiden. Im Grundsatz dasselbe gilt dann, wenn der **Hauptantrag** unschlüssig, der **Hilfsantrag** aber begründet ist. In diesem Fall ist der Hauptantrag durch kontradiktorisches Urt abzuweisen und dem Hilfsantrag gleichzeitig durch Versäumnisurteil stattzugeben (MüKoZPO/*Prütting* Rn 24; Musielak/*Stadler* Rn 14).

Bei einer **Stufenklage** (§ 254) ist auch bei Säumnis des Beklagten zunächst nur durch Teilurteil über den Auskunftsantrag zu entscheiden (RGZ 84, 370, 372). Nach hM ist nach dem Grundsatz, dass über jede Stufe gesondert zu verhandeln und zu entscheiden ist (BGH NJW-RR 94, 1185, 1186), eine Verbindung der Entscheidung über die Auskunftserteilung und der über die eidesstattliche Versicherung ihrer Richtigkeit nicht zulässig (MüKoZPO/*Prütting* Rn 23; aA Wieczorek/Schütze/*Borck* Rn 74; *Zimmermann* § 254 Rn 8). Über die Voraussetzungen von §§ 259 II, 260 II BGB, dass die Auskunft nicht mit der erforderlichen Sorgfalt erstellt worden ist, kann jedoch erst nach deren Erteilung entschieden werden. 19

Ein **Zwischenurteil über den Anspruchsgrund** (§ 304 I) kann im Versäumnisverfahren nicht ergehen, da ein solches Urt nur nach § 347 II zulässig ist (s. § 347 Rz 2) und gem § 331 II Hs 1 über den Anspruch insgesamt zu entscheiden ist (Stuttg MDR 60, 930; Kobl MDR 79, 587, 588). 20

Auf Antrag des Klägers kann das Gericht die ganze oder tw **Erledigung der Hauptsache** durch Versäumnisurteil feststellen. Ein solches Urt kann auch ergehen, wenn der Kl das erledigende Ereignis (meist die Erfüllung) dem Gericht erst im Termin mitteilt und seinen Antrag dem anpasst (str, s. § 335 Rz 10). 21

2. Die Entscheidungen gegen den Kläger. a) Die kontradiktorischen, die Instanz beendenden Urteile. Die nicht auf der Säumnis des Beklagten beruhende Abweisung der Klage erfolgt durch Endurteil nach § 300 I, für das die allgemeine Vorschrift über den Form und den Inhalt gerichtlicher Urt gilt (§ 313). Solche Urteile gegen den Kl, die nur nach einem richterlichen Hinweis nach § 139 II ergehen dürfen, kommen in zwei Fällen in Betracht. 22

aa) Das klageabwiesende Prozessurteil. Das Gericht hat vor Erlass des Versäumnisurteils zu prüfen, ob die verfahrensrechtlichen Voraussetzungen für den Erlass einer Sachentscheidung vorliegen (BGHZ 73, 87, 90; 112, 367, 371). Führt das zu dem Ergebnis, dass es an **einer für den Erlass eines Sachurteils notwendigen Voraussetzung** – wie zB an der Prozessführungsbefugnis des Klägers (BGH NJW-RR 86, 1041) oder an der Prozessfähigkeit des Beklagten (BGH NJW 61, 2207; München NJW-RR 89, 255) – fehlt, ist die Klage als unzulässig abzuweisen (s. § 330 Rz 17, 18). Das Gleiche gilt, wenn der Kl die **Nachweise zur Behebung eines solchen Mangels** nach § 335 I Nr. 1 endgültig nicht beibringt (St/J/*Grunsky* § 335 Rn 2; Zö/*Herget* § 335 Rn 2). Ist der Mangel behebbar ist der Prozessantrag auf Erlass des Versäumnisurteils durch Beschl nach § 336 zurückzuweisen (s. Rz 25). 23

bb) Das klageabweisende Sachurteil. Liegen zwar die Prozessvoraussetzungen vor, ist der Klageantrag aber nach dem eigenen Vorbringen des Klägers nicht gerechtfertigt, ist die Klage gem. § 331 II Hs 2 (als unbegründet) abzuweisen (vgl BGH NJW 02, 376, 377). Da die Entscheidung auf der **Unschlüssigkeit der Klage** beruht, ergeht sie durch ein zu begründendes Endurteil nach § 300 I (HK-ZPO/*Pukall* Rn 8; St/J/*Grunsky* Rn 16; Zö/*Herget* Rn 15). 24

b) Der den Prozessantrag zurückweisende Beschluss (§ 336). Liegen die in § 335 I Nr 1 bis 3 oder 5 benannten Gründe vor, so hat das Gericht – wenn der Kl nicht Vertragung anregt, sondern Versäumnisurteil beantragt – den Prozessantrag zurückzuweisen und nach Ablauf der Frist für die sofortige Beschwerde (§ 336 I 1 iVm § 569 I 1) neuen Termin anzuberaumen. Dasselbe gilt nach hM (s. § 337 Rz 11) auch dann, wenn aus den in § 337 genannten Gründen vertagt wird. 25

3. Die Entscheidungen des Gerichts nach § 251a. Schließlich kann der Kläger – was va nach richterlichem Hinweis auf Bedenken gegen die Schlüssigkeit der Fall sein wird – sich dazu entschließen, ebenfalls nicht zu verhandeln, in dem er den Antrag auf eine Entscheidung durch Versäumnisurteil nicht stellt. Für das Gericht eröffnen sich dann die in § 251a vorgesehenen Entscheidungsmöglichkeiten (Musielak/*Stadler* Rn 5, 6; MüKoZPO/*Prütting* Rn 7; s.a. § 330 Rz 20). 26

C. Die Säumnis des Beklagten im schriftlichen Vorverfahren (Abs 3). I. Die Voraussetzungen des Versäumnisurteils gegen den Beklagten. 1. Allgemeine Voraussetzungen einer Sachentscheidung auf Grund Säumnis. Ein Versäumnisurteil darf im schriftlichen Vorverfahren ergehen, wenn die Vorschriften über das Versäumnisverfahren anwendbar sind (s. Rz 2), die allg Voraussetzungen für ein Sachurteil vorliegen (s. Rz 3), keine Zurückweisungsgrunde nach § 335 I Nr 1, 3 und 4 dessen Erlass entgegenstehen (s. Rz 8) und die Klage bei Anwendung der Geständnisfiktion (s. Rz 13–15) schlüssig ist (s. Rz 9, 10). 27

2. Besondere Verfahrensvoraussetzungen. a) Richterliche Anordnungen und Belehrungen. Der vom Gesetzgeber verfolgte Normzweck, Rechtsstreitigkeiten in einem schriftlichen Vorverfahren prozessökonomisch durch Versäumnisurteil erledigen zu können (s. Rz 1), erfordert die Einhaltung besonderer Förm- 28 lichkeiten. Diese stellen in gewissem Umfange sicher, dass die Passivität des Beklagten im schriftlichen Vorverfahren den Schluss zulässt, dass die Sache nicht streitig ist, der Beklagte zumindest nicht streitig verhandeln will. Hierzu müssen die in § 276 I, II bestimmten Anforderungen eingehalten werden, bei deren Fehlen nach § 335 I Nr 4 kein Versäumnisurteil ergehen darf (s. § 335 Rz 11).

29 **b) Unterlassungen des Beklagten.** Der Beklagte muss gegen die Obliegenheit, seinen Verteidigungswillen innerhalb einer ihm nach § 276 I 1, 3 gesetzten Frist anzuzeigen, verstoßen haben. Das begründet die ges Vermutung, dass die Sache unstr bleibt und durch Versäumnisurteil entschieden werden kann. Die **fristgemäß** beim Gericht **eingegangene Anzeige** schließt den Erlass des Versäumnisurteils in jedem Falle aus (BTDrs 7/2729, 80). Auf die Kenntnis der zuständigen Richter kommt es nicht an (Musielak/*Stadler* Rn 20). Die **verspätete Anzeige** widerlegt ebenfalls die ges Vermutung, so dass kein Versäumnisurteil mehr ergehen darf, wenn es noch nicht erlassen worden ist. Auch hier kommt es auf den Eingang bei Gericht, nicht in der Geschäftsstelle des zuständigen Spruchkörpers an (sehr str – wie hier: Ddorf JR 97, 161, 162; Frankf MDR 00, 902; aA KG MDR 89, 1003). Organisatorische Mängel bei der Postbeförderung innerhalb der Gerichte dürfen sich aber nicht zu Lasten der Partei auswirken.

30 Für den **Inhalt der Verteidigungsanzeige** gelten keine besonderen Anforderungen. Es muss in irgendeiner Weise zum Ausdruck kommen, dass der Beklagte sich gegen die Klage zur Wehr setzen will, wofür bereits die Vertretungsanzeige eines Anwalts genügt (BTDrs 7/2729, 80). Die Erklärung unterliegt im **Anwaltsprozess** dem Anwaltszwang (§ 276 II 1 iVm § 78 I 1). Im **Parteiprozess** muss die Verteidigungsanzeige durch die Partei selbst oder einen Bevollmächtigten erfolgen. Die **Anzeige eines Dritten** ist unwirksam (vgl LG Düsseldorf JurBüro 88, 1563); die **Anzeige** eines nach § 79 II **nicht vertretungsbefugten Bevollmächtigen** dagegen nach § 79 III 2 wirksam, wenn sie – wie in der Regel – vor einem Zurückweisungsbeschluss nach § 79 III 1 erfolgt.

31 Der Verteidigungsanzeige steht ein **Prozesskostenhilfegesuch** des Beklagten gleich. Der von der **Partei im Anwaltsprozess eingereichte Antrag** hindert zwar nicht die Versäumung der »Notfrist« nach § 276 I 1; die Lösung dieser Fälle liegt hier aber nicht in der Wiedereinsetzung (so aber BTDrs 7/2729, 70), die nur die versäumte Frist, jedoch nicht ein als Sachurteil ergangenes Versäumnisurteil wieder beseitigen könnte (KG NJW-RR 97, 56 mwN), sondern in der Annahme unverschuldeter Fristversäumung analog § 337 S.1 (vgl Brandbg NJW-RR 02, 285, 286; *Bergerfurth* JZ 78, 298, 299; *Hartmann* NJW 78, 1457, 1460; *Kramer* ZZP 91, 77, 77).

32 Der **Widerspruch gegen einen Mahnbescheid** (§ 694) ersetzt dagegen seit dem Rechtspflege-Vereinfachungsgesetz vom 17.12.90 (BGBl I 2847) die Verteidigungsanzeige nicht mehr, wenn nach Eingang der Anspruchsbegründung das schriftliche Vorverfahren angeordnet wird (§ 697 II 2), worauf der Beklagte hinzuweisen ist (*Hansens* NJW 91, 983, 986; *Holch* NJW 91, 3177, 3178).

33 Der Erlass eines Versäumnisurteils ist – erst recht – zulässig, wenn der Beklagte **erklärt**, dass er der Klage **nicht entgegentreten** will (BTDrs 7/2729, 80). Dasselbe gilt nach dem Zweck des Gesetzes (Rz 1), wenn der Beklagte seine Verteidigungsanzeige zurücknimmt oder widerruft (vgl *Stoffel/Strauch* NJW 97, 2372; *Fischer* NJW 04, 909, 910; St/J/*Leipold* § 276 Rn 31; Wieczorek/Schütze/*Borck* Rn 172 ff; aA MüKoZPO/*Prütting* Rn 43).

34 **c) Antrag auf Versäumnisurteil durch den Kläger.** Auch das Versäumnisurteil im schriftlichen Vorverfahren setzt einen (schriftlichen) **Antrag des Klägers** voraus, dass bei Nichtanzeige der Verteidigungsbereitschaft durch den Beklagten das Versäumnisurteil ergehen soll. Der Antrag kann nach Satz 2 schon in der Klageschrift gestellt werden. Ein erst später gestellter Antrag, der Prozess- und kein Sachantrag ist und für den § 270 S 1 nicht gilt (aA München MDR 80, 234, 235), muss (entgegen München aaO; *Geffert* NJW 78, 1418; Zimmermann Rn 27) weder zugestellt noch (entgegen MüKoZPO/*Prütting* Rn 48) formlos übermittelt worden sein; die Zusendung mit dem Versäumnisurteil genügt (so KG OLGZ 94, 579, 580 und die hM im Schrifttum (Musielak/*Stadler* Rn 22; St/J/*Grunsky* Rn 38; Zö/*Herget* Rn 12).

35 **d) Keine Anberaumung eines Verhandlungstermins.** Ein Urt im schriftlichen Vorverfahren darf nicht mehr ergehen, wenn Haupttermin zur Verhandlung anberaumt ist; eine Rückkehr in das Vorverfahren zwecks Erlasses eines Versäumnisurteils nach § 331 III ist ausgeschlossen (München MDR 83, 324; KG MDR 85, 416; aA *Fischer* NJW 04, 909, 910 für den Fall, dass der Beklagte seine Verteidigungsanzeige widerruft).

II. Die Entscheidungen des Gerichts. 1. Das Versäumnisurteil gegen den Beklagten. Form und Inhalt der Entscheidung entsprechen grds dem nach mündlicher Verhandlung ergangenen Versäumnisurteil (Rz 15). Im Rubrum sind der Erlass der Entscheidung im schriftlichen Vorverfahren (*Bergerfurth* JZ 89, 296, 300) und der Tag der Übermittlung an die Geschäftsstelle zu vermerken. Diese hat zur Folge, dass eine danach eingehende Verteidigungsanzeige dem Erlass des Versäumnisurteils nicht mehr entgegensteht. Erlassen ist das nicht zu verkündende Versäumnisurteil jedoch erst mit der **Zustellung nach § 310 III 1** (*Unnützer* NJW 78, 985, 986; MüKoZPO/*Musielak* § 318 Rn 7; St/J/*Leipold* § 310 Rn 27 Fn 48; aA mit Übergabe an Geschäftsstelle: LG Stuttg AnwBl 1981, 197, 198; *Rau* MDR 01, 794, 795; B/L/A/H § 318 Rn 4; HK-ZPO/*Saenger* § 318 Rn 6), die **an beide Parteien erfolgt sein muss** (BGH NJW 94, 3359, 3360). 36

2. Entscheidungen gegen den Kläger. Diese sind im schriftlichen Vorverfahren – wie sich im Umkehrschluss aus dem mit dem Justizmodernisierungsgesetz vom 30.8.04 (BGBl I 2198) eingefügten Abs 3 S 3 ergibt – nur noch in Bezug auf die **Abweisung von Nebenforderungen** zulässig, wenn der Kl zuvor darauf hingewiesen worden ist. Die Neuregelung hat den Meinungsstreit über die Zulässigkeit **sog unechter Versäumnisurteile** im schriftlichen Vorverfahren (dazu bejahend: Köln [20 ZS], OLGZ 89, 83, 84; Brandbg [4 ZS] NJW-RR 97, 1518; verneinend: Köln [1 ZS], MDR 01, 954, 955; Brandbg [7 ZS] NJW-RR 99, 939) erledigt und die Frage unter Berufung auf das Recht des Klägers auf Anhörung in mündlicher Verhandlung nach Art. 6 I EMRK so – wie jetzt bestimmt – entschieden (BTDrs 15/1598, 17). Das ist zu respektieren (*Knauer/Wolf* NJW 04, 2857, 2861; *Huber* JuS 04, 873, 878; aA *Stieper* JR 05, 397, 400). 37

3. Anberaumung eines Verhandlungstermins. Die Terminsbestimmung wird erforderlich, wenn der Kläger – insb nach einem Hinweis auf Bedenken gegen die Zulässigkeit oder Begründetheit seiner Klage – die **Anberaumung eines Termins beantragt** (Köln OLGZ 89, 83, 85). Sie ist ebenfalls geboten, wenn der Kl den Antrag auf Erlass eines Versäumnisurteils nicht stellt oder zurücknimmt (hM: MüKoZPO/*Prütting* Rn 48; Musielak/*Stadler* Rn 22; aA *Kramer* NJW 77, 1657, 1662; B/L/A/H Rn 16, die auch hier § 251a anwenden wollen). 38

D. Die Rechtsbehelfe. Ergeht das **Versäumnisurteil gegen den Beklagten**, steht diesem der **Einspruch** zu (s. § 338 Rz 6 ff). **Kontradiktorische Prozess- oder Sachurteile gegen den Kläger** beenden die Instanz und sind (nur) mit den allg Rechtsmitteln (**Berufung oder Revision**) anfechtbar, soweit deren Voraussetzungen vorliegen. Die Vorschriften über die sofortige Beschwerde (§ 336 I 1) und den Einspruch (§ 338) sind nicht anwendbar; es kann allerdings eine Umdeutung solcher Rechtsbehelfe in eine Berufung oder Revision in Betracht kommen (BGH NJW 87, 1204). Die der Klage **tw stattgebende** Versäumnis- und **iÜ abweisende** Schlussurteile (s. Rz 16) sind von dem Beklagten mit dem Einspruch, von dem Kl mit Berufung oder Revision anzugreifen; die Rechtsbehelfe sind voneinander unabhängig (MüKoZPO/*Prütting* Rn 54; Musielak/*Stadler* Rn 24). Gegen den seinen **Antrag auf Erlass des Versäumnisurteils zurückweisenden Beschluss** (s. Rz 28), steht dem Kl die sofortige Beschwerde zu (§ 336 I 1). 39

§ 331a Entscheidung nach Aktenlage.

[1]Beim Ausbleiben einer Partei im Termin zur mündlichen Verhandlung kann der Gegner statt eines Versäumnisurteils eine Entscheidung nach Lage der Akten beantragen; dem Antrag ist zu entsprechen, wenn der Sachverhalt für eine derartige Entscheidung hinreichend geklärt erscheint. [2]§ 251a Abs. 2 gilt entsprechend.

A. Normzweck. Die Vorschrift ist mit der Novelle von 1924 (VO v 13. Februar 1924, RGBl. I 135), deren Ziel die Bekämpfung der Prozessverschleppung war (*Volkmar* JW 1924, 345, 345), in Ergänzung zu § 251a II eingefügt worden. Die erschienene Partei kann gegen den säumigen Gegner unter bestimmten Voraussetzungen ein die Instanz beendendes, nicht mehr mit dem Einspruch anfechtbares Urt erreichen. 1

B. Voraussetzungen für eine Entscheidung nach Lage der Akten. I. Voraussetzungen für ein Versäumnisurteil. Eine Entscheidung nach § 331a kann nur dann ergehen, wenn auch ein Versäumnisurteil erlassen werden könnte (BGH NJW-RR 90, 342; Schlesw NJW 69, 936). Dazu wird auf die Kommentierung zu § 330 (Rz 3–13) und § 331 (Rz 2–14) verwiesen. 2

Nach dem **FamFG** sind Entscheidungen nach Lage der Akten nur in den **Familienstreitsachen** (§ 112 FamFG) zulässig. In **Ehesachen** sind instanzbeendende Entscheidungen nach Lage der Akten durch § 130 II FamFG ausgeschlossen (BTDrs 16/6308, 228). Zur früheren Rechtslage nach § 612 IV und § 632 IV aF (MüKoZPO/*Bernreuther* § 612 Rn 8 u § 632 Rn 9; Zö/*Philippi* § 612 Rn 4 und § 632 Rn 6). 3

4 Voraussetzung für eine Entscheidung nach §331a ist **der Prozessantrag** der erschienenen Partei (RGZ 159, 357, 360; Schlesw FamRZ 91, 95, 96), der jedoch bereits in dem (ersten) Termin gestellt werden kann, in dem die Sache vertagt wird (BGH NJW 64, 658, 659). Zulässig ist es, die Entscheidung nach §331a primär oder hilfsweise statt eines Versäumnisurteils zu beantragen, wenn die in erster Linie begehrte Entscheidung nicht ergehen darf. Unstatthaft ist es dagegen ein **Eventualverhältnis** der Anträge für den Fall, dass der Hauptantrag ist der Sache unbegründet ist (allgM).

5 **II. Frühere streitige Verhandlung (S 2).** Für ein **Urt nach Aktenlage gegen die säumige Partei** ist §251a II 1 anzuwenden. Dieses darf nur ergehen, wenn in der Instanz **eine streitige mündliche Verhandlung stattgefunden** hat. Eine Güteverhandlung nach §278 II genügt nicht, eine solche nach §54 ArbGG nur bei Antragstellung (LAG Hamm Urt v 4.3.2011-18 Sa 907/10, juris; sehr str, wie hier Musielak/*Stadler* Rn 4 mwN). Jede Partei soll mindestens einmal in der Instanz von dem Gericht gehört worden sein, bevor in der Sache wegen unentschuldigten Ausbleibens ein Urt nach Aktenlage ergehen kann (RG JW 30, 141, 142; *Püschel* ZZP 51, 83, 85); die frühere Verhandlung kann vor einem anders besetzen Spruchkörper oder vor dem Einzelrichter stattgefunden haben (Jena ZZP 51, 83, 84).

6 Grundlage der Entscheidung ist die Aktenlage, wie sie sich aus dem gesamten schriftsätzlichen Vorbringen der Parteien und dem Ergebnis einer Beweisaufnahme (vgl BGH NJW 02, 301, 302) bei Antragstellung ergibt. Geänderte Sachanträge und neues Vorbringen stehen einer Entscheidung nicht entgegen; es sei denn, dass das Gericht auch nach § 138 III, IV nicht entscheiden kann, ob es sich um streitiges oder unstreitiges Vorbringen handelt, oder wenn die Anträge oder das tatsächliche Vorbringen der im Termin säumigen Partei nach §335 I Nr 3 verspätet mitgeteilt worden sind (*Volkmar* JW 24, 345, 348). §335 I Nr 3 ist nicht anzuwenden, wenn die säumige Partei sich zu dem Prozessstoff bereits erklärt hat (vgl RG JW 30, 141, 142; Ddorf NJW-RR 94, 892, 893).

7 **III. Entscheidungsreife.** Die Geständnisfiktion des §331 I gilt nicht. Vortrag und Beweisangeboten der säumigen Partei muss nachgegangen werden (vgl Hamm NJW-RR 95, 1151). Der Sachverhalt muss für die Entscheidung hinreichend geklärt sein. Dazu ist der gesamte Akteininhalt, einschließlich des Ergebnisses aller früheren Beweisaufnahmen, zu verwerten. Das gilt auch, wenn die Partei, gegen die die Entscheidung beantragt wird, bei der Beweisaufnahme und in dem nach §370 I unmittelbar im Anschluss daran durchgeführten Verhandlungstermin nicht zugegen war (BGH NJW 02, 301, 302; aA St/J/*Grunsky* Rn 7).

8 **C. Entscheidungen des Gerichts. I. Endurteile. Gegen die nicht erschienene Partei** kann jede Art von Urt (Prozess- oder Sachurteil) ergehen. §251a II ist zu beachten. Es muss einmal mündlich verhandelt worden sein (Rz 5) und das Urt darf nur in einem nach §251a II 2, 3 bestimmten, der nicht erschienen Partei formlos mitgeteilten Verkündungstermin ergehen. Durch die Möglichkeit einer nachträglichen Entschuldigung des Ausbleibens sollen unbillige Härten, der hier nicht bestehenden Einspruchsmöglichkeit, vermieden werden (*Volkmar* JW 24, 345, 347).

9 Auch **gegen die erschienene Partei** ist eine Endentscheidung durch Urt möglich. §251a II ist nach seinem Zweck (s. Rz 5) nicht anzuwenden (str wie hier B/L/A/H Rn 7; St/J/*Grunsky* Rn 11; Zö/*Herget* Rn 2; aA MüKoZPO/*Prütting* Rn 22; Musielak/*Stadler* Rn 7). Die **unzulässige Klage** ist – nach Hinweis an den Kl (§139 III) – durch Prozessurteil abzuweisen, unabhängig davon, ob die erschienene Partei Versäumnisurteil oder Entscheidung nach Lage der Akten beantragt. Ebenso ist zu verfahren, wenn die **Klage unbegründet** ist, und der anwesende Kl eine Entscheidung nach Lage der Akten beantragt (ganz hM: B/L/A/H Rn 7; MüKoZPO/*Prütting* Rn 22; Musielak/*Stadler* Rn 7; St/J/*Grunsky* Rn 11; Zö/*Herget* Rn 2; aA nur Wieczorek/Schütze/*Borck* Rn 58ff, nach dem §331a nur die Möglichkeiten einer Entscheidung zu Gunsten der erschienen Partei erweitert). Möglich ist auch die **Verurteilung des anwesenden Beklagten**, wenn die Klage begründet ist und dieser – trotz richterlichen Hinweises – nicht ein Versäumnisurteil nach §330, sondern eine Entscheidung nach Aktenlage beantragt (MüKoZPO/*Prütting* Rn 22).

10 **II. Andere Entscheidungen.** Andere Entscheidungen – auch **Beschlüsse über die Kosten nach §91a** (Wieczorek/Schütze/*Borck* Rn 47) – sind zulässig. Der nur für Urteile geltende §251a II ist hier nicht anzuwenden.

11 **III. Zurückweisung des Antrages und Vertagung.** Ist die Sache **nicht zur Entscheidung reif**, weist das Gericht den Antrag auf Entscheidung nach Lage der Akten durch nach §336 S 2 unanfechtbaren Beschl zurück und bestimmt neuen Termin. Eine Anordnung des Ruhens des Verfahrens nach §251a III ist unzulässig (Frankf NJW-RR 98, 1288).

D. Rechtsbehelfe. Die Entscheidungen nach Aktenlage sind die Instanz beendende, kontradiktorische Urteile und als solche mit den allgemeinen Rechtsmitteln (Berufung oder Revision) anfechtbar. 12

§ 332 Begriff des Verhandlungstermins. **Als Verhandlungstermine im Sinne der vorstehenden Paragraphen sind auch diejenigen Termine anzusehen, auf welche die mündliche Verhandlung vertagt ist oder die zu ihrer Fortsetzung vor oder nach dem Erlass eines Beweisbeschlusses bestimmt sind.**

A. Normzweck. Die Vorschrift ermöglicht den Erlass eines Versäumnisurteils wie einer Entscheidung nach Lage der Akten (BGH NJW 64, 658, 65) in den Fällen, in denen eine Partei zwar nicht im ersten, aber in einem der folgenden Termine säumig ist. Sie wird dann so behandelt, als ob sie bereits im früheren Termin säumig gewesen wäre (RGZ 14, 343, 344; JW 1903, 65, 66; Gruchot 47, 1177, 1178). Insofern wird der Grundsatz der Einheitlichkeit der mündlichen Verhandlung zwecks prozessökonomischer Erledigung des Rechtsstreits durch Versäumnisurteil oder Entscheidung nach Aktenlage durchbrochen (RG aaO; Naumbg MDR 94, 1246). 1

B. Voraussetzungen. Es muss ein Termin zur mündlichen Verhandlung nach § 215 I bestimmt worden sein. Nach § 370 I gehören dazu auch Termine zur Beweisaufnahme vor dem Prozessgericht, die kraft Gesetzes zugleich zur Fortsetzung der mündlichen Verhandlung bestimmt sind, was im Falle der Beweisaufnahme durch beauftragte oder ersuchte Richter nach § 370 II 1 angeordnet werden muss. Zur Säumnis bei Nichtverhandeln nach Beweisaufnahme (s. § 333 Rz 6). Nach einem Gütetermin muss – was nach § 279 I 1 Regel sein soll – zugleich Termin zur anschließenden Verhandlung anberaumt worden sein. § 332 gilt dagegen nicht für die allein zur Verhandlung über einen Zwischenstreit bestimmten Termine (§ 347 II). 2

Die Partei muss **säumig** sein. Eine vorangegangene Beweisaufnahme oder Güteverhandlung muss beendet und in die Verhandlung eingetreten sein (MüKoZPO/*Prütting* Rn 4; Musielak/*Stadler* Rn 2). 3

Die Durchbrechung des Grundsatzes der Einheitlichkeit der mündlichen Verhandlung wird nach § 342 durch den zulässigen Einspruch aufgehoben (RGZ 14, 343, 345); allerdings nach § 345 wieder beseitigt, wenn der Einspruchsführer auch im Einspruchstermin säumig ist (BGHZ 141, 351, 356). 4

C. Rechtsfolgen. Die Rechtsfolge des § 332 besteht darin, dass **bisherige Verhandlungen**, die der säumigen Partei günstig waren, wie Ergebnisse der Beweisaufnahmen, Geständnisse oder Anerkenntnisse der erschienenen Partei grds **unbeachtet** bleiben (RGZ 14, 243, 344), wenn die erschienene Partei das Versäumnisurteil beantragt. Zur Einschränkung des § 332 in den Fällen arglistiger, gegen § 138 I verstoßender Prozessführung durch den erschienen Kl (s. § 331 Rz 14). Die Rechtsfolge ist in zwei Richtungen einzuschränken: 5

Sie tritt nicht ein, wenn eine Prozesshandlung im früheren Termin Rechtswirkungen für das weitere Verfahren geschaffen hat. Durch die **Verhandlung geheilte Verfahrensmängel** (§§ 39, 295) sind endgültig behoben (allgM). Dieselbe Wirkung soll ein Widerspruch des Beklagten im Urkundenprozess haben; das Versäumnisurteil dann nur als Vorbehaltsurteil ergehen können (sehr str: so Naumbg MDR 94, 1246; MüKoZPO/*Braun* § 599 Rn 3; Musielak/*Voit* § 599 Rn 4; richtig dürfte die gegenteilige Ansicht von Musielak/*Stadler* Rn 1; ThoPu/*Reichold* § 599 Rn 2; Zö/*Greger* § 599 Rn 6 sein; denn der Einwand des Beklagten betrifft den Anspruch und ist nicht nur eine »reine« Prozesserklärung). 6

§ 332 hebt die Bindung des Gerichts an die bereits erlassenen End- und Zwischenurteile (§ 318) nicht auf. Eine Grundurteil (§ 304) ist allerdings bei Säumnis des Klägers wirkungslos, da es der in § 330 bestimmten Rechtswirkung entgegensteht (allgM: MüKoZPO/*Prütting* Rn 3; Musielak/*Stadler* Rn 3; St/J/*Grunsky* Rn 2). 7

§ 333 Nichtverhandeln der erschienenen Partei. **Als nicht erschienen ist auch die Partei anzusehen, die in dem Termin zwar erscheint, aber nicht verhandelt.**

A. Normzweck. Die Norm verschafft der zur Sache verhandelnden Partei einen Anspruch auf eine Entscheidung durch Versäumnisurteil oder nach Lage der Akten, wenn der Gegner zwar erschienen ist, sich im Verhandlungstermin aber zur Sache nicht einlässt (vgl BGH NJW-RR 86, 1252, 1254). 1

B. Voraussetzungen. I. Nichtverhandeln. Nichtverhandeln ist die **völlige Verweigerung einer Einlassung zur Sache** (BGH NJW-RR 86, 1252, 1253). Das kann eine Partei im Termin ausdrücklich erklären. Nichtverhandeln liegt auch dann vor, wenn im Anwaltsprozess der Bevollmächtigte im Termin erklärt, nicht aufzutreten (BGH NJW 82, 280, 281; NJW-RR 86, 286, 287; BAG MDR 07, 1023, 1024); anders ist es, wenn er zuvor verhandelt hat (s. Rz 6). 2

3 Der **Kl verhandelt** nur, wenn er nach §§ 137 I, 297 I einen **Sachantrag** stellt (BAGE 104, 86, 88; Frankf NJW-RR 98, 280; aA Dresd NJW-RR 01, 792). Der **Beklagte** muss den Abweisungsantrag nicht gem § 297 I erklären (BGH NJW 65, 397); er verhandelt, wenn sich gegen die beantragte Verurteilung wendet (BGH NJW 72, 1373, 1374; Bambg NJW-RR 96, 317, 318). Er verweigert jedoch die Verhandlung, wenn er – nach einer Aufforderung des Gerichts gem § 137 I – keine auf die Entscheidung in der Sache gerichtete Erklärung abgibt (Bambg aaO).

4 Die **Antragsstellung** (§ 137 I) ist zwar nicht zugleich Einlassung zur Sache und damit ein Verhandeln iSv § 333 (vgl RGZ 10, 386, 391; 132, 330, 336), jedoch idR als solches anzusehen, da darin zugleich eine sachliche oder rechtliche Stellungnahme liegt (BGH NJW 04, 2484, 3486). Die hM nimmt an, dass der Klageabweisungsantrag noch kein Verhandeln ist, wenn ein Anwalt noch nicht schriftsätzlich erwidert hat und ihm eine Stellungnahme nach § 137 II nicht möglich ist (Bambg OLGZ 76, 351, 352; Zweibr OLGZ 83, 329; Ddorf MDR 87, 852; mE zutr aA Wieczorek/Schütze/*Borck* Rn 40 ff.). Der Beklagte verhandelt, weil er mit dem Abweisungsantrag erklärt, dass er die Klage für unbegründet hält. Unerheblich ist (wie sonst auch), ob er oder sein Vertreter zu sachgemäßer Begründung des Begehrens nach § 137 II, III in der Lage sind.

5 Beschränkt sich eine Partei in dem Termin auf **Prozessanträge**, die keine aktive Beteiligung am Verfahren darstellen (wie auf Vertagung, Aussetzung oder Ablehnung von Richtern), so verhandelt sie nicht (RGZ 31, 423, 424; BGH NJW-RR 86, 1252, 1253). Das soll auch gelten, wenn hilfsweise ein den Streitgegenstand betreffender Antrag gestellt wird (Frankf WM 82, 1088, 1089). Anders ist es wiederum, wenn die erschienene Partei allein **über Prozessvoraussetzungen** – wie ihre Rüge der Zuständigkeit des angerufenen Gerichts – **verhandelt** (RG Recht 24 Nr 1275; BGH NJW 67, 728; Dresd NJW-RR 01, 792 – alle zum zweiten VU – dazu § 345 Rz 4). Ein Verhandeln liegt dagegen vor, wenn die Partei einen auf den Streitgegenstand bezogenen **Beweisantrag** stellt (RGZ 31, 423, 424).

6 **II. Früheres Verhandeln und Nachholen der Antragstellung im Termin.** Das Verhandeln in einem früheren Termin ist nach § 332 (s. § 332 Rz 1) unbeachtlich. Die Partei, die **in dem Termin verhandelt** hat, ist dagegen auch dann **nicht säumig**, wenn sie im weiteren Verlauf nicht mehr verhandelt (BAG MDR 07, 1025, 1926; Celle MDR 61, 61; Frankf MDR 82, 153; NJW-RR 92, 1405, 1406, München MDR 11, 384).Das gilt auch für eine Verhandlung nach Beweisaufnahme, wenn im Termin zuvor verhandelt worden ist (BGHZ 63, 94, 95; Hamm NJW 74, 1096, 1097; aA *E. Schneider* MDR 92, 827). Anders ist es, wenn der Termin mit der Beweisaufnahme begann und die Partei anschließend nicht verhandelt (B/L/A/H Rn 6; Musielak/*Stadler* Rn 2)

7 Das Verhandeln schließt eine »**Flucht in die Säumnis**« wegen andernfalls drohender Präklusion aus (dazu *Deubner* NJW 79, 337, 342; *Schneider* MDR 92, 827, 828). Die davon betroffene Partei sollte daher vor Antragstellung um einen richterlichen Hinweis nach § 139 II dazu bitten. Besteht diese Gefahr (zB auf Grund vom Gericht als hinreichend angesehener Entschuldigung) tatsächlich nicht, kann die Partei bis zum Schluss des Termins noch verhandeln und damit ein Versäumnisurteil abwenden (vgl BGH NJW 93, 861, 862).

8 **C. Rechtsfolgen.** Die nicht verhandelnde Partei ist säumig, so dass auf Antrag der anderen Partei – sofern die Voraussetzungen iÜ vorliegen – ein Versäumnisurteil oder eine Entscheidung nach Lage der Akten ergeht. Beantragt die andere Partei trotz richterlichen Hinweises auf die Säumnis des Gegners eine solche Entscheidung nicht, so ist auch sie – selbst wenn sie den Sachantrag stellt und kontradiktorisches Urt beantragt – als säumig zu behandeln und nach § 251a (s. § 330 Rz 20 und § 331 Rz 26) zu verfahren (St/J/*Grunsky* Rn 12; Wieczorek/Schütze/*Borck* Rn 98).

9 Wird dagegen ein Versäumnisurteil oder eine Entscheidung nach Lage der Akten beantragt, obwohl die Voraussetzungen des Nichtverhandelns nicht vorliegen, wird der Antrag durch Beschl (§ 336) zurückgewiesen.

§ 334 Unvollständiges Verhandeln. **Wenn eine Partei in dem Termin verhandelt, sich jedoch über Tatsachen, Urkunden oder Anträge auf Parteivernehmung nicht erklärt, so sind die Vorschriften dieses Titels nicht anzuwenden.**

1 Die sprachlich missglückte Vorschrift (dazu Wieczorek/Schütze/*Borck* Rn 1, 2) enthält die Klarstellung, dass die Nichteinlassung auf einzelne Angriffs- oder Verteidigungsmittel des Gegners (sog unvollständiges Verhandeln) dem Nichtverhandeln nicht gleichsteht (Mot zur CPO, 232 = Hahn/Mugdan Materialien, 295). Die Rechtsfolgen der Nichterklärung ergeben sich aus §§ 138 III, 427 S 1, 439 III, 446, 453 II, 454.

Das unvollständige Verhandeln ist von dem teilweisen Nichtverhandeln zu unterscheiden. Letzteres liegt vor, wenn die Partei zu einem teilurteilsfähigen Teil des Streitgegenstandes nicht verhandelt (BGH NJW 02, 145). 2

§ 335 Unzulässigkeit einer Versäumnisentscheidung. **(1) Der Antrag auf Erlass eines Versäumnisurteils oder einer Entscheidung nach Lage der Akten ist zurückzuweisen:**

1. wenn die erschienene Partei die vom Gericht wegen eines von Amts wegen zu berücksichtigenden Umstandes erforderte Nachweisung nicht zu beschaffen vermag;
2. wenn die nicht erschienene Partei nicht ordnungsmäßig, insbesondere nicht rechtzeitig geladen war;
3. wenn der nicht erschienenen Partei ein tatsächliches mündliches Vorbringen oder ein Antrag nicht rechtzeitig mittels Schriftsatzes mitgeteilt war;
4. wenn im Falle des § 331 Abs. 3 dem Beklagten die Frist des § 276 Abs. 1 Satz 1 nicht mitgeteilt oder er nicht gemäß § 276 Abs. 2 belehrt worden ist;
5. wenn in den Fällen des § 79 Abs. 3 die Zurückweisung des Bevollmächtigten oder die Untersagung der weiteren Vertretung erst in dem Termin erfolgt oder der nicht erschienenen Partei nicht rechtzeitig mitgeteilt worden ist.

(2) Wird die Verhandlung vertagt, so ist die nicht erschienene Partei zu dem neuen Termin zu laden.

A. Normzweck. § 335 regelt Sachverhalte, in denen dem Prozessantrag auf Erlass des Versäumnisurteils zwar nicht entsprochen werden kann, wegen der Behebbarkeit der Verfahrensmängel eine die Instanz abschließende Entscheidung jedoch nicht ergehen darf. Der nicht säumigen Partei wird hier »nur« das Recht auf das Versäumnisurteil abgesprochen (Mot zur CPO, 233 = Hahn/Mugdan, Materialien, 296). In der Regel wird eine Vertagung angezeigt sein, die die anwesende Partei seit der Änderung von 1924 (VO v 13.2.1924, RGBl I 135) allerdings nur noch unter den in § 227 bestimmten Voraussetzungen verlangen kann. 1

Die ursprüngliche Fassung enthielt nur die in Nr 1 bis 3 geregelten Fälle (Fehlen behebbarer Prozess- oder Sachurteilsvoraussetzungen; Mängel der Ladung, verspätet mitgeteilter Vortrag oder Sachantrag des Klägers). Der mit der Vereinfachungsnovelle 1976 (BGBl I, 3281) eingefügte Abs 1 Nr 4 schließt den Erlass eines Versäumnisurteils im schriftlichen Vorverfahren aus, wenn die Hinweise und Belehrungen nach § 276 I, II nicht erfolgt sind (BTDrs 7/2729, 70, 80). Abs 1 Nr 5, eingefügt durch Art 8 RDG vom 12.12.07 (BGBl. I S 2840), passt die Voraussetzungen für den Erlass eines Versäumnisurteils an die Neuregelung über das Recht zur Zurückweisung von Bevollmächtigten im Parteiprozess an (BTDrs 16/3655, 91). 2

B. Gründe für den Ausschluss des Versäumnisurteils (Abs 1). I. Fehlender Nachweis eines von Amts wegen zu berücksichtigenden Umstands (Nr 1). Von Amts wegen zu berücksichtigen sind va Zulässigkeitsmängel der Klage oder der fehlende Nachweis einer Prozessvollmacht nach § 88 II. Nicht hierunter fallen die nur auf Rüge zu berücksichtigenden Prozesseinreden (wie eine Schiedsvereinbarung nach § 1032) sowie Parteivereinbarungen über eine Rücknahme der Klage oder über den Ausschluss der Klagbarkeit der Forderung (vgl MüKoZPO/*Prütting* Rn 5). Eine Sonderstellung nehmen das Verlangen nach Sicherheit für die Prozesskosten (§§ 110, 113) und die Einrede nicht erstatteter Kosten nach früherer Klagerücknahme (§ 269 VI) ein; weil sie den Beklagten berechtigen, die Einlassung zu verweigern. Sie sind zu berücksichtigen, wenn ein entsprechender Antrag einmal gestellt worden ist (str wie hier: Musielak/*Stadler* Rn 2; Zö/*Herget* Rn 2; aA B/L/A/H Rn 4; Wieczorek/Schütze/*Borck* Rn 12 – vAw zu berücksichtigen: wiederum aA MüKoZPO/*Prütting* Rn 3 – wie andere Prozesseinreden zu behandeln). 3

Der Verfahrensmangel muss behebbar und die erschienene Partei bereit sein, die geforderten Nachweise zu beschaffen (allgM). Fehlt es daran, ist – nach Erteilung des gem § 139 III gebotenen Hinweises – die Klage durch Prozessurteil abzuweisen (s. § 330 Rz 17, 18 und § 331 Rz 23). 4

II. Nicht ordnungsgemäße Ladung der nicht erschienen Partei (Nr 2). Dieser Zurückweisungsgrund setzt voraus, dass die nicht erschienene Partei nach § 214 zu laden war. Er gilt daher nicht, wenn die Ladung entbehrlich war (§ 218) oder eine zulässige Terminsmitteilung (§ 497 II 1) erfolgte. Bedurfte es – wie stets für den Einspruchstermin nach § 341a (BGH NJW 11, 928, 929) – der Ladung, sind die Einhaltung der Ladungs- und Einlassungsfristen (Hamm NJW-RR 91, 895, 896) sowie die Ordnungsmäßigkeit der Zustellung (vgl Zweibr OLGR 01, 389, 391 für eine öffentliche Zustellung; AG Neuruppin NJW-RR 03, 2249, 2250 für eine Ersatzzustellung durch Niederlegung) festzustellen und zu protokollieren. Bei der 5 formlosen Ladung des Klägers im amtsgerichtlichen Verfahren (§ 497 I) muss sich das Gericht über den Zugang der Ladung vergewissern (BayVerfGH NJW-RR 01, 1647).

6 Unanwendbar ist die Vorschrift nach dem Wortlaut und ihrem Zweck, jeder Partei das rechtliche Gehör in der Verhandlung zu gewährleisten, wenn die nicht ordnungsgemäß geladene Partei zwar erscheint, aber nicht verhandelt. § 333 ist anzuwenden (ganz hM: vgl nur Zö/*Herget* Rn 3; aA nur Wieczorek/Schütze/*Borck* Rn 38).

7 **III. Verspätete Mitteilung tatsächlichen Vorbringens oder neuer Sachanträge (Nr 3).** Diese Vorschrift, die nur bei Säumnis des Beklagten Bedeutung hat, schließt die in § 331 I angeordnete Geständnisfiktion aus, soweit diesem tatsächliches Vorbringen oder Sachanträge nicht rechtzeitig mitgeteilt worden sind (MüKoZPO/*Prütting* Rn 10; Wieczorek/Schütze/*Borck* Rn 46).

8 Tatsächliches Vorbringen sind die anspruchsbegründenden Tatsachen, die das Versäumnisurteil tragen. Die Norm erfasst nicht neues, aber unerhebliches Vorbringen (Wieczorek/Schütze/*Borck* Rn 47). Das soll auch für den Vortrag des Klägers zu den für ihn nachteiligen Tatsachen oder vAw zu prüfenden Tatsachen gelten (MüKoZPO/*Prütting* Rn 12; St/J/*Grunsky* Rn 10), was aber nur insoweit richtig ist, als es sich um Erwiderungen zu Einwendungen und Einreden des Beklagten handelt, die auf Grund der Säumnis nicht zu berücksichtigen sind. Soweit der Kl im Termin selbst seinem Klagebegehren entgegenstehende Tatsachen vorträgt, führt das zur Klageabweisung nach § 331 I 2. Fall (s. § 331 Rz 10).

9 Rechtzeitig mitgeteilt ist Vorbringen, das innerhalb der Einlassungsfrist nach § 274 III, in Folgeterminen in der Frist nach § 132 I dem Beklagten zugetragen wurde. Die längere Frist zur Einziehung von Erkundigungen (§ 282 II) findet wegen der Säumnis des Beklagten keine Anwendung (hM: Musielak/*Stadler* Rn 4 mwN; Zö/*Herget* Rn 4). Im Anwaltsprozess muss das Vorbringen zudem durch einen postulationsfähigen Anwalt in einem Schriftsatz mitgeteilt worden sein (Rostock OLGR 97, 75); im Parteiprozess ist zwar keine schriftsätzliche, aber eine so fristgerechte Mitteilung erforderlich, dass sich der Beklagte darauf einrichten kann (Frankf FamRZ 93, 1467, 1468). Rechtzeitig mitgeteilt ist auch mündliches Vorbringen in einem früheren Termin, sofern es in Anwesenheit des Beklagten erklärt wurde oder aber im Protokoll festgehalten und diesem mitgeteilt worden ist (str wie hier wohl ThoPu/*Reichold* Rn 5; aA nur bei Anwesenheit des Gegners: Musielak/*Stadler* Rn 4; St/J/*Grunsky* Rn 12; wieder anders: auch bei Abwesenheit des Gegners: Zö/*Herget* Rn 4).

10 Das Vorstehende gilt sinngemäß auch für die Sachanträge (§ 297). Ein Versäumnisurteil ist zulässig bei Beschränkungen des Klageantrages, die nach § 264 Nr. 2 nicht als Klageänderungen anzusehen sind. Das Versäumnisurteil kann ergehen, wenn das Gericht das Vorbringen tw als nicht schlüssig ansieht oder der Kl Teilleistungen des Beklagten Rechnung tragen will (Wieczorek/Schütze/*Borck* Rn 50). Dasselbe gilt nach dem Zweck der Norm auch, wenn der Kl im Hinblick auf eine inzwischen erfolgte Leistung des Beklagten im Termin seine Klage dahin ändert, dass er den Rechtsstreit ganz oder tw in der Hauptsache für erledigt erklärt (Köln MDR 95, 103; KG MDR 99, 185; St/J/*Grunsky* § 331, Rn 26; aA Musielak/*Stadler* § 331 Rn 15).

11 **IV. Richterliche Unterlassungen im schriftlichen Vorverfahren (Nr 4).** Die Vorschrift sichert den Normzweck des § 331 III (s. § 331 Rz 1, 28). Dieser setzt die Einhaltung der in § 276 I, II bestimmten Förmlichkeiten voraus. Die Aufforderung zur Anzeige der Verteidigungsbereitschaft muss dazu vom Vorsitzenden verfügt und die Anordnung durch die Unterschrift des Richters gedeckt sein (Celle NdsRpfleger 83, 185, 186), die in § 276 II genannten Belehrungen enthalten und dem Beklagten nach § 329 II 2 zugestellt worden sein (Nürnbg NJW 81, 2266).

12 **V. Zurückweisung des Bevollmächtigten oder Untersagung der weiteren Vertretung (Nr 5).** Nach § 335 I Nr. 5 darf ein Versäumnisurteil nach Zurückweisung oder Untersagung weiterer Vertretung durch den Bevollmächtigten im Parteiprozess nach § 79 III erst ergehen, wenn die Partei für eine andere Vertretung sorgen konnte, wofür die die in § 217 bestimmte Frist ausreichend sein soll (BTDrs 16/3655, 91).

13 **C. Rechtsfolgen. I. Anträge auf Erlass des Versäumnisurteils (§§ 330, 331) oder auf Vertagung (§ 227). 1. Unzulässigkeit des Versäumnisurteils.** Die gemeinsame Rechtsfolge bei Vorliegen der Voraussetzungen eines Falles des Abs 1 ist, dass kein Versäumnisurteil ergehen darf. Das war primäres Anliegen bei der Erweiterung der Norm um die Nr 4 und 5 (BTDrs 7/2729, 80; 16/3655, 91).

14 **2. Zurückweisung des Prozessantrags nach § 336 I 1.** Beantragt die erschienene Partei in den Fällen des Abs 1 Nr 1 bis 3 – trotz richterlichen Hinweises – das Versäumnisurteil, so ist der Antrag durch Beschl zurückzuweisen (allgM). In diesem Falle ist nicht zugleich ein neuer Verhandlungstermin anzuberaumen,

sondern zunächst die Beschwerdefrist und die Entscheidung abzuwarten. Eine sofortige Terminsanberaumung unter Ladung des säumigen Gegners unterliefe den von § 336 I 2 verfolgten Zweck, nach der die erschienene Partei bei unberechtigter Zurückweisung ihres Prozessantrags in einem neuen Termin, zu dem die säumige Partei nicht zu laden ist, das Versäumnisurteil erhalten soll (wie hier: Musielak/*Stadler* Rn 8; St/J/*Grunsky* Rn 21; aA Zö/*Herget* Rn 7). Nach Zurückweisung der sofortigen Beschwerde oder bei Nichteinlegung nach Ablauf der Rechtsmittelfrist ist gem § 216 vAw ein neuer Termin anzuberaumen (Musielak/*Stadler* Rn 8; MüKoZPO/*Prütting* Rn 21; St/J/*Grunsky* Rn 21; aA ThoPu/*Reichold* Rn 8; *Zimmermann* Rn 6 – Terminbestimmung nur auf Antrag).

In den Fällen von Abs 1 Nr 4 kommt eine Zurückweisung des Antrags grds nicht in Betracht, vielmehr sind die unterlassenen Hinweise nachzuholen (allgM) und – wenn die Verteidigungsanzeige auch dann ausbleibt – das Versäumnisurteil im schriftlichen Vorverfahren zu erlassen. 15

In den Fällen von Abs 1 Nr 5 läge der Sache nach eine Behandlung analog § 337 nahe; da der Gesetzgeber die richterliche Zurückweisung eines Bevollmächtigten oder die Untersagung der Vertretung jedoch dem § 335 zugeordnet hat, dürfte auch hier wie in den Fällen des Abs 1 Nr 1 bis 3 zu verfahren sein. 16

3. Vertagungsantrag der erschienen Partei nach § 227. Die erschienene Partei hat seit der Novelle von 1924 nur noch unter den Voraussetzungen des § 227 einen Anspruch auf Vertragung (dazu *Volkmar* JW 24, 345, 348; wie hier. B/L/A/H Rn 10; ThoPu/*Reichold* Rn 8; aA MüKoZPO/*Prütting* Rn 21; St/J/*Grunsky* Rn 20). Dem Antrag ist aber aus den Gründen des § 227 I 2 Nr 2 zu entsprechen, wenn die das Versäumnisurteil hindernden Gründe auf Ladungsmängeln oder auf dem Unterlassenen rechtzeitiger richterlicher Hinweise nach § 139 III beruhen. Beantragt die erschienene Partei die Vertagung, statt des Versäumnisurteils, so liegt darin auch der Verzicht auch auf die Beschwerde nach § 336 I 1 (Zweibr JW 30, 2069). 17

Zu dem neuen Termin ist die nicht erschienene Partei nach § 335 II zu laden; § 218 gilt nicht (wie hier München VersR 74, 674, 675; MüKoZPO/*Prütting* Rn 21; ThoPu/*Reichold* Rn 10; aA Zö/*Herget* Rn 7 unter Berufung auf RGZ 41, 354, 357, wonach Abs 2 nur dann anzuwenden sein soll, wenn ein Antrag auf Erlass des Versäumnisurteils gestellt und zurückgewiesen wurde, was jedoch die ges Anordnungen zur Ladung der nicht erschienen Partei in §§ 335 II, 337 2 und zu ihrer Nichtladung in 336 I 2 in ihr Gegenteil verkehrte). 18

II. Anträge auf Entscheidungen nach Lage der Akten. Mit der Novelle von 1924 ist der Anwendungsbereich der Vorschrift auf Entscheidungen nach Lage der Akten (§ 331a) erstreckt worden, obwohl diese auf anderen Verfahrensgrundlagen – Durchbrechung des Grundsatzes der Mündlichkeit; keine Geständnisfiktion usw (dazu *Volkmar*, aaO, 348) – beruhen. Das ist bei der Anwendung der Norm zu beachten. 19

In den Fällen des Abs 1 Nr 1 ist der Prozessantrag auf eine Entscheidung nach Lage der Akten nicht zurückzuweisen, sondern bei behebbaren Mängeln ein Aufklärungs-, Auflagen- und/oder Beweisbeschluss zu erlassen, andernfalls ist die Klage durch Prozessurteil als unzulässig abzuweisen (Musielak/*Stadler* Rn 7; St/J/*Grunsky* Rn 24). 20

In den Fällen des Abs 1 Nr 2 und Nr 3 ist – wenn eine Entscheidung nach Lage der Akten beantragt wird – wie beim Versäumnisurteil zu verfahren (MüKoZPO/*Prütting* Rn 24). Für Abs 1 Nr 3 kommt es darauf an, ob die säumige Partei sich zu dem (neuen) Vorbringen erklärt hat oder wegen Wahrung der in § 132 I bestimmten Frist bis zu dem Termin hätte erklären können, in dem die Entscheidung nach Aktenlage beantragt wird (s. § 331a Rn 7). Abs 1 Nr 4 ist – wegen Unanwendbarkeit des § 331a im schriftlichen Vorverfahren – bedeutungslos. In den Fällen des Abs 1 Nr 5 wird ein Antrag auf Entscheidung nach Lage der Akten zurückzuweisen sein. 21

Der Prozessantrag ist entspr §§ 335 I, 336 II durch Beschl zurückzuweisen, wenn mangels einer früheren mündlichen Verhandlung (§ 251a II 1) oder rechtzeitig mitgeteilter Entschuldigung des Ausbleibens im Termin, (§ 251 II 4) eine Entscheidung nach Lage der Akten nicht ergehen darf (MüKoZPO/*Prütting* § 331a Rn 23). 22

§ 336 Rechtsmittel bei Zurückweisung.

(1) [1]Gegen den Beschluss, durch den der Antrag auf Erlass des Versäumnisurteils zurückgewiesen wird, findet sofortige Beschwerde statt. [2]Wird der Beschluss aufgehoben, so ist die nicht erschienene Partei zu dem neuen Termin nicht zu laden.
(2) Die Ablehnung eines Antrages auf Entscheidung nach Lage der Akten ist unanfechtbar.

A. Entstehungsgeschichte und Normzweck. Die sofortige Beschwerde wurde der erschienenen Partei deshalb eingeräumt, weil mit der Zurückweisung des Versäumnisurteils ein für sie wichtiges Präjudiz verwei- 1 gert und der säumigen Partei Gelegenheit zur Sanierung des Versäumnisses gegeben wird (Mot zur CPO, 233 = Hahn/Mugdan, 296).

2 **B. Statthaftigkeit und Zulässigkeit der sofortigen Beschwerde.** Das Gericht muss den Prozessantrag auf Erlass des Versäumnisurteils zurückgewiesen haben. Die Zurückweisung des Antrags auf eine Entscheidung nach Lage der Akten ist nach Abs 2 unanfechtbar. Die sofortige Beschwerde ist auch statthaft, wenn der Antrag aus anderen als den in § 335 I genannten Gründen zurückgewiesen wurde (RGZ 63, 364, 365; Hamm NJW-RR 91, 703). Die ganz hM nimmt darüber hinaus an, dass auch die auf § 337 gestützte Vertagung die sofortige Beschwerde eröffnet; dem dürfte aber nicht zu folgen sein (dazu § 337 Rz 11).

3 Form und Frist der sofortigen Beschwerde ergeben sich aus § 569. Die Notfrist von zwei Wochen beginnt grds mit der Zustellung, spätestens fünf Monate nach der Verkündung des Beschlusses zu laufen (vgl Musielak/*Stadler* Rn 1 mit zutr Hinweis auf BTDrs 14/4722, 122; unzutr Zö/*Herget* Rn 3; § 577 II 1 aF mit der Sonderreglung für § 336 ist aufgehoben).

4 **C. Verfahren und Entscheidungen des Beschwerdegerichts.** Die Zurückweisung des Prozessantrags beschwert die erschienene Partei, begründet jedoch keine Rechte für den säumigen Gegner. Dieser wird daher im Beschwerdeverfahren nicht gehört und ihm steht – wenn die Beschwerde Erfolg hat und das Versäumnisurteil ergeht – nur der Einspruch gegen die Sachentscheidung zu (RGZ 37, 396, 398; KG MDR 83, 412).

5 Die unbegründete Beschwerde weist das Beschwerdegericht zurück. Auf die begründete Beschwerde hebt das Beschwerdegericht den Beschl auf und überträgt dem Ausgangsgericht die weiteren Anordnungen. Eine Entscheidung in der Sache – insb der Erlass eines Versäumnisurteils – ist dem Beschwerdegericht verwehrt (BGH NJW 95, 2563, 2564; Hamm NJW-RR 91, 703, 704).

6 **D. Weiteres Verfahren des Ausgangsgerichts.** Nach erfolgloser Beschwerde ist vAw zu terminieren und es sind beide Parteien zu laden (s. § 335 Rz 14). Bei erfolgreicher Beschwerde ist nur die erschienene Partei zu laden (Abs 1 S 2). Erscheint die zuvor säumig gewesene Partei dennoch, ist sie zur Verhandlung zuzulassen (Zweibr FamRZ 97, 506), so dass dann kein Versäumnisurteil mehr ergehen kann. Die hM macht eine Ausnahme, wenn die Partei auch den Einspruchstermin versäumt und der Gegner den Erlass eines zweiten Versäumnisurteils (§ 345) beantragt hatte (MüKoZPO/*Prütting* Rn 5; Musielak/*Stadler* Rn 2 Fn 8; St/J/*Grunsky* Rn 21; Zö/*Herget* Rn 8). Dem ist nicht zu folgen: die Aufhebung des ein (zweites) Versäumnisurteil zurückweisenden Beschlusses im Beschwerdeverfahren führt nicht dieses herbei, sondern zur Fortsetzung der Verhandlung über den Einspruch, in der der Einspruchsführer, wenn er erscheint, in seiner Sache auch verhandeln darf (zutr daher Wieczorek/Schütze/*Borck* Rn 25 ff). Erscheint der Beschwerdeführer im neuen Termin nicht oder beantragt er kein Versäumnisurteil, so ist – wenn beide Parteien säumig sind – nach § 251a zu verfahren; andernfalls kann die erschienene Partei ggü der nunmehr säumigen ihrerseits das Versäumnisurteil beantragen.

§ 337 Vertagung von Amts wegen.

[1]Das Gericht vertagt die Verhandlung über den Antrag auf Erlass des Versäumnisurteils oder einer Entscheidung nach Lage der Akten, wenn es dafür hält, dass die von dem Vorsitzenden bestimmte Einlassungs- oder Ladungsfrist zu kurz bemessen oder dass die Partei ohne ihr Verschulden am Erscheinen verhindert ist. [2]Die nicht erschienene Partei ist zu dem neuen Termin zu laden.

1 **A. Entstehungsgeschichte und Normzweck.** Die Norm in der bis 1. Juli 1977 geltenden Fassung befugte das Gericht zur Vertagung, wenn es nach den Umständen zu dem Schluss gelangte, dass die vom Vorsitzenden bestimmten Fristen zu knapp bemessen oder die nicht erschienene Partei durch Naturereignisse oder andere unabwendbare Zufälle am Erscheinen verhindert war.

Die Vereinfachungsnovelle (BGBl 76, I 3281) hat den Anwendungsbereich der Vorschrift auf alle Fälle schuldloser Verhinderung am Erscheinen erweitert. Die Norm dient damit der Sicherung des Anspruchs auf ein faires Verfahren und auf rechtliches Gehör (Musielak/*Stadler* Rn 1; Zö/*Herget* Rn 1). Liegen die in § 337 S 1 genannten Voraussetzungen vor, darf das Gericht dem Antrag des erschienenen Gegners auf Erlass des Versäumnisurteils oder einer Entscheidung nach Lage der Akten nicht entsprechen, sondern muss vertagen.

B. Zu kurze richterliche Frist. Die Vorschrift bezieht sich nach allgM ausschließlich auf richterlich gesetzte, jedoch nicht auf die gesetzlich bestimmten Ladungs- und Einlassungsfristen (§§ 217, 274 Abs 3), die nicht zu kurz bemessen sein können. Eine richterliche Frist ist zu kurz bemessen, wenn die nicht erschienene Partei auch einen erheblichen Grund für eine Vertagung iSv § 227 vorbringen könnte (vgl Musielak/*Stadler* Rn 3: Zö/*Herget* Rn 2). 2

§ 337 ist in den Fällen des § 333 nicht anzuwenden, also wenn die Partei zwar erschienen ist, aber nicht verhandelt (Hamm NJW 91, 1067; B/L/A/H Rn 4; Musielak/*Stadler* Rn 1; aA Köln MDR 00, 657, 658; MüKoZPO/*Prütting* Rn 6). Beruht das Nichtverhandeln auf einem Fehler des Gerichts – wie einem gebotenen, aber erst verspätet erteilten Hinweis – ist der Termin jedoch auf Antrag der betroffenen Partei nach § 227 zu vertagen (B/L/A/H Rn 1; Wieczorek/Schütze/*Borck* Rn 9). 3

C. Unverschuldete Säumnis. I. Hinderungsgründe in der Sphäre der säumigen Partei. Die Säumnis der Partei ist unverschuldet, wenn diese auf Grund kurzfristiger und nicht vorhersehbarer Umstände den Verhandlungstermin nicht oder jedenfalls nicht zur anberaumten Zeit wahrnehmen kann. Derartige Hinderungsgründe können sich aus Verkehrsproblemen – Verkehrsstaus, Zugverspätungen (BGH NJW 99, 724; Celle NJW 04, 2534, 2535; OLGR Naumbg 02, 450 LS), Erkrankungen oder Unfällen (BGH NJW 06, 448; KG MDR 99, 185) ergeben. Die betroffene Partei muss jedoch das ihr Zumutbare und Mögliche tun, um ihre Verhinderung dem Gericht rechtzeitig mitzuteilen; andernfalls ist die Säumnis verschuldet (BGH NJW 06, 448, 449; 09, 687, 688). 4

Die rechtzeitig angezeigte, unvorhergesehene **persönliche Verhinderung des sachbearbeiteten Anwalts** ist idR unverschuldet, da dies ein erheblicher Grund für eine Terminsänderung (s.o. § 227 Rz 3). ist. Dieser muss (entgegen KG MDR 08, 998, 999) weder kurzfristig für einen Terminsvertreter sorgen noch sich zu diesem Zweck bereits bei Mandatsübernahme eine Untervollmacht erteilen lassen. Die Säumnis infolge **Anwaltswechsels** ist aber nur dann unverschuldet, wenn der Wechsel ohne ein Verschulden der Partei geschah (BGH NJW-RR 08, 876, 878). 5

Eine geringfügige Verspätung von bis zu 15 Minuten ist – wenn die Partei dem Gericht den Willen zur Rechtsverfolgung oder Verteidigung schriftsätzlich mitgeteilt hat – als unverschuldet anzusehen. Eine kurze Wartepflicht des Gerichts ergibt sich zwar nicht unmittelbar aus dem Gesetz; die Grundsätze zu fairer Verfahrensgestaltung und zur Wahrung des rechtlichen Gehörs (Art 20 III, 103 I GG) gebieten jedoch eine solche prozessuale Fürsorge des Gerichts ggü einer Partei, die ihre Mitwirkung im Verfahren angekündigt hat (vgl BGH NJW 99, 724; Stuttg MDR 85, 871, 872; Rostock MDR 99, 626, 627). Anders ist es, wenn die säumige Partei sich bisher in dem Rechtsstreit überhaupt nicht eingelassen hat (vgl OLGR München 07, 186, 187, das allerdings – zu Unrecht – eine Wartepflicht grds verneint). 6

II. Vom Gericht veranlasste Hinderungsgründe. Unverschuldet ist die Säumnis, die auf Verfahrensfehlern oder Störungen im Geschäftsbetrieb des Gerichts beruht. Solche Fälle sind: die verspätete Ablehnung des Prozesskostenhilfegesuchs des Beklagten erst im oder unmittelbar vor dem Termin (Brandbg NJW-RR 02, 285, 286; LG Münster MDR 91, 160; a.A. Kobl OLGZ 90, 126, 127 für die bereits anwaltlich vertretene Partei; aber auch dieser ist eine Überlegungsfrist nach Bekanntgabe der negativen Entscheidung zu ihrem Prozesskostenhilfegesuch zuzubilligen), fehlerhafte Aushänge im Gericht hinsichtlich des Saales oder der Terminszeit (Celle NJW-RR 00, 1017) oder ein unzumutbar verspäteter Aufruf der Sache, (zum verfrühten Aufruf – s. § 330 Rz 7) wenn sich die zur anberaumten Zeit anwesende Partei oder ihr Rechtsanwalt mit dem begründeten Hinweis, nicht länger warten zu können, wieder entfernt hat (vgl MüKoZPO/*Pütting* Rn 5; Wieczorek/Schütze/*Borck* Rn 87 ff). 7

III. Standesrecht, Absprachen zwischen den Rechtsanwälten. Standesrechtliche Bestimmungen, die den Rechtsanwalt verpflichteten, ein Versäumnisurteil gegen den anwaltlich vertretenen Gegner, nur nach vorheriger Ankündigung zu beantragen, sind unwirksam (BVerfG NJW 93, 121, 122; NJW 00, 347). Da es solche Regeln nicht mehr gibt, darf kein Rechtsanwalt mehr auf kollegiale Rücksichtnahme vertrauen, dass der Anwalt der Gegenseite nur nach Ablauf einer Wartezeit und nur nach vorheriger Ankündigung ein Versäumnisurteil beantragen wird (BGH NJW 91, 42, 43; Stuttg NJW 94, 1884, 1885; zur früheren Rspr BGH NJW 76, 196). 8

Terminsabsprachen eines Anwalts mit dem Anwalt des Gegners, dass dieser auf ihn warten und keinen Antrag auf ein Versäumnisurteil stellen (Karlsr NJW 74, 1096, 1097; LG Mönchengladbach NJW-RR 98, 1287) oder einen Kollegen zur Wahrnehmung des Termins für ihn bitten werde (Karlsr aaO), sind nicht unzulässig. Die Säumnis ist dann nicht verschuldet. Ob der Anwalt, der er auf die Zusage seines Kollegen 9 vertraut, deshalb am Erscheinen verhindert ist, mag zwar zweifelhaft sein (abl MüKoZPO/*Pütting* Rn 16, 17). Die entsprechende Anwendung des § 337 in den Fällen des unverschuldeten Nichterscheinens einer Partei im Termin (vgl *Braun* ZZP 180, 443, 455 mwN) hat aber ihren Sinn, weil sie der Partei beim zweiten Versäumnisurteil die Anfechtbarkeit wegen fehlender Säumnis erhält (*Foerste* NJW 93, 1309; wohl auch Wieczorek/Schütze/*Borck* Rn 114) und eine Prämiierung absprachewidrigen und damit treuwidrigen Prozessierens verhindert.

10 **D. Weiteres Verfahren. I. Entscheidung des Gerichts.** Das Gericht hat zu prüfen, ob ein Vertagungsgrund vorliegt. Ist es der Ansicht, dass einer der in S 1 bezeichneten Gründe vorliegt, so muss es vAw vertagen und zu diesem Termin die nicht erschienene Partei nach S 2 laden. Ein Ermessen steht ihm dann nicht zu (MüKoZPO/*Prütting* Rn 23). Nach hM soll das Gericht jedoch nur solche Hinderungsgründe berücksichtigen dürfen, die offenkundig (§ 291) oder glaubhaft gemacht (§ 294) sind (B/L/A/H Rn 4; MüKoZPO/*Prütting* Rn 7). Dem Gericht steht indes, wie sich schon aus dem Begriff des Dafürhaltens ergibt, ein weiter (nicht nachprüfbarer – Rz 11) Beurteilungsspielraum zu. Schon nicht auszuräumende Zweifel des Gerichts, dass die Partei unverschuldet am Erscheinen verhindert sein könnte, berechtigen es zur Vertagung (*Skonietzki/Gelpcke* Anm 4; Wieczorek/Schütze/*Borck* Rn 20 ff).

11 **II. Rechtsbehelfe.** Nach hM steht der erschienenen Partei gegen den Vertagungsbeschluss die sofortige Beschwerde nach § 336 zu, weil die Entscheidung zugleich die Zurückweisung des Antrags auf Erlass des Versäumnisurteils enthalte. (München MDR 56, 684; Nürnbg MDR 63, 507; Hamm NJW-RR 91, 703; B/L/A/H Rn 18; MüKoZPO/*Prütting* Rn 24; Musielak/*Stadler* Rn 7; aA LAG Ddorf NJW 61, 2371, 2372; Wieczorek/Schütze/*Borck* Rn 124 ff.) Letzteres dürfte richtig sein. Wortlaut und systematische Stellung des § 337 hinter dem § 336 sprechen bereits gegen die hM. Das beruht auch nicht auf einem Versehen, sondern war nach den Gesetzesmaterialien so gewollt; die Vertagungsentscheidung nach § 337 sollte – wie sonst auch – grds nicht anfechtbar sein (Mot zur CPO, 233 = Hahn/Mugdan, 296). Die ges Regelung ist iÜ auch sachgerecht (dazu Wieczorek/Schütze/*Borck* Rn 124 ff).

12 Hat das Gericht dagegen ein Versäumnisurteil erlassen, obwohl die Verhandlung nach § 337 1 hätte vertagt werden müssen, so ist dieses nicht in gesetzmäßiger Weise ergangen. Der säumigen Partei steht gegen das erste Versäumnisurteil der Einspruch nach § 338, gegen ein zweites die Berufung nach § 514 II 1 zu (B/L/A/H Rn 18; MüKoZPO/*Prütting* Rn 26; Musielak/*Stadler* Rn 7).

§ 338 Einspruch.

[1]Der Partei, gegen die ein Versäumnisurteil erlassen ist, steht gegen das Urteil der Einspruch zu. [2]Hierauf ist die Partei zugleich mit der Zustellung des Urteils schriftlich hinzuweisen; dabei sind das Gericht, bei dem der Einspruch einzulegen ist, und die einzuhaltende Frist und Form mitzuteilen.

1 **A. Entstehungsgeschichte und Normzweck.** Der Einspruch ist ein von Angaben und Nachweisen zu Verhinderungsgründen unabhängiger Rechtsbehelf der säumig gewesenen Partei, der den Prozess in die Lage zurückversetzt, in der er sich vor Eintritt der Versäumung befand (Mot zur CPO, 230 = Hahn/Mugdan, Materialien, 294). Die weite Zulässigkeit des Einspruchs ist das Korrelat zu den strengen Säumnisfolgen in §§ 330, 331, nach denen ein Sachurteil gegen den Kl ohne jede Prüfung, gegen den Beklagten ohne eine Prüfung des anspruchsbegründenden tatsächlichen Vorbringens ergeht (Mot zur CPO, 234 = Hahn/Mugdan, Materialien, 296). Soweit der Einspruch statthaft ist, schließt er die Rechtsmittel der Berufung und der Revision aus (§ 514 II, § 565). Das Einsspruchsystem des deutschen Rechts nimmt damit im Rechtsvergleich mit anderen europäischen Rechtsordnungen eine Sonderstellung ein (vgl *Steinhauer*, Versäumnisurteile in Europa, 137 ff).

2 S 2, eingefügt durch das EG-Vollstreckungstitel-Durchführungsgesetz vom 18.8.05 (BGBl I 2477), schreibt die Rechtsbehelfsbelehrung vor, um eine erleichterte Vollstreckbarkeit von Versäumnisurteilen in den Mitgliedsstaaten der EG (mit Ausnahme Dänemarks) nach der EuVTVO zu ermöglichen, ohne dass es einer Erklärung der Vollstreckbarkeit bedarf (BTDrs 15/5222, 11).

3 **B. Statthaftigkeit des Einspruchs.** S 1 bestimmt die Statthaftigkeit des Einspruchs. Die Voraussetzungen seiner Zulässigkeit sind in §§ 339, 340 und dessen Rechtsfolge ist in § 342 normiert. Die anderen Vorschriften (§§ 340a bis 341a und §§ 343, 344) regeln das gerichtliche Verfahren und die Entscheidungen vor und nach Prüfung des Einspruchs.

I. Einspruchsführer. Der Einspruch steht nur der **säumig gewesenen Partei**, nicht dem Gegner, zu (Naumbg NJW-RR 03, 212). Der Rechtsbehelf kann auch von einer nicht verklagten, aber im Urt bezeichneten **Scheinpartei** eingelegt werden (BGHZ 4, 328, 332; NJW-RR 95, 764, 765). Für den Einspruch fehlt das Rechtsschutzbedürfnis, wenn auch für die Scheinpartei nur eine offenkundig unrichtige und durch Berichtigung nach § 319 I zu behebende Falschbezeichnung der richtigen Partei vorliegt (Kobl NJW-RR 97, 1352; LG Frankfurt aM NJW-RR 02, 213, 214); das gilt jedoch nicht, wenn das Urt sich gegen sie richtet (Stuttg NJW-RR 09, 1364). 4

II. Änderung des Ausspruchs im Versäumnisurteil. IdR begehrt der Einspruchsführer mit der Aufhebung des Versäumnisurteils auch die Beseitigung einer materiellen Beschwer. Das muss jedoch nicht so sein. Da der Einspruch die Säumnisfolgen beseitigt (§ 342), kann er von dem säumig gewesen Kl dazu eingelegt werden, um eine Klageänderung (§ 263) oder einen Parteiwechsel herbeizuführen (Köln NJW-RR 03, 1408). Zur Teilanfechtung s. § 340 Rz 8. 5

III. Der Erlass eines Versäumnisurteils. Der Einspruch setzt wie ein Rechtsmittel den **Erlass des Versäumnisurteils** voraus. Ein vorher eingelegter Einspruch ist unwirksam (RGZ 110, 169, 170). Das gilt für die nach § 311 **verkündeten Versäumnisurteile.** Für die **Versäumnisurteile im schriftlichen Vorverfahren** nach § 331 III, die nach § 310 III erst mit Zustellung an beide Parteien (s. § 331 Rz 36) wirksam werden, ist der Einspruch jedenfalls nach Erteilung einer vollstreckbaren Ausfertigung (BGH NJW 94, 3359, 3360; Brandbg NJW-RR 96, 766, 767) statthaft. Nach Zustellung an die unterlegene Partei ist der Einspruch, selbst wenn das Versäumnisurteil nicht verkündet oder an den Gegner zugestellt worden ist, schon zur **Beseitigung des Rechtsscheins eines Versäumnisurteils** statthaft (*Zugehör* NJW 92, 2261, 2263; vgl allg BGH NJW 95, 404). 6

IV. Auf Säumnis der Partei beruhendes Urteil. Nur die auf der **Säumnis beruhende Entscheidung** ist mit dem Einspruch anfechtbar. Ob ein **Versäumnisurteil** ergangen ist, bestimmt sich nicht nach der Bezeichnung, sondern nach dem Inhalt der angefochtenen Entscheidung (BGH VersR 74, 99; 76, 251: NJW 94, 665, 99, 583, 584). Ist die Entscheidung eindeutig als Versäumnisurteil ergangen, soll sie auch dann nur mit dem Einspruch anzufechten sein, wenn sie entgegen § 313b I nicht als Versäumnisurteil bezeichnet worden ist (BGH NJW-RR 95, 257; zw aA Hamm NJW-RR 95, 186, 187).Der **Meistbegünstigungsgrundsatz** ist dagegen einschlägig, wenn ein **Verlautbarungsfehler** vorliegt, also bspw ein kontradiktorisches Urt vom Gericht als Versäumnisurteil bezeichnet wird (BGH NJW 59, 1780) oder ein als Versäumnisurteil bezeichnetes Urt nach seinen Inhalt ein streitgemäßes Urt ist (BGH NJW 99, 583). 7

Einspruch ist auch gegen die **gesetzeswidrig** (insb unter Verletzung der §§ 334, 337) **ergangenen Versäumnisurteile** einzulegen (BGH NJW 94, 665; Zweibr NJW-RR 97, 1087). Diese Versäumnisurteile sind nicht mit Berufung oder Revision anfechtbar; der Meistbegünstigungsgrundsatz ist nicht einschlägig, weil die Entscheidung nicht falsch bezeichnet worden ist. 8

Die Ausschließlichkeit des Einspruchs gilt auch dann, wenn das Gericht nur tw auf Grund der Säumnis, iÜ aber durch streitmäßiges Urt oder durch Beschl nach §§ 116 I, 142 I FamFG entschieden hat (BGH NJW-RR 86, 1326, 1327; FamRZ 88, 945; NJW-RR 95, 257), wie es für die familienrechtlichen Verbundverfahren in § 143 FamFG bestimmt worden ist. In diesen Fällen liegt die Gefahr nahe, dass die Partei den falschen Rechtsbehelf wählt; dieses Risiko ist durch die nunmehr vorgeschriebene Belehrungspflicht des Gerichts über den Einspruch allerdings minimiert worden. 9

V. Ausnahmen: Säumnis in der Verhandlung über eine Wiedereinsetzung und Zweites Versäumnisurteil. § 238 II 2 und § 345 enthalten **Ausnahmen** von dem Grundsatz, dass eine auf Säumnis beruhende Entscheidung durch den Einspruch angefochten werden kann. In diesen Fällen wird keine Nachsicht ex lege gewährt. 10

Der säumigen Partei steht gegen die **Versagung der Widereinsetzung** nur das gegen die Hauptsacheentscheidung zulässige Rechtsmittel zu. 11

Gegen ein **zweites Versäumnisurteil** ist der Einspruch nach § 345 ausgeschlossen und nur eine Berufung nach § 514 II zulässig, die darauf gestützt sein muss, dass ein Fall schuldhafter Versäumung nicht vorgelegen habe (BGH NJW 82, 888; 99, 2120, 2121). Gegen ein **fehlerhaft als zweites bezeichnetes, erstes Versäumnisurteil** steht der Partei der Partei nach dem **Meistbegünstigungsgrundsatz** sowohl der Einspruch als auch die Berufung zu (BGHZ 73, 87, 88; VersR 84, 287, 288). Auf eine Berufung ist das Versäumnisurteil aufzuheben und die Sache zur Verhandlung über die als Einspruch auszulegende Berufung an das erst- 12 instanzliche Gericht zurückzuverweisen, ohne dass es noch einer Einspruchsschrift bedarf (Frankf NJW-RR 92, 1468, 1469; insoweit aA Nürnbg OLGZ 82, 447, 449). Der Meistbegünstigungsgrundsatz gilt auch **für ein fehlerhaft als erstes bezeichnetes, zweites Versäumnisurteil** (vgl BGH NJW 97, 1448), hebt jedoch die Sperrwirkung des § 514 II 1 grds nicht auf (Brandbg NJW-RR 98, 1286). Ein Einspruchsverfahren ohne solche Beschränkungen ist nur durchzuführen, wenn die Partei durch irreführende Hinweise des Gerichts im Einspruchstermin säumig geblieben ist (BGH NJW 97, 1448; Brandbg ZMR 99, 102, 103). In anderen Fällen ist der Einspruch als unzulässig zu verwerfen und eine Berufung nur unter den Voraussetzungen des § 514 II zulässig (Naumbg, Urt v 11.11.97, 1 U 941/97, juris).

13 **C. Belehrung.** Vorgeschrieben nach S 2 ist – wie bei der Ladung nach § 215 I – eine **vollständige Belehrung** über den Rechtsbehelf als solchen, die Form und die Frist, das anzurufende Gericht und in Anwaltsprozessen auch über den Anwaltszwang (BTDrs 15/5222, 12), jedoch nicht über die nach § 514 II eingeschränkte Anfechtbarkeit eines zweiten Versäumnisurteils (BGH MDR 10, 1340, 1341). Ist tw auf Grund Säumnis, tw durch kontradiktorisches Urt entschieden worden (s. Rz 11) wird darüber zu belehren sein, welche Teile des Urteils mit dem Einspruch und welche mit der Berufung anzufechten sind.

14 Nicht ges geregelt sind sie **Rechtsfolgen fehlender oder falscher Belehrungen**. Nahe liegt eine Analogie zu den Regelungen in der StPO (§ 44 Abs 2) und im FamFG (§ 17 II). Das Versäumnisurteil und dessen Zustellung sind danach wirksam und die Einspruchsfrist beginnt nach § 339 I zu laufen (BGH, NJW 11, 522, 523, aA *Thiele* MDR 10, 177, 180); der betroffenen Partei ist aber ggf Wiedereinsetzung zu gewähren (BGH aaO Rn 29– zur Wiedereinsetzung s. § 339 Rz 6 f).

§ 339 Einspruchsfrist.

(1) Die Einspruchsfrist beträgt zwei Wochen; sie ist eine Notfrist und beginnt mit der Zustellung des Versäumnisurteils.
(2) Muss die Zustellung im Ausland oder durch öffentliche Bekanntmachung erfolgen, so hat das Gericht die Einspruchsfrist im Versäumnisurteil oder nachträglich durch besonderen Beschluss zu bestimmen.

1 **A. Normzweck.** Die Einspruchsfrist hat dieselbe Funktion wie die Rechtsmittelfristen (Mot zur CPO, 234 = Hahn/Mugdan, Materialien, 297). Sie bestimmt, wann die Rechtskraft eines Versäumnisurteils eintritt (BGH NJW 76, 1940). Mit einheitlichen Fristen von zwei Wochen nach Abs 1 (und von einer Woche in arbeitsgerichtlichen Verfahren nach § 59 S 1 ArbGG), die verfassungsrechtlich unbedenklich sind (BVerfGE 36, 298, 303), sollte die Praktikabilität erhöht werden (Mot aaO).

2 **B. Zwei-Wochen-Frist (Abs 1). I. Voraussetzungen der Frist.** Der **Lauf der Einspruchsfrist** setzt die **Zustellung einer Ausfertigung (beglaubigte Abschrift genügt nicht, BGHZ 186, 22, 25) des Versäumnisurteils** voraus, wodurch sichergestellt wird, dass die beschwerte Partei von der Entscheidung Kenntnis nehmen kann (BGHZ 164, 347, 353). Die Frist beginnt bei verkündeten Versäumnisurteilen mit der Zustellung an die unterlegene Partei nach § 317 I 1, bei den im schriftlichen Vorverfahren ergangenen Versäumnisurteilen mit der letzten der die Verkündung nach § 310 III ersetzenden Zustellungen (BGH NJW 94, 3359, 3360).

3 Die **Zustellung muss grds** nach den §§ 166 ff **wirksam** sein (BGH NJW 84, 57). Die Frist beginnt daher nicht zu laufen, wenn entgegen § 172 nicht an den Prozessbevollmächtigten zugestellt wurde (BGH NJW 81, 1673, 1674). Eine Ausnahme soll für die nach § 170 I 2 unwirksamen Zustellungen gelten, die entgegen § 170 I 1 nicht an den ges Vertreter einer nicht prozessfähigen Person erfolgten. Begründet wird das damit, dass nach § 586 III ein Urt rechtskräftig wird, wenn die Partei in dem Verfahren nicht nach den ges Vorschriften vertreten war und die Notfrist für die Nichtigkeitsklage nach § 579 Nr 4 versäumt wird (RGZ 121, 63, 64; 162, 223, 225; BGHZ 104, 109, 114 std Rspr; aA nur AG Hamburg-Harburg NJW-RR 98, 791). Das ist zweifelhaft; denn der Hinweis auf § 579 trägt nur, wenn ein Doppelmangel vorliegt (keine ordnungsgemäße Vertretung im Verfahren und fehlerhafte Zustellung). Der Zustellungsmangel nach § 170 kann aber auch vorliegen, wenn die geschäftsunfähige Partei im Verfahren ordnungsgemäß vertreten war. In diesem Fall liegen die Voraussetzungen des § 579 Nr 4 eindeutig nicht vor. Warum eine nicht geschäftsfähige Partei in Bezug auf den Lauf der Einspruchsfrist schlechter stehen soll, wenn sie auch im Verfahren nicht nach Maßgabe der Gesetze vertreten war, ist nicht ersichtlich.

4 Eine **unwirksame Zustellung** wird nach § 189 **geheilt**, wenn das Versäumnisurteil vAw (BGH VersR 10, 1520, keine Heilung bei fehlerhafter Zustellung im Parteibetrieb) zugestellt werden sollte und der Partei

zugegangen ist, an die es zuzustellen war (BGH NJW 03, 1192, 1193). Die Frist beginnt dann in dem Zeitpunkt zu laufen, in dem der tatsächliche Zugang nachgewiesen werden kann (vgl BTDrs 14/4554, 24).
Ohne eine Zustellung läuft die Einspruchsfrist auch bei den verkündeten Versäumnisurteilen nicht; die **§§ 517, 548 sind nicht entspr. anzuwenden** (BGHZ 30, 299, 300; NJW 63, 154, 155; 76, 1940 –st Rspr). 5

II. Fristversäumung und Wiedereinsetzung. Wird die **(Not-)Frist versäumt**, ist der Einspruch als unzulässig zu verwerfen. (§ 341 I 2). Dann kann Wiedereinsetzung beantragt werden. Die **Versäumung** der Frist gilt analog § 44 S 2 StPO, § 17 II E-FamFG (BRDrs 617/08) als **unverschuldet**, wenn die nach § 338 S 2 **vorgeschriebene Belehrung unterblieben** oder nicht richtig erteilt worden ist. Mit der ges Belehrungspflicht ist für die Einspruchsfrist die Basis der bisherigen Rspr zur Erkundigungspflicht der Partei über die Rechtsbehelfsristen (BGH NJW 87, 440, 441; 97, 1989) weggefallen. 6
Nicht vermutet wird die **Ursächlichkeit des Fehlens der Belehrung für die Fristversäumnis.** Die Partei muss diese im Wiedereinsetzungsgesuch gem §§ 234, 236 II darlegen (BGH NStZ 01, 451; BGHZ 150, 390, 399). Mit der Einspruchseinlegung ist – bei anwaltlicher Vertretung – zugleich dessen Rechtzeitigkeit und ggf die Erforderlichkeit eines Wiedereinsetzungsantrags zu prüfen (vgl BGH NJW-RR 08, 1084). 7

C. Richterlich bestimmte Einspruchsfrist (Abs 2). Einer richterlichen Bestimmung des Einspruchsfrist bedarf es, wenn das Versäumnisurteil im Ausland (§ 183 I) oder durch öffentliche Bekanntmachung (§ 185) zuzustellen ist. Die **Fristbestimmung** erfolgt **im Versäumnisurteil oder** – wenn sich die Notwendigkeit einer Fristbestimmung erst nachher herausstellt – in einem das Urt **ergänzenden Beschluss** (RGZ 63, 82, 84). Der Beschl ist der unterlegenen Partei zustellen, der obsiegenden Partei formlos mitzuteilen (§ 329 II). Die **Fristsetzung ist unanfechtbar** (RGZ 98, 139, 140). Die richterliche Fristsetzung bestimmt die Einspruchsfrist auch dann, wenn das Gericht die Voraussetzungen des § 339 II irrtümlich bejaht hat (RGZ 98, 139, 140; BGH NJW 92, 1700, 1701; 99, 1187, 1192) 8
Eine **Auslandszustellung** (§ 183) ist vorzunehmen, wenn das Versäumnisurteil nach § 183 I 2 auf Grund einer völkerrechtlichen Vereinbarung unmittelbar durch die Post übersandt werden darf (BTDrs 14/4554, 23). Die **Zustellung durch Aufgabe zur Post** (§ 184) infolge Nichtbenennung eines Zustellungsbevollmächtigten **ist keine Auslandszustellung** (BGHZ 98, 263, 266; NJW 92, 1700, 1701; 99, 1187, 1188). Bei den nach § 183 V gem der EuVZO durchzuführenden Zustellungen sind Anordnungen nach § 184 I 1 jedoch nach hM nicht statthaft (BGH NJW 11, 1885, 1887; aA Zö/*Geimer* § 183 Rn 79a); die Einspruchsfrist beginnt nur nach einer Fristbestimmung gem Abs 2 zu laufen (BGH NJW 11, 2218, 2219). 9
Bei der **öffentlichen Zustellung** (§ 185) ist die Bestimmung der Einspruchsfrist mit dem Beschl über die Bewilligung der öffentlichen Zustellung (§ 186 I 1) zu verbinden (RGZ 63, 82, 84). Die Einspruchsfrist beginnt hier aber nur zu laufen, wenn die Voraussetzungen für die öffentliche Zustellung des Versäumnisurteils vorlagen (BGHZ 149, 311, 314 unter Aufgabe der früheren Rspr). 10

§ 340 Einspruchsschrift. **(1) Der Einspruch wird durch Einreichung der Einspruchsschrift bei dem Prozessgericht eingelegt.**

(2) [1]Die Einspruchsschrift muss enthalten:
1. die Bezeichnung des Urteils, gegen das der Einspruch gerichtet wird;
2. die Erklärung, dass gegen dieses Urteil Einspruch eingelegt werde.
[2]Soll das Urteil nur zum Teil angefochten werden, so ist der Umfang der Anfechtung zu bezeichnen.
(3) [1]In der Einspruchsschrift hat die Partei ihre Angriffs- und Verteidigungsmittel, soweit es nach der Prozesslage einer sorgfältigen und auf Förderung des Verfahrens bedachten Prozessführung entspricht, sowie Rügen, die die Zulässigkeit der Klage betreffen, vorzubringen. [2]Auf Antrag kann der Vorsitzende für die Begründung die Frist verlängern, wenn nach seiner freien Überzeugung der Rechtsstreit durch die Verlängerung nicht verzögert wird oder wenn die Partei erhebliche Gründe darlegt. [3]§ 296 Abs. 1, 3, 4 ist entsprechend anzuwenden. [4]Auf die Folgen einer Fristversäumung ist bei der Zustellung des Versäumnisurteils hinzuweisen.

A. Entstehungsgeschichte und Normzweck. Der Einspruch wurde ursprünglich (§ 305 CPO) durch die vom Einspruchsführer vorzunehmende Zustellung eines bestimmenden und die Verhandlung vorbereitenden Schriftsatzes an den Gegner mit einer Ladung zum Termin erhoben (Mot zur CPO, 234 = Hahn/Mugdan, Materialien, 297). Mit der Novelle vom 1.6.1909 (RGBl 475) wurde die Partei- durch die Amtszustellung abgelöst. Die Rechtsmittel und der Einspruch waren fortan durch Einreichung eines Schriftsatzes bei 1 dem zuständigen Gericht oder – soweit ges zulässig – durch Erklärung zu Protokoll des Gerichtsschreibers einzulegen. Die förmlichen Anforderungen an die Einspruchsschrift blieben iÜ unverändert (*Stein*, Novelle 1909, 54). Die Vereinfachungsnovelle 1976 (BGBl I 3281) hat die Zulässigkeit einer Teilanfechtung des Versäumnisurteils (Abs 2 S 2) klargestellt sowie im Interesse der Prozessförderung anstelle einer im Einspruchstermin vom Richter gesetzten Frist dem Einspruchsführer durch Gesetz auferlegt, seine Angriffs- und Verteidigungsmittel sowie seine die Zulässigkeit der Klage betreffenden Rügen in der Einspruchsfrist vorzutragen (BTDrs 7/2729, 80 f).

2 **B. Einlegung des Einspruchs (Abs 1).** § 340 I schreibt die **Schriftform** (§ 126 BGB) vor (BGH NJW-RR 94, 1213). Diese Form wird nach § 130a I 1 auch durch **elektronische Übermittlung** des Schriftsatzes durch Tele- oder Computerfax gewahrt (BGHZ 167, 214, 221; NJW 08, 2649, 2650 – zum Unterschriftserfordernis s. Rz 3). Anstatt in Schriftform kann – soweit nach § 130a II durch Rechtsverordnung zugelassen – der Einspruch **in elektronischer Form** (§ 126a BGB) eingelegt werden. Ges Ausnahmen von der Schriftform sind § 496 und §§ 59 S 2 ArbGG, die für die Verfahren vor den Amts- und vor den Arbeitsgerichten die Einlegung durch **mündliche Erklärung zu Protokoll der Geschäftsstelle** ermöglichen. Die Rspr lässt auch eine Einspruchseinlegung durch **Erklärung zu Protokoll des Prozessgerichts** jedenfalls dann zu (BGHZ 105, 197, 200; Zweibr MDR 92, 998; Frankf NJOZ 2006, 511, 512), wenn der Einspruchsführer bereits schriftsätzlich erwidert und im Termin entweder wegen drohender Präklusion nicht verhandelt hatte oder verspätet erschien, nachdem die Verhandlung geschlossen und das Versäumnisurteil bereits verkündet worden war. Die auf den Wortlaut verweisende gegenteilige Ansicht der Literatur (vgl MüKoZPO/*Prütting* Rn 2; Musielak/*Stadler* Rn 1; Wieczorek/Schütze/*Borck* Rn 9) führt hier zu einer mit dem Gebot zu effektiver Rechtsschutzgewährung unvereinbaren Überspannung formaler Anforderungen (vgl BGHZ 105, 197, 201); die Unzulässigkeit des Einspruchs beruhte zudem auf der Verletzung der dann bestehenden Hinweispflicht, dass der Einspruch trotz richterlicher Protokollierung nicht den ges Anforderungen genüge (so zutr Frankf aaO).

3 Der in Schriftform eingelegte **Einspruch** muss als bestimmender Schriftsatz gem. § 130 Nr 6 **unterschrieben** sein (BGHZ 101, 134, 137; aA LG Heidelberg NJW-RR 87, 1213, 1214; OLGR Celle 06, 811). Bei elektronischer Übermittlung durch Tele- oder Computerfax. genügt nach § 130 Nr 6 die Wiedergabe der Unterschrift auf der Kopie (BGHZ 144, 160, 164). Nicht ausreichend ist es, wenn ein Schriftsatz mit einer eingescannten Unterschrift mit Hilfe eines normalen Telefaxgeräts übermittelt wird (BGH NJW 06, 3784, 3785), während die mit der Geschäftsstelle vereinbarte Übermittlung des Schriftsatzes mit der Unterschrift als Bilddatei (PDF-Dokument) als E-Mail-Anlage genügt (BGH 08, 2649, 2650).

4 Eingegangen ist ein Schriftstück, wenn es in eine Empfangseinrichtung des Gerichts (Briefkasten- oder Brieffach) gelangt ist; ein elektronisch übermitteltes Dokument, wenn die Nachricht von dem Empfangsgerät vollständig gespeichert worden ist (BGHZ 167, 214, 219).

5 **C. Inhalt der Einspruchsschrift (Abs 2). I. Notwendige Angaben (S 1).** Nach dem Gesetz muss die Einspruchsschrift das **anzufechtende Urteil** bezeichnen (idealiter unter richtiger Angabe des Gerichts, der Parteien, des Aktenzeichens und des Datums der Entscheidung) sowie die **Erklärung** enthalten, **dass Einspruch eingelegt** werde. Es muss auch klargestellt sein, **für und gegen wen** der Einspruch eingelegt wird (BGH NJW-RR 99, 938, zur Auslegung s. Rz 6). Weitere Angaben – wie die zur **Anschrift der Parteien** (München NJW-RR 95, 59; aA Ddorf NJW-RR 93, 1150, 1151; vgl aber BGHZ 65, 114, 117 zur Berufungsschrift) bedarf es nicht.

6 An die Einhaltung der ges Anforderungen an die Einspruchsschrift dürfen keine überzogenen Anforderungen gestellt werden; es muss für Gericht und Gegner nur zuverlässig feststehen, dass die säumige Partei den Prozess weiter betreiben will (BVerfGE 88, 118, 126; BGHZ 105, 197, 200). Eine Rechtsbehelfsschrift ist nach dem Grundsatz auszulegen, dass im Zweifel dasjenige gewollt ist, was nach den Maßstäben der Rechtsordnung vernünftig ist und dem recht verstandenen Interesse des Einspruchsführers entspricht (BGH FamRZ 06, 482). Fehlerhafte Bezeichnungen des Rechtsbehelfs (vgl BGH NJW-RR 94, 1213, 1214), der Parteien (BGH NJW-RR 99, 938; FamRZ 06, 482, 483) oder des Handelns des Anwalts als Prozessbevollmächtigter (BGH NJW 10, 3779) stehen der Zulässigkeit des Einspruchs nicht entgegen, wenn nach dem Vorstehenden keine Zweifel daran aufkommen, dass und für und gegen wen das Verfahren fortgesetzt werden soll.

7 Die **Umdeutung** einer Berufungs- oder Revisionsschrift in einen Einspruch wird als unzulässig angesehen, weil der Einspruch beim höherinstanzlichen Gericht nicht wirksam eingelegt werden kann (BGH VersR 74,

1099, 1100; NJW-RR 95, 257; aA tw die Lit: MüKoZPO/*Prütting* Rn 7; Wieczorek/Schütze/*Borck* Rn 21). Diese Fälle werden wegen der vorgeschriebenen Belehrung (§ 338 S 2) künftig selten sein. **Verspätete Verteidigungsanzeigen oder Klageerwiderungen** lassen sich nicht in einen Einspruch umdeuten, weil der darin erklärte Wille sich gegen den Anspruch, aber nicht gegen diesen zusprechende Entscheidung richtet, und es an einer ges angeordneten Umdeutung – wie für den Widerspruch in § 697 II – fehlt (so Köln NJW-RR 05, 1231; LG Leipzig MDR 96, 418; AG Dortmund MDR 92, 413; aA Braunschw FamRZ 95, 237, 238).

II. Teilanfechtung (S 2). Der Einspruch kann – statt im Termin tw zurückgenommen – von vornherein auf einen Teil der Entscheidung beschränkt werden (Donau MDR 1955, 22). Das ist in Bezug auf die Hauptsache zulässig, wenn der Rechtsstreit nur für oder gegen einzelne Streitgenossen fortgesetzt (vgl BGH VersR 87, 988) oder nur ein teilurteilsfähiger Gegenstand der Entscheidung angefochten werden soll (Celle NJW 72, 1867, 1868). Zulässig ist nach der Rspr ein auf die Kostenentscheidung (Brandbg NJW-RR 00, 1668) beschränkter Einspruch. Die Teilanfechtung muss nicht schon in der Einspruchsschrift, sondern kann bis zur Antragstellung im Termin (danach läge eine zulässige Teilrücknahme vor) erklärt werden. 8

D. Begründung der Klage oder der Verteidigung in der Einspruchsschrift (Abs 3). I. Ges Fristsetzung, Verlängerung, Rechtsfolgen der Versäumung. § 340 III gilt für den Einspruch gegen ein Versäumnisurteil, nach § 700 III 3 nicht für den Rechtsbehelf gegen einen Vollstreckungsbescheid. Die Vorschrift ordnet **keine Pflicht zur Begründung** des Rechtsbehelfs an; auch der nicht begründete Einspruch ist zulässig (BGHZ 75, 138, 140; NJW 80, 1102, 1103; NJW-RR 92, 957). Gegenüber der säumigen Partei wird nur **eine ges Frist zum Vorbringen ihrer Angriffs- oder Verteidigungsmittel** und ihrer die Zulässigkeit der Klage betreffenden Rügen bestimmt. Der Vortrag dazu muss allerdings nicht schon in der Einspruchsschrift, jedoch in der Einspruchsfrist erfolgen (München NJW 77, 1972 – allgM). Die ges Rechtsfolgen des § 340 III entsprechen denen einer richterlichen Fristsetzung nach § 275 III in einem frühen ersten Termin (so BTDrs 7/2729, 81). Was vorzutragen ist, bestimmt sich nach dem Stand des Verfahrens (*Kramer*, NJW 77, 1657, 1659). Die ges Fristsetzung ist daher gegenstandslos, wenn die Partei bereits vor dem versäumten Termin das danach Erforderliche vorgetragen hatte. 9

Die Frist, die **keine Notfrist** ist, (Frankf NJW-RR 93, 1151) kann nach S 2 auf Antrag der Partei, der innerhalb der Einspruchsfrist gestellt werden muss, durch den Vors verlängert werden. Die Voraussetzungen dafür entsprechen denen für die Verlängerung der Berufungsbegründungsfrist in § 520 II 3. Geht die Begründung erst nach dem Fristablauf ein, sind nach S 3 die Vorschriften über die **Präklusion verspäteten Vorbringens nach richterlicher Fristsetzung** (§ 296 I, III, IV) **entspr anzuwenden**, worauf die säumige Partei mit der Zustellung der Versäumnisurteils nach S 4 hinzuweisen ist. Diese Belehrung tritt neben derjenigen nach § 338 S 2 über den Rechtsbehelf selbst. 10

Der säumigen Partei wird durch § 340 III zwar eine besondere Prozessförderungspflicht auferlegt. Verspätetes Vorbringen, das erkennbar zu keiner Verzögerung führt, darf jedoch auch nach dieser Norm nicht ausgeschlossen werden (BVerfG NJW 95, 1417, 1418). 11

II. Folgen einer Fristversäumung vor dem versäumten Termin (»Flucht in die Säumnis«). Die Partei kann nach § 340 III mit dem Einspruch alle die Zulässigkeit der Klage betreffenden Rügen und sämtliche Angriffs- und Verteidigungsmittel vorbringen, auch wenn vor dem versäumten Termin eine richterliche Frist nach § 273 II Nr. 1, 5, § 275 I 1, 4, § 276 I 2, 3 unentschuldigt nicht eingehalten worden ist (BGHZ 76, 173, 178 und ganz hM – aA nur *Gounalakis* DRiZ 97, 294, 298, die für den Ausschluss solchen Vorbringens eintritt). Das ermöglicht eine **Flucht in die Säumnis**, wenn in dem Verhandlungstermin eine Präklusion droht. Dieser Weg ist zwar wegen der ges Kostenfolge (§ 344) und der vorläufigen Vollstreckbarkeit des Versäumnisurteils (§§ 708 Nr 3, 719 I 2) mit Nachteilen verbunden. Ein nach materiellem Recht unberechtigter Verlust des Rechtsstreits kann so aber evtl vermieden werden, weshalb ein Anwalt seinem Mandanten ggü verpflichtet ist, ggf diesen Weg zu beschreiten (BGH NJW 02, 290, 291). 12

Das vor dem versäumten Termin verfristete Vorbringen ist auch im Einspruchstermin als verspätet zu behandeln, da der Prozess durch § 342 nur bis zu diesem Termin zurückversetzt wird (BGHZ 76, 173, 177 – allgM; tw aA *Kramer* NJW 77, 1957, 1666: ebenso ThoPu/*Reichold* Rn 9, nach denen Fristsetzungen nach § 275 I 1 u § 276 I 2 gegenstandslos geworden sind, wenn Beklagte im frühen ersten Termin nicht verhandelt oder keine Verteidigungsbereitschaft im schriftlichen Vorverfahren angezeigt hat). Die Präklusionswirkung (§ 296 I) kann allerdings nicht eintreten, wenn das Gericht unangemessen kurze Fristen gesetzt hat (BGHZ 124, 71, 74) oder es das verspätete Vorbringen auch bei rechtzeitigem Eingang nicht hätte berück- 13 sichtigen können (BGH NJW-RR 05, 1296, 1297). Die Versäumung solcher Fristen bleibt auch im Einspruchstermin folgenlos (Dresd NJW-RR 99, 214, 215).

14 IÜ müssen die Voraussetzungen für eine Präklusion nach § 296 I, III im Einspruchstermin vorliegen. Die säumig gewesene Partei kann die Versäumung der Frist noch im Termin entschuldigen. Eine Verzögerung tritt auch hier nur dann ein, wenn das Gericht die Verspätung mit den ihm in Vorbereitung des Einspruchstermins zumutbaren Maßnahmen nicht mehr ausgleichen konnte (BGHZ 76, 173, 178).

§ 340a Zustellung der Einspruchsschrift.

[1]Die Einspruchsschrift ist der Gegenpartei zuzustellen. [2]Dabei ist mitzuteilen, wann das Versäumnisurteil zugestellt und Einspruch eingelegt worden ist. [3]Die erforderliche Zahl von Abschriften soll die Partei mit der Einspruchsschrift einreichen. [4]Dies gilt nicht, wenn die Einspruchsschrift als elektronisches Dokument übermittelt wird.

1 Die Vorschrift ist Folge des 1909 erfolgten Übergangs von der Partei – zur Amtszustellung (s. § 340 Rz 1). Die Angaben in S 2 dienen der Unterrichtung des Gegners (BTDrs 7/2729, 81). S 1 und 2 regeln das Verfahren des Gerichts; ihre Nichteinhaltung berührt die Wirksamkeit des Einspruchs nicht (vgl BGHZ 65, 114, 116). Die Zustellung der bei Gericht eingegangenen Einspruchsschrift ist – unabhängig von der Zulässigkeit des Rechtsbehelfs – nach § 168 I durch den Urkundsbeamten der Geschäftsstelle in eigener Verantwortung durchzuführen. Die Mitteilungen nach S 2 können unterbleiben, wenn die Daten in der Einspruchsschrift korrekt genannt sind.

2 Die Anordnung in S 3 über die Beifügung der nach § 133 I 1 erforderlichen Abschriften dient der Erleichterung des Verfahrens. Fehlende Abschriften werden auf Kosten des Einspruchsführers durch die Geschäftsstelle des Gerichts angefertigt. S 4 entspricht § 133 I 2; für die nach § 130a zulässigerweise als elektronisches Dokument übermittelte Einspruchsschrift müssen auch dann keine Abschriften eingereicht werden, wenn der Gegner über keinen elektronischen Zugang verfügt. Die zuzustellenden Abschriften in Papierform sind dann von der Geschäftsstelle – ohne Anspruch auf Auslagenersatz – herzustellen (BTDrs 15/4067, 31).

§ 341 Einspruchsprüfung.

(1) **[1]Das Gericht hat von Amts wegen zu prüfen, ob der Einspruch an sich statthaft und ob er in der gesetzlichen Form und Frist eingelegt ist. [2]Fehlt es an einem dieser Erfordernisse, so ist der Einspruch als unzulässig zu verwerfen.**
(2) Das Urteil kann ohne mündliche Verhandlung ergehen.

1 **A. Entstehungsgeschichte und Normzweck.** Abs 1, der seit der Einführung der CPO inhaltlich unverändert. ist, schreibt die Prüfung der Statthaftigkeit- und der Zulässigkeit des Einspruchs vAw vor. Die Verwerfung des Einspruchs hatte durch ein auf mündliche Verhandlung zu verkündendes Urt zu erfolgen. Die Vereinfachungsnovelle von 1976 (BGBl I 3281) ließ durch den eingefügten Abs 2 zum Zwecke der Zeit- und Arbeitsersparnis die Verwerfung eines unzulässigen Einspruchs ohne mündliche Verhandlung durch Beschl zu (BTDrs 7/2729, 81). Die ZPO-RG von 2001 (BGBl I 1887) hat zur Bereinigung der gegen die Beschlüsse gegebenen Rechtsmittel (BTDrs 14/4722, 87) die Entscheidung durch Urt zwingend vorgeschrieben (BGH NJW-RR 08, 218), das allerdings auch ohne mündliche Verhandlung ergehen kann.

2 **B. Prüfung des Einspruchs (Abs 1 S 1). Statthaftigkeit und Zulässigkeit des Einspruchs** sind **Prozessfortsetzungsbedingungen**, die als Vorausaussetzungen für eine Verhandlung und eine Entscheidung in allen Instanzen vAw in tatsächlicher und rechtlicher Hinsicht zu prüfen sind (RGZ 110, 169, 172; BGH NJW 76, 1940). Hierfür gelten die Regeln über den Freibeweis (OLGR Braunschw 98, 70), bei dem das Gericht an die förmlichen Beweismittel der ZPO nicht gebunden ist (allg BGHZ 143, 122, 124). Str ist, ob nach dem 1. JuModG (BGBl I 04, 2198) bei der Prüfung von Prozessvoraussetzungen eine solche Beweiserhebung (durch sog Freibeweis) gem § 284 S 2 nur noch mit Einerverständnis der Parteien zulässig ist (so *Knauer/Wolf* NJW 05, 2857; aA *Fölsch* MDR 04, 1029; *Völzmann-Stickelbrock* ZZP 118, 359, 366). Die Beweislast für die Zulässigkeit des Einspruchs trägt der Einspruchsführer (BGH NJW 81, 1673); es sei denn, dass die aufzuklärenden Umstände sich im gerichtsinternen Bereich abgespielt haben (vgl BGH NJW 81, 1673). Das Gericht hat dann selbst zur Aufklärung beizutragen (BGH VersR 80, 90, 91).

3 Prüfungsgegenstände sind die Statthaftigkeit des Einspruchs (s. § 338 Rz 3–12), die Einhaltung der ges (s. § 339 Rz 2–5) oder der richterlich bestimmten (§ 339 Rz 8–10) Frist und der zwingenden Formerfordernisse der Einspruchsschrift (s. § 340 Rz 2–7); ggf. auch, ob ein Verzicht oder eine Rücknahme (§ 346) vorliegt.

C. Richterliche Entscheidungen und Rechtsmittel. I. Statthafter und zulässiger Einspruch. In diesem Fall ist grds nach § 341a weiter zu verfahren und Termin zur Verhandlung über den Einspruch und die Hauptsache anzuberaumen. In dem Termin ist die Zulässigkeit des Einspruchs festzustellen und nach § 160 III Nr 6 zu protokollieren und sodann über die Sache zu verhandeln. Zulässig ist auch die Anberaumung einer auf die Zulässigkeit des Einspruchs beschränkte Verhandlung und eine Entscheidung durch Zwischenurteil (§ 303), das allerdings keine Bindungswirkung nach § 318 hat und nur zusammen mit dem Endurteil angefochten werden kann. 4

II. Verwerfung des nicht statthaften oder unzulässigen Einspruchs. Der nicht statthafte oder unzulässige Einspruch ist – nach Gewährung rechtlichen Gehörs (Köln NJW-RR 96, 1151, 1152) – **ohne Sachprüfung und ohne Rücksicht auf das ordnungsgemäße Zustandekommen des Versäumnisurteils zu verwerfen** (BGH NJW-RR 07, 1363, 1364). Die Verwerfung des Einspruchs erfolgt stets durch kontradiktorisches Endurteil auf Grund einer vAw durchzuführenden, der Parteidisposition entzogenen Prüfung. Es kommt daher nicht darauf an, ob das Urt mit oder ohne Verhandlung ergeht, ob der Einspruchsführer erschienen oder wiederum säumig geblieben ist. Die Vorschrift über das zweite Versäumnisurteil (§ 345) und die über die Schlüssigkeitsprüfung beim Einspruch gegen den Vollstreckungsbescheid (§ 700 VI) sind nicht anwendbar (BGH NJW 95, 1561, Ddorf MDR 01, 833; LAG Hamburg NJW 75, 951, 952; in der Lit tw str: aA *Bömke* ZZP 106, 371, 381; *van der Hövel* NJW 97, 2864, 2865). 5

Die Verwerfung muss **durch Urteil** erfolgen. Eine Entscheidung durch Beschl ist seit dem ZPO-RG vom 1.1.02 an nicht mehr möglich (dazu BGH NJW-RR 08, 218). Bei fehlerhafter Entscheidungsform gilt der Meistbegünstigungsgrundsatz (*Schenkel* MDR 03, 136, 138). Entscheidet der Einzelrichter fehlerhaft durch Beschl, so ist dieser wegen der unterschiedlichen Zuständigkeiten in Berufungs- und Beschwerdeverfahren (§ 122 I GVG §§ 526, 568 I 1) auf ein Rechtsmittel des Einspruchsführers aufzuheben und die Sache zurückzuverweisen (Celle NJW-RR 03, 647, 648; OLGR Köln 07, 228; aA St/J/*Grunsky* Rn 12 Fn 10 – Überleitung in das Urteilsverfahren unter Übertragung auf den für Entscheidungen über Berufungen zuständigen Senat). Bei **ohne mündlicher Verhandlung ergangenem Urteil** ersetzt die Zustellung die Verkündung (§ 310 III 2); fehlt diese, ist das Urt nicht existent und auch § 517 nicht anwendbar (OLGR Kobl 09, 712). 6

Das den Einspruch verwerfende Urt ist mit den allgemeinen Rechtmitteln (Berufung oder Revision) anzufechten, soweit deren Zulässigkeitsvoraussetzungen vorliegen (allgM). Eine Nichtzulassungsbeschwerde gegen ein Urt des Berufungsgerichts soll danach nur zulässig sein, wenn der Wert der Beschwer 20.000 € übersteigt, die für die Verwerfung der Berufung geltende Vorschrift § 26 Nr 8 S 2 EGZPO soll nicht anwendbar sein (BGH MDR 11, 1251). Der Zweck der mit Art 2 Nr. 1 JuMod eingefügten Vorschrift, einen **gleichmäßigen, willkürfreien Rechtsschutz gegen Verwerfungsentscheidungen** des Berufungsgerichts zu schaffen (BTDrs 15/1508, 22), dürfte indes die analoge Anwendung gebieten. 7

§ 341a Einspruchstermin. **Wird der Einspruch nicht als unzulässig verworfen, so ist der Termin zur mündlichen Verhandlung über den Einspruch und die Hauptsache zu bestimmen und den Parteien bekannt zu machen.**

Auch diese Vorschrift ist Folge des mit der Novelle von 1909 erfolgten Übergangs zur Ladung vAw (s. § 340 Rz 1). Nach Eingang der Einspruchsschrift erfolgt die **Terminsbestimmung** durch den Vorsitzenden (§ 216). Die hM entnimmt den §§ 216 II, § 272 III ein Beschleunigungsgebot, nach dem die Verhandlung über den Einspruch auf den **nächst freien Termin** anzuberaumen ist (Celle NJW 89, 3023, 3024; Köln MDR 05, 1188, 1189). Der Einspruchstermin ist jedoch nach dem Gesetz dazu bestimmt, über die Hauptsache zu verhandeln (BGH NJW 82, 888). Deshalb ist so zu terminieren, dass eine dem Umfang und der Schwierigkeit der Hauptsache angemessene Verhandlungszeit – ggf auch für eine Beweisaufnahme – zur Verfügung steht (zur Problematik einer vorhergehenden Verspätung s.u. Rz 3). Ein Termin nur zur Verhandlung über die Zulässigkeit des Einspruchs ist möglich, wenn das so mitgeteilt wird. Dann muss sich die Partei auf die Verhandlung über den Einspruch einlassen (BGH NJW-RR 08, 876, 877). 1

Die **Ladung, die erst nach Eingang des Einspruchs zulässig ist (BGH NJW 11, 928, 929)** erfolgt durch die vAw veranlasste Zustellung der Terminsbestimmung nach §§ 329 II 2, 166. Die **Ladungsfrist** (§ 217) **muss** für beide Parteien **eingehalten werden**. (München OLGZ 74, 241, 243; überholt: RGZ 89, 139, 141). Die Parteien sind über den Zweck der Ladung zu informieren (BGH NJW 82, 888) und über die Folgen der Terminsversäumung nach § 215 I 1 zu belehren (dazu BGH MDR 10, 1340, 1341, keine Belehrung über bes Folgen zweiter Säumnis). Fehlt es daran, darf kein (weder ein erstes noch gar ein zweites) Versäumnisurteil ergehen. 2

3 Bei **verspätetem Vorbringen** ist das Gericht nicht verpflichtet, einen an sich freien Termin für die Verhandlung ausfallen zu lassen, um die Verspätung durch prozessleitende Anordnungen auffangen zu können (BGH NJW 81, 286). Es darf der Partei das rechtliche Gehör aber nicht abschneiden, indem es nach einer solchen Fristversäumung besonders kurzfristig terminiert, um die Sache durch Zurückweisung des Vorbringens als verspätet einfach erledigen zu können (Ddorf MDR 05, 1189, 1190). Die Zurückverweisung wegen Verspätung im Einspruchstermin kommt ohnehin nicht in Betracht, wenn die versäumten richterlichen Fristen zu kurz bemessen waren oder die Sache auch bei Fristwahrung im Termin nicht hätte erledigt werden können (s. § 340 Rz 13).

§ 342 Wirkung des zulässigen Einspruchs. Ist der Einspruch zulässig, so wird der Prozess, soweit der Einspruch reicht, in die Lage zurückversetzt, in der er sich vor Eintritt der Versäumnis befand.

1 **A. Normzweck.** Der zulässige Einspruch bewirkt, dass die strengen Folgen der Versäumung des Termins und das Versäumnisurteil nur eine provisorische Bedeutung haben. Das Gericht hat den Rechtsstreit mündlich zu verhandeln, wobei der säumig gewesenen Partei wegen jeder ersten Versäumung ex lege Nachsicht gewährt wird (Mot zur CPO, 230 f = Hahn/Mugdan, Materialien, 294). Die Zurückversetzung des Prozesses hat die Bedeutung, dass die Verhandlung so weiterzuführen ist, als ob kein Versäumnisurteil in der Mitte läge (Mot zur CPO, 235 f = Hahn/Mugdan, Materialien, 298).

2 **B. Rechtsfolgen für Entscheidungen und Handlungen des Gerichts.** Das **Versäumnisurteil** selbst wird durch den Einspruch **nicht beseitigt**, aber in seinen **sachlichen Wirkungen suspendiert** (BGH NJW 06, 2124, 2125). Die vorläufige Vollstreckbarkeit des Titels nach § 708 Nr 2 besteht fort. Der Eintritt der Rechtskraft wird jedoch gehemmt (§ 705 S 2) und die Bindungswirkung des Gerichts an das Versäumnisurteil (§ 318) für das weitere Verfahren aufgehoben

3 Die Wirkung des § 332 (§ 332 Rz 1) entfällt ebenfalls; die Verhandlung wird auf der Grundlage der bisherigen Prozesshandlungen und Entscheidungen fortgesetzt. **Alle gerichtlichen Entscheidungen und Anordnungen in Bezug auf den Rechtsstreit werden wieder wirksam** (allgM); Vollstreckungsschutzmaßnahmen wirken fort (Hamm NJW-RR 86, 1508, 1509); richterliche Fristsetzungen bleiben in Kraft (Hamm; NJW-RR 95, 1038, 1039; betr Zahlung eines Vorschusses).

4 **C. Wirkungen für die Prozesshandlungen der Parteien. I. Für die säumige Partei.** Der Zurückversetzung des Prozesses soll es der säumigen Partei ermöglichen, den Rechtsstreit so fortsetzen, wie wenn sie nicht säumig gewesen wäre (RGZ 167, 293, 295; BGHZ 4, 328, 340; NJW 93, 861, 862). Für die säumige Partei entstehen keine nachteiligen Folgen daraus, dass der Gegner in dem versäumten Termin verhandelt hat. Der **säumige Kl kann** deshalb **mit dem Einspruch noch seine Klage zurücknehmen**; § 269 I findet zu Lasten des Säumigen keine Anwendung (BGHZ 4, 328, 339; Saarbr MDR 00, 722). Für die Rechtsmittelverfahren hat das keine Bedeutung mehr, da nach §§ 516 I, 565 nF der Rechtsmittelkläger auch noch nach der Verhandlung bis zur Verkündung eines Urteils sein Rechtsmittel zurücknehmen kann (BTDrs 14/4722, 84; BGH NJW 06, 2124). Der **säumige Beklagte** kann im Einspruch den Anspruch noch »sofort« anerkennen (§ 93), wenn er keine Veranlassung zur Klage gegeben hatte (Köln VersR 92, 635).

5 Durch die Rückwirkung wird dem Säumigen Nachsicht für das Nichterscheinen oder Nichtverhandeln im Termin, jedoch nicht für vorangegangene Versäumnisse gewährt. Die **Präklusionswirkungen** wegen der Versäumung einer richterlich gesetzten Frist werden durch § 342 nicht beseitigt. Dies gilt unabhängig davon, ob die Frist vor dem versäumten Termin bereits verstrichen war (dazu § 340 Rz 13). oder eine richterliche Frist, die auf Grund des Einspruchs weiter lief, versäumt wurde (Hamm NJW-RR 95, 1038, 1039).

6 **II. Für die erschienene Partei.** Nach hM wirkt § 342 auch zu Gunsten der erschienenen Partei, was damit begründet wird, dass der Prozess an den Beginn des versäumten Termins zurückversetzt wird. Dadurch werden auch für die erschienene Partei die für sie nachteiligen Folgen des Verhandelns in dem vom Gegner versäumten Termin beseitigt (Bremen NJW 62, 1822; Musielak/*Stadler* Rn 2; HK-ZPO/*Pukall* § 342 Rn 3; ThoPu/*Reichold* Rn 4). Der erschiene Beklagte kann im Einspruchstermin wirksam das Verfahren betreffende Rügen erheben, die durch seine Einlassung zur Sache nach §§ 39 S 1 und § 295 I geheilt wären und er kann jetzt noch mit sofortiger Wirkung anerkennen (§ 93), obwohl er ein die Klage abweisendes Versäumnisurteil beantragt hat. Der BGH folgt in der Begründung der hM (BGHZ 4, 328, 340; NJW 80, 2313,

2314; NJW 93, 861, 862; NJW-RR 97, 1532), hat bisher aber nur zugunsten der säumigen Partei entschieden, dass der Einspruch die Folgen des Verhandelns beseitigt.

Hier wird die gegenteilige Auffassung vertreten. Ein Teil der Lit begründet dies damit, dass nach § 220 II die Säumnis erst am Schluss des versäumten Termins eintrat und § 342 den Prozess auf diesen Zeitpunkt zurückversetzt, so dass die Prozesshandlungen der erschienenen Partei wirksam bleiben (*Göppinger* ZZP 66, 284, 287; *Münzberg*, Die Wirkungen des Einspruchs im Versäumnisverfahren, 44; MüKoZPO/*Prütting* Rn 4). Ausschlaggebend dürfte sein, dass die Zurückversetzung des Rechtsstreits in § 342 die Beseitigung der Versäumnisfolgen für die säumige Partei bezweckt, es aber keinen Grund gibt, die erschienene Partei vor den ges Folgen ihrer eigenen Prozesshandlungen zu bewahren (so *Theuerkauf* MDR 64, 467, 468; Zö/*Herget* § 342 Rn 2). Der Beklagte, der sich auf einen Verfahrensmangel berufen will, mag das rügen und den Antrag auf Abweisung der Klage durch streitiges Prozessurteil stellen (dazu § 330 Rz 11). 7

§ 343 Entscheidung nach Einspruch. **[1]Insoweit die Entscheidung, die auf Grund der neuen Verhandlung zu erlassen ist, mit der in dem Versäumnisurteil enthaltenen Entscheidung übereinstimmt, ist auszusprechen, dass diese Entscheidung aufrechtzuerhalten sei. [2]Insoweit diese Voraussetzung nicht zutrifft, wird das Versäumnisurteil in dem neuen Urteil aufgehoben.**

A. Normzweck. Die Vorschrift bestimmt den Inhalt der neuen Entscheidung. Das Versäumnisurteil ist – soweit nach der Verhandlung gerechtfertigt – aufrechtzuerhalten. Der Grund dafür besteht darin, dass die auf Grund des Versäumnisurteils ergangenen Vollstreckungsakte wirksam bleiben sollen, wenn der titulierte Ausspruch materiell begründet ist (vgl Köln NJW 76, 113; *Münzberg* aaO, 82). 1

B. Anwendungsbereich. Die Vorschrift setzt einen **wirksamen Einspruch** (andernfalls ist nach § 341 I 2 zu verfahren) und **das Erscheinen sowie Verhandeln beider Parteien** über den Anspruch voraus. Bei (erneuter) Säumnis des Einspruchsführers gilt § 345. Bei Säumnis des Gegners ist § 330 oder § 331 anzuwenden. Die Norm ist nicht anzuwenden, soweit das Versäumnisurteil nur ein Zwischenurteil (§ 347 II) gewesen, nicht durch Versäumnisurteil entschieden (vgl § 143 FamFG für das Verbundverfahren) oder die Klage erweitert worden ist (vgl *Münzberg*, aaO, 91). 2

C. Grundlagen für die Entscheidung nach dem Einspruch. Gegenstand der Entscheidung nach § 343 **ist der** geltend gemachte **Anspruch, nicht das Versäumnisurteil.** Auch ein unter Verletzung der §§ 335, 337 ergangenes Versäumnisurteil ist aufrechtzuerhalten, wenn es inhaltlich richtig ist (Zweibr FamRZ 02, 468, 469). Maßgebend ist – wie sonst auch – die Sach- und Rechtslage am Schluss der mündlichen Verhandlung (vgl BGHZ 165, 305, 310 – Wegfall des Feststellungsinteresses nach dem Erlass des Versäumnisurteils). 3

Das Gericht ist an seine Entscheidung im Versäumnisurteil nicht gebunden. Es kann die Prozessvoraussetzungen nunmehr verneinen (Köln VersR 92, 901; aA insoweit *Münzberg*, aaO, 99). Auch eine reformatio in peius in der Sache ist zulässig (MüKoZPO/*Prütting* Rn 4; Musielak/*Stadler* Rn 2; St/J/*Grunsky* Rn 1). 4

D. Die gerichtlichen Entscheidungen. I. Das das Versäumnisurteil aufrechterhaltende Urteil (S 1). 5
Erweist sich das Versäumnisurteil im Ergebnis als richtig, ist es aufrechtzuerhalten. Die Entscheidung nach § 343 kann auf anderen rechtlichen Erwägungen als das Versäumnisurteil beruhen (*Stadler/Jarsumbek* JuS 06, 34, 35). Dasselbe gilt, wenn das Versäumnisurteil ergänzt oder dessen Tenor aus Gründen der Klarstellung neu gefasst werden muss (Köln NJW 76, 113). Soweit der Anspruch nur tw besteht, muss das Versäumnisurteil in dem für begründet erkannten Umfang aufrechterhalten werden (Brandbg Rpfleger 01, 487, 488).

Wird die Klage dagegen statt nach § 330 als unbegründet, nunmehr durch Prozessurteil als unzulässig abgewiesen, ist das Versäumnisurteil aufzuheben und insgesamt neu zu tenorieren. Ebenso ist es, wenn der Inhalt der Verurteilung des Beklagten im Urt nach § 343 sich (bspw auf Grund Klageänderung gem § 263) auf einen anderen Streitgegenstand als das Versäumnisurteil bezieht (wie hier: Wieczorek/Schütze/*Borck* Rn 27; wohl auch St/J/*Grunsky* Rn 2; aA B/L/A/H Rn 4; Zö/*Herget* Rn 4). Hier besteht nämlich kein Anlass, dem Kl Vollstreckungsvorteile aus einem Versäumnisurteil für einen nicht begründeten Anspruch zu erhalten. 6

Die Kostenentscheidung ergeht über die weiteren Kosten, wenn das Versäumnisurteil insgesamt aufrecht zu erhalten ist, iÜ ist die Kostenentscheidung neu zu treffen. Die Vollstreckung darf nur noch gegen Sicherheitsleistung fortgesetzt werden (§ 709 S 3); bisherige Vollstreckungsmaßnahme ohne Sicherheitsleistung nach § 708 Nr. 2 bleiben bestehen. 7

8 **II. Das das Versäumnisurteil aufhebende Urteil (S 2).** Erweist sich die Entscheidung im Versäumnisurteil nach der Verhandlung als nicht begründet, schreibt die Norm die Aufhebung (Kassation) des Versäumnisurteils und eine neue Sachentscheidung (Reformation) vor. Wird die Aufhebung »vergessen«, ist das Urt nach § 319 insoweit zu berichtigen.

9 Über die gesamten Kosten ist nach §§ 91 ff unter Berücksichtigung des § 344 zu entscheiden. Für die vorläufige Vollstreckbarkeit gelten die allgemeinen Vorschriften (§§ 708 Nr. 11 und 709 S 1).

10 **III. Verfahrensbeendigung ohne Sachentscheidung des Gerichts.** Ein der Klage stattgebendes Versäumnisurteil wird ohne Aufhebung wirkungslos, soweit die Klage ganz oder tw zurückgenommen wird (§ 269 III 1). Diese Rechtsfolge ist auf Antrag (§ 269 IV) in einem klarstellenden Beschl auszusprechen (OLGR Celle 95, 216 – bei Teilrücknahme). Eine analoge Anwendung der Vorschriften zur Klagerücknahme kommt in Betracht, wenn der Rechtsstreit durch gerichtlichen Vergleich oder übereinstimmende Erledigungserklärungen beendet wird (MüKoZPO/*Prütting* Rn 19; ThoPu/*Reichold* Rn 7).

11 Bei außergerichtlicher Erledigung bleibt das Versäumnisurteil formell bestehen; die Parteien können hier einen Verzicht auf die Rechte aus dem Titel vereinbaren (B/L/A/H Rn 6).

§ 344 Versäumniskosten.

Ist das Versäumnisurteil in gesetzlicher Weise ergangen, so sind die durch die Versäumnis veranlassten Kosten, soweit sie nicht durch einen unbegründeten Widerspruch des Gegners entstanden sind, der säumigen Partei auch dann aufzuerlegen, wenn infolge des Einspruchs eine abändernde Entscheidung erlassen wird.

1 **A. Normzweck.** Die Vorschrift beruht auf der Zulassung eines einer Entschuldigung der Terminsversäumung nicht bedürfenden Einspruchs. Der Einspruchsführer soll – unabhängig vom Ausgang in der Hauptsache – die durch seine Versäumnis veranlassten Kosten tragen, schon um Anreizen zu prozessverschleppendem Verhalten entgegenzuwirken (Mot zur CPO, 232 = Hahn/Mugdan, Materialien, 295). Die Norm ordnet daher unter zwei Voraussetzungen eine von §§ 91 ff abweichende getrennte Entscheidung über die Kosten an.

2 **B. Voraussetzungen.** Das Versäumnisurteil muss **in gesetzlicher Weise ergangen** sein. Das ist nicht der Fall, wenn wegen fehlender Prozessvoraussetzungen gar keine Sachentscheidung (vgl BGH NJW 61, 2207 (Prozessunfähigkeit), OLGR Köln 97, 88 (Fehlende Zuständigkeit)) oder nach §§ 334, 335, 337 ein Versäumnisurteil nicht hätte ergehen dürfen (vgl Celle MDR 61, 61). Nach allgM ist das bei einem Versäumnisurteil nach § 331 auch anzunehmen, wenn der Richter die Unschlüssigkeit der Klage nicht erkannt hatte (RGZ 115, 303, 310; *Reichel* AcP 104, 1, 73). Wenn nach § 344 jedoch der Einspruchsführer die durch die Säumnis veranlassten Kosten unabhängig von der Begründetheit der Klage tragen soll (vgl BGHZ 159, 153, 159; München NJW-RR 02, 142, 143 – zur Anwendbarkeit nach Klagerücknahme), dürfte die Vorschrift auch bei einer rechtsfehlerhaften Beurteilung der Rechtslage im versäumten Termin anzuwenden sein.

3 Voraussetzung für die **unmittelbare Anwendung** ist eine das Versäumnisurteil aufhebende **Entscheidung nach § 343 S 2**, da der Einspruchsführer andernfalls schon nach den allgemeinen Regeln in §§ 91 ff auch die durch seine Säumnis entstandenen Kosten trägt. Der BGH bejaht nunmehr eine **analoge Anwendung** der Vorschrift bei einer **Prozessbeendigung durch Klagerücknahme**; § 344 ist auch in einem Beschl nach § 269 III zu berücksichtigen, womit zugleich die lange Kontroverse (dazu *Habel* NJW 97, 2357, 2358) über das Verhältnis der Kostenregelungen in § 269 III 2 und § 344 entschieden worden ist (BGHZ 159, 153, 157). Bei der **Beendigung durch Vergleich** ist § 344 jedoch nicht anzuwenden; es gilt die vereinbarte Regelung, ansonsten § 98 (allgM).

4 **C. Rechtsfolgen.** Die Norm betrifft die **Kostengrundentscheidung** im Urt nach § 343 S 2, in dem besonders auszusprechen ist, dass die säumige gewesene Partei die dadurch veranlassten Kosten zu tragen hat. Wird das »übersehen«, ist das Urt im Kostenpunkt nach § 321 zu ergänzen; eine Korrektur in der Kostenfestsetzung ist dagegen nicht möglich (str wie hier: MüKoZPO/*Prütting* Rn 10; Musielak/*Stadler* Rn 1; aA Zö/*Herget* Rn 3; vgl zu § 281: Hambg MDR 65, 495; Kobl MDR 87, 681; aA Saarbr NJW 75, 983; Frankf MDR 88, 869).

5 Nach § 344 zu erstattende Kosten sind im **Festsetzungsverfahren** anzumelden. Es sind das im Wesentlichen weitere **Kosten** für die Wahrnehmung des Einspruchstermins (Stuttgart MDR 89, 269). Für die Gebühren des Gerichts und der Anwälte (vgl KG JurBüro 06, 134, 135) hat § 344 keine Bedeutung. Kosten der Zustellung und der Vollstreckung fallen nicht unter § 344 (München Rpfleger 74, 368; Frankf Rpfleger 75, 260).

§ 345 Zweites Versäumnisurteil. Einer Partei, die den Einspruch eingelegt hat, aber in der zur mündlichen Verhandlung bestimmten Sitzung oder in derjenigen Sitzung, auf welche die Verhandlung vertagt ist, nicht erscheint oder nicht zur Hauptsache verhandelt, steht gegen das Versäumnisurteil, durch das der Einspruch verworfen wird, ein weiterer Einspruch nicht zu.

A. Normzweck. Die Norm **schließt den wiederholten Einspruch** zwecks Vermeidung einer Prozessverschleppung **aus** (Mot zur CPO, 235 = Hahn/Mugdan, Materialien, 298; BGH NJW-RR 08, 876, 877). 1

Nach hM (BGHZ 141, 351, 356; KG MDR 00, 293; MüKoZPO/*Prütting* Rn 9 ff; Musielak/*Stadler* Rn 4 mwN) **stellt** § 345 die **Säumnis im Einspruchstermin dem Verzicht auf den Einspruch gegen das Versäumnisurteil gleich**, was mit dem Wortlaut (Verwerfung des Einspruchs), der eingeschränkten Berufung (§ 514 II 1) und der abweichenden Bestimmung für den Vollstreckungsbescheid (§ 700 VI) begründet wird. Nach Auffassung der Arbeitsgerichte (BAGE 23, 92, 96; 25, 475, 477; BAG NZA 94, 1102, 1103) und eines Teils des Schrifttums (St/J/*Grunsky* Rn 6 mwN; Zö/*Herget* Rn 4) ergeben sich aus § 345 dagegen keine von §§ 330 ff abweichenden Voraussetzungen für das zweite Versäumnisurteil. 2

B. Voraussetzungen. § 345 ist nur anwendbar, wenn ein **wirksames erstes Versäumnisurteil** durch Verkündung nach § 311 oder durch Zustellung nach § 310 III (Dresd OLG-NL 96, 143) **ergangen** und **durch wirksamen Einspruch angefochten** worden ist (str dazu § 341 Rz 5). 3

Der **Einspruchsführer** muss **im Einspruchstermin säumig** sein. Unerheblich ist, ob er auch bei Erlass des ersten Versäumnisurteils säumig war (BGHZ 97, 341, 345). Die Vorschrift ist dagegen nicht anzuwenden, wenn die Partei in einem nachfolgenden Termin erneut (Frankf NJW-RR 11, 216) oder der Gegner im Einspruchstermin säumig ist. Ein Unterschied zwischen der Säumnis im ersten Termin, in dem das Versäumnisurteil ergangen ist, und der im Einspruchstermin besteht grds nicht (BGHZ 141, 351, 354). Der erscheine Einspruchsführer ist säumig, wenn er nicht verhandelt (dazu § 333 Rz 3–5). Das ist der Fall, wenn er sich nur zur Zulässigkeit des Rechtsbehelfs äußert; es sei denn, dass der Termin ausnahmsweise nur zu dem Zweck bestimmt worden ist (s. § 341a Rz 1). Wegen der einschneidenden Folgen des § 345 reicht es grds aus, wenn der Einspruchsführer über die Sachurteilsvoraussetzungen – wie über die örtliche Zuständigkeit des angerufenen Gerichts – verhandelt (*Münzberg* ZZP 80, 484, 486). 4

Der Gegner des säumigen Einspruchsführers muss den **Verfahrensantrag auf Verwerfung des Einspruchs durch zweites Versäumnisurteil** stellen (vgl Stuttgart NJW 94, 1884). Der Gegner darf zudem kein anderes **Sachbescheidungsinteresse** als beim Erlass des (ersten) Versäumnisurteils verfolgen (zu den Entscheidungen bei Parteiwechsel, Klageänderung oder -erweiterung s. Rz 8). 5

C. Die gerichtlichen Entscheidungen. Bei einem **Einspruch gegen einen Vollstreckungsbescheid** hat das Gericht nunmehr nach § 700 VI iVm § 331 I, II sämtliche Sachurteilsvoraussetzungen und die Schlüssigkeit der Klage zu prüfen (BGHZ 73, 87, 90; 112, 367, 371). Liegen die Voraussetzungen für ein Versäumnisurteil nach § 331 nicht vor, ist die Klage durch kontradiktorisches Urt abzuweisen. 6

Ist **Einspruch gegen ein Versäumnisurteil** eingelegt worden und der Einspruchsführer im Einspruchstermin säumig, ist nur noch zu prüfen, ob dieser ordnungsgemäß geladen worden ist (§ 335 I Nr. 2) und sein Nichterscheinen nicht unverschuldet ist (§ 337). Liegen dafür keine Anhaltspunkte vor, ist der Einspruch grds ohne Sachprüfung zu verwerfen (BGHZ 114, 351, 354; s. Rz 2). 7

Ausnahmen ergeben sich bei einer durch den Gegner veranlassten Änderung des Streitgegenstands. Erfolgt nach dem ersten Versäumnisurteil ein **Parteiwechsel** oder eine **Klageänderung** (§ 263) kann kein zweites Versäumnisurteil ergehen. Das erste Versäumnisurteil ist dann aufzuheben und – soweit zulässig – ein dem neuen Antrag entsprechendes (erstes) Versäumnisurteil zu erlassen (Karlsr NJW-RR 93, 383, 384). Bei einer **Klageerweiterung** ist tw durch zweites, iÜ durch erstes Versäumnisurteil zu entscheiden (Köln NJW-RR 88, 701). 8

D. Rechtsmittel. Hat das Gericht den **Einspruch durch zweites Versäumnisurteil verworfen**, ist die Instanz beendet. Dem Einspruchsführer stehen nur die Rechtsmittel der Berufung oder der Revision zu, die zwar ohne Rücksicht auf den Wert der Beschwer und eine Zulassung des Rechtsmittels statthaft sind (BGH NJW-RR 08, 876; s.u. § 514 Rz 11; § 565 Rz 2; anders für die Revision nach § 72a ArbGG: BAG NZA 04, 871; 07, 944), deren Zulässigkeit nach §§ 514 II 1, 565 jedoch den schlüssigen Vortrag voraussetzt, dass ein Fall schuldhafter Säumnis nicht vorgelegen habe (vgl BGH VersR 76, 67, 68; NJW 09, 687). 9

Diese Folgen treten aber nur ein, wenn das Gericht **zu Recht durch zweites Versäumnisurteil entschieden** hat. Eine **fehlerhafte Bezeichnung** des ersten, als zweites Versäumnisurteil schließt den Einspruch nicht 10 aus, während die falsche Bezeichnung des zweiten als erstes Versäumnisurteil den Rechtsbehelf zulässig machen kann (zu alledem s. § 338 Rz 12). § 345 und § 524 II 1 sind nicht anzuwenden, wenn ein **unzulässiger Einspruch** nicht nach § 341a, sondern nach § 345 durch zweites Versäumnisurteil verworfen worden ist (str, s. dazu § 341 Rz 5).

§ 346 Verzicht und Zurücknahme des Einspruchs. Für den Verzicht auf den Einspruch und seine Zurücknahme gelten die Vorschriften über den Verzicht auf die Berufung und über ihre Zurücknahme entsprechend.

1 Die Vorschrift verweist für den Verzicht (Rz 2) und die Zurücknahme (Rz 3) des Einspruchs auf die entsprechenden Vorschriften für die Berufung (§§ 515, 516), die durch ZPO-RG wesentlich verändert worden sind.

2 Der **Verzicht** ist die Erklärung, sich des Rechts auf Überprüfung des Versäumnisurteils endgültig zu begeben (vgl RGZ 161, 350, 355 – zur Berufung). Diese Erklärung kann außergerichtlich ggü dem Gegner oder ggü dem Prozessgericht abgegeben werden (BGHZ 2, 112, 114; NJW 74, 1248, 1249). Der **außergerichtliche Verzicht** ist die unter Verzicht auf die Annahme nach § 151 S 1 BGB erklärte Offerte zu einer Prozessvereinbarung (vgl BGHZ 25, 45, 48; *Rimmelspacher* JuS 88, 953, 956), die keiner Form und keiner Mitwirkung der Rechtsanwälte bedarf. Der Verzicht muss **nicht ausdrücklich erklärt** werden, aber den klaren und eindeutigen Willen zum Ausdruck bringen, sich ernsthaft und endgültig mit dem Urt beruhigen zu wollen. (BGHZ 2, 112, 114; 4, 314, 321; NJW 74, 1248, 1249). Der **ggü dem Gericht erklärte Verzicht** (§ 515) **ist eine Prozesshandlung**, für die der Anwaltszwang gilt (Kobl NJW-RR 02, 1509, 1510). Der **einseitige Verzicht** kann schon **vor dem Erlass** des Versäumnisurteils (vgl § 313a III) ggü dem Gericht erklärt werden (B/L/A/H Rn 4; St/J/*Grunsky* Rn 1; Wieczorek/Schütze/*Borck* Rn 11; aA MüKoZPO/*Prütting* Rn 4; auch – allerdings zur Rechtslage vor dem ZPO-RG – *Habscheid* NJW 65, 2369, 2375; *Rimmelspacher* aaO).

3 Die **Zurücknahme** ist die Erklärung, das Verfahren nicht mehr fortsetzen und ohne gerichtliche Entscheidung (über den Einspruch) beenden zu wollen (vgl BGH NJW-RR 06, 862, 863 – zur Berufungsrücknahme). Sie erfolgt ggü dem Gericht und ist eine nicht anfechtbare, unwiderrufliche **Prozesshandlung** (vgl Ddorf JurBüro 84, 1586, zur Rücknahme nach fehlerhaftem Hinweis nach § 139). Die Rücknahme des Einspruchs ist gem § 516 I ohne Einwilligung des Gegners bis zur Verkündung eines Urteils nach § 341 oder § 343 zulässig. Das Prozessgericht hat entspr § 516 III vAw durch Beschl den Verlust des Einspruchs auszusprechen und dem Einspruchsführer die durch den Einspruch entstandenen weiteren Kosten aufzuerlegen.

§ 347 Verfahren bei Widerklage und Zwischenstreit. (1) Die Vorschriften dieses Titels gelten für das Verfahren, das eine Widerklage oder die Bestimmung des Betrages eines dem Grunde nach bereits festgestellten Anspruchs zum Gegenstand hat, entsprechend.
(2) [1]War ein Termin lediglich zur Verhandlung über einen Zwischenstreit bestimmt, so beschränkt sich das Versäumnisverfahren und das Versäumnisurteil auf die Erledigung dieses Zwischenstreits. [2]Die Vorschriften dieses Titels gelten entsprechend.

1 **Abs 1** enthält eine **Klarstellung**. Über eine **Widerklage** ist bei Säumnis des Widerklägers auf Antrag des Gegners nach §§ 330, 331 zu entscheiden. Eine erst im Termin erhobene Widerklage (§ 261 II) muss dem Säumigen gem § 335 I Nr 3 rechtzeitig angekündigt worden sein. Säumnis in Bezug auf die Widerklage ist zu bejahen, wenn die Partei nur zur Klage verhandelt (B/L/A/H Rn 4). Ist ein **Grundurteil** über den Anspruch bereits ergangen, ist bei Säumnis des Klägers der Anspruch nach § 330 insgesamt abzuweisen, bei Säumnis des Beklagten zur Höhe nach § 331 zu entscheiden (Mot zur CPO, 236 = Hahn/Mugdan, Materialien, 299). Eine entspr Anwendung der Norm ist in Nachverfahren nach Vorbehaltsurteilen (§§ 302, 599, 600) geboten (MüKoZPO/*Prütting* Rn 6).

2 **Abs 2** erweitert den Anwendungsbereich des Titels auf **Zwischenurteile** (§ 303). Voraussetzungen dafür sind, dass die Verhandlung auf einen Zwischenstreit zwischen den Parteien beschränkt worden ist (Mot zur CPO, aaO), was in der Ladung ausdrücklich angeordnet werden muss (BGH NJW 82, 888), und nicht den Grund des Anspruches selbst betrifft (RGZ 36, 425, 428). Die Vorschrift hat eine geringe Bedeutung. Da die Bestimmungen über die Zwischenurteile zur Wiederaufnahme (§ 217 4 1 CPO) und zur Eidesleistung (§ 426 II 1 CPO) gestrichen sind, bleibt der Zwischenstreit über die Pflicht zur Vorlegung einer Urkunde (§§ 422, 423) als Gegenstand für ein Versäumniszwischenurteil übrig.

Titel 4 Verfahren vor dem Einzelrichter

§ 348 Originärer Einzelrichter. **(1) [1]Die Zivilkammer entscheidet durch eines ihrer Mitglieder als Einzelrichter. [2]Dies gilt nicht, wenn**

1. das Mitglied Richter auf Probe ist und noch nicht über einen Zeitraum von einem Jahr geschäftsverteilungsplanmäßig Rechtsprechungsaufgaben in bürgerlichen Rechtsstreitigkeiten wahrzunehmen hatte oder

2. die Zuständigkeit der Kammer nach dem Geschäftsverteilungsplan des Gerichts wegen der Zuordnung des Rechtsstreits zu den nachfolgenden Sachgebieten begründet ist:

a) Streitigkeiten über Ansprüche aus Veröffentlichungen durch Druckerzeugnisse, Bild- und Tonträger jeder Art, insbesondere in Presse, Rundfunk, Film und Fernsehen;

b) Streitigkeiten aus Bank- und Finanzgeschäften;

c) Streitigkeiten aus Bau- und Architektenverträgen sowie aus Ingenieurverträgen, soweit sie im Zusammenhang mit Bauleistungen stehen;

d) Streitigkeiten aus der Berufstätigkeit der Rechtsanwälte, Patentanwälte, Notare, Steuerberater, Steuerbevollmächtigten, Wirtschaftsprüfer und vereidigten Buchprüfer;

e) Streitigkeiten über Ansprüche aus Heilbehandlungen;

f) Streitigkeiten aus Handelssachen im Sinne des § 95 des Gerichtsverfassungsgesetzes;

g) Streitigkeiten über Ansprüche aus Fracht-, Speditions- und Lagergeschäften;

h) Streitigkeiten aus Versicherungsvertragsverhältnissen;

i) Streitigkeiten aus den Bereichen des Urheber- und Verlagsrechts;

j) Streitigkeiten aus den Bereichen der Kommunikations- und Informationstechnologie;

k) Streitigkeiten, die dem Landgericht ohne Rücksicht auf den Streitwert zugewiesen sind.

(2) Bei Zweifeln über das Vorliegen der Voraussetzungen des Absatzes 1 entscheidet die Kammer durch unanfechtbaren Beschluss.

(3) [1]Der Einzelrichter legt den Rechtsstreit der Zivilkammer zur Entscheidung über eine Übernahme vor, wenn

1. die Sache besondere Schwierigkeiten tatsächlicher oder rechtlicher Art aufweist,

2. die Rechtssache grundsätzliche Bedeutung hat oder

3. die Parteien dies übereinstimmend beantragen.

[2]Die Kammer übernimmt den Rechtsstreit, wenn die Voraussetzungen nach Satz 1 Nr. 1 oder 2 vorliegen. [3]Sie entscheidet hierüber durch Beschluss. [4]Eine Zurückübertragung auf den Einzelrichter ist ausgeschlossen.

(4) Auf eine erfolgte oder unterlassene Vorlage oder Übernahme kann ein Rechtsmittel nicht gestützt werden.

A. Normzweck. Seit dem ZPO-Reformgesetz ist das Kollegialprinzip für das Verfahren vor dem LG in 1. Instanz aufgegeben. In der Erwartung, die richterliche Belastung ohne Qualitätseinbußen verringern zu können, ist die grds Zuständigkeit des Einzelrichters begründet worden (Abs 1 S 1). Dieser ist in den Fällen seiner Zuständigkeit gesetzlicher Richter und mit allen Befugnissen des Prozessgerichts ausgestattet. Durch die Ausnahmen in Abs 1 S 2 und die Übertragungsmöglichkeit nach § 348a II soll gewährleistet sein, dass besonders schwierige Verfahren durch die Kammer entschieden werden. Nach der Gesetzesbegründung sollen dies ca 30 % der Verfahren sein (BTDrs 14/4722, 63), ein Wert der in der Praxis vieler Kammern weit verfehlt wird. Dadurch wird nicht nur die Qualität, sondern auch die Einheitlichkeit der Entscheidungen einer Kammer (vgl hierzu BGHZ (GrSZ) 37, 210, 213) gefährdet. **Anwendungsbereich:** § 348 gilt nicht in Baulandsachen (§ 220 BauGB) und im Musterverfahren nach dem KapMuG (§ 9 I S 2 KapMuG). Sonderregelungen enthalten § 349 (Kammer für Handelssachen), § 526 (Berufungsverfahren), § 568 (Beschwerdeverfahren). 1

B. Originärer Einzelrichter. Dieser ist nach Abs 1 S 1 die Regel; die Ausnahmen sind in S 2 geregelt (s. Rz 3 – 6). Welches Kammermitglied zuständiger Einzelrichter ist, muss sich aus einem kammerinternen Geschäftsverteilungsplan ergeben, der nach § 21g GVG aufzustellen ist. Bei Zweifeln über die Zuständigkeit ist nach **Abs 2** zu verfahren. Im Beschwerdeverfahren ist § 348 II entsprechend anwendbar (Rostock OLGR 09, 549). Der Einzelrichter bleibt für das gesamte Verfahren zuständig einschl Kostenfestsetzungsverfahren, Vollstreckungsgegenklage, Nachverfahren gem §§ 302, 600, Wiederaufnahme und als Vollstreckungsorgan 2 nach §§ 887 ff (vgl Kobl NJW-RR 02, 1724, 1725 zur Zuständigkeit der Kammer als Vollstreckungsorgan, wenn diese in der Hauptsache entschieden hat). Der Einzelrichter ist auch nach einer Aufhebung und Zurückverweisung zuständig.

3 **C. Originäre Kammersachen. I. Proberichter im ersten Jahr.** Ist nach der Geschäftsverteilung für die Bearbeitung einer Sache ein Proberichter (§ 12 DRiG) zuständig, der bei Eingang der Sache (aA *Stackmann* JuS 2008, 129, 132, der auf den Zeitpunkt der ersten mündlichen Verhandlung abstellt) über weniger als ein Jahr Zivilrechtserfahrung verfügt, ist gem Abs 1 S 2 die Kammer originär zuständig. Diese kann die Sache allerdings nach § 348a I auf den Proberichter übertragen. Der **Jahreszeitraum** richtet sich nach dem Geschäftsverteilungsplan; Urlaubs- und Krankheitszeiten sind nicht abzuziehen. Mehrere kürzere Zeiträume der Tätigkeit im Zivilrecht werden zusammengerechnet. Anzurechnen sind auch Zeiten als Familien- oder Arbeitsrichter sowie Zeiten, in denen der Richter nur tw mit Zivilsachen befasst war. Um mit Art 101 I S 2 GG unvereinbare Beurteilungsspielräume auszuschließen, kann es auf den Umfang der Befassung mit Zivilsachen nicht ankommen (str, zum Meinungsstand vgl Zö/*Greger* Rn 6).

4 Bei einem **Dezernatswechsel** gilt Folgendes: Übernimmt ein Proberichter mit weniger als einem Jahr Zivilrechtserfahrung ein Dezernat eines erfahreneren Kollegen, werden die bisherigen Einzelrichtersachen ipso iure Kammersachen (vgl BTDrs 15/1491, 35; KG BauR 09, 1931 – rkr; BGH Beschl v 27.8.09 – VII ZR 260/08); die Kammer kann die Sachen dann allerdings ggf wieder auf den Richter als Einzelrichter übertragen. Vollendet der Proberichter das erste Jahr oder wird er durch einen erfahreneren Kollegen ersetzt, entfällt dadurch die Zuständigkeit der Kammer nicht (str). Dass es möglich wäre, der einmal zuständig gewordenen Kammer gegen ihren Willen und mglw zu einem beliebigen Zeitpunkt (etwa nach mündlicher Verhandlung) die Entscheidungszuständigkeit zu entziehen, kann §§ 348, 348a nicht entnommen werden.

5 **II. Spezialzuständigkeit.** Gemäß § 348 II S 2 Nr 2 ist die Kammer originär zuständig, wenn der Rechtsstreit einem der dort genannten Rechtsgebiete entstammt und die Kammer für dieses Rechtsgebiet nach dem Geschäftsverteilungsplan wegen dieser Zuordnung zuständig ist. Dies setzt voraus, dass das Gericht über mehr als eine erstinstanzliche Zivilkammer verfügt und dass nicht alle Kammern für alle im Katalog genannten Rechtsgebiete eine »Spezialzuständigkeit« haben, weil in diesem Fall eine Gesetzesumgehung vorläge. Die Regelung ist sinnwidrig, weil grds ein Mitglied aus einer solchen Kammer aufgrund seines Spezialwissens eher für eine Entscheidung als Einzelrichter geeignet sein dürfte als das Mitglied einer Kammer ohne Spezialzuständigkeit (vgl MüKoZPO/*Deubner* Rn 5). **Ob** und in welchem Umfang ein Gericht **Spezialkammern** einrichtet, liegt im Ermessen des Präsidiums (§ 21e I S 1 GVG). Das Präsidium kann die Spezialzuständigkeiten auch weiter oder enger als in Nr 2 vorgesehen fassen. Fasst es sie weiter, so besteht eine originäre Kammerzuständigkeit allerdings nur in den Sachen, die unter die gesetzliche Regelung fallen. Entscheidend für die Zuständigkeit der Kammer ist, dass sie aufgrund einer solchen Sonderzuweisung für die Sache zuständig ist. Ist die Auslegung des Geschäftsverteilungsplans und deshalb die Zuständigkeit einer Kammer in Zweifel, entscheidet das Präsidium (vgl § 21e GVG Rz 27). Ist die Kammer in jedem Fall zuständig, entscheidet sie selbst nach **Abs 2**. Für die **Zuordnung** des Rechtsstreits nach Nr 2 ist der Klägervortrag maßgeblich. Ausreichend ist, dass der Rechtsstreit tw in die Spezialzuständigkeit fällt. Fällt die Sache wegen einer nachträglichen Änderung des Streitgegenstands in ein Rechtsgebiet, für das eine Spezialzuständigkeit errichtet worden ist, kommt es für die Frage der Zuständigkeit des Einzelrichters darauf an, ob der Geschäftsverteilungsplan für diesen Fall die Abgabe der Sache an eine Spezialkammer vorsieht (str).

6 Die unter **Buchstabe a** genannten Sachgebiete umfassen auch Streitigkeiten über die Verpflichtungen zur Veröffentlichung einer Gegendarstellung entsprechend den Pressegesetzen der Länder oder anderen Rechtsgrundlagen sowie Streitigkeiten aufgrund von Vereinbarungen aus den genannten Rechtsgebieten. Unter **Buchstabe b** fallen insb Ansprüche gegen eine Bank, Sparkasse, ein Kredit- oder Finanzinstitut, die sich aus dem allgemeinen Bankvertrag oder in § 1 KWG genannten Geschäften (ua Kredit-, Diskont-, Effekten-, Depot-, Investment-, Leasing- und Wertpapiergeschäfte, Terminkontrakte und Optionen) ergeben. Unter **Buchstabe c** fallen Streitigkeiten unabhängig von ihrer vertraglichen Qualifizierung (auch Dienstverträge und typengemischte Verträge), wenn der Anspruch aus einem Rechtsverhältnis herrührt, in dem eine Partei die Verpflichtung zur Durchführung oder Überwachung von Bauarbeiten übernommen hat. Die Vorschrift umfasst auch quasivertragliche Ansprüche (insb GoA) und bereicherungsrechtliche sowie deliktische Ansprüche, die aus Anlass der Durchführung eines Bauvorhabens geltend gemacht werden (zB § 823 II BGB iVm § 1 BauFordSiG). **Buchstabe d** eröffnet die originäre Kammerzuständigkeit für Regressansprüche gegen die Angehörigen der rechts-, steuer- und wirtschaftsberatenden Berufe, umfasst aber auch deren Ver-

gütungsansprüche, weil auch in diesen eine Regressproblematik häufig durch die Verteidigung des Beklagten virulent wird. **Buchstabe e** umfasst vertragliche wie auch gesetzliche Ansprüche gegen Ärzte, Zahnärzte sowie weitere beruflich mit der Heilbehandlung befasste Personen wie etwa Heilpraktiker, Psychologen, Psychotherapeuten und Physiotherapeuten. Einbezogen sind auch Ansprüche auf Einsicht in Krankenunterlagen und die Vergütungsansprüche aus diesen Bereichen. **Buchstabe f** trägt der gesetzgeberischen Intention zur Einrichtung der Kammern für Handelssachen Rechnung. Erfasst sind insb Rechtsstreitigkeiten auf Grund der §§ 44–47 BörsenG sowie des UWG (zum MarkenG s. Buchstabe k). Zu den Einzelheiten vgl § 95 GVG. Buchstabe f begründet auch bereits für die meisten Transportrechtsstreitigkeiten eine originäre Kammerzuständigkeit; **Buchstabe g** erweitert diese Zuständigkeit auf die Fälle, in denen kein beiderseitiges Handelsgeschäft gegeben ist. Unter **Buchstabe h** fallen Ansprüche aus Versicherungsverhältnissen zwischen dem Versicherungsnehmer, dem Versicherten oder dem Bezugsberechtigten und dem Versicherer. **Buchstabe i** betrifft Streitigkeiten um Rechtsverhältnisse der Literatur, Wissenschaft und Kunst nach dem Urheberrechtsgesetz, dem Urheberrechtswahrnehmungsgesetz, dem Gesetz betreffend das Urheberrecht an Werken der bildenden Kunst und der Photographie sowie dem Gesetz über das Verlagsrecht (vgl auch § 105 UrhG). **Buchstabe j** erfasst Streitigkeiten insb aus Verträgen und unerlaubter Handlung einschließlich der Produkthaftung hinsichtlich Datenverarbeitungsprogrammen und Computern, aber auch Ansprüche aufgrund von etwaigen gesetzlichen Neuerungen auf dem Gebiet des telekommunikativen Vertragswesens und Handels. **Buchstabe k** folgt der Intention der gesetzlichen Zuständigkeitsbegründung, wonach diese Streitigkeiten wegen ihrer Bedeutung nicht dem Einzelrichter am Amtsgericht, sondern dem LG ohne Rücksicht auf den Wert des Streitgegenstandes zugewiesen sind. Neben den nach § 71 II GVG genannten Rechtsstreitigkeiten im Zusammenhang mit Amtspflichtverletzungen sind weitere Rechtsstreitigkeiten aufgrund spezialgesetzlicher Zuweisung des Bundes und der Länder betroffen, etwa nach § 140 I MarkenG. Zu den Einzelheiten vgl § 71 GVG Rz 3 ff.

D. Übernahme durch die Kammer. Der originäre Einzelrichter (Rz 2) muss die Sache der Kammer in den 7
in Abs 3 S 1 bestimmten Fällen zur Übernahme vorlegen. Das gilt insb dann, wenn der Einzelrichter die Sache gem. Art. 100 I GG dem BVerfG vorlegen möchte (BVerfG, Beschl v 15.11.10 – 1 BvL 12/10). Durch übereinstimmenden Antrag können die Parteien den Einzelrichter zur Vorlage veranlassen (Abs 3 S 1 Nr 3). Legt der Einzelrichter trotz eines solchen Antrags die Sache nicht der Kammer zur Übernahme vor und sind die Voraussetzungen des Abs 3 S 1 Nr 1 und 2 gegeben, dürfte dies ein willkürlicher Entzug des gesetzlichen Richter sein, der entgegen der Regel des Abs 4 bereits im Verfahren vor den ordentlichen Gerichten gerügt werden kann (vgl *Stackmann* JuS 2008, 129). Die Kammer entscheidet über die Übernahme durch Beschl. Dieser ist unanfechtbar und kann auch mit dem Rechtsmittel gegen die Endentscheidung nicht angegriffen werden (Abs 4). Eine Übernahme ohne entspr Beschl ist ein unheilbarer Verfahrensmangel und führt zur Aufhebung und Zurückverweisung (Celle MDR 03, 523; Kobl MDR 11, 1257 f).

Die Kammer muss die ihr vom Einzelrichter vorgelegte Sache übernehmen, wenn die Voraussetzungen des 8
Abs 3 S 1 Nr 1 oder 2 erfüllt sind. **Besondere Schwierigkeiten** tatsächlicher Art liegen vor, wenn der Sachverhalt erheblich überdurchschnittliche Schwierigkeiten aufweist, was sich insb darin zeigen kann, dass eine Beweisaufnahme durchgeführt werden muss, die zur Würdigung widerstreitender Sachverständigengutachten oder Aussagen führt. Zu berücksichtigen sind dabei auch etwaige besondere Kenntnisse des Einzelrichters (vgl *Stackmann* JuS 2008, 129, 130). Im Arzthaftungsprozess ist grds von besonderen Schwierigkeiten auszugehen (vgl Karlsr NJW-RR 06, 205). Besondere rechtliche Schwierigkeiten können sich insb daraus ergeben, dass ausgefallene und/oder komplizierte Rechtsfragen zu lösen sind. Zu den Anforderungen an die **grundsätzliche Bedeutung** s.u. § 511 Rz 40 ff.

E. Rechtsmittel. Rechtsmittel gegen die Übernahme wie auch die nicht erfolgte Übernahme oder Vorlage 9
an die Kammer sind nicht gegeben. Auch ein Rechtsmittel gegen die Endentscheidung kann hierauf grds nicht gestützt werden (Abs 3). Anders verhält es sich jedoch, wenn bei einer Kammerzuständigkeit der Einzelrichter irrtümlich seine originäre Zuständigkeit angenommen hat (vgl Kobl NJW-RR 02, 1724, 1725 zur Entscheidung eines Einzelrichters als Vollstreckungsorgan, wenn die Kammer in der Hauptsache entschieden hat – s.o. Rz 2; Zweibr Beschl v 8.10.08 – 4 W 87/08 zur Entscheidung eines Einzelrichters ohne einjährige Zivilrechtserfahrung nach einem Dezernatswechsel; s. zudem oben Rz 7).

§ 348a Obligatorischer Einzelrichter. **(1) Ist eine originäre Einzelrichterzuständigkeit nach § 348 Abs. 1 nicht begründet, überträgt die Zivilkammer die Sache durch Beschluss einem ihrer Mitglieder als Einzelrichter zur Entscheidung, wenn**

1. die Sache keine besonderen Schwierigkeiten tatsächlicher oder rechtlicher Art aufweist,
2. die Rechtssache keine grundsätzliche Bedeutung hat und
3. nicht bereits im Haupttermin vor der Zivilkammer zur Hauptsache verhandelt worden ist, es sei denn, dass inzwischen ein Vorbehalts-, Teil- oder Zwischenurteil ergangen ist.

(2) [1]Der Einzelrichter legt den Rechtsstreit der Zivilkammer zur Entscheidung über eine Übernahme vor, wenn

1. sich aus einer wesentlichen Änderung der Prozesslage besondere tatsächliche oder rechtliche Schwierigkeiten der Sache oder die grundsätzliche Bedeutung der Rechtssache ergeben oder
2. die Parteien dies übereinstimmend beantragen.

[2]Die Kammer übernimmt den Rechtsstreit, wenn die Voraussetzungen nach Satz 1 Nr. 1 vorliegen. [3]Sie entscheidet hierüber nach Anhörung der Parteien durch Beschluss. [4]Eine erneute Übertragung auf den Einzelrichter ist ausgeschlossen.

(3) Auf eine erfolgte oder unterlassene Übertragung, Vorlage oder Übernahme kann ein Rechtsmittel nicht gestützt werden.

1 **A. Normzweck.** § 348a gibt der Kammer die Möglichkeit, Verfahren, in denen sie originär zuständig ist, an den Einzelrichter zu übertragen. Damit soll sichergestellt werden, dass die Kammer nur dann als Kollegialgericht über eine Sache entscheidet, wenn diese besondere Schwierigkeiten aufweist oder von grundsätzlicher Bedeutung ist. Die Übertragung ist in den Fällen des Abs 1 obligatorisch. Sieht die Kammer von einer Übertragung ab, kann sie die Sache auch im Zwangsvollstreckungsverfahren nicht auf den Einzelrichter übertragen; sie bleibt dann vielmehr als Prozessgericht zuständig (Kobl NJW-RR 02, 1724, 1725). Nach der Übertragung ist der Einzelrichter als Prozessgericht mit den gleichen Befugnissen wie der originäre Einzelrichter ausgestattet (vgl § 348 Rz 1). Parteierweiterungen lassen die Zuständigkeit des Einzelrichters unberührt (Zö/*Greger* Rn 7; aA München NJW-RR 92, 123). Gleiches gilt für Klageänderungen und Widerklagen. Ggf kann der Einzelrichter nach Abs 2 vorlegen.

2 **B. Voraussetzungen.** Die in Abs 1 Nr 1 bis 3 genannten Voraussetzungen müssen kumulativ erfüllt sein. Ist dies der Fall, muss die Kammer übertragen. Zu den Voraussetzungen für besondere **Schwierigkeiten** tatsächlicher oder rechtlicher Art s.o. § 348 Rz 8; zur grundsätzlichen Bedeutung s.u. § 511 Rz 40 f. Die Übertragung ist ausgeschlossen, wenn im **Haupttermin** (vgl §§ 272 I, 279) vor der Kammer verhandelt worden ist. Bei Säumnis einer Partei wird nicht verhandelt. Ein früher erster Termin kann Haupttermin sein, wenn er – was die Regel sein dürfte – wie ein Haupttermin durchgeführt wird, dh umfassend vorbereitet ist (§ 272 I). Dies kann sich zB darin zeigen, dass die Kammer auf den frühen ersten Termin einen Beweisbeschluss erlässt (vgl Brandbg NJW-RR 00, 1338, str). Haupttermin kann auch der Termin gem § 128 II sein, auf den im schriftlichen Verfahren entschieden werden soll. Eine gleichwohl erfolgte Übertragung ist allerdings nicht überprüfbar (Abs 3). Ausnahmsweise ist nach dem Haupttermin eine Übertragung zulässig, wenn ein **Vorbehalts-, Teil-** oder **Zwischenurteil** ergangen ist. Es darf danach aber nicht ein weiterer Haupttermin vor der Kammer stattgefunden haben. Einer Übertragung steht es auch nicht entgegen, wenn vor einem anderen Gericht ein Haupttermin stattgefunden hat und dieses Gericht den Rechtsstreit dann an das erkennende Gericht gem § 281 verwiesen hat. Eine Übertragung auf den Einzelrichter ist ausgeschlossen, wenn die Kammer den Rechtsstreit zuvor vom obligatorischen Einzelrichter **übernommen** hatte (Abs 2 S 4).

3 **C. Verfahren.** Die Kammer entscheidet durch Beschl, der keiner Begründung bedarf. Der Übertragungsbeschluss kann nicht mit einem Beweisbeschluss (der Kammer) verbunden werden (vgl Brandbg NJW-RR 00, 1338). Vor Erlass des Beschlusses sind die Parteien anzuhören, dh es ist der Eingang der Klageerwiderung abzuwarten, in der sich der Beklagte erklären soll, wenn Gründe einer Übertragung auf den Einzelrichter entgegenstehen (§ 277 I 2). Der Kl soll sich hierzu bereits in der Klageschrift äußern (§ 253 III). Einer gesonderten Aufforderung bedarf es daher nicht. Welches Mitglied der Kammer der zust Einzelrichter ist, muss sich aus dem kammerinternen Geschäftsverteilungsplan ergeben (vgl § 348 Rz 2). Dieser wird in dem Übertragungsbeschluss daher nicht namentlich bezeichnet. Obligatorischer Einzelrichter kann auch ein Proberichter sein, der als originärer Einzelrichter gem § 348 I S 2 Nr 1 nicht berufen wäre. Eine **Teilüber-**

tragung des Verfahrens ist nicht möglich. Allerdings kann eine Prozesstrennung gem § 145 I vorgenommen und nur eines der dabei entstehenden Verfahren übertragen werden.

D. Übernahme durch die Kammer (Abs 2). Hat die Kammer die Sache dem Einzelrichter übertragen, muss dieser sie unter den Voraussetzungen des Abs 2 der Kammer zur erneuten Übernahme vorlegen. Voraussetzung ist ein übereinstimmender Antrag der Parteien oder eine wesentliche Änderung der Prozesslage, durch die sich besondere tatsächliche oder rechtliche Schwierigkeiten oder eine grundsätzliche Bedeutung der Rechtssache (vgl zu diesen Begriffen oben Rz 2) ergeben. Aus Gründen der Prozessökonomie ist zu fordern, dass die Änderung der Prozesslage erhebliches Gewicht hat. Eine lediglich andere Einschätzung der Rechtslage ist keine Änderung der Prozesslage. Dies gilt auch dann, wenn dadurch eine umfangreiche Beweiserhebung erforderlich wird. Die Kammer beschließt die Übernahme der Sache, wenn besondere Schwierigkeiten vorliegen oder die Sache grundsätzliche Bedeutung hat (Abs 2 Nr 1). Zuvor sind die Parteien anzuhören. Um einen ständigen Wechsel des Prozessgerichts zu vermeiden, ist nach einer solchen Übernahme eine erneute Übertragung auf den Einzelrichter in jedem Fall ausgeschlossen (Abs 2 S 4). **Nach der Übertragung** muss die Kammer neu verhandeln (§ 309). Vom Einzelrichter getroffene Zwischenentscheidungen bleiben aber bestehen; das Ergebnis einer Beweisaufnahme vor dem Einzelrichter kann grds verwertet werden. 4

E. Rechtsmittel. Der Übertragungs- (Abs 1) und der Übernahmebeschluss (Abs 2) sind nicht anfechtbar. Rechtsmittel können auf eine unterlassene Übertragung, Vorlage oder Übernahme nicht gestützt werden (Abs 4). 5

§ 349 Vorsitzender der Kammer für Handelssachen.

(1) [1]**In der Kammer für Handelssachen hat der Vorsitzende die Sache so weit zu fördern, dass sie in einer mündlichen Verhandlung vor der Kammer erledigt werden kann.** [2]**Beweise darf er nur insoweit erheben, als anzunehmen ist, dass es für die Beweiserhebung auf die besondere Sachkunde der ehrenamtlichen Richter nicht ankommt und die Kammer das Beweisergebnis auch ohne unmittelbaren Eindruck von dem Verlauf der Beweisaufnahme sachgemäß zu würdigen vermag.**

(2) Der Vorsitzende entscheidet

1. **über die Verweisung des Rechtsstreits;**
2. **über Rügen, die die Zulässigkeit der Klage betreffen, soweit über sie abgesondert verhandelt wird;**
3. **über die Aussetzung des Verfahrens;**
4. **bei Zurücknahme der Klage, Verzicht auf den geltend gemachten Anspruch oder Anerkenntnis des Anspruchs;**
5. **bei Säumnis einer Partei oder beider Parteien;**
6. **über die Kosten des Rechtsstreits nach § 91a;**
7. **im Verfahren über die Bewilligung der Prozesskostenhilfe;**
8. **in Wechsel- und Scheckprozessen;**
9. **über die Art einer angeordneten Sicherheitsleistung;**
10. **über die einstweilige Einstellung der Zwangsvollstreckung;**
11. **über den Wert des Streitgegenstandes;**
12. **über Kosten, Gebühren und Auslagen.**

(3) Im Einverständnis der Parteien kann der Vorsitzende auch im Übrigen an Stelle der Kammer entscheiden.

(4) Die §§ 348 und 348a sind nicht anzuwenden.

A. Normzweck. In der Kammer für Handelssachen, die mit einem Mitglied des Landgerichts als Vorsitzendem und zwei ehrenamtlichen Richtern, sog Handelsrichtern, besetzt ist (§ 105 I GVG), hat der Vorsitzende naturgemäß eine besondere Stellung. Vorrangige Aufgabe der Handelsrichter ist es, ihren Sachverstand in das Verfahren einzubringen. Von vorbereitenden Aufgaben (Abs 1) und Entscheidungen von eher prozessualer Bedeutung (Abs 2) sind sie weitgehend entbunden. Der Vorsitzende soll das Verfahren so weit vorbereiten, dass es in einem Haupttermin vor der Kammer erledigt werden kann. § 349 gibt ihm die hierfür und zur Entlastung der Handelsrichter erforderlichen Kompetenzen. Wenn die Parteien damit einverstanden sind, kann der Vorsitzende auch iÜ entscheiden. Für eine Tätigkeit eines Handelsrichters als Einzelrichter ist nur als beauftragter Richter (§§ 361, 375, 402) Raum, wenn es für die Beweiserhebung auf seine beson- 1 dere Sachkunde ankommt. Die auf die Besetzung einer Kammer mit drei hauptamtlichen Richtern zugeschnittenen §§ 348, 348a können auf das Verfahren vor der Kammer für Handelssachen nicht angewendet werden (Abs 4).

2 **B. Vorbereitung des Haupttermins (Abs 1).** Der Vorsitzende soll die mündliche Verhandlung vor der Kammer so vorbereiten, dass diese nach einer zusammenfassenden Verhandlung die Sache abschließend entscheiden kann. Der Vorsitzende erlässt alle prozessleitenden Verfügungen, insb entscheidet er über die Terminsbestimmung (§ 216), die in §§ 276, 277 vorgesehenen Fristen und die in § 273 genannten Maßnahmen. Der Vorsitzende kann eine Güteverhandlung (§ 278) durchführen, was allerdings nur dann sinnvoll ist, wenn dies in einem gesonderten Termin geschieht oder der Vorsitzende gem Abs 3 zur Entscheidung insgesamt befugt ist. Der Vorsitzende entscheidet auch über die Bewilligung einer öffentlichen Zustellung gem § 186 (s. § 186 Rz 1). Zur Vorbereitung des Haupttermins kann der Vorsitzende auch bereits **Beweise** erheben, was die Beweisanordnung einschließt (§ 359, str, aA MüKoZPO/*Deubner* Rn 2). Dabei hat er alle Kompetenzen des Prozessgerichts (zB gem §§ 360, 362, 366, 375, 387, 391). Zu beachten ist aber der Grundsatz der Unmittelbarkeit der Beweisaufnahme (§ 355). Erfordert die sachgemäße Würdigung der Beweise einen unmittelbaren Eindruck von der Beweisaufnahme (etwa weil es auf die Glaubwürdigkeit von Zeugen ankommt) oder erfordert bereits die Beweiserhebung die besondere Sachkunde der Handelsrichter, muss die Beweisaufnahme vor der Kammer erfolgen. Dies kann insb bei Zeugenvernehmungen, Sachverständigenanhörungen und Inaugenscheinnahmen der Fall sein. Ein Verstoß ist ein Verfahrensfehler iSd §§ 513 I, 546, der allerdings gerügt werden muss (§ 295). Hat der Vorsitzende alleine Beweis erhoben, gilt § 285 II. Persönliche Eindrücke, die der Vorsitzende bei der Beweisaufnahme gewonnen hat, können bei der Beweiswürdigung nur verwertet werden, wenn sie protokolliert sind. Beantragt eine Partei eine erneute Vernehmung vor der Kammer, entscheidet hierüber die Kammer (vgl BGH NJW 64, 108, 109; BGHZ 32, 233, 237 = NJW 60, 1252).

3 **C. Entscheidungsbefugnisse des Vorsitzenden (Abs 2). I. Allgemeines.** Die in Abs 2 aufgeführten (weniger wichtigen) Entscheidungen kann der Vorsitzende zum Zwecke der Prozessbeschleunigung auch ohne Einwilligung der Parteien alleine treffen. Wird die Entscheidung allerdings aufgrund einer mündlichen Verhandlung getroffen, ist hierfür die vollbesetzte Kammer zuständig. Die Aufzählung ist **nicht abschließend**; zusätzlich kommen insb Entscheidungen über die Anordnung oder Durchführung eines selbständigen Beweisverfahrens oder nach §§ 75, 76 in Betracht (s.a. unten Rz 4 zu Nr 2 und 4). Die in anderen Vorschriften geregelten besonderen Befugnisse des Vorsitzenden (insb § 944 – Alleinentscheidung über vorläufigen Rechtsschutz bei Dringlichkeit – für die Entscheidung über Ordnungsmittelanträge ist aber auch dann die KfH in voller Besetzung zuständig, wenn der Vorsitzende eine einstw Verfügung allein erlassen hat, Hambg MD 10, 312) bleiben von § 349 unberührt. Überschreitet der Vorsitzende seine Befugnisse, ist dies ein Verfahrensmangel, der allerdings gerügt werden muss (§ 295).

4 **II. Die Entscheidungen im Einzelnen.** Nach **Nr 1** ist der Vorsitzende allein für alle Verweisungen innerhalb des Gerichtszweigs (§§ 97, 99 I GVG, § 281) und auch an andere Gerichtsbarkeiten (§ 17a II GVG) zuständig. Soweit über eine Rüge betreffend die Zulässigkeit der Klage (**Nr 2**) abgesondert verhandelt wird, kann der Vorsitzende hierüber im Wege eines Zwischenurteils, abweisenden Prozessurteils oder Verweisungsbeschlusses alleine entscheiden. Dies schließt die Befugnis ein, die abgesonderte Verhandlung gem § 280 I anzuordnen. Die Vorschrift ist entsprechend auf Urteile gem §§ 75–77 und unechte Zwischenurteile (vgl § 303 Rz 1) anzuwenden. **Nr 3** betrifft die Verfahrensaussetzung oder Anordnung des Ruhens des Verfahrens, zB nach §§ 65, 148 ff, 246 f, 251, 251a (einschl der Aufhebung, § 150). Der Vorsitzende entscheidet auch über die Aufnahme des unterbrochenen oder ruhenden Verfahrens. Da str ist, ob eine Aussetzung nach Art 100 I 1 GG von der Vorschrift umfasst ist (so MüKoZPO/*Deubner* Rn 11; dagegen Zö/*Greger* Rn 7; Musielak/*Wittschier* Rn 8), sollte diese Entscheidung die vollbesetzte Kammer treffen, um das BVerfG nicht mit einer mglw unzulässigen Vorlage zu belasten. Das BVerfG ist allerdings großzügig in der Annahme eines Einverständnisses der Parteien gem Abs 3 (s.u. Rz 5). **Nr 4** befugt den Vorsitzenden zu den Entscheidungen gem § 269 IV nach Klagerücknahme und gem §§ 306, 307 nach Verzicht bzw Anerkenntnis. Entsprechende Anwendung findet Nr 4 bei Rücknahme eines Einspruchs oder der Berufung (§§ 516 III 2, 346) oder bei Verzicht auf diesen Rechtsbehelf. Gemäß **Nr 5** kann der Vorsitzende die in den §§ 330–337, 345 für den Fall der Säumnis einer Partei vorgesehenen Entscheidungen wie auch über die Zulässigkeit des Einspruchs (§ 341) und die Wiedereinsetzung gegen die Versäumung der Einspruchsfrist (§ 233) treffen. Bei Säumnis beider Parteien kann der Vorsitzende allein gem § 251a entscheiden (Entscheidung nach Akten-

lage, Vertagung, Ruhen des Verfahrens). **Nr 6** betrifft die abgesonderte Entscheidung nach § 91a ZPO, wenn die Parteien übereinstimmend den gesamten Rechtsstreit für erledigt erklärt haben. Nach **Nr 7** kann der Vorsitzende im PKH-Verfahren (§§ 114 ff) alleine entscheiden, ggf auch Beweise erheben (vgl § 118 II). Im Wechsel- oder Scheckprozess (§§ 602, 605a), nicht aber in anderen Urkundenprozessen, kann der Vorsitzende nach **Nr 8** allein entscheiden. Dies schließt das Nachverfahren (§ 600) und das Verfahren nach Abstandnahme vom Urkundenprozess (§ 596) nicht ein. **Nr 9** gibt dem Vorsitzenden die Befugnis nicht nur über die Art einer bereits angeordneten Sicherheitsleistung (§ 108), sondern in entsprechender Anwendung auch über die Höhe (§§ 108, 112), die Frist (§ 113) und die Rückgabe (§§ 109, 715) zu entscheiden. Gemäß **Nr 10** kann der Vorsitzende die Entscheidung über die Einstellung der Zwangsvollstreckung, für die das Prozessgericht zuständig ist (§§ 707, 719, 769), alleine treffen. Der Vorsitzende kann nach **Nr 11** den Streitwert ohne Beteiligung der Handelsrichter festsetzen (§§ 3–9 ZPO, §§ 62, 63 GKG). Zum Rechtsmittelstreitwert vgl § 527 III Nr 5. **Nr 12** betrifft die Fälle, in denen über Kosten, Gebühren und Auslagen (zB § 379) nicht bereits im Endurteil entschieden ist oder durch den Rechtspfleger (§ 21 RPflG) zu entscheiden ist, wie zB öffentliche Zustellung iRd Kostenfestsetzung oder die Entscheidung über eine Erinnerung gegen einen Kostenfestsetzungsbeschluss.

D. Entscheidungsbefugnis im Übrigen. Bei Vorliegen des Einverständnisses der Parteien hat der Vorsitzende allein eine unbeschränkte Entscheidungsbefugnis (Abs 3), von der er aber keinen Gebrauch machen muss. Das Einverständnis muss ausdrücklich erklärt sein; das Stellen von Anträgen nach mündlicher Verhandlung vor dem Vorsitzenden allein genügt nicht (Zö/*Greger* Rn 19; zu weitgehend daher BVerfGE 98, 145, 153). Das Einverständnis umfasst die gesamte Instanz bis zur abschließenden Entscheidung. Für das Verfahren nach Aufhebung und Zurückverweisung ist ein neues Einverständnis einzuholen (str, s. Zö/*Greger* Rn 19 mwN). Die Parteien können das Einverständnis in entsprechender Anwendung des § 128 I 1 widerrufen, wenn sich die Prozesslage wesentlich verändert hat (vgl BGHZ 105, 270, 273 ff; str). Zu den Voraussetzungen im Einzelnen s.o. § 128 Rz 19. Unter diesen Voraussetzungen kann insb eine Änderung des Streitgegenstandes zB durch Klageänderung oder Widerklage zum Widerruf des Einverständnisses berechtigen. Nach aA soll durch Auslegung des Einverständnisses festgestellt werden, ob dieses sich auch auf eine nachträgliche Änderung des Streitgegenstandes bezieht (ThoPu/*Reichold* Rn 18 mwN). Allerdings werden selten Anhaltspunkte erkennbar sein, auf die diese Auslegung gestützt werden kann, und es ist wenig praktikabel, wenn das Gericht prüfen muss, ob das einmal erteilte Einverständnis weiter Bestand hat, ohne dass eine Partei erklärt hat, sie sei mit einer Entscheidung durch den Vorsitzenden an Stelle der Kammer nicht mehr einverstanden. 5

§ 350 Rechtsmittel. Für die Anfechtung der Entscheidungen des Einzelrichters (§§ 348, 348a) und des Vorsitzenden der Kammer für Handelssachen (§ 349) gelten dieselben Vorschriften wie für die Anfechtung entsprechender Entscheidungen der Kammer.

Entscheidet der Einzelrichter aufgrund seiner originären Zuständigkeit oder nach Übertragung der Kammer, handelt er als Prozessgericht. Dasselbe gilt für den Vorsitzenden der Kammer für Handelssachen. Daher sind ihre Entscheidungen den Entscheidungen des Prozessgerichts gleich zu behandeln und folglich wie solche anzufechten. 1

§§ 351–354 *(weggefallen)*

Titel 5 Allgemeine Vorschriften über die Beweisaufnahme

§ 355 Unmittelbarkeit der Beweisaufnahme. (1) [1]**Die Beweisaufnahme erfolgt vor dem Prozessgericht.** [2]**Sie ist nur in den durch dieses Gesetz bestimmten Fällen einem Mitglied des Prozessgerichts oder einem anderen Gericht zu übertragen.**
(2) Eine Anfechtung des Beschlusses, durch den die eine oder die andere Art der Beweisaufnahme angeordnet wird, findet nicht statt.

A. Normzweck. Die Vorschrift stellt den **Grundsatz der Beweisunmittelbarkeit** an die Spitze der allgemeinen Bestimmungen für die Beweisaufnahme und unterstreicht dadurch dessen Bedeutung iRd freien 1

Beweiswürdigung. Jede Zwischenschaltung von Mittelspersonen macht das entscheidende Gericht von deren Wahrnehmungsmöglichkeiten und Perspektive abhängig und verändert dadurch die Entscheidungsgrundlage und Betrachtungsweise. Gleichzeitig dient das Prinzip der Prozessbeschleunigung. Der Grundsatz wird allerdings nur formal verstanden und hat keinen Verfassungsrang (BVerfGE 1, 418, 429; NJW 08, 2243, 2244). Das erkennende Gericht muss die Beweise selbst ohne Zwischenschaltung Dritter erheben und würdigen. Eine materielle Beweisunmittelbarkeit im Sinn einer Verpflichtung, aus mehreren Beweisen diejenigen auszuwählen, die möglichst unmittelbar über die zu beweisenden Tatsachen Aufschluss geben, ist der Norm nicht zu entnehmen, erst Recht kein Ausschluss mittelbarer Beweise – etwa des Zeugen vom Hörensagen oder der Verwertung anderweit aufgenommener Vernehmungsprotokolle oder Gutachten im Wege des Urkundenbeweises (hM; etwa BVerfG NJW 94, 2347; BGHZ 168, 79, 84; München NJW 86, 263; aA BAG AuR 69, 61, 62; *Bachmann* ZZP 118, 133, 140 ff; Rohwer S. 47 ff). Die Erhebung beantragter sachnäherer Beweise kann jedoch nicht mit dem Hinweis auf die bereits erhobenen mittelbaren Beweise verweigert werden (BGHZ 7, 116, 121 f; NJW 97, 3096, 3097). Zulässig ist es danach, eine Zeugenvernehmung anhand früher aufgenommener Vernehmungsprotokolle durchzuführen (BGH Beschl v 20.5.10 – III ZR 137/09, Rn 7 – juris). Dies kann auch gegen den Widerspruch der Gegenpartei erfolgen (BGH Beschl v 30.11.11 – III ZR 40/11, Rn 4 – juris). Eine zeitnahe Würdigung der erhobenen Beweise (sog zeitliche Unmittelbarkeit) wird hingegen nur iRv §§ 285 I, 370 gewährleistet.

2 **B. Anwendungsbereich.** Der Grundsatz gilt im förmlichen Beweisverfahren nach der ZPO einschließlich des selbständigen Beweisverfahrens, sofern dafür das Prozessgericht, auch das potentielle Prozessgericht iSv § 486 II zuständig ist. Im Fall des § 486 III dagegen ist eine Übertragung der Beweisaufnahme auch außerhalb der gesetzlichen Ausnahmeregelungen möglich, da der Grundsatz der Beweisunmittelbarkeit dann ohnehin durchbrochen ist (MüKoZPO/*Schreiber* § 492 Rn 1 auch für den Fall des § 492 II; aA Zö/*Herget* § 492 Rn 1).

3 §§ 58, 64 VII ArbGG modifizieren den Grundsatz für den **Arbeitsgerichtsprozess.** Über § 15 FGG fand § 355 auch in **Verfahren der freiwilligen Gerichtsbarkeit** Anwendung, sofern dort eine förmliche Beweisaufnahme erfolgt (BGH NJW 59, 1323, 1324; Karlsr NJW-RR 98, 1771, 1772; München FamRZ 08, 2047, 2048). Daran hat sich mit Inkrafttreten des FamFG nichts geändert. Findet nach § 30 FamFG eine förmliche Beweisaufnahme statt, gilt über die allgemeine Verweisung auf die Beweisregeln der ZPO auch der Grundsatz der Beweisunmittelbarkeit (Schulte-Bungert/Weinreich/*Brinkmann* § 30 FamFG Rn 22 ff). Dagegen ist er iRd Freibeweises nicht zwingend einzuhalten (Schulte-Bungert/Weinreich/*Brinkmann* § 29 FamFG Rn 11).

4 **C. Voraussetzungen. I. Prozessgericht.** Die Beweisaufnahme muss vor dem für die Entscheidung zuständigen Spruchkörper erfolgen. Dies ist entweder das Kollegialgericht in seiner vollen Besetzung (BGHZ 32, 233, 236: nicht nur zwei Mitglieder) oder der Einzelrichter, sofern dieser gem § 348 originär zuständig ist oder ihm die Entscheidung gem §§ 348a, 526 übertragen wurde. Anders als in der Berufungsinstanz (§ 527 I 2) können bei einer Entscheidung der Zivilkammer auch einzelne Beweisaufnahmen nicht einem vorbereitenden Einzelrichter übertragen werden (BGH NJW 00, 2024, 2025). Richter und Beweismittel müssen sich persönlich und gleichzeitig am Ort der Beweiserhebung aufhalten. Die gesetzlich nunmehr vorgesehene Möglichkeit audiovisueller Übertragungen gem § 128a II bleibt davon unberührt.

5 Nach einem **Richterwechsel** soll nach gefestigter Rechtsprechung eine erneute Beweisaufnahme nicht zwingend erforderlich sein (BGHZ 53, 245, 257; BGH NJW 97, 1586 f; Beschl v 14.5.09 – IX ZB 40/08, Rn 2 – juris). Dagegen weist St/J/*Berger* (Rn 12) zu Recht darauf hin, dass dadurch letztlich nur ein Urkundenbeweis anstelle des beantragten unmittelbaren Zeugenbeweises erhoben wird, dies auch dem in BGHZ 32, 233, 236 anerkannten Verbot einer Beweisaufnahme nur durch Teile des Spruchkollegiums widerspricht und die gesetzlichen Voraussetzungen für eine Durchbrechung des Unmittelbarkeitsprinzips häufig nicht vorliegen werden (s.a. schon *Wax* LM Nr 3 zu § 309). Auch nach der Rechtsprechung dürfen aber nur aktenkundige, dh regelmäßig nur protokollierte Umstände etwa zur Glaubwürdigkeit eines Zeugen oder zur Augenscheinseinnahme verwertet werden. Will der geänderte Spruchkörper davon abweichen oder sich auf nur formlos weitergegebene Informationen stützen, muss der Beweis erneut erhoben werden (BGH NJW 97, 1586 f; Karlsr NJW-RR 98, 1771 f).

6 **II. Ausnahmen. 1. Gesetzliche Ausnahmeregelungen.** Abs 1 S 2 lässt die **Übertragung der Beweisaufnahme** nur auf Mitglieder des Prozessgerichts (beauftragte Richter, § 361) oder ein anderes Gericht (ersuchte Richter, § 362) und nur bei ausdrücklicher gesetzlicher Gestattung zu. Sie erfolgt durch Beweisbe-

schluss. Die einschlägigen Bestimmungen sind beim **Augenschein** § 372 II, beim **Zeugen- und Sachverständigenbeweis** §§ 375, 402, 405, beim **Urkundenbeweis** § 434 und bei der **Parteivernehmung** § 451 iVm §§ 375, 479, 613 I 3, 640 I. Darüber hinaus kann der Vorsitzende der Kammer für Handelssachen unter den in § 349 I 2 umschriebenen Voraussetzungen Beweise allein erheben. In ähnlicher Weise kann das Berufungsgericht gem § 527 II 2 einzelne Beweiserhebungen durch den vorbereitenden Einzelrichter vornehmen lassen, sofern es diesem nicht die Entscheidung des gesamten Rechtsstreits überlassen will. Als weiterer Sonderfall ist die Beweiserhebung im Ausland anzusehen, s. § 363 Rz 2 und *Leipold* ZZP 105, 505, 510 f).

Der Sache nach wird das Unmittelbarkeitsprinzip auch für das Beweisergebnis durchbrochen, das im **selbständigen Beweisverfahren** gewonnen wurde und gem § 493 I wie ein Beweis des Prozessgerichts zu behandeln ist. Es gelten deshalb nicht die Regelungen für den Urkundenbeweis (RG JW 1912, 802, 803; BGH NJW 70, 1919, 1920). Das Prozessgericht kann vielmehr über eine erneute Beweisaufnahme nach seinem Ermessen entscheiden, §§ 398, 412 (BGH VersR 2010, 1241, 1242 Rn 7). Es muss dabei aber den Unmittelbarkeitsgrundsatz beachten und deshalb prüfen, ob es die Beweisaufnahme auch ohne unmittelbaren Eindruck von dem Zeugen oder Sachverständigen angemessen würdigen kann. Soweit die Tatsachenbindung des Berufungsgerichts nach § 529 I Nr 1 aufgehoben ist und es die erstinstanzlichen Beweisergebnisse eigenständig würdigen muss, ist es unter denselben Voraussetzungen gehalten, die Beweiserhebung zu wiederholen (BGHZ 158, 269, 272 f). 7

2. Beteiligung nichtrichterlicher Personen. Eine Übertragung der Beweiserhebung auf Privatpersonen ist grds unzulässig. Möglich ist aber der Einsatz eines **Augenscheinsgehilfen**, wenn das Gericht aus tatsächlichen – zB die Ermittlung des Zustands eines auf dem Meeresgrund liegenden Wracks oder die Auswertung für Laien nicht lesbarer technischer Aufzeichnungen – oder aus rechtlichen Gründen – etwa in das Persönlichkeitsrecht eingreifende körperliche Untersuchungen (vgl § 81d StPO) – gehindert ist, das Augenscheinsobjekt selbst wahrzunehmen. 8

Beim **Sachverständigenbeweis** führt der Unmittelbarkeitsgrundsatz dazu, dass das Gericht dem Sachverständigen die sog Anschlusstatsachen, dh die Tatsachen, die der Sachverständige seinem Gutachten zugrunde zu legen hat, vorgeben muss (BGHZ 23, 207, 213; 37, 389, 394; NJW 97, 1446, 1447; s.a. *Siegburg* BauR 01, 875, 877). Soweit solche Tatsachen bestritten sind, muss es die hierfür beantragten Beweise erheben. Ermittelt der Sachverständige eigenständig weitere Tatsachen (sog Zusatztatsachen), kann er sie seinem Gutachten nur zugrunde legen, wenn sie und ihre Herkunft kenntlich gemacht werden und unstr bleiben oder im Bestreitensfall durch eine anderweitige Beweisaufnahme erhärtet werden können (BGHZ 40, 239, 247). Allerdings kann auch der Sachverständige hierzu als Zeuge vernommen (*Tropf* DRiZ 85, 87, 89) oder vom Gericht beratend bei der Beweiserhebung hinzugezogen werden – etwa um auf eine für die fachkundige Bewertung erforderliche Fragestellung hinzuwirken. Nur soweit für die Tatsachenermittlung besonderer Sachverstand erforderlich ist, kann und ist die Feststellung solcher Befundtatsachen vom Gericht auf den Sachverständigen zu übertragen (s.a. § 404a Rz 8 f, 12). 9

3. Beweiserhebungen anderer Verfahren. Da der Grundsatz der Beweisunmittelbarkeit nicht materiell verstanden wird, können Beweisergebnisse aus anderen Verfahren regelmäßig über den Urkundenbeweis in den Prozess eingeführt und verwertet werden (BGH NJW 97, 3096). Immer aber hat das Gericht auf Antrag einer Partei den Zeugen oder Sachverständigen selbst anzuhören (BGH NJW-RR 11, 568 Rn 10). Dabei liegt in dem Widerspruch gegen eine Verwertung von Vernehmungsprotokollen allein nicht schon der Antrag auf Vernehmung bestimmter Zeugen (BGH Beschl v 30.11.11 – III ZR 40/11, Rn 5 – juris). Wird ein Sachverständigengutachten gem § 411a verwertet, handelt es sich hingegen nicht um einen Urkundenbeweis, sondern um die Erhebung eines Sachverständigenbeweises mit entsprechenden Stellungnahme- und Anhörungsrechten der Parteien (§ 411a Rz 1, 8). 10

D. Folgen einer Verletzung. I. Verfahrensfehler und Heilung. Der Verstoß gegen § 355 I ist ein Verfahrensfehler, das derart gewonnene Beweisergebnis nicht verwertbar und die darauf beruhende Entscheidung aufzuheben (BGH NJW 00, 2024, 2025 mwN). Allerdings kann der Verstoß durch rügeloses Einlassen geheilt werden, § 295 I (BGHZ 40, 179, 183 f; BGH NJW 00, 2024, 2025). Es wird weder der gesetzliche Richter verfehlt, da das Prozessgericht weiterhin in der Sache selbst entscheidet (aA *Schneider* DRiZ 77, 13, 15), noch ist der Unmittelbarkeitsgrundsatz als überragend wichtige Prozessmaxime der Parteidisposition entzogen (s. insb § 284 S 2; aA Koukouselis S. 30 f). Heilung tritt freilich nicht ein, wenn der Verstoß erst im Urt zutage tritt, indem bspw darin eine nicht protokollierte Stellungnahme des vernehmenden Richters zur Glaubwürdigkeit des von ihm allein vernommenen Zeugen verwertet wird (BGH NJW 00, 2024, 2025). 11

12 **II. Rechtsmittel (Abs 2).** Der Beschl, mit dem eine Beweisaufnahme übertragen oder eine beantragte Übertragung abgelehnt wird, ist als prozessleitende Verfügung grds nicht selbstständig anfechtbar (BGH NJW-RR 07, 1375; VersR 2010, 1241, 1242 Rn 8). Eine Ausnahme kommt nur in Betracht, wenn ein derartiger Beschl faktisch zum Verfahrensstillstand führt (s. § 252) oder – ins bei einem Beschl über die Einholung eines Gutachtens zur Prozessfähigkeit einer Partei – deren rechtliches Gehör verletzt wurde (BGH NJW-RR 09, 1223).

13 Überwiegend wird heute vertreten, dass der Verfahrensfehler durch die Rechtsmittel der Berufung oder Revision angefochten werden kann, sofern er nicht gem § 295 I geheilt wurde (so auch BGH NJW 00, 2024, 2025; NJW-RR 11, 568 Rn 12; besonders großzügig Musielak/*Stadler* § 355 Rn 11; anders noch RGZ 159, 235, 242; offen gelassen von BGHZ 40, 179, 183). Gerade weil der Anfechtungsausschluss mit dem Ermessen des Gerichts (Mat II S. 306) begründet wurde, ist es nicht gerechtfertigt, ihn auf Fälle zu erstrecken, in dem von diesem Ermessen ein offensichtlicher Fehlgebrauch gemacht wurde, sei es, dass es überhaupt nicht ausgeübt wurde, weil die Übertragung zur Regel gemacht wurde, sei es, dass die gesetzlichen Voraussetzungen für eine Übertragung der Beweisaufnahme klar verfehlt wurden (MüKoZPO/*Heinrich* Rn 19; St/J/*Berger* § 355 Rn 31). Um dem vermeintlichen Anfechtungsausschluss auszuweichen, wird in der Praxis zusätzlich auf § 286 abgestellt (etwa BGH NJW 91, 1306; krit MüKoZPO/*Heinrich* § 355 Rn 21).

§ 356 Beibringungsfrist.

Steht der Aufnahme des Beweises ein Hindernis von ungewisser Dauer entgegen, so ist durch Beschluss eine Frist zu bestimmen, nach deren fruchtlosem Ablauf das Beweismittel nur benutzt werden kann, wenn nach der freien Überzeugung des Gerichts dadurch das Verfahren nicht verzögert wird.

1 **A. Normzweck.** Mit der Möglichkeit der Fristsetzung soll eine Verzögerung des Verfahrens auf unabsehbare Zeit verhindert werden, die bei Beweisangeboten droht, deren Erledigung nicht sicher behebbare oder wegfallende Hindernisse entgegen stehen. Andererseits können der beweisführenden Partei dadurch entscheidungserhebliche Beweise genommen werden. Dies berührt ihren Anspruch auf rechtliches Gehör. Bei der Auslegung der im Grundsatz verfassungsgemäßen Vorschrift ist deshalb das Spannungsverhältnis zu dem Grundrecht auf rechtliches Gehör zu beachten, nach dem den Parteien jedenfalls ausreichend Gelegenheit zu geben ist, zur Sache vorzutragen (BVerfG NJW 85, 3005; NJW-RR 94, 700).

2 **B. Voraussetzungen. I. Anwendungsbereich.** Die Bestimmung ist grds auch in Verfahren mit Amtsermittlung anwendbar (Hamm FamRZ 03, 616, 617; Karlsr FamRZ 12, 59, 60 f für Vaterschaftsanfechtung) und betrifft grds alle Beweismittel. Für die Vorlage von Augenscheinsobjekten, die sich im Besitz Dritter befinden, oder Urkunden gehen aber §§ 371 II, 429 und § 431 in ihrem Anwendungsbereich als Spezialvorschriften vor. Können die beweisbedürftigen Tatsachen mittels einer gleichwertigen anderen Beweismöglichkeit festgestellt werden, ist diese zu wählen. Beispielsweise muss bei Verhinderung eines Sachverständigen ein anderer beauftragt werden (BGH NJW 72, 1133, 1134; s.a. NJW 07, 2122). Entsprechend wird das Gericht bei Augenscheinsobjekten oder Urkunden, die sich im Besitz Dritter befinden, eine Vorlageanordnung gem §§ 142 I 2, 144 I 2 zu erwägen haben, § 273 II Nr 5. Selbst wenn § 356 für den angeforderten Auslagenvorschuss nicht vollständig durch § 379 verdrängt würde (so Zö/*Greger* Rn 2, Musielak/*Stadler* Rn 4), ist jedenfalls keine weitere Fristsetzung nach § 356 erforderlich, wenn die nach § 379 angeordnete Frist versäumt wurde (BGH NJW 98, 761, 762; BVerfG NJW-RR 04, 1150, 1151; aA *Schneider* ZZP 76, 188, 192 f). Das Gericht kann die Beweiserhebung deshalb verweigern, sofern die Voraussetzungen des § 296 II vorliegen (§ 379 Rz 9). Der BGH (NJW-RR 88, 1405; NJW 94, 587, 588) lässt eine Fristsetzung entspr § 356 auch zu, wenn die zu beweisende Tatsache – etwa die Höhe einer Entschädigungsforderung – kraft einer Schiedsvereinbarung durch ein Schiedsgutachten festgestellt werden soll, dieses aber noch nicht vorliegt. Die Gegenauffassung, nach der die Klage als derzeit unbegründet oder unzulässig abzuweisen ist, weil sie den Zweck der Schiedsabrede, einen Rechtsstreit zu vermeiden, in Frage stelle (etwa MüKoZPO/*Heinrich* Rn 9 mwN) übersieht, dass der Gegner dadurch keinen Nachteil erleidet: Eine spätere Klage bleibt trotz sofortiger Klagabweisung möglich (St/J/*Berger* Rn 3).

3 **II. Zulässiger und erheblicher Beweisantrag.** Der Beweisantrag darf nicht schon gem §§ 282, 296 verspätet sein. Die unter Beweis gestellte Tatsache muss auch für die Entscheidung erheblich sein bzw eines Beweises bedürfen. Außerdem darf kein Verwertungsverbot entgegenstehen. In diesen Fällen ist eine weitere Verzögerung der Entscheidung nicht gerechtfertigt.

III. Hindernis. Es muss sich um ein für die beweisführende Partei behebbares Hindernis handeln. Ist das Beweismittel auf Dauer unerreichbar, wäre eine Fristsetzung und weiteres Zuwarten nutzlos. Der Beweisantrag kann dann wegen Nichterreichbarkeit zurückgewiesen werden (§ 284 Rz 43). Steht die Nichterreichbarkeit nicht von vornherein fest, wird das Gericht in der Regel die beweisführende Partei auf seine Bedenken hinweisen müssen, damit diese zur Behebbarkeit der hindernden Umstände und dem hierfür notwendigen Zeitraum vortragen kann. Steht dagegen fest, wann das Hindernis behoben sein wird, ist eine Fristsetzung ebenfalls nicht zielführend. Das Gericht muss vielmehr entscheiden, ob ein Zuwarten bis zum Wegfall des Hindernisses für den Prozessgegner zumutbar ist. Ist dies der Fall, hat es den Beweis frühestmöglich zu erheben. Anderenfalls ist der Beweisantrag wegen Unerreichbarkeit des Beweismittels abzulehnen. 4

Ein Verschulden der Partei schließt das Verfahren nach § 356 grds nicht aus (BGH NJW 93, 1926, 1928). Bestritten wird dies für Fälle, in denen die beweisbelastete Partei eine notwendige Mitwirkung verweigert, etwa sich nicht vom medizinischen Sachverständigen untersuchen lässt, ihr Einverständnis zur Verwertung von Befunden oder Röntgenaufnahmen nicht erteilt oder ihren Anspruch auf Mitwirkung eines Dritten nicht durchsetzen will und damit die Beweiserhebung bewusst verhindert (MüKoZPO/*Heinrich* Rn 5; B/L/A/H Rn 2). Richtigerweise ist aber auch in diesen Fällen eine, wenn auch kurze Frist zu setzen, um der sich verweigernden Partei die möglichen Konsequenzen deutlich zu machen (*Gerhardt* ZZP 86, 63, 66). 5

Bei der Benennung von Zeugen wird in der Rechtsprechung differenziert: Die bloße Angabe N.N. soll kein zulässiger Beweisantritt iSd § 373 und deshalb unbeachtlich sein (BGH NJW 83, 1905, 1908; 11, 1738 f). Hat der Beweisführer dagegen nur den vollständigen Namen eines anhand bestimmter Merkmale (Funktion in einem Unternehmen; bestimmte Tätigkeit o.ä.) individualisierbaren Zeugen oder/und seine ladungsfähige Anschrift nicht genannt, ist ihm eine Frist nach § 356 zu setzen, ehe die Beweiserhebung unterbleiben darf (BGH NJW 98, 2368, 2369; 93, 1926, 1927). Eine Zurückweisung nach §§ 282 I, 296 II ist insoweit ausgeschlossen. Soweit jedoch kein eindeutiger Fall eines unzulässigen, weil nicht einmal im Ansatz individualisierten Beweisantritts vorliegt, wird das Gericht auf die seiner Ansicht nach gegebene Unzulässigkeit des Beweisantritts hinweisen und die beweisführende Partei zur Vervollständigung anhalten müssen, ehe es von einer Beweiserhebung absehen kann (s.a. § 139 Rz 11; *Gottschalk* NJW 04, 2939 ff). 6

C. Verfahren. I. Anordnung der Frist. Die Fristsetzung erfolgt bei Vorliegen der Voraussetzungen vAw durch Beschl des Gerichts, ohne dass ihm insoweit Ermessen eingeräumt ist (BGH LM § 823 (Dc) Nr 89 Bl 3). Eine mündliche Verhandlung ist nicht erforderlich, § 128 IV. Eine Verfügung nur des Vorsitzenden reicht nicht aus (BGH NJW 98, 2368, 2369). Der Beschl ist den Parteien zuzustellen, § 329 II 2. **Adressat** der Fristsetzung ist unbeschadet der Beweislast immer die **beweisführende Partei** (BGH NJW 84, 2039). Die Frist muss unter Wahrung auch der Interessen der Gegenseite an einer zügigen Verfahrenserledigung so bemessen werden, dass die beweisführende Partei das Hindernis erfolgreich beheben kann. Sie ist nach § 222 iVm §§ 187 ff BGB zu berechnen und kann verlängert oder verkürzt werden, § 224. Die Fristsetzung kann auch dahin gehen, dem Gericht mitzuteilen, wann die Vernehmung eines im Ausland lebenden Zeugen möglich sein wird (BGH 21.5.08 – III ZR 194/07). 7

II. Folgen des Fristablaufs. Ist die Frist verstrichen, ist der Beweis nicht mehr zu erheben, ohne dass das Gericht dies androhen müsste, §§ 230, 231. Dies gilt auch dann, wenn die Partei kein Verschulden trifft (hM, BGH NJW 89, 227, 228; aA *Sass* MDR 1985, 96, 99). Unter den Voraussetzungen des § 531 Abs. 2 ist aber eine Nachholung in der Berufung möglich (Bremen ZEV 2010, 480, 481). Nur wenn das Verfahren durch die doch noch mögliche Beweiserhebung nicht verzögert wird, ist sie durchzuführen (Naumbg Urt v. 23.3.10 – 12 U 131/09, Rn 15 – juris). Andere zulässige Beweismittel oder Erkenntnismöglichkeiten sind dadurch jedoch nicht ausgeschlossen und vom Gericht zu nutzen, ehe es in der Sache abschließend entscheidet (BGH NJW 07, 2122, 2123). Ebenso ist das Ergebnis einer Beweiserhebung zu verwerten, dem ein an sich nach § 356 ausgeschlossener Beweis zugrunde liegt. 8

III. Rechtsmittel. Ein Beschl, mit dem eine Beibringungsfrist gesetzt wird, ist für beide Seiten unanfechtbar. Ist die Frist so lange bemessen, dass sie praktisch zu einer Aussetzung des Verfahrens führt, ist jedoch eine Beschwerde entspr § 252 zuzulassen (MüKoZPO/*Heinrich* Rn 14; Bremen NJW 69, 1908, 1909; aA Frankf NJW 63, 912, 913). Hingegen dürfte eine Beschwerde gegen die Ablehnung einer beantragten Fristsetzung nach § 355 II ausgeschlossen sein (Celle NJW-RR 00, 1166; aA MüKoZPO/*Heinrich* Rn 14; St/J/*Berger* Rn 15). Wird hingegen ein Beweis aufgrund einer fehlerhaften Anwendung des § 356 nicht erhoben, sei es, weil die an sich erforderliche Fristsetzung unterblieben ist, sei es, weil die Frist zu kurz bemessen war, um das Hindernis beseitigen zu können, rechtfertigt dieser Verfahrensfehler die Anfechtung des End- 9 urteils. Regelmäßig wird das gegen § 356 verstoßende Übergehen von Beweisanträgen den Anspruch auf rechtliches Gehör verletzen, sofern diese entscheidungserheblich sind (BVerfG NJW-RR 04, 1150; 94, 700). Es steht daher auch die Nichtzulassungsbeschwerde offen (vgl § 543 Rz 19). Bei nicht anfechtbaren Endentscheidungen ist vor Einlegen der Verfassungsbeschwerde Gehörsrüge gem § 321a zu erheben.

§ 357 Parteiöffentlichkeit. **(1) Den Parteien ist gestattet, der Beweisaufnahme beizuwohnen.**
(2) [1]Wird die Beweisaufnahme einem Mitglied des Prozessgerichts oder einem anderen Gericht übertragen, so ist die Terminsbestimmung den Parteien ohne besondere Form mitzuteilen, sofern nicht das Gericht die Zustellung anordnet. [2]Bei Übersendung durch die Post gilt die Mitteilung, wenn die Wohnung der Partei im Bereich des Ortsbestellverkehrs liegt, an dem folgenden, im Übrigen an dem zweiten Werktage nach der Aufgabe zur Post als bewirkt, sofern nicht die Partei glaubhaft macht, dass ihr die Mitteilung nicht oder erst in einem späteren Zeitpunkt zugegangen ist.

1 **A. Normzweck.** Der vom allgemeinen Öffentlichkeitsprinzip der §§ 169 ff GVG zu unterscheidende Grundsatz der Parteiöffentlichkeit soll es den Parteien ermöglichen, an der Beweisaufnahme mitzuwirken. Er wird daher durch den Ausschluss der Öffentlichkeit nach §§ 170 ff GVG nicht berührt. Er verschafft den Parteien insoweit rechtliches Gehör und dient der Verwirklichung dieses Grundrechts (München NJW-RR 88, 1534, 1535; St/J/*Berger* Rn 1). Die Anwesenheit der Parteien, ihre Anregungen, Frage- und Hinweismöglichkeiten sichern nicht nur in ihrem Interesse eine möglichst zutreffende Tatsachenfeststellung. Dies kommt in den Fragerechten der §§ 397, 402, 451 und den Hinweismöglichkeiten beim Augenscheins- und Urkundenbeweis besonders deutlich zum Ausdruck. Erst ihre Anwesenheit eröffnet ihnen die Möglichkeit, fundiert über das Ergebnis der Beweisaufnahme zu verhandeln, wie von § 285 vorausgesetzt. Abs 2 sichert die Verwirklichung dieses Grundsatzes durch die Bekanntgabe des Beweistermins ab.

2 **B. Voraussetzungen. I. Anwendungsbereich.** § 357 gewährleistet die Teilnahme der Parteien für jede Art der Beweisaufnahme, sei es vor dem Prozessgericht, vor dem beauftragten oder ersuchten Richter, innerhalb oder außerhalb des Gerichtsgebäudes. Die Vorschrift gilt auch im arbeitsgerichtlichen Verfahren, § 46 I, II 1 ArbGG. Als Ausprägung des rechtlichen Gehörs ist der Grundsatz auch im schiedsgerichtlichen Verfahren zu beachten, § 1042 I. Deshalb gilt er auch in FGG-Verfahren (BayObLG NJW 67, 1867). Nach § 30 I FamFG ist § 357 I jedenfalls bei förmlicher Beweisaufnahme entsprechend anzuwenden (Schulte-Bungert/Weinreich/*Brinkmann* § 30 FamFG Rn 27 f); beim Freibeweis sollte nur in den Fällen auf eine Mitwirkung der Beteiligten verzichtet werden, in denen eine Gehörsverletzung uU auch durch nachträgliche Anhörung der Parteien zum Beweisergebnis ausgeschlossen erscheint (großzügiger Schulte-Bungert/Weinreich/*Brinkmann* § 29 FamFG Rn 12 f).

3 Das Teilnahmerecht steht der Partei selbst und ihrem Prozessbevollmächtigten zu. Dies gilt auch im Anwaltsprozess. Die Partei kann aber ihre Rechte dort nur im Beisein ihres Anwalts ausüben, § 137 IV. Auch einem Nebenintervenienten kann die Teilnahme an den Beweisaufnahmen nicht verwehrt werden, da sonst die Tatsachenbindung (§ 68) nicht zu rechtfertigen wäre. Neben dem Prozessbevollmächtigten kann die Partei auch sachverständige Personen hinzuziehen, um die Beweiserhebung mit deren Kenntnissen etwa auf medizinischem, technischem oder betriebswirtschaftlichem Gebiet sachkundig begleiten und beeinflussen zu können (vgl BGH NJW-RR 09, 1192, Rn 9; München NJW-RR 88, 1534, 1535; *Schnapp* FS Menger, 557, 568).

4 Auch wenn die Tatsachenermittlung durch den Sachverständigen keine gerichtliche Beweisaufnahme ist (s.o. § 355 Rz 8 f), ist den Parteien soweit möglich und zumutbar eine Teilnahme an Orts- und sonstigen Untersuchungsterminen zu ermöglichen, bei denen der Sachverständige die Tatsachengrundlagen für sein Gutachten ermittelt (BGH ZZP 67, 295, 297; NJW 75, 1363; Köln NJW-RR 1996, 1277). Dies ist auch bei Weisungen nach § 404a IV zu beachten. Allerdings kommt eine Einschränkung des Teilnahmerechts in Betracht, wenn einer Partei dadurch eine Manipulation des Beweisergebnisses – etwa durch Reduzierung von (Lärm-)emissionen eines Betriebs während der Zeit der Messungen – ermöglicht wird (Kobl MDR 11, 1320, 1321). Bei medizinischen Untersuchungen wird eine Teilnahme der Gegenpartei gegen den Willen des Untersuchten idR dessen Menschenwürde verletzen und daher unzumutbar sein (Frankf MDR 10, 652; München NJW-RR 91, 896).

5 Der Grundsatz der Parteiöffentlichkeit gibt kein Recht auf Zutritt zu fremden Grundstücken oder Wohnungen. Verweigert der insoweit Verfügungsberechtigte einer Partei den Zugang, muss die Beweisaufnahme deshalb unterbleiben, soweit nicht eine Anordnung nach § 144 II getroffen wird. Hängt der Zugang von der

Zustimmung einer Partei ab, kann es sich um Beweisvereitelung (§ 286 Rz 88) handeln, soweit sie ihre Weigerung nicht auf Sachgründe stützen kann (zurückhaltend *Jankowski* NJW 97, 3347 ff). Ein Zeuge, der in seiner Wohnung vernommen werden soll, verweigert der Sache nach die Aussage, wenn er einer Partei den Zutritt verweigert. Soweit ihm kein Aussageverweigerungsrecht zusteht, ist er vor Gericht zu laden oder eine Vernehmung an einem anderen Ort gem § 128a II durchzuführen (Musielak/*Stadler* Rn 3).

II. Ausnahmen. Die Partei kann weiterhin nach § 177 GVG aus dem Sitzungsraum entfernt werden. Auch 247 StPO analog ist anwendbar. Das Gericht kann mithin anordnen, eine Partei solle während einer Zeugenvernehmung den Sitzungsraum verlassen (Frankf OLGR 03, 130; einschränkend Höffmann S. 101 ff: nur in Verfahren mit Amtsermittlungsgrundsatz). Dies gilt jedoch nicht für ihren Prozessbevollmächtigten. Zudem muss gewährleistet bleiben, dass sie ihr Fragerecht (§ 397) ausüben kann und über den Vernehmungsinhalt unterrichtet wird. Dagegen schließt § 357 I nicht aus, die Aussage eines Mittelsmanns zu verwerten, der – wie etwa ein Notar – eingeschaltet wurde, damit der an sich zu vernehmende Zeuge anonym bleiben kann (BAG NJW 93, 612, 613; BVerfG NJW 94, 2347; aA *Prütting/Weth* NJW 93, 576, 577). Umstritten ist, ob der gem § 174 III GVG zur Geheimhaltung verpflichtete Prozessbevollmächtigte die nicht an der Verhandlung teilnehmende Partei über den Inhalt der Verhandlung unterrichten darf (bejahend St/J/*Berger* Rn 6; verneinend, weil die Partei selbst nicht vom Geheimhaltungsverbot erfasst werde, MüKoZPO/*Heinrich* Rn 7). 6

Grundsätzlich verhindert der durch Art 103 I GG unterbaute Grundsatz der Parteiöffentlichkeit die Verwertung von Informationen oder Unterlagen, die aufgrund berechtigter Geheimhaltungsinteressen der anderen Partei nicht zugänglich gemacht werden sollen (etwa BVerfG NJW 00, 1175, 1178). Verweigert die nicht beweisbelastete Partei die Veröffentlichung berechtigter Betriebs- und Geschäftsgeheimnisse liegt keine Beweisvereitelung vor (§ 286 Rz 89). Die beweisbelastete Partei muss dann aber zumindest durch Verzicht auf ihre Mitwirkungsbefugnis einem Verfahren zustimmen können, in dem die geheimhaltungsbedürftigen Informationen nur dem Gericht und ggf einem ebenfalls zur Verschwiegenheit verpflichteten Sachverständigen zur Kenntnis gebracht werden (vgl BVerfG NJW 00, 1175, 1178; s.a. BVerfGE 115, 205, 239 ff; *Wagner* JZ 07, 706, 717 f). IRv § 140c PatG hält der BGH sogar eine Kenntnisnahme durch zur Verschwiegenheit verpflichtete Rechts- und Patentanwälte der Gegenseite für möglich (BGHZ 183, 153, 162 f Rn 23 ff). Die beweispflichtige Partei wird die Gegenseite dagegen schwerlich auf ein solches Verfahren verweisen können, sofern ihr der Beweis nur unter Offenbarung von Geschäftsgeheimnissen gelingt (Köln NJW-RR 96, 1277; St/J/*Berger* Rn 20; s.a. BGHZ 116, 47, 58; aA Musielak/*Stadler* Rn 4; dies 238 ff; *Wagner* JZ 07, 706, 717 f; Kersting 281 ff; aus verfassungsrechtlicher Sicht sieht *Gaier* FS Scharf, 201 ff, die Notwendigkeit, in dem Konflikt zwischen dem Grundrecht der Berufsfreiheit und dem Recht auf effektiven Rechtsschutz praktische Konkordanz herzustellen, die durch ein In Camera Verfahren eher erreicht wird, als durch das einseitige Zurücktreten einer der beiden Grundrechtspositionen). 7

C. Mitteilung der Terminsbestimmung (Abs 2). Da nach der Beweisaufnahme vor dem Prozessgericht regelmäßig die mündliche Verhandlung fortgesetzt wird (§ 370), ist mit Ausnahme der Fälle des § 218 idR förmliche Ladung gem §§ 274, 172 erforderlich. Für die Parteien kann gem §§ 141 II 2, 450 II 2 eine gesonderte Ladung erforderlich sein. Soll die Beweisaufnahme nicht durch das Prozessgericht erfolgen, genügt nach Abs 2 formlose Mitteilung. Ansonsten wäre der Termin zu verkünden oder zuzustellen, § 329 II, was allerdings immer möglich bleibt. Auch für die formlose Benachrichtigung ist jedoch die Ladungsfrist des § 217 zu beachten, da ansonsten der Anspruch auf rechtliches Gehör beeinträchtigt wäre (hM, aA ThoPu/*Reichold* § 361 Rn 1; RG JW 32, 1137). 8

D. Rechtsfolgen eines Verstoßes, Rechtsbehelfe. Ist das Recht einer Partei auf Teilnahme an der Beweisaufnahme verletzt, dürfen deren Ergebnisse grds nicht verwertet werden (BGH VersR 84, 946, 947; RGZ 136, 299, 300; Köln WuM 77, 47, 49). Allerdings muss die Partei, die die Verletzung des § 357 I, Art 103 I GG rügt, darlegen, dass die Entscheidung möglicherweise anders ausgefallen wäre, wenn sie an der Beweisaufnahme teilgenommen hätte (BGH VersR 84, 946, 947; s.a. BGHZ 31, 43, 46 ff zur Anhörungspflicht im Schiedsverfahren, aA Musielak/*Stadler* Rn 8; St/J/*Berger* Rn 21, die generell eine Wiederholung der Beweisaufnahme verlangen). An diesen Nachweis sind jedoch geringe Anforderungen zu stellen. Es genügt, dass ein anderer Verlauf nicht mit Sicherheit ausgeschlossen werden kann (MüKoZPO/*Heinrich* Rn 12; s.a. BGH VersR 84, 946, 947; BGHR ZPO § 363 Parteiöffentlichkeit 1). Da die Parteien auf ihr Anwesenheitsrecht verzichten können, kann der Verstoß gegen § 357 nach § 295 geheilt werden (BGH VersR 84, 946, 947). Verzichtet eine Partei auf die Mitteilung der Terminsbestimmung kann daraus auch der Verzicht auf ihr Teil- 9 nahmerecht gefolgert werden (MüKoZPO/*Heinrich* Rn 13). Nimmt eine Partei trotz ordnungsgemäßer Ladung bzw Terminsmitteilung nicht an dem Beweistermin teil, ist nach § 367 zu verfahren.

10 Der Verstoß gegen § 357 I ist nur mit dem Rechtsbehelf anfechtbar, der gegen die Endentscheidung zu ergreifen ist, die auf der unzureichenden Beweisaufnahme beruht. Da das Teilnahmerecht eine Ausprägung des Anspruchs auf rechtliches Gehör ist, kann auch eine Nichtzulassungsbeschwerde (vgl § 543 Rz 19) oder – bei Nichtanfechtbarkeit der Endentscheidung – eine Gehörsrüge gem § 321a auf dessen Verletzung gestützt werden.

11 **E. Kosten/Gebühren.** Aufwendungen, die eine Partei hat, um an der Beweisaufnahme teilzunehmen, sind iSd § 91 für eine zweckentsprechende Rechtsverfolgung oder -verteidigung notwendig und daher zu erstatten. Eine Ausnahme wäre allenfalls denkbar, wenn die Partei schon vorher sicher ausschließen könnte, dass ihre Teilnahme keine andere oder bessere Sachaufklärung erbringen werde und deshalb überflüssig erscheint. Nur in diesem kaum praktischen Fall wären diese Kosten nicht notwendig (Frankf MDR 80, 500, 501).

§ 357a *(weggefallen)*

§ 358 Notwendigkeit eines Beweisbeschlusses. **Erfordert die Beweisaufnahme ein besonderes Verfahren, so ist es durch Beweisbeschluss anzuordnen.**

1 **A. Normzweck.** Die Bestimmung ordnet nur für bestimmte Beweisaufnahmen die Anordnung durch förmlichen Beweisbeschluss an. Dieser soll für die Beteiligten eine gewisse Klarheit über die Prozesssituation, die Beweisfrage, das Beweismittel und die beweisführende Partei herstellen (s. § 359). Ansonsten genügt eine formlose Beweisanordnung. Die Vorschrift wurzelt in der gemeinrechtlichen Trennung zwischen Behauptungs- und Beweisverfahren durch das Beweisinterlokut (Engel 1 ff). Im heutigen Zivilprozess, der Verhandlung und Beweisaufnahme in möglichst einem Haupttermin zusammenfasst, ist ein förmlicher Beweisbeschluss nur in wenigen Fällen erforderlich. Es schadet jedoch nicht, wenn er in anderen Fällen erlassen wird.

2 **B. Voraussetzungen. I. Notwendigkeit eines förmlichen Beschlusses.** Zwingend ist ein förmlicher Beschl zu erlassen, wenn eine Beweisaufnahme vor der mündlichen Verhandlung (§ 358a) oder eine Parteivernehmung (§ 450 I 1) angeordnet werden soll. Besondere Verfahren mit der Notwendigkeit, sie durch Beweisbeschluss anzuordnen, sind auch eine schriftliche Begutachtung (Oldbg MDR 82, 856), eine Beweisaufnahme im Wege der Rechtshilfe (BAG NJW 91, 1252) oder im Ausland (§ 363), die Einholung einer schriftlichen Zeugenaussage (§ 377 III) sowie eine Untersuchung gem § 372a. Ebenso bedürfen Entscheidungen über Beweisanordnungen nach Lage der Akten (§§ 331a, 251a) eines förmlichen Beschlusses. Gleiches gilt für eine Urkundenvorlage gem § 425. In diesen Fällen ist auch ein förmlicher Beschl in Verfahren nach dem FamFG erforderlich, soweit eine förmliche Beweisaufnahme durchzuführen ist (MüKoZPO/*Ulrici* § 30 FamFG Rn 35; aA Schulte-Bungert/Weinreich/*Brinkmann* § 30 FamFG Rn 30 und für das FGG Keidel/Kuntze/Winkler/*Schmidt* § 15 FGG Rn 8).

3 Umstritten ist, ob § 358 für jeden Fall gilt, in dem die Beweisaufnahme nicht in dem Termin durchgeführt werden kann, in dem die Anordnung ergeht, sondern erst in einem Folgetermin. Da hier schon wegen des zeitlichen Abstands eine Klarstellung erforderlich, zumindest aber zweckmäßig ist, sollte auch dieser Fall als »besonderes Verfahren« iSd § 358 behandelt werden (so auch Brandbg FamRZ 01, 294; MüKoZPO/*Heinrich* Rn 2; St/J/*Berger* Rn 1; aA Zö/*Greger* Rn 2).

4 **II. Verfahren.** Ergeht der Beschl aufgrund einer mündlichen Verhandlung, ist er zu verkünden, § 329 I 1. Das kann auch in einem nachfolgenden Verkündungstermin geschehen. Ebenso sind Beschlüsse im schriftlichen Verfahren gem § 128 II 2 und nach Lage der Akten (§§ 251a, 331a) zu verkünden. Zu ihrer Aufhebung und Änderung s. §§ 359, 360. Beweisbeschlüsse können ebenso wie formlose Anordnungen selbstständig nicht angefochten werden, § 355 II (BGH NJW 09, 995, 996), es sei denn ihnen kommt die praktische Wirkung einer Verfahrensaussetzung zu (§ 252). Wird jedoch schon durch den Beweisbeschluss in nicht mehr behebbarer Weise in Grundrechte einer Partei eingegriffen, steht dieser die Verfassungsbeschwerde zu (BVerfG NVwZ 05, 681 mwN; BGH NJW-RR 2009, 1223; s.a. § 355 Rz 12). Ebenso kann das Unterbleiben eines an sich erforderlichen Beweisbeschlusses nur zusammen mit der Endentscheidung angefochten werden.

§ 358a Beweisbeschluss und Beweisaufnahme vor mündlicher Verhandlung. **[1]Das Gericht kann schon vor der mündlichen Verhandlung einen Beweisbeschluss erlassen. [2]Der Beschluss kann vor der mündlichen Verhandlung ausgeführt werden, soweit er anordnet**
1. eine Beweisaufnahme vor dem beauftragten oder ersuchten Richter,
2. die Einholung amtlicher Auskünfte,
3. eine schriftliche Beantwortung der Beweisfrage nach § 377 Abs. 3,
4. die Begutachtung durch Sachverständige,
5. die Einnahme eines Augenscheins.

A. Normzweck. Die Vorschrift soll das Ziel der ZPO fördern, den Rechtsstreit möglichst in einem Termin zu erledigen (§ 272 I), indem sie den Erlass von Beweisbeschlüssen bereits vor der ersten mündlichen Verhandlung zulässt und hierfür das Mündlichkeitsprinzip lockert. Insoweit ergänzt es die vorbereitenden Maßnahmen gem § 273 und ermöglicht Beweisaufnahmen im Haupt- oder frühen ersten Termin. Darüber hinaus können die Beweise nach S 2 sogar schon vor der mündlichen Verhandlung erhoben werden, so dass deren Ergebnisse im Haupttermin zur Verfügung stehen. 1

B. Voraussetzungen. I. Beweisbeschluss (S 1). Auch wenn der Erlass eines Beweisbeschlusses nach S 1 im Ermessen des Gerichts steht, setzt er doch voraus, dass das Gericht schon die Beweisbedürftigkeit erkennen, mithin feststellen kann, ob die zu beweisende Tatsache entscheidungserheblich und streitig ist. Er setzt also regelmäßig den Eingang der Klageerwiderung voraus. Der Beschl ist nicht auf die in S 2 aufgeführten Beweiserhebungen beschränkt. Sofern ein Beweisantrag erforderlich ist, muss nach dem Sachzusammenhang der Beweisantritt im vorbereitenden Schriftsatz genügen (Musielak/*Stadler* Rn 3). § 358a betrifft nur den Zeitraum vor dem ersten Verhandlungstermin. Wegen der Einheit der mündlichen Verhandlung gelten danach nur noch §§ 358, 273. *Berger* (St/J Rn 5) will § 358a auch noch für Tatsachen bzw Beweisantritte anwenden, die erst nach dem ersten Verhandlungstermin vorgebracht wurden und deshalb noch nicht Gegenstand der mündlichen Verhandlung waren. 2

Zuständig ist das Prozessgericht; nicht nur der Vorsitzende wie für Anordnungen gem § 273. Gericht ist auch der Einzelrichter in den Fällen der §§ 348, 348a I, 526 und der Vorsitzende der Kammer für Handelssachen iRd § 349 I, der vorbereitende Einzelrichter wohl nur iRd § 527 II (Musielak/*Stadler* Rn 4; weitergehend Zö/*Greger* Rn 2). 3

II. Vorterminliche Beweisaufnahme (S 2). Sie ist beschränkt auf die aufgeführten Beweiserhebungen. Andere Beweise, wie etwa eine Zeugenvernehmung durch das Gericht, dürfen vor der mündlichen Verhandlung nicht erhoben werden (BGH NJW 83, 2319, 2320). Zuständig ist auch insoweit das Prozessgericht. Eine Beweisaufnahme allein durch den Vorsitzenden verstößt demnach auch gegen das Unmittelbarkeitsprinzip (§ 355). Die Parteiöffentlichkeit gem § 357 ist zu wahren. Nach § 279 III, 285 I ist in der mündlichen Verhandlung das Ergebnis der Beweisaufnahme mit den Parteien zu erörtern. 4

Zusätzlich zu den allgemeinen Beweismitteln der Nr 1, 3 und 5 lässt S 2 Nr 2 auch die **Einholung einer amtlichen Auskunft** zu. Dabei handelt es sich um Mitteilungen von Behörden über amtskundige, regelmäßig also schriftlich niedergelegte und überprüfbare Tatsachen (Hohlfeld 63); Um die Voraussetzungen für den Strengbeweis durch Zeugen oder Sachverständige nicht zu unterlaufen, wird man die Zulässigkeit dieses Beweismittels entsprechend der Einholung schriftlicher Zeugenaussagen auf die Wiedergabe von amtlich geführten Büchern, Registern, Verzeichnissen, elektronischen Dateien und ähnlichen Aufzeichnungen beschränken müssen (St/J/*Berger* Rn 22 mit Rn 44 vor § 373). 5

C. Rechtsmittel. Der Beweisbeschluss nach S 1 kann nicht isoliert angefochten werden. Soweit der Vorsitzende statt des Gerichts den Beschl erlassen oder die Beweisaufnahme durchgeführt hat, ist dies mit dem Rechtsmittel gegen die darauf beruhende Endentscheidung angreifbar. Beide Fehler sind jedoch heilbar, § 295 (aA St/J/*Berger* Rn 28, der jedoch zu Unrecht einen Verstoß gegen den gesetzlichen Richter annimmt). Wird ein vorterminlicher Beweisbeschluss erst nach Beginn der mündlichen Verhandlung erlassen oder eine Beweisaufnahme nach S 2 erst danach durchgeführt, liegt ebenfalls ein nach § 295 heilbarer Fehler vor (St/J/*Berger* Rn 27). Gleiches gilt, wenn eine nicht in S 2 aufgeführte Beweiserhebung vorterminlich durchgeführt wurde. Hier wird jedoch immer sorgfältig zu prüfen sein, ob die Entscheidung auf diesem Fehler beruht, das Beweisergebnis also anders ausgefallen wäre, wenn der Beschl korrekt erlassen oder die Beweisaufnahme zum richtigen Zeitpunkt durchgeführt worden wäre. 6

§ 359 Inhalt des Beweisbeschlusses. Der Beweisbeschluss enthält:

1. **die Bezeichnung der streitigen Tatsachen, über die der Beweis zu erheben ist;**
2. **die Bezeichnung der Beweismittel unter Benennung der zu vernehmenden Zeugen und Sachverständigen oder der zu vernehmenden Partei;**
3. **die Bezeichnung der Partei, die sich auf das Beweismittel berufen hat.**

1 **A. Normzweck.** Die Vorschrift legt den Inhalt eines förmlichen Beweisbeschlusses fest. Aus dem vorgeschriebenen Inhalt können die Parteien entnehmen, wie das Gericht ihren Vortrag wertet, va welche Tatsachen seiner Ansicht nach entscheidungserheblich und beweisbedürftig sind, wie der Beweis zu erheben ist und welche Partei beweisbelastet ist. Er trägt auch zu einer prozesswirtschaftlichen Beweiserhebung bei, wenn etwa die Besetzung des Spruchkörpers wechselt, die Beweisaufnahme in einem anderen Termin oder durch beauftragte oder ersuchte Richter durchgeführt werden soll. Demgegenüber fehlt eine Bestimmung über die formlos mögliche Beweisanordnung. Auch sie sollte jedoch zumindest das Beweisthema und das Beweismittel nennen.

2 **B. Voraussetzungen, Inhalt und Folgen eines Beweisbeschlusses. I. Voraussetzungen.** Ein Beweisbeschluss darf – auch soweit er nach §§ 358, 358a vorgeschrieben ist – nur ergehen, wenn eine Beweiserhebung notwendig ist: Die Klage muss schlüssig sein. Die Tatsache muss beweisbedürftig, also entscheidungserheblich und streitig sein. Der Beweis muss von der beweisbelasteten Partei angeboten worden sein. Die Beweiserhebung muss auch dem Verfahrensstand entsprechen. Dies ist etwa nicht der Fall, soweit die Tatsache bei einer Stufenklage erst für eine spätere Stufe relevant ist oder nur für einen Hilfsantrag oder eine Eventualaufrechnung, deren Bedingung noch nicht eingetreten ist. Es können in einer Instanz mehrere Beweisbeschlüsse erlassen werden. Seiner **Rechtsnatur** nach handelt es sich um eine prozessleitende Verfügung.

3 **II. Inhalt.** Das **Beweisthema** (Nr 1) betrifft die zu beweisenden Tatsachen. Sie sind möglichst konkret zu bezeichnen. Eine allgemeine Umschreibung, zB »Hergang des Verkehrsunfalls am …« genügt nicht, da sie die im Einzelnen zu beweisenden Tatsachen nicht erkennen lässt. Ebenso wenig genügen Rechtsbegriffe, deren tatsächliche Voraussetzungen nicht selbstverständlich sind, oder rechtliche Schlussfolgerungen wie zB arglistige Täuschung oder sittenwidriges Verhalten (*Schneider* ZAP Fach 13, 1255; für den Gewährleistungsprozess *Siegburg* BauR 01, 875 ff). Eine Bezugnahme auf ein in einem Schriftsatz der Partei oder in einem Verhandlungsprotokoll enthaltenes ausgeführtes Beweisangebot der Partei ist zulässig. Lässt die konkrete Fassung des Beweisbeschlusses befürchten, dass sie die Aussage des Zeugen in suggestiver Weise beeinflusst, sollte sie nicht in die Zeugenladung übernommen, sondern dort durch eine allgemeine Umschreibung des unter Beweis stehenden Ereignisses ersetzt werden (St/J/*Berger* Rn 7). Wird die Beweisaufnahme auf den ersuchten Richter übertragen, sind die beweisgegenständlichen Tatsachen unbedingt hinreichend konkret zu bezeichnen. Anderenfalls kann das Rechtshilfeersuchen abgelehnt werden (BGHR ZPO § 359 Nr 1 Rechtshilfe 1; BAG NJW 91, 1252). Wird Sachverständigenbeweis angeordnet, sind die Anschlusstatsachen oder die zu beurteilenden Sachverhaltsvarianten anzugeben (§ 404a III).

4 Bei der nach Nr 2 vorgeschriebenen Bezeichnung der **Beweismittel** sind die Zeugen und Sachverständigen nach Namen, Beruf und ladungsfähiger Anschrift zu individualisieren. Soweit die notwendigen Angaben fehlen, muss das Gericht der beweisführenden Partei Frist gem § 356 setzen. §§ 372a II, 405 erlauben dem Prozessgericht, die Benennung des Sachverständigen dem beauftragten oder ersuchten Richter zu übertragen. Immer muss im Beweisbeschluss festgelegt werden, ob der Benannte als Zeuge, sachverständiger Zeuge oder Sachverständiger vernommen wird (Köln OLGZ 66, 188, 189). Treten auf einer Seite mehrere Streitgenossen auf, sind bei Parteivernehmung im Beweisbeschluss die einzelnen zu vernehmenden Streitgenossen zu benennen (§ 455). Desgleichen müssen die zu vernehmenden gesetzlichen Vertreter bestimmt (§ 455 I) oder muss angeordnet werden, dass die prozessunfähige Partei selbst vernommen wird (§ 455 II).

5 Nr 3 verlangt, dass die **beweisführende Partei** bezeichnet wird. Nur sie kann auf den von ihr benannten Zeugen verzichten (§ 399). Sie ist auch Schuldnerin des Auslagenvorschusses (§§ 68 GKG; 379) und Adressat der Fristsetzung nach §§ 356, 364 III (BGH NJW 84, 3039). Beweisführer ist unabhängig von der Beweislast derjenige, der das Beweismittel benannt hat. In den Beweisbeschluss ist aber auch aufzunehmen, dass der Beweis vAw erhoben wird. In diesem Fall darf die Beweiserhebung nicht von einem Auslagenvorschuss abhängig gemacht werden, soweit keine Partei die Beweiserhebung beantragt hat (BGH NJW-RR 2010, 1059, 1060, Rn 18 f).

Darüber hinaus soll der Beweisbeschluss **Art und Weise der Beweisaufnahme**, sowie die Anordnung des **Auslagenvorschuss**es enthalten; auch, ob die Ladung des Zeugen oder Sachverständigen vom Eingang des Auslagenvorschusses abhängig gemacht wird. Der Vorsitzende bezeichnet im Beweisbeschluss den beauftragten Richter (§ 361). Auch der Termin der Beweisaufnahme oder der Fortsetzung der mündlichen Verhandlung ist darin festzusetzen. Eine Begründung ist nicht erforderlich. 6

III. Wirkungen. Als prozessleitende Anordnung enthält der Beweisbeschluss keine für das nachfolgende Urt bindende Festlegung über die Entscheidungserheblichkeit bestimmter Tatsachen oder die Beweislast. Er kann vom Gericht nachträglich aufgehoben werden, insb wenn sich herausstellt, dass es auf die zu beweisenden Tatsachen nicht mehr ankommt. Nach Maßgabe des § 360 kann er auch abgeändert oder ergänzt werden. Auch eine Bedingung, etwa für den Fall, dass ein Vergleich nicht zustande kommt, kann gesetzt werden (Hambg MDR 65, 57). Grundsätzlich bindend ist er jedoch für den ersuchten Richter (§ 158 I GVG). 7

C. Verfahren. Ergeht der Beweisbeschluss aufgrund mündlicher Verhandlung oder enthält er eine Terminsbestimmung, ist er wie im Fall des § 128 II zu verkünden, § 329 I 1, II 2. Ergeht er ohne mündliche Verhandlung und ohne Terminsbestimmung, genügt formlose Mitteilung, § 329 II 1. 8

Die Ladung von Zeugen (§ 379) oder Sachverständigen (§ 402 iVm § 379) kann ebenso wie die Einholung eines schriftlichen Gutachtens (§ 402 iVm §§ 411, 379) von der Einzahlung eines ausreichenden Auslagenvorschusses abhängig gemacht werden. Vorschusspflichtig ist gem §§ 379, 17 I GKG der Beweisführer. Wurde Prozesskostenhilfe gewährt, entfällt die Vorschusspflicht uU auch für den Gegner nach § 122 II. Gleiches gilt, wenn das Gericht den Beweis vAw erhebt (BGH FamRZ 69, 477, 478). 9

Beweisbeschlüsse sind als prozessleitende Anordnungen grds nicht selbstständig anfechtbar. Mängel können nur mit dem Rechtsmittel gegen das nachfolgende Urt gerügt werden (§§ 512, 557 II). Dabei kann allerdings Heilung nach § 295 eintreten. Beanstandungen sind daher unverzüglich zu erheben. Sofern der Beweisbeschluss faktisch eine Aussetzung des Verfahrens zur Folge hat, ist er wie diese mit der Beschwerde anfechtbar (§ 252 analog, etwa Brandbg FamRZ 01, 294; MüKoZPO/*Heinrich* Rn 9). 10

§ 360 Änderung des Beweisbeschlusses. **[1]Vor der Erledigung des Beweisbeschlusses kann keine Partei dessen Änderung auf Grund der früheren Verhandlungen verlangen. [2]Das Gericht kann jedoch auf Antrag einer Partei oder von Amts wegen den Beweisbeschluss auch ohne erneute mündliche Verhandlung insoweit ändern, als der Gegner zustimmt oder es sich nur um die Berichtigung oder Ergänzung der im Beschluss angegebenen Beweistatsachen oder um die Vernehmung anderer als der im Beschluss angegebenen Zeugen oder Sachverständigen handelt. [3]Die gleiche Befugnis hat der beauftragte oder ersuchte Richter. [4]Die Parteien sind tunlichst vorher zu hören und in jedem Fall von der Änderung unverzüglich zu benachrichtigen.**

A. Normzweck. S 1 hebt nochmals die Nichtanfechtbarkeit des Beweisbeschlusses hervor. Seine Ausführung soll nicht durch Abänderungsanträge der Parteien gestört oder verzögert werden können (Mat II 1 306). Die mit der Novelle 1924 hinzugefügten Sätze 2–4 sollten die schon aus der Rechtsnatur des Beweisbeschlusses als prozessleitende Anordnung folgende Abänderbarkeit nicht einschränken, sondern in Durchbrechung des Mündlichkeitsprinzips eine Abänderung ohne mündliche Verhandlung ermöglichen. Der gem § 358a zulässige Erlass von Beweisbeschlüssen vor der mündlichen Verhandlung wird dadurch nicht berührt. 1

B. Die Änderungsbefugnisse. I. Vor der mündlichen Verhandlung. Soweit das Gericht gem § 358a schon vor der mündlichen Verhandlung einen Beweisbeschluss erlassen hat, kann sie diesen auch vor der mündlichen Verhandlung wieder aufheben, ändern oder ergänzen. § 358a verdrängt in diesem Verfahrensstadium § 360, um die mit dieser Bestimmung ermöglichte vorterminliche Beweiserhebung nicht unnötig zu erschweren. Vor der Aufhebung oder Änderung sind die Parteien allerdings zu hören. 2

II. Ab Eröffnung der mündlichen Verhandlung. 1. Aufhebung. Hat ein Termin zur mündlichen Verhandlung stattgefunden, kann das Gericht weiterhin auch ohne mündliche Verhandlung von einer Beweiserhebung absehen oder den Beweisbeschluss aufheben, wenn es der Ansicht ist, der Beweis sei nicht mehr erforderlich (s.o. § 358 Rz 2). Die Gegenansicht, die § 360 entsprechend auf die Aufhebung anwenden und auch sie grds nur aufgrund einer mündlichen Verhandlung zulassen will (St/J/*Berger* Rn 12; AK-ZPO/*Rüßmann* Rn 1), übersieht, dass die Änderung dem Neuerlass eines Beweisbeschlusses gleichsteht, während die 3

Aufhebung des Beweisbeschlusses nur die Verfahrenslage wieder herstellt, bei der noch kein Beweisbeschluss erlassen worden war (MüKoZPO/*Heinrich* Rn 3 mit zutr Hinweis auf die Rechtslage vor Einfügung des S 2; Musielak/*Stadler* Rn 2). Unbeschadet dessen soll das Gericht die Durchführung des Beweisbeschlusses ohne mündliche Verhandlung aussetzen können (allgM, auch St/J/*Berger* Rn 14). Den Parteien ist jedoch sowohl zur Aufhebung wie zur beabsichtigten Nichtdurchführung Gelegenheit zur Stellungnahme zu geben.

4 **2. Abänderung.** Mit Ausnahme der Fälle des S 2 ist eine Abänderung des Beweisbeschlusses in diesem Verfahrensstadium jedoch nur aufgrund mündlicher Verhandlung zulässig. Außerhalb der mündlichen Verhandlung kann er nur in den in S 2 bestimmten und entsprechenden Fällen geändert werden. Danach ist eine Änderung insb auf Antrag einer Partei und mit Zustimmung des Gegners möglich (S 2, 1. Var). Dem steht es gleich, wenn das Gericht von sich aus eine Änderung anregt und beide Parteien zustimmen.

5 Ohne Zustimmung der Parteien kann das Gericht das Beweisthema ergänzen oder berichtigen (S 2, 2. Var). Es kann mithin um weitere Tatsachen vervollständigt (enger Zö/*Greger* Rn 4) oder inhaltlich konkretisiert werden. Dagegen soll ohne weiteren Beweisbeschluss kein weiteres neues Beweisthema hinzugefügt werden können (MüKoZPO/*Heinrich* Rn 8). Die Erweiterung des Beweisbeschlusses um einen angetretenen Gegenbeweis ist jedenfalls dann zulässig, wenn er direkt geführt wird (MüKoZPO/*Heinrich* Rn 8; undifferenziert dagegen Wieczorek/*Wieczorek* Anm A II b 1). Alle Ergänzungen sind wegen des Beibringungsgrundsatzes nur iRd Parteivortrags zulässig.

6 Es können aber auch andere Zeugen oder Sachverständige benannt werden (S 2, 3. Var). Neben der irrtümlichen Bezeichnung eines Zeugen kommt dies va in Betracht, wenn das Gericht zunächst nur einen Teil der benannten Zeugen vernommen hat, nunmehr aber noch die Vernehmung weiterer Zeugen für erforderlich hält, weil es hinreichende Gewissheit noch nicht gewinnen konnte. Wurde ein Gutachten nicht von dem gerichtlich bestellten Sachverständigen erstellt, sondern von einem anderen, kann dieser gem S 2, 3. Var auch nachträglich benannt werden (BGH NJW 85, 1399, 1400).

7 § 360 S 2 wird auf nicht genannte Änderungen insb in der Art der Ausführung der Beweisaufnahme entsprechend angewandt. Hat das Gericht etwa zunächst nur ein schriftliches Gutachten eingeholt, kann es ergänzend eine mündliche Anhörung des Sachverständigen anordnen (BGH NJW 02, 301, 302). Hat es eine Beweisaufnahme durch den beauftragten oder ersuchten Richter angeordnet, kann es diese austauschen oder die Beweisaufnahme wieder an sich ziehen. Nach überwiegender Ansicht soll es sogar in Änderung des Beweisbeschlusses die Beweisaufnahme auf ein anderes Gericht übertragen können, ohne hierüber mündlich zu verhandeln (Zö/*Greger* Rn 4; MüKoZPO/*Heinrich* Rn 9). Da dadurch anders als bei den erstgenannten Konstellationen erstmals das Unmittelbarkeitsprinzip durchbrochen wird, sollte dies nur mit Zustimmung der Parteien erfolgen (St/J/*Berger* Rn 10). Entsprechend S 2, 3. Var kann das Gericht auch weitere Streitgenossen neben dem im Beweisbeschluss benannten vernehmen (§ 449 Rz 4).

8 **III. Die Änderungsbefugnisse des verordneten Richters.** S 3 gewährt die grds dem Prozessgericht zustehenden Änderungsbefugnisse auch dem beauftragten oder ersuchten Richter. Da dieser mit dem Verfahren idR nicht in vollem Umfang vertraut ist, sollte er davon aber nur sehr zurückhaltend, namentlich bei der Korrektur von Irrtümern oder Verwechslungen, und im Zweifel nur nach Rücksprache mit dem Prozessgericht Gebrauch machen (*Mertens* MDR 01, 666, 671).

9 **IV. Anhörung der Parteien.** Immer sind die Parteien von den Änderungen zu verständigen und möglichst vorher anzuhören. S 4 konkretisiert den Anspruch auf rechtliches Gehör. Die vorherige Anhörung der Parteien darf daher nicht aus reinen Zweckmäßigkeitserwägungen unterbleiben. Die Verletzung des S 4 kann nach § 295 geheilt werden.

10 **C. Rechtsmittel.** Wie der erlassene Beweisbeschluss ist auch seine Änderung oder Aufhebung selbstständig nicht anfechtbar (Zweibr BauR 05, 910). Ebenso können die Parteien nicht gegen die Ablehnung eines Änderungs- oder Aufhebungsantrags vorgehen, weil sie eine solche nicht beanspruchen können (S 1; Karlsr OLGR 03, 225, 226). Möglich bleibt jedoch eine Rüge iRd Rechtsmittels gegen das Urt, soweit dieses auf dem Mangel beruht.

§ 361 Beweisaufnahme durch beauftragten Richter.

(1) Soll die Beweisaufnahme durch ein Mitglied des Prozessgerichts erfolgen, so wird bei der Verkündung des Beweisbeschlusses durch den Vorsitzenden der beauftragte Richter bezeichnet und der Termin zur Beweisaufnahme bestimmt.

(2) Ist die Terminsbestimmung unterblieben, so erfolgt sie durch den beauftragten Richter, wird er verhindert, den Auftrag zu vollziehen, so ernennt der Vorsitzende ein anderes Mitglied.

A. Normzweck. Die Vorschrift regelt ausschnittsweise Verfahrensfragen, die die Beweisaufnahme durch einen beauftragten Richter betreffen. Der beauftragte Richter gehört im Gegensatz zum ersuchten Richter dem Prozessgericht an. Die gesetzlichen Voraussetzungen, unter denen in Abweichung vom Unmittelbarkeitsgrundsatz nicht das Prozessgericht, sondern nur eines ihrer Mitglieder den Beweis erheben darf, ergeben sich dagegen aus § 355 I 2 und den dort in Bezug genommenen besonderen gesetzlichen Bestimmungen (§ 355 Rz 6). 1

B. Verfahren. I. Maßnahmen des Vorsitzenden. Der Vorsitzende wählt auf der Grundlage des vom Prozessgericht zu erlassenden Beweisbeschlusses den Richter aus dem Kreis der dem Spruchkörper angehörigen Richter nach seinem Ermessen aus. Dabei muss er ihn nicht namentlich bezeichnen, sondern kann auch eine abstrakte Bezeichnung wählen, insb den »Berichterstatter« benennen, sofern der Beauftragte dadurch hinreichend eindeutig festgelegt wird. Er kann dabei auch den Termin zur Beweisaufnahme bestimmen. In der Regel wird dies aber dem beauftragten Richter überlassen. Ob auch der Einzelrichter einen anderen Richter seines Kollegiums mit der Beweisaufnahme beauftragen kann, ist zu bezweifeln, da § 361 ersichtlich von einem Kollegialgericht ausgeht (so wohl auch MüKoZPO/*Heinrich* Rn 3; aA Zö/*Greger* Rn 2; vgl a. Frankf FamRZ 87, 737 f). Voraussetzung ist ein zwingend vom Prozessgericht zu erlassender Beweisbeschluss, auch ein ändernder Beschl (s. aber § 360 Rz 7), der die Delegation der Beweisaufnahme auf einen beauftragten Richter vorsieht (BGHZ 86, 104, 111). Die Vorschussanforderung obliegt ebenfalls dem Prozessgericht und nicht dem Vorsitzenden (§ 379). Wird der beauftragte Richter sogleich im Beweisbeschluss und damit nicht vom Vorsitzenden, sondern vom Kollegium benannt, bleibt dies folgenlos. Den Parteien erwachsen daraus keine Rechtsnachteile. 2

Umstritten ist, ob der Vorsitzende bei Verhinderung des beauftragten Richters in jedem Fall einen anderen Richter bestimmen muss (MüKoZPO/*Heinrich* Rn 4) oder ob dieser ohne weiteres durch den Vertreter oder Amtsnachfolger ersetzt wird, sofern der Vorsitzende keine abweichende Bestimmung trifft (St/J/*Berger* Rn 3; Musielak/*Stadler* 2). Da die Verhinderungsregelungen auch diesen Fall erfassen, wird von letzterem auszugehen sein. 3

II. Stellung und Aufgabe des beauftragten Richters. Soweit der Termin zur Beweisaufnahme – wie praktisch die Regel – nicht schon durch den Vorsitzenden bestimmt wurde, legt ihn der beauftragte Richter fest. Er ist den Parteien formlos mitzuteilen, § 357 II. Die Ladungsfrist ist gleichwohl einzuhalten (Köln MDR 73, 856). Die Tätigkeit des beauftragten Richters ist auf die Durchführung der Beweisaufnahme beschränkt. Die Entscheidungsbefugnis bleibt beim Prozessgericht (§ 366). Deshalb ist auch die Erörterung des Beweisergebnisses dem Prozessgericht vorbehalten, §§ 279 III, 285 II. Da der beauftragte Richter das Prozessgericht nicht vertritt und deshalb vor ihm keine mündliche Verhandlung stattfindet, herrscht kein Anwaltszwang, § 78 V. Ihm stehen aber im Rahmen seines Auftrags die Befugnisse und Pflichten des Prozessgerichts und des Vorsitzenden (§ 229) sowie die Sitzungsgewalt (§ 180 GVG) zu. Er kann insoweit auch die erforderlichen Anordnungen treffen, zB Ordnungsstrafen gegen säumige Zeugen verhängen oder Geständnisse entgegen nehmen, § 288 I. Nach § 360 S 3 kann er den Beweisbeschluss auch ändern. Gegebenenfalls kann er den Auftrag an ein anderes Gericht weitergeben, § 365 S 1. Nach § 278 I, V können vor dem beauftragten Richter Vergleiche geschlossen werden, auch wenn er ohne Auftrag durch das Prozessgericht nicht eigenmächtig einen Gütetermin anordnen kann (BGHZ 77, 264, 272 f; § 278 Rz 6; aA Celle RPfleger 74, 319). 4

§ 362 Beweisaufnahme durch ersuchten Richter.

(1) Soll die Beweisaufnahme durch ein anderes Gericht erfolgen, so ist das Ersuchungsschreiben von dem Vorsitzenden zu erlassen.
(2) Die auf die Beweisaufnahme sich beziehenden Verhandlungen übermittelt der ersuchte Richter der Geschäftsstelle des Prozessgerichts in Urschrift; die Geschäftsstelle benachrichtigt die Parteien von dem Eingang.

A. Normzweck. Die Vorschrift regelt ausschnittsweise Verfahrensfragen, die die Beweisaufnahme durch einen ersuchten Richter betreffen. Der ersuchte Richter gehört im Gegensatz zum beauftragten Richter einem auswärtigen Gericht an. § 362 betrifft nur die Beweisaufnahme vor einem inländischen Gericht. Zur Beweisaufnahme im Ausland s. § 363. Die gesetzlichen Voraussetzungen, unter denen in Abweichung vom 1

Unmittelbarkeitsgrundsatz die Beweisaufnahme einem anderen Gericht überantwortet werden kann, ergeben sich dagegen aus § 355 I 2 und den dort in Bezug genommenen besonderen gesetzlichen Bestimmungen (§ 355 Rz 6).

2 **B. Verfahren. I. Maßnahmen des Prozessgerichts.** Die Beweisaufnahme durch den ersuchten Richter setzt einen entsprechenden Beweisbeschluss des Prozessgerichts voraus. Er kann auch vorterminlich gem § 358a oder als Änderungsbeschluss gem § 360 (s. aber § 360 Rz 7) erlassen werden. Das Beweisthema mit seinen beweisbedürftigen Tatsachen ist möglichst präzise zu beschreiben. Auf der Grundlage des Beschlusses verfasst der Vorsitzende das Ersuchungsschreiben an das gem § 157 GVG für die Rechtshilfe zuständige Amtsgericht. Der ersuchte Richter iSd Abs 2 wird durch den Geschäftsverteilungsplan des angegangenen Amtsgerichts bestimmt. Es gelten jedoch die Ausschließungsgründe der §§ 41 ff. Im Beweisbeschluss wie im Ersuchungsschreiben können nähere Erläuterungen oder Anregungen zur Beweisaufnahme gegeben werden; zB Hinweise für die Durchführung einer Vernehmung oder bestimmte Formulierungen für Fragen (*Reinecke* MDR 1990, 1061 f). Nach Ermessen des Vorsitzenden können dem Ersuchungsschreiben auch die Verfahrensakten oder Auszüge beigefügt werden. Da der ersuchte Richter nicht verpflichtet ist, sich die Beweisfragen selbst erst aus den Akten zu erschließen (BGHR ZPO § 359 Nr 1 Rechtshilfe 1), kann dies eine präzise Fassung des Beweisbeschlusses jedoch nicht ersetzen.

3 **II. Aufgaben und Befugnisse des ersuchten Richters.** Grundsätzlich ist das ersuchte Gericht verpflichtet, dem Ersuchen nachzukommen, § 158 I GVG. Nur wenn die beauftragte Handlung unzulässig ist, kann es das Ersuchen zurückweisen, § 158 II 1 GVG. Dies kann insb bei ungenügender Bezeichnung der unter Beweis stehenden Tatsachen der Fall sein (BGHZ ZPO § 359 Nr 1 Rechtshilfe 1; für einfach gelagerte Sachverhalte großzügiger Oldbg NJW-RR 92, 64). Auch wenn eine Beweisaufnahme offensichtlich der Ausforschung dient, kann sie verweigert werden (BGH LM GVG § 158 Nr 2; Frankf OLGR 06, 840 f). Dagegen kann das ersuchte Gericht die Ausführung der Beweisaufnahme nicht mit der Begründung ablehnen, sie sei unzweckmäßig (BGH NJW 90, 2936, 2937) oder aufgrund einer vom Prozessgericht abweichenden Rechtsauffassung nicht erforderlich (München OLGZ 76, 252, 253). IRd § 360 kann es den Beweisbeschluss jedoch ändern oder das Ersuchen gem § 365 an ein anderes Gericht weiterreichen. Eine Bindung besteht nur hinsichtlich des Beweisthemas.

4 Der ersuchte Richter bestimmt den Termin der Beweisaufnahme und benachrichtigt formlos (§ 357 II), aber unter Einhaltung der Ladungsfrist (§ 357 Rz 8) die Parteien. Die Beweisaufnahme ist nicht zwingend öffentlich (§ 169 GVG), wohl aber parteiöffentlich. Anwaltszwang besteht auch hier nicht, § 78 V. Gleichwohl kann auch der ersuchte Richter einen Vergleich aufnehmen (vgl § 361 Rz 4). Über die Beweisaufnahme ist ein Protokoll aufzunehmen (§ 159), das der Geschäftsstelle des Prozessgerichts in Urschrift zu übersenden ist, Abs 2 Hs 1. Die Parteien sind unverzüglich über den Eingang zu unterrichten. Sie können alsdann das Protokoll einsehen und sich Abschriften anfertigen lassen, § 299. Zweckmäßig ist es freilich, ihnen gleichzeitig mit der Benachrichtigung schon Abschriften der Protokolle zu übersenden (weitergehend B/L/A/H Rn 6: Übersendung vAw).

5 **C. Rechtsbehelfe.** Gegen die Ablehnung der ersuchten Beweisaufnahme entscheidet auf Antrag der Parteien oder des Prozessgerichts das OLG, § 159 I 1 GVG. Erklärt auch das OLG die Rechtshilfe für unzulässig, kann Beschwerde zum BGH eingelegt werden, sofern ersuchendes und ersuchtes Gericht den Bezirken verschiedener Oberlandesgerichte angehören, § 159 I 2. Gegen die Anordnung von Ordnungsmitteln steht die Beschwerde gem § 181 GVG offen; iÜ s. § 366 Rz 5.

§ 363 Beweisaufnahme im Ausland. **(1) Soll die Beweisaufnahme im Ausland erfolgen, so hat der Vorsitzende die zuständige Behörde um Aufnahme des Beweises zu ersuchen.**

(2) Kann die Beweisaufnahme durch einen Bundeskonsul erfolgen, so ist das Ersuchen an diesen zu richten.

(3) [1]Die Vorschriften der Verordnung (EG) Nr. 1206/2001 des Rates vom 28. Mai 2001 über die Zusammenarbeit zwischen den Gerichten der Mitgliedstaaten auf dem Gebiet der Beweisaufnahme in Zivil- oder Handelssachen (ABl. EG Nr. L 174 S. 1) bleiben unberührt. [2]Für die Durchführung gelten die §§ 1072 und 1073.

1 **A. Normzweck.** Zusammen mit § 364 regelt die Vorschrift die Möglichkeiten einer Beweisaufnahme im Ausland. Während es § 364 gestattet, die Beibringung des im Ausland zu erhebenden Beweises weitgehend

den Parteien zu überantworten, sieht § 363 mehrere Wege vor, die das Gericht einschlagen kann, um einen Beweis im Ausland erheben zu lassen. Abs 1 betrifft die Rechtshilfe durch ausländische Behörden. Sie ist näher in völkerrechtlichen Verträgen, namentlich dem HBÜ und dem HÜZ sowie bilateralen Verträgen mit einzelnen Staaten geregelt (s. dazu den Länderteil der ZRHO, in seiner jeweils aktuellen Fassung abrufbar unter http://www.datenbanken.justiz.nrw.de/pls/jmi/ir_lan_start). Für die Abwicklung des Rechtshilfeverfahrens ist die ZRHO, von Bund und Ländern erlassene Verwaltungsvorschriften zu beachten (vgl BGHZ 87, 385, 389). Soweit eine Beweisaufnahme durch den Konsul möglich ist (Abs 2), hat das Gericht vorrangig diesen Weg zu wählen. Der am 1.1.04 in Kraft getretene Abs 3 weist auf die EuBVO und die sie flankierenden Bestimmungen der ZPO hin, die als unmittelbar geltendes Recht das Verfahren bei Beweiserhebungen in der EU (mit Ausnahme von Dänemark) regeln.

Gleichzeitig durchbricht die Vorschrift die Unmittelbarkeit der Beweisaufnahme, weil die Beweiserhebung danach ausländischen Behörden oder dem Konsul zu übertragen ist und das Prozessgericht sie nicht selbst durchführt. Da eine Beweiserhebung durch das Prozessgericht im Ausland jedoch wegen ihres hoheitlichen Charakters grds in die Souveränität des fremden Staates eingreift, ist diese Durchbrechung erforderlich, soweit dieser Staat hierin nicht eingewilligt hat (allgM, etwa Zö/*Geimer* Rn 1; Leipold S. 39 ff). Gestatten völkerrechtliche Vereinbarungen eine beweiserhebende Tätigkeit des Gerichts selbst (zB Art 17 HBÜ; 17 EuBVO), steht § 363 nicht entgegen. Vielmehr ist das Gericht gehalten, diese Möglichkeiten zu nutzen, um die Beweisunmittelbarkeit zu wahren (*Vorwerk* AnwBl 11, 369, 371 f mwN; *Dötsch* MDR 11, 269, 272 f). Das Gericht wird durch § 363 auch nicht daran gehindert, Beweismittel aus dem Ausland ins Inland zu holen. Die Grenze wird insoweit durch den Souveränitätsanspruch des fremden Staates gezogen (vgl §§ 39 f ZRHO). Soweit diese Versuche Erfolg versprechen, sollten sie im Interesse der Beweisunmittelbarkeit und der Parteiöffentlichkeit auch unternommen werden (s.a. Zö/*Geimer* Rn 5 ff; St/J/*Berger* Rn 2; Stuttg Urt v 24.3.10 – 3 U 214/09, Rn 21 – juris; aA jedoch noch BGH MDR 80, 931 f). 2

§ 363 betrifft nicht die Beweisaufnahme, die deutsche Gerichte auf das Ersuchen ausländischer Gerichte zu leisten haben. Für Ersuchen aus Mitgliedsstaaten der EU (mit Ausnahme Dänemarks) gelten nunmehr die EuBVO und §§ 1074 f neben den fortgeltenden bilateralen Abkommen (Zö/*Geimer* Rn 3 f, 9). Für Ersuchen aus anderen Staaten sind die einschlägigen multi- und bilateralen Rechtshilfeabkommen mit ihren innerstaatlichen Ausführungsgesetzen sowie die Vorschriften der ZRHO maßgebend, namentlich etwa §§ 8 ff des Ausführungsgesetzes zum HBÜ v. 22.12.77 (BGBl I 3105) und §§ 1 f des Ausführungsgesetzes zum HÜZ v 18.12.58 (BGBl I 939). 3

B. Beweiserhebung im Ausland. I. Beweiserhebung durch den Konsul. Soweit die Beweisaufnahme im In- oder Ausland nicht durch das Gericht erfolgen kann oder soll, hat das Gericht vorrangig die im Fremdstaat tätigen Konsularbeamten zu beauftragen. Diese sind verpflichtet, dem Ersuchen Folge zu leisten, § 15 I KonsG. Dabei muss der vernehmende Beamte entweder die Befähigung zum Richteramt haben (§ 19 I KonsG) oder zur Vernehmung oder Anhörung gesondert ermächtigt worden sein (§ 19 I 2 Nr 1 KonsG). Ist das Konsulat im Empfangsstaat nicht mit entsprechend befähigten Beamten besetzt, kommt wegen der Unmöglichkeit einer konsularischen Beweisaufnahme nur die Rechtshilfe nach Abs 1, ein Vorgehen nach § 364 oder der Versuch eines Beweismitteltransfers ins Inland in Betracht. Entsprechendes gilt, wenn der Konsul aufgrund der im Folgenden aufgezählten Hindernisse nicht tätig werden kann. 4

Der Empfangsstaat muss die beweiserhebende Tätigkeit des Konsuls billigen. Dies ist in verschiedenen völkerrechtlichen Verträgen, insb Art 5j WÜK, 15, 16 HBÜ und 15 HÜZ geschehen. Rechtshilfe kann aber auch auf vertragsloser Basis gewährt werden. Dabei schränken die Empfangsstaaten die grds zugelassene Tätigkeit des Konsuls häufig durch Vorbehalte verschiedenen Inhalts ein. Nicht selten wird das Einverständnis auf die Angehörigen des ersuchenden Staates beschränkt (vgl Art 15 I, 16 I HBÜ) oder von einer gesonderten Genehmigung abhängig gemacht (zB in Dänemark oder der Schweiz). Zuweilen steht die Gestattung unter der Bedingung, dass keine Rechtswirkungen im Empfangsstaat hervorgerufen werden (St/J/*Berger* Rn 32 mwN). Die jeweils geltenden Beschränkungen können dem Länderteil der ZRHO (s.o. Rz 1) entnommen werden (s.a. die Übersicht bei St/J/*Berger* Rn 37). 5

Der Konsul ist jedoch nicht berechtigt, selbst **Zwangsmaßnahmen** zu treffen, § 15 III 3 KonsG. Soweit sich der Empfangsstaat dazu bereit erklärt hat, kann er dessen zuständige Behörden einschalten, um Zwang auszuüben (Art 18 HBÜ). Dies ist etwa in den Vereinigten Staaten, Mexiko und Südafrika der Fall. Näheres kann über den Länderteil der ZRHO (s.o. Rz 1) ermittelt werden. Scheiden Zwangsmaßnahmen aus, ist zweckmäßigerweise vorab zu klären, ob die zu vernehmende Person bereit ist, vor dem Konsul auszusagen. 6

7 Die Beweiserhebung unterliegt deutschem Recht, § 15 III KonsG. Im Rahmen des HBÜ sind allerdings die Einschränkungen nach Art 21 HBÜ zu beachten. Obgleich der Konsul Beamter ist und deshalb nicht die unabhängige Stellung eines Richters hat, wird ihm wegen der Gleichstellung der von ihm durchgeführten Vernehmungen und Vereidigungen mit richterlichen Vernehmungen und Vereidigungen gem § 15 IV KonsG sachliche Unabhängigkeit bei der Durchführung der Beweisaufnahme zugesprochen (St/J/*Berger* Rn 39). Er unterliegt hierbei keinen Weisungen, ist aber an den Beweisbeschluss bzw das Ersuchen gebunden. Insbesondere darf er den Zeugen nicht ohne entsprechenden Hinweis des Prozessgerichts nur schriftlich befragen, auch wenn § 39 ZRHO die schriftliche Befragung aus Kostengründen empfiehlt. Das Gericht kann und sollte ihm im Beweisbeschluss oder im Ersuchen auch die Aspekte mitteilen, auf die es ihm besonders ankommt (vgl BGH NJW 84, 2039). Eine Ablehnung nach § 42 ZPO ist jedoch nicht möglich, weil der Konsul nicht als Richter beweiswürdigend oder entscheidend tätig wird (Geimer Rn 260; aA St/J/*Berger* Rn 39). Allerdings ist er bei Vorliegen eines der Gründe des § 65 BBG von der Beweisaufnahme zu entbinden.

8 Die Parteien sind grds berechtigt, der Beweiserhebung beizuwohnen. Der Konsul ist daher verpflichtet, sie von dem Termin rechtzeitig in Kenntnis zu setzen, § 15 III KonsG iVm § 357 II. Will ein Mitglied des Gerichts an der Beweisaufnahme teilnehmen, ist außerhalb des Geltungsbereichs des EuBVO sowohl das Einverständnis des Empfangsstaates (vgl Art HBÜ) wie der Bundesregierung (§ 38a ZHRO) einzuholen. Die Teilnahme des Gerichts lässt die Verantwortlichkeit des Konsularbeamten für die Beweisaufnahme jedoch unberührt.

9 **II. Beweiserhebung durch ausländische Behörden.** Sind die Voraussetzungen für eine Beweiserhebung durch den Konsul nicht erfüllt und soll im Ausland Beweis erhoben werden, ist nach Abs 1 im Rechtshilfeverfahren die zuständige ausländische Behörde zu ersuchen, soweit nicht ausnahmsweise (§ 364 Rz 1 f) nach § 364 vorgegangen wird. Die Vorschrift spricht von Behörde, weil der ersuchte Staat bestimmt, welche Stelle Rechtshilfe leisten soll und dies nicht notwendig ein Gericht sein muss.

10 Der ersuchte Staat gibt auch den Weg vor, auf dem die Rechtshilfeersuchen einzureichen und zu erledigen sind. Maßgeblich sind hierfür va die Regelungen in den abgeschlossenen multi- oder bilateralen Abkommen, die durch einseitige Vorbehalte oder Erklärungen modifiziert sein können. Fehlt es im Verhältnis zum fremden Staat an solchen völkerrechtlichen Verträgen, kommt es auf sein Verhalten an. Details sind wiederum dem Länderteil der ZRHO (s.o. Rz 1) zu entnehmen.

11 **Unmittelbarer Verkehr** zwischen dem Prozessgericht und der für die Beweiserhebung zuständigen Stelle ist außerhalb der EU nur im Ausnahmefall zugelassen, nach Art 2 EuBVO jedoch die Regel. In diesem Fall kann das Ersuchungsschreiben nach Prüfung durch die Prüfungsstellen (§§ 9 II, 27 ZRHO) direkt an die örtlich zuständige Behörde versandt werden. Verbreitet bestimmt der ersuchte Staat eine Zentrale Behörde, an die das Ersuchen zu richten ist und die daraufhin die innerstaatlichen Stellen mit der weiteren Ausführung beauftragt. Dies ist insb im Geltungsbereich des HBÜ der Fall, Art 2 HBÜ.

12 Außerhalb des HBÜ kommt häufig eine **konsularische Übermittlung** in Betracht. Dieser Weg ist insb nach Art 9 HÜZ einzuschlagen. In diesem Fall wird der Konsul jedoch nur zur Übermittlung tätig, ohne die Beweiserhebung gem Abs 2 selbst durchzuführen. Manche Staaten verlangen hingegen eine Weiterleitung durch Diplomaten.

13 Die Beweiserhebung selbst unterliegt nach dem Prinzip der lex fori dem Recht des ersuchten Staates (zu Verstößen s. § 369). Davon gehen ausdrücklich auch etwa Art 10 II EuBVO und Art 9 I HBÜ aus. Nach Art 10 III EuBVO, 9 II HBÜ kann aber beantragt werden, bei der Erledigung des Beweisersuchens eine bestimmte Form zu beachten, die dem deutschen Verfahrensrecht entspricht.

14 Nach Art 12 EuBVO, 8 HBÜ ist auch die **Teilnahme von Mitgliedern des deutschen Gerichts** möglich. Jedenfalls sofern der Aufwand in vertretbarem Verhältnis zum Streitgegenstand steht, sollte diese Möglichkeit genutzt werden, wenn es sich um komplexe Beweisthemen handelt oder es entscheidend auf den persönlichen Eindruck eines Zeugen ankommt. Außerhalb des Geltungsbereichs der EuBVO bedarf die Teilnahme deutscher Richter neben der Zulassung durch den ausländischen Staat immer auch der Zustimmung der Bundesregierung, § 38a II ZRHO. Soweit das ausländische Verfahrensrecht – wie in der Regel – eine **Teilnahme der Parteien** an der Beweiserhebung zulässt, ist sie ihnen grds auch zu ermöglichen, § 357. Art 7 HBÜ, 11 II HÜZ, 11 IV EuBVO sehen deshalb vor, dass das Prozessgericht als ersuchendes Gericht über Ort und Termin der Beweiserhebung unterrichtet wird, damit dieses seinerseits die Parteien informieren kann. Haben die Parteien nicht vorab auf die Mitteilung des Termins und damit auch auf ihre Teilnahme verzichtet – worauf der Hinweis auf die regelmäßig eintretende Verzögerung gem § 38 ZRHO hin-

wirkt – ist das Beweisergebnis nur verwertbar, wenn das Gericht aufgrund einer Ermessensentscheidung entspr § 364 IV 2 zu dem Ergebnis kommt, das die unterbliebene Teilnahme den Beweiswert und das Beweisergebnis nicht verändert hätte. Dazu muss es ermitteln, ob und welche Fragen und Vorhaltungen die ferngebliebene Partei gestellt hätte (BGHZ 33, 63, 64).

III. Verfahren. Die Beweiserhebung im Ausland ist durch das Prozessgericht mit **Beweisbeschluss** anzuordnen. In dem Beschl ist auch der Weg vorzugeben, auf dem die Beweiserhebung erreicht werden soll. Er ist unanfechtbar, es sei denn, er hat faktisch eine Aussetzung des Verfahrens zur Folge (§ 360 Rz 10; LG Aachen NJW-RR 93, 1407). Entsprechend § 358a 1 Nr 1 kann der Beweisbeschluss auch schon vor der mündlichen Verhandlung erlassen werden (MüKoZPO/*Heinrich* Rn 7; offengelassen von BGH NJW 80, 1848, 1849). 15

Dagegen ist die Fertigung des **Ersuchungsschreiben**s Aufgabe des Vorsitzenden, Abs 1. Dabei sind die Vorgaben der ZRHO zu beachten. Danach ist das Schreiben grds in deutscher Sprache zu verfassen, § 16 I 1 ZRHO. Grundsätzlich ist eine beglaubigte Übersetzung auch der Anlagen durch einen vereidigten Dolmetscher oder Übersetzer beizufügen, § 25 I ZRHO. Da eine Aktenübersendung ausgeschlossen ist, muss der Gegenstand der Rechtshilfe im Ersuchungsschreiben vollständig, deutlich und verständlich dargestellt werden, § 19 I ZRHO. Die die Beweiserhebung durchführenden Personen müssen die klärungsbedürftigen Tatsachen klar erkennen können. Kommt es dem Gericht auf bestimmte Einzelheiten an, muss es auch diese bezeichnen, damit der Beweiserhebende die Beweiserhebung darauf lenken kann (BGH NJW 84, 2039). Geht es dagegen nur darum, einer Partei die Ausübung ihres Fragerechts nach §§ 397, 402 im Ausland zu ermöglichen, ist es nicht erforderlich, dass diese schon einen Fragekatalog vorlegt. Es genügt, wenn sie die Richtung der Befragung angibt (BGH MDR 81, 1014, 1015). Beschlüsse und Anordnungen, die dem Ersuchen zugrunde liegen – namentlich der Beweisbeschluss –, dürfen nicht in Abschrift beigefügt werden, sondern sind inhaltlich in das Ersuchungsschreiben aufzunehmen, § 19 II ZRHO. 16

Die einzelnen Rechtshilfeabkommen können besondere Anforderungen hinsichtlich Inhalt und Form stellen, etwa Art 3 HBÜ. Nach Art 4 EuBVO ist die Benutzung bestimmter Formulare vorgeschrieben. Wenn das Rechtshilfeersuchen nicht unmittelbar an die ersuchte Behörde zu richten ist, sondern die Weiterleitung über eine Auslandsvertretung oder eine ausländische Empfangsstelle erfolgen muss, ist zusätzlich ein **Begleitschreiben** an diese vermittelnde Stelle anzufertigen, §§ 7 I, 22 ZRHO. Darin sind va die Angaben zu machen, die – wie etwa die Staatsangehörigkeit der Beweisperson oder Sonderwünsche für die Form der Beweisaufnahme – für die Bestimmung der zuständigen Stelle von Bedeutung sein können. Ergänzend kann auch ein **Begleitbericht** (§§ 7, 23, 27 ZRHO) oder eine **Denkschrift** (§§ 7, 24 ZRHO) zur näheren Erläuterung des Ersuchens veranlasst sein. 17

Die Ersuchen sind über die Prüfstellen, d.h. die Präsidenten des jeweils zuständigen Amts- Landes- oder Oberlandesgerichts (§ 9 II ZRHO), der zuständigen Auslandsvertretung zuzuleiten. Obwohl die Anordnung der Beweisaufnahme im Ausland in den Bereich richterlicher Tätigkeit fällt und damit von der Unabhängigkeitsgarantie umfasst wird (BGHZ 87, 385, 388 f), ist eine Überprüfung der Ersuchen seitens der Justizverwaltung zulässig, soweit sie sich darauf bezieht, die Ausübung bzw Auswirkungen richterlicher und damit hoheitlicher Gewalt in dem ausländischen Staat zu überwachen. Dies fällt unter die Pflege der Beziehungen zu anderen Staaten (Art 32 I GG), die vorrangig zu den Aufgaben der Bundesregierung gehört (BGHZ 87, 385, 389; 71, 9, 12). Dagegen kann nicht geprüft werden, ob die Beweiserhebung verfahrens- oder materiell-rechtlich geboten oder zulässig ist. 18

Kann die Möglichkeit einer konsularischen Beweisaufnahme nicht sicher übersehen werden, empfiehlt es sich, gleichzeitig ein Ersuchen an die ausländische Behörde zu richten und den Konsul für den Fall, dass er die Beweisaufnahme nicht durchführen kann, zu bitten, dieses an die zuständige Behörde weiterzuleiten. Der auch in § 13 IV ZRHO vorgeschlagene Weg eines sog **Eventualersuchens** verstößt nicht gegen den gesetzlich verankerten Vorrang der konsularischen Beweisaufnahme. Dieser wird vielmehr durch die aufgenommene Bedingung gewahrt. Soweit das HBÜ gilt, muss deutlich gemacht werden, dass der Konsul nur als weiterleitende Stelle fungiert, da dieser selbst sich nicht an die zentrale Behörde wenden darf, Art 2 HBÜ. 19

Ist die Beweisaufnahme durchgeführt und sind die Beweisprotokolle beim Prozessgericht eingetroffen, sind die Parteien entsprechend § 362 II (§ 362 Rz 4) zu unterrichten und dem Verfahren Fortgang zu geben. Kommt es auf die Glaubwürdigkeit des im Ausland vernommenen Zeugen an und kann diese durch das Vernehmungsprotokoll mangels entsprechender Angaben nicht beurteilt werden, muss das Gericht vorrangig versuchen, den Zeugen selbst zu vernehmen, um sich einen eigenen Eindruck zu verschaffen. Ist dies 20 nicht möglich, ist die Vernehmung im Ausland zu wiederholen, wobei das Ersuchen den Anlass und die Gründe, die zu Zweifeln an der Glaubwürdigkeit geführt haben, aufführen muss (BGH NJW 90, 3088, 3090; s.a. Saarbr ZfS 02, 587, das konkrete Anhaltspunkte für Zweifel an der Glaubwürdigkeit verlangt).

21 **C. Beschaffung von Beweismitteln aus dem Ausland. I. Grundlagen.** § 363 verbietet es nicht, im Ausland belegene Beweismittel für eine Beweiserhebung vor dem Prozessgericht im Inland heranzuziehen. Grenzen werden dem Gericht jedoch durch den Souveränitätsanspruch des fremden Staates gezogen. In seiner Ausprägung als Gebietshoheit steht er einer Ausübung hoheitlicher Gewalt anderer Staaten auf seinem Gebiet entgegen. Dazu zählt auch eine Beweisaufnahme als Teil richterlicher und damit hoheitlicher Tätigkeit (allgM, etwa BGHZ 71, 9, 12; 87, 385, 389; Leipold S. 39 f; Geimer Rn 2347). Ist die Beweiserhebung vor dem Prozessgericht möglich, sollte ihr wegen des höheren Erkenntniswertes unmittelbarer Beweisaufnahmen der Vorzug gegeben werden (großzügiger aber BGH IPrax 81, 57, 58). Soweit Art 17 EuBVO dem Prozessgericht eine eigene Beweisaufnahme im fremden Mitgliedsstaat eröffnet, kann auch der weniger eingreifende Versuch, die Beweismittel auf freiwilliger Basis ins Inland vor das Prozessgericht zu schaffen, nicht als Souveränitätsverletzung angesehen werden (wohl auch Musielak/*Stadler* Rn 9).

22 Hält sich eine **Prozesspartei** im Ausland auf oder hat dort ihren Sitz, bleiben die aufgrund ihrer Parteistellung bestehenden Mitwirkungspflichten und –obliegenheiten unberührt. Insoweit ist der Souveränitätsanspruch des fremden Staates durch den lex fori-Grundsatz überlagert (Leipold S. 55; St/J/*Berger* Rn 9). Wird ihr auferlegt, eine Urkunde, die sie in Besitz hat, vorzulegen, und kommt sie der Aufforderung nicht nach, kann dies nach § 427 zu ihren Lasten gewürdigt werden. Ebenso kann eine ausländische Partei zur Duldung einer Blutentnahme gem § 372a verpflichtet und eine Weigerung zu ihrem Nachteil gewürdigt werden (BGH JZ 87, 42; Bremen NJW-RR 09, 876 f; s.a. *Jayme* FS Geimer, 375, 380 f zur Möglichkeit Vollstreckungshilfe zu erhalten). Ist die von der Partei verlangte Mitwirkung vom fremden Staat verboten, ist dies allerdings iRd Würdigung als Beweisvereitelung oder gem §§ 427, 446 zu berücksichtigen (St/J/*Berger* Rn 10).

23 **II. Einzelne Beweismittel. 1. Zeugen.** Da das Prozessgericht im Ausland keine Pflichten für Dritte begründen kann, kann es einem im Ausland weilenden Zeugen nicht unter Androhung der Folgen der §§ 380, 390 zum Erscheinen vor dem Gericht oder zur schriftlichen Aussage veranlassen. Das muss wegen der Gebietshoheit des fremden Staates auch für deutsche Staatsangehörige gelten, die sich im Ausland aufhalten (Leipold S. 63 f mit Fn 122; St/J/*Berger* Rn 11; aA Geimer Rn 427 f; Schack Rn 715 f). Umstritten ist, inwieweit Zeugen ohne Zwangsandrohung vom Prozessgericht formlos geladen oder zur schriftlichen Beantwortung von Beweisfragen gebeten werden können. Während dies tw für zulässig gehalten wird, soweit sich für den Zeugen daraus keine nachteiligen Rechtsfolgen ergeben können (Art 1 EuBVO Rz 4; MüKoZPO/*Heinrich* Rn 3; Zö/*Geimer* Rn 11, 13 f; *Musielak* FS Geimer, 761, 769 f; Geimer Rn 2384, 2388 f), sehen andere richtigerweise darin eine Erstreckung der hoheitlichen Gerichtstätigkeit auf ausländisches Territorium, die nur mit Zustimmung des fremden Staates zulässig ist (BGH NJW 84, 2039; Musielak/*Stadler* Rn 10; St/J/*Berger* Rn 11). Dies ist auch die Haltung der Bundesregierung, die nach §§ 39 I 3, 40 I 1 ZRHO immer von der Möglichkeit eines Eingriffs in die fremden Hoheitsrechte ausgeht. Für die Qualifizierung als hoheitlicher Akt, der seine Wirkung auf dem Gebiet des ausländischen Staates entfalten soll, kommt es nicht darauf an, ob damit Zwangswirkungen verbunden sind. Dies belegt etwa die einhellige Auffassung, dass eine Augenscheinseinnahme durch das Prozessgericht im Ausland nur mit Einwilligung des fremden Staates zulässig ist – unabhängig davon, ob das Gericht dabei Zwangsmaßnahmen verhängen muss oder nicht (s.u. Rz 26). Entsprechendes muss für die nunmehr nach § 128a zulässige Vernehmung per audio-visueller Übertragung gelten (aA St/J/*Berger* Rn 14; Geimer Rn 2385a). Von einer Einwilligung ist aber auszugehen, wenn die Ladung oder die schriftliche Befragung im Wege der Rechtshilfe zugestellt wird, weil es dem ersuchten Staat dann offen steht, ob er die gerichtliche Tätigkeit fördert oder ablehnt (St/J/*Berger* Rn 11 f; zweifelnd Leipold S. 62).

24 Möglich bleibt die Verwertung eines von der beweisführenden Partei veranlassten oder erstellten Vernehmungsprotokolls im Wege des Urkundenbeweises, das jedoch eine im Rechtshilfeverfahren mögliche Zeugenvernehmung nicht ersetzen darf (St/J/*Berger* Rn 11; Musielak/*Stadler* Rn 10; für unzulässige Umgehung dagegen Leipold S. 66 f).

25 **2. Sachverständigenbeweis.** Eine vergleichbare Problemlage besteht bei der Beurteilung, unter welchen Voraussetzungen das Prozessgericht einen Sachverständigenbeweis mit Auslandsbezug erheben darf. Da der Sachverständige selbst weder öffentlich-rechtlich tätig wird noch Hoheitsgewalt besitzt, sollen weder die

Beauftragung eines ausländischen Sachverständigen noch die Ermittlungen eines inländischen Sachverständigen im Ausland in die Souveränität des fremden Staates eingreifen (St/J/*Berger* Rn 17, der allerdings bei der Beauftragung eines ausländischen Sachverständigen ein Ersuchen im Rechtshilfeweg für erforderlich hält; MüKoZPO/*Heinrich* Rn 4; Geimer Rn 441, 445; 2387; als offene Grundsatzfrage beurteilt von BVerfG Beschl v 26.8.09 – 1 BvR 2111/08, Rn 6 – juris). Eine schriftliche Befragung des ausländischen Sachverständigen scheint aber BGH MDR 80, 931 als zulässig anzusehen. Ein Übergriff der hoheitlichen Gerichtstätigkeit auf das fremde Hoheitsgebiet lässt sich wegen der Parallelen zu Ermittlungen durch Augenscheinsgehilfen und der Weisungsunterworfenheit des Sachverständigen ebenfalls nicht leugnen. Dem entspricht letztlich auch § 1073 II, der die Tätigkeit des Sachverständigen als eine gem Art 17 II EuBVO zuzulassende Beweiserhebung im Ausland qualifiziert (Musielak/*Stadler* Rn 14). Wie beim Zeugen muss daher auch hier darauf geachtet werden, die Einwilligung des fremden Staates sicherzustellen (s.a. § 40 ZRHO).

3. Augenschein. Nach einhelliger Auffassung greift eine Augenscheinseinnahme durch das Prozessgericht auf ausländischem Territorium in die Gebietshoheit des fremden Staates ein (MüKoZPO/*Heinrich* Rn 6; Zö/*Geimer* Rn 18). Sie ist daher nur mit Zustimmung des fremden Staates zulässig. Dabei darf sich das Gericht auch nicht der Hilfe Dritter als Augenscheinsgehilfen bedienen. Unbedenklich ist dagegen eine Internet-Recherche, auch wenn die Daten auf Servern im Ausland vorgehalten werden (St/J/*Berger* Rn 14). 26

4. Urkundsbeweis. Während die Aufforderung an die Parteien, Urkunden beizubringen, unabhängig von deren Aufenthaltsort oder Sitz ohne Souveränitätsverletzung zulässig und nach den einschlägigen Verfahrensvorschriften zu behandeln ist (s.o. Rz 20), gelten für die Vorlageanordnungen ggü Dritten die Beschränkungen für Zeugen entsprechend. Auch insoweit darf das Prozessgericht daher nur über eine Zwischenschaltung des fremden Staates an sie herantreten, wobei die Androhung von Zwang von vornherein ausscheidet. Für die Vorlage von Augenscheinsobjekten gilt Entsprechendes. 27

D. Kosten/Gebühren. Für die Prüfung der Ersuchen durch die Prüfungsstellen wird eine Gebühr zwischen 10 und 50 € erhoben (Nr 200 des Gebührenverzeichnisses der Justizverwaltungskostenordnung). Die Regelgebühr beträgt 30 €, § 50 II ZRHO. Dazu kommen Übersetzungskosten gem §§ 8, 11 ff JVEG. Weitere Kosten des Rechtshilfeverkehrs ergeben sich aus den einschlägigen völkerrechtlichen Vereinbarungen, zB Art 14 HBÜ, 16 HÜZ. Es können auch Gebühren und Auslagen für die Tätigkeit der deutschen Vertretungen nach dem AKostG und der AKostV anfallen. Mit Ausnahme etwaiger Auslagen entsteht für den Rechtsanwalt nach Entfallen der Beweisgebühr im RVG keine weitere Gebühr. 28

§ 364 Parteimitwirkung bei Beweisaufnahme im Ausland.

(1) Wird eine ausländische Behörde ersucht, den Beweis aufzunehmen, so kann das Gericht anordnen, dass der Beweisführer das Ersuchungsschreiben zu besorgen und die Erledigung des Ersuchens zu betreiben habe.
(2) Das Gericht kann sich auf die Anordnung beschränken, dass der Beweisführer eine den Gesetzen des fremden Staates entsprechende öffentliche Urkunde über die Beweisaufnahme beizubringen habe.
(3) [1]In beiden Fällen ist in dem Beweisbeschluss eine Frist zu bestimmen, binnen der von dem Beweisführer die Urkunde auf der Geschäftsstelle niederzulegen ist. [2]Nach fruchtlosem Ablauf dieser Frist kann die Urkunde nur benutzt werden, wenn dadurch das Verfahren nicht verzögert wird.
(4) [1]Der Beweisführer hat den Gegner, wenn möglich, von dem Ort und der Zeit der Beweisaufnahme so zeitig in Kenntnis zu setzen, dass dieser seine Rechte in geeigneter Weise wahrzunehmen vermag. [2]Ist die Benachrichtigung unterblieben, so hat das Gericht zu ermessen, ob und inwieweit der Beweisführer zur Benutzung der Beweisverhandlung berechtigt ist.

A. Normzweck. Die Vorschrift eröffnet neben der vom Gericht selbst ausgehenden Amts- und Rechtshilfe die Möglichkeit, der beweisführenden Partei die Beschaffung des Auslandsbeweises aufzuerlegen. Dies wird allerdings nur ausnahmsweise zulässig sein, wenn eine konsularische Beweiserhebung oder eine Rechtshilfe des ausländischen Staates nicht möglich ist oder nicht zum Erfolg führt und der fremde Staat zulässt, dass Parteien bei der Beweiserhebung mitwirken bzw eine solche bewirken können. Dem Gericht steht insoweit kein freies Ermessen zu (BGH NJW-RR 89, 160, 161; s.a. NJW 84, 2039; aA Zö/*Geimer* Rn 1; wohl auch St/J/*Berger* Rn 5, der nur von einem Vorrang der konsularischen Beweiserhebung ausgeht, iÜ aber die Einschätzung genügen lässt, welcher Weg schneller zum Ziel führt). 1

2 **B. Voraussetzungen. I. Anordnung des Gerichts.** Die Anordnung ergeht durch Beweisbeschluss. Sie ist ggü der beweisführenden Partei zu treffen, unabhängig davon, ob diese auch die Beweislast trägt (BGH NJW 84, 2039). Das Gericht muss hierbei prüfen, ob nicht eine konsularische Vernehmung, eine selbst veranlasste Rechtshilfe oder gar eine eigene Beweiserhebung möglich ist und die Mitwirkung der Partei an der Beweiserhebung im fremden Staat zugelassen wird (BGH NJW-RR 89, 160, 161). Dies ist etwa im Geltungsbereich des HÜZ nicht der Fall. Im Geltungsbereich des HBÜ setzt dies eine dahingehende Erklärung gem Art 27 HBÜ voraus (MüKoZPO/*Heinrich* Rn 1; weitergehend Köln NJW 75, 2349, 2350). § 36a ZRHO empfiehlt daher, eine parteibetriebene Beweiserhebung nur anzuordnen, wenn aufgrund bisheriger Erfahrungen oder anderer Umstände damit gerechnet werden kann, dass die Beweisaufnahme auch durchgeführt wird.

3 Inhalt des Beweisbeschlusses kann die Anordnung sein, die beweisführende Partei solle das Ersuchungsschreiben besorgen und für die Erledigung des Ersuchens sorgen, Abs 1. Er kann sich aber auch auf die Verfügung beschränken, dass der Beweisführer eine öffentliche Urkunde über die Beweisaufnahme beizubringen hat, Abs 2. Dagegen darf der Partei nicht auferlegt werden, selbst Zeugen zu vernehmen oder Ermittlungen anzustellen. Die Möglichkeit, schriftliche Äußerungen von Beweispersonen im Wege des Urkundsbeweises zu verwerten (§ 363 Rz 24), wird dadurch nicht berührt. In jedem Fall ist eine Frist zu bestimmen, innerhalb derer die Partei das Beweisprotokoll auf der Geschäftsstelle niederzulegen hat, Abs 3. Die Frist ist so zu bemessen, dass es der Partei unter Einsatz zumutbarer Anstrengungen voraussichtlich möglich ist, die Anordnung zu erfüllen. Für die Folgen des Fristablaufs und ihrer Versäumung kann auf die Ausführungen zu § 356 (Rz 7 f) verwiesen werden. Es ist möglich die Anordnung durch Änderung des Beweisbeschlusses zu treffen, wenn sich herausstellt, dass die ursprünglich beschlossene Rechtshilfe nicht in absehbarer Zeit zum Erfolg führt (BGH NJW 84, 2039). Eine mündliche Verhandlung ist hierfür nicht erforderlich (§ 360 S 2; St/J/*Berger* Rn 7 f).

4 **II. Benachrichtigung des Gegners (Abs 4).** Zur Sicherung der Waffengleichheit und des Grundsatzes der Parteiöffentlichkeit schreibt Abs 4 vor, dass die beweisführende Partei die Gegenseite über Ort und Termin der Beweisaufnahme so zeitig zu informieren hat, dass diese ihre Rechte wahrnehmen, insb an der Beweiserhebung teilnehmen kann. Obwohl dadurch wichtige Verfahrens(grund)rechte der Gegenpartei betroffen sind, stellt das Gesetz die Verwertbarkeit in das Ermessen des Gerichts, sofern diese Mitteilung unterblieben ist. Es hat aber jedenfalls zu prüfen, ob der Gegner an der Beweisaufnahme teilgenommen und durch Fragen, Einwände oder Vorhaltungen das Beweisergebnis in entscheidungserheblicher Weise hätte verändern können. Ist dies nicht auszuschließen, scheidet eine Verwertung grds aus (St/J/*Berger* Rn 13; in diese Richtung auch BGHZ 33, 63, 64 f; großzügiger MüKoZPO/*Heinrich* Rn 3). Die Möglichkeit, Einwände iRd Verhandlung über das Beweisergebnis zu erheben, reicht insoweit nicht aus.

5 **C. Rechtsmittel.** Eine selbständige Anfechtung dieser Anordnungen, insb auch wegen eines Ermessensfehlgebrauchs, scheidet grds aus, es sei denn, die Frist wird so lang bemessen, dass dies einer Verfahrensaussetzung faktisch gleichkommt (Köln NJW 75, 2349; zu Unrecht aA LG Neubrandenburg MDR 96, 1186). Sie können daher im Regelfall nur mit dem Rechtsmittel gegen die abschließende Entscheidung angefochten werden. Dabei kommt auch eine Nichtzulassungsbeschwerde in Betracht, wenn und soweit durch die Anordnung oder die Verwertung eines ohne Teilnahme der Gegenpartei erhobenen Beweises das rechtliche Gehör oder der Grundsatz der Waffengleichheit verletzt und der Verstoß nicht gem § 295 geheilt wurde (vgl § 543 Rz 19).

6 **D. Kosten/Gebühren.** Entstehen einer Partei durch die Teilnahme an der Beweisaufnahme zusätzliche Kosten sind sie idR nach § 91 erstattungsfähig (Kobl ZIP 86, 1407), es sei denn es stünde von vornherein fest, dass die Anwesenheit der Partei nicht zur besseren Klärung der Beweisfragen beitragen könnte (s.o. § 357 Rz 11).

§ 365 Abgabe durch beauftragten oder ersuchten Richter.

[1]Der beauftragte oder ersuchte Richter ist ermächtigt, falls sich später Gründe ergeben, welche die Beweisaufnahme durch ein anderes Gericht sachgemäß erscheinen lassen, dieses Gericht um die Aufnahme des Beweises zu ersuchen. [2]Die Parteien sind von dieser Verfügung in Kenntnis zu setzen.

1 **A. Normzweck.** Im Interesse einer vereinfachten und beschleunigten Erledigung ermöglicht es die Vorschrift dem beauftragten oder ersuchten Richter, die ihm übertragene Beweisaufnahme bei veränderter Sachlage an ein anderes, besser geeignetes Gericht abzugeben, ohne dass nochmals das Prozessgericht entscheiden müsste.

B. Anwendungsbereich und Voraussetzungen. I. Anwendungsbereich. Die Bestimmung regelt nur die Weitergabe von einem inländischen Gericht an ein anderes inländisches Gericht. Der verordnete Richter kann dagegen nicht eigenständig die Beweisaufnahme an ein ausländisches oder eine für die Beweisaufnahme im Ausland zuständige deutsche Behörde delegieren. Nur das Prozessgericht kann über eine Beweisaufnahme im Ausland entscheiden (§ 363 Rz 15). Ebenso wenig gilt die Vorschrift für eine Übertragung von einer ersuchten ausländischen Behörde an die andere. Neben der lex fori ist dies va in den Abkommen über die internationale Rechtshilfe geregelt (Art 7 II EuBVO; Art 6, 9 I HBÜ; Art 12, 14 I HÜZ). Dort ist idR vorgeschrieben, dass das angegangene Gericht die Sache an das zuständige Gericht abzugeben und das ersuchende Gericht darüber zu informieren hat. Meint dagegen ein von einer ausländischen Behörde ersuchtes Gericht, es sei örtlich nicht zuständig, gibt sie das Ersuchen an das zuständige Gericht ab und erteilt sowohl der Prüfungsstelle wie der ausländischen Behörde Nachricht, §§ 9, 58 I ZRHO. 2

II. Voraussetzungen. Gründe iSd Vorschrift sind nicht nur Umstände, die nach Erlass des Beweisbeschlusses entstanden sind, sondern auch solche, die zu diesem Zeitpunkt vorlagen, aber dem Prozessgericht nicht bekannt waren – zB die richtige Adresse des bereits bei Erlass des Beweisbeschlusses umgezogenen Zeugen (allgM, etwa St/J/*Berger* Rn 2). Dagegen reicht es nicht, wenn der ersuchte Richter die Gründe, die das Prozessgericht zu seinem Ersuchen veranlasst haben, nur anders bewertet. Sonst könnte die Verpflichtung, Rechtshilfe zu leisten, leicht unterlaufen werden. Ist der ersuchte Richter dagegen verhindert, gilt nicht § 365 sondern § 36 Nr 1 (RGZ 44, 394 f). 3

Die Parteien müssen vor der Weitergabe nicht gehört werden. § 365 S 2 schreibt nur eine nachträgliche Mitteilung vor, die formlos ergehen kann. Darüber hinaus ist aber auch das Prozessgericht in Kenntnis zu setzen (MüKoZPO/*Heinrich* Rn 4). 4

C. Rechtsbehelfe. Grundsätzlich ist die Weitergabe unanfechtbar. Nur wenn das ersuchende Gericht das zunächst angegangene Gericht an dem Ersuchen festhalten will, liegt in der Weitergabe auch eine Ablehnung des Ersuchens. Sie ist gem § 159 GVG anfechtbar (MüKoZPO/*Heinrich* Rn 5; St/J/*Berger* Rn 5; aA Zö/*Greger* Rn 1). 5

§ 366 Zwischenstreit.

(1) Erhebt sich bei der Beweisaufnahme vor einem beauftragten oder ersuchten Richter ein Streit, von dessen Erledigung die Fortsetzung der Beweisaufnahme abhängig und zu dessen Entscheidung der Richter nicht berechtigt ist, so erfolgt die Erledigung durch das Prozessgericht.

(2) Der Termin zur mündlichen Verhandlung über den Zwischenstreit ist von Amts wegen zu bestimmen und den Parteien bekannt zu machen.

A. Normzweck. Die Vorschrift weist – ohne allerdings selbst die Abgrenzung vorzunehmen – auf die unterschiedlichen Entscheidungsbefugnisse von verordnetem Richter und Prozessgericht hin und betont die fortbestehende Zuständigkeit des Prozessgerichts für das Verfahren, soweit dem beauftragten und ersuchten Richter keine eigenständigen Entscheidungsbefugnisse zuwachsen. 1

B. Abgrenzung der Entscheidungszuständigkeiten. I. Prozessgericht. IdR hat das Prozessgericht über die Streitigkeiten zu entscheiden, von denen die Fortsetzung der Beweisaufnahme und damit letztlich des Verfahrens abhängt. Ausdrücklich ist dies in §§ 387, 389 für die Berechtigung einer Zeugnisverweigerung und in §§ 402, 408 iVm §§ 387, 389 für die Berechtigung einer Gutachtensverweigerung geregelt. Es entscheidet aber auch über die Zulässigkeit von Fragen gem §§ 397 III, 398 II und die Zulässigkeit einer schriftlichen Zeugenaussage nach § 377 III. Das Prozessgericht kann auch die Beeidigung eines Zeugen erzwingen, § 391. 2

II. Beauftragter oder ersuchter Richter. Dem verordneten Richter werden eigene Befugnisse für die Verfügungen bei Nichterscheinen eines Zeugen oder Sachverständigen eingeräumt, §§ 400, 402. Er kann auch vorläufig über die Zulässigkeit einer Frage entscheiden oder die nochmalige Vernehmung eines Zeugen durchführen, § 400. Wurde er zur Benennung des Sachverständigen ermächtigt (§ 405), ist er auch für die Entscheidung über dessen Ablehnung zuständig, § 406 II, IV. Darüber hinaus ist er zu allen Entscheidungen befugt, die die Ausführung des ihm übertragenen Auftrags betreffen, mithin die Bestimmung von Terminen und Fristen gem § 229 mit Ausnahme der Fristsetzung nach § 356, die Änderung des Beweisbeschlusses iRd § 360 S 3 und die Entscheidung über die Weitergabe des Auftrags nach § 365. Ebenso hat er die Sit- 3 zungsgewalt und die damit verbundene Befugnis inne, Ordnungsstrafen zu verhängen, § 180 GVG. Aus Gründen der Prozessökonomie wird man ihm auch die Entscheidung über die Beeidigung zubilligen müssen, soweit sich dem Beweisbeschluss nichts Gegenteiliges entnehmen lässt. Denn er kann deren Gebotenheit aufgrund des Aussageverhaltens des Zeugen und des Beweisthemas beurteilen (St/J/*Berger* § 391 Rn 16; MüKoZPO/*Damrau* Rn 7; aA Zö/*Greger* Rn 6; MüKoZPO/*Heinrich* Rn 6).

4 **C. Verfahrensfragen. I. Verfahren.** Ist aus Sicht des verordneten Richters ein Zwischenstreit durch das Prozessgericht zu entscheiden, soll er die Beweisaufnahme soweit durchführen als dies ungeachtet des Zwischenstreits möglich ist. Sodann hat er das Protokoll bzw die Verfahrensakten dem Prozessgericht mit einer Darstellung des Zwischenstreits vorzulegen. Dieses terminiert die mündliche Verhandlung über den Zwischenstreit und gibt den Termin den Parteien bekannt, Abs 2. Soweit Zeugen und Sachverständige anzuhören sind, sind sie vAw zu laden, im Fall des § 389 (Zeugnisverweigerung) auch die Parteien. Mit Ausnahme der §§ 389, 402 hat das Gericht nicht Bericht zu erstatten. Vielmehr haben die Parteien zu den streitigen Punkten vorzutragen. Die Entscheidung ergeht durch Zwischenurteil (§ 303), wenn die Beweisaufnahme durch den verordneten Richter fortgesetzt werden soll oder Dritte (Zeugen oder Sachverständige) betroffen sind. Soll das Verfahren vor dem Prozessgericht fortgesetzt werden, kann es auch den Beweisbeschluss abändern, die noch nicht ausgeführte Beweisaufnahme vollenden und über den Zwischenstreit im Endurteil entscheiden (MüKoZPO/*Heinrich* Rn 3). Bei Säumnis einer Partei kann beschränkt auf den Zwischenstreit Versäumnisurteil gem § 347 ergehen.

5 **II. Rechtsbehelfe.** Gegen die Festsetzung von Ordnungsmitteln durch den beauftragten oder ersuchten Richter steht die Beschwerde nach § 181 GVG offen. Gegen andere Entscheidungen ist zunächst Erinnerung zum Prozessgericht nach § 573 I einzulegen. Gegen Entscheidungen des Prozessgerichts 1. Instanz über die Erinnerung kann dann sofortige Beschwerde erhoben werden, § 573 II. Das Zwischenurteil ist grds unanfechtbar. Soweit über eine Zeugnis- oder eine Gutachtensverweigerung entschieden wurde, ist eine sofortige Beschwerde statthaft, §§ 387 III, 402.

§ 367 Ausbleiben der Partei.

(1) Erscheint eine Partei oder erscheinen beide Parteien in dem Termin zur Beweisaufnahme nicht, so ist die Beweisaufnahme gleichwohl insoweit zu bewirken, als dies nach Lage der Sache geschehen kann.

(2) Eine nachträgliche Beweisaufnahme oder eine Vervollständigung der Beweisaufnahme ist bis zum Schluss derjenigen mündlichen Verhandlung, auf die das Urteil ergeht, auf Antrag anzuordnen, wenn das Verfahren dadurch nicht verzögert wird oder wenn die Partei glaubhaft macht, dass sie ohne ihr Verschulden außerstande gewesen sei, in dem früheren Termin zu erscheinen, und im Falle des Antrags auf Vervollständigung, dass durch ihr Nichterscheinen eine wesentliche Unvollständigkeit der Beweisaufnahme veranlasst sei.

1 **A. Normzweck.** Die Bestimmung schreibt im Interesse der Verfahrensbeschleunigung und Prozessökonomie, aber auch mit Rücksicht auf die geladenen und erschienenen Zeugen oder Sachverständigen vor, dass eine Beweisaufnahme auch dann soweit wie möglich durchzuführen ist, wenn eine oder gar beide Parteien den Termin zur Beweisaufnahme nicht wahrnehmen. Sie schränkt mithin den Grundsatz der Parteiöffentlichkeit ein. Abs 2 korrigiert diese gravierende Einschränkung für den Fall, dass eine (tw) Wiederholung der Beweisaufnahme das Verfahren nicht verzögert oder die Partei am ersten Termin schuldlos nicht teilgenommen hat.

2 **B. Voraussetzungen und Folgen. I. Nichterscheinen der Parteien.** § 367 I setzt voraus, dass beiden Parteien Zeit und Ort der Beweisaufnahme ordnungsgemäß mitgeteilt wurden. Nur dann ist die Beweisaufnahme unbeschadet dessen durchzuführen, dass eine oder beide Parteien nicht erschienen sind. Anderenfalls ist sie auf Rüge der nicht ordnungsgemäß informierten Partei zu wiederholen (RG JW 1907, 392; St/J/*Berger* Rn 1). Dies gilt für Beweisaufnahmen vor dem Prozessgericht wie für solche durch den verordneten Richter und in gleicher Weise für vorterminliche (§ 358a) wie spätere Beweisaufnahmen.

3 Eine sofortige Beweisaufnahme darf auch dann durchgeführt werden, wenn das Gericht lediglich eine Anordnung nach § 273 II Nr 4 getroffen hat und die Parteien gem § 273 IV 1 benachrichtigt wurden. Wurde insoweit nicht schon ein Beweisbeschluss nach § 358a erlassen, kann das Gericht in dem so vorbereiteten Termin noch einen Beweisbeschluss nach Lage der Akten verkünden (§§ 251a, 331a). Dieser setzt ebenfalls keine vorherige mündliche Verhandlung voraus (§ 251a Rz 3; St/J/*Berger* Rn 2; aA Wieczorek/

Wieczorek Anm A I b). Schließt sich an die Beweisaufnahme die mündliche Verhandlung an, kann ein Urt nach Lage der Akten ergehen, bei dem die Beweisaufnahme ebenfalls verwertet werden kann (BGH NJW 02, 301, 302; § 370 Rz 7).

Die nicht anwesende Partei wird in der Folge mit ihren Mitwirkungs- und Fragemöglichkeiten, die sie bei der Beweisaufnahme hätte ausüben können, in dieser Instanz ausgeschlossen. Kann die Beweisaufnahme wegen des Fehlens der Partei nicht durchgeführt, zB eine von ihr vorzulegende Urkunde oder ein Augenscheinsobjekt nicht eingesehen werden, hängen die Folgen davon ab, ob sie Beweisführerin ist oder auf der Gegenseite steht. Im ersten Fall wird sie gem § 230 mit diesem Beweismittel ausgeschlossen. Im zweiten Fall ist das Ausbleiben der Partei vom Gericht unter dem Gesichtspunkt der Beweisvereitelung zu würdigen; s. aber auch §§ 371 II, III, 427. Bleibt die zu vernehmende Partei dem Termin fern, gilt § 454. 4

II. Nachholung und Vervollständigung der Beweisaufnahme (Abs 2). Die Beweisaufnahme ist auch bei schuldhaftem Fehlen der Partei auf Antrag nachzuholen, wenn das **Verfahren** dadurch **nicht verzögert** wird. Hierfür gelten die allgemeinen Grundsätze, wie sie zu § 296 entwickelt wurden (s. dazu § 296 Rz 14 ff). Das Gericht entscheidet nach seiner freien Überzeugung. 5

Ist eine Verzögerung zu erwarten, kommt eine Nachholung oder Vervollständigung nur in Betracht, wenn die Partei und ihr Prozessbevollmächtigter glaubhaft machen, dass sie an der Versäumung des früheren Termins **kein Verschulden** trifft. Hierfür ist eine konkrete Schilderung der Umstände erforderlich, die dazu geführt haben, dass sie den Termin trotz ordnungsgemäßer Mitteilung nicht wahrnehmen konnten. Wird nur eine Vervollständigung der Beweisaufnahme beantragt, muss darüber hinaus glaubhaft gemacht werden, dass die Beweiserhebung gerade aufgrund ihres Fehlens in wesentlichen Punkten unvollständig geblieben ist. Dies wird etwa bei Zeugenvernehmungen oder Sachverständigenanhörungen Vortrag dazu erfordern, welche Fragen gestellt worden wären und wie diese Fragen das Beweisergebnis hätten verändern können. 6

Nach überwiegender Ansicht ist die Beweisaufnahme unabhängig davon nachzuholen, wenn die **Gegenseite zustimmt**. Die Vereinfachungsnovelle ließ den Wortlaut des § 367 unverändert. Daraus wird man den Willen des Gesetzgebers entnehmen können, die bis dahin herrschende Rechtspraxis bestehen zu lassen (St/J/*Berger* Rn 8; Zö/*Greger* Rn 2; aA MüKoZPO/*Heinrich* Rn 6; Musielak/*Stadler* Rn 6). 7

III. Verfahren. Der **Antrag** auf Nachholung oder Vervollständigung ist, auch wenn die Beweisaufnahme vor dem beauftragten oder ersuchten Richter stattfinden soll, **beim Prozessgericht** zu stellen. Der verordnete Richter darf über diesen Antrag nicht entscheiden (Nürnbg OLGZ 76, 480 f). Dieser kann aber vAw einen weiteren Beweistermin durchführen, wenn er meint, die Beweisaufnahme sei aufgrund des Fehlens der Partei nicht erschöpfend gewesen und deshalb das Ersuchen noch nicht vollständig erledigt. Die Antragstellung muss vor Schluss der mündlichen Verhandlung erfolgen. Wurde der abwesenden Partei dagegen der Beweistermin nicht ordnungsgemäß zur Kenntnis gebracht, muss sie dies spätestens in der folgenden mündlichen Verhandlung rügen, damit der Verstoß gegen die Parteiöffentlichkeit nicht gem § 295 geheilt wird. Auch nach der Heilung bleibt ihr jedoch noch ein Antrag auf Vervollständigung der Beweisaufnahme nach § 367 II (BGH LM StVO § 13 Nr 7). 8

Lässt das Gericht den Antrag zu, entscheidet es durch Beweisbeschluss aufgrund mündlicher Verhandlung. Eine Zurückweisung des Antrags kann entweder durch Zwischenurteil oder im Endurteil ausgesprochen werden. Anfechtbar ist aber nur letzteres. 9

§ 368 Neuer Beweistermin. **Wird ein neuer Termin zur Beweisaufnahme oder zu ihrer Fortsetzung erforderlich, so ist dieser Termin, auch wenn der Beweisführer oder beide Parteien in dem früheren Termin nicht erschienen waren, von Amts wegen zu bestimmen.**

A. Normzweck. Die Vorschrift ist Konsequenz dessen, dass der Beweisbeschlusses bis zu seiner vollständigen Erledigung im **Amtsbetrieb** auszuführen ist. Prozessgericht wie ersuchter oder beauftragter Richter haben daher weitere Termine zur Beweisaufnahme vAw zu bestimmen, wenn sie etwa wegen Nichterscheinens eines Zeugen nicht oder nur zT durchgeführt werden konnte. Die Vorschrift stellt klar, dass das Ausbleiben einer oder beider Parteien daran nichts ändert. Jedenfalls soweit die Beweiserhebung nicht aufgrund der Abwesenheit der Parteien verhindert wurde, ist sie unbeschadet des § 367 vAw fortzusetzen. Daher sind auch §§ 251a, 330 ff erst nach vollständiger Ausführung des Beweisbeschlusses und dem daran anschließenden Eintritt in die mündliche Verhandlung anwendbar. 1

2 **B. Verfahren.** Der neue Termin ist zu verkünden. Insoweit ist eine Ladung entbehrlich, aber zweckmäßig, sofern die Parteien schon zu dem Verkündungstermin geladen waren, § 218. Unterblieb die Verkündung oder muss der Termin verlegt werden, ist die Terminsbestimmung förmlich zuzustellen, § 329 II 2. Termine vor dem verordneten Richter können formlos mitgeteilt werden, § 357 II.

§ 369 Ausländische Beweisaufnahme.

Entspricht die von einer ausländischen Behörde vorgenommene Beweisaufnahme den für das Prozessgericht geltenden Gesetzen, so kann daraus, dass sie nach den ausländischen Gesetzen mangelhaft ist, kein Einwand entnommen werden.

1 **A. Normzweck.** Während §§ 363, 364 regeln, auf welchem Weg Beweise im Ausland zu erheben sind, betrifft § 369 die verfahrensrechtlichen Voraussetzungen, unter denen der im Ausland erhobene Beweis verwertet werden kann. Die Vorschrift folgt dem Grundsatz, dass sich die Förmlichkeiten der Beweisaufnahme nach dem Recht bestimmen, das für die ausführende Behörde gilt (lex fori). Dieses Prinzip liegt etwa auch Art 9 I HBÜ, Art 14 I HÜZ und Art 10 II EuBVO zugrunde. Die Verwertung und Würdigung des Beweises ist jedoch nach deutschem Recht vorzunehmen (vgl etwa Bremen NJW-RR 09, 876, 877; BGH NJW 00, 3088, 3089 für die Verpflichtung, einen Zeugen persönlich anzuhören oder auf eine ergänzende Befragung hinzuwirken, um dessen Glaubwürdigkeit beurteilen zu können).

2 **B. Norminhalt.** § 369 regelt seinem Wortlaut nach nur den Fall, dass die ausländische Behörde bei der Beweisaufnahme für sie maßgebliche Verfahrensvorschriften nicht beachtet hat, sie aber deutschem Verfahrensrecht entspricht, weil dieses die verletzte ausländische Förmlichkeit nicht vorschreibt. Entsprechend des lex-fori-Prinzips kann die Beweisaufnahme aber auch dann verwertet werden, wenn sie zwar nicht dem deutschen Recht, wohl aber dem maßgeblichen ausländischen Recht entsprochen hat (vgl BGHZ 33, 63, 64 f; *Grunsky* ZZP 76, 241, 245). § 369 ist daher ein **Meistbegünstigungsprinzip** zu entnehmen. Es führt dazu, dass der jeweils niedrigere Verfahrensstandard maßgeblich ist. Stellt allerdings das deutsche Recht höhere Anforderungen, wird der Beweis besonders sorgfältig und krit zu würdigen sein.

3 Widerspricht die Beweisaufnahme hingegen sowohl dem ausländischen wie dem deutschen Verfahrensrecht, darf der Beweis grds nicht verwertet werden. Dies ist aber von den Parteien rechtzeitig zu rügen, da sonst Heilung gem § 295 eintritt (RG JW 1893, 135; § 295 Rz 7). Soweit man mit dem BGH (BGHZ 33, 63, 64 f; aA Musielak/*Stadler* Rn 6) auch eine solche fehlerhafte Beweiserhebung iR freier Beweiswürdigung für verwertbar hält, kann dies bei rechtzeitiger Rüge allenfalls gelten, soweit keine Nachholung oder Vervollständigung der fehlerhaften oder unvollständigen Beweiserhebung möglich ist (St/J/*Berger* Rn 2; s.a. BGH NJW 90, 3088, 3089 f). Der Verfahrensfehler kann nur mit dem Rechtsmittel gegen das darauf beruhende Urt angefochten werden.

§ 370 Fortsetzung der mündlichen Verhandlung.

(1) **Erfolgt die Beweisaufnahme vor dem Prozessgericht, so ist der Termin, in dem die Beweisaufnahme stattfindet, zugleich zur Fortsetzung der mündlichen Verhandlung bestimmt.**

(2) [1]**In dem Beweisbeschluss, der anordnet, dass die Beweisaufnahme vor einem beauftragten oder ersuchten Richter erfolgen solle, kann zugleich der Termin zur Fortsetzung der mündlichen Verhandlung vor dem Prozessgericht bestimmt werden.** [2]**Ist dies nicht geschehen, so wird nach Beendigung der Beweisaufnahme dieser Termin von Amts wegen bestimmt und den Parteien bekannt gemacht.**

1 **A. Normzweck.** Abs 1 der Vorschrift soll den Unmittelbarkeitsgrundsatz (§ 355) verfahrensrechtlich dahin gewährleisten, dass die mündliche Verhandlung im Anschluss an die gerade durchgeführte Beweisaufnahme und unter ihrem Eindruck weiter- und wenn möglich erschöpfend fortgeführt wird (BGH WM 77, 948 f). Dazu setzt er den gesetzlichen Regelfall, dass sich an den Beweisaufnahmetermin Termin zur mündlichen Verhandlung anschließt. Für den Haupttermin ergibt sich dies schon aus § 279. Abs 2 regelt die Terminsbestimmung in den Fällen, in denen die Beweiserhebung nicht vor dem Prozessgericht stattfindet.

2 **B. Beweis- und Verhandlungstermin. I. Abgrenzung von Beweisaufnahme und mündlicher Verhandlung.** Nach Abs 1 ist grds jeder Beweistermin vor dem Prozessgericht auch zur Fortsetzung der mündlichen Verhandlung bestimmt. Es bedarf dazu keiner ausdrücklichen Anordnung des Gerichts. Wird sie gleichwohl getroffen, schadet sie aufgrund ihres nur deklaratorischen Charakters nicht. Dies gilt auch, wenn der Beweistermin außerhalb des Gerichtsgebäudes stattfindet (§ 219 I), insb also ein Augenschein am

Ort des Augenscheinobjektes einzunehmen ist. Die Vorschrift verbietet allerdings nicht, dass das Gericht einen Termin allein zur Beweisaufnahme bestimmt. Dies kann auch in der Weise geschehen, dass es sich vorbehält, einen Termin zur Fortsetzung der mündlichen Verhandlung nach Abschluss der Beweisaufnahme zu bestimmen (St/J/*Berger* Rn 1). Davon sollte jedoch nur im Ausnahmefall Gebrauch gemacht werden, etwa wenn es sich um eine umfangreiche oder/und komplexe Beweisaufnahme handelt und die Parteien und ihre Vertreter erwartungsgemäß nicht sofort abschließend dazu Stellung nehmen können, sondern der Rücksprache bedürfen.

Stellt sich während oder nach der Beweiserhebung heraus, dass die Parteien nicht abschließend zu dem Beweisergebnis Stellung nehmen können, ist auf ihren Antrag zu vertagen bzw Schriftsatzfrist einzuräumen, weil ihnen sonst nicht in ausreichender Weise rechtliches Gehör gewährt wird (BGH WM 77, 948 f). Dies kann etwa der Fall sein, wenn während der Beweisaufnahme neue, bislang nicht berücksichtigte und nicht erwartete Umstände zu Tage getreten sind, der Inhalt einer fremdsprachigen Urkunde wegen mangelhafter Übersetzung von der dieser Fremdsprache nicht mächtigen Partei nicht sicher nachvollzogen werden kann (BGH WM 77, 948 f) und deshalb Rücksprache oder weitere Ermittlungen erforderlich erscheinen. Gleiches dürfte gelten, wenn die Ausführungen eines Sachverständigen von der selbst nicht fachkundigen Partei nicht nachgeprüft werden können und sie sich deshalb sachkundiger Unterstützung bedienen muss (vgl BGHZ 164, 330, 335; 159, 245, 253). Ansonsten können Vertagungsanträge der Parteien nur iRd § 227 Erfolg haben. 3

Die mündliche Verhandlung beginnt nicht, ehe die Beweisaufnahme erledigt ist, dh alle im Beweisbeschluss vorgesehenen Beweiserhebungen abgeschlossen oder ganz oder tw tatsächlich oder aus Rechtsgründen nicht mehr durchführbar sind; sei es weil eine Partei, von deren Mitwirkung die Beweiserhebung abhängt, nicht erschienen ist, der Auslagenvorschuss nicht einging oder das Beweismittel nicht mehr vorhanden oder erreichbar ist. Das Gericht kann auch den Beweisbeschluss aufheben (§ 360 Rz 3) oder die beweisführende Partei auf das Beweismittel verzichten. Ist die Beweiserhebung aber nur für diesen Termin verhindert, weil etwa der geladene Zeuge oder Sachverständige nicht erscheint, ist neuer Beweistermin vAw zu bestimmen (§ 368). Erst an diesen neuen Termin kann sich dann die mündliche Verhandlung anschließen (MüKoZPO/*Heinrich* Rn 3). 4

II. Versäumnisurteil. Erst ab Beginn der mündlichen Verhandlung kann Versäumnisurteil ergehen. Tritt die Partei während der Beweisaufnahme nicht auf, ist diese gleichwohl durchzuführen, soweit dies ohne deren Mitwirkung möglich ist (§ 367). Erst wenn die Partei auch nach deren Abschluss noch nicht erschienen ist, kann Versäumnisurteil beantragt und erlassen werden (vgl BGH NJW 02, 301, 302; Frankf OLGR 92, 226, 227; anders, wenn es sich um einen Haupttermin iSd § 279 II handelt, bei dem schon vor Beginn der Beweisaufnahme zur Sache verhandelt wurde, BGHZ 63, 94, 95). Ist der erschienene Kl auch Beweisführer kann er die Beweiserhebung durch seinen Verzicht auf das Beweismittel abkürzen und in der sodann beginnenden mündlichen Verhandlung Versäumnisurteil beantragen. Dabei ist aufgrund der Geständnisfiktion des § 331 auch ohne Beweiserhebung von seinem Sachvortrag auszugehen (§ 331 Rz 11 ff). Erst recht kann der Bekl auf diese Weise ein klagabweisendes Versäumnisurteil gegen den säumigen Kl erreichen, da dieses ohne Sachprüfung ergeht (BGHZ 35, 338, 341; § 330 Rz 15). Wird das Verfahren auf Einspruch der Gegenpartei fortgesetzt, wird der erklärte Verzicht auf das Beweismittel hinfällig. Es darf nicht nach § 296 zurückgewiesen werden. Dies ergibt sich zum einen aus § 342. Danach wird das Verfahren in das Stadium vor Eintritt der Säumnis, also vor dem Nichtauftreten der säumigen Partei (BGH NJW 93, 861, 862; aA § 342 Rz 7) zurückversetzt. Selbst wenn man dem nicht folgte, hat die erschienene Partei aber mit ihrem Verzicht nicht gegen ihre Prozessförderungspflicht verstoßen, sondern angemessen auf die durch die Säumnis der anderen Partei entstandene Verfahrenslage reagiert (St/J/*Berger* Rn 5). 5

Wurde dagegen Beweis erhoben, stellt sich die Frage, inwieweit das Beweisergebnis bei der Entscheidung über das Versäumnisurteil zu verwerten ist. Grundsätzlich ist eine Verwertung des Beweisergebnisses hierbei nicht zulässig. Bei Säumnis des Kl findet keine Sachprüfung statt (s.o. Rz 5). Bei Säumnis des Bekl greift die Geständnisfiktion des § 331 II ein. Diese entfällt nicht schon, wenn das Gericht aufgrund der durchgeführten Beweisaufnahme ernsthafte Zweifel an der klägerischen Sachverhaltsdarstellung hat, sondern erst, wenn es davon überzeugt ist, dass er bewusst wahrheitswidrig vorgetragen hat (§ 331 Rz 14; MüKoZPO/*Heinrich* Rn 5). *Berger* (St/J Rn 6), der meint, diese Abgrenzung finde in der ZPO keine Grundlage, übersieht, dass auch ein kollusiv abgegebenes Geständnis die Wirkung des § 288 nicht entfalten kann und sittenwidriges Verhalten auch im Prozess nicht anerkannt werden darf. Liegen die Voraussetzungen für ein Versäumnisurteil nicht vor, wird idR zu vertagen sein, §§ 335, 337. 6

7 **III. Entscheidung nach Aktenlage.** Wird Versäumnisurteil nicht beantragt oder sind beide Parteien säumig, kann eine Entscheidung nach Aktenlage ergehen, §§ 251a, 331a. Dabei ist das Ergebnis der Beweisaufnahme zu berücksichtigen (BGH NJW 02, 301, 302). Ist das Beweisergebnis der anwesenden Partei günstig, kann sie ggf auf diesem Weg eine für sie positive Endentscheidung erreichen.

8 **C. Terminsbestimmung nach Abs 2.** Die Möglichkeit, bereits im Beweisbeschluss, der die Beweiserhebung durch den kommissarischen Richter anordnet, Termin zur Fortsetzung der mündlichen Verhandlung zu bestimmen (S 1), ist wenig praktikabel, weil idR nicht sicher eingeschätzt werden kann, wann die Beweisaufnahme abgeschlossen sein wird. Im Regelfall wird daher nach S 2 Termin vAw zu bestimmen sein, wenn die Beweisaufnahme beendet ist. Die Terminsbestimmung ist nach § 329 II 2 förmlich zuzustellen. Dabei ist die Ladungsfrist des § 217 einzuhalten (RGZ 81, 321, 323).

Titel 6 Beweis durch Augenschein

§ 371 Beweis durch Augenschein. (1) [1]**Der Beweis durch Augenschein wird durch Bezeichnung des Gegenstandes des Augenscheins und durch die Angabe der zu beweisenden Tatsachen angetreten.** [2]**Ist ein elektronisches Dokument Gegenstand des Beweises, wird der Beweis durch Vorlegung oder Übermittlung der Datei angetreten.**

(2) [1]**Befindet sich der Gegenstand nach der Behauptung des Beweisführers nicht in seinem Besitz, so wird der Beweis außerdem durch den Antrag angetreten, zur Herbeischaffung des Gegenstandes eine Frist zu setzen oder eine Anordnung nach § 144 zu erlassen.** [2]**Die §§ 422 bis 432 gelten entsprechend.**

(3) Vereitelt eine Partei die ihr zumutbare Einnahme des Augenscheins, so können die Behauptungen des Gegners über die Beschaffenheit des Gegenstandes als bewiesen angesehen werden.

1 **A. Normzweck.** Zweck der Norm ist es, dem Grundsatz der Unmittelbarkeit der Beweisaufnahme nachzukommen. Der Augenschein wird dem Gericht praktisch immer einen unmittelbareren Eindruck von dem Beweisgegenstand verschaffen als andere Methoden der Beweiserhebung, insb die Schilderung bestimmter Zustände durch Zeugen. § 144 I 1 eröffnet dem Gericht die Möglichkeit, nach seinem Ermessen vAw die Einnahme eines Augenscheins anzuordnen (vgl § 144 Rz 3). Dagegen ist der Augenschein iSd § 371 I 1 ein echtes Beweismittel der Partei (Musielak/*Huber* § 371 Rn 1), mit der Folge, dass er, sofern er ordnungsgemäß beantragt ist, auch nur unter den allgemeinen Voraussetzungen abgelehnt werden kann (s.u. Rz 8).

2 **B. Die einzelnen Tatbestandsvoraussetzungen. I. Inhaltlich. 1. Sinneswahrnehmung.** Der »Augenschein« erfolgt nicht nur durch Sehen, sondern durch alle Sinne, also auch durch Gehör (zB Anhören von Lärmquellen; Abspielen von Musikstücken zur Feststellung von Urheberrechtsverletzungen), Geruch (zB iRv § 906 I BGB: Zuführung von Gasen, Dämpfen und Gerüchen auf ein Grundstück), Geschmack (zB von Lebensmitteln) oder durch den Tastsinn (zB zur Ermittlung der Qualität von Materialien). In der Lebenswirklichkeit wird Hauptanwendungsfall des Augenscheins jedoch der sog »Ortstermin«, also die Besichtigung einer Gegebenheit außerhalb des Gerichtsgebäudes zur Feststellung entscheidungsrelevanter Tatsachen sein.

Sofern es bei der Augenscheinseinholung nicht um den Gesichtssinn selbst geht, kann auch ein blinder Richter sich dieses Beweismittels ohne Weiteres bedienen. Bedenklich erscheint dagegen die Auffassung, auch ohne eine formelle Übertragung der Beweisaufnahme auf einen sehenden Richter (§ 375 II) könnten die sehenden Mitglieder eines Spruchkörpers dem blinden Kollegen das Ergebnis eines Augenscheins vermitteln (Frankf MDR 10, 1015, Rn 8).

3 **2. Abgrenzung.** Von den anderen Beweismitteln ist der Augenschein dadurch abzugrenzen, dass hierbei eine Person oder (häufiger) eine Sache sinnlich wahrgenommen wird und nicht nur (wie insb bei Urkunden und Zeugenaussagen) ein Gedankeninhalt wiedergegeben wird. Unterscheidet sich also der Augenscheinsbeweis vom Urkundenbeweis dadurch, dass bei letzterem nicht eigentlich die äußere Erscheinung der Urkunde, sondern vielmehr die in ihr verkörperte Gedankenerklärung Gegenstand der Feststellung ist, so können äußere Merkmale der Urkunde sehr wohl Gegenstand des Augenscheinsbeweises sein (Musielak/*Huber* § 371 Rn 5), etwa wenn sie zur Feststellung des Alters der Urkunde dienen sollen. Ebenso kann ein Zeuge (Zö/*Greger* § 371 Rn 2) oder die Partei (*Diercks-Harms* MDR 11, 462, 466) zum Gegenstand des Augenscheinsbeweises werden, etwa wenn es um das Aussehen der Person geht. Ein von einem Sachver-

ständigen eingeholter Augenschein (zB in Verkehrssachen: Besichtigung einer Unfallstelle oder eines beschädigten Fahrzeuges) bleibt Sachverständigen-, nicht Augenscheinsbeweis, sofern nicht der Sachverständige als bloßer Augenscheinsgehilfe des Gerichts eingesetzt wird (Musielak/*Huber* § 371 Rn 5, ein im wirklichen Leben praktisch nicht vorkommender Fall, weil es stets auch um die besondere Sachkunde des Sachverständigen gehen wird.)

3. Beweislast. Die Beweislast für die Echtheit oder Identität des Augenscheinsobjektes trägt der Beweisführer (Musielak/*Huber* § 371 Rn 6), sofern es sich nicht um einen nach § 144 angeordneten Augenschein handelt, bei dem die allgemeinen Beweislastregeln gelten. Die Beweislast trifft also denjenigen, der sich auf eine für ihn günstige Tatsache beruft, zu deren Feststellung der Augenschein dienen soll. 4

4. Beweiswürdigung. Die Würdigung des Beweiswertes eines einmal eingeholten Augenscheins obliegt dem erkennenden Gericht mit der Folge, dass weitere Instanzen – wie bei anderen Beweismitteln auch (vgl § 398 Rz 4) – dem Beweisergebnis keine andere Bedeutung zuerkennen dürfen, wenn sie den Augenschein nicht selbst erneut einholen (BGH NJW-RR 86, 190, 191; KG NJW-RR 94, 599, 601). 5

II. Formell. 1. Beweisantritt. Schon die Formulierung des § 371 zeigt, dass es sich dabei um ein Beweismittel handelt, das durch förmlichen Antritt (§ 371 I 1), also durch antragsmäßige Benennung von Thema und Objekt in den Prozess eingeführt wird, sofern der Augenschein nicht vAw angeordnet wird gem. § 144 I. Der in Augenschein zu nehmende Gegenstand ist in dem Beweisantrag exakt zu bezeichnen, und zwar auch hinsichtlich des Ortes, an dem er besichtigt werden kann (BFH 23.5.08, IX B 17/08 Rn 1). 6

2. Beweisanregung. Liegt ein förmlicher Beweisantrag nicht vor, wird von einer Anregung auf Einholung eines Augenscheins gem § 144 auszugehen sein. 7

3. Ablehnung von Beweisanträgen. Aus dem Charakter des Augenscheins als echtes Beweismittel folgt des Weiteren, dass seine Einholung nur unter den für alle Beweisanträge geltenden Voraussetzungen abgelehnt werden kann (s. § 284 Rz 38), oder wenn er nach dem pflichtgemäßen Ermessen des Gerichts zur Erforschung der Wahrheit nicht erforderlich ist (§ 244 V StPO in analoger Anwendung). Dies ist etwa dann der Fall, wenn sich das Gericht über das Augenscheinsobjekt dadurch verlässlich Gewissheit verschafft, dass die Parteien Lichtbilder vorlegen, deren Aussagekraft der Gegner nicht oder nicht ausreichend substanziiert bestreitet (Zö/*Greger* § 371 Rn 4). Außerdem ist der beantragte Augenschein auch dann abzulehnen, wenn seine Einholung unzulässig ist (§ 244 III 1 StPO analog). Letzteres kommt etwa dann in Betracht, wenn bei der Beschaffung des Beweismittels gegen Strafgesetze oder gegen das gem §§ 823, 1004 BGB zu schützende Selbstbestimmungsrecht verstoßen wurde, also zB bei heimlichen Tonbandaufnahmen, die unerlaubt aufgezeichnet und nunmehr im Zivilprozess im Wege des Augenscheins angehört werden sollen. Problematisch hierbei ist, dass nicht aus jedem Verstoß gegen anderweitige Vorschriften gleichsam automatisch ein Beweisverwertungsverbot erwächst. Vielmehr wird unter Anwendung der in der Rechtsprechung entwickelten Grundsätze eine Abwägung danach vorzunehmen sein, inwieweit durch die Beweisgewinnung in die Privatsphäre des Betroffenen eingegriffen wird (Musielak/*Huber* § 371 Rn 16; BGH NJW 88, 1016, 1017 f; Ddorf OLGR Ddorf 01, 302, 303). So ist zB im Arbeitsrecht anerkannt, dass eine – den Umständen nach verhältnismäßige – Videoüberwachung eines Arbeitnehmers zulässig sein kann, wenn der konkrete Verdacht von Straftaten des Arbeitnehmers zum Nachteil des Arbeitgebers besteht (BAG NJW 03, 3436, 3437), nicht aber, wenn hierdurch gleichzeitig in die Persönlichkeitsrechte anderer Arbeitnehmer eingegriffen wird (Musielak/*Huber* § 371 Rn 16). Ist idS eine Abwägung zugunsten der Betroffenen und zu Lasten des Beweisführers vorzunehmen, so ist nicht nur das Beweismittel unverwertbar, sondern auch der in diesem Zusammenhang eingeführte Tatsachenvortrag (Ddorf OLGR Ddorf 01, 302, 303; Karlsr NJW 00, 1577, 1578). 8

4. Beweisbeschluss. Ein förmlicher gerichtlicher Beweisbeschluss zur Anordnung des Augenscheins ist nur unter den besonderen Voraussetzungen der §§ 358, 358a, 485 I, 490 II ZPO – also nur ausnahmsweise – erforderlich, anderenfalls genügt die formlose Anordnung gem § 273 I. Durchgeführt wird der Augenschein gem § 372. Die Protokollierung des Augenscheins ist in § 160 III Nr 5 geregelt. 9

5. Vorlage des Augenscheinsobjektes. Ist der Beweisführer nicht im Besitz des Augenscheinsgegenstandes, kann er gem § 371 II 1 Alt 1 den Weg der §§ 422 ff (s. dort) gehen; er hat also eine Fristsetzung zur Vorlage des Augenscheinsobjektes zu beantragen. Dieses Vorgehen verspricht jedoch nur dann Erfolg, wenn der Beweisführer einen Herausgabeanspruch hat (Zö/*Greger* § 371 Rn 4a). Er kann aber auch beantragen, dass 10 dem Gegner oder einem Dritten die Vorlage des Augenscheinsgegenstandes vAw auferlegt wird gem § 144 I 2 oder dass dieser die Vornahme des Augenscheins duldet, sofern es sich bei dem Gegenstand des Augenscheins nicht um eine Wohnung handelt (§ 144 I 3). Letzteres wird häufig für den Beweisführer der einfachere und Erfolg versprechendere Weg sein, zumal sich das Gericht dem Ersuchen nicht widersetzen wird, wenn es davon überzeugt ist, dass der Gegner oder der Dritte tatsächlich im Besitz des Gegenstandes ist, der in Augenschein genommen werden soll (Musielak/*Huber* § 371 Rn 14).

11 **III. Elektronisches Dokument (§ 371 I 2). 1. Begriff.** Unter einem elektronischen Dokument ist eines zu verstehen, dass »nur elektronisch lesbar ist« (Musielak/*Huber* § 371 Rn 11). § 371 I 2 stellt klar, dass ein elektronisches Dokument mittels Augenscheins, nicht als Urkunde in den Prozess einzuführen ist. Dies liegt darin begründet, dass – anders als die Urkunde – das elektronische Dokument gerade nicht ohne technische Hilfsmittel eingesehen und etwa verlesen werden kann.

12 **2. Beweisantritt.** Der Beweisantritt, der gem § 371 I 2 die Vorlegung oder die Übermittlung der Datei voraussetzt, geschieht durch Vorlage eines entsprechenden Speichermediums (CD, USB-Stick, Festplatte etc). Unter den Voraussetzungen der §§ 130a II, 298 I 2–4 kann die Datei auch elektronisch (per e-mail) übermittelt werden.

13 **3. Beweiskraft.** Die Beweiskraft elektronischer Dokumente ist gesondert in § 371a geregelt.

14 **4. Vorlage des Dokuments.** Ist der Beweisführer nicht im Besitz des elektronischen Dokuments, so gilt § 371 II (s.o. Rz 10)

15 **IV. Beweisvereitelung (§ 371 III). 1. Beweisführer.** Vereitelt der Beweisführer selbst den von ihm beantragten Augenscheinsbeweis, bleibt er schon nach allgemeinen Regeln beweisfällig (Musielak/*Huber* § 371 Rn 20). § 371 III stellt demgegenüber eine Beweislastregel zu Lasten derjenigen Partei auf, die den Augenschein vereitelt, also zB den Augenscheinsgegenstand zerstört oder beiseite schafft (Zö/*Greger* § 371 Rn 5), die aber auch dann gilt, wenn die zumutbare Herausgabe des Augenscheinsgegenstandes verweigert wird. Die Vorschrift betrifft allerdings lediglich diejenigen Fälle, in denen die vereitelnde Partei den Beweis des den Augenscheinsbeweis führenden Gegners oder in denen der Beweispflichtige den vAw (§ 144; s. dazu *Gruber/Kießling* ZZP 116, 305) angeordneten Beweis verhindert. Unzumutbar iSd § 371 III ist die Einnahme des Augenscheins nur dann, wenn die Schwere des Eingriffs außer Verhältnis zur Bedeutung des Streitgegenstandes steht. Bei dem in der Rechtspraxis typischen Fall der Betretung eines Grundstücks wird dies in aller Regel aber nicht anzunehmen sein (Musielak/*Huber* § 371 Rn 20).
Eine Ergänzung zu § 371 III findet sich zum Werkvertragsrecht in § 641a IV 1 BGB: Verweigert der Besteller die Untersuchung des Werkes, wird dessen Mangelfreiheit vermutet.

16 **2. Dritter.** Vereitelt ein Dritter dagegen den Augenschein (etwa in dem Fall, dass nach Beendigung eines Mietvertrages über Mängel der Mietwohnung nach einem Eigentümerwechsel gestritten wird und der nunmehrige Eigentümer den Zutritt verwehrt; s. hierzu *Jankowski* NJW 97, 3347), ist § 371 III schon nach seinem Wortlaut nicht anzuwenden. Das Verhalten des Dritten kann einer Partei allenfalls dann zugerechnet werden, wenn er in ihrem Einvernehmen oder auf ihre Weisung handelt (Zö/*Greger* § 371 Rn 6 aE; ThoPu/*Reichold* vor § 371 Rn 5). Anderenfalls ist der Beweisführer – bei Vorliegen eines materiell-rechtlichen Anspruchs (Beispiele hierzu bei Musielak/*Huber* § 371 Rn 19) – auf die Klage gem § 371 II, 429 oder auf die Anregung an das Gericht, nach § 144 II 1 vorzugehen, zu verweisen. Für die Klage des Beweisführers kann und sollte das Gericht eine Frist setzen gem § 356 (ThoPu/*Reichold* vor § 371 Rn 2).

17 **3. Duldungspflicht.** Abgesehen hiervon besteht eine Pflicht der Partei oder eines Dritten, einen Augenschein zu dulden, nicht (Musielak/*Huber* § 371 Rn 19; ThoPu/*Reichold* vor § 371 Rn 2; *Jankowski* NJW 97, 3347, 3350).

18 **C. Hinweise zur mündlichen Verhandlung und Prozesstaktik.** In der Rechts- und Gerichtswirklichkeit ist die vergleichsfördernde Wirkung eines Ortstermins, also der Einholung eines Augenscheins an Ort und Stelle, etwa zur Besichtigung einer Unfallstelle, eines Gebäudes oder (wichtig in Nachbarstreitigkeiten) der natürlichen oder von Menschen gemachten Gegebenheiten eines Grundstücks, nicht zu unterschätzen, insb deshalb, weil er die Orts- und damit Sachkenntnis des Gerichts ungemein erhöht und das Gericht von anderen unsichereren Beweismitteln, va der Zeugenaussage, unabhängig macht.

§ 371a Beweiskraft elektronischer Dokumente. **(1) [1]Auf private elektronische Dokumente, die mit einer qualifizierten elektronischen Signatur versehen sind, finden die Vorschriften über die Beweiskraft privater Urkunden entsprechende Anwendung. [2]Der Anschein der Echtheit einer in elektronischer Form vorliegenden Erklärung, der sich auf Grund der Prüfung nach dem Signaturgesetz ergibt, kann nur durch Tatsachen erschüttert werden, die ernstliche Zweifel daran begründen, dass die Erklärung vom Signaturschlüssel-Inhaber abgegeben worden ist.**
(2) [1]Auf elektronische Dokumente, die von einer öffentlichen Behörde innerhalb der Grenzen ihrer Amtsbefugnisse oder von einer mit öffentlichem Glauben versehenen Person innerhalb des ihr zugewiesenen Geschäftskreises in der vorgeschriebenen Form erstellt worden sind (öffentliche elektronische Dokumente), finden die Vorschriften über die Beweiskraft öffentlicher Urkunden entsprechende Anwendung. [2]Ist das Dokument mit einer qualifizierten elektronischen Signatur versehen, gilt § 437 entsprechend.

A. Normzweck. Gemäß § 371 I 2 unterliegen elektronische Dokumente nicht, wie eigentlich nahe liegend, 1
den Regeln über den Urkundsbeweis, sondern dem Augenscheinsbeweis (vgl dazu *Czeguhn* JuS 04, 124, 125). Durch § 371a gelten aber hinsichtlich der Beweiskraft derartiger Dokumente doch die Urkundsregeln, nämlich grds diejenigen für private Urkunden (Abs 1). Hinsichtlich behördlicher Dokumente wird in Abs 2 auf die Regeln über öffentliche Urkunden verwiesen.

B. Private elektronische Dokumente. I. Beweiskraft. Voraussetzung für die Beweiskraft privater elektro- 2
nischer Dokumente ist gem § 371a I 1, dass sie mit einer qualifizierten elektronischen Signatur (zur rechtlichen Systematik des SigG und zu den technischen Gegebenheiten und den Voraussetzungen des § 371a s. ausf *Degen* NJW 08, 1473, 1475; *Roßnagel/Fischer-Dieskau* NJW 06, 806;) versehen sind. Das Vorliegen dieser Voraussetzung richtet sich nach § 2 Nr 3 SigG (zu den Anforderungen im Einzelnen s. BGH NJW 2010, 2134, Rn 12; *Hadidi/Mödl* NJW 2010, 2097, 2099 f). Erfasst sind desweiteren qualifizierte elektronische Signaturen mit Anbieter-Akkreditierung (§ 15 I 4 SigG); »einfache« oder »fortgeschrittene elektronische Signaturen« (§ 2 Nr 1, 2 SigG) erfüllen dagegen diese Voraussetzung nicht (Musielak/*Huber* § 371a Rn 3). Unter dieser Voraussetzung liefert das private elektronische Dokument den vollen Beweis dafür, dass die in ihm enthaltenen Erklärungen »von den Ausstellern abgegeben worden sind« (§§ 371a I 1, 416), übertragen in den hier interessierenden Zusammenhang: dass die im Dokument enthaltene Erklärung vom Signaturschlüssel-Inhaber abgegeben worden ist.

II. Erklärung. Die in § 371a I 2 angesprochene »Erklärung« muss keine Willenserklärung sein; es kann sich 3
hierbei ebenso gut um eine Wissenserklärung handeln, zB um eine Quittung über den Empfang von Bargeld (Musielak/*Huber* § 371a Rn 2).

III. Anscheinsbeweis. 1. § 371a I 2 kodifiziert einen Anscheinsbeweis (s. umfassend hierzu *Schemmann* 4
ZZP 118, 161; *Viefhues* NJW 05, 1009, 1014) zugunsten des Empfängers eines elektronischen Dokuments, wenngleich darauf zu verweisen ist, dass die eigentlichen Voraussetzungen des Anscheinsbeweises (nämlich Vorliegen eines typischen Geschehensablaufs, der nach der Lebenserfahrung auf bestimmte Umstände hinweist), hier gerade nicht gegeben sind (Musielak/*Huber* § 371a Rn 7; Zö/*Greger* § 371a Rn 1; *Roßnagel* NJW 01, 1917, 1826 zur Vorläufervorschrift des § 292a ZPO). Für lediglich eingescannte Urkunden gilt § 371a dagegen nicht (*Roßnagel/Wilke* NJW 06, 2145, 2147 ff).

2. Im Ergebnis schützt § 371a I 2 den Empfänger vor dem naheliegenden Einwand des Prozessgegners, letz- 5
terer habe eine in elektronischer Form abgegebene Erklärung nicht oder nicht so abgegeben, wie der Empfänger sie vorträgt. Auf die diesen Einwand begründenden Tatsachen, die sämtlich in der Sphäre des Erklärenden liegen werden, hätte der Empfänger naturgemäß keinen Einfluss; substantiiertes Vorbringen dazu erschiene daher ausgeschlossen. Hierauf reagiert das Gesetz mit der hier niedergelegten Beweisregel iSd § 286 II (Musielak/*Huber* § 371a Rn 7; krit hierzu *Jandt* K&R 09, 548).

3. Dem vermeintlich Erklärenden verbleibt demgegenüber die Möglichkeit, ernstliche Zweifel an seine 6
Urheberschaft begründenden Tatsachen vorzutragen. Soll der Zweck des SigG, einen gewissen Sicherheitsstandard zu verbriefen (Musielak/*Huber* § 371a Rn 6 f), nicht vereitelt werden, wird man aber der Auffassung, an die ernstlichen Zweifel dürften nicht allzu hohe Anforderungen gestellt werden (Zö/*Greger* § 371a Rn 2), nicht folgen können.

7 **IV. Beweiswert nicht signierter Dokumente.** Ist das elektronische Dokument nicht signiert, ist es – wie jedes andere Augenscheinsobjekt – im Hinblick auf seinen Beweiswert frei zu würdigen (KG KGR 08, 115).

8 **C. Öffentliche elektronische Dokumente. I. Entbehrlichkeit der Signatur.** Öffentliche elektronische Dokumente bedürfen keiner Signatur, um den in § 371a II 1 genannten Beweiswert auszulösen. Sind also die dort genannten, öffentlich-rechtlich definierten Voraussetzungen eingehalten (zB §§ 3a, 33, 37 II VwVfG bzw die inhaltlich gleich lautenden landesrechtlichen Bestimmungen), so haben die Dokumente den Beweiswert öffentlicher Urkunden (§ 415, 417 f; zum Beweiswert des Ausdrucks eines öffentlichen elektronischen Dokuments s. § 416a). Sie genügen daher zB auch den Anforderungen für eine elektronische Anmeldung zum Handelsregister iSv § 12 HGB (Stuttg FGPrax 09, 129, Rn 15). Die nach einem früheren Entwurf eines Gesetzes über Bürgerportale (s. dazu *Werner/Wegener* CR 09, 310) erwogene Anwendung des § 371a II auf die elektronische Zustellung an Bürger wird bis auf weiteres nicht verwirklicht werden (*Warnecke* MMR 2010, 227, 230).

9 **II. Echtheit.** Voraussetzung hierfür ist aber wiederum, dass die Echtheit des öffentlichen elektronischen Dokuments feststeht; dies ist notfalls zu beweisen (Zö/*Greger* § 371a Rn 3).

10 **III. Qualifizierte elektronische Signatur.** Weist das öffentliche elektronische Dokument eine qualifizierte elektronische Signatur auf, so gilt darüber hinaus (§§ 371a II 2, 437) das Dokument als echt, sofern nicht die fremde Urheberschaft, also das Gegenteil, bewiesen ist. Hierfür reicht – anders als bei dem privaten elektronischen Dokument – die bloße Erschütterung der gesetzlichen Vermutung nicht aus; vielmehr ist der volle Gegenbeweis zu führen (Zö/*Greger* § 371a Rn 3).

§ 372 Beweisaufnahme.

(1) Das Prozessgericht kann anordnen, dass bei der Einnahme des Augenscheins ein oder mehrere Sachverständige zuzuziehen seien.
(2) Es kann einem Mitglied des Prozessgerichts oder einem anderen Gericht die Einnahme des Augenscheins übertragen, auch die Ernennung der zuzuziehenden Sachverständigen überlassen.

1 **A. Normzweck.** § 372 regelt nach seinem Wortlaut nur die Beiziehung von Sachverständigen und den Einsatz von ersuchten und beauftragten Richtern. Die Durchführung der Beweisaufnahme beim Augenschein ergibt sich iÜ aus den allgemeinen prozessualen Vorschriften.

2 **B. Durchführung des Augenscheins. I. (Partei-)Öffentlichkeit.** Wie jede andere Beweisaufnahme hat der Augenschein öffentlich zu erfolgen, § 169 GVG. Den Parteien ist die Anwesenheit gestattet gem. § 357. Einschränkungen mögen bei der Untersuchung einer Person unter der Bedingung hinnehmbar sein, dass durch entsprechende verfahrensmäßige Ausgestaltung seitens des Gerichts (rechtzeitige Hinweise gem § 139 I; ggf Schriftsatzfristen gem § 139 V) das Recht der Parteien, zum Prozessgeschehen vorzutragen, nicht beeinträchtigt wird.

3 **II. Sachverständige.** Das Prozessgericht (bzw im Falle des § 372 II der ersuchte oder beauftragte Richter) als das den Augenschein einholende Organ (§ 355) entscheidet nach eigenem Ermessen, ob es hierzu einen oder auch mehrere Sachverständige beizieht. In der Prozesswirklichkeit wird dies ohne praktische Bedeutung bleiben, weil die Beiziehung des Sachverständigen nur in den Fällen in Betracht kommen und erforderlich werden wird, in denen – aufbauend aus den Erkenntnissen aus dem Augenschein – eine sachverständige Begutachtung notwendig wird (Zö/*Greger* § 372 Rn 1). Dann wird die Beweisaufnahme aber in den meisten Fällen nicht durch förmlichen Augenschein, sondern durch Sachverständigenbeweis erfolgen, wobei dem Sachverständigen – trotz § 355 I zulässigerweise (Zö/*Greger* § 371 Rn 2; aA wohl Musielak/*Huber* § 372 Rn 3: nur bei Einverständnis oder Rügeverzicht der Parteien) – die Einholung eines hierzu etwa notwendigen Augenscheins überlassen wird.

4 **III. Protokollierung.** Gemäß § 160 III Nr 5 ist »das Ergebnis eines Augenscheins« zu protokollieren; hiermit ist nicht die Beweiswürdigung, wohl aber sind die tatsächlichen Feststellungen und der Gesamteindruck, den das Gericht gewonnen hat, gemeint (Zö/*Stöber* § 160 Rn 9). Dass entgegen dem Wortlaut des § 160 die Wiedergabe des Ergebnisses des Augenscheins im Tatbestand des Urteils reichen soll (Zö/*Greger* § 372 Rn 1; Musielak/*Huber* § 372 Rn 6), sofern kein Richterwechsel stattgefunden hat, überzeugt nicht. Ein derartiges Vorgehen nimmt den Parteien die Möglichkeit, gem § 164 auf die Berichtigung des Protokolls anzutragen oder gem § 162 I 3 Einwendungen gegen das Protokoll und somit gegen das Ergebnis der

Beweisaufnahme vorzubringen, und provoziert somit ansonsten evtl unnötige Rechtsmittel. Entbehrlich ist das Inhaltsprotokoll freilich in den in §§ 160 III Nr 5, 160a II 2, 161 geschilderten Fällen.

C. Eingeschränkte Unmittelbarkeit der Beweisaufnahme. I. Beweisaufnahme durch Prozessgericht. Gemäß § 355 ist es die Aufgabe des (gesamten) Prozessgerichts, die Beweisaufnahme durchzuführen, also den Augenschein einzunehmen, auch wenn dieser gem § 219 I »an Ort und Stelle« durchgeführt wird. 5

II. Beweisaufnahme durch verordneten Richter. Zur Erleichterung der Einnahme des Augenscheins kann das Prozessgericht gem §§ 372 II, 355 I 2 diese dem beauftragten (§ 361) oder dem ersuchten (§ 362) Richter übertragen, ohne dass die Einschränkungen des § 375 I, II beachtet werden müssten (Zö/*Greger* § 372 Rn 2). In diesem Fall entscheidet der ersuchte oder beauftragte Richter, ob er einen Sachverständigen beizieht, sofern nicht schon das Prozessgericht über diese Frage entschieden hat (Zö/*Greger* § 372 Rn 2). Letztere Einschränkung rechtfertigt sich aus der Überlegung heraus, dass schon der Einsatz des beauftragten oder ersuchten Richters eine von diesem nicht nachzuprüfende Entscheidung des Prozessgerichts ist, weshalb dieses dem Richter die Ernennung des Sachverständigen überlassen »kann« (also nicht dazu gezwungen ist, sondern diese Entscheidung auch selbst treffen kann; zur praktisch Irrelevanz dieses Problems s.o. Rz 3). 6

§ 372a Untersuchungen zur Feststellung der Abstammung.

(1) Soweit es zur Feststellung der Abstammung erforderlich ist, hat jede Person Untersuchungen, insbesondere die Entnahme von Blutproben, zu dulden, es sei denn, dass die Untersuchung dem zu Untersuchenden nicht zugemutet werden kann.

(2) [1]Die §§ 386 bis 390 gelten entsprechend. [2]Bei wiederholter unberechtigter Verweigerung der Untersuchung kann auch unmittelbarer Zwang angewendet, insbesondere die zwangsweise Vorführung zur Untersuchung angeordnet werden.

Bis 31.8.2009 geltende Fassung:

§ 372a aF Untersuchungen zur Feststellung der Abstammung.

(1) Soweit es in den Fällen der §§ 1600c und 1600d des Bürgerlichen Gesetzbuchs oder in anderen Fällen zur Feststellung der Abstammung erforderlich ist, hat jede Person Untersuchungen, insb die Entnahme von Blutproben zum Zwecke der Blutgruppenuntersuchung, zu dulden, soweit die Untersuchung nach den anerkannten Grundsätzen der Wissenschaft eine Aufklärung des Sachverhalts verspricht und dem zu Untersuchenden nach der Art der Untersuchung, nach den Folgen ihres Ergebnisses für ihn oder einen der im § 383 Abs. 1 Nr. 1 bis 3 bezeichneten Angehörigen und ohne Nachteil für seine Gesundheit zugemutet werden kann.

(2) Die Vorschriften der §§ 386 bis 390 sind entsprechend anzuwenden. Bei wiederholter unberechtigter Verweigerung der Untersuchung kann auch unmittelbarer Zwang angewendet, insb die zwangsweise Vorführung zum Zwecke der Untersuchung angeordnet werden.

A. Zweck der Vorschrift. Art 2 GG verbietet grds Eingriffe in die körperliche Unversehrtheit. Dies gilt auch zugunsten von Parteien, Zeugen und anderen Verfahrensbeteiligten. In Abstammungsfragen erlauben § 372a und die wortgleiche Vorschrift des § 178 I FamFG demgegenüber – verfassungsrechtlich unbedenklich (BVerfG NJW 07, 753, 754; zum europarechtlichen Hintergrund s. *Knöfel* EuZW 08, 267, jeweils zu § 372a aF) – unter den hier genannten Voraussetzungen, die genannten Personen – notfalls ohne oder gegen ihren Willen – zu Untersuchungen zum Zwecke des Augenscheins heranzuziehen. Anders als in den anderen Fällen des Augenscheins sind demnach im Falle des § 372a die Betroffenen zur Duldung verpflichtet. 1

B. Anwendungsbereich. Wie aus dem früheren Wortlaut der Vorschrift ersichtlich, war sie in erster Linie auf die Vaterschaftsanfechtungs- bzw -feststellungsklagen der §§ 1600c, 1600d BGB, § 640 II Nr 1, 2 ZPO aF (jetzt: »Abstammungssachen« gem § 169 FamFG) gerichtet. Für die förmlichen Abstammungssachen gem § 169 FamFG gilt nunmehr ausschließlich die im Wesentlichen wortgleiche Vorschrift des § 178 I FamFG, nicht mehr dagegen § 372a ZPO (BTDrs 16/6308, 246, 325). Für § 372a nF kommen nurmehr diejenigen Verfahren in Betracht, zu deren Entscheidung es auf die Abstammung eines Kindes von einem Elternteil ankommt, und zwar als Vorfrage. Zu denken ist hier an Unterhaltsstreitigkeiten zwischen Verwandten, sowie an erbrechtlich oder namensrechtlich begründete Streitigkeiten. Der »Zahlvater« konnte dagegen seine Klage gegen den nach seiner Behauptung leiblichen Vater auf Erstattung geleisteten Unterhalts nicht auf § 372a aF bzw auf die nach dieser Vorschrift zu beweisende Vaterschaft des leiblichen Vaters 2 stützen; hieran war er nach bisheriger Auffassung des BGH (BGHZ 121, 299) durch die Rechtsausübungssperre des § 1600d IV BGB gehindert. Hieran hält der BGH zu Recht für von ihm so genannte Ausnahmefälle, die im wirklichen Leben aber zahlreich sein dürften, nicht mehr fest (BGH NJW 08, 2433). Betreiben nämlich weder Kindsmutter noch biologischer Vater noch Kind die positive Vaterschaftsfeststellungsklage, so ist der Zahlvater – der hierzu nicht antragsberechtigt ist –, im Ergebnis praktisch rechtlos gestellt. Daher kann der Zahlvater im Regressprozess gegen den biologischen Vater die Inzidentfeststellung der Vaterschaft, prozessual somit gem § 372a, betreiben, freilich ohne dass dies zu einer rechtskräftigen Feststellung der Vaterschaft des biologischen Vaters führen könnte (BGH NJW 08, 2433, 2435; Schulte-Bunert/Weinreich/*Schwonberg* §169 Rn 23). All dies soll allerdings nur zulässig sein, wenn der Zahlvater rechtzeitig seine eigene Vaterschaft angefochten hat (Dresden FamRZ 11, 649, Rn 22).

3 **C. Personenkreis.** Die Duldungspflicht des § 372a I trifft jede Person, also jedenfalls die Parteien und anderen Beteiligten des Rechtsstreits, sowie ohne weiteres auch Zeugen. Auf familiär begründete Zeugnisverweigerungsrechte können Verwandte sich trotz § 383 nicht berufen, weil es sich bei den Untersuchungen iSd § 372a I nicht um Zeugenbeweis, sondern, wie schon die systematische Stellung der Vorschrift beweist, um Augenscheins- (und in der Fortsetzung des Verfahrens um Sachverständigen-) Beweis handelt.

4 **D. Inhaltliche Anforderungen.** Gegenüber § 372a aF hat der Reformgesetzgeber des FGG-RG den Wortlaut der Vorschrift deutlich verschlankt, indessen ohne hierdurch die inhaltlichen Voraussetzungen für die Abstammungsuntersuchungen verändern zu wollen (BTDrs 16/6308, 246, 325).

5 **I. Erforderlichkeit.** Die Duldungspflicht setzt indessen die Erforderlichkeit der Beweisaufnahme voraus.

6 **1. Beweisbedürftigkeit.** Hier gelten zunächst die allgemeinen Regeln (Zö/*Greger* vor § 284 Rn 8b–13b), wonach entscheidungserhebliche und streitige Tatsachen des Beweises bedürfen (zur Verwertbarkeit eines bereits vorliegenden außergerichtlichen Gutachtens im förmlichen Abstammungsverfahren s. Schulte-Bunert/Weinreich/*Schwonberg* § 177 Rn 16 ff).

7 **2. Abgrenzung zum Ausforschungsbeweis.** Gerade in Abstammungsstreitigkeiten ist aber die Abgrenzung zum bloßen Ausforschungsbeweis bedeutsam. Es liegt auf der Hand, dass die bloße Behauptung des Beklagten, die Mutter des die Vaterschaftsfeststellung begehrenden Kindes habe mit weiteren Männern Geschlechtsverkehr gehabt (»Mehrverkehr«), nicht ausreichen kann, um alle, möglicherweise nur ins Blaue hinein bezichtigte Männer zur Duldung der Untersuchung zu zwingen (Zö/*Lorenz*, § 178 FamFG Rn 2). Es wird vielmehr im Einzelfall auf die Konkretheit des diesbezüglichen Sachvortrages ankommen. Vor Einholung eines Gutachtens sind jedenfalls die Mutter und der behauptete Alternativ-Vater zu vernehmen bzw anzuhören. Erst wenn danach konkrete Verdachtsgründe für intime Beziehungen der Mutter zu einem weiteren Mann bestehen, kommt dessen Heranziehung in Betracht. Bereits vorhandene Beweismittel (etwa Plasmaproben von Beteiligten) sind auszuwerten, bevor weitere Personen in die Begutachtung einbezogen werden (Hambg FamRZ 09, 1232, Rn 5).

8 **II. Zumutbarkeit. 1. Wissenschaftliche Untersuchungsmethoden.** Sofern wissenschaftliche Untersuchungsmethoden eingehalten werden, ist grds von der Zumutbarkeit der Untersuchung – sowohl ihrer Art nach als auch was die eventuelle gesundheitliche Beeinträchtigung des Probanden anbelangt – auszugehen (Musielak/*Huber*, 6. Aufl, § 372a Rn 8). Bloße Unannehmlichkeiten reichen für eine Unzumutbarkeit nicht aus (OLG München NJW 11, 2892, 2893).

9 **2. Abwägung.** Dem Ergebnis nach unzumutbar ist die Untersuchung nur dann, wenn eine Abwägung des möglichen Untersuchungsergebnisses mit höherwertigen Interessen des Probanden zugunsten letzterer ausginge. Dies ist freilich nicht schon dann der Fall, wenn die mögliche Feststellung der Vaterschaft – wie üblich – zu vermögensrechtlichen Nachteilen führt (ThoPu/*Reichold* § 372a Rn 14), etwa in Form von Unterhaltsverpflichtungen , oder wenn umgekehrt die erfolgreiche Anfechtung einer Vaterschaft zum Verlust von Zahlungsansprüchen führt (Frankf NJW 79, 1257). Auch dass der Proband durch die Untersuchung einer vorangegangenen Falschaussage (zB: er habe mit der Kindsmutter nicht verkehrt) überführt werden kann, steht der Zumutbarkeit iSd § 372a ebensowenig entgegen (Zö/*Lorenz*, § 178 FamFG Rn. 4; Köln NJW 93, 474, 475 f) wie dienstrechtliche Konsequenzen (DdorfFamRZ 08, 630, Rn 30). Allgemein wird davon auszugehen sein, dass das Recht des Kindes aus Art 2 I iVm 1 I GG auf Klärung seiner Abstammung wirtschaftlichen und persönlichen Interessen des eventuellen Vaters vorgeht (Bremen FamRZ 09,

802, Rn 5). Der pauschale Verweis auf »Glaubensgründe«, die gegen die Untersuchung sprechen sollen, begründet gleichfalls die Unzumutbarkeit nicht (Brandbg MDR 2010, 701, Rn 5).

III. Erfolgversprechende Untersuchung. Nur eine Untersuchung, die eine Aufklärung des Sachverhalts verspricht, hat der Proband zu dulden. 10

1. DNA-Analyse. Erfolgversprechend idS ist die DNA-Analyse (vgl § 81e StPO); sie ist für ein Abstammungsgutachten stets geeignet und im Zweifel auch ausreichend (Zö/*Lorenz*, § 178 FamFG Rn 3). 11

2. Blutgruppengutachten. Das Blutgruppengutachten taugt zum Nachweis des Nichtbestehens der Vaterschaft (Zö/*Lorenz*, § 178 FamFG Rn. 3) ; wenn hiernach ein Ergebnis nicht erzielt wird, ermöglicht eine serostatische Zusatzberechnung eine Wahrscheinlichkeitsaussage zur Vaterschaft. 12

3. Erbbiologische Gutachten. In der Praxis wird ein erbbiologisches Gutachten, das zu äußerlich erkennbaren Merkmalen Stellung nimmt (zB Kopf- oder Ohrform), allenfalls geeignet sein, den Beweiswert bis dahin eingeholter Gutachten zu erhöhen oder zu vermindern (nach Zö/*Lorenz*, § 178 FamFG Rn 3, haben diese Gutachten heute keine Bedeutung mehr). Erforderlich ist daher ein derartiges Gutachten erst, wenn der Nachweis der Vaterschaft nach Durchführung der unter Rz 11, 12 genannten Gutachten nicht zu führen ist. 13

4. Tragezeitgutachten. Ein Tragezeitgutachten (zur Berechnung des Empfängniszeitpunkts s. § 1600d III BGB) vermag wiederum gegenläufige Zeugenaussagen zum Zeitpunkt des Geschlechtsverkehrs zu entkräften und ist deshalb geeignet, Zweifel an der Vaterschaft iSd § 1600d II 2 BGB zu begründen, sofern der Zeitpunkt der Beiwohnung beweiskräftig feststeht. 14

IV. Anordnung. 1. Beweisbeschluss. Die Anordnung der Begutachtung erfolgt durch Beweisbeschluss (§ 358). Voraussetzung der Anordnung ist ua (s.o. Rz 5) die Erforderlichkeit der Begutachtung; diese kann allerdings erst nach Durchführung der mündlichen Verhandlung beurteilt werden (Anhörung der Mutter und des Beklagten; Vernehmung von Zeugen). Deshalb kommt ein Beweisbeschluss schon vor der mündlichen Verhandlung (§ 358a) iRd § 372a ausnahmsweise nicht in Betracht. Dass der Beklagte von der ihm eingeräumten Möglichkeit, sich zu äußern, keinen Gebrauch macht, steht der Anordnung der Begutachtung freilich nicht entgegen (Bremen 7.1.09 – 9 WF 161/08, Rn 6). 15

2. Anfechtung. Die Entscheidung des Gerichts, eine Begutachtung nach § 372a, sei es auf Antrag, sei es vAw gem § 144, anzuordnen, kann gem § 355 II nicht angefochten werden, auch nicht mit dem Argument, eine Beschwerde müsse ausnahmsweise statthaft sein wegen des mit der Begutachtung verbundenen Eingriffs in die körperliche Unversehrtheit des Probanden (BGH 4.7.07 – XII ZB 199/05, Rn 8; aA Jena NJW-RR 07, 1306, 1307). Eine Nachprüfung der Anordnung findet aber im Falle der Weigerung (s. sogleich Rz 17) statt. 16

V. Weigerung. 1. Formelle Voraussetzungen. § 372a II verweist auf §§ 386–390. Der Proband – sei er Partei, sei er Zeuge – kann also die Untersuchung verweigern, er muss dies aber vor dem Termin und außerdem schriftlich oder zu Protokoll der Geschäftsstelle tun oder in dem fraglichen Termin gem § 386 I; nach derselben Vorschrift hat er außerdem die Weigerungsgründe anzugeben und glaubhaft (s. § 294) zu machen. Unterlässt es der Proband (im Falle der Verfahrensbeteiligung eines minderjährigen Kindes: der es in der Willensbildung Vertretende, zB der Ergänzungspfleger), sich der Untersuchung zu verweigern, so kann hierin die Zustimmung zur Begutachtung zu sehen sein; jedenfalls führt das Unterlassen dazu, dass ein mögliches Beweisgewinnungsverbot nicht zu einem Beweisverwertungsverbot zu erheben ist. 17

2. Begründung. Als Weigerungsgrund kommt insb der Vortrag in Betracht, dass es an der Zumutbarkeit (s.o. Rz 8 f) oder an der ausreichenden Erfolgsaussicht der Untersuchung (s.o. Rz 10 ff) fehle. Nach Auffassung des BGH (BGHZ 166, 283, 290, NJW 08, 2433, 2435; NJW 06, 1657, 1659; ebenso Ddorf FamRZ 2008, 630, Rn 14; Dresden FamRZ 11, 649, Rn 16; aA MüKoZPO/*Zimmermann* § 372a Rn 22) kann auch die fehlende Erforderlichkeit eingewendet werden. Dem wird jedenfalls für die Weigerung des duldungspflichtigen Zeugen beizupflichten sein, weil diesem – anders als der Partei – kein Rechtsmittel gegen das nach Durchführung der inkriminierten Beweisaufnahme ergehende Urt zusteht. Nicht ausreichend für eine Weigerung ist die Befürchtung der die Kinder vertretenden Mutter, der Vater werde im Falle der (inzidenten) Feststellung seiner Vaterschaft »Rechte«, etwa auf Umgang, geltend machen (Karlsr 10.10.06–2 UF 197/06, Rn 17). 18

19 **3. Zwischenurteil.** Über die Rechtmäßigkeit der Weigerung des Probanden, die Untersuchung zu dulden, ist, sofern die Weigerung mit einer Begründung versehen ist (Saarbr 28.6.10 – 9 WF 65/10, Rn 4) gem § 372a II, 387 I zwingend (Naumbg 9.10.07 – 8 WF 227/07, Rn 1; BrandbgFamRZ 2007, 1755, Rn 20) durch Zwischenurteil zu entscheiden, wogegen gem § 387 III die sofortige Beschwerde statthaft ist. Unterlässt das Gericht zu Unrecht die Entscheidung gem § 387, so kann nach dem Grundsatz der Meistbegünstigung (Musielak/*Ball* vor § 511 Rn 31 ff) ausnahmsweise auch mit der Berufung gegen das prozessordnungswidrig ergangene Ersturteil die berechtigte Weigerung geltend gemacht werden (Brandbg 8.2.07 – 9 UF 157/06, Rn 17).

20 **4. Zwangsmaßnahmen.** Weigert sich der Proband weiterhin, sind nach – rechtskräftigem! – Urt gem § 387 I Zwangsmaßnahmen gem § 390 möglich (Zö/*Lorenz*, § 178 FamFG Rn 8). Hat der Proband dagegen keinerlei Weigerungsgründe geltend gemacht, so können die Zwangsmaßnahmen des § 390 sogleich verhängt werden; gleiches gilt im Fall des bloßen Nichterscheinens zur Untersuchung ohne Angabe von Gründen.

21 **5. Weigerung Minderjähriger.** Haben Minderjährige die erforderliche Verstandesreife, wofür in der Rechtspraxis weder die Tatsache eines konkreten Alters (aA Karlsr FamRZ 98, 563, 564: idR 14 Jahre) noch die Tatsache, dass sie als Erzeuger eines Kindes ernsthaft in Betracht kommen, Anhaltspunkte bieten, so entscheiden sie selbst über die Weigerung bzw über die hierfür vorzutragenden Gründe. Anderenfalls hat der gesetzliche Vertreter, ggf ein Pfleger, zu entscheiden (Jena NJW-RR 07, 1306, 1307; München FamRZ 97, 1170; Karlsr FamRZ 98, 563, 564).

22 **6. Unmittelbarer Zwang.** § 372a II 2 erlaubt die Anwendung von unmittelbarem Zwang auch ohne vorhergehende Verhängung und Durchsetzung von Zwangsmitteln gem § 390, wenn der Proband zum zweiten Mal im Untersuchungstermin ausbleibt. Der Proband darf also – notfalls unter Einschaltung der Polizei – zur Untersuchung vorgeführt werden. Scheitert auch dies, etwa wegen zwischenzeitlich unbekannt gewordenen Aufenthalts des Betroffenen, so darf dieser, wenn er entsprechend belehrt worden war, wegen Beweisvereitelung (§ 371 III) so behandelt werden, als hätte die Untersuchung keine schwerwiegenden Zweifel an seiner Vaterschaft erbracht (BGH NJW 93, 1391, 1393; 86, 2371, 2372); Gleiches gilt, wenn der unmittelbare Zwang gegen den sich im Ausland befindenden Beweispflichtigen nicht ausgeübt werden kann (Bremen FamRZ 09, 802, Rn 8 zu Art 13 II VO (EG) Nr 1206/2001).

Titel 7 Zeugenbeweis

§ 373 Beweisantritt. **Der Zeugenbeweis wird durch die Benennung der Zeugen und die Bezeichnung der Tatsachen, über welche die Vernehmung der Zeugen stattfinden soll, angetreten.**

1 **A. Beweisantritt.** Es gibt – anders als beim Augenschein (§ 144) – keinen Zeugenbeweis vAw. Die Partei hat also Beweis anzutreten gem § 373. Der in dem Beweisantritt liegende Beweisantrag kann nur abgelehnt werden, wenn die angebotene Zeugenvernehmung für die zu treffende Entscheidung unerheblich ist, wenn die Behauptung, zu deren Beweis der Zeuge angeboten ist, als wahr unterstellt werden kann, wenn das Beweismittel unerreichbar ist oder wenn das Beweismittel unzulässig oder absolut untauglich ist; unsubstantiierten Beweisanträgen muss dagegen nicht nachgegangen werden. Diese allgemeinen zivilprozessualen Regeln zur Behandlung von Beweisanträgen gelten auch für den Zeugenbeweis (vgl BFH NJW 07, 1615 f mit wN). Ungeeignet ist der Zeuge als Beweismittel dann, wenn er Schlussfolgerungen aus einem festgestellten Sachverhalt ziehen oder dem Gericht allgemeine Erfahrungssätze darlegen soll (BGH NJW 07, 2122, 2124). Die Vernehmung des Zeugen kann nicht durch die Verwertung einer von ihm stammenden eidesstattlichen Versicherung im Wege des Urkundsbeweises ersetzt werden; dies vermittelt dem Richter nicht den erforderlichen persönlichen Eindruck von dem Zeugen (BGH VersR 11, 817, Rn 6). Einen Zeugen nicht zu vernehmen, weil das Gegenteil dessen, was der Zeuge bekunden soll, bereits erwiesen sei, stellt eine unzulässige Beweisantizipation und somit einen Verstoß gegen Art 103 I GG dar (BGH 28.4.11 – V ZR 182/10, Rn 10 f). Auch der Zeuge "vom Hörensagen", der also nur bekunden soll, was Dritte ihm über entscheidungserhebliche Tatsachen mitgeteilt haben, ist taugliches Beweismittel und daher zu vernehmen (BGH 9.6.11 – IX ZR 38/10, Rn 14)

I. Benennung des Zeugen. Hierzu ist zunächst die Benennung des Zeugen, idealiter mit vollem Namen und mit voller ladungsfähiger Anschrift, vonnöten. Entspricht das Beweisangebot nicht diesen Vorgaben, ist zu unterscheiden: Das Angebot eines Zeugen »N.N.« ist irrelevant; dies liegt in einem Maße auf der Hand, dass ein gerichtlicher Hinweis hierzu entbehrlich ist (Zö/*Greger* § 356 Rn 4; BGH NJW 87, 3077, 3080; s.a. BFH ZSteu 10, R936,Rn 9 [unzureichender Beweisantritt: »instruierter Mitarbeiter der Personalabteilung«]; aA Gottschalk NJW 04, 2939). Ist der Zeuge dagegen grds identifizierbar, aber nicht ausreichend benannt (zB: »Der angestellte Leiter der Reparatur-Werkstatt im Betrieb der Beklagten«), so wird das Gericht gem § 356 eine Frist setzen zur Nachholung der erforderlichen Angaben (BGH NJW 98, 2368, 2369; BFH 30.5.11 – XI B 90/10, Rn 4: Frist zur Beibringung der vollständigen Anschrift); erst nach fruchtlosem Fristablauf kann das Beweisangebot dann zurückgewiesen werden. Der Zeuge muss ausdrücklich als Zeuge des Beweisführers benannt werden. Benennt eine Partei einen Zeugen und benennt der Gegner gegenbeweislich einen anderen Zeugen, so liegt in dem zuletzt genannten Beweisantritt nicht auch zugleich ein Antrag auf Vernehmung des zuerst genannten Zeugen (Kobl 19.11.07–10 U 1488/06, Rn 5). 2

II. Benennung des Beweisgegenstandes. Außerdem muss der Beweisgegenstand ausreichend benannt werden. 3

1. Substantiierung. Insoweit korrespondiert § 373 eng mit § 138. Die Partei muss entscheidungserhebliches Vorbringen zu bestimmten, substantiierten Tatsachenbehauptungen so genau vortragen, dass eine Beweiserhebung möglich ist, ohne dass ein Ausforschungsbeweis (also eine Beweiserhebung über eine nur ins Blaue hinein aufgestellte Behauptung zum Nachweis einer dem Beweisführer günstigen Tatsache, die erst durch die Beweisaufnahme selbst aufgedeckt werden soll) stattfindet (BSG 8.9.10 – B 11 AL 7/09 R, Rn. 19; hierzu *Geipel/Prechtel,* MDR 11, 336, 340). Dazu kann es nötig werden, dass der Beweisführer auch angibt, woher er von ihm behauptetes Wissen, eine Tatsache liege vor oder nicht vor, hat (BGH NJW 83, 2034, 2035). Andererseits ist es für die Substantiierung des Beweisvorbringens ausreichend, dass der Beweisführer Tatsachen vorträgt, die iVm einem Rechtssatz geeignet und erforderlich sind, die daraus abgeleiteten Rechtsfolgen zu tragen. Genügt das Vorbringen diesen Anforderungen, kann der Vortrag weiterer Einzelheiten nicht verlangt werden (BGH 21.4.10 – IV ZR 172/09, Rn 9). Der Substantiierungspflicht kommt der Beweisführer dann nicht nach, wenn das Gericht auf Grund der Darstellung nicht beurteilen kann, ob die gesetzlichen Voraussetzungen der an eine Behauptung geknüpften Rechtsfolgen erfüllt sind, wobei die Angabe näherer Einzelheiten grds nicht nötig ist (BGH NJW 92, 1967, 1968; BFH NJW 07, 1615, 1616). Schlussfolgerungen sind nicht Aufgabe des Zeugen; der Beweisantritt ist deshalb unsubstantiiert, wenn der Zeuge nicht Tatsachen, sondern Wertungen, subjektive Vorstellungen oder gar eine Beweiswürdigung in Bezug auf Tatsachen liefern soll (BFH 5.3.09 – XI B 40/08, Rn 9; LAG München 14.1.09 – 10 Sa 446/08, Rn 50). 4

2. Innere Tatsachen; interne Vorgänge beim Prozessgegner. Soll ein Zeuge über sog innere Tatsachen (zB Kenntnis des Zeugen von bestimmten Umständen) befragt werden, so ist in dem Beweisantritt anzugeben, woher der Zeuge die in sein Wissen gestellte Kenntnis haben soll (BGH NJW 1996, 1678, 1679; 3.3.11 – III ZR 330/09, Rn 15). Über interne Vorgänge beim Prozessgegner dagegen wird der Beweisführer selbst häufig keine unmittelbaren Kenntnisse haben. In diesem Fall darf er Tatsachen, die er nur vermutet, bis zur Grenze der Willkür bzw des Rechsmissbrauchs als feststehend behaupten und unter Beweis stellen (BGH 21.9.11 – IV ZR 38/09, Rn 14). 5

3. Hinweispflicht. § 139 gebietet, dass das Gericht den Beweisführer auf erkannte Mängel seines Beweisantritts hinweist, ihn also zB zur Präzisierung seines Vorbringens oder zur Offenlegung seiner Erkenntnisquellen auffordert. Unbeachtlich ist der Beweisantritt unter diesen Voraussetzungen überdies nur dann, wenn der Beweisführer eine ihm vom Gericht gesetzte Frist fruchtlos hat verstreichen lassen (BGH NJW 93, 1926, 1927). 6

B. Betroffener Personenkreis. I. Natürliche Personen. Als Zeugen kommen nur natürliche Personen in Betracht. 7

II. Benennung. Zeuge wird außerdem nur, wer von einer Partei ordnungsgemäß als solcher benannt wird (s.o. Rz 1 f: keine Zeugenvernehmung vAw). 8

III. Unterscheidungen. Vom Sachverständigen unterscheidet der Zeuge sich dadurch, dass der Zeuge über von ihm wahrgenommene Tatsachen berichtet und das Gericht dadurch in die Lage versetzt, Tatsachen festzustellen, während der – im Gegensatz zum Zeugen austauschbare – Sachverständige mittels des von 9 ihm einzusetzenden Fachwissens das Gericht dabei berät, wie anderweit (zB durch Zeugenaussagen oder durch Ermittlung durch den Sachverständigen selbst) festgestellte Tatsachen zu beurteilen sind. Hieraus folgt, dass auch der sachverständige Zeuge (§ 414) Zeuge, nicht Sachverständiger ist, mit dem einzigen Unterschied, dass die Wahrnehmung der relevanten Tatsachen durch diesen Zeugen aufgrund seiner besonderen Sachkunde erfolgt ist (Zö/*Greger* § 414 Rn 1). Auch der sachverständige Zeuge soll also Wahrnehmungen bekunden; ein von einer Partei außergerichtlich beauftragter Sachverständiger, der sich mit den Wertungen des Gerichtssachverständigen auseinander setzen soll, selbst aber keine für einen Zeugenbeweis relevanten Wahrnehmungen gemacht hat, kann deshalb nicht als sachverständiger Zeuge in den Prozess eingeführt werden (Kobl VersR 10, 204). Sein (Privat-)Gutachten ist vielmehr – wie stets (BGH WM 09, 1957, 1959; vgl auch vor §§ 402 ff Rz 8) – lediglich als qualifizierter Parteivortrag zu behandeln.

10 **IV. Partei.** Zeuge kann außerdem nicht sein, wer an dem Verfahren als Partei beteiligt ist.

11 **1. Förmliche Vernehmung.** Die Partei kann als Beweismittel nur über ihre förmliche Vernehmung gem § 445 ff in den Prozess eingeführt werden. Zulässig und somit prozessual beachtlich ist es aber, die streitgegenständliche Forderung an einen Dritten abzutreten (sofern nicht materiell-rechtlich §§ 399, 400 BGB entgegenstehen), so dass der Zedent im vom Zessionar geführten Rechtsstreit nunmehr als Zeuge auftreten kann. Nicht rechtsfehlerhaft ist es freilich, den Beweiswert der Aussagen derartiger Zeugen gering zu veranschlagen (BGH NJW 01, 826, 827).

12 **2. Vertreter.** Der gesetzliche Vertreter (zB: Eltern eines minderjährigen Kindes; Bürgermeister einer Gemeinde; Geschäftsführer einer GmbH) einer Partei ist Partei; die (zB prozessunfähige) Partei kann in diesem Fall als Zeuge vernommen werden, der gesetzliche Vertreter dagegen ist nach §§ 445 ff zu behandeln (BGH NJW 00, 289, 291). Wie der Geschäftsführer einer GmbH ist auch der die Gesellschaft nach außen vertretende Geschäftsführer einer GbR Partei, nicht Zeuge (Stuttg 21.10.09 – 3 U 64/09, Rn 36).

13 **3. Zeuge.** Zeuge kann dagegen sein der Kommanditist der KG; der OHG-Gesellschafter, sofern er durch den Gesellschaftsvertrag von der Vertretung der OHG ausgeschlossen wurde (§ 125 I HGB); der Betreuer der Partei außerhalb des Aufgabenkreises, für den er bestellt wurde (§§ 1896 II, 1902 BGB); der Schuldner in dem Prozess, den der Insolvenzverwalter über das (frühere) Vermögen des Schuldners führt.

14 **4. Streitgenossen.** Streitgenossen sind Partei, wenn die Streitgenossenschaft eine notwendige ist (§ 62). Im Falle der einfachen Streitgenossenschaft sind sie als Zeugen zu vernehmen, sofern der Beweisgegenstand ausschließlich andere Streitgenossen betrifft, wenn also durch die Vernehmung des Streitgenossen Tatsachen festgestellt werden sollen, die ausschließlich für die Entscheidung des Rechtsstreits ggü anderen Streitgenossen von Bedeutung sind (Frankf 1.8.06–16 U 37/06, Rn 20).

15 **V. Verfahrensmangel.** Den Zeugen als Partei, die Partei als Zeugen zu vernehmen stellt einen Mangel des Verfahrens dar, der indessen gem § 295 I geheilt werden kann (Zö/*Greger* § 373 Rn 7). Ohnehin wird es in der Rechtspraxis bei der rechtsfehlerfreien (§ 286) Würdigung einer Aussage weniger auf die – wie vorstehend gezeigt häufig formal bedingte – Zuordnung zur Rolle als Partei oder als Zeuge ankommen, sondern auf eine Gesamtwürdigung aller Umstände, insb hinsichtlich des jeweiligen Eigeninteresses des Aussagenden am Verfahrensausgang.

16 **C. § 286. I. Beweiswürdigung.** Die Würdigung des Ergebnisses der Zeugenvernehmung ist Aufgabe des Tatrichters. Dieser hat eigenverantwortlich über die Glaubwürdigkeit des Zeugen und die Glaubhaftigkeit seiner Aussage zu entscheiden, und darf die Aussage daher erst nach deren Bejahung dem Urt zugrunde legen (BGH NJW 91, 3284). Es ist aber grds davon auszugehen, dass der Tatrichter zur erforderlichen Beurteilung ohne Hilfe in der Lage ist; die Einholung eines Sachverständigengutachtens über die Glaubwürdigkeit des Zeugen ist daher nur in Ausnahmefällen erforderlich (Zö/*Greger* § 373 Rn 10; s. sogleich Rz 17).

17 **II. Zeugnisfähigkeit.** Die Zeugnisfähigkeit ist weder an einer starren Altersgrenze noch an einem bestimmten, definierbaren Maß an intellektueller Leistungsfähigkeit festzumachen. Erforderlich, aber auch ausreichend ist vielmehr die in jedem Einzelfall zu prüfende Fähigkeit des Zeugen, Wahrnehmungen zu machen und diese, ggf auf ihm verständliche Befragung hin, wiederzugeben (Zö/*Greger* § 373 Rn 3). Freilich ist es gerade hier in Zweifelsfällen (zB bei kindlichen oder geistes- oder psychisch kranken Zeugen) Aufgabe des Tatrichters, den Beweiswert der Aussage, ggf gestützt auf sachverständige Beratung, einer kritischen Prüfung zu unterziehen (s.o. Rz 16).

D. Urkunden als Zeugenbeweis? I. Grundsatz. Es stellt einen grds zulässigen und beachtlichen Beweisantritt dar, die in einem Protokoll, bspw aus einem früheren Verfahren, festgehaltene Aussage eines Zeugen nicht durch dessen erneute Vernehmung, sondern als Urkundsbeweis in den aktuellen Prozess einführen zu wollen (zum Sonderfall der Verlesung einer früheren Aussage iRd Vernehmung s. § 396 Rz 3). Auch die außerhalb eines gerichtlichen Verfahrens getätigte schriftliche Aussage einer Person, zB eines Unfallbeobachters ggü einer Versicherung, kommt – im Wege des Urkundenbeweises – als taugliches Beweismittel in Betracht (BGH NJW-RR 07, 1077, 1078). Es verstößt aber gegen den Grundsatz von der Unmittelbarkeit der Beweisaufnahme, wenn der Richter Bekundungen, die Personen vor ihm, aber in anderweitigen Verfahren getätigt haben, ohne Antrag einer Partei als gerichtsbekannt im Rechtsstreit verwertet (BGH MDR 11, 562 = NJW-RR 11, 569, Rn 10). 18

II. Beweiswert. Der Beweiswert dieses Beweismittels ist aber äußerst begrenzt. Hierdurch kann nämlich lediglich der Nachweis dessen, was Inhalt der früheren Aussage war, geführt werden, nicht aber der Nachweis der inhaltlichen Richtigkeit der früheren Aussage (BGH NJW 95, 2856, 2857). Eine Beurteilung der Glaubwürdigkeit des Zeugen und der Glaubhaftigkeit seiner Aussage wird praktisch ohne erneute Vernehmung des Zeugen durch das Prozessgericht (zur Problematik der Vernehmung durch den ersuchten oder beauftragten Richter s. § 375) nicht möglich sein, schon weil anderenfalls gegen den Grundsatz der Unmittelbarkeit der Beweisaufnahme (§ 355) verstoßen würde. Die Vernehmung des Zeugen kann daher grds nicht durch die Verwertung einer von ihm stammenden eidesstattlichen Versicherung im Wege des Urkundsbeweises ersetzt werden; dies vermittelt dem Richter nicht den erforderlichen persönlichen Eindruck von dem Zeugen (BGH VersR 11, 817, Rn 6). 19

III. Fragerecht der Parteien. Die Parteien haben daher gem § 373 ohne Weiteres das prozessuale Recht, die unmittelbare Befragung der Zeugen zu beantragen (München 30.11.06–19 U 2203/06, Rn 11); hierauf und auf den geringeren Beweiswert einer im Wege des Urkundsbeweis eingeführten früheren Aussage der Auskunftsperson hat das Gericht hinzuweisen (§§ 139, 273; BGH NJW 04, 1324, 1325). Auch die Partei, die zunächst den Urkundsbeweis angetreten hat, darf, ohne sich Verfahrensverzögerung vorwerfen lassen zu müssen (BGH NJW 83, 999, 1000), und ohne dass § 398 entgegenstünde (BGH NJW-RR 88, 1527, 1528), zum Zeugenbeweis übergehen (Zö/*Greger* § 373 Rn 9). 20

E. Protokoll. Außer im Fall des § 161 I sind die Zeugenaussagen zu protokollieren, § 160 III Nr 4, dh die Aussagen sind inhaltlich wiederzugeben (Musielak/*Stadler* § 160 Rn 8; s. dazu unten § 396 Rz 6). 21

§ 374 *(weggefallen)*

§ 375 Beweisaufnahme durch beauftragten oder ersuchten Richter.

(1) Die Aufnahme des Zeugenbeweises darf einem Mitglied des Prozessgerichts oder einem anderen Gericht nur übertragen werden, wenn von vornherein anzunehmen ist, dass das Prozessgericht das Beweisergebnis auch ohne unmittelbaren Eindruck von dem Verlauf der Beweisaufnahme sachgemäß zu würdigen vermag, und

1. wenn zur Ausmittlung der Wahrheit die Vernehmung des Zeugen an Ort und Stelle dienlich erscheint oder nach gesetzlicher Vorschrift der Zeuge nicht an der Gerichtsstelle, sondern an einem anderen Ort zu vernehmen ist;

2. wenn der Zeuge verhindert ist, vor dem Prozessgericht zu erscheinen und eine Zeugenvernehmung nach § 128a Abs. 2 nicht stattfindet;

3. wenn dem Zeugen das Erscheinen vor dem Prozessgericht wegen großer Entfernung unter Berücksichtigung der Bedeutung seiner Aussage nicht zugemutet werden kann und eine Zeugenvernehmung nach § 128a Abs. 2 nicht stattfindet.

(1a) Einem Mitglied des Prozessgerichts darf die Aufnahme des Zeugenbeweises auch dann übertragen werden, wenn dies zur Vereinfachung der Verhandlung vor dem Prozessgericht zweckmäßig erscheint und wenn von vornherein anzunehmen ist, dass das Prozessgericht das Beweisergebnis auch ohne unmittelbaren Eindruck von dem Verlauf der Beweisaufnahme sachgemäß zu würdigen vermag.

(2) Der Bundespräsident ist in seiner Wohnung zu vernehmen.

A. Normzweck. Zweck des § 375 ist nicht, dem Prozessgericht die Möglichkeit zu eröffnen, häufig zeitraubende Zeugenvernehmungen zu externalisieren. Vielmehr soll – jedenfalls im praktisch häufigsten Fall des 1

§ 375 I Nr 3 – unter Abwägung der Vorzüge der unmittelbaren Beweisaufnahme einerseits, der möglichst geringen Beeinträchtigung des Zeugen andererseits ein vertretbarer Kompromiss gesucht werden.

2 **B. Anwendungsvoraussetzungen iE.** Die Beweisaufnahme, hier: die Zeugenvernehmung durch den beauftragten oder ersuchten Richter stellt zunächst eine Abkehr vom Grundsatz der Unmittelbarkeit der Beweisaufnahme dar (§ 355). Zulässig ist sie daher nur unter Beachtung nachfolgender Voraussetzungen. Liegen diese Voraussetzungen nicht vor, so berechtigt dies das Prozessgericht keineswegs, die Beweisaufnahme gänzlich zu unterlassen; vielmehr hat sie dann unmittelbar vor dem Prozessgericht stattzufinden (Nürnb OLGR Nürnb 03, 352). Über § 451 ZPO gilt die Vorschrift auch für die Anhörung von Parteien, und zwar auch im Anwendungsbereich des FamFG (BGH 17.6.10 – V ZB 9/10, Rn 13).

3 **I. Vorrang der Video-Vernehmung.** Die Video-Vernehmung von Zeugen hat in den Fällen des § 375 I Nr 2 und 3 stets Vorrang; ein Vorgehen gem § 375 kommt also nur dann in Betracht, wenn die Vernehmung gem § 128a II – häufig aus technischen Gründen – nicht stattfindet.

4 **II. Würdigung der Glaubwürdigkeit.** Weitere Voraussetzung des § 375 I ist, dass das Prozessgericht das Beweisergebnis auch ohne unmittelbaren Eindruck von dem Verlauf der Beweisaufnahme sachgemäß zu würdigen vermag (Bremen OLGR Bremen 09, 352, Rn 13). Wenn es also auf die Glaubwürdigkeit eines Zeugen ankommt, wird ein Verfahren gem § 375 regelmäßig ausscheiden, zB dann, wenn einander widersprechende Aussagen von Zeugen zu würdigen sind (Zö/*Greger* § 375 Rn 1). Diese Voraussetzung führt im Ergebnis dazu, dass bei sachgerechter Anwendung § 375 weitgehend leer laufen muss. Hat das Prozessgericht zB die Vernehmung zweier Zeugen im Wege der Rechtshilfe angeordnet und hat dies einander widersprechende Aussagen der Zeugen erbracht, so erwächst dem Prozessgericht aus § 398 die Pflicht, die Glaubwürdigkeit der Zeugen durch deren wiederholte, unmittelbare Vernehmung eigenständig zu beurteilen (Frankf OLGR Frankf 07, 321). Nur in den Fällen, in denen ein »unangefochtener« Zeuge lediglich objektiv nachprüfbare Daten mitzuteilen hat, wird es nicht auf den persönlichen Eindruck vom Zeugen ankommen. In der praktisch weitaus größten Zahl der Fälle wird das – gesamte – Prozessgericht daher die Zeugenvernehmung nicht umgehen können.

5 **III. Gesetzliche Vorschriften.** Im Sinne des § 375 I Nr 1 vorgeschrieben ist die Vernehmung von Zeugen außerhalb des Gerichts zB durch § 375 II (Bundespräsident) und § 382 (Minister und Abgeordnete des Bundes und der Länder).

6 **IV. § 375 I Nr 1.** Sachdienlich iSd § 375 I Nr 1 ist die Zeugenvernehmung zB dann, wenn sie mit einem Augenschein verbunden wird (zB: zur Beurteilung eines Verkehrsunfalles wird ein Ortstermin an der Unfallstelle anberaumt, zu dem ein Sachverständiger beigezogen wird; die Zeugen sollen dem Gericht und dem Sachverständigen an Ort und Stelle den Unfallhergang verdeutlichen. Dieses Beispiel zeigt zugleich, dass die Durchführung der Beweisaufnahme durch das Prozessgericht, das letztlich auch über die dem Sachverständigen gelieferten Anknüpfungstatsachen entscheiden muss, unausweichlich sein wird, ein Fall des § 375 I Nr 1 Alt 1 also gerade nicht vorliegt).

7 **V. § 375 I Nr 2.** Der praktisch relevante Fall der Verhinderung des Zeugen iSd § 375 I Nr 2 ist seine zur Reiseuntauglichkeit führende Erkrankung, die zu einer Vernehmung »am Krankenbett« nötigt.

8 **VI. § 375 I Nr 3.** Eine große Entfernung (genauer: der damit zwingend verbundene Aufwand an Zeit und Kosten) eines Zeugen von der Gerichtsstelle rechtfertigt grds dessen kommissarische Vernehmung, § 375 I Nr 3. Hierzu ist der genannte Aufwand in das Verhältnis zu setzen ist zu der Bedeutung der Aussage des Zeugen (dh in der Gerichtspraxis: zum Streitwert; zu Recht sind zB 200 km bei einem Streitwert von 100.000 € nicht als ausreichend erachtet worden, Frankf IBR 11, 251, Rn 21) mit dem Ergebnis, dass ihm die Anreise nicht zuzumuten sei. Abzuwägen ist dies mit dem Recht der Prozessbeteiligten, der Vernehmung des Zeugen beizuwohnen und ihm Fragen zu stellen (§ 397 I; Zö/*Greger* § 357 Rn 1). Soll dieses – in der Praxis dem einen anwaltlichen Vertreter, der in den Fall eingearbeitet ist, zustehende – Recht nicht ausgehöhlt werden, wird man nicht leichter Hand dem Anwalt statt des Zeugen die Anreise zumuten können. Dass der Termin zur Beweisaufnahme vor dem Richterkommissar den Parteien mitzuteilen ist (§ 357 II), ist eine prozessuale Selbstverständlichkeit, vermag aber nicht den Nachteil auszugleichen, den die nahe am Prozessgericht, aber fern vom Richterkommissar wohnende Partei erleidet, wenn nicht ihr Prozessbevollmächtigter, sondern lediglich ein unterbevollmächtigter Anwalt den Termin wahrnimmt.

VII. § 375 Ia. Für die Vernehmung durch den beauftragten (also nicht für den ersuchten) Richter eröffnet § 375 Ia die Vereinfachung der Beweisaufnahme, wenn dies zweckmäßig erscheint und wenn das Prozessgericht das Beweisergebnis auch ohne unmittelbaren Eindruck von dem Verlauf der Beweisaufnahme sachgemäß zu würdigen vermag. 9

C. Bindungswirkung des Ersuchens. Das Ersuchen des Prozessgerichts ist für den ersuchten Richter vorbehaltlich der in § 158 II GVG niedergelegten Ausnahmen, die eng auszulegen sind (BAG NJW 01, 2196, 2197), bindend gem § 158 I GVG, ohne dass dem ersuchten Gericht eine Prüfungskompetenz bzgl der Voraussetzungen des § 375 ZPO zukäme (Frankf 17.2.11 – 4 W 2/11, Rn 12). Voraussetzung hierfür ist freilich, dass der Beweisbeschluss auch ausführbar ist. Dazu ist erforderlich, dass um die Vernehmung des Zeugen unter hinreichender Angabe (§ 359 Nr 1) des Beweisthemas ersucht wird. Es ist nicht die Aufgabe des ersuchten Richters, sich aus den Akten zusammenzusuchen, was der Zeuge gefragt werden soll, so dass letztlich die Wahrheitsfindung dem ersuchten Gericht zu dessen Verantwortung übertragen würde. Stellt sich unter diesen Gesichtspunkten das Rechtshilfeersuchen als willkürlich und missbräuchlich dar, so tritt die in § 158 I GVG vorgesehene Bindungswirkung nicht ein (Kobl OLGR Kobl 07, 592). 10

D. Verfahrensfehler. Einen Zeugen unter Verstoß gegen die Voraussetzungen des § 375 kommissarisch zu vernehmen, stellt einen Verstoß gegen den Grundsatz der Unmittelbarkeit der Beweisaufnahme dar, der freilich gem § 295 I geheilt werden kann (BGH NJW 96, 2734, 2735;Frankf 8.12.10 – 19 U 22/10, Rn 46). 11

§ 376 Vernehmung bei Amtsverschwiegenheit.

(1) Für die Vernehmung von Richtern, Beamten und anderen Personen des öffentlichen Dienstes als Zeugen über Umstände, auf die sich ihre Pflicht zur Amtsverschwiegenheit bezieht, und für die Genehmigung zur Aussage gelten die besonderen beamtenrechtlichen Vorschriften.

(2) Für die Mitglieder des Bundestages, eines Landtages, der Bundes- oder einer Landesregierung sowie für die Angestellten einer Fraktion des Bundestages oder eines Landtages gelten die für sie maßgebenden besonderen Vorschriften.

(3) Eine Genehmigung in den Fällen der Absätze 1, 2 ist durch das Prozessgericht einzuholen und dem Zeugen bekannt zu machen.

(4) Der Bundespräsident kann das Zeugnis verweigern, wenn die Ablegung des Zeugnisses dem Wohl des Bundes oder eines deutschen Landes Nachteile bereiten würde.

(5) Diese Vorschriften gelten auch, wenn die vorgenannten Personen nicht mehr im öffentlichen Dienst oder Angestellte einer Fraktion sind oder ihre Mandate beendet sind, soweit es sich um Tatsachen handelt, die sich während ihrer Dienst-, Beschäftigungs- oder Mandatszeit ereignet haben oder ihnen während ihrer Dienst-, Beschäftigungs- oder Mandatszeit zur Kenntnis gelangt sind.

A. Normzweck. Die Beweisaufnahme dient der Wahrheitsfindung. § 376 dient demgegenüber dem Schutz der Geheimnisse des öffentlichen Dienstes im weitesten Sinne. Den Konflikt zwischen diesen widerstreitenden Interessen löst § 376 zugunsten der öffentlichen Hand und zu Lasten von Gerichten und Parteien, denn bis zur Erteilung einer Aussagegenehmigung besteht zugunsten der in § 376 genannten Personen ein unverzichtbares Vernehmungsverbot (Zö/*Greger* § 376 Rn 8). Ob die Genehmigung erteilt wird, richtet sich nach den einschlägigen bundes- oder landesrechtlichen Vorschriften (zB Art 69 I, 70 I BayBeamtG). 1
Es ist Aufgabe des Gerichts, nicht des Zeugen oder der Parteien, diese Genehmigung einzuholen (§ 376 III). Die Versagung der Genehmigung durch die zuständige Behörde stellt allerdings einen Verwaltungsakt dar, so dass der durch die Versagung benachteiligten Partei hiergegen der Verwaltungsrechtsweg offen steht (BVerwG NJW 1971, 160).

B. Anwendungsbereich. I. Richter. Richter (§ 1 DRiG), also berufsmäßige und ehrenamtliche Richter der Bundesrepublik Deutschland und ihrer Länder, unterliegen hinsichtlich der Beratung und Abstimmung gem §§ 43, 45 DRiG einer unaufhebbaren Verschwiegenheitsverpflichtung, die Berufsrichter darüber hinaus gem § 46 DRiG einer beamtenrechtsähnlichen Verschwiegenheitspflicht über weitere dienstliche Belange. 2

II. Beamte. Die Stellung des Beamten folgt aus den beamtenrechtlichen Regelungen des Bundes und der Länder; vom Beamtenbegriff des § 376 I werden sowohl Lebenszeit- als auch Probe- und Widerrufsbeamte erfasst, und zwar der Gebietskörperschaften (Bund, Länder, Kommunen, Zweckverbände oÄ) sowie der öffentlich-rechtlich organisierten Körperschaften, Stiftungen und Anstalten. 3

4 **III. Arbeiter und Angestellte.** Deren Arbeiter und Angestellte sind »andere Personen des öffentlichen Dienstes«. Hierzu gehören auch zur Geheimhaltung verpflichtete V-Leute der Polizei (Zö/*Greger* § 376 Rn 4).

5 **IV. Dauer der Verschwiegenheitsplicht.** Gemäß § 376 V gilt die Geheimhaltungsvorschrift über das Dienst-, Mandats- oder Beschäftigungsverhältnis hinaus, sofern es um in dienstlicher oder amtlicher oder angestellter Eigenschaft erworbene Kenntnisse geht.

6 **C. Zur Frage des Verwertungsverbotes.** Wird eine Aussage entgegen § 376 erhoben (zB ohne die erforderliche Genehmigung), so kann das Beweismittel grds gleichwohl verwertet werden, weil die die Amtsverschwiegenheit begründenden Vorschriften dem Schutz der jeweiligen Behörde oder der Wahrung von Geheimhaltungsbedürfnissen dienen, nicht aber ein Beweisverwertungsverbot begründen sollen. Überdies kann der in einem Verstoß gegen § 376 liegende Verfahrensmangel gem § 295 geheilt werden (s. hierzu OVG Lüneburg NVwZ 04, 1381, 1382).

§ 377 Zeugenladung.

(1) [1]Die Ladung der Zeugen ist von der Geschäftsstelle unter Bezugnahme auf den Beweisbeschluss auszufertigen und von Amts wegen mitzuteilen. [2]Sie wird, sofern nicht das Gericht die Zustellung anordnet, formlos übermittelt.
(2) Die Ladung muss enthalten:
1. die Bezeichnung der Parteien;
2. den Gegenstand der Vernehmung;
3. die Anweisung, zur Ablegung des Zeugnisses bei Vermeidung der durch das Gesetz angedrohten Ordnungsmittel in dem nach Zeit und Ort zu bezeichnenden Termin zu erscheinen.
(3) [1]Das Gericht kann eine schriftliche Beantwortung der Beweisfrage anordnen, wenn es dies im Hinblick auf den Inhalt der Beweisfrage und die Person des Zeugen für ausreichend erachtet. [2]Der Zeuge ist darauf hinzuweisen, dass er zur Vernehmung geladen werden kann. [3]Das Gericht ordnet die Ladung des Zeugen an, wenn es dies zur weiteren Klärung der Beweisfrage für notwendig erachtet.

1 **A. Normzweck.** Die Norm stellt klar, dass es die Aufgabe des Gerichts (genauer: dessen Geschäftsstelle auf Weisung des Richters) ist, Zeugen zum Termin herbeizuschaffen. Eine § 220 StPO entsprechende Norm kennt das Zivilprozessrecht dagegen nicht (Zö/*Greger* § 377 Rn 1). Die gerichtliche Ladung soll außerdem gewährleisten, dass der Zeuge im Termin tatsächlich erscheint, so dass, wie von § 279 vorgesehen, in einem Termin verhandelt und entschieden werden kann.

2 **B. Inhalt und Form der Ladung. I. Bezeichnung der Parteien.** Dem Zeugen sind die Parteien mitzuteilen, und zwar zumindest dergestalt, dass dem Zeugen – und sei es iVm der Mitteilung des Streitgegenstandes – möglich ist, den Inhalt des Rechtsstreits soweit zu identifizieren, dass ihm eine Vorbereitung auf den Termin (§ 378) möglich ist.

3 **II. Gegenstand der Vernehmung.** Entgegen dem missverständlichen Wortlaut (»unter Bezugnahme auf den Beweisbeschluss«) ist für die Anordnung der Zeugenvernehmung ein Beweisbeschluss nur ausnahmsweise erforderlich; ansonsten reicht eine formlose Beweisanordnung aus (§ 358 Rz 2). Der Wahrheitsfindung abträglich ist die verbreitete Unsitte, Parteivortrag – gar im Indikativ – aus Schriftsätzen abzuschreiben und diesen dem Zeugen durch die Mitteilung in der Ladung als erwartete Aussage vorzugeben (Zö/*Greger* § 377 Rn 3). § 377 II Nr 2 verlangt vielmehr, den Streitgegenstand soweit zu umreißen, dass der Zeuge auch insoweit seiner Vorbereitungspflicht nachkommen kann und überhaupt in die Lage versetzt wird, sich schon vor Beginn seiner Vernehmung zu gegenwärtigen, zu welchem Streitfall er befragt werden wird. Prädispositionen des Zeugen ist andererseits durch eine möglichst offene Beschreibung des Vernehmungsgegenstandes (also: »Hergang des Unfalles vom ...«) zu begegnen. Andererseits darf keinesfalls die Angabe des Vernehmungsgegenstandes gänzlich unterbleiben; in diesem Fall liegt eine ordnungsgemäße Ladung nicht vor mit der Folge, dass Maßnahmen gem § 380 nicht ergriffen werden dürfen (Saarbr OLGR Saarbr 05, 960).

4 **III. Zeit, Ort, Folgen des Ausbleibens.** Dem Zeugen sind Uhrzeit und Sitzungssaal mitzuteilen, bei »Ortsterminen« (§ 371 Rz 2) außerhalb des Gerichtsgebäudes die Örtlichkeit hinreichend exakt. Außerdem ist der Zeuge auf die ihn im Fall des Ausbleibens (§§ 380 f) treffenden Folgen hinzuweisen.

IV. Form. Die Ladung erfolgt – vorbehaltlich gegenteiliger, auf förmliche Zustellung lautender Weisung des Gerichts – formlos, also mit einfacher Post. Im Falle des Bestreitens des Zeugen wird ein Nachweis des Zugangs der formlos versandten Ladung, welcher Voraussetzung für ein Vorgehen gem. § 380 ist, indessen nicht zu führen sein. Umgekehrt hat im Fall der ordnungsgemäßen förmlichen Zustellung der Zeuge den Nachweis für seine Behauptung zu führen, die Ladung habe ihn entgegen der Postzustellungsurkunde gleichwohl tatsächlich nicht oder nicht rechtzeitig erreicht (LSG München 6.4.09 – L 2 B 608/08 AS, Rn 9). Naturgemäß ist auch der Zeuge in der Ladung korrekt zu benennen; des Zusatzes »jun.« oder »sen.« in der Ladung bedarf es aber nicht, wenn unter der angegebenen Anschrift nur eine der beiden in Frage kommenden Personen wohnt (BFH/NV 08, 232). 5

V. Frist. Eine Frist ist nicht vorgeschrieben (LSG Stuttgart 7.2.07 – L 13 R 293/07 B, Rn 4); bei unzumutbar kurzer Frist – deren Bemessung Sache des Einzelfalles unter Berücksichtigung der persönlichen und beruflichen Umstände des Zeugen ist – wird im Falle des Ausbleibens des Zeugen aber von seiner genügenden Entschuldigung iSd § 381 auszugehen sein (Zö/*Greger* § 377 Rn 4b; LSG Stuttgart 7.2.07 – L 13 R 293/07 B, Rn 7; s.a. § 381 Rz 5). 6

C. Schriftliche Zeugenvernehmung. I. Zeitpunkt. Die Anordnung gem § 377 III kann gem § 358a Nr 3 schon vor der mündlichen Verhandlung ergehen; dies ist – bei Vorliegen der sonstigen Voraussetzungen – in hohem Maße zweckdienlich, weil dies den Kenntnisstand des Gerichts und der Parteien schon vor Beginn der Güteverhandlung beträchtlich erhöht. 7

II. Einverständnis, Fragerecht. Nach dem Wortlaut der Vorschrift ist das Einverständnis der Parteien nicht erforderlich (anders im Fall des § 128 II). Jedoch wird es sich empfehlen, vorab die entsprechende Zustimmung der Parteien einzuholen. Die Zeugenvernehmung nach § 377 III unterfällt nämlich nicht dem Urkunds-, sondern dem Zeugenbeweis, so dass das Recht der Parteien, an den Zeugen Fragen zu stellen (§ 397 I), durch eine Anordnung nach § 377 III nicht ausgehebelt werden kann (Zö/*Greger* § 377 Rn 5). In der Praxis bedeutet dies, dass es im Belieben der Partei steht, ein persönliches Erscheinen des Zeugen vor Gericht doch zu erzwingen (Zö/*Greger* § 377 Rn 10a). 8

III. Voraussetzungen. 1. Persönlich. Zunächst muss der Zeuge persönlich in der Lage sein, schriftlich Stellung zu nehmen. Wenngleich ein bestimmtes Mindestalter hierfür nicht vorzuschreiben ist (Zö/*Greger* § 377 Rn 8), so kommt für ein Verfahren gem § 377 III doch nur eine Auskunftsperson in Betracht, die sich schriftlich auszudrücken versteht. 9

2. Sachlich. Wie schon § 375, stellt auch § 377 III eine Abkehr von der unmittelbaren Beweisaufnahme dar. Wenngleich die früher im Gesetz enthaltene Beschränkung des schriftlichen Verfahrens auf die Mitteilung von Tatsachen, die in Aufzeichnungen enthalten sind, entfallen ist, zeigt dieses Beispiel doch, dass nur ein relativer enger Kreis von Fragen für § 377 III in Betracht kommt, nämlich die Auskunft über Umstände, die weitgehend objektivierbare Tatsachen betreffen, bei denen es auf die individuelle Erkenntnisfähigkeit des Zeugen (die das Gericht nur im persönlichen Umgang beurteilen könnte) nicht ankommt, und bei denen Rückfragen und Vorhaltungen des Gerichts (§ 396 II) sowie Fragen der Parteien (§ 397 I) voraussichtlich nicht zu erwarten sind. In der Praxis wird sich bei der Beurteilung der Glaubhaftigkeit der Aussage das zusätzliche Problem stellen, zuverlässig auszuschließen, dass nicht auch andere Personen als der benannte Zeuge, insb Parteien, an der Entstehung der schriftlichen Aussage mitgewirkt haben. 10

IV. Anordnung. 1. Inhalt. Die – gem. § 355 II nicht anfechtbare (Jena 17.6.11 – 4 W 291/11, Rn 3) – Anordnung trifft das Prozessgericht, nicht der beauftragte oder ersuchte Richter (Zö/*Greger* § 377 Rn 9). In der Anordnung, die, wenn sie vorab ergeht, gem § 358a Nr 3 einen förmlichen Beweisbeschluss erfordert, ist der Gegenstand der Vernehmung (§ 377 II Nr 2) so genau zu bezeichnen, dass der Zeuge den Inhalt der Fragestellung ohne weiteres erfassen kann. Außerdem ist er darauf hinzuweisen, dass er gleichwohl vorgeladen werden kann. Ist dem Gericht bekannt, dass dem Zeugen ein Zeugnisverweigerungsrecht zusteht, ist er auch auf dieses Recht hinzuweisen (Zö/*Greger* § 377 Rn 9a). 11

2. Ermessen. Es liegt grds im Ermessen des Prozessgerichts, ob es eine schriftliche Vernehmung des Zeugen anordnet. Angesichts des Umstandes, dass eine Ladung zur mündlichen Vernehmung stets auch einen Eingriff in eine grundrechtlich geschützte Position des Zeugen (allgemeine Handlungsfreiheit, Art 2 I GG) mit sich bringt, kann sich in Ausnahmefällen dieses Ermessen des Gerichts aber auf Null reduzieren. Dies ist jedenfalls dann der Fall, wenn der Erkenntnisgewinn der mündlichen ggü der schriftlichen Vernehmung 12 einerseits nicht spürbar ist, die Belastung des Zeugen durch die Pflicht zum Erscheinen aber andererseits durch besondere Umstände ungewöhnlich hoch ist (Frankf OLGR Frankf 08, 76: häufige Ladung des identischen Zeugen in gleich gelagerten Verfahren).

13 **V. Durchführung.** Eine bei Gericht eingehende schriftliche Zeugenaussage ist unverzüglich den Parteien zuzuleiten. Bleibt sie indessen aus, ist der Zeuge nicht etwa mit Ordnungsmitteln zu belegen, sondern zur mündlichen Vernehmung in einem Haupttermin zu laden (HessLSG 14.12.10 – L 4 SF 11/10 B, Rn 15); gleiches gilt, wenn die schriftliche Aussage inhaltlich unzureichend ist (§ 286) oder wenn Bedarf an weiterer Aufklärung besteht, die zB durch Fragen des Gerichts betrieben werden soll. Einem Antrag einer Partei, den Zeugen zu laden, damit ihm Fragen gestellt werden können (§ 397 I), hat das Gericht nachzukommen (Zö/*Greger* § 377 Rn 10a; LG Berlin NJW-RR 97, 1289, 1290; s.o. Rz 8).

14 **VI. Schriftliche Aussage als Urkundsbeweis.** Die Verwertung einer schriftlichen Aussage eines potentiellen Zeugen im Wege des Urkundsbeweises kommt in Betracht, wenn eine derartige Aussage bereits vorprozessual vorliegt, und wenn die Parteien mit dieser Verwertung einverstanden sind (Zö/*Greger* § 377 Rn 11), also keine förmlichen Beweisantrag auf Vernehmung der Auskunftsperson gerade in ihrer Eigenschaft als Zeuge stellen (s.o. § 373 Rz 20).

§ 378 Aussageerleichternde Unterlagen.

(1) **[1]Soweit es die Aussage über seine Wahrnehmungen erleichtert, hat der Zeuge Aufzeichnungen und andere Unterlagen einzusehen und zu dem Termin mitzubringen, wenn ihm dies gestattet und zumutbar ist. [2]Die §§ 142 und 429 bleiben unberührt.**
(2) **Kommt der Zeuge auf eine bestimmte Anordnung des Gerichts der Verpflichtung nach Absatz 1 nicht nach, so kann das Gericht die in § 390 bezeichneten Maßnahmen treffen; hierauf ist der Zeuge vorher hinzuweisen.**

1 **A. Zweck der Norm.** Zeugen werden häufig erhebliche Gedächtnisleistungen abverlangt, insb wenn sie über längere Zeit zurückliegende Wahrnehmungen aussagen sollen. § 378 dient dazu, die Verwirklichung der Zeugenpflicht zur wahrheitsgemäßen und vollständigen Aussage praktikabel zu halten. Der Zeuge soll und darf also sein Gedächtnis durch Einsicht in seine Unterlagen auffrischen.

2 **B. Zu den Voraussetzungen iE. I. Vorhandene Unterlagen.** § 378 betrifft vorhandene Unterlagen. Der Zeuge ist also nicht verpflichtet, derartige Unterlagen erst herzustellen oder zu beschaffen. Soll also ein Zeuge über eine Vielzahl von Geschäftsvorfällen berichten, kann ihm abverlangt werden, die hierzu vorhandenen Einzelunterlagen, soweit für ihn greifbar, einzusehen, nicht aber, hieraus eine tabellarische oder zusammenfassende Übersicht aufzubereiten.

3 **II. Vorlagepflicht.** § 378 begründet keine allgemeine durchsetzbare Pflicht des Zeugen, vorhandene Unterlagen vorzulegen (Zö/*Greger* § 378 Rn 2). Vielmehr muss der Zeuge – unter der Voraussetzung der Zumutbarkeit – nur solche Unterlagen einsehen und vorlegen, die ihm die Aussage erleichtern. Dies begründet aber überdies keine Verpflichtung des Gerichts (etwa ggü der beweisführenden Partei), dem Zeugen bei der Beschaffung dieser Unterlagen behilflich zu sein (Kobl OLGR Kobl 07, 915: inhaftierter Zeuge). §§ 378 I 2, 142 I, II eröffnen dagegen dem Gericht die Möglichkeit, bei Vorliegen der dort genannten Voraussetzungen einem Dritten (dh: dem Zeugen) die Vorlage von Urkunden und sonstigen Unterlagen aufzuerlegen. Gemäß § 378 I 2, 429 kann auch die Partei den Dritten (Zeugen) zur Urkundenvorlage »nötigen«, indessen nur durch Klage.

4 **III. Zwangsmaßnahmen.** Zwangsmaßnahmen gegen den Zeugen gem § 390 sind nur bei Einhaltung der in § 378 II genannten Voraussetzungen möglich. Das Gericht hat hierzu eine »bestimmte« Anordnung zu treffen. Hierfür reicht der allgemeine Hinweis auf § 378 I nicht aus (Zö/*Greger* § 378 Rn 3). Vielmehr wird das Gericht die vorzulegende Urkunde so genau zu bezeichnen haben, dass für den Zeugen der Inhalt seiner diesbezüglichen Zeugenpflicht klar erkennbar wird. Die Anordnung muss sich aber gleichzeitig auf von § 378 I erfasste Unterlagen beziehen. Letztere müssen also für den Zeugen greifbar sein, und dies muss für das Gericht nachvollziehbar sein. Schließlich muss der Zeuge auf die Gefahr von Zwangsmaßnahmen zuvor hingewiesen worden sein.
Dies wird es für die Praxis nahelegen, »bestimmte Anordnungen« erst in einem ersten für einen zweiten Termin zur Vernehmung desselben Zeugen zu treffen, um Parteien und Zeugen Gelegenheit zu geben, die

vorzulegenden Dokumente hinreichend genau zu bezeichnen, und zur Frage, ob die Vorlage dem Zeugen gestattet und zumutbar ist (§ 378 I), vorzutragen.

C. Rechtsmittel. I. Zeugen. Gegen die Anordnungen, auch gegen bestimmte Anordnungen nach § 378 I, II steht dem Zeugen gem § 355 II kein Rechtsmittel zu. Gegen Zwangsmaßnahmen wegen Verletzung der Vorlagepflicht kann er sich dagegen mit der sofortigen Beschwerde gem §§ 378 II, 390 III wehren. 5

II. Parteien. Maßnahmen nach § 378 stehen im Ermessen des Gerichts. Wird aber durch Unterlassen derartiger Anordnungen der Zeugenbeweis nicht ausgeschöpft, stellt dies einen mit Berufung und/oder Revision anzugreifenden Verstoß gegen § 286 dar (BGH ZIP 93, 1307; Zö/*Greger* § 378 Rn 5). 6

§ 379 Auslagenvorschuss. **[1]Das Gericht kann die Ladung des Zeugen davon abhängig machen, dass der Beweisführer einen hinreichenden Vorschuss zur Deckung der Auslagen zahlt, die der Staatskasse durch die Vernehmung des Zeugen erwachsen. [2]Wird der Vorschuss nicht innerhalb der bestimmten Frist gezahlt, so unterbleibt die Ladung, wenn die Zahlung nicht so zeitig nachgeholt wird, dass die Vernehmung durchgeführt werden kann, ohne dass dadurch nach der freien Überzeugung des Gerichts das Verfahren verzögert wird.**

A. Normzweck. Beweiserhebungen verursachen Kosten (§ 401); ob diese nach Abschluss des Verfahrens beitreibbar sind, ist ungewiss. Deshalb eröffnet § 379 die Möglichkeit, schon vor Verursachung der Kosten deren Begleichung durch den Beweisführer einzufordern, widrigenfalls die beantragte Beweisaufnahme entfällt, und damit auch die hiermit verbundene Kostenverursachung. Andererseits hemmt es den schleunigen Fortgang des Verfahrens, wenn eine angezeigte Beweisaufnahme vorerst nicht stattfindet, wenn und weil der hierfür erforderliche Kostenvorschuss noch nicht eingegangen sind. Unterbleibt die Beweisaufnahme ganz (s.u. Rz 9), wird letztlich die Wahrheitsfindung beeinträchtigt 1
Diesen Widerspruch zwischen Kosteninteresse des Staates und Aufklärungs- und Beschleunigungsinteresse der Parteien aufzulösen ist Zweck des § 379.

B. Anwendungsbereich. I. Zeugen, Sachverständige. § 379 gilt unmittelbar für die Beweisaufnahme durch Vernehmung von Zeugen, über §§ 30 I, 113 I 2 FamFG auch in den dort bezeichneten familiengerichtlichen Verfahren (s. im Einzelnen Volpert FPR 2010, 327), und über § 402 auch für das mündliche und auch für das schriftliche (BGH NJW 1964, 658; insoweit nur Ls) Gutachten des Sachverständigen. Bei Nichtzahlung des für einen Sachverständigen angeforderten Vorschusses darf das Gericht aber nicht ohne weiteres die betreffende Partei als beweisfällig ansehen. Vielmehr muss es zunächst versuchen, in anderer Weise die beweiserhebliche Frage aufgrund des bereits vorhandenen oder sogar aufgrund eines erst noch gerichtlich anzuregenden Parteivortrages oder anhand der sonst vorhandenen Beweismittel zu klären (BGH NJW 07, 2122, 2123). Zur sonstigen Vorschusspflicht der Parteien s. § 17 f GKG. Demgegenüber ist § 379 lex specialis (Stuttg NJW-Spezial 11, 526, Rn 9), so dass eine hierauf gestützte Anforderung, einen Vorschuss für die Reise des Gerichts zum Zeugen zu entrichten, nicht in Frage kommt (Ddorf 12.9.06, I-10 W 87/06, Rn 3). 2

II. Ausnahme. 1. Befreiung. Ein Vorschuss kann von einer Partei nicht verlangt werden, die ohnehin von der Verpflichtung, Kosten zu tragen, befreit ist (zB der Fiskus gem § 2 I GKG). Ist einer Partei Prozesskostenhilfe gewährt worden, ist sie gem § 122 I Nr 1 von der Tragung der Gerichtskosten befreit; hierzu gehören gem Ziff 9005 KV auch die Auslagen für Zeugen und Sachverständige (§ 122 Rz 7; Zö/*Geimer* § 122 Rn 3). Ist dem (Berufungs-, Revisions-) Kl PKH gewährt worden, ist gem § 122 II auch der Gegner (zu allgemein Zö/*Greger* § 379 Rn 3; zutr dagegen § 122 Rz 16; Zö/*Geimer* § 122 Rn 23) von der Vorschusspflicht befreit. Darüber hinaus wird angesichts der bekannt großzügigen Maßstäbe bei der PKH-Gewährung die interessengerechte Ausübung des durch § 379 gewährten Ermessens dazu führen, auch bei Gewährung von PKH an den (Berufungs-, Revisions-)Beklagten von der Vorschusspflicht des Gegners abzusehen. 3

2. Verzicht. Ein Vorschuss kann auch dann nicht verlangt werden, wenn eine Auskunftsperson auf die ihr zustehende Entschädigung verzichtet (Zö/*Greger* § 379 Rn 3) und diesen Verzicht bis zur Vernehmung nicht widerruft (Düsseldorf NJW-RR 97, 826; München OLGR München 95, 94). 4

3. Beweisaufnahme vAw. Hat das Gericht die Beweisaufnahme vAw angeordnet, so kann gleichfalls ein Vorschuss nicht verlangt werden (BGH NJW 00, 743, 744), auch nicht, wenn die Partei die Ladung des 5

Sachverständigen zur Erläuterung seines schriftlich erstatteten, vAw eingeholten Gutachtens beantragt (Zö/*Greger* § 379 Rn 3). Auch über § 17 III GKG kann eine Vorschusspflicht der Partei für ein vAw eingeholtes Gutachten nicht begründet werden (BGH MDR 2010, 531, Rn 19).

6 **C. Beweisführer.** Den Vorschuss hat nach dem Wortlaut des § 379 der Beweisführer, also derjenige, der sich gem § 359 Nr 3 auf das Beweismittel (hier: den Zeugen) berufen hat, zu tragen; auf die Beweislast kommt es also grds nicht an. Nur ausnahmsweise kann der Vorschuss von der beweisbelasteten Partei eingefordert werden, nämlich wenn beide Parteien – grds vorschusspflichtig – denselben Zeugen etc angeboten haben (Zö/*Greger* § 379 Rn 4; BGH NJW 99, 2823, 2824). Beim Sachverständigenbeweis ist außerdem diejenige Partei vorschusspflichtig, die dem Sachverständigen gem. §§ 402, 397 ZPO Ergänzungsfragen (§ 397 Rz 5) zur schriftlichen oder mündlichen Beantwortung vorlegt (LG Baden-Baden 1.3.10 2 T 5/10, Rn 14). Der Beweisantritt des Streithelfers macht hingegen nicht etwa diesen, sondern die unterstützte Partei zur Vorschussschuldnerin (Stuttg NJW-Spezial 11, 526, Rn 16).

7 **D. Zur Höhe des Vorschusses.** Die Höhe des zu fordernden Vorschusses richtet sich nach der zu erwartenden Entschädigung des Zeugen. Es empfiehlt sich aber im Interesse der Waffengleichheit (Art 6 I 1 EMRK), allzu ins Detail gehende Anordnungen zu unterlassen und zumindest ansatzweise einheitliche Sätze anzuwenden. Letztlich soll es nicht einer Partei zum Nachteil gereichen, dass ihr Zeuge weiter als der Zeuge der Gegenpartei vom Gerichtsort entfernt wohnt, und sie deshalb einen höheren Vorschuss zu entrichten hat, den sie womöglich nicht aufbringen kann. Erweist sich der ursprünglich geforderte Vorschuss als nicht ausreichend (dies gilt insb für Sachverständigengutachten), so kann er nachträglich noch erhöht werden (Zö/*Greger* § 379 Rn 5).

8 **E. Frist; Fristversäumung. I. Fristsetzung.** Gemäß § 379 S 2 ist der Partei für die Einzahlung des Vorschusses eine (unter den Voraussetzungen des § 224 II jederzeit abänderbare) Frist zu setzen, und zwar durch das Prozessgericht (Zö/*Greger* § 379 Rn 6). Die Frist muss angemessen sein. In Anwaltsprozessen ist zu beachten, dass der Betrag durch den Anwalt erst bei der Partei eingefordert werden muss, so dass eine Frist von mindestens 3 Wochen zu setzen sein wird (Frankf NJW 86, 731, 732: »nicht wesentlich kürzer als 3 Wochen«). Ist die Frist hiernach unangemessen kurz, so ist sie unwirksam mit der Konsequenz, dass an die Fristversäumung keine Verspätungsfolgen geknüpft werden dürfen (§§ 282, 296, 379 S 2; vgl hierzu *Geipel/Prechtel* MDR 11, 336, 337; Frankf NJW-RR 10, 717, Rn 13; Brandbg 28.5.09 – 12 U 200/08, Rn 2).

9 **II. Folgen der Versäumung.** Ohne Androhung (§ 231) unterbleibt die Ladung des Zeugen (§§ 379 S 2; 230), wenn der Vorschuss nicht binnen der gesetzten und angemessenen (Rz 8) Frist oder in zu geringer Höhe einbezahlt wird. Auf ein Verschulden der Partei kommt es dabei nicht an (BGH NJW 82, 2559, 2560). Andererseits ist durch § 379 S 2 das Beweismittel nicht präkludiert (BGH aaO); die Vorschrift schreibt ausdrücklich lediglich vor, dass zwar die Ladung, nicht aber die Vernehmung zu unterbleiben hat. Dies hat zur Folge, dass präsente, nicht geladene Zeugen auch ohne Vorschuss zu vernehmen und zu entschädigen (Zö/*Greger* § 379 Rn 7) sind. Andererseits kann die Vernehmung eines Zeugen, auf die die Gegenpartei sich mangels seiner Ladung nicht einrichten musste, für die Gegenpartei eine unzulässige Überraschung darstellen, so dass sie sich der Vernehmung widersetzen darf (Zö/*Greger* § 279 Rn 4).

10 **III. Nachholung der Zahlung.** Bei nachgeholter Zahlung wird der Zeuge nur dann geladen, wenn hierdurch – nach der freien Überzeugung des Gerichts – keine Verfahrensverzögerung eintritt. Dies ist entsprechend den Voraussetzungen des § 296 II zu prüfen (Brandbg 28.5.09 – 12 U 200/08, Rn 2) und entzieht sich einer generalisierenden Betrachtung; letztlich wird es auf die Frage der Postlaufzeiten für die noch vorzunehmende Ladung und auf die Zumutbarkeit der durch die verspätete Zahlung abgekürzten Ladungsfrist für den Zeugen ankommen. Erschiene der Zeuge nicht, und könnten gegen ihn wegen der zu kurzen Ladungsfrist keine Maßnahmen gem § 380 verhängt werden, wird das Unterlassen der Ladung nicht als ermessensfehlerhaft zu beurteilen sein: dem Gericht bliebe dann nämlich keine andere Möglichkeit als die – verfahrensverzögernde – Anberaumung eines weiteren Termins zur Vernehmung des Zeugen. Andererseits muss die verspätete Zahlung kausal sein für eine zu befürchtende Verfahrensverzögerung; dies ist nicht der Fall, wenn das Verfahren bei Durchführung der Beweisaufnahme nicht länger dauern würde als bei rechtzeitiger Einzahlung (zB wenn nach Vernehmung des Zeugen oder Anhörung eines Sachverständigen ohnehin weitere Termine notwendig würden; BGH MDR 11, 561 = NJW-RR 11, 526, Rn 7).

F. Rechtsbehelfe. Wird von einer Partei ein Vorschuss angefordert, obwohl sie von der Vorschusspflicht befreit ist, ist Gegenvorstellung und trotz § 355 II auch Beschwerde (§ 127) statthaft (Zö/*Greger* § 379 Rn 3). Ansonsten bleibt der von einer unrichtigen Anforderung nach § 379 benachteiligten Partei nur die Anfechtung des ergangenen Urteils. Lediglich die als unrichtig empfundene Entschädigung eines Zeugen oder Sachverständigen ist gem § 66 GKG anzugreifen, nicht dagegen die Anforderung des Vorschusses an sich, weil insoweit § 379 eine abschließende Regelung darstellt. Eine Beschwerde gegen die Vorschussanforderung ist daher nicht statthaft (BGH NJW-RR 09, 1433, Rn 8; *Ulrich* BauR 09, 1217, 1219; Stuttg NJW-Spezial 11, 526, Rn 10), aber regelmäßig in eine Gegenvorstellung umzudeuten und als solche inhaltlich zu behandeln ist (Bremen OLGR Bremen 07, 922: Verwerfung der Beschwerde als unstatthaft und gleichzeitige Anweisung an die Vorinstanz, auf die als Gegenvorstellung auszulegende Beschwerde die Anforderung des Vorschusses aufzuheben). 11

§ 380 Folgen des Ausbleibens des Zeugen. (1) **[1]Einem ordnungsgemäß geladenen Zeugen, der nicht erscheint, werden, ohne dass es eines Antrages bedarf, die durch das Ausbleiben verursachten Kosten auferlegt. [2]Zugleich wird gegen ihn ein Ordnungsgeld und für den Fall, dass dieses nicht beigetrieben werden kann, Ordnungshaft festgesetzt.**
(2) Im Falle wiederholten Ausbleibens wird das Ordnungsmittel noch einmal festgesetzt; auch kann die zwangsweise Vorführung des Zeugen angeordnet werden.
(3) Gegen diese Beschlüsse findet die sofortige Beschwerde statt.

A. Zweck der Norm. Zweck der Norm ist es, den Zeugen zur Befolgung der ihm in der Ladung mitgeteilten Pflicht (§ 377 II Nr 3), zur Vernehmung vor dem Richter zu erscheinen, anzuhalten. § 380 stellt dazu einen abgestuften Katalog von Maßnahmen zur Verfügung. Andererseits gebietet der Nomzweck entgegen dem Wortlaut, von Zwangsmaßnahmen abzusehen, wenn der Zeuge nicht mehr gebraucht wird. Über § 141 III 1 gilt die Vorschrift entsprechend für Parteien, deren persönliches Erscheinen das Gericht angeordnet hat. 1

B. Anwendungsvoraussetzungen. I. Zeugen. Die Vorschrift regelt lediglich die Pflicht des Zeugen, vor Gericht zu erscheinen; zur Anordnung des persönlichen Erscheinens der Parteien s. § 273 II Nr 3, zu den Folgen des Ausbleibens eines Sachverständigen s. § 409. 2

II. Erscheinen. § 380 regelt die Pflicht des Zeugen, vor Gericht zu erscheinen. Verweigert der erschienene Zeuge dagegen die Aussage oder den Eid, so sind die Folgen demgegenüber in § 390 geregelt. 3

III. Ordnungsgemäße Ladung. Voraussetzung der Zwangsmittel gem § 380 ist des Weiteren, dass der Zeuge zum Termin ordnungsgemäß geladen wurde; dies beurteilt sich nach § 377 (s. § 377 Rz 2–6). Die Verhängung von Zwangsmaßnahmen scheidet daher zB schon dann aus, wenn der Zeuge ohne Angabe des Vernehmungsgegenstandes (§ 377 II Nr 2) geladen wurde (Saarbr OLGR Saarbr 05, 960). 4

IV. Ausbleiben. Dem Ausbleiben, also dem schlichten Nichterscheinen des Zeugen gleichgestellt ist das unerlaubte Entfernen vor der Entlassung durch das Gericht; auch ein Zeuge, der in einem Zustand erscheint, in dem er sinnvoller Weise nicht vernommen werden kann (Alkohol; Drogen), bleibt iSd § 380 aus (Musielak/*Huber* § 380 Rn 2). Der Zeuge hat zu dem in der Ladung angegebenen Zeitpunkt zu erscheinen. Kommt er verspätet, empfiehlt es sich dennoch wegen eines möglichen Verzichts der Parteien auf den Zeugen (s.u. Rz 8) mit der Entscheidung über Zwangsmaßnahmen zuzuwarten, bis zuverlässig entschieden werden kann, ob der Zeuge noch benötigt wird. 5

V. Fehlende Entschuldigung. Die Verhängung von Zwangsmitteln unterbleibt, wenn das Ausbleiben des Zeugen hinreichend entschuldigt ist, § 381. 6

C. Kostenauferlegung; Ordnungsgeld. I. Grundsatz. Dem Zeugen sind die durch sein Ausbleiben verursachten Kosten aufzuerlegen, also die Gerichts- und Anwaltskosten des konkret betroffenen Termins sowie diejenigen der Ladung zu einem neuen, durch das Ausbleiben erforderlich werdenden Termin (nicht aber ein fiktiver, pauschalierter Mehraufwand bei Gericht, LSG Stuttgart 7.2.07 – L 13 R 293/07 B, Rn 8). Gleichzeitig ist gegen den Zeugen ein Ordnungsgeld, ersatzweise für den Fall der Nichtbeitreibbarkeit Ordnungshaft von bestimmter Dauer zu verhängen. Die Höhe des Ordnungsgeldes richtet sich allgemein nach dem gesetzlichen Rahmen (Art 6 I EGStGB: 5–1.000 €) und speziell nach den (notfalls zu schätzenden) 7 wirtschaftlichen Verhältnissen des Zeugen. Die Dauer der Ordnungshaft ist nach Tagen zu bemessen; sie darf höchstens 6 Wochen betragen (Art 6 II EGStGB). Soll das Druckmittel des § 380 auch nur ansatzweise Erfolg versprechend sein, wird man nicht zu vorsichtig agieren dürfen. Der von *Huber* (Musielak/*Huber* § 380 Rn 3) vorgeschlagenen Faustregel (beim »Erstverstoß« 50 € bis 150 €, ersatzweise zwei bis drei Tage Haft) ist zu folgen. Bei einem Ordnungsgeld in Höhe von bis zu 250 € ist idR eine Begründung für die Höhe des Ordnungsgeldes entbehrlich (BFH BFH/NV 08, 1870).

8 **II. Ausnahmen.** Der Wortlaut des § 380 eröffnet keinen Ermessensspielraum; vielmehr sind die Maßnahmen zwingend zu verhängen, falls ihre Voraussetzungen vorliegen (BFH BFH/NV 08, 1870; 07, 468). Gleichwohl ist festzustellen, dass in der Gerichtspraxis Maßnahmen gem § 380 häufig nur auf Antrag einer Partei verhängt werden. Überdies kommen Ausnahmen in Betracht. Zweck des § 380 ist nicht, jedenfalls nicht primär, den unbotmäßigen Zeugen zu bestrafen (LSG München 12.1.10 – L 2 KR 302/09 B, Rn 15; Saarbr OLGR Saarbr 05, 960), sondern den ungehinderten Fortgang des Verfahrens sicherzustellen. Kommt das Verfahren daher ohne Vernehmung des Zeugen zu Ende (zB durch Endurteil oder durch unbedingten Vergleichsschluss in dem Termin, in dem der Zeuge ausgeblieben ist), hat das Ausbleiben des Zeugen also weder für die Parteien noch für das Gericht nachteilige Folgen, so haben die Zwangsmaßnahmen zu unterbleiben, weil ihr Zweck nicht mehr verwirklicht werden kann (LSG Berlin-Brandenburg 11.1.10 – L 4 R 1062/09 B, Rn 9; aA BFH BFHE 218,7; BFH/NV 07, 468; zur – unzutreffenden – Betonung des Strafcharakters der nach § 380 zu verhängenden Maßnahmen s.a. BFH BFHE 216, 500); dies hat jedenfalls dann zu gelten, wenn das Verschulden des Zeugen als gering einzustufen ist (Frankf OLGR Frankf, Rn 7: unzutreffende Mitteilung des Klägers an den Zeugen, die Klage werde zurückgenommen). Zusammenfassend weist der BGH (22.6.11 – I ZB 77/10, Rn 16; NJW-RR 07, 1364, 1365; ebenso BAG NJW 08, 252) für § 141 III 1 zu Recht darauf hin, dass die Verhängung eines Ordnungsgeldes gegen eine Partei nur dann in Betracht kommt, wenn ihr unentschuldigtes Fernbleiben die Sachaufklärung erschwert und dadurch die Prozessbeendigung erschwert. Diese Maßstäbe haben auch ggü Zeugen zu gelten. Ordnungsgeld kommt außerdem nicht in Betracht, wenn beide Parteien auf den Zeugen verzichten (Musielak/*Huber* § 380 Rn 4): im Ergebnis wird man hierin einen Verzicht auf den in der früher erfolgten Benennung des Zeugen liegenden Beweisantritt sehen können, so dass eine Vernehmung des Zeugen ausscheidet. Stirbt der Zeuge nach Erlass des Beschlusses und vor dessen Vollstreckung, so ist das Ordnungsmittelverfahren einzustellen (BFH BFHE 216, 500).

9 **D. Auferlegung durch Beschluss. I. Zeitpunkt.** Die Kosten- und Ordnungsgeldentscheidung trifft das Gericht durch Beschl, zweckmäßigerweise am Ende der Sitzung, weil erst dann entschieden werden kann, ob ausnahmsweise von der Verhängung abzusehen ist (s.o. Rz 8). Einen bestimmten Zeitpunkt der Entscheidung schreibt § 380 indessen nicht vor. Das Gericht kann auch außerhalb der Sitzung entscheiden; dies wird sich zB anbieten, wenn mit dem kurzfristigen Eingang einer Entschuldigung (§ 381) zu rechnen ist, oder wenn nicht sogleich festgestellt werden kann, ob eine formlos, also mit einfacher Post verschickte Ladung (§ 377 Rz 5), den Zeugen tatsächlich erreicht hat. Jedenfalls im sozialgerichtlichen Verfahren müssen an dem Beschl, wenn er in der Sitzung ergeht, die ehrenamtlichen Richter mitwirken (LSG München 5.2.10 – L 2 R 515/09 B, Rn 11).

10 **II. Bekanntgabe.** Dem Zeugen ist der Beschl zuzustellen (§§ 329 III, 380 III), ggü den Parteien genügt die formlose Mitteilung (Musielak/*Huber* § 380 Rn 3).

11 **E. Wiederholtes Ausbleiben.** Im Falle eines erneuten Ausbleibens in einem zweiten Termin ist das Ordnungsmittel zwingend, ggf deutlich erhöht (Musielak/*Huber* § 380 Rn 5), zu verhängen. Die zwangsweise Vorführung des Zeugen »kann« angeordnet werden; angesichts der Erfolglosigkeit der zuvor nach § 380 I verhängten Maßnahme wird sich das hier eingeräumte Ermessen häufig zu einer Pflicht, die Vorführung anzuordnen, verdichten.

12 **F. Rechtsbehelfe. I. Für den Zeugen. 1. In erster Instanz.** Für den Zeugen eröffnet § 380 III die sofortige Beschwerde (§ 567 I) gegen Beschlüsse nach § 380 I und II. Dies gilt allerdings nicht, wenn der Beschl durch den ersuchten oder beauftragten Richter erlassen wurde; in diesem Fall ist gegen dessen Maßnahme zunächst die befristete Erinnerung (§ 573) und erst gegen die Entscheidung des Prozessgerichts Beschwerde einzulegen (Zö/*Greger* § 380 Rn 10; § 400 Rn 5). Ein Anwaltszwang besteht in jedem Fall nicht, §§ 569 III Nr 3, 78 V. Eine Rechtsmittelbelehrung muss dem Zeugen nicht erteilt werden; auch ein Gesuch auf Wie-

dereinsetzung in den vorigen Stand kann bei Fristversäumung (§§ 567 II Nr 1, 569 I 1: zwei Wochen) auf das diesbezügliche gerichtliche Unterlassen nicht gestützt werden (SaarbrOLGR Saarbr 2007, 464, Rn 4, 11).

2. In der Berufungsinstanz. Wird der Beschl gem § 380 vom Berufungsgericht erlassen, so ist die Beschwerde nicht statthaft (§ 567 I: »im ersten Rechtszug«). Statthaft ist allenfalls die Rechtsbeschwerde, sofern sie zugelassen wurde (§ 574 I 1 Nr 2). 13

3. Abgrenzung zu § 381 I. Trägt der Zeuge iSd § 381 I zur Entschuldigung oder zur Glaubhaftmachung der unverschuldeten Verspätung Umstände nachträglich vor, so sind bereits getroffene Maßnahmen wieder aufzuheben, was aus Sicht des Zeugen zu demselben – gewünschten – Ergebnis führt wie eine erfolgreiche Beschwerde nach § 380 III. Daher ist eine Beschwerde nach § 380 III zunächst als Antrag auf Aufhebung von Maßnahmen gem 381 I 3 auszulegen, es sei denn, der Zeuge hätte schon vor dem Termin einen Entschuldigungsgrund vorgetragen und machte nun mit der Beschwerde dies erneut geltend (Musielak/*Huber* § 380 Rn 7). Nach Auffassung des BFH (BFHE 218, 17) darf der Zeuge aber nur dann sowohl gem § 380 als auch gem § 381 nachträglich Entschuldigungsgründe vorbringen, wenn er glaubhaft macht, dass es ihm nicht möglich war, diese Gründe schon im Vorfeld des Verhandlungstermins vorzubringen. 14

II. Für die Partei. Die Partei kann sich gegen unterlassene Beschlüsse gem § 380 insoweit wehren, als es das Gericht versäumt hat, dem Zeugen die durch sein Ausbleiben verursachten Kosten aufzuerlegen (Musielak/*Huber* § 380 Rn 6). Hierbei ist für die Statthaftigkeit der Beschwerdewert des § 567 II 1 maßgeblich, weil es um Prozesskosten geht, die – mangels Beschlusses gem § 380 – die Partei selbst tragen muss. Durch die Nichtverhängung eines Ordnungsgeldes soll die Partei allerdings nicht beschwert sein (Zö/*Greger* § 380 Rn 10; Musielak/*Huber* § 380 Rn 6); dem wird nur unter der Voraussetzung zuzustimmen sein, dass das Gericht sicherstellt, dass eine Aussage des Zeugen, auf den die Partei sich berufen hat (§ 377), auf andere Weise verwertbar gewonnen wird. 15

§ 381 Genügende Entschuldigung des Ausbleibens.

(1) [1]**Die Auferlegung der Kosten und die Festsetzung eines Ordnungsmittels unterbleiben, wenn das Ausbleiben des Zeugen rechtzeitig genügend entschuldigt wird. [2]Erfolgt die Entschuldigung nach Satz 1 nicht rechtzeitig, so unterbleiben die Auferlegung der Kosten und die Festsetzung eines Ordnungsmittels nur dann, wenn glaubhaft gemacht wird, dass den Zeugen an der Verspätung der Entschuldigung kein Verschulden trifft. [3]Erfolgt die genügende Entschuldigung oder die Glaubhaftmachung nachträglich, so werden die getroffenen Anordnungen unter den Voraussetzungen des Satzes 2 aufgehoben.**
(2) **Die Anzeigen und Gesuche des Zeugen können schriftlich oder zum Protokoll der Geschäftsstelle oder mündlich in dem zur Vernehmung bestimmten neuen Termin angebracht werden.**

A. Zweck der Norm. Die in § 380 eröffneten Ordnungsmittel sind kein Selbstzweck (§ 380 Rz 8), sondern dienen der Sicherstellung der (zügigen) Beweisaufnahme. Die gerechtfertigten Belange des Zeugen zu wahren ist Zweck des § 381: bei rechtzeitiger genügender Entschuldigung (S 1) und womöglich auch bei einer nicht rechtzeitigen Entschuldigung (S 2) scheidet die Verhängung von Ordnungsmitteln aus. Auch ohne Einlegung der sofortigen Beschwerde (§ 380 III) sind bereits verhängte Ordnungsmittel schließlich wieder aufzuheben, wenn nachträglich die Voraussetzungen für ihre Verhängung entfallen (S 3). Das Verfahren wird überdies zugunsten des Zeugen durch die Vorschriften des § 381 II weiter vereinfacht. 1

B. Unterbleiben der Ordnungsmittel. I. § 381 I. Ist das Ausbleiben rechtzeitig und genügend entschuldigt, so scheiden Zwangsmittel von vornherein aus. Nach dem Wortlaut meint die Vorschrift also den Fall, dass sich der Zeuge, schon bevor die Entscheidung über die Zwangsmittel aktuell wird, an das Gericht gewendet hat (Musielak/*Huber* § 381 Rn 2). 2

1. Rechtzeitige Entschuldigung. Die Entschuldigung ist rechtzeitig, wenn auf das zu erwartende Ausbleiben des Zeugen noch sachgerecht reagiert werden kann. In der Regel wird das Gericht den Termin absetzen und – um Kosten, va bei allen anderen Beteiligten zu sparen – die übrigen Verfahrensbeteiligten hiervon verständigen. Nur wenn hierfür im üblichen Geschäftsbetrieb noch genügend Zeit bleibt, wird von Rechtzeitigkeit auszugehen sein (Musielak/*Huber* § 381 Rn 4). Zu Eilmaßnahmen – um verspätete Entschuldigungen aufzufangen – ist das Gericht nicht verpflichtet. 3

4 **2. Genügende Entschuldigung.** Von einer genügenden Entschuldigung ist auszugehen, wenn bei objektiver Betrachtungsweise ein hinreichend schwerwiegender Grund durch den Zeugen vorgetragen wird, der sein Fernbleiben als nicht pflichtwidrig erscheinen lässt (BFH 16.12.05, VIII B 204/05, Rn 11; BFH/NV 07, 468), oder wenn – umgekehrt formuliert – der vorgetragene Grund so schwer wiegt, dass dem Zeugen bei Würdigung aller Umstände ein Erscheinen nicht zugemutet werden kann (LSG Stuttgart 7.2.07 – L 13 R 293/07 B, Rn 6). Erforderlich ist hierbei stets ein eigenes Verschulden des Zeugen; die Anwendung des § 85 II oder die Zurechnung des Verschuldens Dritter kommt nicht in Betracht (BGH 22.6.11, I ZB 77/10, Rn 20; aA BayLSG 3.2.11, L 2 R 859/10 B, Rn 9).

5 **a)** Das Standardbeispiel der ausreichenden Entschuldigung, das freilich erst nachträglich vorgetragen werden kann, ist das der fehlenden Ladung; in der Praxis beinahe ebenso häufig ist die Entschuldigung wegen einer zu spät beim Zeugen eingegangenen Ladung (s.a. § 377 Rz 6). Wird die Ladung – wie üblich – nicht zugestellt, sondern nur formlos, also durch einfachen Brief übersandt, so hat das Gericht die üblichen Postlaufzeiten zu schätzen und hierbei entsprechend § 357 II 2 von zwei Tagen Zustelldauer auszugehen. Ausgehend hiervon hat das Gericht zu beurteilen, ob die Ladung bei dem Zeugen so rechtzeitig eingegangen ist, dass ihm das pünktliche Erscheinen vor Gericht auch zugemutet werden konnte (Musielak/*Huber* § 381 Rn 5; s.o. § 377 Rz 6), was letztlich der Beurteilung im Einzelfall obliegt. Bestreitet der Zeuge freilich gänzlich, dass ihm die Ladung zugegangen sei, wird ihm dies nicht zu widerlegen sein (nicht überzeugend insoweit LSG München 1.2.10 – L 2 R 312/09 B, Rn 16f). Zwangsmaßnahmen können daher in der Praxis nur bei förmlicher Zustellung der Ladung verhängt werden. Ist allerdings eine förmliche Ladung erfolgt, hat der Zeuge den Gegenbeweis der Unrichtigkeit der in der Zustellungsurkunde bezeugten Tatsachen zu führen (BFH 16.12.10 – IX B 146/10, Rn 5).

6 **b)** Andere Gründe entschuldigen den Zeugen dann, wenn ihm angesichts der Umstände eine Teilnahme am Termin nicht zugemutet werden konnte, zB wegen einer Erkrankung (LSG München 15.4.09 – L 2 B 400/08 AS, Rn 13), die auch durch eine kurzfristige medikamentöse Einstellung nicht soweit gelindert werden kann, dass der Zeuge vor Gericht erscheinen könnte (Zö/*Greger* § 381 Rn 3). Arbeitsunfähigkeit ist dabei nicht gleichbedeutend mit der für eine Entschuldigung erforderlichen Reise- und Verhandlungsunfähigkeit (LSG München 24.2.10 – L 2 KR 372/09 B Rn 11); die Vorlage einer bloßen privatärztlichen AU-Bescheinigung stellt daher keine genügende Entschuldigung dar (BFH17.3.11 –III B 46/11, Rn 8; BFHE 216, 500; SaarbrOLGR Saarbr 2007, 464, Rn 15).

7 **c)** Private oder berufliche und geschäftliche Interessen müssen von erheblichem Gewicht sein, um der Zeugenpflicht vorgehen zu können. Dass der Zeuge an seiner Berufsausübung gehindert ist, solange er sich bei Gericht aufzuhalten hat, ist Schicksal eines jeden Zeugen und stellt auch bei Freiberuflern oder Selbstständigen keine ungewöhnliche Belastung dar, die von der Zeugenpflicht dispensieren könnte (LAG Köln-NZA-RR 08, 491, Rn 22). Im Normalfall hat jedenfalls auch ein Geschäftsmann seine Terminplanung auf die des Gerichts abzustimmen (Hess LAG 15.2.08–4 Ta 39/08, Rn 28). Die bloße Arbeitsüberlastung, etwa in einer ärztlichen Praxis, rechtfertigt für sich allein das Fernbleiben nicht (LSG München 9.3.10 – L 2 F 395/09 B, Rn 13).

8 **d)** Ein bloßes Vergessen des Termins stellt nur ausnahmsweise eine ausreichende Entschuldigung dar (Musielak/*Huber* § 381 Rn 6), nämlich wenn wichtige Ereignisse die Ursache hierfür waren (Zö/*Greger* § 381 Rn 3).

9 **e)** Auch ein entschuldbarer Irrtum des Zeugen über die Pflicht zum Erscheinen trotz Kenntnis von der Ladung kann einen genügenden Grund darstellen; zuvor obliegt es aber dem Zeugen, bei Gericht nachzufragen, ob er (oder etwa eine andere Person) der Ladung nachzukommen hat (BFH/NV 08, 232: Ladung des Zeugen ohne Zusatz »jun.« oder »sen.«). Steht dem Zeugen ein Zeugnisverweigerungsrecht zu, so berechtigt ihn dies nur dann zum Fernbleiben, wenn er sich hierauf schon vor dem Termin berufen hat, § 386 III (BFHE 216, 500).

10 **f)** Wendet sich der Zeuge an das Gericht mit der Bitte um Abstimmung des Vernehmungstermins, so ist zu unterscheiden: Einen – Zwangsmaßnahmen ausschließenden – Anspruch des Zeugen auf eine derartige Absprache wird man nur dann bejahen können, wenn der Zeuge gleichzeitig mit seinem Begehren hierfür dringende berufliche Hinderungsgründe geltend macht, oder wenn das prozessuale Geschehen (frühzeitige Anzeige des Zeugen von seiner Verhinderung) eine Reaktion des Gerichts billigerweise erwarten lässt

(Musielak/*Huber* § 381 Rn 6). Im Übrigen hat der Zeuge keinen Anspruch darauf, dass das Gericht seine Terminierung den Terminswünschen des Zeugen unterordnet (BVerfG NJW 02, 955 zu § 51 StPO).

3. Glaubhaftmachung (§ 294). Wie dem Wortlaut von § 381 I 2 und 3 zu entnehmen ist, geht das Gesetz grds von einem Erfordernis der Glaubhaftmachung aus (HessLAG 8.6.09 – 4 Ta 253/09, Rn 4 zu § 381 I 3; Zö/*Greger* § 381 Rn 5; aA Musielak/*Huber* § 381 Rn 7). Wenngleich das Gericht praktisch nicht gehindert ist, dem unbelegten, etwa telefonischen Entschuldigungsvorbringen des Zeugen zu glauben (Zeuge meldet sich am Morgen des Terminstages beim Richter krank und kann naturgemäß kein Attest hierfür vorlegen), empfiehlt es sich für den Zeugen doch (Musielak/*Huber* § 381 Rn 7), unverzüglich Belege vorzulegen; umgekehrt sollte das Gericht den Zeugen, sofern er nicht schon einschlägig aufgefallen ist, zur Beibringung von Belegen auffordern, bevor Maßnahmen nach § 380 ergriffen werden. 11

II. § 381 I 2. Falls es im vorgenannten Sinne (s.o. Rz 3) an der Rechtzeitigkeit der Entschuldigung fehlt, kann der Zeuge die Verhängung von Maßnahmen gem § 380 verhindern, indem er darlegt und glaubhaft macht (§ 294), dass ihn an der Verspätung der Entschuldigung kein Verschulden trifft (zB: Zeuge steckt in einem so nicht vorhersehbaren Stau und hat keine Gelegenheit, das Gericht hiervon zu verständigen). Eine durch eine Urlaubsreise bedingte Ortsabwesenheit tritt in aller Regel nicht so plötzlich und unvorhersehbar ein, das der Zeuge gehindert wäre, das Gericht hierüber rechtzeitig zu informieren (Sächs. OVG 10.3.10 – 1 E 26/10, Rn 4). In jedem Fall ist gleichzeitig mit der Entschuldigung der Verspätung auch die Entschuldigung, die für sich genommen den obigen (s.o. Rz 4 ff) Anforderungen zu entsprechen hat, selbst glaubhaft zu machen (Musielak/*Huber* § 381 Rn 8). Benötigt der Zeugen für die Glaubhaftmachung der Entschuldigungsgründe selbst oder für die Unverschuldetheit der Verspätung nach seiner plausiblen Darstellung Zeit, so ist ihm eine angemessene Frist hierfür zu setzen; den Zeugen ohne Not in das Beschwerdeverfahren nach § 380 III zu treiben, ist nicht tunlich. 12

C. Rechtsbehelfe. I. Sofortige Beschwerde gem § 380 III und Aufhebung gem § 381 I 3. Gegen Zwangsmaßnahmen gem § 380 ist für den Zeugen der Rechtsbehelf der sofortigen Beschwerde eröffnet (s.o. § 380 Rz 12). Erfolgt aber im soeben (Rz 12) dargestellten Sinne die Entschuldigung oder die Glaubhaftmachung der unverschuldeten Verspätung der Entschuldigung nachträglich, so sind bereits getroffene Maßnahmen wieder aufzuheben, was aus Sicht des Zeugen zu demselben – gewünschten – Ergebnis führt wie eine erfolgreiche Beschwerde. 13

II. Auslegung. Sachgerecht ist es daher, eine Beschwerde nach § 380 III als Antrag auf Aufhebung von Maßnahmen gem § 381 I 3 auszulegen (vgl § 380 Rz 14). Ausschließlich beim Fall des § 380 III bleibt es dagegen dann, wenn der Zeuge schon vor dem Termin einen Entschuldigungsgrund vorgetragen hat und nunmehr mit der Beschwerde – nur – dies erneut geltend macht (Musielak/*Huber* § 380 Rn 7). Nach Auffassung des BFH (BFHE 218, 17) kann aber, wenn die Voraussetzungen des § 381 I 3 nicht vorliegen (dort: weil die Nachträglichkeit der Entschuldigung nicht hinreichend glaubhaft entschuldigt war), die Verspätung nicht über § 380 III umgangen werden; vielmehr soll dann auch die Beschwerde gem § 380 III unbegründet sein. 14

III. Voraussetzungen des § 381 I 3. 1. Nachträgliche genügende Entschuldigung (§ 381 I 3 Alt 1). Trägt der Zeuge nachträglich eine ausreichende Entschuldigung vor und macht er gleichzeitig, also ebenfalls nachträglich glaubhaft, dass ihn an der Verspätung der Entschuldigung kein Verschulden trifft, so ist die Maßnahme nachträglich aufzuheben (Nürnberg NJW-RR 1999, 788). 15

2. Nachträgliche Glaubhaftmachung, § 381 I 3 Alt 2. Hat der Zeugen sich verspätet entschuldigt, glaubt das Gericht nicht an eine unverschuldete Verspätung, und wird die Schuldlosigkeit der Verspätung nachträglich glaubhaft gemacht, so ist die Maßnahme gleichfalls wieder aufzuheben. 16

3. Form und Verfahren: § 381 II. § 381 II ermöglicht dem Zeugen, die Entschuldigungsgründe (für sein Ausbleiben und für die Verspätung der Entschuldigung) schriftlich, zu Protokoll der Geschäftsstelle, oder auch mündlich in dem erneuten Termin, also unmittelbar vor dem Prozessgericht vorzutragen. 17

4. Zuständigkeit; Kosten. Über Aufhebungsanträge gem § 381 entscheidet das Prozessgericht, im Falle der Beweisaufnahme durch den beauftragten oder ersuchten Richter dieser (§ 400 Rz 3; Zö/*Greger* § 381 Rn 6 und § 400 Rn 2; Musielak/*Huber* § 381 Rn 12). Eine Kostenentscheidung ist nicht veranlasst (BGH NJW-RR 18

2007, 1364; aA LSG Berlin-Brandenburg 11.1.10, L 4 R 1062/09 B, Rn 10 ff mwN zum Streitstand), weil die Kosten solche des Rechtsstreits sind.

§ 382 Vernehmung an bestimmten Orten. **(1) Die Mitglieder der Bundesregierung oder einer Landesregierung sind an ihrem Amtssitz oder, wenn sie sich außerhalb ihres Amtssitzes aufhalten, an ihrem Aufenthaltsort zu vernehmen.**
(2) Die Mitglieder des Bundestages, des Bundesrates, eines Landtages oder einer zweiten Kammer sind während ihres Aufenthaltes am Sitz der Versammlung dort zu vernehmen.
(3) Zu einer Abweichung von den vorstehenden Vorschriften bedarf es:
für die Mitglieder der Bundesregierung der Genehmigung der Bundesregierung,
für die Mitglieder einer Landesregierung der Genehmigung der Landesregierung,
für die Mitglieder einer der im Absatz 2 genannten Versammlungen der Genehmigung dieser Versammlung.

1 **A. Normzweck.** Die Norm privilegiert die Regierungs- und Parlamentsmitglieder (s. aber unten Rz 4); Diese sind der Pflicht (§ 377 II Nr 3) enthoben, sich zum Prozessgericht begeben zu müssen. Die in Abs 2 angesprochene »zweite Kammer« gibt es seit Abschaffung des Bayerischen Senats (Art 34 BayVerf) nicht mehr.

2 **B. Amtssitz.** Die Vernehmung »am Amtssitz« bezieht sich nicht auf das Amtsgebäude der Regierung oder des Parlaments, sondern auf die Gerichtsstelle (§ 219). Eine Sonderregelung für den Bundespräsidenten findet sich in § 375 II.

3 **C. Sitzungswochen der Parlamentarier.** Für Parlamentarier gilt die in § 382 angeordnete Privilegierung nur während der Sitzungswochen (II), so dass sich eine Terminierung in der sitzungsfreien Zeit empfiehlt (Zö/*Greger* § 382 Rn 3).

4 **D. Ausnahmen.** Eine Ausnahme kommt – selbst bei Zustimmung des betroffenen Zeugen – gem § 382 III nur in Frage, wenn das jeweilige Organ als solches zustimmt. § 382 stellt demnach im Ergebnis weniger ein Vorrecht des Zeugen als der Regierung bzw der Versammlung, deren Mitglied er ist, dar. Sagt der Zeuge ohne Genehmigung aus, ist nach allgemeiner Auffassung die Aussage gleichwohl verwertbar (Zö/*Greger* § 382 Rn 2); ohne Genehmigung kommen freilich Maßnahmen gegen den Zeugen gem § 380 nicht in Frage (Musielak/*Huber* § 382 Rn 2).

5 **E. Zeugnisverweigerungsrecht.** Nach Art 47 S 1 GG bzw nach den entsprechenden Bestimmungen der Landesverfassungen haben Bundestags- und Landtagsabgeordnete außerdem ein Zeugnisverweigerungsrecht über Personen, die sich an sie in ihrer Eigenschaft als Abgeordnete gewandt haben, und über die von diesen Personen dabei berichteten Tatsachen.

§ 383 Zeugnisverweigerung aus persönlichen Gründen. **(1) Zur Verweigerung des Zeugnisses sind berechtigt:**

1. der Verlobte einer Partei oder derjenige, mit dem die Partei ein Versprechen eingegangen ist, eine Lebenspartnerschaft zu begründen;
2. der Ehegatte einer Partei, auch wenn die Ehe nicht mehr besteht;
2a. der Lebenspartner einer Partei, auch wenn die Lebenspartnerschaft nicht mehr besteht;
3. diejenigen, die mit einer Partei in gerader Linie verwandt oder verschwägert, in der Seitenlinie bis zum dritten Grad verwandt oder bis zum zweiten Grad verschwägert sind oder waren;
4. Geistliche in Ansehung desjenigen, was ihnen bei der Ausübung der Seelsorge anvertraut ist;
5. Personen, die bei der Vorbereitung, Herstellung oder Verbreitung von periodischen Druckwerken oder Rundfunksendungen berufsmäßig mitwirken oder mitgewirkt haben, über die Person des Verfassers, Einsenders oder Gewährsmanns von Beiträgen und Unterlagen sowie über die ihnen im Hinblick auf ihre Tätigkeit gemachten Mitteilungen, soweit es sich um Beiträge, Unterlagen und Mitteilungen für den redaktionellen Teil handelt;
6. Personen, denen kraft ihres Amtes, Standes oder Gewerbes Tatsachen anvertraut sind, deren Geheimhaltung durch ihre Natur oder durch gesetzliche Vorschrift geboten ist, in Betreff der Tatsachen, auf welche die Verpflichtung zur Verschwiegenheit sich bezieht.

(2) Die unter Nummern 1 bis 3 bezeichneten Personen sind vor der Vernehmung über ihr Recht zur Verweigerung des Zeugnisses zu belehren.
(3) Die Vernehmung der unter Nummern 4 bis 6 bezeichneten Personen ist, auch wenn das Zeugnis nicht verweigert wird, auf Tatsachen nicht zu richten, in Ansehung welcher erhellt, dass ohne Verletzung der Verpflichtung zur Verschwiegenheit ein Zeugnis nicht abgelegt werden kann.

A. Zweck der Norm. Die Vorschrift schützt den Zeugen. Die Pflicht zur Aussage kann mit mancherlei anderen Interessen oder moralischen und rechtlichen Pflichten des Zeugen kollidieren. So eröffnet die Norm für den Zeugen das Recht, die Aussage insgesamt verweigern zu dürfen. 1

B. Die Anwendungsvoraussetzungen iE. I. § 383 I Nr 1–3. 1. Allgemein. a) Für das Zeugnisverweigerungsrecht der nahen Angehörigen (§ 383 I Nr 1–3) kommt es auf das Beweisthema nicht an; es ist also irrelevant, ob überhaupt gerade die persönliche Beziehung des Zeugen zur Partei mit dem Streitgegenstand in irgendeinem Zusammenhang steht. 2

b) Welche Gründe der Zeuge hat, von seinem Zeugnisverweigerungsrecht Gebrauch oder keinen Gebrauch zu machen, spielt keine Rolle. Der Zeuge braucht seine Entscheidung nicht zu begründen, seine Entschließung ist ohne weiteres hinzunehmen. Jede Einwirkung des Gerichts oder anderer Verfahrensbeteiligter auf den Zeugen ist verboten (Musielak/*Huber* § 383 Rn 2; BGH NJW 89, 2403 zu § 52 StPO). 3

c) Das Zeugnisverweigerungsrecht besteht möglicherweise nur hinsichtlich einzelner Prozessbeteiligter: Ist der Zeuge mit einem von mehreren Streitgenossen verwandt, darf er die Aussage nur insoweit verweigern, als die Beweisfrage diesen Streitgenossen betrifft (Musielak/*Huber* § 383 Rn 2). 4

d) Die Verwandtschaft etc muss zur Partei des Rechtsstreits bestehen. Der nicht beigetretene Streithelfer gehört hierzu nicht (Musielak/*Huber* § 383 Rn 2; Zö/*Greger* § 383 Rn 2); auch wenn § 68 Wirkungen auch zu Lasten des Streithelfers zeitigt, macht ihn diese Vorschrift nicht zur Partei, erst recht nicht den Streitverkündeten vor dessen Beitritt. Bei juristischen Personen oder anderen Parteien, die der Vertretung bedürfen, kommt es auf das in § 383 beschriebene Näheverhältnis zum jeweiligen Vertreter, also zur vertretenden natürlichen Person an (Zö/*Greger* § 383 Rn 2). Im Fall der Insolvenz ist die Verwandtschaft zum Gemeinschuldner ausschlaggebend (BGH NJW 79, 1832). 5

e) § 383 begründet ein Recht des Zeugen, nicht der Partei; zeugnisverweigerungsberechtigt kann die »Partei« daher nur dann sein, wenn sie im eigenen Verfahren, zB wegen Prozessunfähigkeit, vertreten wird und deshalb als Zeuge auftritt (§ 373 Rz 12; Zö/*Greger* § 383 Rn 2). 6

f) Bei einem Minderjährigen ist in Analogie zu § 52 II 1 StPO auf dessen Verstandesreife abzustellen: Liegt diese vor, ist nur die Entscheidung des Minderjährigen maßgeblich. Fehlt sie, so entscheidet der gesetzliche Vertreter. Ist dieser wiederum selbst Partei (zB die Eltern des Minderjährigen), so ist für die Entscheidung, ob der Minderjährige von seinem Zeugnisverweigerungsrecht Gebrauch macht, gem §§ 1629 II 1, 1795 BGB ein Ergänzungspfleger zu bestellen (Musielak/*Huber* § 383 Rn 2; vgl auch Zö/*Greger* § 383 Rn 4). 7

g) Über das ihm aus § 383 I Nr 1–3 zustehende Recht ist der Zeuge gem § 383 II zu belehren. Dies kann zwar bereits in der Ladung geschehen (Zö/*Greger* § 383 Rn 21; zwingend, sofern das Verwandtschaftsverhältnis bei Gericht bereits bekannt ist, bei schriftlicher Vernehmung gem § 377 III). Bei unklaren Verwandtschaftsverhältnissen wird dies aber nicht ausreichen, va wenn die Gefahr besteht, dass die notwendig knappe Belehrung vom Empfänger inhaltlich nicht ausreichend erfasst wird. Tunlicher ist es, die Verhältnisse bei der Vernehmung zur Person (§ 395 II 1) zu klären und dieser sodann eine den Verständnismöglichkeiten des Zeugen angepasste Belehrung gem § 383 II anzuschließen. Die Belehrung und die Reaktion des Zeugen hierauf sind gem § 160 II protokollpflichtig. Ein Verstoß gegen die Belehrungspflicht ist nur auf Rüge (§ 295) beachtlich, ansonsten ist die gleichwohl erlangte Aussage verwertbar. Ebenfalls auf eine entsprechende Rüge hin ist die in einem früheren Verfahren erlangte schriftlich vorliegende Aussage nicht durch Urkundsbeweis in das Verfahren einzuführen, wenn der Zeugen damals nicht belehrt wurde (Zö/*Greger* § 383 Rn 21; BGH NJW 85, 1470, 1471). 8

h) Eine Ausnahme zu § 383 Nr 1–3 statuiert § 385 I. 9

2. § 383 I Nr 1. Ein wirksames Verlöbnis (§ 1297 BGB) setzt zum einen voraus, dass der Zeuge nicht anderweit verheiratet ist (BVerfG FamRZ 99, 1053), und dass ein ernsthaftes Eheversprechen (noch) 10 besteht, was jedenfalls nach mehr als fünfjähriger Verlöbnisdauer zu verneinen ist (AG Göttingen 11.6.10 – 74 IN 270/04, Rn 6; abwegig daher Stuttg 9.2.11 – 3 W 73/10, Rn 16: Verlöbnis seit 27 Jahren). Dem Verlobten gleichgestellt ist derjenige, der im selben Sinne das Versprechen abgegeben hat, eine nichteheliche Lebenspartnerschaft einzugehen.

11 **3. § 383 I Nr 2, 2a.** Berechtigt, das Zeugnis zu verweigern, ist der Ehegatte sowie der Lebenspartner, jeweils auch dann, wenn die Ehe oder Partnerschaft nicht mehr besteht, nicht aber der nichteheliche Lebensgefährte (Musielak/*Huber* § 383 Rn 3).

12 **4. Verwandte und Verschwägerte in gerader Linie.** Gemäß § 383 I Nr 3 sind Verwandte (§ 1589 I 1 BGB) und Verschwägerte (§ 1590 I BGB) in gerader Linie zeugnisverweigerungsberechtigt unabhängig von der Anzahl der die Verwandtschaft vermittelnden ehelichen oder nichtehelichen (Musielak/*Huber* § 383 Rn 3) Geburten, also unbeschränkt (Zö/*Greger* § 383 Rn 10), zB Großeltern und Enkelkinder, Schwiegereltern und Schwiegerkinder.

13 **5. Verwandte in der Seitenlinie.** Nach dieser Vorschrift sind Verwandte in der Seitenlinie (§ 1589 I 2 BGB) bis zum 3. Grad (Geschwister; Onkel/Tante und Neffe/Nichte) berechtigt.

14 **6. Verschwägerte in der Seitenlinie.** Verschwägerte in der Seitenlinie (vgl § 1590 I 2 BGB) sind nur bis zum 2. Grad (dh: bis zu den Geschwistern des Ehegatten, Ehegatten der Geschwister, nicht aber mehr für deren Kinder) berechtigt. Unbeachtlich ist die dem Gesetz unbekannte Schwippschwägerschaft (Ehegatten der Geschwister des Ehegatten).

15 **II. § 383 I Nr 4–6. 1. Allgemein. a)** § 383 I Nr 4–6 schützen solche Personen vor dem Zwang zur Aussage, die eine besondere Vertrauensstellung innehaben. Deshalb ist das Recht des Zeugen hier beschränkt auf die Tatsachen, die ihm gerade im Hinblick auf diese Stellung anvertraut wurden, wobei andererseits eine besondere Vertraulichkeit der Mitteilung nicht erforderlich ist. Ausreichend ist vielmehr, dass der Zeuge die fragliche Kenntnis anlässlich seiner Tätigkeit erlangt hat (Zö/*Greger* § 383 Rn 20a), so dass der Betroffene Verschwiegenheit erwarten darf (Musielak/*Huber* § 383 Rn 4). Hierunter fällt auch Zufallswissen, sofern nur ein innerer Zusammenhang mit der beruflichen Tätigkeit besteht; BGH NJW 05, 1948, 1949 11, 1077, Rn 10: Mithören als Strafverteidiger eines Gesprächs unter Angehörigen des Angeklagten über die Aufbringung einer Geldauflage).

16 **b)** § 383 III erlegt dem Richter keine Belehrungspflicht auf wie § 382 II, nötigt ihn aber schon bei der Fragestellung zu erheblicher Rücksichtnahme (Musielak/*Huber* § 383 Rn 9). Es sollen nämlich schon Fragen nicht gestellt werden, deren Beantwortung – selbst wenn der Zeuge von seinem Schweigerecht nicht Gebrauch macht – offensichtlich das Verschwiegenheitsgebot verletzen würde (Zö/*Greger* § 383 Rn 22). Allerdings soll eine Antwort, die entgegen § 383 III gegeben wird, sogar trotz Rüge der Partei verwertbar sein (BGH NJW 90, 1734, 1735; 77, 1198, 1199; aA *Giebler* NJW 77, 1185).

17 **2. Geistliche.** Geistliche iSd § 383 I Nr 4 sind Seelsorger anerkannter Religionsgemeinschaften (Art 140 GG; Art 137 WRV; für andere »Seelsorger«, zB von Sekten, kommt nur Nr 6 in Betracht). Auf die kirchliche Weihe kommt es nicht an; entscheidend ist vielmehr, ob der Seelsorger tatsächlich eigenverantwortlich und selbstständig eine seelsorgerische Tätigkeit ausübt (Musielak/*Huber* § 383 Rn 5). Eine Ausnahme zu § 383 Nr 4 statuiert § 385 II.

18 **3. Presse und Rundfunk.** § 383 I Nr 5 ist in § 385 II nicht genannt. Bei Presse- und Rundfunkmitarbeitern ist also das Schweigerecht unverzichtbar. Dies bringt den überaus hohen Stellenwert der freien Berichterstattung in der Demokratie zum Ausdruck und schützt gleichzeitig die Vertraulichkeit der Information ggü den Organen der Medien.

a) Geschützt ist hierbei indessen nur der redaktionelle Teil des jeweiligen Presseerzeugnisses, nicht die rein wirtschaftliche Seite der Pressetätigkeit, etwa soweit sie Inserate und Werbetätigkeit betrifft (BVerfG NJW 84, 1101, 1102; 90, 701, 702; Musielak/*Huber* § 383 Rn 7).

b) In persönlicher Hinsicht berechtigt die Norm alle gegenwärtigen und früheren, bezahlten und unentgeltlich tätigen Mitarbeiter (Musielak/*Huber* § 383 Rn 7), sofern nur die Tätigkeit »berufsmäßig« vorgenommen wird.

c) In sachlicher Hinsicht sind Rundfunksendungen geschützt; Druckwerke dagegen nur, wenn sie periodisch erscheinen. Letztere Einschränkung schließt zB Bücher aus, sofern sie nur einmalig, also nicht – und

sei es in unregelmäßigen Abständen – regelmäßig wiederholt erscheinen (Zö/*Greger* § 383 Rn 13).
d) Als Adressaten des Informantenschutzes aus § 383 I Nr 5 kommen alle Personen in Betracht, die dem Pressemitarbeiter Informationen zuliefern, sowie diese Informationen selbst. Nicht geschützt sind dagegen das von dem jeweiligen Journalisten selbst recherchierte Material (Zö/*Greger* § 383 Rn 15) oder die Personen, die er in der jeweiligen Veröffentlichung selbst offenbart hat (BVerfG NJW 02, 592, 593).

4. Verschwiegenheitspflicht durch Amts- oder Berufsausübung (§ 383 I Nr 6). a) Gesetzlich geboten. 19
Die Verschwiegenheitspflicht kann gesetzlich geboten sein. Dies kann sich für den dort genannten Personenkreis aus § 203 StGB ergeben, bei öffentlich Bediensteten darüber hinaus aus § 376. Die Schweigepflicht trifft nicht nur die jeweiligen Amts- oder Berufsträger persönlich, sondern auch deren Mitarbeiter und Rechtsnachfolger (Musielak/*Huber* § 383 Rn 6). Weitere einschlägige gesetzliche Regelungen finden sich in §§ 43, 45 DRiG, 43a II BRAO, § 18 BNotO, § 83 StBG, § 64 WPO, §§ 116, 93 I 2, 168 AktG, § 85 GmbHG, 47 GG. Zur Verschwiegenheit verpflichtet und damit zur Zeugnisverweigerung berechtigt sind auch Aufsichtsratsmitglieder kommunaler GmbHs (*v. Kann/Keiluweit* DB 09, 2251, 2256).

b) Kraft Natur der Sache. Durch die Natur der Sache kann Verschwiegenheit geboten sein, wenn gerade die 20
fragliche Tätigkeit herkömmlicherweise von einem besonderen Geheimhaltungsbedürfnis geprägt ist, etwa diejenige von Detektiven oder Banken (*Kretschmer* wistra 09, 180, 183; Musielak/*Huber* § 383 Rn 6; dies gilt auch in der Insolvenz des Bankkunden: *Stephan* WM 09, 241, 243 f), von Dolmetschern, Übersetzern, Gewerkschaftssekretären (Zö/*Greger* § 383 Rn 20), und richtigerweise (vgl Art 7 I der Mediationsrichtlinie 2008/52/EG, ABlEU Nr L 136, S. 3) auch diejenige von Mediatoren (*Guckelberger* NVwZ 11, 390, 392; Zö/*Greger* § 383 Rn 20; de lege ferenda *Probst* JR 09, 265, 266 sowie *Peters* JR 09, 314, 318), auch wenn es sich dabei nicht um Rechtsanwälte handelt (aA Musielak/*Huber* § 383 Rn 6). Die Vertraulichkeit der Mediation hindert freilich nicht, dass die Parteien des Mediationsverfahrens selbst ein Recht auf Einsicht in die Mediationsakten haben (OLG München MDR 09, 1065, Rn 22; krit hierzu *Kurzweil* ZZP 123 (2010), 77 ff).

c) Ausnahme. Eine Ausnahme zu § 383 Nr 6 statuiert § 385 II. 21

C. Beweiswürdigung und Beweisvereitelung. I. Zeuge. Macht der Zeuge von dem ihm zustehenden 22
Recht Gebrauch, so dürfen daraus keine für eine Partei nachteiligen Schlüsse gezogen werden. Dies ist die Konsequenz aus der Tatsache, dass der Zeuge für seine Entscheidung niemandem eine Begründung schuldet. Fraglich ist freilich die Glaubwürdigkeit des Zeugen, der sein Verhalten diesbzgl ändert, also etwa erst im Laufe der Vernehmung, zB bei für eine Partei besonders »kritischen« Fragen, von seinem Zeugnisverweigerungsrecht Gebrauch macht (§ 286). Macht der Zeuge, der in 1. Instanz ausgesagt hat, in der Berufungsinstanz von seinem Zeugnisverweigerungsrecht Gebrauch, so eröffnet dies aber dem Berufungsgericht keinen erweiterten Beurteilungsspielraum (BGH NJW 07, 372, 375).

II. Partei. Hiervon zu unterscheiden ist das Verhalten der Partei: scheitert die Vernehmung daran, dass die 23
Partei den Zeugen nicht gem § 385 II von seiner Schweigepflicht entbindet, so ist dies nach den Regeln der Beweisvereitelung zu Lasten dieser Partei zu würdigen, weil ihr die Aussage vermutlich (sofern sie diese Vermutung nicht entkräftet) zum Nachteil gereicht hätte (Musielak/*Huber* § 383 Rn 10; s. dazu § 385 Rz 13).

§ 384 Zeugnisverweigerung aus sachlichen Gründen.

Das Zeugnis kann verweigert werden:

1. **über Fragen, deren Beantwortung dem Zeugen oder einer Person, zu der er in einem der im § 383 Nr. 1 bis 3 bezeichneten Verhältnisse steht, einen unmittelbaren vermögensrechtlichen Schaden verursachen würde;**
2. **über Fragen, deren Beantwortung dem Zeugen oder einem seiner im § 383 Nr. 1 bis 3 bezeichneten Angehörigen zur Unehre gereichen oder die Gefahr zuziehen würde, wegen einer Straftat oder einer Ordnungswidrigkeit verfolgt zu werden;**
3. **über Fragen, die der Zeuge nicht würde beantworten können, ohne ein Kunst- oder Gewerbegeheimnis zu offenbaren.**

A. Zweck der Norm. Die Vorschrift soll den Zeugen schützen vor Nachteilen, die ihm oder einem Angehö- 1
rigen aus wahrheitsgemäßen Aussagen erwachsen könnten. § 384 löst diesen Konflikt dahingehend, dass der Zeuge zwar die Antwort auf einzelne Fragen, aber nicht die Aussage insgesamt verweigern darf. Daher darf auch nicht die Vernehmung insgesamt unterbleiben (BGH NJW 94, 197 f), sondern es sind überhaupt

durchaus Fragen zu stellen, bis der Zeuge sich auf § 384 beruft (Hess LAG 27.6.07–11 Ta 83/07, Rn 9). In Einzelfällen kann freilich das eigentlich beschränkte Recht aus § 384 so weit reichen, dass insgesamt keine Frage beantwortet werden muss (BGH NJW 08, 2038, 2040; BFH BFH/NV 07, 1524), zB wenn Streitgegenstand ausschließlich unmittelbar und mittelbar ein inkriminiertes Rechtsgeschäft ist (etwa eine Hehlerei, an der der Zeuge beteiligt sein soll). Vorsicht ist geboten, wenn von dem Zeugen eine Begründung seiner Aussageverweigerung verlangt werden soll (§ 386). Wenn sich die Zulässigkeit der Weigerung nicht schon aus der Frage selbst ergibt (zB bei der Frage nach der Beteiligung an einer Straftat), darf eine Begründung nicht in dem Ausmaß gefordert werden, dass damit wegen des Zwangs zur Offenbarung der zu schützenden Geheimnisse das Zeugnisverweigerungsrecht illusorisch wird (Zö/*Greger* § 384 Rn 2; tendenziell aA dagegen BFH BFH/NV 07, 1524).

2 **B. Die Tatbestandsvoraussetzungen iE. I. Nr 1. 1. Unmittelbarer Vermögensnachteil.** Ein Zeugnisverweigerungsrecht besteht insoweit nur, als von einer wahrheitsgemäßen Aussage ein Nachteil für das Vermögen des Zeugen (oder eines Angehörigen) unmittelbar droht, etwa wenn hierdurch Tatsachen offenbart würden, die einen zivilrechtlichen Anspruch gegen den Zeugen begründen oder dessen Durchsetzung erleichtern können (Hess LAG 27.6.07–11 Ta 83/07, Rn 8). Am Merkmal der Unmittelbarkeit fehlt es, wenn nicht das Vermögen des Zeugen oder zB einer OHG, deren Gesellschafter er ist, nachteilig betroffen wäre, sondern nur das Vermögen einer GmbH (also einer anderen juristischen Person), deren Geschäftsführer und/oder Gesellschafter er ist (Musielak/*Huber* § 384 Rn 3). Dass durch die Zeugenaussage eine Partei unterliegt, deshalb insolvent wird und anderweitige Ansprüche des Zeugen deshalb nicht mehr befriedigen kann, stellt gleichfalls einen lediglich mittelbaren Schaden dar (Zö/*Greger* § 384 Rn 4). Einen unmittelbaren Nachteil würde es dagegen darstellen, wenn eine GmbH gem § 142 Unterlagen vorlegen müsste, wodurch die Durchsetzung von Ansprüchen gegen sie erleichtert würde (BGH NJW 07, 155, 156).

3 **2. Zeugen und Angehörige.** Der Nachteil muss dem Zeugen oder einem der in § 383 I Nr 1–3 genannten nahen Angehörigen drohen. Hierbei ist freilich gerade nicht Voraussetzung, dass dieser Angehörige Partei des Rechtsstreits ist; sonst hätte der Zeuge ohnehin das Zeugnisverweigerungsrecht des § 383 (Musielak/*Huber* § 384 Rn 1).

4 **3. Ausnahme.** Eine Ausnahme zu § 384 Nr 1 statuiert § 385 I.

5 **II. Nr 2. 1. Unehre.** »Unehre« ist bei einer spürbaren Herabsetzung des Ansehens zu befürchten, und zwar nicht innerhalb einer eng zu definierenden Bevölkerungsgruppe, etwa innerhalb des Bekanntenkreises des Zeugen, sondern anhand eines generalisierenden Maßstabes (Zö/*Greger* § 384 Rn 5) innerhalb der gesamten Rechtsgemeinschaft (Musielak/*Huber* § 384 Rn 4). Verweigern darf man hiernach zB die Frage nach außerehelichem Geschlechtsverkehr (Karlsr NJW 94, 528). Kein Auskunftsverweigerungsrecht begründet die einer Partei erteilte Zusicherung, zu schweigen; Partei und Zeuge haben es nicht in der Hand, ein ansonsten nicht bestehendes Zeugnisverweigerungsrecht durch eine Abrede erst zu begründen (Hamm FamRZ 99, 939, 940).

6 **2. Gefahr der Strafverfolgung.** Die Norm setzt nicht voraus, dass bei einer wahren Aussage tatsächlich die Gefahr der Strafverfolgung besteht (Musielak/*Huber* § 384 Rn 2; BGHZ 43, 368, 374; München NJW 11, 80, 81); die Frage nach der Beteiligung an einer Straftat muss der Zeuge also auch dann nicht beantworten, wenn er an der Straftat gerade nicht beteiligt ist (Zö/*Greger* § 384 Rn 2). Die Gefahr der Strafverfolgung ist andererseits auch dann zu bejahen, wenn die Aussage nur zu einer Beweiserleichterung zum Nachteil des Zeugen in einem bereits anhängigen Strafverfahren würde würde (Celle 14.6.10 – 8 U 21/09, Rn. 13). Nicht von § 384 erfasst ist selbstverständlich dasjenige Aussagedelikt (§§ 153 ff StGB), das der Zeuge gerade mit der gegenständlichen Aussage, die er verweigern will, begehen würde (Musielak/*Huber* § 384 Rn 4); der Zeuge hat wahrheitsgemäß auszusagen, und unter dieser Prämisse droht ihm für seine Aussage kein Strafverfahren. Der Zeuge soll sich nur vor einer Strafverfolgung wegen einer vor der Aussage, nicht wegen einer anlässlich der Aussage begangenen Straftat schützen können. Anders dagegen in der 2. Instanz: Soll der Zeuge in der Berufungsinstanz seine – falsche – erstinstanzliche Aussage wiederholen, liegt bei ihm die nämliche seelische Zwangslage wie bei einem gänzlich vor dem einschlägigen Verfahren straffällig gewordenen Zeugen vor. Ihm steht daher das Zeugnisverweigerungsrecht zu (BGH NJW 08, 2038, 2039).Verjähren die in Frage stehenden Straftatbestände, so entfällt auch das Zeugnisverweigerungsrecht. § 384 greift nach seinem Wortlaut schon dann ein, wenn dem Zeugen nur ein Bußgeldverfahren nach dem OWiG droht. Hieraus wird zu folgern sein, dass ihm ein Zeugnisverweigerungsrecht über den Gesetzeswortlaut hinaus

erst recht dann zusteht, wenn er – bei wahrheitsgemäßer Aussage – ehrengerichtliche oder dienststrafrechtliche Maßnahmen zu befürchten hat, weil diese idR wesentlich schwerer wiegen als nach dem OWiG zu verhängende Geldbußen (Musielak/*Huber* § 384 Rn 4; Zö/*Greger* § 384 Rn 6). Über den Prozess reicht das Zeugnisverweigerungsrecht nicht hinaus: der Arbeitnehmer kann die außergerichtliche Auskunft über Fragen des Arbeitsverhältnisses ggü dem Arbeitgeber nicht mit der Begründung verweigern, er setze sich damit der Gefahr der Strafverfolgung aus (*Gehlhaar/Möller*, NZA 11, 385, 388).

3. Zeugen und Angehörige. Auch hier gilt (s.o. Rz 3), dass der Angehörige des Zeugen nicht Partei des Rechtsstreits sein muss. Im Falle des Schutzes vor »Unehre« muss der zu schützende Angehörige nicht einmal mehr leben; deshalb kann die Witwe die Auskunft auf solche Fragen verweigern, deren Beantwortung ihrem verstorbenen Mann zur Unehre gereichen würden (OLG Nürnberg MDR 75, 937). 7

III. Geheimnisschutz (Nr 3). Kunst – und Gewerbegeheimnisse darf der Zeuge wahren (*Stadler* NJW 89, 1202). Wenngleich Nr 3, anders als Nr 1 und 2, nicht die nahen Angehörigen erfasst, schützt die Norm doch zugleich auch Geheimnisse Dritter, die der Zeuge durch seine Aussage offenbaren könnte, wenn er dem Dritten zur Verschwiegenheit verpflichtet ist (Musielak/*Huber* § 384 Rn 5), was sich zB aus der Stellung des Zeugen als Arbeitnehmer des Dritten ergeben kann; dies gilt freilich wiederum nicht, wenn es sich bei diesem Dritten um eine Partei des Prozesses handelt (*Stürner* JZ 85, 453, 455). Überschneidungen mit § 383 I Nr 6, evtl auch Nr 5, sind durchaus möglich, erfasst § 384 Nr 3 doch diejenigen Fälle, in denen dem Zeugen ein gewerblicher oder beruflicher Nachteil (Zö/*Greger* § 384 Rn 7) durch die Aussage droht, etwa im Hinblick auf den Kredit, auf wirtschaftliche Kontakte zu Lieferanten oder Kunden, oder auf die interne betriebswirtschaftliche Kalkulation (Musielak/*Huber* § 384 Rn 5). 8

C. Belehrung. Eine Belehrung über das aus § 384 erwachsende Recht schreibt das Gesetz nicht vor, wenngleich sie, sofern die entsprechenden Umstände zu Tage treten, aus Gründen der Fairness ggü dem Zeugen geboten sein kann (Musielak/*Huber* § 384 Rn 1). 9

D. Verwertbarkeit. Hinsichtlich der Verwertbarkeit gilt das zu § 383 Ausgeführte entsprechend (Musielak/*Huber* § 384 Rn 1; s. § 383 Rn 8; 15). 10

E. Beweiswürdigung. Das Recht aus § 384 besteht, auch wenn der Verweigerungsgrund tatsächlich nicht vorliegt (wenn also der Zeuge gerade keine Straftat begangen hat, die er durch die Aussage einräumen würde; wenn er durch die Aussage gerade kein Geschäftsgeheimnis offenbaren würde). Hieraus ist zu folgern, dass nur unter besonderer Vorsicht die Zeugnisverweigerung bei der Beweiswürdigung herangezogen werden darf (Musielak/*Huber* § 384 Rn 2). Grds ausgeschlossen ist die Heranziehung der Tatsache, dass die Aussage verweigert wurde, bei der Beweiswürdigung gem § 286 dagegen nicht (BGH NJW 94, 197, 198), so dass zB der Schluss, der Zeuge sei an einer Straftat beteiligt gewesen, wegen der er nunmehr die Aussage verweigere, grds zulässig ist (München NJW 11, 80, 81). 11

§ 385 Ausnahmen vom Zeugnisverweigerungsrecht.

(1) In den Fällen des § 383 Nr. 1 bis 3 und des § 384 Nr. 1 darf der Zeuge das Zeugnis nicht verweigern:

1. **über die Errichtung und den Inhalt eines Rechtsgeschäfts, bei dessen Errichtung er als Zeuge zugezogen war;**
2. **über Geburten, Verheiratungen oder Sterbefälle von Familienmitgliedern;**
3. **über Tatsachen, welche die durch das Familienverhältnis bedingten Vermögensangelegenheiten betreffen;**
4. **über die auf das streitige Rechtsverhältnis sich beziehenden Handlungen, die von ihm selbst als Rechtsvorgänger oder Vertreter einer Partei vorgenommen sein sollen.**

(2) Die im § 383 Nr. 4, 6 bezeichneten Personen dürfen das Zeugnis nicht verweigern, wenn sie von der Verpflichtung zur Verschwiegenheit entbunden sind.

A. Normzweck. Zweck der Norm ist es, die in § 383 I Nr 1–3, 4 und 6 und in § 384 Nr 1 festgelegten Zeugnisverweigerungsrechte einzuschränken, indem Ausnahmen für diejenigen Fälle statuiert werden, in denen ein schutzwürdiges Interesse des Zeugen, nicht aussagen zu müssen, gerade nicht festzustellen ist (Zö/*Greger* § 385 Rn 1 und 7). 1

2 **B. Ausnahmen vom Zeugnisverweigerungsrecht gem § 385 I. I. § 385 I Nr 1. 1. »Zugezogen«.** »Zugezogen« iSd Vorschrift ist der Zeuge dann, wenn ihm bewusst war oder wenn er zum fraglichen Zeitpunkt zumindest den Umständen nach damit rechnen musste, dass er künftig als Zeuge bzgl des streitigen Rechtsgeschäfts würde dienen müssen (BayObLGZ 84, 141, 145 zu § 25 BeurkG). § 385 ist eine Ausnahmevorschrift; die soeben genannten Voraussetzungen hat daher die Partei zu beweisen, die sich auf die Zeugnispflicht des Zeugen beruft (Musielak/*Huber* § 385 Rn 2).

3 **2. Gescheitertes Rechtsgeschäft.** Sachdienlich ist es, die Ausnahme des § 385 I Nr 1 auch auf die Fälle zu erstrecken, in denen das Rechtsgeschäft gerade nicht zustandegekommen ist, so dass der Zeuge auch über die – im Ergebnis gescheiterten – Vorverhandlungen aussagen muss, insb aber über die Tatsache, dass das – zB von einer Partei behauptete – Rechtsgeschäft eben nicht errichtet wurde (Musielak/*Huber* § 385 Rn 2); wenn schon der Zeuge über den Erfolg der Errichtung aussagen müsste, ist es vom Zweck der Norm her nicht verständlich, warum er nicht ebenso über deren Scheitern aussagen können soll (aA wohl Zö/*Greger* § 385 Rn 2 aE).

4 **II. § 385 I Nr 2.** Über den Familienstand muss der Zeuge aussagen, aber auch nur über diesen, nicht dagegen über dessen jeweilige Vorgeschichte (also über Geburten, nicht aber über die Zeugung; über Todesfälle, nicht aber über deren Ursache; vgl LSG Hessen NJW 89, 2710, 2711, und Musielak/*Huber* § 385 Rn 3; Zö/*Greger* § 385 Rn 3). Bloße Hausgenossen, die nicht mit dem Zeugen verwandt oder zumindest verschwägert sind, sind nicht »Familienmitglieder« iSd Vorschrift (Musielak/*Huber* § 385 Rn 3; Zö/*Greger* § 385 Rn 3).

5 **III. § 385 I Nr 3.** Zu den »Vermögensangelegenheiten« gehören zB Eheverträge und Vereinbarungen hinsichtlich des ehelichen Güterrechts, das Erbrecht des Ehegatten und der Eltern und Kinder, sowie die mit Unterhalts- oder Sozialhilfeansprüchen in Zusammenhang stehenden Tatsachen wie etwa das Einkommen (LSG NRW 1.12.10 – L 19 AS 1094/10 B, Rn 21). Voraussetzung ist freilich stets, dass der Zeuge selbst dem fraglichen Familienverband angehört (Zö/*Greger* § 385 Rn 4; anderenfalls wird ein Fall des § 383 oder § 384 ohnehin kaum vorliegen).

6 **IV. § 385 I Nr 4.** Wer als Rechtsvorgänger einer Partei (wobei es gleichgültig ist, ob sie ihm im Wege der Einzel- oder der Gesamtrechtsnachfolge nachgefolgt ist, Zö/*Greger* § 385 Rn 6) oder – im weitesten Sinne, zB auch als Bote (Musielak/*Huber* § 385 Rn 5) – als ihr gesetzlicher oder gewillkürter Vertreter gehandelt hat, muss zu diesen eigenen Handlungen aussagen, nicht dagegen zu bloßen Wahrnehmungen, die er anlässlich dieser Handlungen gemacht hat (so der klare Wortlaut der Vorschrift; wie hier Musielak/*Huber* § 385 Rn 5; Zö/*Greger* § 385 Rn 6; aA ThoPu/*Reichhold* § 385 Rn 4). Auch hier muss der Beweisführer dem Zeugen, der sich auf § 383 oder § 384 beruft, nachweisen, dass der Ausnahmetatbestand des § 385 vorliegt.

7 **C. Entbindung von der Schweigepflicht (§ 385 II). I. Anwendungsbereich.** § 385 II betrifft Personen als Zeugen, die eine besondere Vertrauensstellung innehaben. Deshalb ist das Recht des Zeugen hier ohnehin beschränkt auf die Tatsachen, die ihm gerade im Hinblick auf diese Stellung anvertraut wurden (§ 383 Rz 15). Wenn aber der Vertrauensgeber den Zeugen von der Schweigepflicht entbindet, wäre ein Festhalten an der Zeugnisverweigerung offenkundig unsinnig. Dies regelt § 385 II und stellt damit gleichzeitig klar, dass § 383 letztlich dem Interesse des Vertrauensgebers, nicht demjenigen des Zeugen dient. § 383 I Nr 5 ist in § 385 II dagegen nicht genannt. Bei Presse- und Rundfunkmitarbeitern ist also das Schweigerecht unverzichtbar. Dies bringt den überaus hohen Stellenwert der freien Berichterstattung in der Demokratie zum Ausdruck und schützt gleichzeitig die Vertraulichkeit der Information ggü den Organen der Medien (§ 383 Rz 18). Bei katholischen Geistlichen – die praktische Relevanz des § 383 I Nr 4 einmal dahingestellt – läuft § 385 II aber ohnehin weitgehend leer, weil diese nach dem Reichskonkordat vom 20.7.1933 (Art 9) gleichwohl die Aussage verweigern dürfen.

8 **II. Wirksamkeit der Schweigepflichtsentbindung.** Der Ausnahmetatbestand des § 385 II setzt eine wirksame Schweigepflichtsentbindung voraus. Bei höchstpersönlichen Interessen, die von der Schweigepflicht geschützt werden, kann nur der Vertrauensgeber selbst eine wirksame Entbindung vornehmen; beim Tod des Vertrauensgebers geht diese Befugnis daher auch grds nicht auf die Erben über (Zö/*Greger* § 385 Rn 10; Musielak/*Huber* § 383 Rn 4, § 385 Rn 7). Anderes gilt bei Vermögensangelegenheiten: Hier sind die Erben und andere Rechtsnachfolger berechtigt, die Entbindung zu erklären (aA wohl Frankf NVersZ 1999, 523; wie hier Musielak/*Huber* § 385 Rn 7; Zö/*Greger* § 385 Rn 10). Zu Fällen der Entbehrlichkeit der Schweigepflichtsentbindung bei Tod des Vertrauensgebers s.u. Rz 11. Auch gewillkürt (Celle NJW 55, 1844: Über-

gang auf Generalbevollmächtigten) oder gesetzlich (Ddorf NJW-RR 1994, 958, 959; *Priebe* ZIP 11, 312, 315: Übergang auf Insolvenzverwalter) kann die Befugnis auf Dritte übergehen. Bei Minderjährigen kommt es – wie bei der Ausübung des Zeugnisverweigerungsrechtes (§ 383 Rz 7; Musielak/*Huber* § 385 Rn 7) – darauf an, ob der minderjährige Vertrauensgeber die ausreichende Verstandesreife hat, um die Bedeutung der Schweigepflichtsentbindung beurteilen zu können; fehlt ihm diese Reife, entscheiden für ihn die gesetzlichen Vertreter. Ist Vertrauensgeber eine juristische Person, obliegt die Erklärung den aktuell für die Vertretung zuständigen Personen, ggfs – wenn deren Anliegen betroffen sind – einschließlich der ehemaligen Organvertreter (vgl *Priebe* ZIP 11, 312, 315).

III. Erklärung der Schweigepflichtsentbindung. 1. Ausdrücklich. Die Erklärung kann zum einen ausdrücklich erfolgen, und zwar ggü der Partei (zB wenn ein Dritter Vertrauensgeber ist), ggü dem Zeugen oder ggü dem Gericht. Im letzteren Fall handelt es sich bei der Schweigepflichtsentbindung um eine unwiderrufliche Prozesshandlung (vgl Zö/*Greger* vor § 128 Rn 18), ansonsten ist die Entbindung stets frei widerruflich (Zö/*Greger* § 385 Rn 11). 9

2. Konkludent. Die Befreiung von der Schweigepflicht ist auch konkludent möglich. Eine derartige Befreiung ist stets anzunehmen, wenn die vertrauensgebende Partei den Zeugen benennt, wenn also etwa ein Patient seinen Arzt oder ein Mandant seinen Rechtsanwalt als Zeugen benennt (Musielak/*Huber* § 385 Rn 8). 10

3. Entbehrlichkeit der Erklärung. In Ausnahmefällen kann die Erklärung der Entbindung von der Schweigepflicht entbehrlich sein, nämlich beim Tod des Vertrauensgebers in den Fällen, in denen aufgrund der Interessenlage davon auszugehen ist, dass ein Geheimhaltungsbedürfnis nicht besteht. So hat zB der testierende Erblasser ein Interesse daran, dass nach seinem Tod seine Testierfähigkeit geklärt wird durch Vernehmung des beurkundenden Notars oder des im relevanten Zeitraums behandelnden Arztes (BGH NJW 84, 2893, 2895). Geht also – insb in Fällen von medizinischer Relevanz – der mutmaßliche Wille des Verstorbenen dahin, dass er unter Berücksichtigung seiner wohlverstandenen Interessen auf weitere Geheimhaltung verzichten würde, so besteht ein Zeugnisverweigerungsrecht nicht mehr (München OLGR München 07, 158). 11

IV. Verwertbarkeit bei Verstoß. Sagt ein Zeuge aus, obwohl er nicht wirksam von der Schweigepflicht entbunden ist, macht dies seine Aussage nicht unverwertbar (§ 383 Rz 8), sofern er nicht durch eine andere rechtswidrige Vorgehensweise des Gerichts zu einer Aussage verleitet wurde (dazu BGH NJW 77, 1198, 1199; Musielak/*Huber* § 385 Rn 8, § 383 Rn 9). 12

V. Beweiswürdigung bei ausgebliebener Entbindung. Scheitert die Vernehmung des Zeugen daran, dass die zur Entbindung von der Schweigepflicht berechtigte Partei den Zeugen nicht von der Schweigepflicht entbindet, so ist dies gem § 286 als Beweisvereitelung frei zu würdigen (anders als die Ausübung des Zeugnisverweigerungsrechts durch den Zeugen selbst, § 383 Rz 22 f), bis hin zur Feststellung, die vom Gegner des Beweisführers aufgestellte Tatsachenbehauptung sei als wahr zu unterstellen (LAG Hamm 31.5.06–18 Sa 115/06, Rn 40). Die naheliegende Annahme, auf die gem § 139 II hingewiesen werden sollte, eine wahrheitsgemäße Aussage des Zeugen würde zum Nachteil der die Entbindung verweigernden Partei lauten, kann durch die Partei entkräftet werden, wenn sie außerhalb dieser Erwägung anzusiedelnde triftige Gründe für die Verweigerung vorzutragen vermag (vgl BGH NJW-RR 96, 1534). Rechtsfehlerhaft (§ 286) ist es aber, die Tatsache überhaupt nicht zu würdigen, dass der zur Entbindung berechtigte Gegner des Beweisführers den von letzterem angebotenen Zeugen nicht von der Schweigepflicht entbindet (BGH MDR 10, 940, Rn 7). 13

§ 386 Erklärung der Zeugnisverweigerung.

(1) Der Zeuge, der das Zeugnis verweigert, hat vor dem zu seiner Vernehmung bestimmten Termin schriftlich oder zum Protokoll der Geschäftsstelle oder in diesem Termin die Tatsachen, auf die er die Weigerung gründet, anzugeben und glaubhaft zu machen.
(2) Zur Glaubhaftmachung genügt in den Fällen des § 383 Nr. 4, 6 die mit Berufung auf einen geleisteten Dienstеid abgegebene Versicherung.
(3) Hat der Zeuge seine Weigerung schriftlich oder zum Protokoll der Geschäftsstelle erklärt, so ist er nicht verpflichtet, in dem zu seiner Vernehmung bestimmten Termin zu erscheinen.

(4) Von dem Eingang einer Erklärung des Zeugen oder von der Aufnahme einer solchen zum Protokoll hat die Geschäftsstelle die Parteien zu benachrichtigen.

1 **A. Zweck der Norm.** § 386 regelt einerseits das Verfahren, in dem das Recht des Zeugen zur Zeugnisverweigerung von ihm angezeigt werden soll (I, II, IV), und andererseits die Rechtsfolgen der Zeugenerklärung (III).

2 **B. Erklärung des Zeugen. I. Erklärung über Tatsachen.** Der Zeuge, der sich hierbei nicht von einem Anwalt vertreten lassen muss (arg e § 387 II), hat die Tatsachen zu erklären, aus denen sich sein Zeugnisverweigerungsrecht ergibt. Hiermit sind wörtlich die tatsächlichen Umstände gemeint, nicht aber die Motive und Beweggründe, die den Zeugen dazu veranlassen, nicht aussagen zu wollen (§ 383 unter III). Darzulegen hat der Zeuge daher zB, woraus sich etwa eine behauptete Verwandtschaft (§ 383 I Nr 3) ergibt. Die in § 386 I vorgeschriebene Form (Erklärung schriftlich oder zu Protokoll der Geschäftsstelle) gilt nicht nur für die Begründung der Weigerung, sondern auch für die Weigerung als solche; eine telefonische Mitteilung der Weigerung kommt danach nicht in Betracht (BFH BFH/NV 04, 1535).

3 **II. Glaubhaftmachung.** Nach dem Wortlaut des § 386 II hat der Zeuge die Tatsachen nicht nur zu erklären, sondern sie auch glaubhaft zu machen (§ 294). Dieses Erfordernis hat in der Rechtspraxis wenig Relevanz. Soweit es nicht etwa um ein zweifelhaftes Verlöbnis geht (§ 383 Rz 10; BGH NJW 72, 1334 zu § 52 StPO), werden sowohl Verwandtschaftsverhältnisse als auch besondere Vertrauensstellungen (§ 383 I Nr 4, 6) ohnehin gerichtsbekannt oder – in der Mehrzahl der Fälle – unstr sein.

4 **III. Weigerung des Zeugen.** Sofern der Zeuge sich weigert, Tatsachen iSd § 386 I zumindest anzugeben, ist – sofern er unter Berufung auf sein angebliches Zeugnisverweigerungsrecht nicht erscheint – gem § 380 ein Ordnungsgeld zu verhängen und es sind die weiteren dort bezeichneten Maßnahmen gegen ihn zu ergreifen (Musielak/*Huber* § 386 Rn 2). Der Zeuge ist also nicht anders als jeder andere pflichtwidrig nicht erscheinende Zeuge zu behandeln. Verweigert er – nach Erscheinen – im Termin die Aussage, so gilt § 390. Denkbar ist freilich, dass die Parteien auf den Zeugen verzichten iSd § 399.

5 **C. Benachrichtigung der Parteien.** Von der Erklärung des Zeugen sind die Parteien zu benachrichtigen, damit sie ihr weiteres prozessuales Verhalten darauf einstellen können, zB damit sie Erklärungen gem § 387 I abgeben oder anderweitige Zeugen benennen können. Die erneute Benennung desselben Zeugen ist nur dann beachtlich, wenn die Partei Anhaltspunkte dafür darlegt, dass in einem (ggf erneuten) Termin der Zeuge nicht von seinem Zeugnisverweigerungsrecht Gebrauch machen wird (Musielak/*Huber* § 386 Rn 3; BGH NJW-RR 87, 445; Köln NJW 75, 2074); ein Fall des § 398 ist dies dann nicht (§ 398 Rz 2).

6 **D. Ausbleiben des Zeugen. I. Recht zum Ausbleiben.** Die Erklärung des Zeugen, er werde von seinem Zeugnisverweigerungsrecht Gebrauch machen, ggf iVm der Glaubhaftmachung der das Recht begründenden Umstände (s.o. Rz 3), berechtigt den Zeugen, im Termin fern zu bleiben, § 386 III. Diesgilt nicht, wenn das Zeugnisverweigerungsrecht nicht das gesamte Beweisthema abdeckt (Musielak/*Huber* § 386 Rn 3) und der Zeuge dies erkennen kann (Düsseldorf MDR 2010, 712 Rn 9). Ist der Zeuge dagegen verpflichtet, einzelne Fragen zu beantworten (§ 384 Rz 1), so bleibt es auch bei seiner Pflicht (§ 377 II 3), vor Gericht zu erscheinen.

7 **II. Sachliche Berechtigung.** Über die sachliche Berechtigung der Zeugnisverweigerung wird erst im Verfahren gem § 387 entschieden. Auch bei inhaltlich nicht bestehendem Zeugnisverweigerungsrecht darf der Zeuge also fernbleiben, sofern nur die formellen Voraussetzungen des § 386 eingehalten sind (Musielak/*Huber* § 386 Rn 3; BFH BFH/NV 04, 658), sofern nicht ein Fall vorliegt, in dem – auch für den Zeugen selbst erkennbar – offenkundig ein Zeugnisverweigerungsrecht nicht besteht (verfehlt daher Düsseldorf MDR 2010, 712 Rn 10 f).

§ 387 Zwischenstreit über Zeugnisverweigerung.

(1) Über die Rechtmäßigkeit der Weigerung wird von dem Prozessgericht nach Anhörung der Parteien entschieden.
(2) Der Zeuge ist nicht verpflichtet, sich durch einen Anwalt vertreten zu lassen.
(3) Gegen das Zwischenurteil findet sofortige Beschwerde statt.

A. Zweck der Norm. § 387 will einerseits zugunsten der Parteien zügig Klarheit schaffen, ob der Zeuge zu Recht das Zeugnis verweigert, andererseits aber sowohl für den Zeugen (mit der Möglichkeit des Instanzenzuges, § 387 III) als auch für das Gericht Rechtssicherheit hinsichtlich gem § 390 zu ergreifender Maßnahmen herstellen. Deshalb ist die Zwischenentscheidung durch Zwischenurteil (nicht etwa durch einen Beschl; anders allerdings nach § 118 I 2 SGG, LSG NRW 1.12.10 – L 19 AS 1094/10 B, Rn 15; offen gelassen für das Verfahren nach dem FamFG Dresden FamRZ 11, 649) zwingend (Naumbg 9.10.07–8 Wf 227/07, Rn 1). Über § 178 II FamFG gilt die Vorschrift auch für das familienrechtliche Abstammungsverfahren gem. §§ 169 ff FamFG (München NJW 11, 2892, 2893; Brandbg FamRZ 11, 397). 1

B. Verfahren. I. Kein Anwaltszwang. Ein Anwaltszwang zu Lasten des Zeugen besteht nicht, § 387 II. Gleichwohl darf er anwaltlichen Beistand beiziehen (Musielak/*Huber* § 387 Rn 2). 2

II. Verfahrenseinleitung. 1. Beweiserhebung auf Antrag einer Partei. Wird Beweis nicht vAw, sondern – wie üblich (§ 373 Rz 3) – auf Antrag einer Partei erhoben, so kommt es zu einem Verfahren gem § 387 nur auf Antrag einer Partei. In der Regel wird dies der Beweisführer sein, der den Zeugen benannt hat und der das von jenem behauptete Zeugnisverweigerungsrecht nicht anerkennt. Rügt der Beweisführer die Zeugnisverweigerung dagegen nicht, so ist darin ein Verzicht auf den Zeugen gem § 399 Hs 1 zu sehen (RGZ 20, 378, 380). Besteht allerdings nunmehr der Gegner des Beweisführers auf der Vernehmung des – erschienenen – Zeugen (§ 399 Hs 2), so kann auch der Gegner durch eine Rüge das Zeugnisverweigerungsrecht beanstanden und somit das Verfahren gem § 387 einleiten (Zö/*Greger* § 387 Rn 2). Beanstandet dagegen keine der beiden Parteien die Zeugnisverweigerung, so ist hierin ein Rügeverzicht (§ 295) zu sehen mit der Folge, dass das Verfahren gem § 387 nicht, also auch nicht vAw stattfindet (Musielak/*Huber* § 387 Rn 1; BGH NJW-RR 87, 445). Rügt dagegen eine Partei ausdrücklich, die Verweigerung des Zeugnisses sei unzulässig, so ist hierin ein Antrag auf Durchführung eines Verfahrens gem. § 387 zu sehen (BGH 12.10.10 – XI ZR 96/09). 3

2. Beweiserhebung von Amts wegen. Nur wenn die Beweiserhebung vAw stattfindet, ist auch der Zwischenstreit nach § 387 vAw durchzuführen (Zö/*Greger* § 387 Rn 2), so dass es auf einen diesbezüglichen Rügeverzicht oder – umgekehrt – auf etwaige Anträge der Parteien nicht ankommt. 4

III. Zuständigkeit. Zuständig für die Entscheidung gem § 387 ist, wie sich aus § 389 ergibt, das Prozessgericht, nicht aber der ersuchte oder beauftragte Richter. 5

IV. Parteien des Zwischenstreits. Parteien des Zwischenstreits gem § 387 sind nicht die beiden Parteien des Ausgangsverfahrens, sondern einerseits die Partei, die den Zeugen gem § 373 benannt hat (nur im Fall des § 399 Hs 2 der Gegner des Beweisführers), und andererseits der Zeuge, der die Aussage verweigert (der Minderjährige selbst, ohne dass es zu einer Vertretung durch den gesetzlichen Vertreter käme; Musielak/*Huber* § 387 Rn 2; Zö/*Greger* § 387 Rn 3), und der deshalb Anspruch auf PKH für den Zwischenstreit haben kann (Hambg FamRZ 09, 1232, Rn 4). Anzuhören sind freilich gem § 387 I stets beide Parteien. 6

V. Mündliche Verhandlung. Ein Versäumnisurteil kommt nicht in Betracht, wie aus § 388 folgt. In der Regel wird mündlich zu verhandeln sein (idealiter gleich in der Sitzung, in der der Zeuge das Zeugnisverweigerungsrecht behauptet). Wenn vertagt werden muss, so ist zur mündlichen Verhandlung über den Zwischenstreit der Zeuge zu laden (Zö/*Greger* § 387 Rn 3). Ein schriftliches Verfahren gem § 128 II kommt nur mit Zustimmung des Zeugen in Frage; hiervon wird, wenn der Zeuge anwaltlich nicht vertreten ist, angesichts der uU nicht einfachen Rechtsfragen abzuraten sein. 7

VI. Fortsetzung des Rechtsstreits. Der Zwischenstreit ist Bestandteil der Beweisaufnahme. Hieraus wird gefolgert, dass der Rechtsstreit gem § 370 I erst nach Rechtskraft des Zwischenurteil gem § 387 III fortgesetzt werden darf (Zö/*Greger* § 387 Rn 3). Sollte dies umfassend zu verstehen sein, vermag diese Auffassung zB für die Fälle nicht zu überzeugen, in denen ein Zwischenurteil über die Zeugnisverweigerung eines Zeugen nicht ergehen kann, etwa weil er krankheitsbedingt für eine gewisse Zeit zu der mündlichen Verhandlung über sein Zeugnisverweigerungsrecht nicht erscheinen kann, wenn gleichzeitig die anderweitige Beweisaufnahme oder die mündliche Verhandlung über andere Teile des Streitgegenstandes iÜ fortgesetzt werden könnten. 8

9 **C. Entscheidung durch Zwischenurteil. I. Hauptsache.** Das den Streit entscheidende Zwischenurteil lautet darauf, ob der Zeuge über ein Zeugnisverweigerungsrecht verfügt, ob also seine Aussageverweigerung berechtigt oder unberechtigt erfolgt ist.

10 **II. Kosten.** Die Kostenentscheidung ergibt sich aus § 91 I, die Kosten tragen also nicht die Parteien des Ausgangsverfahrens, sondern die Parteien des Zwischenstreits je nach Unterliegen. Der Streitwert ist gem. § 3 ZPO nach freiem Ermessen unter Berücksichtigung der Bedeutung der Aussage des Zeugen für den Verfahrensausgang festzusetzen (Celle 14.6.10 – 8 U 21/09, Rn. 36).

11 **III. Vorläufige Vollstreckbarkeit.** Für vorläufig vollstreckbar kann nur der Kostenausspruch des Zwischenurteils erklärt werden. Wie sich aus § 390 ergibt, setzt die Vollstreckung des Zwischenurteils, die darin besteht, dass dem Zeugen Kosten, Ordnungsgeld und Ordnungshaft auferlegt werden, ein rechtskräftiges (und nicht nur für vorläufig vollstreckbar erklärtes) Zwischenurteil voraus (Musielak/*Huber* § 387 Rn 3).

12 **IV. Rechtsfolgen. 1. Bei berechtigter Zeugnisverweigerung.** Das Zeugnisverweigerungsrecht kann sich aus §§ 372a, 383, 384 sowie aus Art 47 GG oder anderen spezielleren Vorschriften (zB: Schweigerecht katholischer Geistlicher gem Reichskonkordat) ergeben. Ist das Zeugnisverweigerungsrecht im Zwischenstreit rechtskräftig festgestellt, so wird der Rechtsstreit ohne Vernehmung des Zeugen fortgesetzt.

13 **2. Bei nicht berechtigter Zeugnisverweigerung.** Steht rechtskräftig fest, dass der Zeuge kein Zeugnisverweigerungsrecht hat, so ist die Beweisaufnahme durch Vernehmung des Zeugen fortzusetzen; ggf ist er erneut zu laden gem § 377. Bleibt der Zeuge bei seiner Haltung, sind gem § 390 Zwangsmittel zu verhängen.

14 **3. Keine Präklusion.** Das Zwischenurteil entscheidet nur über die vom Zeugen vorgebrachten Gründe, die ihm ein Zeugnisverweigerungsrecht verleihen sollen (Hamm FamRZ 99, 939, 940). Er ist nicht gehindert, erneut das Zeugnis zu verweigern unter Berufung auf nunmehr neue Tatsachen, die unter einem anderen Aspekt ein Zeugnisverweigerungsrecht zu begründen geeignet sind. Verspätung darf dem Zeugen dabei nicht vorgeworfen werden (Zö/*Greger* § 387 Rn 7; Musielak/*Huber* § 387 Rn 3)

15 **4. Bindung.** Die rechtskräftige Entscheidung über das Zeugnisverweigerungsrecht bindet auch höhere Instanzen. Eine Anfechtung des Endurteils unter Berufung auf die Unrichtigkeit des Zwischenurteil kommt somit ebenfalls nicht in Betracht (BGH NJW 93, 1391, 1392; Zö/*Greger* § 387 Rn 4 unter Hinweis auf § 557 II).

16 **D. Instanzenzug. I. Sofortige Beschwerde (§ 387 III, § 567).** Gegen die Zwischenentscheidung findet die sofortige Beschwerde gem § 567 I Nr 1 statt, bei landgerichtlichen Entscheidungen aber nur, wenn sie nicht im Berufungsrechtszug ergangen sind (»im ersten Rechtszug«, § 567 I). Das Zwischenurteil ist vAw gem § 317 I zuzustellen; hiermit beginnt die 2-Wochen-Frist des § 569 I 1, 2 zu laufen. Beschwerdeberechtigt ist der im Zwischenstreit unterlegene Zeuge, der unterlegene Beweisführer (also die Partei, die den Zeugen gem § 373 benannt hat und sein Zeugnisverweigerungsrecht in Abrede stellt), und lediglich im Fall des § 399 Hs 2 (s.o. Rz 3) der Gegner des Beweisführers.

17 **II. Rechtsbeschwerde (§ 574).** Die Rechtsbeschwerde gegen den Beschwerdeentscheidung findet statt, wenn das LG oder das OLG, das über die sofortige Beschwerde entschieden hat, die Rechtsbeschwerde zugelassen hat (§ 574 I 1 Nr 2). Auch wenn das Verfahren über das Zeugnisverweigerungsrecht des Zeugen erst in der Berufungsinstanz entstanden ist und erstmalig entschieden wurde, können sowohl LG als auch OLG, jeweils als Berufungsgericht, die Rechtsbeschwerde zulassen (ebenfalls gem § 574 I 1 Nr 2).

18 **III. Unterlassenes Zwischenurteil.** Wenn entgegen § 387 I über das Zeugnisverweigerungsrecht nicht in einem Zwischenurteil, sondern zu Unrecht erst im Endurteil entschieden wurde, so bleibt die sofortige Beschwerde statthaft (RGZ 106, 57 f). Unterlässt das Gericht zu Unrecht die Entscheidung gem § 387, so kann aber nach dem Grundsatz der Meistbegünstigung (Musielak/*Ball* vor § 511 Rn 31) nicht nur mit der Beschwerde, sondern ausnahmsweise auch mit der Berufung gegen das prozessordnungswidrig ergangene Ersturteil die berechtigte Weigerung geltend gemacht werden (Brandbg 8.2.07–9 UF 157/06, Rn 17).

§ 388 Zwischenstreit über schriftliche Zeugnisverweigerung. Hat der Zeuge seine Weigerung schriftlich oder zum Protokoll der Geschäftsstelle erklärt und ist er in dem Termin nicht erschienen, so hat auf Grund seiner Erklärungen ein Mitglied des Prozessgerichts Bericht zu erstatten.

§ 386 III bestimmt, dass der Zeuge zum Termin nicht zu erscheinen braucht, sofern er die Tatsachen, auf die er sein Zeugnisverweigerungsrecht stützt, gem § 386 I formell ordnungsgemäß erklärt und glaubhaft gemacht hat (§ 386 Rz 6). Auch wenn zur Verhandlung über das Zeugnisverweigerungsrecht gem § 387 I der Zeuge nicht erschienen ist, kommt der Erlass eines Versäumnisurteils nicht in Frage (§ 387 Rz 7). Vielmehr hat das Gericht über den durch das Gericht (durch einen Berichterstatter des Kollegialgerichts, durch den Einzelrichter oder den Richter am Amtsgericht) vorzutragenden Weigerungsgrund gem § 387 I zu entscheiden (Musielak/*Huber* § 388 Rn 1; Zö/*Greger* § 388 Rn 1). 1

§ 389 Zeugnisverweigerung vor beauftragtem oder ersuchtem Richter. (1) Erfolgt die Weigerung vor einem beauftragten oder ersuchten Richter, so sind die Erklärungen des Zeugen, wenn sie nicht schriftlich oder zum Protokoll der Geschäftsstelle abgegeben sind, nebst den Erklärungen der Parteien in das Protokoll aufzunehmen.
(2) Zur mündlichen Verhandlung vor dem Prozessgericht werden der Zeuge und die Parteien von Amts wegen geladen.
(3) [1]Auf Grund der von dem Zeugen und den Parteien abgegebenen Erklärungen hat ein Mitglied des Prozessgerichts Bericht zu erstatten. [2]Nach dem Vortrag des Berichterstatters können der Zeuge und die Parteien zur Begründung ihrer Anträge das Wort nehmen; neue Tatsachen oder Beweismittel dürfen nicht geltend gemacht werden.

A. Zweck der Norm. Die Vorschrift regelt das Verfahren, wenn die Beweisaufnahme durch Zeugenvernehmung nicht vor dem Prozessgericht, sondern vor einem beauftragten oder ersuchten Richter (§ 375) stattfinden soll, und wenn vor diesem verordneten Richter das Problem des von dem Zeugen geltend gemachten Zeugnisverweigerungsrechts auftritt. Verweigert ein Zeuge die Mitwirkung bei einer Untersuchung iSd § 372a, so gilt § 389 entsprechend. 1

B. Nicht ordnungsgemäße Geltendmachung des Zeugnisverweigerungsrechts. Grds hat der verordnete Richter nur diejenigen Verfahrensschritte durchzuführen, die erforderlich sind, um dem hierfür primär zuständigen Prozessgericht das Zwischenverfahren gem § 387 zu ermöglichen (Zö/*Greger* § 389 Rn 1). Hat aber der Zeuge schon das Verfahren des § 386 nicht eingehalten, also den Weigerungsgrund schon formell nicht ordnungsgemäß den Tatsachen nach vorgetragen und glaubhaft gemacht, verfährt der verordnete Richter nach § 400 (BGH NJW 90, 2936, 2937), sofern der Beweisführer nicht etwa die nicht ordnungsgemäße Zeugnisverweigerung des Zeugen hinnimmt (Musielak/*Huber* § 400 Rn 1), somit also konkludent auf den Zeugen verzichtet (Musielak/*Huber* § 389 Rn 1). Der mit der Beweisaufnahme betraute Richter kann also selbst, ohne Einschaltung des Prozessgerichts, zB die zwangsweise Vorführung des unentschuldigt ausgebliebenen Zeugen gem § 386 II anordnen oder gem § 390 dem Zeugen die Kosten seiner unberechtigten Zeugnisverweigerung auferlegen. 2

C. Formell ordnungsgemäße Geltendmachung des Zeugnisverweigerungsrechts. I. Geltendmachung vor dem Termin. Hat der Zeuge dagegen vor dem verordneten Richter formell ordnungsgemäß (s. dazu § 386 Rz 2 ff) sein Zeugnisverweigerungsrecht geltend gemacht, so wird der verordnete Richter den Beweisaufnahmetermin, der idR zu nichts anderem als zur Vernehmung des Zeugen bestimmt ist, insoweit (vorbehaltlich der Vernehmung weiterer Zeugen oder der Durchführung einer anderweitigen Beweisaufnahme) aufheben, weil der Zeuge in diesem Fall gem § 386 III zum Termin nicht zu erscheinen braucht. 3

II. Geltendmachung im Termin. Macht der Zeuge vor dem verordneten Richter dagegen erst im Vernehmungstermin von seinem Zeugnisverweigerungsrecht Gebrauch, so nimmt der Richter lediglich die Erklärungen gem § 389 I in das Protokoll auf und legt die Akte sodann dem Prozessgericht zur Entscheidung gem § 387 vor (Musielak/*Huber* § 389 Rn 1). 4

D. Verfahren vor dem Prozessgericht. I. Ladung. Gemäß § 389 II hat das Prozessgericht zu dem Verfahren, das sich der Protokollierung bzw Entgegennahme der Erklärungen des Zeugen zu seinem Zeugnisverweigerungsrecht gem § 389 I anschließt, sowohl die Parteien als auch den Zeugen zu laden. Ein Verstoß 5 hiergegen kann gem § 295 durch rügeloses Verhandeln geheilt werden (Musielak/*Huber* § 389 Rn 2). Zum Erscheinen ist der Zeuge berechtigt, aber nicht verpflichtet (§ 388 Rz 1); Zeugengebühren erhält er für den Termin gem § 389 nicht, weil er – wie im Verfahren gem § 387 – Partei, nicht Zeuge ist; auf beides sollte er in der Ladung hingewiesen werden (Zö/*Greger* § 389 Rn 2).

6 **II. Entscheidung und Präklusion.** Nach Vortrag des Berichterstatters über die bisherigen Erklärungen des Zeugen und der Parteien (§ 389 III 1) und nach deren erneuter Anhörung (§ 389 III 2 Hs 1) entscheidet das Prozessgericht wie gem § 387 über das Zeugnisverweigerungsrecht des Zeugen. Zur Vorbereitung dieser Entscheidung dürfen weder Parteien noch Zeugen neue Tatsachen oder Beweismittel vortragen (§ 389 III 2 Hs 2). Dies ändert freilich nichts an der Befugnis des Zeugen, sich auf ein anderes als das bisher vorgebrachte Zeugnisverweigerungsrecht zu stützen (Musielak/*Huber* § 389 Rn 2; s.o. § 387 Rz 14) oder eine neue rechtliche Würdigung des bisherigen Vortrags zu unternehmen (Zö/*Greger* § 389 Rn 2).

§ 390 Folgen der Zeugnisverweigerung.

(1) [1]Wird das Zeugnis oder die Eidesleistung ohne Angabe eines Grundes oder aus einem rechtskräftig für unerheblich erklärten Grund verweigert, so werden dem Zeugen, ohne dass es eines Antrages bedarf, die durch die Weigerung verursachten Kosten auferlegt. [2]Zugleich wird gegen ihn ein Ordnungsgeld und für den Fall, dass dieses nicht beigetrieben werden kann, Ordnungshaft festgesetzt.
(2) [1]Im Falle wiederholter Weigerung ist auf Antrag zur Erzwingung des Zeugnisses die Haft anzuordnen, jedoch nicht über den Zeitpunkt der Beendigung des Prozesses in dem Rechtszug hinaus. [2]Die Vorschriften über die Haft im Zwangsvollstreckungsverfahren gelten entsprechend.
(3) Gegen die Beschlüsse findet die sofortige Beschwerde statt.

1 **A. Zweck der Norm. I. Zeugenpflichten.** Der Zeuge ist verpflichtet, auf ordnungsgemäße Ladung vor dem Gericht zu erscheinen. Die Folgen eines Verstoßes gegen diese Pflicht, also eines Ausbleibens, regelt § 380. Der Zeuge ist außerdem verpflichtet, auszusagen und ggf seine Aussage zu beeiden. Die Durchsetzung dieser beiden öffentlich-rechtlichen Pflichten ist in § 390 geregelt.

2 **II. Weigerung ohne Grund.** Gibt der Zeuge für die Verweigerung des Zeugnisses oder der Eidesleistung keinen oder lediglich einen mit Rücksicht auf die gesetzliche Wertung der §§ 383 f abwegigen Grund an (zB Zeitmangel, Zö/*Greger* § 390 Rn 2), so ist gegen ihn gem § 390 zu verfahren.

3 **III. Weigerung nach rechtskräftigem Zwischenurteil. 1. Verweigerung des Zeugnisses.** Gibt der Zeuge für die Verweigerung des Zeugnisses einen grds beachtlichen Grund an, so sind Zwangsmaßnahmen gem § 390 erst nach Herbeiführung eines rechtskräftigen Zwischenurteils gegen den Zeugen gem § 387 statthaft. Die Verhängung von Ordnungsmaßnahmen auf der Grundlage eines vorläufig vollstreckbaren Zwischenurteils kommt nicht in Betracht (§ 387 Rz 11). Außerdem ist stets zu beachten, dass der Zeuge trotz eines Zwischenurteils nach § 387 mangels Präklusionsvorschrift nicht gehindert ist, neue Tatsachen zur Begründung eines anderweitigen Zeugnisverweigerungsrechts vorzutragen (§ 387 Rz 14).

4 **2. Verweigerung der Eidesleistung.** Verweigert der Zeuge mit einem beachtlichen Grund die Eidesleistung, so ist entgegen dem irreführenden Wortlaut des § 390 (Musielak/*Huber* § 390 Rn 1) insoweit nicht ein Zwischenurteil gem § 387 herbeizuführen. Über die Berechtigung der Weigerung des Zeugen ist vielmehr im hiesigen Verfahren des § 390 unmittelbar zu entscheiden (Zö/*Greger* § 390 Rn 3), und zwar materiell anhand §§ 391, 393 (§ 391 Rz 8).

5 **B. Zwangsmaßnahmen bei erstmaliger Weigerung.** Im Fall der erstmaligen Verweigerung des Zeugnisses oder der Eidesleistung entsprechen die zu verhängenden Ordnungsmittel denen, die als Reaktion des Gerichts gem § 380 I auf unberechtigtes erstmaliges Ausbleiben vorgesehen sind (§ 380 Rz 7). Es sind also – auch ohne Antrag einer Partei – die durch die Weigerung entstehenden Kosten dem Zeugen aufzuerlegen und es ist gegen ihn ein Ordnungsgeld, ersatzweise Ordnungshaft festzusetzen, sofern nicht – noch vor Erlass des entsprechenden Beschlusses – der Beweisführer oder – im Fall des § 399 Hs 2 – dessen Gegner auf den Zeugen verzichtet.

6 **C. Zwangsmaßnahmen bei wiederholter Weigerung.** Aus dem Fehlen einer § 380 II entsprechenden Vorschrift ist zu schließen, dass das gem § 390 I 2 zu verhängende Ordnungsgeld nicht mehrfach festgesetzt werden darf. Vielmehr ist – indessen nur auf Antrag, dessen Unterlassen Verzicht auf den Zeugen gem § 399 dar-

stellt – Zwangshaft (Beugehaft) zu verhängen, längstens jedoch bis zum Ende des Prozesses in der derzeitigen Instanz (§ 390 II 1), oder bis zum Verzicht des Zeugen auf die Aussageverweigerung, oder bis zum Verzicht des Beweisführers auf den Zeugen (Zö/*Greger* § 390 Rn 8). Für die Haft gelten außerdem gem § 390 II 2 insb die Vorschriften der §§ 901, 904–913 entsprechend. Es ist also ein den Zeugen und den Grund seiner Verhaftung bezeichnender Haftbefehl zu erlassen, der dem Zeugen zu verkünden oder – bei Erlass in seiner Abwesenheit – zuzustellen ist (§ 329 III). Der Haftbefehl enthält keine Hafthöchstdauer; diese beträgt allerdings kraft Gesetzes 6 Monate (§ 913 S 1), wobei für die Fristberechnung Haftzeiten verschiedener Instanzen zu addieren sind. Andererseits kann bei erneuter Weigerung zu einem neuen Beweisthema § 390 erneut in vollem Umfang ausgeschöpft werden (Musielak/*Huber* § 390 Rn 2; Zö/*Greger* § 390 Rn 7).

D. Zuständigkeit und Verfahren. Zuständig für den Erlass der Maßnahmen gem § 390 ist grds das Prozessgericht, gem § 400 bei fehlender (§ 386) oder bei rechtskräftig für unbeachtlich erklärter Weigerung (§ 387) auch der beauftragte oder ersuchte Richter (§ 400 Rz 2). Schon vor Rechtskraft des entsprechenden Beschlusses ist das Verfahren durch erneute Terminierung fortzusetzen, wobei der Zeuge erneut zu laden ist gem § 377 (Zö/*Greger* § 390 Rn 4). 7

E. Rechtsmittel. I. Anordnung der Zwangsmaßnahmen. Gegen die Anordnung der Zwangsmaßnahmen ist – mit aufschiebender Wirkung (§ 570 I) – die sofortige Beschwerde des Zeugen statthaft, es sei denn, das LG hat als Berufungsinstanz entschieden (§ 567 I: »im ersten Rechtszug«). 8

II. Unterbleiben der Zwangsmaßnahmen. Verhängt das Gericht Maßnahmen gem § 390 nicht, so steht der hiervon nachteilig betroffenen Partei gem § 567 I Nr 2 (Musielak/*Huber* § 390 Rn 3; aA bzgl der Haftentscheidung Zö/*Greger* § 390 Rn 9: gem § 793) gleichfalls die sofortige Beschwerde zu. 9

III. Rechtsbeschwerde. Die Statthaftigkeit der Rechtsbeschwerde setzt gem § 574 I Nr 2 deren Zulassung durch das Beschwerdegericht voraus. 10

§ 391 Zeugenbeeidigung. **Ein Zeuge ist, vorbehaltlich der sich aus § 393 ergebenden Ausnahmen, zu beeidigen, wenn das Gericht dies mit Rücksicht auf die Bedeutung der Aussage oder zur Herbeiführung einer wahrheitsgemäßen Aussage für geboten erachtet und die Parteien auf die Beeidigung nicht verzichten.**

A. Zweck der Norm. Das Verfahren der Eidesleistung ist in §§ 478–484 sowie in § 392 geregelt. Demgegenüber regeln die §§ 391 und 393 die Frage, wann der Zeuge zu beeidigen ist, wann also eine Pflicht des Zeugen zur Eidesleistung besteht. 1

B. Beeidigung. I. Ausnahmen. Die Beeidigung hat zu unterbleiben in den in § 393 geregelten Fällen. Desweiteren ist die Beeidigung unstatthaft, wenn beide Parteien hierauf verzichten (§ 391 aE). Diese Ausnahme gilt freilich nicht in denjenigen Verfahren, in denen der Untersuchungsgrundsatz herrscht, in denen es also auf das prozessuale Verhalten der Parteien grds nicht ankommt (Musielak/*Huber* § 391 Rn 2), zB in Ehesachen (§§ 26, 113 IV, 121 FamFG). Der Verzicht auf die Beeidigung ist zwar – da Prozesshandlung – unwiderruflich (Zö/*Greger* § 391 Rn 5). Er gilt aber nur für die jeweilige Instanz, so dass die Partei, die in 1. Instanz auf die Beeidigung verzichtet hat, in der Berufungsinstanz – etwa bei gerade wegen der Aussage des Zeugen ungünstiger erstinstanzlicher Entscheidung – auf der Beeidigung bestehen kann. Entgegen Musielak/*Huber* (§ 391 Rn 2) folgt hieraus nicht die freie Widerruflichkeit in jeder Instanz; weshalb eine Partei nicht zumindest für die Instanz an die einmal erklärte Auffassung gebunden sein soll, zumal der Verzicht aus freien Stücken erfolgt, ist nicht ersichtlich. Der Zeuge, der zur Zeugnisverweigerung berechtigt ist, aber eine Aussage geleistet hat, ist berechtigt (quasi als minus), nach erfolgtem Zeugnis die Eidesleistung zu verweigern (Musielak/*Huber* § 391 Rn 2; BGHZ 43, 368), wenngleich ein derartiges Vorgehen eine verheerende Auswirkung auf die Glaubwürdigkeit des Zeugen haben dürfte (Zö/*Greger* § 391 Rn 1: »Aussage ... damit wertlos«; aA Musielak/*Huber* § 391 Rn 4). 2

II. Ermessen. Im Übrigen steht die Frage, ob der Zeuge zu beeidigen ist, in dem pflichtgemäßen Ermessen des Gerichts (BGH NJW 72, 584, 585), dessen tatrichterliche Ausübung im Revisionsverfahren nur daraufhin überprüft werden kann, ob das Ausgangsgericht die Grenzen seines Ermessens verkannt oder missbräuchlich außer Acht gelassen hat (BFH 10.3.09 – IX B 197/08, Rn 2). Eine grds Pflicht des Gerichts, den Zeugen zu beeidigen, besteht nicht. 3

4 **1. Bedeutung der Aussage.** Vielmehr soll zum einen auf die Bedeutung der Aussage abgestellt werden. Dies kann praktisch nur bedeuten, dass die Beeidigung dann unterbleibt, wenn die Aussage nichts Entscheidungserhebliches erbracht hat (BGH NJW 72, 584, 585; Musielak/*Huber* § 391 Rn 1), sofern nicht gerade Anhaltspunkte dafür bestehen, dass der Zeuge entscheidungserhebliches Wissen wahrheitswidrig verschweigt.

5 **2. Herbeiführung einer wahrheitsgemäßen Aussage.** Des Weiteren soll die Beeidigung angeordnet werden, um eine wahrheitsgemäße Aussage herbeizuführen. Da der Eid gem § 392 nach der Aussage zu leisten ist, bedeutet dies, dass das Gericht durch die Anordnung des Eides den Zeugen zu einer Abkehr von einer bereits geleisteten unwahren Aussage bewegen soll. Es muss in der Gerichtspraxis als zweifelhaft bezeichnet werden, ob der Eid insoweit tatsächlich »ein wichtiges Mittel der Wahrheitserforschung« ist (so aber Zö/*Greger* § 391 Rn 3). Allenfalls mag gelegentlich durch die im Vergleich zur uneidlichen Falschaussage erhöhte Strafdrohung beim Meineid, die dem Zeugen vor Ableistung des Nacheids vor Augen geführt werden sollte (iE s. § 480 Rz 1), eine Änderung der bereits erfolgten Aussage herbeigeführt werden können (Musielak/*Huber* § 391 Rn 1). Hilfreich mag es zuweilen sein, die Beeidigung auf einen Teil der Aussage zu beschränken (Musielak/*Huber* § 391 Rn 1 aE; Zö/*Greger* § 391 Rn 3 aE), etwa wenn hinsichtlich der anderen Teile der Aussage das Erinnerungsvermögen des Zeugen sichtlich überfordert ist.

6 **C. Verfahren. I. Zuständigkeit.** Zuständig für die Entscheidung, ob der Zeuge zu beeidigen ist, ist allein das Prozessgericht. Der ersuchte und beauftragte Richter (§§ 361, 362) kann vom Prozessgericht insoweit allenfalls angewiesen werden (Zö/*Greger* § 391 Rn 2); aus alleiniger Zuständigkeit kann er über die Beeidigung nicht entscheiden, weil ihm die Beurteilungsgrundlagen hinsichtlich der Entscheidungserheblichkeit der Aussage fehlen (Musielak/*Huber* § 391 Rn 3).

7 **II. Beschluss.** Die Beeidigung wird durch entsprechenden Beschl des Prozessgerichts (als Nacheid gem § 392 oder bei Beauftragung eines beauftragten oder ersuchten Richters gem §§ 361, 362 bereits im Beweisbeschluss) angeordnet. Eine zu Unrecht unterlassene Beeidigung kann durch rügelose Verhandlung der Partei gem § 295 I geheilt werden (Zö/*Greger* § 391 Rn 6), weshalb es sich empfiehlt, auch über die Nichtbeeidigung förmlich zu beschließen (»Der Zeuge wird unvereidigt entlassen.«).

8 **D. Pflicht zur Eidesleistung.** Zur Eidesleistung, zumindest zur eidesgleichen Bekräftigung nach § 484, ist der Zeuge – vorbehaltlich obiger Ausnahmen – verpflichtet. Verweigert er den Eid, ist gegen ihn gem § 390 zu verfahren, indessen entgegen dessen missverständlichem Wortlaut (Musielak/*Huber* § 390 Rn 1) ohne Durchführung des in § 387 vorgesehenen Zwischenverfahrens (Zö/*Greger* § 391 Rn 1). Vielmehr hat das Gericht unmittelbar zu entscheiden, ob eine der obigen Ausnahmen von der Eidespflicht gegeben ist. Dies sollte angesichts der systematischen Stellung des § 387, der sich ausschließlich auf die Zeugnisverweigerung, nicht auf die Verweigerung des Eides bezieht, auch für die Fälle gelten (s.o. Rz 2 aE), in denen die Eidesverweigerung auf ein Zeugnisverweigerungsrecht gestützt wird (aA Zö/*Greger* § 391 Rn 1).

9 **E. Beweiswürdigung.** Bei Fehlern bei der Beeidigung (zB: dem Zeugen wird der Sachverständigeneid abgenommen; der Zeuge wird trotz Beweisverbotes vereidigt) ist die Aussage als uneidliche zu bewerten (Musielak/*Huber* § 391 Rn 4). Eine Begründung im Urt für die Nichtbeeidigung ist nur dann erforderlich, wenn ein Beeidigungsantrag einer Partei gestellt worden war. Ein höherer Beweiswert kommt einer beeideten im Vergleich zu einer unbeeideten Aussage nicht automatisch zu (Musielak/*Huber* § 391 Rn 5); vielmehr ist stets auf die Umstände des Einzelfalles abzustellen.

§ 392 Nacheid; Eidesnorm.

[1]Die Beeidigung erfolgt nach der Vernehmung. [2]Mehrere Zeugen können gleichzeitig beeidigt werden. [3]Die Eidesnorm geht dahin, dass der Zeuge nach bestem Wissen die reine Wahrheit gesagt und nichts verschwiegen habe.

1 **A. Zweck der Norm.** Die Vorschrift regelt in Ergänzung zu den Verfahrensvorschriften der §§ 478–484 einzelne Aspekte des äußeren Ablaufs der Eidesleistung

2 **B. Nacheid.** Der Eid ist »nach der Vernehmung« zu leisten. Dies ist dahin zu verstehen, dass die Aussage des Zeugen protokolliert sein muss gem § 160 III Nr 4. Außerdem ist die Genehmigung des Protokolls gem § 162 I oder (in der Praxis weit überwiegend) gem § 162 II einzuholen. Dies dient der Klarstellung, insb in Verfahren wegen § 153 StGB, welche Aussage genau der Zeuge beeidet hat. § 392 Satz 1 ist aber reine Ord-

nungsvorschrift; eine Beeidigung vor der Aussage ist daher unschädlich (Musielak/*Huber* § 392 Rn 1; Zö/*Greger* § 392 Rn 1). Wird die Aussage nach Abnahme des Eides noch ergänzt (zB wegen zuvor »vergessener« Fragen, die dem Zeugen nachträglich gestellt werden), so ist § 398 III zu beachten.

C. Beeidigung mehrerer Zeugen. Mehrere Zeugen können gemeinsam beeidigt werden, § 392 S 2; zum Ablauf s. § 481 V. Dieses Vorgehen degradiert die Eidesleistung aber vollends zur sinnentleerten Formalität (zum ohnehin zweifelhaften Wert der Beeidigung für die Wahrheitsfindung allgemein s. § 391 Rz 5) und sollte daher unterlassen werden (Musielak/*Huber* § 392 Rn 2). 3

D. Eidesnorm. § 392 Satz 3 bestimmt schließlich die in § 481 I vorgesehene Eidesnorm des Zeugen. Der Umfang dessen, was im Sinne dieser Formel nicht verschwiegen werden darf, bestimmt sich aus § 396 I, also aus dem »Gegenstand der Vernehmung«. Dieser muss dem Zeugen häufig erläutert werden; in vielen Fällen wird es sich nicht von selbst verstehen, wieweit die Pflicht des Zeugen reicht, sich zu Punkten zu äußern, von denen er nicht weiß und nicht wissen kann, ob sie für den Streitgegenstand von Bedeutung sind. 4

§ 393 Uneidliche Vernehmung. **Personen, die zur Zeit der Vernehmung das 16. Lebensjahr noch nicht vollendet oder wegen mangelnder Verstandesreife oder wegen Verstandesschwäche von dem Wesen und der Bedeutung des Eides keine genügende Vorstellung haben, sind unbeeidigt zu vernehmen.**

A. Zweck der Norm. § 393 begründet eine zwingende gesetzliche Ausnahme zu § 391. 1

B. Minderjährige. Minderjährige unter 16 Jahren sind nicht zu vereidigen, werden also mit Verstandesunreifen oder -schwachen ohne Weiteres auf eine Stufe gestellt. 2

C. Verstandesunreife; Verstandesschwache. Verstandesunreife oder -schwache Personen sind gleichfalls nicht zu beeiden, wenn sie wegen ihrer Defizite die besondere Bedeutung des Eides nicht zu erfassen vermögen. Vorausgesetzt ist dabei freilich, dass sie grds aussagetüchtig sind, so dass es überhaupt noch zu einer Vernehmung der Betroffenen kommen kann. Das Vorliegen der Voraussetzungen des § 393 Alt 2 hat der Richter auch ohne Antrag der Parteien vAw festzustellen (Musielak/*Huber* § 393 Rn 1). Fehlt die Einsichtsfähigkeit nur vorübergehend (zB weil der Zeuge betrunken ist), so ist möglicherweise nach § 380 zu verfahren (Zö/*Greger* § 393 Rn 1), weil evtl der Zeuge als unentschuldigt ausgeblieben zu behandeln ist (§ 380 Rz 5). 3

§ 394 Einzelvernehmung. **(1) Jeder Zeuge ist einzeln und in Abwesenheit der später abzuhörenden Zeugen zu vernehmen.**
(2) Zeugen, deren Aussagen sich widersprechen, können einander gegenübergestellt werden.

A. Zweck der Norm. § 394 stellt einige – an sich selbstverständliche – Regeln zur Gewinnung wahrheitsgemäßer Aussagen auf. 1

B. Einzelvernehmung. Die geordnete und sinnvolle Vernehmung von Zeugen ist ohnehin nur in der in § 394 I Alt 1 vorgeschriebenen Form der Einzelvernehmung denkbar. Gleichwohl soll diese Anordnung bloße Ordnungsvorschrift sein (Musielak/*Huber* § 394 Rn 1; Zö/*Greger* § 394 Rn 1; BFH 26.9.05, VIII B 60/04, Rn 9), deren Verletzung die Revision nicht begründen könne (BFHZSteu 09, R540, Rn 18); andererseits wird ein Verstoß gegen § 286 I naheliegen, wenn tatsächlich der Versuch unternommen würde, mehrere Zeugen gleichzeitig zu vernehmen. 2

C. Vernehmung in Abwesenheit später zu vernehmender Zeugen. Später zu vernehmende Zeugen haben entgegen § 169 GVG kein Recht zur Anwesenheit während der Vernehmung der zuvor zu vernehmenden Zeugen, § 394 I Alt 2. Hierdurch soll vermieden werden, dass die späteren Zeugen ihre Aussage auf das Ergebnis der Vernehmung der früheren Zeugen ausrichten. Nach Abschluss ihrer Vernehmung dürfen die früheren Zeugen gem § 169 GVG anwesend bleiben, was indessen gleichfalls auf das Aussageverhalten späterer Zeugen von Bedeutung sein kann. Dem kann durch entsprechende Reihung der Zeugen (Musielak/*Huber* § 394 Rn 1), ggf durch Maßnahmen gem §§ 171b, 172 GVG entgegengewirkt werden. 3

D. Gegenüberstellung. Ob eine Gegenüberstellung iSv § 394 II durchgeführt wird, liegt im Ermessen des Gerichts (BAG NJW 1968, 566); die Parteien haben auf dieses Verfahren keinen Anspruch (Musielak/*Huber* 4

§ 394 Rn 2). Die Gegenüberstellung kann – soll ein weiterer Termin vermieden werden – praktisch nur in der Form durchgeführt werden, dass der frühere Zeuge zwar vernommen, aber noch nicht entlassen, anschließend gem § 394 I Alt 2 zum Verlassen des Sitzungssaals aufgefordert und nach begonnener Vernehmung des zweiten Zeugen diesem gegenübergestellt wird. Wenig praktikabel wird es sein (so aber Musielak/*Huber* § 394 Rn 2), zur Vermeidung von Vorhalten dem früheren Zeugen schon von Beginn der Vernehmung des zweiten Zeugen die Anwesenheit im Sitzungssaal zu gestatten. Die Gefahr liegt nahe, dass der frühere Zeuge sich mit seinem Eindruck von der Aussage des zweiten Zeugen auseinandersetzt statt mit dem ihm vom Gericht mitzuteilenden Ergebnis der bisherigen Beweisaufnahme.

§ 395 Wahrheitsermahnung; Vernehmung zur Person. **(1) Vor der Vernehmung wird der Zeuge zur Wahrheit ermahnt und darauf hingewiesen, dass er in den vom Gesetz vorgesehenen Fällen unter Umständen seine Aussage zu beeidigen habe.**
(2) [1]Die Vernehmung beginnt damit, dass der Zeuge über Vornamen und Zunamen, Alter, Stand oder Gewerbe und Wohnort befragt wird. [2]Erforderlichenfalls sind ihm Fragen über solche Umstände, die seine Glaubwürdigkeit in der vorliegenden Sache betreffen, insbesondere über seine Beziehungen zu den Parteien vorzulegen.

1 **A. Ermahnungen und Hinweise.** Gemäß § 395 I ist der Zeuge zunächst zur Wahrheit zu ermahnen und auf die eventuelle Eidesleistung hinzuweisen. § 394 I gilt hier nicht, so dass mehrere gleichzeitig erschienene Zeugen gleichzeitig belehrt werden können. Bei § 395 I handelt es sich um eine reine Ordnungsvorschrift (Brandbg 17.3.04–4 U 49/02, Rn 91; LAG Köln LAGE § 615 BGB 2002 Nr 3; Zö/*Greger* § 395 Rn 1; Musielak/*Huber* § 395 Rn 1), deren Verletzung aber die strafrechtliche Schuld eines Zeugen bei Verstößen gem §§ 153 f StGB herabsetzen kann. Auf diese strafrechtlichen Folgen einer Falschaussage ist der Zeuge zwar nicht zwingend hinzuweisen, tunlich ist dies aber allemal. Andererseits sind Belehrungen, die den Zeugen zu verwirren, einzuschüchtern oder zu verstimmen geeignet sind und die deshalb seine Aussagebereitschaft herabsetzen könnten, zu unterlassen. Außerdem sollten Zeugen nicht überfordert werden: Belehrungen gem §§ 383 und 384 sollten erst dann erfolgen, wenn die sachlichen Anhaltspunkte dafür auftreten oder zur Sprache kommen, die Belehrung nach § 480 erst dann, wenn die Beeidigung des Zeugen unmittelbar bevorsteht (aA offenbar Zö/*Greger* § 395 Rn 1).

2 **B. Feststellungen zur Person.** Die Vernehmung und damit die Beweisaufnahme beginnt erst (LAG Schleswig-Holstein LZA-RR 04, 551) gem § 395 II mit den notwendigen Feststellungen zu den Personalien des Zeugen; auch insoweit gilt die Wahrheitspflicht (Musielak/*Huber* § 395 Rn 1 aE), auf die gem § 395 I hinzuweisen ist. Hinsichtlich der Anschrift des Zeugen ist eine entsprechende Anwendung von § 68 I 2, II, III StPO in vielen Fällen nicht erforderlich (so aber Musielak/*Huber* § 395 Rn 2), wenn man den »Wohnort« richtig dahin versteht, dass der Zeuge nur die politische Gemeinde, in der er gemeldet ist, nicht aber seine volle Privatanschrift anzugeben hat. Im übrigen, va bei Amtsträgern oder gefährdeten Zeugen, ist einer Analogie zu § 68 durchaus nahezutreten (Zö/*Greger* § 395 Rn 2); eine dem Strafprozess vergleichbare Gefährdungssituation ist für Zeugen im Zivilprozess ohne weiteres denkbar, in der ZPO aber ausdrücklich nicht vorgesehen, was die Annahme einer planwidrigen Regelungslücke rechtfertigt.

3 **C. Fragen zur Glaubwürdigkeit.** Die Fragen gem § 395 II 2 (hierzu *Geipel/Prechtel,* MDR 11, 336, 338) werden in der Praxis beinahe ausschließlich auf die Beziehungen zu den Parteien abzielen. Dies ist schon deshalb erforderlich, um abzuklären, ob der Zeuge auf ein gem § 383 I Nr 1–3, § 384 Nr 1, 2 bestehendes Zeugnisverweigerungsrecht hinzuweisen ist. Ob die Frage an den Zeugen nach der Herkunft seines Wissens zu § 395 II 2 gehört (so Zö/*Greger* § 395 Rn 3) oder bereits zum Beweisthema nach § 396 (so Musielak/*Huber* § 395 Rn 2; hierfür spricht jedenfalls der Wortlaut des § 396 II), ist für die diesbezügliche Wahrheitspflicht des Zeugen irrelevant.

§ 396 Vernehmung zur Sache. **(1) Der Zeuge ist zu veranlassen, dasjenige, was ihm von dem Gegenstand seiner Vernehmung bekannt ist, im Zusammenhang anzugeben.**
(2) Zur Aufklärung und zur Vervollständigung der Aussage sowie zur Erforschung des Grundes, auf dem die Wissenschaft des Zeugen beruht, sind nötigenfalls weitere Fragen zu stellen.
(3) Der Vorsitzende hat jedem Mitglied des Gerichts auf Verlangen zu gestatten, Fragen zu stellen.

A. Zweck der Norm. § 396 regelt, gemeinsam mit § 397, den Ablauf der Vernehmung zur Sache: Zunächst soll der Zeuge ungestört und unbeeinflusst seine Sicht der Dinge angeben (§ 396 I). Anschließend stellen – in dieser Reihenfolge – der Vorsitzende (§ 396 II), die weiteren Richter (§ 396 III), sowie die Anwälte und Parteien ihre Fragen, letztere direkt oder durch Vermittlung des Vorsitzenden (§ 397 II). Für eine Umkehrung der Befragungsreihenfolge de lege ferenda – und zwar zu Gunsten der Anwälte – sprechen allerdings gute Gründe (*Stoll* ZRP 09, 46, 48). 1

B. Aussage »im Zusammenhang«. Anders als etwa die §§ 394 und 395 ist § 396 keine bloße Ordnungsvorschrift, sondern eine einzuhaltende Verfahrensregel (Kobl NJW-RR 91, 1471; BGH NJW 1961, 2168), deren Verletzung freilich geheilt werden kann gem § 295 (BGH NJW 06, 830, 833). Zweck der Vorschrift ist es, eine ungestörte, unbeeinflusste und somit unbefangene Darstellung durch den Zeugen zu erlangen. Mögen auch manche Zeugen, insb wenn es sich um wenig redegewandte Personen handelt, Schwierigkeiten haben, in eine Aussage »hineinzufinden«, und deshalb für den Einstieg der Hilfe des Vorsitzenden bedürfen, so hat das Gericht doch gerade in diesem frühen Stadium der Vernehmung besonders darauf zu achten, den Zeugen nichts in den Mund zu legen. 2

C. Schriftliche Aussagen und Aufzeichnungen. Die Aussage hat mündlich, nicht etwa schriftlich durch Übergabe eines Schriftstücks durch den Zeugen in der Sitzung zu erfolgen. Gleichwohl ist es dem Zeugen gestattet (vgl § 378), Schriftstücke zur Vernehmung mitzubringen. Hieraus wird zu folgern sein, dass es einerseits dem Zeugen nicht erlaubt werden kann, eine vorbereitete Aussage ohne weitere Erläuterung zu verlesen, andererseits darf der Zeuge sein Gedächtnis durchaus durch mitgebrachte Unterlagen auffrischen. Mitgebrachte, vorbereitete Aussagen können demnach als Urkunde zum Protokoll genommen werden; das Gericht muss sich dann aber der im Termin schwer zu lösenden Aufgabe unterziehen, die inhaltliche Urheberschaft des Schriftstücks aufzuklären (Musielak/*Huber* § 396 Rn 2; Zö/*Greger* § 396 Rn 2). Umgekehrt ist es dem Gericht nicht verwehrt, einem Zeugen seine protokollierte Aussage aus einem Parallelverfahren vorzulesen und ihn zu befragen, ob diese Aussage zutrifft. Sofern die Parteien gleichwohl die Gelegenheit erhalten, den Zeugen zu befragen und ihm Vorhalte zu machen, ist diese Art der Vernehmung auch unter dem Gesichtspunkt der Unmittelbarkeit der Beweisaufnahme nicht zu beanstanden (BGH 16.9.10, III ZR 332/09, Rn 7). 3

D. Befragung. I. Gericht. Durch Vorhalten, zB des Sachvortrags der Parteien und/oder der Aussagen anderer Zeugen und/oder der bei den Akten befindlichen Urkunden, sowie va durch Nachfragen bzgl solcher entscheidungserheblicher Punkte, zu denen – aus welchen Gründen auch immer – der Zeuge keine Angaben gemacht hat, hat das Gericht gem. 396 II, III sodann die weitere Aufklärung voranzutreiben. Hier ist auch aufzuklären, woher das Wissen des Zeugen rührt, va ob er eigene Wahrnehmungen wiedergibt oder ob es sich bei ihm nur um einen so genannten Zeugen »vom Hörensagen« handelt. Beanstandungen gegen die Zulässigkeit von Fragen sind gem § 140 zu behandeln. 4

II. Parteien und Anwälte. Das Fragerecht der Parteien und Anwälte ist in § 397 geregelt. 5

E. Protokollierung. Die Aussage des Zeugen ist zu protokollieren, § 160 III Nr 4. Für die spätere Beweiswürdigung, insb für die Beurteilung der Glaubwürdigkeit des Zeugen kann es sich als sehr hilfreich erweisen, das Diktat hinsichtlich der vom Zeugen zunächst gem § 396 I »im Zusammenhang« zu leistenden Aussage vorzunehmen, und erst danach und erkennbar hiervon abgesetzt die Antworten des Zeugen auf die ihm gestellten Fragen (§ 396 II, III, 397) zu diktieren, wobei es wiederum sinnvoll ist, festzuhalten, von welchem Prozessbeteiligten welche Frage stammt (s. den Vorschlag bei Musielak/*Huber* § 396 Rn 3: »auf Frage des Klägervertreters« etc). Zulässig ist es – jedenfalls bei Einverständnis der Parteien – den Inhalt der Zeugenaussage nicht in das Protokoll aufzunehmen, sondern hierüber nachträglich aus dem Gedächtnis einen »Berichterstattervermerk« anzufertigen (BGH 1.10.2010 – V ZR 173/09, Rn 6 ff); hiervon ist aber mangels Authentizität des so Niedergelegten abzuraten. 6

F. Rechtsbeistand. Der Zeuge darf sich – auf eigene Kosten (Zö/*Greger* § 396 Rn 5) -von einem Rechtsbeistand begleiten und beraten lassen (BVerfG NJW 75, 103; Musielak/*Huber* § 396 Rn 2), insb wenn es um Fragen eines möglichen Zeugnisverweigerungsrechts (zB § 383 f) geht. 7

§ 397 Fragerecht der Parteien. **(1) Die Parteien sind berechtigt, dem Zeugen diejenigen Fragen vorlegen zu lassen, die sie zur Aufklärung der Sache oder der Verhältnisse des Zeugen für dienlich erachten.**
(2) Der Vorsitzende kann den Parteien gestatten und hat ihren Anwälten auf Verlangen zu gestatten, an den Zeugen unmittelbar Fragen zu richten.
(3) Zweifel über die Zulässigkeit einer Frage entscheidet das Gericht.

1 **A. Zweck der Norm; Anwendungsbereich.** § 397 ergänzt § 357: die Parteien (und ihre Streithelfer) dürfen bei der Beweisaufnahme nicht nur anwesend sein, sondern auch (ergänzend) Fragen stellen (Zö/*Greger* § 397 Rn 1). § 397 gilt nicht nur für die Vernehmung von Zeugen, sondern auch von Sachverständigen (§ 402; s.u. Rz 5), bei der Vernehmung von Parteien (§ 451), sowie insgesamt im selbstständigen Beweisverfahren (§ 492 I).

2 **B. Fragerecht.** Das Fragerecht steht unmittelbar nur dem Anwalt der Partei zu (§ 397 II Alt 2), während die Partei selbst ihre Fragen nur durch Vermittlung des Gerichts dem Zeugen »vorlegen« lassen kann (§ 397 I). In der Praxis wird das Gericht aber auch der nicht vertretenen Partei oder – nach Durchführung der Zeugenbefragung durch ihren Anwalt – auch der vertretenen Partei das Recht einräumen, unmittelbar Fragen an den Zeugen zu stellen (§ 397 II Alt 1). Einem – bewussten oder unbewussten – Missbrauch des Fragerechts kann im Alltag durch Prüfung der Fragen auf ihre Zulässigkeit (§ 397 III) ausreichend entgegengesteuert werden. Üblich – wenngleich nicht zwingend – ist es, zuerst den Beweisführer, erst danach dessen Gegner das Fragerecht ausüben zu lassen (Musielak/*Huber* § 397 Rn 1). Der Urkundenbeweis ersetzt den Zeugenbeweis nicht. Ist also statt der Zeugenaussage von einer Beweisperson eine schriftliche Stellungnahme eingereicht worden oder (in der Praxis weitaus häufiger) hat der Sachverständige ein schriftliches Gutachten erstattet, so hindert dies das Recht der Partei nicht, dem Zeugen oder Sachverständigen im Termin mündlich Fragen zu stellen (BGH NJW 97, 802; 92, 1684, 1686; s.o. § 373 Rz 20).

3 **C. Unzulässige Fragen. I. Verfahren.** Unzulässige Fragen sind zunächst vom Vorsitzenden zurückzuweisen (Musielak/*Huber* § 397 Rn 2), dh sie sind nicht zuzulassen bzw dem Zeugen ist ihre Beantwortung zu verwehren. Beanstandet die Partei diese Zurückweisung, so hat hierüber gem § 397 III das (gesamte) Prozessgericht zu entscheiden. Diese Entscheidung ist zwar ihrerseits gem § 355 II unanfechtbar, zur Überprüfung des Urteils empfiehlt es sich aber, die als unzulässig zurückgewiesene Frage wörtlich zu protokollieren (Zö/*Greger* § 397 Rn 5 aE). Der beauftragte oder ersuchte Richter entscheidet iRd bei ihm stattfindenden Beweisaufnahme selbst über die Zulässigkeit von Fragen, § 400; zu beachten ist hierbei allerdings die Möglichkeit der nachträglichen Vernehmung gem § 398 II.

4 **II. Inhaltliche Prüfung.** In inhaltlicher Hinsicht sind solche Fragen zurückzuweisen, die sich außerhalb des gem § 377 II 2 zu definierenden Gegenstandes der Vernehmung bewegen, die sich als reine Ausforschungsfragen darstellen (§ 373 Rz 4), die den Zeugen zu einer Verletzung der ihm obliegenden Verschwiegenheitspflicht zu verleiten geeignet sind (§§ 376, 383 III), die den Zeugen nicht nach seinen Wahrnehmungen (§ 373 Rz 10) befragen, sondern von ihm Werturteile abfragen wollen (Zö/*Greger* § 397 Rn 4), sowie Suggestivfragen, die die Antwort bereits beinhalten (Musielak/*Huber* § 397 Rn 2) oder die nur mit »ja« oder »nein« beantwortet werden können.

5 **D. Befragung von Sachverständigen.** §§ 397, 402 geben den Parteien – auch im selbstständigen Beweisverfahren (BGH BauR 2010, 932, Rn 9) – das Recht, dem Sachverständigen (auch wenn er ein schriftliches Gutachten erstattet hat), Fragen zu stellen, und somit auch das Recht, das Erscheinen des Sachverständigen vor Gericht zu erzwingen. Für die Frage, ob also die Ladung des Sachverständigen zur Erörterung seines schriftlichen Gutachtens geboten ist, kommt es nicht auf die Auffassung des Gerichts an, ob noch Erörterungsbedarf besteht, oder ob ein derartiger Bedarf von der antragstellenden Partei auch nur ansatzweise dargestellt worden ist. Dies entscheidet vielmehr die Partei allein. Dieses Recht der Partei besteht auch unabhängig von § 411 III. Erforderlich ist nur, dass die Partei angibt, in welcher Richtung sie durch konkrete Fragen eine weitere Aufklärung herbeizuführen wünscht (stRspr, s. BGH MDR 11, 317 = NJW-RR 11, 704, Rn 10). Das Fragerecht besteht auch dann, wenn es nach Erstattung eines schriftlichen Gutachtens in der 1. Instanz erstmals in der 2. Instanz ausgeübt wird (BGH MDR 09, 1184, Rn 6; BSG 5.5.09 – B 13 R 53/09 B, Rn 10), und erst recht, wenn in 1. und 2. Instanz zwei Sachverständige einander widersprechende Gutachten erstatten (BGH MDR 11, 317 = NJW-RR 11, 704, Rn 8). Ist allerdings der Sachverstän-

dige »abgelöst«, also durch einen neuen Sachverständigen ersetzt worden, soll sich auf den ersten Sachverständigen das Fragerecht der Partei nicht beziehen (BGH NJW 11, 852, Rn 36). Beschränkungen des Fragerechts der Partei können sich allenfalls aus den Gesichtspunkten des Rechtsmissbrauchs oder der Prozessverschleppung ergeben (BGH NJW-RR 09, 1361, Rn 10); wohl – nur – idS will das BVerwG das Recht der Partei, den Sachverständigen zu befragen, verneinen, wenn ausgeschlossen sei, dass die Befragung Sachdienliches erbringen könne (BVerwG 26.6.09 – 8 B 56/09, Rn 5). Statthaft ist es freilich, vor der mündlichen Anhörung des Sachverständigen bei ihm zunächst eine schriftliche Ergänzung seines Gutachtens einzufordern (München 1.4.09 – 1 W 1169/09, Rn 4). Ist der Sachverständige bereits erstinstanzlich mündlich angehört worden und hat er in der Berufungsinstanz ein schriftliches Ergänzungsgutachten erstattet, so soll der Antrag auf erneute mündliche Anhörung einer konkreten Darlegung bedürfen, welche Tatsachen weiterer Aufklärung bedürfen (Brandbg 30.9.10 – 12 U 50/10, Rn 27).

§ 398 Wiederholte und nachträgliche Vernehmung. **(1) Das Prozessgericht kann nach seinem Ermessen die wiederholte Vernehmung eines Zeugen anordnen.**
(2) Hat ein beauftragter oder ersuchter Richter bei der Vernehmung die Stellung der von einer Partei angeregten Frage verweigert, so kann das Prozessgericht die nachträgliche Vernehmung des Zeugen über diese Frage anordnen.
(3) Bei der wiederholten oder der nachträglichen Vernehmung kann der Richter statt der nochmaligen Beeidigung den Zeugen die Richtigkeit seiner Aussage unter Berufung auf den früher geleisteten Eid versichern lassen.

A. Zweck der Norm; Anwendungsbereich. § 398 gilt nicht nur für den Zeugen, sondern über § 402 auch für den Sachverständigen und gem § 451 auch bei der Parteivernehmung. § 398 I stellt die wiederholte Vernehmung des Zeugen in das Ermessen des Gerichts, dies jedoch nur dann, wenn der Zeuge zum selben Gegenstand der Vernehmung (§ 377 II Nr 2) schon eine Aussage geleistet hat, sei es in dieser oder auch in einer anderen Instanz (BGH NJW 61, 2308). 1

B. Wiederholte Vernehmung. I. Ermessen. § 398 I stellt die wiederholte Vernehmung des Zeugen in das pflichtgemäße Ermessen des Prozessgerichts. Die frühere Vernehmung kann in einer anderen Instanz (BGH NJW 61, 2308; s.u. Rz 4) oder auch vor einem ersuchten oder beauftragten Richter (Musielak/*Huber* § 398 Rn 2; vgl § 400) oder im selbstständigen Beweisverfahren (BGH NJW 70, 1919, 1920) stattgefunden haben. Die frühere Vernehmung muss aber durchgeführt worden sein; hat der Zeuge früher – zu Recht oder zu Unrecht – die Aussage verweigert und ist er nunmehr aussagebereit, oder soll der Zeuge nunmehr zu einem anderen Beweisthema aussagen, so liegt kein Fall des § 398 I vor (BGH NJW 61, 2308; Musielak/*Huber* § 398 Rn 2). 2

II. Pflicht. Das Ermessen kann sich aber zur Pflicht verdichten. Dies gilt va dann, wenn einer früheren Aussage mangels Glaubwürdigkeit des Zeugen nicht gefolgt werden soll (BGH NJW 82, 2874, 2875; 90, 3088, 3089 f [für den Fall der Vernehmung im Wege der Rechtshilfe im Ausland]). Den hierzu erforderlichen persönlichen Eindruck vom Zeugen wird sich das (Kollegial-)Gericht nur unmittelbar verschaffen können und deshalb den Zeugen (erneut) anhören müssen (BGH NJW 97, 1586, 1587). Gleiches gilt, wenn nach einem Richterwechsel der neu (ggf im Gremium) berufene Richter über die Glaubwürdigkeit des Zeugen befinden soll (BGH NJW 95, 1292, 1293). Eine Ausnahme mag in dem – theoretischen, in der Rechtswirklichkeit praktisch nicht anzutreffenden – Fall gelten, dass der ersuchte oder beauftragte Richter seine Eindrücke von Umständen, die für die Glaubwürdigkeit des Zeugen oder für die Glaubhaftigkeit seiner Aussage von Belang sind, in dem Protokoll niedergelegt oder sonst aktenkundig gemacht hat, wenn die Parteien Gelegenheit hatten, sich dazu zu äußern, und wenn das Gericht danach in der Lage ist, selbst die Glaubwürdigkeitsfrage zuverlässig beantworten zu können (BGH NJW 1982, 580, 581; NJW-RR 1997, 506). Eine weitere Ausnahme kommt in Betracht, wenn über den Zeugen ein schriftliches Glaubwürdigkeitsgutachten eingeholt wurde (München NJW-RR 08, 1523, 1525). Das Ermessen wird außerdem auf Null reduziert sein, wenn iRd wiederholten Vernehmung eine Gegenüberstellung gem § 394 II durchgeführt werden soll (Zö/*Greger* § 398 Rn 5). Hat das Prozessgericht die Vernehmung zweier Zeugen im Wege der Rechtshilfe angeordnet und hat dies einander widersprechende Aussagen der Zeugen erbracht, so erwächst dem Prozessgericht aus § 398 die Pflicht, die Glaubwürdigkeit der Zeugen durch deren wiederholte, unmittelbare Vernehmung eigenständig zu beurteilen (Frankf OLGR Frankf 07, 321). 3

4 **III. Berufungsinstanz.** Für die Frage, ob in der Berufungsinstanz entgegen § 398 I eine Pflicht zur erneuten Vernehmung besteht, gelten die Regeln des § 529 (BGH NJW 04, 1876). Insbesondere muss das Berufungsgericht, will es die Glaubwürdigkeit eines Zeugen anders würdigen oder den Sinngehalt seiner protokollierten Aussage anders verstehen, würdigen oder werten als die 1. Instanz, den Zeugen erneut persönlich anhören, anderenfalls ein Verstoß gegen Art. 103 I GG (rechtliches Gehör) anzunehmen ist (BGH NJW 11, 1364, Rn 6). Eine erneute Vernehmung kann allenfalls dann unterbleiben, wenn das Berufungsgericht seine abweichende Würdigung auf solche Umstände stützt, die weder die Urteilsfähigkeit, das Erinnerungsvermögen oder die Wahrheitsliebe des Zeugen noch die Vollständigkeit und Widerspruchsfreiheit seiner Aussage betreffen (§ 529 Rz 12; st Rsp des BGH seit NJW 91, 3285; hieran hat sich durch die ZPO-Reform 2002 nichts geändert, s. BGH VersR 11, 817 Rn 6; WM 11, 1533 Rn 7; ebenso BVerfG NJW 11, 49; unvereinbar hiermit BGH 22.4.10 – IX ZR 128/09, Rn. 2 betr. "Ergiebigkeit" einer Aussage; zutr hierzu BGH 10.5.11 – VIII ZR 241/10, Rn 9).

5 **IV. Anordnung.** Die Anordnung der wiederholten Vernehmung durch Beschl ist gem § 355 II nicht anfechtbar; ihre Unterlassung kann in den Entscheidungsgründen des Urteils begründet werden (Musielak/*Huber* § 398 Rn 3).

6 **C. Nachträgliche Vernehmung.** § 398 II betrifft ausschließlich den Fall, in dem der beauftragte oder ersuchte Richter gem § 400 eine Frage nicht zulässt, sie also dem Zeugen nicht vorlegt. Hält das Prozessgericht nach Rückkunft der Akten (Musielak/*Huber* § 398 Rn 6) die Vernehmung für geboten, so ordnet es diese durch Beschl »nachträglich« an, und bindet damit zugleich den verordneten Richter (Zö/*Greger* § 398 Rn 7).

7 **D. Erleichterte Beeidigung.** Das Prozessgericht hat sowohl nach durchgeführter wiederholter als auch nachträglicher Vernehmung zu entscheiden, ob der Zeuge seine Aussage zu beeiden hat. Es kann hierbei wie bei einer ersten Vernehmung gem § 391 vorgehen. Es kann aber auch für ausreichend befinden (sofern nicht der Gegenstand der Vernehmung erweitert wurde), den Zeugen seine frühere Beeidigung bekräftigen zu lassen; dies setzt aber voraus, dass der Zeuge erneut belehrt (§§ 395 I; 480) worden ist (Zö/*Greger* § 398 Rn 8).

§ 399 Verzicht auf Zeugen. **Die Partei kann auf einen Zeugen, den sie vorgeschlagen hat, verzichten; der Gegner kann aber verlangen, dass der erschienene Zeuge vernommen und, wenn die Vernehmung bereits begonnen hat, dass sie fortgesetzt werde.**

1 **A. Zweck der Norm.** § 399 ist Ausfluss der Parteiautonomie im Zivilprozess. Die Partei entscheidet über den von ihr zu liefernden Sachvortrag und über die Beweismittel, mit denen sie strittige Tatsachen nachweisen will. Handelt es sich bei dem Beweismittel um einen Zeugen, so kann sie auf diesen – auch ohne eine Begründung dafür anzugeben – verzichten. Hs 2 dient demgegenüber dem Schutz des Prozessgegners (Musielak/*Huber* § 399 Rn 1), der sich von der unmittelbar bevorstehenden oder bereits begonnenen Vernehmung des Zeugen Vorteile verspricht.

2 **B. Beweisführer.** Beweisführer (Vorschlagender iSd § 399) ist diejenige Partei, die den Zeugen gem § 373 benannt hat.

3 **C. Verzicht. I. Form.** Der Verzicht als Prozesshandlung unterliegt zwar – unter den Voraussetzungen des § 78 – dem Anwaltszwang, kann aber gleichwohl sowohl ausdrücklich als auch konkludent (BGH NJW 94, 329, 330) erklärt werden, zB wenn der Beweisführer sich gegen eine unberechtigte Zeugnisverweigerung oder gegen ein befugtes (Brandbg 16.1.08–4 U 145/06, Rn 62) oder unbefugtes Ausbleiben des Zeugen nicht wehrt (§ 386 Rz 4; § 387 Rz 3) oder wenn die Partei rügelos hinnimmt, dass das Gericht sichtlich die Beweisaufnahme schließt, obwohl die Partei ihrer Auffassung nach noch nicht vernommene Zeugen angeboten hat (BGH NJW-RR 97, 342; NJW-RR 87, 1403, 1404; 10.11.11 – IX ZR 27/11, Rn 6), wenn also das Gericht, das ggf nachfragen muss gem § 139 (Zö/*Greger* § 399 Rn 2), seine Aufklärungspflicht – für die Partei erkennbar – als erschöpft ansieht (BGH NJW 94, 329, 330; Musielak/*Huber* § 399 Rn 2).
Diesbezügliche Erklärungen der Parteien können auslegungsbedürftig sein. »Verzichtet« eine Partei auf den Zeugen unter der Bedingung, dass das Gericht den Beweis schon aufgrund von Urkunden (Protokoll einer früheren Vernehmung des Zeugen) als geführt ansieht, so liegt darin nur ein Verzicht auf die Unmittelbarkeit der Beweisaufnahme, nicht aber auf den Zeugen als Beweismittel schlechthin (Köln 8.9.99–13 U 42/99, Rn 4). Ohnehin wird bei der Annahme eines konkludenten Verzichts auf einmal benannte Zeugen Zurückhaltung geboten sein.

II. Zeitpunkt. Der Verzicht kann schon vor der Ladung oder vor dem Erscheinen des Zeugen erklärt werden mit der Folge, dass der Zeuge nicht zu laden oder wieder abzuladen oder noch vor der Vernehmung wieder zu entlassen ist. § 399 Hs 2 zeigt aber, dass auch noch während der Vernehmung des Zeugen der Beweisführer auf ihn verzichten kann mit der grds Folge, dass die Vernehmung zu beenden ist; die bisher geleistete Teil-Aussage darf nicht verwertet werden (Musielak/*Huber* § 399 Rn 3), sofern nicht der Verfahrensmangel, der in der Verwertung einer Aussage entgegen § 399 liegt, dadurch gem § 295 geheilt wird, dass der Beweisführer der Verwertung nicht widerspricht (Zö/*Greger* § 399 Rn 1). Nach Abschluss der Vernehmung ist der Verzicht des Beweisführers in jedem Fall irrelevant. 4

D. § 399 Hs 2. Der Gegner kann im Fall des Verzichts die Vernehmung des bereits erschienen Zeugen oder, wenn der Beweisführer während der Vernehmung auf den Zeugen verzichtet, die Fortsetzung der Vernehmung verlangen. Hierdurch wird er nunmehr selbst Beweisführer (Zö/*Greger* § 399 Rn 3) und damit in dem Fall, dass der Zeuge sich auf ein Zeugnisverweigerungsrecht beruft, Partei des Zwischenstreitverfahrens gem § 387 (§ 387 Rz 6). 5

E. Erneuter Beweisantritt. Ein Zeuge, auf den die Partei einmal verzichtet hat, kann von ihr grds erneut als Beweismittel benannt werden. Die Vernehmung steht – mangels früherer Vernehmung – nicht im Ermessen des Prozessgerichts gem § 398 I. Eine Zurückweisung des erneuten Zeugenangebots kommt aber nach den Verspätungsregeln (§§ 282, 296) in Betracht (BAG NJW 1974, 1349, 1350; Musielak/*Huber* § 399 Rn 3 aE; Zö/*Greger* § 399 Rn 3). Im Berufungsverfahren kommt die erneute Benennung eines Zeugen, auf den in 1. Instanz verzichtet wurde, gem § 531 II Nr 3 nur dann in Frage, wenn die erneute Benennung nicht auf grober Fahrlässigkeit beruht (s. dazu iE *Tiedemann* MDR 08, 237; LG Köln 6.3.08–13 S 368/07, Rn 7). 6

§ 400 Befugnisse des mit der Beweisaufnahme betrauten Richters. **Der mit der Beweisaufnahme betraute Richter ist ermächtigt, im Falle des Nichterscheinens oder der Zeugnisverweigerung die gesetzlichen Verfügungen zu treffen, auch sie, soweit dies überhaupt zulässig ist, selbst nach Erledigung des Auftrages wieder aufzuheben, über die Zulässigkeit einer dem Zeugen vorgelegten Frage vorläufig zu entscheiden und die nochmalige Vernehmung eines Zeugen vorzunehmen.**

A. Zweck der Norm. Die Vorschrift meint den beauftragten oder ersuchten Richter iSd §§ 361, 362. Nach einhelliger Auffassung (Musielak/*Huber* § 400 Rn 1; Zö/*Greger* § 400 Rn 1) beschreibt § 400 die Befugnisse des verordneten Richters (s. dazu allgemein unten Rz 6) nicht begrenzend oder abschließend, sondern hebt im Gegenteil nur einzelne Befugnisse besonders und klarstellend hervor. 1

B. Hervorgehobene Befugnisse. I. Verhängung von Maßnahmen gegen den Zeugen. Der verordnete Richter darf bei Nichterscheinen des Zeugen Zwangsmaßnahmen gem § 380 ergreifen. Verweigert der Zeuge schon formell nicht ordnungsgemäß die Aussage, hat er also ohne Einhaltung des Verfahrens des § 386 den Weigerungsgrund nicht ordnungsgemäß den Tatsachen nach vorgetragen und glaubhaft gemacht, so verfährt der verordnete Richter gem §§ 389, 400 (BGH NJW 1990, 2936, 2937), sofern der Beweisführer nicht etwa die nicht ordnungsgemäße Zeugnisverweigerung des Zeugen hinnimmt (§ 389 Rz 3), somit also konkludent auf den Zeugen verzichtet. Der mit der Beweisaufnahme betraute Richter kann also selbst, ohne Einschaltung des Prozessgerichts, zB die zwangsweise Vorführung des unentschuldigt ausgebliebenen Zeugen gem § 386 II anordnen oder gem § 390 dem Zeugen die Kosten seiner unberechtigten Zeugnisverweigerung auferlegen (§ 389 Rz 2). Hat der Zeuge dagegen vor dem verordneten Richter formell ordnungsgemäß sein Zeugnisverweigerungsrecht geltend gemacht, so wird der verordnete Richter den Beweisaufnahmetermin aufheben, weil der Zeuge in diesem Fall gem § 386 III zum Termin nicht zu erscheinen braucht (§ 389 Rz 3). Macht der Zeuge vor dem verordneten Richter dagegen erst im Vernehmungstermin von seinem Zeugnisverweigerungsrecht Gebrauch, so nimmt der Richter lediglich die Erklärungen gem § 389 I in das Protokoll auf und legt die Akte sodann dem Prozessgericht zur Entscheidung gem § 387 vor (vgl § 389 Rz 4). Zwangsmaßnahmen kann der ersuchte oder beauftragte Richter desweiteren dann verhängen, wenn in einem Zwischenstreit gem § 387 durch das Prozessgericht rechtskräftig zum Nachteil des Zeugen entschieden worden ist (§ 390 Rz 7; Zö/*Greger* § 400 Rn 3). 2

II. Aufhebung. Von ihm verhängte Maßnahmen kann der verordnete Richter dann wieder aufheben, wenn dies zulässig ist; dies richtet sich nach § 381 (§ 381 Rz 15 f). 3

4 **III. Zulässigkeit von Fragen.** Über die Zulässigkeit von Fragen entscheidet der verordnete Richter zunächst vorläufig und formlos gem § 397 II; die endgültige Entscheidung und die Anweisung an den verordneten Richter, eine zu Unrecht zurückgewiesene Frage nachträglich zu stellen, steht dagegen gem § 398 II dem Prozessgericht zu (§ 397 Rz 3; § 398 Rz 6; Zö/*Greger* § 400 Rn 4).

5 **IV. Nochmalige Vernehmung.** § 400 stellt außerdem klar, dass der ersuchte oder beauftragte Richter auch die Befugnis hat, eine wiederholte (§ 398 I) Vernehmung des Zeugen anzuordnen (Musielak/*Huber* § 400 Rn 1 aE).

6 **C. Allgemeine Befugnisse; Anweisungen.** Daneben stehen dem verordneten Richter all diejenigen Befugnisse zu, die zur Durchführung der von ihm geforderten Beweisaufnahme erforderlich sind. So hat er den Termin zu bestimmen und die Ladung hierzu zu veranlassen (§§ 361, 362, 377); er hat die erforderlichen Ermahnungen und Belehrungen ggü dem Zeugen vorzunehmen (§§ 383 II, 395 I). Zuständig für die Entscheidung, ob der Zeuge zu beeidigen ist, ist dagegen allein das Prozessgericht. Der ersuchte und beauftragte Richter kann vom Prozessgericht insoweit angewiesen werden (§ 391 Rz 6). Auch schriftlich befragen gem § 377 III darf der verordnete Richter den Zeugen nicht (§ 377 Rz 11).

7 **D. Rechtsbehelfe.** Gegen vom verordneten Richter angeordnete Maßnahmen ist nur die Erinnerung gem § 573 I 1 statthaft. Die hierauf ergehende Entscheidung des Prozessgerichts kann sodann mit der sofortigen Beschwerde gem § 573 II angegriffen werden. Dagegen ist im Sonderfall der sitzungspolizeilichen Maßnahmen des ersuchten oder verordneten Richters hiergegen die Beschwerde gem § 181 GVG statthaft.

§ 401 Zeugenentschädigung. **Der Zeuge wird nach dem Justizvergütungs- und -entschädigungsgesetz entschädigt.**

1 **A. Zweck der Norm.** Seit 1.7.04 ist die öffentlich-rechtliche (Zö/*Greger* § 401 Rn 1) Entschädigung im JVEG geregelt.

2 **B. Anspruchsberechtigte.** Anspruchsberechtigt sind vom Gericht geladene und vernommene Zeugen. Zu entschädigen sind aber auch Zeugen, die geladen, aber nicht vernommen wurden, sowie Zeugen, die nicht geladen, aber – als präsente Beweismittel – »mitgebracht« und vom Gericht auch vernommen, also herangezogen (§ 1 I Nr 3 JVEG) wurden. Bringt dagegen eine Partei einen nicht geladenen Zeugen mit, der nicht vernommen wird, so hat dieser allenfalls einen zivilrechtlichen Erstattungsanspruch gegen die Partei gem § 670 BGB (Musielak/*Huber* § 401 Rn 1); die Partei kann gegen den Gegner diese Kosten als notwendige Auslagen gem § 91 (bei Vorliegen der dortigen Voraussetzungen) geltend machen (Zö/*Greger* § 401 Rn 2).

3 **C. Entschädigung auf Verlangen.** Entschädigt wird der Zeuge nur auf Verlangen (§ 2 I 1 JVEG); dieses ist aber solange zu unterstellen, als der Zeuge nicht ausdrücklich auf die Entschädigung verzichtet (§ 379 Rz 4).

4 **D. Erlöschen; Verjährung.** Der Entschädigungsanspruch erlischt bei Nichtgeltendmachung 3 Monate nach der Vernehmung (§ 2 I 1 JVEG) und verjährt trotz rechtzeitiger Geltendmachung nach 3 Jahren (§ 2 III JVEG).

5 **E. Festsetzung; Rechtsmittel.** Die Höhe der Entschädigung wird zunächst formlos vom Urkundsbeamten der Geschäftsstelle festgesetzt; auf Einwendung hiergegen bzw auf ausdrücklichen Antrag erfolgt Festsetzung durch den Richter (§ 4 JVEG), wogegen einfache Beschwerde statthaft ist, sofern die Beschwerdesumme von 200 € erreicht wird (§ 4 III JVEG).

Titel 8 Beweis durch Sachverständige

Bemerkungen vor §§ 402 ff ZPO

A. Sachverständigenbeweis. I. Funktion des Sachverständigen und Abgrenzung zu den Aufgaben des
1 **Gerichts.** Der SV ist Gehilfe des Gerichts (BGHZ 168, 380, 383 = NJW 06, 3214). Er kann wegen seiner besonderen, dem Gericht überlegenen Sachkunde bedeutenden Einfluss auf die Urteilsfindung gewinnen

(s. dazu § 413 Rz 4). Letztlich muss aber das Gericht die Rechtsfälle aus eigener Überzeugung entscheiden (s. Rz 4; näher zum Verhältnis von Richter und SV *Olzen* ZZP 93, 66 ff; *Broß* ZZP 102, 413 ff; *Franzki* DRiZ 1991, 314 ff).

1. Allgemein. Der SV vermittelt **Fachwissen** (idR Erfahrungssätze, s. § 284 Rz 10, s.a. Rz 5) und daraus gewonnene **Schlussfolgerungen.** Er kann auch zur **Feststellung von Tatsachen** herangezogen werden, wenn hierzu eine besondere Sachkunde erforderlich ist. Zur Abgrenzung vom (sachverständigen) Zeugen s. Rz 6; zur Ermittlungstätigkeit in Vorbereitung eines Gutachtens vgl § 404a IV (dort Rz 8–10); die Feststellung der Anknüpfungstatsachen ist aber grds Aufgabe des Gerichts (s. § 355 Rz 9, § 404a Rz 5). 2

2. Rechtsfragen. Es ist nicht Aufgabe des SV, sich zu Rechtsfragen zu äußern (Ausnahme: § 293). Die Beantwortung von Rechtsfragen ist vielmehr originäre und zuvörderste Aufgabe des Gerichts (vgl BGHZ 184, 49, 57 = GRUR 10, 314, 317; BGH VersR 10, 1055, 1056). Dies betrifft insb die rechtliche Würdigung von Tatsachen (Subsumtion). Das Gericht muss die Einhaltung der Grenzen bei Erhebung und Bewertung des Sachverständigenbeweises aufmerksam beachten und den SV ggf (auch schon vor Beginn der Begutachtung) darauf hinweisen (vgl § 404a, ggf Klärung und Korrektur im Wege einer mündlichen Anhörung, § 411 III; zu Hinweisen des Gerichts an den SV in rechtlicher Hinsicht § 404a Rz 2). Besondere Vorsicht ist geboten bei dem Gebrauch von gleich lautenden Worten der Alltags- und Fachsprache, deren Bedeutung in der Rechtssprache idR nicht identisch ist (zB Ursächlichkeit, Sorgfalt, Fahrlässigkeit, Verschulden), oder von Rechtsbegriffen, die in verschiedenen Rechtsgebieten verschiedene Bedeutungen haben können (zB Kausalität im Zivil- und Sozialrecht), aber auch bei der Feststellung von Handelsbräuchen und Verkehrssitten (dazu BGH NJW-RR 04, 1248, 1249). Die verfahrensfehlerhafte Übertragung von Rechtsfragen an den SV kann nach § 21 I GKG zur tw Nichterhebbarkeit der Gutachterkosten führen (Nürnbg BauR 11, 141; vgl auch § 407a Rz 16, § 413 Rz 1). 3

3. Beweiswürdigung. Aus dem Grundsatz der freien richterlichen Beweiswürdigung (§§ 286, 287) ergibt sich das Recht und die Pflicht des Richters, das Sachverständigengutachten in allen Punkten einer selbstständigen, eigenverantwortlichen Prüfung zu unterziehen. Richtigkeit und Vollständigkeit der dem Gutachten zugrunde gelegten Anknüpfungstatsachen sowie der vom SV aufgrund seiner Sachkunde festgestellten Befundtatsachen sind zu kontrollieren (s. § 404a Rz 12 f) und die Schlussfolgerungen des SV auf ihre Überzeugungskraft hin zu prüfen. Dies gilt umso mehr, je schwieriger die zu beantwortende Fachfrage ist. Das Gericht hat sich die Entscheidung selbst zu erarbeiten und die Begründung selbst zu durchdenken, denn die rechtsprechende Gewalt ist den unabhängigen, nur dem Gesetz unterworfenen Richtern anvertraut (Art 92, 97 GG), sie dürfen sich vom SV nur helfen lassen (richtungsweisend BGHSt 8, 113 = NJW 55, 1642, 1643). Im Einzelfall kann es geboten sein, dass der Richter sich durch Fachliteratur unterrichtet, um sich in die Lage zu versetzen, ein Gutachten krit würdigen zu können (BGH NJW 93, 2378). Die Äußerungen des SV sind insgesamt auf Vollständigkeit, Schlüssigkeit sowie Widerspruchsfreiheit (in sich – gerade auch bei mehreren Äußerungen, §§ 411 III, 412 – und zu anderen, auch außergerichtlichen Gutachten) nachzuvollziehen und zu überprüfen (stRspr: BGH VersR 09, 499, 500; 09, 518, 519; 09, 817). Unklarheiten sind vAw zu beseitigen, zB durch gezielte Befragung (BGH NJW 10, 3230). Bei der inhaltlichen Beurteilung, etwa auch bzgl des Sachverstands des Gutachters und der Aktualität der angewendeten Methoden etc, ist zu beachten, dass das Gericht gerade deshalb ein Sachverständigengutachten eingeholt hat, weil es sich selbst nicht für ausreichend sachkundig hält (§ 403 Rz 5, s.a. § 412 Rz 3). Ggf ist eine Ergänzung oder Klarstellung (schriftlich und/oder mündlich) durch den SV (§ 411 III, s. dort Rz 17–25) oder ein neues Gutachten durch denselben oder einen neuen SV einzuholen (s. dazu § 412; BGH VersR 09, 499, 500; BVerwG NJW 09, 2614). Einwendungen der Parteien (s. § 411 IV) sind – soweit nicht offensichtlich unbegründet – ernst zu nehmen und abzuklären. Schließlich hat das Gericht die für seine Überzeugung leitenden Gründe im Urt darzustellen (s.a. § 403 Rz 5 zu gerichtlicher Sachkunde). Dieses muss erkennen lassen, dass das Gericht das Vorbringen der Parteien zu den Ausführungen des SV zur Kenntnis genommen hat und diese in die Beurteilung Eingang gefunden haben. Eine besondere Begründungspflicht besteht auch etwa dann, wenn das Gericht von den Schlussfolgerungen des SV abweicht. Zu divergierenden Gutachten s. § 412 Rz 1, 4; s.a. allg zur Darstellung im Urt § 286 Rz 15. Allg zur Beweiswürdigung s. § 286, zur Beweiserhebung s. § 284 Rz 35–49, § 355; zum Prozessstoff § 285, zur möglichen Verwertung von Erkenntnissen des Gerichts über den SV aus früheren Verfahren s. BGH NJW 93, 2382; zur eigenen Sachkunde des Gerichts und allg zum Ob eines Sachverständigenbeweises s. § 403 Rz 1, 5 f; zur Nachprüfbarkeit durch höhere Instanzen s.u. Rz 15. 4

5 **4. Besondere Sachkunde.** Die besondere Sachkunde des SV kann in der Beherrschung bestimmter, allg anerkannter Wissenschaften sowie in Erfahrungen und Kenntnissen auf bestimmten Gebieten des Erwerbslebens bestehen (St/J/*Leipold* vor § 402 Rn 8). Dazu gehört auch die Übersetzung einer fremdsprachigen Urkunde, da dies nicht Aufgabe eines Dolmetschers ist (§§ 185 ff GVG). Auch demoskopische Gutachten können Gegenstand eines Sachverständigenbeweises sein (BGH NJW 91, 493, 494; 62, 2152). Zur Tätigkeit von SV in ausgewählten Rechtsgebieten oder Fachbereichen vgl Bayerlein 8. Kap mit Beiträgen von *Aurnhammer* (Bausachverständige), *Simon* (Verkehrswertermittlung von Grundstücken), *Wenzl* (landwirtschaftliche SV), *Streitz* (IT-SV), *Priester/Weyde* (Kfz-SV), *Franzki* (medizinische SV), *Baer* (psychiatrisch-psychologische Gutachten); zum SV im Arzthaftungsprozess Katzenmeier Arzthaftung S. 395 ff, Laufs/Katzenmeier/Lipp/*Katzenmeier* Kap XII.

6 **II. Abgrenzung von und Verhältnis zu anderen Beweismitteln, Gutachten und Sonstigem. 1. Abgrenzung ggü Zeugen.** Der Zeuge berichtet Wahrnehmungen, die er in der Vergangenheit ohne gerichtlichen Auftrag gemacht hat. Bedurfte er dazu besonderer Sachkunde, so ist er sachverständiger Zeuge, § 414 (zur Abgrenzung vom SV § 414 Rz 2; auch dieser kann den SV idR nicht ersetzen, Kobl MedR 05, 473, 474 zum Arzthaftungsprozess). Der SV hingegen wird vom Gericht wegen seiner besonderen Sachkunde beauftragt. Er berichtet nicht über Erlebtes, sondern Erlerntes und ist deshalb grds austauschbar (BVerwG NJW 11, 1983). Zur Abgrenzung des SV vom Zeugen vgl BGH NJW 93, 1796; NJW-RR 04, 1248; NJW 07, 2122; BVerwG NJW 86, 2268; VfGH Berlin VersR 09, 564, 566. Beide Beweismittel können in einer Person zusammentreffen, s. § 414 Rz 4; zum Ganzen auch § 373 Rz 9.

7 **2. Abgrenzung ggü Urkundenbeweis, Privatgutachten. a)** Zu Gutachten aus anderen gerichtlichen Verfahren s. § 411a; zur ursprünglich fehlenden gerichtlichen Ernennung als SV und deren Nachholung § 407a Rz 6; zur Vernehmung des Erstellers der Urkunde § 411 Rz 17–25; allg zur Ersetzung des Sachverständigenbeweises durch sonstige Gutachten, insb im Wege des Urkundenbeweises, § 355 Rz 9, § 286 Rz 9.

8 **b)** Privatgutachten sind Sachverständigengutachten, die nicht vom Gericht (§ 404 I), sondern idR von einer Partei oder deren Versicherer vor oder während des Prozesses in Auftrag gegeben werden. Sie sind kein Sachverständigenbeweis iSd §§ 402 ff – werden auch nicht durch Einverständnis der Parteien dazu (Zö/*Greger* § 402 Rn 2; aA BGH NJW 97, 3381, 3382; R/S/G § 120 Rn 14) – und können auch nicht gem § 411a verwertet werden, sondern sind qualifizierter, urkundlich (§§ 415 ff) belegter Teil des Parteivorbringens (vgl BGH NJW 09, 2894, 2895; 97, 3381, 3382), das nicht übergangen werden darf (BGH VersR 11, 1202: Art 103 I GG). Gleiches gilt für Gutachten von Schlichtungsstellen, etwa der Gutachterkommissionen und Schlichtungsstellen der (Landes-)Ärztekammern (zum Beweiswert s. § 415 Rz 6–8). Ein solches Gutachten macht die Erhebung des Sachverständigenbeweises durch Einholung eines gerichtlichen Gutachtens idR nicht entbehrlich. Das kommt nur ausnahmsweise dann in Betracht, wenn es für die zuverlässige Beantwortung der Beweisfrage (§ 286) ausreichend ist (wohl aA Kobl MedR 11, 820, mit abl Anm *Achterfeld*). Dies ist nicht der Fall, wenn einzelne Fragen offen bleiben (BGH MedR 09, 342, 343 = VersR 08, 1216, 1217; 93, 749, 750) oder eine Partei substantiierte Einwendungen erhebt, zB mangelnde Sachkunde rügt (BGH VersR 09, 698, 699; NJW 87, 2300). Eine Vernehmung des Privatgutachters als sachverständiger Zeuge (§ 414) ist möglich, nicht jedoch gem § 411 III (BGH NJW 93, 2989, 2990). Die dafür erforderliche Ernennung zum SV (§ 404 I) wird häufig wegen – jedenfalls aus subjektiver Sicht – problematischer Neutralität (§ 406) nicht zweckmäßig sein. Die Parteien können die Tatsachen entspr dem Gutachten unstr stellen. Zur Kostenerstattung über § 91 s. BGH VersR 09, 280.

9 **c)** Die gleichwohl nicht unerhebliche Bedeutung von Privatgutachten in der Praxis ergibt sich aus ihrer Rolle bei der **Beweiswürdigung** gerade auch in Bezug auf ein gerichtliches Gutachten, etwa wenn Widersprüche bestehen (BVerfG NJW 97, 122, 123: Art 103 I GG; BGH NJW 98, 2735; VersR 09, 1405 und 1406; 09, 975; s.o. Rz 4, § 411 Rz 17, § 412 Rz 1). Die Parteien haben ein Recht auf Anwesenheit ihres Privatgutachters bei der Beweisaufnahme (§ 357, faires Verfahren, »Waffengleichheit«). Dieser hat aber kein Fragerecht nach § 397, eine Gestattung ist nach richterlichem Ermessen möglich (MüKoZPO/*Zimmermann* § 402 Rn 9).

10 **3. Abgrenzung ggü Schiedsgutachten.** Der Schiedsgutachter wird von den Parteien durch Schiedsgutachtervertrag zur grds verbindlichen Feststellung von entscheidungserheblichen Tatsachen oder auch vorgreiflichen Rechtsfragen bestellt (vgl § 1025 Rz 19, § 1029 Rz 10). Die §§ 402 ff sind nicht anwendbar (Ddorf OLGR 95, 12). S.a. § 485 Rz 4.

4. Abgrenzung ggü amtlicher Auskunft. Diese ist an verschiedenen Stellen in der ZPO erwähnt, etwa in §§ 273 II Nr 2, 358a S 2 Nr 2, s.a. §§ 437 II, 118 II 2 und § 236 FamFG, weiter § 44 III, II: dienstliche Äußerung, § 432 zur Beiziehung behördlicher Akten. Es kann sich der Sache nach um Zeugen- oder Sachverständigen-, uU Urkundenbeweis handeln (vgl BGHZ 62, 93, 95 = NJW 74, 701; BGHZ 89, 114, 119 = NJW 84, 438; Bremen OLGR 06, 105: echtes Sachverständigengutachten). Die Vorschriften über die einzelnen Beweisarten des Strengbeweises dürfen nicht umgangen werden. Handelt es sich der Sache nach um einen Sachverständigenbeweis, ist es ein Behördengutachten oder jedenfalls grds wie ein solches zu behandeln. Die §§ 402 ff sind also grds anwendbar, ggf aber eingeschränkt oder modifiziert; spezielle Regelungen gehen vor (vgl BGHZ 62, 93, 95 = NJW 74, 701; BFH DStRE 97, 223). S.a. § 404 Rz 6, § 406 Rz 2; zur mündlichen Erläuterung § 411 Rz 17–25; s.a. § 358a Rz 5, § 273 Rz 9, § 284 Rz 18, 20. 11

5. Technische Normen. Solche kann das Gericht unmittelbar heranziehen, es handelt sich nicht um Sachverständigengutachten iSd §§ 402 ff. Durch Sachverständigenbeweis ist aber ggf zu ermitteln, ob diese tatsächlich zB die »allg anerkannten Regeln der Technik« oder den »Stand von Wissenschaft und Technik« wiedergeben (vgl BGH NJW 80, 1219, 1220; BVerfGE 49, 89, 135 = NJW 79, 359, 362). 12

6. Rolle bei Sachverhaltsermittlung iÜ. SV können zur Erhebung anderer Beweise **hinzugezogen** werden, insb beim Augenschein (§ 372 I) aber auch beim Zeugenbeweis, uU kann ein eigenes Fragerecht erteilt werden. Zum anderen können sie **eigene Ermittlungen** übertragen bekommen (s. § 404a IV, dort Rz 8–13, zur Übertragung einer im Ausland durchzuführenden Beweisaufnahme dort Rz 14). Zur **Augenscheinsgehilfen** s. § 371 Rz 3, § 355 Rz 8. Dieser berichtet zwar auch über im gerichtlichen Auftrag gemachte Wahrnehmungen und ist somit grds austauschbar, er bedarf aber keiner besonderen Sachkunde. 13

III. Verfahren, Sonstiges. Anordnung und Ausführung sind nach Maßgabe des § 358a schon vor der mündlichen Verhandlung möglich (zu deren Vorbereitung s. § 273 II Nr 4, 5, III). Zur Frage des Ob der Zuziehung eines SV s. § 403; schriftliche oder mündliche Erstattung des Gutachtens s. § 411 Rz 5. 14

B. Nachprüfung im Instanzenzug. Es handelt sich überwiegend um Fragen der Beweiswürdigung, so dass die Überprüfung in der Berufung (näher *Seibel* BauR 09, 574), va aber in der Revision nur eingeschränkt möglich ist, s. §§ 511 ff, 529 ff, 542 ff, 559 II, 546; s.a. § 411 Rz 33–35, § 412 Rz 6; zu Zweifeln gem § 529 I Nr 1 (Unvollständigkeit des Gutachtens) nach Berücksichtigung neuen Vorbringens gem § 531 II Nr 3 s. BGH NJW 04, 2825, 2827. IÜ findet eine Prüfung auf Rechtsfehler statt, § 513 I. Das gilt auch für die Revision (§ 546) sonst Bindung gem § 559 II. Besondere Bedeutung hat Art 103 I GG (vgl BGH NJW-RR 11, 704; VersR 10, 1240: Antrag auf Ladung des SV zur Erläuterung, s. § 411; s.a. BGH VersR 09, 499: Aufklärungspflicht des Gerichts, §§ 411 f); zur Überprüfbarkeit der Würdigung von Sachverständigengutachten im Nichtzulassungsbeschwerdeverfahren wegen Verletzung des Anspruchs auf rechtliches Gehör BGH BauR 10, 1095; NJW-RR 08, 263 = MedR 08, 556; zur unterlassenen Sachverständigenbeweiserhebung s. § 403 Rz 6; zur Auswahl s. § 404 Rz 9. 15

C. Haftung des gerichtlich bestellten SV. I. Öffentlich-rechtlich. Öffentlich-rechtlich bestehen keine Ansprüche der Parteien oder Dritter. Eine Sonderbeziehung besteht nur zwischen SV und Gericht (s. dazu § 413 Rz 4), diese entfaltet keine drittschützende Wirkung (Ddorf NJW 86, 2891). Der SV ist nicht Träger hoheitlicher Gewalt; ein Anspruch gem § 839 BGB iVm Art 34 GG kommt nur ausnahmsweise im Falle einer Gutachtenerstattung durch einen Beamten iR dessen Amtspflichten in Betracht (St/J/*Leipold* vor § 402 Rn 68 f). 16

II. Zivilrechtlich. Weder zu den Parteien noch zu dem Gericht bestehen privatvertragliche Beziehungen. Die deliktische Haftung ggü den Verfahrensbeteiligten wegen eines unrichtig erstatteten Gutachtens ist seit dem 2. SchadensRÄndG 2002 in § 839a BGB ausdrücklich geregelt (dazu Thole; *Katzenmeier* FS Horn 06, 67 ff). In echter Anspruchskonkurrenz stehen mögliche Ansprüche aus § 826 BGB, § 823 II BGB iVm §§ 154, 161 StGB sowie § 823 I BGB. Zur Haftung im Fall des § 411a s. dort Rz 12. 17

III. Wegfall des Vergütungsanspruchs. Siehe § 413 Rz 4–6. 18

D. Strafrechtliche Verantwortung. Die Abgabe eines falschen Gutachtens ist bei vorsätzlichem Handeln – im Falle einer Beeidigung (§ 410 I; gleichgestellt ist die Berufung auf den allg Eid, § 410 II, § 155 Nr 2 StGB) auch bei Fahrlässigkeit – mit Strafe bedroht, §§ 153 ff, 161 StGB. 19

§ 402 Anwendbarkeit der Vorschriften für Zeugen. Für den Beweis durch Sachverständige gelten die Vorschriften über den Beweis durch Zeugen entsprechend, insoweit nicht in den nachfolgenden Paragraphen abweichende Vorschriften enthalten sind.

1 **A. Normzweck und Systematik.** Die ZPO regelt den Sachverständigenbeweis durch einen Generalverweis auf die Vorschriften über den Zeugenbeweis in § 402 und spezielle Regelungen in den §§ 403–414. Für die Anwendbarkeit der §§ 373 ff entscheidend sind Sinn und Zweck der jeweiligen Vorschrift in Bezug zu den Differenzen in Stellung und Funktion des SV zu denen des Zeugen. Bedeutsam sind etwa seine besonderen Einflussmöglichkeiten auf die Urteilsfindung (s. vor §§ 402 ff Rz 1) und seine Austauschbarkeit (insb die Möglichkeit der Ablehnung nach § 406). Für den sachverständigen Zeugen gelten hingegen die §§ 373 ff, s. § 414.

2 **B. Einzelerläuterungen. I. Anwendbare Vorschriften. § 375** (Beweisaufnahme durch beauftragten oder ersuchten Richter), s.a. § 411 Rz 6. **§ 376** (Vernehmung bei Amtsverschwiegenheit), soweit überhaupt praktische Bedeutung, s.a. § 408 I 1, teils § 408 II speziell, insb § 376 III. **§ 377 I, II** (Ladung); zu Abs 3 s.u. Rz 3. **§ 378** (Aussageerleichternde Unterlagen), passt aber nur bedingt neben dem vorrangigen § 404a und § 411 III. **§ 379** (Auslagenvorschuss). Das Gericht kann die Beauftragung des SV, eine Gutachtenergänzung (Köln NJW-RR 09, 1365), die Ladung zur mündlichen Erläuterung etc – nicht jedoch die Weiterleitung eines bereits eingeholten Gutachtens an die Parteien (Frankf MDR 04, 1255) – grds von der Zahlung eines Auslagenvorschusses durch den Beweisführer (zu Einzelheiten s. § 379 Rz 2–4) abhängig machen. Dies jedoch nicht bei Anordnung vAw (BGH MDR 76, 396); wobei auch in diesen Fällen über § 17 III GKG eine Vorschusspflicht möglich ist (soweit nicht § 17 IV 3 GKG), die aber nicht zur Bedingung gemacht werden darf. Eine verspätete Vorschusszahlung führt für sich nicht zum Verlust (BGH NJW-RR 11, 526 = BauR 11, 883), dh nur unter den Voraussetzungen des § 296 erfolgt eine Zurückweisung (zur Unwirksamkeit einer unangemessen kurzen Frist Frankf NJW-RR 10, 717, 718). Auch eine Beweiserhebung vAw bleibt möglich (s. allg § 403 Rz 1). Die Anforderung nach § 379 ist nicht isoliert anfechtbar (s. § 379 Rz 11). **§ 381** (Entschuldigung). **§ 382** (Ort der Vernehmung von Regierungsmitgliedern und Abgeordneten), aber kaum praktische Relevanz. **§§ 383, 384** (Verweigerungsrechte), über § 408. **§§ 386–389** (Erklärung der Verweigerung, Zwischenstreit, Verweigerung vor beauftragtem oder ersuchtem Richter), s. § 408. **§ 391** (Ob einer Beeidigung), s. § 410 Rz 1 f. **§ 392 S 2** (Gleichzeitige Beeidigung mehrerer SV); zu S 1 und 3 s.u. Rz 3. **§ 393** (Uneidliche Vernehmung Minderjähriger etc), aber kaum relevant. **§ 394 I** (Einzelvernehmung), s.a. § 411 Rz 7; **§ 394 II** (Gegenüberstellung bei Widerspruch). **§§ 395–398** (Vernehmung, Fragerecht), s. dazu § 411 Rz 1–11, 17–25 (nachträgliche und wiederholte Vernehmung), s.a. § 411 Rz 24, 33–35, § 412, zur Anhörung in der Berufungsinstanz s. § 411 Rz 33–35. **§ 399** (Parteiverzicht), s. aber § 403 Rz 4 zur Erhebung vAw. **§ 400** (Befugnisse des mit der Beweisaufnahme betrauten Richters).

3 **II. Unanwendbare Vorschriften. § 373** (Beweisantritt) → § 403 (§§ 404 f). **§ 377 III** (Schriftliche Beantwortung der Beweisfrage), s. § 411 Rz 5; zu Abs 1 und 2 s.o. Rz 2. **§ 380** (Sanktionsmöglichkeiten) → § 409. **§ 385** (Ausnahmen vom Verweigerungsrecht), da gegenstandslos. **§ 390** (Sanktionen) → § 409 (zu Abs 1 s. aber § 410 Rz 6). **§ 392 S 1 und 3** (Nacheid, Eidesnorm) → § 410; zu S 2 s.o. Rz 2. **§ 401** (Entschädigung) → § 413.

§ 403 Beweisantritt. Der Beweis wird durch die Bezeichnung der zu begutachtenden Punkte angetreten.

1 **A. Normzweck und Systematik.** Zur Erhebung eines Sachverständigenbeweises kann es auf Antrag einer Partei (§ 403), gem § 144 I 1 aber auch vAw (§§ 3, 273 II, 287 I 2, II, 372, 442, vgl § 412) kommen. In der Praxis wird das Gericht idR nur auf einen entspr Parteiantrag hin tätig. Dies entspricht dem Gesamtbild der ZPO (Verhandlungsgrundsatz; s. § 284 Rz 35). Dem Beweisantritt nach § 403 kommt damit entscheidende Bedeutung zu. Das Gericht hat jedoch ggf nach § 139 I 2 Hinweise zu erteilen (BGH VersR 09, 517, 518; NJW 87, 591). Eine Beweiserhebung vAw gem § 144 ist aber auch noch möglich, wenn der Auslagenvorschuss gem § 379 nicht gezahlt wurde (s. § 402 Rz 2) sowie bei Präklusion gem § 296 (BGH NJW 82, 2317, 2319 aE; vgl aber BGH NJW 07, 2122 zu § 356) und kann so von erheblicher Bedeutung sein, s. § 144. Anordnungen nach § 144 I 2, 3 sind (entspr) auch bei einer Beweiserhebung auf Parteiantrag möglich, vgl § 404a Rz 9 aE. Deshalb stellt ein erstmaliger Beweisantrag im Berufungsverfahren kein neues

Angriffs- oder Verteidigungsmittel iSd § 531 II Nr 3 dar (so zu Unrecht KG VersR 10, 1471 sub 2 a; MDR 10, 345), sondern eine Anregung des Gerichts zum Tätigwerden vAw (Wieczorek/Schütze/*Ahrens* § 403 Rn 1). Einem zulässigen Beweisantrag muss das Gericht entsprechen, wenn die Voraussetzungen einer Beweisaufnahme vorliegen; insoweit besteht kein Ermessen (vgl BGH NJW 51, 481, 482, wenn auch mit missverständlicher Formulierung; vgl aber im Folgenden), sondern ein »Recht auf Beweis« (*Habscheid* ZZP 96, 306; Justizgewährungsanspruch iRd § 286; zu § 287 s. BGH NJW 95, 1619; MDR 07, 538; s. allg § 284). Einen Beurteilungsspielraum hat das Gericht allerdings bei der Frage, ob besondere Sachkunde erforderlich ist (Grundsatz der freien Beweiswürdigung, § 286) und ob es selbst über diese verfügt (BGH NJW-RR 00, 1547, 1548; 07, 357, 358; s.u. Rz 5). Im Anschluss an ein selbstständiges Beweisverfahren ist eine Einholung im Hauptsacheprozess grds nur noch unter den Voraussetzungen des § 412 geboten (§ 493, vgl § 411 Rz 31; zum Anwendungsbereich s. § 411a Rz 6), zur mündlichen Erläuterung § 411 Rz 17–25. Außerdem kann ein Vorgehen nach § 411a die Einholung eines neuen (schriftlichen) Gutachtens entbehrlich machen; uU ein sonstiges (Privat-)Gutachten, s. vor §§ 402 ff Rz 7. Zwingend ist die Einholung im Falle des § 14 II RVG (keine Bindungswirkung, BGH NJW 08, 3641).

B. Einzelerläuterungen. I. Beweisantritt. Allg s. § 284 Rz 35 f. 2

1. Bestimmtheit. Dem Erfordernis der Bezeichnung der zu begutachtenden Punkte genügt eine summarische Angabe. Die Informationsnot der beweispflichtigen Partei wird berücksichtigt, so dass keine sachverständige Substantiierung verlangt wird; es muss nur das Ergebnis, zu dem der SV kommen soll, mitgeteilt werden, nicht aber der Weg, auf dem dies geschieht (BGH NJW 95, 130, 131; zur ggf konkreteren und umfassenderen Beweisfrage im Gerichtsbeschluss vgl BGH VersR 82, 168; Oldbg MDR 08, 527 = MedR 08, 618; s.a. Rz 1 und § 144, § 404a Rz 3–16). Ggf muss das Gericht durch einen Hinweis nach § 139 I 2 auf Ergänzung des (Anknüpfungs-/Anschluss-)Tatsachenvortrags hinwirken (BGH VersR 09, 517). Allg unzulässig ist ein Ausforschungsbeweis (s. § 284 Rz 23 f). Die Person des SV braucht nicht bezeichnet zu werden (Auswahl obliegt dem Gericht, § 404 I, zu Parteivorschlägen s. § 404 III, IV). 3

2. Verzicht. Siehe allg § 284 Rz 35, § 399. Da der Sachverständigenbeweis anders als der Zeugenbeweis auch vAw erhoben werden kann, schließt ein Verzicht die Beweiserhebung nicht zwangsläufig aus. Eine Anordnung vAw ist aber unzulässig, wenn die Parteien sich übereinstimmend dagegen aussprechen (str, vgl § 404 Rz 13). Eine solche Erklärung kann uU in einer Verzichtserklärung enthalten sein (§§ 133, 157 BGB entspr, § 139 ist zu beachten). 4

II. Ablehnung. Allg zur Ablehnung eines Beweisantrags s. § 284 Rz 38 ff, zur Bestimmtheit Rz 3, zur Beweisbedürftigkeit Rz 1. Der Sachverständigenbeweis kann bei eigener Sachkunde des Gerichts entbehrlich sein. Nicht alle Mitglieder des Gerichts müssen sachkundig sein, der Sachverstand kann unter ihnen vermittelt (BGHSt 2, 164, 165; 12, 18, 19 f), uU auch erst erworben werden, zB anhand von Fachbüchern (BGH MDR 07, 538 = NJW-RR 07, 357; NJW 77, 2120), nicht jedoch gestützt auf ein anderes Gutachten (BVerwG NJW 09, 2614; s.a. § 412 Rz 1, 4). Den Parteien ist das Bestehen und die Quelle der besonderen Sachkunde mitzuteilen und Gelegenheit zur Stellungnahme zu gewähren, beides ist in den Urteilsgründen darzulegen und das erzielte Ergebnis eingehend zu begründen (BGH VersR 07, 1008; NJW-RR 00, 1547, 1548). Wird auf Fachliteratur zurückgegriffen, ist zu erklären, welche Kenntnisse die Richter zur Auswertung befähigen (BGH NJW 00, 1946, 1947; NJW-RR 07, 357). Bei besonders komplexen und schwierigen Sachfragen wird idR ein Sachverständigengutachten unentbehrlich sein (etwa bei medizinischen Haftungsfällen, vgl BGH MedR 09, 342, 343 = VersR 08, 1216, 1217; NJW 00, 1946, 1947; 95, 1619; VersR 79, 939, 941). Ein Beweishindernis kann sich zB aus dem Erfordernis der Mitwirkung einer Partei oder eines Dritten bei einer ärztlichen Untersuchung ergeben (zB Begutachtung eines Elternteils im Sorgerechtsverfahren, BGH NJW 10, 1351, 1353; allg Bayerlein/*ders.* § 15 Rn 83 ff mwN); s. aber § 144 I S 2, 3 und Rz 1. Zum Auslagenvorschuss s. § 402 Rz 2 zu § 379. 5

III. Rechtsmittel. Kommt das Gericht einem Antrag unberechtigt nicht nach (teils aber nur Überprüfung auf Ermessensfehler, s. Rz 1), stellt dies einen Verfahrensfehler dar, der im Berufungs- und Revisionsverfahren zu einer Aufhebung führen kann, s.a. § 284 Rz 38, § 412 Rz 6. Zur Überprüfung des Ermessens bzgl einer Beweiserhebung vAw s.a. § 144 Rz 3, 6 f. 6

§ 404 Sachverständigenauswahl. (1) [1]**Die Auswahl der zuzuziehenden Sachverständigen und die Bestimmung ihrer Anzahl erfolgt durch das Prozessgericht.** [2]**Es kann sich auf die Ernennung eines einzigen Sachverständigen beschränken.** [3]**An Stelle der zuerst ernannten Sachverständigen kann es andere ernennen.**

(2) **Sind für gewisse Arten von Gutachten Sachverständige öffentlich bestellt, so sollen andere Personen nur dann gewählt werden, wenn besondere Umstände es erfordern.**

(3) **Das Gericht kann die Parteien auffordern, Personen zu bezeichnen, die geeignet sind, als Sachverständige vernommen zu werden.**

(4) **Einigen sich die Parteien über bestimmte Personen als Sachverständige, so hat das Gericht dieser Einigung Folge zu geben; das Gericht kann jedoch die Wahl der Parteien auf eine bestimmte Anzahl beschränken.**

1 **A. Normzweck.** Nach Abs 1 hat das Gericht das Recht und die Pflicht der Sachverständigenauswahl. Abs 2 ordnet die vorrangige Auswahl öffentlich bestellter SV an. Durch die öffentliche Bestellung soll es dem Gericht erleichtert werden, sachkundige und zuverlässige SV zu finden. Ein besonderer Vorteil ergibt sich durch forensische Erfahrung. Abs 3 schützt die Parteien und kann dem Gericht Hilfestellung bei der Auswahl bieten. Die Vorrangigkeit einer Einigung der Parteien entspricht der Verhandlungsmaxime.

2 **B. Einzelerläuterungen. I. Abs 1. 1. Auswahl.** Das Gericht bestimmt vorbehaltlich des Abs 4 nach pflichtgemäßem Ermessen die Anzahl der SV, die Abgabe gemeinschaftlicher oder getrennter Gutachten (vgl § 411 Rz 7). Es wählt den Fachbereich (vgl BGH MDR 98, 488) und die konkrete(n) Person(en) aus (vgl BGH NJW 09, 1209, 1210 = MedR 10, 181, 182; zur Praxis am Bsp medizinischer SV *Ziegler/Hartwig* VersR 11, 1113). Eine Anhörung der Parteien vor Ernennung ist nicht vorgesehen, aber sinnvoll, weil bei späteren Einwendungen sonst ein neues Gutachten erforderlich sein kann (BGHZ 131, 76, 80 = NJW 96, 196). Auf Ansehen und Vertrauen des SV bei den Parteien ist Rücksicht zu nehmen (zum Ablehnungsrecht s. § 406). Die für die Auswahl erforderliche Sachkunde hat sich das Gericht selbst anzueignen. Einen »Auswahlgutachter« darf das Gericht nicht einsetzen (Kobl VRS 36, 17, 18); es darf nicht delegieren, sich aber beraten lassen (zB von berufsständigen Institutionen; Sachverständigenverzeichnis; näher Ulrich SV Rn 166). Auch kann bei dem in Aussicht genommenen SV vor Ernennung etwa zur Neutralität und dem Fachgebiet angefragt werden (s. § 404a Rz 4). Das Gericht darf die Auswahlentscheidung nicht (etwa auf die Leitung eines Instituts, einer Klinik) übertragen (str; München NJW 68, 202; Ddorf FamRZ 89, 1101; St/J/*Leipold* § 404 Rn 16 f; Zö/*Greger* § 402 Rn 6; aA BVerwG NJW 69, 1591; OVG Koblenz VersR 98, 897; vgl Rz 6 und Rz 8). Ebensowenig darf einem SV die Auswahl eines Mitgutachters überlassen werden, wenn seine eigene Fachkunde nicht ausreicht (Stuttg Justiz 75, 273 – LS).

3 **2. Verfahren.** Die Ernennung erfolgt durch das Prozessgericht oder den beauftragten oder ersuchten Richter (§ 405) idR in einem Beweisbeschluss (s. §§ 358 ff, § 411 Rz 12; zur Anhörung s. Rz 2). Der Beschl soll verkündet oder förmlich zugestellt werden (§ 329 II 2; BGH NJW 2011, 520, 522 = MedR 11, 434, 435: zumindest formlose Mitteilung); Ablehnungsfrist § 406 II 1. Ist die Sachkunde nicht ohne Weiteres zu erkennen, so sind darüber Angaben zu machen (BayObLG NJW 86, 2892).

4 **3. Entlassung und Neuernennung.** Das Gericht kann den Beweisbeschluss ohne Angabe von Gründen ändern und so den zunächst ernannten SV entlassen und einen neuen ernennen. Dabei ist es genauso frei wie bei der ursprünglichen Auswahl, Abs 1 S 3; zum Verfahren §§ 360, 405. S.a. §§ 408 Rz 1 ff, 412. Näheres s. § 407a II.

5 **4. Kreis der potentiellen SV. a) Natürliche Personen.** Zu den Sachgebieten s. vor §§ 402 ff Rz 5. Unterschieden werden ua öffentlich bestellte (s. Rz 10) und vereidigte, amtlich anerkannte und »freie« SV. In Betracht kommen auch angestellte SV einer Sachverständigenorganisation sowie Mitarbeiter von Universitätsinstitutionen und behördenangehörige SV. Bei letzteren sind die dienstrechtlichen Maßgaben zu beachten, insb zu Nebentätigkeit und Verschwiegenheit (s. § 408; unbeachtlich soll hingegen das ärztliche Berufsgeheimnis sein, BGH NJW 11, 520, 521 = MedR 11, 434, 435 mit abl Anm *Schmidt-Recla* = FamRZ 2010, 1726 mit zust Anm *Müther*).

6 **b) Behördengutachten und Gutachten sonstiger öffentlicher oder privater Einrichtungen. aa)** Auch wenn die ZPO davon ausgeht, dass der SV eine natürliche Person ist (vgl etwa §§ 408, 410), ist die Beauftragung einer **Behörde** etc zulässig, soweit die Begutachtung zu deren Aufgabenkreis gehört (Fachbehör-

den, Bspe s.u. Rz 10). Dies ist tw ausdrücklich bestimmt (zB Patentamt s.u. Rz 10, § 14 II RVG), iÜ ganz überwiegend anerkannt (BGHZ 89, 114, 119 = NJW 84, 438; 98, 3355; MDR 64, 223; RGZ 44, 149; ggf mit Modifizierungen der §§ 402 ff: BGHZ 62, 93, 95 = NJW 74, 701; BFH DStRE 97, 223; St/J/*Leipold* § 404 Rn 12, 14; vgl auch §§ 83 III, 256 StPO; s.a. § 406 Rz 2; zur **amtlichen Auskunft** vor §§ 402 ff Rz 11). Es ist klarzustellen, welche natürliche Person das Gutachten verantwortlich erstellt hat. Fehlt ein entspr Behördenauftrag, aber auch nur dann, soll es möglich sein, einen Mitarbeiter der Behörde zum SV zu bestellen (St/J/*Leipold* § 404 Rn 13).

bb) Einrichtungen wie Institute (Ddorf FamRZ 89, 1101), Kliniken, Vereine (vgl Karlsr MDR 75, 670) oder Gesellschaften (vgl Münch NJW 74, 611) etc als solche können nicht beauftragt werden, sondern (ggf nach Erkundigung) die konkrete(n) natürliche(n) Person(en) (BayObLGSt 55, 89; München NJW 68, 202; St/J/*Leipold* § 404 Rn 15; Zö/*Greger* § 402 Rn 6; MüKo/*Zimmermann* § 404 Rn 2; aA Kobl MedR 98, 421 = VersR 98, 897; s.a. Rz 2 zur Übertragung der Auswahl und u. Rz 8, § 407a II).

c) Ausländische SV. Die Zulässigkeit der Bestellung eines SV, der nicht in der BRD ansässig ist, ist umstr, 7
weil ein solcher nicht der deutschen Gerichtsbarkeit und damit auch nicht dem Sachverständigenzwang der ZPO unterliegt (abl daher BSG SozR Nr 38 zu § 109 SGG; LSG BaWü MedR 86, 85, 87; zur schriftlichen Gutachtenerstattung aber BGH MDR 80, 931; s.a. § 411 Rz 8).

5. Höchstpersönliche Pflicht, Hilfspersonen und Gesamtverantwortlichkeit. Der gerichtlich ausgewählte 8
und ernannte SV hat das Gutachten höchstpersönlich zu erstatten und dafür verantwortlich zu zeichnen. Eine Vertretung wie auch eine Übertragung ist unzulässig (vgl Rz 2, § 407a II 1). Nichtsdestoweniger kann es zweckmäßig oder erforderlich sein, dass der vom Gericht beauftragte SV Hilfspersonen hinzuzieht. Allein- und gesamtverantwortlich bleibt/bleiben aber stets der/die vom Gericht ausgewählte/n SV. Die Mitarbeit anderer Personen darf deshalb über unterstützende Dienste nicht hinausgehen, s. dazu § 407a II (dort Rz 3–7), zur gerichtlichen Ersetzung durch den tatsächlichen Ersteller § 407a Rz 7.

6. Sonstige Auswahlfehler und Anfechtung. Fehler können insb bei Auswahl des Fachgebiets (insoweit 9
kein Ermessen sondern ggf Verkennung der Beweisfrage, BGH NJW 53, 659; 09, 1209, 1210 = MedR 10, 181, 182) oder sonst nicht ausreichender Sachkunde des bestellten SV auftreten. Die Entscheidungen sind nicht isoliert anfechtbar sondern können als (Ermessens-)Fehler iRv Berufung oder Revision geltend gemacht werden – mit Ausnahme von Ablehnungsgründen, für die ausschl §§ 406, 567 ff gelten (BGHZ 28, 303 = NJW 59, 434). Zu Entlassung und Neuernennung s. Rz 4. Zu § 295 vgl § 407a Rz 6 f.

II. Abs 2. 1. Öffentliche Bestellung. Die öffentliche Bestellung ist teils bundes-, teils landesrechtlich gere- 10
gelt. Sie ist nicht identisch mit der allg Vereidigung (§ 410 II), wenngleich beides häufig zusammentrifft. Neben natürlichen Personen kommen auch Behörden etc in Betracht. Bsp **natürlicher Personen**: SV auf den Gebieten der Wirtschaft, idR durch IHK (§ 36 GewO); § 91 I Nr 8 HandwO; Wirtschaftsprüfer und vereidigte Buchprüfer (WirtschaftsprüferO); KfSVG; ggf Gerichtsärzte; öffentlich bestellte Vermessungsingenieure; Wildschadensschätzer (§ 35 BJagdG iVm zB § 36 JagdG NRW); Bsp **Behörden**: Patentamt (§ 29 PatG, § 58 I MarkenG, § 21 I GebrMG); Gutachterausschüsse nach §§ 192 ff BauGB; Selbtsverwaltungskörperschaften der freien Berufe und der Wirtschaft, teils deren Vorstände (zB Bundesrechtsanwaltskammer, § 177 II Nr 5 BRAO); Vorstände der Rechtsanwaltskammern (§ 73 II Nr 8 BRAO); Handwerksinnungen (§ 54 I Nr 8 HandwO); wN bei Ulrich SV Rn 50 ff.

2. Rechtsfolge von Verstößen. Abs 2 soll bloße Ordnungsvorschrift sein (BayObLG FamRZ 91, 618, 619; 11
Zö/*Greger* § 404 Rn 2), jedenfalls liegt bei Bestellung einer anderen Person idR kein **Verfahrensfehler** vor (St/J/*Leipold* § 404 Rn 19).

III. Abs 3. Es handelt sich um eine bloße Anregung, eine Pflicht der Parteien wird nicht begründet. Vor- 12
schläge sind nur unter den Voraussetzungen des Abs 4 bindend. S.a. Rz 14.

IV. Abs 4. Einigen sich die Parteien über die Person eines oder mehrerer SV, so ist das Gericht dadurch 13
gebunden, wenn die Einigung dem Gericht vor Ernennung angezeigt wird (Prozesshandlung, §§ 128, 78; zu § 405 s. dort Rz 1; abw MüKo/*Zimmermann* § 404 Rn 10: bis zur Erstattung des Gutachtens, § 406 II). Beschränkt das Gericht (auch nachträglich) die Anzahl, so müssen die Parteien dies berücksichtigen, um nicht ihr Wahlrecht zu verlieren. Eine das Gericht bindende Einigung gibt es dann – mangels Eindeutigkeit – nicht (aA MüKoZPO/*Zimmermann* § 404 Rn 10). Str ist, ob das Gericht vAw gleichzeitig (zulässig: St/J/*Leipold* § 404 Rn 38; Zö/*Greger* § 404 Rn 4; aA MüKoZPO/*Zimmermann* § 404 Rn 10; Musielak/*Huber*

§ 404 Rn 6) oder nachträglich (entspr § 412; zulässig: MüKoZPO/*Zimmermann* § 404 Rn 10; Musielak/*Huber* § 404 Rn 6; aA Wagner S. 690; Schlosser Parteihandeln S. 26) weitere SV bestellen kann. Dies ist grds abzulehnen, wenn die Einigung der Parteien eine Beschränkung auf den oder die auserwählten SV enthält (§§ 133, 157 BGB entspr). Zwar steht einer nachträglichen Bestellung weiterer SV nicht die Unzulässigkeit einer Vorwegnahme der Beweiswürdigung entgegen, doch ist die Bindungswirkung Ausfluss der Verhandlungsmaxime und grds nur durch den Einwand des Rechtsmissbrauchs begrenzt (St/J/*Leipold* § 404 Rn 37). Es gelten die allg Grenzen der prozessualen Dispositionsmöglichkeit der Parteien (s. § 286 Rz 93–96). Auf ein (auch nur möglicherweise) ungeeignetes Gutachten (§ 286 bleibt unberührt) kann das Gericht sein Urt allerdings nicht stützen. Es bringt die Prinzipien der ZPO in Einklang, einen Hinweis nach § 139 I 2 zu erteilen (vgl §§ 139, 144, 404 II), dann ggf Beweislasturteil. Den Parteien bleibt es belassen, str Tatsachen entspr »ihrem Gutachten« unstr zu stellen. Zum Schiedsgutachtenvertrag s. vor §§ 402 ff Rz 10.

14 **C. Hinweise zur Prozesssituation.** Vorschläge zur Person des SV können gerade bei besserer Sachkunde der Parteien sinnvoll sein. Bei einseitigen Vorschlägen besteht aber das Risiko, dass die Gegenseite den Verdacht fehlender Neutralität hegt. Um dies zu vermeiden, können ggf mehrere SV vorgeschlagen werden.

§ 404a Leitung der Tätigkeit des Sachverständigen.

(1) Das Gericht hat die Tätigkeit des Sachverständigen zu leiten und kann ihm für Art und Umfang seiner Tätigkeit Weisungen erteilen.
(2) Soweit es die Besonderheit des Falles erfordert, soll das Gericht den Sachverständigen vor Abfassung der Beweisfrage hören, ihn in seine Aufgabe einweisen und ihm auf Verlangen den Auftrag erläutern.
(3) Bei streitigem Sachverhalt bestimmt das Gericht, welche Tatsachen der Sachverständige der Begutachtung zugrunde legen soll.
(4) Soweit es erforderlich ist, bestimmt das Gericht, in welchem Umfang der Sachverständige zur Aufklärung der Beweisfrage befugt ist, inwieweit er mit den Parteien in Verbindung treten darf und wann er ihnen die Teilnahme an seinen Ermittlungen zu gestatten hat.
(5) [1]Weisungen an den Sachverständigen sind den Parteien mitzuteilen. [2]Findet ein besonderer Termin zur Einweisung des Sachverständigen statt, so ist den Parteien die Teilnahme zu gestatten.

1 **A. Normzweck. I. Effektive Kooperation von Gericht und SV.** Die effektive Kooperation von Gericht und SV bei klarer Aufgabenabgrenzung ist von großer praktischer und auch rechtsstaatlicher Bedeutung. Auf der einen Seite bleibt das Gericht Herr des Verfahrens, der SV ist weisungsgebundener Gehilfe (Zö/*Greger* § 404a Rn 1; s. aber auch MüKoZPO/*Zimmermann* § 404a Rn 1), auf der anderen Seite darf die Eigenverantwortung und wissenschaftliche Unabhängigkeit des sachkundigen Spezialisten in dem ihm zugewiesenen Bereich nicht beschnitten werden (vgl vor §§ 402 ff Rz 1–5). Die durch das RPflVereinfG eingefügte Vorschrift kodifiziert die wesentlichen Pflichten des Gerichts in der Zusammenarbeit mit SV und ist somit Pendant zu § 407a, der die wesentlichen Pflichten des SV normiert (s. § 407a V zur entspr Hinweispflicht des Gerichts). Dadurch soll eine einheitliche Vorgehensweise mit klar feststehenden Aufgaben und Befugnissen des SV und eine rasche, sachdienliche und ordnungsgemäße, nicht zuletzt aber auch kosteneffiziente Durchführung der Beweisaufnahme erreicht werden, bei der die Verwertbarkeit des Gutachtens gesichert ist. Für eine prosperierende Zusammenarbeit sind dabei immer die voneinander abweichenden Herangehens- und Denkweisen des Juristen und der jeweiligen Fachdisziplin zu berücksichtigen, die einen selbstkritischen und geduldigen Austausch erforderlich machen (Ulrich SV Rn 279 ff).

2 **II. Allg Anleitungspflicht.** Zwecks Sicherstellung effektiver Kooperation formuliert Abs 1 eine allg Anleitungspflicht, die hinsichtlich der Beweisfrage in Abs 2 (Pendant zu § 407a III 1) und des Tatsachenstoffs in Abs 3 und 4 konkretisiert wird. Abs 5 sichert den Anspruch auf rechtliches Gehör (s.a. § 375, Grundsatz der Parteiöffentlichkeit der Beweisaufnahme), ermöglicht eine frühzeitige Einbindung der Parteien und soll Ablehnungen (§ 406) vermeiden.

3 **B. Einzelerläuterungen. I. Allg Leitungs- und Weisungspflicht (Abs 1).** Inhalt und Umfang der gebotenen Weisungen richten sich nach dem Einzelfall, wobei auch die forensische Erfahrung des SV zu berücksichtigen ist (zur Ausgestaltung als konstruktiver Dialog s. Rz 1). Das Gericht muss den SV in die Grundlagen sowie den Inhalt und Zweck des Gutachtenauftrags vollständig und unmissverständlich einweisen, insb den Ausgangssachverhalt vorgeben (Rz 5–7), ggf sind auch rechtliche Hinweise zu erteilen (zu juristischen Fachbegriffen s. vor §§ 402 ff Rz 3; BGH VersR 96, 959; Köln VersR 98, 1249). Zur Überlassung der Prozessakten s. Rz 6. Relevant ist idR die Klärung der Beweisfrage (s. Rz 4), auch soweit darüber hinaus spontane

Bedenken zu äußern sind (BGH VersR 82, 168, Oldgb MedR 08, 618); sonst droht Ablehnung, s.u. § 406 Rz 17. Auch Art und Weise des Vorgehens des SV können Gegenstand sein (unter Beachtung der sog Kooperationsmaxime); zu Umgang mit den Prozessbeteiligten und zu Eingriffen s. Rz 8–11; Verfahren Rz 15.

II. Abfassung und Erläuterung der Beweisfrage (Abs 2). Eine frühzeitige Zuziehung des SV kann gerade zur Vermeidung unnötiger Kosten und zeitlicher Verzögerungen sinnvoll sein (vgl EGMR NJW 11, 1055; *Schneider/Schmaltz* NJW 11, 3270). Dabei muss aber sichergestellt werden, dass die Beweisfrage vom Gericht in voller Eigenverantwortung formuliert wird. Es muss eine »Besonderheit des Falls« vorliegen, die zB eine Abklärung des Fachgebiets (s. § 404 Rz 2) oder des Kostenvorschusses (§§ 402, 397, s.a. § 407a Rz 9 f) erforderlich macht. Ausnahmsweise können Anschlusstatsachen und Vorbereitungsmaßnahmen (s. Rz 5–10) Gegenstand des Auftrags sein. Zur Einweisung des SV in seine Aufgabe und Auftragserläuterung s. Rz 3; zum Verfahren Rz 15. 4

III. Anschlusstatsachen (Abs 3). 1. Gerichtliche Pflicht. Die dem Gutachten zugrunde zu legenden (sog Anschluss- oder Anknüpfungs-)Tatsachen hat das Gericht grds selbst (idR zeitlich vor der Einholung eines Sachverständigengutachtens) zu ermitteln und dem SV mitzuteilen (Grundsatz der Unmittelbarkeit der Beweisaufnahme, § 355; BGH NJW 97, 1446; zu den Ausnahmen s. Rz 8–10; s.a. § 355 Rz 9). Dies kann im Beweisbeschluss (§ 359 Nr 1) oder in einem gesonderten Beschl, auch in der Zuleitungsanordnung des Vorsitzenden erfolgen (Abs 5 S 1 ist zu beachten, einschließlich ggf bereits erfolgter Beweiswürdigung). Dadurch sollen Missverständnisse und Unklarheiten bei der Gutachtenerstellung vermieden werden. Eine gesonderte Darstellung ist mithin entbehrlich, wenn die Tatsachen unstr sind und sich hinreichend klar aus dem Akteninhalt ergeben (ggf Hinweis auf Aktenfundstelle; zur Aktenüberlassung s.u.). Die Anordnung einer Begutachtung auf alternativer Tatsachengrundlage ist zulässig. 5

2. Aktenüberlassung. Die erforderlichen Prozessakten dürfen und müssen idR überlassen werden (vgl § 407a IV, SV ist Gehilfe des Gerichts). Sind etwa Persönlichkeitsrechte einer Partei betroffen, ist regelmäßig eine Einwilligung des Rechtsinhabers erforderlich; prozessuale Rechte sind zu gewähren. Bei Verweigerung der Einwilligung kommt als prozessuale Reaktion eine Entscheidung nach Beweislast oder den Grundsätzen der Beweisvereitelung in Betracht (vgl insoweit zu § 356 BGH NJW 81, 1319; zu Krankenunterlagen Hamm VersR 01, 249; s.a. § 142). Zu Geheimhaltungsinteressen vgl Rz 12 aE. 6

3. Unzulässige Übertragung. Eine unzulässige Übertragung kann nach § 295 geheilt werden (BGHZ 23, 207, 213 = NJW 57, 906) und das Gericht kann solche Tatsachen auch noch nachträglich verfahrensgemäß feststellen (BGHZ 37, 389, 394 = NJW 62, 1770; 97, 3096, 3097). 7

IV. Befugnisse und Pflichten des SV (Abs 4). 1. Ermittlungen, Vorbereitungsmaßnahmen sowie Eingriffe und Folgenbeseitigung durch den SV. a) Die Sachverhaltsermittlung ist grds Aufgabe des Gerichts (s. Rz 5), so dass der SV nur dann ermittelnd tätig werden darf, wenn hierfür im konkreten Fall eine dem Gericht fehlende besondere Sachkunde erforderlich ist (vgl BGHZ 37, 389, 394 = NJW 62, 1770; 97, 3096, 3097) und das Gericht ihn nach Abs 4 S 1 beauftragt hat. Es hat den Umfang klarzustellen, auch welche Untersuchungen er durchzuführen hat, ob und inwieweit er die Parteien oder Zeugen direkt kontaktieren darf sowie die Teilnahmerechte der Parteien (s. Rz 11). Bei der Überprüfung, ob eine Ermittlung des SV erforderlich ist, muss das Gericht immer die Alternative im Blick behalten, die Ermittlungen selbst in Anwesenheit (und ggf mit Fragerecht) des SV durchzuführen (BGHZ 37, 389, 394 = NJW 62, 1770; 97, 3096, 3097). Dabei ist auch zu beachten, dass die Vorschrift eine Übertragung der Beweiserhebung auf den SV nicht vorsieht (s. aber Rz 14), vielmehr nur formlose Ermittlungen ermöglicht (auch Einsicht bei Behörden, München BauR 93, 768), die sich nicht als unzulässige Ausforschung darstellen dürfen (Karlsr NJW-RR 09, 134, 136; zu Abgrenzungsproblemen *Greger* FS Leipold 09, 47, 48 f). Zwangsbefugnisse stehen dem SV nicht zu (Jena NJW 10, 3673). Körperliche Untersuchungen sind möglich, Operationen hingegen grds unzulässig (Stuttg MedR 95, 498; Ddorf NJW 84, 2635). 8

b) Unabdingbar notwendige (vgl Frankf NJW 98, 2834) und wenig beeinträchtigende Vorbereitungsmaßnahmen wie die Durchführung eines **Ortstermins** (ThoPu/*Reichold* § 404a Rn 5) sollen auch ohne ausdrückliche Anordnung, stillschweigend übertragen sein, wenn sie von der Fachkompetenz umfasst sind (Zö/*Greger* § 404a Rn 4). Das Gericht darf aber nicht umgangen werden, es hat jederzeit die Möglichkeit, ein förmliches Verfahren nachzuholen (vgl BGH NJW 97, 3096). Bei Weigerungen des SV erlangt die in 9

Rspr und Schrifttum umstr Frage Bedeutung, ob das Gericht befugt ist, einem SV gem Abs 4 S 1 die Weisung zu erteilen, gerade auch **substanzverletzende Eingriffe** in den zu begutachtenden Gegenstand oder diesen umgebende Sachen, zB Bau(teil)öffnungen, vorzunehmen oder durch Dritte vornehmen zu lassen. Dagegen wird insb vorgebracht, Vor- und Hilfsarbeiten seien Sache der Parteien (Beibringungsgrundsatz, vgl Ulrich SV Rn 225; R/S/G § 120 Rn 34), zudem die Stellung des SV als Helfer des Gerichts (*Soergel* FS Geiß 00, 179, 184), das Schadensersatzrisiko des SV, ein unzulässiger Kontrahierungszwang (vgl Bambg BauR 02, 829; Rostock BauR 03, 757), schließlich der Wortlaut des Gesetzes, denn wenn dem Beweisführer eine Durchführung möglich ist, sei die Vornahme durch den SV nicht »erforderlich« iSd Abs 4 (s.a. Hamm IBR 07, 160; Werner/Pastor Rn 91; *Dötsch* NZBau 08, 217). Nach anderer, eher pragmatischer Auffassung soll es gerade Aufgabe des SV sein, die tatsächlichen Voraussetzungen für die Erledigung des Gutachtenauftrags zu schaffen. Dies soll jedenfalls dann gelten, wenn der Verfügungsberechtigte zugestimmt hat (Jena BauR 07, 441 – LS = ZfIR 07, 253; Celle BauR 05, 1358; Frankf NJW 98, 2834; Ddorf NJW-RR 97, 1360; St/J/*Leipold* § 404a Rn 14; einschr Brandbg BauR 96, 432: auch bei gerichtlicher Anweisung keine Pflicht zur persönlichen Vornahme; ähnl *Liebheit* BauR 08, 1710; zur Haftung des SV *ders* BauR 08, 1510). Es muss insoweit differenziert werden: Eingriffe, die eine besondere Sachkunde voraussetzen und im unmittelbaren Zusammenhang mit der Begutachtung stehen, sind Aufgabe des SV; ebenso Eingriffe, bei deren Vornahme Beeinträchtigungen der Begutachtungsmöglichkeit nicht ausgeschlossen sind; etwa körperliche Untersuchungen (s. Rz 8 aE, 11), Blutabnahme für ein medizinisches Gutachten, die Entnahme von Proben aus einem Gegenstand, nach den Umständen häufig auch andere Bau(teil)öffnungen, Aufbau einer Arbeitsbühne zum Erreichen der zu begutachtenden Stelle (Frankf NJW 98, 2834). Im Übrigen aber sind Vorarbeiten grds Sache des Beweisführers (bzw des Gerichts, § 144; vgl Zö/*Greger* § 404a Rn 4; *ders* FS Leipold 09, 47, 49: Aufgabe des SV nur, soweit besondere Sachkunde erforderlich). Der SV ist insoweit ggf verpflichtet, entspr Anweisungen zu erteilen (vgl Brandbg BauR 96, 432). Die **Einwilligung des Verfügungsberechtigten** ist erforderlich. Verweigert eine Partei eine zumutbare Maßnahme, so ist nach den Regeln über die Beweislast und die Beweisvereitelung (s. § 286 Rz 52–77, 86–96), ggf § 296 zu entscheiden (s. zB Köln MedR 10, 879, 880). Das Gericht kann ggf entspr § 144 I 2, 3 einer Partei oder Dritten Vorlegung und Duldung aufgeben; zur Sicherheitsleistung analog § 811 II BGB s. *Dötsch* NZBau 08, 217, 219 f, 221 f; zur Erstattung gem § 91 Frankf 14.8.08 – 18 W 149/07, nv; s. zu den Kosten auch *Greger* FS Leipold 09, 47, 49 ff; beachte § 407a III.

10 c) Sofern der SV einen Eingriff vornimmt oder vornehmen muss (zum Streitstand vgl Rz 9), ist er grds auch verpflichtet, die **Folgen wieder zu beseitigen** (Frankf NJW 98, 2834; Ddorf NJW-RR 97, 1360 = MDR 97, 886; Celle BauR 98, 1281; Zö/*Greger* § 402 Rn 11), jedenfalls Sicherungsmaßnahmen zu ergreifen (zB im Falle eines ausstehenden Nachbesserungsanspruchs). Es handelt sich sämtlich um Kosten der Begutachtung. Der SV sollte für einen ausreichenden Auslagenvorschuss (§§ 402, 379) und Versicherungsschutz Sorge tragen. Zur Entschädigung von Hilfskräften und sonstigen Aufwendungen s. § 413; zur Kostenwarnung § 407a Rz 10. Zur Kostentragung und Sicherheitsleistung analog § 811 II BGB bei Beauftragung durch den Beweisführer s. *Dötsch* NZBau 08, 217, 221 f; vgl auch Rz 9.

11 **2. Teilnahme der Parteien.** Den Parteien ist Gelegenheit zur Anwesenheit zu geben, soweit nicht Rechte der Beteiligten entgegenstehen (vgl § 357; Art 103 I GG). Dies können insb Persönlichkeitsrechte sein (zB bei körperlichen Untersuchungen, s. § 406 Rz 16 aE) oder die Grundsätze eines fairen Verfahrens (s. Kobl MDR 11, 1320 zur vermuteten Beeinflussung des Beweisergebnisses durch eine Prozesspartei), hingegen kommt eine Einschränkung aufgrund von Betriebsgeheimnissen grds nicht in Betracht (s.a. Rz 12 aE).

12 **3. Tatsachengrundlage. a) Offenlegung.** Sofern die Tatsachengrundlage nicht offenkundig ist, hat der SV die von ihm ermittelten und die zugrunde gelegten Tatsachen nachprüfbar darzulegen. Befundtatsachen (zu den Begrifflichkeiten s. § 414 Rz 2) sind damit grds immer offen zu legen, ansonsten ist das Gutachten unverwertbar. Gleiches gilt grds für die wesentlichen Anknüpfungstatsachen (BGH NJW 94, 2899). Auch der Anspruch auf rechtliches Gehör und auf ein faires Verfahren gebietet die Offenlegung, andernfalls kann das Gutachten nicht zur Urteilsgrundlage gemacht werden, weil das Gericht die Aussagen eines Gutachtens nicht ungeprüft übernehmen darf (vor §§ 402 ff Rz 4) und das Recht der Parteien zur Stellungnahme nicht wahrgenommen werden kann (BVerfGE 91, 176, 182 = NJW 95, 40; BVerfG NJW 97, 1909). Eine Einschränkung des Offenlegungsanspruchs der Parteien (§ 357; Art 103 I GG) kann ausnahmsweise gerechtfertigt sein, wenn ein Beteiligter seine Zweifel nicht hinreichend substanziiert oder wenn das Schweigen des Sachverständigen auf anerkennenswerten Gründen beruht und die Nichtverwertung des Gutachtens zum

materiellen Rechtsverlust eines Beteiligten führte. Kann dann auf eine Verwertung des Gutachtens aus überwiegendem Interesse der beweispflichtigen Partei nicht verzichtet werden (auch insoweit Justizgewährungsanspruch), so muss das Gericht immerhin versuchen, sich Gewissheit zu verschaffen, in welcher Weise der Sachverständige seine Daten erhoben hat (BVerfGE 91, 176, 183 f = NJW 95, 40; NJW 97, 1909). Ausnahmsweise soll die Wahrung von Verfahrensrechten über einen Mittelsmann erfolgen können (vgl Zö/*Greger* § 402 Rn 5b). Jedenfalls dem Gericht müssen aber de lege lata grds alle Informationen eröffnet werden. Allg zu beweisrechtlichen Geheimverfahren s. § 285 Rz 5; s.a. MüKoZPO/*Prütting* § 285 Rn 10 ff; *ders* ZZP 106, 427, 460 f; zur Zurückhaltung von Informationen durch das Gericht s.o. Rz 6.

b) Unrichtigkeit. Ist der SV von unzutreffenden Anknüpfungstatsachen ausgegangen (zB auch bei Verän- 13
derung des Tatsachenstoffs durch späteren Vortrag, insb Parteigutachten oder eine zu eigen gemachte Zeugenaussage), so ist idR eine schriftliche oder mündliche Ergänzung einzuholen (s. § 411 Rz 17–25). Wird das Gutachten unbedacht zur Urteilsgrundlage gemacht, so ist das rechtliche Gehör verletzt (BGH NJW-RR 08, 236 = MedR 08, 556; zu Rechtsmitteln s. vor §§ 402 ff Rz 15).

4. Tätigkeit des Sachverständigen im Ausland. a) Ob iRd Gutachtenauftrags eine Ermittlungstätigkeit des 14
SV im Ausland zulässig ist, ist str (bejahend St/J/*Geimer* § 363 Rn 22; *Musielak* FS Geimer 02, 761, 771 f; verneinend *Ahrens* FS Schütze 99, 1, 5 f; s.a. *Hau* RIW 2003, 822, 824). Für den Bereich des Europäischen Zivilprozessrechts ist – mit Blick auf das Zusammenwachsen der EU-Staaten zu einem einheitlichen Rechtsraum – von einer Zulässigkeit auszugehen, iÜ ist der Weg der Rechtshilfe (§ 46 ZRHO) vorzuziehen (str, St/J/*Leipold* vor § 402 Rn 62).
b) Die Übertragung einer im Ausland durchzuführenden Beweisaufnahme durch das Gericht auf den SV ist im Geltungsbereich des Europäischen Zivilprozessrechts möglich (§ 363 III, § 1073 II iVm Art 17 III EuBVO, zum Antrag bei der ausländischen Stelle Art 17 EuBVO), außerhalb nicht (in § 363 ZPO nicht vorgesehen; St/J/*Leipold* vor § 402 Rn 64); s.a. § 405 Rz 3.

V. Verfahren, Informations- und Teilnahmerechte der Parteien (Abs 5). Weisungen und sonstige Erklä- 15
rungen des Gerichts ggü dem SV zur Auftragserfüllung sind nicht zu unterscheiden. Erfasst ist jede Äußerung, die sich auf den Inhalt und die Ausführung des Begutachtungsauftrags bezieht (vgl St/J/*Leipold* § 404a Rn 16). Solche können auch telefonisch erfolgen, was oft zweckmäßig und prozessökonomisch ist. Dann sollte ein entspr Aktenvermerk angelegt werden. Bei der Parteiinformation kann das Gericht uU entspr verfahren. Sie sollte möglichst zeitnah und gleichartig erfolgen. Den Parteien ist Möglichkeit zur Stellungnahme zu gewähren (Hamm BauR 11, 151 – red LS: sonst uU Befangenheit des Richters). Zur Teilnahme an Ermittlungen des SV s. Rz 11. Anfragen an den SV nach Abs 2 können ohne Hinzuziehung der Parteien erfolgen, eine gleichmäßige Information kann aber auch mit Blick auf § 406 zweckmäßig sein. S.a. § 405 und allg § 357.

VI. Rechtsbehelfe. Anordnungen nach § 404a sind Bestandteil oder Ergänzungen des Beweisbeschlusses 16
und daher wie dieser grds nicht selbstständig anfechtbar (BGH NJW-RR 09, 995, 996 = MDR 09, 645; Köln NJW-RR 10, 1368), bei einem Verfahrensfehler kann aber ein Rechtsmittel gegen das Urt begründet sein. § 295 kann greifen etwa bei einem Verstoß gegen das Unmittelbarkeitsprinzip (§ 355; BGHZ 23, 207, 214 = NJW 57, 906; VersR 60, 998, 999), nicht bei Verletzung des rechtlichen Gehörs (Art 103 I GG) oder der Parteiöffentlichkeit (§ 357; s. aber BGH NJW-RR 11, 1459; BVerwG NJW 06, 2058: uU Unverwertbarkeit des Gutachtens).

C. Kosten/Gebühren. Bei vom SV anberaumtem Termin: Terminsgebühr des RA, Vorbem 3 III RVG-VV. 17

§ 405 Auswahl durch den mit der Beweisaufnahme betrauten Richter.

[1]Das Prozessgericht kann den mit der Beweisaufnahme betrauten Richter zur Ernennung der Sachverständigen ermächtigen. [2]Er hat in diesem Falle die Befugnisse und Pflichten des Prozessgerichts nach den §§ 404, 404a.

A. Normzweck und Systematik. Die Vorschrift ermöglicht eine Delegation aus Gründen der Prozessöko- 1
nomie und um einen örtlich bedingten Wissensvorsprung bzgl der SV nutzen zu können. Sie setzt die Anordnung eines Sachverständigenbeweises und die Übertragung der Beweisaufnahme durch das Prozessgericht auf einen beauftragten (§ 361) oder ersuchten Richter (§ 362) voraus. Eine solche Übertragung ist als Durchbrechung des Unmittelbarkeitsprinzips (§ 355) außer im Falle einer Zuziehung zur Einnahme eines Augenscheins (§ 372 II) nur in den gesetzlich bestimmten Fällen zulässig, dh nur unter den Voraus-

setzungen des § 375 möglich (s. § 402). Zur weiteren Übertragung s. § 365. Nach § 405 ist die Ernennung übertragbar, mit ihr die Auswahlbefugnisse (inkl der Bestimmung der Anzahl) und Leitungsbefugnisse und -pflichten nach §§ 404, 404a (was regionale Kenntnisse nutzbar macht); iÜ gelten die allg Vorschriften: §§ 360, 404 (auch dessen Abs 4) bleiben unberührt (bei Mitteilung ggü dem Prozessgericht gehen reguläre Weiterleitungszeiten zu Lasten der Parteien). Zur Ermächtigung anderer als Richter s. Rz 3 (ggf analoge Anwendung der Vorschriften, zB des § 573).

2 **B. Einzelerläuterungen. I. Verfahren und Rechtsbehelfe.** Die Ermächtigung erfolgt im Beweis(änderungs/ergänzungs)beschluss (§§ 358 f, 360) und ist unanfechtbar (§ 355 II). Zur Wahrung des rechtlichen Gehörs gelten die Ausführungen zu § 360 entspr. Das Prozessgericht kann weiterhin selbst SV ernennen. Für einen Ablehnungsantrag ist der Ermächtigte zuständig, § 406 IV, II (s. § 406 Rz 20). Gegen Entscheidungen des Ermächtigten kann das Prozessgericht angerufen werden (Erinnerung, § 573 I), dagegen sofortige Beschwerde (§ 573 II). Zur Einführung in den Prozess s. § 285 II.

3 **II. Ausland.** Bei einer Beweiserhebung im Ausland ist eine Übertragung auf eine ausländische Behörde (§ 363 I) oder einen deutschen Konsul (vgl BGH LM § 209 BEG 56 Nr 73 und 88 = RzW 65, 466; RzW 67, 229) sowie einen Beauftragten des Gerichts gem Art 17 HBÜ (§ 363 Rz 11–14) möglich (jedenfalls § 405 entspr). Zur mündlichen Anhörung s. § 411 Rz 8 (s.a. § 363). Nach der EuBVO kann ein ausländisches Gericht ermächtigt werden, jedoch nur wenn dieses unmittelbar um Aufnahme des Beweises ersucht wird (§§ 363 III, 1072 Nr 1); bei einer unmittelbaren Beweisaufnahme durch das deutsche Gericht in einem anderen Mitgliedstaat nach § 1072 Nr 2 bleibt es bei der Ernennung durch das deutsche Gericht. Zur Frage der Bestellung eines nicht im Inland ansässigen SV s. § 404 Rz 7; zu Ermittlungen des SV im Ausland s. § 404a Rz 14; s. weiter ZPÜbkHaagG; im vertragslosen Bereich kommt eine bilaterale Übung in Betracht sowie ZRHO.

§ 406 Ablehnung eines Sachverständigen.

(1) [1]Ein Sachverständiger kann aus denselben Gründen, die zur Ablehnung eines Richters berechtigen, abgelehnt werden. [2]Ein Ablehnungsgrund kann jedoch nicht daraus entnommen werden, dass der Sachverständige als Zeuge vernommen worden ist.

(2) [1]Der Ablehnungsantrag ist bei dem Gericht oder Richter, von dem der Sachverständige ernannt ist, vor seiner Vernehmung zu stellen, spätestens jedoch binnen zwei Wochen nach Verkündung oder Zustellung des Beschlusses über die Ernennung. [2]Zu einem späteren Zeitpunkt ist die Ablehnung nur zulässig, wenn der Antragsteller glaubhaft macht, dass er ohne sein Verschulden verhindert war, den Ablehnungsgrund früher geltend zu machen. [3]Der Antrag kann vor der Geschäftsstelle zu Protokoll erklärt werden.

(3) Der Ablehnungsgrund ist glaubhaft zu machen; zur Versicherung an Eides statt darf die Partei nicht zugelassen werden.

(4) Die Entscheidung ergeht von dem im zweiten Absatz bezeichneten Gericht oder Richter durch Beschluss.

(5) Gegen den Beschluss, durch den die Ablehnung für begründet erklärt wird, findet kein Rechtsmittel, gegen den Beschluss, durch den sie für unbegründet erklärt wird, findet sofortige Beschwerde statt.

1 **A. Normzweck und Systematik.** Die Vorschrift ermöglicht die Ablehnung eines SV ähnl der Ablehnung eines Richters (§§ 41, 42). Eine Ablehnung kommt überhaupt nur in Betracht, weil der SV austauschbar ist (also nicht beim sachverständigen Zeugen, § 414) und hat ihren Grund in seiner Funktion und Stellung als »Gehilfe des Richters« sowie seiner besonderen Bedeutung für den Ausgang des Verfahrens (s. § 413 Rz 4). Zur Ausgestaltung als Ablehnungsrecht der Parteien und zu Möglichkeiten der Eigeninitiative des Gerichts sowie des SV (§ 408) s. Rz 19–21.

2 **B. Einzelerläuterungen. I. Ablehnung (Abs 1). 1. Anwendungsbereich. a) Verfahren.** Für die Anwendung des § 406 spielt es keine Rolle, ob der SV aufgrund Parteiantrags oder vAw zugezogen wurde; die Norm gilt im Prozesskostenhilfeverfahren genauso wie im Verfahren des einstw Rechtsschutzes (die Eilbedürftigkeit kann einschr zu berücksichtigen sein, vgl Nürnbg MDR 77, 849; NJW 78, 954). Auch im selbstständigen Beweisverfahren ist eine Ablehnung grds möglich, § 492 Rz 3 f, zu den Einschränkungen der Ablehnung im Hauptsacheprozess und zum Streithelfer s. Rz 19, 21.

b) Gleichgestellte Personen. Für Dolmetscher gilt die Norm gem § 191 GVG, für Übersetzer ohnehin soweit diese SV sind, iÜ ggf entspr. 3

c) Behörden und sonstige öffentliche sowie private Einrichtungen. Letztere kommen schon nicht als SV in Betracht (s. § 404 Rz 6). Bei Behörden etc sind vorrangige Spezialregelungen zu beachten (zB § 192 III 1 BauGB; vgl BGHZ 62, 93, 95 = NJW 74, 701; vgl auch BFG DStRE 97, 223). Behörden können als solche grds schon deshalb nicht abgelehnt werden, weil die Ablehnungsgründe auf natürliche Personen zugeschnitten sind (Jena OLG-NL 05, 118; Frankf OLGR 98, 381; Hamm NJW-RR 90, 1471; Stuttg NJW-RR 87, 190; Köln BauR 80, 588; KG NJW 71, 1848). Eine Ablehnung darf zudem nicht mit einer gesetzgeberischen Aufgabenzuweisung konfligieren (OVG Nds BauR 08, 1441). Str ist die Möglichkeit einer Ablehnung, wenn die Behörde selbst oder ihr Träger an dem Rechtsstreit als Partei beteiligt ist. Nach tvA können einzelne Akteure abgelehnt werden (vgl BVerwG NJW 88, 2491; NJW 69, 1591; VGH München NVwZ-RR 96, 328; St/J/*Leipold* § 406 Rn 3; zum abhängigen Dienstverhältnis s.u. Rz 13). Nach aA ist eine Ablehnung gänzlich ausgeschlossen, die Gründe sind dann aber bei der Beurteilung des Beweiswertes iRd Beweiswürdigung zu berücksichtigen (vgl BGHZ 62, 93, 95 = NJW 74, 701; Köln BauR 80, 588). 4

d) Hilfspersonen. Hilfspersonen des SV können selbst nicht abgelehnt werden (Zweibr MDR 86, 417; vgl aber Ddorf MDR 08, 104: Verwertungsverbot, iÜ § 407a Rz 3–7), Umstände in deren Person können jedoch eine Ablehnung des SV rechtfertigen (Karlsr Justiz 80, 79; Köln OLGZ 83, 121). 5

e) Privatgutachter. Diese können nicht abgelehnt werden, da sie keine SV iSd §§ 402 ff sind (s. vor §§ 402 ff Rz 8). 6

f) Sachverständiger Zeuge. Dieser kann nicht abgelehnt werden (vgl KG MDR 09, 946), ein abgelehnter SV kann ggf als solcher vernommen werden (§ 414 Rz 3). 7

2. Ablehnungsgründe. Eine Ablehnung lässt sich auf die Ausschließungsgründe des § 41 (mit Ausnahme der Nr 5, s.u.) und auf die Besorgnis der Befangenheit stützen, § 42 II. Einen Ausschluss kraft Gesetzes gibt es nicht (auch nicht nach einem Beitritt des SV nach Streitverkündung, BGH NJW-RR 06, 1221 = MDR 06, 887; die ohnehin nach der klarstellenden Gesetzesänderung unzulässig ist, § 72 II; s. schon BGH NJW 06, 3214; 07, 919; zur Ablehnung wegen erfolgten Streitbeitritts s. Rz 24). 8

a) Ausschließungsgründe (§§ 406 I 1, 41). Absolute Ablehnungsgründe ergeben sich aus einem besonderen Bezug des SV zur Sache, insb einer persönlichen Beziehung zu einer Partei (Rz 11–15). Gemäß § 406 I 2 rechtfertigt eine frühere Vernehmung als Zeuge (Vorinstanz, früheres Verfahren) abw von § 41 Nr 5 die Ablehnung nicht. IdR gibt eine frühere Beteiligung als SV ebenso wenig Anlass zu Zweifeln an dessen Unparteilichkeit (Gutachtenerstattung ist nicht Beteiligung am Erlass der Entscheidung iSv § 41 Nr 6, vgl BGH MDR 61, 397; München VersR 94, 704; LSG Saarland Beschl vom 3.12.04, L 5 B 12/04, nv; für das frühere Strafverfahren Köln MDR 90, 1121, 1122, das parallele Strafverfahren BGH MDR 64, 63; Verfahren im einstw Rechtsschutz Nürnbg NJW 78, 954; Tätigkeit in unterschiedlichen Stufen eines Verwaltungsverfahrens BVerwG NuR 07, 754). 9

b) Besorgnis der Befangenheit (§§ 406 I 1, 42). aa) Maßstab. Wie bei der Ablehnung eines Richters kommt es nicht darauf an, dass der SV tatsächlich befangen ist. Vielmehr ist entscheidend, dass aus Sicht des Ablehnenden bei objektiver Wertung ein Grund vorliegt, der geeignet ist, Misstrauen gegen die Unparteilichkeit und Unvoreingenommenheit des SV zu rechtfertigen (stRspr BGH NJW 05, 1869, 1870; 75, 1363; sog parteiobjektiver Maßstab), wobei eine unbewusste Voreingenommenheit ausreicht (Bambg OLG Rsp 1904, 73, 74). Weil für diese Beurteilung die Umstände des Einzelfalles den Ausschlag geben, lassen sich allg Grundsätze kaum ableiten, sondern einzig (nicht abschließende und ineinander übergehende) Fallgruppen ausmachen (s. dazu Rz 11–17, umfangreiche Nachweise zur Kasuistik bei Bleutge). Bei mehreren Rügen ist eine Gesamtschau erforderlich (Kobl MDR 08, 1298; Saarbr OLGR 08, 527; Köln OLGR 04, 290; Jena BauR 04, 1815). 10

bb) Fallgruppen. (1) (Persönliche oder wirtschaftliche) Beziehungen zu einer Partei, (unmittelbares) Eigeninteresse. Zweifel an der Unparteilichkeit können sich aufgrund persönlicher Kontakte (Freund- oder Bekanntschaft, Feindschaft; s. Rz 12) oder wirtschaftlicher Kontakte (Verbundenheit, Konkurrenz; s. Rz 13) des SV zu einer Prozesspartei sowie bei einer früheren Begutachtung für eine Partei (Rz 14) oder unmittelbarem Eigeninteresse des SV (Rz 15) ergeben. Maßgeblich sind die Umstände des Einzelfalls 11

(Saarbr MDR 08, 226), es kommt insb auf die Intensität des konkreten Verhältnisses an (iE Rz 12–15). Auch bei einer wenig ausgeprägten Beziehung kann Voreingenommenheit zu besorgen sein, wenn der SV diese verschweigt (Jena MDR 10, 170) oder »scheibchenweise« **erst auf Nachfrage offen legt** (vgl Celle MedR 07, 229; Karlsr BauR 87, 599). Die Beziehung kann dabei zur Partei selbst oder mittelbar über im Lager stehende Personen bestehen (auch zum Prozessbevollmächtigten BGH NJW-RR 87, 893; Hamm MedR 10, 640, 641 = MDR 10, 653; zum Sohn Frankf OLGR 08, 784). UU kann sich die Besorgnis der Befangenheit auch aus einem Kontakt zu nicht am Rechtsstreit beteiligten **Dritten** ergeben (Ddorf NJW-RR 97, 1428: Privatgutachten für andere Erwerber desselben Haustyps im selben Baugebiet; Frankf NJW 83, 581: mehrere Erwerber von Eigentumswohnungen), s.a. Rz 16.

12 Je intensiver das Näheverhältnis zwischen einer Prozesspartei und dem SV erscheint, desto eher ist dessen Befangenheit zu besorgen. Noch **keine Zweifel an der Unparteilichkeit** sind **bei bloßer Bekanntschaft oder rein kollegialer Zusammenarbeit** anzumelden (Celle MDR 07, 105: Lehrer-Schüler-Verhältnis vor 30 Jahren; krit *Rumler-Detzel* VersR 99, 1209). Auch die gemeinschaftliche Mitwirkung an Studien, Publikationen und Tagungen sowie die Mitgliedschaft in derselben Fachgesellschaft oder Kammer erscheint in Wissenschaft und Praxis selbstverständlich und bewirkt für sich genommen keine Voreingenommenheit (Ddorf MedR 05, 42, 43; Kobl ArztR 05, 52; München NJW-RR 07, 575 f = MedR 07, 359, 360; ZIP 11, 1983). Treten aber Anhaltspunkte einer **engeren beruflichen, akademischen oder privaten Beziehung** hinzu, lässt sich die **Befangenheit** begründen (Jena MDR 10, 170: Lehrer-Schüler-Verhältnis; Celle MedR 07, 229: kollegiales „Duz-Verhältnis"; Schlesw SchlHA 97, 42: Mitgliedschaft im selben Facharbeitskreis, zweifelnd St/J/*Leipold* § 406 Rn 15; Köln VersR 93, 72, 73: Promotionsverhältnis). Entspr gilt bei **Feindschaft** oder Spannungen (Naumbg MedR 99, 183 f; Köln NJW 92, 762; München VersR 68, 207). Berechtigte Gegenwehr und Kritik aber darf der SV unbefangen üben (Ddorf BB 75, 627; s.a. Rz 17). Bei zurückliegenden Kontakten kommt es darauf an, ob daraus fortwirkende Umstände wie eine Freund- oder Feindschaft resultieren (vgl BVerfG NJW 04, 3550).

13 Auch bei **wirtschaftlichen Beziehungen** kommt es auf die Intensität des Verhältnisses zwischen SV und Prozesspartei an. Der Verdacht der **Parteilichkeit** drängt sich geradezu auf **bei** einem direkten **Anstellungs- oder Weisungsverhältnis** (zB RGZ 66, 53: Stadtverordneter der bekl Gemeinde; Stuttg OLGR 08, 618: Chefarzt eines Lehrkrankenhauses des bekl Universitätsklinikums; umgekehrt ist der SV als Vorgesetzter des Bekl nicht zwingend befangen, Karlsr FamRZ 91, 965). Bereits differenzierter zu sehen sind aber entgeltliche Tätigkeiten und Geschäftsbeziehungen iwS (zur privatgutachterlichen Vortätigkeit Rz 14). Umfangreiche gegenseitige Patientenüberweisungen lassen Befangenheit besorgen (Oldbg MedR 07, 716; Frankf MedSach 05, 173; aA Karlsr NJW 84, 1413), ebenso ein länger andauerndes Patientenverhältnis einer Partei zum SV (Rostock VersR 96, 124). Gleichwohl berechtigt **nicht jede entgeltliche Tätigkeit** zur **Ablehnung** des SV, vielmehr ist eine gewisse wirtschaftliche Abhängigkeit des SV nötig (Stuttg OLGR 08, 618; München MDR 98, 858: exklusiver Ersatzteilbezug). Daran fehlt es zB bei »losen« Kontakten iRe nebenberuflichen Lehrtätigkeit (Oldbg VersR 09, 238) oder bei einmaliger Krankenbehandlung einer Partei (Köln VersR 92, 517). Besonders **schwierig** zu beurteilen sind **mittelbare Beziehungen** des SV zu einer Prozesspartei, bspw wenn der SV bei dem bekl Bundesland dienstverpflichtet ist – zB als Hochschullehrer oder Verwaltungsbediensteter. Die Rspr weist hier keine einheitlichen Linien auf: Einige Gerichte lassen die bloße organisatorische Einordnung zur Annahme der Befangenheit des SV genügen (Hambg MDR 83, 412; München MDR 02, 291: wegen „sublimer Formen der Rücksichtnahme"; wohl auch Naumbg GesR 10, 203, 206), zT sogar bei beruflichem Verhältnis des SV zu Dritten – etwa wenn nicht das Land als Dienstherr des SV bekl ist sondern eine Universitätsklinik dieses Landes, bei welcher der SV selbst nicht tätig ist (Nürnbg MDR 06, 469; anders nunmehr MedR 11, 665). Dem ist entgegenzuhalten, dass allein aus der Einbindung einzelner Beschäftigter in eine abstrakt-komplexe Organisationsstruktur grds kein befangenheitsbegründendes Näheverhältnis erwächst (*Voigt* MedR 10, 510, s.a. Bayerlein/*ders.* § 20 Rn 17). Über die bloße Einbindung iwS hinaus sind für eine Ablehnung des SV daher **weitere Hinweise auf Parteilichkeit zu fordern** – etwa Weisungsabhängigkeit, konkrete Berührungspunkte des SV zum bekl Fachbereich (OVG Berlin NJW 70, 1390; Stuttg OLGR 08, 618: SV als Chefarzt einer Klinik der bekl Universitätsklinik) oder zusätzliche individuelle Umstände (BVerwG NVwZ 98, 634, 635). Eine bloße Beziehung zu Dritten – etwa derart, dass der SV in einem anderen Lehrkrankenhaus derselben Universität wie das bekl Klinikum tätig ist – reicht für eine Ablehnung nicht aus (Stuttg OLGR 08, 617: Befangenheit nur bei Gefahr der Rufschädigung beider Häuser oder besonderer Kollegialität; Stuttg MedR 10, 510, 511 = VersR 10, 499, 500; Nürnbg MedR 11, 665; ähnl Köln Ges 11, 606). Steht der SV oder sein Dienstherr in einem **Konkurrenz-**

verhältnis zu einer Partei, begründet dies Zweifel an seiner Unbefangenheit (vgl BGH GRUR 02, 369; Kobl OLGR 01, 141; Köln Rpfleger 90, 88). Eine bloße Tätigkeit in derselben Branche genügt hingegen nicht (München MDR 89, 828; Ddorf JurBüro 80, 284).

Eine **(vorherige) außergerichtliche (Privat-)Begutachtung** (im Auftrag einer Partei oder ihrer Versicherung) durch den SV (nicht dessen Schüler, Schlesw SchlHA 79, 23) **in derselben Sache** trägt idR eine Ablehnung (BGH NJW 72, 1133 f) und zwar auch bei vormaligem Einverständnis des Gegners (Oldbg NdsRpfl 97, 29). Anderes gilt bei Begutachtung iR einer Tätigkeit bei einer Gutachterkommission und Schlichtungsstelle bei einer (Landes-)Ärztekammer (Braunschw MedR 90, 356: wegen Neutralität; Frankf GesR 10, 545) oder Abgabe eines Schiedsgutachtens (Ddorf NJW-RR 00, 1335); zum Gerichts- oder Verwaltungsverfahren s. Rz 9. IdR auch keine Befangenheit bei Begutachtung **in anderer Sache** (zB Rostock OLGR 02, 79; Kobl NJW-RR 92, 1470; Karlsr VersR 73, 865), selbst bei häufiger Tätigkeit für einen Versicherer, solange der Gutachter wirtschaftlich unabhängig bleibt, was aber krit zu hinterfragen ist (vgl Köln VersR 92, 849, 850; Celle NJW-RR 96, 1086, 1187; VersR 03, 1593; Nürnbg JurBüro 81, 776 zu ständigem Auftragsverhältnis; s.a. Rz 13); anders uU im Falle des Verschweigens (Karlsr BauR 87, 599). Erst Recht kann die Annahme eines einseitigen Auftrags einer Partei nach Ernennung durch das Gericht eine Ablehnung rechtfertigen (Ddorf MDR 05, 474 auch bei »bloßer Fotodokumentation«). 14

Eine Ablehnung kommt ebenso in Betracht bei einem **(unmittelbaren) eigenen Interesse** des SV am Ausgang der Begutachtung (vgl Köln NJW 92, 762; Naumbg MedR 99, 183; Stuttg NJW-RR 10, 412, 414: Hersteller des mangelbehafteten Kfz). Die bloße Mitgliedschaft des SV in einem Hausbesitzer- oder Mieterverein lässt auf ein solches Eigeninteresse in einem Mieterhöhungsprozess nicht schließen (LG München I WuM 82, 303). 15

(2) **Kontakte iRd aktuellen Begutachtung und deren Vorbereitung.** Auch das aktuelle Verhalten des SV iRv Ermittlungen oder Untersuchungen kann Anlass zu Zweifeln an seiner Unparteilichkeit geben. Von besonderer Relevanz sind Kontakte zu den Parteien oder zu in deren Lager stehenden Personen, zB zu Angestellten (vgl Hamm MDR 73, 144) oder Geschäftspartnern (Köln MDR 11, 507; Frankf MDR 10, 652). Auch der Kontakt zum Gericht unter Ausschluss der Parteien kann zur Besorgnis der Befangenheit führen. **Einseitiger Kontakt des SV mit einer Partei** führt in aller Regel zum Verdacht der **Parteilichkeit**. Stattdessen ist auf eine gleichmäßige, ggf ausgleichende Information der Parteien zu achten (Offenlegung ggü dem Gericht und im Gutachten kann genügen, Brandbg MedR 03, 509, krit Köln MDR 11, 507, 508). Eine Ablehnung tragen kann etwa die Durchführung einer **Orts- und Sachbesichtigung** in Anwesenheit nur einer Partei, wenn die andere nicht benachrichtigt und ihr keine Gelegenheit zur Teilnahme gegeben wurde (§ 357, Grundsatz der Parteiöffentlichkeit; BGH NJW 75, 1363; Saarbr MDR 11, 1315, 1316; Karlsr MDR 10, 1148; Kobl VersR 10, 647, 648; Jena MDR 00, 169; München NJW-RR 98, 1687). Ebenso die Weigerung, zu einem gemeinsamen Ortstermin den sachkundigen Berater einer Partei zuzulassen (Ddorf MDR 79, 409; zu Ausn bei körperlicher Untersuchung aber Köln MedR 10, 879). Auch einseitige Gespräche, Anrufe oder Schreiben, die nicht nur Formalien wie etwa Terminabsprachen sind, sondern die Sache selbst betreffen, legen Befangenheit nahe (Dresd VersR 07, 86; Hamm MDR 73, 144; großzügiger Ddorf NJW-RR 86, 740; s. aber auch Ddorf BB 72, 1248 zum Gutachterausschuss nach §§ 192 ff BauGB, dazu o. Rz 4; zulässig bzgl Kostenvorschuss Frankf FamRZ 89, 410). Auch die Mitnahme des SV im Kfz einer Partei (Karlsr Justiz 80, 79) sowie eine nicht offen gelegte Beschaffung von **Unterlagen** oder Material für das Gutachten oder des Untersuchungsgutes bei einer Partei begründen Befangenheit (Stuttg MDR 11, 190; Kobl VersR 77, 1133). Kein Parteilichkeitsverdacht besteht aber bei Bitte um Übersendung eines Arztberichts (Zweibr NJW-RR 01, 1149), bei beidseitiger Unterlagenanforderung und Mitteilung im Gutachten (Köln BauR 02, 1284) oder einseitiger Überbringung des Beweisstücks in Gegenwart des Gegners (Hambg MDR 86, 153). Die Nichtwahrnehmung eines vereinbarten Ortstermins kann die Befangenheit begründen, wenn dies allein aufgrund der Erklärungen einer Partei und ohne Rücksicht auf drohende Beweisvereitelung erfolgt (AG Kassel WuM 93, 415). **Einschränkungen** ergeben sich durch die Betroffenheit von Persönlichkeitsrechten (grds nicht für Geschäftsgeheimnisse s. § 404a Rz 12, § 407a Rz 13). So gebietet der Schutz der Intimsphäre bei **körperlichen Untersuchungen** die Abwesenheit Dritter (Frankf MDR 10, 652; München VersR 06, 1709; Hamm MedR 04, 60; Köln NJW 92, 1568 f; auch bei zahnärztlichen Untersuchungen Brandbg MedR 03, 509; zur Beiziehung von Krankenunterlagen Brandbg MedR 03, 509; Zweibr NJW-RR 01, 1149). Die Besorgnis der **Befangenheit** ist im Allg **nicht begründet**, wenn der SV die Hinzuziehung beider Parteien für entbehrlich erachtet (zB KG BauR 11, 1217 – red LS: Ortsbesichtigung; Stuttg NZV 96, 323: vorbereitende Besichtigung des Unfallorts mit sachbearbeitendem Polizeibeamten; Kobl OLGZ 77, 109: Einzel- 16

termin bei langfristigen Reihenuntersuchungen; Saarbr JurBüro 98, 499: gerichtlich genehmigte Messung von Lärmbeeinträchtigungen; vgl auch Köln BauR 02, 1284: Hinweis an anwesende Partei, dass eine Gefährdung besteht, hier Standsicherheit eines Gebäudes). Sämtliche Informationen, die das **Gericht** erhält, sollten grds auch die Parteien bekommen und auch kein anderer Eindruck erweckt werden (zB durch Besprechung mit dem SV im Beratungszimmer zur Vorbereitung eines Vergleichsvorschlags, vgl St/J/*Leipold* § 406 Rn 38; abw Stuttg NJW-RR 96, 1469). Zur Bestimmung durch das Gericht s. § 404a IV.

17 **(3) Gutachten.** Auch das Gutachten oder seine Erläuterung im Prozess kann den Verdacht der Parteilichkeit erwecken. Dies kann sich ergeben etwa aus **sprachlichen Entgleisungen und unsachlichen Reaktionen** (BGH NJW 81, 2009; Saarbr NJW-RR 08, 1087; Jena MDR 08, 164; Hamm MedR 10, 640, 641 = MDR 10, 653: Unterstellung von »Ignoranz, Inkompetenz oder Vorsatz«; Kobl NJW-RR 09, 1653, 1654: Unterstellung einer »willentlichen Täuschung des Gutachters«; München VersR 05, 1709, 1610: »Leidensweg der Patientin«; Köln MDR 02, 53: Einwendungen gegen Gutachten seien »rüpelhaft« und »flegelhaft«; Schlesw OLGR 02, 463: Parteivortrag sei »Märchenstunde«; Nürnbg VersR 01, 301: »mangelnde Einsicht« und »Unfähigkeit zur selbstkritischen Kooperation«; Zweibr NJW 98, 912: unbesehene Abqualifizierung eines angekündigten Privatgutachtens als Gefälligkeitsgutachten; zw Hamm FamRZ 10, 1265, 1266: keine Ablehnung bei Äußerung, Partei habe sich »in aggressiver Weise« rechtlich durchgesetzt). Neben dem Gutachten(vortrag) können diese auch in der Stellungnahme zum Ablehnungsantrag enthalten sein und Befangenheit bedeuten (s. Brandbg MDR 09, 288; KG VersR 09, 566: »Unverschämtheit«). Abzugrenzen sind aber berechtigte Kritik und Mitteilungen des SV, dass er sich beleidigt fühlt und verärgert ist (Frankf BauR 08, 1499), solange ihre Art und Weise einen Ablehnungsantrag nicht provoziert (Hamm MedR 10, 640 = MDR 10, 653: Angemessenheit als Kriterium; Ddorf MDR 08, 104: unsachliche und diskreditierende Kritik; Frankf OLGR 09, 574). Trotz Ablehnung kann das zuvor erstattete Gutachten verwertbar bleiben (BGH MDR 07, 1213 = NJW-RR 07, 1293). Auch **einseitige Sachverhaltswürdigung** zeugt von Parteilichkeit (Karlsr IBR 08, 639; Kobl MDR 08, 1298; Saarbr OLGR 08, 527; Saarbr MedR 07, 484, 485; Nürnbg VersR 01, 391; München NJW 92, 1569). Dies schließt die Äußerung von Zweifeln am Parteivortrag nicht grds aus (München OLGR 01, 352), genauso wenig eine deutliche und für den Laien verständliche Beantwortung der Beweisfrage (Saarbr MDR 05, 648: »kein seriöser Wirbelsäulenchirurg«; LG Erfurt BauR 99, 1331: Bezeichnung der Bauausführungen als »Schande, die jeglicher Beschreibung spottet« usw, wenn mit exakten Messungen und Feststellungen entspr begründet). Zu Fehlern bei den zugrunde zu legenden Anknüpfungstatsachen s.u. inhaltliche Fehler. Der SV darf in Bezug auf einen bereits feststehenden Sachverhalt Auskünfte einholen und Unterlagen anfordern (s. Rz 16 u. § 404a Rz 5–7; Bambg VersR 09, 1427; Celle BauR 08, 1187). Auch eine **Abweichung vom Gutachtenauftrag kann** eine Ablehnung rechtfertigen (Rostock BauR 11, 569 – LS; Saarbr NJW-RR 08, 1087; Frankf GesR 06, 217 f; Celle NJW-RR 03, 135: Überschreitung des Begutachtungsauftrags ohne Bemühung um Ergänzung der Beweisfrage; München VersR 08, 944: Hinweis des SV im Zahnarzthaftungsprozess auf Aufklärungs- und Einwilligungsmängel ohne entspr Gutachtenauftrag; Bambg MedR 93, 351, 352: Umformulierung des Beweisthemas bei Übergehung von Parteivortrag; Köln NJW-RR 87, 1198: SV prüft Schlüssigkeit und Erheblichkeit des Parteivortrags mit dem Ergebnis, auf die Beweisfrage komme es nicht an), **muss** aber **nicht** (Dresd MedR 10, 314: über Behandlungsfehler hinaus auch Aufklärungsmängel untersucht; Frankf OLGR 08, 440; München NJW-RR 07, 575 f = MedR 07, 359, 360: bei umfangreichem und komplexem Verfahren macht erst gezielte Missachtung oder Überschreitung befangen). Jedoch darf und ggf muss der SV, wenn das Gericht nicht ausreichend sachkundig ist, über eine zu enge Befragung hinaus seine Aussage spontan erweitern (BGH VersR 82, 168 zu einem Arzthaftungsfall). Solange **inhaltliche Mängel und Fehler** nicht bereits Aufnahme und Auswertung des Sachverhalts in objektiv wichtigen Punkten betreffen (dann: Ablehnung, Karlsr VersR 10, 498, 499), begründen sie grds nicht den Verdacht der Befangenheit, da sie nicht die Unparteilichkeit betreffen (BGH NJW-RR 11, 1555; NJW 05, 1869, 1870: mangelnde Sorgfalt bei den Anknüpfungstatsachen; München MedR 11, 281 – red LS: Vorrang der §§ 411 III, 412 I; MedR 07, 359, 360; Celle BauR 08, 1187; Jena MDR 06, 1011: mangelnde Sachkunde wegen unzulässiger Delegation, ggf kommt eine Entpflichtung nach § 408 I 2 in Betracht; Nürnbg MDR 02, 291; Karlsr MDR 94, 725: Äußerungen zu Rechtsfragen, dazu vor §§ 402 ff Rz 1). Genauso wenig rechtfertigt eine **Verzögerung** des Gutachtens eine Ablehnung wegen Befangenheit (Brandbg NJW-RR 01, 1433) und auch nicht eine vermeintlich zu hohe Vergütungsforderung (München Rpfleger 80, 303). Zur Besorgnis der Befangenheit wegen einer früheren Vernehmung des SV s. Rz 9.

3. Verlust des Ablehnungsrechts. Im Falle des § 404 IV verzichten die Parteien auf bis zur Einigung bekannte Ablehnungsgründe (BGH NJW-RR 06, 1312 = VersR 06, 1707). Ein einseitiger Verlust ist hinsichtlich bekannter Gründe durch Erklärung, es bestünden keine Einwände (Köln VersR 93, 1502) und rügelose Verhandlung zur Sache (auch § 285) möglich (Präklusion entspr § 43, Köln MedR 09, 735 = VersR 09, 1287; Ddorf MDR 94, 620). Zum Verlust durch Zeitablauf s. Rz 21. Zur Verwirkung, wenn derselbe Ablehnungsgrund nicht bereits ggü zuvor gehörten SV geltend gemacht wurde, Köln Ges 11, 606. 18

II. Geltendmachung (Abs 2 und 3). 1. Antragserfordernis und -berechtigung. Die ZPO kennt weder eine Ausschließung von SV kraft Gesetzes, also keine Berücksichtigung vAw, noch kann das Gericht den SV oder der SV sich selbst ablehnen. Das Gericht kann aber grds ohne Angabe von Gründen einen SV entlassen und einen neuen ernennen, §§ 404 I 3, 360; 408 I 2, zum Gutachtenverweigerungsrecht des SV s. § 408. Sowohl Ausschließungsgründe als auch die Besorgnis der Befangenheit müssen in einem Ablehnungsantrag durch einen Ablehnungsberechtigten geltend gemacht werden. Ablehnungsberechtigt sind die Parteien; zum Streitgenossen s. §§ 61 f, zum Streithelfer BGH NJW-RR 06, 1312 = VersR 06, 1707; zum Insolvenzverwalter Köln ZIP 90, 58: soweit in eigener Rechtsstellung betroffen. 19

2. Antragstellung. a) Antragsstellung ist Prozesshandlung (s. § 128, kein Anwaltszwang, Abs 2 S 3, § 78 III). Anbringung beim Prozessgericht und zwar auch, wenn die Vernehmung durch einen beauftragten oder ersuchten Richter erfolgt. Jedoch ist der Antrag bei Ernennung durch einen solchen nach § 405 an diesen zu richten. **b)** Die Ablehnungsgründe sind glaubhaft zu machen (Abs 3, § 294). 20

3. Frist. Der Ablehnungsantrag ist nach der Ernennung (Karlsr VersR 10, 498) und grds vor Beginn der Vernehmung, Abs 2 S 1 Hs 1, spätestens jedoch in der Zwei-Wochen-Frist des Abs 2 S 1 Hs 2 anzubringen, im Falle schuldloser Verhinderung auch danach möglich, Abs 2 S 2. Für Fristbeginn genügt Zustellung des Ernennungsbeschlusses an die ablehnende Partei; bei unterlassener oder fehlerhafter, unwirksamer Zustellung genügt sonstige Kenntniserlangung (§ 189). Der Antragsteller muss mit der Ablehnung glaubhaft machen (§ 294, Abs 3 gilt nicht), dass er ohne sein Verschulden (einfache Fahrlässigkeit genügt) verhindert war, den Ablehnungsgrund früher geltend zu machen, sei es weil der Ablehnungsgrund erst später entstanden ist oder weil er der Partei etc erst später bekannt geworden ist. Eine Nachforschungspflicht besteht nur ausnahmsweise (BGH NJW 09, 84), konkreten Anhaltspunkten muss aber nachgegangen werden (Celle JurBüro 05, 558). Eine Ablehnung erst im Hauptsacheprozess nach Erhebung des Sachverständigenbeweises im selbstständigen Beweisverfahren ist idR unzulässig (Köln VersR 93, 1502; s.a. § 411 Rz 31). Der Streithelfer kann einen SV im Hauptsacheverfahren ablehnen, wenn dies für ihn im selbstständigen Beweisverfahren nicht möglich war (BGH NJW-RR 06, 1312 = VersR 06, 1707). Ergeben sich die Gründe, auf die die Ablehnung gestützt wird, aus dem **Gutachten selbst**, so liegt ein Fall der unverschuldeten Verhinderung iSd Abs 2 S 2 vor. Die Ablehnungsgründe müssen dann unverzüglich (§ 121 I 1 BGB) angebracht werden (Bambg VersR 09, 1427, 1428). Muss die Partei sich für die Begründung des Antrags mit dem **Inhalt des Gutachtens** auseinandersetzen, so läuft die Frist zur Ablehnung gleichzeitig mit der vom Gericht zur Stellungnahme nach § 411 IV gesetzten Frist ab (BGH NJW 05, 1869 m umfangreichen Nachw zur überwiegend abw obergerichtlichen Rspr; Bremen MDR 10, 48; Nürnbg MedR 09, 413: Saarbr OLGR 08, 269; Saarbr MedR 07, 484; aA Zö/*Greger* § 406 Rn 11; differenzierend Bambg VersR 09, 1427, 1428; Stuttg OLGR 04, 383). 21

III. Entscheidung (Abs 4). 1. Recht zur Stellungnahme. Mündliche Verhandlung ist fakultativ § 128 IV, s. dort Rz 27. Anhörungen sind dann geboten, wenn Rechte eines Beteiligten betroffen sind, iÜ möglich und oft sinnvoll. Der SV hat kein Recht auf Gehör, aber ausnahmsweise dann ein Recht zur Stellungnahme, wenn dies zur Prüfung des Antrags erforderlich ist oder sein Persönlichkeitsrecht oder seine berufliche Tätigkeit betroffen ist (vgl RG JW 1899, 303; Zö/*Greger* § 406 Rn 12a; stets eine Anhörung verlangend Kobl NJW 77, 395 – LS = OLGZ 77, 375 unter Hinweis auf § 44 III; Karlsr OLGZ 84, 104; St/J/*Leipold* § 406 Rn 61; grds nur fakultativ MüKoZPO/*Zimmermann* § 406 Rn 11; B/L/A/H § 406 Rn 28); bei Infragestellung seines Honoraranspruchs Anhörung grds nur im Festsetzungsverfahren (keine Bindungswirkung s. § 413 Rz 7). Sind bereits Kosten entstanden, so wird eine Anhörung aller Betroffenen idR zweckmäßig sein. Dem Antragsgegner ist vor einer stattgebenden Entscheidung stets Gelegenheit zur Stellungnahme zu gewähren (Zö/*Greger* § 406 Rn 12a; St/J/*Leipold* § 406 Rn 60; aA MüKoZPO/*Zimmermann* § 406 Rn 11). Auf Äußerungen ist entspr Recht zur Stellungnahme oder Erwiderung zu gewähren. 22

23 **2. Entscheidung.** Zur Zuständigkeit s. Rz 20. Die Entscheidung ergeht durch (zu verkündenden oder der ablehnenden Partei förmlich zuzustellenden, § 329 III) Beschl zeitlich vor dem Urt (nicht in Urteilsgründen, KG MDR 09, 946; Schlesw MDR 01, 711). Auch offensichtlich unzulässige Anträge müssen beschieden werden (nicht aber zusätzlich rechtsmissbräuchliche BayObLG FamRZ 88, 213).

24 **3. Rechtsfolgen erfolgreicher Ablehnung.** Ein erfolgreich abgelehnter SV darf nicht als Gutachter vernommen, ein bereits erstattetes Gutachten nicht verwertet werden (zur Ausnahme bei provoziertem Ablehnungsgrund – Streitbeitritt – BGH MDR 07, 1213 = NJW-RR 07, 1293). Bei Fortbestehen der allg Voraussetzungen (s. § 403) ist ein neuer SV zu ernennen. Zum Vergütungsanspruch s. § 413 Rz 4–6. Eine Vernehmung als (sachverständiger) Zeuge bleibt unberührt (s. § 414 Rz 3).

25 **IV. Rechtsbehelfe (Abs 5).** Rechtsbehelfe sind verschieden, je nachdem, ob der Ablehnung entsprochen oder ob sie zurückgewiesen wird. Zum Nachschieben von Gründen vgl MüKoZPO/*Feiber* § 46 Rn 4. Dem SV steht die Beschwerde nicht zu (hinsichtlich der Vergütung s. § 413 Rz 7).

26 **1. Stattgabe.** Wird der Ablehnung entsprochen, findet nach dem Gesetzeswortlaut kein Rechtsmittel (des Gegners der ablehnenden Partei) statt. Eine Anhörungsrüge nach § 321a ist nach § 321a I 2 ausgeschlossen.

27 **2. Zurückweisung.** Ist die Ablehnung erfolglos, ist je nach Gericht und Instanz die sofortige Beschwerde statthaft (Abs 5; § 567 I Nr 1; dagegen bei Zulassung im Beschl über die Beschwerde: Rechtsbeschwerde zum BGH, § 574 I Nr 2 (III, II); sonst kein Rechtsmittel, BGH NJW-RR 05, 294 = MDR 05, 409) oder bei Zulassung in der angefochtenen Entscheidung die Rechtsbeschwerde (§ 574 I Nr 2); keine Beschwerde im arbeitsgerichtlichen Verfahren (§ 49 III ArbGG analog, BAGE 127, 173 = NJW 09, 935). Gegen die Entscheidung des beauftragten oder ersuchten Richters (§ 405) ist Anrufung des Prozessgerichts nach § 573 I (Erinnerung) vorgeschaltet; dagegen sofortige Beschwerde (§ 573 II, 574 ff).

28 **3. Sonstige Behandlung.** Entscheidet das Gericht nicht über die Ablehnung, so liegt ein Verfahrensfehler vor, der mit dem Rechtsmittel gegen das Urt angefochten werden kann. Wird (unzulässig) im Urt über den Ablehnungsantrag entschieden, so ist dies nur entspr der gebotenen Entscheidung durch Beschl (dh nur bei Zurückweisung, s.o.) anfechtbar, jedoch mit dem Rechtsmittel gegen die Endentscheidung (Verfahrensfehler; BSG MDR 76, 83). Kommt es nicht zu einer Ablehnung, können dem Gericht bekannte Gründe immer noch bei der **Beweiswürdigung** zu berücksichtigen sein bis hin zur Unverwertbarkeit, ggf § 412 (vgl RGZ 43, 402; 64, 43; BGH NJW 81, 2009; BSG NJW 93, 3022).

29 **C. Kosten/Gebühren. I. Gericht.** Ablehnungsantrag: Das Verfahren gehört zur Instanz und ist daher gebührenfrei. Beschwerdeverfahren: KV-GKG 1812; Rechtsbeschwerde: KV-GKG 1826; Ermäßigung: KV-GKG 1827. Der Wert des Beschwerdegegenstandes richtet sich nach dem Streitwert der Hauptsache, s.a. § 3 II, so zum Richterablehnungsverfahren BGH NJW 68, 796.

30 **II. RA.** Nach § 19 I 2 Nr 3 RVG zum Rechtszug gehörender Zwischenstreit.

31 **III. RA als Beistand des SV.** Wie für einen Prozessbevollmächtigten (Vorbem 3 I VV-RVG), allerdings nur aus dem Wert des Zwischenstreits (s. § 3 Rz 31).

§ 407 Pflicht zur Erstattung des Gutachtens.

(1) Der zum Sachverständigen Ernannte hat der Ernennung Folge zu leisten, wenn er zur Erstattung von Gutachten der erforderten Art öffentlich bestellt ist oder wenn er die Wissenschaft, die Kunst oder das Gewerbe, deren Kenntnis Voraussetzung der Begutachtung ist, öffentlich zum Erwerb ausübt oder wenn er zur Ausübung derselben öffentlich bestellt oder ermächtigt ist.

(2) Zur Erstattung des Gutachtens ist auch derjenige verpflichtet, der sich hierzu vor Gericht bereit erklärt hat.

1 **A. Normzweck.** Der SV ist regelmäßig austauschbar, so dass es keiner allg Pflicht zur Erstattung von Gutachten bedarf. Die ZPO sieht deshalb eine Pflicht nur für bestimmte Personengruppen kraft beruflicher Stellung (Abs 1) und diejenigen vor, die sich zur Erstattung bereit erklärt haben (Abs 2). Zum Verweigerungsrecht s. § 408; zu möglichen Folgen einer unberechtigten Weigerung s. § 409; vgl a. § 411 II. Die Verpflichtung ist Voraussetzung für Sanktionen. §§ 407, 407a gelten für öffentlich bestellte und nicht öffentlich

bestellte SV grds gleichermaßen, für erstere sind zusätzlich zu den gerichtlichen Sanktionen aufsichtsrechtliche Konsequenzen möglich.

B. Einzelerläuterungen. I. Abs 1. Zu öffentlich bestellten SV s. § 404 Rz 10. Eine Wissenschaft etc wird dann öffentlich ausgeübt, wenn die Ausübung dem Publikum ggü erfolgt (RGZ 50, 391). Diese muss dem Erwerb dienen, dh nicht unentgeltlich aus Liebhaberei oder Idealismus. Ob selbstständig, für eigene Rechnung oder gegen Entgelt, in fremdem Geschäftsbetrieb, ist ohne Bedeutung (RGZ 50, 391). Der Begriff des Gewerbes entspricht dem in §§ 383 I Nr 6, 384 Nr 3. Zur Ausübung öffentlich bestellt oder ermächtigt sind zB approbierte Ärzte, Professoren, Dozenten und Lehrer, Rechtsanwälte sowie alle, die zu einem einer Konzession bedürfenden Beruf ermächtigt sind. Auf eine aktive Berufsausübung kommt es nicht an (also auch emeritierte Professoren, pensionierte Amtsärzte). Für Richter, Beamte etc ist § 408 II zu beachten. 2

II. Abs 2, Bereiterklärung. Diese kann allg erfolgen (St/J/*Leipold* § 417 Rn 5; B/L/A/H § 407 Rn 6; wohl auch Zö/*Greger* § 407 Rn 5; aA MüKoZPO/*Zimmermann* § 407 Rn 3; Musielak/*Huber* § 407 Rn 2 mit Wortlautargument) oder für den konkreten Fall. Entspr den allg Regeln genügt bloßes Schweigen auf ein gerichtliches Ersuchen nicht, wohl aber Entgegennahme durch Erscheinen auf Ladung oder Vergleichbares ohne Widerspruch (zweifelnd Musielak/*Huber* § 407 Rn 2). 3

§ 407a Weitere Pflichten des Sachverständigen. **(1) [1]Der Sachverständige hat unverzüglich zu prüfen, ob der Auftrag in sein Fachgebiet fällt und ohne die Hinzuziehung weiterer Sachverständiger erledigt werden kann. [2]Ist das nicht der Fall, so hat der Sachverständige das Gericht unverzüglich zu verständigen.**
(2) [1]Der Sachverständige ist nicht befugt, den Auftrag auf einen anderen zu übertragen. [2]Soweit er sich der Mitarbeit einer anderen Person bedient, hat er diese namhaft zu machen und den Umfang ihrer Tätigkeit anzugeben, falls es sich nicht um Hilfsdienste von untergeordneter Bedeutung handelt.
(3) [1]Hat der Sachverständige Zweifel an Inhalt und Umfang des Auftrages, so hat er unverzüglich eine Klärung durch das Gericht herbeizuführen. [2]Erwachsen voraussichtlich Kosten, die erkennbar außer Verhältnis zum Wert des Streitgegenstandes stehen oder einen angeforderten Kostenvorschuss erheblich übersteigen, so hat der Sachverständige rechtzeitig hierauf hinzuweisen.
(4) [1]Der Sachverständige hat auf Verlangen des Gerichts die Akten und sonstige für die Begutachtung beigezogene Unterlagen sowie Untersuchungsergebnisse unverzüglich herauszugeben oder mitzuteilen. [2]Kommt er dieser Pflicht nicht nach, so ordnet das Gericht die Herausgabe an.
(5) Das Gericht soll den Sachverständigen auf seine Pflichten hinweisen.

A. Normzweck. Die durch das RPflVereinfG eingefügte Vorschrift konkretisiert die Pflichten des SV (Abs 1–4) und enthält eine korrespondierende Hinweispflicht des Gerichts (Abs 5, s.a. § 404a). Bei (zu vertretenden) Pflichtverletzungen kann der SV seinen Vergütungsanspruch verlieren, s. dazu § 413 Rz 4 f, zudem kann er schadensersatzpflichtig sein, s. dazu vor §§ 402 ff Rz 16 f. Die Prüfungs- und Mitteilungspflicht des Abs 1 dient der Vermeidung von Verzögerungen und Kostensteigerungen durch die Einholung weiterer notwendiger Gutachten. Das Gericht (und eben nicht der SV) kann durch Bestellung weiterer oder anderer SV reagieren (§ 404 I 1, 3, ergänzend oder ersetzend). Abs 2 betont die Höchstpersönlichkeit (vgl schon § 404 I 1), ermöglicht aber gleichzeitig die aus praktischen Gründen häufig erforderliche Unterstützung durch Mitarbeiter bei Sicherstellung der ordnungsgemäßen Beweiserhebung durch die Normierung einer Offenlegungspflicht. Das Übertragungsverbot ergibt sich aus der Auswahlpflicht und dem Auswahlrecht des Gerichts (§ 404 I, unter den Voraussetzungen des § 404 IV auch Bestimmung durch die Parteien, ggf § 405). Nur so bleibt die Verantwortung für das Gutachten klar und können die erforderlichen persönlichen und fachlichen Qualifikationen sowie das Vorliegen von Ablehnungsgründen in der Person des (tatsächlichen) Erstellers überprüft werden (vgl aber auch § 406 Rz 5; schon vor der Einfügung des § 407a: Frankf MDR 83, 849). Abs 3 S 1 ist Pendant zu § 404a II und dient der Beschleunigung. S 2 schützt insb die Parteien vor unerwartet hohen Kosten. Die Herausgabe- und Mitteilungspflicht des Abs 4 ermöglicht die Wahrnehmung der Prüfungspflicht des Gerichts und der Prüfungsbefugnis der Parteien. Auch können andere (§§ 404 I 3, 408 I 2, 360), weitere (§ 412) oder mehrere (§ 404 I) SV die Unterlagen zur Gutachtenerstattung benötigen. Zur Pflicht zu Objektivität und Neutralität s. § 406 und § 410. 1

B. Einzelerläuterungen. I. Abs 1. Der SV hat ohne schuldhaftes Zögern (§ 121 I 1 BGB) die Durchführbarkeit des Auftrags in Bezug auf seine Fachkunde zu prüfen (S 1) und das Gericht wiederum unverzüglich 2 zu informieren (S 2). Hierzu kann neben der Lektüre des Beweisbeschlusses ua auch eine kursorische Prüfung der Akten geboten sein (BayVerfGH BayVBl 04, 80). Die Vorschrift gilt entspr in Bezug auf bereits bestehende Ablehnungsgründe (Zö/*Greger* § 407a Rn 1). Zum Vergütungsanspruch hierfür respektive dem Verlust desselben bei Pflichtverletzung s. § 413 Rz 2, 4–6.

3 **II. Abs 2, Höchstpersönlichkeit der Begutachtung. 1. Übertragung – Mitarbeit. a)** Der SV hat das Gutachten eigenverantwortlich zu erstatten. Er ist nicht befugt, die Begutachtung zu übertragen oder sich vertreten zu lassen, darf aber Hilfskräfte hinzuziehen. Er ist befugt, Literatur zu Rate zu ziehen und Auskünfte anderer Sachkundiger einzuholen (BGH VersR 60, 998), muss aber selbst die sachkundige Wertung vornehmen und insgesamt für die Begutachtung erkennbar die volle Verantwortung übernehmen (BGH VersR 78, 1105, 1106; s.a. Rz 1, § 404 Rz 2, 8). Die Mitarbeit anderer Personen darf deshalb über unterstützende Dienste nicht hinausgehen, die wissenschaftliche Auswertung obliegt dem SV (Bremen OLGR 08, 542; vgl Frankf OLGR 07, 586). Der SV muss stets den unverzichtbaren Kern der das Gutachten prägenden Zentralaufgaben selbst wahrnehmen (BSG NZS 04, 559: psychiatrisches Gutachten; s. aber auch BSG GesR 07, 236). Die Einschaltung von Mitarbeitern ist üblich und aus praktischen Gründen wohl auch häufig unumgänglich. Die Grenzziehung zwischen zulässiger unterstützender Mitarbeit (Vorarbeiten) und unzulässiger Delegation der Gutachtenerstattung ist aber auch nach Einfügung des § 407a II schwierig und in der Praxis gerade bei medizinischen Sachverständigengutachten häufig Streitpunkt (s. KG GesR 10, 608; München OLGR 07, 208 = MedR 07, 350 – LS; Karlsr VersR 04, 1121; zum Insolvenzsachverständigen *Hofmann* ZIP 06, 1080).

4 **b)** Im Einzelfall kann es genügen, wenn der SV sich die fremden Ausführungen zu eigen macht und verantwortlich zeichnet. Insoweit genügt aber nicht das bloße Abzeichnen mit »einverstanden« (BVerwG NJW 84, 2645). Ausreichen soll es hingegen, wenn der bestellte SV die wissenschaftliche Auswertung nachvollzieht und sich zu eigen macht (Zweibr VersR 00, 605, 607; Kobl VersR 00, 339 – LS). Häufig kann die sachliche Verantwortlichkeit nur in einer mündlichen Anhörung (§ 411 III) ermittelt oder übernommen werden (vgl Bremen OLGR 08, 542; Frankf OLGR 07, 586; VersR 94, 610), ausnahmsweise in einer schriftlichen Ergänzung. Um eine Umgehung der §§ 404, 407a zu vermeiden, kann auch insoweit ein bloßes »Abnicken« nicht genügen, es muss vielmehr die inhaltliche Durchdringung und Verantwortlichkeit vermittelt werden (BGH VersR 72, 927; BVerwG NJW 84, 2645; Zweibr VersR 00, 605, 607).

5 **2. Offenlegungspflicht.** Eine Mitarbeit ist zulässig, aber offen zu legen, sofern es sich nicht um Hilfsdienste von untergeordneter Bedeutung handelt (wie zB Materialsammlung, Vermessungen oder Schreibarbeiten, s. dazu *Schikora* MDR 02, 1033, 1034).

6 **3. Rechtsfolgen, Heilung, Präklusion, Ausweg. a)** Fehlt die erforderliche Kenntlichmachung der Mitarbeit, so ist das Gutachten nicht verwertbar, es kommt aber eine Heilung gem § 295 in Betracht, ggf Präklusion gem §§ 411 IV, 296.

7 **b)** Ein Gutachten, das nicht (hinreichend verantwortlich) durch den bestellten SV erstellt wurde (§ 404 I) ist unverwertbar. **aa)** Fraglich ist, ob auch insoweit eine Heilung gem § 295 in Frage kommt (bejahend Zweibr VersR 00, 605, 607; NJW-RR 99, 1368) oder Präklusion gem §§ 411 IV (insb S 2) iVm 296 (vgl Kobl VersR 00, 339 – LS). Es wird danach zu differenzieren sein, ob die Grenzen einer an sich zulässigen Mitarbeit überschritten wurden oder aber ein Gutachten derart selbstständig von einem Mitarbeiter erstellt wurde, dass eine Übertragung vorliegt. Dann handelt es sich nicht mehr um ein Gutachten des gerichtlich bestellten Sachverständigen (§ 404 I) und sowohl Heilung über § 295 als auch Präklusion scheiden aus. Die Grenzziehung ist freilich schwierig. **bb)** Ebenfalls in Betracht kommt eine Entlassung des ursprünglich bestellten SV und Ernennung des tatsächlichen Erstellers zum gerichtlichen SV, §§ 412 I, 404 I 3, 360, vgl auch 408 I 2; BGH NJW 85, 1399: auch stillschweigend, aber nicht »heimlich« (rechtliches Gehör, § 360 S 4), nach Erstattung vor Erledigung, § 360 S 2; die Zulässigkeit nach Erstellung bejahend Oldbg GesR 11, 481, 482; BayOblG NJW 03, 216, 218 f; Zweibr VersR 00, 605, 607; aA insoweit BSG NJW 65, 368. Problematisch kann sein, ob der tatsächliche Ersteller (zB Ober- oder Assistenzarzt) über eine ausreichende Qualifikation verfügt, § 404 I. Zur möglichen Verwertung im Wege des Urkundenbeweises s. vor §§ 402 ff Rz 7.

8 **c)** Zum Verlust des Vergütungsanspruch s. § 413 Rz 4–6.

9 **III. Abs 3. 1. Auftragsklärungspflicht (S 1).** Ist der SV im Unklaren hinsichtlich Inhalt und Umfang des ihm erteilten Auftrags, so hat er unverzüglich (§ 121 I 1 BGB) eine Klärung durch das Gericht herbeizufüh-

ren. Dieses ist zur Erteilung entspr Erläuterungen (Weisungen) gem § 404a (und Mitteilung an Parteien) verpflichtet.

2. Kostenwarnungspflicht (S 2). Parteien und Gericht können die voraussichtlich entstehenden Kosten nicht immer ohne Weiteres einschätzen, insb der Zeitaufwand kann zunächst unklar sein, Eingriffe in die zu begutachtende Sache können kostspielig sein. Der Auslagenvorschuss nach §§ 402, 379 (404a II) ist nicht verbindlich. Die Informationspflicht des SV ermöglicht es, das Kostenrisiko abzuschätzen und ggf einen anderen Weg zu wählen oder anzuregen (etwa eine gütliche Einigung, ein weniger aufwendiges Verfahren (zB §§ 278 I, II, 495a), aber auch eine Einschränkung oder Präzisierung des Gutachtenauftrags). Ein Hinweis muss erfolgen, wenn die voraussichtlichen Kosten erkennbar außer Verhältnis zum Wert des Streitgegenstandes stehen oder – was der praktisch häufigere Fall ist – diese den angeforderten Kostenvorschuss erheblich überschreiten. Unter Berücksichtigung der Umstände des Einzelfalls ist ersterer Fall jedenfalls bei Gutachterkosten von mehr als 50 % des Gegenstandswertes zu bejahen (St/J/*Leipold* § 407a Rn 11; MüKoZPO/*Zimmermann* § 407a Rn 11). Eine erhebliche Vorschussüberschreitung bejaht die Rspr ab Mehrkosten von ca 20–25 % (vgl Stuttg MDR 08, 652; Nürnbg OLGR 06, 842; NJW-RR 03, 791; BayObLG NJW-RR 98, 1294; Zweibr JurBüro 97, 96, 97; Celle NJW-RR 97, 1295; Schlesw JurBüro 97, 539). Gemäß § 379 (Anwendbarkeit s. § 402 Rz 2) kann die Beweisaufnahme von der Einzahlung eines weiteren Vorschusses abhängig gemacht werden. 10

3. Folgen einer Pflichtverletzung. Zum Verlust des Vergütungsanspruchs s. § 413 Rz 4–6. 11

IV. Abs 4. 1. Gegenstand der Herausgabe-(/Mitteilungs-)pflicht. Von der Herausgabepflicht umfasst sind dem SV überlassene Gerichtsakten, aber auch vom SV selbst zum Zwecke der Begutachtung beigezogene Unterlagen (zB Krankenunterlagen, Lichtbilder). Zudem sind (eigene) Untersuchungsergebnisse herauszugeben oder mitzuteilen (vgl BTDrs 11/3621, 41), zB Messergebnisse, nicht aber die gesamten Handakten (s.u. Rz 13); die gerade auch auf der besonderen Sachkunde beruhende Autonomie des SV iR seiner Tätigkeit ist zu beachten. 12

2. Grenzen. Soweit Rechte Dritter (insb Persönlichkeitsrechte, Recht auf informationelle Selbstbestimmung), uU auch einer Partei oder des SV selbst entgegenstehen, kann eine Herausgabe nicht verlangt werden; s. zur Problematik auch § 404a Rz 12. Ggf kommt statt Herausgabe eine Mitteilung in Betracht (*Prütting* ZZP 106, 427, 460). Ein Zurückbehaltungsrecht steht dem SV nicht zu. 13

3. Verfahren. Der Herausgabe- und/oder Mitteilungsanordnung (S 2) muss nicht zwingend ein Verlangen nach S 1 vorausgehen. Erstere erfolgt durch Gerichtsbeschluss, der nicht anfechtbar ist (Karlsr NJW-RR 06, 1655 = MDR 07, 236). Zu Kostenfolge und Ordnungsgeld s. § 409. 14

V. Abs 5. 1. Inhalt und Umfang. Die Ausgestaltung der Hinweispflicht des Gerichts ist abhängig vom Einzelfall, bei einem forensisch erfahrenen SV kann sie entbehrlich sein. Sie besteht anlassabhängig nicht nur bei Auftragserteilung, s. § 404a I (dort Rz 1–3). Es kann ein Abdruck des Gesetzestextes ausgehändigt werden. 15

2. Verstöße. Eine Nichtbeachtung der Hinweispflicht stellt als solche keinen Rechtsmittel begründenden Verfahrensfehler dar. Auch ohne Hinweis kommt bei einem Verstoß gegen die Sachverständigenpflichten eine Kürzung oder Aberkennung der Vergütung in Betracht. Soweit ausnahmsweise das gerichtliche Fehlverhalten entspr § 254 BGB zugunsten des SV berücksichtigt wird (St/J/*Leipold* § 407a Rn 23; s.a. Nürnbg OLGR 06, 770; abl MüKoZPO/*Zimmermann* § 407a Rn 23; s.a. § 413 Rz 5), ist an § 21 GKG zu denken (Nichterhebung von Kosten wegen unrichtiger Sachbehandlung). 16

§ 408 Gutachtenverweigerungsrecht.

(1) [1]Dieselben Gründe, die einen Zeugen berechtigen, das Zeugnis zu verweigern, berechtigen einen Sachverständigen zur Verweigerung des Gutachtens. [2]Das Gericht kann auch aus anderen Gründen einen Sachverständigen von der Verpflichtung zur Erstattung des Gutachtens entbinden.

(2) [1]Für die Vernehmung eines Richters, Beamten oder einer anderen Person des öffentlichen Dienstes als Sachverständigen gelten die besonderen beamtenrechtlichen Vorschriften. [2]Für die Mitglieder der Bundes- oder einer Landesregierung gelten die für sie maßgebenden besonderen Vorschriften.

(3) Wer bei einer richterlichen Entscheidung mitgewirkt hat, soll über Fragen, die den Gegenstand der Entscheidung gebildet haben, nicht als Sachverständiger vernommen werden.

1 **A. Normzweck und Systematik.** Das Gutachtenverweigerungsrecht ist für diejenigen SV von Bedeutung, die gem § 407 zur Begutachtung verpflichtet sind, iÜ kann die Begutachtung ohne Angabe von Gründen abgelehnt werden. Abs 1 S 1 verweist bzgl der Gründe (klarstellend) auf die der Zeugnisverweigerung (§§ 383 ff; zur Anwendbarkeit s. § 402 Rz 2 f). Abs 1 S 2 gibt dem Gericht die Möglichkeit, den SV nach Ermessen auch aus anderen Gründen von der Verpflichtung zu befreien. Dem SV steht kein korrespondierendes Recht zu. Abs 2 berücksichtigt die Belange des öffentlichen Dienstes. Abs 3 will die Zuziehung solcher Personen als SV verhindern, die wegen vorheriger Befassung mit der Sache festgelegt und insofern befangen sein könnten. Die Vorschrift gewährt (wie Abs 1 S 2) kein Verweigerungsrecht des SV. Sie ist Sollvorschrift, Entbindung nach Abs 1 S 2, ein Verstoß ist kein Verfahrensfehler (St/J/*Leipold* § 408 Rn 12).

2 **B. Einzelerläuterungen. I. Abs 1 S 1.** Zu den Gründen s. §§ 383 ff, zum Verfahren s. §§ 386 bis 389 (zur Anwendbarkeit jew § 402 Rz 2 f). Das Verfahren erübrigt sich, wenn von der grds jederzeit bestehenden Möglichkeit (s.u.) Gebrauch gemacht wird, nach Abs 1 S 2 oder nach §§ 404 I 3, 360 S 2, 3 zu verfahren. Insoweit ist dann iRd § 405 der beauftragte oder ersuchte Richter zuständig.

3 **II. Abs 1 S 2.** Von der Vorschrift kann etwa dann Gebrauch gemacht werden, wenn es gilt, Härten des Sachverständigenzwangs oder Konflikte mit Berufspflichten auszugleichen, sowie im Fall des Abs 3 (s. Rz 1). Eine Befreiung kommt auch bei fehlender Kompetenz oder Verzögerungen auf Seiten des SV sowie allg zur Vermeidung eines Zwischenstreits in Betracht; grds auch zur Vermeidung eines Ablehnungsverfahrens (§ 406). Rechte der Beteiligten dürfen nicht umgangen werden (s.a. § 404a IV) und die Kostenfolgen (s. § 413) sind zu berücksichtigen. Zur meist erforderlichen Anhörung s. § 360 Rz 9, 4–7.

4 **III. Abs 2.** Betroffen sind zum einen die Amtsverschwiegenheit und das Beratungsgeheimnis (vgl § 67 BBG, § 37 BeamtStG), insoweit hat das Prozessgericht die Genehmigung einzuholen (§ 376 III). Zum anderen sind die Vorschriften über Nebentätigkeiten zu beachten (§§ 64 ff, 97 ff BBG, § 46 DRiG und die entspr Vorschriften der Länder), die Nebentätigkeitsgenehmigung hat der Bedienstete selbst einzuholen.

5 **IV. Abs 3.** Die Vorschrift wurde vornehmlich im Interesse der Beisitzer der Seeämter eingefügt und bezweckt Unvoreingenommenheit (Wieczorek/Schütze/*Ahrens* § 408 Rn 11). Sie gilt daher für Berufsrichter und ehrenamtliche Richter (zB Schöffe; Handelsrichter, §§ 105 ff GVG) aller staatlich geordneten Verfahren, zB vor staatlichen Gerichten und Schiedsgerichten (§§ 1034 f), aber auch Ehren- und Disziplinargerichten. Maßgeblich ist die Beweisfrage, nicht der Sachverhalt. Soweit das Beratungsgeheimnis greift, gilt schon Abs 2.

6 **V. Sonstiges.** Zu den Folgen einer unberechtigten Gutachtenverweigerung s. § 409. Die Sachverständigenpflicht endet in den Fällen des Abs 1 S 2, Abs 3 und Abs 2 bzgl der Nebentätigkeitsgenehmigung (Dienstpflichtverletzung irrelevant) erst mit der Entbindung durch das Gericht, bei Verschwiegenheitspflichten entsteht sie erst mit Vorliegen der Genehmigung. Zur Vergütung s. § 413 Rz 4–6.

7 **C. Hinweise zur Prozesssituation.** Die Aspekte des § 408 sollten frühzeitig, möglichst schon vor der Bestellung berücksichtigt werden. Durch eine frühe und ausschöpfende Anwendung der §§ 404a, 407a, aber auch der §§ 404 I 3, 408 I 2, 360 S 2, 3 (s.o. Rz 2 f) können Entscheidungen und Zwischenverfahren nach §§ 408, 387 und damit unnötige Prozessverzögerungen vermieden werden.

8 **D. Kosten und Gebühren.** Siehe § 387 Rz 10. RA als Sachverständigenbeistand wie Verfahrensbevollmächtigter Vorbem 3 I VV-RVG.

§ 409 Folgen des Ausbleibens oder der Gutachtenverweigerung.

(1) [1]Wenn ein Sachverständiger nicht erscheint oder sich weigert, ein Gutachten zu erstatten, obgleich er dazu verpflichtet ist, oder wenn er Akten oder sonstige Unterlagen zurückbehält, werden ihm die dadurch verursachten Kosten auferlegt. [2]Zugleich wird gegen ihn ein Ordnungsgeld festgesetzt. [3]3Im Falle wiederholten Ungehorsams kann das Ordnungsgeld noch einmal festgesetzt werden.
(2) Gegen den Beschluss findet sofortige Beschwerde statt.

1 **A. Normzweck.** Die Vorschrift soll zum einen die Durchführung des Sachverständigenbeweises (wie §§ 380, 390 für den Zeugenbeweis, jedoch ohne die Möglichkeit von (Ersatz-)Ordnungshaft und Vorführung), zum anderen die Befolgung der Herausgabe- und Mitteilungspflichten des § 407a IV sichern. Außer-

dem soll der SV (anstelle der Parteien) in von ihm zu vertretender Weise verursachte Kosten tragen. Für die bloße Verzögerung der Einreichung eines schriftlichen Gutachtens gilt § 411 II.

B. Einzelerläuterungen. I. Voraussetzungen. 1. Begutachtungspflicht. Die Pflicht zur Begutachtung besteht gem § 407 und kann sich auch aus der Bereiterklärung im konkreten Fall ergeben. 2

2. Pflichtverletzung. a) Nichterscheinen. Die Verhängung von Sanktionen wegen Nichterscheinens setzt voraus, dass der SV trotz ordnungsgemäßer Ladung (§ 377 I, II) und Pflicht zum Erscheinen (nicht im Falle der §§ 402, 386 III, 375 II, 382) nicht erscheint. Umfasst ist eine verfrühte Entfernung, auch die sitzungspolizeiliche (§ 158). Sanktionen sind nicht möglich bei hinreichender Entschuldigung, §§ 402, 381. Ein im Ausland ansässiger SV kann nicht vor das Prozessgericht gezwungen werden, s. § 404 Rz 7. 3

b) Weigerung. Eine solche kann bzgl der Gutachtenerstattung, aber auch einer angeordneten Eidesleistung (s. § 410 Rz 3) erklärt werden. Dies kann auch konkludent erfolgen, zB durch vollständige Untätigkeit (Dresd MDR 02, 1088). Zur Abgrenzung ggü § 411 II s. Rz 1. Die Möglichkeiten nach § 409 bestehen nicht, wenn die Weigerung ordnungsgemäß, mit Begründung erklärt und nicht im Zwischenstreit rechtskräftig verworfen wurde, vgl § 408 Rz 2. 4

c) Zurückbehaltung von Akten oder sonstiger Unterlagen. Siehe § 407a IV (dort Rz 12). 5

II. Folgen. Siehe §§ 380, 390, jedoch ohne die Möglichkeit von (Ersatz-)Ordnungshaft und Vorführung. Soweit erforderlich (vgl Rz 8), kann das Ordnungsgeld »noch einmal« festgesetzt werden, höchstens also zweimal (Celle OLGZ 75, 372; Dresden MDR 02, 1088; aA KG NJW 60, 1726 zu § 380). Für die Zuständigkeit gilt § 400, der Beschl ist zu verkünden und zuzustellen, § 329 III. 6

III. Rechtsbehelfe. Gemäß Abs 2 sofortige Beschwerde (mit aufschiebender Wirkung, § 570 I), bei unterbliebener Kostenentscheidung auch für die Parteien (vgl § 380 Rz 15). 7

C. Hinweise zur Prozesssituation. Statt oder neben den Maßnahmen nach § 409 kann die entschädigungslose Entziehung des Gutachtenauftrags und Beauftragung eines neuen SV angezeigt sein (vgl §§ 408 I 2, 404 I 3, 360 S 2, 3; Brandbg VersR 06, 1238). 8

D. Kosten/Gebühren. Im Beschwerdeverfahren wie § 380 (s. dort Rz 7). 9

§ 410 Sachverständigenbeeidigung.

(1) [1]Der Sachverständige wird vor oder nach Erstattung des Gutachtens beeidigt. [2]Die Eidesnorm geht dahin, dass der Sachverständige das von ihm erforderte Gutachten unparteiisch und nach bestem Wissen und Gewissen erstatten werde oder erstattet habe.
(2) Ist der Sachverständige für die Erstattung von Gutachten der betreffenden Art im Allgemeinen beeidigt, so genügt die Berufung auf den geleisteten Eid; sie kann auch in einem schriftlichen Gutachten erklärt werden.

A. Normzweck und Systematik. Die Vorschrift regelt die Art und Weise der Durchführung der Sachverständigenbeeidigung. Für die Frage nach dem Ob einer Sachverständigenbeeidigung gelten über die §§ 402, 391 die gleichen Grundsätze wie beim Zeugenbeweis (BGH NJW 98, 3355). 1

B. Einzelerläuterungen. I. Ob einer Beeidigung. Die Beeidigung steht gem §§ 402, 391 im pflichtgemäßen Ermessen des Tatgerichts. Sie hat zu erfolgen, wenn das Gericht eine solche mit Rücksicht auf die Bedeutung des Gutachtens oder zur Herbeiführung einer wahrheitsgemäßen Äußerung für geboten erachtet (BGH NJW 98, 3355). IdR wird eine Beeidigung nicht geboten, weil nicht hilfreich sein. Die Eidesnorm nach Abs 1 S 2 enthält nicht auch eine Versicherung der objektiven Richtigkeit. Unzureichender Überzeugungskraft kann eher über § 412 begegnet werden. Nur im Falle wesentlicher eigener Beobachtungen des SV oder wenn eine subjektiv falsche Begutachtung oder Begünstigung einer Partei zu besorgen ist, ist eine Beeidigung geboten. Ein Verzicht der Parteien macht sie unzulässig (§ 391 aE). Auf die Haftung wirkt sie sich nicht (mehr) entscheidend aus (s. vor §§ 402 ff Rz 16–19, auch zur Strafbarkeit). Eine **eidesstattliche Versicherung** auf die Richtigkeit der eigentlichen Begutachtung kommt ohnehin nicht in Betracht, aber auch für eine solche auf die unparteiische Erstattung nach bestem Wissen und Gewissen gibt es keine Rechtsgrundlage (str, zB St/J/*Leipold* § 411 Rn 8; Zö/*Greger* § 410 Rn 3). 2

3 **II. Verfahren.** Den Eid kann nur der verantwortliche Gutachtenerstatter selbst leisten, so dass beim Gutachten einer Kollegialbehörde der zur Erläuterung entsandte Vertreter nicht beeidigt werden kann (St/J/*Leipold* § 410 Rn 3). Das Gericht hat die freie Wahl zwischen Vor- und Nacheid, es ist aber klarzustellen, welche Ausführungen der Eid umfasst. Befundtatsachen sind erfasst, Zusatztatsachen nicht (vgl § 414 Rz 2, 4). Zuständig für die Anordnung (durch Beschl) ist das Prozessgericht; Beeidigung mehrerer SV ist gleichzeitig gem §§ 402, 392 S 2 möglich. Wird dann die Beeidigung unberechtigt verweigert, gilt § 409 (zur Gleichstellung vgl § 390 I).

4 **III. Berufung auf den allg geleisteten Eid.** Diese ist der Beeidigung nach Abs 1 in zivilverfahrensrechtlicher, aber auch in strafrechtlicher Hinsicht gleichgestellt (§ 155 Nr 2 StGB). Das gilt jedoch nur, wenn das Gericht überhaupt die Beeidigung angeordnet hat (str, St/J/*Leipold* § 410 Rn 9). Voraussetzung ist eine allg Beeidigung (zum Verhältnis zur öffentlichen Bestellung s. § 404 Rz 10) entspr den landesgesetzlichen Vorschriften (nicht notwendig durch ein Gericht), die sich auf Gutachten der vorliegenden Art erstrecken muss (BGH MDR 85, 27). Eine Berufung auf den allg Dolmetschereid (§ 189 II GVG) ist nicht ausreichend. Die Berufung kann mündlich, aber auch im schriftlichen Gutachten erklärt werden (Abs 2 Hs 2). Die Verweigerung einer schriftlichen Berufung kann nur zu einer Ladung, nicht zu einer unmittelbaren Sanktion durch Ordnungsgeld führen (LG Frankf MDR 89, 74).

5 **IV. Rechtsmittelinstanz.** Dem Berufungsgericht steht eigenes Ermessen auch bzgl erstinstanzlich eingeholter Sachverständigengutachten zu. Das Revisionsgericht ist auf die Nachprüfung von Ermessensfehlern beschränkt. Heilung gem § 295 ist möglich.

6 **C. Hinweise zur Prozesssituation.** IdR wird eine Beeidigung nicht erforderlich sein. Sie erübrigt sich jedenfalls durch einen – in der Praxis üblichen – Verzicht der Parteien (s. Rz 2).

§ 411 Schriftliches Gutachten.

(1) Wird schriftliche Begutachtung angeordnet, soll das Gericht dem Sachverständigen eine Frist setzen, innerhalb derer er das von ihm unterschriebene Gutachten zu übermitteln hat.

(2) [1]Versäumt ein zur Erstattung des Gutachtens verpflichteter Sachverständiger die Frist, so kann gegen ihn ein Ordnungsgeld festgesetzt werden. [2]Das Ordnungsgeld muss vorher unter Setzung einer Nachfrist angedroht werden. [3]Im Falle wiederholter Fristversäumnis kann das Ordnungsgeld in der gleichen Weise noch einmal festgesetzt werden. [4]§ 409 Abs. 2 gilt entsprechend.

(3) Das Gericht kann das Erscheinen des Sachverständigen anordnen, damit er das schriftliche Gutachten erläutere.

(4) [1]Die Parteien haben dem Gericht innerhalb eines angemessenen Zeitraums ihre Einwendungen gegen das Gutachten, die Begutachtung betreffende Anträge und Ergänzungsfragen zu dem schriftlichen Gutachten mitzuteilen. [2]Das Gericht kann ihnen hierfür eine Frist setzen; § 296 Abs. 1, 4 gilt entsprechend.

1 **A. Normzweck. I. Abs 1.** Die ZPO sieht mit dem Verweis in § 402 auf den Zeugenbeweis zunächst vor, dass Gutachten mündlich erstattet werden. Aus der Formulierung des Abs 1 lässt sich entnehmen, dass das Gesetz auch die Möglichkeit einer schriftlichen Gutachtenerstattung als selbstverständlich und einer mündlichen Begutachtung gleichwertig ansieht (BGHZ 6, 398 = NJW 52, 1214). In der Praxis ist schriftliche Begutachtung die Regel, sie ist zur Beantwortung schwieriger und komplexer Sachfragen, ggf nebst mündlicher Erläuterung (Abs 3), auch geboten. Das Unterschriftserfordernis soll Zweifel an der Echtheit vermeiden. Die seit dem 2. JuMoG (Abs 1 neu gefasst durch JKomG und das 2. JuMoG) gebotene (nicht mehr nur mögliche) Fristsetzung soll Verfahrensverzögerungen vermeiden, die in der Vergangenheit häufig aus einer zu langen Zeitspanne zwischen Ernennung und Gutachtenerstattung resultierten (krit *Schneider/Schmaltz* NJW 11, 3270).

2 **II. Abs 2.** Dieser sieht eine Sanktionsmöglichkeit der Versäumung der Frist des Abs 1 nach Nachfristsetzung vor. Die Versäumung der Nachfrist wird dadurch der Weigerung und dem Nichterscheinen (§ 409) gleichgesetzt.

3 **III. Abs 3.** Hier wird eine mündliche Erläuterung des Gutachtens ermöglicht, die gerade bei schwierigen und komplexen Fragestellungen geboten sein und neben eine schriftliche Ergänzung oder an deren Stelle treten kann (BGH NJW-RR 11, 475, 476 f: keine Pflicht ohne Aufklärungsbedarf). Die Vorschrift gibt dem

Gericht die Möglichkeit vAw zu handeln, schließt die Anwendung des § 397 (über § 402) aber nicht aus. Aus dem darin geregelten Fragerecht ergibt sich ein Antragsrecht der Parteien, dem idR stattzugeben ist (s. Rz 17–25). § 412 gibt darüber hinausgehend die Möglichkeit, eine neue Begutachtung durch den-/dieselben oder neue SV anzuordnen.

IV. Abs 4. Dieser wurde durch das RpflVereinfG zur Vermeidung von Verfahrensverzögerungen in Bezug auf das Parteiverhalten angefügt. 4

B. Einzelerläuterungen. I. Abs 1. 1. Mündliche oder schriftliche Begutachtung. Es steht grds im Ermessen des Gerichts, ob es die persönliche Vernehmung des SV oder die schriftliche Begutachtung anordnet. Die schriftliche Begutachtung ist nicht an besondere Voraussetzungen geknüpft (insb ist § 377 III nicht anwendbar und ein Einverständnis der Parteien nicht erforderlich; vgl BGHZ 6, 398 = NJW 52, 1214) und kann auch noch nach mündlicher Vernehmung erfolgen. Welche Art der Begutachtung zu bevorzugen ist, hängt vom Einzelfall ab. Bei schwierigen und komplexen Sachfragen (ggf Vorabklärung mit SV, § 404a II) kann eine schriftliche Begutachtung mit mündlicher Erläuterung geboten sein, so etwa regelmäßig in Arzthaftungsfällen (vgl EGMR NJW 11, 1055; Karlsr VersR 89, 810; Katzenmeier S. 412). Jedenfalls ist bei einem mündlich erstatteten Gutachten, das ausführliche Beurteilungen zu schwierigen Fragen enthält, nach Vorliegen des Vernehmungsprotokolls (ggf nach anderweitiger sachverständiger Beratung) den Parteien Gelegenheit zur Stellungnahme zu geben (BGH NJW 09, 2604, 2605). Dies gilt auch, wenn bereits ein schriftliches Gutachten vorlag, das mündliche aber neue und ausführliche Beurteilungen enthält (Recht der Stellungnahme zum Beweisergebnis, Art 103 I GG, § 136, faires Verfahren; BGH NJW 84, 1823; NJW 01, 2795); auch Ausführungen in einem nicht nachgelassenen Schriftsatz sind zur Kenntnis zu nehmen, ggf ist die mündliche Verhandlung wiederzueröffnen, § 156 (BGH VersR 11, 1158; NJW 88, 2302). Allg ist besondere, kritische Sorgfalt auch dann anzuwenden, wenn der Sachverständigenbeweis den Prozessausgang entscheidend beeinflusst (vgl zu einem aktienrechtlichen Spruchverfahren BVerfG NJW 98, 2273; zum Arzthaftungsprozess BGH VersR 09, 499). Auf der anderen Seite ist der Kosten- und Zeitaufwand gerade einer schriftlichen Begutachtung zu beachten. Zu schriftlicher Ergänzung und mündlicher Erläuterung s.a. Rz 17–25. 5

2. Verfahren. a) Mündliche Gutachtenerstattung. aa) Diese erfolgt gem §§ 402, 394 II ff durch Vernehmung des SV. Zuständig ist grds das Prozessgericht. Vernehmung durch den beauftragten oder ersuchten Richter nach Maßgabe des § 375; bei komplexen und schwierigen Fachfragen und einer erheblichen Bedeutung für den Prozessausgang dürfte aber eine Beweisaufnahme vor dem Kollegium geboten sein (vgl BGH NJW 80, 2751; 94, 801; Karlsr VersR 89, 810; s.a. den Katalog des § 348 I 2 Nr 2). Für die Durchführung gelten die §§ 394 II ff entspr, für die Ladung § 377 I, II. 6

bb) Der geladene SV muss persönlich erscheinen (§ 407a II, vgl Rz 25). Der beim Zeugenbeweis geltende Grundsatz der Einzelvernehmung (§ 394 I) gilt nur soweit Sinn und Zweck der Vorschrift dies erfordern, dh nur soweit eine Gefahr der (unzulässigen) Beeinflussung besteht. Hat das Gericht eine gemeinschaftliche Gutachtenerstattung durch mehrere Sachverständige angeordnet (s. § 404 Rz 2), können diese stets auch gemeinschaftlich vernommen werden (RGZ 8, 343, 345). Bei mehreren getrennten Gutachten steht dem Gericht insoweit ein Ermessen zu (RGZ 8, 343, 345). Sofern Überschneidungen bestehen, kann nicht pauschal angenommen werden, SV ließen sich nicht durch andere beeinflussen (vgl aber RGZ 8, 343, 346; St/J/*Leipold* § 402 Rn 8), vielmehr kommt es auf den Einzelfall an. 7

cc) Eine Befragung gem §§ 362 ff ist möglich (zur Befragung eines im Ausland ansässigen SV nach § 363 s. BGH MDR 80, 931: kein Zwang zum Erscheinen vor einem deutschen Gericht). 8

dd) Protokollierung s. § 160 III Nr 4 (BGH NJW 95, 779: ersetzender Vermerk des Berichterstatters bei Einverständnis der Parteien; BGH NJW 03, 2311: Fehlen bedeutet Verstoß gegen § 286). Bei ungenügender Protokollierung ist die Anhörung in der Berufungsinstanz zu wiederholen (BGH NJW 01, 3269, 3270). Zur Gewährung rechtlichen Gehörs nach Vorliegen des Vernehmungsprotokolls s. Rz 5. 9

ee) Die Säumnis auch der antragstellenden Partei muss einer Anhörung nicht entgegenstehen, Verwertung bei einer Entscheidung nach §§ 331a, 251a ist möglich (BGH NJW 02, 301). 10

ff) Zum Nichterscheinen s. § 409. 11

12 **b) Schriftliche Gutachtenerstattung. aa) Anordnung und Fristsetzung.** Gemäß § 358 durch Beweisbeschluss. Das Gericht (Vorsitzender, § 273) soll dem SV eine nach Umfang und Schwierigkeit des Gutachtenauftrags angemessene Frist setzen, s. Rz 1.

13 **bb) Übermittlung und Form.** Das Gutachten ist an die Geschäftsstelle des zuständigen Gerichts zu übermitteln; nach freier Wahl des SV ist neben Übersendung per Post etc (nicht jedoch Erklärung zu Protokoll der Geschäftsstelle) unter den Voraussetzungen des § 130a eine elektronische Übermittlung zulässig. Eine Beglaubigung der Unterschrift ist nicht erforderlich, Unklarheiten können zB über Abs 3 behoben werden (RGZ 9, 375, 376 f).

14 **c) Sonstiges.** Auslagenvorschuss, s. §§ 402, 379, s. § 402 Rz 2. Zum Eid s. § 410. Zur Anordnung und Durchführung vor der mündlichen Verhandlung § 358a Rz 4, 5. S.a. § 285.

15 **II. Abs 2. 1. Nachfristsetzung und Ordnungsmittel.** In einem ersten Schritt kann und soll das Gericht eine Nachfrist unter Androhung von Ordnungsgeld setzen. Dies sollte allerdings erst nach Rückfrage beim SV geschehen (etwa bei Überlastung kann er von der Gutachtenpflicht zu entbinden sein, § 408 I 2). Zuständig ist das Gericht, nicht der Vorsitzende (Köln OLGR 96, 182; aA Zö/*Greger* § 411 Rn 7). Ein Ordnungsgeld kann max zweimal (»noch einmal«) festgesetzt werden (St/J/*Leipold* § 411 Rn 11, vgl auch § 409 Rz 6), erneute Fristsetzung und Androhung sind erforderlich (»in gleicher Weise«). Zu Höhe und Verfahren s. § 409 Rz 2. Die Versäumung der zweiten Nachfrist steht idR einer Weigerung gleich (die Streitfrage, ob über Abs 2 S 3 Maßnahmen nach § 409 erfolgen dürfen, ist daher ohne Bedeutung), so dass – bei entspr vorheriger Androhung (möglich in der zweiten Nachfristsetzung) – eine Auferlegung der Kosten nach § 409 möglich ist; außerdem Ersetzung nach §§ 404 I 3, 360 unter Verlust des Vergütungsanspruchs (§ 413 Rz 4–6).

16 **2. Rechtsbehelfe (S 4).** Die sofortige Beschwerde nach § 409 II ist nicht nur gegen die Festsetzung eines Ordnungsgeldes, sondern auch schon gegen die Nachfristsetzung und Androhung desselben möglich (Köln VersR 03, 1281; München VersR 80, 1078; St/J/*Leipold* § 411 Rn 12; aA Zö/*Greger* § 411 Rn 8).

17 **III. Abs 3. 1. Ergänzung und Erläuterung.** Ist eine weitere Aufklärung erforderlich, so kann Ergänzung oder Klarstellung verlangt werden (auch im Fall des § 411a, s. dort Rz 2, 8–10). Die Norm steht in Bezug zur allg Pflicht des Gerichts, das Gutachten auf Vollständigkeit, Schlüssigkeit und Widerspruchsfreiheit in sich und im Verhältnis zu anderen Gutachten zu prüfen (vgl BGH NJW 96, 1597; 95, 779; 94, 1596; s.a. vor §§ 402 ff Rz 4); auch zu Privatgutachten (BGH VersR 09, 499, 500; 09, 975; vor §§ 402 ff Rz 9). Dies kann unabhängig von der Form der vorausgegangenen Begutachtung schriftlich oder mündlich erfolgen, uU ist aber eine mündliche Erläuterung unumgänglich. Das Gericht kann nach pflichtgemäßem Ermessen vAw vorgehen, daneben haben die Parteien ein Fragerecht (§§ 402, 397), das im Anspruch auf rechtliches Gehör wurzelt (Art 103 I GG; BVerfG NJW 98, 2273). Mangels Formvorschrift kann die Befragung grds sowohl mündlich als auch schriftlich erfolgen (BSG SozR 4-1500 § 116 Nr 2; s. aber Rz 22).

18 **2. Anordnung der mündlichen Erläuterung.** Ob eine mündliche Erläuterung angeordnet wird, steht grds im Ermessen des Gerichts (s. etwa KG VersR 11, 1199). Eine Anordnung kann zwingend sein aufgrund von Erfordernissen der Beweiserhebung und -würdigung (a), sie ist es grds auf Parteiantrag (b). Dies gilt auch, wenn das Gutachten in einem vorausgegangenen selbstständigen Beweisverfahren erstattet worden ist (BGH NJW-RR 07, 1294 = VersR 07, 1713; s. aber Rz 31).

19 **a) Anordnung vAw. aa)** Eine Pflicht des Gerichts, den SV vAw zur mündlichen Erläuterung zu laden, kann sich aus seiner Pflicht zur umfassenden Aufklärung des Sachverhalts (§§ 286, 411 III) ergeben. Das Ermessen des Gerichts ist insoweit gebunden, als vorhandene Aufklärungsmöglichkeiten zur Beseitigung von Unklarheiten des Gutachtens nicht ungenutzt bleiben dürfen. Neben der eigenen Auseinandersetzung mit dem Gutachten bietet sich je nach Zweckmäßigkeit kumulativ oder alternativ die Möglichkeit, den SV zur mündlichen oder schriftlichen Erläuterung oder Ergänzung seines Gutachtens zu veranlassen. Dabei ist auch die Möglichkeit zu berücksichtigen, nach § 412 zu verfahren (BGH NJW 92, 1459). Weder dem Recht noch der Pflicht zur Anordnung nach Abs 3 steht es entgegen, wenn eine Partei ihr Antragsrecht wegen Verspätung verloren hat (BGH NJW 92, 1459).

20 **bb)** Eine Erläuterung oder Ergänzung ist etwa dann zu veranlassen, wenn der SV von einem falschen oder unvollständigen Sachverhalt ausgegangen ist (BGH NJW 81, 2009; NJW-RR 98, 1035) sowie im Falle unvollständiger (BGH NJW 97, 803) oder unklarer (BGH MDR 82, 212) Ausführungen des SV. Eine

mündliche Erläuterung wird insb dann vorzugswürdig sein, wenn Widersprüche zu einem anderen, auch privaten Gutachten bestehen (BGH NJW-RR 98, 1527; NZV 97, 72, 73; NJW-RR 94, 219; Köln NJW 94, 394). Unklarheiten, Zweifel und Widersprüche zwischen verschiedenen Bekundungen des SV hat das Gericht durch eine gezielte Befragung zu klären (BGH NJW 01, 2791; vgl BGH NJW 03, 2311).

cc) Eine Ergänzung oder Erläuterung ist nicht mehr geboten, wenn das schriftliche Gutachten so eklatante Mängel aufweist, dass bereits sicher feststeht, dass es auch nach einer mündlichen Erläuterung nicht verwertet werden kann. Dabei ist jedoch das Verbot der vorweggenommenen Beweiswürdigung (BGH VersR 09, 517) zu beachten. 21

b) Anordnung nach Parteiantrag. aa) Aus dem Fragerecht der Parteien (Rz 17) ergibt sich die Pflicht, einem Parteiantrag auf Ladung des SV zur Erläuterung stattzugeben (BGHZ 6, 398, 400 f; NJW-RR 10, 10, 11; NJW 97, 802; s.a. VersR 68, 257 zu § 287), unabhängig von einem erklärten Einverständnis mit einer schriftlichen Begutachtung (BGHZ 6, 398, 400 f) und auch, wenn der SV das schriftliche Gutachten in einem vorausgegangenen selbstständigen Beweisverfahren erstattet hat (BGH VersR 07, 1713 = NJW-RR 07, 1294). Ein Antrag kann nicht allein deshalb abgelehnt werden, weil dem Gericht das schriftliche Gutachten überzeugend und nicht weiter erörterungsbedürftig erscheint (stRspr: BVerfG NJW 98, 2273; BGH VersR 10, 1240; MDR 09, 1126). Bei Neubegutachtung nach § 412 entfällt ggü dem Erstgutachter das Fragerecht, weil auf diesen das Gericht den Beweis nicht mehr stützt (vgl BGH NJW 11, 852, 855). 22

bb) Der Antrag kann abgelehnt werden, wenn er verspätet oder missbräuchlich gestellt wurde (BGHZ 35, 370, 371 = NJW 61, 2308; VersR 68, 257; NJW 97, 802; KG BauR 10, 502, 504 f; VersR 08, 136; BAGE 20, 253 = MDR 68, 529; BVerfG NJW 98, 2273) und nicht ausnahmsweise mit einer anderen Möglichkeit der weiteren Sachverhaltsaufklärung beantwortet werden kann (s. dazu BVerfG NJW 98, 2273). Zur Ablehnung wegen verspäteter Antragstellung s.a. Rz 30 f. Einzelne Fragen können zurückgewiesen werden, wenn sie unzulässig sind (vgl § 284 Rz 38 f), aber nicht allein aufgrund ihres Umfangs; weitere Verkürzungen des Fragerechts kommen mangels Grundlage nicht in Betracht (BGH LM BGB § 315 Nr 52a); s.a. Rz 32. 23

c) Ermessen. Eine Anordnung kann gerade auch bei Zweifeln über die persönliche Erstellung des schriftlichen Gutachtens sinnvoll sein (s. § 407a Rz 6). Eine erneute Erläuterung kann geboten sein, zB nach einer schriftlichen Ergänzung (BGH NJW 86, 2886), s.a. §§ 402, 398. Zur (erneuten) Anhörung in der Berufungsinstanz s. Rz 33. 24

3. Anzuhörende Person. Der gerichtlich bestellte SV muss iRd § 407a II grds **persönlich** erscheinen. Möglich ist eine Änderung des Beweisbeschlusses und Bestellung des Erschienenen (s. § 407a Rz 6), dadurch können Unklarheiten in den Ausführungen des schriftlichen Gutachters aber nicht ohne Weiteres beseitigt werden. Ausnahmsweise kann im Falle des Versterbens des SV nach Erstattung des schriftlichen Gutachtens durch das Gericht ein anderer SV zu Erläuterung herangezogen werden (BGH NJW 78, 1633). Stützt der gerichtliche SV sich auf Erläuterungen eines anderen SV, ist auf Antrag auch dieser zu hören (BGH VersR 09, 69). 25

Sind mehrere SV bestellt, so müssen grds alle erscheinen, es sei denn bei der Anhörung ist nur ein abgrenzbarer Teil betroffen, zur Vernehmung s. Rz 7.

Bei einem **Behördengutachten** (§ 404 Rz 5, § 406 Rz 2) gelten die allg Ausführungen. Es ist diejenige natürliche Person zu laden, die das Gutachten erstellt hat oder ein Vertreter (BGHZ 62, 63, 95 = NJW 74, 704; St/J/*Leipold* § 411 Rn 37; vgl auch § 256 II StPO). Bei einer Kollegialbehörde dürfte eine schriftliche Beantwortung genügen, weil so das Kollektiv Stellung nehmen kann.

4. Durchführung. Vgl Rz 6–11. 26

5. Privatgutachten. Der Privatgutachter ist nicht SV iSd §§ 402 ff (s. vor §§ 402 ff Rz 7), mithin kann er auch nicht nach Abs 3 zur mündlichen Erläuterung geladen werden (Stuttg VersR 11, 1286; Karlsr VersR 11, 1284, 1285 mAnm *Jahns*; VersR 03, 977). In Betracht kommt eine Vernehmung als (sachverständiger) Zeuge (§ 414), uU eine Bestellung zum SV (wegen § 406 idR nur bei Einverständnis der Parteien sinnvoll) sowie mündlicher Parteivortrag durch den Gutachter als Dritten (Berücksichtigung im Ermessen des Gerichts, BGH VersR 67, 585). Den Parteien steht das Recht zu, eine Vernehmung zu verlangen, wenn sich das Gericht auf die Darlegungen des Privatgutachters stützen will (BGH VersR 67, 585). 27

28 **IV. Abs 4. 1. S 1. a) Angemessenheit.** Die Angemessenheit richtet sich nach den Umständen des Einzelfalls, insb der Schwierigkeit und Komplexität der Sachfrage sowie dem Umfang, Gehalt und Schwierigkeitsgrad des schriftlichen Gutachtens, auch ob es sich bereits um ein Ergänzungsgutachten handelt, letztlich ob die Nachprüfung zeitaufwendig und sachverständige Hilfe erforderlich ist (vgl zum selbstständigen Beweisverfahren Kobl VersR 07, 132; Celle OLGR 08, 379).

29 **b) Ergänzungsfragen.** Diese müssen hinreichend konkretisiert werden (vgl BVerwG NJW 96, 2318). Fragen, die die Partei an den SV richten will, müssen aber nicht im Voraus konkret formuliert werden; vielmehr soll es genügen, wenn erkennbar ist, in welcher Richtung die Partei durch ihre Fragen eine weitere Aufklärung herbeizuführen wünscht (BGHZ 24, 9, 14 f; NJW-RR 07, 1294 = VersR 07, 1713). Spontane Zusatzfragen bei der Anhörung sind ohnehin nicht ausgeschlossen (vgl BTDrs 11/3621, 41). Konkrete Angaben zu den noch zu klärenden Fragen sind hingegen geboten, wenn erst nach Einholung eines oder mehrerer Ergänzungsgutachten ein Antrag auf mündliche Erläuterung gestellt wird (Saarbr OLGR 04, 379). Zur Entbehrlichkeit einer besonderen Mitteilung bei Erkennbarkeit aus Schriftsätzen oder vorgelegten Privatgutachten vgl BGH NZV 97, 72, 73.

30 **c) Präklusion.** Eine solche über S 1 wird – wenn überhaupt (vgl St/J/*Leipold* § 411 Rn 26; Zö/*Greger* § 411 Rn 5e) – jedenfalls idR mangels Vorliegens der Voraussetzungen nicht in Betracht kommen (§§ 296 II, 282 I).

31 **2. S 2.** Das Gericht (nicht der Vorsitzende, BGH MDR 01, 1130 = NJW-RR 01, 1431) kann und soll idR nach S 2 eine angemessene (vgl o.) Frist setzen. Verstreicht diese, erfolgt Präklusion nach § 296 I, IV; diese erstreckt sich bei Gutachten des selbstständigen Beweisverfahrens auch auf den Hauptprozess (str, BGH NJW 10, 2873, 2876; dazu *Gartz* BauR 11, 906; aA *Seibel* BauR 11, 1410; s.a. § 493). Dazu muss die Fristsetzung unmissverständlich erfolgen (BGH MDR 01, 1130 = NJW-RR 01, 1431, 1432), sie muss einen Hinweis auf die Folgen einer Nichtbeachtung enthalten (BGH NJW-RR 06, 428) und ist ggf ordnungsgemäß zuzustellen (Celle NJW-RR 09, 1364, 1365). Keine Präklusion bei Kenntniserlangung von Gutachtengrundlage erst nach Fristablauf (BGH MedR 09, 661 mAnm *Frahm/Walter* = VersR 09, 69, 70).

32 **3. Sonstige Grenzen des Fragerechts.** Siehe Rz 22 f; zum konkludenten Verzicht durch rügelose Verhandlung trotz fehlender Ladung des SV KG VersR 11, 1199; zum Berufungsverfahren s. Rz 33 f.

33 **V. Mündliche Erörterung in der Berufungsinstanz.** Siehe §§ 529–531, s.a. vor §§ 402 ff Rz 15.

34 **1. Auf Parteiantrag.** Einem wiederholten Antrag muss das Berufungsgericht stattgeben, wenn die Bindung an die erstinstanzlich festgestellten Tatsachen entfallen ist, zB nach § 529 I Nr 1 Hs 2 bei fehlerhafter Zurückweisung eines Antrags in 1. Instanz (Art 103 I GG; BGH VersR 05, 1555; VersR 06, 950, MDR 09, 1184). Stattgabe auch bei einem erstmalig in der Berufungsinstanz gestellten Antrag, wenn er entscheidungserhebliche Gesichtspunkte betrifft, die das Gericht des ersten Rechtszugs aufgrund einer fehlerhaften Beurteilung der Rechtslage übersehen hat, § 531 II 1 Nr 1 (BGHZ 159, 254 = NJW 04, 2828).

35 **2. Von Amts wegen.** ZB bei vorinstanzlicher Verwertung eines nicht alle entscheidungserheblichen Fragen behandelnden, also unvollständigen Gutachtens, § 529 I Nr 1 Hs 2 (BGHZ 159, 254 = NJW 04, 2828; NJW 03, 3480, 3481). Weiterhin nach allg Regeln (s. Rz 17–27): zB bei Anlass zu weiterer Sachaufklärung (noch offener Fragen oder Unklarheiten) wegen neuen, zuzulassenden oder näher substantiierten Parteivortrags, auch durch Vorlage eines Privatgutachtens (vgl BGH NJW-RR 98, 1527 zum alten Rechtsmittelrecht); bei einer abweichenden Würdigung eines Gutachtens (vgl BGH NJW 93, 2380). Ein Verlust des Antragsrechts (s. Rz 17, 19) ist auch insoweit unschädlich (BGH NJW-RR 98, 1527). Zu unterlassener Protokollierung s. Rz 9.

36 **C. Kosten/Gebühren.** Gericht: keine. RA: keine, die Tätigkeit nach Abs 3 ist über die Terminsgebühr, VV-RVG 3104, die nach Abs 4 über die Verfahrensgebühr abgegolten, VV-RVG 3100. Abs 2 wie § 409 Rz 9.

§ 411a Verwertung von Sachverständigengutachten aus anderen Verfahren.

Die schriftliche Begutachtung kann durch die Verwertung eines gerichtlich oder staatsanwaltschaftlich eingeholten Sachverständigengutachtens aus einem anderen Verfahren ersetzt werden.

1 **A. Historische Entwicklung, Normzweck und Gesetzessystematik.** Die Vorschrift wurde durch das 1. JuMoG eingefügt und durch das 2. JuMoG auf Gutachten aus staatsanwaltlichen Verfahren erweitert. Zuvor war die Verwertung von Gutachten aus anderen Verfahren nur im Wege des Urkundenbeweises möglich,

nicht aber mit dem Beweiswert eines Sachverständigenbeweises (s. vor §§ 402 ff Rz 6–13). Über § 411a ist es nun möglich, die schriftliche Begutachtung zu ersetzen. Dadurch können unnötige Doppelbegutachtungen und so Zeit und Kosten erspart werden (vgl BTDrs 15/1508, 20).

Mit der Vereinfachung und Beschleunigung soll indes keine Einschränkung der Parteirechte einhergehen. 2
Es wird nur § 411 I ergänzt, die Vorschriften über den Sachverständigenbeweis iÜ bleiben unberührt (KG VRR 08, 385), insb finden die §§ 406 und 411 III (397) Anwendung (BTDrs 15/1508 20). Problematischer ist die Wahrung der Interessen des SV. Zu Einzelheiten, insb zum Vergütungsanspruch und einem Widerspruchsrecht, auch zur Haftung nach § 839a BGB s.u. Rz 9–12.

Übergangsregelung: Die Urfassung ist seit dem 1.9.04 gültig (§ 29 Nr 3 EGZPO), die geänderte Fassung 3
seit 31.12.06 in Kraft (Art 28 I 2. JuMoG). Maßgeblich ist, wann das Verfahren anhängig geworden ist (s. zB Naumbg GesR 10, 318, 321).

B. Einzelerläuterungen. I. Voraussetzungen. 1. Sachverständigengutachten. Es muss sich um ein Sach- 4
verständigengutachten handeln (nicht eine sachverständige Zeugenaussage, § 414). Unproblematisch gilt die Vorschrift für Gutachten, die im damaligen Verfahren schriftlich vorgelegen haben. Soweit sie hinreichend protokolliert worden sind (vgl § 160 III Nr 4 ff), sind aber auch mündlich erstattete Gutachten sowie mündliche Erläuterungen verwertbar.

2. Identität des Beweisthemas oder gleichartiger Gegenstand. Soll das verfahrensfremde Gutachten eine 5
selbständige Beweiserhebung völlig **ersetzen**, muss ihm dieselbe Beweisfrage zugrunde liegen (Zö/*Greger* § 411a Rn 3; *Musielak* FS Vollkommer 06, 237, 247; aA *Saenger* ZZP 121, 139, 156). Anders bei lediglich **zusätzlicher Verwertung** des fremden Gutachtens: Hier muss der Gegenstand nicht identisch, sondern nur insoweit gleichartig sein, als die Verwertung zur Beantwortung der Beweisfrage beiträgt, und sei es durch parallele Schlussfolgerung. An dieser Gleichartigkeit fehlt es, wenn nach § 404a III das Prozessgericht selbst Tatsachen feststellen muss (München NJW-Spez 11, 43 – red LS) oder wenn Feststellungen nötig sind, die ihrerseits die Beauftragung eines SV erfordern. Auch terminologische Divergenzen können der Übertragung im Wege stehen, vgl Rz 14.

3. Verfahrensarten. Als gerichtliche Verfahren kommen auch solche nach FamFG (§ 113 I), InsO, ArbGG 6
(§§ 46 II, 80 II), VwGO (§ 98), SGG, StPO (§§ 72 ff) usw in Betracht, nicht jedoch Verfahren vor ausländischen Gerichten (aA MüKoZPO/*Zimmermann* § 411a Rn 2). Seit der Neufassung durch das 2. JuMoG können außerdem von der Staatsanwaltschaft eingeholte Gutachten (§ 161a StPO) verwertet werden, nicht jedoch Gutachten aus Verwaltungsverfahren (zB § 26 I Nr 2 VwVfG; BVerfG 11, 2232, 2234). Für die Verwertung von Gutachten aus dem selbstständigen Beweisverfahren ist in dessen Anwendungsbereich § 493 lex specialis (zwischen denselben Parteien), iÜ § 411a.

II. Anordnung. Liegen diese Voraussetzungen vor, so steht es grds im **Ermessen des Gerichts**, ob es das 7
»fremde« Gutachten beizieht (s.a. Köln VersR 11, 1397, 1400: § 355 kann entgegenstehen). Dabei hat es einen geäußerten Wunsch auf ein neues Gutachten zu berücksichtigen. Verlangen die Parteien übereinstimmend ein neues Gutachten, so ist das Gericht aufgrund der Verhandlungsmaxime daran gebunden (s.a. § 404 Rz 13; Zö/*Greger* § 411a Rn 3 (§ 144 I); aA St/J/*Leipold* § 411a Rn 12). Weiterhin sind ua die Gleichwertigkeit, Qualität und Beurteilung des Gerichts sowie Einwendungen der Parteien im früheren, »einholenden« Verfahren zu berücksichtigen. Den Parteien muss vor Erlass der Anordnung Gelegenheit zur Stellungnahme gegeben werden (Zö/*Greger* § 411a Rn 4; Musielak/*Huber* § 411a Rn 11: einschl Beiziehung des Gutachtens und Übermittlung an die Parteien; BRDrs 550/06 79; zw St/J/*Leipold* § 411a Rn 16; s. aber Stuttg BauR 11, 555, 558: rügelose Verhandlung macht Fehlen der Anordnung unbeachtlich, § 295 I). Die Anordnung bewirkt die Ernennung des SV für dieses Verfahren (*Saenger* ZZP 121, 139, 157) und ist ihm daher mitzuteilen.

III. Anzuwendende Vorschriften. Siehe Rz 2. Für die Frist des § 406 II 1 ist der Verwertungsbeschluss des 8
§ 411a maßgeblich. Ein Verlust von Rechten im vorangegangenen Prozess ist grds irrelevant (St/J/*Leipold* § 411a Rn 23; aA Musielak/*Huber* § 411a Rn 12). Entspr gilt für § 411 IV. Eine mündliche Erläuterung (auf Antrag zwingend) ist genauso wie eine schriftliche Ergänzung nach den allg Grundsätzen möglich. Für ein weiteres Gutachten gilt § 412. Zu § 408 s. Rz 10.

IV. Interessen des SV. Bei der Verwertung des in einem früheren Verfahren erstatteten Gutachtens können 9
Interessen des SV betroffen sein. Der SV ist stets zu informieren, s. Rz 7.

10 **1. Weigerungsrecht.** Wird der SV um eine Erläuterung oder Ergänzung gebeten, gelten die allg Regeln, insb § 408. Bei bloßer Verwertung des schriftlichen Gutachtens steht ihm ein Weigerungsrecht nach § 408 I 1 hingegen idR nicht zu (*Fölsch* MDR 04, 1029, 1030; *Völzmann-Stickelbrock* ZZP 118, 359, 382; aA Zö/*Greger* § 411a Rn 5). Anderes gilt nur, wenn die zu vermeidende Konfliktsituation zwar noch nicht bei der urspr Erstellung aber bei der Verwertung gleichermaßen gegeben ist (auch insoweit verneinend St/J/*Leipold* § 411a Rn 20f). Ruft der SV sein Gutachten nach § 42 UrhG zurück (»gewandelte Überzeugung«), so ist es als solches jedenfalls nicht mehr geeignet, die Überzeugung des Gerichts zu begründen (MüKoZPO/*Zimmermann* § 411a Rn 15). Die Möglichkeit der Änderung in einer Ergänzung oder Erläuterung bleibt unberührt.

11 **2. Vergütung.** Das JVEG sieht eine Vergütung nur vor, wenn und soweit ein zusätzlicher Aufwand entsteht, etwa im Fall einer mündlichen Erläuterung nach § 411 III.

12 **3. Haftung.** Str ist, ob der SV gem § 839a BGB auch für Schäden haftet, die sein unrichtiges Gutachten durch eine unrichtige Entscheidung im Folgeprozess hervorgerufen hat. Dafür spricht, dass der Beweisbeschluss die Ernennung fingiert (s. Rz 7; MüKoZPO/*Zimmermann* § 411a Rn 17). Andererseits ist zu bedenken, dass der SV nicht mehr in dem Maße an das die Entscheidung treffende Gericht angebunden ist, wenn sein Gutachten von diesem lediglich als Schriftstück gewürdigt wird, keine Nachfragen gestellt werden und keine Erläuterungen erfolgen können. Das spricht für eine eher restriktive Handhabung (s. *Katzenmeier* FS Horn 06, 67, 73 f; St/J/*Leipold* § 411a Rn 29).

13 **V. Rechtsbehelfe.** Die Anordnung ist nicht isoliert anfechtbar aber iRd Rechtsmittel gegen die Endentscheidung überprüfbar.

14 **C. Hinweise zur Prozesssituation.** Zu beachten sind unterschiedliche Bewertungen der materiellen und der prozessualen Rechtslage in verschiedenen Verfahren (zB unterschiedliche Kausalitätsbegriffe, Verschuldensmaßstäbe oder Beweissituation, etwa bei Vorliegen eines groben Behandlungsfehlers hinsichtlich der zivilrechtlichen und der strafrechtlichen Arzthaftung: Beweislastumkehr bzgl der Kausalität zu Lasten des Arztes einerseits, Geltung des Grundsatzes in dubio pro reo andererseits).
Liegen die Voraussetzungen für eine Verwertung nach § 411a nicht vor, kommt ggf eine Verwertung im Wege des Urkundenbeweises in Betracht. Diese Möglichkeit wird von der Regelung in § 411a nicht beschränkt (vgl BGH VersR 08, 1216, 1217).

§ 412 Neues Gutachten.

(1) Das Gericht kann eine neue Begutachtung durch dieselben oder durch andere Sachverständige anordnen, wenn es das Gutachten für ungenügend erachtet.
(2) Das Gericht kann die Begutachtung durch einen anderen Sachverständigen anordnen, wenn ein Sachverständiger nach Erstattung des Gutachtens mit Erfolg abgelehnt ist.

1 **A. Normzweck. I. Abs 1.** Ist eine weitere Aufklärung erforderlich (s. vor §§ 402 ff Rz 4), so kann eine Ergänzung oder Klarstellung angeordnet werden (§ 411 III, s. § 411 Rz 17–25). Ist dies nicht ausreichend, so kann, ggf muss das Gericht gem § 412 ein neues, weiteres Gutachten einholen. Dazu kann ein anderer, neuer Gutachter, aber auch derselbe (ggf auch gem §§ 402, 398) beauftragt werden. Bei widersprechenden Gutachten kann ein sog »Obergutachten« eingeholt werden (s. Rz 4; zur nicht ganz einheitlichen Terminologie *Broß* ZZP 102, 413, 434 ff). Zur Bedeutung im Hauptsacheprozess im Anschluss an ein selbstständiges Beweisverfahren s. § 403 Rz 1.

2 **II. Abs 2.** Ist ein SV nach der Gutachtenerstattung erfolgreich abgelehnt worden, kann nur ein anderer SV die Neubegutachtung vornehmen. Das Ermessen ist beschränkt auf die Frage, ob überhaupt erneut ein Sachverständigenbeweis zu erheben ist. Wird dies bejaht, so muss ein neuer SV bestimmt werden. Zur Möglichkeit der Nichtausführung oder Aufhebung des Beweisbeschlusses nach Gewährung rechtlichen Gehörs s. § 360 Rz 2–9.

3 **B. Einzelerläuterungen. I. Anordnung. 1. Ermessen.** Die Anordnung steht grds im pflichtgemäßen Ermessen des Gerichts (BGH NJW 99, 1778 f). Einwendungen der Parteien sind sorgfältig zu würdigen (BGH NJW 86, 1928). Die richterliche Überprüfung und Beurteilung des Sachverständigengutachtens (s.a. vor §§ 402 ff Rz 4; § 411 Rz 17–25) kann bei geringfügigen Mängeln ergeben, dass das Gericht zu den erforderlichen rechtlichen Wertungen gleichwohl imstande ist, ohne ein weiteres Gutachten einzuholen (BGH GRUR 10, 410, 413 zur Patentauslegung).

2. Rechtspflicht. Unter Umständen besteht eine Pflicht zur Einholung eines neuen Gutachtens. Etwa wenn an der Sachkunde des bisherigen Gutachters Zweifel bestehen, wenn das vorliegende Gutachten von unzutreffenden tatsächlichen Voraussetzungen ausgeht, Widersprüche enthält oder wenn der neue SV über bessere Forschungsmittel (oder -methoden) verfügt (BGHZ 53, 245, 258 = NJW 70, 946, 949; VersR 11, 1171, 1172; NJW-RR 11, 1459 mwN; BVerwG NJW 09, 2614; KG VersR 04, 1193), des Weiteren wenn das vorliegende Gutachten unvollständig ist (BGH NJW 96, 730) oder neuere wissenschaftliche Erkenntnisse vorliegen (BGH NJW 64, 1184; Kobl VersR 10, 204). Vorrangig kann eine Ergänzung des schriftlichen Gutachtens einzuholen oder der SV zur mündlichen Erläuterung zu laden sein (zB bei Widerspruch zu einem später eingereichten Privatgutachten, vgl BGH NJW 02, 1651, 1654; NJW 01, 77, 78; s. § 411 Rz 17–25; gewichtige Zweifel am Erstgutachter erlauben aber die sofortige Anordnung der Neubegutachtung, BGH NJW 11, 852, 854). Führt die Befragung nicht zur Klärung der Defizite, so ist ein neues Gutachten einzuholen (BGH VersR 09, 499, 500; NJW 01, 1787, 1788). Bei Widersprüchen zwischen mehreren Gutachten (auch zu Privatgutachten, vor §§ 402 ff Rz 9) kann ein »Obergutachten« (zur Terminologie Rz 1) eingeholt werden. Dies ist jedoch nicht zwingend, vielmehr kann sich das Gericht in freier Beweiswürdigung (§ 286) einem SV anschließen. Dessen Gutachten muss aber vollständig, überzeugend und in sich widerspruchsfrei sein, zudem muss dem Urt einleuchtend und logisch nachvollziehbar zu entnehmen sein, aus welchen Gründen das Gericht den anderen Gutachten nicht gefolgt ist (stRspr: BGH VersR 11, 552; 09, 817; 09, 518, 519; 09, 492, 494), und dass diese Beurteilung nicht von einem Mangel an Sachkunde beeinflusst ist. Die Einholung eines Obergutachtens kann aber geboten sein, wenn die Begutachtung besonders schwierige Sachfragen betrifft (vgl BGH NJW 62, 676) oder die vorhandenen Gutachten grobe Mängel aufweisen (BGHZ 10, 266 = NJW 53, 1342). Ein Antrag auf erneute Begutachtung kann entspr § 244 IV 2 StPO abgelehnt werden, wenn durch das oder die früheren Gutachten das Gegenteil der behaupteten Tatsache bereits erwiesen ist (BGHZ 53, 245, 258 f = NJW 70, 946, 949; restriktiv BGH(St) NJW 10, 1214 mAnm *Hoffmann/Wendler* = JZ 10, 474 mAnm *Eisenberg*). Allg zur Ablehnung von Sachverständigenbeweisanträgen s. § 403 Rz 5, dort auch zur Entbehrlichkeit bei eigener Sachkunde des Gerichts. Zur Vermeidung widersprüchlichen Verhaltens ist insoweit allerdings Zurückhaltung geboten, wenn das Gericht zuvor ein Sachverständigengutachten eingeholt hat, weil es sich die erforderliche Sachkunde selbst nicht zubilligte. 4

II. Verfahren. Zuständig für die Anordnung durch Beweisbeschluss ist das Prozessgericht (BGH NJW 85, 1399), der Richter nach § 405 nur für den Austausch nach Abs 2 (§ 360), denn ihm obliegt keine Beweiswürdigung. Zum Auslagenvorschuss (§§ 402, 379) s. § 402 Rz 2. 5

III. Rechtsbehelfe und Rechtsmittelinstanz. Keine isolierte Anfechtung (§ 355 II; allg Hamm NJW 10, 622; MDR 10, 169; zur Ablehnung eines »Antrags« auf »Entpflichtung« Köln MDR 08, 818: Umkehrschluss § 406 II; zum selbständigen Beweisverfahren BGH MDR 11, 746 = BauR 11, 1366; VersR 10, 1241; aA Frankf BauR 10, 832 – red LS: sofortige Beschwerde; Stuttg NJW-RR 09, 497; anders nunmehr MDR 11, 319). Eine Verletzung durch Unterlassen kann als Rechtsfehler (Ermessensfehler oder Verkennung oder Missachtung einer Rechtspflicht, s. Rz 4) ein Rechtsmittel begründen, §§ 513, 546. Zur Berufungsinstanz s.a. § 411 Rz 33–35, zu Einschränkungen in der Revision vgl BGH NJW 11, 852, 854; s.a. vor §§ 402 ff Rz 15. 6

C. Hinweise zur Prozesssituation. Den Parteien ist Gelegenheit zu geben, zwischen Kostenlast und Beweislast (auch bzgl der Möglichkeit einer gütlichen Einigung) zu wählen (vgl § 407a III 2). 7

§ 413 Sachverständigenvergütung. **Der Sachverständige erhält eine Vergütung nach dem Justizvergütungs- und -entschädigungsgesetz.**

A. Normzweck und Systematik, Übergangsregelung. Verfahren, Gegenstand und Höhe der Vergütung des SV richten sich nach dem JVEG (s.a. § 1 I 2 JVEG). Der Begriff der Vergütung umfasst ein Honorar, Fahrtkostenersatz, Entschädigung für Aufwand sowie Ersatz für sonstige und für besondere Aufwendungen (§ 8 I Nr 1–4, §§ 5–12, Anl 1 zu § 9 I, Anl 2 zu § 10 I JVEG). Der Anspruch richtet sich gegen die Staatskasse (zur Kostenpflicht der Parteien §§ 91 ff iVm GKG). Zur öffentlich-rechtlichen Rechtsbeziehung zwischen SV und Staat s. Rz 4, s.a. vor §§ 402 ff Rz 16 f. Die durch das KostRMoG (Überschrift durch das 1. JuMoG) neu gefasste Vorschrift ist seit dem 1.7.04 in Kraft; maßgeblich für die Anwendbarkeit (und damit des JVEG statt des ZSEG) ist die Erteilung des Gutachtenauftrags (bzw Heranziehung, § 1 II 1 JVEG), § 25 S 1 JVEG. 1

2 **B. Einzelerläuterungen. I. Vergütungsvoraussetzungen.** Primäre Voraussetzung ist eine Beauftragung als Sachverständiger durch das Gericht, § 1 I 3 JVEG. Entscheidend ist der Inhalt des erteilten Auftrags, eine unrichtige Bezeichnung als sachverständiger Zeuge ist unschädlich (Kobl OLGR 05, 228; s.a. § 414 Rz 2, 5, zur Personalunion § 414 Rz 4). Zur Geltung bei der Heranziehung von Behörden oder sonstiger öffentlicher Stellen sowie Gutachtenerstattung durch deren Angehörige s. § 1 II JVEG. Zum Fall der Verwendung gem § 411a s. § 411a Rz 2, 11. Für die Vorprüfung nach § 407a I wird als solche idR kein Honorar gezahlt, nämlich wenn die Beantwortung ohne Schwierigkeiten und ohne nähere Untersuchungen bereits aus den überlassenen Unterlagen möglich ist; ggf aber Aufwendungsersatz (so für erheblichen Arbeitsaufwand BGH NJW 02, 2253; VersR 79, 718; KG MDR 88, 213). Umstr ist die Vergütung der Stellungnahme zu einem Ablehnungsgesuch (abl BGH NJW-Spez 08, 620 – LS; KG MDR 10, 719 = FamRZ 11, 838; Köln VersR 95, 1508; aA Frankf MDR 93, 485; differenzierend Köln MDR 09, 1015: Vergütung bei nötiger fachlicher Auseinandersetzung vergleichbar § 411 III, IV; dagegen Dresd DS 11, 34).

3 **II. Umfang und Höhe.** Zu den einzelnen Positionen s. Rz 1, § 8 I JVEG. Das Honorar wird idR nach dem Zeitaufwand (zur Bestimmung BGH NJW-RR 87, 1470; GRUR 07, 264) mit einem bestimmten Stundensatz bemessen (zB Schlesw MedR 10, 522). Der Stundensatz richtet sich gem § 9 I JVEG nach Honorargruppen, die in Anl 1 zu § 9 I JVEG aufgelistet sind. Wird die Leistung auf einem nicht in einer Honorargruppe genannten Sachgebiet erbracht, so hat eine Zuordnung nach billigem Ermessen zu erfolgen, § 9 I 3 JVEG. Individuell angepasste Honorare sind grds nicht möglich (Kobl MDR 10, 346; Schlesw FamRZ 09, 1706: keine Anpassung nach Schwierigkeitsgrad). Eine abweichende Vergütung kann unter den Voraussetzungen des § 13 JVEG gezahlt werden bei Zustimmung beider (§ 13 I JVEG) oder auch nur einer Partei (§ 13 II JVEG). Schweigen bedeutet keine Zustimmung (Kobl MDR 10, 346). Mit häufiger herangezogenen SV kann nach § 14 JVEG die zuständige Behörde eine Vergütungsvereinbarung treffen. Sonderregelungen gibt es für das Insolvenzeröffnungsverfahren (§ 9 II JVEG, zum vorläufigen Insolvenzverwalter gem § 22 II InsO Frankf NJW-RR 06, 49; zum sog isolierten SV Frankf ZInsO 06, 540), für Dolmetscher (§ 9 III JVEG), Übersetzungen (§ 11 JVEG) sowie einige besondere Leistungen (insb im Bereich der Medizin, Anl 2 zu § 10 I JVEG). Aufwendungen werden nach dem JVEG überwiegend nach Pauschalen ersetzt. Auch besondere Aufwendungen werden ersetzt, etwa für Hilfskräfte (tatsächlich bezahlte; Zeitaufwand qualifizierter Mitarbeiter ist beim eigenen Zeitaufwand des SV zu berücksichtigen, München NJW-RR 99, 73). Auch auf die Vergütung entfallende Umsatzsteuer, § 12 JVEG. Zur Hinweispflicht des SV s. § 407a III 2.

4 **III. Wegfall. 1. Voraussetzungen.** Wegfall oder Kürzung der Vergütung ist im JVEG nicht ausdrücklich geregelt. Bei Leistungsstörungen sind die bürgerlich-rechtlichen Vorschriften nicht anwendbar, da zwischen Gericht und SV eine öffentlich-rechtliche Beziehung besteht. Die Rspr wendet allg Rechtsgrundsätze, insb den Grundsatz von Treu und Glauben an, die dem Verhältnis des SV zum Gericht und den Belangen einer geordneten Rechtspflege gebührend Rechnung tragen (BGH NJW 76, 1154, 1155; 84, 870). Der Vergütungsanspruch kann entfallen oder zu kürzen sein, wenn aus Gründen, die der SV **zu vertreten** hat, das Gutachten ganz oder tw nicht erstattet wird, nicht verwertet werden kann, oder wenn der Leistungsaufwand das Notwendige übersteigt (vgl Zö/*Greger* § 413 Rn 3 ff; Ulrich SV Rn 262, 975). Zwecks Sicherung der inneren Unabhängigkeit des SV (zur Bedeutung BGH NJW 76, 1154, 1155; s.a. vor §§ 402 ff Rz 1) wird überwiegend die Ansicht vertreten, dass leichte Fahrlässigkeit nicht immer zum Untergang des Vergütungsanspruchs führt (BGH NJW 76, 1154, 1155). So soll **grobe Fahrlässigkeit** erforderlich sein, wenn der SV seine **Ablehnung** verursacht (BGH WM 76, 461; Kobl VersR 10, 647; Zweibr OLGR 08, 33; Jena MedR 08, 555; Celle MDR 08, 164; Frankf BauR 05, 158; Kobl MDR 04, 831; Münch NJW-RR 98, 1687; Ddorf NJW-RR 97, 1353; Ulrich SV Rn 262 ff). Leichte Fahrlässigkeit kann gleichwohl genügen, wenn ein Verstoß gegen die Mitteilungspflicht aus § 407a hinzutritt (Rostock OLGR 09, 38; Kobl VersR 04, 130). Bleibt das Gutachten des abgelehnten SV aber verwertbar, ist es zu vergüten – auch bei außerprozessualer Verwertung (Wieczorek/Schütze/*Ahrens* § 413 Rn 13; aA Kobl VersR 10, 647, 648: nur prozessual). Auch bei **fachlich-inhaltlichen Mängeln** ist idR grobe Fahrlässigkeit nötig (vgl Jena MDR 08, 1186; Naumbg OLGR 04, 347; Kobl BB 93, 75: erheblicher Schuldvorwurf; Ddorf MDR 90, 453; Zö/*Greger* § 413 Rn 5; Musielak/*Huber* § 413 Rn 2; B/L/A/H § 413 Rn 3 f; Ulrich SV Rn 977 lässt einfache Fahrlässigkeit genügen, fordert aber eine völlige Unverwertbarkeit oder einen qualifizierten Verstoß; abw MüKoZPO/*Zimmermann* § 413 Rn 3 ff). **Rein formal-inhaltliche Fehler**, wie zB ein Verfehlen oder Überschreiten des Gutachtenauftrags (s.a. § 407a III 1, dort Rz 9), können hingegen schon bei **einfacher Fahrlässigkeit** einen Verlust des Vergütungsanspruchs begründen, s. aber auch Rz 5. Im Falle eines Verstoßes gegen § 407a III 2 (dort bei Rz 10) kommt es zu

einer Kürzung der Vergütung, es sei denn die Kosten wären bei Hinweis unverändert entstanden (BayObLG NJW-RR 98, 1294; Nürnbg NJW-RR 03, 791), die Parteien verzichten auf eine konkrete Kostenschätzung des SV (Celle BauR 11, 1710 – red LS) oder vorrangige andere Rechtsmittel sind noch offen (BGH MDR 11, 1376 zu § 66 GKG, s.a. Rz 7); ansonsten berührt eine Überschreitung des Auslagenvorschusses (§ 379) den Vergütungsanspruch nicht, solange die Kosten iRd Auftrags und einer sachgerechten Begutachtung entstehen. Auch eine Störung infolge **»Übernahmeverschuldens«** führt schon bei **leichter Fahrlässigkeit** zu einem Verlust des Vergütungsanspruchs (BayVerfGH BayVBl 04, 80: fehlende fachliche Qualifikation; Kobl MDR 02, 1152; 04, 831: unterlassene Mitteilung eines Ablehnungsgrundes; zu § 407a I s. dort Rz 2; zu § 407a II Nürnbg OLGR 06, 770; anders bei Verwertbarkeit KG GesR 10, 608). Dies kommt sowohl bei der Übernahme des Auftrags als auch bei einer Fortsetzung in Betracht.

2. Handhabung. Mängel sind vorrangig insb über § 411 III auszuräumen (vgl BGH GRUR-RR 09, 120; LSG SchlH MedR 08, 576). Das Gericht muss nicht nach § 409 vorgehen, sondern kann den SV mit der Folge des Verlusts des Vergütungsanspruchs entlassen (Brandbg VersR 06, 1238: Verweigerung der mündlichen Erläuterung). Eine unzulängliche Anleitung des Gerichts (§ 404a, 407a V) kann bei der Frage des Verschuldens und der Einstufung des Verschuldensgrades des SV von Bedeutung sein (Frankf OLGR 03, 311). Der Vergütungsanspruch soll auch nicht entfallen, wenn die Parteien sich das Gutachten zu Eigen machen (LG Bayreuth JurBüro 91, 437: in einem Vergleich) und soweit ein neuer SV kostensparend darauf aufbaut (Münch NJW-RR 98, 1687). 5

3. Verfahren. Zum Verfahren s. Rz 7. 6

IV. Vorschüsse, Geltendmachung und Rechtsbehelfe. Es gelten die §§ 2 ff JVEG (auch für den Erstattungsanspruch wegen zu viel gezahlter Vergütung). Die Festsetzung sowie die Rechtsbehelfe nach § 4 JVEG entsprechen denen bei der Zeugenentschädigung (§ 401) mit der Besonderheit des § 9 I 5, 6 JVEG. Der SV ist vorleistungspflichtig, hat gem § 3 JVEG aber einen Anspruch auf Vorschuss für erhebliche Aufwendungen und erbrachte Teilleistungen. Zur Vorschusspflicht der Parteien nach §§ 402, 379 und § 17 GKG s. § 402 Rz 2. Es gilt eine Ausschlussfrist nach § 3 I, II JVEG. Die Verjährung richtet sich nach § 3 III bzw IV JVEG. Eine Rückforderung kann aus Gründen des Vertrauensschutzes schon früher ausgeschlossen sein (Karlsr Justiz 91, 208; Zweibr Rpfleger 91, 84; KG Rpfleger 81, 456). Die Ablehnungsentscheidung nach § 406 ist im Verfahren über die Vergütung des SV nicht bindend, weil anders als iSd ZPO nach dem JVEG das zur Ablehnung berechtigende Verhalten des SV positiv festzustellen ist, etwa objektive Befangenheit statt subjektiver Besorgnis. Die Feststellungslast trifft die Staatskasse (Hamm MDR 79, 942; KG Rpfleger 73, 38). Wird eine Vergütung trotz Untergangs festgesetzt, so kann die kostentragende Partei dagegen mit der Kostenerinnerung gem § 66 GKG vorgehen, nicht mit einer direkten Schadensersatzforderung (BGH NJW 84, 870). 7

Zur Möglichkeit, dem SV verursachte Mehrkosten aufzuerlegen s. § 409 S 1; zu § 21 GKG s. § 407a Rz 16.

§ 414 Sachverständige Zeugen. **Insoweit zum Beweis vergangener Tatsachen oder Zustände, zu deren Wahrnehmung eine besondere Sachkunde erforderlich war, sachkundige Personen zu vernehmen sind, kommen die Vorschriften über den Zeugenbeweis zur Anwendung.**

A. Normzweck. § 414 stellt klar, dass der sachverständige Zeuge iSd Beweisrechts echter Zeuge ist. Dementsprechend gelten die Vorschriften über den Zeugen-, nicht die über den Sachverständigenbeweis. Der sachverständige Zeuge ist idR nicht austauschbar, insb keine Ablehnung nach § 406. 1

B. Einzelerläuterungen. I. Begriff und Abgrenzung. Der sachverständige Zeuge wird als Zeuge über die Wahrnehmung vergangener Tatsachen oder Zustände vernommen. Die Wahrnehmung und Bildung des Tatsachenurteils (vgl St/J/*Berger* vor § 373 Rn 11) war ihm jedoch nur möglich, weil er über eine besondere Sachkunde verfügt. Weitere Wertungen und Schlussfolgerungen darf er als Zeuge nicht ziehen (VfGH Berlin VersR 09, 564, 566 mwN). Die Abgrenzung zwischen Zeuge, sachverständigem Zeugen und SV kann im Einzelfall schwierig sein. Zwischen den ersten beiden ist sie idR ohne Konsequenz (s. Rz 3). Die Abgrenzung zwischen Zeugenstellung und der als SV ist bedeutsam, insb für die Ablehnung nach § 406, die Beweiswürdigung (OVG NW NVwZ-RR 08, 214 zur Ablehnung eines Beweisantrags) und für die Vergütung (§ 413; ausreichend, wenn auch SV, s. Rz 4). Wahrnehmungen, die ohne gerichtlichen Auftrag gemacht wurden, werden stets über den Zeugenbeweis (ggf iVm § 414) eingeführt (zB auch Wahrnehmun- 2 gen eines Privatgutachters, BGH MDR 74, 382). Bei Wahrnehmungen im gerichtlichen Auftrag ist zu unterscheiden: Zunächst ist der gerichtlich Beauftragte SV hinsichtlich aller Wahrnehmungen, die er aufgrund besonderer Sachkunde gemacht hat (Befundtatsachen), hinsichtlich anderer Feststellungen (Zusatztatsachen) immer (»einfacher«) Zeuge. Nach Beendigung der Sachverständigenstellung (zB durch erfolgreiche Ablehnung) kann der bisherige SV über Tatsachen, die er iR seines Auftrags aufgrund besonderer Sachkunde wahrgenommen hat, als (sachverständiger) Zeuge vernommen werden (BGH NJW 65, 1492). Zur Abgrenzung vom Zeugen allg vor §§ 402 ff Rz 6. Maßgeblich ist die Funktion, der Inhalt der Bekundung entspr dem vom Gericht erteilten Auftrag, nicht hingegen die möglicherweise falsche Bezeichnung durch das Gericht (BGH MDR 74, 382: Gegenstand der Vernehmung; Ddorf VersR 83, 544 zur Vergütung; s.a. § 413 Rz 2). Kein eigenmächtiges Aufschwingen vom Zeugen zum SV durch unaufgeforderte gutachterliche Äußerungen.

3 **II. Rechtliche Behandlung.** Es gelten uneingeschränkt die Regeln über den Zeugenbeweis. Die Vernehmung darf nicht aufgrund fehlender Sachkunde abgelehnt werden, vielmehr ist das Fehlen anhand der Vernehmung (ggf mit Hilfe von SV) festzustellen. Gründen, die eine Ablehnung gerechtfertigt haben oder hätten rechtfertigen können, ist bei der Beweiswürdigung Rechnung zu tragen (BGH MDR 74, 382).

4 **III. (Sachverständiger) Zeuge und SV in einer Person.** Vereinigt eine Person beide Eigenschaften (zur Abgrenzung s. Rz 2), so kommen sowohl die Bestimmungen über den Zeugenbeweis als auch die über den Sachverständigenbeweis zur Anwendung; etwa doppelte Eidesleistung, idR (da meist nicht trennbar) erhöhte Vergütung als SV (RG JW 1902, 531). Für eine Beweiswürdigung auch als SV muss eine Vernehmung auch als solche, wenn nicht aus dem Sitzungsprotokoll, so doch jedenfalls aus den Umständen erkennbar sein (Celle VersR 00, 58).

5 **C. Hinweise zur Prozesssituation.** Sowohl die Parteien als auch »der SV« können das Gericht zur Klarstellung auffordern; gutachterliche Bewertungen können von der Zusage der Vergütung als SV (§ 413) abhängig gemacht werden (vgl Rz 2, 4). Beim sachverständigen Zeugen ist darauf zu achten, dass er sich auf die Wiedergabe der tatsächlichen Seite des Geschehenen konzentriert und sich mit Schlussfolgerungen zurückhält.

Titel 9 Beweis durch Urkunden

§ 415 Beweiskraft öffentlicher Urkunden über Erklärungen.

(1) Urkunden, die von einer öffentlichen Behörde innerhalb der Grenzen ihrer Amtsbefugnisse oder von einer mit öffentlichem Glauben versehenen Person innerhalb des ihr zugewiesenen Geschäftskreises in der vorgeschriebenen Form aufgenommen sind (öffentliche Urkunden), begründen, wenn sie über eine vor der Behörde oder der Urkundsperson abgegebene Erklärung errichtet sind, vollen Beweis des durch die Behörde oder die Urkundsperson beurkundeten Vorganges.
(2) Der Beweis, dass der Vorgang unrichtig beurkundet sei, ist zulässig.

Inhaltsübersicht

	Rz
A. Urkundenbeweis	1
I. Begriff der Urkunde	2
1. Schriftlichkeit, Verkehrsfähigkeit	2
2. Einheitliche Urkunde	4
3. Original, Vervielfältigungen	5
II. Beweiskraft der Urkunde	6
1. Formelle Beweiskraft	6
2. Materielle Beweiskraft	7
III. Beweisführung durch Urkunden	8
B. Die öffentliche Urkunde	9
I. Legaldefinition	9
1. Behörde oder mit öffentlichem Glauben versehene Urkundsperson	11
a) Öffentliche Behörden	12
b) Mit öffentlichem Glauben versehene Personen	13
c) Post, Sparkassen	14
2. Innerhalb der Grenzen der Amtsbefugnisse	15
a) Sachliche Zuständigkeit	15
b) Örtliche Zuständigkeit	16
3. Urkundenform	17
II. Öffentlich beglaubigte Urkunde	18
1. Begriff	18
2. Zuständigkeit	19
III. Öffentliche Urkunde über eine Erklärung	21

	Rz
IV. Beweiskraft der öffentlichen Urkunde über eine Erklärung	22
1. Beweis des Vorgangs	23
2. Identität des Erklärenden mit dem Namensträger	25
V. Beweis der unrichtigen Beurkundung	26
1. Anwendungsbereich des § 415 II	26
a) Unrichtige Beurkundung	26
b) Abgrenzung zu Mängeln der Erklärung	28
2. Anforderungen an den Beweis der unrichtigen Beurkundung	29
3. Gegenbeweis oder Beweis des Gegenteils	30

A. Urkundenbeweis. In der ZPO gilt gem § 286 I der Grundsatz der freien richterlichen Beweiswürdigung. § 286 II ordnet eine **Bindung an feste Beweisregeln** nur in den gesetzlich bezeichneten Fällen an. Solche festen Beweisregeln finden sich in den §§ 415 ff für den Urkundenbeweis (aA *Britz* ZZP 110, 61, 63 ff). »Urkundenbeweis« meint die Verwendung der Urkunde **wegen ihres Gedankeninhalts**; davon zu unterscheiden ist die Vorlage einer Urkunde als Objekt des Augenscheinsbeweises (St/J/*Leipold* vor § 415 Rn 14). Es soll Beweis geführt werden darüber, dass eine Erklärung, eine amtliche Anordnung, Verfügung oder Entscheidung bestimmten Inhalts erfolgt ist. 1

I. Begriff der Urkunde. 1. Schriftlichkeit, Verkehrsfähigkeit. Urkunde iSd Zivilprozessordnung ist jede **schriftlich verkörperte Gedankenerklärung** (BGHZ 65, 300, 301; 136, 357, 362). Dabei muss eine Schrift verwendet worden sein, die das Gericht versteht oder sich erforderlichenfalls mit Hilfe eines Übersetzers oder eines Sachverständigen verständlich machen kann (Musielak/*Huber* § 415 Rn 4; MüKoZPO/*Schreiber* § 415 Rn 5; aA Britz S. 127 zu Zahlenschriften, chiffrierten Schriften etc). Aus welchem Material und auf welche Art und Weise das Schriftstück hergestellt wurde, ist für den Urkundenbegriff unerheblich (Köln NJW 92, 1774). Der **Schriftträger** muss lediglich als solcher geeignet sein, die Lesbarkeit zu ermöglichen. Wenn hierzu besondere technische Hilfsmittel erforderlich sein sollten, fehlt es dem Schriftstück an der für eine Urkunde erforderlichen Verkehrsfähigkeit (MüKoZPO/*Schreiber* § 415 Rn 7). 2

Eine Ausdehnung auf **Augenscheinsobjekte, die auf andere Art und Weise einen Gedankeninhalt vermitteln** können (zB Tonaufnahmen), hat der BGH unter Hinweis auf den Gesamtzusammenhang der Regeln über den Urkundenbeweis zu Recht abgelehnt (BGHZ 65, 300, 301 = NJW 76, 294). Die besondere formelle Beweiskraft kommt den Urkunden iSd ZPO nur zu, wenn sie in ihrer Erscheinungsform von einem bestimmten Aussteller herrühren. Die öffentliche Urkunde muss hierzu von einer Urkundsperson in der vorgeschriebenen Form aufgenommen, die Privaturkunde muss unterschrieben oder mittels notariell beglaubigten Handzeichens unterzeichnet sein. Diese für die Beweiskraft der Urkunde entscheidenden Merkmale können nur schriftliche Erklärungen erfüllen. **Gescannte Dokumente**, die ohne technische Hilfsmittel nicht gelesen werden können, sind ebenfalls keine Urkunden, sondern Augenscheinsobjekte (*Roßnagel/Wilke* NJW 06, 2145, 2148). **Elektronisch signierte elektronische Dokumente** ordnet die Zivilprozessordnung systematisch den Augenscheinsobjekten zu, erklärt jedoch die Regeln über den Urkundenbeweis für entsprechend anwendbar (§ 371a). 3

2. Einheitliche Urkunde. Eine Urkunde kann aus **mehreren Blättern** bestehen. Es genügt, dass sich die beschriebenen Blätter nach ihrem Erscheinungsbild (zB fortlaufende Nummerierung der Seiten, inhaltliche Gliederung) als einheitliche Urkunde darstellen. Eine körperliche Verbindung der einzelnen Blätter ist nicht erforderlich (BGH NJW 97, 2182, 2183; BGHZ 136, 257 = NJW 98, 58). Das Erfordernis einer festen Verbindung, die nur unter Substanzverletzung aufgehoben werden konnte, hat der BGH in den als »**Auflockerungsrechtsprechung**« bezeichneten Entscheidungen mehr und mehr aufgegeben. Besteht eine Urkunde aus mehreren Blättern, ist nur erforderlich, dass der Zusammenhang zweifelsfrei erkennbar ist (im Ergebnis verneint: Karlsr NJW-RR 04, 1497). **Anlagen** zu einer Haupturkunde müssen ebenfalls nicht fest mit dieser verbunden sein, sondern es genügt eine zweifelsfreie Bezugnahme auf die Anlage. Auch eine Rückverweisung in der Anlage auf die Haupturkunde ist nicht erforderlich (BGH NJW 99, 1104, 1105). **Mindestanforderungen** für die Wahrung der Urkundeneinheit hat der BGH angesichts der Vielfalt möglicher Gestaltungsformen bewusst nicht aufgestellt, sondern allein auf die Bedeutung der **zweifelsfreien Bezugnahme** als entscheidendes Kriterium hingewiesen (BGH NJW 03, 1248, 1249; NJW 08, 2181; NJW 09, 2195, 2196). 4

5 **3. Original, Vervielfältigungen.** Bei der Beweisführung durch Urkunden müssen das Urkundenoriginal und die Reproduktionen der Urkunde unterschieden werden. Hier stellt sich zunächst die Frage, ob einer Kopie jedenfalls unter bestimmten Voraussetzungen selbst Urkundenqualität beigemessen werden kann, so dass sie in diesem Fall taugliches Objekt eines Urkundenbeweises ist. Dabei ist zum einen festzuhalten, dass Kopien von Schriftstücken selbst schriftlich verkörperte Gedankenerklärungen sind und insofern die Merkmale der Urkunde iSd ZPO erfüllen (MüKoZPO/*Schreiber* § 415 Rn 8). Dem Duplikat einer Originalurkunde kommt jedoch grds **keine formelle Beweiskraft** (s. hierzu Rz 6) zu; deshalb ist es für die Führung eines spezifischen Urkundenbeweises untauglich (BGH NJW 92, 829, 830; Schlesw SchlHA 09, 388; *Noll* NJW 93, 429, 434). Etwas anderes gilt nur dann, wenn die Reproduktion des Originals kraft Gesetzes (s. insb § 47 BeurkG) oder nach Bestimmung des Ausstellers, soweit gesetzlich zulässig, das Original im Rechtsverkehr vertreten soll (MüKoZPO/*Schreiber* § 415 Rn 8; Jauernig/Hess § 55 I.). Ein **gescanntes Dokument** ist zwar ebenfalls ein (elektronisches) Abbild; es ist jedoch selbst keine Urkunde, da es nicht in schriftlich verkörperter Form vorliegt (*Roßnagel/Wilke* NJW 06, 2145, 2148; s.a. Rz 3).

Ist die Kopie selbst noch kein taugliches Mittel zur Führung des Urkundenbeweises, kommt es für den **Antritt eines Urkundenbeweises** darauf an, ob dieser durch Vorlage der Originalurkunde erfolgen muss oder ob eine Reproduktion die Originalurkunde im Beweisverfahren vertreten kann (s. § 435). Reicht die vorgelegte Kopie für den Antritt des Urkundenbeweises nicht aus (zur Vorlage einer Kopie der Privaturkunde § 420 Rz 6), dann ist sie lediglich ein Augenscheinsobjekt, dessen Anschauung beweisen soll, dass es eine inhaltsgleiche Originalurkunde gibt.

6 **II. Beweiskraft der Urkunde. 1. Formelle Beweiskraft.** Die §§ 415 ff enthalten **unterschiedliche Beweisregeln für öffentliche oder private Urkunden** über Erklärungen, öffentliche Urkunden, die einen Rechtsakt verkörpern (»wirkende Urkunden«) und öffentliche Urkunden, die eine Tatsache bezeugen. Gegenstand der Beweisregeln ist die **formelle (äußere) Beweiskraft** der Urkunde (BGH NJW-RR 07, 1006, 1007; NJW 86, 3086; zu § 348 StGB: BGH JZ 87, 522). Die Urkunde bezeugt, dass eine Erklärung bestimmten Inhalts vor der Urkundsperson abgegeben (§ 415) bzw vom Aussteller in der Urkunde abgegeben wurde (§ 416). Die wirkende öffentliche Urkunde beweist, dass eine Anordnung, Verfügung oder Entscheidung bestimmten Inhalts getroffen wurde (§ 417). Die öffentliche Zeugnisurkunde beweist die von der Urkundsperson infolge eigener (§ 418 I) oder fremder Wahrnehmung (nach Maßgabe des § 418 III) bezeugte Tatsache.

Voraussetzung der formellen Beweiskraft ist, dass die Urkunde **echt** (vgl §§ 437 ff) und **unversehrt** (vgl § 419) ist. Eine Urkunde ist echt iSd ZPO, wenn sie von dem herrührt, von dem sie nach der Behauptung des Beweisführers herrühren soll (MüKoZPO/*Schreiber* § 437 Rn 1; St/J/*Leipold* § 437 Rn 1; R/S/G § 119 Rn 11; B/L/A/H Einf §§ 437–443 Rn 1). Wann im Verfahren von der Echtheit der Urkunde auszugehen ist, differiert danach, ob es sich um eine inländische öffentliche Urkunde (§ 437), eine ausländische öffentliche Urkunde (§ 438) oder um eine Privaturkunde (§§ 439, 440) handelt. Für öffentliche und private Urkunden sieht § 441 als Nachweismittel für die Echtheit der Urkunde den Schriftvergleich vor.

Der Inhalt der echten Urkunde ist voll bewiesen, also **keiner freien Beweiswürdigung** mehr zugänglich. Wenn der Urkundenbeweis über den beurkundeten Vorgang erbracht ist, darf der die Urkunde Aufnehmende grds nicht als **Zeuge** hierüber vernommen werden (Wieczorek/Schütze/*Ahrens* § 415 Rn 27).

7 **2. Materielle Beweiskraft.** Ob eine behauptete Tatsache durch Vorlage der Urkunde bewiesen ist, hängt von dem konkreten Beweisthema ab. Die Relevanz des Urkundeninhalts für das Beweisthema kann als **materielle (innere) Beweiskraft** der Urkunde bezeichnet werden (St/J/*Leipold* § 415 Rn 17; MüKoZPO/*Schreiber* § 415 Rn 26; enger: Zö/*Geimer* Vor § 415 Rn 7: materielle Beweiskraft betreffe Richtigkeit der beurkundeten Erklärung). Entscheidend ist, was mit der Urkunde bewiesen werden soll und bewiesen werden kann. Der Beweis ist mit Vorlage der echten Urkunde erbracht, wenn der Urkundeninhalt für sich genommen das Beweisthema ist (St/J/*Leipold* Vor § 415 Rn 18). In diesem Fall decken sich gewissermaßen formelle und materielle Beweiskraft der Urkunde. Ist Gegenstand der Urkunde eine Erklärung, muss jedoch zwischen der Erklärung als solcher und der inhaltlichen Richtigkeit der Erklärung unterschieden werden. Die Urkunde bezeugt nicht die **inhaltliche (materielle) Richtigkeit** (BGH NJW-RR 07, 1006, 1007; JZ 87, 522 zu § 348 StGB; Musielak/*Huber* § 415 Rn 3). Ob die behauptete Tatsache der Wahrheit entspricht, unterliegt also der freien richterlichen Beweiswürdigung.

8 **III. Beweisführung durch Urkunden.** Der Urkundenbeweis wird durch **Vorlage der Urkunde** geführt. Besondere Bedeutung kommt dem Urkundenbeweis dadurch zu, dass er der einzig zugelassene Beweis im **Urkundenprozess** (§§ 592 ff) ist. Der Urkundenbeweis ist ein privilegiertes Beweismittel, weil der Urkunde

im Vergleich zu anderen Beweismitteln wie dem Zeugen- oder Sachverständigenbeweis besondere Beweiskraft zukommt (BGH NJW 01, 3549, 3550; NJW 08, 523, 524). Aus diesem Grund lässt die Rechtsprechung auch keinen »Urkundenbeweis« durch Vorlage von Protokollen über Zeugenvernehmungen oder Sachverständigengutachten aus anderen Verfahren zu, wenn diese im Urkundenprozess die hier nicht zugelassene unmittelbare Beweiserhebung durch Zeugen oder Sachverständige ersetzen soll (BGH NJW 08, 523, 524). Allein der Umstand, dass eine Urkunde vorgelegt oder ihre Vorlage angekündigt wird, führt iÜ typischerweise dazu, dass die behauptete Tatsache nicht bestritten wird und sich eine Beweisführung somit erübrigt. Das Beweismittel »Urkunde« wird als so zuverlässig angesehen, dass der Urkundenbeweis sich gewissermaßen selbst überflüssig macht (MüKoZPO/*Schreiber* § 415 Rn 4). Den Beweisregeln der §§ 415 ff kommt in diesem Fall nicht im technischen Sinne Relevanz für die Führung konkreter Urkundenbeweise zu. Ihre nicht zu unterschätzende praktische Bedeutung liegt vielmehr darin, bei der Abgrenzung des streitigen Sachvortrags vom unstreitigen Sachvortrag zu helfen. Ein potentieller Streitpunkt ist dagegen, ob die Voraussetzung der formellen Beweiskraft der Urkunde, ihre Echtheit, gegeben ist.

B. Die öffentliche Urkunde. I. Legaldefinition. § 415 I enthält die **Legaldefinition** der öffentlichen Urkunde. Dieser Definition kommt über das Zivilprozessrecht hinaus Bedeutung für die gesamte Rechtsordnung zu (zB Grundbuchrecht: BGHZ 25, 186, 188; andere Verfahren der fG: BayObLG 94, 13 = FamRZ 94, 530). Nach der Legaldefinition des § 415 I sind drei Elemente für die Einordnung eines Schriftstücks als öffentliche Urkunde erforderlich: die spezifische öffentliche Qualifikation des Ausstellers (Behörde oder mit öffentlichem Glauben versehene Urkundsperson), das Tätigwerden der Urkundsperson innerhalb ihres Amtsbereichs und die Einhaltung der vorgeschriebenen Form für die Beurkundung. Die Definition umfasst **auch ausländische öffentliche Urkunden** (BGH NJW-RR 07, 1006; BGH LM Nr 3 zu § 418; Ddorf IPrax 96, 423, 425). Lediglich im Hinblick auf die Vermutung der Echtheit einer öffentlichen Urkunde differenziert das Urkundenbeweisrecht der ZPO zwischen inländischen und ausländischen öffentlichen Urkunden (§§ 437, 438). Ob eine ausländische Urkunde die Merkmale der öffentlichen Urkunde erfüllt, richtet sich nach dem einschlägigen ausländischen Recht (Ddorf IPrax 96, 423, 425; St/J/*Leipold* § 415 Rn 17). § 415 formuliert die Beweisregel für öffentliche **Urkunden über Erklärungen**, die vor der Behörde oder der Urkundsperson abgegeben wurden. Daneben kennt die ZPO Beweisregeln für **wirkende öffentliche Urkunden** (§ 417) und für **öffentliche Zeugnisurkunden** (§ 418). 9

Die Legaldefinition der öffentlichen Urkunde in § 415 I deckt die Merkmale ab, die nach **europäischem Zivilverfahrensrecht** öffentliche Urkunden über Erklärungen von Privaturkunden unterscheiden. Der EuGH hat als maßgebliches Kriterien für die Qualifikation als (vollstreckbare) öffentliche Urkunde angesehen, dass die Beurkundung von einer Behörde aufgenommen wurde, dass sie sich auf den Inhalt und nicht nur auf die Unterschrift bezieht und dass die Urkunde in dem Staat, in dem sie ausgestellt worden ist, als solche vollstreckbar ist (EuGH Rs C-260/97, Slg 99, I-3715 Rn 15 ff; s.a. Art 4 Nr 3a EuVTVO). Die wesentlichen Kriterien, die die Vergleichbarkeit zwischen einem gerichtlichen Urt und der öffentlichen Urkunde herstellen, sind also die besondere Beurkundungshandlung sowie der Status und die Qualität der Urkundsperson. 10

1. Behörde oder mit öffentlichem Glauben versehene Urkundsperson. Ein Schriftstück kann nur dann als öffentliche Urkunde, ein elektronisches Dokument (§ 371a II) nur dann als öffentliches elektronisches Dokument qualifiziert werden, wenn es von einer Stelle herrührt, die mit der **aus der staatlichen Hoheitsgewalt abgeleiteten Urkundsgewalt** ausgestattet ist. Entscheidend ist, dass die beurkundende Stelle berufen ist, unter öffentlicher Autorität staatliche Zwecke zu verfolgen (BGHZ 25, 186, 188 f; St/J/*Leipold* § 415 Rn 3, 4). 11

a) Öffentliche Behörden. Der BGH hat den Begriff der Behörde iSd Urkundenbeweisrechts in einer zu § 29 GBO ergangenen Entscheidung wie folgt definiert: „Eine öffentliche Behörde ist ein in den allgemeinen Organismus der Behörden eingefügtes Organ der Staatsgewalt, das dazu berufen ist, unter öffentlicher Autorität für die Erreichung der Zwecke des Staates oder der von ihm geförderten Zwecke tätig zu sein, wobei es für den Begriff der Behörde nicht wesentlich ist, ob die ihr übertragenen Befugnisse Ausübung obrigkeitlicher Gewalt sind oder nicht“; ebenso wenig spielt es hiernach eine Rolle, ob das Organ unmittelbar vom Staate oder von einer dem Staate untergeordneten Körperschaft zunächst für deren eigene Zwecke bestellt ist (BGHZ 25, 186, 188 f). Öffentliche Behörden, deren Funktion Ausfluss der Staatsgewalt ist und in deren Zuständigkeitsbereich demzufolge öffentliche Urkunden errichtet werden können, sind insb inländische (BayObLG 97, 90 = NJW-RR 97, 1015, 1016; KG MDR 82, 329, 330) und ausländische **Gerichte** (BGH NJW-RR 07, 1006), **Behörden** 12 des Bundes, der Länder, der Gemeinden und Gemeindeverbände, ausländische Behörden (BVerwG NJW 87, 1159; Zweibr FamRZ 04, 729), **Anstalten und Körperschaften des öffentlichen Rechts** wie etwa die Berufsvertretungen (BGH LM Nr 1 zu § 415) oder **kirchliche Behörden**.

13 **b) Mit öffentlichem Glauben versehene Personen.** Mit öffentlichem Glauben versehene Personen sind insb **Notare**, die für die Beurkundung von Rechtsvorgängen auf dem Gebiet der vorsorgenden Rechtspflege (s. § 1 BNotO) sowie für eine Reihe von Aufgaben auf dem Gebiet des Zivilprozessrechts mit Urkundsgewalt ausgestattet sind. Urkundspersonen sind darüber hinaus alle Personen, denen kraft Gesetzes bestimmte Beurkundungskompetenzen zugewiesen sind, wie bspw **Konsuln**, **Urkundsbeamte der Geschäftsstelle**, **Gerichtsvollzieher** (Köln NJW-RR 86, 863), **Standesbeamte** oder die Urkundspersonen des **Jugendamtes** (s. § 59 I SGB VIII), nicht dagegen Dolmetscher (KG FGPrax 2011, 168). **Rechtsanwälte** üben keine hoheitliche Funktion aus, so dass anwaltliche **Empfangsbekenntnisse** unbeschadet der Wirkung, die § 174 ihnen beimisst, keine öffentlichen Urkunden sind, sondern lediglich wie öffentliche Urkunden behandelt werden (BGH NJW 90, 2125; FamRZ 95, 799; s.a. BGH NJW 01, 2722, 2723; aA BSG NJW-RR 02, 1652; OVG Lüneburg NJW 05, 3802).

14 **c) Post, Sparkassen.** Eine Sonderstellung nehmen nach der Privatisierung der Deutschen Post die Lizenznehmer nach dem PostG ein. Lizenznehmer, die wie die **Post AG** Briefzustellungsdienstleistungen nach dem PostG übernehmen, sind gem § 33 I PostG verpflichtet, förmliche **Zustellungen** nach den Vorschriften der Prozessordnungen und der Gesetze über die Verwaltungszustellung vorzunehmen und im Umfang dieser Verpflichtung als **beliehener Unternehmer** mit Hoheitsbefugnissen ausgestattet. Damit zieht § 33 I PostG die Konsequenz nach sich, die beliehenen Unternehmen in den Grenzen der Beleihung als »Behörden« iSd § 415 I anzusehen (Wieczorek/Schütze/*Ahrens* § 415 Rn 13). Darüber hinaus können die jeweiligen Zustellungspersonen unabhängig von der konkreten Ausgestaltung des Dienstverhältnisses als kraft der Beleihung mit öffentlichem Glauben versehene Personen iSv § 415 I qualifiziert werden (BGH NJW 98, 1716; Wieczorek/Schütze/*Ahrens* § 415 Rn 18). Den nach Landesrecht öffentlich-rechtlich organisierten **Sparkassen** kommt ebenfalls Behördenqualität iSd § 415 I zu, so dass sie öffentliche Urkunden ausstellen können (zu § 29 III GBO: BayObLG DNotZ 97, 337, 340; Zweibr FGPrax 01, 10, 11; LG Marburg NJW-RR 01, 1100; ui § 7 II ZVG: BGH NJW-RR 2011, 953, 954; Sparkassenbücher: BGH NJW 63, 1630, 1631). Dagegen kann die **Postbank** mangels Beleihung mit Hoheitsrechten keine öffentlichen Urkunden errichten; die Entscheidung des BayObLG vom 5.7.93 (NJW 93, 2947) bezieht sich in der Begründung ausdrücklich auf die damalige Rechtslage und ist nach der Privatisierung nicht mehr heranzuziehen (Wieczorek/Schütze/*Ahrens* § 415 Rn 6; B/L/A/H § 415 Rn 6).

15 **2. Innerhalb der Grenzen der Amtsbefugnisse. a) Sachliche Zuständigkeit.** Die Behörde oder die Urkundsperson muss bei der Errichtung der Urkunde innerhalb ihrer sachlichen Zuständigkeit gehandelt haben (BayObLG 79, 237; MüKoZPO/*Schreiber* § 415 Rn 16). Dabei ist nicht ausgeschlossen, dass auch die Vornahme privatrechtlicher Geschäfte in diese öffentlichen Funktionen einbezogen ist und dem hierbei errichteten Schriftstück den Charakter einer öffentlichen Urkunde gibt (St/J/*Leipold* § 415 Rn 9; MüKoZPO/*Schreiber* § 415 Rn 17). Nehmen umgekehrt für bestimmte Aufgaben mit Urkundsgewalt Beliehene außerhalb des ihnen zugewiesenen Sachgebiets Urkunden auf, so handelt es sich dabei um Privaturkunden, denen zumindest nicht die formelle Beweiskraft der §§ 415, 418 beizumessen ist (MüKoZPO/*Schreiber* § 415 Rn 18). Lediglich zu **innerdienstlichen Zwecken** angefertigte Urkunden sind keine öffentlichen Urkunden, weil die Behörde damit nicht zur Erfüllung eines öffentlichen Zwecks tätig wird (Wieczorek/Schütze/*Ahrens* § 415 Rn 14; MüKoZPO/*Schreiber* § 415 Rn 17; aA St/J/*Leipold* § 415 Rn 11). Hiervon zu unterscheiden sind die (eben nicht zu rein innerdienstlichen Zwecken angefertigten) sog. **notariellen Eigenurkunden**, dh vom Notar unterzeichnete und gesiegelte Erklärungen zur Ergänzung, Berichtigung und Anpassung verfahrensrechtlicher Erklärungen. Die Errichtung derartiger Eigenurkunden ist vom sachlichen Zuständigkeitsbereich des Notars umfasst (BGHZ 78, 36, 38 f = NJW 81, 125; Wieczorek/Schütze/*Ahrens* § 415 Rn 19).

16 **b) Örtliche Zuständigkeit.** Ob die Urkundsperson innerhalb ihrer örtlichen Zuständigkeit gehandelt hat, ist für die Qualifikation des von ihr herrührenden Schriftstücks als öffentliche Urkunde irrelevant (MüKoZPO/*Schreiber* § 415 Rn 19). Lediglich **außerhalb des Staatsgebiets** können keine öffentlichen Urkunden errichtet werden, weil die aus der staatlichen Hoheitsgewalt abgeleitete Urkundsgewalt einer Urkundsperson auf das Staatsgebiet begrenzt ist (BGHZ 138, 359, 361 = NJW 98, 2830; *Geimer* IPrax 00,

366, 368 f; *Stürner* DNotZ 95, 343, 351; zT aA *Rehm* RabelsZ 64 (00), 104, 111). Beurkundet ein deutscher Notar unter Verstoß gegen das Territorialitätsprinzip außerhalb des Staatsgebiets, so ist die Beurkundung deshalb unwirksam (BGHZ 138, 359, 362 = NJW 98, 2830). Dieser Grundsatz dürfte auch nach der Entscheidung des EuGH zum Staatsangehörigkeitsvorbehalt für Notare (NJW 2011, 2941), die die Frage nach der Dienstleistungsfreiheit explizit ausgeklammert hat, Geltung beanspruchen (*Preuß* ZNotP 2011, 322, 325 f; vgl auch *Fuchs* EuZW 2011, 475, 476; aA *Ritter* EuZW 2011, 707, 710; *Schmid/Pinkel* NJW 2011, 2928, 2930).

3. Urkundenform. Das dritte Definitionsmerkmal der öffentlichen Urkunde, die Form, bezieht sich auf die Einhaltung der **zwingenden Verfahrensvorschriften**. Im **Zivilprozessrecht** enthalten zB die §§ 159 ff (**Sitzungsprotokoll**), § 182 (**Zustellungsurkunde**), §§ 313, 315, 317 (**Urteil**, **Urteilsausfertigung**), § 329 (**Beschlüsse**), § 725 (**Vollstreckungsklausel**), § 762 (**Vollstreckungsprotokoll**) zwingende Verfahrensvorschriften. Im **Beurkundungsverfahren** ist zwischen zwingenden Formvorschriften, deren Verletzung die Formnichtigkeit eines Beurkundungsaktes nach sich zieht, und Soll-Vorschriften (deren Einhaltung allerdings für den Notar grds verpflichtend ist) zu differenzieren. Zu den Wirksamkeitsvoraussetzungen zählen insb die persönliche Entgegennahme der Erklärungen durch den Notar (BGH NJW 63, 1010, 1012), die Einhaltung der explizit als **Muss-Vorschriften** formulierten Verfahrensvorschriften des BeurkG (zB Ausschluss des Notars von der Beurkundung nach §§ 6, 7 BeurkG, Niederschrift nach §§ 8 ff BeurkG) sowie außerhalb des BeurkG die zwingenden Angaben im Hauptversammlungsprotokoll (§ 130 AktG). Bei der Protokollierung des Wechsel- oder Scheckprotests sind die Art 80 ff WG, 55 III ScheckG einzuhalten. Schriftstücke, auf die in einer notariellen Niederschrift verwiesen wird, sind nach § 9 I 2 BeurkG Teil der Niederschrift (und werden gem § 13 I 1 BeurkG mitverlesen), sind also Teil der öffentlichen Urkunde. Ist für die Errichtung einer Urkunde **kein besonderes Verfahren** vorgeschrieben, so kann das dritte Definitionsmerkmal außer Acht gelassen werden. Eine öffentliche Urkunde liegt in diesem Fall bereits dann vor, wenn eine Behörde oder eine Urkundsperson im Rahmen ihrer Amtsbefugnisse gehandelt hat (St/J/*Leipold* § 415 Rn 14; Wieczorek/Schütze/*Ahrens* § 415 Rn 25). 17

II. Öffentlich beglaubigte Urkunde. 1. Begriff. Öffentlich beglaubigte Urkunden sind nach § 129 BGB Schriftstücke mit **notariell beglaubigter Unterschrift** oder notariell beglaubigtem Handzeichen. Bei der öffentlich beglaubigten Urkunde müssen Urkunde und Beglaubigung unterschieden werden. Öffentliche Urkunde ist allein der **Beglaubigungsvermerk** (BGH NJW 80, 1047, 1048). Dabei handelt es sich um ein **Zeugnis der Urkundsperson über die Echtheit der Unterschrift**. Die **Identitätsfeststellung** durch den Notar ist von der formellen Beweiskraft erfasst (Celle NJW-RR 06, 448, 449; s.a. Rz 25). Die Urkunde selbst, deren Unterschrift oder Handzeichen öffentlich beglaubigt wurde, ist eine **Privaturkunde**. Da nach § 418 I aber die ordnungsmäßige öffentliche Beglaubigung die Echtheit der Unterschrift beweist, wird die Echtheit des über der Unterschrift stehenden Textes nach § 440 II vermutet. 18

2. Zuständigkeit. Die für die öffentliche Beglaubigung von Unterschriften und Handzeichen (§ 129 BGB) zuständige Urkundsperson ist im Grundsatz der **Notar**. Das Verfahren richtet sich § 40 BeurkG. Danach muss aus dem Beglaubigungsvermerk hervorgehen, wer die Unterschrift vollzogen oder anerkannt hat und ob es sich um einen Vollzug der Unterschrift oder um eine Anerkennung der Unterschrift gehandelt hat. Dabei erkennt derjenige, der seine Unterschrift vor dem Notar vollzieht, diese damit auch faktisch als eigenhändig an (Winkler § 40 BeurkG Rn 33). 19

Sachlich begrenzt sind neben dem Notar etwa auch **Konsularbeamte** (§ 10 I Nr 2 KonsG) und **Standesbeamte** (§§ 41 ff PStG) zuständig. Von der öffentlichen Beglaubigung müssen **amtliche Beglaubigungen** einer Unterschrift zur Vorlage bei einer Behörde (§ 34 VwVfG) unterschieden werden. Die Beweiskraft dieser Beglaubigungsvermerke beschränkt sich gem § 65 S 2 BeurkG auf den im Beglaubigungsvermerk genannten Verwendungszweck. Beglaubigt eine Behörde Unterschriften unter Überschreitung ihrer sachlichen Zuständigkeit, so erfüllt der Beglaubigungsvermerk nicht die Kriterien einer öffentlichen Urkunde; der Unterschriftsbeglaubigung kommt insofern keine Beweiskraft zu (Staud/*Hertel* § 129 BGB Rn 48). Eine weitere Zuständigkeit für die Beglaubigung von Unterschriften und Handzeichen regelt § 6 II BtBG für die **Urkundsperson bei der Betreuungsbehörde**. Die Befugnis beschränkt sich auf die Beglaubigung von Vorsorgevollvollmachten und Betreuungsverfügungen. Mit der beschränkten Beglaubigungskompetenz der Urkundsperson der Betreuungsbehörde sollte ua die Möglichkeit geschaffen werden, Authentizitätsnachweise iSd §§ 416, 440 II zu erstellen (BTDrs 15/2494 44, zum Streit über weitere Rechtswirkungen vgl *Renner* RPfleger 07, 367 ff mwN einerseits, *Spanl* Rpfleger 06, 455, 456; *ders* Rpfleger 07, 372 ff andererseits). 20

21 **III. Öffentliche Urkunde über eine Erklärung.** Die Beweisregeln über die Beweiskraft öffentlicher Urkunden finden sich in den §§ 415, 417 und 418. § 415 betrifft Urkunden über Erklärungen, die **vor der Behörde** oder der Urkundsperson von einer dritten Person abgegeben wurden, nicht dagegen Zeugnisse der Behörde oder Urkundsperson selbst. Eine Erklärung zu Protokoll der Geschäftsstelle verlangt **persönliche Anwesenheit** des Erklärenden und kann nicht telefonisch abgegeben werden (BGH NJW-RR 09, 852). Der Begriff der Erklärung erhält keine Einschränkung. Er umfasst damit insb Willenserklärungen, Wissenserklärungen und Verfahrenserklärungen (MüKoZPO/*Schreiber* § 415 Rn 25). Für nach außen gerichtete **Eigenerklärungen der Behörde** oder der Urkundsperson gilt nicht § 415, sondern § 417 (Wieczorek/Schütze/*Ahrens* § 417 Rn 3, 4). Welche Beweisregel jeweils herangezogen werden muss, richtet sich nach dem konkreten unter Beweis gestellten Urkundeninhalt. Ein und dieselbe Erklärung kann sowohl die Beurkundung von Erklärungen Dritter als auch Zeugnisse oder sonstige Erklärungen der Behörde oder Urkundsperson enthalten.

22 **IV. Beweiskraft der öffentlichen Urkunde über eine Erklärung.** § 415 regelt die formelle Beweiskraft (s. Rz 6) echter und unversehrter (§ 419) öffentlicher Urkunden über Erklärungen. Die Echtheit der inländischen öffentlichen Urkunde wird gem § 437 I gesetzlich vermutet (zu ausländischen öffentlichen Urkunden s. § 438).

23 **1. Beweis des Vorgangs.** Gegenstand des Urkundenbeweises ist »der beurkundete Vorgang«, also die Erklärung vor der Behörde oder Urkundsperson. Damit ist zunächst bewiesen, dass die beurkundete Erklärung **zur angegebenen Zeit und am angegebenen Ort** (Hamm NJW-RR 00, 406, 407) **wie in der Urkunde niedergelegt und nicht anders** abgegeben wurde (BGH NJW 94, 320, 321 zu § 130 AktG; BGH NJW-RR 07, 1006, 1007 zur Beweiskraft einer französischen Ermittlungsakte). Auch sonstige Umstände der Beurkundung wie insb die Abgabe der Erklärung **vor der genannten Urkundsperson** werden von der formellen Beweiskraft der Urkunde erfasst (BGH JZ 87, 522 zu § 348 StGB; Zö/*Geimer* § 415 Rn 5). Dagegen unterliegt die inhaltliche Richtigkeit der richterlichen Beweiswürdigung.

24 Erfolgte die Beurkundung zur Erfüllung eines Beurkundungserfordernisses (zB Formgebot des § 311b I BGB), dann spricht darüber hinaus eine **Vermutung** für die **Vollständigkeit** der in der Urkunde niedergelegten Erklärungen (BGH DNotZ 86, 78 f mit Anm *Reithmann*; NJW-RR 98, 1470). Für den Gegner, der die Abgabe über den Urkundeninhalt hinausgehender Erklärungen behauptet, reicht es nicht aus, die Vermutung zu erschüttern; er muss sie widerlegen (BGH NJW-RR 98, 1470; St/J/*Leipold* § 415 Rn 25: »gewohnheitsrechtliche Vermutung«). Die Vermutung erstreckt sich allerdings nicht darauf, dass sonstige, nicht dem Beurkundungserfordernis unterliegende Erklärungen wie Informationen, Hinweise oder ähnliches abgegeben wurden (BGH DNotZ 86, 78; DNotZ 03, 696, 697 f; NJW-RR 03, 1432, 1433 zur fehlenden Verweisung auf andere Niederschrift nach § 13a I BeurkG).

25 **2. Identität des Erklärenden mit dem Namensträger.** Zum beurkundeten Vorgang gehört die Angabe darüber, dass die Erklärung von einer bestimmten Person stammt. Von der Beweiskraft der Urkunde über eine Erklärung wird dabei streng genommen nur erfasst, dass die Erklärung von der namentlich bezeichneten Person stammt, nicht aber, dass diese Person auch mit dem Namensträger identisch ist. Wurde die Urkunde allerdings von einem Notar errichtet, ist zu beachten, dass der Notar nach § 10 BeurkG wie bei der Unterschriftsbeglaubigung nach § 40 BeurkG die Identität des Erschienenen zu prüfen hat. Die erfolgte **Identitätsfeststellung** erbringt formellen Beweis für die Identität der erklärenden Person (Celle NJW-RR 06, 448, 449; LG Berlin DNotZ 63, 250, 251; offen gelassen: BGH NJW 2011, 778, 779 mwN zum Streitstand). Richtigerweise sollte diese Beweiswirkung aber nicht auf § 415 (so Wieczorek/Schütze/*Ahrens* § 415 Rn 29; St/J/*Leipold* § 415 Rn 24; aA MüKoZPO/*Schreiber* § 415 Rn 27) gestützt werden, sondern wegen des Zeugnischarakters der Identitätsfeststellung (Erklärender von Person bekannt oder Vorlage eines Ausweispapiers) auf § 418 (idS Staud/*Hertel* Vorb zu §§ 127a, 128 (BeurkG) Rn 702). Insofern unterscheidet sich die Identitätsfeststellung des Notars von der Wiedergabe subjektiver Eindrücke (zB hinsichtlich der Geschäftsfähigkeit oder Testierfähigkeit eines Beteiligten), die der Notar zwar ggf zu vermerken hat, der aber kein Zeugnischarakter zukommt, so dass diese Eindrücke nicht an der Beweiskraft des § 418 teilhaben (Wieczorek/Schütze/*Ahrens* § 418 Rn 19).

26 **V. Beweis der unrichtigen Beurkundung. 1. Anwendungsbereich des § 415 II. a) Unrichtige Beurkundung.** § 415 II lässt den Nachweis der unrichtigen Beurkundung zu, um die formelle Beweiskraft der öffentlichen Urkunde außer Kraft zu setzen. Der Nachweis bezieht sich auf **Falschbeurkundungen** (straf-

bewehrt nach § 348 StGB), nicht auf inhaltlich unrichtige Erklärungen. Die inhaltliche Richtigkeit wird schließlich von der Beweiskraft der Urkunde nicht erfasst. Die Beweisführung kann sämtliche **Gegenstände der formellen Beweiskraft** erfassen, die beurkundete Erklärung, die Umstände des Beurkundungsvorgangs (Zeit, Ort) oder die Person des Beurkundenden.

§ 415 II betrifft die Fälle, in denen eine öffentliche Urkunde, die formelle Beweiskraft entfaltet, vorliegt. 27
Hiervon zu unterscheiden ist die Verteidigung, die bei den **Voraussetzungen des Urkundenbeweises** ansetzt. Wird die Echtheit der Urkunde bestritten, sind die §§ 437, 438 zu beachten. Geht es um die Einhaltung wesentlicher Verfahrensvorschriften, so ist zu differenzieren, ob sich der Verfahrensverstoß als **sichtbarer Mangel** der Urkunde manifestiert hat oder ob es sich um einen »unsichtbaren« Verfahrensverstoß handelt. Ein erkennbarer Verfahrensverstoß liegt etwa vor, wenn die Urkunde Änderungen und Ergänzungen enthält, bei deren Vornahme die Urkundsperson die einschlägigen Verfahrensvorschriften (zB § 44a BeurkG) nicht beachtet hat. Ist diesem Fall trägt die Urkunde einen Mangel, der bereits die Beweiskraft der Urkunde nach Maßgabe des § 419 beeinträchtigt (BGH WM 56, 794, 796; NJW 94, 2768, 2769). Ein wesentlicher Verfahrensmangel liegt auch vor, wenn der Text von dem beurkundenden Notar entgegen § 13 I 1 BeurkG nicht vorgelesen wurde. Das Verlesen ist in diesem Fall Merkmal der öffentlichen Urkunde über die Erklärung und nicht Gegenstand der Urkunde. Mangels formgerechter Errichtung fehlt es bereits an der formellen Beweiskraft. Wenn schon keine öffentliche Urkunde vorliegt, ist kein Nachweis der unrichtigen Beurkundung gem. § 415 II zu führen (Musielak/*Huber* § 415 Rn 11; MüKo/*Schreiber* § 415 Rn 29; aA RGZ 161, 328, 382 zu §§ 2238, 2241 BGB, aA für den Fall der fehlenden Verlesung: St/J/*Leipold*, § 415 Rn 31; s.a. BGH WM 1956, 794, 796, wobei allerdings die Besonderheit bestand, dass die Urkunde im Hinblick auf die streitgegenständlichen Teile der Erklärung schon äußerlich mangelhaft war). Wenn die Urkunde den nach § 13 II 2 BeurkG vorgeschriebenen **Verlesungsvermerk** (Soll-Vorschrift, s. Winkler § 13 BeurkG Rn 76) enthält, begründet dieser Vermerk nach § 418 I Beweis dafür, dass die Verlesung stattgefunden hat (Staud/*Hertel* Vorb zu §§ 127a, 128 (BeurkG) Rn 364; anders die strafrechtliche Beurteilung, s. Zweibr NJW 04, 2912 ff). Auch insofern muss also, wenn die Richtigkeit des Vermerks bestritten wird, der **Beweis der Unrichtigkeit** nach § 418 II geführt werden. § 13 I 3 BeurkG enthält überdies eine widerlegliche Tatsachenvermutung (BGH NJW 94, 1288, 1289) für die Verlesung, wenn die Erklärungen von den Beteiligten unterschrieben wurden.

b) Abgrenzung zu Mängeln der Erklärung. Hat der Erklärende bei der Verlesung des Urkundentextes 28
einen Passus überhört und den Urkundentext in der Vorstellung genehmigt, er enthalte nur den von ihm zur Kenntnis genommenen Teil, liegt **keine unrichtige Beurkundung** vor (BGHZ 71, 260, 262 f = NJW 78, 1480, 1481). Hierbei handelt es sich vielmehr um einen typischen Fall, in dem objektive Erklärung und Wille des Erklärenden sich nicht decken. Der objektive Erklärungsinhalt ist in der Urkunde wiedergegeben, die Beurkundung mithin richtig (MüKoZPO/*Schreiber* § 415 Rn 28; St/J/*Leipold* § 415 Rn 32). Wegen des Willensmangels kommt jedoch nach bürgerlichrechtlichen Regeln eine **Irrtumsanfechtung** in Betracht. Bei dem Beweis des Anfechtungstatbestandes steht die Beweiskraft der Urkunde dem Nachweis, dass der Urkundentext bei der Verlesung überhört wurde, nicht entgegen (St/J/*Leipold* § 415 Rn 32).

2. Anforderungen an den Beweis der unrichtigen Beurkundung. Die Anforderungen, die an den Beweis 29
der Falschbeurkundung gestellt werden, sind durch die Beweiswirkung der Urkunde vorgegeben. Mit der Führung des Urkundenbeweises sind die Tatsachen, die von der formellen Beweiskraft der Urkunde erfasst werden, voll bewiesen und damit freier richterlicher Beweiswürdigung nicht mehr zugänglich. Erst mit dem **vollen Beweis der unrichtigen Beurkundung** ist die für den Richter bindende Beweisregel des § 415 I außer Kraft gesetzt. Die Beweiswirkung der Urkunde muss vollkommen entkräftet und jede Möglichkeit der Richtigkeit ausgeschlossen werden (vgl BVerfG NJW-RR 02, 1008; BGH NJW 06, 150, 151 jeweils zu § 418 II; BGH NJW 02, 3027, 3028; NJW 09, 855, 856 zum anwaltlichen Empfangsbekenntnis). In der Sache heißt das, dass der Gegner des Beweisführers selbst einen von der Niederschrift abweichenden Verlauf des Beurkundungsvorgangs nachweisen muss (BGH NJW 06, 150, 151). Wegen der Beweiswirkung der Urkunde scheidet die **Parteivernehmung** als Beweismittel aus, da der Gegenstand des Urkundenbeweises iSd § 445 II durch das Gericht als für erwiesen erachtet werden muss (BGH MDR 65, 818). Liegen allerdings Umstände vor, die nach der Würdigung des Gerichts eine gewisse Wahrscheinlichkeit der behaupteten Falschbeurkundung ergeben, kann das Gericht eine **Parteivernehmung vAw nach § 448** anordnen, wenn es sich hiervon die Ausräumung der letzten verbleibenden Zweifel verspricht (BGH NJW 94, 320, 321).

30 **3. Gegenbeweis oder Beweis des Gegenteils.** Der Beweis der Unrichtigkeit nach § 415 II wird häufig als Gegenbeweis der Unrichtigkeit bezeichnet (BGH NJW 90, 2125; ThoPu/*Reichold* § 415 Rn 6). Es findet sich auch die Formulierung, dass der Gegenbeweis durch Beweis des Gegenteils zu erbringen sei (BVerfG NJW-RR 02, 1008; Zö/*Geimer* § 418 Rn 4; s.a. BGH NJW 02, 3027, 3028 zum anwaltlichen Empfangsbekenntnis). Für den Rechtsanwender sind vornehmlich die **Anforderungen, die an den Beweis zu stellen** sind, von Interesse. Insofern ist es von Bedeutung, dass er aus den verschiedenen Begriffen keine falschen Schlüsse zieht. Im Beweisrecht wird zwischen Hauptbeweis, Gegenbeweis und Beweis des Gegenteils unterschieden (Schilken ZPR Rn 482). Der **Gegenbeweis** der nicht beweisbelasteten Partei zur Widerlegung der Beweisführung der beweisbelasteten Partei ist bereits dann gelungen, wenn die Überzeugung des Gerichts von der Richtigkeit der behaupteten Tatsache erschüttert ist. Dagegen ist der **Beweis des Gegenteils** ein Hauptbeweis. Ein Beweis des Gegenteils muss geführt werden, wenn als Folge einer gesetzlichen Vermutung dem Gegner die Beweislast für die Widerlegung der vermuteten Tatsache auferlegt ist (s. § 292 S 1). Die Entkräftung der gesetzlichen Beweisregel des § 415 I durch den Nachweis der unrichtigen Beurkundung entspricht in ihren Anforderungen dem Beweis des Gegenteils, da der Gegner einen **Hauptbeweis für die Unrichtigkeit** erbringen muss (MüKoZPO/*Schreiber* § 415 Rn 30). Diese Parallelität ist auch stimmig, weil der formellen Beweiskraft der öffentlichen Urkunde nicht nur der Beweiswert tatsächlicher Vermutungen beigemessen werden kann (aA MüKoZPO/*Schreiber* § 415 Rn 30). Der Beweiswert resultiert vielmehr daraus, dass die öffentliche Urkunde letztendlich Manifestation staatlicher Urkundsgewalt ist und deshalb für den Richter bindend Beweis erbringen darf. Anders als bei dem Beweis des Gegenteils zur Widerlegung einer gesetzlichen Vermutung, der nach § 292 S 2 auch durch Parteivernehmung geführt werden kann, ist dieses Beweismittel wegen § 445 II für den Nachweis der Falschbeurkundung ausgeschlossen. Insofern unterscheidet sich die Widerlegung einer gesetzlichen Vermutung von der Widerlegung einer infolge der gesetzlichen Beweisregel bereits bewiesenen Tatsache. Bei einer rein funktionalen Betrachtung spricht gleichwohl nichts dagegen, den Beweis der Falschbeurkundung, weil er den Anforderungen eines Hauptbeweises folgt, als Beweis des Gegenteils zu klassifizieren (so Wieczorek/Schütze/*Ahrens* § 415 Rn 35; aA MüKoZPO/*Schreiber* § 415 Rn 30: Gegenbeweis, an den höhere Anforderungen als gewöhnlich zu stellen sind).

§ 416 Beweiskraft von Privaturkunden.

Privaturkunden begründen, sofern sie von den Ausstellern unterschrieben oder mittels notariell beglaubigten Handzeichens unterzeichnet sind, vollen Beweis dafür, dass die in ihnen enthaltenen Erklärungen von den Ausstellern abgegeben sind.

1 **A. Beweismittel »Privaturkunde«. I. Urkundsbeweis durch Privaturkunde.** § 416 regelt als bindende Beweisregel (§ 415 Rz 1) die formelle Beweiskraft der privaten Urkunde über eine Erklärung. Gegenstand des Beweises ist die Abgabe der Erklärung. Die Anwendung der Beweisregel setzt die Unversehrtheit (vgl § 419) und die Echtheit der Urkunde (§§ 439, 440) voraus. Der Beweis wird grds durch die Vorlage des Originals geführt (s. § 420). Praktisch bedeutsamer als die Beweisregel zur Abgabe der Erklärung ist allerdings der Beweis der Echtheit des Urkundentextes gem § 440 I mit der Vermutungsregel des § 440 II (Wieczorek/Schütze/*Ahrens* § 416 Rn 22). Da nur echte Urkunden formelle Beweiskraft entfalten, ist dieser Nachweis erforderlich, wenn die Privaturkunde nicht anerkannt wurde (s. § 439), die Echtheit mithin streitig ist.

2 **Private elektronische Dokumente**, die mit einer qualifizierten elektronischen Signatur versehen sind, werden gem § 371a I in ihrer Beweiskraft den privaten Urkunden gleichgestellt (Echtheitsnachweis: § 371a I 2). Hiervon zu unterscheiden ist der Ausdruck eines solchen privaten elektronischen Dokuments. Analog § 416a kann der **beglaubigte Ausdruck** eines mit einer qualifizierten elektronischen Signatur versehenen privaten elektronischen Dokuments vorgelegt werden (s. im Einzelnen § 416a Rz 9). Mit einem beglaubigten Ausdruck (Verfahren: § 42 IV BeurkG) erfolgt ein, wie § 416a zeigt, hinreichend sicherer Medientransfer vom elektronischen Dokument in das Papierdokument. Dagegen genügt ein einfacher Ausdruck nicht, um die Beweisführung mit dem öffentlichen elektronischen Dokument nach Maßgabe der Vorschriften über den Urkundenbeweis durchzuführen (zur Beweisführung nach § 371a s. dort).

3 **II. Die Privaturkunde. 1. Abgrenzung zur öffentlichen Urkunde.** Privaturkunden iSd § 416 sind alle Urkunden, die nicht öffentliche Urkunde sind. Gemeint sind in erster Linie Urkunden, die von einer Privatperson ausgestellt wurden. Aber auch Urkunden, die als öffentliche Urkunden errichtet werden sollten, aber wegen eines Formmangels keine öffentliche Urkunde sind, erfüllen den Begriff der Privatkunde (BGHZ 37, 79, 90 = NJW 62, 1152; MüKoZPO/*Schreiber* § 416 Rn 3; Wieczorek/Schütze/*Ahrens* § 416 Rn 1; Zö/*Geimer* § 416 Rn 1; HK-ZPO/*Eichele* § 415 Rn 8). Bei öffentlich beglaubigten Urkunden sind

Urkundstext und Beglaubigungsvermerk zu unterscheiden. Öffentliche Urkunde ist nur der Beglaubigungsvermerk, der sich auf die Unterschrift oder das Handzeichen bezieht. Der darüber stehende Urkundstext bleibt trotz der öffentlichen Beglaubigung der Unterschrift eine Privaturkunde (s. § 415 Rz 18).

2. Unterzeichnung durch die Aussteller. a) Bedeutung des Merkmals. Da die Beweiskraft der Privaturkunde über eine Erklärung sich auf die Abgabe der Erklärung durch den Aussteller bezieht, muss die Privaturkunde notwendigerweise einen Aussteller erkennen lassen. Die Beweiswirkung hängt deshalb davon ab, dass die Urkunde von den Ausstellern unterzeichnet wurde, wobei die Unterzeichnung durch Unterschrift oder durch notariell beglaubigtes Handzeichen erfolgen kann. 4

Die Funktion, die der Unterzeichnung durch den Aussteller im Urkundsbeweisrecht zukommt, unterscheidet sich von der Funktion des Merkmals Unterzeichnung in § 126 BGB. Bei § 416 dient das Erfordernis der Unterzeichnung dem Zweck, die **Authentizität der Erklärung** zu gewährleisten (MüKoZPO/*Schreiber* § 416 Rn 7; Wieczorek/Schütze/*Ahrens* § 416 Rn 6). Es ist somit ein notwendiges, aber auch ein hinreichendes Kriterium der Unterzeichnung, dass sie den **Aussteller der Urkunde zu erkennen gibt**. Dagegen genügt eine Urkunde nur dann der Schriftform nach § 126 BGB, wenn sie von dem Aussteller eigenhändig durch Namensunterschrift oder durch notariell beglaubigtes Handzeichen unterzeichnet wurde. Mit dem Erfordernis der eigenhändigen Namensunterschrift formuliert § 126 BGB strengere Vorgaben als § 416, so dass eine Urkunde, die den Anforderungen an die **Erfüllung der Schriftform gem § 126 BGB nicht genügt**, gleichwohl Instrument eines Urkundenbeweises sein kann (s. im Einzelnen Rz 8). Die Namensunterschrift ist im Urkundsbeweisrecht keine Voraussetzung der formellen Beweiskraft; eine vorhandene Namensunterschrift ist vielmehr nur bei der (vorrangigen) Prüfung der Echtheit der Urkunde von Bedeutung (§§ 439, 440). Mit der Namensunterschrift wird die Echtheit des Urkundeninhalts gesichert (MüKoBGB/*Einsele* § 126 Rn 16) und damit eine Voraussetzung für die Beweiswirkung der Urkunde geschaffen. 5

b) Aussteller. Da die formelle Beweiskraft der Urkunde sich auf die Abgabe der Erklärung durch den Aussteller bezieht, ist Aussteller derjenige, der die Erklärung abgegeben hat, wobei es nicht entscheidend darauf ankommt, wer die Erklärung niedergeschrieben hat (Zö/*Geimer* § 416 Rn 8). Entscheidend ist, dass die Unterzeichnung der in der Urkunde enthaltenen Erklärung mit **Wissen und Wollen des Ausstellers** erfolgt ist (zur Unterzeichnung durch Dritte Rz 10). Die materiell-rechtliche Zuordnung der Erklärung spielt für die Eigenschaft als Aussteller der Urkunde keine Rolle; gleiches gilt für materiell-rechtliche Wirksamkeitsvoraussetzungen (MüKoZPO/*Schreiber* § 416 Rn 4). 6

c) Unterschrift. Die Urkunde muss von den Ausstellern unterzeichnet sein, um formell Beweis für die Abgabe der Erklärung durch die Aussteller zu erbringen (Urkundeneigenschaft verneint für nicht unterschriebenen Sparbucheintrag: München MDR 08, 1353). Dabei ist es für die Beweiskraft der Urkunde unerheblich, ob die Unterschrift vor oder nach Erstellung des Textes geleistet wurde (BGHZ 22, 128, 132; Wieczorek/Schütze/*Ahrens* § 416 Rn 10; Musielak/*Huber* § 416 Rn 2 aE; Zö/*Geimer* § 416 Rn 4, 11). Auch eine **Blankounterschrift** ist eine hinreichende Unterzeichnung (BGHZ 104, 172, 176 = NJW 88, 2741; BGH NJW 86, 3086, s. § 440 Rz 7). 7

aa) Abgrenzung zum Erfordernis der Namensunterschrift. Anders als § 126 BGB verlangt § 416 **keine Namensunterschrift** (s. aber § 440). Erforderlich ist nur, dass der Aussteller, der die Erklärung unterzeichnet hat, sich unter Zuhilfenahme des Urkundeninhalts zweifelsfrei feststellen lässt (Wieczorek/Schütze/*Ahrens* § 416 Rn 6; MükoZPO/*Schreiber* § 416 Rn 7; Zö/*Geimer* § 416 Rn 3). Im Regelfall kann der Aussteller jedenfalls dann identifiziert werden, wenn er mit seinem **Familiennamen** unterzeichnet hat, was jedoch kein Erfordernis der Unterzeichnung ist (s. aber § 440 Rz 4; Ausnahme: kirchliche Würdenträger, Angehörige des Hochadels). Das gilt auch für sog Allerweltsnamen (Meier, Müller usw), solange sich mithilfe des Urkundentextes die Person des Ausstellers ermitteln lässt (Wieczorek/Schütze/*Ahrens* § 416 Rn 6; MüKoZPO/*Schreiber* § 416 Rn 7). Die Verwendung des Vornamens, eines Künstlernamens, eines Pseudonyms oder eines Spitznamens reicht aus, wenn hiermit die Identifizierung des Ausstellers möglich ist (BayObLG Rpfleger 79, 336, 337; Wieczorek/Schütze/*Ahrens* § 416 Rn 7; MüKoZPO/*Schreiber* § 416 Rn 7). Amts- und Berufsbezeichnungen oder Familienbezeichnungen (Vater, Mutter usw) genügen, wenn anhand dieser Bezeichnung unter Berücksichtigung des Urkundeninhalts der Aussteller ermittelt werden kann (Wieczorek/Schütze/*Ahrens* § 416 Rn 7; MüKoZPO/*Schreiber* § 416 Rn 7; Zö/*Geimer* § 416 Rn 3; Musielak/*Huber* § 416 Rn 2). Der Kaufmann kann gem § 17 HGB mit seiner **Firma** zeichnen (auch Sach- oder Fanta- 8 siefirma: Wieczorek/Schütze/*Ahrens* § 416 Rn 7). Möglich ist ferner die Unterzeichnung mit einem firmenartigen Kollektivnamen (RG Gruchot 31, 902, 904; MüKoZPO/*Schreiber* § 416 Rn 7).

9 **Abkürzungen, Initialen und Paraphen** sind Handzeichen (s. Rz 13), die für sich genommen die Zuordnungsfunktion der Unterschrift nicht erfüllen (Wieczorek/Schütze/*Ahrens* § 416 Rn 11; zur Paraphe Musielak/*Huber* § 416 Rn 2; ThoPu/*Reichold* § 416 Rn 2; vgl auch BGH NJW-RR 07, 351; NJW-RR 2011, 953, 954 zur Namensunterschrift; aA MüKoZPO/*Schreiber* § 416 Rn 7). Da die formelle Beweiskraft die Abgabe der Erklärung erfasst, muss die Unterzeichnung zum Ausdruck bringen, dass dem Aussteller eine Erklärung und nicht etwa ein bloßer Erklärungsentwurf zugeordnet werden kann. Unbeglaubigte Handzeichen reichen hierfür nicht aus.

10 **bb) Abgrenzung zum Erfordernis der eigenhändigen Unterschrift.** Anders als die Formvorschrift des § 126 BGB verlangt § 416 **keine eigenhändige Unterzeichnung** (MüKoZPO/*Schreiber* § 416 Rn 5; Wieczorek/Schütze/*Ahrens* § 416 Rn 9; St/J/*Leipold* § 416 Rn 5). Der Aussteller kann also die **Schreibhilfe** eines Dritten in Anspruch nehmen, der mit dem Namen des Ausstellers unterzeichnet. Das gilt jedoch nur, wenn es bei einer bloßen Hilfestellung bleibt, der Aussteller also die Herrschaft und Leitung ausübt (MüKoZPO/*Schreiber* § 416 Rn 5; Wieczorek/Schütze/*Ahrens* § 416 Rn 9; Zö/*Geimer* § 416 Rn 2). Wird bestritten, dass es sich um eine bloße Hilfeleistung handelte, bezieht sich dieses Bestreiten auf die Echtheit der Unterschrift (Wieczorek/Schütze/*Ahrens* § 416 Rn 9). Die Unterzeichnung durch den Vertreter mit dem Namen des Vertretenen ist, wenn sie mit Wissen und Wollen des Vertretenen erfolgte, eine Unterzeichnung durch den Vertretenen selbst (vgl Rz 12; Wieczorek/Schütze/*Ahrens* § 416 Rn 9; Musielak/*Huber* § 416 Rn 2; ThoPu/*Reichold* § 416 Rn 2; HK-ZPO/*Eichele* § 416 Rn 3).

11 **cc) Art der Unterschriftserzeugung.** Um der Identifizierungsfunktion der Unterschrift zu genügen, ist **keine handschriftliche Unterzeichnung** erforderlich. In diesem Sinne lässt die hM zu Recht auch mechanisch erzeugte Unterschriften (Faksimilestempel, Schreibautomaten usw) genügen, um eine mit der formellen Beweiskraft des § 416 ausgestattete Privaturkunde zu errichten (MüKoZPO/*Schreiber* § 416 Rn 5; Wieczorek/Schütze/*Ahrens* § 416 Rn 8; St/J/*Leipold* § 416 Rn 6; HK-ZPO/*Eichele* § 416 Rn 3; Musielak/*Huber* § 416 Rn 2; ThoPu/*Reichold* § 416 Rn 2; s.a. BGH NJW-RR 88, 881; aA Köln NJW 1992, 1774 [Telefax]; Zö/*Geimer* § 416 Rn 2; zu **Vervielfältigungen** s. § 415 Rz 5).

12 **d) Unterzeichnung durch Vertreter.** Bei der **Vertretung** ist danach zu unterscheiden, ob der Vertreter eine eigene Erklärung (im fremden Namen) abgibt und mit seinem Namen unterzeichnet oder ob er die Erklärung mit dem Namen des Vertretenen unterzeichnet. Im ersten Fall ist der Vertreter Aussteller der Urkunde, die dafür Beweis erbringt, dass die Vertretererklärung abgegeben wurde (Wieczorek/Schütze/*Ahrens* § 416 Rn 9; Zö/*Geimer* § 416 Rn 8; MüKoZPO/*Schreiber* § 416 Rn 4). Gleiches hat zu gelten, wenn sich die Vertretung aus der Urkunde ergibt, obwohl mit dem Namen des Vertretenen unterzeichnet wurde, oder wenn die Unterschrift notariell beglaubigt wird und der Beglaubigungsvermerk auf die Vertretung hinweist. Wie die verschleiernde **Unterschrift mit dem Namen des Vertretenen** zu würdigen ist, ist in der Literatur umstr. Zum Teil wird auch in diesem Fall der Vertreter als Aussteller der Urkunde angesehen, wobei es letztlich nicht entscheidend darauf ankommen soll, ob der Vertreter mit seinem Namen oder mit dem Namen des Vertretenen unterzeichnet (MüKoZPO/*Schreiber* § 416 Rn 9; BeckOKZPO/*Krafka* Ed. 2 § 416 Rn 3). Nach der Gegenansicht ist der Vertretene der Aussteller, wenn die (verschleiernde) Unterzeichnung der Erklärung mit seinem Wissen und Wollen erfolgte (Wieczorek/Schütze/*Ahrens* § 416 Rn 9; ähnl St/J/*Leipold* § 416 Rn 5). Wenn im Ansatz der Vertreter als Aussteller der Urkunde angesehen wird, wofür spricht, dass Erklärung und Unterzeichnung von ihm stammen, bleibt zu bedenken, dass eine verschleiernde Unterzeichnung den Aussteller nicht erkennen lässt (vgl MüKoZPO/*Schreiber* § 416 Rn 7). Es stellt sich somit nur noch die Frage, ob die mit dem Namen des Vertretenen unterzeichnete Urkunde die Abgabe einer Erklärung des »Vertretenen« beweisen kann. Wenn die verschleiernde Unterschriftsleistung mit Wissen und Wollen des »Vertretenen« erfolgte, dann handelt es sich um eine Unterzeichnung durch den »Vertretenen«, da § 416 keine eigenhändige Unterzeichnung verlangt (s. Rz 10).

13 **e) Notariell beglaubigtes Handzeichen.** Handzeichen ist jedes beliebige Zeichen, das anstelle der Unterschrift gebraucht wird. Anders als die Unterschrift erfordert das Handzeichen keinen individuellen Charakter. Zur Beglaubigung von Handzeichen sind in erster Linie Notare zuständig (s. § 40 BeurkG), außerdem **Konsularbeamte** (§ 10 I Nr 2 KonsG). § 6 II BtBG regelt eine weitere auf die Beglaubigung von Vorsorgevollmachten beschränkte Zuständigkeit der Urkundsperson der **Betreuungsbehörde** für die Beglaubigung

von Handzeichen. Mit der beschränkten Beglaubigungskompetenz der Urkundsperson der Betreuungsbehörde sollte ua die Möglichkeit geschaffen werden, Authentizitätsnachweise iSd §§ 416, 440 II zu erstellen (BTDrs 15/2494, 44).

f) **Standort der Unterzeichnung.** Die Unterzeichnung muss die Zuordnung des Urkundentextes zum Aussteller ermöglichen. Sie muss deshalb den Urkundentext **räumlich abschließen**. Eine oberhalb des Urkundentextes (»Oberschrift«) oder neben dem Urkundentext (»Nebenschrift«) platzierte Unterzeichnung genügt nicht, um die eindeutige Zuordnung zum Aussteller zu gewährleisten (BGHZ 113, 48, 51 = NJW 91, 487 [Oberschrift]; BGH NJW 92, 829, 830; NJW 02, 2707 [Nebenschrift]; Wieczorek/Schütze/*Ahrens* § 416 Rn 12; MüKoZPO/*Schreiber* § 416 Rn 4). 14

3. **Urkunde über eine Erklärung.** Hinsichtlich des Inhalts der Privaturkunde differenziert das Beweisrecht nicht zwischen Urkunden über Erklärungen und Zeugnisurkunden (anders für öffentliche Urkunden vgl § 415 Rz 21). § 416 enthält eine einheitliche Beweisregel für Urkunden über Erklärungen. Nach zutreffender hM erfasst § 416 alle privaten Erklärungen, so dass **auch private Zeugnisurkunden** formelle Beweiskraft entfalten (MüKoZPO/*Schreiber* § 416 Rn 8; Wieczorek/Schütze/*Ahrens* § 416 Rn 3; aA Jauernig/Hess § 55 V 5). Richtig ist allerdings, dass regelmäßig die materielle Beweiskraft der privaten Zeugnisurkunde hinter der materiellen Beweiskraft einer Tatbestandsurkunde zurückbleibt (s. MüKoZPO/*Schreiber* § 416 Rn 8; zur Unterscheidung zwischen formeller und materieller Beweiskraft § 415 Rz 6, 7). 15

B. Beweiskraft der Privaturkunde. I. Formelle Beweiskraft. § 416 regelt nur die formelle Beweiskraft der Urkunde; die materielle Beweiskraft hängt vom jeweiligen Beweisthema ab (zur Unterscheidung vgl § 415 Rz 7). 16

1. **Von der Beweiskraft erfasste Tatsachen.** Die unversehrte (§ 419) und echte (§§ 439, 440) Urkunde erbringt formellen Beweis für die **Abgabe** der in ihr enthaltenen Erklärung durch den Aussteller. Damit ist auch bewiesen, dass der Aussteller die Urkunde **willentlich in den Verkehr gebracht** hat (BGH NJW-RR 03, 384; NJW-RR 06, 847 – hier »Begebung« genannt; MüKoZPO/*Schreiber* § 416 Rn 9; Wieczorek/Schütze/*Ahrens* § 416 Rn 18; St/J/*Leipold* § 416 Rn 10; Zö/*Geimer* § 416 Rn 9; ThoPu/*Reichold* § 416 Rn 3). Die Beweisregel gilt dagegen **nicht für den Zugang** der Erklärung (MüKoZPO/*Schreiber* § 416 Rn 9; Wieczorek/Schütze/*Ahrens* § 416 Rn 20; B/L/A/H § 416 Rn 7; Musielak/*Huber* § 416 Rn 4). Der Beweis der Abgabe nach § 416 erfasst ebenfalls nicht den Beweis der Begebung der Urkunde, die im Wertpapierrecht materiellrechtliche Tatbestandsvoraussetzung ist (MüKoZPO/*Schreiber* § 416 Rn 10; St/J/*Leipold* § 416 Rn 11; aA Wieczorek/Schütze/*Ahrens* § 416 Rn 18). 17

2. **Von der Beweiskraft nicht erfasste Tatsachen.** Von der Beweisregel des § 416 nicht erfasste Umstände unterliegen der freien richterlichen Beweiswürdigung (§ 286 I). Das gilt insb für **Ort und Zeit** der Abgabe der Erklärung (BGH NJW-RR 90, 737, 738; 93, 1379, 1380; MüKoZPO/*Schreiber* § 416 Rn 9; Musielak/*Huber* § 416 Rn 4; Wieczorek/Schütze/*Ahrens* § 416 Rn 18, 23). Ist in der Urkunde ein Datum enthalten, ist damit nur die Angabe des Datums formell bewiesen, nicht aber die Richtigkeit der Angabe (BGH NJW-RR 90, 737, 738; Wieczorek/Schütze/*Ahrens* § 416 Rn 23; Musielak/*Huber* § 416 Rn 4). 18

Die **inhaltliche Richtigkeit** der Erklärung ist nicht Gegenstand des Urkundenbeweises nach § 416. Ob die in der Urkunde bestätigten Vorgänge wirklich geschehen sind, ob insb ein Rechtsgeschäft zustande gekommen ist und welchen Inhalt es ggf hat, unterliegt also der freien richterlichen Beweiswürdigung (BGH NJW-RR 89, 1323, 1324). Bei unterschriebenen Vertragsurkunden ist allerdings die Vollständigkeit und Richtigkeit tatsächlich zu vermuten. Der Gegner, der sich auf eine mündliche Nebenabrede beruft, hat diese zu beweisen (BGH NJW 80, 1680, 1681; ZIP 05, 391, 393; Wieczorek/Schütze/*Ahrens* § 416 Rn 27; MüKoZPO/*Schreiber* § 416 Rn 10; Zö/*Geimer* § 416 Rn 10; vgl auch § 415 Rz 24 zu notariellen Urkunden). Diese Vermutung kann freilich nicht auf § 416 gestützt werden (Wieczorek/Schütze/*Ahrens* § 416 Rn 23; anders BGH ZIP 05, 391, 393). Setzt die Wirksamkeit eines Geschäfts die (von der Abgabe zu unterscheidende) Begebung voraus, wird der Tatbestand der Begebung als solcher nicht von der formellen Beweiskraft erfasst; allerdings spricht der Besitz der Urkunde dafür, dass sie dem Besitzer ausgehändigt wurde (MüKoZPO/*Schreiber* § 416 Rn 10). 19

II. Beweis der Unrichtigkeit. § 416 enthält **keine § 415 II und § 418 II vergleichbare Regelung**, nach der gegen die formelle Beweiskraft der Urkunde der Beweis der Unrichtigkeit geführt werden könnte (funktionaler Gegenteilsbeweis, vgl § 415 Rz 30). Vergleichbare Unrichtigkeitsgründe gibt es bei der Privaturkunde 20 nicht, zumal sie in ihrer Beweiskraft hinter der Beweiskraft öffentlicher Urkunden zurücksteht und iÜ bei Privaturkunden die mögliche Fehlerhaftigkeit eines Beurkundungsvorgangs keine Rolle spielt. Teilweise wird die Ansicht vertreten, dass gegen die gem § 416 formell erwiesenen Tatsachen kein Beweis der Unrichtigkeit dieser Tatsachen in Betracht komme, also auch nicht hinsichtlich des willentlichen Inverkehrbringens der Urkunde (MüKoZPO/*Schreiber* § 416 Rn 11). Nach hM kann der Aussteller jedoch den **Gegenteilsbeweis** führen, dass die Urkunde ihm entzogen wurde oder sonst **abhanden gekommen** und damit nicht mit seinem Willen in den Verkehr gebracht wurde (BGH NJW-RR 06, 847, 848 f; Wieczorek/Schütze/*Ahrens* § 416 Rn 33; St/J/*Leipold* § 416 Rn 17; Musielak/*Huber* § 416 Rn 3; BeckOKZPO/*Krafka* Ed. 2 § 416 Rn. 11). Die hM überzeugt. Es ist nicht gerechtfertigt, zwar die Vermutung des § 440 II durch den Beweis des Gegenteils (§ 292) zu entkräften (insb beim behaupteten Blankettmissbrauch, s. § 440 Rz 7), aber wegen der formellen Beweiswirkung des § 416 keinen Gegenteilsbeweis hinsichtlich des willentlichen Inverkehrbringens zuzulassen. Da mit dem Gegenteilsbeweis jedoch die formelle Beweiswirkung überwunden werden soll, wäre die Möglichkeit des Gegenteilsbeweises nicht auf § 292 zu stützen, sondern auf eine entsprechende Anwendung des § 415 II (Wieczorek/Schütze/*Ahrens* § 416 Rn 33), nun bezogen auf den »Vorgang« des willentlichen Inverkehrbringens der Urkunde.

§ 416a Beweiskraft des Ausdrucks eines öffentlichen elektronischen Dokuments.

Der mit einem Beglaubigungsvermerk versehene Ausdruck eines öffentlichen elektronischen Dokuments gemäß § 371a Abs. 2, den eine öffentliche Behörde innerhalb der Grenzen ihrer Amtsbefugnisse oder eine mit öffentlichem Glauben versehene Person innerhalb des ihr zugewiesenen Geschäftskreises in der vorgeschriebenen Form erstellt hat, sowie der Ausdruck eines gerichtlichen elektronischen Dokuments, der einen Vermerk des zuständigen Gerichts gemäß § 298 Abs. 2 enthält, stehen einer öffentlichen Urkunde in beglaubigter Abschrift gleich.

1 **A. Normzweck.** § 416a ergänzt § 371a II. Die Vorschrift wurde durch das Justizkommunikationsgesetz (JKomG) v 22.3.05, BGBl I 837, eingeführt. § 371a II regelt die Beweiswirkung des öffentlichen elektronischen Dokuments. Obwohl das elektronische Dokument systematisch den Augenscheinsobjekten zugerechnet wird, erklärt § 371a II 1 die Vorschriften über die Beweiskraft öffentlicher Urkunden für entsprechend anwendbar. § 416a ermöglicht insb in Verfahren, in denen keine Vorrichtungen für die elektronische Übermittlung des Dokuments bestehen, die **Beweisführung mit dem öffentlichen elektronischen Dokument nach Maßgabe der Vorschriften über den Urkundenbeweis**. Dazu muss gewährleistet sein, dass das öffentliche elektronische Dokument ohne Beweiskraftverlust in die Papierform umgewandelt werden kann. Diesem Zweck dient § 416a (BTDrs 15/4067, 35), indem dem beglaubigten Ausdruck die Qualität einer beglaubigten Abschrift beigemessen wird, mit deren Vorlage nach § 435 der Urkundenbeweis angetreten werden kann. § 416a betrifft insofern nur **öffentliche elektronische Dokumente** (zu **privaten elektronischen Dokumenten** s. Rz 9).

2 Der beglaubigte respektive der mit einem Transfervermerk versehene Ausdruck des öffentlichen Dokuments hat die Wirkung der beglaubigten Abschrift einer öffentlichen Urkunde. Beglaubigte Abschriften einer öffentlichen Urkunde reichen gem § 435 grds aus, um den Urkundenbeweis anzutreten. Die amtliche Überschrift ist missverständlich. Wie die klar geregelte Rechtsfolge des § 416a, die Gleichsetzung des beglaubigten Ausdrucks mit der beglaubigten Abschrift, zeigt, wird hier **keine besondere Beweiskraft des Ausdrucks** geregelt. Es gelten vielmehr die beweisrechtlichen Grundsätze, die auch bei einer beglaubigten Abschrift anzuwenden sind. Nur der Beglaubigungsvermerk einer beglaubigten Abschrift ist öffentliche Urkunde. Im Übrigen wird der Urkundenbeweis nicht mit der beglaubigten Abschrift geführt, sondern mit dem Original. Gleiches gilt für die Beweisführung mit einem öffentlichen elektronischen Dokument (vgl BTDrs 15/4067, 35). Wegen § 416a wird aber das öffentliche elektronische Dokument für die praktische Beweisführung wie eine öffentliche Originalurkunde behandelt. Im Übrigen dient der beglaubigte Ausdruck nur dem Zweck, das elektronische Dokument in Papierform vorlagefähig zu machen (§ 435); Beweismittel bleibt das Original, also das öffentliche elektronische Dokument, dessen »Vorlage« (also Übermittlung) das Gericht entsprechend § 435 verlangen kann (BTDrs 15/4067, 35; St/J/*Leipold* § 416a Rn 11). Eine Beweiswirkung, die einem bestimmten Original nicht zukommt, kann ihm auch nicht über den beglaubigten Ausdruck verschafft werden. In diesem Sinne muss der **Beglaubigungsvermerk** zum Ausdruck bringen, um was für ein Originaldokument es sich handelt.

B. Ausdruck eines öffentlichen elektronischen Dokuments. I. Öffentliches Dokument. Ausdrucke, denen die rechtliche Qualität einer Abschriftsbeglaubigung beigemessen wird, können nur von **originären elektronischen öffentlichen Dokumenten** erstellt werden, also von elektronischen Dokumenten, die nicht ursprünglich in Papierform vorgelegen haben (BTDrs 15/4067, 35). Dokumente, die durch das Einscannen eines Papierdokuments entstanden sind, werden vom Anwendungsbereich der Norm nicht erfasst. Öffentliche elektronische Dokumente können von einer Behörde, einem Gericht oder einer mit öffentlichem Glauben versehenen Urkundsperson, insb also von einem Notar, errichtet werden. Voraussetzung ist, dass die »vorgeschriebene Form« gerade die Errichtung elektronischer Dokumente erfasst (vgl § 130b, § 39a BeurkG, §§ 3a, 37 VwVfG). 3

II. Signaturerfordernis. § 416a setzt (wie § 371a II 1) nicht bereits begrifflich voraus, dass das elektronische öffentliche Dokument mit einer qualifizierten elektronischen Signatur versehen sein muss. In der Literatur ist das Erfordernis **umstritten.** Während ein Teil der Literatur davon ausgeht, dass nur signierte öffentliche elektronische Dokumente in eine beglaubigte Abschrift transferiert werden können (MüKoZPO/*Schreiber* § 416a Rn 3, 4; ThoPu/*Reichold* § 416a Rn 2; s.a. BTDrs 15/4067, 35), sieht die Gegenansicht eine Signatur, insb eine qualifizierte Signatur nicht als erforderlich an, zumal § 371a II 2 die qualifizierte elektronische Signatur nur für den Echtheitsnachweis verlangt (Wieczorek/Schütze/*Ahrens* § 416a Rn 9). In der Tat ergibt sich das Erfordernis der qualifizierten Signatur systematisch nicht aus dem Urkundenbeweisrecht, sondern aus den Anforderungen, die an öffentliche elektronische Dokumente zu stellen sind. Allerdings muss es sich um Dokumente handeln, die an die Stelle eines schriftlichen Handelns der Behörde, des Gerichts oder der Urkundsperson treten können, da ansonsten die Gleichsetzung des beglaubigten Ausdrucks mit der beglaubigten Abschrift nicht gerechtfertigt ist. Das Original, von dem eine beglaubigte Abschrift erstellt wird, muss schließlich ein Schriftstück sein. Die **einschlägigen Verfahrensvorschriften**, die die Form behördlichen, gerichtlichen oder notariellen Handelns regeln, verlangen für die Errichtung elektronischer öffentlicher Dokumente, die Schrift- oder Beurkundungsform ersetzen sollen, idS die qualifizierte elektronische Signatur (vgl § 130b, § 39a BeurkG, §§ 3a II, 37 III VwVfG). 4

III. Beglaubigungs- oder Transfervermerk. Der Ausdruck eines öffentlichen elektronischen Dokuments ist nur dann der beglaubigten Abschrift eines Papierdokuments gleichzusetzen, wenn der Ausdruck einen Beglaubigungsvermerk oder einen Transfervermerk gem § 298 II enthält. Dabei ist zu berücksichtigen, dass mit dem Beglaubigungs- oder Transfervermerk ein beglaubigter Ausdruck erstellt wird, der die Funktion der beglaubigten Abschrift einer öffentlichen Urkunde erfüllt. Der Vermerk muss also selbst die Merkmale einer öffentlichen Urkunde erfüllen, muss also von dem Gericht, der Behörde oder der Urkundsperson **innerhalb der Zuständigkeit und in der vorgeschriebenen Form** erstellt sein. Nur ein hiernach wirksamer Beglaubigungs- oder Transfervermerk ist geeignet, einen beglaubigten Ausdruck zu erzeugen, dem die Funktion der beglaubigten Abschrift beigemessen werden kann. 5

1. Medientransfer öffentlicher Dokumente. Von jedem öffentlichen elektronischen Dokument, das von einer öffentlichen Behörde innerhalb der Grenzen ihrer Amtsbefugnisse oder von einer mit öffentlichem Glauben versehenen Person innerhalb des ihr zugewiesenen Geschäftskreises in der vorgeschriebenen Form errichtet wurde, kann ein beglaubigter Ausdruck erstellt werden. § 416a enthält keine Regelung über die Zuständigkeit für beglaubigte Ausdrucke von öffentlichen elektronischen Dokumenten. In der Literatur wird die Vorschrift allerdings tw einschränkend dahin verstanden, dass Behörden und Notare nur von ihren eigenen elektronischen Originaldokumenten beglaubigte Ausdrucke sollen erstellen dürfen (Wieczorek/Schütze/*Ahrens* § 416a Rn 7). Ansonsten sei die Wahrscheinlichkeit der Authentizität und Integrität des Originaldokuments nicht gesichert. Bei dieser korrigierenden Auslegung des § 416a wird jedoch nicht berücksichtigt, dass die Vorschrift auf die Form der Beglaubigung zurückgreift. Eine Beglaubigung ist wirksam, wenn die Behörde oder die Urkundsperson für die jeweilige Beglaubigung **zuständig** ist und ein **ordnungsgemäßes Beglaubigungsverfahren** durchgeführt hat. Dass § 416a Zuständigkeit und Verfahren nicht regelt, ist systemgerecht, da die Vorschrift lediglich dem Zweck dient, elektronische öffentliche Dokumente, denen die Beweiswirkung einer öffentlichen Urkunde zukommt, auch praktisch zu nutzen, um nach Maßgabe der Vorschriften über den Urkundenbeweis Beweis mit Vorlage eines Papierdokuments (§ 435) antreten zu können (s. Rz 1). 6

Zuständigkeit und Verfahren der Beglaubigung von Ausdrucken elektronischer Dokumente sind außerhalb des Beweisrechts der ZPO geregelt. § 42 IV BeurkG regelt die **generelle Zuständigkeit** des Notars für den Medientransfer von elektronischen Dokumenten, die mit einer qualifizierten elektronischen Signatur 7 versehen sind, in der Form der Abschriftsbeglaubigung. Diese Zuständigkeit beschränkt sich nicht auf eigene Dokumente des Notars. Der Notar erstellt ein Tatsachenzeugnis über die Übereinstimmung des Ausdrucks mit dem elektronischen Dokument sowie über das (positive) Ergebnis der Signaturprüfung mit der Zuordnung zu einer bestimmten Person (*Malzer* DNotZ 06, 9, 17). Er beglaubigt damit nicht nur die Übereinstimmung der Dokumente, sondern auch den Vorgang des Überführens des elektronischen Dokuments in das Papierdokument, also den erfolgreichen Medientransfer (*Malzer* DNotZ 06, 9, 12). Die **Zuständigkeit der Behörden** für die Beglaubigung von Ausdrucken entspricht der allgemeinen Beglaubigungszuständigkeit von Behörden, ist also nach Maßgabe des § 33 I VwVfG in erster Linie auf die Ausdrucke eigener Dokumente der Behörden beschränkt. Die Anforderungen, denen der Beglaubigungsvermerk genügen muss, sind in § 33 III, V VwVfG geregelt.

8 **2. Medientransfer gerichtlicher Dokumente.** Gerichtliche öffentliche Dokumente gem § 130b werden mit einem gerichtlichen Transfervermerk in Papierdokumente transferiert. Der gerichtliche Transfervermerk dient an sich dem Zweck, Ausdrucke von elektronischen Dokumenten nach §§ 130a, 130b für die Gerichtsakten zu fertigen (§ 298 I). Der Inhalt des Transfervermerks ist in § 298 II geregelt, auf den § 416a verweist. Der Transfervermerk muss von dem zuständigen Gericht erteilt werden. Da Gerichten keine generelle Beglaubigungskompetenz zukommt, muss es sich um das Gericht handeln, das das gerichtliche elektronische Dokument errichtet hat.

9 **C. Beweisführung mit privaten elektronischen Dokumenten.** § 416a betrifft nur öffentliche elektronische Dokumente, nicht aber private öffentliche Dokumente. In der Literatur wird tw vorgeschlagen, § 416a analog anzuwenden, wenn ein Verfahren in Papierform geführt wird, das Original aber nicht in Papierform, sondern in elektronischer Form vorliegt (St/J/*Leipold* § 416a Rn 15). In der Tat erscheint es sachgerecht, auch für private elektronische Dokumente, denen nach § 371a I die Beweiswirkung einer privaten Urkunde zukommt, eine Beweisführung unter entsprechender Heranziehung der Vorschriften des Urkundenbeweisrechts zu ermöglichen, wenn das elektronische Dokument ohne Beweiskraftverlust in ein Papierdokument überführt wurde. Die Analogie zu § 416a führt jedoch nur bedingt weiter, da diese Vorschrift voraussetzt, dass der Beweisantritt, wie in § 435 geregelt, durch Vorlage einer beglaubigten Abschrift erfolgen kann. Die gegenständliche Beschränkung des § 416a auf öffentliche Urkunden ist insofern systemgerecht, weil das kodifizierte Beweisrecht der ZPO nur für öffentliche Urkunden zulässt, dass der Urkundenbeweis durch die Vorlage der beglaubigten Abschrift angetreten wird. § 416a kann aber der Gedanke entnommen werden, dass dann, wenn ein elektronisches Dokument ohne Beweiskraftverlust in ein Papierdokument überführt wird, der Beweis mittels Vorlage dieses Papierdokuments geführt werden kann. Hiervon ist der Gesetzgeber wohl auch ausgegangen, als er das Beglaubigungsverfahren nach § 42 IV BeurkG eingeführt hat. Der beglaubigte Ausdruck eines mit einer qualifizierten elektronischen Signatur versehenen elektronischen Dokuments soll gerade »im Zusammenhang mit gerichtlichen Beweisanforderungen« notwendig werden (BTDrs 15/4067, 54). Der Notar gibt ein **Tatsachenzeugnis iSv § 418 I** ab, mit dem er die Übereinstimmung des Ausdrucks mit dem elektronischen Dokument sowie das (positive) Ergebnis der Signaturprüfung mit der Zuordnung zu einer bestimmten Person feststellt (s. Rz 7). Durch den Medientransfer tritt also hier ebenso wenig ein Beweiskraftverlust ein wie bei einem öffentlich beglaubigten Ausdruck eines öffentlichen elektronischen Dokuments.

§ 417 Beweiskraft öffentlicher Urkunden über amtliche Anordnung, Verfügung oder Entscheidung.

Die von einer Behörde ausgestellten, eine amtliche Anordnung, Verfügung oder Entscheidung enthaltenden öffentlichen Urkunden begründen vollen Beweis ihres Inhalts.

1 **A. Beweismittel »wirkende öffentliche Urkunde«.** § 417 regelt die formelle Beweiskraft der sog (be)wirkenden öffentlichen Urkunden. Hiervon zu unterscheiden sind die öffentlichen Urkunden über Erklärungen (§ 415) und die öffentlichen Zeugnisurkunden (§ 418). Die Beweiskraft der Urkunde über die amtliche Anordnung, Verfügung oder Entscheidung ergibt sich daraus, dass »die Urkunde selbst in authentischer Form die amtliche Anordnung, Verfügung, Entscheidung darstellt« (Mat Band II/1 S. 323). Die Beweiskraft beruht also auf der Augenscheinsqualität der Urkunde (MüKoZPO/*Schreiber* § 417 Rn 4; Wieczorek/Schütze/*Ahrens* § 417 Rn 1). Die formelle Beweiskraft setzt **Echtheit** (§ 437) und **Unversehrtheit** (§ 419) der Urkunde voraus.

B. Behördliche Urkunden über amtliche Anordnung, Verfügung oder Entscheidung. I. Behörde. § 417 beschränkt die Beweiskraft auf behördliche Urkunden (zum Begriff der Behörde s. § 415 Rz 12). »Behörde« iSd Urkundenrechts sind bspw auch Gerichte. Die Einschränkung im Vergleich zur Legaldefinition des § 415 I bedeutet nicht, dass notarielle Urkunden vom Anwendungsbereich der Vorschrift nicht erfasst würden, weil der Notar in der Terminologie des § 415 I Urkundsperson und nicht Behörde ist. Die in der Legaldefinition des § 415 I getroffene Unterscheidung zwischen Behörden und Urkundspersonen bezieht sich auf die Zuständigkeit verschiedener Institutionen für die Beurkundung von vor der Behörde oder der Urkundsperson abgegebenen Erklärungen. Der Behördenbegriff des § 417 erfasst dagegen allgemein alle mit öffentlicher Gewalt ausgestatteten Stellen, die »Anordnungen, Verfügungen und Entscheidungen« erlassen können. Auch die von einem Notar erteilte vollstreckbare Ausfertigung der öffentlichen Urkunde (§ 797 II) ist deshalb eine »behördliche« öffentliche Urkunde iSv § 417 (MüKoZPO/*Schreiber* § 417 Rn 2; Wieczorek/Schütze/*Ahrens* § 417 Rn 4). 2

II. Qualifikation als öffentliche Urkunde. § 417 verwendet den Begriff der öffentlichen Urkunde und knüpft damit an die Legaldefinition des § 415 I an. Es muss sich also um eine Urkunde handeln, die die Behörde innerhalb ihres Zuständigkeitsbereichs formgerecht errichtet hat. Die Beurkundungskompetenz resultiert bei wirkenden Urkunden jedoch bereits daraus, dass die Behörde die Anordnung, Verfügung oder Entscheidung getroffen hat, die sie nun lediglich in Urkundenform umsetzt (MüKoZPO/*Schreiber* § 417 Rn 3; Wiecozorek/Schütze/*Ahrens* § 417 Rn 2). Ob die Behörde für die Abgabe der entsprechenden Erklärung zuständig war, spielt hinsichtlich der Beurkundungszuständigkeit keine Rolle. 3

III. Inhalt der Urkunde. § 417 betrifft Urkunden über amtliche Anordnungen, Verfügungen oder Entscheidungen. Diese Begriffe sind nicht im technischen Sinne zu verstehen. § 417 erfasst vielmehr **jede auf Außenwirkung gerichtete Erklärung** einer Behörde (MüKoZPO/*Schreiber* § 417 Rn 5; Wieczorek/Schütze/*Ahrens* § 417 Rn 3). Dabei ist es unerheblich, ob die entsprechende Erklärung nur in Urkundenform ergehen kann (wie zB die vollstreckbare Ausfertigung nach § 725) oder ob es sich um die schriftliche Wiederholung einer ursprünglich mündlich abgegebenen Erklärung der Behörde handelt (MüKoZPO/*Schreiber* § 417 Rn 5; Wieczorek/Schütze/*Ahrens* § 417 Rn 3). Öffentliche Urkunden über behördliche Erklärungen sind bspw der Erbschein (BGH NJW 64, 558) und die Bestallungsurkunden nach § 290 FamFG und § 56 II 1 InsO (Wieczorek/Schütze/*Ahrens* § 417 Rn 5); zu den Erklärungen i.S.v. § 417 zählen ebenfalls die Festsetzung einer Vergütung für den Nachlasspfleger (Kobl Rpfleger 85, 442, 443) oder die von einem Sparkassenvorstand erteilte Vollmacht (BGH NJW-RR 2011, 953, 954). 4

C. Beweiskraft. I. Formelle Beweiskraft. Die öffentliche Urkunde über eine behördliche Erklärung erbringt vollen Beweis für den »Inhalt der Urkunde«. Das ist zunächst der Erklärungsinhalt, also der in der Urkunde enthaltene Text der amtlichen Anordnung, Verfügung oder Entscheidung (RGZ 146, 133, 143; Wieczorek/Schütze/*Ahrens* § 417 Rn 6). Zum Urkundeninhalt gehören aber auch die Angabe über die teilnehmenden Personen sowie die Angaben zum Ort und zum Zeitpunkt der Erklärung (Kobl Rpfleger 85, 442, 443; MüKoZPO/*Schreiber* § 417 Rn 6; Wieczorek/Schütze/*Ahrens* § 417 Rn 6; B/L/A/H § 417 Rn 3; aA *Britz* ZZP 110 (97), 61, 72, 81). Diese Umstände unterliegen somit nicht der freien richterlichen Beweiswürdigung nach § 286. Die inhaltliche bzw sachliche Richtigkeit der behördlichen Erklärung wird durch § 417 nicht bewiesen (Neustadt NJW 64, 2162, 2163; Frankf NStZ 96, 234, 135; VG Berlin DGVZ 89, 123, 124; MüKoZPO/*Schreiber* § 415 Rn 6; Wieczorek/Schütze/*Ahrens* § 417 Rn 7; St/J/*Leipold* § 417 Rn 2). Gleiches gilt für die Beurteilung rechtlicher Vorfragen (Frankf NStZ 96, 234, 235; MüKo/*Schreiber* § 417 Rn 6; St/J/*Leipold* § 417 Rn 2) oder für die Richtigkeit einer getroffenen Tatsachenfeststellung (BGH NJW 64, 558; MüKoZPO/*Schreiber* § 417 Rn 6; St/J/*Leipold* § 417 Rn 2; s.a. § 286 Rz. 7 m.w.N.). 5

II. Beweis der Unrichtigkeit. Anders als § 415 II und § 418 II kennt § 417 gegen die formelle Beweiskraft der wirkenden öffentlichen Urkunde keinen Beweis der Unrichtigkeit (funktionaler Gegenteilsbeweis, s. § 415 Rz 30). Die hM sieht idS einen Unrichtigkeitsbeweis als unzulässig an (St/J/*Leipold* § 417 Rn 4; MüKo/*Schreiber* § 417 Rn 7; Musielak/*Huber* § 417 Rn 2). Eine korrigierende Beseitigung der formellen Beweiskraft ist jedenfalls nicht erforderlich, soweit der Erklärungsinhalt die Anordnung, Verfügung oder Entscheidung nur in Urkundenform umsetzt, weil er insofern nicht »unrichtig« sein kann (MüKoZPO/*Schreiber* § 417 Rn 7; aA Wieczorek/Schütze/*Ahrens* § 417 Rn 8: analoge Anwendung der §§ 415 II, 418 II). Hinsichtlich der gleichfalls von der formellen Beweiskraft erfassten Begleitumstände wird tw darauf verwiesen, dass der Gesetzgeber auch insofern durch die absichtliche Nichtaufnahme einer dem § 415 II entspre- 6 chenden Bestimmung einen Unrichtigkeitsbeweis ausgeschlossen habe (St/J/*Leipold* § 417 Rn 4; BeckOK-ZPO/*Krafka* Ed. 2 § 417 Rn 8). Wenn die Begleitumstände falsch angegeben sind, spricht jedoch die sachliche Gleichartigkeit zu den von § 415 II erfassten Problemfällen dafür, die Möglichkeit des Gegenbeweises insoweit auch bei wirkenden Urkunden zuzulassen (B/L/A/H § 417 Rn 3).

§ 418 Beweiskraft öffentlicher Urkunden mit anderem Inhalt. (1) Öffentliche Urkunden, die einen anderen als den in den §§ 415, 417 bezeichneten Inhalt haben, begründen vollen Beweis der darin bezeugten Tatsachen.
(2) Der Beweis der Unrichtigkeit der bezeugten Tatsachen ist zulässig, sofern nicht die Landesgesetze diesen Beweis ausschließen oder beschränken.
(3) Beruht das Zeugnis nicht auf eigener Wahrnehmung der Behörde oder der Urkundsperson, so ist die Vorschrift des ersten Absatzes nur dann anzuwenden, wenn sich aus den Landesgesetzen ergibt, dass die Beweiskraft des Zeugnisses von der eigenen Wahrnehmung unabhängig ist.

1 **A. Beweismittel »Öffentliche Zeugnisurkunde«.** § 418 regelt die Beweiskraft der öffentlichen Zeugnisurkunden. Voraussetzung der Beweiswirkung sind **Echtheit** (§ 437) und **Unversehrtheit** (§ 419) der Urkunde. Urkunden, in denen Tatsachen bezeugt werden, müssen unterschieden werden von Urkunden über Erklärungen, die vor der Behörde oder der Urkundsperson abgegeben wurden (§ 415), und wirkenden Urkunden, die eine amtliche Anordnung, Verfügung oder Entscheidung umsetzen (§ 417). Die Zeugnisurkunde enthält idR den **Bericht der Behörde oder der Urkundsperson über von ihr selbst vorgenommene oder von ihr selbst wahrgenommene Tatsachen** (zu den von einem Dritten wahrgenommenen Tatsachen s. Rz 5).

2 Keine den Beweisregeln der ZPO unterliegenden Urkunden sind dagegen die sog. amtlichen **Bescheinigungen und Bestätigungen** (zB Notarbescheinigung gem § 21 BNotO), weil ihnen keine Zeugnisqualität zukommt (*Assenmacher* Rpfleger 90, 195, 196; *Dieterle* BWNotZ 90, 33, 34; *Reithmann* MittBayNot 90, 82, 83; vgl auch St/J/*Leipold* § 418 Rn 3; zur Notarbestätigung im Grundbuchverfahren OLG Frankfurt NJW-RR 1996, 529, 530) Bei einer Bescheinigung kommt es nicht auf die Wahrheit, sondern auf die Richtigkeit der Aussage an (*Assenmacher* Rpfleger 90, 195, 196; Arndt/Lerch/Sandkühler § 21 BNotO Rn 4). Die Richtigkeit einer zuständigkeitsgemäß und in amtlicher Eigenschaft abgegebenen Bescheinigung kann vermutet werden (geregelt zB in § 50 II BNotO).

3 **B. Öffentliche Urkunden über Tatsachen. I. Öffentliche Urkunde.** § 418 greift auf den in § 415 I legal definierten Begriff der öffentlichen Urkunde zurück. Erfasst werden nicht nur behördliche, sondern auch die von einem Notar erstellten Zeugnisurkunden (zum Behördenbegriff s. § 415 Rz 12, zur Urkundsperson s. § 415 Rz 13). Öffentliche Zeugnisurkunden sind allerdings nur solche Urkunden, die nicht rein innerbetrieblich verwendet werden, sondern die auf Außenwirkung gerichtet sind (Wieczorek/Schütze/*Ahrens* § 418 Rn 4; vgl bereits RGZ 105, 255, 258). Die Erstellung der Zeugnisurkunden muss in den Zuständigkeitsbereich der Behörde oder Urkundsperson fallen (s. § 415 Rz 15). Soweit Verfahrensvorschriften für die Erstellung einer Zeugnisurkunde bestehen, müssen diese eingehalten werden. So enthält das BeurkG bspw unterschiedliche Regeln für die Beurkundung von Willenserklärungen (§§ 8 ff BeurkG) und für sonstige Niederschriften (§ 37 BeurkG), zu denen das Tatsachenzeugnis gehört.

4 **II. Inhalt der Urkunde. 1. Inhalt des Tatsachenzeugnisses.** Gegenstand eines Tatsachenzeugnisses ist die **Wahrnehmung des bezeugten Vorgangs**, wobei es keine Rolle spielt, ob über eine eigene Handlung der Behörde oder der Urkundsperson berichtet wird oder über fremde Handlungen (MüKoZPO/*Schreiber* § 418 Rn 4). **Schlussfolgerungen** sind keine Bezeugung selbst wahrgenommener Tatsachen (vgl St/J/*Leipold* § 418 Rn 6 gegen LAG Köln MDR 03, 462 – Gutachten des medizinischen Dienstes; zu amtlichen Bescheinigungen s. Rz 2). Schlussfolgerungen und rechtliche Beurteilungen, die in der Urkunde niedergelegt sind, erbringen somit keinen vollen Beweis iSv § 418 I (St/J/*Leipold* § 418 Rn 6; MüKoZPO/*Schreiber* § 418 Rn 7; Wiczorek/Schütze/*Ahrens* § 418 Rn 19).

5 Die Beweisregel des § 418 I erfasst im Grundsatz nur die Tatsachenzeugnisse, die auf einer **eigenen Wahrnehmung des Bezeugten** durch die Behörde oder Urkundsperson beruhen (vgl BVerwG 30.04.09 – 8 B 78/08 zu den Grenzen der Beweiskraft einer Apostille). Bei einer behördlichen Zeugnisurkunde reicht es hierfür aus, dass die Wahrnehmung von einem Amtsträger innerhalb der Behörde gemacht wurde (AG Bergisch Gladbach Rpfleger 89, 336). Zeugnisurkunden über Tatsachen, die nicht von der Behörde oder der

Urkundsperson selbst wahrgenommen wurden, entfalten nur dann die formelle Beweiskraft des § 418 I, wenn in anderen Gesetzen geregelt ist, dass die Beweiskraft des Zeugnisses nicht von der eigenen Wahrnehmung abhängig ist (§ 418 III). Anwendungsfälle sind die Personenstandsurkunden, die Geburten oder Todesfälle bezeugen, obwohl es sich nicht um eigene Wahrnehmungen der Behörde handelt (MüKoZPO/*Schreiber* § 418 Rn 5; St/J/*Leipold* § 418 Rn 10; Wieczorek/Schütze/*Ahrens* § 418 Rn 26.). Die Beweiskraft der **Personenstandsregister und -urkunden** ist ausdrücklich in § 54 PStRG geregelt.

2. Kombinierter Urkundeninhalt. Eine Urkunde muss nicht ausschließlich als Urkunde über Erklärungen (§ 415), als wirkende Urkunde gem § 417 oder als Zeugnisurkunde gem § 418 anzusehen sein. Möglich ist vielmehr, dass ein und dieselbe Urkunde in ihren unterschiedlichen Bestandteilen verschiedene Inhalte verbindet, so dass sich ihre Beweiskraft dem jeweiligen Inhalt entsprechend teils nach § 415, teils nach § 417 und teils nach § 418 beurteilt (Wieczorek/Schütze/*Ahrens* § 418 Rn 3). Ein **gerichtliches Verhandlungsprotokoll** (§ 160) ist eine Urkunde über Erklärungen gem § 415 I, soweit das Protokoll Erklärungen der Parteien (insb Anträge, § 160 III Nr 2), der Zeugen oder der Sachverständigen enthält. Es ist hinsichtlich der richterlichen Wahrnehmungen und Handlungen (zB Augenscheinsergebnis, § 160 III Nr 5, Zeugenbelehrung) Zeugnisurkunde und es ist wirkende Urkunde gem § 417, sofern eine Entscheidung des Gerichtes (§ 160 III Nr 6) inhaltlich im Urkundentext oder als Protokollanlage (§ 160 V) wiedergegeben ist (Wieczorek/Schütze/*Ahrens* § 418 Rn 6). Das **notarielle Testament** enthält neben der letztwilligen Verfügung des Testators auch eigene Feststellungen des Notars, so dass sich die formelle Beweiskraft der Urkunde teils nach § 415 I, teils nach § 418 I richtet (Wieczorek/Schütze/*Ahrens* § 418 Rn 3; Zö/*Geimer* § 418 Rn 2). Möglich ist auch die Kombination einer Privaturkunde iSv § 416 mit einer öffentlichen Urkunde. So ist bei der **öffentlichen Beglaubigung** nur der Beglaubigungsvermerk eine öffentliche Zeugnisurkunde, wohingegen der Text der Urkunde Privaturkunde bleibt (vgl § 415 Rz 18). 6

C. Beweiskraft. I. Formelle Beweiskraft. Auch Zeugnisurkunden genießen formelle Beweiskraft. Soweit die Beweiskraft der Urkunde reicht, ist die freie richterliche Beweiswürdigung (§ 286) ausgeschlossen (zur materiellen Beweiskraft s. § 415 Rz 7). 7

1. Umfang der Beweiskraft. Die öffentliche Urkunde beweist alle in ihr bezeugten Tatsachen, nicht dagegen subjektive Eindrücke oder Schlussfolgerungen der Behörde oder der Urkundsperson (Wieczorek/Schütze/*Ahrens* § 418 Rn19, s.a. Rz 4). Die formelle Beweiskraft der Urkunde erfasst auch **Ort und Zeit der Urkundenausstellung** (MüKoZPO/*Schreiber* § 418 Rn 7; Wieczorek/Schütze/*Ahrens* § 418 Rn 18; St/J/*Leipold* § 418 Rn 5). Bei der **Unterschriftsbeglaubigung** ist wegen der hierzu erforderlichen Identitätsfeststellung die Echtheit der Unterschrift bewiesen (vgl § 415 Rz 18, § 440 Rz 5). Das **notarielle Testament** beweist neben der Abgabe der Erklärung (Urkunde über eine Erklärung gem § 415) als Zeugnisurkunde iSv § 418 I die Identität des Testators und die Feststellung der eigenhändigen Unterschriftsleistung, nicht aber die auf einer subjektiven Bewertung der Wahrnehmung beruhenden sonstigen Feststellungen des Notars zur Geschäfts- oder Testierfähigkeit (BayObLG DNotZ 75, 555; Wieczorek/Schütze/*Ahrens* § 418 Rn 3, 4; Zö/*Geimer* § 418 Rn 2). 8

2. Beweiskraft von Zustellungsurkunden. Zustellungsurkunden (§ 182) beweisen den beurkundeten Vorgang der Zustellung in seinem äußeren Ablauf, also insb die **Art der Zustellung**, den **Ort und die Zeit der Zustellung** (Zö/*Geimer* § 418 Rn 3; Wieczorek/Schütze/*Ahrens* § 418 Rn 11; vgl auch BGH NJW 06, 150; BFH 25.3.2010 V B 151/09). Diese Beweiswirkung gilt trotz der Privatisierung der Post auch für Postzustellungsurkunden, da die Lizenznehmer nach dem PostG, die wie die **Post AG** gem § 33 I PostG verpflichtet sind, förmliche Zustellungen nach den Vorschriften der Prozessordnungen und den Gesetzen über die Verwaltungszustellung vorzunehmen, hierfür als beliehene Unternehmer mit Hoheitsbefugnissen ausgestattet sind (vgl § 415 Rz 14). 9

Sonstige Umstände, die zwar zu den Voraussetzungen der Zustellung gehören, nicht aber den wahrnehmbaren Vorgang der Zustellung betreffen, nehmen an der formellen Beweiskraft der Urkunde nicht teil. So ist bspw nicht bewiesen, dass es sich bei dem Zustellungsort um eine Wohnung, ein Geschäftslokal oder eine Niederlassung des Empfängers handelt (BVerfG NJW 92, 224, 225; NJW-RR 92, 1084, 1085; BGH NJW 92, 1963; Wieczorek/Schütze/*Ahrens* § 418 Rn 12; St/J/*Leipold* § 418 Rn 8; Zö/*Geimer* § 418 Rn 3). Vielmehr kommt der Zustellungsurkunde insofern lediglich Indizfunktion zu (BGH NJW 2004, 2386, 2387; NJW 2011, 2440, 2441). Das Indiz kann durch objektive Umstände oder eine plausible und schlüssige Darstellung der tatsächlichen Wohnverhältnisse entkräftet werden (BGH NJW 92, 1963; Zö/*Geimer* § 418 10

Rn 3). Ebenso wenig erbringt die Zustellungsurkunde dafür Beweis, dass die Person, der eine Sendung übergeben wurde, Bediensteter des Adressaten ist. Auch insofern kommt der Zustellungsurkunde lediglich eine Indizfunktion zu (BGH NJW 04, 2386, 2387).

11 **3. Eingangsstempel, Empfangsbekenntnisse.** Gerichtliche und behördliche Eingangsstempel erbringen Beweis für Zeit und Ort des Eingangs eines Schreibens oder eines Schriftsatzes (BGH NJW 00, 1872, 1873: NJW 98, 461; NJW-RR 01, 280; NJW-RR 05, 75). Der Eingangsstempel auf einem aus einem Telefaxgerät entnommenen Ausdruck dokumentiert jedoch regelmäßig nur den Zeitpunkt der Entnahme des Ausdrucks, nicht den Zeitpunkt der Speicherung, da der mit dem Posteingang betraute Beamte den Vorgang der Speicherung nicht wahrnimmt und damit nicht bezeugen kann (BGH 15.09.09 – XI ZB 29/08). Durch ein Empfangsbekenntnis wird bewiesen, dass und zu welchem Zeitpunkt das in dem Empfangsbekenntnis bezeichnete Schriftstück als zugestellt entgegengenommen wurde (BGH VersR 94, 371; NJW 01, 2722, 2723; Wieczorek/Schütze/*Ahrens* § 418 Rn 10; Musielak/*Huber* § 418 Rn 6).

12 Das **anwaltliche Empfangsbekenntnis** ist zwar keine öffentlicher Urkunde, wird jedoch, da es gem § 174 IV 1 zum Nachweis der Zustellung genügt, wie eine öffentliche Urkunde behandelt (vgl § 415 Rz 13), so dass hiergegen ein Beweis der Unrichtigkeit geführt werden muss (BGH NJW 06, 1206, 1207; NJW 09, 855, 856). Dabei setzt die Zustellungswirkung des anwaltlichen Empfangsbekenntnisses nicht voraus, dass Empfang und Annahmewillen des Anwalts auf einem bestimmten Formular bestätigt werden. Es reicht vielmehr jede beliebige Weise der schriftlichen Empfangsbestätigung aus (BGH NJW 87, 2679, 2680; Wieczorek/Schütze/*Ahrens* § 418 Rn 10).

13 **4. Sonstige Zeugnisurkunden.** Weitere Beispiele für öffentliche Zeugnisurkunden iSv § 418 sind: Beglaubigungsvermerke (s. Rz 6), Rechtskraftzeugnisse (Hamm FamRZ 82, 508, 509), nach § 273 II Nr 2 eingeholte amtliche Auskünfte (Hamm FamRZ 81, 915, 916), gerichtliches Verhandlungsprotokoll (s. Rz 6), Protokoll des Gerichtsvollziehers (BayObLG NJW 92, 1841, 1842; Köln NJW-RR 86, 863; NJW-RR 91, 383, 384; LG Berlin DGVZ 90, 25), Zustellungszeugnisse einer deutschen Auslandsvertretung (OVG Münster NVwZ-RR 95, 623, 624) oder einer nach § 183 II 2 ersuchten ausländischen Behörde (BGH NJW 02, 521, 522).

14 **II. Beweis der Unrichtigkeit.** Wie bei den öffentlichen Urkunden über Erklärungen (§ 415 II) ist auch bei den öffentlichen Zeugnisurkunden der Beweis der Unrichtigkeit zulässig. Hierzu muss bewiesen werden, dass das in der Urkunde bezeugte Geschehen nicht mit dem tatsächlichen Geschehen übereinstimmt. Funktional betrachtet handelt es sich um einen **Gegenteilsbeweis** (s. § 415 Rz 30).

Der Beweis der Unrichtigkeit muss grds zur vollen Überzeugung des Gerichts geführt, der Beweiswert der Urkunde also vollständig entkräftet werden (BVerfG NJW-RR 02, 1008; NJW 93, 254, 265; BGH NJW 06, 150, 151; NJW 06, 1206, 1207; NJW 09, 855, 856 – Zustellungsurkunde). Eine Parteivernehmung kommt hierfür wegen § 445 II nicht in Betracht. Im Übrigen gibt es keine Beweismittelbeschränkung. Die Rechtsprechung lässt vielmehr einen **Freibeweis** zu (BVerwG NJW 94, 535, 536), wobei jedoch immer wieder betont wird, dass der Freibeweis mehr als eine bloße Glaubhaftmachung erfordere (BGH NJW 05, 3501; NJW 08, 3501). Berücksichtigt wird neben den üblichen Beweismitteln auch die eidesstattliche Versicherung, ohne dass damit die Anforderungen an die richterliche Überzeugungsbildung herabgestuft würden (BGH NJW 01, 2722, 2723). Insofern muss unterschieden werden zwischen der Zulassung der eidesstattlichen Versicherung als Beweismittel einerseits und der Glaubhaftmachung als geringerem Grad der Überzeugungsbildung andererseits (Wieczorek/Schütze/*Ahrens* § 418 Rn 24 zur Widerlegung des vom Eingangsstempel bezeugten verspäteten Eingang eines Schriftsatzes). Grundsätzlich genügt für den Beweis der Unrichtigkeit nicht die bloße Glaubhaftmachung (§ 294) eines abweichenden Geschehens (BGH NJW 00, 1872, 1873; NJW 08, 3501). **Glaubhaftmachung** als geringerer Wahrscheinlichkeitsgrad reicht nur aus, wo das Gesetz statt des Vollbeweises eine Glaubhaftmachung genügen lässt (MüKoZPO/*Schreiber* § 418 Rn 8; Zö/*Geimer* § 418 Rn 4; vgl auch BGH FamRZ 96, 1004; BFH 14.3.2011 VI R 81/10 (NV) m.w.N.). Eine anwaltliche Versicherung, dass das in einem anwaltlichen Empfangsbekenntnis angegebene Datum unzutreffend ist, reicht deshalb grds nicht; es kann jedoch Zeugenbeweis angetreten werden (BGH NJW 09, 855, 856; Bremen 13.08.09 – 3 U 16/09). Auf der anderen Seite sollen in Fällen der **Beweisnot** der betroffenen Partei die Anforderungen an den Gegenbeweis nicht überspannt werden (BGH NJW 09, 855, 856). Wird etwa die Unrichtigkeit eines gerichtlichen Eingangsstempels nach Einwurf eines Schriftsatzes in den **Nachtbriefkasten** vorgetragen, dann muss zunächst das Gericht durch Einholung einer dienstlichen Äußerung der Wachtmeisterei aufklären, ob es im Hinblick auf die Funktionsweise des Nachtbriefkastens oder das bei der Leerung zu beachtende Verfahren einen Fehler gegeben hat (BGH NJW 00, 1872, 1883; NJW-RR 05,

75; NJW 05, 3501; NJW 07, 3069; NJW 08, 3501; BGH 18.1.2011 VIII ZB 45/10; Musielak/*Huber* § 418 Rn 5; Zö/*Geimer* § 418 Rn 4; zur Darlegung einer Protokollfälschung vgl BGH NJW 08, 804, 805; zur anwaltlichen Versicherung als Angebot zur Vernehmung des Anwalts BGH 11.11.2009 – VII ZB 174/08).

§ 419 Beweiskraft mangelbehafteter Urkunden.

Inwiefern Durchstreichungen, Radierungen, Einschaltungen oder sonstige äußere Mängel die Beweiskraft einer Urkunde ganz oder teilweise aufheben oder mindern, entscheidet das Gericht nach freier Überzeugung.

A. Normzweck. Die Anwendung der festen Beweisregeln der §§ 415 ff setzt voraus, dass die Urkunde echt (§§ 437–440) und unversehrt ist. Aus der Urkunde muss sich zuverlässig ergeben, dass sie einem Aussteller zuzuordnen ist und dass ihr Inhalt dem Ausstellerwillen entspricht. Ist diese Zuverlässigkeit wegen eines äußeren Mangels der Urkunde nicht gewährleistet, dann fehlt die wesentliche Voraussetzung für die formelle Beweiskraft der Urkunde. Das gilt selbst dann, wenn die Unterschrift unter dem Urkundentext unstr echt ist, da die Unterschrift bei Vorliegen eines äußeren Mangels der Urkunde keine Gewähr dafür bietet, dass die Urkunde nicht nachträglich entgegen dem Willen des Ausstellers geändert wurde (Wieczorek/Schütze/*Ahrens* § 419 Rn 1, s.a. § 440 Rz 6). Aus diesem Grund können die bindenden Beweisregeln keine Anwendung finden, wenn eine Urkunde iSd § 419 mangelhaft ist. Der Wortlaut des § 419 ist insofern missverständlich, da er auch eine »Minderung« oder »teilweise Aufhebung« der strengen Beweisregeln zuzulassen scheint (vgl hierzu MüKoZPO/*Schreiber* § 419 Rn 1). Bei einem äußeren Mangel der Urkunde gelten die §§ 415 bis 418 jedoch von vornherein nicht. Die Urkunde unterliegt stattdessen in vollem Umfang der **freien richterlichen Beweiswürdigung** gem § 286 I (BGH DB 65, 1665; NJW 88, 60, 62; NJW 92, 512, 513 [doppelt gestempeltes Empfangsbekenntnis]; NJW 92, 829, 830; NJW 94, 2768; BAG NZA 04, 670, 673; Hamm NJW-RR 08, 21; St/J/*Leipold* § 419 Rn 1; MüKoZPO/*Schreiber* § 419 Rn 1; Wieczorek/Schütze/*Ahrens* § 419 Rn 3). 1

B. Urkundenmängel. Ein Urkundenmangel iSv § 419 ist ein **Mangel im äußeren Erscheinungsbild der Urkunde**, der auf die Möglichkeit einer nachträglichen Veränderung entgegen dem Willen des Ausstellers oder auf einen Aufhebungswillen schließen lässt (Wieczorek/Schütze/*Ahrens* § 419 Rn 6). Der äußere Mangel muss sich also immer aus der Urkunde selbst ergeben. 2

I. Veränderungen der Urkunde. Veränderungen der Urkunde, die die formelle Beweiskraft außer Kraft setzen, sind zum einen die Veränderungen von Menschenhand wie Streichungen (RGZ 129, 165, 167; MüKoZPO/*Schreiber* § 419 Rn 2), Einschübe (BGH NJW 94, 2768; BGH NJW-RR 89, 1323; Wieczorek/Schütze/*Ahrens* § 419 Rn 10) oder Änderung von Zahlen. Hierzu können auch Auffälligkeiten im Schriftbild zählen, wenn die Auffälligkeit auf eine nachträgliche Veränderungen schließen lässt (Musielak/*Huber* § 419 Rn 1; Wieczorek/Schütze/*Ahrens* § 419 Rn 7). Die Veränderung der Urkunde kann zum anderen eine natürliche Ursache haben, zB Verblassen der Schrift, Flecken usw (MüKoZPO/*Schreiber* § 419 Rn 2; Wieczorek/Schütze/*Ahrens* § 419 Rn 7). Ob die Urkunde an einem die formelle Beweiskraft aufhebenden äußerlichen Mangel leidet, bestimmt sich objektiv, also **unabhängig vom Parteiwillen** (Wieczorek/Schütze/*Ahrens* § 419 Rn 8; MüKo/ZPO/*Schreiber* § 419 Rn 3). 3

II. Veränderungen ohne Beweiskraftverlust. Eine **Privaturkunde** ist dann nicht mangelhaft, wenn der Aussteller die Veränderung genehmigt und sich diese Genehmigung aus der Urkunde selbst ergibt. Da Privaturkunden mit der Beweiskraft des § 416 ausgestellt werden können, muss der Aussteller die Urkunde folgerichtig auch ändern können, ohne dass damit ihre Beweiskraft betroffen würde (BGH NJW 74, 1083, 1084; MüKoZPO/*Schreiber* § 419 Rn 3; Wieczorek/Schütze/*Ahrens* § 419 Rn 13; aA St/J/*Leipold* § 419 Rn 1: § 286). 4

Eine **öffentliche Urkunde** wird ohne Verlust der Beweiskraft geändert, wenn das für die Änderung vorgesehene Verfahren eingehalten ist (vgl BGH DNotZ 56, 643, 644 f; 95, 27, 28;), also etwa für die Protokollberichtigung die Anforderungen des § 164, für die Urteilsberichtigung § 319. Das Verfahren zur Änderung notarieller Urkunden richtet sich nach § 44a BeurkG. Obwohl die Vorschrift an sich sowohl Beurkundungen nach den §§ 8 ff BeurkG als auch Tatsachenurkunden nach den §§ 36, 37 BeurkG erfasst, sind die hier geregelten Änderungsverfahren doch in erster Linie auf die Beurkundung von Willenserklärungen (Urkunden über Erklärungen iSv § 415) zugeschnitten. § 44 a BeurkG gilt nicht für Textberichtigungen bei einer Unterschriftsbeglaubigung (s. hierzu § 440 Rz 6). 5

6 **C. Beweiswürdigung.** Bei einer äußerlich mangelhaften Urkunde finden die gesetzlichen Beweisregeln der §§ 415 bis 418 keine Anwendung. Die Urkunde unterliegt gem § 286 I der freien richterlichen Beweiswürdigung (s. Rz 1). Dies gilt nach hM für den gesamten Urkundeninhalt, nicht nur für den geänderten Teil (Wieczorek/Schütze/*Ahrens* § 419 Rn 3; B/L/A/H § 419 Rn 5; vgl auch BGH DNotZ 1956, 643, 644 f; einschränkend für notarielle Urkunden Zö/*Geimer* § 419 Rn 2). Als Ergebnis seiner Beweiswürdigung kann das Gericht der Urkunde auch die volle Beweiskraft beimessen (BGH NJW 80, 893; B/L/A/H § 419 Rn 5; MüKoZPO/*Schreiber* § 419 Rn 4; Wieczorek/Schütze/*Ahrens* § 418 Rn 3). Wegen des Ausschlusses der bindenden Beweisregeln ist der Gegenbeweis uneingeschränkt zulässig (Wieczorek/Schütze/*Ahrens* § 419 Rn 5; MüKoZPO/*Schreiber* § 419 Rn 4).

§ 420 Vorlegung durch Beweisführer; Beweisantritt. **Der Beweis wird durch die Vorlegung der Urkunde angetreten.**

1 **A. Beweisführung durch Urkunden.** Der Urkundenbeweis wird durch die schriftsätzliche Angabe des Beweisthemas und Inbezugnahme der zur Einsicht im Verfahren vorliegenden Urkunde geführt. Die §§ 420 bis 436 regeln den Antritt und die Durchführung des Urkundenbeweises. § 435 enthält eine Sonderregel für die Vorlegung öffentlicher Urkunden. Die Vorschriften über den Antritt und die Durchführung des Urkundenbeweises differenzieren danach, ob die Urkunde sich in den Händen des Beweisführers, des Prozessgegners (§ 421), eines Dritten (§ 428) oder einer Behörde oder eines Beamten (§ 432) befindet.

2 Von der Urkundenvorlegung aufgrund eines Beweisantritts muss die Anordnung der Urkundenvorlegung vAw gem § 142 unterschieden werden. Die **Anordnung der Urkundenvorlegung von Amts wegen** kann insb auch der Bereitstellung von Beweismitteln dienen (s. § 142 Rz 2; BGH NJW 07, 155; *Derleder* ZfIR 08, 284, 286; Zö/*Greger* § 142 Rn 1; Musielak/*Stadler* § 412 Rn 1; *Stackmann* NJW 07, 3521, 3535; aA *Gruber/Kießling* ZZP 116 (2003), 305, 314 f; zu den Grenzen der Editionspflicht vgl einerseits *Wagner* JZ 07, 706, 715 ff, andererseits *Becker* MDR 08, 1309, 1311). Die Regelung der Vorlegungsanordnung vAw ist nicht auf das Urkundenbeweisrecht abgestimmt. Gleichwohl findet § 142 keine Einschränkung; dem Prozessgegner kann die Vorlegung der Urkunde vAw auferlegt werden, selbst wenn die Voraussetzungen der §§ 422, 423 nicht vorliegen (s. § 142 Rz 2; BGH NJW 07, 2989, 2991 f; Wieczorek/Schütze/*Ahrens* § 420 Rn 12).

3 **B. Beweisantritt durch Urkundenvorlage.** § 420 regelte den Grundfall des Antritts eines Urkundenbeweises, den Beweisantritt durch Urkundenvorlage. Von der Urkundenvorlage ist die schriftsätzliche Ankündigung der Urkundenvorlage zu unterscheiden. Letztere ist noch kein Beweisantritt, sondern lediglich der Hinweis auf einen zukünftigen Beweisantritt (BGH NJW-RR 93, 691, 693; MüKoZPO/*Schreiber* § 420 Rn 3; Wieczorek/Schütze/*Ahrens* § 420 Rn 18; Zö/*Geimer* § 420 Rn 2).

4 **I. Vorlage der Urkunde.** Der Beweis kann durch Vorlage der Urkunde angetreten werden, wenn die Urkunde sich in den Händen des Beweisführers befindet. Entscheidend ist, dass er die tatsächliche Verfügungsgewalt über die Urkunde ausübt (MüKoZPO/*Schreiber* § 420 Rn 2). Eine als Beweismittel genannte Urkunde muss spätestens **bis zum Schluss der mündlichen Verhandlung** vorgelegt werden, wenn sie nicht aufgrund gerichtlicher Anordnung schon früher vorzulegen ist (BGH NJW 86, 428, 429; MüKoZPO/*Schreiber* § 420 Rn 4). Bei umfangreichen Urkunden oder Urkundensammlungen muss die beweisende Urkundenstelle etwa mit Seitenzahlangabe genau bezeichnet werden (BGH NJW 94, 3295, 3296 zu § 432; MüKoZPO/*Schreiber* § 420 Rn 3; ThoPu/*Reichold* § 420 Rn 2; Musielak/*Huber* § 420 Rn 2).

5 **Privaturkunden** sind **im Original** vorzulegen (BGH NJW 80, 1047, 1048; 92, 829, 830; MüKoZPO/*Schreiber* § 420 Rn 3; Wieczorek/Schütze/*Ahrens* § 420 Rn 20; Musielak/*Huber* § 420 Rn 1; weitergehend *Zoller* NJW 93, 429, 430 ff). Eine entsprechende Anwendung des § 435 hat der BGH zu Recht abgelehnt (BGH NJW 80, 1047, 1048), da im Regelfall nur anhand des Originals Echtheit (§§ 439, 440) und Unversehrtheit (§ 419) sicher festgestellt werden können. Mit der Vorlage einer beglaubigten Abschrift der Privaturkunde wird der Urkundenbeweis nicht angetreten. Die feste Beweisregel des § 416 findet keine Anwendung; das Gericht entscheidet unter freier Beweiswürdigung (BGH NJW 80, 1047, 1048). Wenn der Gegner die Echtheit der Urkunde und die Übereinstimmung der Abschrift mit der Urschrift nicht bestreitet, wird jedoch ein Urkundenbeweis auch unter Vorlage einer Abschrift der Urkunde zugelassen (BGH NJW-RR 06, 847, 849; Schlesw SchlHA 09, 388; MüKoZPO/*Schreiber* § 435 Rn 1; zu Recht krit im Hinblick auf die strikten Beweisrechtsfolgen im Strengbeweisrecht: Wieczorek/Schütze/*Ahrens* § 420 Rn 23). Hinsichtlich der Übereinstimmung der Urkunde mit dem Original hat Gleiches zu gelten, wenn die Übereinstimmung durch

einen Beglaubigungsvermerk mit der Beweiswirkung des § 418 nachgewiesen ist. In praxi führt die Vorlage der Abschrift ohnehin zumeist dazu, dass die Abgabe der in der Urkunde niederlegten Erklärungen durch den Aussteller unstr ist (vgl § 415 Rz 8).

II. Durchführung. Die Urkunde wird grds vor dem Prozessgericht vorgelegt (Ausnahme: § 434). Die Beweisaufnahme erfolgt durch Einsichtnahme in die Urkunde (MüKoZPO/*Schreiber* § 420 Rn 4). Die Einsichtnahme ist auch dem Gegner zu gestatten. 6

§ 421 Vorlegung durch den Gegner; Beweisantritt. **Befindet sich die Urkunde nach der Behauptung des Beweisführers in den Händen des Gegners, so wird der Beweis durch den Antrag angetreten, dem Gegner die Vorlegung der Urkunde aufzugeben.**

A. Anwendungsbereich. Die Vorschriften über den Beweisantritt beim Urkundenbeweis differenzieren danach, ob der Beweisführer oder der Beweisgegner die beweiserhebliche Urkunde »in Händen hält«, ob die Urkunde sich im Besitz eines Dritten oder »in den Händen« eine Behörde oder eines Beamten befindet. § 421 regelt die Art des Beweisantritts in den Fällen, in denen die tatsächliche Verfügungsgewalt über die Urkunde vom Beweisgegner ausgeübt wird. Hier genügt für den Beweisantritt der Antrag, dem Gegner die Vorlegung der Urkunde aufzugeben. Befolgt der Gegner die Anordnung des Gerichts nicht, so bewertet das Gesetz dieses Verhalten als Beweisvereitelung (s. § 427), die dazu führen kann, dass das Gericht die Behauptung des Beweisführers als bewiesen erachtet. 1
Im **Urkundenprozess** ist der Beweisantritt durch Vorlegungsantrag unzulässig (BGH NJW 94, 3295, 3296; MüKoZPO/*Schreiber* § 421 Rn 2; Wieczorek/Schütze/*Ahrens* § 421 Rn 3; St/J/*Leipold* § 421 Rn 9).

B. Voraussetzungen. I. Beweisgegner. Beweisgegner (und nicht Dritte) sind nach überwiegender Ansicht der Gegner iSd formellen Parteibegriffs sowie Streithelfer, die über § 69 als Streitgenossen der Hauptpartei gelten (St/J/*Leipold* § 421 Rn 3; Wieczorek/Schütze/*Ahrens* § 421 Rn 4; Musielak/*Huber* § 421 Rn 3; weitergehend MüKoZPO/*Schreiber* § 421 Rn 3: »jeder, der kraft seiner prozessualen Beteiligung Prozesshandlungen wirksam vornehmen kann«). Bei mehreren Streitgenossen ist die Vorlegungspflicht für jeden Streitgenossen getrennt festzustellen (Wieczorek/Schütze/*Ahrens* § 421 Rn 4). 2

Wird ein Vertreter idS als Dritter angesehen, stellt sich zwar das Problem, dass die §§ 421 bis 427 bezogen auf diese Person nicht angewendet werden und sich die Beweislage des Beweisführers dadurch verschlechtern könnte. Dieses Problem lässt sich aber dadurch lösen, dass die tatsächliche Verfügungsgewalt bestimmter Personen über die Urkunde dem Beweisgegner als eigene Verfügungsgewalt zugerechnet wird (Wieczorek/Schütze/*Ahrens* § 421 Rn 5; s. Rz 4). 3

II. Tatsächliche Verfügungsgewalt des Beweisgegners. Der Beweisantritt nach § 421 setzt voraus, dass der Beweisgegner die Urkunde in den Händen hält. Das heißt, dass der Beweisgegner die tatsächliche Verfügungsgewalt über die Urkunde ausüben muss (MüKoZPO/*Schreiber* § 421 Rn 1; Wieczorek/Schütze/*Ahrens* § 421 Rn 6). Er ist Urkundenbesitzer iSd Prozessrechts, wenn er die unmittelbare Sachherrschaft entweder bereits selbst ausübt oder aber über eine tatsächliche Zugriffsmöglichkeit verfügt (Musielak/*Huber* § 421 Rn 1; Wieczorek/Schütze/*Ahrens* § 421 Rn 6). Urkundenbesitz hat der Beweisgegner auch dann, wenn die Urkunde sich in der Verfügungsgewalt seines gesetzlichen Vertreters befindet (Wieczorek/Schütze/*Ahrens* § 421 Rn 5; St/J/*Leipold* § 421 Rn 4; wohl auch B/L/A/H § 421 Rn 3); der Vertreter selbst ist Dritter (s. Rz 3). 4
Befindet sich die Originalurkunde in der Verwahrung einer Behörde oder eines Notars, muss der Beweisantritt grds ebenfalls durch Vorlegungsantrag nach § 421 (und nicht nach § 432) erfolgen, wenn der Beweisgegner ein (ermessensunabhängiges) Recht auf Erteilung einer Ausfertigung oder beglaubigten Abschrift des Originals hat. Im Regelfall reicht die Vorlegung der beglaubigten Abschrift einer öffentlichen Urkunde für den Urkundenbeweis aus (s. § 435 Rz 1). Muss der Beweisgegner erst einen rechtlichen Anspruch gegen den Gewahrsamsinhaber durchsetzen, um die Urkunde vorlegen zu können, dann ist der Gewahrsamsinhaber Dritter iSv § 428 (Wieczorek/Schütze/*Ahrens* § 421 Rn 6).

III. Editionspflicht. Neben der tatsächlichen Verfügungsgewalt des Gegners wird für den Beweisantritt nach § 421 vorausgesetzt, dass der Gegner nach bürgerlichem Recht (§ 422) oder weil er sich selbst auf die Urkunde bezogen hat (§ 423) zur Vorlegung der Urkunde im Prozess verpflichtet ist. Von der Editionspflicht des Gegners im Urkundenbeweisrecht muss die Verpflichtung zur Vorlage auf Anordnung des Gerichts nach Maßgabe des § 142 unterschieden werden (s. § 420 Rz 2). 5

6 **C. Beweisantritt.** Der Beweis wird durch den Antrag angetreten, dem Gegner die Vorlage der Urkunde aufzugeben (zum Inhalt des Antrags s. § 424). Der Beweisantrag ist in der mündlichen Verhandlung zu stellen (vgl § 282 I), vorher jedoch durch vorbereitenden Schriftsatz anzukündigen (§§ 129, 130 I Nr 5). Da es sich um einen Prozessantrag und keinen Sachantrag handelt, ist § 297 nicht anzuwenden (RG HRR 1933 Nr 1466; MüKoZPO/*Schreiber* § 421 Rn 2; Wieczorek/Schütze/*Ahrens* § 421 Rn 10). Im schriftlichen Verfahren (§ 128 II) und im Verfahren nach Aktenlage (§§ 251a, 331a) wird der Antrag schriftsätzlich gestellt. Die Anregung an das Gericht, nach § 142 zu verfahren und die Vorlage vAw anzuordnen, ersetzt den förmlichen Beweisantritt durch Vorlegungsantrag nicht (B/L/A/H § 421 Rn 3; Musielak/*Huber* § 421 Rn 2). Wenn das Gericht der Anregung nachkommt, macht diese Anordnung einen Beweisantritt nach § 421 jedoch überflüssig.

§ 422 Vorlegungspflicht des Gegners nach bürgerlichem Recht. **Der Gegner ist zur Vorlegung der Urkunde verpflichtet, wenn der Beweisführer nach den Vorschriften des bürgerlichen Rechts die Herausgabe oder die Vorlegung der Urkunde verlangen kann.**

1 **A. Pflicht zur Urkundenvorlage im Prozess. I. Prozessuale Bedeutung.** Die Pflicht zur Urkundenvorlage im Prozess ist neben der Verfügungsgewalt des Beweisgegners über die Urkunde (s. § 421 Rz 4) Voraussetzung für den Erlass der Vorlageanordnung durch das Gericht (MüKoZPO/*Schreiber* § 422 Rn 1). Gemeint ist die Vorlegungsanordnung nach Antrag des Beweisführers gem § 425, nicht die Vorlegungsanordnung von Amts wegen gem § 142 (s. § 420 Rz 2). Eine prozessuale Vorlegungspflicht des Beweisgegners ergibt sich zum einen dann, wenn der Beweisgegner selbst im Prozess auf eine in seinem Gewahrsam befindliche Urkunde Bezug genommen hat (§ 423). Diese Vorlegungspflicht besteht unabhängig davon, ob der Beweisgegner materiell-rechtlich zur Vorlegung verpflichtet wäre. Gemäß § 422 unterliegt der Beweisgegner zum anderen einer prozessualen Vorlegungspflicht, wenn der Beweisführer gegen ihn einen materiell-rechtlichen Herausgabe-, Rechnungslegungs- oder Vorlegungsanspruch hat (§ 422). Hier knüpft also das Prozessrecht an das materielle Recht an. Die materiellrechtliche und die prozessuale Vorlegungspflicht müssen dabei voneinander unterschieden werden. Sie können und werden häufig, insb im Hinblick auf den Vorlegungsort, inhaltlich unterschiedlich ausgestaltet sein (St/J/*Leipold* § 422 Rn 7; Wieczorek/Schütze/*Ahrens* § 422 Rn 2). Kommt der Beweisgegner seiner prozessualen Vorlegungspflicht nicht nach, muss er Beweisnachteile befürchten (s. § 427).

2 Die innerprozessuale Editionspflicht nach § 422 führt im Ergebnis zu einer Sperrwirkung für eine **gesonderte parallele Klage auf Herausgabe oder Vorlegung** der Urkunde vor dem Prozessgericht. Mit der Anhängigkeit des Prozesses, in dem die Urkunde erheblich ist, fehlt dem Beweisführer regelmäßig das Rechtsschutzinteresse für eine gesonderte (Wider-)Klage (Frankf MDR 80, 228; MüKoZPO/*Schreiber* § 421 Rn 1; St/J/*Leipold* § 422 Rn 1; krit Wieczorek/Schütze/*Ahrens* § 421 Rn 15, der das innerprozessuale Editionsverfahren jedoch ebenfalls als vorrangig ansieht, wenn lediglich ein Beweiszweck für das laufende Verfahren angegeben wird).

3 **II. Anforderungen an den materiellen Anspruch auf Urkundenvorlage. 1. Rechtsgrund, Inhalt, Durchsetzbarkeit.** Der materiell-rechtliche Anspruch, aus dem sich die Vorlegungspflicht ergibt, muss ein **zivilrechtlicher Anspruch** sein. Öffentlich-rechtliche Ansprüche gegen Behörden oder Gerichte (insb Auskunfts- und Einsichtnahmerechte) werden von § 422 nicht erfasst. Die Vorschrift kann allerdings entsprechend herangezogen werden, wenn der Beweisgegner gerade ein Träger öffentlicher Gewalt ist und der Herausgabe- oder Vorlegungsanspruch sich aus dem öffentlichen Recht ergibt (MüKoZPO/*Schreiber* § 422 Rn 2; Wieczorek/Schütze/*Ahrens* § 422 Rn 3).

4 Materiell-rechtliche Herausgabe- oder Vorlegungsansprüche können ihre Grundlage in **Verträgen** (Haupt- oder Nebenpflicht) oder in **gesetzlichen Schuldverhältnissen** (GoA, Delikt, ungerechtfertigte Bereicherung) haben. Möglich ist auch eine isolierte Vereinbarung der Herausgabe- oder Vorlegungspflicht nach § 311 BGB (RGZ 151, 203, 208; MüKoZPO/*Schreiber* § 422 Rn 6; Wieczorek/Schütze/*Ahrens* § 422 Rn 6). Der materiell-rechtliche Anspruch, aus dem die prozessuale Vorlegungspflicht abgeleitet wird, muss inhaltlich umfassen, dass der Verpflichtete die Urkunde dem Prozessgericht (s. aber § 434) zum Zweck der Einsichtnahme vorzulegen hat (MüKoZPO/*Schreiber* § 422 Rn 4). Es spielt keine Rolle, ob die Urkunde als Sache herauszugeben bzw vorzulegen ist (vgl §§ 809, 867, 1005 BGB) oder ob dem Beweisführer ein Anspruch auf Einsichtnahme zusteht (vgl § 810 BGB), aus dem sich ergibt, dass die Urkunde wegen ihres rechtsgeschäftlichen Gehalts vorzulegen ist (Wieczorek/Schütze/*Ahrens* § 422 Rn 5, 7). Die prozessuale Vor-

legungspflicht kann ebenfalls auf einen materiellen Rechnungslegungsanspruch gestützt werden, soweit der Anspruch die Pflicht zur Vorlage von Belegen (vgl § 259 BGB) erfasst (Wieczorek/Schütze/*Ahrens* § 422 Rn 8; MüKoZPO/*Schreiber* § 422 Rn 2; St/J/*Leipold* § 422 Rn 10).

Die Anordnung der Urkundenvorlage nach Maßgabe des § 422 setzt voraus, dass dem materiell-rechtlichen 5
Herausgabe- oder Vorlegungsanspruch keine **Einwendungen oder Einreden** entgegenstehen (Wieczorek/Schütze/*Ahrens* § 422 Rn 11; MüKoZPO/*Schreiber* § 422 Rn 3). Zurückbehaltungsrechte stehen der prozessualen Vorlegungspflicht nicht entgegen, weil sie den materiell-rechtlichen Anspruch selbst unberührt lassen (Wieczorek/Schütze/*Ahrens* § 422 Rn 11).

2. Geheimhaltungsinteresse des Beweisgegners. Das Beweisinteresse des Beweisführers kann mit einem 6
Geheimhaltungsinteresse des Beweisgegners kollidieren. Ergibt sich bei der Prüfung des materiell-rechtlichen Herausgabe- oder Vorlegungsanspruchs, auf den der Beweisführer die prozessuale Vorlegungspflicht stützt, dass der materiell-rechtliche Anspruch wegen eines berechtigten Geheimhaltungsinteresses des Beweisgegners nach Treu und Glauben (§ 242 BGB) zu begrenzen ist, dann liegen die Voraussetzungen des § 422 nicht vor, so dass eine gerichtliche Vorlegungsanordnung nicht ergehen kann (Wieczorek/Schütze/*Ahrens* § 422 Rn 16; vgl auch MüKoZPO/*Schreiber* § 422 Rn 5, der den Einwand unzulässiger Rechtsausübung gegen den materiell-rechtlichen Anspruch jedoch auf eine analoge Anwendung der §§ 383 I, 384 stützen will, s.a. Rz 8). Ob ein Geheimhaltungsinteresse idS berücksichtigungswert ist oder nicht, richtet sich auch danach, unter welchen Umständen die Vorlegung stattfinden soll. Im Prozess können zur Wahrung eines Geheimhaltungsinteresses besondere Vorkehrungen getroffen werden (vgl §§ 172 Nr 2, 173 II, 174 III GVG). Diese Möglichkeit ist bei der Abwägung, ob dem Beweisinteresse oder dem Geheimhaltungsinteresse Vorrang gebührt, zu berücksichtigen (Wieczorek/Schütze/*Ahrens* § 422 Rn 16).

III. Prozessuale Grenzen der Vorlegungspflicht. 1. Unzulässigkeit des Ausforschungsbeweises. Eine 7
prozessuale Grenze der Vorlegungspflicht kann sich aus der grundsätzlichen Unzulässigkeit des Ausforschungsbeweises ergeben (BGH NJW 07, 2989, 2992; MüKoZPO/*Schreiber* § 422 Rn 5; Musielak/*Huber* § 422 Rn 1). Der Beweisführer soll nicht erst aus der Beweisaufnahme die Fakten für neue Behauptungen erlangen. Bei der Pflicht des Beweisgegners zur Urkundenvorlegung ist jedoch zu beachten, dass die entsprechenden materiell-rechtlichen Ansprüche gerade dem Zweck dienen, Informationslücken des Anspruchsberechtigten zu schließen (Wieczorek/Schütze/*Ahrens* § 422 Rn 17; MüKoZPO/*Schreiber* § 422 Rn 5; St/J/*Leipold*, § 422 Rn 5). Die prozessualen Anforderungen, denen die Behauptungen des Beweisführers genügen müssen, dürfen deshalb nicht höher angelegt werden als die Voraussetzungen des materiell-rechtlichen Anspruchs (St/J/*Leipold* § 422 Rn 5; MüKoZPO/*Schreiber* § 422 Rn 5).

2. Weigerungsrechte. Eine weitere Grenze der prozessualen Vorlegungspflicht wird vielfach in den analog 8
herangezogenen §§ 383 I, 384 gesehen (MüKoZPO/*Schreiber* § 422 Rn 5; Musielak/*Huber* § 422 Rn 1; Zö/*Geimer* § 422 Rn 4; BeckOKZPO/*Krafka* Ed. 2 § 422 Rn 6). Vorzugswürdig erscheint die Gegenansicht, die den Einwand unzulässiger Rechtsausübung (§ 242 BGB) auf ein berücksichtigungswertes Geheimhaltungsinteresse stützt. Insofern ist die systematisch bedenkliche Heranziehung der prozessrechtlichen Zeugnisverweigerungsrechte nicht erforderlich (so Wieczorek/Schütze/*Ahrens* § 422 Rn 14, s.a. Rz 6).

B. Materiell-rechtliche Ansprüche. Die prozessuale Vorlegungspflicht nach § 422 knüpft an einen materi- 9
ell-rechtlichen Vorlegungsanspruch an. Dieser Anspruch kann konkret auf Vorlegung, aber ebenso auf Herausgabe der Urkunde, auf Einsichtnahme (die Vorlegung impliziert) oder auf Rechnungslegung gerichtet sein (s. Rz 4). Zivilrechtliche Ansprüche, nach denen der Anspruchsberechtigte die **Herausgabe der Urkunde als Sache** verlangen kann, ergeben sich etwa aus § 985 iVm § 952 BGB, aus § 371 BGB, § 402 BGB und § 1144 BGB; sie können insb auch Gegenstand eines obligatorischen Anspruchs aus Kauf, Verwahrung, Auftrag, Geschäftsbesorgung etc sein. **Einsichtnahme- und Rechnungslegungsansprüche**, die dem Beweisführer das Recht geben, die Vorlegung der Urkunde zu verlangen, finden sich bspw in § 666 BGB, in § 713 iVm § 666 und § 716 BGB, § 2130 II BGB, §§ 118, 157 III, 166, 233 HGB, § 51a GmbHG, § 175 II AktG. Ein **allgemeiner Anspruch auf Einsichtnahme in Urkunden** ist in § 810 BGB geregelt (Auswirkung auf die Beweislage insb im Arzthaftungsprozess, vgl PWW/*Buck-Heeb* § 810 BGB Rn 7, 8; Palandt/*Sprau* § 810 BGB Rn 5).

C. Streit über Vorlegungspflicht, Folgen der Nichtvorlage. Bestreitet der Beweisgegner die Vorlegungs- 10
pflicht, so kann hierüber durch Zwischenurteil entschieden werden (R/S/G § 118 Rn 38; Wieczorek/Schütze/*Ahrens* § 422 Rn 26; s.a. BGH ZZP 92 (1979), 362 mit Anm *Gottwald*). Bestreitet der Gegner, dass

die Urkunde sich in seinem Besitz befindet, so ist er nach § 426 über den Verbleib der Urkunde zu vernehmen. Legt der Beweisgegner die Urkunde nach Vorlegungsanordnung (§§ 425, 426 S 4) nicht zur Einsichtnahme vor (zur Vorlage von Abschriften s. § 420 Rz 6), droht ihm der Beweisnachteil (§ 427). Das Gericht kann in freier richterlicher Beweiswürdigung die behauptete Beschaffenheit der Urkunde und den behaupteten Urkundeninhalt als erwiesen ansehen (§ 427 Rz 3, 4). Gleiches gilt, wenn das Gericht die Vorlegung der Urkunde gem § 142 anordnet (MüKoZPO/*Schreiber* § 422 Rn 7; Zö/*Geimer* § 422 Rn 5; St/J/*Leipold* § 427 Rn 7; iE auch BGH NJW 07, 2989, 2992, obwohl der Senat zwischen der »speziellen Sanktion« nach § 427 einerseits und der freien Beweiswürdigung nach §§ 286, 427 S 2 andererseits differenzieren will).

§ 423 Vorlegungspflicht des Gegners bei Bezugnahme. **Der Gegner ist auch zur Vorlegung der in seinen Händen befindlichen Urkunden verpflichtet, auf die er im Prozess zur Beweisführung Bezug genommen hat, selbst wenn es nur in einem vorbereitenden Schriftsatz geschehen ist.**

1 **A. Prozessuale Vorlegungspflicht aufgrund Bezugnahme.** Neben dem materiell-rechtlichen Herausgabe- oder Vorlegungsanspruch, auf den der Beweisführer seinen Vorlegungsantrag stützen kann (§ 422), regelt § 423 eine rein prozessuale Vorlegungspflicht des Beweisgegners (MüKoZPO/*Schreiber* § 423 Rn 1; Wieczorek/Schütze/*Ahrens* § 423 Rn 1). Voraussetzung ist die Bezugnahme des Beweisgegners auf die Urkunde (zum Begriff des Beweisgegners s. § 421 Rz 2).

2 Von der Vorlegungspflicht nach § 423 muss die Anordnung der Urkundenvorlegung vAw gem § 142 unterschieden werden, die ebenfalls an die Bezugnahme auf eine Urkunde anknüpft, wobei es für die Urkundenvorlage nach § 142 nicht darauf ankommt, welche Partei sich auf die Urkunde beruft (s. hierzu § 142 Rz 6). Das Urkundenbeweisrecht der §§ 420 ff ist bei der Neufassung des § 142 durch das ZPO-RG kaum angepasst worden. Die Voraussetzungen, unter denen nach § 142 die Vorlage der Urkunde (auch zu Beweiszwecken, BGH NJW 07, 155, vgl § 420 Rz 2 mwN) angeordnet werden kann, sind weiter gefasst als die Voraussetzungen der prozessualen Vorlegungspflicht nach § 423. Einer einschränkenden Auslegung des § 142 I, die Vorlegung vAw nur unter den Voraussetzungen der §§ 422, 423 zuzulassen, hat der BGH eine Absage erteilt (BGH NJW 07, 2989, 2991 mwN). Umgekehrt erscheint die prozessuale Vorlegungspflicht vor dem Hintergrund des reformierten § 142 in neuem Licht, so dass die bisherigen Auslegungsergebnisse zu § 423 nicht unreflektiert übernommen werden können (vgl Wieczorek/Schütze/*Ahrens* § 423 Rn 2, 4 ff).

3 **I. Bezugnahme zu Beweiszwecken.** Bisher wurde und wird die Voraussetzung für die prozessuale Vorlegungspflicht des Beweisgegners im Anschluss an die Rechtsprechung des RG (RGZ 35, 109; 69, 405 ff; HRR 1933 Nr 1466) überwiegend eher eng ausgelegt. Eine Bezugnahme auf die Urkunde »zur Beweisführung« soll nur vorliegen, wenn der Beweisgegner auf die Urkunde als Beweismittel und nicht lediglich auf ihren Inhalt Bezug nimmt (Zö/*Geimer* § 423 Rn 1; ThoPu/*Reichold* § 423 Rn 1; St/J/*Leipold* § 423 Rn 2; vgl auch MüKoZPO/*Schreiber* § 423 Rn 1; Musielak/*Huber* § 423 Rn 1). Um einen gewissen Einklang mit § 142 herzustellen (vgl Rz 2), lässt die Gegenansicht jedoch zu Recht jede Bezugnahme zu Aufklärungszwecken ausreichen, um die prozessuale Vorlegungspflicht nach § 423 auszulösen (Wieczorek/Schütze/*Ahrens* § 423 Rn 5, 6). Im Übrigen kann ein Vorlegungsantrag des Beweisführers auch als Anregung an das Gericht verstanden werden, Urkundenvorlage vAw anzuordnen (nicht umgekehrt, vgl § 420 Rz 2).

4 **II. Keine Einschränkung wegen Geheimhaltungsinteresses.** Stützt sich die Vorlegungspflicht auf die Bezugnahme des Beweisgegners, dann kann der Beweisgegner sich nicht unter Berufung auf ein Geheimhaltungsinteresse (vgl § 422 Rz 6) oder auf das Ausforschungsverbot (vgl § 422 Rz 7) gegen die Urkundenvorlage wenden (MüKoZPO/*Schreiber* § 423 Rn 2; Wieczorek/Schütze/*Ahrens* § 423 Rn 2).

5 **B. Rechtsfolge.** Inhalt der prozessualen Vorlegungspflicht ist die Vorlegung der Urkunde vor dem Prozessgericht (Ausnahme: § 434) zur Einsichtnahme zu Beweiszwecken. Kommt der Beweisgegner der Anordnung des Gerichts (§ 424) nicht nach, treffen ihn die Beweisnachteile gem § 427. Es besteht insofern kein Unterschied zur Nichtbeachtung einer auf der Grundlage des § 423 ergangenen Vorlegungsanordnung.

§ 424 Antrag bei Vorlegung durch Gegner. **Der Antrag soll enthalten:**

1. die Bezeichnung der Urkunde;
2. die Bezeichnung der Tatsachen, die durch die Urkunde bewiesen werden sollen;
3. die möglichst vollständige Bezeichnung des Inhalts der Urkunde;

4. die Angabe der Umstände, auf welche die Behauptung sich stützt, dass die Urkunde sich in dem Besitz des Gegners befindet;

5. die Bezeichnung des Grundes, der die Verpflichtung zur Vorlegung der Urkunde ergibt. Der Grund ist glaubhaft zu machen.

A. Bedeutung der Vorschrift. Befindet sich die Urkunde im Gewahrsam des Beweisgegners, genügt für den Beweisantritt gem § 421 der Antrag des Beweisführers an das Gericht, dem Beweisgegner die Vorlegung der Urkunde aufzugeben (Prozessantrag, s. § 421 Rz 6). § 424 regelt die Anforderungen, denen dieser Antrag genügen muss (MüKoZPO/*Schreiber* § 424 Rn 1). Die vorgeschriebenen Angaben sollen das Gericht in die Lage versetzen, Beweiserheblichkeit und Beweiseignung der Urkunde sowie den Vorlegungsgrund zu prüfen (Musielak/*Huber* § 424 Rn 1; Wieczorek/Schütze/*Ahrens* § 424 Rn 1). Entspricht der Antrag diesen Anforderungen nicht (Hinweispflicht nach § 139), ist er durch Beschl, durch Zwischenurteil oder in den Gründen des Endurteils zurückzuweisen (RG JW 1909, 729, 730; RG HRR 1933 Nr 1466; MüKoZPO/*Schreiber* § 424 Rn 1). 1

B. Einzelne Erfordernisse des Antrags. I. Bezeichnung der Urkunde. Gemäß § 424 Nr 1 und 3 muss die Urkunde nach ihren äußeren Merkmalen sowie nach ihrem Inhalt bezeichnet werden, um die öffentliche oder private Urkunde, die vorgelegt werden soll, identifizieren zu können. Zu den **äußeren Merkmalen** zählen etwa der Aussteller sowie Datum und Ort der Ausstellung (KG NJW 93, 2879; MüKoZPO/*Schreiber* § 424 Rn 2; Wieczorek/Schütze/*Ahrens* § 424 Rn 5; Musielak/*Huber* § 424 Rn 2). Die Bezeichnung soll so genau erfolgen, wie es dem Beweisführer möglich ist (MüKoZPO/*Schreiber* § 424 Rn 2; Wieczorek/Schütze/*Ahrens* § 424 Rn 5). Die möglichst vollständige **Bezeichnung des Urkundeninhalts** ist zum einen für die Prüfung der Beweiserheblichkeit von Bedeutung (Wieczorek/Schütze/*Ahrens* § 424 Rn 8). Zum anderen ist die Bezeichnung des Urkundeninhalts für den Fall, dass der Beweisgegner entgegen der Anordnung des Gerichts die Urkunde nicht vorlegt, im Hinblick auf die Rechtsfolge des § 427 beachtlich (St/J/*Leipold* § 424 Rn 4; Wieczorek/Schütze/*Ahrens* § 424 Rn 8; Musielak/*Huber* § 424 Rn 2). 2

Mit der Bezeichnung einer bestimmten Urkunde behauptet der Beweisführer zugleich, dass diese Urkunde existiert. Bestreitet der Beweisgegner die **Existenz der Urkunde**, dann bestreitet er damit gewissermaßen auch den eigenen Urkundenbesitz, so dass nach § 426 verfahren werden kann (Wieczorek/Schütze/*Ahrens* § 424 Rn 6; St/J/*Leipold* § 424 Rn 2; vgl bereits RGZ 92, 222, 225). Eine Vernehmung nach § 426 ist unzulässig, wenn das Gericht bereits von der Nichtexistenz der Urkunde überzeugt ist (Wieczorek/Schütze/*Ahrens* § 424 Rn 6; St/J/*Leipold* § 424 Rn 2; vgl bereits RGZ 92, 222, 225). 3

II. Beweisthema. Nach § 424 Nr 1 muss der Antrag die Angabe des Beweisthemas enthalten. Die Bezeichnung der Tatsachen, die durch die Urkunde bewiesen werden sollen, dient dem Zweck, die Beweiserheblichkeit der Urkunde zu prüfen (Wieczorek/Schütze/*Ahrens* § 424 Rn 7; MüKoZPO/*Schreiber* § 424 Rn 3). 4

III. Angaben zum Urkundenbesitz des Gegners. § 424 Nr 4 lässt die bloße Behauptung, die Urkunde befinde sich im Gewahrsam des Beweisgegners, nicht genügen. Von dem Beweisführer wird vielmehr der Vortrag nachvollziehbarer Gründe verlangt, die den Schluss auf die Verfügungsgewalt des Beweisgegners zulassen (Wieczorek/Schütze/*Ahrens* § 424 Rn 10). Es reicht aus, dass sich aus den Angaben des Beweisführers der Urkundenbesitz des Beweisgegners zu irgendeinem Zeitpunkt ergibt, da daran anknüpfend die Fortdauer des Besitzes vermutet werden kann (Wieczorek/Schütze/*Ahrens* § 424 Rn 11). Eine Glaubhaftmachung ist nicht erforderlich (St/J/*Leipold* § 424 Rn 5; Wieczorek/Schütze/*Ahrens* § 424 Rn 10). Die Angabe der genauen Umstände des Urkundenbesitzes soll dem Gegner, der einer Vorlegungsvernehmung nach § 426 ausgesetzt sein kann, die Möglichkeit zu einem substantiierten Bestreiten verschaffen (MüKoZPO/*Schreiber* § 424 Rn 4; St/J/*Leipold* § 424 Rn 5; Musielak/*Huber* § 424 Rn 2). Diese Möglichkeit muss schon im Hinblick auf die weit reichende Rechtsfolge des § 427 gewährleistet sein (vgl MüKoZPO/*Schreiber* § 424 Rn 3; Wieczorek/Schütze/*Ahrens* § 424 Rn 10). 5

IV. Bezeichnung und Glaubhaftmachung des Vorlegungsgrundes. § 424 Nr 5 verlangt die Bezeichnung und die Glaubhaftmachung (§ 294) des Vorlegungsgrundes. Der Vorlegungsgrund kann sich gem § 422 aus einem materiell-rechtlichen Anspruch ergeben; möglich ist auch die prozessuale Vorlegungspflicht des Gegners bei Bezugnahme auf die Urkunde (§ 423). Im letzteren Fall ist entgegen dem Wortlaut keine Glaubhaftmachung erforderlich, weil das Gericht den Vorlegungsgrund aus den Akten ersehen kann (Musielak/*Huber* § 424 Rn 2; Wieczorek/Schütze/*Ahrens* § 424 Rn 12). Eine Glaubhaftmachung ist auch dann entbehr- 6 lich, wenn der Beweisgegner den Vorlegungsgrund nicht bestreitet (§ 138 III) oder nach § 288 zugesteht (Wieczorek/Schütze/*Ahrens* § 424 Rn 12; MüKoZPO/*Schreiber* § 424 Rn 5).

§ 425 Anordnung der Vorlegung durch Gegner. Erachtet das Gericht die Tatsache, die durch die Urkunde bewiesen werden soll, für erheblich und den Antrag für begründet, so ordnet es, wenn der Gegner zugesteht, dass die Urkunde sich in seinen Händen befinde, oder wenn der Gegner sich über den Antrag nicht erklärt, die Vorlegung der Urkunde an.

1 **A. Voraussetzungen der Anordnung.** Die Vorlegungsanordnung setzt nach § 425 voraus, (1) dass die durch die Urkunde zu beweisenden Tatsachen entscheidungserheblich und beweisbedürftig sind und (2) dass der Vorlegungsantrag, der die Angaben nach § 424 enthalten muss, begründet ist. Entscheidungserheblichkeit und Beweisbedürftigkeit müssen zwar bei allen Beweisanordnungen festgestellt sein. Zum Schutz des Beweisgegners hebt § 425 dieses Erfordernis jedoch besonders hervor (St/J/*Leipold* § 424 Rn 1; Wieczorek/Schütze/*Ahrens* § 424 Rn 1). Zur Begründetheit des Vorlegungsantrags gehört neben der Beweiserheblichkeit der Urkunde und dem Vorlegungsgrund auch der Urkundenbesitz des Beweisgegners.

2 **B. Entscheidung über den Vorlegungsantrag.** Das Gericht hat zunächst nach den allgemeinen beweisrechtlichen Grundsätzen Entscheidungserheblichkeit, Beweiserheblichkeit und Beweiseignung der Urkunde zu würdigen. Es muss außerdem prüfen, ob der Vorlegungsantrag die Angaben nach § 424 enthält, die zT gerade für die Prüfung der Beweiserheblichkeit und Beweiseignung der Urkunde erforderlich sind. Sind diese Voraussetzungen insgesamt erfüllt, kommt es für die Entscheidung über den Vorlegungsantrag auf die Vorlegungspflicht des Beweisgegners und auf seinen Urkundenbesitz an. Gesteht der Beweisgegner Vorlegungspflicht und Urkundenbesitz zu, ist der Vorlegungsantrag begründet. Bestreitet der Beweisgegner die Vorlegungspflicht, dann hat das Gericht die Frage zu entscheiden. Möglich ist eine Entscheidung durch Beschl, durch Zwischenurteil (§ 303) oder in den Gründen des Endurteils (Wieczorek/Schütze/*Ahrens* § 425 Rn 4). Die Zwischenentscheidung ist nicht selbstständig anfechtbar (Wieczorek/Schütze/*Ahrens* § 425 Rn 5; HK-ZPO/*Eichele* § 425 Rn 5). Bestreitet der Beweisgegner den Urkundenbesitz, so ist nach § 426 zu verfahren und der Beweisgegner über den Verbleib der Urkunde zu vernehmen. Ist das Gericht nach der Vernehmung vom Urkundenbesitz des Beweisgegners überzeugt, hat es die Vorlegungsanordnung zu treffen (§ 426 S 4). Die Anordnung der Urkundenvorlegung erfolgt durch (unanfechtbaren) Beweisbeschluss nach § 358.

§ 426 Vernehmung des Gegners über den Verbleib. [1]Bestreitet der Gegner, dass die Urkunde sich in seinem Besitz befinde, so ist er über ihren Verbleib zu vernehmen. [2]In der Ladung zum Vernehmungstermin ist ihm aufzugeben, nach dem Verbleib der Urkunde sorgfältig zu forschen. [3]Im Übrigen gelten die Vorschriften der §§ 449 bis 454 entsprechend. [4]Gelangt das Gericht zu der Überzeugung, dass sich die Urkunde im Besitz des Gegners befindet, so ordnet es die Vorlegung an.

1 **A. Voraussetzungen der Vorlegungsvernehmung. I. Bestreiten des Urkundenbesitzes.** Der Urkundenbesitz des Beweisgegners ist Voraussetzung für die Vorlegungsanordnung des Gerichts (s. § 425 Rz 1). Wenn der Beweisgegner den Urkundenbesitz bestreitet (vgl § 422 Rz 10), der Vorlegungsantrag aber iÜ begründet und die zu beweisende Tatsache erheblich ist (§ 424), sieht § 426 die Vernehmung des Beweisgegners über den Verbleib der Urkunde vor. Die Vorlegungsvernehmung ist eine **besondere Form der Parteivernehmung.** Sie muss somit gem § 445 II unterbleiben, wenn das Gericht überzeugt ist, dass die Urkunde sich nicht in der Verfügungsgewalt des Beweisgegners befindet (Wieczorek/Schütze/*Ahrens* § 426 Rn 3). Sind **mehrere Streitgenossen** Beweisgegner (vgl § 421 Rz 2), dann muss die Vorlegungspflicht für jeden Streitgenossen selbstständig beurteilt werden (St/J/*Leipold* § 426 Rn 8; Wieczorek/Schütze/*Ahrens* § 426 Rn 8).

2 **II. Bestreiten der Urkundenexistenz.** Das Verfahren nach § 426 bezweckt an sich nicht, dem Gericht Gewissheit über die Existenz der Urkunde zu verschaffen (MüKoZPO/*Schreiber* § 426 Rn 2; Musielak/*Huber* § 426 Rn 1). Eine Vorlegungsvernehmung ist jedoch auch dann anzuordnen, wenn die Errichtung der Urkunde feststeht, der Beweisgegner jedoch bestreitet, dass die Urkunde noch existent ist (MüKoZPO/*Schreiber* § 426 Rn 2; Wieczorek/Schütze/*Ahrens* § 426 Rn 2). Kommt das Gericht nämlich nach der Vernehmung zu dem Ergebnis, dass der Beweisgegner die Urkunde beseitigt hat, liegt eine Beweisvereitelung vor, so dass die Behauptungen des Beweisführers gem § 444 als erwiesen angesehen werden können.

B. Verfahren. I. Vernehmungsanordnung. Bestreitet der Beweisgegner den Urkundenbesitz, ist die Vorlegungsvernehmung anzuordnen. Ein besonderer Antrag auf Vernehmung ist nicht zu stellen, da der Antrag bereits im Beweisantritt enthalten ist (B/L/A/H § 426 Rn 4; St/J/*Leipold* § 426 Rn 2; Wieczorek/Schütze/*Ahrens* § 426 Rn 3). Die Vorlegungsvernehmung wird durch Beweisbeschluss nach § 426 S 3 iVm § 450 I angeordnet. Mit der Ladung ist dem Beweisgegner gem § 426 S 2 aufzugeben, sorgfältig nach dem Verbleib der Urkunde zu forschen. 3

II. Vernehmung, Säumnis. Die Vernehmung erfolgt durch das Prozessgericht oder gem §§ 426 S 3 451, 375 unter den Voraussetzungen des § 357 durch den beauftragten oder ersuchten Richter. Der Beweisgegner kann vereidigt werden (§§ 426 S 3, 445). Gegenstand der Vernehmung ist der Verbleib der Urkunde. Dazu gehört nicht nur die Vernehmung über den früheren oder gegenwärtigen Urkundenbesitz, sondern bei Weitergabe der Urkunde auch die Benennung der Person, an die der Beweisgegner die Urkunde weitergegeben hat. Außerdem ist der Beweisgegner erforderlichenfalls über seine Nachforschungen zum Verbleib der Urkunde zu befragen (Wieczorek/Schütze/*Ahrens* § 426 Rn 6; Musielak/*Huber* § 426 Rn 2; B/L/A/H § 426 Rn 5). Ist der Beweisgegner zum Zeitpunkt der Beweisanordnung anwesend, kann er nur dann sofort vernommen werden, wenn er Angaben über den Verbleib der Urkunde machen kann, ohne dass es einer weiteren Nachforschung bedarf (St/J/*Leipold* § 426 Rn 5; Wieczorek/Schütze/*Ahrens* § 426 Rn 4). Die Nachforschungspflicht betrifft iÜ nur den eigenen Besitzbereich des Beweisgegners, so dass ihm keine Verletzung dieser Pflicht vorgeworfen werden kann, wenn er aussagt, die Urkunde überhaupt nicht in Besitz gehabt oder den Urkundenbesitz später verloren zu haben (Wieczorek/Schütze/*Ahrens* § 426 Rn 6; vgl auch MüKoZPO/*Schreiber* § 426 Rn 3, der die Vernehmung über Nachforschungen entgegen teilweiser Interpretation in der Literatur nicht einschränken will, sondern lediglich den Inhalt der Nachforschungspflicht konkretisiert). Trägt der Beweisgegner den Verlust der Urkunde vor, muss er sich im Hinblick auf § 444 auch über die Umstände des Verlustes äußern (Musielak/*Huber* § 426 Rn 2). Erscheint der Beweisgegner bereits zur Vernehmung nicht oder verweigert er die Aussage (**Säumnis**), kann das Gericht gem §§ 426 S 3, 453 II, 454 I, 446 den Streit über den Urkundenbesitz in freier Beweiswürdigung entscheiden. Es kann also den Urkundenbesitz als erwiesen erachten und die Vorlegung nach § 426 S 4 anordnen (B/L/A/H § 426 Rn 6; Wieczorek/Schütze/*Ahrens* § 426 Rn 5; St/J/*Leipold* § 426 Rn 12). 4

III. Entscheidung nach Vernehmung. Sieht das Gericht den Urkundenbesitz des Beweisgegners nach dessen Vernehmung als erwiesen an, erlässt es gem § 426 S 4 die Vorlegungsanordnung. Legt der Beweisgegner die Urkunde dann nicht vor, findet § 427 Anwendung. Kommt das Gericht zu dem Ergebnis, dass eine Nachforschungspflicht bestand (s. Rz 4), die der Beweisgegner nicht erfüllt hat, dann kann es nach § 427 die behauptete Tatsache als bewiesen ansehen. Gelangt das Gericht zu der Überzeugung, dass der Beweisgegner den Urkundenbeweis durch Beseitigung oder Vernichtung der Urkunde vereitelt hat, kann es gem § 444 die Behauptungen des Beweisführers über die Beschaffenheit und den Inhalt der Urkunde als erwiesen erachten. Führt die Vernehmung umgekehrt zu dem Ergebnis, dass die Urkunde sich nicht im Gewahrsam des Beweisgegners befindet und dieser keiner Nachforschungspflicht unterlag oder seiner Nachforschungspflicht ordnungsgemäß nachgekommen ist, ist der Vorlegungsantrag des Beweisführers zurückzuweisen. Die Zurückweisung kann durch Beschl, Zwischenurteil (§ 303) oder in den Gründen des Endurteils erfolgen (MüKoZPO/*Schreiber* § 426 Rn 5; Wieczorek/Schütze/*Ahrens* § 426 Rn 12). 5

§ 427 Folgen der Nichtvorlegung durch Gegner.

[1]Kommt der Gegner der Anordnung, die Urkunde vorzulegen, nicht nach oder gelangt das Gericht im Falle des § 426 zu der Überzeugung, dass er nach dem Verbleib der Urkunde nicht sorgfältig geforscht habe, so kann eine vom Beweisführer beigebrachte Abschrift der Urkunde als richtig angesehen werden. [2]Ist eine Abschrift der Urkunde nicht beigebracht, so können die Behauptungen des Beweisführers über die Beschaffenheit und den Inhalt der Urkunde als bewiesen angenommen werden.

A. Bedeutung der Vorschrift. Nichtvorlage der Urkunde trotz Anordnung und Nichterfüllung der Nachforschungspflicht sind als Fälle der **Beweisvereitelung** zu qualifizieren, die das Gesetz mit möglichen Beweisnachteilen sanktioniert. Die Würdigung bleibt dem Gericht überlassen; § 427 gibt kein Beweisergebnis vor. Das Gericht kann in **freier richterlicher Beweiswürdigung** über die Beschaffenheit und den Inhalt der Urkunde befinden. Andere Rechtsfolgen als die innerprozessuale Sanktion des § 427 treten infolge die- 1 ser Beweisvereitelung nicht ein. Das Gericht kann insb keine Zwangsmittel zur Durchsetzung der Vorlegungspflicht einsetzen (St/J/*Leipold* § 426 Rn 3; Wieczorek/Schütze/*Ahrens* § 427 Rn 4).

2 **B. Voraussetzungen.** § 427 kommt in zwei Fällen der Beweisvereitelung zur Anwendung. Hierbei handelt es sich zum einen um die Missachtung der Vorlegungsanordnung. Die Vorlegungsanordnung kann auf § 425 oder auf § 426 S 4 beruhen. Zum anderen sanktioniert § 427 die Nichterfüllung der Nachforschungspflicht. Das Gericht muss hierzu überzeugt sein, dass eine Nachforschungspflicht bestand und der Beweisgegner dieser Pflicht nicht nachgekommen ist (vgl § 426 Rz 4).

3 **C. Rechtsfolge. I. Beweiserleichterung für den Beweisführer.** Das Gericht kann als Ergebnis seiner Würdigung die substantiierten Behauptungen des Beweisführers zur Beschaffenheit und zum Inhalt der Urkunde als erwiesen erachten. Eine vom Beweisführer beigebrachte Abschrift der Urkunde kann als mit der vorgelegten Urkunde übereinstimmend angesehen werden. Dieses Ergebnis wird häufig gerechtfertigt sein, es ist jedoch nicht vorgegeben. Skepsis ist angebracht, wenn der Beweisführer die Abschrift erst dann vorlegt, wenn der Beweisgegner der Vorlegungsanordnung nicht nachgekommen ist (B/L/A/H § 427 Rn 6; Wieczorek/Schütze/*Ahrens* § 427 Rn 8; St/J/*Leipold* § 427 Rn 8). Misstraut das Gericht der Abschrift, kann es als Ergebnis seiner Beweiswürdigung den Beweis als nicht erbracht ansehen. Gegen die Behauptungen des Beweisführers im Hinblick auf die Beschaffenheit und den Inhalt der Urkunde respektive die Übereinstimmung einer Abschrift mit der nicht vorgelegten Urkunde ist der **Gegenbeweis** zulässig. Eine Vernehmung des Beweisführers als Partei kann wegen § 445 II nicht beantragt werden, wenn das Gericht die behaupteten Tatsachen nach § 427 als erwiesen erachtet (St/J/*Leipold* § 426 Rn 6; Wieczorek/Schütze/*Ahrens* § 427 Rn 11).

4 **II. Ergebnis der Beweiswürdigung.** Die Beweiserleichterungen des § 427 beziehen sich nur auf die Beschaffenheit und den Inhalt der Urkunde. Nur insoweit kann die Behauptung des Beweisführers als erwiesen angesehen werden. Ob die Urkunde echt ist, muss gesondert festgestellt werden (MüKoZPO/*Schreiber* § 427 Rn 3). Hierbei können die als erwiesen angesehenen Behauptungen zu Inhalt und Beschaffenheit (etwa die Qualifikation als öffentliche Urkunde) zugrunde gelegt werden. Die Tatsachen, die durch die Urkunde erwiesen werden sollen, können nicht nach § 427 unterstellt werden. Vielmehr gelten die allgemeinen Prinzipien zur Bedeutung der Urkunde für das jeweilige Beweisthema (MüKoZPO/*Schreiber* § 427 Rn 3; St/J/*Leipold* § 427 Rn 9, vgl § 415 Rz 7). Da die Beweiswürdigung ggü allen **Streitgenossen** einheitlich erfolgt, treten die Beweiswirkungen nach § 427 auch im Verhältnis zu den Streitgenossen ein, gegen die sich die Vorlegungsanordnung nicht richtete (vgl § 426 Rz 1) oder die keinen Vorlegungsantrag gestellt hatten (St/J/*Leipold* § 427 Rn 2).

§ 428 Vorlegung durch Dritte; Beweisantritt. **Befindet sich die Urkunde nach der Behauptung des Beweisführers im Besitz eines Dritten, so wird der Beweis durch den Antrag angetreten, zur Herbeischaffung der Urkunde eine Frist zu bestimmen oder eine Anordnung nach § 142 zu erlassen.**

1 **A. Regelungsgegenstand, Anwendungsbereich.** Die §§ 428–431 betreffen den Fall, in dem der Beweisführer den Urkundenbeweis nicht durch Vorlegung der Urkunde (§ 429) oder durch Antrag auf Vorlegung durch den Beweisgegner (§ 421) antreten kann, weil die Urkunde sich seiner Behauptung nach im Besitz eines Dritten befindet. Ist der Dritte eine Behörde oder ein Beamter, findet zudem § 432 Anwendung. Ein Beweisantritt nach § 428 ist nur erforderlich, wenn der Dritte die Urkunde nicht freiwillig im Prozess vorlegt. Ist der Dritte zur Vorlegung im Prozess bereit, genügt es, dass der Beweisführer schriftsätzlich auf die Urkunde Bezug nimmt (MüKoZPO/*Schreiber* § 428 Rn 1; Wieczorek/Schütze/*Ahrens* § 428 Rn 2). Überlässt der Dritte die Urkunde dem Beweisführer nicht freiwillig, ist es Sache des Beweisführers, außerhalb des Verfahrens, erforderlichenfalls mit **selbständiger Klage** durchzusetzen, dass der Dritte die Urkunde dem Prozessgericht zur Einsichtnahme vorlegt. Nach dem ZPO-RG besteht daneben die Möglichkeit der Anordnung der Urkundenvorlage nach § 142, der Sache nach eine **Vorlegungsanordnung von Amts** wegen (zur Anordnung auf Antrag s. Rz 5). Die Urkundenvorlage durch den Dritten muss dabei von der **Verpflichtung eines Zeugen**, Unterlagen im Termin mitzubringen, unterschieden werden. § 378 I betrifft nur Unterlagen, die dem Zeugen die Aussage erleichtern, nicht aber Beweisurkunden (St/J/*Leipold* § 429 Rn 3).

2 Die §§ 428 bis 431 sind an sich darauf zugeschnitten, dass der Beweisführer die Vorlage der Urkunde selbst außerhalb des Verfahrens betreibt. Der **Beweisantritt** ist idS nicht auf die Vorlegung der Urkunde gerichtet, sondern darauf, das Verfahren bis zur Erledigung einer gegen den Dritten gerichteten Editionsklage (vgl

§ 429) anzuhalten. Somit genügt der Beweisantritt durch Antrag auf Bestimmung einer Vorlegungsfrist. Mit der Neufassung der Vorschrift durch das ZPO-RG wurde außerdem die Vorlegungsanordnung nach § 142 zum möglichen Gegenstand des Beweisantritts gemacht. Ob es sich hierbei um eine alternative Form des Beweisantritts handelt oder ob lediglich der Antrag zwei Entscheidungsvarianten enthalten kann, lässt der Wortlaut des § 428 nicht eindeutig erkennen (St/J/*Leipold* § 428 Rn 4, 5). Da schon der Umstand der Neufassung der Vorschrift für eine Stärkung der Position des Beweisführers spricht, ist der ersten Auslegungsvariante der Vorzug zu geben (St/J/*Leipold* § 428 Rn 5; iE auch Musielak/*Huber* § 428 Rn 1; MüKo/*Schreiber* § 428 Rn 3, vgl auch BTDrs 14/4722 92). Im **Urkundenprozess** ist der Beweisantritt nach § 428 unzulässig (MüKoZPO/*Schreiber* § 428 Rn 1; St/J/*Leipold* § 428 Rn 1).

B. Voraussetzung. § 428 regelt einheitlich die Voraussetzung für einen Beweisantritt durch Antrag auf Fristsetzung oder durch Antrag auf Anordnung der Urkundenvorlage nach § 142 (zur Alternativität der Beweisantritte Rz 2). Der Beweisführer muss vortragen, dass die Beweisurkunde sich im Besitz eines Dritten befindet, der die Urkunde nicht freiwillig im Prozess vorlegt (zur Abgrenzung des Anwendungsbereichs s. Rz 1). Dritter ist jeder, der nicht Beweisführer oder Beweisgegner ist (s. § 421 Rz 2). Anders als § 421 und § 432 verlangt § 428 nicht, dass der Dritte die Urkunde »in Händen hat«, sondern knüpft explizit an den Urkundenbesitz des Dritten an. Der Wortlaut der Vorschrift ist im Zuge des ZPO-RG geändert und an § 142 angepasst worden. 3

C. Beweisantritt. I. Antrag auf Fristsetzung. Der Beweisantritt durch Antrag auf Fristsetzung zielt darauf ab, das Verfahren anzuhalten. Der Beweisführer, der die Beweisurkunde derzeit noch nicht vorlegen kann, bleibt jedenfalls solange nicht beweisfällig, wie die Frist zur Urkundenvorlegung läuft (Grenze: § 431 II). Die mit der Fristsetzung bewirkte Unterbrechung des Verfahrens soll dem Beweisführer die Möglichkeit verschaffen, die Vorlage der Urkunde durch den Dritten erforderlichenfalls einzuklagen und im Wege der Zwangsvollstreckung durchzusetzen. Da das Gericht über den Antrag durch Beschl entscheidet (§ 431 I), kann der Antrag auf Fristsetzung gem § 128 IV auch außerhalb der mündlichen Verhandlung gestellt werden. Der Beschl, mit dem die Frist gesetzt wird, ist **kein Beweisbeschluss**, weil er die Beweisaufnahme nicht anordnet, sondern erst vorbereitet (St/J/*Leipold* § 428 Rn 3; MüKoZPO/*Schreiber* § 431 Rn 2). 4

II. Antrag auf Anordnung der Urkundenvorlage. Ziel des Beweisantritts ist der Erlass einer Anordnung der Urkundenvorlage nach § 142. Obwohl § 142 an sich die Anordnung der Urkundenvorlage vAw regelt, handelt es sich im systematischen Zusammenhang des § 428 um eine Beweisanordnung nach Parteiantrag. Der Antrag auf Anordnung nach § 142 ist also ein echter Beweisantrag (*Leipold* FS Gerhardt, 563, 578; *Saenger* ZZP 121, 139, 146, 150; *Greger* DStR 05, 479, 483; Musielak/*Huber* § 428 Rn 5). § 428 rekurriert auf die Voraussetzungen des § 142 und das Verfahren zur Durchsetzung der Anordnung. Die Vorschrift integriert in nicht sorgfältig abgestimmter Weise Elemente des amtswegigen Vorgehens (insb Ordnungsmittel) in das Beweisverfahren (krit etwa St/J/*Leipold* § 428 Rn 4). Da es sich bei dem Antrag auf Anordnung nach § 142 um einen Beweisantrag handelt, liegt die Entscheidung nicht im Ermessen des Gerichts, sondern es muss die Anordnung erlassen, wenn die allgemeinen Erfordernisse für die Beachtlichkeit eines Beweisantritts gegeben sind (vgl § 431 Rz 1), der Beweisführer den Urkundenbesitz des Dritten glaubhaft gemacht hat (§ 430 Rz 1) und die besonderen Voraussetzungen des § 142 II vorliegen (BTDrs 14/4722, 92; *Greger* DStR 05, 479, 483; MüKoZPO/*Schreiber* § 428 Rn 3). 5

§ 429 Vorlegungspflicht Dritter. [1]Der Dritte ist aus denselben Gründen wie der Gegner des Beweisführers zur Vorlegung einer Urkunde verpflichtet; er kann zur Vorlegung nur im Wege der Klage genötigt werden. [2]§ 142 bleibt unberührt.

A. Bedeutung der Vorschrift. Die Vorschrift verweist auf **unterschiedliche Vorlegungspflichten** des Dritten, je nachdem, ob der Beweisführer den Beweis durch Antrag auf Fristsetzung oder durch Antrag auf Anordnung nach § 142 antritt (zur Alternativität der Anträge § 428 Rz 2). Zugleich stellt die Vorschrift klar, dass die **Durchsetzung der Vorlegungspflicht** danach differiert, ob der Beweisführer selbst die Herbeischaffung betreibt oder ob das Gericht die Urkundenvorlegung anordnet. Beantragt der Beweisführer die Fristsetzung, dann heißt das, dass er außerhalb des Prozesses die Herbeischaffung der Urkunde betreiben wird. Hierzu muss er Klage gegen den Dritten erheben. Dagegen kommen bei einer Anordnung nach § 142 auf Antrag des Beweisführers die gleichen Durchsetzungsinstrumente zur Anwendung wie bei der Anordnung vAw. 1

2 **B. Herbeischaffung der Urkunde durch den Beweisführer. I. Vorlegungspflicht des Dritten.** Gemäß § 429 ist der Dritte unter den gleichen Voraussetzungen wie der Beweisgegner zur Vorlage der Urkunde im Prozess verpflichtet. Die Vorschrift verweist somit auf die §§ 422, 423. Der Dritte muss die Urkunde vorlegen, wenn der Beweisführer gegen ihn einen materiell-rechtlichen Herausgabe- oder Vorlegungsanspruch hat (vgl § 422 Rz 3 ff, 9). Eine prozessuale Vorlegungspflicht des Dritten wegen der Bezugnahme auf die Urkunde kommt etwa in Betracht, wenn der Dritte nur als Streithelfer am Prozess beteiligt ist oder wenn er früher selbst Partei war, mittlerweile aber ausgeschieden ist (Wieczorek/Schütze/*Ahrens* § 429 Rn 2; St/J/*Leipold* § 429 Rn 1; enger MüKoZPO/*Schreiber*, der den Streithelfer stets als Beweisgegner ansieht).

3 **II. Erzwingung der Vorlegung.** Die Erfüllung der Vorlegungspflicht muss erforderlichenfalls eingeklagt werden. Kl ist der Beweisführer, und zwar auch dann, wenn der Streithelfer den Antrag auf Fristsetzung nach § 428 gestellt hat; der Streithelfer kann jedoch dann selbst Klage erheben, wenn er einen eigenen Vorlegungsanspruch gegen den Dritten hat (MüKoZPO/*Schreiber* § 429 Rn 2; B/L/A/H § 429 Rn 4; St/J/*Leipold* § 429 Rn 5; Wieczorek/Schütze/*Ahrens* § 429 Rn 6). Für die Klage gibt es weder einen besonderen Gerichtsstand noch ein besonderes Verfahren (St/J/*Leipold* § 429 Rn 5; MüKoZPO/*Schreiber* § 429 Rn 2). Die Klage ist auf Vorlegung der Urkunde vor dem Prozessgericht oder im Fall der Anordnung nach § 434 auf Vorlegung vor dem beauftragten oder ersuchten Richter zu richten (MüKoZPO/*Schreiber* § 429 Rn 2; Musielak/*Huber* § 429 Rn 2). Die Zwangsvollstreckung erfolgt nach § 883. Hat der Kl hiermit keinen Erfolg, dann ist sein im Hauptverfahren angetretener Urkundenbeweis gescheitert (MüKoZPO/*Schreiber* § 429 Rn 2; Musielak/*Huber* § 429 Rn 2).

4 **C. Anordnung nach § 142. I. Vorlegungspflicht des Dritten.** Stellt der Beweisführer den Antrag auf Anordnung nach § 142, dann richtet sich die Vorlegungspflicht allein nach dieser Vorschrift. Nach § 142 trifft den Dritten generell eine prozessuale Vorlagepflicht, die nur durch die Zumutbarkeit und das Eingreifen etwaiger Weigerungsrechte begrenzt wird. Insbesondere ist eine materiell-rechtliche Herausgabe- oder Vorlegungspflicht nicht erforderlich (BTDrs 14/4722, 92; s.a. St/J/*Leipold* § 429 Rn 6; Musielak/*Huber* § 428 Rn 5 mit berechtigten rechtspolitischen Bedenken).

5 **II. Durchsetzung der Anordnung.** Die Anordnung nach § 142 auf Antrag des Beweisführers unterscheidet sich in ihrem Inhalt und in ihren Wirkungen nicht von der Anordnung vAw. Die Erfüllung der Vorlageanordnung ist also im Fall der unberechtigten Weigerung des Dritten mit Ordnungsmitteln zu erzwingen (St/J/*Leipold* § 428 Rn 7).

§ 430 Antrag bei Vorlegung durch Dritte. **Zur Begründung des nach § 428 zu stellenden Antrages hat der Beweisführer den Erfordernissen des § 424 Nr. 1 bis 3, 5 zu genügen und außerdem glaubhaft zu machen, dass die Urkunde sich in den Händen des Dritten befinde.**

1 **A. Antrag auf Fristsetzung.** Die Anforderungen, die an den Antrag auf Fristsetzung gestellt werden, entsprechen weitgehend denen, die für den Antrag auf Vorlegung der Urkunde durch den Beweisgegner (§ 424) gelten (vgl dort). Der materiell-rechtliche Vorlegungsanspruch, auf den der Beweisführer sich stützt, muss dabei zum Zeitpunkt der Antragstellung bereits bestehen. Es reicht nicht aus, dass der Beweisführer vorträgt, der Anspruch werde demnächst an ihn abgetreten (RGZ 135, 123, 131; MüKoZPO/*Schreiber* § 430 Rn 1; Wieczorek/Schütze/*Ahrens* § 430 Rn 1; Zö/*Geimer* § 430 Rn 2). Ebenso wenig genügt das Bemühen, nach dem Verbleib der Urkunde zu forschen (Zö/*Geimer* § 430 Rn 2). Auf § 424 Nr 4 wird nicht verwiesen, weil die hiernach nötigen Angaben in § 430 selbst geregelt sind. Abweichend von § 424 Nr 4 genügt nicht die Angabe der Umstände, auf die sich die Behauptung des Urkundenbesitzes des Dritten stützt, sondern es ist Glaubhaftmachung erforderlich, sofern der Besitz nicht unstr ist oder der Vorlegungsanspruch aus §§ 429, 423 folgt (MüKoZPO/*Schreiber* § 430 Rn 1).

2 **B. Antrag auf Anordnung nach § 142.** § 430 bezieht sich auf beide nach § 428 möglichen Anträge (zur Alternativität der Anträge s. § 428 Rz 2). Der Wortlaut der Vorschrift wurde jedoch durch das ZPO-RG nicht angepasst und ist nach wie vor auf den Antrag auf Fristsetzung zugeschnitten. Der Verweis auf § 424 Nr 5 passt in diesem Fall nicht, da es auf einen Vorlegungsanspruch des Beweisführers gegen den Dritten gerade nicht ankommt. Nach § 142 muss der Dritte eine Urkunde auf Anordnung vorlegen, wenn er sich nicht auf die fehlende Zumutbarkeit oder auf ein Weigerungsrecht berufen kann. Zumutbarkeit und Fehlen eines Weigerungsrechts sind also keine Zulässigkeitsvoraussetzungen für die Anordnung, sondern Gegen-

rechte des Dritten (*Greger* DStR 05, 479, 483). Angaben zu einem Vorlegungsanspruch sind bei dem Antrag auf Anordnung nach § 142 nicht zu machen (*Greger* DStR 05, 479, 483; St/J/*Leipold* § 430 Rn 3). Fraglich bleibt jedoch, ob ein materiell-rechtlicher Vorlegungsanspruch des Beweisführers die Berufung des Dritten auf die Unzumutbarkeit der Urkundenvorlage ausschließen kann, so dass eine Angabe hierzu gleichwohl sinnvoll wäre. Da der Verweis auf § 142 sich nicht nur auf die Voraussetzungen, sondern auch auf die Durchsetzungsinstrumente der amtswegigen Anordnung bezieht, muss dem Dritten die Berufung auf die Unzumutbarkeit prinzipiell unabhängig davon möglich sein, ob die Anordnung vAw oder auf Beweisantrag erfolgte (vgl *Greger* DStR 05, 479, 483). Wenn der Dritte einer Herausgabe- oder Vorlegungspflicht unterliegt, wird jedoch idR ein Geheimhaltungsinteresse zu verneinen sein, so dass aus sachlichen Gründen die Unzumutbarkeit verneint werden müsste (*Leipold* FS Gerhardt, 563, 577).

§ 431 Vorlegungsfrist bei Vorlegung durch Dritte. (1) Ist die Tatsache, die durch die Urkunde bewiesen werden soll, erheblich und entspricht der Antrag den Vorschriften des vorstehenden Paragraphen, so hat das Gericht durch Beschluss eine Frist zur Vorlegung der Urkunde zu bestimmen.
(2) Der Gegner kann die Fortsetzung des Verfahrens vor dem Ablauf der Frist beantragen, wenn die Klage gegen den Dritten erledigt ist oder wenn der Beweisführer die Erhebung der Klage oder die Betreibung des Prozesses oder der Zwangsvollstreckung verzögert.

A. Entscheidung über den Antrag auf Fristsetzung. I. Voraussetzungen. § 431 betrifft nur den Antrag 1 auf Fristsetzung (zum Antrag auf Anordnung nach § 142 s. § 429 Rz 4). Ziel des Antrags auf Fristsetzung ist der Stillstand des Hauptverfahrens während des Fristlaufs, damit der Beweisführer über die nötige Zeit verfügt, die Urkunde herbeizuschaffen. § 431 ist insofern lex specialis zu § 356 (Wieczorek/Schütze/*Ahrens* § 431 Rn 4). Der Beschl über die Fristsetzung ist **kein Beweisbeschluss** (vgl § 428 Rz 4); er tritt aber an die Stelle einer Beweisanordnung. Wie entsprechend bei der Vorlegungsanordnung nach § 425 setzt der Antrag deshalb voraus, dass die durch die Urkunde zu beweisenden Tatsachen entscheidungserheblich und beweisbedürftig sind. Außerdem muss ein zulässiger Antrag die Angaben nach § 430 enthalten. Dabei genügt die Glaubhaftmachung des Urkundenbesitzes, um das Hauptverfahren anzuhalten. Ob der Dritte wirklich Besitzer ist, wird in dem selbständigen Editionsverfahren gegen den Dritten geprüft.

II. Fristsetzung. Die Frist muss so bemessen sein, dass sie dem Beweisführer Zeit für die selbständige 2 Klage gegen den Dritten sowie die Vollstreckung lässt (Wieczorek/Schütze/*Ahrens* § 431 Rn 4; MüKoZPO/*Schreiber* § 431 Rn 2; St/J/*Leipold* § 431 Rn 2). Es handelt sich um eine richterliche Frist, die nach § 224, 225 **verlängert oder verkürzt** werden kann (MüKoZPO/*Schreiber* § 431 Rn 2; St/J/*Leipold* § 431 Rn 2; Wieczorek/Schütze/*Ahrens* § 431 Rn 4). Vor der Entscheidung über die Fristsetzung ist der Beweisgegner zu hören, da seine Interessen durch die Verfahrensverzögerung berührt werden (St/J/*Leipold* § 431 Rn 4; Wieczorek/Schütze/*Ahrens* § 431 Rn 4).

B. Rechtsmittel. Lehnt das Gericht den Antrag auf Fristsetzung ab, ist hiergegen gem § 567 I Nr 2 die 3 sofortige Beschwerde statthaft (Wieczorek/Schütze/*Ahrens* § 431 Rn 5; MüKoZPO/*Schreiber* § 431 Rn 3; St/J/*Leipold* § 431 Rn 5). Das Beschwerdegericht kann allerdings nur die Einhaltung der formellen Voraussetzungen des § 430 überprüfen, nicht dagegen die Würdigung der Entscheidungserheblichkeit und Beweisbedürftigkeit (Wieczorek/Schütze/*Ahrens* § 431 Rn 5; MüKoZPO/*Schreiber* § 431 Rn 3). Gegen die Fristsetzung ist grds keine Beschwerde statthaft. Sollte die Fristsetzung zu lang oder zu unbestimmt sein, kann jedoch § 252 analog angewandt werden, so dass der Beweisgegner gem § 567 I Nr 1 sofortige Beschwerde einlegen kann (MüKoZPO/*Schreiber* § 431 Rn 3; St/J/*Leipold* § 431 Rn 6; Zö/*Geimer* § 431 Rn 1; B/L/A/H § 431 Rn 4).

C. Fortsetzung des Verfahrens. I. Fortsetzung vor Fristablauf. § 431 II regelt die Voraussetzungen für 4 eine Fortsetzung des Verfahrens vor Fristablauf auf Antrag des Beweisgegners. Bei Erledigung der Klage gegen den Dritten oder in Fällen der Verzögerung bei der Betreibung des Editionsprozesses oder der Zwangsvollstreckung kann der Beweisgegner die Fortsetzung des Verfahrens beantragen. Die Fristsetzung nach § 431 I soll schließlich keine Prozessverschleppung ermöglichen. Da jedoch iRd Fristsetzung einkalkuliert wurde, wie lange der Beweisführer normalerweise für die Herbeischaffung der Urkunde benötigen wird, kann von einer Verzögerung nur in offensichtlichen Verschleppungsfällen ausgegangen werden (Zö/*Geimer* § 431 Rn 2; Wieczorek/Schütze/*Ahrens* § 431 Rn 6). Der Beweisführer kann jederzeit die Fortsetzung des Verfahrens beantragen und damit auf seinen Beweisantritt nach § 428 verzichten (St/J/*Leipold* § 431

Rn 8; Zö/*Geimer* § 431 Rn 2). Er muss dann den Urkundenbeweis durch Vorlage der Urkunde gem § 420 antreten. Legt der Dritte die Urkunde dem Prozessgericht vor, ist ein neuer Termin gem § 216 vAw anzuberaumen (Wieczorek/Schütze/*Ahrens* § 431 Rn 7).

5 **II. Fortsetzung nach Fristablauf.** Nach Fristablauf ist das Verfahren fortzusetzen und gem § 216 vAw ein neuer Termin zu bestimmen (St/J/*Leipold* § 431 Rn 9; Wieczorek/Schütze/*Ahrens* § 431 Rn 9; Zö/*Geimer* § 431 Rn 2; aA MüKoZPO/*Schreiber* § 431 Rn 4; ThoPu/*Reichold* § 431 Rn 3; B/L/A/H § 431 Rn 5: auf Antrag). Eine Fristverlängerung ist nach § 224 II möglich. Ansonsten hängt das weitere Vorgehen davon ab, ob das Hindernis für die Beschaffung der Urkunde und den Beweisantritt nach § 420 behebbar ist oder nicht. Bei einem behebbaren Hindernis findet § 356 Anwendung, bei nicht behebbarem Hindernis gilt § 230 (Zö/*Geimer* § 431 Rn 2; Wieczorek/Schütze/*Ahrens* § 431 Rn 8).

§ 432 Vorlegung durch Behörden oder Beamte; Beweisantritt.

(1) Befindet sich die Urkunde nach der Behauptung des Beweisführers in den Händen einer öffentlichen Behörde oder eines öffentlichen Beamten, so wird der Beweis durch den Antrag angetreten, die Behörde oder den Beamten um die Mitteilung der Urkunde zu ersuchen.

(2) Diese Vorschrift ist auf Urkunden, welche die Parteien nach den gesetzlichen Vorschriften ohne Mitwirkung des Gerichts zu beschaffen imstande sind, nicht anzuwenden.

(3) Verweigert die Behörde oder der Beamte die Mitteilung der Urkunde in Fällen, in denen eine Verpflichtung zur Vorlegung auf § 422 gestützt wird, so gelten die Vorschriften der §§ 428 bis 431.

1 **A. Anwendungsbereich.** § 432 regelt eine besondere Form des Beweisantritts, wenn die (öffentliche oder private) Urkunde sich in der Verfügungsgewalt einer Behörde oder eines Beamten befindet. Die Vorschrift kann analog angewendet werden, wenn die Urkunde **erst noch hergestellt** werden muss, insb in Form eines Auszugs aus öffentlichen Registern oder Büchern (MüKoZPO/*Schreiber* § 432 Rn 2; Wieczorek/Schütze/*Ahrens* § 432 Rn 4; St/J/*Leipold* § 432 Rn 11). Der Antrag zielt darauf ab, dass das Prozessgericht Amtshilfe in Anspruch nimmt. Hiervon unabhängig besteht für das Prozessgericht die Möglichkeit, gem § 273 II Nr 2 eine Behörde zur Vorbereitung des Verhandlungstermins um Mitteilung von Urkunden zu ersuchen (Wieczorek/Schütze/*Ahrens* § 432 Rn 3). Dieses Vorgehen kann **formlos angeregt** werden.

2 Der Beweisantritt nach § 432 setzt voraus, dass die Behörde oder der Beamte **nicht Prozessgegner**, sondern Dritter iSd § 428 ist. Gegen den Prozessgegner erfolgt der Beweisantritt nach § 421, auch wenn es sich um eine Behörde oder einen Beamten handelt (MüKoZPO/*Schreiber* § 432 Rn 3; Wieczorek/Schütze/*Ahrens* § 432 Rn 1; Musielak/*Huber* § 432 Rn 2; Zö/*Geimer* § 432 Rn 2). Der Beweisführer, der einen materiellrechtlichen Vorlegungsanspruch gegen die Behörde geltend macht, kann einen **Antrag auf Fristsetzung gem § 428 Alt 1** (nicht: § 428 Alt 2) stellen und ein selbständiges Editionsverfahren gegen die Behörde betreiben (Wieczorek/Schütze/*Ahrens* § 432 Rn 2, 3). Die Möglichkeit eines selbständigen Verfahrens gegen die Behörde schließt den Beweisantritt nach § 432 jedoch nicht aus (Wieczorek/Schütze/*Ahrens* § 432 Rn 2; aA Zö/*Geimer* § 432 Rn 3; Musielak/*Huber* § 432 Rn 3, 4). Im **Urkundenprozess** kann der Beweis nicht nach § 432 angetreten werden (BGH NJW 94, 3295, 3296; ThoPu/*Reichold* § 432 Rn 3; MüKoZPO/*Schreiber* § 432 Rn 3; Wieczorek/Schütze/*Ahrens* § 432 Rn 3).

3 **B. Voraussetzungen für den Beweisantritt. I. Urkundenbesitz einer Behörde oder eines Beamten.** Die (öffentliche oder private) Urkunde muss sich in der Verfügungsgewalt einer Behörde (Begriff: vgl § 415 Rz 12) oder eines Beamten befinden. Hierzu zählt auch der eine staatliche Rechtspflegeeinrichtung verkörpernde **Notar** (Wieczorek/Schütze/*Ahrens* § 432 Rn 5; MüKoZPO/*Schreiber* § 432 Rn 2). Behörde oder Beamter müssen die Urkunde **in dienstlicher Eigenschaft** besitzen (Wieczorek/Schütze/*Ahrens* § 432 Rn 5; Zö/*Geimer* § 432 Rn 1). Besitzt eine Behörde die Urkunde, ist der einzelne Beamte lediglich Besitzdiener und nicht Besitzer iSv § 432 (Wieczorek/Schütze/*Ahrens* § 432 Rn 5).

4 **II. Keine Selbstbeschaffungsmöglichkeit.** Gemäß § 432 II ist ein Beweisantritt in der Form des Antrags auf Urkundenbeiziehung ausgeschlossen, wenn der Beweisführer sich die Urkunde selbst beschaffen kann. Es reicht aus, dass der Beschwerdeführer aufgrund einer gesetzlichen Regelung einen **Anspruch auf Ausfertigung oder Erteilung einer beglaubigten Abschrift** einer öffentlichen Urkunde hat, da die Ausfertigung im Rechtsverkehr das Original vertritt und zudem der Urkundenbeweis gem § 435 regelmäßig durch Vorlage einer beglaubigten Abschrift der öffentlichen Urkunde angetreten werden kann. Derartige Ansprüche sind etwa in §§ 792, 896, §§ 55, 62 PStG, § 51 BeurkG, § 9 HGB, §§ 13 III 2, 357 II FamFG geregelt. Steht

die Erteilung im Ermessen der Behörde, kann der Beweisführer nicht auf die Selbstbeschaffung verwiesen werden (MüKoZPO/*Schreiber* § 432 Rn 5).

C. Beweisantritt. Der Beweis wird durch den Antrag angetreten, die Behörde oder den Beamten um eine Mitteilung der Urkunde zu ersuchen. Es handelt sich um einen **Beweisantrag**, der als solcher in der mündlichen Verhandlung gestellt werden muss (MüKoZPO/*Schreiber* § 432 Rn 6). Besondere Anforderungen, wie sie in den §§ 424, 430 geregelt sind, stellt § 432 nicht auf. Es ist jedoch jedenfalls erforderlich, dass der Beweisführer die Tatsachen angibt, die durch die Beiziehung der Urkunde bewiesen werden sollen. Der Beweisführer muss außerdem substanziiert behaupten, dass die Urkunde sich im Besitz einer Behörde oder eines Beamten befindet, wozu die Angabe hinreichender Umstände gehört, die auf den Urkundenbesitz schließen lassen (MüKoZPO/*Schreiber* § 432 Rn 6; Wieczorek/Schütze/*Ahrens* § 432 Rn 6; St/J/*Leipold* § 432 Rn 5). Außerdem muss die Urkunde so **genau bezeichnet** werden, dass die Behörde sie auffinden kann. Ausreichend ist eine inhaltliche Bezeichnung; konkrete Angaben zB zum Ausstellungsdatum oder Blattzahlen sind nicht erforderlich, weil der Beweisführer hiervon regelmäßig keine Kenntnis hat (MüKoZPO/*Schreiber* § 432 Rn 6; St/J/*Leipold* § 432 Rn 6). Ein Antrag auf **Beiziehung ganzer Akten** reicht nicht; vielmehr müssen die Urkunden aus der Akte bezeichnet werden, die als Beweismittel dienen sollen, zum Beispiel Gutachten, Protokolle, Entscheidungen (BGH NJW 94, 3295, 3296; St/J/*Leipold* § 432 Rn 5). 5

D. Entscheidung. Hat der Beweisführer einen formal ordnungsgemäßen Antrag (s. Rz 5) gestellt und bejaht das Gericht Entscheidungserheblichkeit und Beweisbedürftigkeit der Tatsache sowie Beweistauglichkeit der Urkunde, dann ist grds der beantragte Beweisbeschluss zu erlassen. Das Gericht muss insb nicht prüfen, ob die Behörde verpflichtet ist, dem Ersuchen zu entsprechen (St/J/*Leipold* § 432 Rn 8). Erkennt das Gericht jedoch, dass die Urkunden (zB aus Gründen des Datenschutzes) im Zivilprozess nicht vorgelegt werden können, insb von den Parteien nicht eingesehen werden dürfen, dann ist der Antrag abzulehnen (BGH NJW 52, 305, 306; B/L/A/H § 432 Rn 4; MüKoZPO/*Schreiber* § 432 Rn 7; s.a. St/J/*Leipold* § 432 Rn 8: falls feststeht, dass die Urkunde nur zur vertraulichen Kenntnisnahme durch das Gericht übermittelt würde). 6

Die positive Entscheidung über den Beweisantrag ergeht durch **Beweisbeschluss** gem § 358. Zur **Ausführung** erlässt der Vorsitzende (bzw der Einzelrichter) vAw ein Ersuchungsschreiben an die Behörde. Lehnt das Gericht den Beweisantrag ab, ist ein gesonderter Beschl nicht erforderlich, sondern es genügt die Ablehnung in den Gründen des Endurteils. 7

E. Vorlagepflicht der Behörde, weiteres Verfahren. Nach Art 35 I GG ist die Behörde ggü dem ersuchenden Gericht zur Amtshilfe verpflichtet. Die Behörde muss hierzu nach dem für sie geltenden Verfahrensrecht prüfen, ob sie die Urkunde dem Prozessgericht zur Verfügung stellen darf oder sogar muss. Dabei können auch Persönlichkeitsrechte Dritter eine Ablehnung des Gesuches rechtfertigen. Das Prozessgericht ist an die **Entscheidung der ersuchten Behörde** gebunden (MüKoZPO/*Schreiber* § 432 Rn 10; Wieczorek/Schütze/*Ahrens* § 432 Rn 19). Es könnte allenfalls durch Gegenvorstellung oder Dienstaufsichtsbeschwerde versuchen, auf eine andere Entscheidung hinzuwirken. 8

Der Beweisführer kann gegen die abschlägige Entscheidung den Verwaltungsrechtsweg beschreiten, wobei er sich allerdings auf eine Verletzung eigener Rechte berufen können muss. Beruft der Beweisführer sich auf einen **öffentlich-rechtlichen Vorlegungsanspruch** gegen die Behörde, ist ihm eine Beibringungsfrist nach § 356 zu setzen (MüKoZPO/*Schreiber* § 432 Rn 10; Musielak/*Huber* § 432 Rn 6). Aus der Amtshilfepflicht der Behörde ergibt sich kein Recht der Partei auf Vorlegung der Urkunde; die Partei kann allerdings eine fehlerfreie Ermessensausübung beanspruchen (BVerwGE 30, 154, 159 = MDR 69, 75, 76; Wieczorek/Schütze/*Ahrens* § 432 Rn 20; St/J/*Leipold* § 432 Rn 18; vgl auch BVerwGE 61, 15, 22 = NJW 1981, 535, 537; BVerwGE 69, 278, 280 = NJW 1984, 2590). Behauptet der Beweisführer einen **zivilrechtlichen Herausgabe- oder Vorlegungsanspruch**, so kann er Fristsetzung nach den §§ 428 ff beantragen und gegen die Behörde auf Vorlegung der Urkunde klagen (§ 423 III). Mitgeteilte Urkunden sind im Zivilprozess nur verwertbar, wenn sie auch zur Einsichtnahme durch die Parteien bestimmt sind. Akten, die die Behörde nur **zur vertraulichen Kenntnisnahme** mitteilt, dürfen in der mündlichen Verhandlung nicht vorgelegt werden und können somit keine Entscheidungsgrundlage für das Gericht bilden (MüKoZPO/*Schreiber* § 432 Rn 10; St/J/*Leipold* § 432 Rn 20; B/L/A/H § 432 Rn 7).

§ 433 *(weggefallen)*

§ 434 Vorlegung vor beauftragtem oder ersuchtem Richter. Wenn eine Urkunde bei der mündlichen Verhandlung wegen erheblicher Hindernisse nicht vorgelegt werden kann oder wenn es bedenklich erscheint, sie wegen ihrer Wichtigkeit und der Besorgnis ihres Verlustes oder ihrer Beschädigung vorzulegen, so kann das Prozessgericht anordnen, dass sie vor einem seiner Mitglieder oder vor einem anderen Gericht vorgelegt werde.

1 **A. Bedeutung der Vorschrift, Anwendungsbereich.** § 434 regelt eine Ausnahme vom Grundsatz der Unmittelbarkeit der Beweisaufnahme (§ 355). Die Vorschrift gestattet unter bestimmten Voraussetzungen die Vorlage der Urkunde vor einem beauftragten Richter des Prozessgerichts (§ 361) oder einem ersuchten Richter eines anderen Gerichts (§ 362). Die Vorschrift gilt unabhängig davon, wer die Urkunde vorlegen soll. Sie ist im Fall des Urkundenbesitzes des Beweisführers ebenso anwendbar wie bei den Beweisanträgen nach den §§ 421 ff, 428 ff oder § 432 (St/J/*Leipold* § 434 Rn 2; MüKoZPO/*Schreiber* § 434 Rn 2; Wieczorek/Schütze/*Ahrens* § 434 Rn 1). Nach § 219 kann das Prozessgericht auch selbst an Ort und Stelle Einsicht in die Urkunde nehmen. Das Prozessgericht hat die **Wahl**, ob es einen Lokaltermin ansetzt oder einen Beweisbeschluss (§§ 358, 358a) nach § 434 erlässt (St/J/*Leipold* § 434 Rn 3; B/L/A/H § 434 Rn 1). Für eine Entscheidung nach § 434 ist ein förmlicher Antrag nicht erforderlich (St/J/*Leipold* § 434 Rn 1; MüKoZPO/*Schreiber* § 435 Rn 2). Befindet sich die **Urkunde im Ausland**, so kommt eine Beweisaufnahme durch den deutschen Richter, die ein hoheitliches Handeln bedeutet, nur in Betracht, wenn die Bundesregierung ihr Einverständnis erklärt (Art 32 GG) und der ausländische Staat einverstanden ist. Innerhalb der europäischen Union ist im Anwendungsbereich der EuBVO eine unmittelbare Beweisaufnahme nach Maßgabe des Art 17 EuBVO möglich (s. Kommentierung dort). Die Beweisaufnahme im Ausland im Wege der Rechtshilfe ist in § 363 geregelt.

2 **B. Voraussetzung.** § 434 lässt die Beweisaufnahme vor einem beauftragten oder einem ersuchten Richter zu, wenn der Vorlegung der Urkunde vor dem Prozessgericht entweder ein erhebliches Hindernis entgegensteht oder von der Vorlage abgesehen werden soll, um den Verlust oder die Beschädigung wichtiger Urkunden möglichst auszuschließen. Dabei werden diese Voraussetzungen typischerweise kumulativ bestehen. Beispielsweise ist die Herausgabe von Originalen der Grund-, Register- und Nachlassakten unzulässig. Gleiches gilt im Grundsatz für die Urschriften notarieller Urkunden (§ 45 BeurkG). In diesen Fällen ist jedoch ohnehin eine Vorlage des Urkundenoriginals nur in Ausnahmefällen erforderlich, da die Urschrift im Rechtsverkehr durch eine Ausfertigung vertreten wird und iÜ nach § 435 regelmäßig die Vorlage einer beglaubigten Abschrift der öffentlichen Urkunde im Beweisverfahren genügt.

3 **C. Beweisaufnahme.** Die Beweisaufnahme erfolgt durch Einsichtnahme des beauftragten oder ersuchten Richters in die Urkunde. Eine **Protokollierung** ist gesetzlich nicht vorgeschrieben, aber sachgerecht, damit der Richter dem Prozessgericht eine zuverlässige Kenntnis vermitteln kann. Soweit erforderlich, soll das Protokoll Feststellungen enthalten, die dem Prozessgericht die Würdigung der Echtheit und des Beweiswerts der Urkunde ermöglichen (St/J/*Leipold* § 434 Rn 4; MüKoZPO/*Schreiber* § 434 Rn 2). Dem Protokoll sollte eine **beglaubigte Abschrift der Urkunde** oder der relevanten Urkundenteile beigefügt werden.

§ 435 Vorlegung öffentlicher Urkunden in Urschrift oder beglaubigter Abschrift.

[1]Eine öffentliche Urkunde kann in Urschrift oder in einer beglaubigten Abschrift, die hinsichtlich der Beglaubigung die Erfordernisse einer öffentlichen Urkunde an sich trägt, vorgelegt werden; das Gericht kann jedoch anordnen, dass der Beweisführer die Urschrift vorlege oder die Tatsachen angebe und glaubhaft mache, die ihn an der Vorlegung der Urschrift verhindern. [2]Bleibt die Anordnung erfolglos, so entscheidet das Gericht nach freier Überzeugung, welche Beweiskraft der beglaubigten Abschrift beizulegen sei.

1 **A. Bedeutung der Vorschrift.** § 435 regelt eine Vorlegungserleichterung, wenn der Urkundenbeweis mit einer öffentlichen Urkunde geführt wird (Begriff vgl § 415 Rz 9 ff). Auf den Urkundenbeweis mittels **Privaturkunde** kann die Vorschrift nicht entsprechend angewendet werden (s. § 420 Rz 6). Die Vorschrift trägt dem Umstand Rechnung, dass die Urkundenoriginale sich zumeist in amtlicher Verwahrung befinden (s. aber zur Bedeutung der Ausfertigung Rz 2). Die beglaubigte Abschrift beweist die Übereinstimmung der Abschrift mit dem zur Abschriftsbeglaubigung vorlegten Original, das selbst Urschrift, Ausfertigung oder Abschrift sein kann (s. Rz 3, zur hiervon zu unterscheidenden öffentlich beglaubigten Urkunde § 415 Rz 18). Auch wenn im Beweisverfahren die beglaubigte Abschrift vorgelegt wird, bleibt das eigentliche

Beweismittel die öffentliche Urkunde, die lediglich nicht in Urschrift oder Ausfertigung vorgelegt wird. Ein Urkundenbeweis kann folglich nicht durch Vorlage der beglaubigten Abschrift einer beglaubigten Abschrift der Urkunde geführt werden (St/J/*Leipold* § 435 Rn 8; MüKoZPO/*Schreiber* § 435 Rn 2; Wieczorek/Schütze/*Ahrens* § 435 Rn 3). Da mit der beglaubigten Abschrift mittelbar jedoch zugleich die inhaltliche Übereinstimmung mit dem Original attestiert wird, hat die Rspr jedenfalls im Grundbuchverfahren die Vorlage einer solchen Abschrift genügen lassen (KG Rpfleger 98, 108).

B. Vorlegung öffentlicher Urkunden. I. Vorlegung der Urschrift. Die Urschrift einer Urkunde ist das Schriftstück, das der Verfasser der Urkunde eigenhändig unterzeichnet hat und das Ausfertigungen und Abschriften zugrunde liegt (Wieczorek/Schütze/*Ahrens* § 435 Rn 4). Bleibt die Urschrift in der Verwahrung einer Behörde, eines Gerichts oder des Notars (vgl § 45 II BeurkG für notarielle Urkunden) und nimmt somit nicht am Rechtsverkehr teil, so tritt die **Ausfertigung** im Rechtsverkehr an die Stelle der Urschrift (vgl § 47 BeurkG). Die Ausfertigung ist eine mit dem Ausfertigungsvermerk versehene Abschrift des Originals. Obwohl sie als Abschrift von der Urschrift erzeugt wird, ist sie mit demselben öffentlichen Glauben ausgestattet wie die Urschrift (BGHZ 36, 201, 204 = NJW 60, 33; Wieczorek/Schütze/*Ahrens* § 435 Rn 5). Die Ausfertigung fungiert damit gewissermaßen als »Urschrift im Rechtssinne«. Sie ist grds als Urschrift iSv § 435 anzusehen, wobei der Beweis möglich bleibt, dass sie nicht mit der in der amtlichen Verwahrung verbliebenen Urschrift übereinstimmt oder dass eine Ausfertigung von einem nicht erlassenen Urt erteilt wurde (St/J/*Leipold* § 435 Rn 6). Für die Beweiskraft der Ausfertigung spielt es keine Rolle, wem die Ausfertigung nach dem **Ausfertigungsvermerk** erteilt wurde. Es ist allerdings zu beachten, dass bei Vollmachtsurkunden die gewillkürte Erteilungsermächtigung (vgl § 51 II BeurkG) die für die Rechtsfolgen des § 172 BGB maßgebliche willentliche Aushändigung der Urkunde dokumentiert, da der Ausfertigungsvermerk in diesem Fall auf den Vertreter lautet (vgl § 49 II BeurkG). § 172 BGB setzt zwar nicht voraus, dass die Vollmachtsurkunde, die der Vertreter im Rechtsverkehr vorlegt, einen auf ihn lautenden Ausfertigungsvermerk trägt (Köln RNotZ 01, 407, 408 = Rpfleger 02, 197 mit krit Anm *Waldner/Mehler*). Wenn der Bevollmächtigte sich im Rechtsverkehr aber mit einer nicht auf ihn lautenden Ausfertigung ausweist, kann nicht ohne weiteres davon ausgegangen werden, dass ihm diese Ausfertigung willentlich überlassen wurde (vgl München DNotZ 08, 844, 845 mit Anm *Mehler/Braun* DNotZ 08, 810; *Helms* RNotZ 02, 235, 236 f; *Waldner/Mehler* MittBayNot 99, 261, 262; *dies* Rpfleger 02, 198 f; aA Köln RNotZ 01, 407, 408 = Rpfleger 02, 197 [wechselseitige Bevollmächtigung iRe Vorsorgevollmacht, insoweit offen gelassen von München DNotZ 08, 844, 845]). 2

II. Vorlegung der beglaubigten Abschrift. 1. Begriff. Abschriften sind Abschriften im wörtlichen Sinne, aber auch sonstige durch Ablichtung, Abdrucken usw hergestellte Vervielfältigungen des Originals (St/J/*Leipold* § 435 Rn 9). Die Abschriftsverfahren sind gleichwertig; die Übereinstimmung mit dem Original wird durch den Beglaubigungsvermerk dokumentiert. Enthält das Original, von dem die Abschrift erstellt wird, eine Unterschrift, kann in einer Abschrift, die das Schriftbild der Unterschrift nicht wiedergibt, der Name des Unterzeichners maschinenschriftlich eingefügt und zB durch den Zusatz »gez.« gekennzeichnet werden. Der Ort eines auf dem Original befindlichen Siegels wird üblicherweise durch die Abkürzung »L.S.« (locus sigilli) bezeichnet. Die Abschriftsbeglaubigung erfolgt durch einen **Beglaubigungsvermerk** der Urkundsperson. Der Beglaubigungsvermerk ist eine **öffentliche Urkunde**, die als solche Beweis für die Übereinstimmung der beglaubigten Abschrift mit dem Original erbringt. Der Vermerk soll angeben, ob es sich bei dem Original um eine Urschrift, eine Ausfertigung, eine beglaubigte oder eine einfache Abschrift handelt. 3

2. Beglaubigungszuständigkeit. Die Abschriftsbeglaubigung muss von einer **zuständigen Stelle** unter Beachtung des für die Abschriftsbeglaubigung **vorgesehenen Verfahrens** erfolgen (vgl § 415 I). Inhaltlich beschränkte Beglaubigungskompetenzen sind in verschiedenen Verfahrensgesetzen geregelt (zB § 13 III 2 FamFG, 12 II GBO). Allgemein zuständig für die Beglaubigung von Abschriften sind **Notare** (§ 20 BNotO, § 42 BeurkG). Von der Ermächtigung des § 63 BeurkG, die Zuständigkeit weiterer Stellen zu begründen, haben die Länder Hessen (§ 13 II Hess OrtsGG) und Baden-Württemberg (§ 32 IV 1 LFGG) Gebrauch gemacht. **Konsularbeamte** dürfen gem § 10 I Nr 2 KonsG Abschriften beglaubigen (Einschränkung: § 10 III Nr 3 KonsG). Die **(beschränkte) Beglaubigungskompetenz von Verwaltungsbehörden** ist bundesgesetzlich in § 33 VwVfG geregelt. **Rechtsanwälte** sind nur als Prozessbevollmächtigte aus Anlass der Zustellung im Zivilprozess zur Beglaubigung von Abschriften befugt (vgl § 169 II 2). Sie üben keine allgemeine öffentliche Beglaubigungs- oder Beurkundungsfunktion aus (BGHZ 92, 76, 79). 4

5 **C. Anordnung der Vorlegung der Urschrift.** Hat das Gericht Bedenken, ob die beglaubigte Abschrift mit der Urschrift übereinstimmt, dann kann es durch Beweisbeschluss (§ 358) die Vorlage der Urschrift anordnen. Ist dem Beweisführer die Vorlage der Urschrift oder einer Ausfertigung (vgl Rz 2) unmöglich, dann hat er die Tatsachen glaubhaft zu machen (§ 294), aus denen sich die Unmöglichkeit ergibt. Erst wenn die Anordnung in beiden Alternativen erfolglos bleibt, kann das Gericht in freier Beweiswürdigung (§ 286 I) über den Beweiswert der beglaubigten Abschrift befinden.

§ 436 Verzicht nach Vorlegung.

Der Beweisführer kann nach der Vorlegung einer Urkunde nur mit Zustimmung des Gegners auf dieses Beweismittel verzichten.

1 **A. Verzicht vor Urkundenvorlegung.** Vor der Vorlegung der Urkunde kann der Beweisführer jederzeit durch einseitige Verzichtserklärung seinen Beweisantritt zurücknehmen. Befindet sich die Urkunde jedoch in den Händen des Gegners, kann dieser selbst den Urkundenbeweis antreten. Außerdem ist in der Vorlegungsankündigung regelmäßig eine **Inbezugnahme** zu sehen, die die Rechtsfolge des § 423 auslöst. Ist der Gegner nicht im Besitz der Urkunde, kann er also den Urkundenbeweis nach §§ 421, 423 antreten. Unberührt bleibt schließlich die Möglichkeit, die Urkundenvorlage vAw nach § 142 anzuordnen (Wieczorek/Schütze/*Ahrens* § 436 Rn 5).

2 **B. Verzicht nach Urkundenvorlegung.** Nach der Vorlegung der Urkunde durch den Beweisführer, den Beweisgegner, einen Dritten oder eine öffentliche Behörde ist der Verzicht des Beweisführers auf das Beweismittel nur mit Zustimmung des Beweisgegners zulässig. Verzicht und Zustimmung können nicht widerrufen werden (Musielak/*Huber* § 436 Rn 1; B/L/A/H § 436 Rn 3). Ein neuer Beweisantritt ist möglich, jedoch kann dieser erneute Beweisantritt nach §§ 296 II, 282 oder 531 II als verspätet zurückzuweisen sein.

3 Durch den wirksamen Verzicht entfällt nicht die Bezugnahme iSv § 142 I. Das Gericht wäre deshalb nicht gehindert, vAw gem § 142 die Urkundenvorlage anzuordnen (MüKoZPO/*Schreiber* § 436 Rn 2; Wieczorek/Schütze/*Ahrens* § 436 Rn 5; St/J/*Leipold* § 436 Rn 2; ThoPu/*Reichold* § 436 Rn 1; aA Musielak/*Huber* § 436 Rn 1; BeckOKZPO/*Krafka* Ed. 2 § 436 Rn 2; s.a. Zö/*Geimer* § 436 Rn 1). Die zu beweisende Tatsache kann allerdings gerade in den Fällen des § 436 auch zwischen den Parteien unstr geworden sein, so dass es auf die Urkunde nicht mehr ankommt (Zö/*Geimer* § 436 Rn 1; Wieczorek/Schütze/*Ahrens* § 436 Rn 5).

§ 437 Echtheit inländischer öffentlicher Urkunden.

(1) Urkunden, die nach Form und Inhalt als von einer öffentlichen Behörde oder von einer mit öffentlichem Glauben versehenen Person errichtet sich darstellen, haben die Vermutung der Echtheit für sich.

(2) Das Gericht kann, wenn es die Echtheit für zweifelhaft hält, auch von Amts wegen die Behörde oder die Person, von der die Urkunde errichtet sein soll, zu einer Erklärung über die Echtheit veranlassen.

1 **A. Bedeutung der Vorschrift.** Voraussetzungen der formellen Beweiskraft einer Urkunde sind die Unversehrtheit (§ 419) und die Echtheit der Urkunde. Eine Urkunde ist echt, wenn sie von demjenigen ausgestellt ist, von dem sie nach der Behauptung des Beweisführers ausgestellt sein soll (MüKoZPO/*Schreiber* § 437 Rn 1; St/J/*Leipold* § 437 Rn 1; R/S/G § 119 Rn 11). § 437 I regelt die gesetzliche Vermutung der Echtheit einer inländischen öffentlichen Urkunde (zur ausländischen öffentlichen Urkunde s. § 438, zur Privaturkunde s. §§ 439, 440).

2 **B. Vermutung der Echtheit. I. Voraussetzungen der Vermutung.** Die Echtheitsvermutung des § 437 betrifft nur **inländische öffentliche Urkunden** (zum Begriff der öffentlichen Urkunde vgl § 415 Rz 9 ff). Es kann sich um öffentliche Urkunden über Erklärungen iSv § 415 I, wirkende Urkunden (§ 417) oder Zeugnisurkunden (§ 418) handeln. § 437 erfasst auch die sog **Eigenurkunden** eines Notars oder einer Behörde (BGH DNotZ 81, 118, 120; MüKoZPO/*Schreiber* § 437 Rn 2, vgl auch § 415 Rz 15).

3 Eine Urkunde ist inländisch, wenn sie von einer inländischen Behörde oder von einer Urkundsperson errichtet wurde, die ihre Urkundsgewalt von einem inländischen Träger hoheitlicher Gewalt ableitet (zum Territorialitätsprinzip s. § 415 Rz 16). Vor dem 30.11.07 errichtete öffentliche Urkunden werden unter Bezugnahme auf das Gesetz betreffend die Beglaubigung öffentlicher Urkunden vom 1.5.1878, RGBl I 1889, als inländisch angesehen, wenn sie innerhalb der alten Grenzen des Deutschen Reiches während dessen Existenz errichtet wurden, wobei auch Urkunden von Behörden und Urkundspersonen in der **ehemaligen DDR** prozessrechtlich als inländisch behandelt werden (MüKoZPO/*Schreiber* § 437 Rn 3; Wieczorek/

Schütze/*Ahrens* § 437 Rn 3). Mit Wirkung zum 30.11.07 ist dieses Gesetz außer Kraft getreten (s. Art 18 des Gesetzes v 23.11.07, BGBl I, 2616). Urkunden von **Behörden der Europäischen Union** (nicht: von Behörden eines anderen Mitgliedstaats) können inländischen Urkunden gleichgestellt werden (Wieczorek/Schütze/*Ahrens* § 437 Rn 3; s.a. St/J/*Leipold* § 438 Rn 7).

II. Vermutungsfolge. § 437 I stellt eine gesetzliche Vermutung (§ 292) für die Echtheit der inländischen 4
öffentlichen Urkunde auf. Die Vermutung kann durch den Beweis des Gegenteils (Hauptbeweis) entkräftet werden, wobei sämtliche Beweismittel zulässig sind (St/J/*Leipold* § 437 Rn 4; MüKoZPO/*Schreiber* § 437 Rn 4). Die Echtheitsvermutung erstreckt sich auf den ganzen Text der Urkunde (Wieczorek/Schütze/*Ahrens* § 437 Rn 6). Die Beweiskraftwirkung hinsichtlich des Inhalts der Urkunde ergibt sich für die unterschiedlichen öffentlichen Urkunden aus den §§ 415, 417 und 418.

C. Echtheitszweifel des Gerichts. Hat das Gericht Zweifel an der Echtheit der Urkunde, dann muss es gem 5
§ 437 II vAw die Behörde oder Urkundsperson, die als Aussteller der Urkunde erscheint, zur Erklärung über die Echtheit auffordern. Bei Zweifeln an der Übereinstimmung von beglaubigter Abschrift und Urschrift wird die Vorschrift entsprechend angewendet (Frankf DNotZ 93, 757, 759 mit Anm *Kanzleiter*; Wieczorek/Schütze/*Ahrens* § 437 Rn 7; St/J/*Leipold* § 437 Rn 6).

Das **Parteiverhalten** (Bestreiten, Anerkennen der Echtheit) ist unerheblich, da § 437 II allein auf Zweifel 6
des Gerichts abgestellt (St/J/*Leipold* § 437 Rn 5; Wieczorek/Schütze/*Ahrens* § 437 Rn 7). Dem Gericht steht **kein Ermessensspielraum** zu. § 437 II ist keine Kann-Vorschrift iS einer Ermessensregelung, sondern regelt eine Ermächtigung des Gerichts (MüKoZPO/*Schreiber* § 437 Rn 5; Wieczorek/Schütze/*Ahrens* § 437 Rn 7; B/L/A/H § 437 Rn 4). Die zur Abgabe der Erklärung aufgeforderte Behörde oder Urkundsperson ist nach Art 35 I GG zur Erklärung als Form der Amtshilfe verpflicht. Die Urkundsperson ist nicht als Zeuge zu vernehmen, da sie eine dienstliche Erklärung abgibt (Zö/*Geimer* § 437 Rn 1; Wieczorek/Schütze/*Ahrens* § 437 Rn 7).

§ 438 Echtheit ausländischer öffentlicher Urkunden.

(1) Ob eine Urkunde, die als von einer ausländischen Behörde oder von einer mit öffentlichem Glauben versehenen Person des Auslandes errichtet sich darstellt, ohne näheren Nachweis als echt anzusehen sei, hat das Gericht nach den Umständen des Falles zu ermessen.

(2) Zum Beweis der Echtheit einer solchen Urkunde genügt die Legalisation durch einen Konsul oder Gesandten des Bundes.

A. Echtheit ausländischer öffentlicher Urkunden. Voraussetzungen der formellen Beweiskraft einer 1
Urkunde sind die Unversehrtheit (§ 419) und die Echtheit der Urkunde. Eine Urkunde ist echt, wenn sie von demjenigen ausgestellt ist, von dem sie nach der Behauptung des Beweisführers ausgestellt sein soll (MüKoZPO/*Schreiber* § 437 Rn 1; St/J/*Leipold* § 437 Rn 1; R/S/G § 119 Rn 11). Die §§ 437, 438 regeln die Echtheit öffentlicher Urkunden (vgl zum Begriff § 415 Rz 9 ff, zur Echtheit von Privaturkunden §§ 439, 440), wobei zwischen inländischen und ausländischen Urkunden differenziert wird. Eine Urkunde ist ausländisch, wenn sie nicht als inländische Urkunde zu qualifizieren ist (zur inländischen Urkunde § 437 Rz 3).

I. Feststellung der Echtheit. Anders als für inländische öffentliche Urkunden gibt es keine generelle 2
gesetzliche Vermutung der Echtheit ausländischer Urkunden. Somit ist grds im Einzelfall die Echtheit der Urkunde festzustellen (§ 438 I), wobei das Gericht die Amtshilfe der deutschen Auslandsvertretungen in Anspruch nehmen kann (BVerwG NJW 87, 1159; Wieczorek/Schütze/*Ahrens* § 438 Rn 6; vgl hierzu die Informationen auf der Website des Auswärtigen Amtes unter www.konsularinfo.diplo.de). Es kommt nicht darauf an, ob die Echtheit **bestritten** wird oder nicht (Zweibr OLGR 2002, 173; MüKoZPO/*Schreiber* § 438 Rn 1; St/J/*Leipold* § 438 Rn 1; ThoPu/*Reichold* § 438 Rn 1; Zö/*Geimer* § 438 Rn 3 [anders aber Rn 2]). Ein Echtheitsnachweis ist von vornherein nicht erforderlich, wenn das Gericht **keine Zweifel an der Echtheit** hat (MüKoZPO/*Schreiber* § 438 Rn 1, s.a. Ddorf IPrax 96, 423, 425).

Eine vereinfachte Möglichkeit des Echtheitsnachweises (kein Echtheitserfordernis) ist die **Legalisation**, auf 3
die § 438 II verweist (s. Rz 5). Zu beachten ist außerdem, dass die Legalisation vielfach aufgrund **multilateraler oder bilateraler Staatsverträge** durch die Apostille ersetzt wird oder sogar jeder förmliche Echtheitsnachweis entbehrlich ist (s. Rz 4, 6). Handelt es sich um eine von einer Behörde oder einer Urkundsperson aus einem anderen **EU-Mitgliedstaat** errichtete Urkunde, die in den Anwendungsbereich einer europäischen VO fällt (insb EuGVO), kommt es auf die Anforderungen der jeweiligen VO an.

4 **II. Rechtsfolge.** Das Gericht befindet über die Echtheit der ausländischen öffentlichen Urkunden in freier richterlicher Beweiswürdigung (Ddorf IPrax 96, 423, 425; Wieczorek/Schütze/*Ahrens* § 438 Rn 4; St/J/*Leipold* § 438 Rn 1). Steht die Echtheit der ausländischen öffentlichen Urkunde fest, dann entfaltet sie wie inländische öffentliche Urkunden die Beweiskraft der §§ 415, 417, 418 (Ddorf IPrax 96, 423, 425; MüKoZPO/*Schreiber* § 439 Rn 5; Zö/*Geimer* § 438 Rn 2, s.a. § 415 Rz 9 mwN). Bestreitet die Gegenpartei die Echtheit oder den Echtheitsnachweis durch Legalisation, steht ihr jeweils die Möglichkeit des Gegenbeweises offen. Ein Beweis des Gegenteils ist nicht erforderlich, weil § 438 keine gesetzliche Vermutung der Echtheit aufstellt (MüKoZPO/*Schreiber* § 438 Rn 5; aA Wieczorek/Schütze/*Ahrens* § 438 Rn 6: legalisierte Urkunden fallen unter § 437 I). Gleiches gilt, wenn der Beweisgegner die Echtheit einer Apostille als einer vereinfachten Nachweisform (s. Rz 6) bestreitet (St/J/*Leipold* § 438 Rn 17). Ist ein Nachweis der Echtheit aufgrund eines **Staatsvertrags** entbehrlich (vgl Rz 6), dann können die ausländischen öffentlichen Urkunden inländischen öffentlichen Urkunden gleichgestellt und entsprechend § 437 I die Echtheit vermutet werden (Musielak/*Huber* § 438 Rn 3).

5 **B. Legalisation.** Nach § 438 II kann die Echtheit der Urkunde durch die Legalisation durch einen Konsul oder Beamten des Bundes nachgewiesen werden. Gemäß § 13 II KonsG bestätigt die Legalisation durch einen auf die Urkunde gesetzten Vermerk die Echtheit der Unterschrift und die Eigenschaft, in welcher der Unterzeichner der Urkunde gehandelt hat, ggf auch die Echtheit des Siegels (sog Legalisation im engeren Sinne). Der Legalisierende muss im Rahmen seiner Zuständigkeit gehandelt haben (Wieczorek/Schütze/*Ahrens* § 438 Rn 6). Wurde die Legalisation umgekehrt verweigert, kann regelmäßig keine Echtheit angenommen werden (St/J/*Leipold* § 438 Rn 2; vgl auch Bremen FamRZ 92, 1083; aktuelle Informationen zur **Einstellung von Legalisationen** sowie Merkblätter zur Amtshilfe in diesen Fällen auf der Website des Auswärtigen Amtes unter www.konsularinfo.diplo.de). Von der Legalisation muss die sog **Vor- oder Zwischenbeglaubigung** unterschieden werden, die als Vorstufe zur Legalisation dient. Vor- oder Zwischenbeglaubigung ist die Prüfung der Urkundenechtheit durch eine Behörde des Staates, in dem die Urkunde errichtet ist. Sie ist erforderlich, wenn die legalisierenden Konsularbehörden die Echtheit ihnen vorgelegter amtlicher Urkunden nicht selbst prüfen können.

6 **C. Staatsvertragliche Sonderregelungen.** Es bedarf keiner Legalisation zum Nachweis der Echtheit, wenn aufgrund eines bilateralen oder multilateralen Staatsvertrages eine **Apostille** als Nachweis genügt oder die Echtheit **ohne jede Förmlichkeit** anerkannt wird (aktualisierte Länderlisten mit Fundstellennachweis zB auf der Website des DNotI [www.dnoti.de] unter Arbeitshilfen). Die Apostille ist die Bestätigung der Echtheit der Urkunde durch die hierfür zuständige Behörde des Herkunftsstaates der Urkunde in der Landessprache. Eine Apostille genügt insb, wenn der Staat wie die Bundesrepublik Deutschland dem **Haager Übereinkommen** zur Befreiung ausländischer öffentlicher Urkunden von der Legalisation v 5.10.61, BGBl 65 II 875, beigetreten ist. Eine Apostille nach dem Haager Übereinkommen muss dem Muster entsprechen, das dem Abkommen beigefügt ist.

§ 439 Erklärung über Echtheit von Privaturkunden.

(1) Über die Echtheit einer Privaturkunde hat sich der Gegner des Beweisführers nach der Vorschrift des § 138 zu erklären.
(2) Befindet sich unter der Urkunde eine Namensunterschrift, so ist die Erklärung auf die Echtheit der Unterschrift zu richten.
(3) Wird die Erklärung nicht abgegeben, so ist die Urkunde als anerkannt anzusehen, wenn nicht die Absicht, die Echtheit bestreiten zu wollen, aus den übrigen Erklärungen der Partei hervorgeht.

1 **A. Bedeutung der Vorschrift.** Voraussetzungen der formellen Beweiskraft einer Urkunde sind die Unversehrtheit (§ 419) und die Echtheit der Urkunde. Eine Urkunde ist echt, wenn sie von demjenigen ausgestellt ist, von dem sie nach der Behauptung des Beweisführers ausgestellt sein soll (MüKoZPO/*Schreiber* § 437 Rn 1; St/J/*Leipold* § 437 Rn 1; R/S/G § 119 Rn 11). Die §§ 439, 440 betreffen die Echtheit von Privaturkunden (Begriff: § 416 Rz 1), für die es keine gesetzliche Vermutung gibt (anders: inländische öffentliche Urkunden, § 437). Privaturkunden sind auch öffentlich beglaubigte Urkunden (Begriff: § 415 Rz 18).

2 Im Gegensatz zur Echtheit öffentlicher Urkunden unterliegt die Echtheit der Privaturkunde der **Parteidisposition** (MüKoZPO/*Schreiber* § 439 Rn 1). Der Beweisgegner kann die Echtheit anerkennen oder zugestehen, womit die Urkunde im Prozess als echt anzusehen ist (vgl § 439 III; **Einschränkung**: § 113 IV Nr 7 FamFG). Der Beweisführer behauptet mit der Vorlage der Privaturkunde deren Echtheit. § 439 I legt dem

Beweisgegner auf, sich nach § 138 – wie über andere Tatsachen auch – zur Echtheit der Urkunde zu erklären. Hierauf hat das Gericht nach § 139 hinzuweisen (im amtsgerichtlichen Verfahren § 510). Auf die Beweislastverteilung kommt es insoweit nicht an (MüKoZPO/*Schreiber* § 439 Rn 1; Wieczorek/Schütze/*Ahrens* § 439 Rn 3). **Bestreitet** der Beweisgegner in seiner Erklärung die Echtheit der Urkunde, muss die Echtheit nach § 440 I bewiesen werden. Ein Nachweis ist nicht erforderlich, wenn es sich um eine namentlich unterzeichnete Urkunde handelt und die Echtheit der Namensunterschrift feststeht. Das ist insb der Fall, wenn es sich um eine öffentlich beglaubigte oder mit einem notariell beglaubigten Handzeichen unterzeichnete Urkunde handelt (s. § 440 Rz 5). Bei öffentlich beglaubigten Urkunden oder Urkunden, die mit einem notariell beglaubigten Handzeichen versehen sind, ist deshalb keine Echtheitsfeststellung und damit auch **keine Echtheitserklärung** nach § 439 erforderlich.

B. Erklärung über die Echtheit. Der Inhalt der Erklärung über die Echtheit richtet sich danach, ob es sich um eine namentlich unterschriebene Urkunde handelt. Bei **namentlich unterschriebenen Urkunden** hat der Beweisgegner sich im Hinblick auf § 440 II zur Echtheit der Namensunterschrift zu erklären (§ 439 II, zum Begriff der Namensunterschrift s. § 440 Rz 4), bei nicht unterschriebenen Urkunden zur Echtheit des Urkundentextes. Ob die Unterschrift **eigenhändig oder maschinell** erfolgte (vgl § 416 Rz 10), ist iRd Echtheitsprüfung nicht von Bedeutung (MüKoZPO/*Schreiber* § 439 Rn 2; St/J/*Leipold* § 439 Rn 5). Die Erklärung über die Echtheit kann, vorbehaltlich einer Zurückweisung wegen Verspätung (§§ 296 II, 530 f), bis zum Schluss der letzten mündlichen Verhandlung vor dem Prozessgericht (MüKoZPO/*Schreiber* § 439 Rn 2; Wieczorek/Schütze/*Ahrens* § 439 Rn 7; s.a. BGHZ 82, 115, 119 = NJW 82, 183, 184 [Nachverfahren]) bzw noch in der Berufungsinstanz erfolgen (MüKoZPO/*Schreiber* § 439 Rn 2; Wieczorek/Schütze/*Ahrens* § 439 Rn 7). Eine **Erklärung mit Nichtwissen** ist nicht möglich, wenn die Urkunde nach der Angabe des Beweisführers von dem Beweisgegner selbst oder in dessen Beisein von einem Dritten unterzeichnet worden sein soll (vgl § 138 IV). 3

C. Rechtsfolgen. Bestreitet der Beweisgegner die Echtheit, ist sie nach § 440 I zu beweisen. Wird die Echtheit einer Namensunterschrift anerkannt (zum Begriff s. § 440 Rz 4), so hat der über der Namensunterschrift stehende Urkundentext gem § 440 II die Vermutung der Echtheit für sich. Erkennt der Beweisgegner auch die Echtheit des Urkundentextes an, steht die Echtheit bereits ohne Rückgriff auf die Vermutung des § 440 II fest. Die Anerkennung der Echtheit hat die **Wirkung eines bindenden Geständnisses** gem §§ 288, 290 (BGH NJW 06, 154, 157; Saarbr MDR 02, 109; MüKoZPO/*Schreiber* § 439 Rn 3; Wieczorek/Schütze/*Ahrens* § 439 Rn 9; St/J/*Leipold* § 439 Rn 6). Erklärt der Beweisgegner sich nicht oder nicht rechtzeitig zur Echtheit, gilt die Fiktion des § 439 III (s.a. die allgemeine Regelung in § 138 III). In **Familiensachen** findet § 439 wegen § 113 IV Nr 7 FamFG keine Anwendung. In diesen Verfahren ist die Echtheit der Urkunde ein vAw zu prüfender Umstand. 4

§ 440 Beweis der Echtheit von Privaturkunden.

(1) Die Echtheit einer nicht anerkannten Privaturkunde ist zu beweisen.

(2) Steht die Echtheit der Namensunterschrift fest oder ist das unter einer Urkunde befindliche Handzeichen notariell beglaubigt, so hat die über der Unterschrift oder dem Handzeichen stehende Schrift die Vermutung der Echtheit für sich.

A. Bedeutung der Vorschrift. Voraussetzungen der formellen Beweiskraft einer Urkunde sind die Unversehrtheit (§ 419) und die Echtheit der Urkunde. Eine Urkunde ist echt, wenn sie von demjenigen ausgestellt ist, von dem sie nach der Behauptung des Beweisführers ausgestellt sein soll (MüKoZPO/*Schreiber* § 437 Rn 1; St/J/*Leipold* § 437 Rn 1). Die **Echtheit einer Privaturkunde** (Begriff: § 416 Rz 1) wird nicht bereits vermutet (BGH NJW 01, 448, 449: anders: inländische öffentliche Urkunden, § 437). Sie kann vom Beweisgegner bestritten werden (vgl § 439 Rz 1, 2, Einschränkung: § 113 IV Nr 7 FamFG) und bedarf dann gem § 440 I des Beweises, damit die Urkunde nach § 416 formelle Beweiskraft entfalten kann. Nach § 440 II wird die Echtheit des Urkundentextes vermutet, wenn die Urkunde namentlich unterschrieben ist und die Echtheit der Unterschrift feststeht (zur Erklärung über die Echtheit der Unterschrift s. § 439 Rz 3). 1

B. Beweis der Echtheit. Bei namentlich unterzeichneten Urkunden ist ein Echtheitsbeweis erforderlich, wenn die Echtheit der Unterschrift bestritten wird und nicht feststeht (sonst: § 440 II). Wegen der Vermutungswirkung des § 440 II reicht es aus, den Beweis auf die Echtheit der Unterschrift zu beschränken (Wieczorek/Schütze/*Ahrens* § 440 Rn 4; St/J/*Leipold* § 440 Rn 6). Bei nicht unterschriebenen Urkunden ist 2 die Echtheit des Urkundentextes Gegenstand des Beweises. Für die Echtheit der Urkunde trägt derjenige die Beweislast, der sich zu Beweiszwecken auf die Urkunde beruft (MüKoZPO/*Schreiber* § 440 Rn 2; St/J/*Leipold* § 440 Rn 1). Bei der Entscheidung über die Echtheit ist das Gericht keiner Beweisregel unterworfen, sondern es gilt die freie richterliche Beweiswürdigung nach § 286 (BGH NJW 95, 1683; MüKoZPO/*Schreiber* § 440 Rn 2; St/J/*Leipold* § 440 Rn 1). Das Gericht kann bereits aufgrund einer Würdigung von Indizien zu dem Ergebnis gelangen, dass die Urkunde echt ist (MüKoZPO/*Schreiber* § 440 Rn 2). Im Übrigen sind alle Arten von Beweismitteln zulässig, insb auch gem §§ 441, 442 der Schriftvergleich.

3 **C. Vermutung der Echtheit des Urkundentextes. I. Voraussetzungen. 1. Echtheit der Namensunterschrift.** Die Zuordnung des Urkundentextes qua Vermutung kommt nur in Betracht, wenn die Urkunde namentlich unterschrieben (kein generelles Merkmal der Privaturkunde, vgl § 416 Rz 8) oder mit einem notariell beglaubigten Handzeichen unterzeichnet ist. Die Unterzeichnung muss sich **unter dem Text** befinden, also »die darüber stehende Schrift« decken (BGHZ 113, 48 = NJW 91, 487; NJW 92, 829, 830; NJW 02, 2707; Ausnahmefall: Köln Rpfleger 00, 163; vgl auch § 416 Rz 14 mwN). Eine Oberschrift lässt die Rechtsprechung angesichts des klaren Wortlauts des § 440 II auch dann nicht genügen, wenn sie auf einem vorgefertigten Formular erfolgt, das eine Zeichnung am oberen Rand vorsieht (BGHZ 113, 48 = NJW 91, 487 – Überweisungsformular).

4 Bestandteil der Namensunterschrift ist nicht notwendigerweise der vollständige Name der Person. Was als Namensunterschrift angesehen wird, richtet sich vielmehr nach Tradition, Übung, Gewohnheit und Praxis (Armbrüster/Preuß/Renner/*Renner* § 13 BeurkG Rn 37; vgl auch BGH NJW 03, 1120). In diesem Sinne muss der **Familienname** Bestandteil einer Namensunterschrift sein, wenn das Recht, dem die Namensbildung unterliegt, einen Familiennamen kennt und wenn es den Gepflogenheiten der entsprechenden Rechtsordnung entspricht, mit diesem Familiennamen zu unterzeichnen (Armbrüster/Preuß/Renner/*Renner* § 13 BeurkG Rn 53). Eine bloße **Paraphe** (ohne notarielle Beglaubigung) genügt nicht (Musielak/*Huber* § 440 Rn 3; B/L/A/H § 440 Rn 4; s.a. BGH NJW-RR 07, 351; NJW-RR 2011, 953, 954). Es ist nicht erforderlich, dass die Unterzeichnung eigenhändig erfolgte (MüKoZPO/*Schreiber* § 440 Rn 4).

5 Die Echtheit der Namensunterschrift steht fest, wenn sie unstr oder erwiesen ist. Wurde die Unterschrift **öffentlich beglaubigt**, ist die Echtheit der Namensunterschrift erwiesen. Der Beglaubigungsvermerk ist eine öffentliche Urkunde, die nachweist, dass die Unterschrift von dem herrührt, der im Beglaubigungsvermerk namentlich genannt ist. Hier kann nur die Echtheit des Beglaubigungsvermerks angezweifelt werden, für den, wenn es sich um eine inländische öffentliche Urkunde handelt, die Echtheitsvermutung des § 437 gilt (ausländische öffentliche Urkunden: s. § 438), oder nach § 418 II der Beweis der Unrichtigkeit der Beglaubigung geführt werden. Entsprechendes gilt für **notariell beglaubigte Handzeichen**.

6 **2. Unversehrtheit des Textes.** Die Echtheitsvermutung des Urkundentextes setzt voraus, dass das Schriftbild nicht an äußerlich erkennbaren Mängeln iSv § 419 leidet (BGH NJW-RR 89, 1323, 1324; MüKoZPO/*Schreiber* § 440 Rn 6; Musielak/*Huber* § 440 Rn 3; Wieczorek/Schütze/*Ahrens* § 440 Rn 9; B/L/A/H § 440 Rn 6). Einen äußerlichen Mangel hat die Rechtsprechung in Einzelfällen trotz eines unauffälligen Erscheinungsbildes der Urkunde auch dann angenommen, wenn eine Verfälschung der Urkunde durch einen Vergleich mit zeitgleich erstellten Urkunden festgestellt werden kann (Ddorf MDR 09, 1002, 1003; Kobl 12.07.06 – 12 U 658/05 Rn 14 ff.) Liegt ein Mangel vor, entscheidet das Gericht nach § 440 I in freier Würdigung über die Echtheit (zur beglaubigten Urkunde Frankf DNotZ 96, 767, 768; Brandbg FGPrax 2010, 219). Wurde bei einer **Unterschriftsbeglaubigung** erkennbar nach der Beglaubigung eine Textänderung vorgenommen, so ist diese unerheblich, wenn es sich lediglich um eine redaktionelle Berichtigung handelt, die den Inhalt der Erklärung unangetastet lässt (vgl Hambg DNotZ 51, 422 f; Celle Rpfleger 84, 230, 231; LG Itzehoe DNotZ 90, 519, 520). Erfolgte die Textänderung zwar nach Vollzug oder Anerkennung der Unterschrift, aber erkennbar vor der Erstellung des Beglaubigungsvermerks, dann wird sie vom Beglaubigungsvermerk gedeckt, so dass die Echtheit der Namensunterschrift feststeht und die Echtheit des Textes nach § 440 II vermutet wird. Ein womöglich pflichtwidriges Verhalten des Notars nimmt der Beglaubigung nicht ihre beweisrechtliche Bedeutung (Lerch § 40 BeurkG Rn 20; Winkler § 40 BeurkG Rn 81; aA Celle DNotZ 1981, 203 f; zur Änderung nach Errichtung des Beglaubigungsvermerks vgl BayObLG DNotZ 85, 220, 222; München NZG 2010, 1036, 1037). Mit Vollmacht des Unterzeichners kann auch der Notar den Text ändern oder ergänzen (LG Aachen MittRhNotK 82, 161, 162; Winkler § 40 BeurkG Rn 82; *Reithmann* DNotZ 99, 27, 36).

II. Vermutungswirkung. Die Vermutung des § 440 II geht dahin, dass der über der Unterschrift stehende Text vom Aussteller stammt, dh mit seinem Willen dort steht (BGHZ 104, 172, 177 = NJW 88, 2741; Wieczorek/Schütze/*Ahrens* § 440 Rn 7; MüKoZPO/*Schreiber* § 440 Rn 5). Es handelt sich um eine gesetzliche Vermutung (§ 292), gegen die der **Beweis des Gegenteils** mit allen Beweismitteln geführt werden kann (BGH NJW 86, 3086, 3087; BGHZ 104, 172, 177 = NJW 88, 2741; BGH NJW-RR 89 1323 f, NJW 00, 1179, 1181; Wieczorek/Schütze/*Ahrens* § 440 Rn 11; St/J/*Leipold* § 440 Rn 9). Die Vermutung der Echtheit des über der Unterschrift befindlichen Textes gilt auch bei der **Blankounterschrift** (BGH DB 65, 1665; NJW 86, 3086, 3087; BGH NJW-RR 89, 1323 f; NJW 00, 1179, 1181 [iE verneint]; Wieczorek/Schütze/*Ahrens* § 440 Rn 8; MüKoZPO/*Schreiber* § 440 Rn 4). Sie erstreckt sich darauf, dass das Blankett durch den Blankettempfänger vereinbarungsgemäß ausgefüllt worden ist (BGH DB 65, 1665; NJW 1986, 3086, 3087; BGHZ 104, 172, 176 = NJW 1988, 2741; NJW-RR 89, 1323, 1324; Wieczorek/Schütze/*Ahrens* § 440 Rn 8; MüKoZPO/*Schreiber* § 440 Rn 6; St/J/*Leipold* § 440 Rn 3). 7

§ 441 Schriftvergleichung.

(1) Der Beweis der Echtheit oder Unechtheit einer Urkunde kann auch durch Schriftvergleichung geführt werden.

(2) In diesem Fall hat der Beweisführer zur Vergleichung geeignete Schriften vorzulegen oder ihre Mitteilung nach der Vorschrift des § 432 zu beantragen und erforderlichenfalls den Beweis ihrer Echtheit anzutreten.

(3) [1]Befinden sich zur Vergleichung geeignete Schriften in den Händen des Gegners, so ist dieser auf Antrag des Beweisführers zur Vorlegung verpflichtet. [2]Die Vorschriften der §§ 421 bis 426 gelten entsprechend. [3]Kommt der Gegner der Anordnung, die zur Vergleichung geeigneten Schriften vorzulegen, nicht nach oder gelangt das Gericht im Falle des § 426 zu der Überzeugung, dass der Gegner nach dem Verbleib der Schriften nicht sorgfältig geforscht habe, so kann die Urkunde als echt angesehen werden.

(4) Macht der Beweisführer glaubhaft, dass in den Händen eines Dritten geeignete Vergleichungsschriften sich befinden, deren Vorlegung er im Wege der Klage zu erwirken imstande sei, so gelten die Vorschriften des § 431 entsprechend.

A. Beweis durch Schriftvergleichung. Der Beweis durch Schriftvergleichung nach den §§ 441, 442 ist ein spezieller Beweis, bei dem durch den Vergleich mit erweislich vom vermeintlichen Aussteller stammenden Schriftstücken die Urheberschaft hinsichtlich der Beweisurkunde festgestellt werden soll. Der Beweis kann sich sowohl auf den Urkundentext als auch auf die Unterschrift beziehen (MüKoZPO/*Schreiber* § 441 Rn 1). Anwendungsfeld sind jedenfalls handschriftliche Texte, weil diese durch individuelle Schriftmerkmale des Urhebers gekennzeichnet sind (St/J/*Leipold* § 441 Rn 3; B/L/A/H § 441 Rn 3; weitergehend Wieczorek/Schütze/*Ahrens* § 441 Rn 4; krit im Hinblick auf die Beweistauglichkeit: MüKoZPO/*Schreiber* § 441 Rn 1). Der Beweis durch Schriftvergleichung ist gewissermaßen ein Indizienbeweis mit **Augenscheinsobjekten** (BAG BB 82, 117; St/J/*Leipold* § 441 Rn 2; B/L/A/H § 441 Rn 3). Nimmt das Gericht selbst die Schriftvergleichung vor, handelt es sich funktional um einen Augenscheinsbeweis, bei Einschaltung eines Sachverständigen (s. § 441) um einen Sachverständigenbeweis (Zö/*Geimer* § 441 Rn 1; Musielak/*Huber* § 441 Rn 1; Wieczorek/Schütze/*Ahrens* § 441 Rn 6). 1

Für die **Beschaffung der Vergleichsschriften** und den **Nachweis ihrer Echtheit** gelten die Regeln des Urkundenbeweises. Die **Herstellung von Vergleichsschriften** kann weder von dem Beweisgegner noch von einem Dritten (als Zeugen) verlangt werden. Das Gericht kann den Beweisgegner jedoch hierzu auffordern. Verweigert der Beweisgegner ohne hinreichenden Grund die Herstellung einer Vergleichsschrift, kann das Gericht im Rahmen seiner Beweiswürdigung (§ 286) die Weigerung zu seinem Nachteil berücksichtigen (MüKoZPO/*Schreiber* § 441 Rn 5; St/J/*Leipold* § 441 Rn 5; Wieczorek/Schütze/*Ahrens* § 441 Rn 11). Auf diese Möglichkeit soll das Gericht in seiner Aufforderung hinweisen (vgl B/L/A/H § 441 Rn 5: kein zu deutlicher Druck, weil sonst möglicherweise Besorgnis der Befangenheit). Da die **Vornahme der Schriftvergleichung** eine Beweisaufnahme ist, muss die Parteiöffentlichkeit (§ 357) gewahrt sein. 2

B. Beweisantritt. I. Verfügungsgewalt des Beweisführers, Verfügungsgewalt einer Behörde usw. Wie der Beweis durch Schriftvergleichung anzutreten ist, richtet sich danach, in wessen Händen sich die heranzuziehende Vergleichsurkunde befindet. Übt der Beweisführer selbst die Verfügungsgewalt aus, muss er die Vergleichsurkunde vorlegen (§ 441 II Alt 1). Befindet sich die Vergleichsurkunde in der Verfügungsgewalt einer Behörde, eines Beamten oder eines Notars (vgl § 432 Rz 3), wird der Beweis gem §§ 441 II, 432 durch den Antrag angetreten, die Behörde usw um Mitteilung der Vergleichsschrift zu ersuchen. 3

4 **II. Verfügungsgewalt des Beweisgegners.** Hat der Beweisgegner ein geeignetes Vergleichsstück in Händen, erfolgt der Beweisantritt durch den Antrag auf Vorlegungsanordnung gem §§ 442 III 2, 421. Dabei sind die Spezifizierungsanforderungen des § 424 abzuschwächen, weil bei einem Beweis durch Schriftvergleich ein beliebiges Dokument genügt, solange es nur den Schriftvergleich ermöglicht (Wieczorek/Schütze/*Ahrens* § 441 Rn 13). Umstritten ist, ob die Vorlegungsanordnung voraussetzt, dass der Beweisführer einen Vorlegungsgrund iSd § 422, 423 haben muss, oder ob vielmehr bereits aus § 441 III 1 ein eigenständiger Vorlegungsgrund entnommen werden kann. Ein Teil der Literatur verlangt unter Hinweis auf die umfassende Verweisung des § 441 III einen Vorlegungsgrund nach §§ 422, 423 (MüKoZPO/*Schreiber* § 441 Rn 3 mwN). Die Gegenansicht kann sich auf den Wortlaut des § 441 III 1 berufen (Wieczorek/Schütze/*Ahrens* § 441 Rn 14). Ihr ist außerdem zuzugestehen, dass der Anwendungsbereich des § 441 III ausgesprochen beschränkt wäre, wenn § 441 III 1 keinen eigenständigen Vorlegungsgrund regelte. Kommt der Beweisgegner der Vorlegungsanordnung nicht nach oder forscht er nicht sorgfältig genug nach der Vergleichsschrift, verschlechtert er (wie nach § 427) seine Beweislage, da das Gericht nach § 441 III 3 die Urkunde als echt bzw, wenn die Schriftvergleichung zum Beweis der Unechtheit dienen sollte (vgl § 441 I), die Urkunde als unecht ansehen kann.

5 **III. Verfügungsgewalt eines Dritten.** Befindet sich die Urkunde in den Händen eines Dritten, wird der Beweis gem §§ 441 IV, 431 durch den Antrag auf Fristsetzung angetreten. Mit der Fristsetzung wird der Prozess angehalten; dem Beweisführer soll die nötige Zeit eingeräumt werden, um die Vergleichsschrift erforderlichenfalls im Wege der Klage und Vollstreckung gegen den Dritten herbeizuschaffen (vgl zum ähnlichen Beweisantritt § 428 Rz 1). Anders als § 428 lässt § 441 IV keinen Beweisantritt durch Antrag auf Vorlegung nach § 142 ZPO zu (St/J/*Leipold* § 441 Rn 9). Der Beschl über die Fristsetzung setzt nach § 441 IV voraus, dass der Beweisführer (1) die Verfügungsgewalt des Dritten, (2) die Vorlagepflicht des Dritten und (3) die Vergleichseignung der heranzuziehenden Schrift glaubhaft macht (MüKoZPO/*Schreiber* § 441 Rn 4; St/J/*Leipold* § 441 Rn 8).

6 **C. Echtheit der Vergleichsschrift.** Die herangezogene Schrift ist nur dann ein taugliches Vergleichsstück, wenn sie echt ist, also vom Aussteller herrührt. Dabei sind die für Urkunden geltenden Regeln zur Feststellung der Echtheit anzuwenden. Für öffentliche Urkunden gelten die §§ 437, 438, bei Privaturkunden besteht eine Erklärungspflicht nach § 439 (St/J/*Leipold* § 441 Rn 4; MüKoZPO/*Schreiber* § 441 Rn 6; Wieczorek/Schütze/*Ahrens* § 441 Rn 9). Die Vermutungswirkung des § 437 hilft jedoch nicht weiter, wenn es darauf ankommt, ob ein bestimmter Beamter die Unterschrift geleistet hat (Wieczorek/Schütze/*Ahrens* § 441 Rn 9; MüKoZPO/*Schreiber* § 441 Rn 6). § 440 II kann nicht zur Feststellung herangezogen werden, dass der handschriftliche Text einer unterschriebenen Vergleichsschrift vom Unterzeichner niedergeschrieben wurde, da die Vermutungswirkung des § 440 II sich auf die geistige Urheberschaft und nicht auf den Akt des Niederschreibens bezieht (Wieczorek/Schütze/*Ahrens* § 441 Rn 9; MüKoZPO/*Schreiber* § 441 Rn 6).

§ 442 Würdigung der Schriftvergleichung.

Über das Ergebnis der Schriftvergleichung hat das Gericht nach freier Überzeugung, geeignetenfalls nach Anhörung von Sachverständigen, zu entscheiden.

1 **A. Beweiswürdigung.** § 441 regelt als besonderen Echtheitsbeweis den Beweis durch Schriftvergleichung (s. § 441 Rz 1). Für die Würdigung des Beweisergebnisses gilt nach § 442 der allgemeine Grundsatz der freien richterlichen Beweiswürdigung (§ 286 I), der hier lediglich bestätigt wird (BGH NJW 82, 2874).

2 **B. Eigene Sachkunde oder Anhörung eines Sachverständigen.** Das Gericht kann das Ergebnis der Schriftvergleichung aufgrund eigener Sachkunde oder nach Anhörung eines Sachverständigen würdigen. Das Gericht entscheidet nach pflichtgemäßem Ermessen, ob es ein Schriftvergleichsgutachten benötigt, ohne dass es hierfür eines weiteren Beweisantritts bedürfte (BGH NJW 93, 534, 535). Eine Bindung an Parteianträge besteht ebenfalls nicht (MüKoZPO/*Schreiber* § 442 Rn 1; Wieczorek/Schütze/*Ahrens* § 442 Rn 2). Der Verzicht auf ein Sachverständigengutachten ist jedoch nur in ganz eindeutigen Fällen gerechtfertigt (Wieczorek/Schütze/*Ahrens* § 442 Rn 3). Das Gericht muss insoweit die eigene Sachkunde darlegen (MüKoZPO/*Schreiber* § 442 Rn 1; vgl auch BGH NJW 82, 2874). Bei der Beweiswürdigung kann das Gericht vom Ergebnis des Sachverständigengutachtens abweichen (MüKoZPO/*Schreiber* § 442 Rn 1; Wieczorek/Schütze/*Ahrens* § 442 Rn 2; vgl auch BGH NJW 70, 1924, 1925; BayOBLG NJW-RR 99, 446, 447 f; FamRZ 05, 1782, 1783).

§ 443 Verwahrung verdächtiger Urkunden. Urkunden, deren Echtheit bestritten ist oder deren Inhalt verändert sein soll, werden bis zur Erledigung des Rechtsstreits auf der Geschäftsstelle verwahrt, sofern nicht ihre Auslieferung an eine andere Behörde im Interesse der öffentlichen Ordnung erforderlich ist.

A. Bedeutung der Vorschrift. Die vorgelegte Urkunde wird grds nicht Bestandteil der Gerichtsakten. Nach § 142 I 2 kann der Verbleib einer hiernach vorgelegten Urkunde auf der Geschäftsstelle angeordnet werden. Im Urkundenbeweisrecht sieht § 443 zur Beweissicherung die Möglichkeit der Verwahrung einer »verdächtigen« Urkunde auf der Geschäftsstelle vor. Nach Erledigung des Rechtsstreits ist die Urkunde wieder herauszugeben. Eine Rückgabe erfolgt nicht, wenn die Urkunde im Interesse der öffentlichen Ordnung an eine andere Behörde auszuliefern ist, etwa an die Staatsanwaltschaft (bei Verdacht der Urkundenfälschung) oder an das Standesamt zur Berichtigung von Personenstandsbüchern. 1

B. Voraussetzungen der gerichtlichen Verwahrung. § 443 gilt für jede im Beweisverfahren vorgelegte Urkunde. Es spielt keine Rolle, wer die Urkunde vorgelegt hatte und aufgrund welcher Vorschrift die Vorlegung erfolgte (Wieczorek/Schütze/*Ahrens* § 443 Rn 1; MüKoZPO/*Schreiber* § 443 Rn 1). Voraussetzung der gerichtlichen Verwahrung ist nur, dass bereits Streit über die Echtheit der Urkunde besteht oder eine Partei den Vorwurf erhoben hat, dass der Inhalt der Urkunde verändert wurde. Das Gericht sichert sich mit der Verwahrung den Zugriff auf die Urkunde; iÜ wird die verdächtige Urkunde vor Veränderung oder Vernichtung geschützt. 2

§ 444 Folgen der Beseitigung einer Urkunde. Ist eine Urkunde von einer Partei in der Absicht, ihre Benutzung dem Gegner zu entziehen, beseitigt oder zur Benutzung untauglich gemacht, so können die Behauptungen des Gegners über die Beschaffenheit und den Inhalt der Urkunde als bewiesen angesehen werden.

A. Bedeutung der Vorschrift. § 444 enthält einen gesetzlich geregelten Fall der **Beweisvereitelung.** Der hier niedergelegte **allgemeine Rechtsgedanke** kann auf andere Fälle der Beweisvereitelung erstreckt werden, für die es nicht bereits eine gesetzliche Regelung gibt. Vereitelt oder erschwert eine Partei der anderen arglistig die Benutzung eines Beweismittels, so führt dies zu Beweiserleichterungen (s. allgemein BGH NJW 09, 360, 361 f; § 286 Rz 86 ff). Das Gericht kann in freier Beweiswürdigung auf die Wahrheit des gegnerischen Vorbringens schließen, hier also die Behauptungen des Gegners über die Beschaffenheit und den Inhalt der Urkunde als erwiesen ansehen. 1

B. Voraussetzungen. I. Tathandlung. Tathandlung des § 444 ist die Beseitigung der Urkunde als Beweismittel. Eine bloße Erschwerung der Beweisführung oder das Unterlassen einer urkundlichen Dokumentation wird von § 444 nicht erfasst (Wieczorek/Schütze/*Ahrens* § 444 Rn 2). Eine Beweisvereitelung scheidet auch dann aus, wenn die beweisbelastete Partei den Beweis selbst hätte sichern können und somit **durch ihr eigenes Verhalten in Beweisnot geraten** ist (Musielak/*Huber* § 444 Rn 2; s.a. BSG NJW 94, 1303). 2

Zu welchem Zeitpunkt die Urkunde beseitigt wurde, spielt für die Anwendung des § 444 keine Rolle. **Auch ein vorprozessuales Verhalten** kann eine Beweisvereitelung darstellen (Wieczorek/Schütze/*Ahrens* § 444 Rn 2; MüKoZPO/*Schreiber* § 444 Rn 4). 3

Die Partei, die die Urkunde beseitigt oder zur Benutzung untauglich gemacht hat, muss gem §§ 422, 423, 432 zur **Vorlegung der Urkunde verpflichtet** gewesen sein (Musielak/*Huber* § 444 Rn 2; MüKoZPO/*Schreiber* § 444 Rn 2). Nur wenn eine Vorlegungspflicht bestand, hätte der Beweisführer die Urkunde nämlich zu Beweiszwecken benutzen können. Da die Vorlegungspflicht entscheidend ist, kann der Tatbestand der Beweisvereitelung auch dann erfüllt sein, wenn der Beweisgegner Eigentümer der Urkunde und als solcher zur Vernichtung der Urkunde berechtigt ist (St/J/*Leipold* § 444 Rn 1; MüKoZPO/*Schreiber* § 444 Rn 2; B/L/A/H § 444 Rn 4). 4

§ 444 setzt nicht voraus, dass der Beweisgegner die Urkunde eigenhändig beseitigt hat. Der Beweisgegner muss sich das **Verhalten eines Dritten** zurechnen lassen, wenn der Dritte auf Anordnung oder im Einverständnis mit der Partei die Urkunde beseitigt (RGZ 101, 197, 198; MüKoZPO/*Schreiber* § 444 Rn 3; Wieczorek/Schütze/*Ahrens* § 444 Rn 2). Ebenfalls zugerechnet werden Handlungen des Rechtsvorgängers der Partei sowie im Prozess des Insolvenzverwalters das Verhalten des Schuldners (RGZ 101, 197, 198; Wieczorek/Schütze/*Ahrens* § 444 Rn 2). 5

6 **II. Beweisvereitelungsabsicht.** Die Rechtsprechung sieht allgemein auch fahrlässige Handlungen, mit denen Beweismittel vernichtet oder vorenthalten werden, als schuldhafte Beweisvereitelung an (BGH NJW 04, 222; NJW 86, 59, 60). § 444 setzt jedoch im Wortlaut Beweisvereitelungsabsicht des Beweisgegners voraus. Dem Beweisgegner muss deshalb sowohl im Hinblick auf die Beseitigung der Urkunde als Beweisobjekt als auch auf die Beseitigung ihrer Beweisfunktion vorsätzliches Verhalten vorgeworfen werden können (Wieczorek/Schütze/*Ahrens* § 444 Rn 4; MüKoZPO/*Schreiber* § 444 Rn 2; zum Verschulden in sonstigen Fällen der Beweisvereitelung s. § 286 Rz 86; zum doppelten Schuldvorwurf BGH NJW 2004, 222). Der BGH hat eine vorsätzliche Beweisvereitelung des Gegners angenommen, der seine Unterschrift bewusst in einer so großen Vielfalt und Variationsbreite gestaltete, dass sein Fälschungseinwand mit Hilfe eines Schriftsachverständigen nicht widerlegt werden konnte (BGH NJW 04, 222).

7 **C. Rechtsfolge.** Das Gericht kann die Behauptungen des Beweisführers zur Beschaffenheit und zum Inhalt der Urkunde als bewiesen ansehen. § 444 bezieht sich nur auf die formelle Beweiskraft der Urkunde (MüKoZPO/*Schreiber* § 444 Rn 1; Musielak/*Huber* § 444 Rn 3).

Titel 10 Beweis durch Parteivernehmung

Bemerkungen vor §§ 445 ff ZPO

1 **A. Parteivernehmung als Beweismittel.** Die Parteivernehmung ist ein zwar subsidiäres, jedoch vollwertiges Beweismittel. Zweck der Parteivernehmung ist es, die Wahrnehmungen der Parteien über streitige Tatsachen einer förmlichen Beweisaufnahme zugänglich zu machen. Regelmäßig sind die Parteien am besten über den im Prozess zu verhandelnden Sachverhalt informiert; nicht selten verfügen sie als einzige über unmittelbare Kenntnisse. Insofern ist die Parteivernehmung eine wertvolle Erkenntnisquelle. Da die Partei aber naturgemäß am Ausgang des Verfahrens in höchstem Maße interessiert ist, wird der Wert ihrer Vernehmung eher krit und die Parteiaussage generell als unzuverlässiges Beweismittel gesehen (Schneider Beweis S. 331). Die Zurückhaltung des Gesetzes und das spürbare Misstrauen in der Gerichtspraxis ggü dem Parteibeweis beruhen auf der Erwägung, dass es der beweispflichtigen Partei grds verwehrt sein soll, ihrer Beweislast durch eigene Bekundungen zu genügen. Eine generelle Qualifizierung als Beweismittel minderen Werts ist jedoch nicht gerechtfertigt. Parteistellung und Interesse am Prozessausgang müssen nicht notwendigerweise zusammenfallen. Denn oft ist die Abgrenzung zwischen Partei und Zeuge problematisch und die Einordnung von Zufälligkeiten abhängig. So ist es eher zufällig, ob bei Verhandlungen ein (als Partei zu vernehmender) gesetzlicher Vertreter der Partei oder ein leitender Angestellter, der als Zeuge aussagen könnte, beteiligt war. Zur Behebung oder Abschwächung solcher prozessualer Schieflagen werden seit jeher Kunstgriffe eingesetzt (Drittwiderklage, Forderungsabtretung, um eine Zeugenstellung auszuschließen oder zu schaffen – näher *Gehrlein* ZZP 110, 451). Dies zeigt, dass bei der Bewertung der Tauglichkeit von Beweismitteln eine starke Abstufung zwischen Partei- und Zeugenvernehmung nicht berechtigt ist. Zu Recht wird auch eine stärkere Beteiligung der Partei bei der Sachaufklärung im Prozess gefordert (*Lange* NJW 02, 476). Während hierüber weitgehend Einigkeit herrscht, ist die Notwendigkeit einer Erweiterung bzw Erleichterung der Parteivernehmung, insb der Vernehmung vAw, nach wie vor umstr (befürw St/J/*Leipold* vor § 445 Rn 5; *Gehrlein* ZZP 110, 451; Kwaschik S. 293 ff; abl Zö/*Greger* § 448 Rn 2, 2a)

2 **B. Abgrenzung. I. Parteianhörung.** Die Vernehmung der Partei ist abzugrenzen von ihrer persönlichen Anhörung nach § 141, die kein Beweismittel darstellt. Die **Parteianhörung** ist ein bevorzugtes Mittel zur Erfüllung der in § 139 geregelten Aufklärungspflicht. Sie dient der Sammlung und Vervollständigung des Tatsachenstoffs durch Beseitigung von Lücken, Unklarheiten und Widersprüchen. Voraussetzungen und Rechtsfolgen der Anhörung und der Parteivernehmung unterscheiden sich in mehreren Punkten (§ 141 Rz 2). Der im Hinblick auf diese Unterschiede geforderten strengen Trennung (MüKoZPO/*Schreiber* § 445 Rn 2; B/L/A/H Übers § 445 Rn 1) steht in der Praxis eine zunehmende Verwischung der Unterschiede ggü sowie die Forderung, beide Rechtsinstitute zusammenzuführen (Wittschier Rn 30 ff; *Schöpflin* NJW 96, 2134).

3 **II. Zeugenbeweis.** Die Abgrenzung zum Zeugenbeweis bestimmt sich nach dem Satz, dass Zeugen alle Personen sein können, die im konkreten Verfahren nicht den Vorschriften über die Parteivernehmung unter-

fallen (näher § 373 Rz 10–13). Als Partei kann vernommen werden, wer im Zeitpunkt seiner Einvernahme selbst Kl oder Bekl und prozessfähig ist sowie der Vertreter der prozessunfähigen Partei (§ 455 I).

III. Verwertung von Protokollen früherer Aussagen der Partei. Protokollierte Aussagen einer Partei in einem früheren Verfahren können im Wege des Urkundenbeweises verwertet werden. Eine beantragte oder vAw gebotene Parteivernehmung kann dadurch nicht ersetzt werden (BGH LM § 445 Nr 3; BGH FamRZ 66, 566; Zö/*Greger* vor § 445 Rn 10). 4

C. Gegenstand der Parteivernehmung. Als Beweismittel ist die Parteivernehmung nach allgemeinen Grundsätzen nur über (äußere oder innere) Tatsachen möglich. Ob die Handlungen oder Wahrnehmungen, die den Beweisgegenstand bilden, eigene oder fremde sind, ist dabei unerheblich, kann aber für den Beweiswert der Parteiaussage eine Rolle spielen. 5

D. Arten der Parteivernehmung. Das Gesetz unterscheidet zwischen der Parteivernehmung **von Amts wegen** und derjenigen **auf Antrag** (Beweisantritt) einer Partei. 6

I. Parteivernehmung von Amts wegen. Die Parteivernehmung vAw regelt § 448, wobei es auf die Beweislast nicht ankommt. Sie ist nur zulässig, wenn das Ergebnis der Verhandlungen und einer etwaigen Beweisaufnahme nicht ausreicht, um eine Überzeugung des Gerichts zu begründen. 7

II. Parteivernehmung auf Antrag. Die Parteivernehmung auf Antrag ist nur **subsidiär** zulässig, dh wenn die Partei den ihr obliegenden Beweis mit anderen Beweismitteln nicht vollständig geführt oder andere Beweismittel nicht vorgebracht hat. Das Gesetz knüpft an die **Beweislast** an und regelt in §§ 445, 446 die Vernehmung des Gegners auf Beweisantrag der beweisbelasteten Partei. Nach § 447 kann die beweisbelastete Partei selbst als Beweismittel aussagen, wenn der Gegner – was praktisch kaum vorkommt – damit einverstanden ist. Die beweisbelastete Partei kann also ihre eigene Vernehmung und die des Gegners beantragen, letzterer aber nur die Vernehmung des Beweislastträgers. 8

III. Besondere Vorschriften. In **Ehesachen** ist die Parteivernehmung tw abw gestaltet (vgl § 128 FamFG) und der Verzicht auf die Beeidigung ausgeschlossen (§ 113 IV Nr 8 FamFG). Im Rahmen einer Schadensermittlung nach § 287 I kann – ohne dass die Voraussetzungen der §§ 445, 447, 448 vorliegen müssen – der Beweisführer als Partei über den Schaden vernommen werden. Die sog **Schätzungsvernehmung** (§ 287 I 3) ist nicht subsidiär und bedarf auch keines Antrags. Sie bietet sich an, wenn der schriftsätzliche Vortrag der Parteien zu Entstehung und Ausmaß des Schadens nicht vollständig oder nicht plausibel erscheint oder wenn eine vollständige Aufklärung eine umfangreiche Beweisaufnahme erfordert (näher § 287 Rz 21). 9

E. Unzulässigkeit der Parteivernehmung. Unzulässig ist die Parteivernehmung im Prozesskostenhilfeverfahren (§ 118 I 3: nur mündliche Erörterung) und im Urkunden- und Wechselprozess zum Beweis der anspruchsbegründenden Tatsachen iSd § 592 S 1. Sie ist aber ausdrücklich zugelassenes Beweismittel iRd § 595 II und des § 605 I. Für die Restitutionsklage gilt § 581 II, wonach zum Beweis für das Vorliegen der Wiederaufnahmegründe der Antrag auf Parteivernehmung nicht zulässig ist. Eine Parteivernehmung vAw ist dagegen möglich (§ 581 Rz 4). 10

F. Durchführung der Parteivernehmung. Die Anordnung der Parteivernehmung erfordert stets einen **Beweisbeschluss** (§ 450 I). Die Vernehmung erfolgt wie beim Zeugen. Ebenfalls wie beim Zeugen ist die Beeidigung der Partei in das Ermessen des Gerichts gestellt. Gesetzliche Beweisregeln bestehen nicht; die Aussage der Partei unterliegt der freien richterlichen Beweiswürdigung. Die bei der Parteivernehmung gemachte Aussage dient nur dem Beweis; sie stellt kein Geständnis iSd § 288 dar (BGHZ 129, 108; St/J/*Leipold* vor § 445 Rn 8; näher § 288 Rz 6) 11

§ 445 Vernehmung des Gegners; Beweisantritt.

(1) Eine Partei, die den ihr obliegenden Beweis mit anderen Beweismitteln nicht vollständig geführt oder andere Beweismittel nicht vorgebracht hat, kann den Beweis dadurch antreten, dass sie beantragt, den Gegner über die zu beweisenden Tatsachen zu vernehmen.

(2) Der Antrag ist nicht zu berücksichtigen, wenn er Tatsachen betrifft, deren Gegenteil das Gericht für erwiesen erachtet.

1 **A. Normzweck.** Die Vorschrift regelt die engen Voraussetzungen, unter denen eine Partei einen von ihr zu erbringenden Beweis durch Parteivernehmung antreten kann. Den **Antrag** auf Parteivernehmung nach § 445 kann nur die beweispflichtige Partei stellen und zwar nur hinsichtlich der Vernehmung des Gegners. Dem Antrag ist nicht zu entsprechen, wenn das Gericht das Gegenteil der unter Beweis gestellten Tatsachen bereits für erwiesen erachtet.

2 **B. Bedeutung der Beweislast.** Nur die **beweisbelastete** Partei, also die Partei, die die subjektive (formelle) Beweislast für ihr Vorbringen hat, kann beantragen, den Gegner vernehmen zu lassen.

3 **I. Beweisantrag der beweispflichtigen Partei.** Erforderlich ist ein Beweisantrag der beweisbelasteten Partei. Beweispflichtig ist auch derjenige, der eine gesetzliche Vermutung zu entkräften hat. Es handelt sich bei diesem Beweis des Gegenteils um einen Hauptbeweis (§ 292 Rz 5). Dementsprechend lässt § 292 S 2 die Parteivernehmung als Beweismittel ausdrücklich zu. Zum Gegenbeweis, also zur Entkräftung der vom Beweispflichtigen vorgebrachten Beweismittel, ist die Parteivernehmung nach § 445 dagegen nicht zulässig (Ddorf MDR 95, 959).

4 **II. Fehlerhafte Beurteilung der Beweislast.** Wird die falsche (nämlich die beweisbelastete) Partei auf Antrag der nicht beweispflichtigen vernommen, so ist deren (beeidigte oder unbeeidigte) Aussage grds unverwertbar; streitig ist, ob der Verstoß nach § 295 I geheilt werden kann (so St/J/*Leipold* Rn 10; B/L/A/H Rn 6; aM MüKoZPO/*Schreiber* Rn 9; Musielak/*Huber* Rn 7: wenn die Beweislastnorm nicht dem Verfahrensrecht, sondern dem materiellen Recht angehört).

5 **C. Subsidiarität.** Die Parteivernehmung nach § 445 I setzt voraus, dass die Partei den Beweis noch nicht vollständig geführt oder andere Beweismittel nicht vorgebracht hat. Zunächst sind also alle anderen vom Beweisführer angebotenen Beweise zu erheben. Dass die bisherige Beweisaufnahme bereits eine gewisse Wahrscheinlichkeit für die Richtigkeit der bestrittenen Behauptung ergeben hat (wie bei § 448), ist nicht erforderlich (BGHZ 33, 66; Stuttg OLGR 07, 1034). Der Grundsatz der Subsidiarität verlangt nicht, dass der Beweisführer zunächst andere Beweismittel anbietet, bevor er die Vernehmung des Gegners beantragt (MükoZPO/Schreiber Rn 7). Hat das Gericht bei gleichzeitig vorgebrachten Beweismitteln (beachte § 450 II) zunächst die Zeugen vernommen, muss die Partei, wenn sie nach der Zeugenvernehmung an dem Antrag auf Parteivernehmung festhalten will, diesen wiederholen (Oldbg NJW-RR 90, 125; St/J/*Leipold* Rn 1).

6 **D. Anwendung der Verspätungsregeln.** Bei der ersten Alternative (Beweis noch nicht vollständig geführt) kann der Beweisantritt durch Parteivernehmung auch nach Ausschöpfung der übrigen Beweismittel erfolgen; erst ab diesem Zeitpunkt greifen §§ 282 I, 296 II, 531 ein. Bei der zweiten Alternative (andere Beweismittel nicht vorgebracht) kommt eine Zurückweisung anderer Beweismittel dann in Betracht, wenn sie erst nach durchgeführter Parteivernehmung zum selben Beweisthema angeboten werden. Dies gilt nicht, wenn die Beweisangebote zur Widerlegung der Parteiaussage dienen sollen (Musielak/*Huber* Rn 8).

7 **E. Unzulässige Parteivernehmung. I. Bereits erwiesenes Gegenteil.** Abs 2 verbietet eine Parteivernehmung zur Führung des direkten Gegenbeweises, also zum Beweis der Tatsache, deren Gegenteil das Gericht bereits für erwiesen erachtet. Der Grund für diese Regelung liegt darin, dass der Partei nicht zugemutet werden soll, ein ihr günstiges Prozessergebnis durch die eigene Aussage in Frage zu stellen (Zö/*Greger* Rn 4). Die bloße Wahrscheinlichkeit des Gegenteils oder ein bloßer Indizienbeweis hindert die Parteivernehmung nicht (BGHZ 33, 63, 65). Erforderlich ist vielmehr die **volle Überzeugung**, sei es infolge Offenkundigkeit (§ 291), einer gesetzlichen Beweisregel (zB §§ 415–418, dazu BGH NJW 65, 1714) oder freier Beweiswürdigung (§ 286 I) nach vorangegangener Beweisaufnahme oder ohne eine solche aufgrund des Inhalts der mündlichen Verhandlung. Durch Antrag auf Parteivernehmung kann auch ein indirekter Gegenbeweis geführt werden (R/S/G § 122 Rn 9). Ist das Gericht bspw vom Zustandekommen eines Kaufvertrags bereits überzeugt, kann der Beklagte den direkten Gegenbeweis wegen § 445 II nicht durch Antrag auf Vernehmung des Klägers führen. Ein solcher Beweisantrag ist aber statthaft für die Behauptung, er habe sich zum Zeitpunkt des behaupteten Vertragsschlusses an einem anderen Ort befunden (Beispiel nach Musielak/*Huber* Rn 9; krit St/J/*Leipold* Rn 25). Damit wird nur ein Indiz behauptet, das einen Schluss auf die Richtigkeit der nach Auffassung des Gerichts schon erwiesenen Tatsache (Zustandekommen des Vertrags) zulässt (indirekter oder mittelbarer Gegenbeweis).

II. Bereits erbrachter Beweis. Unzulässig ist eine Parteivernehmung nach allgemeinen Grundsätzen auch, wenn die mit dem Antrag unter Beweis gestellte Tatsache bereits voll bewiesen ist. 8

F. Verfahren. I. Beweisantrag. Der Beweisantrag muss die zu beweisenden Tatsachen bezeichnen und die Erklärung enthalten, dass der Gegner darüber vernommen werden soll. Die Tatsachen müssen bestimmt bezeichnet werden, deren Richtigkeit muss – anders als bei § 448 – nicht glaubhaft gemacht sein. Einerseits gelten auch für die Parteivernehmung die Grundsätze über das **Verbot des Ausforschungsbeweises** (§ 284 Rz 23), andererseits dürfen die Anforderungen an die Konkretisierung nicht überspannt werden (s.u. Rz 11). Für die Rücknahme des Beweisantrags gilt § 399 entspr. Der Antrag kann also bis zur Durchführung der Vernehmung zurückgenommen (BGH NJW-RR 96, 1459, 1460) und vorbehaltlich §§ 282, 296 wiederholt werden (BAG NJW 74, 1349). 9

II. Entscheidung. Liegen die Voraussetzungen für die Vernehmung des Beweisgegners nicht vor, wird der Beweisantritt unerledigt gelassen und in den Gründen des Endurteils abgelehnt. Andernfalls wird die Parteivernehmung durch unanfechtbaren Beweisbeschluss angeordnet, § 450 I. 10

G. Hinweise zur mündlichen Verhandlung und Prozesstaktik. Der in Anwaltsschriftsätzen gelegentlich anzutreffende Antrag auf »Parteivernehmung« ist ohne nähere Konkretisierung unbeachtlich (ggf Hinweis nach § 139). Der Antrag auf Vernehmung des Gegners kann bei nicht hinreichend substantiiertem Tatsachenvortrag oder ungenauem Beweisthema auf einen unzulässigen Ausforschungsbeweis abzielen. Es ist aber zu bedenken, dass eine Partei Tatsachen behaupten darf, über die sie keine genaue Kenntnis haben kann, die sie aber nach Lage der Dinge für wahrscheinlich hält. Allerdings darf die Behauptung nicht ohne greifbare Anhaltspunkte für das Vorliegen eines bestimmten Sachverhalts willkürlich »aufs Geratewohl« oder »ins Blaue hinein« aufgestellt werden, wobei Willkür das Fehlen jeglicher Anhaltspunkte voraussetzt (BGH NJW-RR 02, 1419; ZIP 03, 1596; NJW-RR 03, 491). 11

§ 446 Weigerung des Gegners. **Lehnt der Gegner ab, sich vernehmen zu lassen, oder gibt er auf Verlangen des Gerichts keine Erklärung ab, so hat das Gericht unter Berücksichtigung der gesamten Sachlage, insbesondere der für die Weigerung vorgebrachten Gründe, nach freier Überzeugung zu entscheiden, ob es die behauptete Tatsache als erwiesen ansehen will.**

A. Normzweck. Die nach § 445 beantragte Parteivernehmung ist nicht erzwingbar. Anders als für den Zeugen besteht für die Partei keine Verpflichtung, sich vernehmen zu lassen und dadurch zur Tatsachenfeststellung beizutragen. Das Gesetz sieht aber vor, dass die Weigerung zum Nachteil der Partei gewürdigt werden kann. § 446 ist ein Anwendungsfall des Grundsatzes, dass auch das prozessuale Verhalten einer Partei Gegenstand der Beweiswürdigung sein darf (§ 286 Rz 5). Insofern kann man von einer prozessualen Last der Partei sprechen (St/J/*Leipold* Rn 1). 1

B. Ablehnung der Parteivernehmung. Die Weigerung der zu vernehmenden Partei kann sich in ausdrücklicher Ablehnung oder durch Untätigbleiben äußern. 2

I. Erklärungspflicht. Der Gegner, dessen Parteivernehmung beantragt ist, muss sich darüber erklären, ob er bereit ist, sich vernehmen zu lassen. Abgegeben werden muss die Erklärung bis zum Schluss der mündlichen Verhandlung; die Bereitschaftserklärung in einem Schriftsatz hat lediglich ankündigenden Charakter. Das Unterlassen einer Erklärung steht der Ablehnung nur dann gleich, wenn das Gericht ausdrücklich zur Erklärung aufgefordert hat. Sowohl die Erklärung, sich vernehmen zu lassen, als auch die Weigerung sind bis zum Schluss der mündlichen Verhandlung frei **widerruflich**. 3

II. Inhalt der Erklärung. Die Erklärung muss eindeutig (bejahend oder verneinend) und unbedingt sein. Sie kann insb nicht nur für den Fall abgegeben werden, dass zunächst über erhobene Einwendungen gegen die Zulässigkeit der Parteivernehmung entschieden wird (MüKoZPO/*Schreiber* Rn 2). Im Anwaltsprozess gilt für die Erklärung der Anwaltszwang, § 78 I. 4

III. Nachträgliche Bereiterklärung. Da es sich bei der Äußerung der Partei nach § 446 nicht um ein Angriffs- oder Verteidigungsmittel, sondern um eine Erklärung der Partei in ihrer Eigenschaft als Beweisperson handelt, können auf nachträgliche Erklärungen die Verspätungsvorschriften (§§ 282, 296) keine Anwendung finden (aA Karlsr NJW-RR 91, 200; Zö/*Greger* Rn 2). Vorzugswürdig erscheint der Vorschlag, auf die Kriterien des § 536 I abzustellen (St/J/*Leipold* Rn 10): Soweit das Berufungsgericht die Vernehmung 5 trotz Ablehnung oder Weigerung in der 1. Instanz noch durchführen darf, kann auch das Gericht derselben Instanz die Vernehmung trotz vorheriger Ablehnung anordnen. Es müssen also zunächst berechtigte Gründe für die Ablehnung oder Weigerung vorgelegen haben, die nun weggefallen sind.

6 **C. Würdigung der Ablehnungsgründe.** Die **Weigerung** des Gegners hat das Gericht frei zu würdigen. Formelle Beweisfolgen idS, dass die Behauptung des Beweispflichtigen als erwiesen anzusehen ist, sieht das Gesetz nicht vor. Eine Beweiswürdigung zum Nachteil der sich weigernden Partei setzt die Zulässigkeit der Anordnung ihrer Vernehmung voraus. IdR wird bei der Beweiswürdigung nach der Lebenserfahrung davon auszugehen sein, dass die Parteivernehmung Günstiges für den Beweisführer erbracht hätte. Anders liegt es, wenn der Gegner für sein Verhalten vernünftige Gründe anführen kann (zB Aufdeckung von Geschäfts-/Betriebsgeheimnissen oder strafbarem Verhalten, Scham, gewichtige außerprozessuale Nachteile). Zur Abgabe entsprechender Erklärungen muss ihn das Gericht auffordern. Nicht ausreichend ist die pauschale Erklärung, nichts zu wissen, wenn der Gegner dargelegt hat, worauf das Wissen der Partei beruhen kann (Zö/*Greger* Rn 1).

7 **D. Verfahren.** Eine Weigerung ist nach §§ 160 III Nr 3, 510a zu protokollieren. Auf die möglichen nachteiligen Folgen gem § 446 muss hingewiesen werden. Zur Verweigerung der Aussage oder des Eides s. § 453 II; zur Nachholung der Aussage in der Berufungsinstanz s. § 536. Auch im Urkundenprozess kann § 446 Anwendung finden (LG Köln ZMR 10, 534).

8 **E. Hinweise zur mündlichen Verhandlung und Prozesstaktik.** Sind weitere erhebliche Beweismittel benannt, steht es im Ermessen des Gerichts, ob es die Erklärung über die Bereitschaft zur beantragten Parteivernehmung sofort oder erst nach Abschluss der sonstigen Beweisaufnahme fordert. Die zunächst erklärte Bereitschaft zur Vernehmung steht einer späteren Verweigerung der Aussage oder der Eidesleistung (s. § 453 II) nicht entgegen. Je nach Verweigerungsgrund kann es angebracht sein, nicht nur auf die Folgen der Verweigerung, sondern auch darauf hinzuweisen, dass den Bedenken der Partei dadurch Rechnung getragen werden kann, dass sie nur zu einzelnen Punkten (etwa zu Betriebsgeheimnissen) keine Aussagen macht.

§ 447 Vernehmung der beweispflichtigen Partei auf Antrag.

Das Gericht kann über eine streitige Tatsache auch die beweispflichtige Partei vernehmen, wenn eine Partei es beantragt und die andere damit einverstanden ist.

1 **A. Normzweck.** Die Vorschrift regelt die Vernehmung der beweisbelasteten Partei über deren eigene Behauptung. Dies ist abw von § 445 zulässig, wenn beide Parteien damit einverstanden sind. Es kann auch die Vernehmung des Beweispflichtigen zum Zwecke des Gegenbeweises beantragt werden. Liegt ein Einverständnis nach § 447 vor, kommt es auf die Beweislast nicht an.

2 **B. Voraussetzungen.** Erforderlich sind ein Antrag einer Partei und das Einverständnis der anderen.

3 **I. Antrag.** Den Antrag kann der Beweisführer im Einverständnis mit dem Gegner oder der Gegner im Einverständnis mit der beweispflichtigen Partei stellen; ebenso ist ein gemeinsamer Antrag beider Parteien möglich.

4 **II. Einverständnis.** Das Einverständnis des Gegners muss ausdrücklich erklärt werden; bloßes Schweigen enthält im Allgemeinen keine Zustimmung. Kein Einverständnis ist in einem in Verkennung der Beweislast gestellten Antrag auf Vernehmung des Gegners nach § 445 zu sehen (MüKoZPO/*Schreiber* Rn 2; *Born* JZ 81, 775). Die Erklärung stellt eine Prozesshandlung dar (also Anwaltszwang, § 78 I), die gem §§ 160 III Nr 3, 510a zu protokollieren ist. Das Einverständnis gilt für die Instanz und ist mit einmaliger Vernehmung der Partei verbraucht (Zö/*Greger* Rn 2).

5 **III. Bindung an Erklärungen.** Der Antragsteller kann bis zur Beweisaufnahme seinen Antrag zurücknehmen (aA St/J/*Leipold* Rn 5), nach Beginn der Vernehmung jedoch nicht mehr, wenn der Gegner auf der Fortsetzung beharrt (§ 399 entspr). Das Einverständnis des Gegners ist als Prozesshandlung **unwiderruflich** (Zö/*Greger* Rn 3, aA HK-ZPO/*Pukall* Rn 2). Erfolgt gleichwohl ein Widerruf, so entscheidet das Gericht entspr § 446.

C. Gerichtliches Ermessen. Trotz des Antrags der einen Partei und des Einverständnisses der anderen mit einer Vernehmung nach § 447 ist das Gericht dazu nicht verpflichtet. Die Beweiserhebung steht vielmehr in seinem pflichtgemäßen Ermessen. IdR wird kein Anlass für das Gericht bestehen, sich einem übereinstimmenden Wunsch der Parteien zu widersetzen. In der Würdigung der Aussage oder ihrer Verweigerung ist das Gericht ebenso frei wie im Fall des § 445. Die Weigerung der nicht beweisbelasteten Partei hat für diese keine nachteiligen Folgen. 6

D. Hinweise zur Prozesssituation. Die Forderung nach einer »umfänglichen Belehrung über die Beweislast« (so MüKoZPO/*Schreiber* Rn 2) erscheint zu weitgehend. Im Hinblick auf den möglichen Verlust einer günstigen prozessualen Lage kann im Einzelfall ein Hinweis nach § 139 angebracht sein. Wird eine Partei trotz fehlenden Einverständnisses vernommen, ist im Hinblick auf die Verwertbarkeit zunächst zu prüfen, ob die Vernehmung nach § 448 statthaft gewesen wäre. Das Fehlen des Einverständnisses darf allerdings nicht durch eine sachwidrige Anwendung des § 448 unterlaufen werden. Eine Heilung des Verfahrensfehlers nach § 295 I ist möglich (Zö/*Greger* Rn 4; B/L/A/H Rn 8). 7

§ 448 Vernehmung von Amts wegen.

Auch ohne Antrag einer Partei und ohne Rücksicht auf die Beweislast kann das Gericht, wenn das Ergebnis der Verhandlungen und einer etwaigen Beweisaufnahme nicht ausreicht, um seine Überzeugung von der Wahrheit oder Unwahrheit einer zu erweisenden Tatsache zu begründen, die Vernehmung einer Partei oder beider Parteien über die Tatsache anordnen.

A. Normzweck. Die Vorschrift regelt – als Korrektiv zu den restriktiven Bestimmungen der Parteivernehmung auf Antrag (§§ 445–447) – die Parteivernehmung **von Amts wegen**, also ohne Rücksicht auf einen Beweisantrag und die Beweislast. Sie enthält für die Beweisführung eine Ausnahme vom Beibringungsgrundsatz und dient dazu, dem Gericht ein Mittel zur Vervollständigung der Grundlagen für die richterliche Überzeugungsbildung an die Hand zu geben, wenn nach dem Ergebnis der Verhandlung und einer etwaigen Beweisaufnahme eine gewisse Wahrscheinlichkeit für die Richtigkeit einer bestrittenen Behauptung spricht und weitere Erkenntnisquellen nicht zur Verfügung stehen. Dieser Normzweck rechtfertigt es, an der Notwendigkeit einer Anfangswahrscheinlichkeit (s. Rz 3) grds festzuhalten. Um verfassungsrechtlichen Bedenken Rechnung zu tragen, wird man für bestimmte Konstellationen eine begrenzte Ausnahme zulassen müssen (s. Rz 6–9). 1

B. Voraussetzungen. I. Erhebung aller angebotenen Beweise. Eine Parteivernehmung darf erst nach Erhebung aller angebotenen zulässigen und erheblichen Beweise erfolgen. Ein Antrag auf Parteivernehmung nach §§ 445, 447 geht deshalb vor. Vorrangig ist insb der Zeugenbeweis; unterlässt eine Partei diesen ihr möglichen Beweisantritt, ist für die Anwendung des § 448 kein Raum (BGH NJW 97, 1988; Kobl RuS 01, 187). Auch Beweismittel, die das Gericht vAw heranziehen kann (§§ 144, 273 II 2), müssen vorher ausgeschöpft werden (Zö/*Greger* Rn 3). 2

II. Nicht ausreichendes Beweisergebnis, aber gewisse Wahrscheinlichkeit. Die Würdigung des Verhandlungsergebnisses und einer etwaigen Beweisaufnahme darf noch keine Überzeugung des Gerichts von der Richtigkeit der zu beweisenden Behauptung ergeben. Erforderlich ist aber, dass bereits eine gewisse, nicht notwendig hohe Wahrscheinlichkeit für die Richtigkeit der Behauptung erbracht ist und das Gericht durch die Parteivernehmung die Ausräumung seiner restlichen Zweifel erwartet (BGH NJW 94, 320). Dies bedeutet im Einzelnen: 3

1. Anfangswahrscheinlichkeit. Zum einen dürfen sich die streitigen Parteibehauptungen nicht völlig beweislos gegenüberstehen. Vielmehr muss sich die »gewisse Wahrscheinlichkeit« – in der Beweislehre auch »Anfangswahrscheinlichkeit« oder »Anfangsbeweis« genannt (Bender/Nack/Treuer Rn 417 ff) – aus einer bereits durchgeführten Beweisaufnahme (hM, vgl BAG NJW 02, 2196, 2198; BGH NJW 99, 363, 364) ergeben. Eine Wahrscheinlichkeit auf Grund einzelner Beweisanzeichen (BGHZ 110, 363, 364) oder sogar aufgrund Lebenserfahrung (BGH NJW-RR 94, 636; NJW-RR 91, 983, 984) kann genügen. Auch der Eindruck bei einer Parteianhörung nach § 141, die urkundenbeweislich verwertbare Aussage der Partei in einem anderen Verfahren oder die in einem vorangegangenen Strafprozess getroffenen Feststellungen (BGH VersR 84, 665) können die erforderliche Wahrscheinlichkeit begründen. Dass eine Partei schon vorprozessual einen bestimmten Vorgang behauptet hatte, genügt ohne Hinzutreten weiterer Umstände nicht (BGH NJW 4

89, 3222). Entgegen dem irreführenden Wortlaut der Vorschrift reicht eine gewisse Wahrscheinlichkeit von der Unwahrheit der zu beweisenden Behauptung für die Anordnung einer Parteivernehmung nicht (Zö/*Greger* Rn 4). Zum Zwecke des Gegenbeweises ist die Parteivernehmung nach § 448 nicht vorgesehen. Dieser ist bereits geführt, wenn die Bildung einer Überzeugung beim Gericht verhindert wird, einer Verstärkung der Wahrscheinlichkeit zum Beweis der Unwahrheit bedarf es nicht.

5 **2. Beweiswert.** Zum anderen muss das Gericht der beabsichtigten Parteivernehmung einen bestimmten Beweiswert (Überzeugungswert) zumessen; dh es muss annehmen, dass die Partei über die zu beweisende Tatsache etwas bekunden und ihrer (unbeeidigten oder beeidigten) Aussage Glauben geschenkt werden kann (BGH VersR 92, 867; MüKoZPO/*Schreiber* Rn 4; Musielak/*Huber* Rn 3).

6 **III. Auslegung des § 448 im Hinblick auf verfassungsrechtliche Anforderungen.** Gegen die einschränkenden Voraussetzungen für die Anordnung einer Parteivernehmung werden bei Vorliegen einer **Beweisnot** und unter dem Gesichtspunkt der **Waffengleichheit** Bedenken vorgebracht (grdl Kwaschik S. 87 ff).

7 **1. Beweisnot.** Eine **Beweisnot** (dazu BGH VersR 92, 867; BGHZ 110, 363, 365 f = NJW 90, 1721) rechtfertigt es nicht von vornherein, an die Behauptung der beweisbelasteten Partei nur einen geminderten Wahrscheinlichkeitsmaßstab anzulegen. Dies gilt auch, wenn der Mangel an Beweismitteln unverschuldet ist. Wohl aber sind an die Gründe, mit denen die Wahrscheinlichkeit der Behauptung verneint wird, erhöhte Anforderungen zu stellen. Sie müssen erkennen lassen, dass sich das Gericht der Beweisnot der Partei bewusst war, was eine Auseinandersetzung mit dem Prozessstoff und den vorhandenen Beweisergebnissen erfordert (BGH NJW 90, 1721, 1722). Ist schon das Vorliegen einer Beweisnot zu verneinen, stellt sich die Frage nach der Anwendung des Grundsatzes der Waffengleichheit nicht (Saarbr OLGR 08, 245).

8 **2. Waffengleichheit.** Insb seit und wegen einer Entscheidung des EGMR (NJW 95, 1413) wird gefordert, § 448 unter dem Gesichtspunkt der **prozessualen Waffengleichheit** erweiternd auszulegen (*Schlosser* NJW 95, 1404; *Roth* ZEuP 96, 484, 497; aA *Lange* NJW 02, 476, 482 f). Dies wird va diskutiert für Vorgänge, die sich »**unter vier Augen**« abgespielt haben, wenn die maßgebliche Person auf der Gegenseite (also nicht ein außen stehender Dritter) als Zeuge vernommen werden kann, der andere Gesprächspartner aber Partei ist. Der Grundsatz der Waffengleichheit, der Anspruch auf rechtliches Gehör sowie das Recht auf Gewährleistung eines fairen Prozesses und eines wirkungsvollen Rechtsschutzes soll in diesen Fällen erfordern, dass eine Partei, die für ein Vier-Augen-Gespräch keinen Zeugen hat, ihre Darstellung des Gesprächs in den Prozess persönlich einbringen kann. Entsprechendes soll gelten, wenn sich ein Vertragspartner durch Abtretung formal die Zeugenstellung verschafft hat (BGH WM 80, 1071, 1073) und bei typischer Einseitigkeit der Beweismöglichkeit, zB im Arzthaftungsprozess (BGH NJW-RR 01, 1431 f; Karlsr MDR 10, 1055).

9 Am weitesten geht ein Ansatz im Schrifttum (St/J/*Leipold* Rn 28 ff; Kwaschik S. 266 f; *Gehrlein* ZZP 110, 451, 474; *Coester-Waltjen* ZZP 113, 269, 291; *Kluth/Böckmann* MDR 02, 616, 621; dagegen Zö/*Greger* Rn 2a): In Fällen, in denen eine Partei über kein anderes Beweismittel verfügt und es nach den Umständen auch nicht möglich ist, eine Wahrscheinlichkeit des eigenen Sachvortrags anders darzutun als durch eigene Angaben, ist danach die beantragte Parteivernehmung anzuordnen (also kein Ermessen, s. Rz 12), ohne dass eine auf andere Umstände gestützte Anfangswahrscheinlichkeit verlangt werden darf. Dies ist allerdings keine oder nicht nur eine Frage der Waffengleichheit. Sie betrifft auch den Fall des allein zwischen den Parteien geführten Vier-Augen-Gesprächs, wenn die für den Inhalt der Unterredung beweisbelastete Partei ihre Vernehmung beantragt (BAG NJW 07, 2427, krit *Noethen* NJW 08, 334).

10 Die Rechtsprechung bewegt sich mit vorsichtigen Schritten in diese Richtung, ohne freilich allen Forderungen nachzugeben (Überblick bei *Foerste* GS Schindhelm S. 227 ff; *Bruns* MDR 10, 417 ff). Anerkannt ist inzwischen, dass bei der Prüfung der Voraussetzungen des § 448 auf die Sondersituation des Vier-Augen-Gesprächs Rücksicht zu nehmen ist und die Anforderungen an die Zulässigkeit der Parteivernehmung abgesenkt werden müssen (BVerfG NJW 01, 2531). Allerdings hat der BGH bisher auf die Notwendigkeit der Anfangswahrscheinlichkeit bei § 448 nicht ausdrücklich verzichtet (NJW 99, 363; 03, 3636), wohl auch, weil nach seiner Auffassung die notwendige Waffengleichheit auch dadurch hergestellt werden kann, dass die ansonsten prozessual benachteiligte Partei nach § 141 angehört wird. Jedenfalls darf nicht sowohl die Vernehmung der Partei gem § 448 als auch ihre Anhörung gem § 141 von einer überwiegenden Wahrscheinlichkeit für ihr Vorbringen abhängig gemacht werden (BGH NJW-RR 06, 61, 63; Zö/*Greger* Rn 2a). Diese Auffassung hat auch das BAG in mehreren Entscheidungen vertreten (NZA 02, 731; NJW 07, 2427). Das BVerfG verneint die Notwendigkeit einer Parteivernehmung oder Anhörung nach § 141 vAw, wenn der

Partei das Ergebnis der Vernehmung eines vom Prozessgegner benannten Zeugen bekannt ist und sie auf Grund ihrer Anwesenheit bei der Beweisaufnahme oder in einem nachfolgenden Termin in der Lage war, ihre Darstellung vom Verlauf eines Vier-Augen-Gesprächs nach § 137 IV persönlich vorzutragen (BVerfG NJW 08, 2170; Oldbg MDR 10, 1078). Den Grundsatz der prozessualen Waffengleichheit auf Fälle anzuwenden, in denen die Beweisnot einer Partei darauf beruht, dass nur der anderen ein »neutraler« Zeuge zur Verfügung steht, lehnt die Rechtsprechung ausdrücklich ab (BGH NJW 02, 2247; ZIP 10, 1548; Karlsr FamRZ 07, 225).

Ob das Gericht dem Grundsatz der Waffengleichheit schon dadurch genügen kann, dass die durch ihre prozessuale Stellung benachteiligte Partei nach § 141 persönlich angehört wird (so auch München OLGR 04, 139), ist fraglich. Zwar wäre damit wohl der Forderung des EGMR Rechnung getragen, weil das erkennende Gericht einer solchen Anhörung den Vorzug vor den Bekundungen eines Zeugen geben kann (BGHZ 122, 115, 121 = NJW 93, 1638; BGH NJW 98, 306, 307). Die darin zum Ausdruck kommende Gleichsetzung von Verhandlungs- und Beweiswürdigung führt aber in letzter Konsequenz dazu, dass der Beweislastträger seiner Beweislast durch reinen Parteivortrag genügen könnte. Nach der gesetzlichen Regelung ist es aber keineswegs so, dass Parteianhörung und Parteivernehmung gleichwertig sind. 11

C. Anordnung. Auch wenn die unter B. genannten Voraussetzungen vorliegen, ist das Gericht zur Parteivernehmung vAw nicht verpflichtet (»Kann-Vorschrift«, Zö/*Greger* Rn 4a). Wer auf das Erfordernis der Anfangswahrscheinlichkeit verzichtet (Rz 9), muss konsequenterweise in diesen Fällen auch ein Ermessen des Gerichts verneinen (St/J/*Leipold* Rn 32; *Gehrlein* ZZP 110, 451, 474; Kwaschik S. 272). 12

I. Ermessen. Das Gericht entscheidet nach **pflichtgemäßem Ermessen** (BGH NJW 99, 363, 364). Es muss vAw und in jeder Lage des Verfahrens prüfen, ob die Voraussetzungen einer Amtsvernehmung vorliegen, und zwar sowohl bevor eine Partei als beweisfällig behandelt, als auch umgekehrt, bevor eine beweisfällige Partei durch die vAw angeordnete Vernehmung aus der ihr nachteiligen Beweislage befreit wird (Musielak/*Huber* Rn 4). Hält das Gericht eine Parteivernehmung für geboten, darf diese nicht durch die (urkundenbeweisliche) Verwertung einer früheren Aussage in einem anderen Verfahren ersetzt werden (vor §§ 445 ff Rz 5). 13

II. Auswahl der Partei. Auch über die Frage, welche Partei zu vernehmen ist, entscheidet das Gericht – ohne Rücksicht auf die Verteilung der Beweislast (BGH VersR 59, 199, 200) – nach seinem pflichtgemäßen Ermessen. 14

1. Maßgebliche Umstände. Bei der Auswahl spielen Gesichtspunkte der Beweiskraft eine maßgebliche Rolle, wie das vermutlich bessere Wissen der Partei va aufgrund eigener Wahrnehmung von den zu beweisenden Tatsachen (BGH NJW 99, 363, 364), die persönliche Vertrauenswürdigkeit und uU auch das Verhalten im Prozess. 15

2. Vernehmung beider Parteien. Wegen des Normzwecks und des Prinzips der Waffengleichheit sind bei Anwendung von § 448 grds **beide Parteien** zu vernehmen (R/S/*G* § 122 Rn 22; Musielak/*Huber* Rn 8; enger B/L/A/H Rn 11). In Betracht kommt die Vernehmung beider Parteien va dann, wenn derselbe Vorgang (zB eine zwischen den Parteien geführte Vertragsverhandlung) von beiden Seiten unterschiedlich dargestellt wird. Etwas anderes gilt, wenn das Gericht eine Partei auf Grund ihres Prozessverhaltens für nicht vertrauenswürdig ansieht oder deren Behauptungen bisher völlig beweislos oder unwahrscheinlich sind. Die alleinige Vernehmung der beweisbelasteten Partei sollte jedenfalls möglichst vermieden werden. Weigert sich eine Partei, so gilt § 446 entspr, beim Ausbleiben § 454. 16

III. Anordnung durch Beschluss. Die Anordnung der Parteivernehmung ergeht durch (wegen § 355 II) unanfechtbaren **Beweisbeschluss**, § 450 I. Es muss erkennbar sein, auf welcher Grundlage das Ermessen ausgeübt wurde. Wegen des Ausnahmecharakters der Parteivernehmung ist eine präzise Eingrenzung des Beweisthemas erforderlich. Im Urt ist darzulegen, aus welchen Umständen das Gericht die »gewisse Wahrscheinlichkeit« für die Richtigkeit der streitigen Parteibehauptungen hergeleitet hat. Fehlt es daran oder tragen die angeführten Gründe die Beweisanordnung nicht, so liegt ein Rechtsfehler vor, der zur Aufhebung des Urteils führt. Denn dann hätte die Aussage der Partei der Sachentscheidung nicht zugrunde gelegt werden dürfen (BGH NJW 89, 3222 f). Unterbleibt eine Parteivernehmung, so sind die Gründe dafür jedenfalls dann darzulegen, wenn einer entsprechenden Anregung nicht nachgegangen wurde oder sich eine Parteivernehmung aus anderen Gründen aufdrängte (BGH FamRZ 87, 152). Schweigen die Entschei- 17 dungsgründe zu § 448 und finden sich auch sonst keine Anhaltspunkte dafür, dass der Tatrichter das ihm eingeräumte Ermessen ausgeübt hat, so kann die Entscheidung wegen des Verfahrensfehlers keinen Bestand haben (BGH NJW-RR 94, 636), sofern sie sich nicht aus anderen Gründen als richtig erweist.

18 **D. Verstöße.** Wird eine Parteivernehmung durchgeführt, ohne dass die Voraussetzungen des § 448 vorlagen, darf das Beweisergebnis der Entscheidung nicht zugrunde gelegt werden. Der Verfahrensfehler kann durch Rügeverzicht (§ 295 I) geheilt werden. Grundsätzlich genügt die Rüge in der Berufungsbegründung, weil erst die Urteilsgründe darüber Aufschluss geben, wie das Gericht das Parteivorbringen und die anderen Beweismittel gewürdigt hat und ob es vom Vorliegen der Voraussetzungen des § 448 ausgehen durfte (BGH NJW 99, 363).

19 **E. Überprüfung in der Rechtsmittelinstanz. I. Berufung.** Die Ermessensentscheidung des Gerichts über die Parteivernehmung und die Beeidigung unterliegt der Nachprüfung in der Berufungsinstanz. Zur Parteivernehmung im Berufungsrechtszug vgl § 536. Das Berufungsgericht muss das Ergebnis einer in erster Instanz (ordnungsgemäß) durchgeführten Parteivernehmung in seine Beweiswürdigung einbeziehen, ohne dass es darauf ankommt, ob auch in der Berufung Anlass für eine Parteivernehmung bestand (BGH NJW 99, 363, 364).

20 **II. Revision.** Die Revisionsinstanz überprüft, ob der Tatrichter sein Ermessen unsachgemäß ausgeübt oder dessen Grenzen überschritten hat, oder ob er das Ermessen in den Fällen, in denen eine Vernehmung nach § 448 in Betracht kam, nicht hat walten lassen, insb wenn sich eine Parteivernehmung aufdrängt. Zu den vom Revisionsgericht zu prüfenden Anforderungen bei Vorliegen einer Beweisnot s. Rz 7. Mit der Revision kann auch gerügt werden, das Gericht habe bei der Auswahl der zu vernehmenden Partei rechtlich fehlerhafte Erwägungen angestellt.

§ 449 Vernehmung von Streitgenossen. **Besteht die zu vernehmende Partei aus mehreren Streitgenossen, so bestimmt das Gericht nach Lage des Falles, ob alle oder nur einzelne Streitgenossen zu vernehmen sind.**

1 **A. Normzweck und Anwendungsbereich.** Die Regelung hat die Konstellation im Blick, dass dem Beweisführer mehrere Prozessgegner gegenüberstehen, die nicht als Zeugen, sondern als Partei zu vernehmen sind. Dies gilt stets bei der notwendigen **Streitgenossenschaft** (§ 62) und bei der streitgenössischen Nebenintervention (§ 69). Bei der einfachen Streitgenossenschaft (§ 61) ist zu prüfen, ob das Beweisthema den namentlich benannten Streitgenossen selbst betrifft. Ist dies nicht der Fall, kann dieser nicht als Partei, sondern er muss als Zeuge vernommen werden (§ 373 Rz 14; BGH NJW 83, 2508). Bei mehreren gesetzlichen Vertretern ist die Vorschrift gem § 455 I 2 entspr anzuwenden.

2 **B. Auswahlbefugnis des Gerichts.** Das Gericht hat nach pflichtgemäßem Ermessen zu entscheiden, ob es alle oder nur einzelne Streitgenossen vernehmen will. Eine uneingeschränkte Auswahlbefugnis steht ihm allerdings nur bei der Parteivernehmung vAw (§ 448) zu. Wird im Beweisantritt nach §§ 445, 447 ein **Streitgenosse** namentlich **benannt**, so darf nur dieser vernommen werden (Ausfluss des Verhandlungsgrundsatzes). Fehlt eine namentliche Benennung, hat das Gericht die Wahl, welchen Streitgenossen es vernimmt; es darf auch alle vernehmen (Zö/*Greger* Rn 2). Bei der Auswahl ist va zu bedenken, bei welchem Streitgenossen – etwa aufgrund eigener Wahrnehmung – die sicherste Kenntnis der zu beweisenden Tatsache erwartet werden kann.

3 Ein anderer als der namentlich benannte Streitgenosse kann iRe Parteivernehmung vAw zusätzlich, aber dann erst nach dem vom Beweisführer benannten Streitgenossen vernommen werden. Die Aufforderung nach § 446, sich über die beantragte Vernehmung zu erklären, hat das Gericht nur an den Streitgenossen zu richten, dessen Vernehmung beantragt wurde, bzw dessen Vernehmung es für sachgerecht hält. Die Weigerung einzelner Streitgenossen, sich vernehmen zu lassen, schließt die Vernehmung anderer Streitgenossen nicht aus.

4 **C. Änderung der Anordnung.** Ergibt sich nach dem Beweisbeschluss, dass die Vernehmung eines anderen Streitgenossen erforderlich ist, darf das Gericht seine Anordnung ohne mündliche Verhandlung in entspr Anwendung des § 360 S 2 ändern.

§ 450 Beweisbeschluss. **(1) [1]Die Vernehmung einer Partei wird durch Beweisbeschluss angeordnet. [2]Die Partei ist, wenn sie bei der Verkündung des Beschlusses nicht persönlich anwesend ist, zu der Vernehmung unter Mitteilung des Beweisbeschlusses von Amts wegen zu laden. [3]Die Ladung ist der Partei selbst mitzuteilen, auch wenn sie einen Prozessbevollmächtigten bestellt hat; der Zustellung bedarf die Ladung nicht.**
(2) [1]Die Ausführung des Beschlusses kann ausgesetzt werden, wenn nach seinem Erlass über die zu beweisende Tatsache neue Beweismittel vorgebracht werden. [2]Nach Erhebung der neuen Beweise ist von der Parteivernehmung abzusehen, wenn das Gericht die Beweisfrage für geklärt erachtet.

A. Beweisbeschluss. Ein förmlicher **Beweisbeschluss** ist nach Abs 1 **stets** und für jede Art der Parteivernehmung erforderlich, also auch dann, wenn die Partei im Termin anwesend ist und sofort vernommen werden kann. Damit wird für alle Beteiligten klargestellt, dass nicht nur eine Anhörung nach § 141 stattfinden soll. Eine Ausnahme ist auch nicht im Verfahren über Arrest und einstweilige Verfügung zu machen (Ddorf MDR 60, 850). Verstöße gegen das Erfordernis des Beweisbeschlusses sind gem § 295 I heilbar (BGH NJW 59, 1433), allerdings nur, wenn für die Parteien erkennbar war, dass eine Parteivernehmung stattgefunden hat. 1

Erlass, Inhalt und Änderung des Beschlusses richten sich nach den allgemeinen Regeln (§§ 358–360); eine Anfechtung findet nicht statt (§ 355 II). Der Beweisbeschluss muss erkennen lassen, auf welcher Grundlage (§§ 445, 447 oder § 448) er beruht. Außerdem ist wegen der Subsidiarität der Parteivernehmung (§ 445 Rz 5, § 448 Rz 2) das **Beweisthema** (§ 359 Nr 1) genau einzugrenzen. Nach § 349 I 1 bzw § 527 II 1 können auch der Vorsitzende der KfH und der vorbereitende Einzelrichter in der Berufungsinstanz eine Parteivernehmung anordnen. Die Anordnung sollte aber (wie die Durchführung) dem Kollegium vorbehalten bleiben, soweit sie, wie jedenfalls bei § 448 zT auch bei § 445 und § 447, eine Würdigung der bisher erhobenen Beweise voraussetzt. 2

B. Ladung. Ist die zu vernehmende Partei bei Verkündung des Beweisbeschlusses anwesend, schließt sich die Beweisaufnahme sofort an. In anderen Fällen muss eine persönliche Ladung der Partei selbst (also nicht über den Prozessbevollmächtigten) unter Einhaltung der Ladungsfrist erfolgen. Eine Ladung durch Zustellung ist nicht mehr vorgeschrieben, aber zu empfehlen, weil bei fehlendem Ladungsnachweis und Ausbleiben der Partei §§ 446, 454 nicht angewendet werden können, folglich ein neuer Termin samt Zustellung der Ladung erforderlich wird. Mit der Ladung ist der Beweisbeschluss mitzuteilen. 3

C. Aussetzung des Beweisbeschlusses. Abs 2, der eine Ergänzung zu § 360 darstellt, trägt der Subsidiarität der Parteivernehmung auch nach Erlass des Beweisbeschlusses Rechnung. Die Parteivernehmung kann solange zurückgestellt werden, als Aussicht besteht, der streitige Sachverhalt könne durch andere Beweismittel aufgeklärt werden. Dabei spielt es keine Rolle, ob die Parteivernehmung vAw oder auf Antrag angeordnet war. Bei nachträglich angebotenen Beweismitteln ist allerdings zunächst ihre Zulassung unter Beachtung der Verspätungsregeln (§ 296) zu prüfen. Bestehen gegen die Zulässigkeit der neuen Angriffs- oder Verteidigungsmittel keine Bedenken, kann die Parteivernehmung ausgesetzt werden. Die Aussetzung steht im pflichtgemäßen Ermessen des Gerichts; sie sollte nur angeordnet werden, wenn die begründete Aussicht besteht, dass sich durch die Erhebung des neu angebotenen Beweises die Parteivernehmung erübrigen wird (St/J/*Leipold* Rn 11). Bei Zurückstellung der Parteivernehmung muss deren Anordnung nicht ausdrücklich aufgehoben werden. Der Beschl, der die Erhebung neuer Beweise anordnet, sollte zur Klarstellung auf die Aussetzung der Parteivernehmung hinweisen. 4

Nach Erhebung der neuen Beweise ist nach S 2 zwingend (BGH NJW 74, 56) von der Parteivernehmung abzusehen, wenn das Gericht die Beweisfrage für geklärt erachtet. Die Parteivernehmung ist dann unzulässig. Wird der Beweis als nicht geführt angesehen, so ist ein Hinweis gem § 139 geboten, damit der Beweisführer seinen Antrag auf Parteivernehmung wiederholen kann (Oldbg NJW-RR 90, 125; BeckOK ZPO/*Bechteler* Rn 6). Eine Wiederholung des Antrags ist nicht in jedem Fall erforderlich (BGH NJW 91, 1290 f). 5

§ 451 Ausführung der Vernehmung. **Für die Vernehmung einer Partei gelten die Vorschriften der §§ 375, 376, 395 Abs. 1, Abs. 2 Satz 1 und der §§ 396, 397, 398 entsprechend.**

A. Anwendbare Vorschriften. Die Vorschrift erklärt eine Reihe von Regelungen aus dem Recht des Zeugenbeweises für anwendbar. Im Einzelnen handelt es sich um folgende Normen: **§ 375** (Beweisaufnahme 1 durch beauftragten oder ersuchten Richter): Wegen des Grundsatzes der Beweisunmittelbarkeit (§ 355) darf hiervon nur in engen Ausnahmefällen Gebrauch gemacht werden. **§ 376:** Danach ist die Vernehmung von Richtern, Beamten und anderen Personen des öffentlichen Dienstes über Umstände, auf die sich ihre Pflicht zur Amtsverschwiegenheit bezieht, nur mit Genehmigung der vorgesetzten Dienstbehörde möglich. Die Versagung darf nicht ohne weiteres mit der Verweigerung der Aussage (§ 453) gleichgesetzt werden. **§ 395 I** (Ermahnung zur Wahrheit und Hinweis auf mögliche Beeidigung der Aussage): Die Verweisung auf **Abs 2** beschränkt sich auf dessen **S 1** (Befragung zur Person). Aus dem Umstand, dass nicht auf **S 2** (Fragen die Glaubwürdigkeit betreffend) verwiesen wird, folgt nur, dass solche Fragen nicht erforderlich, nicht aber, dass sie nicht zulässig sind (Musielak/*Huber* Rn 1). Die entspr Anwendung des **§ 396** (Vernehmung zur Sache) und des **§ 397** (Fragerecht der Parteien) ist selbstverständlich und wirft keine Probleme auf. Für die wiederholte und nachträgliche Vernehmung gelten die Grundsätze des **§ 398**.

2 **B. Nicht anwendbare Vorschriften.** Keine Anwendung finden: **§ 377 III** (schriftliche Aussage; BGH NJW 01, 1500, 1502). **§§ 383–389**: Die Vorschriften über Zeugnisverweigerungsrechte sind nicht anwendbar, da eine Aussagepflicht für die Partei ohnehin nicht besteht. **§ 394:** Wenn beide Parteien zu vernehmen sind, hat die eine wegen § 357 das Recht der Vernehmung der anderen beizuwohnen. Dies gilt auch im Verhältnis zu Zeugen. **§ 399:** Ein Verzicht auf Vernehmung ist nicht möglich, wohl aber eine Antragsrücknahme (BGH NJW-RR 96, 1459). **§ 401:** Eine Partei hat keinen Anspruch auf Erstattung ihrer Auslagen gegen die Staatskasse; die Auslagen der Partei sind aber notwendige Prozesskosten iSd § 91.

§ 452 Beeidigung der Partei.

(1) [1]Reicht das Ergebnis der unbeeidigten Aussage einer Partei nicht aus, um das Gericht von der Wahrheit oder Unwahrheit der zu erweisenden Tatsache zu überzeugen, so kann es anordnen, dass die Partei ihre Aussage zu beeidigen habe. [2]Waren beide Parteien vernommen, so kann die Beeidigung der Aussage über dieselben Tatsachen nur von einer Partei gefordert werden.
(2) Die Eidesnorm geht dahin, dass die Partei nach bestem Wissen die reine Wahrheit gesagt und nichts verschwiegen habe.
(3) Der Gegner kann auf die Beeidigung verzichten.
(4) Die Beeidigung einer Partei, die wegen wissentlicher Verletzung der Eidespflicht rechtskräftig verurteilt ist, ist unzulässig.

1 **A. Beeidigung der Partei.** Eine Beeidigung steht – wie beim Zeugen – im pflichtgemäßen Ermessen des Prozessgerichts.

2 **I. Grundsatz.** Grundsätzlich bleibt die Partei (wie der Zeuge) unvereidigt. Im Schrifttum wird empfohlen, von der Möglichkeit der Beeidigung im Vergleich zum Zeugenbeweis verstärkt Gebrauch zu machen, auch um den Unterschied zur bloßen Parteianhörung zu betonen (St/J/*Leipold* Rn 2; MüKoZPO/*Schreiber* Rn 1). Die Praxis reagiert eher zurückhaltend. Eine Beeidigung kann erfolgen, wenn das Ergebnis der unbeeidigten Aussage nicht ausreicht, um das Gericht von der Wahrheit oder Unwahrheit der zu erweisenden Tatsache zu überzeugen. Nicht im Gesetz genannt, aber ebenfalls von Relevanz ist die Bedeutung der Aussage (St/J/*Leipold* Rn 2).

3 **II. Ermessen des Gerichts.** Eine Regel, bei Vernehmung des Beweislastträgers grds eine Beeidigung vorzunehmen (so Musielak/*Huber* Rn 1), lässt sich nicht begründen. Eine Beeidigung der Partei kann angebracht sein, wenn das Gericht bereits weitgehend von der Richtigkeit der Aussage überzeugt ist und die Beeidigung somit den Zweck hat, den Beweiswert zu erhöhen. Die Beeidigung kommt aber auch dann in Betracht, wenn das Gericht Zweifel an der Glaubhaftigkeit der Aussage hat und die Partei durch die Verpflichtung zur Eidesleistung zur sorgfältigen Erforschung ihres Erinnerungsvermögens anhalten will. Hält das Gericht die Angaben der Partei für unglaubwürdig, sollte von einer Beeidigung abgesehen werden (B/L/A/H Rn 4). Soweit die Aussage für die vernommene Partei ungünstig ist, besteht regelmäßig kein Anlass zur Beeidigung. Zur Beeidigung in Ehesachen vgl § 113 IV Nr 8 FamFG.

4 **III. Einschränkung.** Nach Abs 1 S 2 darf im Falle der Vernehmung beider Parteien die Beeidigung der Aussage nur von einer gefordert werden. Stimmen die beiden Aussagen überein, greift die Einschränkung ihrem Zweck nach nicht ein, doch wird in einem solchen Fall die Beeidigung ohnehin entbehrlich sein. Welcher Partei der Eid abgenommen wird, entscheidet das Gericht nach seinem Eindruck von der Glaub-

würdigkeit. Bei gleicher Vertrauenswürdigkeit soll die nicht beweisbelastete Partei vereidigt werden (Musielak/*Huber* Rn 2; aA B/L/A/H Rn 5).

B. Unzulässigkeit der Beeidigung. Ein Verbot der Beeidigung besteht bei Verzicht des Gegners nach Abs 3 und nach Abs 4 für eine Partei, die wegen wissentlicher Verletzung der Eidespflicht (§§ 154 ff StGB) rechtskräftig verurteilt ist. Nach St/J/*Leipold* Rn 15 ist diese Regelung mit der Aufhebung des § 161 StGB (Eidesunfähigkeit des Zeugen als strafrechtliche Nebenfolge) als obsolet zu betrachten (dagegen MüKoZPO/*Schreiber* Rn 4, Zö/*Greger* Rn 3). Für Prozessunfähige vgl § 455 II. 5

C. Verfahren. Eine Verpflichtung zur Eidesleistung besteht nicht; die vernommene Partei kann den Eid verweigern (§ 453 II). Darüber und über die Folgen der Verweigerung für die Beweiswürdigung sollte die Partei belehrt werden, auch wenn das Gesetz eine förmliche Belehrung nicht vorschreibt. Ebenso ist die Partei vor der Beeidigung darauf hinzuweisen, dass eine falsche uneidliche Aussage zwar nicht nach § 153 StGB strafbar ist, aber ein (versuchter) Prozessbetrug in Betracht kommt. Die Beeidigung wird durch einen – im Termin zu verkündenden – Beschl angeordnet, dem eine Anhörung der Parteien vorausgehen muss. Die Anhörung des Gegners ist schon wegen der Möglichkeit des Verzichts nach Abs 3 unerlässlich. Bei Nichtbeeidigung ist kein Beschl erforderlich. Wenn ein Antrag auf Beeidigung gestellt war, ist im Urt zu begründen, warum diesem keine Folge geleistet wurde. Zur Abnahme des Eides vgl § 452 II und §§ 478–484. Wie bei der Zeugenaussage (vgl § 391 Rz 5) kann die Beeidigung auf die wesentlichen Punkte der Aussage beschränkt werden (R/S/G § 122 Rn 26). Zur Beeidigung im Berufungsverfahren § 536. 6

§ 453 Beweiswürdigung bei Parteivernehmung.

(1) Das Gericht hat die Aussage der Partei nach § 286 frei zu würdigen.
(2) Verweigert die Partei die Aussage oder den Eid, so gilt § 446 entsprechend.

A. Freie Beweiswürdigung. Wie alle Beweismittel unterliegt die Aussage der Partei, ob sie uneidlich oder eidlich nach § 452 erfolgt ist, der freien Beweiswürdigung des Gerichts. Abs 1 wiederholt (klarstellend) den Grundsatz des § 286 für die Parteivernehmung. Da, wie beim Zeugenbeweis, Wahrnehmungen über streitige Tatsachen oder Zustände berichtet werden, gelten grds dieselben Regeln bzgl Glaubwürdigkeit der Partei und Glaubhaftigkeit ihrer Aussage. Der freien Beweiswürdigung unterliegen nicht nur der Inhalt der Aussage, sondern auch die äußeren Umstände ihrer Abgabe oder Verweigerung. Weil es bei der Parteivernehmung in starkem Maße auf den persönlichen Eindruck des Gerichts von der Glaubwürdigkeit ankommt, muss sie grds vor dem gesamten Spruchkörper durchgeführt werden. Hat die Beweisaufnahme vor einem beauftragten oder ersuchten Richter oder dem vorbereitenden Einzelrichter in der Berufungsinstanz stattgefunden, können persönliche Eindrücke nur insoweit verwertet werden, als sie im Protokoll festgehalten sind. Eine Verwertung der persönlichen Erinnerung des im Kollegium mitwirkenden Einzelrichters ist ausgeschlossen (St/J/*Leipold* § 453 Rn 3). Auch bei einem Richterwechsel nach Durchführung der Parteivernehmung können Aussage und persönlicher Eindruck nur in die Beweiswürdigung einfließen, wenn sie protokolliert worden sind. Regelmäßig wird jedoch in all diesen Fällen eine Wiederholung der Parteivernehmung durch das Prozessgericht unerlässlich sein (BGH NJW 74, 56; MüKoZPO/*Schreiber* Rn 1). 1

Bei der Prüfung der Glaubwürdigkeit ist zu beachten, dass die Partei einerseits am besten über ihre Beziehung zum Beweisgegenstand Bescheid weiß, andererseits aber auch ein starkes persönliches Interesse am Ausgang des Verfahrens hat. Diese Umstände muss das Gericht in der Beweiswürdigung sorgfältig abwägen und zusätzlich bedenken, dass die vernommene Partei uU die bisherigen Beweisergebnisse kennt. 2

B. Folgen der Aussageverweigerung. Bei Verweigerung der Aussage oder des Eides gilt nach Abs 2 die Vorschrift des § 446 entspr, also wiederum der Grundsatz der freien Beweiswürdigung. Verweigert eine Partei, die ausgesagt hat, die Eidesleistung, so ist die Aussage idR wertlos (Musielak/*Huber* Rn 4). Zwangsmaßnahmen gegen die Partei wegen Aussageverweigerung sind nicht möglich. 3

§ 454 Ausbleiben der Partei.

(1) Bleibt die Partei in dem zu ihrer Vernehmung oder Beeidigung bestimmten Termin aus, so entscheidet das Gericht unter Berücksichtigung aller Umstände, insbesondere auch etwaiger von der Partei für ihr Ausbleiben angegebener Gründe, nach freiem Ermessen, ob die Aussage als verweigert anzusehen ist.

(2) War der Termin zur Vernehmung oder Beeidigung der Partei vor dem Prozessgericht bestimmt, so ist im Falle ihres Ausbleibens, wenn nicht das Gericht die Anberaumung eines neuen Vernehmungstermins für geboten erachtet, zur Hauptsache zu verhandeln.

1 **A. Normzweck.** Die Parteivernehmung ist nicht erzwingbar. Verweigert die Partei die Aussage oder die Eidesleistung, gelten §§ 446, 453 II. § 454 I betrifft den Fall, dass die Partei in einem für ihre Vernehmung (oder Vereidigung) anberaumten Termin nicht erscheint. Bei Vorliegen bestimmter Voraussetzungen rechtfertigt sich eine für die ausgebliebene Partei nachteilige Beweiswürdigung. § 454 I ist somit eine Regelung über die Folgen einer Beweisvereitelung.

2 **B. Voraussetzungen. I. Ausbleiben.** Die zu vernehmende Partei ist bis zum Schluss des Termins (§ 220 II) nicht erschienen. Das persönliche Erscheinen kann nicht durch eine schriftliche Stellungnahme ersetzt werden (BGH NJW 01, 1500, 1502).

3 **II. Ordnungsgemäße Terminsbestimmung und Ladung.** Die Parteivernehmung muss überhaupt nach §§ 445, 446 oder § 448 zulässig sein. Erforderlich ist eine ordnungsgemäße Terminsbestimmung zur Parteivernehmung oder Eidesleistung (nicht zur bloßen Anhörung), dh der Vernehmungstermin muss in der vorangegangenen Verhandlung, falls die zu vernehmende Partei anwesend war, bekannt gegeben worden sein, andernfalls muss die Partei selbst nach § 450 I 2 persönlich mit Einhaltung der Ladungsfrist geladen worden sein. Bei Verzicht auf eine förmliche Zustellung der Ladung (vgl § 450 Rz 3) dürfte der Nachweis der Voraussetzungen nicht gelingen.

4 **III. Fehlende Entschuldigung.** Als ausreichende Entschuldigung wird es auch anzusehen sein, wenn die Partei nach Erlass des Beweisbeschlusses neue Beweismittel vorgebracht und deshalb die Aussetzung ihrer Vernehmung »beantragt« hat, so lange darüber nicht entschieden ist (Musielak/*Huber* Rn 3). Hält das Gericht die vorgebrachte Entschuldigung für unzureichend, so muss es wegen der weit reichenden Folgen Gelegenheit zur Nachbesserung geben.

5 **C. Folgen des Ausbleibens. I. Würdigung nach freiem Ermessen.** Das Gericht entscheidet nach freiem Ermessen, ob die Aussage als verweigert anzusehen ist. Wird dies bejaht, gilt § 453 II, dh es ist zu prüfen, welche Schlüsse aus der Weigerung für das Beweisthema zu ziehen sind. War der Termin zur Vernehmung oder Beeidigung der Partei vor dem Prozessgericht bestimmt, so wird anschließend zur Hauptsache verhandelt. Ist auch kein Vertreter der zu vernehmenden Partei erschienen, kann der Gegner ein Versäumnisurteil gem §§ 330 ff oder eine Entscheidung nach Lage der Akten (§ 331a) beantragen.

6 Bei Fehlen einer der unter Rz 2, 3 genannten Voraussetzungen muss ein neuer Termin bestimmt und die Partei erneut gem § 450 I 2 geladen werden. Ebenso wenn die Partei ihr Nichterscheinen ausreichend entschuldigt. Die Partei kann die Gründe für ihr Ausbleiben sowohl persönlich als auch durch ihren Prozessbevollmächtigten vorbringen. Anwaltszwang besteht insoweit nicht.

7 Würdigt das Gericht das Ausbleiben als Aussageverweigerung und erachtet es den Rechtsstreit für entscheidungsreif, ist es zweckmäßig, einen Verkündungstermin zu bestimmen, jedenfalls wenn noch mit der Möglichkeit einer nachträglichen genügenden Entschuldigung zu rechnen ist. Geht bis zum Verkündungstermin eine solche Entschuldigung ein, handelt es sich nicht um nachträgliches (uU verspätetes) Parteivorbringen, sondern um eine Erklärung einer Partei in ihrer Eigenschaft als Beweismittel. Ist die Entschuldigung ausreichend, so ist in dem Termin lediglich ein Beschl über einen neuen Termin für die Parteivernehmung (Beeidigung) zu verkünden. Geht keine oder keine ausreichende Erklärung ein, wird nach Rz 5 verfahren.

8 **II. Sanktionen, Kosten.** Ordnungsmittel oder kostenrechtliche Nachteile können mangels Aussagepflicht nicht angeordnet werden (Oldbg RPfleger 65, 316; MüKoZPO/*Schreiber* Rn 1; Zö/*Greger* Rn 8; aA B/L/A/H Rn 4; St/J/*Leipold Rn* 7: Kosten des vergeblichen Termins und Verzögerungsgebühr).

9 **D. Hinweise zur Prozesssituation.** Ist die zu vernehmende Partei nicht erschienen, ihr Prozessbevollmächtigter dagegen anwesend, sollte, sofern sich nicht aus den Angaben des Prozessbevollmächtigten Anhaltspunkte für ein absichtliches Fernbleiben ergeben, nach § 368 ein neuer Verhandlungstermin bestimmt werden. Aus dem erstmaligen Ausbleiben wird im Allgemeinen nicht der Schluss gezogen werden können, dass die Partei nicht aussagen will. Hat der Termin vor dem beauftragten oder ersuchten Richter stattgefunden, was ohnehin nur in Ausnahmefällen vorkommen wird (§ 451 Rz 1), so gibt dieser, wenn er keinen neuen Termin bestimmt, die Akten zurück.

§ 455 Prozessunfähige. (1) [1]**Ist eine Partei nicht prozessfähig, so ist vorbehaltlich der Vorschrift im Absatz 2 ihr gesetzlicher Vertreter zu vernehmen.** [2]**Sind mehrere gesetzliche Vertreter vorhanden, so gilt § 449 entsprechend.**
(2) [1]**Minderjährige, die das 16. Lebensjahr vollendet haben, können über Tatsachen, die in ihren eigenen Handlungen bestehen oder Gegenstand ihrer Wahrnehmung gewesen sind, vernommen und auch nach § 452 beeidigt werden, wenn das Gericht dies nach den Umständen des Falles für angemessen erachtet.** [2]**Das Gleiche gilt von einer prozessfähigen Person, die in dem Rechtsstreit durch einen Betreuer oder Pfleger vertreten wird.**

A. Stellung der prozessunfähigen Partei. Nur die prozessfähige Partei darf – vorbehaltlich Abs 2 – als Partei vernommen werden. Abs 1 ordnet an, dass bei fehlender Prozessfähigkeit grds der **gesetzliche Vertreter** an die Stelle einer Partei tritt. Die prozessunfähige Partei kann jedoch als Zeuge vernommen werden. Diese auf dem alten Recht des Parteieides beruhende Regelung erscheint überholt und unangemessen: Das Eintreten des gesetzlichen Vertreters anstelle der Partei hat keinen Sinn, wenn er keine eigene Kenntnis von der zu beweisenden Tatsache hat. Das Wissen der Partei kann nicht durch das Wissen des gesetzlichen Vertreters ersetzt werden (Jauernig § 56 V). Die Regelung des § 455 ist für den Schutz der prozessunfähigen Partei nicht erforderlich. Dieser Schutz vor einer Aussage, für die der prozessunfähigen Partei möglicherweise bestimmte Fähigkeiten fehlen, wird dadurch gewährleistet, dass die Aussagefähigkeit allgemeine Voraussetzung jeder Vernehmung einer Beweisperson ist (§ 373 Rz 17). 1

B. Vernehmung des gesetzlichen Vertreters. Für die Parteivernehmung tritt grds der gesetzliche Vertreter des Prozessunfähigen an dessen Stelle. Dementsprechend sind in Verfahren einer AG, GmbH oder Genossenschaft der Vorstand bzw die Geschäftsführer als Partei zu vernehmen; in Prozessen einer OHG, KG und der (Außen)GbR die zur Vertretung berufenen Gesellschafter. Insolvenzverwalter, Testamentsvollstrecker, Nachlass- und Zwangsverwalter sind im Prozess Partei (kraft Amtes) und als solche zu vernehmen, während der Insolvenzschuldner oder der Erbe Zeuge sein kann. Für die Abgrenzung kommt es auf den Zeitpunkt der Vernehmung an. Die fehlerhafte Vernehmung einer Partei als Zeuge und umgekehrt ist nach § 295 I heilbar (§ 373 Rz 15). 2

Hat die prozessunfähige Partei mehrere gesetzliche Vertreter, so gilt nach Abs 1 S 2 § 449 entspr, dh das Gericht bestimmt nach pflichtgemäßem Ermessen, ob es alle oder nur einzelne vernimmt. Wenn es sich um eine Parteivernehmung auf Antrag handelt, ist das Gericht an eine Benennung im Antrag gebunden (§ 449 Rz 2). 3

C. Parteivernehmung trotz Prozessunfähigkeit. Von der Grundregel des Abs 1 enthält Abs 2 eine Ausnahme für **Minderjährige**, die das 16. Lebensjahr vollendet haben, und für prozessfähige Personen, die im Rechtsstreit durch einen Betreuer oder Pfleger (§§ 1896 ff BGB) vertreten werden. Auf andere prozessunfähige Parteien ist die Vorschrift nicht anwendbar (St/J/*Leipold* Rn 15; B/L/A/H Rn 5). Beweisgegenstand müssen eigene Handlungen oder Wahrnehmungen dieser Personen sein. Die Beeidigung der genannten Personen ist möglich, wenn das Gericht dies für angemessen erachtet. Wo die prozessunfähige Partei ausnahmsweise als solche vernommen wird, kann ihr Vertreter wiederum Zeuge sein. Dem Gericht ist es auch unbenommen, die Vernehmung des Minderjährigen neben der des gesetzlichen Vertreters zu beschließen (St/J/*Leipold* Rn 11). Minderjährige, aber partiell parteifähige Parteien (§§ 112, 113 BGB) fallen nicht unter § 455 II; sie sind stets als Partei zu vernehmen. 4

D. Hinweise zur Prozesssituation. Wird ein Antrag auf Parteivernehmung eines Minderjährigen unter 16 Jahren gestellt, ist zu prüfen, ob eine Auslegung als Antrag auf Zeugenvernehmung möglich ist; bei Unklarheit ist ein Hinweis nach § 139 erforderlich. 5

§§ 456–477 *(weggefallen)*

Titel 11 Abnahme von Eiden und Bekräftigungen

§ 478 Eidesleistung in Person. Der Eid muss von dem Schwurpflichtigen in Person geleistet werden.

1 **A. Anwendungsbereich.** Die §§ 478–484 sind hinsichtlich des Verfahrens nicht etwa nur für die Eidesleistung von Zeugen, sondern für alle zivilprozessualen Eide von Bedeutung (Zö/*Greger* Vorb zu § 478 Rn 1). Über §§ 410 I 1, 426 S 3 iVm 452 I 1 finden sie daher auch Anwendung auf Sachverständige und Parteien, über § 189 GVG auf Dolmetscher und über §§ 807 III 2, 883 IV, 889 I 2 auf Schuldner in der Zwangsvollstreckung (zu den Problemen hierzu, etwa im Insolvenzverfahren, s. *Vallender* NZI 06, 279, 280). In Familiensachen und in Verfahren der freiwilligen Gerichtsbarkeit ist § 30 I FamFG einschlägig.

2 **B. Schwurpflichtiger.** Die Frage, wer »schwurpflichtig« ist, ist nicht im elften Titel geregelt; dies ergibt sich vielmehr zB aus §§ 391, 393, 410 I, 455 I, II. Schwurpflichtig sind daher grds alle Personen über 16 Jahren, die zur Aussageverweigerung und damit zur Eidesverweigerung nicht berechtigt sind (§§ 390, 409, 453 II, 889 II), die die für die Eidesleistung erforderliche Geistesreife haben und die vom Gericht zur Eidesleistung aufgefordert werden (Zö/*Greger* § 478 Rn 1). Der gesetzliche Vertreter ist selbst schwurpflichtig, 455 I 1.

3 **C. Höchstpersönliche Eidesleistung.** Regelungsgehalt des § 478 ist schlicht, dass bei der Eidesleistung jede Vertretung unzulässig ist, dass also der Eid von dem jeweiligen Schwurpflichtigen höchstpersönlich geleistet werden muss. Seine Identität muss daher vor der Eidesleistung festgestellt werden (ThoPu/*Reichold* Rn 1).

4 **D. Weiterführende Vorschriften.** Vorsätzliche und fahrlässige falsche Eidesleistung ist gem. §§ 154 ff StGB strafbar.

5 Die zivilprozessualen Regeln der Eidesverweigerung sind für Zeugen in § 390, für Sachständige in § 409, für Parteien in §§ 453 II iVm 446, und für den Zwangsvollstreckungsschuldner in §§ 889 II iVm 888 geregelt.

§ 479 Eidesleistung vor beauftragtem oder ersuchtem Richter. (1) Das Prozessgericht kann anordnen, dass der Eid vor einem seiner Mitglieder oder vor einem anderen Gericht geleistet werde, wenn der Schwurpflichtige am Erscheinen vor dem Prozessgericht verhindert ist oder sich in großer Entfernung von dessen Sitz aufhält und die Leistung des Eides nach § 128a Abs. 2 nicht stattfindet.
(2) Der Bundespräsident leistet den Eid in seiner Wohnung vor einem Mitglied des Prozessgerichts oder vor einem anderen Gericht.

1 **A. Anordnung durch Beschluss.** Die Beeidigung vor dem ersuchten oder beauftragten Richter wird durch Beschl angeordnet, der seinerseits unanfechtbar ist (§ 355 II), der aber auf Antrag oder vAw geändert werden kann (§ 360 S 2). Das Vorgehen gem. § 479 stellt eine Abweichung vom Grundsatz der Unmittelbarkeit der Beweisaufnahme dar (§ 355 I), daher sollte mit diesem Instrument vorsichtig umgegangen werden (Musielak/*Huber* § 479 Rn 1). Ohnehin ist der Anwendungsbereich der Vorschrift marginal, weil er nur diejenigen Fälle betrifft, in denen nur (!) der Eid vor einem beauftragten oder ersuchten Richter geleistet werden soll, nachdem die eigentliche Beweisaufnahme vor dem Prozessgericht durchgeführt wurde, und wenn der Eid auch nicht iRe Videokonferenz (§ 128a II) geleistet wird. Sollte ein Streit über die Eidespflicht entstehen, entscheidet hierüber wiederum nicht der ersuchte oder beauftragte Richter, sondern gem. § 366 das Prozessgericht.

2 **B. Voraussetzungen.** Die Voraussetzungen des § 479 iÜ entsprechen denen des § 375 I Nr 2, 3 (s. dort).

3 **C. Bekanntmachung.** Der anordnende Beschl ist, sofern er nicht verkündet wird, den Parteien vAw mitzuteilen (Zö/*Greger* § 479 Rn 2), weil sie ein Anwesenheitsrecht bei der Beeidigung der Zeugen etc haben (Musielak/*Huber* § 479 Rn 1).

4 **D. Bundespräsident.** Die Sondervorschrift des § 479 II für den Bundespräsidenten dürfte ohne praktische Bedeutung bleiben.

§ 480 Eidesbelehrung. Vor der Leistung des Eides hat der Richter den Schwurpflichtigen in angemessener Weise über die Bedeutung des Eides sowie darüber zu belehren, dass er den Eid mit religiöser oder ohne religiöse Beteuerung leisten kann.

A. Normzweck. Eine erste Belehrung über seine Pflichten hat der Zeuge bereits zu Beginn seiner Vernehmung gem. § 395 I erhalten. Normzweck des § 480 kann daher nur sein, den Zeugen erneut und nunmehr speziell hinsichtlich der Eidesleistung als solcher auf die Bedeutung seiner Rolle hinzuweisen. Praktisch betrachtet soll der Richter also versuchen, den Zeugen an dieser Stelle einerseits zugunsten der Wahrheitsfindung und andererseits zum Schutz vor Strafbarkeit zu einer Abkehr von einer falschen Aussage zu bewegen. Hieraus folgt wiederum, dass die Belehrung an die Besonderheiten des Einzelfalles, va an die Person, also an die individuellen Eigenheiten und Fähigkeiten des Schwurpflichtigen, anzupassen ist (Musielak/*Huber* § 480 Rn 1). Der weithin übliche Hinweis auf die besondere Strafbarkeit des Meineids (§ 154 StGB; vgl *Zimmermann* § 480 Rn 1) zeitigt allerdings in der Praxis äußerst wenig messbare Erfolge (vgl § 391 Rz 5). 1

B. Religiöse Beteuerungsformel. Der Schwurpflichtige ist nicht nur über die Bedeutung des Eides, sondern auch darüber zu belehren, dass er den Eid mit oder ohne religiöse Beteuerungsformel leisten darf (§ 481 I, II). § 480 schreibt dagegen einen Hinweis auf § 484 nicht vor (s. § 484 Rz 1). Verweigert aber der Schwurpflichtige unter Berufung auf Glaubens- oder Gewissensgründen den Eid, werden ohne diesen Hinweis nachteilige Folgen nicht gezogen werden dürfen (Musielak/*Huber* § 480 Rn 2). 2

C. Protokoll. Die Belehrung ist protokollpflichtig. In die Niederschrift ist gem. § 160 II daher mindestens aufzunehmen, dass die Belehrung »in gesetzmäßiger Weise« erfolgt ist (Musielak/*Huber* § 480 Rn 2). 3

D. Belehrung durch Dritte. Die Belehrung ist durch das Gericht zu erteilen; dies kann durch Hinweise eines anderen Verfahrensbeteiligten, zB eines Rechtsanwaltes, nicht ersetzt werden (Zö/*Greger* § 480 Rn 1), zumal hiermit die Gefahr der Beeinflussung des Zeugen zur Herbeiführung einer bestimmten – nicht notwendig richtigen – Aussage verbunden wäre. 4

§ 481 Eidesleistung; Eidesformel.

(1) Der Eid mit religiöser Beteuerung wird in der Weise geleistet, dass der Richter die Eidesnorm mit der Eingangsformel:
„Sie schwören bei Gott dem Allmächtigen und Allwissenden“
vorspricht und der Schwurpflichtige darauf die Worte spricht (Eidesformel):
„Ich schwöre es, so wahr mir Gott helfe.“
(2) Der Eid ohne religiöse Beteuerung wird in der Weise geleistet, dass der Richter die Eidesnorm mit der Eingangsformel:
„Sie schwören”
vorspricht und der Schwurpflichtige darauf die Worte spricht (Eidesformel):
„Ich schwöre es.“
(3) Gibt der Schwurpflichtige an, dass er als Mitglied einer Religions- oder Bekenntnisgemeinschaft eine Beteuerungsformel dieser Gemeinschaft verwenden wolle, so kann er diese dem Eid anfügen.
(4) Der Schwörende soll bei der Eidesleistung die rechte Hand erheben.
(5) Sollen mehrere Personen gleichzeitig einen Eid leisten, so wird die Eidesformel von jedem Schwurpflichtigen einzeln gesprochen.

A. Bestandteile der Eidesleistung. Die Vorschrift benennt zunächst drei Bestandteile der Eidesleistung, nämlich (1) Eingangsformel, (2) Eidesnorm und (3) Eidesformel. Zu Beginn wird die (1) Eingangsformel (§ 481 I, II) dem Schwurpflichtigen vom Richter vorgesprochen, wobei der Richter unmittelbar die (2) Eidesnorm anschließt. Diese Eidesnorm findet sich nicht in § 481, sondern für Zeugen in § 392 S 3, für Sachverständige in § 410 I 2, für Parteien in § 452 II, für Dolmetscher in § 189 I GVG und für Schuldner in §§ 807 III 1, 883 II 3. Schließlich spricht der Schwurpflichtige die (3) Eidesformel (»Ich schwöre es [, so wahr mir Gott helfe]«, § 481 I, II), wobei er die rechte Hand erheben soll (§ 481 IV, dies ist allerdings lediglich eine Ordnungsvorschrift). 1

Alternativ statt der Eidesformel kann der Schwurpflichtige gem § 484 die eidesgleiche Bekräftigung leisten. 2

Lediglich ergänzend zur Eidesformel kann der Schwurpflichtige dieser gem § 481 III eine Beteuerungsformel seiner Religions- oder Bekenntnisgemeinschaft anschließen (zB »beim Worte Allahs« für Muslime, *Leisten* MDR 80, 636). 3

Die Vereidigung bspw eines Zeugen ohne religiöse Beteuerungsformel geht also dergestalt vor sich, dass der Richter vorspricht: » Sie schwören, dass Sie nach bestem Wissen die reine Wahrheit gesagt und nichts verschwiegen haben«, worauf der Zeuge mit »Ich schwöre es« zu antworten hat. 4

5 **B. Sprach- oder hörbehinderte Menschen; Fremdsprachen.** Die Eidesleistung sprach- oder hörbehinderter Menschen ist in § 483 geregelt. Für die Leistung des Eides in einer Fremdsprache gilt § 188 GVG.

6 **C. Mehrere Schwurpflichtige.** Sollen mehrere Personen (in der Praxis: Zeugen) vereidigt werden, so gilt § 481 V. Eingangsformel und Eidesnorm werden also vom Richter für alle Schwurpflichtigen gemeinsam vorgesprochen, die Eidesformel spricht dagegen jeder Schwurpflichtige einzeln für sich.

7 **D. Religionsfreiheit.** »Unter dem Kreuz« muss – jedenfalls bei Vortrag ernstlicher, einsehbarer Erwägungen, dass dies eine unzumutbare Belastung darstellt – niemand verhandeln . Hieraus wird erst recht zu folgern sein, dass unter diesen Voraussetzungen der Schwurpflichtige vor seiner Eidesleistung verlangen kann, dass ein im Sitzungssaal angebrachtes Kreuz entfernt werde (BVerfG NJW 73, 2197, 2198).

8 **E. Protokoll.** In das Protokoll ist gem § 160 II aufzunehmen, welche Eidesformel zur Anwendung gelangt ist (Musielak/*Huber* § 481 Rn 2).

§ 482 *(weggefallen)*

§ 483 Eidesleistung sprach- oder hörbehinderter Personen.

(1) [1]Eine hör- oder sprachbehinderte Person leistet den Eid nach ihrer Wahl mittels Nachsprechens der Eidesformel, mittels Abschreibens und Unterschreibens der Eidesformel oder mit Hilfe einer die Verständigung ermöglichenden Person, die vom Gericht hinzuzuziehen ist. [2]Das Gericht hat die geeigneten technischen Hilfsmittel bereitzustellen. [3]Die hör- oder sprachbehinderte Person ist auf ihr Wahlrecht hinzuweisen.
(2) Das Gericht kann eine schriftliche Eidesleistung verlangen oder die Hinzuziehung einer die Verständigung ermöglichenden Person anordnen, wenn die hör- oder sprachbehinderte Person von ihrem Wahlrecht nach Absatz 1 keinen Gebrauch gemacht hat oder eine Eidesleistung in der nach Absatz 1 gewählten Form nicht oder nur mit unverhältnismäßigem Aufwand möglich ist.

1 **A. Normzweck; Anwendungsbereich.** Zweck der Vorschrift ist – in Ergänzung zu § 186 GVG – die im Vergleich zum früheren Recht stärkere Betonung der unmittelbaren Kommunikation des Gerichts mit sinnesmäßig Behinderten (Musielak/*Huber* § 483 Rn 1); es werden also nicht mehr »Stumme« (§ 483 aF) zwingend auf das Ab- und Unterschreiben der Eidesformel verwiesen, sondern es werden ihnen weitere Möglichkeiten eröffnet, in einen möglichst direkten Kontakt mit dem Gericht zu treten. Der in der Neuregelung enthaltene Vorteil für das Gericht liegt auf der Hand; je unmittelbarer der Kontakt des Richters zum Zeugen etc ist, umso verlässlicher ist die Beurteilung seiner Glaubwürdigkeit.

2 Geistig Behinderte werden von der Vorschrift nicht erfasst, sondern sind gem §§ 393, 455 II ohnehin von der Eidesleistung befreit.

3 Ob überhaupt eine einschlägige Behinderung vorliegt, wird das Gericht aus praktischen Gründen anhand des persönlichen Eindrucks vom Schwurpflichtigen entscheiden.

4 **B. Wahlrecht des Schwurpflichtigen.** § 483 II 1 gibt dem Schwurpflichtigen ein Wahlrecht, auf das ihn das Gericht gem § 483 III 3 unter Bereitstellung der geeigneten technischen Hilfsmittel (Satz 2, zB Mikrofone, Lautsprecher, Vorkehrungen zur Erstellung von Schriftstücken in Blindenschrift) hinzuweisen hat. Der Schwurpflichtige kann – nach seiner Wahl – den Eid leisten (1) durch Nachsprechen der Eidesformel, (2) durch Ab- und Unterschreiben der Eidesformel oder (3) durch einen Sprachmittler; hierunter ist jede Person zu verstehen, die zB durch Gebärden-, Schrift- oder Oraldolmetschen eine Verständigung mit dem Behinderten ermöglichen kann (BTDrs 14/9266,69).

5 **C. Anordnung des Gerichts.** Trifft der Behinderte keine Wahl oder steht die gewählte Form der Eidesleistung aus praktischen Gründen nicht zur Verfügung, so kann das Gericht nach seinem Ermessen (Musielak/*Huber* § 483 Rn 6) die schriftliche Eidesleistung oder die Hinzuziehung der Verständigungsperson anordnen. Dies wird etwa dann in Betracht kommen, wenn die Verständigung mittels Blinden-Punktschrift einen unverhältnismäßigen Aufwand verursachen würde (Musielak/*Huber* § 483 Rn 6).

6 **D. Vermittlungsperson.** Ob die vom Gericht beigezogene Vermittlungsperson ihrerseits wie ein Dolmetscher belehrt und vereidigt werden muss, ist in § 483 nicht geregelt. Dem Gericht wird dabei ein Ermessensspielraum zuzubilligen sein; eine rechtsfehlerfreie Vorgehensweise wird demnach die Verpflichtung der Vermittlungsperson nach § 189 GVG, zumindest in analoger Anwendung, dann erfordern, wenn Bedenken

hinsichtlich der Zuverlässigkeit der Übertragung oder der Auskunft bestehen (vgl BGH NJW 97, 2335, 2336 zum nämlichen strafprozessualen Problem).

§ 484 Eidesgleiche Bekräftigung. **(1) [1]Gibt der Schwurpflichtige an, dass er aus Glaubens- oder Gewissensgründen keinen Eid leisten wolle, so hat er eine Bekräftigung abzugeben. [2]Diese Bekräftigung steht dem Eid gleich; hierauf ist der Verpflichtete hinzuweisen.**
(2) Die Bekräftigung wird in der Weise abgegeben, dass der Richter die Eidesnorm als Bekräftigungsnorm mit der Eingangsformel:
"Sie bekräftigen im Bewusstsein Ihrer Verantwortung vor Gericht"
vorspricht und der Verpflichtete darauf spricht: "Ja".
(3) § 481 Abs. 3, 5, § 483 gelten entsprechend.

A. Religionsfreiheit. Der gem § 481 II ohne religiöse Beteuerungsfomel gesprochene Eid hat keinen religiösen oder anderweit transzendenten Bezug; trotzdem folgt aus Art 4 GG das Recht eines jeden Schwurpflichtigen, aus – auch nur behaupteten, also letztlich nicht überprüfbaren (Musielak/*Huber* § 484 Rn 1) – Gründen heraus die Eidesleistung zu verweigern. Auf die Religions- oder Glaubensrichtungszugehörigkeit des Schwurpflichtigen kommt es dabei nicht an (BVerfG NJW 72, 1183, 1184 f). In Abweichung von § 481 sieht deshalb § 484 eine eidesgleiche Bekräftigung vor, die iÜ, va aber in strafrechtlicher Hinsicht (§ 155 Nr 1 StGB), dem Eid gleich steht. Auf diese Gleichstellung ist der Schwurpflichtige daher auch ausdrücklich hinzuweisen (§ 484 I 2 Hs 2). Er braucht dagegen nicht ausdrücklich über die Möglichkeit der eidesgleichen Bekräftigung als solcher aufgeklärt werden (s. § 480 Rz 2); offenkundig geht das Gesetz davon aus, der Schwurpflichtige werde aufgrund der durch § 480 vorgeschriebenen Belehrung selbst die in § 484 I 1 genannten Gründe vorbringen (Musielak/*Huber* § 480 Rn 2). 1

B. Eingangs- und Bekräftigungsformel. Gemäß § 484 II spricht der Richter zB dem Zeugen (§ 392 S 3) die Worte vor: » Sie bekräftigen im Bewusstsein Ihrer Verantwortung vor Gericht, dass Sie nach bestem Wissen die reine Wahrheit gesagt und nichts verschwiegen haben«, worauf der Zeuge lediglich mit »ja« zu antworten hat. Die eigentliche Eidesnorm (vgl § 481) wird durch § 484 also nicht berührt. Das Erheben der rechten Hand (§ 481 IV) entfällt (BeckOK-ZPO/*Vorwerk/Wolf-Bechteler*, Rn. 5). 2

C. Protokoll. Dass von § 484 Gebrauch gemacht wurde, ist gem § 160 II im Sitzungsprotokoll festzustellen (Musielak/*Huber* § 484 Rn 2). 3

D. Weigerung des Schwurpflichtigen. Verweigert der Schwurpflichtige nicht nur den Eid, sondern auch die eidesgleiche Bekräftigung, ist gegen ihn gem § 390 vorzugehen (Zö/*Greger* § 484 Rn 1). 4

Titel 12 Selbständiges Beweisverfahren

§ 485 Zulässigkeit. **(1) Während oder außerhalb eines Streitverfahrens kann auf Antrag einer Partei die Einnahme des Augenscheins, die Vernehmung von Zeugen oder die Begutachtung durch einen Sachverständigen angeordnet werden, wenn der Gegner zustimmt oder zu besorgen ist, dass das Beweismittel verloren geht oder seine Benutzung erschwert wird.**
(2) [1]Ist ein Rechtsstreit noch nicht anhängig, kann eine Partei die schriftliche Begutachtung durch einen Sachverständigen beantragen, wenn sie ein rechtliches Interesse daran hat, dass
1. der Zustand einer Person oder der Zustand oder Wert einer Sache,
2. die Ursache eines Personenschadens, Sachschadens oder Sachmangels,
3. der Aufwand für die Beseitigung eines Personenschadens, Sachschadens oder Sachmangels
festgestellt wird. [2]Ein rechtliches Interesse ist anzunehmen, wenn die Feststellung der Vermeidung eines Rechtsstreits dienen kann.
(3) Soweit eine Begutachtung bereits gerichtlich angeordnet worden ist, findet eine neue Begutachtung nur statt, wenn die Voraussetzungen des § 412 erfüllt sind.

A. Geschichte. Dieses spezielle Verfahren geht zurück auf die dem nachklassischen römischen Recht entstammende prozessunabhängige und ohne Beteiligung des Gegners möglich gewesene »probatio ad perpetuam rei memoriam«, also den »Beweis zum ewigen Gedächtnis«, und auf die im kanonischen Recht ent- 1 wickelte Möglichkeit der Beweissicherung bei drohendem Verlust des Beweismittels, welche dann die Klageerhebung binnen Jahresfrist erforderte.

2 **B. Gesetzeszweck.** Mit dem Rechtspflegevereinfachungsgesetz vom 17.12.90 wurde das »Beweissicherungsverfahren«, welches allein dazu diente, den Beweisführer vor dem Risiko einer tatsächlichen Beweisfälligkeit zu schützen, diesem also eine **vorsorgliche Beweissicherung** ermöglichen wollte, mit Wirkung ab dem 1.4.91 durch das »selbständige Beweisverfahren« ersetzt. Dieses selbständige Beweisverfahren sichert gesetzlich weitere Ziele, nämlich **Schlichtung, Prozessvermeidung,** mithin Entlastung der Gerichte, **Beschleunigung des Rechtsstreits** und **Beeinflussung der Verjährung** (dazu § 487 Rz 18). Der Beschleunigungseffekt kann in der Praxis verloren gehen, wenn der Ast nicht hinreichend sorgfältig vorträgt (dazu § 487 Rz 3, 5) und dadurch vor Durchführung der Beweisaufnahme gerichtliche Nachfragen erforderlich werden, wenn der Ast mit der Einzahlung des für die Einholung der Beweise angeforderten Vorschusses (dazu § 490 Rz 4) zögert oder wenn er die zeitaufwändige schriftliche Gutachtenergänzung anstelle der rascher abwickelbaren mündlichen Anhörung (dazu § 492 Rz 4) beantragt. Eine weitere Schwäche des selbständigen Beweisverfahrens kann sich daraus ergeben, dass das Gericht den Hintergrund des selbständigen Beweisverfahrens durchweg nicht überblickt und deshalb die in § 404a auferlegte Einweisung des Sachverständigen (dazu § 490 Rz 3) gelegentlich nicht umfassend verwirklichen kann. Die früher von Richtern der Eingangsgerichte bemängelte unzureichende dienstinterne Bewertung ihrer Bearbeitung der selbständigen Beweisverfahren besteht mittlerweile durchweg nicht mehr.

3 **C. Geltungsbereich.** Der wohl überwiegende Bereich der selbständigen Beweisverfahren im Zivilprozess ist der der **Vermeidung bzw Vorbereitung eines Bauprozesses,** zB während des Bauens die Prüfung behaupteter Mängel an Vorgewerken oder nach Kündigung die Feststellung eines bestimmten Bautenstandes einschließlich der Qualität. Ein Mängelbeseitigungsverlangen genügt den Anforderungen, wenn der Auftraggeber die Mängelerscheinungen durch Bezugnahme auf ein dem Auftragnehmer bekanntes und im selbständigen Beweisverfahren besorgtes Gutachten bezeichnet (BGH NJW 09, 354). Werden Abnahme und Aufmaß verweigert, kann Anlass für ein selbständiges Beweisverfahren bestehen; dauert dieses übermäßig lange, kommt Beweissicherung durch Privatgutachten in Betracht (*Seibel* BauR 10, 1668). Architekten können gehalten sein, ihren Bauherrn auf das Geboten-Sein der Einleitung eines selbständigen Beweisverfahrens hinzuweisen (Stuttg IBR 02, 139).

4 Die wirksame Vereinbarung einer **Schiedsgerichts- bzw Schiedsgutachterabrede** steht der Einleitung eines selbständigen Beweisverfahren nicht entgegen (Hamm BauR 05, 1360; Köln BauR 08, 1488. AA Bremen NJW-RR 09, 1294; LG Berlin IBR 11, 497). Solange das Schiedsgericht noch nicht konstituiert bzw ein Schiedsgutachten noch nicht eingeholt ist, ist die Anrufung des staatlichen Gerichts zulässig (Kobl BauR 99, 1055; Köln IBR 99, 289). Weil das Schiedsgutachten bei offenbarer Unrichtigkeit keine bindende Wirkung hat, können sich nach Eingang eines solchen Gutachtens Fragen für ein selbständiges Beweisverfahren ergeben. Das mit dem selbständigen Beweisverfahren befasste Gericht ist aber nicht in der Weise an den Inhalt der Schiedsgutachtenabrede gebunden, dass es einen darin bestimmten Schiedsgutachter auch zum gerichtlichen Sachverständigen bestimmen muss (aA *Koeble* BauR 07, 1120) bzw den von den Parteien vereinbarten Weg der Gutachterbestimmung einhalten muss; dem im selbständigen Beweisverfahren eingeholten Gutachten kommt nicht die Wirkung eines Schiedsgutachtens zu (aA Kniffka/Koeble 2. Teil Rn 74). Wird allerdings die Schiedsgutachtenvereinbarung nachträglich geschlossen und holen die Parteien dann einvernehmlich das Schiedsgutachten ein, fehlt dem Ast das Rechtsschutzbedürfnis (München BauR 08, 724). Liegt das Schiedsgutachten vor, ist der Antrag auf Einleitung eines selbständigen Beweisverfahrens unzulässig, wenn die Wirksamkeit der Schiedsgutachterabrede sowie die festgestellten Tatsachen unstr sind und dieses selbständige Beweisverfahren allein die Hemmung der Verjährung bezweckt (München BauR 08, 724). Die Vereinbarung eines dem ordentlichen Rechtsweg vorgeschalteten **Schlichtungsverfahrens** schließt die Statthaftigkeit des selbstständigen Beweisverfahrens nicht aus (Köln BauR 02, 1120).

5 Das selbständige Beweisverfahren kann zur Klärung von Mängeln einer **Kaufsache** in Betracht kommen; ein Kfz-Käufer, der nach dem Kaufvertrag die Nacherfüllung beim Verkäufer oder einem vom Hersteller anerkannten Betrieb geltend machen kann, ist nicht gehalten, dem Käufer das Fahrzeug kostenfrei zur Prüfung zu bringen, er kann stattdessen ein selbständiges Beweisverfahren zur Feststellung der Mängel einleiten; indes besteht weiterhin seine Schadensminderungspflicht (Kobl BauR 06, 1191). In **EDV-Streitigkeiten** ist die zeitnahe sachverständige Fixierung das Systems auf den behaupteten Fehlerzeitpunkt idR erforderlich, zumal die oft nicht zu vermeidende Weiterverwendung zu Veränderungen führen kann; geht es um

Computerprogramme und verweigert der Ag den Zugang, kann neben dem Antrag auf Einleitung eines selbständigen Beweisverfahrens eine einstweilige Verfügung mit § 809 BGB als Verfügungsanspruch in Betracht kommen (*Junker* jurisPR extra 06, 253); per einstweiliger Verfügung kann parallel die Mitwirkung des Ag an der Beweiserhebung des selbständigen Beweisverfahrens erzwungen werden (AG Halle IBR 10, 1061).

Geht es um streitiges geistiges Eigentum kommt insb in der patent- bzw urheberrechtlichen Praxis das **Besichtigungsverfahren** vor: Per idR ohne mündliche Verhandlung im selbständigen Beweisverfahren getroffenem Beschl verbunden mit flankierender einstweiliger Verfügung wird da ein Sachverständiger zur Untersuchung beauftragt, wobei durchweg eine modifizierte Verpflichtung zur Geheimhaltung gerichtlich auferlegt wird (Ddorf InstGE 10, 198; BGH GRUR 10, 318; München InstGE 12, 186; Ddorf InstGE 13, 126; Ddorf 7.2.11 – 20 W 153/10); zur Statthaftigkeit der sofortigen Beschwerde § 490 Rz 8.

Im **Mietrecht** kann ein selbständiges Beweisverfahren zur Ermittlung durchzuführender Mangelbeseiti- **6**
gungsarbeiten, zur Höhe der Mietminderung (KG NJW-RR 00, 513; *Scholl* NZM 99, 108; aA Schmidt-Futterer/*Börstinghaus* § 558a Rn 93) und zur ortsüblichen Vergleichsmiete (LG Mainz WuM 97, 631; *Scholl* WuM 97, 307; aA LG Berlin NJW-RR 97, 585; Schmidt-Futterer/*Börstinghaus* § 558b Rn 136) eingeleitet werden; der Mieter, der ein selbständiges Beweisverfahren betreibt, kann ggü dem Rückgabeanspruch des Vermieters kein Zurückbehaltungsrecht allein wegen des laufenden selbständigen Beweisverfahrens erfolgreich anbringen, denn das selbständige Beweisverfahren begründet nicht den für das Zurückbehaltungsrecht erforderlichen materiell-rechtlichen Anspruch (Ddorf OLGR 08, 242). Der Vermieter, der iRd selbständigen Beweisverfahrens mit der Sanierung bzw Neuvermietung bis zur Erstellung des Ergänzungsgutachtens wartet, verstößt nicht gegen seine Schadensminderungspflicht (Kobl BauR 10, 104). Auch wenn **Wohnungseigentum** betroffen ist, kommt das selbständige Beweisverfahren in Betracht (Kniffka/Koeble Teil 2 Rn 97 f; zur Verjährung § 487 Rz 18); ein Gutachten aus dem vor Inkrafttreten der WEG-Reform durchgeführten selbständigen Beweisverfahrens ist in einem dann nach neuem WEG-Recht geführten Klageverfahren verwertbar (LG Duisburg NJW-RR 11, 302).

Weil die Qualität der polizeilichen Spurensicherung gelegentlich nicht optimal ist, kann bei am **Unfallort** **7**
oder an den Unfallfahrzeugen noch vorhandenen Spurenbilder die Durchführung eines selbständigen Beweisverfahrens geboten sein (Hamm MDR 99, 184; *Höfle* RuS 02, 397). Veranlassung für ein selbständiges Beweisverfahren besteht aber nicht bereits aufgrund unterschiedlicher Unfallschilderungen (Ddorf NJW-RR 08, 1711). Kann das im selbständigen Beweisverfahren begehrte unfallanalytische Gutachten wegen der grds vorrangig vorzunehmenden und im selbständigen Beweisverfahren idR nicht möglichen Einvernahme von Zeugen und Anhörung der Parteien allenfalls ein vorläufiges sein, fehlt es, jedenfalls soweit zum Erfordernis der Beweissicherung nicht weiterer konkreter Sachvortrag gebracht wird, an dem Rechtsschutzbedürfnis (München 29.7.11 – 10 W 1226/11). Wenn keine Zeugen zur Verfügung stehen und der Unfallverursacher wahrheitswidrige Angaben zum Unfallgeschehen macht, mithin besondere Umstände gegeben sind, liegt in der Einleitung eines selbständigen Beweisverfahrens und dem Abwarten mit der Reparatur bis zum Zeitpunkt der Besichtigung durch den Sachverständigen und der Berücksichtigung dieses Zeitraums für die Berechnung der Nutzungsausfallentschädigung kein Verstoß gegen die Schadensminderungspflicht (KG NZV 07, 520; Saarbr MDR 07, 1190; Ddorf NJW-RR 08, 1711). Für ein nach Verkehrsunfall eingeleitetes selbständiges Beweisverfahren besteht im Falle einer Rechtsschutzversicherung grds Deckungsschutz (*van Bühren* ZfS 11, 549); dieser Kostenvorteil kann dem eingeschalteten Rechtsanwalt Veranlassung geben, anstelle der Einholung eines Privatgutachtens ein selbständiges Beweisverfahren einzuleiten.

Auch im **Arzthaftungs- und im Zahnarzthaftungsrecht** ist das selbständige Beweisverfahren grds möglich **8**
(Karlsr VersR 03, 374; BGH NJW 03, 1741 mit *Gehrlein* ZMGR 04, 187; Köln OLGR 06, 58). Diverse Details sind dazu noch streitig: Zulässig sollen Fragen sein, die auf die Klärung angenommener Behandlungsfehler zielen (Karlsr MedR 11, 157; aA Köln VersR 09, 1515); die schlichte Frage, ob ein Behandlungsfehler vorliegt, soll als Ausforschung unzulässig sein (Oldbg MDR 08, 1059); nicht zulässig soll die Frage sein, ob eine Behandlung „lege artis" erfolgte (Köln GesR 11, 157); erfragt werden darf der Zustand einer Person und die Ursache für diesen Zustand, indes soll nicht die Frage gestellt werden dürfen, ob der konkrete Zustand auf einem ärztlichen Behandlungsfehler beruht (Saarbr MDR 11, 880; KG GesR 11, 421; aA Oldbg 6.7.11 – 5 W 14/11); Zusätzlich kann gefragt werden nach den Maßnahmen, die geeignet und erforderlich sind, um die Folgen des festgestellten Fehlers zu beheben (Nürnbg MDR 08, 997; *Rinke/Balser*

VersR 09, 188); im selbständigen Beweisverfahren kann auch – durch insoweit spezialisierte Sachverständige – geklärt werden, ob der Ast ganz oder tw berufsunfähig ist (aA Köln NJW-RR 09, 431).
Weil im selbständigen Beweisverfahren der eigenständige Urkundenbeweis nicht möglich ist, scheidet in dem wegen Arzthaftung geführten selbständigen Beweisverfahren die zusätzliche Verwertung der Krankenunterlagen als Beweismittel »Urkunde« aus; die Auswertung der medizinischen Dokumentation ist dem Sachverständigen indes möglich, wenn sie der Antragsschrift beigefügt ist. Zieht der Ast das vorliegende Gutachten einer Gutachterkommission, in dem ein ärztlicher Behandlungsfehler verneint wird, nicht in Zweifel, fehlt das rechtliche Interesse (Hamm OLGR 04, 279).

9 Weil das **FGG** – abgesehen von der Sondervorschrift des § 164 FGG – keine Bestimmung über eine vorsorgliche Beweiserhebung enthielt, waren in privatrechtlichen Streitigkeiten der freiwilligen Gerichtsbarkeit die §§ 485 ff anwendbar (Frankf NJW-RR 97, 581). Einige Länderrechte – zB Art 23 Nds FGG – regelten für Verfahren der freiwilligen Gerichtsbarkeit die Durchführung gerichtlicher Beweissicherungsverfahren. Gemäß § 113 I 2 FamFG dürften auch die Regelungen der §§ 485 Anwendung finden.

10 Die Vorschriften der §§ 485 ff sind über § 46 II ArbGG in der **Arbeitsgerichtsbarkeit** anwendbar (BAG NZA 09, 112). Gleiches gilt über § 76 SGG für die **Sozialgerichtsbarkeit**. Der Anwendung der §§ 485 ff im **Verwaltungsprozessrecht** steht nicht entgegen, dass diese Vorschriften ihre jetzige Fassung erst nach Erlass der VwGO erhalten haben, denn § 98 VwGO beinhaltet eine dynamische Verweisung (VG Düsseldorf 17.5.11 – 17 I 4/08). § 485 ist indes in den Fällen der Drittanfechtung von Verwaltungsakten nicht anwendbar, weil außerhalb der gerichtlichen Verfahren Sachverhaltsermittlungen und Beweiserhebungen Aufgaben der Behörden sind (VGH Mannheim NVwZ-RR 07, 574; *Troidl* NVwZ 11, 780). § 82 FGO regelt die sinngemäße Anwendung der §§ 485 ff für das **finanzgerichtliche Verfahren** (BFH 28.12.07 – III B 55/07).

11 **D. Grundzüge.** Das selbständige Beweisverfahren erfordert den an ein Gericht adressierten Antrag einer Partei (dazu § 487 Rz 3), kann also nicht vAw betrieben werden. Das zuständige Gericht hat bei der Bearbeitung **keinen Ermessensspielraum**; sofern die Voraussetzungen gegeben sind, kann also nicht – etwa aus Gründen der Unzweckmäßigkeit – der Antrag abgelehnt werden.

12 Nur **bestimmte Beweismittel** sind zulässig: Die Beweiserhebung nach Abs 1 ist auf den richterlichen Augenschein, den Zeugenbeweis und die mündliche bzw schriftliche Anhörung des Sachverständigen beschränkt; Abs 2 lässt allein Sachverständigengutachten zu. Die Durchführung des Urkundenbeweises ist im selbständigen Beweisverfahren nicht zulässig (SG Ulm 9.3.09 – S 10 U 4214/08 A); werden dem Sachverständigen **Urkunden** vorgelegt, kann er diese für sein Gutachten verwerten. Die Durchführung einer **Parteivernehmung** kommt im selbstständigen Beweisverfahren nicht in Betracht (Saarbr OLGR 08, 26; aA St/J/*Leipold* § 485 Rn 6).

13 **E. Erscheinungsformen. I. Allgemeines Rechtsschutzbedürfnis/rechtliches Interesse.** Von der gesetzlichen Konzeption her ist das selbständige Beweisverfahren vorläufig und zweckgebunden. In der Sache ist eine rasche Bearbeitung durch Gerichte und Sachverständige geboten; das Gesetz fordert aber kein besonderes Beschleunigungsbedürfnis als Zulässigkeitsvoraussetzung; deshalb erscheint missverständlich, das selbständige Beweisverfahren als »vorläufiges Eilverfahren« zu bezeichnen (so aber MüKo-ZPO/*Schreiber* § 485 Rn 13). Erst wenn ein Erfordernis zur Feststellung von Tatsachen unter keinem Aspekt erkennbar wird, ist der Antrag wegen Fehlens des allgemeinen Rechtschutzbedürfnisses unzulässig (Kobl NVwZ-RR 06, 853; Zweibr OLGR 06, 174). Das rechtliche Interesse fehlt, wenn klar ist, dass der Antrag, dessen sich der Ast berühmt, nicht bestehen kann; das ist der Fall, wenn der Ast den gerichtlichen Sachverständigen in Anspruch nehmen will, das zugrunde liegende Verfahren mit einem die Haftung gem § 839a BGB ausschließenden Vergleich endete (Nürnbg MDR 11, 750). Ist die durch technische Sachverständige nicht aufklärbare Frage der formellen oder materiellen Baurechtswidrigkeit noch offen, fehlt für ein selbständiges Beweisverfahren betreffend Details zur Herstellung eines baurechtskonformen Zustandes das rechtliche Interesse (Karlsr BauR 09, 139). Das Rechtsschutzbedürfnis fehlt aber nicht schon, wenn ein Streit unwahrscheinlich erscheint, sondern erst, wenn bei vernünftiger Betrachtung ein Streit nicht aufkommen kann (Nürnbg OLGR 01, 2739). Das Rechtsschutzbedürfnis fehlt, wenn der Antrag des anhängigen selbständigen Beweisverfahrens erneut gestellt wird (Köln VersR 92, 1152), Gleiches gilt für die Wiederholung eines zurückgewiesenen Antrags, sofern nicht die Zurückweisung aus formellen Gründen erfolgte und die Antragsmängel nun behoben sind. Das Rechtsschutzbedürfnis ist nicht gegeben für ein selbständiges Beweisverfahren betreffend den Wert eines kaskoversicherten Kfz, solange das eingeleitete **Sachverständigenverfahren** noch nicht beendet ist (Hamm NJW 98, 689). Das interesse des Wohnraummieters an einem

selbständigen Beweisverfahren zur Feststellung von Mängeln fehlt, wenn der Vermieter unstr zur Mängelbeseitigung bereit ist (LG Hamburg ZMR 08, 210). Dass der Stromkunde gem § 8 II StromGW jederzeit die Überprüfung der Messeinrichtungen durch die Eichbehörde verlangen kann, schließt des Rechtsschutzbedürfnis für sein Begehren, die Ordnungsgemäßheit durch gerichtlichen Sachverständigen im selbständigen Beweisverfahren zu klären, nicht aus (Hamm MDR 10, 282). Ob ein rechtliches Interesse nur deshalb fehlen kann, weil der Ast in einem vorhergehenden selbständigen Beweisverfahren als Streitverkündeter über Monate Zeit hatte, auf das Verfahren Einfluss zu nehmen (so LG Chemnitz BauR 08, 1194), erscheint zweifelhaft. Das Fehlen eines Rechtsschutzbedürfnisses für ein zivilrechtliches selbständiges Beweisverfahren kann nur dann mit der Begründung, dass in einem nur wenige Zeit zurückliegenden sozialgerichtlichen Verfahren Feststellungen zu den behaupteten Tatsachen getroffen worden sind, zurückgewiesen werden, wenn sicher ist, dass diese getroffenen Feststellungen trotz des im Sozialrecht ggf anderen Ursächlichkeitsverständnisses gleichwertig sind (Celle OLGR 06, 535). Ergibt sich betreffend einige Gegenstände des Begehrens kein rechtliches Interesse, ist der Antrag insoweit, also tw, zurückzuweisen; aus dem Streitvermeidungszweck des selbständigen Beweisverfahrens lässt sich nicht ableiten, dass genügt, wenn rechtliches Interesse für einen von mehreren Gegenständen gegeben ist (aA Kniffka/Koeble 2. Teil Rn 78).

II. Voraussetzungen der Beweiserhebung (Abs 1). 1. Verlust von Beweismitteln/Erschwerung. Bei **Zeugen** kommen gefährliche Erkrankung, hohes Alter (Nürnbg NJW-RR 98, 573) und krankheitsbedingt drohende Erinnerungslücken in Betracht; nur bei Hinzutreten weiterer Umstände – zB keine freiwillig zu erwartende Rückkehr und keine Möglichkeit, die Aussage zu erzwingen – kann auch ein bevorstehender Aufenthalt im Ausland ausreichen (BFHE 97, 288; BGH 18.3.03 – VI ZB 68/02; BFH 19.10.07–5 B 66-67/07. Es genügt nicht, dass die zu vernehmende Person später aus rechtlichen Gründen – etwa wegen der bevorstehenden Geschäftsführeinsetzung oder zu erwartender Insolvenzverwaltereinsetzung – nicht mehr Zeugenstellung haben wird (KG JW 21, 1251). Der Zeuge ist im Zweifel gem § 391 zu beeiden. 14

Bei einem **weiterlaufenden Baugeschehen** ergibt sich die Gefahr des Verlustes gleichsam aus der Natur der Sache und braucht deshalb im Antrag nicht besonders dargelegt zu werden. Wird indes im Antrag offenbart, dass das **Bauvorhaben stillgelegt** bleibt, droht mit der Folge der Unzulässigkeit des Antrags kein Verlust von Beweismitteln. Ergibt sich aus dem Vortrag zu einem ohne Zustimmung des Gegners gestellten Antrag auf Einleitung eines selbständigen Beweisverfahrens unter keinem Gesichtspunkt die Besorgung des Verlustes oder der erschwerten Benutzung des Beweismittels, ist der Antrag unzulässig (Karlsr OLGR 06, 644; BFH/NV 08, 575). Verlust und Erschwerung müssen sich aus tatsächlichen Umständen ergeben, sodass die **bevorstehende Verjährung kein Fall des Abs 1** ist (str, ebenso LG München I BauR 04, 1671; Zö/*Herget* § 485 Rn 5). Während eines bereits laufenden Rechtsstreits empfiehlt sich der an der Beweissicherung interessierten Partei, innerhalb des Verfahrens einen konkreten Antrag auf sofortige Durchführung der Beweisaufnahme zu stellen; ein Antrag auf Durchführung des selbständigen Beweisverfahrens ist wegen fehlenden Rechtsschutzbedürfnisses unzulässig, wenn im anhängigen Hauptsacheprozess sogleich ein identischer Beweisbeschluss ergehen wird (Schlesw OLGR 03, 351). 15

2. Einvernehmlichkeit. Diese Variante kommt in der Praxis selten vor. Die dem Gericht ggü abzugebende Zustimmung des Gegners ist als **Prozesshandlung** weder widerruflich, noch anfechtbar (BGHZ 12, 284). Gelegentlich enthalten Werkverträge schriftliche Absprachen dahin, dass bei Streitigkeiten einem selbständigen Beweisverfahren zugestimmt werde; hierin ist nur die Verpflichtung zur Zustimmung, nicht aber die erforderliche Zustimmung selbst zu sehen. Die Einigung der Parteien dahin, dass über die streitige Frage des Vorliegens von Mängeln ein selbständiges Beweisverfahren durchgeführt wird, kann andere auf die Realisierung von Gewährleistungsansprüchen gerichtete Rechtshandlungen wegen widersprüchlichen Verhaltens unzulässig machen (Hamm BauR 82, 591). Ist das Einvernehmen klar auf die Einleitung eines selbständigen Beweisverfahrens bezogen, kann es nicht auch als Schiedsgutachtenabrede gewertet werden. 16

3. Einnahme des Augenscheins. Gegenstand des richterlichen Augenscheins können Personen, Sachen, Zustände und Vorgänge sein. Erfordert der richterliche Augenschein besondere Fachkunde, kann das Gericht vAw gem §§ 492 I, 372 I von ihm auszuwählende **Sachverständige** hinzuziehen, die dann Augenscheinsgehilfen oder Augenscheinsmittler sind und nach den Regelungen des JVEG als Sachverständige vergütet werden. 17

18 **4. Selbständiges Beweisverfahren während des Rechtsstreits.** Arrest und einstweilige Verfügung genügen nicht. Bei einem Mahnbescheid lässt sich der Zusammenhang erst beurteilen, wenn eine Anspruchsbegründung vorliegt.

19 **III. Voraussetzungen der Beweiserhebung (Abs 2). 1. Kein Hauptsacheprozess.** Für dieses isolierte selbständige Beweisverfahren muss geklärt werden, ob derselbe Lebenssachverhalt mit denselben Beteiligten, wobei es nicht auf dieselbe Parteistellung ankommt (Braunschw BauR 01, 990), und demselben Rechtsschutzziel Gegenstand eines Rechtsstreits ist. Ein **unterbrochener oder ausgesetzter Rechtsstreit** gelten als kein Rechtsstreit (Ddorf JurBüro 84, 280). Beim **Urkundenprozess** stellt erst das Nachverfahren einen anhängigen Hauptsacheprozess dar (KG JurBüro 68, 391). Das eingeleitete **Mahnverfahren** gilt als Rechtsstreit (Jena OLGR 00, 59), ebenso der Prozesskostenhilfeantrag mit gleichzeitiger Einreichung der Klage. Arrest- und einstweilige Verfügungsverfahren stellen sich nicht als Rechtsstreit dar.

20 **2. Rechtliches Interesse.** Anders als beim Antrag gem § 485 I (dazu § 485 Rz 15) ergibt drohende **Verjährung** ein rechtliches Interesse für einen Antrag gem Abs 2 (Zö/*Herget* § 485 Rn 7a), sodass für einen Rechtsanwalt bei drohender Verjährung die Pflicht bestehen kann, ein selbständiges Beweisverfahren zwecks Beeinflussung des weiteren Laufes der Verjährungsfrist einzuleiten (Celle IBR 11, 551). Kein rechtliches Interesse ist gegeben, wenn die begehrte Feststellung sich auf reine Zählvorgänge beschränkt, denn für diese bedarf es keiner Sachkunde.

21 **3. Beweisthemen. a) Zustand einer Person/Zustand oder Wert einer Sache (Nr 1).** Zustand meint die begriffliche Ausgestaltung (zur Arzthaftung § 485 Rz 18). Dazu zählt auch die fachtechnische Einordnung einer Bauleistung als den **anerkannten Regeln der Technik** widersprechend oder genügend (München BauR 94, 275; VGH Kassel ESVGH 61, 158) und die Klärung der nach den maßgeblichen DIN bestehenden Prüf- und Aufklärungspflichten (LG Köln 16.6.11 – 9 T 70/11); Zustand meint auch Tatsachen, die sich erst nach Bauteilöffnung ergeben (Köln BauR 05, 752). Zulässig ist die Feststellung eines früheren (Oldbg BauR 95, 132; Schlesw IBR 09, 1391. AA B/L/A/H § 485 Rn 10), nicht aber die eines künftigen Zustandes; es kann aber geklärt werden, ob die Werkleistung technisch fehlerhaft würde, wenn der **Ausschreibung** entsprechend gearbeitet wird (Jena BauR 01, 1945). Die Prüffähigkeit einer **Architektenrechnung** ist – weil Rechtsfrage – unzulässig (Stuttg BauR 99, 514); gefragt werden kann nach der sachlichen Richtigkeit der Rechnung (Stuttg NZBau 05, 640). Gefragt werden darf nach der **Erkennbarkeit von Mängeln** (BGH BauR 10, 248). Weil auf rechtliche und nicht auf tatsächliche Gegebenheiten abzielend darf auch nicht gefragt werden, ob die Mängel technisch so beschaffen waren, dass sie dem Fachmann hätten auffallen müssen (Köln BauR 99, 195), Gleiches gilt für die Frage nach dem Vorliegen arglistigen Verhaltens. Eine unzulässige Rechtsfrage liegt vor, wenn geklärt werden soll, ob eine bestimmte Baugestaltung in der Vor-, Entwurfs- oder Ausführungsplanung hätte vorgesehen oder bei der Bauaufsicht hätte gefordert werden müssen (Frankf BauR 11, 723). Das Begehren kann gehen auf die Feststellung der im konkreten Fall einschlägigen Erfahrungssätze, Verkehrssitten und Handelsbräuche. Von einem Nachbargrundstück verursachte variierende **Geruchs- oder Geräuschimmissionen** betreffen den Zustand einer Sache (Jena BauR 08, 1355. AA Hambg BauR 06, 1788; Hambg IBR 09, 1054). Der konkrete Umfang der **Minderung** ist als Rechtsfrage allein vom Richter zu beantworten und deshalb dem selbständigen Beweisverfahren nicht zugänglich. Der Sachverständige darf nach dem Wert gefragt werden, also bei Bauleistungen nach dem konkreten **Minderwert** (Hamm NJW-RR 02, 1674; Karlsr BauR 06, 1950. Zweifelnd Kniffka/Koeble 2. Teil Rn 88); er kann sich dann der Multifaktoren- oder Zielbaummethode (Ulrich-SV Rn 577; Ulrich-sBV Teil 3 Rn 24) oder der eine Variante dieser Methode darstellenden Nutzwertanalyse bedienen (Bambg NJW-RR 06, 742; Zweibr BauR 06, 690). Die Frage, ob eine bestimmte Art der Reparatur unverhältnismäßig ist, ist als Rechtsfrage unzulässig (München BauR 11, 895). Gefragt werden kann auch, welcher **merkantile Minderwert** nach Durchführung von Reparaturarbeiten verbleibt (Schlesw OLGR 00, 61). Zulässig ist die Frage nach der Höhe eines entgangenen Gewinns (BGH MDR 10, 39).

22 **b) Ursache eines Personenschadens, Sachschadens oder Sachmangels (Nr 2).** Ursache meint die physikalische, chemische oder biologische Kausalität. Geklärt werden kann, wer von mehreren möglichen Verursachern zu welcher technischen **Verursachungsquote** beteiligt ist (München BauR 98, 363; Köln BauR 05, 752). »Sachmangel« meint nicht **Mangel** im Rechtssinne, sondern technische Mangelerscheinung (Köln BauR 02, 264). Für die begehrte Klärung der Ursache eines Mangels genügt der Vortrag des Ast, dass ihm die Ursache nicht bekannt ist (Celle BauR 11, 145). Die Frage nach dem Bestehen von Hinweis- bzw

Bedenkenanmeldungspflichten ist unzulässige Rechtsfrage; indes ist klärbar, wie sich der durchschnittliche Fachmann angesichts bestimmter Erscheinungsbilder üblicherweise verhalten hätte.

c) **Aufwand (Nr 3).** Gefragt werden kann bzgl Mängeln nach möglichen Beseitigungsmaßnahmen (Karlsr BauR 06, 1950) und den jeweiligen voraussichtlichen Kosten. Der Ast braucht weder konkrete Sanierungsmaßnahmen anzugeben, noch die für erforderlich gehaltenen Kosten zu nennen (KG BauR 92, 407). Zusätzlich kann geklärt werden die **Dauer** der Sanierungsarbeiten sowie die Kosten anfallender **Nacharbeiten** einschließlich **Entsorgung** (Köln BauR 02, 1120; Kobl BauRB 04, 136). Ein Leistungsverzeichnis für die Mängelbeseitigung kann nicht verlangt werden (Ddorf JurBüro 92, 426). Im Bereich der Arzthaftung ist zulässig die Beweisaufnahme dazu, welche Maßnahmen ggf geeignet und erforderlich sind, um die Folgen des festgestellten Behandlungsfehlers zu beheben (Nürnbg MDR 08, 997). Gefragt werden darf auch nach den Folgen in der Lebensführung und dem Vorliegen der Voraussetzungen einer konkreten Berufsunfähigkeit; dass diese Feststellungen für einen medizinischen Sachverständigen ggf schwierig sind, steht der Zulässigkeit nicht entgegen (Celle NJW-RR 11, 536; Celle VersR 11, 1418. AA Köln NJW-RR 09, 431). 23

4. Vermeidung eines Rechtsstreits. Dem gesetzlichen Schlichtungszweck des selbständigen Beweisverfahrens wird entnommen, dass jede rechtlich zulässige Frage, die möglicherweise einer Streitbeilegung ohne Prozess dient, gestellt werden kann; selbst die vom Ag klar abgelehnte gütliche Einigung steht nicht entgegen (Köln OLGR 02, 35). Das mit dem selbständigen Beweisverfahren befasste Gericht darf weder die Schlüssigkeit (BGH NJW 04, 3488; Brandbg IBR 10, 549), noch die Beweiserheblichkeit oder die Beweisbedürftigkeit prüfen (Jena OLG-NL 05, 209). Eine gebrachte Verjährungseinrede ist unbeachtlich (Ddorf BauR 01, 128; Celle BauR 03, 1076; aA Karlsr NJW-RR 02, 951; Kobl OLGR 07, 276). 24

IV. Neue Begutachtung (Abs 3). Weil die Aussagekraft des im selbständigen Beweisverfahren eingeholten Gutachtens grds erst im Hauptsacheverfahren richterlich geprüft wird, kommt im selbständigen Beweisverfahren eine neue Beweiserhebung durch denselben oder einen anderen Sachverständigen allenfalls in Betracht, wenn das erstattete Gutachten schon auf den ersten Blick als völlig ungeeignet erscheint und auch die mündliche Erläuterung keine Klärung schafft (Frankf NJW-RR 07, 18). Werden im selbständigen Beweisverfahren konkrete Einwände gebracht und insb die Fachkunde des Sachverständigen substanziiert bezweifelt bzw inhaltliche Widersprüche dargelegt, muss das Gericht des selbständigen Beweisverfahrens auf diese Einwände eingehen und ggf die mündliche Anhörung des Sachverständigen zur Klärung durchführen oder ein weiteres Gutachten einholen (Frankf BauR 08, 1183). Wird indes nur das Gegenteil der vom Sachverständigen festgestellten Tatsachen – ggf mit Vorlage eines Privatgutachtens – behauptet und dazu die Einholung eines »Obergutachtens« beantragt, kann der Rechtsgedanke des § 244 IV 4 StPO herangezogen werden, wonach ein weiteres Gutachten abgelehnt werden darf, wenn die behauptete Tatsache aufgrund des vorliegenden als erwiesen scheint (Köln JurBüro 97, 276). Die Ablehnung des Antrags, ein neues Gutachten einzuholen, ist auch im selbständigen Beweisverfahren **nicht anfechtbar** (BGH MDR 10, 767; BGH IBR 11, 443; BGH IBR 12, 118). Der **Zessionar einer Forderung**, zu deren Tatsachen der Zedent vor Abtretung ein selbständiges Beweisverfahren eingeleitet hat, ist gehindert, zu denselben Tatsachen ein neues selbständiges Beweisverfahren gegen denselben Ag einzuleiten (BGH MDR 12, 48). 25

F. Gerichtliche Aktenführung. Die Anträge auf selbständige Beweisverfahren werden gem der **Aktenordnung** im Prozessregister geführt als Anträge außerhalb eines anhängigen Rechtsstreits. Mit der Beendigung des selbständigen Beweisverfahrens (dazu § 492 Rz 6) wird die Akte des selbständigen Beweisverfahrens weggelegt und – durchweg fünf Jahre lang – aufbewahrt. Danach kommt es zu der Aussonderung/Vernichtung. Beteiligte, die ein berechtigtes Interesse an einer längeren **Aufbewahrung** zu haben glauben, können dies mit Glaubhaftmachung anmelden. Kommt es in dem Hauptsacheverfahren zu der Beiziehung der Akte des selbstständigen Beweisverfahrens, wird diese Akte Bestandteil der Hauptsacheakte und unterfällt damit den für die Hauptsacheakte geltenden Regelungen der Aktenordnung. 26

G. Kosten/Gebühren. Spezielle Regelungen für eine Kostenentscheidung im selbstständigen Beweisverfahren finden sich nicht. Eine Kostenentscheidung ist bereits im selbstständigen Beweisverfahren zulässig, wenn dieses Verfahren vorzeitig durch Zurückweisung des Antrags analog § 91 I als unzulässig, analog § 269 III 2 durch Rücknahme des Antrags (Köln BauR 09, 1623; Celle BauR 10, 1279) oder dadurch endet, dass es nicht weiterbetrieben wird (Karlsr BauR 09, 139; Stuttg IBR 12, 58). Die Nichteinzahlung des bei dem Ast angeforderten Vorschusses soll als Antragsrücknahme zu werten sein, die entsprechend § 269 III eine isolierte Kostenentscheidung zu Lasten des ast zulässt (LG Halle 28.12.10 – 4 OH 8/10); zur durch Nicht- 27 zahlung des Vorschusses bewirkten Beendigung des selbständigen Beweisverfahrens § 490 Rz 4. Wird nur ein Teil des Antrags auf Durchführung des selbständigen Beweisverfahrens zurückgenommen, ist kein Raum für eine isolierte **Teilkostenentscheidung** im selbständigen Beweisverfahren (Kobl IBR 06, 534). Wechselt der Ast die bisherigen Beweisfragen indes komplett aus, kommt die analoge Anwendung von § 269 III 2 in Betracht (Stuttg NJW-RR 10, 679). Leiten mehrere wegen jeweils eigener und voneinander abtrennbarer Interessen dasselbe selbständige Beweisverfahren ein und erheben anschließend nur einige ihre Hauptsacheklage, kann zu Lasten der nicht mehr Beteiligten eine isolierte Teilkostenentscheidung ergehen (Hamm 20.10.11 – 17 W 23/11). Zur Kostenentscheidung nach Teilerfüllung durch den Ag und bei Erhebung der Hauptsacheklage wegen des Restes vgl § 494a Rz 10. In der einseitigen **Erledigungserklärung** seitens des Ast liegt idR seine Antragsrücknahme (BGH BauR 11, 714; BGH BauR 11, 1045); erledigt der Ag etwa durch nachträgliche Reparatur den Gegenstand des selbständigen Beweisverfahrens, steht dem Ast die Erhebung der Feststellungsklage frei, deren Entscheidung auch die Kosten des selbständigen Beweisverfahrens erfasst (BGH WuM 11, 61). Übereinstimmende Erledigungserklärungen lassen keinen Raum für die Anwendung des § 91a (BGH BauR 11, 1046). Kommt es zum Hauptsacheverfahren, ist darin analog § 101 I über die Kosten der Streithilfe zu entscheiden (BGH NJW 09, 3240).

Bei einem **Vergleich im Hauptsacheverfahren** mit „Kostenaufhebung gegeneiander" sind die vollen Kosten des vorangegangenen selbständigen Beweisverfahrens auch dann zu berücksichtigen, wenn nur Teile des selbständigen Beweisverfahrens und des Hauptsacheverfahrens identisch sind; in Betracht kommt dann die Anwendung des § 96; im abschließenden Kostenfestsetzungsverfahrens ist ein „Korrektur" der Kostengrundentscheidung nicht mehr möglich (Jena 13.5.11 – 9 W 201/11).

28 Weil das selbständige Beweisverfahren inhaltlich die Vorwegnahme allein der Beweiserhebung darstellt, kann – von dem Fall des § 494a abgesehen – über die Kosten erst mit der Hauptsache entschieden werden. Die Kosten des selbständigen Beweisverfahrens, insb die des darin bestellten Sachverständigen, sind Teil der Kosten des von den Parteien des selbständigen Beweisverfahrens geführten Hauptsacheprozesses (BGH BauR 06, 865; VGH München NJW 08, 2664), wobei tw **Personenidentität** (Celle BauR 09, 702) und tw **Sachübereinstimmung** (Hamm NJW-RR 08, 950) genügt; es kommt nicht darauf an, ob das selbständige Beweisverfahren notwendig war oder die Ergebnisse des selbständigen Beweisverfahrens verwertet wurden (Karlsr OLGR 05, 526; Ddorf Rpfleger 07, 228); wechselt indes der zunächst zum selbständigen Beweisverfahren passende Streitgegenstand aufgrund **Klageänderung**, können die Kosten des selbständigen Beweisverfahrens ohne ausdrücklichen Ausspruch im Urt nicht festgesetzt werden (Köln BauR 06, 900). Im Übrigen erfasst die Kostenentscheidung des von den Parteien des selbständigen Beweisverfahrens betriebenen Hauptsacheverfahrens, ohne dass hierzu ein besonderer Ausspruch erforderlich ist, auch die Kosten des selbständigen Beweisverfahrens; betreffend die Kosten des selbständigen Beweisverfahrens kann die Anwendung des § 96 in Betracht kommen (BGH BauR 04, 1487; BGH BauR 06, 865). Es kann ferner in Betracht kommen, die Kosten des selbständigen Beweisverfahrens unabhängig von der Kostenquote des sonstigen Rechtsstreits einer Partei aufzuerlegen (Hamm OLGR 08, 264). Die Kosten des selbständigen Beweisverfahrens werden nach **Rücknahme der Hauptsacheklage**, sofern der Streitgegenstand mindestens tw identisch ist, von der Kostengrundentscheidung erfasst (BGH NJW 07, 1279; BGH NJW 07, 1282).

29 Im Einzelfall kann in Betracht kommen, die Kosten des selbständigen Beweisverfahrens als **materiell-rechtlichen Kostenerstattungsanspruch** im Wege der Klage oder per Mahnbescheid geltend zu machen. Die Ablehnung eine Kostenentscheidung gem § 494a schließt einen möglichen materiell-rechtlichen Kostenerstattungsanspruch nicht aus (Ddorf OLGR 06, 333). Die Aufrechnung mit einem materiell-rechtlichen Kostenerstattungsanspruch ist ungeachtet der Möglichkeit wirksam, dass in einem späteren Hauptsacheverfahren über die Prozesskosten prozessual entschieden wird (BGH BauR 10, 778). Der auf den materiellrechtlichen Kostenerstattungsanspruch bezogenen Leistungsklage fehlt aber das Rechtsschutzbedürfnis, sobald der prozessuale Kostenerstattungsanspruch einfacher durchzusetzen ist; das ist immer der Fall, wenn Hauptsacheklage erhoben worden ist oder wenn die Kostenentscheidung über § 494a erreichbar ist. Rügt der Bauherr Mängel und ergibt sich ihm, nicht aber auch dem Unternehmer, dass ein Mangel nicht vorliegt bzw dieser nicht dem Unternehmer zugerechnet werden kann, kann der Unternehmer die Kosten seines wegen der behaupteten Mängel eingeleiteten selbständigen Beweisverfahrens vom Auftraggeber ersetzt verlangen (BGH WuM 08, 145). Die vom Besteller gegen den Unternehmer aufgewandten Kosten eines selbständigen Beweisverfahrens stellen einen Schaden dar, den der Besteller von dem den Bau überwachenden Architekten ersetzt verlangen kann, wenn der festgestellte Mangel auch auf einem Überwachungsfehler des Architekten beruht (Dresd BauR 08, 1036). Der Streitverkündete des selbständigen Beweisverfahrens kann

seine Rechtsanwaltskosten in seinem Hauptsacheverfahren nicht als Mangelbeseitigungskosten geltend machen; vielmehr steht ihm mit dem Kostenfestsetzungsverfahren ein einfacherer Weg zur Verfügung (Frankf BauR 09, 690).

I. Prozesskostenhilfe. Für die Bewilligung zugunsten des Ast sind entscheidend allein die Aussichten des Beweisantrags und nicht die einer beabsichtigten Klage (Stuttg MDR 10, 169). Scheidet ein möglicher Anspruch nicht von vorneherein klar aus, liegt ein rechtliches Interesse an der Durchführung des selbständigen Beweisverfahrens vor, sodass die Möglichkeit der Erbringung sachdienlicher Erkenntnisse die beabsichtigte Rechtsverfolgung nicht als mutwillig iSd § 114 erscheinen lässt (Jena OLGR 08, 714). Aus Gründen der Chancengleichheit kann die anwaltliche Vertretung des Ast genügen, um dem Ag Prozesskostenhilfe zu gewähren (Ulrich sBV Teil 9 Rn 1). Das Prozesskostenhilfegesuch des Streitverkündeten ist nur erfolgreich, wenn er Umstände darlegt, die ggü einer etwaigen Hauptsacheklage als Einwände geeignet sind und im vorliegenden selbständigen Beweisverfahren geklärt werden können. 30

II. Gerichtkosten. Gemäß § 6 I GKG entsteht fällig mit Einreichung des Antrags im zivilgerichtliche Verfahren nach KV 1610, im verwaltungsgerichtlichen Verfahren nach KV 5300, im finanzgerichtlichen Verfahren nach KV 6300 und im sozialgerichtlichen Verfahren nach KV 7300 eine 1,0 Gerichtsgebühr; im arbeitsgerichtlichen Verfahren entsteht nach KV 8400 die 0,6 Gerichtsgebühr. Seit dem 28.12.10 ist für ein – bis dahin kostenfreies – selbständiges Beweisverfahren in Familiensachen nach Nr 1503 FamGKG eine 1,0 Verfahrensgebühr zu erheben (dazu *Schneider* FamRB 11, 127). Kostenschuldner ist gem § 22 GKG, wer den Antrag stellt; dies ist der Ag, wenn er durch selbständigen Antrag zum Angriff übergeht (KG MDR 07, 986; Celle BauR 08, 1941). Die Auslagen des selbständigen Beweisverfahrens werden gem § 9 I GKG – Ausnahmen Abs 2 – mit Beendigung des Verfahrens fällig. Weil der Antrag auf Einleitung des selbstständigen Beweisverfahrens keine Klage iSd § 12 I GKG darstellt, besteht keine Vorschusspflicht. Wird die Hauptsache im selbständigen Beweisverfahren verglichen, entsteht die Vergleichsgebühr nach KV 1900 gesondert. Die Gerichtskosten des Beschwerdeverfahrens ergeben sich nach KV 1812. 31

III. Rechtsanwaltsgebühren. Das selbständige Beweisverfahren gehört nicht zu einem bereits anhängigen oder nach Beendigung des selbständigen Beweisverfahrens anhängig werdenden Hauptsacheverfahren. Damit können entstehen eine 1,3 Verfahrensgebühr gem Nr 3100 VV RVG und eine 1,2 Terminsgebühr gem Nr 3104 VV RVG. Die in Vorbem 3 IV 1 VV RVG geregelte tw Anrechnung der Geschäftsgebühr auf eine später betreffend denselben Gegenstand im selbständigen Beweisverfahren angefallene Verfahrensgebühr ist bereits im Kostenfestsetzungsverfahren beachtlich (BGH NJW-RR 08, 1528; Stuttg BauR 08, 1500). Ist auch die Haptsache anhängig, beläuft sich die Einigungsgebühr gem Nr 1003 VV RVG auf 1,0, andernfalls gem Nr 1000 VV RVG auf 1,5.Vorbem 3 V VV RVG bestimmt, dass allein die Verfahrensgebühr des selbständigen Beweisverfahrens auf diejenige des Hauptsacheverfahrens angerechnet wird. Die Parteien sind gehalten, für das selbständige Beweisverfahren und das Hauptsacheverfahren denselben Rechtsanwalt zu beauftragen (Hambg MDR 07, 559); Kosten eines Anwaltswechsels sind nur in Ausnahmefällen – zB Vermeidung höherer Mehrkosten – notwendig iSd § 91 II 2. Bei mehreren Auftraggebern im selbständigen Beweisverfahren entsteht die zusätzliche Gebühr gem Nr 1008 VV RVG. Verfahrensgebühren mehrerer selbständiger Beweisverfahren sind insgesamt auf die Verfahrensgebühr der Hauptsache anzurechnen (Kobl 23.9.10–14 W 536/10). 32

H. Streitwert. Der Wert des selbständigen Beweisverfahrens entspricht grds dem eines gleichartigen Hauptsachewertes (BGH NJW 04, 3488; Schlesw OLGR 05, 217; Jena BauR 07, 934). Kommt es zu einem Hauptsacheverfahren, das nur einen Teil des selbständigen Beweisverfahrens erfasst oder das über das selbständige Beweisverfahren hinausgeht, ergeben sich unterschiedliche Streitwerte. Will der Auftragnehmer festgestellt wissen, dass vom Ag behauptete Mängel nicht vorliegen, entspricht sein Streitwertinteresse dem der Durchsetzung seines Restwerklohnanspruchs (Karlsr BauR 09, 552). Geht es um ein Zurückbehaltungsrecht wegen Mängeln, ist ein Druckzuschlag für den Streitwert ohne Bedeutung (Ddorf BauR 01, 838). Betreffend am Mietobjekt entstandene Schäden greift die spezielle Streitwertregelung des § 41 V 1 GKG (Ddorf OLGR 07, 535; Hamb OLGR 09, 707). Betreibt der Mieter das selbständige Beweisverfahren zur Vorbereitung eines Anspruchs auf Vorschuss oder Erstattung der Kosten einer Ersatzvornahme, bemisst sich der Streitwert selbst dann nach den behaupteten Beseitigungskosten, wenn das Gutachten nur geringfügige Reparaturmaßnahmen für erforderlich erachtet (LG Bonn ZMR 09, 38; LG Darmstadt IMR 10, 256). Macht der Ast glaubhaft, zB indem er nachvollziehbare Zweifel an der Durchsetzbarkeit seiner erheblichen 33

Gesamtforderung darlegt, dass er im Hauptsacheprozess nur einenTeil des sich rechnerisch ergebenden Anspruchs geltend machen wird, ist der Streitwert nach diesem Anteil zu bemessen (Celle FamRZ 08, 1197). Bringt der Ast von Beginn an zum Ausdruck, dass er anfallende Sowieso-Kosten nicht im Hauptsacheverfahren geltend machen wird, sind diese bei der Streitwertfestsetzung abzusetzen (Rostock BauR 09, 1018). Eine vereinbarte Haftungssummenbegrenzung deckelt idR den Streitwert (Schlesw IBR 09, 1109). Wird während des selbständigen Beweisverfahrens über das Vermögen des Ag das Insolvenzverfahren eröffnet, bemisst sich gem § 182 InsO ab diesem Zeitpunkt der Streitwert nach der voraussichtlichen Quotenaussicht. Im verwaltungsgerichtlichen Verfahren wird von einigen nur ein Drittel (VGH Mannheim NVwZ-RR 98, 526) oder die Hälfte (BayVGH NVwZ 01, 278) angenommen. Der Streitwert der Nebenintervention richtet sich nach dem Interesse des Streithelfers (München BauR 10, 123; Ddorf 1.12.11 – 10 W 116/11); bei Identität der Anträge des Nebenintervenienten und der unterstützten Partei bestimmt sich der Streitwert gleich (München BauR 10, 942).

34 Für die Bewertung des Interesses sind entscheidend die Darlegungen in der Antragsschrift einschließlich etwaiger Korrekturen oder Änderungen sowie der sich daraus ergebende Wert der Vorwurftatsachen (Köln BauR 03, 929; Celle BauR 05, 430; Frankf 16.10.06 – 2 W 62/06). Lässt der Ast offen, welche Rechte er bei Feststellung der von ihm behaupteten mangelhaften Gegebenheiten geltend machen will, ist für die Streitwertbestimmung ein angemessener Aufschlag auf die ermittelten und fiktiven Mangelbeseitigungskosten vorzunehmen (Stuttg MDR 11, 2011); begehrt der Werkbesteller unter Vorlage eines von ihm eingeholten Kostenvoranschlages die Feststellung des Vorhandenseins von Mängeln und die Ermittlung der Beseitigungskosten im Umfang dieses Kostenvoranschlages, entspricht der Streitwert dem in diesem Kostenvoranschlag genannten Betrag (Frankf NJW 10, 1822). Bezüglich der vom Sachverständige nicht festgestellten Mängel ist der Wert unter Zugrundelegung der Behauptungen zu schätzen (Naumbg BauR 08, 144; Stuttg BauR 09, 282); weil das Gericht allein zur Bestimmung des Streitwertes kein Gutachten einholt (Celle BauR 08, 1188), empfiehlt sich, von vornherein den Sachverständigen zur Höhe der Mängelbeseitigungskosten unabhängig von dem Vorliegen der Mängel zu befragen (Frankf BauR 07, 921). Wenn der Ast im Antrag betreffend die verschiedenen Ag und ihre Verursachungsbeiträge differenziert, ergeben sich für jeden Ag unterschiedliche Streitwerte (Rostock BauR 07, 1943). Gemäß § 63 III GKG ist die Streitwertänderung nur binnen sechs Monaten zulässig; die Parteien sind nur bzgl zu hoher Streitwertfestsetzung (Köln NJW-RR 09, 1678), der vertretende Rechtsanwalt aus eigenem Recht bzgl zu niedriger Streitwertfestsetzung beschwerdebefugt.
Betreffend die Beschwerde gegen die Streitwertfestsetzung besteht kein Verschlechterungsverbot (Frankf NJW 10, 1822).

§ 486 Zuständiges Gericht.

(1) Ist ein Rechtsstreit anhängig, so ist der Antrag bei dem Prozessgericht zu stellen.

(2) [1]Ist ein Rechtsstreit noch nicht anhängig, so ist der Antrag bei dem Gericht zu stellen, das nach dem Vortrag des Antragstellers zur Entscheidung in der Hauptsache berufen wäre. [2]In dem nachfolgenden Streitverfahren kann sich der Antragsteller auf die Unzuständigkeit des Gerichts nicht berufen.

(3) In Fällen dringender Gefahr kann der Antrag auch bei dem Amtsgericht gestellt werden, in dessen Bezirk die zu vernehmende oder zu begutachtende Person sich aufhält oder die in Augenschein zu nehmende oder zu begutachtende Sache sich befindet.

(4) Der Antrag kann vor der Geschäftsstelle zu Protokoll erklärt werden.

1 **A. Grundsätze.** Die Parteien bedürfen der Partei- und Prozessfähigkeit. Der Ast hat die Tatsachen vorzutragen und gem § 487 Nr 4 (dazu § 487 Rz 5) glaubhaft zu machen, die die Zuständigkeit des Gerichts begründen sollen. Das Gericht hat dann vAw diese Tatsachen zu prüfen, mithin also zunächst über die Rechtswegzuständigkeit zu entscheiden. Bei fehlender Rechtswegzuständigkeit ist vor einer Zurückweisung des Antrags richterlicher Hinweis gem § 139 ZPO (zur Anwendbarkeit dieser Norm § 492 Rz 2) geboten; auf entsprechenden – ggf hilfsweise gestellten – Antrag ist die gem § 17a GVG (zur Anwendbarkeit § 492 Rz 2) bindende Verweisung an das zuständige Gericht geboten.

2 **B. Gerichtliche Zuständigkeit bei anhängigem Rechtsstreit (Abs 1).** Zuständig ist das Prozessgericht in der jeweiligen Instanz, wobei ohne Bedeutung ist, ob der Ast den Hauptsacheprozess aktiv führt oder sich in einem anhängigen Prozess mit dem Sachverhalt verteidigt, der im selbständigen Beweisverfahren geklärt werden soll (Hamm OLGR 04, 278). Ebenfalls ohne Bedeutung ist, ob die zu klärenden Tatsachen bereits

vollständig in den Prozess eingeführt sind (Köln OLGR 05, 351). Hat der Einzelrichter im Hauptsacheverfahren zu entscheiden, befindet er auch über Einleitung und Durchführung eines während des Rechtsstreits beantragten selbständigen Beweisverfahrens (Schlesw OLGR 03, 351). Über die Beschwerde gegen eine von dem Einzelrichter im selbständigen Beweisverfahren getroffene Entscheidung hat der Einzelrichter auch dann zu entscheiden, wenn über die Abhilfe das Erstgericht durch drei Richter entschieden hat (Hamm NJW-RR 11, 238). Für Abs 1 genügt die **Anhängigkeit** der Klage; ein danach und vor Rechtshängigkeit bei einem anderen als diesem Hauptsachegericht eingeleitetes selbständiges Beweisverfahren ist als unzulässig zurückzuweisen; dem kann durch Antrag auf Verweisung des selbständigen Beweisverfahrens an dieses Hauptsachegericht entgangen werden. Das **Mahnverfahren** bestimmt noch nicht das Hauptsachegericht (St/J/*Leipold* § 486 Rn 1; Kniffka/Koeble Teil 2 Rn 55; aA Jena OLGR 00, 59). Befindet sich das Verfahren in der Revision und können da keine Tatsachen festgestellt werden, ist das Berufungsgericht zuständig (BGHZ 17, 117).

Wird ein Rechtsmittel gegen ein **Teilurteil**, ein **Vorbehaltsurteil** oder ein **Grundurteil** eingelegt und kann das Rechtsmittelgericht Tatsachen selbst feststellen, ist dieses Rechtsmittelgericht für das selbständige Beweisverfahren zuständig, sofern der Gegenstand des selbständigen Beweisverfahrens von dem Gegenstand des angefochtenen Urteils erfasst ist (Ulrich-sBV Teil 5 Rn 1). Weil ein **Zwischenurteil** keine verfahrensbeendende Wirkung erlangt, verschiebt ein Rechtsmittel nicht die Zuständigkeit. Verfahren betreffend **Arrest** oder **einstweilige Verfügung** stellen keinen anhängigen Rechtsstreit dar (Frankf NJW 85, 811). Hat der Einzelrichter den Rechtsstreit zu entscheiden, befindet er auch über Einleitung und Durchführung eines während des Rechtsstreits beantragten selbständigen Beweisverfahrens (Schlesw OLGR 03, 351). 3

C. Gerichtliche Zuständigkeit vor anhängigem Rechtsstreit (Abs 2). Umfassend zuständig, mithin auch für Ordnungsmittel, Befangenheitsentscheidungen, Beeidigungen und Entscheidungen nach dem JVEG, ist das Gericht der potenziellen Hauptsache, wobei allein der Vortrag des Ast im Zeitpunkt der Antragstellung zugrunde gelegt wird (Schlesw NJW-RR 10, 533); deshalb scheidet aus, vorweg und allein zur Klärung der sachlichen Zuständigkeit ein Gutachten zum Wert einzuholen (*Fischer* MDR 01, 608); die informelle richterliche Anfrage bei einem Sachverständigen ist unbedenklich. Das in der Sache tätige Gericht bleibt unabhängig von nachfolgenden Geschehnissen, also insb von den Ergebnissen gelieferter Teilgutachten, zuständig (Celle OLGR 05, 253). Eine nachträgliche anderweitige Gerichtsstandsvereinbarung berührt auch im selbständigen Beweisverfahren nicht die zunächst begründete Zuständigkeit (BGH BauR 10, 934). Eine Gerichtsstandvereinbarung ist unwirksam, wenn sie nur für das selbständige Beweisverfahren getroffen worden ist. **Prorogation** ist im selbständigen Beweisverfahren nicht statthaft (*Heinrich* BrBp 03, 189).Bei einem gemischten Arbeits- und Werkvertrag kommt es darauf an, welcher Teil des Vertragswerks umstr ist; geht es allein um mangelhafte Erfüllung der werkvertraglichen Leistung, ist das ordentliche Gericht zuständig (ArbG Limburg NZA-RR 06, 732). Beim wirksamen **VOB-Vertrag** gilt die für Verträge mit öffentlichen Auftraggebern in § 18 Nr 1 VOB/B geregelte Gerichtstandvereinbarung auch für selbständige Beweisverfahren (BGH MDR 09, 460). Geht es um Arzthaftung greift auch der Gerichtsstand der unerlaubten Handlung; dies ist der Ort, an dem die Körperverletzung eingetreten und damit die unerlaubte Handlung vollendet ist (Hamm GesR 09, 665; zu weitgehend Oldbg 6.7.11 – 5 W 14/11: Gerichtsstand = Wohnsitz des Patienten). 4

Mit Einreichung eines Antrags auf Einleitung des selbständigen Beweisverfahrens bei einem zuständigen Gericht ist das Wahlrecht verbraucht, also eine Verweisung ausgeschlossen (Zweibrücken BauR 97, 885). Bindung ergibt sich ferner für den Passivprozess des Ast (Celle NJW-RR 00, 1737), nicht aber für seine nachfolgende Klage (Zweibr BauR 97, 885; aA Kniffka/Koeble 2. Teil Rn 52). 5

Haben mehrere Ag ihren allgemeinen Gerichtsstand an unterschiedlichen Gerichten und ergibt sich nicht der allgemeine Gerichtsstand des Erfüllungsortes, greift § 36 I Nr 3 entsprechend (Naumb BauR 07, 1623); im Falle der Streitgenossenschaft wird das zuständige Gericht durch das nächsthöhere bestimmt. Dieses Obergericht prüft nicht die Zulässigkeit des selbständigen Beweisverfahrens (BayObLG BauR 04, 886). Eine mit einem der Streitgenossen getroffene Gerichtsstandvereinbarung bindet das Obergericht nicht (Köln OLGR 05, 584). Das Gericht des belegenen Grundstücks, an dem Mängel begutachtet werden sollen und an dem keine der Parteien ihren allgemeinen Gerichtsstand hat, kann gem § 36 I Nr 3 als zuständiges bestimmt werden, wenn die Beteiligten damit einverstanden sind (Hambg OLGR 06, 25). Die Entscheidung, ob für die Streitgenossen die **Kammer für Handelssachen** oder die Zivilkammer zuständig ist, ergibt sich aus §§ 96 ff GVG (BayObLG NJW-RR 99, 1010). 6

7 Das selbständige Beweisverfahren ist **in familiengerichtlichen Verfahren** möglich (Keidel/*Sternal* FamFG § 30 Rn 121; Prütting/Helms/*Prütting* FamFG § 30 Rn 17; *Schneider* NJW-Spezial 11, 731); gem § 485 II S 1 Nr 1 , der nach §§ 112 Nr 2, 113 I S 2 FamFG auf Familiensachen Anwendung findet, kann vor Anhängigkeit eines Rechtsstreits ein Sachverständigengutachten zum Wert einer Sache beantragt werden, wenn an dieser Feststellung ein rechtliches Interesse besteht (Köln FamRZ 10, 1585). Besteht zwischen den Eheleuten Streit über den Wert einer Immobilie und ist deren Wert für die Berechnung des Zugewinnausgleichs von Bedeutung, ist ein rechtliches Interesse an der Durchführung eines selbständigen Beweisverfahrens auch dann gegeben, wenn bislang weder ein Verfahren auf Zugewinn noch das Scheidungsverfahren anhängig ist (Naumbg 13.4.11 – 8 WF 74/11); bereits dann kommt die Bewilligung von Prozesskostenhilfe bei Kostenarmut in Betracht (Köln FamRZ 10, 1585). Für die Ermittlung des Wertes eines Unternehmens durch selbständiges Beweisverfahren ist bereits dann ein rechtliches Interesse gegeben, wenn auch nur entfernte Chancen der Schlichtung des familienrechtlichen Streites bestehen (Kobl OLGR 09, 211). Ob für das isolierte selbständige Beweisverfahren auch nach neuem Recht die allgemeine Zivilprozessabteilung (so für die bisherige Rechtslage LG Lüneburg FamRZ 84, 69) erscheint zweifelhaft.

8 Die **vor Beendigung des selbständigen Beweisverfahrens vor einem anderen Gericht erhobene Hauptsacheklage** berührt nicht die Zuständigkeit des Gerichts des selbständigen Beweisverfahrens; dabei ist ohne Bedeutung, ob der Gegenstand des selbständigen Beweisverfahrens im Hauptsacheverfahren aktiv oder passiv eingeführt ist. Das Gericht des Hauptsacheverfahrens hat dann per Ermessensentscheidung über eine **Aussetzung des Hauptsacheverfahrens** zu entscheiden (BGH MDR 07, 542); sind am Hauptsacheverfahren zusätzlich andere Parteien beteiligt, dürfte die Aussetzung ausscheiden; deckt sich nur ein Teil des Hauptsacheverfahrens mit dem Gegenstand des selbständigen Beweisverfahrens, kann tw Aussetzung in Betracht kommen. Zieht das Gericht der Hauptsache die Akten des noch nicht beendeten selbständigen Beweisverfahrens zur Prüfung der Aussetzung bei, liegt darin noch keine Übernahme.

9 **D. Eilzuständigkeit (Abs 3).** Diese Notzuständigkeit betrifft nur Extremfälle. Ob ein solcher schon anzunehmen ist, wenn rasch verderbliche Güter zu begutachten sind, erscheint, weil in Zeiten der Telekommunikation das zuständige Gericht durchweg ebenso schnell zu erreichen ist, zweifelhaft. Sie kann in Betracht kommen bei schweren Erkrankungen eines Zeugen und unmittelbar bevorstehendem Untergang der zu begutachtenden Sache. Sie kann ferner gegeben sein, wenn für die verschiedenen Ag unterschiedliche Landgerichte zuständig sind und dem Ast der für das Bestimmungsverfahren nach § 36 I Nr 3 zu erwartende Zeitablauf nicht zumutbar ist (LG Kassel BauR 98, 1045; Kniffka/Koeble 2. Teil Rn 54). Das Amtsgericht entscheidet über das Vorliegen der Voraussetzungen nach pflichtgemäßem Ermessen. Sachverständige sind nicht „zu vernehmende Personen“ iSd Abs 3, sodass Besonderheiten in ihrer Person die Notzuständigkeit nicht begründen. Es besteht Streit, ob Abs 3 den ordentlichen Rechtsweg voraussetzt und deshalb für Arbeits- und Verwaltungsgerichtssachen nicht gilt (bejahend Musielak/*Huber* § 486 Rn 5; aA MüKoZPO/*Schreiber* § 486 Rn 7).

10 **E. Protokollerklärung vor der Geschäftsstelle (Abs 4).** Gemeint ist hier eine nicht zeitgleich mit einem anderen Verfahren als Geschäftsstelle betroffene gerichtliche Abteilung; deshalb können Anträge auf Einleitung eines selbständigen Beweisverfahrens nicht anlässlich einer Gerichtsverhandlung zu Protokoll erklärt werden. In Verbindung mit § 129a ergibt sich, dass der Antrag zu Protokoll eines jeden, also auch des unzuständigen, Amtsgerichts gestellt werden darf.

11 **F. Auslandsbezogenheit des selbständigen Beweisverfahrens.** Deutsche Gerichte können für vollständig im Inland durchgeführte selbständige Beweisverfahren **auslandsansässige Sachverständige** heranziehen; diese können unter den Voraussetzungen des § 8 IV JVEG einen Anspruch auf höhere Vergütung haben, sie unterliegen ferner nicht dem Begutachtungszwang des deutschen Verfahrensrechts, weshalb sie auch nicht zur mündlichen Erläuterung des Gutachtens verpflichtet sind. Ob ein von einem deutschen Gericht im Ausland eingesetzter Sachverständiger ohne Abstimmung mit der Rechtshilfestelle tätig sein darf, ist streitig (bejahend Zö/*Geimer* § 363 Rn 155; aA St/J/*Leipold* § 486 Rn 33; Ulrich-sBV Teil 5 Rn 255). Ein im Ausland geführtes selbständiges Beweisverfahren kann verjährungshemmend wirken (dazu § 487 Rz 22).

Wird für das Hauptsacheverfahren das Gericht eines bestimmten Mitgliedstaates der EG zuständig sein, kann nicht bei dem Gericht eines anderen Mitgliedsstaates ein selbständiges Beweisverfahren eingeleitet werden; Art 31 EuGVO bestimmt nämlich für die gerichtliche Zuständigkeit, dass nur die im Recht eines Mitgliedsstaates vorgesehenen »einstweiligen Maßnahmen einschließlich solcher, die auf Sicherung gerichtet sind«, bei den Gerichten dieses Staates beantragt werden können, wenn für die Entscheidung der

Hauptsache das Gericht eines anderen Staates nach der EuGVO zuständig ist; das selbständige Beweisverfahren stellt sich aber nicht als Maßnahme des einstweiligen Rechtsschutzes dar (EuGH JZ 05, 1166; Köln OLGR 06, 661).
Haben die Parteien aber eine Schiedsabrede getroffen und zusätzlich die Geltung ausländischen Rechts auch bzgl der Zuständigkeiten vereinbart, ist ein inländisches Gericht nicht für ein selbständiges Beweisverfahren zuständig, sofern diese Abrede so zu verstehen ist, dass auch §§ 1025 II, 1033 nicht anzuwenden sind; denn aufgrund der Vereinbarungen der Parteien scheidet eine Verwendung des Gutachtens nach Maßgabe des § 493 aus (Ddorf SchiedsVZ 08, 258; Ddorf BauR 09, 139).

§ 487 Inhalt des Antrages. **Der Antrag muss enthalten:**

1. die Bezeichnung des Gegners;
2. die Bezeichnung der Tatsachen, über die Beweis erhoben werden soll;
3. die Benennung der Zeugen oder die Bezeichnung der übrigen nach § 485 zulässigen Beweismittel;
4. die Glaubhaftmachung der Tatsachen, die die Zulässigkeit des selbständigen Beweisverfahrens und die Zuständigkeit des Gerichts begründen sollen.

A. Anforderungen an den Inhalt des Antrags. I. Bezeichnung des Gegners (Nr 1). Das Verfahren kann 1 sich – von der in § 494 (unbekannte Gegner) geregelten Ausnahme abgesehen – nur gegen bestimmte Personen richten; diese hat der Antragssteller hinreichend so zu **individualisieren**, dass eine Zustellung an diese möglich ist; eine andere Personen betreffende Bezeichnung kann im Verlaufe des selbständigen Beweisverfahrens nicht mehr durch bloße Veränderung des Rubrums korrigiert werden (LG Regensburg IBR 08, 305: »jun« statt – richtig – »sen«). Das selbständige Beweisverfahren kann von mehreren Ast **gegen mehrere Ag** geführt werden; die Voraussetzungen der subjektiven Klagehäufung sind dazu nicht erforderlich (Brandbg BauR 04, 698). Bei mehreren Ag kann der Ast bestimmen, wer für welche Behauptung Ag sein soll; fehlt diese Differenzierung, sind alle Ag an dem Verfahren zum selben Streitwert (dazu § 485 Rz 33) beteiligt (Nürnb MDR 99, 1522). Solange das selbständige Beweisverfahren nicht beendet ist (dazu § 492 Rz 6), kann der Ast weitere Ag in das Verfahren einbeziehen; nach Eingang des Gutachtens ist diese personelle Ausweitung indes nur noch möglich, wenn der neue Ag noch Einfluss in der Weise nehmen kann, dass er den Sachverständigen befragt (Ddorf NJW-RR 95, 1216). Ausnahmsweise kann die Einbeziehung weiterer Ag unzulässig sein, wenn das Verfahren bereits mehrere Jahre dauert, die Erweiterung bereits früher möglich war und nun bei Zulassung dieser Erweiterung weitere Verzögerungen stattfinden werden (Celle BauR 05, 1670). Die zugelassene Ausweitung ist nicht anfechtbar.

Beantragt der Ast zu demselben Beweisthema ein eigenständiges selbständiges Beweisverfahren mit demsel- 2 ben Streitgegenstand gegen Dritte, kann **Verfahrensverbindung** gem § 148 erfolgen; sind unterschiedliche Abteilungen desselben Gerichts mit den selbständigen Beweisverfahren befasst, kann Verbindung nur durch die das andere Verfahren an sich ziehende Abteilung und nicht durch die abgebende erfolgen.

II. Tatsachenbezeichnung (Nr 2). Dem Beweis zugängliche Tatsachen sind konkrete, nach Zeit und Raum 3 bestimmte, der Vergangenheit oder Gegenwart angehörende Geschehnisse oder Zustände der Außenwelt oder des menschlichen (auch Seelen-) Lebens. Insbesondere bei Geschehnissen mit für Laien komplexem und kompliziertem Hintergrund genügt als hinreichender Sachvortrag die **Angabe der Beweistatsachen in groben Zügen**, der Tatsachenvortrag kann sich dabei aus dem Zusammenhang des Antrags und der Begründung ergeben (Schlesw IBR 04, 1028), er kann in Frageform gekleidet werden (Kniffka/Koeble 2. Teil Rn 87). Allerdings kann ein Gutachten nur bei sicherer Identifizierung der bekannt gegebenen Tatsachen eingeholt werden (KG NJW-RR 00, 468). In Baustreitigkeiten genügt nach der **Symptomtheorie** die Mitteilung der Tatsachen zur äußeren Erscheinung (Köln BauR 02, 264; Celle MDR 11, 385). Es reicht aus, das Ergebnis mitzuteilen, zu dem der Sachverständige kommen soll. Mit der Begründung, dass der Gesetzeszweck dieses besonderen Verfahrens auch in der Vermeidung von Hauptprozessen liegt, darf indes nicht der auch das selbständige Beweisverfahren beherrschende Grundsatz des Verbotes der Ausforschung ausgehebelt werden; ein Antrag ohne jeden tatsächlichen Kern ist nicht ausreichend. Deshalb ist das Begehren nach Klärung unzulässig, dass der Werkhersteller nicht sämtliche anerkannten Regeln der Technik beachtet habe; auch kann nicht erfolgreich beantragt werden, dass der Sachverständige zu der »Statik des gesamten Gebäudes« Stellung nehmen solle (Nünbg OLGR 01, 273). Geht es um Mängel, muss die Sachverhaltsdarstellung mindestens so konkret gebracht werden, dass die Zurechnung des Symptoms nicht von vornherein ausscheidet; die tatsächlichen Ausführungen müssen mithin eine sachlich begrenzte Beweisaufnahme ermöglichen (Celle BauR 94, 800). Die Geeignetheit des Sachvortrages für die Hemmung der Verjährung (dazu § 487 Rz 18) ist kein Zulässigkeitskriterium (Ulrich sBV Teil 4 Rn 16).

4 **III. Benennung der Zeugen/Bezeichnung der übrigen Beweismittel (Nr 3).** Bezüglich der **Zeugen** gilt § 373; diese sind **namentlich** zu **benennen.** Betreffend die anderen im selbständigen Beweisverfahren gem § 485 zulässigen Beweismittel, also insb Sachverständige, muss dieses Beweismittel nur bezeichnet werden, weil das Gericht auch im selbständigen Beweisverfahren in der **Auswahl des Sachverständigen** frei ist. Benennt eine Partei einen Sachverständigen dennoch namentlich, handelt es sich um eine Anregung an das Gericht. Erfolgt vor Erlass des Beweisbeschlusses mit der darin enthaltenen richterlichen Auswahl der Person des Sachverständigen die übereinstimmende Benennung eines Sachverständigen, ist das Gericht an diesen gebunden. Es begründet nicht den Verdacht der Befangenheit eines Sachverständigen, wenn dieser sich auf ein vorweg mit dem Ast geführtes Gespräch allein zu der Frage einlässt, ob er kurzfristig als gerichtlicher Sachverständiger zur Verfügung steht (Kniffka/Koeble 2. Teil Rn 42).

5 **IV. Glaubhaftmachung (Nr 4).** Betreffend unstreitige Tatsachen bedarf es keiner Glaubhaftmachung (Oldbg OLGR 95, 135). Stützt der Ast sich auf eine behauptete Gerichtsstandsvereinbarung muss er diese glaubhaft machen, weil eine rügelose Einlassung nach § 39 im selbständigen Beweisverfahren ausscheidet; ergibt sich die örtliche **Zuständigkeit** des angerufenen Gerichts indes kraft Gesetzes oder aus einer dem Antrag beigefügten Vertragsurkunde, ist insoweit eine zusätzliche Glaubhaftmachung überflüssig. Über die schlüssige Darstellung der Umstände des für die sachliche Zuständigkeit bedeutsamen Streitwerts hinaus ist eine zusätzliche Glaubhaftmachung nicht erforderlich . Für das isolierte selbständige Beweisverfahren nach § 485 II ist über die Darstellung im Antrag hinaus nicht die zusätzliche und ohnehin nur über eidesstattliche Versicherung mögliche Glaubhaftmachung erforderlich, dass ein Hauptsacheverfahren nicht anhängig ist; denn kein Ast würde eine solche Behauptung wider besseres Wissen aufstellen (Kniffka/Koeble 2. Teil Rn 67). Die behauptete Besorgnis des Beweisverlustes bzw Beweiserschwernis ergibt sich oft aus der Natur der Sache, bei einem Baugeschehen durchweg aus der Notwendigkeit des Weiterbaus, sodass die zusätzliche **Glaubhaftmachung des rechtlichen Interesses** überflüssig ist (Kniffka/Koeble 2. Teil Rn 81; *Breyer* BauR 99, 320; aA Zö/*Herget* § 487 Rn 6). Soll gem § 485 I ein Verfahren mit Zustimmung des Ag eingeleitet werden und liegt eine an das Gericht adressierte Einwilligung nicht vor, muss die dem Ast ggü abgegebene Zustimmungserklärung glaubhaft gemacht werden. Diejenigen Tatsachen, die durch das selbständige Beweisverfahren erst noch festgestellt werden sollen, sind nicht glaubhaft zu machen (Oldbg OLGR 08, 756; Musielak/*Huber* § 487 Rn 6). Tatsachen, deren Bestreiten vernünftigerweise nicht zu erwarten ist, brauchen nicht glaubhaft gemacht zu werden. Die schriftliche eidesstattliche Versicherung kann Bezug nehmen auf die Darstellungen im Antrag; die rechtsanwaltliche Versicherung genügt, sofern sie sich auf von dem Rechtsanwalt wahrgenommene Tatsachen bezieht. Eine Zurückweisung wegen unzureichender Glaubhaftmachung erfordert zuvor richterlichen Hinweis mit Fristsetzung.

6 **B. Änderung des Antrags/Zurücknahme.** Dem Ast steht es frei, einen ursprünglich gestellten Antrag einzuschränken oder zurückzunehmen (Köln VersR 94, 1328); dies kann ohne die Zustimmung des Gegners bis zur Beendigung des selbständigen Beweisverfahrens geschehen (zu den Kosten § 485 Rz 27). Eine Notwendigkeit, die Änderung und Rücknahme nur zuzulassen, solange die Beweisaufnahme noch nicht erfolgt ist (so St/J/*Leipold* § 486 Rn 42), ist nicht ersichtlich. Mit Eingang der Rücknahmeerklärung ist das selbständige Beweisverfahren beendet, sodass die Hemmung der Verjährung gem § 204 II BGB sechs Monate später endet.

7 **C. Einwendungen des Gegners/Gegenanträge.** Der Ag kann – vorweg per **Schutzschrift**, sonst mit in im Verlaufe des selbständigen Beweisverfahrens gelieferten Schriftsätzen – Einwendungen gegen die Zulässigkeit des selbständigen Beweisverfahrens bringen. Hält er schon im selbständigen Beweisverfahren mögliche Verteidigungsmittel für den Hauptsacheprozess zurück, steht dies nicht dem Prinzip der Rechtzeitigkeit des Vorbringens entgegen. Er braucht nämlich seine Verteidigungsmittel nicht schon im selbständigen Beweisverfahren vorzubringen (München BauR 08, 716; *Seibel* ZfBR 08, 126); denn § 282 findet keine Anwendung auf das selbständige Beweisverfahren (dazu § 492 Rz 2). Das **Unterlassen einer zumutbaren Einwendung** kann in entsprechender Anwendung des § 444 nur unter dem Gesichtspunkt der Beweisvereitelung bedeutsam sein (*Wussow* NJW 69, 1406). Die in § 490 II normierte Nicht-Anfechtbarkeit des stattgebenden Beschl wird kompensiert durch die dem Ag eingeräumte Möglichkeit, im selbständigen Beweisverfahren Gegenanträge zu stellen, den Sachverständigen mündlich zu hören sowie die Streitverkündung vorzunehmen.

I. Sachanträge des Antragsgegners. Beweisanträge des Ag sind im selbständigen Beweisverfahren grds zulässig, durch sie kann das Gesetzesziel der Vermeidung des Rechtsstreits gefördert werden. Werden Gegenanträge zugelassen, die zu einer Erweiterung der Tätigkeit des Sachverständigen führen, kann die Beauftragung des Sachverständigen davon abhängig gemacht werden, dass die diese Gegenanträge anbringende Seite einen **Vorschuss** in Höhe der voraussichtlich für diese zusätzlichen gutachterlichen Arbeiten anfallenden weiteren Vergütung leistet (Kobl WuM 97, 383); es gilt das Veranlasserprinzip (Köln BauR 09, 540). Gegen die Anordnung der Vorschusszahlung und gegen die Höhe des Vorschusses auch im selbständigen Beweisverfahren keine Beschwerde gegeben (vgl dazu § 490 Rn 8). 8

Dem Ag obliegt betreffend seine Sachanträge die Pflicht zur Glaubhaftmachung. Über die Zulassung der Gegenanträge ist ein Beschl zu fassen; die Ablehnung ist mit der sofortigen Beschwerde anfechtbar (Kobl BauR 08, 570). 9

II. Unselbständige Gegenbeweisanträge/Ergänzungsfragen. Der Ag kann das Beweisthema in den Grenzen dieses Beweisthemas durch vertiefende und ergänzende, unselbständige Gegenbeweisanträge erweitern. Das Rechtsschutzinteresse fehlt, wenn der vom Ast behaupteten Mangelhaftigkeit allein die auf Einholung der sachverständigen Äußerung zielende Mitteilung der Mangelfreiheit entgegengestellt wird (Frankf BauR 97, 167). Der unselbständige Gegenantrag wirkt nicht streitwerterhöhend. Geht es um die Ermittlung von Nachbesserungskosten, kann für der Ag Veranlassung bestehen, schon im selbständigen Beweisverfahren darauf hinzuwirken, dass die »**Sowieso-Kosten**« sachverständig ermittelt werden; diese Kosten, um die das Werk bei ordnungsgemäßer Ausführung teurer gewesen wäre, sind nämlich dem Auftragnehmer nicht zuzurechnen. Wird der Beweisbeschluss aufgrund vertiefender Ergänzungsfragen des Ag erweitert, besteht trotz der insoweit verursachten Mehrkosten des gerichtlichen Sachverständigen keine Vorschusspflicht des Ag (LG Berlin IBR 04, 1145; LG Hamburg BauR 06, 735. AA LG Hamburg 13.7.08, 325 OH 2/07; Kniffka/Koeble 2. Teil Rn 133), denn die Höhe der Nachbesserungskosten ist von dem insoweit die sachverständige Feststellung begehrenden Ast zu beweisen (Kobl OLGR 03, 654). Die Berücksichtigung der Gegenanträge darf aber nicht zu bedeutsamen Verzögerungen führen (Nürnbg MDR 01, 52 und OLGR 03, 92; Ddorf BauR 04, 1657; aA *Herget* NJW-Sonderheft BayObLG 2005, 44, 45); war zu der Zeit des Eingangs des Gegenantrages ein Sachverständiger noch gar nicht benannt bzw der Ortstermin noch nicht durchgeführt, ist idR eine Zeitverzögerung auszuschließen (Rostock BauR 01, 1141). 10

III. Selbständige Gegenbeweisanträge. Diese sind Begehren, mit denen der Ageine oder mehrere zusätzliche Tatsachendarstellungen bringt, aus denen er eigene Rechte herleitet. Der erweiternde/ausweitende Gegenantrag bedarf eines eigenständigen Rechtsschutzbedürfnisses des Ag. Zusätzlich muss ein Sachzusammenhang entsprechend § 33 I bestehen. Im Umfang der von ihm bewirkten Streitwerterhöhung ist der Ag vorschusspflichtig für die Gerichtskosten gem §§ 17 I, 22 I GKG (LG Berlin IBR 04, 1145; LG Hamburg IBR 06, 240). Zusätzlich kann er vorschusspflichtig gemacht werden betreffend die bei dem Sachverständigen aufgrund der zusätzlichen Arbeit anfallende Vergütung (Frankf OLGR 08, 405). 11

Der geforderte Zusammenhang besteht für jedes sachgerechte Begehren des Gegners, welches das von dem Ast bezweckte Beweisergebnis erschüttern soll und demselben Rechtsverhältnis entstammt (Frankf BauR 96, 585). Der Sachzusammenhang kann selbst dann vorliegen, wenn auf einen solchen Antrag des Gegners ein weiterer Sachverständiger herangezogen werden muss (München MDR 89, 362). Der Zusammenhang besteht aber nicht, wenn der Ag den Verursachungsbeitrag einer von ihm streitverkündeten Partei geklärt wissen will, denn diesem Beweisantrag müsste auch im Hauptsacheverfahren nicht nachgegangen werden (Stuttg IBR 04, 475). 12

D. Rechtsanwalts-/Vertretungszwang im selbständigen Beweisverfahren. Für das selbständige Beweisverfahren gilt überwiegend kein Vertretungszwang (Nürnbg NJW 11, 1613). Weil § 486 IV bestimmt, dass der **Antrag auf Einleitung** einschließlich Ergänzungen und Berichtigungen auch zu Protokoll der Geschäftsstelle gebracht werden kann, greift nämlich § 78 III. Rechtsanwaltszwang besteht auch nicht für den Antrag auf **Bestimmung des zuständigen Gerichts**. Auch die **mündliche Verhandlung über den Antrag** unterliegt nicht dem Anwaltszwang; Gleiches gilt für den Antrag auf Anhörung des Sachverständigen und den Antrag auf Ablehnung wegen Befangenheit (zum Anwaltszwang des beitretenden Streitverkündeten § 487 Rz 15). Anwaltliche Vertretung soll erforderlich sein für die **mündliche Erörterung nach § 492 III** und insb einen **Vergleichsabschluss** (St/J/*Leipold* § 486 Rn 39; Tho/Pu/*Reichold* § 486 Rn 1; Zö/*Vollkommer* § 78 Rn 28; Zö/*Herget* § 492 Rn 7; Kniffka/Koeble 2. Teil Rn 134). Für die **Beschwerde gegen die Zurückweisung** des Antrags auf Einleitung des selbständigen Beweisverfahrens besteht Anwaltszwang. 13

14 Streit besteht, ob und inwieweit für die im Zusammenhang mit der Anordnung der Frist zur Klageerhebung und zu Kostengrundentscheidungen gem § 494a möglichen Anträge in vor dem LG geführten selbständigen Beweisverfahren die anwaltliche Vertretung erforderlich ist (für Anwaltszwang Zweibr NJW-RR 96, 573; MüKoZPO/*Schreiber* § 494a Rn 2; Zö/*Herget* § 494a Rn 6; ThoPu/*Reichold* § 494a Rn 1; aA Stuttg BauR 05, 135; Ddorf BauR 99, 197; Jena MDR 00, 783; München IBR 99, 00; St/J/*Leipold* § 494a Rn 11; B/L/A/H § 494a Rn 14). Weil eine mögliche Ergebnisalternative eines Vorgehens nach § 494a in der gleichsam erzwungenen Klageerhebung seitens des Astbesteht, spricht mehr für die Annahme des Anwaltszwangs in diesem der eigentlichen selbständigen Beweiserhebung nachfolgenden Verfahrensteil. Vertretungszwang besteht nicht für die **Streitwertbeschwerde**, denn gem § 68 I S 5 iVm § 66 V S 1 GKG kann diese Beschwerde auch zu Protokoll der Geschäftsstelle eingelegt werden (VGH Mannheim NJW 06, 251).

15 **E. Streitverkündung/Nebenintervention.** Drittbeteiligungen sind im selbständigen Beweisverfahren zulässig (BGH NJW 97, 859; BGH BauR 98, 172). Werden Umstände gebracht, die ggü einer etwaigen Hauptsacheklage als Einwände geeignet sind, kann dem Streitverkündeten bei Kostenarmut **Prozesskostenhilfe** bewilligt werden. Sowohl der Ag als auch der Ast können die Streitverkündung vornehmen (KG KGR 99, 396). Der streitverkündete Dritte darf seinerseits **weitere Streitverkündungen** aussprechen (Stuttg BauR 00, 923). Der Streit wird verkündet durch Einreichen eines Schriftsatzes bei dem mit dem selbständigen Beweisverfahren befassten Gericht oder durch Erklärung zu Protokoll des Urkundsbeamten. Inhaltlich sind gem § 73 neben der Erklärung der Streitverkündung und der Angabe der ladungsfähigen Anschrift des Streitverkündeten erforderlich die Bekanntgabe des Grundes der Streitverkündung und die Darstellung der konkreten Lage des selbständigen Beweisverfahrens. Erforderlich ist die Einzahlung der für die Zustellung der Streitverkündung anfallenden Kosten. Gemäß § 73 S 2 ist die Streitverkündungsschrift dem Streitverkündeten vAw zuzustellen und dem Gegner des Streitverkünders mitzuteilen. Die verjährungshemmende Wirkung tritt gem § 167 bereits mit Eingang des Antrags ein, sofern die Zustellung demnächst erfolgt; Voraussetzung ist aber immer eine zulässige Streitverkündung (BGH BauR 08, 711). Als Beitrittserklärung genügt noch nicht das Akteneinsichtsbegehren (Bambg BauR 10, 1626).Ob der – nur bis zur Beendigung des selbständigen Beweisverfahrens mögliche (Ddorf BauR 01, 1480), bedingungsfeindliche (Karlsr NJW 10, 129) – **Beitritt** des Streitverkündungsempfängers in dem beim LG und höher anhängigen selbständigen Beweisverfahren als bestimmender Schriftsatz deshalb dem Anwaltszwang, weil er gem § 70 schriftlich zu erklären ist, ist streitig (bejahend Kobl OLGR 07, 953. AA Nürnb IBR 11, 446; Stuttg WuM 11, 640; *Leidig* IBR 08, 490; *Thierau/Leidig* BauR 08, 1527).
Geht die Streitverkündungsschrift nach Beendigung des selbständigen Beweisverfahrens ein, kommt eine Zustellung nicht mehr in Betracht, denn dann mangelt es gleichsam an einem »zwischen anderen Personen anhängigen Rechtsstreit« iSd § 66 I (Karlsr BauR 98, 586; Ddorf BauR 01, 675). Auf welcher Seite der Streitverkündete beitritt, steht ihm frei; er kann im Verlaufe des Verfahrens die Seite wechseln. Der Streithelfer kann das Beweisthema durch eigene Anträge ausdehnen; notwendig ist ein Sachzusammenhang zwischen dem ursprünglichen Beweisthema und der Erweiterung; ein Antrag, der allein für das Verhältnis zu einem weiteren Streithelfer bedeutsam ist, ist unzulässig (Karlsr MDR 08, 1354).

16 Leistet der Streithelfer **Vorschuss** für das von ihm veranlasste weitergehende Sachverständigengutachten, handelt es sich kostenrechtlich um eine Zahlung der von diesem Streithelfer unterstützten Partei (LG München I IBR 05, 410). Ein **Befangenheitsgesuch des Streithelfers** kann nicht erfolgreich sein, wenn es im Widerspruch zu dem Vorbringen der von ihm unterstützten Partei steht (Dresd IBR 04, 468); dieser Streitverkündete kann diesen Sachverständigen dann aber im Hauptsacheverfahren ablehnen, sofern er darin Parteistellung hat (BGH BauR 06, 1500). Anstelle der Streitverkündung kann der potenzielle Streitverkünder ein eigenständiges selbständiges Beweisverfahren einleiten; trotz der Möglichkeit der Streitverkündung besteht hierfür ein Rechtsschutzbedürfnis, denn ein Streitverkündeter, der in einem selbständigen Beweisverfahren beitritt, darf nur den Beigetretenen unterstützende Anträge stellen; insb können erweiternde Anträge nicht angebracht werden (Stuttg BauR 00, 923; Ddorf BauR 04, 1657). Fragen des Streithelfers, die allein sein Verhältnis zum Streitverkünder oder zu einem weiteren Streithelfer betreffen, fehlt der notwendige Zusammenhang, sodass sie nicht zulässig sind (Kobl IBR 11, 557).

17 Die **Kostenentscheidung** zugunsten des Streithelfers im selbständigen Beweisverfahren bereitet keine Probleme, wenn der Nachfolgeprozess auch im Hinblick auf die Umstände geführt wird, aufgrund derer die Intervention erfolgte (BGH NJW-RR 04, 1506). Das Gericht des Hauptsacheverfahrens hat im Urt auch dann die dem Streithelfer im vorangegangenen selbständigen Beweisverfahren entstandenen Kosten gem § 101 zu titulieren, wenn im Hauptsacheverfahren selbst keine Streitverkündung erfolgt und der Streithelfer

des selbständigen Beweisverfahrens dem Hauptsacheverfahren auch nicht beigetreten ist (Celle BauR 04, 537). Allein daraus, dass dem Gegner der vom Streithelfer unterstützten Partei die »Kosten des Rechtsstreits« auferlegt worden sind, ergibt sich nicht, dass dieser Gegner auch für die dem Streithelfer angefallenen Kosten aufkommen muss; hierzu bedarf es vielmehr eines zusätzlichen gerichtlichen Ausspruchs, denn die Kostenfestsetzung richtet sich allein nach der formellen Kostengrundentscheidung (Kobl MDR 05, 719; Nürnbg IBR 08, 13). Schließen die Parteien im selbständigen Beweisverfahren nach Einholung eines Sachverständigengutachtens einen Vergleich über die Hauptsache einschließlich ihrer Kosten, ohne darin zusätzlich die Kosten des dem selbständigen Beweisverfahren beigetretenen Streitverkündeten zu regeln, kann über diese Kosten keine Entscheidung analog § 91a ergehen (Frankf BauR 04, 536; *Kießling* NJW 01, 3668). Werden die Kosten der Hauptparteien gegeneinander aufgehoben, steht dem Nebenintervenienten gegen den Gegner der von ihm unterstützten Hauptpartei ein Anspruch auf Erstattung seiner Kosten nicht zu (BGH BauR 05, 1057). Erklärt der Ast die Rücknahme des Antrages auf Durchführung des selbständigen Beweisverfahrens, trägt er neben den Kosten des Ag auch die Kosten des diesem beigetretenen Streitverkündeten (München BauR 98, 592; Schlesw IBR 05, 1066).

F. Zustellung/Hemmung der Verjährung. Gemäß § 204 I Nr 7 BGB ist die Rechtsfolge der Hemmung der 18
Verjährung von der **Zustellung des Antrags** auf Einleitung des selbständigen Beweisverfahrens abhängig. Bei dem selbständigen Beweisverfahren handelt es sich um einen abgekoppelten, eigenständigen und vorweggenommenen Teil eines etwa nachfolgenden Hauptsacheprozesses, nach dessen Beendigung angeordnet werden kann, dass Klage zur Hauptsache erhoben wird; insb unter diesem Gesichtspunkt kommt dem Antrag auf Durchführung eines selbständigen Beweisverfahrens größere Bedeutung zu als einem Beweisantrag; deshalb ist der Antrag in entsprechender Anwendung des § 270 S. 1 dem Ag zwingend zuzustellen (BGH BauR 11, 669). Gleiches gilt für den Prozesskostenhilfeantrag des Ast. Anwaltliche Sorgfalt gebietet mithin den ausdrücklichen **Antrag auf Bewirkung der Zustellung** verbunden mit dem auf § 169 II gestützten Antrag auf Erteilung der gerichtlichen Bescheinigung der Zustellung. Wird nicht der Antrag, aber der Beschl zugestellt, tritt Hemmung der Verjährung jedenfalls ab diesem Zeitpunkt ein (Frankf NJW-RR 10, 535). Voraussetzung für die Beeinflussung der Verjährung durch ein eingeleitetes selbständiges Beweisverfahren ist, dass der Ast **anspruchsberechtigt** ist oder zumindest im Verlaufe des Verfahrens wird (BGH NJW 93, 1916).

Das eingeleitete selbständige Beweisverfahren hemmt allein die **Verjährung des unmittelbar bezogenen** 19
Anspruchs (Hamm BauR 09, 1477; aA *Kainz* FS für Wolfgang Koeble 10, 625). Diese Rechtslage ist nicht mehr auf das Kauf- oder Werkrecht beschränkt (Erman/*Schmidt-Ränsch* BGB § 204 Rz 21). Der Beweisantrag bedarf deshalb, sofern der Lauf der Verjährung beeinflusst werden soll, besonderer Substantiierung (*Gartz* NZBau 10, 676; *Helm* NZBau 11, 328). Das vom Unternehmer **vor Abnahme** zur Feststellung der Mangelfreiheit eingeleitete selbständige Beweisverfahren hemmt die Verjährung der Werklohnforderung (Hamm BauR 11, 2010). Ein **nach Abnahme** zu Mängeln eingeleitetes selbständiges Beweisverfahren beeinflusst mithin nicht die Verjährung der Werklohnforderung (Saabr NJW-RR 06, 163; aA *Klaft/Nossek* BauR 08, 1980). Von dem Antrag der Wohnungseigentümergemeinschaft zur Klärung der „Hellhörigkeit des Anwesens" eingeleiteten selbständigen Beweisverfahrens werden die Ansprüche wegen des Schallschutzes insgesamt auch dann erfasst, wenn konkrete Stellen des mangelnden Schallschutzes im Antrag bezeichnet werden (Karlsr IBR 11, 1355). Betrifft das selbständige Beweisverfahren eine Vielzahl von Mängeln, kann die Hemmung der Verjährung betreffend das gesamte Werk in Betracht kommen (München NJW-RR 10, 824). Ein Antrag auf Durchführung des selbständigen Beweisverfahrens des Bürgschaftsgläubigers gegen den Bürgen hemmt nur die Verjährung für Ansprüche aus den Mängeln, auf die sich die Beweissicherung bezieht (BGH IBR 08, 367). Das von der GmbH als Nachfolgerin des Einzelunternehmens zur Feststellung von Mängeln eingeleitete selbständige Beweisverfahren wirkt nicht verjährungshemmend, wenn der mit dem Einzelunternehmen geschlossene Bauvertrag nicht von der GmbH übernommen worden ist (Naumbg BauR 09, 133). Von dem zwischen den Vertragsparteien geführten selbständigen Beweisverfahren wird der Bürge nicht erfasst (Frankf MDR 91, 989). Das selbständige Beweisverfahren beeinflusst nicht den Lauf vereinbarter Ausschlussfristen (Frankf OLGR 08, 207). Ein selbständiges Beweisverfahren, das zwischen dem Werkbesteller und dem Zessionar der Werklohnforderung bzgl der Mängel des Werks anhängig gemacht worden ist, wirkt sich nicht auf die Verjährung der Mängelansprüche im Verhältnis zwischen dem Werkbesteller und dem zedierenden Werkunternehmer aus (Ddorf BauR 72, 111). Werden Gewährleistungsansprüche abgetreten und hat der Zedent vor der Abtretung ein selbständiges Beweisverfahren eingeleitet, wirkt die dadurch eingetretene Hemmung auch zugunsten des Zessionars (Köln BauR 99, 259). Das von

einem **Wohnungseigentümer** durchgeführte selbständige Beweisverfahren hemmt die Verjährung seiner Gewährleistungsansprüche ohne Rücksicht darauf, ob sie gemeinsam verfolgt werden müssen (BGHZ 114, 383; Kniffka/Koeble 11. Teil Rn 267, 286, 329). Leitet der Verwalter einer Wohnungseigentümergemeinschaft aufgrund entsprechenden Beschl der Eigentümer ein selbständiges Beweisverfahren ein, wird hierdurch auch die Verjährung der Ansprüche der Wohnungseigentümer gehemmt (BGH NJW 03, 3196).

20 Gemäß § 204 II BGB endet diese Rechtsfolge **sechs Monate** nach der rechtskräftigen Entscheidung oder anderweitigen Erledigung des eingeleiteten Verfahrens, sodass die Klärung des Zeitpunktes der Beendigung des selbständigen Beweisverfahrens (dazu § 492 Rz 6) hier Bedeutung hat und insb die Achtsamkeit des anwaltlichen Beraters erfordert (*Reimann* BauR 2011, 14, 17). Hieran an schließt sich der Rest der bis zum Beginn der Hemmung gelaufenen Verjährungszeit.

21 Betrifft das selbständige Beweisverfahren mehrere Mängel, greift die Hemmungswirkung nur so lange, wie die Untersuchung der jeweiligen Mängel betrieben wird; werden mehrere Sachverständige betreffend mehrere voneinander unabhängige Gegebenheiten im selbständigen Beweisverfahren beauftragt, und geben diese zu unterschiedlichen Zeiten ihre jeweiligen gutachterlichen Äußerungen ab, kommt es zu zeitlich unterschiedlichen Verjährungshemmungen (München OLGR 07, 335; Dresd IBR 09, 551; Hamm BauR 09, 703); Gleiches gilt, wenn der Sachverständige in der Weise abschichtet, dass er betreffend einzelner Mängel zu unterschiedlichen Zeiten gesonderte, eigenständige gutachterliche Äußerungen liefert. Insbesondere dem Ast-Rechtsanwalt obliegt dann eine strenge und dauernd zu beachtende Fristenkontrolle (vgl zu den in Betracht kommenden Strategien des Ast-Rechtsanwalts *Schmitz/Vogel* FS für Wolfgang Koeble 2010, 635, 642. Wird der geforderte Kostenvorschuss nicht gezahlt, bewirkt dies das Ende der durch die Verfahrenseinleitung ausgelösten Hemmung der Verjährung gem § 204 II 2 BGB (Frankf OLGR 04, 325). Anträge gegen unbekannte Gegner gem § 494 lassen die Verjährung unberührt (BGH NJW 80, 1458).

22 Ein **nach ausländischem Recht durchgeführtes selbständiges Beweisverfahren** (dazu § 486 Rz 11) hat nur dann verjährungshemmende Wirkung, wenn dem ausländischen Verfahren ein gerichtlicher Charakter und eine Verwertungsfunktion (»Funktionsäquivalenz«) zukommen (Hambg MDR 00, 53; PWW/*Kesseler* § 204 Rn 14).

§§ 488 und 489 *(weggefallen)*

§ 490 Entscheidung über den Antrag. **(1) Über den Antrag entscheidet das Gericht durch Beschluss.**

(2) [1]In dem Beschluss, durch welchen dem Antrag stattgegeben wird, sind die Tatsachen, über die der Beweis zu erheben ist, und die Beweismittel unter Benennung der zu vernehmenden Zeugen und Sachverständigen zu bezeichnen. [2]Der Beschluss ist nicht anfechtbar.

1 **A. Verfahren.** Das Gericht prüft die **Zulässigkeitsvoraussetzungen**, ermittelt diese aber nicht vAw. Die in § 139 normierte **richterliche Hinweispflicht** gilt im selbständigen Beweisverfahren (dazu § 492 Rz 2). Ein richterlicher Bedenkenhinweis kann allenfalls dann als anfechtbare Entscheidung eingestuft werden, wenn er als Zurückweisung des Antrags zu werten ist (Karlsr OLGZ 80, 82). Das dem Ag zu gewährende **rechtliche Gehör** kann auch nach Erlass des stattgebenden Beschl gewährt werden (Karlsr MDR 82, 1026). Erhält der Antrag Unklarheiten, kann mündliche Verhandlung in Betracht kommen.

2 Die **Eröffnung des Insolvenzverfahrens** über das Vermögen einer Partei bewirkt keine Unterbrechung nach § 240 (BGH BauR 04, 1388); anderes gilt im Verfahren nach § 494a (dazu § 494a Rz 3). Das Rubrum ist dann dahin zu ändern, dass Partei nun der Insolvenzverwalter ist. Bei Insolvenz des Ag muss der Ast Hauptsacheklage gem § 494a I gegen den Verwalter auf Feststellung zur Tabelle erheben; Zulässigkeitsvoraussetzung ist die vorhergehende Anmeldung der vermeintlichen Forderung zur Tabelle sowie das Bestreiten des Verwalters (LG Dortmund IBR 07, 1120; Ulrich sBV Teil 5 Rn 205). Bei Insolvenz betreffend das Vermögen des Ag kann der Antrag auf Fristsetzung des § 494a I nur vom Insolvenzverwalter gestellt werden (Zweibr ZInsO 05, 383). Der Streitwert bemisst sich für die Zeit ab Eröffnung des Insolvenzverfahrens gem § 182 InsO nach der Quotenaussicht. Ergeht nach Insolvenz des Ast zugunsten des Ag eine Kostenentscheidung gem § 494a II, entsteht insoweit eine Insolvenzforderung, die zur Tabelle angemeldet werden kann.

3 **B. Entscheidung. I. Stattgebender Beschluss.** Er entspricht inhaltlich einem Beweisbeschluss gem § 359. Daraus, dass das Gericht an die Tatsachenbehauptungen gebunden ist, ergibt sich nicht, dass in den Beschl die Formulierungen des Antrags übernommen werden müssen ; zum Abweichen vom **Wortlaut der**

Antragstellung besteht Veranlassung bei Gefahr der Missverständlichkeit. Wird ein Sachverständiger hinzugezogen, muss das Gericht diesen auch im selbständigen Beweisverfahren gem § 404a leiten und dafür sorgen, dass die Beweisfrage verständlich ist; die Beweisfrage muss, um **unzulässige Ausforschung** zu vermeiden, so konkretisiert sein, dass der Verfahrensgegenstand zweifelsfrei abgrenzbar ist und der Sachverständige Art und Umfang der ihm übertragenen Tätigkeit überschauen kann (KG NJW-RR 00, 468); soll der Sachverständige ermitteln, ob die Werkleistung hinter der Sollbeschaffenheit zurückbleibt, hat der Richter auch im selbständigen Beweisverfahren dem Sachverständigen in der Beweisanordnung mitzuteilen, von welcher Sollbeschaffenheit – vertraglich vereinbart oder Standard der anerkannten Regeln der Technik – er auszugehen hat (Köln BauR 02, 1120). Der stattgebende Beschl wird nach § 329 II mitgeteilt, enthält er eine Terminsbestimmung bedarf er wegen der Ladung der Zustellung. Fallen aufgrund fehlerhaft zu weit gefasster Beweisfragen vermeidbare Mehrkosten an, kann insoweit Niederschlagung gem § 21 GKG in Betracht kommen (*Siegburg* BauR 01, 878). Der Beschl bedarf nur im Umfang einer Abweisung des Antrags einer Begründung. Hat die Beschwerde Erfolg und führt sie zur Fortsetzung des selbständigen Beweisverfahrens ist eine Kostenentscheidung im Beschl nicht veranlasst, insoweit handelt es sich dann nämlich insgesamt um Kosten eines künftigen Hauptsacherechtsstreits (Köln IBR 10, 252; Schlesw SchlHA 11, 414; Hamm 5.10.11 – 22 W 80/11); entsprechend enthält der iÜ stattgebende Beschl auch bei einer Teilabweisung keine Kostenentscheidung (Schlesw NJOZ 06, 850).

Gemäß § 17 I 2 GKG, §§ 492, 402, 379 soll die Beauftragung des Sachverständigen von der Einzahlung eines angemessenen, mithin die voraussichtliche und am JVEG orientierte, Vergütung des Sachverständigen deckenden Vorschusses abhängig gemacht werden; Entsprechendes gilt für die Zeugenvernehmung. Die **Vorschussanforderung** bei dem Ast erfolgt idR mit Befristung im stattgebenden Beschl. Die **Nichtzahlung des Vorschusses** binnen dieser Frist bewirkt keinen Beweismittelausschluss (Köln NJW-RR 97, 1291; Rostock BauR 04, 708; Kobl NJOZ 04, 814), kann aber zur Beendigung des selbständigen Beweisverfahrens (Köln BauR 10, 1982; Saarbr BauR 11, 151; Ulrich sBV Teil 5 Rn 42; aA Kobl IBR 04, 231) führen bzw als Antragsrücknahme mit der Konsequenz zu werten sein, dass dem Ast die Kosten des selbständigen Beweisverfahrens entsprechend § 269 III aufzuerlegen sind (LG Halle 28.12.10 – 4 OH 8/10). Dann ergibt sich für das nachfolgende Hauptsacheverfahren auch keine beschränkte Benutzbarkeit dieses Beweismittels gem § 356 (dazu § 492 Rz 2); diese Norm scheidet aus, weil Umstände eines selbständigen Beweisverfahrens das nachfolgend Hauptsacheverfahren allenfalls beschleunigen, nicht aber verzögern. 4

II. Abweisender Beschluss. Dieser ergeht bei Unzulässigkeit des Gesuchs, bei Unzuständigkeit des angerufenen Gerichts und bei Ungeeignetheit des Beweismittels; voraussichtliche Beweisunerheblichkeit ist idR kein Abweisungsgrund. Mit Zurückweisung des Antrags sind die Kosten analog § 91 dem Ast aufzuerlegen (Karlsr MDR 00, 975; Hamm OLGR 02, 349). Fehlt diese Kostenentscheidung, ist § 321 I entsprechend anzuwenden; ist die in § 321 II vorgesehene Antragsfrist verstrichen, kann die Kostenentscheidung auch nicht unter Heranziehung des Rechtsgedankens des § 494a nachgeholt werden (Bremen OLGR 03, 491). 5

III. Rechtskraft/Abänderbarkeit von Amts wegen. Im Umfang des Streitgegenstandes des selbständigen Beweisverfahrens, mithin dazu, ob die erstrebte, durch konkrete Beweistatsachen und Beweismittel gekennzeichnete Beweiserhebung ggü dem Gegner zulässig und deshalb anzuordnen ist, wird Rechtshängigkeit herbeigeführt (einschränkend St/J/*Leipold* § 490 Rn 11). Ist der Antrag unter Ausschöpfung der Rechtsbehelfe abgelehnt worden, steht demselben Begehren die Rechtskraft entgegen (*Schilken* ZZP 79, 247). Ein besonderer Fall der Abänderbarkeit des gefassten Beschl ist in §§ 492 I, 412 I geregelt; hiernach hat das Gericht die Möglichkeit des Auswechselns des Sachverständigen, wenn es das »Gutachten für ungenügend erachtet«; »Gutachten« meint auch schon die zeitlich vor Ablieferung der gutachterlichen Leistung erkennbar gewordene vorbereitende Arbeit des Sachverständigen (Ulrich sBV Teil 5 Rn 52). Bis zur Beendigung des selbständigen Beweisverfahrens ist der ergangene Beweisbeschluss auch iÜ abänderbar (KG MDR 99, 564); allerdings ist der Grundsatz des § 308 zu beachten, dass die Abänderung nicht zu der Zubilligung nicht begehrter Ergebnisse führen und nicht willkürlich erfolgen darf. 6

C. Anfechtung. Abs 2 S 2 regelt allein die Rechte der Parteien des selbständigen Beweisverfahrens und nicht die Beschwerderechte der Zeugen und Sachverständigen. 7

I. Sofortige Beschwerde. Der stattgebende Beschl ist gem Abs 2 S 2 auch dann nicht anfechtbar, wenn erst das Beschwerdegericht dem erstinstanzlich ganz oder tw zurückgewiesenen Antrag stattgibt (BGH BauR 12, 133). Dies gilt auch für den Beschl, mit dem von dem Sachverständigen eine schriftliche Ergänzung gefor- 8

dert wird, und für den Beschl der nachträglichen Erweiterung der Beweisfragen (Frankf IBR 11, 558) und der Ausdehnung auf einen weiteren Ag Lehnt das Gericht die Aufhebung eines Beweisbeschlusses ab, ist Anfechtung unzulässig, weil die Ablehnung der Änderung die Bestätigung des nicht anfechtbaren Beweisbeschlusses enthält. Ebenfalls nicht gesondert anfechtbar ist die gerichtliche **Anordnung zur Einzahlung des Vorschusses** und zur **Vorschusshöhe** (Frankf OLGR 04, 393; Dresd JurBüro 07, 212; Rostock MDR 07, 1449; Hamm BauR 07, 1452; Bremen OLGR 07, 927; KG KGR 08, 881; Stuttg OLGR 09, 188. AA Kobl OLGR 03, 346).
Geht es bei einem per selbständigem Beweisverfahren geführten **Besichtigungsverfahren** (dazu § 485 Rz 5) bzgl der sofortigen Beschwerde um den Umfang der gerichtlich bestimmten Geheimhaltung, steht Abs 2 S 1 der Statthaftigkeit nicht entgegen (München InstGE 12, 192).

9 Gegen den ganz oder tw abweisenden und im Umfang der Abweisung zuzustellenden und zu begründenden Beschl kann der Ast im Umfang der Abweisung die sofortige Beschwerde gem § 567 I Nr 2 anbringen. Das gilt auch, wenn das Eingangsgericht seinen Beschl über die Einholung des Beweises nachträglich kassiert (aA Jena IBR 07, 350). Weil die **Auswahl des Sachverständigen** auch im selbständigen Beweisverfahren dem Gericht obliegt, enthält die Bestimmung eines anderen als des vom Ast in dem Antrag benannten Sachverständigen keine tw Ablehnung des Antrags (KG BauR 05, 1070); aus demselben Grund ist die Entscheidung über die beantragte Entpflichtung des Sachverständigen nicht anfechtbar (Köln MDR 08, 818). Haben das LG als Berufungs- oder Beschwerdeinstanz oder das OLG den Antrag zurückgewiesen, ist die sofortige Beschwerde gem § 567 I unzulässig. Lehnt das Gericht es ab, den Sachverständigen zur Vornahme einer **Bauteilöffnung** anzuweisen, ist dagegen auch im selbständigen Beweisverfahren kein Rechtsmittel gegeben (Köln IBR 10, 426). Gegen **gerichtliche Untätigkeit** im selbständigen Beweisverfahren ist keine Beschwerde statthaft (Kobl MDR 08, 817; aA Frankf 9.6.11 – 1 W 30/11). Zur Nichtanfechtbarkeit der Ablehnung der Einholung eines weiteren Gutachtens nach § 412 vgl § 485 Rz 25; zur Anfechtbarkeit von Entscheidungen betreffend die mündliche Anhörung des Sachverständigen vgl § 492 Rz 4.

10 **II. Rechtsbeschwerde.** Die Entscheidung des Beschwerdegerichts kann mit der Rechtsbeschwerde angefochten werden, wenn das Beschwerdegericht durch Kollegialentscheidung diese gem § 575 I 1 zugelassen hat.

11 **III. Gegenvorstellung.** Dieser gesetzlich nicht geregelte und auch im selbständigen Beweisverfahren statthafte Rechtsbehelf zielt auf die Überprüfung der ergangenen Entscheidung durch dieselbe Instanz (KG BauR 06, 149); analog § 321a muss die Gegenvorstellung binnen zwei Wochen nach Mitteilung des Beschl bei Gericht eingehen (BGHZ 150, 133; LG München I NJOZ 04, 438). Das Rechtsstaatlichkeitsgebot verpflichtet das Gericht, korrigierbare Fehler zu beheben, sodass jede Gegenvorstellung die richterliche Überprüfung veranlasst, ob Abänderung geboten ist; wegen der Eilbedürftigkeit der selbständigen Beweisverfahren sind Gegenvorstellungen unverzüglich zu bearbeiten. Abhilfe erfolgt durch Beschl; der Abhilfebeschluss ist anfechtbar, sofern der von vornherein mit dieser Entscheidung getroffene Beschl anfechtbar gewesen wäre; hilft das Gericht der Gegenvorstellung nicht ab, ist eine entsprechende Mitteilung an den Absender der Gegenvorstellung veranlasst.

12 **D. Keine analoge Anwendung des § 490 II.** Einstweilige Verfügungen im Patentrecht enthalten gelegentlich die Anordnung der Besichtigung eines möglicherweise ein Patent verletzenden Gegenstandes durch einen gerichtlichen Sachverständigen verbunden mit der Aufforderung zur Gutachtenerstattung. Der Zulässigkeit des Widerspruchs steht § 490 II 2 nicht entgegen; denn diese Besichtigungsverfügung verbunden mit der Forderung der gutachterlichen Äußerung ist unselbständiges Teilelement der einstweiligen Verfügung und nicht einem selbständigen Beweisverfahren vergleichbar (*Eck/Dambrowski* GRUR 08, 387).

§ 491 Ladung des Gegners.

(1) Der Gegner ist, sofern es nach den Umständen des Falles geschehen kann, unter Zustellung des Beschlusses und einer Abschrift des Antrags zu dem für die Beweisaufnahme bestimmten Termin so zeitig zu laden, dass er in diesem Termin seine Rechte wahrzunehmen vermag.
(2) Die Nichtbefolgung dieser Vorschrift steht der Beweisaufnahme nicht entgegen.

1 **A. Ladung des Antragsgegners (Abs 1).** Diese Norm schließt nicht aus, dass das Gericht ohne Terminsbestimmung dem Zeugen die Beweisfragen zur schriftlichen Beantwortung vorlegt oder dem gerichtlichen Sachverständigen die Lieferung des schriftlichen Gutachtens aufgibt. Wird **gerichtlicher Termin zur**

Beweisaufnahme bestimmt, gilt dies: Damit der Gegner Gelegenheit erhält, seine Rechte wahrzunehmen, muss er – bei Vertretung durch einen Rechtsanwalt gem § 172 I 1 dieser – zu diesem Termin durch das Gericht vAw geladen werden. Auch der Ast muss geladen werden. Eine Mindest-Ladungsfrist ist nicht zu beachten; indes muss zwischen Eingang der Ladung und Termin ein so langer Zeitraum liegen, dass die Teilnahme am Beweistermin in zumutbarem Maße technisch organisierbar ist. Erscheinen ordnungsgemäß Geladene nicht zum gerichtlichen Beweistermin, steht dies der Durchführung nicht entgegen.

Erfordert die Beweisaufnahme die Mitwirkung des Ast und beteiligt sich dieser binnen einer gerichtlich 2
gesetzten Frist nicht, tritt Beendigung des selbständigen Beweisverfahrens ein. Den Ag trifft keine **prozessuale Pflicht zur Mitwirkung**. Ist die Herausgabe eines Gegenstandes an den Sachverständigen erforderlich, kann das Gericht die Herausgabe anordnen gem §§ 273 II Nr 5, 144 I, wobei sich die Pflicht zur Mitwirkung nach materiellem Recht bestimmt (Köln OLGR 02, 129). Der Zweck des selbständigen Beweisverfahrens, einen Hauptsacheprozess zu verhindern, gibt dem Gericht nicht die Befugnis, gem § 142 eine Mitwirkung anzuordnen. Im Falle des Bestehens eines nach materiellem Recht zu beurteilenden Verfügungsanspruchs kann eine Partei die Mitwirkung des Gegners ggf durch einstweilige Verfügung erzwingen (aA LG Berlin GE 10, 1342); mithin kann dem am Verfahren beteiligten Bauherrn im Falle seiner Verweigerung per einstweiliger Verfügung aufgegeben werden, das Betreten des Grundstücks zur Ermöglichung der Durchführung der gerichtlichen Beweissicherung zu dulden (Karlsr BauR 02, 1437). Mitwirkungspflichten Dritter entfallen bei Unzumutbarkeit (Braunschw NZBau 04, 550; KG NJW-RR 06, 241) bzw bei Geltendmachen von Zeugnisverweigerungsrechten (Hambg ZMR 02, 71). Die Prüfung, ob ein Dritter die Duldung der Begutachtung seines Gegenstandes zu Recht wegen Unzumutbarkeit verweigert, ist gem §§ 144 II 2, 387 in einem Zwischenstreit mit förmlicher Beteiligung des Dritten vorzunehmen (Stuttg BauR 11, 1531).

B. Rechtsfolgen bei fehlender/fehlerhafter Ladung (Abs 2). Wird der Gegner entgegen § 491 I nicht ord- 3
nungsgemäß zum gerichtlichen Beweistermin geladen, steht dies der Durchführung der gerichtlichen Beweisaufnahme nicht entgegen. Der Ast hat im selbständigen Beweisverfahren keinen Anspruch auf erneute Durchführung der Beweisaufnahme, obwohl gem § 493 II die nachfolgende Benutzung des Ergebnisses dieser Beweisaufnahme ausscheidet, wenn der nicht ordnungsgemäß geladene Gegner zusätzlich im Termin nicht erscheint. Abs 2 ist entsprechend anzuwenden, wenn der Ast nicht ordnungsgemäß geladen und nicht erschienen ist.

§ 492 Beweisaufnahme.

(1) Die Beweisaufnahme erfolgt nach den für die Aufnahme des betreffenden Beweismittels überhaupt geltenden Vorschriften.
(2) Das Protokoll über die Beweisaufnahme ist bei dem Gericht, das sie angeordnet hat, aufzubewahren.
(3) Das Gericht kann die Parteien zur mündlichen Erörterung laden, wenn eine Einigung zu erwarten ist; ein Vergleich ist zu gerichtlichem Protokoll zu nehmen.

A. Anwendbare Vorschriften (Abs 1). I. Übersicht. Im Grundsatz sind anwendbar die allgemeinen Vor- 1
schriften der §§ 355–370. Ergibt sich im selbständigen Beweisverfahren ein Hindernis der Beweisaufnahme, greift betreffend das Hauptsacheverfahren indes nicht § 356, insoweit kann nämlich keine Verzögerung der Hauptsacheentscheidung eintreten; vielmehr kann das Beweismittel in der Hauptverhandlung erneut gebracht werden. Für den richterlichen Augenschein sind zusätzlich anwendbar §§ 371–372a, für die Zeugenvernehmung §§ 373–401 und für die Einholung eines Gutachtens §§ 402–414.

§ 17a GVG – Rechtswegbindung – ist im selbständigen Beweisverfahren anwendbar (ArbG Limburg NZA- 2
RR 06, 732; Musielak/*Huber* § 486 Rn 3). § 15a EGZPO – obligatorisches **Güteverfahren** vor einer von der Landesjustizverwaltung eingerichteten und anerkannten Gütestelle – gilt nicht im selbständigen Beweisverfahren. §§ 36, 281 sind anwendbar (Brandbg MDR 06, 1184). **Prorogation** gem § 39 ist ausgeschlossen (dazu § 486 Rz 4). Die §§ 42–48 betreffend eine Befangenheit des Richters sind anwendbar; nach Befangenheitsablehnung ist im selbständigen Beweisverfahren grds jede richterliche Maßnahme unaufschiebbar iSd § 47 I; auf eine fristsetzende richterliche Verfügung hat sogleich das Ablehnungsverfahren zu folgen. §§ 67, 74 gelten für das selbständige Beweisverfahren, sodass der **Streithelfer** Prozesshandlungen in einem selbständigen Beweisverfahren nur dann wirksam vornehmen kann, wenn seine Erklärungen und Handlungen nicht im Widerspruch zu denen der Hauptpartei stehen; der entgegenstehende Wille kann sich konkludent aus Handlungen der Partei ergeben (Dresd IBR 04, 468; Brandbg 8.4.08–12 W 9/08). § 139 ist gilt nicht nur bzgl Hinweise zur Unzulässigkeit des Antrags und bei Durchführung einer mündlichen Verhandlung , sondern umfassend (Stuttg NJW 01, 1145; Saarbr OLGR 08, 26). Die in §§ 144 I, 273 II Nr 2 geregelte Mitwir-

kungspflicht des Ag und auch Dritter greift auch für das selbständige Beweisverfahren; das Gericht kann unten den Voraussetzungen dieser Vorschriften anordnen, dass Gegenstände an den Sachverständigen herausgegeben werden (Kniffka/Koeble 2.Teil Rn 169; Ulrich sBV Teil 5 Rn 85, 87). § 239 ist nicht anwendbar (Ulrich sBV Teil 5 Rn 208; aA München BauR 04, 533)); stirbt der Ag vor Beendigung des Verfahrens kommt in analoger Anwendung des § 494 II die Bestellung eines Vertreters (dazu § 494 Rz 1) in Betracht (FA-BauR/*Keldungs* 13. Kap B Rn 23). Ruhen gem § 251 kann angeordnet werden, wenn die Parteien des selbständigen Beweisverfahrens dies übereinstimmend damit begründen, dass Einigungsgespräche geführt werden (KG NJW-RR 96, 1086; Ddorf BauR 08, 2088; aA MüKo-ZPO/*Gehrlein* § 251 Rn 4). § 282 ist im selbständigen Beweisverfahren nicht zu Lasten des Ag, dem die Beteiligung am selbständigen Beweisverfahren freisteht, anzuwenden. § 285 II passt nicht für das selbständige Beweisverfahren; die Parteien können sich, auch wenn das selbständige Beweisverfahren vor einem anderen Gericht lief, auf das Ergebnis des selbständigen Beweisverfahrens beziehen (dazu § 493 Rz 3). Zur Anwendung des § 296 vgl § 493 Rz 5..

3 **II. Details zum gerichtlichen Sachverständigen. 1. Befangenheit.** Ergibt sich bei dem Sachverständigen bereits im selbständigen Beweisverfahren ein Befangenheitsgrund iSd § 406, muss der Ablehnungsantrag unverzüglich im selbständigen Beweisverfahren angebracht werden (Hamm VersR 96, 911; Frankf OLGR 99, 11; Saarbr OLGR 08, 66). Werden mehrere Befangenheitsgründe gebracht, sind diese einzeln und in ihrer Gesamtheit zu prüfen (Kobl BauR 09, 138). Der Sachverständige, der eine Partei nach beendetem selbständigen Beweisverfahren berät, kann im dann folgenden Hauptsacheverfahren als befangen abgelehnt werden (Schlesw BauR 93, 117). Will der Sachverständige den Eindruck seiner Befangenheit ausschließen, darf er, wenn er zu seinem Ortstermin die Parteien nicht eingeladen hat, das Gutachten nicht ohne weiteres fertig stellen; § 491 II gilt nicht für den Sachverständigen (unklar Hamm BauR 03, 930). Der **Streithelfer**, der sich nicht gegensätzlich zu der von ihm unterstützten Partei verhalten darf und bei Widerspruch dieser Partei an der Ablehnung des Sachverständigen als befangen gehindert ist, kann dieses Gesuch noch im Hauptverfahren bringen, sofern er da Partei ist (BGH BauR 06, 1500). Bevor ein Befangenheitsgesuch nicht beschieden ist, kann Beendigung des selbständigen Beweisverfahrens nicht eintreten (Hamm IBR 07, 1103).

4 **2. Mündliche Anhörung des Sachverständigen.** Anwendbar sind §§ 411 III, 402, 397 I, die jeder Partei als Ausfluss des Art 103 I GG das Recht einräumen, den Sachverständigen in den Grenzen der Verspätung und des Rechtsmissbrauchs persönlich zu hören. Die zu stellenden Fragen brauchen nicht vorweg angekündigt zu werden; es genügt, dass angegeben wird, in welcher Richtung weitere Aufklärung gewünscht wird (BGH MDR 09, 163; BGH NJW-RR 07, 1294; OLG Hamm IBR 12, 119); allein ein Antrag auf mündliche Anhörung, der nicht irgendwie näher begründet wird, kann als rechtsmissbräuchlich gestellt abgelehnt werden (BGH MDR 04, 699; KG KGR 07, 776); ebenfalls abgelehnt werden kann ein Antrag, mit dem eine bereits beantwortete Frage erneut gestellt wird (Schlesw OLGR 04, 41), oder wenn das selbständige Beweisverfahren beendet ist (dazu § 492 Rz 6). Daraus, dass der Antrag auf mündliche Erläuterung kommt, nachdem auf frühere Einwendungen derselben Partei bereits ein Ergänzungsgutachten vorliegt und der weitere Fragebedarf nun nicht detailliert belegt wird, ergibt sich noch keine Rechtsmissbräuchlichkeit (BGH NJW-RR 06, 1503). Das Verstreichenlassen einer im selbständigen Beweisverfahren gesetzten Frist zur Stellungnahme zu dem Gutachten bewirkt auch keine Umkehr der Beweislast (BGH NZM 10, 587). Es besteht kein Recht auf sofortige mündliche Anhörung des Sachverständigen; das Gericht kann vorbereitend eine schriftliche Stellungnahme des Sachverständigen einholen (München IBR 09, 366). Die gerichtliche Anordnung der Einholung einer ergänzenden schriftlichen Stellungnahme bei dem Sachverständigen ist nicht anfechtbar (München 31.5.06 – 1 W 1555/06); die Ablehnung des Antrags auf erstmalige mündliche Anhörung soll mit der sofortigen Beschwerde anfechtbar sein (Stuttg OLGR 02, 418; Hamm 5.10.11 – 22 W 80/11. AA KG BauR 10, 502); gegen die Ablehnung der nochmaligen Vernehmung des Sachverständigen besteht kein Beschwerderecht (Köln OLGR 04, 303).

Die Vorschusslast betrifft denjenigen, der die Anhörung beantragt (München NJOZ 05, 1305: Veranlasserprinzip); stellt ein Streithelfer Ergänzungsfragen, obliegt die Einzahlung des Vorschusses der Partei, der dieser Streithelfer beigetreten ist (LG Heidelberg IBR 08, 1272).

5 Es ist nicht zulässig, den Antrag auf mündliche Erläuterung richterlich dadurch zu erledigen, dass stattdessen die schriftliche Ergänzung besorgt wird (Celle MDR 01, 108; Stuttg OLGR 02, 418; aA Kniffka/Koeble 2. Teil Rn 128). Das Schweigen des Ast auf die Anforderung dieser schriftlichen Stellungnahme enthält nicht seinen Verzicht auf die beantragte mündliche Anhörung. Das Gericht kann aber zur Vorbereitung der mündlichen Anhörung vorweg eine schriftliche Erklärung des Sachverständigen anfordern (Ulrich sBV

5.Teil Rn 163). Keine sorgfältige Arbeit des gem § 404a zur umfassenden Anleitung des gerichtlichen Sachverständigen verpflichteten Richters liegt vor, wenn dieser kopierte Schriftsätze ohne Konkretisierung der Fragen mit der nicht näher erläuterten Bitte um Erstattung eines schriftlichen Ergänzungsgutachtens dem Sachverständigen zuleitet (Bremen NJW-RR 01, 213).

B. Beendigung des selbständigen Beweisverfahrens. Das Ende des selbständigen Beweisverfahrens ist gem § 204 II BGB bedeutsam für die Dauer der Hemmung der Verjährung (dazu § 487 Rz 18) sowie für die Antwort auf die Frage, ob die Beteiligten ihre gem § 411 III bestehende Option zur Anhörung des Sachverständigen und zur Gutachtenergänzung noch ausüben können. Wird eine richterliche Frist zur Stellungnahme gesetzt, soll das selbständige Beweisverfahren nur dann mit Ablauf dieser Frist und Präklusionswirkung (dazu § 493 Rz 5) enden, wenn die Fristsetzung förmlich zugestellt und die Parteien auch auf die Folgen der Nichtbeachtung ordnungsgemäß hingewiesen worden sind (OLG Celle NJW-RR 09, 1364). Das selbständige Beweisverfahren ist beendet, wenn der mit der Beweisaufnahme befasste Richter zum Ausdruck bringt, dass eine weitere Beweisaufnahme nicht stattfindet und dagegen innerhalb angemessener Frist keine Einwände erhoben werden (BGH NZBau 11, 156). Betreffend Zeugenaussagen endet das selbständige Beweisverfahren mit Genehmigung des Protokolls der Vernehmung ; Bei schriftlicher Gutachtenerstellung endet das selbständige Beweisverfahren mit dem spätesten **Datum des Eingangs des Gutachtens** bei den Beteiligten bzw Verfahrensbevollmächtigten (Ddorf NJW-RR 96, 1527), sofern weder das Gericht von sich aus weitere Anordnungen und insb keine Fristsetzung trifft, noch die Parteien durch Stellung weiterer Fragen oder Anträge oder Erhebung von Einwänden innerhalb angemessener Frist auf den Fortgang des selbständigen Beweisverfahrens hinwirken (Brandbg BauR 07, 443). Die **Angemessenheit des Zeitraums** richtet sich nach den konkreten schutzwürdigen Interessen der Beteiligten, wobei Gehalt und Umfang der gutachterlichen Äußerung bedeutsam sind. Bei mündlicher Anhörung des Sachverständigen tritt Beendigung mit dem Verlesen des Sitzungsprotokolls oder der Vorlage des Protokolls zur Durchsicht ein (BGH NZBau 09, 598). Erklärt der Sachverständige in dem selbständigen Beweisverfahren, dass eine weitere Aufklärung nur unter Einbeziehung des Nachbargrundstücks möglich ist, und holt der Ast trotz gerichtlicher Aufforderung die Zustimmung dieses Nachbarn nicht ein, endet das selbständige Beweisverfahren mit Ablauf der gesetzten Frist (LG Düsseldorf BauR 11, 1209). 6

Die Beendigung wird hinausgeschoben, wenn binnen angemessener Frist **Ergänzungsfragen** angebracht werden (BGH NJW 02, 1640; Ddorf BauR 04, 1978; Hamm BauR 05, 752; Celle BauR 08, 2094). Allein die Vorlage eines Privatgutachtens genügt nicht (VG Düsseldorf 17.5.11 – 17 I 4/08).Bereits eindeutig beantwortete oder verspätet gebrachte und deshalb unzulässige Fragen schieben das Ende des selbständigen Beweisverfahrens nicht hinaus; der förmlichen Zurückweisung dieser Fragen bedarf es nicht (München BauR 08, 561). Wird eine Frist gem § 411 IV 2 gesetzt, kann ein binnen angemessenen Zeitraums, aber nach Ablauf der Frist gebrachter Anhörungsantrag noch rechtzeitig sein, sofern nicht auch ein richterlicher Hinweis auf die Notwendigkeit der Antragstellung innerhalb der angemessenen Frist erfolgte (BGH NJW 06, 1208). Die Fristsetzung bedarf der Unterzeichnung durch den anordnenden Richter (Kobl OLGR 00, 178) sowie der Zustellung (Schlesw OLGR 03, 470; Celle BauR 05, 1961). Beendigung tritt ferner ein mit Zurücknahme des Antrags und mit nicht angefochtener Aufhebung des Beweisbeschlusses. Bei mehreren unabhängigen Beweisaufnahmen kann Verfahrensbeendigung in zeitverschiedenen Teilen eintreten (BGH MDR 93, 973); Gleiches gilt, wenn derselbe Sachverständige den gerichtlichen Auftrag in der Weise abschichtet, dass er betreffend einzelne Umstände gesonderte gutachterliche Äußerungen abliefert (dazu § 487 Rz 21). 7

Betreibt der Ast das selbständige Beweisverfahren nicht weiter, indem er den ihm auferlegten Vorschuss nicht einzahlt, tritt Beendigung (LG Halle 28.12.10 – 4 OH 8/10: Antragsrücknahme) ein mit der Zustellung des Beschl betreffend die Vorschusszahlung, sodass dann auch die 6-Monatsfrist des § 204 II 2 BGB läuft (Schlesw BauR 11, 1381); wird später der Vorschuss gezahlt und das Verfahren fortgesetzt, bleibt dieser Teil der 6-Monats-Frist verstrichen (Kniffka/Koeble 2. Teil Rn 143). 8

C. Protokoll der Beweisaufnahme (Abs 2). Die in § 159 geregelte Pflicht zur Protokollaufnahme gilt auch im selbständigen Beweisverfahren. Die gestellten Fragen sind möglichst exakt aufzunehmen; die wörtliche Wiedergabe im **Protokoll** kann nicht erzwungen werden. Zulässig ist ein **Berichterstattervermerk**, in dem das Ergebnis der Beweisaufnahme klar und vollständig festgehalten wird (zur gerichtlichen Aktenführung § 485 Rz 26). 9

10 **D. Termin zur mündlichen Erörterung/Vergleich (Abs 3).** Das Gericht des selbständigen Beweisverfahrens ist nicht gehalten, auf einen Vergleichsabschluss hinzuwirken, es ist daran aber auch nicht gehindert. Betreffend den im selbständigen Beweisverfahren geschlossenen Vergleich ist beachtlich, dass nicht der nach § 278 VI zustande gekommene schriftliche Vergleich, sondern nur der gem §§ 492 II, 160 zu richterlichem Protokoll genommene einen **Vollstreckungstitel** iSd § 794 I Nr 1 darstellt. Zwangsmittel für das persönliche Erscheinen zum Termin sind nicht gegeben (zum Vertretungszwang § 487 Rz 13).

§ 493 Benutzung im Prozess.

(1) Beruft sich eine Partei im Prozess auf Tatsachen, über die selbständig Beweis erhoben worden ist, so steht die selbständige Beweiserhebung einer Beweisaufnahme vor dem Prozessgericht gleich.
(2) War der Gegner in einem Termin im selbständigen Beweisverfahren nicht erschienen, so kann das Ergebnis nur benutzt werden, wenn der Gegner rechtzeitig geladen war.

1 **A. Pflicht zur sofortigen Prüfung des Gutachtens.** Dem im selbständigen Beweisverfahren eingesetzten Rechtsanwalt muss bewusst sein, dass der Richter des selbständigen Beweisverfahrens das darin gelieferte Gutachten inhaltlich nicht intensiv prüft. Deshalb hat er sich bei Erhalt des schriftlichen Gutachtens mindestens die Fragen vorzulegen, ob der Sachverständige die Beweisfrage zutr erfasst und ergiebig beantwortet hat, ob er dabei von zutreffenden und verlässlichen Anknüpfungstatsachen ausgegangen ist, ferner ob methodengerecht untersucht und die Ergebnisse plausibel sowie widerspruchsfrei dargestellt worden sind (Ddorf OLGR 07, 195; Frankf NJW 07, 852); ergeben sich ihm Bedenken, sollte er noch im selbständigen Beweisverfahren reagieren; verletzt er diese Pflicht zur sorgfältigen Auseinandersetzung und entsteht seiner Partei nachfolgend ein Schaden, kann er ersatzpflichtig sein (Brandbg NZM 06, 719).

2 **B. Verwertung des Beweisergebnisses im Hauptsacherechtsstreit (Abs 1). I. Beweiswert der selbständigen Beweiserhebung.** Diese Beweiserhebung erweist sich im Hauptsacheprozess als vorweg, eben »selbständig«, durchgeführte Beweisaufnahme dieses Hauptsacheprozesses. § 493 ist das Bindeglied zwischen dem selbständigen Beweisverfahren und dem Hauptsacheprozess (*Voit* FS Thode 05, 340). Für die Verwertung des Ergebnisses des selbständigen Beweisverfahrens **bedarf es keines Parteiantrages**; es genügt, dass sich eine Partei auf eine Tatsache beruft, über die Beweis erhoben wurde und die weiterhin streitig ist. Zusätzlicher Vortrag des Ergebnisses der selbständigen Beweisaufnahme ist auch dann nicht erforderlich, wenn das selbständige Beweisverfahren nicht vor dem Hauptsachegericht stattfand; § 285 II ist nicht anwendbar (Köln OLGR 04, 390; Ddorf BauR 07, 2115; aA St/J/*Leipold* § 493 Rn 1).

3 Verwertbarkeit ist gegeben bei **Identität der Beteiligten** des selbständigen Beweisverfahrens und des Hauptsacheverfahrens; auf eine Übereinstimmung der konkreten Parteistellung kommt es nicht an. Ebenfalls ist nicht erforderlich, dass sich sämtliche Beteiligte des selbständigen Beweisverfahrens an dem Hauptsacheprozess beteiligen. Bei im selbständigen Beweisverfahren wirksam erfolgter **Streitverkündung** kann das Ergebnis der selbständigen Beweisaufnahme im Prozess zwischen dem Streitverkünder und dem Streitverkündungsempfänger entsprechend § 66 benutzt werden. Betreffend eine nicht am selbständigen Beweisverfahren beteiligt gewesene Partei des Hauptsacheverfahrens kann das Ergebnis des selbständigen Beweisverfahrens gegen ihren Willen nicht gem § 493 verwertet werden; ihr ggü ist aber eine neue gerichtliche Anhörung des bereits im selbständigen Beweisverfahren eingesetzt gewesenen gerichtlichen Sachverständigen im Hauptsacheverfahren verwertbar. Hauptsacheverfahren können mehrere verschiedene Verfahren, mithin auch ein einstweiliges Verfügungsverfahren, sein. Hauptsacheverfahren kann auch ein schiedsgerichtliches Verfahren sein; die Verwertung der selbständigen Beweiserhebung steht da im Ermessen des Schiedsgerichts.

4 **II. Konkrete Beweisverwertung.** Das Hauptsachegericht prüft nicht die Zulässigkeitsvoraussetzungen des stattgefundenen selbständigen Beweisverfahrens. Es muss aber die **Einhaltung der Verfahrensordnung**, also die Gesetzmäßigkeit iSd §§ 492 I, 355 ff., klären (Celle NZM 98, 158). Das Gutachten des selbständigen Beweisverfahrens ist nicht verwertbar, wenn die Beteiligten nicht zu dem Ortstermin des Sachverständigen eingeladen worden, auch nicht erschienen sind und die nicht eingeladenen Verfahrensbeteiligten der Verwertung nicht zustimmen (Köln DB 74, 111.; aA Hamm BauR 03, 930); die Nichtverwertbarkeit folgt nicht aus § 493 II, denn diese Norm gilt nur für den gerichtlichen Termin, sie folgt aus der Verletzung des rechtlichen Gehörs. Weil die fehlende bzw fehlerhafte Einladung der Partei und der Beigetretenen durchweg dem Gericht nicht erkennbar ist, ist die **Rüge** des Betroffenen geboten. Hat das Gericht des selbständigen

Beweisverfahrens rechtzeitig gebrachte Ergänzungsfragen nicht zugelassen und stattdessen das selbständige Beweisverfahren beendet, ist das Ergebnis des Beweisverfahrens trotz Verletzung des rechtlichen Gehörs im Hauptsacheprozess verwertbar (aA Hamm NJW-RR 07, 600), diese Einwendungen sind, sofern sie nicht zurückgenommen werden, indes im Hauptsacheprozess zu beachten mit der Folge, dass darin die Verletzung durch Gewährung rechtlichen Gehörs geheilt wird (Hamm BauR 00, 1372).

Das Prozessgericht ist nicht an das Ergebnis des selbständigen Beweisverfahrens gebunden; erscheint das bisherige Beweisergebnis unzureichend, ist im Hauptsacheverfahren die Fortsetzung der Beweisaufnahme geboten. Das Prozessgericht muss ferner beachten, dass Grundlage des im selbständigen Beweisverfahren eingeholten Gutachtens durchweg der Parteivortrag des Ast ist; es muss mithin immer prüfen, ob im Hauptsacheverfahren ein geänderter Sachverhalt gegeben ist. Im Hauptsacheprozess können Fragen an den Sachverständigen, die bereits im selbständigen Beweisverfahren gestellt und beantwortet worden sind, mit der Begründung des fehlenden Rechtsschutzbedürfnisses zurückgewiesen werden. 5

Ob und inwieweit ein Vorbringen, welches im selbständigen Beweisverfahren hätte gebracht werden können, im Hauptsacheverfahren **präkludiert** ist, mithin der Umfang des auf §§ 485 ff grds anwendbaren 296 I, ist umstr. Neuerdings wird die Auffassung vertreten, dass Einwendungen, die trotz ordnungsgemäßer Fristsetzung, will heißen: bei Zustellung der Fristsetzung verbunden mit dem Hinweis auf die Rechtsfolgen, im selbständigen Beweisverfahren nicht gebracht werden, im Hauptsacheprozess wegen Verspätung präkludiert sein können (BGH BauR 10, 1585; zust *Gartz* BauR 11, 906; *Klein* NZBau 12, 8. Ablehnend *Seibel* BauR 10, 1668, 1670 und BauR 11, 1410; *Briesemeister* IBR 11, 562. AA BGH 12.5.2011 – IX ZR 155/10: „Einwendungen gegen das Gutachten im selbständigen Beweisverfahren können nach ständiger Rechtsprechung des Bundesgerichtshofs auch im Prozess noch vorgetragen werden … ."). Indes wird auch vertreten, dass der im Hauptsacheprozess gestellte Antrag auf Einholung eines weiteren Gutachtens oder auf mündliche Erläuterung des Gutachtens nicht mit der Begründung abgelehnt werden könne, er sei nun verspätet, weil er nicht schon im selbständigen Beweisverfahren angebracht worden ist; binnen der Zeit zwischen dem selbständigen Beweisverfahren und dem Hauptsacheprozess könne nämlich eine Verzögerung hierdurch nicht eintreten (Hamm IBR 00, 345; Zweibr OLGR 06, 408; München IBR 08, 59; Frankf IBR 12, 7. A Brandbg BauR 08, 1439; Celle NJW-RR 09, 1364; Mulsielak/*Huber* § 493 Rn 4. Diese zuletzt beschriebene Auffassung der grundsätzlichen Nichtgeltung der Präklusion verdient den Vorzug (Ulrich-sBV Teil 7 Rn 7); den Parteien des selbständigen Beweisverfahrens und ihren Vertretern ist indes zu raten, jedenfalls dann sämtliche Einwendungen vorsorglich im selbständigen Beweisverfahren anzubringen, wenn richterliche Fristsetzungen zugestellt und mit dem Hinweis auf Präklusion versehen worden sind. Präklusion kann nicht gegeben sein betreffend Einwendungen gegen die Art und Weise der Beweiserhebung und auch nicht betreffend Fragen, die sich aufgrund erst nach dem Ende des selbständigen Beweisverfahrens neu aufgetretenen Umständen ergeben.

Ein Befangenheitsgesuch gegen den Sachverständigen (dazu § 492 Rz 3) kann im Hauptsacheprozess nicht auf Umstände gestützt werden, die schon im selbständigen Beweisverfahren bekannt waren; indes kann ein wegen Verspätung nicht mehr beachtlicher Befangenheitsgrund dem Richter ggf Zweifel an der Überzeugungskraft des Gutachtens geben und zu der Einholung eines weiteren Gutachtens veranlassen.

Das im selbständigen Beweisverfahren eingeholte Gutachten ist ausschließlich als Beweismittel »Sachverständigengutachten« verwertbar und stellt deshalb im Hauptsacheprozess der am selbständigen Beweisverfahren Beteiligten kein zulässiges Beweismittel eines Urkundenprozesses dar (BGHZ 173, 366). 6

C. Verwertung außerhalb des Hauptsacheverfahrens. Das im selbständigen Beweisverfahren besorgte Gutachten kann im Rechtsstreit anderer Parteien gem § 411a verwertet werden (MüKoZPO/*Zimmermann* § 411a Rn 3; B/L/A/H § 411a Rn 3); § 493 kann nicht als die Anwendung des § 411a ausschließende Sondervorschrift verstanden werden (so aber Musielak/*Huber* § 411a Rn 6, § 493 Rn 1). 7

D. Nichterscheinen des Gegners im Termin der selbständigen Beweiserhebung (Abs 2). Es ist das Recht des Ag, sich nicht am Verfahren zu beteiligen; jedoch treten auch dann die Wirkungen des § 493 ein, sofern der Ag zu einem gerichtlichen Termin ordnungsgemäß geladen worden war (zum Erfordernis der Rüge der fehlenden bzw fehlerhaften Einladung § 493 Rz 4). Dann ist aber Urkundenbeweis zulässig (Musielak/*Huber* § 493 Rn 3). 8

§ 494 Unbekannter Gegner. **(1) Wird von dem Beweisführer ein Gegner nicht bezeichnet, so ist der Antrag nur dann zulässig, wenn der Beweisführer glaubhaft macht, dass er ohne sein Verschulden außerstande sei, den Gegner zu bezeichnen.**
(2) Wird dem Antrag stattgegeben, so kann das Gericht dem unbekannten Gegner zur Wahrnehmung seiner Rechte bei der Beweisaufnahme einen Vertreter bestellen.

1 **A. Unmöglichkeit der Gegnerbezeichnung (Abs 1).** Gelegentlich müssen Beweise zu einem Zeitpunkt gesichert werden, zu dem die Bezeichnung des Ag nicht möglich ist. Bei Verkehrsunfällen kann dies gegeben sein, wenn der Gegner flüchtig ist; bei Baugeschehen kommt vor, dass der Besteller nach Liquidation des Unternehmers aus abgetretenem Recht gegen den Subunternehmer vorgehen muss, der ihm rotz entsprechender Bemühungen nicht namhaft ist. Nur wenn glaubhaft gemacht wird, schuldlos den Gegner nicht benennen zu können, kann bei Vorliegen der weiteren Voraussetzungen die Einleitung eines selbständigen Beweisverfahrens erreicht werden. Unbekannte Gegner ergeben sich nicht daraus, dass der Ag nicht weiß, wer von mehreren bekannten Personen der konkrete Verursacher ist (zum selbständigen Beweisverfahren gegen mehrere § 487 Rz 1). Ist der Ast verstorben und steht die Erbfolge noch nicht fest, kann der Gegner unbekannt sein; Gleiches gilt bei Wegfall des gesetzlichen Vertreters, solange kein Nachfolger existiert.

2 Weil die Nichtbeteiligung eines Gegners seine Rechte nachhaltig beeinträchtigen kann, sind **strenge Anforderungen** an das Vorliegen der Voraussetzungen des Abs 1 zu stellen. Ergibt sich Veranlassung zu der Annahme, dass der Ast seiner Nachforschungspflicht bzgl des Ag nicht optimal nachgekommen ist, ist der Antrag unzulässig.

3 **B. Bestellung eines Gegnervertreters (Abs 2).** Das Gericht muss nach pflichtgemäßem Ermessen entscheiden, ob für den unbekannten Gegner ein Vertreter bestellt wird, der dann gegenständlich beschränkt auf das selbständige Beweisverfahren gesetzlicher Vertreter gem § 51 ist. Der Bestellte ist nicht zur Übernahme des Amtes verpflichtet. Ergibt sich später die Person des Ag konkret, hat dieser Ag dem Vertreter die Aufwendungen aus Geschäftsführung ohne Auftrag zu ersetzen. Findet sich kein Vertreter, der zunächst ohne Bezahlung zur Übernahme des Amtes bereit ist, kann in Betracht kommen der Abschluss einer privatrechtliche Vergütungsvereinbarung zwischen dem zum Vertreter Bestellten und dem Ast; der dem Ast so entstehende Mehraufwand stellt sich als außergerichtliche, nach Maßgabe des § 91 erstattungsfähige Prozesskosten dar. Die Gerichtsgebühr nach GKG KV 1610 erfasst auch die gerichtliche Bestellung eines Vertreters.

4 **C. Keine Hemmung der Verjährung.** Ein selbständiges Beweisverfahren gegen unbekannt hat keine Auswirkungen auf die Verjährung (BGH NJW 80, 1458; Karlsr MDR 82, 1026).

5 **D. Nachfolgendes Bekanntwerden des Gegners.** Wird der Gegner vor Beendigung des selbständigen Beweisverfahrens bekannt, muss sogleich auf den Antrag des Ast das Verfahren gegen diesen weitergeführt werden; das einmal eingeleitete selbständige Beweisverfahren gegen unbekannt entbindet den Ast nicht von der Vornahme weiterer Nachforschungen. Der ermittelte Ag ist über den Stand des Verfahrens seitens des Antragsstellers in Kenntnis zu setzen; die Vertretereinsetzung endet. Stellt der Ast diesen Weiterführungsantrag nicht, wird der Antrag auf Einleitung des selbständigen Beweisverfahrens wegen Wegfalls der Voraussetzungen unzulässig und ist nun zurückzuweisen.

6 Wird der Gegner erst nach Beendigung des selbständigen Beweisverfahrens bekannt, kann der Ag im nachfolgenden Hauptsacheprozess auch noch Einwände, sofern diese sich auf seine Person beziehen, gegen die Zulässigkeit des selbständigen Beweisverfahrens bringen; gegen einen Sachverständigen ist ihm also möglich das unverzügliche Befangenheitsgesuch. Ergibt sich, dass bei dem im selbständigen Beweisverfahren gehörten Zeugen ein Verweigerungsrecht im Verhältnis zum Ag besteht, kann nun verlangt werden die zusätzliche Vernehmung des Zeugen durch das Hauptsachegericht insoweit. Ergibt sich, dass der im selbständigen Beweisverfahren gehörte Zeuge und der nun bekannte Ag identisch sind, ist das Ergebnis des selbständigen Beweisverfahrens nicht verwertbar.

§ 494a Frist zur Klageerhebung. **(1) Ist ein Rechtsstreit nicht anhängig, hat das Gericht nach Beendigung der Beweiserhebung auf Antrag ohne mündliche Verhandlung anzuordnen, dass der Antragsteller binnen einer zu bestimmenden Frist Klage zu erheben hat.**
(2) [1]Kommt der Antragsteller dieser Anordnung nicht nach, hat das Gericht auf Antrag durch Beschluss auszusprechen, dass er die dem Gegner entstandenen Kosten zu tragen hat. [2]Die Entscheidung unterliegt der sofortigen Beschwerde.

A. Gesetzeszweck. Mit seinem eingeleiteten selbständigen Beweisverfahren zwingt der Ast dem Ag eine vorweggenommene Beweisaufnahme auf; binnen dieses selbständigen Beweisverfahrens und auch bei der Beendigung kommt es grds nicht zu einer Kostenentscheidung (zu Ausnahmen § 485 Rz 27; zum Anwaltszwang § 487 Rz 13; zu Besonderheiten wegen Insolvenz § 490 Rz 2, § 494a Rz 3). § 494a eröffnet dem Ast gleichsam als Kompensation einen Weg, im Nachhinein eine Entscheidung in der Sache mit der zugehörigen Kostenentscheidung (Abs 1) oder eine isolierte Kostenentscheidung (Abs 2) zu erhalten. Der Ag verliert selbst dann nicht das **Rechtsschutzbedürfnis** für ein Vorgehen nach § 494a, wenn zwischen dem Ast und Dritten betreffend den Gegenstand des selbständigen Beweisverfahrens ein Hauptsacheverfahren anhängig gemacht und ihm da der Streit verkündet worden ist (LG Augsburg IBR 04, 1015). Wenn er indes die den Gegenstand des selbständigen Beweisverfahrens ausmachenden Mängel anerkannt oder die festgestellten Mängel beseitigt und damit die Ansprüche des Beweisantragstellers erfüllt hat, kann er diese Rechte aus § 494a nicht mehr geltend machen (BGH BauR 03, 432; Ddorf BauR 06, 867). Der Fristsetzung steht nicht entgegen, dass der Ag in **Vermögensverfall** geraten ist und angesichts des Ergebnisses des selbständigen Beweisverfahrens ein Erfolg der Klage mit großer Wahrscheinlichkeit zu erwarten wäre (Hamm BauR 07, 2118; Ulrich-sBV 9. Teil Rn 54; aA Karlsr BauR 03, 1931; Frankf NJW-RR 08, 1552; Kniffka/Koeble 2. Teil Rn 160). Beseitigt nur einer von mehreren Beweisantragsgegnern, kann aber der andere gem § 494a vorgehen (aA Hamm IBR 06, 307) und den Ast über Abs 1 zur Erhebung der Feststellungsklage auffordern. Verhielt sich das selbständige Beweisverfahren auch über einen selbständigen Gegenantrag (dazu § 487 Rz 7), kann der Ast im Umfang dieses Gegenantrags nach § 494a ZPO vorgehen. § 494a kommt nicht mehr in Betracht, wenn der Gegenstand des selbständigen Beweisverfahrens und damit der zugrunde liegende Hauptsacheanspruch nicht mehr im Streit sind; folgt dem selbständigen Beweisverfahren ein außergerichtlicher Vergleich, der den Gegenstand der Beweissicherung zwischen den Beteiligten des selbständigen Beweisverfahrens umfassend erledigt, scheiden Fristsetzung und Kostenerstattung wegen unterlassener Klageerhebung aus. § 494a ZPO ist auch im verwaltungsgerichtlichen Verfahren anwendbar, obwohl § 98 VwGO nur auf die Vorschriften »bis § 494« verweist (VG Düsseldorf 17.5.11 – 17 I 4/08). 1

Zuständig für die Entscheidungen nach § 494a ist das Gericht des selbständigen Beweisverfahrens, dort der Richter. 2

B. Anordnung der Klageerhebung (Abs 1). I. Antrag. Antragsbefugt sind der Ag und, solange der Ast nicht widerspricht (Karlsr NJW-RR 01, 214), sein Streithelfer (Hamm BauR 07, 2118) und die Rechtsnachfolger. § 494a lässt eine Klage gegen den Streithelfer nicht zu (Koblenz NJW-RR 03, 880). Der Vertreter nach § 494 II kann keinen Antrag nach Abs 1 stellen, denn seine Vertretungsberechtigung gilt nur bis zum Ende des selbständigen Beweisverfahrens (St/J/*Leipold* § 494 Rn 3). Nach Eröffnung des Insolvenzverfahrens über das Vermögen einer Partei des selbständigen Beweisverfahrens ist die Entscheidung über einen Antrag nach § 494a nicht möglich, weil das Verfahren unterbrochen ist (BGH MDR 11, 749). 3

Abs 1 will nicht die dem Ast oft mögliche Wahl zwischen mehreren Hauptsacheklagen beschränken; deshalb braucht der Ag den Klageantrag der zu erhebenden Klage nicht zu formulieren; für Abs 1 genügt, wenn er seinen Antrag mit dem Gesetzeswortlaut dahin fasst, dass angeordnet werde, der Ast habe binnen der richterlich bestimmten Frist »Klage zur Hauptsache« zu erheben. Weil die Bestimmung der Dauer der Frist im Ermessen des Gerichts liegt, braucht im Antrag eine konkrete Frist nicht vorgegeben zu werden. Der Antrag nach Abs 1 ist nicht fristgebunden. Der Ag, der nach Abschluss des selbständigen Beweisverfahrens mit seinem Antrag nach § 494a über eine angemessene Überlegungsfrist hinaus so lange wartet, bis der etwaige Anspruch des Ast verjährt ist, handelt rechtsmissbräuchlich (BGH BauR 10, 661). Ein Antrag nach Abs 1 ist auch erforderlich, wenn der Ast eine Hauptsacheklage zwar anhängig gemacht, aber noch nicht bezahlt hat (Dresd BauR 04, 700). Wegen des im Verwaltungsrechtsstreit greifenden Amtsermittlungsgrundsatzes kann das **Verwaltungsgericht** vAw, also ohne Antrag eines Verfahrensbeteiligten, Klageerhebung anordnen (Eyermann/*Fröhler* § 98 Rn 38). 4

II. Verfahren/Entscheidung. § 494a verlangt ein beendetes selbständiges Beweisverfahren (dazu § 492 Rz 6). 5

1. Stattgebender Beschluss. Die Anordnung ergeht ohne mündliche Verhandlung nach Anhörung des Ast. Inhaltlich wird dem Ast aufgegeben, binnen einer konkreten Frist Klage zur Hauptsache zu erheben; eine Präzisierung der zu erhebenden Klage ist nicht erforderlich (Musielak/*Huber* § 494a Rn 3; *Jagenburg* NJW 95, 1710, 1715. AA Ddorf BauR 95, 279, 280). Die Dauer der auf den Antrag richterlich zu bestimmenden – später gem § 224 II verlänger- und abkürzbaren – Frist orientiert sich an Umfang und Zeitraum des 6 zuvor gelaufenen selbständigen Beweisverfahrens. Der dem Antrag stattgebende Beschl ist **nicht anfechtbar** (BGH MDR 10, 1144) und bedarf deshalb keiner Begründung; er muss dem Ast des selbständigen Beweisverfahrens gem § 329 II 2 förmlich zugestellt werden, wobei gem § 231 I die Belehrung über die Folgen der Fristversäumung beizufügen ist (Köln OLGR 97, 116; AA St/J/*Leipold* § 494a Rn 16). Der Ast des selbständigen Beweisverfahrens kann auch nicht mit der Begründung anfechten, dass die bestimmte Frist zu kurz sei (Hamm BauR 02, 522), auch die gerichtliche Fristverlängerung ist nicht anfechtbar (Ddorf JurBüro 93, 622).

7 **2. Ablehnung der Fristsetzung.** Kommt binnen der gesetzten Frist die Hauptsacheklage, ist das Verfahren des § 494a beendet, es besteht dann also kein Raum für die Zurückweisung des Antrags und erst recht nicht für eine Kostenentscheidung zu Lasten des Ag (Zweibr BauR 08, 725). Die Ablehnung der Anordnung der Klagefrist kann mit der sofortigen Beschwerde angefochten werden; der **Beschwerdewert** entspricht den dem Ag entstandenen außergerichtlichen Auslagen.

8 **C. Kostenentscheidung (Abs 2). I. Antrag.** Der Antrag auf Kostenentscheidung kann bereits mit dem Fristsetzungsantrag verbunden werden; es kann also sogleich formuliert werden, dass dem Ast die Kosten des Verfahrens auferlegt werden sollen, sofern er nicht binnen der gesetzten Frist die Hauptsacheklage erhebt (B/L/A/H § 494a Rn 14; Musielak/*Huber* § 494a Rn 4; Ulrich-sBV Teil 9 Rn 58; aA MüKoZPO/*Schreiber* § 494a Rn 4).

9 **II. Verfahren/Entscheidung.** Abs 2 knüpft die gem § 128 IV ohne mündliche Verhandlung mögliche Entscheidung über die Kosten daran, dass zur Zeit der Entscheidung über die Kosten eine Hauptsacheklage nicht anhängig ist (BGH NJW 07, 3357). Abs 2 spricht eine bindende Rechtsfolge aus, die keinem Ermessen unterliegt (Karlsr OLGR 08, 387); der Einwand der Erfüllung des dem selbständigen Beweisverfahrens zugrunde liegenden Anspruchs ist nicht zu prüfen (Karlsr OLGR 06, 732). Hat das Gericht auf Antrag eines von mehreren Ag Frist zur Klageerhebung gesetzt, kommen nach Fristablauf nur für diesen die Möglichkeiten aus Abs 2 in Betracht (Stuttg NJW-RR 01, 863).

10 Ein Rechtsstreit zwischen Ast und Ag, wobei insoweit nicht sämtliche am selbständigen Beweisverfahren beteiligte Personen auch Parteien des Rechtsstreits sein müssen, schließt eine Entscheidung nach § 494a aus (BGH MDR 07, 1445); die isolierte Kostenentscheidung ist ferner nicht möglich, wenn wegen eines Teils des selbständigen Beweisverfahrens ein Hauptsacherechtsstreit läuft (Ddorf MDR 09, 894). »Hauptsacheklage« kann die auf den Gegenstand des selbständigen Beweisverfahrens ganz oder tw bezogene Hauptsacheklage des Ag gegen den Ast (München IBR 08, 620) und auch die auf den Gegenstand des selbständigen Beweisverfahrens gestützte Prozessaufrechnung (BGH BauR 05, 1799; LG Rostock IBR 12, 1007), das in einem Rechtsstreit gebrachte Zurückbehaltungsrecht (Stuttg BauR 11, 1710; Zö/*Herget* § 494a Rn 2; Kniffka/Koeble 2. Teil Rn 158. AA Zweibr BauR 04, 1490; St/J/*Leipold* § 494a Rn 22) und die Widerklage (BGH MDR 03, 1130; Saarbr OLGR 08, 534; Jena OLGR 08, 353; Frankf OLGR 08, 534) sein; kommen die den Gegenstand des selbständigen Beweisverfahrens betreffenden Gegenrechte bei der Entscheidung nicht zum Zuge, leben die Rechte aus § 494a ZPO wieder auf. Die Geltendmachung der Ansprüche durch Mahnbescheid steht der Klageerhebung gleich (Schlesw IBR 06, 308; Karlsr BauR 08, 1350); der bloße Widerspruch des Ast, der das selbständige Beweisverfahren zur Feststellung von Mängeln betrieben hat, betreffend einen vom Ag zum Kaufpreis anhängig gemachten Mahnbescheid genügt nicht (Hamm BauR 09, 1774). Zum Gerichtsstand der in Betracht kommenden Hauptsacheklage § 485 Rz 5.

11 Keine Hauptsacheklage ist indes die Erklärung der Hilfsaufrechnung (Karlsr NZBau 09, 38). Keine Hauptsacheklage ist ferner die Klage, mit der der Ast die Feststellung begehrt, dass dem Ag keine Kostenerstattungsansprüche aus dem selbständigen Beweisverfahren zustehen (Frankf OLGR 02, 120; Braunschw BauR 04, 1820), und auch nicht die Klage auf Erstattung der dem Ast angefallenen Kosten (BGH MDR 04, 1325). Kommt der Antragssteller der Anordnung, Klage zu erheben, nicht nach, hat er auch die Kosten des Streithelfers des Ag zu tragen, sodass darüber gem Abs 2 mitzuentscheiden ist (Oldbg NJW-RR 95, 829). Zur Frage einer isolierten Kostenentscheidung, wenn von mehreren Ast des selbständigen Beweisverfahrens nur einige in das Hauptsacheverfahren gehen und die nicht weiterverfolgten Ansprüche abtrennbar sind, vgl § 485 Rz 27 mit Hinweis auf Hamm 20.10.11 – 17 W 23/11).

Verklagt der Ag den Ast zum Gegenstand des selbständigen Beweisverfahrens, stellt dies eine die Kostenentscheidung nach Abs 2 hindernde Klage dar (München IBR 08, 620); Gleiches gilt, wenn der Ag sich ggü einer Klage des Ast mit Tatsachen, die Gegenstand des selbständigen Beweisverfahrens waren, verteidigt. (Köln NJW-RR 00, 361); ein prozessualer Angriff des Ast ist nicht erforderlich (aA Köln NJW-RR 97, 1295).

1. Stattgebender Beschluss. Bezüglich der Einhaltung der Klagefrist gilt § 270 III. Geht die Klage innerhalb der Frist bei einem unzuständigen Gericht ein und wird sie »demnächst« zugestellt, besteht kein Raum für Abs 2 (Hamm OLGR 03, 35; Köln BauR 11, 1210). Wird Hauptsacheklage erhoben, bevor eine Kostenentscheidung nach Abs 2 ergeht, besteht auch bei Überschreitung der Frist des Abs 1 kein Raum für die Zurückweisung des gem Abs 1 gestellten Antrags mit Kostenauferlegung (Zweibr BauR 08, 725). Bringt der Ast eine dem mit dem Verfahren gem Abs 2 befassten Gericht des selbständigen Beweisverfahrens nicht erkennbare Hauptsacheklage nach Ablauf der ihm gesetzten Frist noch vor Herausgehen eines Kostenbeschlusses, erreicht er mit seiner sofortigen Beschwerde zwar noch die Aufhebung des Kostenbeschlusses, muss aber doch die Kosten des Beschwerdeverfahrens gem § 97 II tragen (BGH BauR 07, 1606; Karlsr MDR 08, 526). Erhebt ein Zwangsverwalter trotz gerichtlicher Anordnung im selbständigen Beweisverfahren nicht Klage zur Hauptsache, trifft ihn die Kostenlast, auch wenn die Zwangsverwaltung vorher aufgehoben worden war (Ddorf MDR 08, 1060). 12

Hat der die Kostenauferlegung beantragende Ag des selbständigen Beweisverfahrens eigenständige Gegenanträge gestellt, über die eine Beweiserhebung auch stattfand, sind die Kosten bei der Entscheidung zu quoteln; dazu bedarf es keines gesonderten Antrags. 13

Der stattgebende Beschl ist Vollstreckungstitel iSd § 103 I und den Beteiligten zuzustellen. Er ist gem Abs 2 S 2 anfechtbar mit der sofortigen Beschwerde und bedarf deshalb einer Begründung; im Verwaltungsrechtsstreit gilt § 158 II VwGO, wonach die Entscheidung über die Kosten unanfechtbar ist, wenn keine Entscheidung in der Hauptsache ergangen ist. 14

Erging aufgrund nicht fristgerecht erhobener Klage die Kostenentscheidung zu Lasten des Ast nach Abs 2 und gewinnt er die dann doch noch erhobene Klage, ergibt sich die Frage der Bestandskraft der nach Abs 2 getroffenen Kostenentscheidung: Daraus, dass Abs 2 anders als etwa § 344 nicht die Endgültigkeit der getroffenen Kostenentscheidung normiert, kann auf die Vorläufigkeit der Entscheidung nach Abs 2 geschlossen werden; im Falle eines späteren Hauptsacheprozesses wird also die gem Abs 2 ergangene Kostenentscheidung durch die Kostenentscheidung des Hauptsachprozesses überholt (LG Kleve NJW-RR 97, 1356; Kniffka/Koeble 2. Teil Rn 158; Ulrich-sBV Teil 9 Rn 95; aA St/J/*Leipold* § 494a Rn 36; B/L/A/H § 494a Rn 17, 19). Durch die nach Abs 2 zu seinen Lasten prozessual getroffene Entscheidung ist der Ast nicht gehindert, die ihm angefallenen Kosten des selbständigen Beweisverfahrens als materiell-rechtlichen Anspruch geltend zu machen (Ddorf NJW-RR 06, 571).

Ein erneuter Beschl gem Abs 2 über die Kosten des Verfahrens ist trotz des Vorliegens eines nicht mehr anfechtbaren und die Entscheidung ablehnenden Beschl zulässig, wenn der erste Beschl aufgrund falscher Informationen des Gerichts über eine angebliche Klageerhebung ergangen ist; der Ag kann nicht darauf verwiesen werden, innerhalb der Beschwerdefrist die Richtigkeit der angenommenen Klageerhebung zu erforschen (LG Rostock NJOZ 04, 3460). 15

2. Ablehnender Beschluss. Dieser ergeht, wenn keine Hauptsacheklage vorliegt; allein die bekannt gegebene Absicht der Klageerhebung genügt nicht (Karlsr OLGR 08, 387). Wird nach Eingang des Antrags gem Abs 2 und vor Kostenauferlegung Klage erhoben, wird der Antrag gegenstandslos, ist also insb nicht zurückzuweisen (München MDR 01, 833; Zweibr IBR 08, 1029). Verzichtet der Ast nach von dem Ag bewirkter Teilerledigung auf die (Rest-)Hauptsacheklage bzgl seiner mit dem Beweissicherungsantrag in den Raum gestellten Ansprüche, muss über den gestellten Kostenantrag nach § 494a II 1 – ggf durch Quote – entschieden werden (Jena NJW-RR 11, 1219). 16

III. Analoge Anwendung des Abs 2. Unterbleibt nach Beendigung der Beweiserhebung die Fristsetzung, weil der Ast erklärt hat, er verzichte auf die Erhebung der Klage, ist in analoger Anwendung des Abs 2 auszusprechen, dass der Ast die Auslagen des Ag trägt (Köln VersR 96, 1522); einer vorherigen Fristsetzung nach Abs 1 bedarf es nicht. Wird die Klage zurückgenommen, ist Abs 2 analog anzuwenden (Frankf NJW-RR 04, 70; BGH NJW 07, 1279). 17

D. Kosten/Gebühren. Durch das Verfahren nach § 494a entstehen keine zusätzlichen Gerichtskosten. Die Tätigkeit eines Rechtsanwalts ist durch die Verfahrensgebühr abgedeckt. Deshalb bedürfen die nach § 494a getroffenen Entscheidungen keines Kostenausspruchs. Bei Beschwerden fallen die üblichen Kosten und Gebühren an, seit dem 28.12.11 gilt betreffend Familiensachen für die Kostenbeschwerde nach § 494a II Nr 1910 FamGKG-KV. 18

Abschnitt 2 Verfahren vor den Amtsgerichten

§ 495 Anzuwendende Vorschriften.

Für das Verfahren vor den Amtsgerichten gelten die Vorschriften über das Verfahren vor den Landgerichten, soweit nicht aus den allgemeinen Vorschriften des Buches 1, aus den nachfolgenden besonderen Bestimmungen und aus der Verfassung der Amtsgerichte sich Abweichungen ergeben.

1 **A. Allgemeines.** Die §§ 495 ff regeln iRd 1. Buches »Verfahren im ersten Rechtszug« das **amtsgerichtliche Verfahren** systematisch als Spezialregelung zum landgerichtlichen Verfahren (§§ 253–494a) in einem eigenen Abschnitt. Sie gelten für alle Verfahren, für die der Amtsrichter gem §§ 23–27 und 157 GVG sachlich zuständig ist, also auch etwa für WEG-Sachen. Dagegen gelten sie nicht für solche Verfahren, die einer eigenen Verfahrensordnung unterliegen, wie die Verfahren nach dem zum 1.9.09 in Kraft getretenen FamFG (vgl insb § 113 I 2 FamFG für Ehesachen und Familienstreitsachen, die jedoch auch bereits nach altem Recht ausgenommen waren gem § 608 aF – Ehesachen, § 621b aF – güterrechtliche Streitigkeiten, § 624 III aF – Folgesachen, § 661 I Nr 3, II aF – Lebenspartnerschaftsverfahren).

2 **B. Anzuwendende Vorschriften.** Nach dem Gesetzeswortlaut gelten für das Verfahren vor den Amtsgerichten die Vorschriften über das Verfahren vor den Landgerichten mit Ausnahme der gesetzlich geregelten Besonderheiten. Diese ergeben sich erstens aus den allgemeinen Vorschriften des 1. Buches, nämlich §§ 45 II, 79, 83 II, 87 I, 88 II, 90, 121 II, 129 II u 129a, 163 II 1 Hs 2, 166 II 1 und 168 sowie 217, weiterhin zweitens aus den besonderen Bestimmungen der §§ 495–510b sowie außerdem drittens aus der Verfassung der Amtsgerichte, worunter insb der aus § 22 GVG folgende Umstand zu verstehen ist, dass beim Amtsgericht jeder Richter die Funktionen des Prozessgerichts und des Vorsitzenden in sich vereinigt.

3 **C. Besonderheiten.** Diese Besonderheiten sind in erster Linie den unterschiedlichen Anforderungen an die Verfahrensgestaltung bei Amts- und Landgerichten aufgrund deutliche höherer Verfahrenszahlen einerseits und regelmäßig (bis auf etwa die Mietsachen) geringerer Einzelstreitwerte andererseits geschuldet. Es handelt sich dabei im Wesentlichen um folgende:

4 **I. Kein Anwaltszwang.** Das grundsätzliche Fehlen des Anwaltszwanges mit den daran anknüpfenden anderweitigen Optionen für die Parteien zur Regelung ihrer Prozessvertretung (etwa in §§ 79, 83 II und 90) stellt eine weitere Besonderheit dar.

5 **II. Verfahrensvereinfachung.** Möglichkeiten zur Verfahrensvereinfachung. Dazu gehören etwa die Entbehrlichkeit einer Vorbereitung durch Schriftsätze, § 129 I (mit der Ausnahmeregelung in § 129 II, aber auch §§ 275–277), bzw die Möglichkeit der mündlichen Anbringung von Erklärungen etc zu Protokoll der Geschäftsstelle, §§ 496, 129a, die abgekürzten Ladungsfristen gem § 217 und Vereinfachung der Ladung gem § 497, die Eröffnung einer Verweisungsmöglichkeit des Verfahrens gem § 506 an das LG als Ausnahme zu § 261 III 2, die bedingte Verurteilung zur Schadensersatzleistung gem § 510b über die Regelung in § 255 hinaus, insb jedoch das Verfahren nach billigem Ermessen gem § 495a.

6 **III. Fürsorgepflichten.** Die damit einhergehenden Gefahren für die Belange der Parteien bedingen allerdings wiederum erhöhte Fürsorgepflichten des Gerichts zu deren Schutz. Es sind dies bspw die gesetzlich ausdrücklich normierten Hinweis- und Belehrungspflichten gem § 499 I (fehlender Anwaltszwang), §§ 499 II, 307 (Folgen schriftlichen Anerkenntnisses) und §§ 504, 39 S 2 (Zuständigkeitsmängel), aber auch die aus dem Verzicht auf den Anwaltszwang herrührende Prüfung des Mangels der Prozessvollmacht vAw gem § 88 II bzw die Beiordnung eines Rechtsanwalts auf Antrag unter den Voraussetzungen des § 121 II, die von § 439 III abweichende Regelung in § 510 (Erklärung zu vorgelegten Urkunden) oder die von § 160 IV abweichende Pflicht gem § 510a zur Protokollierung wesentlicher Parteierklärungen. Einer aus Fürsorgegesichtspunkten über diese gesetzlich geregelten Besonderheiten hinausgehenden weitergehenden Hinweispflicht des Gerichts als im Anwaltsprozess bei der Anwendung von § 139 I – III dürfte unter Berücksichtigung des Neutralitätsgrundsatzes entgegenstehen, dass es einer Partei auch im Verfahren vor dem AG jederzeit frei steht und – ggf unter Inanspruchnahme von PKH – auch möglich ist, sich anwaltlichen Beistandes zu bedienen, dies sogar durch Sonderregelungen erleichtert wird – vgl § 121 II (so im Ergebnis wohl auch MüKoZPO/*Deubner* Rn 1, 4; aA B/L/A/H Vor § 495 Rn 3; einschränkend Zö/*Greger* § 139 Rn 12 und Herget Rn 3; Musielak/*Wittschier* Rn 1).

D. Landesgesetze. Für eine Reihe von Verfahren vor dem AG räumt § 15a EGZPO dem Landesgesetzgeber die Möglichkeit ein, eine obligatorische außergerichtliche Streitbeilegung vor von der Landesjustizverwaltung eingerichteten oder anerkannten Gütestellen vorzuschreiben. Deren Durchführung vor Klageerhebung ist dann eine zwingende, vAw zu prüfende Prozessvoraussetzung. Dies betrifft etwa Verfahren in vermögensrechtlichen Streitigkeiten mit Streitwerten bis 750 € (§ 15a I Nr 1 EGZPO), aber auch Nachbarrechtsstreitigkeiten und Verfahren wegen Ehrverletzung oder Ansprüchen nach dem AGG (§ 15a I Nr 2–4 EGZPO). Entsprechende Gesetze haben bisher erlassen: Baden-Württemberg, Bayern, Brandenburg, Hessen, Nordrhein-Westfalen, Rheinland-Pfalz, Saarland, Sachsen-Anhalt und Schleswig-Holstein (zu Einzelheiten vgl etwa *Deckenbrock/Jordans* MDR 06, 421). 7

E. Berufungsverfahren. Im Berufungsverfahren vor den Landgerichten gelten, soweit dies inhaltlich in Frage kommt, unbeschadet des Grundsatzes in § 525 eine Reihe von Vorschriften dieses Abschnittes, da der Berufungskammer des Landgerichts in diesem Zusammenhang aufgrund ihrer funktionellen Zuständigkeit bei Überprüfung der amtsgerichtlichen Entscheidung dieselben sachlichen Befugnisse zustehen wie dem Vordergericht, etwa im Hinblick auf eine Verweisung gem § 506 (vgl § 506 Rz 10) oder eine Entscheidung gem § 510b über einen Entschädigungsanspruch (vgl § 510b Rz 12). 8

§ 495a Verfahren nach billigem Ermessen.

[1]Das Gericht kann sein Verfahren nach billigem Ermessen bestimmen, wenn der Streitwert 600 Euro nicht übersteigt. [2]Auf Antrag muss mündlich verhandelt werden.

A. Allgemeines. S 1 eröffnet dem Amtsrichter im Hinblick auf sog »**Bagatell- oder Kleinverfahren**« im untersten Streitwertsegment sowohl ein Ermessen hinsichtlich der Frage, ob er in das vereinfachte Verfahren eintreten will, als auch hinsichtlich der Art der Verfahrensführung. Die Vorschrift dient der Vereinfachung (vgl BTDrs 11/4155, 11) und damit va auch der Beschleunigung der von ihrem Anwendungsbereich erfassten Verfahren sowie insoweit letztlich der Entlastung der Gerichte. Ob diese Ziele, insb letzteres, erreicht werden, ist allerdings unklar (krit etwa MüKoZPO/*Deubner* Rn 2; aA, im positiven Sinne, B/L/A/H Rn 3 mwN). Sie ist eine Spezialregelung und geht daher grds einer ganzen Reihe von allgemeinen Verfahrensvorschriften vor, wobei die Reichweite des Vorrangs und damit einhergehend die Reichweite des diesbezüglichen richterlichen Ermessens iE uneinheitlich bewertet werden (für ein weites Ermessen B/L/A/H Rn 2, 3, enger etwa MüKoZPO/*Deubner* Rn 13). Durch S 2 wird klargestellt, dass auf Antrag mindestens einer der Parteien mündlich zu verhandeln ist. Damit wird insb der Bestimmung in Art 6 I EMRK Rechnung getragen, nach der jedermann Anspruch darauf hat, dass seine Sache in billiger Weise vor Gericht öffentlich gehört wird (vgl BTDrs 11/4155, 11). 1

B. Voraussetzungen. I. Streitwert. Voraussetzung für die Ermessensentscheidung betreffend die Anwendung des vereinfachten Verfahrens ist, dass der Streitwert 600 € nicht übersteigt. Es handelt sich hierbei um den Zuständigkeitsstreitwert gem § 2 ff, und zwar zunächst um den bei Einreichung der Klage (§ 4 I). Bei einer **späteren Änderung** ist zu unterscheiden: Bei **unverändertem Streitgegenstand** sind sowohl eine Verringerung als auch eine Steigerung des Streitwerts wegen § 4 I unbeachtlich. Das gleiche gilt für Hilfsaufrechnungen (allgM, vgl etwa Zö/*Herget* Rn 5 mwN). Bei einer **Änderung des Streitgegenstandes**, etwa aufgrund einer Klageänderung oder Klageerweiterung mit der Folge einer Wertsteigerung einerseits, bzw einer Teilrücknahme der Klage, einer Teil-Erledigung oder des Erlasses eines Teilurteils mit der Folge einer Verminderung des Wertes andererseits, wird im ersteren Fall das vereinfachte Verfahren gem § 495a kraft Gesetzes ex nunc unstatthaft, im letzteren Fall eröffnet (hM, vgl etwa Musielak/*Wittschier* Rn 4 mwN; aA *Schneider* ZAP Fach 13, 199, 200 für Streitwertminderungen). Entsprechendes gilt auch bei einer Streitwertänderung in den Fällen von Verbindung (§ 147) oder Trennung (§145) des Verfahrens. Widerklagen führen, weil gem § 5 Hs 2 insoweit grds keine Wertaddition stattfindet, erst ab einem Streitwert der Widerklage selbst von über 600 € zu einer Unanwendbarkeit von § 495a für das Verfahren insgesamt (vgl etwa MüKoZPO/*Deubner* Rn 8; aA Zimmermann Rn 2). 2

Bei einem **nachträglichen Wegfall** der Statthaftigkeit des vereinfachten Verfahrens kann der Amtsrichter die bisherigen Ergebnisse des Verfahrens weiter verwenden. Ab dem Wegfall muss die Sache dann im ordentlichen Verfahren weiterbetrieben werden (B/L/A/H Rn 5; MüKoZPO/*Deubner* Rn 10). Die fehlerhafte Durchführung des vereinfachten Verfahrens trotz Nichtvorliegens seiner Voraussetzungen ist gem § 295 I heilbar (B/L/A/H Rn 6). Im Berufungsverfahren wäre ein entsprechender Verstoß nur beachtlich, 3 wenn er für die angegriffene Entscheidung auch erheblich geworden wäre (§ 520 III S 2 Nr 2). Eine **isolierte Anfechtung der Streitwertfestsetzung** durch das Amtsgericht kommt nach ganz überwiegender Ansicht nicht in Betracht, da die Festsetzung den Zuständigkeitsstreitwert betrifft. In Betracht kommt insoweit eine Inzidentkontrolle in der Berufungsinstanz, die an die erstinstanzliche Wertfestsetzung nicht gebunden ist (vgl dazu etwa Köln MDR 10, 231 mwN, LG Dortmund NJW-RR 06, 1222; aA LG München I NJW-RR 01, 1222 – insoweit beachte aber Rz 14 zur Frage der Zurückverweisung).

4 **II. Anwendungsbereich.** Nachdem sich die Regelung in § 495a von ihrer Systematik her auf das »Verfahren vor den Amtsgerichten« bezieht, gilt sie grds für alle, auch nicht vermögensrechtliche Streitigkeiten im Zuständigkeitsbereich des Amtsgerichts (Ausnahmen: vgl § 495 Rz 1, insb seit 1.9.09 §113 I 2 FamFG für Ehesachen und Familienstreitsachen, zuvor bereits §§ 608, 621b, 624 III, 661 I Nr 3, II ZPO aF) sowie für sämtliche Verfahrensarten (hM, vgl etwa Zö/*Herget* Rn. 3; Musielak/*Wittschier* Rn 1, jeweils mwN; aA St/J/*Leipold* Rn 6 – nur ordentliches Klageverfahren), also insb auch für den Urkunden-, Scheck- und Wechselprozess (aA *Bergerfurth* NJW 91, 961, 962), das einstweilige Verfügungs- und Arrestverfahren (aA B/L/A/H Rn 7, 36, HK-ZPO/*Pukall*, Rn 1) oder auch das PKH-Verfahren (aA Kunze S. 78 f). Dabei sind jedoch stets die Besonderheiten dieser Verfahrensarten als Spezialregelungen vorrangig zu berücksichtigen (MüKoZPO/*Deubner* Rn 6). Grundsätzlich gelten iÜ aufgrund der Systematik des § 495a dessen Verfahrenserleichterungen auch für solche Verfahren, die dem Rechtspfleger zugewiesen sind (B/L/A/H Rn 57). Vereinzelt wird eine Anwendung der Regelung in § 495a auch für dem LG in ausschließlicher Zuständigkeit zugewiesene Verfahren mit einem Streitwert bis 600 € gefordert (Paske ZRP 91, 417). Bei grenzüberschreitenden Sachverhalten innerhalb der Europäischen Union (Ausnahme: Dänemark) gilt alternativ nach der freien Wahl des Antragstellers für Streitwerte bis 2.000 € die **EG-Verordnung Nr 861/2007** über ein europäisches Verfahren für geringfügige Forderungen (EuGFVO – s.a. dort) mit den deutschen Durchführungsbestimmungen in §§ 1097–1109. Hier ist ggf (bei einer Überschneidung der Anwendungsbereiche im Streitwertrahmen bis 600 €) durch Nachfrage oder Auslegung zu bestimmen, ob der Kl anstelle des Verfahrens nach § 495a, das das Gericht nach freiem Ermessen wählen kann, ein Verfahren nach der EG-Verordnung hat einleiten wollen.

5 **C. Verfahren. I. Zeitpunkt.** Die Entscheidung, ob in das Verfahren gem § 495a eingetreten wird, kann jederzeit erfolgen. Sie liegt bei Vorliegen der tatbestandlichen Voraussetzungen im freien Ermessen des Gerichts (Ausnahme s.o. Rz 4). Das Gericht hat sie den Parteien mitzuteilen, auch wenn eine entsprechende ausdrückliche **Anordnung** – insb nicht durch förmlichen Beschluss – im Gesetz nicht vorgesehen ist. Anordnung durch bloße Verfügung ist also ausreichend. Jedoch ist unbedingt sicherzustellen, dass den Parteien diese Mitteilung zugeht (BVerfG NJW 06, 2248, BayVerfGH, NJW-RR 2008, 1312), etwa durch Zustellungsurkunde oder Empfangsbekenntnis bei anwaltlicher Vertretung. Dies erfordert schon der Grundsatz der Gewährung rechtlichen Gehörs gem Art 103 I GG, da die Parteien sich auf die erweiterten Möglichkeiten des Gerichts bei der Verfahrensgestaltung, insb die Entscheidung ohne vorherige mündliche Verhandlung, einrichten können müssen. Dies bedeutet allerdings nicht, dass den Parteien iE die beabsichtigte Verfahrensweise des Gerichts angekündigt werden müsste. Dies würde den Vereinfachungs- und Beschleunigungszweck konterkarieren und dem Richter zusätzliche Arbeit bereiten, insb etwa auch, wenn er im Laufe des Verfahrens von der anfangs angekündigten Verfahrensweise aus Zweckmäßigkeitsgründen – die Anordnung des vereinfachten Verfahrens ist nicht bindend (MüKoZPO/*Deubner* Rn 12) – insgesamt oder in einzelnen Punkten wieder abrücken wollte (B/L/A/H Rn 19; aA ua HK-ZPO/*Pukall* Rn 5, ThoPu/*Reichold* Rn 2; die Entscheidung BVerfG NJW-RR 94, 254, auf die in diesem Zusammenhang immer wieder verwiesen wird, gibt insoweit für die Gegenmeinung gerade nichts her).

6 **II. Verfahrensgestaltung. 1. Ermessen.** Bei der Verfahrensgestaltung selbst ist der Amtsrichter grds im Rahmen billigen, also pflichtgemäßen Ermessens völlig frei (B/L/A/H Rn 12). »Sein Verfahren« iSd § 495a umfasst das gesamte Verfahren von dessen Einleitung bis zu dessen Abschluss (B/L/A/H Rn 11). Eine Beschränkung des amtsrichterlichen Ermessens erfolgt insoweit allerdings aufgrund der allgemeinen Verfahrensgrundsätze und der Anforderungen an ein rechtsstaatliches Verfahren, die im Wesentlichen Ausformungen des Verfassungsrechts sind, insb das Recht auf Gewährung rechtlichen Gehörs gem Art 103 I GG in seinen verschiedenen Ausprägungen (etwa Verbot von Überraschungsentscheidungen, BayVerfGH NJW-RR 01, 1647 und E v 27.5.11, Az Vf.127-VI-10), das Verhältnismäßigkeitsgebot, die Neutralitätspflicht, das Öffentlichkeitsprinzip, der Grundsatz des fairen Verfahrens etc, aber auch etwa der Beibringungsgrundsatz und das Parteiprinzip (vgl insoweit HK-ZPO/*Pukall* Rn 6). Nachdem sich diese Grundsätze in vielen Fällen

gerade in den entsprechenden gesetzlichen Regelungen manifestiert haben, engt dies die praktische Bedeutung des vom Gesetzeswortlaut gem § 495a S 1 suggerierten weiten Ermessensspielraums des Amtsrichters letztlich nicht unerheblich wieder ein (Zö/*Herget* Rn 8 mwN; aA B/L/A/H Rn 11 f). Die Einschränkung gilt auch und gerade für etwaige Verfahrensverstöße, die gem § 295 II unheilbar sind und auf deren Rüge eine Partei nicht wirksam verzichten kann (B/L/A/H Rn 14).

2. Einschränkungen. Nicht in das Ermessen des Gerichts gestellt, weil nicht vom »Verfahren« iSd § 495a S 1 erfasst, sind jedenfalls das gesamte materielle Recht (LG Baden-Baden NJW 94, 1088 mwN), die Vorschriften über Rechtsweg und Zuständigkeit, die Bindung an die Anträge der Parteien gem § 308 I sowie insb die Beweislastregeln (Musielak/*Wittschier* Rn 5 mwN). Raum für richterliche Gestaltungsfreiheit bleibt insoweit in erster Linie im Hinblick auf die Durchführung der Beweisaufnahme gem §§ 355–455 (Musielak/*Wittschier* Rn 6; MüKoZPO/*Deubner* Rn 13). Einen erheblichen Vereinfachungs- und Beschleunigungseffekt bietet jedoch auch die Möglichkeit, iRd Verfahrens nach § 495a ohne die sonst in § 128 II geregelten Einschränkungen im schriftlichen Verfahren zu entscheiden, auch in dieses noch nach Anberaumung eines Verhandlungstermins zu wechseln, wenn nicht eine der Parteien gem § 495a S 2 die Durchführung der mündlichen Verhandlung beantragt. Eine Klageabweisung direkt nach Eingang der Klage ohne die Klageerwiderung abzuwarten (so – zu weitgehend – AG Meldorf, MDR 2010, 976), verbietet sich jedoch, da den Parteien – in diesem Fall insb auch dem Kläger – zur Wahrung des rechtlichen Gehörs zumindest die Anordnung des vereinfachten schriftlichen Verfahrens mitgeteilt werden muss (vgl Rz 5). Ebenso soll es der Grundsatz des effektiven Rechtsschutzes gem Art 2 I iVm Art 20 III GG zwingend gebieten, bei Abweichung von einer herrschenden obergerichtlichen Rechtsprechung mit dem Urt im vereinfachten schriftlichen Verfahren jedenfalls die Berufung gem § 511 IV 1 Nr 1 Alt 3 zuzulassen (BVerfG WM 11, 2155). 7

3. Fristen. Bei der Fristenbestimmung ist das Gericht zwar zunächst grds an die gesetzlichen Vorgaben mit Ausnahme der Regelungen über **Notfristen** iSv § 224 I 2 nicht gebunden (B/L/A/H Rn 12, 48; einschränkend MüKoZPO/*Deubner* Rn 28), in der Praxis wird jedoch ein Abweichen von den gesetzlichen Regelungen etwa in §§ 217, 276 I 2, 277 III und IV im Sinne einer Verkürzung der dort genannten Mindestfristen unter dem Gesichtspunkt der Gewährung rechtlichen Gehörs allenfalls unter ganz besonderen Umständen in Frage kommen. 8

4. Verspätung. Die Anwendung der Verspätungsvorschriften gem § 296 I, II ist in demselben Maße möglich wie im normalen Verfahren, eine Erweiterung der Präklusionsmöglichkeiten ist in § 495a S 1 nicht enthalten. Die Zurückweisung von Parteivortrag als verspätet setzt auch im vereinfachten Verfahren eine entsprechende Fristsetzung gem § 277 IV oder § 129 II voraus (BVerfG NJW 93, 1319). Unter diesem Gesichtspunkt ist auch § 296a bei einer Entscheidung des Gerichts unter Verzicht auf die Durchführung einer mündlichen Verhandlung nur anwendbar, wenn es zuvor zu erkennen gegeben hat, dass möglicherweise im vereinfachten Verfahren ohne mündliche Verhandlung entscheiden wird und gleichzeitig eine Frist zur Stellungnahme für die Parteien gesetzt hat. Dabei ist jedoch nicht ausdrücklich ein dem Schluss der mündlichen Verhandlung gleichstehender Zeitpunkt entsprechend § 128 II 2 zu bestimmen, weil das Gericht im Verfahren nach § 495a grds an die Vorgaben für das schriftliche Verfahren gem § 128 II, wenn es nicht ausdrücklich dieses besondere Verfahren in Ausübung seines Ermessens gewählt hat (vgl B/L/A/H Rn 77), nicht gebunden ist. Insoweit ist ein unmissverständlicher Hinweis, dass der Rechtsstreit im vereinfachten Verfahren geführt wird, ausreichend (aA MüKoZPO/*Deubner* Rn 26; St/J/*Leipold* Rn 14). Daraus ergibt sich nämlich, für die Parteien erkennbar, die Möglichkeit des Gerichts, nach Ablauf der gesetzten Frist ohne weiteres eine Endentscheidung zu treffen (vgl Rz 17 u 18). Aus diesen Gründen darf eine Partei auch nicht darauf vertrauen, dass der Amtsrichter vor einer solchen Endentscheidung in jedem Fall eine **Güteverhandlung** gem § 278 II 1 durchführt (entgegen LG Erfurt WuM 93, 38) bzw hierzu sogar verpflichtet wäre (aA HK-ZPO/*Pukall* Rn 9). Das Gericht hat in diesen Fällen jedoch zumindest sicherzustellen, dass den Parteien die entsprechenden Verfügungen und Fristbestimmungen auch tatsächlich zugegangen sind (BVerfG FamRZ 06, 763). Unzulässig ist in diesem Zusammenhang etwa auch die Setzung einer Präklusionsfrist zur Anspruchsbegründung durch den Richter nach erfolgter Abgabe des Verfahrens durch das Mahngericht und bei Fristversäumung Klageabweisung im vereinfachten schriftlichen Verfahren, ohne dass der Antragsgegner zuvor Terminsantrag gestellt hatte (BayVerfGH NJW-RR 11, 1211). 9

5. Beweiserhebung. Für die Beweiserhebung gelten zunächst einmal die allgemeinen Grundsätze, soweit ihre Voraussetzungen betroffen sind. Die Tatsachen, über die Beweis erhoben werden soll, müssen ent- 10 scheidungserheblich und streitig sein, der Parteivortrag ausreichend substanziiert. Irgendwelche Erleichterungen für den Richter beinhaltet § 495a S 1 insoweit nicht. Insbesondere sind dieselben Anforderungen an seine Überzeugungsbildung zu stellen wie im normalen Verfahren auch. Der Richter darf beweisbedürftige Tatsachen nicht übergehen und muss alle Erkenntnisquellen ausschöpfen; § 286 gilt uneingeschränkt (BTDrs 11/4155, 11). Betreffend das Verfahren der Beweisaufnahme eröffnet § 495a S 1 dem Gericht dagegen einen ganz erheblichen Freiraum. So können etwa Zeugen und Sachverständige, aber auch Parteien und weitere Beteiligte telefonisch, schriftlich oder auch per E-Mail befragt, auf demselben Wege auch sonstige Auskünfte eingeholt werden. Letzteres kann uU auch einmal die Einholung eines langwierigen und teuren Sachverständigengutachtens obsolet machen (zu weitgehend insoweit aber St/J/*Leipold* Rn 21, der auf das Verhältnis Kosten/Streitwert abstellen will). Eine Beschränkung auf den Strengbeweis findet nicht statt (aA *Fischer* MDR 94, 980). Andererseits genügt nach dem Willen des Gesetzgebers die bloße Glaubhaftmachung gem § 294 I ausdrücklich nicht (BTDrs 11/4155, 11). Soweit bei einer entsprechenden Vorgehensweise der Grundsatz der Öffentlichkeit hintangestellt wird, ist das offensichtlich vom Gesetzgeber gewollt und wird im übrigen auch durch die Möglichkeit für die Parteien, gem § 495a S 2 eine mündliche Verhandlung zu erzwingen, abgemildert. Das Gericht hat jedoch unter dem Gesichtspunkt der Gewährung rechtlichen Gehörs und eines fairen Verfahrens dafür Sorge zu tragen, dass sämtliche Ergebnisse der Beweisaufnahme dokumentiert und den Parteien zugänglich gemacht werden, diese evtl noch Stellung nehmen können, was den praktischen Wert dieser Möglichkeiten im Hinblick auf eine Vereinfachung und Beschleunigung des Verfahrens regelmäßig entfallen lassen dürfte. Dazu kommt, dass – jedenfalls auf begründeten Antrag der Parteien – eine entsprechende Beweisaufnahme ohnehin zur Gewährleistung des Fragerechts als Ausprägung des Grundsatzes des fairen Verfahrens zu wiederholen ist (§§ 357, 377 III 3, vgl auch B/L/A/H Rn 62, 79). Hat das Gericht – etwa durch Erlass eines Beweisbeschlusses – einmal zu erkennen gegeben, dass es im Strengbeweisverfahren vorgehen will, muss es die Parteien darauf hinweisen, wenn es hiervon im weiteren Verfahren wieder abweichen will (Bay VerfGH NJW 05, 3771 für Sachverständigenbeweis mit Vorschussanforderung).

11 Soweit der Gesetzgeber nach den Gesetzesmaterialien eine weitergehende Erkenntnismöglichkeit des Gerichts dahingehend eröffnen wollte, dass der Richter auch von den Parteien nicht benannte Auskunftspersonen selbst befragen und insoweit an die Beweisanträge der Parteien nicht gebunden sein sollte (BTDrs 11/4155 11), ist dem nur für solche Fälle zuzustimmen, in denen hierdurch der Vereinfachungszweck der Vorschrift gefördert würde (aA MüKoZPO/*Deubner* Rn 31). Keinesfalls kann mit dem Verfahren gem § 495a S 1 generell eine Pflicht des Richters zur Amtsprüfung oder gar Amtsermittlung eingeführt werden, was zum einen mit dem Vereinfachungszweck der Vorschrift nur schwer vereinbar wäre, zum anderen einer Reihe von tragenden Grundsätzen des Zivilprozessrechts, wie etwa dem Parteiprinzip und dem Beibringungsgrundsatz zuwiderliefe und deshalb zu Recht überwiegend abgelehnt wird (HK-ZPO/*Pukall* Rn 7 mwN; B/L/A/H Rn 15, 62; aA *Bergerfurth* NJW 91, 961, 963).

12 **III. Mündliche Verhandlung.** Eine mündliche Verhandlung muss gem § 495a **S 2** stattfinden, wenn dies – auch nur von einer der Parteien – beantragt wird. Das gleiche Recht steht dem Nebenintervenienten zu (§ 67 Hs 1). Ansonsten ist ihre Durchführung dem Gericht im vereinfachten Verfahren freigestellt. Ist die Durchführung der mündlichen Verhandlung beantragt, muss sie wegen Art 6 I EMRK jedenfalls nach einer evtl auf anderem Wege im vereinfachten Verfahren erfolgten Beweisaufnahme stattfinden, um den Parteien Gelegenheit zur mündlichen Erörterung des Ergebnisses zu geben. Das gleiche gilt bei neuerlicher Beweisaufnahme nach einem ersten Verhandlungstermin (MüKoZPO/*Deubner* Rn 41). Auch wenn der Antrag auf mündliche Verhandlung grds jederzeit gestellt (und auch wieder zurückgenommen – vgl B/L/A/H Rn 18) werden kann, gilt dies in dem Fall, in dem das Gericht im vereinfachten Verfahren nach Fristsetzung zu Stellungnahme und Hinweis darauf, dass im vereinfachten Verfahren entschieden werden soll, aus den oben unter Rz 9 dargelegten Gründen nur bis zum Ablauf der Stellungnahmefrist für die Parteien, auf die dann ein Urt im schriftlichen Verfahren ergehen kann (St/J/*Leipold* Rn 17; aA MüKoZPO/*Deubner* Rn 40). Ein danach erfolgter Antrag auf mündliche Verhandlung unterliegt den allgemeinen Verspätungsregeln (§ 296 f). Auch nach Durchführung einer mündlichen Verhandlung kann das Gericht iü ohne Bestimmung eines Verkündungstermins im schriftlichen Verfahren entscheiden (vgl Rz 16). Ist im **Arrest- bzw einstweiligen Verfügungsverfahren** das vereinfachte schriftliche Verfahren gem § 495a angeordnet, kann insoweit, wenn das Gericht nicht den Weg über § 922 Abs. 1 S 1 2. Alt der Entscheidung durch Beschl mit der Möglichkeit des Widerspruches nach § 924 geht, direkt statt eines Beschlusses ein die Instanz beendendes Urt ergehen, wenn die Parteien nicht nach der Anordnung ausdrücklich von der Möglichkeit des § 495a S. 2

Gebrauch gemacht haben. Dies gilt auch für das Verfahren nach Widerspruch gem § 925. So kann dem Beschleunigungsziel des Gesetzgebers im Anwendungsbereich des § 495a auch für diese Verfahren Rechnung getragen werden. Abzulehnen ist indes die vereinzelt in der Rspr vertretene Auffassung, für den Fall, dass das Gericht die Berufung gegen das im vereinfachten schriftlichen Verfahren erlassene Urt gem § 511 II Nr 2 zulassen wolle, müsse notwendigerweise vAw eine mündliche Verhandlung zur Durchführung eines Rechtsgesprächs wegen der sich in der Berufungszulassung manifestierenden Bedeutung der Sache durchgeführt werden (so jedoch LG Halle Urt v 8.7.2011, Az 2 S 54/11). Dies widerspricht dem vom Gesetzgeber ausdrücklich bezweckten Beschleunigungsgebot.

D. Entscheidung. I. Urteil. Der Rechtsstreit wird auch im vereinfachten Verfahren grds durch streitiges Urt entschieden, soweit dies auch im normalen Verfahren notwendig wäre. Es gelten jedoch erhebliche Erleichterungen betreffend die Urteilsabfassung, die sich bereits aufgrund der allgemeinen Vorschriften im Hinblick auf die Streitwertgrenze in § 495 S 1 iVm § 511 II Nr 1 aus § 313a I 1, 2 ergeben (Ausnahme: Zulassung der Berufung gem § 511 II Nr 2). 13

1. Tatbestand. Danach ist dem Gericht die Abfassung eines Tatbestandes freigestellt, § 313a I 1 (Ausnahme: § 313a IV). § 320 bleibt für sinnentstellende Fehler anwendbar (B/L/A/H Rn 24, 83). Soweit die Berufungsinstanz den Berufungsstreitwert autonom höher festsetzt als der Amtsrichter, etwa weil die Beschwer des Beklagten als Berufungsführer höher ist, als es die des Klägers bei Einreichung der Klage (§ 4 I) war, kann der aus Sicht des Amtsrichters zulässige Verzicht auf Abfassung des Tatbestandes einen schwerwiegenden Verfahrensfehler und eine darauf gestützte Zurückverweisung der Sache gem § 538 II 1 Nr 1 nicht begründen (aA offenbar B/L/A/H Rn 24), jedenfalls dann nicht, wenn die Streitwertentscheidung des Amtsrichters nicht rechtsfehlerhaft oder gar willkürlich gewesen ist und sich die Tatsachengrundlage, auf der das erstinstanzliche Urt beruht, zumindest aus den Entscheidungsgründen des amtsgerichtlichen Urteils erschließen lässt. 14

2. Entscheidungsgründe. Auf die Entscheidungsgründe können die Parteien gem § 313a I 2 Hs 1 verzichten. Sie sind unabhängig davon gem § 313a I 2 Hs 2 auch dann entbehrlich, wenn ihr wesentlicher Inhalt in das Protokoll aufgenommen worden ist. Ob der »wesentliche Inhalt« iSv § 313a I 2 Hs 2 identisch sein muss mit den Anforderungen an die Entscheidungsgründe in § 313 III kann dahingestellt bleiben. Auch in einem solchen Fall gelten jedenfalls die Mindestanforderungen an die Verständlichkeit und Nachvollziehbarkeit der Begründung. Formelhafte Bezugnahmen auf das Parteivorbringen und die Rechtsmeinung einer Partei reichen nicht aus (LG München NJW-RR 04, 354), es muss eine rational nachvollziehbare Begründung gegeben werden (BVerfG NJW 95, 2911). Für den Teil des Protokolls, der die Entscheidungsgründe enthält, gelten abw von §§ 160 IV, 164 die Vorschriften über Urteilsberichtigung, § 31, und Urteilsergänzung, § 321 (unklar insoweit B/L/A/H Rn 24, 39). Die Regelungen in § 313b betreffend Versäumnis-, Anerkenntnis-, und Verzichtsurteile gelten unverändert. 15

3. Verkündung. Einer formellen Verkündung bedarf das Urt im vereinfachten Verfahren nicht, jedoch zumindest einer förmlichen Zustellung, § 317 (allgM, vgl Zö/*Herget* Rn 12 mwN; MüKoZPO/*Deubner* Rn 47). Diese setzt dann auch die Fristen in Lauf, zB die Notfrist gem § 321a II 1, aber auch, selbst bei unstatthaftem Vorgehen im Verfahren nach § 495a, etwa aufgrund fehlerhafter Bestimmung des Streitwerts, die Berufungsfrist gem § 517 (LG Berlin Grundeigentum 94, 405) 16

II. Versäumnisurteil. Versäumnisurteile können im vereinfachten Verfahren gem § 495a nach den hierfür einschlägigen allgemeinen Regelungen (§§ 330 ff) ergehen, jedenfalls wenn mit der Anordnung des vereinfachten Verfahrens gem § 495a auch die entsprechenden Belehrungen erfolgt sind. Dies gilt auch für ein Versäumnisurteil im schriftlichen Verfahren (aA MüKoZPO/*Deubner* Rn 45). Für den Amtsrichter ergibt sich darüber hinaus jedoch auch die Alternative, in einer Säumnissituation statt eines Versäumnisurteils ein streitiges Urt nach Lage der Akten (s. Rz 18)zu erlassen und den Rechtsstreit auf diese Weise – zeitsparend – zu beenden (LG Essen NJW 93, 576; HK-ZPO/*Pukall* Rn 16; B/L/A/H Rn 20, aA *Peglau* NJW 97, 2222). Weder müssen die Parteien auf diese Möglichkeit ausdrücklich hingewiesen werden (AG Ahrensburg NJW 96, 2516; aA St/J/*Leipold* Rn 28) – der ohnehin notwendige Hinweis bei Einleitung des Verfahrens auf die Geltung von § 495a genügt –, noch müssen irgendwelche anderen Verfahrensbesonderheiten berücksichtigt werden, wie etwa eine mindestens zweimalige Fristsetzung für die säumige Partei (so aber *Fischer* MDR 94, 981) oder Ähnliches. Das Gericht ist auch nicht an einen Antrag der nicht säumigen Partei auf Erlass eines Versäumnisurteils gebunden (B/L/A/H Rn 75). 17

18 **III. Urteil nach Lage der Akten.** Auch ohne das Vorliegen einer Säumnissituation steht es dem Gericht im vereinfachten Verfahren frei, jederzeit im schriftlichen Verfahren ein Urt **nach Lage der Akten** zu erlassen und zwar ohne dass hierauf zuvor ein expliziter Hinweis zu erfolgen hätte (BVerfG NJW 07, 3486; aA HK-ZPO/*Pukall* Rn 15) und ohne dass die übrigen Voraussetzungen der §§ 251a, 331a erfüllt sein müssten (B/L/A/H Rn 35). Hat also etwa das Gericht bei Einleitung des Verfahrens oder in dessen späterem Verlauf unter Hinweis auf § 495a einer Partei eine Frist zur Stellungnahme gesetzt und ist innerhalb der Frist keine Stellungnahme erfolgt, kann das Gericht, nach Prüfung, ob die Fristsetzung der untätigen Partei auch zugestellt worden ist (BVerfG FamRZ 06, 763), ohne weiteres unter Zugrundelegung des bisherigen wechselseitigen Vortrages ein streitiges Endurteil erlassen. Erfolgt die Stellungnahme der Partei außerhalb der Frist, jedoch noch vor Urteilsverkündung bzw Absendung zur Zustellung an die Parteien, gelten die allgemeinen Verspätungsregeln (s. Rz 9).

19 **E. Rechtsbehelf.** Als Rechtsbehelf kommt die **Berufung** nur in Betracht, wenn sie vom Amtsrichter gem § 511 II Nr 2 zugelassen oder wenn sie auf eine angeblich fehlerhafte Streitwertfestsetzung durch das Amtsgericht gestützt wird (vgl etwa Köln AGS 09, 602 mwN, s.a. oben Rz 4), ansonsten die **Gehörsrüge** gem § 321a. Die früher in Extremfällen als statthaft erachtete (vgl etwa BVerfG NJW 97, 1301) außerordentliche Berufung analog § 514 II (bzw § 513 II aF) ist nach Einführung von § 321a nicht mehr zuzulassen (Musielak/*Wittschier* Rn 11). Mit der Gehörsrüge steht nämlich nunmehr ein insb unter dem Gesichtspunkt der mit § 495a bezweckten Verfahrensvereinfachung und -beschleunigung ausreichendes und auch adäquates Rechtsmittel zur Verfügung (BTDrs 14/4722, 94), auch wenn im Verfahren nach § 321a nicht eine höhere Instanz, sondern die Instanz, die die angegriffene Entscheidung erlassen hat, selbst befindet (aA *Schneider* MDR 04, 549). Diesem Umstand trägt für insoweit relevante Fälle die nach Durchführung des Verfahrens gem §321a statthafte **Verfassungsbeschwerde** gem Art 93 I Nr 4 lit b GG (BVerfG NJW 02, 3388) ausreichend Rechnung. Für die Statthaftigkeit der Verfassungsbeschwerde, hier insb die Ausschöpfung des ordentlichen Rechtswegs, genügt jedenfalls die erfolglose Durchführung des Verfahrens nach § 321a (BVerfG NJW 07, 3486; aA B/L/A/H Rn 30). Die zusätzliche Erhebung einer bereits gem § 511 II Nr 1 unzulässigen Berufung ist insoweit nicht erforderlich.

20 **F. Kosten/Gebühren.** Ergeht eine Entscheidung im schriftlichen Verfahren nach § 495a, entsteht eine Terminsgebühr nach Anm Abs 1 Nr 1 zu Nr 3104 VV RVG. Die volle 1,2-Terminsgebühr entsteht auch dann, wenn der Beklagte sich im Verfahren nicht verteidigt (Ddorf AGS 09, 172 = JurBüro 09, 364; AG Kleve AGS 06, 542; unzutreffend: nur eine 0,5-Terminsgebühr gem Anm Abs 2 zu Nr 3105 VV RVG: AG München AGS 07, 442 mit abl Anm *Schons*; AG Cloppenburg JurBüro 07, 79; AG Freising AGS 08, 71 = JurBüro 08, 142). Voraussetzung ist allerdings, dass die Entscheidung außerhalb eines Verfahrens nach § 495a einer vorherigen mündlichen Verhandlung bedurft hätte.

§ 496 Einreichung von Schriftsätzen; Erklärungen zu Protokoll.

Die Klage, die Klageerwiderung sowie sonstige Anträge und Erklärungen einer Partei, die zugestellt werden sollen, sind bei dem Gericht schriftlich einzureichen oder mündlich zum Protokoll der Geschäftsstelle anzubringen.

1 **A. Allgemeines.** Die Vorschrift enthält eine weitere Vereinfachung des Verfahrens vor den Amtsgerichten, insoweit vornehmlich für die – insb, wenn auch nicht ausschließlich, die nicht anwaltlich vertretenen – Parteien (BTDrs 7/2729, 56). Ihnen wird die Möglichkeit eröffnet, anstelle der gem § 129 I idR vorgeschriebenen schriftsätzlichen Einreichung sich mündlich zu Protokoll der Geschäftsstelle zu erklären. Für diesen Fall werden die allgemeinen Regelungen in §§ 253 V, 130, 131 und 133 modifiziert. Werden dagegen Schriftsätze eingereicht, gelten die entsprechenden Anforderungen an sie auch im amtsgerichtlichen Verfahren. Gemäß § 129 II kann das Gericht nach pflichtgemäßem Ermessen, also wenn es sachdienlich ist, die Einreichung von Schriftsätzen anordnen (B/L/A/H Rn 1; Zö/*Herget* Rn 1; aA MüKoZPO/*Deubner* Rn 4). § 496 gilt nicht für Verfahren in Ehesachen und Familienstreitsachen, § 113 FamFG (vgl § 495 Rz 1).

2 **B. Voraussetzungen. I. Erklärung.** Die Erklärung zu Protokoll kann gem § 129a I nicht nur vor dem sachlich und örtlich zuständigen Gericht der Hauptsache, sondern vor jedem beliebigen Amtsgericht abgegeben werden. Sie umfasst neben Klage und Klageerwiderung auch sämtliche sonstigen Anträge und Erklärungen der Parteien. Soweit hiervon nach dem Gesetzestext nur solche umfasst sind, die »zugestellt« werden sollen, ist dies iSv »bekanntmachen« zu verstehen. Eine Beschränkung auf die in § 270 S 1 genannten Fälle ist

damit nicht verbunden (MüKoZPO/*Deubner* Rn 3). Die Pflicht zur unverzüglichen Übermittlung an das zuständige Gericht folgt aus § 129a II.

II. Zuständigkeit. Zuständig für die Protokollierung ist der Urkundsbeamte der Geschäftsstelle, für Klagen und Widerklagen, Klageerwiderungen sowie Anträge und Erklärungen, die nach Schwierigkeit und Bedeutung den Klagen und Klageerwiderungen vergleichbar sind, der Rechtspfleger (§ 24 II Nr 2, 3 RpflG). Insoweit besteht auch eine Protokollierungspflicht, die sich allerdings nicht auf die wörtliche Widergabe des Erklärten erstreckt und insb nicht für Beschimpfungen oder sinnlosen Erklärungsinhalt gilt (vgl etwa B/L/A/H Rn 4). Hiervon abzugrenzen sind erkennbar aussichtslose Klagen oder querulatorische Anträge, die idR protokolliert werden müssen (Zö/*Herget* Rn 3). Eine Pflicht zur Entgegennahme telefonischer Erklärungen besteht dagegen nicht, ihnen kommt – unabhängig von einer erfolgten Entgegennahme – auch keine fristwahrende Wirkung zu (Schlesw ZIP 84, 1017; BGH NJW 81, 1627 mit ausführlichen wN), vielmehr müssen die Erklärungen im Beisein des Erklärenden aufgenommen und zweckmäßigerweise, obwohl das Gesetz insoweit keine Vorgaben macht, von diesem auch unterzeichnet werden (MüKoZPO/*Deubner* Rn 7). 3

III. Verfahren. Inhaltlich ist etwa bei der Protokollierung einer Klage darauf zu achten, dass die Anforderungen gem § 253 erfüllt sind (Zö/*Herget* Rn 3), ebenso wie bei sonstigen Erklärungen die der §§ 130 ff (B/L/A/H Rn 4). 4

Der Protokollierende hat insoweit eine **Beratungspflicht**, er muss grds auch auf sachdienliche Erklärungen und Anträge vAw hinwirken (MüKoZPO/*Deubner* Rn 8 mwN). Soweit bei einem Pflichtverstoß ein Amtshaftungsanspruch gem Art 34 GG in Betracht kommen kann, sind die Anforderungen an die Beratungspflicht jedoch nicht zu überspannen (zu weitgehend etwa MüKoZPO/*Deubner* Rn 8, wonach der Aufnehmende zum »Rechtsbeistand des Erklärenden« werde). 5

Die von der Partei abgegebene Erklärung ist mit ihrer Protokollierung bei Gericht eingegangen, falls es sich beim aufnehmenden Gericht um das zuständige Prozessgericht handelt, ansonsten erst bei Eingang des Protokolls nach dessen Versendung gem § 129a II 1 bei dem zuständigen Gericht, § 129 II 2. Daher bewirkt die Protokollierung beim unzuständigen Gericht auch nicht die Rechtsfolgen gem § 167. 6

C. Rechtsmittel. Ein Rechtsmittel etwa gegen die Weigerung des gem § 24 II Nr 2, 3 RpflG zuständigen Rechtspflegers, eine entsprechende Erklärung zu Protokoll aufzunehmen, besteht grds nicht, allenfalls in Gestalt einer Dienstaufsichtsbeschwerde. Es handelt sich insoweit nämlich nicht um eine Entscheidung iSv § 11 II RPflG, die mit der Erinnerung angreifbar wäre (MüKoZPO/*Deubner* Rn 5). 7

§ 497 Ladungen.

(1) [1]Die Ladung des Klägers zu dem auf die Klage bestimmten Termin ist, sofern nicht das Gericht die Zustellung anordnet, ohne besondere Form mitzuteilen. [2]§ 270 Satz 2 gilt entsprechend.

(2) [1]Die Ladung einer Partei ist nicht erforderlich, wenn der Termin der Partei bei Einreichung oder Anbringung der Klage oder des Antrages, auf Grund dessen die Terminsbestimmung stattfindet, mitgeteilt worden ist. [2]Die Mitteilung ist zu den Akten zu vermerken.

A. Allgemeines. Die Vorschrift betrifft nur die **Ladung**, also die Aufforderung zum Erscheinen zum festgesetzten Termin (§ 214), nicht die Terminsbestimmung selbst, für die die allgemeinen Regeln gelten (§ 216), wobei allerdings Fälle, in denen mit der Terminsbestimmung nicht auch gleichzeitig die Ladung erfolgt, kaum vorstellbar sind. Jedenfalls sollen nach dem **Normzweck** das Verfahren betreffend die Ladung vereinfacht und Kosten gespart werden. Gemäß Abs 1 kann auf die Zustellung der Ladung, unter den Voraussetzungen des Abs 2 sogar auf die Ladung selbst verzichtet werden, wobei zu beachten ist, dass Abs 1 nur für die Ladung des Klägers gilt. Problematisch unter dem Aspekt der verfassungsrechtlich garantierten Wahrung rechtlichen Gehörs wird die Anwendung insb dann, wenn dies mit einem Vorgehen im vereinfachten Verfahren gem § 495a einhergeht (vgl dazu unten Rz 3). Für die Geschäftsstelle ist die Vorschrift des Abs 1, außer bei ausdrücklicher Anordnung der förmlichen Zustellung durch den Richter, zwingend. Auf Ehesachen, güterrechtliche Streitigkeiten, Folgesachen und Lebenspartnerschaftsverfahren war § 497 bereits nach altem Recht gem §§ 608, 621b, 624 III, 661 I Nr 3, II nicht anwendbar (vgl Zweibr FamRZ 1982, 1097); seit 1.9.09 gilt insoweit § 113 I 2 FamFG (vgl § 495 Rz 1). 1

2 **B. Anwendungsbereich. I. Formlose Mitteilung.** Die formlose Mitteilung der Ladung ist eine Ausnahme von § 329 II 2. Mit dem »auf die Klage bestimmten Termin« gem **Abs 1 S 1** scheint von Wortlaut und Systematik her nur der frühe erste Termin iSv §§ 274 II, 275 I gemeint zu sein. Es gibt jedoch – insb unter Berücksichtigung des Zwecks der Regelung – keinen Grund, sie nicht auch auf jeden anderen tatsächlichen »ersten« Verhandlungstermin anzuwenden, etwa einen ersten Haupttermin nach Durchführung eines schriftlichen Vorverfahrens gem § 276 oder einen im vereinfachten Verfahren nach § 495a anberaumten ersten Verhandlungstermin (so auch B/L/A/H Rn 5,6). Das gleiche gilt bei Aufhebung und neuer Anberaumung oder Verlegung des ersten Termins gem § 227 (vgl etwa Zö/*Herget* Rn 2; aA MüKoZPO/*Deubner* Rn 3).

3 **II. Formlose schriftliche Ladung.** Gemäß **Abs 1 S 2** gilt darüber hinaus die formlose schriftliche Ladung in entsprechender Anwendung von § 270 S 2 bei Übersendung durch die Post im Ortsbereich am nächsten, ansonsten am zweiten Werktag nach der Aufgabe als bewirkt. Entgegen dem Wortlaut des § 270 S 2 soll jedoch eine Zugangsvermutung hierdurch nicht begründet werden (MüKoZPO/*Deubner* Rn 4; St/J/*Leipold* Rn 4; Musielak/*Wittschier* Rn 2; aA B/L/A/H Rn 2). Etwas anderes würde auch, insb dann, wenn das vereinfachte Verfahren nach § 495a angeordnet ist, zu einer möglichen Verletzung des rechtlichen Gehörs des Klägers führen, nachdem in einem solchen Fall das Gericht sogleich durch streitiges, idR nicht berufungsfähiges Endurteil entscheiden könnte, nicht lediglich durch Versäumnisurteil gem § 330, gegen das ein Einspruch (§ 338) zur Wahrung der klägerischen Interessen statthaft wäre. Daher ist zumindest in diesen Fällen die Zugangsvermutung gem § 270 S 2 nicht nur durch Glaubhaftmachung des Nichtzugangs der Ladung seitens des Klägers widerlegbar, sondern besteht eine Verpflichtung des Gerichts, den tatsächlichen Zugang der formlosen schriftlichen Ladung festzustellen (vgl auch BVerfGE 6, 85 = NJW 74, 133; BayVerfGH, NJW-RR 01, 1647). Um diesen Schwierigkeiten und Unsicherheiten vorzubeugen, erscheint es für das Gericht in der Praxis ratsam, grds die förmliche Zustellung anzuordnen und die Vorschrift des § 497 I insoweit leerlaufen zu lassen.

4 **III. Keine Ladung.** Unter den Voraussetzungen des **Abs 2 S 1** ist weiterhin die Ladung überhaupt nicht mehr notwendig, wenn eine Partei eine Klage oder einen sonstigen, die Terminsbestimmung veranlassenden Antrag persönlich bei Gericht anbringt und der Termin daraufhin sogleich bestimmt und der noch anwesenden Partei mitgeteilt wird. Üblicherweise wird es sich bei der »Partei« iSd § 497 II um den Kl oder Antragsteller handeln, jedoch sind auch Fallgestaltungen denkbar, etwa bei einem Einspruch gegen ein im schriftlichen Vorverfahren oder vereinfachten Verfahren nach § 495a ergangenes Versäumnisurteil, in denen der die Terminsbestimmung veranlassende Antrag von Beklagtenseite erfolgt. Die Mitteilung kann auch an den gesetzlichen oder bevollmächtigten Vertreter der Partei erfolgen (§§ 170, 171), jedoch nicht an einen Boten der Partei oder des Bevollmächtigten, ebensowenig bei der Anordnung des persönlichen Erscheinens der Partei (§ 141 II 2). Grundsätzlich spricht weder nach dem Wortlaut, noch nach Sinn und Zweck der Vorschrift etwas dagegen, die Verfahrenserleichterung auch auf die gegnerische Partei anzuwenden, sollte sie zu dem entsprechenden Zeitpunkt ebenfalls anwesend sein (vgl etwa Musielak/*Wittschier* Rn 3; MüKoZPO/*Deubner* Rn 3; aA LG Tübingen MDR 1956, 431; St/J/*Leipold* Rn 6; B/L/A/H Rn 8). Unabhängig davon gilt § 497 II auch für den Nebenintervenienten gem § 66 (vgl etwa Zö/*Herget* Rn 3). Eine Ausdehnung der Regelung in Abs 2 S 1 auf eine zeitlich spätere Gelegenheit als der ausdrücklich im Gesetz genannten ist angesichts des Ausnahmecharakters der Vorschrift nicht angezeigt (vgl etwa St/J/*Leipold* Rn 6; aA B/L/A/H Rn 8).

5 Die **Mitteilung** an die Partei bzw die Parteien kann schriftlich oder mündlich erfolgen, wobei in jedem Fall die Durchführung notwendiger Belehrungen (§ 215) gewährleistet sein muss. Das Erfolgen der Mitteilung ist gem **Abs 2 S 2** in den Akten zu vermerken und zwar von demjenigen, Richter oder Geschäftsstelle, der die Mitteilung macht (entsprechend § 173). Zweckmäßigerweise gilt dies auch für die Belehrung. Der entsprechende Vermerk ist als Nachweis iSv § 418 für das Erfolgen der Mitteilung, der grds dem Gegenbeweis zugänglich ist, notwendig und auch ausreichend, etwa im Falle einer Säumnissituation. Auf die Bereitschaft des gem § 497 II berechtigten Empfängers, eine entsprechende Mitteilung oder Belehrung entgegenzunehmen, kommt es für deren Wirksamkeit indes nicht an.

§ 498 Zustellung des Protokolls über die Klage.

Ist die Klage zum Protokoll der Geschäftsstelle angebracht worden, so wird an Stelle der Klageschrift das Protokoll zugestellt.

A. Allgemeines. Nachdem im amtsgerichtlichen Verfahren gem § 496 die Klageerhebung, anders als im landgerichtlichen Verfahren, nicht nur durch Einreichung eines Schriftsatzes (§ 253 I), sondern auch mündlich zu Protokoll der Geschäftsstelle (§ 129a) erfolgen kann, stellt die Vorschrift des § 498 klar, wie in einem solchen Fall zu verfahren ist, auch wenn sich dies im Grunde bereits aus der Natur der Sache ergibt. Es ist dann das Protokoll anstelle der Klageschrift zuzustellen. Die **Zustellung des Protokolls** bewirkt die Rechtshängigkeit gem § 261. Sie wird vAw durch die Geschäftsstelle veranlasst (§§ 166 II, 168 I), ebenso wie die Beglaubigung der zuzustellenden Protokollabschrift (§ 169 II). Zuständig hierfür ist die Geschäftsstelle des Prozessgerichts. Soweit die Klage bei einem anderen Amtsgericht zu Protokoll gegeben worden ist, was gem § 129a I grds möglich ist, wird das Protokoll gem § 129a II 1 von dort unverzüglich an das Prozessgericht übermittelt. 1

Die Wirkung der Klageerhebung tritt gem § 129a II 2 erst mit Eingang des Protokolls beim Prozessgericht ein. Dies ist dann etwa auch der maßgebliche **Eingangszeitpunkt** iSv § 167 betreffend die Rückwirkung der Zustellung. 2

B. Protokoll. Das die Klageschrift ersetzende Protokoll muss den Vorgaben des § 253 II – IV entsprechen. Bei Mängeln der Klageerhebung besteht eine Hinweispflicht des Gerichts gem § 139. Gleichwohl ist die Protokollabschrift unverzüglich zuzustellen (§ 271 I). Eine rückwirkende Heilung der Mängel ist nach den allgemeinen Vorschriften möglich (§ 295). Dies gilt auch für Zustellungsmängel (§ 189). 3

C. Ausnahmen. Insbesondere in Ehesachen und Familienstreitsachen, § 113 I 2 FamFG (vgl auch § 495 Rz 1). 4

§ 499 Belehrungen. **(1) Mit der Zustellung der Klageschrift oder des Protokolls über die Klage ist der Beklagte darüber zu belehren, dass eine Vertretung durch einen Rechtsanwalt nicht vorgeschrieben ist.**

(2) Mit der Aufforderung nach § 276 ist der Beklagte auch über die Folgen eines schriftlich abgegebenen Anerkenntnisses zu belehren.

A. Allgemeines. Die Vorschrift dient der Information und insb ihr Abs 2 auch dem Schutz der beklagten Partei. 1

B. Anwendungsbereich. I. Rechtsanwalt. Gemäß **Abs 1** ist eine Belehrung der beklagten Partei anlässlich der Klagezustellung darüber vorgeschrieben, dass eine anwaltliche Vertretung im Prozess vor dem Amtsgericht nicht zwingend notwendig ist. Dies gilt sowohl für die **Einleitung des Verfahrens** gem § 275, als auch für das schriftliche Vorverfahren gem § 276 und ebenfalls das vereinfachte Verfahren nach § 495a. **Keine Belehrung** erfolgt wegen des fortbestehenden Anwaltszwangs gem § 114 I 1 FamFG (früher: § 78 II aF) in den dort genannten familiengerichtlichen Streitigkeiten. Ist die Belehrung **versäumt** worden, kann sie jederzeit nachgeholt werden. 2

II. Anerkenntnis. Im Falle der **Anordnung des schriftlichen Vorverfahrens** ist gem **Abs 2** vor den Amtsgerichten zusätzlich zu den Belehrungen nach §§ 276 II, 277 II eine weitere Belehrung über die Folgen eines schriftlich abgegebenen Anerkenntnisses – insb die Möglichkeit des Erlasses eines Anerkenntnisurteils ohne mündliche Verhandlung gem § 307 S 2 – vorgeschrieben. Diese Belehrung hat frühestmöglich, nämlich zusammen mit der Aufforderung nach § 276 I 1 zu erfolgen, kann jedoch ohne weiteres auch nachgeholt werden. Zweckmäßigerweise sollte sie bereits Bestandteil der entsprechenden richterlichen Verfügung sein. Darüber hinausgehende Belehrungen, etwa hinsichtlich der Kostenfolge eines sofortigen Anerkenntnisses gem § 93, sind nicht notwendig, auch wenn dies regelmäßig in den Fällen, in denen § 93 einschlägig wäre, dem mit der Belehrungspflicht verfolgten Schutzzweck – im Hinblick auf eine Vermeidung von Kosten auf Beklagtenseite – entspräche. Die Belehrung hat grds unabhängig davon zu erfolgen, ob der Beklagte bereits anwaltlich vertreten ist oder nicht. 3

C. Rechtsfolgen. Rechtsfolgen eines **Verstoßes gegen die Belehrungspflicht in Abs 1** sind nicht ersichtlich. Die Annahme einer eventuellen Amtshaftpflicht (so MüKoZPO/*Deubner* Rn 12) geht sicherlich zu weit, würde wohl auch in der Praxis nie zur Geltung kommen. Ein Schaden der rechtsunkundigen Partei durch Vertretung seitens eines Rechtsanwaltes ist schlechterdings nicht vorstellbar, da die entsprechende rechtskundige Vertretung insoweit regelmäßig einen Vorteil darstellen dürfte; bei einer rechtskundigen Par- 4 tei dagegen fehlte es bereits an einer haftungsausfüllenden Kausalität zwischen Pflichtverletzung und Schaden, jedenfalls dürfte dann ein überwiegendes Mitverschulden vorliegen.

5 **Fehlt es dagegen an einer Belehrung gem Abs 2**, ist dem Gericht das Vorgehen nach § 307 S 2, der Erlass eines Anerkenntnisurteils im schriftlichen Vorverfahren, verwehrt (hM, vgl etwa St/J/*Leipold* Rn 7; Zö/*Herget* Rn 3 mwN; aA B/L/A/H Rn 5 mwN, wobei hier nach dem Schutzzweck der Vorschrift auch durchaus differenziert werden könnte zwischen einem schriftlichen Anerkenntnis durch die anwaltlich vertretene Partei und die nicht anwaltlich vertretene Partei; erstere wäre nicht im selben Maße schutzwürdig wie letztere). Die Zulässigkeit des Erlasses eines Anerkenntnisurteils in der mündlichen Verhandlung bleibt hiervon jedoch unberührt, ebenso der Erlass eines Anerkenntnisurteils gem § 307 S 2 für den Fall, dass etwa das Gericht nach erfolgtem schriftlichen Anerkenntnis des nicht anwaltlich vertretenen Beklagten die Belehrung nachgeholt und den Beklagten unter Fristsetzung zur Stellungnahme über die Aufrechterhaltung des erfolgten Anerkenntnisses aufgefordert hat und eine weitere Stellungnahme des Beklagten nicht innerhalb der Frist erfolgt ist.

6 **D. Rechtsmittel.** Rechtsmittel gegen ein vom Amtsrichter entgegen den dargelegten Grundsätzen unzulässigerweise erlassenes Anerkenntnisurteil gem § 307 ist grds die Berufung. Diese würde auch nicht an den Präklusionsvorschriften gem §§ 529, 531 scheitern. Die fehlende Belehrung wäre insoweit ein Verfahrensmangel iSd § 531 II 1 Nr 2. Zur Vermeidung des Verlustes einer Tatsacheninstanz für die Parteien wird in analoger Anwendung von § 538 II 1 Nr 6 auch eine Zurückverweisung in Frage kommen.

§§ 499a–503 *(weggefallen)*

§ 504 Hinweis bei Unzuständigkeit des Amtsgerichts. **Ist das Amtsgericht sachlich oder örtlich unzuständig, so hat es den Beklagten vor der Verhandlung zur Hauptsache darauf und auf die Folgen einer rügelosen Einlassung zur Hauptsache hinzuweisen.**

1 **A. Allgemeines.** Geregelt wird eine **spezielle Hinweispflicht** des Amtsrichters, die ggf über die allgemeine Hinweispflicht gem § 139 hinausgeht. Die im amtsgerichtlichen Verfahren uU nicht anwaltlich vertretene, rechtlich unerfahrene Partei soll davor bewahrt werden, Nachteile infolge einer rügelosen Einlassung gem § 39 S 1 dadurch zu erleiden, dass sich die gegnerische Partei die – sachliche und örtliche – Zuständigkeit des angerufenen Amtsgerichts (auch nur objektiv) erschleicht und der Beklagte die sich aus der Unzuständigkeit herzuleitenden Rechte nicht ausübt (KG FamRZ 89, 1105). Dies ist umso notwendiger, als die rügelose Einlassung gem § 39 S 1 grds noch nicht einmal einer prozessualen Erklärung bedarf. Andererseits wird die rügelose Einlassung wegen § 39 S 2 erst wirksam, wenn tatsächlich eine Belehrung gem § 504 erfolgt ist. Daher schützt sie letztlich auch das Interesse des Klägers auf Gewissheit darüber, ob die Zuständigkeit des angerufenen Gerichts durch die rügelose Einlassung gem § 39 S 1 tatsächlich begründet worden ist (vgl MüKoZPO/*Deubner* Rn 8).

2 **B. Hinweispflicht. I. Von Amts wegen.** Die Hinweispflicht besteht vAw, unabhängig davon, ob die beklagte Partei anwaltlich vertreten ist, oder nicht und galt daher nach der bis 31.8.09 geltenden Gesetzeslage trotz Anwaltszwangs gem § § 78 II ZPO aF grds auch vor dem Familiengericht (vgl hierzu Stuttg FamRZ 80, 385), mit Ausnahme von Verfahren in Ehesachen (§ 608 aF), güterrechtlichen Streitigkeiten (§§ 621 I Nr 8, 621b aF), Folgesachen (§ 624 III aF) oder auch Lebenspartnerschaftsverfahren (§ 661 I Nr 3, II aF). Mit der neuen Gesetzeslage seit Inkrafttreten des FamFG zum 1.9.09 ist dies jedoch in dessen Anwendungsbereich nicht mehr vereinbar, da in der speziellen Verfahrensordnung nicht vorgesehen und der Verweis auf die Anwendbarkeit der ZPO-Vorschriften in § 113 FamFG die Bestimmungen über das Verfahren vor den Amtsgerichten gem §§ 495 ff gerade ausnimmt (§ 113 I 2 FamFG, vgl § 495 Rz 1). Soweit eine Hinweispflicht gem § 504 jedoch besteht, gilt sie auch in Fällen, in denen ein anderes Gericht ausschließlich zuständig ist und eine rügelose Einlassung wegen § 40 II 2 folgenlos bliebe (vgl St/J/*Leipold* Rn 2; MüKoZPO/*Deubner* Rn 2). § 504 ist auch anwendbar in den Fällen des § 506, also wenn die Unzuständigkeit erst nachträglich durch Klageerweiterung oder Widerklage gem dieser Vorschrift eingetreten ist (LG Hannover MDR 85, 772; Zö/*Herget* Rn 2; St/J/*Leipold* Rn 2 mwN; aA LG Hamburg MDR 78, 940, wohl auch B/L/A/H Rn 4).

3 **II. Sachlich und örtlich.** Die Hinweispflicht gem § 504 bezieht sich gleichermaßen auf die örtliche wie die sachliche Unzuständigkeit. Sie besteht insb im Hinblick auf Sinn und Zweck der Vorschrift auch hinsicht-

lich einer fehlenden internationalen Zuständigkeit des deutschen Gerichts (Musielak/*Wittschier* Rn 2 mwN; MüKoZPO/*Deubner* Rn 4). Der (inländischen) Vollstreckbarkeit eines vor einem unzuständigen ausländischen Gericht aufgrund rügeloser Einlassung erwirkten Titels gegen einen deutschen Beklagten steht § 504 jedoch nicht entgegen (Frankf VersR 1980, 58; Musielak/*Wittschier* Rn 2 mwN).

III. Zeitpunkt. Der Hinweis hat grds **vor der Verhandlung des Beklagten zur Hauptsache** zu erfolgen. Dies kann – mündlich – in der Güteverhandlung (§ 278) oder zu Beginn der mündlichen Verhandlung vorgenommen werden, zweckmäßig erscheint jedoch die schriftliche Form im Vorfeld gem § 273 I. Der Hinweis kann jederzeit im Verlauf des Verfahrens nachgeholt werden, selbst nach Schluss der mündlichen Verhandlung (LG Hannover MDR 85, 772; zu den Folgen s.u. Rz 7). Der mündliche Hinweis sollte aus Gründen der Rechtssicherheit unbedingt protokolliert werden, auch wenn es sich nicht um einen notwendigen Bestandteil des Protokolls gem § 160 I-III, insb nicht iSv § 160 II handelt (St/J/*Leipold* Rn 6; B/L/A/H Rn 6; aA MüKoZPO/*Deubner* Rn 7; Musielak/*Wittschier* Rn 2). 4

IV. Entbehrlichkeit. Entbehrlich ist ein Hinweis gem § 504 allenfalls in Sonderfällen, etwa wenn der Beklagte bereits vor Erteilung des Hinweises zu erkennen gegeben hat, dass er über die Möglichkeit und die Folgen der rügelosen Einlassung informiert ist (B/L/A/H Rn 5). **Nicht ausreichend** ist es allerdings insoweit, dass lediglich der Kl über die Unzuständigkeit des angerufenen Gerichts belehrt wird, selbst wenn dieser dann einen entsprechenden Verweisungsantrag stellt und das Gericht den Beklagten dazu anhört, weil hierdurch dem Beklagten uU die Möglichkeit der rügelosen Einlassung gem § 39 S 1 abgeschnitten würde (BayObLG NJW 03, 366). 5

V. Formulierung. Aus der **Formulierung des Hinweises** gem § 504 durch das Gericht müssen sich nach Wortlaut und Zweck der Vorschrift auch für den Rechtsunkundigen die Unzuständigkeit selbst sowie ihre Bedeutung und die möglichen Rechtsfolgen einer rügelosen Einlassung (§§ 39 S 1, 282 III, 296 III) ergeben. Ein bloßer Rekurs auf den Gesetzestext des § 504, auch unter Nennung der weiteren einschlägigen Vorschriften, genügt insoweit regelmäßig nicht (B/L/A/H Rn 6; St/J/*Leipold* Rn 7). 6

C. Folgen. Die Folge eines unterbliebenen Hinweises gem § 504 ist, dass die Wirkung des § 39 S 1 wegen der Regelung in § 39 S 2 nicht eintritt und die Zuständigkeit des angerufenen Amtsgerichts nicht begründet wird. Dies kann erst geschehen, wenn der versäumte Hinweis im Laufe des Verfahrens nachgeholt wird. Erst ab diesem Zeitpunkt sind dann die Vorschriften über die rügelose Einlassung gem § 39 S 1, aber auch die Präklusions- und Verspätungsvorschriften gem §§ 282 III und 296 III ggü dem Beklagten anwendbar. Rügt der Beklagte die Unzuständigkeit **nach erfolgter nachträglicher Belehrung** (innerhalb einer allfälligen Frist gem § 282 III 2), bleibt auch eine Verweisung des Rechtsstreits auf Antrag des Klägers gem § 281 möglich, selbst nach Erlass eines Teilanerkenntnisurteils (BGH NJW-RR 92, 1091). Umgekehrt entfaltet ein solcher Verweisungsbeschluss des Gerichts bei unterbliebenem Hinweis gem § 504 an den Beklagten keine Bindungswirkung (BayObLG NJW 03, 366: aA Musielak/*Wittschier* Rn 3 mwN aus der Literatur). Erfolgt der Hinweis erst nach Schluss der mündlichen Verhandlung, bzw wird die Versäumung des Hinweises erst dann bemerkt, ist diese gem § 156 wiederzueröffnen (vgl auch MüKoZPO/*Deubner* Rn 8). Aufgrund eines nicht erfolgten Hinweises nach § 504 entstandene zusätzliche Gerichtskosten sind gem § 21 GKG niederzuschlagen (B/L/A/H Rn 6, Musielak/*Wittschier* Rn 3). Im Berufungsverfahren ist ein fehlender Hinweis gem § 504 iRd Prüfung gem § 532 zu berücksichtigen. 7

§ 505 *(weggefallen)*

§ 506 Nachträgliche sachliche Unzuständigkeit. **(1) Wird durch Widerklage oder durch Erweiterung des Klageantrages (§ 264 Nr. 2, 3) ein Anspruch erhoben, der zur Zuständigkeit der Landgerichte gehört, oder wird nach § 256 Abs. 2 die Feststellung eines Rechtsverhältnisses beantragt, für das die Landgerichte zuständig sind, so hat das Amtsgericht, sofern eine Partei vor weiterer Verhandlung zur Hauptsache darauf anträgt, durch Beschluss sich für unzuständig zu erklären und den Rechtsstreit an das Landgericht zu verweisen.**

(2) Die Vorschriften des § 281 Abs. 2, Abs. 3 Satz 1 gelten entsprechend.

A. Allgemeines. Die Vorschrift normiert eine **Ausnahme** von der allgemeinen Regel, dass die Zuständigkeit des Prozessgerichts grds durch eine Veränderung der sie begründenden Umstände nicht berührt wird 1 (sog perpetuatio fori, § 261 III 2) und erweitert insoweit für die in Abs 1 genannten Fälle die in § 281 I geregelte Möglichkeit der Verweisung an das (dann) zuständige Gericht. Dies soll gewährleisten, dass über zusammenhängende Verfahren das für den ersten Rechtszug zuständige (Land-)Gericht eine einheitliche Entscheidung treffen kann (vgl MüKoZPO/*Deubner* Rn 1) und insb der Möglichkeit einer Erschleichung der amtsgerichtlichen (sachlichen) Zuständigkeit durch mehrere Teilklagen über denselben Streitgegenstand bzw zusammenhängende Streitgegenstände oder Klageerweiterung erst nach Begründung der amtsgerichtlichen Zuständigkeit durch den Kl vorbeugen (vgl Zö/*Herget* Rn 1). In Durchbrechung der Regelung in § 261 III Nr 2 wird dann der gesamte Rechtsstreit an das nunmehr zuständige Gericht verwiesen, also auch der bereits rechtshängige Anspruch, nicht nur die neu hinzugetretenen Ansprüche. Anders als in § 281 I oder § 99 GVG kann in den Fällen des § 506 I nicht nur der Kl (auf Rüge des Beklagten, § 39 S 1), sondern aufgrund des Wortlauts jede Partei, also auch der Beklagte die Verweisung beantragen. Dies nimmt andererseits dem Beklagten die ihm iRd § 281 I 1 ansonsten uneingeschränkt offenstehende Möglichkeit der rügelosen Einlassung gem § 39 S 1.

2 **B. Anwendungsbereich. I. Grundsatz.** Grundsätzlich ist § 506 bei Erhebung einer Widerklage gem § 33, einer Klageerweiterung gem § 264 Nr 2 u 3 bzw klageerweiternden, streitwerterhöhenden Klageänderung gem § 263 sowie einer Klageerweiterung mittels Zwischenfeststellungsklage gem 256 II anwendbar. Die entsprechenden besonderen Zulässigkeitsvoraussetzungen, etwa der Sachzusammenhang in § 33, müssen jeweils vorliegen (MüKoZPO/*Deubner* Rn 2, St/J/*Leipold* Rn 8). Regelmäßig ist wegen der in § 5 S 1 geregelten Addierung der Streitwerte die Verweisung auszusprechen, wenn sich im Hinblick auf den gesamten rechtshängigen Anspruch die sachliche Zuständigkeit des Landgerichts gem §§ 23, 71 GVG ergibt, außer im Falle der Widerklage, die gem § 5 S 2 isoliert den entsprechenden Zuständigkeitsstreitwert erreichen muss, um eine Verweisung gem § 506 zu begründen. Eine anfängliche sachliche und örtliche Zuständigkeit des ursprünglich angerufenen Amtsgerichts ist dagegen keine Voraussetzung für die Anwendbarkeit von § 506 (vgl etwa St/J/*Leipold* Rn 9, MüKoZPO/*Deubner* Rn 10), wenn die zusätzlichen Voraussetzungen des § 506 später hinzukommen. Für den Fall, dass ein die Anwendbarkeit von § 506 auslösender Widerklageantrag oder eine Klageerweiterung unter den Vorbehalt der Bewilligung von PKH gestellt worden ist, kann eine Verweisung wegen erst dann eintretender Rechtshängigkeit allerdings erst nach Bewilligung der PKH durch das noch zuständige Prozessgericht erfolgen (KG KGR 07, 964).

3 **II. Enge Auslegung.** Als Ausnahmevorschrift ist § 506 **grds eng auszulegen** und das Prinzip der perpetuatio fori nur in den im Gesetz ausdrücklich genannten Fällen zu durchbrechen (B/L/A/H Rn 2, Zö/*Herget* Rn 2). Daher gilt § 506 nicht in den in §§ 302 IV 4, 600 II, 717 II und 1065 II 2 geregelten Fällen zwar den Streitwert erhöhender, die sachliche Zuständigkeit aber dennoch nicht berührender Widerklagen bzw der ebenfalls die sachliche Zuständigkeit nicht berührenden Klageerweiterung gem § 510 b, ebensowenig bei (lediglich) bereits ursprünglicher sachlicher oder örtlicher Unzuständigkeit (dann Vorgehen nach §§ 504, 281). Anders jedoch bei **Prozessverbindung gem § 147**, insb wenn diese einen Fall vorheriger bewusster Aufteilung in Teilklagen durch den Kl zur jeweiligen Begründung einer amtsgerichtlichen Zuständigkeit betrifft (AG Neukölln MDR 2005, 772, B/L/A/H Rn 4, Zö/*Herget* Rn 2, St/J/*Leipold* Rn 17 ; aA Musielak/*Wittschier* Rn 1, MüKoZPO/*Deubner* Rn 6). Jedenfalls ist eine Verweisung nach § 506 bei Prozessverbindung gem § 147 für das Gericht, an das verwiesen worden ist, zumindest dann bindend, wenn sie nicht willkürlich war (KG MDR 07, 940). Eine entsprechende ausdrückliche Regelung enthält insoweit § 112 II GenG (der eine Verweisung bei mehreren verbundenen Teilklagen ausdrücklich zulässt, jedoch eine Beschwerdemöglichkeit gegen den Verweisungsbeschluss eröffnet). Weiter spricht auch einiges dafür, § 506 in Fällen anzuwenden, in denen eine ursprüngliche ausschließliche sachliche Zuständigkeit des Amtsgerichts bestand (Karlsr Beschl v 9.5.2011, Az 9 AR 13/11 mwN zum Meinungsstreit).

4 **C. Antrag.** Die Verweisung gem § 506 erfolgt auf Antrag. **Antragsberechtigt** ist jede der Parteien, also sowohl der Beklagte (Widerkläger) als auch der Kl (Widerbeklagte) und zwar im Gegensatz zu § 281 I unabhängig davon, ob die andere Partei die Unzuständigkeitsrüge erhoben hat, oder nicht (vgl oben Rz 1). Der Antrag muss vor weiterer Verhandlung, also vor Einlassung zur Sache nach Eintritt der Zuständigkeitsveränderung gestellt werden. Es kann auch die Verweisung an die Kammer für Handelssachen beantragt werden (§ 96 II GVG). Bei rügeloser Einlassung gilt § 39 S 1, mit der hier ebenfalls anwendbaren Einschränkung des § 39 S 2. Insoweit besteht die Hinweispflicht gem § 504, auf die § 39 S 2 Bezug nimmt, im Hinblick auf den Normzweck des § 504, der diesbzgl mit dem des § 506 konform ist, auch in den Fällen des § 506. Diese Hinweispflicht betrifft aber nach dem Wortlaut des § 504 und des § 39 S 1, die beide auf den

Beklagten abstellen, lediglich diesen und nicht den Kl, so dass bei nachträglich erfolgtem Hinweis nach vorheriger rügeloser Einlassung auch lediglich der Beklagte noch antragsbefugt iSd § 506 bzw rügebefugt gem § 39 S 2 – mit der Folge der Unzuständigkeit des Prozessgerichts und der Verweisungsmöglichkeit auf Antrag des Klägers gem § 281 – ist, was aber in der Widerklagesituation iRd Anwendungsbereichs von § 506 I entsprechend auch für den ursprünglichen Kl und Widerbeklagten gelten muss (so iE wohl auch Zö/*Herget* Rn 3, St/J/*Leipold* Rn 7; dagegen wollen MüKoZPO/*Deubner* Rn 8, 9 und wohl auch B/L/A/H Rn 5 nur ein Rügerecht des Beklagten mit der Folge des § 281 I zulassen; abw auch LG Hamburg, MDR 78, 940, das bei rügeloser Einlassung von einer stillschweigenden Vereinbarung ausgeht).

Eine Verweisung gem § 506 ist auf Antrag der erschienenen Partei auch bei **Säumnis** des Gegners zulässig, 5
wobei dann das Gericht, an das verwiesen worden ist, für den Erlass eines entsprechenden Versäumnisurteils zuständig wird (and wohl B/L/A/H Rn 5). Beantragt die erschienene Partei dagegen den Erlass eines Versäumnisurteils, liegt darin eine rügelose Einlassung gem § 39 S 1.

D. Beschluss. I. Verweisung auf Antrag. Bei Vorliegen der Voraussetzungen des § 506 erklärt sich das 6
Amtsgericht durch entsprechenden **Beschluss**, der nach Maßgabe des § 128 IV auch im schriftlichen Verfahren ergehen kann, für unzuständig und verweist den Rechtsstreit an das zuständige LG. Dies kann im Wege einer grds zulässigen sogenannten »**Diagonalverweisung**« auch ein anderes als das dem angerufenen Amtsgericht übergeordnete LG sein, wenn eine entsprechende örtliche Zuständigkeit des Gerichts, an das verwiesen wird, besteht. Hierbei erfolgt dann jedoch nur die Verweisung wegen sachlicher Unzuständigkeit an das sachlich zuständige LG gem § 506, während die Verweisung wegen gleichzeitiger örtlicher Unzuständigkeit gem § 281 I – also nur auf Antrag des Klägers – zu erfolgen hat (St/J/*Leipold* Rn 9, ThoPu/*Reichold* Rn 2; aA wohl B/L/A/H Rn 6). Die Verweisung nach § 281 wegen örtlicher Unzuständigkeit an ein anderes als dem angerufenen Amtsgericht übergeordnetes LG ist jedoch dann nicht möglich, wenn der Beklagte durch seine Widerklage gem § 33 den besonderen Gerichtsstand des angerufenen Gerichts gewählt hat (Zweibr NJW-RR 00, 590).

Der Beschl gem § 506 I ist wegen der Verweisung in Abs 2 auf § 281 II 2 **unanfechtbar.** Auch das LG, an 7
das verwiesen worden ist, ist durch diesen Beschl gem § 281 II 4 nach den allgemeinen Maßgaben mit den entsprechenden Ausnahmen, etwa bei Willkür etc gebunden. Dies gilt sowohl hinsichtlich der sachlichen wie auch der örtlichen Zuständigkeit (B/L/A/H Rn 6), jedenfalls, wenn das Amtsgericht im Hinblick auf die örtliche Zuständigkeit auch gem § 281 I verwiesen hat (St/J/*Leipold* Rn 13, Musielak/*Wittschier* Rn 6) oder die Sache insoweit bereits an das verweisende Amtsgericht als örtlich zuständiges von einem anderen Amtsgericht verwiesen worden war (München OLGZ 65, 187). Das LG kann jedoch die Zulässigkeit des Rechtswegs zu den ordentlichen Gerichten prüfen und ggf eine entsprechende Weiterverweisung vornehmen, etwa an das Arbeitsgericht (St/J/*Leipold* Rn 13, Musielak/*Wittschier* Rn 6).

II. Kein Verweisungsantrag. Ist trotz entsprechenden Hinweises und ohne Vorliegen einer rügelosen Ein- 8
lassung kein Verweisungsantrag gestellt, ergeht ein den gesamten erweiterten Klageanspruch bzw die Widerklage oder die Zwischenfeststellungsklage abweisendes Prozessurteil. Liegen die Voraussetzungen des § 506 nicht vor, hat das Amtsgericht entweder die Möglichkeit, gem § 280 durch Zwischenurteil zu entscheiden oder durch die Instanz beendendes Urt zur Hauptsache, wobei dann in den Entscheidungsgründen zur Zurückweisung des Verweisungsantrages Stellung zu nehmen ist, jedoch nicht durch Beschl (vgl Zö/*Herget* Rn 6, St/J/*Leipold* Rn 11).

E. Berufungsverfahren. I. Verweisung nicht möglich. Eine **Verweisung im Berufungsverfahren** nach 9
§ 506 kommt jedenfalls dann nicht in Betracht, wenn die Verweisungsvoraussetzungen erst im Berufungsverfahren selbst gem § 533 geschaffen worden sind; § 506 gilt nämlich grds nur für das Verfahren vor den Amtsgerichten (BGH NJW-RR 96, 891, RGZ 119, 379). Daher ist weder eine Verweisung von der Berufungskammer an eine erstinstanzliche Kammer des Landgerichts möglich (vgl auch KG MDR 99, 563, LG Zweibrücken MDR 94, 620; aA Oldbg NJW 73, 810, LG Hamburg NJW-RR 01, 932), noch von der Berufungskammer des Landgerichts an das OLG (BGH NJW-RR 96, 891). Ein entsprechender Kompetenzkonflikt zwischen Berufungskammer und erstinstanzlicher Zivilkammer des gleichen Landgerichts ist in diesen Fällen iÜ nicht nach § 36 I Nr 6, sondern nach Maßgabe des Geschäftsverteilungsplans und ggf durch das Präsidium des Gerichts zu entscheiden (BGH NJW 00, 80).

II. Verweisung möglich. Eine Verweisung gem § 506 ist in Anbetracht dessen allenfalls dann möglich, 10
wenn das Amtsgericht die Voraussetzungen für eine entsprechende Verweisung in seinem Urt fehlerhaft

verneint oder seine Hinweispflicht gem §§ 504, 506 verletzt hat und die Unzuständigkeitsrüge daher trotz § 532 ggf noch in der 2. Instanz vor dem LG erhoben werden kann (vgl § 504 Rz 7). In einem solchen Fall wäre die Verweisung unter Aufhebung des erstinstanzlichen Urteils auszusprechen (St/J/*Leipold* Rn 16). Etwas anderes würde in eklatanter Weise dem Grundsatz der Prozessökonomie widersprechen. Nachdem eine Zurückverweisung an das Amtsgericht aufgrund der Regelung in § 538 regelmäßig nicht in Betracht kommt, müsste der Ausschluss der Verweisungsmöglichkeit gem § 506 in diesen Fällen im Ergebnis zwangsläufig zu einem Prozessurteil führen mit der entsprechenden Kostenfolge und der weiteren Konsequenz, dass die Klage dann erneut vor dem zuständigen Gericht erhoben werden müsste. Dem steht auch der Grundsatz nicht entgegen, dass § 506 regelmäßig nur im amtsgerichtlichen Verfahren anwendbar ist. Die Berufungskammer des Landgerichts bewegt sich im Rahmen ihrer funktionellen Zuständigkeit als Berufungsgericht auf dem Boden der sachlichen Zuständigkeit des Amtsgerichts. Ihr stehen insoweit dieselben Möglichkeiten offen, wie dem Amtsgericht, also auch – bei Vorliegen der entsprechenden Voraussetzungen – die Verweisung gem § 506.

11 **F. Mehrkosten.** Durch die Anwendung des § 506 evtl verursachte Mehrkosten können, anders als gem § 281 III 2 bei einer Verweisung nach § 281 I, nicht der die Verweisung veranlassenden Partei gesondert auferlegt werden, da § 506 II gerade nicht auch auf § 281 III 2 rekurriert. Die Kostenentscheidung richtet sich daher nach den allgemeinen Grundsätzen der §§ 91 ff. Allerdings ist bei einer gleichzeitigen Verweisung wegen sachlicher Unzuständigkeit nach § 506 I und örtlicher Zuständigkeit nach § 281 I im Hinblick auf letztere die Regelung in § 281 III 2 anwendbar (B/L/A/H Rn 6, Zö/*Herget* Rn 7; vgl auch Kobl MDR 87, 681).

§§ 507–509 *(weggefallen)*

§ 510 Erklärung über Urkunden. **Wegen unterbliebener Erklärung ist eine Urkunde nur dann als anerkannt anzusehen, wenn die Partei durch das Gericht zur Erklärung über die Echtheit der Urkunde aufgefordert ist.**

1 **A. Allgemeines.** Die Vorschrift ergänzt die **besonderen Hinweispflichten** im Verfahren vor den Amtsgerichten um einen weiteren Punkt. Sie dient, wie § 499 und insb auch § 504 dem Schutz der rechtsunkundigen Partei, die im amtsgerichtlichen Verfahren regelmäßig nicht anwaltlich vertreten sein muss und konkretisiert insoweit die allgemeine Hinweispflicht gem § 139 (St/J/*Leipold* Rn 2; MüKoZPO/*Deubner* Rn 1; aA Musielak/*Wittschier* Rn 1; B/L/A/H Rn 1, die von einer »Erweiterung« ausgehen). Dies gilt unabhängig davon, ob die aufzufordernde Partei tatsächlich anwaltlich vertreten ist oder nicht. Die **Schutzfunktion** bezieht sich auf die Anerkenntniswirkung gem § 439 III für den Fall, dass der Gegner der beweisführenden Partei eine Privaturkunde (§ 416) zu Beweiszwecken vorlegt und der Gegner deren Echtheit nicht anzweifelt (vgl insoweit auch § 138 III). Auch hier, wie etwa bei § 39, würde ein Schweigen der gegnerischen Partei iS einer »rügelosen Einlassung« die Anerkenntnisfiktion des § 439 III auslösen und sperrt die Verletzung der Hinweispflicht gem § 510 durch das Gericht, vergleichbar mit §§ 504, 39 S 2, bei Fehlen des entsprechenden Hinweises die Anwendbarkeit der Regelung in § 439 III (vgl MüKoZPO/*Deubner* Rn 4). Demgegenüber ist § 510 auf öffentliche Urkunden iSv § 415 nicht anwendbar und berührt auch nicht deren Echtheitsvermutung gem § 437. § 510 gilt iÜ nicht für Verfahren im Anwendungsbereich des FamFG, insb für Ehesachen und Familienstreitsachen, § 113 I 2 FamFG (bzw nach altem Recht güterrechtliche Streitigkeiten, Folgesachen und Lebenspartnerschaftsverfahren gem §§ 608, 621b, 624 III, 661 I Nr 3, II aF).

2 **B. Aufforderung.** § 510 postuliert eine Pflicht des Gerichts zur Aufforderung des Gegners betreffend eine Erklärung über die Echtheit einer vom Beweisführer vorgelegten Urkunde. Nicht erforderlich ist ein expliziter Hinweis auf die in § 439 III geregelten Folgen des Unterbleibens einer entsprechenden Erklärung (MüKoZPO/*Deubner* Rn 2). Die Aufforderung kann schriftlich iRd schriftlichen Verfahrens oder etwa gem § 273, aber auch mündlich, etwa telefonisch im vereinfachten Verfahren gem § 495a und bei der Durchführung einer mündlichen Verhandlung auch in dieser erfolgen. Sie ist entsprechend § 139 IV 1 aktenkundig zu machen, was zumindest unter Zweckmäßigkeitsgesichtspunkten dafür spricht, sie bei Durchführung einer mündlichen Verhandlung auch in das Protokoll gem § 510a aufzunehmen. Eine Pflicht hierzu gem § 160 II besteht jedoch nicht (aA Musielak/*Wittschier* Rn 2; MüKoZPO/*Deubner* Rn 3 mwN). Die Feststellung der Aufforderung im Tatbestand des Urteils reicht insoweit aus (St/J/*Leipold* Rn 1; B/L/A/H Rn 1; vgl auch Frankf MDR 05, 647).

C. Fehlende Aufforderung. Bei **Fehlen der Aufforderung** gem § 510 tritt die Wirkung der Regelung in § 439 III nicht ein. Die Aufforderung kann jedoch jederzeit im Verlauf des Verfahrens und auch des Berufungsverfahrens nachgeholt werden. In einem solchen Fall liegt bei einem (unverzüglichen) Bestreiten der Echtheit der Urkunde auf die nachgeholte Aufforderung hin, bzw in der Berufungsinstanz auch unbeschadet des Erfolgens einer entsprechenden Aufforderung überhaupt, keine Verspätung iSv §§ 296, 296a bzw 531 vor. 3

§ 510a Inhalt des Protokolls.

Andere Erklärungen einer Partei als Geständnisse und Erklärungen über einen Antrag auf Parteivernehmung sind im Protokoll festzustellen, soweit das Gericht es für erforderlich hält.

A. Allgemeines. Die Vorschrift ist eine im Grunde überflüssige Ergänzung zu § 160. Die §§ 159 ff gelten unbeschadet der Regelung in § 510a auch für das amtsgerichtliche Verfahren. Nachdem gem § 160 III Nr 3 Geständnisse und Erklärungen über einen Antrag auf Parteivernehmung ohnehin zwingend in das Protokoll aufzunehmen sind, ebenso wie nach § 160 III Nr 1, 2, 8 und 9 auch Erklärungen, die ein Anerkenntnis, einen Anspruchsverzicht, einen Vergleichsabschluss, Sachanträge, Rücknahmen oder Rechtsmittelverzicht beinhalten, sowie darüber hinaus gem § 160 II sämtliche weiteren wesentlichen Erklärungen der Parteien, bleibt für die Anwendung von § 510a betreffend »sonstige Erklärungen« kaum Raum. In Betracht kommt insb entscheidungserheblicher mündlicher Sachvortrag bei Fehlen vorbereitender Schriftsätze, etwa im vereinfachten Verfahren gem § 495a. 1

B. Erforderlichkeit der Protokollierung. Ob das Gericht die Protokollierung einer Parteierklärung iSd § 510a für erforderlich hält, steht in seinem pflichtgemäßen Ermessen. Die Protokollierung erfolgt vAw. Für Protokollierungsanträge der Parteien gilt § 160 IV. 2

§ 510b Urteil auf Vornahme einer Handlung.

Erfolgt die Verurteilung zur Vornahme einer Handlung, so kann der Beklagte zugleich auf Antrag des Klägers für den Fall, dass die Handlung nicht binnen einer zu bestimmenden Frist vorgenommen ist, zur Zahlung einer Entschädigung verurteilt werden; das Gericht hat die Entschädigung nach freiem Ermessen festzusetzen.

A. Allgemeines. Die Regelung eröffnet dem Gericht im amtsgerichtlichen Verfahren die zusätzliche Möglichkeit, über den Anwendungsbereich des § 259 hinaus gleichzeitig mit der Verurteilung und Fristsetzung gem § 255 betreffend die Erfüllung der in § 510b bezeichneten Ansprüche auch eine Verurteilung zu einer Entschädigungszahlung für den Fall der Nichterfüllung innerhalb der Frist auszusprechen. Dies soll der Vereinfachung und Beschleunigung der prozessualen Durchsetzung entsprechender Primäransprüche dienen, birgt insoweit aber sowohl für den Kl wie auch den Beklagten Risiken der Schlechterstellung im Verhältnis zu der in diesen Fallkonstellationen grds vorgesehenen Durchführung zweier gesonderter Verfahren betreffend den Primäranspruch und den überhaupt erst mit dessen Nichterfüllung entstehenden Sekundäranspruch auf Schadensersatz. So begibt sich etwa der Kl bei Antragstellung gem § 510b und dessen Anwendung wegen § 888a der Vollstreckungsmöglichkeit des titulierten Primäranspruchs, der Schuldner wird mit späteren Einwendungen gegen den (sekundären) Entschädigungsanspruch auf die Erhebung einer Vollstreckungsgegenklage gem § 767 und damit in die Angriffs- statt in die regelmäßig für ihn vorteilhaftere Verteidigungsposition verwiesen. Darüber hinaus kann eine uU langwierige Beweisaufnahme über den Entschädigungsanspruch die Entscheidung über den Primäranspruch ggf erheblich verzögern, 1

B. Anwendbarkeit. I. Handlung. Anwendbar ist § 510b nur auf Klagen betreffend die Vornahme einer vertretbaren oder unvertretbaren Handlung iSv §§ 887, 888 und 889, selbst wenn deren Erzwingung unzulässig gem § 888 III wäre (St/J/*Leipold* Rn 3; Musielak/*Wittschier* Rn 1 mwN). § 510b gilt daher zwar etwa für die Abgabe einer eidesstattlichen Versicherung (etwa gem § 259 II BGB, § 889), nicht aber für Duldung und Unterlassung (§ 890), die Herausgabe von Sachen (§§ 883–885, Köln MDR 50, 432) oder die Abgabe von Willenserklärungen, auch wenn sie iwS auf Vornahme einer Handlung gerichtet sind (Köln OLGZ 1976, 477; MüKoZPO/*Deubner* Rn 2 mwN), außerdem nicht für Verfahren im Anwendungsbereich des FamFG, insb für Ehesachen und Familienstreitsachen, § 113 I 2 FamFG (bzw nach altem Recht güterrechtliche Streitigkeiten, Folgesachen und Lebenspartnerschaftsverfahren gem §§ 608, 621b, 624 III, 661 I Nr 3, II aF). 2

3 **II. Verfahren vor dem Amtsgericht.** Weil § 510b lediglich im Verfahren vor den Amtsgerichten Anwendung findet, ist ein entsprechendes Vorgehen nach Verweisung an das LG gem § 506 ebenfalls nicht mehr möglich.

4 **III. Keine Verweisung.** Umgekehrt führt die Geltendmachung des Sekundäranspruches nicht zu einer Unzuständigkeit des Amtsgerichts und einer **Verweisungsmöglichkeit** gem § 506, selbst wenn der Sekundäranspruch entweder gemeinsam mit dem Primäranspruch oder auch allein den Zuständigkeitsstreitwert des Amtsgericht übersteigt (Musielak/*Wittschier* Rn 3). Der **Zuständigkeitsstreitwert** bestimmt sich nämlich alleine nach dem Primäranspruch, da es sich bei einem Vorgehen gem § 510b um eine **Eventualklagehäufung** iSd § 260 handelt (MüKoZPO/*Deubner* Rn 7; Musielak/*Wittschier* Rn 3 jew mwN; aA B/L/A/H Rn 4 – »Zwischenantrag«; St/J/*Leipold* Rn 2 – »Inzidentantrag«) mit der Besonderheit, dass bei Erlass des Urteils noch nicht feststeht, ob die Bedingung betreffend den Sekundärausspruch, die Nichterfüllung des Primäranspruches innerhalb der Frist, überhaupt eintritt (Zö/*Herget* Rn 9) und aus der Vorschrift des § 510b auch hervorgeht, dass über Primär- und Sekundäranspruch einheitlich durch dasselbe (Amts-)gericht entschieden werden soll (MüKoZPO/*Deubner* Rn 27). Aus diesem Grund und wegen der Identität der Streitgegenstände verbietet sich auch eine Streitwertaddition gem § 5 (vgl etwa *Schneider* MDR 1984, 853, Musielak/*Wittschier* Rn 3). Eine entgegen diesen Grundsätzen erfolgte Verweisung wäre für das LG nicht bindend (B/L/A/H Rn 4).

5 **IV. Entschädigung.** Durch § 510b wird kein materieller Entschädigungsanspruch geschaffen, vielmehr setzt die Geltendmachung einer entsprechenden Sekundärforderung eine diesbezügliche **Anspruchsgrundlage** im materiellen Recht, etwa gem §§ 280, 281 BGB oder aufgrund einer Vertragsstrafenregelung, voraus (vgl etwa ThoPu/*Reichold* Rn 9). Dies bezieht sich jedoch nur auf den **Nichterfüllungsschaden.** Für den Verzögerungsschaden gilt § 510b nicht (MüKoZPO/*Deubner* Rn 3). Die Höhe der Entschädigung schätzt das Gericht gem § 287. Der Beklagte kann sich gegen den geltend gemachten Entschädigungsanspruch im Verfahrenen nicht mit der Aufrechnung einer evtl bestehenden Gegenforderung wenden, weil es sich um einen zukünftigen Entschädigungsanspruch handelt (§§ 387, 389 BGB), gegen den der Beklagte bei Entstehung durch Eintritt der Bedingung der nicht fristgerechten Erfüllung des Primäranspruches erst im Wege der Vollstreckungsgegenklage gem § 767 vorgehen kann. Insoweit greift § 767 II dann nicht ein (vgl auch St/J/*Leipold* Rn 12, 21).

6 **C. Antrag. I. Inhalt und Frist.** Die Anwendung von § 510b erfolgt nur auf Antrag, nicht vAw. Der Antrag kann schriftlich oder mündlich, auch zu Protokoll der Geschäftsstelle (§ 496) gestellt werden und zwar bis zum Schluss der mündlichen Verhandlung 2. Instanz. Er hat das Begehren des Klägers und die Begründung hierfür (MüKoZPO/*Deubner* Rn 6; aA B/L/A/H Rn 4) auf Fristsetzung gem § 255 einerseits und auf Entschädigung andererseits zu enthalten, wobei der Entschädigungsantrag nicht notwendigerweise zu beziffern ist. Dies ist allerdings ratsam, schon allein, um Anhaltspunkte für das Vorliegen einer Beschwer zu geben. Mit Antragstellung tritt Rechtshängigkeit des Entschädigungsanspruches ein (§ 261 I).

7 **II. Verfahren. 1. Vorrang § 259.** Im Rahmen des Verfahrens hat das Gericht auf den entsprechenden Antrag des Klägers auf Fristsetzung und Entschädigungszahlung hin zunächst zu prüfen, ob neben den Voraussetzungen der §§ 255 und 510b auch die Voraussetzungen des § 259 gegeben sind. Ist dies der Fall, ist es verpflichtet, über den Entschädigungsantrag nach Maßgabe des § 259 zu entscheiden. Dies ergibt sich einerseits aus dem Wortlaut des § 259, der dem Gericht kein Ermessen einräumt, andererseits auch aus der Überlegung, dass der Ausspruch gem §§ 255, 259 für den Kl angesichts der Regelung in § 888a die günstigere Alternative darstellt (vgl auch MüKoZPO/*Deubner* Rn 8). Im Unterschied zu einer Verurteilung gem § 510b wäre es dem Kl insoweit nämlich trotz Stattgabe des Sekundärantrages nicht verwehrt, den Primäranspruch im Wege der Zwangsvollstreckung zu verfolgen.

8 **2. Ermessen.** Liegen die Voraussetzungen des § 259 dagegen nicht vor, hat das Gericht im Hinblick auf die Anwendung des § 510b einen **Ermessensspielraum**, wie sich bereits aus dem Wortlaut der Vorschrift (»kann«) ergibt (allgM, vgl etwa Musielak/*Wittschier* Rn 5 mwN; aA B/L/A/H Rn 5), insb auch im Vergleich mit der Parallelvorschrift des § 61 II ArbGG, wonach der Beklagte in einer entsprechenden Konstellation ausdrücklich zu verurteilen »ist« (vgl auch MüKoZPO/*Deubner* Rn 9). Bei Ausübung des Ermessens wird das Gericht die Sachdienlichkeit des Vorgehens gem § 510b im Hinblick auf die mit der Regelung bezweckte Verfahrenserleichterung und -straffung einerseits, die Sicherung der Rechtspositionen und das Interesse des Klägers andererseits zu berücksichtigen haben. Hier kann es bspw sinnvoller sein, dem Kl

einen schnellen Titel betreffend den Primäranspruch zu verschaffen, der dann gem §§ 887 ff durchgesetzt werden könnte, als eine zeitraubende und aufwändige Beweisaufnahme betreffend den Sekundäranspruch mit den damit einhergehenden Verzögerungen und sonstigen Nachteilen für den Kläger – auch etwa im Hinblick auf das Vollstreckungshindernis in § 888a – durchzuführen. Ggf sind den Parteien entsprechende Hinweise gem 139 zu erteilen.

III. Urteil. 1. Einheitliche Entscheidung. Übt das Gericht sein Ermessen dahingehend aus, dass über den Sekundäranspruch entschieden werden soll, hat eine einheitliche Entscheidung über Primär- und Sekundäranspruch zu ergehen. Die eine Verurteilung hat nämlich nach dem Wortlaut der Regelung »zugleich« mit der anderen zu erfolgen. Ein **Teilurteil** ist insoweit unzulässig, auch im Hinblick auf sonst entstehende Unsicherheiten betreffend die Folgen für die Vollstreckbarkeit der Entscheidung über den Sekundäranspruch gem § 888a (Zö/*Herget* Rn 4, MüKoZPO/*Deubner* Rn 19). Sind sowohl der Primär- als auch der Sekundäranspruch einschließlich des Vorliegens der Voraussetzungen des § 255 begründet, ist die Verurteilung dahingehend auszusprechen, dass nach Ablauf der entsprechenden Frist, die das Gericht nach Maßgabe des Klageantrags, des materiellen Rechts und ggf seines Ermessens setzt, die Entschädigungsleistung zu erfolgen hat. 9

2. Keine Entscheidung über Entschädigungsanspruch. Sieht das Gericht im Rahmen seines Ermessens von einer Entscheidung über den Entschädigungsanspruch ab, wird der Primäranspruch zugesprochen, iÜ der Sekundärantrag – und zwar im Tenor des Urteils (aA Zö/*Herget* Rn 5 – nur in den Entscheidungsgründen) – als unzulässig abgewiesen. Dies gilt auch, wenn der Sekundärantrag mangels Vorliegens der Voraussetzungen des § 510b (oder des § 259) keinen Erfolg hat (tw aA Musielak/*Wittschier* Rn 6). Andernfalls könnten sich Unsicherheiten darüber ergeben, ob sich die Rechtskraft der jeweiligen Entscheidung auch auf den materiellen Entschädigungsanspruch bezieht mit der Folge, dass dem Kl dessen Geltendmachung uU auch in einem Folgeprozess verwehrt wäre. Daher erfolgt nur bei Nichtvorliegen der materiellrechtlichen Voraussetzungen für den Entschädigungsanspruch die Abweisung als unbegründet. 10

3. Kein Primäranspruch. Besteht bereits der Primäranspruch nicht, ist der Sekundäranspruch ohnehin gegenstandslos. 11

D. Berufung. Mit der Berufung kann der Kläger – selbst bei Stattgabe des Primärantrages – die Abweisung des Sekundärantrages (isoliert) angreifen, falls die weiteren Berufungsvoraussetzungen, insb die Beschwer gem § 511 II Nr 1 vorliegen. Die Berufungsinstanz kann bei Abweisung des Sekundärantrages auf einen mit der Berufung vorgebrachten entsprechenden Angriff gegen eine fehlerhafte Ermessensausübung sowohl die Ermessensausübung vollumfänglich überprüfen (MüKoZPO/*Deubner* Rn 22), als auch ihr eigenes Ermessen an die Stelle des amtsgerichtlichen setzten (St/J/*Leipold* Rn 9). Der Antrag nach § 510b kann im übrigen auch noch (erstmals) im Berufungsverfahren erfolgen (St/J/*Leipold* Rn 9). Dies folgt aus dem Umstand, dass das LG im Rahmen seiner funktionellen Zuständigkeit als Berufungsgericht die sachliche Kompetenz des Erstgerichts überprüft und ggf auch selbst wahrnimmt. 12

E. Kostenentscheidung. Bei der Kostenentscheidung wird der Antrag betreffend den sekundären Entschädigungsanspruch, insb bei dessen Abweisung und gleichzeitiger Stattgabe des Primäranspruchs, nicht berücksichtigt. Dies folgt aus seiner Natur als Geltendmachung eines bedingten zukünftigen Anspruches, wie sie sich auch auf die Streitwertberechnung auswirkt (vgl oben Rz 4). 13

F. Vollstreckbarkeit. Soweit das Urt für vorläufig vollstreckbar erklärt worden ist (§§ 708 ff) kann der Kl unmittelbar nach Fristablauf mit der Vollstreckung des Entschädigungsbetrages beginnen. Ein Nachweis der Nichterfüllung iSv § 726 I seitens des Klägers ist im Vollstreckungsverfahren nicht erforderlich, vielmehr muss der Beklagte insoweit eine eventuelle Erfüllung gem § 767 geltend machen (MüKoZPO/*Deubner* Rn 17, Zö/*Herget* Rn 10). 14

§ 510c *(weggefallen)*

Buch 3 Rechtsmittel

Abschnitt 1 Berufung

§ 511 Statthaftigkeit der Berufung. **(1) Die Berufung findet gegen die im ersten Rechtszug erlassenen Endurteile statt.**

(2) Die Berufung ist nur zulässig, wenn
1. der Wert des Beschwerdegegenstandes 600 Euro übersteigt oder
2. das Gericht des ersten Rechtszuges die Berufung im Urteil zugelassen hat.

(3) Der Berufungskläger hat den Wert nach Absatz 2 Nr. 1 glaubhaft zu machen; zur Versicherung an Eidesstatt darf er nicht zugelassen werden.

(4) [1]Das Gericht des ersten Rechtszuges lässt die Berufung zu, wenn
1. die Rechtssache grundsätzliche Bedeutung hat oder die Fortbildung des Rechts oder die Sicherung einer einheitlichen Rechtsprechung eine Entscheidung des Berufungsgerichts erfordert und
2. die Partei durch das Urteil mit nicht mehr als 600 Euro beschwert ist.
[2]Das Berufungsgericht ist an die Zulassung gebunden.

Inhaltsübersicht

	Rz
A. Statthaftigkeit	1
I. Allgemeines	1
II. Endurteile	2
III. Wirkungslose Urteile	7
IV. Scheinurteile	8
V. Formell fehlerhafte Entscheidungen	9
VI. Gemischte Urteile	10
VII. Erstinstanzliche Urteile	11
VIII. Berufungsunfähige Urteile	12
B. Wertberufung	13
I. Allgemeines	13
II. Wert des Beschwerdegegenstandes	15
1. Beschwerdegegenstand	16
2. Beschwer	17
a) Allgemeines	17
b) Beispiele	18
3. Berufungsantrag	33
4. Wertermittlung	34
5. Glaubhaftmachung	36
C. Zulassungsberufung	37
I. Allgemeines	37
II. Zulassungsgründe	39
1. Grundsätzliche Bedeutung der Rechtssache	40
2. Fortbildung des Rechts	42
3. Sicherung einer einheitlichen Rechtsprechung	43
III. Zulassungsverfahren	45
IV. Zulassungswirkung	47
D. Parteien des Berufungsverfahrens	48
I. Berufungskläger	48
II. Berufungsbeklagter	52
E. Kosten/Gebühren	53
I. Gericht	53
II. Anwalt	54

A. Statthaftigkeit. I. Allgemeines. Die Berufung ist eines der von der ZPO vorgesehenen Rechtsmittel, 1 mit denen eine Partei eine für sie nachteilige gerichtliche Entscheidung durch das im Instanzenzug übergeordnete Gericht überprüfen lassen kann. Die anderen Rechtsmittel sind die Nichtzulassungsbeschwerde (§ 544), die Revision (§§ 542 ff), die sofortige Beschwerde (§§ 567 ff) und die Rechtsbeschwerde (§§ 574 ff). Die Berufung dient in erster Linie der **Fehlerkontrolle und Fehlerbeseitigung**; das erstinstanzliche Urt wird im Berufungsverfahren auf richtige Rechtsanwendung sowie auf die Richtigkeit und Vollständigkeit der Tatsachenfeststellungen überprüft und ggf korrigiert. Das Gesetz bestimmt, dass nur die Berufung das statthafte Rechtsmittel gegen erstinstanzliche Endurteile ist. Damit normiert es eine der Voraussetzungen für die Zulässigkeit der Berufung. Für die anderen Rechtsmittel gibt es entsprechende Vorschriften, nämlich in § 542 I für die Revision, in § 544 I 1 für die Nichtzulassungsbeschwerde, in § 564 I für die sofortige Beschwerde und in § 574 I für die Rechtsbeschwerde.

II. Endurteile. Mit der Berufung können grds nur Endurteile (§ 300) angefochten werden. Das sind 2 Urteile, welche die Instanz abschließen, ohne Rücksicht darauf, ob sie über den gesamten Streitgegenstand oder nur über einen Teil desselben ergehen. Deshalb gehört auch das Teilurteil (§ 301) dazu.

Weitere Endurteile sind das Verzichtsurteil (§ 306), das Anerkenntnisurteil (§ 307), das Ergänzungsurteil 3 (§ 321) unabhängig davon, ob die Ergänzung ausgesprochen oder abgelehnt wird (BGH NJW-RR 05, 326), das Vollstreckungsurteil (§ 722), das sog unechte Versäumnisurteil (§ 331 II Hs 2) und das den Einspruch gegen ein Versäumnisurteil oder einen Vollstreckungsbescheid als unzulässig verwerfende Urt. Prozessurteile, welche die 1. Instanz durch Abweisung der Klage beenden, gehören ebenfalls hierher.

4 Kraft gesetzlicher Bestimmung sind im Hinblick auf die Statthaftigkeit der Berufung die Zwischenurteile über die Zulässigkeit der Klage (§ 280 II 1) und über den Grund des Anspruchs (§ 304 II) sowie die Vorbehaltsurteile (§§ 302 III, 599 III) den Endurteilen gleichgestellt.

5 Gegen die folgenden **prozessualen Zwischenurteile** ist die Berufung ebenfalls statthaft, obwohl sie die Instanz nicht beenden: Versagung der Wiedereinsetzung in den vorigen Stand (§ 238 II), Entscheidung über die Zulässigkeit des gewillkürten Parteiwechsels, Zurückweisung des Rechtsnachfolgers bei Veräußerung der Streitsache (§§ 265 f) sowie Feststellung der Verfahrensunterbrechung nach § 240 und § 17 AnfG (BGH NJW 05, 290).

6 Die Berufung ist gegen sämtliche erstinstanzlichen Endurteile (und die ihnen im Hinblick auf die Anfechtbarkeit gleichgestellten Urteile, s. Rz 4 f) statthaft, unabhängig davon, in welcher zivilprozessualen Verfahrensart sie ergangen sind (zur Ausnahme bei Verbundurteilen in Familiensachen s. § 621a). Unerheblich ist auch, ob bei dem LG der Einzelrichter(§§ 348 f), die Zivilkammer (§§ 60, 75 GVG) oder der Vorsitzende der Kammer für Handelssachen (§ 105 GVG) entschieden hat.

7 **III. Wirkungslose Urteile.** Darunter versteht man Urteile, die zwar wirksam verkündet worden sind, aber keine Urteilswirkung entfalten. Dazu gehören die trotz der Unterbrechung oder Aussetzung des Verfahrens (§ 248) ergangenen Urteile (Ausnahme: § 248 III), welche zur Verhinderung des Rechtskrafteintritts während der Dauer der Aussetzung oder Unterbrechung mit der Berufung angefochten werden können (BGH NJW 97, 1445); die gegen eine nicht existente Partei ergangenen Urteile, welche von dieser mit der Berufung angegriffen werden können (BGH WM 94, 1212, 1213); die ein noch nicht existent gewordenes Versäumnisurteil aufrecht erhaltenden Urteile, welche zur Beseitigung etwaiger scheinbarer Urteilswirkungen mit der Berufung angefochten werden können (BGH NJW 96, 1969, 1970); und die wegen fehlender Rechtshängigkeit wirkungslosen Urteile, gegen welche die Berufung statthaft ist, wenn sie gegen ein rechtsfehlerfreies Urt gleichen Inhalts statthaft wäre (BGH NJW-RR 06, 565, 566).

8 **IV. Scheinurteile.** Auch Scheinurteile können mit der Berufung angefochten werden, selbst wenn deren Zulässigkeitsvoraussetzungen iü nicht vorliegen (BGH NJW 1995, 404). Von einem Scheinurteil spricht man zB dann, wenn das Gericht lediglich einen Urteilsentwurf herausgegeben hat. Um **kein Scheinurteil** handelt es sich bei dem entgegen § 310 I nicht verkündeten, wohl aber zum Zweck der Verlautbarung zugestellten Urt (BGH NJW 2004, 2019, 2020; aA Musielak/*Ball* Rn 8). Seine Anfechtbarkeit unterliegt keinen Besonderheiten.

9 **V. Formell fehlerhafte Entscheidungen.** Die Berufung ist nach dem Grundsatz der **Meistbegünstigung** auch statthaft, wenn das erstinstanzliche Gericht fehlerhaft durch Endurteil statt durch Beschl oder Versäumnisurteil oder durch Beschl statt durch Endurteil entschieden hat (BGHZ 98, 362, 364 f). Die Statthaftigkeit der Berufung ist nach dem Meistbegünstigungsprinzip ebenfalls gegeben, wenn sich die Art der anzufechtenden Entscheidung nicht eindeutig ermitteln lässt (vgl BGH NJW-RR 05, 716, 717) oder das erstinstanzliche Gericht fehlerhaft die Berufung als das richtige Rechtsmittel bezeichnet und so die Parteien auf den falschen Weg gewiesen hat (vgl BGH NJW 04, 1598, 1599).

10 **VI. Gemischte Urteile.** Ist in einem Urt einheitlich zT durch Versäumnisurteil, zT durch kontradiktorisches Urt entschieden worden, ist dagegen ein einheitliches Rechtsmittel nicht gegeben. Vielmehr ist die Berufung nur gegen den kontradiktorischen Urteilsteil statthaft (BGH NJW-RR 86, 1326, 1327).

11 **VII. Erstinstanzliche Urteile.** Mit der Berufung können ausschließlich erstinstanzliche Urteile der Amts- und Landgerichte angefochten werden. Der Begriff »erstinstanzlich« meint nicht den Zeitpunkt, in welchem das erste Mal über den Streitgegenstand entschieden worden ist, sondern die Hierarchie im Aufbau der Zivilgerichte. Entscheidet das Berufungsgericht über einen im Berufungsverfahren erstmals erhobenen Anspruch, handelt es sich dabei nicht um ein erstinstanzliches, sondern um ein zweitinstanzliches Urt, gegen das die Berufung nicht statthaft ist (BGH NJW 99, 62).

12 **VIII. Berufungsunfähige Urteile. Zwischenurteile** (§ 303) können nicht mit der Berufung angefochten werden (zu den Ausnahmen s. Rz 5, 6); sie unterliegen der Nachprüfung durch das Rechtsmittelgericht nur, wenn gegen das Endurteil Berufung eingelegt wird (§ 512). Auch gegen **Versäumnisurteile** (§§ 330, 331

Abs 2 Hs 1, 514 Abs 1), **Ausschlussurteile** (§§ 952, 957 I) und **Kostenurteile** nach vorausgegangenem Anerkenntnisurteil (§ 99 Abs 2) ist die Berufung nicht statthaft. Bei gemischten Kostenentscheidungen, also Urteilen, durch die – nach überstimmender Erledigungserklärung hinsichtlich eines Teils der Hauptsache – über den Rest der Hauptsache und die Kosten des Rechtsstreits einschließlich der des erledigten Teils (§ 91a) einheitlich entschieden worden ist, muss differenziert werden: Die Berufung ist nur dann statthaft, wenn sie sich sowohl gegen die Hauptsache als auch gegen die auf § 91a beruhende Kostenentscheidung richtet; wird dagegen nur letztere angegriffen, ist die Berufung nicht gegeben (vgl BGHZ 113, 362, 365 f). Auf die bloße Bezeichnung der Entscheidung als Endurteil kommt es somit für die Statthaftigkeit der Berufung nicht an.

B. Wertberufung. I. Allgemeines. Ist die Berufung an sich statthaft (Rz 2 ff), ist sie gleichwohl nicht ohne weiteres zulässig. Vielmehr muss hinzukommen, dass der **Wert des Beschwerdegegenstandes 600 €** übersteigt. Damit sollen Bagatellstreitigkeiten von den Berufungsgerichten ferngehalten werden. 13

Die Wertgrenze gilt für die Anfechtung sämtlicher berufungsfähiger Urteile. Eine Ausnahme besteht allerdings bei der Berufung gegen ein **zweites Versäumnisurteil**; sie ist ohne Rücksicht auf den Wert des Beschwerdegegenstandes zulässig (§ 514 II 2). Dasselbe gilt bei der Wertberufung für die Anschlussberufung (§ 524) des Berufungsbeklagten. 14

II. Wert des Beschwerdegegenstandes. Er allein, und nicht die Beschwer des Berufungsführers aus dem erstinstanzlichen Urt, ist maßgeblich für die Zulässigkeit der Berufung (BGH NJW 02, 2720, 2721). Auf den Kostenstreitwert kommt es ebenfalls nicht an. 15

1. Beschwerdegegenstand. Darunter versteht man den Teil der Beschwer, den der Berufungsführer mit seinem Rechtsmittel beseitigen will. Sein Wert bestimmt sich danach, inwieweit sich die Beschwer und der Berufungsantrag decken. Der Wert kann deshalb nicht höher sein als die Beschwer aus dem angefochtenen Urt, auch wenn mit dem Berufungsantrag die Klage erweitert oder eine Widerklage erhoben wird. 16

2. Beschwer. a) Allgemeines. In welchem Umfang eine Partei beschwert ist, steht mit dem Erlass des erstinstanzlichen Urteils fest; spätere Änderungen und insb die Berufungsanträge wirken sich nicht auf die Beschwer aus. Denn sie folgt aus dem angefochtenen Urt und besteht in dem Unterschied zwischen demjenigen, was der Rechtsmittelführer in der 1. Instanz bis zum Schluss der mündlichen Verhandlung (BGH NJW-RR 09, 853) erreichen wollte, und demjenigen, was er erreicht hat. Maßgeblich ist somit nur seine eigene Beschwer, nicht die des Gegners. Legen mehrere **Streitgenossen** die Berufung ein, ist die Beschwer eines jeden nur dann zusammenzurechnen, wenn die Streitgegenstände nicht wirtschaftlich identisch sind. Bei der Klage gegen mehrere **Gesamtschuldner** findet eine Zusammenrechnung wegen wirtschaftlicher Identität der Streitgegenstände nicht statt (BGH NJW-RR 91, 186). Die aus der Kostenentscheidung in dem Urt folgende Beschwer ist für die Zulässigkeit der Berufung ohne Belang (BGH NJW-RR 07, 765). Die Grundlage für die Ermittlung der Beschwer ist der Inhalt des Urteils der Vorinstanz, soweit er der Rechtskraft fähig ist (BGH MDR 07, 1093). Danach ist der Kl beschwert, wenn die angefochtene Entscheidung von seinem in der 1. Instanz zuletzt gestellten Antrag abweicht (formelle Beschwer, BGH NJW-RR 07, 138, 139). Übergeht das erstinstanzliche Gericht einen von mehreren Klageanträgen, ist neben dem Ergänzungsverfahren nach § 321 I auch der Berufungsrechtszug eröffnet, wenn sich dieses Versäumnis nicht nur in einer bloßen Unvollständigkeit der Entscheidung erschöpft, sondern zu einem sachlich unrichtigen Urt führt (BGHReport 09, 1217). Bei einem Feststellungsantrag muss das Berufungsgericht auch solche Schadenspositionen berücksichtigen, die in 1. Instanz nicht geltend gemacht und auch nicht zur Begründung des Feststellungsantrags konkretisiert wurden (BGH NJW 11, 615). Ausreichend ist eine bloß scheinbare Beschwer, die dann gegeben ist, wenn eine im Tenor der erstinstanzlichen Entscheidung ausgesprochene Teilabweisung der Klage mit den rechtskraftfähigen Entscheidungsgründen, nach denen die Klage in vollem Umfang begründet ist, nicht übereinstimmt (BGH NJW 93, 2052, 2053). An der Beschwer fehlt es, wenn der Klage vollständig stattgegeben worden ist, auch wenn das erstinstanzliche Gericht eine oder mehrere geltend gemachte Anspruchsgrundlagen verneint hat (BGH NJW 93, 2052, 2053). Eine Ausnahme gilt allerdings dann, wenn das Gericht der Klage auf der Grundlage eines nicht (mehr) gestellten Sachantrags stattgegeben hat (BGH NJW 04, 2019, 2020). Für den Beklagten liegt die Beschwer in dem Betrag oder Wert seiner Verurteilung (materielle Beschwer, BGH NJW-RR 07, 765). Wurde er zur Zahlung verurteilt, entfällt seine Beschwer, wenn er nach dem Schluss der erstinstanzlichen mündlichen Verhandlung und vor Einlegung der Berufung den Urteilsbetrag vorbehaltlos zahlt (BGH NJW 94, 942, 943). Ist der Beklagte 17 zusammen mit anderen als Gesamtschuldner verurteilt worden, entfällt seine Beschwer nicht dadurch, dass die anderen den Urteilsbetrag bezahlt haben, wenn er in dem Berufungsverfahren die Rechtmäßigkeit seiner gesamtschuldnerischen Verurteilung angreift (BGH, Beschl v 7.12.10, VI ZB 87/09).

18 **b) Beispiele.** Das **Anerkenntnisurteil** (§ 307) beschwert den Beklagten grds nicht (aA Musielak/*Ball*, Rn 26); hat er sein Anerkenntnis unter einem Vorbehalt abgegeben und verurteilt das Gericht ihn vorbehaltlos, ist er jedoch in Höhe des Werts des nicht berücksichtigten Vorbehalts beschwert (Schlesw MDR 05, 350).

19 Bei der **Aufrechnung** des Beklagten ist zu unterscheiden: Bestreitet er nicht die Klageforderung, sondern rechnet er nur gegen sie mit einer eigenen Forderung gegen den Kl auf, ist er bei einer Verurteilung in Höhe seiner aberkannten Gegenforderung bis zur Höhe der Klageforderung (§ 322 II) beschwert; die Verurteilung als solche beschwert ihn nicht (MüKoZPO/*Rimmelspacher* vor §§ 511 ff Rn 30; Musielak/*Ball* Rn 35; aA BGH NJW-RR 92, 314). Bestreitet der Beklagte dagegen die Klageforderung und rechnet hilfsweise mit einer Gegenforderung auf, ist er bei einer Verurteilung in Höhe der Urteilssumme und der aberkannten Gegenforderung bis zur Höhe der Klageforderung (§ 322 II) beschwert. Wird die Klage aufgrund der **Hilfsaufrechnung** abgewiesen, beschwert das den Kl in Höhe der Abweisung und den Beklagten in Höhe der bejahten Klageforderung. Wird die Klage wegen Unbegründetheit abgewiesen, so dass keine Entscheidung über die Hilfsaufrechnung ergeht, ist allein der Kl in Höhe der Klageabweisung beschwert.

20 Stützt der Kl die **Vollstreckungsabwehrklage** (§ 767) oder die **negative Feststellungsklage** darauf, dass die von ihm angegriffene Forderung des Beklagten durch Aufrechnung erloschen sei, gelten dieselben Grundsätze: Hat die Klage aufgrund einer hilfsweise eingewandten Aufrechnung Erfolg, ist der Kl in Höhe der angegriffenen Forderung, der Beklagte in Höhe der vom Kl zur Aufrechnung gestellten Forderung beschwert. Beruht der Erfolg der Klage auf einer vom Kl eingewandten Hauptaufrechnung, ist nur der Beklagte in Höhe der Aufrechnungsforderung beschwert. Wird die Klage abgewiesen, ist der Kl bei der hilfsweise eingewandten Aufrechnung in Höhe seiner eigenen Aufrechnungsforderung und der angegriffenen Forderung des Beklagten, bei der Hauptaufrechnung in Höhe seiner Aufrechnungsforderung beschwert; an der Beschwer des Beklagten fehlt es in beiden Fällen.

21 Die Beschwer des zur **Auskunft** verurteilten Beklagten bemisst sich nicht nach dem Wert des Auskunftsanspruchs, sondern allein nach dem Zeit- und Kostenaufwand, den die Erteilung der Auskunft erfordert, sowie nach einem etwaigen, substanziiert darzulegenden und erforderlichenfalls glaubhaft zu machenden Geheimhaltungsinteresse des Beklagten ggü dem Kl (BGHZ 164, 63, 66). Das Interesse des Beklagten, die mit der Auskunftsklage vorbereitete Durchsetzung des Anspruchs des Klägers zu verhindern oder zu erschweren, ist für seine Beschwer ebenso ohne Belang wie sein Interesse an der Vermeidung einer für ihn nachteiligen Kostenentscheidung (BGHZ 128, 85, 87, 91 f). Bei der Klageabweisung deckt sich die Beschwer des Klägers mit seinem wirtschaftlichen Interesse an der Erteilung der Auskunft; dieses ist mit einem Bruchteil des Anspruchs zu bewerten, dessen Durchsetzung die Auskunft dienen soll (BGHZ 128, 85, 89), idR mit 10 %–25 %.

22 Haben beide Parteien übereinstimmend die **Hauptsache für erledigt erklärt**, entscheidet das Gericht über die Kosten durch Beschl; die Berufung ist schon nicht statthaft. Nach übereinstimmender Teilerledigungserklärung bemisst sich die Beschwer der Parteien nur nach dem Teil der Hauptsache, über den im Urt noch entschieden worden ist; die anteiligen Prozesskosten erhöhen die Beschwer nicht (BGH MDR 11, 810). Nach erfolgreicher einseitiger Erledigungserklärung des Klägers bestimmt sich der Wert der Beschwer des Beklagten nach der Summe der bis zum Zeitpunkt der Erledigungserklärung entstandenen Kosten (BGH NJW-RR 05, 1728; aA MüKoZPO/*Rimmelspacher* vor §§ 511 ff Rn 38). Hat die Erledigungserklärung des Klägers keinen Erfolg, sondern wird die Klage abgewiesen, ist er in Höhe des Wertes der Hauptsache beschwert. Wird nach Teilerledigungserklärung des Klägers in dem erstinstanzlichen Urt die Teilerledigung festgestellt und der darüber hinausgehenden Klage stattgegeben, bemisst sich die Beschwer des Beklagten nach der Summe der auf den erledigten Teil entfallenden Kosten des Rechtsstreits und des restlichen Hauptsachewerts (BGH NJW-RR 92, 1404); der auf den erledigten Teil entfallende Kostenwert ist im Wege einer Differenzrechnung dahingehend zu ermitteln, um welchen Betrag diejenigen Kosten überschritten werden, die angefallen wären, wenn der Rechtsstreit von Anfang an ohne den erledigten Teil geführt worden wäre (BGH NJW-RR 88, 1465).

23 Die erfolgreiche **positive Feststellungsklage** beschwert den Beklagten mit 80 % des Wertes der Forderung oder des Rechtsverhältnisses, über die gestritten wird; die erfolglose Klage beschwert den Kl in derselben

Höhe. Bei der negativen Feststellungsklage bemisst sich die Beschwer für beide Parteien nach dem vollen Wert der entsprechenden umgekehrten Leistungsklage (BGH NJW 97, 1787).

24 Ist die Klage auf einen **Haupt- und Hilfsantrag** gestützt, bleibt letzterer bei der Bemessung der Beschwer unberücksichtigt, wenn die Klage mit dem Hauptantrag Erfolg hat. Erfolgt die Verurteilung des Beklagten unter Abweisung des Hauptantrags nach dem Hilfsantrag, ist der Kl in Höhe des Hauptantrags, der Beklagte in Höhe des Hilfsantrags beschwert. Werden sowohl der Hauptantrag als auch der Hilfsantrag abgewiesen, ist der Kl in Höhe der Summe des Werts beider Anträge beschwert.

25 Verfolgt der Kl mit seiner Klage mehrere wirtschaftlich nicht identische Streitgegenstände (**objektive Klagenhäufung**) und wird darüber in einem einzigen Urt entschieden, ergibt sich die Beschwer der unterlegenden Partei aus der Summe der Werte der einzelnen Streitgegenstände (§ 5 Hs 1). Bei der einheitlichen Klage von oder gegen mehrere Parteien (**subjektive Klagenhäufung**) gilt dasselbe; die Beschwer aller Streitgenossen ist zusammenzurechnen, soweit es sich nicht um wirtschaftlich identische Streitgegenstände handelt (BGH NJW 84, 927, 928). Letzteres ist bei der Verurteilung von Gesamtschuldnern stets der Fall (BGH NJW-RR 91, 186). Will nur einer der Streitgenossen die Berufung einlegen, ist nur seine eigene Beschwer und nicht die der übrigen maßgebend. Etwas anderes gilt nur, wenn Gegenstand des Urteils eine unteilbare Leistung ist, oder wenn es sich um die Verurteilung von Gesamtschuldnern handelt; in diesen Fällen ist der gesamte Streitwert maßgebend.

26 **Nebenforderungen** wie Zinsen und Kosten sind bei der Ermittlung der Beschwer nicht zu berücksichtigen, wenn (tw) über die Hauptforderung entschieden wurde; sie werden jedoch zur Hauptsache und sind für die Beschwer maßgeblich, wenn die Hauptforderung nicht (mehr) rechtshängig ist (BGH WuM 11, 177).

27 **Teil- und Schlussurteile** unterliegen jeweils gesondert der Anfechtung mit der Berufung. Deshalb ist die Beschwer für jedes anzufechtende Urt gesondert zu ermitteln (BGH NJW 00, 217, 218). Unerheblich ist, ob die Entscheidung des erstinstanzlichen Gerichts durch Teil- und Schlussurteil zulässig war oder nicht; das hat zur Folge, dass bei unzulässiger Aufspaltung ggf die Berufung wegen Nichterreichens des Werts der Beschwer aus dem Teil- und dem Schlussurteil unzulässig ist, obwohl bei verfahrensfehlerfreier Vorgehensweise des erstinstanzlichen Gerichts der Wert der Beschwer aus dem einen Urt erreicht worden wäre (BGH NJW 98, 686, 687).

28 Hat der Kl einen **unbezifferten Klageantrag** gestellt, jedoch eine Mindestforderung oder Betragsvorstellung genannt, ist er nur insoweit beschwert, wie das Gericht mit seinem Urt unter der Mindestforderung oder Betragsvorstellung geblieben ist (BGH NJW-RR 04, 863). Gibt der Kl keine Größenordnung an und lässt sich diese auch nicht dem vorgetragenen Sachverhalt entnehmen, ist er bei einer Klageabweisung nicht beschwert (BGHZ 140, 335).

29 Bei der **Vollstreckungsabwehrklage** bemisst sich die Beschwer nach dem Wert des zu vollstreckenden Anspruchs (BGH NJW-RR 11, 489, 490).

30 Betreffen **Klage und Widerklage** nicht identische und wirtschaftlich selbständige Ansprüche, ist für die Berechnung der Rechtsmittelbeschwer ihr Wert zusammen zu zählen; § 5 Hs 2 gilt insoweit nicht (BGH NJW 94, 3292). Wirtschaftliche Identität der Klage- und Widerklagegegenstände ist dann anzunehmen, wenn die Ansprüche aus Klage und Widerklage nach dem konkreten Sach- und Streitstand nicht in der Weise nebeneinander bestehen können, dass das Gericht beiden stattgeben könnte; in diesem Fall scheidet die Zusammenrechnung der Werte aus (BGH NJW 94, 3292).

31 Hat der Kl die uneingeschränkte Verurteilung des Beklagten beantragt, aber nur dessen **Zug-um-Zug-Verurteilung** erreicht, ist er in Höhe des Wertes des Gegenanspruchs beschwert, der sich – wenn der Anspruch nicht beziffert ist – idR nach dem Zeit- und Kostenaufwand bestimmt, der ihm bei der Erfüllung des Anspruchs entsteht (BGH NJW-RR 10, 1295 f). Er darf allerdings nicht höher als der Wert der Klageforderung sein (BGH MDR 09, 759). Die Beschwer bemisst sich ausschließlich nach dem Wert der Klageforderung, wenn die Zug um Zug zu erbringende Gegenleistung nicht eindeutig bestimmt ist und das Urt deshalb nicht vollstreckt werden kann (BGH NJW 93, 3206, 3207).

32 Für die Beschwer des Beklagten gilt folgendes: Hat er die Klageforderung nicht bestritten, sondern nur ein Gegenrecht eingewandt, und ist er dementsprechend Zug um Zug verurteilt worden, ist er nicht beschwert. Ist er uneingeschränkt verurteilt worden, ist er in Höhe des von ihm eingewandten Gegenrechts beschwert, allerdings begrenzt durch den Wert der Klageforderung (BGH NJW-RR 96, 828). Hat der Beklagte in erster Linie die Abweisung der Klage beantragt und nur hilfsweise ein Gegenrecht eingewandt, bemisst sich seine Beschwer bei der uneingeschränkten Verurteilung nach dem Wert der Klageforderung; der Wert des Gegen-

rechts wird nicht hinzugerechnet, weil über dieses nicht in einer der Rechtskraft fähigen Entscheidung befunden wurde (BGH NJW-RR 05, 367, 368).

33 **3. Berufungsantrag.** Für den Wert des Beschwerdegegenstandes ist nicht allein die Beschwer (Rz 17 ff), sondern auch der Berufungsantrag maßgebend. Er gibt Auskunft über das von dem Rechtsmittelführer angestrebte Ziel, also in welchem Umfang dieser eine ggü dem erstinstanzlichen Urt ihm günstigere Entscheidung erreichen will. Der Antrag muss zwingend (auch) auf die Beseitigung der sich aus dem angefochtenen Urt ergebenden Beschwer gerichtet sein; die Berufung ist unzulässig, wenn mit ihr lediglich die Durchsetzung eines neuen, bisher nicht erhobenen Anspruchs verfolgt wird (BGHZ 155, 21, 26). Bewertungsgrundlage ist nur ein Antrag, dessen Begründung den in § 520 III genannten Anforderungen entspricht (BGH NJW-RR 08, 584). Stellt der Berufungsführer neben dem Hauptantrag einen oder mehrere Hilfsanträge, ist für die Wertberechnung der am weitesten gehende Antrag maßgebend (MüKoZPO/*Rimmelspacher* Rn 48; Musielak/*Ball* Rn 39).

34 **4. Wertermittlung.** Die Ermittlung des Wertes des Beschwerdegegenstandes obliegt dem Berufungsgericht. Hierbei hat es die in den §§ 3–9 enthaltenen Vorschriften anzuwenden. Es ist dabei nicht an eine Streitwertfestsetzung des Vordergerichts gebunden. Der Wert des Beschwerdegegenstandes kann den Streitwert übersteigen (BGHZ 124, 313), diesen unterschreiten oder gleich hoch sein. Maßgeblich für die Wertermittlung ist immer das wirtschaftliche (bei vermögensrechtlichen Streitigkeiten) oder das ideelle (bei nichtvermögensrechtlichen Streitigkeiten), nach §§ 3 ff festzusetzendes Interesse des Rechtsmittelführers. Allerdings muss das Berufungsgericht dem Berufungsführer nach §§ 525, 139 II, III einen rechtlichen Hinweis erteilen und ihm Gelegenheit zur Äußerung geben, wenn es von der Streitwertfestsetzung des erstinstanzlichen Gerichts abweichen und den Streitwert und damit die Beschwer niedriger ansetzen will (BGH NJW-RR 05, 219).

35 Für die Berechnung des Wertes des Beschwerdegegenstandes ist nach § 4 I grds der Zeitpunkt der Einlegung des Rechtsmittels maßgebend (BGH NJW-RR 01, 1571, 1572). Das lässt sich im Berufungsverfahren nicht halten. Denn nach § 520 III müssen die Berufungsanträge erst in der Berufungsbegründung enthalten sein, für die der Berufungsführer mindestens einen Monat länger Zeit hat als für die Einlegung der Berufung (§§ 517, 520 II). Somit steht die Zulässigkeit der Berufung in den Fällen zunächst nicht fest, in denen die Beschwer des Berufungsführers aus dem angefochtenen Urt die Wertgrenze von 600 € übersteigt. Da sich der Wert des Beschwerdegegenstandes im Laufe des Berufungsverfahrens durch eine Änderung des Berufungsantrags verändern kann (BGH NJW 01, 146; NJW-RR 05, 714), steht erst am Schluss der mündlichen Verhandlung vor dem Berufungsgericht fest, ob die Wertgrenze überschritten ist; bis dahin darf die Berufung nicht wegen Nichterreichens der Wertgrenze als unzulässig verworfen werden (BGH NJW-RR 08, 584, 585).

36 **5. Glaubhaftmachung.** Nach Abs 3 muss der Berufungsführer den Wert des Beschwerdegegenstands glaubhaft machen. Dazu kann er sich aller Beweismittel bedienen (§ 294 I); zur Versicherung an Eides statt darf er jedoch nicht zugelassen werden. Da der Wert des Beschwerdegegenstandes erst am Schluss der mündlichen Verhandlung feststehen muss (Rz 35), können neue Tatsachen und neue Beweismittel bis dahin vorgebracht werden. Das gilt trotz der Vorschrift in § 520 IV Nr 1 auch und insb, wenn der Wert des Beschwerdegegenstandes nicht in einer bestimmten Geldsumme besteht. Wird eine Beweisaufnahme erforderlich, muss sie allerdings sofort erfolgen können (§ 294 II).

37 **C. Zulassungsberufung. I. Allgemeines.** Die Zulassung der Berufung durch das erstinstanzliche Gericht hat in der Praxis nur eine geringe Bedeutung, denn sie kann nach Abs 4 S 1 Nr 2 – neben den Voraussetzungen der Nr 1 – nur in den Fällen erfolgen, in denen die Beschwer mindestens einer Partei 600 € nicht übersteigt. In allen anderen Fällen bedarf es der Zulassung nicht, weil die Berufung bereits kraft Gesetzes (Abs 2 Nr 1) zulässig ist. Der Zweck der Regelung besteht darin, in rechtlich, aber nicht wirtschaftlich bedeutsamen Fällen zunächst eine Entscheidung der 2. Instanz zu ermöglichen und damit mittelbar die Revisionsinstanz zu eröffnen (BTDrs 14/4722, 93). Liegt ein Zulassungsgrund (s. Rz 39 ff) vor, muss das Gericht die Berufung zulassen.

38 Entgegen der Begründung des Regierungsentwurfs zur Einführung der Zulassungsberufung, die im Gesetzeswortlaut keinen Niederschlag gefunden hat, kann das erstinstanzliche Gericht die **Zulassung der Berufung beschränken** (Saenger/*Woestmann* Rn 31; Zö/*Heßler* Rn 40; aA MüKoZPO/*Rimmelspacher* Rn 63). Die Voraussetzungen dafür sind dieselben wie bei der beschränkten Revisionszulassung: Bei der Entscheidung über mehrere Streitgegenstände ist die Beschränkung auf einen Anspruch zulässig, wenn die Entscheidung über diesen Anspruch nicht von der über die anderen Ansprüche abhängt (vgl BGH NJW-RR

06, 877); ist in dem erstinstanzlichen Urt über Klage und Widerklage entschieden, kann das Gericht die Berufung nur hinsichtlich der einen Entscheidung zulassen (vgl MüKoZPO/*Wenzel* § 543 Rn 37); die Beschränkung der Berufungszulassung zugunsten einer von mehreren Prozessparteien ist zulässig, wenn diese nicht notwendige Streitgenossen sind (Zö/*Heßler* Rn 40); wenn über einen einheitlichen prozessualen Anspruch durch Teilurteil (§§ 301) und Schlussurteil hätte entschieden werden können, kann die Berufung hinsichtlich nur einer Teilfrage zugelassen werden (Zö/*Heßler* Rn 40); die auf den Grund oder Betrag des Anspruchs beschränkte Zulassung der Berufung ist zulässig, wenn der Rechtsstreit durch ein Grundurteil (§ 304) und ein Schlussurteil hätte entschieden werden können (BGH NJW-RR 09, 1431); die Beschränkung der Berufungszulassung auf einzelne Angriffs- und Verteidigungsmittel, soweit sie einen tatsächlich und rechtlich selbständigen, abtrennbaren Teil des Streitgegenstandes (Zö/*Heßler* Rn 40) oder ein Teilrechtsverhältnis betrifft, welches Gegenstand einer Feststellungsklage (§ 256) sein könnte (vgl MüKoZPO/*Wenzel* § 543 Rn 40); auf einzelne rechtliche oder tatsächliche Gesichtspunkte, bestimmte Rechtsfragen oder einzelne Urteilselemente kann die Zulassung der Berufung nicht beschränkt werden (vgl BGH NJW-RR 06, 877, 878).

II. Zulassungsgründe. Das Gesetz nennt in Abs 4 S 1 Nr 1 drei Gründe, aus denen die Berufung zuzulassen ist: Grundsätzliche Bedeutung der Rechtssache sowie die Notwendigkeit einer Entscheidung des Berufungsgerichts zur Fortbildung des Rechts oder zur Sicherung einer einheitlichen Rechtsprechung. Damit gelten hier dieselben Gründe wie für die Zulassung der Revision (§ 543 II 1) und der Rechtsbeschwerde (§ 574 II). Das beruht auf der »Passierscheinfunktion« (MüKoZPO/*Rimmelspacher* Rn 61) der Zulassungsberufung, mit der mittelbar der Weg in die Revisionsinstanz eröffnet wird. Denn im Hinblick auf die Rechtssicherheit, soweit es um die Rechtsanwendung durch die Gerichte geht, können grundsätzliche Rechtsfragen nur höchstrichterlich geklärt werden, und nur der BGH kann Rechtsfortbildung betreiben und die Einheitlichkeit der Rechtsprechung sichern. 39

1. Grundsätzliche Bedeutung der Rechtssache. Eine Rechtssache hat zum einen dann grundsätzliche Bedeutung, wenn sie eine **entscheidungserhebliche, klärungsbedürftige und klärungsfähige Rechtsfrage** aufwirft, die sich in einer unbestimmten Vielzahl von Fällen stellen kann und deshalb das abstrakte Interesse der Allgemeinheit an der einheitlichen Entwicklung und Handhabung des Rechts berührt (BGHZ 155, 288, 291). Zum anderen ist eine Rechtssache auch dann von grundsätzlicher Bedeutung, wenn das tatsächliche oder wirtschaftliche Gewicht des Rechtsstreits nicht nur für die Parteien, sondern auch für die Allgemeinheit eine besondere Bedeutung hat (BGHZ 155, 288, 292). Das ist zB bei Musterprozessen und solchen Verfahren der Fall, in denen es um die Auslegung von allgemeinen Geschäftsbedingungen, anderen typischen Vertragsklauseln oder Tarifen geht. Dagegen scheidet die Zulassung der Berufung wegen grds Bedeutung bei einer nur auf den konkreten Fall bezogenen Rechtsanwendung und bei Entscheidungen aus, deren Ergebnis auf einer Beweiswürdigung beruht. 40

Entscheidungserheblich ist die Rechtsfrage, wenn das erstinstanzliche Urt auf ihrer Beantwortung in der einen oder anderen Richtung beruht. Klärungsbedürftigkeit liegt vor, wenn die Beantwortung der Rechtsfrage zweifelhaft ist, weil dazu unterschiedliche Auffassungen vertreten werden und eine höchstrichterliche Entscheidung noch nicht ergangen ist (s. aber BVerfG NJW-RR 09, 1026: keine Grundsatzbedeutung trotz fehlender BGH-Entscheidung, wenn das Berufungsgericht einer weit verbreiteten Auffassung folgt) oder dieser in der Literatur und von den Instanzgerichten aufgrund neuer Argumente nicht gefolgt wird, oder weil die Frage bisher in der Rechtsprechung und Literatur noch nicht erörtert worden ist (MüKoZPO/*Wenzel* § 543 Rn 7). Klärungsfähig durch das Berufungsgericht ist eine Rechtsfrage nur dann nicht, wenn sie die Entscheidung über die Verfassungswidrigkeit eines Gesetzes betrifft (vgl Art 80 I GG). 41

2. Fortbildung des Rechts. Dieser Zulassungsgrund setzt voraus, dass der Einzelfall Veranlassung gibt, Leitsätze für die Auslegung von Gesetzesbestimmungen des materiellen oder formellen Rechts aufzustellen oder Gesetzeslücken auszufüllen, wenn es für die rechtliche Beurteilung typischer oder verallgemeinerungsfähiger Lebenssachverhalte an einer richtungsweisenden Orientierungshilfe ganz oder tw fehlt (BGHZ 154, 288, 292). Das ist insb bei Entscheidungen zu neuen Gesetzesbestimmungen und in Rechtsgebieten der Fall, die einer starken Dynamik im Hinblick auf die tatsächlichen Verhältnisse unterliegen. Danach stellt sich die Rechtsfortbildung als ein Fall der grundsätzlichen Bedeutung (Rz 40 f) dar. 42

3. Sicherung einer einheitlichen Rechtsprechung. Dieser Zulassungsgrund liegt vor, wenn das erstinstanzliche Gericht von der Entscheidung eines höherrangigen Gerichts, wenn es die nicht gibt, von der Ent- 43 scheidung eines gleichrangigen Gerichts abweicht und sein Urt darauf beruht. Die Abweichung muss darin bestehen, dass das Gericht einen Rechtssatz aufgestellt hat, der sich mit einem in der Vergleichsentscheidung aufgestellten und diese tragenden Rechtssatz nicht deckt (BGHZ 154, 288, 292 f). Das muss nicht bewusst, sondern kann auch unbewusst geschehen sein.

44 Die von der höchstrichterlichen Rechtsprechung entwickelten Grundsätze zur Zulassung der Revision durch den BGH zur Sicherung einer einheitlichen Rechtsprechung bei einer fehlerhaften Rechtsanwendung durch das Berufungsgericht (s. die Erl zu § 543) finden hier keine Anwendung. Denn es geht um die Zulassung der Berufung durch das erstinstanzliche Gericht, das seine Entscheidung für rechtsfehlerfrei hält, und nicht um die Zulassung durch das Rechtsmittelgericht, das darüber aufgrund einer rechtlichen Überprüfung des erstinstanzlichen Urteils entscheidet.

45 **III. Zulassungsverfahren.** Über die Zulassung der Berufung entscheidet das erstinstanzliche Gericht; ist dieses ein LG, lässt die Kammer die Berufung zu, weil der – originäre und obligatorische – Einzelrichter bei grundsätzlicher Bedeutung der Rechtssache keine Entscheidungsbefugnis besitzt (§§ 348 III 1 Nr 2, 348a I Nr 2, II 1 Nr 1). Die Zulassung ist in dem Endurteil auszusprechen. Fehlt es daran, weil das erstinstanzliche Gericht den Streitwert auf über 600 € festgesetzt hat, und bleibt der Wert des Beschwerdegegenstands nach Ansicht des Berufungsgerichts darunter, muss dieses entscheiden, ob die Voraussetzungen für die Zulassung gegeben sind (BGH NJW 11, 615). Eine Überprüfung dieser Entscheidung durch das Rechtsbeschwerdegericht findet nicht statt (BGH NJW 12, 126, 127). Hat das Berufungsgericht die Entscheidung verfahrensfehlerhaft nicht getroffen, kann das Rechtsbeschwerdegericht prüfen, ob eine Zulassung geboten gewesen wäre (BGH NJW-RR 11, 998, 999). Über die Nichtzulassung braucht sich das Urt nicht zu verhalten; sie ergibt sich aus der fehlenden Zulassung. War die Zulassung beschlossen, wurde der Ausspruch darüber aber versehentlich nicht in das Urt aufgenommen, kann dieser im Wege eines Berichtigungsbeschlusses (§ 319) nachgeholt werden, wenn das Versehen nach außen hervorgetreten und selbst für Dritte deutlich geworden ist (BGH NJW 04, 2389). Die nachträgliche Zulassung der Berufung entsprechend § 321a ist möglich, wenn in dem erstinstanzlichen Urt durch willkürliche Nichtzulassung Verfahrensgrundrechte einer beschwerten Partei verletzt worden sind (vgl BGH NJW 04, 2529 für die Rechtsbeschwerde). Eine Nachholung der Zulassung durch Ergänzungsurteil (§ 321) ist nicht möglich (vgl BGH NJW 04, 779 für die Revision und Rechtsbeschwerde).

46 Die Entscheidung über die Zulassung ist **unanfechtbar**. Das gilt sowohl für die Zulassung als auch für die Nichtzulassung.

47 **IV. Zulassungswirkung.** Die Zulassung der Berufung wirkt in zweierlei Richtung: Für die durch das erstinstanzliche Endurteil (Rz 2 ff) beschwerte Partei eröffnet sie den Zugang zur Berufungsinstanz; freilich müssen die übrigen Zulässigkeitsvoraussetzungen erfüllt sein, über sie hilft die Zulassung nicht hinweg. Für das Berufungsgericht ist die Zulassung bindend (Abs 4 S 2), auch wenn das Vordergericht das Rechtsmittel wegen fehlender Zulassungsgründe zu Unrecht zugelassen hat oder der Zulassungsgrund nach dem Erlass der angefochtenen Entscheidung weggefallen ist.

48 **D. Parteien des Berufungsverfahrens. I. Berufungskläger.** Die Frage, wer als Berufungsführer in Betracht kommt, ist nach prozessualen Gesichtspunkten zu beantworten. Die Parteistellung für das Berufungsverfahren wird ausschließlich durch den Inhalt der angefochtenen erstinstanzlichen Entscheidung, die zum Vor- oder Nachteil einer bestimmten Partei ergeht, begründet; demnach ist derjenige zur Berufungseinlegung berechtigt, gegen den sich das Urt richtet (BGH NJW-RR 05, 118). Auf die Beteiligung des durch das Urt Beschwerten (Rz 15 ff) an dem materiellen Rechtsverhältnis, welches dem Rechtsstreit zugrunde liegt, kommt es somit nicht an. Auch ein an dem erstinstanzlichen Verfahren nicht Beteiligter kann Berufungskläger sein, wenn er nämlich in dem Urteilsrubrum fälschlich als Partei bezeichnet ist; daneben kommt auch derjenige als Berufungskläger in Betracht, gegen den sich das Urt in Wahrheit richtet. Eine nicht existente oder aus anderen Gründen parteiunfähige Partei kann Berufung einlegen, um ihre Nichtexistenz oder anderweitig fehlende Parteifähigkeit geltend zu machen oder um zu rügen, dass ihre Parteifähigkeit vorinstanzlich zu Unrecht verneint worden ist; sie kann auch Berufung mit dem Ziel einlegen, ein anderes, ihrem Verlangen entsprechendes Sachurteil zu erreichen (BGH NJW 10, 3100 f).

49 Sind auf Kläger- oder Beklagtenseite mehrere Personen beteiligt (**Streitgenossenschaft**), gilt folgendes: Bei der einfachen Streitgenossenschaft (§§ 59 f) kann das erstinstanzliche Urt von bzw ggü jedem Streitgenossen angefochten werden. Dasselbe gilt für die notwendige Streitgenossenschaft (§ 62). Hier wird allerdings derjenige, der keine Berufung eingelegt hat, durch die Berufungseinlegung eines anderen Streitgenossen

Partei des Berufungsverfahrens; er wird aber nicht selbst Berufungskläger, sondern muss den Antrag des Rechtsmittelführers und sonstige Prozesshandlungen gegen sich gelten lassen.

Der **Streithelfer** (§§ 66 ff) kann unabhängig von der unterstützten Partei Berufung einlegen. Da er selbst nicht Partei des Rechtsstreits ist, wird er allerdings nicht Berufungskläger; sondern nur die unterstützte Partei (BGH NJW 95, 198, 199). Widerspricht diese der Einlegung der Berufung durch den Streithelfer, ist das Rechtsmittel als unzulässig zu verwerfen (BGH WM 99, 279, 280). Etwas anderes gilt jedoch in dem Fall, dass der Streithelfer zugleich die Stellung eines Streitgenossen der unterstützten Partei erhält (§ 69); er ist berechtigt, auch gegen deren Widerspruch Berufung einzulegen und das Verfahren durchzuführen (BGH aaO). 50

Schließlich kann auch der **Rechtsnachfolger** einer Partei, dessen Eintritt in das erstinstanzliche Verfahren wegen fehlender Zustimmung des Gegners zurückgewiesen worden ist (§ 265 II), Berufung gegen diese Entscheidung mit dem Ziel der Übernahme des Rechtsstreits einlegen. 51

II. Berufungsbeklagter. Nur der in dem erstinstanzlichen Urt bezeichnete Prozessgegner kann Berufungsbeklagter sein, nicht ein Dritter, auch nicht der Streithelfer der gegnerischen Partei. Gegen den in einem unzulässigen Teilurteil nicht verurteilten Gesamtschuldner ist die Berufung nicht zulässig. 52

E. Kosten/Gebühren. I. Gericht. Im Berufungsverfahren wird für das Verfahren im Allgemeinen eine 4,0 Gebühr nach Nr 1220 GKG-KostVerz erhoben. Diese Gebühr ermäßigt sich nach Nr 1221 GKG-KostVerz auf 1,0, wenn das Verfahren **vor Einreichung der Begründung** durch Zurücknahme des Rechtsmittels oder der Klage endet oder wenn das Verfahren in diesem Stadium übereinstimmend für erledigt erklärt wird und keine Entscheidung über die Kosten ergeht oder die Entscheidung aufgrund einer zuvor von den Parteien mitgeteilten Einigung über die Kosten folgt. **Nach Eingang der Berufungsbegründung** kommt unter den Voraussetzungen der Nr 1222 KV nur noch eine Ermäßigung auf 2,0 vor, nämlich bei Zurücknahme des Rechtsmittels oder der Klage, Anerkenntnis-, Verzichtsurteil oder Urt, das nach § 313a II keinen Tatbestand und keine Entscheidungsgründe zu enthalten braucht, Abschluss eines gerichtlichen Vergleichs oder übereinstimmenden Erledigungserklärungen mit Kostenregelung. Mehrere Erledigungen können zusammentreffen. Eine Teilermäßigung ist nicht möglich. 53

II. Anwalt. Der Rechtsanwalt erhält im Berufungsverfahren die Gebühren nach Teil 3 Abschnitt 2 VV RVG (Nr 3200 ff VV RVG). Er erhält eine 1,6-Verfahrensgebühr (Nr 3200 VV RVG), die sich bei mehreren Auftraggebern um jeweils 0,3 erhöht. Bei vorzeitiger Erledigung (zB Rücknahme einer fristwahrend eingelegten Berufung der Gegenseite) entsteht lediglich die ermäßigte 1,1-Verfahrensgebühr nach Nr 3200, 3201 VV RVG. Hinzu kommt eine 1,2-Terminsgebühr nach Nr 3202 VV RVG. Sofern es zu einer Einigung im Berufungsverfahren kommt, entsteht eine 1,3-Gebühr aus dem Wert der dort anhängigen Ansprüche (Nr 1000, 1004 VV RVG). Die Terminsgebühr kann nach Vorb III, 3. Var VV RVG auch durch außergerichtliche Besprechungen der Anwälte zum Zwecke der Erledigung des Berufungsverfahrens entstehen (BGH AGS 08, 408 = NJW 08, 2993; JurBüro 07, 26 = AGS 07, 115). 54

Probleme ergeben sich hier häufig im Rahmen der Kostenerstattung, wenn die Berufung nur fristwahrend eingelegt und später wieder zurückgenommen worden ist.

§ 512 Vorentscheidungen im ersten Rechtszug. **Der Beurteilung des Berufungsgerichts unterliegen auch diejenigen Entscheidungen, die dem Endurteil vorausgegangen sind, sofern sie nicht nach den Vorschriften dieses Gesetzes unanfechtbar oder mit der sofortigen Beschwerde anfechtbar sind.**

A. Allgemeines. Die Prüfungskompetenz des Berufungsgerichts (§ 511 Rz 1) beschränkt sich nicht nur auf das angefochtene Urt, sondern erstreckt sich auch auf Vorentscheidungen, die das erstinstanzliche Gericht bis zum Erlass seines Urteils getroffen hat. Das ermöglicht die umfassende Überprüfung der Entscheidungsfindung des Vordergerichts. Allerdings schränkt das Gesetz diese Kompetenz sofort wieder ein, indem es solche dem Endurteil vorausgegangenen Entscheidungen als bindend für das Berufungsgericht bestimmt, die nach der ZPO unanfechtbar oder mit der sofortigen Beschwerde anfechtbar sind. 1

B. Überprüfbare Vorentscheidungen. Das Berufungsgericht überprüft iRd Fehlerkontrolle die erstinstanzlichen Vorentscheidungen. Auf diesem Wege unterfallen Zwischenurteile (§ 303), Beschlüsse zB über die Beanstandung von Prozessleitung oder Fragen (§ 140), Prozesstrennung (§ 145), Prozessverbindung (§ 147) 2 und Beweisaufnahme (§ 358) sowie Terminsbestimmungen (§ 216) und die mündliche Verhandlung vorbereitende Verfügungen (§§ 273, 275) der Beurteilung des Berufungsgerichts.

3 Hat sich die Vorentscheidung nicht auf das angefochtene Endurteil ausgewirkt, überprüft das Berufungsgericht sie nicht.

4 Unerheblich ist, in welchem Zeitpunkt das erstinstanzliche Gericht die Vorentscheidung getroffen hat. Das kann sowohl im Laufe des Verfahrens als auch erst in dem Endurteil geschehen sein. Auf spätere Entscheidungen (§§ 319–321) ist die Vorschrift nicht anwendbar.

5 Einer besonderen Rüge des Berufungsführers bedarf es nur, wenn die Vorentscheidung auf Verfahrensmängel überprüft werden soll, die nicht vAw zu berücksichtigen sind (§ 529 II).

6 **C. Nicht überprüfbare Vorentscheidungen.** Die vom Gesetz für unanfechtbar erklärten Entscheidungen, die dem Endurteil vorausgehen, können auch nicht im Berufungsverfahren überprüft werden; das Berufungsgericht ist an sie gebunden. Dazu gehören zB der Beschl, durch den die Ablehnung eines Richters für begründet erklärt wurde (§ 46 II Alt 1), die Zurückweisung des Antrags auf öffentliche Beglaubigung einer Prozessvollmacht (§ 80 II 2), die Untersagung des weiteren Vortrags ungeeigneter Prozessvertreter (§ 157 II 2), der Beschl, durch den ein Fristverlängerungsantrag zurückgewiesen wurde (§ 225 III), die Entscheidung, dass eine Klageänderung nicht vorlag oder die Änderung zuzulassen war (§ 268), die unterlassene Vorlage des Rechtsstreits an die Zivilkammer durch den Einzelrichter und unterlassene Übernahme durch die Zivilkammer (§ 348 IV) sowie die unterlassene oder erfolgte Übertragung auf den Einzelrichter durch die Zivilkammer (§ 348a III) und der Beschl, durch den die Ablehnung eines Sachverständigen für begründet erklärt wurde.

7 Auch an die vom Gesetz für mit der sofortigen Beschwerde anfechtbar erklärten Vorentscheidungen ist das Berufungsgericht gebunden, wenn sie nicht angefochten worden sind; im Fall der Anfechtung besteht die Bindung so lange, wie die Entscheidung Bestand hat (MüKoZPO/*Rimmelspacher* Rn 12). Den Kreis der selbstständig anfechtbaren Vorentscheidungen legt § 567 Abs 1 fest: Entweder bestimmt das Gesetz die Statthaftigkeit des Rechtsmittels, oder es handelt sich um solche eine mündliche Verhandlung nicht erfordernde Entscheidungen, durch die ein das Verfahren betreffendes Gesuch zurückgewiesen worden ist. Eine Ausnahme von der Bindung besteht dann, wenn die mit der sofortigen Beschwerde anfechtbare Entscheidung nicht gesondert, sondern erst in dem erstinstanzlichen Endurteil getroffen worden ist; in diesem Fall unterliegt sie der Prüfungskompetenz des Berufungsgerichts.

8 Die selbstständig mit der Berufung anfechtbaren Zwischenurteile (s. dazu § 511 Rz 4 f) sind nur in diesem Rechtsmittelverfahren, nicht dagegen in dem Berufungsverfahren überprüfbar, das aufgrund der Anfechtung des Endurteils stattfindet.

§ 513 Berufungsgründe.

(1) Die Berufung kann nur darauf gestützt werden, dass die Entscheidung auf einer Rechtsverletzung (§ 546) beruht oder nach § 529 zugrunde zu legende Tatsachen eine andere Entscheidung rechtfertigen.

(2) Die Berufung kann nicht darauf gestützt werden, dass das Gericht des ersten Rechtszuges seine Zuständigkeit zu Unrecht angenommen hat.

1 **A. Allgemeines.** Die Vorschrift verdeutlicht in ihrem Abs 1 die Funktion des Rechtsmittels der Berufung: Fehlerkontrolle und Fehlerbeseitigung durch das Berufungsgericht sollen dazu führen, ein tatsächlich oder rechtlich fehlerhaftes Urt der 1. Instanz zu korrigieren. Das – wie nach dem früheren Recht – vollständige Aufrollen des Rechtsstreits in der Berufungsinstanz ist somit nicht mehr vorgesehen. Aber das Berufungsverfahren ist auch nicht – wie das Revisionsverfahren – auf die bloße Rechtskontrolle beschränkt. Vielmehr steht es zwischen dem tatrichterlichen erstinstanzlichen Verfahren und dem Revisionsverfahren. In der Praxis wird allerdings nach wie vor häufig versucht, das Berufungsverfahren als zweite Tatsacheninstanz zu gebrauchen.

2 **B. Berufungsgründe (Abs 1).** Entsprechend der Funktion der Berufung (Rz 1) nennt die Vorschrift zwei Berufungsgründe, auf denen die Unrichtigkeit des erstinstanzlichen Urteils beruhen kann. Nur diese sind für die Berufungsbegründung (§ 520) und für den Prüfungsumfang des Berufungsgerichts (§ 529) maßgebend.

3 **I. Rechtsverletzung. 1. Begriff.** Durch den Hinweis auf § 546 wird definiert, was das Gesetz unter dem Begriff der Rechtsverletzung versteht: Das Recht ist verletzt, wenn eine **Rechtsnorm nicht oder nicht richtig** angewendet worden ist. Das ist zB der Fall, wenn eine für die erstinstanzliche Entscheidung einschlägige

Norm übersehen, zu Unrecht für nicht anwendbar erklärt, ihr durch Auslegung ein unzutreffender Inhalt beigemessen oder der festgestellte Sachverhalt unzutreffend unter die maßgebliche Norm subsumiert wurde.

Demnach bedeutet es eine Rechtsverletzung, wenn das erstinstanzliche Gericht eine Individualvereinbarung nach §§ 133, 157 BGB zwar vertretbar, aber nicht sachlich überzeugend ausgelegt hat. In diesem Fall hat das Berufungsgericht, das die **Auslegung** in vollem Umfang und nicht nur – wie das Revisionsgericht – darauf überprüfen muss, ob gesetzliche oder allgemein anerkannte Auslegungsregeln, Denkgesetze oder Erfahrungssätze verletzt sind oder wesentlicher Auslegungsstoff außer Acht gelassen wurde, die Auslegung selbst vorzunehmen, die es als Grundlage einer sachgerechten Entscheidung des Einzelfalls für geboten hält (BGHZ 160, 83, 86 ff). 4

Dasselbe gilt für **Ermessensentscheidungen** des erstinstanzlichen Gerichts nach § 287 ZPO. Sie verletzen nicht nur dann das Recht, wenn sie auf Ermessensnichtgebrauch oder -fehlgebrauch beruhen, sondern auch dann, wenn sie sachlich nicht überzeugen (aA B/L/A/H Rn 1). Gelangt das Berufungsgericht aufgrund vollständiger Überprüfung zu dieser Einschätzung, muss es sein eigenes Ermessen ausüben und dieses an die Stelle des Ermessens des Vorderrichters setzen (BGH NJW 06, 1589, 1591 f). 5

2. Rechtsnorm. Zu den Rechtsnormen, mit deren Verletzung die Berufung begründet werden kann, gehören alle materiellen und verfahrensrechtlichen Vorschriften, also Gesetze, Rechtsverordnungen, über den innerdienstlichen Bereich hinausgehende Verwaltungsanweisungen, Gewohnheitsrecht und Völkerrecht. Wer die Normen erlassen hat, ist ohne Belang. Der Überprüfung im Berufungsverfahren unterliegt deshalb die Anwendung von europarechtlichen und sonstigen ausländischen Vorschriften, Bundes- und Landesrecht sowie Satzungen öffentlichrechtlicher Körperschaften, Anstalten und Stiftungen. Auch die allgemeinen Denkgesetze und Erfahrungssätze sind Rechtsnormen idS, ebenso die eine Vielzahl von Personen oder Sachverhalten betreffenden privatrechtlichen Satzungen sowie Allgemeine Geschäftsbedingungen. 6

3. Kausalität. Die angefochtene Entscheidung muss auf der Rechtsverletzung beruhen. Wann das der Fall ist, beurteilt sich nach dem Objekt der Rechtsverletzung. Auf der Verletzung einer **materiellrechtlichen Norm** beruht die Entscheidung, wenn sie ohne den Rechtsfehler für den Berufungsführer im Ergebnis günstiger ausgefallen wäre. Wurde jedoch eine **verfahrensrechtliche Norm** verletzt, beruht die Entscheidung bereits dann hierauf, wenn sie ohne den Rechtsfehler möglicherweise anders ausgefallen wäre. 7

Da auch die Revision nur Erfolg haben kann, wenn sie auf einer Rechtsverletzung beruht (§ 545 I), und der Begriff der Rechtsverletzung bei beiden Rechtsmitteln derselbe ist (§ 546), ist es nur konsequent, die für das Revisionsverfahren geltende Vorschrift des § 547 im Berufungsverfahren entsprechend anzuwenden. Deshalb ist die angefochtene Entscheidung stets als auf einer Rechtsverletzung beruhend anzusehen, wenn ein Verfahrensverstoß des erstinstanzlichen Gerichts, wäre er dem zweitinstanzlichen Gericht unterlaufen, ein **absoluter Revisionsgrund** nach § 547 wäre (Musielak/*Ball* Rn 5; aA MüKoZPO/*Rimmelspacher* Rn 12). 8

II. Tatsachenfeststellung. Neben der Rechtsverletzung kann die Berufung auch darauf gestützt werden, dass nach § 529 zugrunde zu legende Tatsachen eine andere Entscheidung rechtfertigen. Dafür kommen zwei Fälle in Betracht. Zum einen, wenn dem erstinstanzlichen Gericht Fehler bei der Tatsachenfeststellung unterlaufen sind, die nicht auf einer Rechtsverletzung beruhen, so dass das Berufungsgericht die Tatsachen neu feststellen muss; zum anderen, wenn wegen Angriffs- und Verteidigungsmitteln, die in der 1. Instanz nicht geltend gemacht worden sind, ohne dass dies auf Nachlässigkeit der Partei beruht (§ 531 II Nr. 3), eine neue Tatsachenfeststellung durch das Berufungsgericht notwendig ist (§ 529 I Nr 2). Die Berufung kann sogar ausschließlich mit neuen Angriffs- und Verteidigungsmitteln begründet werden, wenn diese zu berücksichtigen sind; eine Auseinandersetzung mit den Gründen des angefochtenen Urteils ist dann nicht notwendig (BGH NJW-RR 07, 934, 935). In beiden Fällen muss die neue Tatsachenfeststellung dazu führen, dass die Entscheidung des Berufungsgerichts für den Berufungsführer günstiger als die angefochtene Entscheidung ist. 9

Nicht hierher gehört die Tatsachenfeststellung des Berufungsgerichts aufgrund neuer Angriffs- und Verteidigungsmittel nach § 931 II Nr 1 und 2; denn sie beruht auf der fehlerhaften Rechtsanwendung des erstinstanzlichen Gerichts und fällt deshalb unter den Begriff der Rechtsverletzung. 10

C. Zuständigkeitsprüfung (Abs 2). Der mit der Vorschrift verbundene partielle Ausschluss der Prüfung der Zuständigkeit des erstinstanzlichen Gerichts durch das Berufungsgericht dient der Verfahrensbeschleunigung und der Entlastung der Berufungsgerichte. Er greift allerdings nur ein, wenn das erstinstanzliche 11

Gericht seine Zuständigkeit – ausdrücklich oder stillschweigend – bejaht hat. Hat es sie verneint, kann der Berufungsführer sein Rechtsmittel darauf stützen, dass das fehlerhaft war; in diesem Fall prüft das Berufungsgericht die Zuständigkeit.

12 Zuständigkeit ist hier im umfassenden Sinn zu verstehen. Erfasst werden die sachliche und die örtliche Zuständigkeit unabhängig davon, ob sie von dem erstinstanzlichen Gericht aufgrund gesetzlicher Bestimmungen (§§ 12 ff; §§ 23 ff, 71 GVG), Gerichtsstandsvereinbarungen (§ 38) oder rügeloser Verhandlung (§ 39) bejaht wurde, selbst wenn ein anderweitiger ausschließlicher Gerichtsstand besteht; die funktionelle Zuständigkeit, also die Abgrenzung zwischen Richter und Rechtspfleger oder zwischen Zivilkammer und Einzelrichter; die Abgrenzung zwischen Zivilgericht und Familiengericht, zwischen Prozessgericht und Gericht der freiwilligen Gerichtsbarkeit (aA MüKoZPO/*Rimmelspacher* Rn 16), zwischen Zivilkammer und Kammer für Handelssachen; auch die Gerichtseinteilung, nach der besondere Rechtsstreitigkeiten einem bestimmten Gericht oder Spruchkörper zugewiesen sind (§ 1 Nr 1a LwVG, § 89 I und II GWB, § 143 II PatG, § 105 I und II UrhG, § 27 II GebrMG, § 52 II und III GeschmMG, § 140 II MarkenG, § 38 II SortenSchG und § 229 II BauGB).

13 Die Vorschrift ist nicht anwendbar auf die **Rechtswegzuständigkeit**, weil dafür die spezielle Vorschrift des § 17a V GVG gilt. Ausgenommen hiervon ist der Fall, dass das erstinstanzliche Gericht, welches den beschrittenen Rechtsweg für zulässig erachtet hat, darüber nicht vorab durch Beschl (§ 17 II 2 GVG), sondern erst im Urt entschieden hat; auf diesen Rechtsfehler kann die Berufung gestützt werden (BGHZ 121, 367, 370 ff).

14 Die Berufung kann auch darauf gestützt werden, dass das erstinstanzliche Gericht seine **internationale Zuständigkeit** zu Unrecht angenommen hat (BGHZ 157, 224, 227 f; aA MüKoZPO/*Rimmelspacher* Rn 15).

15 **D. Rechtsfolgen.** In den Fällen des Abs 2 kann das Berufungsgericht die Zuständigkeit des erstinstanzlichen Gerichts weder auf Rüge einer Partei noch vAw prüfen; auch nicht, wenn das erstinstanzliche Gericht nach § 511 IV die Berufung wegen der Frage der Zuständigkeit zugelassen hat (Musielak/*Ball* Rn 7; MüKoZPO/*Rimmelspacher* Rn 17 jew unter Hinweis auf BGH NJW-RR 06, 930, 931). Die örtliche und sachliche Zuständigkeit kann auch nicht mit Blick auf § 281 geprüft werden, so dass das Berufungsgericht den Rechtsstreit nicht an ein anderes erstinstanzliches Gericht verweisen kann (BGH NJW-RR 05, 501, 504).

16 Auch wenn das erstinstanzliche Gericht seine Zuständigkeit objektiv willkürlich, also unter Verkennung der Rechtslage in krasser Weise (BGHZ 154, 288, 299 ff) bejaht hat, eröffnet das nicht die Zuständigkeitsprüfung des Berufungsgerichts (Zö/*Heßler* Rn 10; aA MüKoZPO/*Rimmelspacher* Rn 19 mwN).

§ 514 Versäumnisurteile.

(1) Ein Versäumnisurteil kann von der Partei, gegen die es erlassen ist, mit der Berufung oder Anschlussberufung nicht angefochten werden.
(2) [1]Ein Versäumnisurteil, gegen das der Einspruch an sich nicht statthaft ist, unterliegt der Berufung oder Anschlussberufung insoweit, als sie darauf gestützt wird, dass der Fall der schuldhaften Versäumung nicht vorgelegen habe. [2]§ 511 Abs. 2 ist nicht anzuwenden.

1 **A. Allgemeines.** Die Vorschrift regelt das Verhältnis zwischen den Rechtsmitteln des Einspruchs (§ 338) und der Berufung gegen erstinstanzliche Versäumnisurteile. Sie stellt klar, dass generell nur der Einspruch gegeben ist und die Berufung ausscheidet. Nur in den Fällen, in denen der Einspruch nicht statthaft ist, eröffnet sie die Möglichkeit der Berufung, auch ohne dass die Berufungssumme (§ 511 Rz 15 ff) erreicht oder das Rechtsmittel zugelassen (§ 511 Rz 37 ff) worden ist; sie kann allerdings nur darauf gestützt werden, dass keine schuldhafte Säumnis vorgelegen hat.

2 **B. Berufungsunfähiges Versäumnisurteil (Abs 1).** Hierzu zählt nur das Urt, welches gegen die säumige Partei wegen ihrer Säumnis ergangen ist (»**echtes Versäumnisurteil**«). Das sind die in §§ 330, 331 geregelten Fälle, also das Versäumnisurteil gegen den Kl und das gegen den Beklagten. Mit dem erstgenannten Urt wird die Klage ohne sachliche Prüfung materiellrechtlich abgewiesen. Das zweitgenannte Urt gibt der Klage auf der Grundlage des Tatsachenvortrags des Klägers statt, wenn er schlüssig ist. Die Bezeichnung des Urteils als »Versäumnisurteil« ist für das statthafte Rechtsmittel nicht maßgebend, sondern ausschließlich der Urteilsinhalt. Ebenso wenig kommt es für die Bestimmung des statthaften Rechtsmittels darauf an, ob das Versäumnisurteil zu Recht oder zu Unrecht erlassen wurde; die Berufung gegen ein solches Urt kann deshalb nicht darauf gestützt werden, dass kein Fall der Säumnis vorgelegen hat.

Nicht hierunter fällt das sog »**unechte Versäumnisurteil**«. Damit bezeichnet man Urteile, die ohne Rücksicht auf die Säumnis einer Partei ergehen. Hauptanwendungsfall ist das klageabweisende Urt bei Säumnis des Beklagten nach § 331 II 2; ein anderer Fall ist das klageabweisende Prozessurteil gegen den säumigen Kl wegen Unzulässigkeit der Klage. In beiden Fällen handelt es sich in Wirklichkeit nicht um ein Versäumnisurteil, sondern um ein streitiges Urt; dieses kann nach § 511 mit der Berufung angefochten werden. 3

Bei **gemischten Urteilen** kommt sowohl der Einspruch als auch die Berufung als das statthafte Rechtsmittel in Betracht. Sie müssen nämlich hinsichtlich der Anfechtbarkeit in die jeweiligen Teile aufgespaltet werden. Das gegen die säumige Partei aufgrund ihrer Säumnis ergangene (Teil)Urteil ist als »echtes Versäumnisurteil« (Rz 2) der Berufung entzogen, sondern nur mit dem Einspruch (§ 338) anfechtbar; das streitige Urt kann mit der Berufung oder Anschlussberufung angefochten werden. 4

Kann dem erstinstanzlichen Urt nicht mit Sicherheit entnommen werden, ob es inhaltlich ein Versäumnisurteil oder ein streitiges Urt ist, oder hat das erstinstanzliche Gericht ein streitiges Urt fehlerhaft als Versäumnisurteil erlassen, können diese Entscheidungen nach dem **Meistbegünstigungsprinzip** sowohl mit dem Einspruch (§ 338) als auch mit der Berufung angegriffen werden. Denn keiner Partei soll durch den Fehler des Gerichts ein Nachteil im Hinblick auf die Möglichkeit der Anfechtung der Entscheidung entstehen. 5

C. Berufungsfähiges Versäumnisurteil (Abs 2). Kann ein Versäumnisurteil – ausnahmsweise – nicht mit dem Einspruch (§ 338) angefochten werden, ist die Berufung das statthafte Rechtsmittel. Allerdings führt das Berufungsverfahren nicht zu einer vollen sachlichen Überprüfung des Urteils; denn das Rechtsmittel kann nur damit begründet werden, dass kein Fall der schuldhaften Versäumung vorgelegen hat, und darauf ist die Prüfungsbefugnis des Berufungsgerichts beschränkt. Anders (sachliche Überprüfung) ist es dann, wenn das erstinstanzliche Gericht zu Unrecht ein berufungsfähiges Versäumnisurteil anstelle eines berufungsunfähigen erlassen hat, gegen das neben der Berufung auch der Einspruch gegeben wäre (Frankf, Urt v 10.8.10, 9 U 61/08). 6

I. Unstatthafter Einspruch. Der Einspruch gegen ein Versäumnisurteil ist in zwei Fällen nicht statthaft: Zum einen bei einem Versäumnisurteil, mit welchem der Einspruch gegen ein Versäumnisurteil – auch gegen ein aufgrund gesonderter mündlicher Verhandlung ergangenes Versäumniszwischenurteil nach § 347 II – oder gegen einen Vollstreckungsbescheid (§ 700) wegen erneuter Säumnis der Partei verworfen wird (§ 345); zum anderen bei einem Versäumnisurteil, mit welchem der Antrag auf Wiedereinsetzung in den vorigen Stand zurückgewiesen wird (§ 238 II 2). 7

II. Fehlende Versäumung. Gemeint ist die Säumnis in derjenigen mündlichen Verhandlung, aufgrund der das mit der Berufung anzufechtende Versäumnisurteil ergangen ist, also in dem Einspruchstermin. Deshalb kann der Berufungsführer sein Rechtsmittel nicht darauf stützen, dass die Voraussetzungen für den Erlass des ersten Versäumnisurteils nicht vorgelegen haben; diesen Einwand musste er in dem Einspruchstermin vorbringen (MüKoZPO/*Rimmelspacher* Rn 17 mit umfangr Nachweisen). Anders ist es bei der Berufung gegen das den Einspruch gegen einen Vollstreckungsbescheid verwerfende Versäumnisurteil. In diesem Fall kann der Berufungsführer geltend machen, dass der Erlass des Vollstreckungsbescheids wegen rechtzeitigen Widerspruchs des Schuldners unzulässig (BGHZ 73, 87) oder die Klage im Zeitpunkt der Entscheidung über den Einspruch unzulässig oder unschlüssig gewesen sei (BGHZ 112, 367; aA MüKoZPO/*Rimmelspacher* Rn 18). 8

Die Säumnis fehlt, wenn die Partei zu dem Einspruchstermin nicht ordnungsgemäß geladen oder wenn ihr oder ihrem Vertreter rechtsfehlerhaft der Vortrag entzogen (§ 157 II) oder wenn sie oder ihr Vertreter zu Unrecht von der Verhandlung entfernt worden war (§ 158), wenn die Sache vor dem Beginn der mündlichen Verhandlung nicht oder fehlerhaft aufgerufen worden war (§ 220 I) und wenn die Partei trotz unvollständiger Verhandlung (§ 334) als säumig angesehen worden war. 9

III. Schuldlose Versäumung. Nicht nur die fehlende, sondern auch die schuldlose Versäumung kann mit der Berufung geltend gemacht werden. Der Verschuldensmaßstab entspricht dem bei der Wiedereinsetzung in den vorigen Stand (§ 233). Demnach gereicht es der Partei nicht zum Verschulden, wenn sie oder ihr Prozessbevollmächtigter wegen eines unvorhergesehenen Verkehrshindernisses (BGH NJW 99, 724) oder wegen einer kurzfristig eingetretenen Erkrankung nicht (rechtzeitig) zu dem Einspruchstermin erschienen ist, sofern sie das ihnen Mögliche und Zumutbare unternommen haben, um dem Gericht rechtzeitig die Verhinderung mitzuteilen (BGH 07, 2047, 2048); wenn wegen der Zusage des Prozessgegners, kein Versäumnisurteil zu beantragen (BGH NJW 76, 196) oder in dem Einspruchstermin einen Rechtsanwalt mit 10 dem Verhandeln in Untervollmacht zu veranlassen (Karlsr NJW 74, 1096), oder wegen eines Anwaltsbrauchs (BGH NJW 99, 2120, 2122; aA MüKoZPO/*Rimmelspacher* Rn 21) nicht mit dem Erlass des Versäumnisurteils gerechnet werden musste; und wenn die Partei oder ihr Prozessbevollmächtigter in dem Einspruchstermin nicht verhandelt hat, weil über einen rechtzeitig gestellten Prozesskostenhilfeantrag bis dahin nicht entschieden worden war (LG Münster MDR 91, 160).

11 **IV. Keine Wert- und Zulassungsberufung.** Nach Abs 2 S 2 ist bei Vorliegen der übrigen Voraussetzungen die Berufung gegen das nicht mit dem Einspruch anfechtbare Versäumnisurteil auch dann statthaft, wenn die Berufungssumme (§ 511 Rz 15 ff) nicht erreicht und das erstinstanzliche Gericht das Rechtsmittel nicht zugelassen hat (§ 511 Rz 37 ff). Diese Ausnahmeregelung dient der Sicherung des Anspruchs der Partei auf Gewährung rechtlichen Gehörs (Art 103 I GG).

12 **D. Prozessuales.** Der Sachverhalt, aus dem sich die fehlende oder schuldlose Versäumung des Einspruchstermins ergibt, und die Kausalität für den Erlass des angefochtenen Versäumnisurteils müssen in der Berufungsbegründung schlüssig dargelegt werden; das ist Voraussetzung der Zulässigkeit einer Berufung nach Abs 2 (BGH NJW 99, 724). Fehlt es daran, ist das Rechtmittel nach § 522 I 2, 3 als unzulässig zu verwerfen. Kann die Partei die Richtigkeit des schlüssig dargelegten Sachverhalts nicht beweisen, ist die Berufung unbegründet und deshalb zurückzuweisen. Bei zulässiger und begründeter Berufung muss das angefochtene Versäumnisurteil aufgehoben werden. Das Berufungsgericht kann nach § 538 II 1 Nr 6 an das erstinstanzliche Gericht zurückverweisen (BGH NJW 99, 724, 725). Dort befindet sich der Rechtsstreit in derselben Lage wie vor der Entscheidung über den Einspruch mit der Folge, dass gegen die in dem Einspruchstermin säumige Partei das sog »zweite Versäumnisurteil« nach § 345 ergeht, mit welchem der Einspruch erneut verworfen wird.

§ 515 Verzicht auf Berufung.

Die Wirksamkeit eines Verzichts auf das Recht der Berufung ist nicht davon abhängig, dass der Gegner die Verzichtsleistung angenommen hat.

1 **A. Allgemeines.** Die Vorschrift schafft nicht die Voraussetzungen für die Zulässigkeit des Rechtsmittelverzichts, sondern geht von der Zulässigkeit aus. Das ist die Folge des den Zivilprozess beherrschenden Dispositionsgrundsatzes. Er gibt den Parteien das Recht, selbst zu entscheiden, ob und mit welchem Ziel sie einen Rechtsstreit führen wollen. Deshalb bleibt es ihnen auch überlassen, ob und in welchem Umfang sie Rechtsmittel gegen ein sie beschwerendes Urt einlegen. Diese Entscheidungsfreiheit steht ihnen auch in Ehe- und Kindschaftssachen zu. Sie beschränkt sich nicht auf die Berufung; § 515 findet auf den Einspruch gegen ein Versäumnisurteil (§ 346), auf die Revision (§ 565) und auf die Beschwerde (Schlesw SchlHA 57, 75) entsprechende Anwendung. Für die **Anschlussberufung** gilt die Vorschrift jedoch nicht; sie ist trotz Verzichts auf die Berufung zulässig (§ 524 II).

2 **B. Berufungsverzicht. I. Inhalt.** Der Verzicht auf die Berufung ist die Erklärung einer Partei, sich ihres Rechts auf Überprüfung der erstinstanzlichen Entscheidung durch das Berufungsgericht endgültig begeben zu wollen (vgl RGZ 161, 350, 355). Demnach kann ein Verzicht nur angenommen werden, wenn in der Erklärung, die nicht ausdrücklich als »Verzicht« bezeichnet sein muss, klar und eindeutig der Wille zum Ausdruck gebracht wird, die erstinstanzliche Entscheidung hinnehmen und nicht anfechten zu wollen (BGH NJW 06, 3498). Dieser Erklärungsinhalt muss ggf durch Auslegung ermittelt werden, für die allerdings Zurückhaltung geboten ist und an die wegen der Unanfechtbarkeit und Unwiderruflichkeit der Erklärung strenge Anforderungen zu stellen sind (BGH aaO). Diesem Gesichtspunkt kommt besonderes Gewicht bei der Annahme einer Verzichtserklärung aufgrund konkludenten Verhaltens zu.

3 Unter Beachtung der vorstehenden Grundsätze sind die schuldrechtliche Verpflichtung zur Abgabe der Verzichtserklärung (MüKoZPO/*Rimmelspacher* Rn 35) und erst recht die bloße Absichtserklärung, keine Berufung einlegen zu wollen, kein Verzicht. Auch die Beschränkung der Anträge in der Berufungsbegründung auf einen Teil der Beschwer aus dem erstinstanzlichen Urt beinhaltet idR keinen Verzicht auf die Berufung hinsichtlich des übrigen Teils (BGH NJW 01, 146). Der Verzicht auf die Begründung einer Kostenentscheidung nach § 91a ist ohne Hinzutreten weiterer Umstände nicht als Verzicht auf ein Rechtsmittel gegen die Entscheidung anzusehen (BGH NJW 06, 3498). Dasselbe gilt im Fall der Zahlung auf eine streitig gebliebene Forderung nach dem Erlass eines vorläufig vollstreckbaren Urteils (BGH NJW 94, 942).

4 Dagegen enthält die Erklärung, es werde keine Berufung eingelegt werden, einen Verzicht (BGH NJW-RR 91, 1213). Dasselbe gilt für die Erklärung, die bereits eingelegte Berufung werde nach dem Eintritt

bestimmter Bedingungen zurückgenommen (BGH NJW-RR 97, 1288) oder sei bereits zurückgenommen (BGH NJW 02, 2108, 2109). Die Erklärung, dass die Berufung nur hinsichtlich der Widerklage durchgeführt wird, kann den Verzicht auf die Berufung hinsichtlich des Gegenstands der Klage beinhalten (BGH NJW-RR 89, 1344). In der ausdrücklichen Beschränkung der Berufungseinlegung auf einen Teil mehrerer Klageanträge ist idR der Verzicht auf die weitergehende Berufung zu sehen (BGH NJW 90, 1118).

II. Rechtsnatur. Die Vorschrift betrifft nur die einseitige Verzichtserklärung einer Partei. Sie ist eine **Prozesshandlung**, also das nach außen zu Tage tretende, auf einem Handlungswillen beruhende Verhalten einer Partei, welches darauf gerichtet ist, einen Erfolg herbeizuführen, dessen Wirkungen im Wesentlichen auf prozessualem Gebiet liegen (Musielak/*Musielak* Einl Rn 59). Wie jede Prozesshandlung ist auch die Verzichtserklärung grds unwiderruflich und nicht wegen Willensmängeln anfechtbar (BGH NJW-RR 86, 1327). Abweichend von diesem Grundsatz kann die einseitige Verzichtserklärung mit Zustimmung des Prozessgegners bis zum Schluss der mündlichen Verhandlung vor dem Berufungsgericht widerrufen werden, auch wenn sie dem Gericht ggü abgegeben wurde (MüKoZPO/*Rimmelspacher* Rn 30; vgl BGH NJW 90, 1118, 1119; aA Musielak/*Ball* Rn 11). Eine Widerrufsmöglichkeit besteht auch dann, wenn das erstinstanzliche Urt wegen des Vorliegens eines Restitutionsgrundes der Restitutionsklage nach § 580 unterliegt (BGH FamRZ 93, 694; aA MüKoZPO/*Rimmelspacher* Rn 31 – Widerruf in entspr Anwendung der Vorschriften über die Wiedereinsetzung, §§ 233 ff). 5

Neben der einseitigen Verzichtserklärung kommt auch der Abschluss eines bürgerlichrechtlichen Verzichtsvertrags in Betracht. An diesen sind die Parteien wie an jedes Rechtsgeschäft gebunden; der einseitige Widerruf ist deshalb ausgeschlossen. Die Anfechtbarkeit richtet sich nach den Vorschriften der §§ 119 ff BGB. 6

III. Zeitpunkt, Adressat und Rechtsfolgen des Verzichts. Der Verzicht kann sowohl vor als auch nach dem Erlass des erstinstanzlichen Urteils und auch noch nach der Einlegung der Berufung erklärt werden. Wem ggü die Erklärung abzugeben ist und welche Rechtswirkungen sie entfaltet, hängt davon ab, in welchem Verfahrensstadium sie abgegeben wird. 7

1. Verzicht vor Urteilserlass. a) Allgemeines. Die Zulässigkeit eines solchen Verzichts ergibt sich nunmehr unmittelbar aus dem Gesetz; die frühere Beschränkung auf den nach dem Erlass des Urteils erklärten Verzicht ist entfallen. Voraussetzung für die Wirksamkeit ist, dass sich der Verzicht eindeutig und klar auf ein bestimmtes Prozessrechtsverhältnis bezieht. 8

b) Adressat. Der einseitige Verzicht kann ggü dem **erstinstanzlichen Gericht** erklärt werden, freilich erst nach der Anhängigkeit des Rechtsstreits. Die Erklärung ist Prozesshandlung (Rz 5); ihre Abgabe unterliegt deshalb dem Anwaltszwang nach § 78. Die von der Partei erteilte Prozessvollmacht umfasst die Befugnis des Rechtsanwalts zur Erklärung des Verzichts; ein Ausschluss dieser Befugnis bleibt im Anwaltsprozess im Außenverhältnis wirkungslos (§ 83 I). Fehlt jedoch eine wirksame Prozessvollmacht, ist der von dem Rechtsanwalt erklärte Verzicht unwirksam. Die Verzichtserklärung kann in einem Schriftsatz enthalten sein oder in der mündlichen Verhandlung abgegeben werden, nach § 229 auch ggü dem ersuchten oder beauftragen Richter (dort aber nach § 78 V ohne Anwaltszwang). 9

Daneben kann der einseitige Verzicht auch ggü dem **Prozessgegner** erklärt werden, allerdings ebenfalls erst nach der Anhängigkeit des Rechtsstreits. Diese Erklärung ist ebenfalls eine Prozesshandlung (Rz 5). Sie unterliegt allerdings nicht denselben formellen Anforderungen wie die ggü dem Gericht abgegebene Erklärung (Rz 9), kann deshalb außerhalb der mündlichen Verhandlung, formlos und im Anwaltsprozess von der Partei selbst abgegeben werden. Selbstverständlich führt auch die Einhaltung derselben Form wie bei der Erklärung des Verzichts ggü dem Gericht zur Wirksamkeit. 10

Schließlich kommt auch die **Vereinbarung** zwischen den Prozessparteien in Betracht, den Berufungsverzicht zu erklären. Dabei handelt es sich um einen zivilrechtlichen Vertrag, auf dessen Zustandekommen die allgemeinen Regel des bürgerlichen Rechts (§§ 145 ff BGB) anzuwenden sind. 11

c) Rechtsfolgen. Haben sämtliche Prozessparteien den Verzicht ggü dem Gericht erklärt (Rz 9), wird das später ergehende Urt mit seinem Erlass, also vor dem Ablauf der Berufungsfrist (§ 517), rechtskräftig; eine gleichwohl eingelegte Berufung ist vAw als unzulässig zu verwerfen. Nach der Verzichtserklärung nur einer Partei tritt die Rechtskraft des Urteils erst mit dem Ablauf der Berufungsfrist ein; eine trotz des Verzichts innerhalb der Berufungsfrist von dem Verzichtenden eingelegte Berufung ist ebenfalls vAw als unzulässig zu verwerfen. 12

13 Wenn der Verzicht ggü dem Prozessgegner erklärt wurde (Rz 10), berührt das den Eintritt der Rechtskraft des Urteils nicht. Eine trotz des Verzichts rechtzeitig eingelegte Berufung ist unzulässig; sie wird jedoch nicht vAw, sondern nur auf Einrede des Gegners als unzulässig verworfen (BGH NJW-RR 97, 1288; aA MüKoZPO/*Rimmelspacher* Rn 12). Dasselbe gilt in dem Fall des vertraglich vereinbarten Berufungsverzichts (Rz 11).

14 **2. Verzicht nach Urteilserlass. a) Allgemeines.** Auch die Zulässigkeit dieses Verzichts ergibt sich unmittelbar aus dem Gesetz.

15 **b) Adressat.** Der einseitige Verzicht kann ggü dem **erstinstanzlichen Gericht** im Anschluss an die Verkündung des Urteils erklärt werden, und zwar in einem Schriftsatz oder mündlich in dem Termin zur Verkündung einer Entscheidung. Eine Protokollierung der Verzichtserklärung (§§ 160, 162) ist nicht Wirksamkeitsvoraussetzung (BGH NJW-RR 07, 1451 f). Da die Erklärung Prozesshandlung (Rz 5) ist, gelten für ihre Wirksamkeit die Ausführungen zum Anwaltszwang in Rz 9.

16 Auch ggü dem **Berufungsgericht** kann der Verzicht erklärt werden, allerdings erst im Berufungsverfahren. Für die Wirksamkeit dieser Erklärung gelten die Ausführungen in Rz 9.

17 Wie vor dem Urteilserlass kann auch danach der Verzicht ggü dem **Prozessgegner** und durch vertragliche **Vereinbarung** mit diesem erklärt werden. Hierfür gelten die Ausführungen in Rz 10, 11.

18 Eine Besonderheit ergibt sich aus § 566 I 2 iVm 3: Der Antrag auf Zulassung der Sprungrevision durch Einreichung einer Zulassungsschrift bei dem Revisionsgericht und die Einwilligungserklärung des Prozessgegners gelten als Verzicht auf die Berufung.

19 **c) Rechtsfolgen.** Die Rechtsfolgen sind dieselben wie bei dem Verzicht vor dem Urteilserlass. Deshalb gelten hierfür die Ausführungen in Rz 12, 13. Für den dort nicht angesprochenen Fall des § 566 I 2 (Rz 18) gilt: Erst mit der Einreichung des Zulassungsantrags bei dem Revisionsgericht wird eine vorher eingelegte Berufung unzulässig; sie ist vAw zu verwerfen.

20 **3. Verzicht nach Berufungseinlegung.** Dieser Verzicht kann ggü dem **Berufungsgericht** vor dem Beginn der mündlichen Verhandlung des Berufungsgegners einseitig von dem Verzichtenden, danach nur mit Einwilligung des Gegners erklärt werden (BGHZ 124, 305). Die vertragliche **Vereinbarung** des Verzichts (Rz 11) ist während des gesamten Berufungsverfahrens möglich. Für die Wirksamkeit und die Rechtsfolgen jeder Art des Verzichts gelten die Ausführungen in Rz 15 ff.

21 **IV. Teilverzicht.** Der tw Verzicht auf die Berufung (Beispiele in Rz 4) ist insoweit zulässig, wie die Berufung auf einen Teil des angefochtenen Urteils beschränkt werden könnte; das ist der Fall, wenn über einen abtrennbaren Teil des Streitgegenstands oder über einen selbständigen Streitgegenstand durch Teilurteil (§ 301) oder Grundurteil (§ 304) entschieden werden kann (BGHNJW 90, 1118; aA Musielak/*Ball* Rn 21).

22 Für den Zeitpunkt der Teilverzichtserklärung und ihren Adressaten gelten die Ausführungen in Rz 7 ff.

23 Eine über den Teilverzicht hinaus eingelegte Berufung ist vAw, wenn er ggü dem Gericht erklärt wurde, oder bei Erklärung ggü dem Prozessgegner und bei vertraglicher Vereinbarung auf Einrede des Gegners (Rz 12, 13) als unzulässig zu verwerfen. Für den Eintritt der Rechtskraft des von dem Verzicht betroffenen Teils des iÜ angefochtenen Urteils gelten die Ausführungen in Rz 12, 13 entsprechend (vgl BGH NJW 92, 2296; aA MüKoZPO/*Rimmelspacher* Rn 25).

24 Teilverzicht ist auch der Verzicht eines oder gegen einen **Streitgenossen**. Bei der einfachen Streitgenossenschaft wirkt der Verzicht nur für und gegen denjenigen, der ihn erklärt hat bzw dem ggü er erklärt wurde (§ 61). Bei der notwendigen Streitgenossenschaft (§ 62) gilt dasselbe; denn die Prozesshandlungen eines notwendigen Streitgenossen sind grds unabhängig von dem prozessualen Verhalten der anderen Streitgenossen zu beurteilen (vgl BGHZ 131, 376, 381 ff).

25 Einen Sonderfall bildet die Anfechtungs- und Nichtigkeitsklage des Gesellschafters einer GmbH. Hat sie in 1. Instanz Erfolg, kann ein anderer Gesellschafter selbst dann dem Rechtstreit auf der Seite der Gesellschaft beitreten und Berufung einlegen, wenn sie auf das Rechtsmittel verzichtet hat (BGH NJW 08, 1889).

§ 516 Zurücknahme der Berufung.

(1) Der Berufungskläger kann die Berufung bis zur Verkündung des Berufungsurteils zurücknehmen.

(2) [1]Die Zurücknahme ist dem Gericht gegenüber zu erklären. [2]Sie erfolgt, wenn sie nicht bei der mündlichen Verhandlung erklärt wird, durch Einreichung eines Schriftsatzes.

(3) [1]Die Zurücknahme hat den Verlust des eingelegten Rechtsmittels und die Verpflichtung zur Folge, die durch das Rechtsmittel entstandenen Kosten zu tragen. [2]Diese Wirkungen sind durch Beschluss auszusprechen.

A. Allgemeines. Wie die Zulässigkeit des Verzichts auf die Berufung (§ 515) ist auch die der Zurücknahme des Rechtsmittels ein Ausdruck des Dispositionsgrundsatzes. Der Berufungskläger (§ 511 Rz 48 ff) hat es in der Hand, noch nach der Einlegung des Rechtsmittels das Berufungsverfahren zu beenden. Die Zustimmung des Gegners ist dafür nicht notwendig. Entsprechende Anwendung findet die Vorschrift auf die Rücknahme der Revision (§ 565) und des Einspruchs gegen ein Versäumnisurteil (§ 346) sowie gegen einen Vollstreckungsbescheid (§§ 700 Abs 1, 346), auf die Rücknahme einer Anschlussberufung nach § 524, einer sofortigen Beschwerde nach § 567, einer Rechtsbeschwerde nach § 574, einer Erinnerung nach § 573 und eines Widerspruchs gegen Arrest und einstweilige Verfügung nach § 924 (Musielak/*Ball* Rn 2). 1

B. Berufungsrücknahme. I. Inhalt. Die Zurücknahme der Berufung ist die Erklärung, das mit der Einlegung des Rechtsmittels zum Ausdruck gebrachte Verlangen nach Überprüfung des erstinstanzlichen Urteils nicht weiter verfolgen zu wollen. Demnach kann eine Zurücknahme nur angenommen werden, wenn in der Erklärung, die nicht ausdrücklich als »Zurücknahme der Berufung« bezeichnet sein muss, klar und eindeutig zum Ausdruck kommt, dass der Berufungskläger (§ 511 Rz 48 ff) das Berufungsverfahren nicht mehr fortsetzen und ohne Entscheidung des Berufungsgerichts beenden will (NJW-RR 06, 862, 863). Dieser Erklärungsinhalt, der auch in einem konkludenten Verhalten liegen kann, muss ggf durch Auslegung ermittelt werden. 2

II. Form. Die Zurücknahme der Berufung kann entweder in der **mündlichen Verhandlung** vor dem Berufungsgericht oder in einem **Schriftsatz** erklärt werden. Die mündlich abgegebene Erklärung bedarf zu ihrer Wirksamkeit nicht der Protokollierung. Es gilt Anwaltszwang (§ 78). Allerdings kann die von der Partei selbst oder von einem bei dem Berufungsgericht nicht zugelassenen Rechtsanwalt eingelegte – unzulässige – Berufung auch von diesen zurückgenommen werden (BGH NJW-RR 94, 759). Im Übrigen gelten für die anwaltliche Rücknahmeerklärung die Ausführungen in § 515 Rz 9 entsprechend. Die Erklärung wird mit dem Zugang bei dem Berufungsgericht wirksam. 3

III. Zeitpunkt. Die Berufung kann bis zur Verkündung des Berufungsurteils zurückgenommen werden (Abs 1). Mit der Normierung dieses späten Zeitpunkts soll der Berufungskläger (§ 511 Rz 48 ff) in die Lage versetzt werden, noch nach der mündlichen Verhandlung vor dem Berufungsgericht seine Prozesstaktik dem Verhandlungsergebnis anzupassen, um der Zurückweisung des Rechtsmittels zu entgehen. »Berufungsurteil« idS ist nur das die Instanz abschließende Endurteil, kein Zwischenurteil (BGH NJW 06, 2124). Demnach kann die Berufung auch noch nach dem Erlass eines Vorbehalturteils (§ 302) oder eines Grundurteils (§ 304) zurückgenommen werden, weil diese Entscheidungen nicht das Berufungsverfahren beenden. Etwas anderes gilt für das Teilurteil (§ 301). Es ist ein Endurteil, weil es die Berufungsinstanz hinsichtlich des Teils des Berufungsgegenstands beendet, über den entschieden worden ist. Insoweit kann die Berufung nur bis zur Verkündung des Teilurteils zurückgenommen werden. Nach dem Erlass eines Versäumnisurteils (§ 539) kann die Berufung nur zurückgenommen werden, wenn rechtzeitig Einspruch eingelegt wurde (§ 539 III iVm § 342). Der Rücknahmezeitraum ist wieder eröffnet, wenn das Revisionsgericht die Endentscheidung des Berufungsgerichts aufhebt und die Sache zur neuen Verhandlung und Entscheidung an das Berufungsgericht zurückverweist (§§ 562, 563 I). 4

Wird die Berufungsinstanz nicht durch Urt, sondern durch Beschl beendet wie in dem Fall der Verwerfung der Berufung nach § 522 I, kann die Berufung bis zur Zustellung (§ 329 II 2) dieser Entscheidung zurückgenommen werden (BGH NJW 06, 2124, 2125). 5

IV. Adressat. Anders als der Verzicht (§ 515 Rz 9 ff) kann die Zurücknahme der Berufung nur ggü dem **Berufungsgericht** erklärt werden (Abs 2 S 1). Diese Erklärung ist auch dann notwendig, wenn sich die Parteien vertraglich über die Zurücknahme geeinigt haben. Verstößt der Berufungskläger (§ 511 Rz 48 ff) gegen diese Einigung und gibt er die Erklärung nicht ab, kann der Berufungsbeklagte (§ 511 Rz 52) die Erklärungspflicht einwenden mit der Folge, dass die Berufung als unzulässig zu verwerfen ist (BGH NJW-RR 92, 567, 568). Die dem Prozessgegner ggü abgegebene Erklärung ist unwirksam; sie kann allenfalls als Verzicht auf die Berufung (§ 515) ausgelegt werden. 6

7 **V. Rechtsnatur.** Die Erklärung der Zurücknahme der Berufung ist **Prozesshandlung** (s. dazu § 515 Rz 5). Sie ist **bedingungsfeindlich** (BGH NJW-RR 90, 67, 68), grds **unwiderruflich** trotz Einverständnisses des Prozessgegners (BGHZ 20, 198, 205) und **nicht anfechtbar** (BGH NJW 91, 2839). Beruht die Erklärung jedoch auf einem für das Gericht und den Prozessgegner offensichtlichen Irrtum, kann sie nach Treu und Glauben als unwirksam anzusehen sein (BGH NJW–RR 06, 862, 863). Ausnahmsweise kann die Zurücknahme widerrufen werden, wenn ein Restitutionsgrund vorliegt und das Urt, durch welches die Berufung als unzulässig verworfen würde, der Restitutionsklage (§ 580) unterläge (BGH NJW 91, 2839).

8 **VI. Rechtsfolgen. 1. Rechtsmittelverlust.** Die Zurücknahme der Berufung führt, anders als der Verzicht (§ 515), lediglich zum Verlust des eingelegten Rechtsmittels (Abs 3 Alt 1) und nicht zum endgültigen Ausschluss. Innerhalb laufender Berufungsfrist (§ 517) oder nach Wiedereinsetzung in den vorigen Stand (§ 233) gegen die Versäumung der Berufungsfrist kann demnach trotz der Zurücknahme erneut Berufung eingelegt werden. Ist die Berufungsfrist für beide Parteien abgelaufen und hat der Berufungsbeklagte kein Rechtsmittel eingelegt, hat die Berufungsrücknahme die Rechtskraft des erstinstanzlichen Urteils ab dem Zeitpunkt ihrer Wirksamkeit, also der Entgegennahme der Zurücknahmeerklärung durch das Berufungsgericht (Rz 4 f), zur Folge.

9 Bei **mehrfacher Berufungseinlegung**, die nur ein einziges Rechtsmittel und damit ein Berufungsverfahren zur Folge hat (BGH NJW 07, 3640, 3641), bewirkt die ohne Einschränkung erklärte Zurücknahme den Verlust des Rechtsmittels insgesamt und nicht nur die Wirkungslosigkeit der Einlegung desjenigen, der die Zurücknahme erklärt hat (BGH NJW 07, 3640, 3642).

10 Die Rücknahmeerklärung eines (einfachen oder notwendigen) **Streitgenossen** hat nur den Verlust seiner eigenen Berufung zur Folge. Rechtsmittel der anderen Streitgenossen, die von diesen fristgemäß eingelegt werden oder worden sind, bleiben unberührt. Haben die anderen Streitgenossen keine Berufung eingelegt, führt die Zurücknahme durch einen von ihnen nicht zum Verlust ihres Rechtsmittels. Ist für sie die Rechtsmittelfrist abgelaufen, wird das Berufungsverfahren durch Rücknahme beendet (BGH, Urt v 16.12.10, Xa ZR 110/08).

11 Die von dem **Streithelfer** (§ 66) eingelegte Berufung, die Rechtsmittel der unterstützten Partei ist (§ 511 Rz 50), kann von ihm zurückgenommen werden, solange die Partei selbst sich nicht an dem Berufungsverfahren beteiligt; sie kann auch von der Partei zurückgenommen werden. In beiden Fällen hat die Zurücknahme den Verlust der Berufung der unterstützten Partei zur Folge.

12 **2. Kostenpflicht.** Der das Rechtsmittel zurücknehmende Berufungskläger (§ 511 Rz 48 ff) hat die Kosten des Berufungsverfahrens zu tragen; dazu gehören auch die notwendigen Auslagen des Berufungsbeklagten. Eine andere Kostenverteilung gilt, wenn die Parteien des Berufungsverfahrens eine abweichende Regelung über die Pflicht zur Kostentragung nach der Zurücknahme der Berufung getroffen haben. Die Kosten werden nach § 92 aufgeteilt, wenn Berufungskläger und Berufungsbeklagter ihre Rechtsmittel zurücknehmen oder die Berufung nur tw zurückgenommen wird (Musielak/*Ball* Rn 15). Haben beide Parteien Berufung eingelegt und nimmt nur eine sie zurück, sind die Kosten ebenfalls nach § 92 aufzuteilen (MüKoZPO/*Rimmelspacher* Rn 23).

13 Die Kosten einer zulässig erhobenen Anschlussberufung des Berufungsbeklagten (§ 524) hat der die Berufung zurücknehmende Berufungskläger zu tragen, wenn sie nach § 524 Abs 4 ihre Wirkung durch die Zurücknahme verliert (BGH NJW-RR 07, 786). Eine Aufteilung der Kosten nach § 92 ist dagegen vorzunehmen, wenn der Beklagte sein Rechtsmittel trotz der Zurücknahme der Berufung selbstständig weiterführt, wenn er in die Zurücknahme der Berufung eingewilligt hat oder seine Anschlussberufung unzulässig ist (BGH aaO). Dasselbe gilt, wenn der Beklagte die Anschlussberufung zurücknimmt.

14 **3. Entscheidung des Berufungsgerichts.** Obwohl sich die Rechtsfolgen der Zurücknahme der Berufung aus dem Gesetz ergeben (Abs 3 S 1), ordnet dieses an, dass das Berufungsgericht sie vAw durch Beschl auszusprechen hat. Dieser hat somit rein deklaratorische Bedeutung, ist jedoch Voraussetzung für die Kostenfestsetzung (§ 103 I). Er ist – regelmäßig ohne mündliche Verhandlung (§ 128 IV) – unmittelbar nach dem Wirksamwerden der Rücknahmeerklärung (Rz 3) zu erlassen. Zuständig hierfür ist das Berufungsgericht, auch wenn das Rechtsmittel fälschlich bei dem erstinstanzlichen Gericht eingelegt und dort zurückgenommen wurde (Köln JurBüro 08, 438).

15 Ist zwischen den Parteien streitig, ob der Berufungskläger wirksam die Zurücknahme der Berufung erklärt hat, und bejaht das Berufungsgericht die Zurücknahme, hat es ebenfalls den Beschl nach Abs 3 S 2 zu erlassen (BGH NJW 95, 2229; aA MüKoZPO/*Rimmelspacher* Rn 31).

Erklärt nur einer von mehreren Streitgenossen die Zurücknahme (Rz 10), beschränkt sich der Beschl auf die Erklärung, dass der Zurücknehmende der Berufung verlustig ist. Die Kostenfolge ist grds nicht in dem Beschl auszusprechen; vielmehr ergeht eine einheitliche Kostenentscheidung in dem die Instanz abschließenden Urt. Ausnahmsweise kommt eine Teilkostenentscheidung in Betracht, wenn ein schutzwürdiges Interesse des kostenerstattungsberechtigten Gegners besteht wie zB bei der begründeten Besorgnis, dass bei einer späteren Kostenentscheidung der Erstattungsanspruch nicht mehr realisiert werden kann (BGH (NJW 93, 2944, 2945). 16

VII. Teilrücknahme. Die tw Zurücknahme der Berufung ist insoweit zulässig, wie das Rechtsmittel auf einen Teil des angefochtenen Urteils beschränkt werden könnte. Damit gilt insoweit dasselbe wie bei dem Teilverzicht (§ 515 Rz 21). Eine Teilrücknahme liegt nur vor, wenn die zunächst gestellten Berufungsanträge später beschränkt werden; keine Teilrücknahme ist es, wenn unbeschränkt Berufung eingelegt wurde und der erstmals gestellte Berufungsantrag hinter der Beschwer aus dem erstinstanzlichen Urt zurückbleibt. Der durch die Teilrücknahme eingetretene Verlust des Rechtsmittels (Rz 8 ff) und die Kostenpflicht (Rz 12 f) erstrecken sich nur auf den von der Zurücknahme betroffenen Teil der Berufung. In diesem Umfang wird das erstinstanzliche Urt allerdings nicht rechtskräftig, weil der Berufungskläger sein Rechtsmittel – anders als nach einem teilweisen Verzicht auf die Berufung (§ 515 Rz 23) – im Rahmen seiner Berufungsbegründung bis zum Schluss der mündlichen Verhandlung vor dem Berufungsgericht wieder erweitern kann. 17

Zur Zurücknahme der Berufung bei Streitgenossenschaft s. die Ausführungen in Rz 10. 18

C. Kosten/Gebühren. I. Gericht. Wird die Berufung vor Begründung zurückgenommen, ermäßigt sich die 4,0-Verfahrensgebühr auf 1,0 (Nr 1221 KV). Bei Rücknahme nach Begründung ermäßigt sich die Verfahrensgebühr auf 2,0 (Nr 1222 KV). 19

II. Anwalt. Da bereits die Einlegung der Berufung die volle 1,6-Verfahrensgebühr (Nr 3200 VV RVG) auslöst, verbleibt es bei dieser Gebühr für den Anwalt des Berufungsklägers. Für den Anwalt des Berufungsbeklagten ist zu differenzieren. Hatte er bereits den Antrag auf Zurückweisung der Berufung gestellt, ist bei ihm auch die 1,6-Verfahrensgebühr nach Nr 3200 VV RVG entstanden. Hatte er noch keinen Antrag gestellt, erhält er nur eine 1,1-Verfahrensgebühr nach Nrn 3200, 3201 VV RVG. Hiervon zu unterscheiden ist die Frage, inwieweit die volle 1,6-Verfahrensgebühr nach § 91 erstattungsfähig ist (s. hierzu § 91 Rz 19). Hinzu kommen kann für beide Anwälte eine Terminsgebühr nach Nr 3202 VV RVG (s. § 511 Rz 54). 20

§ 517 Berufungsfrist. **Die Berufungsfrist beträgt einen Monat; sie ist eine Notfrist und beginnt mit der Zustellung des in vollständiger Form abgefassten Urteils, spätestens aber mit dem Ablauf von fünf Monaten nach der Verkündung.**

A. Allgemeines. Wie jedes Rechtsmittel ist auch die Berufung fristgebunden. Das dient der Rechtssicherheit; denn es soll, insb im Interesse des Obsiegenden, möglichst zeitnah nach dem Erlass der erstinstanzlichen Entscheidung feststehen, ob sie formell rechtskräftig ist, also mit einem Rechtsmittel nicht mehr angefochten werden kann. Die Vorschrift berücksichtigt daneben auch die Interessen des Unterlegenen, denn sie gibt ihm eine ausreichend lange Überlegungsfrist, ob er das Urt hinnehmen will oder nicht. 1

B. Frist. I. Dauer. Die Berufungsfrist beträgt einen Monat. Da sie ausdrücklich als Notfrist bezeichnet ist, kann sie weder durch Vereinbarung der Parteien oder von dem Gericht abgekürzt noch von dem Gericht verlängert werden (§ 224 I und II). In dem Fall der **Aussetzung oder Unterbrechung des Verfahrens** (§§ 239 ff) hört der Lauf der Berufungsfrist auf; nach der Beendigung der Aussetzung oder Unterbrechung beginnt die volle Frist von neuem zu laufen (§ 249 I). Allerdings kann gegen ein während der Unterbrechung oder Aussetzung erlassenes – wirkungsloses (§ 511 Rz 7) – Urt auch innerhalb dieses Zeitraums Berufung eingelegt werden (BGH NJW 97, 1445). Der Berufungskläger (§ 511 Rz 48) kann die Frist bis zur letzten Sekunde ausnutzen, also bis zum Ablauf von 23.59 Uhr (BGH NJW 07, 2045, 2046) des letzten Tages der Frist (zur Fristberechnung s. Rz 15). Bis dahin muss die Berufungsschrift (§ 519) in die Verfügungsgewalt des Gerichts gelangen. Deshalb müssen die Gerichte dafür Sorge tragen, dass die Berufungsschrift (§ 519) in jeder zulässigen Form (§ 519 Rz 2) bis zum spätest möglichen Zeitpunkt entgegengenommen werden können (Nachtbriefkasten, funktionsfähiges Fernschreib- oder Telefaxgerät, E-Mailzugang in dem Fall des § 130a). Für die Fristwahrung ist es nicht erforderlich, dass die Berufungsschrift innerhalb der Berufungsfrist in die Hände des zuständigen Bediensteten des Gerichts gelangt (BVerfG NJW 91, 2076). 2

3 **II. Beginn. 1. Erstinstanzliches Urteil.** Der Beginn der Berufungsfrist setzt die Existenz eines mit der Berufung anfechtbaren erstinstanzlichen Urteils (§ 511 Rz 2 ff) voraus (BGH NJW 95, 404).

4 **2. Urteilszustellung. a) Form.** Frühester Zeitpunkt des Beginns der Berufungsfrist ist die wirksame Zustellung des in vollständiger Form abgefassten erstinstanzlichen Urteils. Das gilt auch für den Fall, dass bereits vorher Berufung eingelegt worden ist (Musielak/*Ball* Rn 7). Gemeint ist die Zustellung vAw in der in §§ 166–190 bestimmten Form. Eine Zustellung im Parteibetrieb setzt den Lauf der Berufungsfrist nicht in Gang. Dasselbe gilt für Zustellungen, die während der Aussetzung oder Unterbrechung des Verfahrens (§§ 239 ff) vorgenommen werden, denn sie sind nicht wirksam (BGHZ 111, 104, 107). Auch wenn bei der öffentlichen Zustellung (§ 185) deren Voraussetzungen für das erstinstanzliche Gericht erkennbar nicht vorlagen, beginnt die Berufungsfrist nicht zu laufen (BGH NJW 07, 303). Dagegen schaden Zustellungsmängel nicht; die Frist beginnt in dem Zeitpunkt zu laufen, in welchem dem Zustellungsempfänger (Rz 8) das erstinstanzliche Urt tatsächlich zugegangen ist (§ 189).

5 **b) Inhalt.** Der Fristbeginn setzt die Zustellung des in vollständiger Form abgesetzten Urteils voraus. Selbstverständlich wird nicht die bei den Akten verbleibende Urschrift, sondern eine **Ausfertigung** der Entscheidung zugestellt (BGH MDR 11, 65). Die Zustellung einer **beglaubigten Urteilsabschrift** setzt den Lauf der Berufungsfrist nicht in Gang (BGH NJW 10, 2519, 2520) Die Ausfertigung muss die Urschrift im Wesentlichen wortgetreu und richtig wiedergeben. Bei Abweichungen zwischen Urschrift und zugestellter Ausfertigung ist für den Beginn des Laufs der Berufungsfrist allein der Inhalt der Ausfertigung maßgeblich, weil nur sie nach außen in Erscheinung tritt und die durch das erstinstanzliche Urt beschwerte Partei ihre Rechte nur anhand der Ausfertigung wahrnehmen kann und muss (BGH NJW-RR 06, 1570, 1571). Insbesondere ist die Zustellung dann wirksam, wenn der von der Urschrift abweichende Inhalt der Ausfertigung auf einem Fehler beruht, der – wäre er bei der Abfassung des Urteils unterlaufen – nach § 319 hätte korrigiert werden können (BGH aaO).

6 Allenfalls schwerwiegende Mängel der Ausfertigung wie zB **Abweichungen von der Urschrift** in wesentlichen Punkten führen zur Unwirksamkeit der Zustellung und damit dazu, dass die Berufungsfrist nicht zu laufen beginnt (BGH NJW 01, 1653, 1654). Von der Wesentlichkeit idS ist dann auszugehen, wenn die Abweichung in der Ausfertigung die Entscheidung der Partei, ob sie Berufung einlegt oder nicht, beeinflussen kann (BGH ZIP 93, 74, 75). Daran fehlt es, wenn die Ausfertigung keinen oder einen hinsichtlich der Person des Unterzeichners unvollständigen Verkündungsvermerk (§ 315 III) enthält (BGH aaO), ebenso wenn unwesentliche Teile des Tatbestands (§ 313 I Nr 5) oder der Entscheidungsgründe (§ 313 I Nr 6) unleserlich sind (BGH NJW-RR 00, 1665, 1666). Entscheidend, aber auch ausreichend ist, dass der Adressat aus der Ausfertigung den Inhalt der Urschrift und insb seine Beschwer erkennen kann (BGH aaO). Ist das der Fall, beginnt mit einer weiteren Zustellung nunmehr der mangelfreien Ausfertigung keine neue Berufungsfrist zu laufen (BGH NJW-RR 06, 563, 564).

7 Der Lauf der Berufungsfrist wird nicht in Gang gesetzt, wenn die Ausfertigung eines unechten Versäumnisurteils (§ 514 Rz 3) zugestellt wird, das keinen Tatbestand und keine Entscheidungsgründe enthält (BGH NJW-RR 91, 255); bei dem die Unterschrift eines Richters ohne Angabe des Verhinderungsgrundes (§ 315 I) ersetzt (BGH NJW 80, 1849, 1850) oder der Verhinderungsvermerk nicht unterschrieben worden ist (BGH NJW 61, 782). Auch wenn die Urteilsausfertigung selbst – und nicht nur die Urschrift – unvollständig ist, weil eine Seite fehlt, beginnt mit ihrer Zustellung die Berufungsfrist nicht zu laufen (BGHZ 138, 166, 169).

8 Ist der zugestellten Ausfertigung eine inhaltlich falsche Rechtsmittelbelehrung beigefügt, ändert das nichts an der Wirksamkeit der Zustellung und damit an dem Beginn der Berufungsfrist, denn eine solche Belehrung ist im Gesetz nicht vorgesehen; ihre Beifügung kann deshalb allenfalls Bedeutung iRe Wiedereinsetzung haben (BGH WM 91, 1740).

9 **c) Adressat.** Zustellungsempfänger sind die **Parteien**, bei einem verkündeten Versäumnisurteil nur die unterlegene Partei (§ 317 I S 1) bzw ihr **Prozessbevollmächtigter** (§ 172 I). Bei nicht prozessfähigen Parteien (§§ 51 ff) muss die Zustellung an den **gesetzlichen Vertreter** erfolgen, die Zustellung an die Partei selbst ist unwirksam (§ 170 Abs 1). Das gilt jedoch nur, wenn in dem erstinstanzlichen Verfahren die fehlende Prozessfähigkeit zu Tage getreten ist; bei unerkannt gebliebener Prozessunfähigkeit ist die Zustellung an die Partei wirksam und setzt den Lauf der Rechtsmittelfrist in Gang, selbst wenn der Gegner die fehlende Prozessfähigkeit kannte (BGHZ 104, 109, 111 ff; aA MüKoZPO/*Rimmelspacher* Rn 6).

Sind auf der Seite des Klägers oder des Beklagten mehrere Personen beteiligt, läuft für jeden – einfachen (§§ 59 ff) oder notwendigen (§ 62) – **Streitgenossen** die Berufungsfrist von dem Zeitpunkt der Zustellung an ihn; auf die Zustellung an die übrigen Streitgenossen kommt es nicht an. Bei dem Streithelfer (§ 66) spielt der Zeitpunkt der Zustellung an ihn keine Rolle; für den Beginn seiner Berufungsfrist (vgl § 511 Rz 5) kommt es ausschließlich auf den Zeitpunkt der Zustellung an die Hauptpartei an (BGH ZIP 10, 1822 f). 10

3. Fehlende oder unwirksame Zustellung. Spätester Zeitpunkt des Beginns der Berufungsfrist ist der Ablauf von fünf Monaten nach der Verkündung (§§ 310, 311) des erstinstanzlichen Urteils. Er ist maßgeblich, wenn das Urt nicht oder nicht innerhalb der Fünfmonatsfrist zugestellt worden oder die Zustellung unwirksam gewesen ist. Das gilt jedoch nicht, wenn die beschwerte Partei in dem Termin zur mündlichen Verhandlung, auf die das Urt ergangen ist, nicht anwesend und zu diesem Termin auch nicht geladen war (BGH NJW-RR 94, 1022). In diesem Fall beginnt die Berufungsfrist erst zu laufen, wenn die Partei auf anderem Weg von dem gegen sie erlassenen Urt Kenntnis erlangt. Auf die Kenntnis der Partei von dem Verkündungstermin (§ 310 Abs 1) und auf ihre Anwesenheit darin kommt es nicht an (BGH NJW-RR 04, 786). 11

Voraussetzung für den Fristbeginn ist die Wirksamkeit der Urteilsverkündung (BGH NJW 99, 143, 144); sie wird von Verstößen gegen Verfahrensvorschriften nicht berührt (BGH NJW-RR 04, 786). 12

4. Urteilsberichtigung. Wird das erstinstanzliche Urt nach der Zustellung oder später als fünf Monate nach der Verkündung wegen offenbarer Unrichtigkeiten (§ 319) berichtigt, berührt das grds nicht den Beginn der Berufungsfrist (BGH NJW-RR 04, 712, 713). Eine Ausnahme hiervon besteht in den Fällen, in denen das erstinstanzliche Urt als Grundlage für das weitere Handeln der Parteien und die Entscheidung des Berufungsgerichts nicht geeignet ist (BGH aaO), weil erst die berichtigte Entscheidung die Beschwer erkennen lässt(BGH NJW 95, 1033) oder ergibt, dass gegen das erstinstanzliche Urt die Berufung statthaft (BGH FamRZ 90, 988) oder gegen wen sie zu richten ist (BGHZ 113, 228). Dann beginnt mit der Zustellung des Berichtigungsbeschlusses eine neue Berufungsfrist zu laufen(BGHZ aaO). 13

5. Tatbestandsberichtigung. Die Berichtigung des Tatbestands (§ 320) ändert an dem Beginn der Berufungsfrist nichts (Musielak/*Ball* Rn 10; MüKoZPO/*Rimmelspacher* Rn 17; aA St/J/*Grunsky* § 516 Rn 8). 14

III. Berechnung. Die Berechnung der Berufungsfrist ist nach den Vorschriften der §§ 187 I, 188 II, III BGB vorzunehmen (§ 222 I). Demnach beginnt die Frist an dem Tag der Zustellung (Rz 4 ff) oder Urteilsverkündung (Rz 11 f) und endet mit dem Ablauf desjenigen Tages des nächsten Monats, welcher durch seine Zahl dem Zustellungs- oder Verkündungstag entspricht, oder, wenn dieser Tag fehlt, mit dem Ablauf des letzten Tages dieses Monats. Erfolgte die Zustellung oder Verkündung am 1., 2. … usw eines bestimmten Monats, endet die Berufungsfrist am 1., 2. … usw des folgenden Monats um 24 Uhr. Bei Zustellung oder Verkündung am 29., 30. oder 31. Januar endet die Frist am 28. (im Schaltjahr am 29.) Februar. Ist der Tag des Fristablauf ein Samstag, Sonntag oder allgemeiner Feiertag, endet die Frist mit dem Ablauf des nächsten Werktags (§ 222 II). In dem letztgenannten Fall ist die an dem Sitz des Berufungsgerichts geltende Feiertagsregelung maßgebend (BAG NZA 97, 507). 15

C. Fristversäumung. Ist die Berufungsschrift (§ 519) nicht rechtzeitig (vgl Rz 15) bei dem Berufungsgericht eingegangen, wurde die Berufungsfrist also versäumt, ist die Berufung vAw als unzulässig zu verwerfen (§ 522 I). Dass sie rechtzeitig bei dem Berufungsgericht eingegangen ist, muss der Berufungskläger beweisen; ihn trifft jedoch nicht die Beweislast für gerichtsinterne, nicht aufklärbare Vorgänge, von denen er keine Kenntnis hat (BGH NJW 81, 1673, 1674). 16

D. Prozesskostenhilfe. Der Berufungskläger (§ 511 Rz 48) kann die Durchführung des Berufungsverfahrens von der Bewilligung von Prozesskostenhilfe (§§ 114 ff) abhängig machen. Wegen der Bedingungsfeindlichkeit der Berufungseinlegung (§ 519 Rz 25) darf er jedoch nicht Berufung nur für den Fall der Gewährung von Prozesskostenhilfe einlegen (BGH MDR 06, 43, 44). Er darf jedoch dem Prozesskostenhilfegesuch den Entwurf der Rechtsmittelschrift beifügen (BGH NJW-RR 00, 879); denn dann ist die Berufung noch nicht eingelegt, sondern nur angekündigt. 17

Für die Wahrung der Berufungsfrist reicht es aus, dass der Berufungskläger innerhalb der Frist einen vollständigen und ordnungsgemäßen (BGH NJW-RR 06, 140, 141) Antrag auf Bewilligung von Prozesskostenhilfe (§ 117) ohne Begründung bei dem Berufungsgericht einreicht und sich die Einlegung der Berufung bis zur Entscheidung über den Antrag vorbehält. Ergeht diese erst nach dem Ablauf der Berufungsfrist, ist ihm 18 auf Antrag Wiedereinsetzung in den vorigen Stand (§§ 233 ff) zu gewähren, wenn er vernünftigerweise nicht damit rechnen musste, dass sein Antrag wegen fehlender Bedürftigkeit zurückgewiesen werde (BGH NJW-RR 06, 140, 141). Selbst wenn der Prozesskostenhilfeantrag nicht vollständig war, kann Wiedereinsetzung wegen einer unverschuldeten Versäumung der Berufungsfrist gewährt werden, wenn nämlich die Unvollständigkeit unverschuldet war und ein vollständiger Antrag innerhalb der Frist des § 234 bei dem Berufungsgericht eingeht (BGH aaO).

§ 518 Berufungsfrist bei Urteilsergänzung. **[1]Wird innerhalb der Berufungsfrist ein Urteil durch eine nachträgliche Entscheidung ergänzt (§ 321), so beginnt mit der Zustellung der nachträglichen Entscheidung der Lauf der Berufungsfrist auch für die Berufung gegen das zuerst ergangene Urteil von neuem. [2]Wird gegen beide Urteile von derselben Partei Berufung eingelegt, so sind beide Berufungen miteinander zu verbinden.**

1 **A. Allgemeines.** Das Gericht erlässt auf Antrag ein Ergänzungsurteil, wenn es versehentlich einen von einer Partei geltend gemachten Haupt- oder Nebenanspruch oder die Entscheidung über die Kosten bei seinem Endurteil ganz oder tw übergangen hat (§ 321 I). Das erstinstanzliche Ergänzungsurteil ist, wie das vorangegangene »Hauptturteil«, ebenfalls mit der Berufung anfechtbar; dasselbe gilt für das Urt, mit dem der Erlass eines Ergänzungsurteils abgelehnt wurde (BGH NJW-RR 05, 326).

2 **B. Regelungsgehalt.** Die Vorschrift stellt zum einen klar, dass mit der Zustellung des Ergänzungsurteils (oder des die Ergänzung ablehnenden Urteils, Rz 1) die Frist für eine dagegen einzulegende Berufung (§ 517) zu laufen beginnt. Zum anderen wird die Berufungsfrist im Hinblick auf die Anfechtung des vorangegangenen »Hauptturteils« verlängert; sie beginnt mit der Zustellung des Ergänzungsurteils (oder des die Ergänzung ablehnenden Urteils) von neuem.

3 Legt dieselbe Partei gegen beide Urteile Berufung ein, muss das Berufungsgericht die beiden Rechtsmittel miteinander verbinden (§ 147).

4 **C. Anwendungsbereich.** Der Anwendungsbereich der Vorschrift stimmt mit dem des § 321 überein. Sie gilt deshalb sowohl in den in §§ 302, 599, 716 und 721 geregelten als auch in den Fällen, in denen das erstinstanzliche Gericht eine von ihm zu erlassende Nebenentscheidung nicht getroffen hat wie zB eine Fristbestimmung nach § 255 (BGH NJW-RR 96, 1238), den Vorbehalt der beschränkten Erbenhaftung nach § 305, die Entscheidung über die Fortsetzung eines Mietverhältnisses nach § 308 a oder die Festsetzung eines Geldbetrags zur Hemmung der Arrestvollziehung nach § 923 (BGH aaO).

5 Keine (entsprechende) Anwendung findet die Vorschrift auf die Urteilsberichtigung nach § 319 und die Tatbestandsberichtigung nach § 320.

6 **D. Berufungsfrist. I. Ergänzungsurteil.** Die einmonatige Berufungsfrist (§ 517) für das Ergänzungsurteil und des die Ergänzung ablehnenden Urteils beginnt mit ihrer Zustellung (§ 517 Rz 4 ff). Fehlt es daran oder ist die Zustellung unwirksam, ist der Zeitpunkt der Verkündung dieser Urteile für den Beginn der Berufungsfrist maßgeblich, obwohl das Gesetz diese Regelung nicht trifft; insoweit gelangt jedoch § 517 Hs 2 Alt 2 zur Anwendung (Musielak/*Ball* Rn 3). Die Berufungsfrist für das Ergänzungsurteil und das eine Ergänzung ablehnende Urt wird nicht verlängert, wenn das Hauptturteil später als diese Urteile zugestellt wird.

7 **II. Hauptturteil.** Die Berufungsfrist für das dem Ergänzungsurteil vorangegangene Hauptturteil beginnt zunächst mit seiner Zustellung bzw Verkündung (§ 517 Rz 4 ff). Wird innerhalb der laufenden Berufungsfrist ein Ergänzungsurteil verkündet, beginnt ab diesem Zeitpunkt bzw ab der Zustellung dieses Urteils (Rz 6) die Berufungsfrist für das Hauptturteil von neuem. Das gilt auch dann, wenn das Ergänzungsurteil nicht angegriffen wird oder die gegen das Hauptturteil eingelegte Berufung zwischenzeitlich zurückgenommen oder als unzulässig verworfen wurde (MüKoZPO/*Rimmelspacher* Rn 3).

8 Erfolgt die Verkündung des Ergänzungsurteils erst nach dem Ablauf der Berufungsfrist für das Hauptturteil, beginnt für dieses keine neue Frist; vielmehr wird es mit Fristablauf rechtskräftig, wenn es nicht zuvor angefochten wurde. Dasselbe gilt, wenn das erstinstanzliche Gericht den Erlass eines Ergänzungsurteils abgelehnt hat. In diesen Fällen ist nur die Berufung gegen das Ergänzungsurteil bzw gegen das die Ergänzung ablehnende Urt möglich.

III. Urteilszustellung, Fristberechnung. Hinsichtlich der Form, des Inhalts und der Adressaten der Zustellung von Haupt- und Ergänzungsurteil sowie der Berechnung der Berufungsfristen wird auf die Ausführungen in § 517 Rz 4 – 10, 15 verwiesen. 9

E. Verfahrensverbindung. Im Interesse der Prozessökonomie und der Kostenersparnis schreibt S 2 der Vorschrift die Verbindung der beiden Berufungsverfahren vor, wenn dieselbe Partei sowohl gegen das Haupt- als auch gegen das Ergänzungsurteil Berufung eingelegt hat. Das gilt auch, wenn das Ergänzungsurteil erst nach dem Ablauf der Berufungsfrist für das bereits angefochtene Hauptturteil erlassen und demgemäß später angefochten wurde. 10

Ein **Ermessenspielraum** wie bei der Verbindung nach § 147 steht dem Berufungsgericht nicht zu. Die gesetzliche Regelung ist verbindlich. Auch kann es später das Verfahren nicht wieder in zwei Verfahren trennen. Möglich ist jedoch, nach der Verbindung über eine der Berufungen durch ein Teilurteil (§ 301) zu entscheiden. 11

§ 519 Berufungsschrift. **(1) Die Berufung wird durch Einreichung der Berufungsschrift bei dem Berufungsgericht eingelegt.**

(2) Die Berufungsschrift muss enthalten:

1. die Bezeichnung des Urteils, gegen das die Berufung gerichtet wird;

2. die Erklärung, dass gegen dieses Urteil Berufung eingelegt werde.

(3) Mit der Berufungsschrift soll eine Ausfertigung oder beglaubigte Abschrift des angefochtenen Urteils vorgelegt werden.

(4) Die allgemeinen Vorschriften über die vorbereitenden Schriftsätze sind auch auf die Berufungsschrift anzuwenden.

A. Allgemeines. Die Vorschrift stellt **strenge formale Anforderungen** an die tatsächlichen Voraussetzungen, unter denen das Berufungsverfahren in Gang gesetzt werden kann. Dies ist gerechtfertigt, weil mit der rechtzeitigen Einlegung der Berufung der Eintritt der Rechtskraft des angefochtenen erstinstanzlichen Urteils gehemmt wird (§ 705 S 2). Im Interesse der Rechtsicherheit und Rechtsklarheit bedarf der Eintritt dieser Rechtsfolge einer eindeutigen und ohne weiteres nachzuweisenden Willenserklärung desjenigen, der seine aus dem erstinstanzlichen Urt folgende Beschwer (§ 511 Rz 17 ff) beseitigt haben will. Da jedoch aus verfassungsrechtlichen Gründen (Art 2 I iVm Art 20 III GG, Art 19 IV, 103 I GG) die Hürden für den Zugang zur Berufungsinstanz nicht zu hoch gelegt werden dürfen (vgl nur BVerfGE 110, 339, 342), lässt die Rechtsprechung **Abweichungen von der Formstrenge** zu, wenn sich – ggf im Wege der Auslegung – aus dem Schriftsatz ergibt, wer gegen welches Urt Berufung einlegen will und gegen wen sich das Rechtsmittel richten soll. 1

B. Berufungsschrift. I. Schriftform. Abs 1 stellt klar, dass die Berufung schriftlich eingelegt werden muss. Eine telefonische oder mündliche Berufungseinlegung reicht nicht aus, auch wenn letztere – was in der Praxis kaum denkbar ist – von dem Berufungsgericht zu Protokoll genommen wird (aA MüKoZPO/*Rimmelspacher* Rn 5). In Verbindung mit der Regelung in Abs 4 ergibt sich, dass die Berufungsschrift nicht unbedingt im Original, sondern auch per Telefax (vgl § 130 Nr 6) dem Berufungsgericht übermittelt werden kann. Die Übermittlung per Telegramm, Fernschreiber und Computerfax ist ebenfalls zulässig. Ein elektronisches Dokument (e-Mail) wahrt dagegen nicht die gesetzliche Form (BGH NJW-RR 09, 37). 2

II. Anwaltszwang. Da nur die Landgerichte und die Oberlandesgerichte als Berufungsgerichte tätig werden (§§ 72, 119 GVG), müssen sich die Parteien des Berufungsverfahrens nach § 78 I durch einen Rechtsanwalt vertreten lassen. Dieser muss bei dem Berufungsgericht zugelassen sein; anderenfalls fehlen ihm dort die Postulationsfähigkeit und damit die Befugnis, wirksame Prozesshandlungen vorzunehmen. Da die Berufung wirksam nur bei dem Berufungsgericht eingelegt werden kann, muss bereits die Berufungsschrift von einem dort zugelassenen Rechtsanwalt stammen. Dessen Postulationsfähigkeit muss bei der Vornahme der Prozesshandlung gegeben sein (BGH NJW 05, 3773, 3774). Das ist hier der Zeitpunkt, in welchem er die Berufungsschrift unterzeichnet und auf den Weg zum Berufungsgericht bringt; bis zum Eingang dieses Schriftsatzes bei dem Gericht braucht die Postulationsfähigkeit nicht anzudauern (BGH NJW 90, 1305). 3

Hat ein nicht postulationsfähiger Rechtsanwalt die Berufungsschrift unterzeichnet, kann die Berufungseinlegung von einem postulationsfähigen Rechtsanwalt – auch konkludent – genehmigt werden; Voraussetzung hierfür ist, dass der postulationsfähige Rechtsanwalt den Mangel der Berufungsschrift erkannt hat 4 und ihn bewusst beseitigen will, und dass er dies schriftsätzlich tut (BGH NJW-RR 99, 855, 856). Allerdings wird hierdurch der Mangel nicht rückwirkend geheilt (BGHZ 111, 339, 343 f). Deshalb muss die Genehmigung innerhalb der noch laufenden Berufungsfrist erfolgen.

5 Ist der nicht postulationsfähige Rechtsanwalt als amtlich bestellter Vertreter des postulationsfähigen Prozessbevollmächtigten tätig geworden, muss sich sein Handeln als Vertreter aus einem Vertretungszusatz oder wenigstens aus den dem Berufungsgericht erkennbaren Umständen hinreichend deutlich ergeben (BGH NJW 05, 3415).

6 Wie jeder Prozessbevollmächtigte, kann auch der Berufungsanwalt nur aufgrund einer wirksamen Prozessvollmacht für die Partei handeln (§ 85 I). Fehlt es daran, ist die Einlegung der Berufung bis zur Entscheidung über das Rechtsmittel schwebend unwirksam. Sie kann bis dahin von der Partei genehmigt werden, also auch nach dem Ablauf der Berufungsfrist; damit wird der Mangel der fehlenden Vollmacht rückwirkend, somit von Anfang an geheilt (BGH NJW 95, 1901, 1902).

7 **III. Unterschrift.** Die Regelung in Abs 4 verleitet zu der Annahme, dass es sich bei der Berufungsschrift um einen vorbereitenden Schriftsatz iSd §§ 129 ff handelt. Das ist jedoch nicht richtig. Da sie nicht lediglich ein künftiges Vorbringen der Partei ankündigt, sondern eine Prozesserklärung mit unmittelbarer Verfahrenswirkung enthält, ist die Berufungsschrift ein sog **bestimmender Schriftsatz**. Deshalb gehört zu ihrer Formwirksamkeit die eigenhändige Unterzeichnung durch einen bei dem Berufungsgericht zugelassenen Rechtsanwalt; mit der Unterschrift wird nachgewiesen, dass der Unterzeichner die Verantwortung für den Inhalt der Berufungsschrift übernimmt (BGH NJW 06, 3784, 3785). Außerdem soll sie den Urheber der Berufungsschrift identifizieren und dessen unbedingten Willen zum Ausdruck bringen, sie bei dem Berufungsgericht einzureichen (BGH NJW 06, 1521 f).

8 Das **Fehlen einer Unterschrift** unter der Berufungsschrift kann beim Vorliegen besonderer Umstände ausnahmsweise unschädlich sein, wenn sich aus anderen Anhaltspunkten ebenso eindeutig wie aus der Unterschrift ergibt, wer den Schriftsatz verfasst hat und dass er von diesem Urheber willentlich dem Berufungsgericht übermittelt worden ist (BGH NJW 05, 2086, 2088). Das ist zB der Fall, wenn zwar nicht die Berufungsschrift, wohl aber in deren gleichzeitig eingereichter beglaubigter Abschrift der Beglaubigungsvermerk von dem Rechtsanwalt unterschrieben ist (BGH NJW 08, 1020; aA MüKoZPO/*Rimmelspacher* Rn 4), auch wenn die letzte Seite der Berufungsschrift mit der Unterschrift fehlt (BGH NJW 09, 2311), oder wenn ein von dem Rechtsanwalt unterzeichnetes Begleitschreiben fest mit der nicht unterschriebenen Berufungsschrift verbunden ist (BGH NJW-RR 99, 855 f). Solche zweifelsfreien Anhaltspunkte müssen dem Berufungsgericht allerdings vor dem Ablauf der Berufungsfrist vorliegen (vgl BGH NJW 05, 3773, 3774).

9 Die Unterzeichnung der Berufungsschrift durch einen anderen als den von der Partei beauftragten Rechtsanwalt ist ausreichend, wenn er bei dem Berufungsgericht postulationsfähig ist und durch einen **Vertretungszusatz** (zB »für« oder »iV«) zu erkennen gibt, dass er als Unterbevollmächtigter des Prozessbevollmächtigten eigenverantwortlich gehandelt hat (BGH NJW 03, 2028). Daran fehlt es, wenn der Rechtsanwalt nur als Erklärungsbote des Prozessbevollmächtigten (»iA«) tätig wird (BGH NJW 88, 210); es sei denn, dass er zu den Prozessbevollmächtigten des Berufungsklägers gehört, wie das bei der Beauftragung einer Sozietät regelmäßig der Fall ist (BGH NJW 93, 2056, 2057). Auch ohne die Beifügung eines Vertreterzusatzes ist die Form gewahrt, wenn sich aus den dem Berufungsgericht bis zum Ablauf der Berufungsfrist (§ 517) erkennbaren Umständen das Handeln als Vertreter hinreichend deutlich ergibt, zB aus einer Sozietätsangabe (BGH NJW-RR 95, 950).

10 Die **Lesbarkeit der Unterschrift** des Rechtsanwalts ist nicht Wirksamkeitsvoraussetzung der Berufungsschrift; es reicht aus, wenn der Schriftzug die Identität des Unterschreibenden ausreichend kennzeichnet, individuelle und entsprechend charakteristische, die Nachahmung erschwerende Merkmale aufweist, sich als Wiedergabe eines Namens darstellt und trotz flüchtiger Niederlegung und von einem starken Abschleifungsprozess gekennzeichnet die Absicht der vollen Unterschriftsleistung erkennen lässt (BGH MietPrax-AK § 130 ZPO Nr 1). Namensabkürzungen und Paraphen reichen dagegen nicht aus (BGH GrundE 08, 539). Die Unterzeichnung mit nur einem Namen eines Doppelnamens genügt, wenn die Identität des Unterzeichners eindeutig ist (BGH NJW 96, 997).

11 Wird die Berufungsschrift nicht als dieses Schriftstück, sondern in anderer Form dem Berufungsgericht übermittelt (Rz 2), fehlt notwendigerweise eine Originalunterschrift sowohl auf dem bei Gericht eingehenden als auch ggf auf dem bei dem Prozessbevollmächtigten ausgehenden Schriftsatz. Gleichwohl ist die Berufung wirksam eingelegt, wenn die folgenden Voraussetzungen erfüllt sind (GemS-OGB BGHZ 144, 160 ff): Bei der Berufungseinlegung per **Telegramm** ist aus technischen Gründen die eigenhändige und

handschriftliche Unterzeichnung der Berufungsschrift nicht möglich, so dass für die Zulässigkeit dieser Übermittlungsart allein die auf Veranlassung des Absenders am Empfangsort erstellte, für den Adressaten bestimmte Telegrammurkunde maßgeblich ist, ohne dass es darauf ankommt, ob diese auf einer Urschrift beruht, die am Absendeort aufgenommen und vom Erklärenden unterzeichnet worden ist mit der Folge, dass auch eine telefonische Telegrammaufgabe zugelassen ist; dasselbe gilt für die Übermittlung der Berufungsschrift mittels **Fernschreiben**, wenn es unmittelbar von der Fernschreibstelle des Berufungsgerichts aufgenommen wird und den Namen des Erklärenden enthält; bei der Übermittlung durch elektronische Übertragung einer Textdatei auf ein Faxgerät des Berufungsgerichts (**Computerfax**) genügt die eingescannte Unterschrift. Letzteres gilt jedoch nicht, wenn die Berufungsschrift mit Hilfe eines normalen **Faxgeräts** übermittelt wurde (BGH NJW 06, 3784, 3785); bei dieser Übermittlungsart muss die Kopiervorlage unterschrieben worden sein und diese Unterschrift auf der bei dem Berufungsgericht eingehenden Kopie wiedergegeben werden (BGH NJW 98, 3649, 3650). Liegen die Voraussetzungen für die Einlegung der Berufung mittels eines **elektronischen Dokuments** vor (§ 130a), muss die auf diese Weise übermittelte Berufungsschrift mit einer qualifizierten elektronischen Signatur des Erklärenden versehen sein (s. BGHZ 188, 38).

IV. Adressat. Kraft ausdrücklicher gesetzlicher Bestimmung kann die Berufung nur bei dem Berufungsgericht eingelegt werden (Abs 1). Dieses hat keine Mitwirkungspflicht, denn die Einreichung der Berufungsschrift ist eine einseitige Prozesshandlung (BGH NJW 94, 1354). Wird die Berufungsschrift bei einem anderen Gericht als dem Berufungsgericht eingereicht, ist zu unterscheiden: Geht sie bei dem erstinstanzlichen Gericht ein, muss dieses aufgrund der dem erstinstanzlichen Verfahren nachwirkenden Fürsorgepflicht den Schriftsatz an das Rechtsmittelgericht weiterleiten, soweit das im ordentlichen Geschäftsgang ohne weiteres erwartet werden kann (BVerfG NJW 05, 2137, 2138). Dasselbe gilt in dem Fall einer leicht und einwandfrei als fehlgeleitet erkennbaren Berufungsschrift, bei dem es für die Funktionsfähigkeit des unzuständigen, vorher mit der Sache nicht befassten Gerichts keine übermäßige Belastung darstellt, in Fürsorge für die Verfahrensbeteiligten einen fehlgeleiteten Schriftsatz im Rahmen des üblichen Geschäftsgangs an das zuständige Berufungsgericht weiterzuleiten (BVerfG NJW 06, 1579). Fehlt es jedoch an der Offensichtlichkeit der eigenen Unzuständigkeit des angegangenen Gerichts, besteht für dieses keine Verpflichtung, mit besonderem Aufwand für die Weiterleitung an das zuständige Gericht zu sorgen (BGH NJW 05, 3776, 3777). 12

Eingereicht iSd Vorschrift ist die Berufungsschrift, wenn sie in die Verfügungsgewalt des Berufungsgerichts gelangt ist (BVerfGE 57, 117, 120). Dies kann durch Abgabe des Schriftsatzes bei der Briefannahmestelle oder Geschäftsstelle des Berufungsgerichts, Einlegung in ein für Rechtsanwälte bestimmtes Gerichtsfach mit regelmäßiger Leerung, Einlegung in das allgemeine Gerichtsfach bei der Postverteilungsstelle oder sonst im Gerichtsgebäude, Einwurf in den Tages- oder Nachtbriefkasten oder in ein Postfach des Berufungsgerichts, Eingang bei einer gemeinsamen Posteingangsstelle, der das Berufungsgericht angeschlossen ist, und durch Abgabe bei der Gerichtskasse des Berufungsgerichts zusammen mit einem Scheck für den Gerichtskostenvorschuss herbeigeführt werden. Hat das Berufungsgericht auswärtige Spruchkörper, kann die Berufungsschrift sowohl bei diesen als auch bei dem Stammgericht eingereicht werden. 13

V. Inhalt. In Abs 2 der Vorschrift wird der Mindestinhalt der Berufungsschrift genannt, bei dessen Fehlen die Berufung unzulässig ist. Darüber hinaus muss selbstverständlich auch angegeben werden, wer Berufung einlegt und gegen wen sich das Rechtsmittel richtet. 14

1. Urteilsbezeichnung (Abs 2 Nr 1). Das angefochtene Urt ist so genau zu bezeichnen, dass sich das Berufungsgericht innerhalb der Berufungsfrist (§ 517), danach auch der Berufungsgegner (BGHZ 165, 371, 373) Gewissheit über seine Identität verschaffen können; deshalb erfordert die Bezeichnung die Angabe der Parteien des Rechtsstreits, des erstinstanzlichen Gerichts einschließlich dessen Aktenzeichens und des Verkündungsdatums (BGH NJW 01, 1070, 1071). Fehlerhafte oder unvollständige Angaben können zur Unzulässigkeit der Berufung führen. Sie sind nur dann unschädlich, wenn aufgrund sonstiger erkennbarer Umstände für das Gericht und den Berufungsgegner nicht zweifelhaft bleibt, welches Urt angefochten wird (BGH aaO). 15

a) Parteibezeichnung. aa) Berufungskläger. Die Berufungsschrift muss die Angabe enthalten, für wen und gegen wen das Rechtsmittel eingelegt werden soll (BGH NJW-RR 06, 1569, 1570). Dabei sind an die eindeutige Bezeichnung des Berufungsklägers (§ 511 Rz 48) strenge Anforderungen zu stellen; wird statt 16 des wirklichen Berufungsklägers ein anderer an dem erstinstanzlichen Verfahren Beteiligter genannt, ist grds die Berufung für den Erstgenannten nicht wirksam eingelegt worden (BGH NJW-RR 04, 572, 573). Allerdings kann sich durch die Auslegung der Berufungsschrift und anderer innerhalb der Berufungsfrist (§ 517) dem Berufungsgericht vorliegender Unterlagen die Identität des Berufungsklägers trotz seiner unrichtigen Bezeichnung ergeben (BGH aaO), zB im Zusammenhang mit den Prozessakten (BGH NJW-RR 07, 935, 936). Die Parteirolle im Berufungsverfahren muss nicht angegeben werden, wenn sich die Person des Berufungsklägers aus der Erklärung ergibt, das Rechtsmittel werde im Namen des erstinstanzlichen Beklagten eingelegt (BGH VersR 99, 1170, 1171), allerdings nur dann, wenn es im Bezirk des zuständigen Berufungsgerichts allgemein üblich ist, im Eingang von Schriftsätzen und gerichtlichen Entscheidungen in allen Instanzen, unabhängig von der Parteirolle in der Rechtsmittelinstanz, stets den Kl an erster und den Beklagten an zweiter Stelle zu nennen; gibt es diese Übung nicht, ist die Berufung unzulässig (BGH NJW-RR 01, 572 f).

17 Sind **mehrere Personen** beteiligt, ist es unabdingbar, dass in der Berufungsschrift alle Streitgenossen genannt werden, die Berufungskläger sein sollen (BGH NJW 92, 2413). Bleibt es unklar, ob die Berufung nur für einen oder auch für andere Streitgenossen eingelegt werden soll, genügt die Berufungsschrift nicht den gesetzlichen Anforderungen; das Rechtsmittel ist unzulässig.

18 Anders als bei der Klageerhebung (BGH NJW-RR 04, 1503) muss bei der Einlegung der Berufung die ladungsfähige Anschrift des Berufungsklägers nicht angegeben werden (BGH NJW 05, 3773 f).

19 **bb) Berufungsbeklagter.** An die Bezeichnung des Berufungsbeklagten werden geringere Anforderungen als an die des Berufungsklägers gestellt (BGH MDR 2010, 828). Dies findet seine Rechtfertigung darin, dass sich die Identität des Berufungsbeklagten meistens schon dann feststellen lässt, wenn geklärt ist, wer Berufungskläger ist. Probleme mit der Identifizierung kann es jedoch geben, wenn **mehrere Personen** als Berufungsbeklagte in Betracht kommen. Hierfür gilt folgendes: Wird als Berufungsgegner nur einer, nämlich der im Urteilsrubrum an erster Stelle stehende Streitgenosse oder nur ein Teil der Streitgenossen als Berufungsbeklagte benannt, richtet sich die Berufung gegen sämtliche Streitgenossen, wenn sie unbeschränkt eingelegt wird; werden von mehreren Streitgenossen einer oder einige ausdrücklich als Berufungsbeklagte benannt, richtet sich das Rechtsmittel nur gegen sie; wenn sämtliche Streitgenossen als Berufungsbeklagte benannt werden, kann sich aus den innerhalb der Berufungsfrist (§ 517) gestellten Berufungsanträgen (§ 520 Abs 3 Nr 1) ergeben, dass sich das Rechtsmittel nicht gegen alle, sondern nur gegen einen oder einzelne der Streitgenossen richtet (zu allem s. BGH MDR 2010, 828).

20 **b) Erstinstanzliches Gericht.** Die Angabe des erstinstanzlichen Gerichts in der Berufungsschrift dient der Klärung, welches Urt angegriffen werden soll. Dies ist sowohl für das Berufungsgericht als auch für den Berufungsbeklagten von Bedeutung, besonders in den Fällen, in denen zwischen den Parteien mehrere Rechtsstreitigkeiten vor verschiedenen Gerichten anhängig sind. Die Anforderungen an diesen Teil der Bezeichnung des Berufungsurteils dürfen jedoch ebenfalls nicht überspannt werden. Die fehlende oder falsche Angabe des erstinstanzlichen Gerichts macht die Berufung deshalb nicht ohne weiteres unzulässig, sondern nur dann, wenn auch aufgrund der für das Gericht und den Berufungsbeklagten erkennbaren Umstände Zweifel daran bleiben, gegen welches Urt sich die Berufung richtet; solche Zweifel lassen sich am ehesten vermeiden, wenn der Berufungsschrift, wie von Abs 3 verlangt, eine Ausfertigung oder beglaubigte Abschrift des angefochtenen Urteils beigefügt wird, wobei schon die erste Seite genügt (vgl BGH NJW 91, 2081). Dies ist aber nicht die einzige Möglichkeit, über Mängel der Berufungsschrift hinwegzuhelfen (BGH NJW-RR 07, 935, 936).

21 **c) Aktenzeichen.** Die vorstehenden Ausführungen (Rz 20) gelten entsprechend für die Angabe des Aktenzeichens des erstinstanzlichen Gerichts. Auch sie dient der eindeutigen Identifizierung des angefochtenen Urteils. Hinzukommt, dass sie dem Berufungsgericht die schnelle und unkomplizierte Anforderung der erstinstanzlichen Akten des Rechtstreits ermöglichen soll; dies dient allerdings nur der Erleichterung des Geschäftsgangs, von der allein die Zulässigkeit der Berufung nicht abhängt (BGHZ 165, 371, 375). Deshalb ist die Angabe des Aktenzeichens in der Berufungsschrift nur dann ein alleiniges Zulässigkeitserfordernis, wenn dasselbe erstinstanzliche Gericht in mehreren Rechtsstreitigkeiten zwischen denselben Parteien an demselben Tag mehrere Urteile verkündet hat (BGHZ aaO).

22 **d) Verkündungsdatum.** Auch für die Angabe des Datums der Verkündung der erstinstanzlichen Entscheidung gilt das in Rz 20 gesagte entsprechend.

2. Berufungseinlegung (Abs 2 Nr 2). Aus der Berufungsschrift muss sich der eindeutige Wille des Berufungsklägers ergeben, das erstinstanzliche Urt einer Überprüfung durch die nächst höhere Instanz überprüfen zu lassen (BGH FamRZ 08, 1926). 23

a) Auslegung. Diesen Willen muss das Berufungsgericht ggf im Wege der Auslegung unter Berücksichtigung aller Umstände des Einzelfalls (BGH MDR 09, 760) ermitteln. Dabei ist von dem Grundsatz auszugehen, dass der Berufungskläger im Zweifel dasjenige will, was nach den Maßstäben der Rechtsordnung vernünftig ist und seinem recht verstandenen Interesse entspricht (BGH NJW-RR 04, 862). Verbleiben danach Zweifel an dem Willen des Berufungsklägers, muss sich die Auslegung an den Interessen des Berufungsbeklagten orientieren (BGH NJW 03, 3203, 3204). Die Auslegung gegen den Wortlaut der Berufungsschrift ist jedoch idR nicht gerechtfertigt (BGH NJW-RR 02, 646). Maßgeblich für die Auslegung sind alle innerhalb der Berufungsfrist dem Berufungsgericht bekannten Umstände. Erst wenn sich auch durch Auslegung nicht der unbedingte Wille zur Einlegung der Berufung feststellen lässt, fehlt es an der wirksamen Einlegung. 24

Die Wirksamkeit der Berufungseinlegung hängt nicht davon ab, dass in der Berufungsschrift das Wort »Berufung« gebraucht wird; auch eine unzutreffende Bezeichnung des Rechtsmittels schadet nicht (BGH MDR 08, 1293). 25

b) Bedingung. Die bedingte Einlegung der Berufung ist wegen der notwendigen Rechtssicherheit und Rechtsklarheit (Rz 1) nicht zulässig. Das gilt auch für die aufschiebende Bedingung (MüKoZPO/*Rimmelspacher* Rn 38), die zB in einem Prozesskostenhilfegesuch enthalten ist, wenn die Berufung nur für den Fall der Gewährung von Prozesskostenhilfe eingelegt wird (BGH MDR 06, 43, 44). 26

c) Mehrfache Berufungseinlegung. Solange die Berufungsfrist (§ 517) noch nicht abgelaufen ist, kann eine Berufung von derselben Partei mehrfach eingelegt werden (BGH NJW 93, 269). Unabhängig von der Zahl der eingelegten Berufungen handelt es sich nur um ein einziges, dasselbe Rechtsmittel; über dieses darf das Berufungsgericht nur einheitlich entscheiden, selbst wenn die Berufungsschrift bei verschiedenen Gerichten eingereicht wurde und die Berufungen nach Verweisung bei einem einzigen Berufungsgericht anhängig sind (BGH NJW-RR 05, 780). 27

d) Beiderseitige Berufungseinlegung. Legen beide Parteien Berufung ein, werden beide Rechtsmittel in einem einzigen Berufungsverfahren verhandelt und entschieden, ohne dass hierfür eine Verbindung (§ 147) notwendig ist. 28

VI. Urteilsvorlegung (Abs 3). Der Berufungskläger soll der Berufungsschrift eine Ausfertigung oder Abschrift des angefochtenen Urteils beifügen. Die Beifügung ist allerdings keine zwingende Zulässigkeitsvoraussetzung. Sie dient der Identifikation des erstinstanzlichen Urteils, gegen das sich die Berufung richtet. Bei Mängeln in der Bezeichnung (Rz 15 ff) kommt der Vorlegung des angefochtenen Urteils eine erhebliche Bedeutung zu; sie empfiehlt sich deshalb schon im eigenen Interesse des Berufungsklägers, um einer anderenfalls drohenden Gefahr der Verwerfung der Berufung wegen Unzulässigkeit zu entgehen. 29

VII. Allgemeine Bestimmungen (Abs 4). Auf die Berufungsschrift sind auch die allgemeinen Bestimmungen über die vorbereitenden Schriftsätze anzuwenden, also die Regelungen in §§ 129 ff. Dieser Hinweis hat so gut wie keine praktische Bedeutung. Denn die Berufungsanträge und die Berufungsbegründung (vgl § 130 Nr 2–5) müssen nicht in der Berufungsschrift, sondern können in einem besonderen Schriftsatz (§ 520) enthalten sein; und an den in § 130 Nr 1 und 6 genannten Inhalt von Schriftsätzen sind für die Berufungsschrift spezielle Anforderungen zu stellen (s. Rz 7 ff). 30

§ 520 Berufungsbegründung. **(1) Der Berufungskläger muss die Berufung begründen.**

(2) [1]Die Frist für die Berufungsbegründung beträgt zwei Monate und beginnt mit der Zustellung des in vollständiger Form abgefassten Urteils, spätestens aber mit Ablauf von fünf Monaten nach der Verkündung. [2]Die Frist kann auf Antrag von dem Vorsitzenden verlängert werden, wenn der Gegner einwilligt. [3]Ohne Einwilligung kann die Frist um bis zu einem Monat verlängert werden, wenn nach freier Überzeugung des Vorsitzenden der Rechtsstreit durch die Verlängerung nicht verzögert wird oder wenn der Berufungskläger erhebliche Gründe darlegt.

(3) [1]Die Berufungsbegründung ist, sofern sie nicht bereits in der Berufungsschrift enthalten ist, in einem Schriftsatz bei dem Berufungsgericht einzureichen. [2]Die Berufungsbegründung muss enthalten:

1. die Erklärung, inwieweit das Urteil angefochten wird und welche Abänderungen des Urteils beantragt werden (Berufungsanträge);
2. die Bezeichnung der Umstände, aus denen sich die Rechtsverletzung und deren Erheblichkeit für die angefochtene Entscheidung ergibt;
3. die Bezeichnung konkreter Anhaltspunkte, die Zweifel an der Richtigkeit oder Vollständigkeit der Tatsachenfeststellungen im angefochtenen Urteil begründen und deshalb eine erneute Feststellung gebieten;
4. die Bezeichnung der neuen Angriffs- und Verteidigungsmittel sowie der Tatsachen, auf Grund derer die neuen Angriffs- und Verteidigungsmittel nach § 531 Abs. 2 zuzulassen sind.

(4) Die Berufungsbegründung soll ferner enthalten:
1. die Angabe des Wertes des nicht in einer bestimmten Geldsumme bestehenden Beschwerdegegenstandes, wenn von ihm die Zulässigkeit der Berufung abhängt;
2. eine Äußerung dazu, ob einer Entscheidung der Sache durch den Einzelrichter Gründe entgegenstehen.

(5) Die allgemeinen Vorschriften über die vorbereitenden Schriftsätze sind auch auf die Berufungsbegründung anzuwenden.

Inhaltsübersicht

	Rz
A. Begründungszwang (Abs 1)	1
B. Begründungsfrist (Abs 2)	4
I. Dauer, Beginn und Berechnung	4
II. Fristverlängerung	6
C. Begründungsschrift (Abs 3 S 1)	18
D. Zwingender Inhalt der Berufungsbegründung (Abs 3 S 2)	20
I. Berufungsanträge (Nr 1)	20
1. Allgemeines	20
2. Inhalt	21
3. Berufungsbeschränkung	24
4. Berufungserweiterung	27
II. Berufungsgründe (Nr 2–4)	30
1. Allgemeines	30
2. Rechtsverletzung (Nr 2)	34
3. Fehlerhafte Tatsachenfeststellungen (Nr 3)	39
4. Neue Angriffs- und Verteidigungsmittel (Nr 4)	44
E. Informationeller Inhalt der Berufungsbegründung (Abs 4)	48
I. Wertangabe (Nr 1)	48
II. Einzelrichterentscheidung (Nr 2)	49
F. Allgemeine Bestimmungen (Abs 5)	50

1 **A. Begründungszwang (Abs 1).** Der Begründungszwang ist **Zulässigkeitsvoraussetzung**. Er dient in erster Linie dazu, dem Berufungsgericht und dem Berufungsgegner Klarheit darüber zu verschaffen, in welchem Umfang und aus welchen Gründen das erstinstanzliche Urt angefochten wird. Zugleich soll der Berufungskläger bzw sein Prozessbevollmächtigter veranlasst werden, anhand der Berufungsgründe die Erfolgsaussichten des Rechtsmittels zu überdenken und ggf von der Durchführung des Rechtsmittelverfahrens Abstand zu nehmen. Beides wird allerdings nicht in jedem Fall erreicht; denn die Ergänzung der Berufungsgründe ist außer in den Fällen des § 530 zulässig.

2 **Einfache Streitgenossen** (§§ 59, 60) müssen ihr Rechtsmittel jeweils gesondert begründen; es kann jedoch ein Streitgenosse auf die Begründung des/der anderen Streitgenossen Bezug nehmen, soweit die Begründungen übereinstimmen. Anders ist es beim Vorliegen einer **notwendigen Streitgenossenschaft** (§ 62); es reicht aus, wenn einer der Streitgenossenschaft die Berufung begründet.

3 Der **Nebenintervenient** (§ 66) kann die von der Hauptpartei eingelegte Berufung ebenso begründen wie die Hauptpartei die Berufung des Nebenintervenienten.

4 **B. Begründungsfrist (Abs 2). I. Dauer, Beginn und Berechnung.** Die zweimonatige Frist zur Begründung der Berufung ist mangels gesetzlicher Bezeichnung (vgl § 224 I S 2) **keine Notfrist**. Sie beginnt mit der Zustellung des erstinstanzlichen Urteils (dazu § 517 Rz 5 ff), welches angefochten werden soll, spätestens jedoch mit Ablauf von fünf Monaten nach dessen Verkündung. Damit knüpft der Fristbeginn an dasselbe Ereignis an wie die Frist zur Einlegung der Berufung (§ 517). Zur Fristberechnung und zu weiteren Einzelheiten des Laufes der Frist wird auf die Erläuterungen in § 517 Rz 2 – 15 verwiesen.

5 Wurde dem Berufungskläger für die Durchführung des Berufungsverfahrens **Prozesskostenhilfe** bewilligt (s. § 517 Rz 17 f), ist ihm auf Antrag Wiedereinsetzung in den vorigen Stand zu gewähren, wenn die Bewilligung nach dem Ablauf der Begründungsfrist oder so kurz davor erfolgte, dass eine sachgerechte Begrün-

dung nicht mehr fristgemäß möglich war (§ 233). Die Frist für den Wiedereinsetzungsantrag beträgt einen Monat (§ 234 I 2); sie beginnt mit dem Zugang des die Prozesskostenhilfe bewilligenden Beschlusses. Die Berufung ist innerhalb derselben Frist zu begründen (§ 236 S 2). Somit ist die Begründungsfrist einen Monat kürzer als in einem Berufungsverfahren ohne Prozesskostenhilfeantrag des Berufungsklägers. Diese Ungleichbehandlung von bemittelten und mittellosen Rechtsmittelführern ist angesichts des eindeutigen Gesetzeswortlauts hinzunehmen (vgl BGH NJW 06, 2857, 2858; aA MüKoZPO/*Rimmelspacher* Rn 7).

II. Fristverlängerung. Die Begründungsfrist kann verlängert werden, wenn der Berufungskläger dies vor ihrem Ablauf durch einen an das Berufungsgericht gerichteten schriftlichen Antrag seines Prozessbevollmächtigten (vgl § 519 Rz 3) beantragt hat. Einen solchen **Verlängerungsantrag** enthält der bloße Antrag, das Ruhen des Verfahrens anzuordnen, nicht (BGH MDR 10, 164, 165). Die Dauer der gewünschten Fristverlängerung muss angegeben werden. Auf einen nach dem Ablauf der Begründungsfrist eingegangenen Antrag ist deren Verlängerung nicht mehr möglich; wird sie gleichwohl gewährt, ist das unwirksam (BGHZ 116, 377). 6

Mit Einwilligung des Berufungsgegners (§ 511 Rz 52) kann der Vorsitzende des Berufungsgerichts (Kammer beim LG, Senat beim OLG) die Berufungsfrist zeitlich unbegrenzt (allerdings mit bestimmtem Fristende, Rz 10) verlängern, auch mehrmals. Die Einwilligung muss nicht unmittelbar ggü dem Berufungsgericht und auch nicht schriftlich erklärt werden. Es reicht aus, wenn der Prozessbevollmächtigte des Berufungsklägers sie einholt und ihre Erteilung ggü dem Berufungsgericht in einem Schriftsatz, üblicherweise in dem Verlängerungsantrag, anwaltlich versichert (BGHZ 161, 86, 89; aA MüKoZPO/*Rimmelspacher* Rn 10). Dies kann auch konkludent erfolgen (BGH NJW 06, 2192, 2193). 7

Ohne Einwilligung kann des Gegners kann der Vorsitzende des Berufungsgerichts die Begründungsfrist unter zwei Voraussetzungen um höchstens (BGH NJW 04, 1742) bis zu einem Monat verlängern: Zum einen, wenn nach seiner freien Überzeugung der Rechtsstreit durch die Verlängerung nicht verzögert wird; zum anderen, wenn der Berufungskläger erhebliche Gründe für die Notwendigkeit der Fristverlängerung darlegt und diese glaubhaft macht (§ 234 II). Als erheblicher Grund anerkannt ist zB die Arbeitsüberlastung des Prozessbevollmächtigten (BGH NJW 91, 2080, 2081), dessen Krankheit oder Urlaub (BGH NJW 94, 2957, 2958), die notwendige vorherige Besprechung zwischen dem Prozessbevollmächtigten und dem Berufungsführer (BGH NJW 99, 430; 01, 3552), der Wechsel des Prozessbevollmächtigten kurz vor Fristablauf (BGH NJW-RR 00, 799, 800). Die Gründe für die Fristverlängerung müssen noch im Zeitpunkt der Entscheidung über den Antrag bzw bei Fristablauf vorliegen. 8

Vor der Entscheidung über den Verlängerungsantrag ist dem Berufungsgegner rechtliches Gehör zu gewähren. 9

Liegt die Einwilligung des Gegners vor(s. Rz 7), hat der Vorsitzende mit schriftlicher und von ihm unterschriebener Verfügung dem Verlängerungsantrag zu entsprechen, wenn dieser rechtzeitig und formwirksam (s. Rz 6) gestellt wurde. Das Fristende muss nicht dem Datum entsprechen, welches der Berufungskläger genannt und welchem der Berufungsbeklagte zugestimmt hat. Der Vorsitzende kann nach pflichtgemäßem Ermessen auch eine kürzere Frist bestimmen; hinsichtlich der weitergehenden Frist gilt der Antrag dann als abgelehnt. Die zeitlich hinter dem Antrag zurückbleibende Bewilligung der Fristverlängerung ist dem Prozessbevollmächtigten des Berufungsklägers so rechtzeitig mitzuteilen (s. dazu Rz 15), dass er die Berufungsbegründung noch innerhalb der Frist einreichen kann (BVerfG NJW 01, 812). 10

Bei **fehlender Einwilligung** des Gegners (s. Rz 8) ist zu unterscheiden: Wird kein erheblicher Grund für die Notwendigkeit der Fristverlängerung dargelegt, hat der Vorsitzende zu beurteilen, ob durch die Verlängerung eine Verzögerung des Rechtsstreits eintritt. Ist das nach seiner freien Überzeugung der Fall, was allerdings kaum denkbar ist, muss er den Antrag zurückweisen; anderenfalls hat er ihm stattzugeben. Wird der Antrag auf das Vorliegen eines erheblichen Verlängerungsgrundes gestützt (s. Rz 8), muss der Vorsitzende prüfen, ob er ausreichend dargelegt sowie glaubhaft gemacht und anzuerkennen ist. Bejaht er dies, muss er dem Antrag stattgeben, darauf darf der Berufungskläger bei dem erstmaligen Verlängerungsantrag vertrauen; anderenfalls ist der Antrag zurückzuweisen. Hinsichtlich der Dauer der Verlängerung ist der Vorsitzende auch hier nicht an das in dem Antrag angegebene Datum gebunden; er kann nach pflichtgemäßem Ermessen ein Datum innerhalb der gesetzlichen Frist von einem Monat wählen (s.a. Rz 10 aE). 11

In der Verlängerungsverfügung ist das neue Fristende nach Datum zu bezeichnen. Möglich ist auch der Ausspruch der Verlängerung um einen bestimmten Zeitraum; in diesem Fall beginnt die verlängerte Frist mit dem Ablauf der gesetzlichen Frist zu laufen, also ggf ab dem nächsten Werktag nach einem Samstag, Sonntag oder allgemeinen Feiertag (BGH MDR 09, 644). Hat das Berufungsgericht die Frist »antragsge- 12 mäß« verlängert, hat es den Antrag auf Fristverlängerung zum Inhalt der Verlängerung gemacht, auch wenn die Frist in dem Antrag falsch berechnet wurde; die Fristverlängerung ist auch ohne die Einwilligung des Gegners wirksam (BGH NJW-RR 08, 1162, 1163). Eine unbefristete oder undatierte Verlängerung ist unzulässig.

13 Die Fristverlängerung kann auch noch **nach dem Ablauf der Berufungsbegründungsfrist** bewilligt werden, wenn der Antrag vorher bei dem Gericht eingegangen ist. Selbst nach dem Ablauf der beantragten Verlängerungsfrist ist der Ausspruch der Verlängerung möglich und ggf notwendig, damit die Berufung nicht als unzulässig verworfen wird, wenn sie nämlich innerhalb der verlängerten Frist begründet wurde.

14 Die **verfahrensfehlerhafte Fristverlängerung** zB durch einen nach dem gerichtsinternen Geschäftsverteilungsplan unzuständigen Vorsitzenden (BGHZ 37, 125), ohne einen wirksamen Verlängerungsantrag (BGH NJW 98, 1155, 1156) oder ohne dass die gesetzlichen Voraussetzungen für die Verlängerung erfüllt sind (BGH NJW 2004, 1460, 1461) ist wirksam. Dasselbe gilt für den Fall, dass die Verlängerung für einen längeren Zeitraum als den beantragten ausgesprochen wird. Zum verspätet eingegangenen Verlängerungsantrag s. Rz 6.

15 Die Verlängerungsverfügung ist dem Prozessbevollmächtigten des Berufungsklägers bekannt zu geben. Die Einhaltung einer bestimmten Form ist nicht vorgeschrieben. Die Fristverlängerung kann deshalb auch telefonisch mitgeteilt werden. Auch ohne Mitteilung kann der Prozessbevollmächtigte darauf vertrauen, dass seinem erstmals gestellten, ausreichend begründeten Verlängerungsantrag stattgegeben wird (BGH NJW-RR 09, 933, 934).

16 Weder die stattgebende noch die den Antrag zurückweisende Verfügung des Vorsitzenden ist mit einem Rechtsmittel angreifbar (BGHZ 102, 37, 39). Ihre Rechtmäßigkeit kann auch nicht in einem Revisions- (BGHZ aaO), Wiedereinsetzungs- (BGH NJW-RR 98, 573, 574) oder Rechtsbeschwerdeverfahren nach § 522 I 4 überprüft werden.

17 **Wiedereinsetzung in den vorigen Stand** (§ 233) ist dem Berufungskläger zu gewähren, wenn er die Berufungsbegründungsfrist versäumt hat, weil erst nach deren Ablauf über seinen Verlängerungsantrag entschieden oder dieser trotz Vorliegens der gesetzlichen Voraussetzungen für die Verlängerung (dem Berufungsgericht mitgeteilte Einwilligung des Gegners, s. Rz 7, Darlegung und Glaubhaftmachung eines Verlängerungsgrundes, s. Rz 8) zurückgewiesen wurde. Denn in diesen Fällen kann der Prozessbevollmächtigte des Berufungsklägers jedenfalls bei erstmaliger Antragstellung mit großer Wahrscheinlichkeit mit einer positiven Entscheidung über seinen Antrag rechnen (BVerfG NJW 01, 812).

18 **C. Begründungsschrift (Abs 3 S 1).** Die Berufungsbegründung muss in einem Schriftsatz enthalten sein, der von einem zur Vertretung bei dem Berufungsgericht berechtigten Rechtsanwalt eigenhändig unterschrieben ist (s. nur BGH NJW-RR 05, 435, 436); die Verwendung eines Unterschriftsstempels reicht nicht (BAG NJW 09, 3596, 3597). Sie kann entweder in der Berufungsschrift (§ 519) selbst oder, was der täglichen Praxis entspricht, in einem gesonderten Schriftsatz enthalten sein. Der Prozessbevollmächtigte des Berufungsklägers muss sie nicht persönlich angefertigt haben, er kann sie von anderen Personen vorbereiten lassen; zwingend notwendig ist jedoch, dass er die Berufungsbegründung selbstständig prüft und auf Grund der Prüfung die volle Verantwortung für den Inhalt des Schriftsatzes übernimmt und dies durch seine Unterschrift dokumentiert (BGH NJW 08, 1311). Intensität und Umfang der Prüfung spielen keine Rolle (BGH NJW-RR 98, 574, 575). Nicht ausreichend ist es, dass der Prozessbevollmächtigte die von einer anderen Person angefertigte Berufungsbegründung nicht gelesen, sondern gleichsam blind unterschrieben hat (aA Musielak/*Ball* Rn 17); denn in diesem Fall kann der Prozessbevollmächtigte den Inhalt der Berufungsbegründung vernünftigerweise nicht eigenverantwortlich geprüft haben (BGH NJW 08, 1311, 1312). Fehlt die Unterschrift, ist das Formerfordernis gleichwohl gewahrt, wenn die Begründungsschrift einem Schriftsatz des Prozessbevollmächtigten beigefügt ist, mit dem dieser auf die Übersendung der Begründung hinweist, und beide Schriftsätze zusammen mit einem einheitlichen Telefax an das Berufungsgericht übermittelt werden (BGH NJW-RR 09, 933, 934). Iü wird auf die Ausführungen in § 519 Rz 8 ff verwiesen.

19 Will der Prozessbevollmächtigte des Berufungsklägers nicht die Verantwortung für den Inhalt des Begründungsschriftsatzes übernehmen, muss er das in der Begründungsschrift zweifelsfrei zum Ausdruck bringen; spätere Erklärungen, die er nach dem Eingang des Schriftsatzes bei dem Berufungsgericht abgibt, können an der Wirksamkeit der Berufungsbegründung nichts ändern (BGH NJW-RR 98, 574, 575).

D. Zwingender Inhalt der Berufungsbegründung (Abs 3 S 2). I. Berufungsanträge (Nr 1). 1. Allgemeines. Mit seinen Anträgen bestimmt der Berufungskläger, in welchem Umfang und mit welchem Ziel er das erstinstanzliche Urt angreifen will. Erst die Anträge verschaffen Klarheit, ob bei der Wertberufung (§ 511 Rz 13 ff) die Berufungssumme von mehr als 600 € (§ 511 II Nr 1) erreicht wird. 20

2. Inhalt. Mit den Berufungsanträgen muss der Berufungskläger die Abänderung der angefochtenen Entscheidung zu seinen Gunsten erstreben. Dies braucht nicht ausdrücklich zB durch die Angabe einer bezifferten Klageforderung oder Stellung eines Klagabweisungsantrags erfolgen. Es reicht aus, wenn sich das Ziel der Berufung aus dem Antrag in Verbindung mit dem sonstigen Inhalt des Begründungsschriftsatzes (Rz 18 f) ergibt. Das ist bei dem Antrag auf Aufhebung des erstinstanzlichen Urteils und Zurückverweisung der Sache an das erstinstanzliche Gericht (BGH NJW 06, 2705 f) und sogar ohne formulierten Antrag (BGH NJW-RR 97, 866) der Fall, wenn zweifelsfrei zu erkennen ist, dass der Berufungskläger sein in der 1. Instanz verfolgtes Ziel uneingeschränkt weiter verfolgen will. Dabei ist sein Vorbringen so auszulegen, wie es nach den Maßstäben der Rechtsordnung vernünftig ist und seinem Interesse entspricht (BGH NJW-RR 05, 1659). 21

Zur Unzulässigkeit der Berufung führen Anträge, mit denen im Wege der Klageänderung oder Klageerweiterung neue Ansprüche geltend gemacht werden, die noch nicht Gegenstand des erstinstanzlichen Verfahrens waren. Denn ein Rechtsmittel muss die angefochtene Entscheidung wenigstens tw angreifen und darf nicht von vornherein auf die Durchsetzung eines bisher nicht erhobenen Anspruchs gerichtet sein (s. nur BGH NJW 00, 1958 mwN). Nicht ausreichend für das Hineinziehen neuer Ansprüche in die Berufungsinstanz ist die hilfsweise Anfechtung des erstinstanzlichen Urteils; in diesem Fall ist die Berufung insoweit zulässig und im Hinblick auf die neuen Ansprüche unzulässig (BGH NJW 01, 226, 227). Letzteres gilt auch, wenn der Berufungskläger nach dem Wegfall seiner Beschwer aus dem erstinstanzlichen Urt (§ 511 Rz 17) zB durch den Abschluss eines Vergleichs mit der Berufung nur noch eine Erweiterung der Klage in der Berufungsinstanz verfolgt (BGH NJW-RR 06, 442, 443). 22

Die Berufungsanträge müssen auf ein bestimmtes Ziel gerichtet sein. Lassen sie nicht erkennen, ob sich die Berufung insgesamt oder nur in Teilen gegen das angefochtene Urt richtet oder wird eine in das Ermessen des Gerichts gestellte Herabsetzung der erstinstanzlichen Verurteilung beantragt, führt das zur Unzulässigkeit des Rechtsmittels. Anders ist es in den Fällen, in denen den Berufungsanträgen ggf iVm der sonstigen Begründung der Mindestumfang zu entnehmen ist, in welchem der Berufungskläger die Abänderung des erstinstanzlichen Urteils erstrebt; in diesem Umfang ist das Rechtsmittel zulässig. 23

3. Berufungsbeschränkung. Der Berufungskläger kann sein Rechtsmittel durch die Berufungsanträge auf einen von mehreren Ansprüchen, auf einen mit Klage oder Widerklage erhobenen Anspruch und auf einen quantitativ abtrennbaren, in tatsächlicher und rechtlicher Hinsicht von dem Schicksal des übrigen Teils unabhängigen Teil des in der 1. Instanz erhobenen Anspruchs beschränken. Dasselbe gilt für die Anfechtung von Grund oder Höhe des Anspruchs (MüKo-ZPO/*Rimmelspacher* Rn 31) und einer zur Aufrechnung gestellten Gegenforderung (BGH NJW-RR 01, 1572; aA Musielak/*Ball* Rn 23). 24

Auf ein Zurückbehaltungsrecht, auf einzelne Rechtsfragen oder auf sonstige Elemente des angefochtenen Urteils kann die Berufung dagegen nicht beschränkt werden. Auch die Beschränkung nur auf die Kostenentscheidung ist unzulässig (§ 99 I). Ebenfalls unzulässig ist die Beschränkung bei der beschränkten Zulassungsberufung (§ 511 Rz 38) auf Ansprüche oder Teile, die nicht von der Zulassung umfasst werden (MüKo-ZPO/*Rimmelspacher* Rn 33). 25

Die bereits in der Berufungsbegründung enthaltene Beschränkung hat zur Folge, dass das Rechtsmittel nur in dem beschränkten Umfang eingelegt ist. Ein teilweiser Rechtsmittelverzicht (§ 515 Rz 21 ff) liegt darin nicht, auch keine tw Klagerücknahme. Anders ist es bei der nachträglichen Berufungsbeschränkung, mit der die in der Berufungsbegründung enthaltenen Anträge eingeschränkt werden. Sie gilt als Teilrücknahme des Rechtsmittels (§ 516 Rz 17 f) und kann zur Unzulässigkeit des verbleibenden Teils führen, nämlich wenn insoweit der Wert des Beschwerdegegenstands 600 € nicht mehr übersteigt (§ 511 II Nr 1). 26

4. Berufungserweiterung. Innerhalb der Frist zur Begründung der Berufung (Abs 2 S 1) kann der Berufungskläger sein Rechtsmittel durch neue oder weitergehende Anträge erweitern. Nach dem Ablauf der Begründungsfrist ist die Berufungserweiterung bis zum Schluss der mündlichen Verhandlung vor dem Berufungsgericht zulässig, wenn die neuen oder erweiterten Anträge von dem übrigen Inhalt des fristgerecht eingereichten Berufungsbegründungsschriftsatzes gedeckt werden (BGH NJW-RR 05, 714, 715); das gilt auch, nachdem der Rechtsstreit durch das Revisionsgericht an das Berufungsgericht zurückverwiesen 27 wurde, und wenn die Berufung zuvor beschränkt worden war (BGH NJW 01, 146). Daneben ist die Erweiterung zulässig, wenn sich nach dem Ablauf der Berufungsbegründungsfrist Gründe für die Erhebung einer Abänderungsklage nach § 323, für eine Wiedereinsetzung in den vorigen Stand nach § 233 oder für eine Wiederaufnahme des Verfahrens nach §§ 580 ff ergeben haben (Musielak/*Ball* Rn 25 mwN). Ein Vorbehalt der späteren Berufungserweiterung ist nicht notwendig.

28 Eine zunächst wegen Unterschreitung des Werts des Beschwerdegegenstands (§ 511 II Nr 1) unzulässige Berufung kann unter den vorstehend genannten Voraussetzungen durch die Berufungserweiterung zulässig werden (BGH NJW 61, 1115).

29 Für Klageänderungen, Klageerweiterungen und neue oder erweiterte Aufrechnungen innerhalb der Berufungsinstanz gilt die Vorschrift nicht. Ihre Zulässigkeit richtet sich ausschließlich nach § 533.

30 **II. Berufungsgründe (Nr 2–4). 1. Allgemeines.** Die Berufungsbegründung muss erkennen lassen, in welchen tatsächlichen oder rechtlichen Punkten der Berufungskläger das erstinstanzliche Urt für falsch hält und worauf er seine Ansicht stützt; damit soll eine Klarstellung und Konzentration des Streitstoffs in der Berufungsinstanz erreicht werden (BGH NJW-RR 07, 414, 415). Unerheblich ist, ob die Darlegungen des Berufungsführers schlüssig, substanziiert und rechtlich haltbar sind (BGH WuM 2010, 694, 695)

31 Verhält sich das angefochtene Urt über einen einzigen **unteilbaren Streitgegenstand**, reicht es aus, wenn die Berufungsgründe nur ein Element der Urteilsbegründung betreffen. Sie müssen allerdings geeignet sein, die angefochtene Entscheidung insgesamt zu Fall zu bringen. Daran fehlt es zB, wenn der unterlegene Beklagte das auf mehrere Anspruchsgrundlagen gestützte erstinstanzliche Urt nicht hinsichtlich aller Anspruchsgrundlagen angreift; in diesem Fall ist die Berufung unzulässig (BGH NJW-RR 06, 285). Anders ist es, wenn in dem die Klage abweisenden Urt mehrere Anspruchsgrundlagen verneint wurden; in diesem Fall müssen die Berufungsgründe nur eine der Anspruchsgrundlagen erfassen.

32 Betrifft das erstinstanzliche Urt einen **teilbaren oder mehrere Streitgegenstände**, müssen sich die Berufungsgründe, wenn der Berufungskläger das Urt insgesamt anfechten will, ebenso wie der bei der Verurteilung aufgrund mehrerer prozessualer Ansprüche auf jeden Teil oder Streitgegenstand erstrecken; fehlt es daran, ist die Berufung im Hinblick auf den nicht von den Berufungsgründen erfassten Teil des Urteils unzulässig (BGH NJW-RR 06, 1044, 1046).

33 Die weit verbreitete Praxis der **Bezugnahme auf andere Schriftstücke** ist nur eingeschränkt zulässig. Der Berufungskläger darf nicht bloß auf seinen erstinstanzlichen Vortrag und Beweisantritte (BGH NJW 10, 365, 367), auf ein von ihm selbst oder von seinem erstinstanzlichen Prozessbevollmächtigten bei dem Berufungsgericht eingereichtes Prozesskostenhilfegesuch und auf ein nicht von seinem zweitinstanzlichen Prozessbevollmächtigten unterschriebenes Schriftstück Bezug nehmen. Zulässig ist jedoch die Bezugnahme auf ein Prozesskostenhilfegesuch des zweitinstanzlichen Prozessbevollmächtigten, welches die Voraussetzungen des § 520 erfüllt, und auf den Prozesskostenhilfe bewilligenden Beschl des Berufungsgerichts, dessen ihm günstigen Inhalt sich der Berufungskläger zu Eigen macht. Zulässig ist auch die Bezugnahme in einem von einem Rechtsanwalt unterzeichneten Schriftsatz auf den Inhalt einer beigefügten, weder beglaubigten noch unterzeichneten Abschrift der Berufungsbegründungsschrift in einem Parallelverfahren (BGH NJW 10, 3661).

34 **2. Rechtsverletzung (Nr 2).** Nach § 513 I Alt 1 kann die Berufung nur darauf gestützt werden, dass die angefochtene Entscheidung auf einer Rechtsverletzung (§ 546) beruht. Dem entsprechend müssen in der Berufungsbegründung zunächst die Umstände aufgezeigt werden, aus denen sich die Rechtsverletzung ergibt. Da eine Rechtsverletzung für sich genommen nicht zur Abänderung des erstinstanzlichen Urteils führt, sondern nur dann, wenn dieses auf ihr beruht, muss der Berufungskläger auch darlegen, aus welchen Gründen die Rechtsverletzung für den Ausgang des erstinstanzlichen Verfahrens ursächlich ist (vgl BGH NJW-RR 08, 1308).

35 Notwendig ist die aus sich heraus verständliche Angabe, welche bestimmten Punkte des angefochtenen Urteils der Berufungskläger angreift und welche Gründe er ihnen entgegensetzt; die Bezeichnung der verletzten Rechtsnorm ist entbehrlich, soweit aus den mitgeteilten Rechtsansichten deutlich wird, worin der Rechtsfehler liegen soll (BGH NJW 06, 142, 143). Allgemeine, pauschale oder formelhafte Ausführungen (BGH NJW-RR 02, 209, 210) reichen ebenso wenig aus wie die Wiederholung des erstinstanzlichen Vortrags (BAG NJW 05, 1884). Demnach muss die Berufungsbegründung jeweils auf den Streitfall zugeschnitten sein und im Einzelnen erkennen lassen, in welchen Punkten tatsächlicher oder rechtlicher Art sowie aus welchen Gründen der Berufungskläger das angefochtene Urt für unrichtig hält; eine schlüssige, rechtlich haltbare Begründung kann zwar nicht verlangt werden, doch muss die Berufungsbegründung sich mit den rechtlichen oder tatsächlichen Argumenten des angefochtenen Urteils befassen, wenn es diese bekämpfen will (BAG NZA 08, 1429).

Neben dem materiellen Recht kann die Rechtsverletzung auch das Prozessrecht betreffen. An die entsprechenden Angriffe sind keine erhöhten Anforderungen zu stellen. Insbesondere ist es nicht notwendig, die verletzte Verfahrensnorm zu nennen. Auch muss der Berufungskläger, wenn er das Übergehen von Vortrag und/oder Beweisangeboten rügt, nicht aufzeigen, an welcher Stelle in den Akten der Vortrag oder das Beweisangebot steht (BGHZ 158, 269, 277). Höher sind die Anforderungen bei der Rüge der Verletzung der richterlichen Hinweispflicht (§ 139); hierbei muss genau dargelegt werden, was der Berufungskläger bei Erteilung des Hinweises vorgetragen hätte (BGH NJW-RR 04, 495, 496). 36

Die Entscheidungserheblichkeit der Verletzung materiellen Rechts muss durch die Darlegung einer Rechtsansicht aufgezeigt werden, die nach Ansicht des Berufungsklägers zu einem anderen Ergebnis als dem des angefochtenen Urteils führt; die Schlüssigkeit der Berufungsgründe ist nicht erforderlich (BGH NJW 06, 142, 143), ebenso wenig die rechtliche Vertretbarkeit der Rechtsansicht (BGH NJW 03, 3345, 3346). 37

Zur Bezeichnung der Umstände, aus denen sich die Erheblichkeit der gerügten Verletzung von Verfahrensvorschriften ergibt (Rz 33), muss der Berufungskläger darlegen, dass die erstinstanzliche Entscheidung ohne den Verfahrensfehler möglicherweise anders, nämlich zu seinen Gunsten, ergangen wäre. 38

3. Fehlerhafte Tatsachenfeststellungen (Nr 3). Die Berufung kann nach § 513 I Alt 2 nur darauf gestützt werden, dass von dem Berufungsgericht nach § 529 zugrunde zu legende Tatsachen eine andere Entscheidung als die von dem erstinstanzlichen Gericht getroffene rechtfertigen. Dem entsprechend müssen in der Berufungsbegründung konkrete Anhaltspunkte vorgetragen werden, die Zweifel an der Richtigkeit oder Vollständigkeit der erstinstanzlichen Tatsachenfeststellungen begründen und deshalb eine neue Feststellung durch das Berufungsgericht erforderlich machen. Die angegriffenen Tatsachenfeststellungen müssen genau bezeichnet werden. 39

Soweit die nach Ansicht des Berufungsklägers fehlerhafte Tatsachenfeststellung auf einem **Verfahrensverstoß** beruht, gilt für die Darlegung dieses Berufungsgrundes dasselbe wie das in Rz 33 Gesagte. 40

Soll die fehlerhafte Tatsachenfeststellung auf einem **Verstoß gegen materielles Recht** beruhen, muss die Berufungsbegründung aus sich heraus Zweifel an der Richtigkeit oder Vollständigkeit der Feststellung hervorrufen, die eine erneute Feststellung durch das Berufungsgericht geboten erscheinen lassen. Dafür ist eine vertiefte inhaltliche Auseinandersetzung mit der angefochtenen Tatsachenfeststellung erforderlich 41

Die Prüfungskompetenz des Berufungsgerichts ist nicht auf die Darlegungen des Berufungsklägers zur fehlerhaften Tatsachenfeststellung beschränkt, denn diese sind lediglich eine der Voraussetzungen für die Zulässigkeit des Rechtsmittels; vielmehr hat das Berufungsgericht Zweifeln an der Richtigkeit oder Vollständigkeit der erstinstanzlichen Tatsachenfeststellungen auch dann nachzugehen, wenn sie ihm unabhängig von den Rügen des Berufungsklägers bei der Aktenbearbeitung gekommen sind (BGHZ 158, 269, 278 ff). 42

Ebenso wie die in der Berufungsbegründung gerügte Rechtsverletzung (Rz 31 ff) müssen die Zweifel an der Richtigkeit oder Vollständigkeit der erstinstanzlichen Tatsachenfeststellung entscheidungserheblich sein. Dh, dass ohne sie zu Gunsten des Berufungsklägers eine andere Entscheidung wenigstens möglich erscheint. 43

4. Neue Angriffs- und Verteidigungsmittel (Nr 4). Die Berufung kann – ausschließlich oder neben anderen Gründen – auf neue Angriffs- oder Verteidigungsmittel gestützt werden; diese sind allerdings nur unter den Voraussetzungen des § 531 Abs 2 zu berücksichtigen (BGH NJW-RR 07, 934, 935). 44

Angriffs- und Verteidigungsmittel sind insb Behauptungen, Bestreiten, Einwendungen, Einreden, Beweismittel und Beweiseinreden (§ 282 I). Nicht dazu zählen Klage, Widerklage und Rechtsmittelanträge sowie die auf deren Zurückweisung gerichteten Anträge und die Aufrechnung. 45

Neu sind Angriffs- und Verteidigungsmittel, wenn sie erstmals in der Berufungsinstanz vorgetragen werden. Das ist auch der Fall, wenn sie zwar bereits in der 1. Instanz, dort aber nach dem Schluss der mündlichen Verhandlung in einem nicht nachgelassenen oder zwar nachgelassenen, aber von dem Schriftsatznachlass nicht gedeckten oder verspätet eingegangenen Schriftsatz (§ 283) vorgetragen, von dem erstinstanzlichen Gericht nicht berücksichtigt wurden und in der Berufungsbegründung wiederholt werden. Konkretisieren die in der Berufungsbegründung vorgetragenen Angriffs- und Verteidigungsmittel einen in der 1. Instanz lediglich allgemein gehaltenen Vortrag, sind sie ebenfalls neu; wird ein bereits schlüssiger 46

Vortrag aus der 1. Instanz in der Berufungsbegründung konkretisiert, verdeutlicht oder erläutert, ist er nicht neu (BGHZ 159, 245, 251).

47 Der Berufungskläger muss die neuen Angriffs- und Verteidigungsmittel bezeichnen, er muss sie also ausdrücklich benennen. Zusätzlich muss er auch die Tatsachen vortragen, welche die Zulassung der neuen Angriffs- und Verteidigungsmittel nach § 531 Abs 2 rechtfertigen. Dazu gehört die Darlegung von Gesichtspunkten, welche das erstinstanzliche Gericht erkennbar übersehen oder für unerheblich gehalten hat (§ 531 II 1 Nr 1), von Verfahrensmängeln, auf Grund derer die Angriffs- und Verteidigungsmittel in der 1. Instanz nicht vorgebracht wurden (§ 531 II 1 Nr 2), sowie der Umstände, welche dazu geführt haben, dass der Berufungskläger die Angriffs- und Verteidigungsmittel nicht bereits in der 1. Instanz vorgebracht hat, ohne dass ihm insoweit Nachlässigkeit vorzuwerfen ist (§ 531 II 1 Nr 3). Ob die vorgetragenen Tatsachen für die Zulassung der neuen Angriffs- und Verteidigungsmittel ausreichen, ist unerheblich; denn diese Frage betrifft die Begründetheit der Berufung, während es hier um die Anforderungen an ihre Zulässigkeit geht (Rz 1).

48 **E. Informationeller Inhalt der Berufungsbegründung (Abs 4). I. Wertangabe (Nr 1).** Bei der Wertberufung (§ 511 Rz 13 ff) soll der Berufungskläger den Wert des Beschwerdegegenstandes (§ 511 Rz 15 ff) angeben, wenn er nicht in einer bestimmten Geldsumme besteht. Fehlt diese Angabe in dem Berufungsbegründungsschriftsatz, führt das nicht zur Unzulässigkeit des Rechtsmittels; sie kann während des Berufungsverfahrens nachgeholt werden oder ganz unterbleiben.

49 **II. Einzelrichterentscheidung (Nr 2).** Der Berufungskläger soll auch angeben, ob es Gründe dafür gibt, von einer Übertragung des Rechtsstreits auf den Einzelrichter nach § 526 Abs 1 abzusehen. Das Fehlen dieser Angabe in dem Berufungsschriftsatz berührt nicht die Zulässigkeit des Rechtsmittels.

50 **F. Allgemeine Bestimmungen (Abs 5).** Die Regelung verweist auf die Vorschriften über die vorbereitenden Schriftsätze in den §§ 129 ff. Diese können allerdings nur in Verbindung mit den Anforderungen zur Anwendung gelangen, die in den vorherigen Absätzen an den Inhalt des Berufungsbegründungsschriftsatzes gestellt werden. Ein elektronisches Dokument (E-Mail) wahrt nicht die gesetzliche Form (BGH BB 09, 57).

§ 521 Zustellung der Berufungsschrift und -begründung.

(1) Die Berufungsschrift und die Berufungsbegründung sind der Gegenpartei zuzustellen.

(2) [1]Der Vorsitzende oder das Berufungsgericht kann der Gegenpartei eine Frist zur schriftlichen Berufungserwiderung und dem Berufungskläger eine Frist zur schriftlichen Stellungnahme auf die Berufungserwiderung setzen. [2]§ 277 gilt entsprechend.

1 **A. Allgemeines.** Das Zustellungserfordernis (Abs 1) besteht sowohl für die Berufungsschrift (§ 519) als auch für den die Berufungsbegründung enthaltenden Schriftsatz (§ 520 III 1). Es hat den Sinn, den Berufungsbeklagten (§ 511 Rz 52) von der Einleitung des Berufungsverfahrens und dem Ziel des Berufungsklägers zu unterrichten. Dadurch soll er in die Lage versetzt werden, seine Verteidigung von Anfang an auf das Wesentliche zu konzentrieren. Auch soll der Berufungsbeklagte abwägen können, ob er aus einem zu seinen Gunsten für vorläufig vollstreckbar erklärten erstinstanzlichen Urt (§§ 708 ff) die Zwangsvollstreckung betreiben soll, ohne sich der Gefahr einer Schadensersatzpflicht nach § 717 II auszusetzen.

2 Die Möglichkeit zur Fristsetzung (Abs 2) dient der Beschleunigung des Berufungsverfahrens. In der Praxis wird von ihr beinahe ausnahmslos Gebrauch gemacht. Auch hierfür ist die Zustellung der Berufungsbegründungsschrift notwendig, weil ohne sie die Einhaltung der gesetzten Fristen nicht ohne weiteres überprüft werden kann.

3 **B. Zustellung (Abs 1).** Die Zustellung der Berufungsschrift und der Berufungsbegründungsschrift erfolgt vAw (§ 166 II). Sie ist kein Erfordernis für die Zulässigkeit des Rechtsmittels. Auch ohne Zustellung der Berufungsschrift ist die Berufung mit ihrem Eingang bei dem Berufungsgericht wirksam eingelegt. Die fehlende Zustellung des die Berufungsbegründung enthaltenden Schriftsatzes hat keinen Einfluss auf die Wirksamkeit der Berufungsbegründung.

4 Nach § 172 II 1 muss die Berufungsschrift dem erstinstanzlichen Prozessbevollmächtigten des Berufungsbeklagten zugestellt werden. Ist kein Prozessbevollmächtigter bestellt, weil der Berufungsbeklagte den Rechtsstreit in der 1. Instanz selbst geführt hat, ist ihm die Berufungsschrift zuzustellen (§ 172 II 3). Hat er bereits

einen Prozessbevollmächtigten für die Vertretung in der 2. Instanz bestellt, muss diesem die Berufungsschrift zugestellt werden (§ 172 II 2).

Adressat der Zustellung des Berufungsbegründungsschriftsatzes ist ebenfalls der Berufungsbeklagte selbst, sein erstinstanzlicher oder sein zweitinstanzlicher Prozessbevollmächtigter. Hierfür gilt das in Rz 4 Gesagte. 5

Wurde an den Berufungsbeklagten selbst statt an seinen erst- oder zweitinstanzlichen Prozessbevollmächtigten oder an eine andere Person zugestellt, ist die Zustellung unwirksam; eine nach Abs 2 gesetzte Frist wird nicht in Lauf gesetzt (BGH NJW-RR 07, 356). Der Zustellungsmangel ist allerdings in dem Zeitpunkt geheilt, in welchem die Berufungsschrift oder der die Berufungsbegründung enthaltende Schriftsatz dem richtigen Adressaten tatsächlich zugegangen ist (§ 189). Die Heilung tritt auch ein, wenn der Berufungsbeklagte ihn nicht in der ersten mündlichen Verhandlung vor dem Berufungsgericht rügt (§ 295 I). 6

Sind auf der Seite des Berufungsgegners mehrere – einfache oder notwendige – Streitgenossen (§§ 59 ff) beteiligt, müssen die Zustellungen an jeden von ihnen erfolgen, wenn sie keinen gemeinsamen Prozessbevollmächtigten haben. Dasselbe gilt bei notwendiger Streitgenossenschaft auf der Seite des Berufungsklägers. 7

Dem Nebenintervenienten (§ 66) sowohl auf der eigenen als auch auf der gegnerischen Seite sind die Berufungsschrift und der Berufungsbegründungsschriftsatz ebenfalls zuzustellen. 8

C. Fristsetzung (Abs 2 S 1). Die Fristsetzung für die Berufungserwiderung und für die Replik des Berufungsbeklagten hierauf führt im Ergebnis zu einem schriftlichen Vorverfahren, wie es in § 276 für das erstinstanzliche Verfahren vorgesehen ist. Zuständig für die Fristsetzung sind der Vorsitzende der Berufungskammer bzw des Berufungssenats und das Berufungsgericht selbst, also der gesamte Spruchkörper. Eine Beschränkung der Befugnis des Vorsitzenden auf die Fristsetzung außerhalb der mündlichen Verhandlung und des Spruchkörpers in der mündlichen Verhandlung (so MüKoZPO/*Rimmelpacher* Rn 6) ist dem Gesetz nicht zu entnehmen. Sie ist auch praktisch kaum durchführbar, weil vor den hier angesprochenen Fristsetzungen idR noch keine mündliche Verhandlung vor dem Berufungsgericht stattgefunden hat. 9

Die **Voraussetzungen für die Fristsetzung** ergeben sich nicht aus dem Gesetz. Sie ist in das nicht nachprüfbare Ermessen des Vorsitzenden bzw des Berufungsgerichts gestellt. Die Fristsetzung ist immer dann angezeigt, wenn sie zur Beschleunigung des Berufungsverfahrens beiträgt. Daran fehlt es, wenn das Berufungsgericht die Verwerfung des Rechtsmittels nach § 522 erwägt. In diesem Fall ist die sofortige Anberaumung eines Termins zur mündlichen Verhandlung und dessen Abhaltung weniger zeitaufwändig. 10

Die Frist für die Berufungserwiderung und die Replik beträgt jeweils mindestens **zwei Wochen** (S 2 iVm § 277 III, IV). Jedenfalls für die Berufungserwiderung ist das zu kurz. Da dem Berufungskläger für die Einlegung des Rechtsmittels eine Frist von einem Monat (§ 517) und für die Begründung eine Frist von mindestens einem weiteren Monat § 520 II 1) zur Verfügung steht, sollte die Frist für die Berufungserwiderung aus Gründen der Chancengleichheit ebenfalls **mindestens einen Monat** betragen (MüKoZPO/*Rimmelspacher* Rn 9; Musielak/*Ball* Rn 5); denn der Berufungsbeklagte kann sich nach § 524 Abs 2 S 2 nur innerhalb der ihm gesetzten Erwiderungsfrist der Berufung anschließen. 11

Beide Fristen können auf Antrag verlängert werden, wenn erhebliche Gründe für die Notwendigkeit der **Verlängerung** glaubhaft gemacht sind (§ 224 II; näheres hierzu § 520 Rz 8). Vor der Verlängerung ist dem Gegner rechtliches Gehör zu gewähren. Zuständig für die Verlängerung ist der Vorsitzende, wenn er die Frist gesetzt hat, bzw bei Fristsetzung durch das Berufungsgericht dieses. 12

Die Folgen einer **Fristversäumung** ergeben sich aus § 530. Hierüber ist der Berufungsbeklagte zusammen mit der Fristsetzung ebenso zu belehren wie darüber, dass die Berufungserwiderung durch einen von ihm zu beauftragenden Rechtsanwalt bei dem Berufungsgericht einzureichen ist (S 2 iVm § 277 II). 13

D. Inhalt der Berufungserwiderung und Replik (Abs 2 S 2). I. Berufungserwiderung. Nach Abs 2 S 2 iVm § 277 I 1 hat der Berufungsbeklagte in der Berufungserwiderung seine Verteidigungsmittel vorzubringen, soweit es nach der Prozesslage einer sorgfältigen und auf Förderung des Verfahrens bedachten Prozessführung entspricht. Allerdings gelten hier nicht die dieselben Maßstäbe wie bei dem Inhalt der Klageerwiderung nach § 277 I 1. Denn der Berufungsbeklagte hat in der 1. Instanz Erfolg gehabt und kann sich deshalb regelmäßig darauf beschränken, das angefochtene Urt zu verteidigen. Wenn in der Berufungsbegründung jedoch neue Tatsachen vorgetragen werden, muss darauf in der Erwiderung eingegangen werden; insb neue Angriffs- und Verteidigungsmittel des Berufungsbeklagten sind vorzutragen. 14

Hat das erstinstanzliche Gericht über einen von dem Berufungsbeklagten hilfsweise zur Aufrechnung gestellten Gegenanspruch nicht entschieden, weil es die Klage abgewiesen hat, und finden sich in der Berufungsbegründung nur Angriffe gegen die Klageabweisung, kann sich der Berufungsbeklagte darauf be- 15 schränken, sein erstinstanzliches Vorbringen zu dem geltend gemachten Gegenanspruch im Wege der Bezugnahme zum Gegenstand des Berufungsverfahrens zu machen (BGH NJW 02, 3237, 3240). Dasselbe gilt für alle Angriffs- und Verteidigungsmittel (§ 520 Rz 45), die der Berufungsbeklagte bereits in der ersten Instanz vorgebracht, das erstinstanzliche Gericht jedoch bei seiner Entscheidung nicht berücksichtigt hat, zB weil es sie für unerheblich gehalten hat.

16 In der Berufungserwiderung soll der Berufungsbeklagte sich dazu äußern, ob einer Entscheidung der Sache durch den Einzelrichter Gründe entgegenstehen (S 2 iVm § 277 I 2).

17 **II. Replik.** In seiner Replik auf die Berufungserwiderung muss der Berufungskläger ebenfalls alles vorbringen, was nach der Prozesslage für eine sorgfältige und verfahrensfördernde Prozessführung notwendig ist (Abs 2 S 2 iVm § 277 IV). Er muss also auf die Berufungserwiderung eingehen, auch auf den dort lediglich in Bezug genommenen erstinstanzlichen Vortrag des Berufungsbeklagten (Rz 16).

§ 522 Zulässigkeitsprüfung; Zurückweisungsbeschluss.

(1) [1]Das Berufungsgericht hat von Amts wegen zu prüfen, ob die Berufung an sich statthaft und ob sie in der gesetzlichen Form und Frist eingelegt und begründet ist. [2]Mangelt es an einem dieser Erfordernisse, so ist die Berufung als unzulässig zu verwerfen. [3]Die Entscheidung kann durch Beschluss ergehen. [4]Gegen den Beschluss findet die Rechtsbeschwerde statt.

(2) [1]Das Berufungsgericht soll die Berufung durch Beschluss unverzüglich zurückweisen, wenn es einstimmig davon überzeugt ist, dass

1. **die Berufung offensichtlich keine Aussicht auf Erfolg hat,**
2. **die Rechtssache keine grundsätzliche Bedeutung hat,**
3. **die Fortbildung des Rechts oder die Sicherung einer einheitlichen Rechtsprechung eine Entscheidung des Berufungsgerichts nicht erfordert und**
4. **eine mündliche Verhandlung nicht geboten ist.**

[2]Das Berufungsgericht oder der Vorsitzende hat zuvor die Parteien auf die beabsichtigte Zurückweisung der Berufung und die Gründe hierfür hinzuweisen und dem Berufungsführer binnen einer zu bestimmenden Frist Gelegenheit zur Stellungnahme zu geben. [3]Der Beschluss nach Satz 1 ist zu begründen, soweit die Gründe für die Zurückweisung nicht bereits in dem Hinweis nach Satz 2 enthalten sind. [4]Ein anfechtbarer Beschluss hat darüber hinaus eine Bezugnahme auf die tatsächlichen Feststellungen im angefochtenen Urteil mit Darstellung etwaiger Änderungen oder Ergänzungen zu enthalten.

(3) Gegen den Beschluss nach Absatz 2 Satz 1 steht dem Berufungsführer das Rechtsmittel zu, das bei einer Entscheidung durch Urteil zulässig wäre.

1 **A. Allgemeines.** Die Vorschrift regelt zunächst eine Selbstverständlichkeit, nämlich die amtswegige Prüfung der Statthaftigkeit und Zulässigkeit der Berufung durch das Berufungsgericht vor der Prüfung der Begründetheit. Sodann gibt sie dem Berufungsgericht im Interesse der Verfahrensbeschleunigung die Möglichkeit, in einem vereinfachten und verkürzten Verfahren unzulässige und offensichtlich unbegründete Berufungen schnell zu verwerfen.

2 **B. Zulässigkeitsprüfung (Abs 1). I. Von Amts wegen.** Die Zulässigkeitsprüfung vAw steht unter dem **verfassungsrechtlichen Postulat** (Art 19 IV GG), den Parteien den Zugang zu der Berufungsinstanz nicht in unzumutbarer, aus Sachgründen nicht gebotener Weise zu erschweren (s. nur BVerfGE 88, 118, 124); hieraus folgt, dass die Anforderungen an die Zulässigkeit der Berufung nicht in einer mit dem Grundrecht aus Art 19 IV unvereinbaren Weise überspannt werden dürfen (BVerfG NJW-RR 07, 862, 863).

3 Von Amts wegen heißt, dass das Berufungsgericht den gesamten Prozessstoff in Bezug auf die Statthaftigkeit und Zulässigkeit des Rechtsmittels würdigen muss. Es ist jedoch weder berechtigt noch verpflichtet, im Wege der **Amtsermittlung** Tatsachen zu erforschen und in das Verfahren einzuführen; vielmehr ist es Sache des Berufungsklägers, das Vorliegen der Zulässigkeitsvoraussetzungen darzulegen und die notwendigen Nachweise vorzulegen (BGH NJW-RR 00, 1156 f).

4 **II. Statthaftigkeit der Berufung.** Die Berufung findet gegen die im ersten Rechtszug erlassenen Endurteile statt (§ 511 I). Zu den Voraussetzungen der Statthaftigkeit im Einzelnen kann hier auf die Erläuterungen in § 511 Rz 1 – 12 verwiesen werden.

III. Zulässigkeit der Berufung. Die Berufung ist nur zulässig, wenn der Wert des Beschwerdegegenstandes 600 € übersteigt oder das erstinstanzliche Gericht die Berufung in seinem Urt zugelassen hat (§ 511 II). Zum Vorliegen dieser Voraussetzungen kann hier auf die Erläuterungen in § 511 Rz 13 – 47 verwiesen werden. Weitere Zulässigkeitsvoraussetzung ist die Einlegung und Begründung der Berufung in der gesetzlichen Form und Frist. Zu diesen Voraussetzungen wird auf die Erläuterungen zu den §§ 517–520 verwiesen. 5

Zulässigkeitsvoraussetzung ist auch die Beschwer des Berufungsklägers aus dem erstinstanzlichen Urt (s. dazu § 511 Rz 17 ff). Demnach erstreckt sich die Zulässigkeitsprüfung auch auf diesen Punkt. 6

Schließlich gehört auch die Beurteilung der Prozessfähigkeit des Berufungsklägers zu den Aufgaben des Berufungsgerichts iRd Zulässigkeitsprüfung. Bei Streit um die Prozessfähigkeit wird ein evtl prozessunfähiger Berufungskläger so behandelt, als sei er prozessfähig (BGH NJW 00, 289). Stellt sich heraus, dass die Prozessunfähigkeit bereits im Zeitpunkt der Klageerhebung vorlag, ist nicht die Berufung als unzulässig zu verwerfen, sondern die Klage als unzulässig abzuweisen; dem liegt der Gedanke des umfassenden Rechtsschutzes auch für einen Prozessunfähigen zu Grunde (BGH NJW 00, 289, 291). 7

IV. Verfahren. Die Verwerfung der Berufung als unzulässig wegen Fehlens einer Zulässigkeitsvoraussetzung kann nach Abs 1 S 3 durch Beschl erfolgen. Darin muss der maßgebliche Sachverhalt, über den entschieden wurde, wiedergegeben werden; auch müssen der Streitgegenstand und die von den Parteien gestellten Anträge erkennbar sein (BGH NJW-RR 08, 1455). Eine **mündliche Verhandlung** über die Zulässigkeit der Berufung wird in das nicht nachprüfbare Ermessen des Berufungsgerichts gestellt. Sie ist in der Praxis eher die Ausnahme. In der Regel steht nämlich spätestens nach dem Eingang der Berufungsbegründung (§ 520) fest, ob das Rechtsmittel unzulässig ist oder nicht. Bestehen jedoch Zweifel an der Zulässigkeit, muss versucht werden, sie in einer mündlichen Verhandlung zu beseitigen. Das erfordert schon die in Art 6 I EMRK enthaltene Garantie der Öffentlichkeit des Zivilprozesses, die auch die Garantie der mündlichen Verhandlung einschließt (MüKoZPO/*Rimmelspacher* Rn 5). 8

Die Tatsachen, aus denen sich die Zulässigkeit oder Unzulässigkeit der Berufung ergeben, müssen zur vollen Überzeugung des Gerichts bewiesen werden; an die Überzeugungsbildung werden insoweit keine höheren oder geringeren Anforderungen als sonst gestellt (BGH NJW 07, 1457). Eine Ausnahme gilt für die Feststellung des Erreichens der Berufungssumme von mehr als 600 €; hierfür reicht nach § 511 III die Glaubhaftmachung (§ 294) mit Ausnahme der eidesstattlichen Versicherung aus. 9

Die **Beweislast** für die zulässigkeitsrelevanten Tatsachen mit Ausnahme solcher, die gerichtsinterne Vorgänge betreffen (aA St/J/*Grunsky*, § 516 Rn 3), trägt der Berufungskläger. 10

V. Entscheidung des Berufungsgerichts. 1. Allgemeines. Erst wenn die Unzulässigkeit der Berufung endgültig feststeht, ist sie zu verwerfen. Der Verwerfungsbeschluss muss den maßgebenden Sachverhalt wiedergeben sowie den Streitgegenstand und die Anträge in beiden Instanzen erkennen lassen (BGH NJW 10, 1582, 1583) Daraus folgt, dass das Berufungsgericht in den Fällen der Versäumung der Berufungs- oder Begründungsfrist auf Antrag des Berufungsklägers zunächst über die **Wiedereinsetzung** in den vorigen Stand (§§ 233 ff) entscheiden muss (BGH NJW-RR 11, 995). Dasselbe gilt, wenn eine Wiedereinsetzung vAw in Betracht kommt (§ 236 II 2). Auch wenn der Berufungskläger die Verlängerung der Begründungsfrist rechtzeitig beantragt, das Berufungsgericht darüber jedoch nicht innerhalb der Frist entschieden hat (§ 520 Rz 13), darf es die Berufung nicht vor seiner den Antrag abweisenden Entscheidung als unzulässig verwerfen. Die Verwerfung und die Zurückweisung des Wiedereinsetzungs- oder Fristverlängerungsantrags können in einer Entscheidung erfolgen. 11

Selbst wenn der Berufungskläger die Begründungsfrist versäumt hat und ihm nicht Wiedereinsetzung in den vorigen Stand zu gewähren ist, darf die Berufung nicht als unzulässig verworfen werden, solange es möglich ist, sie als unselbstständige Anschlussberufung zu behandeln (BGH NJW-RR 04, 1502, 1503). 12

Hat der Berufungskläger für die Durchführung des Berufungsverfahrens **Prozesskostenhilfe** beantragt, darf das Rechtsmittel nicht wegen Versäumung der Begründungsfrist als unzulässig verworfen werden, bevor über den Antrag entschieden wurde; auch die gleichzeitige Verwerfung und Versagung von Prozesskostenhilfe ist unzulässig, weil dem Berufungskläger damit die Möglichkeit genommen wird, für den Fall der Durchführung des Verfahrens auf eigene Kosten einen Antrag auf Wiedereinsetzung in den vorigen Stand (§ 233) zu stellen (BGH NJW-RR 11, 995, 996). 13

Bei **mehrfacher Einlegung der Berufung** durch den Berufungskläger oder durch ihn und seinen Streithelfer muss das Berufungsgericht auch über die Zulässigkeit einheitlich entscheiden, weil es sich nur um ein einziges Rechtsmittel handelt (§ 519 Rz 26). Wenn nur eine der Berufungseinlegungen sämtliche Zulässig- 14 keitsvoraussetzungen (Rz 5 ff) erfüllt, ist das Rechtsmittel zulässig; die Verwerfung einer anderen Einlegung als unzulässig ist nicht möglich. Anders ist es, wenn nach der Verwerfung noch eine neue Berufung eingelegt und begründet wird; ihre Zulässigkeit ist gesondert zu beurteilen.

15 Zur Entscheidung über die Zulässigkeit der Berufung ist das Berufungsgericht, also der gesamte Spruchkörper (Kammer bei den Landgerichten, Senat bei den Oberlandesgerichten), berufen. Der Einzelrichter, und zwar sowohl der entscheidende (§ 526) als auch der vorbereitende (§ 527), kann die Entscheidung nicht treffen; denn nach § 523 I 1 darf das Berufungsgericht über die Übertragung des Rechtsstreits auf den Einzelrichter erst entscheiden, wenn es die Berufung nicht als unzulässig verworfen hat.

16 **2. Zulässigkeit der Berufung.** Liegen sämtliche Zulässigkeitsvoraussetzungen (Rz 5 ff) vor, kann das Berufungsgericht darüber durch **Zwischenurteil** (§ 303) entscheiden. In der Regel unterbleibt dies jedoch; notwendige Erörterungen zur Zulässigkeit der Berufung finden sich dann in dem Endurteil wieder.

17 **3. Unzulässigkeit der Berufung.** Ist die Berufung unzulässig, verwirft sie das Berufungsgericht durch Urt nach mündlicher Verhandlung (Rz 8) bzw durch Beschl, wenn keine mündliche Verhandlung stattgefunden hat. Beide Entscheidungsformen beenden die Instanz und sind anfechtbar, nämlich das Urt nach § 542 I mit der Nichtzulassungsbeschwerde (§ 544) bzw Revision (§ 543) und der Beschl nach Abs 1 S 4 mit der Rechtsbeschwerde (§ 547); letzteres gilt nach § 574 II allerdings nur, wenn die Rechtssache grundsätzliche Bedeutung hat oder die Fortbildung des Rechts oder die Sicherung einer einheitlichen Rechtsprechung eine Entscheidung des Rechtsbeschwerdegerichts erfordert (BGH NJW 03, 2991). In beiden Fällen gilt die Wertgrenze von 20.000 € (§ 26 Nr 8 EGZPO) nicht. Neue Tatsachen und Beweise, aus denen sich die Zulässigkeit der als unzulässig verworfenen Berufung ergeben soll, können weder in der Revisions- noch in der Rechtsbeschwerdeinstanz vorgebracht werden (BGHZ 156, 165).

18 Betrifft die Unzulässigkeit nur einen abtrennbaren Teil der Berufung, ist die Verwerfung entsprechend zu beschränken; Voraussetzung hierfür ist allerdings, dass hinsichtlich des zulässigen Teils die Berufungssumme (§ 511 II Nr 1) erreicht wird, anderenfalls das Rechtsmittel insgesamt zu verwerfen ist (MüKoZPO/*Rimmelspacher* Rn 11). Entsprechend beschränkt zu verwerfen ist die unzulässige Berufung eines von mehreren Streitgenossen oder gegen einen Streitgenossen.

19 **4. Entscheidungswirkung.** Hat das Berufungsgericht das Rechtsmittel als zulässig angesehen, ist es daran ebenso gebunden (§ 318) wie an die Verwerfung der Berufung als unzulässig. In diesem letzteren Fall beendet der Verwerfungsbeschluss bzw das Verwerfungsurteil (Rz 17) die Berufungsinstanz. In dem erstgenannten Fall dauert die Bindung des Berufungsgerichts nur so lange, wie die Zulässigkeitsvoraussetzungen gegeben sind; entfallen sie im Laufe des Berufungsverfahrens, ist das Rechtsmittel als unzulässig zu verwerfen.

20 Die Verwerfung als unzulässig hindert den Berufungskläger nicht, erneut Berufung einzulegen. Für die Zulässigkeit dieses neuen Rechtsmittels gelten keine Besonderheiten. Es muss frist- und formgerecht eingelegt und begründet werden. Außerdem muss der Mangel, der zur Unzulässigkeit der ersten Berufung geführt hat, behoben worden sein.

21 **5. Wiedereinsetzung in den vorigen Stand.** Gewährt das Berufungsgericht dem Berufungskläger Wiedereinsetzung in den vorigen Stand gegen die Versäumung der Berufungs- oder Begründungsfrist, kann der Berufungsbeklagte diese Entscheidung nicht anfechten (§ 238 III). Gegen die Zurückweisung des Wiedereinsetzungsantrags durch gesonderten Beschl kann der Berufungskläger dasselbe Rechtsmittel einlegen wie gegen die Verwerfung der Berufung als unzulässig durch Beschl, also die Rechtsbeschwerde (Abs 1 S 4). Allerdings reicht sie für den angestrebten Zugang zur Berufungsinstanz nicht aus, wenn in demselben oder in einem gesonderten Beschl die Berufung als unzulässig verworfen wird; auch diese Entscheidung muss mit der Rechtsbeschwerde angefochten werden, damit sie nicht rechtskräftig wird. Dasselbe gilt für den umgekehrten Fall; die Anfechtung nur des Verwerfungsbeschlusses erfasst nicht die Zurückweisungsentscheidung über den Wiedereinsetzungsantrag, so dass diese mangels Anfechtung rechtskräftig wird und das Berufungsgericht bindet. Greift der Berufungskläger nur die Zurückweisung seines Wiedereinsetzungsantrags an und hat dieses Rechtsmittel Erfolg, wird die vorherige oder gleichzeitige Verwerfung der Berufung als unzulässig ohne weiteres gegenstandslos, selbst wenn die Verwerfungsentscheidung bereits rechtskräftig ist (BGH NJW 06, 2269).

22 **C. Zurückweisungsbeschluss (Abs 2). I. Allgemeines.** Die Zurückweisung der Berufung durch einstimmigen Beschl des Berufungsgerichts soll nach der Gesetzesbegründung (BTDrs 14/4722, 64) effizient und bürgerfreundlich sein. Außerdem führe das Zurückweisungsverfahren wegen des Fortfalls der mündlichen

Verhandlung (Nr 4) für den Berufungskläger zu einer Kostenersparnis. Schließlich entstünden erhebliche Effizienzgewinne für die Gerichte, weil das Berufungsgericht mit dem Zurückweisungsbeschluss ein Instrument in die Hand bekomme, welches es ihm erlaube, substanzlose Berufungen schnell, ohne den unnötigen Zeitaufwand einer mündlichen Verhandlung und ohne doppelte Aktenbearbeitung bei Eingang der Sache und bei der Terminvorbereitung zu erledigen.

Nach der Neuregelung in Art 1 des Gesetzes zur Änderung des § 522 der Zivilprozessordnung vom 21.10.11 (BGBl I 2082) setzt die Zurückweisung der Berufung durch Beschl nunmehr zusätzlich voraus, dass das Rechtsmittel **offensichtlich keine Aussicht auf Erfolg** hat und eine **mündliche Verhandlung nicht geboten** ist; außerdem muss die **Begründung des Beschl** die in § 540 I Nr 1 genannten Angaben enthalten, weil er nunmehr wie ein Berufungsurteil anfechtbar ist (Abs 3). Trotz der in Rz 22 genannten, im Interesse der Parteien und der Gerichte liegenden Ziele ist die Zurückweisung der Berufung durch Beschl jetzt nicht mehr zwingend, sondern erfolgt auf der Grundlage einer Soll-Entscheidung. Damit hat der Gesetzgeber dem Wegfall der Unanfechtbarkeit (Abs 3) des Zurückweisungsbeschl Rechnung getragen. Gleichwohl ist das Berufungsgericht nicht völlig frei in seiner Entscheidung, welches Verfahren es wählt; wenn die Voraussetzungen des S 1 Nr 1 bis 4 vorliegen, darf es nur dann durch Urt entscheiden, wenn sich dadurch das Verfahren nicht verzögert (BTDrs 17/6406, 8). 23

II. Voraussetzungen (S 1). 1. Offensichtliche Erfolglosigkeit der Berufung (Nr 1). Die – zulässige – Berufung hat keine Aussicht auf Erfolg, wenn sie nach dem Inhalt der gewechselten Schriftsätze (Berufungsbegründung, Berufungserwiderung, Replik) unbegründet und nicht zu erwarten ist, dass ihr durch weiteren Vortrag des Berufungsklägers und/oder durch Erörterungen in der mündlichen Verhandlung Erfolg beschert werden kann. Das erstinstanzliche Urt muss sich wenigstens im Ergebnis als zutr erweisen. 24

Im Gegensatz zu der früheren Regelung muss die Erfolglosigkeit der Berufung nunmehr offensichtlich sein. Wann das der Fall ist, ist unklar. Nach der Rechtsprechung des BVerfG soll „offensichtlich" bedeuten, dass die fehlende Erfolgsaussicht besonders deutlich ins Auge springt (BVerfG NJW 03, 281). Nach der Gesetzesbegründung muss die Erfolglosigkeit nicht auf der Hand liegen, sondern soll das Ergebnis vorgängiger gründlicher Prüfung sein (BTDrs 17/6406, 9). Da es – gerade auch aus der maßgeblichen Sicht des Berufungsgerichts – eine mehr oder weniger fehlende Aussicht auf Erfolg nicht gibt, ist davon auszugehen, dass mit der Neuregelung keine qualitative Änderung des Prüfungsumfangs und der Überzeugungsbildung des Berufungsgerichts beabsichtigt ist (Zö/*Heßler* Rn 36). Eine bloß summarische Prüfung der Erfolgsaussicht reicht also keineswegs aus; vielmehr gelten insoweit dieselben Anforderungen wie für eine Entscheidung des Berufungsgericht durch Urt (Kobl NJW 03, 2100, 2101). 25

Macht der Berufungskläger eine **Rechtsverletzung** durch das erstinstanzliche Gericht geltend (§ 520 III Nr 2), hat die Berufung dann offensichtlich keine Aussicht auf Erfolg, wenn das Berufungsgericht die Rechtsansichten des Vordergerichts für zutr oder zwar für falsch hält, aber aus anderen Gründen auf der Grundlage der festgestellten Tatsachen zu demselben Ergebnis gelangt (Frankf NJW 04, 165, 167; Hambg NJW 06, 71). 26

Greift der Berufungskläger die **Tatsachenfeststellung** des erstinstanzlichen Gerichts an (§ 520 III Nr 3), fehlt dem Rechtsmittel die Erfolgsaussicht nicht, wenn das Vorbringen auch nur Zweifel an der Richtigkeit und Vollständigkeit der Feststellungen erweckt; ob sie begründet sind, darf das Berufungsgericht in diesem Verfahrensstadium nicht klären (MüKoZPO/*Rimmelspacher* Rn 20). 27

Trägt der Berufungskläger **neue Angriffs- und Verteidigungsmittel** (§ 520 Rz 44 ff) vor und sind diese zuzulassen (§§ 529 I Nr 2, II, 531 II), fehlt der Berufung nur dann offensichtlich die Erfolgsaussicht, wenn sie oder die dagegen vorgebrachten Angriffe des Berufungsbeklagten zu keiner anderen Entscheidung als der angegriffenen führen. 28

Wurde dem Berufungskläger **Prozesskostenhilfe** für das Berufungsverfahren bewilligt, scheidet idR die Annahme der – erst recht offensichtlichen – Erfolglosigkeit des Rechtsmittels aus; denn nach § 114 darf Prozesskostenhilfe nur bei hinreichender Aussicht auf Erfolg der Rechtsverteidigung bewilligt werden (BTDrs 14/4722, 97). 29

2. Keine grundsätzliche Bedeutung (Nr 2). Die grundsätzliche Bedeutung der Rechtssache schließt die Zurückweisung der Berufung durch Beschl aus. Dafür gibt es zwei Gründe: Zum einen erfordert das öffentliche, also das über die Interessen der Parteien hinausgehende Interesse die Klärung rechtsgrundsätzlicher Fragen in einem Verfahren mit mündlicher Verhandlung, an der jedermann teilnehmen kann. Zum ande- 30 ren ist das Berufungsgericht nach § 543 II 1 Nr 1 verpflichtet, durch die Zulassung der Revision in seinem Urt die Beantwortung solcher Fragen letztlich dem Revisionsgericht zu überlassen.

31 Zu den Voraussetzungen für eine grundsätzliche Bedeutung der Sache wird auf die Erläuterungen in § 511 Rz 40f verwiesen; zu beachten ist allerdings, dass es hier auf die Sichtweise des Berufungsgerichts ankommt. Denn die Zulassung der Berufung wegen Grundsatzbedeutung durch das erstinstanzliche Gericht bindet das Berufungsgericht nur hinsichtlich der Zulässigkeit des Rechtsmittels (§ 511 IV 2) und hindert nicht eine abweichende Beurteilung des Vorliegens der grundsätzlichen Bedeutung (BTDrs 14/4722, 97).

32 **3. Keine Notwendigkeit der Rechtsfortbildung oder Sicherung einer einheitlichen Rechtsprechung (Nr 3).** Die Zurückweisung der Berufung durch Beschl ist ebenfalls ausgeschlossen, wenn die Fortbildung des Rechts oder die Sicherung einer einheitlichen Rechtsprechung eine Entscheidung des Berufungsgerichts erfordert. Wann das der Fall ist, beurteilt sich nach denselben Grundsätzen, die der Zulassungsentscheidung des erstinstanzlichen Gerichts nach § 511 IV Nr 1 zu Grunde liegen. Insoweit wird auf die Erläuterungen in § 511 Rz 42 ff verwiesen. Im Übrigen gilt das in Rz 30f Gesagte hier entsprechend.

32a **4. Keine Notwendigkeit einer mündlichen Verhandlung (Nr 4).** Die Neufassung übernimmt inhaltlich die Regelung in § 130a VwGO. Obwohl das hier – anders als dort – im Gesetzestext nicht zum Ausdruck kommt, ist die Sichtweise des Berufungsgerichts maßgeblich dafür, ob eine mdl Verh nicht geboten ist. Das ist zB der Fall, wenn der Sachverhalt – auch unter Berücksichtigung neuer zulässiger Angriffs- und Verteidigungsmittel (§ 531 II) – zwischen den Parteien unstr ist, wenn bei streitigem Sachverhalt eine Beweiswürdigung ausschließlich aufgrund der Aktenlage erfolgen kann, wenn das Berufungsgericht ausschließlich über Rechtsfragen zu entscheiden hat. Unter Beachtung dieser Grundsätze verstößt die Regelung weder gegen **Art 103 I GG** noch gegen **Art 6 EMRK**. Die Vorstellung des Gesetzgebers, eine mdl Verh sei immer dann geboten, wenn die Rechtsverfolgung für den Berufungsführer existentielle Bedeutung hat (BTDrs 17/6406, 9) ist nichtssagend und deshalb kein geeignetes Abgrenzungskriterium.

33 **III. Verfahren. 1. Kollegialentscheidung (S 1).** Die Zurückweisung darf nur durch einen Beschl des Berufungsgerichts, also des gesamten Spruchkörpers, erfolgen; der entscheidende und der vorbereitende Einzelrichter (§§ 526, 527) sind für die Zurückweisung nicht zuständig (§ 523 I 1). Die Entscheidung für die Zurückweisung muss einstimmig gefallen sein.

34 **2. Hinweispflicht (S 2).** Zur Wahrung des Anspruchs der Parteien, insb des Berufungsklägers, auf Gewährung rechtlichen Gehörs (**Art 103 I GG**) müssen sie auf die beabsichtigte Zurückweisung der Berufung durch Beschl hingewiesen werden. Dies kann durch den Vorsitzenden oder das Berufungsgericht, also den gesamten Spruchkörper, erfolgen. Selbstverständlich kann der Vorsitzende den Hinweis nicht erteilen, bevor die einstimmige vorläufige Entscheidung des gesamten Kollegialgerichts (Rz 33) gefallen ist.

35 Der Hinweis ist schriftlich zu erteilen und muss sämtliche Gründe für die Ansicht des Berufungsgerichts aufzeigen, dass das Rechtsmittel offensichtlich keine Aussicht auf Erfolg (Rz 24 ff) hat, die Rechtssache keine grundsätzliche Bedeutung (Rz 30 f) hat und eine Entscheidung des Berufungsgerichts zur Fortbildung des Rechts oder zur Sicherung einer einheitlichen Rechtsprechung (Rz 32) nicht erforderlich ist. Der Berufungskläger muss durch den Hinweis in die Lage versetzt werden, sein Vorbringen – soweit zulässig – zu ergänzen, um eine andere Beurteilung der Erfolgsaussicht des Rechtsmittels durch das Berufungsgericht zu erreichen. Dafür kann ein bloßer Verweis des Berufungsgerichts auf die nach seiner Ansicht zutreffenden Gründe des erstinstanzlichen Urteils ausreichen.

36 Der Hinweis darf die weitere Sachaufklärung nicht zum Ziel haben. Denn wenn und solange das Berufungsgericht einzelne entscheidungserhebliche Punkte für klärungsbedürftig und klärungsfähig hält, kann es die Erfolgsaussicht des Rechtsmittels nicht verneinen und darf den Rechtsstreit nicht ohne mdl Verh entscheiden.

37 **3. Stellungnahmefrist (S 2).** Zusammen mit dem Hinweis ist dem Berufungskläger die Möglichkeit zur Stellungnahme innerhalb einer gesetzten Frist, die auf Antrag bei Vorliegen erheblicher Gründe verlängert werden kann (§ 224 II), zu geben. Bis zum Ablauf der Frist eingehender Tatsachenvortrag ist Grundlage der endgültigen Entscheidung des Berufungsgerichts und bestimmt damit auch den Umfang der Rechtskraft der Entscheidung (BGH NJW-RR 11, 1528, 1529). Geht die Stellungnahme nach Fristablauf, aber vor dem Erlass des Zurückweisungsbeschlusses bei dem Berufungsgericht ein, ist sie bei der Beschlussfassung ebenfalls zu berücksichtigen.

Eine bestimmte Dauer der Frist schreibt das Gesetz nicht vor. Sie liegt im Ermessen des Vorsitzenden bzw des Spruchkörpers und muss so bemessen sein, dass der Berufungskläger auf die dargelegten Gründe für die beabsichtigte Zurückweisung des Rechtsmittels im Einzelnen eingehen kann, um sie zu entkräften. Die für die Berufungserwiderung und die Replik des Berufungsklägers geltende Frist von zwei Wochen (§ 521 II 2 iVm § 277 III, IV) sollte nicht unterschritten werden. Das Setzen einer längeren Frist erscheint angesichts der zweimonatigen Berufungsbegründungsfrist (§ 520 II 1) und der zweiwöchigen Replikfrist nicht notwendig; anderenfalls würde das gesetzgeberische Ziel der Beschleunigung des Verfahrens (Rz 22) verfehlt. 38

4. Beschlussfassung (S 3). Nach dem Eingang der Stellungnahme des Berufungsklägers bzw nach Fristablauf ohne Eingang einer Stellungnahme hat das Berufungsgericht (gesamter Spruchkörper, Rz 33) erneut darüber zu befinden, ob die Voraussetzungen für die Zurückweisung der Berufung (Rz 24 ff) weiterhin vorliegen. Bejaht es dies einstimmig, soll es die Berufung durch Beschl zurückweisen. Eine Änderung der Zusammensetzung des Spruchkörpers durch Richterwechsel zwischen der Erteilung des Hinweises und der endgültigen Beschlussfassung ist unbeachtlich. 39

Der Zurückweisungsbeschluss ist zu begründen, soweit die **Begründung** nicht bereits in dem Hinweis nach S 2 enthalten ist. Daraus folgt, dass sich die Begründung nur mit den Argumenten des Berufungsklägers auseinandersetzen muss, die er in seiner Stellungnahme auf den Hinweis vorgebracht hat; iÜ genügt die Bezugnahme auf die Begründung in dem Hinweis. 40

Liegen die Voraussetzungen für die Zurückweisung der Berufung durch Beschl nur in Bezug auf einen **Teil des Rechtsstreits** vor, der Gegenstand einer beschränkten Zulassung der Berufung durch das erstinstanzliche Gericht sein kann (§ 511 Rz 38), soll das Berufungsgericht insoweit das Rechtsmittel durch Teilbeschluss zurückweisen (Musielak/*Ball* Rn 28a mwN; offen gelassen von BGH NJW-RR 07, 767). Nur mit dieser Verfahrensweise kann das Ziel des Gesetzes, nämlich schnelle Rechtssicherheit für den Berufungsbeklagten zu schaffen und das Berufungsverfahren effizient und zügig abzuschließen (Rz 22), erreicht werden (aA MüKoZPO/*Rimmelspacher* Rn 30). 41

Haben **mehrere Streitgenossen** das Rechtsmittel eingelegt (§ 511 Rz 49) und liegen hinsichtlich eines von ihnen die Voraussetzungen der Zurückweisung durch Beschl vor, soll das Berufungsgericht so verfahren. 42

Ist ein der beschränkten Zulassung der Berufung (§ 511 Rz 38) zugänglicher Teil des Rechtsmittels unzulässig und kann ein anderer solcher Teil durch Beschl zurückgewiesen werden, kann das Berufungsgericht einen nach Abs 1 und Abs 2 kombinierten Beschl erlassen. 43

5. Bezugnahme auf die tatsächlichen Feststellungen im angefochtenen Urteil mit Darstellung etwaiger Änderungen oder Ergänzungen. Da der Zurückweisungsbeschl nach der Neuregelung wie ein Berufungsurteil anfechtbar ist, muss er wie dieses die in § 540 I Nr 1 genannten Angaben enthalten (Näheres s. bei § 540 Rz 12 f). Denn er wird nunmehr auf Nichtzulassungsbeschwerde hin – falls die in § 26 Nr 8 EGZPO normierte Wertgrenze erreicht ist – von dem Revisionsgericht überprüft. 43a

D. Rechtsmittel (Abs 3). I. Verwerfungsbeschluss (Abs 1 S 4). Gegen den Beschl, mit dem die Berufung als unzulässig verworfen wird, ist die **Rechtsbeschwerde** das statthafte Rechtsmittel. Näheres dazu s. die Erl bei §§ 574 ff . 44

II. Zurückweisungsbeschluss (Abs 2). Der einstimmige Zurückweisungsbeschl (Rz 22 ff) ist nunmehr anfechtbar wie ein Urt des Berufungsgerichts. Der Gesetzgeber hat damit die bisher sachlich nicht gerechtfertigte Unanfechtbarkeit des Zurückweisungsbeschlusses beseitigt. Das statthafte Rechtsmittel ist die **Nichtzulassungsbeschwerde** (Näheres dazu s. die Erl bei § 544). Die **Revision** gegen einen Zurückweisungsbeschl kann es nicht geben, weil die Zurückweisung der Berufung durch Beschl immer dann ausscheidet, wenn Gründe für die Zulassung der Revision vorliegen (Abs 2 S 1 Nr. 2, 3). 45

(nicht besetzt) 46–47

§ 523 Terminsbestimmung.

(1) [1]Wird die Berufung nicht nach § 522 durch Beschluss verworfen oder zurückgewiesen, so entscheidet das Berufungsgericht über die Übertragung des Rechtsstreits auf den Einzelrichter. [2]Sodann ist unverzüglich Termin zur mündlichen Verhandlung zu bestimmen.

(2) Auf die Frist, die zwischen dem Zeitpunkt der Bekanntmachung des Termins und der mündlichen Verhandlung liegen muss, ist § 274 Abs. 3 entsprechend anzuwenden.

1 **A. Allgemeines.** Im Interesse der **Beschleunigung des Berufungsverfahrens** muss das Berufungsgericht sofort im Anschluss an die Prüfung der Zulässigkeit und wahrscheinlichen Begründetheit des Rechtsmittels (§ 522) dem Verfahren Fortgang geben, wenn es die Berufung nicht zuvor durch Beschl als unzulässig verworfen (§ 522 Rz 2 ff) oder als unbegründet zurückgewiesen (§ 522 Rz 22 ff) hat. Erster Schritt ist dabei die Entscheidung über die Übertragung der Sache auf den Einzelrichter, zweiter Schritt die Anberaumung des Termins zur mündlichen Verhandlung. Denn mangels Verwerfung oder Zurückweisung der Berufung steht jetzt fest, dass der Rechtsstreit durch Urt entschieden wird.

2 **B. Einzelrichter-Übertragung (Abs 1 S 1). I. Entscheidender Einzelrichter (§ 526).** Der **entscheidende Einzelrichter** ist ein Mitglied des für das Berufungsverfahren zuständigen Spruchkörpers (Kammer bei dem LG, Senat bei dem OLG). Er ist nach der Übertragung für den Rechtsstreit »das Berufungsgericht«, hat also alle Kompetenzen, die der gesamte Spruchkörper auch hat.

3 Die Voraussetzungen, unter denen das Kollegialgericht den Rechtsstreit auf den entscheidenden Einzelrichter übertragen kann, ergeben sich aus den Vorschriften des § 526 I. Von der Möglichkeit der Übertragung sollte im Interesse der Akzeptanz von Berufungsurteilen, die bei Entscheidungen von Kollegialgerichten höher ist, und der größeren Richtigkeitsgewähr von Urteilen der Kollegialgerichte, weil sechs Augen mehr sehen als zwei, nur zurückhaltend Gebrauch gemacht werden. Jedenfalls dürfen die Gesichtspunkte der Entlastung des Spruchkörpers und der Verfahrensbeschleunigung nicht im Vordergrund stehen.

4 In § 526 II ist geregelt, in welchen Fällen der Rechtsstreit nach der Übertragung dem Kollegialgericht zur Rück-Übernahme vorzulegen ist.

5 Der Spruchkörper trifft die Entscheidung über die Übertragung durch Beschl (§ 526 I). Dieser ist nicht anfechtbar (§ 526 III; vgl BTDrs 14/4722, 99). Ausnahmsweise kann die Revision gegen das von dem Einzelrichter erlassene Berufungsurteil dann auf die fehlerhafte Übertragung gestützt werden, wenn diese objektiv willkürlich ist (BGH NJW 07, 1466, 1467). Das ist der Fall, wenn sie unter keinem denkbaren Aspekt rechtlich vertretbar ist und sich daher der Schluss aufdrängt, dass sie auf sachfremden Erwägungen beruht; die Rechtslage muss mithin in krasser Weise verkannt worden sein (s. nur BGHZ 154, 288, 300 mwN).

6 **II. Vorbereitender Einzelrichter (§ 527).** Sieht das Berufungsgericht von der Übertragung des Rechtsstreits auf den entscheidenden Einzelrichter ab, muss es sogleich darüber entscheiden, ob es die Sache einem seiner Mitglieder als **Einzelrichter zur Vorbereitung der Entscheidung** zuweist (§ 527). Zwar enthält die Vorschrift dieses Erfordernis nicht; aber im Interesse der Verfahrensbeschleunigung muss in diesem Stadium des Verfahrens so vorgegangen werden.

7 Die Aufgaben und Befugnisse des vorbereitenden Einzelrichters ergeben sich aus den Regelungen in § 527 II–IV.

8 Die Entscheidung über die Zuweisung obliegt ebenfalls dem gesamten Spruchkörper; sie ergeht durch nicht anfechtbaren Beschl.

9 Sieht der Spruchkörper von einer Übertragung des Rechtsstreits auf den entscheidenden Einzelrichter oder von der Zuweisung der Sache an den vorbereitenden Einzelrichter ab, bedarf dies keines besonderen Ausspruches, insb nicht durch Beschl (aA MüKoZPO/*Rimmelspacher* Rn 5).

10 **C. Terminsbestimmung (Abs 1 S 2).** Nach der Entscheidung über die Übertragung des Rechtsstreits auf den entscheidenden oder die Zuweisung an den vorbereitenden Einzelrichter ist unverzüglich Termin zur mündlichen Verhandlung über die Berufung zu bestimmen. Dies gilt sowohl für den Fall der Übertragung oder Zuweisung als auch für den Fall des Absehens davon. Die Anberaumung eines schriftlichen Vorverfahrens (§ 276) ist nicht zulässig.

11 Zuständig für die Anberaumung des Verhandlungstermins ist der Vorsitzende des Berufungsgerichts, wenn von der Übertragung auf den entscheidenden Einzelrichter abgesehen wurde, bzw dieser nach erfolgter Übertragung (§ 216 II).

12 **D. Bekanntmachungsfrist (Abs 2).** Der anberaumte Termin zur mündlichen Verhandlung ist den Parteien des Berufungsverfahrens und evtl Streithelfern bekannt zu machen. Dies muss durch förmliche Zustellung nach den Vorschriften der §§ 166 geschehen (§ 525 iVm § 329 II 2).

13 Zwischen der Zustellung der Terminsbestimmung und dem Termin muss ein Zeitraum von mindestens zwei Wochen (Einlassungsfrist) liegen; bei einer Zustellung im Ausland kann eine längere Frist angesetzt werden (§ 274 III).

Zusammen mit der Bekanntmachung des Termins sind die Prozessbevollmächtigten der Parteien (vgl § 78 I 1) zu diesem zu laden. 14

§ 524 Anschlussberufung. **(1) [1]Der Berufungsbeklagte kann sich der Berufung anschließen. [2]Die Anschließung erfolgt durch Einreichung der Berufungsanschlussschrift bei dem Berufungsgericht.**
(2) [1]Die Anschließung ist auch statthaft, wenn der Berufungsbeklagte auf die Berufung verzichtet hat oder die Berufungsfrist verstrichen ist. [2]Sie ist zulässig bis zum Ablauf der dem Berufungsbeklagten gesetzten Frist zur Berufungserwiderung. [3]Diese Frist gilt nicht, wenn die Anschließung eine Verurteilung zu künftig fällig werdenden wiederkehrenden Leistungen (§ 323) zum Gegenstand hat.
(3) [1]Die Anschlussberufung muss in der Anschlussschrift begründet werden. [2]Die Vorschriften des § 519 Abs. 2, 4 und des § 520 Abs. 3 sowie des § 521 gelten entsprechend.
(4) Die Anschließung verliert ihre Wirkung, wenn die Berufung zurückgenommen, verworfen oder durch Beschluss zurückgewiesen wird.

A. Allgemeines (Abs 1 S 1). Der Berufungsbeklagte, der in der 1. Instanz wenigstens tw unterlegen ist, kann seinerseits unter den Voraussetzungen des § 511 II Berufung einlegen. Hat er jedoch auf das Rechtsmittel verzichtet (§ 515) oder es nicht innerhalb der Monatsfrist des § 517 eingelegt, ist ihm dieser Weg grds versperrt. Er muss sich darauf beschränken, die Verwerfung oder Zurückweisung der Berufung des Gegners anzustreben. 1

Mit dem Institut der Anschlussberufung erhält der Berufungsbeklagte die Möglichkeit, auch ohne eigene Hauptberufung die Abänderung des erstinstanzlichen Urteils zu seinen Gunsten herbeizuführen (BGH NJW-RR 04, 1502). Dies entspricht den Geboten der prozessualen Billigkeit, damit auch die zunächst das Urt des erstinstanzlichen Gerichts akzeptierende Partei dessen Änderung erreichen kann, wenn der Gegner dasselbe Ziel für sich beansprucht (MüKoZPO/*Rimmelpacher* Rn 2), und der Waffengleichheit, damit außer dem Berufungskläger auch der Berufungsbeklagte in der Berufungsinstanz neue Ansprüche verfolgen kann (Musielak/*Ball* Rn 2). 2

Für den Berufungskläger besteht die Gefahr, dass nicht nur sein Rechtsmittel ohne Erfolg bleibt, sondern dass durch einen Erfolg der Anschlussberufung die erstinstanzliche Entscheidung zu seinen Ungunsten korrigiert wird. Dem kann er sich nur durch die Zurücknahme der Berufung (§ 516) entziehen, die allerdings seine Verpflichtung zur Tragung der Kosten des Berufungsrechtsstreits zur Folge hat (§ 516 III 1). Somit hat die Möglichkeit der Anschlussberufung auch einen gewissen Disziplinierungseffekt; die tw unterlegene Partei muss wegen der Gefahr der Verschlechterung genau prüfen, ob sie das Rechtsmittel einlegt. 3

B. Anschließung. I. Voraussetzungen. Zwingende Voraussetzung für die Einlegung der Anschlussberufung ist, dass der Gegner bereits Berufung eingelegt hat; vorher gibt es noch keinen Berufungsbeklagten und auch kein Rechtsmittel, dem er sich anschließen kann. Eine **verfrühte Anschlussberufung** ist wirkungslos; sie wird jedoch ohne weiteres wirksam, wenn der Gegner später eine zulässige Berufung einlegt. Dies ist die Folge der Rechtsnatur der Anschlussberufung; sie ist kein Rechtsmittel, sondern eine Antragstellung innerhalb des von dem Berufungskläger in Gang gesetzten Berufungsverfahrens (s. nur BGHZ 109, 41, 45). 4

Die Einlegung der Anschlussberufung setzt weiter voraus, dass die Berufung des Gegners nicht zurückgenommen, verworfen oder sonst erledigt ist. Legt der Berufungsbeklagte in diesen Fällen gleichwohl Anschlussberufung ein, ist die Anschließung wirkungslos. 5

Auf die Zulässigkeit und Begründetheit der Berufung des Berufungsklägers kommt es nicht an. Schließt sich der Berufungsbeklagte einer unzulässigen oder von vornherein unbegründeten Berufung des Gegners an, ist die Anschließung wirksam; sie verliert ihre Wirkung erst, wenn die Berufung des Gegners verworfen (§ 522 I) oder durch Beschl zurückgewiesen (§ 522 II) wird (Abs 4). 6

Die Anschlussberufung kann auch hilfsweise für den Fall eingelegt werden, dass die ebenfalls eingelegte Hauptberufung wegen Fristversäumung unzulässig ist (BGH NJW-RR 04, 1502 f). Ist in diesem Fall die Hauptberufung tatsächlich unzulässig, darf sie gleichwohl nicht verworfen werden; denn die Hauptberufung und die hilfsweise eingelegte Anschlussberufung gelten als dasselbe Rechtsmittel, das im Ergebnis nur auf eine sachliche Überprüfung des angefochtenen Urteils gerichtet und über das einheitlich zu entscheiden ist (BGH NJW-RR 04, 1502, 1503). Auch für den Fall, dass der Antrag des Berufungsbeklagten auf Zurückweisung der Berufung des Gegners ohne Erfolg bleibt, kann er sich hilfsweise dieser Berufung anschließen, selbst wenn damit nur eine Klageerweiterung vorgenommen wird. 7

8 Eine unzulässige Hauptberufung des Beklagten kann auch ohne die hilfsweise erklärte Anschließung (Rz 7) in eine zulässige Anschlussberufung umgedeutet werden; dafür ist es notwendig, dass die Umdeutung von dem mutmaßlichen Parteiwillen gedeckt ist (BGH NJW 09, 442 f). Umgekehrt ist auch die Auslegung eines als Anschlussberufung bezeichneten Rechtsmittels in eine Hauptberufung möglich (BGH NJW 11, 1455, 1456 f).

9 Eine Gegenanschließung des Berufungsklägers an die Anschlussberufung des Berufungsbeklagten ist nicht zulässig (Musielak/*Ball* Rn 5; aA MüKoZPO/*Rimmelspacher* Rn 10 mwN). Dies ist die Folge davon, dass die Anschlussberufung nicht selbstständig, sondern von dem Schicksal der Berufung des Berufungsklägers abhängig ist (Rz 4 f). Das Gesetz sieht auch nur die Anschließung durch den Berufungsbeklagten an die Berufung des Berufungsklägers vor (Abs 1 S 1). Deshalb kann der Berufungskläger allenfalls seinerseits eine Anschlussberufung einlegen, wenn die Anschließung des Berufungsbeklagten – ganz oder teilweise – als Hauptberufung anzusehen und zulässig ist.

10 **II. Form (Abs 1 S 2).** Die Anschließung kann nur durch Einreichung der Berufungsanschlussschrift bei dem Berufungsgericht erfolgen. Der Schriftsatz, auf den die allgemeinen Vorschriften über die vorbereitenden Schriftsätze anzuwenden sind (s. dazu § 519 Rz 30), muss mindestens das erstinstanzliche Urt bezeichnen, gegen das der Berufungsbeklagte sich wendet, und die Erklärung, dass er sich der gegen dasselbe Urt gerichteten Berufung des Berufungsklägers anschließt (Abs 3 iVm § 519 II und IV).

11 Fehlen diese Angaben in der Anschlussschrift, ist die Anschließung nicht unwirksam. Es reicht aus, wenn der Berufungsbeklagte klar und eindeutig zu erkennen gibt, dass er mehr als die Zurückweisung der gegnerischen Berufung, nämlich die Abänderung der von dem Berufungskläger angefochtenen Entscheidung erstrebt, natürlich zu seinen Gunsten (BGHZ 109, 179, 187; BGH NJW 01, 1272).

12 **III. Statthaftigkeit (Abs 2 S 1).** Der Berufungsbeklagte kann sich der Berufung des Berufungsklägers selbst dann anschließen, wenn er zuvor auf die eigene Hauptberufung verzichtet hat (§ 515) oder für ihn die Frist zur Einlegung der eigenen Hauptberufung (§ 517) abgelaufen ist, ohne dass er das Rechtsmittel eingelegt hat (vgl Rz 1 f).

13 Die wirksame Anschlussberufung erfordert **keine Beschwer** (§ 511 Rz 17) des Berufungsbeklagten aus dem von dem Berufungskläger angefochtenen erstinstanzlichen Urt (BGH NJW 94, 944, 945). Damit erhält der in der 1. Instanz siegreiche Kl als Berufungsbeklagter die Möglichkeit, in der Berufungsinstanz im Wege der Anschließung die Klage zu erweitern; der erstinstanzlich unterlegene Beklagte kann in der Berufungsinstanz mit der Anschlussberufung eine Widerklage erheben. Voraussetzung für beide Möglichkeiten ist allerdings, dass die Klageänderung und die Widerklage nach § 533 zulässig sind.

14 Der **Verzicht** auf die Anschlussberufung ist unter denselben Voraussetzungen zulässig wie der Verzicht auf die Berufung nach § 515; er kann schon vor der Einlegung der Berufung des Gegners erklärt werden (Musielak/*Ball* Rn 14). Wegen der Einzelheiten zu der Verzichtserklärung und ihrer Rechtsfolgen wird auf die Erläuterungen in § 515 Rz 2 ff verwiesen.

15 **IV. Frist (Abs 2 S 2 und 3).** Für die Zulässigkeit der Anschließung gilt dieselbe Frist wie für die Berufungserwiderung des Berufungsbeklagten (§ 521 Rz 9 ff). Ist diese verlängert worden, gilt die Verlängerung auch für die Anschließungsfrist. Wurde dem Berufungsbeklagten keine Frist zur Erwiderung auf die Berufungsbegründung gesetzt, ist die Anschließung bis zum Schluss der mündlichen Verhandlung vor dem Berufungsgericht zulässig. Das gilt auch in den Fällen, in denen das Berufungsverfahren nach der Aufhebung des Berufungsurteils und Zurückverweisung der Sache an das Berufungsgericht durch das Revisionsgericht weitergeführt wird.

16 Ist dem Berufungsbeklagten die Fristsetzung zur Berufungserwiderung nur bekannt gemacht, nicht aber durch die Übergabe einer beglaubigten Abschrift der die Fristsetzung enthaltenden Verfügung zugestellt worden (§ 525 iVm § 329), setzt das den Lauf der Frist nicht in Gang; auch in diesem Fall kann sich der Berufungsbeklagte noch bis zum Schluss der mündlichen Verhandlung vor dem Berufungsgericht der Berufung des Gegners anschließen (BGH FamRZ 09, 222 f).

17 In den Fällen der Abänderungsklage nach § 323 gilt die Berufungserwiderungsfrist als zeitliche Grenze für die Anschlussberufung nicht; vielmehr kann sich der Berufungsbeklagte der Berufung des Berufungsklägers bis zum Schluss der mündlichen Verhandlung vor dem Berufungsgericht anschließen, auch wenn ihm eine Frist zur Erwiderung auf die Berufung gesetzt wurde. Damit können im Laufe des Berufungsverfahrens eintretende Änderungen in den wirtschaftlichen Verhältnissen des Berufungsbeklagten berücksichtigt werden, so dass eine spätere Abänderungsklage vermieden wird.

V. Begründung, Zustellung und Fristsetzung (Abs 3). 1. Begründung der Anschlussberufung. Die Begründung der Anschlussberufung muss in der Berufungsanschlussschrift enthalten sein (BGH NJW 03, 2388, 2389). Dieses gesetzliche Erfordernis ist Zulässigkeitsvoraussetzung für die Anschließung. Die Begründung in einem gesonderten Schriftsatz ist nicht zulässig (aA Musielak/*Ball* Rn 21). Allerdings bestehen keine Bedenken, wenn der Berufungsbeklagte nach Einlegung und Begründung der Anschlussberufung innerhalb laufender Frist (Abs 2 S 2) seine Begründung ergänzt. 18

Die inhaltlichen Anforderungen an die Begründung der Anschlussberufung sind identisch mit denen, die nach § 520 III an die Begründung der Berufung gestellt werden. Insoweit kann hier auf die Erläuterungen in § 520 Rz 30 ff verwiesen werden. 19

2. Zustellung der Berufungsanschlussschrift. Die Berufungsanschlussschrift, also die Anschließung und ihre Begründung, ist dem Berufungskläger zuzustellen (Abs 3 iVm § 521 I). Die Zustellung erfolgt vAw (§ 166 II). Unterbleibt sie, ist die Anschlussberufung mit dem Eingang der Anschlussschrift bei dem Berufungsgericht wirksam eingelegt. Im Übrigen gilt für die Zustellung dasselbe wie in den Erläuterungen in § 521 Rz 3 ff. 20

3. Fristsetzung. Dem Berufungskläger kann eine Frist zur schriftlichen Erwiderung auf die Anschlussberufungsbegründung gesetzt werden, dem Beklagten eine solche zur schriftlichen Stellungnahme auf die Erwiderung. Zu den Voraussetzungen für die Fristsetzungen, der Dauer der Fristen und den Folgen der Nichteinhaltung wird auf die Erläuterungen in § 521 Rz 9 ff verwiesen. 21

Für den Inhalt der Erwiderung auf die Anschlussberufung und die Stellungnahme auf diese Erwiderung gilt § 277 entsprechend (Abs 3 iVm § 521 II 2). Danach müssen der Berufungskläger in der Erwiderung seine gegen die Anschlussberufung und der Berufungsbeklagte in seiner Stellungnahme hierauf die dagegen gerichteten Verteidigungsmittel vorbringen, soweit es nach der Prozesslage einer sorgfältigen und auf Förderung des Verfahrens bedachten Prozessführung entspricht. 22

C. Zulässigkeit und Begründetheit. Über die Zulässigkeit und Begründetheit der Anschlussberufung ist nicht in einem gesonderten Verfahren, sondern in dem Berufungsrechtsstreit zu entscheiden; denn die beiden Rechtsmittel Berufung und Anschlussberufung führen nicht zu zwei Prozessen. 23

Die unzulässige Anschlussberufung ist zu verwerfen, die unbegründete zurückzuweisen. Wegen der Abhängigkeit der Anschlussberufung des Berufungsbeklagten von der Berufung des Berufungsklägers (s. Rz 25 ff) darf allerdings weder die eine noch die andere Entscheidung vor der zumindest teilweisen Entscheidung über die Berufung ergehen. 24

D. Wirkungsverlust (Abs 4). Da nur die Gebote der prozessualen Billigkeit und der Waffengleichheit das Institut der Anschlussberufung rechtfertigen (Rz 2), besteht das Bedürfnis, dem Berufungsbeklagten die Abänderung des erstinstanzlichen Urteils zu seinen Gunsten trotz Absehens von der eigenen Berufungseinlegung zu ermöglich, nur so lange, wie für ihn die Gefahr einer Abänderung zu seinen Ungunsten besteht. Deshalb verliert die – zulässige – Anschlussberufung kraft Gesetzes ihre Wirkung, wenn die Berufungsinstanz ohne Entscheidung in der Sache selbst endet. Verfolgt der Berufungsbeklagte sein Rechtsmittel trotz Wirkungsverlustes weiter, muss das Berufungsgericht die Anschlussberufung als unzulässig verwerfen (BGH NJW 00, 3215, 3216). 25

Mit der Zurücknahme der Berufung durch den Berufungskläger endet die Wirkung der Anschließung. Zu Form, Frist und Rechtsfolgen der Zurücknahme wird auf die Erläuterungen in § 516 Rz 2 ff verwiesen. Wird die Berufung nur tw zurückgenommen (§ 516 Rz 17), hat dies keinen Einfluss auf die Anschlussberufung. 26

Die Anschlussberufung verliert auch dann ihre Wirkung, wenn die Berufung als unzulässig verworfen wird (§ 522 I 2). Zu den Voraussetzungen für die Verwerfung wird auf die Ausführungen in § 522 Rz 2 ff verwiesen. Der Wirkungsverlust tritt mit der Rechtskraft der Verwerfungsentscheidung (vgl § 522 Rz 17) ein. Der Berufungsbeklagte kann die Verwerfungsentscheidung nicht mit der Begründung anfechten, die Berufung des Gegners sei zulässig gewesen (BGHZ 139, 12, 13 f). 27

Schließlich endet die Wirkung der Anschließung mit der Zurückweisung der Berufung durch Beschl nach § 522 II. Zu dieser Art der Beendigung des Berufungsverfahrens wird auf die Erläuterungen in § 522 Rz 22 ff verwiesen. 28

Neben diesen gesetzlich geregelten Fällen des Wirkungsverlustes verliert die Anschlussberufung in allen weiteren Fällen ihre Wirkung, in denen die Berufungsinstanz ohne Sachentscheidung endet. Es sind dies 29 der **Verzicht** auf die bereits eingelegte Berufung (BGHZ 124, 305, 308), die **Klagerücknahme** und der Abschluss eines die Instanz beendenden **Vergleichs** (Musielak/*Ball* Rn 29).

30 **Kein Wirkungsverlust** tritt ein, wenn die Parteien die Hauptsache oder die Berufung übereinstimmend für erledigt erklären; in diesen Fällen kann nämlich nach § 91a die erstinstanzliche Kostenentscheidung zu Lasten des Berufungsbeklagten abgeändert werden, so dass ihm die Möglichkeit einer Abänderung zu seinen Gunsten (Rz 2) erhalten bleiben muss (BGH NJW 86, 852; aA MüKoZPO/*Rimmelspacher* Rn 54). Die einseitige Erledigungserklärung und das Anerkenntnis der Klageforderung führen ebenfalls nicht zum Ende der Wirkung der Anschließung, weil sie nicht unmittelbar zur Beendigung des Berufungsverfahrens führen.

31 Der Wirkungsverlust tritt kraft Gesetzes ein. Spricht ihn das Berufungsgericht in der Entscheidung zur Berufung oder in einem gesonderten Beschl aus, hat dies nur deklaratorische Wirkung und ist dementsprechend nicht anfechtbar (BGHZ 139, 12, 15; aA MüKoZPO/*Rimmelspacher* Rn 58). Anfechtbar ist jedoch ein Beschl, mit dem das Berufungsgericht den Wirkungsverlust feststellt, ohne dass die Voraussetzungen hierfür vorliegen (BGHZ 109, 41, 46).

32 Die **Kosten** einer wirkungslos gewordenen Anschlussberufung fallen dem Berufungskläger zur Last (BGH NJW-RR 05, 727, 728 und 1147 f), auch wenn der Wirkungsverlust auf Grund einer Zurückweisung der Berufung durch einstimmigen Beschl nach § 522 II eingetreten ist (Bremen MDR 08, 1306 f; Hamm AnwBl 08, 796; aA MüKoZPO/*Rimmelspacher* Rn 62 mwN; Musielak/*Ball* Rn 31a). Etwas anderes gilt nur dann, wenn die Gründe für die Wirkungslosigkeit der Anschlussberufung (Rz 26 ff) bereits im Zeitpunkt der Anschließung vorlagen (BGHZ 80, 146, 149 für die Anschlussrevision) oder diese unzulässig ist (BGH NJW-RR 05, 727, 728) oder zurückgenommen wird; in diesen Fällen trägt der Berufungsbeklagte die Kosten im Verhältnis des Werts der Anschlussberufung zu dem Gesamtstreitwert des Berufungsverfahrens.

§ 525 Allgemeine Verfahrensgrundsätze.

[1]Auf das weitere Verfahren sind die im ersten Rechtszuge für das Verfahren vor den Landgerichten geltenden Vorschriften entsprechend anzuwenden, soweit sich nicht Abweichungen aus den Vorschriften dieses Abschnitts ergeben. [2]Einer Güteverhandlung bedarf es nicht.

1 **A. Systematik, Zweck, Anwendungsbereich.** Nach der schriftlichen Einleitung und Vorbereitung des Berufungsverfahrens in den §§ 511–524 regeln die §§ 525 ff den weiteren Ablauf des Berufungsverfahrens. Dies geschieht zT mit einer Verweisung auf das erstinstanzliche Verfahren in den §§ 253–494a, zT mit besonderen, hiervon abweichenden Vorschriften in den §§ 525–541. Die tw Bezugnahme auf das erstinstanzliche Verfahren vor den Landgerichten ist möglich, auch wenn das Berufungsverfahren nach der ZPO-Reform 2002 nicht mehr in einer Wiederholung dieses erstinstanzlichen Verfahrens (»zweite Chance«) besteht, sondern mit der Fehlerkontrolle und -beseitigung eine eigene Funktion erhalten hat. Gemeinsamkeiten des erstinstanzlichen und des Berufungsverfahrens ergeben sich aus den Erfordernissen anwaltlicher Vertretung, mündlicher Verhandlung und Tatsachenfeststellung, Unterschiede aus der Bindung an die bereits vorliegenden Prozessergebnisse.

2 § 525 gilt für alle zivilprozessualen Berufungsverfahren, unabhängig davon, ob diese vor dem LG oder vor dem OLG laufen. Er gilt auch für WEG-Verfahren. Auf arbeitsgerichtliche Berufungsverfahren vor den LAG ist die Vorschrift gem § 64 VI ArbGG entsprechend anzuwenden, die Vorschriften des ArbGG verdrängen die §§ 253 ff dabei nur insoweit, als dies in § 64 VII ArbGG ausdrücklich vorgesehen ist (St/J/*Grunsky* § 523 aF Rn 2). Mangels Verweisung auf § 54 ArbGG in § 64 VII ArbGG findet eine Güteverhandlung vor dem LAG nicht statt.

3 **B. Anwendbarkeit der erstinstanzlichen Verfahrensvorschriften. I. Unmittelbare Anwendung.** Auch ohne besondere gesetzliche Anordnung gelten für das Berufungsverfahren unmittelbar die allgemeinen Vorschriften des Buchs 1 (§§ 1–252). Dies gilt namentlich für die Pflicht zur Prüfung der Zulässigkeitsvoraussetzungen vAw aus § 56 (BGH NJW 04, 2523), die materielle Prozessleitungspflicht aus § 139 (BGH NJW-RR 07, 17), die grundsätzliche Pflicht zur mündlichen Verhandlung (§ 128 I; zum tw abw Ablauf der mündlichen Verhandlung Eichele/Hirtz/Oberheim/*Oberheim* XVI Rn 155 ff) und ihre Ausnahmen (§ 128 II–IV) sowie die Pflicht zur Wiedereröffnung einer bereits geschlossenen mündlichen Verhandlung aus § 156. Die allgemeinen Vorschriften über die Vorbereitung der mündlichen Verhandlung (§§ 129 ff) sind durch die §§ 519–521 modifiziert.

4 Bei der Anwendung dieser Vorschriften auf das Berufungsverfahren ist den Besonderheiten der 2. Instanz Rechnung zu tragen. So trifft das Berufungsgericht eine Hinweispflicht (§ 139) nur, soweit es zu Lasten

einer in 1. Instanz erfolgreichen Partei von der Entscheidung des Erstgerichts abzuweichen beabsichtigt und aufgrund seiner abweichenden Ansicht eine Ergänzung des Vorbringens oder einen Beweisantritt für erforderlich hält (BGH NJW-RR 06, 937; BGH ZfBR 02, 678; BGH WM 94, 1823, 1824). Danach ist zB ein Hinweis auf die Erforderlichkeit der Konkretisierung eines Antrags erforderlich, wenn das Berufungsgericht diesen anders als das Erstgericht für unzulässig hält (BGH NJW-RR 10, 70). Ein Berufungsgericht muss indes grds keinen Hinweis darauf erteilen, dass es von der Auffassung des erstinstanzlichen Gerichts abweichen will, wenn die dem angefochtenen Urt zugrunde liegende Auffassung des erstinstanzlichen Gerichts als zentraler Streitpunkt zur Überprüfung durch das Berufungsgericht gestellt wird und die betroffene Partei deshalb von der Entscheidung des Berufungsgerichts nicht überrascht wird (BGH NJW 10, 3089). Auch die Nachholung eines erstinstanzlicher erforderlichen, aber unterlassenen Hinweises ist nicht erforderlich, wenn die Partei durch die Gründe der angefochtenen Entscheidung auf den übersehenen rechtlichen Gesichtspunkt hinreichend aufmerksam gemacht wurde.

II. Entsprechende Anwendung aufgrund § 525 S 1. Auf das Berufungsverfahren finden die im ersten Rechtszug für das Verfahren vor den Landgerichten geltenden Vorschriften entsprechende Anwendung. Hierbei handelt es sich vornehmlich um die §§ 253–494a. Anwendbar sind danach zB die Vorschriften über die Rechtshängigkeit (§ 261; Frankf FamRZ 80, 710), die Klagerücknahme (§ 269), terminsvorbereitende Maßnahmen (§ 273), insb Fristsetzungen nach § 273 II Z 1, die Vergleichsfeststellung im Beschlussweg (§ 278 VI), den Schriftsatznachlass (§ 283; BGH NJW 86, 2257), den Rügeverlust (§ 295; BGH MDR 76, 379), Formen des Urteils (Zwischen-, Grund-, Teil-, Vorbehalts- oder Anerkenntnisurteil, §§ 300 ff), Ergänzung und Berichtigung eines Urteils (§§ 319, 321; Ddorf MDR 91, 789) sowie die Gehörsrüge (§ 321a; BGH FamRZ 04, 1278; Celle NJW 03, 906; Jena NJW 03, 3495). 5

Besondere praktische Bedeutung hat die Möglichkeit, **verspätetes** Vorbringen in der Berufungsinstanz, das nicht in den Anwendungsbereich des § 530 fällt, nach §§ 296 II iVm § 282 zurückzuweisen (BGH BGHReport 03, 1229; NJW 99, 2446; Musielak/*Ball* Rn 3; § 530 Rz 2). 6

Entsprechend anwendbar sind insb die Vorschriften über die **Beweisaufnahme** (§§ 355 ff) und die Beweiswürdigung (§ 286; BGH NJW 08, 2038; BGH NJW 82, 2874). 7

Auf das Berufungsverfahren entsprechend anzuwendende Vorschriften für das Verfahren vor den Landgerichten ergeben sich auch aus den Regelungen der **besonderen** erstinstanzlichen **Verfahren**, insb dem Urkunden- und Wechselprozess (§§ 592–605a) und den Eilverfahren Arrest und einstweilige Verfügung (§§ 916–945). 8

Im Berufungsverfahren über ein amtsgerichtliches Urt können auch Vorschriften über das Verfahren vor den Amtsgerichten (§§ 495–510b) Anwendung finden, so zB die Möglichkeit der Verurteilung zur Vornahme einer Handlung und Zahlung einer Entschädigung (§ 510b; B/L/A/H Rn 7). 9

C. Unanwendbarkeit der erstinstanzlichen Verfahrensvorschriften. I. Unanwendbarkeit aufgrund § 525 S 2. Eine ausdrückliche Ausnahme von der entsprechenden Anwendbarkeit der erstinstanzlichen Vorschriften enthält S 2, nach dem es einer **Güteverhandlung** in der Berufungsinstanz nicht bedarf. Damit wird die obligatorische Güteverhandlung nach § 278 II – V entbehrlich, untersagt wird sie nicht. Will das Berufungsgericht einen Güteversuch mit den Parteien unternehmen, steht ihm dies im Rahmen seiner allgemeinen Verpflichtung zur gütlichen Streitbeilegung aus § 278 I frei. Unbenommen ist auch die Möglichkeit des Berufungsgerichts, das Zustandekommen eines Vergleichs durch Beschl nach § 278 VI festzustellen. 10

II. Unanwendbarkeit aufgrund §§ 526 ff. Von den erstinstanzlichen Vorschriften zumindest tw abweichende **besondere Regelungen** enthalten die §§ 526 ff für das Tätigwerden des Einzelrichters (§§ 526, 527 – §§ 348 ff), die Bindung an die Parteianträge (§ 528 – § 308 I), die Möglichkeit zum Vortrag neuer Angriffs- und Verteidigungsmittel (§§ 529 ff – § 296), zur Geltendmachung von Klageänderung, Aufrechnung und Widerklage (§ 533 – §§ 33, 263 ff), zur Fortdauer eingetretener Bindungswirkungen (§§ 534 ff – § 295) und zu den Entscheidungen des Berufungsgerichts (§§ 537 ff – § 313). Diese Vorschriften gehen den in Bezug genommenen erstinstanzlichen Vorschriften vor, soweit sie eigenständige Regelungen enthalten. Diesbezüglich sei auf die dortigen Ausführungen verwiesen. 11

III. Weitere Unanwendbarkeiten. Auch ohne besondere gesetzliche Regelung kann sich die tw Unanwendbarkeit erstinstanzlicher Verfahrensvorschriften aus dem Wesen des Berufungsverfahrens ergeben. Dies gilt va für die **Verweisung** (§ 281). Dieser sind bereits durch § 513 II enge Grenzen gesetzt. Eine Verweisung zwischen verschiedenen Berufungsgerichten (LG – OLG) ist schon wegen der bei der Berufungseinlegung 12 zu beachtenden Förmlichkeiten prinzipiell ausgeschlossen, eine beim unzuständigen Gericht eingelegte Berufung ist zu verwerfen, nicht zu verweisen (BGH NJW-RR 97, 55). Eine Ausnahme nach dem Grundsatz der Meistbegünstigung kann zugelassen werden, wenn die Partei nicht erkennen kann, wo Berufung einzulegen ist (Nichterkennbarkeit des Tätigwerdens als Kartellspruchkörper, BGHZ 49, 33, 38; BGHZ 71, 367). § 506 lässt auch bei zulässiger Erweiterung der Klage in 2. Instanz über die Streitwertgrenze hinaus eine Verweisung von der Berufungskammer an eine erstinstanzliche Zivilkammer des LG nicht zu, selbst wenn den Parteien hierdurch möglicherweise eine Instanz verloren geht (LG Zweibr NJW-RR 94, 1087; Musielak/*Ball* Rn 8; aA Oldbg NJW 73, 810). Auch die Verweisung durch das Berufungsgericht an das zuständige erstinstanzliche Gericht auf Antrag des Klägers im Rahmen seiner Berufung gegen ein wegen Unzuständigkeit ergangenes klageabweisendes Urt ist durch § 513 II ausgeschlossen (BGH NJW-RR 05, 501; aA Köln NJW-RR 09, 569; Köln OLGZ 89, 83; Wieczorek/Schütze/*Gerken* Rn 11; § 281 Rz 23). Die Verweisung auf einen anderen Rechtsweg kommt im Berufungsverfahren nicht in Betracht (§ 17a V GVG). Ein fehlerhaft ergangener Verweisungsbeschluss hat keine Bindungswirkung (BGH FamRZ 84, 36; Wieczorek/Schütze/*Gerken* Rn 13; aA BAG NJW 91, 1630; MüKoZPO/*Rimmelspacher* Rn 15).

13 Zweitinstanzlich anders zu beurteilen sein kann auch die Prozesswirtschaftlichkeit, insb die **Sachdienlichkeit**. Für diese ist maßgeblich, ob eine Zulassung den Streitstoff iRd anhängigen Rechtsstreits ausräumt und einen weiteren Prozess vermeidet (BGH NJW-RR 94, 1143; § 263 Rz 15 ff). Zwar steht dem bei der Zulassung einer Klageänderung nach §§ 533, 263 regelmäßig nicht entgegen, dass die Parteien eine Instanz verlieren (BGH NJW 84, 1552, 1555; 85, 1841, 1842), doch kann sich dies bei der Parteiänderung (BGH NJW 94, 3358, 3359; 96, 2799) oder beim Wechsel vom Urkunden- ins allgemeine Verfahren anders darstellen (Frankf MDR 88, 326; § 533 Rz 12, 23, 31).

14 Eine – übereinstimmend oder einseitig erklärte – **Erledigung** der Hauptsache ist uneingeschränkt auch in 2. Instanz möglich, für eine einseitige Erledigung der Berufung ist dagegen nur ausnahmsweise Raum (so, wenn ihr durch eine nachträgliche Entscheidung nach § 269 III die Grundlage entzogen worden ist, BGH NJW 98, 2453, 2454; Eichele/Hirtz/Oberheim/*Eichele* VI Rn 30).

§ 526 Entscheidender Richter. **(1) Das Berufungsgericht kann durch Beschluss den Rechtsstreit einem seiner Mitglieder als Einzelrichter zur Entscheidung übertragen, wenn**
1. die angefochtene Entscheidung von einem Einzelrichter erlassen wurde,
2. die Sache keine besonderen Schwierigkeiten tatsächlicher oder rechtlicher Art aufweist,
3. die Rechtssache keine grundsätzliche Bedeutung hat und
4. nicht bereits im Haupttermin zur Hauptsache verhandelt worden ist, es sei denn, dass inzwischen ein Vorbehalts-, Teil- oder Zwischenurteil ergangen ist.
(2) [1]Der Einzelrichter legt den Rechtsstreit dem Berufungsgericht zur Entscheidung über eine Übernahme vor, wenn
1. sich aus einer wesentlichen Änderung der Prozesslage besondere tatsächliche oder rechtliche Schwierigkeiten der Sache oder die grundsätzliche Bedeutung der Rechtssache ergeben oder
2. die Parteien dies übereinstimmend beantragen.
[2]Das Berufungsgericht übernimmt den Rechtsstreit, wenn die Voraussetzungen nach Satz 1 Nr. 1 vorliegen. [3]Es entscheidet hierüber nach Anhörung der Parteien durch Beschluss. [4]Eine erneute Übertragung auf den Einzelrichter ist ausgeschlossen.
(3) Auf eine erfolgte oder unterlassene Übertragung, Vorlage oder Übernahme kann ein Rechtsmittel nicht gestützt werden.
(4) In Sachen der Kammer für Handelssachen kann Einzelrichter nur der Vorsitzende sein.

1 **A. Systematik, Zweck, Anwendungsbereich. I. Allgemeines zum Einzelrichter.** Für die Berufung ist – anders als in 1. Instanz (§§ 348 f) und bei der sofortigen Beschwerde (§ 568) – grds nicht der Einzelrichter, sondern das Kollegium zuständig. Damit trägt das Gesetz der höheren materiellen Richtigkeitsgewähr der Entscheidung durch ein Kollegium Rechnung (»Sechs Augen sehen mehr als zwei.«). Möglich ist eine Übertragung zur Entscheidung (§ 526) oder eine Zuweisung zur Vorbereitung der Entscheidung des Kollegiums (§ 527). Abgegrenzt werden muss der Einzelrichter des Berufungsgerichts von dem beauftragten Richter (§§ 525, 355 I 2). Die Person des Einzelrichters wird durch die spruchkörperinterne Geschäftsverteilung (§ 21g II, III GVG; BGH NJW 93, 600, 601; Zweibr MDR 05, 348; BayObLG FamRZ 04, 1136; St/J/*Grunsky* § 524 aF Rn 2; Rz 15) bestimmt und ist idR, aber nicht notwendig, identisch mit dem Berichter-

statter. Der einmal als Einzelrichter tätig gewordene Richter bleibt auch nach der Zurückweisung aus der höheren Instanz zuständig (Zweibr OLGR 04, 55). In der Kammer für Handelssachen kann Einzelrichter nur der Vorsitzende sein (§§ 526 IV, 527 I 2; *Bergerfurth* NJW 75, 331).

Die §§ 526 f gelten für alle zweitinstanzlich tätigen Spruchkörper, dh für die Zivilkammern (§ 72 GVG) und 2 die Kammern für Handelssachen (§ 100 GVG) der Landgerichte genauso wie für die Zivilsenate der Oberlandesgerichte (§ 116 GVG). Sie gelten für das Berufungsverfahren, nicht für andere Verfahren, für die die Zuständigkeit des Berufungsgerichts gegeben ist, insb nicht für das Verfahren auf gerichtliche Bestimmung der Zuständigkeit nach § 36 (Rostock FamRZ 04, 650).

II. Der entscheidende Einzelrichter (§ 526). Nur aufgrund einer besonderen Entscheidung des Berufungs- 3 gerichts tritt der Einzelrichter an die Stelle des kompletten Spruchkörpers (fakultativer Einzelrichter). Die Übertragung zur Verhandlung und Entscheidung dient einer Entlastung des Kollegiums, soll personelle Ressourcen ökonomischer nutzen und so Kapazitäten frei machen.

B. Übertragung (Abs 1). I. Voraussetzungen. Eine Übertragung ist möglich, wenn die angefochtene Ent- 4 scheidung von einem Einzelrichter erlassen wurde, die Sache keine besonderen Schwierigkeiten tatsächlicher oder rechtlicher Art aufweist, keine grundsätzliche Bedeutung hat und über sie nicht bereits im Haupttermin zur Hauptsache verhandelt worden ist (§ 526 I). Auch wenn die Voraussetzungen in weiten Bereichen deckungsgleich mit denen einer erstinstanzlichen Einzelrichterbefassung sind (§§ 348 III; 348a II Nr 1), bedürfen sie in der Berufungsinstanz besonderer Prüfung.

1. Erstinstanzliche Einzelrichterentscheidung (Nr 1). Regelmäßig fallen in der Berufung nur erstinstanz- 5 liche Einzelrichterentscheidungen an (§§ 348 f; 22 I GVG). Kollegialentscheidungen können von der Kammer für Handelssachen (§ 349) und der Zivilkammern mit einer Sonderzuständigkeit nach § 348 I 2 Nr 2) herrühren. Dass erstinstanzlich eine Kammerentscheidung unter Verletzung der §§ 348, 349 ergangen ist, rechtfertigt eine zweitinstanzliche Einzelrichterentscheidung nicht (arg §§ 348 IV, 348a III; Celle OLGR 03, 8; Frankf OLGR 03, 340; a.A. (analoge Anwendung des § 538 Abs. 1 Nr. 1) KG KGR 08, 449). Einzelrichterentscheidungen sind nicht solche des Vorsitzenden einer Kammer für Handelssachen nach § 349 II, III (BGH NJW 04, 856).

2. Keine besondere Schwierigkeit (Nr 2). Das Erfordernis fehlender besonderer Schwierigkeiten tatsächli- 6 cher oder rechtlicher Art entspricht dem in §§ 348 III Nr 1, 348a I Nr 1 (§ 348 Rz 8). Lagen solche Schwierigkeiten bereits in 1. Instanz vor, so kam schon dort der Einzelrichter nicht zum Einsatz, auch in der Berufung ist dann eine Einzelrichterentscheidung nach § 526 I Nr 1 ausgeschlossen. Dass erstinstanzlich ein Einzelrichter tätig wurde, indiziert das Fehlen besonderer Schwierigkeiten (Musielak/*Ball* Rn 4), enthebt das Berufungsgericht aber nicht einer eigenständigen Beurteilung. Nur ein »besonderer«, deutlich über das übliche Maß hinaus gehender Schwierigkeitsgrad steht der Übertragung entgegen (ThoPu/*Reichold* Rn 7; Musielak/*Ball* Rn 5).

Anhaltspunkte für die besonderen Schwierigkeiten können sich aus dem erstinstanzlichen Prozessstoff erge- 7 ben, sei es aus dem Parteivortrag, dem Beweisergebnis oder der angefochtenen Entscheidung, sie können aber auch aus dem Vortrag der Parteien in 2. Instanz folgen. In **tatsächlicher** Hinsicht ist dies der Fall, wenn der Sachverhalt schwer überschaubar oder verständlich ist, er besondere medizinische, wirtschaftliche, technische, wissenschaftliche oder sonstige Fachfragen aufwirft oder eine absehbare komplexe Beweisaufnahme zur Würdigung widersprüchlicher Ergebnisse nötig werden wird. Nicht erfüllt ist das Erfordernis besonderer tatsächlicher Schwierigkeit der Sache, wenn diese bloß umfangreich ist. Punktesachen zB in Bau- oder Mietstreitigkeiten stellen keine qualitative, sondern eine bloß quantitative Belastung des Gerichts dar, von denen der Spruchkörper durch den Einzelrichter gerade entlastet werden soll. In **rechtlicher** Hinsicht weist die Sache besondere Schwierigkeiten auf, wenn die zu beantwortenden Rechtsfragen obergerichtlich bislang nicht hinreichend geklärt sind, sie ausgefallen oder kompliziert sind, sie üblicherweise in die Zuständigkeit von Gerichten anderer Rechtswege fallen oder auf sie ausländisches Recht anzuwenden ist (B/L/A/H § 348 Rn 39). Allein der Umstand, dass die Geschäftsverteilung für einzelne Sachen die Sonderzuständigkeit einzelner Spruchkörper vorsieht, kann nicht dazu führen, dass sich diese Sachen wegen ihrer besonderen Anforderungen für eine Einzelrichterentscheidung nicht mehr eignen (MüKoZPO/*Deubner* § 348 Rn 21; MüKoZPO/*Rimmelspacher* Rn 7; Zö/*Gummer/Heßler* Rn 5; aA Köln VersR 87, 164; Musielak/*Wittschier* § 348a Rn 8). Dies gilt auch für die Katalogzuständigkeiten des § 348 I 2 (Zö/*Gummer/Hessler* Rn 5). Hier kann der Maßstab der

»besonderen Schwierigkeit« durch die besondere Sachkunde auch des Einzelrichters entsprechend verschoben sein (Musielak/*Wittschier* § 348a Rn 8; MüKoZPO/*Deubner* § 348 Rn 21).

8 **3. Keine grundsätzliche Bedeutung (Nr 3).** In § 526 I Nr 3 ist der Begriff der grundsätzlichen Bedeutung im weitesten Sinn zu verstehen (Musielak/*Ball* Rn 6) und geht damit über die Auslegung desselben Begriffs an anderen Stellen (§§ 348 III Nr 2, 348a I Nr 2; 511 IV Nr 1; 522 II Nr 2; 543 II Nr 1) hinaus. Erfüllt ist er, wenn die Rechtssache eine entscheidungserhebliche, klärungsbedürftige und klärungsfähige Rechtsfrage aufwirft, die über den Einzelfall hinaus Bedeutung für die Allgemeinheit hat und in einer unbestimmten Vielzahl von Fällen auftreten kann oder wenn andere Auswirkungen des Rechtsstreits auf die Allgemeinheit – insb das tatsächliche oder wirtschaftliche Gewicht der Sache – deren Interessen in besonderem Maß berühren und ein Tätigwerden des Revisionsgerichts erforderlich machen (BGH NJW 04, 2222, 2223; BGH MDR 03, 468; BGH NJW 03, 65, 67). Hierzu kann die wirtschaftliche Bedeutung der Sache allein genügen (Zö/*Gummer/Heßler* Rn 6) oder auch, dass die Spruchkörpermitglieder zu der entscheidungserheblichen Rechtsfrage eine unterschiedliche Auffassung vertreten und eine Entscheidung des Kollegiums zu einer Frage, die auch in weiteren Fällen von Bedeutung sein wird, noch nicht getroffen wurde.

9 Bejaht der Spruchkörper die grundsätzliche Bedeutung der Sache, so darf eine Übertragung auf den Einzelrichter auch dann nicht erfolgen, wenn es zu der streitentscheidenden Frage eine gefestigte Rechtsprechung des Spruchkörpers gibt und der Einzelrichter dieser folgt (BGH MDR 04, 43).

10 **4. Nicht schon mündlich verhandelt (Nr 4).** Eine Übertragung auf den Einzelrichter ist im Interesse einer Beschleunigung des Berufungsverfahrens unverzüglich nach der Prüfung von Zulässigkeit und Begründetheit des Rechtsmittels nach § 522 vorzunehmen (§ 523 Abs 1). Sie kommt nicht mehr in Betracht, wenn bereits im Haupttermin zur Hauptsache verhandelt worden ist, es sei denn, dass inzwischen ein Vorbehalts-, Teil- oder Zwischenurteil ergangen ist. Damit soll die durch die Befassung des Kollegiums mit der Sache aufgewandte Sacharbeit nicht nutzlos werden.

11 **Verhandeln** bedeutet Stellung der Anträge durch die Parteien (§ 137 I), wobei die nur einseitige Verhandlung bei Säumnis des Gegners genügt. Die Anträge müssen sich auf die Hauptsache, dh auf die Begründetheit der Berufung (und damit auf die Zulässigkeit oder Begründetheit der Klage) beziehen. Dem Erfordernis der Verhandlung in einem »Haupttermin« kommt keine eigenständige Bedeutung zu, da es im Berufungsverfahren nur Haupttermine gibt (§§ 523 I, 525 S 2; Ddorf NJW-RR 96, 638)

12 Ist im Prozess eine Zäsur durch Erlass eines **Vorbehalts-, Teil- oder Zwischenurteils** eingetreten, so ist eine Übertragung auf den Einzelrichter vor der danach ohnehin neu anstehenden mündlichen Verhandlung wieder möglich. Hierunter fallen Urteile nach §§ 280 II, 301, 302, 304, 599 I, nicht indes für Zwischenurteile nach § 303, weil dadurch nur ein prozessualer Zwischenstreit entschieden wird, nicht aber ein Teil der Hauptsache (MüKoZPO/*Rimmelspacher* Rn 12; aA Musielak/*Wittschier* § 348a Rn 12). Keine entsprechende Anwendung findet § 526 I Nr 4 auf eine Aufhebung des Berufungsurteils durch das Revisionsgericht.

13 **II. Übertragungsentscheidung.** Die Übertragung auf den Einzelrichter hat im Interesse einer Beschleunigung des Berufungsverfahrens unverzüglich nach der Prüfung von Zulässigkeit und Begründetheit des Rechtsmittels nach § 522 zu erfolgen (§ 523 Abs 1). Eine besondere Anhörung der Parteien vor der Entscheidung ist nicht erforderlich. Rechtliches Gehör haben diese durch die Möglichkeit, in der Berufungsbegründung bzw der Berufungserwiderung eine Äußerung dazu abzugeben, ob einer Entscheidung der Sache durch den Einzelrichter Gründe entgegenstehen (§§ 520 IV Nr 2, 521 II 2, 277 I 2). Haben die Parteien solche Gründe vorgetragen, so kann (nicht muss: § 128 IV) hierüber mündlich verhandelt werden. Die Entscheidung ergeht durch Beschl und wird vom Spruchkörper in voller Besetzung, nicht vom Vorsitzenden alleine getroffen.

14 Liegen die Voraussetzungen des § 526 I vor, so steht die Übertragung auf den Einzelrichter im freien Ermessen des Berufungsgerichts. Verfassungsrechtliche Bedenken hiergegen bestehen nicht (MüKoZPO/*Deubner* § 348 Rn 6 ff). Eine Beschränkung auf einzelne Prozesshandlungen wie beim beauftragten oder – eingeschränkt – beim vorbereitenden Einzelrichter ist genauso wenig möglich wie der Vorbehalt einer Rücknahme (Karlsr VersR 86, 663). Erfolgt im Übertragungsbeschluss dennoch eine Einschränkung (zB »zur Durchführung der Beweisaufnahme«), so kann es sich nicht um eine Übertragung nach § 526 handeln, sondern allenfalls um eine Zuweisung nach § 527, ggf sogar nur um eine Beauftragung des Einzelrichters nach §§ 361, 375 I, Ia, 402, 451 (BGH NJW 00, 2024; ThoPu/*Reichold* Rn 2).

15 Der Garantie des gesetzlichen Richters iSd Art. 101 I 2 GG entspricht der Einzelrichter nur, wenn seine Person sich aus einer den Anforderungen des § 21g GVG entsprechenden spruchkörperinternen Geschäftsver-

teilung (BVerfGE 97, 1 ff und 95, 322 ff; BVerfG NJW 05, 2689, 2690; BGH ZIP 09, 91, 93) ergibt und eine wirksame Übertragungsentscheidung vorliegt. Die wirksame Übertragungsentscheidung macht einen unzuständigen Richter zwar zum zuständigen, nicht aber zum gesetzlichen Richter (BGH NJW-RR 09, 1220), ohne wirksamen Übertragungsbeschluss kann auch der nach der Geschäftsverteilung vorgesehene Richter nicht gesetzlicher Richter werden (BayObLG FamRZ 04, 1137; Zweibr FamRZ 04, 564).

Die einmal getroffene Entscheidung über die Übertragung auf den Einzelrichter dauert für das weitere Verfahren fort. Dies gilt auch für den Fall einer Aufhebung und Zurückverweisung durch das Revisionsgericht oder der Verweisung an ein anders Gericht (Zweibr OLGR 04, 554; MüKoZPO/*Rimmelspacher* Rn 20). 16

C. Verfahren vor dem Einzelrichter. Durch die Übertragung nach § 526 wird der Einzelrichter in allen Belangen zum Prozessgericht, er ist dann für alle Maßnahmen und Entscheidungen unter Einschluss der Endentscheidung allein zuständig. Er führt das Verfahren in der Situation fort, in der es sich zum Zeitpunkt der Übertragung befindet. In Gang gesetzte Fristen laufen unverändert weiter (Zö/*Gummer/Heßler* Rn 9). Seine Entscheidungsbefugnis erstreckt sich über die Zulässigkeit (KG KGR 09, 620) und Begründetheit der Hauptsache hinaus (über beides indes nur nach mündlicher Verhandlung durch Urt, nicht durch Beschl nach § 522) auf nachträgliche Erweiterungen des Streitgegenstands (Klageänderung, Widerklage, Aufrechnung) sowie auf bereits laufende oder später beginnende Nebenverfahren (Prozesskostenhilfeverfahren, Wiedereinsetzungsverfahren, selbstständiges Beweisverfahren) und Nebenentscheidungen (Streitwert, Kosten, Gebühren, Sicherheitsleistung) unter Einschluss der vollstreckungsrechtlichen Zuständigkeiten des Prozessgerichts (§§ 887, 888, 890). Anders als der Einzelrichter im Beschwerdeverfahren (BGH NJW 03, 1254) kann der Einzelrichter im Berufungsverfahren auch die Revision wegen grundsätzlicher Bedeutung der Sache (§ 543 II Nr 1) zulassen (BGH NJW 03, 2900). Bei wesentlichen nachträglichen Änderungen der Prozesslage ist der Einzelrichter verpflichtet zu prüfen, ob hierdurch die Voraussetzungen für eine Vorlage zum Zwecke der Rückübernahme des Rechtsstreits durch das Kollegium erfüllt sind (§ 526 II Nr 1; unten Rz 18). Ergibt sich die wesentliche Änderung aus neuem Vortrag der Parteien, kann der Einzelrichter diesen bei Vorliegen der Voraussetzungen der §§ 530, 296 Abs 1 aber auch ohne Vorlage an den Spruchkörper als verspätet zurückweisen (München Grundeigentum 10, 201). Entscheidungen des Einzelrichters sind genauso anfechtbar, wie die des Kollegiums. Entscheidet trotz wirksamer Übertragung auf den Einzelrichter das Kollegium, so stellt dies einen absoluten Revisionsgrund dar (§ 547 Nr 1; München MDR 83, 498). 17

D. Rückübernahme durch das Kollegium (Abs 2). I. Voraussetzungen. Eine Vorlage durch den Einzelrichter an das Kollegium hat nach § 526 II zu erfolgen, wenn sich entweder nach Auffassung des Einzelrichters aus einer wesentlichen Änderung der Prozesslage besondere tatsächliche oder rechtliche Schwierigkeiten bzw die grundsätzliche Bedeutung der Sache ergeben (Nr 1) oder die Parteien dies übereinstimmend beantragen (Nr 2). Es genügt nicht, dass der Einzelrichter in diesen Fällen die Rechtsauffassung des Spruchkörpers erfragt und dieser in seiner Entscheidung folgt (BGH MDR 04, 43). 18

Eine **Änderung der Prozesslage** ist eingetreten, wenn sich die Umstände, die der Entscheidung des Kollegiums bei der Übertragungsentscheidung zugrunde lagen, nachträglich geändert haben, sei es aus neuem Vorbringen der Parteien, sei es aus neu geltend gemachten Ansprüchen (Klageänderung, Aufrechnung, Widerklage), aus Beweisergebnissen oder aus Änderungen des Gesetzes oder der obergerichtlichen Rechtsprechung. Eine nachträgliche grundsätzliche Bedeutung kann anzunehmen sein, wenn der Einzelrichter in einer später aufgetauchten Rechtsfrage von der Rechtsprechung des Spruchkörpers oder eines anderen Einzelrichters des Spruchkörpers abweichen will (sog »Innendivergenz«; Musielak/*Ball* Rn 8) oder es hierzu noch keine Spruchkörperentscheidung gibt. **Wesentlich** ist die Änderung, wenn sie – ihr Vorliegen bei der Übertragungsentscheidung unterstellt – einer Übertragung hätte entgegen stehen können. 19

Zur Vorlage verpflichtet stets auch der **übereinstimmende Antrag** beider Parteien (Nr 2). Bei Streitgenossen ist der Antrag von allen Beteiligten zu stellen (MüKoZPO/*Rimmelspacher* Rn 25). Er führt nicht zu einer Übernahme durch den Spruchkörper, sondern nur zur Prüfung der Übernahmevoraussetzungen. Sinn macht der Antrag – auch wenn er nicht begründet werden muss – deswegen nur, wenn die Parteien Umstände vortragen können, die Zweifel am Vorliegen der Übertragungsvoraussetzungen begründen, die also besondere Schwierigkeiten oder die grundsätzliche Bedeutung der Sache aufzeigen. 20

II. Übernahmeentscheidung. Der Einzelrichter ist nicht befugt, den Rechtsstreit an das Kollegium zurück zu übertragen. Er hat die Sache dem Kollegium vorlegen, das nach Anhörung der Parteien dann darüber entscheidet, ob es sie wieder übernimmt. Eine mündliche Verhandlung ist möglich, aber nicht erforderlich 21

(§ 128 IV). Das Kollegium entscheidet über die Rücknahme der Sache in voller Besetzung unter Einschluss des bisher befassten Einzelrichters. Liegen die Voraussetzungen des § 526 II 1 vor, so muss eine Übernahme erfolgen (Satz 2), anders als bei der Übertragung auf den Einzelrichter besteht hier ein Ermessen nicht.

22 Die Entscheidung über die Übernahme ergeht – unabhängig davon, ob sie erfolgt oder nicht – in Form eines Beschlusses (§ 526 II 3), der mangels Anfechtbarkeit (§ 526 III) einer Begründung nicht bedarf.

23 Mit der Übernahme wird das Kollegium wieder gesetzlicher Richter, für das Verfahren und die zu treffenden Entscheidungen zuständig. Die Übernahme erfolgt in dem Stadium, in dem sich das Verfahren vor dem Einzelrichter befand. Alle zuvor vom und vor dem Einzelrichter vorgenommenen Prozesshandlungen behalten ihre Wirksamkeit. Entscheidungen gelten fort, Urteile entfalten auch für das Kollegium Bindungswirkung nach § 318. Dies gilt an sich auch für eine Beweisaufnahme, doch kann der Grundsatz der Unmittelbarkeit der Beweisaufnahme (§ 355) eine Wiederholung erfordern, wenn nicht anzunehmen ist, dass das Kollegium das Beweisergebnis des Einzelrichters auch ohne unmittelbaren Eindruck von dem Verlauf der Beweisaufnahme sachgemäß zu würdigen vermag (§ 527 II 2). Eine erneute Übertragung auf den Einzelrichter ist nach § 526 II 4 ausgeschlossen, auch aufgrund einer Gegenvorstellung nicht möglich, wenn die Rücknahme fehlerhaft erfolgt ist. Dieses Verbot gilt nicht für eine Zuweisung des Rechtsstreits zur Vorbereitung der Entscheidung nach § 527, die auch nach einer Übernahme möglich bleibt.

24 **E. Rechtsbehelfe (Abs 3).** § 526 III schließt die Überprüfung einer erfolgten oder unterlassenen Übertragung, Vorlage oder Übernahme iRe Rechtsmittels aus. Damit ist die Rechtsbeschwerde gegen einen entsprechenden Beschl (§ 574 I Nr 2) genauso ausgeschlossen, wie eine auf einen der genannten Fehler gestützte Revisionsrüge iRd Anfechtung des Endurteils (§ 557 II) oder eine Wiederaufnahmeklage (§ 578; BayObLG OLGR München 04, 38).

25 Soweit die fehlerhafte Einzelrichterbefassung – zB durch das Fehlen eines wirksamen Übertragungsbeschlusses (BayObLG FamRZ 04, 1137; Zweibr FamRZ 04, 564) – zu einem Verstoß gegen das Gebot des gesetzlichen Richters (Art 101 I 2 GG) führt, bleiben Gehörsrüge (§ 321a) und Verfassungsbeschwerde eröffnet. Eine Heilung solcher Verstöße nach §§ 527, 295 ist nicht möglich, weil es sich nicht um verzichtbare Verfahrensrügen handelt (BGH NJW 01, 1357; BGH NJW 93, 600, 601; Brandbg NJW-RR 00, 1338; Jena MDR 99, 50; aA *Deubner* JuS 93, 493; MüKoZPO/*Rimmelspacher* Rn 32)

26 Das Verbot der Anfechtbarkeit in § 526 III erstreckt sich allein auf die Frage, ob eine Übertragung, Vorlage oder Übernahme erfolgt ist oder nicht. Der Überprüfung nicht entzogen ist damit die Frage der Wirksamkeit einer entsprechenden Entscheidung. Diese bleibt der Revisionsrüge aus § 547 Nr 1 genauso zugänglich wie der Nichtigkeitsklage aus § 579 I Nr 1 (BGH NJW 01, 2479; Musielak/*Ball* Rn 9).

27 Über ein Ablehnungsgesuch gegen den Einzelrichter hat das Berufungsgericht in der Besetzung mit drei Mitgliedern ohne Mitwirkung des abgelehnten Richters zu entscheiden (BGH NJW-RR 07, 776).

§ 527 Vorbereitender Einzelrichter.

(1) [1]Wird der Rechtsstreit nicht nach § 526 dem Einzelrichter übertragen, kann das Berufungsgericht die Sache einem seiner Mitglieder als Einzelrichter zur Vorbereitung der Entscheidung zuweisen. [2]In der Kammer für Handelssachen ist Einzelrichter der Vorsitzende; außerhalb der mündlichen Verhandlung bedarf es einer Zuweisung nicht.

(2) [1]Der Einzelrichter hat die Sache so weit zu fördern, dass sie in einer mündlichen Verhandlung vor dem Berufungsgericht erledigt werden kann. [2]Er kann zu diesem Zweck einzelne Beweise erheben, soweit dies zur Vereinfachung der Verhandlung vor dem Berufungsgericht wünschenswert und von vornherein anzunehmen ist, dass das Berufungsgericht das Beweisergebnis auch ohne unmittelbaren Eindruck von dem Verlauf der Beweisaufnahme sachgemäß zu würdigen vermag.

(3) Der Einzelrichter entscheidet

1. **über die Verweisung nach § 100 in Verbindung mit den §§ 97 bis 99 des Gerichtsverfassungsgesetzes;**
2. **bei Zurücknahme der Klage oder der Berufung, Verzicht auf den geltend gemachten Anspruch oder Anerkenntnis des Anspruchs;**
3. **bei Säumnis einer Partei oder beider Parteien;**
4. **über die Verpflichtung, die Prozesskosten zu tragen, sofern nicht das Berufungsgericht gleichzeitig mit der Hauptsache hierüber entscheidet;**
5. **über den Wert des Streitgegenstandes;**
6. **über Kosten, Gebühren und Auslagen.**

(4) Im Einverständnis der Parteien kann der Einzelrichter auch im Übrigen entscheiden.

1 **A. Systematik, Zweck, Anwendungsbereich.** Zum Einzelrichter in der Berufungsinstanz allgemein § 526 Rz 1. Will das Kollegium die Entscheidungskompetenz behalten, erforderliche vorbereitende Maßnahmen aber nicht in voller Besetzung durchführen, so kann so kann es den Rechtsstreit insoweit dem Einzelrichter zuweisen. Der Einzelrichter hat die Sache dabei bis zur Entscheidungsreife zu fördern, insb durch Erörterung und Beweiserhebung. Hält er die Sache für entscheidungsreif, so gibt er sie an das Kollegium zurück, das die Endentscheidung trifft (*Schneider* MDR 03, 374).

2 **B. Zuweisung (Abs 1). I. Voraussetzungen.** Eine Zuweisung an den Einzelrichter ist in jedem Stadium des Verfahrens möglich, wenn eine Übertragung nach § 526 nicht beabsichtigt ist, unabhängig davon, ob bereits vor dem Kollegium oder dem Einzelrichter verhandelt wurde oder nicht. Verhindert werden soll, dass der Rechtsstreit dem Einzelrichter zunächst nur nach § 527 und später zusätzlich nach § 526 übertragen wird. Nur eine erneute Übertragung, nicht aber eine Zuweisung ist ausgeschlossen, wenn der Rechtsstreit dem Einzelrichter zunächst nach § 526 übertragen war, dann aber wieder vom Kollegium übernommen wurde (§ 526 II 4; Musielak/*Ball* Rn 3). Nicht ausgeschlossen ist auch eine erneute Zuweisung nach § 527, wenn sich nach Rückgabe an das Kollegium weitere vorbereitende Maßnahmen erforderlich werden.

3 **1. Erforderlichkeit der Vorbereitung des Rechtsstreits.** Erforderlich für die Zuweisung an den Einzelrichter ist zunächst, dass die Entscheidung einer Vorbereitung bedarf, die in der regulären Verhandlung vor dem Kollegium nicht erfolgen kann. Ausgeschlossen ist eine Zuweisung damit, wenn der Rechtsstreit bereits entscheidungsreif ist oder erforderliche Vorbereitungshandlungen ohne besonderen Aufwand in der mündlichen Verhandlung vor dem Kollegium vorgenommen werden können (einfache Hinweise an die Parteien oder die Vernehmung nur eines Zeugen zu einem einfachen Beweisthema; Schumann/*Kramer* Rn 420).

4 **2. Entscheidungsspielraum des Einzelrichters.** Dem Einzelrichter nach § 527 muss nach der Zuweisung ein – wenn auch beschränkter – Entscheidungsspielraum zustehen. Soll der Einzelrichter lediglich im Detail bereits vorgegebene Prozesshandlungen (zB eine durch Spruchkörperbeschluss fixierte Beweisaufnahme) durchführen, so handelt er allenfalls als beauftragter Richter iSd §§ 375 I, 1a, 402, 451 (BGH NJW 64, 108, 109). »Einzelne« Beweise erheben zu können (§ 527 II 2) beinhaltet die Befugnis des Einzelrichters, über den Umfang der erforderlichen Beweisaufnahme (tw) selbst zu entscheiden. Nicht ausgeschlossen ist damit, dass der Einzelrichter die gesamte Beweisaufnahme durchführt, eine weitere Beweisaufnahme durch das Kollegium nicht mehr stattfindet (St/J/*Grunsky* § 524 aF Rn 524).

5 **3. Unmittelbarkeit der Beweisaufnahme.** Ist absehbar, dass die Vorbereitung der Entscheidung eine Beweisaufnahme beinhalten wird, kommt eine Zuweisung an den Einzelrichter nur in Betracht, wenn anzunehmen ist, dass das Berufungsgericht das Beweisergebnis auch ohne unmittelbaren Eindruck vom Verlauf der Beweisaufnahme (§ 355) sachgemäß zu würdigen vermag (§ 527 II 2). In der Regel untunlich (BGH FamRZ 65, 212, 213; *Pantle* NJW 91, 1279; *Schneider* DRiZ 78, 335; *Schultze* NJW 77, 2294) ist der Einsatz des Einzelrichters bei der Vernehmung von Zeugen oder Parteien, die Augenscheinseinnahme, wenn sie mit einer subjektiven Wertung verbunden ist, wenig entlastend wirkt er bei der Einholung eines schriftlichen Gutachtens (BGH NJW 94, 801, 802; Wieczorek/Schütze/*Gerken* Rn 13). Auf den unmittelbaren Eindruck aller entscheidenden Richter kommt es auch bei einigen Prozessgegenständen (zB Arzthaftungssachen, BGH NJW 94, 801, 802) sowie bei der Wiederholung einer erstinstanzlichen Beweisaufnahme an (BGH NJW 91, 1302; Wieczorek/Schütze/*Gerken* Rn 12). Nur bedingt vermittelt werden kann der unmittelbare Eindruck durch einen (den Parteien bekannt gemachten: BGH NJW 00, 1420; 97, 1586; NJW-RR 95, 1210; Wieczorek/Schütze/*Gerken* Rn 14; ThoPu/*Reichold* § 286 Rn 2) besonderen **Vermerk des Einzelrichters** über die nonverbalen Eindrücke der Beweisaufnahme. Dabei ist die Wiedergabe objektiver Umstände sinnvoll aber nicht zwingend, persönliche Wertungen des Einzelrichters können ausreichen (»Der Zeuge wirkte offen, gutmütig und ehrlich«: BGH NJW 91, 1302), wenn sie dem Kollegium eine eigene Beweiswürdigung ermöglichen und sich nicht in deren Vorwegnahme durch den Einzelrichter erschöpfen.

6 **4. Fehlen der Voraussetzungen.** Fehlt es an den Voraussetzungen, hat die Zuweisung zu unterbleiben. Hat der Einzelrichter Zweifel am Vorliegen der Voraussetzungen, so kann er eine Entscheidung des Kollegiums herbeiführen (*Schneider* DRiZ 78, 335), das die Sache zurücknehmen oder (durch Nichtrücknahme) den Einzelrichter zur Fortsetzung seiner Tätigkeit anweisen kann. Stimmen die Parteien dem Tätigwerden des

Einzelrichters zu, ist ein eventueller Verstoß gegen den Unmittelbarkeitsgrundsatz nach § 295 geheilt, die Revision kann darauf nicht mehr gestützt werden (BGH NJW 95, 1293; 92, 1966; 91, 1302 und 3284; Schumann/*Kramer* Rn 422).

7 **II. Zuweisungsentscheidung.** Für das Zuweisungsverfahren gelten die zur Übertragung nach § 526 gemachten Ausführungen (§ 526 Rz 13) weitgehend entsprechend. Die Zuweisung ist ein Übertragungsakt, von dem die Zuständigkeit des vorbereitenden Einzelrichters abhängt. Ihr Fehlen ist absoluter Revisionsgrund iSd § 547 Nr 1 (BGH NJW 93, 600; 89, 229; MüKoZPO/*Wenzel* § 557 Rn 8) und kann auch durch übereinstimmendes Einverständnis beider Parteien mit einem Tätigwerden oder sogar einer Endentscheidung durch den Einzelrichter nicht ersetzt werden (BGH NJW 93, 600; Musielak/*Ball* Rn 3, 9). Keines Beschlusses bedarf es, wenn der Vorsitzende einer Kammer für Handelssachen die nach § 527 II und 3 möglichen vorbereitenden Maßnahmen vor einer mündlichen Verhandlung durchführen will (§ 527 I 2 HS 2). Erfolgt die Zuweisung in der Berufungsinstanz in einer mündlichen Verhandlung (und damit in Anwesenheit der Beisitzer), so ist ein Beschl möglich und erforderlich. Auf den Vermerk des Einzelrichters (Rz 5) kann der Spruchkörper seine eigene Entscheidung nur stützen, wenn er dessen Ergebnis folgt (St/J/*Grunsky* § 524 aF Rn 11; BGH NJW 99, 2972; 97; 466; 92, 1966).

8 Gesetzlicher Richter ist der Einzelrichter nur, wenn er die hierfür erforderlichen Voraussetzungen (insb nach der gerichtlichen und spruchkörperinternen) Geschäftsverteilung erfüllt. Diese können durch die Zuweisungsentscheidung nicht ersetzt werden. Dies gilt auch in den Fällen, in denen die Parteien ihr Einverständnis mit einer Entscheidung durch den Einzelrichter erklärt haben (Abs 4).

9 **C. Verfahren vor dem Einzelrichter.** Nach der Zuweisung ist der vorbereitende Einzelrichter für die Dauer der Erfüllung der ihm zugewiesenen Aufgaben »Gericht« im prozessualen Sinne und handelt – iRd ihm nach § 527 II, III zustehenden Befugnisse – anstelle des Spruchkörpers. Er ist nicht auf die ihm aufgetragenen konkreten Maßnahmen beschränkt, sondern kann eigenverantwortlich über notwendige Maßnahmen entscheiden (Musielak/*Ball* Rn 5; MüKoZPO/*Rimmelspacher* Rn 8), nicht jedoch über die Hauptsache selbst. Die – wenn auch nur beschränkte – Befugnis zu eigenen Entscheidungen führt dazu, dass im Verfahren vor dem vorbereitenden Einzelrichter **Anwaltszwang** besteht (§ 78; MüKoZPO/*v. Mettenheim* § 78 Rn 23, Musielak/*Ball* Rn 5). Entscheidungen des Einzelrichters binden nach § 318 nicht nur ihn, sondern auch das Kollegium und sind nach den gleichen Grundsätzen anfechtbar wie Kollegialentscheidungen.

10 **I. Förderung des Verfahrens (Abs 2).** Allgemeine Möglichkeiten zur Vorbereitung der mündlichen Verhandlung und der Herbeiführung der Entscheidungsreife ergeben sich aus § 525 iVm §§ 138 I 1, 278 II 2; 138 I 2, 273 II Nr 1; § 139 II; 273 II Nr 2; 278 II 2, 3; 142, 143, unterliegen aber den berufungsrechtlichen Beschränkungen zum Vortrag neuer Angriffs- und Verteidigungsmittel. Zweck der Zuweisung kann die Durchführung der Beweisaufnahme sein. Diese ist trotz des Wortlauts von § 527 II 2 nicht auf »einzelne Beweise« beschränkt, sondern kann die gesamte Beweisaufnahme umfassen.

11 **II. Vergleich.** Die Parteien können auch vor dem Einzelrichter über den Streitgegenstand disponieren, insb sich wirksam vergleichen (§ 794 I Nr 1; St/J/*Grunsky* § 524 aF Rn 8).

12 **III. Entscheidungen des Einzelrichters (Abs 3, 4).** Über die grundsätzliche Beschränkung seiner Befugnisse auf die Vorbereitung der Entscheidung durch das Kollegium hinaus regelt § 527 einige Ausnahmefälle, in denen der Einzelrichter auch Entscheidungen trifft. Überwiegend sind dies Fälle, die keine eigene Sachprüfung voraussetzen und nur Nebenfragen des Rechtsstreits oder gesetzliche vorgegebene Entscheidungen betreffen.

13 **1. Fälle des Abs 3.** In den Fällen des § 527 III hat der Einzelrichter kein Ermessen, ob er entscheiden oder an das Kollegium zurückgeben will. Der Gesetzeswortlaut (»entscheidet«) macht deutlich, dass die Entscheidung durch ihn ergehen muss (Musielak/*Ball* Rn 8; St/J/*Grunsky* § 524 aF Rn 16). Möglich ist allerdings, dass der Einzelrichter dem Kollegium vor seiner Entscheidung Gelegenheit gibt, die Sache an sich zu ziehen (Rz 26; St/J/*Grunsky* § 524 aF Rn 16).

14 **a) Nr 1.** Der Einzelrichter entscheidet über die Verweisung nach § 100 GVG iVm den §§ 97 bis 99 GVG, d.h. über die Verweisungen zwischen der Kammer für Handelssachen und der Zivilkammer. Diese Alternative betrifft ausschließlich das beim LG geführte Berufungsverfahren. Nr 1 findet keine entsprechende Anwendung auf andere Verweisungen, etwa nach § 281 oder § 17a II GVG, für diese bleibt – wie sich aus einem Umkehrschluss zu § 349 II Nr 1 ergibt – das Kollegium zuständig (St/J/*Grunsky* § 524 aF Rn 17).

b) Nr 2. Der Einzelrichter entscheidet bei Zurücknahme der Klage (§ 269 III S 1 und 2, IV) oder der Berufung (§ 516 III), Verzicht auf den geltend gemachten Anspruch (§ 306) oder Anerkenntnis des Anspruchs (§ 307). In analoger Anwendung der Nr 2 entscheidet er auch über einen Verzicht auf die Berufung, der als einseitiger Verzicht zu einer Verwerfungsentscheidung nach § 522 I, als übereinstimmender Verzicht zu einem Beschl analog § 516 III führt (§ 515 Rz 5, 6). 15

c) Nr 3. Der Einzelrichter entscheidet bei Säumnis einer Partei oder beider Parteien (zu den Entscheidungsformen § 539). Erfasst werden hier die echten Versäumnisurteile gegen den Berufungskläger (§§ 539 I, 330) und gegen den Berufungsbeklagten (§§ 539 II, 331) genauso wie die Entscheidungen nach Lage der Akten (§§ 539 III, 331a, 251a) und die Entscheidungen über den Einspruch (§ 341). Erfasst wird auch das »unechte Versäumnisurteil« (ThoPu/*Reichold* Rn 7, § 349 Rn 10; Zö/*Gummer/Heßler* Rn 11; St/J/*Grunsky* § 349 Rn 21; aA Köln WRP 69, 389; MüKoZPO/*Rimmelspacher* Rn 15). 16

d) Nr 4. Der Einzelrichter entscheidet über die Verpflichtung, die Prozesskosten zu tragen, sofern nicht das Berufungsgericht gleichzeitig mit der Hauptsache hierüber entscheidet. Dies betrifft insb den Fall der dem Einzelrichter ggü übereinstimmend erklärten Erledigung (Schumann/*Kramer* Rn 425). Im Fall einseitiger Erledigungserklärung wird eine streitige Entscheidung erforderlich, die dem Kollegium vorbehalten ist. 17

e) Nr 5. Der Einzelrichter entscheidet über den Wert des Streitgegenstands unabhängig davon, ob dieser für die Zulässigkeit der Berufung oder für die Höhe der Gebühren von Bedeutung ist (§§ 24, 25 GKG BayObLG DB 95, 1169). 18

f) Nr 6. Der Einzelrichter entscheidet über Kosten, Gebühren und Auslagen, soweit sie in dem durch ihn beendeten Berufungsverfahren entstanden sind (B/L/A/H Rn 9). Hierunter fallen Kostenentscheidungen, die nicht vom Kollegium im Endurteil getroffen werden, zB nach §§ 269 IV, 516 III 2, 379. Erfasst werden auch die öffentliche Zustellung eines Kostenfestsetzungsbeschlusses (Frankf MDR 87, 414) und die Erinnerung gegen einen solchen Beschl (§ 104). 19

2. Einverständnis der Parteien (Abs 4). Eine streitige Hauptsacheentscheidung ist dem Einzelrichter im Einverständnis der Parteien möglich. Das Einverständnis kann auf abtrennbare Teile des Streitgegenstands beschränkt werden und so zu einem Teilurteil des Einzelrichters führen (Karlsr OLGZ 73, 374). Es ist schriftlich oder zu Protokoll zu erklären. Eine konkludente Erklärung kann nur ausnahmsweise angenommen werden, bloßes Schweigen auf die Anfrage des Einzelrichters oder rügelose Hinnahme genügen jedenfalls nicht (Wieczorek/Schütze/*Gerken* Rn 31), wohl aber die vorbehaltlose Stellung der Sachanträge nach Erörterung der Sach- und Rechtslage im Termin vor dem Einzelrichter (BVerfGE 98, 145, 153; BGH 19.4.05, XI ZR 218/04). Das Einverständnis kann nachträglich entsprechend § 128 II 1 nur bei einer wesentlichen Änderung der Prozesslage widerrufen werden (BGH NJW 89, 229; zu freien Widerruflichkeit vor der Erklärung der anderen Partei BGH NJW 01, 2479, 2480). Streitgenossen, die am Berufungsverfahren teilnehmen, müssen ihr Einverständnis gemeinsam erklären (Wieczorek/Schütze/*Gerken* Rn 30). 20

Das Einverständnis der Parteien mit einer Entscheidung durch den Einzelrichter (§ 527 IV) bewirkt allein, dass anstelle des Kollegiums ein Einzelrichter gesetzlicher Richter sein kann. Es hat aber nicht zur Folge, dass der Einzelrichter, mit dessen Entscheidung die Parteien sich einverstanden erklären, allein deswegen als gesetzlicher Richter anzusehen ist, weil das Recht auf den gesetzlichen Richter unverzichtbar ist (BGH NJW-RR 09, 1220).

Anders als in den Fällen des Abs 3 »**kann**« der Einzelrichter hier entscheiden, auch bei übereinstimmendem Einverständnis »muss« er es nicht, sondern kann den Rechtsstreit zur Entscheidung an das Kollegium zurückgeben (BGH NJW 89, 229; Musielak/*Ball* Rn 9). Einen Anspruch auf Entscheidung durch den Einzelrichter haben die Parteien selbst dann nicht, wenn die Rückgabe an das Kollegium zu einer Verlängerung des Verfahrens führt (MüKoZPO/*Rimmelspacher* Rn 16). 21

3. Sachzusammenhang. Über die in § 527 II, III geregelten Fälle hinaus kann eine Entscheidungsbefugnis des Einzelrichters kraft Sachzusammenhangs bestehen (*Schneider* MDR 03, 375). Umstritten ist, auf welche konkreten Einzelentscheidungen sich diese Befugnis erstreckt. Keine Bedenken bestehen gegen Entscheidungen iRd vorbereitend durchgeführten Beweisaufnahme (Änderung des Beweisbeschlusses nach § 360, Entscheidung über die Ablehnung eines Sachverständigen nach § 406, Ordnungsmaßnahmen zB nach §§ 380, 390). Über die Beeidigung eines Zeugen muss das Kollegium entscheiden, da Voraussetzung hierfür bereits eine Teilbeweiswürdigung ist (§ 391). Dies gilt auch für die Anhörung eines Sachverständigen 22

(§ 411 III) und die Einholung eines neuen Gutachtens (§ 412 I). Problematisch sind Entscheidungen im Zusammenhang mit der selbst vorgenommenen Verfahrensbeendigung, zB in den Fällen von III Nr 1 bis 2, IV über einen Prozesskostenhilfeantrag (§ 127; Schlesw JurBüro 59, 206; aA Karlsr Justiz 67, 239), über eine Wiedereinsetzung in den vorigen Stand gegen die Versäumung der Einspruchsfrist (§ 238; Musielak/*Ball* Rn 8; MüKoZPO/*Rimmelspacher* Rn 19), über eine Nebenintervention (§ 71; Frankf NJW 70, 817) oder über die Sicherheitsleistung (§ 108). **Kein Sachzusammenhang** ist anzunehmen für Entscheidungen über die Aussetzung oder das Ruhen des Verfahrens (§§ 148 ff, 251 f) und für Entscheidungen im nachfolgenden Vollstreckungsverfahren (zB nach §§ 887, 888, 890), weil diese nicht der Vorbereitung der Entscheidung dienen (Wieczorek/Schütze/*Gerken* Rn 24).

23 **D. Rückgabe, Rücknahme. I. Rückgabe.** Hat der Einzelrichter die Sache soweit gefördert, dass sie in einer mündlichen Verhandlung vor dem Berufungsgericht erledigt werden kann (§ 527 II 1), so hat er sie an das Kollegium zurückzugeben. Eine besondere Form für diese Rückgabe sieht das Gesetz nicht vor. Sie kann durch förmlichen Beschl (*Schneider* DRiZ 78, 336) oder durch bloße Verfügung erfolgen. Ein Beschl ist den Parteien nach § 329 I bekannt zu machen, für eine Verfügung ist dies nicht zwingend. Einer Begründung bedarf die Entscheidung nicht. Die Rückgabeentscheidung kann auch konkludent dadurch erfolgen, dass die Akten dem Vorsitzenden zur Bestimmung eines Termins zur mündlichen Verhandlung vor dem Kollegium zugeleitet werden.

24 Auch nach der Rückgabe bleibt der vorbereitende Einzelrichter für Berichtigungen und Ergänzungen der vom ihm getroffenen Entscheidungen (§§ 164, 319, 320, 321) sowie für Folgeentscheidungen (§ 527 III Nr 4–6) zuständig.

25 Nach der Rückgabe muss die Sache vor dem Kollegium abschließend mündlich verhandelt werden (§ 527 II 1), bevor sie von diesem entschieden wird. Hält das Kollegium eine weitere Vorbereitung durch den Einzelrichter für geboten, so erfolgt eine erneute Zuweisung an diesen. Will das Kollegium bei der Bewertung eines erhobenen Beweises dem Einzelrichter nicht folgen, so ist die Beweisaufnahme vor allen Richtern zu wiederholen.

26 **II. Rücknahme.** Zurück an den Gesamtspruchkörper gerät der Rechtsstreit auch ohne Rückgabe, wenn das Kollegium die Zuweisung an den Einzelrichter zurücknimmt (Wieczorek/Schütze/*Gerken* Rn 6; *Schneider* DRiZ 78, 336). Eine solche Rücknahme ist jederzeit und ohne besondere Voraussetzungen möglich (Musielak/*Ball* Rn 3). In Betracht kommt sie, wenn eine weitere Vorbereitung nicht mehr erforderlich scheint oder die Spruchkörpermehrheit (zum Beispiel nach einem Richterwechsel) die vorbereitenden Maßnahmen nunmehr vor dem Kollegium durchführen will. Für Form, Inhalt und Folgen gilt das zur Rückgabe Gesagte (Rz 23 ff) entsprechend.

27 **E. Rechtsbehelfe.** Mangels besonderer gesetzlicher Regelung der Anfechtung findet § 526 III entsprechende Anwendung: Wenn sogar die deutlich weiterreichende Übertragung des Rechtsstreit an den Einzelrichter zur Entscheidung nicht anfechtbar ist, muss dies erst recht für die Zuweisung an den Einzelrichter bloß zur Vorbereitung der Entscheidung gelten. Auf die erfolgte oder unterlassene Zuweisung, Rückgabe oder Rücknahme kann deswegen ein Rechtsmittel nicht gestützt werden. Damit ist weder die selbstständige Rechtsbeschwerde gegen den entsprechenden Beschl (§ 574 I Nr 2) noch die hierauf gestützte Revision gegen das Endurteil (§ 557 II) möglich (KG JW 26, 1596; ThoPu/*Reichold* Rn 2; Musielak/*Ball* Rn 3). Wegen der Grenzen des Anfechtungsverbots § 526 Rz 25 f).

28 Zwischen der Rückgabe an das Kollegium und dessen Endentscheidung kann die Zuweisung an den Einzelrichter zur Beweisaufnahme durch einen Antrag auf erneute Beweiserhebung vor dem Gesamtspruchkörper (§ 398 I) gerügt werden, wenn die Beweiswürdigung einen persönlichen Eindruck aller zur Entscheidung berufenen Richter erfordert. Der erfolglose Antrag kann mit der Revision angegriffen werden, unterbleibt der Antrag, ist der Verstoß nach § 295 geheilt (BGH NJW 94, 801, 802). Dann verbleibt nur die auf § 286 gestützte Revisionsrüge (BGH NJW 92, 1966, 1967). Letztere greift auch, wenn die Beweiswürdigung durch das Kollegium aufgrund einer unzureichenden Beurteilungsgrundlage, dh ohne oder aufgrund eines ungenügenden Berichterstattervermerks erfolgte (St/J/*Grunsky* § 524 aF Rn 13; Rz 5).

§ 528 Bindung an die Berufungsanträge.

[1]Der Prüfung und Entscheidung des Berufungsgerichts unterliegen nur die Berufungsanträge. [2]Das Urteil des ersten Rechtszuges darf nur insoweit abgeändert werden, als eine Abänderung beantragt ist.

A. Systematik, Zweck, Anwendungsbereich. S 1 regelt den sachlichen Umfang der Verhandlung und Entscheidung 2. Instanz. Trotz der auf eine Fehlerkontrolle und -berichtigung gerichteten Funktion der Berufung muss deren Streitgegenstand nicht notwendig identisch mit dem 1. Instanz und damit auf eine Abänderung des angefochtenen Urteils beschränkt sein. Vielmehr unterliegt er der Disposition der Parteien, kann der 1. Instanz ggü entweder beschränkt oder (unter engen Voraussetzungen) erweitert werden. S 2 schränkt die Befugnis des Berufungsgerichts zur Abänderung des angefochtenen Urteils auf die gestellten Anträge ein, S 1 lässt eine Entscheidung iRd über die Abänderung hinausgehenden Anträge zu. 1

Die Vorschrift gilt in allen Berufungsverfahren, auch im WEG-Verfahren. Auf das arbeitsgerichtliche Berufungsverfahrens findet sie gem § 64 VI ArbGG entsprechende Anwendung. 2

B. Umfang der Anträge. Der Gegenstand des Berufungsverfahrens wird durch die Anträge der Parteien bestimmt. Diese können sich auf die angefochtene Entscheidung beschränken oder darüber hinausgehen. 3

I. Angefochtene Entscheidung. Zum Gegenstand des Berufungsverfahrens wird der erstinstanzliche Streitgegenstand, soweit durch das angefochtene Urt über ihn entschieden und er durch die Berufung oder die Anschlussberufung angefochten ist. Der Anfechtung insoweit unterfallen auch die dem Urt vorausgegangenen Entscheidungen (§ 512). 4

Streitgegenstand erster Instanz sind die vom Kl durch die Anträge geltend gemachten und zur Entscheidung des Gerichts gestellten prozessualen Ansprüche. Sie bestimmen sich nach den begehrten Rechtsfolgen, nicht nach den zur Begründung vorgetragenen tatsächlichen oder rechtlichen Ausführungen (Angriffs- und Verteidigungsmittel). 5

Im angefochtenen Urt entschieden wurde über diese Streitgegenstände, wenn ihnen in der Urteilsformel stattgegeben oder die Klage insoweit abgewiesen wurde. Wurde erstinstanzlich nur über einen Teil der dortigen Streitgegenstände entschieden (Teilurteil, § 301), können nur diese mit der Berufung angegriffen werden (BGHZ 30, 213, 216). Vom Erstgericht (zB durch Teil- oder Vorbehaltsurteil) bewusst nicht beschiedene Ansprüche führen zu einer Fortsetzung des erstinstanzlichen Verfahrens und einer weiteren, eigenständig anzufechtenden Endentscheidung (zur Einbeziehung in das Berufungsverfahren ohne vorherige erstinstanzliche Entscheidung Rz 8). Versehentlich nicht entschiedene erstinstanzliche Streitgegenstände können durch eine Urteilsergänzung (§ 321) in die Entscheidung einbezogen werden. Geschieht dies mangels Antrag nicht, erlischt die Rechtshängigkeit, die entsprechenden Streitgegenstände können in 2. Instanz nur noch als neue geltend gemacht werden. Dies gilt auch für Ansprüche, deren Rechtshängigkeit vor der Entscheidung 1. Instanz anderweitig endete (BGH NJW 91, 1684). Ist eine Entscheidung bewusst unterblieben, weil das erstinstanzliche Gericht irrtümlich davon ausging, eine Entscheidung sei (zB wegen Erledigung oder Rücknahme) nicht mehr erforderlich, muss sich die Berufung hierauf erstrecken können (MüKoZPO/*Rimmelspacher* Rn 8). 6

Der Umfang der Anfechtung bestimmt sich nach den in der Berufung gestellten (§§ 520 III 2 Z 1, 525, 297) **Anträgen.** Diese können die in der Entscheidung liegende Beschwer ausschöpfen oder sich auf einen Teil davon beschränken. Zur Beschränkung und Erweiterung der Anträge während der Berufungsinstanz § 520 Rz 24, 27. 7

II. Erweiterung des Streitgegenstands. 1. Nicht entschiedene erstinstanzliche Streitgegenstände. In einem Berufungsverfahren gegen ein **Teilurteil** sind die erstinstanzlich nicht entschiedenen Streitgegenstände nicht Gegenstand des Berufungsverfahrens (Rz 6). Etwas anders muss ausnahmsweise gelten, wenn die Berufungsentscheidung rechtlich zwingend auf den noch nicht entschiedenen Teil wirkt (arg § 538 II Nr 3–5; BGHZ 30, 213, 215; 94, 268, 275; Celle NJW-RR 95, 1021). Verweist das Berufungsgericht auf ein unzulässiges Teilurteil nicht an die 1. Instanz zurück (§ 538 I Nr 7), muss es auch den noch erstinstanzlich anhängigen Teil mitentscheiden (BGH NJW 01, 78; 78, 1430; Saarbr OLGR 98, 303; Ddorf NJW-RR 97, 659; Schumann/*Kramer* Rn 434; MüKoZPO/*Rimmelspacher* Rn 11. Ist nur die Entscheidung über die erste Stufe einer **Stufenklage** angefochten, kann das Berufungsgericht die Klage insgesamt abweisen, wenn es sie in vollem Umfang für unbegründet hält (BGH NJW 85, 2405, 2407; Frankf OLGR 06, 79; Celle NJW-RR 95, 1021; Zweibr JurBüro 79, 772). Entsprechendes muss für erstinstanzliche **Zwischenurteile** (dafür Wieczorek/Schütze/*Gerken* Rn 32; MüKoZPO/*Rimmelspacher* Rn 12 ff; dagegen R/Schw/*Gottwald* § 140 IV 5) und **Vorbehaltsurteile** (BGH NJW 54, 302, 305) gelten. Über einen noch erstinstanzlich rechtshängigen Streitgegenstand darf das Berufungsgericht auch dann entscheiden, wenn eine Partei dies beantragt und die andere hierin **einwilligt** (BGH NJW 86, 2108, 2112; Wieczorek/Schütze/*Gerken* Rn 25; aA große Teile der Lit, die eine Entscheidungsbefugnis zT stets ablehnt, zT ohne weitere Voraussetzungen zulässt, zT andere 8

Voraussetzungen postuliert, Nw bei MüKoZPO/*Rimmelspacher* Rn 13). Diese Einwilligung kann konkludent bereits im Unterlassen einer Rüge der Verhandlung über den weiteren Streitgegenstand liegen (BGH NJW 53, 702), jedenfalls aber in der vorbehaltlosen Stellung der entsprechenden Anträge.

9 **2. Neue Streitgegenstände.** Streitgegenstände, die erstinstanzlich nie rechtshängig waren oder deren Rechtshängigkeit vor einer Entscheidung erloschen ist, können in 2. Instanz als Klageänderung oder als Widerklage durch den Berufungskläger oder durch den Berufungsbeklagten (im Wege der Anschlussberufung) nur unter den Voraussetzungen des § 533 geltend gemacht werden.

10 **C. Grenzen der Abänderung.** Wie das erstinstanzliche Gericht (§ 308 I) ist auch das Berufungsgericht an die Anträge der Parteien gebunden. Was mit den Berufungsanträgen nicht angegriffen ist, kann auch dann nicht abgeändert werden, wenn es offensichtlich falsch ist (B/L/A/H Rn 11).

11 **I. Verbesserungsverbot.** Das Berufungsgericht darf das angefochtene Urt nicht über die vom Berufungskläger gestellten Anträge hinaus abändern, dem Berufungskläger kann nicht mehr zugesprochen werden, als er beantragt hat (Verbot der **reformatio in melius**). Der Berufungsbeklagte kann damit das Risiko des Berufungsverfahrens abschätzen und überlegen, ob und mit welchem Aufwand er sich gegen das Rechtsmittel verteidigen will.

12 **II. Verschlechterungsverbot.** Das Berufungsgericht darf das angefochtene Urt nicht zum Nachteil des Berufungsklägers abändern, dem Berufungskläger kann nicht weniger zugesprochen werden, als ihm in 1. Instanz bereits zugesprochen wurde (Verbot der **reformatio in peius**). Der Berufungskläger ist damit davor geschützt, dass das Ergebnis des Rechtsstreits auf seine Berufung hin für ihn ungünstiger wird, er riskiert allein die Zurückweisung seiner Berufung. Der Berufung einlegende Beklagte muss nicht befürchten, zu einer höheren Zahlung verurteilt zu werden, der Kl muss nicht befürchten, weniger zu erhalten, als bereits zugesprochen. Vor einer Abänderung geschützt ist der Teil des Prozessgegenstands, über den das erstinstanzliche Gericht wirksam und mit materieller Rechtskraft zu Gunsten des Berufungsklägers entschieden hat (Musielak/*Ball* Rn 15). Umfasst werden Haupt- und Nebenforderungen (Zinsen), nicht aber Nebenentscheidungen (Rz 16). Bleibt der Umfang einer erstinstanzlichen Stattgabe oder Abweisung unklar, steht sie einer Abänderung nicht entgegen (BGH NJW-RR 96, 659).

13 **III. Einzelfälle.** Inhalt und Reichweite dieser Bindung an die Anträge in der Berufungsinstanz können in mehrfacher Hinsicht zweifelhaft sein.

14 **1. Nicht mögliche Abänderungen.** Ist der Klage unter Abweisung iÜ tw stattgegeben worden, darf auf die Berufung des Klägers keine weitergehende Abweisung, auf die Berufung des Beklagten keine weitergehende Klagestattgabe erfolgen (RGZ 161, 171). Bei einer Zug-um-Zug-Verurteilung kann auf eine Berufung des Beklagten hin nicht der Vorbehalt entfallen, auf Berufung des Klägers hin die Klage nicht völlig abgewiesen werden. Hat das LG auf Naturalrestitution erkannt, kann das Berufungsgericht ohne Antrag nicht auf Wertersatz umstellen. Werden mehrere Ansprüche geltend gemacht, gilt das Abänderungsverbot für jeden einzelnen Anspruch, selbst dann, wenn sie auf einem einheitlichen Klagegrund beruhen. Eine unzulässige Abänderung liegt nicht nur in quantitativen, sondern auch in qualitativen Abweichungen vom Antrag. Auf die Berufung gegen ein Grundurteil dürfen keine Ausführungen zur Höhe des Anspruchs gemacht werden, eventuelle Ausführungen des Erstgerichts hierzu indes können wegfallen. Wird ein Urt, das einer Zahlungsklage tw stattgibt und sie iÜ abweist, allein vom Beklagten mit der Berufung angegriffen, ist das Verschlechterungsverbot verletzt, wenn das Berufungsgericht eine vom Beklagten zur Aufrechnung gestellte Gegenforderung, die das Gericht 1. Instanz als unbegründet angesehen hat, mit dem in 1. Instanz abgewiesenen Teil der Klageforderung verrechnet. (BGH MDR 10, 1402). Hat das vorinstanzliche Gericht eine Klage nur aufgrund der vom Beklagten erklärten Hilfsaufrechnung abgewiesen und legt nur der Kl ein Rechtsmittel ein, so ist dem Rechtsmittelgericht die erneute Überprüfung der Klageforderung verwehrt (Nürnbg MDR 11, 446).

15 **2. Mögliche Abänderungen.** Nicht von der Rechtskraft und damit auch nicht vom Abänderungsverbot erfasst wird die **Begründung** der angefochtenen Entscheidung. Bleibt das Ergebnis gleich, können (Anspruchs- oder Gegenrechts-)Normen ausgewechselt, eine zugrunde gelegte Schuldform geändert (Vorsatz statt Fahrlässigkeit), Bemessungsfaktoren für Schmerzensgeld oder Mitverschulden neu einbezogen, weggelassen oder umgewichtet werden. Bleibt der Saldo unverändert, können einzelne Rechnungsposten einer einheitlichen Abrechnung verändert werden (BGH NJW 04, 95, 96). Eine bloß vorübergehend wir-

kender Klageabweisungsgrund kann durch einen dauerhaften ausgetauscht werden und umgekehrt (BGH NJW 88, 1982, 1983; aA *Siemon* MDR 04, 301, 305). Die Abweisung der Klage kann statt der mangelnden Fälligkeit mit dem Nichtbestehen des Anspruchs dem Grunde nach begründet werden (Ddorf OLGR 03, 449). Die Abweisung der Klage als unzulässig kann durch eine Abweisung als unbegründet ersetzt werden (BGH NJW 89, 393, 394; Rostock MDR 03, 828). Greift der Kl eine tw Klageabweisung mit der Berufung an, kann die Klage insgesamt als unzulässig abgewiesen werden, wenn zwingende, vAw zu beachtende Prozessvoraussetzungen fehlen und eine Heilung ausgeschlossen ist (BGH NJW 86, 1494). Entsprechendes gilt auf die nur tw Anfechtung eines Urteils beim Fehlen vAw zu beachtender Mängel der Klage (BGH NJW 89, 229, 230; aA Karlsr OLGR 04, 511).

Die unabhängig von den gestellten Anträgen zu treffenden **Nebenentscheidungen** (Kosten, vorläufige Voll- 16
streckbarkeit) können inhaltlich auch zu Lasten des Berufungsführers neu getroffen werden. Das Abänderungsverbot gilt auch nicht in den Fällen **notwendiger Streitgenossenschaft** (§ 62). Da hier aus materiellen oder aus prozessualen Gründen eine einheitliche Sachentscheidung geboten ist, muss das Urt ggf auch über die gestellten Anträge hinaus abgeändert werden (Köln VersR 74, 64).

Nicht durch § 528 ausgeschlossen ist die Möglichkeit, **weniger** zuzusprechen als beantragt, wenn das 17
Rechtsmittel iÜ zurückgewiesen wird.

Eine Verschlechterung zum Nachteil des Berufungsführers ist möglich, wenn der **Gegner** seinerseits 18
Anträge stellt, die einen Entscheidungsspielraum des Berufungsgerichts eröffnen. Dies ist möglich, indem der Berufungsbeklagte ebenfalls Berufung einlegt oder sich der Berufung des Gegners zumindest anschließt (§ 524).

3. Erstinstanzliche Hilfsanträge. Ist ein erstinstanzlich gestellter **Hilfsantrag** unbeschieden geblieben, weil 19
bereits der Hauptantrag erfolgreich war, kommt eine Entscheidung über ihn auf die Berufung des Beklagten nur in Betracht, wenn der Kl zweitinstanzlich (durch Anschlussberufung) einen entsprechenden Antrag stellt. Das gleiche gilt, wenn über eine **Hilfswiderklage** wegen Unbegründetheit der Klage nicht entschieden wurde (MüKoZPO/*Rimmelspacher* Rn 46, 48; St/J/*Grunsky* § 537 aF Rn 9; aA die hM BGH NJW-RR 05, 220; B/L/A/H; Zö/*Gummer/Heßler* Rn 20). Hat die Berufung des Klägers gegen die Abweisung des Hauptantrags Erfolg, ist die Stattgabe des Hilfsantrags deklaratorisch aufzuheben (BGH NJW 91, 169). Entfällt aufgrund der Berufung die Bedingung, unter der die Widerklage erhoben wurde, ist die Widerklageentscheidung klarstellend aufzuheben (MüKoZPO/*Rimmelspacher* Rn 48).

Auch bei hilfsweise geltend gemachten Angriffs- und Verteidigungsmitteln ist der Umfang der Anfechtung 20
zu beachten. Allerdings bedarf dessen Berücksichtigung regelmäßig keines besonderen Antrags. Ist in 1. Instanz die Klage wegen begründeter **Hilfsaufrechnung** des Beklagten abgewiesen worden, kann auf die Berufung des Klägers nur das Bestehen der Aufrechnungsforderung, auf die Berufung des Beklagte nur das Bestehen der Klageforderung überprüft werden (BGH NJW-RR 95, 241; NJW 96, 527; aA Hamm MDR 92, 998). Ist die Klageabweisung auf das Nichtbestehen der Klageforderung gestützt, muss das Berufungsgericht, das die Klageforderung auf die Berufung des Klägers hin bejaht, auch die Aufrechnungsforderung prüfen (BGH LM § 304 Nr 6; Wieczorek/Schütze/*Gerken* Rn 14). Ein hilfsweise geltend gemachtes **Zurückbehaltungsrecht**, ist auf die Berufung des Beklagten auch in 2. Instanz zu beachten (BGH NJW-RR 86, 991).

§ 529 Prüfungsumfang des Berufungsgerichts.

(1) Das Berufungsgericht hat seiner Verhandlung und Entscheidung zugrunde zu legen:

1. die vom Gericht des ersten Rechtszuges festgestellten Tatsachen, soweit nicht konkrete Anhaltspunkte Zweifel an der Richtigkeit oder Vollständigkeit der entscheidungserheblichen Feststellungen begründen und deshalb eine erneute Feststellung gebieten;

2. neue Tatsachen, soweit deren Berücksichtigung zulässig ist.

(2) [1]Auf einen Mangel des Verfahrens, der nicht von Amts wegen zu berücksichtigen ist, wird das angefochtene Urteil nur geprüft, wenn dieser nach § 520 Abs. 3 geltend gemacht worden ist. [2]Im Übrigen ist das Berufungsgericht an die geltend gemachten Berufungsgründe nicht gebunden.

A. Systematik, Zweck, Anwendungsbereich. § 529 ist keine Präklusionsvorschrift (BGH WM 05, 99), son- 1
dern bestimmt den zur Erfüllung der Funktion der Berufung (§ 513 I) erforderlichen Prüfungsumfang. Eine Kontrolle des angefochtenen Urteils auf Rechtsfehler setzt grds einen der ersten Instanz ggü unverändert bleibenden Sachverhalt voraus. Soweit der Fehler des Erstgerichts jedoch in der Feststellung des Sach-

verhalts besteht, muss auch dieser behoben werden können. Die Berufung ist damit eine beschränkte Tatsacheninstanz. Abs 1 regelt das Verhältnis zwischen der Bindung des Berufungsgerichts an den festgestellten Sachverhalt und seiner Befugnis zur eigenen Sachverhaltsfeststellung. Abs 2 entbindet das Berufungsgericht in Fortsetzung des Rechtsgedankens aus § 295 von der Notwendigkeit, das gesamte erstinstanzliche Verfahren vAw nachprüfen zu müssen und beschränkt die Berufungskontrolle insoweit weitgehend auf Rügen der Parteien.

2 Die Vorschrift gilt in allen Berufungsverfahren, auch im WEG-Verfahren. Auf das arbeitsgerichtliche Berufungsverfahrens findet sie gem § 64 VI ArbGG entsprechende Anwendung.

3 **B. Prüfungsumfang.** Das angefochtene Urt ist auf tatsächliche und rechtliche Fehler hin zu prüfen (§ 513 I).

4 **I. Prüfung in tatsächlicher Hinsicht (Abs 1).** Die Tatsachengrundlage der Berufungsinstanz setzt sich aus dem erst- und dem zweitinstanzlichen Vortrag der Parteien zusammen. Dieser wird der Verhandlung und Entscheidung in 2. Instanz iRd Abs 1 Nr 1 bzw Nr 2 zu Grunde gelegt.

5 **1. Erstinstanzlich festgestellte Tatsachen (Nr 1).** Erstinstanzlicher Vortrag der Parteien muss von den Parteien weder ausdrücklich wiederholt noch in Bezug genommen werden. Er wird zum Prozessstoff der Berufungsinstanz, soweit er vom Erstgericht festgestellt wurde. **Feststellen** kann das erstinstanzliche Gericht sowohl, welche Tatsachen von den Parteien vorgetragen wurden (»tatbestandliche Feststellung«), als auch, ob diese Tatsachen als wahr oder unwahr zu behandeln sind (»wertende Feststellung«). Mit Bindungswirkung festgestellt sind auch diejenigen Beweisergebnisse, die unter Verletzung von Verfahrensvorschriften zustande kamen (LAG Hessen Urt v 1.8.11 – 7 Sa 1878/10).

6 **Tatbestandlich** festgestellt sind all diejenigen Tatsachen, deren Vortrag durch die Parteien sich aus dem (ggf nach § 320 berichtigten) Tatbestand und den Entscheidungsgründen des angefochtenen Urteils sowie aus den Protokoll der diesem vorangegangenen mündlichen Verhandlung ergibt. Dass Parteivortrag im Tatbestand nicht wiedergegeben ist, steht seiner Berücksichtigung im zweiten Rechtszug dann nicht entgegen, wenn es zuvor schriftsätzlich angekündigt war (insoweit keine **negative Beweiskraft** des Tatbestands; BGH NJW 07, 2414; NJW 04, 1876 und 2152, 2155; *Gaier* NJW 04, 110, 111 und 2041, 2043), wohl aber, soweit eine solche Ankündigung fehlt.

7 **Wertend** festgestellt sind alle Tatsachen, die das Gericht 1. Instanz als wahr oder unwahr behandelt hat (vgl § 559 II). Eine solche Feststellung ist möglich als Ergebnis einer Beweisaufnahme (§ 286 I 1; BGH NJW 03, 3480) oder einer Entscheidung, nach der eine Tatsache auch ohne Beweisaufnahme als wahr zu behandeln ist. Letzteres ist der Fall bei zugestandenen (§ 288), unbestrittenen (§ 138 II) und offenkundigen (§ 291) sowie bei Tatsachen, die sich aus gesetzlichen Vermutungen, Beweis- oder Auslegungsregeln ergeben (BGH NJW 04, 2152). Die Unwahrheit einer Tatsache kann auf einem geglückten Gegenbeweis oder schlicht auf der Negativfiktion nach dem Misslingen eines Beweises oder dessen Nichterhebung mangels Beweisantritts beruhen (BGH NJW 05, 422, 423 und 2152, 2153).

8 **a) Grundsätzliche Bindung des Berufungsgerichts.** An die Feststellungen des Erstgerichts ist das Berufungsgericht grds gebunden. Dies gilt insb für Beweise, die weder neu erhoben noch neu gewürdigt werden. Die Bindung besteht an Feststellungen zu Zulässigkeits- und Begründetheitsvoraussetzungen genauso, wie an die Entscheidung nicht tragende Feststellungen. Die Bindung ist vAw zu berücksichtigen, kann durch übereinstimmende Erklärung der Parteien nicht beseitigt werden. Hat das LG unzutreffende Feststellungen getroffen, kann zur Vermeidung der Bindungswirkung eine Tatbestandsberichtigung nach § 320 erforderlich sein (*Einsiedler* MDR 11, 1454).

9 § 529 betrifft nur Tatsachen, dh sinnlich wahrnehmbare Zustände oder Vorgänge. Dazu gehören auch innere Tatsachen (Kenntnisse, Absichten, Fähigkeiten). Nicht erfasst werden Wertungen. **Keine Bindung** besteht damit insb an Rechtsansichten (Hamm VersR 11, 637). Dazu gehört zB das Ergebnis einer Auslegung durch das Erstgericht. Hält das Berufungsgericht die erstinstanzliche Auslegung einer Willenserklärung zwar für vertretbar, aber sachlich nicht für überzeugend, so hat es die Auslegung selbst vorzunehmen (BGH NJW 04, 2751; Dresd MDR 10, 1377; Brandbg NL-BzAR 09, 156). Dies gilt auch für die Auslegung von Prozesshandlungen (LAG Mecklenburg-Vorpommern Urt v 18.7.08 – 3 Sa 80(08)). Keine Bindung besteht auch an die Ausübung eines Ermessens. Hierher gehören die Quotelung der Verursachungsanteile bei einem Verkehrsunfall (LG Nürnberg-Fürth NZV 11, 346, die Schätzung (§ 287) und die Bestimmung eines Schmerzensgelds (Jena Urt v 26.7.11 – 4 U 13/11). Das Berufungsgericht hat die erstinstanzliche Ermessensausübung auf der Grundlage der nach § 529 maßgeblichen Tatsachen gem §§ 513 I, 546 in vollem

Umfang darauf zu überprüfen, ob sie überzeugt. Es darf sich nicht darauf beschränken, die Ermessensausübung der Vorinstanz auf Rechtsfehler zu überprüfen (BGH NJW 06, 1589; Brandbg VersR 05, 953). Auch an die Feststellung tatsächlicher Umstände, die einen Verfahrensmangel begründen, ist das Berufungsgericht nicht gebunden, insoweit erfolgt eine Prüfung vAw (Abs 2). Schließlich besteht keine Bindung an die Beweiswürdigung; soweit das Berufungsgericht dem Erstgericht hier nicht folgen will, kann (und ggf muss) es die Beweisaufnahme wiederholen (Rz 14).

b) Wegfall der Bindungswirkung. Die Bindungswirkung findet ihre Grenzen dort, wo Anlass zu der Vermutung besteht, dass der festgestellte Sachverhalt ursächlich für die Fehlerhaftigkeit des angefochtenen Urteils ist. In diesem Fall ist eine Neufeststellung erforderlich, um zu einer für die sachlich richtige Entscheidung geeigneten Tatsachengrundlage zu kommen. **10**

aa) Gebotensein erneuter Feststellung aufgrund konkreter Anhaltspunkte für Zweifel. Zweifel an der Richtigkeit oder Vollständigkeit der Feststellungen bestehen, wenn aus der Sicht des Berufungsgerichts eine gewisse (nicht notwendig überwiegende) Wahrscheinlichkeit dafür besteht, dass eine erneute Feststellung zu einem anderen Ergebnis führen wird. Diese Zweifel müssen nicht »erheblich« sein, dürfen aber nicht bloß subjektiv aus der Sicht des Berufungsführers vorliegen, sondern müssen objektiv und rational für das Gericht nachvollziehbar und nicht ohne weiteres von der Hand zu weisen sein (BGH NJW 04, 2828 und 2828; 03, 3480; weitergehend Jena BauR 11, 1862: „Zweifel müssen sich aufdrängen"). **11**

Die Zweifel sind an einem konkreten **Anhaltspunkt** festzumachen, an einem rechtlichen oder tatsächlichen Einwand gegen die Feststellung. Anhaltspunkte können sich zB aus dem erstinstanzlichen Vortrag der Parteien, dem Ablauf des erstinstanzlichen Verfahrens, dem Inhalt des angefochtenen Urteils oder aus neuem zweitinstanzlichen Vortrag der Parteien ergeben. In Betracht kommen (gerügte: Abs 2; *Gehrlein* MDR 03, 421, 428) Fehler im Verfahren oder bei der Beweisaufnahme (BGH MDR 05, 1308) oder Beweiswürdigung (BVerfG NJW 03, 2524; BGH NJW 05, 1583; 04, 1876; NJW-RR 04, 425, 426), die unzureichende Befragung eines Zeugen (BGH MDR 05, 1308), die Widersprüchlichkeit oder Unvollständigkeit eines Gutachtens (BGH MDR 06, 531), die erkennbar fehlende Sachkunde des Gutachters (Berlin KGR 09, 900), das Zugrundelegen eines falschen Beweismaßes (§ 286 statt § 287: BGH VersR 09, 1213), die Nichtanhörung eines Sachverständigen (BGH MDR 09, 1184), die Nichtwiedergabe des Ergebnisses eines Augenscheins (Hamm NJW-RR 03, 1006), ein Verstoß gegen die Unmittelbarkeit der Beweisaufnahme (BGH NJW 00, 2024) das Übergehen von Parteivortrag (BGH BGHReport 07, 28, 30), die Berücksichtigung nicht vorgetragener Tatsachen, die grundlegende Änderung des Sachverhalts durch zulässigen neuen Vortrag (BGH NJW 06, 152, 153; 04, 2152, 2153; 2825, 2827), die fehlerhafte Rechtsanwendung (BGH NJW 04, 2828). Anhaltspunkte für Zweifel können sich auch aus der Möglichkeit unterschiedlicher Wertung ergeben, insb daraus, dass das Berufungsgericht der Beweiswürdigung des Erstgerichts nicht folgt; in diesem Fall ist eine Wiederholung der Beweisaufnahme erforderlich. Das gilt, wenn das Berufungsgericht die Glaubwürdigkeit eines Zeugen anders beurteilen will als die Vorinstanz (BGH NJW 04, 1876; Rz 14), die Aussage inhaltlich anders versteht oder gewichtet (BGH FamRZ 06, 946) oder die Aussage für ergänzungs- bzw präzisierungsbedürftig hält (BGH NJW-RR 93, 510). Schließlich können sich Anhaltspunkte für Zweifel auch aus zu berücksichtigenden (§ 531 II) neuen Angriffs- und Verteidigungsmittel ergeben (BGH NJW 04, 1876 und 2825). **12**

Geboten ist eine erneute Feststellung der Tatsachen, wenn diese entscheidungserheblich sind und zumindest die konkrete Möglichkeit besteht, dass sie (aus der Sicht des Berufungsgerichts) vollständiger oder richtiger festgestellt werden können (BGH NJW 04, 1876 und 2828). Keine Wiederholung der Beweisaufnahme ist erforderlich, wenn das Berufungsgericht bereits aufgrund des Akteneinhalts 1. Instanz zum gleichen Beweisergebnis kommt. Dies gilt auch dann, wenn das Berufungsgericht diese Tatsachen rechtlich anders würdigt (München WM 08, 1969). **13**

bb) Neufeststellung. Eine erforderliche Neufeststellung von Tatsachen erfolgt iRd Verhandlung vor dem Berufungsgericht. Die Neufeststellung von Tatsachen kann in einer abweichenden rechtlichen Bewertung des (erst- und zweitinstanzlichen) Parteivortrags bestehen (Rz 5). Das Berufungsgericht kann erstinstanzlichen Tatsachenvortrag abw vom Erstgericht als streitig oder unstr qualifizieren, ein Geständnis für unwirksam oder eine Tatsache für offenkundig halten. Es kann vorgetragene Tatsachen anders verstehen oder Erklärungen anders auslegen. Wichtigster Fall der Neufeststellung ist jedoch die Durchführung einer **Beweisaufnahme.** Diese kann iRd § 529 I (wenn der Feststellungsfehler in der Unterlassung der Beweisaufnahme bestand) erstmalig erfolgen oder (wenn der Fehler in der Beweisaufnahme oder -würdigung lag) in **14**

der Wiederholung einer erstinstanzlich bereits durchgeführten Beweisaufnahme bestehen (BGH VersR 09, 1213; Eichele/Hirtz/Oberheim/*Oberheim* XVI Rn 229). Soweit letztere im Ermessen des Gerichts steht (§§ 525 S 1, 398 I, 412 I), ist dieses iRd Fehlerbehebung regelmäßig auf Null reduziert. Eine von der erstinstanzlichen abweichende Würdigung des Zeugenbeweises ohne vorherige Wiederholung der Vernehmung ist dem Berufungsgericht regelmäßig verwehrt (BVerfG NJW 11, 49; BGH MDR 11, 1133; BGH NJW 11, 1364; BGH NJW-RR 09, 1291;), weil in die Beweiswürdigung Umstände eingeflossen sein können, die sich aus der Vernehmungsniederschrift nicht ergeben. Zu einer Wiederholung der Beweisaufnahme ist das Berufungsgericht bereits dann nicht nur berechtigt, sondern sogar verpflichtet, wenn es sich von der Richtigkeit der erstinstanzlichen Beweiswürdigung nicht zu überzeugen vermag und deswegen an die erstinstanzliche Beweiswürdigung, die es aufgrund konkreter Anhaltspunkte nicht für richtig hält, nicht gebunden ist (BGH BauR 10, 1095; KG MDR 11, 158). Eine Wiederholung der Beweisaufnahme vor einer abweichenden eigenen Beurteilung ist deswegen entbehrlich, wenn schon das Erstgericht nur aufgrund der schriftlich vorliegenden Aussage entschieden (BGH NJW 98, 384) oder eine Würdigung gar nicht vorgenommen hat (BGH NJW 94, 1341, 1343). Ist eine Wiederholung der Beweisaufnahme unmöglich, tritt eine Bindungswirkung nicht ein (BGH NJW 07, 2919). Vernommen werden müssen grds alle Zeugen zu einem Beweisthema, weil das Berufungsgericht nur so das Gesamtergebnis der Beweisaufnahme unmittelbar würdigen kann (§§ 286 I, 355). Dies kann auch gelten, wenn die erstinstanzliche Beweisaufnahme nicht wiederholt, sondern nur ergänzt werden soll. Allerdings darf die Neufeststellung das nach § 529 I Nr 1 erforderliche Maß nicht übersteigen, sich nicht auf erstinstanzliche Feststellungen erstrecken, bzgl deren keine Zweifel bestehen. Ist ein Sachverständiger erstinstanzlich angehört worden, darf das Berufungsgericht aus seinem Gutachten keine anderen Schlüsse ziehen als das Erstgericht, wenn es den Sachverständigen nicht zuvor selbst anhört (BGH NJW-RR 11, 704; BGH MDR 09, 1184; BGH NJW 98, 803).

15 **2. Zweitinstanzlich neu vorgetragene Tatsachen (Nr 2).** Verhandlungs- und Entscheidungsgrundlage in der Berufungsinstanz kann auch der neu durch die Parteien vorgetragene Tatsachenstoff werden. **Neu** ist ein in der Berufung geltend gemachtes Angriffs- und Verteidigungsmittel, wenn es erstinstanzlich nicht (vor Schluss der letzten mündlichen Verhandlung) vorgetragen war, unabhängig davon, ob ein solcher Vortrag möglich gewesen wäre oder ob die Tatsache erst nachträglich entstanden ist (§ 531 Rz 8). Voraussetzung der Berücksichtigung des neuen Vortrags ist dessen **Zulassung** durch das Gericht. Die Voraussetzungen hierfür enthält § 531 II (§ 531 Rz 9 ff).

16 **II. Prüfung in rechtlicher Hinsicht (Abs 2).** Überprüft wird das Urt auch in rechtlicher Hinsicht, sowohl auf mögliche materiellrechtliche, als auch auf mögliche verfahrensrechtliche Mängel.

17 **1. Prüfung von Verfahrensfragen.** Den Ablauf des erstinstanzlichen Verfahrens muss das Berufungsgericht nicht in jedem Fall in vollem Umfang prüfen. Entsprechende Fehler werden grds nur auf eine Rüge der Parteien hin berücksichtigt (Satz 1). Nur soweit nicht bloß ein **Mangel des Verfahrens**, sondern ein **Mangels des Urteils** vorliegt, erfolgt ausnahmsweise eine Prüfung vAw (S 2).

18 **a) Rügeabhängige Mängel (S 1).** Nicht vAw zu berücksichtigen sind Verfahrensvorschriften, auf deren Befolgung die Parteien verzichten können (§ 534 Rz 3). Hierher gehören alle den äußeren Prozessablauf betreffenden Normen, zB §§ 253, 159 f, 166, 271, 274, 283, 311 ff, 355 ff, 377. Nicht verzichtbar sind Normen, die den Inhalt von Partei- oder Gerichtshandlungen betreffen, insb die vAw zu berücksichtigenden Prozessvoraussetzungen (dazu § 532), Vorschriften, die die Öffentlichkeit der Verhandlung oder das rechtliche Gehör gewähren sollen. Unerheblich ist, ob die Verletzung der Norm durch das Gericht oder durch den Dritten erfolgte.

19 Eine **Rüge** nach § 529 II 1 wird regelmäßig vom Berufungskläger erhoben. Sie darf sich nicht in der pauschalen Beanstandung des erstinstanzlichen Verfahrens oder einer Bezugnahme auf das dortige Vorbringen erschöpfen, sondern muss das inkriminierte Verhalten konkret erkennen lassen. Eine Benennung der verletzten Norm ist nicht erforderlich. Genügen kann bereits die Bezeichnung der konkreten Anhaltspunkte, die Zweifel an der Tatsachenfeststellung begründen (§ 520 III Nr 3). Die Rüge muss in der Berufungsbegründung enthalten sein. Wird die Rüge ausnahmsweise vom Berufungsbeklagten erhoben, kann dies in der Berufungserwiderung oder in der Anschlussberufung geschehen. Eine bloße Erwiderung auf die Rüge des Gegners ist in den Grenzen der §§ 525, 296 bis zum Schluss der mündlichen Verhandlung möglich.

20 **b) Rügeunabhängige Mängel (S 2).** Auch ohne Rüge zu prüfen sind Normen, die den Inhalt von Partei- oder Gerichtshandlungen betreffen, insb die vAw zu berücksichtigenden Prozessvoraussetzungen (BGH

NJW-RR 99, 381, 388; 90, 45, 47; WM 98, 1832; 96, 2247), sowie Vorschriften, die die Öffentlichkeit der Verhandlung oder das rechtliche Gehör sicherstellen sollen (zB Unzulässigkeit Teil- oder Grundurteil: BGH NJW 00, 1572 und 1498). Die Verletzung solcher Normen betrifft nicht nur das Verfahren, sondern das Urt unmittelbar. Insoweit erfolgt die Nachprüfung auch ohne Beschränkung durch die Berufungsgründe (Musielak/*Ball* Rn 24).

2. Prüfung materiellrechtlicher Fragen (S 2). Dass das angefochtene Urt auch auf mögliche materiell- 21
rechtliche Fehler hin überprüft wird, ist eine Selbstverständlichkeit, die § 529 nicht besonders wiederholt. Die Prüfung erfolgt, weil sie Abs 2 S 2 unterfällt, rügeunabhängig vAw. Das Recht ist verletzt, wenn eine Rechtsnorm nicht oder nicht richtig angewendet worden ist (§ 546). Das ist zB der Fall, wenn eine für die erstinstanzliche Entscheidung einschlägige Norm übersehen, zu Unrecht für nicht anwendbar erklärt, ihr durch Auslegung ein unzutreffender Inhalt beigemessen oder der festgestellte Sachverhalt unzutreffend unter die maßgebliche Norm subsumiert wurde (§ 513).

C. Rechtsmittel. Mit der Revision oder, soweit diese nicht gegeben ist, (wegen der Verletzung des Art 103 22
GG) mit der Verfassungsbeschwerde angegriffen werden kann die fehlerhafte Nichtfeststellung von Tatsachen durch das Berufungsgericht. Die unberechtigte Neufeststellung von Vorbringen dagegen ist unanfechtbar (BGH NJW 05, 1583; 04, 1458).

§ 530 Verspätet vorgebrachte Angriffs- und Verteidigungsmittel. **Werden Angriffs- oder Verteidigungsmittel entgegen den §§ 520 und 521 Abs. 2 nicht rechtzeitig vorgebracht, so gilt § 296 Abs. 1 und 4 entsprechend.**

A. Systematik, Zweck, Anwendungsbereich. Angriffs- und Verteidigungsmittel, die unentschuldigt nicht 1
innerhalb der Berufungsbegründungsfrist, Berufungserwiderungsfrist oder einer vom Gericht gesetzten Frist zur Replik vorgebracht werden, sind sie für die Entscheidung unberücksichtigt zu lassen, wenn sie die Erledigung des Verfahrens verzögern würden. Damit sollen die Parteien veranlasst werden, in 2. Instanz frühzeitig und zusammenhängend vorzutragen. Die Norm dient damit der Konzentration und Beschleunigung des Berufungsverfahrens (§ 296 Rz 1).

§ 530 ist Teil des umfassenden **Präklusionsrechts** (»Novenrecht«) 2. Instanz. Bereits erstinstanzlich zu 2
Recht zurückgewiesene Angriffs- und Verteidigungsmittel bleiben ausgeschlossen (§ 531 I), verzichtbare Zulässigkeitsrügen, die schon in 1. Instanz hätten vorgebracht werden können, sind nur bei genügender Entschuldigung (§ 532), neue Angriffs- und Verteidigungsmittel nur unter den Voraussetzungen des § 531 II zuzulassen. Für neue Klageänderungen, Aufrechnungserklärungen oder Widerklagen enthält § 533 weitere Voraussetzungen. § 530 übernimmt für eine zweitinstanzliche Verletzung der Prozessförderungspflicht durch Versäumung der Berufungsbegründungs- und Berufungserwiderungsfrist die erstinstanzliche Regelung über Fristversäumungen (§ 296 I, IV). Daneben bleibt § 525 iVm § 296 II, IV unmittelbar anwendbar auf die zweitinstanzliche Versäumung einer nach § 273 II gesetzten Frist und die Verletzung der allgemeinen Prozessförderungspflicht aus §§ 525, 282. Die damit verbundene erhebliche Beeinträchtigung des Anspruchs auf rechtliches Gehör (Art 103 I GG) ist verfassungsrechtlich nicht zu beanstanden (BGH MDR 05, 706; BVerfG NJW 83, 2187).

Die Vorschrift gilt in allen Berufungsverfahren, auch im WEG-Verfahren. Im arbeitsgerichtlichen Beru- 3
fungsverfahrens tritt an ihre Stelle der weitgehend inhaltsgleiche (LAG Berlin NZA 98, 168) § 67 II ArbGG.

B. Verspätete Angriff- und Verteidigungsmittel. Die Verweisung des § 530 auf § 296 I, IV erfolgt nicht 4
bloß auf die dort genannte Rechtsfolge, sondern auch auf die Voraussetzungen. Erforderlich für eine Präklusion ist damit nicht nur, dass Angriffs- und Verteidigungsmittel nach Ablauf der in § 530 genannten Frist vorgebracht wurden, sondern auch, dass dies nicht genügend entschuldigt wurde und dass die Zulassung des Vorbringens die Erledigung des Rechtsstreits verzögern würde.

I. Angriffs- und Verteidigungsmittel. Angriffs- und Verteidigungsmittel umfassen das tatsächliche Vor- 5
bringen der Parteien zur Begründung des Sachantrags oder zur Verteidigung gegen ihn. Hierunter fallen insb das Behaupten, Bestreiten oder Beweisen von Tatsachen und der Vortrag von materiellen oder prozessualen Einwendungen und Einreden (BGH NJW 04, 2828). Hierher gehören Beweisantritte stets, Beweiseinreden dann, wenn sie über die bloße Würdigung hinausgehen und auf besondere Tatsachen gestützt werden.

6 **Keine Angriffs- und Verteidigungsmittel** sind die mit der Stellung eines neuen oder der Änderung des bisherigen Antrags verbundenen selbstständigen Angriffe und Verteidigungen (Klageerweiterung, Klageänderung, Widerklage; BGH NJW 01, 1210; § 282 Rz 4; § 296 Rz 6). Keine Angriffs- und Verteidigungsmittel sind auch bloße Rechtsausführungen, die in der Berufungsinstanz ohne zeitliche Beschränkung möglich sind (Zö/*Gummer/Heßler* Rn 8).

7 Angriffs- und Verteidigungsmittel, die bereits **erstinstanzlich** vorgebracht wurden, unterlagen bereits dort den Voraussetzungen § 296. Wurden sie zu Recht zurückgewiesen, bleiben sie auch für die Berufung ausgeschlossen (§ 531 I), wurden sie zu Unrecht oder nicht zurückgewiesen, werden sie auch ohne besondere Wiederholung zum Prozessstoff 2. Instanz. Angriffs- und Verteidigungsmittel, die erstmals in der Berufung vorgebracht werden, können nur berücksichtigt werden, wenn sie sowohl die Voraussetzungen des § 530 als auch die des § 531 II erfüllen. Die **Aufrechnung** ist Angriffs- und Verteidigungsmittel (BGHZ 91, 293, 303), unterfällt zweitinstanzlich damit sowohl § 530 als auch § 533. Die **Anschlussberufung** ist selbstständiger Angriff, nicht bloßes Angriffs- und Verteidigungsmittel. Werden zur Begründung der Anschlussberufung Angriffs- und Verteidigungsmittel erst nach Ablauf der Berufungserwiderungsfrist vorgetragen, sind diese nach §§ 524 II 2, 521 II, 530 präkludiert (Eichele/Hirtz/Oberheim/*Ahrens* XIII Rn 103; aA HK-ZPO/*Wöstmann* Rn 3). Zu den Angriffs- und Verteidigungsmitteln gehört auch das Vorbringen zu den Nebenforderungen (Zinsen; BGH WM 77, 173).

8 **II. Verspätung.** Verspätet ist das Vorbringen, wenn der Berufungskläger entweder die Berufungsbegründungsfrist (§ 520 II; dort Rz 4) oder eine evtl gesetzte Frist zur schriftlichen Stellungnahme auf die Berufungserwiderung (§ 521 II; dort Rz 9) versäumt. Auch wenn eine Frist zur Replik gesetzt wird, müssen die nach § 520 III Nr 2–4 erforderlichen Angriffs- und Verteidigungsmittel bereits in der Begründungsfrist vorgetragen sein. Der Berufungsbeklagte muss die gerichtlich bestimmte Berufungserwiderungsfrist einhalten (§ 521 II). Rechtzeitiger Vortrag auf einen Hinweis des Berufungsgerichts, ist nicht verspätet (BGH MDR 07, 1365), auch ein als Reaktion hierauf erfolgender Vortrag kann allein an §§ 525, 282, 296 II gemessen werden. Vortrag zu einer vAw zu berücksichtigenden Prozessvoraussetzung unterfällt nicht § 530 (BGH NJW 04, 2533).

9 **III. Verzögerung.** Eine Verzögerung des Verfahrens liegt vor, wenn die Zulassung des verspäteten Vortrags die Erledigung des Rechtsstreits in 2. Instanz zeitlich hinausschieben würde (BGH NJW-RR 05, 669, 671; BGH NJW-RR 04, 126). Zum Begriff der Verzögerung und dem bei der Beurteilung anzulegenden Maßstab § 296 Rz 14 ff.

10 **Keine Verzögerung** tritt ein, wenn verspätete Angriffs- und Verteidigungsmittel eine Beweisaufnahme nicht erforderlich machen, sei es weil sie unstr sind (BGH NJW 05, 291), sei es weil Beweis hierfür nicht angeboten ist. Deswegen ist vor einer Zurückweisung der Gegner zu hören, ggf im Wege des Schriftsatznachlasses (§ 283). Eine Verzögerung kann auch darin begründet sein, dass durch den verspäteten Vortrag eine Beweisaufnahme über andere Tatsachen erforderlich wird (BGH NJW 86, 2257). Nicht auf der Verspätung beruht eine Verzögerung, die das Berufungsgericht durch zumutbare Maßnahmen hätte abwenden können (BGH NJW 01, 151). Dabei kommen insb Belehrungen (§§ 521 II, 277 II; BGH NJW 83, 2507), Hinweise iRd materiellen Prozessleitungspflicht (§§ 525, 139; BVerfG 92, 678, 679) oder terminsvorbereitende Maßnahmen (§§ 525, 273; BVerfG NJW 90, 2373) in Betracht. Die Zumutbarkeit ist dabei unter Berücksichtigung des Umfangs der Sache und der erforderlichen Maßnahmen, der Geschäftslage des Gerichts und der konkreten Terminssituation (BGH NJW 92, 2828; § 296 Rz 25) zu beurteilen. Zumutbar ist eine Klärung einfacher und klar abgegrenzter Streitpunkte, wenn sie keinen unangemessenen Zeitaufwand erfordert (BGH NJW 99, 3272, 3273). Bleiben Maßnahmen des Gerichts aus typisch verzögerungsbedingten Gründen (Verhinderung eines verspätet geladenen Zeugen: BGH NJW 89, 719) erfolglos, ist dies der Partei zuzurechnen, der Vortrag ist zurückzuweisen. Nicht zuzurechnen sind der Partei dagegen Risiken, die nicht auf der Verzögerung beruhen (unentschuldigtes Fernbleiben oder Erkrankung des Zeugen: BGH NJW-RR 86, 1317). Ist der Rechtsstreit ohne Berücksichtigung des verspäteten Vorbringens nicht entscheidungsreif, kommt eine Verzögerung nicht in Betracht (kein Teilurteil: BGHZ 107, 236, 246; aA MüKoZPO/*Rimmelspacher* Rn 16).

11 **IV. Entschuldigung.** Entschuldigt die Partei die Verspätung (nicht die Verzögerung) genügend, kommt eine Zurückweisung nicht in Betracht (§ 296 I; dort Rz 30 ff). Erforderlich dazu ist, dass die Partei Umstände vorträgt, die die Versäumung der Frist als nicht vorwerfbar erscheinen lassen. Schon leichte Fahrlässigkeit steht der Entschuldigung entgegen (Musielak/*Ball* Rn 24). Für die Partei ist dabei subjektiv

auf ihre persönlichen Kenntnisse und Fähigkeiten abzustellen, für den Rechtsanwalt (dessen Verschulden der Partei zugerechnet wird, § 85 II) objektiv auf die berufstypischen Anforderungen (St/J/*Leipold* § 296 Rn 85). Eine ausreichende Entschuldigung kann darin bestehen, dass die Tatsachen der Partei erst nach Ablauf der Frist bekannt wurden oder sie deren Erheblichkeit erst dann erkennen konnte. Nur ausnahmsweise kann das bewusste Zurückhalten von Tatsachen aus Furcht vor anderweitigen Nachteilen genügen. Die zur Entschuldigung vorgetragenen Tatsachen sind auf Verlangen des Gerichts **glaubhaft** zu machen (§ 296 IV). Die Beweislast trägt die Partei (*Schneider* MDR 87, 900).

C. Zurückweisung. Ob eine Zurückweisung zu erfolgen hat, ist vAw zu prüfen, des Antrags einer Partei bedarf es nicht. Liegen die Voraussetzungen des § 530 vor, darf das Vorbringen für die Entscheidung nicht berücksichtigt werden. Ein Ermessen steht dem Gericht dabei nicht zu, eine Einwilligung des Gegners in die Berücksichtigung ist unbeachtlich. Auf die beabsichtigte Zurückweisung ist die Partei vorab hinzuweisen, um ihr Gelegenheit zu einer Entschuldigung zu geben (BGH NJW 89, 717, 718). 12

I. Entscheidung. Die Zurückweisung erfolgt in den Gründen des Berufungsurteils (BGH NJW-RR 91, 768; zur Unzulässigkeit eines Zwischenurteils oder separaten Beschlusses MüKoZPO/*Rimmelpacher* Rn 29), wobei eine Darlegung der gesetzlichen Voraussetzungen erforderlich ist (BGH NJW 06, 153; BVerfG NJW 90, 2373). Diese umfasst die Feststellung der Unvermeidbarkeit der Verzögerung durch das Gericht (BGH NJW 99, 585). Die Zurückweisung ist auch durch den Einzelrichter möglich, ohne dass es einer Vorlage an den Spruchkörper nach § 526 II Nr 1 bedarf (München Grundeigentum 10, 201; § 526 Rz 17). 13

II. Rechtsbehelfe. Die Zurückweisung kann mit der Revision gerügt werden. Die Zulassung des Vorbringens ist unanfechtbar und unterliegt auch keiner Nachprüfung in der Revision (BVerfG NJW 95, 2980). 14

§ 531 Zurückgewiesene und neue Angriffs- und Verteidigungsmittel.

(1) Angriffs- und Verteidigungsmittel, die im ersten Rechtszuge zu Recht zurückgewiesen worden sind, bleiben ausgeschlossen.

(2) [1]Neue Angriffs- und Verteidigungsmittel sind nur zuzulassen, wenn sie

1. **einen Gesichtspunkt betreffen, der vom Gericht des ersten Rechtszuges erkennbar übersehen oder für unerheblich gehalten worden ist,**
2. **infolge eines Verfahrensmangels im ersten Rechtszug nicht geltend gemacht wurden oder**
3. **im ersten Rechtszug nicht geltend gemacht worden sind, ohne dass dies auf einer Nachlässigkeit der Partei beruht.**

[2]Das Berufungsgericht kann die Glaubhaftmachung der Tatsachen verlangen, aus denen sich die Zulässigkeit der neuen Angriffs- und Verteidigungsmittel ergibt.

A. Systematik, Zweck, Anwendungsbereich. Die Vorschrift ist Teil des berufungsrechtlichen Präklusionsrechts (dazu § 530 Rz 2). Erstinstanzlich verspätet vorgetragene und deswegen zu Recht zurückgewiesene Tatsachen bleiben nach Abs 1 auch zweitinstanzlich ausgeschlossen. Neue, erstinstanzlich gar nicht vorgetragene Tatsachen können in der Berufung nur unter den Voraussetzungen des Abs 2 berücksichtigt werden. Beide Absätze stellen die Einhaltung der Prozessförderungspflicht durch die Parteien sicher, indem diese angehalten werden, ihren Vortrag rechtzeitig in 1. Instanz zu bringen und ihn nicht für die 2. Instanz aufsparen (keine »Flucht in die Berufung«). Dass erstinstanzlich – wenn auch verspätet – vorgetragene Tatsachen zwingend ausgeschlossen sind, während erstinstanzlich gar nicht vorgetragene Tatsachen – unter den Voraussetzungen des § 531 II – zugelassen werden können, ist in sich nicht schlüssig, aber nicht verfassungswidrig (BVerfG NJW 81, 271). 1

Die Vorschrift erfasst den Vortrag beider Parteien (Berufungskläger und Berufungsbeklagter) in der Berufung und der Anschlussberufung, auch nach Zurückverweisung aus der Revisionsinstanz (BGH NJW 04, 2382). Sie gilt in allen Berufungsverfahren, auch im WEG-Verfahren. Trotz grundsätzlicher Geltung auch in zweitinstanzlichen Eilverfahren (*Stürner* IPrax 04, 513) ist hier eine zurückhaltende Anwendung sinnvoll (Hamm VersR 08, 1118). Im arbeitsgerichtlichen Berufungsverfahren gilt § 67 ArbGG. 2

B. Angriffs- und Verteidigungsmittel. Anwendbar sind Abs 1 und Abs 2 nur auf Angriffs- und Verteidigungsmittel (dazu § 282 Rz 3; § 296 Rz 6; § 530 Rz 5). **Erfasst** werden alle von den Parteien zur Begründung des Sachantrags der Berufung bzw Anschlussberufung oder zur Verteidigung gegen ihn vorgebrachten Tatsachen. Hierunter fallen insb das Behaupten (BGH NJW 80, 1794), Bestreiten (BGH JZ 77, 102) 3 oder Beweisen (BGH MDR 09, 281; KG Urt v 12.5.11 – 23 U 72/11; Oldenbg MDR 10, 1078) von Tatsachen. Angriffs- bzw Verteidigungsmittel ist der Vortrag der zur Ausfüllung materieller oder prozessualer Rechte (Einwendungen und Einreden; BGH NJW 04, 2828) dienenden Tatsachen, bei den nur auf Geltendmachung hin zu berücksichtigenden Rechten auch diese Geltendmachung selbst (zur Verjährungseinrede BGH NJW 08, 3434 und Frankf Urt v 24.2.10 – 9 U 93/06; zur Geltendmachung von Obliegenheitsverletzungen im Versicherungsrecht BGH NJW 05, 1185; zum Vorbehalt beschränkter Erbenhaftung BGH NJW-RR 10, 664). Dies gilt auch für Gestaltungsrechte (BAG MDR 84, 347; BGH NJW 64, 1797; str., dazu Rz 12a), für Beweiseinreden nur dann, wenn sie über die bloße Würdigung hinausgehen und auf besondere Tatsachen gestützt werden (BGH NJW 06, 152; KG SchadensPraxis 10, 392). Sind Einwendungen gegen ein Gerichtsgutachten wegen der erforderlichen besonderen Sachkunde nur nach sachverständiger Beratung möglich (so vielfach im Arzthaftungs- oder Bauprozess), so können diese nach § 531 nicht zurückgewiesen werden (BGH NJW 07, 1531; BGH NJW 06, 152). Auch die Aufrechnung ist Verteidigungsmittel (BGHZ 91, 293, 303), für sie gelten indes die besonderen Voraussetzungen des § 533. **Keine** Angriffs- und Verteidigungsmittel sind die mit der Stellung eines neuen oder der Änderung des bisherigen Antrags verbundenen selbstständigen Angriffe und Verteidigungen (Klage, Klageerweiterung, Klageänderung, Widerklage, Anschlussberufung). Die Zulässigkeit neuen Tatsachenvortrags hierzu richtet sich nicht nach § 531, sondern nach § 533. Keine Angriffs- und Verteidigungsmittel sind auch bloße Rechtsausführungen (Hamm VersR 11, 637) oder Wertungen und Ansichten (BGH NJW-RR 03, 1321; unten Rz 14). Hierzu gehören wertende Ausführungen zur Anwendbarkeit oder Auslegung von Rechtsnormen und Willenserklärungen (Brandenbg NL-BzAR 09, 156) und die Rüge der Unschlüssigkeit des gegnerischen Vortrags (BGH NJW 09, 679), nicht aber innere Tatsachen wie Kenntnisse, Absichten, Fähigkeiten oder hypothetische Geschehensabläufe (Dresd Urt v 24.9.09 – 4 U 1744/08).

4 **C. Erstinstanzlich zu Recht zurückgewiesene Angriffs- und Verteidigungsmittel (Abs 1).** Angriffs- und Verteidigungsmittel, die bereits erstinstanzlich zu Recht zurückgewiesen wurden, bleiben auch für die Berufung ausgeschlossen. Dies gilt unabhängig davon, ob sie nochmals ausdrücklich vorgebracht wurden oder nicht.

5 **I. Voraussetzungen.** Zum Begriff der Angriffs- und Verteidigungsmittel Rz 3. Im ersten Rechtszug **zurückgewiesen** worden sein können diese nach § 296 I wegen Nichteinhaltung einer Frist (auch der Einspruchsfrist nach § 340 III 3) oder nach § 296 II wegen Verletzung der allgemeinen Prozessförderungspflicht. Die bloße Nichterhebung eines Beweis wegen Nichteinhaltung einer Beibringungsfrist nach § 356 genügt nicht, die Beseitigung des Hindernisses in 2. Instanz unterfällt § 531 II (Bremen ZEV 2010, 480). Die Zurückweisungsentscheidung muss sich aus dem erstinstanzlichen Urt ergeben und dort begründet sein (BGH NJW 99, 585; BVerfG MDR 87, 904), eine Zurückweisung durch separaten Beschl ist wirkungslos (BGH NJW 02, 290). **Zu Recht** erfolgt ist die Zurückweisung, wenn nach Überzeugung des Berufungsgerichts zum Zeitpunkt der letzten mündlichen Verhandlung 1. Instanz die Voraussetzungen der Präklusionsnorm vorlagen. Neue Tatsachen (insb zum Verschulden) hat das Berufungsgericht nur unter den Voraussetzungen des § 531 II zu berücksichtigen (Musielak/*Ball* Rn 7; aA MüKoZPO/*Rimmelspacher* Rn 12: unbeschränkte Zulassung neuer Tatsachen). Das Berufungsgericht darf eine unzutreffende Begründung des Erstgerichts nicht durch eine andere (zutreffende) ersetzen (BGH NJW 06, 1741; NJW-RR 05, 1007; Potsdam Urt v 30.4.09 – 12 U 196/08). Zu Recht zurückgewiesen sein worden können nur Angriffs- und Verteidigungsmittel, die erstinstanzlich **streitig** waren (§ 296 Rz 20), ausgeschlossen bleiben können sie nur, wenn sie auch in 2. Instanz streitig bleiben (BGH NJW 80, 945). Unstreitige Tatsachen bedürfen der Präklusion weder im Interesse des Gegners noch der Allgemeinheit (MüKoZPO/*Rimmelspacher* Rn 14).

6 **Nicht anwendbar** ist § 531 I auf Vorbringen, das schlicht unberücksichtigt geblieben ist, ohne förmlich zurückgewiesen worden zu sein. Dabei ist unerheblich, ob der Vortrag übersehen oder für unerheblich gehalten wurde (BGH NJW 85, 1539). Nicht anwendbar ist § 531 I auch auf Vortrag, der erst nach Schluss der mündlichen Verhandlung (§ 296a) bzw nach Ablauf einer Schriftsatznachlassfrist (§ 283 S 2) erfolgt sowie auf das Unterbleiben der Ladung eines Zeugen mangels Zahlung des Auslagenvorschusses (§ 379; BGH NJW 80, 343). Solche Angriffs- und Verteidigungsmittel gelten als erstinstanzlich gar nicht vorgetragen und unterfallen nicht § 531 I, sondern allein § 531 II (Rz 1).

7 **II. Rechtsfolgen.** Zu Recht zurückgewiesene Angriffs- und Verteidigungsmittel bleiben in 2. Instanz ausgeschlossen, werden für die Berufungsentscheidung nicht berücksichtigt. Dies gilt unabhängig davon, ob die Berücksichtigung zu einer Verzögerung der Erledigung führen würde oder nicht. Über ausgeschlossene Tat-

sachen wird auch dann kein Beweis erhoben, wenn das Beweismittel bzgl anderer, nicht ausgeschlossener Tatsachen Gegenstand der Verhandlung ist (BGH NJW 80, 1102). Nach einer Zurückverweisung in die 1. Instanz dauert der Ausschluss nicht fort, dort kann die Tatsache (unter den zu prüfenden Voraussetzungen des § 296) erneut vorgetragen werden. Zu Unrecht zurückgewiesene oder trotz Vorliegens der Voraussetzungen des § 296 nicht zurückgewiesene Angriffs- und Verteidigungsmittel unterfallen § 531 I nicht, sie werden auch ohne besondere Wiederholung zum Prozessstoff 2. Instanz (BGH NJW 81, 928).

D. Neue Angriffs- und Verteidigungsmittel (Abs 2). Angriffs- und Verteidigungsmittel, die erstmals in der Berufung vorgebracht werden, können nur berücksichtigt werden, wenn eine der in Nr 1–3 genannten Voraussetzungen vorliegt. Zum Begriff der Angriffs- und Verteidigungsmittel Rz 3. **Neu** ist ein in der Berufung geltend gemachtes Angriffs- und Verteidigungsmittel, wenn es erstinstanzlich nicht (vor Schluss der letzten mündlichen Verhandlung) vorgetragen war, unabhängig davon, ob ein solcher Vortrag möglich gewesen wäre oder ob die Tatsache erst nachträglich entstanden ist. Neu ist auch der erneute Vortrag von Tatsachen, die erstinstanzlich wieder fallen gelassen wurden (BGH NJW 07, 774) oder die erst nach Schluss der Verhandlung bzw Ablauf einer Schriftsatznachlassfrist vorgetragen wurden. Ob ein Vortrag neu ist, wird grds anhand des Tatbestands des erstinstanzlichen Urteils geprüft (Kobl OLGR 09, 514; Brandenbg Urt v 15.7.09 – 13 U 120/07). **Nicht** neu sind Angriffs- und Verteidigungsmittel, die erstinstanzlich bereits vorgetragen waren und für die Entscheidung berücksichtigt wurden oder hätten berücksichtigt werden müssen (BGH NJW-RR 03, 1321; Brandbg NJW-Spezial 11, 494; Ddorf BauR 11, 1695; Stuttg BauR 11, 555 und 1366), weil das erstinstanzliche Gericht sie fälschlich für unerheblich gehalten hat (BGH NJW-RR 10, 1286). Nicht neu ist auch die bloße Erläuterung, Konkretisierung, Verdeutlichung oder Ergänzung erstinstanzlichen Vorbringens (BGH BauR 10, 817; BGH NJW 07, 1531; BGH NJW-RR 07, 1170; BGH MDR 06, 531; BGHZ 159, 245), wohl aber, wenn hierdurch erstinstanzlich unsubstantiierter Vortrag substanziiert wird. Nicht § 531 II unterfällt (und damit zweitinstanzlich neu möglich ist) auch die Rüge der Unschlüssigkeit des gegnerischen Vortrags (BGH NJW 09, 679). 8

I. Angriffs- und Verteidigungsmittel zu erkennbar übersehenen oder für unerheblich gehaltenen Gesichtspunkten (Nr 1). **Gesichtspunkt** ist jede für die Entscheidung erhebliche tatsächliche oder rechtliche Erwägung. **Übersehen** ist, was beim Urteilserlass nicht einbezogen wurde, **für unerheblich gehalten** wurde, was zwar erwogen, aber verworfen wurde. Die **Erkennbarkeit** ist anhand der Akte zu beurteilen (MüKoZPO/*Rimmelspacher* Rn 20). Beurteilt das Berufungsgericht die Rechtslage anders als das Erstgericht und fehlt es hierfür an ausreichendem Vortrag der Parteien, so ist es diesen (regelmäßig nach einem Hinweis des Gerichts auf die abweichende rechtliche Beurteilung) gestattet, entsprechende Angriffs- und Verteidigungsmittel nachzuholen (BGH NJW-RR 07, 1612; BGHZ 158, 295; BGH MDR 05, 167). Dabei kommt es nicht darauf an, ob der Vortrag bereits in 1. Instanz möglich, zumutbar oder geboten gewesen wäre (BGH NJW-RR 06, 1292, 1293) oder ob die Partei die rechtliche Fehleinschätzung hätte erkennen und das Gericht hierauf hinweisen müssen, wohl aber darauf, dass die fehlerhafte Rechtsansicht des Erstgerichts den erstinstanzlichen Sachvortrag der Partei auch beeinflusst hat (BGH NJW-RR 05, 167; BGH NJW 04, 2382). 9

II. Infolge eines Verfahrensmangels nicht geltend gemachte Angriffs- und Verteidigungsmittel (Nr 2). 10
Erforderlich ist, dass die Partei (auch) aufgrund eines gerichtlich verursachten Verfahrensfehlers davon abgesehen hat, Angriffs- und Verteidigungsmittel vorzutragen. Von Bedeutung sind dabei insb Verstöße gegen die materielle Prozessleitungspflicht (§ 139; BGHZ 158, 295), sei es, dass rechtlich unzutreffende Hinweise erteilt wurden, sei es, dass (aus der Sicht des Erstgerichts) erforderliche Hinweise unterblieben oder unvollständig geblieben sind (BGH NJW-RR 05, 213). Hat das Gericht von dem Hinweis aufgrund einer falschen Rechtsauffassung aus seiner Sicht zutr auf einen Hinweis verzichtet, kommen nur Nr 1 oder 3 in Betracht. Ein Verfahrensfehler des Erstgerichts kann auch in der Verletzung der §§ 136 III, 273 II Nr 1, 279 III, 283 S 1, in der Verkündung einer Entscheidung vor Ablauf einer gewährten Schriftsatzfrist (BGH NJW 08, 3361), im Übergehen eines Antrags auf Anhörung eines Sachverständigen (§ 411 III; BGH MDR 05, 1308) oder in der Verwertung eines unvollständigen Sachverständigengutachtens liegen (BGH NJW 04, 2828). Der Verfahrensfehler wird nicht vAw festgestellt, sondern muss vom Berufungsführer gerügt werden (§ 529 II), wofür die Angabe des Berufungsgrunds nach § 520 III S 2 Nr 4 genügen kann.

III. Ohne Nachlässigkeit nicht geltend gemachte Angriffs- und Verteidigungsmittel (Nr 3). Anders als in den Ziff 1 und 2 wird die Befugnis zum Vortrag neuer Tatsachen nicht durch einen Fehler des Gerichts 11 eröffnet. Erforderlich ist lediglich, dass die Nichtgeltendmachung in 1. Instanz nicht auf Nachlässigkeit der Partei beruht. **Nachlässig** handelt die Partei, wenn sie Tatsachen nicht vorträgt, die ihr bekannt sind und deren Bedeutung für die Entscheidung sie kennt oder zumindest hätte kennen müssen (BGH NJW 04, 2152). Ein Verschulden des Prozessbevollmächtigten wird der Partei dabei in vollem Umfang zugerechnet (§ 85 Abs. 2; München Urt v 8.12.09 – 5 U 3029/06). Tatsachen, die der Partei erst nach dem Schluss der erstinstanzlichen Verhandlung **bekannt** oder in ihrer Bedeutung für die Entscheidung **bewusst geworden** sind bzw an die sie sich erst nachträglich erinnert (Kobl NJW 04, 865), dürfen nur dann neu vorgetragen werden, wenn dies nicht auf einer Nachlässigkeit beruht (BGH NJW 06, 152, 154). Insoweit hängt die Zulassung davon ab, ob die Partei die Tatsachen bei Aufwendung der gebotenen Sorgfalt hätte erfahren oder ihre Entscheidungsrelevanz hätte erkennen können. Dabei ist »grobe« Nachlässigkeit nicht erforderlich, bereits einfache Fahrlässigkeit schadet (BGH NJW 04, 2825, 2827). Allerdings dürfen die Anforderungen an die Ermittlung des Prozessstoffs nicht überspannt werden; so ist der Prozessbevollmächtigte einer Partei nicht verpflichtet, umfangreiche staatsanwaltschaftliche Ermittlungsakten im Einzelnen darauf durchzusehen, ob ihnen Anhaltspunkte für bestimmte Pflichtverletzungen zu entnehmen sein könnten, die nach dem bisherigen Sachstand nicht im Raum stehen (BGH NJW-RR 09, 329). Aus prozesstaktischen Gründen bewusst zurückgehaltene Angriffs- und Verteidigungsmittel sind in 2. Instanz ausgeschlossen, auch dann, wenn der Vortrag für die Berufungsinstanz ausdrücklich vorbehalten wurde (BGH NJW 10, 376; VersR 07, 373; KG MDR 10, 345; KG VersR 10, 1471; KG MDR 09, 1244; Karlsr MDR 05, 92). Hat die Partei sich erstinstanzlich mit der urkundsbeweislichen Verwertung schriftlich vorliegender Zeugenbekundungen einverstanden erklärt, so ist sie im Berufungsverfahren mit dem Antrag, die Zeugen gerichtlich vernehmen zu lassen, ausgeschlossen (KG NZV 10, 200). Nachlässigkeit kann einer Partei indes nicht vorgeworfen werden, wenn sie die Behauptungen oder Beweismittel nicht bewusst zurückgehalten hat, weil sie keine Veranlassung hatte, die Richtigkeit ihres auf den Informationen Dritter beruhenden erstinstanzlichen Vortrags in Zweifel zu ziehen und Ermittlungen darüber anzustellen.

12 Nachlässige Nichtgeltendmachung kommt regelmäßig nur für Tatsachen in Betracht, die bereits vor Schluss der letzten mündlichen Verhandlung 1. Instanz vorlagen. Ist nicht nur der Vortrag des Angriffs- und Verteidigungsmittels neu (»nova reperta«), sondern auch die zugrunde liegende Tatsache selbst (»nova producta«), steht deren Berücksichtigung § 531 II Nr.3 nicht entgegen. Tatsachen, die erst nach Schluss der erstinstanzlichen Verhandlung entstanden sind, dürfen zweitinstanzlich grds uneingeschränkt neu vorgetragen werden (BGH Magazindienst 11, 583; BGH GRUR-RR 11, 439; BGH NJW-RR 10, 1478).

12a Zweifelhaft ist, inwieweit dies für die Ausübung von Rechten, insb **Gestaltungsrechten** gilt, die bereits vor Schluss der mündlichen Verhandlung entstanden waren. Im Rahmen des § 767 II versagt die Rechtsprechung dem Schuldner, der nach dem Schluss der mündlichen Verhandlung in den Tatsacheninstanzen die Aufrechnung erklärt hat, die Vollstreckungsgegenklage, wenn schon vor dem genannten Zeitpunkt eine Aufrechnungslage bestanden hat (BGHZ 163, 339, 342 mwN). Entsprechendes gilt für eine Anfechtung (BGH NJW 04, 1252, 1253 mwN) und für eine Kündigungserklärung (BGH NJW-RR 06, 229). Etwas anderes gilt nur dann, wenn es gerade zum Zweck des Gestaltungsrechts gehört, dem Berechtigten die Entscheidung zu überlassen, zu welchem Zeitpunkt er von seinem Recht Gebrauch macht. Der Beklagte ist deshalb nicht gehalten, vorzeitig von einem ihm für einen bestimmten Zeitraum eingeräumten Optionsrecht Gebrauch zu machen (BGHZ 94, 29, 35) oder ein Leistungsverweigerungsrecht aufzugeben, um eine Aufrechnungslage herbeizuführen (BGHZ 163, 339, 343; aA LG Berlin Grundeigentum 10, 909). Auch iRd § 531 ist deswegen bei (Gestaltungs-)Rechten allgemein auf den Zeitpunkt ihrer Entstehung abzustellen (für das Recht auf Vorlage eines Buchauszugs München Urt v 8.7.2011 – 7 U 1834/11). Der BGH hat dies bislang allerdings entweder ausdrücklich offen gelassen (BGH BauR 11, 1851 und r+s 10, 420) oder nur obiter bejaht (BGH MDR 11, 754).

12b Etwas anderes gelten muss für die Geltendmachung von Rechten, die die Partei im Wege der **Abtretung** erworben hat, da hier der Rechtserwerb nicht allein vom Willen Zessionar, sondern von der Mitwirkung des Zedenten abhängt und allein der Umstand, dass sich eine Partei nicht rechtzeitig um den Erwerb einer bestimmten Rechtsposition im Wege der Abtretung bemüht hat, die Präklusion nicht rechtfertigt (BGH BauR 11, 1851; NJW-RR 2005, 1687; für den Rechtserwerb durch Pfändungs- und Überweisungsbeschlusses BGH MDR 11, 754; aA Ddorf GRUR 10, 358 und GRUR-RR 05, 281; Karlsr OLGR 04, 309).

12c Im Interesse der Prozessökonomie anders behandelt die Rechtsprechung auch Fälle, in denen die neu geschaffene Tatsache auch mit einem neuen Verfahren geltend gemacht werden könnte. Dies gilt insb für eine von der Partei nach Abschluss des erstinstanzlichen Verfahrens zur Herbeiführung der Fälligkeit einer

Honorarforderung erstellte **neue Schlussrechnung** sowie für den neuen Tatsachenvortrag, der der Darlegung der Prüfbarkeit und der Richtigkeit dieser Schlussrechnung dient, weil bei einer Präklusion die Klage nur als derzeit unbegründet abzuweisen und eine neue Klage nicht zu vermeiden wäre (BGH NJW-RR 05, 1687; BGH NJW-RR 04, 526; aA Kobl MDR 11, 576; Schenkel MDR 04, 790).

IV. Weiter zu berücksichtigendes Vorbringen. Zweitinstanzlich zu berücksichtigen sind über die Fallgruppen II Nr 1–3 hinaus insb: 13

1. Tatsachen, die **unstreitig** bleiben. Unstreitiges Vorbringen unterfällt weder Abs 1 (Rz 5) noch Abs 2, insb nicht Nr 3 (BGH NJW 09, 2532; BGH NJW-RR 05, 437). Aus der den Zweck des Zivilprozesses und der Präklusionsvorschriften berücksichtigenden Auslegung der §§ 529 I Nr. 2, 531 ZPO ergibt sich, dass unter "neue Angriffs- und Verteidigungsmittel" iSd § 531 ZPO lediglich streitiges und damit beweisbedürftiges Vorbringen fällt. Nicht beweisbedürftiges Vorbringen hat das Berufungsgericht gem § 529 Abs. 1 ZPO seiner Entscheidung ohne weiteres zugrunde zu legen, weil das Gericht nicht gezwungen sein darf, seine Entscheidung auf eine unzutreffende, von keiner Partei vorgetragene Tatsachengrundlage zu stützen (stRspr, zuletzt BGH NJW 08, 3434; BGH WM 2007, 1932; BGH WM 2006, 1115; BGH NJW 2006, 298; a.A. *Ostermeier* ZZP 120 (2007), 219 ff.). Wird der neue Vortrag zweitinstanzlich unstr, so ist er auch dann zuzulassen, wenn die Nichtgeltendmachung bereits in 1. Instanz möglich und zumutbar gewesen wäre oder er dort gar bewusst zurückgehalten wurde (BGH VersR 07, 373). Dies gilt auch dann, wenn durch das unstreitige Vorbringen eine Beweisaufnahme über andere Tatsachen erforderlich wird (BGH NJW 09, 2532; BGH NJW 08, 448; aA München ZIP 06, 2122). Die erstmals im Berufungsrechtszug erhobene Verjährungseinrede ist unabhängig von den Voraussetzungen des § 531 II 1 Nr 1 bis 3 zuzulassen, wenn die Erhebung der Verjährungseinrede und die den Verjährungseintritt begründenden tatsächlichen Umständen zwischen den Prozessparteien unstr sind (BGH NJW 08, 3434). Dies gilt auch für den erst nach Abschluss der 1. Instanz erhobenen Vorbehalt der beschränkten Erbenhaftung, da es für dessen Aufnahme in das Urt keines Sachvortrags bedarf, der streitig sein könnte (BGH NJW-RR 10, 664; Celle FamRZ 10, 1273). 14

2. Vorbringen, das nicht als Angriffs- und Verteidigungsmittel anzusehen ist (oben Rz 3), also Wertungen oder **Rechtsansichten**, aber auch eigenständige **Angriffe** und **Verteidigungen** (Klage, Klageerweiterung, Klageänderung, Widerklage), für die § 533 gilt. 14a

3. Tatsachen, die erstinstanzlich **bereits vorgetragen** waren, dort aber fälschlich unberücksichtigt geblieben sind, sei es, weil das Gericht von einer Präklusion ausging (oben Rz 6), sei es, weil das Gericht sie für unerheblich hielt (oben Rz 8) 14b

4. Tatsachen, mit denen erstinstanzlicher Vortrag **konkretisiert**, erläutert, verdeutlicht oder ergänzt wird (BGH BauR 10, 817; BGH NJW 07, 1531; BGH NJW-RR 07, 1170; BGH MDR 06, 531; BGHZ 159, 245). Das gilt nicht mehr, wenn hierdurch erstinstanzlich unsubstantiierter Vortrag substanziiert wird. Möglich bleibt damit auch die Rüge der Unschlüssigkeit des gegnerischen Vortrags (BGH NJW 09, 679). 14c

5. Tatsachen, die in **Reaktion auf einen Hinweis** des Berufungsgerichts vorgetragen werden (BGH Urt v 26.6.08 – V ZR 225/07; BGH NJW-RR 07, 1612; BGHZ 158, 295; BGH MDR 05, 167). Ist das Berufungsgericht zu einem Hinweis nach § 138 ZPO verpflichtet, so muss es der betroffenen Partei auch Gelegenheit geben, auf den Hinweis zu reagieren und ihren Tatsachenvortrag zu ergänzen oder den des Gegners substanziiert zu bestreiten sowie ggf Beweis anzutreten. Vorbringen, das als Reaktion auf einen nach § 139 ZPO gebotenen Hinweis erfolgt, muss schon zur Gewährung des rechtlichen Gehörs bei der Entscheidung der Berufungsgerichts Berücksichtigung finden, wenn die Hinweispflicht nicht ins Leere laufen soll (BGH BGHR 05, 1618). Dies gilt auch für die bloße Konkretisierung, Verdeutlichung oder Ergänzung erstinstanzlichen Vorbringens (BGH BauR 10, 817; BGH NJW 07, 1531; BGH NJW-RR 07, 1170; BGH MDR 06, 531), nicht aber, wenn hierdurch erstinstanzlich unsubstantiierter Vortrag erst substanziiert wird (dazu oben Rz 8). 14d

6. Tatsachen, die erst nach Schluss der erstinstanzlichen Verhandlung **entstanden** sind (BGH NJW-RR 10, 1478; BGH NJW-RR 05, 1687), soweit dies nicht allein auf einer voluntativen Entschließung allein der Partei beruht und durch die Präklusion der Tatsache eine endgültige Abweisung der Klage erreicht werden kann (BGH NJW-RR 05, 1687; Ddorf Urt v 15.4.10 – 2 U 15/09; Ddorf GRUR-RR 05, 281; Karlsr OLGR 04, 309). Auch selbst geschaffene Tatsachen sind dagegen zu berücksichtigen, wenn an ihrer Entstehung Dritte mitwirken mussten oder wenn bei einer Präklusion die Klage nur als derzeit unbegründet abzuweisen und eine neue Klage nicht zu vermeiden wäre, insb also bei der Erstellung neuer, die Fälligkeit begründender Abrechnungen (BGH NJW-RR 05, 1687; BGH NJW-RR 04, 526; aA *Schenkel* MDR 04, 790). Zum Ganzen oben Rz 12. 14e

15 **V. Zulassung neuer Tatsachen.** Vortrag, der Abs 1 unterfällt, ist kraft Gesetzes ausgeschlossen, insoweit bedarf es weder einer Entscheidung des Gerichts noch steht diesem ein Ermessen zu.

15a Vortrag, der Abs 2 unterfällt, kann zugelassen werden. Die Tatsachen, aufgrund derer die neuen Angriffs- und Verteidigungsmittel zuzulassen sind, müssen schon in der Berufungsbegründung angegeben werden (§ 520 III Nr 4) und sind auf Verlangen des Berufungsgerichts glaubhaft zu machen (Abs 2 S 2; § 294). Die Zulassung erfolgt in der Entscheidung über die Berufung, dh entweder dem Beschl nach § 522 II oder dem Urt nach § 540. Sie muss so ausf begründet werden, dass dem Revisions- (ggf dem Verfassungs-)gericht die Nachprüfung möglich ist. Dies gilt sowohl für die Zulassung als auch für die Nichtzulassung. Die Zulassung verhindert eine Präklusion wegen Nichtgeltendmachung in 1. Instanz, ob weitere Verspätungsvorschriften (§ 530 Rz 2) tangiert sind, bedarf der separaten Prüfung.

15b Neuer Vortrag, auf den eine Änderung der Klage, eine Widerklage oder eine Aufrechnung gestützt werden soll, muss neben den Voraussetzungen des § 531 II zusätzlich die Voraussetzungen des § 533 erfüllen.

16 **E. Rechtmittel.** Die Nichtberücksichtigung von Vorbringen kann mit der Revision oder, soweit diese nicht gegeben ist, (wegen der Verletzung des Art 103 GG: BGH NJW-RR 09, 332) mit der Verfassungsbeschwerde angegriffen werden, die Berücksichtigung von Vorbringen dagegen ist unanfechtbar (BGH NJW 06, 760, 761; Zö/*Gummer/Heßler* Rn 40; aA Musielak/*Ball* Rn 24). Dies gilt sowohl für Verstöße gegen Abs 1 als auch für Verstöße gegen Abs 2. Möglich ist daher die Revisionsrüge, das Berufungsgericht habe Vorbringen nach Abs 1 unberücksichtigt gelassen, obwohl dieses erstinstanzlich fälschlich zurückgewiesen worden sei. Möglich ist auch die Rüge, das Berufungsgericht habe trotz Vorliegen der Voraussetzungen des Abs 2 neues Vorbringen nicht zugelassen. Nicht möglich ist die Rüge, die Voraussetzungen des Abs 2 seien zu Unrecht bejaht worden.

§ 532 Rügen der Unzulässigkeit der Klage.

[1]Verzichtbare Rügen, die die Zulässigkeit der Klage betreffen und die entgegen den §§ 520 und 521 Abs. 2 nicht rechtzeitig vorgebracht werden, sind nur zuzulassen, wenn die Partei die Verspätung genügend entschuldigt. [2]Dasselbe gilt für verzichtbare neue Rügen, die die Zulässigkeit der Klage betreffen, wenn die Partei sie im ersten Rechtszug hätte vorbringen können. [3]Der Entschuldigungsgrund ist auf Verlangen des Gerichts glaubhaft zu machen.

1 **A. Systematik, Zweck, Anwendungsbereich.** Zulässigkeitsfragen sind auch in der Berufungsinstanz grds vAw zu prüfen. Soweit es ausnahmsweise einer Rüge bedarf, gelten für sie an sich die allgemeinen Vorschriften über Angriffs- und Verteidigungsmittel (§§ 530, 531 I). Besonders geregelt sind sie in § 532, weil Zulässigkeitsfragen aus Gründen der Prozessökonomie am Beginn des Verfahrens zu erörtern sind. Verzichtbare Zulässigkeitsrügen sind deswegen in § 532 (entsprechend § 296 III) einer über § 530 hinausgehenden, verzögerungsunabhängigen Präklusion unterworfen und in 2. Instanz selbst dann ausgeschlossen, wenn deren Berücksichtigung die Verfahrensdauer verkürzen würde (Musielak/*Ball* Rn 1).

2 Die Vorschrift gilt in allen Berufungsverfahren, auch im WEG-Verfahren. Auf das arbeitsgerichtliche Berufungsverfahrens findet sie gem § 64 VI ArbGG entsprechende Anwendung.

3 **B. Verzichtbare Zulässigkeitsrügen.** Anwendbar ist § 532 nur auf diejenigen Zulässigkeitsvoraussetzungen, die nicht vAw zu berücksichtigen sind, sondern einer Geltendmachung durch eine Partei bedürfen. Hierzu gehören die Einrede der mangelnden Prozesskostensicherheit eines ausländischen Klägers nach § 113 iVm § 110 ff, die Einrede der mangelnden Kostenerstattung nach Zurücknahme einer früheren Klage nach § 269 VI und die Einrede einer Schiedsvereinbarung nach § 1032. Inwieweit andere Einreden der Nichteinhaltung von Vereinbarungen zum Ausschluss der Klagbarkeit (zB über die Durchführung eines Güteversuchs bei einer Schiedsstelle vor Klageerhebung, BGH ZZP 99, 90) ebenfalls hierunter fallen, ist Frage des Einzelfalles (*Prütting* ZZP 99, 93, 95 ff; aA [nicht anwendbar] B/L/A/H § 535 Rn 3).

4 § 532 umfasst nicht bloß die Rüge selbst, sondern alle zu ihrer Begründung vorgebrachten Tatsachenbehauptungen und Beweisantritte (MüKoZPO/*Rimmelspacher* § 535 Rn 4; aA St/J/*Leipold* § 282 Rn 36), nicht indes die zur Rechtfertigung der Zulässigkeit vorgebrachten Angriffs- und Verteidigungsmittel des Klägers (ThoPu/*Reichold* § 535 Rn 6), diese beurteilen sich ausschließlich nach §§ 530, 531.

5 Alle **anderen Zulässigkeitsvoraussetzungen** sind vAw zu berücksichtigen, Vorbringen der Parteien hierzu ist bis zum Schluss der letzten mündlichen Verhandlung vor dem Berufungsgericht möglich.

C. Rechtzeitigkeit der Rüge. Verzichtbare Zulässigkeitsrügen müssen in der Berufung erhoben werden. Dies gilt nicht nur für »neue Rügen«, die erstinstanzlich noch nicht erhoben waren, sondern auch für »alte Rüge«. Letztere dauern nicht fort, sondern müssen in der Berufung wiederholt werden. 6

I. Frist. Verzichtbare Zulässigkeitsrügen müssen vom Berufungskläger innerhalb der Berufungsbegründungsfrist (§ 520 II), vom Berufungsbeklagten innerhalb der Berufungserwiderungsfrist vorgebracht werden. War dem Berufungsbeklagten eine Erwiderungsfrist nicht gesetzt (§ 521 II 1), muss er die Rüge in der mündlichen Verhandlung vor dem Berufungsgericht vor der Verhandlung zur Hauptsache vorbringen (§ 525 iVm §§ 282 III 1, 296 III; BGH NJW-RR 06, 496). 7

II. Fristversäumung. Nach Ablauf der Frist vorgebrachte verzichtbare Rügen können nur dann berücksichtigt werden, wenn die Nichteinhaltung der Frist **genügend entschuldigt** wird (dazu § 530 Rz 10). Dies ist nicht der Fall, wenn die Partei an der Verspätung irgendeine Form des Verschuldens trifft, wobei bereits einfache Fahrlässigkeit schadet (BGH NJW 85, 743, 744). Der Entschuldigungsgrund ist nicht in jedem Fall, sondern nur auf besonders Verlangen des Gerichts hin glaubhaft zu machen (§§ 532 S 3, 294). Ob durch die Verspätung eine Verzögerung des Rechtsstreits eintritt, spielt keine Rolle, selbst eine durch die Berücksichtigung möglicherweise eintretende Verkürzung der Verfahrensdauer kann nicht zur Berücksichtigungsfähigkeit der Rüge führen (BGH NJW 85, 744; St/J/*Grunsky* § 529 aF Rn 3; *Schneider* NJW 03, 1435). 8

III. Alte Rügen. Verzichtbare Zulässigkeitsrügen, die bereits in 1. Instanz erhoben waren, dauern in 2. Instanz nicht ohne weiteres fort, müssen zweitinstanzlich fristgerecht oder mit genügender Entschuldigung (Rz 7, 8) wiederholt werden (Rz 6). Eine solche Wiederholung einer alten Rüge muss nicht ausdrücklich erfolgen, es genügt der für das Gericht und den Gegner erkennbare Wille, an der Rüge festzuhalten. Für den erstinstanzlich mit seiner Rüge erfolgreichen Beklagten genügt hierzu bereits der Antrag auf Zurückweisung der Berufung (Musielak/*Ball* § 535 Rn 4). 9

Wurde eine alte Rüge erstinstanzlich berechtigt als verspätet zurückgewiesen (§ 296 III), bleibt sie in der Berufungsinstanz unberücksichtigt. Überprüft wird insoweit nur noch die Berechtigung der Zurückweisung (§ 531 Rz 5). 10

IV. Neue Rügen. Auch eine erstinstanzlich noch nicht erhobene Zulässigkeitsrüge kann zweitinstanzlich erstmals nur fristgerecht oder mit genügender Entschuldigung (Rz 7, 8) geltend gemacht werden (Rz 6; BGH NJW-RR 93, 1021). Neu ist eine Rüge auch dann, wenn sie erstinstanzlich zunächst erhoben war, dann aber fallengelassen wurde und mit der Berufung wieder aufgegriffen wird (BGH NJW 90, 378; Frankf MDR 92, 189). Unabhängig von der rechtzeitigen Geltendmachung in 2. Instanz ist eine neue Rüge bereits dann präkludiert, wenn sie der Partei in 1. Instanz möglich gewesen wäre und ihre Geltendmachung erst mit der Berufung nicht genügend entschuldigt wird. Hierfür genügt es nicht, dass die Partei die Rüge erstinstanzlich für entbehrlich gehalten hat oder halten durfte, weil ein Sacherfolg zu erwarten war. § 537 steht einem prozesstaktisch motivierten ausdrücklichen oder stillschweigendem Vorbehalt der Rüge entgegen (Frankf NJW 69, 380, 381; Musielak/*Ball* § 535 Rn 7). Unverschuldet ist die Geltendmachung erst in 2. Instanz, wenn der Sachverhalt, auf den die Rüge gestützt wird, erst nach Schluss der mündlichen Verhandlung 1. Instanz entstanden ist (BGH NJW 81, 2646), so zB in den Fällen der §§ 111, 112 III (MüKoZPO/*Rimmelspacher* § 535 Rn 12), wobei indes das Unzureichendwerden einer geleisteten Sicherheit durch die mit Einlegung der Berufung Kostenerhöhung nicht genügt (BGH NJW 70, 1791; 81, 2646). Da § 1031 I die Erhebung der Schiedsvereinbarungsabrede bereits vor Beginn der mündlichen Verhandlung zur Hauptsache vorschreibt, kommt diese als neue Rüge in 2. Instanz grds nicht in Betracht (MüKoZPO/*Rimmelspacher* § 535 Rn 11). 11

D. Entscheidung. Eine nicht rechtzeitig erhobene Rüge wird auch ohne darauf lautenden Antrag des Gegners vAw (offen gelassen von BGH NJW 70, 1791) – selten – durch Zwischenurteil nach § 280 oder – regelmäßig – in den Gründen des Endurteils zurückgewiesen. Dies gilt unabhängig von einer Verzögerung des Verfahrens oder einem Ermessen des Gerichts. Eine Einwilligung des Klägers in die Zulassung der verspäteten Rüge wird von der Rspr als Heilung nach § 295 berücksichtigt (BGHZ 37, 264, 267), von der hL indes mit der Begründung abgelehnt, Zulässigkeitsrügen unterfielen dieser Vorschrift nicht (Wieczorek/Schütze/*Gerken* § 535 Rn 8 mwN). 12

Eine rechtzeitig erhobene und begründete Rüge nach § 1032 führt zur Abweisung der Klage als unzulässig, zu den Folgen einer erfolgreichen Rüge nach § 113 iVm § 110 ff und nach § 269 VI s. § 113 Rz 3 und 13

§ 269 Rz 27. Sowohl die Zulassung als auch die Nichtzulassung einer Zulässigkeitsrüge durch das Berufungsgericht unterliegen der Nachprüfung in der Revision (BGH NJW-RR 93, 1021; NJW 85, 743).

§ 533 Klageänderung; Aufrechnungserklärung; Widerklage. Klageänderung, Aufrechnungserklärung und Widerklage sind nur zulässig, wenn
1. der Gegner einwilligt oder das Gericht dies für sachdienlich hält und
2. diese auf Tatsachen gestützt werden können, die das Berufungsgericht seiner Verhandlung und Entscheidung über die Berufung ohnehin nach § 529 zugrunde zu legen hat.

1 **A. Systematik, Zweck, Anwendungsbereich.** Soll die Berufung auf die Kontrolle der erstinstanzlichen Entscheidung und die Beseitigung festgestellter Fehler beschränkt und einer Prozessverschleppung vorgebeugt werden (ThoPu/*Reichold* Rn 2), so ist grds jede Änderung der Entscheidungsgrundlage zu vermeiden. Die Präklusion neuen Vortrags darf sich deswegen nicht auf Angriffs- und Verteidigungsmittel (§§ 530, 531) beschränken, sondern muss auch neue Angriffe oder Verteidigungen selbst (Klage, Widerklage) erfassen. Andererseits dient es der Prozessökonomie, zusätzliche Streitpunkte zwischen den Parteien im Prozess auch dann mit zu erledigen, wenn sie erst zweitinstanzlich eingeführt werden. § 533 lässt solche Erweiterungen deswegen zu, soweit sie einerseits sachdienlich sind und andererseits die Beschränkungen zum Vortrag neuer Angriffs- und Verteidigungsmittel damit nicht umgangen werden. Die Aufrechnung ist an sich zwar Verteidigungs- (oder, wenn vom Kl bei der negativen Feststellungs- oder der Vollstreckungsabwehrklage vorgebracht, Angriffs-)mittel, den selbstständigen Angriffen bzw Verteidigungen in § 533 aber gleichgestellt, weil sie wie diese zu einer Erweiterung des Streitstoffs führt und alle zweitinstanzlichen Ausweitungen des Streitstoffs im Interesse der Waffengleichheit der Parteien gleich behandelt werden müssen (BGH NJW 00, 145).

2 § 533 findet auf Klageänderungen, Aufrechnungserklärungen und Widerklagen nicht nur dann Anwendung, wenn diese mit der Berufung vom Berufungskläger geltend gemacht werden, sondern auch, wenn sie (im Wege einer Anschlussberufung, § 524) vom Berufungsbeklagten ausgehen. In allen Fällen ist eine Entscheidung über den neuen Prozessstoff nur iRd (Anschluss-)Rechtsmittels möglich. Nur wenn es zu einer Sachentscheidung darüber kommt, kann sich diese auf die geänderte Klage-, die Aufrechnungs- oder die Widerklageforderung erstrecken. Wird die (Anschluss-)Berufung zurückgenommen oder als unzulässig verworfen, ergeht eine Sachentscheidung über den neuen Prozessstoff nicht. Dies gilt auch für die Anschlussberufung, die nach § 524 IV durch Rücknahme, Verwerfung oder Zurückweisung der Berufung ihre Wirkung verliert (Köln FamRZ 10, 224; Frankf MDR 03, 594).

3 Auch wenn die Voraussetzungen des § 533 erfüllt sind, darf die Erweiterung des Streitstoffs nicht das einzige Ziel der Berufung sein. Sie ist erst in der Berufungsinstanz möglich, der Zugang zu dieser muss zunächst zulässig eröffnet sein. Erforderlich ist deswegen, dass zumindest auch (hilfsweise) eine Beseitigung der in der erstinstanzlichen Entscheidung liegenden Beschwer erstrebt wird (Kobl BauR 09, 1622; Köln MDR 05, 160; § 511 Rz 33). Für die Anschlussberufung gilt dies nicht, da es für diese einer Beschwer nicht bedarf und sie nicht auf die Beseitigung einer Beschwer gerichtet sein muss (*Münch* MDR 04, 781; § 524 Rz 13).

4 Die Vorschrift gilt in allen Berufungsverfahren, auch im WEG-Verfahren. Auf das arbeitsgerichtliche Berufungsverfahrens findet sie gem § 64 VI ArbGG entsprechende Anwendung.

5 **B. Klageänderung. I. Anwendungsbereich.** Eine Klageänderung iSd § 533 liegt vor, wenn der Streitgegenstand der Klage oder einer Widerklage (*Gehrlein* § 14 Rn 65) in 2. Instanz von dem 1. Instanz abweicht. Keine Anwendung findet § 533 auf Klageänderungen, über die bereits die 1. Instanz entschieden hat (§ 268; BAG AP Newsletter 11, 18). Die Klageänderung ist in verschiedenen **Arten** denkbar. Sie kann allgemein im Austausch des bisherigen Streitgegenstands gegen einen neuen (Klagewechsel) oder im Hinzutreten eines weiteren Streitgegenstands neben den verbleibenden (nachträgliche Klagehäufung) liegen, umfasst aber auch nachträgliche Änderungen des Umfangs der Klage (Klagebeschränkung, Klageerweiterung) oder Anpassungen der Klage an nachträglich veränderte Umstände, auch wenn diese nur hilfsweise erfolgen (München 23.7.07–21 U 2279/07). Nach den Regeln der Klageänderung wird von der hM auch eine Reihe anderer Fallkonstellationen behandelt.

6 Der **gewillkürte Parteiwechsel** ist im Gesetz nicht geregelt. Während die Literatur in ihm ein Institut sui generis sieht, wendet die Rechtsprechung auf ihn die Vorschriften über die Klageänderung entsprechend an (BGH MDR 03, 1054; § 50 Rz 5). Er ist in der Berufung regelmäßig nicht möglich, weil die für die Zuläs-

sigkeit der Berufung erforderliche Beseitigung der Beschwer nur zwischen den ursprünglichen Parteien begehrt werden kann (zur entsprechenden Beschränkung bei der im Wege der Drittwiderklage erstrebten Parteierweiterung unten Rz 27 sowie München MDR 06, 1186). Eine Ausnahme kann in den Fällen der materiellen Rechtsnachfolge gelten (Kobl OLGR 09, 759). Dagegen ist ein **Parteibeitritt** in 2. Instanz an § 533 zu messen (BGH ZZP 102, 471; Rostock MDR 05, 1011).

Die **Abstandsnahme vom Urkundenprozess** ist in § 595 nur für die 1. Instanz geregelt. Eine entsprechende 7 Erklärung in der Berufung wird von der hM als Klageänderung behandelt und damit von einer Einwilligung oder Sachdienlichkeit abhängig gemacht (BGH MDR 11, 936; BGHZ 29, 337; Saarbr Urt v 8.10.09 – 8 U 460/08; Frankf MDR 88, 326). Der Ausschluss der Möglichkeit neuen Vortrags zur geänderten Klage macht einen solchen Wechsel nach neuem Recht nahezu unmöglich (Celle MDR 06, 111; Zö/*Greger* § 596 Rn 4). Vertreten wird deswegen auch eine Zurückverweisung an die 1. Instanz analog § 538 II Nr 5 (Musielak/*Ball* § 596 Rn 7).

Durch Erweiterung des Klageantrags kann der Kl im Wege der **Zwischenfeststellungsklage** beantragen, 8 dass ein im Laufe des Prozesses streitig gewordenes Rechtsverhältnis, von dessen Bestehen oder Nichtbestehen die Entscheidung des Rechtsstreits ganz oder zT abhängt, festgestellt wird (§ 256 II). Ihre Zulässigkeit richtet sich allein nach §§ 525, 256 II, die als spezielle Regelungen den § 533 verdrängen (BGHZ 53, 92).

II. Zulässigkeitsvoraussetzungen. 1. Allgemeine. Neben einer zulässigen (Anschluss-)Berufung (BGH 9 MDR 03, 1054; Köln MDR 05, 160; oben Rz 3) müssen die erstinstanzlich erforderlichen Voraussetzungen der Klageänderung vorliegen, soweit diese nicht von § 533 verdrängt werden (BGH MDR 06, 565; Stuttg VersR 07, 548). Hierzu gehört die Zuständigkeit des erstinstanzlichen Gerichts für den neuen Streitgegenstand, wäre er schon dort geltend gemacht worden (MüKoZPO/*Rimmelspacher* Rn 10), wobei die rügelose Einlassung des Gegners (§ 39) genügen kann. Keiner Prüfung bedürfen die §§ 263, 267, die von § 533 verdrängt werden, dagegen sind die Privilegierungen der §§ 264–266 auch in zweiter Instanz anwendbar (Rz 13). Auch die besonderen Voraussetzungen der §§ 265, 266 behalten ihre Bedeutung in der Berufung (BGH NJW 01, 2253).

2. Besondere. § 533 macht die Zulässigkeit einer in 2. Instanz neu erfolgenden Klageänderung, zum einen 10 von der Einwilligung des Gegners, ersatzweise einer Bejahung der Sachdienlichkeit durch das Gericht, zum anderen davon abhängig, dass zur Entscheidung darüber keine nicht für den bisherigen Prozessstoff ohnehin zu berücksichtigenden Tatsachen zugrunde gelegt werden müssen.

a) Einwilligung oder Sachdienlichkeit. aa) Einwilligung. Die Einwilligung entspricht der Voraussetzung 11 für eine Klageänderung in 1. Instanz (§ 263). Eine Einwilligung kann ausdrücklich oder konkludent erklärt werden, die rügelose Einlassung auf den neuen Streitstoff kann dazu ausreichen (§ 267). Die Einwilligung ist bedingungsfeindlich und unwiderruflich. Ihre Verweigerung kann (insb in den Fällen der Parteierweiterung) rechtsmissbräuchlich sein, wenn eine prozessuale Beeinträchtigung und Schlechterstellung auszuschließen ist (BGH NJW-RR 08, 176).

bb) Sachdienlichkeit. Sachdienlich ist eine Änderung des Streitstoffs, wenn durch die Zulassung ein neues 12 Verfahren vermieden werden kann und der prozessuale Aufwand bei Einbeziehung in das laufende Verfahren geringer ist, als bei Beginn eines neuen Verfahrens (BGH NJW 07, 2414, 2415). Dies ist regelmäßig der Fall bei Entscheidungsreife der Klageerweiterung (BGH NJW 09, 2886). Die Sachdienlichkeit fehlt, wenn mit dem neuen Streitgegenstand ein völlig neuer Streitstoff in den Rechtsstreit eingeführt wird, bei dessen Beurteilung das bisherige Prozessergebnis nicht verwertet werden kann (BGH IBR 11, 381; Brandenbg Urt v 22.4.09 – 3 U 94/08), wenn der spruchreife Prozess durch die nicht spruchreife Erweiterung verzögert würde (BGH WM 76, 1278) oder wenn der neue Streitgegenstand bereits in einem anderen Verfahren rechtshängig ist (BGH FamRZ 90, 975). Dass durch die Zulassung eine Instanz verloren geht, ist bei Beurteilung der Sachdienlichkeit einzubeziehen, steht dieser aber nicht grds entgegen, weil das Gesetz dies mit der grundsätzlichen Möglichkeit der Zulassung erkennbar in Kauf nimmt (BGH NJW 92, 2296). Auch der Umstand, dass der neue Streitstoff bereits erstinstanzlich hätte eingeführt werden können, hindert die Sachdienlichkeit nicht (BGH NJW-RR 94, 1143). Erweitern beide Parteien den Prozessstoff in der Berufungsinstanz, zwingt die Sachdienlichkeit der einen Erweiterung nicht zur Zulassung auch der gegnerischen Erweiterung (Kobl ZMR 10, 759).

cc) Gesetzlich zulässige Klageänderung. Weder der Einwilligung noch der Sachdienlichkeit bedarf es in 13 den Fällen der §§ 264–266 (Klagebeschränkung, Klageerweiterung, § 264 Nr 2; Anpassungen der Klage an nachträglich veränderte Umstände, §§ 264 Nr 3, 265 f). Die Privilegierung dieser Klageänderungen durch Zulassung ohne weitere Voraussetzungen ist durch § 533 nicht verdrängt, sie gilt auch in 2. Instanz. Klagebeschränkung, Klageerweiterung und Klageanpassung sind deswegen allein an § 533 Nr 2, 531 II zu messen (BGH BauR 10, 494; BGH MDR 06, 565; NJW-RR 05, 955;).

14 **b) Tatsachengrundlage.** Die Klageänderung kann (auch in den Fällen der §§ 264–266) nur auf solche Tatsachen gestützt werden, die das Berufungsgericht seiner Verhandlung und Entscheidung über die Berufung nach § 529 ohnehin zugrunde zu legen hat. Danach besteht für die Berufungsinstanz grds eine Bindung an den erstinstanzlich festgestellten Sachverhalt. Der Vortrag neuer Tatsachen ist nur unter engen Voraussetzungen möglich (§§ 529 Nr 2, 531 II; BGH BGHR 07, 28; KG KGR 06, 504). Über eine Klageänderung kann dieses grundsätzliche Verbot des Vortrags neuer Angriffs- und Verteidigungsmittel nicht umgangen werden (keine »Flucht in die Änderung des Streitgegenstands«). Unstreitiger Sachvortrag indes ist stets zu berücksichtigen (BGH MDR 05, 588). Praktisch führt dies dazu, dass die geänderte Klage auf denselben Prozessstoff gestützt werden muss, wie die bisherige Klage (BGH NJW-RR 10, 1508; BGH NJW-RR 05, 437). Verhindert wird damit auch, dass ein neuer Streitgegenstand zwar wirksam in den Prozess eingeführt wird, er aber rechtskraftfähig (§ 322 I, II) abgewiesen werden muss, weil Tatsachen, die zu seiner Substantiierung erforderlich sind, nicht berücksichtigt werden dürfen (BGH NJW-RR 10, 1286). Insoweit dient die zweite Voraussetzung des § 533 auch dem Schutz der Partei vor einem endgültigen Verlust ihrer Forderung.

15 **III. Entscheidung.** Wird die Berufung nach § 522 verworfen oder zurückgewiesen, bleibt die Klageänderung wirkungslos, eine Entscheidung über sie ergeht nicht. Liegen die Voraussetzungen des § 533 vor, lässt das Berufungsgericht die Klageänderung zu. Dies erfolgt inzident im Endurteil über die Berufung, ist für die Revisionsinstanz bindend (BGH NJW 00, 3273) und bedarf deswegen keiner Begründung. Die Nichtzulassung erfolgt durch Prozessurteil, das ebenfalls mit dem Endurteil verbunden werden kann. Es entfaltet keine materielle Rechtskraft und steht deswegen der isolierten Geltendmachung der Forderung in einem nachfolgenden Prozess nicht entgegen (BGHZ 33, 401). Zur Fassung des Urteiltenors in diesen Fällen Eichele/Hirtz/Oberheim/*Oberheim* XVIII. Rn 40. Die Nichtzulassung kann mit der Revision gerügt werden und muss deswegen auch im Berufungsurteil begründet werden (BGH NJW 77, 49). Die Unzulässigkeit einer Klageerweiterung führt nicht zur Unzulässigkeit des Rechtsmittels insgesamt, sondern lediglich dazu, dass nicht der neue Prozessstoff, sondern nur die angefochtene Beschwer (Rz 3) überprüft wird (Naumburg ZfWG 10, 296).

16 **C. Aufrechnung. I. Anwendungsbereich.** § 533 erfasst lediglich die außer- oder innerprozessuale **Geltendmachung der Aufrechnung**, nicht deren materiellrechtliche Wirksamkeit (BGH NJW 92, 2575), unabhängig davon, ob diese vom Beklagten oder vom Widerbeklagten erklärt wird (BGH FamRZ 90, 975). Auch Verrechnung (aA Schlesw MDR 76, 50) und der Einwand des Beklagten, die Klageforderung sei infolge einer Aufrechnung des Klägers untergegangen, fallen hierunter (aA Musielak/*Ball* Rn 8). Nicht hierunter fällt die Aufrechnungserklärung des Klägers, die im Wege der Replik gegen eine Gegenforderung des Beklagten (BGH NJW-RR 90, 1470; aA MüKoZPO/*Rimmelspacher* Rn 20) oder zur Begründung einer negativen Feststellungsklage oder Vollstreckungsgegenklage erklärt wird oder die Berufung eines Gesamtschuldners auf die Aufrechnung durch einen anderen Gesamtschuldner (BGH NJW 92, 2575, 2576; aA zT B/L/A/H Rn 5).

17 Die Geltendmachung eines **Zurückbehaltungsrechts** steht einer Aufrechnung grds nicht gleich, sie ist allein nach § 531 zu beurteilen (Kobl NJW-RR 92, 760). Allerdings ist die »Zurückbehaltung« bei zwei gegenseitigen Geldforderungen materiell unabhängig von ihrer Bezeichnung regelmäßig eine Aufrechnung bzw Verrechnung (BGH WM 74, 1244, 1245; Celle OLGZ 72, 477). Unabhängig von der Bezeichnung der Parteien stellt es keine Aufrechnung dar, wenn der Beklagte das Fehlen von Gegenpositionen in einer Abrechnung rügt oder Gewährleistungsansprüche geltend macht (BGH NJW 78, 814).

18 **Neu** ist die Aufrechnung, wenn sie erstmals in 2. Instanz im Prozess geltend gemacht wird, unabhängig davon, wann die Aufrechnungslage oder wann sie materiellrechtlich erklärt wurde. Neu ist die Aufrechnung, wenn deren Geltendmachung vor der Entscheidung in 1. Instanz fallen gelassen wurde (BGH MDR 75, 1008) oder die zu Grunde liegende Forderung in 2. Instanz ausgetauscht wird. Ebenso, wenn erstinstanzlich das Bestehen einer Forderung zwar behauptet wurde, es aber an einer ausdrücklichen Aufrechnungserklärung fehlte. Nicht neu ist die Aufrechnung, die erstinstanzlich nur hilfsweise erklärt wurde, ohne dass hierüber eine Entscheidung erging (BGH NJW 83, 931). Das gleiche gilt, wenn eine erstinstanzliche Aufrechnung wegen unsubstantiiertem Vortrag zur Gegenforderung zurückgewiesen wurde (Ddorf NJW-RR 98, 1288).

II. Zulässigkeitsvoraussetzungen. Werden mehrere Forderungen hintereinander zur Aufrechnung gestellt, so müssen die Voraussetzungen des § 533 für alle Aufrechnungsforderungen vorliegen (BGH NJW 00, 143). 19

1. Allgemeine. Anders als für Klageänderung und Widerklage bedarf es für die wirksame neue Aufrechnung einer eigenen wirksamen (Anschluss-)Berufung nicht, da es sich hier lediglich um ein Angriffs- und Verteidigungsmittel handelt (oben Rz 1). Erforderlich sind indes diejenigen Voraussetzungen, die auch eine erstinstanzliche Aufrechnung in materieller und prozessualer Hinsicht erfüllen muss (dazu § 145 Rz 10 ff). 20

2. Besondere. a) Einwilligung oder Sachdienlichkeit. Für die nach § 533 Nr 1 erforderlichen Voraussetzungen gelten Rz 11 – 12 entsprechend, jedoch mit nachfolgenden Besonderheiten. Für den Fall gestaffelter Aufrechungen müssen Einwilligung oder Sachdienlichkeit für jede Gegenforderung bejaht werden (BGH NJW 00, 143, 144). Stets sachdienlich ist die Aufrechnung mit einer bereits rechtskräftig festgestellten Forderung (Brandbg Urt v 25.10.07–12 U 61/07). 21

aa) Einwilligung. Einer Einwilligung bedarf es nicht, wenn deren Verweigerung sich als rechtsmissbräuchlich erweist. Hiervon ist auszugehen beim Wechsel vom Urkunden- ins allgemeine Verfahren in der Berufungsinstanz, weil der Kl hier die Aufrechnung bislang über § 598 blockiert hat und er nunmehr das anstehende Nachverfahren vermeidet, so dass eine Aufrechnung überhaupt nicht möglich wäre (BGH NJW 00, 143, 144; MüKoZPO/*Rimmelspacher* Rn 29). Entsprechendes kann für den Fall einer offensichtlich begründeten Aufrechnung gelten. 22

bb) Sachdienlichkeit. Für diese ist maßgeblich, ob eine Zulassung den Streitstoff iRd anhängigen Rechtsstreits ausräumt und einen weiteren Prozess vermeidet (BGH NJW 77, 49). Dabei kommt es nicht darauf an, ob die Aufrechnung schon erstinstanzlich hätte erklärt werden können. Entscheidend ist vielmehr ein tatsächlicher (nicht rechtlicher: BGH NJW 66, 1029) Zusammenhang zwischen Klage- und Aufrechnungsforderung. Die durch die Aufrechnung eintretende Verfahrensverzögerung steht der Sachdienlichkeit nicht entgegen (BGH MJW-RR 04, 1076). 23

cc) Feststehende Gegenforderung. Der Einwilligung oder Bejahung der Sachdienlichkeit bedarf es nicht, wenn das Bestehen der Gegenforderung feststeht, weil sie unstr oder rechtskräftig festgestellt ist. In beiden Fällen ist eine Sachprüfung durch das Berufungsgericht nicht erforderlich (MüKoZPO/*Rimmelspacher* Rn 31). Die anderweitige Rechtshängigkeit der Forderung steht einer Aufrechnung zwar nicht nach § 261 III Nr1 entgegen, wohl aber wegen Fehlens der Sachdienlichkeit (BGH FamRZ 90, 975, 979). 24

b) Tatsachengrundlage. Die Aufrechnung kann nur auf solche Tatsachen gestützt werden, die das Berufungsgericht seiner Verhandlung und Entscheidung über die Berufung nach § 529 ohnehin zugrunde zu legen hat. Insoweit kann auf Rz 14 verwiesen werden. 25

III. Entscheidung. Wird die Aufrechnung als unzulässig zurückgewiesen, so erfolgt keine der Rechtskraft fähige Entscheidung über die Aufrechnungsforderung (BGH NJW 84, 128, 129), so dass diese zum Gegenstand eines nachfolgenden Verfahrens gemacht werden kann (allerdings nicht zur Begründung einer Vollstreckungsgegenklage nach § 767: BGH NJW 94, 2769). Die Zulassung der Aufrechnung ist unanfechtbar (BGH MDR 76, 395). 26

D. Widerklage. I. Anwendungsbereich. Unter § 533 fallen grds alle **Arten** von Widerklagen, dh neben der unbedingten Widerklage des Beklagten auch die Hilfswiderklage (BGH NJW 96, 2166), die Wider-Widerklage des Klägers (soweit ein Unterschied zwischen Klageänderung und Widerklage in der Berufungsinstanz nach § 533 nicht ohnehin schon fehlt; BGH NJW-RR 96, 65) und die Drittwiderklagen, unabhängig davon, ob sie von einem oder gegen einen Dritten erhoben werden (Frankf OLGR 06, 69; München MDR 06, 1186). **Nicht** unter § 533 fällt die Zwischenfeststellungswiderklage (§ 256 II). Ihre Zulässigkeit richtet sich allein nach §§ 525, 256 II, die als spezielle Regelung den § 533 verdrängen (BGH MDR 08, 158). Dies gilt auch für die Sonderformen der Widerklage aus §§ 302 IV 4, 600 II, 717 II 2, II 2. 27

Neu ist eine Widerklage, wenn über sie in dem angefochtenen Urt nicht entschieden wurde. Neu ist damit eine Widerklage in der Berufungsinstanz nicht nur, wenn sie erstinstanzlich gar nicht rechtshängig war, sondern auch dann, wenn sie dort zurückgenommen, übereinstimmend für erledigt erklärt oder vom Gericht übergangen wurde. Keine Rolle spielt, ob die Widerklage zulässig oder hinreichend substanziiert (BGH LM § 529 aF Nr 32) war. Neu ist auch die Widerklage mit geänderten Anträgen (BGH NJW 98, 2058, 2059; Musielak/*Ball* Rn 17). 28

29 **II. Zulässigkeitsvoraussetzungen. 1. Allgemeine.** Als neuer Angriff setzt die Widerklage wie die Klageänderung zunächst eine zulässige (Anschluss-)Berufung voraus (oben Rz 9, 20). Zu den allgemeinen Voraussetzungen der Widerklage § 33 Rz 4 ff.

30 Nicht mit der Widerklage geltend gemacht werden können Ansprüche, die anderweitig rechtshängig oder bereits rechtskräftig entschieden sind. Eine erstinstanzlich erhobene, aber übergangene Widerklage kann dort noch rechtshängig sein, eine erstinstanzlich mit Teilurteil beschiedene, mit der Berufung aber nicht angegriffene Widerklageentscheidung kann rechtskräftig sein. Wird die neue Widerklage nur hilfsweise erhoben, muss ihr eine zulässige innerprozessuale Bedingung zu Grunde gelegt sein.

31 **2. Besondere. a) Einwilligung oder Sachdienlichkeit.** Für diese gelten grds die Ausführungen Rz 11–12.

32 **aa) Einwilligung.** Analog §§ 525, 267 kann die Einwilligung nach rügeloser Einlassung vermutet werden (BGH NJW-RR 05, 437). Ihre Verweigerung darf nicht rechtsmissbräuchlich sein (Rz 22).

33 **bb) Sachdienlichkeit.** Sachdienlich ist die Zulassung der Widerklage, wenn sie geeignet ist, den Streitstoff iRd anhängigen Rechtsstreits auszuräumen und einen weiteren Prozess damit vermeidet (BGH NJW 07, 2415; Hamm NJW-RR 08, 266). Dass die Widerklage schon in 1. Instanz hätte erhoben werden können, steht der Sachdienlichkeit nicht entgegen (BGH NJW-RR 90, 505, 506).

34 **b) Tatsachengrundlage.** Die Widerklage kann nur auf solche Tatsachen gestützt werden, die das Berufungsgericht seiner Verhandlung und Entscheidung über die Berufung nach § 529 ohnehin zugrunde zu legen hat, insb also auf unstreitige Tatsachen (BGH NJW-RR 05, 437). Insoweit kann auf Rz 14 verwiesen werden.

35 **III. Entscheidung.** Wird die Berufung nach § 522 verworfen oder zurückgewiesen, verliert die Widerklage ihre Wirkung, eine Entscheidung über sie ergeht dann nicht (Frankf NJW 04, 165, 167 f).

36 **E. Rechtsbehelfe.** Hat das Berufungsgericht sachlich über eine erst in der Berufungsinstanz erhobene Widerklage entschieden, so kann entsprechend § 268 ZPO mit der Revision weder angegriffen werden, dass das Berufungsgericht die Voraussetzungen des § 533 ZPO bejaht und die Widerklage deshalb zugelassen hat, noch, dass es § 533 ZPO nicht für anwendbar gehalten hat (BGH MDR 08, 158).

§ 534 Verlust des Rügerechts. **Die Verletzung einer das Verfahren des ersten Rechtszuges betreffenden Vorschrift kann in der Berufungsinstanz nicht mehr gerügt werden, wenn die Partei das Rügerecht bereits im ersten Rechtszuge nach der Vorschrift des § 295 verloren hat.**

1 **A. Systematik, Zweck, Anwendungsbereich.** Im Berufungsverfahren ist eine Abänderung des angefochtenen Urteils auch wegen eines Verfahrensfehlers möglich (§ 513 I 1 1. Alt). Liegt die Befolgung der Verfahrensvorschrift nicht im öffentlichen Interesse, sondern dient lediglich dem Schutz einer Partei, kann diese darauf (konkludent) verzichten. Hat sie dies erstinstanzlich getan, kann sie sich auf den Verfahrensfehler nicht mehr berufen. § 534 perpetuiert die Wirkungen eines solchen Verzichts in die Berufungsinstanz, auch hier kann der Verfahrensfehler dann nicht mehr gerügt werden. § 534 ist damit Ausfluss des allgemeinen Rechtsgedankens, dass das Berufungsverfahren die Fortsetzung des erstinstanzlichen Verfahrens darstellt und die in 1. Instanz an Handlungen oder Unterlassungen der Parteien geknüpfte Wirkungen in 2. Instanz fortdauern (MüKoZPO/*Rimmelspacher* Rn 1).

2 Die Vorschrift gilt in allen Berufungsverfahren, auch im WEG-Verfahren. Auf das arbeitsgerichtliche Berufungsverfahrens findet sie gem § 64 VI ArbGG entsprechende Anwendung.

3 **B. Erstinstanzliche Verfahrensfehler. I. Verfahrensfehler.** Von § 534 erfasst werden alle unter § 295 fallenden (§ 295 Rz 3 ff) verzichtbaren Verfahrensvorschriften. Hierunter fallen alle den äußeren Prozessablauf betreffenden Normen, zB §§ 253, 159 f, 166, 227, 271, 274, 283, 311 ff, 355 ff, 377. **Nicht** verzichtbar sind Normen, die den Inhalt von Partei- oder Gerichtshandlungen betreffen, insb die vAw zu berücksichtigenden Prozessvoraussetzungen (dazu § 532), und Vorschriften, die die Öffentlichkeit der Verhandlung oder das rechtliche Gehör gewähren sollen. Unerheblich ist, ob die Verletzung der Norm durch das Gericht oder durch den Dritten erfolgte.

4 **II. Verlust.** Verloren hat die Partei das Rügerecht, wenn sie hierauf ausdrücklich oder durch schlüssiges Handeln verzichtet hat. Ein Verzicht ist auch im Falle rügeloser Verhandlung anzunehmen, dh, wenn die

Partei den Mangel in der nächsten mündlichen Verhandlung nicht gerügt hat, obgleich er ihr bekannt war oder bekannt sein musste (§ 295 Rz 12). Der (ausdrückliche oder stillschweigende) prozesstaktische Vorbehalt einer erstinstanzlich nicht erhobenen Rüge hindert den Rügeverlust für die 2. Instanz nicht. Darauf, dass das erstinstanzliche Gericht die Verletzung bereits festgestellt hat, kommt es nicht an. Praktisch führt § 534 damit dazu, dass die Berufung nur auf diejenigen verzichtbaren erstinstanzlichen Verfahrensverletzungen gestützt werden kann, die bereits erstinstanzlich gerügt wurden, die der Partei unverschuldet unbekannt geblieben sind oder die erst nach Schluss der letzten mündlichen Verhandlung 1. Instanz begangen wurden.

C. Zweitinstanzliche Verfahrensfehler. Nicht von § 534 erfasst wird der Verlust der Möglichkeit der Rüge einer Verletzung von Verfahrensvorschriften durch das Berufungsgericht. Dieser unterfällt §§ 525, 295. Wiederholt das Berufungsgericht einen bereits vom erstinstanzlichen Gericht gemachten Verfahrensfehler, steht der Rüge in 2. Instanz nicht entgegen, dass die Partei ihr erstinstanzliches Rügerecht bereits verloren hatte (Wieczorek/Schütze/*Gerken* Rn 3). 5

§ 535 Gerichtliches Geständnis. **Das im ersten Rechtszuge abgelegte gerichtliche Geständnis behält seine Wirksamkeit auch für die Berufungsinstanz.**

A. Systematik, Zweck, Anwendungsbereich. Hat eine Partei erstinstanzlich eine Behauptung des Gegners zugestanden und damit beweislos als wahr anerkannt (§ 288), ist sie hieran iRd § 290 gebunden, ein abweichender Vortrag ist nur beachtlich, wenn die widerrufende Partei beweist, dass das Geständnis der Wahrheit nicht entspricht und durch einen Irrtum veranlasst wurde. § 535 perpetuiert die Wirkungen eines Geständnisses in die Berufungsinstanz, auch hier kommt ein Widerruf nur unter den Voraussetzungen des § 290 in Betracht. § 535 ist damit Ausfluss des allgemeinen Rechtsgedankens, dass das Berufungsverfahren die Fortsetzung des erstinstanzlichen Verfahrens darstellt und die in 1. Instanz an Handlungen oder Unterlassungen der Parteien geknüpfte Wirkungen in 2. Instanz fortdauern (MüKoZPO/*Rimmelspacher* § 534 Rn 1). 1

Die Vorschrift gilt in allen Berufungsverfahren, auch im WEG-Verfahren. Auf das arbeitsgerichtliche Berufungsverfahrens findet sie gem § 64 VI ArbGG entsprechende Anwendung. 2

B. Geständnis. Anwendbar ist § 535 nur auf ein erstinstanzliches gerichtliches Geständnis. Ob ein solches vorliegt, unterliegt der Beurteilung des Berufungsgerichts (*Rimmelspacher* NJW 02, 1897, 1899). Dass das erstinstanzliche Gericht von einem Geständnis ausgegangen ist, ist nicht erforderlich. Hat es dies getan, können die Parteien dies mit der Berufung in Frage stellen, das Berufungsgericht kann ein Geständnis verneinen. Umgekehrt kann das Berufungsgericht von einem Geständnis auch dann ausgehen, wenn das Erstgericht dies verneint hat. 3

I. Nichtbestreiten. Kein Geständnis ist das bloße Nichtbestreiten nach § 138 III. Auch dieses führt zwar über die Geständnisfiktion zum Unstreitigwerden der Tatsache, so dass es einer Beweisaufnahme nicht bedarf. Eine Bindungswirkung tritt aber nicht ein, das zunächst unterlassene Bestreiten kann als neues Angriffs- oder Verteidigungsmittel in erster oder in 2. Instanz nachgeholt werden. Schranken sind dem allein durch die Präklusionsvorschriften (erstinstanzlich § 296 II; zweitinstanzlich §§ 530, 531 II; 525, 296 II) gesetzt. § 535 findet hierauf keine Anwendung (BGH NJW 87, 1948; Köln ZIP 85, 436, 437; Musielak/*Ball* Rn 1; aA München MDR 84, 321; ThoPu/*Reichold* Rn 1). Die **Abgrenzung** zwischen echtem Geständnis und bloßem Nichtbestreiten ist Frage der Auslegung der Erklärung selbst unter Einbeziehung des übrigen Parteivorbringens im Einzelfall (§ 289 II). Im Zweifel ist vom einfachen Nichtbestreiten auszugehen, da die Bindungswirkung des förmlichen Geständnisses nur bei eindeutigen Erklärungen der Partei gerechtfertigt ist (BGH NJW 95, 1432; NJW 94, 3109; NJW 91, 1683 mit Anm *Schmidt* JuS 91, 861; Köln NJW-RR 97, 213). 4

II. Erstinstanzliches Geständnis. Ist die erstinstanzliche Erklärung einer Partei nach Auffassung des Berufungsgerichts als Geständnis zu werten, behält es seine bindende beweisersetzende Wirkung in der Berufungsinstanz (MüKoZPO/*Rimmelspacher* Rn 3). Dies gilt auch dann, wenn das Geständnis mit der Behauptung einer Tatsache verbunden war (§ 289 I) oder aus prozesstaktischen Gründen »nur für die erste Instanz« abgegeben wurde (Köln JurBüro 75, 1251; *Schneider* MDR 91, 298; zur Auslegung einer solchen Erklärung als bloßes Nichtbestreiten St/J/*Leipold* § 288 Rn 10). 5

6 **III. Außergerichtliches Geständnis.** Soweit Erklärungen der Parteien außerhalb des Prozesses im Wege der Auslegung als Geständnis zu werten sind (§ 288 Rz 2), können sie prozessual lediglich als Hilfstatsachen Berücksichtigung finden und entfalten Bindungswirkungen aus § 290 nicht (ThoPu/*Reichold* § 288 Rn 8). Nur in diesem Umfang hat das außergerichtliche Geständnis dann auch Wirkungen für die Berufungsinstanz. § 535 findet hierauf keine Anwendung (St/J/*Grunsky* § 532 aF Rn 2). Nur bei Vortrag des außergerichtlichen Geständnisses durch die erklärende Partei kann dieses zu einem gerichtlichen Geständnis werden (Wieczorek/Schütze/*Gerken* Rn 6).

7 **IV. Zweitinstanzliches Geständnis.** Ist das Geständnis (unter den Voraussetzungen der §§ 530, 531) erst in 2. Instanz abgegeben, kommt ein Widerruf gem § 525 S 1 iVm §§ 288 ff nur unter den Voraussetzungen des § 290 in Betracht (Köln ZIP 85, 437).

8 **C. Widerruf.** Der Widerruf eines erstinstanzlichen Geständnisses ist (soweit die Parteien nicht hierauf verzichtet haben, Zö/*Gummer/Heßler* Rn 2) nur unter den Voraussetzungen des § 290 möglich. Dies gilt unabhängig davon, ob der Widerruf bereits in 1. Instanz erklärt war oder erst in 2. Instanz erklärt wird. Einem Widerruf in 2. Instanz steht nicht entgegen, dass die Voraussetzungen hierfür bereits erstinstanzlich vorgelegen haben (RGZ 11, 405, 406; Wieczorek/Schütze/*Gerken* Rn 3). Ob der Widerruf als neues Angriffs- oder Verteidigungsmittel in der Berufung zuzulassen ist, richtet sich nach §§ 530, 531 II; 525, 296 II. Auf den Widerruf hin prüft das Berufungsgericht, ob die widerrufende Partei bewiesen hat, dass das Geständnis der Wahrheit nicht entspricht und durch einen (rechtlichen oder tatsächlichen, aber nicht notwendig unverschuldeten) Irrtum veranlasst wurde. Nur wenn dies der Fall ist, kann die Tatsache als streitig Gegenstand einer Beweisaufnahme werden. Für die dann erheblichen Beweisantritte gelten ebenfalls die Präklusionsbeschränkungen der §§ 530, 531 II; 525, 296 II. Unabhängig von den Voraussetzungen des § 290 wird der Widerruf wirksam, wenn ihm der Gegner zustimmt, zwischen den Parteien unstr wird, dass Behauptung und Geständnis falsch waren (Wieczorek/Schütze/*Gerken* Rn 3).

§ 536 Parteivernehmung.

(1) Das Berufungsgericht darf die Vernehmung oder Beeidigung einer Partei, die im ersten Rechtszuge die Vernehmung abgelehnt oder die Aussage oder den Eid verweigert hatte, nur anordnen, wenn es der Überzeugung ist, dass die Partei zu der Ablehnung oder Weigerung genügende Gründe hatte und diese Gründe seitdem weggefallen sind.
(2) War eine Partei im ersten Rechtszuge vernommen und auf ihre Aussage beeidigt, so darf das Berufungsgericht die eidliche Vernehmung des Gegners nur anordnen, wenn die Vernehmung oder Beeidigung im ersten Rechtszuge unzulässig war.

1 **A. Systematik, Zweck, Anwendungsbereich.** Hat eine Partei sich erstinstanzlich zum Beweis für eine Behauptung auf die Vernehmung des Gegners als Partei berufen (§ 445), kann dieser seine Vernehmung (§ 446), die Aussage oder den Eid (§ 453 II) verweigern. Das Gericht hat dann nach freier Überzeugung zu entscheiden, ob es die behauptete Tatsache als erwiesen ansehen will (§ 446). Lässt die Partei sich vernehmen, kann das Gericht die Beeidigung anordnen, im Fall der Vernehmung beider Parteien aber nur für eine Partei (§ 452 I 2). § 536 I stellt sicher, dass ein erstinstanzlich nicht zur Verfügung stehendes Beweismittel in der Berufung nur dort noch erhoben wird, wo dies (ausnahmsweise) gerechtfertigt ist. Er ist damit Ausfluss des allgemeinen Rechtsgedankens, dass das Berufungsverfahren die Fortsetzung des erstinstanzlichen Verfahrens darstellt und die in 1. Instanz an Handlungen oder Unterlassungen der Parteien geknüpfte Wirkungen in 2. Instanz fortdauern (MüKoZPO/*Rimmelspacher* § 534 Rn 1). § 536 II verhindert demgegenüber die Kollision widersprüchlicher Eide.

2 Die Vorschrift gilt in allen Berufungsverfahren, auch im WEG-Verfahren. Auf die arbeitsgerichtliche Berufung im Urteilsverfahren findet sie gem § 64 VI ArbGG entsprechende Anwendung, im Beschlussverfahren sind die §§ 445–449 und damit auch § 536 nicht anwendbar.

3 **B. Erstinstanzliche Nichtvernehmung/Nichtbeeidigung Partei (Abs 1).** Hat die Partei erstinstanzlich ihre Vernehmung, die Aussage oder den Eid verweigert oder ist ihre Säumnis als solche anzusehen (§ 454) – das Vorliegen dieser Voraussetzungen wird vom Berufungsgericht frei beurteilt – und ändert sie ihre Meinung für die 2. Instanz, so kommt ihre Vernehmung oder Beeidigung zum selben Beweisthema nur in Betracht, wenn (neben dem Vorliegen allgemeinen Voraussetzungen aus §§ 445 ff) das Berufungsgericht der Überzeugung ist, dass die Weigerung auf genügenden Gründen beruhte, die nunmehr weggefallen sind. Dies gilt unabhängig davon, ob die Vernehmung auf Antrag des Gegners (§ 445), auf eigenen Antrag (§ 447) vAw

(§ 448) oder über den Verbleib einer Urkunde (§ 426 S 3) erfolgt. Hierzu ist erforderlich, dass die Partei dartut, warum die Weigerung erfolgte und welche Änderungen insoweit eingetreten sind. Erfolgte die Verweigerung ohne hinreichenden Grund oder besteht dieser Grund fort, kommt eine Vernehmung oder Beeidigung in 2. Instanz nicht in Betracht.

Genügende Gründe für die erstinstanzliche Weigerung können rechtlicher oder tatsächlicher, auch rein subjektiver Natur sein. So genügt es, dass die Partei aus Furcht vor einem Straf- bzw berufsrechtlichen Verfahren, zur Vermeidung außerhalb des Zivilprozesses liegender weiterer Nachteile oder zur Wahrung ihres nachvollziehbaren Ehrgefühls nicht aussagen wollte, dass Betriebsgeheimnisse gewahrt oder außerhalb des Beweisthemas liegende Umstände nicht offenbart werden sollen. Nicht ausreichend ist allein das Bemühen, den vorliegenden Rechtsstreit zu gewinnen. 4

Weggefallen ist der Grund, wenn er nicht mehr besteht. Unproblematisch ist dies für den Wegfall objektiver Gründe, zB den Eintritt der Verjährung für zunächst befürchtete straf- oder zivilrechtliche Nebenfolgen. Für den Wegfall subjektiver Gründe (zB Überwindung eines zunächst bestehenden Schamgefühls) ist deren Nachvollziehbarkeit zu fordern, um zu verhindern, dass der Gesetzeszweck eines Verbots willkürlichen Aufsparens der Parteivernehmung für die 2. Instanz ausgehöhlt wird (HK/*Wöstmann* Rn 2; St/J/*Grunsky* § 533 aF Rn 4; aA Musielak/*Ball* Rn 2; B/L/A/H Rn 5). 5

In Anlehnung an andere berufungsrechtliche Präklusionsvorschriften (§§ 531 II, 532 S 3) dürfte es genügen, dass der Weigerungsgrund und sein Wegfall im Bestreitensfall bloß **glaubhaft** gemacht werden, ein Vollbeweis ist nicht erforderlich (MüKoZPO/*Rimmelspacher* Rn 7; B/L/A/H Rn 5; aA (Vollbeweis) Wieczorek/Schütze/*Gerken* § 535 Rn 5). 6

C. Erstinstanzliche Vernehmung/Beeidigung Partei (Abs 2). Ist eine Partei erstinstanzlich vernommen und beeidigt worden, kommt die Beeidigung der anderen Partei im Berufungsverfahren nur in Betracht, wenn die erste Vernehmung oder Beeidigung unzulässig war. Verhindert wird dadurch, dass zwei sich widersprechende eidliche Aussagen im gleichen Prozess vorliegen (§ 452 I 2). Das gilt auch dann, wenn das erstinstanzliche Gericht und/oder das Berufungsgericht die zuerst beeidete Aussage für falsch hält. 7

Unzulässig sein kann die erstinstanzliche Beeidigung wegen Verletzung eines gesetzlichen Eidesverbots, etwa aus §§ 452 IV, 455 II, oder wegen Verkennung der Beweisführungslast (RGZ 47, 66). **Nicht** unzulässig ist die Beeidigung, wenn sie die Aussage über eine bereits bewiesene Tatsache betrifft (§ 445 II), da es sich insoweit um eine Norm zum Schutz der Partei handelt, aus deren Verletzung dem Gegner kein Vorteil erwachsen darf (MüKoZPO/*Rimmelspacher* § 535 Rn 10). 8

Der bloß uneidlichen Vernehmung des Gegners einer bereits erstinstanzlich vernommenen Partei steht § 536 II nicht entgegen. Dabei bleibt das Gericht frei, ob es nach § 286 der beeideten oder der unbeeideten Aussage folgen will. Entsprechend gilt § 536 II, wenn die Gefahr der Beeidigung beider Parteien durch eine Aufhebung und Zurückverweisung begründet wird (RGZ 145, 271). 9

D. Zweitinstanzlich neue Anträge auf Parteivernehmung. § 536 gilt nur für bereits erstinstanzlich gerichtlich beschiedene Anträge auf Parteivernehmung. Erstmalig in 2. Instanz gestellte Anträge auf Parteivernehmung unterfallen allein den allgemeinen Präklusionsregeln §§ 530, 531 II; 525, 296 II. Ist der Antrag nicht verspätet, richtet sich seine Behandlung allein nach §§ 524, 445 ff. Der Beeidigung beider Parteien steht dann §§ 525, 452 I 2 entgegen. 10

E. Begründung, Verstoß. Im Berufungsurteil müssen die Erwägungen des Berufungsgerichts zu § 536 nachvollziehbar dargelegt werden (Wieczorek/Schütze/*Gerken* Rn 7). Führt das Berufungsgericht eine Parteivernehmung entgegen § 536 durch, liegt darin ein Verfahrensfehler iSd § 551 III Z 2b. Auch eine unzulässig durchgeführte Beeidigung ist indes wirksam und iRd Beweiswürdigung zu berücksichtigen (MüKoZPO/*Rimmelspacher* § 535 Rn 11; aA (wirkungslos) B/L/A/H Rn 7). 11

§ 537 Vorläufige Vollstreckbarkeit.

(1) [1]Ein nicht oder nicht unbedingt für vorläufig vollstreckbar erklärtes Urteil des ersten Rechtszuges ist, soweit es durch die Berufungsanträge nicht angefochten wird, auf Antrag von dem Berufungsgericht durch Beschluss für vorläufig vollstreckbar zu erklären. [2]Die Entscheidung ist erst nach Ablauf der Berufungsbegründungsfrist zulässig.
(2) Eine Anfechtung des Beschlusses findet nicht statt.

A. Systematik, Zweck, Anwendungsbereich. Vor Eintritt der Rechtskraft ist das erstinstanzliche Urt für den Gläubiger regelmäßig gar nicht oder nur gegen Sicherheitsleistung vorläufig vollstreckbar. Auch wenn 1 das Urt nur tw angefochten wird, hindert dies vielfach den Eintritt der Rechtskraft des Urteils in vollem Umfang, da eine Erweiterung der Anfechtung im Berufungsverfahren möglich bleibt. Bevor dies geschieht, gibt es indes keinen Grund, den Schutz des Schuldners im nicht angefochtenen Teil des Urteils aufrecht zu erhalten. Auf Antrag des Gläubigers (dh regelmäßig des Berufungsbeklagten) kann das Urt insoweit für unbedingt vorläufig vollstreckbar erklärt werden. § 537 stellt damit eine Ergänzung der §§ 708 ff dar, die eine Abänderung der Entscheidung über die vorläufige Vollstreckbarkeit eines erstinstanzlichen Urteils nach Einlegung der Berufung erlaubt.

2 Die Vorschrift gilt in allen Berufungsverfahren, auch im WEG-Verfahren. Da Urteile der Arbeitsgerichte, gegen die die Berufung zulässig ist, gem § 62 I 1 ArbGG stets (unbedingt) vorläufig vollstreckbar sind, kommt eine entsprechende Anwendung des § 537 nach § 64 VI ArbGG nur im Fall eines Ausschlusses der vorläufigen Vollstreckbarkeit nach § 62 I 2 ArbGG in Betracht.

3 **B. Voraussetzungen.** Für die Entscheidung nach § 537 kommt es weder auf die Zulässigkeit noch auf die Erfolgsaussichten des Rechtsmittels an (*Schneider* DRiZ 79, 44, 45). Auch materielle Einwendungen (Erfüllung) bleiben regelmäßig unbeachtlich, etwas anders kann nur gelten, wenn die fehlende Leistungsverpflichtung unstr ist (Musielak/*Ball* Rn 5). Zu prüfen sind lediglich formelle Voraussetzungen.

4 **I. Nicht unbedingt vollstreckbares Urteil.** Erforderlich ist, dass das erstinstanzliche Urt nicht oder nicht unbedingt für vorläufig vollstreckbar erklärt wurde. Dies ist der Fall, wenn die Entscheidung zur vorläufigen Vollstreckbarkeit nicht auf § 708 Nr 1–3, sondern auf § 708 Nr 4–11 iVm § 711, § 709 oder § 712 I 1, II 2 beruht. Darauf, ob die erstinstanzliche Entscheidung zur vorläufigen Vollstreckbarkeit richtig war oder nicht, kommt es nicht an; ggf besteht ein Wahlrecht der Partei zwischen § 537 und §§ 716, 321 (St/J/*Grunsky* § 534 aF Rn 2). Ausgenommen sind Urteile, die nicht für vorläufig vollstreckbar erklärt werden, insb solche in Arrest- und einstweiligen Verfügungssachen.

5 **II. Bloß teilweise angefochtenes Urteil.** Für unbedingt vollstreckbar erklärt werden kann das Urt nur, soweit es mit der Berufung nicht angegriffen ist. Durch Berufungsanträge angefochten ist der Teil des erstinstanzlichen Urteils, der von den zum Zeitpunkt der Entscheidung über den Antrag nach § 537 aktuellen Anträgen des Berufungsführers bzw der Berufungsführer und von den Anträgen der Anschlussberufung(en) (Hamm MDR 95, 311) umfasst wird. Nur tw angefochten ist ein Urt auch, wenn eine zunächst unbeschränkt eingelegte Berufung oder Anschließung durch Rücknahme oder Verzicht tw weggefallen ist. Eine entsprechende Anwendung des § 537 auf einen erkennbar aussichtslos angefochtenen Teil des Urteils ist nicht möglich (Wieczorek/Schütze/*Gerken* Rn 2). Nicht möglich ist auch eine auf die anteiligen Kosten beschränkte Entscheidung nach § 537, da die Kostenentscheidung unabhängig vom Umfang der Anfechtung der Überprüfung durch das Berufungsgericht unterliegt (Wieczorek/Schütze/*Gerken* Rn 8; tw aA Zö/*Gummer/Heßler* Rn 6).

6 **III. Noch nicht rechtskräftiges Urteil.** Wird das Urt infolge der Nichtanfechtung tw rechtskräftig, kann aus ihm nach § 704 I unbedingt vollstreckt werden, eine Entscheidung nach § 537 kommt dann nicht mehr in Betracht (RGZ 130, 229, 230). Nach heute hM (BGH NJW 92, 2296; Hamm NJW-RR 90, 1470; Zö/*Gummer/Heßler* Rn 1; Eichele/Hirtz/Oberheim/*Ahrens* XIII Rn 112 f mwN) geht der Umfang der Hemmungswirkung weiter als der der Anfallswirkung. Der Eintritt der Rechtskraft nach § 705 S 2 wird auch bzgl des vom Berufungsführer nicht angefochtenen Teils seiner Beschwer gehemmt, da es ihm möglich bleibt, den Umfang seiner Anfechtung auch noch nach Ablauf der Berufungsfrist durch Änderung des Antrags zu erweitern. Teilweise rechtskräftig können danach nur diejenigen Teile des Urteils werden, bzgl derer das Recht zur Berufung oder Anschließung durch Verzicht nicht mehr besteht (§ 515 Rz 12). Soweit noch die Auffassung vertreten wird, die Hemmung der formellen Rechtskraft nach § 704 I trete lediglich im Umfang der Anfechtung ein (St/J/*Grunsky* § 519 aF Rn 49; § 534 aF Rn 1; AK/*Ankermann* § 534 Rn 1), wird eine Entscheidung nach § 537 dennoch befürwortet, um die Parteien nicht zum Opfer eines dogmatischen Theorienstreits werden zu lassen.

7 **IV. Antrag.** Antragsberechtigt ist der Gläubiger der nicht angefochtenen Forderung. Dies ist regelmäßig der berufungsbeklagte Kl, aber auch der Berufungskläger, wenn der Gegner den ihn beschwerenden Teil des Urteils nicht angefochten hat (KG MDR 80, 240; Hamm NJW-RR 90, 1470; aA Hamm NJW-RR 87, 832). Der Antrag unterliegt dem Anwaltszwang. Er kann bis zur Verkündung der Berufungsentscheidung gestellt werden, auch noch nach Zurückverweisung aus der Revision. Einer Begründung bedarf der Antrag genauso

wenig wie einer Bezifferung, erfolgt eine solche dennoch, ist das Gericht hieran gebunden (MüKoZPO/*Rimmelspacher* Rn 11).

C. Verfahren. Zuständig ist der komplette Spruchkörper, der Einzelrichter nicht nur nach Übertragung gem § 526, sondern auch nach einer bloßen Zuweisung iSd § 527, da es sich lediglich um eine Vorbereitung der Endentscheidung handelt (§ 527 Rz 22; Eichele/Hirtz/Oberheim/*Oberheim* XV Rn 107). Dem Gegner ist rechtliches Gehör zu gewähren. Eine mündliche Verhandlung über den Antrag steht im Ermessen des Gerichts (§ 128 IV), wird regelmäßig nicht erforderlich sein. Findet sie statt, ist eine Säumnisentscheidung ausgeschlossen. Eine Aussetzung oder Unterbrechung des Verfahrens erstreckt sich auf das Verfahren nach § 537. Wird die Anfechtung nach Stellung des Antrags gem § 537 erweitert, erledigt sich dieser (Hamm MDR 95, 311). Zur Erweiterung der Anfechtung nach der Entscheidung unten Rz 12. 8

D. Entscheidung. Die Entscheidung nach § 537 ergeht stets durch Beschl. Möglich ist sie erst nach Ablauf der Berufungsbegründungsfrist (§ 537 I 2). Bei Vorliegen der gesetzlichen Voraussetzungen ist die begehrte Anordnung zu treffen, ein Ermessen besteht nicht. 9

I. Inhalt. Die stattgebende Entscheidung lautet auf Unbedingterklärung der vorläufigen Vollstreckung aus einem zu beziffernden Betrag (»Das Urt ... wird in Höhe eines Betrags von ... nebst Zinsen ... für vorläufig vollstreckbar erklärt.«; Zö/*Gummer/Heßler* Rn 17). Vollstreckungsschutzanordnungen (Abwendungsbefugnis, Sicherheitsleistung) sind nicht möglich (zu nachträglichen Schutzanordnungen Rz 13), ebenso wenig die bloße Herabsetzung einer festgesetzten Sicherheitsleistung (§ 718). 10

II. Kosten/Gebühren. Die Entscheidung bedarf einer Kostenentscheidung nach §§ 91 ff (Hamm NJW 72, 2314). Gerichtsgebühren fallen nicht an, Anwaltsgebühren aus einem Bruchteil (Frankf JurBüro 85, 1211, 1212) des nicht angefochtenen Teil des Urteils nur, soweit dieser iRd Gebühren des Berufungsverfahrens nicht berücksichtigt wird (VV 3329, 3331). 11

III. Wirkungen. Durch den Beschl wird die Entscheidung des angefochtenen Urteils zur vorläufigen Vollstreckbarkeit abgeändert. Auswirkungen auf die Rechtskraft des nicht angefochtenen Urteilsteils hat er nicht (Zweibr JB 83, 1889). Wird der Umfang der Anfechtung nach der Entscheidung erweitert, berührt dies dessen Wirksamkeit nicht (B/L/A/H Rn 8), begründet allenfalls einen Antrag nach §§ 719, 707. 12

IV. Unanfechtbarkeit (Abs 2). Der Beschl ist unanfechtbar, unabhängig davon, ob dem Antrag stattgegeben wurde oder nicht. Möglich bleiben eine danach ergehende Anordnung nach §§ 719, 707 und ein neuer Antrag nach Änderung der Sachlage (insb Rücknahme der Berufung oder Anschließung, St/J/*Grunsky* § 534 aF Rn 7). 13

§ 538 Zurückverweisung. **(1) Das Berufungsgericht hat die notwendigen Beweise zu erheben und in der Sache selbst zu entscheiden.**

(2) [1]Das Berufungsgericht darf die Sache, soweit ihre weitere Verhandlung erforderlich ist, unter Aufhebung des Urteils und des Verfahrens an das Gericht des ersten Rechtszuges nur zurückverweisen,

1. **soweit das Verfahren im ersten Rechtszuge an einem wesentlichen Mangel leidet und auf Grund dieses Mangels eine umfangreiche oder aufwändige Beweisaufnahme notwendig ist,**
2. **wenn durch das angefochtene Urteil ein Einspruch als unzulässig verworfen ist,**
3. **wenn durch das angefochtene Urteil nur über die Zulässigkeit der Klage entschieden ist,**
4. **wenn im Falle eines nach Grund und Betrag streitigen Anspruchs durch das angefochtene Urteil über den Grund des Anspruchs vorab entschieden oder die Klage abgewiesen ist, es sei denn, dass der Streit über den Betrag des Anspruchs zur Entscheidung reif ist,**
5. **wenn das angefochtene Urteil im Urkunden- oder Wechselprozess unter Vorbehalt der Rechte erlassen ist,**
6. **wenn das angefochtene Urteil ein Versäumnisurteil ist oder**
7. **wenn das angefochtene Urteil ein entgegen den Voraussetzungen des § 301 erlassenes Teilurteil ist**

und eine Partei die Zurückverweisung beantragt. [2]Im Fall der Nummer 3 hat das Berufungsgericht sämtliche Rügen zu erledigen. [3]Im Fall der Nummer 7 bedarf es eines Antrags nicht.

Inhaltsübersicht

	Rz
A. Systematik, Zweck, Anwendungsbereich	1
B. Eigene Sachentscheidung (Abs 1)	3
C. Zurückverweisung (Abs 2)	5
I. Antrag	7
II. Erforderlichkeit weiterer Verhandlung	8
III. Fallgruppen	9
1. Wesentlicher Verfahrensmangel (Abs 2 S 1 Nr 1)	11
a) Verfahrensmangel	12
b) Beweisaufnahme	16
2. Einspruchsverwerfung (Abs 2 S 1 Nr 2)	17
3. Entscheidung über Zulässigkeit der Klage (Abs 2 S 1 Nr 3)	19
a) Prüfung sämtlicher Zulässigkeitsrügen	20
b) Unanwendbarkeit	21
c) Entsprechende Anwendung	24
4. Entscheidung über den Anspruchsgrund (Abs 2 S 1 Nr 4)	25
5. Urteil im Urkunden- oder Wechselprozess (Abs 2 S 1 Nr 5)	28
6. Versäumnisurteil (Abs 2 S 1 Nr 6)	31
7. Unzulässiges Teilurteil (Abs 2 S 1 Nr 7)	32
IV. Entscheidung	36
V. Verfahren nach Zurückverweisung	39
D. Rechtsmittel, Kosten/Gebühren	42

1 **A. Systematik, Zweck, Anwendungsbereich.** In § 538 werden Gesichtspunkte der Prozesswirtschaftlichkeit von denen der materiellen Richtigkeitsgewähr des Urteils gegeneinander abgegrenzt. § 538 I verpflichtet das Berufungsgericht, grds in der Sache selbst zu entscheiden, auch wenn das erstinstanzliche Verfahren unvollständig oder fehlerhaft war und die Herbeiführung der Entscheidungsreife zusätzlichen, vom Erstgericht nicht geleisteten Prozessaufwands bedarf. Auch der Verlust einer Instanz für die Parteien rechtfertigt alleine die Zurückverweisung nicht. Dem Gesetzgeber steht es frei, zu regeln, unter welchen Voraussetzungen er eine weitere Instanz eröffnet. Mit § 538 I hat er deutlich gemacht, dass er den Grundsatz der Prozesswirtschaftlichkeit über den der Rechtsmittelkontrolle stellt (BGH NJW 11, 769). Eine Zurückverweisung kommt daher nur in den in § 538 II normierten Fallgruppen und grds nur dann in Betracht, wenn zumindest eine Partei dies beantragt. Nur bei Vorliegen dieser Ausnahmvoraussetzungen treten Gesichtspunkte der Prozesswirtschaftlichkeit in den Hintergrund, um die Parteien vor dem durch einen gerichtlichen Verfahrensfehler bedingten Verlust einer Instanz zu bewahren (für den Vorrang des Anspruchs auf eine 2. Instanz *Baumert* MDR 2011, 893).

2 Die Vorschrift gilt in allen Berufungsverfahren, auch im WEG-Verfahren. In Beschwerdeverfahren kommt eine entsprechenden Anwendung nur ausnahmsweise in Betracht (Köln ZMR 09, 627; Frankf FamRZ 96, 819). Auf das arbeitsgerichtliche Berufungsverfahren findet sie gem § 64 VI ArbGG grds entsprechende Anwendung. Ausgenommen ist § 539 II 1 Nr 1 (§ 68 ArbGG; BAG NJW 96, 3430), es sei denn, der Verfahrensmangel kann in der Berufungsinstanz nicht behoben werden. Ausgenommen ist auch § 539 II 1 Nr 5, weil die Vorschriften über den Urkunden- und Wechselprozess auf das arbeitsgerichtliche Verfahren keine Anwendung finden (§ 46 II 2 ArbGG).

3 **B. Eigene Sachentscheidung (Abs 1).** Aufgabe der Berufungsinstanz ist es, die erstinstanzliche Entscheidung auf eventuelle Fehler zu überprüfen. Ergibt sich ein solcher Fehler, so ist er vom Berufungsgericht zu korrigieren. Daraus resultiert die grundsätzliche Verpflichtung zu einer eigenen Sachentscheidung. Dies gilt auch, wenn Entscheidungsreife nur mit erheblichem Aufwand herbeigeführt werden kann, insb eine erforderliche Beweisaufnahme vollständig in die 2. Instanz verlagert wird. Allein die Überlegung, dass das erstinstanzliche Gericht mehr Vorarbeit hätte leisten können bzw sollen oder der Umfang der vom Berufungsgericht zu leistenden Arbeit rechtfertigt eine Zurückverweisung nicht. Trifft das Berufungsgericht in Anwendung des § 538 I, II S 1 Nr 1 eine eigene Sachentscheidung, ohne darüber zu befinden, ob das LG einen Ablehnungsantrag – unter Mitwirkung des abgelehnten Richters – zu Recht als unzulässig verworfen hat, stellt dies keine Verletzung des Rechts auf den gesetzlichen Richter dar; »gesetzlicher Richter« ist in dieser Lage das Berufungsgericht (BGH MDR 08, 763).

4 Dies gilt auch für **neuen Prozessstoff**, der erst in 2. Instanz in den Rechtsstreit eingeführt wurde (Klageänderung, Widerklage, Aufrechnung). Hier ist eine Zurückverweisung mit der Begründung, es habe keine erstinstanzliche Verhandlung stattgefunden (Rz 5), nicht möglich, weil das Gesetz dies mit der Möglichkeit einer Zulassung (§ 533) erkennbar in Kauf nimmt (BGH NJW 84, 1552, 1555). Die Parteien haben keinen Anspruch darauf, dass über jeden sachlichen Streitpunkt in zwei Tatsacheninstanzen verhandelt wird (BGH NJW 79, 925). Machen sie einen Streitpunkt erst in 2. Instanz geltend, wird hier sachlich darüber entschieden.

C. Zurückverweisung (Abs 2). Die Verpflichtung zur Sachentscheidung durch das Berufungsgericht macht Sinn nur, wenn erstinstanzlich auch über den gesamten (erstinstanzlichen) Prozessstoff verhandelt wurde. Hat sich die Verhandlung nicht auf alle entscheidungserheblichen Streitpunkte erstreckt und das Erstgericht über die Klageforderung sachlich nicht oder nicht endgültig entschieden, so ginge den Parteien bei einer Sachentscheidung durch das Berufungsgericht eine Instanz verloren. Will man ihnen die Möglichkeit einräumen, auch über den bislang nicht behandelten Streitstoff erstinstanzlich zu verhandeln, ist der Rechtsstreit dorthin zurückzuverweisen (Celle Urt v 27.10.10 – 3 U 84/10). 5

Eine Zurückverweisung an das erstinstanzliche Gericht zur erneuten Verhandlung und Entscheidung ist als Ausnahme von der Regel der Sachentscheidung durch das Berufungsgericht (§ 538 I) nur in den gesetzlich genannten Fällen möglich (BGH FamRZ 05 882). Erforderlich ist, dass einer der zugelassenen Zurückverweisungsgründe (§ 538 II 1 Nr 1–7) vorliegt und zumindest eine Partei die Zurückverweisung auch beantragt hat (§ 538 II 1 letzter Hs; Ausnahme II 3). 6

I. Antrag. Eine Zurückverweisung setzt grds den Antrag zumindest einer Partei voraus. Ohne einen solchen Antrag ist eine Zurückverweisung allein in den Fällen der Nr 7 möglich. Verzichten die Parteien übereinstimmend auf eine Neuverhandlung in erster Instanz, so muss der Rechtsstreit vom Berufungsgericht auch dann zu einer sachlichen Entscheidung geführt werden, wenn dies mit einem erheblichen Aufwand, ggf mit einer völligen Neuverhandlung des gesamten Rechtsstreits verbunden ist. Der Antrag kann sowohl vom Berufungskläger als auch vom Berufungsbeklagten gestellt werden, bereits in der Berufungsbegründung bzw -erwiderung enthalten sein und bis zum Schluss der mündlichen Verhandlung nachgeholt (Saarbr VersR 04, 624) oder zurückgenommen werden. Er kann als alleiniger Antrag oder mit einem hilfsweise (für den Fall, dass das Berufungsgericht das Vorliegen eines Zurückverweisungsgrunds verneint) gestellten Sachantrag kombiniert werden (Saarbr NJW-RR 03, 573; Zö/*Gummer/Heßler* Rn 4). 7

II. Erforderlichkeit weiterer Verhandlung. Voraussetzung für die Zurückverweisung ist ferner, dass die weitere Verhandlung vor dem erstinstanzlichen Gericht erforderlich ist. Dies ist – trotz Vorliegens eines Zurückverweisungsgrunds – nicht der Fall, wenn der Rechtsstreit vor dem Berufungsgericht zur Endentscheidung reif ist oder mit vertretbarem Aufwand (Nr 1) entscheidungsreif gemacht werden kann. Es ist auch nicht der Fall, wenn mit der Bestätigung der angefochtenen Entscheidung der Rechtsstreit beendet ist. Hält das Berufungsgericht die Abweisung der Klage als unzulässig (§ 538 II 1 Nr 3) auf die Berufung des Klägers hin für richtig, so erfolgt keine Zurückverweisung, sondern bloß eine Zurückweisung des Rechtsmittels (BGHZ 27, 15; BGHZ 15, 26). 8

III. Fallgruppen. Eine Zurückverweisung an das erstinstanzliche Gericht zu erneuten Verhandlung und Entscheidung ist nur in den gesetzlich genannten Fällen möglich. Erforderlich ist, dass einer der zugelassenen Zurückverweisungsgründe (§ 538 II 1 Nr 1–7) vorliegt. Diese sind als Ausnahmeregelungen eng auszulegen (BGH NJW-RR 06, 1678; MDR 05, 645). 9

Die Zurückverweisungsgründe der Nr 1–7 regeln Fälle, in denen aufgrund einer Beschränkung des Streitstoffs in 1. Instanz eine vollständige Verhandlung nicht stattgefunden hat. Diese Beschränkung kann aufgrund (vom Gericht richtig angewendeter) gesetzlicher Verfahrensvorschriften (Nr 2–6) oder aufgrund eines gesetzwidrigen Verfahrensablaufs durch das Gericht (Nr 1 und 7) eingetreten sein. Gemeinsam ist allen Zurückverweisungstatbeständen, dass sie als Ausnahmevorschrift eng auszulegen und einer Analogie nur sehr beschränkt zugänglich sind (BGHZ 31, 358; Wieczorek/Schütze/*Gerken* Rn 2). Über die gesetzlich genannten Fälle hinaus ist eine Zurückverweisung auch dann nicht möglich, wenn sie zweckmäßig oder wünschenswert wäre (BGH NJW-RR 05, 22), selbst wenn beide Parteien dies übereinstimmend beantragen (BGH NJW 91, 1893; 88, 1984; 85, 2945, 2946; St/J/*Grunsky* § 538 aF Rn 1). 10

1. Wesentlicher Verfahrensmangel (Abs 2 S 1 Nr 1). Wichtigster Fall des § 538 II 1 ist die Generalklausel der Nr 1. Danach ist eine Zurückverweisung möglich, wenn das erstinstanzliche Verfahren an einem wesentlichen Mangel leidet und deswegen eine umfangreiche oder aufwändige Beweisaufnahme erforderlich ist. 11

a) Verfahrensmangel. Erforderlich ist ein **Mangel im Verfahren**, nicht ein Mangel in der Rechtsfindung (»error in procedendo«, nicht »error in iudicando«). Mängel in der Anwendung des materiellen Rechts können auch dann nicht zu einer Zurückverweisung führen, wenn es sich um besonders grobe Fehler handelt, die für die Sachprüfung vorgreiflich sind und die gebotene Sachaufklärung vollständig verhindern. Ein Verfahrensmangel liegt nicht nur in den absoluten Revisionsgründen (§ 547), sondern in allen Fällen vor, 12 in denen Verfahrensvorschriften verletzt werden, die das rechtliche Gehör der Parteien und die umfassende und sachgerechte Aufklärung des streitigen Sachverhalts gewährleisten sollen (Potsdam BauR 05, 1819; KG MDR 05, 1431; Musielak/*Ball* Rn 11 mwN). Wichtige Schwerpunkte bilden dabei die materielle Prozessleitungspflicht (§ 139), die Präklusionsmöglichkeit (§ 296) und die Beweisvorschriften (§§ 284 ff, 355 ff). **Bejaht** wird ein Verfahrensfehler va bei unzureichender Sachaufklärung, mangelhafter Beweiserhebung und Beweiswürdigung (München Verkehrsrecht aktuell 2010, 93; Bremen OLGR 09, 352). Praktisch wichtige Einzelfälle: Unterlassen jeder Beweisaufnahme (Frankf NJW-RR 2010, 1689; KG NJW-Spezial 2010, 682), Nichteinholung erforderlicher Gutachten (Dresd 23.4.10 – 4 U 1704/09; aA aber BGH NJW-RR 10, 1048), Nichtbeiziehung der Verkehrsunfallakten (Schlesw OLGR 08, 314), Verwendung eines Privatgutachtens anstelle eines erforderlichen gerichtlichen Gutachtens (Hambg OLGR Hambg 05, 216), unkritische Übernahme von Sachverständigenbewertungen (Frankf v 7.3.06 – 9 U 30/04), Nichtanhörung benannter Gegenzeugen (KG KGR 05, 479) Nichtanhörung der Partei (München Urt v 5.2.10 – 10 U 4091/09), Verwertung der im Strafprozess gemachten Aussagen anstelle einer erneuten Vernehmung der Zeugen (Kobl OLGR 06, 106), Verstoß gegen die beweisrechtliche Unmittelbarkeit (§ 355; KG BauR 2011, 297; Bremen OLGR 09, 352) unzulässige Schätzung nach § 287 (München Verkehrsrecht aktuell 10, 93). Ein Verfahrensmangel liegt auch vor, wenn eine Klageerwiderungsfrist ohne Belehrung nach § 277 II gesetzt wird (Frankf NJW-RR 11, 1001), die Entscheidung auf eine nach Insolvenzeröffnung durchgeführte mündliche Verhandlung ergeht (Hamm MDR 11, 888) oder das Urt nicht binnen fünf Monaten nach Verkündung schriftlich niedergelegt wurde (BGH NJW 11, 769). **Nicht** zur Zurückverweisung berechtigen die verspätete Zustellung des Urteils (da dieser Fehler prozessual über die §§ 517, 233 ff hinreichend kompensiert ist: BGH MDR 09, 1238), wohl aber (in entsprechender Anwendung des § 547 Nr 6) die nicht rechtzeitige (innerhalb von fünf Monaten nach Verkündung) vollständige Abfassung des Urteils (BGH NJW 2011, 769; GmS-OGB NJW 93, 2603) und die fehlerhafte Entscheidung über eine Befangenheitsentscheidung (weil nach der Berufungseinlegung das Berufungsgericht gesetzlicher Richter ist: BGH NJW 08, 1672; zum Wiederaufleben eines Befangenheitsgrunds nach Zurückverweisung München Urt v 10.6.10 – 1 U 2664/10). Zu weiteren Beispielen B/L/A/H § 539 Rn 7. Der Mangel muss **zu berücksichtigen** sein, ist er dies nicht vAw, bedarf es einer Rüge nach § 529 II (Wieczorek/Schütze/*Gerken* Rn 15, 34; Musielak/*Ball* Rn 16). Ist der Verfahrensfehler **geheilt** (§ 295), ist eine darauf beruhende Zurückverweisung ausgeschlossen (BGH NJW 99, 61, 62).

13 Ein **Mangel der Rechtsfindung** rechtfertigt eine Zurückverweisung auch dann nicht, wenn dadurch die gesamte Sachaufklärung in die 2. Instanz verlagert wird (zum Streit über die Anwendbarkeit des § 538 II 1 Nr 3 in diesen Fällen Rz 23). Ein solcher Mangel liegt vor, wenn materielle Rechtsnormen falsch angewendet, falsch interpretiert oder falsch subsumiert wurden, etwa zu Unrecht der Eintritt der Verjährung bejaht wird. Hierzu gehört das Übersehen von Normen, das Verkennen von Normvoraussetzungen oder die unzutreffende Auslegung von Willenserklärungen. Auch Fragen der Substantiierung und der Beweislast sind regelmäßig materieller Natur (BGH NJW 97, 1447; 93, 2318, 2319; NJW-RR 88, 831). Materiell-rechtliche Fehler des Erstgerichts rechtfertigen eine Aufhebung und Zurückverweisung auch dann nicht, wenn sie eine Beweisaufnahme erforderlich machen (BGH MDR 10, 1072; MDR 05, 645). Sie dürfen auch nicht auf dem Umweg über eine verletzte Hinweispflicht ggü den Parteien in einen Verfahrensmangel umgedeutet werden, wenn auf der Grundlage der Auffassung des Erstgerichts kein Hinweis geboten war (BGH MDR 10, 1072; BGH NJW 91, 704).

14 Nicht immer lassen sich materielle und Verfahrensfehler eindeutig voneinander **abgrenzen**. Häufig gehen sie ineinander über (Vertragsauslegung: BGH NJW 02, 370; Beweislast: *Schneider* MDR 89, 138). Dies gilt insb für die Frage, ob die Fehlerhaftigkeit des Verfahrens aus der materiellrechtlichen Sicht des erstinstanzlichen Gerichts oder des Berufungsgerichts zu beurteilen ist. Die hM (BGH MDR 10, 1072; BGH MDR 10, 892; Rostock OLGR 09, 508; B/L/A/H Rn 6; ThoPu/*Reichold* Rn 7; Zö/*Gummer/Heßler* Rn 10) hat insoweit zutr die Rechtsprechung zu § 539 aF übernommen und stellt – ohne Rücksicht auf die Richtigkeit des Ergebnisses – auf die materielle Beurteilung durch den Erstrichter ab, während *Rimmelspacher* wenig überzeugend aus dem Normzweck des neuen § 538 II eine Beurteilung aus der Sicht des Berufungsrichters herleitet (MüKoZPO/*Rimmelspacher* Rn 24; *ders* ZZP 106, 251). Hält der Richter 1. Instanz einen Gesichtspunkt, den eine Partei erkennbar übersehen hat, (nach Auffassung des Berufungsgerichts fälschlich) für erheblich, so muss er die Partei darauf hinweisen (§ 139 II). Tut er dies nicht, liegt hierin ein Verfahrensfehler. Hat das Erstgericht die Klage, zu der die Parteien ausschließlich unter dem Gesichtspunkt vertraglicher Erfüllung vorgetragen haben, ohne vorherigen Hinweis nach § 139 sowohl aus diesem Grund als auch mangels bereicherungsrechtlicher Ansprüche abgewiesen, kommt eine Zurückverweisung in Betracht, weil

der unter Zugrundelegung der Rechtsauffassung des Erstgerichts erforderliche Hinweis unterblieben ist. Unterlässt der Richter den Hinweis, weil er den Umstand (nach Auffassung des Berufungsgerichts fälschlich) für unerheblich hält, so liegt hierin ein Rechts-, aber kein Verfahrensfehler. Hat das Eingangsgericht der Zahlungsklage aus Vertrag stattgegeben und deshalb bereicherungsrechtliche Ansprüche für ausgeschlossen gehalten, so ist der Hinweis hierauf konsequent unterblieben, eine Zurückverweisung kommt auch dann nicht in Betracht, wenn das Berufungsgericht den vertraglichen Anspruch verneint und einen bereicherungsrechtlichen Anspruch annimmt.

Wesentlich sind alle Mängel, die so schwerwiegend sind, dass das erstinstanzliche Verfahren keine ordnungsgemäße Grundlage für die Entscheidung abgibt, wobei nicht auf die Schwere des Mangels an sich, sondern auf seine Bedeutung für die Entscheidung abzustellen ist (BGH VersR 11, 1392; BGH MDR 03, 108; NJW 00, 2508). Auf ein Verschulden des erstinstanzlichen Gerichts kommt es nicht an (Hamm NJW 08, 3075), wohl aber auf die Ursächlichkeit für die Unrichtigkeit der Entscheidung, für die es allerdings ausreicht, dass sie nicht ausgeschlossen werden kann (BGH NJW 93, 539). 15

Auch wesentliche Verfahrensfehler zwingen (anders als etwa die absoluten Revisionsgründe in der Revisionsinstanz) nicht zu einer Zurückverweisung. Liegen die weiteren Voraussetzungen des § 538 II nicht vor und kann das Berufungsgericht die erforderlichen Feststellungen selbst treffen, so hat eine Zurückverweisung zu unterbleiben (BGH NJW 11, 769; München Urt v 10.6.10 – 1 U 2664/10; unten Rz 36). 15a

b) Beweisaufnahme. Eine Zurückverweisung rechtfertigt der wesentliche Verfahrensmangel nur, wenn er eine umfangreiche oder aufwändige Beweisaufnahme notwendig macht. **Umfangreich** ist eine Beweisaufnahme, wenn zahlreiche Beweise erhoben werden müssen. **Aufwändig** ist sie, wenn sie nicht in einem Termin vor dem Prozessgericht durchgeführt werden kann, sondern zum Beispiel im Wege der Auslandsrechtshilfe durchgeführt werden muss (BGH NJW-RR 06, 1678) oder mehrere Termine erfordert. Bei der vorzunehmenden Abwägung ist – wie in allen Fällen des § 538 II 1 (Rz 6, 36 f) – in Erwägung zu ziehen, dass eine Zurückverweisung der Sache zu einer erheblichen Verteuerung und Verzögerung des Rechtsstreits führt und dies in der Regel den schützenswerten Interessen der Parteien entgegensteht (BGH NJW-RR 04, 1537, 1538). Die Aufhebung und Zurückverweisung wegen einer noch durchzuführenden Beweisaufnahme ist deshalb auf Ausnahmefälle zu beschränken, in denen die Durchführung des Verfahrens in der Berufungsinstanz voraussichtlich zu größeren Nachteilen führt als die Zurückverweisung der Sache an das erstinstanzliche Gericht (BGH MDR 07, 289; 05, 645; für eine weite Auslegung der Zurückverweisungsmöglichkeiten *Baumert* MDR 11, 893). 16

2. Einspruchsverwerfung (Abs 2 S 1 Nr 2). Eine Zurückverweisung ist möglich, wenn das Erstgericht den Einspruch gegen ein Versäumnisurteil oder einen Vollstreckungsbescheid (§ 700 I) nach § 341 I durch Endurteil als unzulässig verworfen hat, das Berufungsgericht den Einspruch aber für zulässig hält. In diesem Fall ist eine Verhandlung über den sachlichen Streitstoff in 1. Instanz nicht erfolgt, sie muss grds nachgeholt werden. Hat die 1. Instanz ein die Klage abweisendes Versäumnisurteil erlassen, dieses auf den Einspruch des Klägers bestätigt und außerdem einen nach dem Einspruch erweiterten Teil der Klage mangels Nachweis der Prozeßvollmacht als unzulässig abgewiesen, ist die insoweit gebotene Aufhebung und Zurückverweisung auch auf das Versäumnisurteil zu erstrecken, weil ansonsten zum selben Klagegrund einander widersprechende Sachentscheidungen denkbar sind (Kobl IPRspr 2009, Nr 221, 546). 17

Entsprechende Anwendung findet diese Fallgruppe, wenn die Wiedereinsetzung in den vorigen Stand gegen die Versäumung der Einspruchsfrist zu Unrecht abgelehnt wurde (MüKoZPO/*Rimmelspacher* Rn 8; St/J/*Grunsky* § 538 aF Rn 7; Musielak/*Ball* Rn 19). Erfolgte die Verwerfung des Einspruchs durch zweites Versäumnisurteil, so greift § 538 II 1 Nr 6 ein. 18

3. Entscheidung über Zulässigkeit der Klage (Abs 2 S 1 Nr 3). Möglich ist eine Zurückverweisung auch, wenn das Erstgericht nur über die Zulässigkeit der Klage entschieden hat. Dies gilt unstr für den Fall eines die Zulässigkeit verneinenden, klageabweisenden Endurteils. Im Übrigen ist der Anwendungsbereich dieser Alternative in vielfacher Hinsicht umstr. 19

a) Prüfung sämtlicher Zulässigkeitsrügen. § 538 II 2 verlangt für diese Zurückverweisungsalternative die Erledigung sämtlicher Rügen. Zu prüfen sind auch diejenigen Zulässigkeitsvoraussetzungen, die im erstinstanzlichen Urt nicht angesprochen und von den Parteien nicht gerügt worden sind, über die Zulässigkeit der Klage ist im Berufungsurteil vAw abschließend zu entscheiden. Ist die Klage auch nach Auffassung des Berufungsgerichts unzulässig, so wird die Berufung zurückgewiesen, und zwar auch dann, wenn dieses 20

Ergebnis auf einen anderen Zulässigkeitsmangel gestützt wird. Ist die Klage zulässig, so wird das angefochtene Urt aufgehoben und die Sache zur weiteren Verhandlung und Entscheidung zurückverwiesen. Unerheblich ist dabei, ob die Zulässigkeit bereits in 1. Instanz vorlag oder erst in 2. Instanz (zB durch Heilung eines anfänglich vorhandenen Mangels) eintrat. Verhandelt das Berufungsgericht auch über die Begründetheit der Klage, so kann es diese ohne Verstoß gegen das Verschlechterungsverbot (§ 528) als unbegründet abweisen (Musielak/*Ball* Rn 25).

21 **b) Unanwendbarkeit.** Unanwendbar ist S 1 Nr 3 auf ein die **Zulässigkeit bejahendes Zwischenurteil.** Bei einem solchen gelangt nur der Zwischenstreit in die Berufungsinstanz (§ 280 II), die Frage der Begründetheit bleibt erstinstanzlich anhängig, so dass im Fall einer Bejahung der Zulässigkeit die Aufhebung des Zwischenurteils genügt, um die Sache in 1. Instanz weiter zu verhandeln. Einer Zurückverweisung zur erneuten oder weiteren Verhandlung und Entscheidung bzgl der Hauptsache bedarf es nicht (so die hM: BGH NJW 86, 61, 62; R/Schw/*Gottwald* § 140 IV 1b; Wieczorek/Schütze/*Gerken* Rn 44; Musielak/*Ball* Rn 20; aA MüKoZPO/*Rimmelspacher* Rn 9).

22 Ist eine Sachentscheidung ergangen, die wegen **Fehlens einer Zulässigkeitsvoraussetzung** nicht hätte ergehen dürfen, ist der Prozessstoff erstinstanzlich vollständig behandelt, so dass eine Zurückverweisung nach Nr 3 nicht in Betracht kommt (BGH WM 83, 658, 660; aA Zö/*Gummer/Heßler* Rn 9). Das gleiche gilt, wenn die Ausführungen zur Begründetheit als Hilfsbegründung zu einer Abweisung der Klage als unzulässig erfolgten (Musielak/*Ball* Rn 21; aA R/Schw/*Gottwald* § 140 IV 1b; Zö/*Gummer/Heßler* Rn 11), nicht dagegen, wenn die Klage wegen Fehlens einer Zulässigkeitsvoraussetzung fälschlich formal als »unbegründet« abgewiesen wird (BGH NJW 84, 126, 128; St/J/*Grunsky* § 538 aF Fn 10).

23 Nicht anwendbar ist Nr 3 auch, wenn die Abweisung der Klage zwar ohne vollständige Sachprüfung erfolgte, aber aus **sachlichen Gründen**, zum Beispiel wegen Verjährung, mangelnder Fälligkeit oder wegen fehlender Sachlegitimation (BGH VersR 00, 1391; BGH NJW 99, 3125; MüKoZPO/*Rimmelspacher* Rn 14; aA Hamm MDR 77, 585; Frankf VersR 86, 1195; R/S/G § 140 IV 1b). Auch wenn hier erstinstanzlich wesentliche Teile der Sachprüfung nicht vorgenommen wurden, scheitert eine Analogie am Ausnahmecharakter der Vorschrift.

24 **c) Entsprechende Anwendung.** Eine entsprechende Anwendung der Nr 3 ist geboten, wenn das erstinstanzliche Gericht aus **anderen prozessualen Gründen** von einer Sachentscheidung abgesehen hat, zum Beispiel weil es irrtümlich von einem Vergleich oder einem Anerkenntnis ausgegangen ist (Karlsr MDR 05, 1368; Frankf v 11.3.05 – 2 U 5/04; Ddorf NJW-RR 90, 1040; B/L/A/H Rn 7; ThoPu/*Reichold* Rn 9; aA MüKoZPO/*Rimmelspacher* Rn 14).

25 **4. Entscheidung über den Anspruchsgrund (Abs 2 S 1 Nr 4).** Eine Zurückverweisung ist möglich, wenn im Fall eines nach Grund und Betrag streitigen Anspruchs durch das angefochtene Urt über den Grund des Anspruchs vorab entschieden oder die Klage abgewiesen ist, es sei denn, dass der Streit über den Betrag des Anspruchs zur Entscheidung reif ist. **Unmittelbar anwendbar** ist Nr 4 damit auf die unbegründete Berufung gegen ein (stattgebendes) Grundurteil (§ 304) genauso, wie auf die begründete Berufung gegen ein klageabweisendes Endurteil, in dem auf die Höhe der Forderung nicht eingegangen wird. Eine Zurückverweisung ist hier möglich, wenn aufgrund der Entscheidung des Berufungsgerichts eine Verhandlung und Entscheidung über die Höhe erforderlich wird, die bislang erstinstanzlich nicht erfolgt ist.

26 **Entsprechend angewandt** wird diese Fallgruppe auf die **Stufenklage**, dh auf die begründete Berufung gegen eine alle Stufen umfassende Abweisung der gesamten Klage (BGH NJW 09, 431; NJW 06, 2626; Bremen OLGR 09, 659). Wird dagegen das stattgebende Teilurteil über eine vorgängige Stufe erfolglos angegriffen, so bedarf es einer Zurückverweisung nicht, weil der Rechtsstreit bzgl der weiteren Stufen in 1. Instanz anhängig geblieben ist. Auch der Übergang von der Feststellungs- zur Leistungsklage in 2. Instanz rechtfertigt die Zurückverweisung analog Nr 4 (RGZ 77, 399; Hamm OLGZ 88, 468, 469; Frankf NJW-RR 87, 1536; ThoPu/*Reichold* Rn 12a; Zö/*Gummer/Heßler* Rn 20; aA Musielak/*Ball* Rn 27).

27 Keine Zurückverweisung der Berufung gegen ein **Grundurteil** erfolgt, wenn dem Berufungsgericht auch die Entscheidung zum Betrag möglich ist (Celle OLGR 08, 136). Ist die Berufung gegen das Grundurteil begründet, so lautet die Entscheidung auf Abänderung und Klageabweisung.

28 **5. Urteil im Urkunden- oder Wechselprozess (Abs 2 S 1 Nr 5).** Eine Zurückverweisung ist möglich, wenn das angefochtene Urt im Urkunden- oder Wechselprozess unter Vorbehalt der Rechte erlassen ist (§ 599). Wird dieses Vorbehaltsurteil vom Berufungsgericht bestätigt, so bedarf das Verfahren der Zurückverwei-

sung, damit im Nachverfahren weiter verhandelt werden kann (Ddorf NJW-RR 09, 157). Keine Zurückverweisung, sondern eine eigene abschließende Sachentscheidung des Berufungsgerichts ergeht, wenn sich die Klage in der 2. Instanz als unzulässig oder unbegründet erweist.

Über den Wortlaut hinaus gilt Nr 5 nicht nur für Vorbehaltsurteile aus dem Urkunden- und Wechselprozess, sondern auch beim **Vorbehaltsurteil nach § 302** (BGH NJW 85, 1394, 1397; Ddorf MDR 73, 856, 857; Wieczorek/Schütze/*Gerken* Rn 63; MüKoZPO/*Rimmelspacher* Rn 24). Nicht möglich ist die Zurückverweisung, wenn erstinstanzlich über die Aufrechnung entschieden wurde (St/J/*Grunsky* § 538 aF Rn 29). 29

Das Erfordernis einer eigenen Sachenentscheidung des Berufungsgerichts gilt grds auch, wenn der Kl im Berufungsverfahren vom Urkundenprozess Abstand nimmt. Da dies – anders als die Abstandnahme in 1. Instanz nach § 596 – jedoch eine Klageänderung darstellt und damit wegen der Notwendigkeit einer Einwilligung bzw Sachdienlichkeitsbejahung einerseits und dem Verbot des Vortrags neuer Tatsachen andererseits (§ 533) an enge Grenzen stößt (Zö/*Greger* § 596 Rn 4 folgert daraus sogar die Unzulässigkeit der Abstandnahme in 2. Instanz), bejaht die neuere Literatur zT in analoger Anwendung der Nr 5 zu Recht die Möglichkeit einer Zurückverweisung (Musielak/*Ball* § 596 Rn 7). Entsprechend anwendbar ist Nr 5 auch, wenn das Berufungsgericht die erstinstanzlich abgewiesene Urkundenklage für begründet hält. Dann ergeht ein die Sache zurückverweisendes Vorbehaltsurteil (*Schneider* MDR 74, 624, 627). 30

6. Versäumnisurteil (Abs 2 S 1 Nr 6). Ist die Berufung gegen ein (zweites: §§ 345, 514 II) Versäumnisurteil erfolgreich, so ist eine Zurückverweisung möglich, weil zur Sache in 1. Instanz nicht entschieden wurde (Frankf NJW-RR 2011, 216). Richtet sich die Berufung gegen ein Anerkenntnisurteil (§ 307) und fehlt es an einem wirksamen Anerkenntnis, so kommt eine analoge Anwendung dieser Fallgruppe in Betracht, soweit man nicht bereits eine entsprechende Anwendung des § 538 II 1 Nr 3 bejaht hat (München MDR 91, 795; St/J/*Grunsky* § 538 aF Rn 30; s.o. Rz 24). 31

7. Unzulässiges Teilurteil (Abs 2 S 1 Nr 7). Eine Zurückverweisung ist möglich in den Fällen, in denen das Erstgericht ein unzulässiges Teilurteil (§ 301) erlassen hat. **Zulässig** ist ein Teilurteil nur über einen selbstständig abtrennbaren Teil, dessen Entscheidung ohne Einfluss auf den nicht entschiedenen Teil ist, so dass keine Gefahr sich widersprechender Entscheidungen besteht. Zulässig ist ein Teilurteil bei der Entscheidung über einzelne selbstständige Streitgegenstände, über Auskunfts- und Schadensersatzanspruch (BGH NJW 11, 1815), über Klage- bzw Widerklageforderung oder bzgl einzelner einfacher Streitgenossen. **Unzulässig** ist ein Teilurteil, wenn die Gefahr widersprechender Entscheidungen über Teil- und Schlussentscheidung besteht, so zB ein Teilurteil über den Hilfsantrag, solange kein Urt über den Hauptanspruch vorliegt, über materielle Ansprüche, die auf demselben tatsächlichen Geschehen beruhen oder über einzelne notwendige Streitgenossen (zuletzt BGH MDR 05, 46; zur Vielzahl weiterer Problemfälle § 301 Rz 2 ff). Die Unzulässigkeit eines Teilurteils entfällt nachträglich weder dadurch, dass das Berufungsgericht die Entscheidung für materiellrechtlich richtig hält, noch durch eine nach Urteilserlass erfolgte Abtrennung des verbliebenen Rechtsstreits (Celle OLGR 09, 190). 32

Eine willkürliche Verfahrenstrennung kommt in ihren Wirkungen einem unzulässigen Teilurteil gleich und führt zur Zurückverweisung nach § 538 Abs. 2 Satz 1 Nr. 7 ZPO; dies gilt auch dann, wenn der abgetrennte Teil bei einem anderen Spruchkörper des Berufungsgerichts anhängig ist und dieser eine Zurückverweisung nicht vornimmt (München Urt v 8.4.10 – 19 U 1565/09). 33

Das unzulässige Teilurteil beruht auf einem Verfahrensfehler des erstinstanzlichen Gerichts, führt aber einfacher zur Möglichkeit einer Zurückverweisung als der allgemeine Fall des § 538 II 1 Nr 1. Damit über einen einheitlichen Anspruch auf keinen Fall gleichzeitig in zwei Instanzen gestritten wird, ist anders als dort weder die Notwendigkeit einer umfangreichen oder aufwändigen Beweisaufnahme noch ein Parteiantrag erforderlich (§ 538 II 3). 34

Die Aufhebung des Teil-Urteils und dessen Zurückverweisung kann vermieden werden, wenn der beim LG noch anhängige „Rest" der Klage heraufgezogen wird und eine Mitentscheidung über ihn ergeht. Dazu ist weder ein Antrag noch das Einverständnis der Parteien erforderlich (Stuttg GesR 2010, 12). Die durch ein Teilurteil bewirkte Gefahr widersprüchlicher Entscheidungen kann in geeigneten Fällen auch durch eine Zwischenfeststellungsklage (§ 256 II) beseitigt werden, über die das Berufungsgericht gleichzeitig mit der Hauptsache entscheidet (BGH ZfBR 03, 250; Frankf NJW-RR 09, 955; Jena OLGR 09, 545; Köln VersR 73, 89; St/J/*Leipold* § 301 Rn 21; Zö/*Heßler* § 525 Rn 8). 35

IV. Entscheidung. Die **Zurückverweisung** ist auch bei Vorliegen der Voraussetzungen des § 538 II nicht zwingend: Sie steht im pflichtgemäßen **Ermessen** des Gerichts. Ein generalisierendes Abstellen darauf, dass 36

Sachverhaltsklärung und Beweisaufnahme Aufgabe der 1. Instanz seien, ist nicht möglich (so aber München Urt v 30.4.10 – 10 U 3822/09). Maßgeblicher Gesichtspunkt der Ermessensausübung ist die Prozessökonomie (BGH MDR 07, 1677; 05, 645; NJW-RR 05, 928; 04, 1537, 1538; Rostock OLGR 09, 508; für eine Berücksichtigung der Überlastung des Berufungsgerichts München Urt v 30.4.10 – 10 U 3822/09). Dabei ist das Interesse der Parteien an der erneuten erstinstanzlichen Verhandlung des dort übergangenen Prozessstoffs abzuwägen gegen die mit der Zurückweisung verbundene Verlängerung und Verteuerung des Verfahrens. Je näher die Entscheidungsreife des Prozesses liegt, umso eher bietet sich eine eigene Sachentscheidung des Berufungsgerichts an (BGH NJW 00, 2024; MüKoZPO/*Rimmelspacher* Rn 67), eine früher bereits erfolgte Zurückverweisung kann eine erneute ausschließen (BGH NJW-RR 11, 1365), zur Vermeidung einer überlangen Verfahrensdauer kann sie verfassungsrechtlich geboten sein (BGH NJW-RR 04, 1537). Demgegenüber legt ein übereinstimmender Zurückverweisungsantrag beider Parteien eine dementsprechende Ermessensausübung nahe (Zö/*Gummer/Heßler* Rn 7). Das Vorliegen der Zurückverweisungsvoraussetzungen und die Ermessensausübung müssen in den Gründen nachvollziehbar dargelegt werden, wobei eine bloß formelhafte Abhandlung nicht ausreicht (BGH NJW-RR 10, 1048; BGH NJW-RR 05, 928; schwächer: „keine hohen Anforderungen" BGH VersR 11, 1392). Eine Zurückverweisung an einen bestimmten Spruchkörper, an eine andere Kammer des Landgerichts oder einen anderen Richter des Amtsgerichts, ist nicht möglich, da eine dem § 563 I 2 vergleichbare Regelung fehlt (aA Frankf FamRZ 81, 978, 980). Die Zuständigkeit beim erstinstanzlichen Gericht richtet sich allein nach dessen Geschäftsverteilung, sieht diese keine besondere Zuständigkeit für zurückverwiesene Sachen vor, so kommt die Sache erneut zum selben Richter. Dieser ist allein aufgrund der Vorbefassung weder ausgeschlossen (§ 41) noch befangen (§ 42).

37 Wird zurückverwiesen, so ist regelmäßig eine **Aufhebung** von angefochtenem Urt und Verfahren erforderlich (§ 538 II). Hat sich der Verfahrensfehler nur beschränkt ausgewirkt, kommt auch eine nur tw, sachlich oder zeitlich beschränkte Verfahrensaufhebung in Betracht. Möglich ist dies zB, wenn der Zurückverweisungsgrund lediglich bzgl eines Streitgegenstands, eines Streitgenossen oder eines Verfahrensabschnitts gegeben ist (St/J/*Grunsky* § 539 aF Rn 17; Schumann/*Kramer* Rn 671). Betrifft der Zurückverweisungsgrund nur einen abtrennbaren **Teil** des Rechtsstreits oder ist nur hinsichtlich eines solchen Teils eine erneute oder weitere Verhandlung in der 1. Instanz erforderlich, ist die tw Zurückverweisung der Sache durch das Berufungsgericht an das erstinstanzliche Gericht nur dann zulässig, wenn über den zurückverwiesenen Teil des Rechtsstreits in zulässiger Weise auch durch Teilurteil gem § 301 ZPO hätte entschieden werden können (BGH NJW 11, 2800; München NJW spezial 11, 43; § 301 Rz. 4 ff.). Fehlen die Voraussetzungen für ein Teilurteil, stellt die Teilzurückverweisung durch das Berufungsgericht einen in der Revisionsinstanz vAw zu berücksichtigen wesentlichen Verfahrensmangel dar (BGH NJW 2011, 2736). Die Entscheidung über den Umfang der Aufhebung bedarf besonderer Sorgfalt, weil hiervon die Frage abhängt, inwieweit das erste Verfahren seine Wirkungen behält oder nach der Zurückverweisung wiederholt werden muss (»Auf die Berufung des … wird die Sache unter Aufhebung des Urteils des …-gerichts … vom … und des Verfahrens, soweit beides die Widerklage betrifft, zur weiteren Verhandlung und Entscheidung über die Widerklage an das erstinstanzliche Gericht zurückverwiesen.«). Ergibt sich der Umfang nicht schon aus dem Tenor des Berufungsurteils, ist eine Auslegung unter Heranziehung der Urteilsgründe erforderlich. Die Zurückverweisung muss nicht zwingend mit einer Aufhebung des erstinstanzlichen Urteils und/oder Verfahrens verbunden sein (Zö/*Gummer/Heßler* Rn 57). Wird ein Grundurteil (§ 538 II 1 Nr 4) oder ein Vorbehaltsurteil (§ 538 II 1 Nr 5) aufrechterhalten, so erfolgt die Zurückverweisung an die 1. Instanz lediglich zur Fortsetzung im Betrags- bzw im Nachverfahren. In diesem Fall bedarf es weder einer Aufhebung des erstinstanzlichen Urteils noch einer Aufhebung des erstinstanzlichen Verfahrens. Vertreten wird auch, hier sei sogar eine Zurückverweisung entbehrlich (BGHZ 27, 15, 27); diese sollte indes zur Klarstellung und zur Abgrenzung von der möglichen Fortsetzung des Prozesses in der 2. Instanz in jedem Fall erfolgen (Schumann/*Kramer* Rn 669; zur Tenorierung Eichele/Hirtz/Oberheim/*Oberheim* XVIII Rn 94).

38 Besteht der Aufhebungsgrund in der Nichtvornahme einer gebotenen Prozesshandlung durch das Erstgericht, kann diese durch das Berufungsgericht zusammen mit der Zurückverweisung vorgenommen werden (Köln OLGR 09, 623: Aussetzung).

39 **V. Verfahren nach Zurückverweisung.** Nach der Zurückverweisung wird der Rechtsstreit in der 1. Instanz weiter verhandelt. Bei der weiteren Verhandlung in 1. Instanz handelt es sich nicht um den Beginn eines neuen, sondern um die **Fortsetzung des ursprünglichen Verfahrens**. Dieses dauert fort, soweit es nicht im Zurückverweisungsurteil aufgehoben ist. Frühere Prozesshandlungen, etwa Geständnisse, behalten damit

grds ihre Wirksamkeit genauso wie bereits durchgeführte Beweisaufnahmen, eine bereits eingetretene Teilrechtskraft wird weder beseitigt noch im Wege der Fiktion hinweg gedacht (BGH NJW 09, 148). Die Beschränkungen der Möglichkeit zum Vortrag neuer Angriffs- und Verteidigungsmittel und neuer Ansprüche der 2. Instanz (§§ 529 ff) gelten nicht mehr, da das Berufungsverfahren beendet ist. Die Zulässigkeit neuen Vortrags ist allein an der Grenze des § 296 zu messen. Wegen der Notwendigkeit einer neuen mündlichen Verhandlung kommt eine Verzögerung für neues Vorbringen, das schon dem Berufungsgericht ggü oder unmittelbar nach der Zurückverweisung geltend gemacht wurde, kaum in Betracht.

Entsprechend § 563 II ist das **erstinstanzliche Gericht** an die Entscheidung des Berufungsgerichts gebunden, darf davon also nicht mehr abweichen (GmS-OGB 1/72, BGHZ 60, 392, 396; BGH NJW 58, 59; Naumbg MittdtschPatAnw 10, 495; B/L/A/H Rn 3). Ähnlich wie die Rechtskraft erfasst die Bindungswirkung nur das Gericht, an das zurückverwiesen wurde und wirkt nur in dem konkreten Einzelfall, gilt hier aber ausnahmslos, also etwa auch dann, wenn das Berufungsgericht von einer überwiegend vertretenen Auffassung oder von der des Bundesgerichtshofs abgewichen ist (BGH NJW 07, 1127; München Urt v 5.5.09 – 5 U 4547/08), hält selbst verfassungsrechtlichen Bedenken jedenfalls dann stand, wenn diese vom verweisenden Gericht behandelt wurden (BVerfGE 65, 132). Die Bindungswirkung erstreckt sich auf die tragenden Entscheidungsgründe, nicht auf obiter dicta oder Hinweise zum weiteren Verfahren, unabhängig davon, ob diese verfahrens- oder materiellrechtlicher Natur sind (BGHZ 31, 364; BGHZ 59, 84). Solche Hinweise können für den weiteren Verfahrensablauf und zur Vermeidung weiterer Rechtsmittel sinnvoll und wünschenswert sein (Zö/*Gummer* § 563 Rn 3a), zwingend vorgeben kann das Berufungsgericht den Verfahrensablauf in 1. Instanz nicht. Bei einem Streit über die Reichweite der Bindungswirkung ist die Auffassung des Rechtsmittelgerichts entscheidend (Zö/*Gummer/Heßler* Rn 60). Die Bindungswirkung entfällt, wenn sich nach der Zurückverweisung entweder der zugrunde zu legende Sachverhalt (OLG Naumbg Urt v 25.2.10 – 1 U (Kart) 89/09) oder die einschlägige höchstrichterliche Rechtsprechung ändert (GmS-OGB 1/72, BGHZ 60, 392, 397 f; Bremen NJW-RR 09, 1510). Soweit das erstinstanzliche Urt (tw) nicht aufgehoben, sondern bestätigt wurde, ist das Erstgericht nach § 318 auch an diese eigene Entscheidung gebunden. Keine Bindung besteht an das aufgehobene Urt. Weitere Beschränkungen der Entscheidungsbefugnis des erstinstanzlichen Gerichts können sich aus dem Verschlechterungsverbot (§ 528) ergeben (BGH MDR 89, 979; Zö/*Gummer/Heßler* Rn 61; Musielak/*Ball* Rn 38). 40

Kommt die Sache nach einer Berufung gegen die weitere Entscheidung des erstinstanzlichen Gericht erneut in die Berufung, so ist das **Berufungsgericht** in entsprechender Anwendung des § 563 II, der unmittelbar nur für die Aufhebung und Zurückverweisung durch das Revisionsgericht gilt, grds an die von ihm selbst im vorangegangenen Zurückverweisungsurteil vertretene Rechtsauffassung gebunden (BGH NJW 07, 1127; BGH NJW 92, 2831, 2832; *Tiedtke* ZIP 93, 252; Eichele/Hirtz/Oberheim/*Oberheim* XX Rn 21). Diese Bindungswirkung reicht aber nur soweit, wie sie der Aufhebung des landgerichtlichen Urteils zu Grunde liegt (GmSOGB BGHZ 60, 392, 396 f; BGH NJW 92, 2831, 2832). Dazu gehört die rechtliche Würdigung des Rechtsmittelgerichts, welche die Beurteilung durch die Vorinstanz missbilligt und deshalb unmittelbar zur Aufhebung ihrer Entscheidung geführt hat. Soweit das Rechtsmittelgericht die angefochtene Entscheidung billigt, tritt eine Bindung nicht ein (BGH MDR 05, 1241; St/J/*Grunsky* § 565 aF Rn 10). Die Bindungswirkung des Berufungsgerichts entfällt auch, wenn dieses seine bisherige Rechtsprechung wegen zwischenzeitlicher Änderung der höchstrichterlichen Rechtsprechung ausdrücklich aufgibt (Bremen NJW-RR 09, 1510). 41

D. Rechtsmittel, Kosten/Gebühren. Sowohl gegen die eigene Sachentscheidung des Berufungsgerichts als auch gegen die Zurückverweisung ist Revision oder Nichtzulassungsbeschwerde gegeben (§§ 542, 544). Gerügt werden kann das Nichtvorliegen eines Zurückverweisungsgrunds oder die fehlerhafte Ermessensausübung (BGH MDR 05, 645; NJW 01, 2552). 42

Im Fall der Zurückverweisung bleibt die Entscheidung über die Kosten des Berufungsverfahrens dem erstinstanzlichen Gericht vorbehalten. Ist die Zurückverweisung wegen eines offensichtlichen und schweren Verfahrensfehlers erfolgt (§ 538 II 1 Nr 1–3), kommt die Nichterhebung der Gerichtskosten nach § 21 I 1 GKG in Betracht (BGHZ 93, 213; KG MDR 06, 48; *Hartmann* § 8 GKG Rn 9). Dies betrifft nicht die Kosten der fehlerhaften 1. Instanz (diese wären auch bei richtiger Sachbehandlung entstanden), sondern die Kosten des Berufungsverfahrens, das bei richtiger Sachbehandlung in 1. Instanz nicht erforderlich gewesen wäre (Hamm DRiZ 74, 374). Für die Gerichtskosten bilden das frühere und das weitere Verfahren vor dem Erstgericht eine Einheit (§ 37 GKG), für die Anwaltsgebühren stellt das weitere Verfahren einen neuen Rechtszug dar (§ 21 I RVG). Eine Anrechnung der Verfahrensgebühr kommt nach § 15 V 2 RVG, Vorb 3 VI VV in Betracht. 43

§ 539 Versäumnisverfahren. **(1) Erscheint der Berufungskläger im Termin zur mündlichen Verhandlung nicht, so ist seine Berufung auf Antrag durch Versäumnisurteil zurückzuweisen.**

(2) [1]Erscheint der Berufungsbeklagte nicht und beantragt der Berufungskläger gegen ihn das Versäumnisurteil, so ist das zulässige tatsächliche Vorbringen des Berufungsklägers als zugestanden anzunehmen. [2]Soweit es den Berufungsantrag rechtfertigt, ist nach dem Antrag zu erkennen; soweit dies nicht der Fall ist, ist die Berufung zurückzuweisen.

(3) Im Übrigen gelten die Vorschriften über das Versäumnisverfahren im ersten Rechtszug sinngemäß.

1 **A. Systematik, Zweck, Anwendungsbereich.** Die Folgen einer Säumnis in 2. Instanz entsprechen grds denen in 1. Instanz. Die Rechtsfolgen knüpfen dabei an die Parteistellung in 2. Instanz an. Dem Berufungskläger droht bei Säumnis unmittelbar die Zurückweisung seiner Berufung, dem Berufungsbeklagten lediglich eine Sachentscheidung ohne Berücksichtigung seines zweitinstanzlichen Vortrags.

2 Die Vorschrift gilt in allen Berufungsverfahren, auch vor dem Einzelrichter und im WEG-Verfahren. Auf das arbeitsgerichtliche Berufungsverfahren findet sie gem § 59, 64 VI, VII ArbGG entsprechende Anwendung (BAG NJW 04, 3732).

3 **B. Allgemeine Voraussetzungen des Versäumnisurteils durch das Berufungsgericht. I. Zulässigkeit der Berufung.** Eine Sachentscheidung in Form eines (**echten**) **Versäumnisurteils** kann durch das Berufungsgericht nur ergehen, wenn die Berufung zulässig ist (dazu § 522 Rz 5 – 7). Ist eine Partei säumig, erweist sich die Berufung indes als unzulässig, so wird sie durch kontradiktorisches Urt (sog »**unechtes Versäumnisurteil**«) verworfen (BGH NJW 01, 2095). Beruht die Unzulässigkeit auf einer Fristversäumung und war der Termin (auch) zur Verhandlung über den Antrag auf Wiedereinsetzung in den vorigen Stand bestimmt, erfolgt die Verwerfung der Berufung in Form eines echten Versäumnisurteils, gegen das der Einspruch nicht mehr zulässig ist (§ 238 II 2; BGH NJW 69, 845, 846; aA MüKoZPO/*Rimmelspacher* Rn 3), so dass allein noch mit der Revision vorgetragen werden kann, ein Fall der Versäumung habe nicht vorgelegen (§§ 565, 514 II). Ein (mit dem Einspruch anfechtbares) echtes Versäumnisurteil ergeht auch dann, wenn der auf Antrag des Gegners nach dem Tod einer Partei geladene Rechtsnachfolger nach Unterbrechung des Verfahrens gem §§ 239, 242 nicht erscheint; die Rechtsnachfolge wird infolge der Säumnis als zugestanden angenommen (§ 239 IV).

4 **II. Zulässigkeit der Klage.** Eine Sachentscheidung über den Streitgegenstand setzt zudem nach zutr hA (BGH NJW 99, 291; Eichele/Hirtz/Oberheim/*Eichele* XVII Rn 4; ThoPu/*Reichold* Rn 2, 3; aA für das Versäumnisurteil gegen den Berufungskläger MüKoZPO/*Rimmelspacher* Rn 7) voraus, dass die Klage (im Umfang der Anfechtung, BGH MDR 70, 1002) zulässig ist. Ist dies nicht der Fall, ergeht ein von der eventuellen Säumnis irgendeiner Partei unabhängiges kontradiktorisches Urt (»unechtes Versäumnisurteil«). Hat das erstinstanzliche Gericht die Klage als unzulässig abgewiesen, wird die Berufung des Klägers zurückgewiesen, hat das erstinstanzliche Gericht die Klage als unbegründet abgewiesen, wird die Berufung des Klägers mit der Maßgabe zurückgewiesen, dass die Klage unzulässig sei (zur Vereinbarkeit mit dem Verschlechterungsverbot § 528 Rz 15).

5 **III. Sonstige Voraussetzungen.** Nicht im Wege eines (echten) Versäumnisurteils kann über die Berufung auch dann entschieden werden, wenn das angefochtene Urt bei Beachtung der Verfahrensvorschriften nicht hätte ergehen dürfen. Dies gilt für ein unzulässiges Teilurteil (BGH LM § 540 ZPO Nr 5), für ein Urt trotz Unterbrechung des Verfahrens (Köln ZIP 94, 958) oder Wegfall der Rechtshängigkeit (Frankf OLGZ 94, 77). Hier ergeht im Wege eines unechten Versäumnisurteils durch das Berufungsgericht regelmäßig die Entscheidung, die die Vorinstanz richtigerweise getroffen hätte (Wieczorek/Schütze/*Gerken* § 539 Rn 12).

6 **C. Versäumnisurteil gegen den Berufungskläger (Abs 1).** Dem Berufungskläger obliegt es, das von ihm eingelegte Rechtsmittel zu fördern. Kommt er dem nicht nach und ist säumig, droht ihm unabhängig vom bisherigen Vortrag der Parteien die Zurückweisung seiner Berufung.

7 **I. Voraussetzungen.** Neben Zulässigkeit von Klage und Berufung (oben Rz 3, 4) setzt das Versäumnisurteil gegen den Kl voraus, dass dieser säumig ist und ein entsprechender Antrag des Beklagten vorliegt. Insoweit kann auf die Ausführungen zum erstinstanzlichen Versäumnisurteil verwiesen werden (§ 330 Rz 3 ff).

8 Beantragt der Beklagte kein Versäumnisurteil, kann – bei Vorliegen der entsprechenden Voraussetzungen – ein neuer Termin anberaumt (§ 227 I 1), das Ruhen des Verfahrens angeordnet (§ 251a III) oder nach Lage der Akten entschieden werden.

Nicht erforderlich ist, dass der Antrag auf Zurückweisung der Berufung dem Berufungskläger rechtzeitig vor dem Termin schriftlich mitgeteilt war (§ 335 I Nr 3), weil es sich dabei um einen bloßen Prozessantrag handelt (BGH MDR 65, 193). Dies gilt auch dann, wenn damit eine Änderung des eigenen erstinstanzlichen Sachantrags verbunden ist (Celle MDR 93, 686). Keine Rolle spielt auch die Begründetheit der Berufung. 9

II. Versäumnisurteil. Das Versäumnisurteil gegen den Kl lautet auf Zurückweisung der Berufung. Die Kostenentscheidung folgt aus § 97 I, diejenige zur Entscheidung zur vorläufigen Vollstreckbarkeit aus § 708 Nr 2, nicht aus § 708 Nr 10 (St/J/*Münzberg* § 708 Rn 29; aA R/Schw/*Gottwald* § 14 II 1j). Eine Zulassung der Revision kommt nicht in Betracht (Musielak/*Ball* Rn 5). Das Versäumnisurteil bedarf keiner Begründung (Tatbestand, Entscheidungsgründe), muss aber als solches bezeichnet werden (§ 525, 539 III, 313b I). Auf die Wirksamkeit einer Anschlussberufung hat ein solches Versäumnisurteil keinen Einfluss. Mangels Begründung ist der Umfang der materiellen Rechtskraft bei einem solchen Urt stets unbeschränkt, was den Kl zwingen kann, anstelle des Versäumnisurteils ein klagabweisendes Endurteil zu veranlassen, wenn die Klageabweisung nur wegen Unzulässigkeit oder fehlender Fälligkeit erfolgt (BGH NJW 03, 1044; Eichele/Hirtz/Oberheim/*Eichele* XVII Rn 21). 10

D. Versäumnisurteil gegen den Berufungsbeklagten (Abs 2). Voraussetzung für ein Versäumnisurteil gegen den Berufungsbeklagten ist neben dessen Säumnis ein entsprechender Antrag des Gegners (zu beidem Rz 7 – 9 und § 331 Rz 2 ff). Folge der Säumnis des Berufungsbeklagten ist, dass das zulässige tatsächliche Vorbringen des Berufungsklägers als zugestanden anzunehmen ist. Erforderlich ist damit eine Schlüssigkeitsprüfung dahin, ob der Vortrag des Berufungsklägers – seine Wahrheit unterstellt – ausreicht, das angefochtene Urt im Sinne seines Antrags abzuändern. 11

I. Geständnisfiktion. Als zugestanden angesehen (§§ 138 III, 288) werden können nicht bloße Rechtsansichten (aA München NJW 76, 489), sondern lediglich Tatsachenvorbringen des Berufungsklägers. Umfasst wird das gesamte erst- und zweitinstanzliche Vorbringen des Berufungsklägers. Die Beschränkung in § 539 II 1 auf »zulässiges« tatsächliches Vorbringen steht weder einer Berücksichtigung erstinstanzlich nach § 531 I rechtmäßig zurückgewiesenen noch einer Berücksichtigung neuen Vorbringens iSd § 531 II entgegen, weil die Präklusionsvorschriften keinen Sanktionscharakter haben und Vorbringen, das die Erledigung nicht verzögert, stets berücksichtigt werden muss (MüKoZPO/*Rimmelspacher* § 539 Rn 12; Zö/*Gummer/Heßler* § 539 Rn 16). Zur Berücksichtigung unstreitigen neuen Vorbringens auch ohne die Voraussetzungen des § 531 II dort Rz 15. Die gegenteilige Auffassung hält eine solche Auslegung gegen den klaren Wortlaut des § 539 II 1 für nicht möglich (Wieczorek/Schütze/*Gerken* § 539 Rn18, 21; Musielak/*Ball* § 539 Rn 7). Als zugestanden anzusehen ist erstinstanzliches Vorbringen des Berufungsklägers auch dann, wenn es durch ein eindeutiges Beweisergebnis widerlegt ist (BAG NJW 04, 3732). Auf neue Ansprüche (Klageänderung, Aufrechnungsforderung, Widerklage) kann sich das neue Vorbringen beziehen, soweit die Berücksichtigungsvoraussetzungen des § 533 vorliegen (dh der Vortrag des Berufungsklägers hierzu als zugestanden angesehen werden kann). Soweit neues Vorbringen als zugestanden anzusehen ist, muss es dem Berufungskläger rechtzeitig vor dem Termin mitgeteilt worden sein (§§ 539 III, 335 I Nr 3). 12

II. Verfahren. Eine Beweisaufnahme kann vor Erlass des Versäumnisurteils nur bzgl der vAw zu prüfenden Zulässigkeitsvoraussetzungen erforderlich werden, in allen anderen Fällen ist sie als Folge der Geständnisfiktion obsolet (§ 288 I). 13

III. Versäumnisurteil. Ist der Vortrag des Berufungsklägers schlüssig, erfolgt durch (echtes) Versäumnisurteil eine Abänderung des angefochtenen Urteils iRd gestellten Sachantrags. Die Kostenentscheidung folgt aus §§ 91, 92, die Entscheidung zur vorläufigen Vollstreckbarkeit aus § 708 Nr 2, eine Zulassung der Revision kommt nicht in Betracht. Das Versäumnisurteil bedarf keiner Begründung (Tatbestand, Entscheidungsgründe), muss aber als solches bezeichnet werden (§ 525, 539 III, 313b I). Ist der Vortrag des Berufungsklägers unschlüssig, wird die Berufung durch kontradiktorisches Urt (»unechtes Versäumnisurteil«) zurückgewiesen (§ 539 II 2 HS 2; BGH ZIP 86, 740; NJW 67, 2162). Dieses entspricht formal § 540. 14

E. Allgemeine Vorschriften über das Versäumnisverfahren (Abs 3). Die in den Abs 1 und 2 nicht speziell geregelten Fragen beantworten sich aus den allgemeinen Vorschriften über das Versäumnisverfahren im ersten Rechtszug. Entsprechend anzuwenden sind danach die §§ 330–347. Dies gilt insb für § 333 (Nichtverhandeln als Säumnis), § 334 (Keine Säumnis bei unvollständigem Verhandeln), § 335 (Erlasshindernisse), §§ 338–343, 346 (Einspruch), § 344 (Versäumniskosten) und § 345 (Zweites Versäumnisurteil). 15

16 **Nicht** möglich ist ein Versäumnisurteil im schriftlichen Vorverfahren (§ 331 III), das im Berufungsrechtszug nicht stattfindet. Nicht möglich ist auch die sofortige Beschwerde gegen die Zurückweisung eines Antrags auf Erlass eines Versäumnisurteils, da ein solcher gegen Entscheidungen des Berufungsgerichts grds nicht gegeben ist (§ 567 I). Eine Entscheidung nach Lage der Akten (§§ 251 I, 331a) setzt voraus, dass im Berufungsverfahren bereits mündlich verhandelt wurde, die erstinstanzliche mündliche Verhandlung alleine genügt nicht.

17 Für das nach einem Einspruch gegen ein Versäumnisurteil ergehende Berufungsurteil gelten die erstinstanzlichen Grundsätze entsprechend. Bei Aufrechterhaltung des Versäumnisurteils ist für die Entscheidung zur vorläufigen Vollstreckbarkeit § 709 S 3 zu beachten, eine Zulassung der Revision ist unter den Voraussetzungen des § 543 II möglich. Wird das Versäumnisurteil aufgehoben, ist über die Berufung nach allgemeinen Grundsätzen neu zu entscheiden. Die Kosten der Säumnis sind dann der obsiegenden Partei aufzuerlegen (§ 344), für vorläufige Vollstreckbarkeit und Revisionszulassung gelten keine Besonderheiten.

18 **F. Rechtsbehelfe.** Gegen ein echtes Versäumnisurteil ist allein der Einspruch nach §§ 539 III, 338–343, 346 gegeben. Unechte Versäumnisurteile (Rz 3, 5, 14) sind kontradiktorische Endurteile, die nur der Revision unterliegen (BGH LM § 338 ZPO Nr 2).

19 **G. Kosten/Gebühren.** Erscheinen beide Anwälte im Termin, erhalten sie jeweils eine volle Terminsgebühr, auch wenn (mangels Antragstellung) ein Versäumnisurteil ergeht (3202 VV). Bei Nichterscheinen des Berufungsklägers reduziert sich die Terminsgebühr für den Berufungsbeklagtenvertreter auf 0,5, wenn lediglich ein Versäumnisurteil beantragt wird (3203 VV). Im Einspruchstermin kann die Gebühr dann auf die volle Höhe (1,2) anwachsen (§ 15 RVG). Die Gerichtsgebühren (KV 1220) ändern sich durch das Versäumnisverfahren nicht. Weder fallen besondere weitere Gebühren an, noch ermäßigt sich die Verfahrensgebühr, wenn das Verfahren durch das Versäumnisurteil endet.

§ 540 Inhalt des Berufungsurteils.

(1) [1]Anstelle von Tatbestand und Entscheidungsgründen enthält das Urteil

1. **die Bezugnahme auf die tatsächlichen Feststellungen im angefochtenen Urteil mit Darstellung etwaiger Änderungen oder Ergänzungen,**
2. **eine kurze Begründung für die Abänderung, Aufhebung oder Bestätigung der angefochtenen Entscheidung.**

[2]Wird das Urteil in dem Termin, in dem die mündliche Verhandlung geschlossen worden ist, verkündet, so können die nach Satz 1 erforderlichen Darlegungen auch in das Protokoll aufgenommen werden.

(2) Die §§ 313a, 313b gelten entsprechend.

1 **A. Systematik, Zweck, Anwendungsbereich.** Auch das Berufungsurteil hat grds den aus §§ 313, 313a ersichtlichen Inhalt. Eventuelle Erleichterungen bei der Abfassung können sich aus der Unanfechtbarkeit des Urteils jedenfalls dann nicht mehr ergeben, wenn nach Ablauf der Übergangsfristen in § 26 Nr 8 EGZPO alle Berufungsurteile der Nichtzulassungsbeschwerde unterliegen. Damit nicht alle Berufungsurteile einen ausführlichen Tatbestand und umfassende Entscheidungsgründe enthalten müssen, erlaubt § 540 Erleichterungen für die Abfassung dieser beiden Abschnitte. Rechtlicher und tatsächlicher Begründung bedürfen nur noch diejenigen Punkte, die das Berufungsgericht im Rahmen seiner Fehlerkontrolle berichtigt hat. Die Vorschrift dient damit der Entlastung des Berufungsgerichts bei Abfassung des Urteils. Die »unglückliche Pauperität« (*Gaier* NJW 04, 2041, 2045) der gesetzlichen Regelung verstellt allerdings eher den Blick auf die Anforderungen dieser Teile des Berufungsurteils, als dass sie Klarheit schafft. In dem Spannungsfeld der unterschiedlichen Funktionen des Berufungsurteils muss das Interesse des Berufungsgerichts an einer Entlastung bei der Urteilsabfassung genauso zurück treten, wie das Interesse der Parteien an einer Verständlichkeit der Berufungsentscheidung. Von zentraler Bedeutung für den Inhalt der tatsächlichen Begründung des Berufungsurteils ist die Überprüfbarkeit des Urteils in der Revisionsinstanz (§ 559).

2 Die Vorschrift gilt in allen Berufungsverfahren, auch vor dem Einzelrichter und im WEG-Verfahren. Auf das arbeitsgerichtliche Berufungsverfahren findet § 540 I gem § 69 IV ArbGG keine Anwendung (BAG NJW 06, 3020).

3 **B. Urteilseingang und Formalia.** Insoweit gelten nach § 525 die allgemeinen Vorschriften, § 540 enthält dazu besondere Regelungen nicht. Das Berufungsurteil enthält gem § 4 AktO die Angabe der Gerichte und Geschäftsnummern beider Instanzen, nach § 311 die Floskel »Im Namen des Volkes«, nach § 315 III den

Verkündungsvermerk und nach § 313 I Nr 1–3 die Bezeichnung der Parteien, ihrer gesetzlichen Vertreter und der Prozessbevollmächtigten, die Bezeichnung des Gerichts und die Namen der Richter, die bei der Entscheidung mitgewirkt haben sowie den Tag, an dem die mündliche Verhandlung geschlossen worden ist (Aufbau- und Formulierungsbeispiele bei Eichele/Hirtz/Oberheim/*Oberheim* XVIII Rn 5–30). Das Urt ist von allen mitwirkenden Richtern zu unterschreiben, die Bezeichnung als »Urteil« ist nur in den Fällen des § 313b I erforderlich, ansonsten fakultativ möglich. Besonderheiten dem erstinstanzlichen Urt ggü (dazu § 313 Rz 2 ff) ergeben sich insoweit, als die Parteien mit ihren Parteistellungen aus beiden Instanzen (»Kläger und Berufungsbeklagter«) zu bezeichnen sind. Dabei kann mit dem erstinstanzlichen Kl genauso begonnen werden, wie mit dem zweitinstanzlichen Berufungskläger.

C. Urteilsformel. Die Urteilsformel (Tenor) enthält die Entscheidungen über die Hauptsache und die erforderlichen prozessualen Nebenfragen. 4

I. Hauptsache. Eine unzulässige Berufung wird verworfen (§ 522 I 2), eine unbegründete Berufung zurückgewiesen. Auf eine begründete Berufung hin kommt ausnahmsweise eine Aufhebung des angefochtenen Urteils verbunden mit einer Zurückverweisung an die erste Instanz in Betracht (§ 538 Rz 5), regelmäßig erfolgt eine eigene Sachentscheidung in Form einer Abänderung der angefochtenen Entscheidung. Diese erfordert regelmäßig die Ausformulierung eines neuen (erstinstanzlichen) Hauptsachetenors, ist aber auch in Form einer Darstellung der Abänderung möglich (»mit der Maßgabe, dass ...«). Eine tw erfolgreiche Berufung muss erkennen lassen, in welchem Umfang eine Abänderung erfolgt. Hat der Gegner ebenfalls Berufung oder Anschlussberufung eingelegt, muss sich die Hauptsacheentscheidung hierauf erstrecken. Auch über eine mit der Berufung erfolgte statthafte Streitgegenstandsänderung wird durch Zurückweisung der Berufung oder Abänderung des angefochtenen Urteils entschieden, einer Abweisung der neu erhobenen Klage bedarf es nicht (Schumann/*Kramer* Rn 661), wohl aber kann es erforderlich sein, die Wirkungslosigkeit des erstinstanzlichen Urteils infolge einer Streitgegenstandsreduzierung (Klagerücknahme, Teilvergleich) in 2. Instanz gesondert festzustellen (Eichele/Hirtz/Oberheim/*Oberheim* XVIII Rn 129). 5

II. Nebenentscheidungen. 1. Kosten. Im Fall erfolgloser Berufung wird durch die Zurückweisung der Berufung die erstinstanzliche Kostenentscheidung aufrechterhalten, es bedarf lediglich der Feststellung, dass der Berufungskläger die Kosten des Rechtsmittels zu tragen hat (§ 97 I; Eichele/Hirtz/Oberheim/*Oberheim* XVIII 133–166; Eichele/Hirtz/Oberheim/*Schneider* I Rn 620–653). Wird das angefochtene Urt abgeändert, bedarf es einer neuen Entscheidung über die Kosten beider Instanzen (»des Rechtsstreits«) nach dem zweitinstanzlichen Erfolg. Dies kann bei unterschiedlichen Streitwerten beider Instanzen zu unterschiedlichen Quoten führen. Ausnahmsweise sind die Kosten des Berufungsverfahrens unabhängig davon der obsiegenden Partei aufzuerlegen, wenn sie auf Grund eines neuen Vorbringens obsiegt, das sie im ersten Rechtszug geltend zu machen imstande war (§ 97 II). Bei Zurückverweisung in die 1. Instanz bleibt die Kostenentscheidung dieser vorbehalten, nach einer Zurückverweisung aus der Revisionsinstanz ist auch über deren Kosten mit zu entscheiden. Gesetzlich angeordnete Kostentrennungen (§§ 344, 281 III 3, 100 III) sind auch in der Berufungsinstanz zu berücksichtigen. 6

2. Vorläufige Vollstreckbarkeit. Entschieden werden muss über die vorläufige Vollstreckbarkeit des Berufungsurteils (zur Berufungsentscheidung über die vorläufige Vollstreckbarkeit des erstinstanzlichen Urteils § 537, zur Vorabentscheidung über die vorläufige Vollstreckbarkeit des Berufungsurteils § 718). Diese richtet sich nach §§ 708–714. Berufungsurteile (seit dem JuMoG, BGBl 04 I 2198, auch solche des LG) in vermögensrechtlichen Streitigkeiten sind nach § 708 Nr 10 ohne Sicherheitsleistung für vorläufig vollstreckbar zu erklären (BGHZ 109, 211), Urteile, bei denen der Wert des Beschwerdegegenstands 20.000 € nicht übersteigt und die Revision nicht zugelassen ist, bedürfen keiner Abwendungsbefugnis nach § 711, weil sie der Nichtzulassungsbeschwerde (noch) nicht unterliegen (§ 713 iVm § 26 Nr 8 EGZPO). 7

3. Zulassung der Revision. Die nach § 543 mögliche Zulassung der Revision hat im Berufungsurteil keinen gesetzlich zwingenden Platz, findet diesen aber sinnvoll in der Urteilsformel. Erforderlich ist die Feststellung der Zulassung, für die Nichtzulassung genügt das Unterlassen der Zulassung, doch zur Vermeidung von Irritationen der Parteien (und eines regelmäßig erfolglosen Antrags nach §§ 319, 321; BGH NJW 04, 2389) empfiehlt sich auch insoweit eine ausdrückliche Feststellung. 8

4. Sonstige. Einer Festsetzung des Werts der Beschwer bedarf es nach dem Wegfall der Wertrevision (auch im Hinblick auf § 26 Nr 8 EGZPO) nicht mehr. 9

10 **D. Gründe.** Tatbestand und Entscheidungsgründe werden beim Berufungsurteil nicht mit eigenen Überschriften versehen, sondern nach § 540 I Teile der einheitlichen »Gründe« des Urteils, die sowohl die tatsächlichen als auch die rechtlichen Feststellungen des Berufungsgerichts umfassen. Die Gründe müssen erkennen lassen, dass das Gericht den wesentlichen Kern des Vortrags der Parteien in tatsächlicher und rechtlicher Hinsicht zur Kenntnis genommen und in Erwägung gezogen hat (BGH NJW 07, 1455; NJW-RR 05, 1603). Aus dem Berufungsurteil muss zu ersehen sein, von welchem Sach- und Streitstand das Gericht ausgegangen ist, welches Rechtsmittelbegehren die Parteien verfolgt haben und welche tatsächlichen Feststellungen der Entscheidung zugrunde liegen (BGH NJW 11, 2300).

11 **I. Tatsächliche Feststellungen. 1. Klassischer Berufungstatbestand.** Der klassische, § 313 II entsprechende Tatbestand eines Berufungsurteils bestand neben der Überschrift, einem Einleitungssatz und dem unstreitigen Vorbringen der Parteien über beide Instanzen aus der Wiedergabe des erstinstanzlichen Vorbringen (streitiges Vorbringen des Klägers, Anträge des Klägers und des Beklagten, streitiges Vorbringen des Beklagten, Ergebnis einer Beweisaufnahme), dem erstinstanzlichen Urt (Ergebnis, tragende Gründe und Zustellungsdatum), der Berufung (Einlegungs- und Begründungsdatum) und dem Vorbringen der Parteien in 2. Instanz (streitiges Vorbringen des Berufungsklägers, Anträge von Berufungskläger und Berufungsbeklagtem, streitiges Vorbringen des Berufungsbeklagten, Ergebnis einer zweitinstanzlichen Beweisaufnahme).

12 **2. Tatbestandssurogat (Abs 1 Nr 1).** Mit Wechsel der Berufungsinstanz von einer Wiederholung des erstinstanzlichen Verfahrens hin zu einer bloßen Fehlerkontrolle und -beseitigung braucht das Berufungsurteil den Inhalt der Sachentscheidung nicht vollständig darzustellen, sondern kann sich auf die Darstellung derjenigen tatsächlichen Umstände beschränken, die im erstinstanzlichen Urt unrichtig oder unvollständig wiedergegeben oder in 2. Instanz neu vorgetragen sind und iÜ auf die tatsächlichen Feststellungen im angefochtenen Urt Bezug nehmen. Dies kann dazu führen, dass das Berufungsurteil aus sich selbst heraus nicht mehr verständlich ist, so dass im Einzelfall ein Absehen von den Abkürzungsmöglichkeiten des § 540 ratsam ist. Erforderlich ist in jedem Fall, dass aus dem Berufungsurteil ersichtlich ist, von welchem Sach- und Streitstand das Berufungsgericht ausgegangen ist, welches Rechtsmittelbegehren die Parteien in der Berufung verfolgt haben und welche tatsächlichen Feststellungen der Entscheidung zugrunde liegen (BGH WuM 09, 248; NJW 07, 2334). Ein Berufungsurteil, das weder eine Bezugnahme auf die tatsächlichen Feststellungen des angefochtenen Urteils noch eine eigene Darstellung des Sach- und Streitstands enthält, unterliegt im Revisionsverfahren grds der Aufhebung und Zurückverweisung (BGH NJW-RR 07, 524; MDR 06, 1127; NJW-RR 04, 494).

13 Die **Bezugnahme** erfolgt auf die »tatsächlichen Feststellungen im angefochtenen Urteil« und damit nicht allein auf dessen Tatbestand, sondern auch auf in den Entscheidungsgründen enthaltene Tatsachen (BGH NJW 97, 1931). Sie ist begrifflich möglich nur auf das erstinstanzliche Vorbringen. Feststellungen des erstinstanzlichen Urteils, die im Berufungsurteil nicht wiederholt und nicht in Bezug genommen werden, werden nicht Gegenstand des Revisionsverfahrens (BGH NJW 10, 3372; BGH NJW-RR 09, 340). Die in Bezug genommenen tatbestandlichen Feststellungen können im Revisionsverfahren nicht mit der Verfahrensrüge nach § 551 Abs. 3 S 1 Nr. 2 ZPO bzw mit einer entsprechenden verfahrensrechtlichen Gegenrüge des Revisionsbeklagten angegriffen, sondern allein mit einem Antrag auf Tatbestandsberichtigung nach § 320 ZPO beseitigt werden (BGH NJW 11, 2349: WM 11, 309; BGH NJW-RR 07, 1434). **Änderungen** sind erforderlich, soweit die tatsächlichen Feststellungen des erstinstanzlichen nach Auffassung des Berufungsgerichts unrichtig sind, **Ergänzungen**, soweit sie unvollständig sind. Stets nur durch eigene Darstellung sind die Zustellung des erstinstanzlichen Urteils, Einlegung und Begründung der Berufung sowie Anträge und Vorbringen Vortrag der Parteien in 2. Instanz einzubringen. Für die Möglichkeiten zur Verweisung auf den Akteninhalt gelten die erstinstanzlichen Grundsätze (§ 313 Rz 12). Durch Bezugnahmen und eigene Feststellungen dürfen keine Widersprüche oder Unklarheiten entstehen (BGH WM 04, 894). Eine Mitteilung der **Berufungsanträge** ist unverzichtbar (BGH NJW 11, 2054; BGH WuM 11, 377; BGH NJW 10, 3372; BGH NJW 04, 1390), eine wörtliche Wiedergabe indes nicht erforderlich, es genügt, dass das von der Partei verfolgte Prozessziel erkennbar wird (»verfolgt sein erstinstanzliches Ziel in vollem Umfang weiter«: BGH NJW-RR 03, 1006 und 1290; 04, 573; laut Einleitungssatz begehrte Abänderung und Klageabweisung: BGH NJW 11, 2054). Bezugnahme und eigene Darstellungen müssen in ihrer Gesamtheit den Streitgegenstand und den Umfang der Rechtskraft bestimmbar machen (BGH GRUR 08, 367) sowie eine taugliche tatsächliche Grundlage für die Revisionsinstanz bilden (BGH MDR 07, 733), also erkennen lassen, von welchem

Sach- und Streitstand das Berufungsgericht ausgegangen ist und welche tatsächlichen Feststellungen es getroffen hat (BGH NJW 07, 2335). Genügt das Berufungsurteil diesen Anforderungen nicht, unterliegt es der Aufhebung und Zurückverweisung (BGH GRUR 08, 367; NJR-RR 04, 659).

II. Entscheidungsbegründung (Abs 1 Nr 2). Wie jede gerichtliche Entscheidung muss aus verfassungsrechtlichen Gründen (BGH NJW 09, 2137) auch das Berufungsurteil erkennen lassen, von welchen rechtlichen Erwägungen das Gericht ausgegangen ist. Lässt § 313 III schon für das erstinstanzliche Urt eine »kurze Zusammenfassung der Erwägungen, auf denen die Entscheidung in tatsächlicher und rechtlicher Hinsicht beruht« genügen, setzt § 540 I Nr 2 die Anforderungen noch weiter herab. Erforderlich ist nur noch eine kurze Begründung für die zweitinstanzliche Sachentscheidung. Soweit das Berufungsgericht den rechtlichen Erörterungen des erstinstanzlichen Gerichts folgt, ist weder eine Wiederholung der Begründung noch eine Bezugnahme auf die Entscheidungsgründe des angefochtenen Urteils erforderlich. Letztere kann sich zur Klarstellung indes empfehlen. Sind in der Berufungsverhandlung neue rechtliche Gesichtspunkte aufgetreten, so genügt im Falle einer Bestätigung des erstinstanzlichen Urteils eine bloße Bezugnahme auf die Entscheidungsgründe dieses Urteils nicht. Das Berufungsgericht muss vielmehr darlegen, warum der erstinstanzlichen Entscheidung trotz der neuen rechtlichen Gesichtspunkte in vollem Umfang gefolgt wird (BGH NJW-RR 07, 1412; NJW 04, 293, 294). 14

Wegen § 522 I 1 bedarf die **Zulässigkeit der Berufung** stets der Prüfung vAw, Ausführungen hierzu in den Gründen bedarf es indes nur, soweit Anlass zu Zweifeln besteht (§ 522 Rz 16) oder die Fristwahrung infolge einer Wiedereinsetzung in den vorigen Stand darzulegen ist (§ 238 I 1). Bei **begründeter Berufung** reicht es nicht aus, den Fehler der erstinstanzlichen Entscheidung aufzuzeigen, erforderlich ist darüber hinaus die Darlegung, warum die Klage begründet oder unbegründet ist. Hier unterscheiden sich die Anforderungen an das Berufungsurteil nicht von denen des erstinstanzlichen Urteils (§ 313 Rz 13 ff). Ist die **Berufung unbegründet**, kann auf die Begründung des angefochtenen Urteils Bezug genommen werden, soweit sich dieses nicht nur im Ergebnis als richtig erweist. Eine eigene Begründung ist erforderlich, wo das Berufungsgericht von der Begründung des Erstgerichts abweicht. Auch dort, wo das Berufungsgericht den Gründen des angefochtenen Urteils folgt, ist es regelmäßig erforderlich, sich iRe eigenen Begründung mit den Angriffen der Berufung auseinander zu setzen. Hiervon kann allenfalls bei floskelhafter, substanzloser Berufungsbegründung abgesehen werden. 15

III. Weitere Vereinfachungen von Tatsachenfeststellung und Entscheidungsbegründung. Über die allgemeinen Möglichkeiten der Abkürzung des Berufungsurteils hinaus ergeben sich solche auch aus besonderen Vorschriften. 16

1. Stuhlurteil und Protokollurteil (§ 540 I 2). a) Stuhlurteil. Als sog »Stuhlurteil« bezeichnet man das nicht in einem besonderen Termin (§ 310 I), sondern am Schluss der mündlichen Verhandlung verkündete Urt, gleichgültig, ob das Urt sogleich im Anschluss an die mündliche Verhandlung in Anwesenheit der übrigen Verfahrensbeteiligten verkündet wird, oder erst am Schluss des Sitzungstages in Abwesenheit der Verfahrensbeteiligten (BGH NJW 04, 1666). Die Möglichkeit eines Stuhlurteils besteht unabhängig von der Anfechtbarkeit des Urteils (Zö/*Gummer/Heßler* Rn 28). 17

Die einzige Erleichterung des Stuhlurteils besteht darin, dass nur die Urteilsformel, nicht aber das komplette Urt bei der Verkündung schriftlich abgefasst vorliegen muss (§ 310 II). Bedeutung kommt dieser Urteilsform nur dort zu, wo das Gericht auf einen Verzicht der Parteien nach § 313a hofft, der eine Begründung dann überflüssig macht (Rz 21 ff). 18

b) Protokollurteil. Nach § 540 I 2 können die tatsächlichen Feststellungen und rechtlichen Begründung des Stuhlurteils (auch ohne Antrag oder Einwilligung, BGH NJW 07, 1314) ins Protokoll aufgenommen werden (sog »Protokollurteil«). Erforderlich ist, dass die Verkündung des Urteils in das **Protokoll** über die Verhandlung aufgenommen wird (§§ 159 I 1, 160 III Nr 7). Die Verkündung muss die Urteilsformel (§ 160 III Nr 6 iVm § 311 II 1 und 2) und die Urteilsgründe (§ 540 I 1 Nr 1 und 2) umfassen (BGH NJW 04, 1666). Insoweit besteht ein Unterschied zu den allgemeinen Stuhlurteilen nach § 310 I 1 Alt 1, bei denen lediglich der schriftlich vorliegende Tenor verkündet werden muss (§§ 310 II, 311 II 1) und es ausreicht, wenn die Gründe vor Ablauf von drei Wochen nach der Verkündung in dem vollständig abgefassten Urt enthalten sind (§ 315 II 1). Die Urteilsformel kann nicht bloß ins Protokoll diktiert werden, sie muss wie bei allen Urteilen bei der Verkündung schriftlich fixiert vorliegen (§ 311 II 1). Dann genügt es, wenn im Protokoll auf diese Urkunde Bezug genommen und sie als Anlage zum Protokoll genommen wird 19

(§ 160 V). Auch die Gründe müssen entweder ins Protokoll aufgenommen oder – wenn sie anderweitig schriftlich fixiert sind – als Anlage zum Protokoll genommen werden. Das Protokoll ist – neben dem Urkundsbeamten der Geschäftsstelle – nur vom Vorsitzenden zu unterschreiben (§ 163 I 1; BGH NJW-RR 07, 141). An die ins Protokoll oder in die Anlage aufzunehmende Begründung sind uneingeschränkt die gleichen Anforderungen zu stellen, wie an die Begründung eines Berufungsurteils im Allgemeinen. Da der Protokollinhalt die Funktion der Urteilsgründe übernimmt, muss er die für die Revisionsüberprüfung taugliche Grundlage abgeben (BGH NJW 04, 1666 und 1390). Bei Spruchkörperentscheidungen ist stets erforderlich, dass nicht bloß der Vorsitzende, sondern das Kollegium von dieser Urteilsform Gebrauch machen will und die ins Protokoll aufzunehmenden Sätze formuliert oder zumindest gebilligt hat. Die ins Protokoll aufzunehmenden Gründe können deswegen nicht (nur) in einem vor Schluss der mündlichen Verhandlung erteilten Hinweis nach § 139 bestehen. Soll das Urt auf die im Hinweis zum Ausdruck gebrachten Überlegungen gestützt werden, so muss erkennbar werden, dass dies auf einer (erneuten) Beratung des kompletten Spruchkörpers nach Schluss der mündlichen Verhandlung beruht (BGH NJW 04, 1666, 1667).

20 Nach der mündlichen Verhandlung ist zusätzlich zu dem Protokoll eine **Urteilsurkunde** herzustellen, die alle Bestandteile eines normalen Berufungsurteils aufzuweisen hat (§§ 525, 313 I, 315 I), insb also eine Bezeichnung der Parteien (mit gesetzlichen Vertretern und Prozessbevollmächtigten), des Gerichts (mit den Namen der Richter), des Tags, an dem die mündliche Verhandlung geschlossen wurde, die vollständige Urteilsformel und die Unterschriften aller Richter (BGH MDR 11, 709; BGH MDR 07, 351). Dabei muss das Urt bereits im Zeitpunkt seiner Unterzeichnung durch die mitwirkenden Richter in vollständiger Form abgefasst sein, so dass es nicht ausreicht, wenn die nach § 311 Abs. 2 ZPO für die Verkündung regelmäßig erforderliche schriftlich abgefasste Urteilsformel bereits von den mitwirkenden Richtern unterschrieben wurde und dieses Schriftstück sodann mit dem zunächst vorläufig aufgezeichneten Sitzungsprotokoll nach dessen Herstellung verbunden wird (BGH WuM 10, 97). Allerdings genügt es, dass alle mitwirkenden Richter nur das Protokoll unterschreiben, wenn dieses neben den Angaben gem § 540 Abs. 1 Satz 1 ZPO auch alle Urteilsbestandteile des § 313 Abs. 1 Nr. 1 bis 4 ZPO enthält (BGH MDR 11, 709; BGH NJW-RR 10, 911). Wegbleiben können lediglich die Gründe nach § 540 I. Diese werden zum Bestandteil des Urteils, indem Urt und Protokoll (ggf einschließlich Anlage gem § 160 V) miteinander verbunden werden (BGH NJW-RR 08, 1521). Das Urt muss weder eine besondere Überschrift (»Protokollurteil«, »Urteil nach § 540 I 2«) noch einen ausdrücklichen Hinweis auf das Protokoll, in dem die Gründe festgehalten sind, enthalten. Beides ist unschädlich, ersetzt aber die notwendige Verbindung von Protokoll und Urt nicht (Naumbg FamRZ 03, 148). Wird die nach der mündlichen Verhandlung abgefasste Urteilsurkunde mit Gründen versehen, so handelt es sich um ein (auch im Berufungsverfahren mögliches, § 525) »normales« Stuhlurteil nach § 310 I 1 Alt 1 (BGH NJW 04, 1666, 1667). Unzureichende Gründe im Protokoll können so nachträglich noch geheilt werden. Solange gegen vermögensrechtliche Urteile bis zu einem Wert der Beschwer von 20.000 € die Nichtzulassungsbeschwerde nicht zulässig ist (§ 26 Nr 8 EGZPO), kann die bisherige Praxis vieler Berufungsgerichte, eine abgekürzte Begründung zu Protokoll zu nehmen und die Parteien dann nach § 313a I auf eine vollständige Begründung verzichten zu lassen (Rz 22 ff), beibehalten werden. Die Erleichterung des § 540 I 2 besteht damit allein darin, dass die später abzufassende Urteilsurkunde tatsächliche Feststellungen und eine Begründung nicht mehr zu enthalten braucht. Alle übrigen Voraussetzungen einer Entscheidung müssen uneingeschränkt vorliegen.

21 **2. Unanfechtbares Urteil (§§ 540 II, 313a).** Vereinfacht werden kann das Urt auch, wenn es mit Rechtsmitteln nicht anfechtbar ist. Möglich ist dies unter den Voraussetzungen des § 313a, der nach § 540 II auch für Berufungsurteile gilt.

22 Nach **§ 313a I** bedarf es des Tatbestands nicht, wenn ein Rechtsmittel gegen das Urt unzweifelhaft nicht zulässig ist. Weder mit der Revision noch mit der Nichtzulassungsbeschwerde angreifbar sind Berufungsurteile bis zum Ablauf der Übergangszeit (§ 26 Nr 8 EGZPO) in vermögensrechtlichen Streitigkeiten, wenn der Wert der Beschwer 20.000 € nicht übersteigt und die Revision nicht zugelassen ist. Im Fall der Unanfechtbarkeit des Urteils bedarf es auch keiner rechtlichen Begründung, wenn beide Parteien hierauf verzichten oder ihr wesentlicher Inhalt ins Protokoll aufgenommen worden ist (§ 313a I 2).

23 Nach **§ 313a II** bedarf es der tatsächlichen Feststellungen und der Begründung für die Entscheidung im Berufungsurteil nicht, wenn das Urt in dem Termin, in dem die mündliche Verhandlung geschlossen worden ist, verkündet wird und die Parteien auf die Einlegung von Rechtsmitteln (Revision, Nichtzulassungsbeschwerde) gegen das Urt verzichtet haben. Der Verzicht ist dabei nur von der Partei erforderlich, für die ein Rechtsmittel möglich wäre.

Während der **Verzicht** nach § 313a I sich auf die Begründung des Urteils bezieht, muss der Verzicht nach § 313a II auf die Einlegung des Rechtsmittels (§ 515) gerichtet sein. In beiden Fällen handelt es sich um bedingungsfeindliche, unwiderrufliche Prozesshandlungen. Streitig ist, ob der eine Verzicht in den anderen umgedeutet werden kann (dafür Köln MDR 00, 472; Braunschw MDR 01, 1009; dagegen *Schneider* MDR 01, 1009 und MDR 00, 987), im Zweifelsfall sollte der Inhalt des Verzichts eindeutig klargestellt werden. Keine Anwendung findet § 313a I, II in den in § 313a IV genannten Fällen (Wieczorek/Schütze/*Gerken* Rn 24). 24

3. Versäumnis-, Anerkenntnis- und Verzichtsurteil (§§ 540 II, 313b). Besondere formelle Vorschriften gelten für Versäumnis-, Anerkenntnis- und Verzichtsurteile. Gemeinsam ist diesen Urteilsformen, dass sie keiner tatsächlichen Feststellungen und keiner rechtlichen Begründungen bedürfen. Anstelle dessen sind sie im Urteilseingang (Überschrift) als solche zu bezeichnen. Das Urt kann auf die Klageschrift gesetzt und auch so ausgefertigt werden, die Namen der Richter, die Bezeichnung der Parteien und ihrer Prozessbevollmächtigten können fehlen, an die Stelle des Tenors kann eine Bezugnahme auf den Klageantrag treten (§ 313 II). Die Formerleichterungen greifen nicht für Versäumnis- oder Anerkenntnisurteile, die im Ausland geltend gemacht werden sollen (§ 313b III). 25

a) Versäumnisurteil. Wegen der Besonderheiten hierzu § 539 Rz 10, 14. 26

b) Verzichtsurteil. In beiden Instanzen kann der Kl einen **Verzicht auf den geltend gemachten Anspruch** erklären (§ 307). In 2. Instanz ist daneben auch ein Verzicht auf die Berufung möglich (§ 515; unten Rz 26). Bleibt die Berufung des Klägers gegen ein erstinstanzliches Verzichtsurteil erfolglos, so wird die Berufung zurückgewiesen. Dabei handelt es sich um ein streitiges Urt, nicht um ein Verzichtsurteil. Für die Nebenentscheidungen gelten deswegen die allgemeinen Grundsätze (§§ 97, 708 f, 543 II). Hat der Kl Erfolg, erfolgt eine Abänderung unter Stattgabe der Klage. Ist der Verzicht auf den Anspruch zweitinstanzlich erklärt (RGZ 165, 85), wird eine Berufung des Klägers zurückgewiesen, auf eine Berufung des Beklagten hin erfolgt eine Abänderung unter Abweisung der Klage. Da es sich hierbei um ein Verzichtsurteil handelt, gilt für die vorläufige Vollstreckbarkeit § 708 Nr 1. Eine entsprechende Anwendung des § 93 für die Kostenentscheidung scheidet aus (BGH LM § 254 Nr 18). 27

Ein **Verzicht auf das Rechtsmittel** führt (bei Erklärung nur dem Gegner ggü erst auf dessen Einrede hin (BGH NJW-RR 97, 1288; 91, 1213; NJW 85, 2334) zur Unzulässigkeit der dennoch eingelegten Berufung und damit zu deren Verwerfung. Die nach Einlegung der Berufung dem Gericht ggü abgegebene Verzichtserklärung entspricht im Ergebnis einer Berufungsrücknahme unter Berufungsverzicht, kann aber nicht in der Form des § 516 III entschieden werden, sondern bedarf einer Verwerfungsentscheidung (BGH NJW 94, 737 mit Anm *Köhler* ZZP 107, 237; Zö/*Gummer/Heßler* § 515 Rn 7), die vor mündlicher Verhandlung in Form eines Beschlusses, danach in Form eines Urteils erfolgt (§ 522 I). 28

c) Anerkenntnisurteil. Auch das Anerkenntnis des Beklagten ist in beiden Instanzen möglich und führt zu einer Stattgabe der Klage. Die Berufung des Beklagten gegen ein erstinstanzliches Anerkenntnisurteil (Kobl NJW-RR 00, 529) wird im Fall der Erfolglosigkeit zurückgewiesen, andernfalls führt sie zur Abänderung des Urteils. Hat die Berufung Erfolg, weil nach Auffassung des Berufungsgerichts kein wirksames Anerkenntnis vorlag, so kommt eine Zurückverweisung entsprechend § 538 II Nr 6 in Betracht (München MDR 91, 795). In all diesen Fällen handelt es sich um ein streitiges Urt, nicht um ein Anerkenntnisurteil, so dass für die Nebenentscheidungen die allgemeinen Grundsätze gelten (§§ 91, 92, 97, 708 ff, 543 II). 29

Erkennt der Beklagte nach Einlegung der Berufung durch den Kl in der Berufungsinstanz den geltend gemachten Anspruch an, so lautet das Urt auf Abänderung der angefochtenen Entscheidung. Für dieses Anerkenntnisurteil gilt § 708 Nr 1, die tatsächlichen Voraussetzungen des § 93 liegen grds genauso wenig vor, wie die des § 543 S 2. Hat dagegen der Beklagte gegen die Klagestattgabe Berufung eingelegt und erkennt der Kl den auf Abänderung und Klageabweisung gerichteten Berufungsantrag an, so handelt es sich nicht um ein Anerkenntnis, sondern um einen Verzicht auf den Klageanspruch (§ 306), so dass – unabhängig von einem Antrag des Beklagten – ein Verzichtsurteil ergeht (B/L/A/H vor § 306 Rn 4). 30

4. Weitere Sonderformen. a) Zurückverweisungsurteil (§ 538). Keine inhaltlichen Erleichterungen gelten für das Urt, mit dem erstinstanzliches Verfahren und Urt aufgehoben und die Sache an das erstinstanzliche Gericht zurückverwiesen wird. Auch dieses Urt kann von der Partei, die eine Sachentscheidung beantragt 31 hatte, mit der Revision bzw mit der Nichtzulassungsbeschwerde angegriffen werden und bedarf deswegen einer Begründung nach den dargestellten allgemeinen Grundsätzen. Ist die Revision nicht zugelassen und die Nichtzulassungsbeschwerde nach § 26 Nr 8 EGZPO nicht statthaft, so ergibt sich die Notwendigkeit einer Begründung des Urteils aus seiner Bindungswirkung für das erstinstanzliche Gericht (*Keller* MDR 92, 435).

32 **b) Teilurteil.** Möglich sind Teilurteile des Berufungsgerichts. Solche kommen nach §§ 525, 301 in Betracht, wenn von mehreren in einer Klage geltend gemachten Ansprüchen nur einzelne zur Entscheidung reif sind. Kein Teilurteil sondern ein Vollurteil des Berufungsgerichts liegt vor, wenn gegen ein erstinstanzliches Teilurteil Berufung eingelegt und über diese Berufung vollständig entschieden wird. Die Kosten der Berufungsinstanz hat der Berufungskläger zu tragen, wenn sein Rechtsmittel erfolglos bleibt (§ 97 I), im Fall erfolgreicher Berufung muss die Kostenentscheidung dem Schlussurteil des erstinstanzlichen Gerichts vorbehalten bleiben.

33 **c) Vorbehaltsurteil.** Auch Vorbehaltsurteile 1. Instanz sind mit der Berufung anfechtbar (§§ 302 III, 599 III). Die Entscheidung hierüber erfolgt in Form eines regulären Berufungsurteils. Im Fall einer erfolgreichen Berufung des Klägers gegen ein klageabweisendes Urt im Urkunden- und Wechselprozess ist der Vorbehalt zugunsten des Beklagten in die abändernde Entscheidung aufzunehmen. Hier – wie auch im Fall einer erfolglosen Berufung des Beklagten gegen ein Versäumnisurteil – wird die Sache an das erstinstanzliche Gericht zurückverwiesen (§ 538 II Nr 5). Hat der Kl Erfolg mit der Berufung gegen ein stattgebendes Vorbehaltsurteil, weil der Vorbehalt zu Unrecht erfolgte, so lautet die abändernde Entscheidung auf Verurteilung des Beklagten ohne Vorbehalt (BGH NJW-RR 92, 254). Das Vorbehaltsurteil enthält eine Kostenentscheidung nach allgemeinen Grundsätzen (§§ 91, 92; 97), für die Entscheidung zur vorläufigen Vollstreckbarkeit gilt § 708 Nr 4.

34 Nicht zu verwechseln mit einem Vorbehaltsurteil sind Haftungsbeschränkungen (zB der Vorbehalt der beschränkten Erbenhaftung, § 780). Diese sind, wenn sie wirksam erstmals in der Berufungsinstanz geltend gemacht wurden (BGH NJW-RR 10, 664), in den Tenor aufzunehmen (§ 313 Rz 7).

35 **d) Zwischenurteile.** Zwischenurteile des erstinstanzlichen Gerichts unterliegen der Berufung grds nicht. Eine Ausnahme gilt nur für Grundurteile (dazu unten Rz 36) und Zwischenurteile über die Zulässigkeit der Klage (§ 280 II). Bei letzteren erstreckt sich die zu treffende Entscheidung nur auf diejenigen Prozessvoraussetzungen, auf die sich das Zwischenurteil bezieht (MüKoBGB/*Prütting* § 280 Rn 8). Im Fall erfolgreicher Berufung muss die Entscheidung über die Kosten der Berufung dem Schlussurteil des erstinstanzlichen Gerichts vorbehalten werden, bei erfolgloser Berufung kann sie nach § 97 I ergehen (BGH NJW 03, 426). Eine Entscheidung zur vorläufigen Vollstreckbarkeit entfällt mangels vollstreckungsfähigem Inhalt des Urteils.

36 **e) Grundurteil.** Wird ein Grundurteil 1. Instanz mit der Berufung angefochten (§ 304 II), ergeht hierüber eine Entscheidung nach allgemeinen Grundsätzen. Bejaht das Berufungsgericht den Grund, so findet das Betragsverfahren regelmäßig vor dem Berufungsgericht statt (§ 538 I), wenn nicht – ausnahmsweise – nach § 538 II Nr 4 an die 1. Instanz zurückverwiesen wird (BGH NJW 86, 183). Eine ausdrückliche Zurückverweisung wegen des Betragsverfahrens ist in den Fällen, in denen das Berufungsgericht erkennbar nur zum Grund entscheidet, entbehrlich (BGHZ 27, 27), zur Klarstellung aber empfehlenswert.

37 Will das Berufungsgericht nach der Berufung gegen ein über Grund und Höhe ergangenes Endurteil seine Entscheidung auf den Grund des Anspruchs beschränken, so ist dies unter den Voraussetzungen des § 304 möglich, wenn vor der Verhandlung über die Höhe der Eintritt der Rechtskraft abgewartet werden soll oder wenn wegen der Höhe (analog § 538 II Nr 4) an das LG zurückverwiesen werden soll (BGH NJW 95, 1093, 1095; 91, 1893; BGHZ 111, 400; 71, 232). Hierbei sind die Besonderheiten zu beachten, die auch für ein erstinstanzliches Grundurteil gelten (Zö/*Vollkommer* § 304 Rn 18).

38 Das Grundurteil des Berufungsgerichts enthält keine Kostenentscheidung, diese bleibt dem Endurteil über den Betrag vorbehalten (RG JW 28, 156; JW 09, 14). Etwas anderes gilt für die erfolglose Berufung des Beklagten gegen ein Grundurteil, die zur Kostenentscheidung nach § 97 I führt (BGHZ 20, 397; aA Frankf NJW-RR 88, 1213 für den Fall, dass die Klage im Betragsurteil schließlich abgewiesen wird). Mangels vollstreckbarem Inhalt wird das Urt nicht für vorläufig vollstreckbar erklärt, die Entscheidung über die Zulassung der Revision folgt den allgemeinen Grundsätzen.

E. Berichtigung, Ergänzung. Auch das Berufungsurteil kann bei formellen Mängeln und Mängeln der Sachverhaltsfeststellung berichtigt, bei Übergehen einer Entscheidung ergänzt werden. Die §§ 319–321 finden Anwendung (§ 525 Rz 5), soweit es um Mängel des Berufungsurteils geht, nicht, soweit Mängel des (in Bezug genommenen) landgerichtlichen Urteils beseitigt werden sollen (Jena OLGR 09, 713; Karlsruhe OLGR 09, 147). 39

§ 541 Prozessakten. **(1) [1]Die Geschäftsstelle des Berufungsgerichts hat, nachdem die Berufungsschrift eingereicht ist, unverzüglich von der Geschäftsstelle des Gerichts des ersten Rechtszuges die Prozessakten einzufordern. [2]Die Akten sind unverzüglich an das Berufungsgericht zu übersenden.**
(2) Nach Erledigung der Berufung sind die Akten der Geschäftsstelle des Gerichts des ersten Rechtszuges nebst einer beglaubigten Abschrift der in der Berufungsinstanz ergangenen Entscheidung zurückzusenden.

A. Systematik, Zweck, Anwendungsbereich. Die Vorschrift dient der Prozessorganisation und der Prozessbeschleunigung und trägt dem Umstand Rechnung, dass das erst- und zweitinstanzliche Verfahren (anders als das Revisionsverfahren, für das eine eigene Akte angelegt wird) in der gleichen Akte dokumentiert werden. Das Berufungsgericht muss sich diese Akte zu Beginn des Berufungsverfahrens vom erstinstanzlichen Gericht verschaffen und sie nach Abschluss des Berufungsverfahrens an dieses wieder zurückgeben. Die Vorschrift gilt in allen Berufungsverfahren nach der ZPO, auch dem nach dem WEG. Entsprechend anzuwenden ist sie gem § 565 auf das Revisionsverfahren, im Wege der Lückenausfüllung auch auf das Beschwerde- und Rechtsbeschwerdeverfahren (RG JW 1889, 245; MüKoZPO/*Rimmelspacher* Rn 2). Für das arbeitsgerichtliche Verfahren ergibt sich die Anwendbarkeit aus § 64 VI ArbGG. 1

B. Aktenanforderung (Abs 1). Nach Eingang der Berufungsschrift bei dem Berufungsgericht hat dieses unverzüglich die Prozessakten des ersten Rechtszugs anzufordern, das erstinstanzliche Gericht hat die Pflicht, die Akten unverzüglich an das Berufungsgericht zu senden (§ 541 I). Die Verpflichtung zur Übersendung der vollständigen Akten besteht auch in den Fällen, in denen in 1. Instanz ein Prozessrest verblieben ist, über den noch nicht entschieden ist, etwa im Fall der Berufung gegen ein Teil-, Grund- oder Vorbehaltsurteil. Will das erstinstanzliche Gericht hierüber weiter verhandeln, so muss eine beglaubigte Abschrift der kompletten Akte (Zweit- oder Duploakte, § 3 VII AktO) angefertigt werden, damit der Rechtsstreit in beiden Instanzen parallel bearbeitet werden kann. Häufiger ist, dass der Prozess erstinstanzlich nicht weiter betrieben wird, bis über die Berufung entschieden ist. 2

Das **Unverzüglichkeitserfordernis** (§ 121 I 1 BGB) dient der Prozessbeschleunigung, ermöglicht Eilentscheidungen des Berufungsgerichts nach §§ 707, 719 II, 769 und ist deswegen eng auszulegen. Bis zur ZPO-Reform 2002 war eine Aktenanforderung »innerhalb von 24 Stunden« erforderlich (§ 547 I aF), nach einhelliger Auffassung sollte mit der sprachlichen Neufassung inhaltlich hieran nichts geändert werden MüKoZPO/*Rimmelspacher* Rn 4). Nach wie vor ist es deswegen erforderlich, dass die Akten spätestens am nächsten Arbeitstag nach Eingang der Berufungsschrift angefordert werden. Zu einer noch rascheren Anforderung der Akten ist das Gericht unter dem Gesichtspunkt des fairen Verfahrens auch dann nicht verpflichtet, wenn hierdurch eine Unzulässigkeit der Berufung (durch Hinweis an die Partei oder Weiterleitung an das zuständige Gericht) noch vermieden werden könnte (BGH NJW 08, 1890). 3

Auf Seiten des erstinstanzlichen Gerichts ist durch das JuMoG (BGBl I 04 2198) die korrespondierende Verpflichtung geschaffen worden, die Akten unverzüglich zu übersenden. Hierfür ist die gleiche Frist zugrunde zu legen. Nicht zu tolerieren ist deswegen die verbreitete Übung, mit der Übersendung der Akten zuzuwarten, bis noch anhängige Nebenverfahren (Streitwert- oder Kostenfestsetzung, Urteils- und Tatbestandsberichtigungen) abgeschlossen sind. Soweit erforderlich, sind hierfür Zweitakten zu fertigen. Eine Abwägung, wo die Akten »dringender« benötigt werden, findet nicht statt. 4

Verantwortlich für die Anforderung und die Übersendung der Akten sind die jeweiligen **Geschäftsstellen.** Zu übersenden sind die vollständigen Akten 1. Instanz, dh alle angelegten Bände einschließlich eventueller Anlagen. In elektronischer Form geführte Akten (§§ 130a, 299a) werden als elektronische Kopie übersandt. Die vom erstinstanzlichen Gericht beigezogenen Akten anderer Behörden gehören nicht zu den Akten. Sind sie bereits getrennt und zurückgesandt, müssen sie bei Bedarf vom Berufungsgericht neu angefordert werden. Zwingend ist dies nicht, auf konkrete Einzelanforderung oder eine allgemeine Absprache hin können auch Beiakten dem Berufungsgericht überlassen werden. 5

6 **C. Aktenversendung (Abs 2).** Nach Abschluss des Berufungsverfahrens verbleiben die Akten nicht beim Berufungsgericht. In jedem Fall erfolgt eine Versendung der Akten.

7 **I. Revisionsgericht.** Wird gegen das Berufungsurteil Revision eingelegt oder Nichtzulassungsbeschwerde erhoben, so fordert der BGH die Akten beim Berufungsgericht an. Auf diese Anforderung hin sind die Akten vollständig und unverzüglich zu übersenden (§§ 565, 541 I 2), dh spätestens am nächsten Arbeitstag nach Eingang der Anforderung. Für noch nicht getroffene Nebenentscheidungen (Streitwert- oder Kostenfestsetzung, Urteils- und Tatbestandsberichtigungen) sind erforderlichenfalls Zweitakten zu fertigen.

8 **II. Erstgericht.** Ist die Berufung erledigt, so sind die Akten an das Gericht 1. Instanz zurückzusenden (§ 541 II), wo sie bis zum Ende der Aufbewahrungspflicht verbleiben. Erledigt ist die Berufung mit dem Eintritt der (formellen) Rechtskraft, dh mit dem Ablauf der zur Einlegung der Revision bestimmten Frist (§ 705) oder dem Wirksamwerden einer das Berufungsverfahren beendenden Parteihandlung (Rücknahme, Vergleich) und der Erteilung des hierüber lautenden Zeugnisses (§ 706).

9 **III. Retent.** Einzelne Schriftstücke können beim Berufungsgericht verbleiben (§ 4 VI, VII AktO). Dazu gehört auch das Originalurteil, wenn eine vollständige beglaubigte Abschrift (einschließlich der Vermerke über Verkündung und Erteilung der vollstreckbaren Ausfertigung) zur Akte gelangt. Entsprechendes gilt für die anderen vollstreckbaren Entscheidungen des Berufungsgerichts. Beigezogene Akten werden an die jeweils aktenführende Behörde zurückgeschickt

Abschnitt 2 Revision

§ 542 Statthaftigkeit der Revision. **(1) Die Revision findet gegen die in der Berufungsinstanz erlassenen Endurteile nach Maßgabe der folgenden Vorschriften statt.**
(2) [1]Gegen Urteile, durch die über die Anordnung, Abänderung oder Aufhebung eines Arrestes oder einer einstweiligen Verfügung entschieden worden ist, findet die Revision nicht statt. [2]Dasselbe gilt für Urteile über die vorzeitige Besitzeinweisung im Enteignungsverfahren oder im Umlegungsverfahren.

1 **A. Neukonzeption.** Das ZPO-RG vom 27.7.01 (BGBl I, 1887) hat eine Neukonzeption des Revisionsrechts geschaffen. Nach der ZPO aF war in Rechtsstreitigkeiten über vermögensrechtliche Ansprüche, bei denen das OLG den Wert der Beschwer auf einen Betrag von mehr als 60.000 DM festgesetzt hat, die Revision ohne Zulassung statthaft (allerdings mit der Maßgabe, dass der BGH die Annahme der Revision ablehnen konnte, wenn die Rechtssache keine grundsätzliche Bedeutung hatte, § 554b aF), während Rechtsstreitigkeiten über nichtvermögensrechtliche Ansprüche und solche, bei denen der Wert der Beschwer 60.000 DM nicht überschritten hat, der Zulassung durch das OLG bedurften (§ 546 aF). Das ZPO-RG setzt statt dessen an die Stelle der Wertrevision generell die Zulassungsrevision und gestaltet den Zugang zum Revisionsgericht damit einheitlich. Die Revision muss entweder durch das Berufungsgericht zugelassen werden oder ihre Zulassung durch den BGH durch Stattgabe der Beschwerde gegen die Nichtzulassung der Revision erfolgen (§ 544 VI).

2 Ausgehend von dem Zweck der Revision, einerseits dem öffentlichen allgemeinen Anliegen, das in der Wahrung der Rechtseinheit und der Fortbildung des Rechts besteht, und andererseits den Interessen der Parteien an der Beseitigung von Fehlurteilen zu dienen, beabsichtigte der Gesetzgeber des ZPO-RG mit der an die Stelle der Wertrevision gesetzten **Zulassungsrevision** auch solchen Fällen den Zugang zum Revisionsgericht zu eröffnen, die bisher wegen kleinen Streitwerten und damit verbundenem Beginn des Instanzenzuges beim Amtsgericht hierzu keine Chance hatten, obwohl sie durchaus streitige und für weite Bevölkerungskreise relevante Rechtsfragen betreffen können (BTDrs 14/4722, 65 ff); man denke nur an (wohnraum-)mietrechtliche Streitigkeiten, Gas- oder Strompreiserhöhungen.

3 An die Zulassung durch das Berufungsgericht ist der BGH als Revisionsgericht gebunden (§ 543 II 2; vgl jedoch § 552a und § 543 Rz 7). Hat jedoch weder das Berufungsgericht noch der BGH die Revision zugelassen, findet ein Revisionsverfahren nicht statt; über der Entscheidung des Berufungsgerichts wölbt sich der sprichwörtliche »blaue Himmel«, mag der Streitfall auch noch so (wirtschaftlich) bedeutend sein und für den davon Betroffenen existentiell erscheinen (von der Anhörungsrüge nach § 321a und einer eventuellen Verfassungsbeschwerde einmal abgesehen). Dasselbe galt bis zum 26.10.11, wenn das Berufungsgericht gem § 522 II entschieden hat; ein derartiger Beschl war kraft gesetzlicher Anordnung (vgl § 522 III aF) nicht

anfechtbar. Seit dem 27.10.11 ist jedoch gegen einen Beschl gem § 522 II – unter den gleichen Voraussetzungen wie bei der Entscheidung aufgrund eines Urteils, dh ab einem 20.000 € übersteigenden Wert der Beschwer – die Nichtzulassungsbeschwerde eröffnet (§ 522 III; vgl Gesetz zur Änderung des § 522 der ZPO v 21.10.11 BGBl I 2011, 2082).

B. Statthaftigkeit. I. Allgemeines. Neben den Zulässigkeitsvoraussetzungen der Form und Frist der Einlegung und der Rechtsmittelbegründung sowie der Beschwer als ungeschriebenem Zulässigkeitsmerkmal eines jeden Rechtsmittels (BGHZ 50, 261, 263; zur Beschwer des Rechtsmittelführers vgl § 511 Rz 17 – 32) ist weitere Zulässigkeitsvoraussetzung des Rechtsmittels seine Statthaftigkeit. 4

Die Revision ist als Rechtsmittel gegen Berufungsurteile der Oberlandesgerichte und der Landgerichte (Ausnahme: Sprungrevision gegen die im ersten Rechtszug erlassenen Endurteile nach näherer Maßgabe von § 566) vorgesehen (statthaft). 5

II. Endurteile. Revisionsfähig sind grds nur (zweitinstanzliche) Endurteile, die für ihren Entscheidungsgegenstand das Berufungsverfahren abschließen (Musielak/*Ball* § 542 Rn 3), dh auch Urteile, die gem §§ 538, 539 zur Zurückverweisung an die erste Instanz oder zur Abgabe an ein anderes Gericht führen (BGH NJW 1984, 495), Teilurteile (§ 301), Vorbehaltsurteile (§§ 302, 599) und Ergänzungsurteile (§ 321). Bei Zwischenurteilen (§ 303) gilt der Grundsatz fehlender selbstständiger Anfechtbarkeit, allerdings nicht ausnahmslos. In bestimmten Fallgruppen wird als Ausfluss des Justizgewährleistungsanspruchs eine Ausnahme von diesem Grundsatz zugelassen. So ist ein Zwischenurteil, welches die Fortdauer einer Unterbrechung des Verfahrens mit der Begründung feststellt, dass die als Kl auftretende Partei den Rechtsstreit nicht wirksam aufnehmen kann, wegen der für die davon betroffene Partei ausgehenden Wirkungen wie ein Endurteil anfechtbar (BGH NJW 04, 2983; BGH NJW-RR 06, 288; vgl auch BGH NJW 05, 290 f). Selbstständig anfechtbar ist auch ein Zwischenurteil, das über die Aufhebung eines ggf trotz Unterbrechung des Verfahrens ergangenen Versäumnisurteils befindet, ohne zugleich in der Sache zu entscheiden (BGH 17.12.08 – XII ZB 125/06 – Tz 20). Würde die betroffene Partei infolge der Feststellungen des Zwischenurteils dauerhaft von der Prozessführung ferngehalten und müsste sie auf unbestimmte Zeit auf die Wahrnehmung ihrer Rechte verzichten, gebietet die Justizgewährleistungspflicht des Staates eine Anfechtbarkeit (BGH 17.12.08 – XII ZB 125/06 – Tz 19). Versäumnisurteile 2. Instanz sind gem § 565 nur dann mit der Revision anfechtbar, wenn es sich um solche gem §§ 514 II, 345 handelt (vgl § 565 Rz 2). 6

III. Revisionsunfähige Urteile. Unter keinen Umständen mit der Revision anfechtbar sind Urteile, mit denen das Berufungsgericht einen Arrest oder eine einstweilige Verfügung anordnet, abändert oder aufhebt. Dies gilt auch dann, wenn das Berufungsgericht in solchen Fällen die Revision zulässt. In diesen Verfahren ist der Instanzenzug für die Anfechtung von Entscheidungen in der Hauptsache durch § 542 II 1 begrenzt, ohne dass es darauf ankommt, ob durch Urt oder Beschl entschieden worden ist (BGH WRP 03, 658 ff). Diese Regelung hat ihren Grund im summarischen Charakter des **Eilverfahrens** und gilt bspw auch, wenn das Berufungsgericht die Rechtsbeschwerde in Bezug auf eine Entscheidung über die Kosten nach § 91a zulässt (BGH WRP 03, 895 ff). Mit anderen Worten: Ist das Ausgangsverfahren ein Eilverfahren, ist der Zugang zum BGH auf gar keine Weise eröffnet, weder über eine Nichtzulassungsbeschwerde noch über eine vom Berufungsgericht zugelassene Revision oder Rechtsbeschwerde (vgl dazu auch BGH WuM 09, 145). Dies gilt auch für die Anfechtung von im Verfahren der einstweiligen Verfügung ergangenen Kostengrundentscheidungen, nicht jedoch für das Kostenfestsetzungsverfahren. Das als selbstständiges Verfahren mit einem eigenen Rechtsmittelzug ausgestaltete Kostenfestsetzungsverfahren teilt den summarischen Charakter des Eilverfahrens nicht (BGH 2.10.08 – I ZB 11/07 – Tz 4). Der summarische Charakter der Prüfung ist auch maßgeblich dafür, dass Entscheidungen über die vorzeitige Besitzeinweisung im Enteignungs- und im Umlegungsverfahren nicht revisionsfähig sind (§ 542 II 2; vgl bereits BGHZ 43, 168, 170 ff). 7

C. Wertgrenze und Beschränkungen bei Familiensachen. Entgegen dem Eindruck, den § 542 I erweckt, findet die Revision allerdings jedenfalls während eines derzeit noch bis 31.12.14 andauernden Zeitraums nicht statt, wenn das Berufungsgericht die Revision nicht zugelassen hat und der Wert der mit der Revision geltend zu machenden Beschwer 20.000 € nicht übersteigt (**§ 26 Ziff 8 EGZPO**), es sei denn, das Berufungsgericht hat die Berufung verworfen (vgl § 544 Rz 4 ff). § 26 Nr 9 EGZPO, der in Familiensachen die Nichtzulassungsbeschwerde während eines Übergangszeitraumes ausschloss, ist durch Art 28 Nr 3 FGG-RG aufgehoben worden. Auch seit 1.9.09 ist der Zugang zum BGH in Familiensachen allerdings – mit Ausnahme der Fälle des § 70 III FamFG – nur dann eröffnet, wenn das im Beschlusswege (§ 38 FamFG) entscheidende 8

Familiengericht die Rechtsbeschwerde aus Gründen, die denen der §§ 543 II/574 II entsprechen, zugelassen hat (§ 70 II FamFG). § 26 Ziff 9 EGZPO ist nicht im Sinne einer ersatzlosen Streichung aufgehoben worden, sondern gilt über Art 111 FGG-RG für Verfahren, die vor dem 1.9.09 anhängig geworden sind, fort (Zö/*Heßler* § 26 EGZPO Rn 16). Durch das Gesetz zur Modernisierung von Verfahren im anwaltlichen und materiellen Berufsrecht etc wurde § 26 Ziff 9 EGZPO dergestalt geändert, dass die Nichtzulassungsbeschwerde bei allen familienrechtlichen Verfahren nicht statthaft ist, in denen die angefochtene Entscheidung vor dem 1.1.20 verkündet, zugestellt oder sonst bekannt gemacht worden ist (§ 26 Ziff 9 EGZPO idF v 30.7.09, BGBl I, 2449). Über Art 111 FGG-RG gilt diese Vorschrift für »Alt-Fälle« weiter.

9 Umstritten war in diesem Zusammenhang die Bedeutung des durch Gesetz v 3.4.09 (BGBl I, 700) nachträglich eingeführten Abs 2 in Art 111 FGG-RG, nach dem jedes mit einer Endentscheidung abgeschlossene gerichtliche Verfahren ein selbstständiges Verfahren iSv Abs 1 S 1 der Übergangsvorschrift ist. Die Frage, ob (nunmehr) jede Instanz als ein selbstständiges gerichtliches Verfahren iSd Überleitungsvorschriften zu behandeln sei mit der Maßgabe, dass es nur darauf ankomme, ob das Rechtsmittel nach dem 1.9.09 eingelegt wurde oder ob auf Rechtsmittel, die sich gegen nach altem Recht ergangene Entscheidungen wenden, ebenfalls altes Recht Anwendung findet, auch wenn sie nach dem 1.9.09 eingelegt worden sind (zum Streitstand vgl die 2. Aufl), ist inzwischen höchstrichterlich entschieden. Verfahren iSd Art 111 FGG-RG ist nicht nur das Verfahren bis zum Abschluss einer Instanz, sondern bei Einlegung eines Rechtsmittels auch die mehrere Instanzen umfassende gerichtliche Tätigkeit in einer Sache (BGH NJW 11, 386 mwN). Damit ist das FamFG nur anwendbar, wenn die gesamte gerichtliche Tätigkeit ab dem 1.9.09 eingeleitet wurde.
Nach dem bis zum 1.9.09 geltenden und dem ab dem 1.9.09 geltenden Recht ist der Zugang zum BGH in Familiensachen nur eröffnet, wenn das Berufungsgericht/Beschwerdegericht die Revision/die Rechtsbeschwerde zum BGH zulässt; nach neuem Recht zudem in den Fällen des § 70 III FamFG. Der Streitstand im Zusammenhang mit Art 111 II FGG-RG konnte sich lediglich bei den – in Familiensachen idR nicht relevanten – zulassungsfreien Rechtsbeschwerden nach § 70 III FamFG auswirken, da hier die Rechtsbeschwerde ohne Zulassung statthaft ist.

§ 543 Zulassungsrevision.

(1) Die Revision findet nur statt, wenn sie
1. das Berufungsgericht in dem Urteil oder
2. das Revisionsgericht auf Beschwerde gegen die Nichtzulassung
zugelassen hat.
(2) [1]Die Revision ist zuzulassen, wenn
1. die Rechtssache grundsätzliche Bedeutung hat oder
2. die Fortbildung des Rechts oder die Sicherung einer einheitlichen Rechtsprechung eine Entscheidung des Revisionsgerichts erfordert.
[2]Das Revisionsgericht ist an die Zulassung durch das Berufungsgericht gebunden.

1 **A. Grundsatz der Zulassungsrevision.** § 543 I beinhaltet den Grundsatz der Zulassungsrevision: Die Revision ist nur statthaft, wenn sie entweder vom Berufungsgericht oder im Wege der Nichtzulassungsbeschwerde vom BGH als Revisionsgericht zugelassen worden ist. In der Berufungsinstanz bedarf es dazu keines Antrags der Parteien auf Zulassung der Revision; das Berufungsgericht entscheidet vAw. Eine Anregung an das Berufungsgericht schadet allerdings nicht, kann sich vielmehr auch bei der Begründung der Nichtzulassungsbeschwerde als nützlich erweisen. Dies gilt va, wenn dabei bereits einzelne Darlegungserfordernisse für die Zulassungsgründe (vgl dazu § 544 Rz 14 ff) vorbereitet werden (Darlegung der Bedeutung über den Einzelfall hinaus, abweichende Beurteilung seitens anderer Instanzgerichte etc). Eine Ausnahme vom Zulassungserfordernis stellt das zweite Versäumnisurteil des Berufungsgerichts dar, gegen das die Revision gem §§ 565, 514 II ohne Zulassung stattfindet (BGH NJW-RR 08, 876 Tz 3; vgl § 565 Rz 2). Außerdem erstreckt sich die Zulassung der Revision auch auf das Ergänzungsurteil, wenn dieses nur eine Kostenentscheidung enthält (BGH GRUR 11, 638 Tz 10; BGH NJW 07, 3421 Tz 5 mwN).

2 **B. Die Zulassung durch das Berufungsgericht.** Die Zulassung durch das Berufungsgericht bedarf des **ausdrücklichen Ausspruchs** im Berufungsurteil – sei es im Tenor oder in den Entscheidungsgründen. Enthält das Berufungsurteil im Hinblick auf die Zulassung der Revision keinen ausdrücklichen Ausspruch, ist die Revision nicht zugelassen: **Schweigen** bedeutet Nichtzulassung (Musielak/*Ball* § 543 Rn 14). Wurde die Zulassung vom Berufungsgericht tatsächlich beschlossen und nur versehentlich (belegbar durch objektive Umstände) im Urt nicht zum Ausdruck gebracht, ist Urteilsberichtigung nach § 319 zulässig, nicht jedoch

kann die Zulassungsentscheidung durch Ergänzung des Urteils (§ 321) oder durch dessen Änderung (BGH NJW 04, 779) nachgeholt werden (Musielak/*Ball* § 543 Rn 15).Wird die Zulassung erst nachträglich gem § 319 ausgesprochen, beginnt die Revisionsfrist neu zu laufen, weil die Partei erst durch die Berichtigung davon Kenntnis erlangt, dass das Rechtsmittel ausdrücklich zugelassen ist (BGH NJW 04, 2389). Lässt das Berufungsgericht auf eine Anhörungsrüge hin die Revision nachträglich zu, führt dies nur dann zu einer wirksamen Zulassung der Revision, die den BGH bindet, wenn das Verfahren aufgrund eines Gehörsverstoßes gem § 321a V ZPO fortgesetzt wird und sich erst aus dem anschließend gewährten rechtlichen Gehör ein Grund für die Zulassung der Revision ergibt (BGH 1.12.11 – IX ZR 70/10; BGH NJW 11, 1516).

Anders als im Beschwerdeverfahren, in dem der Einzelrichter gem § 568 1 als sog originärer Einzelrichter 3
tätig wird und dem Kollegium das Verfahren bei grundsätzlicher Bedeutung der Sache gem § 568 II Nr 2 zur Entscheidung zu übertragen hat, ist der **Einzelrichter** im Berufungsverfahren, dem das Verfahren nach § 526 I zur Entscheidung übertragen worden ist, grds selbst zur Zulassung der Revision befugt und ggf verpflichtet (BGH NJW 03, 2900 ff), unabhängig von der Art des Zulassungsgrunds (vgl auch Musielak/*Ball* § 543 Rn 3).

Die Zulassung der Revision bezieht sich grds auf den prozessualen Anspruch (Streitgegenstand); die 4
Beschränkung der Zulassung seitens des Berufungsgerichts auf einzelne rechtliche und tatsächliche Gesichtspunkte ist unwirksam (BGHZ 101, 276, 278). Wird zB innerhalb ein und desselben prozessualen Anspruchs im Hinblick auf eine von zwei verschiedenen Rechtsfragen die Revision zugelassen, bezieht sich die Zulassung gleichwohl auf beide Aspekte. Die Erwähnung nur einer von mehreren Fragen innerhalb des Streitgegenstandes ist in diesem Fall lediglich als Zulassungsanlass, nicht jedoch als eine wirksame Beschränkung der Zulassung anzusehen. Es ist nicht zulässig, die Revision auf einzelne von mehreren Anspruchsgrundlagen oder auf bestimmte Rechtsfragen zu beschränken (BGH GRUR 11, 803 Tz 24 – Lernspiele; BGHZ 180, 77 Tz 17 – UHU). Anders verhält es sich dann, wenn die Zulassung der Revision auf einen rechtlich oder tatsächlich selbstständigen Teil des Gesamtstreitstoffes beschränkt wird, über den zulässigerweise auch durch Teil- oder Grundurteil hätte entschieden werden können oder auf den der Revisionskläger selbst die Revision beschränken könnte (BGH NJW 05, 664; BGHZ 180, 77 Tz 17 – UHU). Daher kann die Zulassung der Revision wirksam beschränkt werden auf einen von mehreren selbstständigen Ansprüchen (BGH NJW 95, 1955 ff), auf einen vom restlichen Prozessstoff abtrennbaren Teil des prozessualen Anspruchs (BGH NJW 03, 3703), auf den Grund oder den Betrag des Anspruchs (BGH NJW 11, 155 Tz 7 mwN), auf die Entscheidung über die Klage oder die Widerklage sowie auf die Zulässigkeit der Klage (iE vgl weiter Musielak/*Ball* § 543 Rn 11–13 mit krit Bewertung der hM; vgl auch Zö/*Heßler* § 543 Rn 19–25), nicht jedoch kann durch eine nur beschränkte Zulassung der Revision die vAw zu berücksichtigende Rechtskraftwirkung einer früheren Entscheidung von der Prüfung ausgeklammert werden (BGH 16.7.09 – I ZB 53/07 – Tz 15). Voraussetzung einer Zulassungsbeschränkung ist ferner, dass auch im Falle einer Zurückverweisung kein Widerspruch zum nicht anfechtbaren Teil des Streitstoffes auftreten kann (BGH WM 11, 526 Tz 5).

Die Beschränkung muss nicht nur zulässig, sondern dem Urt auch **eindeutig** zu entnehmen sein (Beispiel: 5
Zulassung im Tenor »nach näherer Maßgabe der Gründe« und Begrenzung des Umfangs der Zulassung in den Gründen). Auch wenn die Entscheidungsformel keine Einschränkung enthält, aus den Entscheidungsgründen jedoch eine (zulässige) Beschränkung der Zulassung klar zu entnehmen ist, ist dem Eindeutigkeitserfordernis Genüge getan (BGH NJW 11, 155 Tz 8 mwN). Bei der Begrenzung des Umfangs der Zulassung muss allerdings zweifelsfrei sein, dass das Berufungsgericht nicht nur den Zulassungsanlass zum Ausdruck bringen will, sondern die Revision auf eine bestimmte Frage/einen bestimmten Teil des Streitstoffes beschränken will (BGH GRUR 12, 58 Tz 12 – Seilzirkus). Ist die Beschränkung nicht eindeutig oder nicht wirksam bzw kann eine unwirksam beschränkte Revisionszulassung nicht umgedeutet werden in eine zulässige Beschränkung (BGH NJW 04, 3176 ff), ist die Revision unbeschränkt zugelassen (BGH NJW 05, 664; vgl auch Musielak/*Ball* § 543 Rn 16).

Die Frage, derentwegen die Zulassung erfolgt, muss **entscheidungserheblich** sein (BGH NJW 03, 831; zur 6
Entscheidungserheblichkeit iÜ vgl Rz 22). Käme es im Streitfall nicht zu einer Klärung der Zulassungsfrage, weil das Berufungsgericht zum Beispiel sein Urt vorrangig auf eine andere Begründung stützt, fehlt es an der Entscheidungserheblichkeit, mit der Konsequenz, dass auch bei einer an sich klärungsbedürftigen Rechtsfrage die Revision nicht zugelassen werden kann (vgl MüKoZPO/*Wenzel* § 543 Rn 10; Zö/*Heßler* § 543 Rn 6a). Die Entscheidungserheblichkeit kann im Zweifelsfall auch zur Beurteilung der Frage herange-

zogen werden, in welchem Umfang das Berufungsgericht die Revision zulassen wollte (BGH 15.3.11 – II ZR 141/10 – Tz 9, juris).

7 Das Revisionsgericht ist grds an die Zulassung der Revision durch das Berufungsgericht gebunden (§ 543 II 2) und zwar auch dann, wenn das Berufungsgericht die Zulassungsvoraussetzungen zu Unrecht angenommen hat (vgl jedoch Rz 2). Dies gilt allerdings nicht, wenn es sich um solche Urteile handelt, gegen die nach Maßgabe von § 542 II die Revision nicht eröffnet ist. Des Weiteren hat das Revisionsgericht die Möglichkeit, eine vom Berufungsgericht zugelassene Revision nach § 552a (s. dort) durch einstimmigen Beschl zurückzuweisen.

8 **C. Der maßgebliche Zeitpunkt für das Vorliegen der Zulassungsvoraussetzungen.** Zum maßgeblichen Zeitpunkt des Vorliegens der Voraussetzungen eines Zulassungsgrundes gilt: Wird eine klärungsbedürftige Frage nach der Entscheidung des Berufungsgerichts sozusagen »überholt« und durch ein Urt des BGH oder des EuGH iSd Rechtsmittelführers geklärt, verliert die Zulassungsfrage ihre Entscheidungserheblichkeit nicht, da in diesem Falle der Rechtsstreit unrichtig entschieden ist. Lässt das Berufungsgericht die Revision nicht zu, obwohl der Rechtsstreit zum damaligen Zeitpunkt eine Fragestellung von grundsätzlicher Bedeutung beinhaltete und erfolgt die Klärung der Frage nach dem Zeitpunkt der Einlegung der Nichtzulassungsbeschwerde, ist die Revision dennoch vom BGH zuzulassen, wenn sie Aussicht auf Erfolg hätte. Um Ungleichheit bei der Rechtsanwendung zu vermeiden, die in der Versagung oder Zulassung durch das Berufungsgericht und im mehr oder weniger zufälligen Zeitpunkt der Zulassungsfrage liegt, ist das Revisionsgericht bei einer solchen Fallgestaltung gehalten, die mit der Nichtzulassungsbeschwerde angestrebte Revision zuzulassen, wenn sie Aussicht auf Erfolg bietet. In diesem Falle sind bei der Beurteilung der Erfolgsaussicht vom Revisionsgericht sogar eigenständig Revisionsrügen und deren Erfolgsaussichten zu erwägen, wobei hierbei die Maßstäbe gelten, wie sie beim Verfahren auf Bewilligung von Prozesskostenhilfe anzulegen sind (BGH WRP 04, 1051, 1052 – PEE-WEE; vgl auch BGH NJW 10, 2812).

9 Die Frage, zu welchem Zeitpunkt die Zulassungsvoraussetzungen vorliegen müssen, stellt sich auch beim Zulassungsgrund der Sicherung einer einheitlichen Rechtsprechung (§ 543 II Ziff 2 2. Alt) und muss entsprechend auch beim Zulassungsgrund der Fortbildung des Rechts (§ 543 II Ziff 2 1. Alt) beantwortet werden. Zwar ist auch bei diesen Zulassungsgründen grds für das Vorliegen der Zulassungsvoraussetzungen der Zeitpunkt der Entscheidung des Revisionsgerichts maßgeblich. Eine Abweichung von diesem Grundsatz ist jedoch erforderlich, wenn durch ein höchstrichterliches Urt eine ständige Fehlerpraxis unterer Gerichte korrigiert wird und anschließend über eine Nichtzulassungsbeschwerde zu entscheiden ist, die zum Zeitpunkt der korrigierenden Entscheidung bereits eingelegt war und die gleiche Fehlerpraxis rügt. Beruht die angefochtene Entscheidung auf dieser Fehlerpraxis, so liefe die Zurückweisung der Beschwerde im Hinblick auf die künftig gesicherte Einheitlichkeit der Rechtsprechung dem verfassungsrechtlich verankerten Gebot der Rechtsmittelklarheit zuwider. Bei dem Zulassungsgrund des § 543 II 1 Nr 2 wird die Erfolgsaussicht der Revision in aller Regel nicht zweifelhaft sein, da dieser Zulassungsgrund eine rechtsfehlerhafte Entscheidung voraussetzt. Die Korrektur einer berufungsgerichtlichen Fehlerpraxis durch das Revisionsgericht verändert nicht die Erfolgsaussichten einer Revision gegen ein weiteres, auf derselben Fehlerpraxis beruhendes Urt (BGH NJW 05, 154, 155 f).

10 **D. Die Zulassungsgründe. I. Allgemeines.** Zu den Zulassungsgründen wird in der Gesetzesbegründung zum ZPO-RG ausgeführt, dass die Zulassungsvoraussetzungen der »Fortbildung des Rechts« und der »Sicherung der Einheitlichkeit der Rechtsprechung« den Zulassungsgrund der »grundsätzlichen Bedeutung einer Rechtssache« konkretisieren, ohne ihn hierauf zu beschränken. Der Gesetzgeber verleiht seiner Auffassung Ausdruck, dass mit der Erweiterung der Zulassungsgründe und dem damit verbundenen erweiterten Verständnis der »grundsätzlichen Bedeutung einer Rechtssache« künftig auch Revisionen zuzulassen sein werden, denen eine Grundsatzbedeutung im herkömmlichen Sinne nicht zukomme, die aber gleichwohl eine Leitentscheidung der höchstrichterlichen Rechtsprechung erfordern. Gleiches gelte für Revisionen, die zwar eine Leitentscheidung nicht erfordern, gleichwohl aber eine Ergebniskorrektur wegen offensichtlicher Unrichtigkeit oder wegen der Verletzung eines Verfahrensgrundrechts geboten erscheinen lassen (BTDrs 14/4722, 67). Die Möglichkeit, eine Revision wegen des Erfordernisses einer Ergebniskorrektur auf Grund offensichtlicher Unrichtigkeit zuzulassen, ist allerdings – so begrüßenswert sie erscheint – nicht in der Formulierung des Gesetzes zum Ausdruck gebracht worden (zum Individualinteresse an einer Ergebniskorrektur vgl Rz 21).

Von den Zulassungsgründen des § 543 II (zu deren Darlegung vgl iE § 544 Rz 14 ff) kommen der Zulassungsgrund der grundsätzlichen Bedeutung, der Fortbildung des Rechts und der Sicherung einer einheitlichen Rechtsprechung unter dem Gesichtspunkt der Divergenz sowohl für die Zulassung durch das Berufungsgericht als auch für die Zulassung durch den BGH in Betracht. Die durch den BGH zur Sicherung einer einheitlichen Rechtsprechung bei einer fehlerhaften Rechtsanwendung durch das Berufungsgericht sowie für die Zulassung der Revision bei Verletzung von Verfahrensgrundrechten (iE Rz 15 ff) geprägten Grundsätze dürften allerdings nur für die Zulassung durch den BGH von Relevanz sein. Da das Berufungsgericht seine Entscheidung für rechtsfehlerfrei hält und davon ausgeht, die Verfahrensgrundrechte gewahrt zu haben, kommt dieser Unteraspekt der Zulassungsgründe für die Zulassungspraxis der Berufungsgerichte faktisch nicht in Betracht (so auch zur Parallelsituation in der Berufungsinstanz § 511 Rz 44). 11

II. Grundsätzliche Bedeutung. Grundsätzliche Bedeutung hat eine Rechtssache, wenn sie eine entscheidungserhebliche, klärungsbedürftige und klärungsfähige Rechtsfrage aufwirft, die sich in einer unbestimmten Vielzahl von Fällen stellen kann oder wenn andere Auswirkungen des Rechtsstreits auf die Allgemeinheit deren Interessen in besonderem Maße berühren und ein Tätigwerden des BGH erforderlich machen (BGHZ 154, 288, 291 f; BGH NJW 04, 2222, 2223). Das ist zB bei Musterprozessen und solchen Verfahren der Fall, bei denen es um die Auslegung von Allgemeinen Geschäftsbedingungen, anderen typischen Vertragsklauseln oder Tarifen geht (vgl § 511 Rz 40; Musielak/*Ball* § 543 Rn 6). Die Klärungsfähigkeit der Rechtsfrage setzt die Revisibilität des anzuwendenden Rechts voraus (§ 545 I). Klärungsbedürftig kann eine Rechtsfrage auch dann sein, wenn sie vom BGH zwar geklärt ist, jedoch entweder die Instanzgerichte dem BGH weitgehend nicht folgen oder im Schrifttum ernst zu nehmende Bedenken gegen die höchstrichterliche Rechtsprechung geäußert werden. Der Fortbestand der Klärungsbedürftigkeit in diesen Fällen ist erforderlich, um der **Gefahr einer Rechtserstarrung** entgegenzuwirken (vgl BTDrs 14/4722, 104; Musielak/*Ball* § 543 Rn 5a; Zö/*Heßler* § 543 Rn 11) und den verfassungsrechtlichen Anforderungen des Justizgewährungsanspruchs zu genügen (vgl dazu BVerfG WM 11, 1117, 1118). 12

III. Fortbildung des Rechts. Zur Fortbildung des Rechts (§ 543 II 1 Nr 2 1. Alt) ist die Zulassung der Revision geboten, wenn der Einzelfall Veranlassung gibt, Leitsätze für die Auslegung von Gesetzesbestimmungen des materiellen oder formellen Rechts aufzustellen oder Gesetzeslücken auszufüllen. Ein solcher Anlass besteht dann, wenn es für die rechtliche Beurteilung typischer oder verallgemeinerungsfähiger Lebenssachverhalte an einer richtungsweisenden Orientierungshilfe ganz oder tw fehlt (BGH NJW 03, 1943, 1945 = BGHZ 154, 288, 292; zum Revisionszulassungsgrund der Rechtsfortbildung und seiner Darlegung vgl auch *Gehrlein* VersR 08, 1623 f). Das Bedürfnis für eine höchstrichterliche Leitentscheidung dürfte indiziert sein, wenn technischer Fortschritt (zB Internet) oder Veränderungen rechtlicher Bezugspunkte (zB Auswirkung steuerrechtlicher Änderungen auf die Vertragsgestaltung) zur Beurteilung anstehen (vgl Zö/*Heßler* § 543 Rn 12). Zur Fortbildung des Rechts ist die Zulassung der Revision ferner geboten, wenn eine Vorlage an den EuGH nach Art 267 AEUV (vormals Art 234 EG) in Betracht kommt (vgl Musielak/*Ball* § 543 Rn 7; *Vorwerk* FS Thode 05, 645, 656 f; zur Zulassung der Revision zur Durchsetzung des Gemeinschaftsrechts vgl auch *Wolf* WM 05, 1345, 1350; *Kiethe/Groeschke* WRP 06, 29 ff). Ein Grund für die Zulassung der Revision liegt daher immer vor, wenn eine entscheidungserhebliche Frage durch eine Vorlage nach Art 267 EG zu klären ist (BGH 16.1.03 – I ZR 130/02 – juris; zum Erfordernis einer Auseinandersetzung mit der Vorlagepflicht vgl BVerfG GRUR Int 11, 72). 13

IV. Sicherung einer einheitlichen Rechtsprechung. 1. Divergenz. Von dem Zulassungsgrund der Sicherung einer einheitlichen Rechtsprechung (§ 543 II 1 Nr 2 Alt 2) werden Fälle der Divergenz erfasst, die dann gegeben ist, wenn die anzufechtende Entscheidung von der Entscheidung eines höheren oder gleichrangigen Gerichts abweicht und auf dieser Abweichung beruht. Eine Abweichung idS liegt nur vor, wenn die anzufechtende Entscheidung ein und dieselbe Rechtsfrage anders beantwortet als die Vergleichsentscheidung, mithin einen Rechtssatz aufstellt, der sich mit einem in der Vergleichsentscheidung aufgestellten und diese tragenden Rechtssatz nicht deckt (BGHZ 154, 288, 292 f mzwN). Nicht erforderlich ist, dass die Abweichung bewusst geschieht. Auch ein Rechtssatz, der in Unkenntnis entgegenstehender höchstrichterlicher Rechtsprechung aufgestellt wird, kann die Einheitlichkeit der Rechtsprechung gefährden (Musielak/*Ball* § 543 Rn 8). Dass der gleiche Sachverhalt von zwei Gerichten unterschiedlich beurteilt wird, begründet allerdings noch keine Divergenz idS. Hinzu kommen muss, dass dieser Beurteilung unterschiedliche Rechtssätze zugrunde liegen (BGH NJW-RR 07, 1676; vgl auch BGH 22.10.09 – I ZR 124/08 – juris). In Patentsachen gilt die Besonderheit, dass das Nichtigkeits- und das Verletzungsverfahren letztinstanzlich vor 14 dem BGH zu führen sind. Das mit der Patentauslegung erstrebte Erkenntnisziel verlangt, dass kein Unterschied gemacht wird, ob die Auslegung zur Beurteilung der Patentfähigkeit oder zur Prüfung vorgenommen wird, ob das Patent verletzt wird; die Entscheidung über die Beschwerde gegen die Nichtzulassung der Revision kann im Patentverletzungsstreit bis zur rechtskräftigen Entscheidung im Patentnichtigkeitsverfahren ausgesetzt werden (vgl dazu BGHZ 186, 90 Tz 13 f mwN „Crimpwerkzeug III"). Der BGH hat es daher als zulässig erachtet, dass in einem Patentverletzungsverfahren, das nach Eingang der Begründung der Nichtzulassungsbeschwerde ausgesetzt worden ist, die Nichtzulassungsbeschwerde nach Beantragung der Wiedereinsetzung in den vorigen Stand nachträglich auf den Zulassungsgrund der Sicherung einer einheitlichen Rechtsprechung gestützt wurde, weil der BGH im Patentnichtigkeitsverfahren eine Auslegung des Klagepatents zugrunde gelegt hat, die in einem entscheidungserheblichen Punkt von derjenigen abweicht, die das OLG im Patentverletzungsverfahren zugrunde gelegt hat (BGH 30.8.10 – X ZR 193/03 – juris „Crimpwerkzeug IV"). Da derartige Verschiedenheiten in der Auslegung des Klagepatents stets möglich sind, müsste mE in allen Fällen, in denen beim BGH parallel zum Patentverletzungsstreit ein Patentnichtigkeitsverfahren anhängig ist, das Verfahren im Patentverletzungsstreit ausgesetzt werden, um im Ergebnis divergierende Entscheidungen, auch wenn diese nicht auf einer Divergenz im Rechtssinne beruhen, zu vermeiden.

15 **2. Rechtsanwendungsfehler.** Das Kriterium der Sicherung einer einheitlichen Rechtsprechung beschränkt sich jedoch nicht auf die Fälle der Divergenz. Auch Rechtsanwendungsfehler erfordern die Zulassung der Revision zur Sicherung einer einheitlichen Rechtsprechung, allerdings nur dann, wenn sie über den Einzelfall hinaus die Interessen der Allgemeinheit nachhaltig berühren (BTDrs 14/4722, 104).

16 **a) Korrektur im Interesse der Allgemeinheit.** Im maßgeblichen Interesse der Allgemeinheit liegt die Korrektur eines fehlerhaften Berufungsurteils, wenn vermieden werden soll, dass schwer erträgliche Unterschiede in der Rechtsprechung entstehen oder fortbestehen. Konkrete Anhaltspunkte können eine ständige Fehlerpraxis sein, die eine Wiederholung des Rechtsfehlers durch das Gericht besorgen lässt oder die die ernsthafte Gefahr einer Nachahmung durch andere Gerichte begründet (BGHZ 154, 288, 294). Konkrete Anhaltspunkte für eine Wiederholungsgefahr sind gegeben, wenn ein Gericht in ständiger Praxis von einer bestehenden, insb einer höchstrichterlichen Rechtsprechung abweicht (vgl nur BGHZ 154, 288, 294 f). Eine strukturelle Wiederholungsgefahr wird in einem grundlegenden Missverständnis der höchstrichterlichen Rechtsprechung gesehen, die die Zulassung der Revision zur Sicherung einer einheitlichen Rechtsprechung erfordert, wenn die angefochtene Entscheidung darauf beruht. Ein grundlegendes Missverständnis des rechtlichen Ansatzpunktes der BGH-Rechtsprechung begründet, ebenso wie das Zugrundelegen eines unrichtigen Obersatzes (vgl dazu BGH NJW 04, 1960), eine strukturelle Wiederholungsgefahr und erfordert deswegen die Zulassung der Revision zur Sicherung einer einheitlichen Rechtsprechung (BGH NJW 05, 154 f).

17 **b) Korrektur zur Aufrechterhaltung des Vertrauens der Allgemeinheit in eine funktionierende Rechtsprechung.** Ein maßgebliches Allgemeininteresse an einer korrigierenden Entscheidung des Revisionsgerichts sieht der BGH auch dann, wenn das Berufungsurteil auf einem Rechtsfehler beruht, der geeignet ist, das Vertrauen in die Rechtsprechung zu beschädigen. Ein solcher schwerer, das Vertrauen der Allgemeinheit in eine funktionierende Rechtsprechung gefährdender Rechtsfehler wird zu Recht bejaht, wenn das Berufungsgericht bei der Auslegung oder Anwendung von Vorschriften des materiellen Rechts oder des Verfahrensrechts gegen grundlegende, verfassungsrechtlich abgesicherte Gerechtigkeitsanforderungen verstoßen hat und die Entscheidung deshalb von Verfassungs wegen einer Korrektur bedarf. Beruht die anzufechtende Entscheidung auf einer Verletzung des allgemeinen Gleichheitssatzes in seiner Ausprägung als Willkürverbot (Art 3 I GG) oder auf einer Verletzung der Verfahrensgrundrechte des Beschwerdeführers, insb der Garantie des gesetzlichen Richters (Art 101 I 2 GG), oder des Anspruchs auf Gewährung rechtlichen Gehörs (Art 103 I GG), ist die Revision zur Sicherung einer einheitlichen Rechtsprechung zuzulassen. Der Revision kommt auf diese Weise auch die Funktion zu, erfolgreiche Verfassungsbeschwerden vermeidbar zu machen (BGHZ 154, 288, 296 f). Soweit die Revision zuzulassen ist, weil sie zur Durchsetzung der Verfahrensgrundrechte geboten ist und deshalb eine Verfassungsbeschwerde eingelegt werden könnte, ist nicht zusätzlich erforderlich, dass der Verstoß gegen das Willkürverbot oder Verfahrensgrundrecht offenkundig ist (BGHZ 154, 288, 297; BGH NJW 04, 2222, 2223 mzwN).

aa) Willkür. Ein Beruhen der anzufechtenden Entscheidung auf einer Verletzung des allgemeinen Gleichheitssatzes in seiner Ausprägung als Willkürverbot ist bei einer fehlerhaften Rechtsanwendung zu bejahen, die sachlich schlechthin unhaltbar ist, weil sie unter keinem denkbaren Aspekt rechtlich vertretbar erscheint und sich deshalb der Schluss aufdrängt, dass sie auf sachfremden Erwägungen beruht. Die Feststellung von Willkür enthält keinen subjektiven Schuldvorwurf. Willkür ist vielmehr im objektiven Sinne zu verstehen, als eine Maßnahme, die im Verhältnis zu der Situation, der sie Herr werden will, tatsächlich und eindeutig unangemessen ist (BGH NJW 05, 153 mN der Rspr des BVerfG). Willkür liegt zB vor, wenn eine offensichtlich einschlägige Norm nicht berücksichtigt oder der Inhalt einer Norm in krasser Weise missdeutet wird. Der Schluss, dass der Rechtsanwendungsfehler auf sachfremden Erwägungen beruht, kann sich auch aufdrängen, wenn die Entscheidung auf einem Verstoß gegen die Denkgesetze beruht (BGH NJW 09, 855 Tz 10). Eine nur fragwürdige oder sogar fehlerhafte Rechtsanwendung, selbst ein offensichtlicher Rechtsfehler genügt dagegen nicht (BGH. 28.2.08 – IX ZR 132/05 – juris). 18

bb) Rechtliches Gehör. Die Verletzung des Grundrechts auf Gewährung rechtlichen Gehörs, die eine Wiederholungsgefahr oder Symptomatik des Rechtsfehlers nicht erfordert, kann vorliegen, wenn sich im Einzelfall klar ergibt, dass das Gericht seiner Verpflichtung, die Ausführungen der Prozessbeteiligten zur Kenntnis zu nehmen und in Erwägung zu ziehen, nicht nachgekommen ist. Dazu müssen besondere Umstände deutlich gemacht werden, aus denen sich ergibt, dass tatsächliches Vorbringen eines Beteiligten entweder überhaupt nicht zur Kenntnis genommen oder bei der Entscheidung nicht erwogen worden ist (BVerfG NJW-RR 02, 68, 69). Dies ist insb dann der Fall, wenn das Gericht auf einen wesentlichen Kern des Vortrags einer Partei zu einer Frage, die für das Verfahren von zentraler Bedeutung ist, in den Entscheidungsgründen nicht eingeht (BVerfG NJW 98, 1583 f; BGH NJW-RR 05, 1306; NJW 09, 2139). Der wesentliche, der Rechtsverfolgung und der Rechtsverteidigung dienende Vortrag eines Prozessbeteiligten muss in den Entscheidungsgründen des Gerichts verarbeitet werden (BVerfG NJW 04, 1519; BGH NJW-RR 09, 1361 Tz 5). Verkennt das Berufungsgericht den Kerngehalt des Vortrags einer Partei, verstößt es gegen Art 103 I GG (BGH NJW-RR 09, 1361). Dasselbe gilt, wenn das Gericht seine prozessuale Fürsorgepflicht gem § 139 Abs 4 ZPO verletzt, den Antrag der Partei auf Wiedereröffnung der mündlichen Verhandlung zurückweist und infolgedessen entscheidungserheblichen Vortrag nicht zur Kenntnis nimmt (BGH WM 06, 2328). Es stellt eine Versagung des rechtlichen Gehörs dar, wenn das Gericht ohne vorherigen Hinweis Anforderungen an den Sachvortrag stellt, mit denen auch ein gewissenhafter und kundiger Verfahrensbeteiligter nach dem bisherigen Verfahrensverlauf nicht zu rechnen brauchte, weil dies im Ergebnis der Verhinderung des Vortrags gleichkommt (BGH GRUR 10, 1034) Geht das Berufungsgericht einem erheblichen Beweisangebot nicht nach, liegt darin eine vorweggenommene Beweiswürdigung, die im Prozessrecht keine Stütze findet und Art 103 I GG verletzt (BVerfG NJW-RR 01, 1006, 1007; BGH NJW 09, 2604 Tz 2 mwN; vgl auch BGH NJW-RR 11, 89 Tz 15 ff; BGH NJW-RR 10, 1217). Lässt die Begründung der angefochtenen Entscheidung nur den Schluss zu, dass die Entscheidung des Gerichts auf einer allenfalls den äußeren Wortlaut, nicht aber den Sinn des Parteivortrages erfassenden Wahrnehmung beruht, begründet dies einen Verstoß des Gerichts gegen den Anspruch der betroffenen Partei auf Gewährung rechtlichen Gehörs (BGH NJW 09, 2137; vgl dazu auch die Anm von *Lindner* in jurisPR-ZivilR 10/09 Anm 4). Auch dann, wenn das Berufungsgericht Sachvortrag, den eine Partei zu einem in der 1. Instanz unbeachtet gebliebenen rechtlichen Gesichtspunkt zurückweist, obwohl es erkennt, dass dieser Gesichtspunkt erstmals in der Berufungsinstanz von Bedeutung war oder eine Klageänderung zu Unrecht nicht zulässt, weil diese nicht in zulässiger Weise auf neues Vorbringen gestützt werden könne, liegt darin zugleich eine Verletzung des Anspruchs der Partei auf Gewährung rechtlichen Gehörs, die in der Revisions-/Nichtzulassungsbeschwerdeinstanz geltend gemacht werden kann (BGH NJW-RR 10, 1508 Tz 20). Allerdings ist zu beachten, dass die Richtigkeit des Tatbestandes nicht mit Hilfe der Rüge der Verletzung rechtlichen Gehörs durchgesetzt werden kann; tatsächliche Feststellungen, die dem Vorbringen einer Partei entgegenstehen, müssen mit einem Tatbestandsberichtigungsantrag (§ 320 ZPO) angegriffen werden (BGH 22.9.08 – II ZR 235/07 – juris Tz 5; vgl auch BGH NJW-RR 10, 1500 Tz 8-10). Ferner gibt das Prozessgrundrecht aus Art 103 Abs 1 GG keinen Anspruch darauf, dass das Gericht der von einer Partei vertretenen Rechtsansicht folgt (BGH 7.7.11 – I ZB 68/10 – Tz 12; 5.5.11 – IX ZR 145/10 – Tz 6; 3.2.11 – IX ZR 111/10 – Tz 5 – jeweils juris). 19

3. Verfahrensmängel. Außerhalb der Verletzung der Verfahrensgrundrechte ist der Zugang zur Revisionsinstanz bei Verfahrensmängeln iÜ nur dann eröffnet, wenn die Zulassungsvoraussetzungen nach Abs 1 oder 2 erfüllt sind. Der Gesetzgeber hat eine Zulassung der Revision wegen eines wesentlichen Verfahrens- 20 mangels nicht ausdrücklich vorgesehen. Ein Verstoß gegen das einfache Verfahrensrecht soll daher die Zulassung der Revision nur dann rechtfertigen, wenn zugleich dargelegt wird, dass die Voraussetzungen einer erfolgreichen Verfassungsbeschwerde wegen Verletzung eines Verfahrensgrundrechts erfüllt sind oder Wiederholungsgefahr droht (BGH NJW 02, 3180, 3181; Musielak/*Ball*, § 543 Rn 9). Demgegenüber ist die Revision ohne weiteres zuzulassen, wenn ein absoluter Revisionsgrund nach § 547 Nr 1-4 geltend gemacht wird und vorliegt (BGH NJW 07, 2702 f). Soweit ein Verstoß gegen die absoluten Revisionsgründe des § 547 Nr 5 und 6 in Rede steht, liegt eine höchstrichterliche Entscheidung noch nicht vor. Allerdings gibt die Definition des absoluten Revisionsgrundes einem verfahrensrechtlichen Verstoß so herausragende Bedeutung, dass die Hinnahme des Verstoßes durch Zurückweisung einer Nichtzulassungsbeschwerde schwer erträglich wäre (so zutr Zö/*Heßler*, § 543 Rn 15b). Dasselbe sollte gelten, wenn tatbestandliche Darstellungen in einem Berufungsurteil fehlen oder derart widersprüchlich, unklar und lückenhaft sind, dass sich die tatsächlichen Grundlagen der Entscheidung des Berufungsgerichts nicht mehr zweifelsfrei erkennen lassen. Fehlt es an den Mindestvoraussetzungen tatbestandlicher Darlegungen in einem Berufungsurteil, ist das Urt im Revisionsverfahren vAw aufzuheben (BGHZ 156, 97, 99; § 540 Rz 13; Musielak/*Ball*, § 540 Rn 6a). Es erscheint schwerlich hinnehmbar, dass ein Berufungsurteil Bestand hat, weil es zum einen die Revision nicht zulässt und zum anderen mangels Wiedergabe der tatsächlichen Feststellungen die Prüfung der Voraussetzungen einer erfolgreichen Nichtzulassungsbeschwerde erschwert oder gar vereitelt (BGHZ 156, 97, 104 f). In solchen Fällen sollte die Revision zur Sicherung einer einheitlichen Rechtsprechung zugelassen werden. Dasselbe sollte im Lichte der Art 6 Abs 1 und 13 EMRK sowie eines verfassungsrechtlich aus Art 2 Abs 1 und Art 20 Abs 3 GG herzuleitenden „allgemeinen Justizgewährleistungsanspruchs" gelten, wenn mit der Verfahrensrüge eine überlange Verfahrensdauer geltend gemacht wird (vgl BSG 13.12.05 – B 4 RA 220/04 B – juris; *Deumeland* ZfS 2006, 205 ff; zum Erfordernis der Verzögerungsrüge als Voraussetzung einer Entschädigung im Falle überlanger Gerichtsverfahren vgl Art 1, § 198 III des Gesetzes über den Rechtsschutz bei überlangen Gerichtsverfahren und strafrechtlichen Ermittlungsverfahren (vom 24.11.11 BGBl I 2011, 2302).

21 **4. Offensichtliche Unrichtigkeit.** Problematisch erscheint, dass nach der Rechtsprechung des BGH die offensichtliche Unrichtigkeit des Berufungsurteils allein kein Grund für die Zulassung der Revision sein soll (BGHZ 154, 288, 294 f). Das BVerfG hat diese Rechtsprechung zwar gebilligt (BVerfG NJW 05, 3345, 3346). Fehlt es mithin an Anhaltspunkten für eine Wiederholungsgefahr oder Nachahmungsgefahr, wären danach selbst grobe und evidente Fehlurteile einer Korrektur durch das Revisionsgericht entzogen. Auch wenn die Absicht des Gesetzgebers, dass das Erfordernis einer Ergebniskorrektur wegen offenbarer Unrichtigkeit die Zulassung der Revision geboten erscheinen lässt (vgl BTDrs 14/4722, 67), nicht in der Formulierung des Gesetzes zum Ausdruck gebracht worden ist (ebenso wenig iÜ wie das gesetzgeberische Motiv der Zulassung wegen der Verletzung eines Verfahrensgrundrechts), ist die Verdrängung des Individualinteresses an einer Ergebniskorrektur bei der Zugangskontrolle zur Revisionsinstanz nicht begründet (ähnl Musielak/*Ball* § 543 Rn 9j). Der Revisionsinstanz ist Rechtsprechung übertragen. Grundlage auch der revisionsrechtlichen Rechtsfortbildung muss »die Sicherung rechtsstaatlicher Rechtsgewährung sein, die sich im Einzelfall verwirklicht« (Zö/*Heßler* § 543 Rn 8). Das Vertrauen in die Rechtsprechung ist nicht nur dann erschüttert, wenn es um die Rechtsprechung als Ganzes geht, sondern auch und gerade, wenn ein Urt eines Berufungsgerichts – auch wenn die Schwelle zur Willkür noch nicht erreicht ist – grob fehlerhaft ist. Auch die Absicht des Gesetzgebers, die Revision wegen Verletzung eines Verfahrensgrundrechts zuzulassen, hat im Gesetzeswortlaut keinen Anklang gefunden. Dennoch ergibt die Verletzung eines Verfahrensgrundrechts, wenn die Entscheidung darauf beruht, einen Zulassungsgrund. Dasselbe sollte auch gelten, wenn ein grober Rechtsanwendungsfehler vorliegt. Gravierende Fälle, die die Einzelfallgerechtigkeit verletzen, sollten dem Zugriff des Revisionsgerichts geöffnet werden. Die Billigung einer grob fehlerhaften, offensichtlich unrichtigen Entscheidung durch Nichtzulassung der Revision ist mit der Würde und der Verantwortung des höchsten deutschen Zivilgerichts kaum vereinbar. Der tatsächliche Befund, der sich allerdings – jedenfalls noch – der Systematisierung entzieht, dass der BGH vereinzelt bei groben Rechtsanwendungsfehlern die Revision zulässt, ist daher erfreulich (vgl auch § 544 Rz 17).

22 **V. Entscheidungserheblichkeit.** Die Zulassung der Revision setzt voraus, dass die zu klärende Rechtsfrage bzw der korrekturbedürftige Rechtsfehler im Revisionsverfahren entscheidungserheblich ist (BGH NJW 03, 831). Daran fehlt es, wenn das Berufungsgericht seine Entscheidung vor- oder gleichrangig und nicht nur hilfsweise auf eine zweite Begründung stützt, die sein Ergebnis trägt (Musielak/*Ball* § 543 Rn 9k). Gelangt

das Revisionsgericht bei der Prüfung einer Nichtzulassungsbeschwerde zu dem Ergebnis, dass sich das Berufungsurteil jedenfalls im Ergebnis als richtig darstellt, sind die Voraussetzungen für eine Zulassung der Revision nicht gegeben (BGH NJW 03, 3205, 3206). Dies gilt auch im Falle einer Verletzung rechtlichen Gehörs oder ähnl schwerwiegender, eine Zulassung an sich erfordernder Verfahrensfehler des Berufungsgerichts (BGH 10.8.05 – XII ZR 97/02 – juris, in Fortführung von BGH NJW 03, 3205 ff). Für den umgekehrten Fall, in dem das Berufungsgericht die Klage aus zwei Gründen abgewiesen hat, von denen der erste eine Frage von grundsätzlicher Bedeutung zum Gegenstand hat, während hinsichtlich des zweiten kein Zulassungsgrund dargelegt werden kann, muss dasselbe gelten. Wenn es im Verfahren der Nichtzulassungsbeschwerde erlaubt und geboten ist, die Entscheidung des Berufungsgerichts darauf zu überprüfen, ob sie sich bei richtiger Rechtsanwendung aus anderen Gründen im Ergebnis als richtig erweist und die Revision im Falle ihrer Zulassung aus diesem Grund keinen Erfolg haben könnte, können für den umgekehrten Fall keine anderen Maßstäbe gelten (so zutr und in Auseinandersetzung mit der hiervon abweichenden höchstrichterlichen Rechtsprechung Musielak/*Ball* § 543 Rn 9l und 9m; vgl auch Zö/*Heßler* § 543 Rn 6a). Ist eine klärungsfähige und klärungsbedürftige Frage bei richtiger Anwendung des materiellen Rechts und des Verfahrensrechts im Revisionsverfahren entscheidungserheblich, kann die Zulassung nicht davon abhängen, ob auch im Hinblick auf die vom Berufungsgericht alternativ oder kumulativ angeführten weiteren Gründe jeweils ein Zulassungsgrund dargetan werden kann oder nicht (so zutr Musielak/*Ball* § 543 Rn 9m).

§ 544 Nichtzulassungsbeschwerde. (1) [1]**Die Nichtzulassung der Revision durch das Berufungsgericht unterliegt der Beschwerde (Nichtzulassungsbeschwerde).** [2]**Die Beschwerde ist innerhalb einer Notfrist von einem Monat nach Zustellung des in vollständiger Form abgefassten Urteils, spätestens aber bis zum Ablauf von sechs Monaten nach der Verkündung des Urteils bei dem Revisionsgericht einzulegen.** [3]**Mit der Beschwerdeschrift soll eine Ausfertigung oder beglaubigte Abschrift des Urteils, gegen das die Revision eingelegt werden soll, vorgelegt werden.**

(2) [1]**Die Beschwerde ist innerhalb von zwei Monaten nach Zustellung des in vollständiger Form abgefassten Urteils, spätestens aber bis zum Ablauf von sieben Monaten nach der Verkündung des Urteils zu begründen.** [2]**§ 551 Abs. 2 Satz 5 und 6 gilt entsprechend.** [3]**In der Begründung müssen die Zulassungsgründe (§ 543 Abs. 2) dargelegt werden.**

(3) Das Revisionsgericht gibt dem Gegner des Beschwerdeführers Gelegenheit zur Stellungnahme.

(4) [1]**Das Revisionsgericht entscheidet über die Beschwerde durch Beschluss.** [2]**Der Beschluss soll kurz begründet werden; von einer Begründung kann abgesehen werden, wenn sie nicht geeignet wäre, zur Klärung der Voraussetzungen beizutragen, unter denen eine Revision zuzulassen ist, oder wenn der Beschwerde stattgegeben wird.** [3]**Die Entscheidung über die Beschwerde ist den Parteien zuzustellen.**

(5) [1]**Die Einlegung der Beschwerde hemmt die Rechtskraft des Urteils.** [2]**§ 719 Abs. 2 und 3 ist entsprechend anzuwenden.** [3]**Mit der Ablehnung der Beschwerde durch das Revisionsgericht wird das Urteil rechtskräftig.**

(6) [1]**Wird der Beschwerde gegen die Nichtzulassung der Revision stattgegeben, so wird das Beschwerdeverfahren als Revisionsverfahren fortgesetzt.** [2]**In diesem Fall gilt die form- und fristgerechte Einlegung der Nichtzulassungsbeschwerde als Einlegung der Revision.** [3]**Mit der Zustellung der Entscheidung beginnt die Revisionsbegründungsfrist.**

(7) Hat das Berufungsgericht den Anspruch des Beschwerdeführers auf rechtliches Gehör in entscheidungserheblicher Weise verletzt, so kann das Revisionsgericht abweichend von Absatz 6 in dem der Beschwerde stattgebenden Beschluss das angefochtene Urteil aufheben und den Rechtsstreit zur neuen Verhandlung und Entscheidung an das Berufungsgericht zurückverweisen.

A. Funktion und Auswirkungen der Einlegung der Nichtzulassungsbeschwerde. I. Allgemeines. Lässt das Berufungsgericht die Revision nicht zu, ermöglicht die Nichtzulassungsbeschwerde die Überprüfung der Nichtzulassungsentscheidung durch das Revisionsgericht. Sie ist notwendige Folge der an die Stelle der Wertrevision gesetzten Zulassungsrevision (vgl § 542 Rz 1 f; vgl auch Zö/*Heßler* § 544 Rn 2). 1

II. Auswirkungen der Einlegung der Nichtzulassungsbeschwerde. 1. Kein Rechtsmittel in Bezug auf die Hauptsache. Die Nichtzulassungsbeschwerde hat zwar Suspensiv- und begrenzten Devolutiveffekt, ein Rechtsmittel in Bezug auf die Hauptsache ist sie jedoch nicht. Ihre Einlegung hemmt gem § 544 V 1 den Eintritt der Rechtskraft des Berufungsurteils, ihr fehlt jedoch hinsichtlich der Hauptsache der Devolutiveffekt. Die Hauptsache fällt in der Revisionsinstanz erst an, wenn das Revisionsgericht gem § 544 VI der 2

Nichtzulassungsbeschwerde stattgibt und die Revision zulässt (vgl Musielak/*Ball* § 544 Rn 2; Zö/*Heßler* § 544 Rn 5).

3 **2. Auswirkungen auf die Zwangsvollstreckung.** Nach § 544 V kann das Revisionsgericht im Verfahren über die Nichtzulassungsbeschwerde auf Antrag eines beim BGH zugelassenen Rechtsanwalts die Zwangsvollstreckung einstweilen unter den gleichen Voraussetzungen einstellen, unter denen dies bei der Revision selbst möglich ist (§ 719 II 1). Die Einstellung der Zwangsvollstreckung im Revisionsverfahren und im Verfahren über die Nichtzulassungsbeschwerde ist allerdings an besonders strenge Voraussetzungen geknüpft. Sie kommt nur in Betracht, wenn auf der einen Seite die Vollstreckung dem Schuldner einen nicht zu ersetzenden Nachteil bringen würde und wenn auf der anderen Seite kein überwiegendes Interesse des Gläubigers entgegensteht (§ 719 II 1). Darüber hinaus entspricht es der ständigen Rechtsprechung des BGH, dass die Einstellung nach § 719 II regelmäßig dann zu versagen ist, wenn der Schuldner es versäumt hat, im Berufungsrechtszug einen ihm möglichen und zumutbaren Vollstreckungsschutzantrag nach § 712 zu stellen (vgl nur BGH 1.7.09 – XII ZR 50/09 – juris Tz 5). In besonderen Fällen sind hiervon Ausnahmen zu machen, so zB, wenn die Gegenpartei aktenkundig erklärt hat, dass aus einem etwaigen günstigen Urt bis zur Rechtskraft nicht vollstreckt werde oder wenn die Durchführung der Zwangsvollstreckung für den Schuldner mit einer akuten Suizidgefahr verbunden ist (BGH NJW-RR 07, 11). Demgegenüber reicht allein der Vortrag, dass ein Vollstreckungsschutzantrag deshalb nicht gestellt worden sei, weil aufgrund einer Vereinbarung der Parteien, einen Musterprozess zu führen, das Vertrauen begründet sei, der Gläubiger werde aus einem für vorläufig erstreckbar erklärten Urt nicht vollstrecken, nicht aus (anders im Fall der ausdrücklichen Erklärung, dass vor Rechtskraft der Entscheidung keine Vollstreckung erfolgen werde (BGH BauR 08, 879, Tz 2). Desgleichen ist im Falle der Verurteilung zu einer Auskunftserteilung die Berufung darauf, dass es sich um Betriebsgeheimnisse handele und sich das einmal erlangte Wissen nicht zurückholen lasse, nach der Rechtsprechung des BGH nicht ausreichend. Denn dieses Risiko sei jeder Vollstreckung aus einem Titel auf Auskunftserteilung immanent. Allein der Umstand, dass die Vollstreckung das Prozessergebnis vorwegnehmen würde, stellt danach keinen unersetzlichen Nachteil dar und macht den in der Berufungsinstanz zu stellenden Antrag nicht entbehrlich (BGH 4.8.08 – EnZR 14/08 und EnZR 15/08 – juris).

4 **B. Wertgrenze. I. Übergangsregelung.** Während eines Übergangszeitraums, der derzeit jedenfalls noch bis 31.12.14 (Art 3 Ziff 1 des G zur Änderung des § 522 der Zivilprozessordnung v. 21.10.11, BGBl I 11, 2082) andauert, ist die Nichtzulassungsbeschwerde nicht zulässig, wenn der Wert der mit der Revision geltend zu machenden Beschwer 20.000 € nicht übersteigt (§ 26 Ziff 8 EGZPO; zu Familiensachen vgl § 542 Rz 8), es sei denn, das Berufungsgericht hat die Berufung verworfen (§ 26 Ziff 8 S 2). Die Ausnahme von der Ausnahme liegt darin begründet, dass bei einer Verwerfung der Berufung durch Beschl nach § 522 I 4 die Rechtsbeschwerde kraft Gesetzes – ohne die Voraussetzung eines Beschwerdewertes in einer bestimmten Höhe – statthaft ist. Es war daher geboten, die Verwerfungsentscheidung, wenn sie durch Urt erfolgt, den Beschränkungen des § 26 Ziff 8 EGZPO nicht zu unterwerfen (vgl auch Zö/*Heßler* § 26 EGZPO Rn 15b). Die Ausnahme (Statthaftigkeit der Nichtzulassungsbeschwerde unabhängig vom Beschwerdewert) gilt auch dann, wenn das Berufungsgericht die Berufung objektiv willkürlich als unbegründet zurückweist, obwohl seine Entscheidung ausschließlich auf Erwägungen beruht, die zu einer Verwerfung des Rechtsmittels als unzulässig hätten führen müssen (BGH NJW-RR 11, 1289; vgl auch *A. Osterloh* jurisPRZivilR 13/11, Anm 4). Eine analoge Anwendung der Ausnahmeregelung des § 26 Nr 8 S 2 auf die Verwerfung eines Einspruchs gegen ein zweitinstanzliches Versäumnisurteil gem § 341 Abs 2 ZPO kommt dagegen nicht in Betracht (BGH 8.9.11 – III ZR 259/10 – juris; *Genius* jurisPR-BGHZivilR 20/11, Anm 3).

5 **II. Beschwer. 1. Beschwer und Streitwert.** Die Beschwer stimmt zwar idR, nicht jedoch notwendig mit Streitwert oder dem Wert des Beschwerdegegenstands überein. Die Beschwer folgt aus dem angefochtenen Urt und besteht in dem Unterschied zwischen demjenigen, was der Rechtsmittelführer in der 2. Instanz erreichen wollte und dem, was er erreicht hat (vgl § 511 Rz 17). Der Streitwert des Revisionsverfahrens richtet sich nach dem Interesse des Revisionsklägers an der Abänderung der Berufungsentscheidung. Für § 26 Ziff 8 EGZPO maßgeblich ist die Beschwer des Berufungsurteils, die der Beschwerdeführer bei Erfolg seiner Nichtzulassungsbeschwerde im anschließenden Revisionsverfahren beseitigt sehen will (Zö/*Heßler* § 26 EGZPO Rn 14 mwN).

2. Ermittlung des Wertes der Beschwer. Zur Ermittlung des Wertes der Beschwer vgl § 511 Rz 17–32. Der Wert der Beschwer ist vom Revisionsgericht iRd Entscheidung über die Nichtzulassungsbeschwerde zu bestimmen (BGH NJW-RR 05, 1011) und vAw zu prüfen (BGH v 13.8.09 – I ZR 33/08 – juris). An eine Festsetzung durch das Berufungsgericht ist das Revisionsgericht nicht gebunden (BGH NJW-RR 05, 224). Hat eine Partei gegen eine in zulässiger Weise beschränkt zugelassene Revision (vgl dazu § 542 Rz 4) Revision eingelegt und iÜ gegen die Nichtzulassung der Revision Beschwerde erhoben, sind die jeweiligen Werte zusammen zu rechnen (BGH GRUR 07, 83). 6

3. Darlegung des Wertes der mit der Revision geltend zu machenden Beschwer. Im Rahmen der Beschwerdebegründung muss dargelegt werden, dass mit der beabsichtigten Revision die Abänderung des Berufungsurteils in einem 20.000 € übersteigenden Umfang erstrebt wird. Besteht ein Berufungsurteil aus mehreren selbstständig abtrennbaren Teilen, die zwar in ihrer Kumulation die Statthaftigkeitsschwelle des § 26 Ziff 8 EGZPO erreichen oder überschreiten, nicht jedoch isoliert gesehen, ist es erforderlich, **für jeden selbstständig abtrennbaren Teil des Prozessstoffes** einen Zulassungsgrund darzulegen. Es reicht mithin nicht aus, dass der Beschwerdeführer ankündigt, das Berufungsurteil insgesamt angreifen zu wollen, einen Zulassungsgrund jedoch nur für einen abtrennbaren Teil des Prozessstoffes mit einem Wert darlegt, der 20.000 € nicht übersteigt. Abweichungen sind nur in eng begrenzten Ausnahmefällen denkbar, etwa wenn die Entscheidung über einen prozessualen Anspruch oder Anspruchsteil hinsichtlich dessen ein Zulassungsgrund dargetan ist, von einem anderen prozessualen Anspruch oder Anspruchsteil materiell-rechtlich in der Art abhängt, dass sich beide ein- oder wechselseitig beeinflussen (BGH NJW-RR 09, 1612 Tz 11). Für das Erreichen der Wertgrenze, die nur für die Zulässigkeit der Nichtzulassungsbeschwerde Bedeutung hat, ist es demgegenüber unerheblich, ob die dargelegten Zulassungsgründe auch tatsächlich gegeben sind. Legt die Nichtzulassungsbeschwerde zu einem 20.000 € übersteigenden Wert der Beschwer Zulassungsgründe dar, ist sie zulässig. Die Nichtzulassungsbeschwerde ist begründet und die Revision ist zuzulassen, soweit ein Zulassungsgrund gegeben ist, was zu einer beschränkten Zulassung führen kann. Dem Wortlaut des § 26 Ziff 8 EGZPO ist nicht zu entnehmen, dass eine Nichtzulassungsbeschwerde, die sich mit abtrennbaren, einer beschränkten Revisionszulassung zugänglichen Teilen des Prozessstoffs befasst, deren Wert zusammengerechnet die Wertgrenze des § 26 Ziff 8 EGZPO übersteigt, unzulässig ist, weil der Wert des jeweiligen Teils unter dieser Grenze liegt (BGH NJW-RR 06, 717; Musielak/*Ball* § 544 Rn 6). 7

4. Glaubhaftmachung. Bei unbezifferten Anträgen ist der Wert der Beschwer grds nach den §§ 3 ff ZPO zu bestimmen. Es gilt jedoch ein ggü § 3 Hs 2 vereinfachtes Verfahren, das sich mit der Glaubhaftmachung des Wertes begnügt (BGH NJW 02, 3180; dazu, dass Glaubhaftmachung ausreicht vgl auch BGH 9.5.07 – IV ZR 98/06 – juris; BGH 26.10.06 – III ZR 40/06 – juris). Zur Glaubhaftmachung ist nach § 294 I auch die Versicherung an Eides statt zugelassen. Im Berufungsrechtszug ist der Berufungskläger zwar bei der Glaubhaftmachung des Wertes des Beschwerdegegenstandes zur Versicherung an Eides statt nicht zugelassen (§ 511 III; § 511 Rz 36). Aus der bisherigen Rechtsprechung ergeben sich allerdings keine Anhaltspunkte dafür, dass diese Einschränkung der Mittel der Glaubhaftmachung auch für die Revisionsinstanz/die Nichtzulassungsbeschwerde gilt. 8

C. Einlegung der Nichtzulassungsbeschwerde (Abs 1). I. Zuständiges Gericht. Die Nichtzulassungsbeschwerde ist beim Revisionsgericht, dh beim BGH einzulegen, und zwar – wie alle Erklärungen in der Revisionsinstanz mit Ausnahme des Antrags auf Bewilligung der Prozesskostenhilfe – durch einen beim BGH zugelassenen Rechtsanwalt (§ 78 I 3). 9

II. Beschwerdefrist (Abs 1 S 2). Die Notfrist (§ 224 I 2), gegen deren Versäumung unter den Voraussetzungen des § 233 Wiedereinsetzung in den vorigen Stand möglich ist, beträgt einen Monat. Sie beginnt mit der Zustellung des vollständig abgefassten Berufungsurteils. Ist das Berufungsurteil nicht, nicht wirksam oder später als fünf Monate nach seiner Verkündung zugestellt worden, so endet die Frist mit Ablauf von sechs Monaten nach der Verkündung (vgl dazu auch § 517 Rz 4 – 8). 10

III. Beschwerdeschrift. Mit der Beschwerdeschrift soll eine Ausfertigung oder Abschrift des Urteils, gegen das sich die Nichtzulassungsbeschwerde richtet und gegen das Revision eingelegt werden soll, vorgelegt werden (§ 544 I 3). Die Beifügung einer Ausfertigung oder Abschrift des anzugreifenden Urteils dient dazu, dem BGH die Ermittlung des für die Entscheidung über die Nichtzulassungsbeschwerde zuständigen Zivilsenats zu erleichtern (Musielak/*Ball* § 544 Rn 12). 11

12 **D. Begründung der Nichtzulassungsbeschwerde (Abs 2). I. Begründungsfrist.** Die Begründungsfrist beträgt nach § 544 II 1 und 2 zwei Monate ab Zustellung des vollständig abgefassten Berufungsurteils. Wird das Berufungsurteil nicht, nicht wirksam oder später als fünf Monate nach seiner Verkündung zugestellt, so endet die Frist mit Ablauf von sieben Monaten nach der Verkündung (Musielak/*Ball* § 544 Rn 15). Die Begründungsfrist kann mit denselben Maßgaben wie die Revisionsbegründungsfrist verlängert werden (vgl dazu § 551 Rz 2 ff). Anträge auf Verlängerung der Frist für die Begründung der Nichtzulassungsbeschwerde sind Prozesserklärungen. Für ihre Auslegung sind die für die Auslegung von Willenserklärungen des Bürgerlichen Rechts entwickelten Grundsätze entsprechend anwendbar. Im Zweifel gilt, was nach den Maßstäben der Rechtsordnung vernünftig ist und der recht verstandenen Interessenlage entspricht (BGH GRUR 10, 1026, Tz 10 f). Mehrere zusammen abgegebene Erklärungen sind daher auch im Zusammenhang zu würdigen. Wird sowohl Nichtzulassungsbeschwerde als auch Revision eingelegt, bezieht sich der Antrag auf Fristverlängerung nicht allein auf die Frist der Nichtzulassungsbeschwerde, sondern erkennbar auch auf diejenige zur Begründung der Revision. Es handelt sich um ein einheitliches Rechtsschutzbegehren, das nur vorsorglich mit unterschiedlichen Rechtsmitteln verfolgt worden ist (BGH WRP 09, 445 Tz 19 »Motorradreiniger«). Dies muss im Hinblick auf den Teil des Urteils, hinsichtlich dessen die Revision nicht zugelassen ist, auch für die Frist zur Begründung der Nichtzulassungsbeschwerde gelten, wenn ausdrücklich nur die Fristverlängerung zur Begründung der Revision beantragt wird. Bei Vorliegen der Voraussetzungen für eine Wiedereinsetzung gem § 233 kann auch gegen die Versäumung dieser Frist Wiedereinsetzung gewährt werden.

13 **II. Inhalt der Beschwerdebegründung (Abs 2 S 3). 1. Wert der mit der Revision geltend zu machenden Beschwer.** Wegen § 26 Ziff 8 EGZPO bedarf die Wertgrenze der Darlegung, es sei denn, es handelt sich um ein die Berufung verwerfendes Urt des Berufungsgerichts (vgl Rz 4 ff).

14 **2. Zulassungsgründe.** In der Beschwerdebegründung sind die Gründe darzulegen, die nach Ansicht des Beschwerdeführers die Zulassung der Revision gebieten. Nicht ausreichend ist, wenn lediglich Rechtsfehler des Berufungsurteils gerügt werden, ohne dass dargelegt wird, weshalb die Rechtsfehler von einer Qualität sind, die einen Zulassungsgrund gem § 543 Abs 2 erfüllen (BGHZ 154, 288, 291). Der Beschwerdeführer muss die Zulassungsgründe, auf die er seine Beschwerde stützt, benennen und zu deren Voraussetzungen so substanziiert vortragen, dass das Revisionsgericht in die Lage versetzt wird, allein anhand der Beschwerdebegründung – unter Einbeziehung der dort in Bezug genommenen Aktenstellen – und des Berufungsurteils die Zulassungsvoraussetzungen zu prüfen (BGHZ 152, 182, 185; Musielak/*Ball* § 544 Rn 17; Zö/*Heßler* § 544 Rn 10a). Gibt das Berufungsurteil oder das Sitzungsprotokoll das Parteivorbringen nicht wieder, muss die Beschwerde den Tatsachenstoff darlegen (BGH NJW-RR 04, 712, 713; BGH NJW 03, 3208). Auch die Entscheidungserheblichkeit der für die Zulassungsgründe relevanten Rechtsfragen und Rechtsanwendungsfehler ist in der Beschwerdebegründung darzulegen (vgl dazu § 543 Rz 22). Wird der Zulassungsgrund in der Begründung der Nichtzulassungsbeschwerde schlüssig und substanziiert dargelegt, ist demgegenüber die **unrichtige Benennung des Zulassungsgrundes** unschädlich (BGH NJW 03, 754 f; Musielak/*Ball* § 544 Rn 17a; vgl dazu auch Rz 22).

15 **a) Zulassungsgrund der Grundsatzbedeutung sowie der Fortbildung des Rechts.** Zur ordnungsgemäßen Darlegung der Grundsatzbedeutung ist es grds erforderlich, die durch die angefochtene Entscheidung aufgeworfene Rechtsfrage konkret zu benennen sowie ihre Klärungsbedürftigkeit und Bedeutung für eine unbestimmte Vielzahl von Fällen im Einzelnen aufzuzeigen bzw die Auswirkungen des Rechtsstreits auf die Allgemeinheit und das sich daraus ergebende Bedürfnis für ein korrigierendes Eingreifen des Bundesgerichtshofs darzustellen. In Bezug auf die aufgeworfene Rechtsfrage sind insb auch Ausführungen dazu erforderlich, aus welchen Gründen, in welchem Umfang und von welcher Seite diese umstr sind. An diese Darlegung sind allerdings dann keine besonderen Anforderungen zu stellen, wenn die zu beantwortende Rechtsfrage sowie ihre Entscheidungserheblichkeit sich unmittelbar aus dem Prozessrechtsverhältnis ergeben; zur Klärungsbedürftigkeit, Klärungsfähigkeit und der über den Einzelfall hinausgehenden Bedeutung der Sache ist ein Hinweis auf Streit in Rechtsprechung und Literatur entbehrlich, wenn der entscheidungserheblichen Rechtsfrage bereits wegen ihres darzulegenden Gewichts für die beteiligten Verkehrskreise grundsätzliche Bedeutung zukommt (BGH NJW 04, 2222, 2223 mwN). Ergibt sich die Klärungsbedürftigkeit der Rechtsfrage daraus, dass entweder die Instanzgerichte dem BGH weitgehend nicht folgen oder im Schrifttum ernstzunehmende Bedenken gegen die höchstrichterliche Rechtsprechung geäußert werden (vgl § 543 Rz 12), sind die Instanzgerichte und deren abweichende Meinung bzw die im Schrifttum geäußerten Bedenken gegen die höchstrichterliche Rechtsprechung namhaft zu machen. Betrifft die Rechtsfrage **aus-**

laufendes Recht, muss zudem aufgezeigt werden, dass eine höchstrichterliche Entscheidung gleichwohl für die Zukunft richtungweisend sein kann, weil entweder noch über eine erhebliche Anzahl von Fällen nach altem Recht zu entscheiden oder die Frage für das neue Recht weiterhin von Bedeutung ist (BGH NJW 03, 1943, 1944). Zum Zulassungsgrund »Fortbildung des Rechts« vgl § 543 Rz 13; aus den dortigen Ausführungen folgen die Darlegungsgrundsätze.

b) Zulassungsgrund der Divergenz. Vgl § 543 Rz 14. Hier ist erforderlich, die Vorentscheidung, zu der die Divergenz behauptet wird, konkret zu benennen und zu zitieren, die angeblich divergierenden entscheidungserheblichen abstrakten Rechtssätze aus dieser Vorentscheidung und aus der angefochtenen Entscheidung herauszustellen sowie vorzutragen, inwiefern diese nicht übereinstimmen (BGH 8.5.08 – IX ZR 99/07 – juris; BGHZ 152, 182, 186; Musielak/*Ball* § 544 Rn 17c). 16

c) Rechtsanwendungsfehler unterhalb der Schwelle einer Divergenz im strengen Sinne. Vgl § 543 Rz 15, 16. Hierbei ist darzulegen, dass die angefochtene Entscheidung von höherer oder gleichrangiger Rechtsprechung abweicht und die als fehlerhaft gerügte Rechtsanwendung entscheidungserheblich ist. Zudem müssen die konkreten Anhaltspunkte vorgetragen werden, aus denen sich nach der Rechtsprechung ein grundlegendes Missverständnis des rechtlichen Ansatzpunktes der BGH-Rechtsprechung, das Zugrundelegen eines unrichtigen Obersatzes oder eine strukturelle Wiederholungsgefahr ergeben. Darlegungen zur Wiederholungs- oder Nachahmungsgefahr sind entbehrlich, wenn die rechtliche Begründung des Berufungsgerichts auf einem grundlegenden Missverständnis der höchstrichterlichen Rechtsprechung beruht (BGH NJW 05, 154, 155) oder sich verallgemeinern oder sich auf eine nicht unerhebliche Zahl künftiger Sachverhalte übertragen lässt (BGHZ 159, 135, 139) oder wenn das Berufungsgericht bei seiner Begründung erkennbar von einem – nicht notwendigerweise formulierten – unrichtigen Obersatz ausgegangen ist (BGH NJW 04, 1960, 1961; Musielak/*Ball* § 544 Rn 17e), da derartige Rechtsanwendungsfehler per se die strukturelle Wiederholungsgefahr in sich tragen. In den Fällen grober Rechtsanwendungsfehler (vgl § 543 Rz 21) empfiehlt es sich, den groben Rechtsanwendungsfehler mit Richtung auf einen ihm zugrunde liegenden »unrichtigen Obersatz« oder ein »grundlegendes Missverständnis der höchstrichterlichen Rechtsprechung« zu analysieren. 17

d) Verletzung eines Verfahrensgrundrechts. S.a. § 543 Rz 17–19. Das verletzte Recht und die Entscheidungskausalität der Verletzung sind darzulegen, nicht jedoch, dass der Verstoß gegen das Willkürverbot oder das Verfahrensgrundrecht offenkundig ist, da dieses zusätzliche Kriterium zu Recht nicht mehr aufgestellt wird (vgl § 543 Rz 17). Für einen behaupteten Verstoß gegen das Willkürverbot ist die Darlegung erforderlich, dass die fehlerhafte Rechtsanwendung unter keinem denkbaren Gesichtspunkt rechtlich vertretbar ist und sich daher der Schluss aufdrängt, dass sie auf sachfremden Erwägungen beruht (BGH 28.2.08 – IX ZR 132/05 – juris; BGHZ 154, 288, 299 f). Macht der Beschwerdeführer geltend, das Berufungsgericht habe ihm unter Verletzung der richterlichen Hinweispflicht (§ 139; zum Erfordernis, einen Hinweis nach § 139 aktenkundig zu machen und zur Funktion dieses Erfordernisses vgl BGH GRUR 11, 1140 Tz 23 „Schaumstoff Lübke“) das rechtliche Gehör verweigert, muss er darlegen, was er auf einen derartigen Hinweis hin vorgetragen hätte (BGH NJW-RR 03, 1003, 1004; Musielak/*Ball* § 544 Rn 17d). 18

3. Tatsachenvortrag zu den Zulassungsgründen. Soweit sie nicht in Widerspruch zu den tatbestandlichen Feststellungen des Berufungsurteils und zu sonstigen Feststellungen des Berufungsgerichts stehen, an die das Revisionsgericht bei der Entscheidung über die zugelassene Revision gebunden ist (vgl dazu § 559 Rz 10 ff; vgl auch § 543 Rz 19), können zur Darlegung der Zulassungsgründe auch neue Tatsachen vorgebracht werden. Das gilt namentlich für Tatsachenvortrag zu Verfahrensfehlern des Berufungsgerichts (§ 551 III 1 Nr 2 lit b), aus denen sich die Zulassungsvoraussetzungen ergeben sollen (Musielak/*Ball* § 544 Rn 20). 19

III. Zum Verhältnis Beschwerdebegründung/Revisionsbegründung. Die Begründung kann sich auf die Darlegung der Zulassungsgründe des § 543 II beschränken. Sie muss die Revisionsrügen, mit denen der Beschwerdeführer das Berufungsurteil nach Zulassung der Revision anzugreifen beabsichtigt, nicht zwangsläufig vorwegnehmen. Allerdings ist eine inhaltliche Trennung der Begründung von Nichtzulassungsbeschwerde einerseits und Revision andererseits häufig nicht möglich, so zB nicht, wenn die Zulassungsgründe aus Rechtsfehlern des Berufungsgerichts hergeleitet werden. Auch bei Rechtsfragen von grundsätzlicher Bedeutung ist es häufig nötig, die fehlerhafte Rechtsanwendung des Berufungsgerichts zunächst mit anderen Zulassungsgründen anzugreifen, um zu der Entscheidungserheblichkeit der sich bei richtiger bzw verfahrens- 20 grundrechtsgemäßer Anwendung des Rechts ergebenden Grundsatzfragen zu gelangen (vgl auch Musielak/*Ball* § 544 Rn 17f, 18).

21 **E. Entscheidung des Revisionsgerichts. I. Zulässigkeitsprüfung.** Vergleichbar der Situation bei § 552 I hat das Revisionsgericht zunächst zu prüfen, ob die Nichtzulassungsbeschwerde zulässig ist, dh form- und fristgerecht eingelegt und begründet worden ist und ob die Wertgrenze des § 26 Ziff 8 EGZPO überschritten ist. Fehlt es an einem dieser Erfordernisse, so ist die Nichtzulassungsbeschwerde als unzulässig zu verwerfen (Musielak/*Ball* § 544 Rn 21).

22 **II. Begründetheitsprüfung.** Bei der auf der Grundlage des Beschwerdevorbringens vorzunehmenden Begründetheitsprüfung prüft das Revisionsgericht, ob die Voraussetzungen der Zulassung der Revision nach § 543 II erfüllt sind. Während es für die Darlegungserfordernisse im Rahmen der Beschwerdebegründung unschädlich ist, wenn der Zulassungsgrund unrichtig benannt ist (vgl Rz 14), sollen iRd Begründetheitsprüfung nur die Zulassungsgründe zu prüfen sein, die in der Beschwerdebegründung schlüssig und substanziiert dargelegt sind (BGHZ 152, 7, 8 f; BGHZ 153, 254, 255; BGH NJW-RR 06, 142). Rechtsfragen von grundsätzlicher Bedeutung sollen nur dann zur Zulassung nötigen, wenn der Rechtsmittelführer sich zu ihnen geäußert hat, eine Divergenz soll nur dann relevant sein, wenn der Beschwerdeführer sie geltend macht (BGH NJW 03, 2319, 2320). Dagegen ist mit Recht und mit der zutreffenden Begründung, dass die Beschränkung der Prüfung auf die mit der Beschwerdebegründung geltend gemachten Zulassungsgründe systemwidrig ist, Kritik geäußert worden. Mit dem Interesse der Allgemeinheit ist es nicht zu vereinbaren, dass ein Urt, das die Zulassung der Revision erfordert, bestehen bleibt, nur weil der Beschwerdeführer, dem es allein um die Korrektur des Berufungsurteils geht, das Zulassungsbegehren auf einen anderen Zulassungsgrund stützt (Musielak/*Ball* § 544 Rn 22a; *Büttner* BRAK-Mitt 03, 202, 206). Entsprechend der im öffentlichen Interesse liegenden Aufgabe des Revisionsgerichts sollte es an die vom Beschwerdeführer geltend gemachten Zulassungsgründe als ebensowenig gebunden erachtet werden, wie gem § 557 III 1 (vgl § 557 Rz 11) an die im Revisionsverfahren geltend gemachten Zulassungsgründe (so zutr Musielak/*Ball* § 544 Rn 22a).

23 **III. Vorherige Anhörung des Gegners (Abs 3).** Dem Beschwerdegegner ist Gelegenheit zur Stellungnahme zu geben, die gem § 78 I 3 ebenfalls nur durch einen beim BGH zugelassenen Rechtsanwalt abgegeben werden kann. Eine unzulässige oder offensichtlich unbegründete Beschwerde kann ohne Einhaltung des Verfahrens nach § 544 III zurückgewiesen werden (Zö/*Heßler* § 544 Rn 11; Musielak/*Ball* § 544 Rn 23). Es entspricht allerdings dem Regelfall, dass der BGH durch die Mitteilung des mutmaßlichen Termins zur Beratung über die Zulassung der Revision dem Beschwerdegegner Gelegenheit zur Stellungnahme gibt.

24 **IV. Maßgeblicher Zeitpunkt.** Zum maßgeblichen Zeitpunkt für das Vorliegen der Zulassungsvoraussetzungen ist zu verweisen auf § 543 Rz 8, 9.

25 **V. Die Entscheidung. 1. Beschluss.** Das Revisionsgericht entscheidet über die Nichtzulassungsbeschwerde durch Beschl (§ 544 IV). Eine mündliche Verhandlung ist nicht erforderlich (§ 128 IV) und findet in aller Regel nicht statt. Die Entscheidung soll zwar kurz begründet werden (§ 544 IV 2), eine formelhafte Kurzbegründung, die dem Regelfall entspricht, soll jedoch genügen (BGH NJW 04, 1531), wobei allerdings nicht zu verhehlen ist, dass diese Art der Begründung für die rechtsuchende Partei weder aufschlussreich noch zufriedenstellend ist. Jedenfalls sollte – auch im Lichte des § 321a ZPO – dargelegt werden, dass die Rüge der Verletzung von Verfahrensgrundrechten – sollte sie erfolgt sein – geprüft wurde.

26 **2. Rechtsfolgen.** Hat die Nichtzulassungsbeschwerde Erfolg und gibt das Revisionsgericht mithin der Beschwerde statt, wird das Beschwerdeverfahren als Revisionsverfahren fortgeführt (§ 544 VI 1). Die Revision gilt als durch die Nichtzulassungsbeschwerde eingelegt (§ 544 VI 2). Die Revisionsbegründungsfrist (§ 551 II) beginnt mit der Zustellung des der Beschwerde stattgebenden Beschlusses (§ 544 VI 3). Eine gesonderte Revisionsbegründung ist nach Zulassung der Revision stets notwendig, sei es auch nur in Form einer Bezugnahme gem § 551 III 2, und zwar auch dann, wenn bereits die Begründung der Nichtzulassungsbeschwerde die gem § 551 III 1 für eine Revisionsbegründung erforderlichen Elemente enthält (BGH NJW 08, 588). In dem Revisionsverfahren, als das das Beschwerdeverfahren gem § 544 VI 1 fortgesetzt wird, ist das Revisionsgericht bei der Überprüfung des Berufungsurteils nicht auf die Gesichtspunkte beschränkt, die für die Zulassung der Revision maßgebend waren. Auch dann, wenn die Revisionsinstanz erst durch eine erfolgreiche Nichtzulassungsbeschwerde eröffnet wird, richtet sich der Umfang der revisi-

onsrechtlichen Überprüfung nach den allgemeinen Regeln, insb aus § 557 (BGH NJW 03, 3205, 3206).

27 Eine Sonderregelung gilt bei der Revisionszulassung wegen Verletzung des rechtlichen Gehörs. In einem derartigen Fall kann das Revisionsgericht nach **§ 544 VII** in dem der Beschwerde stattgebenden Beschl das angefochtene Urt aufheben und den Rechtsstreit zur neuen Verhandlung und Entscheidung an das Berufungsgericht zurückverweisen (zu einem derartigen Fall – konkret wegen Verletzung des rechtlichen Gehörs durch eine unzulässige Beweisantizipation – vgl BGH 28.4.11 – V ZR 182/10 – juris Tz 8ff).

28 Wird die Nichtzulassungsbeschwerde vom Revisionsgericht verworfen oder zurückgewiesen, erwächst das Berufungsurteil mit der Zustellung des Beschlusses in Rechtskraft. Es liegt dann eine Endentscheidung vor, gegen die gem § 321a grds eine Gehörsrüge zulässig ist. Allerdings ist eine Anhörungsrüge zur Verwirklichung des verfassungsrechtlich gebotenen Maßes an Rechtsschutz nur dann erforderlich und zulässig, wenn sie sich gegen eine »neue und selbstständige Verletzung« des Art 103 I GG durch den BGH selbst richtet. Eine »neue und eigenständige Verletzung« des rechtlichen Gehörs durch den BGH kann nicht schon deshalb angenommen werden, weil der BGH die rechtliche Lage von der Auffassung eines Klägers/Beschwerdeführers abw beurteilt und einen Zulassungsgrund für nicht gegeben erachtet (BGH WRP 10, 107 Tz 5). Eine eigenständige Verletzung des rechtlichen Gehörs liegt auch nicht darin, dass der BGH von der gesetzlich vorgesehenen Möglichkeit, gem § 544 IV 2 von einer näheren Begründung abzusehen, Gebrauch gemacht hat (BGH NJW 08, 923). Es reicht nicht aus, bereits in der Berufungsinstanz erfolgte Gehörsverletzungen geltend zu machen. Die Anhörungsrüge kann nicht mit Erfolg darauf gestützt werden, dass dem BGH im Zusammenhang mit der Überprüfung des in der Vorinstanz erfolgten Gehörsverstoßes ein Rechtsfehler unterlaufen sei (BGH NJW 08, 2126; NJW 09, 1609 f).

29 **F. Kosten/Gebühren. I. Gericht.** Im Verfahren der Nichtzulassungsbeschwerde, fällt eine 2,0-Gebühr an, wenn die Nichtzulassungsbeschwerde verworfen oder zurückgewiesen wird (Nr 1242 KV). Wird die Beschwerde zurückgenommen oder erledigt sich das Verfahren anderweitig, reduziert sich die Gebühr nach 1243 KV auf 1,0. Wird der Beschwerde stattgegeben, entsteht keine Gebühr (Anm zu Nr 1243 KV). Der Zulassungsbeschluss löst die Gebühren des Revisionsverfahrens aus.

30 **II. Anwalt.** Das Verfahren über die Nichtzulassungsbeschwerde nach § 544 stellt ggü dem Berufungsverfahren eine eigene gebührenrechtliche Angelegenheit dar (§ 15 II 2 RVG). Das sich an eine erfolgreiche Nichtzulassungsbeschwerde anschließende Revisionsverfahren stellt wiederum eine weitere Angelegenheit dar (§ 17 Nr 9 RVG). Der Anwalt erhält eine **2,3-Verfahrensgebühr** nach Nr 3506, 3508 VV RVG, da sich die Parteien nach § 78 I 4 nur durch einen am BGH zugelassenen Anwalt vertreten lassen können. Endet der Auftrag vorzeitig iSd Nr 3201 Nr 1 VV RVG, so ermäßigt sich die Verfahrensgebühr auf 1,8 (Nr 3507, 3509 VV RVG). Vertritt der Anwalt mehrere Auftraggeber, so erhöht sich die Verfahrensgebühr um 0,3 je weiteren Auftraggeber, sofern diese am Streitgegenstand gemeinschaftlich beteiligt sind. Kommt es nach erfolgreicher Nichtzulassungsbeschwerde zur Durchführung der Revision, wird die Verfahrensgebühr der Nr 3506, 3508 VV RVG nach Anm zu Nr 3506 VV RVG auf die Verfahrensgebühr des nachfolgenden Revisionsverfahrens angerechnet. Wird im Nichtzulassungsbeschwerdeverfahren der nicht postulationsfähige Anwalt der Vorinstanz für den Beschwerdegegner tätig, so erhält dieser nach der Rspr des BGH (AGS 06, 491 = NJW 06, 2266 = JurBüro 07, 27; AGS 07, 298 = NJW 07, 1461 = JurBüro 07, 252) nur eine 0,8-Verfahrensgebühr nach Nr 3403 VV RVG für eine Einzeltätigkeit, ebenso Köln AGS 10, 530 = JurBüro 10, 654 = NJW-Spezial 10, 731; München AGS 10, 217 = AnwBl 10, 68; Frankfurt JurBüro 08, 538 = AGS 09, 25 = OLGR 2009, 187; aA Nürnberg AGS 10, 622; Brandenburg OLGR 06, 411 = MDR 06, 1259 = JurBüro 06, 319.
Unter den Voraussetzungen der Vorbem 3 III VV RVG erhält der Anwalt eine **1,2-Terminsgebühr** nach Nr 3516 VV RVG. Da im Verfahren nach § 544 eine mündliche Verhandlung nicht vorgesehen ist, wird die Gebühr idR nur bei der Mitwirkung an Gesprächen zur Erledigung oder Vermeidung des Verfahrens (Vorbem 3 III, 3. Var VV RVG) anfallen.
Kommt es im Verfahren der Nichtzulassungsbeschwerde zu einer Einigung, so entsteht zusätzlich eine **Einigungsgebühr** nach Nr 1000 VV RVG. Zutreffenderweise wird man hier den 1,3-Gebührensatz der Nr 1004 VV RVG anwenden müssen.

§ 545 Revisionsgründe. **(1) Die Revision kann nur darauf gestützt werden, dass die Entscheidung auf einer Verletzung des Rechts beruht.**

(2) Die Revision kann nicht darauf gestützt werden, dass das Gericht des ersten Rechtszuges seine Zuständigkeit zu Unrecht angenommen oder verneint hat.

1 **A. Revisibles Recht. I. Rechtsnormqualität.** Mit der Revision kann nur gerügt werden, dass die tragenden Erwägungen der Entscheidung des Berufungsgerichts revisible Rechtsnormen verletzen. Rechtsnormen, deren Verletzung mit der Revision gerügt werden kann, sind alle materiellen und verfahrensrechtlichen Vorschriften, also Gesetze, Rechtsverordnungen, über den innerdienstlichen Bereich hinausgehende Verwaltungsanweisungen, Gewohnheitsrecht und Völkerrecht. Auch die allgemeinen Denkgesetze und Erfahrungssätze sind Rechtsnormen idS, ebenso die eine Vielzahl von Personen oder Sachverhalten betreffenden privatrechtlichen Satzungen sowie allgemeine Geschäftsbedingungen (vgl § 513 Rz 6 zu der insoweit gleichlautenden Vorschrift des § 513 Abs 1; anderer Auffassung zu allgemeinen Geschäftsbedingungen Musielak/*Ball* § 545 Rn 2). Die Revision kann auch auf die Verletzung von Bestimmungen des Europäischen Gemeinschaftsrechts gestützt werden (Musielak/*Ball* § 545 Rn 5), wenngleich für deren Auslegung der Gerichtshof der Europäischen Union im Vorabentscheidungsverfahren nach Art 267 AEUV zuständig ist (es sei denn, die richtige Anwendung des Gemeinschaftsrechts ist derart offenkundig, dass für einen vernünftigen Zweifel keinerlei Raum bleibt, sog acte-clair-Doctrine, EuGH NJW 83, 1257, 1258).

2 **II. Verletzung des Rechts. 1. Bisherige Rechtslage.** Nach der bis zum 1.9.09 geltenden Fassung von § 545 kann die Revision nur darauf gestützt werden, dass die Entscheidung auf der Verletzung des Bundesrechts oder einer Vorschrift beruht, deren Geltungsbereich sich über den Bezirk eines Oberlandesgerichts hinaus erstreckt. Ausländisches Recht ist danach nicht revisibel (BGH WRP 10, Tz 42; NJW-RR 04, 308, 310; NJW 03, 2685, 2686; NJW-RR 96, 732 mwN). Das gilt selbst dann, wenn es um dem deutschen Recht ähnliche oder gar wortgleiche Vorschriften geht (BGH NJW-RR 96, 732; BGHZ 118, 151, 163 f mwN). Das Revisionsgericht ist daher nach bisheriger Rechtslage auf die Prüfung beschränkt, ob deutsches oder ausländisches Recht Anwendung findet. Nachprüfbar ist ferner, ob das Berufungsgericht das ausländische Recht nach § 293 ZPO ordnungsgemäß, dh unter Ausnutzung aller ihm zugänglichen Erkenntnisquellen ermittelt hat (BGH NJW-RR 09, 311 Tz 10; NJW 03, 2685, 2686; BGHZ 118, 151, 162; vgl auch BGH WRP 10, 113 Tz 42). Hat das Berufungsgericht das nicht revisible ausländische Recht außer Betracht gelassen und infolgedessen nicht gewürdigt, ist das Revisionsgericht nicht gehindert, es selbst zu ermitteln und seiner Entscheidung zugrunde zu legen (BGH NJW-RR 04, 308, 310; BGH 12.11.09 – Xa ZR 76/07 Tz 21 – juris). Nachprüfbar sind auch Kollisionsnormen des ausländischen Rechts einschließlich der in ihnen verwendeten Begriffe des materiellen Rechts, soweit in Frage steht, ob sie auf deutsches Recht verweisen (BGH NJW 58, 750, 751; Zö/*Heßler* § 545 Rn 10; vgl iÜ § 560 Rz 3 ff).

3 **2. Änderungen durch das FGG-RG (BGBl I, 2586 ff).** Durch Art 29 Ziff 14a des FGG-RG ist § 545 I wie folgt gefasst worden »Die Revision kann nur darauf gestützt werden, dass die Entscheidung auf einer Verletzung des Rechts beruht.«

4 **a) Zweck der Änderung.** Nach der Gesetzesbegründung zu § 545 I nF verfolgt die Vorschrift den Zweck, den Anwendungsbereich für die revisionsgerichtliche Überprüfung von Rechtsnormen im zivilgerichtlichen Verfahren zu erweitern. Dass nach der bisher geltenden Vorschrift der Revision neben Bundesrecht lediglich solche Vorschriften unterliegen, deren Geltungsbereich sich über den Bezirk eines Oberlandesgerichts hinaus erstrecke, habe sich seit Inkrafttreten des ZPO-RG als zu eng erwiesen. Durch das ZPO-RG sei die Revision zu einer Instanz umgestaltet worden, bei der die Klärung grundsätzlicher Rechtsfragen, die Aufgaben der Rechtsfortbildung und der Wahrung der Rechtseinheit im Vordergrund stehen. Dem Revisionsgericht habe eine maximale Wirkungsbreite gesichert werden sollen. Die bisher geltende Fassung des § 545 Abs 1 habe jedoch dazu geführt, dass lediglich ein Teil der Entscheidungen der Berufungsgerichte auf Rechtsverletzung überprüft werden konnte. Diese historisch bedingte Unterscheidung danach, ob eine Vorschrift in mehreren Oberlandesgerichten Anwendung finde, führe vor dem Hintergrund der Neustrukturierung des Rechtsmittelrechts in Zivilsachen zu nicht mehr hinreichend sachlich gerechtfertigten Unterscheidungen hinsichtlich der Überprüfung landesrechtlicher und anderer regional begrenzter Vorschriften. Künftig unterlägen der revisionsrechtlichen Prüfung daher einheitlich alle Rechtsnormen unabhängig davon, ob sie in mehreren Oberlandesgerichtsbezirken Anwendung finden (BTDrs 16/9733, 301 f). Die Gesetzesbegründung stützt sich dabei auch auf die BGH-Entscheidungen v 5.7.05 (BGHZ 163, 321, 323 f) und 12.10.07 (NJW-RR 08, 251 Tz 7), in denen der BGH vor dem selben Hintergrund bereits entschieden hat, dass die revisionsgerichtliche Prüfung der Berufungsurteile bzgl AGB nicht auf solche Bedingungen beschränkt sei, die über den räumlichen Bezirk des Berufungsgerichts hinaus Verwendung finden (vgl auch BGH 21.8.08 – X ZR 80/07 – juris Tz 8).

b) Gesicherte Auswirkungen. Damit ist jedenfalls geklärt, dass auch solche Rechtsnormen, deren Geltungsbereich sich nicht über den Bezirk eines Oberlandesgerichts hinaus erstreckt, in Zukunft der revisionsgerichtlichen Überprüfung unterliegen. 5

c) Revisibilität ausländischen Rechts? Unklar ist, ob sich an der Beurteilung der Revisibilität ausländischen Rechts durch die Neufassung von § 545 I etwas geändert hat. Hierfür könnte der Wortlaut der Neufassung sprechen, die – anders als die derzeitige Fassung der Vorschrift – nicht mehr von »Bundesrecht« spricht, sondern nur noch von der Verletzung von »Recht«. Aus diesem Grund wird tw angenommen, § 545 I eröffne nunmehr bei der fehlerhaften Anwendung ausländischen Rechts die Revision; dasselbe gelte für die Rechtsbeschwerde in Familiensachen nach § 72 I FamFG (*Eichel* IPRax 09, 389, 390 ff; *Hess/Hübner* NJW 09, 3132 ff; Zö/*Geimer* § 293 Rn 28; Geimer IZPR Rn 2601; vgl auch *Hau* FamRZ 09, 821, 824 zu § 72 I FamFG). Der BGH hat die Frage in einer Entscheidung v 12.11.09 (Xa ZR 76/07 Tz 21 juris) ausdrücklich offen gelassen (vgl auch BGH v 16.8.10 – IX ZR 181/08 – juris »jedenfalls im vorliegenden Verfahren noch nicht zu überprüfenden ausländischen Rechts«). Aus der Gesetzesbegründung, die sich auf die nicht mehr hinreichend sachlich gerechtfertigten Unterscheidungen hinsichtlich der Überprüfung landesrechtlicher oder anderer regional begrenzter Vorschriften bezieht, lässt sich allerdings nicht ohne weiteres entnehmen, dass gleiches auch für die Prüfung ausländischen Rechts gelten sollte. Eher spricht die Tatsache, dass die Gesetzesbegründung hierzu in Kenntnis der bisherigen höchstrichterlichen Rechtsprechung (vgl Rz 2) keine Ausführungen enthält, dafür, dass in dieser Hinsicht mit der Neufassung der Vorschrift eine Änderung nicht bezweckt war (vgl *Althammer* IPRax 09, 381, 389; zu § 72 I FamFG *Roth* JZ 09, 585, 590). Dafür, dass eine Änderung in Bezug auf die Behandlung ausländischen Rechts nicht beabsichtigt war, spricht auch die systematische Auslegung. Durch die Reform bleiben die Vorschriften der §§ 560, 563 IV unverändert, die nach ihrem Wortlaut voraussetzen, dass es Gesetze gibt, auf deren Verletzung die Revision nach § 545 nicht gestützt werden kann. Da Vorschriften des Landesrechts nach der Neufassung nicht mehr zu den Gesetzen gehören, auf deren Verletzung die Revision nicht gestützt werden kann, spricht einiges dafür, dass ausländische Gesetze, die danach den alleinigen Anwendungsbereich der Vorschrift bilden dürften, nach wie vor der revisionsrechtlichen Überprüfung nur eingeschränkt unterliegen (so im Ergebnis auch Musielak/*Ball* § 545 Rn 7; B/L/A/H § 545 Rn 5 ff; § 560 Rn 5; Zö/*Heßler* § 545 Rn 8; zur eingeschränkten Revisibilität ausländischen Rechts sowie allgemein zu den Grenzen revisionsrechtlicher Nachprüfung iE vgl § 560 Rz 2 ff). Dass sich die künftige Bedeutung dieser Vorschriften nach dem Willen des Gesetzgebers darin erschöpfen sollte, dass insb § 560 von anderen Prozessordnungen in Bezug genommen wird (vgl *Hess/Hübner* NJW 09, 3132 Fn 5 unter Bezugnahme auf *Eichel* IPRax 09, 389, 391 f und damit indirekt auf § 72 III FamFG, der jedoch nach der Gesetzesbegründung denselben Anwendungsbereich haben sollte wie § 545 I, s. BTDrs 16/9733, 290; vgl auch *Roth* JZ 09, 585, 590), vermag angesichts der Gesetzesbegründung, die auf die Beseitigung der historisch bedingten Unterschiede in der revisionsrechtlichen Überprüfung der Entscheidungen der Berufungsgerichte in Bezug auf die Anwendung des in der Bundesrepublik Deutschland existierenden Rechts abzielt, ebenso wenig zu überzeugen, wie die Annahme, bei dem Verweis auf § 560 ZPO in § 72 III FamFG handele es sich um ein Redaktionsversehen (so *Eichel* IPRax 09, 389, 393). Ferner kann es in Anbetracht dieses Gesetzgeberwillens auf objektiv-teleologische Kriterien nicht ankommen (s. Larenz/Canaris, S.153 f, 165; aA *Eichel* IPRax 09, 389, 392 f; vgl auch *Hess/Hübner* NJW 09, 3132 ff, die die Revisibilität des ausländischen Rechts neben dem Gesetzeswortlaut aus einem »wachsenden praktischen Bedürfnis« herleiten wollen). 6

B. Prüfungsausschluss nach Abs 2. Nach § 545 II ist jede Feststellung der nationalen örtlichen, sachlichen und – anders als nach § 549 II ZPO aF, an dessen Stelle § 545 II getreten ist – funktionellen Zuständigkeit des erstinstanzlichen Gerichts der Prüfung durch das Revisionsgericht entzogen (B/L/A/H § 545 Rn 15). Im Interesse der Verfahrensbeschleunigung und der Entlastung des Rechtsmittelgerichts sollen Rechtsmittelstreitigkeiten vermieden werden, die allein auf die Frage der Zuständigkeit des Gerichts gestützt werden. Zugleich soll verhindert werden, dass die von den Vorinstanzen geleistete Sacharbeit wegen fehlender Zuständigkeit hinfällig wird. Hieraus hat der BGH gefolgert, dass der Gesetzgeber mit der Neufassung – unbeschadet ihres insoweit missverständlichen Wortlauts – nicht hinter den bisherigen Rechtszustand zurückgehen, sondern vielmehr die Prüfung von Zuständigkeitsfragen in noch umfassenderer Weise als bisher einer revisionsrechtlichen Prüfung entziehen wollte (BGH NJW-RR 09, 434 Tz 8 mzwN). 7

Unstreitig gilt der Prüfungsausschluss dann, wenn das Berufungsgericht die Zuständigkeitsfrage genauso beurteilt wie das erstinstanzliche Gericht (vgl nur BGH NJW-RR 07, 1437; BGH NJW 88, 3267, 3268). Der 8

BGH hat ferner zum Ausdruck gebracht, dass nach § 545 II – mit Ausnahme der internationalen Zuständigkeit – die Zuständigkeit des Gerichts 1. Instanz der Nachprüfung durch das Revisionsgericht schlechthin entzogen sein soll (BGH NJW 03, 2917 f; BGH NJW-RR 06, 930 Tz 11; BGH NJW 05, 1660, 1662). Hieraus ist abzuleiten, dass der Ausschluss der revisionsrechtlichen Prüfung über den Wortlaut von § 513 Abs 2 hinaus auch dann gilt, wenn das Berufungsgericht die Zuständigkeit des erstinstanzlichen Gerichts abgeändert und zu Unrecht bejaht oder verneint hat (s.a. MüKoZPO/*Wenzel* § 545 Rn 15; aA Musielak/*Ball* § 545 Rn 12).

9 Der Prüfungsausschluss gilt selbst dann, wenn das Berufungsgericht die Revision wegen der Zuständigkeitsfrage zugelassen hat, da die Prüfungsbefugnis des Revisionsgerichts durch die Zulassungsentscheidung des Berufungsgerichts nicht erweitert wird (BGH NJW-RR 11, 72 mwN; BGH NJW-RR 07, 1437; BGH NJW-RR 07, 1509 Tz 2; BGH NJW-RR 06, 930 Tz 11; BGH NJW 03, 2917 f; BGH NJW 88, 3267, 3268 mwN; vgl auch Musielak/*Ball* § 545 Rn 12; Zö/*Heßler* § 545 Rn 15).

10 Eine Ausnahme gilt lediglich für die internationale Zuständigkeit, die der Nachprüfung durch das Revisionsgericht unterliegt (BGH NJW-RR 10, 1554, Tz 10; BGH NJW-RR 07, 1509 Tz 3; BGH NJW 05, 1660, 1662; BGH NJW 03, 2916; BGHZ 153, 82, 84 ff; Musielak/*Ball* § 545 Rn 13; Zö/*Heßler* § 545 Rn 15).

11 Auch soweit das Berufungsgericht das Vorliegen einer Familiensache bejaht, ist diese Beurteilung für den BGH bindend. Eine abweichende Beurteilung des Verfahrens als Zivilsache kann weder im Wege der Revision noch im Wege der Nichtzulassungsbeschwerde geltend gemacht werden. Eine gleichwohl erhobene Nichtzulassungsbeschwerde ist entsprechend § 26 Ziff 9 S 1 EGZPO iVm Art 111 FGG-RG unzulässig, ohne dass es auf die Beurteilung des Verfahrens als Zivil- oder als Familiensache durch das Revisionsgericht ankommt (BGH NJW-RR 09, 434 Tz 9; zur Anwendbarkeit von § 26 Ziff 9 EGZPO auf seit vor dem 1.9.09 anhängige Verfahren vgl § 542 Rz 8).

§ 546 Begriff der Rechtsverletzung. **Das Recht ist verletzt, wenn eine Rechtsnorm nicht oder nicht richtig angewendet worden ist.**

1 **A. Revisionsrechtliche Überprüfung auf Rechtsfehler. I. Normzweck und Normzusammenhang.** § 546 ist im Zusammenhang mit §§ 545 und 559 zu sehen. Aus dem Zusammenhang dieser Normen und ihres Regelungsbereiches ergibt sich, dass das Revisionsgericht das Berufungsurteil nur in rechtlicher, nicht jedoch in tatsächlicher Hinsicht nachzuprüfen hat. Das Revisionsgericht hat seiner Überprüfung den vom Berufungsgericht festgestellten Sach- und Streitstand zugrunde zu legen. Neues tatsächliches Vorbringen der Parteien in der Revisionsinstanz kann grds nicht berücksichtigt werden (§ 559 I, zu den Ausnahmen vgl § 559 Rz 6 ff). Tatsachenfeststellungen in der Berufungsinstanz sind für das Revisionsgericht bindend, es sei denn, die Tatsachenfeststellung beruht ihrerseits auf einer Verletzung materiellen Rechts bzw ist von einem ordnungsgemäß gerügten (§ 551 III 1 Nr 2 lit b) Verfahrensfehler beeinflusst. Hat das Berufungsgericht von einer Sachaufklärung abgesehen, ist der – namhaft zu machende – zweitinstanzliche Tatsachenvortrag des Revisionsklägers als wahr zu unterstellen und der revisionsrechtlichen Überprüfung des Berufungsurteils zugrunde zu legen (Musielak/*Ball* § 546 Rn 2). Bei der Überprüfung der Entscheidung des Berufungsgerichts auf Fehler bei der Rechtsanwendung (§ 546) legt das Revisionsgericht das von ihm selbstständig ermittelte, auszulegende und anzuwendende (Musielak/*Ball* § 546 Rn 2), gem § 545 maßgebliche revisible Recht zugrunde.

2 **II. Tatfrage/Rechtsfrage.** Da das Revisionsgericht auf die Überprüfung der Rechtsanwendung beschränkt ist, kommt der Unterscheidung dessen, was Tatfrage und was Rechtsfrage ist, hohe Bedeutung zu. Da jedoch auch prozessuale Normen Recht iSd § 546 sind und eine Verfahrensrüge gem § 551 III Nr 2 lit b im Falle ihres Erfolges dazu führt, dass das Revisionsgericht an die tatsächlichen Feststellungen des Berufungsgerichts nicht gebunden ist (§ 559), können auch tatrichterliche Feststellungen, vorausgesetzt, sie werden ordnungsgemäß gerügt, der revisionsrechtlichen Nachprüfbarkeit unterliegen. Ein Beispiel mag das Wechselspiel von Rechtsfrage und Tatfrage und die sich hieraus ergebenden Grenzen revisionsrechtlicher Nachprüfbarkeit illustrieren: im Kennzeichenrecht ist die Beurteilung der Verwechslungsgefahr gem § 14 II Nr 2 und § 15 II MarkenG unter Berücksichtigung aller maßgeblichen Umstände vorzunehmen. Dabei besteht eine Wechselwirkung zwischen dem Grad der Ähnlichkeit der einander gegenüberstehenden Bezeichnungen, der Kennzeichnungskraft des klägerischen Kennzeichens und dem Grad der Ähnlichkeit der Waren und Dienstleistungen bzw dem wirtschaftlichen Abstand der Tätigkeitsgebiete der Parteien (stRspr vgl nur BGH GRUR 08, 1002 Tz 23 „Schuhpark“; BGH GRUR 05, 61 – CompuNet/ComNet II j.m.z.w.N.). Die

Beurteilung der Verwechslungsgefahr und der Zeichenähnlichkeit als einer ihrer Faktoren ist eine Rechtsfrage. Die Prüfung der Zeichenähnlichkeit setzt allerdings tatsächliche Feststellungen zum Gesamteindruck der Zeichen voraus (vgl nur BGH GRUR 05, 61, 62 – CompuNet/ComNet II). Im Revisionsverfahren kann die Beurteilung des Gesamteindruckes, die grds auf tatrichterlichem Gebiet liegt, nur eingeschränkt darauf überprüft werden, ob ihr ein unzutreffender Rechtsbegriff zugrunde liegt, sie gegen Erfahrungssätze oder Denkgesetze verstößt oder wesentliche Umstände nicht berücksichtigt sind (vgl nur BGH GRUR 09, 672 Tz 35 – OSTSEE-POST; GRUR 04, 514, 516 »Telekom«). Dasselbe gilt für die Beurteilung der Warenähnlichkeit bzw Branchennähe und der Kennzeichnungskraft. Das Beispiel zeigt das Zusammenspiel von Rechtsfragen und Tatfragen und das Erfordernis sowie die Möglichkeit, tatrichterliche Feststellungen in revisionsrechtlich zulässiger Weise anzugreifen.

B. Die bedeutsamsten Fallgruppen zur revisionsrechtlichen Nachprüfbarkeit und zur Gemengelage zwischen Rechtsfragen und tatrichterlicher Beurteilung. I. Auslegung. 1. Rechtsnormen. Die Auslegung von Rechtsnormen ist zweifelsfrei und in jedem Fall Rechtsfrage. Die Auslegung des Gesetzes gehört zum Kernbereich der revisionsrechtlichen Überprüfung, und zwar auch dann, wenn ungeschriebenes Recht in Rede steht (vgl BGH NJW 65, 1862, 1864; Musielak/*Ball* § 546 Rn 4). 3

2. Willenserklärungen/Individualvereinbarungen. Die Auslegung individueller Erklärungen ist grds Sache des Tatrichters. Dessen Auslegung bindet das Revisionsgericht nur dann nicht, wenn sie gesetzliche oder allgemein anerkannte Auslegungsregeln, Denkgesetze, allgemeine Verfahrenssätze oder Verfahrensvorschriften verletzt (stRspr vgl nur BGH WM 09, 980 Tz 14; WM 09, 861 Tz 12 jew mwN). Ob eine Willenserklärung eindeutig ist, ist allerdings eine Rechtsfrage, die der revisionsrechtlichen Überprüfung in vollem Umfang zugänglich ist (BGH WM 09, 861 Tz 12 mwN). Desgleichen ist die Auslegung von Verträgen grds dem Tatrichter vorbehalten. Dessen Auslegung ist für das Revisionsgericht bindend, wenn sie rechtsfehlerfrei vorgenommen worden ist und zu einem vertretbaren Auslegungsergebnis führt, auch wenn ein anderes Auslegungsergebnis möglich erscheint oder sogar näher liegt. Die Auslegung durch den Tatrichter kann deshalb vom Revisionsgericht grds nur darauf überprüft werden, ob der Auslegungsstoff vollständig berücksichtigt worden ist, ob gesetzliche oder allgemein anerkannte Auslegungsregeln, die Denkgesetze oder allgemeine Erfahrungssätze verletzt sind oder ob die Auslegung auf einem im Revisionsverfahren gerügten Verfahrensfehler beruht (vgl nur BGH NJW 03, 2235, 2236; NJW 98, 1144, 1145 – Modenschau im Salvatorkeller). Hat der Tatrichter die gebotene Auslegung rechtsfehlerhaft unterlassen, ist das Revisionsgericht an das das vom Tatrichter gefundene Ergebnis nicht gebunden. Dies gilt auch, wenn der Tatrichter eine ergänzende Vertragsauslegung rechtsfehlerhaft nicht vorgenommen hat (Musielak/*Ball* § 546 Rn 5). Sind die dazu erforderlichen Feststellungen getroffen und weitere Feststellungen nicht zu erwarten, kann der BGH die Auslegung selbst nachholen (BGH WM 09, 1180 Tz 20; BGHZ 179, 186 Tz 14; BGHZ 124, 39, 45). Unbeschränkt nachprüfbar ist die Auslegung gesellschaftsvertraglicher Regelungen mit körperschaftsrechtlichem Charakter (BGHZ 116, 359, 364; Musielak/*Ball* § 546 Rn 5; vgl auch Zö/*Heßler* § 546 Rn 5). 4

3. Allgemeine Geschäftsbedingungen. Die Auslegung allgemeiner Geschäftsbedingungen ist unbeschränkt nachprüfbar, soweit Klauseln in Allgemeinen Geschäftsbedingungen, Formularverträgen oder vorformulierten Bedingungen zum Abschluss von Gesellschaftsverträgen im Geschäftsverkehr üblich sind (zum Wegfall der Beschränkung durch das Erfordernis »über den Bezirk eines Oberlandesgerichts hinaus« vgl § 545 Rz 4, 5). Da bei derartigen Regelwerken ein Bedürfnis nach einheitlicher Handhabung besteht und insb AGB nach ihrem objektiven Inhalt und typischen Sinn einheitlich so auszulegen sind, wie sie von verständigen und redlichen Vertragspartnern unter Abwägung der Interessen der normalerweise beteiligten Kreise verstanden werden, es mithin nicht auf die individuelle Interessenlage im Einzelfall ankommt, sondern auf die typisierten Interessen des Verwenders und seiner Vertragspartner, unterliegen solche Allgemeinen Geschäftsbedingungen uneingeschränkter revisionsgerichtlicher Kontrolle (vgl nur BGH NJW-RR 08, 251 Tz 7/8; vgl auch BGH 21.8.08 – X ZR 80/07 juris Tz 8). Ausländische allgemeine Geschäftsbedingungen sind dagegen wie ausländisches Recht zu behandeln; ihre Auslegung ist nach §§ 545 I, 560 der Nachprüfung durch die Revisionsinstanz entzogen (vgl § 545 Rz 6, § 560 Rz 2 ff; vgl auch Musielak/*Ball* § 546 Rn 6; Zö/*Heßler* § 546 Rn 5). 5

4. Prozessual bedeutsame Willenserklärungen. Diese prüft das Revisionsgericht uneingeschränkt auf ihre Auslegung nach und hat sie – soweit deren prozessuale Bedeutung in Rede steht – frei zu würdigen (BGH 6

NJW 98, 3350, 3352; vgl BGHZ 140, 156, 157 zur Wertung eines Parteivorbringens als Geständnis; vgl auch Musielak/*Ball* § 546 Rn 7; Zö/*Heßler* § 546 Rn 11).

7 **5. Gerichtsentscheidungen und Verwaltungsakte.** Keinen Beschränkungen unterliegt das Revisionsgericht bei der Auslegung und rechtlichen Einordnung gerichtlicher und behördlicher Entscheidungen (Musielak/*Ball* § 546 Rn 8; Zö/*Heßler* § 546 Rn 11).

8 **II. Beweiswürdigung. 1. Grundsätze.** Die Beweiswürdigung dient der Tatsachenfeststellung und ist daher ureigenste Domäne des Tatrichters. An dessen Feststellungen ist das Revisionsgericht grds gebunden. Revisionsrechtlich ist indes zu überprüfen, ob der Tatrichter sich mit dem Prozessstoff und den Beweisergebnissen umfassend und widerspruchsfrei auseinandergesetzt hat, die Würdigung also vollständig und rechtlich möglich ist und nicht gegen Denkgesetze oder Erfahrungssätze verstößt (vgl nur BGH NJW 93, 935, 937). Die wesentlichen Grundlagen der Beweiswürdigung müssen dazu im Berufungsurteil nachvollziehbar dargelegt werden (vgl nur BGH NJW 98, 2969, 2971). Der revisionsrechtlichen Überprüfung kann ferner das **Beweismaß** unterliegen. Nach § 286 ZPO hat der Tatrichter ohne Bindung an Beweisregeln und nur seinem Gewissen unterworfen die Entscheidung zu treffen, ob er an sich mögliche Zweifel überwinden und sich von einem bestimmten Sachverhalt als wahr überzeugen kann. Die Beweiswürdigung verletzt das Gesetz (§ 286), wenn der Tatrichter unerfüllbare Beweisanforderungen stellt oder die Beweisanforderungen überspannt. Das Gericht darf keine unerfüllbaren Beweisanforderungen stellen. Der Richter muss sich im tatsächlich zweifelhaften Fall mit einem für das praktische Leben brauchbaren Grad von Gewissheit begnügen, der den Zweifeln Schweigen gebietet, ohne sie völlig auszuschließen (vgl nur BGH NJW 93, 935, 937).

9 Auch die Würdigung eines **Indizienbeweises** unterliegt nur eingeschränkter revisionsrechtlicher Nachprüfung. Der Tatrichter ist grds darin frei, welche Aussagekraft er den Hilfstatsachen im Einzelnen und in einer Gesamtschau für seine Überzeugungsbildung beimisst. Er stellt die den Indizien zukommenden Wahrscheinlichkeitsgrade und somit die sich daraus ergebenden Schlussfolgerungen fest. Revisionsrechtlich ist seine Beweiswürdigung gem § 286 nur darauf zu überprüfen, ob er alle Umstände vollständig berücksichtigt und nicht gegen Denk- oder Erfahrungssätze verstoßen hat (BGH WM 09, 739 Tz 21; BGH NJW-RR 07, 312 Tz 11 jmwN).

10 Ein Verstoß gegen die Denkgesetze liegt ua auch dann vor, wenn der Tatrichter Indiztatsachen, die sich zwanglos mit dem gegensätzlichen Vortrag beider Parteien vereinbaren lassen, nur als mit dem Vortrag einer Partei für vereinbar hält, also in ihrer Ambivalenz nicht erkennt oder ihnen Indizwirkungen zuerkennt, die sie nicht haben können (BGH NJW 93, 935, 937; NJW 91, 1894, 1895). Beim Indizienbeweis muss der Tatrichter die wesentlichen Gesichtspunkte für seine Überzeugungsbildung in den Gründen seiner Entscheidung nachvollziehbar darlegen (BGH NJW-RR 93, 443, 444).

11 **a) Sachverständigengutachten.** Auch bei der Auswahl der Sachverständigen und Würdigung derer Gutachten können dem Berufungsgericht Fehler unterlaufen, die zur revisionsrechtlichen Nachprüfung führen. Zwar steht die Auswahl des Sachverständigen im Ermessen des Gerichts. Es liegt jedoch eine fehlerhafte Ermessensausübung (vgl dazu Rz 16) vor, wenn das Gericht einen Sachverständigen aus dem falschen Sachgebiet ausgewählt hat (BGH NJW 09, 1209). Revisionsrechtlicher Nachprüfung unterliegt ferner, ob der Tatrichter seiner Verpflichtung nachgekommen ist, Äußerungen gerichtlicher Sachverständiger sorgfältig und krit zu würdigen und auf die Ausräumung möglicher Unvollständigkeiten, Unklarheiten und Zweifel hinzuwirken. Dazu kann es geboten sein, ein weiteres Gutachten einzuholen, insb wenn das Gutachten des gerichtlichen Sachverständigen insgesamt oder zumindest in einzelnen Punkten zu vage oder zu unsicher erscheint (BGH NJW-RR 09, 679 Tz 18 mwN). Der Tatrichter darf im Falle sich widersprechender Gutachten zweier gerichtlich bestellter Sachverständiger sowie dann, wenn eine Partei ein Gutachten vorlegt, das im Gegensatz zu den Erkenntnissen des gerichtlich bestellten Sachverständigen steht, den Streit der Sachverständigen nicht dadurch entscheiden, dass er ohne einleuchtende und logisch nachvollziehbare Begründung einem von ihnen den Vorzug gibt (BGH VersR 09, 817, Tz 9 mwN). Der Tatrichter darf auch einen Gutachterstreit nicht aufgrund eigener Sachkunde entscheiden, wenn er diese den Parteien nicht eröffnet und im Berufungsurteil hinreichend dargelegt hat (BGH NJW 08, 2994 Tz 4; BauR 08, 1031 Tz 19f; NJW 94, 2419, 2421). Verletzt der Tatrichter diese Verpflichtungen, liegt ein Verfahrensfehler vor, der bei entsprechender Rüge zu revisionsrechtlicher Nachprüfung führt.

12 **b) Andere Würdigung von Zeugenaussagen durch das Berufungsgericht.** Will das Berufungsgericht die Glaubwürdigkeit eines Zeugen anders beurteilen als der erstinstanzliche Richter oder will es die protokol-

lierte Aussage eines Zeugen anders als dieser verstehen, muss es den Zeugen erneut vernehmen (§ 398, vgl § 398 Rz 4). Das Ermessen des Berufungsgerichts, ob die zu treffenden Feststellungen die erneute Erhebung bereits in 1. Instanz erhobener Beweise erfordern, ist in diesem Fall auf Null reduziert (BGH VersR 09, 817 Tz 21). Nimmt das Berufungsgericht in derartigen Fällen eine Wiederholung der erstinstanzlichen Beweisaufnahme nicht vor, ist der Anspruch auf rechtliches Gehör durch rechtsfehlerhafte Anwendung der prozessualen Vorschrift des § 529 I Nr 1 verletzt (BGH VersR 06, 949) und damit die revisionsrechtliche Überprüfung eröffnet.

c) Beweisregeln, Beweiserleichterungen, Beweislastumkehr. Lässt der Tatrichter gesetzliche Beweisregeln unbeachtet oder legt er der Beweiswürdigung umgekehrt eine abstrakte Beweisregel zugrunde, die das Gesetz nicht kennt, liegt eine revisionsrechtlich beachtliche Rechtsverletzung vor (BGH NJW 99, 486, 488; Musielak/*Ball* § 546 Rn 10). Unbeschränkter revisionsrechtlicher Nachprüfung unterliegt auch die Frage, ob der Tatrichter die Beweislast verkannt hat und ob Beweiserleichterungen, eine Beweislastumkehr oder die Regeln des Anscheinsbeweises eingreifen (Musielak/*Ball* § 546 Rn 10; Zö/*Heßler* § 546 Rn 13 jmwN). 13

III. Unbestimmte Rechtsbegriffe, Generalklauseln. Bei der Anwendung eines unbestimmten Rechtsbegriffs auf den konkreten Sachverhalt ist dem Tatrichter ein Beurteilungsspielraum vorbehalten (BGH NJW 07, 2177 Tz 32). Das Revisionsgericht kann die Feststellung der Voraussetzungen eines unbestimmten Rechtsbegriffs nur beschränkt darauf überprüfen, ob der Tatrichter wesentliche Umstände übersehen oder nicht vollständig gewürdigt hat, Erfahrungssätze verletzt oder Verfahrensfehler begangen hat (BGH NJW 07, 211 Tz 13). 14

Inwieweit die Frage, ob ein festgestellter Sachverhalt gegen die guten Sitten oder gegen Treu und Glauben verstößt, unbeschränkt nachprüfbar ist, wird demgegenüber in der höchstrichterlichen Rechtsprechung nicht immer zweifelsfrei zum Ausdruck gebracht. Einerseits wird ausgeführt, dass es der abschließenden, revisionsrechtlich nur eingeschränkt überprüfbaren Beurteilung des Tatrichters obliegt, ob er auf der Grundlage der tatsächlichen Feststellungen ein sittenwidriges Verhalten einer Partei annimmt (BGH NJW-RR 07, 1676), andererseits, dass es der uneingeschränkten revisionsrechtlichen Überprüfung unterliegt, ob ein Verhalten als sittenwidrig [iS der entsprechenden Maßstäbe der höchstrichterlichen Rechtsprechung] anzusehen ist (BGH 20.4.04 – X ZR 257/02 Tz 30 – juris), desgleichen, dass die Frage, ob ein Verstoß gegen Treu und Glauben vorliegt, keine reine Tatfrage ist, sondern zugleich eine der Nachprüfung durch das Revisionsgericht unterliegende Rechtsfrage (BGHZ 45, 258, 266). Richtigerweise ist die Frage, ob ein festgestellter Sachverhalt die Voraussetzungen eines unbestimmten Rechtsbegriffs in seiner Ausprägung durch die höchstrichterliche Rechtsprechung erfüllt, mithin den rechtlichen Maßstäben genügt, eine Rechtsfrage, die uneingeschränkter revisionsrechtlicher Überprüfung unterliegt. Werden die Maßstäbe, die an einen unbestimmten Rechtsbegriff gestellt werden, verkannt, wird gleichzeitig der Rechtsbegriff verkannt, und damit die unbeschränkte revisionsrechtliche Nachprüfbarkeit eröffnet (vgl zB zum Begriff der Billigkeit iSv § 315 BGB und dessen revisionsrechtlicher Nachprüfbarkeit BGH NJW 09, 504 Tz 28). Enthält ein Berufungsurteil, das Verwechslungsgefahr im kennzeichenrechtlichen Sinne bejaht oder verneint, nur tatrichterliche Feststellungen und deren Würdigung zur Kennzeichennähe und Warenähnlichkeit, nicht jedoch zur Kennzeichnungskraft des Klagezeichens (vgl das Beispiel in Rz 2), hat das Berufungsgericht den Rechtsbegriff der Verwechslungsgefahr verkannt. Das Berufungsurteil unterliegt insoweit uneingeschränkt revisionsrechtlicher Überprüfung. 15

IV. Ermessen. In Fällen, in denen das Gesetz dem Tatrichter Ermessen einräumt, kann das Revisionsgericht lediglich überprüfen, ob das Ermessen ausgeübt worden ist, ob die Grenzen der Ermessenausübung eingehalten wurden, ob alle wesentlichen Umstände Beachtung gefunden haben (BGH NJW 09, 993 Tz 26 mwN) und ob von dem Ermessen in einer dem Zweck der Ermächtigung entsprechenden Weise Gebrauch gemacht wurde (BGH NJW 09, 502 Tz 28; 08, 218 Tz 9) bzw ob das Berufungsgericht von einem rechtlich unzutreffenden Ansatz ausgegangen ist, der ihm den Zugang zu einer rechtsfehlerfreien Ermessenentscheidung versperrt hat (BGH NJW 09, 502 Tz 28). Die Grenzen des Ermessens sind überschritten, wenn das Berufungsgericht einerseits für die Beurteilung wesentliche Umstände außer Acht gelassen hat und andererseits Gesichtspunkte in die Abwägung eingeflossen sind, die so nicht hätten berücksichtigt werden dürfen (BGH NJW 07, 2414 Tz 9 mwN). Um dem Revisionsgericht die Nachprüfung zu ermöglichen, muss das Berufungsurteil erkennen lassen, dass das Berufungsgericht sein Ermessen ausgeübt hat und welche Erwägungen für eine Ermessensausübung maßgeblich waren (BGH NJW-RR 94, 1143, 1144; Musielak/*Ball* § 546 Rn 13). Bei zweifelsfreier Sachlage, bei der eine abweichende Entschei- 16 dung ermessenfehlerhaft wäre, kann eine Ermessensentscheidung auch vom Revisionsgericht getroffen werden (BGH NJW 92, 2235, 2236).

17 Ist eine **Schadensschätzung** nach § 287 vorzunehmen, ist sie vom Tatrichter unter Würdigung aller Umstände des Einzelfalls nach seiner freien Überzeugung zu bemessen. Vom Revisionsgericht ist nur zu prüfen, ob die Schadensschätzung auf grds falschen oder offenbar unsachlichen Überlegungen beruht oder ob wesentliche Tatsachen außer Acht gelassen worden sind, insb, ob schätzungsbegründende Tatsachen, die von den Parteien vorgebracht worden sind oder sich aus der Natur der Sache ergeben, nicht gewürdigt worden sind (BGH NJW-RR 09, 1053 Tz 14 mwN – Resellervertrag, stRspr vgl auch BGH NJW-RR 09, 542 Tz 23 – Whistling for a train, jew mwN). Nachprüfbar ist ferner, ob an die Darlegung der für die Schadensermittlung wesentlichen Umstände überhöhte Anforderungen gestellt worden sind (Musielak/*Ball* § 546 Rn 13).

§ 547 Absolute Revisionsgründe. **Eine Entscheidung ist stets als auf einer Verletzung des Rechts beruhend anzusehen,**

1. **wenn das erkennende Gericht nicht vorschriftsmäßig besetzt war;**
2. **wenn bei der Entscheidung ein Richter mitgewirkt hat, der von der Ausübung des Richteramts kraft Gesetzes ausgeschlossen war, sofern nicht dieses Hindernis mittels eines Ablehnungsgesuchs ohne Erfolg geltend gemacht ist;**
3. **wenn bei der Entscheidung ein Richter mitgewirkt hat, obgleich er wegen Besorgnis der Befangenheit abgelehnt und das Ablehnungsgesuch für begründet erklärt war;**
4. **wenn eine Partei in dem Verfahren nicht nach Vorschrift der Gesetze vertreten war, sofern sie nicht die Prozessführung ausdrücklich oder stillschweigend genehmigt hat;**
5. **wenn die Entscheidung auf Grund einer mündlichen Verhandlung ergangen ist, bei der die Vorschriften über die Öffentlichkeit des Verfahrens verletzt sind;**
6. **wenn die Entscheidung entgegen den Bestimmungen dieses Gesetzes nicht mit Gründen versehen ist.**

1 **A. Bedeutung der absoluten Revisionsgründe.** Bei absoluten Revisionsgründen wird die Ursächlichkeit eines Verfahrensfehlers für den Inhalt der Entscheidung unwiderlegbar vermutet (vgl nur BGH 26.11.08 – VIII ZR 200/06 juris Tz 6; BGHZ 172, 250 Tz 11; Musielak/*Ball* § 547 Rn 2; Zö/*Heßler* § 547 Rn 1). Auch absolute Revisionsgründe können allerdings nur iRe statthaften und auch iÜ zulässigen Revision geltend gemacht werden; desgleichen werden absolute Revisionsgründe – mit Ausnahme unverzichtbarer Prozessvoraussetzungen – nicht vAw, sondern nur auf ordnungsgemäße Verfahrensrüge (§ 551 III 1 Nr 2 lit b) geprüft (vgl BGH NJW 07, 909; Musielak/*Ball* § 547 Rn 2; Zö/*Heßler* § 547 Rn 1). Dies gilt jedenfalls in Bezug auf § 547 Nr 6 ZPO (BGH NJW 07, 909 Tz 25; vgl auch BAG NJW 04, 92, 93; anders jedoch – ohne nähere Begründung – BGH 13.6.06 – IX ZB 88/05 Tz 3 – juris für die Rechtsbeschwerde). Ist eine Partei des Rechtsstreits demgegenüber nicht ordnungsgemäß vertreten (§ 547 Nr 4), ist dieser Mangel in der Revisionsinstanz vAw zu berücksichtigen (BGH NJW-RR 09, 690 Tz 9; vgl auch BGH NJW-RR 07, 98 Tz 7; NJW 03, 585).

2 Kennzeichnend für die absoluten Revisionsgründe ist allerdings nicht lediglich die unwiderlegbare Vermutung der Ursächlichkeit des Verfahrensverstoßes für die Entscheidung. Vielmehr qualifiziert das Gesetz besonders schwerwiegende Verfahrensfehler als absolute Revisionsgründe (BGHZ 172, 250 Tz 11), was die Annahme trägt, dass die Revision ohne weiteres jedenfalls dann zuzulassen ist, wenn ein absoluter Revisionsgrund nach § 547 Nr 1–4 geltend gemacht wird und vorliegt (BGHZ 172, 250 Tz 12 ff; dazu, dass auch ein Verstoß gegen die absoluten Revisionsgründe des § 547 Nr 5 und 6 zur Zulassung der Revision führen sollte, vgl § 543 Rz 20). Die Qualifizierung als besonders schwerwiegende Verfahrensfehler wird auch daran sichtbar, dass die absoluten Revisionsgründe des § 547 Nr 1–4 mit den Nichtigkeitsgründen des § 579 I übereinstimmen, die eine Wiederaufnahme des Verfahrens und die Beseitigung eines rechtskräftigen Urteils rechtfertigen, weil es der Gesetzgeber für unzumutbar hält, von der unterlegenen Partei zu verlangen, sich mit dem Urt anzufinden (St/J/*Grunsky* 21. Aufl v § 578 Rn 27).

3 **B. Die absoluten Revisionsgründe iE. I. Nr 1 Nicht vorschriftsmäßige Besetzung.** Gemäß § 309 kann das Urt nur von denjenigen Richtern gefällt werden, welche der dem Urt zugrunde liegenden Verhandlung beigewohnt haben. Ist ein Berufungsurteil von drei Richtern unterschrieben worden, die es nach dem Einleitungssatz auch erlassen haben, hat an der mündlichen Verhandlung, auf die das Urt ergangen ist, aus-

weislich der Sitzungsniederschrift dagegen nur die Vorsitzende Richterin als Einzelrichterin teilgenommen, war das Berufungsgericht beim Erlass des Urteils nicht vorschriftsmäßig besetzt (BGH 26.11.08 – VIII ZR 200/06 Tz 6 – juris).

Das erkennende Gericht ist auch nicht vorschriftsmäßig besetzt, wenn bei der Entscheidung ein Richter mitwirkt, der wegen körperlicher oder geistiger Gebrechen an der Wahrnehmung oder der Beurteilung der Vorgänge in der mündlichen Verhandlung gehindert ist (BGHZ 38, 347, 348 f; Musielak/*Ball* § 547 Rn 5 mwN). 4

Der Revisionsgrund der nicht vorschriftsmäßigen Besetzung des Gerichts greift auch und insb ein, wenn der Rechtsbegriff der Verhinderung des Vorsitzenden verkannt wurde. Damit kann eine Revision gegen ein Berufungsurteil auf die Rüge gestützt werden, dass das Berufungsgericht mangels geschäftsplanmäßiger Einsetzung eines Vorsitzenden Richters nicht ordnungsgemäß besetzt war (BGH NJW-RR 09, 210 Tz 4; zur Frage, wann aus einer vorübergehenden Verhinderung eine dauernde wird, die anderen Regeln folgt, vgl BGHZ 164, 87 ff). Ob das Gericht ordnungsgemäß besetzt war, beurteilt sich allein nach dem Inhalt des Geschäftsverteilungsplans, der im Zeitpunkt des Erlasses der Sachentscheidung gegolten hat. Frühere Geschäftsverteilungspläne sind für diese rechtliche Würdigung ohne Bedeutung (BGH NJW-RR 09, 210 Tz 14). 5

Art 101 I 2 GG will mit der Garantie des gesetzlichen Richters der Gefahr vorbeugen, dass die Justiz durch eine Manipulation der rechtsprechenden Organe sachfremden Einflüssen ausgesetzt wird (vgl nur BVerfG NJW 05, 2689). Daher müssen nicht nur die gesetzlichen Bestimmungen, sondern auch die die gesetzlichen Bestimmungen ergänzenden Regelungen über die Geschäftsverteilung den jährlich aufzustellenden Geschäftsverteilungsplänen der Gerichte nicht nur der Schriftform genügen, sondern im Voraus generell abstrakt die Zuständigkeit der Spruchkörper und die Zuweisung der einzelnen Richter regeln, damit die einzelne Sache »blindlings« aufgrund allgemeiner, vorab festgelegter Merkmale an den entscheidenden Richter gelangt und so die Gefahr einer Manipulation der rechtsprechenden Gewalt ausgeschlossen ist (BVerfG NJW 05, 2689; BVerfGE 95, 322, 327 f jmwN). Jede Verletzung dieser Vorgaben führt zur nicht vorschriftsmäßigen Besetzung des Gerichts iSv § 547 Nr 1. Auch für einen überbesetzten Spruchkörper ist durch abstrakt generelle Vorausbestimmung zu regeln, welche Richter bei der Entscheidung welcher Verfahren mitwirken (BGH 25.3.09 – XII ZR 75/06 Tz 15 – juris; vgl auch BGH NJW 09, 1351 Tz 10). Die einzelne Sache muss aufgrund allgemeiner und hinreichend bestimmter Regeln, die sich bis auf die letzte Regelungsstufe erstrecken, an den entscheidenden Richter gelangen (BGH 25.5.09 – II ZR 259/07 – juris Tz 5). 6

Besetzungsfehler sind nicht vAw zu berücksichtigen, sondern bedürfen einer entsprechenden Verfahrensrüge, die nur dann prozessordnungsgemäß ausgeführt ist, wenn die Partei konkrete Einzeltatsachen für die fehlerhafte Besetzung anführt oder darlegt, dass sie sich um zweckentsprechende Aufklärung bemüht hat (BGH NJW-RR 95, 700, 701 »Flammenüberwachung«; Musielak/*Ball* § 547 Rn 6). Anders verhält es sich nur, wenn sich die vorschriftswidrige Besetzung als unvertretbar oder willkürlich darstellt (BGH NJW-RR 04, 1294). 7

II. Nr 2 Mitwirkung eines ausgeschlossenen Richters. § 547 Nr 2 setzt die Mitwirkung eines nach § 41 ausgeschlossenen Richters bei der Entscheidung des Berufungsgerichts voraus. Nicht unter Nr. 2 fällt die Teilnahme eines solchen Richters bei der Verkündung des Urteils oder bei der Beweisaufnahme (Musielak/*Ball* § 547 Rn 7; St/J/*Grunsky* § 551 Rn 11). 8

III. Nr 3 Mitwirkung eines wegen Besorgnis der Befangenheit abgelehnten Richters. Nach § 547 Nr 3 ist eine Entscheidung nur dann als auf einer Verletzung des Gesetzes beruhend anzusehen, wenn an ihr ein Richter mitgewirkt hat, obgleich er wegen Besorgnis der Befangenheit abgelehnt und das Ablehnungsgesuch für begründet erklärt war, nicht jedoch schon dann, wenn an einer Entscheidung ein Richter mitwirkt, in dessen Person ein seine Ablehnung wegen Besorgnis der Befangenheit rechtfertigender Grund besteht (BGHZ 120, 141, 144 f; Musielak/*Ball* § 547 Rn 8; Zö/*Heßler* § 547 Rn 4). 9

IV. Nr 4 Nicht ordnungsgemäße Vertretung einer Partei in dem Verfahren. Der Fall, dass eine Partei in dem Verfahren nicht ordnungsgemäß vertreten war, stellt einen vAw zu berücksichtigenden Verfahrensmangel dar (vgl nur BGH NJW-RR 09, 690 Tz 9; NJW-RR 07, 98 Tz 7). Ein solcher Fall kann gegeben sein, wenn ein nicht vertretungsberechtigter Vertreter klagt oder verklagt wird (zB statt des Aufsichtsrats der Vorstand – BGH NJW-RR 09, 690 Tz 7/8). § 547 Nr 4 betrifft ferner den Fall, dass eine prozessunfähige Partei weder einen gesetzlichen Vertreter noch einen wirksam bestellten Prozessvertreter hatte (Musielak/*Ball* § 547 Rn 9; Zö/*Heßler* § 547 Rn 6; zu den Voraussetzungen der Bestellung eines Prozesspflegers gem § 57 I in derartigen Fällen vgl BGH 8.12.09 – VI ZR 284/08 – Tz 14 ff) und greift 10 auch dann ein, wenn eine zwingend vorgeschriebene vAw vorzunehmende Beiladung eines Dritten unterlassen wird (BGH NJW 03, 585).

11 Die nicht ordnungsgemäß vertretene Partei kann allerdings die Prozessführung genehmigen. Eine derartige Genehmigung heilt den Mangel rückwirkend (BGH NJW-RR 93, 669, 670). Die Genehmigung kann noch in der Revisionsinstanz erteilt werden (BGH NJW-RR 09, 690 Tz 12; BGHZ 51, 27, 29; Musielak/*Ball* § 547 Rn 10; St/J/*Grunsky* § 551 Rn 18).

12 **V. Nr 5 Verletzung der Vorschriften über die Öffentlichkeit des Verfahrens.** Maßgeblich ist, ob die Bestimmungen über Ausschluss und Zulassung der Öffentlichkeit nach § 169 ff GVG eingehalten worden sind. Sind diese Vorschriften, soweit sie zwingend sind und nicht im Ermessen des Gerichtes stehen, verletzt worden, liegt ein Fall des § 547 Nr 5 vor (vgl auch Musielak/*Ball* § 547 Rn 12; Zö/*Heßler* § 547 Rn 7).

13 **VI. Nr 6 Fehlende Entscheidungsgründe. 1. Fehlende und verspätete Begründung.** Enthält das Berufungsgericht keine Begründung, ist ein evidenter Fall des § 547 Nr 6 gegeben. Eine Entscheidung ohne Gründe iSv § 547 Nr 6 liegt jedoch nicht nur dann vor, wenn das Berufungsurteil überhaupt keine Begründung enthält. Es entspricht vielmehr einem mittlerweile für alle Prozessarten anerkannten Grundsatz, dass ein bei Verkündung noch nicht vollständig abgefasstes Urt »nicht mit Gründen« versehen ist, wenn Tatbestand und Entscheidungsgründe nicht binnen fünf Monaten nach Verkündung schriftlich niedergelegt, von den Richtern unterschrieben und der Geschäftsstelle übergeben worden sind. Tragender Gesichtspunkt hierfür ist, dass in Folge des abnehmenden richterlichen Erinnerungsvermögens nach mehr als 5 Monaten nicht mehr gewährleistet ist, dass der Eindruck von der mündlichen Verhandlung und das auf dieser Grundlage Beratene noch absolut zuverlässigen Niederschlag in den viel später abgefassten Gründen der Entscheidung findet (GmS-OGB NJW 93, 2603; BGH GRUR 11, 56 Tz 14 »Session-ID«; BGH NJW-RR 09, 1712 Tz 8; BGH NJW-RR 05, 1151, 1152; Musielak/*Ball* § 547 Rn 13; Zö/*Heßler* § 547 Rn 8, 10). Können die Unterschriften der mitwirkenden Richter nicht mehr rechtswirksam nachgeholt werden, weil seit der Urteilsverkündung die für die Einlegung eines Rechtsmittels längste Frist von fünf Monaten verstrichen ist, begründet das Fehlen der Unterschriften den absoluten Revisionsgrund des § 547 Nr 6 (BGH NJW-RR 07, 141 Tz 9).

14 **2. Fehlen von inhaltlichen Mindestanforderungen.** § 547 Nr 6 erfasst auch solche Fälle, in denen zwar Entscheidungsgründe vorhanden sind, diese aber inhaltlichen Mindestanforderungen nicht genügen, wie bspw das Übergehen geltend gemachter Ansprüche oder zentraler Angriffs- und Verteidigungsmittel (BGH NJW-RR 93, 706; NJW 89, 773; BAG NJW 07, 1772 Tz 5; Musielak/*Ball* § 547 Rn 15; Zö/*Heßler* § 547 Rn 7) oder in denen die Wiedergabe maßgeblichen Sachverhalts, über den entschieden wird, fehlt, der Streitgegenstand und die Anträge in beiden Instanzen nicht erkennbar sind (BGH NJW-RR 10, 1582 Tz 5).

15 **3. Unvollständige oder gänzlich unverständliche Ausführungen.** Eine Entscheidung ist auch dann »nicht mit Gründen versehen«, wenn aus ihr nicht zu erkennen ist, welche tatsächlichen Feststellungen und welche rechtlichen Erwägungen für die getroffene Entscheidung maßgeblich waren. Der fehlenden Begründung ist es daher gleichzusetzen, wenn die vorhandenen Gründe so unverständlich und verworren sind, dass sie in Wirklichkeit nicht erkennen lassen, welche Überlegungen für die Entscheidung maßgeblich waren (BGH GRUR-RR 08, 458 Tz 14 – Durchflusszähler; GRUR 06, 929 Tz 10 – Rohrleitungsprüfverfahren; GRUR 89, 427 – Superplanar; GRUR 94, 215, 216 – Boy; zu den insoweit gleichlautenden Vorschriften der §§ 100 PatG und 83 III Nr 6 MarkenG). Dem Erfordernis der Erkennbarkeit der maßgeblichen Erwägungen ist auch dann nicht genügt, wenn die Gründe sachlich inhaltslos sind und sich auf leere Redensarten oder auf die Wiedergabe des Gesetzestextes beschränken (BGH GRUR-RR 08, 458 Tz 14 – Durchflusszähler; GRUR 06, 929 Tz 10 – Rohrleitungsprüfverfahren jmwN; BAG 18.12.08–3 AZR 417/07 juris Tz 16; Musielak/*Ball* § 547 Rn 16; Zö/*Heßler* § 547 Rn 7; St/J/*Grunsky* § 551 Rn 30).

16 **4. Bezugnahme.** Soweit sich die Bezugnahme auf die Entscheidungsgründe des erstinstanzlichen Urteils iRd § 540 hält, kann dies als Begründung des Berufungsurteils iSv § 547 Nr 6 genügen. Dies gilt nicht, soweit in 2. Instanz neue Ansprüche erhoben oder neue Angriffs- oder Verteidigungsmittel vorgebracht worden sind, auf die das erstinstanzliche Urt nicht eingegangen sein kann und insb nicht für die Berufungsanträge (BGHZ 154, 99, 100; Musielak/*Ball* § 547 Rn 17). Die Bezugnahme auf eine gleichzeitig ergehende oder eine frühere, den Parteien bekannte andere Entscheidung kann zur Begründung der Entscheidung des Berufungsgerichts ausreichen, sofern die Entscheidung in einem Verfahren ergangen ist, an dem

beide Parteien beteiligt sind oder waren (Musielak/*Ball* § 547 Rn 17; Zö/*Heßler* § 547 Rn 8; St/J/*Grunsky* § 551 Rn 32).

5. Rügeerfordernis. Vgl § 547 Rz 1. 17

§ 548 Revisionsfrist. Die Frist für die Einlegung der Revision (Revisionsfrist) beträgt einen Monat; sie ist eine Notfrist und beginnt mit der Zustellung des in vollständiger Form abgefassten Berufungsurteils, spätestens aber mit dem Ablauf von fünf Monaten nach der Verkündung.

Die Vorschrift entspricht exakt der für das Berufungsverfahren geltenden Vorschrift des § 517. Auf § 517 Rz 1–18 kann daher – mit der Einschränkung, dass statt der berufungsrechtlichen Terminologie die revisionsrechtlichen Begrifflichkeiten maßgebend sind – Bezug genommen werden. Ergänzend ist darauf hinzuweisen, dass die Zustellung eines Berufungsurteils, das unzulässigerweise zur Begründung auf eine andere Entscheidung Bezug nimmt, an der nicht beide Parteien beteiligt waren, die Revisionsfrist für die Partei, die an dem der anderen Entscheidung zugrunde liegenden Verfahren nicht beteiligt war, nicht in Gang setzt (BGH NJW-RR 91, 830, 831; Musielak/*Ball* § 548 Rn 1). 1

§ 549 Revisionseinlegung. (1) [1]Die Revision wird durch Einreichung der Revisionsschrift bei dem Revisionsgericht eingelegt. [2]Die Revisionsschrift muss enthalten:
1. die Bezeichnung des Urteils, gegen das die Revision gerichtet wird;
2. die Erklärung, dass gegen dieses Urteil Revision eingelegt werde.
[3]§ 544 Abs. 6 Satz 2 bleibt unberührt.
(2) Die allgemeinen Vorschriften über die vorbereitenden Schriftsätze sind auch auf die Revisionsschrift anzuwenden.

Die Revisionsschrift muss beim Revisionsgericht, also dem BGH eingelegt werden (§ 133 GVG) und durch einen beim BGH zugelassenen Rechtsanwalt unterzeichnet sein (§ 78 I 3). 1

Die Vorschrift entspricht der für das Berufungsverfahren geltenden Regelung des § 519 I, II und IV; auf die Kommentierung zu § 519 kann daher insoweit verwiesen werden, mit Ausnahme der Rz 29 (vgl dazu jedoch § 550). 2

§ 549 I 3 bezieht sich auf den Fall, dass auf eine vorangegangene Nichtzulassungsbeschwerde die Revision zugelassen worden ist. In diesem Fall gilt die form- und fristgerechte Einlegung der Nichtzulassungsbeschwerde als Einlegung der Revision. 3

§ 550 Zustellung der Revisionsschrift. (1) Mit der Revisionsschrift soll eine Ausfertigung oder beglaubigte Abschrift des angefochtenen Urteils vorgelegt werden, soweit dies nicht bereits nach § 544 Abs. 1 Satz 4 [richtig] § 544 Abs. 1 Satz 3 geschehen ist.
(2) Die Revisionsschrift ist der Gegenpartei zuzustellen.

Die Vorschrift entspricht den für das Berufungsverfahren geltenden Regelungen der §§ 519 III 3 und § 521 I. Auf § 519 Rz 29 und § 521 Rz 1–8 wird daher verwiesen. 1

§ 551 Revisionsbegründung. (1) Der Revisionskläger muss die Revision begründen.
(2) [1]Die Revisionsbegründung ist, sofern sie nicht bereits in der Revisionsschrift enthalten ist, in einem Schriftsatz bei dem Revisionsgericht einzureichen. [2]Die Frist für die Revisionsbegründung beträgt zwei Monate. [3]Sie beginnt mit der Zustellung des in vollständiger Form abgefassten Urteils, spätestens aber mit Ablauf von fünf Monaten nach der Verkündung. [4]§ 544 Abs. 6 Satz 3 bleibt unberührt. [5]Die Frist kann auf Antrag von dem Vorsitzenden verlängert werden, wenn der Gegner einwilligt. [6]Ohne Einwilligung kann die Frist um bis zu zwei Monate verlängert werden, wenn nach freier Überzeugung des Vorsitzenden der Rechtsstreit durch die Verlängerung nicht verzögert wird oder wenn der Revisionskläger erhebliche Gründe darlegt; kann dem Revisionskläger innerhalb dieser Frist Einsicht in die Prozessakten nicht für einen angemessenen Zeitraum gewährt werden, kann der Vorsitzende auf Antrag die Frist um bis zu zwei Monate nach Übersendung der Prozessakten verlängern.

(3) [1]Die Revisionsbegründung muss enthalten:
1. die Erklärung, inwieweit das Urteil angefochten und dessen Aufhebung beantragt werde (Revisionsanträge);
2. die Angabe der Revisionsgründe, und zwar:
a) die bestimmte Bezeichnung der Umstände, aus denen sich die Rechtsverletzung ergibt;
b) soweit die Revision darauf gestützt wird, dass das Gesetz in Bezug auf das Verfahren verletzt sei, die Bezeichnung der Tatsachen, die den Mangel ergeben.
[2]Ist die Revision auf Grund einer Nichtzulassungsbeschwerde zugelassen worden, kann zur Begründung der Revision auf die Begründung der Nichtzulassungsbeschwerde Bezug genommen werden.
(4) § 549 Abs. 2 und § 550 Abs. 2 sind auf die Revisionsbegründung entsprechend anzuwenden.

1 **A. Zweck.** Entsprechend dem Begründungszwang bei der Berufung (vgl § 520 Rz 1) regelt § 551 Form, Frist und notwendigen Inhalt der Revisionsbegründung. Eine fristgerechte und den Anforderungen des § 551 III genügende Begründung der Revision ist Voraussetzung der Zulässigkeit des Rechtsmittels. Mängel führen gem § 552 zur Verwerfung der Revision als unzulässig.

2 **B. Begründungsfrist (Abs 2 S 2–6). I. Parallelen zur Berufungsbegründungsfrist.** Wie die Berufungsbegründungsfrist beträgt die Revisionsbegründungsfrist zwei Monate. Dauer, Beginn und Berechnung sowie die Möglichkeit der Fristverlängerung mit Einwilligung des Gegners und ohne Einwilligung des Gegners beurteilen sich dem Grundsatz nach entsprechend der Berufung (vgl dazu § 520 Rz 4 ff).

3 **II. Abweichende Fristverlängerungen in der Revisionsinstanz.** Während in der Berufungsinstanz die Fristverlängerung ohne Einwilligung nur bis zu einem Monat möglich ist, kann der Vorsitzende in der Revisionsinstanz die Frist um bis zu zwei Monate ohne Einwilligung verlängern. Kann dem Revisionskläger innerhalb dieser Frist Einsicht in die Prozessakten nicht für einen angemessenen Zeitraum gewährt werden, kann der Vorsitzende auf Antrag die Frist um bis zu zwei Monate nach Übersendung der Prozessakten verlängern. Diese flexibleren Verlängerungsmöglichkeiten, die auch für das Nichtzulassungsbeschwerdeverfahren gelten, tragen der Tatsache Rechnung, dass das zivilprozessuale Revisionsverfahren einen Anwaltswechsel erzwingt und die Rechtsmittelbegründung sinnvoll und vollständig erst abgefasst werden kann, nachdem der BGH-Anwalt des Revisionsklägers ausreichend Gelegenheit hatte, die vorinstanzlichen Verfahrensakten einzusehen (Musielak/*Ball* § 551 Rn 4 unter Bezugnahme auf die amtliche Begründung zum 1. JuMoG, BTDrs 15/1508, 21 f). Der Prozessbevollmächtigte in der Revisionsinstanz ist zum einen für die Rüge von Verfahrensfehlern (§ 551 III 1 Nr 2 lit b), die sich nicht schon aus dem Berufungsurteil ergeben müssen, auf die Prozessakten angewiesen. Wegen des durch § 78 I 3 vorgeschriebenen Anwaltswechsels ist er erstmals mit der konkreten Rechtssache befasst, weshalb es ihm nicht zuzumuten ist, die Begründung für die Revision bzw die Nichtzulassungsbeschwerde zunächst allein auf der Grundlage des Berufungsurteils zu fertigen und nur zur Nachholung einzelner Verfahrensrügen, die ohne Kenntnis der Akten nicht begründet werden konnten, nach Akteneinsicht Wiedereinsetzung in den vorigen Stand zu beantragen, wie dies im Strafprozess in Betracht kommen kann (BGH NJW-RR 05, 143 f).

4 Der Antrag auf Fristverlängerung wegen mangelnder Einsichtnahmemöglichkeit in die Akten ist auch dann begründet, wenn zwar nicht die Akten insgesamt noch ausstehen, wohl aber **wesentliche Aktenteile** zB zu den Akten gereichte Anlagen, Produkte und Modelle, die vom Berufungsgericht konkret in Bezug genommen worden sind (BGH WRP 07, 1076 – Handtaschen Tz 23; vgl auch § 559 Rz 10). Dem Sinn und Zweck der Vorschriften über den Tatbestand von Urteilen, die der Revision und der Nichtzulassungsbeschwerde unterliegen, kann eine Bezugnahme nur dann gerecht werden, wenn die in Bezug genommenen Unterlagen auf Dauer den Prozessakten beigefügt werden. Ist dies nicht der Fall, kann in der Revisionsinstanz nicht nachgeprüft werden, ob das Berufungsgericht die von ihm in Bezug genommenen Unterlagen zu Recht herangezogen und zutr beurteilt hat (BGHZ 80, 64, 68).

5 Wird sowohl Nichtzulassungsbeschwerde als auch Revision eingelegt, bezieht sich der Antrag auf Fristverlängerung nicht allein auf die Frist der Nichtzulassungsbeschwerde, sondern auch auf diejenige zur Begründung der Revision (vgl § 544 Rz 12).

6 **III. Begründungszwang nach Zulassung der Revision.** Wird die Revision auf eine Nichtzulassungsbeschwerde vom Revisionsgericht zugelassen (§ 544 VI), beginnt die Frist zur Revisionsbegründung mit der Zustellung der Zulassungsentscheidung (§ 551 II 3 iVm § 544 VI 3). Auch dann, wenn sich die Begründung der Nichtzulassungsbeschwerde bereits durch eine hohe Begründungsdichte auszeichnet und in ihr bereits

die für den Fall der Zulassung in Aussicht genommenen Anträge angekündigt werden, ist eine Revisionsbegründung, in der die Anträge gestellt werden und jedenfalls zur Begründung der Revision auf die Begründung der Nichtzulassungsbeschwerde Bezug genommen wird, nicht entbehrlich (BGH NJW 08, 588; vgl § 544 Rz 26).

C. Inhalt der Revisionsbegründung. I. Revisionsanträge. § 551 III 1 Nr 1 entspricht § 520 III 2 Nr 1. Auf § 520 Rz 20 ff kann daher Bezug genommen werden. Vergleichbar der Situation bei der Berufung sind die Revisionsanträge von Bedeutung va für die Frage, ob das Berufungsurteil in vollem oder nur in beschränktem Umfang angefochten wird (Musielak/*Ball* § 551 Rn 5; Zö/*Heßler* § 551 Rn 6). Beantragt der Revisionskläger lediglich Aufhebung und Zurückverweisung, ist dies unbedenklich, da die erfolgreiche Revision regelmäßig zur Aufhebung und Zurückverweisung führt (§§ 562, 563 I). Ein fehlender Sachantrag des Revisionsklägers hindert das Revisionsgericht nicht an einer eigenen Sachentscheidung nach § 563 III (Musielak/*Ball* § 551 Rn 5). Die Revision kann in gleicher Weise wie die Berufung (vgl § 520 Rz 24 – 26) und wie die Zulassung der Revision (vgl § 543 Rn 4; Musielak/*Ball* § 551 Rn 6) beschränkt werden. Sofern die Änderung oder Erweiterung durch die fristgerecht eingereichte Revisionsbegründung gedeckt ist, können die Revisionsanträge bis zum Schluss der mündlichen Verhandlung geändert, beschränkt oder wieder bis zur Höhe der Beschwer erweitert werden (Musielak/*Ball* § 551 Rn 7; Zö/*Heßler* § 551 Rn 7). 7

Zur Unzulässigkeit der Revision führt es demgegenüber, wenn die Revision statt der Beseitigung einer Beschwer des Klägers lediglich eine Klageänderung zum Gegenstand hat. Da eine Klageänderung nicht nur dann vorliegen kann, wenn der Klageantrag ausgewechselt wird, sondern auch dann, wenn die Auswechslung den Klagegrund betrifft, liegt eine Klageänderung, die zur Unzulässigkeit der Revision führt, bereits dann vor, wenn die Begründung sich ausschließlich auf einen neuen Sachverhalt/Anspruchsgrund beschränkt (Beispiel [aus BGH NJW 08, 3570]: der Kl stützt seinen Anspruch in den Tatsacheninstanzen auf eine Genehmigung einer Lastschrift und nimmt die Beklagte als berechtigte Gläubigerin einer Zahlung in Anspruch, die allein aus anfechtungsrechtlichen Gründen rückabzuwickeln ist; in der Revisionsinstanz stützt er sich allein auf § 816 II BGB, indem er die Beklagte als nichtberechtigte Empfängerin einer durch den Lastschrifteinzug erlangten Buchposition behandelt). Wird der in den Vorinstanzen erhobene Klageanspruch nicht wenigstens tw weiterverfolgt, erweist sich in solchen Fällen die Revision des Klägers als unzulässig (BGH NJW 08, 3570 f; vgl auch § 520 Rz 22; vgl auch Zö/*Heßler* § 551 Rn 9). Wird das Klagebegehren auf verschiedene Streitgegenstände (zB verschiedene Marken) gestützt, kann die Klarstellung, in welcher Reihenfolge das Klagebegehren im Hinblick auf die verschiedenen Streitgegenstände gestützt wird, auch noch in der Revisionsinstanz nachgeholt werden, wobei sich in der Revisionsinstanz eine Einschränkung in der Wahl der Reihenfolge nach dem auch im Verfahrensrecht geltenden Gebot von Treu und Glauben ergeben kann (BGHZ 189, 56 Tz 13 „TÜV"). 8

II. Revisionsbegründung (§ 551 III 1 Nr 2). 1. Sachrügen (§ 551 III 1 Nr 2 lit a). Die Anforderungen des § 551 III 1 Nr 2 lit a entsprechen § 520 III 2 Nr 2; auf § 520 Rz 30 – 38 wird daher Bezug genommen. Dem Zweck der Revision entsprechend verlangt § 551 III 1 Nr 2 lit a die bestimmte Bezeichnung der Umstände, aus denen sich die Rechtsverletzung (§§ 545, 546) ergibt. Die Rechtsverletzung muss konkret bezeichnet werden, wobei die unrichtige oder fehlende Angabe der Paragrafenziffer unschädlich ist, wenn die Richtung des Revisionsangriffs erkennbar ist (Musielak/*Ball* § 551 Rn 9; Zö/*Heßler* § 551 Rn 11). Der Revisionskläger muss in der Revisionsbegründung darlegen, in welchen Punkten und aus welchen Gründen die tragenden Erwägungen des Berufungsgerichts rechtsfehlerhaft sind. Wird für eine zugelassene und eingelegte Revision versehentlich die Begründung einer Nichtzulassungsbeschwerde eingereicht, genügt dies als Revisionsbegründung, wenn die eingereichte Begründung den Anforderungen des § 551 III inhaltlich entspricht und dem Umfang des Revisionsangriffs klar erkennen lässt (BGH NJW-RR 05, 794 f). 9

Allerdings betrifft § 551 III 1 Nr 2 lit a ausschließlich die Zulässigkeit der Revision. Ist ein Anspruch durch Erhebung auch nur einer einzigen hinreichenden Sachrüge zulässig in das Revisionsverfahren eingeführt worden, ist die materiell-rechtliche Überprüfung des Berufungsurteils nicht von weiteren Revisionsrügen abhängig (§ 557 III 1; vgl § 557 Rz 11). Sachrügen können daher jederzeit bis zum Schluss der mündlichen Revisionsverhandlung nachgeschoben werden (Musielak/*Ball* § 551 Rn 10; St/J/*Grunsky* § 559 Rn 19).

Nicht mit Sachrügen kann die Revision gegen ein **kassatorisches** Urt gem § 538 II 1 Nr 1 begründet werden. Bei einer Zurückverweisung an das Gericht des ersten Rechtszugs nach § 538 II 1 Nr 1 kann mit der Revision geltend gemacht werden, dass in 1. Instanz kein wesentlicher Verfahrensmangel vorgelegen hat, keine umfangreiche oder aufwändige Beweisaufnahme erforderlich war, das Berufungsgericht die Voraus- 10 setzungen bzw die Grenzen seines Ermessens verkannt oder sein Ermessen nicht ausgeübt hat. Mit der Rüge, dass keine Beweisaufnahme erforderlich war und durch Sachurteil hätte entschieden werden können, können auch sachlich-rechtliche Ausführungen des Berufungsgerichts zur Überprüfung gestellt werden. Die Tatsachen, aus denen sich dieser Verfahrensmangel ergeben soll, müssen jedoch gem § 551 III 1 Nr 2 lit b in der Revisionsbegründung iE bezeichnet werden. Allein die Beanstandung vom Berufungsgericht angestellter materiell-rechtlicher Überlegungen ohne Darlegung, dass durch Sachurteil hätte entschieden werden müssen, ist keine ordnungsgemäße Verfahrensrüge (BGH NJW-RR 08, 585 mwN; vgl auch § 538 Rz 12–15).

11 Hat das Berufungsgericht die Berufung als unzulässig verworfen, dürfen die Angriffe der Revision sich ebenfalls nicht auf Sachrügen beschränken, da eine ausschließlich mit Sachrügen begründete Revision die Richtigkeit des (verwerfenden) Berufungsurteils nicht in Frage stellt (Musielak/*Ball* § 551 Rn 14).

12 **2. Verfahrensrügen.** Mit Ausnahme der Verfahrensfehler, die das Revisionsgericht vAw zu berücksichtigen hat (vgl dazu § 557 Rz 8), sind Verfahrensfehler iSd § 551 III Nr 2 lit b nur dann beachtlich, wenn sie bis zum Ablauf der Revisionsbegründungsfrist gerügt worden sind und die Rüge den an sie zu stellenden Ansprüchen genügt. Dies gilt auch für die absoluten Revisionsgründe des § 547 (vgl jedoch § 547 Rz 1; Musielak/*Ball* § 551 Rn 12). Das Rügeerfordernis nach § 551 III 1 Nr 2 lit b gilt grds auch für den Anschlussrevisionskläger (BGH NJW 94, 801, 803; Musielak/*Ball* § 551 Rn 12; § 554 Rz 8). Demgegenüber sind sog Gegenrügen des Revisionsbeklagten bis zum Schluss der mündlichen Revisionsverhandlung zulässig (BGHZ 121, 65, 69; Musielak/*Ball* § 551 Rn 12).

13 Die Tatsachen, die den Mangel ergeben, müssen bezeichnet werden. Wird die Übergehung von Sachvortrag oder von Beweisantritten gerügt, muss der Sachvortrag/der Beweisantritt unter Angabe der Fundstelle in den Schriftsätzen der Tatsacheninstanzen genau bezeichnet werden. Dasselbe gilt für die Rüge, das Berufungsgericht habe Beweisergebnisse oder den Inhalt beigezogener Akten übergangen. Wird eine Verletzung der richterlichen Hinweispflicht (§ 139) beanstandet, so ist zur ordnungsgemäßen Ausführung der Rüge erforderlich, dass iE angegeben wird, was der Revisionskläger auf den nicht erfolgten und vermissten Hinweis hin vorgetragen hätte (BGH NJW 99, 2113, 2114). Ist dem Revisionskläger mangels Kenntnis gerichtsinterner Vorgänge die Angabe konkreter Einzeltatsachen nicht möglich, muss er zumindest darlegen, dass er sich um Aufklärung bemüht hat (Musielak/*Ball* § 551 Rn 11; vgl auch Zö/*Heßler* § 551 Rn 14).

14 Nicht mit einer Verfahrensrüge nach § 551 III 1 Nr 2 oder einer entsprechender Gegenrüge des Revisionsbeklagten, sondern nur im Berichtigungsverfahren nach § 320 kann eine etwaige Unrichtigkeit tatbestandlicher Feststellungen im Berufungsurteil behoben werden. Eine Verfahrensrüge nach § 551 III 1 Nr 2 kommt zur Richtigstellung eines derartigen Mangels nicht in Betracht. Fehlt es an einer Urteilsberichtigung nach § 320, sind die tatsächlichen Feststellungen des Berufungsgerichts für das weitere Verfahren bindend und vom Revisionsgericht zugrunde zu legen (BGH NJW-RR 07, 1434 f; BGH NJW-RR 10, 1500). Ist eine Berichtigung des Tatbestandes beantragt worden, kann eine Unrichtigkeit tatbestandlicher Feststellungen auch in der Revisionsinstanz und auch dann geltend gemacht werden, wenn das Berufungsgericht den Berichtigungsantrag zurückweist, sofern sich aus der den Berichtigungsantrag zurückweisenden Entscheidung ergibt, dass die tatbestandlichen Feststellungen des Berufungsgerichts widersprüchlich sind (BGH GRUR 11, 459 Tz 12 „Satan der Rache“; Nasall, jurisPR-ZivilR 20/11 Anm 4).

§ 552 Zulässigkeitsprüfung.

(1) [1]Das Revisionsgericht hat von Amts wegen zu prüfen, ob die Revision an sich statthaft und ob sie in der gesetzlichen Form und Frist eingelegt und begründet ist. [2]Mangelt es an einem dieser Erfordernisse, so ist die Revision als unzulässig zu verwerfen.
(2) Die Entscheidung kann durch Beschluss ergehen.

1 Die Vorschrift entspricht § 522 I 1–3 und regelt wie diese die amtswegige Prüfung der Statthaftigkeit und Zulässigkeit der Revision durch das Revisionsgericht vor der Prüfung der Begründetheit. Es kann verwiesen werden auf § 522 Rz 1 – 20, die entsprechend für die Verwerfung der Revision als unzulässig gelten, mit der Maßgabe, dass das Revisionsgericht vAw die Statthaftigkeit der Revision (§§ 542, 543), ihre form- und fristgerechte Einlegung (§§ 548, 549) und Begründung (§ 551) prüft.

2 Die Entscheidung, die durch Beschl oder nach mündlicher Verhandlung durch Urt ergehen kann, ist in beiden Fällen unanfechtbar und für das Revisionsgericht bindend (§ 318). Die Unanfechtbarkeit der Entscheidung führt zur Statthaftigkeit einer Anhörungsrüge gem § 321a (zu den Anforderungen an die Begründetheit der Rüge vgl § 321a Rz 4 ff; vgl auch § 544 Rz 28).

§ 552a Zurückweisungsbeschluss. **[1]Das Revisionsgericht weist die von dem Berufungsgericht zugelassene Revision durch einstimmigen Beschluss zurück, wenn es davon überzeugt ist, dass die Voraussetzungen für die Zulassung der Revision nicht vorliegen und die Revision keine Aussicht auf Erfolg hat. [2]§ 522 Abs. 2 Satz 2 und 3 gilt entsprechend.**

Beschlussverfahren statt Urt. Aufgrund der Bindung des BGH an die Zulassung (§ 543 II 2) müsste der BGH aufwändig durch Urt nach mündlicher Verhandlung entscheiden, auch wenn ein Zulassungsgrund nicht oder im Zeitpunkt der Entscheidung nicht mehr gegeben war und zudem die Revision keine Aussicht auf Erfolg hatte. Die durch das 1. JuMoG mit Wirkung vom 1.9.04 neu eingeführte Vorschrift trägt diesem Umstand Rechnung und erlaubt dem BGH bei mangelnden Erfolgsaussichten und Nichtvorliegen oder Entfallen der Voraussetzungen für die Zulassung der Revision, die Revision im Beschlussverfahren ohne mündliche Verhandlung zurückzuweisen unter der Voraussetzung eines vorherigen Hinweises und der Einräumung der Gelegenheit zur Stellungnahme (vgl Musielak/*Ball* § 552a Rn 1; Zö/*Heßler* § 552a Rn 1 f). Im Hinblick auf die entsprechende Geltung von § 522 II 2 und 3 wird verwiesen auf § 522 Rz 34–43. 1

Maßgeblicher Zeitpunkt für die Beurteilung der Frage, ob die Voraussetzungen für die Zulassung der Revision vorliegen, ist der Zeitpunkt der Entscheidung des Revisionsgerichts (BGH GRUR 05, 448 – SIM-Lock II). Lagen die Voraussetzungen für die Zulassung der Revision zwar im Zeitpunkt der Entscheidung des Berufungsgerichts vor, sind sie jedoch nach der Entscheidung des Berufungsgerichts etwa infolge einer Gesetzesänderung oder höchstrichterlicher Klärung der Rechtsfrage in einem Parallelverfahren entfallen (Musielak/*Ball* § 552a Rn 2), kann von der Möglichkeit der Zurückweisung im Beschlussverfahren nur Gebrauch gemacht werden, wenn die Revision auch im Ergebnis keine Aussicht auf Erfolg hat. 2

Wird eine Revision unbeschränkt zugelassen und legen beide Parteien, die jeweils beschwert sind, Revision ein, kann eine der Revisionen auch **durch getrennten Beschluss** gem § 552a zurückgewiesen werden. Die unbeschränkte Zulassung und die Tatsache, dass beide Parteien Revision eingelegt haben, zwingt nicht dazu, auch beide Revisionen mündlich zu verhandeln. Zwar bleibt in den Fällen der Teilzurückweisung eine mündliche Verhandlung über die Revision der anderen Partei erforderlich. Durch die Beschränkung des Rechtsstreits auf den Teil des Streitgegenstandes, hinsichtlich dessen die Entscheidung des Berufungsgerichts noch nicht – durch Zurückweisung der Revision gem § 552a – in Rechtskraft erwachsen ist, wird jedoch eine Konzentration des Streitstoffs und damit das mit dem 1. JuMoG beabsichtigte Ziel einer zügigen Durchführung des Revisionsverfahrens für den durch die Zurückweisung der Revision gem § 552a erledigten Teil des Rechtsstreits erreicht. In jedem Fall tritt eine Kostenersparnis ein, weil sich der Streitwert vor der mündlichen Verhandlung reduziert (BGH NJW-RR 07, 1022). 3

§ 553 Terminsbestimmung; Einlassungsfrist. **(1) Wird die Revision nicht durch Beschluss als unzulässig verworfen oder gemäß § 552a zurückgewiesen, so ist Termin zur mündlichen Verhandlung zu bestimmen und den Parteien bekannt zu machen.**
(2) Auf die Frist, die zwischen dem Zeitpunkt der Bekanntmachung des Termins und der mündlichen Verhandlung liegen muss, ist § 274 Abs. 3 entsprechend anzuwenden.

Der Regelungsbereich der Vorschrift entspricht im Wesentlichen der Bestimmung des § 523 mit der Maßgabe, dass § 553 eine Übertragung auf den Einzelrichter nicht vorsieht und dem Revisionsgericht auch nicht aufgibt, unverzüglich Termin zur mündlichen Verhandlung zu bestimmen. Mit dieser Maßgabe kann auf die Kommentierung zu § 523 verwiesen werden. 1

§ 554 Anschlussrevision. **(1) [1]Der Revisionsbeklagte kann sich der Revision anschließen. [2]Die Anschließung erfolgt durch Einreichung der Revisionsanschlussschrift bei dem Revisionsgericht.**
(2) [1]Die Anschließung ist auch statthaft, wenn der Revisionsbeklagte auf die Revision verzichtet hat, die Revisionsfrist verstrichen oder die Revision nicht zugelassen worden ist. [2]Die Anschließung ist bis zum Ablauf eines Monats nach der Zustellung der Revisionsbegründung zu erklären.
(3) [1]Die Anschlussrevision muss in der Anschlussschrift begründet werden. [2]§ 549 Abs. 1 Satz 2 und Abs. 2 und die §§ 550 und 551 Abs. 3 gelten entsprechend.
(4) Die Anschließung verliert ihre Wirkung, wenn die Revision zurückgenommen, verworfen oder durch Beschluss zurückgewiesen wird.

1 **A. Zweck der Norm.** Kraft ausdrücklicher Regelung in § 554 II 1 kann eine Anschlussrevision im Unterschied zu § 556 I aF auch dann wirksam eingelegt werden, wenn die Revision nicht zu Gunsten des Revisionsbeklagten zugelassen wurde. Falls ohnehin ein Revisionsverfahren durchzuführen ist, soll der friedfertigen Partei ebenfalls die Möglichkeit eröffnet werden, zu ihren Gunsten eine Abänderung des Berufungsurteils zu erreichen (BTDrs 14/4722, 108; vgl BGH NJW-RR 05, 651; Musielak/*Ball* § 554 Rn 4). Die Vorschrift entspricht dem gleichen Zweck wie die Anschlussberufung (vgl § 524 Rz 2) und enthält im Wesentlichen gleichartige Anforderungen wie die Anschlussberufung mit Ausnahme der anderen Regelungen der Fristen und mit Ausnahme dessen, dass die Anschlussrevision anders als die Anschlussberufung (vgl § 524 Rz 13) eine Beschwer erfordert (vgl § 554 Rz. 5). Mit dieser Maßgabe kann auf § 524 Rz 1 ff verwiesen werden.

2 **B. Voraussetzungen der Anschließung. I. Revision des Prozessgegners.** Zwingende Voraussetzung für die Einlegung der Anschlussrevision ist, dass der Gegner bereits Revision eingelegt hat und diese nicht zurückgenommen, verworfen oder sonst erledigt ist. Dies ist Folge der Rechtsnatur der Anschlussrevision, die kein Rechtsmittel, sondern Antragstellung innerhalb eines Rechtsmittels der Gegenpartei ist (§ 524 Rz 4; Musielak/*Ball* § 554 Rn 2). Auf die Zulässigkeit und Begründetheit der Revision des Revisionsklägers kommt es nicht an (§ 524 Rz 6). Ebenso wie im Berufungsverfahren (§ 524 II) ist die Anschlussrevision auch statthaft, wenn der Revisionsbeklagte/Anschlussrevisionskläger auf die Revision verzichtet hat, die Revisionsfrist verstrichen oder die Revision nicht zugelassen worden ist. Eine verspätet eingelegte oder begründete Revision ist regelmäßig in eine Anschließung der Revision der Gegenpartei umzudeuten (Musielak/*Ball* § 554 Rn 3; MüKoZPO/*Wenzel* § 554 Rn 8).

3 Zwar kann die Revision vom Revisionsbeklagten auch dann wirksam eingelegt werden, wenn die Revision nicht zu seinen Gunsten zugelassen wurde (vgl Rz 1) und auch vom Revisionsgericht im Verfahren der Nichtzulassungsbeschwerde nicht zugelassen worden ist. Dies bedeutet jedoch nicht, dass die unselbstständige Anschlussrevision in keinem Zusammenhang mit dem Teil des Streitgegenstandes stehen muss, für den zu Gunsten des Gegners die Revision zugelassen worden ist. Unter der Geltung des § 556 ZPO aF entsprach es der ständigen Rechtsprechung des BGH, dass eine unselbstständige Anschlussrevision unzulässig ist, wenn sie einen Lebenssachverhalt betrifft, der mit dem von der Revision erfassten Streitgegenstand nicht in einem unmittelbaren rechtlichen oder wirtschaftlichen Zusammenhang steht (vgl die Nachweise in BGHZ 174, 244 Tz 38). Ob diese Einschränkung der Statthaftigkeit der Anschlussrevision auch für § 554 gilt, ist zunächst offen gelassen worden zB in BGHZ 155, 189, 192 (vgl auch BGH NJW-RR 06, 1091 Tz 15; NJW 04, 3174, 3176) und vom BGH inzwischen dahingehend entschieden, dass eine Anschlussrevision unzulässig ist, wenn sie einen Lebenssachverhalt betrifft, der mit dem von der Revision erfassten Streitgegenstand nicht in einem **unmittelbaren rechtlichen oder wirtschaftlichen Zusammenhang steht** (BGHZ 174, 244; BGH GRUR 09, 515 Tz 20 „Motorradreiniger; zu Beispielen, in denen vom BGH ein unmittelbarer rechtlicher und wirtschaftlicher Zusammenhang in der Vergangenheit bejaht worden ist vgl BGH 21.6.01 – IX ZR 73/10 – juris, Tz 49-61).

4 Die Begründung, die der BGH seiner Entscheidung gegeben hat, überzeugt: Die Neuregelung der Anschlussrevision in § 554 ändert nichts daran, dass sie als unselbstständiges Rechtsmittel akzessorischer Natur ist. Dieser Abhängigkeit der Anschlussrevision würde es widersprechen, wenn mit ihr Streitstoff eingeführt werden könnte, der mit dem Gegenstand der Hauptrevision weder in einem rechtlichen noch in einem wirtschaftlichen Zusammenhang steht (BGHZ 174, 244 Tz 40). Eine unbeschränkte Statthaftigkeit der Anschlussrevision in Fällen, in denen die Hauptrevision zu Gunsten einer Partei nur tw zugelassen wurde, würde zu einer Benachteiligung des Revisionsklägers führen und ginge somit über den Gesetzeszweck der Schaffung einer Art Waffengleichheit zwischen den Parteien hinaus (vgl dazu auch *Gehrlein*, NJW 08, 896, 897 f). Im Falle der zulässigen Beschränkung der Revision kann der Revisionskläger das Urt im Revisionsverfahren nur zT angreifen und muss das Berufungsurteil hinnehmen, soweit kein Revisionszulassungsgrund, den er im Wege der Nichtzulassungsbeschwerde geltend machen könnte, vorliegt. Der Revisionsbeklagte könnte jedoch bei einer uneingeschränkten Statthaftigkeit der Anschlussrevision das Urteil – soweit er unterlegen ist – insgesamt anfechten, selbst wenn eine Nichtzulassungsbeschwerde wegen Fehlens eines Zulassungsgrundes oder mangels Erreichens des Beschwerdewertes gem § 26 Nr 8 EGZPO nicht erfolgreich gewesen wäre. Eine Benachteiligung des Revisionsklägers wäre nur dann nicht gegeben, wenn man ihm das Recht zu einer Gegenanschließung gewährte. Eine derartige Möglichkeit hat der Gesetzgeber indes nicht vorgesehen (BGHZ 174, 244 Tz 41).

5 Anders als in der Berufungsinstanz (vgl § 524 Rz 13) erfordert die Anschlussrevision eine Beschwer des Revisionsbeklagten, der sich dem Rechtsmittel des Gegners anschließt (BGH GRUR 11, 1043 Tz 22

„TÜV II" mwN). Ein im ersten Rechtszug verbeschiedener Teil des Verfahrensgegenstandes, der in Ermangelung eines darauf bezogenen Rechtsmittels oder einer Rechtsmittelanschließung nicht in die 2. Instanz gelangt ist, kann nicht zum Gegenstand eines Rechtsmittels oder einer Rechtsmittelanschließung in der dritten Instanz gemacht werden. Der im zweiten Rechtszug unterlassene Angriff gegen die erstinstanzliche Entscheidung kann nicht im dritten Rechtszug nachgeholt werden. Dem entspricht es, dass für die Anschließung an ein Rechtsmittel in der Revisionsinstanz, in der eine Erweiterung des Verfahrensgegenstandes oder die Einführung neuer Ansprüche grds ausscheidet, im Gegensatz zur Anschließung in den Tatsacheninstanzen die Geltendmachung einer Beschwer durch die angefochtene Entscheidung vorausgesetzt wird (BGH NJW 83, 1858 mwN; Musielak/*Ball* § 554 Rn 5). Demgegenüber ist nicht erforderlich, dass der Wert der Beschwer 20.000 € (§ 26 Nr 8 EGZPO) übersteigt (Musielak/*Ball* § 554 Rn 5).

Eine Gegenanschließung des Revisionsklägers, der zunächst nur beschränkt Revision eingelegt hat, ist nicht möglich (BGHZ 174, 244 Tz 41; *Gehrlein* NJW 08, 896; Zö/*Heßler* § 554 Rn 8; Musielak/*Ball* § 554 Rn 8). 6

C. Anschließung. Die Anschließung, die keiner Zulassung der Anschlussrevision bedarf, erfolgt durch Einreichung einer Anschlussschrift seitens eines postulationsfähigen BGH-Anwaltes bei dem mit der Revision befassten Revisionsgericht. Sie ist innerhalb eines Monats nach Zustellung der Revisionsbegründung einzulegen und zu begründen. Probleme bestanden in der Vergangenheit, wenn die Revision zeitgleich und in einem Schriftsatz mit der Nichtzulassungsbeschwerde eingelegt wurde. Der BGH hatte die Auffassung vertreten, dass in einem derartigen Fall die Frist des § 554 II 2 für eine Anschlussrevision bereits mit Zustellung des Zulassungsbeschlusses beginnt (BGH NJW 04, 2981), was jeweils die Prüfung voraussetzte, ob die zeitgleich mit der Begründung der Nichtzulassungsbeschwerde eingereichte Revision formgerecht begründet wurde. Unwägbarkeiten, die damit verbunden waren, dürften allerdings inzwischen behoben sein, da der BGH inzwischen entschieden hat, dass die Revisionsbegründung zwar durch Bezugnahme auf die Begründung der Nichtzulassungsbeschwerde erfolgen kann, auf sie jedoch nicht vollständig verzichtet werden kann (BGH NJW 08, 588; vgl auch § 544 Rz 26; § 551 Rz 6). Da mithin der Revisionskläger gezwungen ist, seine Revision nach Zulassung jedenfalls durch einen bezugnehmenden Schriftsatz zu begründen, sind die Unsicherheiten in der Fristberechnung beseitigt. 7

Inhaltlich muss die Anschlussrevisionsbegründung den Anforderungen des § 551 III genügen. Insb ist hohe Sorgfalt bei der Erhebung der Verfahrensrügen geboten. Erhebt die Anschlussrevision eine bestimmte Verfahrensrüge nicht, so muss bei der revisionsrechtlichen Prüfung das Verfahren des Berufungsgerichts als fehlerfrei zugrunde gelegt werden und zwar auch dann, wenn der Revisionskläger eine im groben Zusammenhang mit den Feststellungen des Berufungsgerichts stehende Verfahrensrüge erhoben hat. Etwas anderes gilt nur dann, wenn die Angriffe beider Seiten in einem solchen untrennbaren Zusammenhang stehen, dass die Wirkung einer Verfahrensrüge der Revision auf die Anschlussrevision ausstrahlen kann (BGH NJW 04, 801, 803). 8

D. Abhängigkeit der Anschlussrevision. Die Anschlussrevision ist akzessorisch. Folge der Akzessorietät ist, dass sie ihre Wirkung verliert, wenn die Revision zurückgenommen, als unzulässig verworfen oder gem § 552a durch Beschl zurückgewiesen wird. Bei teilweiser Zurücknahme oder Verwerfung beschränkt sich der »Wirkungsverlust« nach § 554 IV auf die davon betroffenen Teile des Streitstoffes (Musielak/*Ball* § 554 Rn 10; zum »Wirkungsverlust« vgl auch § 524 Rz 25 ff). Demgegenüber ist die Statthaftigkeit oder Zulässigkeit der Revision nicht Zulässigkeitsvoraussetzung der Anschlussrevision (Zö/*Heßler* § 554 Rn 9). Desgleichen berührt die Zurückweisung der Revision durch Urt die Wirksamkeit der Anschlussrevision nicht (Musielak/*Ball* § 554 Rn 10; zur Kostentragung vgl § 524 Rz 32). 9

§ 555 Allgemeine Verfahrensgrundsätze.

(1) [1]Auf das weitere Verfahren sind, soweit sich nicht Abweichungen aus den Vorschriften dieses Abschnitts ergeben, die im ersten Rechtszuge für das Verfahren vor den Landgerichten geltenden Vorschriften entsprechend anzuwenden. [2]Einer Güteverhandlung bedarf es nicht.

(2) Die Vorschriften der §§ 348 bis 350 sind nicht anzuwenden.

A. Anwendbarkeit anderer Vorschriften. Aufgrund der Verweisung des § 555 sind auf das Revisionsverfahren grds die §§ 253–494 (mit Ausnahme der §§ 348–350 und von § 278 II – V) anwendbar; die Verpflichtung auf eine gütliche Beilegung des Rechtsstreits hinzuwirken (§ 278 I) und die Regelung über den gerichtlichen Vergleich (§ 278 VI) finden demgegenüber keine Anwendung (Musielak/*Ball* § 555 Rn 3; Zö/ 1

Heßler § 555 Rn 1). Über § 565 (iE vgl dort) sind auf das Revisionsverfahren ferner die dort iE benannten rechtsmitteltypischen Regelungen der Berufungsinstanz anzuwenden. Zulässig sind Beschränkung und Rücknahme der Klage, Anerkenntnis und Verzicht. Auch in der Revisionsinstanz kann der Rechtsstreit noch durch Prozessvergleich beendet werden. Eine übereinstimmende Erledigungserklärung ist vom Revisionsgericht zu beachten, ebenso eine einseitige Erledigungserklärung des Klägers, sofern das erledigende Ereignis außer Streit ist (Musielak/*Ball* § 555 Rn 2).

2 Abweichungen ergeben sich daraus, dass Gegenstand der Verhandlung und Entscheidung des Revisionsgerichts der Rechtsstreit in den Grenzen des Berufungsurteils und der Revisionsanträge ist (§§ 557 I, 559 I). Wegen der Beschränkung auf den Tatsachenstoff der 2. Instanz (§ 559) sind Klageänderung und Klageerweiterung ebenso wie Widerklage und Aufrechnung in der Revisionsinstanz damit grds ausgeschlossen (vgl iE § 559 Rz 4; Musielak/*Ball* § 555 Rn 2).

3 **B. Verfahren bei Säumnis.** Es gelten die Vorschriften der §§ 330 ff. Voraussetzung einer Versäumnisentscheidung ist allerdings die Zulässigkeit der Revision. Ist die Revision unzulässig, ist sie auch bei Säumnis einer Partei durch kontradiktorisches Urt zu verwerfen (Musielak/*Ball* § 555 Rn 4; St/J/*Grunsky* § 566 Rn 12).

4 **I. Säumnis des Revisionsklägers.** Bei Säumnis des Revisionsklägers ist die Revision nach § 330 auf Antrag des Revisionsbeklagten ohne Sachprüfung durch Versäumnisurteil zurückzuweisen (Musielak/*Ball* § 555 Rn 5; Zö/*Heßler* § 555 Rn 3).

5 **II. Säumnis des Revisionsbeklagten.** Bei Säumnis des Revisionsbeklagten entscheidet das Revisionsgericht abw von § 331 auf der Grundlage des vom Berufungsgericht festgestellten Sachverhaltes unter Berücksichtigung des gesamten Sach- und Streitstandes (BGHZ 37, 79, 82). Inhaltlich beruht die Entscheidung nicht auf einer Säumnisfolge, sondern auf der Berücksichtigung des gesamten Sach- und Streitstandes, wie er in der Revisionsinstanz angefallen ist (BGH NJW 06, 2693 f; NJW 99, 647 f). Die Geständnisfiktion des § 331 I hat nur dann Bedeutung, wenn ausnahmsweise (§ 559 I 2, § 551 III 1 Nr 2 lit b) neuer Tatsachenvortrag im Revisionsverfahren zu berücksichtigen ist (Musielak/*Ball* § 555 Rn 6). Die Säumnis des Revisionsbeklagten ist daher – abgesehen davon, dass er sich der Möglichkeit begibt, den Argumenten des Revisionsklägers überzeugende Argumente entgegenzustellen – regelmäßig folgenlos. Ist die Revision unbegründet, ergeht ein streitiges Urt nach allgemeinen Grundsätzen (»unechtes Versäumnisurteil«). Ist sie begründet, ergeht gegen den Revisionsbeklagten zwar formell ein echtes Versäumnisurteil, das sich jedoch im Umfang der Nachprüfung und im Grad der Begründung regelmäßig nicht von einem echten kontradiktorischen Revisionsurteil unterscheidet (Zö/*Heßler* § 555 Rn 4; Musielak/*Ball* § 555 Rn 6).

6 **C. Einzelrichterentscheidung.** Eine **Entscheidung durch den Einzelrichter** ist nach § 555 II in der Revisionsinstanz generell ausgeschlossen. Kraft gesetzlicher Anordnung (§ 555 II) sind die Vorschriften der §§ 348–350 in der Revisionsinstanz nicht anwendbar. Als zulässig wird es allenfalls anzusehen sein, die Durchführung eines Erörterungstermins mit dem Ziel einer gütlichen Einigung der Parteien einem Mitglied des Revisionssenats zu übertragen (Musielak/*Ball* § 555 Rn 8; Zö/*Heßler* § 555 Rn 6).

§ 556 Verlust des Rügerechts. **Die Verletzung einer das Verfahren der Berufungsinstanz betreffenden Vorschrift kann in der Revisionsinstanz nicht mehr gerügt werden, wenn die Partei das Rügerecht bereits in der Berufungsinstanz nach der Vorschrift des § 295 verloren hat.**

1 Bei Verfahrensvorschriften (zu verzichtbaren/unverzichtbaren Verfahrensvorschriften vgl § 535 Rz 3; § 295) gilt bereits für die Berufungsinstanz, dass der Verfahrensfehler nicht mehr gerügt werden kann, wenn die Partei ihr Rügerecht schon erstinstanzlich verloren hat (vgl iE § 534 Rz 1–5). § 556, der der für das Berufungsverfahren geltenden Vorschrift des § 534 entspricht, enthält das Pendant für den Verlust des Rügerechts in der Berufungsinstanz. Ist in der Berufungsinstanz auf die Befolgung der Vorschrift verzichtet oder ist der Mangel nicht rechtzeitig gerügt worden, kann er in der Revisionsinstanz nicht mehr geltend gemacht werden. Nicht geheilt werden können Fehler bei der Urteilsfällung, von denen die Parteien bei der Schlussverhandlung auch noch keine Kenntnis haben konnten (BGH NJW 92, 1966, 1967 mwN; vgl auch Musielak/*Ball* § 556 Rn 1).

§ 557 Umfang der Revisionsprüfung. **(1) Der Prüfung des Revisionsgerichts unterliegen nur die von den Parteien gestellten Anträge.**
(2) Der Beurteilung des Revisionsgerichts unterliegen auch diejenigen Entscheidungen, die dem Endurteil vorausgegangen sind, sofern sie nicht nach den Vorschriften dieses Gesetzes unanfechtbar sind.
(3) [1]Das Revisionsgericht ist an die geltend gemachten Revisionsgründe nicht gebunden. [2]Auf Verfahrensmängel, die nicht von Amts wegen zu berücksichtigen sind, darf das angefochtene Urteil nur geprüft werden, wenn die Mängel nach den §§ 551 und 554 Abs. 3 gerügt worden sind.

A. Systematik. § 557 legt die Grenzen der revisionsrechtlichen Überprüfung des Berufungsurteils fest. Abs 1 regelt die Anfallwirkung iRd Anträge (vergleichbar § 528). Abs 3 bestimmt die inhaltlichen Grenzen der revisionsrechtlichen Nachprüfung, wobei § 557 III 2 eine Entsprechung zu § 529 II darstellt. Abs 2 legt entsprechend der für das Berufungsverfahren geltenden Bestimmung des § 512 fest, dass der Beurteilung des Berufungsgerichts auch diejenigen Entscheidungen unterliegen, die dem Endurteil vorausgegangen sind und im Berufungsverfahren nicht gesondert angefochten werden konnten (vgl auch Musielak/*Ball* § 557 Rn 1). 1

B. Revisionsanträge und Anfallwirkung. I. Anfallwirkung. Wie das erstinstanzliche Gericht gem § 308 I und das Berufungsgericht gem § 528 ist auch das Revisionsgericht an die Anträge der Parteien gebunden. Vergleichbar der Situation im Berufungsverfahren (vgl § 528 Ziff 4) wird der Streitgegenstand grds nur insoweit zum Gegenstand des Revisionsverfahrens, als das Berufungsgericht über ihn entschieden hat (Musielak/*Ball* § 557 Rn 2). Das Revisionsgericht hat damit über alle in der Revisionsinstanz gestellten Anträge zu entscheiden, auch wenn sie unzulässig sind (Zö/*Heßler* § 557 Rn 5), jedoch nur über solche, die sich iRd Anfallwirkung halten. Was mit den Revisionsanträgen nicht angegriffen ist, kann auch dann nicht abgeändert werden, wenn es offensichtlich falsch ist (zur Berufung § 528 Rz 10). Ist nur ein Teil des Berufungsurteils angefochten, darf das Revisionsgericht nicht das ganze Berufungsurteil aufheben, auch wenn der von ihm festgestellte Mangel den nicht angefochtenen Teil mit erfasst (Zö/*Heßler* § 557 Rn 4). Ist die Revision wirksam auf einen Teil des Berufungsurteils beschränkt, so ist der nicht angegriffene Teil einschließlich der auf ihn entfallenden zweitinstanzlichen Kostenentscheidung der Nachprüfung und Abänderung durch das Revisionsgericht entzogen (BGHZ 106, 219, 220 f; Musielak/*Ball* § 557 Rn 7). 2

II. Verbesserungs- und Verschlechterungsverbot. In gleicher Weise wie für das Berufungsgericht gelten für das Revisionsgericht das Verbesserungs- und Verschlechterungsverbot (Musielak/*Ball* § 557 Rn 7; Zö/*Heßler* § 557 Rn 1). Das Revisionsgericht darf daher das angefochtene Urt nicht über die vom Revisionskläger gestellten Anträge hinaus abändern, dem Revisionskläger kann nicht mehr zugesprochen werden, als er beantragt hat. Umgekehrt darf das Revisionsgericht das angefochtene Urt nicht zum Nachteil des Revisionsklägers abändern; dem Revisionskläger kann – wenn nicht auch der Gegner Revision oder Anschlussrevision eingelegt hat – nicht weniger zugesprochen werden, als ihm in der 2. Instanz bereits zugesprochen wurde. Vor einer Abänderung geschützt ist der Teil des Prozessgegenstandes, über den das erstinstanzliche Gericht wirksam und mit materieller Rechtskraft zu Gunsten des Revisionsklägers entschieden hat (zum Verbesserungs- und Verschlechterungsverbot und zu Einzelfällen der Grenzen der Abänderung vgl § 528 Rz 10–20). 3

Hat der Revisionskläger Revision gegen ein Prozessurteil eingelegt mit dem Ziel, anstelle des Prozessurteils ein ihm günstiges Sachurteil zu erhalten, und gelangt das Revisionsgericht zu dem Ergebnis, dass das Berufungsgericht die Berufung zu Unrecht als unzulässig verworfen hat oder das Prozessurteil der 1. Instanz aufrecht erhalten hat, riskiert der Revisionskläger allerdings, dass das Revisionsgericht bei Entscheidungsreife (§ 563 III) in der Sache zum Nachteil des Revisionsklägers entscheidet. Dies verletzt das Verbot der Schlechterstellung nicht (BGHZ 102, 332, 337; Musielak/*Ball* § 557 Rn 7; Zö/*Heßler* § 557 Rn 2). 4

Keine Verletzung des Verbots der Schlechterstellung stellt es auch dar, wenn der Kl sich mit der Revision dagegen wendet, dass seine Klage als unbegründet abgewiesen worden ist, jedoch die Klage als unzulässig abgewiesen wird, weil Prozessvoraussetzungen fehlen, die vAw zu beachten sind (vgl dazu § 557 Rz 8). Desgleichen muss der Beklagte, der sich mit der Revision gegen ein der Klage stattgebendes Urt wendet, um die Abweisung als unbegründet zu erreichen, die Abweisung als unzulässig hinnehmen. Dies liegt darin begründet, dass derjenige, der den Rechtsstreit durch Erhebung der Revision fortsetzt, auch in der Revisionsinstanz das Risiko trägt, dass ein Mangel der dem Revisionsverfahren vorausgegangenen Verfahrensteile entdeckt wird, der dazu nötigt, das Verfahren wieder in ein früheres Stadium zurück zu versetzen (Zö/*Heßler* § 557 Rn 3; vgl auch § 528 Rz 15). 5

6 **C. Nachprüfung von Vorentscheidungen.** Ebenso wie iRd § 512 sind in der Revisionsinstanz nachprüfbar nur solche Vorentscheidungen des Berufungsgerichts, die das Gesetz nicht für unanfechtbar erklärt hat (zu überprüfbaren/nicht überprüfbaren Vorentscheidungen vgl § 512 Rz 2–8). § 557 II schließt eine Inzidentprüfung oberlandesgerichtlicher Entscheidungen durch das Revisionsgericht iRe Rechtsmittels, zB eines Beschlusses, durch den die Ablehnung eines Richters für begründet erklärt oder erfolglos geblieben ist, selbst dann aus, wenn eine Rechtsbeschwerde gegen einen derartigen Beschl mangels einer Zulassung nicht möglich gewesen war (BGH NJW-RR 07, 775; NJW-RR 05, 294, 295).

7 Über den Wortlaut des § 557 II hinaus sind von der Inzidentprüfung des Revisionsgerichts – ebenso wie in der Berufungsinstanz (§ 512 Rz 8) – solche Vorentscheidungen des Berufungsgerichts ausgenommen, die selbstständig mit der Revision anfechtbar sind und mangels einer solchen Anfechtung rechtskräftig werden (Musielak/*Ball* § 557 Rn 11; Zö/*Heßler* § 557 Rn 5b).

8 **D. Revisionsrechtliche Prüfung im Rahmen der Revisionsanträge und der Anfallwirkung. I. Verfahrensmängel. 1. Von Amts wegen zu berücksichtigende Verfahrensfehler.** Wie in der Berufungsinstanz (§ 529 II 1) hat das Revisionsgericht nach § 557 III das Berufungsurteil auf vAw zu berücksichtigende Verfahrensmängel zu überprüfen. Von Amts wegen zu berücksichtigen sind Normen, die den Inhalt von Partei- oder Gerichtshandlungen betreffen, insb die Prozessvoraussetzungen sowie Vorschriften, die die Öffentlichkeit der Verhandlung oder das rechtliche Gehör gewähren sollen (§ 529 Rz 18, 20). Dazu gehören die Sachurteilsvoraussetzungen, wie Partei- und Prozessfähigkeit, Prozessführungsbefugnis und Prozessstandschaft, die Bestimmtheit des Klageantrags, das Rechtsschutzinteresse sowie die Zulässigkeit einer (Zwischen-)Feststellungsklage (Musielak/*Ball* § 557 Rn 14). Dazu gehören auch die Prozessfortsetzungsbedingungen, so zB die Zulässigkeit des Einspruchs gegen ein Versäumnisurteil als Sachverhandlungsvoraussetzung und Sachurteilsvoraussetzung (BGH NJW 76, 1040 f; Zö/*Heßler* § 557 Rn 8). Zu prüfen ist auch, ob das angefochtene Urt überhaupt ergehen durfte, zB ob die Voraussetzungen eines Grundurteils vorlagen (Zö/*Heßler* § 557 Rn 8; Musielak/*Ball* § 557 Rn 16). Auch das Fehlen der Mindestangaben des § 540 Abs 1 Nr 1 stellt einen vAw zu berücksichtigenden Verfahrensmangel dar, der regelmäßig zur Aufhebung und Zurückverweisung führen muss (BGH NJW 11, 2054 Tz 9, zu den Ausnahmen Tz 10).

9 Die gebotene Prüfung einer Prozessvoraussetzung oder Prozessfortsetzungsbedingung in der Revisionsinstanz »von Amts wegen« bedeutet nicht nur, dass eine Rüge des Revisionsklägers entbehrlich ist. Vielmehr beinhaltet dies auch, dass das Revisionsgericht an den vom Berufungsgericht festgestellten Sachverhalt nicht gebunden ist. Das Revisionsgericht muss daher die Prozessvoraussetzung/Prozessfortsetzungsbedingung in rechtlicher und tatsächlicher Hinsicht prüfen; es ist befugt, selbst Beweise zu erheben und zu würdigen, also die zur Entscheidung erforderlichen Tatsachen für den entscheidungserheblichen Zeitpunkt festzustellen. Da die Sachurteilsvoraussetzungen und die der Parteidisposition entzogenen Prozessvoraussetzungen auch dem Schutz des Allgemeininteresses dienen, ist das Revisionsgericht sogar (ausnahmsweise) befugt und verpflichtet, neu vorgebrachte Beweismittel zur Feststellung einer erheblichen Tatsache zu berücksichtigen, ohne dass die Voraussetzungen eines Wiederaufnahme-/Restitutionsgrundes nachgewiesen sind (BGH NJW 76, 1940 f mwN; vgl auch Zö/*Heßler* § 557 Rn 14).

10 **2. Nicht von Amts wegen zu berücksichtigende Verfahrensmängel.** Diese müssen demgegenüber gem § 551 III 1 Nr 2 lit b gerügt werden (vgl § 551 Rz 12) und zwar auch dann, wenn es sich um absolute Revisionsgründe gem § 547 handelt (§ 547 Rz 1).

11 **II. Sachliche Prüfung.** Bei der sachlichen Prüfung des Berufungsurteils ist das Revisionsgericht demgegenüber an die geltend gemachten Revisionsgründe nicht gebunden (§ 557 III). Unter der Voraussetzung, dass der Revisionskläger eine ausreichende Revisionsbegründung zur Sache geliefert hat oder eine den Anspruch betreffende zulässige Verfahrensrüge erhoben hat, hat das Revisionsgericht das Berufungsurteil insoweit umfassend auf sachliche Richtigkeit nachzuprüfen (Zö/*Heßler* § 557 Rn 15; St/J/*Grunsky* § 559 Rn 19).

§ 558 Vorläufige Vollstreckbarkeit.

[1]Ein nicht oder nicht unbedingt für vorläufig vollstreckbar erklärtes Urteil des Berufungsgerichts ist, soweit es durch die Revisionsanträge nicht angefochten wird, auf Antrag von dem Revisionsgericht durch Beschluss für vorläufig vollstreckbar zu erklären. [2]Die Entscheidung ist erst nach Ablauf der Revisionsbegründungsfrist zulässig.

1 Die Vorschrift entspricht der für das Berufungsverfahren maßgeblichen Vorschrift des § 537. Auf § 537 I Rz 1–12 wird mit der Maßgabe Bezug genommen, dass die auf das Berufungsverfahren bezogene Termino-

logie durch die revisionsrechtliche Begrifflichkeit zu ersetzen ist und dass eine Einzelrichterkompetenz nicht besteht (vgl dazu § 555 Rz 6).
Siehe auch **Kostenanmerkungen** zu § 537. 2

§ 559 Beschränkte Nachprüfung tatsächlicher Feststellungen. **(1) [1]Der Beurteilung des Revisionsgerichts unterliegt nur dasjenige Parteivorbringen, das aus dem Berufungsurteil oder dem Sitzungsprotokoll ersichtlich ist. [2]Außerdem können nur die in § 551 Abs. 3 Nr. 2 Buchstabe b erwähnten Tatsachen berücksichtigt werden.**
(2) Hat das Berufungsgericht festgestellt, dass eine tatsächliche Behauptung wahr oder nicht wahr sei, so ist diese Feststellung für das Revisionsgericht bindend, es sei denn, dass in Bezug auf die Feststellung ein zulässiger und begründeter Revisionsangriff erhoben ist.

A. Normzusammenhang. Die Vorschrift steht im Zusammenhang mit den §§ 545 I und 546 (vgl § 546 Rz 1). Sie bringt durch die in § 559 I geregelte Beschränkung der tatsächlichen Grundlagen der Nachprüfung und vor dem Hintergrund, dass die Revision nur auf eine Gesetzesverletzung gestützt werden kann (§§ 545 I, 546) zum Ausdruck, dass die Revisionsinstanz keine Tatsachen-, sondern eine Rechtsprüfungsinstanz ist, in der grds nur der Parteivortrag und die Tatsachenfeststellungen, die das Berufungsgericht seiner Entscheidung zugrunde zu legen hatte, Berücksichtigung finden (Musielak/*Ball* § 559 Rn 1; MüKoZPO/*Wenzel* § 559 Rn 1). 1

B. Ausschluss neuen Parteivortrags und neuer Sachanträge. I. Ausschluss neuen Parteivortrags. 2
Grundlage der revisionsrechtlichen Überprüfung ist – von Ausnahmen (vgl dazu Rz 6 ff) abgesehen – allein das aus dem Berufungsurteil oder dem Sitzungsprotokoll ersichtliche Parteivorbringen. Neuer Tatsachenvortrag in der Revisionsinstanz ist grds ausgeschlossen und damit unbeachtlich, womit dem Charakter der Revisionsinstanz Rechnung getragen wird, die keine Tatsachen- sondern eine Rechtsinstanz ist. Der grundsätzliche Ausschluss neuer tatsächlicher Umstände dient zugleich der Entlastung des Revisionsgerichts von dem mit der Feststellung von Tatsachen, insb einer Beweiserhebung, verbundenen zusätzlichen Arbeitsaufwand. Dass als Folge des Ausschlusses ein der materiellen Rechtslage nicht entsprechendes Urt ergehen und ein neuer Rechtsstreit notwendig werden kann, nimmt das Gesetz in Kauf (BGHZ 139, 215, 221).
Beachtlich ist allerdings neuer Tatsachenvortrag in den Grenzen des § 559 I 2 iVm § 551 III 1 Nr 2 lit b (vgl dazu § 551 Rz 12 ff). Die Tatsachen, mit denen der Revisionskläger die entsprechenden Verfahrensrügen begründet, werden sich in aller Regel nicht aus dem Berufungsurteil oder dem Sitzungsprotokoll ergeben (vgl iE § 551 Rz 13). 3

II. Ausschluss neuer Sachanträge. Auch die Erhebung neuer Ansprüche ist in der Revisionsinstanz schon deshalb grds ausgeschlossen, weil sie regelmäßig neuen Tatsachenvortrag voraussetzen (Musielak/*Ball* § 559 Rn 3; vgl dazu auch § 551 Rz 8). Im Revisionsverfahren ausgeschlossen ist daher eine Klageänderung (BGHZ 28, 131, 136 f), ebenso eine Erweiterung der Klage (BGH ZIP 09, 1477 Tz 9). Unzulässig ist ferner eine Parteiänderung oder Parteierweiterung (BGHZ 135, 107, 108 f; Musielak/*Ball* § 559 Rn 3), desgleichen die Erhebung einer Widerklage (BGHZ 24, 279, 285; Musielak/*Ball* § 559 Rn 3; St/J/*Grunsky* § 561 Rn 5). Zulässig ist demgegenüber eine Klageänderung, wenn sie nicht mit einer Änderung des Klagegrundes verbunden ist, oder wenn der Sachverhalt, auf den sich die geänderte Klage stützt, vom Tatrichter bereits gewürdigt wurde, was regelmäßig der Fall ist bei einer Einschränkung des Klagebegehrens (BGHZ 104, 374, 383; Musielak/*Ball* § 559 Rn 4; vgl auch § 551 Rz 8). 4

III. Veränderungen der prozessualen Rechtslage. Prozessuale Erklärungen, die den Streit der Parteien ganz oder tw erledigen, sind auch im Revisionsverfahren zu berücksichtigen. Das gilt namentlich für Anerkenntnis und Verzicht, für die Klagerücknahme, einen Prozessvergleich und eine übereinstimmende Erledigungserklärung (Musielak/*Ball* § 559 Rn 6; Zö/*Heßler* § 559 Rn 4; St/J/*Grunsky* § 561 Rn 20). Eine einseitige Erledigungserklärung des Klägers ist jedenfalls dann zu berücksichtigen, wenn das erledigende Ereignis außer Streit ist (BGHZ 106, 359, 368 mwN; Musielak/*Ball* § 559 Rn 6). Ob die einseitige Erledigungserklärung auch darüber hinausgehend zu beachten ist, hat der BGH in der Vergangenheit offen gelassen (vgl BGH NJW-RR 93, 1123, 1124). In einer Entscheidung zum Nichtzulassungsbeschwerdeverfahren wird ausgeführt, dass bei einem Widerspruch gegen die Erledigungserklärung das (Revisions-)Gericht zunächst zu der Prüfung gezwungen ist, ob die Hauptsache tatsächlich erledigt ist (BGH NJW-RR 07, 639). Ob hieraus zu schließen ist, dass die einseitige Erledigung grds und auch dann, wenn das erledigende Ereignis als sol- 5 ches nicht außer Streit steht, zu berücksichtigen ist, ist nicht zweifelsfrei, sollte jedoch bejaht werden (vgl St/J/*Bork* § 91a Rn 60). Soweit infolge des Bestreitens des erledigenden Ereignisses Beweis über materielle Tatsachen zu erheben wäre, gelten die unter Rz 9 dargelegten Grundsätze.

6 **C. Ausnahmen. I. Zulässigkeitstatsachen.** Vom Revisionsgericht zu berücksichtigen sind neu vorgetragene Umstände, wenn von ihnen die Zulässigkeit der Revision abhängt (BGHZ 22, 370, 372; Musielak/*Ball* § 559 Rn 8; MüKoZPO/*Wenzel* § 559 Rn 26). Zu berücksichtigen sind ferner solche neuen Tatsachen, die die vom Revisionsgericht vAw zu prüfenden Prozessvoraussetzungen oder Prozessfortsetzungsbedingungen betreffen (BGHZ 125, 196, 200 f; Musielak/*Ball* § 559 Rn 8–9a; MüKoZPO/*Wenzel* § 559 Rn 27 f).

7 **II. Materiell-rechtlich bedeutsame Tatsachen.** Nach ständiger Rechtsprechung des BGH ist § 559 I 1 (§ 561 I 1 aF) einschränkend dahin auszulegen, dass in bestimmtem Umfang auch Tatsachen, die sich erst während des Revisionsverfahrens ereignen, in die Urteilsfindung einfließen können, sofern sie unstr sind und schützenswerte Belange der Gegenpartei nicht entgegenstehen. Tragende Überlegung hierfür ist: Der Gedanke der Konzentration der Revisionsinstanz auf die rechtliche Bewertung eines festgestellten Sachverhalts verliert an Gewicht, wenn die Berücksichtigung von neuen tatsächlichen Umständen keine nennenswerte Mehrarbeit verursacht und die Belange des Prozessgegners gewahrt bleiben. In einer derartigen Konstellation ist Raum für die Überlegung, dass es aus prozessökonomischen Gründen nicht zu verantworten ist, die vom Tatsachenausschluss betroffene Partei auf einen weiteren, ggf durch mehrere Instanzen zu führenden Prozess zu verweisen. Vielmehr ist in einem solchen Fall durch die Zulassung neuen Vorbringens im Revisionsverfahren eine rasche und endgültige Streitbereinigung herbeizuführen (BGH NJW 09, 3783 Tz 17; BGHZ 139, 215, 221 f; vgl auch NJW 02, 1130, 1131; NJW 08, 1661, 1662; NJW 01, 1272, 1273 jew mwN).

8 Unter dieser doppelten Voraussetzung (unstreitige Tatsache, schützenswerte Belange der Gegenpartei stehen nicht entgegen) kann es zB unzumutbar sein, einen Kl auf eine erneute Kündigung zu verweisen (BGH NJW 08, 1661, 1662). Ebenso kann eine rechtskräftige Scheidung oder bei einer nachträglich entstandenen Aufrechnungsmöglichkeit die im Anschluss daran erklärte Aufrechnung Berücksichtigung finden (BGH NJW 02, 1130, 1131; zur nachträglich durch Insolvenzeröffnung entstandenen Aufrechnungsmöglichkeit vgl auch BGH NJW 84, 357, 358). Darüber hinaus können Entscheidungen Berücksichtigung finden, die eine vorgreifliche Rechtsfrage rechtskräftig klären, von deren Beantwortung das Ergebnis des zur Beurteilung stehenden Rechtsstreits abhängt (BGH NJW 01, 1730, 1731; vgl auch Musielak/*Ball* § 559 Rn 10; MüKoZPO/*Wenzel* § 559 Rn 31; Zö/*Heßler* § 559 Rn 7 jmwN).

9 **III. Tatsachenfeststellung.** Soweit neue Tatsachen vom Revisionsgericht zu berücksichtigen sind, müssen diese vorgetragen und nach den allgemeinen Grundsätzen bewiesen werden. Das Revisionsgericht kann die Sache zur Beweisaufnahme an das Berufungsgericht zurückverweisen (§ 563 I), was dem Grundsatz entspricht, dass das Revisionsverfahren grds von Beweisaufnahmen freizuhalten ist, oder selbst Beweis erheben (Musielak/*Ball* § 559 Rn 11; MüKoZPO/*Wenzel* § 559 Rn 33; St/J/*Grunsky* § 561 Rn 33 ff; Zö/*Heßler* § 559 Rn 9).

10 **D. Maßgeblichkeit von Berufungsurteil und Sitzungsprotokoll.** Berücksichtigungsfähig ist nur der erst- und zweitinstanzliche Tatsachenvortrag der Parteien, der im Berufungsurteil wiedergegeben ist oder als mündlicher Parteivortrag in einem Sitzungsprotokoll enthalten ist. Dazu gehören auch in Bezug genommene Teile wie Anlagen, Urkunden, Produkte und Modelle (BGH WRP 07, 1076 Tz 23 – Handtaschen; Musielak/*Ball* § 559 Rn 14; zur Unvollständigkeit der Gerichtsakten bei Fehlen von zu den Prozessakten gereichten, vom Berufungsgericht in Bezug genommenen Teilen vgl § 551 Rz 4). Für das Parteivorbringen in der Berufungsinstanz liefern der Tatbestand des Berufungsurteils, und – soweit die Wiedergabe von Parteivortrag in den Entscheidungsgründen enthalten ist – die Entscheidungsgründe nach § 314 Beweis. Wird der Tatbestand des erstinstanzlichen Urteils vom Berufungsgericht in Bezug genommen, liefert dieser Beweis für das Vorbringen 1. Instanz (Musielak/*Ball* § 559 Rn 15; MüKoZPO/*Wenzel* § 559 Rn 2).

11 Vom Berufungsgericht unrichtig wiedergegebener Parteivortrag kann nur mit einem Antrag auf Tatbestandsberichtigung nach § 320 geltend gemacht werden, nicht jedoch mit einer Verfahrensrüge (vgl dazu § 551 Rz 14; Musielak/*Ball* § 559 Rn 16). Demgegenüber kann eine Unvollständigkeit des Tatbestandes im Revisionsverfahren auch mit einer Verfahrensrüge nach § 551 III 1 Nr 2 lit b geltend gemacht werden, zB die verfahrenswidrige Übergehung schriftsätzlichen Parteivorbringens (§ 551 Rz 13; Musielak/*Ball* § 559 Rn 17).

Einem lückenhaften, unklaren oder widersprüchlichen Tatbestand kommt weder Beweiskraft iSd § 314 noch Bindungswirkung für die Revisionsinstanz zu (BGH NJW-RR 05, 962, 963; NJW 00, 3007; Musielak/*Ball* § 559 Rn 18). In diesen Fällen ist dem Revisionsgericht die rechtliche Nachprüfung der Berufungsentscheidung regelmäßig unmöglich und das Berufungsurteil bereits wegen dieses Mangels aufzuheben (BGHZ 80, 64, 67), sofern sich nicht der wirkliche Sach- und Streitstand zweifelsfrei aus wirksam in Bezug genommenen Schriftsätzen ergibt (BGH NJW-RR 05, 962, 963; Musielak/*Ball* § 559 Rn 18). 12

Bei einem Widerspruch zwischen Tatbestand und Sitzungsprotokoll geht das Sitzungsprotokoll vor (BGH NJW 92, 311, 312; Musielak/*Ball* § 559 Rn 19). Bei Widersprüchen zwischen der Darstellung im Tatbestand und dem Inhalt eines konkret in Bezug genommenen Schriftstücks hat der Tatbestand Vorrang (BGH NJW 03, 1390, 1391; Musielak/*Ball* § 559 Rn 19). 13

E. Bindende Feststellungen (§ 559 II). Das Revisionsgericht ist an die tatsächlichen Feststellungen des Berufungsgerichts gebunden. Über den Wortlaut des § 559 II hinausgehend besteht die Bindung jedoch nicht nur für die Feststellung der Wahrheit oder Unwahrheit einer Tatsachenbehauptung, sondern gleichermaßen für die Feststellung als offenkundig oder gerichtsbekannt (BGH NJW 93, 2674, 2675; Musielak/*Ball* § 559 Rn 20). 14

Keine Bindung besteht, wenn die Tatsachenfeststellungen des Berufungsgerichts in der Revisionsinstanz mit Verfahrensrügen angegriffen werden, zB weil das Berufungsgericht Tatsachenbehauptungen und/oder Beweisanträge verfahrensfehlerhaft übergangen oder Tatsachen, die von keiner Partei vorgetragen worden sind, verwertet hat oder wenn ihm bei der Beweisaufnahme oder bei der Beweiswürdigung Fehler unterlaufen oder wenn das Berufungsgericht unter Verstoß gegen § 398 von der Wiederholung einer erstinstanzlichen Zeugenvernehmung abgesehen hat (vgl dazu iE § 546 Rz 8 ff; Musielak/*Ball* § 559 Rn 22). Keine Bindung besteht auch an solche tatsächlichen Feststellungen, die vom Revisionsgericht vAw zu berücksichtigende Umstände betreffen (Zö/*Heßler* § 559 Rn 11). 15

§ 560 Nicht revisible Gesetze. **Die Entscheidung des Berufungsgerichts über das Bestehen und den Inhalt von Gesetzen, auf deren Verletzung die Revision nach § 545 nicht gestützt werden kann, ist für die auf die Revision ergehende Entscheidung maßgebend.**

A. Normzusammenhang. § 560 ist im Zusammenhang mit § 545 I zu sehen. Während § 545 I regelt, dass die Revision nur auf eine Verletzung des Rechts gestützt werden kann, wozu nach der Neufassung des § 545 I auch solche Rechtsnormen gehören, deren Geltungsbereich sich nicht über den Bezirk eines OLG hinaus erstreckt (§ 545 Rz 3 ff), regelt § 560 die Frage, wie irrevisibles Recht und die hierzu getroffenen Feststellungen des Berufungsgerichts vom Revisionsgericht zu behandeln sind (Musielak/*Ball* § 560 Rn 1). 1

B. Bindung an nicht revisibles Recht. Das Revisionsgericht ist grds an Entscheidungen des Berufungsgerichts über die Existenz und den Inhalt irrevisiblen Rechts ebenso gebunden wie an Tatsachenfeststellungen (§ 559 II) (MüKoZPO/*Wenzel* § 560 Rn 1; Musielak/*Ball* § 560 Rn 2). Das Revisionsgericht kann mithin nicht nachprüfen, ob das irrevisible Recht richtig ausgelegt und ob es richtig und vollständig angewendet worden ist (Musielak/*Ball* § 560 Rn 2). Irrevisibles Recht ist der Nachprüfung auch entzogen, soweit es lediglich eine Vorfrage revisibler Rechtssätze betrifft. Demgegenüber ist die Entscheidung über einen aus einer irrevisiblen Rechtsgrundlage hergeleiteten Anspruch insoweit überprüfbar, als es hierfür auf eine Vorfrage ankommt, die nach revisiblem Recht zu beurteilen ist (BGHZ 118, 295, 299; Musielak/*Ball* § 560 Rn 2; MüKoZPO/*Wenzel* § 560 Rn 2). Im Rahmen der Bindung des Revisionsgerichts sind auch auf § 286 gestützte Revisionsrügen ausgeschlossen (BGH NJW 94, 1408, 1409; NJW 92, 438, 440). Es kann daher nicht gerügt werden, die Auslegung irrevisiblen Rechts seitens des Berufungsgerichts widerspreche den allgemeinen Auslegungsregeln, Erfahrungssätzen oder den Denkgesetzen (BGH NJW 94, 1408, 1409) oder das Berufungsgericht habe bei der Anwendung irrevisiblen Rechts die Beweislastverteilung verkannt oder Verfahrensvorschriften verletzt (MüKoZPO/*Wenzel* § 560 Rn 5; Musielak/*Ball* § 560 Rn 3). Der Ausschluss von Revisionsrügen gilt auch, soweit vAw zu prüfende Prozessvoraussetzungen nach irrevisiblem Recht zu beurteilen sind (BGHZ 21, 214, 217; Musielak/*Ball* § 560 Rn 3; MüKoZPO/*Wenzel* § 560 Rn 5). 2

C. Nachprüfung nicht revisiblen Rechts. Nicht revisibles Recht – nach der Neufassung des § 545 lediglich noch solches Recht, das keine Rechtsnormqualität hat (zur Rechtsnormqualität vgl § 545 Rz 1) sowie ausländisches Recht (§ 545 Rz 6) – ist der revisionsgerichtlichen Prüfung allerdings nicht vollständig entzogen. So kann das Revisionsgericht nachprüfen, ob das Berufungsgericht bei der Ermittlung oder bei der Anwen- 3 dung irrevisiblen Rechts revisible Vorschriften verletzt hat und ob das angewendete irrevisible Recht höherrangigem revisiblem Recht entspricht (Musielak/*Ball* § 560 Rn 4) sowie ob statt des vom Berufungsgericht angewendeten irrevisiblen Rechts revisibles Recht anzuwenden ist oder umgekehrt (BGH NJW 95, 2097; Musielak/*Ball* § 560 Rn 4).

4 Mit der Verfahrensrüge nach § 551 III 1 Nr 2 lit b kann geltend gemacht werden, dass der Tatrichter seine prozessrechtliche Verpflichtung zur Ermittlung des ausländischen Rechts (§ 293) verletzt hat (BGH NJW-RR 09, 311 Tz 10; NJW 03, 2685, 2686; BGHZ 118, 151, 162; Musielak/*Ball* § 560 Rn 4; MüKoZPO/*Wenzel* § 560 Rn 3). Gerügt werden kann bspw, der Tatrichter habe seiner Entscheidung statt des maßgebenden Rechts eines bestimmten Staates das Recht eines anderen Staates zugrunde gelegt (BGHZ 118, 151, 163 mwN), das Berufungsurteil gebe nicht zu erkennen, ob und auf welche Weise das Gericht zu klären versucht habe, ob ein von ihm angewendeter Rechtssatz in dem ausländischen Recht bestehe bzw dass es das in Frage kommende ausländische Recht, wie es in Rechtsprechung und Rechtslehre Ausdruck und in der Praxis Anwendung findet, nicht vollständig ermittelt habe (BGH NJW 92, 3106, 3107; BGHZ 118, 151, 163 jmwN). Die Rüge hat indes keinen Erfolg, wenn mit ihr in Wirklichkeit die Nachprüfung irrevisiblen ausländischen Rechts bezweckt wird oder wenn die auf ausländisches Recht gestützte Parteibehauptung in der Berufungsinstanz objektiv nicht geeignet war, eine Pflicht des Tatrichters zur Ermittlung des ausländischen Rechts auszulösen (BGHZ 118, 312, 319; BGHZ 118, 151, 163; Musielak/*Ball* § 560 Rn 4;). Haben die Parteien unschwer Zugang zu den Erkenntnisquellen der ausländischen Rechtsordnung, müssen sie das ausländische Recht regelmäßig konkret darstellen (BGHZ 118, 312, 319 f). Je detaillierter und kontroverser die Parteien eine bestimmte ausländische Rechtspraxis vortragen, desto umfassendere Ausführungen zur Rechtslage hat der Richter, ggf unter Ausschöpfung sämtlicher ihm zugänglicher Erkenntnismittel, zu machen (BGHZ 118, 151, 164 mwN). In der Revisionsinstanz ist auch zu prüfen, ob das Berufungsgericht durch die Anwendung nicht revisiblen Rechts revisibles Recht verletzt hat (BGH NJW-RR 09, 311 Tz 10; Musielak/*Ball* § 560 Rn 4; St/J/*Grunsky* § 562 Rn 3).

5 Schließlich können Verfahrensfehler bei der Anwendung irrevisiblen Rechts wie zB die Übergehung von Sachvortrag, Beweisantritten oder Beweisergebnissen, ausnahmsweise gerügt werden, wenn sie auch unter Zugrundelegung des Rechtsstandpunkts, den das Berufungsgericht zum irrevisiblen Recht eingenommen hat, beachtlich sind (BGH NJW 92, 438, 440; NJW 88, 636, 637; BGHZ 24, 159, 164; BGHZ 3, 342, 346 jew mwN; Musielak/*Ball* § 560 Rn 4). Ferner unterliegt das Revisionsgericht bei der Anwendung irrevisiblen Rechts, das erst nach Schluss der Berufungsverhandlung in Kraft getreten oder vom Berufungsgericht übersehen worden ist, keinen Beschränkungen (BGH NJW 96, 3151; BGHZ 40, 197, 201; Musielak/*Ball* § 560 Rn 4).

§ 561 Revisionszurückweisung. **Ergibt die Begründung des Berufungsurteils zwar eine Rechtsverletzung, stellt die Entscheidung selbst aber aus anderen Gründen sich als richtig dar, so ist die Revision zurückzuweisen.**

1 **A. Normzusammenhang.** Die Revision ist als unbegründet zurückzuweisen, wenn die angefochtene Entscheidung revisibles Recht nicht verletzt oder nicht auf der Gesetzesverletzung beruht (§§ 545 I, 546) oder wenn entgegen der Anforderungen des § 557 III 2 Verfahrensmängel nicht oder nicht ordnungsgemäß gerügt worden sind. § 561, der einen speziellen Fall der Unbegründetheit regelt, stellt im Interesse der Prozessökonomie klar, dass das Rechtsmittel auch dann zurückzuweisen ist, wenn das Berufungsurteil zwar fehlerhaft, im Ergebnis aber richtig ist (MüKoZPO/*Wenzel* § 561 Rn 1; Musielak/*Ball* § 561 Rn 1).

2 **B. Anwendungsbereich der Vorschrift. I. Absoluter Revisionsgrund nach § 547.** Liegt ein ordnungsgemäß gerügter, absoluter Revisionsgrund nach § 547 vor, kann das Revisionsgericht die Revision nicht deshalb zurückweisen, weil sich die angefochtene Entscheidung aus anderen Gründen als richtig darstellt. In einem solchen Fall ist das fehlerhaft ergangene Berufungsurteil selbst bei richtigem Ergebnis aufzuheben. § 561 ist in diesen Fällen nicht anwendbar. Ausnahmen sollen allerdings für § 547 Nr 6 gelten (MüKoZPO/*Wenzel* § 561 Rn 6; Musielak/*Ball* § 561 Rn 5 iVm § 547 Rn 2).

3 **II. Verletzung materiellen Rechts und (sonstiger) Verfahrensmängel.** Ist der Klage unter Verletzung materiellen Rechts stattgegeben worden, so bleibt die Revision gleichwohl ohne Erfolg, wenn sich der Klageanspruch aus einer anderen Anspruchsgrundlage ergibt oder die Verteidigung des Beklagten sich aus vom Berufungsgericht nicht erörterten oder anders beurteilten Gründen als unerheblich erweist (Musielak/

Ball § 561 Rn 2). Bei Verfahrensmängeln, auf denen die angefochtene Entscheidung beruht, bleibt die Revision im Ergebnis dennoch ohne Erfolg, wenn auch unter Einbeziehung verfahrensfehlerhaft übergangenen Parteivortrags oder unter Ausklammerung verfahrensfehlerhaft festgestellter Tatsachen im Ergebnis ebenso zu entscheiden ist (Musielak/*Ball* § 561 Rn 2). Allerdings ist auf eine begründete Verfahrensrüge das Urt auch dann aufzuheben, wenn nur die Möglichkeit besteht, dass die Entscheidung bei prozessordnungsgemäßem Verfahren anders hätte ausfallen können (BGH NJW 03, 3205; MüKoZPO/*Wenzel* § 561 Rn 2), es sei denn, es steht fest, dass das Berufungsgericht nach Zurückverweisung zu keinem anderen Ergebnis gelangen könnte (BGHZ 132, 245, 248 f; Musielak/*Ball* § 561 Rn 3). Raum für die Anwendung von § 561 besteht auch dann, wenn das Ergebnis fehlerfreier Rechtsanwendung dem Revisionskläger ungünstiger wäre als die von ihm angefochtene Entscheidung des Berufungsgerichts. Der Revisionskläger ist nicht beschwert, wenn das falsche Urt ihn im Gegenteil begünstigt (MüKoZPO/*Wenzel* § 561 Rn 4; Musielak/*Ball* § 561 Rn 3; Zö/*Heßler* § 561 Rn 3).

Zurückzuweisen ist die Revision auch dann, wenn das Berufungsurteil sich infolge einer zwischenzeitlichen Gesetzesänderung als richtig erweist, obwohl es aufgrund des vom Berufungsgericht herangezogenen Rechts unrichtig ist (Zö/*Heßler* § 561 Rn 3; MüKoZPO/*Wenzel* § 561 Rn 3). 4

§ 562 Aufhebung des angefochtenen Urteils. **(1) Insoweit die Revision für begründet erachtet wird, ist das angefochtene Urteil aufzuheben.**

(2) Wird das Urteil wegen eines Mangels des Verfahrens aufgehoben, so ist zugleich das Verfahren insoweit aufzuheben, als es durch den Mangel betroffen wird.

A. Normzusammenhang. § 562 regelt zusammen mit § 563, wie das Revisionsgericht im Falle einer begründeten Revision zu entscheiden hat. Beruht die Entscheidung des Berufungsgerichts auf einer Verletzung des Rechts (§§ 545, 546) und stellt sie sich nicht aus anderen Gründen als richtig dar (§ 561), muss sie aufgehoben werden, um Raum für eine neue Entscheidung des Berufungsgerichts (§ 563 I, IV) oder eine ersetzende Entscheidung des Revisionsgerichts selbst zu geben (§ 563 III; vgl auch Musielak/*Ball* § 563 Rn 1 f). 1

B. Voraussetzungen: Die Aufhebung des angefochtenen Urteils setzt voraus, dass der Rechtsstreit in der Revisionsinstanz überhaupt angefallen ist (vgl § 557 Rz 2) und entscheidungsreif ist. An der Entscheidungsreife fehlt es, wenn über die Begründetheit der Revision nicht abschließend entschieden werden kann, weil eine Vorlage an den Großen Senat für Zivilsachen oder den Vereinigten Großen Senat nach § 132 GVG oder an das BVerfG (Art 100, 126 GG) oder gem Art 267 AEUV an den EuGH vorab zu erledigen ist (MüKoZPO/*Wenzel* § 562 Rn 2; Musielak/*Ball* § 562 Rn 2). 2

C. Umfang der Aufhebung. Die Aufhebung ist auf den Teil des Berufungsurteils zu beschränken, hinsichtlich dessen die Revision begründet ist. Ferner darf das Berufungsurteil nur insoweit aufgehoben werden, als es mit der Revision angefochten ist. Nicht angegriffene Teile erwachsen in Teilrechtskraft, sobald die Möglichkeit entfallen ist, sie durch Erweiterung der Revisionsanträge oder durch Anschlussrevision zum Gegenstand der revisionsrechtlichen Überprüfung zu machen (Musielak/*Ball* § 562 Rn 3; MüKoZPO/*Wenzel* § 562 Rn 3). Die beschränkte Aufhebung ist nur in dem Umfang zulässig, in dem die Revision beschränkt zugelassen werden kann (§ 543 Rz 4; Musielak/*Ball* § 562 Rn 3). Die Aufhebung kann daher zB beschränkt werden auf die Entscheidung über einen von mehreren selbstständigen Klageansprüchen, auf die Entscheidung über die Klage oder Widerklage, auf den Betrag eines nach Grund und Höhe streitigen Anspruchs (Musielak/*Ball* § 562 Rn 3; Zö/*Heßler* § 562 Rn 1; MüKoZPO/*Wenzel* § 562 Rn 3). Eine tw Aufhebung des Berufungsurteils kommt auch dann in Betracht, wenn das Berufungsgericht Haupt- und Hilfsantrag abgewiesen hat, letzteren zu Unrecht (BGH NJW 56, 1154 f; MüKoZPO/*Wenzel* § 562 Rn 3; Musielak/*Ball* § 562 Rn 3; Zö/*Heßler* § 562 Rn 1). 3

D. Aufhebung des Verfahrens. Beruht das angefochtene Urt auf einem Verfahrensfehler, kommt nach § 562 II auch eine Aufhebung des Verfahrens in Betracht. Nicht erforderlich ist, dass der Mangel das gesamte Verfahren betrifft. Der Verfahrensfehler führt idR zur Aufhebung des gesamten Verfahrens, wobei sich das dazu Maßgebliche aus den Entscheidungsgründen ergibt (MüKoZPO/*Wenzel* § 562 Rn 8–10). 4

§ 563 Zurückverweisung; eigene Sachentscheidung. (1) [1]**Im Falle der Aufhebung des Urteils ist die Sache zur neuen Verhandlung und Entscheidung an das Berufungsgericht zurückzuverweisen.** [2]**Die Zurückverweisung kann an einen anderen Spruchkörper des Berufungsgerichts erfolgen.**
(2) Das Berufungsgericht hat die rechtliche Beurteilung, die der Aufhebung zugrunde gelegt ist, auch seiner Entscheidung zugrunde zu legen.
(3) Das Revisionsgericht hat jedoch in der Sache selbst zu entscheiden, wenn die Aufhebung des Urteils nur wegen Rechtsverletzung bei Anwendung des Gesetzes auf das festgestellte Sachverhältnis erfolgt und nach letzterem die Sache zur Endentscheidung reif ist.
(4) Kommt im Fall des Absatzes 3 für die in der Sache selbst zu erlassende Entscheidung die Anwendbarkeit von Gesetzen, auf deren Verletzung die Revision nach § 545 nicht gestützt werden kann, in Frage, so kann die Sache zur Verhandlung und Entscheidung an das Berufungsgericht zurückverwiesen werden.

1 **A. Normzusammenhang.** § 563 steht in innerem Zusammenhang mit dem Regelungsbereich des § 562 (vgl § 562 Rz 1).

2 **B. Die Zurückverweisung an das Berufungsgericht (§ 563 I). I. Zurückverweisung. 1. Zurückverweisung als Regelfall.** Die Zurückverweisung an das Berufungsgericht ist im Revisionsverfahren der Regelfall, auch wenn dies für die Parteien den Rechtsstreit weiter in die Länge zieht und auch wenn in manchen Fällen zu begrüßen wäre, dass der BGH von der Möglichkeit, nach § 563 III in der Sache selbst zu entscheiden, couragierter Gebrauch machte. Zurückzuverweisen ist immer dann, wenn die Revision begründet ist, jedoch das Revisionsgericht die ersetzende Entscheidung mangels Entscheidungsreife (Fehlen tatsächlicher Feststellungen vgl Rz 11) nicht selbst treffen kann (Musielak/*Ball* § 563 Rn 2).

3 **2. Adressat der Zurückverweisung.** Zurückverwiesen wird regelmäßig an das Berufungsgericht. Nur das Berufungsgericht kann – mit Ausnahme der Sprungrevision (§ 566 VIII 2) – Adressat der Zurückverweisung nach § 563 I sein. Eine Zurückverweisung an das Gericht des ersten Rechtszugs kommt außer in den Fällen der Sprungrevision nur als ersetzende Entscheidung (§ 538) auf Antrag nach § 538 II 1 und nur durch eine Entscheidung nach § 563 III in Betracht (Musielak/*Ball* § 563 Rn 3).

4 Welcher Senat oder welche Kammer des Gerichts, an das zurückverwiesen wird, erneut verhandeln und entscheiden muss, bestimmt sich grds nach dem Geschäftsverteilungsplan des Berufungsgerichts (MüKoZPO/*Wenzel* § 563 Rn 3; Musielak/*Ball* § 563 Rn 5). Zuständig ist idR der Spruchkörper, der bereits mit der Sache befasst war und das angefochtene Urt erlassen hat. Das Revisionsgericht kann jedoch auch ausdrücklich an einen anderen Spruchkörper des Berufungsgerichts zurückverweisen (§ 563 I 2). Von dieser Möglichkeit macht der BGH nur in Ausnahmefällen Gebrauch (Musielak/*Ball* § 563 Rn 4), etwa dann, wenn das Berufungsgericht in besonders eklatanter und/oder wiederholter Weise gegen höchstrichterliche Entscheidungen verstoßen hat und zu erwarten ist, dass dieser Verstoß sich nach Zurückverweisung wiederholt.

5 **II. Verfahren nach Zurückverweisung. 1. Verfahren des Berufungsgerichts.** Die Zurückverweisung führt dazu, dass das frühere Berufungsverfahren fortgesetzt wird und mit diesem eine Einheit bildet. Das Verfahren wird in die Lage zurückversetzt, in der es sich bei Schluss der Berufungsverhandlung befand, auf die das aufgehobene Urt ergangen ist (BGH NJW 01, 146; Musielak/*Ball* § 563 Rn 7; Zö/*Heßler* § 563 Rn 2; MüKoZPO/*Wenzel* § 563 Rn 6). Die Parteien können auf ihre früheren Anträge und ihr früheres Vorbringen zurückgreifen sowie in den Grenzen der §§ 529 ff neue Anträge stellen und neue Angriffs- und Verteidigungsmittel vorbringen (BGH NJW-RR 05, 1727; Musielak/*Ball* § 563 Rn 7; Zö/*Heßler* § 563 Rn 2; MüKoZPO/*Wenzel* § 563 Rn 6).
Soweit nicht auch das Verfahren des Berufungsgerichts nach § 562 II aufgehoben oder in den Gründen des Berufungsurteils beanstandet worden ist, sind die Tatsachenfeststellungen und die Beweisergebnisse des früheren Verfahrens weiterhin maßgeblich, dgl bleibt die Bindung an ein früheres Geständnis (§§ 290, 535) erhalten (Musielak/*Ball* § 563 Rn 8; MüKoZPO/*Wenzel* § 563 Rn 6). Tatsachen, die im ersten Berufungsverfahren gem § 138 III »als zugestanden« galten, können allerdings nunmehr bestritten werden (BGH NJW 95, 3115, 3116; Musielak/*Ball* § 563 Rn 8). Wie sich aus der Formulierung »zur neuen Verhandlung und Entscheidung« ergibt, ist in jedem Fall eine neue mündliche Verhandlung vor dem Berufungsgericht erforderlich (Musielak/*Ball* § 563 Rn 8).

2. Bindungswirkung. a) Grundsatz. Da dem Revisionsgericht ein durch § 563 II näher ausgeformtes Beurteilungsmonopol zugewiesen ist, hat das Berufungsgericht die rechtliche Beurteilung, die der Aufhebung zugrunde gelegen hat, auch seiner Entscheidung zugrunde zu legen. Damit soll vermieden werden, dass die endgültige Entscheidung der Sache dadurch verzögert oder gar verhindert wird, dass sie ständig zwischen Berufungsgericht und Revisionsgericht hin- und hergeschoben wird, weil keines der beiden Gerichte seine Rechtsauffassung ändert. Damit bei einer der Aufhebung zugrunde liegenden höchstrichterlichen Rechtsfortbildung für das Berufungsgericht jeder Anreiz entfällt, seine gegenteiligen Erwägungen in demselben Verfahren unter Verstoß gegen § 563 II gleichwohl zur höchstrichterlichen Nachprüfung zu stellen, korrespondiert mit der Bindungswirkung für die Berufungsgerichte eine Selbstbindung des Revisionsgerichts, die lediglich für den Ausnahmefall einer inzwischen geänderten höchstrichterlichen Rechtsprechung entfällt. Die verfahrensrechtlichen Bindungen dienen dem höherrangigen Zweck, einen alsbaldigen Rechtsfrieden zwischen den Prozessparteien herbeizuführen. Sie sind daher tendenziell einer Rechtskraft vergleichbar (stRspr vgl BGH NJW 07, 1127 Tz 20 mwN; vgl auch BAG NJW 09, 3739 Tz 12). 6

b) Bindung des Berufungsgerichts. Ausgehend von diesem Grundsatz ist das Berufungsgericht an die der Aufhebung zugrunde liegende Rechtsauffassung selbst dann gebunden, wenn nach seiner Ansicht ein Rechtssatz übersehen oder ein solcher irrtümlich falsch ausgelegt worden ist (BGH NJW 94, 2956, 2957). Die Bindung an das zurückweisende Urt besteht auch bei verfassungsrechtlichen Bedenken des Berufungsgerichts, insb kann sich dieses der Bindung nicht mit dem Argument entziehen, die Ansicht des Revisionsgerichts sei greifbar gesetzeswidrig (BGH NJW 07, 1127 Tz 21). 7

Bindungswirkung entfaltet allerdings nur die rechtliche Beurteilung des Revisionsgerichts. Nicht gebunden ist das Berufungsgericht an Erfahrungssätze oder technische Regeln, auf denen das Revisionsurteil beruht (BGH NJW 82, 1049, 1050; Musielak/*Ball* § 563 Rn 10; MüKoZPO/*Wenzel* § 563 Rn 12). Keine Bindung besteht an die der Revisionsentscheidung zugrunde gelegten Tatsachen, soweit diese nicht ausnahmsweise vom Revisionsgericht selbst festzustellen waren (BGH NJW 95, 3115, 3116). Des Weiteren entfaltet die rechtliche Beurteilung des Revisionsgerichts nur insoweit Bindungswirkung nach § 563 II, als sie unmittelbar zur Aufhebung des Berufungsurteils geführt hat (BGHZ 163, 223, 233; BGHZ 132, 6, 10; Musielak/*Ball* § 563 Rn 11). Des Weiteren besteht an Rechtsauffassungen des Revisionsgerichts in obiter dicta – mangels Entscheidungskausalität – keine Bindung (Zö/*Heßler* § 563 Rn 3a; Musielak/*Ball* § 563 Rn 11). 8

Dass die Bindung nur hinsichtlich solcher Ansprüche besteht, die Gegenstand der Revisionsentscheidung waren, versteht sich von selbst (vgl auch Musielak/*Ball* § 563 Rn 12). Die Bindungswirkung entfällt, wenn das Berufungsgericht neue Tatsachen feststellt und der zweiten Berufungsentscheidung einen anderen Sachverhalt zugrunde legt, als den, von dem das Revisionsgericht auszugehen hatte (BGHZ 159, 122, 127; BGHZ 145, 316, 319; Musielak/*Ball* § 563 Rn 13), dgl wenn sich die Rechtslage nachträglich ändert (Musielak/*Ball* § 563 Rn 13).

3. Bindung des Revisionsgerichts. Die Selbstbindung des Revisionsgerichts entfällt, wenn das Revisionsgericht zwischenzeitlich seine Rechtsprechung geändert und die Änderung verlautbart hat (GemS – OGH BGHZ 60, 392, 397 ff; BGH NJW 07 1127 Tz 20). Erst recht entfällt die Bindung, wenn ein oberstes Bundesgericht seine Rechtsauffassung nicht kraft eigener Erkenntnis geändert hat, sondern sich die abweichende Rechtsauffassung aus einer zwischenzeitlich iRd Art 267 AEUV ergangenen Entscheidung des EuGH ergibt. Die Beachtung des höherrangigen Rechts gebietet das Zurücktreten der verfahrensrechtlichen Bindung (BGHZ 169, 167 Tz 12 – Farbmarke gelb/grün II; BGHZ 129, 178, 185). 9

C. Sachentscheidung des Revisionsgerichts (§ 563 III). Bedarf es keiner weiteren tatsächlichen Feststellungen mehr, um eine instanzbeendende Entscheidung zu treffen, ist die Sache zur »Endentscheidung reif« mit der Konsequenz, dass der BGH in der Sache selbst zu entscheiden hat (Musielak/*Ball* § 563 Rn 21). In diesem Falle besteht eine gesetzliche Pflicht des BGH zur eigenen Sachentscheidung (BGHZ 122, 308, 316). 10

Festgestellt ist der entscheidungserhebliche Sachverhalt, wenn er auf der Grundlage des Berufungsurteils unstr, offenkundig, gerichtsbekannt, zugestanden oder bewiesen ist und nicht in Bezug auf die Tatsachenfeststellungen berechtigte Verfahrensrügen erhoben sind (§ 559 II, § 551 III 1 Nr 2 lit b; Musielak/*Ball* § 563 Rn 20). Bei Fehlen oder rechtsfehlerhafter Vornahme einer dem Tatrichter vorbehaltenen Auslegung, kann das Revisionsgericht, wenn weitere tatsächliche Feststellungen nicht zu erwarten sind, die gebotene Auslegung selbst vornehmen (§ 546 Rz 4) und so die ergänzende Feststellung des Sachverhalts bewirken (BGH NJW 91, 1180, 1181; Musielak/*Ball* § 563 Rn 20). Entsprechendes gilt für die Subsumtion unter unbestimmte Rechtsbegriffe und Generalklauseln (Musielak/*Ball* § 563 Rn 20; § 546 Rz 15). 11

12 § 563 III greift allerdings nicht ein, wenn das Sachverhältnis bisher nur vom erstinstanzlichen Gericht festgestellt worden ist und das Berufungsgericht noch nicht gem § 529 I Nr 1 geprüft hat, ob konkrete Anhaltspunkte Zweifel an der Richtigkeit der Feststellungen des erstinstanzlichen Gerichts begründen. Diese Prüfung kann nicht vom Revisionsgericht vorgenommen werden, weil die Ermittlung oder Verneinung konkreter Anhaltspunkte für eine Unrichtigkeit der erstinstanzlichen Tatsachenfeststellungen ihrerseits eine neue Tatsachenfeststellung darstellen kann und damit in die Zuständigkeit des Tatrichters fällt (BGH NJW 08, 576 Tz 27).

13 Im Patentrecht kann das Revisionsgericht die Auslegung eines Schutzanspruchs zwar grds selbst vornehmen, weil die Auslegung Rechtserkenntnis und demgemäß nicht dem Tatrichter vorbehalten ist (BGHZ 160, 204, 216 – Bodenseitige Vereinzelungseinrichtung; BGHZ 142, 7, 15 – Räumschild). Hat der Tatrichter jedoch keine eigene Auslegung des Patentanspruchs oder Schutzanspruchs vorgenommen, fehlt dem Revisionsgericht regelmäßig die Grundlage für die Prüfung, ob sämtliche notwendigen tatsächlichen Grundlagen der Auslegung rechtsfehlerfrei festgestellt sind und ob bei erneuter Prüfung durch das Berufungsgericht ergänzende tatrichterliche Feststellungen zu erwarten sind. Den Parteien ist in einem solchen Fall die Möglichkeit verschlossen, die für die Anspruchsauslegung relevanten tatsächlichen Annahmen als verfahrensfehlerhaft getroffen oder unvollständig zu rügen. Die fehlende Auslegung des Anspruchs durch das Berufungsgericht erfordert daher idR die Zurückverweisung der Sache (BGHZ 172, 298 Tz 38 f).

14 **D. Fakultative Zurückverweisung nach § 563 IV.** Würde die ersetzende Entscheidung nach § 563 III die Anwendung nicht revisiblen Rechts (vgl § 545 Rz 6) erfordern, kann das Revisionsgericht nach seiner Wahl zurückverweisen oder selbst entscheiden (BGHZ 118, 151, 168). Entscheidet es selbst, ist es jedoch an die Feststellungen des Berufungsgerichts zum nicht revisiblen Recht gebunden (Musielak/*Ball* § 563 Rn 29; Zö/*Heßler* § 563 Rn 13). Fehlt es hierzu an Feststellungen, kann das Revisionsgericht die Anwendung des nicht revisiblen Rechts frei nachprüfen (BGHZ 118, 312, 319; Musielak/*Ball* § 563 Rn 29).

§ 564 Keine Begründung der Entscheidung bei Rügen von Verfahrensmängeln.

[1]Die Entscheidung braucht nicht begründet zu werden, soweit das Revisionsgericht Rügen von Verfahrensmängeln nicht für durchgreifend erachtet. [2]Dies gilt nicht für Rügen nach § 547.

1 Durch § 564 soll das Revisionsgericht von der Mühe entlastet werden, jede der oft zahlreichen Verfahrensrügen ausdrücklich bescheiden zu müssen (St/J/*Grunsky* § 565a Rn 1). Diese Entlastung kann allerdings nur bei Verfahrensrügen in Anspruch genommen werden, und zwar unabhängig davon, ob die Rüge nicht ordnungsgemäß erhoben ist oder ob sie nicht durchgreift (St/J/*Grunsky* § 565a Rn 1; Musielak/*Ball* § 564 Rn 2). Ausgenommen hiervon sind die absoluten Revisionsgründe nach § 547.

§ 565 Anzuwendende Vorschriften des Berufungsverfahrens.

Die für die Berufung geltenden Vorschriften über die Anfechtbarkeit der Versäumnisurteile, über die Verzichtsleistung auf das Rechtsmittel und seine Zurücknahme, über die Rügen der Unzulässigkeit der Klage und über die Einforderung, Übersendung und Zurücksendung der Prozessakten sind auf die Revision entsprechend anzuwenden.

1 **A. Normzusammenhang.** § 565 stellt eine Ergänzung zu § 555 dar, wonach für das Verfahren iA die Vorschriften über das landgerichtliche Verfahren 1. Instanz Anwendung finden und überträgt einige für die Berufung geltenden besonderen Vorschriften auch auf das Revisionsverfahren.

2 **B. Die anwendbaren Vorschriften im Einzelnen. I. Anfechtbarkeit von Versäumnisurteilen.** § 565 verweist auf § 514. Mit der Revision, die nicht der Zulassung bedarf (BGH NJW-RR 08, 876 Tz 3; vgl dazu § 543 Rz 1), anfechtbar sind entspr § 514 II 1 nur im Berufungsweg erlassene zweite Versäumnisurteile iSd § 345. Ein erstes Versäumnisurteil des Berufungsgerichts ist demgegenüber mit der Revision nicht anfechtbar (vgl den Wortlaut des § 514 I; vgl auch § 514 Rz 2, 6). Die Revision kann entsprechend § 514 II 1 nur darauf gestützt werden, dass das Berufungsgericht bei Erlass der angefochtenen Entscheidung unter Verletzung des Gesetzes einen Fall schuldhafter Säumnis angenommen habe (Musielak/*Ball* § 565 Rn 2).

3 **II. Verzicht und Zurücknahme der Revision.** Es gelten die §§ 515 und 516 entspr. Die Revision kann daher bis zur Verkündung des Urteils und ohne Zustimmung des Revisionsbeklagten von einem beim BGH zugelassenen Rechtsanwalt zurückgenommen werden (Musielak/*Ball* § 565 Rn 3; Zö/*Heßler* § 565 Rn 2). Der Beschl gem § 516 III 2 setzt keinen Antrag voraus (Musielak/*Ball* § 565 Rn 3).

III. Rügen der Unzulässigkeit der Klage. § 565 verweist zwar im Hinblick auf die Rügen der Unzulässigkeit der Klage auf § 532. In der Revisionsinstanz ist diese Verweisung jedoch bereits deshalb von äußerst geringer praktischer Bedeutung, weil unverzichtbare Prozessrügen im Revisionsverfahren vAw geprüft werden, soweit sie nicht durch § 545 II ausgeschlossen sind (vgl § 557 Rz 8 f; § 545 Rz 7 ff) und verzichtbare neue Zulässigkeitsrügen nach § 559 grds nicht möglich sind (MüKoZPO/*Wenzel* § 566 Rn 9; Musielak/*Ball* § 565 Rn 4). Eine Ausnahme gilt für die Einrede der mangelnden Prozesskostensicherheit (§§ 110 ff), die in der Revisionsinstanz dann zulässig ist, wenn die Voraussetzungen dafür erst in der Revisionsinstanz entstanden sind (BGHZ 35, 264, 266) oder die Verspätung genügend entschuldigt wird (BGH NJW-RR 90, 378; BGHZ 37, 264, 266; Musielak/*Ball* § 565 Rn 4; MüKoZPO/*Wenzel* § 565 Rn 9; St/J/*Grunsky* § 566 Rn 8). 4

IV. Prozessakten. Prozessakten sind gem § 565 iVm § 541 unverzüglich einzufordern, zu übersenden und nach Erledigung zurückzusenden. 5

§ 566 Sprungrevision.

(1) [1]Gegen die im ersten Rechtszug erlassenen Endurteile, die ohne Zulassung der Berufung unterliegen, findet auf Antrag unter Übergehung der Berufungsinstanz unmittelbar die Revision (Sprungrevision) statt, wenn
1. der Gegner in die Übergehung der Berufungsinstanz einwilligt und
2. das Revisionsgericht die Sprungrevision zulässt.
[2]Der Antrag auf Zulassung der Sprungrevision sowie die Erklärung der Einwilligung gelten als Verzicht auf das Rechtsmittel der Berufung.
(2) [1]Die Zulassung ist durch Einreichung eines Schriftsatzes (Zulassungsschrift) bei dem Revisionsgericht zu beantragen. [2]Die §§ 548 bis 550 gelten entsprechend. [3]In dem Antrag müssen die Voraussetzungen für die Zulassung der Sprungrevision (Absatz 4) dargelegt werden. [4]Die schriftliche Erklärung der Einwilligung des Antragsgegners ist dem Zulassungsantrag beizufügen; sie kann auch von dem Prozessbevollmächtigten des ersten Rechtszuges oder, wenn der Rechtsstreit im ersten Rechtszug nicht als Anwaltsprozess zu führen gewesen ist, zu Protokoll der Geschäftsstelle abgegeben werden.
(3) [1]Der Antrag auf Zulassung der Sprungrevision hemmt die Rechtskraft des Urteils. [2]§ 719 Abs. 2 und 3 ist entsprechend anzuwenden. [3]Die Geschäftsstelle des Revisionsgerichts hat, nachdem der Antrag eingereicht ist, unverzüglich von der Geschäftsstelle des Gerichts des ersten Rechtszuges die Prozessakten einzufordern.
(4) [1]Die Sprungrevision ist nur zuzulassen, wenn
1. die Rechtssache grundsätzliche Bedeutung hat oder
2. die Fortbildung des Rechts oder die Sicherung einer einheitlichen Rechtsprechung eine Entscheidung des Revisionsgerichts erfordert.
[2]Die Sprungrevision kann nicht auf einen Mangel des Verfahrens gestützt werden.
(5) [1]Das Revisionsgericht entscheidet über den Antrag auf Zulassung der Sprungrevision durch Beschluss. [2]Der Beschluss ist den Parteien zuzustellen.
(6) Wird der Antrag auf Zulassung der Revision abgelehnt, so wird das Urteil rechtskräftig.
(7) [1]Wird die Revision zugelassen, so wird das Verfahren als Revisionsverfahren fortgesetzt. [2]In diesem Fall gilt der form- und fristgerechte Antrag auf Zulassung als Einlegung der Revision. [3]Mit der Zustellung der Entscheidung beginnt die Revisionsbegründungsfrist.
(8) [1]Das weitere Verfahren bestimmt sich nach den für die Revision geltenden Bestimmungen. [2]§ 563 ist mit der Maßgabe anzuwenden, dass die Zurückverweisung an das erstinstanzliche Gericht erfolgt. [3]Wird gegen die nachfolgende Entscheidung des erstinstanzlichen Gerichts Berufung eingelegt, so hat das Berufungsgericht die rechtliche Beurteilung, die der Aufhebung durch das Revisionsgericht zugrunde gelegt ist, auch seiner Entscheidung zugrunde zu legen.

A. Normzweck. Die Sprungrevision gibt den Parteien aus prozessökonomischen Gründen im Interesse der Verfahrensbeschleunigung die Möglichkeit, einen allein um Rechtsfragen geführten Streit schnell einer höchstrichterlichen Entscheidung zuzuführen (Musielak/*Ball* § 566 Rn 1; MüKoZPO/*Wenzel* § 566 Rn 1). 1

B. Parallelen zum Nichtzulassungsbeschwerdeverfahren. Mit dem Unterschied, dass die Sprungrevision nicht gegen die in der Berufungsinstanz erlassenen Endurteile sondern gegen die im ersten Rechtszug erlassenen Endurteile stattfindet und von den unter Rz 8 ff dargestellten Besonderheiten gekennzeichnet ist, weist die Sprungrevision eine Vielzahl von Parallelitäten zum Nichtzulassungsbeschwerdeverfahren auf. 2

3 **I. Zulassungsschrift/Zulassungsvoraussetzungen.** Wie die Nichtzulassungsbeschwerde (und die Revision) wird sie eingeleitet durch Einreichung eines Schriftsatzes (Zulassungsschrift) beim Revisionsgericht, der den Maßgaben der §§ 548–550 zu entsprechen hat (§ 566 II 2). Wie bei der Nichtzulassungsbeschwerde (§§ 544, 543) müssen Voraussetzungen für die Zulassung der Revision dargelegt werden (§ 566 II 2 iVm § 566 IV). Die Zulassungsgründe des § 566 IV entsprechen denjenigen des § 543 II 1.

4 **II. Fortgang des Verfahrens.** Im Falle der dem Antrag stattgebenden Entscheidung, die wie im Falle der Nichtzulassungsbeschwerde (§ 544 IV) durch Beschl erfolgt, der den Parteien zuzustellen ist (§ 566 V), wird das Verfahren als Revisionsverfahren fortgesetzt (§ 566 VII/§ 544 VI). In beiden Fällen gilt der form- und fristgerechte Antrag auf Zulassung der Revision nach Zulassung der Revision als Einlegung der Revision mit der Konsequenz, dass die Revisionsbegründungsfrist mit der Zustellung der Entscheidung beginnt (§ 544 VI einerseits § 566 VII andererseits; vgl jedoch nachstehend Rz 11).

5 **III. Hemmung und Vollstreckungsschutz.** Wie bei der Nichtzulassungsbeschwerde hemmt die Einlegung der Beschwerde (bei der Sprungrevision der Antrag auf Zulassung der Sprungrevision) die Rechtskraft des Urteils; § 719 S 2 und 3 sind entsprechend anzuwenden (§ 544 V 1 und 2 einerseits, § 566 III 1 und 2 andererseits).

6 **IV. Ablehnung des Antrags.** Im Falle der Ablehnung des Antrags auf Zulassung der Revision wird bei der Sprungrevision und beim Nichtzulassungsbeschwerdeverfahren das angegriffene Urt rechtskräftig (§ 544 V 6 einerseits, § 566 VI andererseits).

7 **V. Wert.** Die Wertgrenze des § 26 Nr 8 EGZPO gilt zwar im Verfahren der Sprungrevision nicht (Musielak/*Ball* § 566 Rn 4), allerdings ist auch im Falle der Sprungrevision die Darlegung erforderlich, dass der Wert der Beschwerde des Revisionsklägers 600 € übersteigt (§ 566 I 1 iVm § 511 II Nr 1).

8 **C. Besonderheiten bei der Sprungrevision. I. Einwilligung, Verzicht auf das Rechtsmittel der Berufung.** Nach § 566 I 1 Nr 1 ist Voraussetzung der Zulässigkeit der Sprungrevision, dass der Gegner in die Übergehung der Berufungsinstanz einwilligt. Diese Erklärung der Einwilligung ist dem Zulassungsantrag beizufügen (§ 566 II 4). Die Bedeutung der Einwilligung des Gegners zeigt sich daran, dass der Antrag auf Zulassung der Sprungrevision und die Erklärung der Einwilligung als Verzicht auf das Rechtsmittel der Berufung gelten (§ 566 I 2). Der Verzicht der Parteien auf die Berufung ist endgültig; die Einwilligungserklärung wird nach Einreichung der Zulassungsschrift unwiderruflich (Musielak/*Ball* § 566 Rn 5; MüKoZPO/*Wenzel* § 566 Rn 6; Zö/*Heßler* § 566 Rn 4).

9 Die Einwilligungserklärung des Gegners muss handschriftlich unterzeichnet sein und vor Ablauf der Revisionsfrist dem Revisionsgericht vorliegen (BGHZ 92, 76, 77; Musielak/*Ball* § 566 Rn 3). Einwilligungsbefugt ist der Antragsgegner sowie sein Prozessbevollmächtigter des ersten Rechtszuges (§ 566 II 4).

10 **II. Keine Verfahrensrügen.** Ein bedeutsamer Unterschied zu Revision und Nichtzulassungsbeschwerde besteht darin, dass die Sprungrevision nach ausdrücklicher gesetzgeberischer Maßgabe nicht auf Verfahrensmängel gestützt werden kann (§ 566 IV 2). Daraus folgt auch, dass – anders als bei § 543 II (vgl § 543 Rz 20) – aus einem Verfahrensfehler kein Zulassungsgrund hergeleitet werden kann (Musielak/*Ball* § 566 Rn 7).

11 **III. Begründungsfrist.** Ein weiterer bedeutender Unterschied besteht darin, dass – anders als bei Revision und Nichtzulassungsbeschwerde – die Fristen nicht gestaffelt sind. Das bedeutet, dass mit dem Antrag auf Zulassung (der Zulassungsschrift) die Voraussetzungen für die Zulassung der Sprungrevision dargelegt werden müssen (§ 566 II 3 iVm § 566 IV) und damit, dass auch für die Begründung der Sprungrevision lediglich ein Monat ab Zustellung der erstinstanzlichen Entscheidung zur Verfügung steht. Eine ergänzende Revisionsbegründung kommt nur im Falle der Zulassung der Revision in Betracht (§ 566 VII 3).

12 **D. Weiteres Verfahren.** Das weitere Verfahren, das nach Zulassung der Revision greift, bestimmt sich nach den für die Revision geltenden Bestimmungen (§ 566 VIII). Über die zulässige Sprungrevision entscheidet das Revisionsgericht durch Urt, für dessen Inhalt die §§ 561 ff gelten. Analog § 563 II kann das Revisionsgericht nur an das erstinstanzliche, nicht jedoch an das für die Berufung zuständige Gericht zurückverweisen; die der Aufhebung zugrunde liegende Rechtsauffassung des Revisionsgerichts bindet das Gericht 1. Instanz und gem § 566 VIII 3 das anschließend mit der Sache befasste Berufungsgericht (Musielak/*Ball* § 566 Rn 11).

E. Kosten/Gebühren. I. Gericht. Es entsteht nach Nr 1240 KV eine 1,5-Gebühr, so weit der Antrag abgelehnt wird. Wird der Antrag zurückgenommen oder das Verfahren anderweitig erledigt, reduziert sich die Gebühr auf 1,0 nach Nr 1241 KV. Wird dem Antrag auf Zulassung der Sprungrevision stattgegeben, fallen keine Gerichtsgebühren an (Anm zu Nr 1241 KV); die Gerichtsgebühren richten sich dann nach den Vorschriften des Revisionsverfahrens. 13

II. Anwalt. Das Verfahren auf Einwilligung gehört zur 1. Instanz (§ 19 I 2 Nr 9 RVG) und wird durch die dortigen Gebühren mit abgegolten. Das Verfahren auf Zulassung vor dem BGH zählt dagegen bereits zum Revisionsverfahren und wird durch die dortigen Gebühren mit abgegolten (§ 16 Nr 11 RVG). 14

Abschnitt 3 Beschwerde

Titel 1 Sofortige Beschwerde

§ 567 Sofortige Beschwerde; Anschlussbeschwerde. (1) Die sofortige Beschwerde findet statt gegen die im ersten Rechtszug ergangenen Entscheidungen der Amtsgerichte und Landgerichte, wenn
1. dies im Gesetz ausdrücklich bestimmt ist oder
2. es sich um solche eine mündliche Verhandlung nicht erfordernde Entscheidungen handelt, durch die ein das Verfahren betreffendes Gesuch zurückgewiesen worden ist.
(2) Gegen Entscheidungen über Kosten ist die Beschwerde nur zulässig, wenn der Wert des Beschwerdegegenstands 200 Euro übersteigt.
(3) [1]Der Beschwerdegegner kann sich der Beschwerde anschließen, selbst wenn er auf die Beschwerde verzichtet hat oder die Beschwerdefrist verstrichen ist. [2]Die Anschließung verliert ihre Wirkung, wenn die Beschwerde zurückgenommen oder als unzulässig verworfen wird.

A. Bedeutung der Norm. Die Beschwerde (sofortige Beschwerde und Rechtsbeschwerde) ist dasjenige Rechtsmittel, mit dem Entscheidungen angefochten werden können, die nicht in Urteilsform ergehen (Ausn §§ 71, 99 II, 135 III, 387 III). Die in §§ 511 ff, 542 ff geregelten Rechtsmittel Berufung und Revision richten sich gegen Urteile. Die Beschwerde ergänzt so das System der Rechtsmittel und dient zugleich dazu, »durch Ausscheiden nebensächlicher Streitpunkte den Stoff des Rechtsstreits für die übrigen Rechtsmittel und damit das Verfahren selbst zu vereinfachen« (*Hahn/Stegmann*, Die Gesamten Materialien zu den Reichs-Justizgesetzen, Neudruck 1983, Bd 2, S. 374); denn Vorentscheidungen des ersten Rechtszugs, die mit der sofortigen Beschwerde anfechtbar sind, sind der Beurteilung des Berufungsgerichts entzogen (vgl § 512). Die Beschwerde bewirkt – abgesehen von dem Fall, dass das Ausgangsgericht der sofortigen Beschwerde abhilft, § 572 I – den Übergang der Sache in die höhere Instanz (**Devolutiveffekt**). Außerdem hemmt sie den Eintritt der formellen Rechtskraft der angegriffenen Entscheidung, der bei nicht angefochtenen Entscheidung mit Ablauf der Beschwerdefrist (§ 569 I) eintritt (**Suspensiveffekt**). 1

I. Anwendungsbereich. Die §§ 567–577 gelten für die Beschwerden der ZPO sowie derjenigen Gesetze, die auf die ZPO verweisen (vgl etwa §§ 4, 6, 7 InsO, §§ 15 I, 27 IV AVAG, § 17a IV 3 GVG). Sie gelten nicht für die Beschwerden nach der GBO, dem GKG und der KostO. Das Gesetz über das Verfahren in Familiensachen und in den Angelegenheiten der freiwilligen Gerichtsbarkeit (FamFG) vom 17.1.08 (BGBl I 2586), das am 1.9.09 in Kraft getreten ist, verweist insoweit ebenfalls nicht allgemein auf die ZPO. Beschwerde und Rechtsbeschwerde sind vielmehr – ebenso wie früher im FGG – gesondert geregelt (§§ 58 ff, 70 ff FamFG). 2

II. Gesetzgebungsgeschichte. Seit dem ZPO-Reformgesetz v 27.7.01 (BGBl I 1887) gibt es in der ZPO und in den auf sie verweisenden Gesetzen nur noch die sofortige Beschwerde und die Rechtsbeschwerde; die früheren Formen der einfachen, der befristeten und der weiteren Beschwerde finden sich gelegentlich außerhalb der ZPO (vgl zB §§ 66, 68 GKG). Mit der ZPO-Reform sollte »auch das Beschwerderecht als Rechtsmittel gegen Nebenentscheidungen angepasst, vereinfacht und zum Zwecke der Verfahrensbeschleunigung gestrafft werden« (BTDrs 14/4722, 68). Grundsätzlich entspricht der Beschwerderechtszug (Ausgangsentscheidung – sofortige Beschwerde – Rechtsbeschwerde) nunmehr demjenigen der Hauptsache. Allerdings eröffnet die sofortige Beschwerde anders als die Berufung eine volle zweite Tatsacheninstanz (vgl 3

§ 571 II), während die neu eingeführte Rechtsbeschwerde revisionsähnlich ausgestaltet ist. Die weiteren wesentlichen Neuerungen der ZPO-Reform waren die generelle Befristung der Beschwerde (§ 569 I), das als Sollvorschrift ausgestaltete Begründungserfordernis (§ 571) nebst Präklusionsmöglichkeit (§ 571 III), die Abhilfemöglichkeit des Ausgangsgerichts (§ 572 I) sowie der originäre Einzelrichter (§ 568). Zuständig für sofortige Beschwerden gegen Entscheidungen des AG ist das LG (§ 72 GVG), soweit nicht die Ausnahmetatbestände des § 119 I Nr 1 GVG eingreifen; in allen übrigen Fällen ist das OLG zuständig (§ 119 I Nr. 1 und 2 GVG). Rechtsbeschwerdegericht ist nunmehr ausschließlich der BGH (§ 133 GVG). Ob dadurch das Beschwerdeverfahren »gestrafft« und »beschleunigt« worden ist (vgl BTDrs 14/4722, 68), kann mit guten Gründen bezweifelt werden (s. Erl zu § 574).

4 **III. Ähnliche Rechtsbehelfe. 1. Erinnerung.** Die Erinnerung (zB §§ 573, 766; § 11 I 2 RPflG) ist kein Rechtsmittel, sondern ein Rechtsbehelf. Sie wird vom Richter des Ausgangsgerichts beschieden und gelangt nicht in die höhere Instanz. Die Entscheidung über die Erinnerung kann mit der sofortigen Beschwerde anfechtbar sein (nicht im Falle des § 11 II RPflG). Neben den gesetzlich geregelten Rechtsbehelfen gibt es eine Reihe formloser Rechtsbehelfe, die ebenfalls auf eine Änderung der angegriffenen Entscheidung durch das Ausgangsgericht selbst gerichtet sind. Weil sie gesetzlich nicht geregelt und in Voraussetzungen und Rechtsfolgen unklar sind, gehören sie nicht zum »Rechtsweg«, dessen Erschöpfung § 90 II 1 BVerfGG fordert (BVerfG NJW 03, 1924, 1928 = BVerfGE 107, 395).

5 **2. Außerordentliche Beschwerde wegen greifbarer Gesetzwidrigkeit.** Die außerordentliche Beschwerde wegen greifbarer Gesetzwidrigkeit ist in der Rechtsprechung des Bundesgerichtshofs für »Ausnahmefälle krassen Unrecht« entwickelt worden. Ein an sich unanfechtbarer Beschl konnte mit der außerordentlichen Beschwerde angegriffen werden, wenn er jeder gesetzlichen Grundlage entbehrte und inhaltlich dem Gesetz fremd, mit der Rechtsordnung schlechthin unvereinbar war (BGHZ 109, 41, 43 f = NJW 90, 840 f; BGHZ 119, 372, 374 = NJW 93, 135, 36; vgl bereits BGHZ 28, 349, 350). Seit Inkrafttreten des ZPO-Reformgesetzes am 1.1.02 gibt es die außerordentliche Beschwerde nicht mehr, nachdem der Gesetzgeber sie nicht in das neugefasste Beschwerderecht aufgenommen hatte (BGHZ 150, 133, 135 f = NJW 02, 1577; BGH NJW 03, 3137, 3138; BFH NJW 03, 919, 920; BVerwG NVwZ 05, 232; aA anscheinend BFH NJW 04, 2854). Teilweise ist ihre Funktion durch die durch das Anhörungsrügengesetz vom 9.12.04 (BGBl I 3220) neu gestaltete **Anhörungsrüge** (§ 321a) übernommen worden, die ebenfalls beim Ausgangsgericht eingelegt wird und mit welcher die Verletzung des Anspruchs auf rechtliches Gehör der durch die Entscheidung beschwerten Partei gerügt werden kann. Ist sie begründet, hilft das Gericht ihr ab, indem es das Verfahren fortführt, soweit dies auf Grund der Rüge geboten ist. Das Verfahren wird in die Lage zurückversetzt, in der es sich vor dem Schluss der mündlichen Verhandlung befand (§ 321a V). Ob die Vorschrift des § 321a analog auf andere Fälle der Verletzung von Verfahrensgrundrechten angewandt werden kann, ist str (offen gelassen von BGH NJW 06, 1978 f), wegen des Ausnahmecharakters der Vorschrift aber eher zu verneinen (BFH NJW 06, 861). In einem Ausnahmefall der mit einem drohenden Eingriff in das Persönlichkeitsrecht verbundenen Verletzung rechtlichen Gehörs hat der BGH die sofortige Beschwerde gegen eine an sich unanfechtbare Zwischenentscheidung für zulässig erachtet (BGH MDR 09, 1184 ff Rn 8 zur **Einholung eines Gutachtens über die Prozessfähigkeit einer Partei** ohne deren vorherige persönliche Anhörung; ebenso BGHZ 171, 326 Rn 17 = NJW 07, 3575 zum früheren FGG-Verfahren). Gegen **Durchsuchungsanordnungen ohne gesetzliche Grundlage** hat der BGH ebenfalls eine im Gesetz nicht vorgesehene sofortige Beschwerde zugelassen (BGHZ 158, 212, 216 f = NJW 04, 2015; BGH NJW 09, 2053 Rn 9).

6 **3. Gegenvorstellung.** Die nicht fristgebundene (aA OLG Dresden NJW 06, 851, das § 321a II 2 analog anwendet) Gegenvorstellung soll das Ausgangsgericht ebenfalls veranlassen, seine Entscheidung selbst zu ändern. Sie kommt nur insoweit in Betracht, als einerseits ein gesetzlich geregelter Rechtsbehelf nicht oder nicht mehr gegeben ist, andererseits das Gericht die angefochtene Entscheidung überhaupt selbst abändern kann. Ein typischer Anwendungsfall ist das PKH-Bewilligungsverfahren vor Abschluss der Instanz. Der BFH (NJW 08, 543) hat die Statthaftigkeit der Gegenvorstellungzeitweilig in Zweifel gezogen, hat die Vorlage an den Gemeinsamen Senat der obersten Gerichtshöfe des Bundes jedoch wieder zurückgenommen (NJW 09, 3053), nachdem das BVerfG entschieden hat, die Gegenvorstellung genüge zwar nicht den rechtsstaatlichen Anforderungen an die Rechtsmittelklarheit, ihre Behandlung als statthaft beeinträchtige die Interessen der Rechtsuchenden jedoch nicht (BVerfG NJW 09, 829). Gegenvorstellungen sind folglich weiterhin statthaft und können zu einer Änderung der angefochtenen Entscheidung führen, wenn und solange das Gericht zu einer Änderung der Entscheidung befugt ist. Gegen Entscheidungen, die in materieller

Rechtskraft erwachsen, findet eine Gegenvorstellung dagegen nicht statt. Die Entscheidung über die Gegenvorstellung ist unanfechtbar. Die Gegendarstellung dient der Selbstkorrektur von unanfechtbaren Entscheidungen; diese können nicht über den Umweg der Gegenvorstellung anfechtbar gemacht werden (BGH 22.2.07, IX ZA 41/06; v 2.9.08, IX ZA 21/08).

4. Untätigkeitsbeschwerde/Verzögerungsrüge. Eine Untätigkeitsbeschwerde wurde bisher nur in engen Grenzen für möglich gehalten. BVerfG und EGMR haben verschiedentlich den Gesetzgeber zur Einführung eines solchen Rechtsbehelfs aufgerufen (EGMR NJW 06, 2389, 2392; BVerfG NJW 97, 2811, 2811; vgl auch *Steinbeiß-Winkelmann* NJW 08, 1873 mwN). Am 3.12.11 ist das Gesetz über den Rechtsschutz bei überlangen Gerichtsverfahren und strafrechtlichen Ermittlungsverfahren (BGBl I 2302) in Kraft getreten. Die neu eingeführten Vorschriften der §§ 198 ff GVG sehen eine **Entschädigung** von regelmäßig 1.200 € pro Jahr der Verzögerung für Nachteile infolge unangemessener Dauer eines Gerichtsverfahrens vor (§ 198 I 1, II 3 GVG). Anspruchsvoraussetzung ist eine **Verzögerungsrüge** (§ 198 III GVG), die bei dem mit der Sache befassten Gericht anzubringen ist. Die Verzögerungsrüge braucht nicht beschieden zu werden; auch ein Rechtsmittel gegen die (fehlende) Reaktion des Ausgangsgerichts ist nicht vorgesehen. Eine Klage zur Durchsetzung des Entschädigungsanspruchs kann frühestens sechs Monate nach Erhebung der Verzögerungsrüge erhoben werden (§ 198 V GVG). Die Beendigung des Ausgangsverfahrens ist wird nicht vorausgesetzt. Zuständig für die Entschädigungsklage gegen ein Land ist das OLG, in dessen Bezirk die Regierung des beklagten Landes ihren Sitz hat; zuständig für Klagen gegen den Bund ist der BGH (§ 201 I GVG). Ob dieses Verfahren zu sinnvollen Ergebnissen führt oder auch nur führen kann, wird die Zukunft erweisen. Nach wie vor kann der Betroffene außerdem im Wege der **Dienstaufsichtsbeschwerde** vorgehen. Maßnahmen der Dienstaufsicht sind allerdings durch den Grundsatz der richterlichen Unabhängigkeit beschränkt (§ 26 I DRiG). Lehnt das Gericht ein Tätigwerden ausdrücklich ab, kann darin eine Entscheidung liegen, die mit der sofortigen Beschwerde angegriffen werden kann. 7

B. Zulässigkeit der sofortigen Beschwerde. Wie bei jedem Rechtsmittel sind Zulässigkeit und Begründetheit der sofortigen Beschwerde gesondert zu prüfen. Zulässigkeitsvoraussetzungen sind die Statthaftigkeit der sofortigen Beschwerde, die Einhaltung der gesetzlich vorgeschriebenen Frist und Form (§ 569) sowie die Beschwer des Beschwerdeführers, deren Beseitigung die sofortige Beschwerde dienen soll. In bestimmten Fällen verlangt das Gesetz darüber hinaus eine bestimmte Beschwerdesumme. Die sofortige Beschwerde kann wegen prozessualer Überholung unzulässig sein oder werden. Bei Einlegung und Begründung des Rechtsmittels müssen außerdem die Prozesshandlungsvoraussetzungen gegeben sein (Partei- und Prozessfähigkeit, ggf die Postulationsfähigkeit des Verfahrensbevollmächtigten, Vertretungsmacht). Begründet ist die sofortige Beschwerde, wenn das Beschwerdegericht im Ergebnis anders entscheidet als das Ausgangsgericht. § 567 I regelt die **Statthaftigkeit** der sofortigen Beschwerde, die Voraussetzungen dafür also, unter denen die ZPO die sofortige Beschwerde ihrer Art nach überhaupt eröffnet. Abs 2 ordnet für die Beschwerde gegen Kostenentscheidungen eine Mindestbeschwer von 200 € an. Abs 3 betrifft die Statthaftigkeit der Anschlussbeschwerde. 8

I. Statthaftigkeit (Abs 1). Ob die sofortige Beschwerde eröffnet ist, wird durch das Enumerationsprinzip (Abs 1 Nr 1) einerseits, eine beschränkte Generalklausel (Abs 1 Nr 2) andererseits bestimmt. Die sofortige Beschwerde findet zum einen dann statt, wenn dies in der ZPO sowie in anderen Gesetzen, die auf die ZPO verweisen (vgl etwa §§ 4, 6 InsO, § 17a IV 3 GVG für Entscheidungen der Amts- und Landgerichte, §§ 95, 96 ZVG), **ausdrücklich angeordnet** ist. Auf den Gegenstand der Entscheidung kommt es hier nicht an, wohl aber gelegentlich auf deren Inhalt (zB §§ 46 II, 127 II, III). Zum anderen ist sie statthaft, wenn **ein das Verfahren betreffendes Gesuch zurückgewiesen** worden ist, ohne dass eine mündliche Verhandlung erforderlich war. Nach § 128 IV ist dies für Entscheidungen, die nicht in Urteilsform ergehen, stets der Fall, soweit nichts anderes bestimmt ist. Darf eine Entscheidung nur aufgrund mündlicher Verhandlung ergehen, ist die sofortige Beschwerde statthaft, wenn dies im Gesetz ausdrücklich angeordnet ist (also Nr 1 eingreift); fehlt eine solche Bestimmung, kann eine Überprüfung allenfalls iRd Rechtsmittels gegen die Hauptsacheentscheidung erfolgen. Ob tatsächlich eine mündliche Verhandlung stattgefunden hat, ist ohne Belang. Entscheidungen im Sinne dieser Vorschrift sind sowohl Beschlüsse des Gerichts (des Kollegiums oder des Einzelrichters) als auch Verfügungen des Vorsitzenden (nach BTDrs 14/4722, 110, auch Entscheidungen des beauftragten oder ersuchten Richters; vgl dazu aber § 573). Durch die Entscheidung muss ein das Verfahren betreffendes Gesuch zurückgewiesen worden sein. »Verfahren« ist der jeweils anhängige Rechtsstreit. Die Partei muss einen Antrag gestellt haben. Von Amts wegen zu treffende Entscheidungen 9 sind auch dann nicht anfechtbar, wenn die Partei eine bestimmte Maßnahme angeregt hatte, das Gericht der Anregung aber nicht gefolgt war (BGH MDR 04, 698, 699 zur Ablehnung der Abgabe einer Sache an das Familiengericht; BGH NJW 05, 143, 144 zur Ablehnung der Abtrennung einer Scheidungsfolgensache; BGH MDR 09, 159, 160 Rn 12 zur Ablehnung einer Besetzungsrüge; Köln MDR 08, 818, 819 zur Ablehnung der Entpflichtung eines Sachverständigen). Der Antrag muss schließlich zurückgewiesen worden sein. Nur der Antragsteller ist durch eine ihn belastende Entscheidung beschwert. Dass die Partei einem Antrag des Gegners entgegengetreten ist, reicht nicht aus. Es fehlt dann an einem zurückgewiesenen Verfahrensgesuch (RGZ 46, 366, 367; Karlsr MDR 07, 236; MüKoZPO/*Lipp* Rn 8; Musielak/*Ball* Rn 14; einschränkend Wieczorek/Schütze/*Jänich* Rn 9). Gegen die **Anforderung eines Auslagenvorschusses** ist weder im Hauptsacheverfahren (vgl § 355 II) noch im selbständigen Beweisverfahren die sofortige Beschwerde eröffnet (BGH MDR 09, 763). Gleiches gilt hinsichtlich der Ablehnung der Einholung eines weiteren Gutachtens gem § 412 (BGH BauR 10, 832 Rn 5 ff; BauR 11, 1366 Rn 5). Die Bestimmung einer **Klagefrist nach § 494a** ist ebenfalls unanfechtbar (BGH NJW-RR 10, 1144 Rn 9).

10 Die sofortige Beschwerde findet nur gegen die im ersten Rechtszug ergangenen **Entscheidungen der Amts- und Landgerichte** statt. Entscheidet das OLG oder das LG als Berufungsgericht vor Erlass des Berufungsurteils selbstständig über eine Besetzungsrüge, ist die sofortige Beschwerde nicht eröffnet. So ist zB eine in 2. Instanz getroffene selbständige Entscheidung über eine Besetzungsrüge unanfechtbar (BGH MDR 09, 159 f Rn 7). Gleiches gilt für einen Beschl über eine Richterablehnung in 2. Instanz (BGH MDR 09, 338 Rn 6; Celle OLG-Rp 02, 228; OLG Naumburg OLG-Rp 08, 312 f); hier findet stattdessen die Rechtsbeschwerde statt, wenn sie zugelassen wurde (§ 574 I Nr 2). Die sofortige Beschwerde nach § 17a IV 3 GVG unterfällt den Vorschriften der §§ 567 ff, wenn das Amts- oder LG entschieden hat. Für die Beschwerde nach § 17a IV 4, 3 GVG an den BGH gelten die §§ 574 ff, also die Vorschriften über die Rechtsbeschwerde (BGHZ 152, 213, 214 f = MDR 03, 285 f). Einzelne Elemente einer Entscheidung können nicht mit der sofortigen Beschwerde angefochten werden. Insbesondere ist die isolierte Anfechtung einer Kostenentscheidung grds unzulässig (vgl § 99 I sowie die Ausnahmen in §§ 91a II, 99 II, 569 V). Ausnahmsweise kommt eine Anfechtung allein der Kostenentscheidung dann in Betracht, wenn diese eine eigenständige, von der Entscheidung in der Hauptsache unabhängige Beschwer enthält (BGH MDR 2010, 1209). Nicht statthaft ist eine sofortige Beschwerde schließlich dann, wenn das Gesetz die Anfechtung der fraglichen Entscheidung ausdrücklich ausschließt (vgl etwa §§ 46 II Fall 1, 127 II, III, 238 IV, 281 II, 355 II, 796b II 3).

11 **II. Beschwerde gegen Entscheidungen über Kosten (Abs 2).** Gegen Kostenentscheidungen ist die sofortige Beschwerde nur dann statthaft, wenn der Wert des Beschwerdegegenstandes 200 € übersteigt. Seit dem Inkrafttreten des Kostenrechtsreformgesetzes vom 5.5.04 wird nicht mehr zwischen Kostengrundentscheidungen und anderen Entscheidungen in Kostensachen (zB im Kostenfestsetzungsverfahren, §§ 104 III, 107 III, oder im Zusammenhang mit der Beitreibung von Zwangsvollstreckungskosten, §§ 788 I, 793) differenziert. Nicht von Abs 2 erfasst werden Entscheidungen aufgrund von Kostengesetzen außerhalb der ZPO, die idR selbst entsprechende Wertgrenzen und ein gesondert geregeltes Beschwerderecht enthalten (BTDrs 14/4722, 110). Ein nach § 2 I GKG kostenbefreites Land ist jedenfalls dann befugt, Beschwerde gegen eine auf Kostenaufhebung lautende Kostenentscheidung zu erheben, wenn im Verfahren gerichtliche Auslagen entstanden sind, für die gebührenrechtlich allein der Gegner haftet (BGH MDR 09, 653).

12 Der **Wert des Beschwerdegegenstandes** (Beschwerdewert) wird in der Weise ermittelt, dass die gegebene Kostenbelastung oder -erstattung mit derjenigen verglichen wird, welche der Beschwerdeführer anstrebt (vgl auch § 47 GKG). Maßgeblich ist der Zeitpunkt der Einlegung des Rechtsmittels (§ 4 I), also nicht, wie sonst bei der Beschwer, der Zeitpunkt der Beschwerdeentscheidung. Nachgeschobene Kostenbeträge bleiben daher grds außer Betracht. Hilft das Ausgangsgericht der sofortigen Beschwerde tw ab (§ 572 I), ist der Zeitpunkt der abändernden Entscheidung maßgebend; denn erst mit der Nichtabhilfeentscheidung fällt der Rechtsbehelf beim Beschwerdegericht an (KG MDR 07, 235). Liegen mehrere Beschwerden vor, ist der Beschwerdewert für jedes Rechtsmittel getrennt zu bestimmen. Stammt die angefochtene Entscheidung vom Rechtspfleger (vgl § 11 I RPflG), findet dann, wenn die Beschwerdesumme nach der Teilabhilfe nicht mehr erreicht ist, die Erinnerung nach § 11 II 1 RPflG statt. Wird die Sache gleichwohl dem Beschwerdegericht vorgelegt, weist dieses die Sache zur Entscheidung im Erinnerungsverfahren an das Ausgangsgericht zurück. Der sodann zuständige Richter ist an die Zurückverweisung gebunden. Er kann nicht seinerseits eine Entscheidung ablehnen, weil er die sofortige Beschwerde weiterhin für statthaft hält.

III. Beschwer. Ungeschriebene weitere Zulässigkeitsvoraussetzung der sofortigen Beschwerde wie jedes anderen Rechtsmittels ist die Beschwer des Beschwerdeführers. Die Beschwer des Antragstellers folgt regelmäßig bereits daraus, dass sein Antrag ganz oder tw zurückgewiesen worden ist (formelle Beschwer). Der Antragsgegner ist durch die Beeinträchtigung einer Rechtsposition beschwert (materielle Beschwer). Die sofortige Beschwerde muss auf die Beseitigung der durch die angegriffene Entscheidung verursachten Beschwer gerichtet sein. Gegenstand des Beschwerdeverfahrens kann grds (zur Antragsänderung und –erweiterung su § 571 Rz 3, 4) nur der Verfahrensgegenstand sein, über den im ersten Rechtszug entschieden worden ist (BGH NJW-RR 11, 579 Rn 7). Ist der Beschwerdeführer beschwert, besteht in aller Regel auch ein Rechtsschutzbedürfnis für ein gegen die ihn belastende Entscheidung gerichtetes Rechtsmittel. Die Beschwer muss (vom Ausnahmefall der Beschwerdesumme abgesehen, vgl § 4 I) noch im Zeitpunkt der Entscheidung des Beschwerdegerichts vorhanden sein. Ist sie bis dahin durch verfahrensrechtliche Überholung entfallen, ist die sofortige Beschwerde unzulässig (vgl BGH NJW-RR 04, 1365; WM 09, 2390 f Rn 9 f). Der Beschwerdeführer kann dann, wenn er als Antragsteller über den Verfahrensgegenstand disponieren kann, die **Hauptsache für erledigt erklären** (§ 91a analog). Eine Erledigungserklärung ist auch im Rechtsmittelzug noch möglich. Voraussetzung ist jeweils, dass das Rechtsmittel zulässig ist (BGHZ 50, 197, 198 = NJW 86, 1725; NZI 04, 216; NJW-RR 05, 418, 419; NJW-RR 07, 639, 640; WM 10, 2390 f Rn 10). Ob das Rechtsmittel selbst (also nicht die Hauptsache) für erledigt werden kann, ist noch nicht abschließend geklärt (vgl etwa BGHZ 129, 74, 82 = NJW 94, 2832; BGH NJW-RR 05, 418). In Ausnahmefällen hat der BGH die Erledigungserklärung für zulässig gehalten (BGH NJW 98, 2453, 2454; NJW-RR 01, 1007, 1008; ebenso BAG NJW 08, 1979), etwa dann, wenn eine Erledigung der Hauptsache selbst aus Rechtsgründen nicht in Betracht kommt und eine Rücknahme der zunächst begründeten Rechtsmittel nicht zu einer angemessenen Kostenentscheidung geführt hätte (BGH NJW 09, 234 Rn 4 zur übereinstimmenden Erledigungserklärung im Kostenfestsetzungsverfahren), oder im Rahmen besonderer Rechtsbehelfe im Zwangsversteigerungsverfahren, weil hier die Kosten des Verfahrens selbst nach § 788 dem Schuldner aufzuerlegen sind und die §§ 91 ff nur für die Rechtsmittelverfahren gelten (BGHZ 170, 378, 381 Rn 8 = NJW 07, 2993 f). In der instanzgerichtlichen Rechtsprechung sind die Ansichten geteilt (für die Zulässigkeit der Erledigung des Rechtsmittels zB Frankf NJW-RR 89, 63; Rostock JurBüro 07, 325; dagegen Karlsr FamRZ 1991, 464 ff; ThoPu/*Hüßtege* § 91a Rn 8, 29, jeweils mwN). Das **Rechtsschutzinteresse** stellt keine besondere Zulässigkeitsvoraussetzung dar. Mit dem Erfordernis der Beschwer ist im Allgemeinen gewährleistet, dass das Rechtsmittel nicht ohne sachlichen Grund eingelegt wird. Nur in ganz besonders gelagerten Ausnahmefällen kann eine Prüfung angezeigt sein, ob trotz Vorliegens der Beschwer eine unnötige, zweckwidrige oder missbräuchliche Beschreitung des gesetzlich eröffneten Instanzenzuges anzunehmen ist; ist dies der Fall, ist das Rechtsmittel wegen Fehlen eines Rechtsschutzbedürfnisses als unzulässig zu verwerfen (BGH MDR 09, 998 ff Rn 16 – im konkreten Fall verneint). Es gibt allerdings auch veröffentlichte Entscheidungen, in denen die verfahrensrechtliche Überholung, die zur Unzulässigkeit des Rechtsmittels führt (s.o.), als Fall fehlenden Rechtsschutzinteresses behandelt wird (BGH WM 09, 2390 f Rn 10). 13

IV. Verzicht. Auf das Rechtsmittel der sofortigen Beschwerde kann – wie auf andere Rechtsmittel auch (vgl § 515) – verzichtet werden. Der Verzicht ist ggü dem Ausgangs- oder dem Beschwerdegericht zu erklären. Er ist unanfechtbar und unwiderruflich (BGH NJW 06, 3498 f) und vAw zu berücksichtigen. Denkbar ist jedoch auch ein Verzicht dem Beschwerdegegner ggü; diesem steht, falls doch sofortige Beschwerde eingelegt wird, die Einrede des Rechtsmittelverzichts zu. Stimmt der Gegner zu, kann trotz eines solchen Verzichts sofortige Beschwerde eingelegt werden; dem Gegner steht es ja auch frei, die Einrede des Rechtsmittelverzichts nicht zu erheben. Der Rechtsmittelverzicht kann auch konkludent erklärt werden. Für die Auslegung einer Erklärung als Rechtsmittelverzicht ist wegen dessen Unwiderruflichkeit und Unanfechtbarkeit jedoch Zurückhaltung geboten. Unabhängig von der Wortwahl ist ein Rechtsmittelverzicht nur dann anzunehmen, wenn in der Erklärung klar und eindeutig der Wille zum Ausdruck kommt, die Entscheidung endgültig hinzunehmen und nicht anfechten zu wollen. Dass bei Abschluss eines Vergleichs auf eine Begründung der dem Gericht überlassenen Kostenentscheidung verzichtet wird, bedeutet ohne Hinzutreten besonderer Umstände keinen Verzicht auf die sofortige Beschwerde nach § 91a II (BGH NJW 06, 3498 f). In der Rücknahme der sofortigen Beschwerde liegt regelmäßig ebenfalls kein Verzicht. Ist die Frist des § 569 I noch nicht verstrichen ist, kann vielmehr erneut sofortige Beschwerde eingelegt werden. 14

C. Anschlussbeschwerde (Abs 3). Das ZPO-Reformgesetz hat auch das Recht der Anschlussbeschwerde neu geregelt. Die selbständige Anschlussbeschwerde, die innerhalb der Beschwerdefrist eingelegt werden 15 musste, ist entfallen, weil der Beschwerdegegner bei vorhandener Beschwer selbst sofortige Beschwerde einlegen und so seine Rechte wahren kann. Praktischer Bedarf für eine Anschließung besteht nur in den Fällen, in denen der Beschwerdegegner trotz einer ihm durch die Entscheidung auferlegten Beschwer von der Einlegung der Beschwerde abgesehen hat, weil er darauf hoffte, auch der Gegner werde keine Beschwerde einlegen. Wird der Beschwerdegegner in dieser Hoffnung enttäuscht, so soll ihm die (unselbständige) Anschlussbeschwerde Gelegenheit geben, ungeachtet eines evtl erklärten Rechtsmittelverzichts oder des zwischenzeitlichen Ablaufs der nunmehr für alle Beschwerden geltenden Beschwerdefrist die Entscheidung auch zu seinen Gunsten zur Überprüfung stellen zu können (BTDrs 14/4722, 110; vgl auch BGH NJW 10, 1819 Rn 10).

16 Die Anschlussbeschwerde ist kein Rechtsmittel. Sie ist nicht fristgebunden und setzt **keine Beschwer** voraus (Musielak/*Ball* Rn 24); bei Beschwerden gegen Entscheidungen über Kosten (Abs 2) braucht die Beschwerdesumme nicht erreicht zu sein. Auch ein Rechtsmittelverzicht steht nicht entgegen. Im übrigen gelten §§ 569, 571. Insbesondere kann die Anschlussbeschwerde sowohl beim Ausgangs- als auch beim Beschwerdegericht eingelegt werden, unabhängig davon, ob die Sache bereits vorgelegt worden ist (Wieczorek/Schütze/*Jänich* Rn 28; Zö/*Heßler* Rn. 59; aA Köln FamRZ 00, 1027; ThoPu/*Reichold* Rn 21). Voraussetzung ist jedoch eine zulässige, noch nicht beschiedene Hauptbeschwerde. Die Anschlussbeschwerde kann nur vom Beschwerdegegner eingelegt werden. Eine Gegenanschließung ist regelmäßig unzulässig. Die Anschließung verliert ihre Wirkung, wenn die Beschwerde zurückgenommen oder als unzulässig verworfen wird (Abs 3 S 2).

17 **D. Kosten/Gebühren. I. Gericht.** Hier ist zu differenzieren:

- In **Verfahren über Beschwerden nach §§ 71 II, 91a II, 99 II, 269 V und 494 II 2** wird nach Nr 1810 KV eine Gebühr iHv 75 € erhoben. Diese Gebühr ermäßigt sich auf 50 € nach Nr 1811 KV bei Rücknahme oder übereinstimmender Erledigungserklärung mit Kostenregelung auf 50 €.
- **Sonstige Beschwerden** lösen nach Nr 1812 KV eine Gebühr iHv 50 € aus, soweit die Beschwerde verworfen oder zurückgewiesen wird. Wird die Beschwerde nur tw verworfen oder zurückgewiesen, kann das Gericht die Gebühr nach billigem Ermessen auf die Hälfte reduzieren oder bestimmen, dass die Gebühr nicht zu erheben ist, Anm zu Nr 1812 KV.

18 **II. Anwalt.** Beschwerdeverfahren sind für den Anwalt nach § 18 I Nr 3 RVG eigene selbständige Angelegenheiten. Er hält dort die Vergütung nach Teil 3 Abschnitt 5 VV RVG, also nach den Nr 3500 ff VV RVG. Es entsteht eine 0,5-**Verfahrensgebühr** (Nr 3500 VV RVG). Bei mehreren Auftraggebern erhöht sich die Verfahrensgebühr um 0,3 je weiteren Auftraggeber. Die Höhe einer eventuellen Einigungsgebühr beläuft sich auf 1,0 (Nr 1003). Eine Erhöhung im Beschwerdeverfahren ist nicht vorgesehen. Kommt es zu einem Termin iSd Vorbem 3 III, 3. Var VV RVG entsteht eine 0,5-**Terminsgebühr** (Nr 3513 VV RVG). Lediglich im Verfahren über eine Beschwerde gegen den Nichterlass einer einstweiligen Verfügung oder eines Arrestes ist eine 1,2-Terminsgebühr vorgesehen, wenn das Beschwerdegericht mündliche Verhandlung anberaumt (Nr 3514 VV RVG).

§ 568 Originärer Einzelrichter.

[1]Das Beschwerdegericht entscheidet durch eines seiner Mitglieder als Einzelrichter, wenn die angefochtene Entscheidung von einem Einzelrichter oder einem Rechtspfleger erlassen wurde. [2]Der Einzelrichter überträgt das Verfahren dem Beschwerdegericht zur Entscheidung in der im Gerichtsverfassungsgesetz vorgeschriebenen Besetzung, wenn
1. die Sache besondere Schwierigkeiten tatsächlicher oder rechtlicher Art aufweist oder
2. die Rechtssache grundsätzliche Bedeutung hat.
[3]Auf eine erfolgte oder unterlassene Übertragung kann ein Rechtsmittel nicht gestützt werden.

1 **A. Bedeutung der Norm und Gesetzgebungshinweise.** Der originäre Einzelrichter im Beschwerdeverfahren wurde durch das ZPO-Reformgesetz eingeführt. Bis zum Inkrafttreten dieses Gesetzes am 1.1.02 waren Einzelrichterentscheidungen im Beschwerdeverfahren nicht vorgesehen. Nach der amtlichen Begründung des Regierungsentwurfs steht der personelle Aufwand in einer voll besetzten Beschwerdekammer außer Verhältnis zur Bedeutung der typischen Beschwerdeverfahren; in Eilverfahren (Beschwerden in Räumungs- und Zwangsvollstreckungssachen sowie im einstweiligen Rechtsschutz) könne der Einzelrichter zudem schneller entscheiden als die vollbesetzte Kammer (BTDrs 14/4722, 111). In den Fällen des § 568 nF entscheidet daher nunmehr der Einzelrichter, ohne dass zuvor eine Entscheidung der Kammer über die Über-

tragung auf den Einzelrichter erforderlich wäre (vgl BTDrs 14/4722, 111). Die Vorschrift gilt für jegliche Beschwerdeverfahren nach der ZPO sowie nach denjenigen Gesetzen, die auf die ZPO verweisen.

B. Entscheidung eines Einzelrichters oder Rechtspflegers (S 1). Der originäre Einzelrichter ist dann zur Entscheidung über die sofortige Beschwerde berufen, wenn die angefochtene Entscheidung von einem Einzelrichter (des Amts- oder des Landgerichts, vgl § 567 I) oder einem Rechtspfleger (§ 11 RPflG) erlassen worden ist (S 1). Kollegialentscheidungen werden nach wie vor von einem kollegialen Spruchkörper des Beschwerdegerichts überprüft; eine Übertragung auf den Einzelrichter ist insoweit nicht vorgesehen. Der Regierungsentwurf fürchtete unzumutbare Verzögerungen der idR einfach gestalteten Beschwerdeverfahren ebenso wie den Akzeptanzverlust, den die Aufhebung einer Kollegialentscheidung durch den Einzelrichter mit sich bringen kann (BTDrs 14/4722, 111). Einzelrichter des Landgerichts ist der originäre Einzelrichter gem § 348 und der obligatorische Einzelrichter nach § 348a, nicht jedoch, wie sich aus §§ 349 IV, 350 ergibt, der Vorsitzende der Kammer für Handelssachen (BGHZ 156, 320, 325 = NJW 04, 856, 857). Ebenfalls nicht unter § 568 fällt die Entscheidung über den Antrag auf Erteilung der Vollstreckungsklausel gem. § 3 III AVAG (Nürnbg OLGR 04, 182). Auch ein Proberichter im ersten Jahr kann Einzelrichter sein. § 348 I 2 Nr 1 ist nicht entsprechend anwendbar (BGH NJW 03, 1875, 1876). 2

C. Übertragung auf die Kammer (S 2). Der originäre Einzelrichter hat das Verfahren auf die Kammer zu übertragen, wenn der Fall besondere rechtliche oder tatsächliche Schwierigkeiten aufweist oder Fragen von grundsätzlicher Bedeutung aufwirft (S 2; vgl § 574 II). Wie sich aus dem Wortlaut des Gesetzes ergibt (»überträgt«), steht dem Einzelrichter kein Ermessen zu. Liegen die gesetzlichen Voraussetzungen vor, hat eine Übertragung zu erfolgen. Eine Bindung an übereinstimmende Anträge der Parteien sieht das Gesetz (anders als in §§ 348 II Nr 2, 526 II Nr 2) nicht vor. Der Einzelrichter hat die Voraussetzungen des Satzes 2 vAw zu prüfen. Seine Entscheidung ergeht durch Beschl. Sowohl die Übertragungsentscheidung nach S 2 als auch ein fehlerhaftes Unterlassen der Übertragung sind unanfechtbar. 3

D. Rechtsmittel (S 3). Auf die erfolgte oder unterbliebene Übertragung auf die Kammer kann ein Rechtsmittel nicht gestützt werden. Nach der amtlichen Begründung des Regierungsentwurfs liegt darin keine Verkürzung des Rechtsschutzes, weil jedenfalls über die Rechtsbeschwerde der zuständige Senat des BGH als Kollegialgericht entscheide (BTDrs 14/4722, 111). Wenn der Einzelrichter von einer Übertragung an die Kammer absieht und allein entscheidet, zugleich aber wegen grundsätzlicher Bedeutung der Rechtssache, zur Fortbildung des Rechts oder Sicherung einer einheitlichen Rechtsprechung die Rechtsbeschwerde zulässt (§ 574 III 1, II Nr 1), liegt darin nach mittlerweile gefestigter Rechtsprechung des BGH jedoch ein Verstoß gegen den gesetzlichen Richter (Art 101 I 2 GG; vgl BGHZ 154, 200, 202 ff = NJW 03, 1254; BGHZ 156, 320, 322 = NJW 04, 856; BGH NJW 04, 448, 449; WuM 08, 159 Rn 5; v 22.11.11, VIII ZB 81/11, zVb, Rn. 9; v 24.11.11, VII ZB 33/11, zVb, Rn 8 ff). Dies gilt auch dann, wenn der Einzelrichter der Rechtsprechung der Kammer folgt, die auf Anfrage mitgeteilt hat, sie werde an ihrer Rechtsprechung festhalten (BGH NJW 04, 223). Der Verstoß gegen Art 101 I 2 GG ändert nichts an der Bindung des Rechtsbeschwerdegerichts an der Zulassungsentscheidung (§ 574 III 2) und lässt diese auch nicht unwirksam werden. Er hat jedoch zur Folge, dass der angefochtene Beschl auch dann, wenn der Verstoß nicht gerügt worden ist, aufgehoben und an das Beschwerdegericht (den Einzelrichter, BGH NJW-RR 03, 936) zurückverwiesen wird. Hält der Einzelrichter die Sache nach wie vor für grds, muss er sie auf die Kammer übertragen (BGH NJW-RR 03, 936; WuM 08, 159 Rn 5). Nur die vollbesetzte Kammer darf also die Rechtsbeschwerde zulassen. Entscheidet die Kammer über die sofortige Beschwerde, ohne dass der Einzelrichter die Sache übertragen hätte, ist dies ebenfalls fehlerhaft. Es handelt sich jedoch um einen einfachen Verfahrensfehler, der nur auf Rüge zu beachten ist (BGH NJW-RR 04, 1294). 4

§ 569 Frist und Form.

(1) [1]Die sofortige Beschwerde ist, soweit keine andere Frist bestimmt ist, binnen einer Notfrist von zwei Wochen bei dem Gericht, dessen Entscheidung angefochten wird, oder bei dem Beschwerdegericht einzulegen. [2]Die Notfrist beginnt, soweit nichts anderes bestimmt ist, mit der Zustellung der Entscheidung, spätestens mit dem Ablauf von fünf Monaten nach der Verkündung des Beschlusses. [3]Liegen die Erfordernisse der Nichtigkeits- oder der Restitutionsklage vor, so kann die Beschwerde auch nach Ablauf der Notfrist innerhalb der für diese Klagen geltenden Notfristen erhoben werden.

(2) [1]Die Beschwerde wird durch Einreichung einer Beschwerdeschrift eingelegt. [2]Die Beschwerdeschrift muss die Bezeichnung der angefochtenen Entscheidung sowie die Erklärung enthalten, dass Beschwerde gegen diese Entscheidung eingelegt werde.

(3) Die Beschwerde kann auch durch Erklärung zu Protokoll der Geschäftsstelle eingelegt werden, wenn
1. der Rechtsstreit im ersten Rechtszug nicht als Anwaltsprozess zu führen ist oder war,
2. die Beschwerde die Prozesskostenhilfe betrifft oder
3. sie von einem Zeugen, Sachverständigen oder Dritten im Sinne der §§ 142, 144 erhoben wird.

1 **A. Bedeutung der Norm und Gesetzgebungsgeschichte.** Das ZPO-Reformgesetz hat die seit dem Inkrafttreten der ZPO geltende Unterscheidung zwischen der (unbefristeten) einfachen und der (befristeten) sofortigen Beschwerde beseitigt und einheitlich die sofortige Beschwerde eingeführt. Die allgemeine Befristung dient dem berechtigten Interesse der Beteiligten nach Beschleunigung des Verfahrens und möglichst klaren Rechtsverhältnissen (BTDrs 14/4722, 111). Sie gilt vorbehaltlich abweichender Bestimmungen (vgl § 127 II 3, III) für die sofortigen Beschwerden der ZPO sowie diejeniger sonstiger Gesetze, die auf die ZPO verweisen.

2 **B. Frist und Form der sofortigen Beschwerde. I. Beschwerdefrist (Abs 1).** Die sofortige Beschwerde ist binnen einer nicht verlängerbaren Notfrist (§ 224 I) von zwei Wochen einzulegen. Der Zusatz »soweit keine andere Frist bestimmt ist« bezieht sich auf die von der Zweiwochenfrist abweichende, auf einen Monat verlängerte Frist für sofortige Beschwerden im Prozesskostenhilfeverfahren (§ 127 II 3, III 3; vgl BTDrs 14/4722, 111). Die Frist beginnt grds mit der Zustellung der anzufechtenden Entscheidung (Abs 1 S 2). Das gilt auch für Beschlüsse, die aufgrund einer mündlichen Verhandlung ergehen und daher verkündet werden müssen (§ 329 I; vgl etwa § 336 I, 952 IV). Für den Beginn der Frist kommt es nicht auf die Verkündung, sondern auf die Zustellung an. Beschlüsse, welche der sofortigen Beschwerde unterliegen, sind zuzustellen (§ 329 III). Auch in S 2 bezieht sich der Hinweis auf eine abweichende gesetzliche Regelung auf das PKH-Verfahren (BTDrs 14/4722, 112). Nach § 127 III kann der Bezirksrevisor sofortige Beschwerde gegen die Bewilligung von PKH ohne Raten oder Zahlungen aus dem Vermögen einlegen. Der Staatskasse werden die Bewilligungsbeschlüsse jedoch nicht zugestellt. Die Notfrist zur Einlegung der sofortigen Beschwerde beginnt daher mit der Bekanntgabe des Beschlusses (§ 127 III 3). »Zustellung« ist nach der Legaldefinition des § 166 I die Bekanntgabe eines Schriftstücks in der in den §§ 166–190 bestimmten Form. Gegebenenfalls sind spezialgesetzliche Sondervorschriften zu beachten (vgl zB § 8 I 3 InsO ggü § 184 II 1 ZPO). Die Beschwerdefrist beginnt auch dann zu laufen, wenn eine etwa erforderliche **Rechtsmittelbelehrung** fehlt (BGHZ 150, 390, 397 = NJW 02, 2171; BGH WM 2009, 1056 Rn. 11; v 17.2.11, IX ZB 260/09, Rn. 3). Ist der Belehrungsmangel für das Versäumen der Rechtsmittelfrist ursächlich geworden, kommt eine Wiedereinsetzung in den vorigen Stand (§§ 233 ff) in Betracht; das fehlende Verschulden des Rechtsmittelführers ist entsprechend dem Rechtsgedanken des § 44 S 2 StPO unwiderlegbar zu vermuten. Eine unrichtige Rechtsmittelbelehrung hindert ebenfalls nicht Beginn und Lauf der Frist (BGH NJW-RR 04, 408). Sie rechtfertigt eine Wiedereinsetzung, wenn sie einen unvermeidbaren oder zumindest entschuldbaren Rechtsirrtum der Partei hervorruft und die Fristversäumnis hierauf beruht (OLG Hamm NJW 11, 463 – im konkreten Fall bei anwaltlicher Vertretung und offensichtlich unrichtiger Belehrung verneint).

3 Bei **unterbliebener oder fehlerhafter Zustellung** beginnt die Zweiwochenfrist mit dem Ablauf von fünf Monaten nach der Verkündung des Beschlusses. Diese Bestimmung ist § 517 nachgebildet. Wird der Beschl weder wirksam zugestellt noch verkündet, soll die Frist dann, wenn der Beschwerdeführer Kenntnis von ihm erhalten hat, fünf Monate nach dem Erlass der Entscheidung beginnen (vgl OLG Koblenz NJW-RR 03, 1079, 1080).»Erlassen« ist ein nicht verkündeter Beschl, sobald er vollständig unterschrieben auf die Geschäftsstelle gelangt ist und diese mit der Zweckbestimmung wieder verlassen hat, den Parteien bekannt gegeben zu werden (BGH NJW-RR 04, 1575, 1576; vgl auch BGH ZVI 06, 565, 566). Ob die fünfmonatige Anfechtungsfrist auch dann, wenn der Beschwerdeführer keine Kenntnis von der nicht verkündeten Entscheidung erhalten hat, mit deren Erlass beginnt, ist str und vom BGH bisher nicht entschieden worden (vgl BGH WM 11, 2374 Rn 12 ff mwN). Die **öffentliche Bekanntmachung** gilt nur dann als Zustellung, wenn die bekannt gemachte Entscheidung richtig bezeichnet ist. Ist die öffentliche Bekanntmachung fehlerhaft und wirkt sie deshalb nicht als Zustellung, beginnt die Beschwerdefrist für einen Beteiligten, dem die Entscheidung nicht individuell mitgeteilt worden ist, auch nicht fünf Monate nach dem Erlass der Entscheidung (BGH WM 11, 2374 Rn 10, 14 f). Die **Berechnung der Frist** richtet sich nach § 222 iVm den Vorschriften des BGB (§§ 187 ff BGB).

4 Ist der **Tatbestand eines Nichtigkeits- oder eines Restitutionsgrundes** erfüllt (§§ 579, 580), kann die Beschwerde auch nach Ablauf der Frist des Satzes 1, aber nur innerhalb der für Nichtigkeits- oder Restituti-

onsklagen geltenden Notfrist (§ 586) erhoben werden (Abs 1 S 3). Die Frist des § 586 beträgt einen Monat (§ 586 I) und beginnt mit dem Tage, an dem die Partei von dem Anfechtungsgrund Kenntnis erhalten hat, jedoch nicht vor eingetretener Rechtskraft (§ 586 II). Nach Ablauf von fünf Jahren nach Eintritt der Rechtskraft ist die Beschwerde unzulässig (§586 II 2). Bei Vertretungsmängeln (§ 579 I Nr 4) beginnt die Frist mit wirksamer Zustellung des Beschlusses an die Partei oder deren gesetzlichen Vertreter. § 569 I 3 regelt (nur) die verlängerte Frist zur Einlegung der sofortigen Beschwerde. Im übrigen bleibt es bei den allgemeinen Vorschriften über das Beschwerdeverfahren. Eine andere Frage ist, ob und unter welchen Voraussetzungen die Vorschriften der §§ 578 ff analog auf Beschwerden gegen formell rechtskräftige Beschlüsse angewandt werden können (vgl Erl zu §§ 578 ff).

Die Beschwerde kann beim **Ausgangsgericht**, dessen Entscheidung angefochten wird (judex a quo), oder 5
bei dem **Beschwerdegericht** (judex ad quem) eingelegt werden. Wird die Beschwerde beim Beschwerdegericht eingelegt, so hat dieses sie unverzüglich an das Ausgangsgericht weiterzuleiten, welches über die Abhilfe oder Nichtabhilfe zu befinden hat (vgl § 572 I). Die Frist wird jedoch durch den Eingang beim Beschwerdegericht gewahrt, ohne dass es – wie bei der einfachen Beschwerde alten Rechts – auf die besondere Dringlichkeit der Sache ankommt (BTDrs 14/4722, 111).

II. Beschwerdeschrift (Abs 2). Die Beschwerde wird regelmäßig durch Einreichung einer Beschwerde- 6
schrift eingelegt (II 1). Die Vorschrift des S 2 über den Mindestinhalt einer Beschwerdeschrift ist durch das ZPO-Reformgesetz neu geschaffen worden. Ebenso wie § 519 II für die Berufungsschrift (vgl BTDrs 14/4722, 112) verlangt sie die Bezeichnung der angefochtenen Entscheidung sowie die (unbedingte) Erklärung, dass Beschwerde gegen diese Entscheidung eingelegt werde. In Zweifelsfällen kann die Rechtsprechung zu § 519 II (§ 518 aF) herangezogen werden. Hohe Anforderungen sind nicht zu stellen. Insbesondere ist die korrekte Bezeichnung des eingelegten Rechtsmittels als »sofortige Beschwerde« nicht erforderlich. Es reicht aus, dass die Beschwerdeschrift bei großzügiger Auslegung den Beschwerdeführer, die angefochtene Entscheidung und das Anliegen der Überprüfung derselben durch die höhere Instanz hinreichend klar erkennen lässt (BGH NJW 1992, 243; BGH NZI 2004, 166). Ein Schreiben, die Entscheidung sei nicht nachvollziehbar, und zur problemlosen Beseitigung der Unklarheiten bitte man um einen Termin für ein klärendes Gespräch, reicht allerdings nicht aus (BGH 30.3.06, IX ZB 15/05). Ist der Wille, die Entscheidung anzufechten, auch bei großzügiger Auslegung nicht erkennbar, kann eine Eingabe nach Ablauf der Beschwerdefrist aber nicht dadurch nachträglich zu einer Beschwerde gemacht werden, dass der Einsender bittet, seine Eingabe als Beschwerde zu werten (BGH NJW 04, 1112, 1113 betr ein Schreiben, das ersichtlich in Unkenntnis der anzufechtenden Entscheidung verfasst worden war). Für die Beschwerdeschrift gelten die Vorschriften der §§ 129, 130, 130a über bestimmende Schriftsätze. Zwingend erforderlich ist daher auch die Angabe, für und gegen welche Partei das Rechtsmittel eingelegt wird (BGH MDR 10, 44 Rn 5 ff). An die eindeutige Bezeichnung des Rechtsmittelführers sind strenge Anforderungen zu stellen; bei verständiger Würdigung des gesamten Vorgangs der Rechtsmitteleinlegung muss jeder Zweifel an der Person des Rechtsmittelführers ausgeschlossen sein, wobei jedoch, wie allgemein bei der Auslegung von Prozesserklärungen, alle Umstände des jeweiligen Einzelfalls zu berücksichtigen sind (BGH NJW 11, 2371 Rn 10). Die Anforderungen an die Bezeichnung des Rechtsmittelgegners sind weniger streng (BGH MDR 10, 828). Die **ladungsfähige Anschrift des Beschwerdeführers** in der Beschwerdeschrift ist nicht Zulässigkeitsvoraussetzung des Rechtsmittels (BGHZ 102, 332, 333 f = FamRZ 88, 382; BGH MDR 09, 998 Rn 10). Eine schriftliche Beschwerde muss als bestimmender Schriftsatz die **Unterschrift** der Person enthalten, welche den Schriftsatz verantwortet, bei Übermittlung durch einen Telefaxdienst die Wiedergabe der Unterschrift in der Kopie (§ 130 Nr 6; zu den an eine Unterschrift zu stellenden Anforderungen vgl BGH MDR 10, 226 Rn 12 f). Die Unterschrift soll die Identifizierung des Urhebers der schriftlichen Prozesshandlung ermöglichen und dessen unbedingten Willen zum Ausdruck bringen, die volle Verantwortung für den Inhalt des Schriftsatzes zu übernehmen und diesen bei Gericht einzureichen. Ausnahmen sind zulässig, wenn sich aus anderen Anhaltspunkten eine der Unterschrift vergleichbare Gewähr für die Urheberschaft und den Willen ergibt, das Schreiben in den Rechtsverkehr zu bringen (BGH NJW 05, 2086, 2088; v 9.12.05, IX ZB 60/10 Rn 5). Eine **E-Mail** ist kein Schriftsatz iSd §§ 129, 130, sondern ein elektronisches Dokument (BGH MDR 09, 401). Der Ausdruck einer (nicht veränderbaren) Bilddatei, die durch Einscannen eines unterschriebenen Schriftsatzes hergestellt worden ist, wahrt dagegen die Frist, wenn er dem Gericht vor Fristablauf ausgedruckt vorliegt (BGH NJW 08, 2649, 2650). Ein elektronisches Dokument darf nur eingereicht werden, wenn und soweit die jeweils zuständige Landesregierung oder die Bundesregierung den elektronischen Rechtsverkehr zugelassen hat (§ 130a II).

Es muss für die Bearbeitung durch das Gericht geeignet und mit einer qualifizierten elektronischen Signatur versehen sein (§ 130a I). Zum Anwaltszwang su die Erl zu Abs 3.

7 **III. Begründung.** Die sofortige Beschwerde soll begründet werden (§ 571). Um ein unabdingbares Formerfordernis handelt es sich dabei nicht. Auch eine nicht näher begründete sofotige Beschwerde ist daher zulässig.

8 **IV. Anwaltszwang (Abs 3).** Der Beschwerdeführer muss sich nach den allgemeinen Vorschriften (§§ 78, 79) durch einen Rechtsanwalt vertreten lassen. Die Ausnahmen vom Anwaltszwang sind in § 569 III für ZPO-Beschwerden abschließend aufgeführt. **Abs 3 Nr 1** betrifft betrifft den im ersten Rechtszug nicht als Anwaltsprozess zu führenden Rechtsstreit. Nicht als Anwaltsprozess zu führen sind insb die Prozesse vor den Amtsgerichten (vgl § 78 I) mit Ausnahme der Familiengerichte (§ 78 II), ferner die Verfahren vor dem Rechtspfleger (§ 13 RPflG), soweit sich die sofortige Beschwerde gegen eine Entscheidung des Rechtspflegers richtet (§ 11 I RPflG). »Rechtsstreit« iSv Abs 3 Nr 1 ist das Verfahren, auf das sich die Beschwerde bezieht. Bei der Anfechtung von **Kostenfestsetzungsbeschlüssen** ist »Rechtsstreit« also nicht das Hauptsacheverfahren, sondern das Kostenfestsetzungsverfahren (§ 104). Im Erinnerungsverfahren (§ 11 II RPflG) besteht folglich kein Anwaltszwang (§ 13 RPflG). Gleiches gilt für das Verfahren der sofortigen Beschwerde (§ 11 I RPflG) gegen Entscheidungen des Rechtspflegers beim Amts- oder LG, weil auch hier das Kostenfestsetzungsverfahren als solches ohne Anwalt geführt werden kann (§ 13 RPflG). Kein Anwaltszwang besteht nach diesem Grundsatz auch für Erinnerung und Beschwerde gegen den **Kostenansatz** (§§ 66 V GKG, 4 VI JVEG). Nach **Nr 2** können die **Prozesskostenhilfe** betreffende Beschwerden zu Protokoll der Geschäftsstelle, also ohne Anwalt eingelegt werden, nach **Nr 3** die Beschwerden von **Zeugen, Sachverständigen oder Dritten**. Eine Rechtsmitteleinlegung zu Protokoll der Geschäftsstelle setzt die körperliche Anwesenheit des Erklärenden voraus. Telefonisch kann sie nicht erfolgen (BGH NJW-RR 09, 852).

§ 570 Aufschiebende Wirkung; einstweilige Anordnungen.

(1) Die Beschwerde hat nur dann aufschiebende Wirkung, wenn sie die Festsetzung eines Ordnungs- oder Zwangsmittels zum Gegenstand hat.

(2) Das Gericht oder der Vorsitzende, dessen Entscheidung angefochten wird, kann die Vollziehung der Entscheidung aussetzen.

(3) Das Beschwerdegericht kann vor der Entscheidung eine einstweilige Anordnung erlassen; es kann insbesondere die Vollziehung der angefochtenen Entscheidung aussetzen.

1 **A. Grundsatz: Keine aufschiebende Wirkung.** Abs 1 regelt diejenigen Fälle, in denen die sofortige Beschwerde aufschiebende Wirkung hat. In allen nicht geregelten Fällen hat die sofortige Beschwerde diese Wirkung folglich nicht. In diesen Fällen können aber sowohl das Ausgangs- als auch das Beschwerdegericht die Vollziehung der angefochtenen Entscheidung aussetzen (Abs 2, 3).

2 **B. Aufschiebende Wirkung (Abs 1).** Die Beschwerde hat immer dann aufschiebende Wirkung, wenn sie die Festsetzung eines **Ordnungs- oder Zwangsmittel**s zum Gegenstand hat (zB Ordnungsmittel gegen Zeugen und Sachverständige, §§ 380 I 1, 390 I 1, 409 I 1, 411 II; Ordnungsmittel gegen eine Partei, deren persönliches Erscheinen angeordnet war, §§ 141 III, 273 IV, 613 II, 640 I; Zwangsmittel zur Erzwingung einer vertretbaren Handlung, § 888 I, oder einer Duldung oder Unterlassung, § 890 I; BGH NJW 11, 3791 Rn 8 ff). Ob die sofortige Beschwerde gegen ein Zwischenurteil über die Rechtmäßigkeit einer Zeugnisverweigerung (§ 387 III) aufschiebende Wirkung hat, ist in der Literatur umstr, aber kaum von praktischer Bedeutung, weil ein Ordnungsmittel erst festgesetzt werden kann, wenn der Verweigerungsgrund rechtskräftig für unerheblich erklärt worden ist (§ 390 I 1). Die aufschiebende Wirkung erstreckt sich nach der amtlichen Begründung des Regierungsentwurfs, die im Wortlaut des Gesetzes keinen Ausdruck gefunden hat, auf die Beschlüsse, in denen den Betroffenen Kosten auferlegt werden (BTDrs 14/4722, 112). Die Regelung gilt nur für die Ordnungs- und Zwangsmittel der ZPO und nur insoweit, als speziellere Regelungen fehlen (vgl etwa § 900 IV zur Abgabe der eidesstattlichen Offenbarungsversicherung nach Widerspruch des Schuldners). Abweichende Sonderregelungen in anderen Gesetzen (zB § 181 II GVG: die Beschwerde gegen die Festsetzung von Ordnungsmitteln nach § 178 GVG hat aufschiebende Wirkung, die Beschwerde gegen nach § 180 GVG außerhalb der Sitzung verhängte Ordnungsmittel nicht) bleiben ebenfalls unberührt (BTDrs 14/4722, 112).

Die aufschiebende Wirkung tritt mit Einlegung der sofortigen Beschwerde ein. Sie endet mit der Entscheidung des Beschwerdegerichts. Es gibt allerdings Ausnahmen. Nach § 6 III InsO wird die Entscheidung über die Beschwerde erst mit deren Rechtskraft wirksam, wenn das Beschwerdegericht nicht die sofortige Wirksamkeit seiner Entscheidung anordnet. Bereits wirksam gewordene Vollstreckungsmaßnahmen haben trotz der aufschiebenden Wirkung Bestand. Für sie gilt § 775. 3

C. Aussetzung der Vollziehung (Abs 2). Grundsätzlich hat die sofortige Beschwerde keine aufschiebende Wirkung. Das Verfahren wird trotz der Beschwerde unverändert fortgesetzt. Der angefochtene Beschl bleibt vollstreckbar (etwa § 794 I Nr 2, 2a, 3, 4b), ohne dass dies gesondert angeordnet werden müsste. Das Ausgangsgericht – bei Entscheidungen der Kammer auch der Vorsitzende allein, bei Entscheidungen des Rechtspflegers (§ 11 I RPflG) der Rechtspfleger – kann jedoch bis zur Vorlage an das Beschwerdegericht die Vollziehung der angefochtenen Entscheidung aussetzen und damit der Beschwerde aufschiebende Wirkung beimessen (Abs 2). Das Gericht entscheidet auf Antrag oder vAw (vgl BGHZ 169, 17 Rn 31 = NJW 06, 3553 ff) Die Entscheidung steht im pflichtgemäßen Ermessen des Gerichts (BGH NJW 02, 1658). In die Abwägung einzustellen sind die mit der Vollziehung verbundenen Nachteile für den Beschwerdeführer und die Erfolgsaussichten der Beschwerde. Eine Aussetzung wird idR nur in Betracht kommen, wenn durch die Vollziehung dem Beschwerdeführer größere Nachteile drohen als dem Beschwerdegegner im Falle der Aufschiebung der angeordneten Maßnahmen, wenn die sofortige Beschwerde bei summarischer Prüfung zulässig erscheint und in der Sache Erfolg verspricht (BGHZ 169, 17, 29 Rn 30 = NJW 06, 3553 ff; BGH NJW 02, 1658, 1659); es kann ausreichen, dass die Rechtslage zweifelhaft ist. Auch wenn das Gericht die Vollziehung ausgesetzt hat, kann es seine Entscheidung auf Antrag oder vAw jederzeit ändern oder aufheben, solange es zu für die Entscheidung zuständig ist (also bis zur Vorlage an das Beschwerdegericht). 4

D. Einstweilige Anordnung (Abs 3). Wenn das Ausgangsgericht die Sache dem Beschwerdegericht vorgelegt hat (§ 572 I), ist nur noch dieses für die Entscheidung über die Aussetzung der Vollziehung zuständig. Das Beschwerdegericht kann weitergehende Anordnungen treffen, etwa eine Sicherheitsleistung oder eine Abwendungsbefugnis hinzufügen. Die Anordnungen müssen sich jedoch auf die Wirkungen der angefochtenen Entscheidung beziehen; Anordnungen mit dem Charakter einer einstweiligen Verfügung sind von § 570 III nicht gedeckt (BGH NJW-RR 06, 332, 333). Schon vor der Nichtabhilfeentscheidung kann das Beschwerdegericht zuständig sein, wenn die sofortige Beschwerde beim Beschwerdegericht eingelegt worden ist und wegen Dringlichkeit eine Entscheidung vor Durchführung des Abhilfeverfahrens geboten erscheint (Zö/*Heßler* Rn 3). Das Beschwerdegericht kann auch die Entscheidung des Ausgangsgericht über die Aussetzung der Vollziehung aufheben oder abändern. Auch das Rechtsbeschwerdegericht kann im Wege der einstweiligen Anordnung die Vollziehung der Entscheidung des Ausgangsgerichts aussetzen. Es kann weitergehend anordnen, dass die Vollziehung bis zur erneuten Entscheidung des Beschwerdegerichts ausgesetzt bleibt (BGHZ 169, 17 Rn 30 = NJW 06, 3553). Die Entscheidung über die Aussetzung der Vollziehung ist unanfechtbar. 5

§ 571 Begründung, Präklusion, Ausnahmen vom Anwaltszwang. **(1) Die Beschwerde soll begründet werden.**

(2) [1]Die Beschwerde kann auf neue Angriffs- und Verteidigungsmittel gestützt werden. [2]Sie kann nicht darauf gestützt werden, dass das Gericht des ersten Rechtszuges seine Zuständigkeit zu Unrecht angenommen hat.

(3) [1]Der Vorsitzende oder das Beschwerdegericht kann für das Vorbringen von Angriffs- und Verteidigungsmitteln eine Frist setzen. [2]Werden Angriffs- und Verteidigungsmittel nicht innerhalb der Frist vorgebracht, so sind sie nur zuzulassen, wenn nach der freien Überzeugung des Gerichts ihre Zulassung die Erledigung des Verfahrens nicht verzögern würde oder wenn die Partei die Verspätung genügend entschuldigt. [3]Der Entschuldigungsgrund ist auf Verlangen des Gerichts glaubhaft zu machen.

(4) Ordnet das Gericht eine schriftliche Erklärung an, so kann diese zu Protokoll der Geschäftsstelle abgegeben werden, wenn die Beschwerde zu Protokoll der Geschäftsstelle eingelegt werden darf (§ 569 Abs. 3).

A. Bedeutung der Norm. Die Vorschrift bestimmt, dass die sofortige Beschwerde begründet werden soll (Abs 1 S 1). Die Begründung kann zu Protokoll der Geschäftsstelle erklärt werden, wenn auch die Beschwerde selbst zu Protokoll eingelegt werden darf (Abs 4). Nach gesetzter Frist eingehende Angriffs- 1 oder Verteidigungsmittel können ausgeschlossen werden (Abs 3). Mit dieser Maßgabe eröffnet die Beschwerde eine **volle zweite Tatsacheninstanz**; denn sie kann auf neue Angriffs- und Verteidigungsmittel gestützt werden (Abs 2 S 1). Daraus folgt zugleich, dass auch Antragserweiterungen in 2. Instanz uneingeschränkt zulässig sind (BGH NZI 07, 166, 167 Rn 20).

2 **B. Begründung (Abs 1 S 1).** Die Beschwerde soll begründet werden (Abs 1 S 1). Dieses Erfordernis ist durch das ZPO-Reformgesetz neu eingeführt worden. Nach der amtlichen Begründung des Regierungsentwurfs soll dadurch das Verfahren vereinfacht und beschleunigt werden, ohne dass das Ausbleiben einer Begründung sofort durch eine Verwerfung des Rechtsmittels als unzulässig sanktioniert wird (BTDrs 14/4722, 68). Die Begründungsverpflichtung ermöglicht dem Gericht eine gezielte, problemorientierte und konzentrierte Nachprüfung der Beschwerde, ohne den Beschwerdeführer zu überfordern, und beschleunigt auf diese Weise das Verfahren. Dem Beschwerdeführer ist es zumutbar, in wenigen Sätzen zu sagen, welches Rechtsmittelziel er verfolgt und warum die angefochtene Entscheidung seiner Ansicht nach falsch ist und abgeändert werden sollte. Eine Begründung ist also erwünscht, wie sich auch aus der Formulierung »soll begründet werden« ergibt; der Vorsitzende oder das Beschwerdegericht kann dazu eine Frist setzen (Abs 3). Die Zulässigkeit der sofortigen Beschwerde hängt jedoch nicht davon ab, ob und wann eine Begründung eingereicht worden ist. Selbst wenn eine Begründung völlig fehlt, kann die sofortige Beschwerde also nicht als unzulässig verworfen werden. Ein bestimmter Antrag ist ebenfalls nicht erforderlich. Was der Beschwerdeführer verlangt, ergibt sich regelmäßig aus seinen früheren Anträgen in Verbindung mit ihrer Ablehnung (BTDrs 14/4722, 112 f).

3 **C. Zweite Tatsacheninstanz (Abs 2 S 1).** Die Beschwerde kann auf **neue Angriffs- und Verteidigungsmittel** gestützt werden (Abs 2 S 1). Angriffs- oder Verteidigungsmittel ist jedes sachliche und prozessuale Vorbringen, das der Durchsetzung oder der Abwehr des geltend gemachten Anspruchs dient, zB Tatsachenbehauptungen, Bestreiten, Einwendungen, Einreden, Beweismittel und Beweiseinreden (vgl die Legaldefinition in § 282 I). Die Vorschrift soll deutlich machen, dass die Beschwerdeinstanz – anders als das Berufungsverfahren, vgl §§ 513 I, 529 I, 531 – auch nach der ZPO-Reform eine vollwertige zweite Tatsacheninstanz geblieben ist (vgl auch BGH NZI 07, 166, 167 Rn 20; BGHZ 177, 218, 223 Rn 14 = NJW 08, 3067). Nach der Begründung des Regierungsentwurfs zum ZPO-Reformgesetz rechtfertigt sich dieser Unterschied damit, dass den im Beschwerdeverfahren angefochtenen Entscheidungen idR kein dem erstinstanzlichen Urteilsverfahren vergleichbares förmliches Verfahren eingehender Tatsachenfeststellung und ausf begründeter Abschlussentscheidung zugrunde liegt. Das Beschwerdegericht müsse daher wie nach altem Recht die Möglichkeit haben, neue Tatsachen und Beweise uneingeschränkt zu berücksichtigen (BTDrs 14/4722, 113; vgl auch BGH NZI 08, 391 Rn 6). Das gilt auch für Tatsachen, die nach der erstinstanzlichen Entscheidung eingetreten sind. **Neue Anträge** sind uneingeschränkt zulässig, weil auch die den Antrag begründenden, möglicherweise neuen Tatsachen – vom Ausnahmefall einer versäumten Frist (vgl Abs 3) abgesehen – nicht zurückgewiesen werden können (BGH NZI 07, 166, 167 Rn 20). Ein Gehörsverstoß (Art 103 I GG), welcher dem Ausgangsgericht unterlaufen ist, kann durch die **Nachholung des rechtlichen Gehörs** im Beschwerdeverfahren geheilt werden (BGH WM 09, 1662 Rn 11; WM 11, 663 Rn 10).

4 Maßgeblich für die Entscheidung des Beschwerdegerichts ist damit grds die **Sach- und Rechtslage im Zeitpunkt der Beschwerdeentscheidung** (BGH NZI 08, 391 Rn 6; WM 10, 149 Rn 9). Anderes gilt dann, wenn das anzuwendende materielle Recht einen bestimmten (anderen) Zeitpunkt für maßgeblich hält (vgl BGHZ 169, 17, 20 f Rn 10 = NJW 06, 3553, 3555 einerseits, BGH NZI 08, 391 Rn 6 andererseits zur Frage des maßgeblichen Zeitpunkts für das Vorliegen der Voraussetzungen für die Eröffnung eines Insolvenzverfahrens). Auch verfahrensrechtliche Einschränkungen dieses Grundsatzes sind zu beachten. Bei einer Kostenentscheidung nach **§ 91a** kommt es auf die Sach- und Rechtslage im Zeitpunkt der Erledigung an (vgl die Erl zu § 91a). Dabei bleibt es auch im Beschwerdeverfahren. Neues Vorbringen ist hier folglich nur insoweit zulässig, als es auch in 1. Instanz zu berücksichtigen gewesen wäre. Im **Wiedereinsetzungsverfahren** (§§ 232 ff) müssen die die Wiedereinsetzung begründenden Tatsachen (§ 236 I) innerhalb der Wiedereinsetzungsfrist des § 234 vorgebracht werden. Nach Fristablauf ist nur noch die Erläuterung oder Ergänzung fristgerechten Vortrags zulässig (BGH NJW 07, 3212 Rn 8; MDR 08, 877 Rn 12); auch dies ändert sich im Beschwerdeverfahren nicht. Die Zuschlagsbeschwerde (§ 93 ZVG) kann schließlich ebenfalls nicht auf neues, im Zeitpunkt des Zuschlags dem Vollstreckungsgericht noch nicht bekanntes Vorbringen gestützt werden (BGHZ 44, 138, 143 = NJW 1965, 2107). Eine **Antragsänderung** ist uneingeschränkt zulässig (BGH NZI 07, 166, 167 Rn 20). Voraussetzung ist jedoch eine für sich genommene zulässige Beschwerde.

Der Beschwerdeführer darf also nicht nur einen neuen Antrag zur Überprüfung stellen. Eine allein auf einen neuen Antrag gestützte Beschwerde hätte nicht die Beseitigung der Beschwer durch den angefochtenen Beschl zum Ziel.

D. Fehlende Zuständigkeit des erstinstanzlichen Gerichts (Abs 2 S 2). Die Beschwerde kann nicht darauf gestützt werden, dass das Gericht des ersten Rechtszuges seine Zuständigkeit zu Unrecht angenommen habe (Abs 2 S 2). Damit sollen Beschwerdestreitigkeiten ausgeschlossen werden, die allein auf die Frage der Zuständigkeit des erstinstanzlichen Gerichts gestützt werden. Dies dient der Verfahrensbeschleunigung und der Entlastung der Beschwerdegericht; außerdem wird vermieden, dass die vom erstinstanzlichen Gericht geleistete Sacharbeit wegen fehlender Zuständigkeit hinfällig wird (BTDrs 14/4722, 113). Eine entsprechende Regelung enthält § 513 II für das Berufungsverfahren. Eine Beschwerde, die ausschließlich rügt, dass das erstinstanzliche Gericht seine Zuständigkeit zu Unrecht angenommen oder verneint habe, ist bereits unzulässig (BGH NZI 05, 184 zu § 576 II). Für die **internationale Zuständigkeit** gilt Abs 2 S 2 nicht (vgl BGHZ 153, 82, 84 ff = NJW 2003, 426). Die internationale Zuständigkeit der deutschen Gerichte ist in jedem Verfahrensabschnitt vAw zu prüfen. 5

E. Präklusion (Abs 3). Eine gesetzliche Frist, innerhalb derer die Begründung vorzulegen ist, gibt es nicht. Das Beschwerdegericht oder dessen Vorsitzender kann dem Beschwerdeführer eine Frist für das Vorbringen von Angriffs- und Verteidigungsmitteln setzen. Um eine solche Frist handelt es sich auch, wenn dem Beschwerdeführer eine Frist zur Begründung der sofortigen Beschwerde gesetzt wird. Der Gesetzgeber hat bewusst davon abgesehen, eine bestimmte Frist vorzugeben, damit das Gericht flexibel auf die Vielgestaltigkeit der Beschwerden reagieren kann (BTDrs 14/4722, 113). Die Frist muss »angemessen« sein (s.u.). Der Beschwerdeführer ist über die Folgen der Fristversäumung (Abs 3 S 2) zu belehren. Nach Fristablauf eingehendes Vorbringen wird nur zugelassen, wenn die Zulassung nach der freien Überzeugung des Gerichts die Erledigung nicht verzögert oder der Beschwerdeführer die Verspätung genügend entschuldigt; die Entschuldigung ist auf Verlangen glaubhaft zu machen (Abs 3 S 2, 3; vgl auch die Erl zu §§ 296 I, 530; zur Glaubhaftmachung vgl § 294). Jeder innerhalb der Frist eingehende Schriftsatz muss berücksichtigt werden (Art. 103 Abs. 1 GG; vgl BVerfGE 53, 219, 222; BGH NJW 2011, 1363 Rn 4). Ist eine Frist nicht gesetzt worden, ist jegliches Vorbringen zu berücksichtigen, das bei Gericht eingeht, bevor die Beschwerdeentscheidung erlassen worden ist (also noch geändert werden könnte). »Erlassen« ist ein nicht verkündeter Beschl, sobald er vollständig unterschrieben auf die Geschäftsstelle gelangt und diese mit der Zweckbestimmung wieder verlassen hat, den Parteien bekannt gegeben zu werden (BGH NJW-RR 04, 1575; vgl auch BGH ZVI 06, 565, 566). 6

Das Beschwerdegericht ist nicht verpflichtet, eine Begründungsfrist zu setzen (BGH 30.6.11, IX ZB 29/11 Rn 2). In jedem Fall hat es jedoch eine angemessene Zeit zu warten, bevor es über die Beschwerde entscheidet. Was »**angemessen**« ist, richtet sich nach den Umständen des einzelnen Falles, insb der Schwierigkeit der Sache, dem Umfang der Akten und der Eilbedürftigkeit des Verfahrens (BVerfGE 60, 317, 318 = NJW 82, 1691). In der Regel soll die Frist **mindestens zwei Wochen** ab Eingang der Beschwerde betragen (BGH NZI 2010, 998 Rn 3; v 24.9.09, IX ZB 285/08 Rn 2; vgl auch BGH 21.1.10, IX ZB 155/06 Rn 7; in einem besonders gelagerten Fall – mehrfache Fristsetzung vor Erlass der Ausgangsentscheidung – hat der BGH eine Frist von einer Woche für ausreichend gehalten; Beschl v 30.6.11, IX ZB 29/11 Rn 4). Dem Beschwerdeführer ist zu empfehlen, bereits in der Beschwerdeschrift mitzuteilen, dass eine Begründung nachgereicht werde, und innerhalb der nächsten zwei Wochen entweder das Rechtsmittel zu begründen oder um Einräumung einer längeren Frist zu bitten. Das Beschwerdegericht sollte jedenfalls zwei Wochen (gerechnet ab Eingang der Beschwerde beim judex a quo) mit der Entscheidung über die Beschwerde zuwarten. Wenn abzusehen ist, dass eine Entscheidung so kurzfristig nicht ergehen wird, empfiehlt es sich, beiden Parteien einen Zeitpunkt mitzuteilen, bis zu dem Stellung genommen werden kann (»wird die Kammer nicht vor dem … entscheiden«). Ebenso wie der Beschwerdeführer Gelegenheit haben muss, sein Rechtsmittel zu begründen, muss der Gegner Gelegenheit zu Stellungnahme erhalten. Dies gilt nur dann nicht, wenn die Beschwerde als unzulässig zu verwerfen oder schon auf der Grundlage des Beschwerdevorbringens als unbegründet zurückzuweisen ist. Berücksichtigt das Beschwerdegericht einen eingegangenen, aber nicht vorgelegten Schriftsatz nicht, liegt darin ein Verstoß gegen den Anspruch auf rechtliches Gehör. Handelt es sich um einen Schriftsatz, der sich mit der angefochtenen Entscheidung argumentativauseinandersetzt, ist der Gehörverstoß grds entscheidungserheblich (BGH WM 2010, 1788 Rn 14 ff).

7 **F. Anwaltszwang (Abs 4).** Absatz 4 lockert den Anwaltszwang (§ 78; vgl auch Erl zu § 569) in solchen Fällen, in denen die Beschwerde zu Protokoll der Geschäftsstelle eingelegt werden darf. Eine schriftliche Beschwerdebegründung unterliegt unter den gleichen Voraussetzungen wie die Einlegung der Beschwerde nicht dem Anwaltszwang (§ 659 III). Die Anordnung einer schriftlichen Erklärung liegt bereits darin, dass dem Gegner die Beschwerdeschrift, die Beschwerdebegründung oder ein sonstiger Schriftsatz zur Stellungnahme zugeleitet wird. Soweit der Beschwerdeführer nach §§ 569 III, 78 V keinen Anwalt braucht, gilt gleiches auch für den Beschwerdegegner.

§ 572 Gang des Beschwerdeverfahrens. **(1) [1]Erachtet das Gericht oder der Vorsitzende, dessen Entscheidung angefochten wird, die Beschwerde für begründet, so haben sie ihr abzuhelfen; andernfalls ist die Beschwerde unverzüglich dem Beschwerdegericht vorzulegen. [2]§ 318 bleibt unberührt.**
(2) [1]Das Beschwerdegericht hat von Amts wegen zu prüfen, ob die Beschwerde an sich statthaft und ob sie in der gesetzlichen Form und Frist eingelegt ist. [2]Mangelt es an einem dieser Erfordernisse, so ist die Beschwerde als unzulässig zu verwerfen.
(3) Erachtet das Beschwerdegericht die Beschwerde für begründet, so kann es dem Gericht oder Vorsitzenden, von dem die beschwerende Entscheidung erlassen war, die erforderliche Anordnung übertragen.
(4) Die Entscheidung über die Beschwerde ergeht durch Beschluss.

1 **A. Bedeutung der Norm und Gesetzgebungsgeschichte.** § 572 regelt den Gang des Beschwerdeverfahrens. Die durch das ZPO-Reformgesetz neu eingeführte generelle Abhilfebefugnis des Ausgangsgerichts soll dem Ausgangsrichter (judex a quo) die Gelegenheit geben, seine Entscheidung nochmals zu überprüfen, sie kurzerhand zurückzunehmen oder zu berichtigen. Sie dient damit der Selbstkontrolle des Gerichts und erhält dem Betroffenen die Instanz, was insb in den Fällen der Verletzung des Anspruchs auf rechtliches Gehör sachgerecht ist. Zugleich verkürzt sie das Verfahren und entlastet das Beschwerdegericht, weil dieses mit der Korrektur von Fehlern, die das Ausgangsgericht selbst erkennt, oder mit der Nachholung des rechtlichen Gehörs von vornherein nicht befasst wird. Das Verfahren kann auf diese Weise trotz Fehlerhaftigkeit seinen endgültigen Abschluss in der 1. Instanz finden (BTDrs 14/4722, 114). Die Abhilfebefugnis gilt auch für Entscheidungen des Rechtspflegers (§ 11 I RPflG). Zuständig für die Entscheidung über Abhilfe oder Nichtabhilfe ist der Rechtspfleger selbst (BTDrs 14/4722, 114). Eine Abhilfe ist nur dann von Rechts wegen ausgeschlossen, wenn das Ausgangsgericht an die von ihm erlassene Entscheidung gebunden ist. Das ist insb dann der Fall, wenn sich die sofortige Beschwerde gegen Zwischenurteile (zB gem § 387 im Zwischenstreit über eine Zeugnisverweigerung) oder eine in einem Endurteil enthaltene, aber selbstständig anfechtbare Kostenentscheidung (§ 99 II) richtet; denn das Gericht ist an die Entscheidung, die in den von ihm erlassenen End- und Zwischenurteilen enthalten ist, gebunden (§ 318; vgl Abs 1 S 2 sowie BTDrs 14/4722, 115).

2 **B. Verfahren vor dem Ausgangsgericht. I. Prüfung der Ausgangsentscheidung.** Das Ausgangsgericht (Richter, Kammer oder Rechtspfleger) hat die Zulässigkeit und die Begründetheit der sofortigen Beschwerde zu prüfen. Dabei hat es sich mit etwaigem neuen Vorbringen der Beschwerdebegründung (vgl § 571 II 1) auseinanderzusetzen. Erforderlichenfalls ist sogar Beweis zu erheben (BTDrs 14/4722, 115). Bis dahin fehlerhaft übergangenes tatsächliches Vorbringen im Ausgangsverfahren ist erst recht zu berücksichtigen. Begnügt sich das Ausgangsgericht mit einem Formularbeschluss, obwohl die Beschwerde erhebliches Vorbringen enthält, liegt darin nach ständiger obergerichtlicher Rechtsprechung ein schwerer Verfahrensfehler, welcher die Zurückverweisung der Sache an das Ausgangsgericht rechtfertigt (Frankf OLGR 04, 116; Jena OLGR 05, 203; Ddorf FamRZ 06, 1551). Der Verpflichtung, die Beschwerdebegründung zur Kenntnis zu nehmen und sie zu würdigen, darf sich das Ausgangsgericht nicht dadurch entziehen, dass es eine zunächst vom Beschwerdeführer nicht begründeten sofortigen Beschwerde trotz Ankündigung einer Begründung ohne weiteres Zuwarten dem Beschwerdegericht vorlegt (Kobl FamRZ 08, 288 f). Ob eine ohne Begründung eingereichte Beschwerde nur dann nicht sofort vorgelegt werden kann, wenn der Beschwerdeführer eine Begründung ankündigt oder sogar um Gewährung einer Begründungsfrist bittet, oder ob mindestens der Ablauf der Beschwerdefrist abgewartet werden muss, wird unterschiedlich gesehen (Kobl FamRZ 08, 288 einerseits, Naumbg OLGR 06, 327 andererseits). Ein neuer Antrag oder Hilfsantrag ist im Abhilfeverfahren nicht zu berücksichtigen, weil eine zu überprüfende Ausgangsentscheidung fehlt; über den neuen Antrag hat vielmehr allein das Beschwerdegericht zu entscheiden (BGH NZI 07, 166, 167 Rn 20; s.u.). Vor einer Abhilfeentscheidung ist dem Gegner rechtliches Gehör zu gewähren. Im Hinblick

auf die hierfür erforderliche Zeit hat der Gesetzgeber die Wochenfrist des § 571 Hs 2 aF, innerhalb derer die Sache dem Beschwerdegericht vorgelegt werden musste, durch das Wort »unverzüglich« ersetzt (BTDrs 14/47722, 115).

II. Abhilfe. Die Entscheidung darüber, der sofortigen Beschwerde abzuhelfen, ergeht durch Beschl. Hilft das Ausgangsgerichts (vollständig) ab, kann diese Entscheidung vom Beschwerdegegner ihrerseits angefochten werden. Es gelten die allgemeinen Vorschriften (§§ 567 ff). Der Abhilfebeschluss muss daher begründet und dem Beschwerdegegner förmlich zugestellt werden (§ 329 III). Nicht jeder Abhilfebeschluss ist jedoch anfechtbar. War die Ausgangsentscheidung nur für den Beschwerdeführer anfechtbar, nicht aber für den Beschwerdegegner, gilt gleiches auch für die Abhilfeentscheidung (vgl etwa § 57 S 4 InsO: Lehnt das Insolvenzgericht ab, den in der Gläubigerversammlung gewählten Insolvenzverwalters zu bestellen, steht jedem Insolvenzgläubiger die sofortige Beschwerde zu; hilft das Insolvenzgericht der sofortigen Beschwerde ab und bestellt den gewählten Verwalter, ist diese Entscheidung ebenso wenig anfechtbar eine Erstentscheidung gleichen Inhalts). Streitig ist, ob das Ausgangsgericht auch dann abhelfen darf, wenn die sofortige Beschwerde unzulässig ist. Nach dem Wortlaut des Gesetzes (Abs 1 S 1) kommt es nur auf die Begründetheit an (Frankf NJW-RR 03, 140, 141; Musielak/*Ball* Rn 4). Teilweise wird weitergehend verlangt, dass die sofortige Beschwerde statthaft ist (ThoPu/*Reichold* Rn 2, 7). In jedem Fall scheidet eine Abhilfe dann aus, wenn das Ausgangsgericht an seine Entscheidung gebunden (§ 318; vgl I 2) oder wenn die Entscheidung in materieller Rechtskraft erwachsen ist (HK/*Kayser* Rn 3). Kann das Ausgangsgericht den gerügten Mangel seiner Entscheidung dagegen vAw beseitigen, kann es dies auch auf eine unzulässige Beschwerde hin tun (BGH NJW-RR 06, 1554 für den Bereich der InsO). Hilft das Ausgangsgericht nur tw ab, ist die Sache dem Beschwerdegericht vorzulegen; dem durch die tw Abhilfe erstmals beschwerten Beschwerdegegner kann entsprechend § 567 die sofortige Beschwerde gegen den abhelfenden Teil der Entscheidung zustehen. Gegen nach den allgemeinen Vorschriften unanfechtbare Abhilfeentscheidungen des Rechtspflegers steht dem Gegner die Rechtspflegererinnerung nach § 11 II RPflG zu, über welche der Richter zu befinden hat. 3

III. Nichtabhilfe. Die Entscheidung, der sofortigen Beschwerde nicht abzuhelfen, ergeht ebenfalls durch Beschl, der grds zu begründen ist. Eine Verweisung auf die Begründung des angefochtenen Beschlusses kann ausreichen, wenn die Beschwerde ihrerseits nicht begründet worden ist oder sich in Wiederholungen des erstinstanzlichen Vorbringens erschöpft. Der Beschl über die Nichtabhilfe ist den Parteien mitzuteilen. Der Nichtabhilfebeschluss ist nicht selbstständig anfechtbar (BGH ZIP 09, 289, 290 Rn 8; Celle OLGR 06, 462). Eine förmliche Zustellung des Nichtabhilfebeschlusses ist daher nicht erforderlich; vielmehr gilt § 329 II 1. 4

IV. Vorlage an das Beschwerdegericht. Hilft das Ausgangsgericht der Beschwerde nicht ab, hat es die Sache unverzüglich (§ 121 BGB; vgl BTDrs 14/4722, 115) dem Beschwerdegericht vorzulegen. Das Ausgangsgericht hat auch dann vorzulegen, wenn es die Beschwerde für unzulässig hält. Es ist nicht berechtigt, die Beschwerde selbst als unzulässig zu verwerfen (aA wohl Naumbg OLGR 08, 312 f). Verwirft der Rechtspfleger die gegen seine Entscheidung eingelegte sofortige Beschwerde als unzulässig, statt sie dem Beschwerdegericht vorzulegen, ist der Beschl nicht nur wegen Verstoßes gegen § 572 I rechtswidrig, sondern wegen der Inanspruchnahme dem Beschwerdegericht vorbehaltener richterlicher Befugnisse unwirksam (§ 8 IV 1 RPflG). Die scheinbar beschiedene sofortige Beschwerde richtet sich ohne die Notwendigkeit einer gesonderten Anfechtung auch gegen die vermeintliche Beschwerdeentscheidung. Die Sache ist dem Beschwerdegericht vorzulegen, welches den Beschl aufzuheben und selbst über Zulässigkeit und Begründetheit der sofortigen Beschwerde zu entscheiden hat (BGH ZIP 09, 289, 290 Rn 7). Anderes kann gelten, wenn die Beschwerde sogar nicht statthaft ist. Grundsätzlich hat das Beschwerdegericht zwar auch hierüber zu entscheiden, so dass eine Vorlage zu erfolgen hat. In eindeutigen Fällen oder dann, wenn der Beschwerdeführer ersichtlich nur das Verfahren verzögern will, kann eine Vorlage unterbleiben. Besteht der Beschwerdeführer trotz Belehrung über die fehlende Eröffnung des Beschwerderechtszuges auf einer Vorlage an das Beschwerdegericht, kann sich empfehlen, zwar die Beschwerde vorzulegen, die Akten zunächst aber nicht zu übersenden, um das Verfahren in der Hauptsache fortsetzen zu können (HK/*Kayser* Rn 5). 5

V. Mängel des Nichtabhilfeverfahrens. Die ordnungsgemäße Durchführung des Nichtabhilfeverfahrens ist nicht Verfahrensvoraussetzung des Verfahrens vor dem Beschwerdegericht. Mit der Vorlage ist die Sache beim Beschwerdegericht angefallen, das alsdann über die sofortige Beschwerde zu entscheiden hat. Leidet das Nichtabhilfeverfahren unter wesentlichen Mängeln, hat der Beschwerdeführer etwa keine Gelegenheit erhalten, sein Rechtsmittel zu begründen, hat das Ausgangsgericht neues Vorbringen nicht berücksichtigt 6 oder ist der Nichtabhilfebeschluss nicht begründet worden, kann das Beschwerdegericht jedoch den Nichtabhilfebeschluss aufheben und die Sache an das Ausgangsgericht zurückverweisen. Ist die Sache dem Beschwerdegericht übersandt worden, ohne dass überhaupt eine Entscheidung über Abhilfe oder Nichtabhilfe getroffen worden ist, kann die Sache auch formlos zurückgegeben werden, damit die Entscheidung nachgeholt wird. Enthält die sofortige Beschwerde allerdings einen neuen Antrag, ist dieser nicht Gegenstand des Nichtabhilfeverfahrens (BGH NZI 07, 166, 167 Rn 20). Das Ausgangsgericht darf ihn in der Nichtabhilfeentscheidung nicht bescheiden. Das Beschwerdegericht hingegen darf die Bescheidung des Antrags nicht mit der Begründung verweigern, es fehle ein Nichtabhilfeverfahren. Eine zulässige Antragserweiterung im Beschwerdeverfahren führt dazu, dass der neue Antrag erstmals vom Beschwerdegericht beschieden wird.

7 **C. Verfahren vor dem Beschwerdegericht. I. Zulässigkeit der sofortigen Beschwerde.** Das Beschwerdegericht hat vAw zu prüfen, ob die Beschwerde an sich statthaft und ob sie in der gesetzlichen Form und Frist eingelegt worden ist (II). Zur also auch ohne Rüge des Gegners zu prüfenden Zulässigkeit des Rechtsmittels gehört neben den ausdrücklich genannten Voraussetzungen der Statthaftigkeit der sofortigen Beschwerde (§ 567) und der Einhaltung von Form und Frist (§ 569) die Beschwer sowie bei Beschwerden gegen Kostenentscheidungen ein Wert des Beschwerdegegenstandes von mindestens 200 € (§ 567 II) im Zeitpunkt der Einlegung der sofortigen Beschwerde (§ 4 I). Die Beschwerde darf nicht infolge prozessualer Überholung unzulässig geworden sein; vielmehr muss die Beschwer, deren Beseitigung das Rechtsmittel dient, noch im Zeitpunkt der Beschwerdeentscheidung gegeben sein.

8 Grundsätzlich ist die Zulässigkeit eines Rechtsmittels vor dessen Begründetheit zu prüfen. Im Beschwerdeverfahren gilt dieser Grundsatz jedoch nicht ausnahmslos. Ist eine sofortige Beschwerde jedenfalls unbegründet, hat ihre Zurückweisung keine weitergehenden Folgen als ihre Verwerfung und stehen auch iÜ Interessen der Parteien – des Beschwerdeführers und des Beschwerdegegners – nicht entgegen, kann unabhängig von der Zulässigkeit der sofortigen Beschwerde eine Sachentscheidung über sie ergehen. Regelmäßig werden diese Voraussetzungen erfüllt sein. Die Einlegung der sofortigen Beschwerde hat keine aufschiebende Wirkung (§ 570 I). Dabei bleibt es bis zur Rechtskraft der Beschwerdeentscheidung, unabhängig davon, wie diese begründet worden ist. Auch die Möglichkeit, gegen die Beschwerdeentscheidung ein Rechtsmittel (Rechtsbeschwerde, § 574) einzulegen, hängt nicht von der Entscheidungsformel ab. Wird die sofortige Beschwerde als unzulässig verworfen, ist die Rechtsbeschwerde nicht schon von Gesetzes wegen zulässig; denn die Vorschrift des § 522 I 4 ist insoweit nicht entsprechend anwendbar (BGH NJW-RR 05, 1009). Insofern ist die Situation eine andere als im Berufungsverfahren (vgl § 26 Nr 8 S 2 EGZPO: wird die Berufung verworfen, gilt nicht die Mindestbeschwer von 20.000 €, § 26 Nr 8 S 1 EGZPO). Auch hinsichtlich der materiellen Rechtskraft gibt es regelmäßig keine Unterschiede. Die sofortige Beschwerde kann also als unbegründet zurückgewiesen werden, obwohl ihre Zulässigkeit offen geblieben ist (BGH NJW-RR 06, 1346, 1347). Eine stattgebende Entscheidung ist dagegen ausgeschlossen, solange die Zulässigkeit der sofortigen Beschwerde nicht abschließend geprüft und bejaht worden ist. Einer unzulässigen Beschwerde darf nicht stattgegeben werden.

9 **II. Begründetheit der sofortigen Beschwerde.** Ist die sofortige Beschwerde zulässig, prüft das Beschwerdegericht deren sachliche Begründetheit. Eine mündliche Verhandlung ist nicht vorgeschrieben (vgl § 128 IV) und auch wenig üblich. Das Beschwerdegericht hat jedoch rechtliches Gehör zu gewähren. Das gilt insb im Hinblick auf die Gründe des Nichtabhilfebeschlusses, die Gesichtspunkte enthalten können, zu denen die Parteien noch nicht Stellung genommen haben. Neues Vorbringen ist zu berücksichtigen (§ 571 II); eine § 531 II entsprechende Vorschrift gibt es im Beschwerdeverfahren nicht. Obsiegt eine Partei aufgrund neuen Vorbringens, kann sie allerdings gem § 97 II die Kosten des Beschwerdeverfahrens ganz oder tw zu tragen haben. Gemäß § 571 III kann das Beschwerdegericht für das Vorbringen von Angriffs- und Verteidigungsmitteln eine Frist setzen. Werden Angriffs- und Verteidigungsmittel erst nach Fristablauf beigebracht, so sind sie nur zuzulassen, wenn nach der freien Überzeugung des Gerichts ihre Zulassung die Erledigung des Verfahrens nicht verzögern würde oder wenn die Partei die Verspätung genügend entschuldigt. Wurde keine Frist gesetzt, ist alles Vorbringen der Parteien zu berücksichtigen, das vor Erlass des Beschlusses eingeht (s. Erl zu § 571).

10 **III. Entscheidung des Beschwerdegerichts.** Die Entscheidung über die Beschwerde ergeht durch Beschl (Abs 4). Dies gilt auch dann, wenn eine (freigestellte, § 128 IV) mündliche Verhandlung stattgefunden hat. Ist die sofortige Beschwerde unzulässig, wird sie auf Kosten des Beschwerdeführers (§ 97 I) verworfen. Ist

die sofortige Beschwerde zulässig, aber nicht begründet, wird sie – regelmäßig ebenfalls auf Kosten des Beschwerdeführers, § 97 I – zurückgewiesen; gleiches gilt, wenn ihre Zulässigkeit offen geblieben ist (so). Ist die sofortige Beschwerde zulässig und begründet, wird die angefochtene Entscheidung aufgehoben. Ob das Beschwerdegericht eine eigene Sachentscheidung trifft oder ob es die Sache an das Ausgangsgericht zurückverweist, steht in seinem pflichtgemäßen Ermessen. Ist die Sache zur Endentscheidung reif, kann das Beschwerdegericht selbst entscheiden und wird dies regelmäßig auch tun. Der Beschl muss idR eine **Kostenentscheidung** enthalten (§§ 91, 92, 97). Das gilt allerdings nach gefestigter Rechtsprechung des BGH nicht hinsichtlich der Kosten besonderer Rechtsbehelfe in Zwangsversteigerungsverfahren, wenn nicht das kontradiktorische Vollstreckungsrechtsverhältnis zwischen dem Schuldner und dem Gläubiger im Vordergrund steht, sondern es um Entscheidungen geht, die auch andere Verfahrensbeteiligte betreffen (zB im Streit um die Zwangsverwaltervergütung, BGH WM 08, 543, 546 Rn 22) oder bei denen Gläubiger und Schuldner nicht zwangsläufig widerstreitende Interessen vertreten (zB bei der Verkehrswertbeschwerde, BGHZ 170, 378, 381 Rn 7 = NJW 07, 2993 f). In diesen Fällen ist eine Kostenentscheidung nicht veranlasst. Dann, wenn die Rechtsbeschwerde nicht kraft Gesetzes statthaft ist (§ 574 I 1 Nr 1), hat das Beschwerdegericht außerdem vAw über die **Zulassung der Rechtsbeschwerde** zu entscheiden (§ 574 I 1 Nr 2). Wenn die Voraussetzungen des § 574 II erfüllt sind, wenn die Rechtssache also grundsätzliche Bedeutung hat oder wenn die Fortbildung des Rechts oder die Sicherung einer einheitlichen Rechtsprechung eine Entscheidung des Rechtsbeschwerdegerichts erfordert, ist die Rechtsbeschwerde zuzulassen (vgl dazu § 574 Rz 6ff, zu Fehlerquellen auch § 574 Rz 16). Die Zulassungsentscheidung ist in den Tenor der Beschwerdeentscheidung aufzunehmen. Sie muss jedenfalls in der Beschwerdeentscheidung getroffen werden. Eine nachträgliche Zulassung ist – wenn nicht lediglich eine Berichtigung nach § 319 erfolgt – unwirksam (BGH MDR 09, 887); auch eine entsprechende Ergänzung der Beschwerdeentscheidung analog § 321 ist unzulässig (BGH NJW-RR 02, 1621, 1622; NJW 04, 779 f). Möglich ist eine Ergänzung analog § 321a. Diese kommt in Betracht, wenn die Entscheidung, die Rechtsbeschwerde nicht zuzulassen, auf einer Verletzung von Verfahrensgrundrechten (rechtliches Gehör, Art 103 I GG, oder gesetzlicher Richter, Art 101 I 2 GG) beruht (BGH MDR 07, 1276 Rn 7 ff; MDR 09, 887 f Rn 11). Die unterbliebene Zulassung als solche verletzt nicht den Anspruch auf rechtliches Gehör (BGH NJW 11, 1516 Rn 6). Die Zulassung auf eine Anhörungsrüge hin ist deshalb nur dann wirksam und bindend, wenn ein auf die Zulassung bezogener Gehörsverstoß oder eine andere hierauf bezogene Verfahrensgrundrechtsverletzung festgestellt wird (BGH NJW 11, Rn. 10). Beschlüsse, die kraft Zulassung oder von Gesetzes wegen der Rechtsbeschwerde unterliegen, müssen den maßgeblichen **Sachverhalt**, über den entschieden wird, wiedergeben und den Streitgegenstand und die Anträge in beiden Instanzen erkennen lassen (BGH NJW 11, 3450 Rn 9); das wird viel zu oft missachtet. Eine **Rechtsmittelbelehrung** ist nicht vorgeschrieben. Der verfassungsrechtliche Anspruch auf wirkungsvollen Rechtsschutz (Art 2 I iVm Art 20 III GG) gebietet dann eine Rechtsmittelbelehrung, wenn diese erforderlich ist, um unzumutbare Schwierigkeiten der Rechtsverfolgung im Instanzenzug auszugleichen, die durch die Ausgestaltung eines Rechtsmittel bedingt sind. Das gilt va dann, wenn insb in Verfahren ohne Anwaltszwang die Formerfordernisse des Rechtsmittels so kompliziert und schwer zu erfassen sind, dass nicht erwartet werden kann, der Rechtsuchende werde sich in zumutbarer Weise rechtzeitig Aufklärung verschaffen könnten (BVerfGE 93, 99, 108). Der BGH hat Rechtsmittelbelehrungen in Wohnungseigentumssachen nach dem FGG (BGHZ 150, 390, 393 ff = NJW 02, 2171) sowie im Zwangsversteigerungsverfahren (BGHZ 180, 199, 202 ff Rn 13 ff = MDR 09, 829 f) für erforderlich gehalten. Nach § 39 FamFG hat jeder Beschl nunmehr eine Belehrung über das statthafte Rechtsmittel, den Einspruch, den Widerspruch oder die Erinnerung sowie das Gericht, bei dem diese Rechtsbehelfe einzulegen sind, dessen Sitz und die einzuhaltende Form und Frist zu enthalten. Auf Verfahren nach der ZPO lässt sich dieser Grundsatz – trotz des in Rechtsbeschwerdeverfahren durchweg geltenden Zwangs, einen beim BGH zugelassenen Anwalt zu beauftragen (vgl § 575 Rz 3) – indes nicht übertragen.

IV. Zurückverweisung. Ist die Sache nicht entscheidungsreif, kann sie, wie sich aus Abs 3 ergibt, an das 11
Ausgangsgericht zurückverwiesen werden. Eine § 538 entsprechende Bestimmung, welche das Beschwerdegericht verpflichtet, die notwendigen Beweise selbst zu erheben und in der Sache zu entscheiden, und welche die Zurückverweisung an bestimmte Tatbestände sowie den Antrag einer der Parteien knüpft, gibt es im Verfahren der sofortigen Beschwerde nicht. Ob und inwieweit der **Grundgedanke des § 538** auf § 572 übertragen werden kann, hat der BGH bisher offen gelassen (vgl BGH NJW-RR 05, 1299). Zu beachten ist jedoch, dass die Beschwerdeinstanz eine vollwertige Tatsacheninstanz ist (§ 571 II) und das Beschwerdegericht ebenso wie das Ausgangsgericht ergänzende Stellungnahmen einholen und Beweisaufnahmen durch-

führen kann. Von der die Parteien belastenden und das Verfahren regelmäßig weiter verzögernden Zurückverweisung sollte daher nur zurückhaltend Gebrauch gemacht werden. Eine Pflicht zur Zurückverweisung besteht dann, wenn in 1. Instanz statt des funktionell zuständigen Richters der Rechtspfleger entschieden hat. Auf die Frage, ob die Entscheidung sachlich richtig war, kommt es hier nicht an. Vielmehr fehlt es an einer **wirksamen Erstentscheidung** und damit an einer gesetzlichen Grundlage für ein Rechtsmittelverfahren. Weist das Beschwerdegericht in einem solchen Fall die sofortige Beschwerde zurück, hat das Rechtsbeschwerdegericht die Aufhebung und Zurückverweisung in die 1. Instanz nachzuholen (BGH NJW-RR 05, 1299). Ein nur aufhebender (kassatorischer) Beschl enthält **keine Kostenentscheidung**. Die Entscheidung über die Kosten des Beschwerdeverfahrens gehört vielmehr zu den Anordnungen, welche nach Abs 3 dem Ausgangsgericht zu übertragen ist; denn im Zeitpunkt der Aufhebung steht der endgültige Erfolg oder Misserfolg des Rechtsmittels noch nicht fest. Der Beschl ist den Parteien **förmlich zuzustellen**, wenn er der Rechtsbeschwerde (§ 574 I) unterliegt (§ 329 II 2) oder aus ihm vollstreckt werden kann (§ 329 III). Ist beides nicht der Fall, reicht die formlose Mitteilung aus (§ 329 II 1).

12 **V. Verbot der reformation in peius.** Das Verschlechterungsverbot gilt auch im Verfahren der sofortigen Beschwerde (BGHZ 159, 122, 124 = MDR 04, 1202 ff; BGH MDR 08, 1181 Rn 7). Eine Entscheidung darf nicht zum Nachteil des Beschwerdeführers abgeändert werden. Das Verbot der reformatio in peius ist bspw dann beeinträchtigt, wenn das Insolvenzgericht eine Nachtragsverteilung (§§ 203 ff InsO) »vorbehält«, das Beschwerdegericht auf die Beschwerde des Schuldners hin die Nachtragsverteilung jedoch »anordnet« (BGH MDR 08, 1181 Rn 7). Das Verbot der Schlechterstellung gilt auch dann, wenn das Rechtsbeschwerdegericht die Sache vollständig aufgehoben und zur erneuten Entscheidung an das Ausgangs- oder das Beschwerdegericht zurückverwiesen hat. Die Aufhebung darf den Beschwerdeführer im Ergebnis nicht schlechter stellen, als eine eigene Entscheidung des Rechtsbeschwerdegerichts es getan hätte (vgl § 577 II 1). Auch hier ist nach dem Grundsatz des fairen Verfahrens geboten, den Beschwerdeführer davor zu schützen, auf sein eigenes Rechtsmittel hin in seinen Rechten über die mit der angegriffenen Entscheidung verbundene Beschwer hinaus weiter beeinträchtigt zu werden. Die erneute Ausgangs- oder Beschwerdeentscheidung hat dem Beschwerdeführer also mindestens das zu gewähren, was ihm die allein von ihm ursprünglich angefochtene Entscheidung zugebilligt hatte (BGHZ 159, 122, 124 f = MDR 04, 1202 ff).

13 **VI. Begründung der Beschwerdeentscheidung.** Eine Begründung des Beschlusses des Beschwerdegerichts schreibt das Gesetz nicht ausdrücklich vor. Eine Pflicht zur Begründung lässt sich jedoch aus allgemeinen rechtsstaatlichen Grundsätzen ableiten. Beschlüsse, welche der Rechtsbeschwerde unterliegen (vgl § 574 I), müssen den maßgeblichen **Sachverhalt** wiedergeben, über den entschieden wird, und außerdem den Streitgegenstand und die Anträge in beiden Instanzen erkennen lassen; denn die Feststellungen des Beschwerdegerichts sind Grundlage der Entscheidung des Rechtsbeschwerdegerichts (§§ 577 II 4, 559; vgl BGH WM 04, 1686 f; WM 05, 1246; ZVI 06, 565; NJW-RR 08, 1455 Rn 4). Fehlen tatsächliche Feststellungen, so kann eine Rechtsprüfung nicht erfolgen (BTDrs 14/4722, 115). Ausführungen des Beschwerdegerichts, die eine solche Überprüfung nicht ermöglichen, sind keine Gründe im zivilprozessualen Sinne. Sie führen vAw zur Aufhebung der angefochtenen Entscheidung nach §§ 576 III, 547 Nr 6 (BGH NJW 09, 857 Rn 9; VersR 11, 1199 Rn 8; NJW 11, 3450 Rn 9). Eine (kurze, auf das Wesentliche beschränkte) Begründung empfiehlt sich aber auch dann, wenn ein Rechtsmittel nicht gegeben ist. Das gilt insb dann, wenn eine Zurückverweisung erfolgt.

14 **D. Verfahren nach der Zurückverweisung.** Hebt das Beschwerdegericht einen mit der sofortigen Beschwerde angefochtenen Beschl auf und verweist die Sache zur erneuten Entscheidung an das Ausgangsgericht zurück, ist dieses an die vom Beschwerdegericht vertretene Rechtsansicht, welche der Aufhebung zugrunde lag, gebunden (§§ 563 II, 577 IV 4 analog). Mittelbar gilt diese Bindungswirkung auch für ein zweites Beschwerde- und ein sich etwa anschließendes Rechtsbeschwerdeverfahren (**Rückbindung**). Folgt das Ausgangsgericht nunmehr der Rechtsansicht der Aufhebungsentscheidung, ist seine Entscheidung (insoweit) rechtmäßig. Das Beschwerdegericht kann seiner zweiten Entscheidung deshalb nicht eine andere Rechtsauffassung zugrunde legen als die, auf der sein zurückverweisender Beschl beruhte (BGHZ 15, 122, 124; 51, 131, 135; BGH WM 09, 712, 714 Rn 9). In dem Umfang, in welchem das Beschwerdegericht an seine aufhebende Entscheidung gebunden ist, ist auch das Rechtsbeschwerdegericht gebunden. Hält sich das Beschwerdegericht an die Bindung, die durch seinen früheren (zurückverweisenden) Beschl entstanden ist, kann darin keine Rechtsverletzung liegen; der frühere Beschl steht nicht zur Überprüfung. Eine Rechtsbeschwerde kann also nicht darauf gestützt werden, dass die dem zurückverweisenden und damit auch dem

zweiten Beschl des Beschwerdegerichts zugrunde liegende Rechtsauffassung unrichtig sei (BGHZ 15, 122, 125; 51, 131, 135). Die Bindungswirkung ist allerdings auf diejenige rechtliche Würdigung beschränkt, welche der Aufhebung unmittelbar zugrundelag. Soweit das Rechtsmittelgericht die angefochtene und dann aufgehobene Entscheidung ausdrücklich oder stillschweigend billigt, besteht keine Bindung. Die Bindungswirkung entfällt ferner dann, wenn das Gericht, an das zurückverwiesen wird, neue Tatsachen feststellt und auf der Grundlage eines geänderten maßgeblichen Sachverhalts entscheidet (BGHZ 132, 6, 10 f = NJW 96, 924, 925; 159, 122, 127 = ZIP 04, 1214, 1215).

§ 573 Erinnerung. **(1) [1]Gegen die Entscheidungen des beauftragten oder ersuchten Richters oder des Urkundsbeamten der Geschäftsstelle kann binnen einer Notfrist von zwei Wochen die Entscheidung des Gerichts beantragt werden (Erinnerung). [2]Die Erinnerung ist schriftlich oder zu Protokoll der Geschäftsstelle einzulegen. [3]§ 569 Abs. 1 Satz 1 und 2, Abs. 2 und die §§ 570 und 572 gelten entsprechend.**
(2) Gegen die im ersten Rechtszug ergangene Entscheidung des Gerichts über die Erinnerung findet die sofortige Beschwerde statt.
(3) Die Vorschrift des Absatzes 1 gilt auch für die Oberlandesgerichte und den Bundesgerichtshof.

A. Bedeutung der Norm und Gesetzgebungshinweise. Der als »Erinnerung« bezeichnete Antrag auf 1 gerichtliche Entscheidung ist ein Rechtsbehelf, der zu einer Überprüfung einer Entscheidung in demselben Rechtszug durch dasselbe Gericht führt. Der beauftragte (§ 361) oder ersuchte (§ 362) Richter ist regelmäßig (Ausn zB §§ 229, 365, 400) an die Anordnungen des beauftragenden oder ersuchenden Gerichts gebunden; dieses – nicht das im Rechtszug übergeordnete Gericht – soll die getroffenen Entscheidungen zuerst überprüfen. Die jetzige Regelung knüpft an § 576 ZPO aF an, führt jedoch infolge der Neuregelung des Beschwerderechts und in Übereinstimmung mit den anderen Verfahrensordnungen (§ 151 VwGO, § 133 FGO, § 178 SGG) die stets fristgebundene Erinnerung ein. Die einfache (nicht befristete) Erinnerung gibt es nicht mehr. Die allgemeine Befristung dient ebenso wie diejenige der Beschwerde der Herbeiführung einer schnellen Rechtsklarheit (BTDrs 14/4722, 115).

B. Erinnerung. I. Statthaftigkeit. Die Erinnerung nach § 573 findet statt gegen Entscheidungen des beauf- 2 tragten (§ 361) oder des ersuchten (§ 362) Richters sowie des Urkundsbeamten der Geschäftsstelle (§ 153 I GVG; Bsp: Ablehnung der Erteilung eines vollstreckbaren Auszugs aus der Insolvenztabelle, AG Göttingen ZVI 2008, 447, 450; Ablehnung der Übersendung einer Entscheidungsurschrift, BGH 17.9.09, IX ZR 164/07; Ablehnung der Gewährung von Akteneinsicht nach § 299 I durch den Urkundsbeamten der Geschäftsstelle, Zö/*Greger* § 299 Rn 5). Im Anwendungsbereich des § 573 ist die sofortige Beschwerde (zunächst) ausgeschlossen. Abs 3 stellt klar, dass die Erinnerungsregelung in Abs 1 auch für die Oberlandesgerichte und den BGH gilt.

II. Verfahren. Die Erinnerung kann schriftlich, also durch Einreichung einer Beschwerdeschrift (Abs 1 S 3 3 iVm § 569 II), oder zu Protokoll der Geschäftsstelle eingelegt werden (Abs 1 S 2). Sie unterliegt damit nicht dem Anwaltszwang (§ 78 V). Abs 1 S 3 verweist auf die Beschwerdevorschriften des § 569 I S 1 und 2, II und der §§ 570, 572. Das bedeutet: Der Erinnerungsführer kann die Erinnerung sowohl beim beauftragten oder ersuchten Richter als auch beim beauftragenden oder ersuchenden Gericht einlegen (Abs 1 S 3 iVm § 569 I 1). Die Notfrist von zwei Wochen, innerhalb derer die Erinnerung eingelegt werden muss, beginnt mit der nach § 329 III erforderlichen Zustellung der angefochtenen Entscheidung, spätestens mit dem Ablauf von fünf Monaten nach der Verkündung (Abs 1 S 3 iVm § 569 I 2). Die Erinnerungsschrift muss die Bezeichnung der angefochtenen Entscheidung und die Erklärung enthalten, dass Erinnerung gegen diese Entscheidung eingelegt werde (Abs 1 S 3 iVm § 569 II). Die Erinnerung hat nur dann **aufschiebende Wirkung**, wenn sie die Festsetzung eines Ordnungs- oder Zwangsmittels zum Gegenstand hat (Abs 1 S 3 iVm § 570). Ob die Vorschriften des § 571 I, II, III über die Begründung, über die Zulässigkeit neuer Angriffs- oder Verteidigungsmittel sowie über die Fristsetzung mit Präklusion verspäteten Vorbringens im Erinnerungsverfahren gelten, ist zweifelhaft, weil Abs 1 S 3 nicht auf § 571 verweist; die amtliche Begründung des Regierungsentwurfs zitiert die Verweisung insoweit falsch (»§§ 570 bis 572«, vgl BTDrs 14/4722, 115). Praktische Bedeutung hat die Frage wohl nicht. Der beauftragte oder ersuchte Richter oder der Urkundsbeamte der Geschäftsstelle können der Erinnerung entsprechend § 572 I 1 abhelfen. Helfen sie nicht ab, legen sie die Erinnerung dem für die Entscheidung zuständigen Gericht vor.

4 **III. Entscheidung über die Erinnerung.** Zuständig für die Erinnerungen gegen Entscheidungen des beauftragten oder ersuchten Richter ist dasjenige Gericht, von dem der Auftrag oder das Ersuchen ausging, für Erinnerungen gegen Entscheidungen des Urkundsbeamten der Geschäftsstelle das Gericht, dem er angehört (BTDrs 14/4722, 115). Beim beauftragten Richter entscheidet das beauftragende Kollegium, beim ersuchten Richter das ersuchende Gericht. Das zuständige Gericht entscheidet, wie in § 572 II und III geregelt, und zwar durch Beschl (Abs 1 S 3 IVm § 572 IV). Ob die Entscheidung zuzustellen ist, richtet sich nach § 329.

5 **IV. Rechtsmittel.** Gegen die im ersten Rechtszug ergangene Entscheidung über die Erinnerung findet die sofortige Beschwerde statt (Abs 2). Die Möglichkeit, gegen Erinnerungsentscheidungen im zweiten Rechtszug, also gegen Erinnerungsentscheidungen der Landgerichte im Berufungs- oder Beschwerdeverfahren und gegen Erinnerungsentscheidungen der Oberlandesgerichte mit der Rechtsbeschwerde (§ 574) vorzugehen, bleibt unberührt (BTDrs 14/4722, 116). Die Rechtsbeschwerde ist nur zulässig, wenn sie zugelassen worden ist (§ 574 I Nr 2).

6 **C. Entscheidungen des Rechtspflegers.** Entscheidungen des Rechtspflegers. fallen nicht unter § 573. Im Grundsatz gelten für sie die allgemeinen Vorschriften (§ 11 I RPflG). Sie sind also mit der sofortigen Beschwerde anfechtbar, wenn dieses Rechtsmittel eröffnet ist. Ist dies nicht der Fall, findet die befristete Erinnerung statt, über welche der Richter zu entscheiden hat. Die »Durchgriffserinnerung« alten Rechts gibt es nicht mehr. Die Erinnerung ist in § 11 II 1 RPflG besonders geregelt. Der Richter kann der ihr stattgegeben oder sie zurückweisen. Seine Entscheidung ist unanfechtbar. Eine Rechtsbeschwerde ist auch dann nicht statthaft, wenn der Richter sie zugelassen hat. Gemäß § 574 I Nr 2 kann die Rechtsbeschwerde nur durch das Beschwerdegericht, das Berufungsgericht oder das OLG im ersten Rechtszug zugelassen werden. Das Amtsgericht wird nicht dadurch zum Beschwerdegericht im Sinne dieser Vorschrift, dass auf die Erinnerung gegen einen Beschl des Rechtspflegers nach § 11 II 4 RPflG ergänzend die Vorschriften über die Beschwerde anzuwenden sind (BGH NJW-RR 07, 285). Vor der Entscheidung über die Erinnerung kann der Richter die Vollziehung der angefochtenen Entscheidung aussetzen (§ 11 II 4 RPflG). Entscheidet der Rechtspfleger anstelle des funktionell zuständigen Richters, ist seine Entscheidung nach § 8 IV RPflG unwirksam. Die unwirksame Entscheidung des funktionell unzuständigen Rechtspflegers ist im Rechtsbehelfsverfahren aufzuheben, und zwar unabhängig davon, ob sie sachlich richtig war oder nicht (BGH NJW-RR 05, 1299). Sie erlangt auch nicht dadurch Wirksamkeit, dass das Gericht der Erstbeschwerde sie billigt. Vielmehr fehlt es auch im Verfahren der Rechtsbeschwerde an einer gesetzlichen Grundlage für ein Rechtsmittelverfahren. Das Rechtsbeschwerdegericht wird in einem solchen Fall die Ausgangs- und die Beschwerdeentscheidung aufheben und die Sache an das Gericht 1. Instanz zurückverweisen (BGH NJW-RR 05, 1299). Verwirft der Rechtspfleger die gegen seine Entscheidung eingelegte sofortige Beschwerde als unzulässig, statt sie dem Beschwerdegericht vorzulegen, ist der Beschl wegen der Inanspruchnahme dem Beschwerdegericht vorbehaltener richterlicher Befugnisse ebenfalls nach § 8 IV 1 RPflG unwirksam. Die scheinbar beschiedene sofortige Beschwerde richtet sich ohne die Notwendigkeit einer gesonderten Anfechtung auch gegen die vermeintliche Endentscheidung. Die Sache ist dem Beschwerdegericht vorzulegen, welches den Beschl aufzuheben hat. Der Beschwerdeführer kann die unterbliebene Vorlage an das Beschwerdegericht erzwingen, indem er von seiner Befugnis aus § 569 I 1 Gebrauch macht, seine Beschwerde nochmals unmittelbar bei dem Beschwerdegericht einzureichen (BGH ZIP 09, 289, 290 Rn 8).

Titel 2 Rechtsbeschwerde

§ 574 Rechtsbeschwerde; Anschlussrechtsbeschwerde.

(1) [1]Gegen einen Beschluss ist die Rechtsbeschwerde statthaft, wenn

1. dies im Gesetz ausdrücklich bestimmt ist oder

2. das Beschwerdegericht, das Berufungsgericht oder das Oberlandesgericht im ersten Rechtszug sie in dem Beschluss zugelassen hat.

[2]§ 542 Abs. 2 gilt entsprechend.

(2) In den Fällen des Absatzes 1 Nr. 1 ist die Rechtsbeschwerde nur zulässig, wenn
1. die Rechtssache grundsätzliche Bedeutung hat oder
2. die Fortbildung des Rechts oder die Sicherung einer einheitlichen Rechtsprechung eine Entscheidung des Rechtsbeschwerdegerichts erfordert.

(3) [1]In den Fällen des Absatzes 1 Nr. 2 ist die Rechtsbeschwerde zuzulassen, wenn die Voraussetzungen des Absatzes 2 vorliegen. [2]Das Rechtsbeschwerdegericht ist an die Zulassung gebunden.

(4) [1]Der Rechtsbeschwerdegegner kann sich bis zum Ablauf einer Notfrist von einem Monat nach der Zustellung der Begründungsschrift der Rechtsbeschwerde durch Einreichen der Rechtsbeschwerdeanschlussschrift beim Rechtsbeschwerdegericht anschließen, auch wenn er auf die Rechtsbeschwerde verzichtet hat, die Rechtsbeschwerdefrist verstrichen oder die Rechtsbeschwerde nicht zugelassen worden ist. [2]Die Anschlussbeschwerde ist in der Anschlussschrift zu begründen. [3]Die Anschließung verliert ihre Wirkung, wenn die Rechtsbeschwerde zurückgenommen oder als unzulässig verworfen wird.

Inhaltsübersicht Rz

A. Bedeutung der Norm und Gesetzgebungsgeschichte . . . 1
B. Anwendungsbereich . . . 3
C. Statthaftigkeit der Rechtsbeschwerde (Abs 1) . . . 4
I. Von Gesetzes wegen statthafte Rechtsbeschwerde (Nr 1) . . . 5
1. Zulässigkeitsvoraussetzungen (Abs 2) . . . 6
2. Grundsätzliche Bedeutung (Abs 2 Nr 1) . . . 7
3. Fortbildung des Rechts (Abs 2 Nr 2 Fall 1) . . . 10
4. Sicherung einer einheitlichen Rechtsprechung (Abs 2 Nr 2 Fall 2) . . . 11
a) Divergenz . . . 12
b) Verletzung von Verfahrensgrundrechten . . . 13
II. Statthaftigkeit kraft Zulassung durch die Vorinstanz (Abs 2 Nr 2) . . . 15
1. Voraussetzungen der Zulassung (Abs 3 S 1) . . . 16
2. Bindungswirkung der Zulassungsentscheidung (Abs 3 S 2) . . . 17
D. Anschlussrechtsbeschwerde (Abs 4) . . . 19
E. Kosten/Gebühren . . . 21
I. Gericht . . . 21
II. Anwalt . . . 22

A. Bedeutung der Norm und Gesetzgebungsgeschichte. Die Rechtsbeschwerde ist durch das ZPO-Reformgesetz eingeführt worden. Sie ersetzt die weitere Beschwerde alten Rechts, die nur unter engen Voraussetzungen in den beim Amtsgericht beginnenden Verfahren statthaft war. Der Rechtsschutz in Beschwerdesachen sollte durch Eröffnung des Zugangs zum BGH erweitert werden (BTDrs 14/4722, 68). Die Rechtsbeschwerde soll immer, aber auch nur dann stattfinden, wenn die Rechtssache grundsätzliche Bedeutung hat oder wenn die Fortbildung des Rechts oder die Sicherung einer einheitlichen Rechtsprechung eine Entscheidung des Rechtsbeschwerdegerichts erfordert (Abs 2). Im Fall der kraft Gesetzes statthaften Rechtsbeschwerde (Abs 1 S 1 Nr 1) prüft das Rechtsbeschwerdegericht diese Voraussetzungen iRd Zulässigkeitsprüfung (Abs 2 iVm § 577 I). Ist die Rechtsbeschwerde dagegen nur kraft Zulassung durch das Beschwerdegericht, das Berufungsgericht oder das OLG im 1. Rechtszug (fortan nur: Beschwerdegericht) statthaft (Abs 1 S 1 Nr 2), sind die Voraussetzungen des Abs 2 bei der Entscheidung über die Zulassung zu beachten (Abs 3). 1

Ob die Ersetzung des nach Ansicht der amtlichen Begründung des ZPO-Reformgesetzes »umständlichen Vorlageverfahrens« (BTDrs 14/4722, 69) durch die Rechtsbeschwerde rechtspolitisch gelungen ist, kann mit guten Gründen bezweifelt werden (vgl *Kreft* ZRP 03, 77 f; *Kayser* FGPrax 04, 166 ff). Die Geschäftsbelastung des BGH ist infolge der Rechtsbeschwerden beträchtlich gestiegen. Die Zulassungsentscheidungen der Beschwerdegerichte sind fast durchweg weniger gut aufbereitet als die Vorlagen der Oberlandesgerichte nach altem Recht. Für die kraft Gesetzes statthaften Rechtsbeschwerden etwa nach §§ 7 InsO aF, 574 I 1 Nr 1, welche sich an den Instanzenzug Amtsgericht (Richter oder sogar Rechtspfleger) – LG (Einzelrichter) anschließen, gilt dies in noch höherem Maße (vgl auch MüKoInsO/*Ganter* § 7 Rn 10a: »Wasserkopf«). Die Beschwerdeentscheidungen mussten vielfach schon wegen fehlender Sachverhaltsdarstellung aufgehoben werden. Dem Rechtsbeschwerdegericht wurden Einzelfälle zur Nachprüfung unterbreitet, die – gemessen am gesetzgeberischen Ziel, Fragen von grundsätzlicher Bedeutung einer Klärung durch den BGH zuzufüh- 2 ren – unnötige Arbeit verursachen. In Insolvenzsachen (§ 7 InsO aF) ist die zulassungsfreie Rechtsbeschwerde zwischenzeitlich durch Art 2 des Gesetzes zur Änderung des § 522 der Zivilprozessordnung vom 21.10.11 (BGBl I 2082) abgeschafft worden. Nach wie vor gibt es sie jedoch in Betreuungs-, Unterbringungs- und Freiheitsentziehungssachen (§ 70 III FamFG), hier deshalb, weil elementare Persönlichkeitsrechte betroffen sind (BT-Drucks 16/9733, 290). Ihre Zulässigkeit setzt nicht einmal einen § 574 Abs 2 ZPO entsprechenden Zulässigkeitsgrund voraus (vgl BT-Drucks 16/9831).

3 **B. Anwendungsbereich.** § 574 regelt in den Abs 1–3 die Zulässigkeit der Rechtsbeschwerde und in Abs 4 die Anschlussrechtsbeschwerde. Wie die Neuregelung des Beschwerderechts allgemein gelten auch die Vorschriften über die Rechtsbeschwerde nur für die Beschwerden, die dem Recht der ZPO unterliegen (BTDrs 14/4722, 68), also im Rechtsbeschwerdeverfahren der ZPO sowie derjenigen Gesetzen, welche auf die ZPO verweisen. Besonderheiten gelten folglich auch im **Kostenrecht**. Nach § 66 III 3 GKG findet die **Beschwerde gegen den Kostenansatz** an einen obersten Gerichtshof des Bundes nicht statt. Damit ist auch eine Rechtsbeschwerde an den BGH ausgeschlossen (BGH NJW 03, 70; vgl auch BTDrs 14/4722, 139 zu Art 32 Nr 1a). Nach der Vorstellung des Gesetzgebers sollte die Vereinheitlichung der Rechtsprechung (nur) im Kostenfestsetzungsverfahren erfolgen. Zur Klärung von Grundsatzfragen im Kostenansatzverfahren hat der Gesetzgeber dagegen die weitere Beschwerde eingeführt und die Rechtsbeschwerde ausdrücklich ausgeschlossen. Dieser Ausschluss gilt auch hinsichtlich des Ansatzes von Gerichtsvollzieherkosten, die zwar Vollstreckungskosten darstellen, für den nach § 5 II 2 GvKostG die Regelung des § 66 III GKG aber entsprechend gilt (BGH MDR 09, 45 f Rn 5). Gegen die Festsetzung des Streitwertes können ebenfalls nur (befristete) Beschwerde und weitere Beschwerde eingelegt werden (§ 68 I GKG).

4 **C. Statthaftigkeit der Rechtsbeschwerde (Abs 1).** Die Rechtsbeschwerde findet statt, wenn dies im Gesetz ausdrücklich bestimmt ist (Abs 1 S 1 Nr 1) oder wenn das Beschwerdegericht, das Berufungsgericht oder das OLG im ersten Rechtszug (nicht: das AG, vgl BGH NJW-RR 07, 285) sie ausdrücklich zugelassen hat (Abs 1 S 1 Nr 2). Liegen weder die Voraussetzungen der Nr 1 noch diejenigen der Nr 2 vor, ist die Rechtsbeschwerde nicht statthaft (BGH NJW-RR 04, 356). Eine Rechtsbeschwerde richtet sich gegen Beschlüsse, nicht gegen Urteile. Wird etwa eine Berufung durch Beschl als unzulässig verworfen, findet die Rechtsbeschwerde statt (§ 522 I 4); trifft das Berufungsgericht die Verwerfungsentscheidung durch Urt, ist dagegen nur die (zugelassene) Revision oder die Nichtzulassungsbeschwerde gegeben. Abs 1 S 2 erklärt die Vorschrift des § 542 II für entsprechend anwendbar, wonach in Arrestverfahren und Verfahren auf Erlass einer einstweiligen Verfügung keine Revision stattfindet. Auch die Rechtsbeschwerde ist in diesen Verfahren folglich ausgeschlossen. Eine Ausnahme gilt für die Rechtsbeschwerde nach §§ 17a IV 4 GVG, 574 I Nr 1, die auch im Verfügungsverfahren zulässig ist (BGH NJW 07, 1819 Rn 5). Das Kostenfestsetzungsverfahren ist als selbständiges Verfahren mit einem eigenen Rechtsmittelzug ausgestaltet; hier kann die Rechtsbeschwerde folglich auch dann zugelassen werden, wenn das Ausgangsverfahren ein Arrest- oder Verfügungsverfahren war (BGH NJW 08, 2040 Rn 6).

5 **I. Von Gesetzes wegen statthafte Rechtsbeschwerde (Nr 1).** Die Rechtsbeschwerde ist statthaft, wenn dies im Gesetz ausdrücklich bestimmt ist. In der ZPO sind das die Vorschriften des § 522 I 4 (Verwerfung der Berufung durch Beschl) und des § 1065 I 1 (Entscheidungen des OLG über die Zulässigkeit oder Unzulässigkeit eines schiedsrichterlichen Verfahrens, die Zuständigkeit eines Schiedsgerichts oder die Aufhebung oder Vollstreckbarkeit eines Schiedsspruchs), ggf auch des § 238 II (Ablehnung der Wiedereinsetzung, wenn gegen die Entscheidung in der Hauptsache die Rechtsbeschwerde stattfindet). An Verweisungen aus anderen Gesetzen sind insb § 15 I AVAG (Rechtsbeschwerde gegen die Beschwerdeentscheidung im Verfahren über die Vollstreckbarerklärung von Titeln aus einem anderen Staat) und § 7 InsO (Rechtsbeschwerde gegen Beschwerdeentscheidungen im Insolvenzverfahren) zu nennen. Die Beschwerde an den obersten Gerichtshof des Bundes nach § 17a IV 4 GVG wird in Zivilsachen seit dem ZPO-Reformgesetz ebenfalls als Rechtsbeschwerde aufgefasst (BGHZ 152, 213, 214 f = MDR 03, 285; BGH NJW 03, 433, 434); allerdings muss sie – ebenfalls kraft ausdrücklicher gesetzlicher Anordnung (§ 17a IV 4 GVG) – in dem angefochtenen Beschl zugelassen worden sein. Entgegen dem Wortlaut des § 17a IV 4 GVG können nicht nur »obere Landesgerichte«, sondern auch die Landgerichte als Berufungsgerichte die Rechtsbeschwerde zulassen (BGHZ 155, 365 ff = NJW 03, 2917; BGH BGHRp 2008, 712 Rn 5).

6 **1. Zulässigkeitsvoraussetzungen (Abs 2).** Die von Gesetzes wegen statthafte Beschwerde ist nur zulässig, wenn die Rechtssache grundsätzliche Bedeutung hat oder die Fortbildung des Rechts oder die Sicherung

einer einheitlichen Rechtsprechung eine Entscheidung des Rechtsbeschwerdegerichts erfordert (Abs 2). Ob diese Voraussetzungen erfüllt sind, hat das Rechtsbeschwerdegericht zu prüfen. Das gilt auch, wenn das Beschwerdegericht fälschlich einen Fall des Abs 1 S 1 Nr 2 angenommen und die Rechtsbeschwerde zugelassen hat. Die Zulassung ist gegenstandslos und ersetzt die erforderliche Prüfung der Zulässigkeitsvoraussetzungen durch das Rechtsbeschwerdegericht nicht. Auch die Rechtsbeschwerde gegen einen **die Berufung verwerfenden Beschluss** (§ 522 I 4) ist nur unter den Voraussetzungen des Abs 2 zulässig (BGHZ 155, 21, 22 = NJW 03, 2172; BGHZ 159, 135, 137 = WM 04, 1407; BGH WM 10, 567 Rn 6; NJW 11, 2051 Rn 4); die Wertgrenze des § 26 Nr 8 EGZPO gilt nicht (BGH MDR 03, 46 f; FamRZ 07, 206 Rn 4). Die Zulässigkeitsvoraussetzungen müssen noch im **Zeitpunkt der Entscheidung über die Rechtsbeschwerde** gegeben sein (BGH NJW 03, 3781, 3782; WM 2010, 848 Rn 7 zu § 543 II; ZInsO 11, 1128 Rn 1). Das gilt auch für den Zulässigkeitsgrund der grundsätzlichen Bedeutung, der durch eine Beantwortung der Rechtsfrage in einem anderen Rechtsbeschwerdeverfahren entfallen sein kann; in einem solchen Fall ist allerdings (was die Entscheidung BGH NJW 03, 3781 nicht berücksichtigt) der Zulässigkeitsgrund der Divergenz zu prüfen. Hat die Rechtsbeschwerde nach Klärung der Rechtsfrage Aussicht auf Erfolg, ist sie weiterhin zulässig (BGH NJW 10, 2812 Rn 11 zu § 543 II). Beim Zulässigkeitsgrund der **Divergenz** ist wiederum zu unterscheiden: Maßgeblich ist im Grundsatz auch hier der Zeitpunkt der Entscheidung über die Rechtsbeschwerde. Bewusst abweichen kann das Beschwerdegericht allerdings nur von einer bereits ergangenen und ihm zugänglichen Vergleichsentscheidung. Es gibt veröffentlichte BGH-Entscheidungen, nach denen ein Rechtsmittel unzulässig (oder im Falle einer Nichtzulassungsbeschwerde nicht zuzulassen) ist, wenn das Gericht eine bereits ergangene, aber noch nicht veröffentlichte Rechtsprechung in nicht vorwerfbarer Weise noch nicht beachtet; es fehle insoweit die Wiederholungsgefahr (BGH ZIP 03, 1082, 1083; NJW 03, 3781, 3782; ZIP 07, 1780). Das BVerfG hat diese Rechtsprechung aus verfassungsrechtlicher Sicht gebilligt (BVerfG NJW 08, 2493). Aus zivilprozessualer Sicht liegt näher, weiterhin eine Divergenz anzunehmen. Auf ein Verschulden des Instanzgerichts kommt es auch in den »normalen« Fällen einer Divergenz nicht an. Außerdem gebietet es die Sicherung einer einheitlichen Rechtsprechung, dass die der neuen Rechtsprechung widersprechenden Beschwerdeentscheidung nicht rechtskräftig wird (BGH ZVI 05, 99, 100; NZI 07, 40 Rn 6). Lag im Zeitpunkt der Einlegung des Rechtsmittels eine zur Zulässigkeit führende Abweichung vor, ist diese Abweichung dann aber durch eine Änderung der höchstrichterlichen Rechtsprechung entfallen, muss das Rechtsmittel von Verfassungs wegen weiterhin als zulässig behandelt werden (vgl BVerfG WM 05, 2014, 2015 zur Klärung einer Grundsatzfrage nach Einlegung des Rechtsmittels).

Die angefochtene Entscheidung muss auf den gem Abs 2 aufgeworfenen Rechtsfragen beruhen. Ist dies nicht der Fall, ist die Rechtsbeschwerde unzulässig (vgl BGHZ 153, 254, 256 = NJW 03, 1125). Ist die angefochtene Entscheidung mehrfach begründet worden, ist eine kraft Gesetzes statthafte Rechtsbeschwerde nur zulässig, wenn hinsichtlich aller sie tragenden Gründe ein Zulässigkeitsgrund besteht (BGH WM 06, 59, 60). Beruht eine falsche Entscheidung alternativ auf mehreren Rechtsfehlern, ist die Rechtsbeschwerde unzulässig, wenn sich darunter einer befindet, an dessen Bereinigung kein öffentliches Interesse iSd Zulässigkeitsgründe dargelegt wird (BGH NJW 04, 72). Das Rechtsbeschwerdegericht prüft grds (Ausnahme: nachträgliche Divergenz) nur diejenigen Zulässigkeitsgründe, die **in der Rechtsbeschwerdebegründung dargelegt** sind (§ 575 III Nr 2). Zu den Zulässigkeitsgründen, die denjenigen des § 543 II 1 Nr 1 und 2 entsprechen (BGHZ 155, 392, 394 = NJW 03, 3134), kann ergänzend auf die Erläuterungen zu § 543 verwiesen werden. Anders als im Verfahren der Nichtzulassungsbeschwerde findet im Rechtsbeschwerdeverfahren allerdings keine Prüfung der Ergebnisrichtigkeit statt, weil die Zulässigkeit des Rechtsmittels nicht von dessen Begründetheit abhängen kann (BGH NJW 04, 367, 368).

2. Grundsätzliche Bedeutung (Abs 2 Nr 1). Grundsätzliche Bedeutung kommt einer Sache zu, wenn sie eine entscheidungserhebliche, klärungsbedürftige und klärungsfähige Rechtsfrage aufwirft, die sich in einer unbestimmten Vielzahl von Fällen stellen kann und deshalb das abstrakte Interesse der Allgemeinheit an der einheitlichen Entwicklung und Handhabung des Rechts berührt (BTDrs 14/4722, 67, 104; BVerfG FamRZ 09, 192 f; BGHZ 151, 221, 223 = NJW 02, 3029 ff; BGHZ 154, 288 ff = NJW 03, 1943, 1944). Klärungsbedürftig ist eine Rechtsfrage, deren Beantwortung zweifelhaft ist oder zu denen unterschiedliche Auffassungen vertreten werden und die noch nicht oder nicht hinreichend höchstrichterlich geklärt sind. Ist die Rechtsfrage durch die Rechtsprechung der Oberlandesgerichte aus der Zeit vor der ZPO-Reform geklärt, ist eine nochmalige Beantwortung der Rechtsfrage durch den BGH nicht allein deshalb erforderlich, weil nunmehr die Rechtsbeschwerde zum BGH stattfindet (BGH NJW 02, 2945, 2946). Grundsätzliche Bedeutung kommt einer Rechtssache auch dann nicht zu, wenn die zwischen den Parteien streitige Rechts- 7 frage höchstrichterlich noch nicht entschieden ist, in der Rechtsprechung der Oberlandesgerichte jedoch einhellig beantwortet wird und die hierzu in der Literatur vertretenen abweichenden Meinungen vereinzelt geblieben und nicht oder nicht nachvollziehbar begründet sind (BGH WM 10, 936 Rn 3). Nicht jede Gegenstimme begründet einen Klärungsbedarf (BVerfG NJW-RR 09, 1026). Eine Rechtsfrage, die nach Einlegung und Begründung der Rechtsbeschwerde in einem anderen Rechtsbeschwerdeverfahren höchstrichterlich entschieden worden ist, ist ebenfalls nicht mehr klärungsbedürftig, so dass der Sache im maßgeblichen Zeitpunkt der Entscheidung über die Nichtzulassungsbeschwerde keine grundsätzliche Bedeutung mehr zukommt. Zu prüfen ist nunmehr allerdings, ob die Beschwerdeentscheidung mit dem neu gefundenen Rechtssatz übereinstimmt oder von ihm abweicht. Weicht sie ab, ist also nachträglich eine Divergenz (Abs 2 Nr 2 Fall 2) eingetreten, ist die Rechtsbeschwerde nunmehr aus diesem Grunde zulässig, auch wenn ihre Begründung (§ 575 III Nr 2) noch von einer grundsätzlichen Bedeutung der Rechtssache ausging. Die Sicherung einer einheitlichen Rechtsprechung erfordert, dass die von der Rechtsprechung des BGH abweichende Beschwerdeentscheidung nicht rechtskräftig werden darf (BGH ZVI 05, 99, 100; MDR 06, 1305). Liegt eine höchstrichterliche Entscheidung vor, bewirkt nicht jede kritische oder ablehnende Stellungnahme zu dieser Entscheidung eine (erneute) grundsätzliche Bedeutung der Rechtssache, in der sich die Rechtsfrage stellt. Weiterer Klärungsbedarf besteht vielmehr nur dann, wenn nicht nur einzelne Instanzgerichte oder Literaturstimmen der Auffassung des BGH widersprechen oder wenn neue Argumente vorgebracht werden, welche den BGH dazu veranlassen können, seine Rechtsauffassung zu überprüfen (BVerfG FamRZ 09, 192, 193; Musielak/*Ball* § 543 Rn 5a). Die Rechtsbeschwerde dient dann dazu, der Gefahr einer Rechtserstarrung entgegenzuwirken (BTDrs 14/4722, 104).

8 Ein Klärungsbedarf und damit eine grundsätzliche Bedeutung der Rechtssache kommt idR nicht in Betracht, wenn die streitige Rechtsfrage **auslaufendes Recht** betrifft, also wegen einer Rechtsänderung für die Zukunft nicht mehr von Bedeutung ist (BVerfG FamRZ 09, 192 f; BGH NJW 03, 1943, 1944; NJW-RR 06, 1719, 1720 Rn 5). Gleiches gilt für unverändert fortgeltendes Recht, welches wegen der Zeitgebundenheit der geregelten Sachverhalte nach und nach seinen Anwendungsbereich verliert (BGH NJW-RR 08, 220, 221 Rn 6 zum BEG). Die Feststellungslast dafür, dass die umstrittene Rechtsfrage gleichwohl noch für eine erhebliche Anzahl offener Verfahren von Bedeutung ist und damit grundsätzlichen Charakter trägt, trifft den Rechtsmittelführer (BGH NJW-RR 08, 220, 221 Rn 8). Dieser muss in seiner Rechtsbeschwerdebegründung darlegen, dass eine höchstrichterliche Entscheidung gleichwohl für die Zukunft richtungsweisend sein kann, weil entweder noch über eine erhebliche Anzahl von Fällen nach altem Recht zu entscheiden oder die Frage für das neue Recht weiterhin von Bedeutung ist (BGH NJW 03, 1944, 1945).

9 Die Zulässigkeit der Rechtsbeschwerde kann nicht damit begründet werden, dass die Frage ihrer **Statthaftigkeit** von grundsätzlicher Bedeutung sei. Die Statthaftigkeit der Rechtsbeschwerde muss das Rechtsbeschwerdegericht in jedem Fall prüfen. Nur wenn sie bejaht wird, ist die Prüfung der Zulässigkeitsgründe des § 574 II eröffnet (BGHZ 151, 43 f = NJW 02, 2473). Ist die Rechtsbeschwerde nicht statthaft, ist sie auch nicht zulässig, und zwar unabhängig vom Vorliegen der Zulässigkeitsgründe des Abs 2.

10 **3. Fortbildung des Rechts (Abs 2 Nr 2 Fall 1).** Eine höchstrichterliche Entscheidung »zur Fortbildung des Rechts« ist nach der Vorstellung des Reformgesetzgebers dann erforderlich, wenn der zu entscheidende Fall Veranlassung gibt, Leitsätze für die Auslegung von Gesetzesbestimmungen des materiellen oder des formellen Rechts aufzustellen oder Gesetzeslücken auszufüllen (BTDrs 14/4722, 104). Dies setzt voraus, dass für die rechtliche Beurteilung typischer Lebenssachverhalte eine richtungsweisende Orientierungshilfe ganz oder tw fehlt (BGHZ 151, 221, 225 = NJW 02, 3029). Eine Abgrenzung der Zulässigkeitsgründe der grundsätzlichen Bedeutung einerseits, der Fortbildung des Rechts andererseits ist oft schwierig, im Ergebnis – auch im Hinblick auf das Begründungserfordernis des § 575 III Nr 2; für beide Tatbestände gelten die gleichen Anforderungen (vgl dazu § 544 Rz 15) – aber auch nicht erforderlich. Der amtlichen Begründung zufolge sollte die Zulassungsgründe der »Fortbildung des Rechts« und der »Sicherung einer einheitlichen Rechtsprechung« einer zu engen Auslegung des Zulassungsgrundes der grundsätzlichen Bedeutung vorbeugen (BTDrs 14/4722, 104). Der Zulässigkeitsgrund der Rechtsfortbildung kann als Unterfall des Zulassungsgrundes der grundsätzlichen Bedeutung aufgefasst werden (BGH MDR 10, 229 f Rn 4). Neben der Ausfüllung von Lücken im Gesetz und der Konkretisierung von Generalklauseln und unbestimmten Rechtsbegriffen kommt richterliche Rechtsfortbildung auch bei der Anpassung überholter Rechtsvorschriften an veränderte Gesetzesgrundlagen und bei der Verwerfung von Rechtsnormen außerhalb des verfassungsgerichtlichen Monopols (Art 100 I GG) in Frage.

4. Sicherung einer einheitlichen Rechtsprechung (Abs 2 Nr 2 Fall 2). Der Zulässigkeitsgrund der Sicherung einer einheitlichen Rechtsprechung soll vermeiden, dass schwer erträgliche Unterschiede in der Rechtsprechung entstehen oder fortbestehen, wobei es nach der amtlichen Begründung des Regierungsentwurfs darauf ankommen soll, welche Bedeutung die angefochtene Entscheidung für die Rechtsprechung im Ganzen hat. Die Rechtsbeschwerde ist danach nicht schon dann zulässig, wenn ein Gericht in einem Einzelfall eine Fehlentscheidung getroffen hat, selbst wenn der Rechtsfehler offensichtlich ist, wohl aber, wenn es von der höchstrichterlichen Rechtsprechung »abweicht«, diese also nicht berücksichtigt, und die Gefahr einer Wiederholung besteht. Fehler bei der Auslegung oder Anwendung revisiblen Rechts sollen ferner dann zulässigkeitsrelevant sein, wenn sie über den Einzelfall hinaus allgemeine Interessen nachhaltig berühren, weil sie von erheblichem Gewicht und damit geeignet sind, das Vertrauen in die Rechtsprechung zu beschädigen. Das sei insb bei der Verletzung von Verfahrensgrundrechten (Grundrecht auf rechtliches Gehör, Art 103 I GG, und auf ein objektiv willkürfreies Verfahren, Art 3 I GG) der Fall (BTDrs 14/4722, 104; vgl auch BGHZ 151, 221, 225 f = NJW 02, 3029 ff). Ein **absoluter Revisionsgrund nach § 547 Nr 1–4** soll nach BGHZ 172, 250 = NJW 07, 2702 die Zulassung der Revision zur Sicherung einer einheitlichen Rechtsprechung begründen; gleiches gilt dann für die Zulässigkeit der Rechtsbeschwerde (vgl BGH NJW 08, 2036 Rn 14). Lässt der angefochtene Beschl den Sachverhalt, über den entschieden worden ist, nicht erkennen, ist die Rechtsbeschwerde allein deshalb zulässig und begründet (BGH NJW-RR 10, 1582; NJW 11, 3450 Rn 9; su § 577 Rz 7). 11

a) Divergenz. Eine die Zulässigkeit der Rechtsbeschwerde begründende Divergenz ist dann gegeben, wenn, die angefochtene Entscheidung ein und dieselbe Rechtsfrage anders beantwortet als die Entscheidung eines höherrangigen oder eines anderen gleichgeordneten Gerichts (nicht: eines nachrangigen Gerichts; vgl BGH 8.6.10, IX ZB 162/09, Rn 2), also einen Rechtssatz aufstellt, der von einem die Vergleichsentscheidung tragenden Rechtssatz abweicht (BGHZ 151, 42, 45 = NJW 02, 2474; BGHZ 151, 221, 226 = NJW 02, 3029, 3030; BGH FamRZ 2010, 964 Rn 15). Die Abweichung muss sich auf eine Rechtsfrage (einen Obersatz) beziehen, nicht auf die Subsumtion unter den anzuwendenden Rechtssatz. Der unrichtige Obersatz braucht als solcher nicht ausformuliert worden zu sein (BGH NJW 04, 1960, 1961). Ein einfacher Rechtsanwendungsfehler eröffnet die Rechtsbeschwerde dagegen nicht (BGHZ 154, 188 ff = BGH NJW 03, 1943, 1945). Rügt die Rechtsbeschwerde, der angefochtene Beschl habe die allg bezeichnete Rspr des BGH grdl missverstanden, ist der Zulassungsgrund nur dann hinreichend ausgeführt, wenn durch einen Vergleich der entscheidungstragenden Obersätze eine Rechtssatzabweichung dargelegt wird (BGH NJW 11, 2443 Rn 3 ff). Auch Beweislastregeln sind »Rechtssätze« idS; denn sie sind bindend und im Revisionsverfahren vAw zu prüfen (BGH NJW 03, 754, 755). 12

b) Verletzung von Verfahrensgrundrechten. Verfahrensgrundrechte, deren Verletzung die Zulässigkeit einer Rechtsbeschwerde begründen, sind insb das Grundrecht auf Gewährung des rechtlichen Gehörs (Art 103 I GG) und das Grundrecht auf ein objektiv willkürfreies Verfahren (Art 3 I GG; vgl BGHZ 154, 288, 295 ff = NJW 03, 1943, 1945), aber auch das Grundrecht auf wirkungsvollen Rechtsschutz in Verbindung mit dem Rechtsstaatsprinzip, welches es den Gerichten verbietet, den Parteien den Zugang zu einer in der Verfahrensordnung eingeräumten Instanz in unzumutbarer, aus Sachgründen nicht zu rechtfertigender Weise zu erschweren (BGH NJW 09, 1610 Rn 5; ZIP 10, 148, 149 Rn 3; NJW-RR 10, 1096 Rn 4; NJW-RR 11, 488 Rn 5; VersR 11, 816 Rn 4). Die Rechtsbeschwerde dient so auch dazu, eine Verfassungsbeschwerde entbehrlich zu machen. Auf die Schwere oder Evidenz des Fehlers kommt es nicht an. Allerdings ist der **allgemeine Subsidiaritätsgrundsatz** zu beachten, der verlangt, dass ein Beteiligter alle zur Verfügung stehenden prozessualen Möglichkeiten ergreift, um eine Korrektur der geltend gemachten Grundrechtsverletzung zu erwirken oder eine Grundrechtsverletzung zu verhindern. So ist eine Rechtsbeschwerde dann nicht wegen einer Gehörsverletzung zuzulassen, wenn es der Beschwerdeführer versäumt hat, den Verstoß iRe vorinstanzlichen Rechtsmittels (der sofortigen Beschwerde) zu rügen (BGH WM 2010, 1722 Rn. 7 f). Die Gehörsrüge ist zudem nicht geeignet, die Bindungswirkung des Tatbestandes auszuräumen. Stellt der anzufechtende Beschl eine Tatsache als unstr dar, obwohl die Partei sie bestritten hatte, muss dies vorrangig mit einem Tatbestandsberichtigungsantrag (§ 320) angegriffen werden (BGH WM 10, 976 Rn 7; zu Recht krit *Vollkommer* MDR 10, 1161). Andere Grundrechtsbeeinträchtigungen, etwa eine mögliche Gefährdung des Grundrechts des Rechtsbeschwerdeführers auf Leben und körperliche Unversehrtheit (Art 2 II 1 GG), erfüllen für sich genommen nicht die Voraussetzungen eines Zulassungsgrundes (BGH NJW-RR 11, 421 Rn 12 ff; *Schmidt-Räntsch* ZfLR 11, 856). 13

14 Eine Entscheidung verstößt nicht schon dann gegen das **Willkürverbot**, wenn sie auf einer fragwürdigen oder sogar fehlerhaften Rechtsanwendung beruht; selbst ein offensichtlicher Rechtsfehler genügt nicht. Erforderlich ist vielmehr, dass die fehlerhafte Rechtsanwendung unter keinem denkbaren Aspekt rechtlich vertretbar ist und sich daher der Schluss aufdrängt, dass sie auf sachfremden Erwägungen beruht; die Rechtslage muss mithin in krasser Weise verkannt worden sein (BVerfG WM 08, 721; BGHZ 154, 288, 299 f = NJW 03, 1943, 1947 mwN). Ähnlich hoch sind die Anforderungen an eine **Verletzung des rechtlichen Gehörs**. Art 103 I GG verpflichtet das Gericht, die Ausführungen der Parteien zur Kenntnis zu nehmen und in Erwägung zu ziehen. Der Anspruch auf rechtliches Gehör ist aber erst dann verletzt, wenn sich im Einzelfall klar ergibt, dass das Gericht dieser Pflicht nicht nachgekommen ist. Grundsätzlich ist davon auszugehen, dass ein Gericht das Vorbringen der Parteien zur Kenntnis genommen und in Erwägung gezogen hat. Es ist dabei nicht verpflichtet, sich mit jedem Vorbringen in den Entscheidungsgründen ausdrücklich zu befassen. Damit sich ein Verstoß gegen Art 103 I GG feststellen lässt, müssen demnach besondere Umstände deutlich gemacht werden, die zweifelsfrei darauf schließen lassen, dass tatsächliches Vorbringen eines Beteiligten entweder überhaupt nicht zur Kenntnis genommen oder bei der Entscheidung nicht erwogen worden ist (BGHZ 154, 288, 300 f = NJW 03, 1943, 1947). Art 103 I GG ist dann verletzt, wenn die Zurückweisung eines Beweisantrags im Prozessrecht keine Stütze mehr findet. Er verwehrt es den Gerichten jedoch nicht, das Vorbringen eines Verfahrensbeteiligten aus Gründen des formellen oder materiellen Rechts außer Betracht zu lassen. Wird einfaches Recht nicht in jeder Hinsicht richtig angewandt, begründet dies allein keine Verletzung des rechtlichen Gehörs der Parteien (BVerfG NJW 03, 125, 127). Erst recht verpflichtet Art 103 I GG die Gerichte nicht, der Rechtsansicht einer Partei zu folgen (BVerfG NJW 05, 3345, 3346). Die inhaltliche Richtigkeit der angefochtenen Entscheidung kann mit der zulassungsfreien Rechtsbeschwerde wegen Verletzung des Anspruchs auf rechtliches Gehör nicht zur Überprüfung gestellt werden (BGH GRUR 09, 90 f Rn 10).

Lässt sich die Verletzung eines Verfahrensgrundrechts feststellen, ist die Rechtsbeschwerde zulässig. Ob sich der Verstoß auf das Endergebnis auswirkt, ist nach der veröffentlichten BGH-Rechtsprechung erst iRd Begründetheit zu prüfen (BGH NJW 04, 367, 368; NJW 09, 1083 ff Rn 13). Es handelt sich hier nicht nur um eine Formalie der Begründung. Das Rechtsbeschwerdegericht prüft nur diejenigen Zulässigkeitsgründe, welche von der Rechtsbeschwerde schlüssig und substanziiert dargelegt werden (Rz 6; vgl auch § 576 Rz 3); ist die Rechtsbeschwerde hingegen zulässig, ist das Rechtsbeschwerdegericht an die geltend gemachten Rechtsbeschwerdegründe nicht gebunden (§ 577 II 2).

15 **II. Statthaftigkeit kraft Zulassung durch die Vorinstanz (Abs 2 Nr 2).** Die Rechtsbeschwerde ist außerdem dann statthaft, wenn das Beschwerdegericht, das Berufungsgericht oder das OLG im ersten Rechtszug sie in dem Beschl zugelassen hat. Eine Zulassung durch das Amtsgericht ist nicht vorgesehen. Über die Zulassung muss im anzufechtenden Beschl entschieden werden. Eine Beschlussergänzung entsprechend § 321 ist grds unzulässig (BGH NJW 04, 779). Eine nachträgliche Zulassung der Rechtsbeschwerde ist nur dann zulässig und geboten, wenn der Beschl durch willkürliche Nichtzulassung Verfahrensgrundrechte des Beschwerdeführers verletzt hat (BGH NJW 04, 2529 f; BGH WM 07, 2035 Rn 3; § 321a ZPO analog; su Rz 17). Möglich ist eine Berichtigung entsprechend § 319, wenn die Zulassung in dem Beschl ausgesprochen werden sollte, aber versehentlich unterblieben ist (BGH NJW 05, 156). Die Entscheidung, die Rechtsbeschwerde nicht zuzulassen, ist nicht angreifbar. Eine Nichtzulassungsbeschwerde ist – anders als im Revisionsrecht (§ 544) – nicht vorgesehen. Nach Ansicht der amtlichen Begründung des Regierungsentwurfs ist es bei den idR weniger bedeutsamen Nebenentscheidungen nicht erforderlich, dass mehrere Gerichte die Voraussetzungen für die Zulässigkeit der Rechtsbeschwerde prüfen. Dies dient auch der Entlastung des Bundesgerichtshofs (BTDrs 14/4722, 116). Die Zulassung kann – ebenso wie die Zulassung der Revision (vgl § 543 Tz 4f) auf einen tatsächlich oder rechtlich selbständigen **Teil** des Gesamtstreitstoffs beschränkt werden (BGH WM 10, 1424 Rn 7; NJW 11, 2371 Rn 5; NJW-RR 11, 427 Rn 7). Ist der Rechtsbeschwerdeführer im Umfang der Zulassung nicht beschwert, ist die Rechtsbeschwerde unzulässig (BGH NJW 11, 2371 Rn 8).

16 **1. Voraussetzungen der Zulassung (Abs 3 S 1).** Das Beschwerdegericht (Berufungsgericht, OLG im ersten Rechtszug) hat die Rechtsbeschwerde zuzulassen, wenn die Voraussetzungen des § 574 II erfüllt sind, wenn die Rechtssache also grundsätzliche Bedeutung hat oder die Fortbildung des Rechts oder die Sicherung einer einheitlichen Rechtsprechung eine Entscheidung des Rechtsbeschwerdegerichts erfordert (Abs 3 S 1). Aus dieser Vorschrift folgt zunächst, dass nur die vollbesetzte Kammer nicht jedoch der Einzelrichter die

Rechtsbeschwerde zulassen darf. Die genannten Voraussetzungen entsprechen denjenigen des § 568 S 2 dazu, wann der originäre Einzelrichter die Sache auf das Beschwerdegericht in der im GVG vorgeschriebenen Besetzung (vgl § 75 GVG: 3 Mitglieder einschließlich des Vorsitzenden) zu übertragen hat. Der Einzelrichter kann nicht die Voraussetzungen des § 568 S 2 verneinen, diejenigen des § 574 II aber bejahen (zu den Folgen einer gleichwohl erfolgten Zulassung der Rechtsbeschwerde durch den Einzelrichter s.u.). Im Verfahren über die Bewilligung von Prozesskostenhilfe kommt eine Zulassung der Rechtsbeschwerde unter dem Gesichtspunkt der grundsätzlichen Bedeutung der Rechtssache sowie demjenigen der Fortbildung des Rechts oder der Sicherung einer einheitlichen Rechtsprechung nur in Betracht, wenn es um Fragen des Verfahrens der Prozesskostenhilfe oder der persönlichen Voraussetzungen ihrer Bewilligung geht (BGH NJW 03, 1126, 1127; NJW 06, 3572 Rn 4; NJW 09, 3658 Rn 3)). Grundsatzfragen des materiellen Rechts müssen dagegen im Hauptsacheverfahren entschieden werden. Gleiches gilt für Rechtsmittel gegen eine Kostenentscheidung nach § 91a. Zweck der Kostenentscheidung nach § 91a ist es nicht, Rechtsfragen von grundsätzlicher Bedeutung zu klären oder das Recht fortzubilden, soweit es um Fragen des materiellen Rechts geht (BGH NJW 07, 1591, 1593 Rn 22; MDR 09, 39 f Rn 9; BGH 22.11.11, VIII ZB 81/11, zVb, Rn 10).

2. Bindungswirkung der Zulassungsentscheidung (Abs 3 S 2). Die Zulassung der Rechtsbeschwerde durch das Beschwerdegericht (Abs 3 S 2) bindet den BGH, wie sich schon aus dem Wortlaut des Gesetzes ergibt, nur in den Fällen des Abs 1 S 1 Nr 2 und nur hinsichtlich der Zulässigkeitsgründe des Abs 2. Im Falle einer kraft Gesetzes statthaften Rechtsbeschwerde (Abs 1 S 1 Nr 1) entfaltet sie keinerlei Wirkung. Die Zulassung eröffnet auch nicht ein gesetzlich nicht vorgesehenes Rechtsmittel (BGHZ 159, 14, 15 = NJW 04, 2224 f; BGH MDR 09, 45 f Rn 5; NJW-RR 2010, 1318 Rn 8; VersR 10, 1473 Rn 5). Gegen eine Beschwerdeentscheidung im Kostenansatzverfahren findet also auch dann nur die weitere Beschwerde zum OLG (vgl § 66 IV GKG) statt, wenn das Beschwerdegericht fehlerhaft die Rechtsbeschwerde zum BGH zugelassen hat (BGH MDR 09, 45 f Rn 13). Ist die angefochtene Entscheidung überhaupt unanfechtbar, ändert sich daran nichts durch eine Zulassung der Rechtsbeschwerde durch das Berufungs- oder Beschwerdegericht (BGHZ 159, 14, 15 = NJW 04, 2224; BGH NJW-RR 07, 285MDR 09, 100 Rn 3; NJW 11, 3371 Rn 5). Eine nach dem Gesetz unanfechtbare Entscheidung des Beschwerdegerichts kann nicht durch dessen Ausspruch der Anfechtung unterworfen werden. Das gilt erst recht, wenn schon das Rechtsmittel zum Beschwerdegericht nicht zulässig war (BGHZ 159, 14, 15 = NJW 04, 2224, 2225; BGH NJW-RR 06, 286; InVo 06, 146 f jeweils zur Unanfechtbarkeit der einstweiligen Anordnung nach § 769 I ZPO; BGH NJW-RR 09, 210 Rn 6 zur Unanfechtbarkeit der Entscheidung über eine Besetzungsrüge; BGH NJW-RR 2010, 1318 Rn 9 zur Bestimmung einer Klagefrist nach § 494a; BGH VersR 10, 1241 Rn 5 ff; BauR 11, 1366 Rn 5 jeweils zur Ablehnung der Einholung eines weiteren Gutachtens nach § 412; BGH NJW 11, 3371 Rn 5 f zur Rechtsbeschwerde gegen einen Beschl des Beschwerdegerichts, der dem in 1. Instanz zurückgewiesenen Antrag auf Durchführung des selbständigen Beweisverfahrens stattgibt). Gleiches gilt hinsichtlich der Frage der örtlichen Zuständigkeit des Erstgerichts, die gem § 576 II der Prüfung durch das Rechtsbeschwerdegericht entzogen ist; eine Zulassung der Rechtsbeschwerde ändert hieran nichts (BGH NJW 09, 1974). Ist gegen die Entscheidung eines erstinstanzlichen Gerichts eine sofortige Beschwerde unstatthaft, so kann gegen eine inhaltsgleiche Erstentscheidung des Berufungs- oder Beschwerdegerichts trotz Zulassung keine Rechtsbeschwerde eingelegt werden (BGH NJW-RR 09, 210 Rn 6 zur Zurückweisung einer Besetzungsrüge; BGH NJW-RR 10, 1318 zur Bestimmung einer Klagefrist nach § 494a). Das gilt auch dann, wenn die Zulassung ausdrücklich zur Klärung der Frage erfolgte, ob die sofortige Beschwerde zulässig ist. Der BGH hat sich sogar gehindert gesehen, auf eine zur Klärung der Zulässigkeitsfrage zugelassene Rechtsbeschwerde hin die (rechtswidrige, weil auf eine unstatthafte Beschwerde hin die Ausgangsentscheidung abändernde) Beschwerdeentscheidung aufzuheben und die sofortige Beschwerde als unzulässig zu verwerfen (BGH NJW-RR 06, 286; InVo 06, 146 f; vgl dazu § 577 Rz 2). Die nachträgliche Zulassung der Rechtsbeschwerde durch das Beschwerdegericht, die nicht lediglich eine Berichtigung nach § 319 oder die Heilung eines Verstoßes auf rechtliches Gehör analog § 321a darstellt, ist dagegen wirkungslos (BGH MDR 09, 887). Die unterbliebene Zulassung als solche verletzt nicht den Anspruch auf rechtliches Gehör. Die nachträgliche Zulassung auf eine Anhörungsrüge hin ist nur dann wirksam, wenn das Beschwerdegericht einen gerade auf die Zulassung bezogenen Gehörsverstoß oder eine sonstige Verfahrensgrundrechtsverletzung feststellt (BGH NJW 11, 1516 Rn 6 ff). 17

Andere Fehler bei der Zulassungsentscheidung stehen der Bindungswirkung dagegen nicht entgegen. Das Rechtsbeschwerdegericht darf folglich nicht nachprüfen, ob tatsächlich ein Zulässigkeitsgrund (Abs 2) gegeben ist oder nicht. Eine Zulassung, die fehlerhaft auf die Klärung materiellrechtlicher Fragen im PKH-Verfah- 18 ren (BGH NJW 03, 1126, 1127; NJW 06, 3572 Rn 4; v 22.11.11, VIII ZB 81/11, zVb, Rn 10) oder iRe Kostenentscheidung nach § 91a gestützt wird (BGH MDR 09, 39 f Rn 9; WuM 11, 242 Rn 7), bindet das Rechtsbeschwerdegericht. Die Zulassung durch den Einzelrichter ist bindend, führt jedoch – weil die Sache nach § 568 I 2 auf die Kammer hätte übertragen werden müssen – zwingend zur Aufhebung und Zurückverweisung wegen Verstoßes gegen den gesetzlichen Richter (BGHZ 154, 200, 202 ff = NJW 03, 1254; BGHZ 156, 320, 322 = NJW 04, 856; BGH NJW 04, 448, 449; WuM 08, 159 Rn 4 f; v 22.11.11, VIII ZB 81/11, zVb, Rn 9; v 24.11.11, VII ZB 33/11, zVb, Rn 8 f). Eine Nichtzulassungsbeschwerde hat der Gesetzgeber nicht vorgesehen, weil es sich idR um weniger bedeutsame Nebenentscheidungen handele (BTDrs 14/4722, 69).

19 **D. Anschlussrechtsbeschwerde (Abs 4).** Der Rechtsbeschwerdegegner kann sich der Rechtsbeschwerde anschließen, auch wenn er auf die Rechtsbeschwerde verzichtet hat, die Rechtsbeschwerdefrist verstrichen oder die Rechtsbeschwerde nicht zugelassen worden ist (Abs 4 S 1). Dem Rechtsbeschwerdegegner soll damit die Möglichkeit eröffnet werden, eine Abänderung der Entscheidung zu seinen Gunsten zu erreichen, wenn das Rechtsbeschwerdeverfahren ohnehin durchgeführt werden muss. Es wäre unbillig, der friedfertigen Partei, die bereit ist, sich mit der Entscheidung abzufinden, die Anschließungsmöglichkeit auch für den Fall abzuschneiden, dass der Gegner die Entscheidung angreift (BTDrs 14/4722, 116 f). Wie im Beschwerdeverfahren (vgl § 567 III) ist nur ein unselbständiges Anschlussrechtsmittel vorgesehen (s. Erl dort). Es verliert – ebenso wie im Beschwerdeverfahren – seine Wirkung, wenn das Hauptrechtsmittel zurückgenommen oder als unzulässig verworfen wird (Abs 4 S 2).

20 Die Anschlussrechtsbeschwerde ist binnen einer **Notfrist** (§ 224 I) von einem Monat ab Zustellung der Rechtsbeschwerdebegründung einzulegen. Die Rechtsbeschwerdeanschlussschrift ist beim Rechtsbeschwerdegericht (BGH, vgl § 133 GVG) einzureichen. Da es sich bei ihr inhaltlich um die Einlegung einer Rechtsbeschwerde handelt, muss sie den Anforderungen des § 575 I 2 Nr 1 und 2 entsprechen, also die angegriffene Entscheidung hinreichend bestimmt bezeichnen sowie die Erklärung enthalten, dass Anschlussrechtsbeschwerde eingelegt werde. Der Anschlussrechtsbeschwerdeführer muss sich durch einen **beim BGH zugelassenen Rechtsanwalt** vertreten lassen (§ 78 I 4). Die Anschlussrechtsbeschwerde muss bereits in der Anschlussschrift begründet werden (Abs 4 S 2). Diese Regelung hat ihren Grund darin, dass dem Rechtsbeschwerdegegner spätestens mit Zustellung der Rechtsbeschwerdebegründung die Angriffe des Rechtsbeschwerdegegners bekannt sind und ihm Überlegungen zu Anschließung ermöglichen (BTDrs 14/4722, 117). Der Rechtsbeschwerdegegner hat danach einen Monat Zeit zu entscheiden, ob er sich der Rechtsbeschwerde anschließen will, und seine Anschlussrechtsbeschwerde zu begründen. Die Begründung muss den Anforderungen des § 575 III Nr 1 und 3 entsprechen. Ist sie in der Anschlussschrift nicht enthalten, kann sie auch dann nicht nachgereicht werden, wenn Monatsfrist noch läuft; dem Rechtsbeschwerdegegner steht es jedoch frei, innerhalb offener Frist erneut eine ordnungsgemäße Anschlussschrift mit Begründung einzureichen.

21 **E. Kosten/Gebühren. I. Gericht.** In Verfahren über nicht in besonderen Vorschriften geregelte Rechtsbeschwerden richten sich die Gerichtsgebühren nach den Nr 1820 ff KV

- Im Verfahren der Rechtsbeschwerde **gegen einen Beschl, mit dem die Berufung als unzulässig verworfen** wurde (§ 522 I 2, 3) entsteht eine 2,0-Gebühr (Nr 1820 KV). Diese ermäßigt sich auf 1,0, wenn sich das Verfahren durch Rücknahme der Rechtsbeschwerde erledigt, bevor eine Begründung eingereicht worden ist (Nr 1822 KV). Dem steht es gleich, wenn die Parteien im Rechtsstreit in der Hauptsache für erledigt erklären und das Gericht keine Kostenentscheidung treffen muss oder die Kostenentscheidung einer Vereinbarung oder Kostenübernahmeerklärung folgt (Anm zu Nr 1822 KV).
- Für **Rechtsbeschwerden in den Fällen des § 71 I, § 91a I, § 99 II, § 269 V, § 516 III und § 494 II 2** wird eine Festgebühr iHv 150 € erhoben (Nr 1823 KV). Auch diese Gebühr ermäßigt sich – hier auf 50 € –, wenn sich das Verfahren durch Rücknahme der Rechtsbeschwerde erledigt, bevor eine Begründung eingereicht worden ist (Nr 1824 KV); bei einer späteren Rücknahme nach Nr 1825 KV auf 75 €.
- Im Verfahren über **nicht besonders aufgeführte Rechtsbeschwerden**, die nicht nach anderen Vorschriften gebührenfrei sind, wird wiederum eine Festgebühr erhoben, und zwar nach Nr 1826 KV iHv 100 €, jedoch nur, wenn die Rechtsbeschwerde verworfen oder zurückgewiesen wird. Wird die Rechtsbeschwerde nur tw verworfen oder zurückgewiesen, kann das Gericht die Gebühr nach billigem Ermessen auf die Hälfte, also auf 50 €, ermäßigen oder bestimmen, dass eine Gebühr nicht zu erheben ist (Nr 1827 KV).

22 **II. Anwalt.** Das Verfahren über eine Rechtsbeschwerde nach § 574 ist stets eine eigene selbständige Angelegenheit (§§ 18 Nr 3, 15 II 2 RVG). Der Anwalt erhält eine 1,0-Verfahrensgebühr nach Nr 3502 VV RVG iHv

1,0. Bei vorzeitiger Beendigung des Auftrags ermäßigt sich die Gebühr der Nr 3502 VV RVG auf eine 0,5-Gebühr (Nr 3503 VV RVG). Die Anm zu Nr 3201 VV RVG gilt entsprechend (Anm zu Nr 3503 VV RVG). Sofern der Anwalt für mehrere Auftraggeber wegen desselben Gegenstands tätig wird, erhöht sich die Gebühr um 0,3 je weiteren Auftraggeber (Nr 1008 VV RVG), höchstens um 2,0. Auch eine Terminsgebühr kann im Verfahren der Rechtsbeschwerde anfallen (Nr 3516 VV RVG). Selbst wenn hier kein gerichtlicher Termin vorgesehen ist, und daher auch bei einer Entscheidung im schriftlichen Verfahren keine Terminsgebühr nach Anm I zu Nr 3104 VV RVG anfallen kann, können die Anwälte doch außergerichtliche Verhandlungen zur Vermeidung oder Erledigung iSd Vorbem 3 III, 3. Var VV RVG führen. Hinzu kommen kann ferner eine Einigungsgebühr (Nr 1000 VV RVG). Deren Höhe ergibt sich aus Nr 1003 VV RVG; eine analoge Anwendung der Nr 1004 VV RVG dürfte hier nicht in Betracht kommen.

§ 575 Frist, Form und Begründung der Rechtsbeschwerde. **(1) [1]Die Rechtsbeschwerde ist binnen einer Notfrist von einem Monat nach Zustellung des Beschlusses durch Einreichen einer Beschwerdeschrift bei dem Rechtsbeschwerdegericht einzulegen. [2]Die Rechtsbeschwerdeschrift muss enthalten:**

1. die Bezeichnung der Entscheidung, gegen die die Rechtsbeschwerde gerichtet wird und

2. die Erklärung, dass gegen diese Entscheidung Rechtsbeschwerde eingelegt werde.

[3]Mit der Rechtsbeschwerdeschrift soll eine Ausfertigung oder beglaubigte Abschrift der angefochtenen Entscheidung vorgelegt werden.

(2) [1]Die Rechtsbeschwerde ist, sofern die Beschwerdeschrift keine Begründung enthält, binnen einer Frist von einem Monat zu begründen. [2]Die Frist beginnt mit der Zustellung der angefochtenen Entscheidung. [3]§ 551 Abs. 2 Satz 5 und 6 gilt entsprechend.

(3) Die Begründung der Rechtsbeschwerde muss enthalten:

1. die Erklärung, inwieweit die Entscheidung des Beschwerdegerichts oder des Berufungsgerichts angefochten und deren Aufhebung beantragt werde (Rechtsbeschwerdeanträge),

2. in den Fällen des § 574 Abs. 1 Nr. 1 eine Darlegung zu den Zulässigkeitsvoraussetzungen des § 574 Abs. 2,

3. die Angabe der Rechtsbeschwerdegründe, und zwar

a) die bestimmte Bezeichnung der Umstände, aus denen sich die Rechtsverletzung ergibt;

b) soweit die Rechtsbeschwerde darauf gestützt wird, dass das Gesetz in Bezug auf das Verfahren verletzt sei, die Bezeichnung der Tatsachen, die den Mangel ergeben.

(4) [1]Die allgemeinen Vorschriften über die vorbereitenden Schriftsätze sind auch auf die Beschwerde- und die Begründungsschrift anzuwenden. [2]Die Beschwerde- und die Begründungsschrift sind der Gegenpartei zuzustellen.

(5) Die §§ 541 und 570 Abs. 1, 3 gelten entsprechend.

A. Bedeutung der Norm. § 575 regelt Frist, Form und Begründung der Rechtsbeschwerde. Die hier zusammengefassten Einzelvorschriften sind denjenigen für das Revisionsverfahren nachgebildet. 1

B. Einlegung der Rechtsbeschwerde. I. Frist. Die Rechtsbeschwerde ist binnen einer Notfrist von einem Monat nach Zustellung des angefochtenen Beschlusses beim Rechtsbeschwerdegericht einzulegen (Abs 1). Die Regelung entspricht derjenigen des § 548 für die Frist zur Einlegung der Revision. Allerdings fehlt eine Bestimmung für den Fall, dass der anzufechtende Beschl des Beschwerdegerichts nicht zugestellt worden ist. Die Revisionsfrist beginnt spätestens mit Ablauf von fünf Monaten nach der Verkündung des Berufungsurteils (§ 548 Hs 2); gleiches gilt für die Frist zur Einlegung der Berufung (§ 517 Hs 2) und der Beschwerde (§ 569 I 2 Hs 2). Ob sich dieser Rechtsgedanke auf das Rechtsbeschwerdeverfahren übertragen lässt, ist deshalb fraglich, weil die Entscheidung des Beschwerdegerichts typischerweise nicht verkündet wird. Für verkündete Entscheidungen lässt sich eine entsprechende Anwendung der 5-Monatsfrist der §§ 517, 548, 569 möglicherweise rechtfertigen (vgl MüKoZPO/*Lipp* Rn 5; Musielak/*Ball* Rn 2). Für nicht verkündete Entscheidungen gilt das jedoch nicht. Wurde die Entscheidung nicht zugestellt, beginnt die Frist zur Einlegung der Rechtsmittelfrist nicht zu laufen. Eine Rechtsmittelfrist kann nicht beginnen, wenn der Betroffene nicht einmal Kenntnis von der anzufechtenden Entscheidung erhalten hat. Die Frist zur Einlegung der Rechtsbeschwerde ist eine Notfrist (§ 224 I 2). Sie kann nicht verlängert werden (§ 124 II). Gegebenenfalls kommt Wiedereinsetzung in den vorigen Stand in Betracht (§ 233). 2

3 **II. Form.** Die Rechtsbeschwerde wird durch Einreichung einer Beschwerdeschrift bei dem Rechtsbeschwerdegericht eingelegt (Abs 1 S 1). Die Beschwerdeschrift muss die angefochtene Entscheidung hinreichend genau bezeichnen sowie die Erklärung enthalten, dass gegen die Entscheidung Rechtsbeschwerde eingelegt wird (Abs 1 S 2). Wird gegen eine landgerichtliche Entscheidung »Beschwerde« eingelegt, ist diese als Rechtsbeschwerde auszulegen, da hierdurch nach allgemeinem Sprachgebrauch eine Überprüfung durch das im Instanzenzug übergeordnete Gericht begehrt wird (BGH WM 02, 1512; BGH Beschl v 12.3.10 – IX ZB 279/09, Rn 1) Erforderlich ist weiter, wie sich aus § 130 Nr 1 ergibt, die hinreichend bestimmte Benennung von Rechtsbeschwerdeführer und -gegner (vgl BGH MDR 10, 44 f Rn 5 f; MDR 10, 828; NJW 11, 2371 Rn 10). Eine Ausfertigung oder beglaubigte Abschrift der angefochtenen Entscheidung soll beigefügt werden (Abs 1 S 3); hierbei handelt es sich jedoch nur um eine Ordnungsvorschrift, deren Missachtung keine prozessualen Nachteile zur Folge hat. Rechtsbeschwerdegericht ist ausschließlich der BGH (§ 133 GVG). Die Rechtsbeschwerde kann nur beim BGH eingelegt werden, nicht beim Beschwerdegericht. Daraus folgt zugleich, dass kein Abhilfeverfahren vor dem Beschwerdegericht stattfindet. Das Beschwerdegericht ist also zu einer Änderung seiner Entscheidung nicht befugt. Der Beschwerdeführer muss sich durch einen beim BGH zugelassenen Rechtsanwalt vertreten lassen (§ 78 I 4) Das Rechtsbeschwerdeverfahren dient der Klärung von Grundsatzfragen, der Fortbildung des Rechts und der Sicherung der Einheitlichkeit der Rechtsprechung (§ 574 II). Zur Filterung und Strukturierung solcher Verfahren bedarf es der besonderen Kenntnisse und des Sachverstandes der Rechtsanwaltschaft beim BGH (BGH NJW 03, 70). Der Anwaltszwang gilt für jede Partei, auch für öffentlich-rechtliche Körperschaften. Eine Ausnahme hat der XII. Zivilsenat des BGH für Rechtsbeschwerden des Bezirksrevisors in PKH-Sachen zugelassen (BGH NJW 09, 3658 Rn 4). Mit dem Gesetz zur Neuregelung des Rechtsberatungsrechts vom 12.12.2007 (BGBl I 2840) hat der Gesetzgeber jedoch das Behördenprivileg (§ 78 II) dahin eingeschränkt, dass die behördlichen Vertreter vor dem BGH ausnahmslos der Befähigung zum Richteramt bedürfen (§ 78 II; vgl dazu BT-Drucks 16/3655, 85). Der Bezirksrevisor ist seither nicht mehr vor dem BGH postulationsfähig (BGH FamRZ 2010, 1544 Rn 9 ff). Die Rechtsbeschwerdeschrift ist **dem Gegner zuzustellen** (Abs 4 S 2). Will dieser sich im Rechtsbeschwerdeverfahren äußern, muss er sich ebenfalls eines BGH-Anwalts bedienen (§ 78 I 4). Unverzüglich nach Eingang der Rechtsbeschwerdeschrift hat die Geschäftsstelle des Rechtsbeschwerdegerichts die **Gerichtsakten** von der Geschäftsstelle des Gerichts der Vorinstanz anzufordern (Abs 5 iVm § 541 II).

4 **C. Begründung der Rechtsbeschwerde. I. Frist.** Die Rechtsbeschwerde muss binnen einer Frist von einem Monat begründet werden (Abs 2 S 1). Die Begründungsfrist beginnt ebenso wie die Einlegungsfrist mit der Zustellung der angefochtenen Entscheidung (Abs 2 S 2). Sie kann auf Antrag vom Senatsvorsitzenden verlängert werden, wenn der Gegner einwilligt. Ohne Einwilligung kann die Frist um bis zu zwei Monate verlängert werden, wenn nach freier Überzeugung des Vorsitzenden der Rechtsstreit durch die Verlängerung nicht verzögert wird oder wenn der Revisionskläger erhebliche Gründe darlegt (Abs 2 S 3 iVm § 551 II 5 und 6). Ein erheblicher Grund liegt insb dann vor, wenn die Instanzakten noch nicht eingegangen sind und der beim BGH zugelassene Anwalt noch keine Akteneinsicht nehmen konnte. Bei Versäumung der Begründungsfrist kann ggf **Wiedereinsetzung** in den vorigen Stand beantragt werden (§ 233). Beantragt eine unbemittelte Partei Wiedereinsetzung in den vorigen Stand gegen die Versäumung der Einlegungs- und Begründungsfrist für eine Rechtsbeschwerde, läuft die Frist für deren Begründung ab der Bekanntgabe der Gewährung von Prozesskostenhilfe und nicht erst ab Bekanntgabe der Bewilligung von Wiedereinsetzung gegen die Versäumung der Einlegungsfrist (BGHZ 176, 379 = NJW 08, 3500 f Rn 7 ff). Würde die Wiedereinsetzungsfrist – wie im Fall der versäumten Berufungs- oder Revisionsbegründungsfrist (BGHZ 173, 14 = NJW 07, 3354) – mit der Gewährung der Wiedereinsetzung gegen die Versäumung der Einlegungsfrist ihren Anfang nehmen, stünde eine unbemittelte Partei erheblich günstiger als eine bemittelte Partei, weil die Begründungsfrist nicht der Einlegungsfrist entspräche, sondern deutlich später anliefe. Die Frist des § 234 I 2 kann allerdings nicht verlängert werden (§ 224 II); eine Gleichstellung von unbemittelter und bemittelter Partei wird also so oder so nicht erreicht.

5 **II. Notwendiger Inhalt der Begründung.** Im Unterschied zur sofortigen Beschwerde (§ 571 I enthält nur eine Sollvorschrift) muss die Rechtsbeschwerde zwingend begründet werden. Geschieht das nicht in der vorgeschriebenen Frist und Form, wird sie als unzulässig verworfen (§ 577 I). Die **gesetzlichen Anforderungen an die Begründung** der Rechtsbeschwerde sind in Abs 3 geregelt. Zwingend erforderlich ist wie bei der Revision ein bestimmter Antrag (Abs 3 Nr 1), der den Umfang von Anfechtung und Nachprüfung bestimmt, sowie die Angabe der Rechtsbeschwerdegründe (Abs 3 Nr 3). Die Rechtsbeschwerde muss die

Umstände bezeichnen, aus denen sich die Rechtsverletzung ergibt (Abs 3 Nr 3a). Wird die Rechtsbeschwerde auf einen Verfahrensfehler gestützt, muss sie zusätzlich die Tatsachen vortragen, die den Verfahrensmangel ergeben (Abs 3 Nr 3b). Diese Anforderungen entsprechen denjenigen, die § 551 III an die Revisionsbegründung stellt. Wegen der Einzelheiten wird auf die Erl zu § 551 III verwiesen.

Bei einer kraft Gesetzes statthaften Rechtsbeschwerde (§ 574 I 1) muss die Rechtsbeschwerdebegründung 6 zusätzlich die **Zulässigkeitsvoraussetzungen des § 574 II** behandeln, also Vortrag zur grundsätzlichen Bedeutung der Rechtssache enthalten oder die Gründe, aus denen die Fortbildung des Rechts oder die Sicherung einer einheitlichen Rechtsprechung eine Entscheidung des Rechtsbeschwerdegerichts erfordert (Abs 3 Nr 2). Die Rechtsprechung des BGH hierzu ist recht streng (vgl auch § 544 Rz 14 ff). Das Rechtsbeschwerdegericht prüft nur diejenigen Zulässigkeitsvoraussetzungen, welche die Begründung schlüssig und substanziiert dargelegt hat (BGH NJW-RR 06, 142; ZInsO 09, 495, 496 Rn 4; NJW-RR 09, 1292 Rn 4; WM 09, 1662 Rn 5). Die Benennung von Zulassungsgründen durch eingestreute Klammerzusätze (»Art 3 I GG«) oder schlagwortartige Formulierungen reicht nicht aus; vielmehr müssen die jeweiligen Zulässigkeitsvoraussetzungen substanziiert dargelegt werden (BGH MDR 10, 830). Beruft sich der Beschwerdeführer auf den Zulässigkeitsgrund der grundsätzlichen Bedeutung, muss er darlegen, aus welchen Gründen, in welchem Umfang und von welcher Seite die betreffende Rechtsfrage umstr ist (BGHZ 154, 288, 291 = NJW 03, 1943; BGH 3.7. 08, IX ZB 167/07, Rn 7).) . Rügt die Rechtsbeschwerde, der angefochtene Beschl habe die allg bezeichnete Rspr des BGH grdl missverstanden, ist der Zulässigkeitsgrund der Sicherung einer einheitlichen Rechtsprechung nur dann hinreichend ausgeführt, wenn durch einen Vergleich der entscheidungstragenden Obersätze eine Rechtssatzabweichung dargelegt wird (BGH NJW 11, 2443 Rn 3 ff). Beruht die Entscheidung des Beschwerdegerichts auf zwei selbstständig tragenden Gründen, ist die kraft Gesetzes statthafte Rechtsbeschwerde nur zulässig, wenn mit ihrer Begründung die Zulässigkeitsvoraussetzungen gegen beide Gründe dargetan werden (BGH NJW-RR 06, 142; v 16.12.10, IX ZB 21/09, Rn 2). Das gilt auch, wenn das Beschwerdegericht die sofortige Beschwerde als unzulässig und nur hilfsweise als unbegründet zurückgewiesen hat und die Hilfsbegründung die Entscheidung ebenfalls trägt (BGH NJW-RR 06, 1346, 1347). Nicht erforderlich hingegen ist, dass der Zulässigkeitsgrund korrekt bezeichnet wird. Die Darlegung der Rechtsfrage, die dem Zulässigkeitsgrund zugrunde liegt, reicht aus; es kommt nicht darauf an, ob § 574 II Nr 1 oder Nr 2 zitiert wird. Die Rechtsbeschwerde wird also nicht als unzulässig verworfen, wenn die Rechtsbeschwerdebegründung den Zulässigkeitsgrund der grundsätzlichen Bedeutung darlegt, tatsächlich aber ein Fall von Divergenz gegeben ist.

D. Aufschiebende Wirkung. Die Verweisung auf § 570 I, III (Abs 5) betrifft die **aufschiebende Wirkung** 7 **der Rechtsbeschwerde.** Wie die sofortige Beschwerde hat die Rechtsbeschwerde grds keine aufschiebende Wirkung. Aufschiebende Wirkung kommt ihr dann zu, wenn sie die Festsetzung eines Ordnungs- oder Zwangsmittels zum Gegenstand hat (§ 570 I). Das Rechtsbeschwerdegericht kann die **Vollziehung der angefochtenen Entscheidung aussetzen** (BTDrs 14/4722, 118). Ebenso kann es auch die Vollziehung der Entscheidung 1. Instanz im Wege der einstweiligen Anordnung aussetzen (BGH WM 02, 827, 828; NJW-RR 06, 332, 333; WuM 11, 703 Rn 1). Liegen die engen Voraussetzungen einer derartigen Entscheidung vor, kann auch in der Entscheidung des Rechtsbeschwerdegerichts in der Hauptsache angeordnet werden, dass die Vollziehung bis zur erneuten Entscheidung des Beschwerdegerichts ausgesetzt bleibt (BGHZ 169, 17 Rn 30 = NJW 06, 3553). Hebt das Rechtsbeschwerdegericht nur die Beschwerdeentscheidung auf, würde anderenfalls die erstinstanzliche Entscheidung wieder wirksam werden; denn der sofortigen Beschwerde kommt idR keine aufschiebende Wirkung zu (§ 570 I), und darauf, ob das Beschwerdegericht eine einstweilige Anordnung trifft, hat das Rechtsbeschwerdegericht keinen Einfluss. Die Aussetzung kann vAw erfolgen (BGHZ 169, 17 Rn 31 = NJW 06, 3553). Ein Antrag ist also nicht zwingend erforderlich. Voraussetzung einer Aussetzung der Vollziehung des erst- oder zweitinstanzlichen Beschlusses ist, dass durch dessen weitere Vollziehung dem Beschwerdeführer größere Nachteile drohen als den anderen Beteiligten im Falle der Aufschiebung und dass das Rechtsmittel Aussicht auf Erfolg hat (BGHZ 169, 17 Rn 31 = NJW 06, 3553 zum Insolvenzeröffnungsbeschluss; BGH WuM 11, 1). Die Anordnung muss sich auf die Rechtswirkungen einer bereits ergangenen Entscheidung beziehen. Das Rechtsbeschwerdegericht ist nicht befugt, erstmals vorläufigen Rechtsschutz bis zur Entscheidung über einen in den Vorinstanzen abgelehnten Antrag zu gewähren (BGH NJW-RR 06, 332, 333 zur Anordnung von Sicherungsmaßnahmen nach § 21 II InsO iRe Rechtsbeschwerdeverfahrens, das die Abweisung eines Insolvenzantrags betrifft).

§ 576 Gründe der Rechtsbeschwerde. **(1) Die Rechtsbeschwerde kann nur darauf gestützt werden, dass die Entscheidung auf der Verletzung des Bundesrechts oder einer Vorschrift beruht, deren Geltungsbereich sich über den Bezirk eines Oberlandesgerichts hinaus erstreckt.**
(2) Die Rechtsbeschwerde kann nicht darauf gestützt werden, dass das Gericht des ersten Rechtszuges seine Zuständigkeit zu Unrecht angenommen oder verneint hat.
(3) Die §§ 546, 547, 556 und 560 gelten entsprechend.

1 **A. Bedeutung der Norm.** Die Vorschrift regelt die Gründe, auf welche die Rechtsbeschwerde gestützt werden kann. Sie wiederholt Regelungen aus dem Revisionsrecht oder nimmt auf diese Bezug. Abs 1 entspricht fast wörtlich § 545 I in der bis zum In-Kraft-Treten der FGG-Reform, also bis zum 1.9.09 noch geltenden Fassung. Mit der Rechtsbeschwerde kann nur geltend gemacht werden, dass die angefochtene Entscheidung auf der Verletzung formellen oder materiellen Rechts beruht (BTDrs 14/4722, 118). Das Recht ist verletzt, wenn eine Rechtsnorm nicht oder richtig angewendet worden ist (Abs 3 iVm § 546). Ebenso wie die Revision dient die Rechtsbeschwerde also der Rechtskontrolle. Das Rechtsbeschwerdegericht ist bei der Überprüfung der angefochtenen Entscheidung an die Feststellungen des Beschwerdegerichts gebunden. Das Vorbringen neuer Tatsachen oder Beweise ist damit ausgeschlossen (BTDrs 14/4722, 118). Die Rechtsbeschwerde kann nur auf Rechtsfehler der Entscheidung des Beschwerdegerichts gestützt werden, nicht auf Fehler der Ausgangsentscheidung (BGH NJW-RR 11, 1000 Rn 6).

2 **B. Verletzung revisiblen Rechts (Abs 1).** Nur die Verletzung von Bundesrecht oder von solchem Landesrecht, dessen Geltungsbereich sich über den Bezirk eines OLG hinaus erstreckt, kann der Rechtsbeschwerde zum Erfolg verhelfen. Der Begriff »Oberlandesgericht« ist – wie in § 545 I – wörtlich zu verstehen (vgl BTDrs 14/4722, 118). Die verletzte Rechtsvorschrift muss in mehr als einem OLG-Bezirk gelten. Es reicht nicht aus, dass mehr als ein Berufungsgericht mit ihr befasst sein könnte, dass sie also in mehr als einem Landgerichtsbezirk gilt (BGH NJW-RR 09, 311, 312 Rn 7 ff zu § 545 I). Dass Landesrecht nur eingeschränkt überprüfbar ist, erklärt sich aus der Funktion der Rechtsbeschwerde, die ausdrücklich zur Vereinheitlichung der Rechtsprechung der Oberlandesgerichte eingeführt worden ist (BTDrs 14/4722, 69). Ein Bedürfnis nach einheitlicher Rechtsprechung besteht bei Vorschriften, deren Geltungsbereich den Bezirk eines OLG nicht überschreitet, normalerweise in geringerem Maße als bei den in der gesamten Bundesrepublik oder in größeren Teilen von ihr geltenden Normen. Eine Ausweitung der Revisibilität von Landesrecht war mit der ZPO-Reform nicht beabsichtigt. Hierzu hat sich der Gesetzgeber erst iRd am 1.9.09 in Kraft getretenen Gesetzes zur Reform des Verfahrens in Familiensachen und in Angelegenheiten der freiwilligen Gerichtsbarkeit entschlossen (Art 29 Nr 14a FGG-RG; dazu BTDrs 16/9733, 229, 301 f). Eine entsprechende Änderung auch des § 576 I scheint nicht vorgesehen zu sein (su Rz 4).

3 **C. Keine Überprüfung der Zuständigkeit des erstinstanzlich tätigen Gerichts (Abs 2).** Abs 2 entspricht § 545 II. Er schließt an § 571 II 1 an. Schon die sofortige Beschwerde kann nicht darauf gestützt werden, dass das Gericht des ersten Rechtszuges seine Zuständigkeit zu Unrecht angenommen hat. Gleiches gilt folgerichtig auch für die Rechtsbeschwerde. Die genannten Vorschriften dienen der Verfahrensbeschleunigung und der Entlastung der Rechtsmittelgerichte und sollen vermeiden, dass die vom erstinstanzlichen Gericht geleistete Sacharbeit wegen dessen fehlender Zuständigkeit hinfällig wird (BTDrs 14/4722, 118, 113). § 576 II stellt weitergehend klar, dass auch die zu Unrecht erfolgte Verneinung der Zuständigkeit durch das erstinstanzliche Gericht keinen Rechtsbeschwerdegrund darstellt. Auf diese Weise wird im Interesse der Prozessökonomie und -beschleunigung jede Prüfung der Zuständigkeit des Gerichts des ersten Rechtszuges ausgeschlossen (BTDrs 14/4722, 118). Eine allein auf die Rüge fehlender Zuständigkeit des Erstgerichts gegründete Rechtsbeschwerde ist folglich unzulässig (BGH NZI 05, 184 für den Fall einer kraft Gesetzes statthaften Rechtsbeschwerde). Eine Überprüfung wird auch nicht dadurch ermöglicht, dass die Rechtsbeschwerde gerade zur Klärung einer Rechtsfrage im Zusammenhang mit der örtlichen Zuständigkeit des Erstgerichts zugelassen wird; die Rechtsbeschwerde ist hier unbegründet (BGH NJW 09, 1974 Rn 4).Das gilt auch in Fällen, in denen Streit darüber besteht, ob sich die örtliche Zuständigkeit aus einer Gerichtsstandsvereinbarung ergibt (BGH NJW 09, 1974 Rn 3). Nicht nur die örtliche, sondern auch die **funktionelle Zuständigkeit** ist der Prüfung durch das Rechtsbeschwerdegericht entzogen (BGH FamRZ 03, 1273; WM 07, 1562; ZIP 07, 2330 Rn 4; JurBüro 08, 159 Rn 4; WM 11, 1378 Rn 5). Es schadet also nicht, wenn statt des funktionell zuständigen Insolvenzgerichts das Vollstreckungsgericht entschieden hat (BGH ZIP 07, 2330 Rn 4). Nicht ausdrücklich geregelt ist die Frage, ob die die **fehlende Zuständigkeit des Beschwerde-**

gerichts gerügt und vom Rechtsbeschwerdegericht überprüft werden kann. Die Gründe, welche den Gesetzgeber bewogen haben, die Fehler bei der erstinstanzlichen Zuständigkeit für unbeachtlich zu erklären (s.o.), gelten für die 2. Instanz entsprechend. Der BGH hat für unerheblich gehalten, dass wegen unzutreffender Anwendung des § 119 I Nr 1b GVG (diese Vorschrift ist nicht anwendbar, wenn das AG als Vollstreckungsgericht entscheidet) statt des LG das OLG als Beschwerdegericht entschieden hat (BGH WM 07, 1562), hat die Regelung des § 576 II damit ohne weiteres auf die Frage der Zuständigkeit oder Unzuständigkeit des Beschwerdegerichts übertragen. Die **internationale Zuständigkeit** des Ausgangsgerichts, des Beschwerdegerichts und des Rechtsbeschwerdegerichts ist in jeder Lage des Verfahrens zu prüfen (BGH NJW-RR 06, 198, 199; vgl auch BGHZ 188, 85 Rn 12 = NJW 11, 2056 zu § 545 II).

D. Entsprechend anwendbares Revisionsrecht (Abs 3). Abs 3 erklärt einzelne Bestimmungen aus dem Revisionsrecht für entsprechend anwendbar. Mit dem Verweis auf § 546 wird der revisionsrechtliche Begriff der Verletzung des Rechts für das Rechtsbeschwerdeverfahren übernommen. § 547 enthält die absoluten Revisionsgründe, die im Rechtsbeschwerdeverfahren entsprechend gelten. Die Kausalität der Rechtsverletzung für die angefochtene Entscheidung wird in den Fällen der nicht vorschriftsmäßigen Besetzung des Gerichts (§ 547 Nr 1), der Mitwirkung ausgeschlossener (§ 547 Nr 2) oder wegen Befangenheit abgelehnter Richter (§ 547 Nr 3), der nicht ordnungsmäßigen Vertretung der Partei (§ 547 Nr 4), der Verletzung der Vorschriften über die Öffentlichkeit des Verfahrens (§ 547 Nr 5) oder beim Fehlen einer Begründung der angefochtenen Entscheidung (§ 547 Nr 6) unwiderlegbar vermutet. Entsprechend § 556 kann die Verletzung einer das Verfahren in der Vorinstanz betreffenden Vorschrift in der Rechtsbeschwerdeinstanz nicht mehr gerügt werden, wenn die Partei das Rügerecht gem § 295 (also durch Verzicht oder durch Unterlassung einer rechtzeitigen Rüge in einer evtl anberaumten mündlichen Verhandlung) bereits in der Beschwerdeinstanz verloren hat. Die entsprechend anwendbare Vorschrift des § 560 besagt, dass das Rechtsbeschwerdegericht an die tatsächlichen Feststellungen der Vorinstanz über Bestehen und Inhalt lokalen, also nur im Bezirk eines OLG geltenden sowie ausländischen Rechts gebunden ist (BTDrs 14/4722, 118). Die revisionsrechtliche Vorschrift des § 560 bezog sich bisher (auch) auf diejenige des § 545. Diese ist durch das FGG-RG v 17.12.08 (BGBl I, 2586) mit Wirkung v 1.9.09 dahingehend geändert worden, dass mit der Revision nur die Verletzung »des Rechts« gerügt werden kann. Im Recht der Rechtsbeschwerde gilt der bisherige Rechtszustand fort; die Verweisung auf § 560 und damit diese Vorschrift selbst behalten ihren Sinn (aA unter Hinweis auf Art 3 I GG Zö/*Geimer* § 293 Rn 28; offen gelassen von BGHZ 188, 177 Rn 14 = NJW 11, 1818). 4

§ 577 Prüfung und Entscheidung der Rechtsbeschwerde.

(1) [1]Das Rechtsbeschwerdegericht hat von Amts wegen zu prüfen, ob die Rechtsbeschwerde an sich statthaft und ob sie in der gesetzlichen Form und Frist eingelegt und begründet ist. [2]Mangelt es an einem dieser Erfordernisse, so ist die Rechtsbeschwerde als unzulässig zu verwerfen.

(2) [1]Der Prüfung des Rechtsbeschwerdegerichts unterliegen nur die von den Parteien gestellten Anträge. [2]Das Rechtsbeschwerdegericht ist an die geltend gemachten Rechtsbeschwerdegründe nicht gebunden. [3]Auf Verfahrensmängel, die nicht von Amts wegen zu berücksichtigen sind, darf die angefochtene Entscheidung nur geprüft werden, wenn die Mängel nach § 575 Abs. 3 und § 574 Abs. 4 Satz 2 gerügt worden sind. [4]§ 559 gilt entsprechend.

(3) Ergibt die Begründung der angefochtenen Entscheidung zwar eine Rechtsverletzung, stellt die Entscheidung selbst aber aus anderen Gründen sich als richtig dar, so ist die Rechtsbeschwerde zurückzuweisen.

(4) [1]Wird die Rechtsbeschwerde für begründet erachtet, ist die angefochtene Entscheidung aufzuheben und die Sache zur erneuten Entscheidung zurückzuverweisen. [2]§ 562 Abs. 2 gilt entsprechend. [3]Die Zurückverweisung kann an einen anderen Spruchkörper des Gerichts erfolgen, das die angefochtene Entscheidung erlassen hat. [4]Das Gericht, an das die Sache zurückverwiesen ist, hat die rechtliche Beurteilung, die der Aufhebung zugrunde liegt, auch seiner Entscheidung zugrunde zu legen.

(5) [1]Das Rechtsbeschwerdegericht hat in der Sache selbst zu entscheiden, wenn die Aufhebung der Entscheidung nur wegen Rechtsverletzung bei Anwendung des Rechts auf das festgestellte Sachverhältnis erfolgt und nach letzterem die Sache zur Endentscheidung reif ist. [2]§ 563 Abs. 4 gilt entsprechend.

(6) [1]Die Entscheidung über die Rechtsbeschwerde ergeht durch Beschluss. [2]§ 564 gilt entsprechend. [3]Im Übrigen kann von einer Begründung abgesehen werden, wenn sie nicht geeignet wäre, zur Klärung von Rechtsfragen grundsätzlicher Bedeutung, zur Fortbildung des Rechts oder zur Sicherung einer einheitlichen Rechtsprechung beizutragen.

1 **A. Bedeutung der Norm.** § 577 enthält Bestimmungen zum Prüfungsumfang und zu Inhalt und Form der Entscheidung über die Rechtsbeschwerde, die weitgehend denjenigen des Revisionsrechts entsprechen.

2 **B. Verwerfung als unzulässig (Abs 1). I. Allgemeines.** Wie im Revisionsverfahren (vgl § 552 I) ist die Zulässigkeit des Rechtsmittels vAw zu prüfen. Ist die Rechtsbeschwerde nicht statthaft (§ 574 I) oder wurde sie nicht in der Frist und Form des § 575 I – III eingelegt und begründet, ist sie als unzulässig zu verwerfen. Gleiches gilt dann, wenn im Falle einer kraft Gesetzes statthaften Rechtsbeschwerde (§ 574 1 Nr 1) die Zulässigkeitsvoraussetzungen des § 574 II nicht dargelegt oder nicht erfüllt sind. Eine ausschließlich auf eine unstatthafte Verfahrensrüge (etwa die Rüge der Unzuständigkeit der des Gerichts 1. Instanz, vgl § 576 II) gestützte Rechtsbeschwerde ist unzulässig, weil ein Rechtsmittel, das keinen zulässigen Angriff enthält, selbst unzulässig ist (BGH NJW 98, 1230; 00, 2822 f; NZI 05, 184; vgl auch BGH MDR 04, 1250 f zur Unzulässigkeit einer Rechtsbeschwerde, die sich abstrakt gegen das gesetzgeberische Konzept der Restschuldbefreiung nach §§ 286 ff InsO wendet; vgl aber auch BGH NJW 09, 1974 Rn 4, wonach eine ausschließlich zur Klärung einer die Zuständigkeit des Erstgerichts betreffenden Rechtsfrage zugelassene Rechtsbeschwerde zulässig, aber nicht begründet ist).

3 **II. Statthaftigkeit der sofortigen Beschwerde.** Ungeschriebene Voraussetzung der Zulässigkeit der Rechtsbeschwerde ist die Statthaftigkeit der sofortigen Beschwerde. Die Rechtsbeschwerde ist nur eröffnet, wenn die sofortige Beschwerde statthaft war (BGHZ 158, 212, 214 = NJW 04, 2015; BGH NJW 09, 3653 Rn 5 ff; ZIP 11, 1170 Rn 3). War dies nicht der Fall, war die Ausgangsentscheidung also generell oder für den Beschwerdeführer (vgl BGH WuM 10, 44 Rn 2 ff) unanfechtbar, fehlt es auch an einer Grundlage für das Rechtsbeschwerdeverfahren; ein gültiges und rechtswirksames Verfahren vor dem Rechtsbeschwerdegericht ist nur möglich, solange das Verfahren noch nicht rechtskräftig beendet ist (BGH VersR 10, 1473 Rn 4). Ein für den Beschwerdeführer vom Gesetz nicht vorgesehener Rechtsmittelzug kann durch eine unrichtige Entscheidung des Beschwerdegerichts nicht eröffnet werden. Das gilt auch dann, wenn das Beschwerdegericht die unanfechtbare Entscheidung auf die unstatthafte Beschwerde hin abgeändert hat. Die hiergegen eingelegte Rechtsbeschwerde ist selbst dann unstatthaft, wenn das Beschwerdegericht sie zugelassen hat (BGH NJW 09, 3653 Rn 5; WuM 10, 44 f Rn 5). Kann die Statthaftigkeit der sofortigen Beschwerde und damit der Rechtsbeschwerde nicht festgestellt werden, weil der insoweit maßgebliche Sachverhalt nicht mitgeteilt wird, muss der angefochtene Beschl schon aus diesem Grund vAw, also auch ohne eine entsprechende Verfahrensrüge, aufgehoben werden (BGH NJW-RR 05, 916). Anderes gilt dann, wenn die sofortige Beschwerde statthaft, jedoch **unzulässig** war, etwa weil es an der erforderlichen Beschwer fehlte (BGH ZIP 04, 1379; anders BGH VersR 10, 1473), die Beschwerde den Anforderungen des § 569 II 2 nicht genügte oder verfristet war (BGH NJW 04, 1112). Hat das Beschwerdegericht über die unzulässige sofortige Beschwerde sachlich entschieden, ist die Entscheidung auf eine zulässige Rechtsbeschwerde hin aufzuheben und die sofortige Beschwerde als unzulässig zu verwerfen. Grundsätzlich führt die Unzulässigkeit der sofortigen Beschwerde also nicht zur Unzulässigkeit der Rechtsbeschwerde, sondern zu deren Begründetheit (BGH MDR 09, 51 f Rn 3; anders aber BGH VersR 10, 1473 Rn 4 ff). Statthaftigkeit und Zulässigkeit der sofortigen Beschwerde sind im Rechtsbeschwerdeverfahren vAw zu prüfen.

4 **III. Beschwer.** Neben Statthaftigkeit, Form und Frist hat das Rechtsbeschwerdegericht auch alle übrigen Zulässigkeitsvoraussetzungen der Rechtsbeschwerde zu prüfen. Das gilt insb für die Beschwer des Rechtsbeschwerdeführers, die noch im Zeitpunkt der Entscheidung des Rechtsbeschwerdegerichts gegeben sein muss. Ob die Rechtsbeschwerde als solche für erledigt erklären kann, ist noch nicht abschließend geklärt (offen gelassen etwa BGHZ 127, 74, 82 = NJW 1994, 1388, 1391; BGH MDR 05, 595; NJW-RR 09, 855 Rn 4). Voraussetzung einer wirksamen Erledigungserklärung wäre jedenfalls die Zulässigkeit der Rechtsbeschwerde. Da im Falle einer von Gesetzes wegen statthaften Rechtsbeschwerde die Zulässigkeitsvoraussetzungen noch im Zeitpunkt der Entscheidung über die Rechtsbeschwerde vorliegen müssen, nach einer Erledigungserklärung eine Entscheidung über Grundsatzfragen des materiellen Rechts aber nicht mehr in Betracht kommt, ist die Erledigung einer solchen Rechtsbeschwerde kaum vorstellbar. Anderes gilt für die vom Beschwerdegericht zugelassene Rechtsbeschwerde nach § 574 I Nr 2. Der BGH hat eine Erledigung des gesamten Rechtsmittelverfahrens in besonderen Fällen jedenfalls dann zugelassen, wenn übereinstimmende Erledigungserklärungen der Parteien vorlagen und nur die Erledigung des Rechtsmittels, nicht aber dessen Rücknahme oder die Erledigung der Hauptsache eine angemessene Kostenentscheidung ermöglicht (vgl BGHZ 170, 378, 381 f Rn 8 = NJW 07, 2993 f zur Erledigung besonderer Rechtsmittel im Zwangsversteigerungsverfahren; BGH NJW 09, 234 Rn 4 zur sofortigen Beschwerde und Rechtsbeschwerde im Kostenfest-

setzungsverfahren; BGH NJW-RR 09, 855 Rn 4 betr einen Antrag auf öffentliche Zustellung; hier wurde sogar eine einseitige Erledigungserklärung zugelassen, weil das erledigende Ereignis außer Streit stand). Eine Mindestbeschwer wird – anders als im Verfahren der Nichtzulassungsbeschwerde, vgl § 26 Nr 8 EGZPO – im Rechtsbeschwerdeverfahren nicht vorausgesetzt. Die **Prozesshandlungsvoraussetzungen** (Partei- und Prozessfähigkeit, Postulationsfähigkeit des Verfahrensbevollmächtigten) sind zu prüfen, wenn der Fall Anlass dazu bietet.

C. Begründetheit der Rechtsbeschwerde. I. Allgemeines. Im Rahmen der Begründetheit der Rechtsbeschwerde ist zu prüfen, ob die Erstbeschwerde zulässig war. War die sofortige Beschwerde unzulässig, fehlt es an einem gültigen und rechtswirksamen Verfahren vor dem Rechtsbeschwerdegericht (BGH NJW 04, 1112; NZI 04, 447). Die Rechtsbeschwerde führt schon aus diesem Grund zur Aufhebung der angefochtenen Entscheidung. Das gilt allerdings dann nicht, wenn die sofortige Beschwerde bereits unstatthaft, die Erstentscheidung also unanfechtbar war. In solchen Fällen ist die Rechtsbeschwerde ebenfalls unzulässig (s.o.). Zu prüfen ist weiter das Verfahren, welches der Beschwerdeentscheidung vorausging. Schließlich ist die Begründetheit im engeren Sinne zu prüfen, also zu entscheiden, ob die Beschwerdeentscheidung in der Sache zutrifft. 5

II. Umfang der Begründetheitsprüfung (Abs 2). Die Regelung des Abs 2 entspricht derjenigen des § 557 I, III für das Revisionsverfahren. Der Umfang der Begründetheitsprüfung wird durch die **Rechtsbeschwerdeanträge** und (ggf) die Anschlussanträge begrenzt (Abs 2 S 1). Es handelt sich um eine Ausprägung des Grundsatzes »ne eat iudex ultra petita partium« (vgl § 308 I). Wird die Beschwerdeentscheidung nur tw zur Überprüfung gestellt, kann sie auch nur tw aufgehoben oder abgeändert werden. Keine Bindung besteht dagegen an die geltend gemachten Rechtsbeschwerdegründe (Abs 2 S 2). Das Rechtsbeschwerdegericht ist dabei zu einer **umfassenden Rechtsprüfung** berechtigt und verpflichtet. Es prüft also vAw die Anwendung des für den zu beurteilenden Sachverhalt maßgeblichen materiellen Rechts. Das gilt auch für die kraft Gesetzes statthafte Rechtsbeschwerde gem § 574 I 1 Nr 1. Das Rechtsbeschwerdegericht prüft zwar nur diejenigen Zulässigkeitsgründe des § 574 II, die in der Rechtsbeschwerdebegründung dargelegt sind (§ 575 III Nr 2). Ist die Rechtsbeschwerde jedoch zulässig, ist das Rechtsbeschwerdegericht nicht auf die Grundsatzfragen, die Fortbildung des Rechts oder die Sicherung einer einheitlichen Rechtsprechung beschränkt, die zur Zulässigkeit geführt haben. Eine Ausnahme enthält S 3 für nicht vAw zu berücksichtigende **Verfahrensmängel**. Sie sind nur zu beachten, wenn sie in der Rechtsbeschwerdebegründungsschrift oder in der Anschlussschrift (§§ 575 III, 574 IV 2) gerügt worden sind. 6

III. Bindung an die Feststellungen des Beschwerdegerichts. Das Rechtsbeschwerdegericht ist an die tatsächlichen Feststellungen der Vorinstanz gebunden (Abs 2 S 4 iVm § 559). Neuer tatsächlicher Vortrag ist damit grds ausgeschlossen. Das in den Tatsacheninstanzen versäumte Vorbringen kann im Rechtsbeschwerdeverfahren nicht nachgeholt werden (BGHZ 156, 165, 167 = NJW 04, 71; MDR 07, 1040, 1041). Zu berücksichtigen sind jedoch die zur Begründung von Verfahrensrügen und Verfahrensgegenrügen vorgebrachten Tatsachen (Abs 2 S 4 iVm §§ 559 I 2, 551 III Nr 2b). Beachtlich sind weiter prozessuale Vorgänge, die sich erst nach Abschluss des Beschwerdeverfahrens ereignet haben. Auch neues Vorbringen zu den im Rechtsbeschwerdeverfahren vAw zu berücksichtigenden Tatsachen kann erheblich sein (BGHZ 156, 165, 167 f = NJW 04, 71). Hier ist jedoch zu unterscheiden. Richtet sich die Rechtsbeschwerde gegen die Verwerfung der Berufung wegen Versäumung der Berufungsbegründungsfrist durch Beschl (§ 522 I 4), kann die Rechtsbeschwerde nicht auf Tatsachen gestützt werden, die belegen sollen, dass die Berufungsbegründungsfrist gewahrt war, wenn diese Tatsachen in der Berufungsinstanz nicht vorgetragen worden waren. Die Zulässigkeit der Berufung ist im Verfahren über das Rechtsmittel gegen eine Verwerfung nicht Prozessfortsetzungsbedingung, sondern alleiniger Verfahrensgegenstand, so dass die §§ 559 I, 577 II 4 uneingeschränkt gelten (BGHZ 156, 165, 168 = NJW 04, 71). Beachtlich können schließlich solche Tatsachen sein, die für die Beurteilung der Rechtslage beachtlich und erst nach Abschluss des Beschwerdeverfahrens eingetreten sind, wenn schützenswerte Belange der Gegenpartei nicht entgegenstehen (vgl die Erl zu § 559 I). Nur dasjenige (nicht ausnahmsweise zulässige neue) Vorbringen der Parteien ist zu berücksichtigen, das aus dem angefochtenen Beschl (oder dem Sitzungsprotokoll, wenn ausnahmsweise eine mündliche Verhandlung stattgefunden hat) ersichtlich ist. Ein Beschl des Beschwerdegerichts, der den entscheidungserheblichen Sachverhalt nicht erkennen lässt, unterliegt deshalb der Aufhebung durch das Rechtsbeschwerdegericht (§§ 574 III, 547 Nr 6; vgl BGH WM 04, 1686 f; WM 05, 1246; ZVI 06, 565; NJW-RR 08, 1455; NJW-RR 10, 1582 Rn 5; NJW 11, 3450 Rn 9). Das gilt auch dann, wenn das Berufungsgericht die Berufung 7 wegen Nichterreichen der Berufungssumme verworfen hat; denn die Wertfestsetzung kann vom Rechtsbeschwerdegericht nur darauf hin überprüft werden, ob das Berufungsgericht die Grenzen des ihm von § 3 ZPO eingeräumten Ermessens überschritten hat (BGH VersR 11, 1199 Rn 8).

8 **IV. Entscheidung des Rechtsbeschwerdegerichts (Abs 3, 4, 5).** Die Abs 3-5 betreffen die Entscheidung des Rechtsbeschwerdegerichts über zulässige Rechtsbeschwerden. Eine zulässige, aber nicht begründete Rechtsbeschwerde wird zurückgewiesen. Das gilt auch dann, wenn die Beschwerdeentscheidung nur in der Begründung, nicht aber im Ergebnis Fehler aufweist (Abs 3, ebenso § 561 für das Revisionsverfahren). Der Rechtsbeschwerdeführer erleidet keinen Nachteil, wenn die angefochtene Entscheidung trotz der Rechtsverletzung im Ergebnis richtig ist (BTDrs 14/4722, 118). In einem solchen Fall beruht die angefochtene Entscheidung nicht auf dem Fehler; einer Abänderung bedarf es nicht. Das Rechtsbeschwerdegericht hat auch über die Kosten des Rechtsbeschwerdeverfahrens zu entscheiden. Regelmäßig trägt der Rechtsbeschwerdeführer die Kosten der erfolglosen Rechtsbeschwerde (§ 97 I).

9 **D. Aufhebung und Zurückverweisung (Abs 4). I. Voraussetzungen.** Ist die angefochtene Entscheidung fehlerhaft und erweist sie sich auch nicht aus anderen Gründen als richtig, muss sie aufgehoben werden, um den Weg zu einer erneuten Entscheidung freizumachen (Abs 4, Abs 5). Das weitere Verfahren richtet sich danach, ob die Sache entscheidungsreif ist oder nicht. Sind **weitere Feststellungen erforderlich**, wird die Sache zur erneuten Entscheidung an das Beschwerdegericht zurückverwiesen (Abs 4 S 1). Erfolgt die Aufhebung wegen eines Verfahrensmangels, wird auch das Verfahren des Beschwerdegerichts aufgehoben, soweit es durch den Mangel betroffen ist (Abs 4 S 2 iVm 562 II). Die folgenden Bestimmungen entsprechen im Wesentlichen denjenigen für das Revisionsverfahrens. Die Zurückverweisung kann an einen anderen Spruchkörper des Gerichts erfolgen, das die angefochtene Entscheidung erlassen hat (Abs 4 S 3; vgl § 563 I 2). Eine solche Vorgehensweise bietet sich in Verfahren an, bei denen der Eindruck entstanden sein kann, die Vorinstanz habe sich innerlich so festgelegt, dass die Gefahr einer Voreingenommenheit besteht (BTDrs 14/4722, 119). Von dieser Möglichkeit wird jedoch nur in Ausnahmefällen Gebrauch gemacht. Zurückverwiesen wird an den Einzelrichter, wenn dieser die angefochtene Entscheidung erlassen hat (BGH NJW-RR 03, 936), sonst an die vollbesetzte Kammer. Das Rechtsbeschwerdegericht kann die Sache auch an das Ausgangsgericht zurückverweisen. In diesem Punkt unterscheidet sich das Rechtsbeschwerde- vom Revisionsverfahren. § 563 I 1 verlangt ausdrücklich eine Zurückverweisung an das Berufungsgericht. § 577 IV 1 schreibt hingegen nicht vor, ob die Zurückverweisung an das Beschwerde- oder an das Ausgangsgericht zu erfolgen hat. Anders als das Berufungsgericht (vgl § 538) kann das Beschwerdegericht nach einer Aufhebung der Entscheidung des Ausgangsgerichts diesem die erforderlichen Anordnungen übertragen (§ 572 III). Dies gilt folgerichtig auch für das Rechtsbeschwerdegericht (vgl BGHZ 160, 176, 185 = NJW 04, 2976; BGH NJW-RR 05, 199, 200; WM 11, 1338 Rn 23; WM 11, 2365 Rn 19).

10 **II. Bindungswirkung.** Das Beschwerdegericht hat die rechtliche Beurteilung, die der Aufhebung zugrunde lag, auch seiner Entscheidung zugrunde zu legen (Abs 4 S 4; vgl § 563 III). Die Reichweite der Bindungswirkung ist genau zu prüfen. Sie besteht nur hinsichtlich der rechtlichen Würdigung, die der Aufhebung unmittelbar zugrunde lag (BGHZ 159, 122, 127 = NJW-RR 04, 1422). Auf Rechtsausführungen, welche die Entscheidung nicht tragen (»Segelanweisungen«), bezieht sie sich nicht. Sie gilt auch nicht, soweit das Rechtsbeschwerdegericht die Ausführungen der angefochtenen Entscheidung (stillschweigend) billigt (BGHZ 159, 122, 127 = NJW-RR 04, 1422). Gelangt die Sache erneut an das Rechtsbeschwerdegericht, ist dieses mittelbar ebenfalls an seine frühere Entscheidung gebunden. Soweit sich das Beschwerdegericht an die gem Abs 4 S 4 bindenden Gründe der ersten Entscheidung des Rechtsbeschwerdegerichts gehalten hat, kann es keine Rechtsverletzung begangen haben; fehlt es an einer Rechtsverletzung, hält die Entscheidung einer rechtlichen Überprüfung stand. Anderes gilt allerdings, wenn der BGH zwischenzeitlich aus Anlass eines anderen Verfahrens seine Rechtsauffassung geändert hat. Die Bindungswirkung entfällt auch dann, wenn das Gericht, an das zurückverwiesen wird, neue Tatsachen feststellt und auf der Grundlage eines geänderten maßgeblichen Sachverhalts entscheidet (BGHZ 159, 122, 127 = NJW-RR 04, 1422). Weder dieses Gericht noch das Rechtsbeschwerdegericht ist dann an die erste (aufhebende) Entscheidung des Rechtsbeschwerdegerichts gebunden. Über die Kosten des Rechtsbeschwerdeverfahrens hat dasjenige Gericht zu entscheiden, an das die Sache zurückverwiesen worden ist.

11 **E. Eigene Sachentscheidung des Rechtsbeschwerdegerichts (Abs 5).** Erfolgt die Aufhebung der angefochtenen Entscheidung nur wegen Rechtsverletzung bei Anwendung des Rechts auf das festgestellte Sachver-

hältnis und ist nach letzterem die Sache **zur Endentscheidung reif**, hat das Rechtsbeschwerdegericht in der Sache selbst zu entscheiden (Abs 5 S 1; vgl § 563 III für das Revisionsverfahren). Entscheidungsreif ist die Sache, wenn der Sachverhalt unstr oder idS geklärt ist, dass alle erforderlichen Feststellungen von der Vorinstanz getroffen worden sind und eine das Verfahren beendende Entscheidung möglich ist (BTDrs 14/4722, 119). Das Rechtsbeschwerdegericht entscheidet auch über die Kosten des Rechtsbeschwerdeverfahrens. Die Verweisung auf § 563 IV betrifft Fälle, in denen ausländisches Recht oder anderes nicht revisibles Recht (Landesrecht, das nicht über den Bezirk eines OLG hinaus gilt, vgl § 576 I), zur Anwendung kommt. Das Rechtsbeschwerdegericht kann die Sache trotz vollständiger Aufklärung des Sachverhalts zur erneuten Entscheidung an das Beschwerdegericht zurückverweisen, wenn bei der von ihm zu erlassenden Entscheidung die Anwendung von nicht unter § 576 I fallendes Recht in Betracht kommt.

F. Begründung der Entscheidung des Rechtsbeschwerdegerichts (Abs 6). Die Entscheidung über die Rechtsbeschwerde ergeht durch Beschl (Abs 6 S 1). Sie ist zu begründen, wie ein Umkehrschluss aus den Ausnahmevorschriften der S 2 und 3 ergibt. S 2 erklärt die Vorschrift des § 564 für entsprechend anwendbar, nach welcher eine Entscheidung nicht begründet werden muss, soweit Rügen von Verfahrensmängeln, die keine absoluten Revisionsgründe (§ 547) betreffen, nicht für durchgreifend erachtet werden (s. Erl dort). Nach S 3 kann von einer Begründung abgesehen werden, wenn diese nicht geeignet wäre, zur Klärung von Rechtsfragen grundsätzlicher Bedeutung, zur Fortbildung des Rechts oder zur Sicherung einer einheitlichen Rechtsprechung beizutragen. Diese Vorschrift ist mit Wirkung ab dem 1.9.04 durch das 1. Justizmodernisierungsgesetz v 24.8.04 eingefügt worden (BGBl I 2198). Sie dient der Entlastung des Rechtbeschwerdegerichts (vgl auch BTDrs 16/9733, 290 zur vergleichbaren Vorschrift des § 74 VII FamFG) und kommt insb bei Verwerfungen wegen Fehlens der Zulässigkeitsvoraussetzungen des § 574 II zur Anwendung, dann also, wenn aus der Begründung kein Ertrag für die Rechtssicherheit zu erwarten wäre (vgl BTDrs 15/3482, 19 f). Im Übrigen hat eine Begründung zu erfolgen. Das Rechtsbeschwerdegericht würde sonst seiner Aufgabe – der höchstrichterlichen Klärung grundsätzlicher Rechtsfragen, der Fortbildung des Rechts, der Sicherung einer einheitlichen Rechtsprechung (vgl § 574 II) – nicht gerecht. Wird die Entscheidung des Beschwerdegerichts aufgehoben und die Sache zur erneuten Entscheidung zurückverwiesen, folgt die Begründungspflicht zusätzlich daraus, dass das Beschwerdegericht an die Rechtsauffassung des aufhebenden Beschlusses gebunden ist (§ 577 IV 4). 12

Sieht das Rechtsbeschwerdegericht gem Abs 6 S 3 von einer Begründung ab, bleibt es auch dann dabei, wenn die unterlegene Partei eine Anhörungsrüge gem § 321a erhebt. Weder aus § 321a IV 2, wonach die Entscheidung über die Anhörungsrüge kurz begründet werden soll, noch unmittelbar aus dem Verfassungsrecht ergibt sich eine Verpflichtung zu einer weitergehenden Begründung. Ansonsten hätte es eine Partei in der Hand, mittels einer Anhörungsrüge nach § 321a die Bestimmung des Abs 6 S 3 im Rechtsbeschwerdeverfahren auszuhebeln. Eine Gehörsrüge kann nicht mit dem Ziel eingelegt werden, eine Ergänzung der angegriffenen Entscheidung herbeizuführen (vgl BTDrs 15/3706, 16; BGH NJW 05, 1432, 1433; NJW-RR 06, 63, 64). Das gilt auch für das Rechtsbeschwerdeverfahren (BGH FamRZ 06, 408). 13

Buch 4 Wiederaufnahme des Verfahrens

Bemerkungen vor §§ 578 ff ZPO

Das **Wesen** des Wiederaufnahmeverfahrens besteht in der Beseitigung der Sperrwirkung der Rechtskraft. 1
Ein unanfechtbar gewordenes Urt wird wieder anfechtbar und das rechtskräftig geschlossene Verfahren wird neu verhandelt (*Gaul* ZZP 74, 49, 76-79; teils abw MüKoZPO/*Braun* vor § 578 Rn 8, 9 mwN). Veranlasst ist die Wiederaufnahme, wenn das geschlossene Verfahren schwerste prozessuale Mängel aufweist (Nichtigkeitsklage, § 579), oder wenn dem Urt im geschlossenen Verfahren eine der Grundlagen, auf denen es beruht, entzogen wird (Restitutionsklage, § 580). Damit stellt das Wiederaufnahmerecht einen Ausgleich zwischen zwei Grundprinzipien des Prozessrechts dar: Demjenigen der Rechtskraft, die im Interesse von Ordnung und Rechtssicherheit auch ein unrichtiges Urt verbindlich werden lässt, und demjenigen der vorrangigen Orientierung des Prozesszwecks am materiellen Recht und den subjektiven Rechten der Parteien; dieser Prozesszweck soll trotz Rechtskraft durch die Wiederaufnahme, aber auch nur innerhalb ihrer Grenzen, weiterverfolgt werden (Gaul S. 66). Daraus, dass das Wertungsverhältnis dieser beiden Grundprinzipien gesetzlich durch die enumerativ geregelten Wiederaufnahmegründe ausgestaltet wurde, folgt die nur auf rechtsähnliche Ausnahmefälle beschränkte Analogiefähigkeit im Wiederaufnahmerecht (Beispiele s. Erläuterungen zu den einzelnen Wiederaufnahmegründen).

Da mit dem Wiederaufnahmeverfahren eine rechtskräftige Entscheidung angegriffen und das Verfahren in 2
dem Entwicklungsstadium wieder aufgenommen wird, in welchem es sich zur Zeit des Rechtskrafteintritts befand, hat das Wiederaufnahmeverfahren weder Devolutiv- noch Suspensiveffekt. Es handelt sich nicht um ein Rechtsmittel, wenngleich Parallelen zum Rechtsmittelrecht bestehen (BGHZ 84, 24, 27 = NJW 82, 2449, 2450; MüKoZPO/*Braun* vor § 578 Rn 5 mwN; vgl ThoPu/*Reichold* vor §§ 578 ff Rn 1). Das Wiederaufnahmeverfahren ist vielmehr ein **außerordentlicher Rechtsbehelf** in Form einer prozessualen Gestaltungsklage, die ein selbständiges Verfahren einleitet.

Das Wiederaufnahmeverfahren gliedert sich in **drei Abschnitte**. Zunächst muss die Wiederaufnahmeklage 3
zulässig sein. Bei Unzulässigkeit wird durch Urt verworfen. Es kann aber erneut Wiederaufnahmeklage erhoben werden, wenn eine fehlende Zulässigkeitsvoraussetzung nachgeholt wird. Ist die Zulässigkeit zu bejahen, folgt eine Begründetheitsprüfung zum behaupteten Wiederaufnahmegrund. Fehlt es an diesem, ist ein als unbegründet abweisendes Urt im Wiederaufnahmeverfahren kein Hinderungsgrund für die Geltendmachung eines anderen Wiederaufnahmegrundes. Liegt der behauptete Wiederaufnahmegrund vor, wird die angefochtene Entscheidung aufgehoben (iudicium rescindens) und im dritten Abschnitt das frühere Verfahren von Neuem verhandelt und entschieden (iudicium rescissorium), wobei der Streitgegenstand des früheren Verfahrens wieder rechtshängig wird und die allgemeinen Verfahrensvorschriften gelten. Die Wiederaufnahme kann dabei zu einem inhaltlich abgeänderten, aber auch zu einem inhaltsgleichen Urt führen, das den allgemeinen Regeln etwa hinsichtlich Bindungskraft, Rechtsmitteln und Rechtskraft unterfällt.

Nach § 48 II FamFG finden die §§ 578 ff auch auf Beschlüsse im **FamFG-Verfahren** Anwendung (für Ehe- 4
sachen und Familienstreitsachen s. § 118 FamFG). Daneben ist ein Sonderfall der Wiederaufnahme in Form des Restitutionsantrags in § 185 FamFG geregelt. Hier stellt die Vorlage eines neuen Vaterschaftsgutachtens, das eine andere Entscheidung über die Vaterschaft herbeigeführt haben würde, einen Restitutionsgrund dar. Dieser Antrag ist im Gegensatz zur allgemeinen Regelung des § 586 an keine Frist gebunden und setzt zudem keine Beschwer voraus. Nach § 439 IV 2 FamFG findet das Wiederaufnahmeverfahren auch im Angebotsverfahren mit allerdings auf 10 Jahre verlängerter Ausschlussfrist Anwendung. Parallelen zur Wiederaufnahme idS, dass die Entscheidung in einem unanfechtbar geschlossenen Verfahren aufgehoben wird, finden sich beim Aufhebungsantrag nach § 1059 II im **schiedsrichterlichen Verfahren.** Das Vorliegen eines Wiederaufnahmegrundes kann schließlich Grund für die Rückgängigmachung einer **markenrechtlichen Eintragung** sein (BGH 5.6.68 – I ZB 5/67 – nv; BPatG 13.4.10 – 27 W (pat) 13/10 – nv).

Weitere Möglichkeiten des Rechtsschutzes trotz rechtskräftigem Verfahrensabschluss bietet der Zivilprozess mit der Abänderungsklage, § 323, der Vollstreckungsgegenklage, § 767, und der Wiedereinsetzung in den vorigen Stand, § 233 (s. jew ebd sowie § 578 Rz 9). Die Rechtsprechung erlaubt zudem eine Durchbrechung der Rechtskraft durch eine Klage aus materiellrechtlichen Gründen nach § 826 BGB (dazu § 322 Rz 48-57).

§ 578 Arten der Wiederaufnahme. **(1) Die Wiederaufnahme eines durch rechtskräftiges Endurteil geschlossenen Verfahrens kann durch Nichtigkeitsklage und durch Restitutionsklage erfolgen.**
(2) Werden beide Klagen von derselben Partei oder von verschiedenen Parteien erhoben, so ist die Verhandlung und Entscheidung über die Restitutionsklage bis zur rechtskräftigen Entscheidung über die Nichtigkeitsklage auszusetzen.

1 **A. Normzweck und dogmatische Einordnung.** Mit der Ausrichtung des Zivilprozesses am materiellen Recht wäre es nicht vereinbar, wenn ein Urt, das in einem unter schwersten Mängeln leidenden Verfahren zu Stande gekommen ist, oder dessen Grundlagen in einer für das allgemeine Rechtsgefühl unerträglichen Weise erschüttert sind (BGH NJW 88, 1914 mwN), unanfechtbar bliebe. Trotz rechtskräftigem Abschluss kann ein solches Verfahren deshalb wieder aufgenommen werden (s. vor §§ 578 ff Rz 1).
Mögliche Formen der Wiederaufnahme sind die Nichtigkeitsklage (§ 579) und die Restitutionsklage (§ 580). Bestrebungen, ein einheitliches Institut der Wiederaufnahme unabhängig von der Unterscheidung zwischen Nichtigkeits- und Restitutionsklage zu entwickeln (so MüKoZPO/*Braun* § 578 Rn 3, 32 f mwN; *ders* Rechtskraft, S. 76-83), haben sich nicht durchgesetzt (hM, etwa Zö/*Greger* § 578 Rn 1).

2 **B. Die einzelnen Tatbestandsvoraussetzungen. I. Zulässigkeit des Wiederaufnahmeverfahrens.** Im Rahmen der dreistufigen Prüfung bei der Wiederaufnahme (s. §§ 578 ff Rz 3) regelt § 578 I die Zulässigkeitsvoraussetzung der **Statthaftigkeit**.

3 **1. Rechtskräftiges Endurteil. Endurteile** sind diejenigen Urteile, die für die Instanz endgültig über den Streitgegenstand entscheiden. Darunter fallen auch Teilurteile, Versäumnisurteile, Anerkenntnisurteile, Prozessurteile sowie Urteile im einstweiligen Rechtsschutz. Ob es sich um ein Leistungs-, Feststellungs- oder Gestaltungsurteil handelt, spielt keine Rolle. Entsprechend sind auch Scheidungsurteile (nunmehr Beschl, § 38 FamFG, s. noch Rz 4) grds wiederaufnahmefähig (Zö/*Greger* vor § 578 Rn 10). Das Urt muss in **formelle Rechtskraft** erwachsen sein, was entweder erfordert, dass Rechtsmittelfristen abgelaufen sind, oder, dass ein Rechtsmittel von vornherein nicht statthaft ist. Im Prozess behauptete Verfahrensmängel sind auch dort geltend zu machen (§ 582 Rz 3; § 580 Rz 19).

4 **Ebenfalls statthaft** ist die Wiederaufnahme bei rechtskräftigen Vollstreckungsbescheiden (§ 584 II). Zugelassen wurde sie in analoger Anwendung bei unanfechtbaren Beschlüssen, die das Verfahren beenden (BGH NJW 84, 2364; NJW 95, 332; ZIP 06, 1316; WRP 10, 1265, 1266; *Schneider* MDR 87, 287; Schilken ZPR Rn 1050). Dies gilt auch für rechtskräftige Beschlüsse im Insolvenzverfahren (BGH WM 07, 229; LG Göttingen ZInsO 07, 47). Für Beschlüsse nach § 38 FamFG ist in Ehesachen und Familienstreitsachen (§§ 111, 112 FamFG) die entsprechende Geltung der §§ 578 – 591 in § 118 FamFG ausdrücklich vorgesehen.
Prozesshandlungen können bei Vorliegen eines Restitutionsgrundes widerrufen werden, was insb für die Abstandnahme von einer Klage- oder Rechtsmittelrücknahme, einer Erledigungserklärung, von einem Anerkenntnis und einem Rechtsmittelverzicht Bedeutung erlangen kann (BGH WM 81, 1279; NJW 07, 1460, 1461 mwN; 07, 3640, 3644 mwN; BFHE 215, 53; Zö/*Greger* vor § 578 Rn 15 mwN; s. noch § 585 Rz 12).

5 **Nicht statthaft** ist die Wiederaufnahme (s. § 583) bei Grundurteilen nach § 304, sonstigen Zwischenurteilen nach §§ 303, 280 und Vorbehaltsurteilen nach §§ 302, 599; Wiederaufnahme ist ggf gegen die Entscheidung im Nachverfahren möglich (BGH JZ 63, 450; Zö/*Greger* vor § 578 Rn 11; *Wilts* NJW 63, 1532; *Gilles* ZZP 78, 466, 479; R/S/G § 159 Rn 11 f; letztere einschränkend soweit Nachverfahren in unterer Instanz als Verfahren über Grund-/Zwischen-/Vorbehaltsurteil, s. noch § 583 Rz 2, 4). Ebenfalls nicht möglich ist sie bei Prozessvergleichen (LSG Mü 19.5.10 – L 8 SO 38/10 – nv), Prozesskostenentscheidungen, Prozesskostenhilfeentscheidungen (BFH/NV 10, 2088), Sorgerechtsregelungen, einstweiligen Anordnungen im Zwangsvollstreckungsverfahren nach § 769 (Zimmermann § 578 Rn 6, 8; Zö/*Greger* vor § 578 Rn 12, 13) und gegen nicht instanzabschließende Beschlüsse (BSG 10.12.2010 – B 4 AS 97/10 B – nv).
Nach herrschender Meinung sind auch Schiedssprüche wegen der abschließenden Regelung des § 1059 nicht mit der Wiederaufnahmeklage angreifbar (ThoPu/*Reichold* § 1055 Rn 4; aA *Schlosser* FS Gaul 97, 679). Der Aufhebungsgrund des ordre public Verstoßes nach § 1059 II Nr 2b wird allerdings durch § 580 idS konkretisiert, dass ein sich im Schiedsverfahren ereignender Restitutionsgrund auch einen Aufhebungsgrund nach § 1059 bzw einen Grund, die Vollstreckbarerklärung nach § 1060 II zu verweigern, darstellt, wenn die Voraussetzungen der §§ 581 ff gegeben sind (BGHZ 145, 376 = NJW 01, 373 mwN; vgl BGHZ 141, 90).

Bei **Schein- oder Nichturteilen** ist Wiederaufnahme nicht statthaft, wohl aber bei wirkungslosen (nichtigen) Urteilen (MüKoZPO/*Braun* § 578 Rn 8, 12; Zö/*Vollkommer* vor § 300 Rn 19; R/S/G § 159 Rn 10; ThoPu/*Reichold* vor § 300 Rn 19).

6 **2. Weitere Zulässigkeitsvoraussetzungen.** Die Zuständigkeit für die Wiederaufnahmeklage ist in § 584, die (doppelte) Frist ist in § 586 und die Anforderungen an die Schrift sind in § 587 geregelt. Weitere (teils negative: Subsidiarität ggü Geltendmachung im Ausgangsverfahren) Zulässigkeitsvoraussetzungen speziell für die Behauptung des Nichtigkeits- oder Restitutionsgrundes nennen §§ 579, 580, 581 und 582. Darüber hinaus müssen eine Beschwer des Klägers (Sächs. OVG 28.12.2010 – 4 D 211/10 – nv) und die allgemeinen Prozessvoraussetzungen gegeben sein. Durch die Möglichkeit, eine Gehörsrüge nach § 321a einzulegen, wird das Anwendungsgebiet der Wiederaufnahme nicht ausgeschlossen (*Gaul* FS Schumann 01, 89, 119).

7 **II. Parteien des Wiederaufnahmeverfahrens.** Kl im Wiederaufnahmeverfahren ist diejenige Partei des Vorprozesses, die durch das frühere Urt beschwert ist, Bekl die insoweit gegnerische Partei im Vorprozess. In Betracht kommt aber auch ein Wiederaufnahmeverfahren durch einen Nebenintervenienten oder einen Gesamtrechtsnachfolger, nicht aber durch einen Einzelrechtsnachfolger bei Abtretung zwischen Abschluss des vorangegangenen Verfahrens und Rechtshängigkeit der Wiederaufnahmeklage (Zö/*Greger* vor § 578 Rn 5 f).

8 **III. Arten der Wiederaufnahme und Verhältnis der Klagen zueinander.** Die Wiederaufnahme ist möglich in Form der Nichtigkeitsklage und in Form der Restitutionsklage, wobei Abs 2 einen Vorrang der Nichtigkeitsklage insoweit vorsieht, als die Restitutionsklage zu ihren Gunsten auszusetzen ist, wenn beide Klagen erhoben werden.

Da kein einheitliches Wiederaufnahmeverfahren existiert (Rz 1), stellt sich der Wechsel zwischen den Klagearten als Klageänderung, § 263, dar (Zö/*Greger* § 578 Rn 2; aA MüKo/*Braun* § 578 Rn 33).

9 **C. Hinweise zur Prozesssituation.** Bei der Entscheidung, ob eine Wiederaufnahmeklage eingelegt werden soll, sind weitere Möglichkeiten des Vorgehens bei rechtskräftigem Verfahrensabschluss zu erwägen und abzugrenzen. Allein das Wiederaufnahmeverfahren beruft sich auf Verfahrensfehler oder auf eine erschütterte Urteilsgrundlage im geschlossenen Verfahren und zielt damit auf die Aufhebung eines rechtskräftigen Urteils ab. Die Vollstreckungsgegenklage nach § 767 richtet sich gegen die Vollstreckbarkeit eines Urteils und ist nicht auf dessen Aufhebung gerichtet; das Urt wird in seiner Richtigkeit und in seinem prozessual ordnungsgemäßen Zustandekommen gerade nicht angegriffen. Vielmehr wird sie auf Einwendungen gestützt, die nach Schluss der mündlichen Verhandlung entstanden sind. Die Abänderungsklage nach § 323 richtet sich gegen die Zukunftsprognose des Ersturteils, die insoweit vom Kl für unrichtig gehalten wird. Die Wiedereinsetzung nach § 233 hilft im Falle unverschuldeter Fristversäumung und kann dadurch die Rechtzeitigkeit bestimmter Prozesshandlungen fingieren und zwar auch nach Eintritt von Rechtskraft; sie richtet sich allerdings ebenfalls weder gegen Verfahrensfehler noch auf eine weggefallene Urteilsgrundlage.

10 Ähnlichkeit mit dem Wiederaufnahmeverfahren hat die Klage nach § 826 BGB, die nach herrschender Ansicht auch parallel und unabhängig vom Wiederaufnahmeverfahren möglich ist (s. § 322 Rz 50).

Nach § 81 deckt eine Prozessvollmacht auch das Wiederaufnahmeverfahren ab.

Bei der Zwangsvollstreckung ist zu beachten, dass diese einstweilen eingestellt werden kann, wenn ein Wiederaufnahmeantrag gestellt wurde, § 707.

11 **D. Verfahrensvergleichung.** Regelungen zu einem Wiederaufnahmeverfahren existieren in den meisten mitgliedstaatlichen Rechtsordnungen. Wird gegen ein durch ein mitgliedstaatliches Gericht erlassenes Urt im Herkunftsstaat eine Wiederaufnahmeklage erhoben, führt dies nicht zur Aussetzung des Verfahrens der Vollstreckbarerklärung nach Art 37 bzw Art 46 I EuGVO, da es sich nicht um einen ordentlichen Rechtsbehelf handelt (Köln OLGR 03, 294; HK-ZV/*Mäsch*, Art 37 EuGVVO Rn 3). In Betracht kommt das Beschwerdeverfahren nach Art 43 EUGVVO und das Aufhebungsverfahren nach § 27 AVAG.

12 **E. Kosten/Gebühren. I. Gericht.** Das Wiederaufnahmeverfahren – unabhängig davon, ob Nichtigkeitsklage oder Restitutionsklage – ist ggü dem Ausgangsverfahren ein neues Verfahren. Die Gebühren entstehen daher erneut (BGH 18.5.95 – X ZR 52/93). Die Höhe der Gebühren hängt davon ab, vor welchem Gericht das Wiederaufnahmeverfahren stattfindet. Im erstinstanzlichen Verfahren entstehen die erstinstanzlichen Gebühren nach Nr 1210 ff KV, im Berufungsverfahren die nach Nr 1220 ff KV und im Revisionsverfahren die nach Nr 1230 ff KV.

Werden Nichtigkeitsklage und Restitutionsklage im selben Verfahren erhoben, so liegt kostenrechtlich nur ein Verfahren vor, so dass die Gebühr nur einmal ausgelöst wird. Werden Nichtigkeitsklage und Restitutionsklage gesondert erhoben, so liegen zwei Verfahren vor, in denen die Gebühren jeweils gesondert entstehen.

13 **II. Anwalt.** Auch für den Anwalt ist das Wiederaufnahmeverfahren eine eigene selbständige Angelegenheit iSd § 15 RVG. Er erhält die Gebühren, die für den jeweiligen Rechtszug gelten, also im Wiederaufnahmeverfahren vor dem erstinstanzlichen Gericht die nach den Nr 3100 ff VV RVG, im Wiederaufnahmeverfahren vor dem Berufungsgericht die nach den Nr 3200 ff VV RVG und im Revisionsverfahren die nach den Nr 3206 ff VV RVG. Er erhält nicht etwa stets die erstinstanzlichen Gebühren. Dies folgt aus einem Umkehrschluss zu Vorbem 3.2 II VV RVG, die nur für einstweilige Verfügungs- und Arrestverfahren vor dem Rechtsmittelgericht die Gebühren der 1. Instanz für anwendbar erklärt.

§ 579 Nichtigkeitsklage.

(1) Die Nichtigkeitsklage findet statt:

1. **wenn das erkennende Gericht nicht vorschriftsmäßig besetzt war;**
2. **wenn ein Richter bei der Entscheidung mitgewirkt hat, der von der Ausübung des Richteramts kraft Gesetzes ausgeschlossen war, sofern nicht dieses Hindernis mittels eines Ablehnungsgesuchs oder eines Rechtsmittels ohne Erfolg geltend gemacht ist;**
3. **wenn bei der Entscheidung ein Richter mitgewirkt hat, obgleich er wegen Besorgnis der Befangenheit abgelehnt und das Ablehnungsgesuch für begründet erklärt war;**
4. **wenn eine Partei in dem Verfahren nicht nach Vorschrift der Gesetze vertreten war, sofern sie nicht die Prozessführung ausdrücklich oder stillschweigend genehmigt hat.**

(2) In den Fällen der Nummern 1, 3 findet die Klage nicht statt, wenn die Nichtigkeit mittels eines Rechtsmittels geltend gemacht werden konnte.

1 **A. Normzweck und dogmatische Einordnung.** Die Norm bezweckt, dass Verfahren, die **schwerste prozessuale Mängel** aufweisen, trotz rechtskräftigem Abschluss neu verhandelt und entschieden werden können. Dadurch kann die bisher unterbliebene Prüfung eines solchen Verfahrensmangels nachgeholt werden (*Leipold* ZZP 81, 71). Die enumerativen Nichtigkeitsgründe des § 579 beziehen sich zum einen auf die Verletzung des Grundrechts auf den **unparteiischen unabhängigen gesetzlichen Richter** (Nr 1–3) und zum anderen auf den Schutz und das **rechtliche Gehör** nicht wirksam vertretener und damit im Prozess handlungsunfähiger Parteien (Nr 4).

2 Wie die andere Art der Wiederaufnahme, die **Restitutionsklage** nach § 580, beseitigt die **Nichtigkeitsklage** die Sperrwirkung der Rechtskraft des Urteils (s. vor §§ 578 ff Rz 1). Mit dieser gleich steht sie zudem insofern, als die schweren Verfahrensmängel, die durch § 579 sanktioniert werden, ebenso wie die evidente Fehlerhaftigkeit des Urteils, die § 580 aufgreift, eine Erschütterung der Urteilsgrundlagen darstellen und das Ansehen des Staates und das Vertrauen in die Rechtspflege beeinträchtigen (*Gaul* FS Kralik 86, 157, 160 mwN; vgl auch BGHZ 172, 250, 252 sub II 2b). Freilich spielt es – im Unterschied zu § 580 – bei § 579 **keine Rolle**, ob der Wiederaufnahmegrund **ursächlich** für das angegriffene Urt war, was die elementare Bedeutung der von den Nichtigkeitsgründen sanktionierten prozessualen Vorgaben bezeichnet.

3 **B. Die einzelnen Tatbestandsvoraussetzungen. I. Zulässigkeit und Begründetheit der Nichtigkeitsklage.** Im Rahmen der dreistufigen Prüfung bei der Wiederaufnahme (s. vor §§ 578 ff Rz 3) weist § 579 I auf die Zulässigkeitsvoraussetzung der **schlüssigen Behauptung des Nichtigkeitsgrundes** hin. § 579 II regelt die Zulässigkeitsvoraussetzung der **Subsidiarität der Nichtigkeitsklage** ggü der Einlegung von Rechtsmitteln, was eine Frage der Statthaftigkeit der Nichtigkeitsklage ist. **Begründet** ist die Nichtigkeitsklage, wenn ein solcher Verfahrensverstoß tatsächlich vorliegt, so dass es zur Neuverhandlung kommt.

4 **II. Nichtigkeitsgründe.** Die Nichtigkeitsgründe entsprechen den in § 547 Nr 1 bis 4 geregelten **absoluten Revisionsgründen**, bei denen dort eine Kausalität des Verfahrensmangels für das angegriffene Urt unwiderleglich vermutet wird. Anders als die Revision gestattet die Nichtigkeitsklage aber keine Nachprüfung der Richtigkeit im Vorprozess bereits getroffener Feststellungen und ist insofern **keine Wiederholung von Rechtsmitteln** (*Gaul* FS Kralik 86, 157, 159; Musielak/*Musielak* § 579 Rn 10). Es gilt vielmehr der Grundsatz, dass eine Nichtigkeitsklage ausscheidet, wenn etwas im Vorprozess geprüft und – wenn auch zu Unrecht – festgestellt worden ist (zuletzt BGH NJW-RR 08, 448; MüKoZPO/*Braun* § 579 Rn 14; Musielak/*Musielak* § 579 Rn 10), so dass sie prinzipiell – auch im Falle von Nr 2 und Nr 4 (s. noch Rz 7, 10, 19) – nur dann möglich ist, wenn der **Nichtigkeitsgrund im Vorprozess übersehen** wurde (*Gaul* FS Kralik 86,

157, 158-168 mwN). Auf die Kommentierung zu § 547, zu §§ 41, 42 sowie zu §§ 21 a ff GVG kann aber im Hinblick auf das Vorliegen eines Nichtigkeitsgrundes ansonsten verwiesen werden. Im Einzelnen ergibt sich spezifisch für das Wiederaufnahmerecht Folgendes:

1. Nicht vorschriftsmäßige Besetzung des erkennenden Gerichts (Nr 1). Die vorschriftsmäßige Besetzung des erkennenden Gerichts ist von entscheidender Bedeutung für die Frage, ob das **Grundrecht auf den gesetzlichen Richter**, Art 101 I 2 GG, gewährleistet wurde. 5

Der Richter muss im Vorhinein durch normative, abstrakt-generelle Bestimmung ermittelt werden können; seiner Bestimmung darf keine Ermessensentscheidung zu Grunde liegen, durch die etwa für einzelne Geschäfte bestimmte Richter ausgesucht oder die Verfahren ansonsten nicht nach allgemeinen Merkmalen zugeteilt werden (etwa BVerfG NJW 05, 2689; BAGE 102, 242). Das Mittel zur Gewährleistung der Garantie des gesetzlichen Richters ist auch und va die **Geschäftsverteilung**, die durch das Gerichtsverfassungsrecht als innergerichtlicher Organisationsakt ausgestaltet wurde, und sowohl die gerichtsinterne Geschäftsverteilung als auch die spruchkörperinterne Geschäftsverteilung in einem Geschäftsverteilungsplan beinhaltet (Schilken Rn 367, 368). Fehler in der Geschäftsverteilung können sich unter anderem im Hinblick auf deren Bestimmung im Voraus, die Offenlegung des Geschäftsverteilungsplans (s. BAG AP Nr 5 zu § 21e GVG), die Genauigkeit der Bestimmung (s. BFH NJW 92, 1062), das Jährlichkeitsprinzip, das Stetigkeitsprinzip und das Prinzip der Bestimmung nach abstrakt-generellen Merkmalen (s. BAGE 102, 242) ergeben (ausf Schilken §§ 16, 19).

Allerdings führt nicht jeder Fehler in der Bestimmung der mitwirkenden Gerichtspersonen durch den Geschäftsverteilungsplan und dessen Anwendung zu einem Nichtigkeitsgrund, sondern nur **offensichtliche schwere Gesetzesverletzungen**, die bspw auf einer unvertretbaren Rechtsansicht und/oder objektiver Willkür beruhen (BVerfG NJW 97, 1497; BGH NJW 94, 1735, 1736; 95, 332, 335; BGH 22.11.1994 – X ZR 52/93 – nv; BFH ZSteu 11, R471; Musielak/*Musielak* § 579 Rn 2; krit *Sangmeister* NJW 98, 721, 728). 6

Neben der unrichtigen Geschäftsverteilung kommt als Nichtigkeitsgrund auch ein Verstoß gegen die die grundgesetzliche Garantie des gesetzlichen Richters vornehmlich in § 309 konkretisierenden Grundsätze der **Mündlichkeit** und **Unmittelbarkeit** in Betracht, wenn etwa ein nicht mitwirkender Richter das Urt unterschreibt, während des Verfahrens ein Wechsel in der Besetzung des Gerichts eintritt (BAG NJW 71, 1332; HK-ZPO/*Saenger* § 309 Rn 7; Zimmermann § 579 Rn 1) oder an Stelle eines Kollegiums ein einzelner Richter entschieden hat (LSG NRW 22.3.11 – L 6 AS 3/11 – nv, Rn 15). Die Mitwirkung eines blinden Richters – auch bei der Einnahme des Augenscheins – verletzt das Grundrecht auf den gesetzlichen Richter nicht und stellt deshalb keinen Nichtigkeitsgrund dar (Frankf MDR 10, 1015). Auch der Ablauf der Amtszeit eines beteiligten Richters vor Unterzeichnung des Tatbestandes und der Entscheidungsgründe ist kein Nichtigkeitsgrund, wenn dieser Richter bereits bei vorheriger Beratung und Verkündung das Urt unterzeichnet hat (LArbG München 2.2.11 – 11 Sa 343/08 – nv, Rn 38). Es genügt dann ein Verhinderungsvermerk des Vorsitzenden der Kammer.

Die **Einlegung eines Rechtsmittels** hat nach Abs 2 Vorrang vor der Nichtigkeitsklage, deren Statthaftigkeit entfällt, falls der Nichtigkeitsgrund auf diesem Wege hätte geltend gemacht werden können (was gilt, wenn ein Rechtsmittel erfolglos eingelegt worden ist, s. noch Rz 19).

2. Kraft Gesetzes ausgeschlossener Richter (Nr 2). Auch diese Vorschrift konkretisiert und ergänzt das Grundrecht auf den gesetzlichen Richter und zwar um dessen **Unparteilichkeit und Unvoreingenommenheit**, was zudem Grundlage für ein **faires Verfahren** ist. Kraft Gesetzes sind Richter vom Richteramt ausgeschlossen, wenn eine der in **§ 41 Nr 1–6 aufgezählten »Sachen«** Gegenstand des angegriffenen Urteils ist. Hat der ausgeschlossene Richter dennoch mitgewirkt, bleiben seine Prozesshandlungen zwar wirksam, das Urt kann jedoch wegen dieses schweren Verfahrensmangels angegriffen werden. 7

Obwohl die Subsidiarität nach Abs 2 für diesen Nichtigkeitsgrund nicht eingreift, ist auch beim gesetzlichen Ausschluss eines mitwirkenden Richters die typische (s. Rz 4) Abgrenzung zwischen Wiederaufnahme und Rechtsmitteln und zwar im Wortlaut der Nr 2 festgeschrieben: wird **ohne Erfolg ein Ablehnungsgesuch gestellt oder ein Rechtsmittel eingelegt**, ist die Nichtigkeitsklage ausgeschlossen. Derselbe Verfahrensmangel darf nicht nochmals geltend gemacht werden, wenn er schon einmal erfolglos geltend gemacht wurde, mag der Erfolg auch zu Unrecht verwehrt worden sein.

Umgekehrt folgt daraus, dass ein erfolgreiches Ablehnungsgesuch nicht zum Ausschluss der Nichtigkeitsklage führt, falls der gesetzlich ausgeschlossene Richter dennoch weiter am Verfahren mitgewirkt hat. Dasselbe gilt, wenn der Nichtigkeitsgrund im Verfahren gar nicht geprüft wurde. Beides kann noch nach

Rechtskraft mit der Nichtigkeitsklage geltend gemacht werden. Auch ansonsten führt der Ausschluss von Nr 2 aus dem Anwendungsbereich von Abs 2 dazu, dass **zwischen der Einlegung eines Rechtsmittels vor Rechtkraft und der Erhebung der Nichtigkeitsklage nach Rechtkraft gewählt** werden darf (*Gaul* FS Kralik 86, 157, 167).

8 **3. Wegen Befangenheit abgelehnter Richter (Nr 3).** Ebenso wie der Nichtigkeitsgrund nach Nr 2 iVm § 41 soll derjenige nach Nr 3 die Neutralität des Richters gewährleisten und zwar durch Verweis auf § 42. Dieser Nichtigkeitsgrund bezieht sich ausschließlich auf den wegen Besorgnis der Befangenheit abgelehnten Richter, § 42 II; der nach § 42 I ebenfalls ablehnbare kraft Gesetzes ausgeschlossene Richter ist speziell in Nr 2 geregelt.

Nr 3 setzt voraus, dass das Ablehnungsgesuch gestellt und für begründet erklärt worden ist. Daraus folgt zum einen, dass in der Nichtigkeitsklage **erfolglose Ablehnungsgesuche** nicht wiederholt werden können; zum anderen, dass auch während des Verfahrens **unerkannte Ablehnungsgründe** (denen also kein Gesuch und dessen Bescheidung folgte) mit der Nichtigkeitsklage nicht mehr verfolgt werden können (BGHZ 141, 90, 92, sub 2., 3.). Schließlich ist Nr 3 von der Statthaftigkeitssperre in Abs 2 erfasst, so dass der Nichtigkeitsgrund nicht geltend gemacht werden kann, wenn der Verstoß mit einem Rechtsmittel hätte geltend gemacht werden können. Dies betrifft den Fall, dass zwar ein erfolgreiches Ablehnungsgesuch gestellt wurde, gegen die weitere Mitwirkung des betroffenen Richters aber ein Rechtsmittel möglich war.

Damit ist der **Anwendungsbereich** des Nichtigkeitsgrundes nach Nr 3 **extrem eng**: Ein Ablehnungsgesuch wegen Befangenheit muss gestellt worden sein, dieses muss auch für begründet erklärt worden sein, dennoch muss der Richter an der Entscheidung mitgewirkt haben und dies insgesamt darf mit einem Rechtsmittel nicht hätte geltend gemacht werden können.

Nr 3 führt schließlich dazu, dass für eine Beschwerde gegen die Ablehnung eines Befangenheitsgesuchs das Rechtsschutzinteresse entfällt, wenn gegen die Entscheidung in der Hauptsache noch ein Rechtsmittel statthaft ist, durch das also der Verfahrensfehler geltend zu machen wäre (BGH NJW-RR 07, 411).

9 **4. Nicht ordnungsgemäße Vertretung einer Partei (Nr 4).** Für eine prozessunfähige Partei muss eine **ordnungsgemäße gesetzliche Stellvertretung** vorliegen, damit durch ihren Vertreter wirksam Prozesshandlungen vorgenommen werden können, was sich gem § 51 I vornehmlich nach materiellem Recht richtet, etwa §§ 1629, 1793, 1903, 26 II 1 BGB, § 35 GmbHG, § 78 AktG. Auch im Falle gewillkürter Vertretung (eines Prozessfähigen) durch einen bestellten Vertreter muss die entsprechende **Prozessvollmacht** nach § 80 wirksam erteilt werden, damit die Prozesshandlungen des Vertreters wirksam sind (Schilken ZPR Rn 271; Musielak/*Musielak* § 579 Rn 5). An diese beiden Fälle der Vertretung im Prozess knüpft Nr 4 an.

Nicht von Nr 4 erfasst ist jedoch die fehlende Postulationsfähigkeit, dh der Fall, dass eine prozessfähige Partei im Anwaltsprozess nicht durch einen Rechtsanwalt vertreten ist oder der Prozessvertreter selbst (vor diesem Gericht) nicht postulationsfähig ist (BAG NJW 91, 1252; BVerwG 21.6.06 – 5 B 54/06 – nv mwN; Musielak/*Musielak* § 579 Rn 7 aE).

10 Der Nichtigkeitsgrund nach Nr 4 ist der in der Praxis am häufigsten geltend gemachte und zugleich der dogmatisch umstrittenste. Grundsätzlich gilt auch hier im Hinblick auf den Inhalt des Nichtigkeitsgrundes der Verweis auf den absoluten Revisionsgrund des § 547 Nr 4.

Die Klärung der dogmatischen Abgrenzung des Wiederaufnahmerechts zu den Rechtsmitteln und damit der Statthaftigkeit einer Nichtigkeitsklage ist allerdings dadurch beim Nichtigkeitsgrund nach Nr 4 besonders erschwert: Einerseits führen dieselben Sachverhalte sowohl zu einem absoluten Revisionsgrund als auch zu einem Nichtigkeitsgrund, und eine Subsidiaritätssperre nach Abs 2 besteht für den Nichtigkeitsgrund nach Nr 4 nicht; andererseits muss eine Abgrenzung zum Rechtsmittelrecht getroffen werden, damit das Wiederaufnahmerecht nicht zur (möglicherweise ewigen: Musielak/*Musielak* § 579 Rn 10) Wiederholung der Rechtsmittel wird (s. Rz 4). Hinzu kommt, dass auch der Nichtigkeitsgrund nach Nr 4 Grundrechtsrelevanz hat und zwar für den Anspruch auf rechtliches Gehör, Art 103 I GG. Folgende Fälle sind von dieser Problematik betroffen:

11 **a) Der Nichtigkeitsgrund wurde im angegriffenen Verfahren geprüft und verneint.** Nach der Rechtsprechung ist die Nichtigkeitsklage nach Nr 4 statthaft, wenn im **früheren Verfahren die Prozessfähigkeit der Partei ausdrücklich bejaht worden ist** (BGHZ 84, 24; in andere Richtung weist aber BGHZ 153, 189, 192, sub 2). Vornehmlich unter dem Gesichtspunkt, dass von Nr 4 das Grundrecht auf rechtliches Gehör betroffen ist, findet dies Zustimmung auch in der Literatur (B/L/A/H § 579 Rn 13 mwN; ThoPu/*Reichold* § 579 Rn 2; anders aber Zö/*Greger* § 579 Rn 8; MüKoZPO/*Braun* § 579 Rn 14). Damit wird allerdings ein Nach-

einander von Rechtsmitteln und Wiederaufnahme gewährt, was sich auch aus den Vorgaben des Abs 2, der für diesen Nichtigkeitsgrund keine Subsidiarität vorgibt, nicht ergibt. Die Nichtigkeitsklage würde zu einer Wiederholung der Revision, was ihrem Wesen widerspricht (s. Rz 4, 19). Richtigerweise ist allein ein Wahlrecht (entweder/oder) und auch dies nur dann zu gewähren, wenn der Nichtigkeitsgrund im Verfahren (zunächst) unerkannt geblieben ist, nicht aber im Falle, dass über ihn bereits rechtskräftig entschieden wurde.

Unter dem Gesichtspunkt des **rechtlichen Gehörs** ist die Frage einer (abzulehnenden) analogen Anwendung von Nr 4 auf sämtliche Fälle von dessen Verletzung (abl BAG MDR 94, 1044; s. aber BVerfG NJW 98, 745, dafür auch B/L/A/H § 579 Rn 13; Warga S. 83, 107; zur Abgrenzung s. *Gaul* JZ 03, 1088; *Braun* NJW 84, 348) inzwischen faktisch von geringerer Bedeutung, da § 321 a eine solche Rüge beim iudex a quo zulässt (vgl Musielak/*Musielak* § 579 Rn 7; s. aber § 578 Rz 6).

b) Der Nichtigkeitsgrund hätte mittels eines Rechtsmittels geltend gemacht werden können, wurde jedoch nicht geltend gemacht. Aus der Anordnung, dass Abs 2 für den Nichtigkeitsgrund nach Nr 4 nicht gilt, schließt die Rechtsprechung, dass es für die Statthaftigkeit einer entsprechenden Nichtigkeitsklage nicht darauf ankommt, ob der Nichtigkeitsgrund mittels eines Rechtsmittels hätte geltend gemacht werden können: Die betroffene Partei habe ein Wahlrecht, ob sie ein Rechtsmittel einlege oder (nach Rechtskraft) Nichtigkeitsklage erhebe (BGH WM 07, 229 mwN). 12

Dem ist zu folgen: Liegt ein Nichtigkeitsgrund vor, der im Vorprozess bislang nicht geltend gemacht und verworfen wurde, so besteht tatsächlich ein Wahlrecht zwischen der Möglichkeit eines Rechtsmittels und (nach Rechtskraft) der Nichtigkeitsklage. An dieser Stelle erhält dann die Ausnahme von der Subsidiarität in Abs 2 ihren entscheidenden Sinn, nämlich der für Nr 4 (typischen) Gefahr vorzubeugen, dass der Mangel erst nach Ablauf der Rechtsmittelfrist erkannt wird (vgl *Gaul* FS Kralik 86, 157, 167, 168 mit Hinweis auf die Gesetzgebungsmaterialien).

c) Bedeutung des Fehlens einer Prozessvollmacht und Heilung fehlender Prozessfähigkeit durch Prozessvollmacht. Grundsätzlich führt das Fehlen einer gültigen Prozessvollmacht zu einer nicht ordnungsgemäßen Vertretung (s. Rz 9). Im Hinblick auf Nr 4 ist allerdings allein entscheidend, ob sich der Bevollmächtigte ausdrücklich oder durch schlüssiges Verhalten zum Prozessbevollmächtigten bestellt hat, nicht, ob er tatsächlich Prozessvollmacht hat (BGH NJW 02, 1728 mwN; s. aber noch Rz 17). 13

Entfällt die Prozessfähigkeit der Partei während des Verfahrens, etwa weil eine Gesellschaft liquidiert und im Handelsregister gelöscht wurde, ist aber vorher durch die noch prozessfähige Partei wirksam Prozessvollmacht erteilt, wirkt diese nach § 86 weiter, so dass der Wegfall der Prozessfähigkeit unschädlich ist: Die prozessunfähig gewordene Partei ist bei fortwirkender Prozessvollmacht »nach den Vorschriften der Gesetze vertreten« (BAGE 106, 217, 221, sub II 2a, b; BAGE 93, 248, 251, sub II 2c; BFH NJW-RR 01, 244 jew mwN; SächsLArbG 15.1.10 – 3 Sa 716/08 – nv, Rn 57; Bayerisches LSG 3.2.11 – L 19 R 75/07 – nv, Rn 26). Der umgekehrte Fall, nämlich der im Laufe des Verfahrens »wiedererlangten« Prozessfähigkeit, wird idR eine **Genehmigung der bisherigen Prozessführung** darstellen (BGHZ 106, 96; NJW 99, 3263; MDR 67, 565). Somit setzt Nr 4 letztlich voraus, dass die Partei während des gesamten Verfahrens nicht vertreten war (BGH WM 07, 229; MüKoZPO/*Braun* § 579 Rn 11).

d) Der Partei fehlt die Prozessführungsbefugnis. Handelt für eine nicht prozessführungsbefugte Partei nicht ihr gesetzlicher Prozessstandschafter oder ist eine Prozessstandschaft unzulässig, liegt ebenfalls ein Fall von Nr 4 vor. In Betracht kommt dies etwa, wenn Prozesse gegen den Schuldner im Insolvenzverfahren betrieben oder fortgesetzt werden (BGH ZIP 07, 144; MDR 67, 565) oder ein Prozessstandschafter tätig wird, obwohl die Voraussetzungen der (gewillkürten) Prozessstandschaft nicht vorliegen. 14

e) Die Partei hat von dem gegen sie laufenden Verfahren keine Kenntnis, da eine öffentliche Zustellung stattgefunden hat. Die öffentliche Zustellung von Klage und Urt als solche fällt nicht in den – auch nicht in den analogen (s. Rz 11) – Anwendungsbereich von § 579 I Nr 4. Das gilt auch dann, wenn die Voraussetzungen der öffentlichen Zustellung fehlerhaft angenommen wurden (BGH NJW 07, 303) oder die öffentliche Zustellung sogar durch falsche Angaben erschlichen wurde (BGHZ 153, 189; *Gaul* JZ 03, 1088). Vielmehr kommt bei erschlichener öffentlicher Zustellung der Restitutionsgrund des § 580 Nr 4 in Betracht, dessen Voraussetzungen aber auch nicht umgangen werden dürfen (BGHZ 153, 189). Nach der Rechtsprechung werden bei **erkennbaren Zustellungsmängeln** zudem Rechtsmittel- und Rechtsbehelfsfristen entgegen § 188 gar nicht in Gang gesetzt (BGH NJW 07, 303 mwN auch zur Gegenansicht), so dass Rechtskraft 15 nicht eintreten kann, und die Nichtigkeitsklage ohnehin entfällt; das Verfahren kann vielmehr ohne Wiedereinsetzung fortgesetzt werden.

16 **f) Der Prozessgegner der von dem Vertretungsmangel betroffenen Partei macht den Nichtigkeitsgrund geltend.** Klagen kann nur, wer selbst von dem Mangel der Vertretung betroffen war; nicht die gegnerische Partei (BGH FamRZ 88, 1158; BFH/NV 2011, 828 Rn 14; 2011, 51 Rn 13; 11.11.08 – V K 4/08 – nv; Musielak/*Musielak* § 579 Rn 8).

17 **g) Weitere Einzelfälle.** Ist der Geschäftsführer einer GmbH ins Handelsregister eingetragen, steht jedoch rechtskräftig fest, dass seine Bestellung unwirksam war, reicht eine »**faktische**« **Vertretung** durch den Geschäftsführer nicht aus (BGH WM 07, 229). Es fehlt an der ordnungsgemäßen gesetzlichen Vertretung der prozessunfähigen Partei.
Ebenso kann ein Nichtigkeitsgrund vorliegen, wenn an eine **unerkannt (geschäftsunfähige) prozessunfähige Partei** zugestellt wird, da kein erkennbarer Zustellungsmangel (s. Rz 15) vorliegt und somit durch eine solche Zustellung Rechtsmittelfristen in Gang gesetzt werden können und Rechtskraft eintreten kann (BGHZ 176, 74).
Kein Wiederaufnahmegrund besteht bei **weisungswidrigem Handeln eines Prozessvertreters**, da eine Beschränkung von dessen Vollmacht im Innenverhältnis dem Gegner und dem Gericht ggü ohne Wirkung ist (BGH NJW 07, 3640, 3643, sub II 2 b, ee).

18 **III. Schlüssige Behauptung des Nichtigkeitsgrundes.** Die Tatsachen, aus denen sich ein Wiederaufnahmegrund ergeben soll, müssen von der Partei schlüssig behauptet werden. Dies ist Voraussetzung der Zulässigkeit der Klage (s. schon RGZ 75, 53, 56; BFH Zsteu 11, R471; BFH/NV 11, 828 Rn 9; 10.6.09 – VII K 6/09 – nv; Saarbr 12.10.10 – 4 U 501/09 – nv). Die vorgetragenen Tatsachen müssen also den Wiederaufnahmegrund ergeben. Die alleinige Berufung auf eine vermeintliche Sittenwidrigkeit des angegriffenen Urteils genügt nicht. Die **rechtliche** Prüfung der Schlüssigkeit führt also zur **Verwerfung der Klage als unzulässig** nach § 589.

19 **IV. Subsidiarität (Abs 2).** Bei den Nichtigkeitsgründen nach Nr 1 und Nr 3 setzt die Statthaftigkeit der Klage voraus, dass der Verfahrensmangel mittels eines Rechtsmittels nicht hätte geltend gemacht werden können. Voraussetzung ist allerdings, dass die betroffene Partei insoweit ein Verschulden trifft (MüKoZPO/*Braun* § 579 Rn 5; Zö/*Greger* § 579 Rn 11; s. noch § 582 Rz 4). Zur Bedeutung dieser Vorschrift für die einzelnen Nichtigkeitsgründe s. jew ebd.
Die Anordnung gilt entsprechend auch für den Einspruch gegen Versäumnisurteile und Vollstreckungsbescheide, obwohl er nicht zu den Rechtsmitteln zählt; nicht jedoch für einen möglichen Antrag auf Wiedereinsetzung (Musielak/*Musielak* § 579 Rn 11) und für die Gehörsrüge nach § 321 a (s. § 578 Rz 6).
Die Norm ist auf Nr 2 und Nr 4 nicht (analog) anwendbar. Freilich trifft sie zur Frage, ob eine Nichtigkeitsklage statthaft ist, wenn ein Rechtsmittel tatsächlich eingelegt wurde, ihm aber kein Erfolg beschieden war, keine Aussage. Hier bleibt es – auch für Nr 2 und Nr 4 – bei der allgemeinen Regel, dass einmal verneinte Nichtigkeitsgründe im Wiederaufnahmeverfahren nicht nochmals überprüft werden dürfen (s. Rz 7, 11). Der Ausschluss von Nr 2 und Nr 4 aus dem Anwendungsbereich von Abs 2 führt insofern (allein) dazu, dass bei im Verfahren unerkannten Nichtigkeitsgründen eine Wiederaufnahme möglich bleibt, obwohl vor Rechtskraft ein Rechtsmittel hätte geltend gemacht werden können. Den Parteien bleibt also bei diesen Nichtigkeitsgründen ein Wahlrecht, sie vor oder nach Rechtskraft geltend zu machen.

20 **C. Hinweis zur Prozesssituation.** Fehlt es an der schlüssigen Behauptung des Wiederaufnahmegrundes (Rz 3, 18), ist ein PKH-Antrag abzulehnen (Sächs. FG 30.8.10 – 8 K 658/09 – nv)

§ 580 Restitutionsklage. Die Restitutionsklage findet statt:

1. wenn der Gegner durch Beeidigung einer Aussage, auf die das Urteil gegründet ist, sich einer vorsätzlichen oder fahrlässigen Verletzung der Eidespflicht schuldig gemacht hat;
2. wenn eine Urkunde, auf die das Urteil gegründet ist, fälschlich angefertigt oder verfälscht war;
3. wenn bei einem Zeugnis oder Gutachten, auf welches das Urteil gegründet ist, der Zeuge oder Sachverständige sich einer strafbaren Verletzung der Wahrheitspflicht schuldig gemacht hat;
4. wenn das Urteil von dem Vertreter der Partei oder von dem Gegner oder dessen Vertreter durch eine in Beziehung auf den Rechtsstreit verübte Straftat erwirkt ist;

5. wenn ein Richter bei dem Urteil mitgewirkt hat, der sich in Beziehung auf den Rechtsstreit einer strafbaren Verletzung seiner Amtspflichten gegen die Partei schuldig gemacht hat;
6. wenn das Urteil eines ordentlichen Gerichts, eines früheren Sondergerichts oder eines Verwaltungsgerichts, auf welches das Urteil gegründet ist, durch ein anderes rechtskräftiges Urteil aufgehoben ist;
7. wenn die Partei
a) ein in derselben Sache erlassenes, früher rechtskräftig gewordenes Urteil oder
b) eine andere Urkunde auffindet oder zu benutzen in den Stand gesetzt wird, die eine ihr günstigere Entscheidung herbeigeführt haben würde;
8. wenn der Europäische Gerichtshof für Menschenrechte eine Verletzung der Europäischen Konvention zum Schutz der Menschenrechte und Grundfreiheiten oder ihrer Protokolle festgestellt hat und das Urteil auf dieser Verletzung beruht.

A. Normzweck und dogmatische Einordnung. Die Restitutionsklage bezweckt die Wiederaufnahme und Neuverhandlung eines rechtskräftig abgeschlossenen Prozesses, dessen Urteilsgrundlagen **in besonders schwerwiegender Weise bzw evident verfälscht** sind. Weil die ansonsten auch unrichtigen Urteilen zukommende Rechtskraft in solchen Fällen hinter die materielle Gerechtigkeit zurücktreten muss (s. vor §§ 578 ff Rz 1), kann die betroffene Partei nicht an dem Urt festgehalten werden (vgl BGHZ 38, 333, 336 f; BGHZ 103, 121, 125 f). Die Norm geht davon aus, dass bestimmten Beweismitteln besondere tatsächliche oder gesetzliche Beweiskraft zukommt, woran sämtliche Restitutionsgründe anknüpfen (Gaul S. 80-87; anders Braun S. 30-36, 250-255). Urteile, die auf solchen Beweismitteln gründen, sind in diesen Grundlagen evident erschüttert, wenn ein Restitutionsgrund vorliegt. 1

Wie die Nichtigkeitsklage strebt die Restitutionsklage eine neue Verhandlung eines bereits durch rechtskräftige Entscheidung abgeschlossenen Verfahrens an. Im Unterschied zur Nichtigkeitsklage rechtfertigen alle Restitutionsgründe eine Wiederaufnahme aber nur dann, wenn **auf sie das Urt gegründet ist**: Zwischen dem Restitutionsgrund und dem Urt muss ein ursächlicher Zusammenhang bestehen; erst dadurch wird die Urteilsgrundlage erschüttert.

B. Die einzelnen Tatbestandsvoraussetzungen. I. Zulässigkeit und Begründetheit der Restitutionsklage. Im Rahmen der dreistufigen Prüfung bei der Wiederaufnahme (s. vor §§ 578 ff Rz 3) weist § 580 auf die Zulässigkeitsvoraussetzung der **schlüssigen Behauptung des Restitutionsgrundes** (s. § 579 Rz 18, 20) hin. Dazu gehört auch die Behauptung zur **Kausalität**, also zum Beruhen des Urteils auf dem Restitutionsgrund, was bereits dann der Fall ist, wenn nicht ausgeschlossen werden kann, dass das Urt ohne den Restitutionsgrund einen anderen – nicht unbedingt für den Restitutionskläger günstigeren – Inhalt aufweisen würde (Musielak/*Musielak* § 580 Rn 3). Hierfür wiederum genügt es, wenn das Urt auf einem Tatsachenstoff oder rechtlichen Wertungen beruht, die von dem Restitutionsgrund ergriffen sind (R/S/G § 160 Rn 10). Zur Bedeutung für die einzelnen Restitutionsgründe s. jew ebd. 2

Für die Statthaftigkeit setzt § 581 I zudem in den Fällen von § 580 Nr 1–5 zusätzlich die **rechtskräftige Verurteilung** wegen des Restitutionsgrundes voraus, wobei es allein auf das »ob« der Verurteilung, nicht auf deren inhaltliche Richtigkeit ankommt. § 582 regelt die Statthaftigkeitsvoraussetzung der **Subsidiarität jeder Restitutionsklage** ggü der Einlegung von Rechtsmitteln, was zum Tragen kommt, wenn der Grund bei hinreichender Sorgfalt schon im Vorprozess hätte geltend gemacht werden können.

Begründet ist die Restitutionsklage, wenn ein Restitutionsgrund tatsächlich vorliegt, so dass es zur Neuverhandlung kommt. Dabei besteht in den Fällen von Nr 1–5 keine inhaltliche Bindung an das Strafurteil, so dass die Straftat vom Restitutionsgericht selbstständig zu prüfen ist. Der Restitutionsgrund besteht nicht in der Verurteilung, sondern in der Straftat. 3

Im wiederaufgenommenen Verfahren ist schließlich zu prüfen, wie der Rechtsstreit inhaltlich zu entscheiden ist, nachdem der die Urteilsgrundlage verfälschende Restitutionsgrund beseitigt ist.

II. Restitutionsgründe. Die einzelnen Restitutionsgründe greifen verschiedenartige Erschütterungen der Urteilsgrundlagen auf: Nr 1–5 die strafbare Verfälschung der Urteilsgrundlagen, Nr 6 und 8 deren späteren Wegfall und Nr 7 deren nunmehr mögliche Vervollständigung (vgl R/S/G § 160 Rn 12). 4

Einen weiteren Restitutionsgrund nennt § 185 FamFG. Zur Zulässigkeit, Begründetheit und Verfassungsmäßigkeit dieses Restitutionsgrundes s. BGH NJW 03, 3708; Schulte-Bunert/Weinreich/*Schwonberg* § 185 Rn 1-15; *Stößer* FamRZ 09, 923, 930.

5 **1. Nr 1 Strafbare Falschaussage des Gegners.** Es geht dabei um unrichtige nach § 452 beeidigte oder nach § 484 bekräftigte Parteiaussagen des Gegners des Restitutionsklägers iRd Parteivernehmung nach §§ 445 ff. Erfasst sind der **Meineid** nach § 154 StGB und die **falsche eidesgleiche Bekräftigung** nach § 155 StGB sowie deren fahrlässige Begehung nach § 161 StGB. Nicht erfasst sind aber falsche Versicherungen an Eides statt nach § 156 StGB sowie unrichtiger Parteivortrag. Beides kann jedoch einen Restitutionsgrund nach Nr 4 darstellen.

Das Urt im Vorprozess muss **auf der falschen eidlichen Aussage beruhen**. Dafür genügt es, dass die Kausalität des Restitutionsgrundes für das Urt nicht ausgeschlossen werden kann. Dies ist schon der Fall, wenn die Aussage zwar nur in einem für die Entscheidung nicht wesentlichen Punkt unrichtig ist, das Urt aber auf der gesamten Aussage beruht, da dies das Vertrauen in deren Wahrheitsgehalt allgemein erschüttert (R/S/G § 160 Rn 13, 15). Unrichtige Teile der Aussage oder Unrichtigkeit in Nebenpunkten genügt also (Musielak/*Musielak* § 580 Rn 6). Nicht notwendig für die Kausalität ist zudem, dass der Eid im wiederaufzunehmenden Verfahren vorgenommen wurde; auch ein anderes, insb ein präjudizielles Verfahren, kommt in Betracht (Zö/*Greger* § 580 Rn 8; s.u. Rz 7).

Die Restitutionsklage findet im Fall der Nr 1 nur statt, wenn wegen der Straftat eine **rechtskräftige Verurteilung** ergangen ist, oder wenn die Einleitung oder Durchführung eines Strafverfahrens aus anderen Gründen als wegen Mangels an Beweis nicht erfolgen kann, § 581 I. Vom Erfordernis der strafgerichtlichen Verurteilung kann auch nicht abgesehen werden (BGHZ 85, 32; NJW-RR 06, 1573; FG Leipzig 30.8.10 – 8 K 658/09 – nv; aA Braun S. 120-132; MüKoZPO/*Braun* § 581 Rn 11-13; wohl auch *Borck* WRP 99, 478). Restitutionsgrund ist aber die Straftat, die Verurteilung ist (nur) Zulässigkeitsvoraussetzung. Der Inhalt des Strafurteils ist nicht bindend im Restitutionsprozess (BGH JZ 83, 112 mit Anm *Grunsky* = BGH ZZP 97, 68 mit Anm *Braun*), so dass zum einen – für die Zulässigkeit – die Tatsache der Verurteilung erheblich ist, zum anderen – für die Begründetheit – die Straftat vorliegen muss, was der mit dem Restitutionsprozess befasste Richter selbstständig zu prüfen hat, vgl § 14 II Nr 1 EGZPO aF. Inwieweit das Strafurteil dadurch ersetzt werden kann, dass aus anderen Gründen als wegen Mangels an Beweis ein Strafverfahren nicht eingeleitet oder durchgeführt werden kann s. § 581 Rz 3.

6 **2. Nr 2 Urkundenfälschung.** Erfasst sind Urkundenfälschung und -unterdrückung und (mittelbare) Falschbeurkundung seitens Privatpersonen oder im Amt iSv §§ 267, 271, 274 oder 348 StGB. Es geht nicht um die inhaltliche Richtigkeit der Urkunde, sondern allein um die **Gefälschtheit**. Diese ist der für die Zulässigkeit schlüssig vorzutragende und iRd Begründetheit festzustellende Restitutionsgrund. Nicht notwendig ist, dass die vorlegende Partei die Fälschung vorgenommen hat oder von ihr wusste. Inhaltlich kann die Urkunde lediglich im wieder aufgenommenen Prozess gewürdigt werden.

Die **Kausalität** kann bereits dann vorliegen, wenn die Urkunde iRe mittelbaren Beweises (Indizienbeweis bzw Hilfstatsachen des Beweises) Bedeutung erlangt hat oder lediglich Teile der Urkunde verfälscht sind (Musielak/*Musielak* § 580 Rn 7 mwN).

Die Restitutionsklage findet auch im Falle der Nr 2 nur unter der Einschränkung des § 581 I statt (s. Rz 5).

7 **3. Nr 3 Strafbare Falschaussagen von Zeugen und Sachverständigen.** Erfasst sind **unrichtige Zeugenaussagen** und Verletzungen der Wahrheitspflicht durch einen **Sachverständigen** oder einen **Dolmetscher** (§ 189 GVG), deren Strafbarkeit §§ 153–162 StGB bestimmen. Daraus folgt, dass es – anders als bei Nr 1 – keine Rolle spielt, wenn der vorsätzlich Handelnde unbeeidigt blieb (§ 153 StGB) und dass auch die falsche Versicherung an Eides Statt (§ 156 StGB) erfasst ist. Im Falle von Fahrlässigkeit kommt aber die unbeeidigt gebliebene Aussage nicht als Restitutionsgrund in Betracht (§ 163 StGB). Ebenso wie bei Nr 1 (s. Rz 5) genügt es, wenn die Aussage in einem auch nur unwesentlichen Punkt unrichtig ist und wenn sie in einem anderen Verfahren als dem Vorprozess getätigt wurde (Hamm OLGR 99, 153; RGZ 143, 47).

Die **Kausalität** liegt vor, wenn die Aussage für sich allein oder im Zusammenhang mit dem Ergebnis einer weiteren Beweiserhebung oder dem sonstigen Inhalt der Verhandlung im Vorprozess die Entscheidung trägt, selbst wenn sie dabei nur einen Nebenpunkt betrifft (Zö/*Greger* § 580 Rn 10). Für sich allein nicht ausreichend ist, dass die Aussage iRd Urteilsgründe, etwa in den Zusammenfassungen der Beweisaufnahme, benannt wird (Naumbg 15.3.06 – 12 U 128/05 – nv).

Die Restitutionsklage findet auch im Falle der Nr 3 nur unter der Einschränkung des § 581 I statt.

8 **4. Nr 4 Erwirkung des Urteils durch eine Straftat.** Einschlägig sind insb Fälle eines **Prozessbetrugs**, § 263 StGB. Damit kommen auch die von Nr 1 und 3 nicht erfassten **Wahrheitsverstöße** etwa durch unwahre Behauptungen oder falsche Beweisführungen in Betracht, wenn die weiteren Voraussetzungen des § 263

StGB gegeben sind. Da hierzu insb der Vermögensschaden oder eine entsprechende Gefährdung gehört, und die Prozesskosten als solche nicht ausreichen, wird ein Prozessbetrug nur in Betracht kommen, wenn eine **vermögensrechtliche Streitigkeit** vorliegt (Musielak/*Musielak* § 580 Rn 9). Bei bewusst falschen Angaben im Antrag auf Erlass eines Mahnbescheids kann ein Prozessbetrug zu bejahen sein, obwohl im Mahnverfahren keine Schlüssigkeitsprüfung stattfindet (Prütting/Weth Rn 105; aA *Deneke-Stoll* JuS 89, 796, 801; *Mühlhausen* MDR 95, 770, 771). Zur Erschleichung der Zustellung s. § 579 Rz 15; sie kann ein Prozessbetrug sein.

Die **Kausalität** liegt bei Nr 4 ebenso wie für § 263 StGB bereits dann vor, wenn das Urt durch die Täuschung veranlasst worden ist; ob der Beklagte die unwahren Behauptungen bestreitet oder nicht spielt keine Rolle (R/S/G § 160 Rn 16). Ebenfalls ist unerheblich, ob die Täuschung ggü dem Richter erfolgt ist oder ob (nur) die Gegenpartei getäuscht wurde und damit etwa ein Anerkenntnis- oder Versäumnisurteil erwirkt wurde (Musielak/*Musielak* § 580 Rn 9).

Ansonsten kommen Straftaten **des eigenen Vertreters, des Gegners oder dessen Vertreters** nach §§ 160, 239, 240, 266, 356 StGB in Betracht.

Die Restitutionsklage findet auch im Falle der Nr 4 nur unter der Einschränkung des § 581 I statt (s. Rz 5). Die Rechtsprechung eröffnet auch für Fälle von **Prozessbetrug ohne Strafurteil** iSd § 581 vielfach die Rechtskraftdurchbrechung über § 826 BGB (vgl Zö/*Greger* § 581 Rn 3; dazu § 322 Rz 48-57). Daraus ist aber nicht auf Wegfall der Voraussetzung des § 581 I für die Restitutionsgründe zu schließen, sondern vielmehr auf die Widersprüchlichkeit von deren Ausdehnung über § 826 BGB.

5. Nr 5 Straftaten durch das Gericht. Auch hier muss die Verfälschung der Urteilsgrundlage auf einer in 9
Bezug auf den Vorprozess verübten Straftat beruhen und zwar des Richters nach den §§ 331 ff StGB, was insb die Rechtsbeugung (§ 339 StGB) erfasst. Die praktische Bedeutung dieses Restitutionsgrundes ist gering. Entgegen dem Wortlaut der Norm ist – wie bei den Straftatbeständen (RGSt 57, 31) – eine Mitwirkung bei der Leitung des Prozesses ausreichend, eine Mitwirkung bei dem Urt selbst ist nicht erforderlich (R/S/G § 160 Rn 17). In diesem Fall muss sich allerdings die Prozessleitung gegen die Partei nachteilig auswirken (BAG ZZP 75, 264; R/S/G § 160 Rn 17), während ansonsten für das Kausalitätserfordernis (s. Rz 2) nicht erforderlich ist, dass das Ergebnis des Prozesses ein anderes ist.

Eine analoge Eröffnung dieses Restitutionsgrundes für Fälle »greifbarer Gesetzeswidrigkeit« des Urteils (*Borck* WRP 99, 478), kommt schon deshalb nicht in Betracht, weil die Restitutionsklage auch im Falle der Nr 4 nur unter der Einschränkung des § 581 I stattfindet.

6. Nr 6 Aufhebung einer früheren Entscheidung. Es geht um die **Aufhebung einer vorgängigen Ent-** 10
scheidung durch rechtskräftiges Urteil. Insgesamt ist also iRv Nr 6 von drei Urteilen die Rede: Zum einen das Urt des Vorprozesses, dessen Rechtskraftdurchbrechung mit der Wiederaufnahme angestrebt wird, zum zweiten ein Urt, worauf das Urt im Vorprozess gegründet ist (»vorgängiges Urteil«), und drittens ein rechtskräftiges Urt, das eben diese Grundlage, also das vorgängige Urt aufhebt.

Es muss sich beim vorgängigen Urt um das Urt eines **ordentlichen Gerichts** (Zivil- oder Strafsachen, auch Arbeitsgerichte), eines **früheren Sondergerichts** oder eines **Verwaltungsgerichts** (auch Sozial-, Finanzgerichtsbarkeit) handeln (vgl BGHZ 89, 114, 116).

Analog Nr 6 ist die Restitutionsklage auch bei der Aufhebung eines Schiedsspruchs nach § 1055 (als vorgängiges Urt) eröffnet (BGH NJW-RR 08, 556; Zö/*Greger* § 580 Rn 13). Aufgrund seines urteilsvertretenden Charakters ist auch ein aufgehobener **Teilbeschluss** einem vorgängigen Urt iSv Nr 6 gleichzustellen (BGH NJW-RR 07, 767). Entsprechendes gilt auch für eine aufgehobene Entscheidung in der **freiwilligen Gerichtsbarkeit** und für einen **Verwaltungsakt**, nicht aber für amtliche Auskünfte (R/S/G § 160 Rn 20, 21 mwN; *Hummel* NZS 10, 139, 140, 142). Auch im Fall, dass ein Verletzer eines Patents oder einer geschützten Sorte rechtskräftig verurteilt wurde und das **Schutzrecht** später zurückgenommen wird, kommt die Restitutionsklage in Betracht (BGH WRP 10, 1265; Ddorf GRUR-RR 11, 122, Rn 60; LG Düsseldorf GRUR 87, 628 mwN; aA *Schickedanz* GRUR 00, 570 mwN).

Keine Analogie zu diesem Restitutionsgrund ist gegeben, wenn der EuGH nach Rechtskraft eines Urteils des- 11
sen **Gemeinschaftsrechtsverstoß**, insb in Form einer Verletzung der Vorlagepflicht nach Art 234 EGV, feststellt (BFH DVBl 78, 501; Köln BB 04, 1134; *Koch* EuZW 95, 78, 84; *Poelzig* JZ 07, 858, 867 mwN). Hierbei fehlt es an der »dritten Entscheidung« im og Sinne, so dass lediglich ein Fall vorliegt, wo ein (höherrangiges) Urt im Nachhinein eine dem angegriffenen Urt widersprechende Rechtsauffassung festschreibt. Dieser Fall hingegen kann nur nach Nr 8 ein Restitutionsgrund sein und erfasst auch dort Urteile des EuGH nicht.

Soweit im **Verbandsklageverfahren** nach dem UWG oder dem UKlaG mehrere Verfahren wegen derselben Verletzung stattfinden können, liegt in einander widersprechenden Urteilen kein iRv Nr 6 analogiefähiger Restitutionsgrund (aA *Hasselbach* GRUR 97, 40). Eine Klage desselben oder eines anderen Verbandes ist möglich und der Klagegegner kann sich – außerhalb des Anwendungsbereichs von §§ 10, 11 UKlaG – in einem weiteren Prozess nicht auf den Ausgang des anderen Verfahrens berufen (*Meller-Hannich* S. 305–309).

12 **Vorrang** vor Nr 6 hat die Regelung des **§ 79 II BVerfGG** (BGH VersR 06, 1662 = ZEV 06, 509 mit Anm *Musielak*; BAG 10.10.02 – 2 AZR 63/01 – nv; s. schon BFH DVBl 78, 501). Da diese Norm rechtskräftig abgeschlossene Verfahren nicht mehr in Frage stellt, ermöglicht eine Entscheidung des Bundesverfassungsgerichts über die Verfassungswidrigkeit einer Norm oder deren Auslegung also keine Wiederaufnahme. Anderes regelt Nr 8 nunmehr (nur) für Urteile des EGMR.

Das angegriffene Urt ist auf dem aufgehobenen »vorgängigen« Urt **gegründet**, wenn die rechtlichen Erwägungen oder die tatsächlichen Feststellungen für es irgendwie bestimmend waren und es deshalb durch die Aufhebung seine Stütze verliert, ohne dass aber eine rechtliche Bindungswirkung von Nöten wäre (R/S/G § 160 Rn 21; aA MüKoZPO/*Braun* § 580 Rn 38).

13 **7. Nr 7a Auffinden eines früheren Urteils.** Erfasst ist das Auffinden oder Benutzbarwerden eines Urteils in **derselben oder einer präjudiziellen** (R/S/G § 160 Rn 25) **Sache**, das früher als das angefochtene Urt rechtskräftig geworden ist. Das bedeutet entweder eine Identität der Streitgegenstände des angefochtenen und des aufgefundenen Urteils, oder dass die Entscheidung in der früheren Sache einen Streitgegenstand rechtskräftig entschieden hat, der eine Vorfrage in dem späteren Prozess betraf und damit verbindlicher Feststellung zuführte. Im Übrigen reicht auch die **Erstreckung der Rechtskraft** nach §§ 325-327 aus, so dass eine Parteiidentität nicht erforderlich ist (R/S/G § 160 Rn 25).

Soweit es sich um ein **ausländisches Urteil** handelt, sind sowohl diejenigen mitgliedstaatlicher Gerichte nach Art 32 EuGVO, als auch diejenigen nicht-mitgliedstaatlicher Gerichte nach § 328 anerkannt, so dass auch sie einen Restitutionsgrund bilden können.

Auffinden oder Benutzbarwerden meint, dass das Urt in den Vorprozess nicht eingeführt werden konnte. Die Beweislast dafür, dass es nicht bekannt war oder nicht benutzbar war, soll insoweit der Restitutionskläger tragen, wobei schon die Kenntnis vom Erlass des Urteils ausreichen soll (Köln NJW-RR 99, 363; Zö/*Greger* § 580 Rn 14). Dem ist nur eingeschränkt zuzustimmen: Ein früheres rechtskräftiges Urt als Restitutionsgrund anzunehmen, stellt eine Besonderheit im System der Restitutionsgründe dar, denn ein späteres Urt (hier das angegriffene Urt) ist ohnehin der materiellen Rechtskraft nicht fähig, so dass Nr 7a sich (nur) gegen die formelle Rechtskraft des inhaltlich aber wirkungslosen Urteils mit dem Ziel seiner förmlichen Aufhebung, §§ 775 Nr 1, 776, richtet (Gaul S. 95-99; Musielak/*Musielak* § 580 Rn 13). Aus dieser, der herrschenden prozessualen Rechtskraftlehre entsprechenden Einordnung des angefochtenen Urteils folgt, dass die Rechtskraft des Ersturteils vAw zu beachten ist und die Anforderungen an die Kausalität und ihren Nachweis anzupassen sind. Ausgeschlossen ist die Kausalität deshalb nur, wenn der Kl das Urt in Kenntnis des ersten (arglistig) herbeigeführt hat (Musielak/*Musielak* § 580 Rn 14; *Gaul* FS Friedrich Weber 75, 155, 169).

Aus diesen Gründen können für derartige nur formell rechtskräftige aber wirkungslose Urteile auch die Schranken aus § 582 (**Subsidiarität ggü Rechtsmitteln**) und aus § 586 (**Fristen**) nicht gelten (Gaul S. 97 f; Braun S. 404; anders wiederum Köln NJW-RR 99, 363; für eine Aussetzung des Wiederaufnahmeverfahrens in derartigen Fällen: ua *Grunsky* AP Nr 7 SchwbG § 12 mwN; zuletzt LAG Rheinland Pfalz 29.11.04 – 11 Ta 126/04 – nv; s. noch § 581 Rz 2).

14 **8. Nr 7b Auffinden einer Urkunde.** Bei dem Auffinden oder Benutzbarwerden einer bislang nicht greifbaren Urkunde, die eine der Partei günstigere Entscheidung herbeigeführt haben würde, handelt sich um den praktisch bedeutsamsten Restitutionsgrund.

Der **Urkundenbegriff** meint sowohl öffentliche als auch private Urkunden iSv §§ 415 ff, denen die ebd beschriebene **formelle Beweiskraft** zukommt. Darüber hinaus sind auch Urkunden mit **frei zu würdigendem Beweiswert**, etwa Strafbefehle oder Strafurteile, solche iSd Nr 7 b (BGH NJW 80, 1000; BGH NJW-RR 91, 380; BAGE 122, 190, 194 = NJW 07, 3803, 3804). Entscheidend sind hier immer die ihnen zugrunde liegenden tatsächlichen Vorgänge, nicht die beantworteten Rechtsfragen (FG Hambg 21.8.09 – 4 K 181/09 – nv; auch zur staatsanwaltschaftlichen Einstellungsverfügung als Urkunde).

Bislang unbekannte Augenscheinsobjekte oder Zeugen oder allgemein das Bekanntwerden **neuer Tatsachen** (s. aber Rz 15) genügen jedoch nicht (Schilken ZPR Rn 1056 mwN). Insoweit stellt Nr 7 b auf die besondere Kraft des Urkundenbeweises ab, die anderen Beweismitteln nicht zukommt. Nicht einschlägig sind deshalb auch **»Verkörperungen« anderer Beweismittel**, etwa nach Rechtskraft erstellte Sachverständigengutachten (Kobl NJW-RR 95, 1278), Zeugenprotokolle oder einfache schriftliche Erklärungen von Zeugen (BGH NJW 03, 2088, 2089; BGHZ 80, 389; BVerwG 11.10.04 – 7 B 83/04 – nv), seien sie auch an Eides statt versichert (BGH VIZ 03, 398; Bayerischer VerwGH 8.12.10 – 5 ZB 10.2635 – nv, Rn 2). Möglich ist aber eine Urkunde, die die Glaubwürdigkeit eines Zeugen erschüttern soll (BGHZ 38, 333, 338; R/S/G § 160 Rn 27; *Foerste* NJW 96, 345, 347). Keine Urkunde ist ein **neues Gesetz** bzw dessen Verkörperung im Gesetzestext (BVerwG 28.7.05 – 9 B 14/05 – nv; ThoPu/*Reichold* § 580 Rn 14). Dasselbe gilt (selbstverständlich) für eine neue Rechtsansicht, auf die sich eine Gerichtsentscheidung stützt (VG München 16.12.10 – M 10 K 10.3747 – nv, Rn 33).

Nr 7b erfasst grds nur zur **Zeit des Vorprozesses bereits errichtete Urkunden** (Saarbr 12.10.10 – 4 U 501/09 – nv, Rn 30), denn nur diese Urkunden hätten in dem früheren Verfahren berücksichtigt werden müssen, wenn sie vorgelegt worden wären (BGH NJW 80, 1000; BGHZ 30, 60; BAGE 122, 190, 194; Saarbr 12.10.10 – 4 U 501/09 – nv). Entscheidender Zeitpunkt ist dabei grds die letzte mündliche Verhandlung in der Berufungsinstanz, es sei denn die Urkunde hätte (etwa wegen Unzulässigkeit der Berufung) dort ohnehin nicht berücksichtigt werden können (BAGE 122, 190, 194). Nach überwiegender Ansicht in Rechtsprechung und Literatur genügt es ansonsten, wenn nur die Tatsachen, auf die sich die Urkunde bezieht, bis zu diesem Zeitraum verortet sind, die Urkunde selbst aber nicht vor Abschluss des Vorprozesses errichtet werden konnte, z.B. Geburtsurkunde bzgl. Empfängniszeitpunkt, nachträglicher Anerkennungsbescheid über Schwerbehinderung im Kündigungsschutzprozess (BSG FamRZ 63, 236 mit Anm *Bosch*; BAG NJW 85, 1485, BAGE 122, 190, 194; LAG Hamm 25.9.08 – 8 Sa 963/08 – nv; *Gaul* AP Nr 13 SchwbG § 12; teils aA R/S/G § 160 Rn 30). Seinen guten Grund findet diese Ausdehnung in der formellen Beweiskraft solcher schon zwangsläufig zurückliegende Tatsachen beweisenden Urkunden. Bei solchen Urkunden verhindert insoweit auch § 582 die Zulässigkeit nicht (*Gaul* AP Nr 13 SchwbG § 12 mwN).

Mit **Auffinden oder Benutzbarwerden** ist gemeint, dass die Partei nunmehr in den Stand gesetzt wird, den Urkundenbeweis anzutreten, entweder weil die Urkunde bislang in ihrer Existenz oder ihrem Verbleib unbekannt, unzugänglich oder in Händen eines nicht vorlegungspflichtigen Dritten war (ThoPu/*Reichold* § 580 Rn 16 f), oder weil sie noch nicht existierte. Die Wiederaufnahme erfordert also, dass die betroffene Urkunde **ohne Verschulden** nicht bereits im vorangegangenem Verfahren vorgelegt wurde (VG Berlin 17.2.11 – 29 K 79.10 – nv, Rn 42; § 582 Rz 4, 6).

Zusätzliche Voraussetzung ist, dass die Urkunde eine für den Wiederaufnahmekläger **günstigere Entscheidung** des Vorprozesses herbeigeführt haben würde. Dabei reicht für die Zulässigkeit der schlüssige Vortrag dazu aus, dass der Vorprozess vom Rechtsstandpunkt des früheren Richters aus anders zu entscheiden gewesen wäre, wenn ihm zusätzlich zu dem gesamten damaligen Prozessstoff auch die betreffende Urkunde vorgelegen hätte (BVerwG 27.1.2010 – 5 B 11/09 – nv, Rn 5; BGH NJW 80, 1000; BGHZ 38, 333; großzügiger München OLGR 07, 603 = ZMR 08, 72 »möglicherweise anders zu entscheiden«). Jedenfalls muss für diese **Kausalitätsanforderung** die Urkunde auf Grund des in ihr verkörperten Gedankeninhalts einen eigenen Beweiswert haben, und im Restitutionsverfahren dürfen damit neben den Tatsachen des Erstprozesses nur noch diejenigen, die sich aus der Urkunde ergeben, Verfahrensgegenstand werden (BGHZ 38, 333 = NJW 63, 715; NJW 05, 222; BGH NJW-RR 07, 1448). Wie sich der Restitutionsbeklagte zu den Ausführungen verhält, insb ob sie **streitig sind oder nicht**, spielt keine Rolle (Musielak/*Musielak* § 580 Rn 19 mwN), es sei denn ihn trifft eine sog sekundäre Darlegungslast (BGH NJW-RR 07, 1448). Das ist dann der Fall, wenn der Restitutionskläger eine negative Tatsache zu beweisen hat, und die Entscheidung der Frage, ob die Urkunde eine andere Entscheidung des Vorprozesses herbeigeführt haben würde dem Restitutionsrichter überhaupt erst möglich ist, wenn er auch den Vortrag des Restitutionsbeklagten berücksichtigt. Zudem kann es ausreichen, dass die durch die Urkunden bewiesenen Tatsachen in einem **Zusammenhang mit neuen Tatsachen** stehen, so etwa, wenn die Urkunde dazu veranlasst, gegnerische Behauptungen aus dem Vorprozess nunmehr erstmal zu bestreiten (BGH NJW 05, 222, 223 mwN). Auch dann ist von der notwendigen Kausalität zu einem günstigeren Ergebnis des Vorprozesses auszugehen, da die nunmehr vorgetragenen Tatsachen immerhin mit der Urkunde in Zusammenhang stehen und erst von dieser aus sinnvoll vorgetragen werden können (St/J/*Grunsky* § 580 Rn 33). Selbst wenn die Urkunde in Kopie im Vorverfahren bereits vorgelegen hat und **nachträglich das Original** aufgefunden wird, schließt dies einen Restitutionsan- 15 trag nicht aus, wenn gerade das Original etwa eine Echtheit einer Unterschrift nachweisen soll (München OLGR 07, 603 = ZMR 08, 72) und damit eigenen Beweiswert hat.

In einem aufgrund der Urkunde neu verhandelten Verfahren sind dann aber selbstverständlich ohnehin seitens beider Parteien neue Beweismittel zulässig (R/S/G § 160 Rn 34; s. noch § 590 Rz 4).

Eine Analogie von Nr 7b (oder § 185 FamFG) für Sachverständigengutachten, die nach Rechtskraft einen neuen wissenschaftlichen Erkenntnisstand vermitteln, wird bislang von der Rechtsprechung und wohl herrschenden Lehre nicht angenommen (*Würthwein* ZZP 112, 447 mwN; dagegen *Foerste* NJW 96, 345; St/J/*Grunsky* § 580 Rn 38 jew mwN; differenzierend Gaul S. 150-168).

16 **9. Nr 8 Entscheidung des EGMR.** Dieser Restitutionsgrund wurde durch Art 10 Nr 6 des zweiten Justizmodernisierungsgesetzes (BGBl I 06, 3416) eingefügt und gilt nach der Übergangsvorschrift des § 35 EGZPO nur für ab dem 31.12.06 rechtskräftige Urteile (vgl LArbG Düsseldorf EuGRZ 2011, 417 – nv, Rn 40, nicht rechtskräftig). Bis dahin hatten Urteile des EGMR trotz ihrer Bindungswirkung nach Art 46 I EMRK nur im Strafprozess, § 359 Nr 6 StPO, Einfluss auf die Rechtskraft innerstaatlicher Urteile; die analoge Anwendung der Restitutionsgründe des § 580 in zivilrechtlichen Verfahren wurde großteils verneint (s. *Reinkenhof* NJ 04, 250; *Selbmann* ZRP 06, 124; *ders* NJ 05, 103; Bremen 2.2.06 – 4 U 41/05 – nv). Dieser – durchaus der Differenzierung in § 79 BVerfGG entsprechende – Zustand wurde als unbefriedigend empfunden (BTDrs 16/3038, 39 mwN). Zwingende Vorgabe aus der EMRK war die Einführung des neuen Restitutionsgrundes aber nicht (so auch BTDrs 16/3038, 39 mwN).

17 Voraussetzung ist, dass vom EGMR eine **Konventionsverletzung festgestellt** wird und diese wegen der Rechtskraft des verstoßenden Urteils nicht abgestellt werden kann (BTDrs 16/3038, 39). Das angefochtene Urt muss auf der vom EGMR festgestellten Konventionsverletzung beruhen. Richtigerweise sollte man die zum Kausalitätserfordernis von Nr 6 erörterten Wertungen heranziehen (s. Rz 12), so dass es auf die Frage, ob das Ergebnis ein anderes wäre, nicht ankommen kann (teils abw BTDrs 16/3038, 40: Anlehnung an § 545 I; anders auch Musielak/*Musielak* § 580 Rn 24: Entscheidung wäre möglicherweise anders ausgefallen). Solange die Entscheidung des EGMR nicht endgültig ist, liegt kein Restitutionsgrund vor (BVerfG NJW-RR 05, 140). Im Hinblick auf die meist lange Verfahrensdauer am EGMR (*Wittinger* NJW 01, 1238, 1242; vgl Frankf, BB 2011, 1602) wurde die Ausschlussfrist des § 586 II kritisiert (Csaki S. 180; s. noch § 586 Rz 1). Seit dem 27.10.2011 gilt die fünfjährige Ausschlussfrist im Falle des § 580 Nr 8 nach § 586 Abs 4 nicht mehr (s. n. § 586 Rz 15). Die Möglichkeit der Restitution läuft parallel zur von Art 41 EMRK für diese Fälle vorgesehenen gerechten **Entschädigung** und ist durch diese nicht ausgeschlossen. Im Rahmen eines eventuellen Schmerzensgeldprozesses kann die Entschädigung aber Bedeutung erlangen (BTDrs 16/3038, 39).

18 Die neue Nr 8 führt zu Überschneidungen mit einigen **anderen Wiederaufnahmegründen**, da Art 6 EMRK ein Recht auf ein faires Verfahren gewährleistet, was durchaus die von § 580 Nr 1–4 aufgegriffenen Tatbestände erfasst und ebd unter abweichenden Voraussetzungen sanktioniert wird (vgl *Braun* NJW 07, 1620). Die einzelnen Restitutionsgründe begrenzen einander aber nicht, so dass entweder die Verurteilung des Täters notwendig ist, §§ 580 Nr 1–4, 581, oder eine Verletzung des fairen Verfahrens durch den EGMR festgestellt sein muss, § 580 Nr 8, damit es zur Wiederaufnahme kommt. Im Unterschied zu Nr 7a setzt Nr 8 keine identischen Streitgegenstände voraus, sondern – insoweit wie Nr 6 – ein Beruhen des angefochtenen Urteils auf dem EMRK Verstoß. Von Nr 6 ist er insofern abzugrenzen, als die Aufhebung eines vorgängigen Urteils nicht erforderlich ist. Von Nr 7b ist Nr 8 dadurch zu unterscheiden, dass es bei den Urkunden um den durch sie beurkundeten Tatsachenstoff, bei den EGMR Urteilen um die Rechtsfrage der Konventionsverletzung geht. Eine analoge Anwendung auf Urteile des EuGH kommt nicht in Betracht (s. schon Rz 11).

19 **C. Hinweise zur Prozesssituation.** Zur **Zulässigkeit und Begründetheit** der Restitutionsklage s. Rz 2 f, vor §§ 578 ff Rz 3 sowie § 578 Rz 2 f.

Soweit ein Rechtsstreit noch anhängig ist, sind Wiederaufnahmegründe dort zu erledigen. Tatsächliches Vorbringen zu Restitutionsgründen kann deshalb auch in der Revision in Abweichung von § 559 noch zu berücksichtigen sein (BGH LM ÜberlG Nr 1 = NJW 00, 1871 (L); BGH MDR 04, 644; BGH NJW-RR 07, 767; BFH DStR 10, 2240; einschränkend für Nr 7b im Fall des Bestreitens der Echtheit der Urkunde für das verwaltungsgerichtliche Verfahren: BVerwG DVBl 03, 869; einschränkend für Nr 7b nur wenn höhere Belange der Allgemeinheit und der ihr dienenden Rechtspflege es erfordern: BGH NJW 03, 2088, 2089). Andernfalls stünde das Urt in der Revisionsinstanz mit rechtskräftigen Erkenntnissen eines anderen

Gerichts in Widerspruch, der Rechtsstreit wäre jedenfalls durch das Revisionsurteil vorhersehbar nicht beendet, da die Partei auf ein Wiederaufnahmeverfahren verwiesen würde. Das Revisionsgericht ist nicht verpflichtet, sehenden Auges ein rechtskräftiges Urt zu erlassen, das alsbald durch eine Restitutionsklage wieder beseitigt würde (BAG NJW 03, 308, 309). Dies führt aber nicht dazu, dass die Hilfsnatur der Restitutionsklage auch im Hinblick auf die Revision bestünde, so dass ein Verschulden nach § 582 nicht in Betracht kommt, wenn die Partei im Revisionsverfahren nicht zu Restitutionsgründen vorträgt (s. § 582 Rz 3).
Steht ein auf § 384 Nr 1 gestütztes **Zeugnisverweigerungsrecht** im Prozess in Frage, kann dies auch mit der Begründung bejaht werden, es drohe ansonsten (»als Schaden«) die Erhebung einer Restitutionsklage nach § 580 Nr 4 oder Nr 7a (BGH NJW 07, 155).
Ein Richter, der am Urt des Vorprozesses teilgenommen hat, ist für das Wiederaufnahmeverfahren jedenfalls **ablehnbar** (§ 42), wenn ein Restitutionsgrund nach Nr 5 vorliegt (§ 42 Rz 21); im Einzelfall kann eine Besorgnis der Befangenheit auch in den Fällen von Nr 1–4, 7b gerechtfertigt sein (*Peters* FS Lüke 97, 603, 610). Kraft Gesetzes (§ 41) ist der Richter nicht ausgeschlossen (ThoPu/*Hüßtege*, § 41 Rn 8).

D. Verfahrensvergleichung. Die Gründe, die in anderen mitgliedstaatlichen Rechtsordnungen die Wiederaufnahme eines Verfahrens rechtfertigen, unterscheiden sich von den Restitutionsgründen des § 580 nicht wesentlich (im Einzelnen *Koch* EuZW 95, 78, 84). Dem Restitutionsgrund nach Nr 6 ähnelnde Gründe können die **Vollstreckbarkeit** von Entscheidungen anderer Mitgliedstaaten beeinflussen: Für eine als Europäischer Vollstreckungstitel bestätigte Entscheidung ist die Aufhebung der Vollstreckbarkeit nach Art 21 I EuVTVO möglich, wenn eine Entscheidung in derselben Sache ergangen ist. Art 34 Nr 3 u 4, 41, 43 EuGVO stellen für die Aufhebung der Vollstreckbarkeit auf die Priorität der Entscheidungen ab, wenn es sich um eine Entscheidung eines anderen Staates handelt. 20

§ 581 Besondere Voraussetzungen der Restitutionsklage.

(1) In den Fällen des vorhergehenden Paragraphen Nummern 1 bis 5 findet die Restitutionsklage nur statt, wenn wegen der Straftat eine rechtskräftige Verurteilung ergangen ist oder wenn die Einleitung oder Durchführung eines Strafverfahrens aus anderen Gründen als wegen Mangels an Beweis nicht erfolgen kann.
(2) Der Beweis der Tatsachen, welche die Restitutionsklage begründen, kann durch den Antrag auf Parteivernehmung nicht geführt werden.

A. Normzweck und dogmatische Einordnung. Die Norm ist Ausdruck der Anknüpfung der Restitutionsgründe an die Beweissicherheit und die Kraft der Beweismittel im angefochtenen Verfahren (s. § 580 Rz 1). Während bei den Restitutionsgründen von § 580 Nr 6 und 7 diese Anknüpfung schon durch die besondere Beweiskraft von Urteilen und Urkunden verdeutlicht wird, ist bei den Restitutionsgründen nach § 580 Nr 1 bis 5 die Erschütterung der Urteilsgrundlagen erst evident, wenn sie sich auf ein Strafurteil stützen kann. Deshalb sieht § 581 I für diese Restitutionsgründe eine zusätzliche Voraussetzung für den Zugang zur Wiederaufnahmeklage vor. (Nur) insoweit ist der Richter im Restitutionsverfahren auch an das Strafurteil gebunden, da es Tatbestandsvoraussetzung für die Statthaftigkeit der Wiederaufnahme ist und insofern Tatbestandswirkung hat. Die Norm ist also im System der Restitutionsklage wertungsgerecht, was ihrer teils vertretenen eingeschränkten Anwendbarkeit und der gegen sie vorgebrachten rechtspolitischen Kritik (s. § 580 Rz 5, 8) entgegenzuhalten ist. Im Übrigen verhindert Abs 1 die Wiederaufnahme wegen einer Straftat, obwohl von ihr strafgerichtlich freigesprochen oder ein Verfahren mangels Nachweis eingestellt wurde, was andernfalls, da der Zivilrichter an beides nicht gebunden ist, zumindest möglich wäre. Umgekehrt kann sie im Falle der strafrechtlichen Verurteilung den Widerspruch zum unanfechtbaren Zivilurteil zumindest für die Zulässigkeit der Wiederaufnahme vermeiden; für die Begründetheit kann der Widerspruch gemildert werden, obwohl keine rechtliche Bindungswirkung des Strafurteils besteht (s. dazu BGHZ 85, 32; BGH NJW-RR 05, 1024). 1
§ 581 II schränkt für sämtliche Restitutionsgründe die Parteiautonomie, zusammenwirkend die Rechtskraft zu durchbrechen, ein, indem der Antrag auf Parteivernehmung des Gegners ausgeschlossen wird.

B. Die einzelnen Tatbestandsvoraussetzungen. I. Zulässigkeit und Begründetheit der Restitutionsklage. Im Rahmen der dreistufigen Prüfung im Wiederaufnahmeverfahren (s. vor §§ 578 ff Rz 3) regelt § 581 I die Zulässigkeitsvoraussetzung der rechtskräftigen strafgerichtlichen Verurteilung im Falle der Restitutionsgründe nach § 580 Nr 1 bis 5. Restitutionsgrund bleibt aber die Straftat, so dass deren Vorliegen iRd 2

Begründetheit der Restitutionsklage selbstständig zu prüfen ist, allerdings – insoweit für sämtliche Restitutionsgründe – unter Ausschluss des Beweismittels der Parteivernehmung, § 581 II. Fehlt es an der Voraussetzung des § 581 I wird die Restitutionsklage nach § 589 als unzulässig verworfen. Das gilt auch dann, wenn das Strafverfahren während der Restitutionsklage noch nicht beendet ist; eine Aussetzung bis zum Abschluss des Strafverfahrens ist nach hM unzulässig (BGHZ 50, 115; Köln FamRZ 91, 584). Wird allerdings ein Restitutionsgrund in der Berufungsinstanz geltend gemacht (s. § 580 Rz 19, § 582 Rz 5-8), kann das Berufungsgericht eine solche Aussetzung bis zur Durchführung des Strafverfahrens nach § 149 vornehmen (BGH NJW 97, 1309; BGH 7.7.00 – V ZR 425/98 – nv).

3 **II. Rechtskräftige Verurteilung oder Undurchführbarkeit eines Strafverfahrens (Abs 1).** Wegen der in § 580 Nr 1–5 genannten Straftaten muss der Prozessgegner, Zeuge, Richter etc (s. § 580 Rz 5-9) **rechtskräftig verurteilt** sein. Ob diese strafgerichtliche Verurteilung richtig ist, spielt für die Zulässigkeit der Restitutionsklage keine Rolle. Dem Strafurteil stehen der Strafbefehl und ein ausländisches Strafurteil gleich (Zö/*Greger* § 581 Rn 5).

Alternativ zur Verurteilung erkennt Abs 1 die Statthaftigkeit an, wenn die **Einleitung oder Durchführung eines Strafverfahrens nicht erfolgen kann**. Das darf allerdings seinen Grund nicht darin finden, dass ein **Mangel an Beweisen** das Verfahren verhindert. In einem solchen Fall darf das angerufene Gericht nicht selbst nachprüfen, ob eine strafbare Handlung begangen worden ist (zuletzt FG Leipzig 30.8.10 – 8 K 658/09 – nv mwN; vgl Rz 1, § 580 Rz 5). Mit Strafverfahren ist das Verfahren vom Ermittlungsverfahren über die Anklageerhebung bis zum Urt gemeint. In Betracht kommen va Prozesshindernisse für die Einleitung des Verfahrens und **die Einstellungsgründe nach Opportunitätsgesichtspunkten** gem §§ 153 (Geringfügigkeit), 153a (gegen Auflagen), 153b (Täter – Opfer – Ausgleich), 154 (Mehrfachtäter), 154d (Vorfragen) StPO, sowie Tod, Verjährung und Abwesenheit. Grundsätzlich muss es zur endgültigen Einstellung des Verfahrens kommen. Bei **§ 153 StPO** ist zwar zu bedenken, dass die Gründe für die Einstellung auch in Schwierigkeiten bei der Beweisführung liegen können (Kobl MDR 79, 410; Gaul S. 84 N 69). Auch bei § 153 StPO ist aber das Strafverfahren in aller Regel endgültig abgeschlossen, kann also nicht mehr durchgeführt werden, auch wenn kein Strafklageverbrauch eintritt; die Gefahr eines Widerspruchs (s. Rz 1) besteht nicht (*Böse* JR 05, 12). Bei einer (zunächst vorläufigen) Einstellung unter Auflage nach **§ 153a StPO** ist die Restitutionsklage erst zulässig, wenn die Auflage erfüllt ist und die Einstellung endgültig wird (BSGE 81, 46; Hamm FamRZ 97, 759). Eine vorläufige Einstellung des Verfahrens nach **§ 154 StPO** genügt jedoch (Hamm OLGR 99, 193; Hambg MDR 78, 851, str). Wird anschließend allerdings das Verfahren nach § 154 III oder IV StPO wieder aufgenommen, wird die Restitutionsklage unzulässig bis eine Verurteilung stattfindet; kommt es zum Freispruch, bleibt es bei der Unzulässigkeit, ggf greift bei schon rechtskräftig abgeschlossenem Restitutionsverfahren § 580 Nr 6 (vgl Zö/*Greger* § 581 Rn 8). Bei **§ 154d StPO** ist zu beachten, dass der Restitutionskläger hier ggf die Undurchführbarkeit des Strafverfahrens verhindern kann, was auch ansonsten zur Unzulässigkeit der Restitutionsklage führt. War etwa dem Restitutionskläger eine **Anzeige möglich** und hat er sie unterlassen, so dass es zur Verjährung der Straftat und deshalb zur Einstellung des Strafverfahrens kam, ist nicht von einer Undurchführbarkeit des Strafverfahrens auszugehen (BGH NJW-RR 06, 1573).

Eine Einstellung nach **§ 170 II StPO**, die Ablehnung der Eröffnung des Hauptverfahrens nach **§ 204 StPO** oder ein Freispruch kommen gerade nicht in Betracht, so dass es bei ihnen an den Voraussetzungen des Abs 1 fehlt. Entgegen der Rechtsprechung (BGHZ 50, 115) entspricht aber das mit **Freispruch** abgeschlossene Verfahren im Falle, dass er (nur) **wegen Schuldunfähigkeit** erfolgte, den Voraussetzungen des § 581 I (Musielak/*Musielak* § 581 Rn 4 mwN; R/S/G § 159 Rn 19). Dass nach der ersten Alternative des Abs 1 eine rechtskräftige Verurteilung ergehen muss, bedeutet nämlich keinen generellen Ausschluss des Freispruchs, also auch für die zweite Alternative, es sei denn, der Freispruch ist wegen Mangels an Beweis erfolgt.

4 **III. Beweis durch Parteivernehmung (Abs 2).** Die Parteien dürfen über Fortbestand oder Durchbrechung der Rechtskraft nicht disponieren (s. noch § 585 Rz 7). Deshalb ist der Beweis für das Vorliegen eines jeden Restitutionsgrundes durch beantragte Parteivernehmung nicht zugelassen. Nach wohl herrschender Ansicht gilt dies für die Parteivernehmung vAw nach § 448 nicht umfassend (BGHZ 30, 60 = NJW 59, 1369; Zö/*Greger* § 581 Rn 9; Musielak/*Musielak* § 581 Rn 6). Das entspricht dem Wortlaut der Norm; ihr Sinn und Zweck kann aber – wenn überhaupt – nur dann eine Parteivernehmung vAw gestatten, wenn dadurch die genannte Dispositionsfreiheit der Parteien, nämlich zusammenwirkend die Rechtskraft zu durchbrechen, nicht eröffnet wird (vgl Gaul S. 98 Fn 39). Dies wird etwa angenommen, wenn für die Richtigkeit der durch

die Parteivernehmung zu beweisenden Tatsache ohnehin schon andere Anhaltspunkte sprechen (BGHZ 30, 60 = NJW 59, 1369).

C. Hinweise zur Prozesssituation. § 581 gilt nicht für Verfahren nach § 826 BGB (hM etwa BGHZ 50, 115; 5
einschränkend aber BAG ZInsO 08, 335) und für das Anerkennungshindernis des ordre public Verstoßes nach § 328 (BSGE 79, 277). Wird allerdings die Aufhebung eines Schiedsspruchs wegen eines ordre public Verstoßes nach § 1059 II Nr 2a geltend gemacht, unterliegt dies der Einschränkung des § 581 I, da die Restitutionsgründe den ordre public Verstoß konkretisieren (BGHZ 145, 376; vgl § 578 Rz 5). Es bleibt aber auch in diesem Fall die von der Rechtsprechung anerkannte Möglichkeit der Aufhebung über § 826 BGB. Die vorläufige Einstellung nach § 153a StPO (s. Rz 3) vermag auch die Frist des § 586 nicht in Gang zu setzen (Hamm FamRZ 97, 759; Köln FamRZ 91, 584).

§ 582 Hilfsnatur der Restitutionsklage.

Die Restitutionsklage ist nur zulässig, wenn die Partei ohne ihr Verschulden außerstande war, den Restitutionsgrund in dem früheren Verfahren, insbesondere durch Einspruch oder Berufung oder mittels Anschließung an eine Berufung, geltend zu machen.

A. Normzweck und dogmatische Einordnung. Soweit Restitutionsgründe bei entsprechender Sorgfalt 1
schon im anhängigen Verfahren geltend gemacht werden können, obliegt es der jeweiligen Partei, sie dort auch geltend zu machen. Auch wenn § 582 nur für die Restitutionsklage gilt, teilt sie diesen Grundsatz mit der Nichtigkeitsklage, wo § 579 II eine entsprechende Hilfsnatur zumindest für diejenigen Nichtigkeitsgründe anordnet, bei denen die Gefahr, sie erst nach Ablauf der Rechtsmittelfrist zu erkennen, typischerweise nicht besteht (s. § 579 Rz 12).

**B. Die einzelnen Tatbestandsvoraussetzungen. I. Zulässigkeit und Begründetheit der Restitutions- 2
klage.** Ob iRd dreistufigen Prüfung im Wiederaufnahmeverfahren (s. vor §§ 578 ff Rz 3) die Voraussetzungen des § 582 bei der **Zulässigkeit** (so etwa BGH LM Nr 1 zu § 582; BGH WM 75, 736; RGZ 75, 53, 57; Oldbg NJW-RR 99, 1443) oder der **Begründetheit** (etwa Zö/*Greger* § 582 Rn 2) zu prüfen sind, ist umstr. Die Auswirkungen des Meinungsstreits sind aber gering: Bei beiden Einordnungen ist nämlich die schuldlose Unmöglichkeit früheren Geltendmachens vAw zu prüfen (s. § 56 und § 585 Rz 7). Zudem können bei einer Klageabweisung wegen Unbegründetheit (Restitutionsgrund liegt nicht vor!) die Voraussetzungen des § 582 nach hM auch offen gelassen werden (Kobl NJW-RR 89, 827; München OLGR 07, 603; s.a. BVerwG 28.7.05 – 9 B 14/05 – nv, sub 3b cc). Nur für die Frage, ob bei Fehlen (lediglich!) der Voraussetzungen des § 582 die Klage als unzulässig oder als unbegründet abzuweisen ist, kommt es insofern auf die Einordnung an. Der Wortlaut der Norm und die systematische Ähnlichkeit mit § 579 II, der jedenfalls eine Frage der Statthaftigkeit betrifft, sprechen dann dafür, auch bei § 582 von einer Voraussetzung für die Zulässigkeit auszugehen. Damit wird auch der in der Tat bestehende inhaltliche Zusammenhang zwischen dem Restitutionsgrund und dessen schuldloser Nichtgeltendmachung nicht aufgelöst, was die Gegenansicht zu Gunsten der Einordnung in die Begründetheit vorbringen mag. Ebenso wie nämlich die Zulässigkeit einen schlüssigen Vortrag zum Restitutionsgrund erfordert (s. § 580 Rz 2), ist bei Einordnung des § 582 als Zulässigkeitsvoraussetzung ein entsprechender **schlüssiger Vortrag zur unverschuldeten Unmöglichkeit** notwendig. In der Begründetheit ist dies ggf. zu beweisen, wobei der Restitutionskläger die **Beweislast** für mangelndes Verschulden trägt (BGH NJW 74, 557). Für den **Restitutionsgrund nach § 580 Nr 7a** gilt § 582 nicht (s. § 580 Rz 13).

II. Geltendmachen in dem früheren Verfahren. Neben dem genannten **Einspruch, der Berufung oder 3
der Anschlussberufung** ist hiermit etwa auch das **Nachverfahren oder Höheverfahren** erfasst (Zö/*Greger* § 582 Rn 4; BGH JZ 63, 450), letztlich das gesamte frühere Verfahren, soweit dort Tatsachen vorgetragen werden können. Entscheidender Zeitpunkt ist damit idR die letzte mündliche Verhandlung in der Berufungsinstanz (vgl BGHZ 30, 60). Das **Revisionsverfahren** ist nicht gemeint (aA wohl R/S/G § 160 Rn 9), da es keine Tatsacheninstanz ist. Auch wenn das Revisionsgericht die Tatsachen zum Restitutionsgrund hätte berücksichtigen können (s. § 580 Rz 19), gereicht es der Partei deshalb nicht zum Verschulden iSv § 582, wenn sie dieses Vorbringen im Revisionsverfahren unterlassen hat (BGH NJW 98, 2972 mwN; BVerwG DVBl 03, 868; LAG Hamm 25.9.08 – 8 Sa 963/08 – nv). Auch die Möglichkeit der **Wiedereröffnung der mündlichen Verhandlung** nach § 156 gehört nicht zum früheren Verfahren, da sie im Ermessen des Gerichts steht (BGHZ 30, 60; *Gaul* FamRZ 60, 321).

4 **III. Verschulden.** Der Restitutionskläger war schuldlos außerstande, den Restitutionsgrund im früheren Verfahren geltend zu machen, wenn er ihn seinerzeit nicht **kannte oder hätte kennen müssen**, oder, wenn er zwar bekannt oder erkennbar war, ein Geltendmachen aber keine **Aussicht auf Erfolg** gehabt hätte. Sind etwa Rechtsmittel- oder Einspruchsfrist schon abgelaufen, als der Restitutionsgrund erkennbar zu Tage trat, ist ein Verschulden ausgeschlossen. Ist eine Nichtzulassungsbeschwerde erkennbar aussichtslos, braucht sie nicht eingelegt zu werden (LAG Hamm 25.9.08 – 8 Sa 963/08 – nv). An das Verschulden werden ansonsten durchaus strenge Anforderungen gestellt, da auch nur leichte Fahrlässigkeit hinreichend ist (BGH WM 74, 264). Ein Verschulden von gesetzlichen Vertretern (§ 51 II) und Prozessbevollmächtigten (§ 85 II) wird zugerechnet.
Problematisch sind insb folgende Konstellationen:

5 **1. Restitutionsgründe nach § 580 Nr 1–5.** Da einerseits § 581 für diese Restitutionsgründe die rechtskräftige strafgerichtliche Verurteilung fordert, andererseits jedoch die Straftat und nicht die Verurteilung Restitutionsgrund ist, fragt sich, ob zur Erfüllung der Voraussetzungen des § 582 (fehlendes Verschulden) die Straftat als solche schon im früheren Verfahren geltend gemacht werden muss, **wenn noch keine Verurteilung** erfolgt ist. Die wohl überwiegende Ansicht bejaht dies (etwa Zö/*Greger* § 582 Rn 4; Musielak/*Musielak* § 582 Rn 2; BGH MDR 58, 670), auch wenn selbstverständlich ohne die Verurteilung die Wiederaufnahme letztlich scheitert (vgl BGHZ 12, 284; BGH NJW 97, 1309; BGH Urt v 7.7.00 – V ZR 425/98 – nv; zur Aussetzung bis zum Abschluss des Strafverfahrens s. § 581 Rz 2). Die Anhaltspunkte für die Straftat müssen allerdings zumindest so konkret sein, dass sie einen Anfangsverdacht begründen. Andernfalls ist ein Verschulden zu verneinen, so dass, falls die Straftat erst später aufgedeckt wird und es auch zur Verurteilung kommt, die Restitutionsklage nicht ausgeschlossen ist.

6 **2. Restitutionsgrund nach § 580 Nr 7b.** Von einem Verschulden des Restitutionsklägers ist regelmäßig auszugehen, wenn die Urkunde während des früheren Verfahrens bereits **existiert hat und ihm auch bekannt und zugänglich** gewesen ist. Wurde sie erst **nach Schluss der letzten mündlichen Verhandlung errichtet** und stellt nur ausnahmsweise und allein aufgrund ihres Rückbezugs einen Restitutionsgrund dar (s. § 580 Rz 14), liegt (selbstverständlich) kein Verschulden vor. Zwischen diesen beiden eindeutigen Konstellationen liegen die Fälle, in denen die Urkunde zwar existiert hat, dem Restitutionskläger aber nicht bekannt oder unmittelbar zugänglich war, und es deshalb auf seine **Fahrlässigkeit** ankommt. Vielfach kann dabei auf die Wertungen zurückgegriffen werden, die auch schon zu Nr 7b (Auffinden oder Benutzbarwerden) angestellt wurden. § 582 schließt darüber hinaus letztlich nur die Fälle aus, in denen feststeht, dass der Restitutionskläger sich die Urkunde hätte beschaffen müssen oder insgesamt »hätte besser suchen müssen«. Hier sollte wie folgt differenziert werden: Wenn sich die Urkunde unbemerkt im **Gewahrsam des Restitutionsklägers** befand, ist idR von einem Verschulden auszugehen, da er in seinen Unterlagen Ordnung zu halten hat (BGH WM 74, 264; zuletzt Köln 11.12.08 – 18 U 190/05 – nv). Befand sie sich im **Gewahrsam eines Dritten**, ist nach den Möglichkeiten der Beschaffung über §§ 421, 428 ff (Oldbg NJW-RR 99, 1443; Zö/*Greger* § 582 Rn 6) oder der Durchsetzbarkeit eines (die Urkunde ggf sogar ersetzenden) zivilrechtlichen Auskunftsanspruchs zu fragen (vgl BGH NJW 93, 1717). Zudem kann dem Restitutionskläger die Suche in öffentlichen Registern und Archiven obliegen (zuletzt BVerwG NJW 07, 1607). In all diesen Fällen des Drittgewahrsams darf aber vom Restitutionskläger nicht verlangt werden, »auf gut Glück« zu suchen (BVerwG DVBl 03, 868; vgl BGH NJW 2000, 1871, sub 4c). Er muss also nur eine solche Suche aufnehmen, die sich ihm aufdrängt, weil sie von vornherein Erfolg verspricht. Hat er etwa keine Kenntnis von den beurkundeten Vorgängen, ist ihm eine gezielte Suche nach der Urkunde kaum möglich. Der typische Fall fehlenden Verschuldens ist also der **Zufallsfund außerhalb des eigenen Gewahrsamsbereichs**.

7 **3. Der Restitutionsgrund wurde im früheren Verfahren ohne Erfolg geltend gemacht.** Nach wohl herrschender Ansicht kommt es zur Unzulässigkeit auch dann, wenn der Restitutionsgrund im früheren Verfahren bereits geltend gemacht wurde, ihm aber – sei es auch zu Unrecht – der Erfolg versagt blieb (differenzierend Musielak/*Musielak* § 582 Rn 4; wie hier Zö/*Greger* § 582 Rn 8 jew mwN auch zur Gegenansicht).

8 **C. Hinweise zur Prozesssituation.** § 582 findet analog auch auf die Klage zur Rechtkraftdurchbrechung nach § 826 BGB Anwendung (BGH NJW 74, 557; BGH ZIP 89, 191). Richtet sich die Klage nach § 826 BGB jedoch gar nicht gegen eine der Parteien des früheren Verfahrens und würde somit nicht zu einer Rechtskraftdurchbrechung führen, verbietet sich die Anwendung von § 582 (BGH ZIP 89, 191; *Schneider* EWiR 89, 307).

§ 583 Vorentscheidungen. Mit den Klagen können Anfechtungsgründe, durch die eine dem angefochtenen Urteil vorausgegangene Entscheidung derselben oder einer unteren Instanz betroffen wird, geltend gemacht werden, sofern das angefochtene Urteil auf dieser Entscheidung beruht.

A. Normzweck und dogmatische Einordnung. Das Wiederaufnahmeverfahren richtet sich nur gegen rechtskräftige Endurteile (s. § 578 Rz 3-5). Vorausgegangene Entscheidungen derselben oder einer unteren Instanz sind also dem Wiederaufnahmeverfahren **nicht direkt zugänglich**, auch wenn sie ansonsten mit Rechtsmitteln selbstständig anfechtbar und rechtskraftfähig sind (anders §§ 512, 557!). § 583 führt nun dazu, dass die vorausgegangenen Entscheidungen im Wiederaufnahmeverfahren überprüft werden können. Es genügt für die Wiederaufnahmeklage gegen das rechtskräftige Endurteil, dass der Restitutions- oder Nichtigkeitsgrund eine vorausgegangene Entscheidung betraf, wenn das rechtskräftige Endurteil auf dieser beruht. 1

B. Die einzelnen Tatbestandsvoraussetzungen. I. Anfechtungsgründe, die eine vorausgegangene Entscheidung derselben oder einer unteren Instanz betreffen. Mit **Anfechtungsgrund** sind die in §§ 579 und 580 aufgezählten Nichtigkeits- bzw Restitutionsgründe gemeint. Als **vorausgegangene Entscheidung** gelten auch Zwischenurteile, §§ 280, 303, 304, Vorbehaltsurteile, §§ 302, 599, sowie richterliche Entscheidungen in Form von prozessleitenden Verfügungen und Beschlüssen, soweit letztere nicht das Verfahren beenden (s. § 578 Rz 4). Teilurteile sind aber (jedes für sich) selbstständig für die Wiederaufnahmeklage eröffnet. Die Entscheidung muss in **derselben oder einer unteren Instanz** getroffen worden sein. Andernfalls käme es dazu, dass die Wiederaufnahme gegen ein Endurteil unterer Instanz schließlich über ein höhergerichtliches Urt befinden würde. Gegen höherinstanzliche Entscheidungen ist also die Wiederaufnahmeklage unmittelbar eröffnet, selbst wenn sie keine Endurteile sind (s. noch Rz 4). Von einem **Beruhen** des angefochtenen Urteils **auf der Vorentscheidung** ist auszugehen, wenn es eine der Grundlagen des Urteils bildet, mag auch der Wiederaufnahmegrund selbst sich nicht auf das Endurteil ausgewirkt haben (Zö/*Greger* § 583 Rn 2). Bei Beweisbeschlüssen ist zu beachten, dass idR das Beweismittel selbst und nicht der Beschl über seine Einholung Entscheidungsgrundlage ist, so dass vielfach die (Mit-) Aufhebung des Beweisbeschlusses ausscheiden wird (BGH ZIP 07, 144, sub III 2). 2

II. Rechtsfolge. Kommt es zur Aufhebung des Endurteils durch das Wiederaufnahmeverfahren, werden auch die betroffenen Vorentscheidungen aufgehoben. 3

C. Hinweise zur Prozesssituation. Dass sich die Wiederaufnahmeklage nicht selbstständig gegen Vorentscheidungen richtet, verhindert nicht, dass §§ 582 und 579 II eingreifen. Es bleibt bei der Obliegenheit, **zuvörderst mit einem Rechtsmittel** Wiederaufnahmegründe gegen die Vorentscheidungen geltend zu machen. Falls dies unverschuldet unterlassen wurde, bleibt – wenn gegen eine Vorentscheidung ein Anfechtungsgrund vorliegt – allein die Wiederaufnahmeklage gegen das Endurteil. Die Gefahr der Fristversäumung besteht dabei nicht, denn die Klagefrist des § 586 beginnt erst mit der Rechtskraft des anfechtbaren Urteils. Falls aber ein Rechtsmittel gegen ein Vorbehalts-, Grund- bzw Zwischenurteil eingelegt wurde und das Nachverfahren noch in der unteren Instanz anhängig ist, ist ausnahmsweise die Wiederaufnahmeklage direkt gegen das höherinstanzliche Vorbehalts-, Grund- bzw sonstige Zwischenurteil zuzulassen (vgl § 578 Rz 4); es handelt sich nicht um eine Vorentscheidung derselben oder einer unteren Instanz. 4

§ 584 Ausschließliche Zuständigkeit für Nichtigkeits- und Restitutionsklagen.

(1) Für die Klagen ist ausschließlich zuständig: das Gericht, das im ersten Rechtszug erkannt hat; wenn das angefochtene Urteil oder auch nur eines von mehreren angefochtenen Urteilen von dem Berufungsgericht erlassen wurde oder wenn ein in der Revisionsinstanz erlassenes Urteil auf Grund des § 580 Nr. 1 bis 3, 6, 7 angefochten wird, das Berufungsgericht; wenn ein in der Revisionsinstanz erlassenes Urteil auf Grund der §§ 579, 580 Nr. 4, 5 angefochten wird, das Revisionsgericht.
(2) Sind die Klagen gegen einen Vollstreckungsbescheid gerichtet, so gehören sie ausschließlich vor das Gericht, das für eine Entscheidung im Streitverfahren zuständig gewesen wäre.

A. Normzweck und dogmatische Einordnung. Durch die Regelung soll erreicht werden, dass immer dasjenige Gericht über die Wiederaufnahmeklage entscheidet, gegen dessen Urt sie sich richtet. Bei Entscheidung nur einer Instanz ist dies immer das erstinstanzliche Gericht. Hat das frühere Verfahren mehrere Instanzen umfasst, wird durch § 584 bei richtiger Auslegung und Anwendung erreicht, dass über die Wie- 1 deraufnahmeklage immer diejenige Instanz entscheidet, die das erstinstanzliche Sachurteil ersetzt hat, und dabei eigene tatsächliche Feststellungen getroffen hat. Zur gleichzeitigen Verhandlung von Wiederaufnahmeklagen in mehreren Instanzen soll es nicht kommen.

2 Es handelt sich um eine **ausschließliche** (§§ 38, 39, 40 II 1 Nr 2, S 2) Zuständigkeitsregelung im Hinblick auf die **örtliche und die sachliche Zuständigkeit**. Für die **Rechtswegzuständigkeit** führt § 584 darüber hinaus dazu, dass trotz einer den Rechtsweg betreffenden gesetzlichen Zuständigkeitsänderung zwischen früherem Verfahren und Wiederaufnahmeklage, der ursprüngliche Rechtsweg auch für die Wiederaufnahme einzuschlagen ist (BVerwG 21.6.06 – 5 B 54/06 – nv). Das gilt entsprechend auch für sonstige Zuständigkeitsänderungen, so dass es immer auf die zum Zeitpunkt des Erlasses des angefochtenen Urteils geltende Regelung ankommt. Obwohl die Norm den Begriff Urt verwendet, regelt sie die Zuständigkeit auch bei sonstigen mit der Wiederaufnahmeklage angreifbaren Entscheidungen (dazu § 578 Rz 4).

3 **B. Die einzelnen Tatbestandsvoraussetzungen. I. Zuständigkeiten bei Urteilen** (Abs 1). **1. Erste Instanz.** Das **erstinstanzliche Gericht** entscheidet über Wiederaufnahmeklagen gegen seine Urteile. Hat nur eine Instanz entschieden, ist diese also für die Wiederaufnahmeklage immer zuständig (vgl BFH/NV 2011, 445). Bei einem Verfahren über mehrere Instanzen gilt folgende Unterscheidung:

4 **2. Berufungsinstanz.** Das **Berufungsgericht** entscheidet, wenn das angefochtene Urt **von dem Berufungsgericht erlassen wurde**. Wird die Berufung aber als unzulässig verworfen, wird die erstinstanzliche Entscheidung gerade nicht ersetzt, so dass über die Wiederaufnahmeklage gegen das Sachurteil dem allgemeinen Grundsatz (Rz 1) entsprechend vom erstinstanzlichen Gericht zu entscheiden ist (vgl Naumbg MittdtschPatAnw 2011, 152). Richtet sich allerdings die Wiederaufnahmeklage gegen die verwerfende Entscheidung selbst, ist das Berufungsgericht zuständig (ThoPu/*Reichold* § 584 Rn 2). Wenn beide Entscheidungen, also das Sachurteil erster Instanz und die verwerfende Entscheidung 2. Instanz, angegriffen werden, können zwei parallele Wiederaufnahmeklagen eingereicht werden (R/S/G § 161 Rn 6). Hat das erstinstanzliche Gericht nur über einen von mehreren Klagegründen entschieden, das Berufungsgericht aber über die Klage insgesamt, ist für die Wiederaufnahmeklage dennoch das Berufungsgericht insgesamt zuständig, wenn mit der Wiederaufnahmeklage ein beide Urteile betreffender Restitutionsgrund geltend gemacht wird (BGH NJW 59, 1918).

5 Das Berufungsgericht entscheidet außerdem über die Wiederaufnahme gegen Urteile, die in der **Revisionsinstanz** erlassen wurden, wenn die Restitutionsgründe des § 580 Nr 1 bis 3, 6, 7 geltend gemacht werden. Seinen Grund findet diese Einbeziehung von Revisionsurteilen in die Zuständigkeit des Berufungsgerichts darin, dass diese Restitutionsgründe sich **auf tatsächliche Feststellungen** (s. Rz 1) beziehen. Aus dieser teleologischen Erwägung ist das Berufungsgericht entgegen dem Wortlaut auch zuständig, falls ein Restitutionsgrund nach § 584 Nr 4 oder 5 geltend gemacht wird, soweit mit einer solchen Wiederaufnahmeklage tatsächliche Feststellungen des Berufungsgerichts angegriffen werden (BGHZ 61, 95). Werden mehrere unterschiedliche Restitutionsgründe geltend gemacht, von denen sich nur einige auf tatsächliche Feststellungen beziehen, ist insgesamt das Berufungsgericht zuständig (Musielak/*Musielak* § 584 Rn 7).

6 **3. Revisionsinstanz.** Das **Revisionsgericht** entscheidet über Wiederaufnahmeklagen gegen sonstige Urteile in der Revisionsinstanz, also über diejenigen, gegen die ein Nichtigkeitsgrund nach § 579 oder ein Restitutionsgrund nach § 580 Nr 4 oder 5 geltend gemacht wird. Dies gilt auch, wenn derselbe Wiederaufnahmegrund auch den vorinstanzlichen Urteilen anhaftet (BGH WM 80, 1350; anders noch BGHZ 61, 95), obwohl der Wortlaut von Abs 1 Hs 2 eher für eine Zuständigkeit des Berufungsgerichts spricht. Zu Recht (s. Rz 1, 5) wird der Wortlaut auch erweitert auf die Restitutionsgründe nach Nr 1–3, 6 und 7, falls das Revisionsgericht selbst tatsächliche Feststellungen getroffen hat und diese durch die Wiederaufnahmeklage angegriffen werden (BGHZ 62, 18).

7 **4. § 580 Nr 8.** Eine Regelung zur **Zuständigkeit im Falle von § 580 Nr 8** fehlt.
Entsprechend der obigen Systematik sollte wie folgt differenziert werden: Hat nur eine Instanz entschieden, ist diese immer für die Wiederaufnahmeklage zuständig. Wird ein zweitinstanzliches Urt, das die erstinstanzliche Entscheidung ersetzt, angegriffen, entscheidet immer das Berufungsgericht. Richtet sich die Wiederaufnahmeklage gegen ein Revisionsurteil, ist das Revisionsgericht nur zuständig, wenn es eigene tatsächliche Feststellungen getroffen hat; ansonsten ist das Berufungsgericht zuständig.
Auf Klagen aus § 826 BGB (vor §§ 578 ff Rz 4) ist § 584 nicht anwendbar.

II. Zuständigkeit bei Vollstreckungsbescheiden (Abs 2). Ausschließlich zuständig ist das Gericht, das für eine Entscheidung im Streitverfahren zuständig gewesen wäre. An die Stelle der Zuständigkeit für den Erlass des Vollstreckungsbescheids nach §§ 689, 699 treten also die allgemeinen Zuständigkeitsregeln nach dem Streitwert. 8
Die Regelung stellt iÜ klar, dass sich eine Wiederaufnahmeklage auch gegen Vollstreckungsbescheide richten kann, was aber ohnehin der allgemeinen Systematik entspricht (s. § 578 Rz 4).

C. Hinweise zur Prozesssituation. Bei Anrufung eines nach obigem unzuständigen Gerichts besteht die Möglichkeit der Verweisung auf Antrag nach § 281. 9

Der originäre, § 348, und der obligatorische, § 348a, **Einzelrichter** sind erkennendes Gericht und damit auch für die Wiederaufnahmeklage zuständig. Haben die Parteien sich im Prozess mit einer Entscheidungskompetenz des Einzelrichters einverstanden erklärt, §§ 349 III oder 527 IV, bedeutet das aber nicht, dass dieses Einverständnis auch im Wiederaufnahmeprozess automatisch fortbesteht (Zö/*Greger* § 584 Rn 1). Liegt es nicht vor, hat die Kammer über die Wiederaufnahmeklage zu entscheiden. 10

§ 585 Allgemeine Verfahrensgrundsätze.

Für die Erhebung der Klagen und das weitere Verfahren gelten die allgemeinen Vorschriften entsprechend, sofern nicht aus den Vorschriften dieses Gesetzes sich eine Abweichung ergibt.

A. Normzweck und dogmatische Einordnung. Da das Wiederaufnahmeverfahren ein **außerordentlicher Rechtsbehelf** – sei es auch in Form einer Klage – ist (s. vor §§ 578 ff Rz 1 f), wird die **entsprechende Anwendung der allgemeinen Vorschriften** extra angeordnet. Besonderheiten ggü den allgemeinen Regeln ergeben sich vornehmlich aus dem drei Abschnitte umfassenden Charakter des Verfahrens (vor §§ 578 ff Rz 3) und daraus, dass die Rechtskraft Parteidispositionen nicht überlassen werden kann. 1

B. Die einzelnen Tatbestandsvoraussetzungen. Mit allgemeinen Vorschriften sind die Regeln des **Klageverfahrens erster Instanz** (§§ 253 ff, ggf iVm §§ 495 ff) gemeint und nicht die eines Rechtsmittelverfahrens. Die Regeln der ZPO gelten dabei grds für alle drei Verfahrensabschnitte (s. noch Rz 4, 6-9). 2

Findet das Wiederaufnahmerecht der ZPO aufgrund von Verweisungen aus **anderen Verfahrensordnungen (§ 153 I VwGO, § 179 I SGG, § 4 InsO, § 79 ArbGG, § 134 FGO, § 209 BEG)** Anwendung, sind mit den allgemeinen Vorschriften diejenigen jener Verfahrensordnungen gemeint. 3

Vorrang verlangen für den ersten und zweiten Abschnitt (vor §§ 578 ff Rz 3) immer die **Sonderregelungen der §§ 578 ff** sowie einige weitere Einschränkungen nach dem Sinn und Zweck des Wiederaufnahmerechts. Für den dritten Abschnitt gelten die allgemeinen Regeln ergänzt um die Vorgaben der §§ 590, 591. Das bedeutet im Einzelnen Folgendes: 4

I. Geltung von allgemeinen Vorschriften zum Klageverfahren. Für das Wiederaufnahmeverfahren gelten grds die Regeln zur **Zulässigkeit einer Klage** nach der ZPO, dh insb zur Klageerhebung (§ 253), Partei- und Prozessfähigkeit (§§ 50 ff), Vertretung (s. zur Prozessvollmacht auch § 578 Rz 10) sowie diejenigen zum **Ablauf des Verfahrens**, etwa im Beweisverfahren, bei Prozesstrennung und Verbindung (s. aber § 578 II). Auch die **Prozessmaximen**, va Dispositions- und Verhandlungsgrundsatz gelten, so dass Vergleich, Klagerücknahme, Erledigung und Klageänderung möglich sind und die allgemeinen Vortrags- und Beweislastregeln gelten (zum Anerkenntnis, Geständnis und Versäumnisurteil s. aber Rz 8 f). Eine Klagerücknahme erfordert eine Zustimmung des Beklagten (§ 269 I) sobald über das Vorliegen eines Wiederaufnahmegrundes verhandelt worden ist (Zö/*Greger* § 585 Rn 10). 5

II. Besonderheiten. Für den Inhalt der **Klageschrift** gelten die Sonderregeln der §§ 587, 588, für die **Zuständigkeit** diejenige des § 584, für die **Frist** diejenige des § 586. Im **Beweisverfahren** ist nach § 581 II der Antrag auf Parteivernehmung ausgeschlossen, wenn er sich auf das Vorliegen eines Restitutionsgrundes bezieht. Für die Neuverhandlung im dritten Abschnitt gelten die allgemeinen Regeln ergänzt um die Vorgaben der §§ 590, 591. 6

Da das Wiederaufnahmeverfahren auf die Durchbrechung der Rechtskraft gerichtet ist, sind die Dispositionsmöglichkeiten der Parteien über den Streitgegenstand und die Tatsachengrundlage des Verfahrens im Hinblick auf den Wiederaufnahmegrund eingeschränkt (s. schon § 581 Rz 4). Das bedeutet va, dass das Gericht nicht nur die schlüssige Behauptung des Wiederaufnahmegrundes (§§ 579, 580, 589) iRd Statthaftigkeit der Klage, sondern auch das tatsächliche **Vorliegen eines Wiederaufnahmegrundes** in der Begründetheit der 7

Klage **von Amts wegen** zu prüfen hat. Prüfung vAw bedeutet aber nicht Amtsermittlung bzw Geltung des Untersuchungsgrundsatzes für die Tatsachen, aus denen sich der Wiederaufnahmegrund ergeben soll. Entscheidend ist vielmehr, dass das Gericht die **Beweisbedürftigkeit von Behauptungen** selbst zu beurteilen hat und dies nicht den Parteien überlassen darf, indem behauptete Tatsachen zugestanden oder nicht bestritten werden. Auch über eine zugestandene oder nicht bestrittene Behauptung zu Wiederaufnahmegründen kann das Gericht bei Bedenken also den Beweis verlangen und es muss Beweis erhoben werden.

8 Deshalb haben **weder Nichtbestreiten oder Geständnis noch Anerkenntnis oder Verzicht** die Wirkungen nach den allgemeinen Regeln der §§ 138 IV, 288 bzw 306, 307. Vielmehr unterliegen sie, soweit vorgenommen, freier Würdigung durch das Gericht.

9 Das **Versäumnisurteil gegen den Beklagten**, § 331, hat Geständniswirkung. Ein echtes Versäumnisurteil gegen den Beklagten des Wiederaufnahmeprozesses ist deshalb in den ersten beiden Abschnitten des Wiederaufnahmeverfahrens nicht möglich, wenn das Gericht den Vortrag des Klägers zum Wiederaufnahmegrund nicht für schlüssig hält oder nach freier Würdigung des Klägervortrags das tatsächliche Vorliegen eines Wiederaufnahmegrundes nicht für gegeben ansieht, insb einen diesbezüglichen Beweis für erforderlich hält. Es kommt nur ein unechtes kontradiktorisches Versäumnisurteil in Form der Klageabweisung als unzulässig bzw unbegründet in Betracht. Hält das Gericht jedoch infolge der Prüfung vAw die Klage für zulässig, was den schlüssigen Vortrag zum Wiederaufnahmegrund umfasst (s. §§ 579 Rz 17; Rz 2), und sieht den Wiederaufnahmegrund tatsächlich für gegeben an, ist die Wiederaufnahmeklage begründet, auch wenn weitere, dh denkbare nicht vAw zu prüfende Voraussetzungen nur aufgrund der Geständnisfiktion als unstr gelten. Ein echtes Versäumnisurteil gegen den Beklagten des Vorprozesses (gleichgültig ob Kl oder Bekl des Wiederaufnahmeverfahrens) ist dann in der Neuverhandlung im dritten Abschnitt möglich. Bei **Säumnis des Klägers** ist die Wiederaufnahmeklage ebenfalls durch kontradiktorisches Urt abzuweisen, wenn die vAw zu prüfenden Voraussetzungen der Zulässigkeit oder Begründetheit (erster und zweiter Abschnitt) nicht vorliegen (ThoPu/*Reichold* § 590 Rn 6 mwN). Der Gegenansicht, im Falle der Zulässigkeit der Wiederaufnahmeklage sei auch ein echtes Versäumnisurteil auf Klageabweisung als unbegründet möglich (etwa Zö/*Greger* § 589 Rn 4; Musielak/*Musielak* § 590 Rn 7), ist zwar zuzugestehen, dass grds nur das Versäumnisurteil gegen den Beklagten Ausdruck des – hier durch die Prüfung vAw eingeschränkten – Verhandlungsgrundsatzes ist, nicht aber das Versäumnisurteil gegen den Kl (Schilken ZPR Rn 344). Da aber in der Begründetheit ohnehin lediglich das tatsächliche Vorliegen des Wiederaufnahmegrundes zu prüfen ist, dessen Schlüssigkeit im Falle der Zulässigkeit der Klage schon feststeht, steht dem Erlass eines echten Versäumnisurteils gegen den Kl eben doch die Verpflichtung zur Prüfung vAw entgegen. Deshalb sind ja auch Klageverzicht und Anerkenntnisurteil ausgeschlossen, obwohl auch sie keine einfache Geständniswirkung haben. Es gelten für eine Säumnis also die allgemeinen Regeln, wonach ein echtes Versäumnisurteil immer nur möglich ist, wenn die vAw zu prüfenden Voraussetzungen tatsächlich vorliegen; nur dass dazu im ersten und zweiten Abschnitt auch die schlüssige Behauptung und das Vorliegen des Wiederaufnahmegrundes zählen.

10 **III. Bedeutung des Verfahrens im Vorprozess für das Wiederaufnahmeverfahren und die Neuverhandlung.** Die **Prozessart/besondere Verfahrensart** des Vorprozesses gilt jedenfalls bei der Neuverhandlung der Hauptsache im dritten Abschnitt. Für die ersten beiden Abschnitte des Wiederaufnahmeverfahrens ist zu differenzieren: War der Vorprozess eine Familiensache, gelten die Besonderheiten dieses Verfahrens für alle drei Verfahrensabschnitte (BGH NJW 82, 2449). War der Vorprozess ein Urkunden-, Wechsel- oder Scheckprozess, gelten deren Verfahrensregeln im Wiederaufnahmeverfahren nicht, sondern erst wieder in der Neuverhandlung nach erfolgreicher Wiederaufnahme (Musielak/*Musielak* § 585 Rn 4 mwN; s.a. § 590 Rz 5).

11 Die Bewilligung von **Prozesskostenhilfe** für den Vorprozess wirkt nicht für das Wiederaufnahmeverfahren fort. Sie muss also für die Wiederaufnahmeklage selbstständig beantragt und bewilligt werden. Allerdings erstreckt sich die Beurteilung der Erfolgsaussichten iSd § 114 nicht nur auf das Wiederaufnahmeverfahren, sondern auch auf die Hauptsache (Zö/*Greger* § 585 Rn 6).

12 Bei der **Wiederaufnahme gegen Beschlüsse** und beim **Widerruf von Prozesshandlungen** wegen eines Wiederaufnahmegrundes (s. § 578 Rz 4) ist streitig, ob die Wiederaufnahme im Klagewege geltend zu machen ist. Richtigerweise ist wie folgt zu differenzieren: Bei Wiederaufnahme gegen die das Verfahren beendenden urteilsersetzenden unanfechtbaren **Beschlüsse** sind als allgemeine Vorschriften diejenigen über das Erwirken eines Beschlusses heranzuziehen und nicht diejenigen des Klageverfahrens vorzusehen. Nach wohl herrschender Ansicht ist hier deshalb das Wiederaufnahmeverfahren durch Antrag einzuleiten, der im

Falle des Erfolgs zu einem neuen Beschlussverfahren führt (R/S/G § 159 Rn 13; Zimmermann § 578 Rn 9; vgl auch BGH ZIP 06, 1316; WM 07, 229; LG Göttingen ZInsO 07, 47; LSG Mü 19.5.10 – L 8 SO 38/10 – nv; aA Zö/*Greger* § 585 Rn 15 mwN). Bei den im Verlauf des Urteilsverfahrens erlassenen Beschlüssen gilt ohnehin, dass sie nicht selbstständig mit einem Wiederaufnahmeantrag angegriffen werden können, sondern wegen § 583 iRd Wiederaufnahmeklage gegen das Urt überprüft werden. Für den Widerruf von **Prozesshandlungen** einer Partei aufgrund eines Wiederaufnahmegrundes gilt, dass grds ebenfalls keine Klage notwendig ist, sondern der Widerruf sich an das Gericht richtet, demgegenüber die Prozesshandlung vorgenommen wurde. Restitutionsgründe müssen nämlich wegen § 582 möglichst im laufenden Verfahren vorgebracht werden. Anderes gilt aber – entgegen der wohl hM –, wenn das Verfahren, in dem die Prozesshandlung stattgefunden hat, rechtskräftig abgeschlossen wurde, was insb bei einer mit einem Wiederaufnahmegrund behafteten Rechtsmittelrücknahme in Betracht kommt (*Gaul* ZZP 74, 49 mwN; aA R/S/G § 65 Rn 45 mwN; Zö/*Greger* vor § 578 Rn 15 mwN; OVG NRW 6.1.09 – 14 A 3040/08 – nv). Die Wiederaufnahme richtet sich dann gegen das rechtskräftige Urt. Zu beachten ist, dass sowohl die Frist des § 586 als auch – im Falle eines Restitutionsgrundes nach § 580 Nr 1 bis 5 – die Erfordernisse des § 581 vorliegen müssen, damit der Widerruf der Prozesshandlung Erfolg hat.

C. Hinweise zur Prozesssituation. Mit der Wiederaufnahmeklage kann im Wege der objektiven Klagehäufung die **Rückforderung** des aufgrund des Urteils (auch im Wege der Zwangsvollstreckung) Geleisteten verbunden werden. Ist eine Wiederaufnahmeklage des im Vorprozess Beklagten begründet, kann diese Rückforderung auch im Wege der Widerklage im neu verhandelten Prozess geltend gemacht werden. Gestattet ist auch die Verbindung mit einer wegen Kosten oder Zinsen möglichen **Schadensersatzklage** (R/S/G § 161 Rn 35). 13

Nach § 707 ist auf Antrag die **einstweilige Einstellung der Zwangsvollstreckung** aus dem mit der Wiederaufnahmeklage angegriffenen Urt möglich. 14

D. Kosten/Gebühren. Mit Klageeinreichung wird die volle Gebühr für das Verfahren im Allgemeinen der jeweiligen Instanz (s. § 578 Rz 12) fällig. Es besteht Vorauszahlungspflicht nach § 12 I 1 GKG. 15

§ 586 Klagefrist.

(1) Die Klagen sind vor Ablauf der Notfrist eines Monats zu erheben.

(2) [1]Die Frist beginnt mit dem Tag, an dem die Partei von dem Anfechtungsgrund Kenntnis erhalten hat, jedoch nicht vor eingetretener Rechtskraft des Urteils. [2]Nach Ablauf von fünf Jahren, von dem Tag der Rechtskraft des Urteils an gerechnet, sind die Klagen unstatthaft.

(3) Die Vorschriften des vorstehenden Absatzes sind auf die Nichtigkeitsklage wegen mangelnder Vertretung nicht anzuwenden; die Frist für die Erhebung der Klage läuft von dem Tag, an dem der Partei und bei mangelnder Prozessfähigkeit ihrem gesetzlichen Vertreter das Urteil zugestellt ist.

(4) Die Vorschrift des Absatzes 2 Satz 2 ist auf die Restitutionsklage nach § 580 Nummer 8 nicht anzuwenden.

A. Normzweck und dogmatische Einordnung. Das im Wiederaufnahmerecht ausgewogene Verhältnis zwischen Rechtskraft und der Möglichkeit ihrer Durchbrechung wegen eines Wiederaufnahmegrundes ist durch § 586 um einen weiteren, nämlich zeitlichen Aspekt ergänzt. Die Wiederaufnahme ist nach Ablauf bestimmter »doppelter« Fristen unzulässig. Diese knüpfen sowohl an das subjektive Kriterium der Kenntnis vom Wiederaufnahmegrund als auch an den Eintritt der Rechtskraft als Zeitpunkt des objektiven Beginns einer Ausschlussfrist für die Zulässigkeit einer Klage an. Die Parteien haben also zum einen die Folgen zu tragen, sollten sie trotz Kenntnis von dem schwerwiegenden Mangel des Urteils untätig bleiben. Zum anderen soll eine rechtskräftig erledigte Streitigkeit nach Jahren generell nicht noch einmal aufgegriffen werden können. Vornehmlich diese verschuldensunabhängige fünfjährige Ausschlussfrist begegnet rechtspolitischer Kritik (Nachweise bei MüKoZPO/*Braun* § 586 Rn 2, s.a. § 580 Rz 17), die sich aber nicht in gesetzgeberischen Aktivitäten niederschlägt. Auch eine »teleologische Reduktion der Frist« in Ausnahmefällen kommt nicht in Betracht (Schlesw OLGR 06, 317). Besonderheiten gelten für die Frist im Falle der Nichtigkeitsklage wegen mangelnder Vertretung. 1

B. Die einzelnen Tatbestandsvoraussetzungen. Die Norm gilt sowohl für die Nichtigkeitsklage als auch für die Restitutionsklage. Es handelt sich nach Abs 1 um eine **Notfrist** iSd § 224, die nicht durch den Richter verlängert werden kann und nicht durch Parteivereinbarung abgekürzt werden kann. **Wiedereinsetzung** bei schuldhafter Fristversäumung ist iRv § 233 möglich. Die Einhaltung der Frist ist vAw zu prüfen. § 586 2 gilt nicht für die Restitutionsklage wegen Auffinden eines früheren Urteils in derselben Sache (s. § 580 Rz 13 aE).

3 **I. Einmonatige Klagefrist ab Kenntnis vom Wiederaufnahmegrund** (Abs 1, Abs 2 S 1). **1. Fristbeginn und Fristende.** Die Frist beginnt mit **Kenntnis der Partei** vom Wiederaufnahmegrund, frühestens jedoch mit formeller **Rechtskraft des Urteils**. Wird also vor Rechtskrafteintritt Kenntnis erlangt, lässt dies die Frist nicht beginnen. Es kann aber dann dazu kommen, dass die Klage an § 582 oder § 579 II scheitert. Ein Fristbeginn erst mit Rechtskraft trotz früherer Kenntnis wird deshalb nur relevant werden, wenn ein Rechtsmittel oder eine Nichtzulassungsbeschwerde an sich statthaft und rechtzeitig eingelegt, aber als unzulässig verworfen wurde, so dass erst mit Zustellung dieses Verwerfungsbeschlusses Rechtskraft eintritt (vgl BGHZ 88, 353; BGH NJW 87, 371; BGHZ 164, 347).

4 Die Frist läuft – wie die Rechtsmittelfristen nach der ZPO – **einen Monat** und berechnet sich nach § 222 bzw §§ 187–193 BGB. Der Tag des Fristbeginns wird also nicht mitgerechnet, § 187 I BGB. Fällt das Ende der Frist auf einen Samstag, Sonntag oder Feiertag, endet sie erst mit Ablauf des nächsten Werktages, § 222 II. Findet das Wiederaufnahmerecht der ZPO durch Verweis aus einer anderen Verfahrensordnung Anwendung (s. § 585 Rz 3), die eine längere Rechtsmittelfrist als die ZPO vorsieht, wird die Monatsfrist durch diese Frist ersetzt (BGH MDR 63, 119, s. aber für Kindschaftsverfahren Rz 16).

5 Die Frist beginnt **für jeden Wiederaufnahmegrund** mit dessen Kenntnis neu. Bei Erkenntnis eines weiteren Wiederaufnahmegrundes oder dem Fund weiterer Urkunden, die denselben Wiederaufnahmegrund stützen (BGHZ 57, 211), kann dieser bzw können diese deshalb auch noch nachgeschoben werden.

6 Die Klageerhebung vor einem unzuständigen Gericht wahrt die Frist, sofern eine Verweisung an das zuständige Gericht erfolgt (BGHZ 35, 374; BAGE 102, 242).

7 **2. Kenntnis vom Wiederaufnahmegrund.** Entscheidend ist die **positive sichere Kenntnis** der Tatsachen, aus denen sich der Wiederaufnahmegrund ergibt. Liegt sie vor, nützt fehlendes Verständnis der **rechtlichen Einordnung** der Tatsachen als Wiederaufnahmegrund nicht (BGH NJW 93, 1596; 95, 332, 333; BSG 9.9.10 – B 11 AL 4/10 C Rn 7 – juris). Für § 580 Nr 7b bedeutet dies etwa, dass schon die Kenntnis vom Inhalt der Urkunde und nicht erst die Überzeugung von ihrer Erheblichkeit für ein Wiederaufnahmeverfahren die Frist beginnen lässt (BGH VersR 62, 175, 176).

8 **Fahrlässige Unkenntnis** der Tatsachen schadet nicht. Allerdings darf sich die Partei nicht **bewusst der Kenntnisnahme verschließen** und eine durch konkrete Anhaltspunkte veranlasste weitere Erkundigung unterlassen (BAGE 102, 242).

9 Geht es um eine Restitutionsklage nach § 580 Nr 1 bis 5, ist nicht nur Kenntnis der strafbaren Handlung selbst, sondern auch der **Verurteilung** bzw der Gründe für deren Entbehrlichkeit (§ 581 I Hs 2) erforderlich (Schlesw OLGR 06, 220), da § 581 wesentlich zu diesen Restitutionsgründen gehört (s. § 581 Rz 1) und ohne die Verurteilung die Restitutionsklage nicht zulässig erhoben werden kann.

10 Kenntnis des **Prozessbevollmächtigten** wird nach §§ 51 II, 85 II zugerechnet (Ddorf 14.4.11 – I-2 U 102/10, 2 U 102/10 – nv, Rn 16), wobei dies für den im früheren Verfahren Prozessbevollmächtigten nicht gilt, wenn sein Auftrag bereits beendet war (Zimmermann § 586 Rn 3 mwN). Wurde er aber etwa zur Vorbereitung eines Restitutionsverfahrens mit der Erstattung einer Strafanzeige beauftragt und kommt es zur Verfahrenseinstellung (s. § 581 Rz 3), ist seine entsprechende Kenntnis eines Wiederaufnahmegrundes der Partei zuzurechnen (Zö/*Greger* § 586 Rn 8).

11 **3. Glaubhaftmachung.** § 589 II sieht vor, dass iRd Zulässigkeitsprüfung für die Tatsachen, aus denen sich die Fristeinhaltung ergibt, die Glaubhaftmachung (§ 294) notwendig, aber auch ausreichend ist. Damit ist nur ein geringerer Grad an richterlicher Überzeugung (einfache Wahrscheinlichkeit) vorausgesetzt. Es besteht keine Bindung an die Beweismittel des Strengbeweises, und es kommt va die eidesstattliche Versicherung in Betracht.

12 **4. Bedeutungslosigkeit der Kenntnis vom Wiederaufnahmegrund.** Wird Kenntnis erst nach Ablauf von fünf Jahren erlangt, kann sie die Klagefrist nicht mehr beginnen lassen; es kommt vielmehr die absolute Ausschlussfrist nach Abs 2 S 2 zum Tragen.

13 **II. Ausschlussfrist ab Rechtskraft (Abs 2 S 2).** Die Frist beginnt mit Rechtskraft und umfasst fünf Jahre. Es handelt sich um eine absolute Ausschlussfrist. Wiedereinsetzung kommt nicht in Betracht (Musielak/*Musielak* § 586 Rn 7). Eine Fristhemmung wegen höherer Gewalt entsprechend § 206 BGB ist nicht möglich (BGH VIZ 04, 272).

Ist das Datum der Rechtskraft aus den gerichtlichen Akten nicht ableitbar, kann die glaubhafte Behauptung des Klägers zum Zeitpunkt des Rechtskrafteintritts zu Grunde gelegt werden (BVerwG NVwZ 94, 1206).

III. Frist für Klagen nach § 579 Nr 4. Die Frist beginnt **mit Zustellung** entweder an die Partei selbst oder an ihren gesetzlichen Vertreter, falls die Partei prozessunfähig ist. Es gilt dann die Monatsfrist des Abs 1. Auch beginnt die Frist frühestens mit Rechtskraft des Urteils zu laufen, obwohl die Norm dies nicht extra erwähnt. Wird also vorher zugestellt, führt erst der Rechtskrafteintritt zum Fristbeginn. Die Fünfjahresfrist des Abs 2 S 2 kommt nicht zur Anwendung. Die Nichtigkeitsklage ist also **ohne Rücksicht auf die Länge der seit Erlass des angefochtenen Urteils verstrichenen Zeit** zulässig, wenn das Urt noch nicht zugestellt worden ist. 14

IV. Ausschlussfrist für Klagen nach § 580 Nr 8 (Abs 4). Die Regelung betrifft die Ausschlussfrist des Abs 2 S 2, nicht die Monatsfrist des Abs 1. 14a

V. Rechtsfolge der Fristversäumung. Die nicht fristgerecht eingelegte Klage ist nach § 589 I 2 als unzulässig zu verwerfen. 15

C. Hinweise zur Prozesssituation. Die Frist gilt auch, falls die Klage wegen eines analog anwendbaren Wiederaufnahmegrundes erhoben wird (BGH VIZ 04, 272). Wird eine Wiederaufnahmeklage gegen ein Vaterschaftsfeststellungsurteil wegen eines Nichtigkeitsgrundes nach § 579 und nicht wegen eines Grundes nach § 185 FamFG betrieben, gilt ebenfalls § 586 und nicht § 185 IV FamFG (BGH NJW 94, 589). Das sollte auch für die Restitutionsklage nach § 580 gegen ein solches Urt gelten (so auch Zö/*Greger* § 586 Rn 1; offen gelassen von BGH NJW 94, 589). Ist die Klage aber auf § 185 FamFG gestützt, gilt die Frist des § 586 nicht. Für die Klage zur Durchbrechung der Rechtskraft nach § 826 BGB gilt § 586 nicht (BGHZ 50, 115; dazu § 322 Rz 48-57). 16

§ 587 Klageschrift. **In der Klage muss die Bezeichnung des Urteils, gegen das die Nichtigkeits- oder Restitutionsklage gerichtet wird, und die Erklärung, welche dieser Klagen erhoben wird, enthalten sein.**

A. Normzweck und dogmatische Einordnung. Die Norm enthält den **Mussinhalt der Klageschrift**. Nur eine solche Klage kann fristwahrend für § 586 sein. Fehlt es an den Voraussetzungen, ist die Klage nach § 589 I als unzulässig zu verwerfen. Die Angaben nach § 587 sind aber auch ausreichend für eine formgerechte Klage; diejenigen nach § 588 sind lediglich **Sollvorgaben**. 1

B. Die einzelnen Tatbestandsvoraussetzungen. Notwendig müssen das angegriffene Urt und die gewählte Klageart bezeichnet werden. Es sind also Angaben zur eindeutigen **Identifizierung des Urteils** und dazu, ob **Nichtigkeits- oder Restitutionsklage** eingereicht werden soll, zu machen. Dabei kommt es aber nicht auf den Wortlaut der Bezeichnungen an, ebenso wie **Mängel und Irrtümer in den Angaben** ungefährlich sind. Die Worte »Nichtigkeitsklage« bzw »Restitutionsklage« müssen deshalb nicht verwendet werden (Zimmermann § 587 Rn 1; vgl auch BGH DStR 07, 450). Es kommt vornehmlich darauf an, ob aus dem (sonstigen) Inhalt der Klageschrift erkennbar ist, welche Klage erhoben wird (Zö/*Greger* § 587 Rn 2). Auch falls das erstinstanzliche Urt bezeichnet wird, obwohl die Klage sich nach ihrem sonstigen Inhalt erkennbar gegen das dieses ersetzende (s. § 584 Rz 1) Berufungsurteil richtet, schadet das nicht (BAGE 6, 95). Wird allerdings (eindeutig) zunächst nur das erstinstanzliche Urt angefochten und später der Antrag auf das in Rechtskraft erwachsene Urt erstreckt, kann dies eine Klageänderung darstellen (BAGE 102, 242). 2

C. Hinweise zur Prozesssituation. Wird aus der Klageschrift deutlich, dass es sich um eine Nichtigkeitsklage handeln soll, und will der Kl anschließend zu einer Restitutionsklage wechseln bzw umgekehrt, stellt sich dies als **Klageänderung** dar, die nur unter den Vorraussetzungen der §§ 263, 264 möglich ist (§ 578 Rz 8). Das Anführen weiterer Tatsachen zu dem Wiederaufnahmegrund oder **weiterer Wiederaufnahmegründe** innerhalb derselben Klageart ist jedoch möglich (s. § 586 Rz 5). 3

§ 588 Inhalt der Klageschrift. **(1) Als vorbereitender Schriftsatz soll die Klage enthalten:**

1. die Bezeichnung des Anfechtungsgrundes;
2. die Angabe der Beweismittel für die Tatsachen, die den Grund und die Einhaltung der Notfrist ergeben;

3. die Erklärung, inwieweit die Beseitigung des angefochtenen Urteils und welche andere Entscheidung in der Hauptsache beantragt werde.

(2) [1]Dem Schriftsatz, durch den eine Restitutionsklage erhoben wird, sind die Urkunden, auf die sie gestützt wird, in Urschrift oder in Abschrift beizufügen. [2]Befinden sich die Urkunden nicht in den Händen des Klägers, so hat er zu erklären, welchen Antrag er wegen ihrer Herbeischaffung zu stellen beabsichtigt.

1 **A. Normzweck und dogmatische Einordnung.** Es handelt sich um **Sollvorgaben** für die Klageschrift. Sie beziehen sich auf deren Funktion als **vorbereitender Schriftsatz**; nicht als verfahrenseinleitender bestimmender (insoweit §§ 253, 587). Für eine formgerechte (und fristwahrende) Klageschrift sind die Angaben nach § 588 nicht notwendig, so dass Verstöße insoweit ohne Folgen sind (s. aber Rz 4).

2 **B. Die einzelnen Tatbestandsvoraussetzungen. I. Angaben nach Abs 1.** Der **Anfechtungsgrund** soll bezeichnet werden. Mit Anfechtungsgrund ist der Nichtigkeitsgrund nach § 579 Nr 1–4 bzw der Restitutionsgrund nach § 580 Nr 1–8, auf den die Klage gestützt werden soll, gemeint.

Die **Beweismittel** sollen angegeben werden. Es gilt das allgemeine Beweisverfahren mit den Beweismitteln des Strengbeweises mit der Ausnahme des § 581 II für die Parteivernehmung. Die Glaubhaftmachung für die Tatsachen, die die Einhaltung der Klagefrist betreffen, ist zwingend, § 589 II.

Die **Anträge** zur Aufhebung und Neuverhandlung bestimmen auch den Umfang der Aufhebung und den Prozessstoff der neu verhandelten Klage (s. § 590 Rz 4).

Vorbereitende Schriftsätze sollen generell den Vorgaben des § 130 genügen, der nach § 585 entsprechend anzuwenden ist.

3 **II. Angaben nach Abs 2.** Die Angaben nach Abs 2 beziehen sich auf die Klageschrift als bestimmenden Schriftsatz. Auch hier handelt es sich aber nur um eine Sollvorschrift nicht um eine notwendige Voraussetzung formgerechter Klageerhebung. Die Urkunden sind in Kopie oder im Original beizulegen. Der Urkundenbeweis wird nach allgemeinen Regeln angetreten, §§ 420 ff.

4 **C. Hinweise zur Prozesssituation.** Obwohl es sich um eine Sollvorschrift handelt, können die Voraussetzungen des § 588 iRd Prüfung des Gerichts vAw nach § 589 I bedeutsam sein. Fehlt es aufgrund von Mängeln in den Angaben nach § 588 bis zum Ende der mündlichen Verhandlung im Wiederaufnahmeverfahren an der schlüssigen Behauptung des Wiederaufnahmegrundes, führt dies zur Unzulässigkeit (§ 579 Rz 17, § 580 Rz 2). Auch die Anträge müssen spätestens in der Neuverhandlung der Hauptsache gestellt werden. Zudem begegnet verspätetes Vorbringen im Zusammenhang mit den Angaben nach § 588 der Gefahr der Zurückweisung nach § 296 (Zö/*Greger* § 588 Rn 1).

§ 589 Zulässigkeitsprüfung.

(1) **[1]Das Gericht hat von Amts wegen zu prüfen, ob die Klage an sich statthaft und ob sie in der gesetzlichen Form und Frist erhoben sei. [2]Mangelt es an einem dieser Erfordernisse, so ist die Klage als unzulässig zu verwerfen.**

(2) Die Tatsachen, die ergeben, dass die Klage vor Ablauf der Notfrist erhoben ist, sind glaubhaft zu machen.

1 **A. Prüfung der Zulässigkeit von Amts wegen.** Die Norm ordnet die Prüfung der Zulässigkeit der Klage und zwar **von Amts wegen** (s. § 585 Rz 7) an. Das versteht sich für Prozessvoraussetzungen ohnehin von selbst, weist bei der Wiederaufnahmeklage jedoch die Besonderheit auf, dass die Prüfung der **schlüssigen Behauptung des Wiederaufnahmegrundes** zur Statthaftigkeit der Klage gehört (§§ 579 Rz 18, 580 Rz 2), was auch die Vorgaben des § 581 umfasst, wohingegen das tatsächliche Vorliegen des Wiederaufnahmegrundes erst in der Begründetheit zu prüfen ist. Im Übrigen erfasst die Prüfung der Zulässigkeit nicht nur die in der Norm genannten **Form und Frist** der Klageerhebung, sondern auch alle weiteren Zulässigkeitsvoraussetzungen, dh allg Prozessvoraussetzungen, Beschwer, Zuständigkeit nach § 584, Angaben nach § 587 und Subsidiarität nach § 582 bzw 579 II (s. jew ebd sowie § 578 Rz 2-6).

2 Ist die Klage danach zulässig, geht das Wiederaufnahmeverfahren in den zweiten Abschnitt über (s. vor §§ 578 ff Rz 3), so dass es zur Prüfung der Begründetheit der Klage kommt, für die der Wiederaufnahmegrund tatsächlich vorzuliegen hat. Ist die Klage unzulässig, ist sie zu verwerfen (KG Berlin 12.5.11 – 23 U 72/11 – nv, Rn 7).

B. Glaubhaftmachung. Entscheidend können hier bspw der Zeitpunkt des Auffindens der Urkunde, der Zeitpunkt der Kenntnis vom Tod eines Beschuldigten im Falle des § 581 I Alt 2, der Zeitpunkt der Zustellung, der Zeitpunkt der Kenntnis von Mängeln in der Geschäftsverteilung oä sein (s. § 586 Rz 7 sowie § 294). 3

§ 590 Neue Verhandlung.

(1) Die Hauptsache wird, insoweit sie von dem Anfechtungsgrunde betroffen ist, von neuem verhandelt.

(2) [1]Das Gericht kann anordnen, dass die Verhandlung und Entscheidung über Grund und Zulässigkeit der Wiederaufnahme des Verfahrens vor der Verhandlung über die Hauptsache erfolge. [2]In diesem Fall ist die Verhandlung über die Hauptsache als Fortsetzung der Verhandlung über Grund und Zulässigkeit der Wiederaufnahme des Verfahrens anzusehen.

(3) Das für die Klagen zuständige Revisionsgericht hat die Verhandlung über Grund und Zulässigkeit der Wiederaufnahme des Verfahrens zu erledigen, auch wenn diese Erledigung von der Feststellung und Würdigung bestrittener Tatsachen abhängig ist.

A. Normzweck und dogmatische Einordnung. Die Norm ist Ausdruck der Teilung des Wiederaufnahme- 1
verfahrens in **drei Abschnitte** (vor §§ 578 ff Rz 3). Zur **Neuverhandlung der Hauptsache** im dritten Abschnitt des Wiederaufnahmeverfahrens kommt es erst, wenn die Wiederaufnahmeklage **zulässig** (§ 578 Rz 3, 6) und **begründet** (§ 579 Rz 3, § 580 Rz 3) ist. Diese die ersten beiden Abschnitte voranstellende Prüfungsreihenfolge gilt generell, gleichgültig ob iSd Abs 2 der Norm **abgesondert verhandelt** wurde oder nicht. Abs 3 sieht im Übrigen vor, dass die Prüfung der Zulässigkeit und Begründetheit, insb also des tatsächlichen Vorliegens eines Wiederaufnahmegrundes, auch dann beim zuständigen Revisionsgericht zu erledigen ist, wenn dazu Tatsachenfeststellungen und -würdigungen notwendig sind.

**B. Die einzelnen Tatbestandsvoraussetzungen. I. Umfang der Aufhebung und Neuverhandlung 2
(Abs 1).** Ist die Wiederaufnahmeklage zulässig und begründet, wird das angefochtene Urt aufgehoben, und das frühere Verfahren wird als Hauptsache wieder anhängig. Für das Verfahren gelten grds die allgemeinen Regeln (s.a. § 585). Die **Parteien** treten wieder in die Parteirolle der Hauptsache, gleichgültig welche von ihnen Kl oder Bekl der Wiederaufnahmeklage war. Zur Rechtsfolge des Fehlens von Voraussetzungen im jeweiligen Prüfungsabschnitt s. vor §§ 578 ff Rz 3.

Zur Aufhebung (iudicium rescindens) kann wie zu den Ergebnissen des ersten und zweiten Abschnitts bzw 3
gemeinsam damit ein selbstständig anfechtbares (§ 280 II analog) **Zwischenurteil** ergehen (BGH NJW 93, 3140; NJW 82, 2449; NJW 93, 1928; aA Zwischenurteil nach § 303: BSGE 13, 140; B/L/A/H § 590 Rn 1). Das **Endurteil** entscheidet neu über die alte Klage (iudicium recissorium). Auch wenn dieses ersetzende Urt dem angegriffenen inhaltlich entspricht, ist das frühere Urt aufzuheben (hM etwa B/L/A/H § 590 Rn 7 mwN; R/S/G § 161 Rn 34; nach der Gegenansicht ist § 343 »Entscheidung aufrechtzuerhalten« entsprechend anzuwenden). Die Entscheidung zur Zulässigkeit und Begründetheit und die Aufhebung können aber auch zusammen mit der sachlichen Entscheidung über die neu verhandelte Hauptsache erfolgen. In den Gründen des Endurteils werden dann auch dazu Feststellungen getroffen.

Begrenzt ist der Umfang der Aufhebung und Neuverhandlung durch die gestellten **Anträge** (§ 588 I 3) und 4
dadurch, dass nur über den **vom Anfechtungsgrund betroffenen Teil** des Verfahrens neu verhandelt wird. Hierbei muss es sich allerdings um einen eigenständigen Streitgegenstand oder zumindest einen nach § 301 abteilbaren Gegenstand handeln; andernfalls erfolgt eine Aufhebung und Neuverhandlung in vollem Umfang (*Gilles* ZZP 80, 391, 392; ThoPu/*Reichold* § 590 Rn 4). Bei Vorliegen eines Nichtigkeitsgrundes wird idR der gesamte Rechtsstreit erfasst sein. Vor allem beim Restitutionsgrund nach § 580 Nr 7 b, Auffinden einer Urkunde, kann aber nur ein Teil des Streitgegenstandes vom Anfechtungsgrund betroffen sein (Zimmermann § 590 Rn 4). **Prozessstoff** in der Neuverhandlung ist also derjenige des Vorprozesses noch insoweit, als er nicht von einem Anfechtungsgrund betroffen ist. Ansonsten sind die Prozesshandlungen des Gerichts und der Parteien und die Beweisergebnisse des Vorprozesses hinfällig und das Verfahren ist neu und selbstständig zu verhandeln. Eine Bindung an Feststellungen und Würdigungen durch das frühere Gericht besteht nicht.

II. Abgesonderte Verhandlung (Abs 2). Es steht im Ermessen des Gerichts, gesondert über die Zulässig- 5
keit und Begründetheit der Wiederaufnahmeklage zu verhandeln, wobei die Verhandlung über die Hauptsache dann als Fortsetzung anzusehen ist. Auch die Zusammenfassung in einem einheitlichen Verfahren ist

aber möglich und sogar die Regel. Die notwendig einzuhaltende Prüfungsreihenfolge (Rz 1) erfordert also keine förmliche Trennung der Verfahrensabschnitte. Gilt allerdings für die Hauptsache eine andere Verfahrensart, ist zunächst gesondert über die Zulässigkeit und Begründetheit zu entscheiden, bevor in der Neuverhandlung die andere Verfahrensart eingehalten wird (s. § 585 Rz 10).

6 **III. Wiederaufnahmeklage vor dem Revisionsgericht (Abs 3).** Die Möglichkeit des zuständigen (s. § 584) Revisionsgerichts, eigene Tatsachenfeststellungen und -würdigungen vorzunehmen, bezieht sich allein auf Tatsachen, die die Zulässigkeit und Begründetheit der Wiederaufnahmeklage betreffen. Für die Neuverhandlung der Hauptsache ist aber nach einem Zwischenurteil über Zulässigkeit und Begründetheit zurückzuverweisen (B/L/A/H § 590 Rn 2) und zwar an dasjenige Gericht, dessen Feststellungen von dem Anfechtungsgrund betroffen sind, vgl § 583. Vielfach wird allerdings in Fällen, in denen sich der Wiederaufnahmegrund auf tatsächliche Feststellungen bezieht, ohnehin das Berufungsgericht auch bei Anfechtung von Revisionsurteilen zuständig sein, es sei denn, dessen tatsächliche Feststellungen sind angegriffen (s. § 584 Rz 5).

7 **C. Hinweise zur Prozesssituation.** Vorausgegangene Entscheidungen werden nach § 583 mit dem rechtskräftigen Endurteil zusammen aufgehoben.

8 **D. Kosten/Gebühren.** Über die Kosten des alten und des neuen Verfahrens ist einheitlich und nach den allgemeinen Regeln der §§ 91 ff zu entscheiden.

§ 591 Rechtsmittel. **Rechtsmittel sind insoweit zulässig, als sie gegen die Entscheidungen der mit den Klagen befassten Gerichte überhaupt stattfinden.**

1 Da das Wiederaufnahmeverfahren kein Rechtsmittelverfahren ist, wird das angegriffene Urt nicht durch ein Urt der Rechtsmittelinstanz ersetzt, sondern durch das nach Neuverhandlung getroffene Endurteil (iudicium recissorium). Das neue Urt unterliegt denselben Rechtsmitteln wie das angegriffene Urt. Insofern kann es auch dazu kommen, dass gar kein Rechtsmittel statthaft ist (Naumbg 4.8.10 – 2 ARs 6/10), etwa weil es sich um ein Revisionsurteil handelte oder weil ein Rechtsmittel nicht zugelassen wird oder eine Nichtzulassungsbeschwerde erfolglos bleibt. Auch die Wiederaufnahme eines durch Urt beendeten Wiederaufnahmeverfahrens ist denkbar (BayVGH 20.11.08 – 13 A 07.386 – nv).

2 Gegebenenfalls sind auch mehrere Urteile angreifbar, wenn nämlich gesondert durch Zwischenurteil über den ersten (Zulässigkeit) und den zweiten (Begründetheit) Abschnitt der Wiederaufnahmeklage entschieden wurde, § 280 II (s. § 590 Rz 3).

Buch 5 Urkunden- und Wechselprozess

§ 592 Zulässigkeit. **[1]Ein Anspruch, welcher die Zahlung einer bestimmten Geldsumme oder die Leistung einer bestimmten Menge anderer vertretbarer Sachen oder Wertpapiere zum Gegenstand hat, kann im Urkundenprozess geltend gemacht werden, wenn die sämtlichen zur Begründung des Anspruchs erforderlichen Tatsachen durch Urkunden bewiesen werden können. [2]Als ein Anspruch, welcher die Zahlung einer Geldsumme zum Gegenstand hat, gilt auch der Anspruch aus einer Hypothek, einer Grundschuld, einer Rentenschuld oder einer Schiffshypothek.**

A. Allgemeines. I. Zweck. Der Urkundenprozess ist eine besondere Verfahrensart, deren Zweck darin besteht, dem Kl den raschen Erhalt eines vollstreckbaren Titels zu ermöglichen. Dazu sieht das Gesetz nicht eine weitere Beschleunigung des Verfahrens – außer bei der Unterart des Wechsel- und Scheckprozesses, § 604 II – und auch keine Reduzierung des Beweismaßes vor, sondern eine Beschränkung der Beweisführung. Einerseits muss der Kl alle anspruchsbegründenden Tatsachen durch Urkunden beweisen (§ 592 S 1). Andererseits kann dann der Beklagte Beweis für seine Einwendungen nur durch Urkunden oder durch Parteivernehmung führen (§§ 595 II, 598). Außerdem ist die Widerklage ausgeschlossen (§ 595 I). 1

II. Vorläufigkeit. Wegen dieser Beschränkung der Verteidigung des Beklagten darf dessen Verurteilung, wenn er dem Anspruch widersprochen hat, freilich nur eine vorläufige sein. Ihm ist die Ausführung seiner Rechte vorzubehalten, der Rechtsstreit bleibt im Nachverfahren als ordentlichem Verfahren anhängig (§§ 599, 600). Umgekehrt wird auch die Klage nicht endgültig, sondern nur als in der gewählten Prozessart unstatthaft abgewiesen, wenn der Kl den erforderlichen Beweis mit den beschränkten Beweismitteln des Urkundenprozesses nicht führen kann (§ 597 II). 2

Das Urt im Urkundenprozess ist ohne Sicherheitsleistung vorläufig vollstreckbar (§ 708 Nr 4). Dem Beklagten stehen aber die Abwendungsbefugnis gem § 711, ein Einstellungsantrag (§§ 707, 719) und ggf ein Schutzantrag nach § 712 offen. Deshalb und wegen der bloßen Vorläufigkeit des Vorbehaltsurteils sind die tw geäußerten **verfassungsrechtlichen Bedenken** aus Art 103 I GG (etwa Zö/*Greger* Vor § 592 Rn 1; Musielak/*Voit* § 592 Rn 1) nicht berechtigt. Soweit das Vorbehaltsurteil, aus dem vollstreckt worden ist, im Nachverfahren aufgehoben wird, hat der Beklagte Anspruch auf Ersatz seines Vollstreckungsschadens (§§ 600 II, 302 IV 3). 3

III. Allgemeine Verfahrensvorschriften. Die allgemeinen Verfahrensvorschriften sind durchweg auch im Urkundenprozess anwendbar. Wegen Unvereinbarkeit mit dem Zweck des Urkundenprozesses, dem Kl schnell einen vollstreckbaren Titel zu verschaffen, gilt dies allerdings regelmäßig nicht für die **Aussetzung** des Verfahrens nach § 148, außer bei Aufrechnung mit einer Forderung, mit der auch in einem anderen Verfahren die Aufrechnung erklärt wurde (BGH WM 04, 2324, 2325; vgl § 148 Rz 3). **Streitverkündung** und Nebenintervention sind möglich. Die **Einrede des Schiedsvertrags** kann zwar grds nicht im Wechselprozess, wo sie erst im Nachverfahren erheblich ist (BGH NJW 94, 136), wohl aber im gewöhnlichen Urkundenprozess erhoben werden (BGHZ 165, 376, 380 ff). Im Gegensatz zur Widerklage (§ 595 I) ist die **Aufrechnung** zulässig; freilich unterliegt sie der Beweismittelbeschränkung des § 595 II. Soweit ein Einigungsversuch vor einer **Gütestelle** vorgeschrieben ist, gilt dies nicht für den Urkundenprozess (§ 15a II Nr 4 EGZPO). Eine vertragliche **Verpflichtung, nicht im Urkundenprozess zu klagen,** führt bei entsprechender Einrede des Beklagten zur Abweisung der Klage als im Urkundenprozess unstatthaft (BGHZ 109, 19, 29; 148, 283, 285). 4

B. Klagbare Ansprüche. I. Leistungsansprüche. Zu den Statthaftigkeitsvoraussetzungen der Klage im Urkundenprozess gehört, dass der geltend gemachte Anspruch auf Leistung einer bestimmten Menge vertretbarer Sachen, insb auf Zahlung, gerichtet ist. Der Anspruch kann auch auf Leistung an einen Dritten lauten. Ebenso kann er eine Hinterlegung zum Gegenstand haben (BGH NJW 53, 1707; St/J/*Schlosser* § 592 Rn 2, 3; **aA** RGZ 104, 34, 36 f; Zö/*Greger* § 592 Rn 1); weder der Zweck des Urkundenprozesses noch der Begriff der Leistung bzw Zahlung stehen dem entgegen. Auch Ansprüche, die von einer **Gegenleistung** abhängig sind, sowie iRd §§ 257–259 solche auf **künftige Leistung** können geltend gemacht werden. 5

1. Zahlungsansprüche. a) Zahlung. Richtet sich der Anspruch nicht auf Zahlung, sondern auf Befreiung von einer Schuld und damit auf Vornahme einer Handlung, kann nicht im Urkundenprozess geklagt werden. Ebenso unzulässig ist eine Klage auf Abnahme des Werkes, auch wenn sie mit der Forderung auf 6 anschließende Zahlung des Werklohnes verbunden ist. Für eine **Stufenklage**, bei der es zunächst um Auskunft geht, steht der Urkundenprozess ebenfalls nicht offen. Eine **Teilklage** ist auch im Urkundenprozess möglich; der Umstand, dass der Beklagte eine negative Feststellungswiderklage erst im Nachverfahren erheben kann (§ 595 I), macht sie nicht etwa unzulässig (MüKoZPO/*Braun* § 595 Rn 1a; Musielak/*Voit* § 592 Rn 5).

7 **b) Anspruchsgrund.** Auf ihn kommt es grds nicht an. Ansprüche auf **Miete** (BGH NJW 05, 2701; 07, 1061) und solche auf **Nutzungsentschädigung** nach § 546a I BGB (**aA** Schlesw SchlHA 10, 120) können auch bei der Wohnraummiete im Urkundenprozess eingefordert werden, und zwar auch dann, wenn der Mieter anfängliche Mängel der Mietsache geltend macht, die Mietsache aber rügelos als Erfüllung angenommen hatte (BGH NJW 09, 3099; Abgrenzung BGH ZMR 11, 204); dass der Mieter eine Mietminderung wegen Mängeln der Mietsache (§ 536 I BGB) idR im Urkundenprozess nicht beweisen kann, rechtfertigt keine Sonderbehandlung. Vergütungs- oder Abfindungsansprüche von **Organmitgliedern** können ebenfalls im Urkundenprozess eingeklagt werden. Dem steht nicht entgegen, dass die Nettovergütung sich uU erst durch steuerrechtliche Berechnungen ermitteln lässt oder die Gesellschaft sich auf eine urkundlich nicht beweisbare fristlose Kündigung beruft. Denn das Organmitglied hat einen Anspruch auf Auszahlung der Bruttovergütung; zudem ist es Sache des beklagten Dienstherrn, die betreffenden Einwendungen nachzuweisen (Celle OLGR 09, 473; München 21.9.11, 7 U 4957/10, juris Rn 38; *Schönhöft* GmbHR 08, 95; Musielak/*Voit* § 592 Rn 5; **aA** Ddorf GmbHR 05, 991). Hingegen ist für die **Rückforderung** des auf eine **Bürgschaft auf erstes Anfordern** Geleisteten der Urkundenprozess nach seinem Sinn und Zweck regelmäßig unstatthaft (BGHZ 148, 283, 288 ff). Für einen **Bereicherungsanspruch** bleibt es auch im Urkundenprozess bei der Maßgeblichkeit der Saldotheorie (BGHZ 173, 145 Rn 23 ff; näher Rz 11).

8 **2. Sonstige vertretbare Sachen.** Das sind solche iSd § 91 BGB, auch (natürlich) Wertpapiere, soweit sie nicht individualisiert sind. Nicht dazu zählen GmbH-Anteile. Allgemein ist der Urkundenprozess unzulässig für Klagen auf Leistung unvertretbarer Sachen oder auf ein Tun oder Unterlassen des Schuldners.

9 **II. Haftungsklagen.** Eine gesetzliche Ausnahme gilt für die nicht auf Zahlung, sondern auf Duldung der Zwangsvollstreckung gerichteten Ansprüche aus einer Hypothek, Grundschuld, Rentenschuld oder Schiffshypothek sowie aus einer Reallast (§ 1107 BGB) oder einem Registerpfandrecht an einem Luftfahrzeug (§ 99 I LuftFzG). Größere praktische Bedeutung hat sie nicht, da diese Ansprüche meist gem § 794 I Nr 5 vollstreckbar sind. Nach nicht unbedingt überzeugender, aber wohl allgemeiner Literaturansicht ist § 592 S 2 auch auf alle weiteren, auf **Duldung der Zwangsvollstreckung** gerichteten Ansprüche analog anwendbar, etwa auf solche in ein Faustpfand (§ 1204 BGB), in das Gesamtgut bei der Gütergemeinschaft (§§ 743, 745 II) oder in das dem Nießbrauch (§ 737), der Testamentsvollstreckung (§ 748 II) oder dem kaufmännischen Zurückbehaltungsrecht (§ 371 III HGB) unterliegende Vermögen.

10 **III. Klageart.** Aus dem Zweck des Urkundenprozesses und der Vorschrift des § 592 folgt, dass die Ansprüche im Wege der Leistungsklage erhoben werden müssen, während Gestaltungs- und (selbst auf Feststellung eines Leistungsanspruchs gerichtete) Feststellungsklagen im Urkundenprozess ausgeschlossen sind (BGHZ 16, 207, 213; WM 79, 614; zweifelnd MüKoZPO/*Braun* § 592 Rn 5 f). Umstritten ist die Statthaftigkeit des Urkundenprozesses für die Klage auf **Feststellung zur Insolvenztabelle** nach §§ 179 f InsO. Entgegen einer va in der Lehre verbreiteten Auffassung (etwa St/J/*Schlosser* § 592 Rn 2a; Zö/*Greger* § 592 Rn 3; MüKoInsO/*Schumacher* § 180 Rn 7) ist sie zu verneinen. Ihr stehen der Wortlaut des § 592 und der Umstand entgegen, dass der Zweck des Urkundenprozesses, die beschleunigte Rechtsdurchsetzung, im Insolvenzfall nicht (mehr) erreicht werden kann. Denn bei Widerspruch des Beklagten bleibt der Rechtsstreit im Nachverfahren anhängig (§§ 599, 600), so dass der Kl gem § 189 II InsO keine frühzeitige Auszahlung erhalten kann. Die nach Eröffnung des Insolvenzverfahrens erhobene Feststellungsklage ist deshalb im Urkundenprozess unstatthaft (BGH WM 79, 614 für Feststellung zur Vergleichstabelle; München WM 85, 399; Musielak/*Voit* § 592 Rn 3; Wieczorek/Schütze/*Olzen* § 592 Rn 9). Bei Eröffnung des Insolvenzverfahrens während des Urkundenprozesses geht das Verfahren ipso jure in das ordentliche über (Hamm MDR 67, 929; Wieczorek/Schütze/*Olzen* § 592 Rn 9).

11 **C. Beweisbarkeit durch Urkunden. I. Anspruchsbegründende Tatsachen.** Die Statthaftigkeit des Urkundenprozesses setzt gem § 592 S 1 weiter voraus, dass alle anspruchsbegründenden Tatsachen durch Urkunden bewiesen werden können. Das Erfordernis erstreckt sich (außer beim Wechselprozess, § 605 II) auch auf die Nebenforderungen. Durch Urkunden zu beweisen sind die Tatbestandsvoraussetzungen der

Anspruchsnorm, für die der Kl die Beweislast trägt. Bei der Bürgschaftsklage etwa gilt dies neben der Bürgschaft auch für die Entstehung der Hauptforderung und deren Fälligkeit, außer wenn es sich um eine Bürgschaft auf erstes Anfordern handelt (dazu BGH NJW 94, 380). Bei einer Klage aus abgetretenem Recht muss auch die **Abtretung** urkundlich belegbar sein, ebenso beim Geschäftsabschluss durch einen **Vertreter** für den Beklagten dessen Vertretungsmacht und bei besonderen Fälligkeitsvoraussetzungen wie Kündigung oder Fristablauf deren Vorliegen. Bei **Bereicherungsansprüchen** ändert der Urkundenprozess nichts an der Geltung der Saldotheorie. Darzulegen hat der Kl daher den nach Saldierung der beiderseitigen Ansprüche verbleibenden Überschuss (BGHZ 173, 145 Rn 24). Da freilich die Beweislast für eine Minderung des Saldos beim Bereicherungsschuldner verbleibt (BGHZ 173, 145 Rn 25; NJW 99, 1181), kann die Statthaftigkeit des Urkundenprozesses nicht davon abhängen, dass der Kl die Höhe der Abzugsposten urkundlich belegt. Für die **Einwendungen des Beklagten** sowie deren Widerlegung durch den Kl ist auch Antrag auf Parteivernehmung zulässig (§ 595 II).

II. Ausnahmen. Zugestandene, unstreitige oder offenkundige Tatsachen bedürfen nach der gefestigten Rspr auch im Urkundenprozess keines (Urkunden-)Beweises (BGHZ 62, 286, 289 ff; 173, 366 Rn 13). Dem ist trotz verbreiteter Kritik in der Lehre (ua *Stürner* NJW 72, 1257; MüKoZPO/*Braun* § 592 Rn 14; Wieczorek/Schütze/*Olzen* § 592 Rn 30) zuzustimmen. Der gegenteilige Wille des historischen Gesetzgebers hat in den §§ 592, 597 II nur einen unvollkommenen und widersprüchlichen Ausdruck gefunden. Auch die ratio des Urkundenprozesses, die auf der schnelleren Verfügbarkeit und dem größeren Beweiswert von Urkunden beruht, steht der hM nicht entgegen; der Urkundenbeweis hat keinen höheren Verlässlichkeitswert als Geständnis und Nichtbestreiten. Der im Urkundenprozess Beklagte, der die anspruchsbegründenden Tatsachen nicht bestreiten kann oder will, ist auch nicht schutzbedürftiger, wenn der Kl jene unstreitigen Tatsachen nicht durch Urkunden belegt; außerdem hat er dann die Möglichkeit, durch eigene Säumnis eine Abweisung der Klage als im Urkundenprozess unstatthaft zu erreichen, § 597 II. Inkonsequent ist es deshalb, unstreitige, zugestandene oder offenkundige Tatsachen nur zur Ausfüllung von Lücken im Urkundenbeweis als nicht beweisbedürftig anzusehen (so aber etwa BGHZ 62, 286, 292; Musielak/*Voit* § 592 Rn 11) und mindestens eine Urkunde zu fordern (Frankf WM 95, 2079, 2081). Vielmehr ist auch der – reichlich theoretische – Fall möglich, dass der Beklagte nach streitiger Verhandlung im Urkundenprozess verurteilt wird, ohne dass eine Urkunde vorgelegt wurde (Jena MDR 97, 975; St/J/*Schlosser* § 597 Rn 4; **aA** München 21.9.11, 7 U 4957/10, juris Rn 34). Erst recht gilt das natürlich für ein **Anerkenntnis(vorbehalts)urteil** (dazu § 599 Rz 3). 12

III. Sonstige Klagegrundlagen. Für die **Prozessvoraussetzungen,** auch soweit sie nicht vAw, sondern nur auf Einrede des Beklagten geprüft werden (zB § 1032 I), gelten die Beweismittelbeschränkungen der §§ 592, 595 II nicht (BGH NJW 86, 2765), ebensowenig für die Ermittlung **ausländischen Rechts,** die sich allein nach § 293 richtet (BGH MDR 97, 879). 13

IV. Beweisführung. 1. Urkunden. Beweisgeeignete Urkunden sind alle Schriftstücke iSd §§ 415 ff, also auch (Tele)Kopien. **Elektronische Dokumente** sind keine Urkunden, sondern Augenscheinsobjekte (§§ 371 I 2, 371a); ihr Ausdruck stellt aber eine Urkunde und damit ein zulässiges Beweismittel dar (Musielak/*Voit* § 592 Rn 12; Zö/*Greger* § 592 Rn 15). Das Gesetz verlangt nicht, dass der Schuldner an der Errichtung der Urkunde **mitgewirkt** hat (RGZ 142, 303, 306; Wieczorek/Schütze/*Olzen* § 592 Rn 5). Die diesbzgl in der Literatur geäußerten, insb aus Art 103 I GG abgeleiteten Bedenken (ua Musielak/*Voit* § 592 Rn 12; MüKoZPO/*Braun* Vor §§ 592 ff Rn 3) sind auch de lege ferenda nicht berechtigt (vgl Rz 3). 14

Schriftstücke, die lediglich einen Beweis durch Augenschein, Zeugen oder Sachverständige **ersetzen** sollen, stellen nach dem Sinn und Zweck des Urkundenprozesses hingegen keine beweistauglichen Urkunden dar (BGHZ 1, 218, 220 f; 173, 366 Rn 16); kein taugliches Beweismittel im Urkundenprozess sind deshalb auch aus anderen Verfahren stammende Sachverständigengutachten (BGHZ 173, 366 Rn 17 ff) und Zeugenvernehmungsprotokolle (Musielak/*Voit* § 592 Rn 12; Wieczorek/Schütze/*Olzen* § 592 Rn 42; **aA** St/J/*Schlosser* § 592 Rn 17). Mangels Genehmigung gem § 162 I fehlt dem Protokoll zudem die erforderliche Beweiskraft als öffentliche Urkunde (BGH WM 10, 765). 15

2. Freie Beweiswürdigung. Die Urkunden müssen den Klageanspruch nicht verbriefen. Ihr Inhalt muss aber ausreichen, um (gemeinsam mit unstreitigen oder offenkundigen Tatsachen, vgl Rz 12) die anspruchsbegründenden Tatsachen zur Überzeugung des Gerichts zu belegen (BGH WM 06, 691 Rn 16). Der Beweiswert der Urkunden unterliegt der freien Beweiswürdigung des Gerichts. 16

17 **D. Gerichtliche Entscheidung.** Auch bei Klageerhebung im Urkundenprozess ist eine unzulässige Klage als unzulässig abzuweisen, eine unbegründete als unbegründet (§ 597 I). Fehlt es nur an den Statthaftigkeitsvoraussetzungen des Urkundenprozesses, wird die Klage als im Urkundenprozess unstatthaft abgewiesen (§ 597 II). Eine hilfsweise Klageabweisung als im Urkundenprozess unstatthaft neben derjenigen als unbegründet ist unbeachtlich (BGH Beschl v 23.2.06 – VII ZR 250/04). Eine Klagestattgabe erfolgt durch Vorbehaltsurteil gem § 599, wenn der Beklagte dem Anspruch widersprochen hat, andernfalls durch vorbehaltloses Endurteil.

18 **E. Praxis.** Die Erhebung einer Klage im Urkundenprozess will wohlbedacht sein. Sie bietet sich bei Anzeichen dafür an, dass der Beklagte das Nachverfahren nicht durchführt, va aber dann, wenn der Kl ein besonderes Interesse hat, möglichst schnell einen vollstreckbaren Titel zu erlangen. In einer solchen Situation kann der Anwalt, der den Urkundenprozess nicht in Erwägung zieht, sich sogar schadensersatzpflichtig machen (BGH NJW 94, 3295, 3297). Andererseits wird, wenn es zur Durchführung des Nachverfahrens kommt, der Prozess insgesamt eher verzögert und jedenfalls verteuert, ganz besonders dann, wenn Vor- und Nachverfahren jeweils durch mehrere Instanzen geführt werden (vgl zB BGH NJW 09, 2886: Zweites Revisionsverfahren im Urkundenprozess). Außerdem steht der Vollstreckung aus dem Vorbehaltsurteil häufig die Gefahr einer Schadensersatzverpflichtung bei Aufhebung des Urteils im Nachverfahren entgegen. Selbstverständlich kann ein Anspruch **nicht gleichzeitig** im Urkundenprozess und im ordentlichen Verfahren eingeklagt werden. Beide Verfahren haben denselben Streitgegenstand; die zuerst erhobene Klage begründet die anderweitige Rechtshängigkeit und schließt eine weitere Klage in der anderen Verfahrensart aus (Wieczorek/Schütze/*Olzen* Vor § 592 Rn 8; **aA** MüKoZPO/*Braun* Vor § 592 ff Rn 5: stets Vorrang des ordentlichen Verfahrens).

19 **F. Kosten/Gebühren. I. Gericht.** Urkunden- und Wechselprozess einerseits und Nachverfahren bzw ordentliches Verfahren nach Abstandnahme andererseits sind ein Verfahren, so dass die Gerichtsgebühren nur einmal erhoben werden. Eine Gerichtskostenermäßigung scheidet im Nachverfahren bzw im ordentlichen Verfahren aus, wenn im Urkundenverfahren bereits ein nicht privilegiertes Urt ergangen ist.

20 **II. Anwalt.** Urkunden- und Wechselprozess einerseits und Nachverfahren bzw ordentliches Verfahren andererseits sind nach § 17 Nr 5 RVG zwei verschiedene gebührenrechtliche Angelegenheiten. Der Anwalt erhält seine Gebühren im Urkunden- und Wechselprozess sowie im Nachverfahren bzw im ordentlichen Verfahren nach Abstandnahme jeweils gesondert. Allerdings ist die im Urkunden-, Wechsel oder Scheckprozess angefallene Verfahrensgebühr nach Anm II zu Nr 3100 VV RVG auf die Gebühr des Nachverfahrens bzw des ordentlichen Verfahrens anzurechnen. Eine Terminsgebühr (Nr 3104 VV RVG) kann jedoch gesondert entstehen.

§ 593 Klageinhalt; Urkunden.

(1) Die Klage muss die Erklärung enthalten, dass im Urkundenprozess geklagt werde.

(2) [1]Die Urkunden müssen in Urschrift oder in Abschrift der Klage oder einem vorbereitenden Schriftsatz beigefügt werden. [2]Im letzteren Fall muss zwischen der Zustellung des Schriftsatzes und dem Termin zur mündlichen Verhandlung ein der Einlassungsfrist gleicher Zeitraum liegen.

1 **A. Erklärung zur Prozessart. I. Form.** Abs 1 regelt eine Selbstverständlichkeit; will der Kl nicht im ordentlichen Verfahren, sondern im Urkundenprozess klagen, muss er dies ggü Gericht und Beklagtem klarstellen. Die Wortwahl ist nicht vorgeschrieben, die Erklärung muss aber in der Klageschrift enthalten sein. Sie kann nicht hilfsweise erfolgen, und zwar auch nicht bei primärer Klage im Wechselprozess (BGHZ 53, 10, 17; NJW 82, 2258, 2259; Musielak/*Voit* § 602 Rn 3; **krit** Wieczorek/Schütze/*Olzen* § 602 Rn 10).

2 **II. Fehlende Erklärung.** Ohne Erklärung, im Urkundenprozess zu klagen, ist die Klage im ordentlichen Verfahren erhoben. Der Kl kann aber noch analog § 263 in den Urkundenprozess **überwechseln,** wobei jedoch die Sachdienlichkeit nur ausnahmsweise gegeben und insb dann zu verneinen ist, wenn bereits eine Beweisaufnahme stattgefunden hat oder Widerklage erhoben ist (BGHZ 69, 66, 70 f; Wieczorek/Schütze/*Olzen* § 593 Rn 3; **aA** Musielak/*Voit* § 593 Rn 3: Nur bei Einwilligung des Beklagten).

3 **B. Urkundenvorlage. I. Urkunden.** Im Hinblick auf die Gefahr von Verlust oder Beschädigung der Urkunde darf der Kl diese in Abschrift vorlegen. Eine **Beglaubigung** der Abschrift ist weder nach dem Wortlaut noch nach dem Zweck des Gesetzes erforderlich (Musielak/*Voit* § 593 Rn 4; Zö/*Greger* § 593 Rn 7;

aA Ddorf MDR 88, 504; ThoPu/*Reichold* § 593 Rn 3). Das Erfordernis einer Beglaubigung für die Zustellung (§ 169 II) ist insoweit ohne Belang (**aA** Wieczorek/Schütze/*Olzen* § 593 Rn 8), da nur die Kopie der nicht notwendig beglaubigten, dem Schriftsatz beigefügten Abschrift zu beglaubigen ist.

II. Zeitpunkt. Die Urkunden müssen nicht mit der Klageschrift, sondern können auch in einem späteren Schriftsatz oder in der mündlichen Verhandlung vorgelegt werden, in der Berufungsinstanz jedoch nur nach Maßgabe der §§ 529, 531. Allerdings muss zwischen der Zustellung bzw der Vorlage und dem – letzten – Termin zur mündlichen Verhandlung ein der Einlassungsfrist gleicher Zeitraum liegen. Ist das nicht der Fall und sind die fraglichen Tatsachen nicht zugestanden, unstr oder offenkundig (vgl § 592 Rz 12), so kommen Heilung des Mangels nach § 295 (RGZ 114, 365, 371; MüKoZPO/*Braun* § 593 Rn 6; Musielak/*Voit* § 593 Rn 6; **aA** RGZ 142, 303, 304) oder Vertagung auf Antrag des Klägers, andernfalls Abstandnahme vom Urkundenprozess (§ 596) oder Abweisung der Klage als im Urkundenprozess unstatthaft (§ 597 II) in Betracht, wegen § 335 I Nr 2, 3 aber kein Versäumnisurteil. 4

III. Beweisführung. Von der Urkunden-Information gem § 593 II ist die Führung des Urkundenbeweises zu unterscheiden, die gem § 595 III nur durch Vorlegung der Urkunde selbst erfolgen kann. Freilich kann diese Urkunde ihrerseits auch eine Kopie sein (vgl § 592 Rz 14). 5

§ 594 *(weggefallen)*

§ 595 Keine Widerklage; Beweismittel. **(1) Widerklagen sind nicht statthaft.**

(2) Als Beweismittel sind bezüglich der Echtheit oder Unechtheit einer Urkunde sowie bezüglich anderer als der im § 592 erwähnten Tatsachen nur Urkunden und Antrag auf Parteivernehmung zulässig.

(3) Der Urkundenbeweis kann nur durch Vorlegung der Urkunden angetreten werden.

A. Verbot der Widerklage. I. Widerklage. Im Urkundenprozess (nicht aber auch im Nachverfahren) ist die Widerklage insgesamt ausgeschlossen. Das Verbot gilt daher unabhängig davon, ob die Widerklage als Urkundenklage erhoben wird oder nicht (Musielak/*Voit* § 595 Rn 2; MüKoZPO/*Braun* § 595 Rn 1; **aA** St/J/*Schlosser* § 595 Rn 1; Wieczorek/Schütze/*Olzen* § 595 Rn 2). Auf eine im ordentlichen Prozess erhobene Urkundenwiderklage ist § 595 I hingegen weder direkt noch analog anwendbar (BGHZ 149, 222, 226 ff; MüKoZPO/*Braun* § 595 Rn 1; **krit** Musielak/*Voit* § 595 Rn 2). Trotz vergleichbarer Interessenlage wird die **Aufrechnung** von dem Verbot der Widerklage nicht erfasst (BGH WM 81, 386), und auch die Gegenanträge nach §§ 302 IV 4, 717 II sind im Urkundenprozess zulässig. 1

II. Entscheidung. Eine erhobene Widerklage ist an sich als im Urkundenprozess unstatthaft abzuweisen, § 597 II. Aber auch eine Trennung der Verfahren analog § 145 II kommt in Betracht (MüKoZPO/*Braun* § 595 Rn 1). Diese davon abhängig zu machen, dass der Widerkläger vom Urkundenprozess Abstand nimmt (Zö/*Greger* § 595 Rn 1), ist nicht sachgerecht (Musielak/*Voit* § 595 Rn 3; Wieczorek/Schütze/*Olzen* § 595 Rn 5). 2

B. Beweisführung. I. Beweistatsachen und -mittel. Während die anspruchsbegründenden Tatsachen gem § 592 nur durch Urkunden bewiesen werden können, ist bzgl der anderen Tatsachen, namentlich der Einwendungen des Beklagten wie Erfüllung, Erlass, Stundung etc oder der Mängeleinrede, sowie des Gegenvortrags des Klägers daneben auch Antrag auf Parteivernehmung zulässig. Alle anderen Beweismittel, ob liquide oder nicht, bleiben ausgeschlossen. 3

Das gilt auch für die **Echtheit oder Unechtheit** einer (vom Kl oder vom Beklagten vorgelegten) Urkunde. Insoweit wird allerdings tw gefordert, den Nachweis der Echtheit durch (schriftliches) Sachverständigengutachten und durch Schriftvergleich im Wege des Augenscheins (§§ 441 f) zuzulassen (*Becht* NJW 91, 1993, 1995 f; MüKoZPO/*Braun* § 595 Rn 5; Wieczorek/Schütze/*Olzen* § 595 Rn 24). Dem stehen jedoch die klare gesetzliche Regelung des § 595 II (Hambg OLGR 03, 445; Musielak/*Voit* § 595 Rn 9; St/J/*Schlosser* § 595 Rn 2a) und der Grundsatz entgegen, dass Urkunden, die lediglich einen Beweis durch Augenschein oder Sachverständige ersetzen sollen, nach dem Sinn und Zweck des Urkundenprozesses keine beweistauglichen Urkunden darstellen (BGHZ 1, 218, 220 f; 173, 366 Rn 16; vgl § 592 Rz 15). 4

Unstreitige oder offenkundige Tatsachen bedürfen keines Beweises (§ 592 Rz 12); für die Prozessvoraussetzungen und das festzustellende ausländische Recht gibt es keine Beweismittelbeschränkung (§ 592 Rz 13). 5

6 **II. Beweisantritt.** Nach § 595 III erfordert der **Urkundenbeweis** die Vorlegung der Urkunden. Es kommt also weder ein Antrag, dem Gegner die Urkundenvorlage aufzugeben (§ 421), noch eine entsprechende gerichtliche Anordnung (§ 142 I) in Betracht. Unzulässig ist auch ein Antrag auf Beiziehung von Akten, die sich bei einer anderen Behörde befinden (BGH NJW 94, 3295, 3296). Stehen die Akten dem erkennenden Gericht – nicht notwendig demselben Spruchkörper – hingegen schon zur Verfügung, stellt die Bezugnahme darauf einen ordnungsgemäßen Beweisantritt dar (BGHZ 173, 366, 369 Rn 14; MüKoZPO/*Braun* § 595 Rn 7).

7 **Parteivernehmung** kann gem §§ 445, 447 beantragt werden. Eine Vernehmung vAw gem § 448 scheidet hingegen aus.

§ 596 Abstehen vom Urkundenprozess. **Der Kläger kann, ohne dass es der Einwilligung des Beklagten bedarf, bis zum Schluss der mündlichen Verhandlung von dem Urkundenprozess in der Weise abstehen, dass der Rechtsstreit im ordentlichen Verfahren anhängig bleibt.**

1 **A. Bedeutung.** § 596 erlaubt es dem Kl, der sich zunächst für den Urkundenprozess entschieden hat, durch einseitige Abstandnahme risikolos in das ordentliche Verfahren überzuwechseln. Dem Beklagten geschieht dadurch insofern kein Nachteil, als der Prozess im ordentlichen Verfahren anhängig bleibt.

2 **B. Abstandnahme. I. Erklärung.** Die Abstandnahme vom Urkundenprozess kann in der mündlichen Verhandlung oder, da keine Form vorgeschrieben ist, auch schriftsätzlich erklärt werden (Naumbg NZM 99, 1007; MüKoZPO/*Braun* § 596 Rn 2; Zö/*Greger* § 596 Rn 1; **aA** Köln VersR 93, 901, 902). Die Erklärung muss nicht ausdrücklich erfolgen, aber doch eindeutig sein. Allein das Angebot im Urkundenprozess unzulässiger Beweise stellt noch keine hinreichend klare konkludente Abstandnahme dar (BGH WM 79, 803), und auch die widerspruchslose Hinnahme einer im Urkundenprozess unzulässigen Beweisaufnahme kann auf Rechtsunkenntnis oder einem Irrtum beruhen und ist daher nicht unbedingt eindeutig (MüKoZPO/*Braun* § 596 Rn 2; Wieczorek/Schütze/*Olzen* § 596 Rn 3; **aA** St/J/*Schlosser* § 596 Rn 2); das Gericht hat nach § 139 I auf eine Klarstellung hinzuwirken. Die Erklärung muss **unbedingt** sein. Eine hilfsweise Abstandnahme vom Urkundenprozess ist nicht möglich (BGHZ 82, 200, 207 f).

3 **II. Teilabstandnahme.** Die Abstandnahme kann auf einen selbständigen Teil des Anspruchs beschränkt werden; eine vorherige Trennung der Verfahren ist dazu nicht erforderlich (BGH NJW 03, 2386; Musielak/*Voit* § 596 Rn 4; **aA** Karlsr OLGR 98, 94; Zö/*Greger* § 596 Rn 2). Die tw Abstandnahme führt aber automatisch zu einer Verfahrenstrennung (MüKoZPO/*Braun* § 596 Rn 5; Wieczorek/Schütze/*Olzen* § 596 Rn 7); einer Prozesstrennung durch das Gericht analog § 145 bedarf es also nicht (**aA** St/J/*Schlosser* § 596 Rn 6; Musielak/*Voit* § 596 Rn 4; wohl auch BGH NJW 03, 2386).

4 **III. Einwilligung.** Die Einwilligung des Beklagten ist für die Abstandnahme in 1. Instanz nicht erforderlich (zur Rechtsmittelinstanz s. Rz 5). Daran ändert sich nichts, wenn bereits ein Versäumnisurteil gegen den Beklagten ergangen ist, gegen das er Einspruch eingelegt hat (St/J/*Schlosser* § 596 Rn 4; Musielak/*Voit* § 596 Rn 6; Zö/*Greger* § 596 Rn 3; **aA** MüKoZPO/*Braun* § 596 Rn 3).

5 **IV. Rechtsmittelinstanz. 1. Berufungsinstanz.** Für das bis zur ZPO-Reform 2002 geltende Recht war eine Abstandnahme vom Urkundenprozess nach der stRspr zwar auch in der Berufungsinstanz zulässig, aber nur unter den Voraussetzungen für eine Klageänderung gem § 263 (BGHZ 29, 337, 339 f; NJW 03, 2231, 2233). Die umstrittene Frage, ob dies auch für das neue Recht gilt (dazu Voraufl Rz 5), hat der BGH bejaht (NJW 11, 2796 Rn 17 ff mvN). Danach muss der Beklagte in das Abstehen vom Urkundenprozess einwilligen oder das Gericht es für sachdienlich erachten. Ob zusätzlich die Voraussetzungen des § 533 Nr 2 erfüllt sein müssen, hat der BGH (aaO Rn 34 f) dahinstehen lassen. Schon weil es an einer 1. Instanz in Wahrheit fehlt, sollte es darauf freilich nicht ankommen können.

6 **2. Revisionsinstanz.** In der Revisionsinstanz, in der neuer Sachvortrag ausgeschlossen ist, kommt eine Abstandnahme auf der Grundlage der hM (keine Zurückverweisung des ordentlichen Verfahrens an die 1. Instanz) nicht in Betracht (MüKoZPO/*Braun* § 596 Rn 3).

7 **V. Wechsel- und Scheckprozess.** Im Wechsel- und Scheckprozess ist analog § 596 auch der Übergang in den Urkundenprozess möglich (BGHZ 53, 11, 17; 82, 200, 207). Insoweit kommt es im Berufungsverfahren auch nach der Rspr auf die Voraussetzungen für eine Klageänderung nicht an (BGH NJW 93, 3135, 3136).

Der Kl kann den Anspruch aber nicht primär im Wechselprozess und hilfsweise im gewöhnlichen Urkundenprozess (etwa unter Umdeutung des Wechsels in ein abstraktes Schuldversprechen) verfolgen (BGHZ 53, 11, 17; 82, 200, 207 f; MüKoZPO/*Braun* § 596 Rn 4; **aA** *Steckler/Künzl* WM 84, 861, 862).

C. Weiteres Verfahren. Der Rechtsstreit bleibt nach der Abstandnahme unter Fortdauer der Rechtshängigkeit im ordentlichen Verfahren anhängig. Die bisherigen prozessualen Geschehnisse (Geständnis, Heilung, Beweisaufnahme, Zurückweisung von Vorbringen etc) bleiben wirksam. Aufrechnung und Widerklage sind bei Übergang in das ordentliche Verfahren in 2. Instanz (vgl Rz 5) in aller Regel sachdienlich (BGH NJW 00, 143, 144), § 533 Nr 2 dürfte nicht zur Anwendung kommen (vgl Rz 5 und Musielak/*Voit* § 596 Rn 9). 8

Nach der Abstandnahme kann grds sofort (im ordentlichen Verfahren) weiterverhandelt werden. Bei neuem Vorbringen des Klägers kann der Beklagte idR Vertagung oder Schriftsatznachlass verlangen. Bisher nicht statthaftes Vorbringen der Parteien darf nicht als verspätet zurückgewiesen werden (VerfGH Sachsen NJW 98, 3266, 3267). Ein Versäumnisurteil gegen den Beklagten setzt voraus, dass diesem die Abstandnahme rechtzeitig schriftsätzlich mitgeteilt worden ist (§ 335 I Nr 3). 9

§ 597 Klageabweisung.

(1) Insoweit der in der Klage geltend gemachte Anspruch an sich oder infolge einer Einrede des Beklagten als unbegründet sich darstellt, ist der Kläger mit dem Anspruch abzuweisen.

(2) Ist der Urkundenprozess unstatthaft, ist insbesondere ein dem Kläger obliegender Beweis nicht mit den im Urkundenprozess zulässigen Beweismitteln angetreten oder mit solchen Beweismitteln nicht vollständig geführt, so wird die Klage als in der gewählten Prozessart unstatthaft abgewiesen, selbst wenn in dem Termin zur mündlichen Verhandlung der Beklagte nicht erschienen ist oder der Klage nur auf Grund von Einwendungen widersprochen hat, die rechtlich unbegründet oder im Urkundenprozess unstatthaft sind.

A. Bedeutung. § 597 betrifft allein die **Klageabweisung**, regelt dazu aber nur die Fälle der Unstatthaftigkeit des Urkundenprozesses (Abs 2) und der Unbegründetheit der Klage (Abs 1). Die weiteren Fälle der Unzulässigkeit der Klage, der Säumnis des Klägers und eines Verzichts richten sich nach den allgemeinen Grundsätzen. Weist ein Gericht eine im Urkundenprozess statthafte Klage unter grober Verkennung der Rechtslage als unstatthaft ab, kann ein Verstoß gegen das verfassungsrechtliche Willkürverbot vorliegen (BayVerfGH 17.11.10 – Vf 12-VI-09, Rn 18 ff – juris). 1

B. Unzulässigkeit. Fehlen die Prozessvoraussetzungen, so ist die Klage als unzulässig abzuweisen. Das gilt (anders als im Wechselprozess, BGH NJW 94, 136) auch bei begründeter Schiedsvertragseinrede (BGHZ 165, 376, 380 ff). 2

C. Unstatthaftigkeit (Abs 2). Die Klage ist als im Urkundenprozess unstatthaft abzuweisen, wenn kein Anspruch iSd § 592 geltend gemacht wird (vgl § 592 Rz 5 ff), wenn der Kl die anspruchsbegründenden (und nicht unstreitigen, vgl § 592 Rz 12) Tatsachen nicht durch Urkunden beweisen kann (§ 592) oder wenn der Kl gem § 595 II beachtlichen Einwendungen des Beklagten zwar – wofür mit Blick auf § 599 I einfacher Widerspruch genügen muss – entgegengetreten ist (sonst Abweisung der Klage als unbegründet), sie aber nicht mit den Beweismitteln des § 595 II ausräumen kann. Auch bei einer **Hilfsaufrechnung** des Beklagten mit einer unstreitigen oder bewiesenen Gegenforderung muss die Klage, wenn der Beklagte seine primären Einwendungen nicht mit den Mitteln des Urkundenprozesses beweisen kann, (nur) als im Urkundenprozess unstatthaft abgewiesen werden, da es sonst gem § 322 II zu einem endgültigen Verbrauch der Gegenforderung käme (BGHZ 80, 97, 99 f). Die Abweisung als im Urkundenprozess unstatthaft erfolgt auch bei **Säumnis** des Beklagten (§ 597 II). Die Geständnisfiktion des § 331 I 1 gilt nur für die Echtheit der (ordnungsgemäß mitgeteilten) Urkunden und die Übereinstimmung einer Abschrift mit dem Original (MüKoZPO/*Braun* § 597 Rn 6; St/J/*Schlosser* § 597 Rn 5; enger Musielak/*Voit* § 597 Rn 12). 3

D. Unbegründetheit (Abs 1). I. Unbegründete Klage. Scheitert die (zulässige) Klage nicht an den Beweisbeschränkungen des Urkundenprozesses, sondern weil sie unschlüssig ist oder die Einwendungen des Beklagten definitiv durchgreifen, so wird sie abgewiesen. Das kann auch bei einem Mangel der zur Klagebegründung vorgelegten Urkunde der Fall sein, wenn diese nicht nur als Beweismittel dient, sondern den Anspruch auch selbst verkörpert (zB formungültiger Wechsel oder Scheck, vgl BGHZ 82, 200, 208). 4

5 **II. Säumnis des Klägers.** Gegen den säumigen Kl ergeht ohne Prüfung der Statthaftigkeitsvoraussetzungen des Urkundenprozesses Versäumnisurteil nach § 330.

6 **E. Konkurrenzen.** Bei Zusammentreffen **mehrerer Abweisungsgründe** gilt: Das Fehlen von Sachurteilsvoraussetzungen führt, wie stets, zur Abweisung der Klage als unzulässig. Ist die Klage im Urkundenprozess unstatthaft und gleichzeitig unbegründet, so wird sie als unbegründet abgewiesen (BGH, MDR 76, 561); eine zusätzliche hilfsweise Klageabweisung als im Urkundenprozess unstatthaft ist unzulässig und unbeachtlich (BGH Beschl v 23.2.06 – VII ZR 250/04). Ein **paralleles Nachverfahren** endet wegen Identität der Streitgegenstände automatisch, wenn die Urkundenklage als unbegründet abgewiesen wird (vgl § 600 Rz 10), während es sich als ordentliches Verfahren fortsetzt, wenn die höhere Instanz die Urkundenklage als im Urkundenprozess unstatthaft abweist.

§ 598 Zurückweisung von Einwendungen.

Einwendungen des Beklagten sind, wenn der dem Beklagten obliegende Beweis nicht mit den im Urkundenprozess zulässigen Beweismitteln angetreten oder mit solchen Beweismitteln nicht vollständig geführt ist, als im Urkundenprozess unstatthaft zurückzuweisen.

1 **A. Bedeutung.** § 598 ordnet an, dass die vom Beklagten zu beweisenden Einwendungen, für die der im Urkundenprozess mögliche Beweis gar nicht oder nicht vollständig geführt ist, in den Entscheidungsgründen (nicht etwa im Tenor) als im Urkundenprozess unstatthaft zurückgewiesen werden. Die Vorschrift dient lediglich der Klarstellung. Denn auch ohne eine solche Zurückweisung ist dem Beklagten, der dem Klageanspruch ja mindestens mit den fraglichen Einwendungen widersprochen hat, gem § 599 I die Ausführung seiner Rechte vorzubehalten; die Einwendungen können sodann im Nachverfahren (§ 600) ohne Einschränkungen weiterverfolgt werden.

2 **B. Sonderfall Aufrechnung.** Die Behandlung des Aufrechnungseinwandes folgt an sich den allgemeinen Regeln. Dies gilt insb für die **Primäraufrechnung**. So muss auch insoweit, falls die Gegenforderung liquide ist, ihr aber Gegeneinwendungen des Klägers entgegenstehen, die im Urkundenprozess nicht bewiesen werden können, die Klage als im Urkundenprozess unstatthaft abgewiesen werden. Umstritten ist, ob bei einer nicht sofort beweisbaren Aufrechnung im Urkundenprozess ein (erstes) Vorbehaltsurteil gem § 302 in Betracht kommt – mit der Folge eines (zweiten) Vorbehaltsurteils gem § 599, falls sodann die Gegenforderung mit den Mitteln des Urkundenprozesses nicht bewiesen werden kann (dafür etwa Celle NJW 74, 1473, 1474; St/J/*Schlosser* § 598 Rn 5; dagegen ua MüKoZPO/*Braun* § 598 Rn 3). Unzulässig ist das Aufrechnungsvorbehaltsurteil wohl nicht; angebracht dürfte es aber nur ausnahmsweise sein (so auch Zö/*Greger* § 598 Rn 5). Für die **Hilfsaufrechnung** ergeben sich zusätzliche Besonderheiten nur für den (ohnehin nicht von § 598 geregelten) Fall, dass diese unstr oder bewiesen, der Haupteinwand des Beklagten aber im Urkundenprozess nicht bewiesen ist; dann kommt es zu einer Abweisung der Klage als im Urkundenprozess unstatthaft (vgl § 597 Rz 3).

3 **C. Unbegründete Einwendungen.** Zur Behandlung von Einwendungen, die unabhängig von den Beweismittelbeschränkungen des Urkundenprozesses als unbegründet beurteilt werden, verhält sich § 598 nicht. Gemäß der Bindungswirkung des Vorbehaltsurteils für das Nachverfahren (vgl § 600 Rz 6 ff) sind diese Einwendungen, soweit im Vorbehaltsurteil zurückgewiesen, grds mit Wirkung auch für das Nachverfahren aberkannt.

§ 599 Vorbehaltsurteil.

(1) Dem Beklagten, welcher dem geltend gemachten Anspruch widersprochen hat, ist in allen Fällen, in denen er verurteilt wird, die Ausführung seiner Rechte vorzubehalten.

(2) Enthält das Urteil keinen Vorbehalt, so kann die Ergänzung des Urteils nach der Vorschrift des § 321 beantragt werden.

(3) Das Urteil, das unter Vorbehalt der Rechte ergeht, ist für die Rechtsmittel und die Zwangsvollstreckung als Endurteil anzusehen.

1 **A. Bedeutung.** Während § 597 sich nur mit der Klageabweisung befasst, betrifft § 599 allein die Verurteilung des Beklagten. Diese erfolgt uneingeschränkt nur dann, wenn der Beklagte dem Klageanspruch nicht widersprochen hat, ansonsten mit dem in Abs 1 bestimmten Vorbehalt. Das ist die Konsequenz der

Beschränkung des Beklagten in seiner Beweisführung (§ 595 II); der Rechtsstreit bleibt im Nachverfahren anhängig (§ 600), wo der Beklagte sich nun umfassend verteidigen kann.

B. Widerspruch. I. Erklärung. 1. Inhalt. Die Verurteilung des Beklagten erfolgt dann nur unter Vorbehalt der Ausführung seiner Rechte, wenn er dem Klageanspruch widersprochen hat. An den Widerspruch sind keine besonderen Anforderungen zu stellen; schon ein Abweisungsantrag reicht aus. Insbesondere braucht der Widerspruch nicht begründet zu werden (BGHZ 82, 115, 119); erst recht kommt es auf die Schlüssigkeit einer etwaigen Begründung nicht an. Ein Widerspruch liegt auch vor, wenn der Beklagte lediglich geltend macht, bloß Zug um Zug oder unter Vorbehalt der beschränkten Erbenhaftung verurteilt werden zu können. Setzt er sich mit diesem Einwand aber durch, fehlt es an einem weitergehenden Widerspruch, so dass kein Vorbehaltsurteil gem § 599 I ergehen kann (MüKoZPO/*Braun* § 599 Rn 2; Musielak/*Voit* § 599 Rn 5). 2

2. Vorbehaltsanerkenntnis. Um Kosten zu sparen, erkennt der Beklagte, der sich mit den Mitteln des Urkundenprozesses nicht verteidigen kann, den Klageanspruch häufig unter dem Vorbehalt der Ausführung seiner Rechte im Nachverfahren an. Damit liegen ein Widerspruch und gleichzeitig ein auf den Urkundenprozess beschränktes Anerkenntnis vor. Die Ansicht, dass auf dieser Grundlage das Vorbehaltsurteil als **Anerkenntnisvorbehaltsurteil** ergehen kann, hat sich in der Praxis weitgehend durchgesetzt (Kobl MDR 56, 560 f; Karlsr OLGR 04, 200; Schlesw OLGR 05, 136; Hamm 16.9.05–30 U 78/04; offen lassend BGH WM 92, 159, 161) und ist auch in der Lehre herrschend (ua MüKoZPO/*Braun* § 599 Rn 4; St/J/*Schlosser* § 599 Rn 3; **aA** etwa *Kleinwächter* NJW 57, 737 f). Für die hM streiten der Wille des historischen Gesetzgebers, der Zweck des Anerkenntnisses gem § 307, ein Urt allein auf dessen Grundlage zu ermöglichen, sowie die Dispositionsbefugnis der Parteien und die Prozessökonomie. Das Anerkenntnis unter Vorbehalt ist zwar ein eingeschränktes Anerkenntnis, was seiner Eignung als Urteilsgrundlage aber nicht entgegensteht. Das Anerkenntnisvorbehaltsurteil ist daher zulässig. § 93 findet allerdings keine Anwendung. 3

3. Zeitpunkt. Der Widerspruch muss (außer beim schriftlichen Verfahren) in der mündlichen Verhandlung erhoben werden (§ 128 I). Er ist jederzeit widerruflich. Ein Widerspruch in einer **früheren mündlichen Verhandlung** reicht gem § 332 nicht aus (Wieczorek/Schütze/*Olzen* § 599 Rn 11; Zö/*Greger* § 599 Rn 6; **aA** Naumbg MDR 94, 1246; Musielak/*Voit* § 599 Rn 5). 4

II. Fehlender Widerspruch. An einem Widerspruch fehlt es bei Säumnis und bei vorbehaltlosem Anerkenntnis des Beklagten; die Verurteilung des Beklagten erfolgt dann ohne Vorbehalt. Bei **Säumnis** des Beklagten im letzten Termin zur mündlichen Verhandlung ergeht auch dann ein normales Versäumnisurteil (und kein Versäumnisvorbehaltsurteil), wenn der Beklagte schriftsätzlich oder in einem früheren Termin dem Anspruch widersprochen hat (vgl Rz 4). Ein vorbehaltloses **Anerkenntnis** liegt auch dann vor, wenn der Beklagte sich nur gegen die Kosten verwahrt. Deshalb und aus Gründen der Prozessökonomie erfolgt dann auch eine Kostenverurteilung des Beklagten nicht etwa unter Vorbehalt (so aber MüKoZPO/*Braun* § 599 Rn 4); vielmehr wird (neben dem Teilanerkenntnisurteil über die Hauptsache) eine isolierte vorbehaltlose Kostenentscheidung getroffen, für die die Beweismittelbeschränkungen entfallen (Karlsr OLGZ 86, 124; Zö/*Greger* § 599 Rn 7). 5

III. Erledigung. Bei **beiderseitiger** Erledigungserklärung ist über die Kosten durch Beschl gem § 91a zu entscheiden, und zwar stets ohne Vorbehalt und ohne Beweismittelbeschränkungen im Falle einer etwaigen Beweisaufnahme (München 27.4.07–20 U 1522/07; Musielak/*Voit* § 595 Rn 7; **aA** Wieczorek/Schütze/*Olzen* § 596 Rn 24; Zö/*Greger* § 596 Rn 12). Bei **einseitiger** Erledigungserklärung wird wegen der Klageänderung in eine Feststellungsklage der Urkundenprozess gem § 592 unstatthaft (Musielak/*Voit* § 595 Rn 7; **aA** *Göppinger* ZZP 70, 221, 225 f; Wieczorek/Schütze/*Olzen* § 596 Rn 25). 6

C. Vorbehaltsurteil. I. Ausspruch. Bei Erlass eines Vorbehaltsurteils ist der Vorbehalt in die Urteilsformel aufzunehmen (BGH NJW 81, 393, 394). Aber auch ein Vorbehalt in den Urteilsgründen genügt (MüKoZPO/*Braun* § 599 Rn 6; Wieczorek/Schütze/*Olzen* § 599 Rn 17; **aA** Musielak/*Voit* § 599 Rn 10: Berichtigung nach § 319). **Fehlt** der Vorbehalt auch in den Gründen, muss Urteilsergänzung verlangt (§ 321) oder Rechtsmittel eingelegt werden. Bei einem Vorbehaltsurteil trotz fehlenden Widerspruchs kann der Vorbehalt nur im Rechtsmittelweg beseitigt werden (BGH WM 92, 159, 161). 7

II. Rechtsmittel. Dass ein Urkundenprozess durch mehrere Instanzen geführt wird, ist zwar nicht die Regel, kommt aber durchaus vor (s. etwa BGHZ 173, 145 und – selber Prozess! – NJW 09, 2886). Wenn 8 dann auch im Nachverfahren Rechtsmittel eingelegt werden, kann der Rechtsstreit insgesamt erheblich verteuert und verzögert werden. Rechtsmittel iSd Abs 3 sind Berufung und Revision. Erstmaliger Widerspruch im Berufungsverfahren ist möglich. Ergeht ein Vorbehaltsurteil erst in der höheren Instanz, wird das Nachverfahren in der Berufungsinstanz anhängig (BGH NJW 05, 2701, 2703). Ebenso wie nach einer Abstandnahme (vgl § 596 Rz 5) wird das Verfahren aber auf Antrag analog § 538 II Nr 5 an die 1. Instanz zurückzuverweisen sein (MüKoZPO/*Braun* § 600 Rn 6; offen BGH NJW 05, 2701, 2703).

9 **III. Zwangsvollstreckung.** Das Vorbehaltsurteil ist gem § 708 Nr 4 vorläufig vollstreckbar. Der Schuldner hat zwar (außer beim Anerkenntnisvorbehaltsurteil, § 708 Nr 1) die Abwendungsbefugnis gem § 711, allerdings nur bis zur formellen Rechtskraft des Vorbehaltsurteils (BGHZ 69, 270, 273). Bis zur Entscheidung im Nachverfahren kommt in Ausnahmefällen (MüKoZPO/*Braun* § 599 Rn 8; St/J/*Schlosser* § 599 Rn 6) eine einstweilige Einstellung nach § 707 in Betracht. Die Vollstreckbarkeit eines vorläufig vollstreckbaren (§ 717 I) wie eines formell rechtskräftigen Vorbehaltsurteils endet mit dessen Aufhebung im Nachverfahren, die Zwangsvollstreckung ist gem § 775 Nr 1 einzustellen.

§ 600 Nachverfahren. **(1) Wird dem Beklagten die Ausführung seiner Rechte vorbehalten, so bleibt der Rechtsstreit im ordentlichen Verfahren anhängig.**
(2) Soweit sich in diesem Verfahren ergibt, dass der Anspruch des Klägers unbegründet war, gelten die Vorschriften des § 302 Abs. 4 Satz 2 bis 4.
(3) Erscheint in diesem Verfahren eine Partei nicht, so sind die Vorschriften über das Versäumnisurteil entsprechend anzuwenden.

1 **A. Bedeutung.** Der Erlass eines bloßen Vorbehaltsurteils (§ 599 I) hat nach § 600 I zur Folge, dass der Rechtsstreit im Nachverfahren anhängig (rechtshängig) bleibt. Urkundenprozess und Nachverfahren bilden ein **einheitliches Verfahren**. Der Prozess wird bei identischem Streitgegenstand, aber frei von den Beschränkungen des Urkundenprozesses fortgesetzt. Bei Einlegung eines Rechtsmittels gegen das Vorbehaltsurteil laufen Urkundenprozess und Nachverfahren nebeneinander her, was zu einer unübersichtlichen Lage führen kann.

2 **B. Einheit von Urkundenprozess und Nachverfahren. I. Zuständigkeit.** Das Nachverfahren wird vor dem Gericht geführt, das auch im Urkundenprozess zuständig war. Dabei bleibt es auch, wenn gegen das Vorbehaltsurteil Berufung eingelegt wird. Bei erstmaligem Vorbehaltsurteil in der Berufungsinstanz sollte aber auf Antrag analog § 538 II Nr 5 Zurückverweisung an die 1. Instanz erfolgen (vgl § 599 Rz 8).

3 **II. Beginn des Nachverfahrens.** Das Nachverfahren beginnt mit der Verkündung des Vorbehaltsurteils. Eine Aussetzung bis zum rechtskräftigen Abschluss des Urkundenprozesses kommt nicht in Betracht. Das kann je nach der Fortentwicklung von Urkundenprozess und Nachverfahren zu einer verworrenen Prozesslage führen. Faktisch ist diese Gefahr allerdings dadurch gemildert, dass das Nachverfahren regelmäßig nicht weiterbetrieben wird, solange sich die Akten beim Rechtsmittelgericht des Urkundenprozesses befinden.

4 Der Rechtsstreit kann unmittelbar im Anschluss an das Vorbehaltsurteil im Nachverfahren weiterverhandelt werden (BGH NJW 73, 467). Das Gericht kann aber auch einen neuen Verhandlungstermin bestimmen. Eines besonderen **Antrags** einer Partei bedarf es dann nicht (MüKoZPO/*Braun* § 600 Rn 4; Wieczorek/Schütze/*Olzen* § 600 Rn 5; **aA** Musielak/*Voit* § 600 Rn 2; auch BGHZ 86, 267, 270). Das folgt aus § 216 I; wenn der Beklagte kein Interesse an der Durchführung des Nachverfahrens hat, mag er darauf verzichten.

5 **III. Fortbestehende Verfahrenslage.** Aus der Einheit von Vor- und Nachverfahren folgt auch, dass die Prozesshandlungen des Gerichts und der Parteien im Urkundenprozess grds für das Nachverfahren fortwirken. So gilt eine PKH-Bewilligung für den Urkundenprozess auch für das Nachverfahren. Eine Beweisaufnahme braucht nicht wiederholt zu werden. Die Wirkungen eines Geständnisses oder der Anerkennung der Urkundenechtheit bleiben bestehen. Verzichtbare Rügen zur Zulässigkeit der Klage (zB der fehlenden Ausländersicherheit gem § 110 I, der fehlenden Kostenerstattung gem § 269 VI oder der Schiedsvereinbarung gem § 1032 I), die präkludiert sind (§ 296 III), bleiben verloren. Hingegen wirken **Fristsetzungen** und eine Zurückweisung verspäteten Vorbringens gem § 296 I und II nur für den Urkundenprozess. Denn der Beklagte darf sich im Urkundenprozess auf den bloßen Widerspruch beschränken (§ 599 I); dann kann ihm eine dortige Untätigkeit nicht im Nachverfahren schaden (MüKoZPO/*Braun* § 600 Rn 9).

C. Bindungswirkung des Vorbehaltsurteils. Abgesehen von einer solchen Fortwirkung von Prozesshandlungen kann der Bekl sich im Nachverfahren nunmehr uneingeschränkt verteidigen und ist auch der Kl keinen Beschränkungen in seiner Beweisführung mehr unterworfen. Anderes gilt nur, soweit die Beurteilung in dem Vorbehaltsurteil bindende Wirkung auch für das Nachverfahren hat. Über diese herrscht allerdings in Rspr und Lehre seit langem Streit. 6

I. Ständige Rechtsprechung. Nach einer in der stRspr verwendeten, noch auf die Motive zurückgehenden Formel ist das Vorbehaltsurteil insoweit für das Nachverfahren bindend, als es nicht auf den eigentümlichen Beschränkungen der Beweismittel im Urkundenverfahren beruht (etwa BGHZ 82, 115, 117 f; 158, 69, 72). Hergeleitet wird diese Bindung aus § 318 (BGHZ 82, 115, 120; BAG NJW 72, 1216). Allerdings ist jene Formel nie konsequent angewendet worden; vielmehr wurde dem Beklagten stets gestattet, erstmals im Nachverfahren Vortrag zu halten und Beweis anzubieten, der auch im Urkundenprozess beachtlich gewesen wäre (vgl BGHZ 82, 115, 118 f). Angenommen wird die Bindung va für die Bejahung der **Prozessvoraussetzungen** (BGH NJW 93, 668; einschränkend Jena OLGR 09, 750) und für die **Schlüssigkeit** der Klage (BGHZ 158, 69, 72), und zwar unabhängig davon, ob im Urkundenprozess insoweit überhaupt eine nähere Prüfung stattgefunden hat. Auch die **rechtliche Beurteilung** etwa von Einwendungen des Beklagten (BGH WM 79, 272; 94, 961, 962) und abschließende **tatsächliche Feststellungen,** zB zur Formgültigkeit des Wechsels (BGH WM 69, 1279, 1280) oder zur Vertragsstornierung (BGHZ 159, 334, 337), sollen endgültig sein. Insoweit ist freilich die Grenze fließend zu dem in der neueren Rspr vermehrt betonten Grundsatz, dass bei neuem Sachvortrag im Nachverfahren auch eine abweichende Beurteilung möglich ist (BGH NJW 88, 1468; NJW-RR 02, 387, 388; BGHZ 158, 69, 73). 7

II. Kritik. In der Lehre findet die Rspr Zustimmung (ua *Bilda* NJW 83, 144; Musielak/*Voit* § 600 Rn 9 f), aber auch verbreitet Kritik, die eine fehlende Rechtsgrundlage für die Bindungswirkung geltend macht und diese ganz oder doch weitgehend ablehnt (ua *Stürner* ZZP 85, 424; MüKoZPO/*Braun* § 600 Rn 18 ff; St/J/*Schlosser* § 600 Rn 13; Zö/*Greger* § 600 Rn 20). Daran ist richtig, dass die Bindungswirkung gem § 318 gerade nach der Rspr nicht die Entscheidungsgründe, sondern nur den Urteilausspruch erfasst (BGH NJW 94, 1222 f). Die Systematik des Urkundenprozesses mit seiner nicht qualitativen, sondern nur sachlichen Beschränkung der Prüfungstätigkeit des Gerichts sowie die hinter § 318 stehenden Wertungen der Rechtssicherheit und der Prozessökonomie sprechen jedoch dagegen, das Vorbehaltsurteil im Nachverfahren quasi als »Nullum« anzusehen. Aus dem Grundgedanken des § 318 einerseits, dass die dem Urt zugrunde liegende tatsächliche und rechtliche Beurteilung des Streitstoffs im weiteren Verlauf des Verfahrens (es sei denn im Rechtsmittelweg) nicht mehr in Frage gestellt werden soll, und der Regelung der §§ 598, 599 I andererseits folgt: Das Vorbehaltsurteil entfaltet zwar eine umfassende, sich auf sämtliche Entscheidungselemente erstreckende Bindungswirkung für das Nachverfahren; diese reicht aber nur so weit, wie nicht neuer, im Urkundenprozess noch nicht geprüfter Tatsachenstoff oder neue Beweismittel vorgebracht werden (so auch Wieczorek/Schütze/*Olzen* § 600 Rn 39 ff). Für die Beurteilung der Sachurteilsvoraussetzungen gilt dabei nichts anderes (dezidiert **aA** MüKoZPO/*Braun* § 600 Rn 19). Dieselbe Bindungswirkung kommt auch dem Anerkenntnisvorbehaltsurteil zu (vgl Jena OLGR 09, 750). 8

D. Urteil im Nachverfahren. I. Urteil. Erweist sich die Klage auch im Nachverfahren als zulässig und begründet, so ist das (auch höherinstanzliche) Vorbehaltsurteil für vorbehaltlos zu erklären. Andernfalls ist die Klage unter Aufhebung des Vorbehaltsurteils (als unzulässig oder unbegründet) abzuweisen, §§ 600 II, 302 IV 2. Bei Säumnis des Beklagten bzw des Klägers geschieht dies jeweils durch (echtes) Versäumnisurteil. 9

II. Rechtskräftige Endurteile in Vor- und Nachverfahren. Ergeht im Rechtsmittelzug des Urkundenprozesses eine **rechtskräftige Endentscheidung,** sei es durch Abweisung oder durch vorbehaltslose Stattgabe der Klage, endet das Nachverfahren von selbst. Einer Erledigungserklärung bedarf es nicht (**aA** Wieczorek/Schütze/*Olzen* § 600 Rn 48). Die streitige Frage, wie es sich verhält, wenn umgekehrt zuerst ein klagestattgebendes Urt im Nachverfahren rechtskräftig wird, ist praktisch kaum relevant. Ausgehend von der Bindungswirkung des Vorbehaltsurteils für das Nachverfahren wird man das Urt im Nachverfahren als auflösend bedingt durch eine Abweisung der Klage im Urkundenprozess ansehen müssen (BGH NJW 73, 467, 468; **aA** MüKoZPO/*Braun* § 600 Rn 23). Bei rechtskräftiger Klageabweisung im Nachverfahren hingegen wird der Urkundenprozess in der Rechtsmittelinstanz gegenstandslos (BGH NJW 73, 467 468). 10

11 **E. Schadensersatzanspruch.** Bei Aufhebung des Vorbehaltsurteils ist der Kl zum Ersatz des Vollstreckungsstreckungsschadens verpflichtet, §§ 600 II, 302 IV 3. Der Anspruch kann (durch einfachen Antrag oder durch Widerklage) im anhängigen Verfahren in jeder Instanz geltend gemacht werden, §§ 600 II, 302 IV 4.

§ 601 *(weggefallen)*

§ 602 Wechselprozess. **Werden im Urkundenprozess Ansprüche aus Wechseln im Sinne des Wechselgesetzes geltend gemacht (Wechselprozess), so sind die nachfolgenden besonderen Vorschriften anzuwenden.**

1 **A. Besonderheiten des Wechselprozesses.** Der Wechselprozess ist eine auf Vereinfachung und weitere Beschleunigung gerichtete Unterart des Urkundenprozesses. Er folgt daher den §§ 592 ff, soweit sich aus den § 603–605 nichts anderes ergibt. Die wichtigsten Besonderheiten sind die **zusätzlichen Gerichtsstände** des § 603 und die **Verkürzung der Ladungsfristen** gem § 604 II, III. Bezüglich der Wechselvorlegung und der Nebenforderungen gibt es Beweiserleichterungen (§ 605). In Abweichung von § 592 können als Ansprüche aus Wechseln auch Nichtzahlungsansprüche eingeklagt werden. Die Klage muss die Erklärung enthalten, dass im Wechselprozess geklagte werde (§ 604 I). Der weiteren Beschleunigung dient auch § 227 III Nr 4, wonach es im Wechsel- oder Scheckprozess (nicht aber auch im Nachverfahren) keine zwingende Terminsverlegung in der Zeit der früheren Gerichtsferien gibt. In der Zwangsvollstreckung findet eine Aussetzung der Verwertung gepfändeter Sachen nicht statt, § 813b VI. Bei der Kammer für Handelssachen (vgl §§ 95 I Nr 2 und 3, 96, 98 GVG) entscheidet der Vorsitzende, § 349 II Nr 8. Eine umfassende **Schiedsabrede** hindert bei sachgerechter Auslegung eine Klage im Wechselprozess regelmäßig nicht; sie ist erst im Nachverfahren erheblich (BGH NJW 94, 136; BGHZ 165, 376, 380).

2 **B. Ansprüche aus Wechseln.** Klagefähig im Wechselprozess sind nur solche Ansprüche, die sich unmittelbar aus dem Wechsel (der nach den Regeln des Urkundenprozesses nicht notwendig im Original vorgelegt werden muss, vgl § 592 Rz 14) ergeben. Das sind die Ansprüche auf Zahlung der Wechsel- oder Rückgriffssumme (Art 48 WG) gegen alle Wechselverpflichteten (Art 8, 9, 15, 28, 32, 58 I WG), wohl auch der Bereicherungsanspruch aus Art 89 WG (vgl MüKoZPO/*Braun* § 602 Rn 4), die Ansprüche aus einem abhandengekommenen Wechsel gem Art 90 I 2 WG und § 1018 I sowie die Ansprüche auf Erteilung oder auf Aushändigung einer Ausfertigung gem Art 64 III bzw 66 I 2 WG und auf Herausgabe der Urschrift gem Art 68 I 2 WG. **Aktivlegitimiert** sind auch Anspruchsinhaber ohne wechselmäßige Legitimation wie Erben, Zessionare oder Pfändungspfandgläubiger. Entsprechend ist die **Passivlegitimation** auch für Beklagte begründet, die nicht kraft Unterschrift auf dem Wechsel, aber kraft Gesetzes für die wechselmäßige Verbindlichkeit haften, zB Erben (§ 1967 I BGB), Geschäftsübernehmer (§ 25 I HGB), OHG-Gesellschafter (§ 128 HGB) oder Komplementäre (§ 161 HGB).

3 **C. Streitgegenstand und Urteil. I. Streitgegenstand.** Im Wechselprozess ist Streitgegenstand allein der wechselrechtliche Anspruch. Dieser kann nicht zugleich (hilfsweise) im Urkundenprozess oder im ordentlichen Verfahren eingeklagt werden. Wohl aber kann der Anspruch aus dem Grundgeschäft im Urkunden- oder im ordentlichen Verfahren auch neben dem Wechselprozess geltend gemacht werden.

4 **II. Wechsel der Verfahrensart.** Der Übergang vom Wechsel- in den Urkundenprozess ändert als solcher den Streitgegenstand nicht. Er ist jederzeit möglich, und zwar, anders als die Abstandnahme vom Urkundenprozess (vgl § 596 Rz 5), ohne weiteres auch im Berufungsverfahren (BGH NJW 93, 3135, 3136; vgl § 596 Rz 7). Umgekehrt ist dann auch ein Übergang vom Urkunden- in den Wechselprozess ebenso möglich (MüKoZPO/*Braun* § 602 Rn 6). Eine nach § 603 begründete Zuständigkeit bleibt beim Übergang in den Urkundenprozess bestehen (Wieczorek/Schütze/*Olzen* § 602 Rn 10; **aA** St/J/*Schlosser* § 596 Rn 12).

5 **III. Urteil.** Die Klagestattgabe erfolgt wegen Art 39 I WG nur Zug um Zug gegen Aushändigung des quittierten Wechsels; sie ist selbst bei Weglassung dieses Ausspruchs so zu verstehen (RGZ 37, 1, 5; Musielak/*Voit* § 602 Rn 8). Kann der eingeklagte Wechselanspruch nicht bejaht werden, etwa weil es an einem formgültigen Wechsel fehlt, ist die Klage als unbegründet (§ 597 I) abzuweisen (BGHZ 82, 200, 208). Die Forderung aus dem Grundgeschäft wird davon nicht erfasst; sie kann der Kl, bei Umdeutbarkeit des formungültigen Wechsels in einen Schuldschein auch im Urkundenprozess, nach wie vor einklagen (Musielak/*Voit* § 597 Rn 6; Wieczorek/Schütze/*Olzen* § 597 Rn 25).

§ 603 Gerichtsstand. **(1) Wechselklagen können sowohl bei dem Gericht des Zahlungsortes als bei dem Gericht angestellt werden, bei dem der Beklagte seinen allgemeinen Gerichtsstand hat.**
(2) Wenn mehrere Wechselverpflichtete gemeinschaftlich verklagt werden, so ist außer dem Gericht des Zahlungsortes jedes Gericht zuständig, bei dem einer der Beklagten seinen allgemeinen Gerichtsstand hat.

A. Bedeutung. Für die Klage im Wechselprozess (und für das Nachverfahren) begründet die Vorschrift zusätzliche örtliche Zuständigkeiten. Diese sind nicht ausschließlich; die Wechselklage kann daher auch in den besonderen Gerichtsständen der §§ 20 ff und im vereinbarten Gerichtsstand gem §§ 38 f erhoben werden. Bei einem zugrundeliegenden Haustürgeschäft dürfte für Wechselklagen gegen Verbraucher die Regelung zum gewöhnlichen Aufenthaltsort als ausschließlichem Gerichtsstand in § 29c I 2 jedoch eine Spezialregelung darstellen (MüKoZPO/*Braun* § 603 Rn 1; zum früheren § 6a AbzG BGHZ 62, 110, 111). 1

B. Gerichtsstand des Zahlungsortes. I. Zahlungsort. Der Zahlungsort ergibt sich aus dem Text des Wechsels (Art 1 Nr 5, 2 III, 75 Nr 4 WG). Weist der angegebene Ort mehrere Gerichtsbezirke auf, so ist das Gericht jedes dieser Bezirke zuständig (St/J/*Schlosser* § 603 Rn 2). 2

II. Zuständigkeitsbegründung. § 603 begründet mit der örtlichen auch die internationale Zuständigkeit. Die sachliche Zuständigkeit wird durch die Vorschrift nicht berührt. Liegt dem Wechselanspruch eine Forderung aus einem **Arbeitsverhältnis** zugrunde, ist fraglich, ob wegen der Abstraktheit der Wechselforderung die ordentlichen Gerichte (Hamm NJW 80, 1399; Wieczorek/Schütze/*Olzen* § 603 Rn 2) oder aber die Arbeitsgerichte zuständig sind mit der Folge, dass eine Klage im Urkunden- oder Wechselprozess ausscheidet, § 46 II 2 ArbGG (BAG NJW 97, 758; München NJW 66, 1418; Musielak/*Voit* § 603 Rn 2). Angesichts der Regelungen in §§ 2 I Nr 3a, 46 II 2 ArbGG ist Letzteres anzunehmen (so auch MüKoZPO/*Braun* § 603 Rn 3). 3

C. Mehrere Beklagte. Nach Abs 2 können mehrere Beklagte in Abweichung von § 36 I Nr 3 ohne weiteres bei jedem Gericht verklagt werden, bei dem auch nur einer von ihnen seinen allgemeinen Gerichtsstand hat. Ob die Klage gegen den betreffenden Beklagten überhaupt zulässig ist, spielt so lange keine Rolle, wie die Klage sich nicht als Erschleichung des Gerichtsstands darstellt (was die Arglisteinrede begründen würde, RGZ 51, 175, 176 f; MüKoZPO/*Braun* § 603 Rn 2). Die Zuständigkeitsbegründung des Abs 2 gilt allerdings nur für den allgemeinen Gerichtsstand und daher nicht etwa auch für eine Gerichtsstandsvereinbarung, die vielmehr mit sämtlichen Beklagten geschlossen worden sein muss (Zö/*Greger* § 602 Rn 6). 4

§ 604 Klageinhalt; Ladungsfrist. **(1) Die Klage muss die Erklärung enthalten, dass im Wechselprozess geklagt werde.**
(2) [1]Die Ladungsfrist beträgt mindestens 24 Stunden, wenn die Ladung an dem Ort, der Sitz des Prozessgerichts ist, zugestellt wird. [2]In Anwaltsprozessen beträgt sie mindestens drei Tage, wenn die Ladung an einem anderen Ort zugestellt wird, der im Bezirk des Prozessgerichts liegt oder von dem ein Teil zu dessen Bezirk gehört.
(3) In den höheren Instanzen beträgt die Ladungsfrist mindestens 24 Stunden, wenn die Zustellung der Berufungs- oder Revisionsschrift oder der Ladung an dem Ort erfolgt, der Sitz des höheren Gerichts ist; mindestens drei Tage, wenn die Zustellung an einem anderen Ort erfolgt, der ganz oder zum Teil in dem Landgerichtsbezirk liegt, in dem das höhere Gericht seinen Sitz hat; mindestens eine Woche, wenn die Zustellung sonst im Inland erfolgt.

A. Bedeutung. Insbesondere durch die Verkürzung der Ladungsfrist führt der Wechselprozess zu einer weiteren, erheblichen Beschleunigung des Verfahrens. Diese setzt voraus, dass die Klage eine entsprechende Erklärung enthält. 1

B. Erklärung und Wechsel der Prozessart. Die Erklärung, im Wechselprozess zu klagen, muss bereits in der Klageschrift erfolgen (RGZ 79, 69, 71), bedarf aber keiner bestimmten Wortwahl. Fehlt sie, wird die Sache im ordentlichen Verfahren anhängig. Von dort aus kann der Kl ebenso wie in den gewöhnlichen Urkundenprozess (dazu § 593 Rz 2) nur ausnahmsweise analog § 263 in den Wechselprozess übergehen. Hingegen ist bei einer aus dem Wechsel zunächst erhobenen Urkundenklage ein Übergang in den Wechselprozess jederzeit möglich (vgl § 602 Rz 4). 2

3 **C. Ladungsfrist.** Verkürzt wird durch Abs 2 und 3 allein die Ladungsfrist, nicht auch die Einlassungsfrist, für die weiter § 274 III gilt. In **erster Instanz** wird die Frist bei Zustellung der Ladung am Ort des Prozessgerichts von drei Tagen (§ 217) auf 24 Stunden verkürzt, bei Zustellung an einem anderen Ort im Bezirk des Prozessgerichts von einer Woche (in Anwaltsprozessen) auf drei Tage. Bei Zustellung außerhalb des Bezirks des Prozessgerichts bleibt es bei der Mindestfrist von einer Woche im Anwaltsprozess und von drei Tagen im Parteiprozess. Für die **höheren Instanzen** enthält Abs 3 eine erschöpfende Regelung.

§ 605 Beweisvorschriften. (1) Soweit es zur Erhaltung des wechselmäßigen Anspruchs der rechtzeitigen Protesterhebung nicht bedarf, ist als Beweismittel bezüglich der Vorlegung des Wechsels der Antrag auf Parteivernehmung zulässig.
(2) Zur Berücksichtigung einer Nebenforderung genügt, dass sie glaubhaft gemacht ist.

1 **A. Bedeutung.** Die Vorschrift ordnet für zwei weniger zentrale Punkte in Abweichung von §§ 592, 595 II Beweiserleichterungen an. Der Beweis der Vorlegung des Wechsels kann stets, also auch, wenn diese anspruchsbegründend ist (Verzugszinsen), durch Antrag auf Parteivernehmung geführt werden, und für bloße Nebenforderungen reicht sogar Glaubhaftmachung aus.

2 **B. Vorlegung des Wechsels.** Die Beweiserleichterung des Abs 1 hat nur einen sehr engen Anwendungsbereich. Denn regelmäßig setzt die Geltendmachung von Wechselansprüchen den rechtzeitigen Protest voraus (Art 44 sowie Art 25 II, 60, 66 II, 68 II WG), und in den anderen Fällen trifft, soweit es einer rechtzeitigen Vorlage des Wechsels überhaupt bedarf (vgl Art 53 I WG), den Beklagten die Beweislast dafür, dass sie nicht erfolgt ist (Art 46 II 2 WG). Anders ist dies nur für den Anspruch auf Verzugszinsen, für den die Vorlegung eine anspruchsbegründende Tatsache darstellt (Wieczorek/Schütze/*Olzen* § 605 Rn 2). Bei Geltendmachung der Verzugszinsen als Nebenforderung genügt zudem gem Abs 2 Glaubhaftmachung. Soweit es für die Wechselvorlegung keines Urkundenbeweises bedarf, kommt bei Säumnis des Beklagten nicht § 597 II, sondern § 331 I zur Anwendung.

3 **C. Nebenforderungen.** Für Nebenforderungen wie Zinsen, Kosten, Auslagen, Provisionen und Spesen erleichtert Abs 2 die Beweisführung erheblich, indem er Glaubhaftmachung ausreichen lässt. Dies muss dann umgekehrt auch für Einwendungen gegen Nebenforderungen gelten.

§ 605a Scheckprozess. Werden im Urkundenprozess Ansprüche aus Schecks im Sinne des Scheckgesetzes geltend gemacht (Scheckprozess), so sind die §§ 602 bis 605 entsprechend anzuwenden.

1 Der Scheckprozess unterscheidet sich in nichts von dem Wechselprozess; die Anmerkungen zu den §§ 602 ff gelten ohne Ausnahme. Die Erklärung in der Klage, im Wechselprozess zu klagen, eröffnet den Scheckprozess, wenn der diesbezügliche Wille aus der Klageschrift eindeutig hervorgeht (RGZ 96, 100, 101). In den von dem beleglosen Scheckeinzugsverfahren der Banken erfassten Fällen findet eine Vorlegung des Schecks nicht statt und kann in der kurzen Vorlegungsfrist des Art 29 I ScheckG auch kaum je nachgeholt werden. Das mindert die praktische Bedeutung des Scheckprozesses.

Buch 6 Verfahren in Familiensachen

§§ 606–687 *(weggefallen seit 1.9.2009)*

1 Die Vorschriften zum familienrechtlichen Verfahren finden sich nun im FamFG.

Buch 7 Mahnverfahren

§ 688 Zulässigkeit. **(1) Wegen eines Anspruchs, der die Zahlung einer bestimmten Geldsumme in Euro zum Gegenstand hat, ist auf Antrag des Antragstellers ein Mahnbescheid zu erlassen.**

(2) Das Mahnverfahren findet nicht statt:

1. für Ansprüche eines Unternehmers aus einem Vertrag gemäß den §§ 491 bis 509 des Bürgerlichen Gesetzbuchs, wenn der gemäß § 492 Abs. 2 des Bürgerlichen Gesetzbuchs anzugebende effektive Jahreszins den bei Vertragsschluss geltenden Basiszinssatz nach § 247 des Bürgerlichen Gesetzbuchs um mehr als zwölf Prozentpunkte übersteigt;

2. wenn die Geltendmachung des Anspruchs von einer noch nicht erbrachten Gegenleistung abhängig ist;

3. wenn die Zustellung des Mahnbescheids durch öffentliche Bekanntmachung erfolgen müsste.

(3) Müsste der Mahnbescheid im Ausland zugestellt werden, findet das Mahnverfahren nur statt, soweit das Anerkennungs- und Vollstreckungsausführungsgesetz vom 19. Februar 2001 (BGBl. I S. 288) dies vorsieht.

(4) [1]Die Vorschriften der Verordnung (EG) Nr. 1896/2006 des Europäischen Parlaments und des Rates vom 12. Dezember 2006 zur Einführung eines Europäischen Mahnverfahrens (ABl. EU Nr. L 399 S. 1) bleiben unberührt. [2]Für die Durchführung gelten die §§ 1087 bis 1096.

A. Normzweck. § 688 regelt die Zulässigkeit des Mahnverfahrens allgemein. § 690 legt den notwendigen Inhalt des Antrags fest. Nirgends bringt die ZPO zum Ausdruck, dass das Mahnverfahren nur für Forderungen vorgesehen ist, die unbestritten sind oder bleiben. Einige Verfahren können bestätigen, dass das Mahnverfahren deshalb bevorzugt wird, weil es ohne Vorschuss in Gang gesetzt wird und weil die Verjährung auch ohne den zeitaufwändigeren Aufwand einer Klageschrift gehemmt werden kann. Wenn Ag vorbringen, das Mahnverfahren werde missbraucht, um sie willkürlich, mühelos und risikoarm vor Gericht ziehen zu können, wird dieser in Einzelfällen gerechtfertigt erscheinende Verdacht durch die Statistik nicht bestätigt: Rund 85 % der Mahnanträge bleiben »unbestritten«. 1

Während im Mahnverfahren grds keine Schlüssigkeitsprüfung stattfindet, fordert § 688 II Nr 1 dem Mahngericht Ermittlungen und Berechnungen ab, um den Verbraucher als Kreditnehmer zu schützen. 2

In Familienstreitsachen (§ 112 FamFG) gelten die Vorschriften über das Mahnverfahren entsprechend (§ 113 II FamFG). 3

B. Geldsumme (Abs 1). I. Summe. Der Anspruch muss auf eine Geldsumme gerichtet sein. Deshalb ist das Mahnverfahren nicht verfügbar für Ansprüche auf Duldung, auf Freistellung/Befreiung von einer Verbindlichkeit (Ddorf NJW-RR 98, 503) oder auf Feststellung der Forderung zur (Insolvenz-)Tabelle (§§ 179, 180 InsO). 4

II. Euro. Die Geldsumme hat auf Euro zu lauten. Im automatisierten Mahnverfahren ist auf dem vorgeschriebenen Papierformular (§ 703c) ebenso wie beim Online-Mahnantrag jedes Feld für Geldbeträge mit der Währung »EURO« beschrieben. Liegt dem Ast eine Forderung in abweichender Währung vor, kann er in Euro umrechnen und diesen Betrag einsetzen. Durch die Zustellung des MB wird die Verjährung auch dann gehemmt, wenn der Anspruch lediglich für das Mahnverfahren in inländische Währung umgerechnet worden ist (vgl BGHZ 104, 268; zur Unterbrechung nach § 209 II Nr 1 BGB aF). 5

III. Bestimmt. Die Geldsumme muss bestimmt sein. Ähnlich geregelt ist das bei der Klageschrift. Sie muss die »bestimmte Angabe des Gegenstands« enthalten (§ 253 II 2). Während aber bei der Klageschrift im Falle des immateriellen Schadens nach § 253 II BGB ein unbezifferter Antrag für zulässig erachtet wird, schließt bereits die Formulierung »bestimmte Geldsumme« in § 688 es aus, dem Mahngericht die Ermittlung des angemessenen Betrags zu überlassen. 6

Wird ausschließlich ein isolierter Zinsanspruch auf laufende Zinsen geltend gemacht (»aus ... seit ...«), ist die Geldsumme dennoch bestimmt iSv § 688 I. Ein gleichartiger Klageantrag (§ 253) wäre genügend »bestimmt« (vgl BAG NJW 03, 2403). Der Klageantrag muss nicht möglichst bestimmt, sondern hinreichend bestimmt sein (BAG NJW 03, 2403), so dass ein ihm entsprechendes Urt vollstreckungsfähig wäre. Bei den »laufenden« Zinsen genügt deshalb die Angabe des Anfangszeitpunkts (B/L/A/H § 690 Rn 9). Auch wenn § 688 an den Mahnantrag höhere Anforderungen zu stellen scheint (vgl auch § 690 I Nr 3: »unter bestimmter Angabe der verlangten Leistung«), als an den Klageantrag, bleibt der Zweck entscheidend. 7

Ebenso wie beim Urt kann zu jedem Zeitpunkt, auch erst bei der Vollstreckung, berechnet werden, welcher bestimmte Betrag an Zinsen bis zur Vollstreckung angelaufen ist. Der GV berechnet vor der Pfändung den Betrag der beizutreibenden Geldsumme oder prüft die vom Gläubiger aufgestellte Berechnung nach. Dabei sind Zinsen, die dem Gläubiger ohne Bestimmung des Endes des Zinsenlaufes zugesprochen sind, vorläufig bis zu dem Tage anzusetzen, an dem die Zwangsvollstreckung erfolgt (vgl § 130 Nr 1b BayGVGA).

8 **C. Mahnverfahren unzulässig (Abs 2).** Das Mahnverfahren »findet **nicht** statt«, es ist unzulässig, bei drei verschiedenen Fallgestaltungen.

9 **I. Effektiver Jahreszins.** Abs 2 Nr 1 behandelt bestimmte Kredite: Effektiver Jahreszins in Verträgen nach §§ 491–504 BGB (Verbraucherdarlehen usw) übersteigt den Basiszinssatz bei Vertragsschluss um mehr als 12 %.

10 Der effektive Jahreszins kann aus dem Kreditvertrag übernommen werden. Gemäß §§ 492 I 5 Nr 5, 502 I 1 Nr 4 BGB idF bis 10.6.10 muss schon die vom Darlehensnehmer zu unterzeichnende Vertragserklärung den effektiven Jahreszins angeben. Außerdem ist das Vertragsdatum einzutragen (§ 690 I Nr 3). Aus dem Vertragsdatum soll das Mahngericht den Basiszinssatz (§ 247 BGB) zur Zeit des Vertrags ermitteln, um die Zulässigkeit des Mahnverfahrens festzustellen zu können.

11 Zur Umsetzung der Verbraucherkreditrichtlinie sind durch EGRLUmsuaNOG ab 11.6.10 die Vorschriften über Verbraucherdarlehen in BGB und §§ 6, 6a PAngV geändert worden. Daran ist § 688 II 1 angepasst. Er verweist ab 11.6.10 auf §§ 491–509 BGB. § 502 BGB ist in § 688 nF nicht mehr genannt; er hat nun anderen Inhalt. Wie der effektive Jahreszins anzugeben ist, folgt ab 11.6.10 aus § 492 II BGB, der wegen der im Vertrag erforderlichen Angaben auf Art 247 §§ 6–13 EGBGB verweist. Art 247 § 6 III verlangt Angabe der Annahmen, die zum Zeitpunkt des Abschlusses des Vertrags bekannt sind. Damit ist »anfänglich«, wie in § 688 II Nr 1 aF, entbehrlich. Mit »Fassung vom 1.6.10« gibt es ein aktualisiertes amtliches Formular.

12 Der Gesetzgeber hat mit der Vereinfachungsnovelle v 3.12.76 (BGBl I 76, 3281; vgl auch BTDrs 7/2729) eingeführt, dass im Mahnantrag nicht mehr der Grund des Anspruchs, sondern nur der Anspruch selbst zu bezeichnen ist. Ausreichend ist eine Individualisierung so weit, dass der Anspruch von anderen abgrenzbar ist. Die Schlüssigkeit der Forderung wird nicht geprüft (vgl Begründung S. 15, des Gesetzentwurfs der Bundesregierung v 25.10.89, BTDrs 11/5462, zur Änderung ua des § 688 II). Hierzu stellt § 688 II eine Ausnahmeregelung dar. Die Bundesregierung hat mit der Änderung des § 688 II der Belastung des Ansehens des Rechtsstaats durch die rechtskräftige Titulierung und Vollstreckung sittenwidriger Ansprüche und die ihr folgenden Streitigkeiten über die Bestandskraft von VB entgegen wirken wollen. Sie hat weiter ausgeführt (BTDrs 11/5462), dass die Ausschlussgrenze von 12 % über Bundesbankdiskontsatz so bemessen sei, dass sie die Fälle ausgrenze, in denen im Interesse eines fairen Verfahrens nicht auf eine substantiierte Anspruchsdarstellung und eine Schlüssigkeitsprüfung verzichtet werden könne (BTDrs 11/5462, 16). Der Gesetzgeber hat hier jedoch nicht bestimmt, dass der Rechtspfleger die Rechtsfrage zu prüfen habe, ob die Vorschriften über den Verbraucherkredit eingreifen und auch nicht, dass das Mahngericht die Angaben des Ast auf ihren Wahrheitsgehalt zu überprüfen hätte. Die ausnahmsweise Schlüssigkeitsprüfung findet nur in der Form statt, dass der Ast die Angaben nach § 688 II Nr 1 zu liefern hat und sich hieraus die Schlüssigkeit ergibt (errechnen lässt) oder auch nicht (vgl *Markwardt* NJW 91, 1220).

13 Das Mahngericht hat zu berechnen, ob der Basiszinssatz zur angegebenen Zeit um mehr als 12 % überschritten wird. Dies geschieht elektronisch. Wenn das automatisierte Verfahren feststellt, dass der Grenzwert von 12 % über dem Basiszinssatz überschritten wird, erhält der Ast Gelegenheit zur Korrektur versehentlich falsch eingegebener Daten oder zur Rücknahme des Antrags. Wenn er nicht korrigieren kann, wird der Mahnantrag zurückgewiesen, weil er der Vorschrift des § 688 nicht entspricht (§ 691 I 1 Nr 1).

14 Zeitverlust lässt sich mit dem Online-Mahnantrag über www.online–mahnantrag.de vermeiden. Bei Überschreitung um mehr als 12 % erscheint dort eine Warnung.

15 Bei Angaben zwischen 6 % und 12 % über dem Basiszinssatz ist mit einer Monierung zu rechnen; »der Zinsschaden« sei nachzuweisen. Hintergrund ist § 497 I 1 BGB (Verzugszinsen beim Verbraucherdarlehensvertrag). Danach ist der geschuldete Betrag bei Verzug nach § 288 BGB mit 5 % über dem Basiszinssatz zu verzinsen. Eine Schlüssigkeitsprüfung zu § 497 BGB ist nicht gerechtfertigt (aA AG Hagen NJW-RR 95, 320). § 497 BGB ist bei den Zulässigkeitsvoraussetzungen des § 688 II nicht genannt. Sollte das Mahngericht einen Beleg verlangen, fehlte dem die Rechtsgrundlage (vgl auch Musielak/*Borth* § 688 Rn 7). Die Einordnung als »Zinsschaden« ist nicht veranlasst. Wer die Rückzahlung der Hauptforderung eines Verbraucherkredits verlangt, begehrt Erfüllung. § 497 BGB behandelt Verzugszinsen, nicht die Hauptforderung,

auch nicht die vereinbarten Vertragszinsen (Palandt/*Weidenkaff* § 497 Rn 4). § 497 will nur bis dahin bestehende Rechtsunsicherheiten bei der Ermittlung des zulässigen Verzugszinses beseitigen (PWW/*Kessal-Wulf* § 497 Rn 1). In BTDrs 11/5462, 15) ist ausschließlich der Grenzwert von 12 % erörtert. Die Änderung der §§ 688 II, 690 I Nr 3, 691 solle die Fälle ausgrenzen, in denen im Interesse eines fairen Verfahrens nicht auf eine substantiierte Anspruchsdarstellung und eine Schlüssigkeitsprüfung verzichtet werden kann.

II. Gegenleistung (Abs 2 Nr 2). Selten wird ein Mahnantrag nur deshalb als unzulässig zurückzuweisen sein, weil die Geltendmachung des Anspruchs von einer noch nicht erbrachten Gegenleistung abhängig ist. Sowohl im amtlichen Formular als auch beim Online-Mahnantrag (www.mahngerichte.de) kann für die beiden Situationen jeweils vorgedruckter Text markiert werden. Damit wird die Erklärung abgegeben, ob der Anspruch von einer Gegenleistung abhängt und ob sie bereits erbracht ist. **16**

III. Öffentliche Bekanntmachung (Abs 2 Nr 3). Gemäß § 688 II Nr 3 ist das Mahnverfahren auch dann nicht statthaft, wenn der MB durch öffentliche Bekanntmachung zugestellt werden müsste. Das betrifft zunächst den Fall, dass bereits zur Zeit des Mahnantrags die Notwendigkeit einer öffentlichen Zustellung nach § 185 Nr 1, 2 oder 3 bekannt ist. Es ist Sache des Ast, sich zu vergewissern, bevor er den Mahnantrag stellt, ob ohne öffentliche Zustellung zugestellt werden kann (BGH Rpfleger 04, 571). Der MB wird vAw zugestellt (§§ 693, 495, 166 II). Deshalb ist der Ausschluss des Mahnverfahrens, wenn der MB durch öffentliche Zustellung zugestellt werden müsste, vAw zu prüfen (BGH Rpfleger 04, 571). Wird der Mangel trotz Beanstandung nicht behoben, ist der Antrag gem § 691 I 1 Nr 1 zurückzuweisen. Soll durch die Zustellung des MB eine Frist gewahrt werden oder die Verjährung neu beginnen oder gehemmt werden (§ 204 BGB), erhält § 691 II diese Wirkungen, wenn der Ast innerhalb eines Monats seit der Zustellung der den Antrag zurückweisenden Entscheidung Klage einreicht und diese demnächst zugestellt wird. **17**

An einer notwendigen Voraussetzung des Mahnverfahrens (BGH Rpfleger 04, 571) fehlt es auch dann, wenn sich erst nach Erlass des MB herausstellt, dass eine öffentliche Zustellung gem § 185 f notwendig ist. Der Ast kann in diesem Fall nur Klage erheben. Seinem Antrag, in das streitige Verfahren überzuleiten, entsprechend (da ohne Widerspruch) § 696 abzugeben oder an das Prozessgericht zu verweisen, kann nicht entsprochen werden (BGH Rpfleger 04, 571). **18**

D. Zustellung im Ausland (Abs 3). Wenn der MB an einen Ag im Ausland zugestellt werden muss, findet gem § 688 III das Mahnverfahren nur statt, soweit das Anerkennungs- und Vollstreckungsausführungsgesetz (AVAG, BGBl I 01 288) dies vorsieht. Das AVAG ist ein allgemeines Gesetz zur Ausführung mehrerer aufgezählter zwischenstaatlicher Anerkennungs- und Vollstreckungsverträge (§ 1 I Nr 1 AVAG) und zur Durchführung der Verordnung Nr 44/2001, der EuGVO (§ 1 I Nr 2 AVAG). Die Regelungen der EuGVO werden als unmittelbar geltendes Recht der EU durch die Durchführungsbestimmungen des AVAG nicht berührt (§ 1 II 1 AVAG). Vorrangig ggü AVAG und ZPO (§ 703d) sind die Zuständigkeitsbestimmungen der EuGVO. Sie regelt im Einzelnen, wann Personen mit Wohnsitz in einem Mitgliedstaat vor Gerichten eines anderen Mitgliedstaats verklagt werden können (zB Art 5 Erfüllungsort, Ort des schädigenden Ereignisses, Betrieb einer Niederlassung und Art 23 Zuständigkeitsvereinbarung, vgl auch Art 60 Wohnsitz von Gesellschaften und juristischen Personen). **19**

I. AVAG. Verträge, Abkommen und Verordnungen sind in § 1 AVAG aufgezählt. **20**

§ 32 I AVAG gilt für Ag, die ihren Sitz in den 27 Mitgliedsländern der EU (Beitrittsstand 1.1.07) und weiteren Vertragsstaaten haben: Belgien, Bulgarien, Dänemark, Estland, Finnland, Frankreich, Griechenland, Irland, Island, Israel, Italien, Lettland, Litauen, Luxemburg, Malta, Niederlande, Nordirland, Norwegen, Österreich, Polen, Portugal, Rumänien, Schweden, Schweiz, Slowakei, Slowenien, Spanien, Tschechische Republik, Ungarn, Vereinigtes Königreich von Großbritannien, Zypern. **21**

Wird beim Antrag auf Erlass eines MB dessen Zustellung im Ausland beantragt, gelten die besonderen Regeln für die maschinelle Bearbeitung nicht. Die Vordrucke für das maschinelle Verfahren müssen nicht verwendet werden (§ 703c I Nr 3 und 4 ZPO, § 1 II MaschMahnVordrV: »Absatz 1 gilt nicht für Mahnverfahren, in denen der MB im Ausland oder nach Artikel 32 des Zusatzabkommens zum NATO-Truppenstatut v 3.8.59 (BGBl II 61 1183, 1218) zuzustellen ist«). Die eingeführten Vordrucke dürfen jedoch eingesetzt werden. Dies dient der beschleunigten Verarbeitung. **22**

Für Unterhalt finden die Vorschriften über das Mahnverfahren (§ 32 AVAG) keine Anwendung (§ 39 AVAG). **23**

24 Macht der Ast geltend, dass das Gericht auf Grund einer Gerichtsstandsvereinbarung zuständig sei (vgl Art 23 EuGVO), so hat er dem Mahnantrag die erforderlichen Schriftstücke beizufügen (§ 32 II AVAG).

25 Wenn der MB im Ausland zugestellt werden muss, beträgt die Widerspruchsfrist einen Monat (§ 32 III AVAG) anstatt zwei Wochen (vgl § 692 I Nr 3).

26 **II. Antragsgegner ohne allgemeinen inländischen Gerichtsstand.** Ist es nötig, im Ausland zuzustellen (§ 688 III), ist das ein Anwendungsfall des § 703d (B/L/A/H § 703d Rn 1). Hat der Ag im Inland keinen allgemeinen Gerichtsstand, zB aber einen besonderen Gerichtsstand (Erfüllungsort, Niederlassung usw), richtet sich die Zuständigkeit für diesen Ag nach § 703d II 1 und nicht nach § 689 II 1 (BGH NJW 95, 3317; Hamm 27.7.07–32 Sbd 55/07). Häufiger Anwendungsfall ist die Beteiligung einer englischen Limited am Mahnverfahren, mit allgemeinem Gerichtsstand, dem Satzungssitz, im Ausland, aber einer Zweigniederlassung, meistens der Hauptverwaltung oder auch der Hauptniederlassung, im Inland (Art 2, 59, 60 I EuGVO; BGH NJW-RR 08, 551). Die Zuständigkeit des Mahngerichts bestimmt § 703d ungeachtet des Sitzes des Ast (§ 689 II) nach dem Amtsgericht, das für ein streitiges Verfahren zuständig wäre, wenn die Amtsgerichte im ersten Rechtszug sachlich unbeschränkt zuständig wären (§ 703d II). § 703d II 1 statuiert eine besondere Zuständigkeitsregelung schon für das Mahnverfahren, indem es an die örtliche Zuständigkeit für eine späteres streitiges Verfahren anknüpft (BGH NJW 95, 3317). Ist das danach zuständige Gericht ein Gericht, für das die maschinelle Bearbeitung eingeführt ist, so muss der MB bei dem zentralen Gericht beantragt werden (Musielak/*Borth* § 703d Rn 2).

27 **E. Europäisches Mahnverfahren (§ 688 IV).** § 688 ist um Abs 4 ergänzt, um »die Aufmerksamkeit auf das alternativ zur Verfügung stehende Europäische Mahnverfahren zu lenken und das Auffinden der ergänzenden Verfahrensvorschriften zu erleichtern«. Siehe §§ 1087 ff und Anhang nach § 1096: EuMVVO. § 689 II ist gleichzeitig neu gefasst worden, vgl § 689 Rz 4.

28 Im Europäischen Mahnverfahren gilt § 12 III 1 GKG entsprechend (§ 12 IV GKG). S 1 bestimmt Vorauszahlungspflicht für das Mahnverfahren. Auf die Ausnahme in § 12 III 2 GKG für das maschinelle Verfahren verweist § 12 IV GKG nicht.

29 **F. Kosten/Gebühren.** Erst beim Erlass des VB ist im Falle maschineller Erstellung des MB die Gerichtsgebühr vorauszuzahlen, §§ 12 I 1, III 1, 2 GKG. Sie bestimmt sich nach GKG KV 1100. Sie ist eine 0,5 Gebühr aus dem Hauptsachebetrag, mindestens jedoch 23 €. Geschuldet wird sie vom Ast. Sie fällt an, wenn der Antrag eingereicht wird (BGH NJW 11,1594). Rücknahme bewirkt keine Verminderung (keine Regelung wie in GKG KV 1211).

30 Im Auslandsmahnverfahren ist Vorschuss zu zahlen, §§ 10, 17 GKG, zB für die Prüfungsgebühr für das Zustellersuchen durch das Gericht, Zustellauslagen der ausländischen Behörden, Übersetzungskosten.

§ 689 Zuständigkeit; maschinelle Bearbeitung.

(1) [1]Das Mahnverfahren wird von den Amtsgerichten durchgeführt. [2]Eine maschinelle Bearbeitung ist zulässig. [3]Bei dieser Bearbeitung sollen Eingänge spätestens an dem Arbeitstag erledigt sein, der dem Tag des Eingangs folgt.

(2) [1]Ausschließlich zuständig ist das Amtsgericht, bei dem der Antragsteller seinen allgemeinen Gerichtsstand hat. [2]Hat der Antragsteller im Inland keinen allgemeinen Gerichtsstand, so ist das Amtsgericht Wedding in Berlin ausschließlich zuständig. [3]Sätze 1 und 2 gelten auch, soweit in anderen Vorschriften eine andere ausschließliche Zuständigkeit bestimmt ist.

(3) [1]Die Landesregierungen werden ermächtigt, durch Rechtsverordnung Mahnverfahren einem Amtsgericht für die Bezirke mehrerer Amtsgerichte zuzuweisen, wenn dies ihrer schnelleren und rationelleren Erledigung dient. [2]Die Zuweisung kann auf Mahnverfahren beschränkt werden, die maschinell bearbeitet werden. [3]Die Landesregierungen können die Ermächtigung durch Rechtsverordnung auf die Landesjustizverwaltungen übertragen. [4]Mehrere Länder können die Zuständigkeit eines Amtsgerichts über die Landesgrenzen hinaus vereinbaren.

1 **A. Grundlagen.** § 689 enthält allgemeine Bestimmungen zur sachlichen und örtlichen Zuständigkeit im Mahnverfahren. Abgestellt wird auf den Wohnsitz des Ast. Wenn Auslandsbezug über den Ag hergestellt ist geht § 703d vor.

2 **B. Abs 1.** Für Mahnverfahren sind die Amtsgerichte sachlich ausschließlich (vgl § 12) zuständig (§ 689 I 1). Die Wertgrenze des § 23 Nr 1 GVG gilt damit nicht. § 689 1 stellt eine der sonstigen Zuständigkeitsbestim-

mungen iSd § 27 GVG »durch die Prozessordnungen« dar. Gemäß § 46a II ArbGG ist für die Durchführung des Mahnverfahrens vor den Gerichten für Arbeitssachen das Arbeitsgericht zuständig, das für die im Urteilsverfahren erhobene Klage zuständig sein würde. Funktionell für das gesamte Mahnverfahren zuständig ist der Rechtspfleger (§ 20 Nr 1 RPflG). § 36b I 1 Nr 2 RPflG enthält die Ermächtigung, Rechtspflegeraufgaben im Mahnverfahren auf den Urkundsbeamten der Geschäftsstelle zu übertragen. Hiervon ist für das Mahnverfahren in der ordentlichen Gerichtsbarkeit nur in Sachsen-Anhalt Gebrauch gemacht worden (§ 1 I Nr 2 VO v 22.9.04). Niedersachsen hat die Übertragung im Mahnverfahren auf die Gerichte in Arbeitssachen iSd § 46a ArbGG beschränkt (§ 1 I Nr 2 VO v 4.7.05).

Maschinelle Bearbeitung (Abs 1 S 2) ist Standard. Bei maschineller Bearbeitung sollen Eingänge spätestens 3
an dem Arbeitstag erledigt sein, der dem Tag des Eingangs folgt (Abs 1 S 3). Im jüngeren Verfahren auf Erlass eines EuZB ist der Zeitrahmen nicht so eng gesetzt. Es ist »so bald wie möglich« zu prüfen, ob seine Voraussetzungen erfüllt sind (Art 8 EuMVVO) und ggf erlässt das Gericht »so bald wie möglich und idR binnen 30 Tagen nach Einreichung des Antrags einen EuZB« (Artikel 12 EuMVVO).

C. Ausschließliche Zuständigkeit. Sachliche (§ 689 I 1) und örtliche (§ 689 II) Zuständigkeit sind als aus- 4
schließlich festgelegt. Für Mahnverfahren ist dasjenige Amtsgericht örtlich ausschließlich zuständig, bei welchem der inländische Ast seinen allgemeinen (§§ 12 ff ZPO) Gerichtsstand hat (§ 689 II 1). Hat der Ast im Inland keinen allgemeinen Gerichtsstand, ist das Amtsgericht Wedding in Berlin ausschließlich zuständig (§ 689 II 2). Ist es der Ag, der seinen Sitz im Ausland hat, gilt § 703d (s. § 703d Rz 2).

Wenn die Gemeinschaft von Wohnungseigentümern Ast ist, ist das Gericht, in dessen Bezirk das Grund- 5
stück liegt, für Mahnverfahren ausschließlich zuständig (§ 43 Nr 6 S 1WEG); § 689 II ist nicht anzuwenden (§ 43 Nr 6 S 2 WEG). Sind Verwalter oder einzelne Wohnungseigentümer als Ast aufgeführt, greift § 43 Nr 6 WEG nicht ein. es bleibt bei der Zuständigkeit nach § 689 II (vgl Bärmann/Pick Rn 16 § 43).

Gehen mehrere Ast mit verschiedenen allgemeinen Gerichtsständen gleichzeitig im selben Mahnantrag vor, 6
können sie gem § 35 unter den Gerichten wählen, bei welchen wenigstens ein Ast einen allgemeinen Gerichtsstand hat (BGH NJW 78, 321; für das Klageverfahren zitiert von BGH NJW 91, 2910).

D. Antragsteller mit ausländischer Gesellschaftsform. Eine Antragstellerin, welche mit einer ausländi- 7
schen Gesellschaftsform firmiert, wie zB die »Limited« (Ltd) britischen Rechts, entbehrt nicht schon deshalb eines Gerichtsstands im Inland (§ 689 II 2), weil ihr Satzungssitz im Ausland liegt. Wenn die Limited, wie üblich, im Ausland lediglich gegründet ist, jedoch ihre Geschäfte in Deutschland führt, kann sie einen Sitz im Inland haben, indem die Voraussetzungen des Art 60 EuGVO erfüllt sind. Bei Gründungen von Deutschland aus befindet sich grds (aA BayObLG NJW-RR 06, 206: »kann nicht unterstellt werden«) schon die Hauptverwaltung in Deutschland, auch wenn das Unternehmen sich als Zweigniederlassung bezeichnet. Die Angabe der deutschen Adresse einer Limited schließt die Behauptung ein, die im Mahnverfahren genügen muss (vgl Frankf NJW-RR 08, 633), dass hier ihre Hauptverwaltung betrieben wird. Damit ist eine Zuständigkeit im Inland jedenfalls über (§ 689 II 2) Art 60 I lit b EuGVO (»b) ihre Hauptverwaltung oder c) ihre Hauptniederlassung«) begründet (Frankf NJW-RR 08, 633; Bambg 28.11.07 – SA 51/07; Naumbg JurBüro 08, 158; Schlesw 07, 960). Art 5 ff EuGVO bieten weitere mögliche Gerichtsstände. Geht ein Verbraucher gegen den anderen Vertragspartner vor (Art 16 EuGVO), kann der Verbraucher das Gericht seines Wohnsitzes oder des Gegners wählen (vgl BayObLG NJW-RR 06, 206).

Halten sich mehrere Mahngerichte für unzuständig, kann das zuständige Gericht gem § 36 bestimmt wer- 8
den. Vorgenannte Entscheidungen sind iRv § 36 ergangen.

Will der Ag geltend machen, dass der MB vom unzuständigen Gericht erlassen sei, steht ihm hierfür aus- 9
schließlich der Widerspruch zu (vgl §§ 11 III 2, 36b III 1 RPflG und § 694 Rz 1).

E. Zuweisung. Die Ermächtigung in § 689 III ist umfassend genutzt worden, zT auch über Landesgrenzen 10
hinaus (Abs 3 S 4).

Die Adressen der zentral zuständigen Amtsgerichte sind zu finden unter www.mahngerichte.de.

§ 690 Mahnantrag. **(1) Der Antrag muss auf den Erlass eines Mahnbescheids gerichtet sein und enthalten:**

1. die Bezeichnung der Parteien, ihrer gesetzlichen Vertreter und der Prozessbevollmächtigten;

2. die Bezeichnung des Gerichts, bei dem der Antrag gestellt wird;

3. die Bezeichnung des Anspruchs unter bestimmter Angabe der verlangten Leistung; Haupt- und Nebenforderungen sind gesondert und einzeln zu bezeichnen, Ansprüche aus Verträgen gemäß den §§ 491 bis 509 des Bürgerlichen Gesetzbuchs, auch unter Angabe des Datums des Vertragsabschlusses und des gemäß § 492 Abs. 2 des Bürgerlichen Gesetzbuchs anzugebenden effektiven Jahreszinses;

4. die Erklärung, dass der Anspruch nicht von einer Gegenleistung abhängt oder dass die Gegenleistung erbracht ist;

5. die Bezeichnung des Gerichts, das für ein streitiges Verfahren zuständig ist.

(2) Der Antrag bedarf der handschriftlichen Unterzeichnung.

(3) [1]Der Antrag kann in einer nur maschinell lesbaren Form übermittelt werden, wenn diese dem Gericht für seine maschinelle Bearbeitung geeignet erscheint. [2]Wird der Antrag von einem Rechtsanwalt oder einer registrierten Person nach § 10 Abs. 1 Satz 1 Nr. 1 des Rechtsdienstleistungsgesetzes gestellt, ist nur diese Form der Antragstellung zulässig. [3]Der handschriftlichen Unterzeichnung bedarf es nicht, wenn in anderer Weise gewährleistet ist, dass der Antrag nicht ohne den Willen des Antragstellers übermittelt wird.

Inhaltsübersicht

	Rz
A. Grundlagen	1
B. Inhalt des Antrags (Abs 1)	4
Nr. 1 Vertretungsbefugnis	7
Nr 2 Bezeichnung des Gerichts, bei dem der Antrag gestellt wird	17
Nr 3 Bezeichnung des Anspruchs – Individualisierung	18
Nr 4 Gegenleistung	21
Nr 5 Bezeichnung des Gerichts, das für ein streitiges Verfahren zuständig ist	22
Zusätzliche Angaben, von Nr 1–5 nicht gefordert	29
C. Unterzeichnung (Abs 2)	30
D. Übermittlung in nur maschinell lesbarer Form (Abs 3)	33
I. Maschinell lesbar	35
II. Dem Gericht geeignet erscheint	38
III. Rechtsanwalt oder registrierte Person nach § 10 I 1 Nr 1 RDG	40
IV. Unterzeichnung (Abs 3 S 3)	42
V. Gewährleistung	45

1 **A. Grundlagen.** Die Bedeutung des § 690 zeigt sich an § 691. Der Mahnantrag kann zurückgewiesen werden, wenn er dem § 690 nicht entspricht. § 690 bestimmt den notwendigen Inhalt eines Mahnantrags abschließend (BGH NJW 81, 143 Rn 16). Darlegungen darüber hinaus darf das Mahngericht nicht verlangen (BGH NJW 81, 143). Auch bei den Prozessvoraussetzungen hat der Rechtspfleger die Prüfung grds auf die im Mahnantrag gemachten Angaben zu beschränken (BGH NJW 81, 143). Begründung zur Zuständigkeit oder Belege hierfür darf das Mahngericht nicht fordern. Vgl aber § 32 II AVAG (s. § 688 Rz 24).

2 Die amtlichen Anträge kann der Ast direkt auf Papier ausfüllen oder über www.online-mahnantrag.de mit Ausdruck in das amtliche Formular oder mit Ausdruck von Barcodes auf weißes Papier. Jede Rechtsantragstelle sollte beim Online-Mahnantrag helfen können. Anwaltskanzleien und Inkassoinstituten schreibt es § 690 III 2 vor, nur maschinell lesbare Anträge einzureichen. Der Barcode-Mahnantrag wird als »nur maschinell lesbar« anerkannt.

3 Korrekte Angaben im Mahnantrag sind wichtig, denn sie werden in MB und auch in den VB übernommen. Wenn beim automatisierten Mahngericht Mängel im Antrag auffallen, erhält der Ast rechtliches Gehör. Über sog Monierungsschreiben gibt das Mahngericht Gelegenheit, zu korrigieren oder zu ergänzen. Außerdem nennt § 703c I 1 als Zweck der einzuführenden Formulare auch den Schutz des Ag (§ 703c Rz 2).

4 **B. Inhalt des Antrags (Abs 1).** Der Antrag muss auf Erlass eines MB gerichtet sein. Daran wird es wegen der eingeführten Formulare und des Zwangs, sie zu benutzen (§ 703c II, § 691 I 1), selten fehlen. Es besteht kein Anwaltszwang (§ 78 V). Anträge können vor dem Urkundsbeamten der Geschäftsstelle abgegeben werden (§ 702 I 1). Im Falle des Formularzwangs »werden diese ausgefüllt« (§ 702 I 2). Im Regelfall wird der

UdG nicht nur Formulare vorrätig haben. Er kann gemeinsam mit dem Ast einen Mahnantrag online ausfüllen (www.online-mahnantrag.de), mit Barcode ausdrucken und ihn auf den Postweg geben.

Die Klage soll erst nach Zahlung der Gebühr für das Verfahren im Allgemeinen (GKG KV 1210) zugestellt werden. Dasselbe gilt im Grundsatz auch für den MB (§ 12 III 1 GKG). Er soll erst erlassen werden, wenn die dafür vorgesehene Gebühr (GKG KV 1100: 0,5; mindestens 23 €) eingezahlt ist. Wird, wie fast überall, der MB maschinell erstellt, gilt § 12 I 1 GKG erst für den VB (§ 12 III 2 GKG). Beim Mahnantrag im maschinellen Verfahren ist deshalb die halbe Gerichtsgebühr nicht gleichzeitig mit dem Antrag einzuzahlen. 5

Der Antragsgegner ist zutr und so genau zu bezeichnen, dass der MB zugestellt werden kann und der VB, mit den übernommenen Angaben, zur Vollstreckung geeignet ist. Der vorsichtige Antragsteller kann sich in einschlägigen Registern (zB www.unternehmensregister.de, www.registerbekanntmachungen.de) oder durch eine Meldeamtsauskunft vergewissern. Spätere Berichtigungen (§ 319) sind möglich. Sie wirken zurück (BGH NJW 85, 742). 6

Nr. 1 Vertretungsbefugnis. Nach § 79 können sich im Parteiprozess die Parteien durch einen RA als Bevollmächtigten vertreten lassen (§ 79 II 1). »Darüber hinaus sind als Bevollmächtigte vertretungsbefugt« die in Abs 2 S 2 Nr 1–4 genannten Personen und Institutionen. Nr 4 enthält für das Mahnverfahren die Besonderheit, dass Personen, die Inkassodienstleistungen erbringen (registrierte Personen nach § 10 I 1 Nr 1 RDG), im Mahnverfahren bis zur Abgabe an das Streitgericht als Bevollmächtigte vertretungsbefugt sind. Ihre Vergütung ist »bis zu 25 €« erstattbar (§ 4 IV RDGEG). Das Gericht muss Bevollmächtigte, die nicht nach Maßgabe des Abs 2 vertretungsbefugt sind, durch unanfechtbaren Beschl zurückweisen. Der Rechtspfleger prüft die Vertretungsbefugnis vAw. Für Erlaubnisinhaber nach dem Rechtsberatungsgesetz bestimmt § 1 RDGEG, dass ihre Erlaubnisse sechs Monate nach Inkrafttreten des Gesetzes erlöschen, ihre Erlaubnis nach RBerG jedoch bis zur Entscheidung über ihren Antrag gültig bleibt, wenn sie den Antrag auf Registrierung nach § 13 RDG innerhalb von sechs Monaten seit Inkrafttreten (1.7.08) stellen. Auch wenn die Übergangsregelung nicht ausdrücklich auch die gerichtliche Vertretung behandelt, ist es Sinn und Zweck der Übergangsregelung, dass Alterlaubnisinhaber bis zur Registrierung nach RDG ihre Rechte weiterhin wahrnehmen und deshalb auch gerichtlich, im Mahnverfahren, auftreten dürfen. Vgl § 3 II 1 Nr 1 RDGEG (»Registrierte Erlaubnisinhaber stehen iSv § 79 II 1 ZPO ... einem RA gleich, soweit ihnen die gerichtliche Vertretung ... 1. nach dem Umfang ihrer bisherigen Erlaubnis ... gestattet war«). 7

Handwerkskammern, Innungen und Kreishandwerkerschaften sind als Körperschaften des öffentlichen Rechts (§§ 90 I, 53, 87, 89 HwO) grds nach § 79 II 2 Nr 1 idF seit 1.7.08 vertretungsbefugt (BGH NJW-RR 09, 990 Rn 13: »keine Neuregelung, lediglich Klarstellung«) und können sich durch Beschäftigte vertreten lassen. Die Inkassotätigkeit von Kreishandwerkerschaften für die Mitglieder der in ihnen zusammengeschlossenen Handwerksinnungen fällt in ihren Aufgabenbereich nach § 87 Nr 3 HwO (BGH NJW-RR 09, 990). Wenn das Mahngericht feststellt, dass zB eine Kreishandwerkerschaft für Mitglieder Vergütungsansprüche geltend macht, ist es dennoch nicht auszuschließen, dass der Bearbeiter nachfragt, weil er Voraussetzungen der Vertretungsberechtigung (zB Registrierung nach § 10 RDG) prüfen will. 8

Die (Außen-)GbR ist im Zivilprozess aktiv und passiv parteifähig (BGHZ 146, 341, 348). Die Angabe X-GbR, unter welcher eine GbR im Rechtsverkehr auftritt, und ihres gesetzlichen Vertreters reicht aus (BGH NJW-RR 05, 119, Rn 5), selbst wenn letzterer ungenau als Geschäftsführer bezeichnet wird; die Angabe ist dahin auszulegen, dass sie den geschäftsführenden Gesellschafter bezeichnet (BGH NJW-RR 05, 119). 9

Die Wohnungseigentümergemeinschaft ist teilrechtsfähig und parteifähig (BGH NJW-RR 08, 806). Die Wohnungseigentümergemeinschaft darf als Partei bezeichnet werden. Den Wohnungseigentümern steht es frei, als mehrere Ast aufzutreten oder in Anspruch zu nehmen (BGH 10.12.09 – VII ZB 88/09). Bei der Auswahl ist § 43 Nr 6 WEG zu bedenken. Wenn die Gemeinschaft der Wohnungseigentümer Ast ist, ist das Gericht, in dessen Bezirk das Grundstück liegt, für Mahnverfahren ausschließlich zuständig; insoweit ist § 689 II nicht anzuwenden. Wer berechtigt ist, aus dem Titel zu vollstrecken, hängt von der Bezeichnung der Partei(en) als einzelne Wohnungseigentümer oder als Wohnungseigentümergemeinschaft ab (vgl BGH 10.12.09 – VII ZB 88/09). Seit Anerkennung der Teilrechtsfähigkeit durch den BGH (BGH NJW 05, 2061) steht dem Bevollmächtigten, der durch die Wohnungseigentümergemeinschaft beauftragt wird, Beitragsforderungen gegen einzelne Wohnungseigentümer durchzusetzen, keine Mehrvertretungsgebühr mehr zu. Prozessführungsbefugnis des Verwalters kann nicht mehr aus dessen Rechts- und Pflichtenstellung nach dem WEG hergeleitet werden (BGH 28.1.11 – V ZR 145/10 Rn 9). Zur weiteren Bedeutung der Teilrechtsfähigkeit und zur Bezeichnung der Wohnungseigentümer(gemeinschaft) bei § 788, bei der Zwangsvollstreckung (§ 750) und bei Berichtigungsanträgen vgl BGH NJW-RR 07, 955. 10

11 Bei der Einzelfirma erwartet das automatisierte Verfahren den Zusatz »e.K.« oder »eingetragener Kaufmann«. Beim Fehlen ist mit Nachfragen zu rechnen. Rechtlich ist die Eintragung jedoch nicht erheblich. Kaufmann ist, wer ein Handelsgewerbe betreibt (§ 1 I HGB). Handelsgewerbe ist jeder Gewerbebetrieb, es sei denn, dass das Unternehmen nach Art oder Umfang einen in kaufmännischer Weise eingerichteten Geschäftsbetrieb nicht erfordert (§ 1 II HGB). Das Handelsgewerbe und damit die Kaufmannseigenschaft werden vermutet. Wer ein Handelsgewerbe betreibt, ist ohne weiteres Kaufmann. Die Eintragung ist nur deklaratorisch (Baumbach/Hopt/*Merkt* § 1 Rn 9).

12 Des Nachweises einer Vollmacht bedarf es bei einem Prozessbevollmächtigten nicht (§ 703 1). Wer als Bevollmächtigter einen Antrag einreicht, hat lediglich zu versichern, dass er ordnungsgemäß bevollmächtigt ist (§ 703 2).

13 Gemäß § 690 III ZPO dürfen Rechtsanwälte und nach § 10 I 1 Nr 1 RDG registrierte Personen (Inkassounternehmer) den amtlichen Vordruck nicht mehr verwenden.

14 Vergütung von Rechtsanwalt und Rechtsbeistand berechnet grds das Gericht. Abweichungen von der Auslagenpauschale können eingetragen werden. Die Vergütung von Personen, die Inkassodienstleistungen erbringen, für die Vertretung im gerichtlichen Mahnverfahren ist »bis zu einem Betrag von 25 €« nach § 91 erstattungsfähig (§ 4 IV 2 RDEG). Wenn Inkassoinstitute trotzdem 25 € zuzüglich Umsatzsteuer und Auslagenpauschale fordern (vgl AG Donaueschingen Rpfleger 09, 701), löst das beim automatisierten Mahngericht eine Monierung aus. 25 € sind als Obergrenze programmiert.

15 Nebenintervention ist im Mahnverfahren zulässig (BGHZ 165, 358), Streitverkündung im Mahnantrag nicht (aA *Seggewiße* NJW 06, 3037). Sie widerspräche Sinn und Zweck des automatisierten Mahnverfahrens, in voraussichtlich unstr bleibenden Sachen schneller als durch Klage zu einem Titel zu verhelfen. BGH NJW 08, 519, Rn 27 hat die Zustellung einer Streitverkündungsschrift nicht als zur Hemmung der Verjährung geeignet angesehen, weil sie den Grund der Streitverkündung nicht enthalten hat: Der BGH hat ausgeführt, dass das Rechtsverhältnis unter Angabe der tatsächlichen Grundlagen so genau zu bezeichnen ist, dass der Streitverkündungsempfänger prüfen kann, ob er beitritt. Diese Anforderungen an eine Streitverkündung sind im Mahnantrag nicht zu erfüllen. Sie scheitert daran, dass im automatisierten Mahnverfahren lediglich diejenigen Felder ausgewertet werden, die das Papierformular und die Bedingungen für elektronische Einreichung vorsehen.

16 Dem »Mahngericht« oder einem seiner Angehörigen den Streit zu verkünden, ist nicht zulässig. Das Gericht ist nicht Dritter iSv § 72 I (§ 72 II 1). Der zum Zwecke der Streitverkündung eingereichte Schriftsatz (§ 73 1) wird dem angeblichen Dritten nicht zugestellt; § 73 2 ist nicht anzuwenden (§ 72 II 2).

17 **Nr 2 Bezeichnung des Gerichts, bei dem der Antrag gestellt wird.** Das Gericht, bei welchem er den Antrag stellen will, muss der Ast im Antrag bezeichnen (§ 690 I Nr 2). Gemäß § 689 II 1 hat es dasjenige Amtsgericht zu sein, in dessen Bezirk der Ast seinen allgemeinen Gerichtsstand hat. Regelmäßig wird die Zuständigkeit gem § 689 III auf ein zentrales Mahngericht übertragen sein. Ast ohne allgemeinen Gerichtsstand im Inland können »Berlin« eintragen (§ 689 II 2: Amtsgericht Wedding in Berlin).

18 **Nr 3 Bezeichnung des Anspruchs – Individualisierung.** Die in § 690 I Nr 3 Hs 1 vorgeschriebene »Bezeichnung des Anspruchs unter bestimmter Angabe der verlangten Leistung« ist räumlich beschränkt auf die im Formular auf Papier und online vorgegebenen Feldlängen (Formularzwang, § 703c). Der so verfügbare Platz reicht aus, um den Anforderungen an Individualisierung zu genügen (vgl BGH NJW 08, 1220). Lediglich dem Ag muss erkennbar sein, weswegen und in welcher Höhe Ansprüche gegen ihn geltend gemacht werden. Dazu ist erforderlich, dass der Anspruch durch seine Kennzeichnung von anderen Ansprüchen so unterschieden und abgegrenzt wird, dass er Grundlage eines der materiellen Rechtskraft fähigen Vollstreckungstitels sein kann und dem Schuldner die Beurteilung ermöglicht, ob er sich gegen den Anspruch zur Wehr setzen will (BGH 13.5.11 – V ZR 49/10 Rn 9). So erfasst die Bezeichnung als Schadensersatz zB nicht auch einen Bereicherungsanspruch; sie sind wesensmäßig und verjährungsrechtlich verschieden (BGH WM 08, 2158). Voraussetzung für verjährungshemmende Wirkung ist es nicht, dass für einen außenstehenden Dritten aus dem MB selbst erkennbar ist, welche konkreten Forderungen gegen den Ag gerichtet werden (BGH 13.5.11 – V ZR 49/10 Rn 13). Zur Individualisierung ausreichende Erkenntnisse dürfen auf Informationen beruhen, die dem Ag ohne Hinweis im MB zur Verfügung stehen (BGH 14.7.10 – VIII ZR 229/09 – Rn 11). Es genügt auch, wenn die übrigen Angaben im Mahnbescheid eine Kennzeichnung des Anspruchs ermöglichen (BGH 17.11.10 – VIII ZR 211/09 Rn 11). Wird im Mahnbescheid zur Bezeichnung des geltend gemachten Anspruchs auf Rechnungen oder andere Unterlagen Bezug

genommen, die dem Ag bereits bekannt sind, braucht das entsprechende Schriftstück dem MB nicht in Abschrift beigefügt zu sein (BGH 14.7.10 – VIII ZR 229/09 – Rn 11). Sofern die Hauptforderung im MB durch Bezugnahme auf Rechnungen (unter Angabe von Rechnungsnummern, Rechnungsdaten und Rechnungsbeträge) bestimmt wird, hemmt der MB nach BGH GrundE 08, 119 nur dann die Verjährung, wenn die Rechnungen dem Antragsgegner zuvor zugegangen sind. Bei Mehrheit von Forderungen ist jede einzeln zu bezeichnen (BGH GrundE 08, 119). Das Erfordernis, einen Gesamtbetrag bereits im MB hinreichend aufzuschlüsseln, besteht nur dann, wenn eine Mehrzahl von selbständigen Einzelforderungen geltend gemacht wird, nicht aber, wenn sich eine einheitliche Schadensersatzforderung lediglich aus mehreren unselbständigen Rechnungsposten zusammensetzt (BGH 13.5.11 – V ZR 49/10 Rn 13). Macht der Ast einen Teilbetrag aus mehreren (selbständigen) Einzelforderungen geltend, muss der eingeforderte Betrag auf die Einzelforderungen genau aufgeschlüsselt sein (BGH NJW 09, 56). Holt der Ast die dem Mahnantrag fehlende Individualisierung erst in rechtsverjährter Zeit nach, wirkt dies nicht zurück (BGH NJW 09, 56: »kommt es für die Hemmung der Verjährung im Falle des § 204 I Nr 3 BGB auf den Zeitpunkt der Zustellung des MB an«). BGH NJW 09, 56 hält sich nicht an die Rspr des gleichen Senats gebunden, zuletzt WM 00, 2375, 2377 zur Unterbrechungswirkung, wonach die Aufschlüsselung im weiteren Verlauf des Verfahrens jederzeit zulässig sei. Die Auffassung in BGH NJW 08, 3498, es sei erforderlich, wenn die Verjährung gehemmt werden solle, Schriftstücke dem MB in Abschrift beizufügen, die dem Ag nicht bekannt sind, aber zur Bezeichnung des Anspruchs angegeben – und mit dem Antrag eingereicht – werden, ist weder mit dem Formularzwang (§ 703c), noch mit der Ersetzung von Akten durch einen Aktenausdruck (§ 696 II 1) vereinbar (§ 693 Rz 8). Selbst § 703a II Nr 2 erhebt für das Urkundenmahnverfahren nicht den Anspruch, dass die Urkunden bereits dem Mahnantrag beigefügt sind (§ 703a Rz 1). Vielmehr untersagen es die Ausfüllhinweise zu jedem Formularantrag, Beweismittel (zB Belege) beizufügen, mit der Warnung, sie müssten ungeprüft zurückgesandt werden (s. § 703a Rz 1). Sie sollen im Mahnantrag lediglich bezeichnet und erst der Anspruchsbegründung nach Abgabe beigefügt werden. Anlagen können im automatisierten Mahnverfahren aus technischen Gründen nicht dem MB zugeordnet und mit verschickt werden (AG Hagen 4.5.09 – 08–5555627–05–N; vgl BGH 17.11.10 – VIII ZR 211/09 – Rn 2). Die MB werden elektronisch aus Datensätzen erstellt sowie automatisch in einer Druckerstraße gedruckt, gefaltet, kuvertiert und frankiert. Dem Wunsch, einen MB samt Anlagen zuzustellen, könnte nur nachgekommen werden, wenn jeder einzelne Antrag dieser Art manuell bearbeitet würde. Dies wird vorwiegend diejenigen Anträge betreffen, welche gem § 690 III 1 und 2 ausschließlich in »nur maschinell lesbarer Form« eingereicht werden dürfen. Der Zweck des § 690 III 2 würde verfehlt. Meint der Ast, er könne nur mit Anlagen individualisieren, empfiehlt sich das Mahnverfahren nicht (AG Hagen 4.5.09 – 08–5555627–05–N; *Salten* MDR 09, 549, 552). Andernfalls mag er in Betracht ziehen, diejenigen individualisierenden Schriftstücke dem Ag schon selbst nachweisbar und zeitlich vor dem MB zuzuleiten, von welchen er erwartet, dass der Ag sonst die Kenntnis bestreitet.

Auch die Anschrift des Wohn- oder Geschäftsraums muss eingetragen werden, wenn Miete für Geschäftsraum, Mietnebenkosten, Wohngeld oder Hausgeld für eine Wohnungseigentümergemeinschaft geltend gemacht wird. Die Angabe der Wohnungsanschrift ist nicht erforderlich, wenn Schadensersatz aus Mietvertrag verlangt wird. Auch zur Individualisierung muss sie nicht angegeben werden. Zur Individualisierung eines Schadensersatzanspruchs des Wohnraumvermieters wegen Beschädigung sowie unzureichender Reinigung der Mietsache nach Beendigung der Mietzeit kann die irrtümliche Bezeichnung im MB-Antrag »Mietnebenkosten – auch Renovierungskosten« genügen, wenn der Antragsteller zugleich auf ein vorprozessuales Anspruchsschreiben Bezug nimmt, welches dem Antragsgegner vermittelt, dass und wofür der Antragsteller Schadensersatz verlangt (BGH NJW 08, 1220; Rz 18). 19

Das amtliche Formular (Fassungen 1.1.09 und 1.6.10) stellt drei Zeilen für die Bezeichnung von drei Forderungen zur Verfügung. Weitere Forderungen können auf einem gleich gestalteten Ergänzungsblatt/Fortsetzungsbeleg eingetragen werden. Bei Kreditverträgen gem §§ 491 ff BGB ist der effektive Jahreszins unter Angabe des Vertragsdatums einzutragen (§ 690 I Nr 3). S. § 688 Rz 10. Zur Änderung ab 11.6.10 von § 690 I Nr 3 durch das EGRLUmsuaNOG s. § 688 Rz 11. 20

Nr 4 Gegenleistung. Das Mahnverfahren ist nicht zulässig, wenn die Geltendmachung des Anspruchs von einer noch nicht erbrachten Gegenleistung abhängig ist (§ 688 II 2). § 690 I Nr 5 verlangt deshalb die Erklärung des Ast, dass derartige Abhängigkeit nicht oder nicht mehr besteht (»Gegenleistung erbracht ist«). Das Mahngericht prüft die Zulässigkeit allein über diese einfache Erklärung im Formular. Erläuterung oder Begründung wird nicht gefordert. Beachtet der Ast § 688 II Nr 2 nicht, erlässt das Mahngericht trotz inso- 21 weit unzulässigen Antrags einen MB und wird er zugestellt, so kann dies die Verjährung hemmen (Kobl OLGR Kobl 05, 349).

22 **Nr 5 Bezeichnung des Gerichts, das für ein streitiges Verfahren zuständig ist.** Für das Mahnverfahren ist gem § 689 II 1 ausschließlich das Amtsgericht zuständig, bei welchem der Ast seinen allgemeinen Gerichtsstand (§ 12 ff) hat. Nach Widerspruch ist an das örtlich und sachlich endgültig zuständige Gericht abzugeben (§ 696 I 1). Dieses Gericht muss der Ast ermitteln und die Bezeichnung eintragen. Zu den Folgen der Bezeichnung(en) s. § 696 Rz 11. Das Mahngericht darf nur die Tatsache der Eintragung im Antrag prüfen. Ihm ist kein Prüfungsrecht eingeräumt, ob die Auswahl rechtlich begründet ist.

23 In Wohnungseigentumssachen und wenn die Gemeinschaft der Wohnungseigentümer Ast ist, ist das Gericht, in dessen Bezirk das Grundstück liegt, für Mahnverfahren ausschließlich zuständig und somit zu bezeichnen (§ 43 Nr 6 WEG). Sind Verwalter oder einzelne Wohnungseigentümer als Ast aufgeführt, greift § 43 Nr 6 WEG nicht ein. Es bleibt bei der Zuständigkeit nach § 689 II 1 (vgl Bärmann/Pick § 43 Rn 16). Der allgemeine Gerichtsstand des Ag ist anzugeben.

24 In Familienstreitsachen (§ 112 FamFG) sind die Vorschriften über das Mahnverfahren entsprechend anzuwenden (§ 113 II FamFG). Gemäß § 690 I Nr 5 ist das Amtsgericht – Familienstreitsachen – (§§ 23a, 23b GVG) einzutragen. Es ist unabhängig vom Wert des Streitgegenstands (§ 23 Nr 1 GVG) zuständig (AmtlBegr BTDrs 16/6308, 223). Für Familienstreitsachen sind neue Katalognummern eingerichtet (85 und 86). Das automatisierte Verfahren prüft über sie, ob im selben Mahnantrag weitere Ansprüche geltend gemacht werden, für die nicht das Familiengericht zuständig ist. Der Antragsteller wird aufgefordert, für jede Zuständigkeit gesonderte Mahnanträge einzureichen.

25 Beitragsansprüche von Unternehmen der privaten Pflegeversicherung nach dem 11. Buch SGG können im Mahnverfahren vor dem Amtsgericht geltend gemacht werden (§ 182a SGG). Für das streitige Verfahren ist das zuständige Sozialgericht (§ 182a I 3, II SGG) anzugeben.

26 In Handelssachen (§ 95 GVG) kann neben dem LG sogleich auch die Kammer für Handelssachen als zuständig bezeichnet werden (§ 96 I GVG). Entsprechender Antrag kann innerhalb der Frist zur Anspruchsbegründung (§ 697 I 1) nachgeholt werden (Nürnbg Rpfleger 95, 369; »auch später« LG Berlin 4.11.03 – 10 O 156/03).

27 Werden gleichzeitig mehrere Ag in Anspruch genommen, können für sie unterschiedliche Gerichtsstände in Betracht kommen. Das Formular erlaubt es, zwei Ag und ein einziges Gericht zu vermerken. Wird nur ein Gericht bezeichnet, wird diese Angabe für alle Ag verwendet. Sollen mehr als zwei Ag und/oder unterschiedliche Gerichte eingetragen werden, so ist dem Formular ein Ergänzungsblatt mit den entsprechenden Angaben beizufügen.

28 Zum Verfahren bei mehreren Ag mit unterschiedlichen Streitgerichten s. § 696 Rz 12. Unter mehreren Gerichtsständen hat der Ast die Wahl (§ 35). Mit der Bezeichnung des streitigen Gerichts gem § 690 I Nr 5 übt der Ast sein Wahlrecht aus (BGHReport 03, 42; München OLGR München 08, 112 Rn 7). Die getroffene Wahl ist verbindlich und unwiderruflich (BGHReport 03, 42). Entsteht das Wahlrecht erst später, zB durch Wohnsitzwechsel (vgl aber § 261 III Nr 2), oder wird dies dem Ast erst später bekannt, kann ihm unter weiteren Voraussetzungen noch ein Wahlrecht nach Kenntniserlangung zugebilligt werden (München OLGR München 08, 112 Rn 8). Das angegebene Gericht darf nach Abgabe allenfalls dann »weiter« verweisen, wenn bei ihm ein Gerichtsstand nicht eröffnet ist (BGHReport 03, 42). § 690 I Nr 5 muss ein Gericht kennen (BGHReport 03, 42). Hat der Kl die Verweisung beantragt und hat die Beklagte zugestimmt, ist die anschließende Verweisung dennoch keine bindende auf übereinstimmendes Verlangen (§ 696 I 1); sie ist »willkürlich«, nicht zulässig, nicht bindend, wenn das »unzweifelhaft« zuständige Gericht von sich aus die Verweisung angeboten hat (BGHReport 03, 42; vgl auch BGHReport 03, 44).

29 **Zusätzliche Angaben, von Nr 1–5 nicht gefordert.** Das amtliche Formular auf Papier und der daran orientierte Online-Mahnantrag gestatten Eintragungen, die vom Gesetz nicht gefordert werden.
Bei den Eintragungen zu Zinsen, Auslagen und Nebenforderungen rechnet das EDV-System nach, ob die Angaben schlüssig und nicht deutlich überhöht erscheinen.

30 **C. Unterzeichnung (Abs 2).** Den Mahnantrag muss der Ast handschriftlich unterzeichnen. Der Wortlaut des Gesetzes ist eindeutig. Bestätigt wird dies durch die Ausnahmeregelung in § 690 III 3. Der handschriftlichen Unterzeichnung bedarf es (nur) dann nicht, wenn der Antrag in einer nur maschinell lesbaren Form eingereicht wird und in anderer Weise gewährleistet ist, dass der Antrag nicht ohne den Willen des Ast übermittelt wird. Ein Antrag ohne handschriftliche Unterzeichnung entspricht nicht dem § 690 und wird

deshalb zurückgewiesen (§ 691 I 1; vgl Dresd OLGR Dresd 03, 174; BGHZ 86, 324 Rn 34). Wird der MB trotz Fehlens der Unterschrift erlassen, ist er wirksam (BGHZ 86, 324) und mit seiner Zustellung geeignet, die Verjährung zu hemmen (BGHZ 86, 324). Da es für die Hemmung auf die Zustellung ankommt (§ 204 I Nr 3 BGB), ist es für die Hemmung unerheblich, ob der Antrag in der richtigen Form gestellt gewesen ist (BGHZ 86, 324).

Telefax-Mahnanträge sind auch dann nicht wirksam, wenn sie eine kopierte Unterschrift enthalten und unzweifelhaft dem Willen des Ast entsprechen. Die Unwirksamkeit hat technischen Hintergrund. Die Qualität eines Telefax entspricht nicht dem, was das automatisierte Verfahren zur fehlersicheren Verarbeitung voraussetzt. Für den Zeitpunkt, zu welchem die Verjährungshemmung durch Einreichen eines Mahnantrags bewirkt wird, ist dessen Zustellung bestimmend (§ 204 I Nr 3 BGB). Soll durch die Zustellung die Verjährung nach § 204 BGB gehemmt werden, tritt diese Wirkung bereits mit Eingang des Antrags ein, wenn die Zustellung demnächst erfolgt (§ 167). Der Bewertung als »demnächst« schadet es grds, wenn der Ast die Zustellung schuldhaft verzögert hat, zB indem er »nicht alles für eine ordnungsgemäße Zustellung Gebotene erfüllt hat« (vgl BGHZ 168, 306). Wer lediglich ein Telefax sendet und sich damit über den Formularzwang hinwegsetzt, unternimmt nicht alles (von § 703c) Gebotene. Naumbg v 7.12.06 – 2 W 69/06 – hat zu einem ungültig gewordenen Vordruck entschieden und sich auf BGH NJW 99, 3717 bezogen. Danach gehört zu den Mängeln, welche die Unzulässigkeit des Mahnantrags begründen und die im Prüfungsverfahren nach Gewähren rechtlichen Gehörs behoben werden können, gem § 691 I 1 Nr 1 ein Verstoß gegen die in § 703c II geregelte Verpflichtung, die vorgeschriebenen Vordrucke iSd § 703c I zu verwenden. Wird dem Ast durch den Rechtspfleger die Möglichkeit eröffnet, den Mangel zu beheben, treten die Rechtsfolgen des § 691 II (§ 167) unabhängig vom Gewicht des behobenen Mangels ein; die Zustellung ist als demnächst anzusehen, wenn die Verzögerung der Zustellung, die der Ast zu vertreten hat, einen Monat, wie bei § 691 II, nicht überschreitet (BGH NJW 11, 850 Rn 19; Naumbg 7.12.06 – 2 W 69/06), gerechnet ab Zugang der Mitteilung über Unzustellbarkeit (BGH NJW 02, 2794). Das Telefax wird gezielt verwendet, der überholte Vordruck eher versehentlich. Höchstrichterliche Entscheidung, ob Gewicht und Gegenstand des Verstoßes ausschlaggebend sind, steht aus. 31

Geklärt werden die für die Verjährung maßgeblichen Umstände erst im streitigen Verfahren. Das Mahngericht kann nicht entscheiden, ob rechtzeitig gehemmt ist. Wird das Verfahren abgegeben, tritt an die Stelle von Akten der maschinell erstellte Aktenausdruck nach § 696 II 1, eine öffentliche Urkunde (§ 696 II 2). Darin wird automatisch jeweils ausschließlich der Eingang zu dem jeweiligen Geschäftszeichen angegeben. Folgt dem Telefax ein Originalantrag, findet sich das Eingangsdatum zu dessen Geschäftszeichen. 32

D. Übermittlung in nur maschinell lesbarer Form (Abs 3). Während §§ 703c II, 691 I die maschinelle Bearbeitung mit Papierformularen behandeln, regelt § 690 III 1 den Umgang mit Anträgen, deren Inhalt sich erst bei elektronischer Datenverarbeitung erschließt. 33

§ 690 III 2 lässt seit 1.12.08 Mahnanträge von Rechtsanwälten und Inkassoinstituten nur noch in elektronischer Form zu. 34

I. Maschinell lesbar. §§ 130a, 299 III, 299a, 371, 371a ZPO, 42 IV BeurkG sowie die Verordnungen über den elektronischen Rechtsverkehr und elektronische Verfahren, zB die Bayerische ERVV v 15.12.06, GVBl 06, 1084, verwenden den Begriff »elektronisches Dokument«. Dagegen bezeichnet § 690 III das elektronische Antragsdokument im Mahnverfahren als eines, das »in einer nur maschinell lesbaren Form übermittelt« wird. § 690 III geht als Spezialregelung dem § 130a vor (B/L/A/H § 130a Rn 1; Musielak/*Borth* § 690 Rn 12). Als Rechtsgrundlage für elektronische Einreichungen bei den Registergerichten sind in den Bundesländern Verordnungen über den elektronischen Rechtsverkehr erlassen worden. Sie bestimmen jeweils die Gerichte, Verfahrensarten und zulässigen Dateiformate. Rechtsgrundlage für die Regelung des Zugangs zum elektronischen Rechtsverkehr mit automatisierten Mahngerichten ist § 690 III (vgl *Sujecki* MMR 06, 369). § 690 III weist es dem Gericht zu, die Konditionen zu bestimmen. 35

Nicht »nur maschinell lesbar« ist der Antrag auf dem eingeführten Formular (§ 703c). Das gilt selbst dann, wenn die Daten so exakt eingetragen sind, dass sie mit Scanner und optischer Texterkennung (OCR) in Textzeichen umgewandelt werden könnten. Die elektronische Verarbeitung zugelassener Papierformulare entspricht dem Zweck des § 690 III 1 nicht, jedenfalls so lange nicht, als nicht das jeweilige Mahngericht technisch darauf vorbereitet ist und den Papierantrag, dem ein Barcode fehlt, ausdrücklich als maschinell lesbar freigibt. In diesem Sinn klarer wäre es gewesen, wenn § 690 III die Wörter »elektronische Form« verwendet hätte. So erschließt sich der Sinn lediglich aus dem Wort »nur«. Wird der Antrag in einer »nur 36 maschinell lesbaren Form übermittelt«, kann er vor weiterer Verarbeitung nur (iSv »ausschließlich«) von der Maschine gelesen werden. Typisch für »nur maschinell« lesbar idS sind Anträge, die über Datenfernübertragung oder auf Datenträger (Diskette, Bandkassette) übermittelt werden.

37 Auch der im Internet (www.online-mahnantrag.de) ausgefüllte und mit Barcode ausgedruckte Mahnantrag ist im Umfang des oder der Barcodes »nur maschinell« lesbar. Das Einreichen eines Antrags mit Barcode auf Papier ist somit die am wenigsten aufwändige Erfüllung der Verpflichtung aus § 690 III 2.

38 **II. Dem Gericht geeignet erscheint.** § 703c ermächtigt die Verwaltung, durch Erlass von Rechtsverordnungen die verwendbaren Formulare einzuführen. § 690 III 1 überlässt die Bestimmung, was für die maschinelle Bearbeitung geeignet erscheint, »dem Gericht«. Jedes einzelne Mahngericht hat seine Bedingungen festzustellen. Für den elektronischen Datenaustausch (EDA) kommen zB in Betracht Magnetbandkassetten, Disketten und das Elektronische Gerichts- und Verwaltungs-Postfach (EGVP). Der zu den elektronisch lesbaren Anträgen rechnende Barcode-Mahnantrag (Rz 37) kann von jedem automatisierten Mahngericht verarbeitet werden.

39 Die einzuhaltenden EDA-Konditionen sind zu finden unter www.mahngerichte.de/publikationen/edakonditionen.htm. Auskunft über ihre Verfahren zur Erteilung von Kennziffern erteilen die zuständigen Mahngerichte (vgl www.mahngerichte.de – »Mahngerichte«). Es kann sein, dass ein Mahngericht die Kennziffer nur dann vergibt, wenn der Ast zum Einzug der Gebühren ermächtigt (zB AG Uelzen). Weist das AG den Antrag auf Erteilung einer Kennziffer zurück, weil der Ast die von diesem (Mahn-)Gericht geforderte Ermächtigung zur Einziehung der Gerichtskosten nicht erteilt, wird ein als zulässig erachteter Antrag gem §§ 23 ff EGGVG (§ 691 III behandelt nur die Zurückweisung des Mahnantrags) nicht begründet sein. Der Beschleunigungszweck des automatisierten Verfahrens rechtfertigt die Bedingung (Celle 20.1.09 – 16 VA 1/09).

40 **III. Rechtsanwalt oder registrierte Person nach § 10 I 1 Nr 1 RDG.** Das 2. Justizmodernisierungsgesetz v 22.12.06 hat – mit Wirkung v 1.12.08 – in Art 10 Nr 8 zunächst eine Verpflichtung allein der Rechtsanwälte zur Antragstellung in elektronisch lesbarer Form vorgesehen. Durch das Gesetz zur Neuregelung des Rechtsberatungsrechts (BGBl I 07, 2840) ist in Art 8a die ZPO zum 1.12.08 noch einmal geändert worden. Die Verpflichtung ist auf registrierte Personen nach § 10 I 1 Nr 1 RDG erweitert worden. Das sind diejenigen Personen oder Unternehmen, die Rechtsdienstleistungen im Bereich Inkassodienstleistungen (§ 2 II 1) erbringen.

41 Nicht sicher vorhersehbar erscheint der Umgang mit Mahnanträgen, welche mit PKH-Gesuchen verbunden sind. Die Erklärungen der Partei und die Belege, die gem § 117 II beizufügen sind, könnten als unzulässige Anlagen iSd Bedingungen der Mahngerichte angesehen werden.

42 **IV. Unterzeichnung (Abs 3 S 3).** § 690 II verlangt handschriftliche Unterzeichnung des Mahnantrags. Für den in maschinell lesbarer Form übermittelten Antrag (Abs 3 S 1) bestimmt S 3, dass es in diesem Fall der handschriftlichen Unterzeichnung nicht bedarf, »wenn in anderer Weise gewährleistet ist, dass der Antrag nicht ohne den Willen des Ast übermittelt wird«.

43 Handschriftliche Unterzeichnung ist auch bei maschinell lesbaren Anträgen technisch möglich, etwa wenn ein Barcode-Antrag auf Papier, ein Datenträger mit beigefügtem Protokoll oder ein Dokument über das Elektronische Gerichts- und Verwaltungs-Postfach (EGVP) eingereicht wird. Obwohl gem § 690 III 3 bei allen Einreichungsformen, die von den Gerichten als maschinell lesbar anerkannt werden, es der handschriftlichen Unterzeichnung »nicht bedarf, (wenn in anderer Weise gewährleistet ist, dass der Antrag nicht ohne den Willen des Antragstellers übermittelt wird)«, findet sich auf den Internetseiten der Mahngerichte und auf dem Deckblatt zum Barcode, dass es unterschrieben sein »muss«.

44 Anträge können technisch auch ohne besondere (zB Anwalts-) Software über das EGVP eingereicht werden. Die Mahngerichte verlangen bei Mahnanträgen über EGVP die qualifizierte elektronische Signatur. Das Gesetz zwingt dazu nicht. § 690 III 3 macht die handschriftliche Unterzeichnung entbehrlich. § 126a I BGB verlangt qualifizierte elektronischen Signatur nur für den Fall, dass die gesetzlich vorgeschriebene schriftliche Form durch die elektronische ersetzt wird.

45 **V. Gewährleistung.** Gelegentlich reichen Ast mehrere Anträge gleichzeitig ein und vergessen dabei einzelne Unterschriften. Dies ist eine typische Situation, bei welcher »in anderer Weise gewährleistet ist«, durch den gemeinsamen Eingang mit unterschriebenen Anträgen desselben Ast oder Bevollmächtigten, dass der Antrag nicht ohne den Willen des Ast übermittelt wird. Auch telefonische Rückfragen mit Bestätigungen

durch Ast/Vertreter kommen in Betracht, sofern und soweit dies von der Menge her mit dem grds automatisierten Mahnverfahren noch verträglich ist. Siehe auch § 694 Rz 13 (Unterschrift unter den Widerspruch).

§ 691 Zurückweisung des Mahnantrags.

(1) [1]Der Antrag wird zurückgewiesen:
1. wenn er den Vorschriften der §§ 688, 689, 690, 703c Abs. 2 nicht entspricht;
2. wenn der Mahnbescheid nur wegen eines Teiles des Anspruchs nicht erlassen werden kann.
[2]Vor der Zurückweisung ist der Antragsteller zu hören.

(2) Sollte durch die Zustellung des Mahnbescheids eine Frist gewahrt werden oder die Verjährung neu beginnen oder nach § 204 des Bürgerlichen Gesetzbuchs gehemmt werden, so tritt die Wirkung mit der Einreichung oder Anbringung des Antrags auf Erlass des Mahnbescheids ein, wenn innerhalb eines Monats seit der Zustellung der Zurückweisung des Antrags Klage eingereicht und diese demnächst zugestellt wird.

(3) [1]Gegen die Zurückweisung findet die sofortige Beschwerde statt, wenn der Antrag in einer nur maschinell lesbaren Form übermittelt und mit der Begründung zurückgewiesen worden ist, dass diese Form dem Gericht für seine maschinelle Bearbeitung nicht geeignet erscheine. [2]Im Übrigen sind Entscheidungen nach Absatz 1 unanfechtbar.

A. Grundlagen. Die Voraussetzungen für den Erlass des MB prüft nicht der Richter. Grds ist der **Rechtspfleger** bis zur Abgabe zuständig, auch soweit das Mahnverfahren maschinell bearbeitet wird (§ 20 Nr1 RPflG). Ausschließlich Sachsen-Anhalt hat von der Ermächtigung in § 36b I 1 Nr 2 RPflG Gebrauch gemacht, das Mahnverfahren auf den Urkundsbeamten der Geschäftsstelle zu übertragen. 1

Gemäß § 691 I Nr 1 ist der Antrag zurückzuweisen, wenn er den Anforderungen der §§ 689–690 und des § 703c (Formularzwang) nicht genügt. Die Aufzählung der Zurückweisungsgründe bedeutet zugleich, dass aus anderen als den in § 691 I genannten Gründen nicht zurückgewiesen werden darf. Ein Mahnantrag darf somit nicht mit der Begründung zurückgewiesen werden, dass ein geltend gemachter Anspruch nicht schlüssig dargelegt sei oder ein Beleg dafür fehle. 2

Schlüssigkeitsprüfung ist im automatisierten Mahnverfahren alltägliche und umfangreiche Praxis. Die in der EDV erfassten Eintragungen des Ast durchlaufen programmierte Prüfroutinen, obwohl die Schlüssigkeitsprüfung seit der Vereinfachungsnovelle v 3.12.76 (BGBl I 76, 3281, vgl auch BTDrs 7/2729) abgeschafft sein soll. Der Gesetzgeber hat mit ihr eingeführt, dass im Mahnantrag nicht mehr der Grund des Anspruchs, sondern nur der Anspruch selbst zu bezeichnen ist. Er braucht nur individualisierbar zu sein, so weit, dass der Anspruch von anderen abgrenzbar ist. Die Schlüssigkeit der Forderung »wird nicht geprüft« (vgl Begründung S. 15 des Gesetzentwurfs der Bundesregierung v 25.10.89, BTDrs 11/5462, zur Änderung ua des § 688 II). Nur ausnahmsweise findet nach dem Gesetz eine Schlüssigkeitsprüfung statt, nämlich in der sehr begrenzten Form, dass der Ast geforderte Angaben liefert, zB nach § 688 II 1 (s. § 688 Rz 12), und sich hieraus die Schlüssigkeit ergibt (errechnen lässt). Den Wahrheitsgehalt der Angaben muss das Mahngericht nicht prüfen. Es darf allenfalls prüfen, wenn bei einem Mahnantrag der Eindruck entsteht, er sei auf eine »offensichtlich unbegründete Forderung« (vgl § 688 Rz 29) gerichtet. Dann mag ein Rechtspfleger im Rahmen seiner sachlichen Unabhängigkeit (§ 9 RPflG) oder der Anhörungspflicht vor Zurückweisung (§ 691 I 2) sich veranlasst sehen, die Angaben zu hinterfragen. Allerdings muss eine offensichtlich unbegründete Forderung begriffsgerecht schon auf den ersten Blick als unbegründet erkennbar sein. Im Österreichischen Mahnverfahren fordert § 244 öZPO seit dem Jahr 2002 eine Prüfung auf Schlüssigkeit (*Sujecki*, 3.1, ERA Forum (07) 8:91–105 (95)). Sie wird elektronisch vorgenommen. Ihr Nutzen wird bezweifelt, weil die Schlüssigkeitsprüfung aufgrund hoher Antragszahlen sowie der elektronischen Bearbeitung keinen übermäßigen Schutz bieten könne (mit eingehender Darstellung *Sujecki* ERA Forum, 96). 3

Als Beispiele, bei welchen ein Anspruch offensichtlich nicht bestehe, und deshalb der Antrag zurückgewiesen werden müsse, werden unvollkommene Verbindlichkeiten, wie aus Spiel oder Wette (§ 762 BGB) sowie aus Ehe- (§ 656 BGB) und Partnervermittlungsverträgen (vgl BGH NJW 08, 982, Rn 21 mwN) genannt. Anspruchsbezeichnungen dieser Art sind selten. Im Falle der Bezeichnung als Dienstvertrag kann das Mahngericht sie nicht als prüfungsbedürftig erkennen. 4

Wenn auch Anträge wegen Hauptforderungen aus nichtigen Rechtsgeschäften als offensichtlich unbegründet ausgefiltert werden sollen, müssen sie erst an den Einträgen im Formular als solche erkannt werden. Dass eine Gegenleistung wucherisch ist (§ 138 BGB), wird sich im Mahnverfahren noch nicht zeigen. 5

Soweit der Gesetzgeber die Notwendigkeit erkannt und umgesetzt hat, unerwünschten Entwicklungen gegen zu wirken, hat er das ausdrücklich und als Ausnahme statuiert (§ 688 I 1).

6 Trotz hM, dass eine Schlüssigkeitsprüfung bei der Hauptforderung grds unterbleibt, findet sie bei den daneben geltend gemachten Forderungen in Form zahlreicher programmierter Untersuchungen statt. Die sog Plausibilitätsprüfungen bei einzelnen Feldern des Formulars decken nicht selten Eintragungsfehler auf. Häufig erscheint die Forderung nur deshalb als überhöht, weil sie nicht in das thematisch zugehörige Feld eingetragen worden ist, in welchem sie unbeanstandet bliebe. Der Nutzen des Erkennens von Eintragungen am falschen Platz ist gering. Es bleibt in jedem Fall dem Ag unbenommen, auch eine Forderung zu akzeptieren, die in das falsche Feld eingetragen ist, oder Widerspruch einzulegen. Dem entsprechend wird in jedem MB der Ast darauf aufmerksam gemacht, dass das Gericht nicht geprüft hat, ob dem Ast der geltend gemachte Anspruch zusteht (§ 692 I Nr 2).

7 Die beschriebene Prüfung muss den Ast nicht verunsichern, der in die passenden Felder einträgt und bei der Höhe der Nebenkosten im maßvollen Rahmen bleibt. Die Grenzwerte sind für die Mahngerichte so eingestellt, dass Werte nicht beanstandet werden, welche die Streitgerichte üblicher Weise akzeptieren.

8 **B. Zurückweisungsgründe (Abs 1 S 1). I. Abs 1 Nr 1.** Der Antrag wird zurückgewiesen, wenn er den Vorschriften der § 688 – Zulässigkeit, § 689 – Zuständigkeit, § 690 – Antragsinhalt sowie § 703c II – Formularzwang nicht entspricht.

9 **II. Teil eines Anspruchs (Abs 1 Nr 2).** Der Antrag soll zurückgewiesen werden, wenn der MB nur wegen eines Teiles des Anspruchs nicht erlassen werden kann. Nach allgM ist mit einem »Teil des Anspruchs« nicht gemeint, dass nicht jeder von mehreren im selben Antrag eingetragenen Hauptsacheansprüchen bedenkenfrei ist (vgl Musielak/*Borth* § 691 Rn 4). Nr 2 greift jedoch ein, wenn bei einer Nebenforderung Bedenken auftreten, dass sie überhöht sei, der Ast aber zur Korrektur/Ermäßigung nicht bereit ist. Nach allgM ist dann der MB über die unbedenklichen Haupt- und Nebenforderungen zu erlassen und der Antrag wegen der nicht zum teilweisen Erlass geeigneten Nebenforderung zurückzuweisen. Dies wirft Probleme auf, die sich mit dem Sinn des automatisierten Verfahrens nicht vertragen. Im Fall der tw Zurückweisung bei gleichzeitig teilweisem Erlass kann der Ast Erinnerung gegen die Zurückweisung einlegen, der Ag Widerspruch gegen den gesamten MB oder wieder nur gegen einen Teil. Der Rechtspfleger kann die Entscheidung des Richters über die Erinnerung abwarten, bevor er einen Teilmahnbescheid erlässt. Wird die tw Zurückweisung aufgehoben, kann er einen normalen vollständigen MB erlassen. Weitere Schwierigkeiten sind zu erwarten bei der Gestaltung der Kostenmitteilung nach § 692 I Nr 3, indem der Grundsatz der Einheitlichkeit der Kostenentscheidung zu beachten ist. Der Meinung, die Erinnerung erledige sich mit dem Widerspruch, ist nicht zu folgen (Musielak/*Borth* § 691 Rn 5). Der Widerspruch kann sich allenfalls gegen den erlassenen Teil des MB richten und nur dieser Teil wird in ein Streitverfahren übergehen. Es ist dann dem Ast die Entscheidung zu überlassen, ob er auch für den zurückgewiesenen Teil einen MB durchsetzen will oder die Klage um diesen Teil erweitert. Jedenfalls ließen sich derartige Komplikationen vermeiden, wenn der nicht vollständig erlassbare MB insgesamt zurückgewiesen wird. Der Gesetzeswortlaut spricht eher für als gegen diese Interpretation. § 691 I Nr 2 formuliert »nur wegen eines Teiles des Anspruchs«. Nach § 692 I Nr 2 enthält der MB den Hinweis, dass das Gericht nicht geprüft hat, ob dem Ast »**der** geltend gemachte Anspruch zusteht«. Der in beiden Bestimmungen gebrauchte Singular rechtfertigt es anzunehmen, dass der Gesetzgeber bei beiden aufeinander folgenden Regeln in gleicher Weise sich auf das gesamte, umfassende Begehren des Ast bezogen hat.

10 Zur Behandlung in das Formular eingetragener Verfahrenskosten, insb von Anwaltskosten, welche das Gericht für überhöht hält (tw Zurückweisung oder nur abweichende »Festsetzung«), s. § 692 Rz 12.

11 **C. Rechtliches Gehör (Abs 1 S 2).** Abs I S 2 ordnet ausdrücklich an, dass der Ast zu hören ist, bevor sein Antrag zurückgewiesen wird. Regelmäßig werden bei Mängeln Schreiben an den Ast hinausgegeben, welche die beanstandeten Punkte benennen, Vorschläge zur Ergänzung oder Korrektur enthalten, entsprechende Antragsrücknahme(-ermäßigung) anheimstellen und für den Fall des Beharrens des Ast die Zurückweisung androhen. Ast, welchen es eilt, werden korrigieren. Erscheint es ihnen tunlich, ihre Meinung noch in diesem Mahnverfahren durchzusetzen, werden sie ausdrücklich um Zurückweisungsbeschluss zu bitten, damit sie ihren Erfolg mit der Erinnerung suchen oder den Nutzen aus der Regelung in Abs 2 ziehen können.

12 **D. Verjährung (Abs 2).** Antragstellern, die den Zweck verfolgen, die Verjährung durch Zustellung des MB zu hemmen (§ 204 I Nr 3 BGB), hilft § 691 II. Abs 2 erfasst ebenso den Fall, dass durch die Zustellung eine

sonstige Frist gewahrt werden soll. Die Wirkung tritt mit der Einreichung oder Anbringung des Antrags auf Erlass des MB ein, wenn innerhalb eines Monats seit Zustellung der Zurückweisung des Antrags Klage eingereicht und diese demnächst (§ 167) zugestellt wird. Unwirksame Zustellung des MB hindert Verjährungshemmung nicht, wenn der Ast für die wirksame Zustellung alles aus seiner Sicht erforderliche getan hat, der Ag in unverjährter Zeit von dem Erlass des MB und seinem Inhalt Kenntnis erlangt und die Wirksamkeit der Zustellung ebenfalls in unverjährter Zeit in einem Rechtsstreit geprüft wird (BGH 26.2.10 – 5 ZR 98/09). BGH NJW 09, 56 hat zu § 204 I Nr 3 BGB iVm § 167 entschieden, dass es nicht zurückwirkt, wenn der Ast die dem Mahnantrag fehlende Individualisierung erst in rechtsverjährter Zeit nachholt; es komme für die Hemmung der Verjährung im Falle des § 204 I Nr 3 BGB auf den Zeitpunkt der Zustellung des MB an.

Der Ast kann sich die verjährungshemmende Wirkung gem § 691 II durch rechtzeitige Erhebung der Klage auch dann erhalten, wenn er den Mahnantrag mittels Telefax gestellt hat und dies nicht wirksam ist, indem er den Vordruckzwang (§ 703c) missachtet hat (BGH NJW-RR 01, 1320, Rn 44). 13

Die Frist von einem Monat in § 691 II ist auf die Fälle beschränkt, in welchen sich die Zustellung des MB durch nachlässiges Verhalten des Ast verzögert (BGH NJW 08, 1672). Wegen § 691 II sieht der BGH eine Verzögerung bis zur Zustellung des MB (§ 693 I) erst dann als nicht nur geringfügig an, wenn das nachlässige Verhalten zu einer Verzögerung von mehr als einem Monat führt (BGH NJW-RR 06, 1436 Rn 17; BGH NJW 11, 850 Rn 19). Anderes gilt für dem Ast zurechenbare Verzögerungen nach Zustellung des MB und Aufforderung zur Zahlung der weiteren Gerichtskosten (BGH NJW 08, 1672). Dann kommt es allein darauf an, ob die Streitsache alsbald nach dem Widerspruch abgegeben worden ist (s. § 696 Rz 20). Da dann nur von der Partei zu vertretende geringfügige Verzögerungen bis zu 14 Tagen als regelmäßig unschädlich angesehen werden (BGH NJW 08, 1672), muss der Ast nach Zustellung usw diese deutlich kürzere Frist bedenken. 14

§ 691 II entsprechend anzuwenden auf die Rücknahme des Mahnantrags, weil der Ast andernfalls seinen Antrag nur deshalb nicht zurücknehme, um die Vorteile des § 691 II nicht zu verlieren (Musielak/*Borth* § 691 Rn 6), ist schon wegen § 204 II BGB mit der Sechsmonatsfrist für das Ende der Hemmung nicht veranlasst. 15

E. Rechtsbehelfe (Abs 3). I. Antragsgegner. Dem Ag steht gegen den MB ausschließlich der Widerspruch zu (§ 694 I). 16

II. Antragsteller. Für den Ast bedeutet § 691 III 2 iVm S 1, dass ein Rechtsmittel gegen die Zurückweisung des Mahnantrags grds nicht stattfindet. § 691 III 1 ist besser so zu lesen, dass gegen die Zurückweisung ausschließlich dann die sofortige Beschwerde gegeben ist, wenn der Antrag in einer nur maschinell lesbaren Form übermittelt und mit der Begründung zurückgewiesen worden ist, dass diese Form dem Gericht für seine maschinelle Bearbeitung nicht geeignet erscheine. Das ist die tatsächliche Ausnahme. 17

»Nur maschinell lesbar« schließt den Papierantrag mit Formular aus, denn er ist auch ohne Maschine lesbar (s. § 690 Rz 36). Der zurückgewiesene Antrag muss somit über Datenfernübertragung, auf zugelassenem Datenträger oder als Barcode auf Papier gedruckt eingereicht sein. Weitere Voraussetzung für die Statthaftigkeit der sofortigen Beschwerde ist die besondere Begründung der Zurückweisung, die übermittelte maschinelle Form erscheine dem Gericht für die maschinelle Bearbeitung nicht geeignet. Abgestellt wird nicht auf die Machbarkeit, sondern darauf, ob dem Mahngericht »diese« elektronische Form nicht lesbar »**erscheint**«. Das wiederholt den in § 690 III ausgedrückten Gedanken. Es muss Sache jedes einzelnen automatisierten Mahngerichts bleiben, aufgrund seiner Ausstattung sowie Sachkunde zu beurteilen, welche Varianten elektronischer Anträge es entgegennimmt, indem es sich nur für die Verarbeitung dieser Formen technisch ausgestattet sieht. Das führt konsequent zur Frage, wie das Beschwerdegericht zur besseren Erkenntnis als das Mahngericht finden könne, um anweisen zu können, dass ein nur elektronisch lesbarer Antrag, welcher schon dem Mahngericht nicht zur Verarbeitung geeignet erscheint, dennoch verarbeitet werden könne und müsse. 18

Der Ast ist nicht darauf beschränkt, nach Zurückweisung Klage zu erheben oder einen neuen Mahnantrag einzureichen. Gemäß § 11 II RPflG steht dem Ast im Fall der Unanfechtbarkeit der Entscheidung des Rechtspflegers die befristete Erinnerung nach § 11 II RPflG zu. Der Rechtspfleger hat zu prüfen, ob er abhilft, insb auf neue Einwendungen hin. Lehnt er dies ab, legt er dem Richter des Amtsgerichts vor, zu welchem das Mahngericht gehört. Der Richter entscheidet abschließend. Im Falle des einen Mahngerichts, bei welchem die Aufgaben des Rechtspflegers dem Urkundsbeamten übertragen sind, ist die Erinnerung 19 nach § 573 an das Gericht gegeben, bei welchem der Urkundsbeamte beschäftigt ist. Auch der Urkundsbeamte kann abhelfen, §§ 573, 572.

§ 692 Mahnbescheid. (1) Der Mahnbescheid enthält:
1. **die in § 690 Abs. 1 Nr. 1 bis 5 bezeichneten Erfordernisse des Antrags;**
2. **den Hinweis, dass das Gericht nicht geprüft hat, ob dem Antragsteller der geltend gemachte Anspruch zusteht;**
3. **die Aufforderung, innerhalb von zwei Wochen seit der Zustellung des Mahnbescheids, soweit der geltend gemachte Anspruch als begründet angesehen wird, die behauptete Schuld nebst den geforderten Zinsen und der dem Betrag nach bezeichneten Kosten zu begleichen oder dem Gericht mitzuteilen, ob und in welchem Umfang dem geltend gemachten Anspruch widersprochen wird;**
4. **den Hinweis, dass ein dem Mahnbescheid entsprechender Vollstreckungsbescheid ergehen kann, aus dem der Antragsteller die Zwangsvollstreckung betreiben kann, falls der Antragsgegner nicht bis zum Fristablauf Widerspruch erhoben hat;**
5. **für den Fall, dass Formulare eingeführt sind, den Hinweis, dass der Widerspruch mit einem Formular der beigefügten Art erhoben werden soll, der auch bei jedem Amtsgericht erhältlich ist und ausgefüllt werden kann;6.für den Fall des Widerspruchs die Ankündigung, an welches Gericht die Sache abgegeben wird, mit dem Hinweis, dass diesem Gericht die Prüfung seiner Zuständigkeit vorbehalten bleibt.**

(2) An Stelle einer handschriftlichen Unterzeichnung genügt ein entsprechender Stempelabdruck oder eine elektronische Signatur.

1 **A. Grundlagen.** Der MB ist lediglich eine Zahlungsaufforderung (692 I Nr 3). Sie kann als letzte Mahnung vor dem Erlass eines Vollsteckungsbescheids verstanden werden. Das Europäische Mahnverfahren kennt nur eine einzige Stufe. Aus dem EuZB findet die Zwangsvollstreckung im Inland statt, ohne dass es einer Vollstreckungsklausel bedarf (§ 1093).

2 **B. Bezeichnete Erfordernisse des Antrags (Nr 1).** Der MB gibt wieder, was auch der ordnungsgemäß gestellte Antrag (§ 690 I Nr 1–5) enthält. Das Original des Mahnantrags wird dem Ag nicht mitgeteilt (anders beim EuZB).

3 **C. Keine Prüfung (Nr 2).** § 692 Nr 2 verpflichtet das Mahngericht zu dem Hinweis an den Ag, dass das Gericht nicht geprüft hat, ob dem Ast der geltend gemachte Anspruch zusteht. Obwohl das Mahngericht dennoch an einigen Stellen geprüft hat, ist dieser Hinweis wichtig. Er ergeht zusammen mit der Aufforderung gem Nr 3 zu zahlen, wenn der Ag den Anspruch als begründet ansieht. Der wirtschaftlich meist erheblichere Anspruch in der Hauptsache wird nur ganz ausnahmsweise (vgl zB § 688 II Nr 1) auf Schlüssigkeit geprüft. Der Ag soll sich dessen bewusst sein, dass nicht das Gericht aufgrund sorgfältiger Prüfung etwas bestimmt und dass er sich äußern muss, wenn er die angebliche Forderung nicht akzeptieren will.

4 **D. Aufforderung (Nr 3). I. Allgemeines.** Die Bezeichnung »Mahnbescheid« wird seinem Inhalt besser gerecht, als die frühere »Zahlungsbefehl«. Mit den Formulierungen gem Nr 2 und 3 wird dem Gegner verdeutlicht, dass das Mahngericht sich zur behaupteten »Schuld« keine Meinung gebildet hat und dass die bloße Aufforderung zu zahlen, sich nur an denjenigen Gegner richtet, der nach eigener Überlegung den Anspruch als begründet ansieht. Die Aufforderung bezieht sich auch darauf, die dem Betrag nach bezeichneten Kosten zu begleichen.

5 **II. Frist.** Der Schuldner wird gem Nr 3 aufgefordert, im Begründetheitsfall innerhalb von zwei Wochen die angegebenen Beträge zu begleichen. Hieraus und aus Nr 4 ergibt sich, dass die 2-Wochen-Frist auch diejenige Frist ist, innerhalb welcher andernfalls der Widerspruch einzulegen ist. Bei Auslandszustellung beträgt die Frist einen Monat (§ 32 II AVAG und § 688 Rz 20, 25), beim Arbeitsgericht eine Woche (§ 46a III ArbGG). § 182a SGG verweist auf die ZPO.

6 Die Aufforderung in Nr 3 genügt den Anforderungen an das Setzen einer angemessenen Nachfrist (BGH NJW-RR 86, 1346 zu § 16 Nr 5 III VOB B).

7 **III. Kosten/Gebühren.** Die Kosten des Verfahrens werden vom System berechnet und dem Betrag nach bezeichnet (Abs 1 Nr 3). Sie bestehen insb aus Gerichtskosten (GKG KV 1100: 0,5 Gebühr, mindestens 23 €). Wenn aus den zugehörigen Eintragungen im Antrag ersichtlich ist, dass der Ast durch einen

Rechtsanwalt vertreten ist, werden dessen Kosten (Verfahrensgebühr nach VV 3305 usw) errechnet und bezeichnet.

Die Kosten des Verfahrens, die gem § 692 I Nr 3 zu berechnen und im MB mitzuteilen sind, schließen nicht die außergerichtlich, vor dem Mahnverfahren, entstandene Geschäftsgebühr gem VV 2300 ff ein (BGH JurBüro 06, 586; vgl Rostock JurBüro 08, 371 zur Ratsgebühr). Die Anwaltsvergütung für vorgerichtliche Tätigkeit kann jedoch als »andere Nebenforderung« in den Mahnantrag aufgenommen werden. Wenn der Ast eine Geschäftsgebühr geltend macht, verlangen amtliches Antragsformular und Online-Mahnantrag von ihm die weitere Angabe, welcher Betrag auf die Verfahrensgebühr VV 3305 anzurechnen ist. Die Meinung des BGH (vgl BGH 10.3.09 – VIII ZB 111/07; BGH NJW 08, 1323), dass durch die anteilige Anrechnung einer vorgerichtlich entstandenen Geschäftsgebühr auf die Verfahrensgebühr des gerichtlichen Verfahrens die in dem anschließenden gerichtlichen Verfahren anfallende Verfahrensgebühr vermindert wird und dass dies auch im Kostenfestsetzungsverfahren zu beachten ist, hat Kritik erfahren. Ihr soll mit § 15a RVG entsprochen werden. Die Vorschrift ist durch das am 4.8.09 verkündete Gesetz zur Modernisierung von Verfahren im anwaltlichen und notariellen Berufsrecht, zur Errichtung einer Schlichtungsstelle der Rechtsanwaltschaft sowie zur Änderung sonstiger Vorschriften (BGBl I 09, 2449) eingefügt worden. Sie ist am 5.8.09 in Kraft getreten (Art 10 S 2). Die Bundesregierung hat im Gesetzesentwurf v 22.4.09 ausgeführt (BTDrs 16/12717, 68), dass der RA beide Gebühren in voller Höhe geltend machen können soll; der Auftraggeber (§ 15a I RVG) soll die Anrechnung entgegenhalten können, wenn der RA mehr als den Betrag verlangt, der sich aus der Summe der beiden Gebühren nach Abzug des anzurechnenden Betrags ergibt. In der Begründung zu § 15a II RVG ist formuliert (S. 68): »In der Kostenfestsetzung muss also etwa eine Verfahrensgebühr auch dann in voller Höhe festgesetzt werden, wenn eine Geschäftsgebühr entstanden ist, die auf sie angerechnet wird ... Danach kann sich auch ein Dritter auf die Anrechnung berufen, wenn beide Gebühren im gleichen Verfahren – etwa in der Kostenfestsetzung – gegen ihn geltend gemacht werden ...«. So auch LS von BGH 9.12.09 – XII ZB 175/07: »wonach sich die Gebührenanrechnung im Verhältnis zu Dritten und damit insb im Kostenfestsetzungsverfahren grds nicht auswirkt«. Die »Koordinierungsstelle für das Automatisierte Mahnverfahren« beim Justizministerium Baden-Württemberg vertritt die Ansicht, dass sich durch § 15a RVG für die bei Antragstellung im Mahnverfahren geforderten Angaben zur Anrechnung und zu ihrer Behandlung nichts geändert habe. Für die Kostenfestsetzung im Mahnverfahren bleibe es, anders als im Erkenntnisverfahren, bei der Formulierung in Abs 4 der Vorbemerkung 3 VV, nämlich Anrechnung der Geschäftsgebühr auf die Verfahrensgebühr. Die Koordinierungsstelle meint, das Mahngericht dürfe nicht ohne Anrechnung festsetzen, wenn beide Gebühren im Antrag geltend gemacht werden, weil es sonst im Wissen, dass der Anspruch in der geltend gemachten Höhe nicht bestehe, seine Prüfungspflicht im Mahnverfahren missachte und damit einen unrichtigen Titel schaffe, der ausschließlich im Rechtsweg korrigiert werden könne; an der für das Automatisierte Mahnverfahren getroffenen Regelung werde jedenfalls bis zu einer anderen obergerichtlichen Auslegung festgehalten. Diesen Stand des Mahnverfahrens muss somit jeder Ast hinnehmen, der die Zeit für Meinungsaustausch und Rechtsbehelf nicht aufwenden will. Für Fälle aus der Zeit vor Inkrafttreten des § 15a RVG war umstr, ob die Vorschrift als Gesetzesänderung iSv § 60 RVG zu behandeln ist oder als Klarstellung. Inzwischen vertreten alle mit der Frage befassten Senate des BGH die Auffassung, tw ihre vorangegangene Rechtsprechung aufgebend, dass durch § 15a RVG lediglich eine Klarstellung der bisherigen Rechtslage erfolgt ist. Damit ist auch bei Altfällen im Kostenfestsetzungsverfahren nicht (mehr) anzurechnen (BGH 24.11.10 – IV ZB 22/10) 8

Gemäß Alt 3 des § 15 II RVG kann sich der Dritte auf die Anrechnung berufen, wenn beide Gebühren «in demselben Verfahren« gegen ihn geltend gemacht werden. München MDR 09, 1417 hält »dasselbe« Verfahren nicht für gegeben, wenn die vorprozessuale Geschäftsgebühr im Hauptsacheverfahren eingeklagt und die Verfahrensgebühr im Kostenfestsetzungsverfahren geltend gemacht wird. Die Lage stellt sich ähnl dar, wenn die Geschäftsgebühr als »andere Nebenforderung« in den Mahnantrag eingetragen ist. 9

Eine etwa schon vor dem Erlass des MB im Verfahren angefallene Terminsgebühr (VV 3104) zählt, wenn geltend gemacht, zu den Verfahrenskosten (BGH NJW-RR 07, 720; LG Bonn AGS 07, 447; Gerold/Madert/*Müller-Rabe* Rn 115, 116 zu VV 3305–3308), die gem § 692 I Nr 3 mitzuteilen sind. Umstritten ist, ob der Rechtspfleger verlangen darf, das Entstehen der Terminsgebühr darzulegen. 10

Zu den Kosten im Mahnbescheid gehört die Vergütung von 25 € der Inkassodienstleister gem § 4 IV 2 RDGEG für ihre Tätigkeit im gerichtlichen Mahnverfahren (vgl § 79 II Nr 4). Der Entwurf für das RDG (BTDrs 16/3655) hat noch vorgesehen, dass die Vergütung für die Vertretung im gerichtlichen Mahnverfahren nicht nach § 91 erstattungsfähig sei (BTDrs 16/6634, 23). Der Rechtsausschuss hat den Deckelungsbe- 11 trag von 25 € vorgeschlagen, mit der Begründung, die zentralen Mahngerichte der Länder hätten durchgreifende Bedenken gegen die praktische Handhabbarkeit des Ausschlusses des prozessualen Kostenerstattungsanspruchs und die Verweisung auf den materiellen Kostenerstattungsanspruch erhoben. Die Inkasssodienstleister werden, wenn sie es bisher getan haben, die bei ihnen entstandenen vorgerichtlichen Kosten als Nebenforderungen zusätzlich zur Vergütung für die Vertretung im gerichtlichen Verfahren geltend machen. § 4 RDGEG schließt das im Wortlaut nicht aus. Die vorgerichtlichen Kosten werden, wenn und soweit sie vom jeweiligen Rechtspfleger übernommen werden, nicht als Kosten des Verfahrens, sondern als Nebenforderungen anzugeben sein. Bei Einträgen, welche 25 € übersteigen, zB wenn Umsatzsteuer hinzugerechnet ist (vgl AG Donaueschingen Rpfleger 09, 70 – nebst Ust), ist im automatisierten Verfahren Monierung zu erwarten (s. § 690 Rz 14).

12 Der Charakter der bloßen Aufforderung an den Antragsgegner bedeutet, dass die Mitteilung der Kosten keine Kostengrundentscheidung und keinen Kostenfestsetzungsbeschluss enthält. Der Ag wird durch die Aufforderung kein Entscheidungsschuldner iSv § 29 Nr 1 GKG (Hartmann § 29 GKG Rn 3; vgl auch B/L/A/H § 692 Rn 5). Während dem Ag ebenso gegen nur einen Teil des MB ausschließlich der Widerspruch gegeben ist (§ 692 I Nr 4–6 und § 694, s. § 691 Rz 16), stellt sich die Frage, wie der Ast vorgehen kann, wenn er geltend machen will, dass die Kostenmitteilung nicht alle Kosten umfasst, die der Ast angegeben oder »als festgesetzt« erwartet hat. Wenn die Mitteilung nicht einmal sinngemäß ein Kostenfestsetzungsbeschluss ist, scheiden die Rechtsbehelfe gegen einen Kostenfestsetzungsbeschluss aus. Musielak/*Borth* § 692 Rn 3 geht von einer Kostengrundentscheidung aus und meint, eine unrichtige Kostenfestsetzung zum Nachteil des Ast könne mit sofortiger Kostenbeschwerde bzw Kostenerinnerung geltend gemacht werden. Dem entspricht die Praxis. Weit häufiger in diesem Zusammenhang sind jedoch Versehen bei der Antragstellung oder bei der Kostenmitteilung. Sie können über § 319 behoben werden. In diesem Fall richten sich Rechtsbehelfe nach § 319 III.

13 **IV. Hinweis auf VB (Nr 4).** Der Ag soll gewarnt werden, dass er nach Fristablauf mit Zwangsvollstreckung zu rechnen hat.

14 **V. Formular für Widerspruch (Nr 5).** Der »Fall, dass Formulare eingeführt sind« (§ 703c), ist bei allen Mahngerichten eingetreten. Die »Verordnung zur Einführung von Vordrucken für das Mahnverfahren bei Gerichten, die das Verfahren maschinell bearbeiten« (MaschMahnVordrV), BGBl I 78, 705, hat in § 1 I für das Mahnverfahren bei Gerichten, die das Verfahren maschinell bearbeiten, unter 3. auch für den Widerspruch einen Vordruck eingeführt. § 703c II bestimmt, dass die Parteien sich der für ihre Anträge und Erklärungen eingeführten Vordrucke bedienen müssen. Das bedeutet Formularzwang auch für den Widerspruch. Dennoch ist es allgM (vgl zB MüKoZPO/*Schüler* § 692 Rn 10; Musielak/*Borth* § 692 Rn 3; B/L/A/H § 694 Rn 4), aus dem Wort(laut) »soll« in § 692 I Nr 5 ergebe sich, dass die Verwendung des Widerspruchsformulars nicht zwingend sei. Die Praxis verfährt danach. Nur vorsorglich ist zu bemerken, dass die dem Ag gewidmeten Anforderungen an den Widerspruch in §§ 694, 703c in Verbindung mit der Verordnung § 703c niedergelegt sind, und nicht etwa in § 692 I Nr 5. § 692 gibt lediglich dem Gericht vor, welche Hinweise es in den MB aufzunehmen hat. Auch sie orientieren sich nicht am Wortlaut des § 692 I 5. Der Hinweis lautet in allen Mahnbescheiden: »oder auf dem beigefügten Vordruck mitzuteilen, ob und in welchem Umfang Sie dem Anspruch widersprechen«.

15 Die Verpflichtung des Rechtsanwalts und des Inkassodienstleisters zur elektronischen Einreichung betrifft ausschließlich den Mahnantrag (§ 690 III), nicht den Widerspruch.

16 **VI. Ankündigung zum streitigen Gericht (Nr 6).** Bundeseinheitlich drucken die Mahngerichte auf Ihre Mahnbescheide: »Der Ast hat angegeben, ein streitiges Verfahren sei durchzuführen vor dem ... gericht … An dieses Gericht, dem eine Prüfung seiner Zuständigkeit vorbehalten bleibt, wird die Sache im Falle Ihres Widerspruchs abgegeben.«

17 **VII. Unterzeichnung (Abs 2).** Schon nach § 692 II bedarf keine Form des MB handschriftlicher Unterzeichnung, auch nicht der nach manuellem Eingriff erzeugte. An ihrer Stelle »genügt ein entsprechender Stempelabdruck oder eine elektronische Signatur« (§ 692 II). Unter »entsprechendem« Stempelabdruck soll ein Faksimilestempel zu verstehen sein (vgl Musielak/*Borth* § 692 Rn 3). Faksimile-Unterschriften werden im automatisierten Verfahren nicht eingesetzt. Die Zulässigkeit elektronischer Signatur hat keine praktische Bedeutung. Sämtliche Mahngerichte sind automatisiert. Der maschinelle MB »wird mit dem Gerichtssiegel versehen; einer Unterschrift bedarf es nicht« (§ 703b I). Die Ausfertigung des MB enthält den Namen und

die Dienstbezeichnung des Rechtspflegers sowie das Siegel des jeweiligen Gerichts eingedruckt. Wenn es dennoch Mahnbescheide gibt, die handschriftlich unterzeichnet sind, wird es sich in aller Regel um Verfahren handeln, die von der maschinellen Bearbeitung ausgenommen worden sind, sog Nicht-EDV-Fälle. In solchen Fällen kommen Unterschriften vor. Begründung ist, dass der einzelne Fall nicht maschinell bearbeitet worden sei. Im Übrigen wird die Unterschrift lediglich als zweckmäßig angesehen, um die Prüfung abzuschließen, ob der maschinelle Ausdruck dem manuell verfügten vollständig entspricht.

Als »elektronische Signatur« ist auf dem MB nicht die qualifizierte (vgl § 130a I 2, die ergangenen Verordnungen über den elektronischen Rechtsverkehr (ERV) und § 2 SigG) erforderlich – einfache genügt. § 692 II ist Sonderregel für den MB ggü § 130b. Gemäß § 130b soll die qualifizierte elektronische Signatur nach dem Signaturgesetz (§ 2 Nr 3 SigG) eine von der ZPO vorgeschriebene handschriftliche Unterzeichnung ersetzen können. §§ 692 II, 703b bezeichnen aber die handschriftliche Unterzeichnung des MB als entbehrlich. BRDrs 609/04 zum Entwurf des JKomG bemerkt (S. 82 zu Nr 37 (§ 692): »Die Ergänzung stellt klar, dass der MB in elektronischer Form ergehen kann, wenn das Dokument mit einer einfachen elektronischen Signatur versehen wird. Wegen der Entbehrlichkeit der handschriftlichen Unterzeichnung gilt § 130b für den MB nicht. Diese geringere Formstrenge wird für den elektronischen MB durch die Zulassung der einfachen Signatur nachvollzogen«. 18

§ 693 Zustellung des Mahnbescheids. **(1) Der Mahnbescheid wird dem Antragsgegner zugestellt.**

(2) Die Geschäftsstelle setzt den Antragsteller von der Zustellung des Mahnbescheids in Kenntnis.

A. Grundlagen. Der MB ist noch kein Vollstreckungstitel. Dieser, der VB, (§ 794 I Nr 4) folgt aber ohne weitere Vorwarnung. Deshalb ist die Zustellung an den Ag für dessen Schutz von grundlegender Bedeutung. 1

Der MB wird, da sämtliche Mahngerichte automatisiert arbeiten, grds in maschinell erstellter Ausfertigung zugestellt (§ 703b I und § 692 Rz 17). Demgemäß ist auf dem MB aufgedruckt: »Maschinell erstellte Ausfertigung, ohne Unterschrift gültig (§ 703b I)«. 2

B. Zustellung. I. Allgemeines. § 693 I schreibt Zustellung vor. Deshalb ist der MB gem § 166 II vAw zuzustellen. Der Ast darf unmittelbar dem Ag zugestellen lassen, selbst wenn der Ag einen Rechtsanwalt benannt hat; § 172 I greift nicht, denn ein gerichtliches Verfahren ist noch nicht anhängig (BGH 8.2.11 – VI ZR 330/09 – Rn 14). 3

Das Gesetz zur Modernisierung des Schuldrechts v 26.11.01 (BGBl I 01, 3138) hat § 693 II geändert. Inhaltlich ist Abs 2 durch § 167 ersetzt. Die Wirkung der Zustellung – insb Hemmung der Verjährung nach § 204 BGB – wird, wenn die Zustellung demnächst erfolgt, auf den Eingang des Mahnantrags vorverlegt. »Demnächst« ist wie »alsbald« (§ 696 III) nicht rein zeitlich zu verstehen (BGH NJW 08, 1672). Die Rückwirkungsregel soll die Partei vor einer verzögerlichen Sachbehandlung schützen, die sie nicht zu vertreten hat (BGH NJW 08, 1672). Unwirksame Zustellung des MB hindert Verjährungshemmung nicht, wenn der Ast für die wirksame Zustellung alles aus seiner Sicht erforderliche getan hat, der Ag in unverjährter Zeit von dem Erlass des MB und seinem Inhalt Kenntnis erlangt und die Wirksamkeit der Zustellung ebenfalls in unverjährter Zeit in einem Rechtsstreit geprüft wird (BGH 26.2.10 – 5 ZR 98/09). Zuzurechnen sind dem Kl alle Verzögerungen, die er oder sein Prozessbevollmächtigter bei gewissenhafter Prozessführung hätte vermeiden können (BGH NJW 08, 1672). Auch von der Partei zu vertretende geringfügige Verzögerungen sind bis zu 14 Tagen regelmäßig unschädlich (BGH NJW 08, 1672). »Im Hinblick auf § 691 II« sieht der BGH eine Verzögerung **bis** zur Zustellung des MB (also anders als bei § 696 III) nicht schon dann als nicht nur geringfügig an, wenn sie mehr als zwei Wochen beträgt, sondern erst dann, wenn das nachlässige Verhalten zu einer Verzögerung von mehr als einem **Monat** führt (BGH NJW-RR 06, 1436; BGH 12.1.11 – VIII ZR 148/10). 4

II. Zustellungsfehler. Ein größeres Mahngericht veranlasst in einem Jahr mehr als zwei Mio Zustellungen. Fällt bei dieser Menge dennoch an einer Zustellungsurkunde ein Umstand auf, wonach die Zustellung rechtlich mangelhaft abgewickelt worden sein könne, wird geprüft, ob eine neue Zustellung zu versuchen ist. BGH NJW 90, 176 fordert bei erkannten Zustellungsmängeln die Neuzustellung. »Zumindest« ist der Ast durch den Urkundsbeamten auf die ihm bekannten Umstände der Zustellung und ihrer Beurkundung und die von ihm gehegten Bedenken gegen eine formgerechte Zustellung hinzuweisen, um dem Ast eine 5 eigene Überprüfung der Rechtslage und ggf einen Antrag auf erneute Zustellung zu ermöglichen (BGH NJW 90, 176, Rn 17). Diese Entscheidung hat sich noch mit der Zustellung eines »Vollstreckungsbefehls« (heute: VB) befasst. Sie wird im automatisierten Mahnverfahren nur begrenzt verwendbar sein. Die fehlerhafte Zustellung war erkannt worden. Deshalb war nicht auf das Maß der Prüfungspflicht des Urkundsbeamten einzugehen gewesen. Ist oder wird eine Mahnsache Nicht–EDV-Fall, so gibt es dazu eine »Papierakte«. Dann mag es dem Urkundsbeamten und dem Rechtspfleger vor weiteren Entscheidungen verfahrenstechnisch möglich sein, eine Postzustellungsurkunde auf Mängel durchzusehen. Da es aber auch bei Nicht-EDV-Verfahren noch um Massen geht, wird sich die Überprüfung darauf beschränken, ob Fehler im Ausfüllen des Formulars augenfällig sind. Die weitaus größere Menge der fehlerfrei automatisiert durchlaufenden Verfahren wird nicht mit Postzustellungsurkunden auf Papier behandelt. Die Zustellungsurkunden gehen zusätzlich zur Papierurkunde in elektronischer Form ein und werden sogleich elektronisch verarbeitet. Ein Fehler in der Zustellung könnte allenfalls bei entsprechender Programmierung erkannt werden.

6 Der Eingang der Zustellungsurkunde wird durch das EDV-Programm überwacht. Beim Ausbleiben nach festgelegter Frist wird das Zustellunternehmen – notfalls wiederholt – erinnert und kostenfreie Neuzustellung ausgelöst. Der Ast läuft Gefahr, dass die Zustellung eines MB als nicht mehr demnächst iSv § 693 II erfolgt angesehen wird, wenn er es unterlässt, beim Mahngericht nach Ablauf einer je nach den Umständen des Einzelfalls zu bemessenden Frist nachzufragen, ob die Zustellung bereits veranlasst worden ist, und dieses Unterlassen nachweislich zu einer Verzögerung der Zustellung um mehr als einen Monat geführt hat (BGH NJW-RR 06, 1436).

7 Wird vor Zustellung des MB das Insolvenzverfahren über das Vermögen des Ag eröffnet, ist das Verfahren gem § 240 unterbrochen (Musielak/*Borth* § 240 Rn 6). In der Regel wird die Insolvenz dem Mahngericht zwischen Eingang des Mahnantrags und Erlass des MB nur dann bekannt, wenn sich das Verfahren bis zum Erlass eines MB verzögert, zB indem der Antrag mangelhaft ist und moniert werden muss oder die Zustellung nicht sofort gelingt. Zustellung ist dann nicht mehr zulässig. Dennoch erfolgte Zustellung ist unwirksam. Wird ein möglicher Mangel der Zustellung erst nach Widerspruch oder Einspruch bekannt, ist nicht der Zustellvermerk aufzuheben. Es ist antragsgemäß abzugeben. Die Prüfung der Wirksamkeit der Zustellungen ist dem Streitgericht zu überlassen.

8 **III. Anlagen.** BGH NJW 08, 3498 bezeichnet es für die Hemmung der Verjährung als erforderlich, Schriftstücke, die zur Bezeichnung des Anspruchs angegeben werden, jedoch dem Ag nicht bekannt sind, dem MB in Abschrift beizufügen (vgl auch Zö/*Vollkommer* § 693 Rn 1a, mH auf BGH NJW 95, 2230; § 690 Rz 18). Anlagen zum Mahnantrag können nicht zusammen mit dem MB zugestellt werden (AG Hagen 4.5.09 – 08–555562705–N; vgl *Salten* MDR 09, 549, 551). BGH NJW 95, 2230 hat sich nicht mit einem automatisierten Verfahren befasst. Ihm hat die Urschrift des MB aus dem Jahr 1991 vorgelegen, bestehend aus dem »eingereichten, vom Rechtspfleger unterschriebenen Vordruck und aus der beigefügten Aufstellung« (Rn 12). Dem Gegner war lediglich die Ausfertigung des Vordrucks zugestellt worden. Antragsformulare, auf welchen der Rechtspfleger unterschreibt und damit den MB erlässt, gibt es nicht mehr. Zusätze in Anlagen bedeuten, dass sie nicht im vorgeschriebenen Formular (§ 703c) eingetragen sind. Sie genügen deshalb nicht dem Formularzwang. Zum (vorsorglichen) Nachweis beigefügte Belege, nähere Begründungen oder zur Individualisierung des Anspruchs über die Möglichkeiten der verfügbaren Felder hinaus beigefügte Schriftstücke (vgl BGH 17.11.10 – VIII ZR 211/09 – Rn 2) können nicht von der EDV verarbeitet werden. Es fehlt in den Datensätzen der EDV an Feldern, welche die Daten aufnehmen könnten. Die Verwendung oder Auswertung von derartigen Anlagen ist nicht programmiert. Sie können auch nicht zusammen mit einem vom Rechtspfleger unterschriebenen Mahnantrag zugestellt werden. Zugestellt wird nicht ein unterschriebener Mahnantrag, sondern ein im Rechner produzierter MB, der in einer Druckerstraße versandfertig gemacht wird. Dies schließt Anlagen technisch aus. Hierin liegt kein Mangel des bereit gestellten Verfahrens. Vielmehr entspricht es § 692 I Nr 1. Danach enthält der MB »die in § 690 Abs 1 Nr 1–5 bezeichneten Erfordernisse des Antrags«. Anlagen sind dabei nicht erwähnt. Anlagen sind außerdem nicht mit § 696 II 1 vereinbar. Bei maschineller Bearbeitung tritt, sofern die Akte nicht elektronisch übermittelt wird, an die Stelle der Akten ein maschinell erstellter Aktenausdruck. Elektronische Übermittlung und maschinell erstellter Aktenausdruck können nur das enthalten, was aus vorgesehenen Eingabefeldern in die EDV übernommen ist.

9 Nur bei ganz bestimmten Sachverhalten können Anlagen des Antrags ausgewertet werden. Hauptanwendungsfall ist, dass die Felder des Formulars für die Anzahl der Beteiligten oder für mehrere einzeln geltend

gemachte Ansprüche nicht ausreichen. Wenn solche Angaben auf Anlagen erstreckt werden, können sie in Datenfelder übertragen werden. Sie sind in der EDV in größerer Zahl bereit gestellt, als im Papierformular. Der MB wird nicht mit Anlagen zugestellt, sondern nur mit dem aus ihnen übernommen Inhalt.

Ast, die Vorsorge für den Fall treffen wollen, dass Ag die Kenntnis von Schriftstücken bestreiten, dürfen sich nicht auf Zustellung von Anlagen mit dem MB verlassen, sondern dann ist Klage in Betracht ziehen (*Salten* MDR 09, 549, 552). 10

IV. Auslandszustellung. Bei Auslandszustellungen sind §§ 183, 184, 1068 I, 1069 und die unmittelbar geltende Verordnung (EG) Nr 1393/07 (EuZVO 1393) zu beachten. Die neu gefassten Vorschriften der ZPO sowie die EuZVO 1393 sind seit 13.11.08 in Kraft (Art 26). Die Verordnung (EG) Nr 1348/00 ist durch die EuZVO 1393 aufgehoben. Nach Art 8 I ist der Empfänger unter Verwendung eines Formblatts in Kenntnis zu setzen, dass er die Annahme des zuzustellenden Schriftstücks bei der Zustellung verweigern oder das Schriftstück der Empfangsstelle binnen einer Woche zurücksenden darf, wenn das Schriftstück nicht in einer der folgenden Sprachen abgefasst oder keine Übersetzung in einer der folgenden Sprachen beigefügt ist, einer Sprache, die der Empfänger versteht, oder der Amtssprache des Empfangsmitgliedstaats oder, wenn es im Empfangsmitgliedstaat mehrere Amtssprachen gibt, der Amtssprache oder einer der Amtssprachen des Ortes, an dem die Zustellung erfolgen soll. 11

C. Kenntnis. Von der Zustellung des MB muss die Geschäftsstelle den Ast »in Kenntnis setzen« (§ 693 II). Das Datum der erfolgreichen Zustellung benötigt er, um zu berechnen, wann er den Antrag auf VB stellen darf; § 699 I 2 verbietet es dem Ast, den Antrag vor Ablauf der Widerspruchsfrist zu stellen. Eine weitere erhebliche und nicht selten übersehene Bedeutung des Zustellungsdatums folgt aus § 701; die 6-Monatsfrist für den Wegfall der Wirkung des MB beginnt mit dessen Zustellung. Auch die Mitteilung vom Misslingen einer Zustellung ist wichtig, zumindest damit der Ast zB die korrekte Anschrift ermitteln und zur erneuten Zustellung nachreichen kann. 12

»In Kenntnis setzen« erlaubt zB die telefonische Mitteilung. Die Nachricht ergeht idR schriftlich und formlos (vgl B/L/A/H § 693 Rn 9). 13

Eine formale Bescheinigung iSd § 169, die für die Berechnung der Einspruchsfrist oder für die Einleitung der Zwangsvollstreckung als nützlich angesehen wird, erteilt das Mahngericht für die Zustellung eines MB nicht (vgl LG Coburg – 41 T 53/06). Die Bescheinigung nach § 169 setzt einen Antrag voraus. Er wird nur für die Zustellung des VB als in dem Antrag auf Erlass eines VB enthalten angesehen (B/L/A/H § 169 Rn 3). 14

§ 694 Widerspruch gegen den Mahnbescheid.

(1) Der Antragsgegner kann gegen den Anspruch oder einen Teil des Anspruchs bei dem Gericht, das den Mahnbescheid erlassen hat, schriftlich Widerspruch erheben, solange der Vollstreckungsbescheid nicht verfügt ist.
(2) [1]Ein verspäteter Widerspruch wird als Einspruch behandelt. [2]Dies ist dem Antragsgegner, der den Widerspruch erhoben hat, mitzuteilen.

A. Grundlagen. Das Europäische Mahnverfahren ist einstufig gestaltet, das Mahnverfahren der §§ 688 ff ZPO zweistufig. § 694 bestimmt, dass gegen den MB, die erste Stufe, der Ag (ausschließlich) Widerspruch erheben kann. Sofortige Beschwerde findet nur bei zurückgewiesenem Mahngesuch statt, unter weiteren Voraussetzungen (§ 691 III 1). Erinnerung (§ 11 II RPflG) des Ag ist ausgeschlossen (§ 11 III 2 RPflG). Sofern in einem Bundesland gem § 36b I Nr 2 RPflG vom Rechtspfleger wahrzunehmende Geschäfte dem Urkundsbeamten der Geschäftsstelle übertragen sind, bestimmt § 36b III 1 RPflG in Anlehnung an § 11 III 2 RPflG (Bassenge/Roth § 36b Rn 5), dass bei der Wahrnehmung von Geschäften nach § 36b I Nr 2 RPflG eine Entscheidung des Prozessgerichts zur Änderung einer Entscheidung des Urkundsbeamten der Geschäftsstelle (§ 573 ZPO) nicht nachgesucht werden kann. 1

Wenn der Ag dennoch äußert, dass er gegen den MB Beschwerde einlege, ist sie als Widerspruch zu behandeln. Besteht er darauf, keinen Widerspruch, vielmehr das bisherige Verfahren beanstanden zu wollen, kann der Erinnerungsrichter den ihm vorgelegten Rechtsbehelf nur als unzulässig verwerfen. 2

B. Formularzwang. Für den Widerspruch besteht kein Formularzwang (hM). Zu Einzelheiten s. § 692 Rz 14. § 692 schreibt Hinweise im MB zum Widerspruch vor. Sie lauten: »… oder auf dem beigefügten Vordruck mitzuteilen, ob und in welchem Umfang Sie dem Anspruch widersprechen«. 3

4 **C. Begründung.** Begründung des Widerspruchs ist nicht vorgeschrieben. Das dem Ag übersandte Widerspruchsformular gibt dafür keinen Raum. Eintragungen außerhalb der für sie vorgesehenen Felder sind im automatisierten Verfahren nicht sachdienlich. Sie würden, wenn bemerkt, nur verzögern, dass der Widerspruch erfasst wird.

5 B/L/A/H Rn 7 meint, die Widerspruchsbegründung könne die Qualität der Anspruchsbegründung fördern. Dies berücksichtigt nicht, dass im inzwischen bundesweit automatisierten Mahnverfahren nur noch ausnahmsweise das Original des Widerspruchs weitergegeben wird. Der Rechtspfleger muss dies erst für veranlasst halten und es besonders verfügen. Der Widerspruch wird in jedem Fall erfasst, in die EDV aufgenommen. Gemäß § 696 II tritt an die Stelle der Akten ein maschineller Aktenausdruck. Er hat die Beweiskraft öffentlicher Urkunden (§ 696 II 2). Dies übersieht, wer das Original des Widerspruchs beim Mahngericht anfordert. Es widerspricht dem gesetzgeberischen Zweck des § 696 II 2, unter Massen von Verfahren mit Widerspruch, nach Datenerfassung nicht mehr benötigte Schriftstücke dennoch wieder herauszusuchen.

6 **D. Teilwiderspruch.** Der Widerspruch ist auch nur gegen einen Teil des MB zulässig (Abs 1 S 1). § 703a II Nr 5 bestätigt, dass er darauf beschränkt werden kann, »dem Beklagten die Ausführung seiner Rechte vorzubehalten«. Der Widerspruch kann ferner auf die Kosten beschränkt werden, zB um geltend zu machen, dass bezahlt ist und die Voraussetzungen vorliegen, dem Ast die Kosten des Verfahrens aufzuerlegen. Nimmt dann der Ast den Mahnantrag zurück, ist das Mahngericht für den Ausspruch der Kostenfolge lediglich dann zuständig, wenn der Ausspruch keiner weiteren Prüfung bedarf und nach § 269 III 2 ergeht, indem die antragstellende Partei dem Kostenantrag des Gegners nicht entgegentritt. Ist jedoch eine Ermessensentscheidung nach § 269 III 3 zu treffen, ist für die Kostenentscheidung das Streitgericht zuständig (Hambg MDR 07, 676; BGH NJW 05, 512). Der erforderliche Abgabeantrag ist im »regelmäßig gestellten allgemeinen Antrag auf DsV« enthalten, jedenfalls aber im Kostenantrag (BGH NJW 05, 512).

7 Erscheint der Umfang des Widerspruchs dem Mahngericht unklar, zB wenn der Ag Bemerkungen anbringt, die im Widerspruchsformular und in der EDV nicht vorgesehen sind, wird das Mahngericht den Ag um Klarstellung innerhalb einer kurzen Frist bitten. Äußert sich der Ag nicht oder bleibt das Ausmaß des Widerspruchs unklar, hat das Mahngericht den Widerspruch als unbeschränkt eingelegt zu behandeln (BGH NJW 83, 633).

8 Bei Teilwiderspruch ergeht zum unwidersprochenen Teil ein Teil-VB. Der Umfang wird beschrieben mit dem Text: »Soweit ... nicht widersprochen hat, ergeht auf der Grundlage des MB Vollstreckungsbescheid wegen vorstehender Beträge abzgl der vom Ag geleisteten Zahlungen. Die Entscheidung über die weiteren Kosten des Mahnverfahrens bleibt der Schlusskostenentscheidung im Streitverfahren vorbehalten.« Der Betrag, über welchen Teil-VB ergeht, ist somit erst nach Abzug des Widerspruchsbetrags sowie mitgeteilter zwischenzeitlicher Zahlungen erkennbar. Der sich nicht Jedem sofort erschließende Text eines Teil-VB ist programmiert – Mahngerichte können ihn nicht umgestalten.

9 Hat der Ag den Kosten widersprochen, darf der VB allenfalls die durch den VB selbst entstehenden weiteren Kosten erfassen. Wegen des Grundsatzes der Einheitlichkeit der Kostenentscheidung sollte diese grds der Schlussentscheidung des Prozessgerichts vorbehalten bleiben (vgl Köln OLGR Köln 07, 67).

10 **E. Widerspruchsfrist.** Der VB setzt voraus, dass der Ag nicht rechtzeitig Widerspruch erhoben hat (§ 699 I 1). Gemäß § 692 I Nr 3 enthält der MB die Aufforderung, innerhalb von zwei Wochen zu begleichen oder den Umfang des Widerspruchs mitzuteilen. § 32 III AVAG legt die Widerspruchsfrist (§ 692 I Nr 3) bei Auslandszustellung auf einen Monat fest. Nach § 46a III ArbGG beträgt die in den MB nach § 692 I Nr 3 aufzunehmende Frist eine Woche. Dennoch ist die Möglichkeit, Widerspruch einzulegen, nicht durch eine bestimmte Frist begrenzt. § 694 setzt eine zeitliche Beschränkung lediglich in der Form, dass der VB noch nicht verfügt sein darf.

11 Die Aufforderung gem § 692 I Nr 3, innerhalb zwei Wochen zu zahlen oder den Widerspruch mitzuteilen, wirkt auch als angemessene Nachfrist (BGH NJW-RR 86, 1346, zu § 16 Nr 5 III VOB B).

12 **F. Verfügt.** Der Ansicht, der VB sei auch bei maschineller Bearbeitung im Original zu unterschreiben (B/L/A/H § 694 Rn 6), ist nicht zu folgen. Nach § 703b bedarf es bei maschineller Bearbeitung keiner Unterschrift. Der VB wird tatsächlich nur dann unterschrieben, wenn ihm »manuelle« Bearbeitung vorausgegangen ist (s. § 703b Rz 2). Im Übrigen wird er nicht förmlich »verfügt«. Der papierne Formularantrag auf VB wird von einer Erfassungskraft in die EDV überführt. »Der Computer« prüft, ob die weiteren Voraussetzungen für den Erlass vorliegen. Gibt es keine Hindernisse, wird der VB automatisch produziert und zur Post gegeben. Wird elektronisch eingereicht, zB online über Anwaltssoftware, die im Zweifel selbst schon

die Voraussetzungen prüft, ist nach der Eingabe beim Ast keine Person beteiligt. Als Zeitpunkt, welcher einem »**Verfügen** des VB« vergleichbar wäre, kommt bei fast allen VB nur der erfolgreiche Durchlauf durch den Computer oder das Auslösen des Drucks in der Druckerstraße in Betracht.

G. Schriftlich. § 694 I 1 bestimmt, dass der Widerspruch schriftlich zu erheben ist. Telefonisch kann er nicht wirksam eingelegt werden (vgl zum fernmündlichen Rechtsmittel BGH NJW-RR 09, 852). Ein Widerspruchsschreiben, das nicht unterzeichnet ist, bewirkt idR eine Nachfrage beim Ag. Beantragt der Ast nach Fristablauf VB, steht dem VB ein Widerspruch nicht entgegen. Dem automatisierten Mahnverfahren wird der Widerspruch erst bekannt, wenn die Prüfung auf Unterschrift (oder Herkunft vom Ag) erfolgreich verläuft und dies dem System mitgeteilt wird. 13

Ein Widerspruchsschreiben, welches nicht eigenhändig unterzeichnet ist, darf nicht sogleich als unwirksam behandelt werden. Form– und Verfahrensvorschriften sind nicht Selbstzweck; sie dienen der Wahrung der Rechte aller Beteiligten; soweit irgend möglich, soll die Klärung materieller Fragen durch Formvorschriften nicht beeinträchtigt werden (BGH NJW 00, 3218; vgl auch Oldbg NJW 79, 2618). Für den Einspruch nach § 410 StPO hat BVerfG NJW 02, 3534 (Orientierungssatz 2c) ausgeführt: »Ausgehend vom Zweck des Schriftformerfordernisses (Gewährleistung der willentlichen Äußerung eines nicht nur im Entwurfsstadium befindlichen Schriftsatzes) muss ein Fachgericht prüfen, ob in dem nicht handschriftlich unterzeichneten Schriftstück selbst Anzeichen für ein bewusstes und gewolltes Inverkehrbringen erkennbar sind«, zB die Nennung von Daten, die idR nur dem Betroffenen oder seinem Prozessbevollmächtigten bekannt sind (vgl auch Celle OLGR Celle 06, 811 zum Einspruch gegen den VB). Den Eindruck von der Urheberschaft kann sich das Mahngericht auch verschaffen durch telefonischen Rückruf beim Antragsgegner, der sich durch Sachkunde ausweist. Da das Formular für den Widerspruch stets zusammen mit dem MB an den Ag übersandt wird, ist schon die Verwendung des Formulars ein Indiz für die Identität des Widerspruchsführers mit dem Ag. Häufig finden sich Vermerke auf dem Widerspruchsschreiben, die auf Wissen zur Sache hinweisen, wie es für die betroffene Partei typisch ist. Telefax-Sendungen können die auf Identität hinweisende Telefax-Nummer des Absenders oder handschriftliche Proteste gegen das Zahlungsansinnen enthalten. Dass der Widerspruch vom Ag bewusst und gewollt in den Verkehr gebracht ist, muss dabei nicht feststehen (Oldbg NJW 79, 2618) oder positiv festgestellt werden. Es genügt, wenn der Bearbeiter keinen Anlass mehr zu Zweifeln an der Herkunft sieht. Schützenswerte Interessen, die besonderen Prüfungsaufwand fordern, sind nicht zu erkennen. Vielmehr gehen Verzögerungen zu Lasten des Ast, ohne dass er dagegen vorbeugen könnte. Den Ag davor zu schützen, dass jemand für ihn, aber gegen seinen Willen Widerspruch einlegt, ist unverhältnismäßig in Bezug auf die Wahrscheinlichkeit und Häufigkeit eines derartigen Sachverhalts. 14

H. Vollmacht. Ist erkennbar, dass eine andere Person als der im MB bezeichnete Ag den Widerspruch eingelegt hat, ist § 703 zu beachten. Des Nachweises einer Vollmacht bedarf es nicht (§ 703 S 1). Wer als Bevollmächtigter einen Rechtsbehelf einlegt, hat seine ordnungsgemäße Bevollmächtigung zu versichern (§ 703 S 2). Mehr als diese Versicherung darf das Mahngericht nicht verlangen. § 703 fordert nicht, dass die Versicherung »eidesstattlich« geschieht. Zur Abgabe dieser Versicherung bietet das amtliche Widerspruchsformular gesonderte Zeilen für den gesetzlichen Vertreter und für den Prozessbevollmächtigten. Die jeweils passende Versicherung ist vorgedruckt. Es sind lediglich die zutreffenden Felder auszufüllen. Eintragungen werden hier häufig übersehen oder der Ag ordnet rechtlich nicht korrekt zu (Sohn der bettlägerigen Seniorin als gesetzlicher Vertreter, ohne Betreuer zu sein). Gelegentlich wird nur mit dem Zusatz »i.A.« unterschrieben. Erklärungen dieser Art können als Versicherung genügen, bevollmächtigt zu sein (vgl Köln OLGR Köln 92, 63). 15

I. Wirkung. Wenn weder Ast noch Ag die DsV beantragen (696 I 1), ist das Verfahren nicht beendet; es gerät in Stillstand (BGH NJW-RR 92, 1021). Die Verjährung ist durch den »demnächst« zugestellten MB gehemmt (§ 204 I Nr 3 BGB). Die letzte Verfahrenshandlung nach Widerspruch, im Zweifel die gerichtliche Nachricht gem § 695 von dem Widerspruch an den Ast (§ 204 II 2 BGB), setzt die 6–Monats-Frist für das Ende der Hemmung (§ 204 II 1 BGB) in Lauf. Wenn eine der Parteien das Verfahren weiter betreibt, beginnt die Hemmung erneut (§ 204 II 3 BGB). 16

J. Verspäteter Widerspruch (Abs 2). Der Widerspruch ist dem Ag mitzuteilen (§ 695); der verspätete Widerspruch, der als Einspruch (§ 700) behandelt wird (§ 694 II 1), auch demjenigen Ag, der den Widerspruch erhoben hat (Abs 2 S 2). Ist vor Erlass des VB nicht erkannt worden, dass ein rechtzeitig eingelegter 17

Widerspruch vorliegt, ist der Widerspruch in entsprechender Anwendung von § 694 II als Einspruch zu behandeln (BGH NJW 83, 633; Ddorf OLGR Ddorf 02, 171; Frankf OLGR Frankf 97, 60).

18 **K. Kosten/Gebühren.** Für das Verfahren über den Widerspruch werden keine gesonderten Gerichtsgebühren erhoben.

Auch der Anwalt des Antragstellers erhält keine gesonderte Gebühren. Für den Anwalt des Antragsgegners entsteht eine 0,5-Verfahrensgebühr nach Nr 3307 VV RVG, die sich bei mehreren Antragsgegner gem Nr 1008 VV RVG um 0,3 je weiteren Auftraggeber erhöht. Die Gebühr ist im nachfolgenden streitigen Verfahren anzurechnen (Anm zu Nr 3307 WRVG).

§ 695 Mitteilung des Widerspruchs; Abschriften.

[1]Das Gericht hat den Antragsteller von dem Widerspruch und dem Zeitpunkt seiner Erhebung in Kenntnis zu setzen. [2]Wird das Mahnverfahren nicht maschinell bearbeitet, so soll der Antragsgegner die erforderliche Zahl von Abschriften mit dem Widerspruch einreichen.

1 **A. Grundlagen.** Die Sollvorschrift in S 2 (»Abschriften«) ist für die Amtsgerichte bedeutungslos geworden. Kein Mahngericht in Deutschland betreibt das Mahnverfahren »nicht maschinell«.

2 **B. In Kenntnis setzen.** »In Kenntnis setzen« stellt keinen Anspruch an die Form. Im automatisierten Verfahren verständigt das Mahngericht den Ast regelmäßig durch ein maschinell ausgelöstes Schreiben. Das Original des Widerspruchsschreibens verbleibt beim Mahngericht. Geht ein Widerspruch mit Anlagen oder Erklärungen auf dem Schreiben ein, insb solchen, deren Inhalt nicht in die EDV aufgenommen werden kann, wird der Widerspruch dem Rechtspfleger vorgelegt. Er wird verfügen, wenn er dies für angezeigt hält, dass dem Ast zusammen mit der Mitteilung nach § 695 eine Kopie des Widerspruchsschreibens und von Anlagen zugesandt wird. Das Mahngericht sollte erwägen, den Widerspruch dem Ast auch dann mitzuteilen, wenn die Unterschrift fehlt und es zunächst davon ausgeht, dass noch kein wirksamer Widerspruch vorliegt. Sinn des § 695 ist es, dass der Ast das Wissen erhält, um über seinen nächsten Schritt entscheiden zu können. ist. Er könnte es vorziehen, sogleich die weiteren Voraussetzungen für die Abgabe zu schaffen, als einen VB zu erhalten.

3 **C. Wirkung der Mitteilung.** Soweit der Widerspruch materiell-rechtliche Folgen hat, ist idR der Zugang an den Ast und der Zeitpunkt erheblich. Der dem Ast mitgeteilte Widerspruch ist als ablehnende Entscheidung iSv § 12 VVG aF anzusehen (Köln NJW-RR 03, 890). Nach § 15 VVG idF ab 1.1.08 ist die Verjährung bis zu dem Zeitpunkt gehemmt, zu dem die Entscheidung des Versicherers dem Anspruchsteller in Textform zugeht, im Falle des Widerspruchs durch den Versicherer bis zur Mitteilung gem § 695 an den Ast. Wegen der möglichen Bedeutung der Mitteilung für die Verjährung vgl § 204 BGB und § 694 Rz 16.

§ 696 Verfahren nach Widerspruch.

(1) [1]Wird rechtzeitig Widerspruch erhoben und beantragt eine Partei die Durchführung des streitigen Verfahrens, so gibt das Gericht, das den Mahnbescheid erlassen hat, den Rechtsstreit von Amts wegen an das Gericht ab, das in dem Mahnbescheid gemäß § 692 Abs. 1 Nr. 1 bezeichnet worden ist, wenn die Parteien übereinstimmend die Abgabe an ein anderes Gericht verlangen, an dieses. [2]Der Antrag kann in den Antrag auf Erlass des Mahnbescheids aufgenommen werden. [3]Die Abgabe ist den Parteien mitzuteilen; sie ist nicht anfechtbar. [4]Mit Eingang der Akten bei dem Gericht, an das er abgegeben wird, gilt der Rechtsstreit als dort anhängig. [5]§ 281 Abs. 3 Satz 1 gilt entsprechend.

(2) [1]Ist das Mahnverfahren maschinell bearbeitet worden, so tritt, sofern die Akte nicht elektronisch übermittelt wird, an die Stelle der Akten ein maschinell erstellter Aktenausdruck. [2]Für diesen gelten die Vorschriften über die Beweiskraft öffentlicher Urkunden entsprechend. [3]§ 298 findet keine Anwendung.

(3) Die Streitsache gilt als mit Zustellung des Mahnbescheids rechtshängig geworden, wenn sie alsbald nach der Erhebung des Widerspruchs abgegeben wird.

(4) [1]Der Antrag auf Durchführung des streitigen Verfahrens kann bis zum Beginn der mündlichen Verhandlung des Antragsgegners zur Hauptsache zurückgenommen werden. [2]Die Zurücknahme kann vor der Geschäftsstelle zu Protokoll erklärt werden. [3]Mit der Zurücknahme ist die Streitsache als nicht rechtshängig geworden anzusehen.

(5) Das Gericht, an das der Rechtsstreit abgegeben ist, ist hierdurch in seiner Zuständigkeit nicht gebunden.

A. Grundlagen. §§ 696–698 regeln das Verfahren der Abgabe und des Übergangs in das streitige Verfahren nach Widerspruch. WEG-Sachen sind seit Juli 2007 bürgerliche Rechtsstreitigkeiten. § 46a WEG ist aufgehoben. Damit sind dessen besondere Bestimmungen für die Abgabe an das Gericht der freiwilligen Gerichtsbarkeit entfallen und es gilt auch für WEG-Sachen die ZPO. Zum Verfahren nach Widerspruch im Mahnverfahren vor den Gerichten für Arbeitssachen vgl § 46a IV ArbGG. Gemäß § 182a II 1 SGG ist mit Eingang der Akten beim Sozialgericht nach den Vorschriften des SGG zu verfahren. 1

B. Widerspruch. I. Rechtzeitig. Der Widerspruch ist rechtzeitig erhoben, solange der VB nicht verfügt ist, vgl § 694 Rz 10, 12. Ist VB verfügt, wird der Widerspruch als Einspruch behandelt (§ 694 II; § 694 Rz 17) und es ist gem § 700 III 1 vAw abzugeben. 2

II. Wirksam. Das Mahngericht darf seine Prüfung formal darauf beschränken, ob nach dem äußeren Erscheinungsbild ein wirksamer Widerspruch vorliegt (BGH NJW 98, 235 Rn 3). Die Untersuchung auf rechte Form, zB ob unterschrieben ist (§ 694 Rz 13), ist dem streitigen Gericht zu überlassen (B/L/A/H § 696 Rn 5; Musielak/*Borth* § 696 Rn 2). 3

C. Antrag einer Partei. Den Antrag auf DsV stellt idR der Ast. Abgabe setzt ferner voraus, dass der Ast insgesamt die 3,0 Gebühr für das Verfahren im Allgemeinen (GKG KV 1210) bezahlt hat, nämlich die 0,5 Mahngebühr (KV 1100), die ihm schon bei Erlass des MB in Rechnung gestellt worden ist, und die restliche 2,5 Verfahrensgebühr (Anrechnung der 0,5 Gebühr KV 1100 auf die 3,0 Gebühr KV 1210 gem amtl Anm S 1 Hs 1 zu KV 1210) bezahlt (hat), die ihm schon bei Erlass des MB in Rechnung gestellt worden ist. Gemäß § 12 III 3 GKG trifft die Vorwegleistungspflicht zur Zahlung der 2,5 Verfahrensgebühr aus KV 1210 nur den Ast. Auch der Ag kann das streitige Verfahren beantragen und dadurch Abgabe erwirken. Er ist nicht vorwegleistungspflichtig (§ 12 III 3 GKG). Beantragen beide Parteien die Abgabe, bleibt es bei der Vorleistungspflicht durch den Ast (Hamm NJW-RR 03, 357). 4

I. Formular. Im Antragsformular ist vorformuliert angeboten, dass der Ast den Antrag auf DsV, für den Fall des Widerspruchs, sogleich stellt (§ 696 I 2). Der Wortlaut muss nicht wie in § 696 gewählt werden. Es muss nur der Wunsch, das streitige Verfahren durchzuführen, zum Ausdruck kommen. 5

II. Zahlung. Die Einzahlung der weiteren 2,5 Verfahrensgebühr nach KV 1210 genügt, um die Abgabe zu bewirken, auch ohne ausdrücklichen Antrag (LG München AnwBl 06, 218; aA München JurBüro 97, 602). Alle Mahngerichte behandeln die Einzahlung der weiteren 2,5-Gebühr als konkludenten Antrag auf streitiges Verfahren. Sie geben ab, ohne eine sonstige Äußerung abzuwarten (sofern auch die Mahngebühr 0,5 bezahlt ist). München JurBüro 97, 602 hat die Zahlung der vollen Gebühr »lediglich aufgrund einer Gerichtskostenrechnung des Mahngerichts« nicht genügen lassen, jedoch die Einzahlung der vollen dreifachen Verfahrensgebühr auf die »gerichtliche Anfrage, ob der Antrag auf DsV gestellt wird«. 6

III. Bevollmächtigter. Bevollmächtigte, die das streitige Verfahren beantragen, müssen keine Vollmacht nachweisen, aber versichern, ordnungsgemäß bevollmächtigt zu sein (§ 703). 7

IV. Ermäßigter Anspruch. Der Ast kann das streitige Verfahren auf einen geringeren Anspruch beschränken, als er im Mahnantrag beschrieben oder nach Teilwiderspruch im Streit verblieben ist, zB in einer gleichzeitig eingereichten Anspruchsbegründung. Für den Wert des Streitgegenstands ist maßgeblich, was in das Prozessverfahren übergeht. Gemäß amtl Anm S 1 Hs 1 zu GKG KV 1210 entsteht die 3,0 Gebühr für das Verfahren im Allgemeinen mit dem Eingang der Akten bei dem Gericht, an das der Rechtsstreit abgegeben wird und es wird die Gebühr für das Mahnverfahren (KV 1100) nach dem Wert des Streitgegenstands angerechnet, der in das Prozessverfahren übergegangen ist. Zur Erklärung der (teilweisen) Rücknahme s. Rz 21. 8

V. Kein Antrag. Wird das streitige Verfahren auch vom Ag nicht beantragt, gerät das Verfahren in Stillstand, indem die Parteien es nicht betreiben (vgl § 204 II 2 BGB). Die Hemmung der Verjährung endet sechs Monate nach der letzten Verfahrenshandlung (§ 204 II 2 BGB). Letzte Verfahrenshandlung wird idR der Versand der Widerspruchsnachricht an den Ast sein. Der Zugang ist keine Verfahrenshandlung und deshalb kein hier entscheidender Zeitpunkt (vgl LG Göttingen NJW-RR 93, 1360; aA Musielak/*Borth* § 696 9

Rn 2). Die Hemmung beginnt erneut, wenn eine der Parteien das Verfahren weiter betreibt (§ 204 II 3).

10 Wenn ein streitiges Verfahren nicht durchgeführt und Festsetzung außergerichtlicher Auslagen für das Mahnverfahren beantragt wird, ist zur Entscheidung das Mahngericht zuständig (BGH NJW-RR 09, 860 zu § 699 III). Zur Gebührenfestsetzung nach § 19 BRAGO hat BGH NJW 91, 2084 befunden, dasjenige Gericht sei zuständig, welches für eine Entscheidung im Streitverfahren zuständig gewesen wäre. Der Senat verweist auf den in § 796 III zum Ausdruck gekommenen Rechtsgedanken. Naumbg NJW 08, 1238 meint, entgegen BGH NJW 91, 2084 habe das Mahngericht als das nach § 11 RVG zuständige Gericht des ersten Rechtszugs zu entscheiden.

11 **D. Abzugeben (Abs 1 S 1).** Abzugeben ist vAw an das gem § 690 I Nr 5 bezeichnete Gericht (§ 696 I 1). Hat sich der Wert der Hauptsache ggü dem MB und damit die sachliche Zuständigkeit geändert, zB durch Zahlung vor Eingang beim Streitgericht (Frankf NJW-RR 95, 831) oder durch tw Erledigung (Frankf NJW-RR 92, 1341), so ist auf Antrag des Ast an das nun sachlich zuständig gewordene Gericht abzugeben.

12 **I. Streitgenossen.** Im Fall mehrerer Ag und mehrerer Streitgerichte, die bezeichnet sind, gibt das Mahngericht jeweils an das für den jeweiligen Ag genannte Gericht ab. Legen in solchen Fällen mehrere Ag desselben Verfahrens Widerspruch ein, führt das zur Verfahrenstrennung und zur Anhängigkeit selbstständiger Verfahren bei den jeweiligen Streitgerichten (§ 696 I 4 und III). Wenn ein Prozessverfahren gegen mehrere Widerspruchsführer bei verschiedenen Gerichten anhängig wird, entsteht die Gebühr KV 1210 für jedes Verfahren bei den verschiedenen Gerichten nach dem jeweiligen Streitwert (Hartmann KV 1210 Rn 7).

13 **II. Gerichtsstandsbestimmung.** Das Gesuch (§ 37) auf gerichtliche Bestimmung der Zuständigkeit ist auch im Mahnverfahren möglich, insb bei mehreren Streitgenossen mit unterschiedlichem Gerichtsstand (§ 36 I Nr 3) und auch dann, wenn mehrere Gerichte sich für unzuständig erklärt haben (§ 36 I Nr. 6). Es ist nicht grds zu erwarten, dass einem Antrag an das Mahngericht entsprochen wird, vor Abgabe die Bestimmung einer gemeinsamen Zuständigkeit gem § 36 I Nr 3 zu ermöglichen. In jedem Fall ist die Abgabe unanfechtbar (§ 696 I 3). Das Mahngericht ist zur Abgabe an die im Antrag genannten Gerichte verpflichtet (§ 696 I 1: »so gibt das Gericht ... an ... ab«), während die Empfangsgerichte an diese Abgaben nicht gebunden sind (§ 694 V; BGH Rpfleger 78, 369; BayObLG Rpfleger 03, 139). Zu den Zeitpunkten, zu welchen die Bestimmung des zuständigen Gerichts schon oder noch zulässig ist, vgl § 36 Rz 7 und 13. Zur Antragsberechtigung vAw der beteiligten Gerichte im Falle des § 36 I Nr 6 vgl § 37 Rz 1.

14 **III. Übereinstimmend an anderes Gericht.** An ein anderes Gericht abgeben darf das Mahngericht auch auf übereinstimmendes Verlangen (§ 696 I 1) der Parteien grds nicht mehr, wenn dem Ast zur Zeit des Mahnantrags ein Wahlrecht iSv § 35 zugestanden hat und die Abgabe bereits vollzogen ist. Nach dem Vollzug der Abgabe ist die getroffene Wahl unwiderruflich und verbindlich (BGHReport 03, 42). Entsteht das Wahlrecht erst zeitlich nach dem Mahnantrag, zB durch Wohnsitzverlegung im Mahnverfahren, lässt München MDR 07, 1154 zu, dass der Ast das Wahlrecht noch durch Stellung eines Verweisungsantrags beim Streitgericht vor Zustellung der Klagebegründung ausübt. München (Rn 9) hat »jedenfalls für die hier zu entscheidende Frage, bis wann die Klagepartei von ihrem Wahlrecht Gebrauch machen kann«, für die Rechtshängigkeit iRv § 261 III Nr 2 und § 696 III auf die Zustellung der Anspruchsbegründung abgestellt. BGH NJW 09, 1213, Rn 17 sieht, wenn nicht alsbald abgegeben ist, für die Rechtshängigkeit dagegen den Eingang der Verfahrensakten beim Prozessgericht als maßgeblich an. Zur Bindungswirkung (§ 696 V) s. Rz 25.

15 **IV. Mitteilung.** Die Abgabe ist beiden Parteien mitzuteilen (§ 696 I 3 Hs 1). Eine Form ist in Abs 1 S 3 nicht vorgeschrieben, vgl auch § 329 II 1; eine Frist iSv § 329 II 2 wird nicht in Lauf gesetzt; die Entscheidung ist unanfechtbar (§ 696 I 3 Hs 2).

16 **V. Unanfechtbar.** Die Abgabe – nicht die Ablehnung des Antrags auf DsV – erklärt Abs 1 S 3 Hs 2 für unanfechtbar. Damit ist zugleich die Erinnerung gem § 11 II RPflG zum Richter ausgeschlossen. § 36b III RPflG bestimmt, dass bei Geschäften nach § 696 I die Entscheidung des Prozessgerichts zur Änderung der Entscheidung des Urkundsbeamten der Geschäftsstelle (§ 573) nicht nachgesucht werden kann. Das Streitgericht kann nicht zurückgeben oder zurückverweisen. Es hat die Möglichkeiten nach Abs 5. Hält es den Widerspruch nicht für wirksam oder wird er zurückgenommen und wird VB beantragt, so wird er vom Rechtspfleger des Gerichts erlassen, bei welchem sich das Verfahren nach Abgabe und ggf Verweisung befindet (Frankf NJW-RR 90, 767). Bei der durch Abgabe nach Widerspruch begründeten örtlichen und sachlichen Zuständigkeit verbleibt es auch dann, wenn Anträge gestellt werden, die das Streitverfahren

beenden und das Mahnverfahren wieder aufleben lassen; das Verfahren fällt, soweit der Rechtspfleger zuständig gewesen wäre (§ 20 Nr 1 RPflG) in dessen funktionelle Zuständigkeit zurück (Frankf NJW-RR 90, 767).

17 **VI. Anhängig.** Der bis dahin beim Mahngericht anhängige Rechtsstreit gilt mit Eingang der Akten bei dem Gericht, an das er abgegeben wird, als dort anhängig (§ 696 I 4). Anhängigkeit ist definiert als »Zuordnung eines Rechtsschutzgesuches an ein (bestimmtes) Gericht durch privaten oder auch gerichtlichen Akt«, das Schweben einer Sache in einem beliebigen Verfahren (vgl Bambg FamRZ 94, 520). Zur Rechtshängigkeit vgl Rz 20. Die Abgabe enthält keine Kostenentscheidung. Die entsprechende Anwendbarkeit von § 281 III 1 (§ 696 I 5) besagt, dass die beim Mahngericht erwachsenen Kosten als Teil der Kosten behandelt werden, die beim streitigen Gericht erwachsen und die Last der Mehrkosten durch das Mahnverfahren nicht grds den Ast trifft (§ 281 III 2).

18 **E. Aktenausdruck (Abs 2).** Inhalt und Bedeutung des § 696 II werden häufig übersehen. Er bestimmt, dass es im maschinell bearbeiteten Mahnverfahren statt Akten nur einen maschinell erstellten Aktenausdruck mit der Beweiskraft öffentlicher Urkunden gibt, sofern nicht das Verfahren umfassend papierlos gestaltet ist und die Daten des Mahnverfahrens elektronisch übermittelt werden. Die als Sondervorschrift für das automatisierte Verfahren formulierte Bestimmung trifft in Wirklichkeit den Normalfall, weil sämtliche Mahngerichte maschinell bearbeiten. Die entsprechend anzuwendenden Vorschriften über die Beweiskraft öffentlicher Urkunden finden sich in §§ 415 ff. Gemäß §§ 415, 417, 418 begründen öffentliche Urkunden vollen Beweis (§ 418) der darin bezeugten Tatsachen. Akten, im Sinne einer »geordneten Zusammenstellung von (Papier-)Dokumenten mit eigenem Aktenzeichen und eigener Inhaltsbezeichnung« (§ 3 der Registraturrichtlinie für die Bundesministerien gem Beschl des Bundeskabinetts v 11.7.01) entstehen nicht, wenn der Ast elektronisch einreicht und das Mahngericht bis zum Bescheid elektronisch verarbeitet. Auch Anträge auf Formular werden mit ihren Daten erfasst und in die EDV übergeführt. Zustellungsurkunden werden (zusätzlich zu den Papierausgaben) elektronisch zurückgeleitet. Rund 7 Millionen Mahnverfahren jährlich mit der mehrfach größeren Zahl an Zustellungen können von 12 Mahngerichten nicht effizient abgewickelt werden, wenn gewährleistet sein soll, das zu allen elektronisch verfügbaren Daten etwa vorhandene Papiere aufbewahrt, herausgesucht und an das streitige Gericht übersandt werden. Das, was sonst an Akten zur Verfügung gestellt werden könnte, kann im maschinellen Verfahren nur durch den Ausdruck einer Liste der Daten erledigt werden, welche in die EDV aufgenommen sind. Da die Liste zT aus Daten öffentlicher Urkunden zusammengestellt ist, die Beweiskraft haben, ist es geboten gewesen, den Aktenausdruck mit gleicher Beweiskraft auszustatten. Gemäß §§ 696 II, 418 begründet der Aktenausdruck vollen Beweis der in ihm bezeugten Tatsachen, einschließlich des zB aus der Zustellungsurkunde entnommenen Zustelldatums (LG Berlin GE 08, 927; Dresd JurBüro 99, 154), der Art und Weise der Benachrichtigung (Köln OLGR Köln 01, 298) und des Umfangs des Widerspruchs (Brandbg 11.6.08 – 3 U 114/07). Wegen dieser Beweiskraft fügen die Mahngerichte dem Aktenausdruck grds keine Originalbelege bei. Zeugenbeweis benötigt derjenige zunächst nicht, für den die Urkunde spricht. Der Beweis der Unrichtigkeit der bezeugten Tatsache ist zulässig (§ 418 II). Gegenbeweis ist erst geführt, wenn das Gericht volle Überzeugung erlangt hat (Köln OLGR Köln 01, 298).

19 Für den Aktenausdruck des § 696 II 1 findet § 298 (Aktenausdruck von einem elektronischen Dokument (§§ 130a, 130b)) keine Anwendung (§ 696 II 3). Deshalb bedarf der Aktenausdruck des § 696 II 1 insb keiner Vermerke über Identitätsprüfung und Signaturprüfung. Er muss nicht unterschrieben sein (§ 703b), denn er wird, naturgemäß, im maschinellen Verfahren hergestellt, mit aufgedrucktem Gerichtssiegel gem § 703b. Auch für einen iRv Akteneinsicht (§ 299 III) hergestellten Aktenausdruck ist § 298 nicht einschlägig (aA Musielak/*Borth* § 696 Rn 3). Das Mahngericht kann bei Akteneinsicht nicht anders verfahren und nichts anderes drucken, als es die installierte Technik für den Ausdruck nach § 696 II verfügbar macht.

20 **F. Rechtshängigkeit (Abs 3).** Zur Anhängigkeit s. Rz 17. Als rechtshängig gilt die Streitsache mit Zustellung (§ 693) des MB, wenn sie alsbald nach der Erhebung des Widerspruchs abgegeben ist. Der für die Bewertung als »alsbald« maßgebliche Zeitraum bestimmt sich nicht nach der Monatsfrist in § 691 II. Die Erweiterung des für die Beurteilung der rechtzeitigen Zustellung des Mahnbescheids (BGH NJW-RR 06, 1436) maßgeblichen Zeitraums auf einen Monat ist auf die Fälle beschränkt, in denen sich die Zustellung des MB durch nachlässiges Verhalten des Ast verzögert (BGH NJW 08, 1672, Rn 12). Bei § 696 III kommt es allein auf die Abgabe »alsbald« an. »Alsbald« ist wie »demnächst« in § 167 zu verstehen; durch § 167 soll die Partei vor einer von ihr nicht zu vertretenden verzögerlichen Sachbehandlung geschützt werden (BGH

NJW 08, 1672, Rn 11). Zuzurechnen sind dem Kl alle Verzögerungen, die er oder sein Prozessbevollmächtigter bei gewissenhafter Prozessführung hätten vermeiden können. Von der Partei zu vertretende geringfügige Verzögerungen bis zu 14 Tagen sind regelmäßig unschädlich (BGH NJW 08, 1672). Der Ast muss nach Mitteilung des Widerspruchs ohne schuldhafte Verzögerung die Abgabe an das Streitgericht veranlassen. Dazu hat er die restlichen Gerichtsgebühren einzuzahlen und den Antrag auf DsV zu stellen. Das ist von ihm idR binnen zwei Wochen nach Zugang der Mitteilung des Widerspruchs zu erwarten (BGH NJW 08, 1672). Wird die Sache nicht alsbald an das Prozessgericht abgegeben, tritt Rechtshängigkeit mit Zustellung der Anspruchsbegründung ein (BGH NJW 09, 1213). Ist bereits VB ergangen und der Widerspruch als Einspruch zu behandeln (§ 694 II 1), gilt für die Rechtshängigkeit § 700 II.

21 **G. Rücknahme (Abs 4). I. Zeitpunkt.** Der Antrag auf DsV kann bis zum Beginn der mündlichen Verhandlung zurückgenommen werden (§ 696 IV 1). § 182a I 3 SGG setzt, für die Rücknahme des Widerspruchs, eine Grenze auf den Zeitpunkt, zu welchem die Abgabe an das Sozialgericht verfügt ist. Ast wie Ag können den Antrag auf DsV stellen (Rz 4) und jede Partei kann ihren eigenen Antrag auch wieder zurücknehmen. Zum Stillstand kommt das Verfahren erst bei Rücknahme aller Anträge.

22 **II. Erklärung.** Die Rücknahme kann vor der Geschäftsstelle zu Protokoll erklärt werden (§ 696 IV 2 und § 129a). Die Rücknahme in der schon bei einem Gericht mit Anwaltsprozess (§ 78) anhängigen Sache ist deshalb vom Anwaltszwang frei (§ 78 V). Soweit die Sache bereits beim Streitgericht anhängig ist, gelten die besonderen Vorschriften für Erklärungen im Mahnverfahren (§§ 702, 703) nicht mehr, denn es ist mit der Abgabe beendet. Es gelten die allgemeinen Vorschriften wie §§ 129, 129a, 130a.

23 **III. Wirkung.** Zurücknahme des Antrags auf DsV unterscheidet sich von Klagerücknahme. Durch Zurücknahme des Antrags auf DsV wird der Rechtsstreit nicht endgültig beendet (BGH NJW-RR 06, 201). Lediglich die Rechtshängigkeit entfällt (§ 696 IV 3). Das Verfahren bleibt als Mahnverfahren bei dem Gericht anhängig, bei dem es sich zum Zeitpunkt der Rücknahme befindet. Es kommt zum Stillstand. Ast wie Ag können bewirken, dass der Rechtsstreit fortgeführt wird, indem sie erneut die DsV beantragen. Die Zurücknahme der Klage beseitigt demgegenüber sowohl die Rechtshängigkeit als auch die Anhängigkeit des Rechtsstreits. Dieser ist infolge der Klagerücknahme endgültig beendet (BGH NJW-RR 06, 201).
GKG KV 1211 stellt allerdings für die Gebühren die Zurücknahme des Antrags auf DsV der Klagerücknahme gleich. Die 3,0 Gebühr ermäßigt sich auf 1,0.

24 **IV. Kein Kostenausspruch.** Folge des Unterschieds zur Klagerücknahme ist es, dass eine Kostenfolge wie in § 269 III nicht ausgesprochen werden kann (BGH NJW-RR 06, 201). § 269 III 2 ist nicht entsprechend anzuwenden, wenn der Kl erst nach Abschluss des Mahnverfahrens und Abgabe des Verfahrens an das Streitgericht den Antrag auf DsV zurücknimmt; § 269 III 2 greift für die Rücknahme des Streitantrags gem § 696 IV selbst dann nicht entsprechend ein, wenn der Kl den Rechtsstreit durch Zurücknahme des Streitantrags nicht nur vorübergehend zum Ruhen bringen, sondern endgültig beenden will; die Zurücknahme des Streitantrags ist als Prozesserklärung bedingungsfeindlich (BGH NJW-RR 06, 201, Rn 17, 18) und unwiderruflich (BGH NJW-RR 04, 352, Rn 6). Nur bei hinreichenden Anhaltspunkten dafür, dass der Kl nicht lediglich den Antrag auf DsV, sondern zugleich die Klage zurücknehmen will, kann die Erklärung, den Streitantrag zurückzunehmen, auch als Klagerücknahme ausgelegt werden; auf diese wäre dann § 269 III 2 unmittelbar anzuwenden (BGH NJW-RR 06, 201, Rn 18). Wenn der Kl dann geltend macht, dass der Anlass, den Mahnantrag einzureichen, vor Rechtshängigkeit entfallen sei und dass er deshalb den Mahnantrag zurückgenommen habe (§ 269 III 3), hat über die Kosten des Mahnverfahrens das für das streitige Verfahren zuständige Gericht in entsprechender Anwendung des § 269 zu entscheiden (BGH NJW 05, 512).

25 **H. Bindungswirkung (Abs 5).** Gemäß Abs 5 ist das Empfangsgericht, das im MB gem § 692 I Nr 1 bezeichnet ist, durch die Abgabe in seiner Zuständigkeit nicht gebunden. Da das Mahngericht die Bezeichnung des zuständigen Gerichts durch den Ast gem § 690 I Nr 5 ungeprüft in den MB übernimmt, untersucht das Empfangsgericht erstmals die örtliche und sachliche Zuständigkeit für das Streitverfahren. § 281 I 1 setzt für die Verweisung von einem unzuständigen an ein zuständiges Gericht einen Antrag voraus. Auch er ist auf seine Grundlagen zu prüfen. Die Verweisung kommt nur in Betracht, wenn bei dem Gericht, bei welchem die Sache rechtshängig ist, kein Gerichtsstand eröffnet ist (BGH NJW 02, 3634). Das Wahlrecht nach § 35 unter mehreren zuständigen Gerichten hat der Ast mit der Angabe gem § 690 I Nr 5 verbraucht. Verweist das Empfangsgericht dennoch an ein anderes zuständiges, aber nicht im Mahnantrag gewähltes Gericht, ist die Verweisung nicht bindend, weil willkürlich, wenn das Gericht die vor längerer

Zeit vorgenommene Gesetzesänderung (Neufassung § 690 I Nr 5), mit der gerade solche Verweisungen unterbunden werden sollen, nicht zur Kenntnis genommen hat (BGH NJW 02, 3634). Entsteht das Wahlrecht erst zu einem späteren Zeitpunkt im Mahnverfahren, kann es die Klagepartei grds noch durch einen Verweisungsantrag beim Streitgericht ausüben, bis zum Eingang der Verfahrensakten beim Prozessgericht (BGH NJW 09, 1213, Rn 17; aA München MDR 07, 1154, bis Zustellung der Klagebegründung; s. Rz 14). Eine unter diesem Gesichtspunkt erfolgte Verweisung ist bindend, nicht willkürlich, wenn das Wahlrecht zwar objektiv bestanden hat, der Ast aber – nicht vorwerfbar – die das Wahlrecht begründenden Tatsachen nicht gekannt hat (München MDR 07, 1154 Wohnsitzverlegung). Die Verweisung ist nicht schon unwirksam, weil das Gericht die Zuständigkeitsprüfung gem § 29 übersieht, wenn die Parteien diese nicht thematisiert haben (BGH 17.5.11 – X ARZ 109/11).

Die Abgabe durch das Mahngericht an ein im MB nicht bezeichnetes Gericht (§ 696 I 1) erfordert, dass die Parteien dies übereinstimmend vor der Abgabe verlangen. Verweist das Empfangsgericht, obwohl die Abgabe durch das Mahngericht an das im MB bezeichnete Gericht vollzogen ist (s. Rz 14), kann auch hier die Bindungswirkung nach § 281 II 4 entfallen, indem die Verweisung willkürlich ist (vgl KG KGR 08, 1001). Wegfall der Bindungswirkung kommt außerdem in Betracht, wenn die Verweisung auf Verletzung des rechtlichen Gehörs beruht (BayObLG 10.4.03 – 1 Z AR 32/03). 26

I. Kosten/Gebühren. I. Gericht. Im streitigen Verfahren entsteht eine 3,0-Gebühr (Nr 1210 KV). Die im Mahnverfahren angefallene 0,5-Gebühr nach Nr 1110 KV wird aus dem Wert desjenigen Streitgegenstandes angerechnet, der in das Prozessverfahren übergegangen ist (Anm zu Nr 1210 S 1 Hs 2 KV). 27

Die Kostenschuldnerschaft für das streitige Verfahren ist gesondert zu prüfen, da es sich kostenrechtlich um einen neuen Rechtszug handelt (Karlsr JurBüro 95, 43; Hartmann Rn 13).

- Beantragt der Antragsteller des Mahnverfahrens nach Widerspruch gem § 696 I 1 die Abgabe der Sache an das Prozessgericht zur Durchführung des streitigen Verfahrens, so wird er Kostenschuldner der weiteren 2,5-Gebühr, da er Antragsteller der Instanz (nämlich des streitigen Verfahrens) ist (Ddorf JurBüro 97, 145 = NJW-RR 97, 704). Das folgt aus § 22 I GKG. Es besteht Vorauszahlungspflicht (§ 12 III 3 GKG). Das Mahnverfahren soll danach erst abgegeben werden, wenn die weiteren 2,5-Gebühren eingezahlt sind.
- Beantragt der Antragsgegner die Durchführung des streitigen Verfahrens, wird er Kostenschuldner, da er damit nach § 22 I GKG auch zum Antragsteller des erstinstanzlichen Erkenntnisverfahrens wird (LG Osnabrück JurBüro 03, 371; AG Bad Neustadt JurBüro 93, 482). Es besteht allerdings keine Vorauszahlungspflicht. Die Vorschrift des § 12 III 3 GKG ordnet eine Vorauszahlungspflicht nur für den Antragsteller an, nicht auch für den Antragsgegner. Ungeachtet dessen wird die weitere 2,5-Gebühr mit Abgabe an das Streitgericht fällig und ist sofort zu zahlen. Allerdings wird in der Praxis häufig die Einforderung beim Antragsgegner übersehen, so dass erst nach Abschluss des erstinstanzlichen Verfahrens abgerechnet wird.

II. Anwalt. Der **Anwalt des Antragstellers** erhält im Verfahren über den Widerspruch und den Streitantrag keine gesonderte Vergütung, seine Tätigkeit wird durch die bereits verdiente Gebühr nach Nr 3305 VV RVG mit abgegolten. Erst das streitige Verfahren ist eine gesonderte Gebührenangelegenheit (§ 17 Nr 2 RVG), in der dann die Gebühren nach Teil 3 Abschnitt 1 VV RVG entstehen (s. Kostenanmerkungen zu § 253). Die Verfahrensgebühr des Mahnverfahrens wird angerechnet (Anm zu Nr 3305 VV RVG). 28

Der **Anwalt des Antragsgegners** erhält zunächst eine 0,5-Verfahrensgebühr nach Nr 3307 VV RVG. Auch diese Gebühr ist anzurechnen, wenn es nach Durchführung des Mahnverfahrens zum streitigen Verfahren kommt (Anm zu Nr 3307 VV RVG).

Beide Anwälte können nach Vorbem 3.3.2 iVm Nr 3104 VV RVG eine Terminsgebühr verdienen, wenn sie Besprechungen zur Erledigung des Mahnverfahrens oder Vermeidung des streitigen Verfahrens führen (Vorbem 3 III, 3. Var VV RVG). Die Gebühr ist anzurechnen, wenn es im streitigen Verfahren erneut zu einer Terminsgebühr kommt (Anm IV zu Nr 3104 VV RVG). Auch können die Anwälte eine Einigungsgebühr verdienen, wenn es zu einer Einigung kommt.

§ 697 Einleitung des Streitverfahrens.

(1) [1]Die Geschäftsstelle des Gerichts, an das die Streitsache abgegeben wird, hat dem Antragsteller unverzüglich aufzugeben, seinen Anspruch binnen zwei Wochen in einer der Klageschrift entsprechenden Form zu begründen. [2]§ 270 Satz 2 gilt entsprechend.

(2) [1]Bei Eingang der Anspruchsbegründung ist wie nach Eingang einer Klage weiter zu verfahren. [2]Zur schriftlichen Klageerwiderung im Vorverfahren nach § 276 kann auch eine mit der Zustellung der Anspruchsbegründung beginnende Frist gesetzt werden.
(3) [1]Geht die Anspruchsbegründung nicht rechtzeitig ein, so wird bis zu ihrem Eingang Termin zur mündlichen Verhandlung nur auf Antrag des Antragsgegners bestimmt. [2]Mit der Terminsbestimmung setzt der Vorsitzende dem Antragsteller eine Frist zur Begründung des Anspruchs; § 296 Abs. 1, 4 gilt entsprechend.
(4) [1]Der Antragsgegner kann den Widerspruch bis zum Beginn seiner mündlichen Verhandlung zur Hauptsache zurücknehmen, jedoch nicht nach Erlass eines Versäumnisurteils gegen ihn. [2]Die Zurücknahme kann zu Protokoll der Geschäftsstelle erklärt werden.
(5) [1]Zur Herstellung eines Urteils in abgekürzter Form nach § 313b Abs. 2, § 317 Abs. 6 kann der Mahnbescheid an Stelle der Klageschrift benutzt werden. [2]Ist das Mahnverfahren maschinell bearbeitet worden, so tritt an die Stelle der Klageschrift der maschinell erstellte Aktenausdruck.

1 **A. Grundlagen.** § 697 befasst sich mit dem weiteren Vorgehen, nunmehr des streitigen Gerichts, im Anschluss an die Bestimmungen in § 696 zum Widerspruch beim Mahngericht und zu seinen Wirkungen. Nachdem Angaben zur Sache im Mahnverfahren durch Formular und Eingabefelder so beschränkt sind, dass nicht mehr als Individualisierung des Anspruchs möglich ist (§ 690 Rz 18), muss nun für das streitige Verfahren die Anspruchsbegründung nachgeholt werden (§697 I 1), die eine Schlüssigkeitsprüfung ermöglicht. Die Vorschrift enthält Regeln, wie die Anspruchsbegründung veranlasst wird und welche Folgen ihr Ausbleiben hat sowie zur Rücknahme des Widerspruchs.

2 **B. Anspruchsbegründung. I. Aufforderung (Abs 1).** Gemäß § 697 I 1 fordert die Geschäftsstelle, der Urkundsbeamte (§ 153 GVG), des Empfangsgerichts den Ast unverzüglich auf, seinen Anspruch binnen zwei Wochen in einer der Klageschrift entsprechenden Form zu begründen. Zustellung ist entbehrlich (str, vgl Musielak/*Borth* § 697 Rn 2). Zwar wird eine Frist in Lauf gesetzt (§ 329 II 2), auf die Feststellung des Fristablaufs kommt es aber nicht an. Der Fristablauf bringt dem Ast keine Nachteile (Rz 3 aE). Ferner ist § 270 S 2 entsprechend anzuwenden (§ 697 I 2), der von bloßer Übersendung durch die Post ausgeht und bestimmt, unter welchen Umständen die Mitteilung als bewirkt gilt.

3 **1. Vorhandene Anspruchsbegründung.** Dem Wortlaut nach hat die Geschäftsstelle unabhängig davon aufzufordern, ob eine Anspruchsbegründung bereits vorliegt (str, vgl Musielak/*Borth* § 697 Rn 2), zB zusammen mit dem Antrag auf DsV beim Mahnverfahren eingereicht worden ist. Sinnvoll ist eine derartige Aufforderung zur Zeit des Lokalisierungsgebots beim LG gewesen, indem häufig die Anspruchsbegründung nicht von einem beim LG als Prozessgericht zugelassenen Rechtsanwalt gefertigt worden ist (vgl Karlsr NJW 88, 2806). Nach Änderung des § 78 bleibt nur der etwas seltenere Fall, dass der Ast die Anspruchsbegründung selbst verfasst/unterschrieben hat und beim streitigen Gericht Anwaltszwang besteht. In der Praxis wird es keine Schwierigkeiten geben, nachdem auch die Versäumung einer gesetzten Frist sanktionslos bleibt. § 697 III 1 verweist nicht auf § 296, anders als § 697 III 2, der erst eingreift, wenn auch die gem S 2 gesetzte Frist versäumt ist (Nürnbg NJW-RR 00, 445).

4 **2. Fristverlängerung.** Anträge, die Zweiwochenfrist des § 697 I 1zu verlängern, müssen an § 224 II scheitern. Gesetzliche Fristen können nur in besonders bestimmten Fällen verlängert werden. Es ist kein Fall besonders vorgesehen. Zu den iÜ unerheblichen Folgen nicht eingehaltener Frist s. Rz 3 aE.

5 **3. Bestimmter Antrag – Bezugnahme.** Die Form der Anspruchsbegründung muss einer Klageschrift (§ 253) entsprechen (§ 697 I 1). Besteht kein Anwaltszwang, kann der Ast sie schriftlich einreichen oder sie mündlich zu Protokoll der Geschäftsstelle des Empfangsgerichts anbringen (§ 496) oder sie vor der Geschäftsstelle jedes Amtsgerichts zu Protokoll abgeben (§ 129a). Zum Anspruch an die Klageschrift gehört ein »bestimmter Antrag« (§ 253 II Nr 2). Ob Bezugnahme »auf den Mahnantrag« oder »auf den Antrag aus dem MB« genügt, ist str (Musielak/*Borth* § 697 Rn 3 Fn 10). Die nur scheinbare Vereinfachung empfiehlt sich nicht. Risiken und Zeitaufwand für Nachfragen des Gerichts oder für Berichtigungsverfahren stehen außer Verhältnis. Die Gestaltung der Antragsformulare (im automatisierten Verfahren dem streitigen Gericht häufig nicht mehr vorliegend), des Aktenausdrucks gem § 696 II und des automatisch erstellten Mahnbescheids führt erfahrungsgemäß zu Fehlern. Einträge werden in ihrem Bezug zueinander missver-

standen oder Positionen übersehen. Besser beugt der Ast vor, wenn er seinen Sachantrag so genau ausformuliert, wie ihn eine Klageschrift zu enthalten hat.

Hat der Ast nicht schon im Mahnantrag bei der Bezeichnung zu § 690 I Nr 5 den Antrag angebracht, den Rechtsstreit vor der Kammer für Handelssachen zu verhandeln (§ 96 I GVG), kann er ihn noch in der Anspruchsbegründung stellen (s. § 96 GVG Rz 2). 6

II. Eingang (Abs 2). Geht die Anspruchsbegründung innerhalb der Zweiwochenfrist ein, ist grds wie nach Eingang einer Klage weiter zu verfahren (§ 697 II 1), vgl §§ 271 ff. Sie ist unverzüglich vAw an den Beklagten oder seinen Prozessbevollmächtigten (§ 172) zuzustellen und er ist, im Anwaltsprozess, aufzufordern einen Rechtsanwalt zu beauftragen, wenn er sich verteidigen will (§ 271). Wählt der Vorsitzende das schriftliche Vorverfahren (§ 276) kann er, abw von § 276 I 2, auch eine mit der Zustellung der Anspruchsbegründung beginnende Frist setzen (§ 697 II 2). 7

III. Ausbleiben (Abs 3). Geht die Anspruchsbegründung nicht fristgemäß ein, wird bis zu ihrem Eingang Termin nur auf Antrag des Ag bestimmt (§ 697 III 1). Stellt er Terminsantrag und bestimmt der Vorsitzende hierauf Termin, setzt der Vorsitzende dem Ast eine Frist zur Begründung des Anspruchs (§ 697 III 2). Auf diese sind erstmals die Vorschriften in § 296 I, IV über die Zurückweisung verspäteten Vorbringens anzuwenden (§ 697 III 2 Hs 2). Bis zu einem Eingang gerät das Verfahren iSv § 204 II 2 BGB in Stillstand und die Hemmung der Verjährung endet sechs Monate (Abs 2 S 1) nach der letzten Verfahrenshandlung, der Aufforderung gem § 697 I (vgl BGH NJW-RR 95, 1335). 8

C. Rücknahme des Widerspruchs (Abs 4). I. Erklärung. Der Ag kann seinen Widerspruch bis zum Beginn seiner mündlichen Verhandlung zur Hauptsache zurücknehmen, sofern nicht Versäumnisurteil gegen ihn ergangen ist (§ 697 IV 1). § 182a SGG (Beitragsansprüche für die private Pflegeversicherung) legt die Grenze auf den Zeitpunkt, zu welchem die Abgabe an das Sozialgericht verfügt ist. Zum arbeitsgerichtlichen Verfahren vgl § 46a ArbGG. § 46a WEG, der eine Zweiwochenfrist bestimmt hatte, ist aufgehoben (vgl § 696 Rz 1). Zwischenzeitliche Klageerweiterung hindert die Widerspruchsrücknahme nicht (str, vgl B/L/A/H § 697 Rn 24). Das Gesetz gibt keine Grundlage, dem Ag dieses Recht zu versagen. Es tritt »Verfahrensaufspaltung bzw -trennung« ein (Hamm AnwBl 89, 247). Zu dem von Widerspruch und Rücknahme nicht betroffenen Teil kann das str Verfahren fortgesetzt werden. Ast wie Ag können den Antrag auf DsV stellen (§ 696 Rz 4) und jede Partei kann ihren eigenen Antrag auch wieder zurücknehmen. Zum Stillstand kommt das Verfahren erst bei Rücknahme aller Anträge. Der Ag kann die Rücknahme schriftlich, elektronisch, zu Protokoll im Termin oder zu Protokoll der Geschäftsstelle des zuständigen Gerichts (§ 697 IV 2) oder jedes Amtsgerichts (§ 129a) erklären. Ein Formular ist für die Widerspruchsrücknahme nicht eingeführt, s. § 703c Rz 3. Für den Bevollmächtigten gilt § 703 nicht mehr nach Abgabe ins streitige Verfahren. Wenn er nicht Anwalt ist (§ 88 II), muss er dort seine Vollmacht nachweisen (§§ 80, 88 II). Anwaltszwang besteht für die Widerspruchsrücknahme nicht (§ 697 IV iVm § 78 III). 9

II. Wirkung. Zurücknahme des Widerspruchs ist für die Gerichtsgebühren der Klagerücknahme gleich gestellt; die 3,0 Gebühr ermäßigt sich auf 1,0 (GKG KV 1211). Nach Rücknahme steht dem beantragten VB Widerspruch nicht mehr entgegen (§ 699 I 1). Gemäß § 701. darf VB nicht mehr erlassen werden, wenn der Antrag nicht binnen sechsmonatiger Frist gestellt ist, die mit Zustellung des Mahnbescheids begonnen hat. Zur Meinung, bis zur Rücknahme sei der Ablauf der Frist des § 701 gehemmt, vgl Musielak/*Borth* § 697 Rn 8, § 701 Rn 2 mwN; Hambg 3.7.98 – 2 W 59/98. Gesetzliche Regelungen der Verjährung, wie §§ 203 ff BGB, finden aber auf Ausschlussfristen nur dann Anwendung (BGH NJW 90, 3207, Rn 10 (keine Hemmung nach § 208 BGB bei Ausschlussfrist nach § 612 II HGB)), wenn dies gesetzlich angeordnet ist, vgl zB § 124 II BGB im Gegensatz zu § 124 III BGB (s. PWW/*Kesseler* § 194 Rn 9; PWW/*Ahrens* § 124 Rn 6, 7). § 701 verweist nicht auf Verjährungsrecht. Deshalb ist zu untersuchen, ob nach Sinn und Zweck der Einzelregelung, hier § 701, die Anwendung einzelner Regelungstatbestände des Verjährungsrechts in Betracht kommt (KG NJOZ 06, 3698; PWW/*Kesseler* § 194 Rn 9). Hierzu s. § 701 Rz 3. Für den Erlass des VB ist nach Abgabe (§ 699 I 3) und bleibt nach Widerspruchsrücknahme das str Gericht zuständig (Frankf NJW-RR 90, 767), idR dessen Rechtspfleger (§ 20 Nr 1 RPflG). 10

D. Abgekürztes Urteil (Abs 5). Zur Herstellung eines abgekürzten Urteils gem § 313b II und der Ausfertigung gem § 317 VI kann der MB oder, nach idR maschineller Bearbeitung, der maschinell erstellte Aktenausdruck (§ 696 II) benutzt werden. 11

§ 698 Abgabe des Verfahrens am selben Gericht. Die Vorschriften über die Abgabe des Verfahrens gelten sinngemäß, wenn Mahnverfahren und streitiges Verfahren bei demselben Gericht durchgeführt werden.

1 Auch das sog Mahngericht ist nur eine Abteilung des Amtsgerichts. Sind Mahn- und streitiges Verfahren bei demselben Amtsgericht durchzuführen, gelten die Vorschriften der §§ 695–697 über die Abgabe sinngemäß. Von Bedeutung ist vor Allem – wegen der Rückwirkung gem § 696 III – dass auch hier »alsbald« (§ 696 Rz 20) an die für das streitige Verfahren funktionell zuständige Abteilung abgegeben wird.

§ 699 Vollstreckungsbescheid. (1) [1]**Auf der Grundlage des Mahnbescheids erlässt das Gericht auf Antrag einen Vollstreckungsbescheid, wenn der Antragsgegner nicht rechtzeitig Widerspruch erhoben hat.** [2]**Der Antrag kann nicht vor Ablauf der Widerspruchsfrist gestellt werden; er hat die Erklärung zu enthalten, ob und welche Zahlungen auf den Mahnbescheid geleistet worden sind; § 690 Abs. 3 Satz 1 und 3 gilt entsprechend.** [3]**Ist der Rechtsstreit bereits an ein anderes Gericht abgegeben, so erlässt dieses den Vollstreckungsbescheid.**
(2) **Soweit das Mahnverfahren nicht maschinell bearbeitet wird, kann der Vollstreckungsbescheid auf den Mahnbescheid gesetzt werden.**
(3) [1]**In den Vollstreckungsbescheid sind die bisher entstandenen Kosten des Verfahrens aufzunehmen.** [2]**Der Antragsteller braucht die Kosten nur zu berechnen, wenn das Mahnverfahren nicht maschinell bearbeitet wird; im Übrigen genügen die zur maschinellen Berechnung erforderlichen Angaben.**
(4) [1]**Der Vollstreckungsbescheid wird dem Antragsgegner von Amts wegen zugestellt, wenn nicht der Antragsteller die Übermittlung an sich zur Zustellung im Parteibetrieb beantragt hat.** [2]**In diesen Fällen wird der Vollstreckungsbescheid dem Antragsteller zur Zustellung übermittelt; die Geschäftsstelle des Gerichts vermittelt diese Zustellung nicht.** [3]**Bewilligt das mit dem Mahnverfahren befasste Gericht die öffentliche Zustellung, so wird die Benachrichtigung nach § 186 Abs. 2 Satz 2 und 3 an die Gerichtstafel des Gerichts angeheftet oder in das Informationssystem des Gerichts eingestellt, das in dem Mahnbescheid gemäß § 692 Abs. 1 Nr. 1 bezeichnet worden ist.**

1 **A. Grundlagen.** Erst mit dem VB erhält der Ast einen Vollstreckungstitel (§ 794 I Nr 4). Er muss ihn beantragen. Der VB ergeht auf der Grundlage des MB (§ 699 I 1). Das wirft bei zwischenzeitlichen Veränderungen Schwierigkeiten auf.

2 § 699 I 2 ist gleichzeitig mit § 690 III geändert worden. Die ursprüngliche Verweisung auf den gesamten Abs 3 des § 690 hätte den S 2 mit eingeschlossen. Dies hätte bewirkt, dass die in S 2 geregelte Verpflichtung, Anträge in nur maschinell lesbarer Form einzureichen, den VB einbezogen hätte. Im Laufe der Gesetzgebung hat sich die Meinung gebildet, dass dies nicht sinnvoll sei (BTDrs 16/3640, 52).

3 **B. Voraussetzungen (Abs 1). I. Antrag. 1. Formular.** Auch für den Antrag auf Erlass des Vollstreckungsbescheids bei maschinell bearbeitenden Gerichten ist gem § 703c I 1 und § 1 Nr 4 MaschMahnVordrV ein Vordruck eingeführt. Alle Amtsgerichte, die Mahnverfahren betreiben, sind automatisiert. Somit müssen die Parteien das Formular für den Antrag auf VB verwenden (Formularzwang, § 703c II). Die Verpflichtung von Rechtsanwälten und registrierten Personen nach § 10 I 1 Nr 1 RDG, den Mahnantrag in »nur maschinell lesbarer« Form zu übermitteln (§ 690 III 2), ist in § 699 I 2 nicht auf den VB erstreckt, indem lediglich § 690 III 1 und 3 entsprechend anzuwenden sind.
Der Antrag auf VB kann vor dem Urkundsbeamten der Geschäftsstelle eines jeden Amtsgerichts angebracht werden (§§ 702 I 1, 129a). In diesem Fall »wird« das Formular ausgefüllt (§ 702 I 2 Hs1), um dem Formularzwang (§ 703c II) zu genügen. Der Urkundsbeamte bringt die Vermerke gem § 702 I 2 Hs 2 an. Eines Protokolls (§ 129a) bedarf es bei dem für das Mahnverfahren zuständigen Gericht nicht (§ 702 I 3). Dem Gegner wird der Antrag nicht mitgeteilt (§ 702 II).

4 **2. Unterzeichnung.** Das mit der Zustellungsnachricht übersandte Formular für den Antrag auf VB gibt vor, dass er unterschrieben wird. Dem entsprechen die meisten Ast. Wenn ausnahmsweise eine Unterschrift fehlt, muss der Antrag dennoch nicht als unwirksam behandelt werden. In § 699 findet sich keine Regelung, wie in § 690 II, wonach der Mahnantrag der handschriftlichen Unterzeichnung bedarf (§ 690 Rz 30). Der Text des § 699 gibt keine Grundlage, für den Antrag auf VB eine Unterschrift zu fordern. Auf die Entbehrlichkeit einer Unterschrift deutet § 699 I 2 hin. Er verweist auf § 690 III 3. Danach muss der MB nicht

unterschrieben sein, wenn in anderer Weise gewährleistet ist, dass der Antrag nicht ohne den Willen des Ast übermittelt wird. Allerdings verweist § 699 I 2 gleichzeitig auf § 690 III 1, der sich mit dem »nur maschinell lesbaren« Antrag befasst. Dies spricht dafür, dass S 3 nur deswegen einbezogen ist, weil bereits auf S 1 verwiesen wird und dass deshalb S 3 nur den elektronisch lesbaren Antrag betrifft. Es gibt auch die Meinung, der Antrag auf VB müsse unterschrieben sein, weil Formularzwang besteht und das Formular eine Unterschrift vorsieht (vgl Musielak/*Borth* § 699 Rn 2). Formularzwang gilt aber auch für den Mahnantrag. Hier müsste sich die Frage anschließen, weshalb ein Erfordernis, welches sich schon aus dem Formularzwang ergibt, für den MB in § 690 II ausdrücklich wiederholt wird, beim VB aber nicht. Der Widerspruch (§ 694) dagegen ist nach hM nicht vom Formularzwang erfasst, gem § 694 I schriftlich zu erheben und dennoch kann die Unterschrift entbehrlich sein, s. § 694 Rz 14. Vgl auch, zum nicht unterschriebenen Einspruch, § 700 Rz 6 (»Form- und Verfahrensvorschriften sind nicht Selbstzweck«) sowie Celle OLGR Celle 06, 811 (»ist zu prüfen, ob in dem Schriftstück selbst Anzeichen für ein bewusstes und gewolltes Inverkehrbringen erkennbar sind«). Wenn der Sinn einer Unterschrift nicht nur darin gesehen würde, das willentliche Inverkehrbringen zu dokumentieren, sondern auch die Verantwortung bewusst zu machen, die für den vorangehenden Text übernommen werden soll, spricht es für ein Unterschriftserfordernis, dass Ast sich im Antrag auf VB zu Zahlungen auf den MB äußern sollen (§ 699 I 2 Hs 2), damit unberechtigte Titel und sonst unnötige Einsprüche vermieden werden. Andererseits hat der Gesetzgeber auch sonst dieser Erklärung keine besondere Bedeutung verliehen, indem der Antrag auf VB zu diesen Zahlungen nicht mehr als eine (schlichte) Erklärung enthalten soll (§ 699 I 2 Hs 2).

3. Bevollmächtigte. Wer den Antrag als Bevollmächtigter stellt, muss keine Vollmacht nachweisen. Es 5
genügt, ordnungsgemäße Bevollmächtigung zu versichern (§ 703). Diese Versicherung ist erforderlich. Unterbleibt sie, beanstandet dies das Mahngericht.

4. Widerspruchsfrist. Der Antrag auf VB darf nicht vor Ablauf der Widerspruchsfrist (§ 692 I Nr 3; s. 6
§ 692 Rz 5; § 694 Rz 10, 17; § 696 Rz 2) gestellt werden und hat gleichzeitig die Erklärung zu enthalten, ob und welche Zahlungen auf den MB geleistet worden sind (§ 699 I 2 Hs 2). Damit sollen Titel vermieden werden, die nur deshalb unberechtigt sind, weil der Ast die Bekanntgabe von Zahlungen auf den MB in Erwartung des automatischen Fortgangs des Verfahrens unterlässt (vgl Musielak/*Borth* § 699 Rn 1). Aus demselben Grund kann der Antrag auf VB nicht gleichzeitig mit dem Mahnantrag gestellt werden. Ein Eingabefeld ist im Formular für den Mahnantrag nicht eingerichtet. Auch Einträge an anderer Stelle könnten, sofern bemerkt, nicht beachtet werden. Dagegen enthält das amtliche Formular (Rz 3) für den Antrag auf VB Felder, in welchen der Ast erklären kann, dass der Ag keine Zahlungen oder nur bestimmte, einzeln anzugebende Zahlungen geleistet habe. Eine zusätzliche Formulierung, dass der Antrag um diese Zahlungen reduziert werde (Musielak/*Borth* § 699 Rn 3), ist nicht nötig. Im Formular ist bereits die Erklärung des Ast vorgedruckt, dass er VB nur soweit beantrage, als dem Anspruch nicht widersprochen ist. Vom Ast mitgeteilte Zahlungen werden beim Erlass des VB ebenso wie der Umfang des Widerspruchs vom Mahngericht eingerechnet (§ 694 Rz 8: »Soweit ... nicht widersprochen hat, ergeht auf der Grundlage des MB Vollstreckungsbescheid wegen vorstehender Beträge abzgl der vom Ag geleisteten Zahlungen«). Spätestens hier zeigt sich, wie wichtig es ist, dass der Ast beim Teilwiderspruch und bei Teilzahlungen auf den MB nachvollziehbar beschrieben hat, auf welchen Teil des Anspruchs der Widerspruch sich bezieht. Wenn nicht eindeutig ist, dass die vom Ast mitgeteilten Zahlungen sich mit dem unwidersprochen gebliebenen Teil decken, muss dafür gesorgt werden, dass nicht der Umfang des VB unklar ist, indem nicht festgestellt werden kann, welcher Teil der Abzüge ggü dem MB auf den Teilwiderspruch entfällt und welcher auf die Zahlung. Sofern das Mahngericht die Unklarheit erkannt hat, wird es schon auf den Teilwiderspruch hin nachgefragt haben und dies nachholen, wenn sich die Unklarheit erst aus der Mitteilung des Ast zu den Zahlungen ergibt.

Soweit dem Ast die Zustellungsnachricht (§ 693 II) auf Papier mitgeteilt wird, ist das Formular für den 7
Antrag auf VB beigefügt. Das Anschreiben und das Formular weisen auf die Widerspruchsfrist unter Angabe des Zustelldatums des MB hin. Wenn der Ast dennoch den Antrag verfrüht einreicht, erhält er eine neue Zustellnachricht, ein neues Antragsformular – um den Antrag wiederholen zu können – und den Hinweis, dass der verfrüht gestellte Antrag unwirksam ist. Der Ast mag dann bedenken, wie er den Wegfall der Wirkungen des Mahnbescheids (§ 701) vermeidet. Ferner kann das Mahngericht beanstanden, dass die Erklärung zu zwischenzeitlichen Zahlungen nicht genüge, weil sie vor Ablauf der Widerspruchsfrist nicht schon alle fristgerecht iSv § 692 I Nr 3 eingegangenen Zahlungen bezeichnen könne.

8 Verspätet ist der Antrag, wenn der Ast ihn nicht binnen sechsmonatiger (Ausschluss-)Frist seit Zustellung des MB stellt; dann ist die Wirkung des Mahnbescheids weggefallen (§ 701 1). Zur Bedeutung der Ausschlussfrist s. § 701 Rz 3.

9 **5. Zuständigkeit.** Funktionell zuständig für den Erlass des VB ist idR (§ 689 Rz 2) der Rechtspfleger (§ 20 Nr 1 RPflG) grds des Gerichts, welches den MB erlassen hat. Ist der Rechtsstreit bereits an ein anderes Gericht abgegeben, so erlässt dieses den VB (§ 699 I 3). Die Zuständigkeitsverschiebung des § 699 I 3 tritt auch dann ein, wenn das Mahngericht bei zulässiger formaler Beschränkung seiner Prüfung auf das äußere Erscheinungsbild von einem wirksamen Widerspruch hat ausgehen dürfen, deshalb an das str Gericht abgegeben hat und sich erst bei nachträglicher Prüfung der Widerspruch als unwirksam erweist (BGH NJW 98, 235). Ob § 699 I 3 auch dann greift, wenn »eindeutig erkennbar überhaupt kein Widerspruch eingelegt« worden ist und die Abgabe objektiv unter offensichtlichem Verstoß gegen § 696 I 1 erfolgt ist, hat BGH NJW 98, 235 offen gelassen. Ist nach Meinung des Empfangsgerichts tatsächlich so offensichtlich gegen § 696 I 1 verstoßen worden, sollte es dennoch über den VB entscheiden. Der Gesetzeswortlaut spricht für die Zuständigkeit des Empfangsgerichts. Streit unter Gerichten, ob eines von ihnen einen Fehler begangen hat und deshalb diesem ein sonst einfach zu erledigender Vorgang wie der Erlass eines VB wieder aufgezwungen werden muss, dient nicht der Sache. Das Mahnverfahren wird als schnelles Verfahren angeboten. Erkennt ein Gericht, dass ein angeblicher Widerspruch dem VB nicht mehr entgegensteht, darf der Ast von diesem Gericht die konsequente Umsetzung durch zügigen Erlass des VB erwarten.

10 Wenn die Person, die den Einspruch einlegt, geltend macht, sie sei nicht Schuldner des vom Mahngericht verfügten VB, kann ein Zwischenstreit zu entscheiden sein. Für ihn ist nicht das »hierfür nicht eingerichtete« Mahngericht zuständig, sondern das im MB wirksam angegebene Streitgericht und, nach entsprechender Feststellung, nur für die dann notwendige Zustellung des VB an die wahre Partei das Mahngericht (BGH NJW-RR 95, 764, 765).

11 **6. Zustellung und MB wirksam.** Voraussetzung für den Erlass des VB ist ein wirksamer MB; zu den Wirksamkeitsvoraussetzungen gehören die in § 691 »in Bezug genommenen Prozessvoraussetzungen« (BGH NJW 90, 1119), zu welchen auch die ausschließliche Zuständigkeit gem § 689 II zählt. Stellt sich heraus, dass das Mahngericht für den Erlass nicht zuständig gewesen ist, darf es als unzuständiges Gericht weder den VB erlassen, noch an das zuständige Gericht verweisen; der Ast kann den Mahnantrag zurücknehmen und beim zuständigen Gericht des § 689 II erneut stellen (BGH NJW 90, 1119). LG Hagen 30.1.08 – 3 T 399/07 – meint, das Mahngericht dürfe nicht sehenden Auges einen unrichtigen Titel für den Ast des Mahnantrags erlassen, nachdem von einer weiteren Beteiligten vorgetragen wurde, dass die streitgegenständliche Forderung nach Erlass des MB auf sie übergegangen sei.

Das Mahngericht prüft auch die Zustellung des MB. Ihr Datum ist schon für die Berechnung und Mitteilung der Widerspruchsfrist maßgeblich. Im automatisierten Verfahren geschieht die Kontrolle durch programmierte Plausibilitätsprüfungen. Nur, wenn der Rechner eine Unstimmigkeit gefunden hat, löst er entweder direkt eine Reklamation an das Zustellunternehmen aus oder veranlasst Vorlage an den Rechtspfleger.

12 **7. Gerichtskostenvorschuss.** Im Mahnverfahren besteht Vorauszahlungspflicht gem § 12 III 2 GKG. Der VB wird erst erlassen, wenn der Ast die 0,5 Mahngebühr (GKG KV 1100) bezahlt hat. Sie entsteht mit dem Eingang des Antrags auf MB und wird dem Ast bei Erlass des MB in Rechnung gestellt. Sie gilt den VB mit ab (Hartmann 1100 KV Rn 3).

13 **8. Rücknahme.** Der Antrag auf VB kann zurückgenommen werden, solange der VB nicht verfügt ist (s. § 694 Rz 12).

14 **C. Auf MB setzen (Abs 2).** Schon weil der VB nur dann auf den MB gesetzt werden kann, wenn das Mahnverfahren nicht maschinell betrieben wird, wird § 699 III nur selten Anwendung finden. Außerdem ist der Inhalt eines VB regelmäßig zu komplex (zB durch die Festsetzung weiterer Kosten), als dass der MB genügend Raum bieten könnte. Ein praktisches Bedürfnis besteht nicht.

15 **D. Bisher entstandene Kosten (Abs 3). I. Kostenfestsetzung im VB.** In den VB sind die bisher entstandenen Kosten aufzunehmen. Im Ergebnis entspricht dies einer Kostengrundentscheidung (nur über die aufgenommenen Kosten, insoweit nicht aA als München NJW-RR 97, 895, welches sich mit nicht aufgenommenen Kosten befasst und für diese im VB keine Kostengrundentscheidung sieht) mit gleichzeitiger Kostenfestsetzung (vgl HK–ZPO/*Gierl* § 699 Rn 24). Abweichend von § 104 I 1 (vgl BayObLG NJW-RR 05,

1012) entscheidet nicht das »Gericht des ersten Rechtszugs«, sondern das Mahngericht setzt die Kosten in den VB ein, welche sich aus dem Gesetz oder den Angaben des Ast (§ 699 III 2 Hs 2) ergeben. Die Aufgabe, die bisher entstandenen Kosten in den VB aufzunehmen, hat § 699 III 1 ausdrücklich dem Mahngericht übertragen; damit ist das Kostenfestsetzungsverfahren nach §§ 103 ff ausgeschlossen (BGH NJW-RR 09, 860). Im automatisierten Verfahren braucht der Ast die Kosten nicht zu berechnen. Soweit sie sich nicht schon aus den sonstigen Eintragungen (zB Streitwert, Bevollmächtigung) in den Anträgen errechnen lassen, müssen dem Mahngericht die zur maschinellen Berechnung erforderlichen Angaben mitgeteilt werden. In Betracht kommen insb diejenigen Kosten, die seit dem Mahnantrag entstanden und dem Mahngericht noch nicht bekannt sein können.

16 Auch Kosten, die schon im Mahnantrag hätten geltend gemacht werden können und deshalb in den gem § 692 I Nr 3 bezeichneten Kosten nicht aufgeführt sind, können in den VB aufgenommen werden (BGH NJW-RR 09, 860). Das Argument, dass der VB nur auf der Grundlage des MB erlassen wird (§ 699 I 1), greift für die Kosten nicht; gem § 699 III 1 sind »die bisher entstandenen Kosten des Verfahrens« aufzunehmen, ohne Einschränkung (BGH NJW-RR 09, 860). Abweichende Meinungen und Praxis haben dagegen die Interessen des Ag gesehen. Er trifft die Entscheidung, ob er Widerspruch einlegt, auch auf der Grundlage der im MB mitgeteilten Kosten. Bei nachträglicher Aufnahme von Kosten ist diese Kalkulation gestört. Außerdem gibt es über die nicht einkalkulierte Forderung sogleich einen Vollstreckungstitel.

17 Ergeht Teil–VB, dürfen allenfalls die durch den VB selbst entstehenden weiteren Kosten in den VB aufgenommen werden. Wegen des Grundsatzes der Einheitlichkeit der Kostenentscheidung sollte diese grds der Schlussentscheidung des Prozessgerichts vorbehalten bleiben (§ 691 Rz 9; § 694 Rz 9; vgl Köln OLGR Köln 07, 67; Musielak/*Borth* § 699 Rn 6).

18 Anwaltskosten werden berücksichtigt, wenn der Einreicher an der im Antrag dafür vorgesehenen Stelle die Bevollmächtigung durch einen RA vermerkt. Die Berufsbezeichnung an anderer Stelle, zB in den Feldern für den Antragsteller, wird im maschinellen Verfahren nicht ausgewertet. Das System erfährt nichts von einem RA als Bevollmächtigten und setzt insoweit keine Kosten ein. Unrealistisch ist deshalb Nürnbg JurBüro 06, 141 Rn 3, wonach sich »die Vertretung aus der Antragstellung von selbst« ergeben hätte und nicht hätte nachgefragt werden dürfen, weil es mangels Rüge eines Nachweises der Vollmacht nicht bedurft hätte. Ohnehin bedarf es lediglich der Versicherung ordnungsgemäßer Bevollmächtigung (§ 703). Diese ist aber auch erforderlich und wird (vorgedruckt) abgegeben, sofern an der richtigen Stelle die Bevollmächtigung durch einen Rechtsanwalt vermerkt wird.

19 Zu den bisher entstandenen Kosten, die in den VB aufzunehmen sind, zählen die seit dem Erlass des MB entstandenen weiteren Kosten, zB erstattungsfähige weitere Anwaltsgebühren, wie bspw die Verfahrensgebühr VV 3308 für die Vertretung des Antragstellers im Verfahren über den Antrag auf Erlass eines VB, die neben der Gebühr VV 3305 nur entsteht, wenn innerhalb der Widerspruchsfrist kein Widerspruch erhoben oder der Widerspruch gem § 703a II Nr 4 beschränkt worden ist. Tritt erst nach dem MB ein Prozessbevollmächtigter des Ast auf, wird von den Mahngerichten geprüft, ob Umstände vorgetragen oder gegeben sind, die eine volle Gebühr für das Mahnverfahren nach VV 3305 rechtfertigen. Tritt der Anwalt erst während der Bearbeitung des VB in das Verfahren ein, setzt das Mahngericht im Zweifel nur die Gebühr nach VV 3308 an.

20 Aufzunehmen sein kann auch die Einigungsgebühr nach VV 1000, 1003. Wenn sie entstanden ist (zu den Voraussetzungen vgl BGH NJW 09, 234, Fortführung BGH NJW–RR 01, 1007) und geltend gemacht wird, ist sie in den VB mit aufzunehmen. In Betracht kommt auch die Terminsgebühr gem VV 3104 (BGH NJW-RR 07, 286; Brandbg Rpfleger 07, 508).

21 **II. Kostenfestsetzung nachträglich.** Bemerkt der Ast erst nach Erlass des VB, dass er zur maschinellen Bearbeitung erforderliche Angaben unterlassen hat, zB die Bevollmächtigung eines Rechtsanwalts an der maßgeblichen Stelle zu vermerken, hat er den für die Aufnahme der Kosten nach § 699 III 1 vorgesehenen Verfahrensabschnitt verpasst. Nachträgliche Berücksichtigung ist in entsprechenden Fallgestaltungen über Berichtigungsverfahren (§ 319) zu erreichen. Andernfalls kann der Ast beantragen, die bisher unbehandelten Kosten nachträglich festzusetzen. Bei beiden Antragsvarianten ist ggf zu bedenken, dass der VB bereits dem Ag zugestellt worden ist, der Ag den Entschluss, keinen Einspruch einzulegen, auch auf der Grundlage der aufgenommenen Kosten gefasst hat (HK-ZPO/*Gierl* § 699 Rn 24 mwN) und die Einspruchsfrist (§§ 700 I, 339 I) abgelaufen ist. Das um nachträgliche Berücksichtigung angegangene Gericht wird den Ag vor zusprechender Entscheidung über den Antrag zu hören haben, jedenfalls im Berichtigungsverfahren (vgl § 319 Rz 11), aber auch bei der nachträglichen Kostenfestsetzung, weil der Ag bisher keine Gelegenheit zur

Prüfung erhalten hat, zB über die Kostenmitteilung im MB. Zu berichtigen hat das Gericht, welches den VB erlassen hat (vgl § 319 Rz 11). Wenn das Verfahren nicht an das Prozessgericht abgegeben worden ist, ist für die gesonderte, nachträgliche Titulierung nicht in den VB aufgenommener Kosten das Amtsgericht zuständig, dessen Mahngericht den Vollstreckungsbescheid erlassen hat (BGH NJW-RR 09, 860). Der BGH stellt darauf ab, dass § 699 III 1 die Kostenaufnahme ausdrücklich dem Mahngericht überträgt – als eine das Kostenfestsetzungsverfahren nach §§ 103 ff ausschließende Aufgabe – und für die nachträgliche Geltendmachung von Kosten, die bei Erlass des Vollstreckungsbescheids nicht berücksichtigt worden sind, eine abweichende Regelung im Gesetz nicht vorgesehen ist; iÜ sprächen für die Zuständigkeit des Mahngerichts auch sonst Gründe der Zweckmäßigkeit und der Verfahrensökonomie; nur das Mahngericht, bei dem sich die Akten befänden, könne ohne größeren Aufwand prüfen, ob die Voraussetzungen für die Titulierung der nachträglich angemeldeten Kosten vorlägen. Allerdings entstehen beim Mahngericht idR keine Akten. Wer beim Mahngericht die Kosten nachträglich festsetzt, bezieht seine Sachkunde idR aus dem gleichen Aktenausdruck (am Bildschirm), wie er gem § 690 III für das Empfangsgericht bei Abgabe gefertigt wird. Zur Zuständigkeit bei einem Antrag nach § 19 BRAGO, 11 RVG s. § 696 Rz 10.

22 **E. Unterschrift.** § 699 enthält nicht die Bestimmung wie § 692 II für den MB, dass an Stelle handschriftlicher Unterzeichnung ein entsprechender Stempelabdruck oder eine elektronische Signatur genügt. Da aber sämtliche Mahngerichte automatisiert sind, gilt für ihre VB § 703b, wonach Beschlüsse, Verfügungen und Ausfertigungen (lediglich) mit dem Gerichtssiegel versehen werden und es einer Unterschrift nicht bedarf. Siehe auch § 692 Rz 17.

23 **F. Zustellung (Abs 4).** Der VB wird dem Ag vAw zugestellt, sofern nicht der Ast die Übermittlung an sich zur Zustellung im Parteibetrieb beantragt hat (§ 699 IV 1). Der Antrag auf Übermittlung zur Zustellung im Parteibetrieb empfiehlt sich, wenn der Ast beabsichtigt, gleichzeitig mit der Zustellung des VB die Zwangsvollstreckung über einen Gerichtsvollzieher (§ 192) zu beginnen (§ 750 I 1). Für die Form dieses Antrags gilt § 702. Der Ast, der Zustellung im Parteibetrieb wünscht, erhält eine Ausfertigungen für sich und eine für den Ag. Bei Amtszustellung erhält er nur diejenige mit dem Aufdruck »Ausfertigung für den Antragsteller«. Ausfertigung und Verfügung der Übermittlung werden im maschinellen Verfahren mit dem Gerichtssiegel versehen und nicht unterschrieben (§ 703b). Eine Urschrift gibt es im maschinellen Verfahren nicht. In Auslandsverfahren, die nicht als maschinelle Verfahren behandelt werden, finden sich deshalb auch bei automatisierten Gerichten Unterschriften. Zur zweiten vollstreckbaren Ausfertigung s. Rz 21. Der Urkundsbeamte (§ 153 GVG) des Gerichts, das den VB erlassen hat, vermittelt (vgl § 192 III) die Zustellung nicht (699 IV 2 Hs 2). Eine Vollstreckungsklausel ist nur ausnahmsweise erforderlich, bei Umschreibung gem § 796 und wenn die Zwangsvollstreckung in einem anderen Vertrags- oder Mitgliedstaat betrieben werden soll (§ 31 AVAG). Auf die Folgen der Fristversäumung, wie in § 340 III 4, muss bei der Zustellung des VB nicht hingewiesen werden; gem § 700 III 3 ist § 340 III nicht anzuwenden. Wegen der Gleichstellung mit einem Versäumnisurteil in § 700 I gilt jedoch § 338 S 2. Die von § 338 S 2 verlangten Hinweise auf den Einspruch, das zuständige Gericht und die einzuhaltende Frist und Form sind auch bei Zustellung des VB anzubringen. Solche Hinweise sind neben anderen auf der Rückseite des maschinell erstellten VB abgedruckt. Die Zustellung einer nicht mit Belehrung versehenen Ausfertigung des VB ist wirksam, setzt die Einspruchsfrist in Lauf und begründet keine Wiedereinsetzung (Karlsr NJW-RR 87, 895).

24 Öffentliche Zustellung (§ 699 IV 3) an juristische Personen ist durch § 185 Nr 2, mit Wirkung v 1.11.08 eingefügt, erleichtert (s. § 185 Rz 4). Bewilligt das Gericht, den VB öffentlich zuzustellen, ist die Benachrichtigung gem § 699 IV 3 an die Gerichtstafel des mit dem Mahnverfahren befassten Gerichts zu heften oder in das Informationssystem des in § 692 I Nr 1 bezeichneten Gerichts einzustellen.

25 § 1 I MaschMahnVordrV hat für das Mahnverfahren bei Gerichten, die das Verfahren maschinell bearbeiten, Vordrucke auch für die Ausfertigung des Vollstreckungsbescheids bestimmt. Das fordert nicht etwa den Gerichten Vordruckzwang ab. § 703c II schreibt nur den Parteien vor, dass sie sich derjenigen Formulare bedienen müssen, die für Anträge und Erklärungen der Parteien eingeführt sind.

26 Wird der VB zB infolge unrichtiger äußerer Bezeichnung nicht an diejenige Person zugestellt, die Schuldner des VB ist, so wird diese Person nicht allein dadurch schon zur Partei (Rz 10; BGH NJW-RR 95, 764). Partei ist nur diejenige Person, welche erkennbar durch die Parteibezeichnung betroffen sein soll (LAG München 9.1.08–10 Sa 657/06). Lediglich, wenn die neue Zustellung des VB notwendig wird, jetzt an die wahre Partei, hätte sie das Mahngericht zu veranlassen, das den VB erlassen hat (BGH NJW-RR 95, 764). Kommt es beim str Gericht darauf an, ob, wann oder wie der VB zugestellt worden ist, ist § 696 II 1 ein-

schlägig. Der maschinell erstellte Aktenausdruck tritt an die Stelle von im Normalfall der elektronischen Bearbeitung gar nicht vorhandenen Akten des Mahngerichts. Für ihn gelten die Vorschriften über die Beweiskraft öffentlicher Urkunden (§ 418 I) entsprechend (§ 696 II 2). Der Aktenausdruck, in welchen die Daten der beurkundeten Zustellung übernommen sind, begründet vollen Beweis der in ihm bezeugten Tatsachen (LG Berlin GE 08, 927). Siehe auch § 696 Rz 18.

Die Einspruchsfrist wird auch dann in Gang gesetzt, wenn der Vollstreckungsbescheid an eine prozessunfä- 27
hige Partei zugestellt worden ist (BGH NJW 08, 2125, Anm *Sujecki*).

Bei Zustellungen im Ausland sind §§ 183, 184, 1068 I, 1069 und die unmittelbar geltende Verordnung (EG) 28
Nr 1393/07 (EuZVO1393) zu beachten (s. § 693 Rz 11). Die neu gefassten Vorschriften der ZPO sowie die EuZVO1393 sind seit 13.11.08 in Kraft (Art 26). Die Verordnung (EG) Nr 1348/00 ist durch die EuZVO1393 aufgehoben.

G. Zweite vollstreckbare Ausfertigung. Gemäß § 724 II wird eine vollstreckbare Ausfertigung grds vom 29
Urkundsbeamten der Geschäftsstelle des Gerichts des ersten Rechtszugs erteilt. Das ist, wenn ein Widerspruch nicht eingelegt wird, das Mahngericht (BGH NJW-RR 06, 1575). Beantragt der Ast nach Abgabe an das Prozessgericht eine zweite vollstreckbare Ausfertigung des VB, ergibt sich die Zuständigkeit mangels besonderer Regeln für die zweite Ausfertigung ebenfalls aus § 724 II. Für die Erteilung ist somit das Prozessgericht als Gericht des ersten Rechtszugs zuständig (BGH NJW-RR 06, 1575).

H. Europäischer Vollstreckungstitel. Der Vollstreckungsbescheid ist ein vollstreckbarer Titel (§ 794 I 30
Nr 4) iSd EuVTVO (VO (EG) Nr 805/2004) und der §§ 1079 ff, der als Europäischer Vollstreckungstitel bestätigt werden kann. S. Anhang nach § 1086: EuVTVO. Das zuständige Gericht (§ 1079 iVm § 724 II) hat die Bestätigung unter Verwendung des Formblatts in Anhang I zur EuVTVO zu fertigen (Art 9 EuVTVO). Unter Feld 7 ist zu der Feststellung »Gegen die Entscheidung kann noch ein Rechtsmittel eingelegt werden.«, das Ankreuzen von »Ja« oder »Nein« angeboten. Der bei Mahngerichten verbreiteten Meinung, die Frage sei auch dann mit »Ja« zu beantworten, wenn die Einspruchsfrist gegen den Vollstreckungsbescheid abgelaufen ist, weil niemand tatsächlich gehindert sei, auch einen verfristeten Einspruch dennoch einzulegen, ist nicht zu folgen (Art 6 EuVTVO Rz 2). Anscheinend wird im Formblatt nach Rechtskraft gefragt. Rechtskraft ist nach der EuVTVO keine Voraussetzung für die Bestätigung. Die Entscheidung wird bestätigt, wenn die Entscheidung im Ursprungsmitgliedstaat vollstreckbar ist« (Art 6 I lit a EuVTVO). Vollstreckbarkeit schließt vorläufige Vollstreckbarkeit ein (Art 6 EuVTVO Rz 2). Die Frage nach der Vollstreckbarkeit ist schon im vorgehenden Feld 6 zu beantworten. Antragsteller, die eine Bestätigung erwirkt haben, in der »Ja« angekreuzt ist, berichten von Ländern, in welchen wegen des angeblich noch möglichen Rechtsmittels die Vollstreckung scheitere. In diesen Fällen ist auf Antrag des Gläubigers gem § 319 (§ 1081 Rz 3; Art 10 EuVTVO Rz 2) die Bestätigung um das Kreuz bei »Nein« zu berichtigen.

I. Rechtsmittel. Gegen den erlassenen VB ist ausschließlich der Einspruch gegeben (§ 700 Rz 1). Gegen die 31
zurückweisende Entscheidung des Rechtspflegers findet die sofortige Beschwerde statt (§ 11 I RPflG iVm § 567 I Nr 2), gegen diejenige des Urkundsbeamten die befristete Erinnerung (§ 573). Soll sich die sofortige Beschwerde gegen eine tw zurückweisende Entscheidung über Kosten richten, ist sie nur zulässig, wenn der Wert des Beschwerdegegenstands 200 € übersteigt (§ 567 II).

§ 700 Einspruch gegen den Vollstreckungsbescheid. **(1) Der Vollstreckungsbescheid steht einem für vorläufig vollstreckbar erklärten Versäumnisurteil gleich.**

(2) Die Streitsache gilt als mit der Zustellung des Mahnbescheids rechtshängig geworden.

(3) [1]Wird Einspruch eingelegt, so gibt das Gericht, das den Vollstreckungsbescheid erlassen hat, den Rechtsstreit von Amts wegen an das Gericht ab, das in dem Mahnbescheid gemäß § 692 Abs. 1 Nr. 1 bezeichnet worden ist, wenn die Parteien übereinstimmend die Abgabe an ein anderes Gericht verlangen, an dieses. [2]§ 696 Abs. 1 Satz 3 bis 5, Abs. 2, 5, § 697 Abs. 1, 4, § 698 gelten entsprechend. [3]§ 340 Abs. 3 ist nicht anzuwenden.

(4) [1]Bei Eingang der Anspruchsbegründung ist wie nach Eingang einer Klage weiter zu verfahren, wenn der Einspruch nicht als unzulässig verworfen wird. [2]§ 276 Abs. 1 Satz 1, 3, Abs. 2 ist nicht anzuwenden.

(5) Geht die Anspruchsbegründung innerhalb der von der Geschäftsstelle gesetzten Frist nicht ein und wird der Einspruch auch nicht als unzulässig verworfen, bestimmt der Vorsitzende unverzüglich Termin; § 697 Abs. 3 Satz 2 gilt entsprechend.

(6) Der Einspruch darf nach § 345 nur verworfen werden, soweit die Voraussetzungen des § 331 Abs. 1, 2 erster Halbsatz für ein Versäumnisurteil vorliegen; soweit die Voraussetzungen nicht vorliegen, wird der Vollstreckungsbescheid aufgehoben.

1 **A. Grundlagen.** Während § 696 den Übergang in das streitige Verfahren nach Widerspruch gegen den MB regelt, behandelt § 700 den Übergang nach Einspruch gegen den VB. Mit dem VB erhält der Ast einen zur Zwangsvollstreckung geeigneten Titel (§ 794 I Nr 4), der dem vorläufig vollstreckbar erklärten Versäumnisurteil gleichgestellt ist (§ 700 I). Einspruch ist der einzig zulässige Rechtsbehelf. Er allein hindert die Zwangsvollstreckung nicht. Der Antragsgegner kann jedoch Einstellung der Zwangsvollstreckung gem §§ 707, 719 beantragen. Die Einstellung ist grds nur gegen Sicherheitsleistung zu erreichen (§ 719 I 2). § 700 gilt auch im WEG-Verfahren (vgl § 43 Nr. 6 WEG), das der ordentlichen streitigen Gerichtsbarkeit zugewiesen worden ist. § 182a SGG, wonach Beitragsansprüche von Unternehmen der privaten Pflegeversicherung im Mahnverfahren vor dem AG geltend gemacht werden können, bestimmt in § 182a II 2, dass für die Entscheidung des SG über den Einspruch gegen den VB §§ 700 I, 343 ZPO entsprechend gelten.

2 Die Gleichstellung des VB mit einem vorläufig vollstreckbar erklärten Versäumnisurteil (§ 700 I) führt dazu, dass Vorschriften über das Versäumnisurteil entsprechend anwendbar sind, ua die Vorschriften über den Einspruch (§ 338), die zweiwöchige Einspruchsfrist (§ 339) und die Einspruchsschrift (§ 340 I und II, nicht III, vgl § 700 III 3). Zu §§ 345, 331 I 2 Hs 1 vgl § 700 IV. Gleichstellung bedeutet jedoch auch Schadensersatzpflicht gem § 717 II, soweit die vorläufige Vollstreckbarkeit (§ 700 I und § 794 I Nr 4) durch Verkündung eines abändernden Urteils außer Kraft tritt (§ 717 I).

3 **B. Bindung an Anspruchsbezeichnung.** Selbst wenn im MB und VB der Anspruch bezeichnet ist wie zB »Schadensersatzanspruch gem § 823 BGB ...«, ist der VB nicht geeignet, die rechtliche Einordnung des in ihm geltend gemachten Anspruchs als »unerlaubte Handlung« festzulegen (BGH NJW 11, 3106 Rn 9), denn der MB beruht auf den einseitigen, vom Gericht nicht materiell-rechtlich geprüften Angaben des Gläubigers (BGH NJW 06, 2922). Titel, die ohne eine richterliche Schlüssigkeitsprüfung ergangen sind, vermögen so weit reichende Folgen wie in § 302 Nr 1 InsO und § 850f II nicht zu rechtfertigen (BGH NJW 06, 2922). So kann auch durch die Vorlage eines Vollstreckungsbescheides der Nachweis einer Forderung aus vorsätzlich begangener unerlaubter Handlung für das Vollstreckungsprivileg des § 850f II durch den Gläubiger nicht geführt werden (BGH NJW 05, 1663). Will der Gläubiger dieses Vollstreckungsprivileg in Anspruch nehmen, muss er ein Feststellungsurteil erwirken, das im ordentlichen Verfahren ergeht und mindestens eine Schlüssigkeitsprüfung durch einen Richter voraussetzt (BGH NJW 06, 2922). Die Entscheidungen nehmen Rücksicht auf den Schuldner. Wenn er prüft, ob er Einspruch einlegen soll, wird für ihn die Berechtigung der Forderung und ihrer Höhe im Vordergrund stehen und er wird sehr wahrscheinlich die Folgen nicht überblicken, die sich aus der bloßen Behauptung des Ast entwickeln würden, er habe die Forderung rechtlich zutr bezeichnet (vgl BGH NJW 06, 2922). Der Ast hat zu bedenken, ob er sogleich Klage einreicht oder zusätzlich zum Mahnverfahren noch die gesonderte gerichtliche Feststellung betreibt.

4 **C. Rechtshängigkeit.** Mit dem Erlass des VB (Musielak/*Borth* § 700 Rn 3; HK-ZPO/*Gierl* § 700 Rn 17) gilt die Streitsache als mit der Zustellung des MB (§ 693 I) rechtshängig geworden (§ 700 II). Der MB ist gem §§ 693 I, 166 II vAw zuzustellen (§ 693 Rz 4). § 167 verlegt die Wirkung der Zustellung (s. § 693 Rz 4) auf den Eingang des Mahnantrags vor, wenn die Zustellung demnächst erfolgt. Zu den Voraussetzungen einer Zustellung »demnächst« s. § 693 Rz 4.

5 **D. Einspruch. I. Einziger Rechtsbehelf.** Der einzig zulässige Rechtsbehelf des Ag gegen den VB ist der Einspruch (§§ 700 I, 338). Die Erinnerung ist gem §§ 11 III 2, 36b III RPflG im Falle des § 700 ausdrücklich ausgeschlossen. Dennoch unternehmen Ag Versuche, dem VB nach Ablauf der Einspruchsfrist die Grundlage zu entziehen, zB Erinnerungen und Beschwerden gegen die Art und Weise der Zustellung von MB oder VB, gegen Zustellungsbescheinigungen (§ 169 I) oder gegen Zustellungsvermerke. Gleich, ob diese Behelfe für sich betrachtet zulässig und auch begründet sind, können sie sich nicht auf den VB auswirken, weil das Gesetz gegen ihn allein den Einspruch gegeben hat (vgl BGH NJW 84, 57; LG Bonn 24.1.05 – 6 T 188/05 – 6 T 20/06). Auch wenn der Ag sich lediglich gegen die Kostenlast oder die Höhe der Festsetzung wenden will, kann er dies nur durch einen auf die Kosten beschränkten Einspruch erreichen (LG Lüneburg AGS 07, 646; aA Musielak/*Borth* § 700 Rn 4 auch sofortige Beschwerde oder Erinnerung). Dem Einspruch steht es nicht entgegen, dass der Ag seinen Widerspruch zurückgenommen hat (Musielak/*Borth* § 700 Rn 4).

II. Form. Für die Form des Einspruchs gelten §§ 339, 340 I und II (§ 700 I, III 3). Außerdem kann die Erklärung zum Einspruch vor dem Urkundsbeamten der Geschäftsstelle eines jeden Amtsgerichts (§ 129a) abgegeben werden (§ 702). Es besteht deshalb auch kein Anwaltszwang (§§ 78 III 2, 702 I 1). Formularzwang gibt es beim Einspruch nicht (§ 703c); für ihn ist ein Formular nicht eingeführt (§ 703c Rz 3). Eine Regelung wie in § 695 S 2, wonach der Antragsgegner im nicht maschinell bearbeiteten Verfahren die erforderliche Zahl von Abschriften mit dem Widerspruch einreichen soll, ist beim VB nicht getroffen. Die Partei soll dem Einspruch die erforderliche Zahl von Abschriften beifügen (§§ 700 I, 340a 3). Dies gilt nicht, wenn die Einspruchsschrift elektronisch eingereicht wird (§ 340a 4). BGH NJW 87, 2588 verlangt, dass die Einspruchsschrift als bestimmender Schriftsatz handschriftlich unterzeichnet ist, sofern nicht »eine der von der Rsprg anerkannten Ersatzformen (Telegramm) beachtet worden ist« (Anschluss Frankf OLGR Frankf 98, 168; aA, mit guten Gründen, Musielak/*Borth* § 700 Rn 4). Für den Einspruch nach § 410 StPO hat BVerfG NJW 02, 3534 in den Orientierungssätzen gefordert, dass ein Fachgericht, ausgehend vom Zweck des Schriftformerfordernisses, nämlich Gewährleistung der willentlichen Äußerung eines nicht nur im Entwurfsstadium befindlichen Schriftsatzes, prüfen muss, ob in dem nicht handschriftlich unterzeichneten Schriftstück selbst Anzeichen für ein bewusstes und gewolltes Inverkehrbringen erkennbar sind (so auch Celle OLGR Celle 06, 811 zu § 700). Siehe auch § 694 Rz 14. Ausschließlich telefonisch, ohne körperliche Gegenwart des Erklärenden, kann der Einspruch nicht wirksam eingelegt werden, selbst wenn eine Geschäftsstelle bereit ist, zu protokollieren (vgl BGH NJW-RR 09, 852, fernmündliches Rechtsmittel). Im automatisierten Massenbetrieb, mit Millionen an Verfahren, ist es besonders unsicher, ob es gelingt, das telefonische Begehren gerade dem zugehörigen VB zuzuordnen. Außerdem wird der Rechtspfleger voraussichtlich der vorherrschenden Meinung folgen, dass der Einspruch schriftlich einzulegen ist und unterschrieben sein muss. Der Rechtspfleger wird idR davon ausgehen, dass der Eingang eines Einspruchs nicht in das EDV-Verfahren einzugeben ist (weil das Verfahren auf Unterschrift prüft), solange nicht eine Unterschrift nachgeholt ist. 6

III. Frist. Die Einspruchsfrist von zwei Wochen ist eine Notfrist (§ 224 I 2); sie beginnt mit der Zustellung des VB (§§ 700 I, 339 I). Die Notfrist ist nicht verlängerbar (s. § 224 Rz 3). Bei Versäumung kann Wiedereinsetzung gewährt werden (§ 233). § 46a ArbGG verweist auf die Vorschriften der ZPO über das Mahnverfahren, »soweit dieses Gesetz nichts anderes bestimmt«. § 59 ArbGG bestimmt eine Notfrist von einer Woche für den Einspruch gegen ein Versäumnisurteil. Zur Belehrung bei Zustellung des VB s. § 699 Rz 22. Ein Einspruch, der vor Zustellung oder sogar vor Erlass des VB eingeht, sollte nicht als unzulässig, weil bedingt, angesehen werden (s. B/L/A/H § 700 Rn 7). Der verspätete Widerspruch ist als Einspruch zu behandeln (§ 694 II 1) und der verfrühte Einspruch müsste wenigstens als Widerspruch gewertet werden. Die Einspruchsfrist wird auch dann in Gang gesetzt, wenn der Vollstreckungsbescheid an eine prozessunfähige Partei zugestellt worden ist (BGH NJW 08, 2125, Anm *Sujecki*). 7

IV. Inhalt. Der Einspruch muss erkennen lassen, auf welches Verfahren er sich bezieht, damit er diesem zugeordnet werden kann. Die Einspruchsschrift muss enthalten die Bezeichnung des VB, gegen den der Einspruch gerichtet wird (§§ 700 I, 340 II 1 Nr 1), die Erklärung, dass gegen ihn Einspruch eingelegt werde (§§ 700 I, 340 II 1 Nr 2) und, bei Teilanfechtung, deren Umfang (§§ 700 I, 340 II 2). Begründung ist nicht erforderlich. Beim Einspruch gegen ein Versäumnisurteil ergibt sich ihre Notwendigkeit aus § 340 III. § 340 III ist auf den Einspruch gegen den VB nicht anzuwenden (§ 700 III 3). 8

V. Rücknahme. Für Verzicht und Zurücknahme des Einspruchs verweisen § 346 auf die Vorschriften über Verzicht und Zurücknahme der Berufung sowie § 700 III 2 auf § 697 IV. Aus diesem Grund kann der Einspruch bis zum Beginn der mündlichen Verhandlung zurückgenommen werden, nicht jedoch nach Erlass eines Versäumnisurteils gegen den Ag. Die Rücknahme kann zu Protokoll der Geschäftsstelle erklärt werden (§§ 700 III 2 iVm 697 IV 2), dh ohne Anwaltszwang (§ 78 III). Nach Abgabe an das Streitgericht genügt nicht mehr die bloße Versicherung ordnungsgemäßer Bevollmächtigung. § 703 gilt nur für das Mahnverfahren. 9

E. Abgabe. Abzugeben ist vAw an das gem §§ 690 I Nr 5, 692 I Nr 1 im MB bezeichnete Gericht (§ 700 III 1). Die Abgabe an ein anderes Gericht (§ 696 I 1 1), als im MB bezeichnet, ist nur möglich, wenn die Parteien dies übereinstimmend vor der Abgabe verlangen (§ 700 III 1). Siehe auch § 696 Rz 14, 26. Sind Mahn- und streitiges Verfahren bei demselben Amtsgericht durchzuführen, gelten die Vorschriften über die Abgabe sinngemäß (§§ 700 III 2, 698). Die Abgabe vAw lässt keine Alternative und hat keine weiteren 10

Voraussetzungen, als dass nach dem äußeren Erscheinungsbild ein Einspruch vorliegt (§ 696 Rz 3, zum Widerspruch). Sie geschieht ohne Prüfung der Zulässigkeit des Einspruchs (Ddorf NJW-RR 97, 1295 Rn 3; Musielak/*Borth* § 700 Rn 6; HK-ZPO/*Gierl* § 700 Rn 22), bei beschränktem Einspruch insgesamt (Musielak/*Borth* § 700 Rn 6; HK-ZPO/*Gierl* § 700 Rn 23: »da die Prüfung des Umfangs des Einspruchs dem Streitgericht vorbehalten ist«) und ohne Vorauszahlung von Gerichtsgebühren. Das Mahngericht teilt lediglich den Parteien die Abgabe formlos mit (§§ 700 III 2, 696 I 3, § 329 II 1). Die Abgabeverfügung durch den Rechtspfleger des Gerichts, das den VB erlassen hat, oder den Urkundsbeamten des Mahngerichts, im maschinellen Verfahren idR automatisch nach Erfassung des Einspruchs in das System, ist nicht anfechtbar (§§ 700 III 2, 696 I 3, 36b III RPflG). Mit dem Eingang der Akten beim Gericht, an das abgegeben wird, gilt der Rechtsstreit als dort anhängig (§§ 700 III 2, 696 I 4). Für die beim Mahngericht erwachsenen Kosten vgl § 281 III 1 (§§ 700 III 2, 696 I 5). Im (Regel-)Fall der maschinellen Verarbeitung tritt an die Stelle von Akten ein maschinell erstellter Aktenausdruck (§§ 700 III 2, 696 II), mit der Beweiskraft öffentlicher Urkunden (§§ 418 I, 696 II 2). Siehe auch § 696 Rz 18.

11 **F. Eingang beim Empfangsgericht.** Beim Empfangsgericht wird zuerst die Geschäftsstelle tätig. Sie gibt dem Ast unverzüglich auf, seinen Anspruch binnen zwei Wochen in einer der Klageschrift entsprechenden Form zu begründen (§§ 700 III 2, 697 I 1). Die Zweiwochenfrist ist eine gesetzliche Frist, die nicht verlängert werden kann, weil dies für § 697 I 1 nicht besonders bestimmt ist (§ 224 II). Siehe auch § 697 Rz 4. Die Verfügung ist zwar zuzustellen, weil sie eine Frist in Lauf setzt (§ 329 II 2), vgl B/L/A/H § 700 Rn 14. § 700 III 2 verweist aber auch auf § 697 I 2 und dieser auf § 270 S 2 in entsprechender Anwendung. Bei formloser Übersendung durch die Post gilt die Mitteilung am folgenden oder zweiten Werktag nach der Aufgabe zur Post als bewirkt (vgl § 270 S 2; B/L/A/H § 697 Rn 7). Das Empfangsgericht hat die Zulässigkeit des Einspruchs zu prüfen (Rz 10), auch wenn es beabsichtigt, weiter zu verweisen. Vor der Entscheidung ist die Einspruchsschrift zuzustellen; dabei sind das Datum der Zustellung des VB und das Datum des Einspruchs mitzuteilen (§§ 700 I, 340a S 1, 2).

12 **G. Eingang Anspruchsbegründung.** Wenn dem Richter die Akte vorgelegt wird, idR nach Eingang der Anspruchsbegründung, prüft er vorrangig die Zulässigkeit des Einspruchs (§ 700 IV 1 Hs 2). Ist der Einspruch unzulässig, wird er durch Urt, wobei mündliche Verhandlung freigestellt ist (§ 341 II), als unzulässig verworfen (§ 341 I 2).

Verwirft der Richter den Einspruch nicht, verfährt er wie nach Eingang einer Klage (§ 700 IV 1 Hs 1). Er kann frühen ersten Termin (§ 275) bestimmen oder schriftliches Vorverfahren veranlassen (§ 272 II). § 276 I 1, 3, II ist nicht anzuwenden (§ 700 IV 2). Somit hat der Richter nicht zur Verteidigungsanzeige auffordern und nicht die Belehrungen nach § 276 II beizufügen. Er hat lediglich dem Beklagten eine Frist von mindestens zwei Wochen zur schriftlichen Klageerwiderung zu setzen (§ 276 I 2) und ihn über die Folgen einer Fristversäumung zu belehren sowie darüber, dass – bei Anwaltszwang – die Klageerwiderung durch den zu bestellenden Rechtsanwalt einzureichen ist (§ 277 II).

13 **H. Keine oder nicht rechtzeitige Anspruchsbegründung.** Der Richter prüft zuerst die Zulässigkeit des Einspruchs (§ 700 V Hs 1). Verwirft er den Einspruch nicht als unzulässig (s. Rz 12), bestimmt er unverzüglich Termin (§ 700 V Hs 1). Gleichzeitig setzt er dem Kl eine Frist zur Begründung des Anspruchs (§§ 700 V Hs 2, 697 III 2 Hs 1). § 296 I, IV gilt entsprechend (§§ 700 V Hs 2, 697 III 2 Hs 2). Damit sind die Folgen der Fristversäumung gemeint, über die belehrt ist, Rz 12.

14 **I. Säumnis des Beklagten.** Bei Säumnis des Beklagten im Termin zur mündlichen Verhandlung über Einspruch und Hauptsache (§ 341a) darf, da der VB einem Versäumnisurteil gleich steht (§ 700 I), durch Zweites Versäumnisurteil (§ 345) der Einspruch verworfen werden, soweit die Voraussetzungen des § 331 I, II Hs 1 für ein Versäumnisurteil vorliegen (§ 700 VI). Das Gericht prüft, erstmals, Schlüssigkeit des Vorbringens.

15 **J. Kosten/Gebühren. I. Gericht.** Wird durch den Einspruch das streitige Verfahren eingeleitet, entsteht eine 3,0-Gebühr (Nr 1210 KV). Die im Mahnverfahren angefallene 0,5-Gebühr nach Nr 1110 KV wird aus dem Wert desjenigen Streitgegenstandes angerechnet, der dann in das Prozessverfahren übergegangen ist (Anm zu Nr 1210 S 1 Hs 2 KV). Es besteht keine Vorauszahlungspflicht (arg e § 12 III 3 Hs 2 GKG). Ungeachtet dessen werden die weiteren 2,5-Gebühren mit Abgabe an das Streitgericht sofort fällig. Allerdings wird hier in der Praxis häufig die Einforderung übersehen, so dass erst nach Abschluss des erstinstanzlichen Verfahrens abgerechnet wird. Schuldner der weiteren 2,5-Gebühr ist der Antragsteller des Mahnverfahrens. Zwar wäre nach dem Grundsatz des § 22 I GKG der Antraggegner Schuldner der weiteren Gebühren, da er durch

seinen Einspruch das streitige Verfahren einleitet. Das Gesetz hat für diesen Fall in § 22 I 2 GKG jedoch abw ausdrücklich dahin gehend geregelt, dass der Antragsteller des Mahnverfahrens auch Kostenschuldner für die weiteren Kosten des streitigen Verfahrens bleibt (Hambg JurBüro 96, 318). Das gilt sogar dann, wenn der Einspruch unzulässig ist (Ddorf JurBüro 02, 90; NJW-RR 97, 1295 = JurBüro 1998, 149).

II. Anwalt. Das streitige Verfahren ist eine gesonderte Gebührenangelegenheit (§ 17 Nr 2 RVG). Es entstehen die Gebühren nach Teil 3 Abschnitt 1 VV RVG (s. Kostenanmerkungen zu § 253). Die Verfahrensgebühren der Anwälte aus dem Mahnverfahren werden angerechnet (Anm zu Nr 3305, Anm zu Nr 3307 VV RVG). 16

Wird der Einspruch nach Abs 1 iVm § 341 II als unzulässig verworfen, entsteht keine Terminsgebühr nach Anm I Nr 1 zu Nr 3104 VV RVG, da über die Zulässigkeit eines Einspruchs auch ohne mündliche Verhandlung entschieden werden kann (Kobl AGS 11, 482 = JurBüro 11, 590 = NJW-Spezial 11, 604; AG Ansbach AGS 06, 544 = RVGreport 06, 388; LG Berlin RVGreport 06, 347).

§ 701 Wegfall der Wirkung des Mahnbescheids.

[1]Ist Widerspruch nicht erhoben und beantragt der Antragsteller den Erlass des Vollstreckungsbescheids nicht binnen einer sechsmonatigen Frist, die mit der Zustellung des Mahnbescheids beginnt, so fällt die Wirkung des Mahnbescheids weg. [2]Dasselbe gilt, wenn der Vollstreckungsbescheid rechtzeitig beantragt ist, der Antrag aber zurückgewiesen wird.

A. Grundlagen. Wenn der Ag keinen Widerspruch einlegt, ist es dem Ast überlassen, ob und wann er das Verfahren mit einem Antrag auf VB fortsetzt. Diese Zeit wird durch § 701 begrenzt. Gleich, worin man den Zweck der Norm sieht, ob darin, den Ag zu schützen (vgl Musielak/*Borth* § 701 Rn 1), oder den Schwebezustand zu beenden, wenn kein Widerspruch eingelegt ist (HK-ZPO/*Gierl* § 701 Rn 1), oder im Gewinn an Rechtssicherheit (B/L/A/H § 701 Rn 2), jedenfalls im Ergebnis schützt § 701 den Ag, beendet den Schwebezustand und schafft damit Rechtssicherheit. 1

B. Antrag nicht fristgemäß. Die Wirkung des MB, gegen welchen Widerspruch nicht eingelegt ist, fällt sechs Monate nach Zustellung des MB weg, wenn der Ast bis dahin nicht den VB beantragt (§ 701 S 1). Die Frist des § 701 ist eine vAw zu beachtende Ausschlussfrist (BGH NJW 90, 3207, Rn 8 zu § 612 HGB), die durch das Gericht weder verkürzt noch verlängert und gegen deren Versäumung Wiedereinsetzung nicht bewilligt werden kann (hM; LAG Berlin MDR 90, 186). Im Gegensatz zur Verjährung, die ein Leistungsverweigerungsrecht begründet, hat die Ausschlussfrist die Rechtsvernichtung zur Folge (PWW/*Kesseler* § 194 Rn 9). Von der Zustellung des MB erfährt der Ast durch die Geschäftsstelle; sie setzt ihn davon »in Kenntnis« (§ 693 II). Siehe auch § 693 Rz 12. Die Wirkung des MB fällt nur dann weg, wenn der MB ordnungsgemäß zugestellt ist (BGH NJW 95, 3380 Rn 17). Es genügt (LG Bonn 5.12.07 – 6 T 381/07), dass der Antrag rechtzeitig gestellt ist, auch wenn dem VB zunächst entgegenstehende Mängel erst nach Fristablauf behoben werden, jedenfalls dann, wenn das Mahngericht dem Ast Gelegenheit gibt, den Mangel zu beheben (§ 690 Rz 31; vgl BGH NJW 99, 3717; Naumbg 7.12.06 – 2 W 69/06). Die Frist ist jedoch nicht gewahrt, wenn der Antrag auf Vollstreckungsbescheid innerhalb der Frist ausschließlich per Telefax übersandt ist. Wegen der Notwendigkeit, einen bestimmten Vordruck zu verwenden (§ 699 Rz 3; § 703c), kann der Antrag auf VB nicht wirksam mittels Telefax gestellt werden; die verjährungshemmende Wirkung kann sich der Ast dann nur gem § 691 II durch rechtzeitige Erhebung der Klage erhalten (BGH NJW-RR 01, 1320 Rn 44). Die im Telefax enthaltene Erklärung ist und bleibt unwirksam (MüKoZPO/*Schüler* § 703c Rn 13: »keine fristwahrende und verjährungshemmende Wirkung iSd § 167«; aA KG NJW 09, 3247), auch wenn das Telefax vorab zum verspätet übermittelten Original übersandt ist (MüKoZPO/*Schüler* § 703c Rn 13; LG Coburg 2.4.08 – 41 T 21/08; aA KG NJW 09, 3247; BGH NJW 99, 3317 zu ungültigem Vordruck bei Mahnantrag; BGH NJW 02, 2794 zu unzutreffender Postanschrift). Rechtsprechung, die rückwirkende Heilung beim formunwirksamen Mahnantrag annimmt (BGH NJW 99, 3317), kann auf den VB-Antrag nicht übertragen werden; für den Mahnantrag gibt es keine Frist wie in § 701 (LG Coburg 2.4.08–41 T 21/08). 2

§ 701 ist auch bei Rücknahme des Widerspruchs zu beachten (§ 697 Rz 10). Zu der Meinung in der Literatur (vgl Musielak/*Borth* § 697 Rn 8, § 701 Rn 2 mwN), bis Rücknahme sei der Ablauf der Frist des § 701 gehemmt (Hambg 3.7.98 – 2 W 59/98), ist anzumerken, dass gesetzliche Regelungen der Verjährung wie zur Hemmung (§§ 203 ff BB) auf Ausschlussfristen (Rz 2) nur in besonderen Fällen Anwendung finden, va wenn dies gesetzlich angeordnet ist, vgl zB § 124 II BGB im Gegensatz zu § 124 III BGB (s. PWW/*Kesseler* 3

§ 194 Rn 9; PWW/*Ahrens* § 124 Rn 6, 7). § 701 verweist nicht auf Verjährungsrecht. Deshalb bleibt für Hemmung nur der Ansatzpunkt, ob nach Sinn und Zweck des § 701 die Anwendung einzelner Regelungstatbestände des Verjährungsrechts in Betracht kommt (BGH NJW 90, 3207 Rn 10 (keine Hemmung nach § 208 BGB bei der Ausschlussfrist des § 612 II HGB); KG NJOZ 06, 3698; PWW/*Kesseler* § 194 Rn 9). Wenn es (ein) Zweck des § 701 ist, Rechtssicherheit zu schaffen (s. § 701 Rz 1), dürfte Hemmung nicht eintreten (§ 701 Rz 3). Es mag Umstände der Widerspruchsrücknahme geben, in welchen es nicht hinnehmbar erscheint, dem Ast nur wegen § 701 den VB zu versagen, wenn der Ast den VB als Sinn und natürliche Folge der Widerspruchsrücknahme erwarten darf. Entspricht sie einer Absprache zurzeit des Fristablaufs oder danach, mag darin auch eine Parteivereinbarung über die Verlängerung der Ausschlussfrist (vgl BGH NJW 90, 3207 Rn 8) gesehen werden.

4 LG Koblenz ZInsO 03, 666 meint, die Eröffnung des Insolvenzverfahrens gegen den Ast führe auch zur Unterbrechung der Frist des § 701.

5 **C. Antrag zurückgewiesen.** Die Wirkung des MB fällt auch dann sechs Monate nach Zustellung des MB weg, wenn zwar der Antrag auf VB innerhalb sechs Monaten gestellt, dieser Antrag aber zurückgewiesen worden ist (§ 701 S 2). Nachdem gegen den zurückweisenden Beschl des Rechtspflegers für den Ast die sofortige Beschwerde statthaft ist (s. Rz 6), ist es allgM, dass die Zurückweisung endgültig sein muss (vgl B/L/A/H § 701 Rn 4; Musielak/*Borth* § 701 Rn 3; Zö/*Vollkommer* § 701 Rn 3).

6 **D. Folge.** Wegfall der Wirkung des MB bedeutet prozessual, dass der VB nicht mehr »auf der Grundlage« des MB (§ 699 I 1) erlassen werden kann. Diese Voraussetzung für den Erlass eines VB ist entfallen. Der Antrag auf Erlass eines VB muss als unzulässig (MüKoZPO/*Schüler* § 703c Rn 13) zurückgewiesen werden. Gegen den Beschl ist, wenn der Rechtspfleger (§ 699 Rz 9) nicht abhilft, die sofortige Beschwerde gegeben (§ 11 I RPflG iVm § 567 I Nr 1; § 699 Rz 31).

7 Die verjährungshemmende Wirkung der Zustellung des MB (§ 204 I Nr 3 BGB) endet sechs Monate (§ 204 II 1 BGB) nach der letzten Verfahrenshandlung der Parteien oder des Gerichts (§ 204 II 2 BGB). Im Falle des § 701 kommt als letzte Verfahrenshandlung bei Nichtbetreiben durch die Parteien (vgl PWW/*Kesseler* § 204 BGB Rn 22) auch eine des Gerichts (vgl BGH NJW–RR 95, 1336) in Betracht, wobei abzustellen ist auf den Zugang (BGH NJW 97, 1777), zB der Mitteilung an den Ast von der Zustellung des MB (§ 693 II) oder der Aufforderung gem § 697 I (BGH NJW 97, 1777).

§ 702 Form von Anträgen und Erklärungen.

(1) [1]Im Mahnverfahren können die Anträge und Erklärungen vor dem Urkundsbeamten der Geschäftsstelle abgegeben werden. [2]Soweit Formulare eingeführt sind, werden diese ausgefüllt; der Urkundsbeamte vermerkt unter Angabe des Gerichts und des Datums, dass er den Antrag oder die Erklärung aufgenommen hat. [3]Auch soweit Formulare nicht eingeführt sind, ist für den Antrag auf Erlass eines Mahnbescheids oder eines Vollstreckungsbescheids bei dem für das Mahnverfahren zuständigen Gericht die Aufnahme eines Protokolls nicht erforderlich.
(2) Der Antrag auf Erlass eines Mahnbescheids oder eines Vollstreckungsbescheids wird dem Antragsgegner nicht mitgeteilt.

1 **A. Grundlagen.** Die Vorschrift bezweckt weitere Verfahrensvereinfachung, über die umgebenden Vorschriften zum Mahnverfahren hinaus. Häufigste Auswirkung der Möglichkeit, Erklärungen vor dem UdG abgeben zu können, ist die Befreiung vom Anwaltszwang (§ 78 III). Ähnliche Regelungen wie in § 702 finden sich in § 11 IV ArbGG, § 257 FamFG, § 281 II.

2 **B. Urkundsbeamter der Geschäftsstelle.** Im Mahnverfahren können sämtliche Anträge und Erklärungen vor dem Urkundsbeamten der Geschäftsstelle abgegeben werden. Soweit Formulare vorhanden sind, werden diese ausgefüllt (§ 702 I 1). Die MaschMahnVordrV hat Formulare/Vordrucke, die von den Parteien zu verwenden sind, eingeführt für den Antrag auf Erlass des MB, für den Widerspruch, für den Antrag auf Erlass des VB, für den Antrag auf Neuzustellung des MB und für den Antrag auf Neuzustellung des Vollstreckungsbescheids. In der Geschäftsstelle wird der Mahnantrag komfortabler als auf Formular online aufgenommen werden. Die Geschäftsstelle verfügt idR über Internet-Zugang. Dann wird der Urkundsbeamte gemeinsam mit dem Ast den Mahnantrag (§ 690) online bei www.online-mahnantrag.de ausfüllen, mit Barcode ausdrucken und ihn auf den Postweg geben. § 702 I 1 bezieht sich auf die Geschäftsstelle des Gerichts, bei welchem das Mahnverfahren zu führen ist. § 129a I ergänzt § 702, indem Anträge, die vor dem Urkundsbeamten der Geschäftsstelle abgegeben werden können, vor der Geschäftsstelle eines jeden Amts-

gerichts zu Protokoll gegeben werden können. § 129a II 2 bestimmt, dass die Wirkung einer Prozesshandlung frühestens dann eintritt, wenn das Protokoll bei dem Gericht eingeht, an das der Antrag oder die Erklärung gerichtet ist. Nur bei dem für das Mahnverfahren zuständigen Gericht ist die Aufnahme eines Protokolls nicht erforderlich (§702 I 3). Sobald das Verfahren nach Abgabe beim Streitgericht anhängig ist, greift § 702 nicht mehr; das Mahnverfahren ist mit der Abgabe beendet (s. § 696 Rz 22).

C. Antragsgegner. Die Anträge auf Erlass eines MB und eines VB werden dem Ag nicht mitgeteilt (§ 702 II). Der Ag kann gegen den MB Widerspruch einlegen und er ist durch den MB gewarnt, dass mit dem VB zu rechnen ist (§ 692 I Nr 4). Problematisch kann es für den Ag bei Parteizustellung werden, wenn der Ag keinen Widerspruch einlegt, weil er zahlt und darauf vertraut, dass sich das Verfahren damit erledigt, der Ast diese Zahlung entgegen § 699 I 2 Hs 2 nicht angibt und zugleich mit der Zustellung die Vollstreckung beginnt (§ 699 Rz 23). Immerhin ist die Zwangsvollstreckung einzustellen oder zu beschränken, wenn der Ag eine Quittung des Ast (§ 775 Nr 4) oder den Einzahlungs- oder Überweisungsnachweis vorlegt (§ 775 Nr 5). 3

§ 703 Kein Nachweis der Vollmacht. **[1]Im Mahnverfahren bedarf es des Nachweises einer Vollmacht nicht. [2]Wer als Bevollmächtigter einen Antrag einreicht oder einen Rechtsbehelf einlegt, hat seine ordnungsgemäße Bevollmächtigung zu versichern.**

A. Grundlagen. Die Vorschrift vereinfacht das Verfahren. Des Nachweises einer Vollmacht bedarf es im gesamten Mahnverfahren nicht. Lediglich zu versichern ist die Bevollmächtigung dann, wenn der Bevollmächtigte einen Antrag einreicht oder einen Rechtsbehelf einlegt. Die hM sieht die Verfahrensvereinfachung nur darin, dass das Mahngericht die Bevollmächtigung nicht prüfen muss und keine Vollmacht verlangen darf. Der wesentliche Nutzen der Bestimmung liegt jedoch darin, dass § 80 I nicht gilt. Danach ist die Bevollmächtigung durch eine schriftliche Vollmacht nachzuweisen und diese zu den Gerichtsakten abzugeben. Akten entstehen durch die Vereinigung von Schriftstücken, welche dieselbe Angelegenheit betreffen, nach dem Tag des Eingangs geordnet (vgl § 3 AktO BY). Die Vollmachtsurkunde wäre eine Störung in dem bei den Amtsgerichten durchweg maschinell geführten Mahnverfahren. Der Formularzwang verbietet Zusätze über die vorgesehenen Felder des Formulars hinaus, weil das Mahngericht sie in seinem maschinellen Verfahren nicht wahrnehmen und nicht verarbeiten kann. Akten, zu welchen der Bevollmächtigte die Urkunde gem § 80 I einzureichen hat, sollen im maschinell geführten Massenverfahren grds nicht entstehen. Auch für den Fall, dass dennoch zu Akten vereinigte Schriftstücke beim Mahngericht zusammenkommen, bestimmt § 696 II 1 ausdrücklich, dass an ihre Stelle ein maschinell erstellter Aktenausdruck mit der Beweiskraft öffentlicher Urkunden tritt. 1

B. Inhalt. § 703 bildet eine Ausnahme von §§ 80 ff nur für das Mahnverfahren (§ 703 1). Es ist mit Eingang der Sache bei dem für das streitige Verfahren zuständigen Gericht beendet (§ 696 Rz 22, § 700 Rz 10). 2
Ist erkennbar, dass eine Person im Verfahren auftritt, die eine Partei vertreten will, erlangt § 703 Bedeutung. Des Nachweises einer Vollmacht (§ 80 I) bedarf es nicht (§ 703 1). Wer als Bevollmächtigter einen Antrag einreicht oder einen Rechtsbehelf einlegt, ist lediglich verpflichtet, seine ordnungsgemäße Bevollmächtigung zu versichern (§ 703 2). Mehr als diese Versicherung darf das Mahngericht nicht erwarten. Das Gesetz verlangt nicht, dass die Versicherung »eidesstattlich« geschieht. Eine Vollmachtsurkunde darf das Mahngericht nicht fordern. Das ergibt sich aus § 703 I 1 unmittelbar. Im Übrigen ist die Prüfungsbefugnis im Mahnverfahren auf die bloßen Angaben der Partei beschränkt (§ 691 Rz 3).

Zur Erklärung dieser Versicherung bieten die amtlichen Formulare Eingabebereiche für den gesetzlichen Vertreter und für den Prozessbevollmächtigten. Die jeweils passende Versicherung ist vorgedruckt. Es müssen lediglich die zutreffenden Felder ausgefüllt werden. Ist das geschehen, ist zugleich die Versicherung abgegeben. Die Eintragungen werden trotzdem gelegentlich nicht korrekt vorgenommen. Beispielsweise bezeichnet sich der Sohn der bettlägerigen Seniorin als gesetzlicher Vertreter, ohne Betreuer zu sein. Gelegentlich wird ohne Hinweis auf eine Bevollmächtigung mit dem Zusatz »i.A.« unterschrieben. Erklärungen dieser Art müssen als Versicherung genügen, bevollmächtigt zu sein (Köln OLGR Köln 92, 63). 3

§ 703a Urkunden-, Wechsel- und Scheckmahnverfahren. **(1) Ist der Antrag des Antragstellers auf den Erlass eines Urkunden-, Wechsel- oder Scheckmahnbescheids gerichtet, so wird der Mahnbescheid als Urkunden-, Wechsel- oder Scheckmahnbescheid bezeichnet.**

(2) [1]Für das Urkunden-, Wechsel- und Scheckmahnverfahren gelten folgende besondere Vorschriften:
1. die Bezeichnung als Urkunden-, Wechsel- oder Scheckmahnbescheid hat die Wirkung, dass die Streitsache, wenn rechtzeitig Widerspruch erhoben wird, im Urkunden-, Wechsel- oder Scheckprozess anhängig wird;
2. die Urkunden sollen in dem Antrag auf Erlass des Mahnbescheids und in dem Mahnbescheid bezeichnet werden; ist die Sache an das Streitgericht abzugeben, so müssen die Urkunden in Urschrift oder in Abschrift der Anspruchsbegründung beigefügt werden;
3. im Mahnverfahren ist nicht zu prüfen, ob die gewählte Prozessart statthaft ist;
4. beschränkt sich der Widerspruch auf den Antrag, dem Beklagten die Ausführung seiner Rechte vorzubehalten, so ist der Vollstreckungsbescheid unter diesem Vorbehalt zu erlassen. [2]Auf das weitere Verfahren ist die Vorschrift des § 600 entsprechend anzuwenden.

1 **A. Grundlagen.** § 703a gibt dem Antragsteller bereits für den Mahnantrag die Möglichkeit, die besondere Prozessart des Urkunden-, Wechsel- oder Scheckverfahrens zu wählen. Die Besonderheiten dieser Verfahren erfordern Sonderregeln auch für das Mahnverfahren. Anträge auf Urkunden-, Wechsel- oder Scheckmahnbescheid treffen heute bei den automatisierten Gerichten nur noch in verhältnismäßig sehr geringen Mengen ein. Das Bemühen des Gesetzgebers, das Beifügen von Belegen entbehrlich zu machen, kommt auch in § 703a II Nr 2 zum Ausdruck. Die Urkunden sind nicht dem Mahnantrag beizufügen. Sie sollen im Mahnantrag lediglich bezeichnet und erst der Anspruchsbegründung beigefügt werden (§ 690 Rz 18). Wenn der Ast dennoch die Urkunden bereits im maschinell betriebenen Mahnverfahren einreicht, muss er mit Rücksendung rechnen (§ 690 Rz 18; Musielak/*Borth* § 703a Rn 2). Sie können dem MB nicht beigefügt werden; bei Abgabe tritt der Aktenausdruck an Stelle der Akten (§ 696 II; § 696 Rz 18). Diese Behandlung von Anlagen darf den Ast nicht überraschen. In den Ausfüllhinweisen zum Formularantrag ist vermerkt: »Die im Vordruck vorgesehenen Angaben entsprechen den gesetzlichen Erfordernissen. Nähere Angaben können nicht berücksichtigt werden: Fügen Sie deshalb dem Antrag auf Erlass eines MB keine Beweismittel (zB Belege) bei, sie müssten Ihnen ungeprüft zurückgesandt werden«.

2 **B. Antrag (Abs 1).** Der Ast muss bereits im Antrag auf MB erklären, dass er einen Urkunden-MB, Wechsel-MB oder Scheck-MB wünscht (§ 703a I). Nur wenn das erkennbar ist, wird der MB entsprechend bezeichnet (§ 703a I). Im Papierformular ist zunächst die passende Katalognummer für die Hauptforderung anzugeben, zB 30 (»Scheck/Wechsel«). Für den Eintrag »Urkundenmahnverfahren« usw ist die Zeile 36 (»Sonstiger Anspruch«) zu verwenden. Die Ausfüllhinweise zum grünen Formular erläutern dies näher im Absatz »Hauptforderung (Zeilen 32–39)«. Im Online-Mahnantrag – www.online-mahnantrag.de – wird einleitend zur Seite mit den Angaben zu »Hauptforderung und Zinsen« abgefragt, welche Art von Mahnverfahren angestrebt wird (Reguläres, Urkunden-, Scheck-, Wechsel-Mahnverfahren).

3 Urkunden, die einer Klage oder einem vorbereitenden Schriftsatz beizufügen wären (§ 593 II), sollen im Mahnantrag lediglich bezeichnet werden und sind erst der Anspruchsbegründung in Urschrift oder Abschrift beizufügen (§ 703a II Nr 2). Der geltend gemachte Anspruch muss nach § 690 I Nr 3 vor dem Erlass des MB hinreichend individualisiert sein. Diese Eigenschaft ist Voraussetzung (BGH NJW 01, 305) für den Erlass des (Scheck-)Mahnbescheids, weil das Mahngericht nur einmal, vor dem Erlass des MB, die ausreichende Bezeichnung nach §§ 690 I Nr 3, 691 I 1 Nr 1 prüft. In diesem Zeitpunkt muss die Individualisierung des Anspruchs so beschaffen sein, dass er über einen VB Grundlage eines Vollstreckungstitels sein kann (BGH NJW 01, 305 Rn 25, zitierend aus BTDrs 7/5250, 13). Nur ein Antrag mit idS ausreichender Bezeichnung ist ordnungsgemäß. Andernfalls ergeht ein »rechtsfehlerhaft erlassener, nicht individualisierter MB«, der deshalb nicht geeignet ist, die Verjährung zu unterbrechen (BGH NJW 01, 305 Rn 25). Der Anspruch muss durch seine Kennzeichnung von anderen Ansprüchen so unterschieden und abgegrenzt werden, dass er Grundlage eines der materiellen Rechtskraft fähigen Vollstreckungstitels sein und der Schuldner erkennen kann, welcher Anspruch oder welche Ansprüche gegen ihn geltend gemacht werden, damit er beurteilen kann, ob und in welchem Umfang er sich zur Wehr setzen will (BGH NJW 01, 305). Bei der Geltendmachung einer Mehrzahl von Einzelforderungen muss deren Bezeichnung im MB dem Beklagten ermöglichen, die Zusammensetzung des verlangten Gesamtbetrages aus für ihn unterscheidbaren Ansprüchen zu erkennen (BGH NJW 01, 305; festhaltend BGH NJW 07, 1952). Nicht genügend individualisiert ist ein Antrag auf Erlass eines Scheckmahnbescheids, der nur die nicht aufschlussreiche Summe aus mehreren Schecks angibt, nicht aber die Zahl der Schecks, deren einzelne Nummern und Beträge (BGH NJW 01, 305).

Statthaftigkeit der gewählten Prozessart ist im Mahnverfahren nicht zu prüfen (§ 703a II Nr 3). Dies folgt konsequent dem Grundsatz, dass im Mahnverfahren Schlüssigkeit nicht zu prüfen ist. Im Übrigen könnten die Voraussetzungen des Urkundenprozesses, insb die Beweisbarkeit durch Urkunden (§ 597 II), bei bloßer Bezeichnung der Urkunden, ohne deren Vorlage, nicht geprüft werden. 4

C. Widerspruch. Die Bestimmung in § 703a II Nr 1, die besondere Bezeichnung des Bescheids bewirke im Falle des rechtzeitigen Widerspruchs, dass die Streitsache im Urkunden-, Wechsel- oder Scheckprozess anhängig wird, bezieht sich nicht auf den Zeitpunkt der Anhängigkeit, sondern darauf, dass das streitige Verfahren ebenfalls in der besonderen Prozessart anhängig wird. § 703a II enthält nur besondere Vorschriften, so dass iÜ die allgemeinen Vorschriften des Mahnverfahrens gelten, wie § 696. Als anhängig gilt der Rechtsstreit mit Eingang der Akten bei dem Gericht, an welches nach Antrag auf Durchführung des streitigen Verfahrens abgegeben wird (§ 696 I 4; HK-ZPO/*Gierl* § 703a Rn 4; Musielak/*Borth* § 703a Rn 3). Rechtshängigkeit tritt gem § 696 III ein. Statthaftigkeit der gewählten Prozessart wird erst(mals) im streitigen Verfahren, durch das Empfangsgericht geprüft (Rz 4). Wenn der Ag den Widerspruch auf den Antrag beschränkt, ihm (dem Beklagten) die Ausführung seiner Rechte vorzubehalten; ist auf Antrag (§ 699 I 1) VB, unter diesem Vorbehalt, zu erlassen (§ 703a II Nr 4). Gegen den VB unter Vorbehalt steht dem Ag der Einspruch nicht zu (hM, vgl B/L/A/H § 703a Rn 6; HK-ZPO/*Gierl* § 703a Rn 9; aA Musielak/*Borth* § 703a Rn 3). Für die hM spricht der Wortlaut des § 703a II Nr 4 S 2. Danach ist auf das weitere Verfahren nach Vorbehalts-VB die Vorschrift des § 600 entsprechend anwendbar, so dass der Rechtsstreit »im ordentlichen Verfahren anhängig bleibt«. Das Mahngericht gibt entsprechend § 700 III vAw (§ 600 setzt keinen Antrag voraus) an das im MB gem § 692 I Nr 1 bezeichnete Gericht ab, damit dieses das Nachverfahren gem § 600 durchführen kann (B/L/A/H § 703a Rn 6). Legt der Ag keinen Widerspruch ein, ergeht VB nach § 699. Dem Ag steht gegen den einfachen VB, ohne Vorbehalt, der Einspruch nach § 700 I iVm § 338 zu. Der Einspruch ist auch dann zulässig, wenn der Vorbehalt trotz hierauf beschränkten Widerspruchs nicht in den VB aufgenommen worden ist (hM, vgl B/L/A/H § 703a Rn 6). 5

Zur Erforderlichkeit der Vorlage von Urkunden bei der Zwangsvollstreckung aus dem VB vgl BGH NJW 01, 305 Rn 18: »Der Gerichtsvollzieher als Vollstreckungsorgan muss danach aus dem Titel erkennen können, welche Schecks er dem Vollstreckungsschuldner auszuhändigen hat«. 6

§ 703b Sonderregelungen für maschinelle Bearbeitung.

(1) Bei maschineller Bearbeitung werden Beschlüsse, Verfügungen und Ausfertigungen mit dem Gerichtssiegel versehen; einer Unterschrift bedarf es nicht.

(2) Der Bundesminister der Justiz wird ermächtigt, durch Rechtsverordnung mit Zustimmung des Bundesrates den Verfahrensablauf zu regeln, soweit dies für eine einheitliche maschinelle Bearbeitung der Mahnverfahren erforderlich ist (Verfahrensablaufplan).

A. Grundlagen. § 703b I ermöglicht die durchgängig maschinelle Bearbeitung des Mahnverfahrens. Gleichzeitig spart er Zeit. Bedürfte es einer Unterschrift, wäre für sie das maschinelle Verfahren abzubrechen. Anstatt nach dem maschinellen Ausdruck die Beschlüsse usw maschinell zu kuvertieren, zu frankieren und zu versenden, wäre – bei rund sieben Millionen Mahnverfahren jährlich – der jeweilige Bescheid dem Rechtspfleger oder Urkundsbeamten zur manuellen Unterzeichnung vorzulegen und dann manuell zum Versand zu geben. Die Ermächtigung in § 703b II ist bisher nicht genutzt. 1

B. Gerichtssiegel. Unterschriften sind »bei maschineller Bearbeitung« des Mahnverfahrens entbehrlich und als unnötige Verzögerung tunlichst zu vermeiden (Rz 1). Alle Mahngerichte bearbeiten das Mahnverfahren maschinell. MB, VB, Verfügungen (auch Monierungs- und andere Schreiben) und Ausfertigungen werden grds maschinell ausgedruckt, samt Gerichtssiegel, das wie ein Stempelabdruck dargestellt ist. Für Beweiszwecke genügt gem §§ 696 II, 700 III 2 der maschinell erstellte, nicht unterschriebene, Aktenausdruck mit der Beweiskraft öffentlicher Urkunden (§§ 696 II 2, 418). Soweit die Meinung vertreten und auch praktiziert wird, § 703b gelte nicht, wenn einzelne Sachen nicht maschinell bearbeitet werden, ist zu unterscheiden. Grundsätzlich betreffen die Sonderregelungen zum maschinellen Verfahren nicht den einzelnen Vorgang, sondern die Gerichte, die für maschinelle Bearbeitung ausgestattet sind. Auch der vorübergehende Nicht-EDV-Fall mündet idR in den Erlass eines maschinell erstellten MB oder VB. Dieser mag manuell verfügt sein. Er ist aber im weiteren Verlauf elektronisch hergestellt und fällt schon deshalb unter § 703b I. Auch hier wäre es sinnloser Formalismus, das elektronische Produkt aus dem maschinellen Ver- 2 sandprozess zu nehmen und es wieder dem Sachbearbeiter zuzuführen, damit er durch Unterschrift bestätigt, was er schon vorher veranlasst hat. Allenfalls dann, wenn zB in Auslandsmahnverfahren, der jeweilige Bescheid nicht über den Großrechner ausgegeben, sondern lediglich computerunterstützt in der Abteilung gefertigt ist, so dass der Siegelaufdruck nicht bereits vorhanden ist, macht es vom Gesetz und von der Sache her Sinn, die manuelle Fertigung auch mit einer örtlich und zeitlich unmittelbar folgenden Unterschrift und manuellen Siegelung abzuschließen.

§ 703c Formulare; Einführung der maschinellen Bearbeitung. **(1) [1]Der Bundesminister der Justiz wird ermächtigt, durch Rechtsverordnung mit Zustimmung des Bundesrates zur Vereinfachung des Mahnverfahrens und zum Schutze der in Anspruch genommenen Partei Formulare einzuführen. [2]Für**

1. Mahnverfahren bei Gerichten, die die Verfahren maschinell bearbeiten,
2. Mahnverfahren bei Gerichten, die die Verfahren nicht maschinell bearbeiten,
3. Mahnverfahren, in denen der Mahnbescheid im Ausland zuzustellen ist,
4. Mahnverfahren, in denen der Mahnbescheid nach Artikel 32 des Zusatzabkommens zum NATO-Truppenstatut vom 3. August 1959 (BGBl. 1961 II S. 1183, 1218) zuzustellen ist,

können unterschiedliche Formulare eingeführt werden.

(2) Soweit nach Absatz 1 Formulare für Anträge und Erklärungen der Parteien eingeführt sind, müssen sich die Parteien ihrer bedienen.

(3) Die Landesregierungen bestimmen durch Rechtsverordnung den Zeitpunkt, in dem bei einem Amtsgericht die maschinelle Bearbeitung der Mahnverfahren eingeführt wird; sie können die Ermächtigung durch Rechtsverordnung auf die Landesjustizverwaltungen übertragen.

1 **A. Grundlagen.** Der Bundesminister der Justiz ist durch § 703c I ermächtigt, Formulare bundesweit einzuführen. Den Landesregierungen ist es durch Abs 3 überlassen, den Beginn der Einführung maschineller Bearbeitung jeweils für ihr Land individuell festzulegen. Inzwischen sind bei allen Mahngerichten automatisierte Verfahren eingeführt.

2 § 703c I 1 nennt die Zwecke der einzuführenden Formulare. Sie sollen nicht nur der Vereinfachung des Mahnverfahrens, sondern auch dem Schutz des Ag dienen. Die Hervorhebung des Schutzzwecks kann in Zweifelsfällen bei der Entscheidung helfen. Immer wieder stellt sich dem Bearbeiter die Frage, wie er mit Mängeln beim Ausfüllen von Vordrucken umgehen soll, wenn der Ast trotz Monierung nicht nachbessert. Im Regelfall wird das Festhalten an Mängeln im Antrag nur dem Ast selbst schaden, zB wenn mangels Individualisierung des Anspruchs die Verjährung nicht gehemmt wird oder eine ungenaue Bezeichnung zum Scheitern der Zwangsvollstreckung führt. Sobald aber in Betracht kommt, dass die Missachtung des Formularzwangs, die auch im mangelhaften Ausfüllen liegen kann, dem Ag nachteilig werden kann, drängt sich der in § 703c I 1 normierte Schutzzweck als Rechtsgrundlage für eine zurückweisende Entscheidung auf. In diesem Sinn sollte bedacht werden, ob es § 703c I 1 widerspricht, wenn das (auch) zum Schutz der in Anspruch genommenen Partei eingeführte Formular gezielt erst nach Ablauf der Verjährungsfrist übersandt und vor Ablauf nur ein unzulässiges und für die maschinelle Verarbeitung unbrauchbares Telefax übertragen wird.

3 **B. Ermächtigung (Abs 1).** § 703c I 1 ermächtigt, durch Rechtsverordnungen für verschiedene Verfahrensarten unterschiedliche Formulare einzuführen. § 703c II schreibt vor, dass die danach eingeführten Vordrucke zu benutzen sind. Für das automatisierte Mahnverfahren sind das die gem Abs 1 S 1 Nr 1 eingeführten. Die »Verordnung zur Einführung von Vordrucken für das Mahnverfahren bei Gerichten, die das Verfahren maschinell bearbeiten« (MaschMahnVordrV), BGBl I 78 705, bestimmt in § 1 I, dass für das Mahnverfahren bei Gerichten, die das Verfahren maschinell bearbeiten, die in den Anlagen 1–7 bestimmten Vordrucke 1. für den Antrag auf Erlass des MB und das dazu bestimmte Hinweisblatt, 2. für die Ausfertigung des MB, 3. für den Widerspruch, 4. für die Nachricht über die Zustellung des MB und für den Antrag auf Erlass des VB, 5. für die Ausfertigung des VB, 6. für die Nachricht über die Nichtzustellung des MB und für den Antrag auf Neuzustellung des MB, 7. für die Nachricht über die Nichtzustellung des VB und für den Antrag auf Neuzustellung des VB eingeführt werden.

4 Gemäß § 3 MaschMahnVordrV sind begrenzte Abweichungen von den in den Anlagen 1–7 bestimmten Vordrucken zulässig. Maßgebend für die Gestaltung der Abweichungen ist die beim Justizministerium Baden-Württemberg in Stuttgart eingerichtete Koordinierungsstelle für Pflege und Weiterentwicklung des

automatisierten gerichtlichen Mahnverfahrens. Die Koordinierungsstelle fasst bei Bedarf die Vordrucke für den Mahnantrag sowie das zugehörige Hinweisblatt, für die Nachricht über die Zustellung des MB und für den Antrag auf Erlass eines Vollstreckungsbescheids neu. Neufassungen werden in Bekanntmachungen zur Änderung der Vordrucke für das automatisierte gerichtliche Mahnverfahren des Bundesministeriums der Justiz veröffentlicht (vgl Bek v 30.1.09 Banz 09, Nr 22 v 11.2.09 S. 502).

§ 703c I Nr 2 lässt unterschiedliche Vordrucke für Gerichte zu, die die Verfahren nicht maschinell bearbeiten. Dies hat keine Bedeutung mehr. Zuletzt hat lediglich Thüringen, bis 31.12.08, noch ein nicht maschinelles Mahnverfahren betrieben. 5

Gemäß § 1 II der Rechtsverordnung gilt Abs 1 nicht für Mahnverfahren, in denen der MB im Ausland oder nach Art 32 des Zusatzabkommens zum NATO-Truppenstatut v 3.8.59 (BGBl II 61, 1183, 1218) zuzustellen ist (vgl § 703c I 1 Nr 3, 4). Formulare sind für diese Verfahren nicht eingeführt und nicht obligatorisch. Die amtlichen Formulare für das Inlands-Verfahren können verwendet und verarbeitet werden (§ 688 Rz 22). 6

Für das Mahnverfahren bei den Gerichten für Arbeitssachen sind gem § 46a VIII ArbGG spezielle Vordrucke eingeführt (AGMahnVordrV). 7

C. Benutzungszwang (Abs 2). Soweit Formulare eingeführt sind (Rz 3), müssen sich die Parteien ihrer bedienen (§ 703c II). Auch für den Widerspruch ist ein Formular eingeführt (§ 1 I Nr 3 MaschMahnVordrV). Obwohl nach dem klaren Wortlaut des § 703c II für den Benutzungszwang nicht zwischen zB Mahnantrag und Widerspruch unterschieden wird, entnehmen hM und Praxis der Mahngerichte aus § 692 I Nr 5 (»Hinweis, dass der Widerspruch mit einem Formular der beigefügten Art erhoben werden soll«) eine Sollvorschrift (§ 692 Rz 14). 8

Anträge, die trotz eingeführter Formulare und entgegen § 703c II nicht auf gültigem Formular eingereicht werden, zB auf ungültig gewordenem Formular, in Fotokopie oder als Telefax, sind unzulässig (§ 690 Rz 31; § 701 Rz 2). Zum rechtlichen Gehör vor Zurückweisung und den Folgen s. § 690 Rz 31. Zur Verjährungshemmung bei unzulässigem Antrag s. § 690 Rz 18. Der Ast kann sich verjährungshemmende Wirkung durch rechtzeitige Erhebung der Klage erhalten (§ 691 II; § 691 Rz 12; BGH NJW-RR 01, 1320 Rn 44). 9

Zulässig sind online ausgefüllte oder mittels des Elektronischen Gerichts- und Verwaltungspostfachs (EGVP – www.egvp.de) eingereichte Mahnanträge, sofern sie den jeweils dazu beschriebenen Konditionen entsprechen. Auch in diesen Fällen werden von den Mahngerichten vorgegebene Felder ausgefüllt, die gemeinsam Formulare darstellen, wenngleich nicht auf einem Papiervordruck, sondern am Bildschirm. Der Barcode-Mahnantrag, der über www.online-mahnantrag.de auf weißes Papier ausgedruckt und in dieser Form eingereicht werden kann, widerspricht nicht dem Formularzwang. Er gehört zu den elektronisch lesbaren Anträgen (§ 690 Rz 37). Der nach den Regeln hergestellte und übersandte Barcode-Antrag kann von jedem automatisierten Mahngericht verarbeitet werden. Zu den bei der Fertigung bekannt gegebenen Vorgaben zählt, dass er auf weißem Papier und nicht per Telefax oder E-Mail übermittelt wird. 10

Der Formularzwang gewinnt auch dann Bedeutung, wenn die Partei mehr Angaben unterbringen will, als es die Eingabefelder der Papier- oder Online-Formulare erlauben (§ 690 Rz 18). Grundsätzlich reicht der verfügbare Platz aus, um den Anforderungen an Individualisierung zu genügen (vgl BGH NJW 08, 1220). Zur Auffassung von BGH NJW 08, 3498, es sei erforderlich, wenn die Verjährung gehemmt werden solle, Schriftstücke dem MB in Abschrift beizufügen, die dem Ag nicht bekannt sind, aber zur Bezeichnung des Anspruchs angegeben (und mit dem Antrag eingereicht) werden, s. § 690 Rz 18. 11

§ 703d Antragsgegner ohne allgemeinen inländischen Gerichtsstand.

(1) Hat der Antragsgegner keinen allgemeinen Gerichtsstand im Inland, so gelten die nachfolgenden besonderen Vorschriften.

(2) [1]Zuständig für das Mahnverfahren ist das Amtsgericht, das für das streitige Verfahren zuständig sein würde, wenn die Amtsgerichte im ersten Rechtszug sachlich unbeschränkt zuständig wären. [2]§ 689 Abs. 3 gilt entsprechend.

A. Grundlagen. § 703d betrifft den Fall, dass der Ag keinen allgemeinen, uU aber einen besonderen Gerichtsstand im Inland hat, ist im Zusammenhang mit § 688 III zu sehen und eine Sonderregelung zu § 689 II 1, wonach es für die Zuständigkeit auf den allgemeinen Gerichtsstand des Ast ankommt. Soweit (auch) die Voraussetzungen für das europäische Mahnverfahren (§§ 1087 ff) gegeben sind, steht es wahlweise daneben zur Verfügung (§ 688 Rz 29; § 688 IV). 1

2 **B. Besondere Zuständigkeitsregelung.** Hat ein Ag keinen allgemeinen Gerichtsstand (vgl §§ 12–19a) im Inland, zB aber einen besonderen Gerichtsstand (Erfüllungsort, Niederlassung usw), richtet sich die Zuständigkeit für diesen Ag nach § 703d II 1 (BGH NJW 95, 3317; Hamm 27.7.07–32 Sbd 55/07). Typisches Beispiel für allgemeinen Gerichtsstand im Ausland und einen weiteren Gerichtsstand gem EuGVO im Inland ist die englische Limited. Sie hat idR ihren allgemeinen Gerichtsstand, den Satzungssitz, im Ausland, und eine Zweigniederlassung im Inland, die gewöhnlich Sitz der Hauptverwaltung oder auch der Hauptniederlassung ist (s. Art 2, 59, 60 I EuGVO; BGH NJW-RR 08, 551). Die Zuständigkeit des Mahngerichts bestimmt § 703d bei Fehlen eines allgemeinen Gerichtsstands im Inland nach dem Amtsgericht, das für ein streitiges Verfahren zuständig wäre, wenn die Amtsgerichte im ersten Rechtszug sachlich unbeschränkt zuständig wären (§ 703d II). § 703d II 1 statuiert eine besondere Zuständigkeitsregelung schon für das Mahnverfahren, indem es an die örtliche Zuständigkeit für eine späteres streitiges Verfahren anknüpft (BGH NJW 95, 3317). Ist das danach zuständige Gericht ein Gericht, für das die maschinelle Bearbeitung eingeführt ist, so muss der MB bei dem zentralen Gericht beantragt werden (BayObLG NJW-RR 06, 206 Rn 11), sofern der Verordnungsgeber nach § 689 III es nicht anders regelt (Musielak/*Borth* § 703d Rn 2). Das AVAG, auf welches § 688 III verweist, ist ein allgemeines Gesetz zur Ausführung mehrerer aufgezählter zwischenstaatlicher Anerkennungs- und Vollstreckungsverträge (§ 1 I Nr 1 AVAG) und zur Durchführung der Verordnung Nr 44/2001, der EuGVO (§ 1 I Nr 2 AVAG). Die Regelungen der EuGVO werden als unmittelbar geltendes Recht der EU durch die Durchführungsbestimmungen des AVAG nicht berührt (§ 1 II 1 AVAG). Vorrangig ggü AVAG und ZPO (§ 703d) sind die Zuständigkeitsbestimmungen der EuGVO. Sie regelt im Einzelnen, wann Personen mit Wohnsitz in einem Mitgliedstaat vor Gerichten eines anderen Mitgliedstaats verklagt werden können (zB Art 5 Erfüllungsort, Ort des schädigenden Ereignisses, Betrieb einer Niederlassung und Art 23 Zuständigkeitsvereinbarung, vgl auch Art 60 Wohnsitz von Gesellschaften und juristischen Personen). Macht der Antragsteller geltend, dass das Gericht auf Grund einer Gerichtsstandsvereinbarung zuständig sei, so hat er dem Mahnantrag die erforderlichen Schriftstücke über die Vereinbarung beizufügen (§ 688 Rz 20; § 32 II AVAG).

3 § 703d betrifft neben dem Fall, dass an einem anderen Gerichtsstand als einem allgemeinen im Inland zugestellt werden kann, auch den Fall, dass die Zustellung im Ausland (§ 688 III) erforderlich ist (B/L/A/H § 703d Rn 1). Bei Auslandszustellungen sind §§ 183, 184, 1068 I, 1069 und die unmittelbar geltende Verordnung (EG) Nr 1393/07 (EuZVO1393) zu beachten (s. § 693 Rz 11). Die neu gefassten Vorschriften der ZPO sowie die EuZVO1393 sind seit 13.11.08 in Kraft (Art 26). Die Verordnung (EG) Nr 1348/00 ist durch die EuZVO1393 aufgehoben.

Buch 8 Zwangsvollstreckung

Abschnitt 1 Allgemeine Vorschriften

Bemerkungen vor §§ 704 ff ZPO

A. Begriff, Zweck und Funktion der Zwangsvollstreckung. Die (Einzel-)Zwangsvollstreckung ist ein Verfahren, das die Rechtsordnung dem Gläubiger eines gerichtlich festgestellten oder förmlich dokumentierten Anspruchs zur Verfügung stellt, um diesen ggf mit Zwangsmitteln gegen die unberechtigte Leistungsverweigerung des Schuldners durchzusetzen und auf diese Weise Befriedigung der Forderung zu erlangen. Das Zwangsvollstreckungsverfahren ist Ausdruck des staatlichen **Gewaltmonopols** (BVerfGE 61, 126, 136 = NJW 83, 559). Es untersagt bis auf wenige gesetzlich geregelte Ausnahmen die eigenmächtige Rechtsverfolgung im Wege der privaten Selbsthilfe. Hat allein der Staat die Vollstreckungsgewalt inne, ist er auch gehalten, Gläubigern ein öffentlich-rechtliches Verfahren zur Befriedigung ihrer berechtigten Forderungen zur Verfügung zu stellen. Das ergibt sich aus dem **Justizgewährungsanspruch** des Bürgers. Das Zwangsvollstreckungsverfahren findet im Interesse des Gläubigers statt. Der Schuldner muss dessen Einleitung und Durchführung dulden. Die Belange des Schuldners werden iRd Zwangsvollstreckungsverfahrens geschützt (§§ 765a, 811 ff, 850 ff). 1

B. Rechtsgrundlagen der Zwangsvollstreckung. Im achten Buch der ZPO ist die Zwangsvollstreckung aus bürgerlichrechtlichen Forderungen geregelt, deren Berechtigung von Zivilgerichten festgestellt wurde oder sonst förmlich dokumentiert worden sind. Die Zwangsvollstreckung findet also statt aus sog Vollstreckungsansprüchen, denen vollstreckbare zivilrechtliche Ansprüche iSv § 194 BGB zugrunde liegen. Zwangsversteigerung und Zwangsverwaltung sind Vollstreckungsarten, die im ZVG geregelt, aber über § 869 ua dem Vollstreckungsrecht der ZPO unterstellt sind. Soweit sich die Zwangsvollstreckung aus anderen Ansprüchen nach dem achten Buch der ZPO richtet, verweisen zahlreiche Verfahrensordnungen für die Durchführung der Zwangsvollstreckung auf die entsprechenden zivilprozessualen Vorschriften (§ 167 I 1 VwGO, § 198 I SGG, § 151 I 1 FGO, §§ 46a I, 62, 85 ArbGG). Auch in der **freiwilligen Gerichtsbarkeit** richtet sich die Zwangsvollstreckung bisweilen nach der ZPO (§§ 95 f FamFG). Insbesondere werden Ehesachen iSv § 121 FamFG und Familienstreitsachen iSv § 112 FamFG nach § 120 I FamFG entsprechend §§ 704–915h ZPO vollstreckt (zu den Besonderheiten *Cirullies* ZKJ 10, 174; zum Übergangsrecht *Giers* FPR 10, 74). Öffentlichrechtliche Ansprüche werden im Wege der **Verwaltungsvollstreckung** beigetrieben. Rechtsgrundlagen sind die Verwaltungsvollstreckungsgesetze des Bundes und der Länder. Ob ein Anspruch nach der ZPO zu vollstrecken ist oder nicht, richtet sich nicht nach der Rechtsnatur des zugrunde liegenden Anspruchs. Entscheidend ist vielmehr, ob der zu vollstreckende Titel nach Maßgabe der ZPO erlassen wurde (BGH NJW-RR 06, 645). 2

C. Einzelzwangsvollstreckung und Gesamtvollstreckung. Die Zwangsvollstreckung nach dem achten Buch der ZPO ist stets Einzelzwangsvollstreckung. Das Gesamtvollstreckungsverfahren richtet sich dagegen nach den Vorschriften der InsO. Ein Antrag auf Eröffnung des Insolvenzverfahrens steht der Fortsetzung von Vollstreckungsmaßnahmen gegen den Schuldner grds nicht entgegen. Jedoch kann das Insolvenzgericht bereits im Eröffnungsverfahren solche Maßnahmen untersagen (§ 21 II Nr 3 ZPO). Das Zwangsvollstreckungsverfahren wird jedoch durch die Eröffnung des Insolvenzverfahrens allein nicht unterbrochen. § 240 ist nicht einschlägig (BGHZ 172, 16 = NJW 07, 1332). Solange es jedoch andauert, besteht für Maßnahmen der Einzelzwangsvollstreckung einzelner Insolvenzgläubiger nach § 89 I InsO ein Vollstreckungshindernis (s. Rz 11). Wird allerdings die Vollstreckungsklausel, die eine allgemeine Voraussetzung der Einzelzwangsvollstreckung ist (s. Rz 9), nach Eröffnung des Insolvenzverfahrens über das Vermögen des Schuldners erteilt, so ist das nicht bereits nach dieser Vorschrift unzulässig (BGH NJW 08, 918). 3

D. Zwangsvollstreckung und Erkenntnisverfahren. Das Zwangsvollstreckungsverfahren ist vom Erkenntnisverfahren organisatorisch getrennt. Zwar ist die Vollstreckung aus einem Endurteil, das einen Rechtsstreit im Erkenntnisverfahren abschließt, der Regelfall, von dem auch das achte Buch der ZPO ausgeht (s. § 704). Es ist jedoch nicht zwingend, dass der Zwangsvollstreckung ein Rechtsstreit vorausgeht (Zö/*Stöber* Vor § 704 Rn 13). Denn die Vollstreckung findet auch aus nichtrichterlichen Vollstreckungstiteln statt (s. § 794). Gleichwohl ist die Zwangsvollstreckung ein zivilrechtliches Parteiverfahren. Mit dem zivilprozessua- 4 len Erkenntnisverfahren hat es einige **Verfahrensgrundsätze** gemeinsam. Sie gelten jedoch aufgrund des besonderen Charakters des Vollstreckungsverfahrens nur modifiziert. Das gilt namentlich für die Parteiherrschaft, die in der Vollstreckung eingeschränkt ist (Musielak/*Lackmann* Vor § 704 Rn 11). Zwar liegt das Initiativrecht für die Einleitung der Zwangsvollstreckung ebenso wie die Befugnis, das Verfahren zum Ruhen zu bringen oder zu beenden, beim Gläubiger. Jedoch ist der Verfahrensverlauf von dem Vollstreckungsmodus abhängig, den die ZPO für die einzelnen Vollstreckungsgegenstände vorschreibt. Über sie kann der Gläubiger ebenso wenig disponieren, wie er das zuständige Vollstreckungsorgan bestimmen oder die Tätigkeit der einzelnen Vollstreckungsorgane im Einzelnen leiten kann. Bei der Zwangsvollstreckung handelt es sich um ein Verfahren, das zwar auf Antrag durchgeführt und beendet, das aber solange es dauert, vAw betrieben wird. Mit dem Zivilprozess hat das Zwangsvollstreckungsverfahren gemeinsam, dass es nur dann eingeleitet wird, wenn bestimmte **persönliche** (Partei- und Prozessfähigkeit nach wohl hM auch des Vollstreckungsschuldners nicht nur beim rangwahrenden Erstzugriff, Prozessführungsbefugnis, Rechtsschutzbedürfnis) und **sachliche Verfahrensvoraussetzungen** (Antrag, Gerichtsbarkeit, Rechtsweg und zuständiges Vollstreckungsorgan) vorliegen (*H. Roth* JZ 87, 895 ff; *Arens* FS Schiedermair, 1 ff). Nicht um ein Vollstreckungs-, sondern um ein besonderes Erkenntnisverfahren handelt es sich beim Vollstreckbarkeitserklärungsverfahren nach § 1060 (Naumbg NJOZ 10, 2127, 2128).

5 **E. Charakter des Vollstreckungsverfahrens.** Für das Vollstreckungsverfahren der ZPO sind verschiedene Eigenschaften kennzeichnend, die allesamt einem dem Befriedigungsinteresse des Gläubigers dienenden, effektiven Ablauf dienen (*Stürner* ZZP 99, 291). Das Vollstreckungsverfahren ist **dezentral** ausgestaltet. Der Gläubiger soll rasch seinen Weg zum fachkundigen Vollstreckungsorgan finden, das für die bestimmte Vollstreckungsmaßnahme zuständig ist, die er durchgeführt wissen möchte. Die Vollstreckung läuft **formalisiert** ab, dh die Vollstreckungsorgane prüfen die formalen Voraussetzungen der Zwangsvollstreckung (s. Rz 8), nicht aber deren Rechtmäßigkeit oder gar die Richtigkeit des Titels (BGH NJW 94, 460, 461). Nach dem **Prioritätsgrundsatz** wird der frühere Vollstreckungszugriff bevorzugt (§ 804 III). Allerdings muss der Gerichtsvollzieher, wenn mehrere Titel verschiedener Gläubigergruppen vorliegen, die Pfändung für alle zugleich vornehmen. Die Vollstreckungsmaßnahme ist **umfassend** idS, dass sie sich grds auf das gesamte Vermögen des Schuldners bezieht. Allerdings ist die Vollstreckung dem Umfang nach auf bestimmte Vermögensteile beschränkt, wenn das im Interesse des Schuldnerschutzes erforderlich ist (§§ 811, 850 ff). Wird in besondere Vermögensmassen vollstreckt, muss das Vollstreckungorgan sicherstellen, dass in die richtige Vollstreckungsmasse vollstreckt wird und sich der Titel gegen den richtigen Schuldner richtet. § 735 trifft insoweit eine Regelung für den nicht rechtsfähigen Verein und § 736 für die Gesellschaft bürgerlichen Rechts. Für die Vollstreckung in das Vermögen einer OHG oder KG gelten §§ 124 II, 161 II HGB, s. aber § 129 IV HGB. Soweit körperliche Gegenstände gepfändet werden, dürfen diese nicht verschleudert, sondern müssen **effektiv verwertet** werden. Dafür sorgen §§ 812, 813 bei der Mobiliarvollstreckung sowie die §§ 30d, 74a, 85 und 85a bei der Zwangsvollstreckung in Grundstücke. Einzig die **Beschleunigung** des Vollstreckungsverfahrens ist ein Faktor, der in der ZPO nicht sehr stark ausgebildet ist. Immerhin kommen § 720a und § 845 dem Interesse des Gläubigers an einer zügigen Vollstreckung entgegen. Der Gerichtsvollzieher ist gehalten, Verzögerungen des Vollstreckungsverfahrens zu vermeiden.

6 **F. Verfahrensbeteiligte. I. Vollstreckungsorgane.** An der Zwangsvollstreckung sind Gläubiger, Schuldner und uU auch dritte Personen beteiligt sowie in jedem Fall das zuständige Vollstreckungsorgan. Welches das ist, hängt von der Art der Zwangsvollstreckung ab, die durchgeführt wird. Die Zuständigkeit des Vollstreckungsorgans ist eine ausschließliche (§ 802). Das primäre Vollstreckungsorgan ist der **Gerichtsvollzieher**, der die Zwangsvollstreckung durchführt, soweit sie nicht den Gerichten zugewiesen ist (§ 753 I). Zuständig ist er va für die Zwangsvollstreckung wegen Geldforderungen in bewegliche Sachen (§§ 803 ff), für die Herausgabevollstreckung (§§ 883 ff) sowie für das Verfahren zur Abgabe von eidesstattlichen Versicherungen (§§ 899 ff). Das **Vollstreckungsgericht**, idR dasjenige Amtsgericht, in dessen Bezirk das Vollstreckungsverfahren stattfinden soll oder stattgefunden hat (§ 764 II), ist das zuständige Organ für folgende Zwangsvollstreckungen: die Zwangsvollstreckung wegen Geldforderungen in Forderungen und andere Vermögensrechte (§§ 828 ff), in das unbewegliche Vermögen (§§ 864 ff, 869, ZVG) sowie die eidestattliche Versicherung nach Bürgerlichem Recht (§ 889). Das **Prozessgericht** des ersten Rechtszugs ist das zuständige Vollstreckungsorgan, wenn es um die Erwirkung von Handlungen, Duldungen oder Unterlassungen geht (§§ 887 ff). Das **Grundbuchamt** fungiert schließlich als das vierte Vollstreckungsorgan der ZPO. Ihm ist die Eintragung von Zwangshypotheken nach § 867 I übertragen.

II. Parteien der Zwangsvollstreckung. An jedem Vollstreckungsverfahren sind Gläubiger und Schuldner notwendig beteiligt. Sie sind idR, aber nicht zwingend auch die Parteien eines Erkenntnisverfahrens, das mit dem Erlass einer Entscheidung abgeschlossen wurde, die als Vollstreckungstitel taugt. So sind Gläubiger und Schuldner dann nicht Kl und Bekl, wenn die Zwangsvollstreckung aus einem anderem als einem gerichtlichen Titel stattfindet (s. Rz 4) oder eine Titelumschreibung nach §§ 727 f erfolgt ist. Wer **Vollstreckungsgläubiger** ist, bestimmt sich danach, wen der Titel oder – in den Fällen der §§ 727 f, 742 und 749 – die Vollstreckungsklausel als vollstreckungsberechtigt ausweist (ThoPu/*Seiler* § 704 Vorb Rn 9 f). **Vollstreckungsschuldner** ist, wer nach dem Titel oder jedenfalls der Vollstreckungsklausel die Zwangsvollstreckung in sein Vermögen dulden muss. Die Eigenschaft als Vollstreckungsgläubiger oder Vollstreckungsschuldner wird demnach rein formellrechtlich bestimmt. Wenn die Parteien des Vollstreckungsverfahrens nicht durch Auslegung bestimmt werden können, darf die Zwangsvollstreckung wegen § 750 I nicht beginnen (BGHZ 177, 12, 14, mit Anm *Laukemann* JZ 09, 636, 637; s. § 750 Rz 4). Zwischen den Parteien entsteht mit dem Beginn der Zwangsvollstreckung eine privatrechtliche Sonderbeziehung, aus der sich Schutzpflichten des Gläubigers ggü dem Schuldner herleiten, die bei Verletzung schadensersatzbewehrt sind. Man spricht auch vom **Vollstreckungsrechtsverhältnis.** 7

III. Dritte. Bisweilen werden durch Maßnahmen der Zwangsvollstreckung auch dritte Personen in ihren Rechtspositionen betroffen. Das hängt mit dem formalisierten Charakter des Vollstreckungsverfahrens zusammen, der aus Gründen einer effektiven Zwangsvollstreckung typisierte Anknüpfungspunkte kennt. Gegen die Verletzung ihrer Rechte durch eine bestimmte Vollstreckungsmaßnahme können sie sich im Einzelfall – ähnl wie der Vollstreckungsschuldner selbst – mit vollstreckungsrechtlichen Rechtsbehelfen (§ 766) oder, sofern materielle Rechte bestehen, die der Zwangsvollstreckung in ihr Vermögen entgegenstehen, mit bestimmten Klagen wehren (§§ 771, 805). Vollstreckt der Gläubiger nicht in das Vermögen seines Schuldners, sondern in das einer dritten Person, ist die Vollstreckungsmaßnahme rechtswidrig (BGHZ 95, 10, 15 = NJW 85, 1959, 1960). Es kommt eine **deliktische Haftung** desjenigen in Betracht, der die Vollstreckung betreibt (BGHZ 118, 201 = NJW 92, 2014). Der Gläubiger ist des Weiteren verpflichtet, Rechte, die dritte Personen gegen die Zwangsvollstreckung vorbringen, zu prüfen. Bei schuldhafter Verletzung dieser Pflicht ist er gehalten, Schadensersatz aus dem Gesichtspunkt einer Verletzung der **privatrechtlichen Sonderbindung** zu leisten, die durch den Vollstreckungszugriff begründet wird (BGH NJW 85, 3080, 3081; BGHZ 58, 207, 212 = NJW 1972, 1048). 8

G. Voraussetzungen der Zwangsvollstreckung. I. Allgemeine. Jede Zwangsvollstreckungsmaßnahme ist zwingend an allgemeine Vollstreckungsvoraussetzungen gebunden. So muss jeder Gläubiger in der Zwangsvollstreckung durch einen **Titel** ausgewiesen sein. Titel ist diejenige öffentliche Urkunde, in der der Vollstreckungsanspruch des Gläubigers gegen den Schuldner verbrieft ist. Vollstreckungstitel sind Endurteile nach § 704, die in § 794 I aufgeführten Titel, Arrestbefehle und Anordnungen einstweiliger Verfügungen nach §§ 928, 936, einstweilige Anordnungen nach §§ 620 ff sowie vollstreckbare Anwaltsvergleiche (zu den nichtrichterlichen Titeln *K. J. Müller* RNotZ 10, 167). Die **Vollstreckungsklausel** dokumentiert dem Vollstreckungsorgan verbindlich die Vollstreckbarkeit des Titels. Sie ist ein amtlicher Vermerk, der die Vollstreckungsreife des Titels bescheinigt und auf Antrag des Gläubigers im sog Klauselverfahren erteilt wird. Es besteht eine Pflicht des Gläubigers, dem Vollstreckungsorgan vor dem Beginn der Vollstreckung eine vollstreckbare Ausfertigung des Titels vorzulegen (BGH NJW-RR 03, 1650). Die dritte allgemeine Vollstreckungsvoraussetzung ist die **Zustellung** des Titels (§§ 166 ff, 750). Sie soll den Schuldner über die bevorstehende Vollstreckungsmaßnahme informieren und ihm die Möglichkeit geben, die geschuldete Leistung doch noch freiwillig zu erbringen, um die Zwangsvollstreckung abzuwenden (Musielak/*Lackmann* Vor § 704 Rn 24). 9

II. Besondere. Neben den allgemeinen Vollstreckungserfordernissen (Titel, Klausel, Zustellung) müssen bei bestimmten besonders ausgestalteten Vollstreckungsmaßnahmen zusätzlich besondere Voraussetzungen gegeben sein. So darf die Vollstreckung, wenn sie vom Eintritt eines **Kalendertages** oder einer **Sicherheitsleistung** abhängig ist, nicht vor dessen Ablauf (§ 751 I) oder dem Nachweis der Sicherheitsleistung durch eine öffentliche oder öffentlich beglaubigte Urkunde beginnen (§ 751 II). Bei Vollstreckungsmaßnahmen, die von einer **Zug um Zug zu erbringenden Gegenleistung** abhängen, sind die besonderen Vollstreckungsvoraussetzungen der §§ 756, 765 zu beachten. Die Zug um Zug zu bewirkende Leistung muss in einer den Annahmeverzug begründenden Weise angeboten oder die zugrunde liegende Schuld erfüllt worden sein. 10

11 **III. Vollstreckungshindernisse.** Die Zwangsvollstreckung ist nicht oder nicht mehr zulässig und daher einzustellen, wenn der Vollstreckung ein Hindernis entgegensteht. Solche Vollstreckungshindernisse formulieren §§ 775, 778. Eine Amtspflicht des Vollstreckungsorgans, das Vorliegen eines Vollstreckungshindernisses nach diesen Vorschriften zu prüfen, gibt es nicht. Das hängt mit dem formalisierten Charakter des Vollstreckungsverfahrens zusammen (s. Rz 5). Das vollstreckende Organ muss das Vollstreckungshindernis allerdings zur Kenntnis nehmen, wenn sich ein Beteiligter des Vollstreckungsverfahrens darauf beruft oder das Vollstreckungsorgan sonst dienstlich davon erfährt. Auch die Eröffnung des Insolvenzverfahrens über das Vermögen des Schuldners begründet nach § 89 I InsO ein Vollstreckungshindernis (s. Rz 3). Im Unterschied zu den Vollstreckungshindernissen aus §§ 775, 778 ist das Vollstreckungsverbot aus § 89 I InsO vom Vollstreckungsorgan vAw zu beachten (Zö/*Stöber* Vor § 704 Rn 38).

12 **H. Verlauf der Zwangsvollstreckung. I. Beginn.** Die Dauer des Vollstreckungsverfahrens muss va festgelegt werden, um den Zeitraum zu bestimmen, in dem Rechtsbehelfe gegen die Zwangsvollstreckung statthaft sind. Denn ein **Rechtsschutzinteresse** besteht nur, wenn die Zwangsvollstreckung begonnen hat. Auch sind Beginn und/oder Ende der Zwangsvollstreckung in vielen Vorschriften von Bedeutung, so etwa in §§ 707, 719, 720a, 732, 750, 756, 764, 766, 767, 771, 779, 781, 793, 798, 798a, 805, 820 und 890. Das Vorliegen der Vollstreckungsvoraussetzungen allein bedeutet noch nicht den Beginn der Zwangsvollstreckung. Das Vollstreckungsverfahren nimmt vielmehr erst seinen Anfang mit der ersten Vollstreckungshandlung, die das Vollstreckungsorgan vornimmt. Wird der Gerichtsvollzieher tätig, ist das der Zeitpunkt, in dem er nach § 758 I gegen die Person des Schuldners oder dessen Eigentum vorgeht, um die Pfändung zu ermöglichen (BGH NJW-RR 04, 1220, 1221). Das Verfahren zur Abnahme der eidesstattlichen Versicherung nach § 900 wird mit der Bestimmung des Termins eingeleitet. Die Zwangsvollstreckung wird vom Vollstreckungsgericht mit dem Erlass des Pfändungsbeschlusses (§ 829), des Zwangsmittels (§ 888), der nachträglichen Androhung (§§ 866, 867) oder der Anordnung der Zwangsversteigerung initiiert (§ 15 ZVG). Bei der Vollstreckung nach § 890 beginnt das Prozessgericht des ersten Rechtszugs mit der Vollstreckung, sobald die Androhung nach § 890 II existent ist. Das Grundbuchamt leitet die Vollstreckung mit der Unterzeichnung der Eintragungsverfügung nach § 130 GBO ein. Wann der Schuldner von der Vollstreckungsmaßnahme Kenntnis erlangt, ist für den Beginn der Zwangsvollstreckung dagegen nicht entscheidend.

13 **II. Ende.** Dass die Zwangsvollstreckung nicht länger andauern darf, als bis sie ihren Zweck erfüllt hat (s. Rz 1), ist ein Gebot der **Verhältnismäßigkeit** im engeren Sinne (Wieser 61 ff). Beendet ist die Vollstreckung insgesamt, wenn der Gläubiger hinsichtlich des Vollstreckunganspruchs und der Vollstreckungskosten nach § 788 Befriedigung erlangt hat. Einzelne Vollstreckungsmaßnahmen enden, wenn sie vollständig abgeschlossen sind (Beispiele: Aufhebung der Sicherheitsleistung, Freigabe durch den Gläubiger). Es ist nicht notwendig, dass sie zur Befriedigung des Gläubigers geführt haben. So kommt zum Beispiel die Räumungsvollstreckung mit der Einweisung des Gläubigers in den Besitz an den Räumen durch Aushändigung der Schlüssel zu ihrem Ende (BGH NZM 05, 193, 194).

14 **I. Fehler in der Zwangsvollstreckung. I. Unwirksamkeit der Vollstreckungsmaßnahme.** Fehlerbehaftet ist die Zwangsvollstreckung, wenn überhaupt nicht hätte vollstreckt werden dürfen oder wenn der Vollstreckungszugriff nicht so hätte erfolgen dürfen, wie er konkret durchgeführt wurde. In der Regel führen Mängel in der Zwangsvollstreckung nicht zur Nichtigkeit der fehlerhaften Vollstreckungsmaßnahme, sondern zu deren Anfechtbarkeit und Aufhebbarkeit mit den Rechtsbehelfen des Vollstreckungsrechts. Nur ausnahmsweise, nämlich bei besonders gravierenden und offenkundigen Fehlern ist die Vollstreckungsmaßnahme gänzlich unwirksam (BGHZ 121, 98, 102 = NJW 93, 735; Hamm Rpfleger 97, 393). Ihre Nichtigkeit ist endgültig. Sie kann nicht geheilt werden. Die Vollstreckungsmaßnahme muss idR noch einmal fehlerfrei vorgenommen werden, da eine **Umdeutung** des nichtigen in einen fehlerfreien Vollstreckungsakt, auch wenn deren Voraussetzungen vorliegen, wegen des Bestimmtheitsgrundsatzes problematisch ist. Als besonders schwerwiegende, zur Nichtigkeit der Vollstreckungsmaßname führende Fehler werden eingeordnet: Die Außerachtlassung der Zuständigkeit des vollstreckenden Organs (etwa die Sachpfändung durch das Vollstreckungsgericht), die Vollstreckung trotz Nichtexistenz eines Vollstreckungstitels (BGHZ 112, 356, 361 = NJW 91, 496; BGHZ 70, 313, 317 = NJW 78, 943), der Vollstreckungszugriff aus einem zur konkreten Vollstreckungsmaßnahme nicht tauglichen Titel (BGHZ 121, 98 = NJW 93, 735) sowie die Außerachtlassung wesentlicher Verfahrens- und Formvorschriften (St/J/*Münzberg* Vor § 704 Rn 130). Beispiele sind die nicht ausreichende Kennzeichnung der Pfändung durch den Gerichtsvollzieher, die gegen § 808 II 2 ver-

stößt oder auch die nur unbestimmte Angabe der zu pfändenden Forderung im Pfändungsbeschluss (Musielak/*Lackmann* Vor 704 Rn 32).

II. Anfechtbarkeit der Vollstreckungsmaßnahme. Die Anfechtbarkeit der fehlerbehafteten Vollstreckungsmaßnahme ist die regelmäßige Folge einer rechtswidrigen Zwangsvollstreckung. Bis zu ihrer Aufhebung bleibt sie damit voll wirksam. Eine Aufhebung scheidet allerdings dann aus, wenn der Gläubiger aufgrund der fehlerhaften Vollstreckungsmaßnahme bereits volle oder tw Befriedigung erlangt hat (stRspr seit BGHZ 30, 173 = NJW 59, 1874). Anfechtbare Pfändungen bewirken die Verstrickung der Pfandsache. Auch das Entstehen eines Pfändungspfandrechts hindert die Anfechtbarkeit des Pfändungsakts nicht. Wirksam bleibt die fehlerhafte Vollstreckungsmaßnahme auch, wenn ihre Fehlerhaftigkeit dadurch geheilt wird, dass ihr Mangel im Nachhinein behoben wird. Die Frage nach der prozessualen **ex nunc- oder ex tunc-Wirkung** der Heilung zu stellen, macht insofern wenig Sinn, als der Vollstreckungsakt ja von vornherein rechtswirksam war. Bedeutung hat der Zeitpunkt der Fehlerbeseitigung allerdings materiell, nämlich für die Bestimmung des Rangs nach § 804 III, bei einer Mehrheit von Gläubigern im Verteilungsverfahren nach § 878. Hier wirkt die Heilung erst ab der Mangelbehebung (BGHZ 53, 116). 15

J. Rechtsbehelfe. I. Einwendungen des Schuldners. 1. Gegen die Voraussetzungen der Zwangsvollstreckung. Der formalisierte Charakter der Zwangsvollstreckung (s. Rz 5) bringt es mit sich, dass Einwendungen des Schuldners und Dritter gegen die Zwangsvollstreckung von den Vollstreckungsorganen nicht geprüft werden. Die ZPO stellt daher verschiedene Rechtsbehelfe zur Verfügung, mit deren Hilfe die Beschränkung, die vorläufige Einstellung der Vollstreckung im Wege der einstweiligen Anordnung nach § 707 oder sogar die Erklärung der Unzulässigkeit der Vollstreckungsmaßnahme erreicht werden kann. Das ist etwa der Fall, wenn sich herausstellt, dass der titulierte Vollstreckungsanspruch keine taugliche Grundlage der Zwangsvollstreckung darstellt. Dieser Umstand muss in das Vollstreckungsverfahren mit einer besonderen Klage eingeführt werden, nämlich mit der **Vollstreckungsabwehrklage** nach § 767. Mit ihr wird geltend gemacht, der titulierte Anspruch bestehe nicht mehr oder nur noch zT. Einwendungen gegen die Vollstreckungsklausel werden mit der sog **Klauselerinnerung** nach § 732 vorgebracht, in besonderen Fällen nach §§ 768, 796 III, 797 V. Mit einer auf § 826 BGB gestützten Klage kann schließlich die Unterlassung der Zwangsvollstreckung erreicht werden, wenn der Vollstreckungstitel auf sittenwidrige Weise erlangt oder die Vollstreckung aus einem solchen Titel in die Rechte des Schuldners sittenwidrig eingreift. 16

2. Gegen die Art und Weise der Zwangsvollstreckung. Gegen die Art und Weise, wie die Zwangsvollstreckung durchgeführt wurde, richtet sich die sog **Vollstreckungserinnerung** nach § 766, s.a. § 777. Mit ihr werden die Unzulässigkeit der Vollstreckungsmaßnahme eines Vollstreckungsorgans gerügt oder dessen Weigerung, für den Gläubiger zu vollstrecken. Auch Zeit, Maß und Gegenstand der Vollstreckung können Gegenstand einer Vollstreckungserinnerung nach § 766 sein. Gegen Entscheidungen eines Vollstreckungsorgans ist die sofortige Beschwerde nach § 793 statthaft, gegen die des Grundbuchamts die Beschwerde nach § 71 GBO. 17

II. Einwendungen Dritter. Auch dritte Personen sind bisweilen von Vollstreckungsmaßnahmen betroffen (s. Rz 8). Wie der Vollstreckungschuldner können sie Einwendungen, soweit sie sich gegen die Durchführung der Zwangsvollstreckung richten, mit der Vollstreckungserinnerung nach § 766 geltend machen. Die **Drittwiderspruchsklage** nach §§ 771 f gibt dem Dritten die Möglichkeit, die weitere Vollstreckung unter Berufung auf ein die Veräußerung hinderndes Recht oder ein zu seinen Gunsten bestehendes Veräußerungsverbot zu unterbinden. Nicht besitzende Pfand- oder Vorzugsberechtigte verfolgen ihr Recht auf **vorzugsweise Befriedigung** mit der Klage nach § 805. 18

K. Parteiabreden. I. Vollstreckungsbeschränkende. Gegen Abreden, die Gläubiger und Schuldner treffen, um den Vollstreckungszugriff zu begrenzen, bestehen keine rechtlichen Bedenken. Sie wirken ausschließlich *inter partes*, sind formfrei möglich und haben einen ausschließlich vollstreckungsrechtlichen Inhalt. So können Gläubiger und Schuldner verabreden, dass aus einem Vollstreckungstitel überhaupt nicht, nur tw (BGH NJW 91, 2295), nur innerhalb einer Frist, nach dem Eintritt einer Bedingung oder nur in einer bestimmten Art und Weise vollstreckt wird (Zö/*Stöber* Vor § 704 Rn 25: nicht im Wege der Rechtspfändung oder nur in bestimmte Vermögensmassen wie ein Geschäftsvermögen oder den Nachlass). Hält sich der Gläubiger nicht an die vollstreckungsbeschränkende Abmachung, hat der Schuldner die Vollstreckungsabwehrklage nach § 767, wenn sie allein den der Vollstreckung zugrunde liegenden Anspruch betrifft. Sonst kann er entweder nach § 767 (BGH NJW 91, 2295; Karlsr NJW-RR 99, 941; Köln NJW-RR 95, 576), mit 19 der Erinnerung nach § 766 oder der Beschwerde nach § 793 vorgehen, weil die Vollstreckungsvereinbarung stets auch die Art und Weise der Zwangsvollstreckung berührt (Frankf OLGZ 81, 112; *Philipp* Rpfleger 10, 456, 464).

20 **II. Vollstreckungserweiternde.** Vereinbarungen, die den Vollstreckungszugriff erweitern, sind im Gegensatz zu vollstreckungsbeschränkenden (s. Rz 19) idR nicht zulässig. Das hängt mit der mangelnden Dispositionsbefugnis der Parteien über Voraussetzungen und Grenzen des staatlichen Vollstreckungsverfahrens zusammen. So können Gläubiger und Schuldner nicht verabreden, dass ohne Titel, Klausel und/oder Zustellung vollstreckt werden darf oder die Schuldnerschutzbestimmungen der §§ 765a, 811, 850 ff nicht gelten sollen. Auch ist es nicht zulässig, parteiautonom den Austausch von Vollstreckungsarten zu beschließen. Auf vollstreckungsrechtliche Rechtsbehelfe kann der Schuldner grds zwar ebenso verzichten wie auf solche des Erkenntnisverfahrens. Allerdings muss in diesem Fall stets geprüft werden, ob das Verbot vollstreckungserweiternder Vereinbarungen dadurch umgangen werden soll, dass Bindungen entstehen, die durch eine Vollstreckungsvereinbarung nicht begründet werden könnten. Das gilt auch für die Abrede, in einem Rechtsbehelfsverfahren auf die Geltendmachung bestimmter Verteidigungsmittel zu verzichten (St/J/*Münzberg* Vor § 704 Rn 102).

21 **L. Vollstreckung mit Auslandsbezug.** Im Vollstreckungsverfahren wird Hoheitsgewalt ausgeübt. Vollstreckungsorgane sind also nur insoweit **international zuständig**, als die deutsche Hoheitsgewalt reicht. Sie ist auf das deutsche Hoheitsgebiet beschränkt. Auf Vermögen kann daher im Wege der Zwangsvollstreckung nur dann zugegriffen werden, wenn es im Inland belegen ist (BGH NJW-RR 06, 198). Wer von der deutschen Gerichtsbarkeit nicht erfasst ist (§§ 18–20 GVG), muss Vollstreckungsmaßnahmen nach deutschem Recht nicht fürchten. Aufgrund bundesdeutschen Vollstreckungsrechts darf nicht auf das Vermögen eines ausländischen Staates zugegriffen werden. Insbesondere darf das Vermögen diplomatischer Vertretungen nicht mit Vollstreckungsmaßnahmen nach deutschem Recht überzogen werden, soweit es zur Wahrnehmung diplomatischer Aufgaben dient und auf die Immunität nicht verzichtet wurde (BGH NJW-RR 07, 1498). Umgekehrt findet auf deutschem Hoheitsgebiet grds keine Zwangsvollstreckung nach ausländischem Recht statt. Soll aus Titeln ausländischer Vollstreckungsorgane im Inland vollstreckt werden, was Vollstreckbarkeit im Ursprungsstaat voraussetzt (BGH NJW-RR 10, 1079, 1080), muss deren Vollstreckbarkeit im Inland grds gesondert festgestellt werden, entweder durch Staatsvertrag oder aufgrund eines Vollstreckungsurteils nach §§ 722, 723.

22 Für Vollstreckungstitel, die in einem anderen Mitgliedstaat der Europäischen Union nach der Verordnung (EG) Nr 805/2005 des Europäischen Parlaments und des Rates v 21.4.04 bestätigt wurden (sog **europäischer Vollstreckungstitel**), gelten besondere Regelungen (*Strasser* Rpfleger 07, 249). Auf Grundlage der EuVTVO (Abl L 143 v 30.4.04) kann im jeweiligen Ursprungsland für bestimmte Titel die Bestätigung als europäischer Vollstreckungstitel beantragt werden (Stuttg Rpfleger 08, 319). Europäische Vollstreckungstitel können dann im Inland nach §§ 1082 ff vollstreckt werden. Insbesondere ist die Erteilung der Vollstreckungsklausel für bestätigte Titel keine Vollstreckungsvoraussetzung mehr (§ 1082). Eine Vollstreckbarerklärung auf Grundlage der EuGVO (ABl 2001 L 12, 1, ber ABl L 307, 28 v 22.12.00) soll dagegen mangels Rechtsschutzbedürfnisses ausscheiden (Stuttg NJW-RR 10, 134, 135; *Kienle* EuZW 10, 334, 335; abl *Mansel/Thorn/Wagner* IPRax 10, 1, 18), wenn bereits eine Bestätigung als europäischer Vollstreckungstitel vorliegt (BGH NJW-RR 10, 571).

23 **M. Reform des Vollstreckungsrechts.** In der jüngsten Zeit hat der Gesetzgeber das Vollstreckungsrecht gleich mehrfach in den Blick genommen (*Hess* DGVZ 10, 7 ff). Zwei Reformen des Vollstreckungsrechts zielen va auf eine Beschleunigung und Effektivierung der Zwangsvollstreckung mit den Mitteln der modernen Informationstechnologie. Das **Gesetz zur Reform der Sachaufklärung in der Zwangsvollstreckung** v 29.7.09 (ZwVollStrÄndG, BGBl I, 2258; dazu *Würdinger* JZ 2011, 177, 181; *Mroß* DGVZ 10, 181; *Hess* JZ 09, 662; *Schilken* Rpfleger 06, 629) räumt Möglichkeiten zur Informationsbeschaffung für den Gläubiger bereits vor Vollstreckungsbeginn und mit Hilfe von Fremdauskünften bei Dritten ein. Das Vermögensauskunftsverfahren wird mit der Einrichtung einer zentralen Datenbank vereinfacht und das bislang örtlich geführte Schuldnerverzeichnis zentral als Internet-Register geführt. Überwiegend tritt das Gesetz jedoch erst am 1.1.13 in Kraft. Das **Gesetz über die Internetversteigerung in der Zwangsvollstreckung und zur Änderung anderer Gesetze** v 30.7.09 (IntVerstZVG, BGBl I, 2474) führt die Internet-Versteigerung gepfändeter beweglicher Sachen als Regelfall neben der sog Präsenzversteigerung vor Ort nach §§ 814, 816 ein. Damit sollen weitere Bieterkreise angesprochen und die Verwertung verbessert werden (*Remmert* NJW 09,

257). Nach einem Gesetzentwurf des BR zur **Reform des Gerichtsvollzieherwesens** (BRDrs 49/10 v 3.2.10) soll der GV künftig nicht mehr zwingend Beamter sein müssen (dazu *Pilz* DGVZ 10, 65; *Fischer* DGVZ 07, 111; *de lege ferenda* zu dessen Aufgaben und Befugnissen *Bruns* DGVZ 10, 24; *Mroß* DGVZ 10, 21). Der Entwurf wurde in der 16. Legislaturperiode nicht mehr verabschiedet, jedoch als Länderantrag (BRDrs 49/10 v 3.2.10) erneut eingebracht. Der BR hat ihn sich mittlerweile zu eigen gemacht und in den BT eingebracht (BTDrs 17/1225 v 24.3.10). Das am 1.7.10 in Kraft getretene **Gesetz zur Reform des Kontopfändungsschutzes** v 7.7.09 (BGBl I, 1707) verfolgt ein anderes Regelungsziel als die beiden vorgestellten Reformgesetze. Es effektiviert die Pfändungsschutzbestimmungen der §§ 850 ff bei der Kontopfändung (vgl § 850k nF Rz 1 ff), die in Unterhaltsverfahren eine wichtige Rolle spielen (*Griesche* FPR 10, 170).

§ 704 Vollstreckbare Endurteile. **Die Zwangsvollstreckung findet statt aus Endurteilen, die rechtskräftig oder für vorläufig vollstreckbar erklärt sind.**

A. Endurteil als regelmäßiger Vollstreckungstitel. Regelmäßig findet die Zwangsvollstreckung aus inländischen Endurteilen statt, also aus solchen gerichtlichen Entscheidungen, die eine Instanz endgültig abschließen (§ 300 I). Das Endurteil hat also eine doppelte Funktion. Es beendet das Erkenntnisverfahren und ist zugleich Grundlage der Vollstreckung. Insoweit lässt sich sagen, dass § 704 Erkenntnis- und Zwangsvollsteckungsverfahren miteinander verbindet (HK-ZPO/*Kindl* Rn 1). 1

Das Endurteil ist der Prototyp eines Vollstreckungstitels (MüKoZPO/*Krüger* § 704 Rn 2: »Grundform«). Die Zwangsvollstreckung findet jedoch auch aus anderen Urteilsarten statt, nämlich aus Teil- (§ 301), Vorbehalts- (§§ 322 III, 599 III), Verzichts- (§ 306) sowie aus Anerkenntnisurteilen (§ 307). Auch Versäumnisurteile sind trotz des Einspruchsrechts taugliche Vollstreckungstitel (BGH VersR 74, 1099, 1100; LAG Köln MDR 03, 778; BayObLG 82, 466). Denn sie entscheiden grds endgültig über den Klaganspruch. 2

B. Vollstreckungsfähigkeit. I. Vollstreckungsfähiger Inhalt. Vollstreckungsfähig sind Leistungsurteile. Urteile, die auf eine **unmögliche Leistung** lauten, können nicht vollstreckt werden (BGH NJW-RR 92, 450). **Klageabweisende Urteile** sind nicht vollstreckungsfähig, soweit es um die Entscheidung in der Hauptsache geht. Vollstreckt werden kann bei ihnen aber aus dem Kostenfestsetzungsbeschluss, der auf der Grundlage der Kostengrundentscheidung ergeht. Diese muss, wenn sie nicht bereits mit Verkündung rechtskräftig wird, zu diesem Zwecke für vorläufig vollstreckbar erklärt werden (§§ 708 Nr 11, 709, 711). Man spricht von Vollstreckbarkeit im weiteren Sinn (St/J/*Münzberg* Vor § 704 Rn 51 f). **Feststellungs- und Gestaltungsurteile** sind wegen ihres Inhalts grds nicht vollstreckungsfähig (ThoPu/*Seiler* § 704 Rn 1). Eine Ausnahme gilt für die Klagen nach §§ 767, 771. Sie sind trotz ihrer gestaltenden Wirkung vollstreckungsfähig, weil sie der praktischen Umsetzung insoweit bedürfen, als zur Einstellung der Zwangsvollstreckung und zur Aufhebung der Vollstreckungsmaßnahme nach §§ 775, 776 eine gerichtlichen Entscheidung notwendig ist (MüKoZPO/*Krüger* § 704 Rn 7). 3

II. Bestimmtheit von Vollstreckungstiteln. 1. Grundsätze. Ein Vollstreckungstitel ist nur dann eine taugliche Grundlage für die Zwangsvollstreckung, wenn er seinem Inhalt nach ausreichend bestimmt ist. Das Bestimmtheitsgebot des Vollstreckungstitels entspricht dem Grundsatz der Bestimmtheit des Klageantrags nach § 253 II Nr 2. Es erstreckt sich wegen § 756 bei einer Zug-um-Zug-Verurteilung auch auf die **Gegenleistung** (BGH NJW 93, 324, 325; KG NJW-RR 98, 424, 425), des Weiteren auch auf die **Nebenleistungen** (BGH DNotZ 80, 307, 310 = MDR 79, 915). Hat der Schuldner aufgrund des materiellen Rechts die Wahl, wie er die geschuldete Leistung konkret bewirkt, ist dem Bestimmtheitsgebot genügt, wenn der Leistungserfolg im Titel mit hinreichender Bestimmtheit umschrieben ist (BGH NJW 99, 356, 357). Bestimmt ist der Titel auch, wenn der Zahlungsbetrag zwar feststeht, unter eigens aufgeführten Voraussetzungen aber ermäßigt werden kann, wenn das mit der Vollstreckungsabwehrklage eingewendet wird (BGH NJW 96, 2165, 2166). Entsprechendes gilt für Titel auf Zahlung einer monatlicher Nutzungsentschädigung bis zur Herausgabe einer Sache (BGH NJW 99, 954). Lautet der Titel auf **Freistellung** von einer auf eine Geldleistung gerichteten Verbindlichkeit muss die Höhe der Schuld in ihm bezeichnet werden (BGH NJW-RR 05, 494, 497 f). Entscheidend ist stets, dass sich aus dem Titel allein auch für Dritte ersichtlich ergeben muss, wozu der Schuldner dem Gläubiger verpflichtet ist. Der Titel muss das Vollstreckungsorgan selbst in die Lage versetzen, den Vollstreckungszugriff vorzunehmen. 4

Die Bestimmung des Vollstreckungsanspruchs ist in erster Linie Aufgabe des Gerichts im Erkenntnisverfahren. Sie ist nicht dem Vollstreckungsorgan zugewiesen (BGHZ 122, 16, 17 = NJW 93, 1801, 1802). Aus die- 5 sem Grunde ist ihm die **Auslegung** des Titels zur Beseitigung von etwaigen Unklarheiten nur beschränkt gestattet. In der Regel ist Grundlage der Auslegung der Tenor des Urteils, aus dem vollstreckt werden soll. Auf dessen Tatbestand und Entscheidungsgründe darf freilich ergänzend zugegriffen werden (BGH NJW 72, 2268, 2269; Saarbr FamRZ 99, 110; Karlsr NJW-RR 97, 577), bei Urteilen ohne Entscheidungsgründe auch auf die Klageschrift (BGH NJW 83, 2032; Köln FamRZ 92, 1446). Unterlagen, die nicht Bestandteil des Urteils sind, sondern lediglich als Anlage beigefügt sind, dürfen zur Bestimmung des Vollstreckungsanspruchs nicht herangezogen werden (Köln NJW-RR 03, 375, 376; Hamm FamRZ 88, 1307, 1308), selbst dann nicht, wenn der Inhalt des Vollstreckungsanspruchs sich aus bei den Akten befindlichen, in Bezug genommenen Schriftstücken klären ließe (LAG Köln MDR 03, 788). Anders ist das, wenn es sich bei den Unterlagen um Bestandteile des Urteils handelt (BGH NJW 06, 695, 697; KG NJW-RR 99, 791 f), oder es sich um einen auf Unterlassung gerichteten Vollstreckungstitel handelt, dessen Gegenstand schwer zu umschreiben ist (BGH NJW 00, 2207, 2208). Die bloße **Inbezugnahme** eines anderen Urteils genügt dagegen nicht (Köln NJW-RR 03, 108), ebenso wenig die Bezugnahme auf Urkunden, die nicht Bestandteil des Urteils sind (Kobl NJW 09, 3519, 3521) oder ein Sachverständigengutachten, das zur inhaltlichen Bestimmung des Vollstreckungstitels erst noch eingeholt werden soll (Stuttg NJW-RR 99, 791).

6 Wird gegen eine **Personenmehrheit** vollstreckt, kann § 420 BGB als Auslegungsregel herangezogen werden (BGH NJW 95, 1162), ebenso § 428 BGB für Streitgenossen eines Kostenerstattungsanspruchs (BGH Rpfleger 85, 321; KG JurBüro 99, 439). Die Mitglieder einer Sozietät sind grds Gläubiger zur gesamten Hand einer Honorarforderung, die der Sozietät zusteht (BGH NJW 96, 2859). Bleiben **Unklarheiten** bei der Auslegung des Vollstreckungstitels, ist die Zwangsvollstreckung daraus nicht zulässig, so zum Beispiel, wenn sich das Berechtigungsverhältnis mehrerer Vollstreckungsgläubiger aus dem Titel nicht ermitteln lässt (Zweibr FamRZ 86, 1237) oder bei einem auf Nachbesserung gerichteten Vergleich, dessen Inhalt nicht hinreichend konkretisiert worden ist (Saarbr NJW-RR 10, 95). Vielmehr muss in diesen Fällen ein neues Erkenntnisverfahren angestrengt werden, in dem der Titel präzisiert wird (BGH NJW 97, 2320, 2321 f). Das kann durch eine neue Leistungsklage mit neuem, bestimmten Klageantrag geschehen oder auch durch eine auf Feststellung des Urteilsinhalts gerichtete Klage (BGH NJW 97, 2320).

7 **2. Einzelne Titel. a) Zahlungstitel.** Vollstreckunganspruche auf Zahlung genügen dem Bestimmtheitserfordernis, wenn der Zahlungsbetrag im Titel entweder genannt wird oder sich doch rechnerisch aus ihm ermitteln lässt (BGHZ 165, 223, 228 = NJW 06, 695, 697). Bei der Berechnung dürfen offenkundige Quellen, namentlich das Bundesgesetzblatt oder das Grundbuch ausgewertet werden (BGH NJW 95, 1162). Zahlungsansprüche, die in **Wertsicherungsklauseln** enthalten und an öffentliche Indices gekoppelt sind (zum Beispiel den amtlichen Lebenshaltungskostenindex oder den Diskontsatz der Deutschen Bundesbank), können mit deren Hilfe festgelegt werden und sind daher hinreichend bestimmt (BGH NJW-RR 05, 366; FamRZ 04, 531; s.a. BGH NJW 07, 294). Gleiches gilt für **Zinsansprüche**, deren Höhe und Laufzeit im Titel aufgeführt sein müssen (BGH NJW 83, 2262, 2263). Zur Berechnung des Zinsfußes kann dabei auf den Basiszinsatz zurückgegriffen werden (BGHZ 122, 16, 22; BAG NJW 03, 2403, 2404; Hamm NJW 05, 2238, 2239).

8 So genannte **Bruttolohnurteile**, die den Bruttozahlungsbetrag im Titel ausweisen, den Abzug der gesetzlichen Abzüge aber dem Vollstreckungsorgan überlassen, genügen grds dem Bestimmtheitsgebot (BGH BB 66, 820; BAG NJW 85, 646). Wird Bruttolohn beigetrieben, schließt das die Mehrwertsteuer mit ein (KG MDR 99, 604). Die Steuer- und Sozialabgaben müssen vor der Befriedigung des Gläubigers abgeführt oder bei dessen Einziehung vom Gläubiger entrichtet werden (LAG Berlin BB 91, 628). Hat der Schuldner diese schon entrichtet, kann er die Beschränkung der Zwangsvollstreckung mit der Vollstreckungsabwehrklage nach § 767 gem § 775 I Nr 4 verlangen (BGH WM 66, 758, 759; LG Stuttgart DGVZ 09, 187). Wurde ein Schuldner zur Zahlung eines Brutttobetrags abzgl eines erhaltenen Nettobetrags verurteilt, kann wegen der Differenz vollstreckt werden (Frankf JurBüro 90, 919, 920). Der vollstreckbare Betrag ist dagegen nicht genügend bestimmt, wenn sich der Vollstreckungsanspruch auf Zahlung eines bestimmten Lohnes »abzüglich des erhaltenen Arbeitslosengelds« richtet (BAG NJW 1979, 2634) oder ein unbestimmter pfändbarer Nettobetrag an einen Pfändungsgläubiger zu leisten ist (LAG Niedersachsen NZA 92, 713). Nicht ausreichend bestimmt ist schließlich die Vollstreckung aus einem Titel auf Zahlung eines Bruchteils eines betragsmäßig nicht bezeichneten Netto- oder Bruttolohns des Schuldners (BGHZ 22, 54 = NJW 57, 23).

9 Bei **Unterhaltsansprüchen** müssen sich die zur Bezifferung des geschuldeten Unterhaltsbetrags erforderlichen Angaben aus dem Titel und dem Gesetz ergeben (Jena FamRZ 05, 916 mwN). Dagegen genügt der Verweis auf die Düsseldorfer Tabelle in einem Unterhaltstitel dem Bestimmtheitserfordernis nicht (Kobl

FamRZ 87, 1291). Das gilt auch, wenn der Titel auf Zahlung eines bestimmten Unterhaltsbetrags lautet, diese aber »unter Anrechnung bereits gezahlter Beträge« erfolgen soll (BGH NJW 06, 695, 697 f). Allerdings ist der Titel vollstreckungsfähig, wenn die Anrechnungsklausel die Funktion hat, den Einwand der Erfüllung später ggf im Wege einer Vollstreckungabwehrklage nach § 767 geltend zu machen (BGH aaO). Allgemein lässt sich sagen, dass Unterhaltstitel mangels Bestimmtheit dann nicht vollstreckungsfähig sind, wenn sich der zu leistende Unterhaltsbetrag nur aus einem anderen Dokument entnehmen lässt (BAföG-Bescheid: Karlsr OLGZ 84, 341), das für die zuständigen Vollstreckungsorgane nicht allg zugänglich ist und die in Bezug genommene Quelle die Information nicht in der erforderlichen Qualität ausweist (BGH NJW-RR 10, 365 mit Anm *Lackmann* LMK 10, 301909).

b) **Herausgabetitel.** Titel, die auf Herausgabe von Sachen lauten, müssen diese so genau kennzeichnen, dass das Vollstreckungsorgan sie eindeutig von anderen, nicht herauszugebenden Gegenständen unterscheiden kann (BGH NJW 90, 510). Das kann etwa bei **Massenwaren** problematisch sein, die zur Sicherstellung der Identifikation mit Eigenschaften beschrieben werden müssen, die nicht eigentlich solche der herauszugebenden Sache sind (zB Mitteilung des Ortes der Aufbewahrung, MüKoZPO/*Krüger* § 704 Rn 11). **Allgemeine Bezeichnungen** wie »Hausrat« oder »Belege« (BGH FamRZ 83, 454 f) genügen den Anforderungen an die Bestimmtheit des Titels jedenfalls nicht, weil das Vollstreckungsorgan sie nicht identifizieren kann. Das ist aber möglich, wenn der Titel darauf abstellt, ob die herauszugebenden Gegenstände Eigentum des Schuldners sind oder doch zu seinen Gunsten Anwartschaftsrechte daran bestehen (Stuttg NJW-RR 97, 521; aA HK-ZPO/*Kindl* § 704 Rn 8; MüKoZPO/*Krüger* § 704 Rn 12). 10

c) **Unterlassungstitel.** Unterlassungstitel sind hinreichend bestimmt und damit vollstreckungsfähig, wenn sie die konkrete Handlung, die unterlassen werden soll, für die Parteien und für jeden Dritten erkennbar umschreibt (Zweibr JurBüro 88, 254). Das Maß der Verpflichtung lässt sich bei Unterlassungstiteln bisweilen nur schwer festlegen (zB bei nicht messbaren **Immissionen**). Es muss in diesen Fällen bei der Vollstreckung allerdings dem Störer vorbehalten bleiben, wie er die störenden Einwirkungen aus der Welt schafft (BGHZ 120, 239, 248; BGH NJW 04, 1035, 1036 f). Kann das Unterlassungsgebot nicht verbalisiert werden, ist seine Konkretisierung durch Abbildung zulässig (BGH GRUR 86, 673). Auch können Gegenstände, die die Unterlassungshandlung näher charakterisieren, zu den Akten genommen werden, zB der Film oder Filmausschnitt, dessen Sendung unterlassen werden soll (BGHZ 94, 276, 291 f). Bei Büchern, die in hoher Auflage erscheinen, genügen für die Bestimmtheit des Unterlassungstitels auch die bibliographischen Angaben (BGHZ 142, 388, 392). 11

C. Vollstreckbarkeit. I. Rechtskräftige Titel. Endurteile, die vollstreckt werden sollen, müssen rechtskräftig sein. Damit ist der Eintritt der **formellen Rechtskraft** gemeint. Zum Begriff s. § 705 Rz 1 ff. 12

II. Vorläufige Vollstreckbarkeitserklärung nach § 704. Aus nicht rechtskräftigen Urteilen findet die Zwangsvollstreckung nur statt, wenn sie im Tenor für vorläufig vollstreckbar erklärt worden sind, §§ 708, 709, oder durch einen Beschl nach §§ 537, 538. Der Gläubiger soll mit der Vollstreckung nicht warten müssen, bis das Urt rechtskräftig geworden ist. Keiner besonderen Vollstreckbarkeitserklärung bedürfen dagegen Urteile, bei denen die Rechtskraft schon mit Verkündung eintritt, etwa nach § 542 II, sowie solche Entscheidungen, die einen Arrest oder eine einstweilige Verfügung aussprechen oder bestätigen (§§ 922, 925, 936). Dagegen müssen Urteile, die **Arreste** oder **einstweilige Verfügungen** aufheben oder deren Erlass ablehnen, nach § 708 Nr. 6 für vorläufig vollstreckbar erklärt werden. Wird das für vorläufig vollstreckbar erklärte Urt aufgehoben, ist es nicht mehr vollstreckbar. Das Berufungsgericht muss das aufhebende Urt für vollstreckbar erklären (München Rpfleger 82, 112; aA B/L/A/H § 704 Rn 6: bloße Zweckmäßigkeit der vorläufigen Vollstreckbarkeitserklärung). Wird das aufhebende Urt in der Revisionsinstanz unter Zurückverweisung seinerseits aufgehoben, bedeutet das nach bestrittener Auffassung die Wiederherstellung der Vollstreckbarkeit des aufgehobenen Urteils (BGH NJW 82, 1397; aA KG NJW 89, 3025; St/J/*Münzberg* § 717 Rn 3 f mwN). **Arbeitsgerichtliche Urteile** bedürfen keiner besonderen Vollstreckbarkeitserklärung, weil das Gesetz selbst ihre vorläufige Vollstreckbarkeit anordnet, §§ 62 I, 64 VII ArbGG. Auch nicht rechtskräftige arbeitsgerichtliche Beschlüsse in vermögensrechtlichen Streitigkeiten sind kraft Gesetzes nach § 85 I 2 ArbGG vorläufig vollstreckbar. 13

III. Ersatzlose Streichung von § 704 II aF. Art 29 Nr 16b FGG-RG v 17.12.08 (BGBl I, 2586) hat § 704 II zum 1.9.09 ersatzlos aufgehoben. Damit wurde das Konzept der vorläufigen Vollstreckbarkeit, dem die aufgehobene Vorschrift für Ehe- und Kindschaftssachen folgte, aufgegeben. 14

§ 705 Formelle Rechtskraft. [1]**Die Rechtskraft der Urteile tritt vor Ablauf der für die Einlegung des zulässigen Rechtsmittels oder des zulässigen Einspruchs bestimmten Frist nicht ein.** [2]**Der Eintritt der Rechtskraft wird durch rechtzeitige Einlegung des Rechtsmittels oder des Einspruchs gehemmt.**

1 **A. Begriff und Folgen der formellen Rechtskraft.** Der Rechtskraft fähig sind Urteile der letzten Rechtsmittelinstanz (uU auch ein erstinstanzliches Scheidungsurteil: BGHZ 100, 205), Beschlüsse, die der Rechtsbeschwerde nach § 574, der sofortigen nach § 567 oder befristeten Beschwerde unterliegen sowie der Rechtskraft fähige Vollstreckungsbescheide (BGH NJW-RR 90, 434). Rechtskraft iSv § 705 bedeutet formelle oder äußere Rechtskraft. Formell rechtskräftig sind Entscheidungen, die **unangreifbar** geworden sind (ThoPu/*Seiler* § 705 Rn 1a). Das ist der Fall, wenn sie im Rechtsmittelzug mit einem ordentlichen, dh befristeten Rechtsmittel (§ 19 I, II EGZPO) oder einem Einspruch (§ 338) nicht mehr abgeändert werden können (BGH NJW 92, 2296). § 705 bestimmt nicht positiv, wann die formelle Rechtskraft eintritt, sondern nur, zu welchem Zeitpunkt das noch nicht der Fall ist (S 1) und wodurch ihr Eintritt gehemmt wird (S 2). Insoweit ist die Regelung inhaltlich nicht vollständig und bedarf der Ergänzung (MüKoZPO/*Krüger* § 705 Rn 1). Die formelle Rechtskraft ist die Grundlage für den Eintritt der **materiellen (oder inneren) Rechtskraft** nach § 322, die jedoch keine Voraussetzung des § 705 ist. Nach dem Eintritt der Rechtskraft findet die Vollstreckung auf Grundlage der §§ 704, 705 statt (endgültige Vollstreckbarkeit), nicht mehr aufgrund vorläufiger Vollstreckbarkeit nach §§ 708, 709. Eine Sicherheit, die zur Zwangsvollstreckung geleistet wurde, ist nach § 715 zurückzugeben. Auf eine zur Abwendung der Vollstreckung geleistete Sicherheit nach §§ 708, 711, 712 kann der Gläubiger nun zugreifen (BGH NJW 78, 43).

2 **B. Eintritt der formellen Rechtskraft (S 1). I. Mit Verkündung der Entscheidung. 1. Urteile.** Wann die formelle Rechtskraft genau eintritt, hängt bei Urteilen davon ab, ob sie rechtsmittelfähig sind oder nicht. Urteile, gegen die kein Rechtsmittel statthaft ist, werden bereits mit ihrer **Verkündung** formell rechtskräftig. Das sind, soweit es sich wegen des Einspruchsrechts nicht um erste Versäumnisurteile handelt: Revisionsurteile des BGH, Kostenurteile nach § 99 I, Zwischenurteile nach § 280 in den Fällen der §§ 513 II, 545 (BGH NJW 09, 3164, 3165) sowie Berufungsurteile der Landgerichte und Oberlandesgerichte nach § 542 II. Berufungsurteile, die nicht solche nach § 542 II sind, werden auch dann nicht mit der Verkündung rechtskräftig, wenn die Revision nach § 543 nicht zugelassen ist. Für die genannten Entscheidungen gilt § 705 S 1 freilich nicht, weil die Vorschrift voraussetzt, dass gegen eine Entscheidung überhaupt ein Rechtsmittel statthaft ist (MüKoZPO/*Krüger* § 705 Rn 6).

3 **2. Beschlüsse.** Beschlüsse, gegen die ein Rechtsmittel nicht gegeben ist, werden mit **Erlass** formell rechtskräftig. Das ist der Fall, wenn die Entscheidung aus dem gerichtsinternen Geschäftsbetrieb heraus befördert worden ist. Beispiele sind Beschlüsse nach § 522 III oder nach § 542 II, wenn nämlich ein in dieser Vorschrift genanntes Verfahren als unzulässig verworfen wird (BGH NJW 03, 69).

4 **II. Vor Fristablauf.** Bevor die Rechtsmittel- oder Einspruchsfrist abgelaufen ist, tritt entgegen § 705 formelle Rechtskraft mit dem Wirksamwerden der letzten Verzichtserklärung ein (§§ 515, 516), wenn beide Parteien wirksam auf Rechtsmittel (nicht nur auf den materiellen Anspruch: BGH NJW 89, 170; BGH MDR 88, 1033) verzichtet haben. Der **Rechtsmittelverzicht** nur einer Partei bewirkt den Eintritt der formellen Rechtskraft nicht, weil sie das Recht hat, sich einem Rechtsmittel der anderen Partei nach §§ 524 II 1, 554 II 1 anzuschließen. Das gilt auch, wenn die Beschwer nur bei einer Partei liegt. Gibt sie eine Verzichtserklärung ab, kommt ein Anschlussrechtsmittel der anderen Partei zwar nicht in Betracht, weil es an der Anfechtungsmöglichkeit fehlt. Dennoch ist ein Rechtsmittel, das eingelegt wird, nicht unstatthaft, sondern unzulässig, worüber nur das Rechtsmittelgericht entscheiden kann (Karlsr NJW 71, 664). Ist ein Anschlussrechtsmittel dagegen nicht mehr statthaft, nämlich in der Revisionsinstanz nach Ablauf der Frist des § 544 II 2, bewirkt auch der einseitige Rechtsmittelverzicht ausnahmsweise den Eintritt der formellen Rechtskraft (St/J/*Münzberg* § 705 Rn 14). Beim Einspruch gegen **Versäumnisurteile** genügt der einseitige Verzicht dagegen stets, um die formelle Rechtskraft eintreten zu lassen. Die Verzichtserklärung muss nicht ausdrücklich erfolgen. Jedoch kann bei einem Teilrechtsmittel wegen des Rests nicht automatisch auf einen Verzicht geschlossen werden (BGH GRUR 05, 320, 324; zum Umfang der hemmenden Wirkung s.u. Rz 8). Ein wirksamer Verzicht kann nicht widerrufen werden.

5 **III. Mit Fristablauf.** Entscheidungen, die rechtsmittel- und einspruchsfähig sind, werden formell rechtskräftig, wenn die Rechtsmittel- oder Einspruchsfrist abläuft, ohne dass sie angefochten wurden. Das gilt

auch für unzulässige, nicht aber gänzlich unstatthafte Rechtsmittel (GemS-OGB BGHZ 88, 353 = NJW 84, 1027; BGHZ 109, 211, 213; *Prütting* NJW 80, 361). Formelle Rechtskraft tritt auch in den Fällen erst mit Ablauf der Rechtsmittelfrist ein, in denen das Rechtsmittel oder der Einspruch vor Fristablauf zurückgenommen oder verworfen wurde, weil eine wiederholte Einlegung des Rechtsmittels und des Einspruchs vor dem Fristende jederzeit möglich ist (ThoPu/*Seiler* § 705 Rn 8). Dasselbe gilt bei einem Verzicht auf eine Anschlussrevision. Bis zum Ablauf der Frist darf daher kein Teilrechtskraftzeugnis erteilt werden (Karlsr MDR 83, 676; aA Hamm FamRZ 83, 823). Ein zweites **Versäumnisurteil** nach § 345 wird erst mit dem Ablauf der Revisionsfrist formell rechtskräftig (BGH MDR 79, 127). Sonst tritt formelle Rechtskraft bei einem Versäumnisurteil mit Ablauf der vierwöchigen Einspruchsfrist nach § 339 I ein. Das gilt nach § 700 I auch für **Vollstreckungsbescheide**, die nach überwiegender Auffassung der Rechtskraft fähig sind (BGH NJW-RR 90, 434; BAG NJW 89, 1053).

IV. Nach Ablauf der Frist. Bei einer rechtzeitig angefochtenen Entscheidung tritt nicht schon mit dem Ablauf der Frist zur Einlegung des Rechtsmittels, sondern erst mit dem Ende der Rechtsmittelbegründungsfrist formelle Rechtskraft ein, wenn die erforderliche Begründung (zB nach §§ 520 II 1, 551 II 2, 575 II 2) nicht rechtzeitig erfolgt (BGH NJW 92, 842). Nach Ablauf der Rechtsmittel- und Einspruchsfrist wird die Entscheidung dagegen unangreifbar, wenn das Rechtsmittel oder der Einspruch durch rechtskräftige Entscheidung als unzulässig verworfen oder als unbegründet zurückgewiesen wird (GemS-OGB BGHZ 88, 357 = NJW 84, 1027). Wird ein Rechtsmittel nach Fristablauf zurückgenommen, tritt die formelle Rechtskraft erst jetzt ein (Ddorf GRUR-RR 06, 384). Bei Zurückweisung einer Nichtzulassungsbeschwerde gegen ein Berufungsurteil wird dieses nicht schon mit dem Erlass, sondern erst mit der Zustellung des Zurückweisungsbeschlusses rechtskräftig (BGH NJW 05, 3724, 3725). In diesem Zeitpunkt endet zugleich die Hemmung des Eintritts der formellen Rechtskraft (S 2). 6

C. Hemmung des Eintritts der formellen Rechtskraft (S 2). I. Einlegung eines Rechtsmittels. Wird ein Rechtsmittel (ihm gleich gestellt ist die Nichtzulassungsbeschwerde nach § 72a ArbGG: BAG NJW 08, 1610) oder Einspruch gegen eine rechtskraftfähige Entscheidung innerhalb der Rechtsmittel- oder Einspruchsfrist eingelegt, hemmt das den Eintritt der formellen Rechtskraft (S 2). **Außerordentliche Rechtsbehelfe** wie der Antrag auf Wiedereinsetzung in den vorigen Stand nach § 233 (BGHZ 100, 205), die Erhebung der Gehörsrüge nach § 321a (Neufassung des § 705 durch das Anhörungsrügengesetz v 9.12.04, BGBl I, 3220), die Klage auf Wiederaufnahme nach § 578 oder die Einlegung einer Verfassungsbeschwerde hemmen den Eintritt der Rechtskraft dagegen nicht (BVerfG NJW 96, 1736). Haben sie jedoch Erfolg, durchbrechen sie die formelle Rechtskraftwirkung rückwirkend und die Entscheidung wird in der Sache wieder abgeändert (BGH NJW 87, 1766, 1767). Ein Prozesskostenhilfeantrag über die zukünftige Einlegung eines Rechtsmittels (Stuttg Justiz 88, 159) hemmt den Eintritt der formellen Rechtskraft ebenso wenig wie die Möglichkeit der Aufhebung eines Vorbehaltsurteils im Nachverfahren (BGHZ 69, 270 = NJW 78, 43) oder die Einlegung der Anhörungsrüge nach § 152a VwGO (BTDrs 15/3706 v 21.9.04, 13 f; BVerwG AGS 10, 304). Das Rechtsmittel eines einfachen Streitgenossen entfaltet hemmende Wirkung nur in seiner Person (Karlsr OLGZ 89, 77). 7

II. Umfang der hemmenden Wirkung. Die hemmende Wirkung des Rechtsmittels oder Einspruchs erstreckt sich auf die gesamte Entscheidung, mithin auch auf den Teil, der den Rechtsmittelführer begünstigt (BGH NJW 94, 657, 659; NJW 94, 2896; NJW 92, 2296). Bezüglich des den Rechtsmittelführer **begünstigenden Teil** hört die Hemmungswirkung erst dann auf, wenn ein Anschlussrechtsmittels des Gegners nach Maßgabe der §§ 524, 554 nicht mehr statthaft ist. Das ist der Fall, wenn die zur Berufungserwiderung gesetzte Frist (§ 524 II 2; zur Erweiterung der Anschlussberufung nach Ablauf dieser Frist: BGH NJW 05, 3067) oder die Frist von einem Monat nach der Zustellung der Revisionsbegründung nach § 554 II 2 abgelaufen ist (Oldbg NJW-RR 05, 368). Die hemmende Wirkung des Rechtsmittels oder des Einspruchs bezieht sich auch auf denjenigen Teil der Entscheidung, die den Rechtsmittelführer beschwert. Die Rechtskraft wird auch dann in ihrer Gesamtheit gehemmt, wenn der Rechtsmittelkläger die ihn beschwerende Entscheidung nur zT angefochten hat. Denn bis zum Schluss der letzten mündlichen Verhandlung in der Rechtsmittelinstanz kann das Rechtsmittel noch auf den gesamten Streitstoff ausgedehnt werden (BGH NJW 94, 657, 659; BGHZ 91, 154, 159 = NJW 84, 2831, 2832). Die Hemmung bezieht sich auch dann auf die nicht angefochtenen Entscheidungsteile, wenn die Entscheidung mangels **Beschwer** von der anderen Partei nicht mehr angegriffen werden kann (BGH NJW 92, 2296). Das gilt auch, wenn die Partei bei einer **Teilanfechtung** iÜ nicht eindeutig auf Rechtsmittel verzichtet hat (zum Vorliegen eines Verzichts s.o. Rz 4). 8

Teilrechtskraft kommt bei einer beschränkten Anfechtung hingegen nur in Betracht, wenn der Rechtsmittelführer eindeutig zum Ausdruck gebracht hat, dass ansonsten von der Einlegung eines Rechtsmittels Abstand genommen wird (BGH NJW 89, 170). Der Einspruch gegen ein Versäumnisurteil oder einen Vollstreckungsbescheid (§§ 338, 370) entfaltet hemmende Wirkung nur, soweit er reicht (LAG München MDR 94, 834).

§ 706 Rechtskraft- und Notfristzeugnis. **(1) Zeugnisse über die Rechtskraft der Urteile sind auf Grund der Prozessakten von der Geschäftsstelle des Gerichts des ersten Rechtszuges und, solange der Rechtsstreit in einem höheren Rechtszug anhängig ist, von der Geschäftsstelle des Gerichts dieses Rechtszuges zu erteilen.**

(2) [1]Soweit die Erteilung des Zeugnisses davon abhängt, dass gegen das Urteil ein Rechtsmittel nicht eingelegt ist, holt die Geschäftsstelle des Gerichts des ersten Rechtszuges bei der Geschäftsstelle des für das Rechtsmittel zuständigen Gerichts eine Mitteilung in Textform ein, dass bis zum Ablauf der Notfrist eine Rechtsmittelschrift nicht eingereicht sei. [2]Einer Mitteilung durch die Geschäftsstelle des Revisionsgerichts, dass ein Antrag auf Zulassung der Revision nach § 566 nicht eingereicht sei, bedarf es nicht.

1 **A. Rechtskraftzeugnis (§ 706 I). I. Begriff und Funktion.** § 706 I regelt die Erteilung eines Zeugnisses über die Rechtskraft. Rechtskraftzeugnisse sind öffentliche Urkunden nach § 415 und erbringen mit der Beweiswirkung des § 418 den Nachweis, dass die Entscheidung, um die es geht, innerhalb der Rechtsmittel- oder Einspruchsfrist nicht angefochten wurde und daher **formelle Rechtskraft** eingetreten ist. Sie treffen dagegen weder eine Feststellung über die inhaltliche Richtigkeit (BGHZ 100, 206) noch über die materielle Rechtskraft der Entscheidung (BGHZ 31, 391 = NJW 60, 671; BGH FamRZ 71, 635). Rechtskraftzeugnisse können für alle Urteile und Beschlüsse erteilt werden, die der formellen Rechtskraft fähig sind (§ 705 Rn 1-3), zum Beispiel für einen Kostenfestsetzungsbeschluss nach §§ 103 ff (Naumbg JurBüro 02, 38). Der Nachweis der formellen Rechtskraft ist **keine Voraussetzung der Zwangsvollstreckung.** Allerdings muss derjenige Gläubiger, der Inhaber eines gegen Sicherheitsleistung vorläufig vollstreckbaren Titels ist und nach dem Eintritt der Rechtskraft ohne Sicherheitsleistung vollstrecken möchte, ein Rechtskraftzeugnis vorlegen, um den Eintritt der Rechtskraft nachzuweisen. Die Vorlage eines Rechtskraftzeugnisses kann darüber hinaus erforderlich werden, wenn es um die Rückgabe einer Sicherheit nach § 715 geht oder die Klagefrist beim Wiederaufnahmeverfahren nach § 586 berechnet werden soll (MüKoZPO/*Krüger* § 706 Rn 1). Auch im materiellen Recht gibt es Situationen, in denen ein Rechtskraftzeugnis verlangt werden kann (§§ 204 II, 1561 II Nr 1 BGB).

2 **II. Erteilung. 1. Zuständigkeit.** Die Erteilung von Rechtskraftzeugnissen ist funktionell dem **Urkundsbeamten der Geschäftsstelle** zugewiesen. Grundsätzlich ist die Geschäftsstelle desjenigen Gerichts zuständig, das über die Rechtssache erstinstanzlich befunden hat (*iudex a quo*). Das gilt auch dann, wenn die Entscheidung von einem örtlich oder sachlich nicht zuständigen Gericht stammt (Stuttg Rpfleger 79, 145). Ist die Sache bei einem Gericht des höheren Rechtszugs anhängig, wird das Rechtskraftzeugnis von dem Urkundsbeamten seiner Geschäftsstelle erteilt. Das ist zweckmäßig, weil sich die Akten, aufgrund deren das Rechtskraftzeugnis nach § 706 I 1 erteilt wird, ohnehin dort befinden. Die **Anhängigkeit** der Rechtssache ist aus der Sicht des Urkundsbeamten der Geschäftsstelle festzustellen. Sie knüpft sich an den Eingang der Rechtsmittelschrift und dauert solange an, bis es zur ordnungsmäßigen Rücksendung der Akten an das Ausgangsgericht kommt, also uU auch noch dann, wenn die rechtsprechende Tätigkeit des Gerichts durch Entscheidung, Vergleich, Rücknahme oder Verzicht schon beendet ist (St/J/*Münzberg* § 706 Rn 4). Die Anhängigkeit beim Gericht des höheren Rechtszugs besteht fort, solange die Akten in der Geschäftsstelle noch benötigt werden, etwa für die Abfassung und Ausfertigung des Urteils oder ein Berichtigungsverfahren. Die Beantragung von Prozesskostenhilfe für die zukünftige Einlegung eines Rechtsmittels macht den Rechtsstreit dagegen bei ihm nicht anhängig (BGH Rpfleger 56, 97).

3 **2. Verfahren.** Die Erteilung des Rechtskraftzeugnisses setzt einen formlosen **Antrag** voraus, den die Prozessbeteiligten, Parteien und Streithelfer stellen dürfen, ohne dass sie sich dafür eines Anwalts bedienen müssen (§ 78 III). Ein besonderes Rechtsschutzbedürfnis muss nicht gegeben sein (München FamRZ 85, 202), so dass sich die Prüfungskompetenz des Urkundsbeamten der Geschäftsstelle auf das Vorliegen der **Antragsberechtigung** und den Eintritt der formellen Rechtskraft nach § 705 beschränkt. Diese ist aufgrund

der Prozessakten festzustellen. Fehlen Angaben (zB Zustellungsnachweise, Notfristattest nach § 706 II), obliegt es dem Antragsteller, diese nachzuliefern. Er muss dazu, bevor der Antrag auf Zeugniserteilung zurückgewiesen wird, aufgefordert und auf die Unklarheiten hingewiesen werden (Rechtsgedanke des § 139). Bei Entscheidungen, gegen die ein Rechtsmittel oder Einspruch nicht statthaft ist (vgl § 705 Rz 2, 3), muss das Rechtskraftzeugnis ohne weitere Prüfung ausgestellt werden. Ist dagegen ein Rechtsmittel oder Einspruch statthaft, obliegt es dem Urkundsbeamten, zu prüfen, ob innerhalb der Notfrist ein Rechtsmittel oder Einspruch eingelegt wurde, nicht hingegen, ob diese zulässig sind (Zö/*Stöber* § 706 Rn 5). Wird das Rechtskraftzeugnis beim *iudex ad quem* beantragt, wird anhand der Akten leicht feststellbar sein, ob der Rechtskrafteintritt gehemmt ist (vgl § 705 Rz 7, 8). Sonst muss der Antragsteller den Nachweis, dass ein Rechtsmittel nicht innerhalb der Notfrist eingelegt wurde, durch Vorlage eines von ihm selbst beizubringenden Notfristzeugnisses nach § 706 II führen. Eine Anhörung des Prozessgegners findet nicht statt.

3. Entscheidung. Wird das Rechtskraftzeugnis erteilt, geschieht das durch Anbringung folgenden Vermerks auf der vom Antragsteller beigebrachten Entscheidungsausfertigung: »Die Entscheidung ist rechtskräftig.« oder auch »Vorstehendes Urt ist rechtskräftig.« Der **Vermerk** muss mit dem Zusatz »als Urkundsbeamter der Geschäftsstelle« unterzeichnet werden. Auch muss er ein Datum enthalten. Der Zeitpunkt des Eintritts der Rechtskraft braucht dagegen nicht festgehalten werden. Auch der Eintritt von **Teilrechtskraft** ist zu bescheinigen (BGH NJW 89, 170; Oldbg MDR 04, 119 = NJW-RR 05, 368). Wegen der Hemmungswirkung des § 705 (vgl § 705 Rz 7, 8) darf ein Rechtskraftzeugnis für den nicht angegriffenen Teil eines noch nicht rechtskräftigen Urteils nicht erteilt werden (Bremen NJW 79, 1210; aA Frankf FamRZ 85, 821). Liegen die Voraussetzungen für die Erteilung eines Rechtskraftzeugnisses nicht vor, weist der Urkundsbeamte den Antrag zurück. Das geschieht idR durch Beschl, kann aber auch durch eine einfache Mitteilung geschehen, vorausgesetzt es ist erkennbar, dass es sich um eine Entscheidung handelt. Eine Kostenentscheidung ergeht weder bei Ausstellung noch bei Verweigerung des Rechtskraftzeugnisses (MüKoZPO/*Krüger* § 706 Rn 5). 4

III. Ersatzlose Streichung von § 706 I 2 aF. Art 29 Nr 17 FGG-RG v 17.12.08 (BGBl I, 2586) hat § 706 I 2 zum 1.9.09 ersatzlos aufgehoben. 5

B. Notfristzeugnis (§ 706 II). I. Begriff und Funktion. Das Notfristzeugnis nach § 706 II, das in Textform nach § 126b BGB zu erteilen ist, bringt mit der Beweiskraft einer öffentlichen Urkunde nach § 418 zum Ausdruck, dass innerhalb der Notfrist ein Rechtsmittel oder Einspruch gegen eine Entscheidung nicht eingelegt wurde (BGH MDR 03, 826). Es ist idR die Beweisgrundlage für die Erteilung eines Rechtskraftzeugnisses nach § 706 I. Ein Notfristzeugnis ist insb dann notwendig, wenn das Rechtsmittel wie bei der Berufung und Revision bei einem anderen Gericht einzulegen ist als bei dem für die Erteilung des Rechtskraftzeugnisses zuständigen (anders wegen § 566 III 2 für die Sprungrevision). Bei einem Rechtsbehelf, der beim *iudex a quo* einzulegen ist, ist ein Notfristzeugnis grds nicht erforderlich (BGH DNotZ 11, 53 mit Anm *Borth*; *Milzer* MittBayNot 11, 112; für ein Rechtskraftzeugnis nach § 46 S 1 FamFG). Anders ist das nur, wenn die Akten wegen eines anderen Rechtsmittels an die Rechtsmittelinstanz versendet wurden (Musielak/*Lackmann* § 706 Rn 7). Bei der sofortigen Beschwerde muss ein Notfristattest für den Fall erwirkt werden, dass das Rechtsmittel, das sowohl beim *iudex a quo* als auch beim *iudex ad quem* eingelegt werden kann (§ 569 I 1), beim unterinstanzlichen Gericht nicht eingegangen ist (MüKoZPO/*Krüger* § 706 Rn 6). 6

II. Erteilung. 1. Zuständigkeit. Für die Erteilung ist der Urkundsbeamte der Geschäftsstelle desjenigen Gerichts zuständig, das über das Rechtsmittel oder den Einspruch entscheidet. Sind bei dem Gericht mehrere Geschäftsstellen eingerichtet, müssen geeignete Maßnahmen ergriffen werden, um die ordnungsmäßige Ausstellung von Notfristzeugnissen zu gewährleisten. Das kann zum Beispiel dadurch geschehen, dass eine gemeinsame Annahmestelle eingerichtet wird (§ 39 II AktO). 7

2. Verfahren. Die Kompetenz des Urkundsbeamten der Geschäftsstelle beschränkt sich auf die Prüfung, ob vor dem Ablauf der Notfrist eine Rechtsmittel- oder Einspruchsschrift eingegangen ist. Um den Ablauf der Notfrist zu bestimmen, muss er insb den Fristbeginn ermitteln, dh den Zeitpunkt der Zustellung der angefochtenen Entscheidung feststellen. Dieser muss vom Antragsteller nachgewiesen werden. Denn die Akten liegen dem Urkundsbeamten regelmäßig nicht vor. 8

3. Entscheidung. Bestehen bzgl des Fristbeginns Zweifel, muss das Attest zwar ausgestellt werden. Bescheinigt werden darf in diesem Fall allerdings nur, dass »bis heute« oder bis zu einem bestimmten Datum kein Rechtsmittel oder Einspruch eingelegt wurde (BGH NJW-RR 03, 1005). Sonst bestehen folgende Entschei- 9 dungsmöglichkeiten: Das Notfristzeugnis wird erteilt, wenn bis zum Ablauf der Notfrist ein Rechtsmittel oder Einspruch nicht eingegangen ist. In diesem Fall bescheinigt der Urkundsbeamte diesen Umstand unter Angabe des Ablaufdatums der Notfrist. Die Bescheinigung hat die Beweiskraft einer öffentlichen Urkunde. Wurde innerhalb der Frist dagegen kein Rechtsmittel oder Einspruch eingelegt, lehnt der Urkundsbeamte die Erstellung des Attests unter Hinweis auf diese Tatsache ab. Das gilt auch, wenn die Entscheidung innerhalb der Notfrist tw angefochten wurde. Allerdings kann in diesem Fall ein Zeugnis über den **teilweisen Eintritt der Rechtskraft** verlangt werden (BGH NJW 89, 170), sofern ein Anschlussrechtsmittel ausscheidet (Karlsr MDR 83, 676). Die **verspätete Einlegung** des Rechtsmittels oder des Einspruchs hindert die Erteilung eines Notfristzeugnisses nicht. Allerdings sollte in diesem Fall das Datum des Eingangs der Rechtsmittel- oder Einspruchsschrift in der Bescheinigung unbedingt mitgeteilt werden.

10 **C. Rechtsbehelfe.** Gegen die fehlerhafte Erteilung oder Verweigerung des Rechtskraft- und des Notfristzeugnisses ist ausschließlich die Erinnerung nach § 573 I statthaft, nicht die Beschwerde nach § 567. Zuständig ist das Gericht, dessen Urkundsbeamter das Zeugnis erteilt oder verweigert hat. Bestätigt das Gericht die abschlägige Entscheidung des Urkundsbeamten, kann dagegen mit der sofortigen Beschwerde vorgegangen werden, § 573 II (Kobl FamRZ 08, 1204). Im Verfahren wird auch geprüft, ob es vor der Erteilung eines Rechtskraftzeugnisses durch die hierfür zuständige Geschäftsstelle der Erteilung eines Notfristzeugnisses der Geschäftsstelle des Beschwerdegerichts bedurfte (BGH FamRZ 10, 284, 285, zur mangelnden Statthaftigkeit der Erinnerung gegen die Verweigerung des Notfristzeugnisses im Hinblick auf eine mögliche Sprungrechtsbeschwerde). Wenn das Gericht die Erteilung des Zeugnisses bestätigt, ist eine weitere Anfechtung ausgeschlossen. Denn § 573 II eröffnet den Beschwerderechtsweg nur, wenn das Rechtsmittel schon nach den allgemeinen Regeln statthaft ist. Die Entscheidung, die die Zeugniserteilung bestätigt, weist aber kein Begehren zurück, das das Verfahren betrifft (Bambg FamRZ 83, 519). Dieselben Grundsätze gelten, wenn das Gericht eine zurückweisende Entscheidung des Urkundsbeamten aufhebt und die Erteilung des Zeugnisses verfügt. Nach Abschluss des Beschwerdeverfahrens kommt eine **Rechtsbeschwerde** nach Maßgabe des § 574 I 1 Nr 2 in Betracht.

§ 707 Einstweilige Einstellung der Zwangsvollstreckung.

(1) [1]Wird die Wiedereinsetzung in den vorigen Stand oder eine Wiederaufnahme des Verfahrens beantragt oder die Rüge nach § 321a erhoben oder wird der Rechtsstreit nach der Verkündung eines Vorbehaltsurteils fortgesetzt, so kann das Gericht auf Antrag anordnen, dass die Zwangsvollstreckung gegen oder ohne Sicherheitsleistung einstweilen eingestellt werde oder nur gegen Sicherheitsleistung stattfinde und dass die Vollstreckungsmaßregeln gegen Sicherheitsleistung aufzuheben seien. [2]Die Einstellung der Zwangsvollstreckung ohne Sicherheitsleistung ist nur zulässig, wenn glaubhaft gemacht wird, dass der Schuldner zur Sicherheitsleistung nicht in der Lage ist und die Vollstreckung einen nicht zu ersetzenden Nachteil bringen würde.

(2) [1]Die Entscheidung ergeht durch Beschluss. [2]Eine Anfechtung des Beschlusses findet nicht statt.

1 **A. Ratio.** Die Vorschrift schafft einen Ausgleich zwischen den Interessen des Gläubigers und des Schuldners in der Zwangsvollstreckung. Sie trägt dem Umstand Rechnung, dass der Titel, der der Zwangsvollstreckung zugrunde liegt, rechtlich auf Dauer möglicherweise keinen Bestand haben wird, durch vorherige Vollstreckungsmaßnahmen aber bereits vollendete Tatsachen geschaffen wurden. Der Schuldner kann deswegen einerseits gegen Leistung einer Sicherheit die Einstellung der Zwangsvollstreckung verlangen. Der Gläubiger muss jedoch andererseits nicht zuwarten, bis der rechtliche Bestand des Titels feststeht, die Ansprüche dann aber faktisch uU nicht mehr durchgesetzt werden können, weil der Schuldner mittlerweile vermögenslos geworden ist.

2 **B. Anwendungsbereich. I. Unmittelbarer und kraft gesetzlicher Inbezugnahme.** Die Wiedereinsetzung in den vorigen Stand ist ebenso wie die Wiederaufnahme des Verfahrens, die sog Gehörsrüge nach § 321a und die Fortsetzung eines Rechtsstreits im sog Nachverfahren nach Verkündung eines Vorbehaltsurteils ein Umstand, der den bereits existierenden Vollstreckungstitel in seinem Bestand als gefährdet erscheinen lässt, weil er mit statthaften Rechtsmitteln angefochten wurde.

3 Über den direkten Anwendungsbereich der Vorschrift hinaus nehmen die folgenden Vorschriften § 707 in praktisch wichtigen Fallgestaltungen in Bezug: § 719 wendet die Regelung für den Fall entsprechend an, dass gegen ein für vorläufig vollstreckbar erklärtes Urt bzw einen Vollstreckungsbescheid (vgl § 700) **Ein-**

spruch oder **Berufung** eingelegt wurde. Das gilt aufgrund § 167 I VwGO auch im verwaltungsgerichtlichen Verfahren. §§ 924 III 2 und 936 verweisen auf § 707 I 1 für **Arrest** und **einstweilige Verfügung**. § 1065 II 2 (**Schiedsspruch**) und § 221 BauGB (**Baulandsachen**) beziehen sich kraft gesetzlicher Verweisung auf die Regelung in § 707. Eine dem § 707 ähnliche Regelung enthält § 769 I für die Vollstreckungsabwehrklage.

II. Kraft entsprechender Anwendung. Analog wird § 707 in mehreren Fallgestaltungen angewendet, in denen der Bestand des Vollstreckungstitels zweifelhaft wird, so wenn in einem Verfahren um die Wirksamkeit eines Prozess- (BGHZ 28, 171, 175) oder Zwischenvergleichs (Hamm FamRZ 85, 306, 307) gestritten wird, ebenso wenn die Aufhebung eines Arrestes oder einer einstweiligen Verfügung nach § 927 (Zweibr FamRZ 81, 698, 699) oder nach § 926 II (Karlsr OLGZ 73, 486, 488) beantragt worden ist. 4

Eine **analoge Anwendung** des § 707 **scheidet** dagegen **aus**, wenn der Schuldner die Aufhebung der Maßnahme nicht beantragt hat, sondern sich ausschließlich im Hauptsacheverfahren zur Wehr setzt (MüKoZPO/*Krüger* § 707 Rn 5), ebenso, wenn der Schuldner nicht gegen eine einstweilige Verfügung vorgeht, sondern die Einstellung der Zwangsvollstreckung im Hauptsacheverfahren betreibt (Karlsr OLGZ 73, 486, 488) und auch dann nicht, wenn es um ein Urt geht, das einen Arrestbeschluss aufhebt (Bremen InVo 98, 362). Des Weiteren scheidet bei einstweiligen Verfügungen, die auf Unterlassung gerichtet sind, eine Einstellung der Zwangsvollstreckung idR aus, weil der rechtswidrige Zustand sonst zeitweise aufrecht erhalten bliebe (Frankf MDR 97, 393). Ist der Schuldner erstinstanzlich zum Abdruck einer Gegendarstellung verurteilt worden, erfolgt grds keine einstweilige Einstellung der Zwangsvollstreckung durch das Berufungsgericht (Brandbg NJW-RR 02, 190). Auch rechtfertigt die Anfechtung der Vaterschaft allein nicht die Einstellung der Zwangsvollstreckung aus einem Unterhaltstitel des Kindes (Köln NJW 71, 2232). Schließlich kann § 707 auch dann nicht analog herangezogen werden, wenn die Klage gegen den rechtskräftigen Titel auf § 826 BGB (Frankf NJW-RR 92, 511; aA Zweibr NJW 91, 3041) oder auf § 323 im Wege der Abänderungsklage gestützt wird (hier ist § 769 einschlägig: BGH NJW 86, 2057). Ebenso wenig kann für die Frage der Anordnung einer Sicherheitsleistung nach § 46 III EuGVO ohne weiteres entsprechend auf §§ 719, 707 zugegriffen werden (Stuttg Beschl v 26.2.10 – 5 W 68/69 – juris). 5

III. Tatbestand. 1. Formeller. Die Einstellung der Zwangsvollstreckung erfolgt nur auf einen entsprechenden **Antrag** des Schuldners, der auf den Erlass einer der in § 707 genannten Anordnungen mit hinreichender Bestimmtheit gerichtet ist und für den, was die Frage des Anwaltszwangs und die Erklärung zu Protokoll der Geschäftsstelle anbelangt, die allgemeinen Vorschriften gelten (§§ 78, 496 im Verfahren vor den Amtsgerichten). Der Antrag ist statthaft, sobald ein Zwangsvollstreckungsverfahren, in dem Anordnungen nach § 707 möglich sind, betrieben wird. Das Gericht kann eine weniger weitreichende Anordnung treffen als die beantragte (Braunschw NJW 74, 2138), nicht jedoch eine weitergehende (§ 308 I). 6

Zuständig für die Einstellungsentscheidung ist dasjenige Gericht, das über den rechtlichen Bestand des Titels zu befinden hat, also über die Hauptsache, Wiederaufnahme, Rüge nach § 321a oder über das Nachverfahren entscheidet (Karlsr MDR 88, 975). Dessen Zuständigkeit besteht auch nach dem Urt solange fort, bis ein Rechtsmittel eingelegt worden ist. Danach ist das Rechtsmittelgericht ausschließlich zuständig (Hamm FamRZ 85, 306, 307). Wird der Prozess nach der Anfechtung eines Vorbehaltsurteils im Nachverfahren weiter betrieben, kann sowohl das Gericht, vor dem das Nachverfahren stattfindet, als auch das Rechtsmittelgericht Anordnungen treffen (Nürnbg NJW 82, 392). 7

Die **Zulässigkeit des eingelegten Rechtsbehelfs** ist keine formelle Voraussetzung für die Einstellung der Zwangsvollstreckung nach § 707. Jedoch wird der Antrag nach dieser Vorschrift in diesem Fall in aller Regel unbegründet sein, weil in der Hauptsache keine Erfolgsaussichten bestehen (BGHZ 8, 47, 49). Das für den Antrag erforderliche **Rechtsschutzinteresse** ist schon vor dem Beginn der Zwangsvollstreckung gegeben, nämlich ab dem Zeitpunkt der Klauselerteilung nach § 724, und entfällt erst mir deren Ende. Es besteht nicht mehr, wenn der Schuldner zur Abwendung der Zwangsvollstreckung gezahlt hat und das Geld dem Gläubiger ausgehändigt worden ist (Musielak/*Lackmann* § 707 Rn 5; aA München MDR 85, 1034). 8

2. Materieller. Bei der Prüfung der Begründetheit des Antrags wägt das Gericht die Interessen von Schuldner und Gläubiger nach pflichtgemäßem, aber nicht gebundenem **Ermessen** gegeneinander ab (Köln NJW-RR 87, 189). Es nimmt eine **summarische Prüfung** vor (Zweibr MDR 97, 1157), die voraussetzt, dass der Rechtsbehelf überhaupt, wenn auch nicht überwiegend Aussicht auf Erfolg hat (Köln NJW-RR 87, 189). Zur Beurteilung dieser Frage ist eine vorweggenommene Beweiswürdigung zulässig (Zweibr FamRZ 02, 556). Geht die Prüfung negativ aus, hat also der Rechtsbehelf keine Aussicht auf Erfolg, kommt eine Anordnung nach § 707 I nicht in Betracht. Besteht dagegen eine Erfolgsaussicht, hat das Gericht die **wirt-** 9

schaftlichen Konsequenzen einzuschätzen, die die Einstellung oder deren Ablehnung für Gläubiger und Schuldner haben (MüKoZPO/*Krüger* § 707 Rn 13). Dazu zählen nicht die Nachteile, die mit der Zwangsvollstreckung an sich verbunden sind. Diese muss der Schuldner hinnehmen, es sei denn, der Rechtsbehelf wird mit einer hohen Wahrscheinlichkeit Erfolg haben (BGH NJW 00, 3008, 3009 zu § 719 II; Köln NJW-RR 87, 189). Das ist ein Fall, in dem es ausnahmsweise gerechtfertigt sein kann, die Zwangsvollstreckung einzustellen, obwohl der Schuldner durch §§ 709–714 geschützt ist (Frankf NJW 76, 2137, 2138). Im Zweifel hat das Gericht allerdings den Interessen des Gläubigers den Vorrang zu geben, weil ihm das Gesetz die vorläufige Vollstreckung aus dem Titel gestattet (Rostock NJOZ 06, 2053).

10 **IV. Verfahren, Entscheidung und Kosten. 1. Zustandekommen und Wirkung.** Dem Antragsgegner muss vor einer stattgebenden Entscheidung grds **rechtliches Gehör** iSv Art 103 I GG gewährt werden. Kommt das aus zeitlichen Gründen nicht in Betracht, ist eine knappe Befristung der Einstellung ratsam und zugleich die Nachholung des rechtlichen Gehörs (Celle OLGZ 70, 355, 356; Musielak/*Lackmann* § 707 Rn 8). Nach Fristablauf muss über die Einstellung erneut befunden werden, da sie sonst ihre Wirksamkeit verliert. Ist keine Frist bestimmt worden, wird die Entscheidung dagegen in dem Zeitpunkt unwirksam, in dem die Endentscheidung der Instanz ergeht (MüKoZPO/*Krüger* § 707 Rn 20). Die Einstellung wirkt daher stets **zeitweilig**. Der Einstellungsbeschluss ist eine **Entscheidung nach § 775 Nr 2**, der die Vollstreckbarkeit des Titels entfallen lässt. Bereits eingeleitete Vollstreckungsmaßnahmen dürfen nicht weiter durchgeführt werden, von weiteren muss das Vollstreckungsorgan absehen. Ist dem Titel ein **Kostenfestsetzungsbeschluss** nachgefolgt, umfasst die Einstellung *ipso iure* auch die Zwangsvollstreckung hieraus (Stuttg Rpfleger 88, 39). In dem stattgebenden **Beschluss** nach § 707 II 1, der stets der Begründung bedarf (Köln MDR 00, 414), kann die Einstellung auf einen Teil des Titels (Zö/*Herget* § 707 Rn 16) und bestimmte Vollstreckungsmaßnahmen beschränkt werden (s. Rz 13). Sie betrifft stets nur die Zwangsvollstreckung aus dem angefochtenen Urt. Nicht etwa kann mit ihr die Fortdauer einer aufgehobenen Entscheidung angeordnet werden (Ddorf NJW-RR 02, 138). **Kosten** fallen, weil das Einstellungsverfahren gerichtsgebührenfrei ist, nur ausnahmsweise im anwaltlichen Bereich an. Das Einstellungsverfahren gehört zum Rechtszug (§ 91 Nr 1 RVG) und wird durch die Verfahrensgebühr grds mit abgegolten. Eine Verhandlungsgebühr iHv 0,5 erhält der Anwalt nur dann, wenn eine mündliche Verhandlung für die Entscheidung über die Einstellung stattfindet (Nr 3328 RVG-VV).

11 **2. Einstellung gegen Sicherheitsleistung.** Da der Gläubiger idR ohnehin nur gegen Sicherheitsleistung iSv §§ 108 ff überhaupt vollstrecken darf (Rostock NJOZ 08, 2053), kann die Einstellung der Zwangsvollstreckung gegen Sicherheitsleistung überhaupt nur in den Fällen angeordnet werden, in denen er ohne Sicherheitsleistung vollstrecken darf. Das ist dann angezeigt, wenn zwar viel für die Aufhebung des Vollstreckungstitels spricht, die Einstellung der Zwangsvollstreckung ohne Sicherheitsleitung aber nicht verlangt werden kann und die Gestellung einer Sicherheit für den Schuldner nicht zumutbar ist (MüKoZPO/*Krüger* § 707 Rn 18). Denkbar ist auch, dass eine erneute Sicherheitsleistung angeordnet wird, wenn die ursprüngliche wertmäßig nicht ausreichte oder eine ohne Sicherheitsleistung mögliche **Sicherungsvollstreckung** nur fortgesetzt werden darf, wenn zuvor Sicherheit geleistet wurde (Köln ZIP 94, 1053).

12 **3. Einstellung ohne Sicherheitsleistung.** Sie ist nach Abs 1 S 2 nur unter zwei Voraussetzungen möglich. Zum einen muss der Schuldner glaubhaft machen, **zur Leistung einer Sicherheit außerstande** zu sein. Erforderlich ist, dass ihm die Beibringung einer Sicherheit unmöglich ist. Das ist etwa dann nicht der Fall, wenn der Schuldner nur nicht in der Lage ist, eine Bankbürgschaft beizubringen, weil die Gestellung von anderen Sicherheiten nicht ausgeschlossen ist (Hamm [12. FamS] FamRZ 96, 113; aA Hamm [1. FamS] FamRZ 96, 113). Zum anderen muss von der Vollstreckung ein **nicht zu ersetzender Nachteil** drohen. Das ist bei Titeln, die sich nicht auf Geld richten, va dann denkbar, wenn die Vollstreckung die ökonomische Existenz des Schuldners vernichten würde (BGHZ 21, 377 = NJW 56, 1717; BGHZ 18, 219 = NJW 55, 1635; Rostock FamRZ 04, 127). Keinesfalls genügen für die Einstellung ohne Sicherheitsleistung aber Nachteile (zB die Gefährdung des Kredits), die mit jeder Zwangsvollstreckung verbunden sind (BGH NJW 00, 3008, 3009). Geht es um einen **Unterhaltstitel** reicht allein der Verlust des evtl zu viel gezahlten Unterhalts nicht aus, den Nachteil iSv Abs 1 S 2 zu begründen (Kobl FamRZ 05, 468). Allerdings kann der Schuldner uU damit gehört werden, dass die im Wege der Zwangsvollstreckung erzielte Unterhaltssumme endgültig verloren (Hamm FamRZ 96, 113) oder insoweit Entreicherung eingetreten ist (Frankf FamRZ 10, 1370).

4. Aufhebung einzelner Vollstreckungsmaßnahmen. Sie wird mit der Einstellung der Zwangsvollstreckung kombiniert und kommt nur dann in Betracht, wenn diese noch nicht beendet ist und die Einstellung allein dem Schuldnerinteresse ausnahmsweise nicht Genüge tut. Die Anordnung erfolgt auf entsprechenden Antrag stets gegen Sicherheitsleistung, und zwar unabhängig davon, ob die Zwangsvollstreckung ursprünglich gegen Sicherheitsleistung stattgefunden hat oder nicht. Ein Beispiel ist die Aufhebung einer **Kontopfändung**, die den ökonomischen Handlungsspielraum des Schuldners auch nach der Einstellung der Zwangsvollstreckung erheblich einschränken kann (MüKoZPO/*Krüger* § 707 Rn 19). 13

C. Anfechtung und Abänderbarkeit. Der einstellende Beschl ist mit Rechtsmitteln aufgrund des nur beschränkt nachprüfbaren Ermessens nicht anfechtbar (Abs 2 S 2; VGH Kassel NVwZ-RR 09, 989). Allein die **Gegenvorstellung** ist ein statthafter Rechtsbehelf (BGH NJW 04, 2224, 2225; NJW 02, 1577). Allerdings ist die Entscheidung nicht unabänderlich. Vielmehr kann das Gericht sie auf entsprechenden Antrag hin jederzeit überprüfen und ggf modifizieren (Celle MDR 86, 63; Hamm FamRZ 85, 306, 307; Kobl NJW-RR 98, 1450, 1451). Das Vorliegen neuer tatsächlicher Umstände ist dazu nicht erforderlich. Für Entscheidungen nach § 732 II (Köln Rpfleger 96, 324, 325) und § 769 (BGH NJW 04, 2224, 2225; München MDR 11, 1321) gilt § 707 entsprechend (Rz 4). 14

§ 708 Vorläufige Vollstreckbarkeit ohne Sicherheitsleistung.

Für vorläufig vollstreckbar ohne Sicherheitsleistung sind zu erklären:

1. **Urteile, die auf Grund eines Anerkenntnisses oder eines Verzichts ergehen;**
2. **Versäumnisurteile und Urteile nach Lage der Akten gegen die säumige Partei gemäß § 331a;**
3. **Urteile, durch die gemäß § 341 der Einspruch als unzulässig verworfen wird;**
4. **Urteile, die im Urkunden-, Wechsel- oder Scheckprozess erlassen werden;**
5. **Urteile, die ein Vorbehaltsurteil, das im Urkunden-, Wechsel- oder Scheckprozess erlassen wurde, für vorbehaltlos erklären;**
6. **Urteile, durch die Arreste oder einstweilige Verfügungen abgelehnt oder aufgehoben werden;**
7. **Urteile in Streitigkeiten zwischen dem Vermieter und dem Mieter oder Untermieter von Wohnräumen oder anderen Räumen oder zwischen dem Mieter und dem Untermieter solcher Räume wegen Überlassung, Benutzung oder Räumung, wegen Fortsetzung des Mietverhältnisses über Wohnraum auf Grund der §§ 574 bis 574b des Bürgerlichen Gesetzbuchs sowie wegen Zurückhaltung der von dem Mieter oder dem Untermieter in die Mieträume eingebrachten Sachen;**
8. **Urteile, die die Verpflichtung aussprechen, Unterhalt, Renten wegen Entziehung einer Unterhaltsforderung oder Renten wegen einer Verletzung des Körpers oder der Gesundheit zu entrichten, soweit sich die Verpflichtung auf die Zeit nach der Klageerhebung und auf das ihr vorausgehende letzte Vierteljahr bezieht;**
9. **Urteile nach §§ 861, 862 des Bürgerlichen Gesetzbuchs auf Wiedereinräumung des Besitzes oder auf Beseitigung oder Unterlassung einer Besitzstörung;**
10. **Berufungsurteile in vermögensrechtlichen Streitigkeiten. Wird die Berufung durch Urteil oder Beschluss gemäß § 522 Absatz 2 zurückgewiesen, ist auszusprechen, dass das angefochtene Urteil ohne Sicherheitsleistung vorläufig vollstreckbar ist;**
11. **andere Urteile in vermögensrechtlichen Streitigkeiten, wenn der Gegenstand der Verurteilung in der Hauptsache 1.250 Euro nicht übersteigt oder wenn nur die Entscheidung über die Kosten vollstreckbar ist und eine Vollstreckung im Wert von nicht mehr als 1.500 Euro ermöglicht.**

A. Die vorläufige Vollstreckbarkeit nach § 708. I. Begriff und Zweck. Die in der Vorschrift abschließend genannten Urteile müssen für vorläufig vollstreckbar erklärt werden, damit die Vollstreckung aus ihnen stattfinden kann (§ 704). Denn sie werden mit ihrer Verkündung nicht formell rechtskräftig. Im Gegensatz zu den Urteilen des § 709 erfolgt die Anordnung der vorläufigen Vollstreckbarkeit in den Fallgestaltungen des § 708 ohne Sicherheitsleistung, weil das Gesetz hier die Interessen des Gläubigers an einer möglichst raschen Befriedigung ggü denen des Schuldners als vorrangig ansieht. Das hat seinen Grund entweder in der Art der Entscheidung (Anerkenntnis, Säumnis, einstweiliger Rechtsschutz) oder aber im Rechtscharakter des titulierten Anspruchs (Unterhalt, Besitzschutz). Der Schuldner wird demgegenüber auf die Befugnis zur Abwendung der Zwangsvollstreckung nach § 711 verwiesen. Die Vorschrift ist freilich nicht in allen Fällen des § 708 anwendbar. Dass die Interessen des Gläubigers iRd § 708 ggü denen des Schuldners Vorrang haben, zeigt sich auch im Fall der **Konkurrenz** der in § 708 geregelten Fallgruppen. Sie richtet sich nämlich 1 nach der Vollstreckbarkeit der für Gläubiger günstigeren von zwei Fallgruppen. So ist etwa das Vorbehaltsanerkenntnisurteil nicht nach Nr 4 vollstreckbar, sondern nach Nr 1, weil der Schuldner hier keine Abwendungsbefugnis hat (Kobl NJW-RR 91, 512).

2 **II. Eintritt, Umfang und Wirkung.** Der Eintritt der vorläufigen Vollstreckbarkeit erfolgt durch **Anordnung**, die keines besonderen Antrags bedarf, auf die aber nach den §§ 710, 711 S 3, 712 im Antragswege Einfluss genommen werden kann. Die vorläufige Vollstreckbarkeit bezieht sich auch auf die **Kostenentscheidung**, bei Feststellungs-, Gestaltungsurteilen und auf die Abgabe von Willenserklärungen gerichteten Titeln sogar nur darauf. Vorläufig vollstreckbar ist ein Urt ab Verkündung nach § 310 I, II oder aber ab Zustellung nach § 310 III. Ab diesem Zeitpunkt darf der Gläubiger aus dem Titel vollstrecken. Die vorläufige Vollstreckbarkeit ist auflösend bedingt durch die Verkündung einer abändernden oder aufhebenden Entscheidung nach § 717 I. In diesem Fall entfällt sie, soweit nicht die Zwangsvollstreckung vorher nach § 707 eingestellt worden ist.

3 Die **materiell-rechtlichen Wirkungen** der vorläufigen Vollstreckbarkeit sind umstr (MüKoZPO/*Krüger* § 708 Rn 5, 6; St/J/*Münzberg* § 708 Rn 5 ff mwN). Das betrifft insb die Frage nach der **Erfüllungswirkung** der Leistung aufgrund der Vollstreckung bzw der Leistung zur Abwehr der Vollstreckung. Die hM verneint diese, weil die reale Leistungsbewirkung bei einem vorläufig vollstreckbaren Titel stets unter dem konkludenten Vorbehalt steht, nicht zur Erfüllung des materiellen Anspruchs leisten zu wollen, sondern bis zur rechtskräftigen Feststellung der Schuld ausschließlich zur Abwendung der Zwangsvollstreckung (BGH NJW 97, 2601, 2602; NJW 83, 1111). Erfüllung iSd § 362 I BGB tritt daher erst mit Rechtskraft des Urteils ein. Allerdings schuldet der Schuldner, nach dem er zur Vollstreckungsabwendung geleistet oder der Gläubiger aus dem vorläufig vollstreckbaren Titel vollstreckt hat, keine Verzugszinsen mehr (BGH NJW 81, 1144; *Krüger* NJW 90, 1212).

4 **III. Fallgruppen. 1. Nr 1–3.** Angesprochen sind in Nr 1 **Anerkenntnisurteile** nach § 307 I, II und **Verzichtsurteile** nach § 306, auch dann wenn sie als **Teilurteile** ergehen (Zö/*Herget* § 708 Rn 3). Von Nr 2 erfasst werden **echte Versäumnisurteile** gegen den Kl und den Beklagten in allen Instanzen, ebenso das sog **zweite Versäumnisurteil** nach § 345. Dagegen werden sog unechte Versäumnisurteile von der Vorschrift nicht erfasst. Auch fällt ein streitiges Urt, das ein Versäumnisurteil aufrecht erhält, das mittels Einspruchs angegriffen wurde (§ 709 S 3), nicht hierunter. Beim **Urt nach Lage der Akten** ist § 708 Nr 2 nur bei der Säumnis einer Partei nach § 331a anzuwenden, nicht dagegen, wenn beide Parteien iSv §251a säumig sind (Musielak/*Lackmann* § 708 Rn 5). Die **Verwerfung des Einspruchs nach § 341 I** behandelt Nr 3. Sie erfolgt nach § 341 II durch Urt.

5 **2. Nr 4 und 5.** Entscheidungen in besonderen Verfahrensarten betreffen die Nr 4 und 5, nämlich stattgebende und abweisende Urteile im **Urkunden-** (§ 592), **Wechsel-** (§ 602) und **Scheckprozess** (§ 605a), sowie solche nach § 597 II. Nr 5 ergänzt Nr 4 insofern, als Urteile im **Nachverfahren**, durch die ein **Vorbehaltsurteil** in den Verfahrensarten der Nr 4 bestätigt wird, für vorläufig vollstreckbar erklärt werden können. Praktisch bezieht sich das nur auf die weiteren Kosten, weil die Vollstreckung aus einem Vorbehaltsurteil keine Sicherheitsleistung voraussetzt.

6 **3. Nr 6.** Die Vorschrift erfasst Urteile, die einen **Arrest** oder eine **einstweilige Verfügung** ablehnen (§§ 922, 936) oder aufheben (§§ 925 II, 927, 936), nicht aber Urteile die eine(n) solche(n) erlassen oder bestätigen. Denn diese sind ohne besonderen Ausspruch bereits ihrer Rechtsnatur nach vorläufig vollstreckbar. Bedeutung hat die Vorschrift in ihrem unmittelbaren Regelungsgehalt nur für die Kosten. Sie gilt in weiter Auslegung auch für Urteile, die einen Arrest oder eine einstweilige Verfügung abändern, zum Beispiel im Fall des § 925 II. Berufungsurteile werden in diesem Fall allerdings nach § 542 II rechtskräftig. Für sie gilt Nr 6 daher nicht (MüKoZPO/*Krüger* § 708 Rn 13).

7 **4. Nr 7.** Mietstreitigkeiten sind wegen ihrer besonderen Bedeutung für die Parteien stets eilbedürftig. Daher betrifft Nr 7 alle stattgebenden und abweisenden **Urteile in Mietsachen** nach § 23 Nr 2a GVG. Zum Teil wird die analoge Anwendung auf Pachtverträge erwogen (*Schmid* ZMR 00, 508; aA Ddorf MDR 08, 1029;ThoPu/*Seiler* § 708 Rn 8).

8 **5. Nr 8.** Die Vorschrift bezieht sich nach ihrem unmittelbaren Anwendungsbereich auf alle Arten von **Unterhaltstiteln**, seien sie gesetzlicher oder vertraglicher Natur, auf **Renten** wegen Entziehung einer Unterhaltsforderung (zB nach §§ 844 II BGB, 10 II StVG, 35 LuftVG, 5 II HPflG) sowie solche wegen Verletzung

des Körpers oder der Gesundheit (zB nach §§ 843 BGB, 13 StVG, 36, 38 LuftVG, 6, 8 HPflG, 9 ProdHaftG). Ein Abänderungsurteil, das einen titulierten Unterhaltsanspruch entfallen lässt, ist nicht nach § 708 ohne Sicherheitsleistung, sondern nach § 709 gegen Sicherheitsleistung für vorläufig vollstreckbar zu erklären (Zweibr FamRZ 08, 1641). Nach hM gilt Nr 8 kraft Sachzusammenhangs auch für vorbereitende Ansprüche, insb bei Urteilen auf Zahlung einer **Abfindung gem §§ 9 f KSchG** (LAG Bremen MDR 83, 1054; aA LAG Hamburg NJW 83, 1344), sowie für **Auskunftsansprüche** (Musielak/*Lackmann* § 708 Rn 8; aA München FamRZ 90, 84). Bei einer **Stufenklage** ist der für Nr 8 maßgebliche Zeitpunkt deren Zustellung (Nürnbg MDR 10, 835).

6. Nr 9. Possessorische Ansprüche nach §§ 861, 862 BGB müssen, sobald sie tituliert sind, rasch vollstreckt werden, um den früheren Besitzstand wiederherzustellen (§ 863 BGB). Die Gestellung einer Sicherheit würde diesem Regelungsanliegen widersprechen, weshalb die Zwangsvollstreckung, sobald die vorläufige Vollstreckbarkeit angeordnet wurde, ohne Sicherheitsleistung betrieben werden kann. 9

7. Nr. 10. Die Vorschrift betrifft alle **Berufungsurteile** der Landgerichte und Oberlandesgerichte **in vermögensrechtlichen Streitigkeiten**, ob sie nun eine Entscheidung bestätigen, aufheben oder den Rechtsstreit an die Vorinstanz zurückverweisen (Karlsr JZ 84, 635). Ausgenommen sind einzig Urteile der Berufungsinstanz, die bereits mit Verkündung rechtskräftig werden, also insb Arreste und einstweilige Verfügungen nach § 542 II 1. Urteile, die den Beschwerdewert nach § 26 Nr 8 EGZPO nicht erreichen und bei denen die Revision nicht zugelassen wurde, sind dagegen nach Nr 10 für vorläufig vollstreckbar zu erklären (MüKoZPO/*Krüger* § 708 Rn 17). Aus einem gegen Sicherheitsleistung vorläufig vollstreckbaren Urt 1. Instanz kann ohne Sicherheitsleistung vorläufig vollstreckt werden, soweit das Urt in der Berufungsinstanz bestätigt worden ist. In der Folge des G zur Änderung des § 522 der ZPO (BGBl I, 2082) wurde das in S 2 nunmehr ausdrücklich normiert und auf Zurückweisungsbeschlüsse erweitert. Titel, die aus **nichtvermögensrechtlichen Streitigkeiten** stammen, sind nur gegen Sicherheitsleistung nach § 709 vorläufig vollstreckbar, da bei ihnen die Vollstreckung eher vollendete Tatsachen schafft als bei vermögensrechtlichen Titeln. 10

8. Nr 11. Die Vorschrift trägt dem Umstand Rechnung, dass die Nachteile, die aus einer Vollstreckung aufgrund eines wertmäßig begrenzten Titels in vermögensrechtlichen Streitigkeiten entstehen können, hinnehmbar sind, ohne dass eine Sicherheitsleistung nach § 709 verlangt werden muss (ThoPu/*Seiler* § 708 Rn 12). Die Regelung differenziert dafür nach dem Gegenstand der Verurteilung. Übersteigt der Gegenstandswert in der **Hauptsache** exklusive Zinsen, Kosten und Nebenforderungen nach § 4 I den Betrag von 1250 € nicht, greift Nr 11 ein. Darunter fallen nicht diejenigen Anteile der Hauptforderung, die nach den vorangegangenen Nr ohne Sicherheitsleistung vollstreckbar sind. Unterliegen allein die **Kosten** der Vollstreckung, etwa bei einer abgewiesenen Leistungsklage, bei Feststellungs- und Gestaltungsurteilen außerhalb des § 775 oder Urteilen nach § 167 II VwGO, ist der Anwendungsbereich der Vorschrift eröffnet, wenn der vollstreckbare Kostenanspruch den Betrag von 1500 € nicht übersteigt. Kostenvorschüsse an Gericht und Rechtsanwalt werden nicht mit eingerechnet. Zugrunde zu legen ist vielmehr die Summe der erstattungsfähigen Kosten auf Grundlage der titulierten Kostenquote (MüKoZPO/*Krüger* § 708 Rn 20). Bei **teilweiser Klageabweisung** sind der stattgebende und der abweisende Entscheidungsteil getrennt in Ansatz zu bringen. Wird die Wertgrenze in einem Kostenanteil überstiegen, ist für diesen § 709 einschlägig, für den anderen § 708 Nr 11. Bei einer **Beklagtenmehrheit** ist für Nr 11 maßgebend, in welcher Höhe gegen den jeweiligen Beklagten die Vollstreckung betrieben werden kann, nicht der Gesamtwert der Ansprüche. Entsprechend ist bei mehreren Klägern entscheidend, in welcher Höhe der einzelne gegen den Beklagten vollstrecken kann. 11

§ 709 Vorläufige Vollstreckbarkeit gegen Sicherheitsleistung.

[1]Andere Urteile sind gegen eine der Höhe nach zu bestimmende Sicherheit für vorläufig vollstreckbar zu erklären. [2]Soweit wegen einer Geldforderung zu vollstrecken ist, genügt es, wenn die Höhe der Sicherheitsleistung in einem bestimmten Verhältnis zur Höhe des jeweils zu vollstreckenden Betrages angegeben wird. [3]Handelt es sich um ein Urteil, das ein Versäumnisurteil aufrechterhält, so ist auszusprechen, dass die Vollstreckung aus dem Versäumnisurteil nur gegen Leistung der Sicherheit fortgesetzt werden darf.

A. Anordnung der vorläufigen Vollstreckbarkeit nach § 709. Nach § 709 richtet sich die vorläufige Vollstreckbarkeit für alle Urteile in vermögens- (Rz 4) und nichtvermögensrechtlichen (Rz 3) Streitigkeiten 1

(*Giers* DGVZ 08, 8), soweit nicht § 708 einschlägig, eine Vollstreckbarkeitserklärung überhaupt unmöglich oder entbehrlich ist. Die Norm bildet daher ein »Auffangtatbestand« (Zö/*Herget* § 709 Rn 1). Die vorläufige Vollstreckbarkeit wird im Tenor des Urteils angeordnet. Bei mehreren Ansprüchen iSv § 260 geschieht das getrennt für jede titulierte Forderung (weitergehend Frankf MDR 96, 961: bei berechtigtem Grund Anordnung für Teilbeträge), bei **Streitgenossen** wird sie für jeden einzelnen angeordnet (ThoPu/*Seiler* § 709 Rn 3). Die vorläufige Vollstreckbarkeit nach § 709 erschwert den vollstreckungsrechtlichen Zugriff des Gläubigers auf das Vermögen des Schuldners, weil dieser erst nach der Leistung der Sicherheit und deren Nachweis iSv § 751 II erfolgen darf (Ausnahme: § 720a für die Sicherungsvollstreckung von Zahlungsansprüchen). Allg zu Eintritt, Umfang und Wirkung der vorläufigen Vollstreckbarkeit § 708 Rz 2.

2 **B. Sicherheitsleistung (S 1). I. Funktion und Arten.** Die Sicherheitsleistung des Gläubigers iSv § 108 schützt den Schuldner vor den nachteiligen Folgen einer materiell nicht berechtigten Zwangsvollstreckung. Wird das Urt im Instanzenzug aufgehoben oder abgeändert, hat der Schuldner nach § 717 II einen Ersatzanspruch, zu dessen Befriedigung er sich an der Sicherheitsleistung des Gläubigers schadlos halten kann. Die Sicherheit muss daher wertmäßig neben dem gesamten vollstreckbaren Anspruch stets den Wert des **Ersatzanspruchs nach § 717 II** enthalten (Zweibr NJOZ 01, 1218). Wie der Anspruch realisiert wird, hängt von der Art des hinterlegten Gegenstandes ab. Wurde Geld hinterlegt, kann der Schuldner vom Gläubiger die Zustimmung zur Auszahlung des zur Sicherheit geleisteten Geldbetrags nach § 812 I 1 2. Alt BGB (Eingriffskondiktion) verlangen. Er ist Pfandgläubiger einer hinterlegten Sachsicherheit nach § 223 BGB, so dass er den Pfandverkauf nach § 1233 BGB einleiten kann. Gegen einen Bürgen, der die Sicherheit geleistet hat, kann der Schuldner nach § 765 BGB vorgehen. Findet keine Zwangsvollstreckung statt, können die Kosten einer Avalbürgschaft, die geleistet wurde, um die Zwangsvollstreckung aus einem vorläufig vollstreckbaren Urt zu ermöglichen, nach §§ 203 ff durch das Prozessgericht festgesetzt werden; das Vollstreckungsgericht ist dafür nicht zuständig (BGH NJW-RR 08, 515). Die Bestimmung über die **Art der zu leistenden Sicherheit** kann vom erstinstanzlichen Gericht auch dann noch abgeändert werden, wenn der Rechtsstreit schon in der 2. Instanz anhängig ist (BGH NJW 66, 1028). Dagegen ist die Entscheidung über die **Höhe der zu leistenden Sicherheit** mit Ausnahme des § 319 nicht abänderbar (§ 318).

3 **II. Höhe. 1. In nichtvermögensrechtlichen Streitigkeiten.** Hier bemisst sich die Höhe der Sicherheit vorbehaltlich des § 704 II nach den Kosten und dem denkbaren materiellen Schaden, den eine fehlerhafte Zwangsvollstreckung für den Schuldner zur Folge haben kann (München MDR 80, 409). Die ersatzfähige Beeinträchtigung des Schuldners in der Zwangsvollstreckung entspricht nicht in jedem Fall dem Streitwert, der sich allein am Interesse des Gläubigers orientiert. Allerdings wird dieser bei der Bemessung der Sicherheit oft Orientierung bieten können.

4 **2. In vermögensrechtlichen Streitigkeiten.** In die Bemessung der Sicherheitsleistung für **Leistungsurteile**, die einem Zahlungsanspruch stattgeben, sind einzustellen: der Betrag der titulierten Hauptforderung, Zinsen für Vergangenheit und für die Zukunft (geschätzte sechs Monate bis zur Vollstreckung; Musielak/*Lackmann* § 709 Rn 5), weitere Nebenforderungen nach § 4 (zB Mahnkosten) sowie ersatzfähige Prozesskosten des Klägers (zB Gerichts- und Anwaltskosten, solche für ein selbstständiges Beweisverfahren). Allerdings muss die Erbringung der Sicherheitsleistung nur für die Vollstreckung der Kosten nachgewiesen werden, wenn das Prozessgericht eine solche nur insoweit angeordnet hat (Schlesw FGPrax 10, 124). Bei **Zug-um-Zug-Urteilen** spielt die Gegenleistung für die Bestimmung der Sicherheit keine Rolle, weil sie für den Vollstreckungsschaden ohne Belang ist. Anders ist das uU bei **Zurückbehaltungsrechten** (Zweibr OLGR 01, 478, 479). Bei den **prozessualen Gestaltungsklagen** nach §§ 767, 768, 771 und § 805 ist wegen §§ 775, 776 die Höhe des vollstreckbaren Anspruchs einzustellen, dessen Zwangsvollstreckung gehindert wird. **Urteile auf Abgabe einer Willenserklärung** nach § 894 sind nur wegen der Kosten der vorläufigen Vollstreckbarkeit fähig. Die Sicherheitsleistung bezieht sich daher allein auf diese. Ähnlich ist das bei **klageabweisenden Urteilen.** Auch hier wird die Sicherheitsleistung ausschließlich wegen der vollstreckungsfähigen Kosten des Beklagten (Anwaltskosten, Auslagenvorschüsse) festgesetzt. Bei der Anordnung der vorläufigen Vollstreckbarkeit von **Auskunftsansprüchen** bemisst sich die Höhe der Sicherheitsleistung nach dem voraussehbaren Zeit- und Kostenaufwand, der für die Erteilung der Auskunft getrieben werden muss (BGH GrSZ BGHZ 128, 85 = NJW 95, 664).

5 **C. Verhältnis der Sicherheitsleistung zum vollstreckbaren Anspruch (S 2).** Grds ist die Sicherheitsleistung dem Betrag nach zu beziffern. Für vollstreckbare Geldforderungen, also auch für Kostenerstattungsan-

sprüche, bestimmt aber S 2, dass es ausreichend ist, die Sicherheitsleistung in einem bestimmten Verhältnis zum vollstreckbaren Anspruch auszuweisen. Die Vorschrift dient der Absicherung des Schuldners vor eventuellen Schäden in der Zwangsvollstreckung und erlaubt idR einen pauschalen Aufschlag der Sicherheit von 10 % (Celle NJW 03, 73; *Gehrlein* MDR 03, 421, 429, sogar für 20 %; gegen den Zuschlag *König* NJW 03, 1372, 1374). Der **Entscheidungstenor** kann wie folgt formuliert werden: » Das Urt ist vorläufig vollstreckbar gegen Sicherheitsleistung in Höhe von 110 % des jeweils zu vollstreckenden Betrags«. Denkbar ist auch, den Vollstreckungsbetrag bei der Bestimmung der Sicherheitsleistung im Tenor numerisch anzugeben »zuzüglich eines Aufschlags von 10 %«. **Faustregel** ist ein Verhältnis von 7 (Sicherheit) zu 6 (Vollstreckungsbetrag; ThoPu/*Seiler* § 709 Rn 4). Die Grundsätze gelten auch für die Verurteilung zu **wiederkehrenden Leistungen**. Eine ähnliche Regel wie S 2 trifft § 752 für die Teilsicherheitsleistung bei der Teilvollstreckung.

D. Urteil über die Aufrechterhaltung eines Versäumnisurteils (S 3). Auf Entscheidungen nach § 343 S 1 ist S 3 nur anwendbar, wenn für sie auch S 1 gilt, nicht wenn sie nach § 708 ergehen. S 3 ist daher nicht anwendbar, wenn das aufrechterhaltene Urt selbst ein Versäumnisurteil ist (dann geht § 708 Nr 2 nach hM vor; Musielak/*Lackmann* § 709 Rn 8) oder § 708 Nr 11 einschlägig ist und aus dem Urt auch ohne Sicherheitsleistung vollstreckt werden könnte, wenn es sich nicht um ein Urt handelt, das ein Versäumnisurteil aufrecht erhält. S 3 ordnet an, dass die Vollstreckung aus dem aufrecht erhaltenen Versäumnisurteil nur gegen Sicherheitsleistung (vorbehaltlich der Möglichkeiten des § 720a nach § 751 II) »fortgesetzt« werden darf. Das bedeutet, dass die zuvor durchgeführten Vollstreckungsmaßnahmen bestehen bleiben. Nicht etwa muss die Entscheidung über die vorläufige Vollstreckbarkeit ohne Sicherheitsleistung im bestätigten Versäumnisurteil gesondert aufgehoben werden. Der **Entscheidungstenor** kann wie folgt formuliert werden: »Das Urt ist gegen Sicherheitsleistung iHv … vorläufig vollstreckbar. Die Zwangsvollstreckung aus dem Versäumnisurteil darf nur fortgesetzt werden, wenn diese Sicherheit geleistet ist.« 6

Str ist das für den Fall, dass das aufrecht erhaltene Versäumnisurteil in der Hauptsache unter § 709 S 1, 3 fällt, die weiteren Kosten aber bei isolierter Betrachtung solche nach § 708 Nr 11 sind, also ohne Sicherheitsleistung vollstreckbar wären. Allein »im Verbund« erfordern sie dann eine Sicherheitsleistung (Zö/*Herget* § 709 Rn 8). Die Gegenauffassung behandelt die weiteren Kosten in der vorläufigen Vollstreckbarkeitsentscheidung nach den allgemeinen Regeln (§§ 708 Nr 11, 709) und schlägt darüber hinaus vor, anzuordnen, dass die Vollstreckung aus dem Versäumnisurteil nur gegen Sicherheitsleistung in bestimmter Höhe (oder nach S 2) fortgesetzt werden darf (Musielak/*Lackmann* § 709 Rn 9 mwN). 7

§ 710 Ausnahmen von der Sicherheitsleistung des Gläubigers.

Kann der Gläubiger die Sicherheit nach § 709 nicht oder nur unter erheblichen Schwierigkeiten leisten, so ist das Urteil auf Antrag auch ohne Sicherheitsleistung für vorläufig vollstreckbar zu erklären, wenn die Aussetzung der Vollstreckung dem Gläubiger einen schwer zu ersetzenden oder schwer abzusehenden Nachteil bringen würde oder aus einem sonstigen Grund für den Gläubiger unbillig wäre, insbesondere weil er die Leistung für seine Lebenshaltung oder seine Erwerbstätigkeit dringend benötigt.

A. Ratio. § 710 ermöglicht einem Gläubiger, der nach § 709 zur Vollstreckung Sicherheit leisten müsste, dem aber die ökonomischen Mittel für die Leistung einer Sicherheit fehlen, die Zwangsvollstreckung dennoch zu betreiben, nämlich ausnahmsweise ohne Sicherheitsleistung. Gleichzeitig sorgt das Gesetz insoweit für einen Ausgleich mit den Interessen des Schuldners, als dem Gläubiger die Vollstreckung ohne Sicherheitsleistung nur unter engen tatbestandlichen Voraussetzungen (schwer zu ersetzender oder schwer abzusehender Nachteil durch die Aussetzung oder ähnl gravierende Gründe) gestattet wird. Die Vorschrift enthält daher **Billigkeitsrecht**. Eine ähnliche Schutzvorschrift kennt § 711 S 3 für Urteile nach §§ 708 Nr 4–11, 711. Werden Kosten vor Rechtskraft vollstreckt, ist § 711 ggü §§ 110 ff ZPO *lex specialis* (Hambg MDR 10, 345). 1

B. Tatbestand. Verfahrensrechtliche Voraussetzung des § 710 ist ein entsprechender **Antrag**, der vor dem Schluss der mündlichen Verhandlung nach § 714 I gestellt und dessen materielle Voraussetzungen **glaubhaft** gemacht werden müssen. Materiellrechtlich ist erforderlich, dass der Schuldner zur Leistung der Sicherheit außerstande ist, oder doch erhebliche Schwierigkeiten hat, die Mittel dafür aufzubringen oder einen Bürgen beizubringen. Eine solche Situation liegt insb in den beiden **Regelbeispielen** des Gesetzes vor. So darf die Aussetzung der Zwangsvollstreckung keinen **schwer zu ersetzenden oder schwer absehbaren** 2

Nachteil zur Folge haben. Schwer zu ersetzen ist ein Nachteil, wenn ein Aufschub der Zwangsvollstreckung diese tatsächlich aussichtslos werden ließe oder ihr Erfolg doch erheblich gefährdet erschiene, zB weil der Schuldner in Vermögensverfall gerät oder sich der Vollstreckung entzieht. Schwer absehbar ist ein Nachteil, wenn eine spätere Anspruchsrealisierung aller Voraussicht nach auf erhebliche Probleme stoßen würde wie etwa bei Folgeschäden nicht vermögensrechtlicher Art.

3 Ein **sonstiger Grund** iSv § 710 liegt vor, wenn der Schuldner die nach der Antragstellung fälligen Beträge, die er für die Sicherheitsleistung aufwenden müsste, für den eigenen Lebensunterhalt oder berufliche Tätigkeit benötigt, wovon bei Unterhaltsleistungen ausgegangen werden kann (Frankf FamRZ 87, 174). Der ökonomische Handlungsspielraum und der Kredit dürfen dem Schuldner nicht genommen werden. Auch eine sonstige, nicht zwingend vermögensrechtliche Schmälerung der Lebensverhältnisse hat er bei Unzumutbarkeit nicht hinzunehmen. Angeführt werden insoweit der Verzicht auf das eigene Auto, die Renovierung der Wohnung oder den anstehenden Urlaub (St/J/*Münzberg* § 710 Rn 2). Die **Unbilligkeit** der Sicherheitsleistung in der konkreten Situation des Einzelfalls ist neben dem wirtschaftlichen Unvermögen zur Mittelbeschaffung oder den sonstigen Gründen das zweite kumulative Tatbestandsmerkmal des § 710. Entscheidend ist dafür stets eine Gesamtbeurteilung (Zö/*Herget* § 710 Rn 2).

§ 711 Abwendungsbefugnis.

[1]In den Fällen des § 708 Nr. 4 bis 11 hat das Gericht auszusprechen, dass der Schuldner die Vollstreckung durch Sicherheitsleistung oder Hinterlegung abwenden darf, wenn nicht der Gläubiger vor der Vollstreckung Sicherheit leistet. [2]§ 709 Satz 2 gilt entsprechend, für den Schuldner jedoch mit der Maßgabe, dass Sicherheit in einem bestimmten Verhältnis zur Höhe des auf Grund des Urteils vollstreckbaren Betrages zu leisten ist. [3]Für den Gläubiger gilt § 710 entsprechend.

1 **A. Ratio der Abwendungsbefugnis.** Die Vorschrift bringt die Interessen des Schuldners in der Zwangsvollstreckung in den Fällen zur Geltung, in denen der Gläubiger vor Rechtskraft des Urteils vollstrecken kann, ohne zuvor Sicherheit leisten zu müssen. Er muss die sofortige unbedingte Vollstreckung dem Schuldner zwar kurzfristig anzeigen (Kobl DGVZ 85, 139, 141). Doch grds gebührt dem Gläubiger in der Zwangsvollstreckung der Vorrang (Köln NJW-RR 87, 189). § 711 bewirkt dadurch einen Ausgleich mit den Interessen des Schuldners, dass es ihm gestattet wird, die Vollstreckung seinerseits durch Sicherheitsleistung oder Hinterlegung abzuwenden. Damit kann er freilich nicht erreichen, dass die Zwangsvollstreckung überhaupt unterbleibt. Was dagegen bewirkt werden kann, ist, dass der Gläubiger Sicherheit leistet, bevor er vollstreckt. Einer gesonderten Androhung der Vollstreckung bedarf es dann nicht mehr (Köln BeckRS 09, 05469).

2 **B. Entscheidung über die Abwendungsbefugnis.** Eine Abwendungsbefugnis hat der Schuldner nur bei Urteilen nach § 708 Nr 4–11, also bei Entscheidungen, die vor Rechtskraft ohne Sicherheitsleistung vollstreckbar sind. Sie muss **von Amts wegen** in den Urteilstenor aufgenommen werden, wenn nicht § 713 einschlägig ist. Das Gericht hat im prozessualen Anwendungsbereich des § 711 die Wahl, ob es die Abwendungsbefugnis des Schuldners auf der Grundlage von S 1 oder nach S 2 tenoriert. Soweit als Sicherheitsleistung eine Geldsumme angeordnet wird, ist sie im Tenor zu beziffern. In der Regel ist sie für Gläubiger und Schuldner gleich hoch. Die Entscheidung nach S 1 kann wie folgt formuliert werden: »Der Beklagte kann die Zwangsvollstreckung in Höhe von […] Euro abwenden, wenn nicht der Kl vor der Vollstreckung in gleicher Höhe Sicherheit leistet.« Nach S 2 kann der Tenor wie folgt lauten: »Der Beklagte kann die Zwangsvollstreckung durch Sicherheitsleistung in Höhe von 110 Prozent des vollstreckbaren Betrags abwenden, wenn nicht der Kl vor der Zwangsvollstreckung Sicherheit in Höhe von 110 Prozent des zu vollstreckenden Betrags leistet.« Auch wenn das Gericht nach S 2 tenoriert, kann der Schuldner einer Teilvollstreckung durch den Gläubiger nur durch Leistung der gesamten Sicherheit begegnen (Celle NJW 03, 73; aA *König* NJW 03, 1372).

3 **C. Inhalt und Rechtsfolgen der Abwendungsbefugnis.** Wie die Abwendungsbefugnis ihrem **Inhalt** nach im Einzelnen ausgestaltet wird, steht im Ermessen des Gerichts, das Parteianregungen insoweit aufgreifen darf (Zö/*Herget* § 711 Rn 1). Die Sicherheitsleistung nach § 108 kann ihrem Inhalt nach auch in der Hinterlegung von Geld oder Wertpapieren bestehen. Die **Höhe** muss so bemessen werden, dass der Schaden, der durch den Aufschub der Vollstreckung eintreten kann, aufgefangen wird. Allein auf den Verzögerungsschaden ist die Sicherheitsleistung ihrer Höhe nach dagegen nicht begrenzt. So umfasst etwa die zur Abwendung einer Räumungsvollstreckung zu leistende Sicherheit nicht nur die Räumung selbst, sondern auch darüber hinausgehende Erfüllungs- und Verzögerungsschäden (KG MDR 10, 1016 = WuM 10, 585).

Die **Rechtsfolgen** der Abwendungsbefugnis differieren für Gläubiger und Schuldner. Wenn der Gläubiger vor der Vollstreckung Sicherheit leistet, ist die Vollstreckung auch dann zulässig, wenn der Schuldner bereits zur Abwendung der Zwangsvollstreckung Sicherheit geleistet hat (Zweibr Rpfleger 99, 454). Der Schuldner kann seine Sicherheitsleistung in diesem Fall aber nach § 109 zurückverlangen (Köln MDR 93, 270). Leistet der Schuldner Sicherheit, ist die Zwangsvollstreckung, solange der Gläubiger nicht selbst Sicherheit stellt, unzulässig und darf nicht eingeleitet werden. Ist das dagegen bereits geschehen, muss sie bis zur Sicherheitsleistung des Gläubigers oder dessen erfolgreichen Vorgehen nach § 710 (§ 711 S 3) gem §§ 775 Nr 3, 776 eingestellt werden. Diese Wirkung endet entweder mit dem Eintritt der Rechtskraft des Urteils, auch der eines Vorbehaltsurteils, selbst wenn das Nachverfahren noch rechtshängig ist (BGH NJW 78, 43) oder mit dessen Aufhebung nach § 717. Leistet der Schuldner dagegen keine Sicherheit, kann der Gläubiger vollstrecken, ohne eine eigene Sicherheit bestellen zu müssen. Allerdings ist die Zwangsvollstreckung in diesem Fall nach Maßgabe des §§ 720, 839 beschränkt (Oldbg Rpfleger 85, 504): Gepfändetes Geld muss ebenso hinterlegt werden wie der Erlös gepfändeter und verwerteter Sachen. Forderungen dürfen dem Gläubiger allein mit der Wirkung zur Einziehung überwiesen werden, dass der Drittschuldner den geschuldeten Betrag ebenfalls hinterlegen muss. 4

§ 712 Schutzantrag des Schuldners. (1) [1]**Würde die Vollstreckung dem Schuldner einen nicht zu ersetzenden Nachteil bringen, so hat ihm das Gericht auf Antrag zu gestatten, die Vollstreckung durch Sicherheitsleistung oder Hinterlegung ohne Rücksicht auf eine Sicherheitsleistung des Gläubigers abzuwenden; § 709 Satz 2 gilt in den Fällen des § 709 Satz 1 entsprechend.** [2]**Ist der Schuldner dazu nicht in der Lage, so ist das Urteil nicht für vorläufig vollstreckbar zu erklären oder die Vollstreckung auf die in § 720a Abs. 1, 2 bezeichneten Maßregeln zu beschränken.**

(2) [1]**Dem Antrag des Schuldners ist nicht zu entsprechen, wenn ein überwiegendes Interesse des Gläubigers entgegensteht.** [2]**In den Fällen des § 708 kann das Gericht anordnen, dass das Urteil nur gegen Sicherheitsleistung vorläufig vollstreckbar ist.**

A. Ratio des Schutzantrags des Schuldners. Die Interessen des Schuldners stehen in der Zwangsvollstreckung ggü denen des Gläubigers, der ja einen titulierten Anspruch erstritten hat, grds hintan. Ihnen wird allein dadurch Rechnung getragen, dass der Gläubiger vor der Vollstreckung Sicherheit zu leisten hat (§§ 709, 708, 711; Ddorf GRUR-RR 10, 122; MDR 87, 415; Celle OLGZ 93, 475 f). Ein gewisses »Korrektiv« für dieses gläubigerfreundliche Vollstreckungssystem (MüKoZPO/*Krüger* § 712 Rn 1) bietet § 712 mit dem Institut des Schutzantrages des Schuldners. Die Regelung gestattet es dem Schuldner, die Vollstreckung mittels eigener Sicherheitsleistung oder Hinterlegung ohne Rücksicht auf eine Sicherheitsleistung des Gläubigers abzuwenden, nach Abs 1 S 2 auf eine Sicherungsvollstreckung nach § 720a zu beschränken oder gar zu erreichen, dass das Urt überhaupt nicht für vorläufig vollstreckbar erklärt wird (Abs 1 S 2). All das setzt freilich voraus, dass die Vollstreckung für den Schuldner einen nicht zu ersetzenden Nachteil bringt, und steht des Weiteren unter dem generellen Vorbehalt, dass ein überwiegendes Interesse des Gläubigers dem Schutzantrag des Schuldners nicht entgegensteht (Abs 2 S 1). Schließlich haben Schutzanträge dann keine Aussicht auf Erfolg, wenn das zu vollstreckende Urt mit Rechtsmitteln nach § 713 nicht angefochten werden kann. In diesem Fall gibt es keinen Grund, die Vollstreckung noch länger aufzuschieben. 1

B. Tatbestand. I. Formeller. Den besonderen Schutz des § 712 muss der Schuldner beantragen. Dabei handelt sich um einen **Sachantrag nach § 714**, der in der letzten mündlichen Verhandlung zu stellen ist (BGH Grundeigentum 09, 1041; BGH FamRZ 03, 598) und dessen tatsächliche Voraussetzungen der Glaubhaftmachung nach § 714 II bedürfen. Seinem Inhalt nach kann der Antrag auf eine bestimmte Schutzmaßnahme beschränkt oder deren Auswahl in das Ermessen des Gerichts gestellt werden. § 308 ist anwendbar. Von Amts wegen werden dagegen die Interessen des Gläubigers nach Abs 2 abgewogen. Der Schuldner ist jedoch nicht gehindert, dazu Tatsachen vorzutragen und ggf glaubhaft zu machen. Wird der Antrag nicht gestellt, kann das die nachteiligen Folgen des § 719 II haben. Der Antrag ist zurückzuweisen, wenn der Schuldner nicht glaubhaft macht, dass er im Erkenntnisverfahren Vollstreckungsschutz beantragt hat (BGH JurBüro 09, 379). Er ist im Hinblick auf das Berufungsurteil auch in der 2. Instanz zulässig. Dagegen kann der Schutzantrag in der Berufungsinstanz nicht für die 1. Instanz nachgeholt werden (BGH DGVZ 08, 12; NJW-RR 06, 1088). Ebenso wenig kann ein in der 1. Instanz unterlassener Antrag nach § 712 noch in der 2. gestellt werden (Frankf MDR 09, 229). Unterbleibt der Antrag in der Berufungsinstanz, kann die Vollstreckung in der Revisionsinstanz wegen § 719 II grds nicht mehr eingestellt werden. Ausnah- 2 men werden gemacht, wenn das Berufungsgericht zu Unrecht von der Anordnung einer Abwendungsbefugnis nach § 711 abgesehen hat (BGH ZMR 09, 518) oder es dem Schuldner in der Berufungsinstanz aus besonderen Gründen nicht möglich oder zumutbar war, den Schutzantrag zu stellen (BGH NJW-RR 11, 705; NJW-RR 08, 1038; s. § 719 Rz 8).

3 **II. Materieller. 1. Unersetzbarer Vollstreckungsnachteil.** Die Schutzbedürftigkeit des Schuldners muss sich aus dem Umstand ergeben, dass durch die Vollstreckung ein unersetzbarer Nachteil entsteht. Die Fälle kommen selten vor, weil der Ausgleich eines Vollstreckungsschadens idR monetär kompensiert werden kann und der Schuldner in diesem Fall durch § 717 schadlos gestellt ist. Zu unterscheiden ist der unersetzbare Vollstreckungsnachteil vom schwer ersetzbaren (der Schuldner befindet sich im Ausland), der nicht genügt, um einen Schutzantrag nach § 712 zu begründen. Unersetzbare Nachteile sind etwa die Vernichtung der wirtschaftlichen Existenz des Schuldners durch die Vollstreckung und der Verlust seiner Wohnung durch Räumung (*Eisenhardt* NZM 99, 785). Dagegen ist ein unersetzbarer Nachteil nicht die drohende Insolvenz einer GmbH oder einer Genossenschaft in Liquidation (BGH NJW-RR 87, 62). Auch dass der Gläubiger zahlungsunfähig ist und daher den Anspruch aus § 717 nicht wird erfüllen können, reicht dafür nicht pauschal aus (Hamm MDR 99, 1404; FamRZ 97, 1489). Denn in aller Regel kann der Schuldner auf die Sicherheitsleistung des Gläubigers zugreifen (§§ 709, 708 Nr 4–11, 711), so dass ein nicht zu ersetzender Nachteil für den Schuldner nur in den Fällen des § 708 Nr 1–3 in Betracht kommt, ebenso im Fall des § 708 Nr 10, weil hier ein Schadensersatzanspruch ausgeschlossen ist (§ 717 III).

4 **2. Interessenabwägung.** Neben der Prüfung des unersetzbaren Vollstreckungsnachteils (Rz 3) muss das Gericht in eine **Abwägung** darüber eintreten, ob die Interessen des Gläubigers an der raschen Durchführung der Vollstreckung die des Schuldners an deren Aufschub oder Beschränkung überwiegen (II). Allein das typische Interesse eines Gläubigers an der raschen Durchführung der Vollstreckung ist insoweit nicht genügend, weil auf das entgegengesetzte Interesse des Schuldners iRd § 712 nur ausnahmsweise Rücksicht genommen wird (MüKoZPO/*Krüger* § 712 Rn 6). Herangezogen werden müssen vielmehr die besonderen Umstände des § 710 (Rz 2, 3). Bei einer annähernd ausgeglichenen Interessenlage gebührt den Interessen des Gläubigers im Zweifel der Vorzug, insb bei Unterlassungs- und Auskunftsansprüchen (BGH NJW 95, 197). Lehnt der Schuldner eine vom Gläubiger angebotene Zwischenlösung ab, so kann das in der Abwägung gegen ihn sprechen (Ddorf GRUR 79, 188, 189). Den Gläubiger trifft die **Darlegungs- und Beweislast.** Nicht in den Abwägungsvorgang eingestellt werden darf dagegen außerhalb des Anwendungsbereichs von § 713 die Erfolgsaussicht des Rechtsmittels (aA Zö/*Herget* § 712 Rn 2). Denn es wird von der Richtigkeit seiner Entscheidung überzeugt sein und folglich die Erfolgsaussicht des Rechtsmittels grds verneinen. Von der Interessenabwägung nach S 1 ist die nach S 2 zu unterscheiden. Sie kann in allen Fällen des § 708 getroffen werden, also nicht nur in denen der Nr 4–11. Die Voraussetzungen des § 712 I 1 müssen außerdem in jedem Fall vorliegen.

5 **III. Entscheidung über den Schutzantrag.** Eine **stattgebende Entscheidung** kann nur zusammen mit demjenigen Rechtsmittel angefochten werden, das in der Hauptsache statthaft ist und ist im Tenor des Urteils auszusprechen. Im Fall des § 709 gestattet das Gericht dem Schuldner, entweder die Vollstreckung durch Sicherheit, Teilsicherheit entsprechend § 709 S 2 oder Hinterlegung trotz Sicherheitsleistung des Gläubigers abzuwenden. Denkbar ist auch, dass eine Beschränkung des Vollstreckungsrechts auf Sicherungsmaßnahmen nach § 720a I, II angeordnet wird, vorausgesetzt der Schuldner ist zu Sicherheitsleistung oder Hinterlegung nicht in der Lage. Hier gilt § 752 S 1 analog. Die gravierendste Schutzmaßnahme aus der Sicht des Gläubigers ist der Ausschluss der vorläufigen Vollstreckung nach § 712 I 2 Fall 1. Handelt es sich um ein Urt nach § 708, scheidet eine Entscheidung nach § 709 S 2 aus, weil Abs 1 S 1 HS 2 nur auf § 709 S 1 verweist, nicht auf § 708. Außerdem kann nach § 712 II 2 die Vorschrift des § 709 (hier auch S 2 zugunsten des Gläubigers) angewendet werden. Leistet der Schuldner die angeordnete Sicherheit oder kommt er seiner Hinterlegungspflicht nach, gelten die §§ 775 Nr 3, 776; anderenfalls bleibt dem Gläubiger nur die Sicherungsvollstreckung nach § 720. Im Anwendungsbereich von Abs 1 S 2 Fall 1 ist die Vollstreckung ausgeschlossen, in dem des Abs 1 S 2 Fall 2 ist sie nach Maßgabe des § 709 S 1 möglich. Eine **nicht stattgebende Entscheidung** (denkbar sind Unschlüssigkeit, fehlende Glaubhaftmachung oder Überwiegen des Gläubigerinteresses) behandelt den Schutzantrag nicht im Tenor, sondern nur in den Entscheidungsgründen.

§ 713 Unterbleiben von Schuldnerschutzanordnungen. Die in den §§ 711, 712 zugunsten des Schuldners zugelassenen Anordnungen sollen nicht ergehen, wenn die Voraussetzungen, unter denen ein Rechtsmittel gegen das Urteil stattfindet, unzweifelhaft nicht vorliegen.

A. Ratio der Schuldnerschutzanordnungen. Die Vorschrift schiebt etwaigen Versuchen des Schuldners einen Riegel vor, sich in den Genuss von Schutzanordnungen iSd §§ 711, 712 zu bringen, wenn sich eine Vollstreckung im Nachhinein nicht mehr als materiell unberechtigt herausstellen kann. Die Vorschrift hat dabei den Fall im Blick, in dem eine Entscheidung in der Rechtsmittelinstanz nicht mehr aufgehoben oder abgeändert werden kann. Denn in den Fällen, in denen die Voraussetzungen für ein Rechtsmittel ohne jeden Zweifel nicht vorliegen, ist es nicht gerechtfertigt, die Vollstreckung im Interesse des Schuldners weiter aufzuschieben oder einzustellen. Ob § 713 einschlägig ist, muss das Gericht vAw feststellen. 1

B. Unzweifelhaft unzulässiges Rechtsmittel. Voraussetzung für die Anwendung der Regelung ist die unzweifelhafte Unzulässigkeit eines für sich genommen statthaften Rechtsmittels. § 713 ist nicht anwendbar bei Urteilen, die mit der Verkündung rechtskräftig werden, sondern nur bei vorläufig vollstreckbaren Entscheidungen (*Brocker* DGVZ 95, 6). Bei **erstinstanzlichen Urteilen** ist das der Fall, wenn die Voraussetzungen des § 511 II vorliegen, also der Wert der Beschwer nicht erreicht oder die Berufung nicht zugelassen wurde (BGH NJW 11, 926). Bei **Berufungsurteilen**, gegen die die Revision nicht zugelassen wurde, handelt es sich bis zu der Höhe um ein unzweifelhaft unzulässiges Rechtsmittel iSv § 713, in der die Nichtzulassungsbeschwerde nach § 544 von einer Wertgrenze abhängt (§ 26 Nr 8 EGZPO bis einschl 31.12.14: 20.000 €). Allein bei solchen Berufungsurteilen, gegen die die Nichtzulassungsbeschwerde stattfindet, die aber die Wertgrenze nach der EGZPO übersteigen, darf das Berufungsgericht Schuldnerschutz nicht wegen § 713 verwehren. 2

Auch die **Anschlussrechtsmittel** nach §§ 524, 554 eröffnen grds den Anwendungsbereich der Vorschrift (aA Musielak/*Lackmann* § 713 Rn 3 für die unselbstständige Anschlussberufung). Das Gericht muss seine Prüfung auf die Frage der unzweifelhaften Unzulässigkeit des Rechtsmittels beschränken. Das Vorliegen weiterer Zulässigkeitsvoraussetzungen kann bei Erlass des Urteils ohnehin nicht festgestellt werden. Ob das Rechtsmittel (offensichtlich) unbegründet ist, hat außer Betracht zu bleiben. 3

C. Entscheidung. Das Gericht trifft die Entscheidung nach § 713 **von Amts wegen**. Der **Beurteilungsspielraum**, den die Vorschrift einräumt (»soll«), bezieht sich nicht darauf, ob den Schuldnerschutzanträgen der §§ 711, 712 entsprochen wird oder nicht, sondern nur auf das Kriterium »unzweifelhaft«. Soweit das Gericht zu dem Ergebnis kommt, dass ein Rechtsmittel unzweifelhaft unzulässig ist, hat es nach § 713 zu prozedieren und von Schutzmaßregeln zugunsten des Schuldners abzusehen. Die vorläufige Vollstreckbarkeit ist vielmehr nach Maßgabe der §§ 708, 709 vorzunehmen. 4

§ 714 Anträge zur vorläufigen Vollstreckbarkeit. (1) Anträge nach den §§ 710, 711 Satz 3, § 712 sind vor Schluss der mündlichen Verhandlung zu stellen, auf die das Urteil ergeht.
(2) Die tatsächlichen Voraussetzungen sind glaubhaft zu machen.

A. Ratio. § 714 regelt das Verfahrensrecht von Anträgen des Gläubigers nach § 710 oder §§ 711 s. 3, 710 und des Schuldners nach § 712. Die Vorschrift beschränkt sich dabei auf den Zeitpunkt der Antragstellung und die Glaubhaftmachung. Inhaltlich handelt es sich dabei um **Sachanträge** iSd § 137 (BGH FamRZ 03, 598). Sie müssen die Form des § 297 einhalten. Über sie ist durch Urt zu entscheiden, das ggf entsprechend §§ 716, 321 der Ergänzung bedarf, wenn eine Entscheidung über die Anträge unterblieben ist (Celle OLGR 94, 326). 1

B. Verfahren. I. Zeitpunkt der Antragstellung (Abs 1). Letztmöglicher Zeitpunkt für die Stellung der Anträge ist der Schluss der mündlichen Verhandlung, nach der das Urt ergeht, das über sie befinden soll. Das ergibt sich aus dem zeitlichen Ablauf, der für die Eingangs- wie für die Berufungsinstanz identisch ist. Ein im Berufungsverfahren gestellter Antrag, die Zwangsvollstreckung aus dem erstinstanzlichen Urt einstweilen einzustellen, ersetzt nicht den Schutzantrag nach § 712. Wird ein solcher in der Berufungsinstanz nicht gestellt, ist der Zeitpunkt des § 714 I nicht gewahrt (BGH NJW-RR 06, 1088). 2

Eine in Rspr und Lit umstrittene Frage ist, ob ein **Antrag**, dessen Stellung in der 1. Instanz versäumt wurde, **in der Berufungsinstanz noch nachgeholt** werden kann (dafür: Stuttg MDR 98, 858; Bambg FamRZ 90, 184; Kobl NJW-RR 89, 1024; Hamm NJW-RR 87, 252; dagegen: KG MDR 00, 478; Frankf OLGR 02, 180; Hburg MDR 94, 1246; Karlsr NJW-RR 89, 1470). Bereits aus dem Wortlaut des § 714 ergibt sich, dass eine Nachho- 3 lung des Antrags in der Berufungsinstanz nicht in Betracht kommt. § 718 ist nicht einschlägig, weil die Vorschrift eine erstinstanzlich fehlerhafte Vollstreckbarkeitsentscheidung voraussetzt, die vor der Sachentscheidung in der 2. Instanz richtig gestellt werden soll. Die Entscheidung der 1. Instanz ist aufgrund des fehlenden Antrags aber nicht fehlerhaft ergangen. Auch aus der schutzwürdigen Interessenlage des Gläubigers und des Schuldners folgt kein anderes Ergebnis. Denn der Schuldner wird, wenn sein Rechtsmittel Aussicht auf Erfolg hat, mit einem Antrag nach §§ 719, 707 durchdringen. Der Gläubiger hingegen ist nicht schutzwürdig, weil ihm eben das Versäumnis vorzuhalten ist, den Antrag in der 1. Instanz nicht gestellt zu haben. In dem Ausnahmefall, dass sich die Voraussetzungen für einen Antrag des Gläubigers nach § 710 erst nach dem Schluss der letzten mündlichen Verhandlung in der 1. Instanz ergeben haben, kann eine einstweilige Verfügung (Leistungsverfügung) helfen, oder auch ein Antrag auf Wiedereröffnung der Verhandlung nach § 156, wenn sich die tatsächlichen Umstände für den Antrag nach der letzten mündlichen Verhandlung, aber vor dem Erlass des Urteils ergeben haben. Als zulässig kann freilich ein in der 2. Instanz gestellter Antrag angesehen werden, der nur zur Verteidigung gegen einen in der 1. Instanz gestellten Antrag des Gegners dient. Über ihn hat das Berufungsgericht gem § 718 I zu befinden (Zweibr NJW-RR 03, 75 f).

4 **II. Glaubhaftmachung (Abs 2).** Für den Fall des Bestreitens müssen die tatbestandlichen Erfordernisse des Antrags und die Mittel der Glaubhaftmachung iSd § 294, insb eine eidesstattliche Versicherung, beigebracht werden. Das gilt für die Partei, die den Antrag gestellt hat, ebenso wie für die Gegenpartei.

§ 715 Rückgabe der Sicherheit. **(1) [1]Das Gericht, das eine Sicherheitsleistung des Gläubigers angeordnet oder zugelassen hat, ordnet auf Antrag die Rückgabe der Sicherheit an, wenn ein Zeugnis über die Rechtskraft des für vorläufig vollstreckbar erklärten Urteils vorgelegt wird. [2]Ist die Sicherheit durch eine Bürgschaft bewirkt worden, so ordnet das Gericht das Erlöschen der Bürgschaft an.**
(2) § 109 Abs. 3 gilt entsprechend.

1 **A. Ratio der Sicherheitsrückgabe.** Die Vorschrift regelt eine Ausnahme von § 109. § 715 gestattet dem Gläubiger die Rückgabe einer Sicherheit des Gläubigers nach §§ 709, 711, 712 II 2 aus einem rechtskräftig gewordenen, für vorläufig vollstreckbar erklärtem Urt. In diesen Fällen besteht kein Sicherungsbedürfnis mehr, weil Schadensersatzansprüche nach § 717 ausscheiden. Das Gesetz gestattet dem Gläubiger die Rückgabe der Sicherheit unter weniger strengen Voraussetzungen als nach § 109. Allerdings stehen § 715 und § 109 nicht in einem Spezialitätsverhältnis. Der Gläubiger kann die Sicherheit auch auf dem umständlicheren Weg des § 109 zurück verlangen (ThoPu/*Seiler* § 715 Rn 1). Der Schuldner ist in den Fällen des §§ 711 S 1, 712 dagegen allein auf die Rückgabe nach § 109 verwiesen. Er kann sich auf § 715 nicht berufen.

2 **B. Tatbestand. I. Materieller.** Um die Rückgabe der Sicherheit zu erreichen, muss grds ein **Attest über die Rechtskraft** des für vorläufig vollstreckbar erklärten Urteils nach § 706 I beigebracht werden. Wird die Entscheidung des Rechtsmittelgerichts mit Verkündung rechtskräftig (s. § 705 Rn 2), genügt deren Vorlage. Die Rückgabe der Sicherheit kommt nur Betracht, wenn das Verfahren **durch Urt abgeschlossen** ist, das rechtskräftig geworden ist, also weder bei Beendigung durch prozessualen Vergleich, noch bei Klagerücknahme (Zö/*Herget* § 715 Rn 1). Auch kommt eine (entsprechende) Anwendung von § 715 bei der Einstellung der Zwangsvollstreckung durch das Rechtsmittelgericht nach §§ 719, 707 nicht in Betracht (BGHZ 11, 303, 304), wohl aber bei rechtskräftigen Vorbehaltsurteilen nach §§ 302, 599. Für Zwischenurteile nach §§ 280, 304 ist § 715 wiederum nicht einschlägig.

3 **II. Formeller.** Zur Entscheidung über den **Antrag**, der nach § 109 III 1 schriftlich oder zu Protokoll der Geschäftsstelle gestellt werden kann (deswegen besteht auch kein Anwaltszwang, § 78 V), ist dasjenige Gericht **örtlich und sachlich zuständig**, das die Sicherheitsleistung angeordnet hat. Nach § 20 Nr 3 RpflG liegt die **funktionelle Zuständigkeit** beim Rechtspfleger. Die Entscheidung erfolgt im **Beschlusswege**, wenn dem Antrag entsprochen werden soll, nach Anhörung des Schuldners. Ihrem Inhalt nach geht sie auf Abweisung. Handelt es sich um eine Stattgabe, wird die Rückgabe der Sicherheit oder das Erlöschen der Bürgschaft angeordnet. **Kosten** müssen nicht tenoriert werden, weil es sich um solche der Zwangsvollstreckung handeln würde (St/J/*Münzberg* § 715 Rn 3). Die Wirksamkeit des Beschlusses tritt sofort ein und bedarf der Zustellung. Anfechtbar ist er nämlich mit einem befristeten Rechtsbehelf, der **sofortigen Beschwerde** nach § 11 I RpflG, § 567 I Nr 2, soweit die Rückgabe abgelehnt wird. Gegen die stattgebende Entscheidung des Rechtspflegers findet die befristete **Erinnerung** nach § 11 II S 1 RpflG statt. Die Entscheidung des Richters unterliegt der Anfechtung dagegen nicht (Zö/*Herget* § 715 Rn 6).

§ 716 Ergänzung des Urteils. Ist über die vorläufige Vollstreckbarkeit nicht entschieden, so sind wegen Ergänzung des Urteils die Vorschriften des § 321 anzuwenden.

A. Ratio der Urteilsergänzung. Mithilfe der §§ 716, 321 können insgesamt fehlende und (in analoger Anwendung der Vorschrift auch) nicht vollständige Entscheidungen über die Vollstreckbarkeit eines Urteils ergänzt werden, so wenn entgegen §§ 708, 709 nicht vAw über die vorläufige Vollstreckbarkeit entschieden wurde, der Umfang der Sicherheitsleistung nicht angegeben, die Abwendungsbefugnis nach § 711 nicht ausgeworfen wurde oder ein Schutzantrag nach §§ 710, 711 S 3, 712 zwar gestellt, aber über ihn nicht befunden wurde. Die **Fehlerhaftigkeit** der Vollstreckbarkeitsentscheidung fällt dagegen nicht unter §§ 716, 321 (Beispiel: zu niedrige Bemessung des zur Sicherheit zu leistenden Geldbetrags; MüKoZPO/*Krüger* § 716 Rn 1). Ein Ergänzungsantrag nach diesen Vorschriften ist auch nicht das probate Mittel, wenn ein Antrag fehlerhaft nach § 713 beschieden wurde und der nachfolgenden Nichtzulassungsbeschwerde stattgegeben wird. Vielmehr sollte in diesem Fall eine Schutzanordnung nach § 719 II zugelassen werden (Frankf FamRZ 90, 539, 540). 1

B. Tatbestand. Das Ergänzungsverfahren richtet sich nach § 321. Erforderlich ist dazu ein Antrag, der binnen einer Frist von zwei Wochen ab Zustellung des Urteils gestellt werden muss (zum Fristbeginn mit Zustellung des Berichtigungsbeschlusses nach Tatbestandsberichtigung BGH NJW 84, 1240; NJW 82, 1821). Er ist nach mündlicher Verhandlung vom Gericht, das die Entscheidung zuvor nicht getroffen hatte, nun durch **Ergänzungsurteil** zu bescheiden. Soweit in einer Entscheidung die vAw vorzunehmenden Aussprüche nach §§ 708, 709, 711 fehlen, ist die Wiederholung oder **Nachholung von Schutzanträgen** auch noch im Ergänzungsverfahren statthaft (Frankf FamRZ 90, 539, 540). Bei Versäumung der Frist des § 321 II kommt eine Änderung oder Ergänzung der Vollstreckbarkeitsentscheidung nur noch in der Rechtsmittelinstanz in Betracht. Solange aber die Ergänzung in der 1. Instanz noch möglich ist, begründet die Frage der vorläufigen Vollstreckbarkeit des Urteils allein nicht das Rechtschutzinteresse für eine Berufung (Musielak/*Lackmann* § 716 Rn 2). 2

§ 717 Wirkungen eines aufhebenden oder abändernden Urteils. (1) Die vorläufige Vollstreckbarkeit tritt mit der Verkündung eines Urteils, das die Entscheidung in der Hauptsache oder die Vollstreckbarkeitserklärung aufhebt oder abändert, insoweit außer Kraft, als die Aufhebung oder Abänderung ergeht.

(2) [1]Wird ein für vorläufig vollstreckbar erklärtes Urteil aufgehoben oder abgeändert, so ist der Kläger zum Ersatz des Schadens verpflichtet, der dem Beklagten durch die Vollstreckung des Urteils oder durch eine zur Abwendung der Vollstreckung gemachte Leistung entstanden ist. [2]Der Beklagte kann den Anspruch auf Schadensersatz in dem anhängigen Rechtsstreit geltend machen; wird der Anspruch geltend gemacht, so ist er als zur Zeit der Zahlung oder Leistung rechtshängig geworden anzusehen.

(3) [1]Die Vorschriften des Absatzes 2 sind auf die im § 708 Nr. 10 bezeichneten Berufungsurteile, mit Ausnahme der Versäumnisurteile, nicht anzuwenden. [2]Soweit ein solches Urteil aufgehoben oder abgeändert wird, ist der Kläger auf Antrag des Beklagten zur Erstattung des von diesem auf Grund des Urteils Gezahlten oder Geleisteten zu verurteilen. [3]Die Erstattungspflicht des Klägers bestimmt sich nach den Vorschriften über die Herausgabe einer ungerechtfertigten Bereicherung. [4]Wird der Antrag gestellt, so ist der Anspruch auf Erstattung als zur Zeit der Zahlung oder Leistung rechtshängig geworden anzusehen; die mit der Rechtshängigkeit nach den Vorschriften des bürgerlichen Rechts verbundenen Wirkungen treten mit der Zahlung oder Leistung auch dann ein, wenn der Antrag nicht gestellt wird.

A. Ratio. § 717 schafft den rechtlichen Ausgleich dafür, dass der Gläubiger mit dem Eintritt der vorläufigen Vollstreckbarkeit seines Titels in das Vermögen des Schuldners vollstrecken darf, ohne dass bereits rechtskräftig feststeht, ob dieser Zugriff materiell berechtigt ist. Die definitive Erkenntnis hierüber steht erst am Ende des Rechtsmittelverfahrens. Das Risiko, dass die vorläufig vollstreckbare Entscheidung später aufgehoben oder abgeändert wird, nimmt das Gesetz hin, weil der Gläubiger bereits einen rechtsgültigen und vollstreckbaren Titel für seine materiellrechtliche Forderung erstritten hat. Dem Schuldner wird grds angesonnen, den Vollstreckungszugriff über sich ergehen zu lassen. Denn solange die vorläufige Vollstreckbarkeit andauert, ist dieser rechtmäßig (BGHZ 85, 110, 113 = NJW 83, 232). Kompensiert wird dieser klare vollstreckungsrechtliche Vorteil des Gläubigers ggü dem Schuldner durch die Regelung des § 717 in mehrfacher Hinsicht. 1

2 Auf der **Primärebene** endet die vorläufige Vollstreckbarkeit des Titels bereits dann, wenn eine den Titel abändernde oder aufhebende Entscheidung ergeht, nicht erst, wenn diese Entscheidung rechtskräftig wird. Auf der **Sekundärebene** wird der Schuldner mit eben dieser Aufhebung oder Abänderung Gläubiger eines materiellrechtlichen Schadensersatzanspruchs nach § 717 II, III. Auch dieser hat eine besondere, für den Schuldner günstige Rechtsnatur. Er ist nämlich ähnl einem **Schadensersatzanspruch** aus Gefährdungshaftung ausgestaltet, setzt also weder ein rechtswidriges noch ein schuldhaftes Verhalten des Gläubigers voraus und begründet damit in dessen Person einen Risikohaftungstatbestand (s. Rz 5). Auch Abs 3 gibt dem Schuldner einen Ersatzanspruch, jedoch nicht auf Schadensersatz, sondern aus **ungerechtfertigter Bereicherung** (Rechtsfolgenverweisung auf §§ 818 ff BGB). Der mildere bereicherungsrechtliche Haftungsmaßstab, der für den Gläubiger gilt, entspricht dessen qualifiziertem Vertrauen in die Richtigkeit von Berufungs- oder Revisionsentscheidungen, das höher zu bewerten ist als bei einem erstinstanzlichen Urt (BGHZ 69, 373, 378 = NJW 78, 163; krit *Hau* NJW 05, 712; *Piekenbrock* JR 05, 446).

3 **B. Beendigung der vorläufigen Vollstreckbarkeit (Abs 1). I. Allgemeine Wirkung.** Ein Außerkrafttreten der vorläufigen Vollstreckbarkeit eines Urteils (oder Vollstreckungsbescheids nach § 700) ordnet Abs 1 im Zeitpunkt der Verkündung eines Urteils an, das die Entscheidung der Vorinstanz im Rechtsmittel-, Rüge (§ 321a) oder Einspruchsverfahren in der Hauptsache oder in der Entscheidung über die vorläufige Vollstreckbarkeit nach § 718 aufhebt oder abändert. Die Wirkungslosigkeit eines Urteils in Folge einer Erledigungserklärung steht der Aufhebung iSv § 717 I nicht gleich (BGH NJW 88, 1268). Die vorläufige Vollstreckbarkeit endet in diesem Fall **kraft Gesetzes**, im Fall der Abänderung nur in deren Umfang und ohne Rücksicht auf deren Grund (Ddorf NJW 74, 1714). Die aufhebende oder abändernde Entscheidung muss daher nicht ausdrücklich für vorläufig vollstreckbar erklärt werden; allerdings ist das zweckmäßig, weil die Wirkungen der §§ 775, 776 sonst erst mit der Rechtskraft des Urteils eintreten. Außerkraftteten der vorläufigen Vollstreckbarkeit bedeutet, dass die Vollstreckung ab der Verkündung des Urteils unzulässig wird und ihre Fortsetzung eine unerlaubte Handlung darstellen würde. Wurde vorläufige Vollstreckbarkeit angeordnet, ist nach §§ 775, 776 zu verfahren. Wird ein Berufungsurteil, durch das ein erstinstanzliches Urt aufgehoben worden ist, in der Revisionsinstanz selbst wieder aufgehoben, lebt die Vollstreckbarkeit des erstinstanzlichen Urteils nicht wieder auf (KG NJW 89, 3025; *Boemke-Albrecht* NJW 91, 1333; aA Frankf NJW 90, 721). Anders ist das nur, wenn das erstinstanzliche Urt ausdrücklich wiederhergestellt wird (KG NJW 89, 3025). Denn nur darin liegt eine ausdrückliche Bestätigung der Vorentscheidung. In diesem Fall richtet sich die Vollstreckbarkeit weiter nach der erstinstanzlichen Entscheidung, und zwar auch in dem Fall, dass das bestätigende Urt später unter Zurückverweisung wieder aufgehoben wird (MüKoZPO/*Krüger* § 717 Rn 6; aA *Saenger* JZ 97, 222).

4 **II. Einzelfälle.** Allein Urteile, die die Entscheidung in der Hauptsache bzw die Vollstreckbarkeitserklärung aufheben oder abändern und auf einen Einspruch oder ein Rechtsmittel ergehen, entfalten die Wirkung des Abs 1. Das **Zwischenurteil** eines Berufungsgerichts nach §§ 280, 304 ist daher noch kein aufhebendes Urt (so schon RGZ 78, 238), ebenso wenig ein **Vorbehaltsurteil**. Deshalb bleibt die vorläufige Vollstreckbarkeit des Endurteils bis zu dessen Rechtskraft bestehen und tritt nicht etwa bereits mit Verkündung des Zwischen- oder Vorbehaltsurteils außer Kraft (Musielak/*Lackmann* § 717 Rn 2). Wird ein rechtskräftiges Vorbehaltsurteil im Nachverfahren aufgehoben, kommt Abs 1 nicht zur Anwendung. Denn das Urt ist in diesem Fall endgültig vollstreckbar, nicht nur vorläufig (BGHZ 69, 270, 272 f). Allerdings kommt es regelmäßig zur selben Rechtswirkung wie im Fall von Abs 1, wenn nämlich mit der Verkündung des vorläufig vollstreckbaren aufhebenden Urteils im Nachverfahren die endgültige Vollstreckbarkeit des Vorbehaltsurteils außer Kraft tritt (MüKoZPO/*Krüger* § 717 Rn 5). Auf **Feststellungsurteile** ist Abs 1 ebenso wenig anwendbar (BAG NJW 89, 3173) wie auf § 771 III (BGHZ 95, 10).

5 **C. Schadensersatzanspruch (Abs 2). I. Ratio.** Es war bereits die Rede davon, dass der Gläubiger, der aus einem Titel vollstreckt, im Vollstreckungsrecht rechtmäßig handelt, solange der Titel sich im Rechtsmittelzug nicht als materiell unberechtigt erweist und daher aufgehoben oder abgeändert wird (s. Rz 1). In diesem Fall realisiert sich jedoch die Gefahr, die er bei der Vollstreckung trägt. Er muss nun die Folgen des unrechtmäßigen Vollstreckungszugriffs tragen und die Vermögensnachteile, die dem Schuldner dadurch entstanden sind, schadensersatzrechtlich kompensieren (BGH NJW 85, 128; BGHZ 69, 373, 378 = NJW 78, 163; BGHZ 54, 76, 80 = NJW 70, 1459). Nachdem das Urt, das Grundlage der Vollstreckung war, aufgehoben oder abgeändert wurde, dient der Schadensersatzanspruch nach Abs 2 ähnl wie der Kostenerstattungsanspruch nach § 788 III (BGH MDR 11, 814) dazu, die im Wege der Vollstreckung bewirkte Vermögensver-

schiebung möglichst rasch wieder rückgängig zu machen (BGH MDR 07, 1041), und zwar ohne Rücksicht auf die Rechtskraft der Entscheidung. Die Leistung oder der vollstreckte Betrag soll zeitnah wieder an den Schuldner zurück geführt werden (BGH MDR 09, 290; BGH NJW 97, 2601, 2602). Seiner Rechtsnatur nach handelt es sich bei Abs 2 um einen materiellrechtlichen Ersatzanspruch, der Elemente einer verschuldensunabhängigen **Gefährdungs- und Risikohaftung** aufweist (BGH NJW 06, 443; BGHZ 85, 110, 113 f = NJW 83, 232; BGH NJW 85, 128; Ddorf BeckRS 10, 15816; s. Rz 2): Der Gläubiger, der mit der Vollstreckung ein zunächst rechtmäßiges, aber die Vermögensinteressen des Schuldners gefährdendes Verhalten an den Tag gelegt hat, muss die Nachteile, die dem Schuldner dadurch entstanden sind, ausgleichen, wenn sich später heraus stellt, dass der Zugriff nicht rechtens war. Freilich trägt der Schuldner nun das Risiko, dass er den Schadensersatz dem Gläubiger selbst nach Abs 2, 3 wird zurückerstatten müssen, wenn die aufhebende oder abändernde Entscheidung ihrerseits keinen Bestand hat und die frühere wiederhergestellt wird (Musielak/*Lackmann* § 717 Rn 4).

II. Anwendbarkeit. 1. Direkte und kraft gesetzlicher Inbezugnahme. Unmittelbar gilt Abs 2 im Fall der Aufhebung oder Abänderung eines für vorläufig vollstreckbar erklärten Urteils oder Vollstreckungsbescheids nach § 700 I in der Sache. Anders als Abs 2 erfasst Abs 1 nicht die Aufhebung oder Abänderung der Entscheidung über die vorläufige Vollstreckbarkeit nach § 718. In Bezug genommen wird § 717 in den Fällen des § 302 IV, §§ 600 II, 302 IV, § 945, § 1065 II 2 sowie in einigen Ausführungsvorschriften zu multi- oder bilateralen Vollstreckungsabkommen (zB EuGVÜ; AVAG; zu einem Fall analoger Anwendung des § 717 II Schlesw SchlHA 09, 328). 6

2. Entsprechende. Eine **analoge Anwendung** von § 717 II ist anerkannt für vollstreckbare Beschlüsse nach § 794 I Nr 2a, 3 (BGH NJW 06, 443), für Kostenfestsetzungsbeschlüsse (Karlsr Rpfleger 80, 438; Frankf NJW 78, 2203), im Fall des Wegfalls eines rechtskräftigen, aber durch den Bestand eines Zwischen- oder Vorbehaltsurteils aufschiebend bedingten Endurteils (MüKoZPO/*Krüger* § 717 Rn 11, s. Rz 4), der Aufhebung einer Vollstreckungsklausel auf Grundlage der §§ 732, 768 (Musielak/*Lackmann* § 717 Rn 6) sowie der Abänderung eines Urteils im Berichtigungsverfahren nach § 319, das die Aufhebung ersetzt und bei Klauselerlass vorhandene Einwendungen zur Geltung bringt (anders als bei der Vollstreckungsabwehrklage nach § 767, bei der später entstandene Einwendungen berücksichtigt werden). 7

Eine **analoge Anwendung von Abs 2 scheidet** immer dann **aus**, wenn sich aus der *ratio* der vollstreckungsrechtlichen Vorschriften ergibt, dass das mit der Vollstreckung verbundene Risiko dem Gläubiger ausnahmsweise nicht auferlegt werden und er also dabei nicht auf eigene Gefahr handeln soll. Das ist der Fall bei rechtskräftigen Titeln, die wegen Wiedereinsetzung in das oder der Wiederaufnahme des Verfahrens sowie einer erfolgreichen Rüge nach § 321a keinen dauerhaften Bestand haben. In diesen Fällen musste der Gläubiger nicht damit rechnen, dass sich die Vollstreckung im Nachhinein als nicht berechtigt erweisen könnte. Bei erfolgreichen Vollstreckungsabwehr- (§ 767) und Drittwiderspruchklagen (§ 771) soll sich der Gläubiger ebenso wenig der Haftung aus § 717 II ausgesetzt sehen wie bei einstweiligen Anordnungen nach § 127a (MüKoZPO/*Krüger* § 717 Rn 12), bei einer unberechtigten einstweiligen Einstellung der Zwangsvollstreckung (hM: BGHZ 95, 10, 13 f = NJW 85, 1074; aA LG Frankf MDR 80, 409), einer freiwilligen Leistung aufgrund eines nicht titulierten Leistungsverlangens (BGH NJW 76, 2162; Köln NJW 96, 1290, 1292) sowie bei der Vollstreckung aus einem formell rechtskräftigen Urt, das den inhaltlichen Bestimmtheitserfordernissen nicht genügt (BGH Beschl v 12.3.09 – IX ZR 208/06, Rn 2 – juris; BGH NJW-RR 99, 1223 = JZ 00, 161 f mit zust Anm *Münzberg*). Des Weiteren ist § 717 II weder auf vollstreckbare Urkunden entsprechend anwendbar (BGH NJW 94, 2755, 2756; WM 77, 656, 657) noch bei der Vollstreckung aus Steuerbescheiden oder nicht bestandskräftigen Verwaltungsakten (BGH MDR 01, 451, 452). Entstehungsgeschichtlich nicht unproblematisch ist die analoge Anwendung von § 717 II 2 auch im Fall von § 799a (*Wendt/Skauradszun* JR 11, 231, 234). Schließlich ist der Anwendungsbereich der Vorschrift nicht eröffnet in den Fällen, in denen die Parteien über den vollstreckbaren Titel privatautonom verfügen. Beispiele sind die beiderseitige Erledigungserklärung (BGH NJW 88, 1268, 1269; Brandbg JurBüro 2010, 386), die Klagerücknahme und der Vergleich (Ddorf NJW-RR 92, 1531; Karlsr OLGZ 79, 370, 372). 8

III. Tatbestand. 1. Persönliche Tatbestandsmerkmale. Was die Aktiv- und Passivlegitimation anbelangt, bedarf § 717 II insoweit der inhaltlichen Präzisierung, als Gläubiger und Schuldner nur im Regelfall Anspruchsinhaber und Anspruchsgegner sind. Die Person gegen die aus dem Urt vollstreckt wurde, ist Gläubiger des Anspruchs aus § 717 II. Bei ihr kann es sich sowohl um den Vollstreckungsschuldner als auch um dessen Rechtsnachfolger handeln. Bisweilen ist auch der ursprüngliche Kl **aktivlegitimiert**, so wenn 9 der Beklagte bei einem klageabweisenden Urt die Kosten oder den zugesprochenen Betrag aus einer Widerklage eintreibt (BGH NJW 62, 806, 807). Auch ein Prozessbürge (BGH NJW 97, 2601) und dessen Rechtsnachfolger können aktivlegitimiert sein. Dagegen steht einem Dritten, der zur Abwendung der Vollstreckung freiwillig eine Leistung erbringt, der Anspruch nicht zu (BGH NJW 85, 128). Auch der Ersatzanspruch des Schuldners entfällt in diesem Fall. Denn er hat keinen Vollstreckungsschaden erlitten, den er liquidieren könnte (Musielak/*Lackmann* § 717 Rn 11). **Passivlegitimiert** sind der Vollstreckungsgläubiger und dessen Rechtsnachfolger (BGH NJW 67, 1966).

10 **2. Sachliche Tatbestandsmerkmale. a) Urteilsaufhebung und -abänderung.** Das vorläufig vollstreckbare Urt oder der Vollstreckungsbescheid nach § 700 muss in der Sache aufgehoben oder abgeändert worden sein. Im Zeitpunkt der Verkündung (nicht erst der Rechtskraft) dieser Entscheidung realisiert sich für den Vollstreckungsgläubiger das Risiko einer materiellrechtlich nicht gerechtfertigten Vollstreckung (MüKoZPO/*Krüger* § 717 Rn 8), und der Anspruch aus § 717 II entsteht (BGH NJW 97, 2601, 2602). In sachlicher Hinsicht genügt die Abänderung der Kostenentscheidung für das Entstehen eines Anspruchs nach § 717 II nur dann, wenn die Vollstreckung gerade wegen der Kosten erfolgte. Die Änderung der Vollstreckbarkeitsentscheidung ist dagegen in keinem Fall ausreichend (Karlsr Justiz 75, 101). Worauf die Aufhebung oder Abänderung beruht, ob auf verfahrensrechtlichen (BGHZ 136, 199, 201 = NJW 97, 2601, 2602; Ddorf NJW 74, 1714 f), materiellrechtlichen (BGH MDR 07, 1041) oder gar verfassungsrechtlichen Gründen (BGHZ 54, 76), ist nicht von Bedeutung. Hat die aufhebende oder abändernde Entscheidung selbst keinen Bestand, ergibt sich daraus, dass die Vollstreckung materiellrechtlich rechtens war. Der Anspruch aus § 717 II erlischt dann erst im Zeitpunkt des Eintritts der Rechtskraft des wieder herstellenden Urteils, nicht bereits mit dessen Verkündung (BGH NJW 97, 2601, 2604; *Saenger* JZ 97, 222, 228 f).

11 **b) Zwangsvollstreckung aus dem Urteil oder Leistung zu deren Abwendung.** Der Schadensersatzanspruch aus § 717 II setzt voraus, dass aus dem Urt bereits vollstreckt wurde. Nicht maßgebend ist, ob die Vollstreckungsmaßnahme wirksam ist (ThoPu/*Seiler* § 717 Rn 9). Betrieben wird die Zwangsvollstreckung noch nicht, wenn dem Schuldner ein Unterlassungstitel im Wege der Parteizustellung zugestellt wurde, in dem die Androhung eines Ordnungsmittels fehlt (BGH NJW 96, 198, 199). Alternativ sieht Abs 2 S 1 vor, dass auch die Leistung des Schuldners zur Abwendung der Zwangsvollstreckung schon genügt, um den Anspruch entstehen zu lassen. Das ist aber nur der Fall, wenn die Einleitung von **Vollstreckungsmaßnahmen unmittelbar bevorsteht** (BGH NJW-RR 92, 1339, 1340; Zweibr FamRZ 98, 834, 835), der Gläubiger etwa angekündigt hat, dass er die Vollstreckung einleiten werde, wenn keine freiwillige Leistung des Schuldners erfolge (BGH NJW 96, 397, 398; Köln NJW 96, 1290), nicht aber, wenn der Gläubiger dem Schuldner trotz Vorliegens aller Vollstreckungsvoraussetzungen signalisiert hat, daraus keine Rechte herleiten zu wollen (BGH NJW-RR 11, 338 mit Anm *Mes* GRUR 11, 368). Solange noch nicht die allgemeinen und besonderen Vollstreckungsvoraussetzungen vorliegen, zur Vollstreckung etwa noch keine Klausel beantragt wurde oder die Erfordernisse des § 890 II noch nicht erfüllt waren (BGH NJW 76, 2162, 2163), droht die Zwangsvollstreckung noch nicht ernsthaft. Das ist auch dann nicht der Fall, wenn eine zur Zwangsvollstreckung erforderliche Sicherheitsleistung noch nicht erbracht wurde oder eine Sicherungsvollstreckung nach § 720a nicht im Raum stand (Musielak/*Lackmann* § 717 Rn 9). Als **Faustregel** kann gelten, dass die Leistung dann zur Abwendung der Vollstreckung erfolgt, wenn sich der Schuldner damit einem »gegen ihn ausgeübten Vollstreckungsdruck beugt« (BGHZ 131, 233, 235 = BGH NJW 96, 397 f; BGHZ 120, 73, 82 = NJW 93, 1076; Ddorf BeckRS 10, 15816).

12 **c) Schaden.** Dem Schuldner muss durch die Vollstreckung des Gläubigers oder durch die Leistung, die er zu deren Abwendung geleistet hat, ein Schaden entstanden sein, der durch die Vollstreckung oder die Abwendungsleistung **adäquat kausal verursacht** worden und vom **Schutzzweck der Haftungsvorschrift** gedeckt sein muss. Schadenspositionen, die auf inadäquaten Ereignisketten und außerhalb des Schutzbereichs der Regelung liegenden Umständen beruhen (sog Begleitschäden, BGH NJW-RR 09, 658), wie zB Kreditschäden, die sich auf das bloße Bekanntwerden einer bevorstehenden Vollstreckung zurückführen lassen, sind deshalb nicht ersatzfähig (BGH NJW 96, 114), ebenso wenig Nachteile, die auf einer Verzögerung der Verwertung beruhen (München MDR 89, 552). Der Zurechnungszusammenhang wird auch dadurch unterbrochen, dass die Aufhebung oder Abänderung des Urteils auf Einwendungen beruht, die erst nach dem Erlass der erfolgreich angefochtenen Entscheidung entstanden sind, der Gläubiger aber vor dem Entstehen der Einwendung bereits vollstreckt hatte (Karlsr Rpfleger 96, 73, 74 f). Zwar hatte der Gläubiger in diesem Fall keine Anzeichen dafür, dass seine Vollstreckung unzulässig sein könnte. Allerdings

wäre der Schaden nicht entstanden, wenn der Schuldner im Wege der Vollstreckungsgegenklage nach § 767 vorgegangen wäre, sobald ihm die Einwendungen zur Kenntnis gelangten (hM: Musielak/*Lackmann* § 717 Rn 10, aA MüKoZPO/*Krüger* § 717 Rn 17 mwN). Der Schuldner hat in diesem Fall Ausgleichsansprüche aus ungerechtfertigter Bereicherung.

IV. Umfang. Der Umfang der Schadensersatzpflicht richtet sich nach den Grundsätzen des allgemeinem Schadensersatzrechts (§§ 249 ff BGB). Immaterielle Schadenspositionen werden nicht ersetzt, sondern nur Vermögensschäden (MüKoZPO/*Krüger* § 717 Rn 18). In erster Linie ist **Naturalrestitution** geschuldet, nach Maßgabe der §§ 250, 251 auch Geldersatz. Es muss derjenige Zustand wieder hergestellt werden, der ohne die Zwangsvollstreckungsmaßnahme oder ohne die zu deren Abwendung erbrachte Leistung bestehen würde (BGH NJW 85, 128). Im letzten Fall kann auch Ersatz eines weiteren Schadens verlangt werden, der seiner Höhe nach über die Abwendungsleistung hinausgeht, insb Zinsschäden (BGH NJW 97, 2601). Grds muss der Schaden jedoch unmittelbar durch die Vollstreckung oder Abwendungsleistung entstanden sein (ThoPu/*Seiler* § 717 Rn 14). Bei teilweiser Aufhebung oder Abänderung beschränkt sich der Ersatzanspruch seinem Umfang nach auf den aufgehobenen oder abgeänderten Teil (MüKoZPO/*Krüger* § 717 Rn 14). Hat der Gläubiger aus einem erstinstanzlichen Urt vollstreckt, das in der 2. Instanz zwar bestätigt, vom Revisionsgericht aber später aufgehoben wurde, stellt sich Frage nach der Abgrenzung zwischen der Schadensersatzhaftung nach Abs 2 und der milderen Bereicherungshaftung nach Abs 3. Der Gläubiger haftet für solche Schäden nach § 717 II, deren Ursachen vor Erlass des Berufungsurteils liegen, und zwar unabhängig davon, ob diese Schäden schon beziffert werden konnten, als das Berufungsurteil erlassen wurde (BGHZ 69, 373, 376). 13

In Rspr und Lit ist die **Ersatzfähigkeit** folgender Schadenspositionen anerkannt: Sicherheitsbeschaffungskosten (Hamm AnwBl 88, 300), Differenz zwischen Versteigerungs- und Verkaufserlös einer Sache als entgangener Gewinn iSv § 252 BGB (*Saenger* JZ 97, 222, 225), vermögensrechtliche Einbußen aufgrund psychischer Erkrankungen, die in der Vollstreckung ihren Auslöser haben (RGZ 143, 118, 120), Zinseinbußen (BGHZ 120, 261, 270 ff), Prozess- (RGZ 49, 411, 412 f) und Vollstreckungskosten (BGHZ 120, 261, 270 ff). 14

V. Einwendungen. Der Gläubiger kann dem Anspruch des Schuldners grds alle materiell-rechtlichen Einwendungen entgegenhalten. Soweit es um die Rückerstattung dessen geht, was der Gläubiger durch die Vollstreckung oder durch die zu deren Abwendung erbrachte Leistung erlangt hat, gebietet die *ratio* des § 717 II allerdings den sofortigen Ersatz (BGH NJW 06, 443; NJW 97, 2601, 2602). **Mitverschulden** nach § 254 BGB kann daher zwar im Hinblick auf Eintritt und Umfang des Schadens eingewendet werden (Musielak/*Lackmann* § 717 Rn 13), allerdings nur in Bezug auf Schadenspositionen, die über die Rückerstattung des vollstreckten Betrags oder der Abwendungsleistung hinausgehen (Celle 11.2.04 15 UF 175/03). Auch der Einwand der **Verjährung** kann nach §§ 195, 199 I, III BGB erhoben werden, soweit der Anspruch nicht vor dem 1.1.02 entstanden ist (Frankf OLGR 04, 368). Die Verjährungsfrist beginnt zu laufen, sobald der Gläubiger des Anspruchs nach § 717 II Kenntnis vom Erlass des die Vorentscheidung aufhebenden Berufungsurteils hat. Dem gleichgestellt ist der Fall, dass die Unkenntnis vom Urt auf grober Fahrlässigkeit beruht. § 852 S 1 BGB ist nicht entsprechend anwendbar. Allerdings kommt ein Anspruch aus ungerechtfertigter Bereicherung nach § 812 I 2 BGB in Betracht. Er entsteht erst mit dem Schluss des Jahres, in dem das Urt rechtskräftig wird, das die ursprüngliche Klage abweist. Der Vollstreckungsschuldner kann daher ggf seine vollstreckungsabwendende Leistung auf der Grundlage eines bereicherungsrechtlichen Anspruchs noch zu einem Zeitpunkt zurückfordern, in dem der Anspruch aus § 717 II bereits verjährt ist (BGH WM 07, 27 = BGHR 07, 177 mit Anm *Kindl*). Schließlich unterfällt der Anspruch nach § 717 II uU auch einer **tariflichen Ausschlussfrist** (BAG ZTR 09, 432). 15

Gegenüber dem Anspruch aus § 717 II **kann der Gläubiger** mit einem eigenen Anspruch **aufrechnen.** Seine Aufrechnungsbefugnis ist nicht davon abhängig, wie sie in das Verfahren eingeführt wird, ob im Wege einer selbstständigen Klage, als Widerklage oder als Inzidentantrag im anhängigen Prozess (BGH NJW 80, 2527; s. Rz 17). Grds **kann der Schuldner mit der Klageforderung aus § 717 II** insoweit **nicht aufrechnen**, als es um den vollstreckten Betrag oder seine zur Abwendung der Vollstreckung erbrachte Leistung geht (BGHZ 136, 199, 204 = NJW 97, 2601, 2603; aA *Krafft* JuS 97, 734, 735). Zulässig ist die Aufrechnung des Schuldners dagegen, soweit weitere Schadenspositionen betroffen sind, zB Zinsschäden (Musielak/*Lackmann* § 717 Rn 13; MüKoZPO/*Krüger* § 717 Rn 20). Mit einem Schadensersatzanspruch nach Abs 2, der sich auf eine über den geschuldeten Unterhaltsbetrag hinausgehende Vollstreckung stützt, kann gegen einen Unterhaltsanspruch wegen § 394 BGB allerdings nicht aufgerechnet werden (Karlsr NJW- 16

RR 02, 1158). Bei der Berufung auf **Zurückbehaltungsrechte** gelten dieselben Grundsätze wie bei der Aufrechnung. Auf Tatsachen, die erst durch die Vollstreckung eingetreten sind, können sie nicht gestützt werden (RGZ 123, 388, 396: Verwendungen auf eine durch Herausgabevollstreckung erlangte Sache).

17 **VI. Prozessuales. 1. Geltendmachung.** Der Vollstreckungsschuldner hat nach seiner Wahl mehrere Möglichkeiten, den Anspruch aus § 717 II geltend zu machen. Keine Besonderheiten ergeben sich, wenn er sich entscheidet, eine **eigenständige Klage** über den Schadensbetrag zu erheben. Geklagt werden kann am Wahlgerichtsstand oder dem Gerichtsstand der unerlaubten Handlung nach § 32 (BGH NJW 11, 2518 mit Anm *Timme*). Für die Titulierung des Anspruchs ist nicht erforderlich, dass das aufhebende oder abändernde Urt bereits in Rechtskraft erwachsen ist, weil der Anspruch aus § 717 II bereits mit der Verkündung der Entscheidung entsteht und fällig wird (s. Rz 10). Die Möglichkeit, den Schadensersatzanspruch im Wege der **Widerklage** zu verfolgen, tritt in der Praxis ggü der prozessualen Option des **Inzidentantrags** nach Abs 2 S 2 zurück. Sie erlaubt dem Schuldner, den Ersatzanspruch in dem anhängigen Rechtsstreit vor dem Berufungs- oder Revisionsgericht (BGH NJW 94, 2095) einzuführen (*Krafft* JuS 97, 734, 736; aA ThoPu/*Seiler* § 717 Rn 15: privilegierte Form der Widerklage). Der Inzidentantrag ist ein Sachantrag nach § 297, der bis zum Schluss der letzten mündlichen Verhandlung des laufenden Hauptprozesses gestellt werden kann (Ddorf JurBüro 76, 1259). Er ist aufschiebend bedingt durch die Aufhebung oder Abänderung des Urteils. Der **Zeitpunkt seiner Rechtshängigkeit** wird auf die Vollstreckung oder Leistung **vorgezogen**, so dass deren materielle (nicht die prozessualen) Wirkungen nach §§ 291, 292 BGB schon ab diesem Zeitpunkt greifen. Das gilt freilich nicht für den Beginn der Verjährungsfrist (BGH NJW 57, 1926). Hat ein Rechtsnachfolger des Gläubigers die Vollstreckung betrieben, kann der Inzidentantrag ohne weiteres gestellt werden. Str ist in diesem Fall allein, ob der Gläubiger (hM; BGH NJW 67, 1966; St/J/*Münzberg* § 717 Rn 19 mwN) oder dessen Rechtsnachfolger der richtige **Antragsgegner** ist (MüKoZPO/*Krüger* § 717 Rn 25). In analoger Anwendung von § 265 ist das nach wie vor der Gläubiger. Jedoch wirkt die Entscheidung nach § 325 für und gegen dessen Rechtsnachfolger.

18 **2. Entscheidung.** Wird über den Schadensersatzanspruch nach § 717 II im Wege einer selbstständigen Klage oder Widerklage gestritten, muss über ihn im **Endurteil** befunden werden. Das gilt auch für die Entscheidung über den Inzidentantrag nach Abs 2 S 2. Hinsichtlich der Klage kann jedoch ein Teilurteil ergehen, wenn diese noch nicht zur Entscheidung reif ist. Das Revisionsgericht wird insoweit über eine Zurückverweisung nach § 563 nachdenken. Das Urt muss nach den allgemeinen Regeln für vorläufig vollstreckbar erklärt werden (MüKoZPO/*Krüger* § 717 Rn 27). Einer **erneuten Sicherheitsleistung** des Klägers, der vor der Vollstreckung schon Sicherheit nach den §§ 709, 711, 712 II 2 geleistet hat, bedarf es nun nicht mehr, vorausgesetzt ihm wurde hinsichtlich der Vollstreckung des Anspruchs aus § 717 II die Befugnis eingeräumt, die Zwangsvollstreckung abzuwenden (Musielak/*Lackmann* § 717 Rn 15). Sie kann ihm allerdings abverlangt werden, soweit der Schadensersatzanspruch betragsmäßig höher ist als der aufgehobene Klageanspruch. Das gilt auch für den Schuldner, wenn eine Sicherheit, die er vor der Vollstreckung zur Abwendung geleistet hat, immer noch vorhanden ist. Der **Streitwert** der anhängigen Klage erhöht sich durch die Stellung des Schadensersatzantrags weder um den Betrag der Hauptforderung, noch um darüber hinaus veranlagte Kosten und Zinsen (hM; BGHZ 38, 237, 240). Eine Steigerung des Streitwerts kommt nur bzgl eines Schadens in Betracht, der die titulierte Klageforderung übersteigt (§ 45 I GKG).

19 **D. Erstattungsanspruch (Abs 3). I. Ratio.** Der Zweck von Abs 3 entspricht dem von Abs 2 (s. Rz 5). Die Vorschrift kompensiert den Umstand, dass der Gläubiger aufgrund eines titulierten Anspruchs in das Vermögen des Schuldners vollstrecken darf, für den Fall, dass das die Vollstreckung rechtfertigende Urt später in der Sache aufgehoben oder abgeändert wird (BGHZ 69, 373, 376 = NJW 78, 163). Gegenüber der Schadensersatzhaftung des Abs 2 sieht Abs 3 nur einen **bereicherungsrechtlichen Ausgleich** vor und stuft damit die Risikoverteilung zwischen Gläubiger und Schuldner ab (MüKoZPO/*Krüger* § 717 Rn 28). Der mildere Haftungsmaßstab erklärt sich aus dem erhöhten Vertrauen, das dem Urt eines Rechtsmittelgerichts zukommt (s. Rz 2 aE). In der Sache regelt Abs 3 von seinem Tatbestand her einen Gefährdungstatbestand, der für die Rechtsfolgen auf §§ 818 ff BGB verweist. Grds schließt Abs 3 als Sondervorschrift Schadensersatzansprüche aus. Das gilt jedoch nicht für den Fall des arglistig handelnden Vollstreckungsgläubigers, der etwa im Fall der Titelerschleichung auch aus § 826 BGB haftet (Musielak/*Lackmann* § 717 Rn 16). Zur Problematik der Vorschrift im Patentverletzungsrecht *T. Reimann* GRUR 09, 326.

II. Tatbestand und Umfang des Bereicherungsanspruchs. Abs 3 S 2 setzt die Leistung des Schuldners zur Abwendung der Zwangsvollstreckung voraus oder die Aufhebung oder Abänderung eines **Berufungsurteils nach § 708 Nr 10** in der Revisionsinstanz. Es muss sich dabei um eine vermögensrechtliche Streitigkeit handeln, die in einer kontradiktorischen Entscheidung ihren Abschluss gefunden hat. Auf Versäumnisurteile ist die Vorschrift nach ihrem Wortlaut nicht anzuwenden (»mit Ausnahme der Versäumnisurteile«). Für sie ist Abs 2 einschlägig. Die weiteren Tatbestandsmerkmale ergeben sich ebenfalls aus dieser Vorschrift (s. Rz 9–12), ebenso die Einwendungen, die gegen den Anspruch vorgebracht werden können (s. Rz 15 f). Der Anspruch erlischt, wenn das Berufungsgericht sein Urt nach Aufhebung und Zurückverweisung rechtskräftig bestätigt (BGH NJW 90, 2756). Er kann im Gerichtsstand der unerlaubten Handlung geltend gemacht werden und setzt die Androhung der Zwangsvollstreckung nicht voraus (BGH NJW 11, 2518 mit Anm *Timme* NJW 11, 2521; *C. Schreiber* ZZP 124, 382). 20

Bereits aus der der Rechtsnatur des Abs 3 S 3 als **Rechtsfolgenverweisung** ergibt sich, dass eine erstinstanzliche Verurteilung kein Rechtsgrund für das Behaltendürfen der im Wege der Vollstreckung erlangten Beträge sein kann. Auch ist die Aufrechnung mit diesem erstinstanzlich zuerkannten Anspruch nicht zulässig (Schlesw OLGR 01, 215, 216). Der Umfang des Anspruchs bestimmt sich nach § 818 BGB mit der wichtigen Einschränkung, dass **§ 818 III BGB nicht anzuwenden** ist (Musielak/*Lackmann* § 717 Rn 16). Denn der Gläubiger haftet nach § 818 IV BGB verschärft nach den allgemeinen Vorschriften, weil mit der Leistung oder Vollstreckung nach Abs 3 S 4 Rechtshängigkeit eintritt. Die Geltendmachung des Anspruchs aus Abs 3 ist vergleichbar der in Abs 2 ausgestaltet (s. Rz 17), mit dem Unterschied, dass bei einem Inzidentantrag, der im laufenden Revisionsverfahren gestellt wird, nach § 563 zurückverwiesen werden muss, wenn darin ein neuer oder nicht aufgeklärter Tatsachenvortrag enthalten ist. 21

§ 718 Vorabentscheidung über vorläufige Vollstreckbarkeit. **(1) In der Berufungsinstanz ist über die vorläufige Vollstreckbarkeit auf Antrag vorab zu verhandeln und zu entscheiden. (2) Eine Anfechtung der in der Berufungsinstanz über die vorläufige Vollstreckbarkeit erlassenen Entscheidung findet nicht statt.**

A. Ratio. Die Vorschrift ermöglicht eine möglichst frühzeitige, von der Hauptsache verfahrensrechtlich separierte Prüfung und ggf Korrektur der angefochtenen erstinstanzlichen Entscheidung über die vorläufige Vollstreckbarkeit. Sie lässt insoweit eine isolierte Vorabentscheidung des Berufungsgerichts zu, die dazu dient, fehlerhafte Vollstreckbarkeitsentscheidungen noch vor der zweitinstanzlichen Entscheidung in der Sache wieder aus der Welt zu schaffen (Saarbr JurBüro 85, 1579). Jedoch findet iRd Entscheidung über einen Antrag nach § 718 eine Prüfung der Hauptsache nicht statt (KG MDR 09, 165). Die Parteien sollen damit nur vor den einschneidenden ökonomischen Konsequenzen einer rechtsfehlerhaften Vollstreckbarkeitsentscheidung frühzeitig durch den Erlass eines Teilurteils geschützt werden, ohne erst den Ausgang des Berufungsverfahrens abwarten zu müssen (MüKoZPO/*Krüger* § 718 Rn 1). Das ist freilich nur ein **vorläufiger Schutz**, weil im Berufungsurteil möglicherweise wieder eine andere Entscheidung über die vorläufige Vollstreckbarkeit getroffen wird als in der Vorabentscheidung. Die Wirksamkeit der Vorabentscheidung steht mithin unter der **auflösenden Bedingung**, dass die Endentscheidung deren Ausspruch über die vorläufige Vollstreckbarkeit bestätigt (Zö/*Herget* § 718 Rn 3). Um Vorabentscheidung nach § 718 I wird **in der Praxis nur selten** nachgesucht, weil sich in der überwiegenden Zahl der Fälle ein effektiverer Schutz über die einstweilige Einstellung der Zwangsvollstreckung nach §§ 707, 719 erzielen lässt. 1

B. Tatbestand (Abs 1). I. Zulässige Berufung. Die Regelung bezieht sich auf die vorläufige Vollstreckbarkeitsentscheidung eines erstinstanzlichen Urteils, gegen das zulässigerweise Berufung eingelegt worden ist. In der Revisionsinstanz gibt es keine vergleichbare Möglichkeit, über die vorläufige Vollstreckbarkeit des angefochtenen Urteils vorab zu befinden; ein Antrag nach § 718 I ist hier nicht statthaft (BGH NJW-RR 06, 1076). Das Urt muss **in der Hauptsache angegriffen** worden sein, wobei die Erfolgsaussichten der Berufung nicht maßgebend sind (München Urt v 9.9.11 – 10 U 2492/11, Rn 15 – juris; KG MDR 09, 165). Wurde dagegen allein die Entscheidung über die vorläufige Vollstreckbarkeit angefochten, geht es nicht um eine Entscheidung »vorab«, wie sie § 718 voraussetzt (Nürnbg NJW 89, 842; zur Zulässigkeit Köln OLGR 05, 646). Ähnlich ist es mit einer Berufung, deren ausschließliches Ziel die Abänderung der Vollstreckbarkeitsentscheidung ist. Ihr fehlt das Rechtsschutzbedürfnis (Köln NJW-RR 06, 66). Der Anwendungsbereich des § 718 I ist schließlich auch eröffnet, wenn ein Urt, das nur gegen Sicherheit vorläufig vollstreckbar ist (§ 709), nur tw angefochten wird und daher nur gegen eine geringere Sicherheitsleistung vollstreckt werden 2 soll. Der übrige, nicht angefochtene Teil wird vom Berufungsgericht nach § 537 I für vorläufig vollstreckbar erklärt. Sofern die in 1. Instanz verurteilte Partei Berufung eingelegt und diese auf einen Teilbetrag beschränkt hat, kann die andere Partei die gebotene Herabsetzung der Sicherheitsleistung durch Vorabentscheidung beantragen (Kobl Rpfleger 04, 509).

3 **II. Antrag.** Prozessuale Tatbestandsvoraussetzung ist des Weiteren ein Antrag auf Vorabentscheidung nach § 718 I. **Antragsberechtigt** sind sowohl der Berufungskläger als auch der Berufungsbeklagte, dieser sogar ohne Rücksicht auf seine prozessuale Beschwer in der 1. Instanz und unabhängig von der Frage, ob Anschlussberufung eingelegt wurde oder nicht (Frankf NJW-RR 88, 189; Hambg MDR 70, 244). Freilich können mit dem Vorabentscheidungsbegehren nach Abs 1 keine Schutzanträge nachgeholt werden, deren Stellung in 1. Instanz versäumt wurde (str; s. § 714 Rz 3). Auch ist der Antrag des Klägers, ihm die Teilvollstreckung gegen Leistung einer Teilsicherheit zu erlauben, nach § 718 I nicht statthaft. Wird wegen Geldforderungen vollstreckt, ist § 752 einschlägig (MüKoZPO/*Krüger* § 718 Rn 3). **Mehrere Anträge**, die sich auf verschiedene Teile des Urteils beziehen, sind dagegen zulässig (Zweibr NJW-RR 03, 75). Das **Rechtschutzbedürfnis** für den Antrag entfällt, wenn die Vollstreckung zu Ende gekommen ist (Köln MDR 80, 764; s. vor §§ 704 ff Rz 13). Das ist auch dann der Fall, wenn der Beklagte, nachdem der Kl die Sicherheit geleistet hat, den Urteilsbetrag zur Abwendung der Zwangsvollstreckung gezahlt hat (Hambg VersR 84, 895).

4 Mit dem Antrag nach Abs 1 kann der Berufungsführer grds jede inhaltlich mögliche **Abänderung der Vollstreckbarkeitsentscheidung der ersten Instanz** verfolgen. Insbesondere kann die Unterlassung einer nach den §§ 710, 711 S 2, 712 beantragten Sicherheit, Abwendungsbefugnis oder Schutzantrags gerügt und deren Nachholung verlangt werden (MüKoZPO/*Krüger* § 718 Rn 2), ebenso die Anordnung einer zu hohen oder zu niedrigen Sicherheit (Frankf OLGZ 94, 471 f). In der Revisionsinstanz kann die Sicherheit dagegen nicht mehr heraufgesetzt werden (BGH NJW-RR 99, 213; s. Rz 2). Zusammen mit der **Höhe** kann auch die **Art der Sicherheit** moniert werden. Allerdings ist es nicht angängig, mit dem Antrag auf Vorabentscheidung nach Abs 1 die Änderung der erstinstanzlich bestimmten Sicherheit isoliert zu verlangen; denn zur Entscheidung hierüber ist nur das Gericht 1. Instanz berufen (Köln MDR 97, 392; Frankf NJW-RR 86, 486; aA Frankf MDR 81, 677).

5 **C. Verfahren und Entscheidung.** Den Antrag nach § 718 I muss ein **Anwalt** stellen (§ 78). Die Vorabentscheidung ergeht aufgrund **mündlicher Verhandlung** durch **Teilurteil** nach § 301 (Kobl OLGZ 90, 229; Hamm NJW-RR 87, 252). Die Zuständigkeit des **Einzelrichters** ist nur in den Fällen der §§ 526, 527 IV begründet (Frankf OLGZ 90, 495). Einen Kostenausspruch enthält das Teilurteil ebenso wenig, wie eine Entscheidung über die vorläufige Vollstreckbarkeit (Musielak/*Lackmann* § 718 Rn 2). Es ist nach Abs 2 **nicht anfechtbar**. Die Vorschrift gilt für alle Entscheidungen von Berufungsgerichten, die eine Entscheidung über die vorläufige Vollstreckbarkeit treffen mit Ausnahme derjenigen, die auf Grundlage von § 717 II ergangen sind. Sie unterliegen, auch was die Vollstreckbarkeit anbelangt, der Anfechtung nach den allgemeinen Regeln (MüKoZPO/*Krüger* § 718 Rn 4). Die Vorabentscheidung nach Abs 1 ergeht gerichtskostenfrei. Für die außergerichtlichen **Kosten** ist § 19 I 2 Nr 11 RVG einschlägig.

§ 719 Einstweilige Einstellung bei Rechtsmittel und Einspruch. (1) [1]Wird gegen ein für vorläufig vollstreckbar erklärtes Urteil der Einspruch oder die Berufung eingelegt, so gelten die Vorschriften des § 707 entsprechend. [2]Die Zwangsvollstreckung aus einem Versäumnisurteil darf nur gegen Sicherheitsleistung eingestellt werden, es sei denn, dass das Versäumnisurteil nicht in gesetzlicher Weise ergangen ist oder die säumige Partei glaubhaft macht, dass ihre Säumnis unverschuldet war.

(2) [1]Wird Revision gegen ein für vorläufig vollstreckbar erklärtes Urteil eingelegt, so ordnet das Revisionsgericht auf Antrag an, dass die Zwangsvollstreckung einstweilen eingestellt wird, wenn die Vollstreckung dem Schuldner einen nicht zu ersetzenden Nachteil bringen würde und nicht ein überwiegendes Interesse des Gläubigers entgegensteht. [2]Die Parteien haben die tatsächlichen Voraussetzungen glaubhaft zu machen.

(3) Die Entscheidung ergeht durch Beschluss.

1 **A. Ratio und Anwendungsbereich.** Abs 1 der Vorschrift verweist für die einstweilige Einstellung der Zwangsvollstreckung aus für vorläufig vollstreckbar erklärten Urteilen (oder Vollstreckungsbescheiden nach § 700), gegen die Einspruch oder Berufung eingelegt wurde, auf § 707. Hinsichtlich der Einstellungsmodali-

täten wird dieser Verweis bei einem Versäumnisurteil oder Vollstreckungsbescheid in Abs 1 S 2 modifiziert. Bei diesen beiden Titelarten dominieren die Interessen des Gläubigers an der Zwangsvollstreckung ggü denen des Schuldners an der Einstellung, weil dieser sich nicht mit den gesetzlich vorgesehenen Mitteln gewehrt hat und daher seine eigene Säumnis für die Existenz der Titel ursächlich geworden ist (MüKoZPO/*Krüger* § 719 Rn 1).

2 Abs 2 trifft für Urteile, die in der Revisionsinstanz für vorläufig vollstreckbar erklärt worden sind, eine ggü § 707 **besondere und inhaltlich strengere Regelung** über die einstweilige Einstellung der Zwangsvollstreckung. Da sich bereits zwei Tatsacheninstanzen mit der Rechtsposition des Schuldners befasst haben und die Vollstreckung möglichst nicht wieder hinaus geschoben werden soll, ist die Einstellung nur noch in dem Ausnahmefall möglich, dass die Vollstreckung dem Schuldner einen nicht zu ersetzenden Nachteil bringt und der Einstellung nicht ein überwiegendes Interesse des Gläubigers entgegensteht. Für die praktisch wichtigsten Fälle der Einstellung der Zwangsvollstreckung, der Berufung, des Einspruchs gegen ein Versäumnisurteil, des Vollstreckungsbescheids und – über den Wortlaut des § 719 hinaus – der **Nichtzulassungsbeschwerde** nach § 544 V S 2 ist § 719 daher die einschlägige Rechtsvorschrift (Musielak/*Lackmann* § 719 Rn 1). Sie ist auch anwendbar bei der Berufung gegen Urteile, die einen **Arrest** oder eine **einstweilige Verfügung** erlassen oder bestätigen (§§ 922 I, 925 I, 936), nicht dagegen bei Urteilen, die einen Arrestbeschluss aufheben (Bremen InVo 98, 362). Entscheidungen, die einstweiligen Rechtsschutz gewähren oder bestätigen, sind auch ohne besonderen Ausspruch vorläufig vollstreckbar und insoweit den für vorläufig vollstreckbar erklärten vergleichbar. Allerdings muss die Praxis dem Umstand Rechnung tragen, dass es sich um Eilfälle handelt, so dass eine Einstellung der Zwangsvollstreckung nur in besonderen Fällen in Betracht kommt, insb wenn der Erfolg des eingelegten Rechtsmittels sehr wahrscheinlich ist (Frankf MDR 97, 393; KG NJW-RR 98, 1381; Celle NJW 90, 3280).

3 **B. Tatbestand des Abs 1 S 1. I. Formeller.** Neben den Zulässigkeitsvoraussetzungen nach § 707 (s. § 707 Rz 6 ff) ist eine **statthafte, nicht jedoch zwingend zulässige Berufung** erforderlich, die durch den Eingang der Berufungsschrift bei Gericht tatsächlich eingelegt worden ist. Vorher kommt eine Entscheidung nicht in Betracht, weil die Erfolgsaussichten der Berufung nicht geprüft werden können (Saarbr MDR 97, 1157). Allein der Antrag auf PKH für eine in Aussicht genommene Berufung genügt insoweit nicht (Zö/*Herget* § 719 Rn 3). Das mit der Berufung angefochtene Urt muss für vorläufig vollstreckbar erklärt worden sein, was bei allen Urteilen der Fall ist, deren Rechtskraft nicht bereits mit der Verkündung eintritt (s. § 705 Rz 2). Das Urt muss nicht zwingend einen **vollstreckungsfähigen Inhalt** haben, weil dem Schuldner nicht abverlangt werden kann, mit vollstreckungsrechtlichen Rechtsbehelfen die Vollstreckungsfähigkeit abklären zu lassen, während er den Titel selbst ja schon mit der Berufung angefochten hat (str; St/J/*Münzberg* § 719 Rn 2; aA Zö/*Herget* § 719 Rn 1). Ob das Urt ohne oder gegen Sicherheitsleistung vollstreckbar ist, ist nur iRd Begründetheit des Einstellungsantrags von Bedeutung (MüKoZPO/*Krüger* § 719 Rn 3).

4 **II. Materieller.** Hat die Berufung Aussicht auf Erfolg, muss das zweitinstanzliche Gericht in eine **Interessensabwägung** darüber eintreten, ob die Zwangsvollstreckung unter Berücksichtigung der Erfolgsaussichten des Rechtsbehelfs und der wirtschaftlichen Auswirkungen ausnahmsweise einzustellen ist (Hamm FamRZ 11, 1317). Darin ist einzustellen, dass sich die Schutzinteressen des Schuldners idR darin erschöpfen, dass der Gläubiger vor dem Eintritt in die Vollstreckung Sicherheit leistet (Köln NJW-RR 87, 189) oder eine Abwendungsbefugnis nach §§ 709, 711 besteht. Die **Einstellung der Zwangsvollstreckung** kommt daher nur in dem **Ausnahmefall** in Betracht, dass bereits im Zeitpunkt der Entscheidung über den Einstellungsantrag bei summarischer Prüfung festgestellt werden kann, dass das angefochtene Urt voraussichtlich keinen Bestand hat (Ddorf GRUR-RR 10, 122, 123), zB bei Verurteilung eines Schuldners über die Höhe seines Anerkenntnisses hinaus (Frankf FamRZ 10, 1370) oder dem Schuldner ein über die üblichen Vollstreckungswirkungen hinaus gehender Vermögensschaden droht (Zweibr MDR 97, 1157; Hambg NJW-RR 90, 1024), zB ein Miet- und Nutzungsausfallschaden, der durch die Verzögerung der Vollstreckung aus einem Räumungstitel entsteht (Hamm ZMR 10, 178). Sonst überwiegen die Gläubigerinteressen an der Durchführung der Vollstreckung. Ob der Schuldner es versäumt hat, in der 1. Instanz einen **Schutzantrag nach § 712** zu stellen, spielt für die Einstellungsentscheidung nach §§ 707, 719 keine Rolle (hM; KG MDR 05, 117; KG MDR 00, 1455; Jena MDR 02, 289; aA Frankf NJW 84, 2955), insb nicht, wenn es um Räumung geht (ThoPu/*Seiler* § 719 Rn 3). Die Anträge nach §§ 707, 719 und § 712 stehen vielmehr aufgrund ihrer verschiedenen Zielrichtungen und Voraussetzungen – nicht zu ersetzender Nachteil bei § 712, Erfolgsaussicht der Berufung sowie Schaden als bloße Modalität der Einstellung nach § 719 – in keinem sachlogi-

schen Verhältnis und sind daher unabhängig voneinander zu prüfen (Karlsr GRUR-RR 10, 120, 121; KG NJOZ 05, 771 f; Ddorf NJW-RR 87, 702; Musielak/*Lackmann* § 719 Rn 3; MüKoZPO/*Krüger* § 719 Rn 6).

5 **C. Tatbestand des Abs 1 S 2.** Ob bei einer eingelegten Berufung, einem Einspruch gegen ein Versäumnisurteil oder einem Vollstreckungsbescheid nach § 700 I die Zwangsvollstreckung eingestellt wird, ergibt sich aus § 707, nicht aus § 719. Allerdings ist für das »Wie« der Einstellung die ggü § 707 strengere Regelung des Abs 1 S 2 zu beachten (zur *ratio* s. Rz 2). Streitig wird diskutiert, ob für die Einstellung ohne Sicherheitsleistung nach § 719 zusätzlich die **Voraussetzungen des § 707 I 2** vorliegen müssen (dagegen Stuttg NJW-RR 03, 713; Celle NJW-RR 00, 1017; Hamm MDR 78, 412; ThoPu/*Seiler* § 719 Rn 5; dafür Brandbg NJW-RR 02, 285; Köln NJW-RR 02, 428; KG MDR 85, 330; differenzierend MüKoZPO/*Krüger* § 719 Rn 8 f). In diesem Fall müsste der Schuldner glaubhaft machen, dass er zur Leistung einer Sicherheit außerstande ist und die Vollstreckung für ihn zugleich einen nicht zu ersetzenden Nachteil bedeutet. Für die Beantwortung der Frage ist nach den einzelnen Fällen des § 719 zu differenzieren: Geht es um einen Einspruch gegen ein Versäumnisurteil, greift § 707 I 2 neben § 719, weil der Säumige keinen Schutz verdient und die Einstellung der Zwangsvollstreckung nur gegen Sicherheitsleistung erreichen kann. Bei unverschuldeter Säumnis und gesetzeswidrigem Versäumnisurteil ist dagegen die materiellrechtliche Rechtslage entscheidend. Ein Antrag nach § 719 I 2 führt nicht automatisch zur Einstellung ohne Sicherheitsleistung, so dass sich die Erfolgsaussicht des Antrags nach § 707 I 2 richtet. Anders ist das bei einer Berufung nach § 544 II. Im Berufungsrechtszug erlaubt allein der formale Mangel die Aufhebung der Entscheidung und zur Zurückverweisung nach § 538 II Nr 6, so dass es auf § 707 I 2 zusätzlich nicht mehr ankommt. Befindet das erstinstanzliche Gericht nach Aufhebung und Zurückverweisung erneut über den Einspruch, richtet sich seine Entscheidung wiederum nach den allgemeinen Grundsätzen: die Voraussetzungen von § 719 I 2 und § 707 I 2 müssen vorliegen. § 707 I 2 gilt direkt, wenn die Einspruchsfrist versäumt und Wiedereinsetzung beantragt wurde (Hamm NJW 81, 132).

6 **D. Tatbestand des Abs 2. I. Formeller.** Abs 2 regelt die Einstellung der Zwangsvollstreckung in der Revisionsinstanz abschließend. Die Vorschrift ist *lex specialis* zu § 707; sie schließt § 707 daher in ihrem Anwendungsbereich aus (Musielak/*Lackmann* § 719 Rn 5). Prozessuale Tatbestandsvoraussetzung ist ein **Antrag** des Schuldners, der nur von einem beim BGH zugelassenen Anwalt gestellt werden kann (BGH NJW-RR 04, 936). Beim BGH muss des Weiteren eine **zulässige Revision** nach § 552 I oder Nichtzulassungsbeschwerde eingelegt worden sein, die nicht vollständig ohne Erfolgsaussicht ist (BFH Beschl v 11.2.09 – VIII B 142/08, Rn 29 – juris).

7 **II. Materieller.** Der materielle Tatbestand von Abs 2 setzt zunächst einen **nicht zu ersetzenden Vollstreckungsnachteil des Schuldners** iSv § 707 I 2 voraus (s. § 707 Rz 12). Es gelten **strenge Anforderungen**, so dass eine Einstellung der Zwangsvollstreckung nur in Ausnahmefällen nach § 719 II erfolgt. Keinesfalls reichen solche Nachteile aus, die mit der Vollstreckung regelmäßig verbunden sind (BGH NJW 00, 3008, 3009). Da die Nachteile aus der Vollstreckung resultieren müssen, nicht aber aus dem Titel selbst, scheidet die in der Verurteilung des Schuldners begründete Selbstmordgefahr als Einstellungsgrund aus (BGH NJW-RR 02, 1090; krit Musielak/*Lackmann* § 719 Rn 5: zeitlich begrenzte Einstellung). Ein nicht zu ersetzender Vermögensnachteil ist ein unabwendbarer Schaden. Ein solcher liegt zB vor, wenn der Gläubiger bei Aufhebung oder Abänderung des Vollstreckungstitels aufgrund von Mittellosigkeit aller Wahrscheinlichkeit nach nicht in der Lage sein wird, den vollstreckten Betrag zurückzuerstatten (BGH NJW-RR 07, 1138).

8 Zusätzlich zum Merkmal des nicht zu ersetzenden Schadens dürfen der Einstellungsentscheidung **keine überwiegenden Interessen des Gläubigers** entgegen stehen. In der Revisionsinstanz ist das eine »seltene Ausnahme« (MüKoZPO/*Krüger* § 719 Rn 12). Die Dinge liegen hier anders als bei § 707, weil der nicht zu ersetzende Vollstreckungsschaden Tatbestandsmerkmal der Einstellung selbst ist und nicht erst bei den Einstellungsmodalitäten eine Rolle spielt. Deshalb ist die Einstellung der Zwangsvollstreckung nach Abs 2 – anders als in der Berufungsinstanz (s. Rz 4) – davon abhängig, dass der Schuldner entweder einen **Vollstreckungsschutzantrag nach § 712** gestellt hat (BGH NJW-RR 11, 705; NJW-RR 08, 1038), soweit ein unersetzbarer Nachteil erkenn- und nachweisbar war (BGH NJW-RR 98, 1603 f; NJW 92, 376), oder es ihm aus besonderen Gründen nicht möglich oder unzumutbar war, diesen Antrag zu stellen (BGH NJW-RR 11, 705; WuM 10, 765; JurBüro 10, 53; NJW-RR 08, 1038; *Walker* JZ 11, 401, 404; s. § 712 Rz 2). Die Einstellung ist zu versagen, wenn der Schutzantrag nach § 712 nicht in den Zeitgrenzen des § 714 gestellt bzw nicht oder nicht ausreichend begründet wurde, obwohl der Schuldner dazu imstande war (BGH NJW 01, 375; NJW-RR 04, 936; eine Ausnahme gilt bei neuen Gründen: BGH NJW 01, 375; NZM 06, 909). Ein

Grund, die Einstellung zu verweigern, liegt auch vor, wenn es der Schuldner versäumt hat, einen **Antrag auf Ergänzung einer nicht vollständigen Entscheidung über die vorläufige Vollstreckbarkeit nach §§ 716, 321** zu stellen (BGH FamRZ 04, 1638; NJW 90, 2757; NJW-RR 00, 746; aA ThoPu/*Seiler* § 719 Rn 9 aE). Dagegen ist die Einstellung anzuordnen, wenn der Antrag in der Berufungsinstanz wegen Unzumutbarkeit nicht gestellt werden konnte (BGH MDR 80, 553), das Berufungsgericht fehlerhaft einen Fall des § 713 angenommen und deshalb keine Abwendungsbefugnis ausgesprochen hat (BGH MDR 07, 737; s. § 712 Rz 2) oder der Schuldner davon ausgehen durfte, der Gläubiger werde nicht vollstrecken (BGH NJW-RR 07, 11). Schließlich setzt die Einstellung voraus, dass der Schuldner glaubhaft macht, zur Sicherheitsleistung nicht in der Lage zu sein (BGH NJW 10, 1081 mit Anm *Lackmann* LMK 10, 298401; *Walker* JZ 11, 401, 401).

E. Verfahren und Entscheidung. Die Entscheidung ergeht durch **Beschluss** (Abs 3). Bei der **Berufung** nach Abs 1 S 1 kommt § 707 uneingeschränkt zur Anwendung. Die Einstellung erfolgt hier idR **nur gegen Sicherheitsleistung** (s. § 707 Rz 11). Ohne Sicherheitsleistung kann nach Abs 1 S 2 nur eingestellt werden, wenn festgestellt wird, dass das Versäumnisurteil nicht rechtmäßig ergangen ist (St/J/*Münzberg* § 719 Rn 4) oder die Säumnis nach § 233 unverschuldet war (Frankf NJW-RR 98, 1450 bei Terminkollision des Rechtsanwalts). Letzteres hat der Schuldner nachzuweisen und glaubhaft zu machen. Dabei ist ein Versäumnisurteil nicht in gesetzlicher Weise ergangen, wenn gegen § 311 II oder § 337 verstoßen wurde (Brandbg NJW-RR 02, 285). Zur Frage, ob neben den Voraussetzungen des § 719 auch die des § 707 I 2 vorliegen müssen, s. Rz 5. Im Fall der **Revision nach Abs 2** kann die Einstellung der Zwangsvollstreckung mit oder ohne die Leistung einer Sicherheit angeordnet werden (BGH NJW 10, 1081, 1082 = WM 10, 328, 329 f mit Anm *Bergsdorf* ZfIR 10, 151; aA MüKoZPO/*Krüger* § 719 Rn 15 und noch die Vorauflage). Inhaltlich kann sie sich auf bestimmte Vollstreckungsmaßnahmen beschränken (BAG NJW 58, 1940, 1941) oder allein auf ausgewählte Vermögensgegenstände beziehen (BGHZ 18, 219 f = NJW 55, 1635). Zur **Anfechtbarkeit und Abänderbarkeit** der Einstellungsbeschlüsse s. § 707 Rz 14. Ein auf eine analoge Anwendung des § 707 II 2 gestütztes Rechtsmittel ist nicht statthaft (Saabr NJW-RR 06, 1579; ThoPu/*Seiler* § 719 Rn 12), ebenso wenig die Vollstreckungsgegenklage gegen die Ablehnung eines Antrags nach Abs 2 (Köln BeckRS 09, 05468). Das Verfahren ist gerichtskostenfrei. Für die außergerichtlichen Kosten gilt bei mündlicher Verhandlung § 19 I Nr 11 RVG; sonst fällt eine halbe Verhandlungsgebühr nach Nr 3328 VV RVG an. 9

§ 720 Hinterlegung bei Abwendung der Vollstreckung. **Darf der Schuldner nach § 711 Satz 1, § 712 Abs. 1 Satz 1 die Vollstreckung durch Sicherheitsleistung oder Hinterlegung abwenden, so ist gepfändetes Geld oder der Erlös gepfändeter Gegenstände zu hinterlegen.**

A. Ratio und Anwendungsbereich. Die Regelung konkretisiert die Rechtsfolgen, die der Ausspruch der Abwendungsbefugnis im Urt für den Schuldner nach den §§ 717 S 1, 712 hat (BayObLG MDR 76, 852). Ihr Anwendungsbereich ist nur eröffnet, wenn der Schuldner seiner Befugnis entsprechend **keine Sicherheit** nach § 712 S 1 geleistet hat (aA ThoPu/*Seiler* § 720 Rn 2; entscheidend ist allein der Ausspruch im Urt) oder aber beide Parteien dies nach § 711 S 2 nicht getan haben. Die Vorschrift ist hingegen nicht einschlägig, wenn die Zwangsvollstreckung gegen Sicherheitsleistung nach §§ 718, 719 eingestellt worden ist (BGH NJW 68, 398) oder der Schuldner zur Abwendung der Zwangsvollstreckung an den Gläubiger bzw den Gerichtsvollzieher geleistet hat (MüKoZPO/*Krüger* § 720 Rn 2; Zö/*Stöber* § 720 Rn 5). Zur Zulässigkeit der Zwangsvollstreckung trifft § 720 keine Aussage. 1

B. Rechtsfolge. § 720 verhindert mit der Hinterlegung eines im Wege der Sachpfändung gepfändeten Geldbetrags (§ 815 III) oder des Versteigerungserlöses gepfändeter Sachen (§§ 818 IV 1, 819) den Zugriff des Gläubigers auf die Gegenstände vor Rechtskraft des Vollstreckungstitels (BGHZ 12, 92, 93 = NJW 54, 558); Befriedigung des Gläubigers tritt also nicht ein. Dasselbe gilt im Fall des § 711 S 1, bevor der Gläubiger eine eigene Sicherheit geleistet hat, um die Abwendungsbefugnis des Schuldners zum Erlöschen zu bringen. Bei einer **Forderungspfändung** trifft § 839 eine dem § 720 vergleichbare Regelung. Es wird nur die Überweisung zur Einziehung angeordnet mit der Folge, dass der Drittschuldner den geschuldeten Betrag hinterlegen muss. 2

§ 720a Sicherungsvollstreckung. **(1) [1]Aus einem nur gegen Sicherheit vorläufig vollstreckbaren Urteil, durch das der Schuldner zur Leistung von Geld verurteilt worden ist, darf der Gläubiger ohne Sicherheitsleistung die Zwangsvollstreckung insoweit betreiben, als**
a) bewegliches Vermögen gepfändet wird,
b) im Wege der Zwangsvollstreckung in das unbewegliche Vermögen eine Sicherungshypothek oder Schiffshypothek eingetragen wird.
[2]Der Gläubiger kann sich aus dem belasteten Gegenstand nur nach Leistung der Sicherheit befriedigen.
(2) Für die Zwangsvollstreckung in das bewegliche Vermögen gilt § 930 Abs. 2, 3 entsprechend.
(3) Der Schuldner ist befugt, die Zwangsvollstreckung nach Absatz 1 durch Leistung einer Sicherheit in Höhe des Hauptanspruchs abzuwenden, wegen dessen der Gläubiger vollstrecken kann, wenn nicht der Gläubiger vorher die ihm obliegende Sicherheit geleistet hat.

1 **A. Ratio.** Die Regelung schafft einen verfassungsmäßigen (aA *Lambsdorff* NJW 02, 1303) Ausgleich zwischen den Interessen des Gläubigers und des Schuldners in der Zwangsvollstreckung (*Giers* DGVZ 11, 122; *Burchard* NJW 02, 2219, 2220). Einerseits erlaubt sie dem Gläubiger, aus einem vorläufig vollstreckbaren Zahlungsurteil unter Rangwahrung zu vollstrecken, bevor Sicherheit geleistet worden ist (Ausnahme von § 751 II). Andererseits muss sich die Zwangsvollstreckung im Interesse des Schuldners auf Maßnahmen beschränken, die Beschlagnahmecharakter haben. Ohne dass die Voraussetzungen eines Arrests nach § 930 oder des § 710 vorliegen müssen (idR wird sich ein Arrestgrund nicht begründen lassen: Stuttg NJW 80, 1698), kann der Gläubiger durch den sichernden Zugriff ökonomische Einbußen abwenden, die sich durch den Vermögensverfall oder die Minderung der Haftungsmasse durch den Schuldner ergeben können. Die Sicherungsvollstreckung kommt dem Gläubiger va dann entgegen, wenn er die Mittel für eine Sicherheitsleistung nicht hat, die Voraussetzungen des § 710 aber nicht gegeben sind. Einwendungen aus dem Rechtsverhältnis zwischen dem Vollstreckungsschuldner und einem Dritten (im Fall einem Haftpflichtversicherer), der die Sicherheit leistet, muss sich der Gläubiger nicht entgegenhalten lassen (Celle NJW-RR 10, 1040, 1041 = WM 10, 943, 944 f mit Anm *Müller-Stoy* IBR 10, 1009). Der Schuldner kann nach Abs 3 die Sicherungsvollstreckung des Gläubigers durch die Leistung einer eigenen Sicherheit abwenden. In diesem Fall fällt das Sicherungsbedürfnis des Gläubigers nach Abs 1 weg.

2 **B. Anwendungsbereich.** § 720a erlaubt die Sicherungsvollstreckung aus Urteilen, die den Schuldner zur **Zahlung** von Geld gleich welcher Währung verurteilen und nach §§ 709, 712 II 2 **gegen Sicherheitsleistung** für vorläufig vollstreckbar erklärt worden sind (*Fölsch* NJW 09, 1128). Titel auf **Duldung** der Zwangsvollstreckung in ein Grundstück wegen einer Geldforderung unterliegen der Sicherungsvollstreckung nicht (BayObLG Rpfleger 95, 305) ebenso wenig die Vollziehung eines Arrests, der von einer Sicherheitsleistung abhängig gemacht worden ist (München NJW-RR 88, 1466 f). Urteile nach § 709 S 3, bei denen die weitere Vollstreckung von der Leistung einer Sicherheit abhängt, sind dagegen vom Anwendungsbereich der Vorschrift erfasst (Musielak/*Lackmann* § 720a Rn 1), anders Urteile nach § 711 S 1, bei denen die Pflicht zur Sicherheitsleistung erst daraus folgt, dass der Schuldner von seiner Abwendungsbefugnis Gebrauch gemacht und Sicherheit geleistet hat (MüKoZPO/*Krüger* § 720a Rn 3; aA B/L/A/H § 720a Rn 3). Ein Bedürfnis für eine **entsprechende Anwendung** von § 720a besteht in diesen Fällen nicht, weil ein ausreichender Schutz des Gläubigers durch die Sicherheit bewirkt wird und die Sicherungsvollstreckung begriffsnotwendig nicht zu seiner Befriedigung führen darf. Diese Erwägung trifft auch für Urteile nach § 712 I 1 zu (St/J/*Münzberg* § 720a Rn 3). Aufgrund **gesetzlicher Inbezugnahme** wird die Vorschrift auch für Titel aus anderen Entscheidungen herangezogen (§ 795), etwa für Kostenfestsetzungsbeschlüsse bei Urteilen, die gegen Sicherheitsleistung für vollstreckbar erklärt worden sind (Karlsr Rpfleger 00, 555; Köln Rpfleger 96, 358) sowie Entscheidungen nach § 712 I 2 Alt 2. Hier sind Abs 1 und 2 der Vorschrift anwendbar.

3 **C. Tatbestand (Abs 1, 3). I. Voraussetzungen der (Sicherungs-)Vollstreckung.** Sicherungsvollstreckung ist Zwangsvollstreckung. Zusätzlich zur vorläufigen Vollstreckbarkeit des Urteils gegen Sicherheitsleistung (s. Rz 2) ist deshalb erforderlich, dass die allgemeinen Voraussetzungen einer Zwangsvollstreckung vorliegen (Titel, Klausel, Zustellung, s. vor §§ 704 ff Rz 9) und die besonderen einer Sicherungsvollstreckung nach §§ 751, 756, 765, bis auf die Sicherheitsleistung des Gläubigers nach § 751 II (Stuttg NJW 80, 1698). Nach der Zustellung des Titels und der Vollstreckungsklausel muss zur Warnung des Schuldners und um ihm Gelegenheit zu geben, die Sicherheit nach § 720a III zu leisten, die **zweiwöchige Wartefrist nach § 750 III** eingehalten werden, bevor der Gläubiger mit der Sicherungsvollstreckung beginnen kann. Die einfache

Vollstreckungsklausel nach § 725 muss freilich nur im Fall des § 750 II zugestellt werden (BGH WM 05, 1995; krit MüKoZPO/*Krüger* § 720a Rn 3).

II. Keine Sicherheitsleistung des Schuldners zur Abwendung (Abs 3). Die Sicherungsvollstreckung setzt des Weiteren voraus, dass der Schuldner von seiner Abwendungsbefugnis nach Abs 3 keinen Gebrauch gemacht hat. Die Abwendungsbefugnis besteht kraft Gesetzes. Sie muss im Urt nicht gesondert ausgesprochen werden (Karlsr DGVZ 00, 555). Leistet der Schuldner die Sicherheit, muss der Gläubiger Sicherheit nach §§ 709, 712 II 2 erbringen, um anschließend uneingeschränkt (also nicht nur zur Sicherung nach § 720a) vollstrecken zu können. Hat der Gläubiger bereits vollstreckt, bevor der Schuldner Sicherheit nach Abs 3 leistet, darf die Vollstreckung nicht weiter betrieben werden; soweit es bereits zu Vollstreckungsmaßnahmen gekommen ist, sind sie nach §§ 775 Nr 3, 776 aufzuheben (Musielak/*Lackmann* § 720a Rn 3). Zudem kann der Schuldner nach §§ 707, 719 vorgehen, um die Einstellung der Zwangsvollstreckung zu erreichen. Ihrer **Höhe** nach richtet sich die Sicherheit nach dem Betrag der Hauptforderung. Zinsen und Kosten sind dabei nicht zu berücksichtigen (MüKoZPO/*Krüger* § 720a Rn 6). Allerdings haftet die Sicherheit für den Verzögerungsschaden (Köln NJW-RR 87, 251). Bei Kostenfestsetzungsbeschlüssen (s. Rz 2) machen die Kosten die Hauptforderung aus (Karlsr Rpfleger 00, 555, 556). Zinsen werden auch hier nicht eingestellt. 4

D. Rechtsfolge. Im Rahmen der Sicherungsvollstreckung sind Vollstreckungsmaßnahmen gestattet, die der Beschlagnahme dienen, aber nicht der Verwertung. Zulässig ist die **Pfändung** beweglichen Vermögens iSv Abs 2, dh von Sachen (§§ 808 ff), Forderungen und anderen vermögenswerten Gegenständen (§§ 828 ff). Eine Versteigerung oder Überweisung scheidet dagegen aus. Nach Abs 1 S 1a ist auch eine **Vorpfändung** nach § 845 gestattet (BGHZ 93, 71 = NJW 85, 863; Rostock NJOZ 06, 2053, 2054), und zwar ohne vorherige Zustellung von Titel und Klausel (KG Rpfleger 81, 240, 241). Geht es um eine **Vollstreckung in Grundstücke** kann eine Sicherungs- oder Schiffshypothek nach §§ 866 I, 867 in das Grundbuch eingetragen werden. Zwangsversteigerung und Zwangsverwaltung scheiden dagegen aus. Schließlich kann die **Abgabe einer eidesstattlichen Versicherung** (ohne Sicherheit) verlangt werden (BGH NJW-RR 07, 416; WM 06, 918; *Markgraf/Lauscher* ZAP Fach 14, 621; *Hölk* MDR 06, 841). Anders kann der Gläubiger nicht in Erfahrung bringen, ob beim Schuldner Vermögen vorhanden ist, das eine Sicherungsvollstreckung lohnt (MüKoZPO/*Krüger* § 720a Rn 4). Die Sicherungsvollstreckung und die anschließende Verwertung der vom Schuldner hinterlegten Sicherheit stellen kostenmäßig dieselbe Angelegenheit dar. Für die Auszahlung der Sicherheitsleistung an den Prozessbevollmächtigten kann dieser weder eine neue Vollstreckungs- noch eine Hebegebühr geltend machen (LG München DGVZ 07, 43). Die Anwaltsgebühr folgt aus Nr 3309 VV RVG. 5

§ 721 Räumungsfrist. (1) [1]**Wird auf Räumung von Wohnraum erkannt, so kann das Gericht auf Antrag oder von Amts wegen dem Schuldner eine den Umständen nach angemessene Räumungsfrist gewähren.** [2]**Der Antrag ist vor dem Schluss der mündlichen Verhandlung zu stellen, auf die das Urteil ergeht.** [3]**Ist der Antrag bei der Entscheidung übergangen, so gilt § 321; bis zur Entscheidung kann das Gericht auf Antrag die Zwangsvollstreckung wegen des Räumungsanspruchs einstweilen einstellen.**

(2) [1]**Ist auf künftige Räumung erkannt und über eine Räumungsfrist noch nicht entschieden, so kann dem Schuldner eine den Umständen nach angemessene Räumungsfrist gewährt werden, wenn er spätestens zwei Wochen vor dem Tag, an dem nach dem Urteil zu räumen ist, einen Antrag stellt.** [2]**§§ 233 bis 238 gelten sinngemäß.**

(3) [1]**Die Räumungsfrist kann auf Antrag verlängert oder verkürzt werden.** [2]**Der Antrag auf Verlängerung ist spätestens zwei Wochen vor Ablauf der Räumungsfrist zu stellen.** [3]**§§ 233 bis 238 gelten sinngemäß.**

(4) [1]**Über Anträge nach den Absätzen 2 oder 3 entscheidet das Gericht erster Instanz, solange die Sache in der Berufungsinstanz anhängig ist, das Berufungsgericht.** [2]**Die Entscheidung ergeht durch Beschluss.** [3]**Vor der Entscheidung ist der Gegner zu hören.** [4]**Das Gericht ist befugt, die im § 732 Abs. 2 bezeichneten Anordnungen zu erlassen.**

(5) [1]**Die Räumungsfrist darf insgesamt nicht mehr als ein Jahr betragen.** [2]**Die Jahresfrist rechnet vom Tage der Rechtskraft des Urteils oder, wenn nach einem Urteil auf künftige Räumung an einem späteren Tage zu räumen ist, von diesem Tage an.**

(6) Die sofortige Beschwerde findet statt
1. gegen Urteile, durch die auf Räumung von Wohnraum erkannt ist, wenn sich das Rechtsmittel lediglich gegen die Versagung, Gewährung oder Bemessung einer Räumungsfrist richtet;
2. gegen Beschlüsse über Anträge nach den Absätzen 2 oder 3.
(7) [1]Die Absätze 1 bis 6 gelten nicht für Mietverhältnisse über Wohnraum im Sinne des § 549 Abs. 2 Nr. 3 sowie in den Fällen des § 575 des Bürgerlichen Gesetzbuchs. [2]Endet ein Mietverhältnis im Sinne des § 575 des Bürgerlichen Gesetzbuchs durch außerordentliche Kündigung, kann eine Räumungsfrist höchstens bis zum vertraglich bestimmten Zeitpunkt der Beendigung gewährt werden.

1 **A. Ratio.** Die Vorschrift gewährt dem Schuldner, der zur Räumung seiner Wohnung verurteilt wurde, dadurch vollstreckungsrechtlichen Schutz, dass sie dem Gericht die Befugnis einräumt, ihm eine angemessene, jedoch nicht über ein Jahr hinausgehende Räumungsfrist zu gewähren. § 721 liegt daher die *ratio* zugrunde, dass der Verlust des Wohnraums für den Schuldner von lebenswichtiger (»vitaler«: MüKoZPO/*Krüger* § 721 Rn 1) Bedeutung ist. Die Regelung flankiert den materiellrechtlichen Schutz des auf Räumung in Anspruch genommenen Schuldners in §§ 573, 574, 574a, 574b, 574c, 575, 577a BGB auf der vollstreckungsrechtlichen Ebene, in dem sie eine **besondere Vollstreckungsvoraussetzung iSd § 751 I** schafft, die zur zeitweiligen Unzulässigkeit der Zwangsvollstreckung führt. Die Räumungsfrist ermöglicht es dem Schuldner, sich nach einer neuen Wohnung umzusehen, um so eine Obdachlosigkeit möglichst zu vermeiden. Auch nach dem Ablauf der Frist ist der Schuldner nicht zwingend schutzlos. Vielmehr kann er im Einzelfall zusätzlich um **Vollstreckungsschutz nach § 765a** nachsuchen. Im Gegensatz zu diesem nicht disponiblen Schutz kann der Schuldner nach Rechtshängigkeit in entsprechender Anwendung des § 295 von einem eigenen Antrag nach § 721 absehen. Dem öffentlichen Interesse ist dadurch Genüge getan, dass die Räumungsfrist auch vAw bewilligt werden kann (Musielak/*Lackmann* § 721 Rn 1).

2 **B. Anwendungsbereich.** § 721 gilt für Urteile (auch Versäumnisurteile, LG Köln NJW-RR 87, 143, einschließlich der nach § 345), die die Räumung von Wohnraum aussprechen, unabhängig davon, auf welchen materiellrechtlichen Ansprüchen (Miete, weitere Nutzungsrechte, Eigentümer-Besitzer-Verhältnis) diese beruhen (Zö/*Herget* § 721 Rn 2). Voraussetzung ist jedoch stets, dass sich der Anspruch auf Räumung und Herausgabe richtet. Deshalb gilt § 721 nicht für Klagen auf Beseitigung der Störung des räumlich-gegenständlichen Bereichs der Ehe (sog **Ehestörungsklage**), weil hier ein weitergehender ehewidriger Zustand nach §§ 823 I, 1004 I BGB aus der Welt geschafft werden soll (Celle NJW 80, 711). Auch bei folgenden **weiteren Räumungstiteln** kann § 721 nicht herangezogen werden: aus einstweiliger Verfügung nach § 940a (LG Hamburg NJW-RR 93, 1233), aus einem Zuschlagsbeschluss nach § 93 ZVG (München OLGZ 69, 43, 45 f, einem Beschl über die Insolvenzeröffnung nach §§ 148, 159 InsO sowie der Zuweisung der ehelichen Wohnung in Ehewohnungs- und Gewaltschutzsachen (*Schuschke* NZM 10, 137, 139). Abs 7 nimmt Mietverhältnisse nach §§ 549 II Nr 3, 575 BGB wegen der weniger stark ausgeprägten Schutzbedürftigkeit des Schuldners von dem besonderen Vollstreckungsschutz der Vorschrift aus. Für den **Räumungsvergleich** enthält § 794a eine eigenständige Regelung (München OLGZ 69, 43). Anträge nach §§ 709 ff schließt § 721 nicht aus (BGH NJW 90, 2823). Solange noch eine Räumungsfrist nach § 721 erwirkt werden kann, fehlt dem Schuldner das Rechtsschutzinteresse zur Anrufung eines Verfassungsgerichts mit demselben Begehren (HessStGH NJW 99, 1539, 1540).

3 **C. Tatbestand. I. Materieller. 1. Räumung von Wohnraum.** Der Titel muss auf Räumung von Wohnraum gerichtet sein. Darunter sind Räume zu verstehen, die vom Schuldner oder seinen Angehörigen als unmittelbare Besitzer ständig und nicht ausschließlich zu gewerblichen Zwecken (s. Rz 2) bewohnt werden. Dazu gehört auch das Frauenhaus (LG Lübeck ZMR 93, 223). Entscheidend sind die **tatsächlichen Umstände der Nutzung**, nicht die schuldrechtlichen Verhältnisse oder die ursprüngliche Widmung des Wohnraums. Wohnraum sind auch die Nebenräume der Wohnung (Keller, Abstellraum, Waschküche, Gartenhaus), jedoch nicht die zugehörige Garage (MüKoZPO/*Krüger* § 721 Rn 8). Als Wohnraum iSv § 721 gilt auch ein Grundstück, auf dem sich Wohnraum befindet, sofern es geräumt und herausgegeben werden muss (Musielak/*Lackmann* § 721 Rn 3), ebenso ein unbebautes Grundstück, auf dem der Mieter selbst Wohnraum geschaffen hat (Hambg ZMR 98, 28, 30). Gewerberäume sind kein Wohnraum, ebenso wenig Räume, die an Fremde vermietet werden (Zö/*Stöber* § 721 Rn 2). Bei der Behandlung von sog **Mischmietverhältnissen** gelten folgende Erwägungen (*Reismann* GuT 11, 133, 135): Nutzt der Mieter die ihm überlassenen Räume teils zu Wohnzwecken teils aber auch gewerblich, ist § 721 anwendbar, wenn sich die bei-

den Nutzungen ökonomisch nicht voneinander trennen lassen. Denn der Schuldner wird nicht dadurch weniger schutzwürdig, dass er das Objekt auch gewerblich nutzt. Ob der tatsächliche Schwerpunkt bei einer nicht trennbaren Mischnutzung auf der gewerblichen Tätigkeit liegt, ist nicht entscheidend (LG Hamburg NJW-RR 93, 662; LG Mannheim NJW-RR 93, 713; MüKoZPO/*Krüger* § 721 Rn 8; aA Zö/*Stöber* § 721 Rn 2). Lassen sich die Nutzungsarten dagegen wirtschaftlich separieren, kommt § 721 nur für den Wohnraum zur Anwendung (St/J/*Münzberg* § 721 Rn 8).

2. Interessenabwägung. a) Grundsätze. Entscheidungen über die Gewährung und die Dauer der Räumungsfrist nach § 721 stehen im **pflichtgemäßen Ermessen** des Gerichts, das die gegenläufigen Interessen der Parteien gegeneinander abzuwägen hat (BayObLG ZMR 84, 23; LG Mannheim NJW-RR 93, 713): Der Gläubiger möchte über den ihm gehörenden Wohnraum möglichst rasch wieder verfügen können, der Schuldner muss vor Obdachlosigkeit bewahrt werden. Entscheidend sind stets die Gegebenheiten des konkreten Falls. Jedoch gibt es **ermessensleitende Kriterien.** In die Abwägung mit einzustellen sind die objektiven Umstände, namentlich die Modalitäten des zugrunde liegenden Rechtsverhältnisses, sowie die Räumungsurteilsgründe, des Weiteren die Interessen der Parteien und die Chancen, eine Ersatzwohnung zu finden. 4

b) Gläubigerbezogene Faktoren. Zugunsten des Gläubigers fällt die Interessenabwägung idR aus, wenn sich der Schuldner im Nutzungsverhältnis ein **pflichtwidriges Verhalten** hat zuschulden kommen lassen, zuvörderst eines, das die Kündigung erlaubt (MüKoZPO/*Krüger* § 721 Rn 10). Nur ausnahmsweise kann eine Räumungsfrist eingeräumt werden bei vormals unberechtigtem Besitz des Schuldners (LG Mannheim WuM 65, 121), bei Störung des Hausfriedens (LG Münster WuM 91, 563 f) und Missachtung der Hausordnung (LG Wuppertal MDR 68, 52), bei verbalen oder tätlichen Angriffen gegen den Vermieter oder andere Mieter (Musielak/*Lackmann* § 721 Rn 4), bei **Zahlungsverzug** allerdings nur, wenn zukünftig eine Zahlung zu erwarten ist (Stuttg NJW-RR 07, 15). Im Fall des Zahlungsverzugs ist es möglich, die rechtzeitige Zahlung der Nutzungsentschädigung als Bedingung mit der Räumungsfrist zu verknüpfen (LG Mainz WuM 97, 233). Die Gewährung einer Räumungsfrist kommt in Betracht, wenn der Mieter zur Zahlung (einschließlich der Entschädigung nach § 546a BGB: Stuttg NZM 06, 880) bereit und in der Lage ist, den Mietzinsrückstand ggf durch Ratenzahlung zu vermindern (MüKoZPO/*Krüger* § 721 Rn 10). Ein dringender Eigenbedarf des Gläubigers kann hingegen gegen die Einräumung einer Räumungsfrist für den Schuldner sprechen (LG Hamburg WuM 91, 38), ebenso die Zeit, die seit der Kündigung vergangen ist, oder die fehlenden Bemühungen des Schuldners, eine neue Wohnung zu finden (s. Rz 6; Musielak/*Lackmann* § 721 Rn 6). 5

c) Schuldnerbezogene Faktoren. Zugunsten des Schuldners wirken sich folgende Faktoren aus, die in seiner Person begründet sind: sein Alter (LG Essen WuM 68, 132, 133), körperlicher Zustand (Behinderung: LG München WuM 89, 412; Schwangerschaft: WuM 68, 51), Familienverhältnisse (Zahl der Kinder: LG Heilbronn ZMR 66, 278), das sonstige soziale Umfeld (sozial schwacher Ausländer: LG Mannheim WuM 90, 307, 308; Gefährdung des Arbeitsplatzes, Schulwechsel oder bevorstehende Prüfung der Kinder: LG Krefeld WuM 10, 302, 305; des Weiteren Musielak/*Lackmann* § 721 Rn 5) sowie eine verzögerte Neubaufertigstellung (LG Braunschweig WuM 73, 82). Des Weiteren sind für den Schuldner folgende objektive Faktoren in die Interessenabwägung einzustellen, namentlich die Dauer der Mietzeit (LG Berlin NJW-RR 89, 1358), der Eintritt in ein neues Mietverhältnis (Musielak/*Lackmann* § 721 Rn 5) und die Lage am Wohnungsmarkt (LG Essen WuM 92, 202). Das wesentliche Merkmal, das die Entscheidung über die Gewährung, Dauer oder Verlängerung der Räumungsfrist in der Praxis beeinflusst, ist das subjektive Bemühen und die objektive Möglichkeit des Schuldners, eine **Ersatzwohnung** zu finden (BGH NJW 90, 2823; BGH Beschl vom 2.3.06 IX ZB 23/06). Dass den Schuldner insoweit die Pflicht trifft, sich um eine neue Wohnung zu bemühen, ist unzweifelhaft (MüKoZPO/*Krüger* § 721 Rn 12), ab welchem Zeitpunkt sie entsteht, hängt von den Umständen des jeweiligen Falls ab. Ist die Kündigung offenkundig wirksam, muss sich der Schuldner unverzüglich nach dem Zugang der Kündigungserklärung nach Ersatzwohnraum umtun, sonst erst nach dem Eintritt der Rechtskraft des Räumungsurteils (LG Wuppertal WuM 96, 429, 430; LG Hamburg WuM 88, 31; aA ab Vollstreckbarkeit: St/J/*Münzberg* § 721 Rn 10a). Auch die Aussichten der Berufung können in die Bewertung mit einbezogen werden (LG Hamburg WuM 87, 62). Ein **zwischenzeitlicher Umzug** kann dem Schuldner nur ausnahmsweise bei besonderer Schutzwürdigkeit des Gläubigers angesonnen werden (LG Braunschweig WuM 73, 82; LG Köln ZMR 73, 89). Diese ergibt sich nicht bereits aus dem Umstand, dass der Gläubiger die Wohnung bereits weitervermietet hat; denn auf die Gewährung und uU 6 auch die Verlängerung einer Räumungsfrist nach § 721 muss er sich einstellen (MüKoZPO/*Krüger* § 721 Rn 12 aE).

7 **II. Prozessualer. 1. Zuständigkeit.** Zur Entscheidung nach § 721 I ist das **Prozessgericht** berufen, das den Räumungstitel erlassen hat, ggf also auch das Rechtsmittelgericht, das freilich eine Entscheidung in der Sache nur treffen kann, wenn es auf neue Tatsachen nicht ankommt (sonst Zurückverweisung: St/J/*Münzberg* § 721 Rn 21). Zuständig für die Beschlüsse nach Abs 2 und 3 ist das Prozessgericht des ersten Rechtszugs oder das Berufungsgericht, sobald Berufung eingelegt worden ist (auch wenn der Antrag nach Abs 2 schon früher gestellt wurde: ThoPu/*Seiler* § 721 Rn 3) und solange der Rechtsstreit dort anhängig ist (Abs 4 S 1). Von diesem Zeitpunkt an ist wieder das erstinstanzliche Gericht zur Entscheidung berufen, auch wenn die Hauptsache noch in der Revision schwebt (BGH NJW 80, 2823). Isoliert wird die Räumungsfrist dagegen außer im Fall von Abs 2 nicht gewährt (BGH BeckRS 10, 11348).

8 **2. Antragserfordernis, Form, Frist.** Für Entscheidungen nach **Abs 1** ist ein Antrag nicht zwingend Voraussetzung. Sie kann auch **von Amts wegen** ergehen (LG Rostock NJW-RR 01, 442, 443). Eine Entscheidung vAw kommt immer dann in Betracht, wenn die Anordnung der sofortigen Räumung außerhalb dessen liegt, worauf sich der Schuldner einstellen muss (BVerfG NJW 99, 1387, 1389 f). Entscheidungen nach **Abs 2** und **Abs 3** ergehen nur auf entsprechenden **Verlängerungs- oder Verkürzungsantrag** des Schuldners oder Gläubigers. Es handelt sich dabei um einen Sachantrag nach § 297 I, der bis zum Schluss der letzten mündlichen Verhandlung gestellt werden muss (ThoPu/*Seiler* § 721 Rn 4). Anträge nach Abs 2 und Abs 3 sind **form- und fristgebunden**. Sie müssen schriftlich, beim AG nach § 496 auch zu Protokoll der Geschäftsstelle, gestellt werden; beim LG herrscht Anwaltszwang nach § 78 I. Die Antragstellung muss zwei Wochen vor dem Tag der Räumung oder dem Ablauf der Räumungsfrist erfolgen, wobei der letzte Tag in die Frist mit einzustellen ist (Musielak/*Lackmann* § 721 Rn 8; Beispiel nach Tho/Pu/*Seiler* § 721 Rn 5: Bei einer Räumungsfrist bis zum 30.11. kann der Antrag bis zum 16.11., 24 Uhr gestellt werden). Nach hM ist § 222 II auf die Frist nicht anzuwenden (LG München WuM 80, 247; LG Berlin ZMR 92, 394; NJW-RR 93, 144; MüKoZPO/*Krüger* § 721 Rn 5 m Fn 17; aA LG Hamburg NJW-RR 90, 657; Musielak/*Lackmann* § 721 Rn 8). Wird die Räumungsfrist ohne nähere Angabe nach Monaten bemessen, beginnt sie mit dem Erlass der Entscheidung zu laufen (LG Mannheim ZMR 70, 205). Bei einem zulässigen Antrag kann bis zur Entscheidung eine einstweilige Regelung nach § 732 II getroffen werden (Abs 4 S 4). Wurde die Frist dagegen versäumt, ist der Antrag unzulässig. Allerdings kann in diesem Fall **Wiedereinsetzung** gewährt werden (Abs 2 S 2; Abs 3 S 3). Ist der Antrag auf Wiedereinsetzung rechtzeitig, ist § 707 einschlägig.

9 **3. Verfahren, Entscheidung und Kosten.** Die Räumungsfrist nach **Abs 1** wird in einem **Urteil** angeordnet, das stets nach mündlicher Verhandlung ergeht. Sie ist im Tenor auszusprechen und muss auch dann begründet werden, wenn sie in einem Versäumnisurteil erfolgt (MüKoZPO/*Krüger* § 721 Rn 6). Bei Zurückweisung des Antrags ist eine Erörterung in den Entscheidungsgründen ausreichend. Wurde ein Antrag rechtzeitig in der letzten mündlichen Verhandlung gestellt, aber nicht beschieden, kommt Urteilsergänzung nach § 321 in Betracht (Abs 1 S 3). Wurde kein Antrag gestellt und unterblieb die Entscheidung vAw, sind dagegen allein Berufung und sofortige Beschwerde nach Abs 6 Nr 1 statthaft (St/J/*Münzberg* § 721 Rn 22m Fn 100). Nicht etwa kann ein isolierter neuer Antrag gestellt werden (LG Rostock NJW-RR 01, 442, 443; Musielak/*Lackmann* § 721 Rn 9). Wurde in der 1. Instanz eine Räumungsfrist nicht beantragt, scheidet eine Ergänzung des Urteils aus. Die Einstellung der Zwangsvollstreckung kann in diesem Fall nur nach §§ 719 I, 707 verlangt werden (Köln MDR 80, 764; zur Einstellung in der Revisionsinstanz BGH WuM 03, 710). Entscheidungen nach **Abs 2** und **Abs 3** ergehen auf der Grundlage einer fakultativen mündlichen Verhandlung nach § 128 IV im Wege des **Beschlusses**. Es besteht Begründungspflicht. Dem Gegner ist vor der Entscheidung nach Abs 4 S 3 rechtliches Gehör zu gewähren; eine einstweilige Einstellung der Zwangsvollstreckung ist auf der Grundlage von Abs 4 S 4 und § 732 II möglich.

10 In der stattgebenden Entscheidung sollte die **Räumungsfrist**, um Unklarheiten zu vermeiden, nach Möglichkeit immer **nach dem Datum bestimmt** werden. Eine Mindestfrist gibt es nicht; eine Räumungsfrist von einem Jahr ist die Höchstdauer (Abs 5 S 1). Die Frist läuft nach Abs 5 S 2 ab Rechtskraft des Urteils oder ab dem Tag der vorgesehenen Räumung, wenn diese auf einen späteren Zeitpunkt datiert ist. Vertragliche Vereinbarungen über den gerichtlich gewährten Räumungsschutz hinaus sind zulässig. Die Höchstgrenze sind zwei Jahre (*Börstinghaus* WuM 06, 292). Zieht der Schuldner aus der Wohnung aus, bevor die gerichtlich gewährte Räumungsfrist abgelaufen ist, muss er das dem Gläubiger rechtzeitig mitteilen (LG Mönchengladbach DWW 92, 215). Die Bewilligung der Räumungsfrist hat auf Bestand und Dauer des

Mietvertrags grds keine Auswirkungen (Hamm NJW 82, 341). Allerdings muss bei Zeitmietverhältnissen iSv § 575 BGB, die durch fristlose Kündigung beendet werden, darauf geachtet werden, dass die Räumungsfrist die vertraglich festgelegte Mietdauer nicht überschreitet (Abs 7 S 2). Lässt das erkennende Gericht die gesetzliche **Höchstdauer** bei der Bestimmung der Räumungsfrist außer Acht, gilt dennoch die vom Gericht bestimmte längere Frist. Vollstreckungsschutz nach § 765a wird unabhängig von § 721 gewährt (MüKoZPO/*Krüger* § 721 Rn 6 aE). Vollstreckungsrechtlich begründet die Räumungsfrist eine besondere Vollstreckungsvoraussetzung iSd § 751 I (s. Rz 1). Sie hat auch **materiellrechtliche Wirkungen**: Zwar begründet sie weder ein Besitzrecht noch eine sonstige Nutzungsbefugnis (krit *Bosch* NZM 09, 530, 532), hat aber die haftungsrechtliche Folge des § 546a BGB. Der Nutzungsberechtigte schuldet hiernach nur die Nutzungsentschädigung, keinen weitergehenden Schadensersatz, § 571 II BGB. Ob der Anspruch aus § 546a BGB mit denjenigen aus §§ 987 ff BGB real konkurriert, ist str (dafür Zö/*Stöber* § 721 Rn 12; PWW/*Feldhahn* § 546a BGB Rn 15; differenzierend Palandt/*Weidenkaff* § 546a BGB Rn 20).

Für die Entscheidung über die **Kosten** gelten für Urteile und Beschlüsse die allgemeinen Kostentragungsregeln nach §§ 91 ff, im Urteilsverfahren ist zusätzlich § 93b III zu beachten. Die Kosten sind also weder solche des vorangegangenen Rechtsstreits noch der Zwangsvollstreckung (LG Konstanz MDR 67, 307 f; Musielak/*Lackmann* § 721 Rn 9; aA LG München I WuM 82, 81). Der **Streitwert** orientiert sich am Miet- oder Nutzungswert für die beantragte Räumungsfrist oder Fristverkürzung. **Gerichtsgebühren** fallen erstinstanzlich weder für das Urt nach Abs 1, noch für die Beschlüsse nach Abs 2, 3 an. Für das Beschwerdeverfahren gilt KV N 2121. Für die **Anwaltsgebühren** ist Nr 3334 VV zu § 2 II RVG einschlägig, soweit ein selbstständiges Räumungsfristverfahren durchgeführt wird, sonst gelten Nr 3100 ff RVG zu § 19 I RVG. Das Räumungsfristverfahren ist dann Teil des Rechtszugs und wird auch kostenmäßig über dieses erfasst. 11

III. Anfechtung. Die Anfechtung richtet sich nach dem Entscheidungstyp. **Urteile nach Abs 1** sind in der Hauptsache mit den allgemeinen Rechtsbehelfen anfechtbar (Berufung, Revision, Einspruch). In diesem Fall bezieht sich die Anfechtung auch auf den Ausspruch über die Räumungsfrist. Es ist auch möglich, diesen gesondert anzugreifen. Dann ist die **(isolierte) sofortige Beschwerde** nach Abs 6 S 1 Nr 1 das statthafte Rechtsmittel. Das gilt auch, wenn es sich um ein **Versäumnisurteil** handelt (LG Köln NJW-RR 87, 143), wegen § 514 II aber nicht für ein zweites Versäumnisurteil iSd § 345 (LG Dortmund NJW 65, 1385). Eine Versagung iSd Abs 6 Nr 1 ist auch gegeben, wenn das Gericht die Räumungsfrist nicht vAw gewährt hat, ebenso wenn das Urt dazu überhaupt keine Aussage enthält (MüKoZPO/*Krüger* § 721 Rn 14). Die Beschwerde richtet sich stets gegen das erstinstanzliche Urt, § 567 I. Sie wird unzulässig, wenn der Beschwerdeführer später zusätzlich Berufung einlegt. In diesem Fall entfällt das Rechtsschutzinteresse und das Beschwerdeverfahren muss für erledigt erklärt werden (Musielak/*Lackmann* § 721 Rn 10; aA LG Düsseldorf ZMR 90, 380; St/J/*Münzberg* § 721 Rn 37: beide Rechtsmittel konkurrieren). Hat dagegen der Gläubiger Beschwerde eingelegt, um die Verkürzung der Räumungsfrist im Urt der 1. Instanz zu erreichen, und legt nun der Mieter Berufung ein, bleibt das Rechtsschutzbedürfnis im Beschwerdeverfahren bestehen (neben der Möglichkeit, Anschlussberufung einzulegen: LG Nürnberg-Fürth NJW-RR 92, 1251), weil sonst eine Verzögerung der Vollstreckung zu gewärtigen wäre und die Anschlussberufung wegen § 524 IV riskant ist (str: dafür MüKoZPO/*Krüger* § 721 Rn 14; aA LG Landshut NJW 67, 1374; LG Gießen WuM 94, 551). Gegen **Beschlüsse nach Abs 2 und 3** ist die sofortige Beschwerde eröffnet (Abs 6 Nr 2), wenn eine erstinstanzliche Entscheidung angegriffen wird, § 567 I. Schwebt dagegen der Rechtsstreit in der Berufungsinstanz, ist das Prozessgericht der 1. Instanz zur Entscheidung über die Anträge nach Abs 2 und 3 berufen (BGH Rpfleger 06, 328). Bewilligt das Gericht der 1. Instanz eine Räumungsfrist durch Beschl, obwohl die Voraussetzungen von Abs 2 und 3 nicht vorliegen und sie durch Urt hätte gewährt werden müssen, wird der Beschl auf sofortige Beschwerde ohne Sachprüfung aufgehoben (München NJW-RR 10, 945). **Rechtsbeschwerde** kann nur eingelegt werden, wenn sie zugelassen wurde, § 574 I Nr 2. 12

§ 722 Vollstreckbarkeit ausländischer Urteile.

(1) Aus dem Urteil eines ausländischen Gerichts findet die Zwangsvollstreckung nur statt, wenn ihre Zulässigkeit durch ein Vollstreckungsurteil ausgesprochen ist.

(2) Für die Klage auf Erlass des Urteils ist das Amtsgericht oder Landgericht, bei dem der Schuldner seinen allgemeinen Gerichtsstand hat, und sonst das Amtsgericht oder Landgericht zuständig, bei dem nach § 23 gegen den Schuldner Klage erhoben werden kann.

1 **A. Ratio.** Ein ausländischer Titel ist im Inland nicht *per se* vollstreckbar. Vielmehr muss einem solchen Titel die Vollstreckbarkeit im Inland gesondert verliehen werden (sog *Exequatur*-Verfahren). Die sog Vollstreckungsklage nach § 722 II ist ein Weg, um eine Vollstreckbarkeit eines ausländischen Urteils durch ein Vollstreckungsurteil nach § 722 I zu erreichen. Die **prozessuale Gestaltungsklage** stellt nicht etwa eine bereits vorhandene Vollstreckbarkeit des Titels fest, denn diese fehlt auf deutschem Hoheitsgebiet ja gerade. Auch hat sie nicht den ursprünglichen materiellen Leistungsanspruch zum Inhalt, über den das ausländische Urt befunden hat (St/J/*Münzberg* § 722 Rn 3). Vielmehr ist das Ziel der Vollstreckungsklage die originäre Verleihung der im Inland sonst nicht gegebenen Vollstreckbarkeit. Sie kann nur durch Vollstreckungsurteil nach § 722 I originär herbeigeführt, also insb nicht durch privatautonome Vereinbarung erreicht werden (Schuschke/Walker/*Schuschke* § 722 Rn 2). Sie besteht auch dann noch fort, wenn die Vollstreckbarkeit im Ursprungsland nicht mehr besteht und muss dann im Inland wieder besonders aufgehoben werden (Zö/*Geimer* § 722 Rn 3). Das Vollstreckungsurteil ist in seiner Wirkung von der **Anerkennung** der bestehenden prozessualen Wirkungen des Urteils, namentlich der Gestaltungs- und Rechtskraftwirkung, nach § 328 zu unterscheiden. Die Vollstreckbarkeit ist davon nicht umfasst.

2 **B. Anwendungsbereich, Konkurrenzen.** Die Vollstreckungsklage nach § 722 II kommt ebenso wie das darauf ergehende Vollstreckungsurteil nach § 722 I in der Rechtspraxis nur recht selten vor. Die **geringe praktische Bedeutung** der Vorschrift erklärt sich für Urteile, die in EU-Mitgliedstaaten, EFTA-Staaten und anderen vertraglich gebundenen Staaten ergangen sind, aus den spezielleren Regelungen in EG-Verordnungen sowie bi- und multilateralen Verträgen. Zu nennen sind insb die Klauselerteilungsverfahren aufgrund des Gesetzes zur Ausführung zwischenstaatlicher Verträge und zur Durchführung von Verordnungen und Abkommen der Europäischen Gemeinschaft auf dem Gebiet der Anerkennung und Vollstreckung in Zivil- und Handelssachen v 19.2.01 (Anerkennungs- und Vollstreckungsausführungsgesetz – AVAG, BGBl I, 288) sowie in Insolvenzsachen (Art 25, 31 ff EuInsVO, Art 102 § 8 I InsO; weitere Verfahren bei MüKoZPO/*Gottwald* § 722 Rn 9 f). Sie sind ggü dem Verfahren nach §§ 722, 723 *leges speciales*, so dass deren Anwendungsbereich nicht eröffnet ist (Musielak/*Lackmann* § 722 Rn 2; aA fehlendes Rechtsschutzinteresse KG RIW 98, 630; St/J/*Münzberg* § 722 Rn 10). § 722 kommt mithin in erster Linie für Urteile aus den asiatischen Ländern, Kanada, Südafrika und den Vereinigten Staaten (zur Vollstreckung von Titeln aus US-Sammelklagen *Koch/Zekoll* ZEuP 10, 107, 116 f) zur Anwendung, vorausgesetzt, es bestehen mit diesen Ländern keine besonderen Übereinkünfte, wie das namentlich bei Unterhaltstiteln der Fall ist. In **Familiensachen** richtet sich das Klauselerteilungsverfahren für ausländische Entscheidungen nach §§ 16 ff des Internationalen Familienrechtsverfahrensgesetzes (IntFamRVG) v 26.1.05 (BGBl I, 1632). Die Vollstreckbarkeit ausländischer Entscheidungen regelt nun § 110 FamFG. Die Vollstreckbarkeit setzt deren Anerkennung nach §§ 107 ff FamFG voraus.

3 Soweit der Anwendungsbereich der §§ 722, 723 eröffnet ist, besteht eine Konkurrenz der Vollstreckungsklage nach diesen Vorschriften mit der **Leistungsklage** gegen den Schuldner (hM; BGH NJW 79, 2477; Karlsr NJW-RR 99, 82, 83; aA ThoPu/*Seiler* §§ 722, 723 Rn 6). Allerdings ist eine Leistungsklage aus dem ursprünglichen (im Ausland ausgeurteilten) Anspruch im Inland wegen des Vorrangs der §§ 722, 723 nicht grds unzulässig (ThoPu/*Seiler* §§ 722, 723 Rn 6). Ausnahmsweise ist sie statthaft, wenn an der Anerkennung Zweifel bestehen und ein Rechtsschutzinteresse daher anerkannt werden muss (BGH NJW 87, 1146). In diesem Fall ist eine Stufung der Vollstreckungs- und Leistungsklage in Haupt- und Hilfsantrag zu empfehlen. Auch (negative) **Feststellungsklagen** sind neben der Klage nach §§ 722, 723 statthaft (Musielak/*Lackmann* § 722 Rn 2). Eine Vollstreckungsabwehrklage ist freilich vor dem Erlass eines Vollstreckungsurteils nach § 722 I nicht statthaft. Denn es existiert im Inland noch kein vollstreckungsfähiger Titel (Zö/*Geimer* § 722 Rn 101).

4 **C. Tatbestand. I. Materieller. 1. Urteil eines ausländischen Gerichts.** Abs 1 erfasst seinem Wortlaut nach nur einen bestimmten Entscheidungstyp, das Urt. Dieser Begriff muss jedoch **großzügig ausgelegt** werden. Erfasst werden auch ausländische **Entscheidungen, die Vollstreckungsbescheiden entsprechen** (Köln OLGR 05, 83) sowie konkursrechtliche Titel (BGH NJW 93, 2312, 2316). Angesprochen sind schließlich auch **Kostenfestsetzungsbeschlüsse** anerkannter Urteile (RGZ 109, 383, 387). Nach dem eindeutigen Wortlaut der Vorschrift scheiden dagegen vollstreckbare öffentliche Urkunden und gerichtliche Vergleiche als Grundlage für eine Vollstreckungsklage aus. Denn in § 795 gibt es keinen Verweis auf § 722 (MüKoZPO/*Gottwald* § 722 Rn 13: »rechtspolitisch eher verfehlt«; aA Zö/*Geimer* § 722 Rn 10). Ihre Vollstreckbarkeit lässt sich freilich durch entsprechende Erklärung aufgrund zahlreicher EG-Verordnungen und Staatsver-

träge herstellen (zB Art 57, 58 EuGVO). Urteile iSv § 722 I sind des Weiteren weder Titel, die im **einstweiligen Rechtsschutzverfahren** ergangen sind, weil sie in der Hauptsache nicht der Rechtskraft fähig sind, noch ausländische Vollstreckbarkeitserkärungen. Die sog **Doppelexequatur ist unzulässig**, weil sie keine sachliche Entscheidung ist, sondern ihrem Inhalt nach die Vollstreckbarkeit des ausländischen Titels begründet (Musielak/*Lackmann* § 722 Rn 3). Das Verbot der Doppelexequatur gilt auch für ausländische Schiedssprüche (BGH NJW 09, 2826 mit Anm *Geimer* IPRax 10, 346 f; *Borges* LMK 10, 308128; MüKoZPO/*Gottwald* § 722 Rn 23).

Die Urteile müssen von einem **ausländischen Gericht** stammen. Was dieses Tatbestandsmerkmal anbelangt, bedarf die Vorschrift der Konkretisierung in dreifacher Hinsicht: **Urteile der Gerichte der ehemaligen DDR** konnten in der Bundesrepublik unmittelbar vollstreckt werden, weil die DDR nicht als Ausland galt (BVerfGE 36, 1, 17; 27, 57, 64 = NJW 74, 893; BGHZ 84, 17, 19 = NJW 82, 1947; Hamm FamRZ 91, 1078). §§ 722, 723 waren folglich weder direkt noch analog anwendbar (BGHZ 84, 17, 19 = NJW 82, 1947). Seit dem Beitritt der DDR zur Bundesrepublik ergibt sich das aus Art 18 EinigVtr v 31.8.90. Allerdings steht die Vollstreckung von Titeln aus der ehemaligen DDR nach Art 18 I 2 EinigVtr unter dem Vorbehalt einer Überprüfung auf rechtsstaatliche Grds. Sie erfolgt auf eine Erinnerung des Schuldners nach § 766 und richtet sich inhaltlich nach § 328 Nr 1–4 (BGH NJW 97, 2051). Die **Umrechnung eines auf DDR-Mark lautenden Vollstreckungstitels** richtet sich nach § 10 V des Vertrages über die Währungs-, Wirtschafts- und Sozialunion v 18.5.90 (BGBl II, 17). Nach dessen Anlage I Art 7 § 1 werden Löhne, Gehälter, Stipendien, Mieten, Pachten und andere regelmäßige Zahlungen, die nach dem 30.6.90 fällig werden, im Verhältnis 1:1 eingesetzt; andere Verbindlichkeiten, die vor dem 1.7.90 begründet wurden, im Verhältnis 2:1 (*Grothe* FamRZ 04, 718; aA Hamm FamRZ 04, 716). **Europäische Entscheidungen**, namentlich solche des EuGH, des Europäischen Gerichts 1. Instanz, der EU-Kommission sowie weiterer EU-Behörden sind nach Art 244, 256 EGV, 159, 164 EAGV, 44, 92 EGKSV und Art 110 EWR-Abkommen wie inländische Urteile vollstreckbar, sofern der Bundesjustizminister dazu die Vollstreckungsklausel erteilt hat (BGBl II, 1961, 50; II 1994 588; dazu BVerfG WM 87, 772). **Entscheidungen gegen einen ausländischen Staat** können nach dem Europäischen Übereinkommen über Staatenimmunität v 16.5.72 (BGBl II, 1990, 34) grds nicht vollstreckt und damit auch nicht für vollstreckbar erklärt werden. 5

2. Vollstreckbarkeit, Bestimmtheit. Das Urt des ausländischen Gerichts muss **vollstreckungsfähig**, dh vollstreckbar und inhaltlich bestimmt sein. Nach § 722 für vollstreckbar erklärt werden, kann nur eine wirksame Entscheidung (BGHZ 118, 313), die der Vollstreckbarkeit nicht vollständig ermangelt oder deren Vollstreckbarkeit nicht nachträglich aufgehoben worden ist. Die Vollstreckbarkeitserklärung ist nach bundesdeutschem Recht nicht möglich, wenn der Titel im Ursprungsland selbst nicht vollstreckungsfähig ist (BGH MDR 04, 1075; AG Wiesbaden FamRZ 06, 562: fehlendes Rechtsschutzbedürfnis für den Antrag nach §§ 722, 723). Für vollstreckbar erklärt werden soll nach hM auch ein Urt, das nach § 888 III nicht vollstreckt werden kann (MüKoZPO/*Gottwald* § 722 Rn 20m Fn 35: »Dies erscheint freilich unnötig«), ebenso wie ein Urt auf Abgabe einer Willenserklärung nach § 894. §§ 722, 723 sind dagegen nicht anwendbar auf **Feststellungs- und Gestaltungsurteile**, da diese keinen vollstreckbaren Inhalt haben (AG Würzburg FamRZ 94, 1596). Bei ihnen sind nur die Kosten vollstreckbar (Zö/*Geimer* § 722 Rn 5). 6

Der in dem ausländischen Titel ausgesprochene Leistungsbefehl muss **inhaltlich ausreichend bestimmt** sein (BGH NJW 93, 1801). Die inhaltliche **Konkretisierung des ausländischen Titels** ist rechtlich zulässig, weil erst die Entscheidung über die Vollstreckbarerklärung die Zwangsvollstreckung ermöglicht. Sie ist sachlich auch geboten und stellt inhaltlich dann keine überzogenen Anforderungen an das Exequaturgericht, wenn sich der genaue Umfang der Leistungspflicht des Schuldners aus ausländischen Gesetzen oder aus sonstigen allgemein zugänglichen Quellen ermitteln lässt (BGH FamRZ 86, 45). Dabei muss es sich um amtliche Unterlagen handeln. Das ist zB der Fall bei Verurteilung zur Zahlung der gesetzlich geschuldeten Zinsen (BGH NJW 90, 3084, 3085; Köln NJOZ 2005, 1181 f; Celle NJW 88, 2183), gesetzlicher Mehrwertsteuer oder bei der Anknüpfung an einen Index für Lebenshaltungskosten (sog **indexierte Titel**; BGH NJW 86, 1440, 1441). Dagegen können **Kostengrundentscheidungen** des ausländischen Gerichts auf der Grundlage des deutschen Rechts nicht für vollstreckbar erklärt werden, weil das deutsche Gericht in eine Prüfung nach ausländischem Gebührenrecht eintreten müsste. Für vollstreckbar erklärt werden können dagegen **Kostenfestsetzungsbeschlüsse**. Denn sie sind hinreichend bestimmt (MüKoZPO/*Gottwald* § 722 Rn 21). Seine Konkretisierungsleistung erbringt das Exequaturgericht nur auf Antrag des Gläubigers (zum Inhalt s. Rz 9), der gehalten ist, die Erkenntnisquellen beizubringen, aus denen sich das einschlägige Datenmaterial ergibt (§ 293). Die Vorlage einer beglaubigten Kopie des Urteils genügt (Hamm RIW 97, 960). Ein nach 7 diesen Maßstäben nicht ausreichend bestimmter ausländischer Titel darf nicht für vollstreckbar erklärt werden (BGHZ 122, 16 = NJW 1993, 1801).

8 **II. Prozessualer. 1. Zuständigkeit. International** ist das Gericht nach Abs 2 zuständig. Die Vorschrift regelt auch die nach § 802 ausschließliche **örtliche Zuständigkeit** desjenigen Gerichts, bei dem der Schuldner seinen allgemeinen Gerichtsstand nach §§ 13–19 hat, sonst das Gericht, in dessen Bezirk sich das Vermögen des Beklagten befindet, § 23. Die Begründung eines weiteren Inlandsbezugs ist jedenfalls dann nicht erforderlich, wenn ein anderer Gerichtsstand im Inland nicht gegeben ist (BGH NJW 97, 325, 326 mit Anm *Schlosser* JZ 97, 364; *Munz* RIW 97, 238). Die nach § 802 ebenfalls ausschließliche **sachliche Zuständigkeit** hängt vom Streitwert des ausländischen Urteils ab, für das die Vollstreckbarerklärung begehrt wird. Mithin richtet sich die Zuständigkeit des Amts- oder Landgerichts nach der Streitwertgrenze des § 23 Nr 1 GVG, wobei Titel, die nicht auf Euro lauten, umgerechnet werden müssen (Dresd FamRZ 06, 563, 564; bei Kursschwankungen ist § 261 III Nr 2 einschlägig; für die Umrechnung von Titeln auf DDR-Mark s. Rz 5). Bei den Amtsgerichten ist die funktionelle Zuständigkeit des Familiengerichts begründet, wenn das ausländische Gericht aus deutscher Sicht über eine **Familiensache** entschieden hat (München OLGR 09, 116, 117; zum alten Recht BGHZ 88, 113, 115 = NJW 83, 2775). Für Unterhaltstitel im Anwendungsbereich des Auslandsunterhaltsgesetzes sind nach § 10 III AUG die Amtsgerichte ausschließlich zuständig (MüKoZPO/*Gottwald* § 722 Rn 28). Beim LG ist stets die Zivilkammer, nicht die Kammer für Handelssachen zur Entscheidung berufen (Zö/*Geimer* § 722 Rn 47). Zuständigkeitsvereinbarungen sind vorrangig (Musielak/*Lackmann* § 722 Rn 6). Allg zur Zuständigkeit *Schütze* NJW 83, 154.

9 **2. Weitere Verfahrenserfordernisse.** Die Vollstreckungsklage ist eine prozessuale Gestaltungsklage im **Erkenntnis-, nicht im Vollstreckungsverfahren** (BGH NJW 92, 3096, 3097); ihr **Streitgegenstand** ist der Anspruch des Gläubigers auf Verleihung der Vollstreckbarerklärung im Inland (Bambg FamRZ 80, 67). Der Antrag auf Vollstreckbarerklärung kann in der Höhe beschränkt werden und sich nur auf einen von mehreren Streitgegenständen beziehen (sog **Teilexequatur**). Der **Klageantrag** geht dahin, »das Urt des Gerichts … vom (Az…), durch das der/die Beklagte zu … verurteilt wurde, für vollstreckbar zu erklären.« Über die Anerkennung nach § 328 entscheidet das Exequaturgericht im Verfahren nach §§ 722, 723 inzident mit. Allerdings geschieht das nicht rechtskraftfähig (BGH NJW 87, 1146). Eine Rechtshängigkeit des ursprünglichen Anspruchs wird zwar nicht begründet (BGHZ 72, 23, 29 = NJW 78, 1975, 1976), jedoch hemmt die Vollstreckungsklage dessen Verjährung nach § 204 I Nr 1 BGB. Die **Umdeutung** eines unzulässigen Antrags aus §§ 722, 723 in einen solchen auf Klauselerteilung ist nicht möglich (BGH NJW 79, 2477).

10 § 723 II 2 schränkt die **Dispositionsbefugnis** der Parteien aufgrund des öffentlichen Interesses an der Anerkennung ein. Ein **Anerkenntnis** des Beklagten nach § 307 scheidet daher ebenso aus wie ein **Vergleich** der Parteien, der die Vollstreckbarkeit des ausländischen Titels zum Gegenstand hat. Die Begründung einer neuen Zahlungsverpflichtung ist im Vergleichsweg dagegen möglich (MüKoZPO/*Gottwald* § 722 Rn 31), ebenso ein **Verzicht** nach § 306 (Zö/*Geimer* § 722 Rn 68) und die **Rücknahme** der Klage nach § 269 . Eine **Widerklage** ist nur statthaft, wenn sie durch die Rechtskraft des ausländischen Urteils nicht präkludiert ist (RGZ 114, 171, 173). Prozessführungsbefugt sind der Gläubiger und der Schuldner des ausländischen Titels, die jeweiligen Rechtsnachfolger und dritte Personen, für und gegen die das Urt wirkt, etwa das Kind, dem im Scheidungsurteil Unterhalt gewährt wird (BGH NJW-RR 07, 722, 723; Hambg FamRZ 83, 1157, 1158). **§ 265 II ist anwendbar**, wenn der Kl den titulierten Anspruch nach dem Eintritt der Rechtshängigkeit abtritt (BGH NJW 92, 2096, 3100).

11 **D. Entscheidung, Anfechtung und Vollstreckung.** In dem stattgebenden Vollstreckungsurteil wird der in die deutsche Sprache übersetzte **Tenor** des ausländischen Urteils wiedergegeben und im Inland für vollstreckbar erklärt: »Das Urt des …, durch das der/die Beklagte zu … verurteilt wurde, wird für vollstreckbar erklärt.« (zum Antrag s. Rz 9). **Ausländische Währungen** werden nicht im Urt, sondern erst im Vollstreckungsverfahren umgerechnet (MüKoZPO/*Gottwald* § 722 Rn 35). Bei einem teilweisen Unterliegen ist eine **Teilvollstreckbarkeitserklärung** in den Tenor aufzunehmen und die Klage iÜ abzuweisen (BGHZ 118, 312 = NJW 92, 3096, 3105). Das ausländische Urt darf dabei inhaltlich grds nicht verändert werden. Die Entscheidung über die **Kosten** und die **vorläufige Vollstreckbarkeit** richtet sich beim Vollstreckungsurteil nach den allgemeinen Vorschriften (§§ 91 ff, 708 ff). Das Urt kann mit den bekannten Rechtsmitteln angefochten werden; denn es schließt ein Erkenntnisverfahren ab (s. Rz 9). Die **Gerichtsgebühren** ergeben sich aus Hauptabschnitt 5 v KV Teil 1 (Vorbemerkung 1.5 sowie Nr 1510–1521). Die **Anwaltsgebühren** richten

sich für den Prozess sowie für besondere Beschlussverfahren nach bi- und multilateralen Verträgen nach Nr 3100 ff VV RVG.

Das Vollstreckungsurteil ist die **Grundlage der Zwangsvollstreckung** im Inland. Es wird vollstreckt wie ein inländischer Titel (Nagel/Gottwald § 71 Rn 4). Die weiteren Vollstreckungsvoraussetzungen, namentlich Klausel und Zustellung, müssen vorliegen. **Materiellrechtliche Einwendungen** gegen den titulierten Anspruch kann der Schuldner iRd Vollstreckungsklage nur einbringen, wenn er damit im ausländischen Prozess nicht präkludiert ist, § 767 II (Musielak/*Lackmann* § 722 Rn 8). Umstände, die eine **Abänderungsklage** nach § 323 begründen, können schließlich in den Prozess auf Antrag eingeführt werden (BGH NJW 87, 1146, 1147). Der **Streitwert** bestimmt sich nach dem in Euro umgerechneten Wert der Hauptforderung ohne Zinsen. Kosten werden der Hauptsache nur dann hinzugerechnet, wenn über sie betragsmäßig getrennt erkannt wurde (BGH ZZP 70, 234). 12

§ 723 Vollstreckungsurteil.

(1) Das Vollstreckungsurteil ist ohne Prüfung der Gesetzmäßigkeit der Entscheidung zu erlassen.

(2) [1]Das Vollstreckungsurteil ist erst zu erlassen, wenn das Urteil des ausländischen Gerichts nach dem für dieses Gericht geltenden Recht die Rechtskraft erlangt hat. [2]Es ist nicht zu erlassen, wenn die Anerkennung des Urteils nach § 328 ausgeschlossen ist.

Die Vorschrift enthält weitere prozessuale Voraussetzungen des Vollstreckungsurteils, zunächst das an das inländische Gericht adressierte Verbot, die Entscheidung des ausländischen Gerichts auf Gesetzesmäßigkeit hin zu überprüfen (sog **Verbot der révision au fond**). Ob das Gericht im Ausland die Tatsachen korrekt festgestellt und aus- oder inländisches Recht materiell und formell korrekt angewendet hat, entzieht sich damit der Prüfungskompetenz des inländischen Gerichts. Eine **Ausnahme** gilt nach Abs 2 S 2 iVm § 328 I Nr 4 für die Verletzung von tragenden bundesdeutschen Rechtsgrundsätzen, wie den Verstoß gegen den *ordre public* (BGH NJW 10, 153; NJW-RR 09, 1652; Stuttg OLGR 09, 795; *Behr* ZJS 10, 292, 293 f zur Vollstreckung aus ausländischen *punitive damages*-Urteilen) oder die Prüfung der internationalen Zuständigkeit (s. § 722 Rz 8) nach § 328 I Nr 1. Insoweit besteht nach hM keine Bindung an die tatsächlichen Feststellungen des ausländischen Gerichts (BGHZ 52, 30, 57 = NJW 70, 387; MüKoZPO/*Gottwald* § 723 Rn 2). 1

Das inländische Gericht muss sich nach Abs 2 S 1 grds darauf beschränken, festzustellen, ob das Urt des ausländischen Gerichts nach der für dieses maßgeblichen Rechtsordnung **rechtskräftig** geworden ist. Zugrundezulegen ist dabei allerdings der **Rechtskraftbegriff des bundesdeutschen Rechts.** Entscheidend ist dabei die formelle Rechtskraft iSd der Unanfechtbarkeit der Entscheidung mit förmlichen Rechtsmitteln oder eine ähnliche Wirkung des ausländischen Rechts, für die der Kl nach § 293 darlegungspflichtig ist. Dass es eine Aufhebungsmöglichkeit eines in Rechtskraft erwachsenen ausländischen Urteils gibt, ist kein Hindernis für eine Vollstreckbarerklärung, solange es nicht tatsächlich aufgehoben worden ist (BGHZ 118, 313; Hamm RIW 97, 960 für einen Wiedereinsetzungsantrag). Nach Abs 2 S 2 wird **inzident** über die **Anerkennung** des ausländischen Urteils nach § 328 befunden, die eine Voraussetzung des Vollstreckungsurteils ist. Die entsprechende Prüfung erfolgt **von Amts wegen**. Hierzu hat der Beweispflichtige die erforderlichen Tatsachen vorzutragen und ggf zu beweisen. 2

§ 724 Vollstreckbare Ausfertigung.

(1) Die Zwangsvollstreckung wird auf Grund einer mit der Vollstreckungsklausel versehenen Ausfertigung des Urteils (vollstreckbare Ausfertigung) durchgeführt.

(2) Die vollstreckbare Ausfertigung wird von dem Urkundsbeamten der Geschäftsstelle des Gerichts des ersten Rechtszuges und, wenn der Rechtsstreit bei einem höheren Gericht anhängig ist, von dem Urkundsbeamten der Geschäftsstelle dieses Gerichts erteilt.

A. Ratio. Die Vorschrift konkretisiert die allgemeinen Voraussetzungen der Zwangsvollstreckung. So ist nach § 724 I neben dem Titel auch die Erteilung einer vollstreckbaren Ausfertigung erforderlich. Nur zusammen mit dieser begründet der Titel den sog Vollstreckungsanspruch, der sich einerseits auf ein unmittelbares Aktivwerden der Vollstreckungsorgane richtet und andererseits dem Schuldner die Verpflichtung auferlegt, die Zwangsvollstreckung zu dulden. Erteilt wird die vollstreckbare, dh mit der Vollstreckungsklausel versehene Ausfertigung des Urteils nicht von **Organen des** Vollstreckungs-, sondern des **Erkenntnisverfahrens**. Das Original des Titels bleibt beim ausstellenden Organ. Im rechtsgeschäftlichen 1

Verkehr wird er durch die mit der Klausel versehene beglaubigte Abschrift ersetzt (Musielak/*Lackmann* § 724 Rn 2; zum Begriff der Ausfertigung s. § 317). Diese möglicherweise wenig effektiv scheinende Bescheinigung der Existenz und der Vollstreckbarkeit des Titels (ThoPu/*Seiler* § 724 Rn 3) bedeutet eine nicht unerhebliche **Entlastung für die Vollstreckungsorgane**, insb für den Gerichtsvollzieher, der im Interesse eines raschen Fortgangs der Vollstreckung grds keine Entscheidungen treffen muss, die die Kenntnis der Urteilsgründe oder der Verfahrensakten voraussetzt (MüKoZPO/*Wolfsteiner* § 724 Rn 2). Des Weiteren ermöglicht die Erteilung der vollstreckbaren Ausfertigung eine **einheitliche Beurteilung** der zu klärenden rechtlichen und tatsächlichen Fragen durch eine ausschließlich dazu berufene zentrale Stelle (BGH NJW 92, 3096, 3098). Entscheidungsdivergenzen zwischen verschiedenen, für einzelne Vollstreckungshandlungen zuständige Organe werden so möglichst vermieden.

2 Das Klauselverfahren gehört daher systematisch viel eher zum Erkenntnis- als zum Vollstreckungsverfahren (BGH MDR 76, 837, 838; Klauselerteilung als die Vollstreckung vorbereitender Akt). **Auf der Klausel beruht das gesamte Vollstreckungsverfahren.** Darum muss die sie enthaltende vollstreckbare Ausfertigung vor der Einleitung der Vollstreckung dem Vollstreckungsorgan auch vorgelegt werden, damit deutlich wird, dass der Gläubiger über eine solche verfügt (Köln NJW-RR 00, 1580). Die Vollstreckungsorgane dürfen freilich weder die formelle Ordnungsmäßigkeit noch die inhaltliche Richtigkeit der Vollstreckungsklausel prüfen und in Frage stellen (*Jaspersen* Rpfleger 95, 4), wohl aber die Erforderlichkeit ihrer Erteilung (Hamm FamRZ 81, 199, 200), ihr Fehlen wegen Nichtigkeit (Musielak/*Lackmann* § 724 Rn 2) sowie aus praktischen Gründen die Bestimmtheit des Titels (KG NJW-RR 98, 424; aA MüKoZPO/*Wolfsteiner* § 724 Rn 4: Rüge allein auf Grundlage von § 732, nicht nach § 766) und dessen grundsätzliche Vollstreckbarkeit (BGH NJW-RR 06, 217, 218; aA Hamm Rpfleger 89, 466; MüKoZPO/*Wolfsteiner* § 724 Rn 4). Grds sind sie jedoch **an die erteilte Vollstreckungsklausel gebunden** (BayObLG Rpfleger 83, 480, 481; *Sauer/Meiendresch* Rpfleger 97, 289 f).

3 **B. Anwendungsbereich.** Einer vollstreckbaren Ausfertigung bedarf grds jeder Titel, also sowohl **Urteile** nach § 704 I als auch die weiteren **Titel nach §§ 794 ff**, mithin auch Vollstreckungsurteile nach § 722, Entscheidungen nach §§ 1060 ff und nach §§ 796a I, 796c (**Vollstreckbarerklärung von Schiedssprüchen und Anwaltsvergleichen**, Köln NJW 97, 1450, 1451). § 724 kommt auch für Vollstreckbarerklärungen von vielen bi- und multilateralen **Vollstreckungsabkommen** zur Anwendung (s. § 722 Rz 2). Auch ein Unterlassungsurteil nach § 890 ist in der Hauptsache nur mit Vollstreckungsklausel vollstreckbar (Hambg WRP 81, 221). Aufgrund ausdrücklicher Anordnung bedürfen Vollstreckungsbescheide nach § 796 I sowie Arrestbefehle und einstweilige Verfügungen nach §§ 929 I, 936 I nur in besonderen Fällen einer Vollstreckungsklausel, die freilich häufig vorkommen. Ein Fall ist die Abhängigkeit der Vollstreckung von einer Bedingung, ein zweiter die Klauselerteilung für oder gegen Rechtsnachfolger nach §§ 726 ff. Eine Klausel ist des Weiteren nicht erforderlich bei **Kostenfestsetzungsbeschlüssen** nach §§ 105 I, 795a und **vollstreckbaren Beschlüssen der Vollstreckungsorgane**, insb des Vollstreckungsgerichts iRd Zwangsvollstreckung (Pfändungs- und Überweisungsbeschlüsse, die sich auf die Wegnahme von Hypothekenbriefen, § 830 I 1, 2, oder sonstigen Urkunden richten, § 836 III 3, einschließlich der eidesstattlichen Versicherung nach § 883 II und der Ermächtigung zur Vornahme vertretbarer Handlungen nach § 887 I). Schließlich sind **Haftbefehle** nach § 901, **Vorpfändungen** nach § 845 I 3 und **europäische Vollstreckungstitel** über nicht bestrittene Forderungen nach § 1082 nicht klauselpflichtig, wohl aber ein Vorschusstitel nach § 887 II.

4 **C. Tatbestand. I. Beschaffenheit des Titels. 1. Äußerliche Wirksamkeit.** Der Vollstreckungstitel muss nach seinem äußeren Anschein den Eindruck der Wirksamkeit erwecken. Das ist der Fall, wenn die Entscheidungsformalien nach § 313 I Nr 1–4 eingehalten worden sind, ebenso die nach § 311 II (Verkündung; BGH NJW 99, 794) und nach § 315 (Unterschrift). Die Unterschrift muss grds das Rubrum und den Entscheidungstenor erfassen. Wird auf einen bestimmten, eindeutig bezeichneten Teil der Akten verwiesen, ist der Beschl zwar fehlerhaft zu Stande gekommen, aber gleichwohl wirksam, so dass aus ihm vollstreckt werden kann (BGH NJW 03, 3137, 3138). Ein Vergleich im Prozess ist wirksam, wenn er den Vermerk »vorgelesen/vorgespielt und genehmigt« sowie die nach § 163 I 1 notwendigen Unterschriften aufweist und dem Anwaltszwang Rechnung getragen wurde (Musielak/*Lackmann* § 724 Rn 6). Die für die Klauselerteilung zuständige Stelle prüft nur die formellen Voraussetzungen des Prozessvergleichs und des Urteils, keinesfalls die materielle Rechtmäßigkeit des Titels (Frankf NJW-RR 95, 703; ThoPu/*Seiler* § 724 Rn 13 für den Vergleich). Allerdings darf die Klausel nicht erteilt werden, wenn das **Urteil**, auf dem der Titel beruht, **nicht mehr wirksam** ist, weil es von einer höheren Instanz oder auf einen Einspruch hin zwischenzeitlich aufge-

hoben wurde. Das gilt auch für einen unwirksamen Vergleich oder ein noch nicht in Rechtskraft erwachsenes Urt, das durch Klagerücknahme nach § 269 III seine Wirksamkeit verloren hat (Zö/*Stöber* § 724 Rn 5). Ob der Titel dagegen bereits zugestellt wurde, ist nicht maßgeblich. Ebenso wenig spielen materiellrechtliche Merkmale eine Rolle, die möglicherweise zur Unwirksamkeit der Zwangsvollstreckung geführt haben (Beispiele: Gesetzesänderung; Entscheidung des BVerfG; Zahlung), auch dann nicht, wenn sie offenkundig sind (St/J/*Münzberg* § 724 Rn 12; aA MüKoZPO/*Wolfsteiner* § 724 Rn 44 mwN). Schließlich hindern für sich weder die Einstellung der Zwangsvollstreckung noch die Abwendungsbefugnis des Schuldners nach §§ 711, 712 I 1 noch eine notwendige Sicherheitsleistung des Gläubigers die Klauselerteilung (Zö/*Stöber* § 724 Rn 5).

2. Vollstreckungsfähigkeit; Vollstreckungsreife. Der Titel, für den eine vollstreckbare Ausfertigung nach § 724 I verlangt werden kann, muss **vollstreckungsreif** und **vollstreckungsfähig** sein. Vollstreckungsfähig sind grds nur Leistungsurteile. Für ein Urt, das in der Rechtsmittelinstanz ergeht, wird nur dann eine Vollstreckungsklausel erteilt, wenn es selbst einen vollstreckbaren Inhalt hat. Das gilt auch, wenn das angefochtene Urt nur abgeändert wird (BGH NJW 98, 613). **Klageabweisende Urteile** und **Urteile, die auf Feststellung lauten**, erhalten nur dann eine vollstreckbare Ausfertigung, wenn der Kostenfestsetzungsbeschluss auf ihnen angebracht ist, § 795a. Nicht vollstreckungsfähig sind Titel, die so **wenig bestimmt** sind, dass das Vollstreckungsorgan die geschuldete Leistung aus ihm nicht erkennen und beitreiben kann, ebenso **nichtige Entscheidungen** (ThoPu/*Seiler* § 724 Rn 9). Auch für Titel, aus deren Inhalt sich ergibt, dass sie nicht vollstreckbar sind, wird keine vollstreckbare Ausfertigung erteilt (Ddorf NJW-RR 87, 640). Die **Vollstreckungsreife** eines Titels ist eingetreten, wenn das Urt, das ihm zugrunde liegt, nach § 704 I **rechtskräftig oder für vorläufig vollstreckbar erklärt** worden ist. Für die Vollstreckungsreife ist dagegen nicht entscheidend, ob die angeordnete Sicherheit tatsächlich erbracht worden ist. Außerdem darf die Vollstreckung aus dem Titel nicht bedingt oder befristet sein. In diesem Fall ist § 726 einschlägig (Musielak/*Lackmann* § 724 Rn 7). Schließlich ist für den Eintritt der Vollstreckungsreife eines Titels die Vorlage eines Rechtskraftzeugnisses nach § 706 nicht erforderlich (MüKoZPO/*Wolfsteiner* § 724 Rn 41). 5

II. Antrag des Titelgläubigers. Die Erteilung einer vollstreckbaren Ausfertigung erfolgt nur auf **formlosen Antrag**, der nicht zwingend von einem Anwalt gestellt werden muss, § 78 V. **Antragsberechtigt** ist grds diejenige Person, die das zu vollstreckende Urt erstritten hat und die folglich der Titel als Gläubiger ausweist (BGHZ 92, 347; NJW 84, 806). Von der formellen Antragsberechtigung nach § 724 I ist die Eigenschaft als Titelgläubiger zu unterscheiden (MüKoZPO/*Wolfsteiner* § 724 Rn 22). Das zeigt sich im Fall der **Prozessstandschaft** (dazu *Becker-Eberhard* ZZP 104, 413 ff: zur Titelumschreibung nach § 727 s. § 727 Rz 3). Besteht eine solche auf der Gläubigerseite aufgrund Gesetzes oder kraft Vereinbarung, kann der Prozessstandschafter die Erteilung der vollstreckbaren Ausfertigung abhängig vom Titel entweder an sich oder an eine dritte Person verlangen (BGH NJW 91, 839, 849 für die Prozessstandschaft des berechtigten Elternteils für das minderjährige Kind nach § 1629 III BGB; KG FamRZ 84, 505). Der Dritte, an den zu leisten ist, erhält dagegen die Klausel nicht (KG Rpfleger 71, 103). Aus dem Titel kann der Prozessstandschafter solange vollstrecken, bis dieser auf den materiellen Anspruchsinhaber in entsprechender Anwendung von § 727 umgeschrieben worden ist (Musielak/*Lackmann* § 724 Rn 5). Ergibt sich aus dem Urt, dass die Prozessstandschaft geendet hat (zB bei der eines Elternteils für sein Kind mit dessen Volljährigkeit), darf dem Prozessstandschafter eine Vollstreckungsklausel nicht mehr erteilt werden (Frankf FamRZ 94, 453; Zö/*Stöber* § 724 Rn 3). Statthafter Rechtsbehelf ist die Vollstreckungserinnerung nach § 766 (Naumbg FamRZ 07, 1032). 6

Wird der **Klageanspruch nach dem Eintritt der Rechtshängigkeit abgetreten**, beeinflusst dieser Umstand das Erkenntnisverfahren nach § 265 II 1 nicht. Der Kl führt nach hM das Verfahren für den neuen Gläubiger in Prozessstandschaft mit der Maßgabe weiter, dass der Klageantrag auf Leistung an den Dritten umzustellen ist (BGH NJW-RR 86, 1182; Musielak/*Lackmann* § 724 Rn 5). Diese prozessuale Lage bildet sich auch im Klauselverfahren ab: Die vollstreckbare Ausfertigung ist grds dem Kl zu erteilen, wenn er den Prozess gewonnen hat, und zwar auch dann, wenn der Prozessgegner zur Zahlung an den Dritten verurteilt wurde. Das ist nur dann anders, wenn dem Dritten die Klausel schon erteilt worden ist. Denn in diesem Fall hat der Titelgläubiger keinen Anspruch mehr auf Erteilung der vollstreckbaren Ausfertigung die nun nach § 727 durch den Rechtspfleger dem Dritten zu erteilen ist (BGH NJW 84, 806). Vor Titelumschreibung muss der Titelschuldner die Vollstreckung dulden. 7

8 **III. Gläubiger- und Schuldnermehrheiten.** Für eine Gläubiger- und Schuldnermehrheit muss sich das Beteiligungs- und Haftungsverhältnis aus dem Titel selbst ergeben (Köln NJW-RR 91, 383). Handelt es sich um **Gläubiger einer Gemeinschaft zur gesamten Hand**, wird das Urt nur für alle gemeinsam vollstreckbar ausgefertigt, es sei denn, ein Gesamthandgläubiger hat das Urt allein als Partei mit dem Inhalt erwirkt, dass an alle zu leisten ist, zB nach § 2039 BGB. In diesem Fall hat er allein das Recht auf eine vollstreckbare Ausfertigung (Zö/*Stöber* § 724 Rn 3a). Besteht **Gesamtgläubigerschaft** nach § 428 BGB, kann auf Antrag eine gemeinsame vollstreckbare Ausfertigung erteilt werden. Allerdings hat auch jeder Gesamtgläubiger einen Anspruch auf Erteilung einer eigenen selbstständigen Ausfertigung (KG NJW-RR 00, 1409, 1410). Bei **Gläubigern einer unteilbaren Leistung** iSv § 432 kann nur eine vollstreckbare Ausfertigung über diesen Anspruch für alle Gläubiger erteilt werden (BGH NJW 95, 1162, 1163). Eine Teilausfertigung zur Vollstreckung eines Teilbetrags ist nicht möglich (Hamm Rpfleger 92, 258). Dagegen kann jeder **Gesamtschuldner** nach § 421 BGB für sich eine vollstreckbare Ausfertigung verlangen (str, anders die hM: nur eine vollstreckbare Ausfertigung; weitere nur nach § 733: ThoPu/*Seiler* § 724 Rn 11; St/J/*Münzberg* § 724 Rn 5; Zö/*Stöber* § 724 Rn 12; aA MüKoZPO/*Wolfsteiner* § 724 Rn 209; s. § 733 Rz 4). Für **Teilschuldner** nach § 420 BGB können dagegen so viele Ausfertigungen erteilt werden, wie Schuldner existieren.

9 **D. Verfahren, Entscheidung und Rechtsbehelfe. I. Zuständigkeit. 1. Örtliche und sachliche.** Für die Erteilung der vollstreckbaren Ausfertigung ist das **Prozessgericht des ersten Rechtszugs** solange örtlich und sachlich zuständig, soweit der Rechtsstreit nicht bei einem höheren Gericht anhängig ist (Abs 2). Im Mahnverfahren ist das Mahngericht nur dann zuständig, wenn gegen den Mahnbescheid kein Widerspruch eingelegt wurde. Ist hingegen der Rechtsstreit auf Grund eines Einspruches gegen einen Vollstreckungsbescheid an das Prozessgericht abgegeben worden, ist für die Erteilung einer zweiten vollstreckbaren Ausfertigung des Vollstreckungsbescheides das Prozessgericht als Gericht des ersten Rechtszuges zuständig, obwohl der Vollstreckungsbescheid vom Mahngericht stammt. Der Grund hierfür liegt darin, dass die Akten sich bereits beim Prozessgericht befinden (BGH NJW-RR 06, 1575, 1576). Die Zuständigkeitsregelung entspricht der in § 706 I (s. § 706 Rz 2).

10 **2. Funktionelle.** Für die Erteilung der Klausel nach § 724 I ist der **Urkundsbeamte der Geschäftsstelle** iSv § 153 GVG funktionell zuständig. Das ist der Urkundsbeamte desjenigen Gerichts, von dem das Urt stammt, unabhängig davon, ob dieses zum Erlass zuständig war oder nicht (Stuttg Rpfleger 79, 145). Für sog qualifizierte Klauseln (s. Rz 11 aE) nach §§ 726 I, 727 ff und weitere vollstreckbare Ausfertigungen nach § 733 ist hingegen der **Rechtspfleger** nach § 20 Nr 12 und 13 sowie § 26 RPflG zuständig. Nach § 795b ist der Urkundsbeamte nunmehr auch für die Erteilung der Vollstreckungsklausel aus einem sog **Widerrufsvergleich** zuständig (Stuttg NJW 05, 909; krit zur Regelungstechnik, die ggü § 724 II keinen weiterführenden Gehalt hat: *Sandhaus* Rpfleger 08, 236; *Rellermeyer* Rpfleger 07, 129, 130; *Jungbauer* JurBüro 06, 453, 455; anders noch BGH NJW 06, 776; BAGE 108, 217 = NJW 04, 701; Saarbr NJW 04, 2908: Fall des § 726 I; Zuständigkeit des Rechtspflegers nach § 20 Nr 12 RPflG). Über einen positiven oder negativen Kompetenzkonflikt zwischen dem Urkundsbeamten der Geschäftsstelle und dem Rechtspfleger entscheidet nach § 5 I Nr 2 RpflG der Richter. Zur Wirksamkeit von Handlungen, die gegen die funktionellen Zuständigkeitsregeln verstoßen s. § 726 Rz 6. Eine **besondere Zuständigkeitsvorschrift** besteht für vollstreckbare Ausfertigungen notarieller Urkunden (*K. J. Müller* RNotZ 10, 167). Sie werden grds vom Notar erteilt, dessen Prüfungsbefugnis funktionell insoweit der des Urkundsbeamten der Geschäftsstelle nach § 724 II entspricht (BGH BeckRS 09, 19515). Verweigern darf der Notar die Ausfertigung nur, wenn zweifelsfrei feststeht, dass die titulierte Forderung nicht besteht (BayObLGR 04, 325). Ähnlich ist die Rechtslage bei vollstreckbaren Urkunden nach § 60 S 3 Nr 1 SGB VIII. Sie werden von dem Jugendamt erteilt, das sie errichtet hat (Musielak/*Lackmann* § 724 Rn 9).

11 **II. Erteilung der nicht qualifizierten Klausel.** Auf der Grundlage des § 724 werden sog **einfache Klauseln** erteilt. **Eine Anhörung muss dabei nicht erfolgen.** Das ergibt sich *e contrario* aus § 730 (MüKoZPO/*Wolfsteiner* § 724 Rn 28). Sonderfälle von Vollstreckungsklauseln sind dagegen in den §§ 726 ff enthalten. Deren Erteilung ist jeweils von besonderen Tatbestandsmerkmalen abhängig. Im Wege der Negativabgrenzung ergeben sich daher die Voraussetzungen für die Erteilung einer Klausel nach § 724. Die Zwangsvollstreckung darf nicht von einer **Bedingung** abhängig sein, eine **Titelumschreibung** auf andere als die dort genannten Personen muss ausgeschlossen sein. Nach § 724 wird die Klausel erteilt, wenn die Vollstreckung nur gegen **Sicherheit** möglich ist (§ 726 I), ein bestimmter **Kalendertag** eingetreten sein muss (s. § 751), oder es sich um eine **Leistung Zug um Zug** handelt (s. § 726 II). Ob diese Vollstreckungsvoraussetzungen

tatsächlich vorliegen, prüft grds nicht die klauselerteilende Stelle, sondern das jeweils zuständige Vollstreckungsorgan (s. Rz 2). Das Verfahren nach § 724 wird durch die **Insolvenzeröffnung** über das Vermögen des Schuldners nach § 240 nicht unterbrochen. Ebenso wenig ist die Erteilung der Vollstreckungsklausel bereits nach § 89 I InsO unzulässig (BGH NJW 08, 918; BGHZ 172, 16 = NJW 07, 3132). Auch in der sog Wohlverhaltensperiode nach der Aufhebung des Insolvenzverfahrens nach § 289 II 2 InsO darf eine vollstreckbare Ausfertigung nicht versagt werden, wenn die zur Insolvenztabelle angemeldete Forderung nicht bestritten ist (AG Göttingen Rpfleger 08, 44). Wird die Klausel nicht erteilt, muss der Urkundsbeamte der Geschäftsstelle den Antrag **durch einen zu begründenden Beschl zurückweisen**. Dieser bedarf wegen § 573 I 1 der **Zustellung**. Eine Kostenentscheidung ergeht nicht. Auf der Urschrift des Titels muss die Klauselerteilung vermerkt werden, § 734. Wurde eine nach § 724 I erforderliche Vollstreckungsklausel rechtsfehlerhaft nicht erteilt, hat das nicht die Nichtigkeit des Titels zur Folge, sondern nur dessen Anfechtbarkeit. Es besteht sogar die Möglichkeit zur Heilung mit *ex tunc*-Wirkung (Hambg WRP 81, 221). Anders verhält sich das beim Fehlen einer sog qualifizierten Klausel nach §§ 726 ff. Sie führt zur Nichtigkeit des Vollstreckungstitels (*Fischer* Rpfleger 07, 12, 18 mwN).

III. Rechtsbehelfe. Es gibt für den **Gläubiger** im Klauselverfahren keine besonderen Rechtsbehelfe, wohl aber die allgemeinen. Wurde die Erteilung der Klausel durch Beschl des Urkundsbeamten verweigert (s. Rz 11), steht dem Gläubiger die **befristete Erinnerung** nach § 573 I zu. Hat der Rechtspfleger anstelle des Urkundsbeamten die vollstreckbare Ausfertigung nicht erteilt, ist dagegen unmittelbar die **sofortige Beschwerde** nach § 567 eröffnet (§ 11 I RPflG; Schlesw MDR 10, 752; LG Stuttgart Rpfleger 00, 537). Das Beschwerdegericht erteilt die Klausel nicht selbst, wenn der Beschwerdeführer obsiegt. Vielmehr weist es das Klauselorgan an, das zu tun (LG Stuttgart Rpfleger 00, 537, 540). Bei Erschöpfung des Beschwerdewegs steht dem Gläubiger die **Klage auf die Vollstreckungsklausel** nach § 731 offen, wenn sie aus den in dieser Vorschrift genannten Gründen verweigert wurde. Sonst muss er eine neue Klage erheben (MüKoZPO/*Wolfsteiner* § 724 Rn 55). Gegen die Erteilung der vollstreckbaren Ausfertigung hat der **Schuldner** nach seiner Wahl die Möglichkeit, **Klage nach § 768** zu erheben, soweit deren Voraussetzungen vorliegen, oder mit der **Klauselerinnerung** nach § 732 vorzugehen (ThoPu/*Seiler* § 724 Rn 14; s. aber § 732 Rz 5). Letzteren Rechtsbehelf hat der Schuldner auch, wenn die Vollstreckung aus einem nicht vollstreckbaren Titel betrieben worden ist, weil rechtsirrig eine Vollstreckungsklausel erteilt worden ist, wo keine hätte erteilt werden dürfen (BGHZ 15, 190, 191). Auch bei der Vollstreckung aus einem nicht hinreichend bestimmten Titel ist die Klauselerinnerung nach § 732 der statthafte Rechtsbehelf. Gegen die Entscheidung eines **Notars** (s. Rz 10) ist nach § 54 BeurkG die **Beschwerde** eröffnet. Zur Rechtsschutzmöglichkeit gegen die unzulässige Klauselerteilung bei Prozessstandschaft s. Rz 6 aE. 12

§ 725 Vollstreckungsklausel. Die Vollstreckungsklausel:

»Vorstehende Ausfertigung wird dem usw. (Bezeichnung der Partei) zum Zwecke der Zwangsvollstreckung erteilt«

ist der Ausfertigung des Urteils am Schluss beizufügen, von dem Urkundsbeamten der Geschäftsstelle zu unterschreiben und mit dem Gerichtssiegel zu versehen.

A. Begriff der Vollstreckungsklausel. § 725 gibt eine wenn auch unvollständige Inhaltsbestimmung der Vollstreckungsklausel wieder, die notwendiger Bestandteil der vollstreckbaren Ausfertigung ist (ThoPu/*Seiler* § 725 Rn 1; Zö/*Stöber* § 725 Rn 1: »Mindestmaß der Anforderungen«). Die vollstreckbare Ausfertigung setzt sich aus einer **Ausfertigung des Titels iSv § 317** und dem **Vollstreckbarkeitsvermerk** zusammen, der ihr (nicht zwingend) am Ende angefügt werden muss. Unter einer Ausfertigung versteht man eine das Original des Titels inhaltlich korrekt wiederholende (BGH NJW 98, 1959), beglaubigte Abschrift der Urschrift iSv § 49 II BeurkG. Für letztere ist § 734 einschlägig. Die vollstreckbare Ausfertigung ist stets eine Urkunde aus Papier. Die elektronische Ausfertigung iSv § 315 V ist keine vollstreckbare iSv § 725, weil nach § 733 grds nur eine, jedenfalls aber eine beschränkte Anzahl von vollstreckbaren Ausfertigungen erteilt werden; **elektronische Ausfertigungen** zeichnen sich gerade durch die unbegrenzte Möglichkeit zur Vervielfältigung aus (MüKoZPO/*Wolfsteiner* § 725 Rn 2). Die Ausfertigung muss das Urt nicht zwingend vollständig wiedergeben, § 317 II 2. Erforderlich ist die Bescheinigung, dass die beglaubigte Abschrift **mit dem Original übereinstimmt**, wozu die Verwendung des Terminus »Ausfertigung« schon ausreicht (BGH NJW 69, 1298 f). In formaler Hinsicht ist die eigenhändige **Unterschrift** des Urkundsbeamten der Geschäftsstelle erforderlich, die zur Überprüfung der funktionellen Zuständigkeit die Organstellung des Unterzeichners 1

(Urkundsbeamter der Geschäftsstelle, Rechtspfleger) erkennen lassen muss (St/J/*Münzberg* § 725 Rn 8). Das zweite formale Erfordernis ist die **Siegelung** der Ausfertigung, die mit einem Stempel erfolgen, nicht aber vorgedruckt sein darf (BGH VersR 85, 551).

2 Inhaltlich ist eine **hinreichend genaue Bezeichnung des Gläubigers (und des Schuldners**; MüKoZPO/*Wolfsteiner* § 725 Rn 4) erforderlich. Auch muss die **Zwangsvollstreckung als Zweck** angegeben sein. Abweichungen vom Wortlaut des § 725 sind zwar nicht erwünscht, aber dann nicht schädlich, wenn die Formulierung sich inhaltlich an den Vorgaben der Vorschrift orientiert. Grds genügt für die vollstreckbare Ausfertigung der Urteilstenor. Nur wenn dieser nicht aus sich selbst heraus verständlich ist, müssen auch Passagen der Gründe wiedergegeben werden (Zweibr Rpfleger 92, 441 für einen Prozessvergleich). Die **Berichtigung** einer erteilten Klausel ist unter den Voraussetzungen des § 319 möglich. Erweist sich die erteilte Ausfertigung des Vollstreckungsbefehls als so rechtsfehlerhaft, dass zB eine Einspruchsfrist nicht in Gang gesetzt wird, kommt grds eine Amtshaftung nach § 839 I BGB in Betracht. Im Fall von BGH Rpfleger 81, 393 schied sie nur aus, weil die in der vollstreckbaren Ausfertigung bezeichnete Forderung nicht bewiesen war. Zum vollständigen Fehlen der Klausel s. § 724 Rz 11 aE.

3 **B. Ausfertigung des Urteils.** Eine Klausel, die sich nicht auf der Ausfertigung des Urteils befindet oder sich nicht auf das in der Ausfertigung verkörperte Urt bezieht, das die Vollstreckung ermöglicht, ist unwirksam (MüKoZPO/*Wolfsteiner* § 725 Rn 1). Vielmehr muss das Klauselorgan eine Originalausfertigung der Klausel genau derjenigen Urteilsausfertigung beifügen, aus der vollstreckt werden soll (LG Frankenthal Rpfleger 85, 244). Sofern das Gericht auf ein Rechtsmittel hin eine vorangegangene **Entscheidung bestätigt**, hat es die Klausel gerade dieser vorangegangenen Entscheidung beizufügen (Celle JurBüro 85, 1731). War die Erstentscheidung nur gegen Sicherheitsleistung vorläufig vollstreckbar, die Rechtsmittelentscheidung aber ohne Leistung einer Sicherheit, muss die Klausel diesen Umstand besonders vermerken (Zö/*Stöber* § 725 Rn 4). Wurde bereits eine vollstreckbare Ausfertigung erteilt, genügt es hingegen, wenn das Rechtmittelurteil ausgefertigt wurde. Sofern im Rechtsbehelfsverfahren die **Urteilsformel (tw) abgeändert** wird, ist Vollstreckungstitel nunmehr das abgeänderte Urt. Deshalb bedarf es einer Ausfertigung der abzuändernden Entscheidung (BGH NJW 98, 613). Ergibt sich der verbindliche Inhalt des Titel aus **mehreren Urkunden**, genügt die Ausfertigung desjenigen Urteils, das die erforderlichen Angaben enthält (s. Rz 2, 3). Die Verbindung mehrerer Entscheidungen in einer vollstreckbaren Ausfertigung mag zweckmäßig sein, rechtlich zwingend ist sie nicht (MüKoZPO/*Wolfsteiner* § 725 Rn 5; anders München NJW 56, 996 für den Fall, dass das höhere Gericht die Entscheidung des unteren abgeändert hat, ohne die Urteilsformel vollständig auszuwerfen). Wurde allerdings eine Vollstreckungsklausel auf den Rechtsnachfolger nach § 727 umgeschrieben, ist zur Zwangsvollstreckung die Vorlage des Originals der Rechtsnachfolgeklausel und dessen Verbindung mit dem Vollstreckungstitel erforderlich. Die vollstreckbare Ausfertigung der umgeschriebenen Klausel allein genügt in diesem Fall nicht (LG Frankenthal Rpfleger 85, 244).

4 **C. Besondere Klauselgestaltungen.** Die vollstreckbare Ausfertigung kann bei einem entsprechenden Antrag für einen von mehreren Ansprüchen, zB einem bedingten und einem unbedingten (Musielak/*Lackmann* § 725 Rn 4), oder auch für einen Anspruchsteil als **Teilklausel** erteilt werden, vorausgesetzt diese ist hinreichend bestimmt. Die Beschränkung muss sich in beiden Fällen aus der Vollstreckungsklausel explizit ergeben (ThoPu/*Seiler* § 724 Rn 10) und den vollstreckbaren Teil genau bezeichnen. Zur Erteilung einer Teilklausel bei **Gläubiger- und Schuldnermehrheiten** s. § 724 Rz 8. Der Ergänzung bedarf die Klausel für den Fall, dass nachträglich die Leistung einer Sicherheit angeordnet wird (St/J/*Münzberg* § 725 Rn 3) und stets, wenn es sich um sog qualifizierte Klauseln nach §§ 726 I, 727 ff handelt. Zweckmäßig, rechtlich aber nicht zwingend, sind Klarstellungen betreffend den Klauselinhalt, zB im Hinblick auf Auslegung, Rechtskraft, die spätere Anordnung einer Räumungsfrist oder im Hinblick auf Namensänderungen (Musielak/*Lackmann* § 725 Rn 4).

§ 726 Vollstreckbare Ausfertigung bei bedingten Leistungen.

(1) Von Urteilen, deren Vollstreckung nach ihrem Inhalt von dem durch den Gläubiger zu beweisenden Eintritt einer anderen Tatsache als einer dem Gläubiger obliegenden Sicherheitsleistung abhängt, darf eine vollstreckbare Ausfertigung nur erteilt werden, wenn der Beweis durch öffentliche oder öffentlich beglaubigte Urkunden geführt wird.

(2) Hängt die Vollstreckung von einer Zug um Zug zu bewirkenden Leistung des Gläubigers an den Schuldner ab, so ist der Beweis, dass der Schuldner befriedigt oder im Verzug der Annahme ist, nur

dann erforderlich, wenn die dem Schuldner obliegende Leistung in der Abgabe einer Willenserklärung besteht.

A. Ratio. § 726 regelt seinem Wortlaut nach die Erteilung von sog qualifizierten Vollstreckungsklauseln für den Fall, dass die Vollstreckung nach dem Inhalt des Urteils vom Eintritt einer Tatsache abhängt, die der Gläubiger zu beweisen hat. Doch weist die Vorschrift über ihren unmittelbaren Anwendungsbereich insofern hinaus, als in ihr die Frage nach den Anforderungen an die **Bestimmtheit eines Klageanspruchs. nach § 253 II Nr 2** thematisiert wird. Liest man diese Regelung mit § 726 zusammen, lässt sich sagen, dass ein prozessualer Anspruch nicht nur dann bestimmt ist, wenn er bereits für sich alle Bestimmtheitsmerkmale aufweist, sondern auch dann, wenn diese erst im Klauselverfahren nachgetragen werden. Man spricht von sog **offenen Titeln** (BGH NJW 06, 695; JZ 99, 848 mit Anm *Gottwald/Pfaller*). Die Klauselerteilung hat insoweit eine **titelergänzende Funktion**, als dem Gläubiger nachgelassen werden kann, Tatsachen, für die er die Beweislast trägt, erst im Verfahren nach § 726 nachweisen zu müssen (BGH NJW 78, 1262; KG DNotZ 83, 681). Es führte freilich zu weit, die Vorschrift generell als »Reparaturnorm« für ungenaue oder nicht vollständige Titel einzusetzen (so aber MüKoZPO/*Wolfsteiner* § 726 Rn 26 ff). Es gibt keine allgemeine Befugnis der Klauselorgane, im Erkenntnisverfahren zustande gekommene Titel zu überprüfen und selbsttätig zu konkretisieren (Musielak/*Lackmann* § 726 Rn 1). 1

B. Anwendungsbereich. Die Vorschrift ist einschlägig bei allen Titeln, die einer vollstreckbaren Ausfertigung bedürfen und deren Erteilung sich an Voraussetzungen knüpft, die über die sog einfachen Klauseln nach § 724 hinausgehen. Das sind nicht nur Urteile nach § 704 I, sondern aufgrund § 795 auch **alle anderen Titel, die die ZPO kennt**, insb die nach § 794. § 795b enthält für **Prozessvergleiche**, deren Wirksamkeit ausschließlich vom Eintritt einer sich aus der Verfahrensakte ergebenden Tatsache abhängt, insb also bei sog **Widerrufsvergleichen**, eine besondere Regelung (s. aber LG Koblenz Rpfleger 11, 389). Für die Klauselerteilung ist hier der Urkundsbeamte der Geschäftsstelle zuständig, nicht der Rechtspfleger (s. § 724 Rz 10). Die Vorschrift wird entsprechend auf die **Vollmacht für das Handelns eines Vertreters** angewendet. Zwar ist für die Wirksamkeit einer durch einen Vertreter abgegebenen Unterwerfungserklärung nicht erforderlich, dass die Vollmacht notariell beurkundet worden ist. Die Klausel für eine Urkunde mit einer Unterwerfungserklärung nach § 794 I Nr 5 darf aber nur erteilt werden, wenn die Vollmacht in öffentlicher oder öffentlich beglaubigter Urkunde nachgewiesen wird (BGH NJW 98, 226). Entsprechendes gilt für die **Genehmigung des Handelns eines vollmachtlosen Vertreters** (BGH NJW-RR 07, 358). Nach Abs 1 ist die Vorschrift nicht anwendbar, wenn die Vollstreckung von einer dem Gläubiger prozessual obliegenden **Sicherheitsleistung** abhängt, nicht aber bei einer nach § 273 III BGB vorzuleistenden Sicherheit (St/J/*Münzberg* § 726 Rn 3). Ob Sicherheit erbracht wurde, muss das Vollstreckungsorgan nach § 751 II prüfen, nicht die klauselerteilende Stelle. Gleiches gilt, wenn die Vollstreckung durch eine **Zug um Zug zu erbringende Leistung** bedingt ist, die nicht in der Abgabe einer Willenserklärung besteht (Abs 2) oder vom **Eintritt eines Kalendertages** nach § 751 I abhängt. In diesen Fällen wird eine sog einfache Klausel nach § 724 erteilt (Oldbg Rpfleger 85, 448). 2

C. Tatbestand (Abs 1). I. Materieller. 1. Abhängigkeit der Vollstreckung von einer Tatsache. Die Vollstreckung aus dem Titel (oder auch der Titel selbst) ist, was ihren ggf durch Auslegung zu bestimmenden Inhalt anbelangt (BGH MDR 10, 1212 = WM 10, 1788, 1789), bedingt oder nicht kalendermäßig befristet. Die Regelung differenziert also nicht danach, ob die Wirksamkeit des Titels (Stuttg NJW 05, 909), der prozessuale Anspruch (ThoPu/*Seiler* § 726 Rn 2: selten beim Urt, wohl aber beim Vergleich, BGH NJW 06, 776, oder vollstreckbaren Urkunden nach § 794 I Nr 1, 5) oder nur dessen Vollstreckbarkeit vom Eintritt einer Tatsache abhängt (*Münch* Rpfleger 90, 248, 250). Alle diese Fälle sind solche des § 726 I (Saarbr NJW 04, 2908). **Tatsachen** iSd Regelung sind keine tatsächlichen Behauptungen iSv § 286 I 1 (MüKoZPO/*Wolfsteiner* § 726 Rn 9). Gemeint sind damit sowohl vergangene wie aktuelle tatsächliche Vorgänge (Köln OLGR 00, 160, 161 = InVO 00, 102) als auch deren rechtliche Ergebnisse, zB der Umstand, dass einer Vollstreckungsabwehrklage nach § 767 als zurzeit begründet stattgegeben wurde. Jedenfalls sind mit dem Merkmal »Tatsache« **nicht nur Bedingungen iSv § 158 BGB** einbezogen (Musielak/*Lackmann* § 726 Rn 2). 3

2. Beweislast beim Gläubiger. Da die Beweislast für die Tatsache nach § 726 I beim Gläubiger liegen muss, wird es sich in seiner Person idR um **aufschiebende Bedingungen iSv § 158 I BGB** handeln. Denn für auflösende Bedingungen nach § 158 II BGB trägt der Schuldner nach den allg Regeln die Beweislast (RGZ 28, 145 f). Ob die Vollstreckbarkeit eines Titels seinem Inhalt nach vom Eintritt vom durch den Gläubiger zu 4 beweisender Tatsachen abhängt, ist durch Auslegung des Titels zu ermitteln (BGH WM 10, 1788 mit Anm *Rebhan* DNotZ 11, 266; BGH Rpfleger 06, 27). **Beispiele** für aufschiebende Bedingungen sind: die **Kündigung** als Vollstreckungsvoraussetzung, wobei der Gläubiger nur für deren Zugang beweispflichtig ist (Stuttg NJW-RR 86, 549; Frankf Rpfleger 73, 323); bei **Scheidungsvergleichen** »für den Fall der rechtskräftigen Scheidung« (Frankf OLGR 04, 119; aA *Hornung* Rpfleger 73, 77, 78; anders bei Rechtskraft der Scheidung als Grund für das Erlöschen des Anspruchs: dann auflösende Bedingung mit Beweispflicht des Schuldners: St/J/*Münzberg* § 726 Rn 10); bei **Vorleistungspflicht** des dafür beweispflichtigen Gläubigers und Zahlung erst nach Mängelbeseitigung und Abnahme (Frankf MDR 91, 162; Oldbg Rpfleger 85, 445, 448); Durchführung von Sanierungsarbeiten auf Grundlage eines Gutachtens (Kobl NJW 92, 378), bei einem durch den Titel nicht ausgewiesenen **Schuldnerverzug** und **Rechtskraft** einer anderen Entscheidung, dem Wegfall einer **Stundung** (Zö/*Stöber* § 726 Rn 2 mwN) sowie wenn nach dem Titel eine Genehmigung (zB des Vormundschaftsgerichts) erforderlich ist (BGH NJW 78, 1262, 1263; Musielak/*Lackmann* § 726 Rn 3). Zur umstr Berücksichtigung von sog **Schwankungsklauseln** im Klauselverfahren nach § 726 I s. MüKoZPO/*Wolfsteiner* § 726 Rn 10 ff mwN.

5 Dagegen ist **§ 726 I nicht einschlägig** bei sog **Verfallklauseln**, dh der Vereinbarung, den gesamten an sich in Raten zu begleichenden Betrag sofort fällig werden zu lassen, wenn Schuldnerverzug mit nur einer Rate vorliegt (*Kaiser* NJW 10, 39 f). Hier trägt der Schuldner die Beweislast für die rechtzeitige Ratenzahlung, nicht etwa der Gläubiger für die Fälligkeit des Gesamtbetrages (BGH NJW 10, 859, 861 = NZM 10, 39, 40; Brandbg BeckRS 10, 15654). Auch handelt es sich um keinen Fall von § 726 I bei der Verurteilung zu einer **Wahlschuld** aufgrund § 264 I, wenn nicht die Vollstreckung aufschiebend durch die Ausübung des Wahlrechts eines Dritten bedingt ist (St/J/*Münzberg* § 726 Rn 9). Wurde eine Entschädigung für den Fall vereinbart, dass der Schuldner eine Handlung nicht vornimmt, § 510b, ist der Schuldner dafür beweispflichtig und muss die Erfüllung auf Grundlage der § 775 Nr 4, 5 oder § 767 einwenden. Den Gläubiger trifft iSv § 726 I die Beweislast nur, wenn die Klausel nach der Erfüllung der Hauptschuld nur für die Zinsen erteilt werden soll (BayObLG DNotZ 76, 366). Schließlich scheidet § 726 I aus, wenn es um eine **Verurteilung aus einem Haupt- und Hilfsantrag** geht, die aufschiebende Bedingung aber nicht aus dem Titel selbst folgt (Köln MDR 50, 432; Beispiel bei Musielak/*Lackmann* § 726 Rn 3: Aufschub der Vollstreckung bis nach der Beendigung des Insolvenzverfahrens gegen den Schuldner nach § 89 InsO).

6 **II. Formeller. 1. Funktionelle Zuständigkeit.** Zur **sachlichen** und **örtlichen Zuständigkeit** s. § 724 Rz 9. Die funktionelle Zuständigkeit für die Klauselerteilung nach § 726 I liegt nach § 20 Nr 12 RPflG beim **Rechtspfleger** oder beim **Notar** für diejenigen Urkunden, die er bei sich verwahrt, § 797 II 1. Für die Klauselerteilung bei Widerrufsvergleichen nach § 795b ist dagegen der Urkundsbeamte der Geschäftsstelle zuständig (s. Rz 2). **Klauseln nach § 726 II** erteilt dieser nach §§ 20 Nr 12, 26 RPflG nur, wenn im Einzelfall kein Beweis erforderlich ist, sonst der Rechtspfleger nach § 726 I (*Alff* Rpfleger 04, 159). Bei **Kompetenzkonflikten** zwischen dem Urkundsbeamten und dem Rechtspfleger sind zwei Fallgestaltungen zu unterscheiden. Wird der Rechtspfleger anstelle des eigentlich zuständigen Urkundsbeamten nach § 726 I tätig, hat das auf die Wirksamkeit der erteilten Vollstreckungsklausel nach § 8 V RPflG keinen Einfluss. Nicht einheitlich wird dagegen die praktisch bedeutsame Frage beantwortet, welche Rechtsfolgen es hat, wenn der Urkundsbeamte der Geschäftsstelle statt des Rechtspflegers nach § 726 I eine sog qualifizierte Klausel erteilt. Nach hM ist eine solche Klausel wegen Überschreitung der funktionellen Zuständigkeit **nichtig**, was vom Vollstreckungsorgan zu berücksichtigen sei (BGH Rpfleger 06, 87; Hamm Rpfleger 11, 621; Dresd MDR 10, 1491; KG FGPrax 99, 189). Nach aA soll sich aus § 8 IV, V RPflG iVm § 44 VwVfG ergeben, dass eine unter dem beschriebenen Zuständigkeitsverstoß zustande gekommene Klausel zwar durch den **Schuldner nach § 732 (nicht nach § 766) und durch den Gläubiger nach § 573 angefochten** werden könne, in keinem Fall aber unwirksam sei (Zweibr NJW-RR 97, 882, 883; Zweibr FamRZ 03, 1942; zur Erfolgsaussicht der Klauselerinnerung s. § 732
Rz 5). Eine **Ausnahme** wird zT für den Fall gemacht, dass der Urkundsbeamte die qualifizierte Klausel bewusst anstelle des an sich zuständigen Rechtspflegers erteilt hat (Musielak/*Lackmann* § 726 Rn 4). In der Praxis dürfte diese Unterscheidung leerlaufen, weil **Vorsatz** nur in seltenen Ausnahmefällen vorliegen wird. Entscheidend dürfte sein, dass der Verstoß gegen die funktionelle Zuständigkeit dann nicht so gravierend ist, dass er zur Nichtigkeit der erteilten Klausel führen würde, wenn in der Sache eine qualifizierte Klausel nach § 726 I zu erteilen war und eine solche auch erteilt worden ist. Was die **Anfechtbarkeit der Klauselerteilung durch das unzuständige Organ** anbelangt, so ist zu beachten, dass über jeden Rechtsbehelf ohnehin der Richter entscheidet, so dass es keinen Sinn ergibt, die Sache an den Rechtspfleger zurückzuverwei-

sen, wo doch die richterliche Zuständigkeit zur Klauselerteilung im Rechtsbehelfsverfahren begründet worden ist (MüKoZPO/*Krüger* § 726 Rn 14). Das hat auch den Vorzug, dass die Vollstreckungsorgane nicht damit belastet werden, zu prüfen, ob eine qualifizierte oder einfache Klausel hätte erteilt werden müssen (zu deren **beschränkten Prüfungspflichten** s. § 724 Rz 2). Denn das übersteigt ihre Prüfungskompetenz (BayObLG Rpfleger 83, 480 zu § 726 II).

2. Beweis durch öffentliche oder öffentlich beglaubigte Urkunden. Soweit der Gläubiger eine Tatsache nach § 726 I zu beweisen hat, muss er das durch öffentliche (§§ 415 ff) oder öffentlich beglaubigte Urkunden tun (§§ 129 BGB, 40 BeurkG), die sich gerade auf den zu beweisenden Umstand beziehen. Die Beschränkung der Beweismittel erklärt sich aus Interesse an der beschleunigten Durchsetzung des titulierten Anspruchs (*Dieckmann* BWNotZ 09, 144, 150). Es besteht die **Pflicht zur Vorlage** der Urkunden, wenn sie bei Gericht noch nicht vorhanden sind. Sonst genügt bloße Bezugnahme. IdR genügt die Vorlage einer beglaubigten Abschrift. Nach § 435 kann aber auch die Einreichung des Originals verlangt werden (Musielak/*Lackmann* § 726 Rn 5). **Zeugen- und Sachverständigenbeweis** sind dagegen **nicht zulässig** und können daher nicht Gegenstand einer wirksamen Parteivereinbarung in einem Prozessvergleich oder einer notariellen Urkunde sein (str; LG Mannheim Rpfleger 82, 72; Zö/*Stöber* § 726 Rn 16; aA Stuttg NJW-RR 86, 549; ThoPu/*Seiler* § 726 Rn 6). Allerdings können die Parteien in einer Unterwerfungserklärung rechtswirksam vereinbaren, dass der Gläubiger vom Nachweis bestimmter Tatsachen als Vollstreckungsvoraussetzung entbunden sein soll (zum Nachweisverzicht BGH NJW-RR 06, 567; NJW 81, 2756, 2757; Frankf JurBüro 97, 544, 545; *Böttcher* NJW 10, 1647, 1650). Außerdem gibt es Fälle, in denen der Urkundennachweis **nicht erforderlich** ist, so bei einer **offenkundigen** (§§ 291, 727 II analog) oder ausdrücklich **zugestandenen** (§ 288) **Tatsache** (BGH JurBüro 09, 163), vorausgesetzt der alte Gläubiger hat der Klauselerteilung an den Rechtsnachfolger zugestimmt. Ein bloßes **Nichtbestreiten** der Tatsache ist dagegen kein Äquivalent für den strengen Urkundsbeweis, auch wenn der Schuldner nicht nach § 138 I erklärungspflichtig ist (BGH NJOZ 05, 3307, 3308 f; NJW-RR 05, 1716; *Münzberg* NJW 92, 201 mwN). Der Urkundennachweis entfällt schließlich für das Nichtvorliegen eines Ausschlussgrundes nach §§ 33 II 3 SGB II, 94 III 2 SGB XII (Stuttg FamRZ 08, 290). Ist dem Gläubiger der Urkundsbeweis nicht möglich, muss er sich diese entweder nach § 792 beschaffen oder mit der Klage nach § 731 vorgehen. Hat er ein rechtskräftiges oder vorläufig vollstreckbares Urt nach dieser Vorschrift erstritten, wird die Klausel nach § 724 erteilt. 7

D. Tatbestand (Abs 2). I. Grundsatz. Grds richtet sich aber auch bei einer Zug um Zug zu erbringenden Leistung die Klauselerteilung nach § 724. Ob die Gegenleistung erbracht oder zumindest in Annahmeverzug begründender Weise angeboten wurde, überprüft in diesen Fällen erst das jeweils zuständige Vollstreckungsorgan, der Gerichtsvollzieher nach § 756 (BGHZ 61, 42, 45 f) oder das Vollstreckungsgericht nach § 765. Das gilt auch für den Fall, dass der Schuldner zur Leistung nach Empfang der Gegenleistung verurteilt wurde (Karlsr MDR 75, 938). Ob eine **Zug um Zug zu bewirkende Leistung** vorliegt, kann zweifelhaft sein und muss dann durch Auslegung ermittelt werden (BGH NJW-RR 99, 1006; Celle Rpfleger 90, 122 mit Anm *Münzberg* Rpfleger 90, 253). In jedem Fall ist der Begriff »Zug um Zug« rein vollstreckungsrechtlich zu verstehen (MüKoZPO/*Wolfsteiner* § 726 Rn 21) und muss im Titel so bestimmt sein, dass die Gegenleistung selbst zum Gegenstand einer Leistungsklage gemacht werden könnte (BGH NJW 97, 2168; NJW 93, 324; NJW-RR 87, 181). 8

II. Besondere Fälle. Wenn der **Gläubiger vorleistungspflichtig** ist und der Schuldner sich zur Zeit seiner Verurteilung noch nicht im Annahmeverzug befindet, ist das ein Fall des Abs 1 (Hamm Rpfleger 83, 393). Der Schuldner kann zwar verklagt werden, wenn die Voraussetzungen des § 259 vorliegen. Allerdings wird die Klausel erst erteilt, wenn die Vorleistung nach §§ 726 I, 731 nachgewiesen ist (St/J/*Münzberg* § 726 Rn 16; dort auch zum Wegfall des Annahmeverzugs zwischen letzter mündlicher Verhandlung und Vollstreckungsbeginn). Hat der Gläubiger bei einer von einer Zug um Zug Leistung abhängenden Vollstreckung seine **Leistung erbracht**, kann er ausnahmsweise dann auf Feststellung der Vollstreckungsvoraussetzungen klagen, wenn der Schuldner den Erhalt der Gegenleistung nicht zugesteht und der Gläubiger den Annahmeverzug nicht formgerecht nachweisen kann (Kobl Rpfleger 83, 28). Abs 2 ist im Zusammenhang mit § 894 I 2 zu sehen und wie diese Vorschrift (anders als bei Titeln nach Abs 1, s. Rz 2) **nur bei Urteilen** anwendbar, nicht aber bei Vergleichen oder sonstigen vollstreckbaren Urkunden (ganz hM; Kobl Rpfleger 97, 445; ThoPu/*Seiler* § 726 Rn 4). Die Vorschrift kommt nur zur Anwendung, wenn die Leistung des Schuldners (nicht des Gläubigers) in der Abgabe einer Willenserklärung besteht. Sie dient insoweit seinem 9

Schutz als der Abs 1 entsprechende Urkundennachweis nach § 726 I zu erbringen ist und der Schuldner damit nicht zur Vorleistung nach § 894 I 2 gezwungen werden kann.

10 **E. Verfahren, Entscheidung und Rechtsmittel.** Ob der Rechtspfleger die Parteien vor seiner Entscheidung **anhört**, steht in seinem pflichtgemäßen Ermessen, das freilich den rechtsstaatlichen Grundsätzen eines fairen Verfahrens (nicht Art 103 I GG) zu genügen hat (BVerfGE 101, 397 mit Anm *Gottwald* FamRZ 00, 1477). Er muss nach diesem Maßstab anhören, bevor er den Antrag auf Erteilung einer qualifizierten Klausel zurückweist. Denn der Schuldner muss Gelegenheit erhalten, ein Geständnis abzugeben. Dem Gläubiger müssen hingegen die Kosten eines sofortigen Anerkenntnisses bei einer Klage aus § 731 erspart werden (Hamm Rpfleger 91, 161 mit Anm *Münzberg*). In der Klausel müssen nach Maßgabe des § 750 II diejenigen Urkunden und sonstigen Umstände aufgeführt werden (etwa ein Geständnis nach § 288 oder die Offenkundigkeit nach § 727 analog, ggf auch der Rechtsnachfolger nach § 727), aufgrund derer der Rechtspfleger den Nachweis nach § 726 I als erbracht ansieht. Bei einer **Verfallklausel** (s. Rz 5) ist aufzunehmen, ob die Erteilung für die Gesamtforderung oder den zu beziffernden Rest erfolgte (ThoPu/*Seiler* § 726 Rn 7). Sonst gelten für den Inhalt der Klauselerteilung § 725 und § 734.

11 Formelle Einwendungen gegen die Klausel kann der **Schuldner** mit der Klauselerinnerung nach § 732 auf den Prüfstand stellen (BGH MDR 10, 1212 = WM 10, 1788, 1789). Die Klauselgegenklage nach § 768 ist dagegen statthaft, wenn der Bedingungseintritt entgegen des Urkundsnachweises bestritten werden soll. Der **Gläubiger** kann, wenn ihm die beantragte Klausel nach § 726 I verwehrt wird, nach § 11 I RPflG sofortige Beschwerde nach § 567 I Nr 1 erheben. Der Weg über § 793 ist dagegen nicht gangbar, weil die Klauselerteilung nicht Bestandteil, sondern Voraussetzung des Vollstreckungsverfahrens ist. Ist er außerstande den Urkundennachweis zu führen, muss er nach § 731 klagen.

§ 727 Vollstreckbare Ausfertigung für und gegen Rechtsnachfolger.

(1) Eine vollstreckbare Ausfertigung kann für den Rechtsnachfolger des in dem Urteil bezeichneten Gläubigers sowie gegen denjenigen Rechtsnachfolger des in dem Urteil bezeichneten Schuldners und denjenigen Besitzer der in Streit befangenen Sache, gegen die das Urteil nach § 325 wirksam ist, erteilt werden, sofern die Rechtsnachfolge oder das Besitzverhältnis bei dem Gericht offenkundig ist oder durch öffentliche oder öffentlich beglaubigte Urkunden nachgewiesen wird.
(2) Ist die Rechtsnachfolge oder das Besitzverhältnis bei dem Gericht offenkundig, so ist dies in der Vollstreckungsklausel zu erwähnen.

1 **A. Ratio.** Die Zwangsvollstreckung kann nach § 750 I nur beginnen (s. vor §§ 704 ff Rz 12), wenn Gläubiger und Schuldner im Titel oder in der Vollstreckungsklausel namentlich als solche bezeichnet sind. Für oder gegen wen vollstreckt wird, ist eine Frage, deren Beantwortung den Vollstreckungsorganen entzogen ist, weil es sich um eine inhaltliche Bedingung der Vollstreckbarkeit handelt (St/J/*Münzberg* § 727 Rn 1). Für oder gegen andere Personen, als die in der Vollstreckungsklausel genannten, kann daher – unabhängig von materiellen Drittberechtigungen bzw Verpflichtungen und ohne dass prozessuale Urteilswirkungen für oder gegen Dritte nach § 325 per se eine Rolle spielen würden – nur vollstreckt werden, wenn diese nachträglich anstelle des alten Gläubigers oder Schuldners in die Klausel aufgenommen werden. Das geschieht im Wege der sog **Titel- oder Klauselumschreibung**, mit Hilfe derer Veränderungen in der materiellen Berechtigung oder Verpflichtung Rechnung getragen und die von § 750 I verlangte vollstreckungsrechtliche Legitimation des Rechtsnachfolgers hergestellt wird (BGH NJW 07, 3357, 3358; praktische Anleitung bei *Soutier* MittBayNot 11, 181, 275, 366). Mit diesem Instrument kann ein neuer Prozess für oder gegen den Rechtsnachfolger vermieden werden, so dass für ein solches Verfahren das Rechtsschutzinteresse nach § 727 fehlt, sofern es bei dem Titel nicht ausnahmsweise um einen Vergleich oder eine vollstreckbare Urkunde geht und der Gläubiger eine Klage nach § 767 gewärtigen muss (BGH NJW 57, 1111; KG FamRZ 05, 1759). Ein Recht auf die Vollstreckungsklausel hat der Rechtsnachfolger daher nur, wenn die Voraussetzungen nach §§ 727, 731 vorliegen. Dagegen ergibt sich eine Klauselberechtigung des Dritten nicht unmittelbar aus §§ 724 f, auch dann nicht, wenn der Schuldner zur Leistung an diesen verurteilt wurde (BGH NJW 84, 806).

2 **B. Anwendungsbereich. I. Direkter, kraft Inbezugnahme und entsprechender.** Die Vorschrift gilt **unmittelbar** für Fälle der Rechtsnachfolge bei Urteilen iSv § 704 (nach ganz hM auch bei vorläufig vollstreckbaren, BGH NJW-RR 01, 1362). Sie ist aber über § 795 auch bei allen anderen Titeln der ZPO ein-

schlägig, grds auch bei Arrestbefehlen und einstweiligen Verfügungen (*Loritz* ZZP 106, 1 mwN) sowie zur Erwirkung eines Kostenfestsetzungsbeschlusses (BGH FamRZ 10, 1160 = MDR 10, 838 mit Anm *Hansens* ZfS 10, 467). Kraft **gesetzlicher Inbezugnahme** gilt § 727 für folgende Fälle: §§ 728 (Nacherbschaft und Testamentsvollstreckung), 729 (Vermögensübernahme und Firmenfortführung), 738 (Bestellung eines Nießbrauchs), 742, 744, 745 II (Gütergemeinschaft) und 749 (Testamentsvollstreckung). **Entsprechend** ist die Vorschrift heranzuziehen beim Eintritt einer **Partei kraft Amtes** in die rechtlichen Befugnisse einer anderen Person, zB des **Insolvenzverwalters** (BGH NJW-RR 05, 1716 auf Gläubigerseite; BGH NJW 08, 918; NJW 97, 1445 auf Schuldnerseite; nicht für den Insolvenzgläubiger bei einem Titel gegen den Verwalter Schlesw BeckRS 10, 07214; *App* ZKF 10, 59, 60), des **Nachlassverwalters** (Rechtsnachfolge auf Schuldnerseite: BGHZ 113, 132, 137 = NJW 91, 844; ThoPu/*Seiler* § 727 Rn 3a; **nicht aber des Nachlasspflegers**, der gesetzlicher Vertreter ist), des **Zwangsverwalters** (Rechtsnachfolge auf Gläubigerseite: BGH NJW 86, 3206, 3207; Celle NZI 10, 878: Ersteher ist nicht Rechtsnachfolger des früheren Zwangsverwalters) oder des **Abwicklers** einer Rechtsanwaltskanzlei nach § 55 BRAO (Karlsr NJW-RR 05, 293, 294: § 748 II analog; s. aber Nürnbg NJW-RR 06, 1434 f: Kein Zugriff auf ein der Abwicklung dienendes Treuhandkonto). Zur Umschreibung auf den **Treuhänder** im vereinfachten Verfahren nach §§ 311 bis 314 InsO *Kessler* MittBayNot 07, 22, 24 f, unter Hinweis auf § 313 III InsO. Analog gilt § 727 auch für Veränderungen im **Gesellschafterbestand einer GbR** (BGHZ 187, 344 = NJW 11, 615 mit Anm *Bestelmeyer* ZfIR 11, 117; *Heinze* DB 11, 460; *Witt* BB 11, 399; *Reymann* NJW 11, 1412; s. aber BGH NJW 11, 425).

Ob § 727 auch für den sog **gewillkürten Prozessstandschafter** analog gilt, ist str (zur Erteilung der voll- 3
streckbaren Ausfertigung nach § 724 s. § 724 Rz 6). Nach hM ist das grds bei einer sog **isolierten Vollstreckungsstandschaft** nicht der Fall (BGHZ 92, 347, 349 ff; BGH NJW-RR 92, 61; aA Dresd NJW-RR 96, 444; *Petersen* ZZP 114, 485; *Scherer*, Rpfleger 95, 89; zum Ganzen *P. Huber* FS Schumann, 227 ff). Vielmehr müssen dafür weitere Voraussetzungen hinzutreten, so wenn der Prozessstandschafter die Vollstreckung betreibt, wozu er bis zur Titelumschreibung auf den materiell Berechtigten berechtigt ist (BGH NJW 91, 839; *Münzberg* NJW 92, 1867) oder auch, wenn er davon in besonderen Fällen absieht (Köln VersR 93, 1382). Analog § 727 kann der in Prozessstandschaft erstrittene Titel der sorgeberechtigten Mutter auf das Land umgeschrieben werden, das Leistungen nach dem UVG erbracht hat, vorausgesetzt es steht keine zweifache Vollstreckung zu befürchten (Ddorf FamRZ 00, 964 f; s.a. Rz 8). Ob der Titel auf den Prozessstandschafter umzuschreiben ist, muss von der Frage unterschieden werden, wer aus einem in Prozessstandschaft erstrittenen Leistungstitel vollstrecken kann (*Becker-Eberhard* ZZP 104, 413 ff). Schließlich betreibt der Sicherungsgeber die Vollstreckung nicht für Rechnung des Sicherungsnehmers, so dass kein Fall der Prozessstandschaft vorliegt und § 727 daher nicht analog anwendbar ist (BGH NJW-RR 92, 61).

II. Keine (entsprechende) Anwendung von § 727. Die Vorschrift ist weder direkt noch analog anwendbar, 4
wenn an die Stelle der alten Partei keine neue in deren Rechtsstellung eintritt, also **kein Fall von Sukzession**, sondern zT immer noch **Identität** vorliegt. Vielmehr muss hier idR die Parteibezeichnung geändert oder berichtigt werden. In die Klausel ist ein klarstellender Vermerk aufzunehmen, wenn der wirkliche Gläubiger dort nicht korrekt aufgeführt ist. **Beispiele** sind der Wechsel von Namen, Firma (Zweibr MDR 88, 418; *Jungbauer* FoVo 10, 164 f) oder der gesetzlichen Vertretungsbefugnis, zB der Prozessstandschafter nach § 1629 III BGB bis zur Volljährigkeit des Kindes (LG Kleve FamRZ 07, 1663; danach ist der Prozessstandschafter ohnehin nicht mehr vollstreckungsbefugt: Naumbg FamRZ 07, 1032), sowie des **Wohnungseigentumsverwalters** (LG Darmstadt NJW-RR 96, 398; differenzierend St/J/*Münzberg* § 727 Rn 33). Auch der **Formwechsel** nach §§ 190 ff, 238 ff UmwG ist kein Fall des § 727 (MüKoZPO/*Wolfsteiner* § 727 Rn 23; wohl aber grds die Verschmelzung nach § 20 I 1 UmwG Hambg BeckRS 09, 29789), ebenso wenig die Modifikation der Haftungsform einer **Personenhandelsgesellschaft** (Musielak/*Lackmann* § 727 Rn 1, 10, für den Übergang von der oHG zur KG) oder die Umwandlung der Vorgesellschaft in eine GmbH oder bei fehlendem Geschäftsbetrieb in eine Personenhandelsgesellschaft (BayObLGZ 87, 446, 448; Stuttg NJW-RR 89, 637, 638). Schließlich stellt auch die **Auflösung einer Gesellschaft** oder Genossenschaft keinen Fall der Rechtsnachfolge dar, weil die Gesellschaft in Liquidation immer noch dieselbe Rechtspersönlichkeit hat (Tho/Pu/*Seiler* § 727 Rn 4; s.a. Rz 13 aE). Bei **Schuldbeitritt und Schuldmitübernahme** ist § 727 nicht einschlägig, weil hier der Schuldner nicht ausgetauscht wird, sondern noch ein neuer dazu kommt (BGH Rpfleger 74, 260 für den Fall des Eintritts eines Gesellschafters in das Geschäft eines Einzelkaufmanns; Zö/*Stöber* § 727 Rn 16).

5 **C. Tatbestand. I. Materieller. 1. Begriff, Arten und Eintrittszeitpunkt der Rechtsnachfolge.** Unter Rechtsnachfolge iSv § 727 ist **jede ganze oder tw lebzeitige oder erbrechtliche Form von Gesamt- oder Einzelsukzession** in die Titelposition zu verstehen. Worauf die Rechtsnachfolge juristisch beruht, ist dagegen nicht entscheidend (Frankf NJW-RR 06, 155), wohl aber, ob es Umstände gibt, die ihrer Wirksamkeit entgegenstehen (BayObLG FGPrax 95, 211). Auch kommt die Vorschrift **sowohl bei ein- als auch bei mehrfacher Rechtsnachfolge** zur Anwendung (Brandenbg FamRZ 07, 62). Inhaltlich müssen die Rechtsnachfolge **auf Seiten des Gläubigers und des Schuldners** unterschieden werden. Erstere liegt vor, wenn eine andere Person als der Gläubiger in eigenem Namen und für eigene Rechnung Ansprüche des Titelgläubigers geltend machen kann (Zö/*Stöber* § 727 Rn 3). Letztere ist gegeben, wenn der titulierte Anspruch auf eine andere Person als den Schuldner übergegangen ist. In zeitlicher Hinsicht kann die Titelumschreibung nur vorgenommen werden, wenn die **Rechtsnachfolge nach Rechtshängigkeit** iSv §§ 261 I, II, 696 III, 700 II eingetreten ist, weil § 727 I auf § 325 I verweist (ThoPu/*Seiler* § 727 Rn 11). Bei Titeln, die nicht in einem Rechtsstreit geschaffen wurden, insb bei Urkunden nach § 794 I Nr 5 ist dagegen stets der Zeitpunkt ihrer Errichtung maßgebend (BGH NJW 93, 1396, 1397). **Vollständig ausgeschlossen** ist eine Titelumschreibung, wenn der wahre Gläubiger oder Schuldner in dem Titel niemals ausgewiesen war oder dieser aufgrund Verlusts seiner Rechtsfähigkeit im Zeitpunkt der Rechtshängigkeit schon nicht mehr. Eine Titelumschreibung kommt schließlich dann nicht in Betracht, wenn der Titel **bereits kraft Gesetzes für oder gegen den Rechtsnachfolger wirkt**. Das ist zB bei einem **Schiedsspruch** der Fall, der im Verfahren nach § 1060 unmittelbar für oder gegen den Rechtsnachfolger für vollstreckbar erklärt werden kann (BGH NJW-RR 07, 1366).

6 **2. Einzelfälle. a) Rechtsnachfolge auf Gläubigerseite.** Rechtsnachfolger des Gläubigers sind dessen **Allein- oder Miterben** ab dem Zeitpunkt des Anfalls der Erbschaft nach §§ 1922 I, 1942 I BGB (nicht erst bei deren Annahme). Freilich kann die Rechtsnachfolge erst ab dem Zeitpunkt der Annahme der Erbschaft nachgewiesen werden. Miterben ist aufgrund ihrer gemeinschaftlichen Berechtigung nach §§ 2032, 2039 BGB vor der Auseinandersetzung der Erbengemeinschaft eine gemeinsame Klausel zu erteilen, danach demjenigen von ihnen, der nunmehr aus dem Titel berechtigt ist. Dagegen bedeutet der Eintritt der Vorerbschaft noch keine Rechtsnachfolge zugunsten der zum Nacherben berufenen Person (Musielak/*Lackmann* § 727 Rn 10). Der **Nachweis der Erbfolge** kann durch den Erbschein, öffentliches Testament, die Niederschrift über die Testamentseröffnung, aber nicht durch eine privatschriftliche letztwillige Verfügung geführt werden (Zö/*Stöber* § 727 Rn 20).

7 Der **neue Eigentümer oder Pfandgläubiger** ist Rechtsnachfolger, der **Zessionar** einer titulierten Sicherungsgrundschuld (mit formularmäßiger Vollstreckungsunterwerfung) unter der Voraussetzung, dass er in den Sicherungsvertrag eingetreten ist, was nach § 727 nachzuweisen ist (BGHZ 185, 133 = NJW 10, 2041 mit Anm *Heinze* ZNotP 11, 332; *Kesseler* ZIP 11, 1442; *Piekenbrock* LMK 11, 323694; *Soutier* ZfIR 11, 725; *Wolfsteiner* EWiR 11, 579). In der Lit ist eine „gewisse Verunsicherung" (*Herrler* BB 10, 1931, 1934) hinsichtlich der Reichweite dieser „prozessrechtsautonomen Rechtsnachfolge" (*Kesseler* WM 11, 486, 487; *Bolkart* DNotZ 10, 483, 487 f) zu verzeichnen, von der der 11. ZS in einem *obiter dictum* ausgegangen ist. Sie betrifft neben einigen dogmatischen Ungereimtheiten (*Walker* JZ 11, 401, 403; *Stürner* JZ 10, 774, 776 f) deren genauen zeitlichen und sachlichen Anwendungsbereich (*Everts* NJW 11, 567, 569; *Herrler* BB 10, 1931, 1934), Art und Umfang des erforderlichen Nachweises (*Clemente* ZfIR 10, 441, 445 f; *Freckmann* BKR 10, 275; *Hinrichs/Jaeger* NJW 10, 2017, 2018 mit Formulierungsvorschlag; AG Waiblingen DGVZ 11, 94) sowie die Kosten der Klauselumschreibung (*Sikora* DNotZ 10, 585; *Skauradszun* MDR 10, 845, 847; s.a. *Dieckmann* BWNotZ 11, 42; *Milzer* BWNotZ 11, 62; *Freckmann* GWR 11, 106; *Wolfsteiner* ZNotP 10, 322, 323 zu weiteren praktischen Auswirkungen der neuen Rspr). Der Nachweis des „Eintritts in den Sicherungsvertrag" ist auch dann im Klauselerteilungsverfahren nach § 727 zu erbringen, wenn die Grundschuld aufgrund einer Ausgliederung nach § 123 III UmwG auf einen anderen Rechtsträger übergeht (LG Krefeld ZfIR 11, 193 mit Anm *Heinze* RNotZ 11, 300; *Herrler* ZfIR 11, 186; des Weiteren LG Stuttgart ZfIR 11, 412 mit Anm *Clemente* ZfIR 11, 415; LG Regensburg WM 10, 2309). Im Hinblick auf die jüngsten Äußerungen des 7. ZS (BGH NJW-RR 11, 424; NJW 09, 1887; dazu *Herrler* NJW 11, 2762) bleibt die weitere Entwicklung abzuwarten. Zum einschlägigen Rechtsbehelf vgl § 732 Rz 3 aE.

8 Wurde eine **Inkassozession** notariell beurkundet, ist der urkundliche Nachweis der Abtretungserklärung entbehrlich (*Böttcher/Behr* JurBüro 00, 64). Rechtsnachfolger auf Gläubigerseite ist auch der **Rechtsschutzversicherer**, der die festgesetzten Kosten bezahlt. Zum Nachweis genügt eine notariell beglaubigte Bestätigung des Gläubigers, der Versicherer habe aufgrund des Versicherungsvertrages die festgesetzten Kosten

beglichen (KG Rpfleger 98, 480). Rechtsnachfolge iSv § 727 begründet des Weiteren der **gesetzliche Forderungsübergang** auf den Neugläubiger nach § 412 BGB, etwa auf den **Bürgen nach Leistung** gem § 774 I 1 BGB oder das **Land** nach dem Übergang des Anspruchs nach § 7 I 1 UVG (Ddorf FamRZ 97, 826), insb bei **Unterhaltsvorschüssen** (Schlesw FamRZ 10, 1592 f mit Anm *Schürmann* FamFR 10, 137; Zweibr FamRZ 00, 964 f). Zur Umschreibung eines in Prozessstandschaft erstrittenen Titels der sorgeberechtigten Mutter auf das Land s. Rz 3. Existiert ein auf künftige Leistungen lautender Titel des Unterhaltsvorschuss Leistenden, kann dieser nur dann auf das unterhaltsberechtigte Kind umgeschrieben werden, wenn nachgewiesen wird, dass nach dem Erlass des Titels tatsächlich Unterhalt geleistet wurde (Köln FamRZ 03, 107, 108; Kobl JurBüro 06, 608). Der **Nachweis der Rechtsnachfolge** kann in diesen Fällen nicht mit einer Quittung des gesetzlichen Vertreters über den Erhalt von Unterhaltsleistungen geführt werden (Stuttg Rpfleger 85, 438, 439), ebenso wenig genügt die Vorlage eines Bewilligungsbescheides für Unterhaltsvorschüsse (Ddorf FamRZ 97, 826, 827). Eines Nachweises der Rechtswahrungsanzeige für vergangene Unterhaltsleistungen bedarf es nicht (Stuttg NJW-RR 93, 580).

Neugläubiger kraft gesetzlichen Forderungsübergangs ist auch der **Träger der Sozialhilfe** für die nach § 94 SGB XII übergegangenen Ansprüche (Stuttg NJW-RR 08, 309) oder nach Überleitungsanzeige aufgrund von § 93 SGB XII (BGH FamRZ 83, 895, 896). Eine Umschreibung der Klausel für die Zukunft scheidet freilich aus, weil die Überleitung durch weitere Sozialleistungen aufschiebend bedingt ist (BGH NJW 92, 1624, 1625 f; BGHZ 20, 127, 131 = NJW 56, 790). Dass die Bedingung eingetreten ist, muss im Klauselverfahren nachgewiesen werden (Köln NJW-RR 93, 324, 325). Bei Änderung der Höhe der Sozialleistungen ist eine neuerliche Überleitungsanzeige entbehrlich (Hamm FamRZ 81, 915, 916). Rechtsnachfolgefälle enthalten §§ 268 III 1, 426 II 1, 1143 I, 1249, 1607 II 2, 1615b BGB und § 86 VVG, des Weiteren, freilich zT mit dem Erfordernis einer Überleitungsanzeige, so dass es begrifflich um keinen gesetzlichen Forderungsanspruch geht, §§ 72 II 2, 187 III (**Insolvenzgeld**, s. Rz 14 aE), 203 I 3, 204, 332 SGB III, § 37 BAföG und § 95 SGB III. Problematisch ist in diesen Fällen regelmäßig der Nachweis des Anspruchsumfangs in der Form des § 727 I (Ddorf Rpfleger 96, 75 für die Gesamtschuld), so dass Offenkundigkeit oder ein Geständnis vorliegen muss (Schlesw InVo 99, 186). Nicht nur beim gesetzlichen Übergang von Forderungen, sondern auch bei der **gesetzlichen Übertragung von Aufgaben** kann eine Umschreibung des Titels nach § 727 in Betracht kommen, so etwa für die nach § 44b I SGB II errichtete Arbeitsgemeinschaft, die als Trägerin der Leistungen nach §§ 6 II, 22, 23 SGB II Aufgaben der Agenturen für Arbeit und der Kommunen ist und auf die Unterhaltsansprüche nach § 33 I SGB II des Leistungsempfängers gegen einen Dritten übergehen (Zweibr NJW 07, 2779; s.a. BVerfG NVwZ 08, 183). 9

Der **Gläubiger, dem die Forderung zur Einziehung (§ 835 I) oder an Zahlungs statt (§ 835 II) überwiesen wurde**, ist Rechtsnachfolger iSd § 727 (Jena Rpfleger 00, 76; KG OLGZ 83, 205, 208; Frankf NJW 83, 2266, für den Pfändungspfandgläubiger, dem die Forderung nach § 835 überwiesen wurde). Rechtsnachfolge auf Gläubigerseite liegt auch vor, wenn es bei **Kapitalgesellschaften** um die Verschmelzung (§§ 2 ff UmwG), Spaltung (§ 123 UmwG) oder die Übertragung des Vermögens nach §§ 174 ff UmwG geht, nicht aber beim bloßen Formwechsel (s. Rz 4). Hat der Schuldner in einer **notariellen Urkunde** die persönliche Haftung in der Weise übernommen, dass der jeweilige Gläubiger einer Grundschuld ihn daraus in Anspruch nehmen kann, ist Rechtsnachfolger des in der Urkunde genannten Gläubigers nur, wer sowohl Gläubiger des Anspruchs aus dem Schuldversprechen als auch der Grundschuld ist (BGH NJW 08, 918). Der Titel über den von einem Anwalt erstrittenen Kostenfestsetzungsbeschluss gegen seinen früheren Mandanten kann auf seinen Nachfolger in der **Rechtsanwaltssozietät** nach § 727 umgeschrieben werden (Saarbr Rpfleger 78, 227, 228). 10

b) Rechtsnachfolge auf Schuldnerseite. Rechtsnachfolger des Schuldners sind dessen **Allein- oder Miterben** (im Unterschied zur Beerbung des Gläubigers s. Rz 6) ab Annahme der Erbschaft oder dem Ablauf der Ausschlagungsfrist, was alternativ durch öffentliche Urkunden nachzuweisen ist (Musielak/*Lackmann* § 727 Rn 7). Miterben haften als Rechtsnachfolger als Gesamtschuldner, die zur Rechnungslegung, Auskunftserteilung und ggf auch zur Abgabe einer eidesstattlichen Versicherung verpflichtet sind (BGHZ 104, 369, 371 ff = NJW 88, 2729). Die Vollstreckung in den Nachlass ist aufgrund einer Klausel möglich, die alle Miterben gemeinsam als Vollstreckungsschuldner ausweist, aber auch gegen jeden einzelnen Miterben (vgl § 2058 BGB; Zö/*Stöber* § 727 Rn 14). Soweit die Zwangsvollstreckung gegen den später verstorbenen Schuldner bereits begonnen hatte, kann sie fortgesetzt werden, ohne dass eine Umschreibung auf den oder die Erben erforderlich ist (*W. Roth* NJW-Spezial 10, 551 f). Die Vollstreckung wird vielmehr in den Nachlass fortgesetzt (§ 779 I). Zur Erbschaft gehört auch die **Unterhaltspflicht, die nach § 1586b BGB auf den** 11

Erben übergeht. Nach § 727 kann ein entsprechender Titel auf den Erben des Unterhaltsschuldners umgeschrieben werden (BGH NJW 04, 2896 f; Kobl NJW-RR 10, 303). Haftungsbeschränkung können die Miterben auf der Grundlage von §§ 781, 785 geltend machen. Mit der Vollstreckungsabwehrklage nach § 767 können sie ihre Rechte aus §§ 2059 ff BGB durchsetzen (Musielak/*Lackmann* § 727 Rn 7). Zum **Nachweis der Erbfolge** s. Rz 6.

12 Der Titel wird nach § 727 des Weiteren umgeschrieben gegen den **neuen Eigentümer einer streitbefangenen Sache** nach § 265 (ThoPu/*Seiler* § 727 Rn 13; s. aber Frankf NJW-RR 06, 155, 156; *Schmidberger/Slomian* ZMR 10, 579, 583: Der Erwerber eines Grundstücks ist nicht Rechtsnachfolger, soweit sich der Titel „gegen das Grundstück" richtet) und gegen **den wahren Eigentümer nach Berichtigung des Grundbuchs** bei Vollstreckung aus einer Grundschuld (Hamm NJW 99, 1033: Rechtsgedanke des § 1148 BGB; LG Rostock NJW-RR 01, 1024). Liegt in der Auflassung eines Grundstücks durch den Eigentümer auch die Ermächtigung des Auflassungsempfängers zur Weiterveräußerung, ist auch der weitere Erwerber als Rechtsnachfolger des Auflassungsempfängers anzusehen und der Titel auf ihn umzuschreiben (KG Rpfleger 98, 65). Des Weiteren begründet der Erwerb von Eigentum in der **Zwangsversteigerung** grds eine Rechtsnachfolge iSv § 727 (Bremen Rpfleger 87, 381). Wird die Zwangsversteigerung eines Grundstücks aus einem Recht betrieben, das einer vor der Beschlagnahme eingetragenen Auflassungsvormerkung im Rang vorgeht, hat eine nach der Beschlagnahme erfolgte Umschreibung des Eigentums auf den Vormerkungsberechtigten aber dennoch keinen Einfluss auf den Fortgang des Vollstreckungsverfahrens. Wegen § 26 ZVG ergibt sich insb aus § 17 ZVG keine Notwendigkeit zur Umschreibung des Titels auf den Erwerber (BGHZ 170, 377). Vereinigen sich die Anteile einer Bruchteilsgemeinschaft in der Hand eines Teilhabers, ist zur Anordnung der Zwangsversteigerung wegen des dinglichen Anspruchs aus einer noch von allen Miteigentümern bewilligten und nach § 800 vollstreckbaren Grundschuld die Umschreibung der Vollstreckungsklausel bzgl der erworbenen Anteile erforderlich (LG Münster Rpfleger 07, 564). Im Hinblick auf § 325 I erlaubt § 727 I eine Umschreibung des Titels auch gegen eine Person, die zwar nicht Rechtsnachfolger, aber doch **Besitzer einer streitbefangenen Sache** geworden ist. Der **gutgläubige Erwerb** eines Rechtsnachfolgers des Vollstreckungsschuldners steht der Titelumschreibung zu seinen Lasten nur dann entgegen, wenn durch die Vollstreckung in die gutgläubig erworbene Rechtsposition eingegriffen würde (KG KGR Berlin 09, 670).

13 Die **Verurteilung des Schuldners zur Zahlung an einen Dritten** nach § 265 II (Musielak/*Lackmann* § 727 Rn 1) begründet einen Rechtsnachfolgetatbestand iSv § 727 I. Die **befreiende Schuldübernahme** iSv § 414 BGB ist dagegen ebenso wenig wie der **Schuldbeitritt** und die **Schuldmitübernahme** (s. Rz 4 aE) ein Fall der Rechtsnachfolge nach §§ 256, 727 (BGH NJW 89, 2885), auch wenn durchaus praktische Erwägungen für das Gegenteil sprechen (MüKoZPO/*Wolfsteiner* § 727 Rn 36). Jedoch ist der Gläubiger nicht schutzwürdig, weil er die zwischen Schuldner und Drittem vereinbarte Schuldübernahme nach § 415 BGB selbst genehmigt hat (Musielak/*Lackmann* § 727 Rn 6). Im Prozess ist dagegen ein Parteiwechsel angezeigt. Die Haftung des Erwerbers bei Firmenfortführung nach **§ 25 I HGB** begründet keine Rechtsnachfolge nach § 727, weil es sich um einen gesetzlichen Fall des Schuldbeitritts handelt (BGH NJW-RR 89, 1055) und nach dem Ablauf der fünfjährigen Frist des § 26 HGB um eine befreiende Schuldübernahme. Wegen **§ 129 IV HGB** findet eine Umschreibung des Titels gegen eine aufgelöste oder schon auseinandergesetzte oHG oder KG auf die Gesellschafter auch nicht in analoger Anwendung des § 727 statt (BGH NJW 07, 1813, 1815; Hamm NJW 79, 51 mwN). Schließlich ist auch die **Auflösung oder Liquidation einer Handelsgesellschaft** für sich kein Rechtsnachfolgetatbestand iSv § 727 I (s. Rz 4).

14 c) **Insbesondere Insolvenz.** Die Insolvenz kann sowohl auf Gläubiger- als auch auf Schuldnerseite ein Fall der Rechtsnachfolge iSv § 727 sein. Der **Insolvenzverwalter** (auch der vorläufige nach § 22 I 1 InsO, sofern die Verwaltungs- und Verfügungsbefugnis auf ihn übergeht: BGHZ 151, 353) ist als **Partei kraft Amtes** Rechtsnachfolger des Insolvenzschuldners (s. Rz 2 mwN), auch bei der Immobiliarvollstreckung (LG Cottbus Rpfleger 00, 294), sowie bei der Vollstreckung aus Unterlassungstiteln (Frankf OLGR 09, 575). Ein Fall von Rechtsnachfolge liegt jedoch nicht mehr vor, wenn der Vollstreckungsgegenstand freigegeben wird oder der Insolvenzschuldner nach Einstellung des Insolvenzverfahrens mangels Masse die Verfügungsbefugnis wiedererlangt (BGH Rpfleger 06, 423, 424 für Verurteilung aus §§ 51a, b GmbHG). In diesem Fall muss der Titel wieder auf oder ggf auch gegen den früheren Insolvenzschuldner umgeschrieben werden (Musielak/*Lackmann* § 727 Rn 8), auch dann wenn der frühere Insolvenzverwalter nun selbst aus einem Titel vollstrecken will, den er seinerzeit als Partei kraft Amtes erwirkt hatte (BGH NJW 92, 2159 noch zur KO). Jedoch ist der wieder verwaltungs- und verfügungsberechtigte Insolvenzschuldner selbst nicht (Gesamt-)Rechtsnachfolger des Insolvenzverwalters (MüKoZPO/*Wolfsteiner* § 727 Rn 19). Die Ansprüche auf Zahlung von

Arbeitsentgelt gehen bei der Leistung von **Insolvenzgeld** nach § 187 III SGB III im Wege des gesetzlichen Forderungsübergangs auf die Bundesagentur für Arbeit über (s. Rz 9).

II. Formeller. 1. Verfahren. a) Anhörung und Rückgabe der alten Ausfertigung. Grds wird bei der Titelumschreibung verfahren wie bei der Erteilung einer sog qualifizierten Klausel nach § 726 (s. § 726 Rz 6 ff). Das gilt jedoch nur mit einigen **Modifikationen** (*Lackmann* FS Musielak, 287 ff): Nach § 730 ist die Anhörung des Schuldners in das pflichtgemäße Ermessen des Rechtspflegers gestellt (s. § 730 Rz 2). Die Vorschrift beschränkt seinen Anspruch auf Anhörung, regelt aber nicht die Frage, ob auch ein Altgläubiger anzuhören ist, bevor der Titel nach § 727 auf den neuen umgeschrieben wird. Er ist nach allgemeinen Grundsätzen anzuhören (str: Hamm Rpfleger 91, 161 mit Anm *Münzberg*; restriktiver BGH Rpfleger 05, 611: Geständnis nach § 288 muss unmittelbar bevorstehen; Stuttg Rpfleger 05, 207). Ebenso sollen »neue« Schuldner, gegen die der Titel umgeschrieben wird, zuvor angehört werden (St/J/*Münzberg* § 730 Rn 3; aA Zö/*Stöber* § 730 Rn 1). Es ist **nicht erforderlich, dass der Altgläubiger eine bereits erteilte vollstreckbare Ausfertigung zurückgibt**, wenn nach § 733 eine weitere erteilt wird (Hamm FamRZ 91, 965 f). Erfolgt sie dennoch, muss die Umschreibung allerdings auf der alten Ausfertigung erfolgen. Eine frühere unrichtige Ausfertigung bindet bei der Umschreibung nicht (KG NJW-RR 97, 253). Einschlägige Verfahrensvorschrift ist § 733. 15

b) Urkundennachweis. Der Urkundennachweis wird durch **öffentliche** (§§ 415, 417, 418) oder **öffentlich beglaubigte Urkunden** (§ 129 BGB, § 40 BeurkG) geführt (s. § 726 Rz 7), ebenso durch Vorlage einer notariell beglaubigten Kopie einer öffentlich beglaubigten Urkunde (Schlesw BeckRS 10, 17297). Zum Nachweis der Rechtsnachfolge müssen die Voraussetzungen, die zur Schlüssigkeit einer Klage gehören, nachgewiesen werden, zB die Vollmacht eines involvierten Vertreters (Musielak/*Lackmann* § 727 Rn 4). Der **Umfang der Nachweispflicht** hängt vom **Einzelfall** ab: Die Verpflichtung zur Beibringung einer öffentlich beglaubigten Abtretungserklärung in einem Versäumnisurteil weist die Rechtsnachfolge nicht nach und kann die öffentliche Beglaubigung nicht ersetzen (BayObLG Rpfleger 97, 314). Der **Insolvenzverwalter** ist gehalten, die Fortdauer seiner Berechtigung durch öffentliche oder öffentlich beglaubigte Urkunden nachzuweisen (strenger LG Stuttgart NZI 08, 192: Vorlage einer Ausfertigung der Bestallungsurkunde, keine beglaubigte Abschrift). Denn die Veröffentlichung des Eröffnungsbeschlusses im Banz macht nur die Bestellung offenkundig, nicht deren Fortbestand (BGH NJW-RR 05, 1716; LG Bonn BeckRS 09, 87735). Ebenso wenig genügt die Website www.insolvenzbekanntmachungen.de iVm § 9 InsO zum Nachweis der Rechtsnachfolge. Denn dort wird die Entlassung von Insolvenzverwaltern nicht vermerkt. Haben sich **Gesamtschuldner** in einer **notariellen Urkunde** der sofortigen Zwangsvollstreckung unterworfen, kann derjenige Miterbe nach einem dieser Gesamtschuldner, der den Gläubiger befriedigt, selbst unter Vorlage einer die Zahlung ausweisenden öffentlich beglaubigten Urkunde und eines die Erbanteile bezeichnenden gemeinsamen Erbscheins keine vollstreckbare Ausfertigung für sich gegen die anderen Miterben im Verhältnis der Erbteile verlangen. Denn der **Erbschein** weist nur aus, dass er als Miterbe bezahlt hat, nicht aber, ob und in welchem Umfang die anderen Miterben ihm ggü ausgleichspflichtig sind (BayObLG NJW 70, 1800, 1801). Zur **Zustellung** des nach § 727 umgeschriebenen Titels s. § 750 II und BGH NJW 07, 3357. 16

Der Nachweis des **Forderungsübergangs des Unterhaltsanspruchs auf den Sozialhilfeträger** kann durch eine den Voraussetzungen des § 418 genügende Bescheinigung über den Betrag der gezahlten (nicht nur der bewilligten: Ddorf FamRZ 97, 826) Sozialleistungen geführt werden (Zweibr NJW 07, 2779, 2780; Karlsr NJW-RR 04, 154 f), jedoch weder durch eine bloße Zahlungsanweisung (Karlsr FamRZ 87, 852, 853), noch die beglaubigte Kopie eines Fallauszugs (Stuttg NJW-RR 86, 1504, 1505) und auch nicht durch eine Quittung des gesetzlichen Vertreters (Stuttg Rpfleger 86, 438, 439). Bei der Titelumschreibung nach § 727 ist das **Nichtvorliegen des Ausschlussgrundes nach § 33 II 3 SGB XII**, obwohl es nicht offenkundig ist, dennoch nicht durch öffentliche oder öffentlich beglaubigte Urkunden nachzuweisen. Es genügt vielmehr eine Versicherung, von einer bestehenden oder drohenden Sozialhilfebedürftigkeit des Unterhaltsschuldners keine Kenntnis zu haben (Stuttg FamRZ 08, 290). 17

Des Urkundsnachweises bedarf es nicht, wenn er entbehrlich ist. So wäre es eine unnötige Förmelei, den Nachweis zu verlangen, wenn die Tatsache, um die es geht, **offenkundig** ist (s. § 726 Rz 7). Nicht einheitlich wird dagegen die Frage diskutiert, ob aufgrund eines **Geständnisses des Schuldners** iSv § 288 (nicht aufgrund eines bloßen **Nichtbestreitens**) der Urkundennachweis entfällt (s. § 726 Rz 7). In den Fällen des § 727 wird das nur mit Zustimmung des Altgläubigers und Rechtsvorgängers möglich sein, weil seine 18

Rechte durch die Umschreibung des Titels tangiert werden (BGH WM 05, 1914; Kobl NJW-RR 03, 1007; *Lackmann* FS Musielak, 287, 292 ff; Zö/*Stöber* § 730 Rn 1).

19 **2. Entscheidung und Rechtsmittel.** Die Klausel wird vom Rechtspfleger als ein **besonderer Fall einer qualifizierten Klausel** erteilt (s. § 726 Rz 10). Inhaltlich richtet sie sich nach den Erfordernissen des § 725. Insbes muss sie die eigenhändige Unterschrift des Rechtspflegers tragen (LG Frankenthal Rpfleger 85, 244). Die einem Rechtsnachfolger zu erteilende Ausfertigung ist nur auf die Teile der notariellen Urkunde zu beziehen, auf die sich die Rechtsnachfolge bezieht (KG Rpfleger 98, 65). Ob ein **gutgläubiger Erwerb nach § 325 II** vorliegt, liegt außerhalb der Prüfungskompetenz des Rechtspflegers bei der Erteilung der Klausel (ThoPu/*Seiler* § 727 Rn 15). Für die **Rechtsmittel** gelten grds dieselben Erwägungen, die für die Anfechtbarkeit bei Erteilung oder Verweigerung einer Klausel nach § 726 maßgeblich sind (s. § 726 Rz 11). Hinzu kommen folgende Besonderheiten: Besteht die Option zur Umschreibung der Klausel nach § 727 steht einer neuen Klage der **Einwand der Rechtskraft** nach § 325 entgegen, und sie ist unzulässig (Musielak/*Lackmann* § 727 Rn 5). Ob ihr zusätzlich das Rechtsschutzinteresse fehlt, kann im Einzelfall unterschiedlich zu entscheiden sein. Auf Erteilung der Klausel zu klagen, ist demgegenüber jedenfalls nicht der einfachere Rechtsbehelf.

20 Problematisch ist va die **Rechtsschutzmöglichkeit des Altgläubigers** gegen die Erteilung und die Rechtsgrundlage für einen **Prätendentenstreit zweier Gläubiger** um die Erteilung einer vollstreckbaren Ausfertigung. Denn die ZPO sieht dafür nicht ausdrücklich einen Rechtsbehelf vor; §§ 732, 768 nehmen nur den Schuldner in den Blick. Die Vorschriften gelten analog (aA MüKoZPO/*Wolfsteiner* § 727 Rn 60; § 731 Rn 2: grds Feststellungsklage des einen Prätendenten gegen den anderen; krit dazu St/J/*Münzberg* § 727 Rn 56: Auf die Feststellung der Unzulässigkeit der Klausel kann nicht geklagt werden, weil sie ordnungsgemäß ergangen ist): § 732 bei formalen Einwänden, sonst § 768 (Stuttg OLGR 00, 217, 218), insb in dem Fall, in dem sich der Altgläubiger gegen die Klauselerteilung auf den neuen wehren möchte. Für den Schuldner besteht dabei die Möglichkeit zur **Nebenintervention** (*Lackmann* FS Musielak, 287, 309 f). Wird dem Neugläubiger die Klausel nach § 727 verweigert, ist die Klage auf Erteilung der Klausel nach § 731 statthaft. § 766 ist hingegen der statthafte Rechtsbehelf, wenn aus einem Titel vollstreckt wird, der noch nicht umgeschrieben wurde, obwohl die Notwendigkeit dazu besteht (BGH NJW 92, 2159).

§ 728 Vollstreckbare Ausfertigung bei Nacherbe oder Testamentsvollstrecker.

(1) Ist gegenüber dem Vorerben ein nach § 326 dem Nacherben gegenüber wirksames Urteil ergangen, so sind auf die Erteilung einer vollstreckbaren Ausfertigung für und gegen den Nacherben die Vorschriften des § 727 entsprechend anzuwenden.

(2) [1]Das Gleiche gilt, wenn gegenüber einem Testamentsvollstrecker ein nach § 327 dem Erben gegenüber wirksames Urteil ergangen ist, für die Erteilung einer vollstreckbaren Ausfertigung für und gegen den Erben. [2]Eine vollstreckbare Ausfertigung kann gegen den Erben erteilt werden, auch wenn die Verwaltung des Testamentsvollstreckers noch besteht.

1 **A. Ratio und Anwendungsbereich.** Die Vorschrift erklärt in **Abs 1** die Regelung des § 727 auf das Verhältnis des Vorerben, gegen den das Urt ergangen ist, das nach § 326 ggü dem Nacherben wirksam ist, für anwendbar. Das ist notwendig, weil der Nacherbe nach § 2100 BGB Erbe des Erblassers und nicht des Vorerben ist, so dass in deren Verhältnis nach den Maßstäben des Bürgerlichen Rechts keine Rechtsnachfolge iSv § 727 vorliegt. Die Verweisung auf § 326 entspricht dabei derjenigen in § 727 auf § 325. In beiden Fällen werden die **materielle Rechtskraft- und die Vollstreckungswirkung einander angepasst** (MüKoZPO/*Wolfsteiner* § 728 Rn 1). Das ist auch die Regelungsintention von **Abs 2.** Die Regelung erstreckt die Vollstreckungswirkung eines Urteils, das der Testamentsvollstrecker im Aktiv- oder Passivprozess erwirkt hat, für oder gegen den Erben, gegen den die Entscheidung nach § 327 wirkt. Die Klauselumschreibungen, die nach beiden Vorschriften vom nach § 20 Nr 12 RPflG funktionell zuständigen Rechtspfleger vorgenommen werden, sind für das Vollstreckungsorgan bindend.

2 **B. Tatbestand. I. Abs 1.** Für die Vollstreckungswirkung nach Abs 1 ist Voraussetzung, dass die **Nacherbfolge eingetreten** ist, §§ 2106, 2139 BGB. Das ggü dem Vorerben ergangene Urt muss des Weiteren nach § 326 I für oder nach Maßgabe des § 326 II gegen den Nacherben wirken (Voraussetzung: der Vorerbe ist befugt, ohne Zustimmung über den Nachlassgegenstand zu verfügen). Im Fall von § 326 I wird somit keine Klausel gegen den Nacherben erteilt (Zö/*Stöber* § 728 Rn 2). Beides, der Eintritt der Nacherbfolge und die

Rechtskraftwirkung nach § 326 I, II muss, wenn es nicht offenkundig ist, durch öffentliche oder öffentlich beglaubigte Urkunden nach §§ 727, 728 nachgewiesen werden (s. § 727 Rz 16). Erforderlich ist dazu ein **dem Nacherben erteilter Erbschein**, der den Nacherbfall bezeugt. Der Erbschein des Vorerben erbringt den Nachweis ebenso wenig wie die Vorlage seiner Sterbeurkunde (BGHZ 84, 196 = NJW 82, 2499, dort auch zu den grundbuchrechtlichen Anforderungen nach § 35 I 1 GBO). Ist die Nacherbfolge mehrfach eingetreten, ist der erste Nacherbe zugleich Vorerbe, wenn der nachfolgende Nacherbfall eintritt, so dass die §§ 326, 327 auf diesen Fall anwendbar sind (Musielak/*Lackmann* § 728 Rn 2).

II. Abs 2. Für das vom Testamentsvollstrecker im **Aktivprozess** zugunsten des Erben erwirkte Urt kann 3
eine vollstreckbare Ausfertigung nach **Abs 2 S 1** erst nach der Beendigung der Testamentsvollstreckung erteilt werden, weil der titulierte Anspruch bis dahin immer noch der Verwaltungs- und Prozessführungsbefugnis des Testamentsvollstreckers unterliegt (MüKoZPO/*Wolfsteiner* § 728 Rn 8). Anders ist das nach **Abs 2 S 2** bei einem Urt, das in einem **Passivprozess** des Testamentsvollstreckers gegen den Erben ergangen ist. Hier ist die Fortdauer der Testamentsvollstreckung kein Hinderungsgrund für die Erteilung der vollstreckbaren Ausfertigung, vorausgesetzt der Testamentsvollstrecker war nach § 327 II zur Führung des Rechtsstreits überhaupt berechtigt. Der Erbe kann die Beschränkung der Erbenhaftung in diesem Fall nach §§ 767, 780 II geltend machen. Mit öffentlichen oder öffentlich beglaubigten Urkunden sind bei der Umschreibung für den Erben das Ende der Prozessführungsbefugnis des Testamentsvollstreckers (KG NJW-RR 87, 3), die Voraussetzungen der Rechtskraftwirkung nach § 327 I, II und folglich auch die Erbenstellung im Hinblick auf den vom oder gegen den Testamentsvollstrecker titulierten Anspruch nachzuweisen. **Verfahren, Entscheidung** und **Rechtsmittel** richten sich dabei nach § 727 (s. § 727 Rz 15, 19 ff).

§ 729 Vollstreckbare Ausfertigung gegen Vermögens- und Firmenübernehmer.

(1) Hat jemand das Vermögen eines anderen durch Vertrag mit diesem nach der rechtskräftigen Feststellung einer Schuld des anderen übernommen, so sind auf die Erteilung einer vollstreckbaren Ausfertigung des Urteils gegen den Übernehmer die Vorschriften des § 727 entsprechend anzuwenden.
(2) Das Gleiche gilt für die Erteilung einer vollstreckbaren Ausfertigung gegen denjenigen, der ein unter Lebenden erworbenes Handelsgeschäft unter der bisherigen Firma fortführt, in Ansehung der Verbindlichkeiten, für die er nach § 25 Abs. 1 Satz 1, Abs. 2 des Handelsgesetzbuchs haftet, sofern sie vor dem Erwerb des Geschäfts gegen den früheren Inhaber rechtskräftig festgestellt worden sind.

A. Ratio und Anwendungsbereich. Vermögens- (Abs 1) und Firmenübernehmer (Abs 2) sind juristisch 1
keine Rechtsnachfolger iSd § 727, weil sie neben dem früheren Inhaber des Vermögens und der Firma als Gesamtschuldner haften (BGH NJW 57, 420, für den Vermögensübernehmer; ThoPu/*Seiler* § 729 Rn 1). Der **kraft Gesetzes eintretende Schuldbeitritt** des Übernehmers wird dem Fall der privativen Schuldnachfolge in § 727 (MüKoZPO/*Wolfsteiner* § 729 Rn 1) insofern gleichgestellt, als § 729 die entsprechende Anwendung von § 727 anordnet. Der Anwendungsbereich von Abs 1 ist freilich durch die **ersatzlose Streichung von § 419 BGB** in Art 33 Nr 16 EGInsO zum 1.1.99 erheblich geschmälert worden. Die Vorschrift hat nur noch Bedeutung für Vermögensübernahmen, die zeitlich vor dem genannten Stichtag stattgefunden haben (Musielak/*Lackmann* § 729 Rn 1). Außerdem gilt die Vorschrift für den **Erbschaftskauf** nach §§ 2382, 2383 BGB analog.

Ähnliche Einschränkungen wie bei Abs 1 gibt es bei der **Firmenübernahme** des Abs 2 nicht (zum Verhält- 2
nis zu § 727 *Dötsch* MDR 11, 701). Allerdings reicht der Anwendungsbereich der Vorschrift nur soweit, wie nach § 25 HGB gehaftet wird (ThoPu/*Seiler* § 729 Rn 3). Über den unmittelbaren Anwendungsbereich hinaus (s. Rz 3) wird die Regelung entsprechend herangezogen im **Fall des § 28 I HGB**, wonach eine Person als persönlich haftender Gesellschafter oder als Kommanditist in das Handelsgeschäft eines Einzelkaufmanns eintritt. Denn der in Abs 2 nicht erwähnte § 28 I HGB enthält eine sachlich mit § 25 I HGB übereinstimmende Regelung (Zö/*Stöber* § 729 Rn 13; aA Köln NJW-RR 94, 1118, 1119; offen gelassen von BGH Rpfleger 74, 260). Nicht einheitlich beurteilt wird auch die entsprechende Anwendung im Fall der **Erbenhaftung nach § 27 I HGB** (Musielak/*Lackmann* § 729 Rn 1; aA *Deckenbrock/Dötsch* Rpfleger 03, 644 f) sowie beim **Eintritt in eine bestehende Gesellschaft nach § 130 I HGB** (MüKoZPO/*Wolfsteiner* § 729 Rn 15; aA Köln NJW-RR 94, 1118, 1119), namentlich bei einer rechtsfähigen (Außen-)Gesellschaft Bürgerlichen Rechts (BGHZ 154, 370 = NJW 03, 1803; aA für diesen Fall MüKoZPO/*Wolfsteiner* § 729 Rn 16). Richtigerweise ist hier die Interessenlage ähnl wie in § 25 HGB zu beurteilen und eine Klausel nach § 727 analog umzuschreiben. Das gilt freilich nach hM nicht, wenn ein neuer Gesellschafter in ein **nicht kauf-**

männisches Einzelunternehmen, insb eine freiberufliche Praxis in der Rechtsform einer Gesellschaft Bürgerlichen Rechts eintritt (BGHZ 157, 361 = NJW 04, 836) und auch dann nicht, wenn ein nicht kaufmännisches Einzelunternehmen in eine neu gegründete GmbH eingebracht wird (BGHZ 143, 314 = NJW 00, 1415). Denn beides sind keine Fälle des § 28 HGB.

3 **B. Tatbestand.** Inhaltlich muss im Fall des **Abs 1** zunächst eine **Vermögensübernahme** iSd aufgehobenen (s. Rz 1) § 419 I BGB vorliegen. Ist das beim Erwerb eines einzelnen Gegenstandes der Fall, muss der Gläubiger im Klauselerteilungsverfahren die Kenntnis des Erwerbers von dem Umstand dartun, dass der von ihm erworbene Gegenstand das gesamte oder doch nahezu gesamte Vermögen des Veräußerers darstellt (Ddorf NJW-RR 93, 959; aA Zö/*Stöber* § 729 Rn 4). Des Weiteren ist die **Existenz eines rechtskräftigen Urteils** iSv § 704 I gegen denjenigen erforderlich, der sein Vermögen überträgt. Die Rechtskraft muss in einem Zeitpunkt eingetreten sein, der vor der Vermögensübernahme liegt. Über seinen Wortlaut hinaus gilt Abs 1 auch für die Titel nach § 795, wobei es, wenn sie der Rechtskraft nicht fähig sind, auf den Zeitpunkt ihrer Entstehung ankommt. Um vorläufige Titel (insb Arreste, einstweilige Verfügungen) darf es sich dabei jedoch nicht handeln (MüKoZPO/*Wolfsteiner* § 729 Rn 3). Der Zeitpunkt des Eintritts der Rechtskraft eines Urteils oder die Errichtung eines sonstigen, nicht nur vorläufigen Titels gegen den früheren Inhaber des Handelsgeschäfts ist auch der maßgebliche Zeitpunkt nach **Abs 2**. Materiell müssen die Merkmale eines **Firmeninhaberwechsels und einer Firmenfortführung iSv § 25 I 1, II HGB** vorliegen (zu den Voraussetzungen BGH NJW 06, 1001).

4 **C. Verfahren und Entscheidung.** Nach § 20 Nr 12 RPflG ist der Rechtspfleger zur Klauselerteilung nach § 729 funktionell zuständig (s. § 726 Rz 6). Die urkundliche Nachweispflicht richtet sich auf alle Tatbestandsmerkmale des § 419 I BGB und § 25 HGB. Ist ein Vertreter involviert, muss auch dessen Vertretungsmacht nachgewiesen werden. Der **Nachweis einer Vermögensübernahme** nach Abs 1 dürfte mit öffentlichen oder öffentlich beglaubigten Urkunden schwer zu führen sein. Der Gläubiger kann daher die Klage auf Erteilung der Vollstreckungsklausel nach § 731 erheben. Sie beseitigt aber nicht das Rechtsschutzinteresse für eine neue Klage gegen den Übernehmer des Vermögens aus dem zugrunde liegenden Rechtsverhältnis (BGH NJW 87, 2863). Mit einem beglaubigten Auszug aus dem Handelsregister kann der **Nachweis des Firmeninhaberwechsels** nach Abs 2 geführt werden. Handelt es sich um einen **Einzelkaufmann**, muss zusätzlich nachgewiesen werden, dass die Forderung, im Geschäftsbetrieb des Handelsgewerbes begründet worden ist. Allerdings wird der Nachweis bereits dadurch geführt, dass der Schuldner unter seiner Firma verurteilt worden ist. Der Umstand ist offenkundig (Zö/*Stöber* § 729 Rn 9). Ist im Handelsregister eine **Haftungsausschlussklausel** zugunsten des Erwerbers eingetragen, hat der Rechtspfleger das zu berücksichtigen und muss die Vollstreckungsklausel versagen (MüKoZPO/*Wolfsteiner* § 729 Rn 9). **Besonderheiten bei der Klauselerteilung** nach § 729 ergeben sich daraus, dass die Vermögens- und Geschäftsübernehmer gesamtschuldnerisch neben dem Titelschuldner verantwortlich sind. Die **Haftung als Gesamtschuldner** muss in der Klausel erwähnt werden (Rostock OLGRspr 31, 88). Die vollstreckbare Ausfertigung kann zunächst nur gegen den Übernehmer erteilt werden. Denkbar ist auch, die Klausel gegen den Titelschuldner entsprechend zu ergänzen. Dann kann nach § 733 eine weitere vollstreckbare Ausfertigung erteilt werden, sofern die Voraussetzungen dieser Vorschrift vorliegen. In der vollstreckbaren Ausfertigung kann der Erwerber eines Handelsgeschäfts alternativ unter seiner Firma oder mit seinem bürgerlichen Namen aufgeführt werden, letzteres jedoch nur auf entsprechenden Antrag hin (Musielak/*Lackmann* § 729 Rn 3 aE). In den Fällen der analogen Anwendung der §§ 28 HGB, 727 (s. Rz 2) ist die Haftsumme eines Kommanditisten in der Klausel zu beschränken (ThoPu/*Seiler* § 729 Rn 4). Zur **Anhörung** des Schuldners. s. § 730, zu **Rechtsmitteln** gegen die Erteilung oder Verweigerung der Klausel s. § 726 Rz 10, § 727 Rz 19 f.

§ 730 Anhörung des Schuldners. **In den Fällen des § 726 Abs. 1 und der §§ 727 bis 729 kann der Schuldner vor der Erteilung der vollstreckbaren Ausfertigung gehört werden.**

1 **A. Ratio und Systematik.** Der Schuldner hat zwar im Verfahren vor dem Rechtspfleger (nicht aber in den Fällen der Klauselerteilung durch den Urkundsbeamten der Geschäftsstelle nach § 724 s. § 724 Rz 11) einen verfassungsrechtlich geschützten Anspruch auf Anhörung vor der Erteilung einer sog qualifizierten Klausel. Allerdings ergibt sich dieser Anspruch nicht aus Art 103 I GG, sondern aus dem rechtsstaatlichen Grds eines **fairen Verfahrens** (BVerfGE 101, 397 mit abl Anm *Gottwald* FamRZ 00, 1477; krit auch MüKoZPO/*Wolfsteiner* § 730 Rn 1; *Münzberg* Rpfleger 91, 161: Art 103 I GG, weil es sich um Rechtsprechung handele).

Das Anhörungsrecht des Schuldners wird jedoch in § 730 im Interesse eines raschen Vollstreckungsverfahrens dadurch stark eingeschränkt, dass die Durchführung einer Anhörung in das pflichtgemäße Interesse des funktionell zuständigen Rechtspflegers gestellt wird (»kann«; BGH MDR 06, 52). Der Schuldner ist damit grds darauf verwiesen, seine Einwendungen mit der Erinnerung gegen die Erteilung der Vollstreckungsklausel nach §§ 768, 732 geltend zu machen. Er wird also erst nach der Klauselerteilung gehört, was den verfassungsrechtlichen Anforderungen genügt (BVerfGE 9, 89; 18, 399; 51, 97). Immerhin kommt § 732 II den Interessen des Schuldners insoweit entgegen, als der Richter vorab nachprüft, ob seine Einwendungen berechtigt erscheinen und die Einstellung der Zwangsvollstreckung begründen können.

B. Tatbestand. Die Vorschrift regelt das Anhörungsrecht **nicht abschließend**. Neben §§ 726 I, 727 bis 729 2
verweisen die §§ 738, 742, 744 sowie §§ 744, 745 II auf § 730. Den Fällen ist gemeinsam, dass sie von der zuständigen Stelle eine Prüfung von Tatsachen abverlangen, die sich nicht aus dem Urt selbst ergeben. Die Normen regeln daher alle den Fall der **Anhörung vor der Entscheidung**. Dem entspricht, dass stets die funktionelle Zuständigkeit des Rechtspflegers nach § 20 Nr 12 RPflG gegeben ist. Vor der Entscheidung ist eine Anhörung auch im Anwendungsbereich des § 733 (Erteilung einer weiteren vollstreckbaren Ausfertigung) möglich. Eine vollständige **Reduzierung des Ermessens**, das der Rechtspfleger im Hinblick auf die Durchführung der Anhörung hat (s. Rz 1), kommt nur ganz ausnahmsweise in Betracht. So kann der Rechtspfleger im Rahmen seiner Ermessensausübung zur Durchführung der Anhörung iRd § 727 verpflichtet sein, wenn der Antragsteller substanziiert darlegt, dass und aus welchen nachvollziehbaren Gründen zu erwarten ist, dass der Schuldner die Rechtsnachfolge zugestehen und der bisherige Gläubiger der Klauselerteilung zustimmen werde (BGH Rpfleger 05, 611; Stuttg Rpfleger 05, 207; s. § 727 Rz 15). Die **Anhörung des »neuen Schuldners«** dient auch der Vermeidung einer Klage nach § 731 (Hamm Rpfleger 91, 161 mit Anm *Münzberg*; LG München Rpfleger 97, 394). Über den unmittelbaren Anwendungsbereich von § 730 hinaus, der sich nur mit der Anhörung des Schuldners befasst, besteht in den Fällen des § 727 ein **Anhörungsrecht des Altgläubigers**, dessen Titel umgeschrieben wird, aus allgemeinen Grundsätzen (St/J/*Münzberg* § 730 Rn 3; Zö/*Stöber* § 730 Rn 1 aE). Ob man freilich soweit gehen kann, die (vorherige) Anhörung »in allen zweifelhaften Fällen« als das probate Mittel zu empfehlen (Musielak/*Lackmann* § 730 Rn 2), ist problematisch. Denn die gesetzgeberische Konzeption ist im Interesse einer effektiven Zwangsvollstreckung gerade eine andere (keine Pflicht zur Anhörung; nachträgliche Berücksichtigung von Einwendungen des Schuldners nach §§ 768, 732, s. Rz 1).

§ 731 Klage auf Erteilung der Vollstreckungsklausel.

Kann der nach dem § 726 Abs. 1 und den §§ 727 bis 729 erforderliche Nachweis durch öffentliche oder öffentlich beglaubigte Urkunden nicht geführt werden, so hat der Gläubiger bei dem Prozessgericht des ersten Rechtszuges aus dem Urteil auf Erteilung der Vollstreckungsklausel Klage zu erheben.

A. Ratio und Anwendungsbereich. Die Klage auf Erteilung der Vollstreckungsklausel nach § 731 ist ein 1
Rechtsbehelf, dessen Rechtsschutzbereich für den Fall eröffnet ist, dass der in den Fällen der §§ 726 I, 727 bis 729 (und analog auch der §§ 738, 742, 744, 745 II, 749; ThoPu/*Seiler* § 731 Rn 1) erforderliche urkundliche Nachweis nicht oder nicht in der notwendigen Form geführt werden kann und der einfachere Weg eines Antrags auf Klauselerteilung somit nicht erfolgreich ist. § 731 gibt in Fällen eine Klagemöglichkeit, in denen wegen der Rechtskraftwirkung des Urteils eigentlich nicht auf Leistung geklagt werden kann. Gleichwohl hält die hM die Klage auf Erteilung der Klausel nach § 731 auch bei Urteilen **ggü einer Leistungsklage nicht** für **vorrangig** (BGH NJW 87, 2863; aA St/J/*Münzberg* § 731 Rn 6; Schuschke/Walker/*Schuschke* § 731 Rn 1: § 731 als besondere Art der Rechtsschutzgewährung, die der allgemeinen grds vorgeht; *Schuschke* NZM 04, 206, 208, für das Verhältnis von § 731 und zusätzlicher Räumungsklage gegen neuen Bewohner). Das erscheint aus Gründen der Verfahrensökonomie als gerechtfertigt. Es trägt außerdem dem Umstand Rechnung, dass nicht alle Titel der Rechtskraft fähig sind.

B. Zulässigkeit der Klauselerteilungsklage. I. Zuständigkeit. Nach § 802 ausschließlich örtlich und (ohne 2
Rücksicht auf den Streitwert, aA ThoPu/*Seiler* § 731 Rn 4) auch sachlich zuständig ist das **Prozessgericht des ersten Rechtszugs** des früheren Verfahrens, unabhängig davon, welche Instanz das zu vollstreckende Urt gesprochen hat (§§ 731, 795, 802). Entscheidend ist stets, welcher Spruchkörper den Titel geschaffen hat. War es die **Kammer für Handelssachen**, ist diese zuständig (St/J/*Münzberg* § 731 Rn 11). Die Zuständigkeit des Familiengerichts ist begründet, wenn der titulierte Anspruch eine **Familiensache** ist. Wurde der

Anspruch in einem Rechtsstreit, der keine Familiensache zum Gegenstand hatte, tituliert (zB bei einem vor dem LG geschlossenen Unterhaltsvergleich), ist aber das Erkenntnisverfahren nunmehr eine Familiensache, ist das Prozessgericht zuständig (Stuttg Rpfleger 79, 145; Köln Rpfleger 79, 28). Soweit eine Klausel für einen **Vollstreckungsbescheid** begehrt wird, gilt § 797 III, bei **gerichtlichen und notariellen Urkunden** § 797 V. Für andere vollstreckbare Urkunden sind §§ 800 III, 800a II, §§ 109 III, 114 III GenG; § 202 InsO und § 1062 I Nr 4 (Schiedssprüche) anzuwenden.

3 **II. Statthafte Klageart.** Die Klage nach § 731 ist ihrer Rechtsnatur nach eine **prozessuale Feststellungsklage**, die sich ihrem Begehren nach auf die Erteilung der Klausel richtet (BGHZ 72, 23, 28 f = NJW 78, 1975). Sie hat keinen Leistungscharakter, weil der beklagte Schuldner die Klausel nicht selbst erteilen kann. Auch fehlt ihr der Gestaltungscharakter, weil die Klauselerteilung nicht durch das Prozessgericht erfolgt (MüKoZPO/*Wolfsteiner* § 731 Rn 4 mwN). Die Klage nach § 731 ist statthaft, soweit es um die Klauselerteilung für Urteile nach § 704 I geht, wegen § 795 aber auch bei allen anderen Titeln, die die ZPO kennt. Die Erhebung der Klage nach § 731 hemmt die Verjährung nach § 204 I Nr 1 BGB. Die Klage muss dem Prozessbevollmächtigten des Gegners im ursprünglichen Prozess zugestellt werden, §§ 172 I 2, 81. Wegen § 261 III Nr 1 ist die Klage nach § 731 unzulässig, solange der Rechtsstreit zwischen dem (Alt-)Gläubiger und dem Schuldner noch rechtshängig schwebt. Die Klage auf Klauselerteilung kann, soweit der Gerichtsstand das zulässt, **auch im Wege der Widerklage** erhoben werden, insb gegen eine Vollstreckungsabwehrklage (MüKoZPO/*Wolfsteiner* § 731 Rn 8).

4 **III. Klauseltyp und besonderes Feststellungsinteresse.** Bei der Klausel, die mit der Erteilungsklage nach § 731 begehrt wird, muss es sich um eine sog qualifizierte iSd §§ 726, 727–729 handeln. Auf eine sog einfache Klausel nach § 725 kann sich die Klauselerteilungsklage nicht richten. Denn um sie zu erhalten, müssen keine öffentlichen oder öffentlich beglaubigten Urkunden vorgelegt werden. Der Titel muss seiner Art nach »klauselfähig« sein, also grds geeignet sein, mit einer Klausel versehen zu werden. Das ist der Fall, wenn er **wirksam** ist (Musielak/*Lackmann* § 731 Rn 4). Die Klage nach § 731 ist mangels eines **besonderen Feststellungsinteresses** dann nicht zulässig, wenn für die Klauselerteilung ein Nachweis durch öffentliche oder öffentlich beglaubigte Urkunden nicht geführt werden muss, weil die Tatsachen, um die es geht, offenkundig oder formgültig zugestanden worden sind (§ 726 Rz 7). Besondere Zulässigkeitsvoraussetzung ist schließlich, dass der erforderliche Urkundennachweis nicht oder nicht in der notwendigen Form geführt werden kann (s. Rz 1). Ist das aber möglich, ist die Klage ebenso unzulässig wie im Fall des nicht erforderlichen Urkundennachweises. Das Merkmal ist *lex specialis* zum allgemeinen Feststellungsinteresse nach § 256. Ein zusätzliches Feststellungsinteresse iSd Vorschrift ist daher daneben nicht zu verlangen (aA ThoPu/*Seiler* § 731 Rn 6).

5 **IV. Allgemeines Rechtsschutzinteresse.** Es wurde bereits gesagt, dass die Möglichkeit, eine Klage auf Erteilung der Klausel nach § 731 zu erheben, das Rechtsschutzinteresse für eine neue Klage aus dem zugrundeliegenden Rechtsverhältnis nach hM nicht entfallen lässt (s. Rz 1). Auch der Umstand, dass ein Erbschein, der zum Nachweis der Rechtsnachfolge benötigt wird, nach § 792 erlangt werden kann, soll das Rechtschutzinteresse für eine Klauselerteilungsklage nicht beseitigen (VGH Mannheim NJW 03, 1203). Allerdings fehlt das Rechtsschutzinteresse, wenn der Kl zwar nicht Besitzer der zum Nachweis erforderlichen Urkunden ist, aber dazu in der Lage, sich diese ohne großen Aufwand (insb durch Geltendmachung seines Rechts auf Akteneinsicht oder Urkundenausstellung nach § 792, § 9 II HGB oder § 12 II GBO) zu beschaffen. Die Beweislast dafür liegt beim Kl (Zö/*Stöber* § 731 Rn 2). Die hM bejaht ein Rechtsschutzbedürfnis für die Klage nach § 731 nur dann, wenn zuvor Beschwerde nach §§ 567 I, 11 I RPflG gegen die Entscheidung des Rechtspflegers eingelegt (LG Stuttgart Rpfleger 00, 357), folglich ein Klauselerteilungsverfahren nach §§ 726 I, 727 bis 729 überhaupt durchgeführt (ThoPu/*Seiler* § 731 Rn 6; aA VGH Mannheim aaO) oder beim Rechtspfleger jedenfalls beantragt worden ist (Musielak/*Lackmann* § 731 Rn 5: »weniger aus rechtlichen als vielmehr aus ökonomischen Gründen«).

6 **C. Begründetheit der Klauselerteilungsklage. I. Verfahren.** Die Klage nach § 731 ist begründet, wenn die allgemeinen und die besonderen Klauselerteilungsvoraussetzungen nach §§ 724 (§ 724 Rz 4 ff), 726, 727–729 im Zeitpunkt der letzten mündlichen Verhandlung vorliegen. Es handelt sich um ein **selbstständiges ordentliches Erkenntnisverfahren**, in dem alle Beweismittel der ZPO zugelassen sind (nicht nur der Urkundsbeweis) und Tatsachen unstr gestellt werden können. **Aktivlegitimiert** ist die Person, die die Klauselerteilung begehrt (der Titelgläubiger oder sein Rechtsnachfolger), **passivlegitimiert** der Schuldner oder

sein Rechtsnachfolger. Problematisch ist die Passivlegitimation im Fall des **Prätendentenstreits zwischen Alt- und Neugläubiger** (s. § 727 Rz 20). Nach Maßgabe des § 767 II werden im Klauselerteilungsprozess nach § 732 diejenigen **materiellrechtlichen Einwendungen** berücksichtigt, die mit der Vollstreckungsabwehrklage nach § 767 ausdrücklich geltend gemacht werden müssen (ganz hM; St/J/*Münzberg* § 731 Rn 13 mwN). Das ist aus Gründen der Verfahrenswirtschaftlichkeit angezeigt, um eine neue Klage nach § 767 zu vermeiden. Die Zulassung der Einwendungen hat allerdings die Folge, dass der entsprechende Einwand dessen Präklusion für eine nachfolgende Vollstreckungsabwehrklage analog § 767 II zur Folge hat (Rechtsgrundlage str.; St/J/*Münzberg* § 731 Rn 13 f: § 767 III; MüKoZPO/*Wolfsteiner* § 732 Rn 18 f: analoge Wirkung der Rechtskraft). Ein **Anerkenntnis nach § 307** ist nach hM iRd Klauselerteilungsprozesses nach § 731 möglich (ThoPu/*Seiler* § 731 Rn 7).

II. Entscheidung. Der **Tenor des stattgebenden Urteils** kann wie folgt formuliert werden: »Zur Vollstreckung ist dem Kl die Vollstreckungsklausel zu dem Urt des … (Gericht, Az) vom … (Datum) zu erteilen.« Unter Umständen sind aufgrund begründeter materieller Einwendungen des Beklagten (s. Rz 6) **Beschränkungen in die Entscheidungsformel** aufzunehmen, etwa in Bezug auf die Höhe des zu vollstreckenden Betrags. Der Tenor sollte eine **Erklärung über die vorläufige Vollstreckbarkeit** des Urteils enthalten, weil sonst die Erteilung der Klausel bis zur Rechtskraft verweigert werden könnte (Musielak/*Lackmann* § 731 Rn 8). Das vorläufig vollstreckbare Urt ist eine taugliche Grundlage für die Erteilung der Klausel (LG Stuttgart Rpfleger 00, 537). Bei der Festsetzung der Sicherheitsleistung muss in die **Abwendungsbefugnis** der Wert des jetzigen Vollstreckungsanspruchs mit eingestellt werden. Denn der Schuldner ist insoweit schutzbedürftig, als die Vollstreckung unzulässig werden kann, wenn das Urt in der höheren Instanz aufgehoben oder abgeändert wird. Der **Streitwert** richtet sich nach dem Wert des titulierten Vollstreckungsanspruchs. **Gegenstand der Feststellung** ist nur, dass eine Klausel zu erteilen ist (str; aA MüKoZPO/*Wolfsteiner* § 731 Rn 18 mwN: Feststellung, dass der Anspruch zur Zeit der letzten mündlichen Verhandlung besteht). Der nach § 20 Nr 12 RPflG zuständige Rechtspfleger muss nach einer erfolgreichen Klauselerteilungsklage nach § 731 die Klausel selbst erteilen (LG Stuttgart aaO; *Wüllenkemper* Rpfleger 89, 87; aA *Napierala/Napierala* Rpfleger 89, 493: Anwendbarkeit von § 724 II aufgrund einer teleologischen Reduktion des § 20 Nr 12 RPflG). Die **Gerichtsgebühren** richten sich nach den Vorschriften über das Prozessverfahren in der ersten Instanz (KV Nr 1210, 1211), die **Anwaltskosten** nach § 19 I Nr 12 RVG iVm Nr 3100 ff VV RVG. Das Urt kann mit den gängigen **Rechtsmitteln** angefochten werden. Weist ein Gericht die Zahlungsklage einer Partei, die über eine vollstreckbare Urkunde verfügt, durch Prozessurteil ab, ist die Berufung, mit der die Partei ausschließlich ein Klagebegehren nach § 731 verfolgt, unzulässig (BGH FamRZ 04, 180). 7

§ 732 Erinnerung gegen Erteilung der Vollstreckungsklausel.

(1) [1]Über Einwendungen des Schuldners, welche die Zulässigkeit der Vollstreckungsklausel betreffen, entscheidet das Gericht, von dessen Geschäftsstelle die Vollstreckungsklausel erteilt ist. [2]Die Entscheidung ergeht durch Beschluss.
(2) Das Gericht kann vor der Entscheidung eine einstweilige Anordnung erlassen; es kann insbesondere anordnen, dass die Zwangsvollstreckung gegen oder ohne Sicherheitsleistung einstweilen einzustellen oder nur gegen Sicherheitsleistung fortzusetzen sei.

A. Ratio. Der Schuldner ist aufgrund des vorrangigen Interesses des Titelgläubigers an der raschen Durchführung der Zwangsvollstreckung grds darauf verwiesen, Einwendungen gegen die Zulässigkeit der Vollstreckungsklausel nach dem Vollstreckungszugriff geltend zu machen (zu den Ausnahmen: Anhörung vor Erteilung der Klausel s. § 730 Rz 2). § 732 bringt das Interesse des Schuldners zur Geltung, nach der Durchführung der Vollstreckung das Erfordernis einer Vollstreckungsklausel als solcher oder deren formelle Rechtmäßigkeit gerichtlich auf den Prüfstand zu stellen und deren Beseitigung oder Beschränkung zu erreichen. Seinem Regelungsziel nach erschöpft sich die Erinnerung mithin weder allein in einer Nachholung der Anhörung noch in der Gewährleistung des Richtervorbehalts (Musielak/*Lackmann* § 732 Rn 1). Es handelt sich um einen **speziellen Rechtsbehelf**, der dem Umstand Rechnung trägt, dass das Klauselerteilungsverfahren der Vollstreckung als selbstständiger verfahrensrechtlicher Vorgang vorgeschaltet ist (s. § 724 Rz 2). 1

B. Anwendungsbereich. I. Rüge der formell unzulässigen Klauselerteilung. Gegenstand der Erinnerung gegen die Erteilung der Vollstreckungsklausel ist der Umstand, dass die Klausel nach der objektiven Rechts- 2 lage im Zeitpunkt der Entscheidung über den Rechtsbehelf (s. Rz 9) nicht hätte erteilt werden dürfen (BGH NJW 06, 26). Das kann zweierlei heißen: Zum einen kann der Schuldner mit dem Rechtsbehelf nach § 732 **formelle Einwendungen gegen die Rechtmäßigkeit** der dem Gläubiger erteilten Vollstreckungsklausel erheben (BGH Rpfleger 05, 612; Rpfleger 05, 33; BGH WM 10, 1788, 1789; s. Rz 3). Zum anderen kann die **Zulässigkeit der Erteilung einer Vollstreckungsklausel** an sich gerügt werden, vorausgesetzt der Angriff richtet sich gegen formelle Fehler beim Zustandekommen des Titels. Das ist zB der Fall, wenn eine vollstreckbare Urkunde nicht wirksam errichtet worden (BGH NJW-RR 90, 246; NJW-RR 87, 1149) oder mangels ordnungsgemäßer Protokollierung ein wirksamer Prozessvergleich überhaupt nicht zustande gekommen ist (BGHZ 15, 190). Auch darf keine Klausel erteilt werden für einen **nicht vollstreckungsfähigen**, weil **inhaltlich unbestimmten Titel**. Allerdings handelt es sich in diesem Fall um materielle Einwendungen, die den titulierten Anspruch als solchen betreffen. Sie können nicht mit der Klauselerinnerung nach § 732 gerügt werden (BGH NJW-RR 04, 1135 für einen unbestimmten Titel; Musielak/*Lackmann* § 732 Rn 4, 8; Zö/*Stöber* § 732 Rn 13).

3 **II. Formelle Einwendungen gegen die Vollstreckungsklausel. 1. Abgrenzung zur Vollstreckungsabwehrklage nach § 767.** Mit der Erinnerung gegen die Erteilung der Vollstreckungsklausel kann der Schuldner nur solche Einwendungen (zB gegen eine dem Gläubiger erteilte Klausel) erheben, die Fehler formeller Art zum Gegenstand haben (BGH Rpfleger 05, 612; NJW-RR 04, 1718; NJW-RR 04, 1135, 1136; Hamm BeckRS 10, 18025). Auch kann die Erinnerung nach § 732 nicht damit begründet werden, der Anspruch bestehe materiellrechtlich (etwa wegen Verstoßes nach § 307 I BGB) nicht (BGH NJW 09, 1887; offen gelassen von BGH NJW-RR 06, 567, für den Fall dass die Forderung ersichtlich nicht besteht). Denn diese Frage gehört grds zum Rechtsschutzbereich der **Vollstreckungsabwehrklage nach § 767** (analog: BGH NJW-RR 07, 1724). Die Prüfung einer Rechtsnachfolge nach §§ 795 S 1, 727 I (im Fall von BGHZ 185, 133 = NJW 10, 2041 der Eintritt des Zessionars in den Sicherungsvertrag einer Sicherungsgrundschuld, vgl § 727 Rz 7 mwN) betrifft hingegen, auch wenn die Unterwerfung unter die Zwangsvollstreckung formularmäßig erklärt wurde, die formelle Ordnungsmäßigkeit der Klauselerteilung, so dass die Rechtsbehelfe aus §§ 732, 768 statthaft sind (s. aber BGH WM 10, 1788; *Herrler* NJW 11, 2762, 2763; *Bork* WM 10, 2057; „Rechtsbehelfswirrwarr"; *Leyens/Doobe* VuR 10, 303, 304; *Sommer* RNotZ 10, 378, 379 f).

4 Die Rechtsbehelfe nach § 732 und § 767 unterscheiden sich nicht nur in ihrem rechtlichen Ziel, sondern, sofern sie begründet sind, auch in ihrer **rechtlichen Wirkung**. So beseitigt die Vollstreckungsabwehrklage die Vollstreckbarkeit der Urkunde schlechthin, während sich die Klauselerinnerung nur gegen die jeweilige vollstreckbare Ausfertigung richtet und die Erteilung einer weiteren Vollstreckungsklausel nicht hindert (BGH NJW-RR 04, 1718, 1719; BGHZ 118, 229, 236). Einen prinzipiellen Vorrang des einen ggü dem anderen Rechtsbehelf gibt es daher nicht (BGH NJW-RR 04, 472, 473 f; BayObLG Rpfleger 04, 692; anders noch BGH NJW-RR 87, 1149). Vielmehr hat der Schuldner hinsichtlich seines prozessualen Vorgehens ein **Wahlrecht**, wenn die Voraussetzungen einer Klauselerinnerung nach § 732 und einer Vollstreckungsabwehrklage nach § 767 (analog) nebeneinander vorliegen (BGH NJW-RR 04, 1718, 1719). Zum Themenkreis *Walker* JZ 11, 401, 403; *J. Kaiser* NJW 10, 2933, 2934; *Barnert* MDR 04, 607. Dabei bleibt die Klage nach § 767 selbst dann statthaft, wenn der Schuldner zuvor dieselben Einwendungen im Klauselerinnerungsverfahren nach § 732 vorgetragen hat (Celle JurBüro 10, 159).

5 **2. Abgrenzung zur Klauselgegenklage nach § 768.** Anders geartet ist das Verhältnis der Erinnerung nach § 732 und der **Klauselgegenklage nach § 768**, in dem § 767 für entsprechend anwendbar erklärt wird. **§ 732** ist seinem Anwendungsbereich nach **weiter als die Klage nach § 768**. Denn die Klauselerinnerung setzt keine bestimmte vollstreckbare Ausfertigung voraus. Auch kann mit ihr jeder formelle Mangel bei der Klauselerteilung gerügt werden. Das muss aber dann auch iRd § 732 geschehen. (Musielak/*Lackmann* § 732 Rn 4). **Für eine Klage nach § 768** besteht **bei qualifizierten Klauseln kein Rechtsschutzinteresse**, weil die hierfür maßgeblichen Umstände in dem Verfahren nicht geprüft werden (Kobl NJW 92, 378). Nur ausnahmsweise kommt es zur Konkurrenz beider Rechtsbehelfe, wenn der Eintritt der nach den § 726 I sowie der §§ 727–739 etc zu beweisenden Tatsachen bestritten wird. Vielmehr ist die Klage nach § 768 statthaft (ThoPu/*Seiler* § 732 Rn 8). Schließlich wird man in dem **Fall, dass der Gläubiger die erforderlichen Urkunden vorgelegt hat, sich die maßgeblichen Umstände aus ihnen aber nicht ergeben**, die Klage nach § 768 für statthaft halten müssen, obwohl nach dem Wortlaut der Vorschrift auch der Rechtsschutzbereich der Erinnerung eröffnet ist. Denn die Prüfungsbefugnis des klauselerteilenden Organs, die sich auf den urkundlichen Nachweis der Tatsachen in den vorgelegten Urkunden beschränkt, muss mit derjenigen

gleich laufen, die das Gericht hat, das die angefochtene Entscheidung getroffen hat. IRd Klauselerinnerung werden aber nur formelle Mängel der Klauselerteilung geprüft (BGH NJW-RR 06, 567 f), dagegen grds nicht, ob die in den Urkunden enthaltenen Erklärungen rechtswirksam oder vollstreckbar sind, es sei denn, das ergibt sich aus den Urkunden selbst oder ist offenkundig (BGH NZI 06, 588). Bestehen **formelle Einwendungen gegen die Klausel und wird zugleich der Eintritt bestimmter Umstände bestritten**, kann der Schuldner nicht auf die Klauselerinnerung allein verwiesen werden. Denn auch wenn der Formfehler beseitigt wird, könnte eine zweite Klauselerteilung nachfolgen, die materiell nicht gerechtfertigt ist. Mit diesem Ziel ist die Klauselgegenklage nach § 768 statthaft (Musielak/*Lackmann* § 732 Rn 6). Die **Verletzung der Zuständigkeit zur Klauselerteilung**, wenn der Urkundsbeamte der Geschäftsstelle anstelle des zuständigen Rechtspflegers gehandelt hat (zur Frage der Wirksamkeit der Klausel s. § 726 Rz 6) ist nicht Gegenstand der Klauselerinnerung, wie sich aus einer analogen Anwendung der §§ 513 II, 545 II, 571 II 2 ergibt (aA Zweibr FamRZ 03, 1942: mangelnde Begründetheit der an sich statthaften Klauselerinnerung).

3. Abgrenzung zu anderen Rechtsbehelfen. § 732 geht der **Erinnerung nach § 573** gegen Entscheidungen 6
des Urkundsbeamten der Geschäftsstelle und der **Erinnerung nach § 11 RPflG** gegen Entscheidungen des Rechtspflegers (Naumbg FamRZ 03, 695) vor (ThoPu/*Seiler* § 732 Rn 1), ebenso der **Erinnerung nach § 766**, soweit es um Einwendungen des Schuldners gegen die Klauselerteilung geht (LG Detmold DGVZ 11, 274). Das gilt auch für die **Beschwerde nach § 567** (Hambg FamRZ 98, 1447, 1448; aA Hamm Rpfleger 90, 286 mit abl Anm *Münzberg* Rpfleger 91, 210). Soll jedoch die Bestätigung einer Entscheidung als europäischer Vollstreckungstitel angefochten werden, ist nicht die Klauselerinnerung nach § 732 statthaft, sondern die sofortige Beschwerde (Ddorf AGS 10, 415 f).Die **sofortige Beschwerde nach § 793** tritt dagegen ggü dem Rechtsbehelf aus § 732 zurück, weil die Klauselerteilung nicht zum Vollstreckungsverfahren gehört und daher zwangsvollstreckungsrechtliche Rechtsbehelfe nicht statthaft sind (Zö/*Stöber* § 732 Rn 1). Mit der **(negativen) Feststellungsklage nach § 256** konkurriert die Klauselerinnerung nach § 732 insofern, als ein Unterhaltsschuldner nicht abwarten muss, bis der Unterhaltsvorschusskasse eine Rechtsnachfolgeklausel nach § 727 (s. § 727 Rz 7) erteilt wurde, um erst dann hiergegen mit der Erinnerung nach § 732 vorzugehen. Vielmehr kann er mit der negativen Feststellungsklage geltend machen, dass ein gegen ihn gerichteter Unterhaltsanspruch auf die Unterhaltsvorschusskasse nicht übergegangen ist (Karlsr FamRZ 08, 1457).

C. Zulässigkeit. I. Zuständigkeit, Form, Frist. Nach § 802 ausschließlich zuständig ist das **Prozessgericht,** 7
dessen Urkundsbeamter oder Rechtspfleger die Vollstreckungsklausel tatsächlich erteilt hat (nicht das Vollstreckungsgericht: Musielak/*Lackmann* § 732 Rn 7; aA Stuttg Rpfleger 97, 521), und zwar auch dann, wenn die Erinnerung gerade die Unzuständigkeit des klauselerteilenden Organs rügt (MüKoZPO/*Wolfsteiner* § 732 Rn 9). Wurde die Klausel von einem **Notar** erteilt (s. § 726 Rz 6), ist die Zuständigkeit desjenigen Amtsgerichts begründet, in dessen Bezirk dieser seinen Sitz hat (Naumbg FamRZ 03, 695). Bei vollstreckbaren Urkunden und **Anwaltsvergleichen** gilt § 797 III, VI, bei **Gütestellenvergleichen** § 797a I, IV 3. Die Entscheidung über die Erinnerung ist stets **dem Richter vorbehalten** (Frankf InVo 02, 421;), soweit es sich um eine **Familiensache** handelt, dem Familiengericht (Naumbg aaO; Hambg FamRZ 81, 980). Im Verfahren der Klauselerinnerung herrscht **kein Anwaltszwang** nach § 78 V. Die Erinnerung muss der Schuldner **schriftlich** oder zur Protokoll der Geschäftsstelle des zur Entscheidung berufenen Gerichts erheben. Eine **Frist** muss er dabei aber nicht einhalten.

II. Rechtsschutzinteresse. Ein Rechtsschutzbedürfnis für die Klauselerinnerung nach § 732 besteht **ab dem** 8
Zeitpunkt ihrer Erteilung. Es besteht nicht, solange die Klausel noch nicht erteilt wurde oder wenn die Zwangsvollstreckung bereits vollständig beendet ist (s. vor §§ 704 ff Rz 13). Ist der **Titel**, für den eine Klausel erteilt wurde, **aufgehoben** worden oder wurde die **vollstreckbare Ausfertigung** (auch an das Gericht unter endgültigem Vollstreckungsverzicht: Köln OLGR 03, 92) zurück gegeben, entfällt zugleich das Bedürfnis für die Einlegung der Klauselerinnerung nach § 732 (MüKoZPO/*Wolfsteiner* § 732 Rn 7). Die Erteilung einer weiteren vollstreckbaren Ausfertigung kann mit dem Rechtsbehelf nach § 732 mit dem Ziel angegriffen werden, die Zwangsvollstreckung aus dieser für unzulässig zu erklären (Naumbg FamRZ 03, 695; Köln FGPrax 06, 278), ebenso die Klauselerteilung nach Aufhebung des Insolvenzverfahrens gem § 289 II 2 InsO (AG Göttingen Rpfleger 08, 441). Dagegen besteht ein Rechtsschutzinteresse an der Klauselerinnerung dann nicht mehr, wenn die Klauselerteilung durch ein **rechtskräftiges Urt nach § 731** rechtskräftig festgestellt worden ist (Musielak/*Lackmann* § 732 Rn 7). Dass eine Vollstreckungsabwehrklage nach § 767 statthaft oder bereits rechtshängig ist, lässt das Rechtsschutzinteresse für eine Erinnerung nach § 732 dagegen nicht entfallen (s. Rz 3).

9 **D. Begründetheit. I. Verfahren.** Im Erinnerungsverfahren nach § 732 ist eine **mündliche Verhandlung nicht zwingend** vorgeschrieben, § 128 IV. Denn die Entscheidung ergeht nach Abs 1 S 2 durch Beschl (s. Rz 10). Der Gläubiger ist aber (ggf schriftlich) zu hören, weil ihm bei voreiliger Entscheidung über §§ 775 Nr 1, 776, soweit er schon vollstreckt hat, zumindest der Rangverlust droht, ökonomisch uU sogar der Verlust einer sinnvollen Vollstreckungsoption überhaupt (Schuschke/Walker/*Schuschke* § 732 Rn 12). Weshalb das freilich die **Abhilfemöglichkeit** des klauselerteilenden Organs einschränken soll (MüKoZPO/*Wolfsteiner* § 732 Rn 11 mwN), erschließt sich nicht unmittelbar. Denn um die Gewährung rechtlichen Gehörs geht es bei der Anhörung nicht (str: s. § 730 Rz 1). Vielmehr dürfen sowohl der Urkundsbeamte also auch der Rechtspfleger, der die Klausel erteilt hat, in entsprechender Anwendung des § 571 I der Erinnerung eigenständig abhelfen (hM; Kobl FamRZ 03, 108). Geschieht das, gilt die Klausel als verweigert, wogegen der Gläubiger sich mit den allgemeinen Rechtsbehelfen des Klauselverfahrens zur Wehr setzen kann (LAG Ddorf Rpfleger 97, 119). Zur Entscheidungsbefugnis in dem Fall, dass keine Abhilfeentscheidung ergeht, s. Rz 7. Der **maßgebliche Zeitpunkt**, in dem die Einwendungen vorliegen müssen, ist nach hM der Zeitpunkt, in dem die Entscheidung über die Erinnerung nach § 732 getroffen wird (KG OLGZ 86, 464, 467 ff; Musielak/*Lackmann* § 732 Rn 8, aA MüKoZPO/*Wolfsteiner* § 732 Rn 4: Zeitpunkt der Klauselerteilung). Die **Prüfungskompetenz** des entscheidenden Gerichts geht nicht weiter als die des klauselerteilenden Organs (s. Rz 5). Ob **§ 767 III entsprechend** gilt, der Schuldner also alle diejenigen Einwendungen geltend machen muss, die er zur Zeit der Einlegung der Erinnerung kannte, hat der BGH offen gelassen (BGH NJW-RR 06, 567).

10 **II. Entscheidung, Rechtsmittel und einstweilige Anordnung (Abs 2).** Begründet ist die Erinnerung, wenn die Voraussetzungen derjenigen Vorschriften, auf die § 732 sich in direkter oder analoger Anwendung bezieht (§§ 724, 726 bis 729, 738, 742, 744, 744a, 745, 749), nicht vorliegen. Entschieden wird über die Klauselerinnerung nach § 732 I 2 durch **Beschluss**, dessen **Entscheidungsformel** wie folgt lauten kann, wenn der Rechtsbehelf begründet ist: »Die vom … (Gericht) am … (Datum) gegen den Erinnerungsführer erteilte vollstreckbare Ausfertigung zum … (präzise Kennzeichnung des Titels) und die Zwangsvollstreckung aus ihr sind unzulässig.« Die stattgebende Entscheidung begründet mithin ein **Vollstreckungshindernis** iSv § 775 Nr 1. Ist die Klausel nur tw unzulässig, muss die Entscheidung inhaltlich entsprechend begrenzt werden. Eine **Einziehung** der vollstreckbaren Ausfertigung erfolgt nicht (Zö/*Stöber* § 732 Rn 15), wohl aber muss die Entscheidung den Parteien **zugestellt** werden, weil sie der sofortigen Beschwerde unterliegt, § 329 III. In dem Beschl muss auch über die **Kosten** befunden werden, §§ 91 ff. Nach § 788 erstattungsfähig sind sie jedoch nicht (Hambg JurBüro 95, 547). Über die **vorläufige Vollstreckbarkeit** muss wegen § 794 I Nr 2 nicht entschieden werden.

11 Wird die Erinnerung zurückgewiesen, hat der Schuldner dagegen die **sofortige Beschwerde nach § 567**. Sie ist auch das statthafte Rechtsmittel des Gläubigers, wenn ihn die Entscheidung beschwert. Denn die Aufhebung der Vollstreckungsklausel ist verfahrensrechtlich wie die Abweisung eines Antrags auf Erteilung der Klausel zu behandeln (St/J/*Münzberg* § 732 Rn 13). Gegen die Entscheidung des Beschwerdegerichts kann mit der **Rechtsbeschwerde** nur dann vorgegangen werden, wenn sie von diesem zugelassen wurde, § 574 I Nr 2. Abs 2 gestattet es dem Gericht, **einstweilige Anordnungen** über die Einstellung der Zwangsvollstreckung zu erlassen und nennt dafür zwei Regelbeispiele: Einstellung gegen oder ohne Sicherheitsleistung sowie Fortsetzung nur gegen eine solche. Die einstweilige Anordnung begründet mithin ein Vollstreckungshindernis nach § 775 Nr 2. Ein Rechtsmittel gibt es gegen diese analog § 707 II 2 nicht (Köln Rpfleger 96, 324; aA Naumbg NJW-RR 98, 366: sofortige Beschwerde gegen Entscheidungen des Prozessgerichts beschränkt auf den korrekten Ermessensgebrauch; Saarbr NJW-RR 01, 1573). Hat der Rechtspfleger nach § 732 einstweilen eingestellt, entscheidet der Richter abschließend über die Erinnerung nach § 11 RPflG (Köln aaO). Die Klauselerinnerung ist **gerichtskostenfrei.** Was die **Anwaltskosten** anbelangt, so ist das Verfahren nach § 732 für die Anwälte von Schuldner und Gläubiger eine besondere Angelegenheit iSv § 18 Nr 3 RVG. Die Vergütung richtet sich nach Teil 3 Abschnitt 5 VV RVG. Die Anwälte erhalten jeweils eine 0,5-Verfahrensgebühr nach Nr 3500 VV (LG Freiburg Beschl v 15.2.10 – 1 O 201/08). Die Gebühr erhöht sich bei mehreren Auftraggebern und demselben Gegenstand um 0,3 je weiteren Auftraggeber (Nr 1008 VV). Kommt es zu einer mündlichen Verhandlung (s. Rz 9), entsteht zusätzlich eine 0,5-Terminsgebühr nach Nr 3500 VV RVG. Der **Gegenstandswert** der anwaltlichen Tätigkeit richtet sich nach § 23 II 3 iVm S 1 und 2 RVG. Maßgebend ist das Interesse des Schuldners, das er an einer Verweigerung der beantragten Klausel hat.

§ 733 Weitere vollstreckbare Ausfertigung. **(1) Vor der Erteilung einer weiteren vollstreckbaren Ausfertigung kann der Schuldner gehört werden, sofern nicht die zuerst erteilte Ausfertigung zurückgegeben wird.**
(2) Die Geschäftsstelle hat von der Erteilung der weiteren Ausfertigung den Gegner in Kenntnis zu setzen.
(3) Die weitere Ausfertigung ist als solche ausdrücklich zu bezeichnen.

A. Ratio. Die Vorschrift bezweckt, die Zahl der vollstreckbaren Ausfertigungen möglichst auf eine zu begrenzen, um den Schuldner vor einer **wiederholten Vollstreckung aus demselben Titel** tunlichst zu schützen (Saarbr MDR 08, 48; München FamRZ 05, 1102, 1103; Frankf NJW-RR 88, 512), insb in dem Fall, dass dem Schuldner nach § 757, der Vorschrift, die mit § 733 zusammen gelesen werden muss (Musielak/*Lackmann* § 733 Rn 1; *Hintzen/Wolfsteiner* Rpfleger 94, 511), die vollstreckbare Ausfertigung wegen Erfüllung des Anspruchs auszuliefern ist oder dies noch zu geschehen hat. Ein weiteres Regelungsziel von § 733 geht dahin, die Validität der auf der vollstreckbaren Ausfertigung zu vermerkenden Quittung nicht dadurch zu schmälern, dass der Gläubiger nicht quittierte Ausfertigungen zur Vollstreckung einsetzt (Köln NJW-RR 00, 1580; *Bartels* ZZP 116, 57). Insbesondere bei **Unterhaltstiteln** sollte eine weitere vollstreckbare Ausfertigung reduziert auf die noch offenen Unterhaltsforderungen beantragt werden, um so einer Vollstreckungsabwehrklage zu begegnen (*Romeyko* FamRZ 07, 1217). 1

B. Anwendungsbereich. I. Begriff der weiteren vollstreckbaren Ausfertigung. Die Erteilung einer weiteren vollstreckbaren Ausfertigung setzt begrifflich voraus, dass im Hinblick auf ein und denselben Vollstreckungsanspruch oder eines betragsmäßigen Teils hiervon (BayObLG JurBüro 88, 1205) zur gleichen Zeit mehr als eine vollstreckbare Ausfertigung in Umlauf kommt (sog echte weitere Ausfertigung; *Bartels* ZZP 116, 57). Existieren dagegen mehrere Titel über denselben Anspruch ist § 733 ebenso wenig einschlägig (MüKoZPO/*Wolfsteiner* § 733 Rn 2) wie beim Vorliegen einer sog **Teilklausel** (s. § 725 Rz 4). Um eine solche handelt es sich, wenn eine Vollstreckungsklausel zunächst nur für einen Anspruchsteil gewährt wurde, später aber eine Ausfertigung für weitere vollstreckbare Teile des Titels beantragt wird (sog unechte weitere Ausfertigung; St/J/*Münzberg* § 733 Rn 11). § 733 ist nicht anwendbar, wenn die **erteilte Ausfertigung zurückgegeben** (Rostock OLGR 01, 485; Hamm Rpfleger 88, 508 f, wobei Rückgabe an den Schuldner genügt: BGH WM 55, 1199) oder sonst außer Kraft gesetzt wird. Der typische Fall der Rückgabe ist gerade der der Umschreibung der Klausel nach § 727. 2

II. Weitere vollstreckbare Ausfertigung bei Rechtsnachfolge. Bei **Rechtsnachfolge** auf Schuldnerseite ist § 733 einschlägig, wenn aus ein und demselben Titel sowohl gegen den Schuldner als auch gegen dessen Rechtsnachfolger vollstreckt werden könnte (MüKoZPO/*Wolfsteiner* § 733 Rn 4). Das ist dann der Fall, wenn die gegen den Vorgänger im Rechte gerichtete Ausfertigung nicht zurückgegeben wird (Jena Rpfleger 00, 76; Frankf NJW-RR 88, 512; St/J/*Münzberg* § 733 Rn 7). Es handelt sich um einen Fall unmittelbarer Anwendung des § 733, weil es auf den Titel und nicht auf die Person des Schuldners ankommt (*Bartels* ZZP 116, 57, 63 ff). Dieselben Erwägungen gelten, wenn die vollstreckbare Ausfertigung sowohl zugunsten des ursprünglichen Gläubigers als auch zugunsten seines Rechtsnachfolgers erteilt wurde (Ddorf DNotZ 77, 571; KG FamRZ 85, 627; aA Stuttg Rpfleger 80, 304). Wurde für oder gegen den Rechtsvorgänger eine weitere vollstreckbare Ausfertigung erteilt, so bedeutet die **Umschreibung des Titels** nach § 727 auch nur einer dieser Ausfertigungen für oder gegen den Rechtsnachfolger die Erteilung einer weiteren Ausfertigung iSv § 733 (MüKoZPO/*Wolfsteiner* § 733 Rn 4). Ob die alte Ausfertigung eingezogen und eine neue erteilt oder ob die Rechtsnachfolge auf der älteren Ausfertigung vermerkt wurde, ist für die Anwendbarkeit von § 733 nicht von Bedeutung (Musielak/*Lackmann* § 733 Rn 5). Auch muss vor der Erteilung einer weiteren, auf den Rechtsnachfolger umgeschriebenen vollstreckbaren Ausfertigung an diesen die dem ursprünglichen Gläubiger bereits erteilte Ausfertigung zurückgegeben werden (Stuttg NJW-RR 90, 126; Hamm JurBüro 92, 269; Stuttg Rpfleger 80, 304). 3

III. Weitere vollstreckbare Ausfertigung bei Gläubiger- und Schuldnermehrheiten. Auf Gläubigerseite ist § 733 anwendbar, wenn **Gesamthandsgläubiger** gemeinsam eine weitere vollstreckbare Ausfertigung beantragen oder wenn ein Gesamthandsgläubiger allein die ihm erteilte Ausfertigung durch eine weitere ersetzen oder ergänzen möchte (s. § 724 Rz 8). Doch ist das die Ausnahme. **Grds erfolgt bei einer Gläubigermehrheit die Klauselerteilung unabhängig von § 733.** Insbesondere muss dann ein berechtigtes Interesse an der Erteilung einer weiteren vollstreckbaren Ausfertigung (s. Rz 5 f) nicht dargetan werden (Köln Rpfleger 90, 82). Das gilt etwa bei Gläubigern einer unteilbaren Leistung nach § 432 BGB, denen eine Teil- 4 ausfertigung zur Vollstreckung eines anteiligen Betrags nicht erteilt werden kann (KG NJW-RR 00, 1409, 1410; Hamm Rpfleger 92, 258). Es gilt auch bei Gesamtgläubigern nach § 428 BGB (Musielak/*Lackmann* § 733 Rn 3). Sofern eine Befugnis zur Einzelprozessführung besteht, ist § 733 schließlich grds bei einer Mit- oder Teilberechtigung innerhalb einer Rechtsgemeinschaft nicht anwendbar, wohl aber, wenn es um die Ersetzung einer bereits nach §§ 724 ff gewährten Klausel geht (Köln OLGZ 91, 72, 74). Auch bei **Schuldnermehrheiten** wird die Klausel grds außerhalb des Anwendungsbereichs von § 733 erteilt, so insb, wenn mehrere Schuldner wegen verschiedenen Forderungen oder nur als **Teilschuldner** nach § 420 verbindlich sind (Musielak/*Lackmann* § 733 Rn 4). Nicht einheitlich wird beurteilt, ob gegen **Gesamtschuldner** weitere Ausfertigungen nach § 733 erteilt werden müssen (so die hM; Nw s. § 724 Rz 8). Da es sich um mehrere prozessuale Ansprüche handelt, würde der Gläubiger auf diese Weise schlechter stehen als hätte er gegen jeden Schuldner selbstständig geklagt. Daher ist es richtiger, dass jedem Gesamtschuldner unabhängig von § 733 eine vollstreckbare Ausfertigung erteilt wird (MüKoZPO/*Wolfsteiner* § 733 Rn 6).

5 **C. Tatbestand. I. Materieller. 1. Berechtigtes Interesse des Gläubigers an der Erteilung.** Der Gläubiger muss, um eine weitere vollstreckbare Ausfertigung nach § 733 zu erhalten, hieran ein berechtigtes Interesse haben (München FamRZ 05, 1102, 1103). Es besteht in den Fällen des **Verlusts** der ursprünglichen Ausfertigung, wobei die Anforderungen an die Darlegungslast nicht allzu streng sein dürfen (Celle MDR 09, 827; Saarbr MDR 08, 48; Ddorf FamRZ 94, 1217). Ob dieser verschuldet ist, ist dagegen nicht maßgeblich (St/J/*Münzberg* § 733 Rn 6). Dem Verlust ist die bloße **Unbenutzbarkeit** des Titels nicht gleichzustellen, weil in diesem Fall die erste Ausfertigung zurückgegeben werden kann (aA Hamm Rpfleger 94, 173). Ein schützenswertes Interesse hat der Gläubiger weiterhin, wenn die erste **Ausfertigung aus anderen Gründen nicht mehr zur Verfügung** steht, so wenn der Prozessbevollmächtigte des Gläubigers deren Herausgabe verweigert (Hamm FamRZ 98, 640; Stuttg Rpfleger 95, 220; str für die Geltendmachung eines Zurückbehaltungsrechts: für die Erteilung, sofern aus der ersten Ausfertigung nicht mehr vollstreckt wird Schlesw MDR 10, 292; dagegen Frankf NJW-RR 88, 512; Saarbr AnwBl 81, 161 f), der Gläubiger oder das Vollstreckungsorgan die Erstausfertigung dem Schuldner zurückgegeben hat und die weitere Berechtigung zur Zwangsvollstreckung glaubhaft gemacht wird (Rostock OLGR 01, 485; Hamm Rpfleger 79, 431; Stuttg Rpfleger 76, 144) sowie für den Fall dass ungeklärt bleibt, ob der Gläubiger die sich in den Akten befindliche Ausfertigung erhalten hat (Zweibr JurBüro 89, 869).

6 Ein berechtigtes Interesse des Gläubigers an einer weiteren Ausfertigung nach § 733 ist schließlich auch anzunehmen, wenn dieser zur selben Zeit **in unterschiedliche Vermögensgegenstände** des Schuldners vollstrecken möchte, wofür **verschiedene Vollstreckungsorgane** zuständig sind (Karlsr OLGR 00, 169) oder aber an **mehreren Orten** zu vollstrecken gedenkt (Kobl JurBüro 87, 1228, 1229; Musielak/*Lackmann* § 733 Rn 6). Benötigt der Gläubiger eine weitere Ausfertigung, weil er die ihm erteilte dem Gerichtsvollzieher aufgrund einer Offenbarungsversicherung übergeben hat, so begründet das nach hM nicht das berechtigte Interesse iSv § 733 (Karlsr Rpfleger 97, 452, 453; aA St/J/*Münzberg* § 733 Rn 9). Hat der Schuldner sein **Einverständnis mit der Erteilung** einer weiteren vollstreckbaren Ausfertigung für den Gläubiger erklärt, spricht das grds für ein berechtigtes Interesse des Gläubigers daran (MüKoZPO/*Wolfsteiner* § 733 Rn 15). Es darf jedoch wegen § 307 BGB nicht pauschal und vorweg erklärt werden. Allein der Umstand, dass ein **längerer Zeitraum** verstrichen ist, **ohne dass der Gläubiger vollstreckt hat**, schließt sein berechtigtes Interesse an einer weiteren vollstreckbaren Ausfertigung des Titels nicht aus (Zweibr JurBüro 89, 869). Hat der Gläubiger allerdings die Erstausfertigung des Titels hinterlegt und auf die Rückgabe der Urkunde verzichtet, beseitigt das zwar nicht die Vollstreckbarkeit des Titels, wohl aber die Durchführung der Zwangsvollstreckung. Damit entfällt für eine Zweitausfertigung das berechtigte Interesse des Gläubigers (BGH MDR 94, 479).

7 **2. Berechtigtes Interesse des Schuldners an der Verweigerung.** Der Schuldner hat ein berechtigtes Interesse daran, dass die Erteilung einer weiteren vollstreckbaren Ausfertigung unterbleibt, wenn tatsächliche Anhaltspunkte dafür vorliegen, dass der Gläubiger mehrere vollstreckbare Ausfertigungen rechtsmissbräuchlich dafür einsetzen wird, mehrfach unberechtigt zu vollstrecken (MüKoZPO/*Wolfsteiner* § 733 Rn 14). Erforderlich ist jedoch stets die **konkrete Gefahr einer Doppelvollstreckung** (Jena Rpfleger 00, 76: weniger strenge Anforderungen, wenn die konkrete Möglichkeit dazu nicht besteht). Sie ist insb dann gegeben, wenn der Rechtsvorgänger eines Gläubigers diesem die Herausgabe der vollstreckbaren Ausfertigung verweigert und die Rechtsnachfolge bestreitet (München FamRZ 05, 1102, 1103; KG FamRZ 95, 627; aA Stuttg Rpfleger 80, 304). Materiellrechtliche Einwendungen des Schuldners können aber iRd § 733 nicht

geltend gemacht werden; sie sind vielmehr über die Vollstreckungsabwehrklage nach § 767 einzuführen (Kobl FamRZ 10, 1366; Hamm FamRZ 05, 49).

II. Formeller. 1. Verfahren. Die Erteilung einer weiteren vollstreckbaren Ausfertigung nach § 733 ist nur möglich, wenn die **Voraussetzungen für die Erteilung einer einfachen Klausel** nach § 724 vorliegen (s. § 724 Rz 4 ff). Außerdem erfolgt sie nur auf **Antrag**, der nicht zwingend von einem Rechtsanwalt gestellt werden muss, § 78 V. Handelt es sich um einen gerichtlichen Titel, wird die weitere vollstreckbare Ausfertigung vom nach § 20 Nr 12 RPflG **funktionell zuständigen Rechtspfleger** erteilt. Allerdings kann das Geschäft nach § 36b I 1 Nr 3 RPflG auf den Urkundsbeamten der Geschäftsstelle übertragen werden. Zu den Rechtsfolgen des Kompetenzkonflikts mit dem Urkundsbeamten der Geschäftsstelle, der die Klausel erteilt s. § 724 Rz 10, § 726 Rz 6. Für **vollstreckbare Urkunden** gelten § 797 II und § 60 I 2 SGB VIII, für vollstreckbare Anwaltsvergleiche § 797 VI. Diese Vorschriften begründen die ausschließliche Zuständigkeit nach § 802. Durch Parteivereinbarung kann also nicht der Urkundsbeamte der Geschäftsstelle statt des Notars für funktionell zuständig erklärt werden (MüKoZPO/*Wolfsteiner* § 733 Rn 16). Ist der Rechtsstreit auf Grund Einspruchs gegen den Vollstreckungsbescheid an das Prozessgericht abgegeben worden, ist für die Erteilung einer zweiten vollstreckbaren Ausfertigung des Vollstreckungsbescheids das Prozessgericht als Gericht des ersten Rechtszugs zuständig (BGH NJW-RR 06, 1575). Nach einem Gesetzentwurf des BRs v 21.4.10 (BRDrs 17/1469) soll der Notar die Entscheidung über die Erteilung einer weiteren vollstreckbaren Ausfertigung künftig selbst treffen dürfen (*K. J. Müller* RNotZ 10, 167, 179 f). 8

Die **Anhörung** des Schuldners vor der Erteilung der weiteren vollstreckbaren Ausfertigung nach § 733 steht im Ermessen des Rechtspflegers (s. § 730 Rz 2, dort auch zur Ermessensreduzierung in Ausnahmefällen). Besteht die konkrete Gefahr einer Doppelvollstreckung (s. Rz 7), wird man eine ermessensgeleitete Ausübung idS annehmen können, dass eine Anhörung des Schuldners vor der Erteilung der weiteren vollstreckbaren Ausfertigung erforderlich ist (Musielak/*Lackmann* § 733 Rn 8 mwN). Davon kann allenfalls in Fällen besonderer Dringlichkeit im Interesse des Gläubigers Abstand genommen werden (Kobl JurBüro 87, 1228, 1229; Zö/*Stöber* § 733 Rn 11). Die tatsächlichen Voraussetzungen für die Erteilung der weiteren vollstreckbaren Ausfertigung nach § 733 hat der Gläubiger iSv § 294 **glaubhaft zu machen** (Frankf Rpfleger 78, 104, 105). Vollen Beweis muss er dagegen bei substantiierten Einwendungen antreten (Stuttg Rpfleger 76, 144). Bevor die weitere Ausfertigung erteilt wird, muss die Geschäftsstelle den **Gläubiger** hiervon **in Kenntnis setzen** (Abs 2). Die Benachrichtigung ist jedoch **keine Wirksamkeitsvoraussetzung** für die weitere vollstreckbare Ausfertigung. Auf sie sind alle Vorschriften über die Klauselerteilung anwendbar, die schon für die ursprüngliche galten (§§ 724 ff). 9

2. Entscheidung, Rechtbehelfe und Kosten/Gebühren. Wird dem Antrag des Gläubigers entsprochen, wird eine weitere Ausfertigung erteilt, die zwar nach Abs 3 als solche **ausdrücklich bezeichnet** werden muss, was aber keine Wirksamkeitsvoraussetzung der Klausel ist (MüKoZPO/*Wolfsteiner* § 733 Rn 19). Ein unzulässiger oder unbegründeter Antrag wird durch einen **Beschluss** verworfen oder zurückgewiesen, der zwar der Begründung bedarf, aber nach § 750 **nicht erneut zugestellt** werden muss. Eine Begründung der Entscheidung ist ausnahmsweise auch bei Klauselerteilung erforderlich, wenn der Schuldner ihr nämlich in der Anhörung (s. Rz 9) explizit widersprochen hat (Musielak/*Lackmann* § 733 Rn 9). 10

Die Rechtsbehelfe und Rechtsmittel sind die allgemeinen, die auch bei der Erteilung der Erstausfertigung statthaft sind (Naumbg FamRZ 03, 695; Köln FGPrax 06, 278). Das sind für den Gläubiger nach § 11 I RPflG die **sofortige Beschwerde** nach § 567 gegen die Ablehnung seines Antrags (Karlsr Rpfleger 97, 453; Frankf Rpfleger 78, 104), für den Schuldner die **Klauselerinnerung** nach § 732, auch wenn der Notar die Klausel erteilt hat (Köln Rpfleger 07, 154). IRd Erinnerung sind einstweilige Anordnungen zugunsten des Schuldners möglich (Schuschke/Walker/*Schuschke* § 733 Rn 15). Die Klagen nach §§ 731, 768 sind dagegen nicht statthaft, wenn es nur um die weitere vollstreckbare Ausfertigung nach § 733 geht (aA Zö/*Stöber* § 733 Rn 14 für die Klauselklage des Gläubigers nach § 731). Das gilt auch für eine neuerliche **Leistungsklage**. Denn es besteht für sie kein Rechtsschutzbedürfnis, solange nach § 733 vorgegangen werden kann. Das ist nur in dem Fall anders, dass die Erteilung einer weiteren vollstreckbaren Ausfertigung ausgeschlossen ist (bei Zerstörung oder Verlust der Akten; BGH BB 57, 625). 11

Für die Erteilung einer weiteren Ausfertigung fällt die Festgebühr gem KV Nr 2110 an. Im Verfahren nach § 733 ergeht keine Kostenentscheidung. Die **Verfahrenskosten** fallen jedoch unter § 788 und sind grds vom Schuldner zu tragen, wenn nicht der Gläubiger die Notwendigkeit einer Zweitausfertigung zu vertreten hat (Karlsr FamRZ 05, 49). Soweit eine Anhörung des Schuldners stattgefunden hat (s. Rz 9), erhält dessen 12

Rechtsanwalt die 0,3-fache Gebühr nach Nr 3309 VV RVG, § 18 Nr 7 RVG. Der **Streitwert** bemisst sich nach dem Wert des zu vollstreckenden Anspruchs (Köln Rpfleger 69, 247).

§ 734 Vermerk über Ausfertigungserteilung auf der Urteilsurschrift. **[1]Vor der Aushändigung einer vollstreckbaren Ausfertigung ist auf der Urschrift des Urteils zu vermerken, für welche Partei und zu welcher Zeit die Ausfertigung erteilt ist. [2]Werden die Prozessakten elektronisch geführt, so ist der Vermerk in einem gesonderten elektronischen Dokument festzuhalten. [3]Das Dokument ist mit dem Urteil untrennbar zu verbinden.**

1 **A. Ratio und Anwendungsbereich.** Die Regelung hält die klauselerteilende Stelle an, über die erteilten vollstreckbaren Ausfertigungen des Titels Buch zu führen und dient daher dem **Schutz des Schuldners** (MüKoZPO/*Wolfsteiner* § 734 Rn 1). Auf allen Arten von Titeln nach § 795 muss jede Erteilung einer vollstreckbaren Ausfertigung vermerkt werden, damit lückenlos festgestellt werden kann, wie viele genau sich im Umlauf befinden.

2 **B. Tatbestand.** Anzubringen ist der Vermerk über die Ausfertigungserteilung auf der **Urschrift** des Urteils des Prozessgerichts 1. Instanz, und zwar auch dann, wenn die Klausel erst in der 2. Instanz erteilt wurde (AG Bergisch-Gladbach Rpfleger 89, 336). Soweit in den Fällen der §§ 541 II, 565 bei dieser Stelle nur eine **beglaubigte Abschrift** verwahrt wird, muss die Erteilung der Ausfertigung hierauf festgehalten werden (Schuschke/Walker/*Schuschke* § 734 Rn 2). Der Hinweis des Gläubigers auf den Vermerk nach § 734 genügt nicht, um mit der Vollstreckung beginnen zu können. Vielmehr muss der Gläubiger dazu die erwirkte vollstreckbare Ausfertigung tatsächlich vorlegen (Köln NJW-RR 00, 1580). S 2 und 3 betreffen die Gestaltung des Vermerks bei **elektronischer Aktenführung**. »Aushändigung« iSv § 734 bedeutet idR **persönliche Übergabe durch die Gerichtsstelle**. Postalische Übermittlung fällt jedenfalls, was die Kosten angeht, dann in den Risikobereich des Antragstellers, wenn sie auf seine Bitte erfolgt (KG JurBüro 09, 545).

§ 735 Zwangsvollstreckung gegen nichtrechtsfähigen Verein. **Zur Zwangsvollstreckung in das Vermögen eines nicht rechtsfähigen Vereins genügt ein gegen den Verein ergangenes Urteil.**

1 **A. Ratio.** Die Regelung übersetzt die passive Parteifähigkeit des nicht rechtsfähigen Vereins nach § 50 II in das Vollstreckungsrecht: Kann gegen diesen ein Titel ergehen, muss er auch Vollstreckungsschuldner sein können. Vollstreckungsgegenstand ist in diesem Fall ausschließlich das gesamthänderisch gebundene Sondervermögen des Vereins. Dem Gläubiger erleichtert das namentlich bei Vereinen mit großem und fluktuierendem Mitgliederbestand (MüKoZPO/*Heßler* § 735 Rn 2) die Rechtsdurchsetzung insofern, als er nicht gezwungen ist, einen Titel gegen die einzelnen Mitglieder des Vereins zu erwirken. Es »genügt« nach dem Wortlaut des § 735 die Vollstreckung gegen den Verein. Allerdings ist der Gläubiger nicht darauf allein verwiesen. Er kann auch einen Titel gegen alle Vereinsmitglieder erstreiten und gegen diese nach § 736 vollstrecken. Sofern die Beschränkung der Haftung auf das Vereinsvermögen nicht aus dem Titel ersichtlich ist (BGH NJW 57, 1186), unterliegen in diesem Fall sowohl das Vereins- als auch das Privatvermögen der Mitglieder dem Vollstreckungszugriff des Gläubigers (Zö/*Stöber* § 735 Rn 2).

2 **B. Anwendungsbereich und Tatbestand.** § 735 ist einschlägig für alle Vollstreckungsarten, die die ZPO kennt (neben der Vollstreckung in das Vermögen, auch die zur Erwirkung der Herausgabe von Sachen, vertretbarer und unvertretbarer Handlungen oder Unterlassungen nach §§ 883 ff; St/J/*Münzberg* § 735 Rn 3). Die Vorschrift gilt unmittelbar für die Vollstreckung aus **Urteilen** gegen den nicht rechtsfähigen Verein (BGH NJW 08, 69, 73 f; WM 78, 1154) nach § 704 I, über § 795 des Weiteren auch für die **Titel nach § 794 I**. Die Vollstreckung nach § 735 richtet sich gegen das Vermögen des nicht rechtsfähigen Vereins (nicht das seiner Mitglieder, s. Rz 1). Er wird auch in der Vollstreckung durch seinen Vorstand gesetzlich vertreten (Schuschke/Walker/*Schuschke* § 735 Rn 4). Entsprechend anwendbar ist die Vorschrift auf **Gründungs- oder Vorgesellschaften**, dh auf Gesellschaften, die als AG, GmbH (Hamm WM 85, 658) oder Genossenschaft (BGHZ 17, 385 = NJW 57, 1229) errichtet, aber noch nicht in das Handelsregister eingetragen wurden. Dasselbe gilt für einen **Vorverein**, der die Eintragung erst begehrt (MüKoZPO/*Heßler* § 735 Rn 6). (Unmittelbar) gilt § 735 bis zur **Beendigung der Liquidation** des Vereins nach § 49 II BGB (BGHZ 74, 212 = NJW 79, 1592 für das Erkenntnisverfahren). §§ 730 ff BGB sind dagegen nicht einschlägig (BGHZ 50, 325, 329 = NJW 68, 1830).

Gegenstand der Vollstreckung ist das **Vereinsvermögen** (s. Rz 1). Das sind die den Mitgliedern gesamthänderisch (str; aA Ba/Roth/*Schwarz* § 54 BGB Rn 13: dem Verein selbst) zugeordneten Vermögensgegenstände einschließlich der Rechte an Grundstücken, die dem Vereinszweck dienen. Sachen, die zum Vermögen des Vereins gehören, können nur gepfändet werden, wenn ein Vereinsorgan sie in **Gewahrsam** hat (hM; Zö/*Stöber* § 735 Rn 1 mwN). Mitglieder, die keine Titelschuldner sind, sind in der Vollstreckung gegen den Verein **Dritte** nach § 809 und erinnerungsbefugt nach § 766. Ihr Miteigentum am Vereinsvermögen ist allerdings kein die Veräußerung hinderndes Recht nach § 771. Denn es handelt sich dabei um ein selbstständiges Sondervermögen des Vereins (St/J/*Münzberg* Vor § 735, Rn 2; § 735 Rz 2). Auch wenn der Verein **Rechtsfähigkeit erlangt**, ist er nach wie vor mit dem nicht rechtsfähigen identisch. Es liegt mithin keine Rechtsnachfolge nach § 727 vor, so dass es einer Umschreibung des Titels nicht bedarf (BGH WM 78, 115, 116; BGHZ 17, 385, 387 = NJW 55, 1229). Das gilt auch im umgekehrten Fall des **Verlusts der Rechtsfähigkeit** des Vereins (MüKoZPO/*Heßler* § 735 Rn 16). 3

§ 736 Zwangsvollstreckung gegen BGB-Gesellschaft. Zur Zwangsvollstreckung in das Gesellschaftsvermögen einer nach § 705 des Bürgerlichen Gesetzbuchs eingegangenen Gesellschaft ist ein gegen alle Gesellschafter ergangenes Urteil erforderlich.

A. Ratio. Die Auslegung von § 736 hat sich durch die Anerkennung der Rechts- und Parteifähigkeit der (Außen-)GbR nach §§ 705 ff BGB durch die höchstrichterliche Rspr (BGHZ 146, 341 = NJW 01, 1056; dazu *K. Schmidt* NJW 01, 997) insofern verändert, als anerkannt wurde, dass zur Vollstreckung in ihr Vermögen neben dem Urt gegen die Gesellschaft als solche auch ein gegen alle Gesellschafter ergangenes Urt ausreicht (BGH NJW 04, 3632; NJW 07, 1814). Die Anerkennung der Rechts- und Parteifähigkeit der (Außen-)Gesellschaft bürgerlichen Rechts bestätigt, dass sie als Gesamthandsgemeinschaft mit körperschaftlicher Organisation selbstständiges Objekt der Haftung und Vollstreckung ist (MüKoZPO/*Heßler* § 736 Rn 2). § 736 flankiert insoweit die §§ 717, 719 BGB vollstreckungsrechtlich (zum Themenkreis *Reuter* AcP 07, 673). 1

B. Anwendungsbereich. Unmittelbar betrifft § 736 die Zwangsvollstreckung aus **Urteilen** nach § 704 I, (über § 795 auch die aus **Titeln nach § 794 I**) in das Vermögen einer (Außen-)GbR iSd §§ 705 ff BGB. Ein Titel gegen die Gesellschaft ist ausreichend (BGH NJW 04, 3632, 2364). Alternativ ist ein Vorgehen gegen alle Gesellschafter möglich (krit *Lenenbach* WM 11, 385). Zu einer Rechtskrafterstreckung kommt es nicht (BGH NJW 11, 662). Für **stille Gesellschaften und Innengesellschaften**, die im rechtsgeschäftlichen Verkehr nicht sichtbar in Erscheinung treten und kein Gesellschaftsvermögen akkumuliert haben, gilt § 736 nicht (Musielak/*Lackmann* § 736 Rn 3), ebenso wenig für Gesellschaften, die in Abweichung von § 718 BGB überein gekommen sind, das Vermögen als Bruchteils- und nicht als Gesamthandvermögen zu halten (MüKoZPO/*Heßler* § 736 Rn 6). Für die **OHG** (und analog für die **EWIV**; Zö/*Stöber* § 736 Rn 9), die **KG** nach § 161 II HGB sowie entsprechend für die **Partnerschaftsgesellschaft** nach § 7 II PartGG gilt nicht § 736, sondern § 124 II HGB, so dass ein Titel gegen die Gesellschaft erstritten werden muss (*K. Schmidt* NJW 08, 1841; ThoPu/*Seiler* § 736 Rn 5). Auf **Gründungs- und Vorgesellschaften** ist § 736 entsprechend anwendbar (s. § 735 Rz 2). Solange die Gesellschaft **noch nicht auseinandergesetzt** worden ist und die Gesellschaft noch über Vermögen verfügt, kann nach § 736 gegen sie oder ihre Gesellschafter auch vollstreckt werden (MüKoZPO/*Heßler* § 736 Rn 4). § 736 gilt für alle Vollstreckungsarten, die die ZPO zur Verfügung stellt (s. § 735 Rz 2) mit der Maßgabe, dass Handlungen und Unterlassungen nach §§ 887 ff im Wege der Vollstreckung nur erwirkt werden können, wenn sie sich auf das Gesellschaftsvermögen richten und allen Gesellschaftern gemeinsam abverlangt werden können (Musielak/*Lackmann* § 736 Rn 2). 2

C. Tatbestand. I. Titel gegen alle Gesellschafter. Nach §§ 736 I, 750 I muss der Titel sich gegen alle Gesellschafter richten, die im Zeitpunkt des Vollstreckungsbeginns nach § 101 GVGA der Gesellschaft angehören. Ein so beschaffener Titel hat den Vorteil, dass dem Gläubiger neben dem gesamten Gesellschaftsvermögen (auch in Grundstücke und im Fall des § 800; BGH NJW 04, 3632) als Vollstreckungsobjekt in den Grenzen eines angemessenen Vertrauensschutzes (BGH NJW 06, 765, 766) grds auch das Privatvermögen derjenigen Gesellschafter zur Verfügung steht, die im Titel aufgeführt sind (Schuschke/Walker/*Schuschke* § 736 Rn 2), insb in deren Gesellschaftsanteil nach § 859 I (s. Rz 5; ThoPu/*Seiler* § 736 Rn 2). Ein Titel gegen die Gesellschaft ist hierfür nicht erforderlich (BGH NJW 01, 1056). Die **persönliche Haftung** tritt nur dann nicht ein, wenn sie wirksam auf das Gesellschaftsvermögen beschränkt worden ist und dieser 3

Umstand im Schuldtitel zum Ausdruck gebracht wird. Dazu genügt die Angabe im Urteilstenor (MüKoZPO/*Heßler* § 736 Rn 33).

4 Die Gesellschafter können gesondert in unterschiedlichen Titeln verurteilt worden sein (Schlesw WM 06, 584), vorausgesetzt ihr Inhalt ist deckungsgleich. Erforderlich ist ein **Gesamtschuldtitel** gegen alle Gesellschafter, der auf einer Gesellschaftsschuld beruht (str: BGH NJW 08, 1378, 1379; Hambg Rpfleger 11, 426; *K. Schmidt* NJW 01, 993, 997; aA Schlesw Rpfleger 06, 261). Zwar ist jeder Gesellschafter Vollstreckungsschuldner und damit auch Gewahrsamsinhaber (Musielak/*Lackmann* § 736 Rn 6). Es genügt aber, dass ein gegen alle Gesellschafter gerichteter Titel dem vertretungsberechtigten geschäftsführenden Gesellschafter unter ihnen **zugestellt** wird (BGH NJW 07, 995). Gegen einen Vollstreckungszugriff auf sein Privatvermögen kann sich der Gesellschafter je nach Art des Einwands mit der **Erinnerung** nach § 766 oder der **Drittwiderspruchsklage** nach § 771 wehren (aA LG München Rpfleger 06, 650). Was die **Titelumschreibung** anbelangt, ist zu differenzieren: Ein Vollstreckungstitel gegen den Gesellschafter einer GbR kann, was dessen persönliche Haftung angeht, nach Übernahme seines Gesellschaftsanteils nicht auf den neuen Gesellschafter umgeschrieben werden (§ 129 IV HGB analog; BGH NJW 07, 1813, 1815). Wohl aber kann der gegen alle Gesellschafter erwirkte Titel gegen einen von ihnen nach § 727 analog umgeschrieben werden, um in das Gesellschaftsvermögen zu vollstrecken (MüKoZPO/*Heßler* § 736 Rn 17). **Scheidet ein Gesellschafter**, auf den der Titel lautete, nach dessen Erlass ersatzlos **aus,** hat das keinen Einfluss auf die Vollstreckbarkeit des Titels (Identität der Gesellschaft, § 738 BGB).

5 **II. Titel gegen die Gesellschaft oder einzelne Gesellschafter.** Ein Gläubiger, der einen Titel gegen einen oder einzelne Gesellschafter erstritten hat, kann nur in das Privatvermögen des Gesellschafters vollstrecken. Er kann aber dessen **Anteil am Gesellschaftsvermögen** nach § 859 pfänden und nach Kündigung gem § 725 BGB auf das **Auseinandersetzungsguthaben** oder den **Abfindungsanspruch** zugreifen (MüKoZPO/*Heßler* § 736 Rn 34). Dagegen ist es dem Gläubiger nur eines oder einiger Gesellschafter untersagt, sich auf das Vermögen der Gesellschaft im Wege der Zwangsvollstreckung Zugriff zu verschaffen (BGH NJW 08, 1378 für die Abgabe einer Willenserklärung, die die Gesellschaft schuldet; dazu *K. Schmidt* NJW 08, 1841). Umgekehrt kann in das Privatvermögen eines Gesellschafters nicht aus einem Titel gegen die Gesellschaft vollstreckt werden (BGH MDR 07, 1160; BayObLG NJW-RR 02, 991). Hier kommt nur der (unmittelbare) Zugriff auf das Gesellschaftsvermögen in Betracht. Der Vollstreckungstitel gegen die Gesellschaft muss an ihren Geschäftsführer oder, wenn ein solcher nicht bestellt ist, an einen ihrer Gesellschafter zugestellt werden (BGH NJW 06, 2191).

6 **D. Rechtsfehlerhafte Parteibezeichnung.** Eine fehlerhafte Parteibezeichnung kann im Wege der Rubrumsberichtigung nach § 319 korrigiert werden, wenn sich im Wege der **Auslegung** ermitteln lässt, dass der Titel in Wirklichkeit gegen alle Gesellschafter gerichtet sein soll (BGH NJW 67, 822). Sind dagegen im Rubrum eines Urteils die Gesellschafter einer GbR als Beklagte aufgeführt, wird aber im Tenor nur die Gesellschaft ausdrücklich genannt und zur Zahlung verurteilt, kann auf Grund dieses Urteils keine Zwangshypothek eingetragen werden (BayObLG NJW-RR 02, 991). **Kurzbezeichnungen** einzelner Gesellschafter im Titel und Hinweise auf die weiteren geben nicht alle Gesellschafter korrekt im Titel an (Musielak/*Lackmann* § 736 Rn 5). Eine GbR, die rechtsfehlerhaft als Personenhandelsgesellschaft ins Handelsregister eingetragen wurde, wird wie eine solche behandelt. Nach § 124 HGB genügt ein Titel gegen die Gesellschaft (s. Rz 2). Ist sie dagegen nicht eingetragen, erfolgt die Vollstreckung nach § 736 (MüKoZPO/*Heßler* § 736 Rn 15). Unwirksam und daher nicht vollstreckbar ist der Titel schließlich, wenn aufgrund einer fehlerhaften und nicht eingetragenen **Firmenbezeichnung** gegen eine Partei vollstreckt werden soll, die es gar nicht gibt (LG Berlin Rpfleger 73, 104).

§ 737 Zwangsvollstreckung bei Vermögens- oder Erbschaftsnießbrauch.

(1) Bei dem Nießbrauch an einem Vermögen ist wegen der vor der Bestellung des Nießbrauchs entstandenen Verbindlichkeiten des Bestellers die Zwangsvollstreckung in die dem Nießbrauch unterliegenden Gegenstände ohne Rücksicht auf den Nießbrauch zulässig, wenn der Besteller zu der Leistung und der Nießbraucher zur Duldung der Zwangsvollstreckung verurteilt ist.
(2) Das Gleiche gilt bei dem Nießbrauch an einer Erbschaft für die Nachlassverbindlichkeiten.

1 **A. Ratio.** Die Vorschrift übersetzt § 1086 S 1 BGB in das Zwangsvollstreckungsrecht (BGH NJW 03, 2164, 2165). Nach dieser Regelung des bürgerlichem Rechts hat der Gläubiger einer Person, die einen Nieß-

brauch an ihrem gesamten Vermögen nach § 1085 BGB bestellt hat, einen materiellrechtlichen Anspruch auf Duldung der Zwangsvollstreckung gegen den Nießbraucher, sofern der Entstehungszeitpunkt seiner Forderungen vor dem der Bestellung des beschränkten dinglichen Rechts liegt. Sobald für den Anspruch ein Duldungstitel erstritten wurde, überwindet dieser nach § 737 diejenigen vollstreckungsrechtlichen Hindernisse, die sich aus dem Gewahrsam des Nießbrauchers nach §§ 1036 BGB, 809 und dessen dinglichem Recht als ein die Veräußerung hinderndes Recht iSv § 771 ergeben. Abs 2 stellt dem Nießbrauch an einem Vermögen den Nießbrauch an einer Erbschaft für die Nachlassverbindlichkeiten nach § 1089 BGB gleich.

B. Anwendungsbereich. Sachlich ist § 737 unmittelbar einschlägig bei **Urteilen** nach § 704 I und kraft gesetzlicher Inbezugnahme über § 795 auf alle anderen Titel der ZPO, § 794 I. Nach § 794 II kann der Nießbraucher den Titel gegen sich auch durch **notarielle Urkunde** iSd § 794 I Nr 5 freiwillig schaffen. Analog ist § 737 heranzuziehen bei der Belastung aller Erbteile durch sämtliche Miterben zugunsten einer Person (Musielak/*Lackmann* § 737 Rn 1). Für die Bestellung eines Nießbrauchs nach Eintritt der Rechtskraft gilt § 738. Die §§ 1086 BGB, 737 kommen für den **Gläubiger des Nießbrauchsbestellers** auch dann zur Anwendung, wenn der Besteller ausnahmsweise nicht der Eigentümer ist. Der Nießbraucher kann sich mithin ggü dem Gläubiger des Bestellers nicht darauf berufen, der Gegenstand gehöre einem Dritten. Der wahre Eigentümer kann jedoch der Zwangsvollstreckung nach § 771 widersprechen (s. Rz 1). 2

C. Tatbestand. I. Materieller. In materieller Hinsicht setzt § 737 einen Nießbrauch voraus, der am **ganzen Vermögen** des Schuldners besteht. Der Nießbrauch an Sachen oder einzelnen Rechten ist davon ebenso wenig umfasst wie der Nießbrauch an einzelnen Vermögensteilen, solange diese nicht miteinander das gesamte Vermögen ausmachen (s. Rz 2, für die Belastung der Erbteile durch alle Miterben; MüKoZPO/*Heßler* § 737 Rn 2). Auch gehören zu den **Gegenständen, die dem Nießbrauch unterliegen**, nicht die dem Nießbraucher zustehenden Erzeugnisse und sonstige Bestandteile, insb Früchte nach § 99 BGB, auch mittelbare rechtliche nach § 99 III BGB (zB Miet- oder Pachtzinsforderungen), die in sein Eigentum fallen (RGZ 138, 69, 71 f; St/J/*Münzberg* § 737 Rn 5). An die Stelle von verbrauchbaren Sachen nach § 92 BGB, die ebenfalls in das Eigentum des Nießbrauchers übergehen, tritt der Wertersatzanspruch nach § 1086 S 2 BGB. Ihn kann der Gläubiger mit einem Titel gegen den Besteller pfänden lassen (Zö/*Stöber* § 737 Rn 6). Der Nießbrauch an einem Vermögen wird durch einzelne dingliche Verschaffungsakte an jedem zum Vermögen gehörenden Gegenstand bestellt, § 1085 S 1 BGB, wobei nach hM bereits die **Nießbrauchsbestellung am ersten Vermögensgegenstand** die Wirkungen der §§ 1086 ff BGB auslöst, wenn sie in der Absicht vorgenommen wird, später noch das ganze Vermögen zu belasten (PWW/*Eickmann* § 1086 BGB Rn 1). Es genügt, wenn in diesem Zeitpunkt der Rechtsgrund des Anspruchs des Gläubigers des Bestellers gelegt worden ist, die Forderung kann, etwa wenn sie bedingt oder befristet ist, durchaus erst später entstehen oder fällig werden (Zö/*Stöber* § 737 Rn 9). 3

II. Formeller (einschließlich Rechtsbehelfe). In formeller Hinsicht verlangt § 737 sowohl einen **Leistungstitel gegen den Besteller** als auch einen **Duldungstitel gegen den Nießbraucher** (s. Rz 1). Nur beide gemeinsam berechtigen zur Vollstreckung in die dem Nießbrauch unterliegenden Gegenstände (Schuschke/Walker/*Schuschke* § 737 Rn 5). Dabei ist der Nießbraucher selbst Vollstreckungsschuldner. Allein aufgrund des Leistungstitels gegen den Besteller kann nicht in den Nießbrauch vollstreckt werden (BGH NJW 03, 2164, 2165; wohl aber bei einer persönlichen Schuld nach § 1088 BGB in das Privatvermögen des Nießbrauchers). Geschieht dies dennoch, kann der Nießbraucher dem nach § 809 widersprechen, wenn er Gewahrsam hat, sonst aber mit **der Erinnerung nach § 766** vorgehen (Musielak/*Lackmann* § 737 Rn 6). Ebenso wenig genügt allein der Duldungstitel gegen den Nießbraucher, weil hieraus nur in dessen Privatvermögen vollstreckt werden könnte. Sein die Zwangsvollstreckung hinderndes materielles Recht kann der Nießbraucher mit der **Drittwiderspruchsklage nach § 771** geltend machen. Zu den Rechtsschutzmöglichkeiten, wenn Nießbraucher und Eigentümer nicht personenidentisch sind, s. Rz 2 aE. 4

Das Rechtsschutzbedürfnis für die Klage auf Duldung der Zwangsvollstreckung gegen den Nießbraucher entfällt freilich, wenn der Nießbrauch erst bestellt wird, nachdem die bereits zuvor zur Entstehung gelangte **Forderung des Gläubiger des Bestellers rechtshängig** geworden ist. Der Titel gegen den Besteller kann in diesem Fall nämlich nach §§ 727, 325 auf den Nießbraucher umgeschrieben werden, sofern der Gegenstand, an dem der Nießbrauch besteht, nach § 265 streitbefangen ist (Schuschke/Walker/*Schuschke* § 737 Rn 3). Soweit diese Vorschrift nicht eingreift, bleibt § 737 bei persönlichen Herausgabeansprüchen sowie bei Geldforderungen anwendbar (St/J/*Münzberg* § 737 Rn 4). Ein Duldungstitel gegen den Nießbraucher ist schließlich auch dann entbehrlich, wenn es um die **Zwangsversteigerung** eines Grundstücks geht, weil sie 5 dessen Nutzungsrecht nicht beeinträchtigt (MüKoZPO/*Heßler* § 737 Rn 14). Auch die **Zwangsverwaltung** kann der persönliche Gläubiger, der über keinen Duldungstitel gegen den Nießbraucher verfügt, ohne dessen Vorlage beantragen. Sie ist aber auf die Rechte beschränkt, die der Eigentümer ggü dem Nießbraucher noch hat. Der Zwangsverwalter hat dabei nur eine Überwachungsfunktion nach §§ 1051 ff BGB (Köln NJW 57, 1769).

§ 738 Vollstreckbare Ausfertigung gegen Nießbraucher. **(1) Ist die Bestellung des Nießbrauchs an einem Vermögen nach der rechtskräftigen Feststellung einer Schuld des Bestellers erfolgt, so sind auf die Erteilung einer in Ansehung der dem Nießbrauch unterliegenden Gegenstände vollstreckbaren Ausfertigung des Urteils gegen den Nießbraucher die Vorschriften der §§ 727, 730 bis 732 entsprechend anzuwenden.**
(2) Das Gleiche gilt bei dem Nießbrauch an einer Erbschaft für die Erteilung einer vollstreckbaren Ausfertigung des gegen den Erblasser ergangenen Urteils.

1 **A. Ratio und Anwendungsbereich.** Wurde die Schuld des Bestellers bereits vor der Bestellung des Nießbrauchs an dessen Vermögen (oder nach Abs 2 an einer Erbschaft) rechtskräftig festgestellt, erleichtert § 738 die Zwangsvollstreckung ggü den Anforderungen des § 737. Der nach dieser Vorschrift erforderliche Duldungstitel des Gläubigers des Bestellers gegen den Nießbraucher wird durch die Erteilung einer vollstreckbaren Ausfertigung des gegen den Besteller erstrittenen Leistungsurteils gegen den Nießbraucher (nach Abs 2 gegen den Erblasser) nach §§ 727, 730 bis 732 analog ersetzt. Die Klausel erlaubt dann den Vollstreckungszugriff in die dem Nießbrauch unterliegenden Gegenstände (s. § 737 Rz 2), nicht aber auf das persönliche Vermögen des Nießbrauchers (MüKoZPO/*Heßler* § 738 Rn 1). § 727 ist nicht nur analog, sondern unmittelbar einschlägig, wenn der **Titel auf Herausgabe einer bestimmten Sache** lautete und sich der später bestellte Nießbrauch auch auf diese erstreckte. Denn in diesem Fall ist der Nießbraucher Rechtsnachfolger des Bestellers iSd § 325 (Schuschke/Walker/*Schuschke* § 738 Rn 2). § 738 kommt auch bei anderen Titeln als Urteilen nach § 704 zur Anwendung (§§ 794, 795). Ist ein Titel der Rechtskraft nicht fähig, kommt es auf den Zeitpunkt seiner Entstehung an.

2 **B. Verfahren der Klauselerteilung und Rechtsbehelfe.** Für die Klauselerteilung nach § 738 ist die **funktionelle Zuständigkeit des Rechtspflegers** nach § 20 Nr 12 RPflG begründet. Der Gläubiger hat grds (zu den Ausnahmen s. § 726 Rz 7) durch öffentliche oder öffentlich beglaubigte Urkunden den **Nachweis** über die wirksame Bestellung des Nießbrauchs zu führen (Zweibr Rpfleger 05, 612: der Nachweis des schuldrechtlichen Anspruchs auf Begründung des Nießbrauchs genügt insoweit nicht), den Zeitpunkt der Bestellung des Nießbrauchs sowie den Eintritt der Rechtskraft des Urteils. Ist der Nachweis nicht möglich, ist die **Klage nach § 731** statthaft. § 325 II ist nicht einschlägig (Musielak/*Lackmann* § 738 Rn 2). Nachgewiesen werden muss dagegen nicht, welche Gegenstände zum nießbrauchbelasteten Vermögen des Bestellers gehören (MüKoZPO/*Heßler* § 739 Rn 3). Auf der Klausel ist der Vermerk anzubringen, dass die Vollstreckung nur in die dem Nießbrauch unterliegenden Gegenstände erlaubt ist. Sie ist nach § 750 II zuzustellen. Gegen die Klauselerteilung steht dem Nießbraucher die **Erinnerung analog § 732** zu Gebote.

§ 739 Gewahrsamsvermutung bei Zwangsvollstreckung gegen Ehegatten und Lebenspartner. **(1) Wird zugunsten der Gläubiger eines Ehemannes oder der Gläubiger einer Ehefrau gemäß § 1362 des Bürgerlichen Gesetzbuchs vermutet, dass der Schuldner Eigentümer beweglicher Sachen ist, so gilt, unbeschadet der Rechte Dritter, für die Durchführung der Zwangsvollstreckung nur der Schuldner als Gewahrsamsinhaber und Besitzer.**
(2) Absatz 1 gilt entsprechend für die Vermutung des § 8 Abs. 1 des Lebenspartnerschaftsgesetzes zugunsten der Gläubiger eines der Lebenspartner.

1 **A. Ratio.** § 739 **ergänzt die Eigentumsvermutung** nach § 1362 BGB, der § 1006 BGB modifiziert, für die Zwecke der Zwangsvollstreckung in bewegliche Sachen gegen Eheleute. Parallel dazu konstruiert die inhaltsgleiche Vorschrift des § 8 I LPartG den Vollstreckungszugriff in Mobilien gegen die Partner einer eingetragenen Lebenspartnerschaft (§ 739 II eingefügt durch LPartG v 16.2.01, BGBl I, 266). Gäbe es die Vorschrift nicht, könnte der die Sache besitzende Ehegatte oder Lebenspartner des Vollstreckungsschuldners aufgrund seines **Mitgewahrsams**, in dem die in einem räumlichen Familienverband befindliche Sachen idR stehen (BGHZ 73, 257 = NJW 79, 976), der Zwangsvollstreckung nach § 809 widersprechen.

Der Gläubiger, für den die Gewahrsams- und Besitzverhältnisse der Eheleute oder Lebenspartner idR nicht nachvollziehbar sind, wäre darauf verwiesen, sich den Anspruch des Schuldners gegen den Dritten, in dessen Gewahrsam sich die Sache befindet, nach § 886 überweisen zu lassen. Um ihm das zu ersparen, stellt § 739 zum Zwecke der Durchführung der Zwangsvollstreckung die Vermutung auf, dass der Schuldner Gewahrsamsinhaber und Besitzer ist. Die sozialpolitisch motivierten Regelungen des § 811 werden dagegen nicht außer Kraft gesetzt (BGH NJW-RR 10, 642 f = WM 10, 471). Der Ehegatte oder Lebenspartner, der nicht schuldet, muss sein der Veräußerung entgegenstehendes Recht nach § 771 geltend machen. Systematisch ist die Vorschrift an dieser Stelle in der ZPO insofern ein Fremdkörper, als sie nicht regelt, wer Vollstreckungsschuldner ist. Zur Frage der **Verfassungsmäßigkeit** des § 739 im Hinblick auf Art 6 I GG s. Schuschke/Walker/*Schuschke* § 739 Rn 1 f.

B. Anwendungsbereich. Wie § 1362 BGB gilt § 739 grds **ohne Rücksicht auf den Güterstand** der Ehegatten oder Lebenspartner, auch bei Gütertrennung nach § 1414 BGB (Ddorf DGVZ 81, 11; Bambg DGVZ 78, 9), jedoch nicht für das Gesamtgut einer Gütergemeinschaft (§§ 1415, 1416 BGB, §§ 740–745). Die Vermutung entfaltet Wirkung bei der **Vollstreckung in bewegliche Sachen** nach §§ 808 ff (einschließlich Geld BGH FamRZ 55, 42), bei der **Erwirkung der Herausgabe einer Mobilie** sowie bei der **Leistung vertretbarer Sachen** nach §§ 883, 884 (St/J/*Münzberg* § 739 Rn 19). Sie gilt nicht für die Vollstreckung in Forderungen, andere Vermögensrechte sowie Immobilien (Oldenbg NJW-RR 94, 715; aA Hamm NJW-RR 56, 1681), ebenso wenig für die Vollstreckung von Ansprüchen nach § 894. § 739 kommt nach dem Prinzip der *lex fori* auch für **Ehegatten ausländischer Staatsangehörigkeit** zur Anwendung, die im Inland zusammenleben (MüKoZPO/*Heßler* § 739 Rn 22). 2

Sie gilt dagegen nicht, auch nicht in entsprechender Anwendung, **für nicht eingetragene homosexuelle und heterosexuelle nichteheliche Lebensgemeinschaften** (str: BGH NJW 07, 992; Köln FamRZ 90, 623; aA *H. Roth* JZ 07, 528; *Thran* NJW 95, 1458). De *lege lata* fehlt es an der planwidrigen Regelungslücke für eine vollstreckungsrechtliche Gleichbehandlung von Eheleuten oder eingetragenen Lebenspartnern mit nichtehelichen oder faktischen Lebensgemeinschaften. Denn der Gesetzgeber hat die sachliche Ausweitung der Vorschrift mehrmals erwogen, konnte sich dazu letztlich aber nicht entschließen. Auch wenn die Willkürgrenze hinsichtlich der Beschränkung auf Eheleute und eingetragene Partner nicht erreicht sein dürfte (Musielak/*Lackmann* § 739 Rn 4), ist die behutsame vermögensrechtliche Angleichung der nichtehelichen an die eheliche Lebensgemeinschaft ein Ergebnis der höchstrichterlichen Rechtsfortbildung der jüngsten Zeit (BGHZ 177, 193; BGH NJW 08, 3282 für die Aufteilung von Vermögenswerten nach Trennung). Das sollte sich *de lege ferenda* auch vollstreckungsrechtlich abbilden. Dass § 739 dagegen auf **Wohngemeinschaften** nicht entsprechend anwendbar ist, ergibt sich bereits aus der *ratio* der Vorschrift. Die Vermögen von zusammenlebenden Personen (zB von erwachsenen Verwandten) werden hier typischerweise nicht miteinander vermengt. Auch fehlt die Stabilität einer ehelichen Beziehung oder eingetragenen Lebenspartnerschaft (Köln DGVZ 76, 153). 3

C. Tatbestand. I. Materieller. Die Eigentumsvermutung der §§ 1362 I BGB, 8 I LPartG wirkt zugunsten von Eheleuten oder eingetragenen Lebenspartnern. Sie greift nicht ein, wenn die **Ehe oder Lebenspartnerschaft** im Zeitpunkt der Vollstreckungsmaßnahme **bereits aufgelöst** ist (Schuschke/Walker/*Schuschke* § 739 Rn 5). Nach §§ 1362 I 2 BGB, 8 I 2 LPartG greift sie des Weiteren nicht ein, wenn die Eheleute oder Lebenspartner **nicht nur vorübergehend räumlich getrennt leben**. Für die Gewahrsams- und Besitzvermutung nach § 739 ist dagegen entscheidend, dass der eine Partner keinen Zugang zu den Sachen mehr hat, die sich im Besitz des anderen befinden. Der Umstand allein, dass die Partner innerhalb derselben Wohnung getrennt leben (BGH NJW 79, 1360), widerlegt diese Vermutung nicht (MüKoZPO/*Heßler* § 739 Rn 5). Des Weiteren gilt § 739 nach §§ 1362 II BGB, 8 I 2 LPartG nicht für Sachen, die ausschließlich zum **persönlichen Gebrauch eines Ehegatten oder eingetragenen Lebenspartners** bestimmt sind. Bei ihnen geht die Vermutung dahin, dass die Sache im alleinigen Gewahrsam und Besitz desjenigen steht, der sie in Gebrauch hat. Das ist zB bei Kleidern, Schmuck (sofern es sich nicht um eine Kapitalanlage handelt; BGH NJW 59, 142), persönlichen Arbeitsmitteln sowie Sachen, die allein dem Betrieb eines Erwerbsgeschäfts eines Ehe- oder Lebenspartners dienen (Musielak/*Lackmann* § 739 Rn 5), der Fall. Für Geld, Sparbücher oder Gegenstände des gemeinsamen Haushalts, gelten die §§ 1362 I BGB, 8 I LPartG dagegen (Zö/*Stöber* § 739 Rn 3). Die Vermutungswirkung wird durch die des § 1006 II BGB außer Kraft gesetzt, wenn der nichtschuldende Ehegatte den Nachweis führt, eine streitbefangene Sache schon vor der Ehe besessen zu haben (BGH NJW 93, 935 bei einem Erbfall; grdl NJW 92, 1162). Auch braucht der nichtschuldende Ehe- 4 gatte, um die Vermutung des § 1362 BGB zu entkräften, lediglich den Eigentumserwerb nachzuweisen, nicht dessen Fortbestand (BGH NJW 76, 238).

5 **II. Formeller.** Wer nach §§ 1362 BGB, 8 I LPartG als Eigentümer der betreffenden beweglichen Sache gilt, für den gilt iRd der Zwangsvollstreckung die Gewahrsams- und Besitzvermutung des § 739. Das bedeutet, dass er nicht Dritter ist und ein Widerspruch gegen die Vollstreckung nach §§ 809, 886 ausscheidet (s. Rz 1). Der Gewahrsam nach § 739 ist Gegenstand einer **unwiderlegbaren Vermutung** (Bambg DGVZ 78, 9). Die Prüfungsbefugnis des GV beschränkt sich auf die **Feststellung des Besitzes (auch mittelbarer**; str; BGH NJW 93, 935; aA MüKoZPO/*Heßler* § 739 Rn 8, oder **Fremdbesitz**; str; MüKoZPO/*Heßler* § 739 Rn 1) eines oder beider Ehegatten oder Lebenspartner sowie der Voraussetzungen des § 1362 BGB (s. Rz 4). Nicht einheitlich wird beurteilt, ob dann etwas anderes gilt, wenn **offenkundig** ist, dass die Voraussetzungen der §§ 1362 BGB, 739 nicht zutreffen (LG Kobl DGVZ 68, 124; St/J/*Münzberg* § 739 Rn 23; aA Bambg aaO). Insoweit wird man im Interesse einer effektiven Zwangsvollstreckung strenge Anforderungen stellen müssen. Der Schuldner gilt nach § 739 auch dann als Gewahrsamsinhaber, wenn sich die zu pfändenden Sachen im Alleinbesitz oder -gewahrsam des anderen Ehepartners befinden (Ddorf Rpfleger 95, 119). Allein die Vorlage von Vereinbarungen zwischen den Ehegatten genügt diesen Anforderungen nicht, auch nicht die des Ehevertrags über die Gütertrennung (BGH NJW 70, 653; Ddorf ZIP 81, 538). Denkbar ist auch, dass gegen die ehelichen oder eingetragenen Lebenspartner aus verschiedenen Titeln in dieselbe Sache vollstreckt wird. Der wahre Eigentümer hat dagegen die Klage nach § 771 (Musielak/*Lackmann* § 739 Rn 6).

6 **D. Rechtsbehelfe.** Der **Gläubiger** kann mit der **Erinnerung nach § 766 II** geltend machen, dass einem Widerspruch des nicht schuldenden Ehegatten oder Lebenspartners nachgegeben wurde, obwohl dieser wegen § 739 unbeachtlich war (Schuschke/Walker/*Schuschke* § 739 Rn 15). Dagegen kann der Gläubiger nicht mit der Erinnerung geltend machen, ein anderer Gläubiger habe zu Unrecht auf den Gegenstand zugegriffen. Dieser Einwand wird grds nur im Verteilungsverfahren berücksichtigt (einschränkend St/J/*Münzberg* § 739 Rn 31). Der **nicht schuldende Ehegatte oder eingetragene Lebenspartner** hat die Erinnerung nach § 766 nur dann, wenn die Gewahrsamsvermutung des § 739 ausnahmsweise nicht eingreift (Musielak/*Lackmann* § 739 Rn 7). Mit dem Einwand, die Eigentumsvermutung nach §§ 1362 I BGB, 8 I LPartG greife nicht ein, wird er dagegen im Vollstreckungsverfahren nicht gehört (Ddorf DGVZ 82, 114). Will er sich auf sein Eigentum als ein die Veräußerung hinderndes Recht berufen, muss er das mit der **Drittwiderspruchsklage nach § 771** tun. Haften beide Partner, zB aus §§ 1357 BGB, 8 II LPartG, gesamtschuldnerisch für die Forderung, existiert aber nur ein Titel gegen einen von beiden, kann der Klage des anderen Partners aus § 771 uU mit dem Arglisteinwand begegnet werden (Schuschke/Walker/*Schuschke* § 739 Rn 18).

§ 740 Zwangsvollstreckung in das Gesamtgut.

(1) Leben die Ehegatten in Gütergemeinschaft und verwaltet einer von ihnen das Gesamtgut allein, so ist zur Zwangsvollstreckung in das Gesamtgut ein Urteil gegen diesen Ehegatten erforderlich und genügend.
(2) Verwalten die Ehegatten das Gesamtgut gemeinschaftlich, so ist die Zwangsvollstreckung in das Gesamtgut nur zulässig, wenn beide Ehegatten zur Leistung verurteilt sind.

1 **A. Ratio.** § 740 trägt dem Umstand Rechnung, dass das Gesamtgut nach §§ 1416, 1419 BGB, das Ehegatten anlässlich der Begründung der Gütergemeinschaft als Sondervermögen gebildet haben, nach den Vorschriften des BGB unterschiedlich verwaltet werden kann und einer besonderen Haftungsordnung unterliegt: Verwaltet nur ein Ehegatte aufgrund entsprechender Regelung im Ehevertrag nach § 1421 BGB allein (in diesem Fall hat er die ausschließliche Prozessführungsbefugnis nach § 1422 BGB), können sowohl die Gläubiger des verwaltenden als auch die des anderen Ehegatten aus dem Gesamtgut Befriedigung verlangen, wobei jeweils der verwaltende Ehegatte für die Gesamtgutverbindlichkeiten des anderen nach § 1437 BGB auch persönlich verantwortlich ist (Ausnahmen in §§ 1438–1440 BGB). Bei gemeinschaftlicher Verwaltung haftet sowohl das Gesamtgut für die Gesamtgutverbindlichkeiten (Ausnahmen in §§ 1461, 1462 BGB), als auch jeder Ehegatte nach §§ 1459, 1460 BGB persönlich (Schuschke/Walker/*Schuschke* § 740 Rn 1). Die Vorschrift wählt bei der Bestimmung des Vollstreckungsschuldners eine für den Gläubiger äußerst praktikable Lösung. Bei Einzelverwaltung genügt ein Titel gegen den Verwalter, um in das Gesamt-

gut vollstrecken zu können (Abs 1, s. Rz 3). Sonst kann das nur geschehen, wenn ein Leistungstitel gegen beide Ehegatten erstritten wurde (Abs 2).

B. Anwendungsbereich. § 740 gilt für jede Vollstreckungsart inkl der Wegnahmevollstreckung nach § 883 (aA Zö/*Stöber* § 740 Rn 2: stets Titel gegen den Gewahrsamsinhaber erforderlich) sowie des Arrests und der einstweiligen Verfügung nach §§ 928 ff, 936 (St/J/*Münzberg* § 740 Rn 2). Die Regelung gilt ferner für **alle Titeltypen der ZPO** (§ 704 I, §§ 795, 794). Sie kommt nur bei der **Vollstreckung in das Gesamtgut** nach §§ 1416, 1419 BGB zur Anwendung, während auf Sonder- und Vorbehaltsgut nach §§ 1417, 1418 BGB nicht auf der Grundlage des § 740, sondern nur nach den allgemeinen Vorschriften zugegriffen werden kann. Eine besondere Regelung enthält § 741 für die Zwangsvollstreckung in das Gesamtgut, wenn der verwaltende Ehegatte ein Erwerbsgeschäft betreibt. Die Schutzvorschrift des § 1412 BGB gilt nicht für das Vollstreckungsverfahren (MüKoZPO/*Heßler* § 740 Rn 3). Die Vorschrift gilt auch für die Partner einer eingetragenen Lebenspartnerschaft, vorausgesetzt sie haben nach § 7 S 2 LPartG einen **Lebenspartnerschaftsvertrag** geschlossen, in dem Gütergemeinschaft vereinbart wurde. 2

C. (Formeller) Tatbestand. I. Titel bei Alleinverwaltung (Abs 1). Ein Leistungstitel gegen den **allein verwaltenden Ehegatten** ist nach Abs 1 ausreichend. Ein **Duldungstitel reicht** nach der hM, die sich am Wortlaut des § 740 I orientiert, **nicht aus** (Musielak/*Lackmann* § 740 Rn 3 mwN; aA ThoPu/*Seiler* § 740 Rn 2), ebenso wenig ein Titel gegen den nicht verwaltenden Ehegatten abgesehen vom Sonderfall des § 741. Aus ihm ist auch bei Notverwaltung nach § 1429 BGB (Kobl Rpfleger 56, 164, 165) und im Fall des § 1438 II BGB (Prozesskosten) nur die Vollstreckung in dessen Vorbehalts- und Sondergut gestattet. 3

II. Titel bei gemeinschaftlicher Verwaltung (Abs 2). Verwalten die Eheleute das Gesamtgut gemeinschaftlich (Abs 2), kann die Vollstreckung in das Gesamtgut nur aufgrund eines Leistungs- (nicht Duldungs-; LG Deggendorf FamRZ 64, 49; aA St/J/*Münzberg* § 740 Rn 6) Titels gegen beide Gesamthänder erfolgen (Zweibr FamRZ 09, 1910; ebenso für die Errungenschaftsgemeinschaft italienischen Rechts Ddorf FamRZ 10, 1593), wobei dieser auch in gesonderten Verfahren erstritten worden sein kann (BGH FamRZ 75, 405, 406). Ein Titel gegen nur einen Ehegatten genügt nicht, weder bei der Notverwaltung nach § 1454 BGB (Zö/*Stöber* § 740 Rn 9) noch wegen der Verfahrensgebühren nach § 1460 II BGB (Stuttg OLGZ 87, 253 f = NJW-RR 87, 258). Auch kann die Eintragung einer **Zwangshypothek** auf der Grundlage eines Titels, der nur gegen einen Ehegatten lautet, nicht verlangt werden (BayObLG NJW-RR 96, 80, 81). Wird sie dennoch eingetragen, kommt ein Amtswiderspruch nach § 53 GBO nur in Frage, wenn der Titel gegen den anderen Ehegatten bereits vorhanden ist. Soll der Titel erst beschafft werden, ist die Zwangshypothek vAw zu löschen (LG Heilbronn Rpfleger 91, 108). Schließlich kann der eine Ehegatte nicht mit einem **auf Ehegattenunterhalt lautenden Titel** gegen den anderen in das Gesamtgut vollstrecken. Eine teleologische Reduktion des § 740 II für diesen Typ von Unterhaltstitel kommt nicht in Betracht (BGHZ 111, 248, 257 = NJW-RR 87, 258; aA *Kleinle* FamRZ 97, 1194, 1195 f). 4

Die Vorschrift schließt allerdings nicht aus, auf der Grundlage von § 1459 II BGB persönliche Klagen gegen den jeweiligen Ehegatten anzustrengen (s. Rz 1). Zudem verlangt eine auf § 740 II gestützte Vollstreckung nicht, dass die Ehegatten gemeinsam verklagt werden (BGH FamRZ 75, 405 f; VGH München NJW-RR 88, 454). Zwischen ihnen besteht also **keine notwendige Streitgenossenschaft** iSv § 62 Alt 2. Ein **Kostentitel**, der nur gegen einen der im Güterstand der Gütergemeinschaft lebenden Ehegatten ergangen ist, kann auf den anderen Ehegatten nicht in entsprechender Anwendung des § 742 erstreckt werden (Stuttg FamRZ 87, 304). Die Voraussetzungen nach Abs 1, 2 müssen im **Zeitpunkt der Vollstreckung** in das Gesamtgut vorliegen. Spätere **Änderungen der güterrechtlichen Verhältnisse** ändern an der Wirksamkeit der Vollstreckungsmaßnahme nichts mehr (Kobl Rpfleger 56, 164). Ist der Güterstand des Vollstreckungsschuldners unklar, kann das vollstreckende Organ den gesetzlichen Güterstand zugrunde legen und, solange ihm nicht die Gütergemeinschaft durch Vorlage des Ehevertrages oder eines Auszugs aus dem Eheregister nachgewiesen wird (Musielak/*Lackmann* § 740 Rn 5; Zö/*Stöber* § 740 Rn 5), ohne Rücksicht darauf vollstrecken. Wurde die Gütergemeinschaft nachgewiesen, muss vom Regelfall der gemeinschaftlichen Verwaltung ausgegangen werden (BayObLG NJW-RR 96, 80, 81). Verwaltet ein Ehegatte das Gesamtgut später allein, kann der Titel gegen diesen umgeschrieben werden, dies allerdings nur zwischen Titelerlass und Vollstreckungsbeginn (MüKoZPO/*Heßler* § 740 Rn 18). 5

D. Rechtsbehelfe. Im Fall des Abs 1 schuldet nur der allein verwaltende Ehegatte die Vollstreckung (St/J/*Münzberg* § 740 Rn 4; aA Zö/*Stöber* § 740 Rn 8). Der andere Ehegatte muss nicht Titelschuldner sein und 6 hat auch kein Widerspruchsrecht nach § 809 (Musielak/*Lackmann* § 740 Rn 6). Jeder Ehegatte hat die **Vollstreckungserinnerung nach § 766**, wenn der erforderliche Titel nicht vorliegt (hM; aA Schuschke/Walker/*Schuschke* § 740 Rn 6: Erinnerungsbefugnis allein des verwaltenden Ehegatten). Wird gegen einen Ehepartner bei gemeinschaftlicher Verwaltung ohne Titel vollstreckt, kann er auch **Drittwiderspruchklage nach § 771** erheben. Sie hat freilich nur dann Aussicht auf Erfolg, wenn der vollstreckbare Anspruch keine Gesamtgutverbindlichkeit ist (MüKoZPO/*Heßler* § 740 Rn 44). Sonst steht der Klage der Einwand der unzulässigen Rechtsausübung entgehen (Schuschke/Walker/*Schuschke* § 740 Rn 7).

§ 741 Zwangsvollstreckung in das Gesamtgut bei Erwerbsgeschäft.

Betreibt ein Ehegatte, der in Gütergemeinschaft lebt und das Gesamtgut nicht oder nicht allein verwaltet, selbständig ein Erwerbsgeschäft, so ist zur Zwangsvollstreckung in das Gesamtgut ein gegen ihn ergangenes Urteil genügend, es sei denn, dass zur Zeit des Eintritts der Rechtshängigkeit der Einspruch des anderen Ehegatten gegen den Betrieb des Erwerbsgeschäfts oder der Widerruf seiner Einwilligung zu dem Betrieb im Güterrechtsregister eingetragen war.

1 **A. Ratio.** § 741 flankiert die materiellrechtlichen Vorschriften der §§ 1431, 1456 BGB vollstreckungsrechtlich. Hiernach kann der Ehegatte, der das Gesamtgut nicht oder nicht allein verwaltet, mit der Einwilligung seines Partners ein Erwerbsgeschäft selbstständig führen. Für die Verbindlichkeiten, die iRd Betriebs des Erwerbsgeschäfts begründet werden, haften sowohl das Gesamtgut als auch die beiden Ehegatten persönlich, §§ 1431, 1440, 1456, 1462 BGB. Das gilt auch für den Fall, dass der Ehegatte, der das Geschäft nicht führt, von der Tätigkeit des anderen weiß, dagegen aber zur Zeit des Eintritts der Rechtshängigkeit keinen Einspruch eingelegt oder im Güterrechtsregister kein Widerspruch eingetragen wurde, §§ 1431 II 3, 1412 BGB. § 741 ergänzt § 740 insofern (Stuttg FamRZ 87, 304, 305), als zur Vollstreckung nicht ein Titel gegen beide Eheleute erwirkt werden muss, sondern einer gegen den geschäftsführenden genügt. Der Gläubiger kann jedoch **alternativ nach § 740 I** vorgehen (MüKoZPO/*Heßler* § 741 Rn 5).

2 **B. Anwendungsbereich.** Die Vorschrift ist wie § 741 auf alle Arten von Vollstreckungsverfahren und Schuldtitel (§§ 704, 795, 794) anwendbar (s. § 740 Rz 2) und gilt, anders als das nach den materiellen Haftungsvorschriften der §§ 1431 I 1, 1456 I 1 BGB der Fall ist, auch für **Forderungen, die außerhalb des Geschäftsbetriebs oder des Gesamtguts begründet wurden** (BayObLG Rpfleger 83, 407) oder Gegenstände betreffen, die zu diesem nicht gehören (Musielak/*Lackmann* § 741 Rn 2). Der Anwendungsbereich von § 741 ist nicht eröffnet, bei einem Erwerbsgeschäft, das der allein verwaltende Ehegatte oder die beiden gemeinsam verwaltenden Ehepartner betreiben. Hier ist § 740 einschlägig. Kraft gesetzlicher Inbezugnahme gilt § 741 für die Zwangsvollstreckung bei Eigentums- oder Vermögensgemeinschaften nach § 744a.

3 **C. Tatbestand. I. Materieller.** Bei dem **Erwerbsgeschäft**, das der Vollstreckungsschuldner betreiben muss, handelt es sich um jede auf Wiederholung angelegte, dauerhaft der Erzielung von Einkünften dienende wirtschaftliche Tätigkeit (BGHZ 83, 76, 78 f = NJW 82, 1810), die (handels-)gewerblich, landwirtschaftlich (BayObLG NJW-RR 96, 80, 81), wissenschaftlich, künstlerisch oder freiberuflich angelegt sein kann. **Selbstständig** wird das Erwerbsgeschäft geführt, wenn das im eigenen Namen geschieht oder der Ehepartner oder Dritte es für den Ehegatten führen (RGZ 127, 110, 114), auch dann, wenn der Betrieb mit einem anderen zusammen geführt wird, falls der das Erwerbsgeschäft innehabende Ehegatte persönlich haftender Gesellschafter einer oHG oder KG ist (BayObLGZ 83, 187, 189 f; nicht aber GmbH-Gesellschafter oder Kommanditist; Zö/*Stöber* § 741 Rn 5). Eine weisungsgebundene Tätigkeit in einem fremdem Unternehmen ist keine selbstständige Führung eines Erwerbsgeschäfts iSv § 741 (St/J/*Münzberg* § 741 Rn 5). Der andere Ehegatte muss mit dem Betrieb des Erwerbsgeschäfts durch seinen Ehepartner **einverstanden** sein. Im Güterrechtsregister darf diesbzgl kein **Einspruch** oder **Widerruf** des Ehegatten nach §§ 1431 III, 1456 III, 1412 BGB eingetragen sein. Maßgeblich ist der **Zeitpunkt** des Eintritts der Rechtshängigkeit nach § 261, bei Titeln, die nicht der Rechtskraft fähig sind, deren Entstehung (ThoPu/*Seiler* § 741 Rn 3).

4 **II. Formeller.** Die Vollstreckung in das Gesamtgut setzt voraus, dass zumindest gegen den Ehegatten, der das Erwerbsgeschäft betreibt, ein **Leistungstitel** erstritten wurde, in dem die Haftung des Gesamtguts nicht ausgewiesen sein muss (Musielak/*Lackmann* § 741 Rn 5). Ein Duldungstitel ist nach hM nicht ausreichend (s. § 740 Rz 3). Zu Beginn der Zwangsvollstreckung muss das Erwerbsgeschäft noch betrieben werden; unschädlich ist, wenn es später abgewickelt wird (BayObLG Rpfleger 96, 63). **Nachzuweisen** hat der Gläubiger das Vorliegen einer Gütergemeinschaft und den selbstständigen Betrieb eines Erwerbsgeschäfts durch

den Vollstreckungsschuldner. Das ist nur der Ehegatte, der das Erwerbsgeschäft führt (MüKoZPO/*Heßler* § 741 Rn 13). Das Vollstreckungsorgan prüft nicht, ob der verwaltende Ehegatte mit dem Betrieb einverstanden ist (BayObLGZ 83, 187, 190). Der Nachweis eines Ein- oder Widerspruchs gegen die Einwilligung wird durch Vorlage eines Auszugs aus dem Güterrechtsregister geführt und ist im Vollstreckungsverfahren beachtlich, sofern er im Register eingetragen ist (aA St/J/*Münzberg* § 742 Rn 6). Soll an einem Grundstück, das zum gemeinschaftlich verwalteten Gesamtgut in Gütergemeinschaft lebender Ehegatten gehört, aufgrund eines Vollstreckungstitels gegen nur einen der beiden Ehegatten eine Zwangshypothek eingetragen werden, müssen dem GBA in der Form des § 29 GBO die Voraussetzungen des § 741 nachgewiesen werden (BayObLG Rpfleger 96, 63).

D. Rechtsbehelfe. Der Ehegatte, der das Gesamtgut allein oder mitverwaltet, kann der Vollstreckung gegen den anderen nicht nach § 809 wegen Mitgewahrsams widersprechen (Zö/*Stöber* § 741 Rn 7). Wohl aber kann er mit der **Erinnerung oder der Widerspruchsklage nach § 774** rügen, aus dem Titel dürfe nach § 741 nicht die Vollstreckung in das Gesamtgut stattfinden, weil er gegen die erwerbsgeschäftliche Tätigkeit Einspruch eingelegt oder seine Einwilligung widerrufen habe und dies zum Zeitpunkt der Rechtshängigkeit im Güterrechtsregister auch eingetragen war (MüKoZPO/*Heßler* § 742 Rn 19). Außerdem kann er mit der Klage nach § 774 erreichen, dass die Vollstreckung für unzulässig erklärt wird, wenn sie außerhalb der materiellrechtlichen Haftungsgrenzen des Gesamtguts stattgefunden hat, obwohl sie § 741 entsprach. Schließlich können **beide Ehegatten** mit der Klage nach § 774 iVm § 771 einwenden, dass der Vollstreckungsschuldner nicht selbstständig ein Erwerbsgeschäft betreibe (Musielak/*Lackmann* § 741 Rn 7). 5

§ 742 Vollstreckbare Ausfertigung bei Gütergemeinschaft während des Rechtsstreits.

Ist die Gütergemeinschaft erst eingetreten, nachdem ein von einem Ehegatten oder gegen einen Ehegatten geführter Rechtsstreit rechtshängig geworden ist, und verwaltet dieser Ehegatte das Gesamtgut nicht oder nicht allein, so sind auf die Erteilung einer in Ansehung des Gesamtgutes vollstreckbaren Ausfertigung des Urteils für oder gegen den anderen Ehegatten die Vorschriften der §§ 727, 730 bis 732 entsprechend anzuwenden.

A. Ratio und Anwendungsbereich. Ein Ehegatte kann bei Eintritt in die Gütergemeinschaft einen gegen den anderen Partner bereits anhängigen Aktiv- oder Passivprozess nach §§ 1433, 1455 Nr 7 BGB fortsetzen, auch wenn der Rechtsstreit sich auf das Gesamtgut richtet und er dieses nicht oder nicht allein verwaltet. § 742 setzt diese materiellrechtliche Rechtslage in das Vollstreckungsrecht um, in dem sie Titelumschreibung für oder gegen den Gesamtgutverwalter entsprechend den Vorschriften über die Rechtsnachfolge erlaubt. Sie ermöglicht so den Vollstreckungszugriff in das Gesamtgut auch ggü dem allein oder mitverwaltenden Ehegatten, ohne dass die Voraussetzungen des § 740 vorliegen müssen. Sonst deckt sich der Anwendungsbereich der Vorschrift mit dem von § 740 (s. § 740 Rz 2). **Entsprechend angewendet** wird § 742 im Fall des Wechsels der Berechtigung zur Gesamtgutverwaltung, der Beendigung der Notverwaltungskompetenz sowie für den Fall des Widerrufs der Einwilligung zum selbstständigen Betrieb eines Erwerbsgeschäfts (MüKoZPO/*Heßler* § 742 Rn 6). 1

B. Tatbestand. Materielle Voraussetzung des § 742 ist die **Vereinbarung der Gütergemeinschaft** nach dem Eintritt der Rechtshängigkeit gem § 261 (bei anderen als gerichtlichen Titeln mit Entstehung; Zö/*Stöber* § 742 Rn 2) oder deren Eintritt infolge einer aufschiebenden Bedingung, zB Eheschließung (Musielak/*Lackmann* § 742 Rn 2). Sie kann sogar erst nach dem Eintritt der Rechtskraft des Urteils wirksam werden. Der (nach hM erforderliche Leistungs-, s. § 740 Rz 3) Titel muss sich für oder gegen den nicht oder nicht allein verwaltenden Ehegatten richten (ThoPu/*Seiler* § 742 Rn 2). Dieser ist aus eigenem Recht zur Prozessführung befugt, §§ 1433, 1455 BGB. Ein Urt gegen den allein verwaltenden Ehegatten, kann nach § 740 vollstreckt werden. 2

C. Verfahren und Entscheidung. Das Verfahren der Klauselumschreibung richtet sich nach den Vorschriften über die **Erteilung einer sog qualifizierten Klausel** (s. § 726 Rz 2 ff). Nachzuweisen sind dem nach § 20 Nr 12 RPflG klauselerteilenden Rechtspfleger die Gütergemeinschaft, die Regelung der Gesamtgutverwaltung (Musielak/*Lackmann* § 742 Rn 3) sowie der Eintritt der Rechtshängigkeit (ThoPu/*Seiler* § 742 Rn 3). Die Klausel wird dem allein verwaltenden Ehegatten als Gläubiger ausschließlich auf seinen Namen erteilt, bei gemeinschaftlicher Gesamtgutverwaltung nach § 1450 BGB den Eheleuten zusammen. Wurde schon eine Ausfertigung erteilt, ist eine Umschreibung nach §§ 727, 742 möglich. Die Klausel darf gegen den 3 alleinverwaltenden Ehegatten, der nicht Partei im Prozess war, nur zur Vollstreckung in das Gesamtgut erteilt werden, nicht auch als Rechtsnachfolger der Prozesspartei (Zö/*Stöber* § 742 Rn 7). Bei gemeinschaftlicher Verwaltung muss das auch im Hinblick auf den nicht am Prozess beteiligten Ehegatten beachtet werden. Die **Zustellung** des umgeschriebenen Titels richtet sich nach § 750 II.

4 **D. Rechtsbehelfe.** Für den **Gläubiger** ist statthaftes Rechtsmittel die **sofortige Beschwerde** nach §§ 11 I RPflG, 567 sowie ggf die **Klauselerteilungsklage nach § 732**. Der **Schuldner** kann sich gegen die Erteilung der Klausel mit der **Erinnerung nach § 732** zur Wehr setzen. Bestimmte Einwände können zudem Gegenstand einer **Klauselgegenklage nach § 768** sein, so die Unwirksamkeit der Gütervereinbarung, der Nichteintritt der für die Vereinbarung notwendigen Bedingung oder der Umstand, dass es im Prozess um Vorbehaltsgut ging. Die Drittwiderspruchsklage nach § 771 steht schließlich zur Verfügung, wenn aus dem Titel nach der Umschreibung in das Sonder- oder Vorbehaltsgut des verwaltenden Ehegatten vollstreckt wird. Die Klage hat freilich keine Aussicht auf Erfolg, wenn er auch persönlich für die titulierte Schuld verantwortlich ist (Musielak/*Lackmann* § 742 Rn 4).

§ 743 Beendete Gütergemeinschaft.

Nach der Beendigung der Gütergemeinschaft ist vor der Auseinandersetzung die Zwangsvollstreckung in das Gesamtgut nur zulässig, wenn beide Ehegatten zu der Leistung oder der eine Ehegatte zu der Leistung und der andere zur Duldung der Zwangsvollstreckung verurteilt sind.

1 **A. Ratio und Anwendungsbereich.** Zwischen der Aufhebung der Gütergemeinschaft und ihrer Auseinandersetzung nach § 1471 BGB bleibt die Gemeinschaft zur gesamten Hand bestehen und wird von beiden gemeinsam verwaltet, unabhängig davon ob die Verwaltung zuvor abw geregelt war, § 1472 BGB. Die Situation entspricht der in § 740 II (Schuschke/Walker/*Schuschke* § 743 Rn 1), und so zieht § 743 vollstreckungsrechtlich dieselbe Konsequenz: Soll nach Beendigung, aber vor Auseinandersetzung der Gütergemeinschaft vollstreckt werden, ist dazu ein Titel gegen beide Ehegatten (oder ggf gegen einen von ihnen und den oder die Erben des anderen) erforderlich. Die Vorschrift ist nur anwendbar, wenn die Gütergemeinschaft vor der Rechtskraft des Titels beendet wird (bei anderen Titeln als Urteilen vor Errichtung). Danach gilt § 744 (s. § 744 Rz 1). Sie ist auch nicht einschlägig, wenn bei andauernder Auseinandersetzung neue Verbindlichkeiten begründet werden. Denn das ist nach der Beendigung der Gütergemeinschaft nicht mehr wirksam möglich (Musielak/*Lackmann* § 743 Rn 1). § 743 gilt für alle Schuldtitel der ZPO (§§ 704, 795, 794) sowie für sämtliche Vollstreckungsarten.

2 **B. Tatbestand.** Die **Gütergemeinschaft** muss (durch Vertrag, Aufhebungsurteil nach §§ 1469, 1470 BGB, Auflösung der Ehe bei Scheidung oder Tod des Ehegatten; Ausnahme: Fortsetzung nach § 1483 BGB) **beendet** worden sein. Wird die Gütergemeinschaft nach einer Pfändung aufgehoben, hindert das die weitere Durchführung der Vollstreckung nicht (Kobl Rpfleger 56, 164, 165; restriktiver St/J/*Münzberg* § 743 Rn 2 Fn 7; Schusche/Walker/*Schuschke* § 743 Rn 3: Aufhebung der bisherigen Vollstreckung nach § 766). Die Zwangsvollstreckung nach § 743 setzt **zwei Titel** gegen je einen der beiden Ehegatten voraus, wobei nur einer von ihnen ein Leistungstitel sein muss. Der zweite kann sich auch auf Duldung richten. Bei Titeln nach §§ 795, 794 ist es auch möglich, diesen nach § 794 II zu erlangen (ThoPu/*Seiler* § 743 Rn 3). Jedoch empfiehlt es sich für den Gläubiger, deshalb zwei Leistungstitel zu erwirken, weil es ihm dann ohne Probleme möglich ist, auch nach Beendigung der Gütergemeinschaft weiter zu vollstrecken, § 1480 BGB. Kennt das ausländische Recht schon vor Beendigung des Güterstandes eine Mithaftung des Gesamtguts ohne persönliche Haftung eines Ehegatten, muss sich das deutsche Verfahrensrecht dem anpassen. In diesem Fall kann ein Leistungstitel gegen den persönlich nicht mithaftenden Ehegatten nicht verlangt werden (BGH FamRZ 98, 905, 907 zum niederländischen Recht). Die nach deutschem Recht notwendigen Titel können in einem Verfahren erstritten worden sein; zwingend ist das jedoch nicht (RGZ 89, 360, 363).

3 **C. Vollstreckung und Rechtsbehelfe.** In das Gesamtgut kann bis zur Beendigung der Auseinandersetzung vollstreckt werden, §§ 1475 III, 1477 BGB. Danach richtet sich die Vollstreckung aus den Titeln gegen das Vermögen des persönlich haftenden Ehegatten. Der andere haftet nach § 1480 nunmehr auch persönlich als Gesamtschuldner, allerdings beschränkt auf die ihm aus dem Gesamtgut zugewiesenen Gegenstände (Schuschke/Walker/*Schuschke* § 743 Rn 4). Eine **Haftungsbeschränkung** wirkt sich in der Vollstreckung nur aus, wenn das Urt einen entsprechenden Vorbehalt nach § 786 aufweist. Da beide Ehegatten iRd § 743 Vollstreckungsschuldner sind, auch wenn gegen einen von ihnen nur ein Duldungstitel existiert

(MüKoZPO/*Heßler* § 744 Rn 8), können sich beide gegen eine Vollstreckung ohne erforderlichen Titel mit der **Erinnerung nach § 766** zur Wehr setzen, derjenige, gegen den kein Titel vorliegt, zusätzlich mit der **Klage nach § 771** (Zö/*Stöber* § 743 Rn 5). Sie hat freilich keine Aussicht auf Erfolg, wenn den Kl eine Pflicht zur Duldung der Vollstreckung in das Gesamtgut trifft. Das gilt auch, wenn nicht in das Gesamt-, sondern das Vorbehalts- oder Sondergut vollstreckt wurde (RGZ 89, 360, 363).

§ 744 Vollstreckbare Ausfertigung bei beendeter Gütergemeinschaft. Ist die Beendigung der Gütergemeinschaft nach der Beendigung eines Rechtsstreits des Ehegatten eingetreten, der das Gesamtgut allein verwaltet, so sind auf die Erteilung einer in Ansehung des Gesamtgutes vollstreckbaren Ausfertigung des Urteils gegen den anderen Ehegatten die Vorschriften der §§ 727, 730 bis 732 entsprechend anzuwenden.

A. Ratio und Anwendungsbereich. § 744 erleichtert die Zwangsvollstreckung in einem Fall des § 743 und knüpft dabei an § 1422 BGB an. Nach dieser Vorschrift ist der das Gesamtgut allein verwaltende Ehegatte uA prozessführungsbefugt, solange die Gütergemeinschaft besteht. Ist das nicht mehr der Fall, kollidiert diese Befugnis mit der nunmehr gemeinschaftlichen Verwaltungsbefugnis beider Ehegatten, so dass für die Vollstreckung an sich ein weiterer Leistungs- oder Duldungstitel erstritten werden müsste (s. § 743 Rz 2). Nach § 744 entfällt dieses Erfordernis aufgrund der Möglichkeit zur **Titelumschreibung**, die nur die Vollstreckung in das Gesamtgut erlaubt. Die Vorschrift gilt für alle Titel der ZPO (§§ 704, 795, 794) sowie für sämtliche Vollstreckungsarten. Endet die Gütergemeinschaft, bevor die Rechtskraft des Titels eintritt, ist § 743 einschlägig (s. § 743 Rz 1). Der Tatbestand deckt sich mit dem des § 743 (s. § 743 Rz 2). Dabei muss sich der Titel nach § 740 I gegen den allein verwaltenden Ehegatten richten (Musielak/*Lackmann* § 744 Rn 2). 1

B. Vollstreckung und Rechtsbehelfe. Für das Verfahren der und die Entscheidung über die Klauselerteilung s. § 742 Rz 3. Für die **Zustellung** ist § 750 II zu beachten. Des **Nachweises** bedarf neben der Beendigung der Gütergemeinschaft der Eintritt der Rechtskraft des Urteils (Musielak/*Lackmann* § 744 Rn 3). Wenn die Auseinandersetzung vollständig beendet ist, kann die Beschränkung der Haftung nach § 1480 BGB auf die zugeteilten Gegenstände nur nach § 786 geltend gemacht werden. Die Klausel wird vorbehaltlos erteilt (str; St/J/*Münzberg* § 744 Rn 3; aA Zö/*Stöber* § 744 Rn 6: neuer Leistungstitel erforderlich, da neu begründete persönliche Haftung). Zu den **Rechtsbehelfen** s. § 742 Rz 4. 2

§ 744a Zwangsvollstreckung bei Eigentums- und Vermögensgemeinschaft. Leben die Ehegatten gemäß Artikel 234 § 4 Abs. 2 des Einführungsgesetzes zum Bürgerlichen Gesetzbuch im Güterstand der Eigentums- und Vermögensgemeinschaft, sind für die Zwangsvollstreckung in Gegenstände des gemeinschaftlichen Eigentums und Vermögens die §§ 740 bis 744, 774 und 860 entsprechend anzuwenden.

A. Ratio und Anwendungsbereich. Die Vorschrift regelt die Zwangsvollstreckung gegen Eheleute, die nach §§ 13 ff Familiengesetzbuches der früheren DDR im gesetzlichen Güterstand der Eigentums- und Vermögensgemeinschaft gelebt hatten und von denen mindestens einer nach der Wiedervereinigung Deutschlands aufgrund des nach Art 234 § 4 II, III EGBGB bestehenden Wahlrechts form- und fristgerecht iSd Fortführung des alten Güterstands optiert hat (Art 234 § 4a II 1 EGBGB: Es gelten die Grds der gemeinsam verwalteten Gütergemeinschaft). Der Güterstand derjenigen Ehepaare, die das nicht getan haben, wurde nach Art 234 § 4 I zum 3.10.1990 in den gesetzlichen Güterstand der Zugewinngemeinschaft überführt. § 744a ist für sie nicht anwendbar; es gelten vielmehr die allgemeinen Vorschriften, insb § 739 (Schuschke/Walker/*Schuschke* § 744a Rn 1 mwN in Fn 1). § 744a zieht die vollstreckungsrechtlichen Vorschriften über die Gütergemeinschaft entsprechend heran, weil die BGB-Gütergemeinschaft der Eigentums- und Vermögensgemeinschaft am nächsten kommt (Musielak/*Lackmann* § 744a Rn 2). Die Vollstreckung aus § 744a findet statt aus allen Titeln der ZPO (§§ 704, 795, 794), vorausgesetzt, es wird in Gegenstände vollstreckt, an denen gemeinschaftliches Eigentum der Ehegatten besteht. 1

B. Tatbestand. Gemeinschaftliches Vermögen der Eigentums – und Vermögensgemeinschaft sind die von einem oder beiden Ehegatten während der Ehe (auch nach Trennung: MüKoZPO/*Heßler* § 744a Rn 7) erzielten Einkünfte durch Arbeit, Renten, Stipendien, dem gleichstehende periodische Leistungen wie zB Kranken- 2 geld, Vermögensrechte oder Ersparnisse, grds auch das Eigentum an Grundstücken (Ausnahme: § 299 II ZGB-DDR). Dagegen stehen im **Alleineigentum** die Sachen und Vermögensrechte, die er vor der Eheschließung oder während der Ehe von Todes wegen oder aufgrund einer Schenkung erworben hat. Keine gemeinschaftliche Berechtigung besteht dagegen an Sachen, die die persönlichen Bedürfnisse des einzelnen Ehegatten befriedigen oder zu dessen Berufsausübung dienen und nicht übermäßig wertvoll sind (Musielak/*Lackmann* § 744a Rn 3). Für beide Vermögensmassen gilt das Surrogationsprinzip. Gewinne und Früchte sind Bestandteil des Vermögens der Hauptsache, ebenso Zinsen und Mieteinnahmen. Wurde im Beitrittsgebiet eine eheliche Vermögensgemeinschaft mit dem **Tod eines der Ehegatten** vor dem 3.10.90 beendet, entsteht nicht von Gesetzes wegen Bruchteilseigentum. Vielmehr besteht nach Art 234 § 4 V EGBGB analog eine Eigentums- und Vermögensgemeinschaft nach altem DDR-Recht (LG Bautzen NJW 99, 1484).

3 **C. Vollstreckung und Rechtsbehelfe.** § 744a nimmt für die Vollstreckung gegen die Eheleute, die in der Eigentums- und Erwerbsgemeinschaft nach altem DDR-Recht leben, die §§ 740–744, 774 und 860 in Bezug. Nach dieser Vorschrift kann während des Bestehens dieser Gemeinschaft der Anteil eines der Ehegatten am Gemeinschaftsgut nicht als solcher gepfändet werden, sondern erst dann, wenn die Ehegatten die Beendigung ihrer Gemeinschaft wirksam vereinbart haben, § 860 II. Nach hM ist die **Anwendung von § 740 I** beim Alleinverwaltungsrecht eines Ehegatten nach DDR-Recht wegen Art 234 § 4a II EGBGB ausgeschlossen (aA *Wassermann* FamRZ 91, 507, 509 f). Da das gemeinschaftliche Eigentum grds von beiden Ehegatten zusammen verwaltet wird, ist an sich **§ 740 II einschlägig**, so dass ein Titel gegen beide Ehegatten erforderlich ist. §§ 744a, 741 erleichtern die Vollstreckung insofern, als sie den Titel gegen einen Ehegatten ausreichen lassen, der ein Erwerbsgeschäft allein führt. Sonst müssen zwei Titel erwirkt werden, wobei einer ein Duldungstitel sein kann (str; wie hier ThoPu/*Seiler* § 744a Rn 4). Im Hinblick auf die statthaften **Rechtsbehelfe** wird auf die Ausführungen zu §§ 740–744 verwiesen.

§ 745 Zwangsvollstreckung bei fortgesetzter Gütergemeinschaft.

(1) Im Falle der fortgesetzten Gütergemeinschaft ist zur Zwangsvollstreckung in das Gesamtgut ein gegen den überlebenden Ehegatten ergangenes Urteil erforderlich und genügend.

(2) Nach der Beendigung der fortgesetzten Gütergemeinschaft gelten die Vorschriften der §§ 743, 744 mit der Maßgabe, dass an die Stelle des Ehegatten, der das Gesamtgut allein verwaltet, der überlebende Ehegatte, an die Stelle des anderen Ehegatten die anteilsberechtigten Abkömmlinge treten.

1 **A. Ratio und Anwendungsbereich.** Die Vorschrift harmonisiert die §§ 740, 743, 744 mit den materiellrechtlichen Besonderheiten der fortgesetzten Gütergemeinschaft nach §§ 1483 bis 1518 BGB, die in der Praxis freilich kaum von Bedeutung ist (MüKoZPO/*Heßler* § 745 Rn 1 Fn 1). Nach § 1483 BGB kann in einem Ehevertrag vereinbart werden, dass die Gütergemeinschaft mit dem Tode eines Ehegatten nicht enden, sondern zwischen dem überlebenden Ehegatten und den gemeinschaftlichen Abkömmlingen fortgesetzt werden wird. Der Anteil des verstorbenen Ehegatten am Gesamtgut ist dann kein Nachlassbestandteil. Der überlebende Ehegatte wird mit dem Eintritt in die fortgesetzte Gütergemeinschaft zum Alleinverwalter des Gesamtguts, die anteilsberechtigten Abkömmlinge rücken in die Position des nicht mitverwaltenden Ehegatten ein, § 1487 I BGB.

2 **B. Vollstreckung.** § 745 I trägt dem vollstreckungsrechtlich insoweit Rechnung, als ein Titel gegen den überlebenden, das Gesamtgut allein verwaltenden Ehegatten genügt, solange die **fortgesetzte Gütergemeinschaft besteht**. Das entspricht der Regelung des § 740 I (Schuschke/Walker/*Schuschke* § 745 Rn 2). Wird sie gem §§ 1490–1494, 1496 BGB **beendet**, verweist § 745 II für die Vollstreckung in das Gesamtgut auf die §§ 743, 744. Für die **Zustellung** ist in diesem Fall § 750 II zu beachten. Des Weiteren gilt § 794 II.

§ 746 *(weggefallen)*

§ 747 Zwangsvollstreckung in ungeteilten Nachlass.

Zur Zwangsvollstreckung in einen Nachlass ist, wenn mehrere Erben vorhanden sind, bis zur Teilung ein gegen alle Erben ergangenes Urteil erforderlich.

1 **A. Ratio.** § 747 zieht die vollstreckungsrechtliche Konsequenz aus dem Umstand, dass die Erbengemeinschaft nach § 2032 I BGB bis zur Teilung des Nachlasses gesamthänderisch gebundenes Vermögen ist, über

das der einzelne Miterbe nur insoweit wirksam verfügen kann, als es um die Veräußerung oder Belastung seines Anteils am Nachlassganzen geht, § 2033 I BGB (Pfändung nach § 859 II). Eine Verfügung über einzelne Nachlassgegenstände ist dem Miterben dagegen nicht möglich, § 2033 II BGB. Das kann nur gemeinschaftlich geschehen, § 2040 I BGB. Im Vollstreckungsrecht wirkt sich diese materielle Rechtslage insoweit aus, als die Vollstreckung nur auf der Grundlage eines Titels gegen alle Erben zulässig ist. § 747 stimmt zwar seiner Konzeption nach mit § 736 überein (s.a. § 740 II). Jedoch ist die Erbengemeinschaft im Unterschied zur GbR weder rechts- noch parteifähig (BGHZ 146, 341 = NJW 01, 1056; BGH NJW 06, 3715; dazu *Reuter* AcP 07, 673, 676 f, 704 ff mwN), so dass ein Titel gegen die Erbengemeinschaft allein keine taugliche Vollstreckungsgrundlage ist.

B. Anwendungsbereich. Die Vorschrift gilt über ihren Wortlaut hinaus nicht nur für Urteile nach § 704 I, sondern über §§ 795, 794 auch für alle anderen Titel der ZPO. Außerdem ist sie auf alle Vollstreckungsarten anwendbar (str; aA für die Herausgabevollstreckung nach §§ 883 ff Zö/*Stöber* § 747 Rn 2; für die Vollstreckung nach § 894 St/J/*Münzberg* § 747 Rn 2 Fn 2). Sie gilt auch für die Vollstreckung aus Arresten und einstweiligen Verfügungen, §§ 928 ff, 936 (Musielak/*Lackmann* § 747 Rn 1). Der Anwendungsbereich des § 747 ist **nach der Annahme der Erbschaft** eröffnet, weil zuvor ein in den Nachlass vollstreckbarer Titel gegen alle Miterben mangels gemeinschaftlichen Vermögens iSv § 2032 I BGB nicht erstritten werden kann, §§ 1958, 1943 f BGB, § 778 II. Anders ist das, wenn **Nachlasspflegschaft** angeordnet wurde. Hier kann schon vor der Erbschaftsannahme aus dem Titel, der gegen den Nachlasspfleger als Vertreter der Miterben erwirkt wurde, in den Nachlass vollstreckt werden (MüKoZPO/*Heßler* § 747 Rn 7). § 747 ist solange anwendbar, bis der **Nachlass vollständig geteilt** ist. Nach der Teilung steht für die Vollstreckung das Vermögen jedes einzelnen Miterben zur Verfügung. Die Vorschrift setzt zwingend eine **Erbenmehrheit** voraus (Schuschke/Walker/*Schuschke* § 747 Rn 2). Unterliegt der Nachlass einer **besonderen Verwaltung** (Nachlassverwaltung, Testamentsvollstreckung), ist § 747 nicht einschlägig. Insoweit müssen Titel nach § 748 gegen den Testamentsvollstrecker und gem § 1984 BGB gegen den Nachlassverwalter erstritten werden. In persönlicher Hinsicht adressiert § 747 nicht nur die Nachlassgläubiger, sondern steht **auch allen anderen Gläubigern** offen, denen die Erben aus demselben Rechtsgrund als Gesamtschuldner nach § 2058 BGB haften (BGHZ 53, 110 = NJW 70, 473). 2

C. Tatbestand. Zu Beginn der Zwangsvollstreckung (s. vor §§ 704 ff Rz 12) müssen **Leistungstitel gegen alle Miterben** erwirkt worden sein. Duldungstitel genügen nicht (*Garlichs* JurBüro 98, 243; Zö/*Stöber* § 747 Rn 5). Ein einheitlicher Titel ist hingegen nicht erforderlich. Vielmehr können diese in getrennten Verfahren erwirkt worden und sogar von verschiedener Art sein (BGHZ 53, 110, 113 = NJW 70, 473). War bereits ein Titel gegen den Erblasser erstritten worden, ist er taugliche Grundlage für die Vollstreckung gegen die Miterben, wenn er nach § 727 auf diese umgeschrieben wird (Schuschke/Walker/*Schuschke* § 747 Rn 5). Bei Erbschaftssteuerschulden eines Miterben ist ein Titel gegen die übrigen Miterben zur Vollstreckung in einer Nachlassgrundstück nicht erforderlich (München ZEV 09, 636). Ist der **Gläubiger selbst Miterbe**, genügt ein Titel gegen die übrigen Gesamthänder (BGH NJW-RR 88, 710). Zur Vollstreckung ist auch ein Titel gegen den **Erwerber eines Erbteils** erforderlich (St/J/*Münzberg* § 747 Rn 2, wobei ein gegen den Veräußerer ergangener Titel der Umschreibung nach § 729 analog zugänglich ist (aA Zö/*Stöber* § 747 Rn 5: § 727). Ein Titel gegen alle Miterben genügt, solange Gläubiger und Vollstreckungsorgan von der Übertragung nichts wissen oder diese nicht in öffentlichen Registern auftaucht, zB im Grundbuch bei der Vollstreckung in Immobilien (Musielak/*Lackmann* § 747 Rn 3). 3

D. Vollstreckung und Rechtsbehelfe. Aus § 747 findet die Vollstreckung in den Nachlass statt, nicht in das persönliche Vermögen der einzelnen Miterben. **Schuldner** der Vollstreckung sind alle Miterben (MüKoZPO/*Heßler* § 747 Rn 19). Bei der Vollstreckung gegen die Erben nach § 747 wird der Einwand der beschränkten Erbenhaftung zunächst nicht berücksichtigt, § 781, auch wenn er im Urt nach § 780 I vorbehalten wurde. Er muss vielmehr im Klagewege durchgesetzt werden. Wird ohne den erforderlichen Titel vollstreckt, kann jeder Miterbe, auch derjenige, gegen den ein Titel vorliegt, **Erinnerung nach § 766** erheben. **Der Erbe, gegen den kein Titel vorliegt, kann nach § 771 klagen.** Die Klage ist zulässig, jedoch nicht begründet, wenn der klagende Miterbe für die titulierte Forderung etwa gem §§ 2058, 2059 BGB einstehen muss (Schuschke/Walker/*Schuschke* § 747 Rn 8). 4

§ 748 Zwangsvollstreckung bei Testamentsvollstrecker. **(1) Unterliegt ein Nachlass der Verwaltung eines Testamentsvollstreckers, so ist zur Zwangsvollstreckung in den Nachlass ein gegen den Testamentsvollstrecker ergangenes Urteil erforderlich und genügend.**
(2) Steht dem Testamentsvollstrecker nur die Verwaltung einzelner Nachlassgegenstände zu, so ist die Zwangsvollstreckung in diese Gegenstände nur zulässig, wenn der Erbe zu der Leistung, der Testamentsvollstrecker zur Duldung der Zwangsvollstreckung verurteilt ist.
(3) Zur Zwangsvollstreckung wegen eines Pflichtteilanspruchs ist im Falle des Absatzes 1 wie im Falle des Absatzes 2 ein sowohl gegen den Erben als gegen den Testamentsvollstrecker ergangenes Urteil erforderlich.

1 **A. Ratio.** § 748 zieht die vollstreckungsrechtliche Konsequenz aus dem materiellrechtlichen Befund, dass der Testamentsvollstrecker nach § 2205 BGB zur Verwaltung des gesamten Nachlasses allein berechtigt ist. Er hat, wenn der Erblasser seine Rechte nicht eingeschränkt hat, nach § 2208 BGB das Recht, den Nachlass in Besitz zu nehmen, über Nachlassgegenstände zu verfügen und kann neben dem Erben auch Passivprozesse führen, soweit es um Forderungen gegen den Nachlass geht, § 2213 I 1 BGB. Eine Ausnahme gilt für die Geltendmachung von Pflichtteilsansprüchen und für den Fall, dass der Testamentsvollstrecker den Nachlass nicht insgesamt verwaltet, § 2213 I 2, 3 BGB. Hier kann nur gegen den Erben geklagt werden. Für den Regelfall, dass das Verwaltungsrecht beim Testamentsvollstrecker liegt, bestimmt § 748, dass ein Vollstreckungstitel gegen den Testamentsvollstrecker ausreicht, aber auch erstritten werden muss, vorausgesetzt es geht um die Vollstreckung in den Nachlass. Denn ein Titel gegen den Erben hätte wegen § 327 keine Wirkung gegen den Testamentsvollstrecker und wäre auch im Hinblick auf die §§ 750 I, 808, 809 wenig erfolgversprechend (Schuschke/Walker/*Schuschke* § 748 Rn 2).

2 **B. Anwendungsbereich.** Die Vorschrift gilt über ihren Wortlaut hinaus nicht nur für Urteile nach § 704, sondern über § 795, 794 I auch für alle anderen Titel der ZPO. Sie kommt in allen Vollstreckungsarten zur Anwendung, ist aber nicht anwendbar, soweit es um Ansprüche geht, die den Testamentsvollstrecker persönlich betreffen, zB der Schadensersatzanspruch aus § 2219 BGB. § 748 gilt **ab dem Zeitpunkt des Erbfalls**, auch wenn der Testamentsvollstrecker noch nicht ernannt ist oder sein Amt noch nicht angenommen hat (arg § 2111 BGB; Zö/*Stöber* § 748 Rn 2). Hat der Testamentsvollstrecker kein Verwaltungsrecht, §§ 2208 I 1, 2205 BGB, oder untersteht der konkrete Vollstreckungsgegenstand nicht oder nicht mehr seiner Verwaltung, ist das kein Fall des § 747, weil es nicht um eine **Vollstreckung einer Nachlassforderung in den Nachlass** geht. Vielmehr findet die Vollstreckung in den Nachlass in diesem Fall aus einem Urt gegen den Erben statt (St/J/*Münzberg* § 748 Rn 5). Bei Erbenmehrheit kommt dann § 747 zur Anwendung. **Macht der Erbe eine ihm zustehende Forderung gegen den Nachlass geltend**, auf den er wegen der Verwaltung durch den Testamentsvollstrecker keinen Zugriff hat, so kann er gegen den zur Berichtigung der Nachlassschuld verpflichteten Testamentsvollstrecker vorgehen und aus einem Leistungsurteil gegen diesen nach §§ 2213 I 1 BGB, 748 vollstrecken (BGHZ 48, 214, 220). Einen **eigenen Anspruch** kann der Testamentsvollstrecker zwar gegen den Erben einklagen und vollstrecken, jedoch nicht nach § 748 (MüKoZPO/*Heßler* § 748 Rn 14).

3 **C. Tatbestand und Vollstreckung. I. Verwaltung des gesamten Nachlasses (Abs 1).** In diesem Fall greift § 748 I ein. Der Titel gegen den Testamentsvollstrecker muss nicht zwingend ein Leistungstitel sein. Es genügt ein **Duldungstitel**, wie sich aus § 2213 III BGB ableiten lässt (Schuschke/Walker/*Schuschke* § 748 Rn 2, 3: Leistungstitel nicht erforderlich, aber sinnvoll). Auch genügt ein Duldungstitel gegen den Testamentsvollstrecker, wenn bereits ein Titel gegen den Erben vorliegt (Musielak/*Lackmann* § 748 Rn 4). Der Erbe ist nach hM **nicht Dritter** iSd §§ 809, 886 und kann der Pfändung daher nicht widersprechen (ThoPu/*Seiler* § 748 Rn 2; aA Schuschke/Walker/*Schuschke* § 748 Rn 3 mwN in Fn 2). Verwaltet eine **Mehrheit von Testamentsvollstreckern** den gesamten Nachlass nach §§ 2197, 2224 BGB, setzt eine Vollstreckung in den Nachlass Titel gegen jeden von ihnen voraus, es sei denn, sie verwalten jeder für sich einen gesonderten Nachlassteil (MüKoZPO/*Heßler* § 748 Rn 20). Die Titel können unterschiedlicher Art sein und müssen nicht in ein- und demselben Verfahren erstritten worden sein (s. § 747 Rz 3). Allerdings kann die Zwangsvollstreckung erst beginnen, wenn sie alle vorliegen (RGZ 109, 166). **Endet die Verwaltung des Testamentsvollstreckers** über den Nachlass endgültig, muss der Titel, der nach § 748 I gegen den Testamentsvollstrecker ergangen ist, nach § 728 II gegen den Erben umgeschrieben werden, bevor die Vollstreckung beginnen kann (MüKoZPO/*Heßler* § 748 Rn 24).

II. Verwaltung einzelner Nachlassgegenstände (Abs 2). Für den Fall des § 2208 I 2 BGB bestimmt Abs 2, dass ein Leistungstitel gegen den Testamentsvollstrecker und ein Duldungstitel gegen den Erben erwirkt werden muss, um in den Nachlass vollstrecken zu können. Für Titel nach § 794 I Nr 5 ist **§ 794 II zu beachten.** Es ist zudem nicht erforderlich, dass die der Testamentsvollstreckung unterliegenden Nachlassgegenstände im Duldungstitel einzeln genannt werden (str; Zö/*Stöber* § 748 Rn 4: zweckmäßig; aA Schuschke/Walker/*Schuschke* § 748 Rn 4 Fn 4). Für Gegenstände, die der Verwaltung des Testamentsvollstreckers nicht unterliegen, greift § 748 II nicht ein (s. Rz 2). Analog wird § 748 II angewendet auf den Abwickler einer Rechtsanwaltskanzlei (Karlsr NJW-RR 05, 293). 4

III. Zwangsvollstreckung wegen eines Pflichtteilanspruchs (Abs 3). Ein Pflichtteilsanspruch kann nach § 2213 I 3 BGB nur gegen den Erben geltend gemacht werden. Vollstreckungsrechtlich bedarf es in den Fällen der Abs 1 und 2 jedoch zusätzlich zum Titel gegen den Erben eines Duldungstitels gegen den Testamentsvollstrecker, und zwar auch dann, wenn jener den Pflichtteilsanspruch anerkannt hat (Celle MDR 67, 46). Soll in Nachlassgegenstände vollstreckt werden, die nicht der Verwaltung des Testamentsvollstreckers unterstehen, benötigt der Pflichtteilsberechtigte dagegen nur einen Titel gegen den Erben (Schuschke/Walker/*Schuschke* § 748 Rn 5). Wird zur Geltendmachung des Pflichtteilsanspruchs zunächst eine **Auskunft des Erben** benötigt, kann dieser Anspruch gegen den Erben allein tituliert und vollstreckt werden (Dresd ZEV 03, 289). § 748 III kommt nach hM im Fall der **Insolvenz des Erben** nicht zur Anwendung (str; BGHZ 167, 352 mit Anm *Schindler* ZInsO 07, 484; Köln ZEV 05, 307: Leistungstitel gegen den Insolvenzverwalter und Duldungstitel gegen den Testamentsvollstrecker; aA *Marotzke* ZEV 05, 310). 5

D. Rechtsbehelfe. Testamentsvollstrecker und Erbe (str; ThoPu/*Seiler* § 748 Rn 5; aA St/J/*Münzberg* § 748 Rn 7: Erinnerungsbefugnis allein des Testamentsvollstreckers, falls nur der Titel gegen ihn fehlt) sind nach § 766 erinnerungsbefugt, wenn ein zur Vollstreckung in den Nachlass notwendiger Titel nicht vorliegt (zum Ganzen *Garlichs* Rpfleger 99, 60). Der Testamentsvollstrecker kann außerdem **Erinnerung nach § 766** einlegen, wenn der Titel gegen den Erben, aus dem nach Abs 1 vollstreckt wird, nicht auf einer Nachlassschuld beruht (Schuschke/Walker/*Schuschke* § 748 Rn 7). Er kann in diesem Fall (ebenso wie der Erbe in den Fällen von Abs 2 und 3) auch **nach § 771 klagen** und vortragen, dass der erforderliche Titel nicht vorhanden ist. Allerdings ist die Klage unbegründet (Arglisteinwand), wenn eine materiellrechtliche Verantwortlichkeit besteht. 6

§ 749 Vollstreckbare Ausfertigung für und gegen Testamentsvollstrecker.

[1]Auf die Erteilung einer vollstreckbaren Ausfertigung eines für oder gegen den Erblasser ergangenen Urteils für oder gegen den Testamentsvollstrecker sind die Vorschriften der §§ 727, 730 bis 732 entsprechend anzuwenden. [2]Auf Grund einer solchen Ausfertigung ist die Zwangsvollstreckung nur in die der Verwaltung des Testamentsvollstreckers unterliegenden Nachlassgegenstände zulässig.

A. Ratio, Anwendungsbereich und Tatbestand. Soweit bereits ein **nicht zwingend rechtskräftiger Titel** (über den Wortlaut hinaus nicht nur ein Urt nach § 704 I, sondern nach §§ 795, 794 I auch alle sonstigen Titel der ZPO) **gegen den Erblasser** vorlag, erleichtert § 749 die Beschaffung eines Titels gegen den Testamentsvollstrecker, in dem die Regelung die Möglichkeit einer Titelumschreibung analog §§ 727, 730 bis 732 eröffnet. Die Vorschrift gilt für alle Vollstreckungsarten und ergänzt §§ 727, 748 funktionell (Musielak/*Lackmann* § 749 Rn 1). Bei **Nachlassverwaltung** gilt § 749 analog (str; St/J/*Münzberg* § 749 Rn 6; aA B/L/A/H § 727 Rn 18: § 727 direkt), ebenso wie Insolvenz- und Zwangsverwaltung (Schuschke/Walker/*Schuschke* § 749 Rn 6). Voraussetzung der Umschreibung des gegen den Erblasser erstrittenen Titels auf den Testamentsvollstrecker ist, dass Testamentsvollstreckung angeordnet und der Testamentsvollstrecker sein Amt angenommen hat (§§ 2213, 2202 BGB). Auch muss ihm die Verwaltung, wenn schon nicht des gesamten Nachlasses, so doch zumindest einiger Nachlassgegenstände anvertraut sein (s. § 748 Rz 3 f). Wegen § 2213 II BGB kommt es dagegen auf die Annahme der Erbschaft nicht an. 1

B. Verfahren, Entscheidung. Zum Verfahren der Klauselerteilung s. § 726 Rz 6 f, § 727 Rz 15 ff. Der Tod des Erblassers, die Anordnung der Testamentsvollstreckung, die Annahme des Amtes und die Verwaltungsbefugnis des Testamentsvollstreckers nach § 2208 BGB müssen durch öffentliche oder öffentlich beglaubigte Urkunden nachgewiesen werden. Insb ist die Vorlage des **Testamentsvollstreckerzeugnisses nach § 2368 BGB** erforderlich, von dem der Gläubiger sich nach § 792 eine Ausfertigung beschaffen kann (Schuschke/Walker/*Schuschke* § 749 Rn 3). In die Klausel ist die **Eigenschaft als Testamentsvollstrecker aufzunehmen.** 2

Des Weiteren müssen die Urkunden aufgeführt werden, aufgrund derer das klauselerteilende Organ die Umschreibung vornimmt. § 749 S 2 erlaubt die Umschreibung nur für Vollstreckung in Gegenstände, die der Verwaltung des Testamentsvollstreckers unterliegen. Das Vollstreckungsorgan hat diese Beschränkung selbstständig zu beachten. In die Klausel muss sie nicht aufgenommen werden, weil sie in der Bezeichnung als Testamentsvollstrecker enthalten ist (Musielak/*Lackmann* § 749 Rn 3). Soweit der gegen den Erblasser gerichtete Titel nach § 748 II sowohl gegen den Erben als auch gegen den Testamentsvollstrecker ausgefertigt werden soll, erfolgt die Klauselerteilung gegen den Erben unmittelbar nach § 727 und nur die gegen den Testamentsvollstrecker nach § 749 (Schuschke/Walker/*Schuschke* § 749 Rn 5). Für die **Zustellung** ist § 750 II zu beachten.

3 **C. Rechtsbehelfe.** Der **Gläubiger** hat gegen die Erteilung der Klausel die **sofortige Beschwerde** nach §§ 11 I RPflG, 567, der **Schuldner** die **Klauselerinnerung** nach § 732. Dieselben Rechtsbehelfe stehen dem Testamentsvollstrecker zu, je nach dem für wen der Erblasser die Testamentsvollstreckung angeordnet hat (MüKoZPO/*Heßler* § 749 Rn 18). Der Gläubiger kann auch auf Erteilung einer Klausel **nach § 731 klagen** und der Schuldner sich mit der **Klage gegen die Klausel nach § 768** wehren, vorausgesetzt es geht um inhaltliche Fragen der Klauselerteilung (Musielak/*Lackmann* § 749 Rn 4).

§ 750 Voraussetzungen der Zwangsvollstreckung. **(1) [1]Die Zwangsvollstreckung darf nur beginnen, wenn die Personen, für und gegen die sie stattfinden soll, in dem Urteil oder in der ihm beigefügten Vollstreckungsklausel namentlich bezeichnet sind und das Urteil bereits zugestellt ist oder gleichzeitig zugestellt wird. [2]Eine Zustellung durch den Gläubiger genügt; in diesem Fall braucht die Ausfertigung des Urteils Tatbestand und Entscheidungsgründe nicht zu enthalten.**
(2) Handelt es sich um die Vollstreckung eines Urteils, dessen vollstreckbare Ausfertigung nach § 726 Abs. 1 erteilt worden ist, oder soll ein Urteil, das nach den §§ 727 bis 729, 738, 742, 744, dem § 745 Abs. 2 und dem § 749 für oder gegen eine der dort bezeichneten Personen wirksam ist, für oder gegen eine dieser Personen vollstreckt werden, so muss außer dem zu vollstreckenden Urteil auch die ihm beigefügte Vollstreckungsklausel und, sofern die Vollstreckungsklausel auf Grund öffentlicher oder öffentlich beglaubigter Urkunden erteilt ist, auch eine Abschrift dieser Urkunden vor Beginn der Zwangsvollstreckung zugestellt sein oder gleichzeitig mit ihrem Beginn zugestellt werden.
(3) Eine Zwangsvollstreckung nach § 720a darf nur beginnen, wenn das Urteil und die Vollstreckungsklausel mindestens zwei Wochen vorher zugestellt sind.

1 **A. Ratio.** § 750 formuliert mit der namentlichen Bezeichnung der Parteien im Titel, der Zustellung des Schuldtitels und bestimmter Urkunden sowie der Wartefrist bei der Sicherungsvollstreckung nach § 720a **Vollstreckungsvoraussetzungen**. Das bedeutet, dass die Vollstreckungsorgane nicht eher mit der Zwangsvollstreckung beginnen dürfen, wie den Anforderungen der Vorschrift entsprochen wurde. Deren Einhaltung haben sie selbstständig und eigenverantwortlich vAw zu beachten (Frankf Rpfleger 77, 416; MüKoZPO/*Heßler* § 750 Rn 1). Die Voraussetzungen des § 750 I brauchen bei einer im Urt enthaltenen Ordnungsmittelandrohung noch nicht vorzuliegen (§ 890 II; BGH MDR 09, 1072). Funktionell sichert die Bezeichnung der Vollstreckungsparteien (s. vor §§ 704 ff Rz 7) im Schuldtitel insofern die **Aufgabenteilung zwischen Prozessgericht und Vollstreckungsorgan** ab, als es Sache des Prozessgerichts ist, Schuldner und Gläubiger der Zwangsvollstreckung genau zu identifizieren, während für das Vollstreckungsorgan die Angaben im Titel maßgeblich sind. Die Aufgabenteilung **formalisiert das Vollstreckungsverfahren** und sorgt dafür, dass nur die jeweiligen Vollstreckungsparteien in die Zwangsvollstreckung involviert werden (Musielak/*Lackmann* § 750 Rn 1). Gewährleistet wird damit, dass staatlicher Zwang nur zur Durchsetzung eines urkundlich bereits ausgewiesenen Anspruchs erfolgt. Diese allgemeine Voraussetzung jeder Zwangsvollstreckung kann nicht durch materiell-rechtliche Erwägungen oder Gesichtspunkte der Billigkeit außer Kraft gesetzt werden (BGH MDR 04, 53 f). Die in § 750 I vorgeschriebene **Zustellung** des Titels macht dem Schuldner nicht nur klar, dass der Gläubiger die titulierte Forderung zwangsweise durchsetzen wird. Sie unterrichtet ihn auch über die förmlichen Grundlagen der Zwangsvollstreckung und gibt ihm Gelegenheit, deren Zulässigkeit zu prüfen und Einwendungen geltend zu machen. Insoweit sichert sie seinen **Anspruch auf rechtliches Gehör** (BGH NJW 07, 3357, 3358; NJW-RR 07, 358). **Warnfunktion** hat auch die Zustellung von Titel und Klausel nach Abs 3. Zwischen ihr und dem Beginn der Sicherungsvollstreckung nach § 720a muss eine Frist von mindestens zwei Wochen liegen. In der Zwischenzeit kann der Schuldner die Vollstreckung durch Leistung einer Sicherheit nach § 720a III abwenden.

B. Anwendungsbereich. Die Vorschrift bindet jedes Vollstreckungsorgan, gilt für Urteile nach § 704 I wie für Titel nach §§ 795, 794 I gleichermaßen. Sie kommt in allen Vollstreckungsverfahren zur Anwendung einschließlich der **Sicherungsvollstreckung** nach § 720a und grds auch der Vollziehung von **Arresten und einstweiligen Verfügungen** nach §§ 928, 936 (Modifikation: Die Vollziehung ist nach §§ 929 III, 936 bereits vor der Zustellung möglich). Über den unmittelbaren Anwendungsbereich hinaus gilt § 750 auch, wenn es nicht um die Einleitung, sondern um die Fortsetzung der Zwangsvollstreckung geht, so wenn ein Gläubiger- (BGH NJW 07, 3357, 3358) oder Schuldnerwechsel (St/J/*Münzberg* § 750 Rn 1; Sonderfall: § 800) stattgefunden hat. 2

C. Namentliche Bezeichnung der Vollstreckungsparteien. I. Grundsätze. 1. Begriff der namentlichen Bezeichnung. Bei den Personen, die im Titel namentlich zu bezeichnen sind, handelt es sich um den Gläubiger und den Schuldner (ThoPu/*Seiler* § 750 Rn 2). Eine namentliche Bezeichnung liegt vor, wenn diejenigen Personen gegen die das Vollstreckungsorgan aufgrund des Vollstreckungantrags Zwangsmaßnahmen durchführen soll in Titel oder Klausel aufgeführt sind (Zö/*Stöber* § 750 Rn 4). Die namentliche Bezeichnung von Gläubiger und Schuldner konstituiert den vollstreckungstauglichen Titel (Karlsr NJW-RR 01, 67; Brandbg Rpfleger 98, 207, beide für einen Kostenfestsetzungsbeschluss). Weitere Individualisierungsmerkmale iSd §§ 253 I, 130 I verlangt § 750 I dafür nicht (MüKo/*Heßler* § 750 Rn 17). Soweit die Identitätsprüfung (s. Rz 5) durch ihr Fehlen erschwert oder verunmöglicht wird, kommt allerdings eine Unwirksamkeit des Titels wegen mangelnder Bestimmtheit in Betracht (Musielak/*Lackmann* § 750 Rn 5). 3

2. Funktion der namentlichen Bezeichnung. § 750 hat zum Ziel, zum Zwecke der Vollstreckung **Identität** herzustellen zwischen den Personen, die im Titel aufgeführt sind, und denen, die tatsächlich Vollstreckungsgläubiger und -schuldner sind (*Bielau* DGVZ 09, 193). Gegen Dritte darf aus dem Titel nicht vollstreckt werden (BGHZ 159, 383: Aus einem Räumungstitel gegen den Mieter einer Wohnung darf nicht gegen einen im Titel nicht aufgeführten Mitbesitzer vollstreckt werden; s.a. BGH NJW 08, 3287 mit Anm *Wedel* JurBüro 09, 341; BGH NJW 08, 1959). Maßgebend ist dafür grds das **Original des Titels** (Karlsr NJW-RR 01, 67 f: nicht die vollstreckbare Ausfertigung), uU in der nach § 319 berichtigten Fassung (LG Stuttgart Rpfleger 96, 166 für die Berichtigung einer Geschlechtsbezeichnung) oder die für ihn erteilte Klausel. Wer im Titel als Vollstreckungsbeteiligter ausgewiesen ist, für oder gegen den findet die Vollstreckung statt (BayObLGZ 04, 385). Stimmen Titel und Klausel hinsichtlich der Bezeichnung der Parteien nicht überein, ist entscheidend, wer in der Klausel als Partei genannt ist. Einwendungen gegen die Klausel sind im Vollstreckungsverfahren nicht statthaft (BGH NJW-RR 04, 1135: Geltendmachung nach §§ 732, 768). Eine kleinliche Handhabung des § 750 I 1 ist trotz der Formenstrenge der Zwangsvollstreckung im Hinblick auf die ggf durch Auslegung zu ermittelnde Feststellung von Gläubiger und Schuldner nicht angebracht (BGH NJW 10, 2137). Es genügt, wenn durch **Auslegung des Titels** (ggf unter Heranziehung der Klausel) ohne weiteres festgestellt werden kann, wer Vollstreckungspartei ist (BGHZ 177, 12 mit Anm *Laukemann* JZ 09, 636; Ddorf BeckRS 10, 27209: s. vor §§ 704 ff Rz 7). Dabei dürfen jedenfalls bei einem Unterlassungstitel, der durch das Prozessgericht 1. Instanz selbst zu vollstrecken ist (§§ 890 I 1, II, 802), auch Umstände außerhalb des Titels berücksichtigt werden (VGH Mannheim NJW 98, 3291). Es besteht, auch wenn das **Vollstreckungs- kein Ermittlungsorgan** ist (Musielak/*Lackmann* § 750 Rn 9), insoweit dennoch eine eigenständige **Prüfungskompetenz des Vollstreckungsorgans** (Frankf NJW-RR 07, 1248; ThoPu/*Seiler* § 750 Rn 3). Mit der Bezeichnung des Vollstreckungsschuldners wird zugleich festgelegt, **in welche Vermögensmasse vollstreckt** werden darf. So findet aus einem Titel, der gegen eine Personengesellschaft lautet, keine Vollstreckung in das Vermögen der persönlich haftenden Gesellschafter statt, auch dann nicht, wenn sie im Titel als deren gesetzliche Vertreter aufgeführt sind und nach § 129 IV HGB persönlich haften (Musielak/*Lackmann* § 750 Rn 4). Auch umgekehrt wird nicht in das Privatvermögen der Mitglieder einer WEG vollstreckt, wenn der Titel sich gegen die Gemeinschaft als solche richtet (BGH NJW-RR 07, 955, 956). 4

II. Einzelne Fälle. 1. Natürliche Personen. Für die namentliche Bezeichnung **von natürlichen Personen** bedarf es der Nennung des Vor- und Familiennamens (LG Koblenz FamRZ 00, 1166), wobei ein Künstlername oder Pseudonym ausreicht, wenn die Person unter dieser Bezeichnung in der Öffentlichkeit bekannt ist und diese anstelle des bürgerlichen Namens kennzeichnet (BGHZ 30, 7, 9 = NJW 59, 1269). Ein **Einzelkaufmann** kann in einem Titel **unter seiner Firma** nach § 17 I HGB bezeichnet werden, auch wenn der bürgerliche Name fehlt, vorausgesetzt eine eindeutige Identifizierung ist möglich (Köln NJW-RR 96, 292; KG Rpfleger 82, 191). Vollstreckungsschuldner ist, auf welche natürliche Person der Titel hinweist (Musie- 5 lak/*Lackmann* § 750 Rn 11). Im Zweifel ist das der Inhaber und nicht die Firma, und zwar auch dann, wenn dieser tatsächlich nicht der Inhaber ist (RGZ 159, 337, 350) oder es die Firma gar nicht gibt (Köln NJW-RR 96, 292). Entscheidend ist, wer zum Zeitpunkt der Schaffung des Titels Inhaber war (MüKoZPO/*Heßler* § 750 Rn 40 mwN). Wechselt der Inhaber später, kann gegen den alten weiter vollstreckt werden. Besteht die Firma schon bei Titelerlass nicht, ist die Vollstreckung unzulässig (Köln NJW-RR 96, 292). Erlischt sie erst später, kann in das Privatvermögen des früheren Inhabers vollstreckt werden, gegen den Übernehmer nach § 25 HGB jedoch nur, wenn der Titel zuvor auf ihn umgeschrieben wurde, § 729 II.

6 **2. GbR und juristische Personen.** Nach Anerkennung der Rechtsfähigkeit einer (**Außen-)GbR** (s. § 736 Rz 1 ff) genügt ein Titel zugunsten der GbR als Vollstreckungsgläubigerin (BGH NJW 04, 3632, 3634; KG Rpfleger 08, 476), ebenso ein Titel gegen die Gesellschafter, wenn sich deren Identität mit der GbR mit der notwendigen Sicherheit ergibt (LG Berlin Rpfleger 08, 482). Auch die Angabe der geschäftsführenden Person ist ausreichend (BGH NJW-RR 05, 119). Richtet sich der Titel gegen eine nicht eingetragene Personenhandelsgesellschaft und stellt sich heraus, dass es sich tatsächlich um eine GbR handelt, ist die Vollstreckung zulässig, wenn die Voraussetzungen des § 736 vorliegen (Musielak/*Lackmann* § 750 Rn 10). Bei **juristischen Personen** oder Handelsgesellschaften bedeutet namentliche Bezeichnung die Angabe des Gesamtnamens zB eines Vereins oder der Firma (Zö/*Stöber* § 750 Rn 12). Das Vollstreckungsorgan benötigt, um aktiv werden zu können, weitere Angaben in Titel oder Klausel (va zum Sitz). Der vertretungsberechtigte Gesellschafter muss jedoch nicht angegeben werden, wobei die Angabe seiner Privatanschrift neben der des Sitzes unschädlich ist (Köln Rpfleger 75, 102 f). In das Gesellschaftsvermögen einer **Vor-GmbH** kann nur vollstreckt werden, wenn ein Titel gegen sie vorliegt. Das Privatvermögen des Gründers unterliegt der Vollstreckung hingegen nicht (Zö/*Stöber* § 750 Rn 12). Zur Vollstreckung in eine **Gründungs-GmbH** ist ein Titel gegen die Vor-GmbH erforderlich (BayObLGZ 87, 446, 448). Aus einem Titel gegen eine GmbH kann nicht in das Vermögen der GmbH&CoKG vollstreckt werden, in das die Vollstreckungsschuldnerin integriert ist (BayObLG NJW 86, 2578).

7 **3. Gesetzliche Vertretung.** § 750 I 1 sieht nicht vor, dass der **gesetzliche Vertreter** einer Person im Titel namentlich zu bezeichnen ist. Denn dieser kann wechseln. Findet sich dennoch ein gesetzlicher Vertreter bezeichnet, bindet das weder das Vollstreckungsorgan, wenn die Vollstreckung gegen den gesetzlichen Vertreter gerichtet wird, noch macht es die Vollstreckung unzulässig, wenn etwa eine nach § 313 I Nr 1 notwendige Angabe fehlt (Frankf Rpfleger 76, 27). Freilich muss das Vollstreckungsorgan prüfen, ob die Vollstreckungsparteien prozessfähig sind. Ob gesetzliche Stellvertretung notwendig ist, ist daher Verfahrensvoraussetzung (für den Geschäftsführer einer GbR als deren gesetzlicher Vertreter BGH NJW-RR 05, 119) und für die Zustellung zur Einleitung der Zwangsvollstreckung von Bedeutung (MüKoZPO/*Heßler* § 750 Rn 18).

8 **4. Gläubiger- und Schuldnermehrheiten.** Auf **Gläubigerseite** müssen Identität und Beteiligungsverhältnis aus dem Titel deutlich werden (ThoPu/Seiler § 750 Rn 7). Dazu muss grds die materiellrechtliche Forderungsstruktur angegeben werden, zB Gesamtgläubigerschaft, auf Schuldnerseite die Schuldform, zB Gesamtschuld. In den übrigen Fällen ist § 420 BGB der Ausgangspunkt (nur ausnahmsweise bei Verurteilung aufgrund Vereinbarung § 427 BGB). Im Titel muss die Eigenschaft als Gesamtschuldner aufgeführt sein. Sonderregelungen enthalten §§ 735 bis 739 für gesamthänderisch gebundene Schuldnermehrheiten. Zu den Vollstreckungsvoraussetzungen s.a. § 724 Rz 8.

9 **5. Modifikationen des Namens.** Wurde der **Name** zwischenzeitlich **geändert**, kann in die Klausel ein entsprechender klarstellender Zusatz aufgenommen werden, der freilich das Vollstreckungsorgan nicht bindet (Schuschke/Walker/*Walker* § 750 Rn 13). Zum Nachweis der Namensänderung genügt die Auskunft aus dem Melderegister (LG Braunschweig Rpfleger 95, 306). Die **Änderung der Firma** schadet nicht, wenn die Identität der Beteiligten dennoch feststeht (LG Frankenthal DGVZ 97, 75). Der nunmehr falsche Name im Titel steht der Vollstreckung für sich jedoch nicht entgegen (*Aden* MDR 79, 103). Auch eine **falsche Schreibweise** des Namens schadet nicht, wenn die Identität des Beteiligten zweifelsfrei festgestellt werden kann (Ddorf MDR 11, 321; LG Braunschweig Rpfleger 95, 306), ebenso wenig eine **fehlerhafte Geschlechtsbezeichnung** (LG Bielefeld JurBüro 83, 1411), die **Abkürzung des Vornamens** (BayObLG Rpfleger 82, 466; Köln MDR 68, 762) oder nicht korrekte Angaben über Personenstand oder berufliche Tätigkeit (Zö/*Stöber* § 750 Rn 8). Die Kennzeichnung mehrerer Vollstreckungsbeteiligter und ihrer Beteiligungen unter einer **Sammelbezeichnung**, zB einer Bauherren-, Rechtsanwalts- oder Erbengemeinschaft,

genügt nur dann, wenn eine Identifikation der Vollstreckungsbeteiligten möglich und gewährleistet ist, dass ihr Kreis bis zur Einleitung der Vollstreckung gleich bleibt (BayObLG NJW-RR 86, 564; LG Bonn Rpfleger 84, 28). **Titel gegen Unbekannt** sind grds unzulässig und mangels Bestimmtheit nicht vollstreckbar, auch dann nicht (Köln NJW 82, 1888), wenn die Beteiligten, insb der Vollstreckungsschuldner, durch die Angabe bestimmter Merkmale individualisiert werden können, zB bei namentlich nicht bekannten Hausbesetzern (*Geißler* DGVZ 11, 37, 40) oder Betriebsblockierern. Denn eine zweifelsfreie Identitätsfeststellung wird in diesen Fällen nur in seltenen Ausnahmefällen möglich sein (Oldenbg NJW-RR 95, 1164), schon allein weil die Personen wechseln können (MüKoZPO/*Heßler* § 750 Rn 51 mwN).

III. Rechtsfolgen und Rechtsbehelfe bei fehlerhafter oder ungenügender Bezeichnung. Grds hat eine fehlerhafte oder ungenügende Bezeichnung von Gläubiger und Schuldner im Titel die Unzulässigkeit der Zwangsvollstreckung zur Folge. Das muss jedoch gerügt werden, weil die **Vollstreckungsmaßnahme** nicht nichtig ist, sondern nur **anfechtbar** (BGHZ 30, 173, 175). Soweit eine Berichtigung nach § 319 nicht möglich ist (Musielak/*Lackmann* § 750 Rn 14), und auch die Erteilung einer klarstellenden Klausel nach §§ 727, 731, 735 nicht in Betracht kommt (Frankf Rpfleger 73, 64), bleibt nur die erneute **Klage auf Leistung**(nicht aber die Klage auf Feststellung der Identität der an der Vollstreckung Beteiligten, str) sowie die **Klauselerteilungsklage nach § 731** (MüKoZPO/*Heßler* § 750 Rn 62 mwN). Die fehlende namentliche Bezeichnung des Schuldners im Titel ist gänzlich unschädlich, wenn der Schuldner die Verwaltungs- und Verfügungsbefugnis vom Insolvenzverwalter wieder zurückerlangt hat, etwa nach Freigabe eines Gegenstands aus der Insolvenzmasse oder bei Einstellung mangels Masse (teleologische Reduktion des § 750 I; BGH WM 05, 1324). 10

D. Zustellung des Titels. I. Zustellungsgegenstand. Grds muss nach § 750 I **nur der Titel** (dh eine einfache Titelausfertigung), **nicht aber die vollstreckbare Ausfertigung zugestellt** werden (Schuschke/Walker/*Walker* § 750 Rn 27), es sei denn, es handelt sich gem Abs 2 um sog qualifizierte Klauseln (s. Rz 17). Das gilt auch im Fall der Sicherungsvollstreckung nach Abs 3 (BGH Rpfleger 05, 547; LG Frankfurt Rpfleger 82, 296; *Walker* JZ 11, 401, 404). Soweit Urkunden oder Anlagen im Titel so in Bezug genommen werden, dass dieser ohne sie unverständlich bleibt, müssen sie auch zugestellt werden (Frankf JurBüro 77, 1781). Das gilt auch, wenn das Gericht sie ausdrücklich zum Bestandteil seiner Entscheidung gemacht hat (München NJW-RR 03, 1722 für die Antragsschrift einer einstweiligen Verfügung). Tatbestand und Entscheidungsgründe eines Urteils müssen im Fall des Abs 1 S 2 nicht mit zugestellt werden. Bei Titeln nach § 890 ist neben der Zustellung des Unterlassungsgebots auch die der Ordnungsmittelandrohung erforderlich, weil nur so ein Ordnungsmittel verhängt werden kann (Schuschke/Walker/*Walker* § 750 Rn 27; s.a. Hambg NJW-RR 86, 1501). Nach der Freigabe einer Sache aus der Insolvenzmasse ist im laufenden Vollstreckungsverfahren gegen den Schuldner keine Umschreibung der Klausel und damit auch keine erneute Zustellung des Titels an ihn mehr erforderlich (BGH Rpfleger 06, 423, 424 für ein Grundstück in der Zwangsversteigerung unter Hinweis auf § 80 II 2 InsO). Denn der Schuldner ist nicht Rechtsnachfolger des Insolvenzverwalters iSv § 727. 11

II. Zustellungsverfahren. 1. Adressat. Empfänger der Zustellung ist der **Schuldner** nach § 182 I Nr 1 oder sein Vertreter nach §§ 170 bis 172. Erfolgt eine **Ersatzzustellung** nach §§ 178, 180 f, ist der Schuldner allerdings nicht der eigentliche Zustellungsadressat. Ist der Schuldner **prozessunfähig**, muss nach § 170 I an seinen **gesetzlichen Vertreter** zugestellt werden, wobei das Vollstreckungsorgan an eine vorherige Entscheidung des Prozessgerichts über die Prozessfähigkeit des Schuldners gebunden ist (MüKoZPO/*Heßler* § 750 Rn 85). Sonst muss es den gesetzlichen Vertreter ermitteln, wenn vor dem Beginn der Vollstreckung Zweifel an der Prozessfähigkeit des Schuldners auftauchen und dessen gesetzlicher Vertreter unproblematisch ermittelt werden kann (Musielak/*Lackmann* § 750 Rn 17). An einen **Betreuer** muss unabhängig von der Frage der Prozessfähigkeit des Schuldners zugestellt werden. Im Bereich der rechtsgeschäftlichen Vertretung ist an einen **Prozessvertreter** zuzustellen, wenn ein solcher bestellt ist, § 172 I (*Münzberg* DGVZ 00, 177). Der Vollstreckungstitel, auf Grund dessen die Zwangsvollstreckung in das Vermögen einer GbR erfolgen soll, muss an ihren **Geschäftsführer** (BGH NJW 07, 995) oder, wenn ein solcher nicht bestellt ist, an einen ihrer Gesellschafter zugestellt werden (BGH NJW 06, 2191, s. § 736 Rz 5). Hat ein Vertreter die Unterwerfung des Schuldners unter die sofortige Zwangsvollstreckung aus einer Urkunde erklärt, ist die Zwangsvollstreckung nur zulässig, wenn die Vollmacht des Vertreters oder – bei vollmachtlosem Handeln – die Genehmigung von dessen Erklärungen seitens des Vertretenen dem Schuldner zugestellt worden sind oder mit dem Beginn der Vollstreckung zugestellt werden (BGH NJW-RR 07, 358). Das gilt dann nicht, wenn 12 sich neben dem Vertreter auch der Schuldner selbst der Zwangsvollstreckung unterworfen hat (LG Cottbus Rpfleger 07, 563).

13 **2. Zustellungsart, Zeitpunkt und Nachweis.** Die Zustellung erfolgt bei gerichtlichen Entscheidungen **von Amts wegen** nach §§ 166 bis 190 und bei anderen Titeln **auf Betreibung der Parteien**, nach §§ 191 bis 195. Nach Abs 2 handelt es sich wegen der Vollstreckungsklausel zwingend um eine Parteizustellung (ThoPu/*Seiler* § 750 Rn 11). Dem Gläubiger ist es unbenommen, zur Beschleunigung der Vollstreckung auch ein Urt oder einen Beschl selbst zustellen zu lassen (Abs 1 S 2; s. Rn 11). Ein **Prozessvergleich**, der vAw zugestellt wird, ist nach hM nicht korrekt zugestellt (str; Musielak/*Lackmann* § 750 Rn 18; aA Dresd MDR 96, 1184).

14 Die Zustellung muss grds **spätestens mit dem Beginn der Vollstreckung** (s. vor §§ 704 ff Rz 12) erfolgen, und zwar auch, wenn später aus anderen Ausfertigungen vollstreckt wird. Davon gibt es jedoch Ausnahmen, so bei der **Vorpfändung** nach § 845 (s. Abs 1 S 2) sowie beim **Arrest und der einstweiligen Verfügung**, bei denen die Vollstreckung zwar ohne Zustellung des Titels beginnen kann, nach § 929 III aber nach Vollziehung innerhalb einer Woche nachgeholt werden muss. Eine Ausnahme gilt auch für die **Sicherungsvollstreckung** nach Abs 3. Hier ist die Zustellung nicht entbehrlich, fällt jedoch zwingend nicht mit dem Beginn der Vollstreckung zusammen, weil danach eine zweiwöchige **Wartefrist** einzuhalten ist (Berechnung nach § 222 ab Zustellung), um dem Schuldner Gelegenheit zur Sicherheitsleistung nach § 720a III zu geben. Zur Zustellung der Klausel im Fall des Abs 3 s. Rz 11. Nicht einheitlich wird beurteilt, ob der Vollstreckungsschuldner auf die allgemeine Vollstreckungsvoraussetzung der Zustellung wirksam verzichten kann. Erfolgt der **Verzicht** nach der Vollstreckungsmaßnahme, lässt das § 295 zu. Vor der Vollstreckung scheidet ein Verzicht dagegen aus, weil vollstreckungserweiternde Vereinbarungen grds nicht zulässig sind (s. vor §§ 704 ff Rz 20). Zum einen unterliegen die Vollstreckungsvoraussetzungen nicht der Disposition der Beteiligten. Zum anderen müssten die Vollstreckungsorgane den Verzicht prüfen, was der formalisierten Natur des Vollstreckungsverfahrens zuwider läuft (str; wie hier Musielak/*Lackmann* § 750 Rn 15; aA Zö/*Stöber* § 750 Rn 22 mwN). Zur fehlerhaften Sicherungsvollstreckung s. Rz 16.

15 Erfolgt die Zustellung nicht unmittelbar vor dem Vollstreckungsbeginn, Abs 1 S 1 Fall 2, muss sie **nachgewiesen** werden. Der Nachweis erfolgt grds durch die **Zustellungsurkunden** nach §§ 173 bis 175, 182, 183 II und 195 II, durch Vermerke des Urkundsbeamten der Geschäftsstelle über öffentliche Zustellung (zu deren Nachweis BGH NJW 03, 1530; LG Mönchengladbach Rpfleger 07, 36) oder nach § 184. Als Nachweis genügt auch die (maschinelle) Zustellungsbescheinigung nach § 169. Wird ihr Vorliegen bestritten, wird die Zustellung gerichtlich überprüft (Köln Rpfleger 97, 31).

16 **III. Rechtsfolgen und Rechtsbehelfe bei fehlender oder fehlerhafter Zustellung.** Die fehlende Zustellung des Titels macht diesen ebenso wenig nichtig wie die fehlende oder fehlerhafte Bezeichnung der Vollstreckungsbeteiligten (s. Rz 10). Vielmehr ist er **nur anfechtbar** und, solange er nicht aufgehoben wurde, rechtswirksam (allgM; BGHZ 66, 79 = NJW 76, 851; *Fischer* Rpfleger 07, 12, 18 mwN). Wird die Zustellung nachgeholt, was nach § 189 grds möglich ist, entfällt sogar die Anfechtbarkeit wegen **Heilung des Verfahrensmangels** (BGH Rpfleger 08, 433). Eine vorzeitige und daher fehlerhafte Sicherungsvollstreckung nach Abs 3 wird mit Ablauf der Wartefrist geheilt, wenn der Schuldner nicht rechtzeitig Sicherheit nach § 720a III leistet (Hamm NJW-RR 98, 87). Die Vollstreckungsbeteiligten und Dritte, die in ihren eigenen Rechten betroffen sind, können Verstöße gegen § 750 mit den **Rechtsbehelfen aus §§ 766, 793** rügen. Dagegen ist nicht die Erinnerung nach § 766, sondern der Antrag auf gerichtliche Entscheidung nach § 23 EGGVG statthaft, wenn sich der GV weigert, eine titelumschreibende vollstreckbare Ausfertigung mit Nachweisurkunde zuzustellen (Hamm BeckRS 10, 21007). Auch die Beschwerde nach §§ 11 I RPflG, 71 GBO kommt in Betracht, wenn das GBA einen Vollstreckungsantrag zurückgewiesen hat (Frankf JurBüro 82, 1098). Allerdings kann die Verletzung des § 750 auch nachträglich noch mit Rückwirkung geheilt werden, so dass ein zunächst aussichtsreicher Rechtsbehelf später unbegründet wird, wenn die Mängel zum Zeitpunkt der Entscheidung über ihn nicht mehr vorliegen. Der Schuldner braucht die Kosten für den Rechtsbehelf in diesem Fall nicht zu tragen, wenn er den Rechtsstreit analog § 91a für erledigt erklärt (Schuschke/Walker/*Walker* § 750 Rn 39).

17 **E. Zustellung der Klausel (Abs 2).** Erfolgt die Vollstreckung auf Grundlage einer sog **qualifizierten Klausel** nach §§ 726 I, 727 bis 729, 738, 742, 744, 744a, 745 II oder 749 muss nicht nur der Titel (s. Rz 11), sondern nach Abs 2 auch die Klausel sowie **beglaubigte Abschriften von öffentlichen oder öffentlich beglaubigten Urkunden** erteilt werden, wenn die Klausel auf deren Grundlage erteilt wurde (BGH ZOV 09, 298;

Ausnahmen: §§ 799 bis 800a, Vermerk der Offenkundigkeit der Tatsachen in der Klausel oder Integration der Urkunden in die Klausel: Musielak/*Lackmann* § 750 Rn 21). Der Schuldner soll daraus ersehen können, dass und warum die nach dem ursprünglichen Titel noch nicht vorliegende Vollstreckungsreife nunmehr eingetreten ist (BGH Rpfleger 05, 547, 548). Die Urkunden müssen vollständig vorgelegt werden und auch die öffentliche Beglaubigung wiedergeben. Die Zustellung einer Abschrift der beglaubigten Urkunde allein genügt nicht (Hamm Rpfleger 94, 173 mit krit Anm *Hintzen/Wolfsteiner* Rpfleger 94, 511). Treten die Voraussetzungen für die Erteilung einer qualifizierten Klausel erst während der Vollstreckung ein, zB weil der Gläubiger verstirbt und daher eine Klausel nach § 727 zugestellt werden muss, darf die Vollstreckung wegen § 750 II nicht fortgesetzt werden, solange dem Schuldner keine Ausfertigung des Titels zugestellt worden ist, aus der sich die Vollstreckungsberechtigung des Rechtsnachfolgers des Gläubigers ergibt (BGH NJW 07, 3357). Das **Vollstreckungsorgan** ist an eine bereits wirksam erteilte Klausel **gebunden** (Frankf JurBüro 76, 1122). Es darf nicht prüfen, ob andere als die dort aufgeführten Urkunden im Klauselerteilungsverfahren vorzulegen waren (Zö/*Stöber* § 750 Rn 21; aA Hamm NJW-RR 87, 957).

F. Anwaltsgebühren. Für die Tätigkeit des Anwalts ist eine Verfahrensgebühr nach Nr 3100 VV RVG zu entrichten, § 19 I Nr 15 RVG. Denn sie gehört zum Rechtszug. Die Gebühr des Vollstreckungsanwalts richtet sich nach Nr 3309 VV RVG, § 18 Nr 3 RVG. Eine Mehrvertretungsgebühr nach Nr 1008 RVG VV kann bei anwaltlicher Vollstreckungstätigkeit aus einem Titel, der auf einzelne Wohnungseigentümer lautet, nicht mit dem Argument abgelehnt werden, der Vollstreckungsauftrag hätte auch gegen die Wohnungseigentümergemeinschaft als teilrechtfähiger Verband erteilt werden können (BGH NJW 10, 1007). 18

§ 751 Bedingungen für Vollstreckungsbeginn.

(1) Ist die Geltendmachung des Anspruchs von dem Eintritt eines Kalendertages abhängig, so darf die Zwangsvollstreckung nur beginnen, wenn der Kalendertag abgelaufen ist.

(2) Hängt die Vollstreckung von einer dem Gläubiger obliegenden Sicherheitsleistung ab, so darf mit der Zwangsvollstreckung nur begonnen oder sie nur fortgesetzt werden, wenn die Sicherheitsleistung durch eine öffentliche oder öffentlich beglaubigte Urkunde nachgewiesen und eine Abschrift dieser Urkunde bereits zugestellt ist oder gleichzeitig zugestellt wird.

A. Ratio. Die Vorschrift formuliert zwei von drei **besonderen Vollstreckungsvoraussetzungen**, die die ZPO kennt (s. vor §§ 704 ff Rz 10); den Eintritt eines bestimmten Kalendertages (Abs 1) und die Leistung einer Sicherung durch den Gläubiger (Abs 2). Die Vollstreckung Zug um Zug ist dagegen nicht in § 751, sondern in §§ 756, 765 geregelt. Da vor Erteilung der Klausel die Vollstreckungsreife nach § 726 I nicht geprüft wird, muss das Vollstreckungsorgan diese vor dem Beginn der Zwangsvollstreckung feststellen (Schuschke/Walker/*Walker* § 751 Rn 1). Es handelt sich um leicht feststellbare Vollstreckungsvoraussetzungen, so dass das Interesse des Schuldners, vor einer unberechtigten Zwangsvollstreckung verschont zu bleiben, gewahrt bleibt. Auch auf die Belange des Gläubigers nimmt die Regelung Rücksicht. Er kann das Klauselerteilungsverfahren betreiben und sich gleichzeitig nach Abs 2 um die Gestellung einer Sicherheit bemühen. Den Vollstreckungsantrag kann er bereits vor dem Eintritt des Kalendertages nach Abs 1 stellen. Das bedeutet eine nicht unerhebliche Beschleunigung des Vollstreckungsverfahrens. 1

B. Anwendungsbereich. § 751 gilt für alle Vollstreckungsarten, für alle Vollstreckungsorgane und für alle Titel, die die ZPO kennt (§§ 704 I, 795, 794). Der Rechtsgedanke des § 751 I wird auch für die Vollstreckung von **Schiedssprüchen** herangezogen, die erst zukünftig fällig werdende Leistungen zum Gegenstand haben (München SchiedsVZ 07, 164) und ist auch bei Vereinbarung einer bestimmten Leistungsstunde analog anzuwenden (MüKoZPO/*Heßler* § 751 Rn 8). Dagegen ist die Vorschrift nicht auf das Vollstreckbarkeitsverfahren von Schiedssprüchen anwendbar, da es sich bei ihm nicht um eine Vollstreckungs-, sondern um ein besonderes Erkenntnisverfahren handelt (Naumbg NJOZ 10, 2127, 2128). Des Weiteren gilt § 751 II nicht für die Sicherheitsleistung des Vollstreckungsschuldners nach §§ 711, 712, 720a. **Sonderregelungen**, auf die § 751 nicht anwendbar ist, enthalten schließlich § 720a für die Sicherungsvollstreckung, § 752 für die Teilvollstreckung und § 850d III für die sog Vorratspfändung (zur Zulässigkeit Hamm FamRZ 94, 454; LG Flensburg FamRZ 04, 1224). Nicht unter § 751 fällt auch die sog. **Vorauspfändung**, die eine durch den Eintritt der Fälligkeit aufschiebend bedingte zulässige Vollstreckungsmaßnahme ist. Sie wird allerdings, soweit es um Leistungen nach § 258 geht, erst mit Fälligkeit wirksam und hat vorher keine rangwahrende Wirkung (BGH NJW 04, 369, 370). Für **Wartefristen** nach §§ 750 III, 798, 798a und **Räumungsfristen** 2 nach §§ 721, 794a gilt § 751 I nicht, weil bei ihnen die Vollstreckung eines bereits fälligen Anspruchs hinausgeschoben wird. In diesen Fällen kann die Vollstreckungsklausel bereits vor Ablauf der Frist erteilt werden, vorausgesetzt diese bestimmt sich nach dem Kalender (Musielak/*Lackmann* § 751 Rn 2). Das Vollstreckungsorgan berechnet die Frist vAw und darf die Vollstreckung nicht vor deren Ablauf einleiten.

3 **C. Besondere Vollstreckungsbedingungen. I. Eintritt eines Kalendertages als Vollstreckungsbedingung (Abs 1).** Voraussetzung der Vollstreckungsbedingung nach Abs 1 ist die Bestimmtheit oder Bestimmbarkeit des betreffenden Tages nach dem Kalender. Es kann ein **bestimmtes Datum** angegeben sein oder eine andere **Kennzeichnung des Tages vorliegen, die sich anhand des Kalenders konkretisieren lässt**, zB am Tage nach Ostern, Neujahr, dem letzten Tag des Monats oä (Zö/*Stöber* § 751 Rn 2). Denkbar ist auch, dass im Urt eine Leistungsfrist gesetzt und der Fristbeginn bestimmt wird. Dagegen sind Umstände, die nicht aus dem Kalender ersichtlich sind, zB der Eintritt der Rechtskraft einer Entscheidung, nicht zu ermitteln. § 751 I ist nicht einschlägig (MüKoZPO/*Heßler* § 751 Rn 12; aA für den Tag der Zustellung, den das Vollstreckungsorgan ohnehin zu prüfen hat: Musielak/*Lackmann* § 751 Rn 3). In diesem Fall untersucht den Fristablauf nicht das Vollstreckungs-, sondern das klauselerteilende Organ nach § 726. Ist die Vollstreckung nach Abs 1 bedingt, darf sie erst mit dem Ablauf des für die Leistung bestimmten Kalendertages oder des letzten Tages der kalendermäßig bestimmten Frist beginnen. Die Vollstreckungsmaßnahme kann damit frühestens am nächsten Tag stattfinden. Ist das ein Samstag, Sonn- oder Feiertag, kommt § 193 BGB zur Anwendung (aA Zö/*Stöber* § 751 Rn 2). Außerdem ist § 758a IV zu beachten, wenn der erste Tag, an dem die Vollstreckung erlaubt ist, ein Sonn- oder Feiertag ist (Musielak/*Lackmann* § 751 Rn 4).

4 **II. Sicherheitsleistung des Gläubigers (Abs 2). 1. Anordnung.** Das Urt des Prozessgerichts bestimmt Art und Höhe der Sicherheit, die der Gläubiger zu leisten hat, nach § 108 I 1. Das geschieht auf Grundlage der §§ 707 S 1, 709 S 1 oder 2, 712 II, 716, 719, sowie im Fall der Leistung einer Gegensicherheit nach § 711, wenn der Schuldner von seiner Abwendungsbefugnis Gebrauch gemacht hat. Ist in der Entscheidung nicht ausgesprochen, wie die Sicherheit zu leisten ist, kommt § 108 I 2 zur Anwendung. Die Sicherheit wird dann durch Bürgschaft, Hinterlegung von Geld oder geeigneten Wertpapieren nach § 234 I, III BGB erbracht, es sei denn, die Parteien haben etwas anderes vereinbart, was grds in der Form des Abs 2 nachzuweisen ist. Bei der Vollstreckung einer Geldforderung kann die Höhe der Sicherheitsleistung nach § 709 S 2 in einem bestimmten Verhältnis zur Höhe des Vollstreckungsbetrags angegeben werden (Schlesw NJW-RR 10, 264; MüKoZPO/*Heßler* § 751 Rn 15).

5 **2. Nachweis und Zustellung. a) Grundsätze.** Spätestens bei Beginn der Vollstreckungsmaßnahme muss dem Vollstreckungsorgan die Leistung der Sicherheit **durch öffentliche oder öffentlich beglaubigte Urkunden nachgewiesen** werden. Für die Teilvollstreckung ist insoweit § 752 zu beachten. Der **Nachweis** ist **entbehrlich**, wenn die Rechtskraft des Urteils bereits eingetreten ist, weil er dann durch ein Rechtskraftzeugnis nach § 706 I geführt wird. Er ist ebenso entbehrlich, wenn es sich nur um **eine Sicherungsvollstreckung** nach § 720a handelt oder es um eine **Parteivereinbarung nach § 108 I 2** geht, die nach § 291 **offenkundig** ist bzw ein **Geständnis** nach § 288 vorliegt. Schließlich bedarf es eines Nachweises nicht bei Vorlage einer Entscheidung über die Zurückweisung oder Verwerfung der Berufung – in diesem Fall tritt an die Stelle der vorläufigen Vollstreckbarkeit nach § 709 diejenige nach § 708 Nr 10 – sowie bei Anordnung der vorläufigen Vollstreckbarkeit ohne Sicherheitsleistung nach §§ 537, 558, 718 (Schuschke/Walker/*Walker* § 751 Rn 7). Erforderlich ist nach Abs 2 des Weiteren eine **Zustellung** der betreffenden Urkunden. Das **Vollstreckungsorgan überprüft selbstständig**, ob die Sicherheitsleistung so erbracht wurde, wie sie in der Entscheidung angeordnet wurde.

6 **b) Einzelfälle.** Ist die Sicherheitsleitung durch **Hinterlegung** von Geld oder bestimmten Wertpapieren erfolgt, wird der Nachweis darüber mit einer Bescheinigung der Hinterlegungsstelle über die Annahme nach § 6 HinterlO erbracht. Die Überweisungsquittung einer Bank oder ein Posteinzahlungsschein reichen dagegen für den Nachweis nicht aus (Zö/*Stöber* § 751 Rn 4). Ist die Sicherheitsleistung durch (**Bank-)Bürgschaft** gestattet, in der Praxis ist das der Regelfall, genügt es trotz des anderslautenden Abs 2, dass eine Privaturkunde vorgelegt wird (BGH NJW 08, 3220; Hambg MDR 82, 588; Frankf NJW 66, 1521; *Walker* JZ 11, 401, 403; aA B/L/A/H § 751 Rn 7 mwN). Das gilt jedenfalls für den Fall, dass der GV dem Vollstreckungsschuldner oder seinem Verfahrensbevollmächtigten die Bürgschaftsurkunde selbst zustellt, was spätestens zu Beginn der Vollstreckungsmaßnahme erfolgen muss. Denn durch die Übergabe der Bürgschaftsurkunde wirkt er an der Leistung der Sicherheit mit (Musielak/*Lackmann* § 751 Rn 7). Hat der Voll-

streckungsgläubiger, dem die Sicherheitsleistung obliegt, dem Schuldner persönlich die Bürgschaftserklärung eines Kreditinstituts zustellen lassen, so ist er nicht nach § 751 II gehalten, dem Schuldner einen weiteren Nachweis über die Erbringung der Sicherheitsleistung zuzustellen (BGH NJW 08, 3220; Köln OLGR 07, 481). Der Nachweis ggü dem Vollstreckungsorgan genügt (Schuschke/Walker/*Walker* § 751 Rn 10). Die Übergabe einer öffentlich beglaubigten Abschrift der Bürgschaftsurkunde genügt (KG NJW 63, 661; aA Kobl Rpfleger 93, 355; Schriftform gem §§ 766 S 1, 126 I BGB). Das Original der Bürgschaftsurkunde muss allerdings vorgelegt werden, wenn die Bürgschaft unter der auflösenden Bedingung steht, dass sie an den Bürgen zurückgelangt (BGH MDR 71, 388; KG NJW 63, 661). Zustellung des Originals, nicht aber die Zustellung der Nachweisurkunde (St/J/*Münzberg* § 751 Rn 12), ist des Weiteren erforderlich, wenn ein anderes Vollstreckungsorgan als der GV tätig werden soll. Die Zustellung an den Anwalt des Schuldners genügt (Frankf NJW 78, 1441, 1442), ebenso die von Anwalt zu Anwalt. Den erforderlichen Nachweis erbringt in diesem Fall das anwaltliche Empfangsbekenntnis (Kobl Rpfleger 93, 355, 356). Die Zustellung kann aber, auch wenn ein Verfahrensbevollmächtigter involviert ist, weiter an den Schuldner erfolgen (LG Bochum Rpfleger 85, 33).

III. Rechtsfolgen bei Verstoß und Rechtsbehelfe. Ein Verstoß gegen § 751 hat nicht die Nichtigkeit der 7
Vollstreckungsmaßnahme zur Folge, sondern nur deren **Anfechtbarkeit**. Eine rückwirkende **Heilung** des Mangels ist möglich, etwa wenn die fehlende Sicherheitsleistung nachträglich erbracht oder ein bis dato nicht vorhandener Nachweis nachgereicht wird (St/J/*Münzberg* § 751 Rn 14). Haben Schuldner oder ein beschwerter Dritter den Vollstreckungsakt mit den statthaften Rechtsbehelfen nach §§ 766, 793 angegriffen, so ist der Zeitpunkt, bis zu dem Heilung eintreten kann, derjenige der Entscheidung über den Rechtsbehelf (Hambg MDR 74, 321 f).

§ 752 Sicherheitsleistung bei Teilvollstreckung.

[1]Vollstreckt der Gläubiger im Fall des § 751 Abs. 2 nur wegen eines Teilbetrages, so bemisst sich die Höhe der Sicherheitsleistung nach dem Verhältnis des Teilbetrages zum Gesamtbetrag. [2]Darf der Schuldner in den Fällen des § 709 die Vollstreckung gemäß § 712 Abs. 1 Satz 1 abwenden, so gilt für ihn Satz 1 entsprechend.

A. Ratio und Anwendungsbereich. Die Vorschrift soll die Zwangsvollstreckung, die von einer Sicherheits- 1
leistung abhängt, sich aber nur auf einen Teilbetrag richtet, erleichtern. In diesem Fall scheint es nicht angemessen, vom Gläubiger in voller Höhe Sicherheitsleistung zu verlangen. Für die Teilvollstreckung besteht namentlich ein Bedürfnis, wenn dem Gläubiger mit einer ohne Sicherheitsleistung möglichen Sicherungsvollstreckung nach § 720a nicht gedient ist. Der Anwendungsbereich der Vorschrift ist eröffnet, wenn die **Vollstreckung von einer Sicherheitsleistung abhängig** ist. Das ist entweder der Fall, wenn § 711 einschlägig ist und es um eine Sicherheitsleistung des Schuldners geht oder in einem noch nicht rechtskräftigen Urt eine Entscheidung nach §§ 709, 717 II 2 getroffen wurde, die in der Hauptsache noch besteht. § 752 dürfte allerdings wegen § 709 S 2 nur selten praktisch werden. Denn diese Vorschrift gestattet dem Schuldner die Teilsicherheitsleistung im Fall der Abwendungsbefugnis.

§ 752 gilt für die Vollstreckung wegen **Geldforderungen im Anwendungsbereich des § 751 II** sowie für die 2
Pfändung von Forderungen. Um eine Teilvollstreckung handelt es sich auch, wenn aus dem Vollstreckunganspruch über die Hauptsache oder nur aus dem Kostenerstattungsanspruch vollstreckt wird (*Rehbein* Rpfleger 00, 55). Wurde der Schuldner zu einer Mehrzahl von verschiedenen Leistungen verurteilt, kommt eine analoge Anwendung von § 752 grds nicht in Betracht (Musielak/*Lackmann* § 752 Rn 1). Die Anordnung einer einheitlichen Sicherheitsleistung ist in diesen Fällen nicht zulässig, weil eine Berechnung des anteiligen Betrages der Sicherheitsleistung nicht möglich ist (*Steder* InVo 00, 85) und daher dem Vollstreckungsorgan nicht überlassen werden kann. Anders kann es sein, wenn sich der Wert aus der Streitwertfestsetzung im Titel selbst ergibt.

B. Rechtsfolgen. I. Leistung der Teilsicherheit. Erbringt der **Gläubiger** die Teilsicherheit und weist er 3
deren Gestellung in der Form des § 751 II nach, kann er nach der Zustellung des Nachweises die Vollstreckung wegen des Teilbetrags betreiben, in dem er einen Vollstreckungsauftrag über einen betragsmäßig bestimmten Teil des Vollstreckungsanspruchs erteilt. Das gilt auch in dem Fall, dass der Schuldner von seiner Abwendungsbefugnis Gebrauch gemacht hat. Denn die Leistung der Gegensicherheit nach § 711 S 1 ist ein Fall des § 751 II (s. § 751 Rz 4). Nach S 2 bleibt es dem **Schuldner** unbenommen, die Zwangsvollstreckung durch Leistung einer Teilsicherheit abzuwenden, vorausgesetzt er ist nach Absl S 1 zu deren Abwen-

dung befugt. Erfährt der Schuldner wie im Regelfall erst kurz vor der Einleitung von der bevorstehenden Vollstreckungsmaßnahme, muss er faktisch den gesamten Sicherheitsbetrag vorhalten, weil nicht klar ist, in welcher Höhe der Gläubiger vollstrecken wird (Musielak/*Lackmann* § 752 Rn 3). Für **mehrere Teilvollstreckungen** müssen Sicherheitsleistungen für jeden Teil der Forderung gesondert nachgewiesen werden(Zö/*Stöber* § 752 Rn 3). Sie sind von § 752 nur gedeckt, wenn die Teilsicherheitsleistungen nicht mit dem durch die Vollstreckung erlangten Teilbetrag bestritten werden (str; MüKoZPO/*Heßler* § 752 Rn 4; aA ThoPu/*Seiler* § 752 Rn 4).

4 **II. Berechnung der Teilsicherheit.** Die Teilsicherheit bestimmt sich nach S 1 nach dem Verhältnis zwischen dem vollstreckten Teilbetrag und der gesamten Summe, wobei ein Teilbetrag, der bereits vorher vollstreckt wurde, in die Rechnung nicht mit eingestellt wird. Dafür ist der zu vollstreckende Teilbetrag mit dem Betrag der Gesamtsicherheitsleistung zu multiplizieren und das Ergebnis durch den Gesamtbetrag der zu vollstreckenden Forderung zu dividieren. Der Gesamtbetrag ist die Hauptforderung, es sei denn, es handelt sich um die **isolierte Vollstreckung von titulierten Zinsen oder Kostenanteilen.** Diese müssen zum Gesamtbetrag addiert werden (MüKoZPO/*Heßler* § 752 Rn 3). Wieder anders ist es, wenn Zinsen lediglich aus dem zu vollstreckenden Teil der Hauptforderung vollstreckt werden sollen. Sie bleiben dann unberücksichtigt, weil der Zinsanteil bereits in der Gesamtsicherheitsleistung abgebildet wird (Musielak/*Lackmann* § 752 Rn 4).

5 **C. Rechtsfolgen bei Verstoß und Rechtsbehelfe.** Liegt ein Verstoß gegen § 752 vor, etwa bei zu niedriger Teilsicherheit oder einer zweiten Teilvollstreckung ohne erneute Sicherheitsleistung (s. Rz 2), so ist die Vollstreckungsmaßnahme nicht nichtig, sondern nur anfechtbar. Eine **Heilung des Mangels** ist möglich. Der Schuldner kann mit der **Erinnerung nach §§ 766, 793** vorgehen. Diesen Rechtsbehelf hat auch der Gläubiger, wenn zu Unrecht von einer Abwendungsbefugnis nach S 2 ausgegangen wurde (MüKoZPO/*Heßler* § 752 Rn 5).

§ 753 Vollstreckung durch Gerichtsvollzieher.

(1) Die Zwangsvollstreckung wird, soweit sie nicht den Gerichten zugewiesen ist, durch Gerichtsvollzieher durchgeführt, die sie im Auftrag des Gläubigers zu bewirken haben.
(2) [1]Der Gläubiger kann wegen Erteilung des Auftrags zur Zwangsvollstreckung die Mitwirkung der Geschäftsstelle in Anspruch nehmen. [2]Der von der Geschäftsstelle beauftragte Gerichtsvollzieher gilt als von dem Gläubiger beauftragt.
(3) [1]Das Bundesministerium der Justiz wird ermächtigt, durch Rechtsverordnung mit Zustimmung des Bundesrates verbindliche Formulare für den Auftrag nach Absatz 2 einzuführen. [2]Für elektronisch eingereichte Aufträge können besondere Formulare vorgesehen werden.

1 **A. Ratio und Anwendungsbereich.** § 753 I begründet eine **Auffangzuständigkeit** für die Tätigkeit des GV als selbstständig handelndem Vollstreckungsorgan neben dem Vollstreckungs-, dem Prozessgericht und dem GBA. Er wird auf **Antrag** des Gläubigers tätig. Ob und wann der GV eine Vollstreckungshandlung vornimmt, steht allein in der Dispositionsbefugnis des Gläubigers (MüKoZPO/*Heßler* § 753 Rn 1). Zur Erteilung des Vollstreckungsauftrages kann der Gläubiger sich nach Abs 2 zwar der Hilfe der Geschäftsstelle des Vollstreckungsgerichts bedienen. Das erleichtert dem Gläubiger die Einleitung der Vollstreckung, bedeutet aber nicht, dass der GV der Weisung des Gerichts unterstellt ist. § 753 ist für alle Vollstreckungshandlungen einschlägig, die dem GV nach der ZPO übertragen sind. Die Vorschrift gilt dagegen nicht in Fällen, in denen der GV bei der Vollstreckung verwaltungsgerichtlicher Entscheidungen nach §§ 269 f VwGO, 5 II VwVfG im Wege der Amtshilfe tätig wird (Musielak/*Lackmann* § 753 Rn 1). Durch das ZwVollStrÄndG wurde § 753 III angefügt, der das BMJ ermächtigt, verbindliche Formulare nach Abs 2 einzuführen. Hiervon wurde bis dato noch kein Gebrauch gemacht.

2 **B. Tatbestand (Abs 1, 2). I. Personelle Voraussetzungen. 1. GV als Vollstreckungsorgan.** Seiner rechtlichen Stellung nach ist der GV **Beamter** iSv § 1 GVO oder in den neuen Bundesländern Angestellter des öffentlichen Dienstes (Schuschke/Walker/*Walker* Vor § 753–763 Rn 2). **Rechtsgrundlagen** seiner Tätigkeit sind §§ 154 f GVG, die bundeseinheitlichen GVordnungen (GVO) der Länder sowie die Geschäftsanweisung für GV (GVGA). Zwar bindet sie den GV als Beamten dienstrechtlich. Im Außenverhältnis sind jedoch allein die Vorschriften der ZPO maßgebend (Zö/*Stöber* § 753 Rn 4). Zum Gesetzentwurf des BRs zur Reform des Gerichtsvollzieherwesens (BRDrs 49/10 v 3.2.10); s. vor §§ 704 ff Rz 23.

Der GV ist selbstständiges **Organ der Zwangsvollstreckung** (*Götze/Schröder* DGVZ 09, 1). Ihn verbindet mit dem Gläubiger kein privatrechtliches, sondern ein öffentlich-rechtliches Rechtsverhältnis (BGH NJW-RR 04, 788). Er nimmt bei der Vollstreckung hoheitliche Aufgaben des Staates in eigener Verantwortung wahr (BGHZ 93, 287, 298). Verletzt er seine Amtspflichten schuldhaft, ist das ein Fall der Amtshaftung nach Art 34, § 839 BGB (BGH NJW-RR 09, 658; BGHZ 142, 77, 80 f). Als Organ der Rechtspflege ist er weder Vertreter noch Erfüllungsgehilfe des Gläubigers (sog **Amtstheorie**). Er steht zu diesem auch in keinem Auftragsverhältnis (BVerwG NJW 83, 896), auch wenn das der Wortlaut von Abs 1 nahelegt. Privatrechtlich wird der GV dagegen tätig, wenn er als **Sequester** agiert, also ein auf hoheitlicher Grundlage weggenommenes Objekt sichergestellt, verwahrt oder verwaltet wird. Für Pflichtverletzungen haftet der GV in diesem Bereich persönlich (BGH NJW 01, 434; NJW 85, 1711). 3

2. Zuständigkeit des GV. Für die Zwangsvollstreckung wegen Geldforderungen in bewegliche Sachen, nicht getrennte Früchte und bestimmte Wertpapiere ist der GV nach §§ 803 bis 827 ebenso **sachlich zuständig** wie für die Pfändung aus Wechseln und anderen indossablen Papieren nach § 831, die Zwangsvollstreckung zur Erwirkung der Herausgabe von beweglichen Sachen und von Personen sowie für die Herausgabe, Überlassung und Räumung von unbeweglichen Sachen und eingetragenen Schiffen und Schiffsbauwerken nach §§ 883 bis 885, 897 sowie die eidesstattliche Versicherung nach § 899 I. Nimmt er nach § 836 III 3 Urkunden weg oder beseitigt er nach § 892 den Widerstand eines Schuldners, unterstützt er die Tätigkeit anderer Vollstreckungsorgane. Welcher GV **örtlich zuständig** ist, ergibt sich aus § 154 GVG und § 20 GVO. Jedem GV ist auf Grundlage eines Geschäftsverteilungsplans ein bestimmtes Gebiet innerhalb des Bezirks eines AG zugewiesen, bei dem er beschäftigt ist. In seinem Gerichtsvollzieherbezirk darf grds nur er tätig werden. 4

II. Vollstreckungsauftrag als sachliche Voraussetzung. 1. Formelle Anforderungen. a) Rechtsnatur, Form und Antragsmehrheit. Der Auftrag iSv §753 I ist ein **verfahrensrechtlicher Antrag** des Gläubigers an den GV, Amtshandlungen in Ausübung staatlicher Vollstreckungsgewalt durchzuführen (*Nies* MDR 99, 525). Der Antrag kann **formlos** gestellt werden, also auch (fern-)mündlich, per Fax, eingescannt (BGH DGVZ 05, 94) oder ggf elektronisch. Eine eigenhändige Unterschrift unter einem schriftlichen Antrag ist nicht erforderlich (aA Musielak/*Lackmann* § 753 Rn 6). Mit dem Antrag müssen der Titel und sonstige Urkunden übergeben werden, die nach §§ 750 II, 751 II zugestellt werden müssen. Es ist zulässig, **mehrere Anträge** auf einmal zu stellen. Auch können Anträge unterschiedlichen Inhalts miteinander verbunden werden, etwa der auf Pfändung nach §§ 803, 808 und ein Antrag auf Abnahme einer eidesstattlichen Versicherung sowie auf Verhaftung des Schuldners, wenn ein Haftbefehl vorliegt. Die Verbindung kann kumulativ oder alternativ ausgestaltet sein (vorrangiger Pfändungs- und nachrangiger Verhaftungsauftrag, für den Fall, dass die Pfändung erfolglos geblieben ist: LG Koblenz DGVZ 98, 61; s. Rz 7). Es ist auch möglich, für mehrere Titel einen einheitlichen Antrag zu stellen (LG Hamburg Rpfleger 02, 370; LG Koblenz Rpfleger 02, 371). 5

b) Antragsbefugnis und Vertretung bei der Antragstellung. Den Vollstreckungsantrag stellen kann die Person, die in Titel oder Klausel mit Namen als Gläubiger benannt ist, und zwar auch dann, wenn dort die Leistung an einen Dritten ausgesprochen ist. Der Gläubiger kann einem Vertreter Vollmacht erteilen. Der Prozessbevollmächtigte des Gläubigers ist bereits aufgrund seiner Prozessvollmacht nach § 81 zur Antragstellung befugt (MüKoZPO/*Heßler* § 753 Rn 15). Ein Mitarbeiter des Prozessbevollmächtigten kann auch zur Erteilung von Vollstreckungsaufträgen zuständig sein (LG Amberg Rpfleger 06, 90). Die Vollmacht eines Rechtsanwalts wird nur überprüft, wenn sie moniert wird. Für die Antragsstellung besteht jedoch **kein Anwaltszwang**. Andere Bevollmächtigte als Rechtsanwälte müssen die Vollmacht nach §§ 88, 80 I schriftlich nachweisen. Handelt es sich um eine **Gläubigermehrheit**, muss der Vollstreckungsantrag grds von allen gestellt werden. Bei **anteiliger Berechtigung** ist jeder Gläubiger im Hinblick auf seinen Anteil antragsbefugt (Musielak/*Lackmann* § 753 Rn 7). 6

2. Materielle Anforderungen. a) Bedingungsfeindlichkeit und Bestimmtheit des Auftrags. Als Verfahrenshandlung hat der Vollstreckungsauftrag **unbedingt** zu sein und muss **inhaltlich eine hinreichende Bestimmtheit** aufweisen. Eine Ausnahme vom Erfordernis der Unbedingtheit des Vollstreckungauftrages ist die alternative Staffelung eines vorrangigen Pfändungs- und nachrangigen Verhaftungsauftrags (s. Rz 5). Für jeden Vollstreckungstitel muss dem GV grds ein neuer Vollstreckungsauftrag erteilt werden (Schuschke/Walker/*Walker* § 753 Rn 7). **Pauschale Vollstreckungsaufträge** für nicht bestimmte zukünftige 7

Vollstreckungsereignisse sind dagegen nicht zulässig, wohl aber dauerhafte Vollstreckungsaufträge, die sich auf Taschen- oder Kassenpfändung richten (OVG Berlin DGVZ 83, 90, 91 f; sog **Dauerpfändung**). Erforderlich ist eine präzise **Bezeichnung des Gläubigers und des Schuldners** im Vollstreckungsauftrag. Namentlich die Anschrift des Schuldners muss mitgeteilt werden, da dem GV insofern keine Ermittlungspflicht obliegt (Zö/*Stöber* § 753 Rn 6).

8 **b) Insb die Bestimmtheit der Vollstreckungsforderung.** Zur inhaltlichen Bestimmtheit des Antrages gehört auch, dass er erkennen lässt, in welcher Höhe die Zwangsvollstreckung aus der titulierten Forderung stattfinden soll. Dabei lässt sich der Vollstreckungsbetrag aus dem Titel selbst entnehmen, so dass der GV diesen nicht näher zu berechnen braucht. Soweit die Vollstreckung auf einen **Teil- oder Restbetrag** oder bei einem Sachpfändungsauftrag auf bestimmte Gegenstände beschränkt werden soll, was grds zulässig ist, muss sich das eindeutig aus dem **Teilauftrag** ergeben. Über die Beweggründe für die Beschränkung des Vollstreckungsauftrags schuldet der Gläubiger dem GV keine Rechenschaft (Schuschke/Walker/*Walker* § 753 Rn 6). Nur ganz ausnahmsweise darf der GV die Vollstreckung aus einem Teilauftrag ablehnen, wenn es nämlich für dessen Erteilung keinen nachvollziehbaren Grund gibt und die wiederholten Teilvollstreckungsmaßnahmen daher schikanöse Züge tragen (LG Frankfurt DGVZ 74, 174). Der Gläubiger muss in dem Teilauftrag die Forderungen nicht aufschlüsseln (str; Schlesw DGVZ 76, 135; aA LG Hagen DGVZ 94, 91), selbst dann nicht, wenn er explizit die Beitreibung einer Restforderung begehrt (Musielak/*Lackmann* § 753 Rn 11).

9 Der GV prüft nicht, ob die Forderung besteht oder verjährt ist (AG Münster NJW-RR 92, 1531). Allerdings muss er ermitteln, ob Kosten iSv § 788 in die Restforderungen eingestellt wurden (ThoPu/*Seiler* § 753 Rn 12). Auch auf der Beitreibung von **Bagatellbeträgen** kann der Gläubiger bestehen; sie ist nicht rechtsmissbräuchlich (LG Wuppertal NJW 80, 297). Die Erläuterung einzelner Forderungsbestandteile kann nach § 130 Nr 3 GVGA vom Gläubiger nur verlangt werden, wenn besondere Umstände vorliegen. Das ist etwa der Fall, wenn unterschiedliche Zinslaufzeiten und Teilzahlungen des Schuldners eine größere Berechnung erforderlich machen (LG Paderborn DGVZ 89, 63). Die Aufschlüsselung muss vollständig und gut lesbar sein und den Verrechnungsvorschriften der §§ 366 f, 497 BGB (bei Verbraucherdarlehen) genügen. Ein Tilgungsbestimmungsrecht hat der Schuldner dagegen nicht (BGH NJW 99, 1704 f). Sollen **wiederkehrende Leistungen** vollstreckt werden (zB Unterhalt), ist die Angabe des gesamten Vollstreckungsbetrages und des Vollstreckungszeitraums erforderlich (Zö/*Stöber* § 753 Rn 7).

10 **III. Wirkung des und Verfahren aufgrund des Vollstreckungsauftrags. 1. Wirkung des Vollstreckungsauftrags.** Durch den Vollstreckungsauftrag wird zwischen Gläubiger und GV ein **öffentlichrechtliches Verhältnis** begründet (hM; BGH NJW-RR 04, 768), nicht etwa ein privatrechtlicher Geschäftsbesorgungsvertrag. Dennoch hat der Vollstreckungsauftrag insoweit zivilrechtliche Rechtswirkungen, als er ein die Vollstreckung hemmendes Ereignis iSd § 204 BGB ist (BGH NJW 85, 1711 für § 209 II Nr 5 BGB aF). Der GV wird grds aufgrund dieser öffentlichrechtlichen Rechtsbeziehung tätig und nur ausnahmsweise als Vertreter des Gläubigers, nämlich dann, wenn dieser ihn jenseits seiner Amtsbefugnisse zur Vornahme bestimmter Handlungen mit rechtsgeschäftlicher Vertretungsmacht ausgestattet hat, zB zur Annahme einer Leistung an Erfüllungs Statt oder erfüllungshalber (ThoPu/*Seiler* § 753 Rn 14).

11 **2. Weisungen des Gläubigers an den GV.** An rechtlich zulässige und kostenneutrale Vorgaben des Gläubigers muss sich der GV halten, wenn sie aus dem Auftrag klar erkennbar sind (LG Augsburg DGVZ 95, 154). Das gilt zB für die Vollstreckung von Teil- oder Restbeträgen (s. Rz 8), den Zeitpunkt der Einleitung der Vollstreckung, deren Beschränkung auf bestimmte Sachen bei der Pfändung (Voraussetzung: keine berechtigten entgegenstehenden, auch affektiven Interessen des Schuldners; MüKoZPO/*Heßler* § 753 Rn 25) oder die Aussetzung der Verwertung von Pfandsachen bei Teilzahlungen (Musielak/*Lackmann* § 753 Rn 12). Auch kann der GV wegen § 807 I Nr 4 angewiesen werden, die Vollstreckung mindestens zwei Wochen vor ihrem Beginn anzukündigen, vorausgesetzt der Vollstreckungsauftrag wird mit dem Antrag auf Abnahme der eidesstattlichen Versicherung kombiniert (LG Münster Rpfleger 01, 253; LG Tübingen DGVZ 00, 120; aA LG Lüneburg JurBüro 99, 657: Anweisung auch ohne diese Verknüpfung). Der Gläubiger kann dem GV des Weiteren aufgeben, das **Verfahren ruhen zu lassen** (ThoPu/*Seiler* § 753 Rn 15). Schließlich kann er den **Vollstreckungsauftrag** auch jederzeit wieder **zurücknehmen** (Schuschke/Walker/*Walker* § 753 Rn 12). Bereits durchgeführte Vollstreckungsmaßnahmen sind in diesem Fall rechtsgrundlos, soweit sie nicht bereits beendet sind. Der GV muss sie vAw aufheben (§ 111 I Nr 1 GVGA). Beantragt der Gläubiger die (**einstweilige**) **Einstellung der Vollstreckung**, hat der GV dem zu folgen (Zö/*Stöber* § 753 Rn 12). Bereits

durchgeführte Vollstreckungsmaßnahmen bleiben bestehen (§ 111 I Nr 2 GVGA). Wegen **Befangenheit** kann der Gläubiger den GV nicht ablehnen (BGH NJW-RR 05, 149). Auch hat der Gläubiger ggü dem GV **kein allgemeines Weisungsrecht** (*Mroß* DGVZ 11, 103). Dieser handelt deshalb nicht pflichtwidrig, wenn er der Aufforderung des Gläubigers, einen bestimmten Gegenstand zu pfänden, unter Beachtung seiner Dienstvorschriften nicht nachkommt (LG Berlin MDR 77, 146).

3. Prüfung, Durchführung und Ablehnung des Vollstreckungsauftrags. Die **Prüfungskompetenz** des GV bezieht sich allein auf die Ordnungsmäßigkeit des Antrags (s. Rz 5 – 9), das Vorliegen der Vollstreckungsvoraussetzungen (s. vor §§ 704 ff Rz 9 ff) und die Zulässigkeit der beantragten Vollstreckungsmaßnahme. Zur Überprüfung der materiellen Berechtigung des Titels ist er dagegen nicht befugt (Schuschke/Walker/*Walker* § 753 Rn 9). Entsprechende Einwände sind mit der Vollstreckungsabwehrklage nach § 767 geltend zu machen. Ist der GV für die Erledigung des erteilten Auftrags zuständig, muss er diesen übernehmen und durchführen, ohne dass ihm insoweit ein Ermessensspielraum zusteht. Der GV muss den Vollstreckungsauftrag **unverzüglich erledigen**. Er hat eine Verzögerung nach §§ 6, 64 GVGA aktenkundig zu machen, wenn die erste Vollstreckungshandlung nicht innerhalb eines Monats erfolgen kann. § 168 Nr 1 GVGA bestimmt, dass Vollstreckungsaufträge mehrerer Gläubiger gegen denselben Schuldner zugleich erledigt werden müssen, unabhängig von ihrem Eingang und ohne Rangfolge der Gläubiger (krit mit Blick auf das Prioritätsprinzip Musielak/*Lackmann* § 753 Rn 15). Zur Durchführung des Vollstreckungsauftrags gehört auch, dass der GV den Gläubiger, der ihm einen Vollstreckungsauftrag erteilt hat, über den Ausgang des Verfahrens unterrichtet (BGH NJW-RR 04, 788). 12

Liegen die Vollstreckungsvoraussetzungen nicht vor, ist die beantragte Vollstreckungsmaßnahme nicht zulässig oder der Vollstreckungsauftrag nicht ordnungsmäßig, muss der GV den **Vollstreckungsauftrag ablehnen.** Das gilt auch im Fall von **zwecklosen Pfändungen**, die der GV nicht vornehmen muss, auch dann nicht, wenn der Gläubiger ihn dazu anweist (ThoPu/*Seiler* § 753 Rn 15). Insoweit hat er nach § 63 GVGA Ermessensspielraum (LG Koblenz DGVZ 96, 12). Entspricht der Vollstreckungsauftrag diesen Anforderungen nur tw, darf der GV den Auftrag nur insoweit ablehnen, als er unzulässig ist; iÜ muss er ihn durchführen. Von der (teilweisen) Ablehnung des Antrags muss der Gläubiger nach § 5 Nr 3 GVGA umgehend in Kenntnis gesetzt werden (Musielak/*Lackmann* § 753 Rn 13). 13

C. Rechtsfolgen bei Verstoß und Rechtsbehelf. Hat der GV den Vollstreckungsauftrag unter Verstoß gegen die funktionelle Zuständigkeit als Vollstreckungsorgan übernommen, führt das zur Nichtigkeit der durchgeführten Vollstreckungsmaßnahme (§ 44 VwVfG analog). Beim Verstoß gegen die örtliche Zuständigkeit ist die Vollstreckungshandlung dagegen nur anfechtbar (Musielak/*Lackmann* § 753 Rn 16). Lehnt der GV den Vollstreckungsauftrag ausdrücklich ab, führt er ihn nicht unverzüglich oder auftragsgemäß durch, steht dem Gläubiger die **Erinnerung nach § 766 II** zu. Bleibt der Vollstreckungsauftrag hingegen einfach nur unbearbeitet, kommt allein die **Dienstaufsichtsbeschwerde** zum Aufsicht führenden Richter des Amtsgerichts in Betracht, an dem der GV tätig ist, § 3 Nr 2 GVO. Allerdings kann dieser den GV nicht anweisen, den Vollstreckungsauftrag inhaltlich in einer bestimmten Weise zu behandeln oder mit der Vollstreckung überhaupt zu beginnen. Denn das ist mit der selbstständigen Stellung des GV nicht vereinbar (KG MDR 82, 155). 14

§ 754 Vollstreckungsauftrag. **In dem schriftlichen, elektronischen oder mündlichen Auftrag zur Zwangsvollstreckung in Verbindung mit der Übermittlung der vollstreckbaren Ausfertigung liegt die Beauftragung des Gerichtsvollziehers, die Zahlungen oder sonstigen Leistungen in Empfang zu nehmen, über das Empfangene wirksam zu quittieren und dem Schuldner, wenn dieser seiner Verbindlichkeit genügt hat, die vollstreckbare Ausfertigung auszuliefern.**

A. Ratio und Anwendungsbereich. Die Vorschrift nimmt das Verhältnis von Gläubiger und GV außerhalb des eigentlichen Vollstreckungsverfahrens in den Blick. Sie macht deutlich, dass dem GV im Rahmen seiner Amtsbefugnisse nicht nur die zwangsweise Durchsetzung des Vollstreckungsanspruchs obliegt, sondern dass er ua auch der legitimierte Empfänger für freiwillige Zahlungen des Schuldners auf die titulierte Forderung ist. Die Regelung ist notwendig, weil sich aus dem Vollstreckungsauftrag allein nur die Befugnis des GV herleiten lässt, Leistungen entgegenzunehmen, die mit den Mitteln der Zwangsvollstreckung beim Schuldner beigetrieben worden sind, bei Geld also durch Wegnahme nach § 815. Auch bei der Entgegennahme freiwilliger Leistungen handelt der GV stets hoheitlich (Frankf NJW 63, 773, 774). Nicht etwa wird 1 er als Vertreter des Gläubigers tätig (Musielak/*Lackmann* § 754 Rn 2). § 754 ist auf andere Vollstreckungsorgane als den GV nicht übertragbar und regelt nur dessen Rechtsbeziehung zum Gläubiger. Vom Rechtsverhältnis von GV zum Schuldner und Dritten handelt dagegen § 755. Die Vorschrift wird durch das Gesetz zur Reform der Sachaufklärung in der Zwangsvollstreckung (BGBl I, 2258; s. vor §§ 704 ff Rz 23) § 754 als neuer Abs 2 angefügt. § 754 wird dann in Abs 1 neu gefasst. Allerdings treten diese Änderungen erst zum 1.1.13 in Kraft.

2 **B. Tatbestand. I. Vollstreckungsauftrag.** Voraussetzung des § 754 ist in formeller Hinsicht ein wirksamer schriftlicher, elektronischer oder mündlicher Vollstreckungsauftrag (s. § 753 Rz 5 ff) sowie die Vorlage der vollstreckbaren Ausfertigung nach § 724, die auch elektronisch übermittelt werden kann. Nur soweit eine Klausel ausnahmsweise nicht erforderlich ist (s. § 724 Rz 3), ist die Übergabe des Titels ausreichend. Die Befugnisse des GV nach § 754 entfallen mit der Rücknahme des Vollstreckungsauftrages (s. § 753 Rz 11). Erfolgt die Rücknahme allerdings nur vorübergehend, berührt das die Kompetenz des GV nach dieser Vorschrift nicht.

3 **II. Befugnisse des GV. 1. Entgegennahme von freiwilligen Zahlungen und Leistungen.** Die Befugnis des GV zur Annahme freiwilliger Leistungen entsteht kraft Gesetzes mit der Erteilung des Vollstreckungsauftrags. Sie besteht unabhängig vom Willen des Gläubigers (MüKoZPO/*Heßler* § 754 Rn 26) und hat aufgrund ihres hoheitlichen Charakters nicht die Rechtswirkung der §§ 362 ff BGB (BGH NJW 09, 1085). Wollte der Gläubiger die Ermächtigung des GV ausschließen, wäre sein Vollstreckungsauftrag unwirksam. Zur Erbringung freiwilliger Zahlungen, nämlich zur Begleichung der Hauptschuld mit Zinsen, Kosten und Vollstreckungskosten, hat der GV den Schuldner einer titulierten Geldschuld ohnehin vor Einleitung der Zwangsvollstreckung nach § 105 Nr 2 S 1 GVGA aufzufordern (Schuschke/Walker/*Walker* § 754 Rn 2). Nach § 106 Nr 1 S 1 GVGA ist der GV nicht nur gehalten, die vollständige geschuldete Leistung anzunehmen, sondern auch **Teilleistungen des Schuldners oder eines Dritten** auf die fremde Schuld zu akzeptieren (s. aber § 267 II BGB; BGH NJW 81, 2244), wobei der Schuldner kein Recht zur Tilgungsbestimmung nach § 366 I BGB hat (BGH NJW 99, 1704). Umgekehrt muss er die gesamte Leistung auch dann annehmen, wenn der Gläubiger nur eine Teilvollstreckung beantragt hat (s. § 753 Rz 8). Bei der Vollstreckung für eine **Mehrzahl von Gläubigern** ist der GV nur dann zur Annahme einer Teilleistung des Schuldners berechtigt, wenn dieser mit deren verhältnismäßiger Teilung unter allen Gläubigern einverstanden ist, s. § 168 Nr 2 GVGA.

4 Grds darf der GV aber keine andere als die geschuldete **Leistung an Erfüllungs Statt** annehmen, wenn dem Schuldner das im Titel nicht bereits zur Abwendung der Vollstreckung nachgelassen ist, § 106 Nr 2 S 1 GVGA (Ausnahme: Bar- und Verrechnungsschecks des Schuldners). Wohl aber muss er die freiwillige Leistung des Schuldners auch dann entgegen nehmen, wenn der Titel sich auf die **Leistung an einen Dritten** richtet (MüKoZPO/*Heßler* § 754 Rn 35). Freiwillig ist die Zahlung oder sonstige Leistung nur dann, wenn sie **ohne Vorbehalt und Bedingung** erfolgt. Sonst muss der GV sie zurückweisen. Bei der Leistung des Schuldners zur Abwendung der Vollstreckung aus einem vorläufig vollstreckbaren Urt (s. § 717 II) handelt es sich nach hM um eine freiwillige nach § 754 (Musielak/*Lackmann* § 754 Rn 3; aA St/J/*Münzberg* § 708 Rn 7). Allerdings hat sie als reine »Abwehrleistung« nach hM keine materiellrechtliche Erfüllungswirkung (s. § 708 Rz 3). Die **Aufrechnung** des Schuldners gegen den Vollstreckungsanspruch stellt keine freiwillige Leistung dar. Denn der GV darf den Bestand der vom Schuldner zur Aufrechnung gestellten Forderung nicht überprüfen (MüKoZPO/*Heßler* § 754 Rn 31).

5 **2. Weitere Befugnisse des GV.** Der GV nimmt nach § 754 nicht nur freiwillige Leistungen des Schuldners entgegen, er ist im Verhältnis zum Gläubiger auch ermächtigt, über das Empfangene **Quittungen** auszustellen und die **vollstreckbare Ausfertigung herauszugeben** (s. § 757 I), wenn im vollem Umfang Erfüllung eingetreten ist. Weitergehende Befugnisse, für den Gläubiger tätig zu werden oder mit Wirkung für oder gegen ihn Erklärungen abzugeben, hat der GV grds nicht. Nur mit Zustimmung des Gläubigers darf er jenseits des § 754 für ihn aktiv werden, und das auch nur dann, wenn die GVGA das nicht explizit untersagt, wie etwa in § 141 Nr 2 GVGA. Nach § 813a darf der GV gegen Ratenzahlung des Schuldners ausnahmsweise die Verwertung gepfändeter Sachen aufschieben, vorausgesetzt der Gläubiger widerspricht dem nicht. Bei Erfolglosigkeit der Pfändung kann er des Weiteren nach § 806b Teilbeträge einziehen. Nach hM wird der GV, wenn er nicht auf der Grundlage des § 754 für den Gläubiger handelt, nicht hoheitlich aktiv, sondern als dessen privatrechtlicher Vertreter (Musielak/*Lackmann* § 754 Rn 5; aA Zö/*Stöber* § 754 Rn 8). Zur Übernahme der Tätigkeit ist er daher nicht verpflichtet (LG Hildesheim NJW 59, 537).

C. Rechtsbehelf. Gegen die Verweigerung der Entgegennahme der freiwilligen Zahlungen und Leistungen durch den GV oder ihrer Weiterleitung an den Gläubiger, sind Schuldner und Gläubiger erinnerungsbefugt nach § 766. Sieht der Gläubiger trotz der freiwilligen Leistung des Schuldners die titulierte Forderung für nicht erfüllt an und lehnt es der GV ab, die Vollstreckung einzuleiten, steht dem Gläubiger dagegen ebenfalls die Erinnerung nach § 766 offen, ebenso dem Schuldner, wenn ihm der GV dessen freiwillige Leistung nicht quittiert (Schuschke/Walker/*Walker* § 754 Rn 12). 6

§ 755 Ermächtigung des Gerichtsvollziehers.

[1]Dem Schuldner und Dritten gegenüber wird der Gerichtsvollzieher zur Vornahme der Zwangsvollstreckung und der im § 754 bezeichneten Handlungen durch den Besitz der vollstreckbaren Ausfertigung ermächtigt. [2]Der Mangel oder die Beschränkung des Auftrags kann diesen Personen gegenüber von dem Gläubiger nicht geltend gemacht werden.

A. Ratio und Anwendungsbereich. Im Gegensatz zu § 754, der die Befugnisse des GV im Verhältnis zum Gläubiger regelt, betrifft § 755 die Ermächtigung des GV ggü dem Schuldner sowie dritten Personen. Die Vorschrift regelt seine Tätigkeit innerhalb und außerhalb der Zwangsvollstreckung, gilt also allein für die Tätigkeit des GV, nicht für die anderer Vollstreckungsorgane. Sowohl für den Vollstreckungszugriff als auch für die Vornahme von Handlungen nach § 754 benötigt er zur Legitimierung die vollstreckbare Ausfertigung (Hamm Rpfleger 89, 467). Der Dienstausweis des GV nach § 8 GVO bezeugt dagegen nur, dass er GV ist und in welchem Amtsbezirk er tätig ist (Schuschke/Walker/*Walker* § 755 Rn 1). Kann er die vollstreckbare Ausfertigung auf Verlangen nicht vorweisen, darf er weder Vollstreckungshandlungen vornehmen noch freiwillige Zahlungen oder Leistungen des Schuldners entgegen nehmen oder quittieren. In beiden Bereichen handelt der GV hoheitlich. Im Gesetz zur Reform der Sachaufklärung in der Zwangsvollstreckung (s. vor §§ 704 ff Rz 23) wird der Regelungsgehalt des jetzigen § 755 dem § 754 nF zugeschlagen (§ 754 Rz 1 aE). § 755 nF erschließt dem GV neue Informationsquellen zur Ermittlung des Aufenthaltsortes des Schuldners. Die neue Vorschrift tritt allerdings erst am 1.1.13 in Kraft. 1

B. Tatbestand. Erforderlich ist, dass der GV an der vollstreckbaren Ausfertigung Besitz hat und sie bei der Vollstreckung auf Verlangen vorweisen kann, § 62 Nr 3 GVGA. Ist die Klausel entbehrlich (s. § 724 Rz 3), genügt allein der Besitz der vollstreckbaren Ausfertigung. Im Unterschied zu § 754 setzt die Tätigkeit des GV **nicht zwingend einen Vollstreckungsauftrag** voraus. Liegt ein solcher jedoch vor und wird er zurückgenommen, hat das auf die Ermächtigung nach § 755 keinen Einfluss, vorausgesetzt der GV verfügt nach wie vor über die vollstreckbare Ausfertigung. Solange das der Fall ist, wird die Ermächtigung ggü dem Schuldner und Dritten unwiderlegbar vermutet (ThoPu/*Seiler* § 755 Rn 1). 2

C. Wirkung. Die Ermächtigung des GV richtet sich auf die Einleitung und Durchführung von recht- und zweckmäßigen Vollstreckungsmaßnahmen gegen den Schuldner und dritte Personen. Ihnen ggü können **Einwendungen gegen den Vollstreckungsauftrag** nach § 755 S 2 nicht geltend gemacht werden, in Abweichung von § 169 BGB sogar dann nicht, wenn ihnen diese bekannt waren oder sie sie hätten kennen müssen (Zö/*Stöber* § 755 Rn 3; s. aber Rz 4). Die Inbezugnahme von § 754 zeigt, dass der GV auch legitimiert ist, vom Schuldner freiwillige Leistungen entgegenzunehmen (zum Begriff § 754 Rz 3 f). **Materielle Erfüllungswirkung** haben diese allerdings nur, wenn sie nicht zur Abwendung der Zwangsvollstreckung erfolgen (s. § 754 Rz 4). Macht der Schuldner von seiner Abwendungsbefugnis Gebrauch und übergibt er diesem einen Geldbetrag zum Zwecke der Hinterlegung, muss er diesen entgegen nehmen. Ein öffentlichrechtliches Verwahrungsverhältnis wird dabei nicht erst durch die Hinterlegung, sondern bereits durch die Übergabe des Geldes an den GV begründet (Köln NJW-RR 87, 1210). In diesem Zeitpunkt geht auch die **Gefahr** auf den Gläubiger über. §§ 815 III, 819 sind analog anzuwenden. Das ist freilich ebenso streitig wie die Frage, ob die Gefahr auch dann übergeht, wenn mit der Leistung nur die Vollstreckung abgewendet werden soll (dafür Musielak/*Lackmann* § 755 Rn 7; dagegen Zö/*Stöber* § 755 Rn 4). 3

D. Rechtsfolgen bei Verstoß und Rechtsbehelf. Erfolgt die Vollstreckung ohne vollstreckbare Ausfertigung ist das ein so schwerwiegender Mangel, dass die Vollstreckungsmaßnahme in entsprechender Anwendung des § 44 VwVfG unwirksam ist (s. vor §§ 704 ff Rz 14). Geltend gemacht werden kann das mit der **Erinnerung nach § 766.** Sie ist auch der statthafte Rechtsbehelf, wenn der GV die vollstreckbare Ausfertigung dem Schuldner oder Dritten anlässlich der Vollstreckung nicht vorlegt. Allerdings macht dieser Verfahrensfehler die Vollstreckungsmaßnahme nicht nichtig, sondern mit der Erinnerung anfechtbar. Außerdem ist eine Heilung des Fehlers durch nachträgliche Vorlage der vollstreckbaren Ausfertigung möglich. Entgegen § 755 4

S 2 ist der Umstand, dass ein Vollstreckungauftrag fehlt, schließlich ein Rügegrund nach § 766 (MüKoZPO/ *Heßler* § 755 Rn 14).

§ 756 Zwangsvollstreckung bei Leistung Zug um Zug. **(1) Hängt die Vollstreckung von einer Zug um Zug zu bewirkenden Leistung des Gläubigers an den Schuldner ab, so darf der Gerichtsvollzieher die Zwangsvollstreckung nicht beginnen, bevor er dem Schuldner die diesem gebührende Leistung in einer den Verzug der Annahme begründenden Weise angeboten hat, sofern nicht der Beweis, dass der Schuldner befriedigt oder im Verzug der Annahme ist, durch öffentliche oder öffentlich beglaubigte Urkunden geführt wird und eine Abschrift dieser Urkunden bereits zugestellt ist oder gleichzeitig zugestellt wird.**
(2) Der Gerichtsvollzieher darf mit der Zwangsvollstreckung beginnen, wenn der Schuldner auf das wörtliche Angebot des Gerichtsvollziehers erklärt, dass er die Leistung nicht annehmen werde.

1 **A. Ratio und Anwendungsbereich.** Die Vorschrift ist **mit § 726 II zusammen zu lesen**. Nach dieser Regelung muss zur Erteilung der Klausel grds nicht nachgewiesen werden, dass der Schuldner nur Zug um Zug gegen eine vom Gläubiger zu bewirkende Gegenleistung zur Leistung verpflichtet, bereits befriedigt ist oder sich im Verzug der Annahme befindet (s. § 726 Rz 8). Ob die Gegenleistung bereits erbracht oder jedenfalls angeboten wurde, wird also grds erst im Vollstreckungsverfahren geprüft (Ausnahme: Verurteilung zur Abgabe einer Willenserklärung nach § 894). Die ZPO differenziert insoweit nach der Zuständigkeit des jeweiligen Vollstreckungsorgans. Nach § 765 benötigt das Vollstreckungsgericht, das seine Vollstreckungsmaßnahmen »vom Schreibtisch« aus durchführt (Schuschke/Walker/*Walker* § 756 Rn 1), stets den Nachweis der Befriedigung oder des Annahmeverzugs des Schuldners nach § 298 BGB. § 756 gilt dagegen ausschließlich für die Vollstreckung, für die der GV funktionell zuständig ist und trägt den Besonderheiten der GV-Vollstreckung Rechnung. Der GV, der idR »vor Ort« vollstreckt, in dem er den Schuldner aufsucht, muss diesem dagegen die Gegenleistung des Gläubigers tatsächlich oder, soweit das materielle Recht dies zulässt, wörtlich anbieten. Die Regelung in Abs 2 dient der Erleichterung der Zwangsvollstreckung bei fehlender Annahmebereitschaft des Schuldners. Sie modifiziert § 295 S 1 BGB insoweit, als das wörtliche Angebot hier nicht zwingend der Leistungsverweigerung nachfolgt und der Gläubiger daher uU den Annahmeverzug nicht bereits im Prozess feststellen lassen kann. Um Missbrauch zu verhindern, ist eine restriktive Auslegung von Abs 2 geboten (Musielak/*Lackmann* § 756 Rn 1).

2 **B. Tatbestand. I. Zug um Zug Titel.** § 756 setzt die Vollstreckung aus einem Urt voraus, dessen Entscheidungsformel eine **Verurteilung zur Leistung Zug um Zug** gegen eine Gegenleistung explizit ausspricht. Nicht ausreichend ist, dass sich das Zurückbehaltungsrecht nur aus den Entscheidungsgründen oder gar aus weiteren Unterlagen entnehmen lässt (KG Rpfleger 00, 556). Auch wenn der Ausspruch der Verurteilung Zug um Zug rechtsfehlerhaft unterblieben ist, ist der Anwendungsbereich des § 756 nicht eröffnet (Stuttg DGVZ 80, 60). Das gilt auch, wenn es nur um die **Beitreibung eines Teilbetrags** geht (LG Wuppertal DGVZ 86, 90). Die Verurteilung Zug um Zug muss allerdings den **titulierten Hauptanspruch** betreffen. Bei der Vollstreckung eines Kostenfestsetzungsbeschlusses bleibt § 756 dagegen außer Betracht (MüKoZPO/*Heßler* § 756 Rn 10). Der Mehraufwand, der durch die Einschaltung des GV entstanden ist, kann aber nach § 788 beigetrieben werden (Hambg MDR 71, 145). Die Vorschrift ist schließlich auch dann nicht einschlägig, wenn es um die Vollstreckung eines Titels auf Zahlung gegen **Aushändigung eines Wechsels, Schecks oder einer anderen legitimierenden Urkunde** geht (zB nach Art 39, 50, 77 WG; Art 34, 37 ScheckG; §§ 785, 797, 808 II BGB, § 364 III HGB). Denn hier liegt keine Gegenleistung vor, sondern nur ein besonders ausgestaltetes Quittungsrecht. Gleichwohl ist die Urkunde zusammen mit dem Titel dem GV vorzulegen (BGHZ 177, 178, für eine Inhaberschuldverschreibung; *Fichtner* DGVZ 04, 1).

3 **II. Bestimmtheit der Gegenleistung des Gläubigers. 1. Anforderungen an die bestimmbare Gegenleistung.** Die Gegenleistung des Gläubigers muss dem Schuldner genauso offeriert werden, wie der Titel das vorgibt. Umstände, Listen, Verzeichnisse oder vergleichbare Unterlagen außerhalb des Vollstreckungstitels dürfen dagegen nicht berücksichtigt werden (KG NJW-RR 98, 424). Ist die Beschreibung der Gegenleistung im Titel zu unbestimmt (zB wenn sich die Höhe der Zahlungsverpflichtung im Titel nur aus einem noch einzuholenden Gutachten ergibt: Hamm MDR 10, 1086), besteht ein vAw zu beachtendes Vollstreckungsverbot (BVerfG NJW 97, 2167, 2168; BGH NJW 93, 3206, 3207; s. vor §§ 704 ff Rz 14), es sei denn der Schuldner hat die Leistung explizit als korrekt und komplett akzeptiert (Kobl OLGR 00, 520). Als **Faustre-**

gel lässt sich sagen, dass die Gegenleistung so (identifizierbar; Kobl OLGR 00, 529) **bestimmt** sein muss, dass sie selbst zum Gegenstand einer Leistungsklage gemacht werden könnte (BGH NJW 66, 1755; Köln NJW-RR 91, 383). Ob sie dieser Anforderung genügt, muss ggf durch **Auslegung** geklärt werden.

2. Einzelfälle. Ist Gegenstand der Zug um Zug zu erbringenden Gegenleistung des Gläubigers eine **Gattungsschuld**, muss es sich dabei um eine Sache mittlerer Art und Güte handeln. Bei einer **Stückschuld** ist die individuell bezeichnete Sache zu übereignen. So ist etwa die Verurteilung des Schuldners zur Zahlung Zug um Zug gegen Übertragung des Eigentums an einer beweglichen Sache grds so zu verstehen, dass als Angebot der Gegenleistung iSv § 756 nur das Angebot zur Übereignung unter Übergabe der Sache ausreicht, nicht aber das Angebot zur Abtretung eines Herausgabeanspruchs nach § 931 BGB (Köln Rpfleger 92, 727). Die Verurteilung des Bestellers zur Zahlung der Vergütung Zug um Zug gegen die Beseitigung der Mängel als Beispiel für die **Vollstreckung einer Handlung** bedeutet hingegen, dass der Unternehmer Vergütung für die Werkleistung nur gegen den Nachweis der erfolgten **Nachbesserung** verlangen und aus einem etwa erwirkten Zahlungstitel vollstrecken kann. Denn die Abnahme des Werks beseitigt die Vorleistungspflicht des Unternehmers. Ob ordnungsgemäß nachgebessert wurde, muss damit im Vollstreckungsverfahren geprüft werden (BGHZ 61, 42, 45 f). Der GV muss ggf einen Sachverständigen zur Klärung dieser Frage hinzuziehen (Celle NJW-RR 00, 828). Ermöglicht der Besteller die Mängelbeseitigung nicht, ist der Antrag des Auftragnehmers, »die Zwangsvollstreckung bis zu einer Höhe von ... Euro ohne die Beschränkung durch die Zug um Zug Leistung zu dulden« als Klage auf Feststellung auszulegen, dass der Auftragnehmer aus dem Zug um Zug Urt die Zwangsvollstreckung unbedingt betreiben darf (Brandbg BauR 06, 1507; *Pauly* DGVZ 07, 177). 4

III. Annahmeverzugbegründendes Angebot. 1. Eintritt und Prüfung des Annahmeverzugs durch den GV. Die Art und Weise, in der der GV dem Schuldner die Gegenleistung anbieten muss, um dessen Annahmeverzug zu begründen, richtet sich nach den §§ 293 ff BGB. Ob eine den Annahmeverzug ausschließende vorübergehende Annahmeverhinderung vorliegt, ergibt sich aus § 299 BGB. Der Schuldner kommt nicht in Annahmeverzug, wenn ihm die Gegenleistung des Gläubigers nicht zuvor angekündigt wurde (MüKoZPO/*Heßler* § 756 Rn 36), auch dann nicht, wenn er die Kosten des Rechtsstreits nicht begleicht. Denn die vom Schuldner an den Gläubiger zu erstattenden Kosten des Rechtsstreits gehören nicht zur Leistung des Schuldners, die Zug um Zug mit der Gegenleistung des Gläubigers zu erbringen sind (LG Hildesheim NJW 59, 537). Im Fall des Annahmeverzugs muss der Schuldner zur Leistung Zug um Zug verurteilt worden sein (MüKoZPO/*Heßler* § 756 Rn 30). In zeitlicher Hinsicht genügt es, wenn der Annahmeverzug eingetreten ist, bevor der Vollstreckungstitel geschaffen wurde (KG OLGZ 72, 481, 483 f = NJW 72, 2052). Der Schuldner kann mit der Erinnerung nach § 766 geltend machen, der Annahmeverzug sei nach dem Schluss der letzten mündlichen Verhandlung, aber vor dem Beginn der Vollstreckung wieder entfallen (St/J/*Münzberg* § 756 Rn 19). Besteht eine Vorleistungspflicht des Klägers, kann dieser nach Empfang der Gegenleistung auf Leistung klagen, wenn der andere Teil sich im Verzug der Annahme befindet, § 322 II BGB. Nach §§ 322 III, 274 II BGB ist dem Gläubiger eine Vollstreckung ohne Erbringung der Gegenleistung aber nur möglich, wenn der Annahmeverzug im Urt festgestellt worden ist (Musielak/*Lackmann* § 756 Rn 3). Ob Annahmeverzug eingetreten ist, das zu prüfen ist Aufgabe des GV, dem bei der Entscheidung dieser Frage kein Ermessensspielraum zusteht (Musielak/*Lackmann* § 756 Rn 8). 5

2. Tatsächliches Angebot nach Abs 1 oder wörtliches Angebot nach Abs 2. Nach §§ 294, 295 BGB ist zu ermitteln, ob das Angebot der Gegenleistung tatsächlich erfolgen muss oder ob ein wörtliches Angebot ausreicht (PWW/*Jud* § 294 Rn 1 ff, § 295 Rn 1 ff). Grds ist zum Eintritt des Annahmeverzugs ein **tatsächliches Angebot** zur richtigen Zeit, am korrekten Ort und in der rechten Weise erforderlich. Ein wörtliches Angebot genügt dagegen nur ausnahmsweise, nämlich dann, wenn sich aus dem Titel deutlich entnehmen lässt, dass der Schuldner die Gegenleistung beim Gläubiger abholen oder sonst bei ihrer Bewirkung mitwirken muss (Oldenbg JurBüro 91, 1553 f). Auch wenn der Schuldner dem Gläubiger schon im Vorfeld eindeutig und explizit erklärt hat, dass er die Leistung nicht annehmen werde, ist ein wörtliches Angebot nach § 295 BGB ausreichend (Schuschke/Walker/*Walker* § 756 Rn 5 mwN in Fn 12). Zur Abgabe eines **wörtlichen Angebots** muss der Gläubiger den GV beauftragt haben, wovon allerdings nach § 84 Nr 2 IV GVGA idR auszugehen ist. Abs 2 enthält insofern eine Erweiterung der Vollstreckungsmöglichkeit, als diese auch dann zulässig ist, wenn der Schuldner die Annahme der Gegenleistung erst zu Beginn des Vollstreckungsverfahrens auf das wörtliche Angebot des GV hin verweigert. Der **Verweigerung der Annahme der Gegenleistung** steht der Fall gleich, dass sich der Schuldner zwar mit einer Zug um Zug zu erbringenden Leistung 6 bereit erklärt, gleichzeitig aber die Erfüllung der ihm obliegenden Verpflichtung ablehnt. Ein vorheriges Angebot nach § 295 BGB ist dann nicht erforderlich (BGH Rpfleger 97, 221). Das wörtliche Angebot des GV und die ablehnende Erklärung des Schuldners müssen nach §§ 84 Nr 2 V GVGA, 762 II Nr 2 protokolliert werden. Ein nutzloses tatsächliches Angebot bleibt dem Gläubiger dadurch erspart (Schuschke/Walker/*Walker* § 756 Rn 6; *Gilleßen/Coenen* DGVZ 98, 167).

7 **3. Ordnungsgemäßes Angebot.** Ob die Gegenleistung des Gläubigers ordnungsgemäß angeboten wurde, hängt von ihrem Inhalt ab, den der GV selbstständig zu ermitteln hat. Denn die Prüfungskompetenz und die Prüfungspflicht (*Alff* Rpfleger 04, 159) im Hinblick auf das ordnungsgemäße Angebot der Zug um Zug Gegenleistung liegt nicht bei dem, der die Klausel erteilt hat, sondern beim Vollstreckungsorgan (Köln Rpfleger 97, 315; Hamm Rpfleger 83, 393 mit Anm *Münzberg* Rpfleger 84, 276). Rügt der Schuldner die mangelnde Ordnungsmäßigkeit der angebotenen Leistung, darf mit der Vollstreckung nicht begonnen werden, ohne dass der GV die Gegenleistung daraufhin überprüft hat (ThoPu/*Seiler* § 756 Rn 12). Beim **Angebot einer beweglichen Sache** muss besonders darauf geachtet werden, dass es den Anforderungen an die inhaltliche Bestimmtheit entspricht (s. Rz 3; ähnliches gilt für das **Angebot einer Handlung** s. Rz 4). Die möglichst genaue Bezeichnung der geschuldeten Sache im Titel muss dem GV die eigenverantwortliche (vgl § 84 Nr 2 II GVGA) Überprüfung der Identität des dort bezeichneten Gegenstands mit dem übergebenen ermöglichen (KG NJW-RR 94, 959). Der Umfang der Prüfungspflicht des GV ist in dem Fall streitig, dass die Gegenleistung in der Übereignung einer bestimmten Sache besteht und der Schuldner rügt, der angebotene Gegenstand habe sich seit der Übergabe an den Gläubiger aufgrund der ihm anhaftenden Mängel so verschlechtert, dass er ihn nicht mehr annehmen müsse. Nach hM hat der GV diese Rüge iRd § 756 nur zu berücksichtigen, wenn die Mängel zu einer Identitätsänderung der angebotenen Sache geführt haben (s. Rz 8). Lässt sich eine solche nicht feststellen, darf eine Vollstreckung nur stattfinden, wenn der Schuldner den angebotenen Gegenstand freiwillig als den aufgrund des Titels geschuldeten akzeptiert, was im Vollstreckungsprotokoll ausdrücklich zu vermerken ist (Schuschke/Walker/*Walker* § 756 Rn 7).

8 Besteht zwischen den Parteien Uneinigkeit über die Frage der **Identität der geschuldeten mit der angebotenen Sache**, muss der Gläubiger eine entsprechende Feststellungsklage erheben (LG Kleve NJW-RR 91, 704; LG Koblenz DGVZ 05, 76). Steht fest, dass Identität nicht (mehr) vorliegt, muss die Zwangsvollstreckung auch dann unterbleiben, wenn der Schuldner die Veränderung zu vertreten hat (str; LG Bonn DGVZ 83, 187; aA LG Itzehoe DGVZ 87, 43). Im Übrigen muss der Schuldner seine Einwendungen im Wege einer Vollstreckungsabwehrklage nach § 767 geltend machen (BGH MDR 05, 1311). Die Leistung einer mangelfreien Sache kann nur verlangt werden, wenn sich die Mangelfreiheit als Kriterium aus dem Titel entnehmen lässt (Musielak/*Lackmann* § 756 Rn 4). Der GV muss des Weiteren den Nachweis der Befriedigung des Schuldners anerkennen, wenn diese aus dem Urt ohne komplizierte rechtliche Überlegungen ersichtlich ist (BGH NJW 82, 1048, 1049).

9 Geht es um das **Angebot einer unbeweglichen Sache**, ist es ausreichend, wenn der Schuldner einen unter Wahrung einer angemessenen Frist festgesetzten Auflassungstermin vor dem Notar mitteilt. Bleibt der Schuldner diesem fern oder nimmt er – obgleich anwesend – das Angebot nicht an oder offeriert er vor der Annahme den von ihm abverlangten Kaufpreis nicht, begründet das den Annahmeverzug (BGHZ 116, 244, 250 = NJW 92, 556). Ist die **Abtretung einer Forderung** Inhalt der Gegenleistung des Gläubigers, ist die Übermittlung einer Erklärung des Gläubigers an den Schuldner durch den GV des Inhalts ausreichend, dass er die Forderung abtritt. Ob die Forderung besteht, wird dagegen im Vollstreckungsverfahren nicht geprüft (Schuschke/Walker/*Walker* § 756 Rn 9). Ist die geschuldete **Gegenleistung** dagegen eine **Geldzahlung**, gegen die der Gläubiger mit einem anderen Zahlungsanspruch aufrechnen möchte, muss der Schuldner nachweisen, dass die zur Aufrechnung gestellte Forderung tatsächlich existiert. Allein der Auftrag an den GV, ggü dem Schuldner die Aufrechnung zu erklären, genügt nicht. Allerdings lässt der bloße Ablauf einer Zahlungsfrist, in der die Gegenleistung zu erbringen war, eine Herausgabepflicht nicht entfallen, so dass der GV die Herausgabevollstreckung nicht allein aus diesem Grund ablehnen darf (LG Oldenburg DGVZ 10, 86, 87).

10 **IV. Urkundlicher Nachweis der Befriedigung oder des Annahmeverzugs des Schuldners. 1. Nachweisurkunden.** Ein tatsächliches oder wörtliches Angebot der Gegenleistung durch den GV ist nicht erforderlich, wenn dem GV die Befriedigung, der Annahmeverzug des Schuldners oder die Voraussetzungen des Abs 2 vom Gläubiger mit öffentlichen Urkunden oder öffentlich beglaubigten Privaturkunden nachgewiesen wurden. Taugliche Nachweisurkunde ist neben dem zu vollstreckenden auch ein weiteres Urt, aus dessen Tenor,

Tatbestand und den Entscheidungsgründen sich die **Befriedigung oder der Annahmeverzug »liquide«**, dh ohne komplizierte rechtliche Überlegungen für jeden klar **erkennbar** ergibt (BGH NJW 00, 2663, 2664; NJW 82, 1048, KG NJW-RR 91, 383; aA Musielak/*Lackmann* § 756 Rn 10: nur Ausspruch im Tenor oder den Gründen maßgebend). Das ist nicht der Fall, wenn der Gläubiger nach dem Tatbestand des Urteils den Antrag auf Verurteilung Zug um Zug gegen Erbringung einer Gegenleistung, der Schuldner aber einen Klageabweisungsantrag gestellt hat (hM; KG OLGZ 72, 481, 484; Frankf Rpfleger 79, 432). Auch ein Feststellungsurteil ist eine geeignete Nachweisurkunde, ebenso ein GV-Protokoll (MüKoZPO/*Heßler* § 756 Rn 48, 49), eine öffentlich beglaubigte Quittung des Schuldners oder ein Schein über die Hinterlegung unter Ausschluss der Rücknahme (St/J/*Münzberg* § 756 Rn 13). Die Nachweisurkunden müssen dem Schuldner bereits zugestellt sein oder spätestens zu Vollstreckungsbeginn zugestellt werden (MüKoZPO/*Heßler* § 756 Rn 51).

2. Gegenstand des Nachweises und Einzelfälle. Der Nachweis der Befriedigung des Schuldners muss sich auf die komplette und die nach dem Titel korrekte Befriedigung beziehen (Musielak/*Lackmann* § 756 Rn 9). Entbehrlich ist er, wenn ein **Geständnis des Schuldners iSd § 288** vorliegt, die Gegenleistung des Gläubigers erhalten zu haben (LG Stuttgart DGVZ 07, 69, 70). Das gilt auch bei einem Zugeständnis des Annahmeverzugs (Zö/*Stöber* § 756 Rn 9). Wenn bei einer Zug um Zug Verurteilung die Gegenleistung in der **Abtretung von Rechten** besteht, ist die Abtretung durch das GV-Protokoll als öffentliche Urkunde bewiesen, wenn sich daraus ergibt, dass der GV das privatschriftliche Abtretungsangebot dem Vollstreckungsschuldner vorgelegt hat. Einer öffentlichen oder öffentlich beglaubigten Urkunde über das Abtretungsangebot bedarf es dagegen nicht (Köln NJW-RR 91, 383). Bei einer Verurteilung des Schuldners Zug um Zug gegen Auflassung eines Grundstücks einen bestimmten Geldbetrag zu zahlen, gilt die zur Eigentumserklärung notwendige **Auflassungserklärung** mit der Rechtskraft des Urteils als erbracht (LG Koblenz DGVZ 89, 43). Bleibt der Schuldner in diesem Fall dem notariellen Auflassungstermin fern, begründet das den Annahmeverzug (s. Rz 9). Der Nachweis kann alternativ durch die Zustellung der Terminsbenachrichtigung und Verhandlungsniederschrift oder einer notariellen Zeugnisurkunde über das Fehlschlagen des Beurkundungstermins geführt werden (Musielak/*Lackmann* § 756 Rn 10). Scheitert der urkundliche Nachweis, etwa weil der Schuldner die Leistung nicht in Erfüllung der Zug um Zug bestehenden Verbindlichkeit erlangt hat und ihm die **Gegenleistung** daher **nicht möglich** ist, muss er bei unverschuldeter Unmöglichkeit noch einmal auf Leistung ohne Gegenleistung (Celle DGVZ 58, 186) oder ggf auf Feststellung des Eintritts der Vollstreckungsvoraussetzungen klagen (Kobl Rpfleger 93, 28). Das ist freilich nur möglich, wenn die Unmöglichkeit der Gegenleistung nicht bereits im Vorprozess hätte vorgetragen werden können (BGH NJW 92, 1172). 11

V. Rechtsfolgen bei Verstoß und Rechtsbehelfe. Verstöße gegen § 756 führen nicht zur Unwirksamkeit, sondern nur zur Anfechtbarkeit der Vollstreckungsmaßnahme (Übersicht über die Rechtsbehelfe bei *J. Kaiser* NJW 10, 2330). Der **Gläubiger** kann gegen die Ablehnung der Vollstreckung auf Grundlage des § 756 mit der **Erinnerung nach § 766 II** vorgehen. Das Vollstreckungsgericht entscheidet dabei eigenständig über das Vorliegen eines Erinnerungsgrundes, nicht etwa nur über die Einhaltung der Ermessensgrenzen des GV. Denn ein Ermessen steht diesem gar nicht zu (Musielak/*Lackmann* § 756 Rn 11). Jedoch ist ihm eine Auslegung des Vollstreckungstitels nicht gestattet, wenn dadurch über den im Titel enthaltenen materiellen Anspruch des Gläubigers entschieden würde (LG Bonn NJW 63, 56). In Ausnahmefällen kommt statt der Erinnerung auch eine **Klage auf Feststellung der Befriedigung oder der Ordnungsmäßigkeit der Gegenleistung** in Betracht (BGH MDR 77, 133; s.a. Rz 11 aE). Der Schuldner kann sich gegen die Vollstreckung nach § 756 mit der Erinnerung nach § 766 wehren und vortragen, dessen Voraussetzungen lägen nicht vor, zB weil ihm nicht die ihm gebührende Leistung angeboten worden sei oder aus einem anderen Grunde kein Annahmeverzug vorliege. Auch wird er iRd Erinnerung mit dem Einwand gehört, die Urkunden seien nicht formgerecht, es läge keine Zustellung vor, oder sie erbrächten nicht den Nachweis der Befriedigung oder des Annahmeverzugs des Schuldners (MüKoZPO/*Heßler* § 756 Rn 58). Mit der Erinnerung kann allerdings die Mängelbehaftetheit einer Sache nicht gerügt werden (s. Rz 8). Insoweit kommt die **Vollstreckungsgegenklage** in Betracht (MüKoZPO/*Heßler* § 756 Rn 60). Das gilt auch für die Geltendmachung weiterer Zurückbehaltungsgründe in dem Fall, dass die Zwangsvollstreckung von einer Zug um Zug zu bewirkenden Leistung des Gläubigers abhängt und dieser wegen Bewirkung auf Duldung der Zwangsvollstreckung schlechthin klagt (BGH NJW 62, 2004). Hängt die Zwangsvollstreckung dagegen von einer Zug um Zug zu erbringenden Nachbesserungsleistung des Gläubigers ab (s. Rz 4), ist die Erinnerung nach § 766 der statthafte Rechtsbehelf (KG NJW-RR 89, 638). 12

§ 757 Übergabe des Titels und Quittung. **(1) Der Gerichtsvollzieher hat nach Empfang der Leistungen dem Schuldner die vollstreckbare Ausfertigung nebst einer Quittung auszuliefern, bei teilweiser Leistung diese auf der vollstreckbaren Ausfertigung zu vermerken und dem Schuldner Quittung zu erteilen.**

(2) Das Recht des Schuldners, nachträglich eine Quittung des Gläubigers selbst zu fordern, wird durch diese Vorschriften nicht berührt.

1 **A. Ratio und Anwendungsbereich.** § 757 soll den Schuldner vor erneuten Vollstreckungsmaßnahmen schützen, nachdem die Vollstreckungsforderung durch den Gerichtsvollzieher im Wege der Zwangsvollstreckung oder durch Entgegennahme freiwilliger Leistungen bereits beigetrieben worden ist (Celle FGPrax 09, 278; St/J/*Münzberg* § 757 Rn 2). Die Vorschrift ist nur auf die Vollstreckung durch den GV anwendbar und gilt sowohl für Zahlungstitel als auch für solche auf Herausgabe von Sachen (ThoPu/*Seiler* § 757 Rn 1). Sie knüpft, was die Auslieferung der vollstreckbaren Ausfertigung anbelangt, an § 754 an (s. § 754 Rz 5) und an § 775 Nr 4, soweit es um die Quittierung von beigetriebenen Leistungen geht (Schuschke/Walker/*Walker* § 757 Rn 1). § 757 ist auf die insolvenzrechtlichen Vollstreckungstitel nach §§ 201 II, 257 InsO entsprechend anwendbar (MüKoZPO/*Heßler* § 757 Rn 42 f).

2 **B. Tatbestand. I. Empfang der vollständigen Leistung. 1. Begriff und Prüfung der Vollständigkeit der Leistung.** Von Amts wegen darf der GV die vollstreckbare Ausfertigung dem Schuldner, ohne dass dazu die Zustimmung des Gläubigers erforderlich ist (MüKoZPO/*Heßler* § 757 Rn 4), nur dann aushändigen, wenn dieser vollständig geleistet hat. Eine vollständige Leistung liegt vor, wenn der Gläubiger wegen des gesamten Vollstreckungsanspruchs, so wie er sich aus Titel und Klausel ergibt, Befriedigung erlangt hat (Musielak/*Lackmann* § 757 Rn 2), wobei diese namentlich bei Leistung unter dem Druck der Vollstreckung und Rückforderungsvorbehalt nicht notwendig identisch ist mit dem materiellrechtlichen Erfüllungseintritt (Schuschke/Walker/*Walker* § 757 Rn 1). Leistet der Schuldner freiwillig (s. Rz 1), muss das **ohne Bedingung und Vorbehalt** geschehen. Ob eine vollständige Leistung idS vorliegt, muss der GV vor Herausgabe der vollstreckbaren Ausfertigung selbstständig prüfen. Händigt der GV dem Schuldner die vollstreckbare Ausfertigung aus, obwohl noch eine Restforderung offen steht, kann dieser eine Zweitausfertigung nach § 733 verlangen (Hamm Rpfleger 79, 431).

3 **2. Vollständige Leistung bei Zahlungs- und Herausgabetiteln.** Bei **Herausgabetiteln** muss der GV an der nach dem Titel geschuldeten Sache Besitz begründen. Richtet sich der Vollstreckungsanspruch auf **Zahlung eines Geldbetrags**, ist die Begleichung der Hauptforderung sowie aller titulierten Nebenforderungen erforderlich. Dazu zählen auch die **Kosten der Vollstreckung** nach § 788, nicht aber diejenigen **Prozesskosten**, die aus einem eigenständigen Kostenfestsetzungsbeschluss beigetrieben werden. Hier muss die vollständige Erbringung der Leistung jeweils getrennt ermittelt werden (anders bei Vollstreckungsbescheiden nach § 699 III und Kostenfestsetzungsbeschlüssen nach §§ 105, 795a; AG Limburg DGVZ 84, 93; Musielak/*Lackmann* § 757 Rn 4). Ist die vollständige Leistung zweifelhaft, was insb bei der Beitreibung einer **Restschuld** oder bei vollständiger Erfüllung trotz Antrags auf **Teilvollstreckung** der Fall ist, ist der GV gehalten, vor der Aushändigung der vollstreckbaren Ausfertigung mit dem Gläubiger Rücksprache zu nehmen (MüKoZPO/*Heßler* § 757 Rn 8). Nur wenn der Gläubiger in seinem Vollstreckungsauftrag die beizutreibende Summe ausschließlich als Restforderung ausgewiesen hat, muss der GV den Vollstreckungstitel dem Schuldner nach der Beitreibung des Betrags aushändigen (Musielak/*Lackmann* § 757 Rn 3). Bei erzwungener oder freiwilliger Leistung auf ein **vorläufig vollstreckbares Urteil** besteht die Herausgabepflicht auch dann, wenn die materiellrechtliche Tilgungswirkung der Leistung bis zur Rechtskraft hinausgeschoben ist (s. Rz 2; § 708 Rz 3). Erfolgt die Leistung durch **Übergabe eines Schecks**, darf die vollstreckbare Ausfertigung dem Schuldner erst dann ausgehändigt werden, wenn der Scheckbetrag auf dem Dienstkonto des GV (§ 73 GVO) eingegangen, bei Einlösung eine Barschecks an den GV ausgezahlt oder wenn der Gläubiger der Aushändigung des Titels zugestimmt hat (§ 106 Nr 3 GVGA). Bei **unmittelbarer Leistung des Gläubigers an den Schuldner** oder dessen Prozessbevollmächtigten ist § 757 I nur dann einschlägig, wenn die Aushändigung des Titels mit ausdrücklicher Zustimmung des Gläubigers erfolgt (vgl § 106 Nr 3 S 3 GVGA). Erfolgt die Leistung dagegen in Anwesenheit des GV, ist sie eine iSd Vorschrift (St/J/*Münzberg* § 757 Rn 2; aA Zö/*Stöber* § 757 Rn 5).

4 **3. Vollständige Leistung eines Dritten.** Die Aushändigung des Titels hat auch dann zu erfolgen, wenn nicht der Schuldner, sondern eine dritte Person vollständig an den GV geleistet hat, es sei denn, diese

widerspricht dem (MüKoZPO/*Heßler* § 757 Rn 14f), etwa weil die Forderung nach §§ 268 III, 412, 402, 774 BGB durch die Leistung auf ihn übergegangen ist. Der Titel muss in diesem Fall nach § 727 auf den Dritten umgeschrieben werden, verbraucht ist er also nicht. Die Voraussetzungen der Titelumschreibung darf der GV nicht prüfen (Musielak/*Lackmann* § 757 Rn 5; s. § 726 Rz 10; § 727 Rz 19). Eine Aushändigung des Titels an den Dritten kommt unabhängig vom Einverständnis des Schuldners nur in Betracht, wenn der Gläubiger dem zugestimmt hat. Einen Streit über die Herausgabe des Titels darf der GV nicht selbst entscheiden. Vielmehr muss er bis zu dessen Beilegung den Titel bei seinen Dienstakten verwahren oder ihn hinterlegen (St/J/*Münzberg* § 757 Rn 3; Zö/*Stöber* § 757 Rn 6).

4. Schuldnermehrheit. Lautet der Schuldtitel auf mehrere Schuldner, muss für den Empfang der vollständigen Leistung nach § 757 danach unterschieden werden, ob es um Teil-, Gesamt- oder Gesamthandsschulden geht. Handelt es sich um eine **Mehrheit von Teilschuldnern** iSv § 420 BGB, wird demjenigen, der zuletzt leistet, die vollstreckbare Ausfertigung des gesamten Titels ausgehändigt, weil er die Leistung vollständig erbracht und dadurch der Verbrauch des Titels eingetreten ist. Vorherige Teilleistungen anderer Teilschuldner werden auf dem Titel vermerkt und ihr Anteil quittiert (MüKoZPO/*Heßler* § 757 Rn 18). Existiert gegen jeden Teilschuldner eine besondere Ausfertigung, erfolgt deren Aushändigung an denjenigen, der seinen Teil geleistet hat (Musielak/*Lackmann* § 757 Rn 6). Leistet einer von mehreren **Gesamtschuldnern** nach § 421 BGB auf die gesamte Schuld, wird ihm die vollstreckbare Ausfertigung ausgehändigt. Existieren vollstreckbare Ausfertigungen auch gegen den oder die anderen Gesamtschuldner, sind diese mit der Zahlung des leistenden Gesamtschuldners nicht verbraucht, weil sie sich nicht gegen diesen als Schuldner richten. Um eine doppelte Vollstreckung zu vermeiden, haben die anderen Gesamtschuldner die Klage nach § 767. Der leistende Gesamtschuldner kann den Titel wegen seines Ausgleichsanspruchs aus § 426 II BGB nach § 727 auf sich umschreiben lassen und zu diesem Zweck herausverlangen, wenn der Gläubiger dem zustimmt (Frankf MDR 82, 934). Bei **teilweisen Leistungen** der einzelnen Gesamtschuldner, die sich zu einer vollständigen Leistung addieren, werden diese auf dem Titel vermerkt und in der jeweiligen Höhe quittiert. Eine Aushändigung des Titels erfolgt nur, wenn sich die Gesamtschuldner dazu auf einen von ihnen verständigen können. Sonst muss der GV den Titel nach § 106 Nr 4 GVGA zu seinen Akten nehmen (Zö/*Stöber* § 757 Rn 7). Sofern nicht einer von mehreren **Schuldnern zur gesamten Hand** zur Entgegennahme des Titels für alle ermächtigt ist, händigt der GV diesen nach dem Empfang der vollständigen Leistung nur allen zusammen aus. Sonst bleibt der Titel bei den Dienstakten des GV in Verwahrung (Musielak/*Lackmann* § 757 Rn 6 aE). 5

II. Empfang von Teilleistungen. Abweichend von § 266 BGB muss der GV (insb freiwillige, aber auch zwangsweise beigetriebene) Teilleistungen des Schuldners annehmen. Im Hinblick auf den noch ausstehenden Betrag sind Vollstreckungsauftrag und Vollstreckungstitel nicht verbraucht, so dass eine Aushändigung des Titels an den Schuldner nicht in Betracht kommt. Um eine doppelte Vollstreckung gegen den Schuldner zu vermeiden, muss die Teilleistung in Höhe des gezahlten Betrags auf der vollstreckbaren Ausfertigung vermerkt und quittiert werden. Aus dem **Vermerk** ergibt sich nur die gezahlte Teilsumme, die nicht nach Haupt- und Nebenforderung ausgewiesen ist (LG Bad Kreuznach DGVZ 91, 117; LG Lüneburg DGVZ 81, 116), bei Unterhaltstiteln aber das Zeitfenster enthält, für das die Teilzahlung erfolgte (LG Berlin DGVZ 69, 132). Wird eine **Teilleistung auf die Prozesskosten** erbracht, ist diese auf der Ausfertigung des Urteils zu vermerken, wenn es sich um einen Kostenfestsetzungsbeschluss handelt, der auf die Entscheidung gesetzt ist (vgl §§ 105, 795a), sonst auf der Ausfertigung des selbstständigen Kostenfestsetzungsbeschlusses nach § 794 I Nr 2 (Musielak/*Lackmann* § 757 Rn 8). Wurde ein **Teilbetrag auf die Vollstreckungskosten** gezahlt, muss ein entsprechender Vermerk auf der Ausfertigung des Vollstreckungstitels angebracht werden (Zö/*Stöber* § 757 Rn 8). Nach einer vom Gläubiger wegen einer Teilforderung beantragten erfolgreichen **Teilvollstreckung** (s. Rz 3) scheidet eine Aushändigung des Titels an den Schuldner aus. Er erhält nur eine Quittung über den gezahlten Betrag (MüKoZPO/*Heßler* § 757 Rn 36). Der GV reicht den Titel mit dem Vermerk über den gezahlten Teilbetrag an den Gläubiger zurück, weil noch ein Teil des Vollstreckungsanspruchs offensteht. 6

C. Quittierung der empfangenen Leistung. Der GV hat dem Schuldner über jede zwangsweise beigetriebene oder freiwillig entgegengenommene (Teil-)Leistung eine Quittung auszustellen. Das geschieht stets in einer gesonderten Urkunde, die mit dem Titel nicht identisch ist (Schuschke/Walker/*Walker* § 757 Rn 3). Soweit nicht das Gesetz eine besondere Quittungsart vorschreibt (zB in Art 39 I, 50 I WG, 34, 47 ScheckG), bestimmt der GV deren Inhalt und Form nach eigenem pflichtgemäßen Ermessen. Zur ordnungsgemäßen 7

Quittierung gehört die Übergabe des Originals der Quittung. Bei ihr handelt es sich um eine **öffentliche Urkunde**, die den Voraussetzungen des § 775 Nr 4 genügt. Die Erteilung einer Quittung für den Schuldner bedeutet nicht den Verlust seines materiellrechtlichen Anspruchs auf eine Quittung des Gläubigers nach § 368 BGB. Allerdings ergibt sich daraus **kein Zurückbehaltungsrecht** ggü dem Vollstreckungsanspruch (Zö/*Stöber* § 757 Rn 11). Quittungskosten sind Zwangsvollstreckungskosten, die der Schuldner vor Auslieferung des Titels vorzuleisten hat (Schuschke/Walker/*Walker* § 757 Rn 6).

8 **D. Rechtsbehelfe.** Lehnt der GV die Aushändigung des Titels oder die Erteilung einer Quittung ab, verweigert er diese oder den Vermerk von Teilleistungen auf dem Titel (s. Rz 6), ist die **Erinnerung nach § 766** statthaft. Sobald der Titel dem Schuldner übergeben wurde, ist die Zwangsvollstreckung beendet, so dass das Rechtsschutzbedürfnis für einen vollstreckungsrechtlichen Rechtsbehelf fehlt (Schuschke/Walker/*Walker* § 757 Rn 5). Bei nicht rechtmäßiger Aushändigung des Titels kann der Gläubiger eine neue Ausfertigung nach § 733 verlangen oder die Restleistung einklagen (Musielak/*Lackmann* § 757 Rn 10). Materiellrechtlich kann sich der Schuldner ggü dem Gläubiger, der nach vollständiger Leistung iSv § 757 noch im Besitz des Titels ist, gegen eine erneute Vollstreckung mit der **Vollstreckungsabwehrklage nach § 767** zur Wehr setzen, die er mit dem Anspruch auf **Herausgabe des Titels in entsprechender Anwendung des § 371 BGB** kombinieren kann (BGHZ 127, 146 = NJW 94, 3225; BGH NJW 94, 1161, 1162; Köln KTS 84, 318 mit Anm *Münzberg* KTS 84, 193).

§ 758 Durchsuchung; Gewaltanwendung.

(1) Der Gerichtsvollzieher ist befugt, die Wohnung und die Behältnisse des Schuldners zu durchsuchen, soweit der Zweck der Vollstreckung dies erfordert.

(2) Er ist befugt, die verschlossenen Haustüren, Zimmertüren und Behältnisse öffnen zu lassen.

(3) Er ist, wenn er Widerstand findet, zur Anwendung von Gewalt befugt und kann zu diesem Zweck die Unterstützung der polizeilichen Vollzugsorgane nachsuchen.

1 **A. Ratio und Anwendungsbereich.** Die Regelung ist die gesetzliche Ermächtigungsgrundlage für die Durchsuchung als Zwangseingriff des GV gegen die Wohnung und Behältnisse des Schuldners (Abs 1, 2) sowie die Befugnis zur Gewaltanwendung bei Widerstand gegen dessen Person (Abs 3; MüKoZPO/*Heßler* § 758 Rn 1; *Behr* NJW 92, 2125). In bestimmten Fällen müssen zusätzlich zu den Voraussetzungen des § 758 die des § 758a vorliegen. Soweit es um die Vollstreckung in dessen Wohnung geht und eine Einwilligung des Schuldners dazu nicht erteilt wurde, muss diese zusätzlich den Anforderungen des § 758a I bis III, V genügen; bei einer Vollstreckung zur Nachtzeit oder an Sonn- und Feiertagen kommt auch § 758a IV zur Anwendung (Schuschke/Walker/*Walker* § 758 Rn 1). Der Vollstreckungszugriff darf dann ohne richterliche Durchsuchungsanordnung nicht stattfinden und regelt auch die Duldungspflicht Dritter. Wenn dagegen außerhalb der Wohnung des Schuldners vollstreckt wird oder § 758a II einschlägig ist, richten sich die Befugnisse des GV unmittelbar nach § 758. Die Vorschrift gilt für jede Art der Zwangsvollstreckung durch den GV, mithin neben der Pfändung von beweglichen Sachen für die Herausgabevollstreckung bei beweglichen (§§ 883, 884) und unbeweglichen Sachen (§ 885) sowie für die Verhaftung des Schuldners nach § 909 (ThoPu/*Seiler* § 758 Rn 1).

2 **B. Tatbestand. I. Durchsuchung von Wohnung und Behältnissen des Schuldners (Abs 1). 1. Begriff der Durchsuchung.** Nach der Definition, die das BVerfG für Art 13 II GG geprägt hat, bezeichnet Durchsuchen das ziel- und zweckgerichtete Suchen staatlicher Organe nach Personen oder Sachen oder zur Ermittlung eines Sachverhalts, um etwas aufzuspüren, was der Inhaber der Wohnung freiwillig nicht offen legen oder herausgeben möchte (BVerfGE 51, 97, 106 f = NJW 79, 1539). Ist der GV zur Durchsuchung befugt, beinhaltet diese das Recht, die Wohnung zu betreten (Schuschke/Walker/*Walker* § 758 Rn 2) und dort Handlungen vorzunehmen (BVerfG NJW 87, 2499). Um eine Durchsuchung handelt es sich nicht, wenn dem GV der Zutritt zur Wohnung vom Schuldner aus freien Stücken erlaubt worden ist (Musielak/*Lackmann* § 758 Rn 3), ebenso wenig, wenn der GV im Erinnerungsverfahren angewiesen wurde, die Vollstreckung durchzuführen (KG DGVZ 83, 72). Wohl aber liegt eine Durchsuchung vor, wenn Vollstreckungsorgane eine Wohnung betreten, um dort dem Inhaber der Wohnung ein Kind wegzunehmen (BVerfG NJW 00, 943). Nicht nur das Betreten der Wohnung zum Zwecke der Pfändung, sondern auch das zur Abholung der gepfändeten Sache ist eine Durchsuchung (VG Köln NJW 77, 825). Verschafft sich der GV zwangsweise Zutritt zur Wohnung des Schuldners, um dort den Gas- oder Stromzähler abzuschalten, wird nicht nach

etwas gesucht. Soweit Art 13 I GG eine richterliche Gestattung verlangt, ist diese in einem gegen den Schuldner gerichteten Zutrittstitel inbegriffen (BGH NJW 06, 3352; *Scheidacker* NZM 07, 591; s. § 758a Rz 7). Die Durchsuchung der Wohnung nach § 758 muss dem **Grundsatz der Verhältnismäßigkeit** genügen (s. § 758a Rz 4; LG Hannover Rpfleger 95, 471). Regelmäßig ist die Wohnungsdurchsuchung auch wegen der Vollstreckung einer geringfügigen Forderung zulässig (LG Konstanz NJW 80, 297; aA LG Hannover, NJW-RR 86, 1256; s. § 758a Rz 4). Zur Verhältnismäßigkeit der Anwesenheit des Gläubigers während der Durchsuchung s. § 758a Rz 13.

2. Gegenstände der Durchsuchung. a) Wohnung. aa) Weiter Wohnungsbegriff. § 758 I erlaubt dem GV 3 die Durchsuchung von Behältnissen und der Wohnung des Schuldners. Der Begriff der Wohnung nach dieser Vorschrift entspricht dem in Art 13 I GG, § 758a. Er ist **weit auszulegen** (BVerfGE 32, 54 = NJW 71, 2299) und umfasst sämtliche Räumlichkeiten, die von ihrem Inhaber häuslichen oder beruflichen Zwecken gewidmet sind. »Wohnung« idS sind auch Arbeits-, Betriebs- und Geschäftsräume (BVerfGE 97, 228, 265; Hambg NJW 84, 2898). Sie müssen sich nicht zwingend in unmittelbarem räumlichem Zusammenhang mit den privaten Wohnräumen befinden. Es genügt auch, wenn sie in reinen Geschäftshäusern oder auf einem ausschließlich industriell genutzten Grundstück belegen sind. Auch Hof und Garten des Schuldners können durchsucht werden (Schuschke/Walker/*Walker* § 758 Rn 3), ebenso Nebenräume zur Wohnung, Wohnwagen, Hausboote und Zimmer in Hotels. PKWs und verlassene Räume sind dagegen keine Wohnung iSd Vorschrift (Musielak/*Lackmann* § 758 Rn 2). Auch die **Taschenpfändung** ist keine Durchsuchung iSv § 758 I (s. § 758a Rz 2).

bb) Gewahrsamsverhältnisse an der Wohnung. Auch wenn die Voraussetzungen des § 758a gegeben sind, 4 gestattet § 758 nur die Durchsuchung der **Wohnung des Schuldners**, nicht die dritter Personen. Unproblematisch ist das, wenn die Wohnung im unmittelbaren Besitz des Schuldners ist (Musielak/*Lackmann* § 758 Rn 4). Besteht ein **Mitgewahrsam Dritter** an der Wohnung des Schuldners, gibt § 758 zum einen eine Befugnis des GV, diese zu betreten, sich durch den Raum des fremden Gewahrsams hindurch zu begeben, um zu einem anderen zu gelangen, und zum anderen gemeinsam bewohnte Räume zu durchsuchen (St/J/*Münzberg* § 758 Rn 4). Unter den Voraussetzungen des § 758a III sind dritte Personen zur Duldung der Durchsuchung gehalten (Schuschke/Walker/*Walker* § 758 Rn 3). Zur Frage, ob auch gegen Dritte eine richterliche Durchsuchungsanordnung erforderlich ist, wenn deren Voraussetzungen nicht vorliegen, s. § 758a Rz 9. Räume, die dritten Personen zwar gehören, an denen aber **Alleingewahrsam des Schuldners** besteht, dürfen vom GV betreten und durchsucht werden, weil die Vollstreckung gegen den Schuldner grds überall dort stattfinden kann, wo er angetroffen wird. Insoweit besteht auch ein Verfolgungsrecht des GV dorthin, wo der Schuldner alleinigen Gewahrsam an Räumen oder Sachen hat, in die vollstreckt werden kann (Musielak/*Lackmann* § 758 Rn 5). Der GV ist daher im letzten Fall auch zum Betreten von **Wohnungen dritter Personen** befugt, vorausgesetzt tatsächliche Anzeichen ergeben, dass sich in diesen Räumen Sachen befinden, an denen der Schuldner die alleinige Sachherrschaft ausübt (St/J/*Münzberg* § 758 Rn 5). Zum Erfordernis einer richterlichen Durchsuchungsanordnung gegen den Wohnungsinhaber s. § 758a Rz 9.

b) Behältnisse. Behältnisse sind Räume, die zur Aufbewahrung von Sachen bestimmt sind, die sich aber 5 im Unterschied zu Wohn-, Arbeits- und Geschäftsräumen nicht dazu eignen, dass Menschen sie betreten (MüKoZPO/*Heßler* § 758 Rn 3). Gängige Beispiele sind Schränke, Koffer, Kassetten, Truhen, Umschläge, Taschen oder Kleidungsstücke (Schuschke/Walker/*Walker* § 758 Rn 4). Ist der GV nach § 758a zur Wohnungsdurchsuchung befugt, ist ihm auch die Durchsuchung der darin befindlichen Behältnisse gestattet, ohne dass eine weitere Erlaubnis vonnöten ist. Das gilt auch für solche Behältnisse, an denen der Schuldner in seiner Wohnung zusammen mit anderen Personen (Familienangehörigen, Mitbewohnern, Arbeitskollegen) unmittelbaren Mitbesitz und Mitgewahrsam hat. Der GV darf sie auch gegen den Willen der unmittelbaren Mitbesitzer öffnen und durchsuchen (St/J/*Münzberg* § 758 Rn 6). Deren Duldungspflicht ergibt sich aus § 758a III. Außerhalb der Wohnung des Schuldners ist zur Durchsuchung von dessen Behältnissen keine richterliche Anordnung erforderlich, so zB für die Durchsuchung seines PKWs oder für die Vornahme einer Taschenpfändung (Hambg NJW 84, 2898; Köln OLGZ 80, 352). Besteht dagegen an dem Behältnis Allein- oder Mitgewahrsam eines Dritten, ist dem GV die Durchsuchung selbst dann nicht gestattet, wenn es Anzeichen dafür gibt, dass die Sachen im Behältnis solche sind, die im Alleingewahrsam des Schuldners stehen (Kasse des Automaten in einer Gastwirtschaft, zu der der Schuldner allein den Schlüssel hat; Oldenbg DGVZ 90, 237; LG Aurich NJW-RR 91, 192).

6 **II. Öffnung verschlossener Türen und Behältnisse (Abs 2).** Eine zusätzliche Erlaubnis zur zwangsweisen Öffnung verschlossener Haus- und Zimmertüren sowie Behältnisse auch gegen den Willen des Schuldners muss der GV nach Abs 2 dann nicht einholen, wenn er aufgrund richterlicher Anordnung bereits zur Durchsuchung befugt ist (Ddorf NJW 80, 485). Grds soll das dem Schuldner vor deren gewaltsamen Öffnung nach § 107 Nr 7 GVGA schriftlich angekündigt werden (Ausnahme: Eilfälle oder bei sonstiger Gefährdung des Vollstreckungszwecks; MüKoZPO/*Heßler* § 758 Rn 8). Verhältnismäßig sind die Maßnahmen nicht, wenn eine Beschädigung mit ihr einhergeht und die Vollstreckungsmaßnahme entweder auch ohne die gewaltsame Öffnung effektiv durchgeführt werden kann oder die Beschädigung verglichen mit dem Vollstreckungsbetrag nicht im Verhältnis steht (BGH NJW 57, 544). Stets hat die Öffnung schonend zu erfolgen, also idR durch einen professionellen Schlüsseldienst (Musielak/*Lackmann* § 758 Rn 7). Wurden die Türen oder das Behältnis nach diesen Grundsätzen geöffnet, kann der Schuldner keinen Schadensersatz verlangen (Schuschke/Walker/*Walker* § 758 Rn 16). Denn es handelt sich um die hinzunehmende Folge einer rechtmäßigen Vollstreckung (MüKoZPO/*Heßler* § 758 Rn 12).

7 **III. Anwendung von Gewalt (Abs 3).** Widersetzt sich der Schuldner oder ein Dritter der Durchsuchung oder will er mit Gewalt die Vollstreckung verhindern, darf der GV den Widerstand mit Gewalt neutralisieren. **Widerstand** ist nach § 108 Nr 3 GVGA jedes Verhalten, das zu der Annahme Anlass gibt, die Zwangsvollstreckung werde sich nicht ohne die Anwendung von Gewalt durchführen lassen. Bereits die Drohung mit Gewalt kann Widerstand idS sein (Schuschke/Walker/*Walker* § 758 Rn 7). Widerstand kann sowohl vom Schuldner, als auch von einem Dritten geleistet werden, der sich gegen die Vollstreckung gegen den Schuldner mit Gewalt wendet. Ein Ausnahme gilt für Gewahrsamsinhaber, die ihr Widerspruchsrecht nach §§ 809, 886 ausüben (Musielak/*Lackmann* § 758 Rn 8). Der GV darf Gewalt nur zur Überwindung des Widerstands gegen die Vollstreckung ausüben, im Einzelfall aber nach dem eigenen pflichtgemäßen Ermessen. Darunter fällt auch die Entscheidung, sich polizeilicher Amtshilfe zu versichern, die die Polizei dem GV leisten muss (MüKoZPO/*Heßler* § 758 Rn 20 f; *Beninghaus* LKV 09, 202, zur Amtshilfe bei der Räumung besetzter Häuser). Für die Vollstreckungsmaßnahme und deren Rechtmäßigkeit bleibt der GV allerdings verantwortlich.

8 **IV. Rechtsfolgen bei Verstoß, Rechtsbehelfe und Kosten/Gebühren.** Verstöße gegen § 758 haben nicht die Unwirksamkeit der Vollstreckungsmaßnahme zur Folge. Sie hindern auch die Entstehung eines **Pfändungspfandrechts** nach §§ 803, 804 nicht (s. vor §§ 704 ff Rz 15; § 758a Rz 16; aA Musielak/*Lackmann* § 758 Rn 9). Im Fall der vollständigen oder teilweisen Ablehnung der Durchsuchung durch den GV hat der Gläubiger dagegen die Erinnerung nach § 766, ebenso der Schuldner, wenn er sich gegen die Durchsuchung, die Anwendung von Gewalt oder gegen andere Ereignisse zur Wehr setzen möchte, die anlässlich des Eindringens in seine Wohnung vorgekommen sind. Das gilt auch für Dritte, die sich hierdurch in eigenen Rechten verletzt fühlen (Schuschke/Walker/*Walker* § 758 Rn 15). Haben die Rechtsbehelfe Erfolg, sind die durchgeführten Vollstreckungsmaßnahmen für unzulässig zu erklären und vom GV aufzuheben (Zö/*Stöber* § 758a Rn 40). Entstehen durch das Vorgehen des GV nach § 758 **Kosten**, handelt es sich dabei um solche der Zwangsvollstreckung nach § 788. **Auslagen** des GV, zB Aufwendungen zur Öffnung von Türen oder Behältnissen, werden nach Nr 704 des Kostenverzeichnisses zum GvKostG liquidiert.

§ 758a Richterliche Durchsuchungsanordnung; Vollstreckung zur Unzeit.

(1) [1]Die Wohnung des Schuldners darf ohne dessen Einwilligung nur auf Grund einer Anordnung des Richters bei dem Amtsgericht durchsucht werden, in dessen Bezirk die Durchsuchung erfolgen soll. [2]Dies gilt nicht, wenn die Einholung der Anordnung den Erfolg der Durchsuchung gefährden würde.

(2) Auf die Vollstreckung eines Titels auf Räumung oder Herausgabe von Räumen und auf die Vollstreckung eines Haftbefehls nach § 901 ist Absatz 1 nicht anzuwenden.

(3) [1]Willigt der Schuldner in die Durchsuchung ein oder ist eine Anordnung gegen ihn nach Absatz 1 Satz 1 ergangen oder nach Absatz 1 Satz 2 entbehrlich, so haben Personen, die Mitgewahrsam an der Wohnung des Schuldners haben, die Durchsuchung zu dulden. [2]Unbillige Härten gegenüber Mitgewahrsamsinhabern sind zu vermeiden.

(4) [1]Der Gerichtsvollzieher nimmt eine Vollstreckungshandlung zur Nachtzeit und an Sonn- und Feiertagen nicht vor, wenn dies für den Schuldner und die Mitgewahrsamsinhaber eine unbillige Härte darstellt oder der zu erwartende Erfolg in einem Missverhältnis zu dem Eingriff steht, in Wohnungen nur auf Grund einer besonderen Anordnung des Richters bei dem Amtsgericht. [2]Die Nachtzeit umfasst die Stunden von 21 bis 6 Uhr.

(5) Die Anordnung nach Absatz 1 ist bei der Zwangsvollstreckung vorzuzeigen.
(6) [1]Das Bundesministerium der Justiz wird ermächtigt, durch Rechtsverordnung mit Zustimmung des Bundesrates Formulare für den Antrag auf Erlass einer richterlichen Durchsuchungsanordnung nach Absatz 1 einzuführen. [2]Soweit nach Satz 1 Formulare eingeführt sind, muss sich der Antragsteller ihrer bedienen. [3]Für Verfahren bei Gerichten, die die Verfahren elektronisch bearbeiten, und für Verfahren bei Gerichten, die die Verfahren nicht elektronisch bearbeiten, können unterschiedliche Formulare eingeführt werden.

Inhaltsübersicht

	Rz
A. Ratio	1
B. Anwendungsbereich	2
C. Richterliche Durchsuchungsanordnung (Abs 1–3)	3
I. Formeller Tatbestand	3
1. Antrag, Zuständigkeit und Vollstreckungsvoraussetzungen	3
2. Rechtsschutzinteresse	4
II. Materieller Tatbestand	5
1. Erforderlichkeit und Verhältnismäßigkeitsgebot	5
2. Entbehrlichkeit	6
a) Einwilligung des Schuldners (Abs 1 S 1)	6
b) Gefährdung des Durchsuchungserfolgs (Abs 1 S 2)	7
c) Räumungstitel und Haftbefehle (Abs 2), Zutritts- und Duldungstitel	8
d) Duldungspflicht von Mitbewohnern (Abs 3) und sonstigen Dritten	9
D. Verfahren vor und nach der Entscheidung	10
I. Verfahren bis zur Durchsuchungsanordnung	10
II. Durchsuchungsbeschluss	11
III. Verfahren aufgrund der Durchsuchungsanordnung	12
E. Rechtsbehelfe	14
I. Rechtsmittel gegen die Durchsuchungsanordnung	14
II. Rechtsbehelfe gegen die (unterlassene) Durchsuchung des GV	16
F. Vollstreckungshandlung zur Nachtzeit und an Sonn- und Feiertagen (Abs 4)	17
I. Ratio und Anwendungsbereich	17
II. Vollstreckung in Wohnungen	18
1. Formeller Tatbestand	18
2. Materieller Tatbestand	19
3. Verfahren und Entscheidung	20
III. Vollstreckung außerhalb von Wohnungen	21
IV. Rechtsbehelfe	22
V. Kosten/Gebühren	23

A. Ratio. § 758a I ergänzt § 758 insofern, als die Durchsuchung der Wohnung, sofern nicht Gefahr im Verzug ist, nur aufgrund einer richterlichen Durchsuchungsanordnung stattfinden darf, die bei der Durchführung der Vollstreckungsmaßnahme vorgezeigt werden muss (Abs 3). Die Vorschrift setzt die verfassungsrechtliche Rechtsprechung zu Art 13 II GG in das einfache Recht um (BVerfGE 51, 97 = NJW 79, 1539; BVerfGE 57, 346; *Wesser* NJW 02, 2138). Neben der gesetzlichen Normierung des Richtervorbehalts bei Wohnungsdurchsuchungen brachte die zum 1.1.99 in Kraft getretene zweite Zwangsvollstreckungsnovelle (BGBl I, 1997, 3039; *Schilken* FS Beys 03, 1447 ff) auch Regelungen zur Duldungspflicht Dritter (Abs 3) sowie zur Vollstreckung zur Nachtzeit und an Sonn- und Feiertagen (Abs 4; dazu Schuschke/Walker/*Walker* § 758a Rn 2). Mit Wirkung vom 1.4.05 wurde durch das Justizkommunikationsgesetz (JKomG, BGBl I, 2005, 837) Abs 6 eingefügt, der das BMJ ermächtigt, durch Rechtsverordnung Formulare für die richterliche Durchsuchungsanordnung nach Abs 1 einzuführen. Mittlerweile liegen entsprechende Musterformularentwürfe vor (BMJ ZVI 10, 158 ff; dazu *Jäger* ZVI 10, 121; *Strunk* ZVI 10, 128). 1

B. Anwendungsbereich. § 758a gilt für alle Vollstreckungsmaßnahmen, die der GV in der Wohnung des Schuldners oder zur Nachzeit bzw an Sonn- und Feiertagen vornimmt. Die Vorschrift ist sowohl bei der Zwangsvollstreckung wegen einer Geldforderung, als auch bei der Pfändung einer beweglichen Sache und nach hM bei der Herausgabevollstreckung sowie bei einem Arrestbefehl anwendbar (Schuschke/Walker/*Walker* § 758a Rn 24). Für die Räumungsvollstreckung eines Grundstücks und die Verhaftung des Schuldners liegen die Dinge anders. Hier bestimmt Abs 2, dass es einer richterlichen Durchsuchungsanordnung nicht bedarf (s. Rz 8). Anders ist das wiederum, wenn es in diesen Fällen um eine Vollstreckung zur Nachtzeit oder an Sonn- und Feiertagen geht (Abs 4). Hier ist der Richtervorbehalt auch bei der Räumungsvollstreckung oder bei der Verhaftung zu beachten. Grds ist für eine **Taschenpfändung** eine richterliche 2

Durchsuchungsanordnung nicht erforderlich, weil es sich dabei weder um eine Durchsuchung der Wohnung noch von Behältnissen des Schuldners handelt, es sei denn die Voraussetzungen des Art 13 II GG liegen auch hier vor (Durchführung der Taschenpfändung anlässlich der Durchsuchung von Wohnung oder Behältnissen: Köln NJW 80, 1531; Musielak/*Lackmann* § 758a Rn 7; s.a. § 758 Rz 3 aE).

3 **C. Richterliche Durchsuchungsanordnung (Abs 1–3). I. Formeller Tatbestand. 1. Antrag, Zuständigkeit und Vollstreckungsvoraussetzungen.** In formeller Hinsicht setzt die richterliche Durchsuchungsanordnung nach Abs 1 einen **Antrag des Gläubigers** voraus. Der GV selbst ist dagegen nicht antragsbefugt, auch nicht im Auftrag des Gläubigers (vgl § 107 Nr 3 S 1 GVGA; Musielak/*Lackmann* § 758a Rn 11). Die Antragstellung ist schriftlich, elektronisch oder zu Protokoll der Geschäftsstelle auch ohne Anwalt möglich (§ 78 V). Ein Formularzwang nach Abs 6 S 2 besteht gegenwärtig noch nicht, weil das BMJ von der gesetzlichen Ermächtigung noch keinen Gebrauch gemacht hat (s. Rz 1). Der Antrag muss die zu vollstreckende Forderung bezeichnen und sich auf eine bestimmte Wohnung des Schuldners beziehen. Er muss neu gestellt werden, soweit aufgrund der richterlichen Durchsuchungsanordnung schon vollstreckt wurde. Denn damit ist die Anordnung verbraucht. Mehrere Gläubiger, die dieselbe Wohnung durchsuchen lassen möchten, müssen jeweils separat einen Antrag auf Erlass der Durchsuchungsanordnung stellen (str; Schuschke/Walker/*Walker* § 758a Rn 28; aA Zö/*Stöber* § 758a Rn 8 mwN: Ausnutzen einer richterlichen Anordnung durch mehrere Gläubiger zulässig). Der Richter am Amtsgericht, in dessen Bezirk das Durchsuchungsobjekt belegen ist, ist für die Anordnung nach Abs 1 gem § 802 ausschließlich **zuständig.** Da die richterliche Durchsuchungsanordnung bereits Teil der Vollstreckung ist, müssen im Zeitpunkt ihrer Anordnung die **allgemeinen Vollstreckungsvoraussetzungen** (s. vor §§ 704 ff Rz 9) vorliegen (BVerfGE 57, 346, 357 = NJW 81, 2111). Für den Titel muss eine Klausel erteilt worden sein. Auch dessen Zustellung muss bereits stattgefunden haben (Celle Rpfleger 87, 73), was durch entsprechende Unterlagen nachzuweisen ist. Inhaltlich wird der Titel dagegen nicht überprüft (Musielak/*Lackmann* § 758a Rn 11).

4 **2. Rechtsschutzinteresse.** Der Gläubiger muss an der Anordnung der richterlichen Durchsuchung ein berechtigtes Interesse haben. Ein solches besteht nur, wenn der Schuldner bzw ein Familienangehöriger oder Angestellter (LG Berlin DGVZ 90, 137) deutlich gemacht hat, dass er die Durchsuchung seiner Wohnung zum Zwecke der Zwangsvollstreckung nicht aus freien Stücken erlaubt (Celle Rpfleger 87, 73). Der ausdrücklichen **Verweigerung der Durchsuchung** steht es im Hinblick auf das Rechtsschutzbedürfnis gleich, wenn der Schuldner bei Vollstreckungsversuchen in seiner Wohnung wiederholt nicht angetroffen wurde (KG NJW 86, 1180, 1182; Bremen DGVZ 89, 40), vorausgesetzt mindestens einer der unternommenen Vollstreckungsversuche war angekündigt (Köln Rpfleger 95, 167). Auch kann sich aus anderen Umständen, zB einer längeren Abwesenheit, ergeben, dass der Schuldner in absehbarer Zeit eine Durchsuchung der Wohnung nicht gestatten wird (Schuschke/Walker/*Walker* § 758a Rn 31). Es ist aber stets eine Sache des Einzelfalls, ob sich das Rechtsschutzinteresse des Gläubigers an einer richterlichen Durchsuchungsanordnung auch bei mehreren nicht angekündigten Vollstreckungsversuchen begründen lässt (LG Mönchengladbach MDR 08, 292 bejaht das Rechtsschutzbedürfnis bei zwei Vollstreckungsversuchen an Werktagen innerhalb einer Woche außerhalb der Nachtzeit). Jedoch gilt generell ein großzügiger Beurteilungsmaßstab, weil es nur um den Zugang des Gläubigers geht und der Schuldner durch den Richtervorbehalt ausreichend geschützt ist (Musielak/*Lackmann* § 758a Rn 12). Verneint werden kann das Rechtschutzinteresse nicht unter Hinweis auf den geringen Vollstreckungsbetrag (sog **Bagatellforderung**; Ddorf NJW 80, 1171; aA LG Hannover NJW-RR 86, 1256; s. § 758 Rz 2). Allerdings muss die Verhältnismäßigkeit der Durchsuchung in diesem Fall besonders sorgfältig erwogen werden (Hamm OLGR 01, 317; s. Rz 5). Das Rechtschutzinteresse für den Antrag auf Erlass einer richterlichen Durchsuchungsanordnung fehlt, wenn frühere Vollstreckungsversuche in der Wohnung des Schuldners bereits ergeben haben, dass eine weitere Mobiliarvollstreckung dort nicht zur Befriedigung des Gläubigers führen wird. Eine neuerliche Durchsuchung wäre daher schikanös (Schuschke/Walker/*Walker* § 758 Rn 32).

5 **II. Materieller Tatbestand. 1. Erforderlichkeit und Verhältnismäßigkeitsgebot.** Abs 1 S 1 bestimmt, dass die Durchsuchung der Wohnung des Schuldners grds nur aufgrund einer richterlichen, inhaltlich hinreichend bestimmten (BVerfG NJW 00, 943) Durchsuchungsanordnung erfolgen darf. Zum Begriff der **Durchsuchung** s. § 758 Rz 2; zu dem der **Wohnung** s. § 758 Rz 3. Die Wohnungsdurchsuchung muss dem **Grds der Verhältnismäßigkeit** entsprechen (BVerfG DGVZ 98, 25; *Goebel* DGVZ 98, 161). In die Verhältnismäßigkeitsprüfung ist mit einzustellen, dass die Vollstreckungsorgane von Verfassungs wegen zur Beitreibung des Vollstreckungsanspruchs des Gläubigers verpflichtet sind (s. vor §§ 704 ff Rz 1). Wenn die

Vollstreckungsvoraussetzungen vorliegen, darf die Durchsuchung, die die Vollstreckung gerade ermöglichen soll, nur ausnahmsweise abgelehnt werden, nämlich dann, wenn besondere Gründe sie als einen unverhältnismäßig schweren Eingriff in den Schutzbereich des Art 13 GG erscheinen lassen (MüKoZPO/*Heßler* § 758a Rn 57). Angenommen wird das bei einer **ernstlichen Erkrankung des Schuldners** oder eines Mitbewohners der Wohnung, die durchsucht werden soll (str; LG Hannover DGVZ 84, 116; aA LG Hannover NJW-RR 86, 288). Unverhältnismäßig kann auch eine **Durchsuchung** sein, die sich aufgrund einer vorherigen Vollstreckungshandlung in derselben Wohnung als offenkundig **zwecklos** herausstellt, nicht aber bei sog **Bagatellforderungen** (zur Auswirkung auf das Rechtschutzinteresse in beiden Fällen s. Rz 4). Verhältnismäßig muss die richterliche Durchsuchungsanordnung auch in zeitlicher Hinsicht sein. Spätestens nach Ablauf eines halben Jahres verliert eine richterliche Durchsuchungsanordnung ihre rechtfertigende Kraft, wenn sie in dieser Zeit nicht vollzogen wird (BGH NJW 97, 2165; s. Rz 11 aE).

2. Entbehrlichkeit. a) Einwilligung des Schuldners (Abs 1 S 1). Gemäß Abs 1 S 1 ist eine richterliche Durchsuchungsanordnung nicht erforderlich, wenn der Schuldner der Durchsuchung durch den GV im Vorfeld zustimmt. Handelt es sich um einen minderjährigen Schuldner oder eine juristische Person, muss die Einwilligung des gesetzlichen Vertreters vorliegen. Die Einwilligung von Mitbewohnern oder Angestellten des Schuldners hat nur dann die Wirkung des Abs 1 S 1, wenn die **Personen mit Vertretungsmacht** für deren Abgabe ausgestattet sind (Schuschke/Walker/*Walker* § 758a Rn 13; aA Musielak/*Lackmann* § 758a Rn 4: Nur der Schuldner ist zur Abgabe berechtigt). Die **Einwilligung** muss nicht unbedingt ausdrücklich, sondern kann **auch schlüssig** erklärt werden (aA Musielak/*Lackmann* § 758a Rn 4 mwN), vorausgesetzt, der Erklärungswert wird positiv zum Ausdruck gebracht. Das bloße Zugänglichmachen von Räumen erfüllt diese Voraussetzung nicht (Zö/*Stöber* § 758a Rn 12). Eine **räumliche Beschränkung** der Einwilligung ist ebenso möglich, wie ihr jederzeitiger **Widerruf** (Schuschke/Walker/*Walker* § 758a Rn 14). Solange ein solcher nicht erklärt wurde, besteht die Einwilligung für spätere Vollstreckungshandlungen für denselben Gläubiger fort. Das gilt nicht, wenn für andere Gläubiger oder nachfolgend gleichzeitig **für mehrere Gläubiger** vollstreckt werden soll. Im ersten Fall ist die Einwilligung des Schuldners erneut einzuholen, im zweiten Fall ist nur eine einheitliche Erklärung oder Verweigerung der Einwilligung für die Gläubigermehrheit möglich (Schuschke/Walker/*Walker* § 758a Rn 15). Soweit bei einer Gläubigermehrheit keine Einwilligung vorliegt, bedarf es grds allerdings nur einer richterlichen Durchsuchungsanordnung für einen Gläubiger, wenn der GV anlässlich der Durchsuchung auch für andere Gläubiger mit vollstreckt. Gegenüber den anderen, ist sie entbehrlich, soweit der Vollstreckungsaufwand ungefähr gleich bleibt (BVerfGE 76, 83 = NJW 79, 1539). Macht der Schuldner Vorbehalte oder schränkt er die Einwilligung inhaltlich ein, gilt diese als nicht erteilt (MüKoZPO/*Heßler* § 758a Rn 33). Der GV muss die Person, auf die er in der Wohnung trifft, darüber **belehren**, dass eine Durchsuchung nur aufgrund richterlicher Anordnung oder mit der vorherigen Zustimmung des Schuldners erfolgen darf (Zö/*Stöber* § 758a Rn 10; aA *Schneider* NJW 80, 2377, 2383). Über die Einwilligung ist ein Vermerk **im Protokoll des GV aufzunehmen** (§ 107 Nr 1 I GVGA). 6

b) Gefährdung des Durchsuchungserfolgs (Abs 1 S 2). Nach Abs 1 S 2 muss die Durchsuchung der Wohnung nicht von einem Richter angeordnet werden, wenn die Einholung der richterlichen Anordnung den Erfolg der Durchsuchung gefährden würde (§ 107 Nr 4 GVGA). Ob **Gefahr im Verzug** vorliegt, darüber befindet der GV vor Ort anhand konkreter Tatsachen, die im GV-Protokoll zu vermerken sind. Ein pflichtgebundenes Ermessen steht ihm bei dieser Entscheidung nicht zu (Musielak/*Lackmann* § 758a Rn 9; aA MüKoZPO/*Heßler* § 758a Rn 38). Dass ein über die bevorstehende Vollstreckungshandlung orientierter Schuldner uU vollstreckungstaugliche Güter dem Zugriff des GV zu entziehen versucht, genügt allein nicht, um Gefahr im Verzug zu begründen (Zö/*Stöber* § 758a Rn 32). Erforderlich sind vielmehr konkrete, aus der Person und den besonderen Lebensumständen des Schuldners sich ergebende Anhaltspunkte für eine Gefährdung des Durchsuchungserfolgs, die ein Warten auf die richterliche Anordnung ausschließen (BVerfG NJW 01, 1121, 1123). Auch die Voraussetzungen für den Erlass eines Arrestes oder einer einstweiligen Verfügung begründen diese besondere Situation nicht automatisch (Karlsr DGVZ 83, 139). Gefahr im Verzug ist dagegen angesichts der Erklärung des Schuldners anzunehmen, sich zeitnah und auf Dauer mitsamt seiner Habe ins Ausland zu begeben (LG Kaiserslautern DGVZ 86, 62) oder sofort umziehen zu wollen (Karlsr DGVZ 92, 41). 7

c) Räumungstitel und Haftbefehle (Abs 2), Zutritts- und Duldungstitel. Eine richterliche Durchsuchungsanordnung ist nach Abs 2 nicht erforderlich, soweit es um die **Vollstreckung von Titeln auf Räumung oder Herausgabe von Räumen** oder die **Vollstreckung eines Haftbefehls** nach §§ 901 ff (dazu 8

Fischer/Weinert DGVZ 06, 33) geht (s. Rz 2). Das gilt auch für den Beschl über die Anordnung der Zwangsverwaltung, wenn die hierin angeordnete Entsetzung aus dem Besitz die Wohnung des Schuldners betrifft (BGH Rpfleger 11, 452). Der Grund für diese Regelung liegt in Folgendem: Es bedeutete einen Widerspruch, von ein- und demselben Schuldner zugleich die Räumung oder Herausgabe von Räumen zu verlangen, wenn ihm durch die richterliche Durchsuchungsanordnung grds ein störungsfreies Recht auf ungestörte Nutzung der Wohnung verbrieft wird (BTDrs 13/341 v 27.1.95, 16). Nimmt der GV anlässlich einer solchen Räumung eine Pfändung vor, ist dazu keine richterliche Anordnung vonnöten, weil die Wohnungssphäre des Schuldners nicht mehr zusätzlich tangiert wird (Schuschke/Walker/*Walker* § 758a Rn 22 mwN). Nicht unter Abs 2 subsumieren lässt sich ein Titel, der sich auf **Gewährung des Zutritts** des GV zur Wohnung des Schuldners und auf **Duldung** der Sperrung des Strom- oder Gaszählers richtet. Dennoch ist in diesen Fällen eine richterliche Durchsuchungsanordnung nicht erforderlich. Zum einen handelt es sich nicht um einen Fall der Durchsuchung (s. § 758 Rz 2). Zum anderen rechtfertigt sich der Eingriff in den Schutzbereich der Wohnung des Schuldners schon aus dem Zutrittstitel selbst (BGH NJW 06, 3352, 3353).

9 **d) Duldungspflicht von Mitbewohnern (Abs 3) und sonstigen Dritten.** Betritt und durchschreitet der GV zur Durchsuchung eine Wohnung, an der neben dem Schuldner andere Personen Mitgewahrsam haben (s. § 758 Rz 4), ist dazu allein eine richterliche Durchsuchungsanordnung gegen den Schuldner oder dessen Einwilligung nach Abs 3 erforderlich (s. Rz 6), bei Gefahr im Verzug noch nicht einmal das (s. Rz 7). Mitgewahrsamsinhaber oder Mitbewohner der Wohnung des Schuldners müssen mithin in die Durchsuchung weder einwilligen, noch muss gegen sie eine gesonderte Durchsuchungsanordnung ergehen (Schuschke/Walker/*Walker* § 758a Rn 26 mwN). Vielmehr haben sie die **Durchsuchung der Wohnung des Schuldners zu dulden** (BGH Rpfleger 08, 329; *Schuschke* DGVZ 97, 49). Der GV ist befugt, diese auch gegen den Willen der Mitbewohner durchzuführen und deren Widerstand ggf zu brechen (LG Hamburg NJW 85, 72; AG Stuttgart NJW 82, 389). Der Mitgewahrsam eines Dritten verbietet nämlich lediglich die Pfändung und Wegnahme gegen dessen Willen (LG Wiesbaden DGVZ 81, 60). Denn der Mitgewahrsamsinhaber hat sich mit Einzug in die Wohnung konkludent damit einverstanden erklärt, dass sein Gebrauch durch den anderer Mitbewohner (einschließlich des Schuldners) beschränkt wird (für Wohngemeinschaften OVG Lüneburg NJW 84, 1369; krit Musielak/*Lackmann* § 758a Rn 6; *Münzberg* DGVZ 99, 177; *Guntau* DGVZ 82, 17, 19). Von der Vollstreckungshandlung ist er nur am Rande betroffen (Schuschke/Walker/*Walker* § 758a Rn 27). **Unbillige Härten** ggü den Mitbewohnern des Schuldners können nach Abs 3 S 2 aufgefangen werden. **Wohnräume Dritter** darf der GV hingegen nur durchsuchen, wenn ein Titel gegen den Wohnungsinhaber vorliegt (VG Köln NJW 77, 825). Denn es gibt keine Ermächtigungsgrundlage für die Durchsuchung der Wohnung einer Person, die nicht nur mit der Vollstreckung nichts zu tun hat, sondern auch an der Wohnung alleinigen Gewahrsam hat. Das ist auch dann nicht anders, wenn der Verdacht besteht, der Dritte habe dem Schuldner Beihilfe zur Vollstreckungsvereitelung nach § 288 StGB geleistet (Musielak/*Lackmann* § 758a Rn 7; aA MüKoZPO/*Heßler* § 758a Rn 21).

10 **D. Verfahren vor und nach der Entscheidung. I. Verfahren bis zur Durchsuchungsanordnung.** Den Gläubiger trifft die Pflicht, die Voraussetzungen für den Erlass der richterlichen Durchsuchungsanordnung **glaubhaft zu machen.** IdR wird hierfür das GV-Protokoll über einen vergeblichen Vollstreckungsversuch vorgelegt (Schuschke/Walker/*Walker* § 758a Rn 33). Der Schuldner muss vor Erlass der richterlichen Durchsuchungsanordnung idR angehört werden, weil sonst nur schwer über die Verhältnismäßigkeit der Vollstreckung befunden werden kann (str; BVerfGE 57, 346, 359 = NJW 81, 2111; Hamm OLGR 01, 317; aA ThoPu/*Seiler* § 758a Rn 16). Ausnahmsweise kann in besonders gelagerten Fällen die **Anhörung** nachgeholt werden, wenn anerkennenswerte Interessen des Gläubigers einen raschen und für den Schuldner unerwarteten Zugriff erfordern (Schuschke/Walker/*Walker* § 758a Rn 34; LG Hanau DGVZ 06, 76). Der Richter muss das in seiner Entscheidung begründen (Zö/*Stöber* § 758a Rn 25).

11 **II. Durchsuchungsbeschluss.** Der Richter darf eine Durchsuchung nur anordnen, wenn er sich aufgrund eigenverantwortlicher Prüfung überzeugt hat, dass die Maßnahme verhältnismäßig ist (s. Rz 5). Seine Anordnung hat die Grundlage der konkreten Maßnahme zu schaffen und muss daher Rahmen, die inhaltlichen und zeitlichen Grenzen und das Ziel der Durchsuchung definieren (BVerfG NJW 97, 2165). Die richterliche Durchsuchungsanordnung erfolgt durch **Beschluss**, der (kurz) begründet werden muss (KG DGVZ 83, 72, 73). Die Entscheidung muss inhaltlich bestimmt sein (*Wesser* NJW 02, 2138 mwN), die Parteien der Zwangsvollstreckung, den Titel (bei einer Teilforderung deren Höhe) sowie die Wohnung, die durchsucht werden soll, enthalten (Köln JurBüro 96, 213, 214 f). Als Entscheidung, die nicht verkündet

werden muss, ist die Durchsuchungsanordnung in dem Zeitpunkt **erlassen**, in dem das Gericht sich ihrer in einer der Verkündung vergleichbaren Weise entäußert hat, idR also, wenn der Beschl die Geschäftsstelle mit der unmittelbaren Zweckbestimmung verlassen hat, den Parteien bekannt gegeben zu werden (BGH MDR 04, 1076). Der Richter hat die Urschrift ebenso wie die vollstreckbare Ausfertigung der stattgebenden Entscheidung zu unterzeichnen, letztere dem Gläubiger nach § 329 II formlos mitzuteilen und dem Schuldner, sofern er gehört wurde, **zuzustellen**. Der die Durchsuchung ablehnende Beschl wird dem Gläubiger nach § 329 III zugestellt (Schuschke/Walker/*Walker* § 758a Rn 35). Ihrem **Inhalt** nach bezieht sich die richterliche Durchsuchungsanordnung auf einen bestimmten Vollstreckungsauftrag, wenn auch uU für andere gleichzeitig stattfindende Vollstreckungsmaßnahmen nicht zwingend eine weitere richterliche Gestattung erforderlich ist (s. Rz 6). In zeitlicher Hinsicht sind mehrere Vollstreckungsmaßnahmen aufgrund ein- und derselben Anordnung nur gestattet, wenn diese für ein bestimmtes Zeitfenster gilt (str; MüKoZPO/*Heßler* § 758a Rn 65; aA LG Zweibrücken MDR 80, 2096). Grds ist sie verbraucht, sobald der GV mit ihm die Wohnung des Schuldners betreten hat (Musielak/*Lackmann* § 758a Rn 15). Die Anordnung verliert ihre legitimierende Wirkung, wenn auf ihrer Grundlage nicht innerhalb eines halben Jahres die Durchsuchung durchgeführt wurde (BVerfG NJW 97, 2165, 2166). Sie länger aufrecht zu erhalten, wäre nicht verhältnismäßig (s. Rz 5 aE).

III. Verfahren aufgrund der Durchsuchungsanordnung. Der GV ist aufgrund der richterlichen Anordnung befugt, die Wohnung (s. § 758 Rz 3 f) und die Behältnisse (s. § 758 Rz 5) des Schuldners zu durchsuchen, verschlossene Wohnungs- und Zimmertüren und Behältnisse nach § 758 II öffnen zu lassen (s. § 758 Rz 6), sowie nach Maßgabe des § 758 III Gewalt anzuwenden (s. § 758 Rz 7). Bei der Durchsuchung hat der GV die Durchsuchungsanordnung vorzuzeigen (Abs 5). In der Wohnung darf der GV Vollstreckungshandlungen vornehmen und zur **Vorbereitung von weiteren Vollstreckungsmaßnahmen** nach beweglichen Sachen und nach dem Schuldner selbst suchen (Schuschke/Walker/*Walker* § 758a Rn 36). Aufgrund einer richterlichen Durchsuchungsanordnung ist die Wegnahme einer beweglichen Sache beim Schuldner auch dann gestattet, wenn sie nicht gleichzeitig mit der Pfändung stattfindet, sondern erst später (AG Wiesbaden DGVZ 80, 28). Auch die **Abholung** der Sache ist davon noch erfasst (MüKoZPO/*Heßler* § 758a Rn 66; s. § 758 Rz 2). Schließlich ist auch eine Anschlusspfändung nach § 826 aufgrund derselben Durchsuchungsanordnung gestattet, nicht aber eine nochmalige Erstpfändung nach § 808 (Zö/*Stöber* § 758a Rn 8). 12

Der Gläubiger hat einen Anspruch darauf, vom Zeitpunkt der beabsichtigten Durchsuchung vom GV unterrichtet zu werden (LG Münster NJW-RR 91, 1407). Eine besondere Frage ist, ob der GV dem Gläubiger die **Anwesenheit** bei der Durchsuchung erlauben darf. Nach § 62 Nr 5 GVGA, allerdings nicht aufgrund der ZPO, (LG Berlin DGVZ 91, 140; LG Bochum DGVZ 91, 172), hat der Gläubiger aufgrund seines Weisungsrechts im Vollstreckungsverfahren sogar ein Anwesenheitsrecht. Allerdings muss sich dieses am Grds der Verhältnismäßigkeit messen lassen (AG Reinbeck DGVZ 05, 44; s. Rz 5), insb dann, wenn der Gläubiger gegen den Willen des Schuldners in dessen Wohnung bei der Durchsuchung präsent ist und daher der Schutzbereich des Art 13 I GG berührt ist. Der GV kann ihn daher von der Durchsuchung ausschließen, wenn seine Anwesenheit für den Schuldner nicht zumutbar ist und die Vollstreckung in Abwesenheit des Gläubigers möglich ist oder doch nicht erheblich erschwert wird (hM; MüKoZPO/*Heßler* § 758 Rn 25; aA Musielak/*Lackmann* § 758a Rn 10). Die Zustimmung des Schuldners braucht dazu allerdings nicht eingeholt zu werden. Auch ist für die Anwesenheit des Gläubigers neben der Anordnung zur Durchsuchung **keine gesonderte richterliche Anordnung** zu erwirken, weil er selbst bei der Durchsuchung nicht aktiv werden darf (MüKoZPO/*Heßler* § 758a Rn 26). 13

E. Rechtsbehelfe. I. Rechtsmittel gegen die Durchsuchungsanordnung. Zu unterscheiden sind die Rechtsmittel gegen die (unterlassene) Tätigkeit des Gerichtsvollziehers (s. Rz 16) von den Rechtsbehelfen gegen die richterliche Anordnung der Durchsuchung. Diese gehört zwar zum Vollstreckungsverfahren, weil ein direkter Konnex mit dem Vollstreckungsauftrag besteht (Musielak/*Lackmann* § 758a Rn 16). Dennoch trifft der Richter nach der Prüfung der Voraussetzungen für den Erlass der Durchsuchungsanordnung, namentlich der Verhältnismäßigkeit, eine Entscheidung, nimmt also nicht selbst eine Vollstreckungsmaßnahme vor, auch wenn der Schuldner im konkreten Fall nicht angehört worden sein mag (Schuschke/Walker/*Walker* § 758a Rn 39). Statthaftes Rechtsmittel gegen die Durchsuchungsanordnung ist die **sofortige Beschwerde** des Schuldners nach § 793 (str; Stuttg NJW-RR 87, 759; Kobl Rpfleger 85, 496; Hamm Rpfleger 84, 151; aA Zö/*Stöber* § 758a Rn 36: Erteilung für Schuldner nicht anfechtbar), nicht die Vollstreckungs- 14 erinnerung nach § 766 (Saarbr Rpfleger 93, 146; aA KG NJW 86, 1180). Wird die Anordnung verweigert, hat der Gläubiger dagegen ebenfalls die sofortige Beschwerde nach § 793 (LG Berlin DGVZ 79, 166).

15 Wurde die Durchsuchungsanordnung mit dem statthaften Rechtsmittel angefochten, taugt sie nicht als Ermächtigungsgrundlage für eine geplante Durchsuchung. Vielmehr muss das Beschwerdegericht, dem die sofortige Beschwerde vorliegt, die **Zwangsvollstreckung in der Wohnung des Schuldners einstweilen einstellen** (Schuschke/Walker/*Walker* § 758a Rn 40). Die sofortige Beschwerde ist grds auch noch bei einer abgeschlossenen Durchsuchung möglich (sog **prozessuale Überholung**), wenn nämlich der Beschl noch fortwirkt, etwa bei Vorliegen einer Fruchtlosigkeitsbescheinigung (KG NJW-RR 87, 126) und dem Bevorstehen weiterer Durchsuchungen und Durchsuchungsanordnungen (Musielak/*Lackmann* § 758a Rn 16). Auch kann die Anfechtung der Vollstreckungsmaßnahme in diesem Stadium noch mit der Rechtswidrigkeit der Durchsuchungsanordnung begründet werden (LG Frankfurt MDR 87, 943), und zwar unabhängig davon, ob der Schuldner vor deren Erlass angehört wurde oder nicht (BVerfG NJW 98, 2131 f; NJW 97, 2163, 2164; BGH NJW 99, 730; Hamm OLGR 01, 317). Allerdings muss die Frist nach § 569 I 1 eingehalten sein (Schuschke/Walker/*Walker* § 758a Rn 40). Das Rechtsschutzbedürfnis für die Anfechtung der richterlichen Durchsuchungsanordnung entfällt, wenn die Zwangsvollstreckung beendet ist.

16 **II. Rechtsbehelfe gegen die (unterlassene) Durchsuchung des GV.** Verstöße gegen § 758a haben die Anfechtbarkeit, aber nicht die Nichtigkeit der im Anschluss erfolgten Vollstreckungsmaßnahme zur Folge. Gegen die vollständige oder tw (zB hinsichtlich einzelner Räume oder Behältnisse) Ablehnung der Durchsuchung durch den GV kann sich der Gläubiger dagegen mit der Erinnerung nach § 766 zur Wehr setzen (Schuschke/Walker/*Walker* § 758a Rn 41). Mit der Erinnerung kann auch der Schuldner gegen die (bereits durchgeführte, s. Rz 15) Durchsuchung vorgehen, ebenso gegen die Anwendung von Gewalt oder sonstige Vorkommnisse anlässlich der Durchsuchung. Hat die Erinnerung Erfolg, sind die zu Recht beanstandeten Vollstreckungsmaßnahmen für unzulässig zu erklären und aufzuheben (Zö/*Stöber* § 758a Rn 40). In der Zwischenzeit begründete Pfandrechte gewinnen dadurch den Vorrang. Eine neuerliche Nachpfändung für den alten Gläubiger ist möglich. Sie entfaltet Rechtswirkung, wenn sie nun korrekt durchgeführt wird, begründet aber nur ein nachrangiges **Pfändungspfandrecht** (s. vor §§ 704 ff Rz 15; § 758 Rz 8). **Dritte Personen** sind nach § 766 erinnerungsbefugt, wenn sie sich durch die Tatsache oder die besonderen Umstände der Durchsuchung in ihren eigenen Rechten rechtswidrig beeinträchtigt fühlen.

17 **F. Vollstreckungshandlung zur Nachtzeit und an Sonn- und Feiertagen (Abs 4). I. Ratio und Anwendungsbereich.** Abs 4 erschwert die Vornahme von Vollstreckungshandlungen zur Unzeit und knüpft diese, was die Durchsuchung von Wohnungen anbelangt, an das Vorliegen einer richterlichen Durchsuchungsanordnung, die getrennt von der nach Abs 1 zu erwirken ist (str; *Fischer/Weinert* DGVZ 05, 38 mwN). Einerseits schränkt die Vorschrift mithin die Vollstreckung an den angegebenen Tagen und Zeiten ein, um den Schuldner in seinem persönlichen Lebensraum nicht über Gebühr zu belasten (*App* ZKF 11, 12). Andererseits wird die Vollstreckung zur Nachtzeit oder an Sonn- und Feiertagen nicht vollständig ausgeschlossen, da manche Schuldner gerade zu diesen Zeiten erhebliche Einnahmen erzielen (zB Gaststätten, Taxiunternehmen, Schaustellergewerbe etc) und ein Vollstreckungsversuch zu dieser Zeit besonderen Erfolg verspricht (Schuschke/Walker/*Walker* § 758a Rn 2). Die Vollstreckungshandlungen werden in diesen Fällen an besondere Voraussetzungen geknüpft, je nach dem ob innerhalb einer Wohnung oder außerhalb vollstreckt wird. Geschieht das außerhalb von Wohnräumen hängt die Zulässigkeit der Vollstreckung zur Unzeit davon ab, ob sie für den Schuldner eine unbillige Härte darstellt oder der Vollstreckungserfolg nicht im Verhältnis zum erwarteten Erfolg steht. Eine besondere richterliche Gestattung ist in diesen Fällen nicht erforderlich (Musielak/*Lackmann* § 758a Rn 17). Wird innerhalb der Wohnung des Schuldners zur Nachtzeit oder an Sonn- und Feiertagen ein **Haftbefehl** nach § 901 vollstreckt, ist dafür eine besondere richterliche Erlaubnis erforderlich (BGH NJW-RR 05, 146). § 758 IV gilt auch für die **Räumung nach § 885**, weil sich Abs 2 nur auf Abs 1 bezieht, nicht aber auf Abs 4 (ThoPu/*Seiler* § 758a Rn 25 mwN).

18 **II. Vollstreckung in Wohnungen. 1. Formeller Tatbestand.** Die richterliche Erlaubnis wird nur auf **Antrag** des Gläubigers erteilt. Der GV kann diesen weder im Namen noch im Auftrag des Gläubigers stellen (Zö/*Stöber* § 758a Rn 23; s. Rz 3). Für die Bescheidung des Antrags ist der Richter am Amtsgericht **zuständig**. Es handelt sich nicht um eine Aufgabe des Vollstreckungsgerichts, die nach § 20 Nr 17 RPflG dem Rechtspfleger zu übertragen wäre. Vielmehr ist die Entscheidung über den Antrag nach Abs 4 eine genuin richterliche Angelegenheit (KG DGVZ 75, 57; Ddorf NJW 78, 2205), der Rechtspfleger kann sie wegen § 8 IV RPflG nicht erteilen. Wie in Abs 1 müssen auch die **allgemeinen Vollstreckungsvorausset-**

zungen mit dem Antrag nachgewiesen werden (Schuschke/Walker/*Walker* § 758a Rn 49). Grds ist der Schuldner vor der Entscheidung anzuhören. Die Anhörung ist nur entbehrlich, wenn das Vollstreckungsbegehren entweder besonders dringlich ist oder sie den Vollstreckungserfolg gefährdet (Kobl MDR 86, 64; aA Stuttg OLGZ 70, 182, 185). Ein **Rechtsschutzinteresse** besteht nicht, wenn die Vollstreckung zur Nachtzeit oder an Sonn- und Feiertagen sich schon *ex ante* als nicht erfolgversprechend darstellt (LG Frankfurt DGVZ 80, 23, 26), des Weiteren dann nicht, wenn der Gläubiger nicht dartut, dass die Vollstreckung bereits mehrfach zu den üblichen Zeiten versucht und erfolglos geblieben ist (Hamm JurBüro 84, 780, 781; LG Mönchengladbach MDR 08, 292: zweimaliger Vollstreckungsversuch außerhalb der Nachtzeit; s. Rz 4).

2. Materieller Tatbestand. Es muss sich um eine Vollstreckungshandlung innerhalb der Wohnung des Schuldners handeln. Zum Begriff der Wohnung, der in den Abs 1, 3 und 4 jeweils einheitlich auszulegen ist und deshalb auch die Vornahme von Vollstreckungsakten in Geschäftsräumen einschließt (Musielak/*Lackmann* § 758a Rn 18) s. § 758 Rz 3. Um eine Vollstreckung zur **Nachtzeit** handelt es sich, wenn diese im Zeitfenster zwischen einundzwanzig Uhr bis sechs Uhr stattfindet (Abs 4 S 2). Zu den Feiertagen sind sowohl die bundesrechtlich festgesetzten als auch diejenigen auf Grundlage des Landesrechts zu zählen (zB Fronleichnam, Allerheiligen). An Samstagen ist die Vollstreckung dagegen möglich, ohne dass die Voraussetzungen des Abs 4 vorliegen müssen. Die Vollstreckung zu den besonderen Zeiten oder Tagen nach Abs 4 muss erforderlich sein, um effektiv zu sein, wofür den Gläubiger die Last der Darlegung und Glaubhaftmachung trifft (Schuschke/Walker/*Walker* § 758a Rn 50). Die Vornahme einer Vollstreckungshandlung muss **verhältnismäßig** sein (s. Rz 5), was nicht der Fall ist, wenn sie für den Schuldner nicht zumutbar ist (Zö/*Stöber* § 758a Rn 35). Hat der Schuldner in die Vollstreckung zur Unzeit eingewilligt, ist keine richterliche Gestattung nach Abs 4 vonnöten (s. Rz 6). 19

3. Verfahren und Entscheidung. Der Richter hat die Belange des Gläubigers und des Schuldners bei der Entscheidung über den Antrag nach **pflichtgemäßem Ermessen** abzuwägen und auch die Interessen von der Vollstreckung nicht betroffener Dritter mit einzubeziehen (AG Groß-Gerau Rpfleger 83, 407). Die Anordnung nach Abs 4 ergeht durch **Beschluss**, der die Vollstreckungshandlung bezeichnen und idR auch befristen muss (BFH NJW 80, 2096; Stuttg NJW 70, 1329). Die Entscheidung muss angeben, ob die Vollstreckung zur Nachtzeit oder an einem Sonn- oder Feiertag gestattet wird oder ob beides möglich sein soll. Sie legitimiert, wenn das nicht anders angeordnet ist, jeweils nur für eine Vollstreckungsmaßnahme und enthält die Erlaubnis zur Wohnungsdurchsuchung nach Abs 1 S 1 nicht konkludent (Musielak/*Lackmann* § 758a Rn 22; aA Schuschke/Walker/*Walker* § 758a Rn 51). Verbraucht ist die Anordnung auch in dem Fall, dass die Vollstreckungshandlung, für die sie erteilt war, keinen Erfolg gehabt hat. 20

III. Vollstreckung außerhalb von Wohnungen. Wird eine Vollstreckungshandlung nicht innerhalb von Wohnungen vorgenommen (Beispiele bei Musielak/*Lackmann* § 758a Rn 23: Autos, verlassene Gebäude), muss dafür keine besondere richterliche Gestattung nach Abs 4 eingeholt werden, wenn zur Nachtzeit oder an Sonn- und Feiertagen vollstreckt werden soll. Untersagt ist das zum einen dann, wenn die Vornahme der Vollstreckungshandlung zur Unzeit für den Schuldner oder die Personen, die seinen Gewahrsam teilen, eine unbillige Härte bedeutet. Sie kann nicht allein in der Störung der Sonntags- und Feiertagsruhe liegen, ist aber auch nicht mit der unbilligen Härte iSv § 765a gleichzusetzen (Schuschke/Walker/*Walker* § 758a Rn 55). Als Anwendungsfall kommt die ernsthafte Erkrankung eines Mitgewahrsamsinhabers in Betracht oder die für einen alten Menschen mit einer nächtlichen Vollstreckung einhergehenden Belastungen. Der Fall dürfte schon deswegen selten praktisch werden, weil der Wohnungsbegriff ein sehr weiter ist (s. § 758 Rz 3). Im zweiten Fall, in dem außerhalb von Wohnungen eine Vollstreckungshandlung nicht zur Nachtzeit oder an Sonn- und Feiertagen vorgenommen werden soll, stehen die **Auswirkungen des Eingriffs außer Verhältnis zum wahrscheinlichen Vollstreckungserfolg.** Der GV hat insoweit eine **Prognoseentscheidung** zu treffen und muss die besondere Belästigung, die bei einer Vollstreckung zur Unzeit eintritt zum wahrscheinlichen Ergebnis des Vollstreckungsversuchs in Beziehung setzen. Um den GV in die Lage zu versetzen, diese Erwägung anstellen zu können, soll er nach § 65 Nr 1 S 2 GVGA mindestens einmal versucht haben, die Vollstreckung zu regulären Zeiten zu betreiben. 21

IV. Rechtsbehelfe. Eine Vollstreckungshandlung, die Abs 4 verletzt, ist nicht unwirksam, aber anfechtbar. Soll die Entscheidung des GV angefochten werden, mit der dieser die Vornahme einer Vollstreckungshandlung **innerhalb einer Wohnung** ablehnt, so steht dem Schuldner dagegen die **sofortige Beschwerde** nach § 793 zu (str; aA: Erinnerung nach § 766 bei fehlender Anhörung LG Karlsruhe NJW 86, 550; Zö/*Stöber* 22

§ 758a Rn 36: Ausschluss der Anfechtbarkeit; w Nw s. Rz 14). Ein Dritter kann sich, sofern er angehört wurde, nach § 793, sonst mit der Erinnerung nach § 766 zur Wehr setzen (Musielak/*Lackmann* § 758a Rn 24). Gegen die Verweigerung der Vornahme einer Vollstreckungshandlung nach Abs 4, die **außerhalb von Wohnungen** stattfinden soll, steht dem Gläubiger die **Erinnerung nach § 766 II** zu. Der Schuldner ist nach § 766 I erinnerungsbefugt, wenn er rügen möchte, dass die Voraussetzungen für eine Vollstreckung nach § 758 IV (unbillige Härte, Missverhältnis von Eingriff und Vollstreckungserfolg) nicht vorliegen (Schuschke/Walker/*Walker* § 758a Rn 57). Zu den Auswirkungen der Anfechtung auf ein Pfändungspfandrecht s. Rz 16.

23 **V. Kosten/Gebühren.** Gerichtsgebühren fallen nicht an. Auslagen macht der GV nach KVGv Nr 704 geltend. Bei einer Vollstreckungshandlung nach Abs 4 verdoppeln sich die Gebühren nach § 11 GvKostG. Die **Anwaltsgebühren** sind durch die Vollstreckungsgebühr nach Nr 3309 VV RVG abgedeckt, was sich aus §§ 18 Nr 3, 15 II Nr 1 RVG ergibt.

§ 759 Zuziehung von Zeugen.

Wird bei einer Vollstreckungshandlung Widerstand geleistet oder ist bei einer in der Wohnung des Schuldners vorzunehmenden Vollstreckungshandlung weder der Schuldner noch eine zu seiner Familie gehörige oder in dieser Familie dienende erwachsene Person anwesend, so hat der Gerichtsvollzieher zwei erwachsene Personen oder einen Gemeinde- oder Polizeibeamten als Zeugen zuzuziehen.

1 **A. Ratio und Tatbestand.** § 759 dient der **Transparenz des Vollstreckungsverfahrens** und hat einen doppelten Regelungszweck. Zum einen schützt die Vorschrift den GV vor nicht zutreffenden Verdächtigungen des Schuldners, zum anderen den Schuldner vor sonst kaum nachweisbaren Übergriffen bei der Zwangsvollstreckung. In objektiver Hinsicht stellt die Vorschrift die jederzeitige Kontrollierbarkeit des Vollstreckungsverfahrens sicher und bürgt damit für dessen Rechtsstaatlichkeit. Sie ist **Teil des zwingenden Rechts** und kann daher durch eine Vereinbarung zwischen GV und Schuldner nicht abbedungen werden. Zeugen muss der GV bei der Vornahme einer Vollstreckungsmaßnahme in zwei Fällen zuziehen, zunächst dann, wenn er bei der Vollstreckungshandlung auf **Widerstand** stößt. Zum Begriff des Widerstandes s. § 758 Rz 7. Im zweiten Fall werden in der Wohnung des Schuldners (zum Begriff s. § 758 Rz 3) anlässlich der Vollstreckung weder er selbst, noch ein **Familienangehöriger oder eine der Familie dienende erwachsene Person** angetroffen. Es ist nicht erforderlich, dass die angehörige Person mit dem Schuldner zusammen lebt (Musielak/*Lackmann* § 759 Rn 1). Trifft der GV dagegen in der Wohnung eine oder mehrere Personen an, muss er die Voraussetzungen des § 759 prüfen (LG Konstanz DGVZ 84, 119). Es muss sich dabei nicht zwingend um eine volljährige Person handeln (Schuschke/Walker/*Walker* § 759 Rn 3). Sie muss jedoch fähig sein, das Vollstreckungsgeschehen einzuordnen und wiedergeben zu können (MüKoZPO/*Heßler* § 759 Rn 10). Ob das der Fall ist, hat der GV zu prüfen und muss sich, wenn Zweifel bleiben, für die Hinzuziehung von Zeugen entscheiden.

2 **B. Hinzuziehung von Zeugen als Rechtsfolge.** Stößt der GV bei der Vollstreckung auf nicht vorhersehbaren Widerstand, hat er diese, sofern nicht die Unterbrechung den Vollstreckungserfolg mit Sicherheit vereiteln würde (Schuschke/Walker/*Walker* § 759 Rn 2), umgehend vorübergehend einzustellen und erst wieder aufzunehmen, wenn er Zeugen hinzugezogen hat (Zö/*Stöber* § 759 Rn 2). Die Anwendung von **Gewalt** ist dabei insofern zulässig, als sie dazu dient, den Widerstand des Schuldners gegen die Heranziehung von Zeugen zu brechen oder zu verhindern, dass der Schuldner flieht oder der Vollstreckung unterliegendes Vermögen beiseite schafft (BGHSt 5, 93, 94 = NJW 54, 200). **Geeignete Zeugen** sind erwachsene Personen oder ein Gemeinde- oder Polizeibeamter. Generell kommen als Zeugen nach § 108 Nr 2 Abs 2 GVGA »unbeteiligte und einwandfreie« Personen in Betracht, die nahe beim Vollstreckungsort wohnen. Der Gläubiger selbst ist nicht unbeteiligt und daher kein tauglicher Zeuge iSv § 759 (ThoPu/*Seiler* § 759 Rn 3; großzügiger St/J/*Münzberg* § 759 Rn 3). Die Zeugen sind gehalten, das Vollstreckungsprotokoll nach § 762 II Nr 4 mit zu unterzeichnen und sollen auf Verlangen eine angemessene Entschädigung für ihre Tätigkeit nach dem JVEG erhalten. Geleistete Entschädigungen sind Auslagen, die der GV nach dem GvKostG beitreibt.

3 **C. Rechtsfolge bei Verstoß.** Der Verstoß gegen § 759 macht die Vollstreckungshandlung nicht unwirksam (Musielak/*Lackmann* § 759 Rn 3). Auch eine **Anfechtungsmöglichkeit besteht nicht** (str; St/J/*Münzberg* § 759 Rn 2). Denn mangels Beschwer ist der Schuldner nicht erinnerungsbefugt nach § 766. Allerdings han-

delt der GV bei einem Verstoß gegen § 759 rechtswidrig, so dass ein Schuldner, der ihm Widerstand leistet, wegen § 113 III StGB nicht nach § 113 I StGB strafbar ist (*Alisch* DGVZ 84, 108). Er kann gegen den GV Dienstaufsichtsbeschwerde erheben.

§ 760 Akteneinsicht; Aktenabschrift. [1]**Jeder Person, die bei dem Vollstreckungsverfahren beteiligt ist, muss auf Begehren Einsicht der Akten des Gerichtsvollziehers gestattet und Abschrift einzelner Aktenstücke erteilt werden.** [2]**Werden die Akten des Gerichtsvollziehers elektronisch geführt, erfolgt die Gewährung von Akteneinsicht durch Erteilung von Ausdrucken, durch Übermittlung von elektronischen Dokumenten oder durch Wiedergabe auf einem Bildschirm.**

A. Ratio und Anwendungsbereich. Die Vorschrift macht das **Vollstreckungsverfahren** für die beteiligten Personen **transparent und kontrollierbar**, in dem es ihnen das Recht einräumt, Einsicht in die Akten des GV und Abschrift einzelner Aktenstücke zu verlangen. Andere als die an der Vollstreckung unmittelbar beteiligten Personen können aus § 760 nichts herleiten. Ein Akteneinsichtsrecht haben sie nur, wenn die Voraussetzungen des § 299 II vorliegen (Musielak/*Lackmann* § 760 Rn 1). Die Mitteilungen, die der GV nach § 763 vAw zu machen hat, lassen § 760 unberührt, ebenso sonstige Unterrichtungen, zB darüber, ob der GV beim Schuldner pfändbare Sachen vorgefunden hat (Köln DGVZ 95, 170; LG Hannover DGVZ 81, 39 f) oder über Tatsache und Grund der Erfolglosigkeit eines Vollstreckungsversuchs (BGH NJW-RR 04, 788; aA Hamm DGVZ 77, 40). Vor der Erteilung des Vollstreckungsauftrags treffen den GV keine Mitteilungspflichten nach § 760 (AG Berlin-Charlottenburg DGVZ 78, 159). Ebenso wenig betrifft die Regelung das Recht auf Akteneinsicht und Abschrift ggü der Gerichtsverwaltung. Denn § 760 verpflichtet allein den GV (Schuschke/Walker/*Walker* § 760 Rn 1). 1

B. Tatbestand. Der **Antrag** auf Akteneinsicht und Erteilung von Abschriften kann bereits **zusammen mit dem Vollstreckungsauftrag** gestellt werden. Nicht in jedem Vollstreckungsauftrag ist aber konkludent ein Antrag nach § 760 enthalten (BVerwG NJW 83, 896, 898). **Abschriften von Protokollen** nach §§ 762 f müssen ausdrücklich verlangt werden. Auch dem anwaltlich vertretenen Gläubiger muss der GV eine Abschrift nicht unaufgefordert zusenden (BVerwG NJW 83, 896; Hamm Rpfleger 71, 111; aA AG Erlangen DGVZ 74, 122). **Antragsberechtigt** ist nur der am Vollstreckungsverfahren beteiligte Personenkreis. Das sind der Gläubiger, der Schuldner und diejenigen Dritten, die durch die Vollstreckung in ihren Rechten betroffen oder mit Pflichten belegt worden sind, zB nach §§ 771, 805, 809, 886, 811 I Nr 1, 5 (Schuschke/Walker/*Walker* § 760 Rn 2). Vollstreckt eine **Mehrzahl von Gläubigern** zur selben Zeit, wird darüber grds nur eine Teilabschrift mit den sie betreffenden Vollstreckungshandlungen erteilt, auf entsprechenden Antrag aber nach § 168 Nr 3 S 3 GVGA auch eine vollständige Abschrift (Zö/*Stöber* § 760 Rn 2). 2

C. Rechtsfolge. Akten, in die nach § 760 die Einsicht zu gewähren ist, sind neben den Kostenbelegen für mehrere zusammen durchgeführte Vollstreckungssachen, gemeinsame Belegblätter bei Sammelakten nach § 58 Nr 4 GVO sowie die Register nach § 65 GVO (Schuschke/Walker/*Walker* § 760 Rn 4 mwN; aA Zö/*Stöber* § 760 Rn 1: keine Einsichtnahme, da nur rein innerdienstliche Funktion), ebenso das Pfändungsprotokoll nach § 762 (ThoPu/*Seiler* § 760 Rn 2). Einsichtnahme in die Akten wird dem berechtigten Personenkreis (s. Rz 2) und ihren Bevollmächtigten **nur in Anwesenheit des GV** gewährt (§ 60 Nr 1 S 3 GVO). Eine Versendung der Akten kommt dagegen nicht in Betracht (AG Berlin-Charlottenburg DGVZ 78, 159). Nach § 760 S 2 kann Einsicht auch in eine **elektronische Akte** genommen werden. Sie erfolgt entweder durch die Gewährung einer Online-Akteneinsicht (s. zur elektronischen Akteneinsicht in Prozessakten § 299 III) oder durch die Erteilung von Ausdrucken der elektronischen Dokumente (*Degen* NJW 08, 1475). Ein Anhörungsrecht der übrigen Beteiligten besteht vor der Gewährung der Akteneinsicht oder der Erteilung der Protokollabschriften nicht (Schuschke/Walker/*Walker* § 760 Rn 5). 3

D. Rechtsbehelfe. Wird die Einsicht in die Akten oder die Erteilung von Abschriften insgesamt oder in Teilen verweigert, steht den beteiligten Personen dagegen die **Erinnerung nach § 766** zu, ebenso aus Gründen des Datenschutzes gegen die Gewährung der Akteneinsicht und Abschrifterteilung (Musielak/*Lackmann* § 760 Rn 5). Der GV selbst hat gegen die einer Erinnerung stattgebende Entscheidung keinen Rechtsbehelf (Schuschke/Walker/*Walker* § 760 Rn 5). 4

§ 761 *(weggefallen)*

§ 762 Protokoll über Vollstreckungshandlungen. **(1) Der Gerichtsvollzieher hat über jede Vollstreckungshandlung ein Protokoll aufzunehmen.**

(2) Das Protokoll muss enthalten:

1. Ort und Zeit der Aufnahme;

2. den Gegenstand der Vollstreckungshandlung unter kurzer Erwähnung der wesentlichen Vorgänge;

3. die Namen der Personen, mit denen verhandelt ist;

4. die Unterschrift dieser Personen und den Vermerk, dass die Unterzeichnung nach Vorlesung oder Vorlegung zur Durchsicht und nach Genehmigung erfolgt sei;

5. die Unterschrift des Gerichtsvollziehers.

(3) Hat einem der unter Nummer 4 bezeichneten Erfordernisse nicht genügt werden können, so ist der Grund anzugeben.

1 **A. Ratio und Anwendungsbereich.** Die Protokollierungspflicht des § 762 trägt einerseits dem **Unterrichtungsinteresse** der an der Vollstreckung beteiligten Personen Rechnung und andererseits der **Beweissicherung** sowie allgemein der **Kontrolle des Vollstreckungsverfahrens** durch den GV (*Mager* DGVZ 89, 182). Mithilfe des Protokolls lassen sich die erforderlichen Nachweise im Rechtsbehelfsverfahren leicht durch öffentliche Urkunden iSv §§ 415, 418 führen (s. Rz 6), ebenso der Nachweis der Beschlagnahme für eine Anschlusspfändung nach § 826 oder über die notwendigen Bescheinigungen zur Glaubhaftmachung nach §§ 807, 883 II (Schuschke/Walker/*Walker* § 762 Rn 1). Der Protokollierung bedürfen nach Abs 1 **Vollstreckungshandlungen.** Darunter sind alle Handlungen zu verstehen, die der GV zum Zwecke der Zwangsvollstreckung vornimmt (St/J/*Münzberg* § 762 Rn 1). Davon umfasst sind der Zutritt zur Wohnung des Schuldners, ihre Durchsuchung, die Zahlungsaufforderung (auch wenn es hernach nur zu einem erfolglosen Vollstreckungsversuch kommt: AG Herne DGVZ 83, 27), die Annahme der Zahlung ebenso wie das Wegbringen der gepfändeten Sachen und deren Verwertung (Schuschke/Walker/*Walker* § 762 Rn 2). Um eine Vollstreckungshandlung iSv § 762 handelt es sich dagegen noch nicht, wenn diese erst vorbereitet wird. So liegt noch eine **Vorbereitungshandlung** vor bei der Aufforderung zur freiwilligen Leistung (Musielak/*Lackmann* § 762 Rn 1: Protokollierungspflicht nach § 105 Nr 2 GVGA), der Zustellung des Vollstreckungstitels (auch die für andere Vollstreckungsorgane; Schuschke/Walker/*Walker* § 762 Rn 2), ebenso beim Aufsuchen des Schuldners unter der angegebenen Adresse, die nicht mehr die seine ist (AG München DGVZ 83, 170; aA AG Reutlingen DGVZ 90, 76).

2 **B. Tatbestand (Abs 2). I. Notwendiger und nicht notwendiger Inhalt des Protokolls.** Diejenigen Angaben, die ein Protokoll notwendig enthalten muss, ergeben sich aus § 762 II Nr 1-5, III und ergänzend aus § 763 I. Darüber hinaus reichende, nicht notwendige Protokollinhalte formulieren §§ 110, 135 und § 185d GVGA. So enthalten §§ 187 Nr 2, 188 Nr 2 GVGA Regelungen zur Protokollierung eines **Haftbefehls,** § 180 Nr 6 GVGA Vorschriften für das Protokoll einer **Räumung** (*Hornung* DGVZ 07, 58) und § 179 Nr 6 GVGA für die **Herausgabevollstreckung.** Wie das Protokoll einer **Versteigerung** aussehen muss, bestimmen §§ 146, 149 GVGA, §§ 167 Nr 2 GVGA das einer **Anschlusspfändung.** Jedes Protokoll muss eindeutig und vollständig abgefasst sein, § 10 Nr 1b GVGA. Zur Gestaltung des Protokolls bei der Vollstreckung für mehrere Gläubiger *Holch* DGVZ 88, 177.

3 **II. Einzelne Protokollierungserfordernisse. 1. Nr 1 und 2.** Das Protokoll muss **Ort und Zeit der Aufnahme** bezeichnen (Nr 1). Es soll im unmittelbaren zeitlichen Zusammenhang mit der Vornahme der Vollstreckungshandlung dort aufgenommen werden, wo sie stattgefunden hat. Wird es erst später errichtet, muss der Grund dafür nach § 110 Nr 3 GVGA im Protokoll angegeben werden. Nimmt die Vollstreckung mehrere Tage in Anspruch, soll das Protokoll jeden Tag abgeschlossen und neu unterzeichnet werden (Schuschke/Walker/*Walker* § 762 Rn 4). Nr 2 bestimmt, dass im Protokoll der **Gegenstand der Vollstreckungshandlung** unter kurzer Erwähnung der wesentlichen Vorgänge mitgeteilt werden muss. Die ausgeführte Vollstreckungshandlung muss beschrieben werden, ebenso der Vollstreckungstitel und die Höhe der Forderung, die vollstreckt werden soll (Musielak/*Lackmann* § 762 Rn 3). Unter den protokollierungspflichtigen **wesentlichen Vorgängen** sind einerseits solche zu verstehen, die für die Beurteilung der Rechtmäßigkeit der vorgenommenen Vollstreckungsmaßnahme eine Rolle spielen, andererseits aber auch Umstände, die den Gläubiger zur Einlegung von Rechtsbehelfen gegen den Schuldner veranlassen können (MüKoZPO/*Heßler* § 762 Rn 10).

Beispiele sind das Angebot der Zug um Zug Gegenleistung an den Schuldner nach § 756 und dessen Antwort darauf (§ 84 Nr 2 GVGA), das Betreten und Durchsuchen der Wohnung des Schuldners und dessen mögliches Einverständnis, Widerstand, die Anwendung von Gewalt nach § 758, das Vorliegen von Gefahr im Verzug (AG München DGVZ 80, 190) sowie das Vorzeigen der Durchsuchungserlaubnis nach § 107 Nr 2, 5 GVGA. Gegenstand weiterer Protokollierungen nach der GVGA können die Erklärung dritter Personen nach § 809 sein (§§ 136 Nr 2, 137 GVGA), die Überlassung oder das Angebot von Austauschgegenständen nach §§ 811a, 811b, die Schätzung des Wertes gepfändeter Gegenstände (§ 132 Nr 8 GVGA), der Verzicht des Schuldners auf Zustellungen, den Pfändungsschutz oder die Einhaltung der Wartefrist nach § 750 (Schuschke/Walker/*Walker* § 762 Rn 5). Die Gestaltung des **Protokolls einer erfolglosen Vollstreckung** ergibt sich aus § 135 Nr 6 GVGA. Grds genügt nach dieser Regelung der generelle Protokollhinweis darauf, dass eine Pfändung der im Besitz des Schuldners befindlichen Sachen wegen deren Unpfändbarkeit nicht vorgenommen wurde oder die Verwertung die Kosten nicht aufwiegen würden (ThoPu/*Seiler* § 762 Rn 2a). Aufzuführen sind dabei nur solche Sachen, deren Pfändung Gegenstand eines besonderen Antrags des Gläubigers war (Bremen NJW-RR 98, 94; Musielak/*Lackmann* § 762 Rn 5) oder bei denen eine Austauschpfändung denkbar ist. Weitere Protokollierungsanforderungen ergeben sich aus § 135 Nr 6b und d GVGA, wenn eine Pfändung von Früchten auf dem Halm oder von Tieren nicht erfolgreich durchgeführt wurde. Allgemein muss sich bei einer fruchtlosen Pfändung aus dem Protokoll entnehmen lassen, dass der GV alle zulässigen Mittel eingesetzt hat, ein Vollstreckungserfolg aber nicht zu erzielen war (Bremen NJW-RR 89, 1407). 4

2. Nr 3, 4 und Abs 3. Im Protokoll sind nach Nr 3 die Namen derjenigen **Personen** zu vermerken, **mit denen der GV im Verlauf der Vollstreckung verhandelt hat.** Das sind der Gläubiger, der Schuldner, deren Bevollmächtigte, Personen, die an der Stelle des Schuldners betroffen werden, zu seiner Familie gehörig sind oder ihr dienen gem § 759, zur Herausgabe bereite Dritte nach § 809, aber auch die zur Vollstreckung hinzugezogenen Zeugen, Polizei- und Gemeindebeamten (nicht jedoch grds andere Hilfspersonen des GV). Nr 4 bestimmt, dass die in Nr 3 genannten Personen das Protokoll nach Verlesung oder Vorlegung und Genehmigung **unterzeichnen** sollen, was aber nicht erzwungen werden kann. Allerdings ist der Grund für die Verweigerung der Unterschrift nach Abs 3 im Protokoll zu vermerken. So ist auch zu verfahren, wenn die anderen in Nr 4 aufgeführten Formalien nicht eingehalten werden (Schuschke/Walker/*Walker* § 762 Rn 7). 5

C. Beweiskraft des Protokolls. Die Beweiskraft des Protokolls ist in §§ 415, 418 geregelt. Hiernach ist das Protokoll des GV eine **öffentliche Urkunde** (BayObLG NJW 92, 1841, 1842; KG NJW-RR 94, 959). Vollen Beweis für die Abgabe einer beurkundeten Erklärung und die dort wieder gegebenen Tatsachen erbringt das Protokoll als Urkunde aber nur dann, wenn es die Unterschrift des GV trägt und soweit die Beurkundung gesetzlich vorgeschrieben ist (Musielak/*Lackmann* § 762 Rn 6). Um die Beweiskraft zu widerlegen, muss die Möglichkeit der Richtigkeit des Protokolls ausgeschlossen werden (Köln NJW-RR 86, 863). 6

D. Rechtsbehelfe und Kosten/Gebühren. Fehler des Protokolls oder Verstöße nach § 762 machen die Vollstreckungshandlung nicht unwirksam, es sei denn, es handelt sich um eine Anschlusspfändung nach § 826. Enthält das Protokoll Fehler, kann der GV es gem § 164 I analog **berichtigen** (LG Frankenthal DGVZ 85, 88, 89 f; LG Köln DGVZ 83, 44). Im Erinnerungsverfahren kann er dazu allerdings nicht gezwungen werden (Braunschw DGVZ 92, 120). Überhaupt können mit der Erinnerung nach § 766, weil das Protokoll vorrangig Beweiszwecken dient (s. Rz 1), Mängel nicht angegriffen werden, sondern nur der Umstand, dass ein solches gar nicht errichtet wurde (Musielak/*Lackmann* § 762 Rn 7). Das Vollstreckungsgericht kann den GV bei fehlerhafter Protokollierung jedoch anweisen, die Vollstreckungshandlung zu wiederholen und dieses Mal ein fehlerfreies Protokoll zu erstellen (Bremen DGVZ 89, 40). **Gebühren** werden für die Errichtung des Protokolls nicht erhoben. Jedoch wird die Zeit, die die Aufnahme des Protokolls erforderte, bei der Berechnung des Zeitaufwandes der Vollstreckungshandlung nach KVGv Nr 500 mit eingestellt (MüKoZPO/*Heßler* § 762 Rn 24 f). 7

§ 763 Aufforderungen und Mitteilungen.

(1) Die Aufforderungen und sonstigen Mitteilungen, die zu den Vollstreckungshandlungen gehören, sind von dem Gerichtsvollzieher mündlich zu erlassen und vollständig in das Protokoll aufzunehmen.

(2) [1]Kann dies mündlich nicht ausgeführt werden, so hat der Gerichtsvollzieher eine Abschrift des Protokolls zuzustellen oder durch die Post zu übersenden. [2]Es muss im Protokoll vermerkt werden, dass diese Vorschrift befolgt ist. [3]Eine öffentliche Zustellung findet nicht statt.

1 **A. Ratio.** § 763 dient allein dem **Schuldnerschutz** (Schuschke/Walker/*Walker* § 763 Rn 1). In erster Linie ist daher der Schuldner **Adressat** der Aufforderungen und Mitteilungen. Auch wenn sich diese bisweilen an Dritte und den Gläubiger richten, bezweckt § 763 nicht primär deren Information. Über die in Abs 2 genannten Fälle hinaus können dem Gläubiger Protokollabschriften daher nicht vAw unverlangt zugesendet werden (BVerwGE 65, 260, 268 = NJW 83, 896, 898; *Elias* DGVZ 75, 33). Er kann sie jedoch kostenpflichtig beantragen. Inhaltlich ergänzt § 763 die Regelung des § 762 (s. § 762 Rz 2).

2 **B. Tatbestand. I. Aufforderungen und Mitteilungen. Aufforderungen** iSv Abs 1 regelt die ZPO selbst nicht explizit, setzt sie aber an verschiedenen Stellen voraus, etwa in §§ 756, 758. Einzelheiten enthält insoweit die GVGA, zB in §§ 84 Nr 1, 105 Nr 2 und § 131 Nr 1 (Aufforderung zur Bewirkung der Gegenleistung). **Mitteilungen** enthalten §§ 806a, 808 III, 811b II, 826 III, 885 II, aber auch §§ 113 Nr 3, 132 Nr 5, 8, 136 Nr 3, 137 und § 142 Nr 4 GVGA. Insb ist dem Gläubiger (oder bei der Vollstreckung für mehrere Gläubiger jedem einzelnen von ihnen: AG München DGVZ 85, 125) mitzuteilen, ob und wie sein Vollstreckungsauftrag erledigt worden ist (BGH NJW-RR 04, 788), ob durch erfolgreiche Pfändung (Mitteilung des Ausgangs und der gepfändeten Sache: Musielak/*Lackmann* § 763 Rn 1) oder zwecklosen Vollstreckungsversuch (LG Hannover DGVZ 81, 39 f; AG München DGVZ 81, 141). **Nicht ausreichend** ist allein die Gestattung der **Akteneinsicht** (aA Hamm DGVZ 77, 40, 41). Die Mitteilungspflicht nach Abs 2 bezieht sich auf die Aufforderungen und Mitteilungen nach Abs 1, nicht aber auf die Mitteilungen über die Vollstreckungshandlung (ThoPu/*Seiler* § 763 Rn 2).

3 **II. Protokollierung und schriftliche Übermittlung.** Grds erfolgen die Mitteilungen und Aufforderungen **mündlich** und werden zur Beweissicherung vollständig protokolliert (Schuschke/Walker/*Walker* § 763 Rn 3). Nur wenn die Mitteilung an die im Gesetz oder in der GVGA genannte Person nicht möglich ist, muss ihr nach dem Wortlaut eine Abschrift des Protokolls zugestellt oder postalisch übersandt werden. Das geschieht idR durch einfachen Brief. Abs 2 S 1 verpflichtet jedoch den GV nach allgemeiner Auffassung stets dazu, dem Schuldner eine Abschrift des Protokolls zukommen zu lassen (BVerwGE 65, 260, 268 = NJW 83, 896; Hamm Rpfleger 71, 111, 113; *Mager* DGVZ 89, 182). Für die Kosten der Übersendung haftet der Schuldner mit dem Gläubiger als Gesamtschuldner (AG Münster DGVZ 02, 95). Ist der **Aufenthaltsort der zu benachrichtigenden Person nicht bekannt**, wird nicht etwa öffentlich zugestellt (Abs 2 S 3). Vielmehr wird im Protokoll vermerkt, dass ihre Benachrichtigung nicht möglich war. Das kann erst angenommen werden, wenn mehrere Versuche, die richtige Adresse des Schuldners zu ermitteln, gescheitert sind (LG Essen, MDR 73, 414).

4 **C. Rechtsfolge bei Verstoß und Rechtsbehelf.** § 763 ist eine **Ordnungsvorschrift** (Musielak/*Lackmann* § 763 Rn 2). Wird sie verletzt, zB weil die Benachrichtigung oder die Protokollierung unterbleibt, hat das auf die Wirksamkeit der Vollstreckungshandlung keinen Einfluss. Sie kann deswegen auch **nicht angefochten** werden. Wohl aber kann die Erinnerung mit dem Ziel erhoben werden, die Benachrichtigung oder Protokollierung nachzuholen (MüKoZPO/*Heßler* § 763 Rn 9). Das Rechtsschutzinteresse bedarf in diesem Fall besonderer Begründung (Schuschke/Walker/*Walker* § 763 Rn 5).

§ 764 Vollstreckungsgericht.

(1) Die den Gerichten zugewiesene Anordnung von Vollstreckungshandlungen und Mitwirkung bei solchen gehört zur Zuständigkeit der Amtsgerichte als Vollstreckungsgerichte.

(2) Als Vollstreckungsgericht ist, sofern nicht das Gesetz ein anderes Amtsgericht bezeichnet, das Amtsgericht anzusehen, in dessen Bezirk das Vollstreckungsverfahren stattfinden soll oder stattgefunden hat.

(3) Die Entscheidungen des Vollstreckungsgerichts ergehen durch Beschluss.

1 **A. Ratio und Anwendungsbereich.** Die Vorschrift begründet, in dem sie die Anordnung von und die Mitwirkung bei allen Vollstreckungshandlungen, die den Gerichten zugewiesen sind, den Amtsgerichten zuweist, hierfür eine **einheitliche Zuständigkeit des Amtsgerichts als Vollstreckungsgericht.** § 764 installiert damit ein ebenso leicht zugängliches wie ortsnahes Vollstreckungsorgan (MüKoZPO/*Heßler* § 764 Rn 1), das für alle Vollstreckungshandlungen nach der ZPO einschlägig ist, soweit für sie nicht das Prozessgericht des ersten Rechtszuges selbst für die Vollstreckung zuständig ist, wie zB nach den §§ 887 ff (Hamm NJW-RR 86, 421 zur ausnahmsweisen Tätigkeit des Prozess- als Vollstreckungsgerichts). So ist etwa für die vom Gläubiger anstelle der Kostenbeitreibung gem § 788 gewählte Festsetzung von Zwangsvollstreckungs-

kosten nicht das Vollstreckungsgericht, sondern das Prozessgericht zuständig (BGH NJW 82, 2070). Dagegen ist die Zuständigkeit des Vollstreckungsgerichts begründet für die Vollstreckung wegen Geldforderungen in Forderungen und andere Vermögensrechte nach §§ 828 f, das Verteilungsverfahren nach §§ 872 ff, die Abnahme der eidesstattlichen Versicherung nach bürgerlichem Recht nach §§ 889, 890 inkl der Haftanordnung sowie die Zwangsversteigerung und die Zwangsverwaltung nach §§ 869 ZVG. Die Pflicht zur Mitwirkung hat das Vollstreckungsgericht ua nach §§ 779 II, 787, 813 I 3, 817a II 2, 822 f, 825 II, 827, 844, 882a I 2. S.a. §§ 765a, 811a, 813b und §§ 769 II, 771, 785, 805 für einstweilige Anordnungen.

B. Tatbestand. I. Begründung der Zuständigkeit. 1. Sachlich (Abs 1) und funktionell. Die sachliche Zuständigkeit des Amtsgerichts als Vollstreckungsgericht ist nach § 802 eine **ausschließliche**. Sie bestimmt sich unabhängig davon, von welchem Prozessgericht der Titel stammt (MüKoZPO/*Heßler* § 764 Rn 2). Erklären andere Gesetze als die ZPO die Vorschriften des achten Buchs für anwendbar, bezieht sich das auch auf die sachliche Zuständigkeit des Vollstreckungsgerichts nach § 764 (Schuschke/Walker/*Walker* § 764 Rn 2). Die Vollstreckung in Familiensachen erfolgt, soweit ein Gericht dafür zuständig ist, zB nach §§ 88 ff FamFG, auch nach dem neuen FamFG nicht durch das **Familiengericht**, sondern durch das Vollstreckungsgericht gem § 764. § 95 I FamFG erklärt insoweit die ZPO für anwendbar (*Giers* FamRB 09, 87). Nicht etwa wird das Familiengericht dadurch aber zum Vollstreckungsgericht iSv § 764 (BGH NJW 79, 1048). Das trifft grds auch für die **Vollstreckung arbeits- und sozialrechtlicher Titel** zu, §§ 62 II, 64 VII, 85, 87 II, 92 II ArbGG; § 198 I SGG mit Ausnahme der Vollstreckung nach §§ 200, 201 SGG. Anderes gilt für die Vollstreckung verwaltungsgerichtlicher Entscheidungen. Hier ist das **Verwaltungsgericht** des ersten Rechtszuges nach § 167 I 2 VwGO zugleich auch das Vollstreckungsgericht, ebenso das **Arrestgericht**, wenn es in den Fällen der §§ 919, 930 I 3, 931 III einen Arrest vollzieht. In den Fällen von §§ 36 IV, 89 III, 148 II InsO tritt das **Insolvenzgericht** wegen der größeren Sachnähe funktional an die Stelle des Vollstreckungsgerichts (LG Hamburg ZInsO 09, 1707; *Büttner* ZVI 07, 597; *Althammer/Löhnig* KTS 04, 525). Der Rechtsmittelzug richtet sich aber grds nach den allgemeinen vollstreckungsrechtlichen Vorschriften (BGH Rpfleger 04, 436). Für die Entscheidung über eine auf Massearmut gestützte Erinnerung des Insolvenzverwalters gegen den Erlass eines Pfändungs- und Überweisungsbeschlusses ist die sachliche Zuständigkeit des Insolvenzgerichtsbegründet (BGH NJW-RR 07, 119). Für Entscheidungen nach §§ 850 ff ist nach der Eröffnung des Insolvenzverfahrens ebenfalls das Insolvenzgericht zuständig (Köln JurBüro 01, 217 f). Die Aufgaben, die nach dem achten Buch dem Vollstreckungsgericht zugewiesen sind, nimmt der funktionell zuständige Rechtspfleger nach § 20 Nr 17 RPflG wahr. Der Richter entscheidet allerdings über die Erinnerung gegen dessen Entscheidungen nach § 766. 2

2. Örtlich (Abs 2). Auch die örtliche Zuständigkeit des Amtsgerichts als Vollstreckungsgericht ist nach § 802 eine **ausschließliche**. Sie richtet sich nach dem **Ort der Vollstreckungshandlung** und muss für jede Vollstreckungshandlung getrennt ermittelt werden (MüKoZPO/*Heßler* § 764 Rn 26), so zB wenn der Schuldner nach der Vornahme einer Vollstreckungshandlung, aber vor einer weiteren den Wohnsitz wechselt. In diesem Fall ist für die neue Vollstreckungshandlung auch der neue Wohnsitz entscheidend (Schuschke/Walker/*Walker* § 764 Rn 3). Denn neue Vollstreckungsmaßnahmen begründen auch eine neue örtliche Zuständigkeit (Zö/*Stöber* § 764 Rn 4). Anders ist es, wenn sich der Wohnsitz des Schuldners ändert, solange eine am alten Wohnsitz eingeleitete Vollstreckungshandlung noch andauert. In diesem Fall bleibt es bei der Zuständigkeit des Amtsgerichts am alten Wohnsitz (München Rpfleger 85, 154). Entscheidend für die Begründung der örtlichen Zuständigkeit ist stets der Beginn der einzelnen Vollstreckungshandlung. **Ausnahmen** von Abs 2 gelten nach § 828 II für die Forderungspfändung, nach § 848 für die Pfändung unbeweglicher Sachen, nach §§ 853 bis 855 bei der Pfändung von Forderungen für mehrere Gläubiger sowie nach §§ 858 II, 872. 3

3. Kompetenzunstimmigkeiten. Kommt es zwischen mehreren potenziell zuständigen Amtsgerichten zu einem Kompetenzkonflikt, wird das sachlich und/oder örtlich zuständige Amtsgericht in entsprechender Anwendung des § 36 Nr 5, 6 ermittelt (BGH NJW 82, 2070; Frankf Rpfleger 78, 260). Auch der Rechtspfleger darf im Falle des § 36 I Nr 6 die Sache dem nächst höheren Gericht zur Bestimmung des zuständigen Gerichts vorlegen (BGH NJW 83, 1859). Soll gegen eine **Mehrheit von Schuldnern** vollstreckt werden, denen eine zu pfändende Forderung gemeinschaftlich zusteht, ist nach § 36 Nr 3 analog auf Antrag des Gläubigers ein für alle Schuldner zuständiges Amtsgericht als Vollstreckungsgericht zu bestimmen (BayObLG Rpfleger 83, 288; BayObLGZ 59, 270). 4

5 **C. Verfahren und Entscheidung des Vollstreckungsgerichts.** Da die Entscheidungen des Vollstreckungsgerichts nach Abs 3 durch **Beschluss** ergehen, muss vor deren Erlass **nicht zwingend eine mündliche Verhandlung** stehen, § 128 IV. **Rechtliches Gehör** ist mit Ausnahme von Vollstreckungshandlungen iRd der Forderungspfändung jedoch zu gewähren (vgl § 834), ggf kann sogar eine Beweiserhebung erforderlich werden. Die Beschlüsse des Vollstreckungsgerichts bedürfen nach § 329 III der Zustellung.

6 **D. Rechtsfolgen bei Verstoß und Rechtsbehelfe.** Ein Beschl, durch den das Prozessgericht eine Entscheidung anstelle des eigentlich zuständigen Vollstreckungsgerichts getroffen hat, entfaltet keine innerprozessuale Bindungswirkung nach § 281 II 2 (BayObLG Rpfleger 89, 80). **Gegen Vollstreckungsmaßnahmen** des Vollstreckungsgerichts, dh die Ausübung staatlichen Zwangs innerhalb des Vollstreckungsverfahrens ohne Anhörung des Schuldners, können Gläubiger, Schuldner und beschwerte Dritte mit der **Erinnerung nach § 766** vorgehen (ThoPu/*Seiler* § 764 Rn 7). **Entscheidungen** des Vollstreckungsgerichts bei Abweisung eines Antrags oder Stattgabe nach Anhörung des Antragsgegners sind dagegen mit der **sofortigen Beschwerde nach § 793** anfechtbar (str; Schuschke/Walker/*Walker* § 764 Rn 7; aA Musielak/*Lackmann* § 764 Rn 7 unter Hinweis auf § 571 II 2).

§ 765 Vollstreckungsgerichtliche Anordnungen bei Leistung Zug um Zug.

Hängt die Vollstreckung von einer Zug um Zug zu bewirkenden Leistung des Gläubigers an den Schuldner ab, so darf das Vollstreckungsgericht eine Vollstreckungsmaßregel nur anordnen, wenn
1. **der Beweis, dass der Schuldner befriedigt oder im Verzug der Annahme ist, durch öffentliche oder öffentlich beglaubigte Urkunden geführt wird und eine Abschrift dieser Urkunden bereits zugestellt ist; der Zustellung bedarf es nicht, wenn bereits der Gerichtsvollzieher die Zwangsvollstreckung nach § 756 Abs. 1 begonnen hatte und der Beweis durch das Protokoll des Gerichtsvollziehers geführt wird; oder**
2. **der Gerichtsvollzieher eine Vollstreckungsmaßnahme nach § 756 Abs. 2 durchgeführt hat und diese durch das Protokoll des Gerichtsvollziehers nachgewiesen ist.**

1 **A. Normzweck.** § 765 ist ebenso wie § 756 gebotene Konsequenz der in den §§ 320, 322 BGB festgelegten Verbindung von Leistung und Gegenleistung bzw der in den §§ 273, 274 BGB festgelegten Austauschabhängigkeit kraft besonderen Zurückbehaltungsrechts (*Schilken* AcP 181 [1981], 355, 357, 358). Nach § 726 II sind Urt, deren Vollstreckung von einer Zug um Zug zu bewirkenden Leistung des Gläubigers an den Schuldner abhängt, ohne den Nachweis der Befriedigung oder des Annahmeverzugs des Schuldners vollstreckbar auszufertigen. Die Prüfung, ob diese Voraussetzungen vorliegen, obliegt den Vollstreckungsorganen. § 756 regelt dies für den GV, § 765 für das Vollstreckungsgericht.

2 **B. Anwendungsbereich.** § 765 betrifft sämtliche vom Vollstreckungsgericht anzuordnenden Vollstreckungsmaßnahmen, so nicht nur die Sachpfändung, sondern auch die Vollstreckung in Forderungen oder andere Vermögensrechte gem §§ 828 I, 857 I; unter den Anwendungsbereich der Vorschrift fallen gerichtliche Entscheidungen, die in Zusammenhang mit der eV und der Haftanordnung gem §§ 807, 883, 901 zu treffen sind, ebenso die Abnahme der eV nach bürgerlichem Recht und ihre Erzwingung durch Zwangsgeld oder Zwangshaft gem § 889 sowie das Verteilungsverfahren gem §§ 872 ff. § 765 ist anwendbar im Bereich der Immobiliarzwangsvollstreckung, § 1 ZVG. Entspr gilt § 765 für die Vollstreckung durch das Prozessgericht gem §§ 887, 888 wegen der Vornahme vertretbarer und nicht vertretbarer Handlungen, ebenso für die Vollstreckung durch das GBA (Hamm Rpfleger 83, 393; Köln Rpfleger 97, 315; St/J/*Münzberg* Rn 3 mwN).

3 Nicht unter § 765 fällt die Vollstreckung wegen einer Forderung, die den Schuldner nur gegen Aushändigung einer Inhaberschuldverschreibung zur Leistung verpflichtet. Das Inhaberpapier hat mit Einlösung den in ihm verkörperten Wert verloren und nur noch Quittungscharakter; ein selbständiger Gegenanspruch liegt nicht mehr vor (BGH NJW 08, 3144, 3145). Anders ist es dann, wenn ausdrücklich zu einer Leistung Zug um Zug gegen Herausgabe einer Inhaberschuldverschreibung verurteilt wird. In einem derartigen Fall ist die Zug-um-Zug-Leistung iSd § 765 rein vollstreckungsrechtlich zu verstehen, dies unabhängig davon, ob materiell-rechtlich ein synallagmatisches Verhältnis besteht oder nicht. Dies folgt aus dem Grundsatz, dass die Vollstreckungsorgane die Entscheidungen des Prozessgerichts nicht nachzuprüfen haben.

4 **C. Voraussetzungen. I. Nachweis der Befriedigung des Schuldners oder des Annahmeverzuges.** Der Beweis, dass der Schuldner befriedigt oder im Verzug der Annahme ist, muss durch öffentliche oder öffentlich beglaubigte Urkunden geführt werden; eine Abschrift dieser Urkunden muss dem Schuldner bereits

zugestellt worden sein. Als Nachweisurkunde kommt insb das zu vollstreckende Urt in Betracht. Aus diesem müssen sich, ohne dass schwierige rechtliche Überlegungen anzustellen wären, Befriedigung oder Annahmeverzug des Schuldners ergeben. Tatbestand und Entscheidungsgründe sind heranzuziehen (BGH NJW 82, 1048, 1049). In Frage kommt auch ein Urt nach § 256, durch welches der Annahmeverzug des Schuldners festgestellt wird; der Gläubiger kann mit dem Klageantrag auf Zug um Zug-Verurteilung gleichzeitig einen Antrag auf Feststellung des Annahmeverzugs des Schuldners verbinden (RG JW 1909, 436; Hamm NVZ 95, 69, 70; MüKoZPO/*Heßler* § 756 Rn 47). Ist das Prozessgericht für die Vollstreckung zuständig, kann sich die Befriedigung des Schuldners oder der Verzug der Annahme auch aus den Prozessakten ergeben (Naumbg JurBüro 02, 551; Zö/*Stöber* Rn 3; B/L/A/H Rn 3).

Gemäß § 418 II kann Beweis der Unrichtigkeit der bezeugten Tatsachen angetreten werden (Köln NJW-RR 86, 863). Der Fortbestand des einmal nachgewiesenen Annahmeverzugs wird vermutet (St/J/*Münzberg* Rn 2). Die Gegenleistung kann dem Schuldner nicht durch das Vollstreckungsgericht angeboten werden (St/J/*Münzberg* Rn 1; Zö/*Stöber* Rn 3). 5

II. Zustellung. 1. Zustellungserfordernisse. Die Nachweisurkunden müssen dem Schuldner bereits vor Anordnung der Vollstreckungsmaßregel in Abschrift zugestellt worden sein. Wie die Formulierung »bereits zugestellt« ergibt, können die Urkunden anders als iRd § 756 nicht gleichzeitig zugestellt werden. Der Nachweis der Zustellung erfolgt durch Vorlage der Zustellungsurkunde, bzw bei Zustellung von Anwalt zu Anwalt durch schriftliches Empfangsbekenntnis (MüKoZPO/*Heßler* Rn 5). Als Nachweisurkunde kommt auch ein GV-Protokoll über ein tatsächliches Angebot der Gegenleistung durch den GV oder den Gläubiger in Gegenwart des GV und über die Verweigerung der Annahme der Gegenleistung in Frage, ebenso ein GV-Protokoll über ein tatsächliches oder wörtliches Angebot der Gegenleistung und über einen erfolglosen Vollstreckungsversuch gegen den Schuldner (MüKoZPO/*Heßler* Rn 49). Auch eine öffentlich beglaubigte Quittung des Schuldners über die Gegenleistung reicht als Nachweisurkunde aus. Des Nachweises des Annahmeverzuges durch öffentliche oder öffentlich-beglaubigte Urkunden bedarf es dann nicht, wenn der Schuldner selbst die Erfüllung durch den Gläubiger bestätigt, die Erfüllung somit unstr ist (Zö/*Stöber* § 756 Rn 9). 6

2. Zustellungsalternativen. Eine Zustellung ist gem § 765 Nr 1 Hs 2 dann nicht erforderlich, wenn der GV die Zwangsvollstreckung bereits nach § 756 I begonnen hatte und der Beweis hierfür durch das Protokoll des GV geführt wird. Das Protokoll muss die Angaben zum Vorliegen des Annahmeverzuges oder aber der Bewirkung der Gegenleistung enthalten. Hatte der Gläubiger dem GV für die Sachpfändung seine Gegenleistung oder den bereits eingetretenen Annahmeverzug gem § 756 I Alt 2 durch Urkunden nachgewiesen, dann sind dem Vollstreckungsgericht mit dem Pfändungsprotokoll auch diese Urkunden zusammen mit dem in § 756 vorgeschriebenen Nachweis der Zustellung vorzulegen (St/J/*Münzberg* Rn 2; MüKoZPO/*Heßler* Rn 7). 7

Eine weitere Alternative zur Zustellung gibt § 765 Nr 2. Hier reicht es aus, wenn der GV eine Vollstreckungsmaßnahme nach § 756 II durchgeführt hat, diese durch sein Protokoll nachgewiesen ist und sich hieraus ergibt, dass der Schuldner auf das wörtliche Angebot des GV hin erklärt hat, er werde die Leistung nicht annehmen. 8

In beiden Fällen hat das Vollstreckungsgericht die Beweiskraft des Protokolls als öffentliche Urkunde zu beachten. Gegenbeweis ist durch Nachweis der Unrichtigkeit möglich (Köln NJW-RR 86, 863; MüKoZPO/*Heßler* Rn 10 Fn 18; Zö/*Stöber* Rn 3). 9

D. Verfahren. Das Vollstreckungsgericht hat selbstständig zu prüfen, ob sich Annahmeverzug und Befriedigung des Schuldners aus den vorgelegten Urkunden ergeben (Köln NJW-RR 91, 383; Hamm Rpfleger 83, 393). Zur eigenverantwortlichen Prüfung des Vollstreckungsgerichts gehört die Frage, ob die Zwangsvollstreckung nach dem Titel überhaupt eine echte Gegenleistung voraussetzt (St/J/*Münzberg* Fn 9). Das Vollstreckungsgericht ist an die Auffassung des GV nicht gebunden; dies gilt auch dann, wenn eine der Auffassung des Vollstreckungsgerichts entgegenstehende Beurteilung des GV in einem Verfahren nach §§ 766, 793 bestätigt worden ist (St/J/*Münzberg* Rn 2; Zö/*Stöber* Rn 4; aA MüKoZPO/*Heßler* Rn 10). Verstöße gegen § 765 führen nicht zur Nichtigkeit der Vollstreckungsmaßnahme, sondern nur zur Anfechtbarkeit im Erinnerungsverfahren bzw Rechtsbeschwerdeverfahren (BGH NJW 08, 3144, 3146). 10

Ist der Annahmeverzug durch Urt nachgewiesen, muss der nachträgliche Wegfall des Verzugs durch den Schuldner im Weg der Vollstreckungsgegenklage, nicht der Erinnerung, geltend gemacht werden, da die Einwendung sich gegen den titulierten Anspruch richtet (MüKoZPO/*Heßler* Rn 46; *Schilken* AcP 181 [1981] 355, 375 ff; aA St/J/*Münzberg* Rn 20). Endet der Annahmeverzug durch Unmöglichkeit der Gegen- 11 leistung, ist dies ebenfalls nach § 767 geltend zu machen; im Zwangsvollstreckungsverfahren findet eine Prüfung, ob § 326 I, II BGB bzw § 323 BGB eingreifen, nicht statt. Auch diese Einwendung richtet sich unmittelbar gegen den titulierten Anspruch (insoweit bejahend St/J/*Münzberg* Rn 21).

§ 765a Vollstreckungsschutz. (1) [1]**Auf Antrag des Schuldners kann das Vollstreckungsgericht eine Maßnahme der Zwangsvollstreckung ganz oder teilweise aufheben, untersagen oder einstweilen einstellen, wenn die Maßnahme unter voller Würdigung des Schutzbedürfnisses des Gläubigers wegen ganz besonderer Umstände eine Härte bedeutet, die mit den guten Sitten nicht vereinbar ist.** [2]**Es ist befugt, die in § 732 Abs. 2 bezeichneten Anordnungen zu erlassen.** [3]**Betrifft die Maßnahme ein Tier, so hat das Vollstreckungsgericht bei der von ihm vorzunehmenden Abwägung die Verantwortung des Menschen für das Tier zu berücksichtigen.**

(2) Eine Maßnahme zur Erwirkung der Herausgabe von Sachen kann der Gerichtsvollzieher bis zur Entscheidung des Vollstreckungsgerichts, jedoch nicht länger als eine Woche, aufschieben, wenn ihm die Voraussetzungen des Absatzes 1 Satz 1 glaubhaft gemacht werden und dem Schuldner die rechtzeitige Anrufung des Vollstreckungsgerichts nicht möglich war.

(3) In Räumungssachen ist der Antrag nach Absatz 1 spätestens zwei Wochen vor dem festgesetzten Räumungstermin zu stellen, es sei denn, dass die Gründe, auf denen der Antrag beruht, erst nach diesem Zeitpunkt entstanden sind oder der Schuldner ohne sein Verschulden an einer rechtzeitigen Antragstellung gehindert war.

(4) Das Vollstreckungsgericht hebt seinen Beschluss auf Antrag auf oder ändert ihn, wenn dies mit Rücksicht auf eine Änderung der Sachlage geboten ist.

(5) Die Aufhebung von Vollstreckungsmaßregeln erfolgt in den Fällen des Absatzes 1 Satz 1 und des Absatzes 4 erst nach Rechtskraft des Beschlusses.

1 **A. Normzweck.** § 765a greift in den Fällen ein, in denen eine Vollstreckungsmaßnahme wegen ganz besonderer Umstände eine Härte bedeutet, die mit den guten Sitten nicht mehr vereinbar ist. Diese Vorschrift stellt eine Ausnahmeregelung dar, die eng auszulegen ist (BGHZ 44, 138, 143; 161, 371, 374). Es handelt sich hier um eine allg Schutzvorschrift, die auch als »Generalklausel des Schuldnerschutzes« bezeichnet wird (Musielak/*Lackmann* Rn 1). Mit der Zwangsvollstreckung regelmäßig verbundene Nachteile rechtfertigen die Anwendung des § 765a nicht. Nur bei einem völlig untragbaren Ergebnis soll dem Schuldner die Möglichkeit gegeben werden, die Einstellung oder Aufhebung einer Vollstreckungsmaßnahme zu erreichen; § 765a betrifft nur die konkrete Vollstreckungsmaßnahme, nicht die Zwangsvollstreckung aus dem Titel überhaupt (BGH NJW 04, 3635, 3636).

2 **B. Anwendungsbereich, Abgrenzung. I. Anwendbarkeit.** Die Zwangsvollstreckung darf nicht insgesamt untersagt werden. § 765a ermöglicht es somit nicht, die Bindung der Vollstreckungsorgane an den Titel überhaupt zu beseitigen. Einwendungen gegen den titulierten Anspruch sind im Weg der Nichtigkeits- u Restitutionsklage nach §§ 579, 580, der Vollstreckungsgegenklage nach § 767 und – bei erschlichenem bzw als unrichtig erkanntem Urt – durch Klage auf Unterlassung der Zwangsvollstreckung und auf Herausgabe des Titels nach Deliktsgrundsätzen (vgl § 767 Rz 10) geltend zu machen.

3 § 765a gilt für sämtliche Zwangsvollstreckungsmaßnahmen, so auch die Vollstreckung in das unbewegliche Vermögen (BGH NJW 06, 505, 506). Die Vorschrift gilt auch für Vollstreckungsmaßnahmen, die das Prozessgericht zur Erzwingung vertretbarer oder unvertretbarer Handlungen gem §§ 887, 888 oder der Unterlassung oder Duldung der Vornahme einer Handlung gem § 890 erlässt.

4 § 4 InsO verweist auf die zivilprozessualen Vorschriften. Bereits in der Eröffnung des Insolvenzverfahrens gilt damit § 765a (BGH KTS 78, 24, 29 für das Konkurseröffnungsverfahren). Nach der Rspr des BGH ist auch im eröffneten Insolvenzverfahren Vollstreckungsschutz nach § 765a zu gewähren; § 765a ist jedenfalls auf Vollstreckungsmaßnahmen anzuwenden, die der Verwalter gem § 148 II InsO aufgrund einer vollstreckbaren Ausfertigung des Eröffnungsbeschlusses gegen den Insolvenzschuldner, der eine natürliche Person ist, betreibt. Die Anwendbarkeit des § 765a ist für den Fall bejaht worden, dass Rechte des Schuldners in insolvenzuntypischer Weise schwerwiegend beeinträchtigt werden; der Schuldner muss dann die Möglichkeit haben, gem § 765a Maßnahmen abzuwehren, die auch unter den ganz besonderen Umständen des Insolvenzverfahrens nicht hinnehmbar sind. Ein auf die Suizidgefährdung des Schuldners oder naher Angehöriger gestützter Vollstreckungsschutzantrag im Insolvenzverfahren ist daher zulässig (BGH NJW 09, 78, 79; WM 09, 358, 359; WuM 09, 314, 315).

Bei der Zwangsversteigerung zur Aufhebung einer Gemeinschaft gilt § 765a entspr (BGH NJW 07, 3430, 3431, 3432 mwN; abl MüKoZPO/*Heßler* Rn 18; Schuschke/Walker/*Walker* Rn 5). Ein rechtskräftiger Zuschlagbeschluss kann nicht nach § 765a aufgehoben werden (BGH MDR 10, 50, 51). 5

II. Subsidiarität. Nur ganz besondere Umstände rechtfertigen eine Maßnahme gem § 765a I 1. § 765a erweist sich damit als subsidiär; die Gewährung von Vollstreckungsschutz kommt nach § 765a dann nicht in Betracht, wenn der Schuldner die Einstellung von Zwangsvollstreckungsmaßnahmen nach anderen Vorschriften erlangen kann (BGH NJW 07, 2703, 2704). Kann der Schuldner mögliche Anträge, insb nach den §§ 707, 719, 721, 732 II, 794a, noch stellen, scheidet eine Einstellung der Zwangsvollstreckung nach § 765a aus. Sind die Fristen für derartige Anträge versäumt oder ist es unterlassen worden, die Voraussetzungen für derartige Anträge zu schaffen, dann kann Vollstreckungsschutz nach § 765a dennoch gewährt werden. Dass Anträge, mit denen ein gleiches Ergebnis hätte erreicht werden können, nicht gestellt worden sind, kann allenfalls bei der Abwägung zu Ungunsten des Schuldners berücksichtigt werden (MüKoZPO/*Heßler* Rn 59, 75; Musielak/*Lackmann* Rn 15, 21). Diese Problematik stellt sich insb iRd § 719 II; ein entspr Vollstreckungsschutzantrag in der dritten Instanz kann nach der Rspr des BGH nur dann erfolgversprechend gestellt werden, wenn in der Vorinstanz ein mit Begründung versehener Antrag nach § 712 gestellt worden ist (BGH LM § 712 Nr 1; NJW-RR 05, 147, 148 ua). Erweist sich unter diesen Voraussetzungen ein Einstellungsantrag nach § 719 II als unbegründet, sind die Voraussetzungen des § 765a zu prüfen. 6

Das Bestehen gesetzlich normierter Tatbestände, die den Schutz des Schuldners im Vollstreckungsverfahren regeln, schließt die Anwendbarkeit von § 765a nicht aus. Vollstreckungsschutz kann auch dann gewährt werden, wenn ein solcher nach den Spezialvorschriften nicht möglich ist (BGH NJW 07, 2703, 2704; 08, 1678; aA MüKoZPO/*Heßler* Rn 13). Mit § 765a können somit Regelungen getroffen werden, die über die in den ausdrücklichen Pfändungsschutzbestimmungen genannten, wie bspw §§ 803, 811, 812, 813a, 813 b, 817a, 850 ff, hinausgehen. Bei der erforderlichen Interessenabwägung sind die in den gesetzlichen Pfändungsschutzbestimmungen zum Ausdruck kommenden gesetzgeberischen Wertungen zu berücksichtigen. 7

C. Voraussetzungen. I. Allgemeines. § 765a ist Ausnahmevorschrift. Im Einzelfall muss das Vorgehen des Gläubigers nach Abwägung der beiderseitigen Belange zu einem für den Schuldner untragbaren Ergebnis führen. Ob dies der Fall ist, kann nur anhand einer umfassenden, am Grundsatz der Verhältnismäßigkeit orientierten Würdigung der Gesamtumstände erfolgen; für ein Ermessen darf kein Raum sein (BGHZ 44, 138, 142, 143; NJW 07, 3430, 3432). Zu beachten sind die Grundrechte beider Parteien (BVerfGE 52, 214, 219 ff; NJW 07, 2910, 2911; BGH WM 11, 1604, 1605). Der Gläubiger hat ein Grundrecht auf Befriedigung; unterbleibt bspw eine Räumungsvollstreckung, wird in das Grundrecht des Gläubigers auf Schutz seines Eigentums gem Art 14 I GG eingegriffen; zudem wird sein verfassungsrechtlicher Anspruch auf wirksamen Rechtschutz seines Eigentums, wie er sich aus Art 19 IV GG ergibt, beeinträchtigt. Die Aufgabe des Staates, das Recht zu wahren, umfasst die Pflicht, ordnungsgemäß titulierte Ansprüche notfalls auch mit Zwang durchzusetzen und dem Gläubiger zu seinem Recht zu verhelfen. Dem Schuldner dagegen steht das Grundrecht aus Art 2 II 1 GG zu. Ergibt die erforderliche Abwägung, dass die Interessen des Schuldners ersichtlich schwerer wiegen als die Belange des Gläubigers, deren Wahrung die Vollstreckungsmaßnahme zu dienen hat, dann kann die Einleitung oder Fortsetzung der Vollstreckungsmaßnahme das Prinzip der Verhältnismäßigkeit und das Grundrecht des Schuldners aus Art 2 II 1 GG verletzen (BVerfGE 52, 214, 219, 220; 07, 2910, 2911; BGHZ 163, 66, 72, 74; NJW-RR 11, 1000). Bei der Abwägung kommt den Interessen des Gläubigers der Vorrang zu; das Interesse des Schuldners an der Unterlassung oder Einstellung der Vollstreckungsmaßnahme muss stärker sein als das Interesse des Gläubigers an der ihm grds zustehenden Durchsetzung seines Rechts (St/J/*Münzberg* Rn 7; Musielak/*Lackmann* Rn 9). Der Staat verbietet dem Gläubiger die Selbsthilfe (BVerfG NJW 83, 559). Er ist daher in besonderer Weise schutzbedürftig. 8

Auf Interessen Dritter kann sich der Schuldner nicht berufen; die Belange von Angehörigen und sonstigen Personen, die dem Schutzbereich des Schuldners angehören, wie bspw die Belange von Pflegekindern, sind jedoch in die anzustellende wertende Betrachtung als den Schuldner selbst betreffend mit einzubeziehen (BVerfG NJW-RR 05, 936, 937; BGHZ 136, 66, 72; NJW 07, 3430, 3432). 9

II. Verhältnismäßigkeit. Eine mit den guten Sitten nicht zu vereinbarende Härte wird dann angenommen, wenn die Vollstreckungsmaßnahme das Verhältnismäßigkeitsprinzip nicht wahrt. Dies ist dann der Fall, wenn dem Schuldner durch die Vollstreckungsmaßnahme nur Schaden entstehen würde, der Gläubiger hingegen nicht einmal eine auch nur tw Befriedigung erhalten würde. Dies muss allerdings völlig zweifelsfrei feststehen; eine Vollstreckungsmaßnahme ist nicht bereits deshalb einzustellen oder aufzuheben, weil 10 sie voraussichtlich für den betreibenden Gläubiger nutzlos wäre (BGH FamRZ 06, 697; NJW-RR 03, 1648, 1649). Nicht ausreichend ist es, dass die weitere Zwangsvollstreckung nur einen Erlös erbringen könnte, der in einem krassen Missverhältnis zu dem wahren Wert der Pfandsache stehen würde (BGH FamRZ 06, 697). Bloße Prognosen über die Aussichtslosigkeit der Zwangsvollstreckung reichen nicht aus; das Ergebnis einer Vollstreckung kann insb auch bei der Zwangsversteigerung niemals mit absoluter Sicherheit vorausgesagt werden, weil nicht ausgeschlossen werden kann, dass im Lauf des Verfahrens vorgehende Rechte wegfallen oder im Versteigerungstermin ein außerordentlich hohes Gebot abgegeben wird (Ddorf Rpfleger 89, 469, 470; Köln NJW-RR 95, 1472).

11 Aussichtslosigkeit und damit Unverhältnismäßigkeit einer Vollstreckungsmaßnahme liegen vor, wenn der Schuldner durch die Pfändung sein Nießbrauchsrecht verlieren würde, ohne dass der Gläubiger aus dem verlorenen Recht befriedigt werden könnte; dies ist dann der Fall, wenn ein Nießbrauchsrecht in der Weise bestellt ist, dass es bei Pfändung erlischt (Frankf JurBüro 80, 1899, 1900). Die Anordnung der Erzwingungshaft zur Abgabe einer eidesstattlichen Versicherung gem § 901 ist auch dann verhältnismäßig, wenn die beabsichtigte Vollstreckungsmaßnahme erkennbar aussichtslos ist, weil sie sich gegen einen leistungsunfähigen Schuldner richtet. Begründet wird dies damit, dass der Schuldner die Freiheitsentziehung durch Abgabe der eidesstattlichen Versicherung gem § 903 jederzeit abwenden kann; hierdurch erleidet er, hat er tatsächlich keine pfändbaren Vermögensgegenstände, keine Nachteile (BVerfG NJW 83, 559). Der Gläubiger kann auch nicht darauf verwiesen werden, bei geringen Forderungen von der Immobiliarzwangsvollstreckung abzusehen und andere den Schuldner weniger belastende Vollstreckungsarten zu wählen. Das Gesetz lässt die Zwangsversteigerung auch wegen geringer Forderungen zu; andererseits hat es der Schuldner in der Hand, die Immobiliarvollstreckung durch Leistung abzuwenden (BGH NJW 04, 3635, 3636, 3637). Auch bei einem krassen Missverhältnis zwischen zu erwartendem Versteigerungserlös und tatsächlichem Grundstückswert ist Vollstreckungsschutz nicht zu gewähren (BGH FamRZ 06, 697). Die Beitreibung wegen eines Bagatellbetrages begründet ebenfalls keine sittenwidrige Härte (BVerfG NJW 78, 2023, 2024). Besteht bei Kontenpfändung keine Aussicht, nennenswerte Beträge zu erhalten, weil auf dem Konto nur unpfändbare Zahlungen eingehen, ist die Aufrechterhaltung der Pfändungsmaßnahme dennoch verhältnismäßig, auch wenn die Gefahr der Kontokündigung besteht, weil die Pfändung nicht aufgehoben wird; eine Veränderung der Situation kann niemals ausgeschlossen werden (vgl B/L/A/H Rn 18 Stichwort: »Konto«; aA Nürnbg MDR 01, 835, 836).

12 **III. Einzelfälle. 1. Räumung.** Eine sittenwidrige Härte kann dann vorliegen, wenn das Leben oder die Gesundheit des Schuldners oder naher Angehöriger durch die Vollstreckungsmaßnahme gefährdet werden. Insb bei der Vollstreckung von Räumungstiteln ist dem Bedeutungsgehalt des Grundrechts nach Art 2 II 1 GG angemessen Rechnung zu tragen. Es entspricht der Rspr des BVerfG und des BGH, dass die Vollstreckungsgerichte die erforderlichen Vorkehrungen zu treffen haben, um in derartigen Fällen Verfassungsverletzungen auszuschließen und den sich für Leben und körperliche Unversehrtheit ergebenden Schutzpflichten zug des Schuldners genüge zu tun (zu dieser Problematik insb *Schuschke* NJW 06, 874 ff). So können in besonders gelagerten Ausnahmefällen die Interessen des Schuldners auch zur Einstellung der Zwangsvollstreckung auf unbestimmte Zeit und damit im Ergebnis zur Wirkungslosigkeit des Titels führen (BVerfG NJW 98, 295, 296; BGHZ 163, 66, 73).

13 Sittenwidrige Härte einer Räumungsvollstreckung wird angenommen bei schwerer Erkrankung des Schuldners oder der Gefahr sonstiger räumungsbedingter Gesundheitsbeeinträchtigungen (BVerfG NJW 04, 49, 50; BGH NJW 08, 78, 79; WM 11, 1707, 1708). Nicht ausreichend ist es, wenn die Fortsetzung der Zwangsvollstreckung lediglich zu physischen oder psychischen Belastungen des Schuldners oder seiner Angehörigen führt (BGH NJW-RR 11, 419). Hohes Alter des Schuldners reicht für sich gesehen nicht aus, um eine sittenwidrige Härte der Räumungsvollstreckung zu begründen; dies kann allerdings im Zusammenhang mit weiteren Umständen der Fall sein, so mit drohendem Verlust der Autonomie des Schuldners durch die Räumung und der Gefahr des Eintritts nicht rückgängig zu machender gesundheitlicher Folgen (BVerfGE 84, 345, 347, 348; NJW 98, 295, 296; 09, 3440, 3441; NZM 01, 951). Eine sittenwidrige Härte wird insb auch dann bejaht, wenn Räumungsvollstreckungsmaßnahmen oder Maßnahmen der Zwangsversteigerung zu einer Suizidgefährdung des Schuldners oder naher Angehöriger führen würden (BVerfG NJW 07, 2910, 2911; NJW-RR 07, 228, 229; BGH NJW 06, 505, 506, 507; 07, 3719, 3720, 3721; WM 09, 358, 359). Dies gilt auch für die Gefahr des sog »Bilanz-Selbstmords« bei drohender Räumungsvollstreckung von Gewerbemieträumen (BVerfG NJW-RR 01, 1523, 1524). Die Suizidgefahr darf allerdings nicht nur auf der Beurteilung von Wahrscheinlichkeiten beruhen; sie muss konkret vorliegen (BVerfGE 52, 214, 219, 220; NZM

05, 657, 658; BGHZ 163, 66, 73, 74; NJW 09, 80, 81). Eine nur noch latente Suizidalität reicht nicht aus (BVerfG NJW-RR 07, 228, 229; BGH NJW 09, 80, 81). Die Gefahr für Leib und Leben muss im Hinblick auf die Vollstreckungsmaßnahme vorliegen, gegen die der Schuldner sich wendet. So muss, wird im Weg des § 765a Aufhebung des Zuschlagsbeschlusses beantragt, geprüft werden, ob der Eigentumsverlust durch den Zuschlag sich als maßgeblicher Grund für die Suizidgefahr erweist und diese nicht vornehmlich auf die bevorstehende Räumung des zwangsversteigerten Anwesens zurückzuführen ist (BVerfG NJW 07, 2910, 2911; WM 11, 2232, 2233; BGH NJW 06, 505, 507; NJW-RR 11, 1000, 1001).

Der Schuldner muss alles ihm Zumutbare und Mögliche unternehmen, um Gefahr für Leben und Gesundheit seiner selbst und der mit ihm gemeinsam in der zu räumenden Wohnung lebenden Angehörigen möglichst auszuschließen (BGHZ 163, 66, 74; WM 11, 1604, 1605). So ist der Schuldner gehalten, sich einer optimalen ärztlichen Behandlung zu unterziehen (BVerfG NJW 04, 49, 50). Bis zum Erfolg einer derartigen ärztlichen Behandlung ist eine befristete Einstellung möglich (BGH WuM 10, 250, 251). Das Vollstreckungsgericht hat die Möglichkeit und die Verpflichtung, Betreuungs- und Schutzmaßnahmen zug eines Suizidgefährdeten durch die dazu berufenen Behörden zu veranlassen, so die Ingewahrsamnahme des Suizidgefährdeten nach polizeirechtlichen Vorschriften oder dessen Unterbringung nach den entspr Landesgesetzen (BGHZ 163, 66, 76; NJW-RR 11, 1000, 1001; WM 11, 1604, 1605). Die Vollstreckung ist dann fortzusetzen, wenn die primär zuständigen Behörden und Vormundschaftsgerichte Maßnahmen zum Schutz des Lebens des Schuldners nicht für notwendig erachten (BGH NJW 07, 3719, 3720, 3721; 08, 586). 14

Die vorläufige Einstellung einer Räumungsvollstreckungsmaßnahme gem § 765a wird für eine Räumungsschuldnerin für die Zeit kurz vor oder nach einer Entbindung angenommen (Frankf JurBüro 08, 1898, 1899; Rpfleger 81, 24). Mit Erfolg kann der Räumungsschuldner einen Antrag nach § 765a stellen, wenn innerhalb kurzer Zeit nach dem angesetzten Räumungstermin Ersatzraum zur Verfügung steht und damit ein doppelter Umzug vermieden werden kann. Dies gilt insb dann, wenn es auf diese Weise verhindert werden kann, eine Familie mit Kindern für die Überbrückungszeit in einem Obdachlosenheim unterzubringen (Zö/*Stöber* Rn 12; B/L/A/H Rn 26 Stichwort: »vorübergehender Zeitraum«; aA Zweibr Rpfleger 02, 37, 38). Nicht ausreichend ist das Fehlen einer Ersatzwohnung (Oldbg NJW 61, 2119, 2120; Frankf Rpfleger 81, 24). 15

2. Weitere Beispiele. Im Fall der Haftanordnungkann der Schuldner einen Antrag auf vorläufige Einstellung der Zwangsvollstreckung erfolgreich damit begründen, dass mit Vollziehung der Haft eine Versorgung eigener kleiner Kinder unmöglich gemacht wird (St/J/*Münzberg* Rn 6; MüKoZPO/*Heßler* Rn 40). 16

Die vorläufige Einstellung einer Vollstreckungsmaßnahme, welche die wirtschaftliche Existenz des Schuldners vernichten oder ihm das Existenzminimum entziehen würde, kann nur im Ausnahmefall verhältnismäßig sein. Im Hinblick auf spezielle Schutzregeln – Pfändungsschutz für Arbeitseinkommen gem §§ 850c ff, Einkünfte aus dem Verkauf landwirtschaftlicher Erzeugnisse gem § 851a und für Altersrenten aus steuerlich gefördertem Altersvorsorgevermögen gem §§ 851c und d – stellt sich diese Problematik ohnedies nur in Ausnahmefällen, nämlich dann, wenn der Schuldner von den Erträgen seines Vermögens lebt und in das Vermögen bzw dessen Erträge vollstreckt wird. Der Umstand, dass der Schuldner bei Durchführung der Vollstreckungsmaßnahme Sozialhilfe beantragen müsste, wird nicht als ausreichend angesehen (BGHZ 161, 371, 374). Dem kann nicht entgegengehalten werden, dass private Schulden auch nicht mittelbar mit öffentlichen Geldern getilgt werden dürfen (so aber MüKoZPO/*Heßler* Rn 36); vielmehr kann es dem Gläubiger nicht zugemutet werden, anstelle der Allgemeinheit den Lebensunterhalt des Schuldners zu finanzieren. Nicht ausreichend für die vorläufige Einstellung einer Vollstreckungsmaßnahme sind auch die mit der eidesstattlichen Versicherung zwangsläufig etwa eintretenden geschäftlichen Nachteile für den Schuldner (Musielak/*Lackmann* Rn 17). So ist der Umstand, dass dem Schuldner im Fall der Abgabe der eV der Widerruf seiner Zulassung zur Rechtsanwaltschaft droht, nicht geeignet, die Annahme einer mit den guten Sitten unvereinbaren Härte iSd § 765a I 1 zu rechtfertigen, es sei denn, die Schuld könne in absehbarer Zeit beglichen werden (BGH NJW 10, 1002, 1003). Ratenzahlungsangebote durch den Schuldner reichen ebenfalls nicht aus (Köln NJW-RR 95, 1472; entgegen Ddorf MDR 77, 147). Anders ist es dann, wenn der Schuldner tatsächlich Raten leistet und durch unvorhergesehene Ereignisse, wie plötzliche Krankheit, daran gehindert ist, weitere Raten zu leisten und die Jahresfrist des § 813a einzuhalten (MüKoZPO/*Heßler* Rn 48; Musielak/*Lackmann* Rn 13). 17

Der Schuldner kann Vollstreckungsschutz nach § 765a beanspruchen, wenn der Gläubiger den dem Schuldner gem § 667 BGB zustehenden Auszahlungsanspruch gegen den Drittschuldner wegen der mit Einverständnis des Schuldners auf ein Konto des Drittschuldners eingehenden, jedoch dem Schuldner zustehenden Sozialleistungen pfändet. Eine entspr Anwendung des § 850k scheidet in derartigen Fällen aus (BGH 18

NJW 07, 2703, 2704; 08, 1678). Dagegen kann von einer sittenwidrigen Härte nicht gesprochen werden, wenn der Gläubiger private Versicherungsrenten des selbstständig oder freiberuflich tätig gewesenen Schuldners pfändet. Die Pfändung von Einkünften, die nicht nach den Bestimmungen der §§ 850 ff unpfändbar sind, begründet keine sittenwidrige Härte iSd § 765a (BGH WM 08, 171, 173). Die Pfändung und Überweisung des Anspruchs auf Auszahlung eines genossenschaftlichen Auseinandersetzungsguthabens stellt auch dann eine unzumutbare Härte iSd § 765a nicht dar, wenn sie unmittelbar zum Verlust der genossenschaftlichen Wohnungsrechte des Schuldners führt und die Möglichkeit besteht, dass er seine derzeitige Wohnung verliert (BGH WM 09, 2280, 2281).

19 Vollstreckungsschutz nach § 765a kann weiter iRe Zwangsversteigerung bei Vorliegen einer Bieterabsprache erfolgversprechend beantragt werden (Karlsr Rpfleger 93, 414). Besteht die konkrete Gefahr einer Selbsttötung des Schuldners ist auch der erst nach der Erteilung des Zuschlags gestellte Vollstreckungsschutzantrag nach § 765a beachtlich; ein rechtskräftiger Zuschlagsbeschluss kann jedoch nicht mehr nach § 765a aufgehoben werden (BGH WuM 09, 679; NJW-RR 11, 1000). Ob ein angeordnetes Zwangsversteigerungsverfahren insges aufgehoben werden kann, lässt die genannte Entscheidung offen. Bei wettbewerbsrechtlichen Unterlassungstiteln kommt die Zubilligung einer sog Aufbrauchsfrist in Betracht, wenn eine sofortige Vollstreckung des Unterlassungsurteils dem Schuldner schweren Schaden zufügen würde; dies ist bspw dann der Fall, wenn der gesamte Betrieb des Schuldners lahmgelegt würde (BGH GRUR 66, 495, 496; WRP 74, 85, 87).

20 **IV. Tiere.** Betrifft die Vollstreckungsmaßnahme ein Tier, hat das Vollstreckungsgericht gem § 765a I 3 bei der Abwägung die Verantwortung des Menschen für das Tier zu berücksichtigen. Diese Vorschrift betrifft nur die Interessen des Tieres; die Vollstreckung muss sich an § 1 Satz 1 TSchG orientieren. Das Interesse des Schuldners daran, dass das Tier von Zwangsvollstreckungsmaßnahmen nicht betroffen wird, ist lediglich bei der Prüfung zu berücksichtigen, ob die Zwangsvollstreckung aus besonderen Umständen eine sittenwidrige Härte darstellt (St/J/*Münzberg* Rn 10). Dies kann insb dann der Fall sein, wenn älteren und alleinstehenden Schuldnern durch die Vollstreckung ein Tier genommen werden soll, zu dem sie eine besondere emotionale Bindung haben.

21 **D. Verfahren. I. Anträge, Zuständigkeit.** Zuständig ist ausschl das Vollstreckungsgericht; dieses entscheidet gem § 20 Nr 17 RPflG durch den Rechtspfleger. Vollstreckungsgericht ist gem § 764 II grds das AG, in dessen Bezirk das Vollstreckungsverfahren stattfinden soll oder stattgefunden hat. Die Zuständigkeit ist gem § 802 eine ausschließliche.

22 Für den Antrag nach § 765a besteht kein Anwaltszwang. Der Antrag kann gestellt werden, sobald eine Vollstreckungsmaßnahme droht und solange die Vollstreckung nicht beendet ist. Im Zwangsversteigerungsverfahren endet die Anwendbarkeit des § 765a mit Rechtskraft des Zuschlagsbeschlusses (Ddorf Rpfleger 87, 514). Ist der Antrag zusammen mit einer Erinnerung nach § 766 gestellt, entscheidet der Richter gem § 6 RPflG mit über den Antrag nach § 765a. Wird der Antrag erstmals im Verfahren der sofortigen Beschwerde gegen eine andere Entscheidung des Vollstreckungsgerichts gestellt, kann das Beschwerdegericht als Vollstreckungsgericht tätig werden; eine derartige Verfahrensweise empfiehlt sich wegen des Sachzusammenhangs (Hamm NJW 68, 2247, 2248; MüKoZPO/*Heßler* Rn 72 ua; aA Köln NJW-RR 89, 189; St/J/*Münzberg* Rn 32; Zö/*Stöber* Rn 24 ua). Im Rechtsbeschwerdeverfahren kann ein Schutzantrag nach § 765a mangels tatsächlicher Feststellungen der Vordergerichte nicht wirksam gestellt werden (BGH WM 08, 256, 258).

23 **II. Erfordernisse.** Der Schuldner hat die Gefahr ausreichender Beeinträchtigungen vorzutragen; an die Konkretisierung seines Sachvortrags sind jedoch im Hinblick auf die Bedeutung des Grundrechts aus Art 2 I GG bes strenge Anforderungen nicht zu stellen. So ist die Vorlage von Attesten oder sonstigen Mitteln zur Glaubhaftmachung nicht erforderlich (BVerfG WM 11, 2232, 2234; BGH NJW-RR 11, 419, 420; WuM 11, 533, 534). Für die einem Antrag nach § 765a zugrunde gelegten Tatsachen muss Beweis angeboten werden; beantragte Sachverständigengutachten sind einzuholen (BVerfGE 52, 214, 222 und passim; NJW-RR 11, 419, 420; WuM 11, 533, 534). § 139 ist zu beachten (BGH NJW 08, 1742, 1743). Der Gläubiger ist anzuhören. Diese Anhörungspflicht ergibt sich aus Art 2 I GG iVm dem sich aus Art 20 III GG ergebenden Recht auf ein rechtsstaatliches Verfahren, nicht dagegen aus Art 103 I GG; diese Vorschrift ist auf das Verfahren vor dem Rechtspfleger nicht anwendbar (BVerfGE 101, 397, 404). Rechnet der Gläubiger mit einem Antrag des Schuldners nach § 765a, kann es sich als zweckmäßig erweisen, bereits vor einem derartigen Antrag eine Schutzschrift bei dem Vollstreckungsgericht einzureichen.

III. Verfahren in Räumungssachen. In Räumungssachen muss der Antrag auf Einstellung der Zwangsvollstreckung gem § 765a III spätestens zwei Wochen vor dem festgesetzten Räumungstermin gestellt werden. Auch die Antragsgründe sind innerhalb der Zweiwochenfrist zumindest ersichtlich zu machen (St/J/*Münzberg* Rn 21). Die Fristversäumung ist unschädlich, wenn die Gründe, auf denen der Antrag beruht, erst nach Ablauf der Frist entstanden sind oder wenn den Schuldner kein Verschulden an der Versäumung der Frist trifft. Wiedereinsetzung scheidet allerdings aus, da es sich bei der in § 765a III genannten Frist nicht um eine Notfrist handelt. Gründe, die für eine Wiedereinsetzung geeignet wären, belegen jedoch regelmäßig auch das fehlende Verschulden an einer rechtzeitigen Antragstellung. Der Umstand, dass der Grund erst später entstanden ist sowie die unverschuldete Verspätung können in entspr Anwendung des § 236 II 1 glaubhaft gemacht werden (Zö/*Stöber* Rn 19 b; B/L/A/H Rn 34; aA St/J/*Münzberg* Rn 22). 24

IV. Entscheidung, Rechtsmittel, Abänderung. Der Rechtspfleger entscheidet durch begründeten Beschl; eine mündliche Verhandlung ist nicht erforderlich. Das Vollstreckungsgericht kann die einstweilige Einstellung der Zwangsvollstreckungsmaßnahme aussprechen, wodurch eine bereits begonnene Vollstreckungsmaßnahme zwar aufrechterhalten, die Vollstreckungsmaßnahme jedoch nicht weitergeführt wird. Es kann zukünftige Vollstreckungsmaßnahmen untersagen, und es kann Vollstreckungsmaßregeln aufheben. Die Aufhebung von Vollstreckungsmaßnahmen wird gem § 765a V erst nach Rechtskraft des Beschl wirksam. Diese Vorschrift dient den Interessen des Gläubigers, der durch den Wegfall von bereits durch die Vollstreckungsmaßnahme entstandenen Positionen in besonderer Weise schutzbedürftig ist. Bei sämtlichen Maßnahmen können dem Schuldner Sicherheitsleistungen auferlegt werden. 25

Gegen den Beschl des Rechtspflegers ist die sofortige Beschwerde nach § 793 iVm § 11 I RPflG statthaft. Möglich ist auch eine Abhilfeentscheidung des Vollstreckungsgerichts gem § 572 I. Gemäß § 765a IV hat das Vollstreckungsgericht seinen Beschl auf Antrag aufzuheben oder ihn abzuändern, wenn dies mit Rücksicht auf eine Änderung der Sachlage geboten ist. Die Voraussetzungen hierfür hat der die Abänderung Begehrende darzulegen (St/J/*Münzberg* Rn 29). Die Abänderungsbefugnis des Vollstreckungsgerichts besteht auch dann, wenn sein Beschl bereits rechtskräftig geworden ist (Musielak/*Lackmann* § 766 Rn 28). Auch gegen den Aufhebungs- oder Abänderungsbeschluss gem § 765a IV ist die sofortige Beschwerde statthaft. 26

Die Rechtsbeschwerde ist unter den Voraussetzungen der §§ 574 I 2, III statthaft; sie muss ausdrücklich zugelassen sein. 27

V. Einstweilige Anordnung. In eiligen Fällen kann das Vollstreckungsgericht auf Antrag gem § 765a I 2 iVm § 732 II einstweilige Anordnungen erlassen. Es kann insb anordnen, dass die Zwangsvollstreckung gegen oder ohne Sicherheitsleistung einstw einzustellen oder nur gegen Sicherheitsleistung fortzuführen ist. Die Aufhebung bereits erfolgter Vollstreckungsmaßnahmen im Weg der einstweiligen Anordnung ist nicht zulässig (Hambg MDR 58, 44; St/J/*Münzberg* § 732 Rn 14). Die dem Antrag zugrunde liegenden Tatsachen sind glaubhaft zu machen. 28

Die Möglichkeit der sofortigen Beschwerde gem § 793 sowohl gegen einstweilige Anordnungen als auch deren Ablehnung ist in entspr Anwendung des § 707 II 2 ausgeschlossen (Stuttg Rpfleger 94, 220; Köln Rpfleger 96, 324, 325; NJW-RR 01, 69, 70; St/J/*Münzberg* § 732 Rn 15, § 766 Rn 5; vgl auch § 769 Rz 13). Gegen einstweilige Anordnungen oder deren Ablehnung durch den Rechtspfleger ist die Erinnerung gem § 11 II 1 RPflG statthaft, über die abschließend vom Richter zu entscheiden ist. Das Vollstreckungsgericht kann seine Entscheidung jederzeit nach § 765a IV ändern; diese Vorschrift gilt auch im Verfahren der einstweiligen Anordnung. 29

E. Befugnisse des GV. Gemäß § 765a II kann der GV eine Vollstreckungsmaßnahme zur Erwirkung der Herausgabe von Sachen bis zur Entscheidung des Vollstreckungsgerichts, jedoch nicht länger als eine Woche, aufschieben. Ihm ggü muss glaubhaft gemacht werden, dass die aufzuschiebende Vollstreckungsmaßnahme eine sittenwidrige Härte für den Schuldner bedeutet. Das Erfordernis der Glaubhaftmachung gilt nicht für die Angaben des Schuldners, wonach diesem die rechtzeitige Anrufung des Vollstreckungsgerichts nicht möglich gewesen ist; hier genügen die bloßen Angaben des Schuldners (St/J/*Münzberg* Rn 37; aA Musielak/*Lackmann* Rn 25). Gegen die Gewährung des Aufschubs hat der Gläubiger die Möglichkeit der Erinnerung nach § 766 II (MüKoZPO/*Heßler* Rn 111; Musielak/*Lackmann* Rn 26). 30

§ 765a II scheidet aus, wenn bereits ein Antrag nach § 765a gestellt ist. In diesem Fall hat der Schuldner die Möglichkeit, eine einstweilige Anordnung durch das Vollstreckungsgericht zu beantragen. 31

32 **F. Kosten/Gebühren. I. Gericht.** Für das Verfahren wird nach Nr 2112 KV eine Festgebühr iHv 15 € erhoben. Die Gebühr fällt für jedes Verfahren gesondert an. Wird also nacheinander mehrmals Vollstreckungsschutz beantragt, so ist die Gebühr jeweils gesondert zu erheben.
Im **Beschwerdeverfahren** entsteht nach Nr 2121 KV eine weitere Festgebühr iHv 25 €, wenn die Beschwerde verworfen oder zurückgewiesen wird. Wird die Beschwerde nur tw verworfen oder zurückgewiesen, kann das Gericht die Gebühr nach billigem Ermessen auf die Hälfte ermäßigen oder bestimmen, dass eine Gebühr nicht zu erheben ist (Anm zu Nr 2121 KV).
Im **Rechtsbeschwerdeverfahren** entsteht eine Festgebühr iHv 50 € nach Nr 2124 KV, wenn die Rechtsbeschwerde verworfen oder zurückgewiesen wird. Wird die Rechtsbeschwerde nur tw verworfen oder zurückgewiesen, kann das Gericht die Gebühr nach billigem Ermessen auf die Hälfte ermäßigen oder bestimmen, dass eine Gebühr nicht zu erheben ist (Anm zu Nr 2124 KV).

33 **II. Anwalt.** Das Verfahren auf Vollstreckungsschutz ist sowohl für den Anwalt des Gläubigers als auch für den Anwalt des Schuldners nach § 18 I Nr 6 RVG eine besondere Angelegenheit, in der der Anwalt die Gebühren nach den Nr 3309, 3310 VV RVG jeweils gesondert erhält. Soweit eine einstweilige Anordnung beantragt wird, zählt diese mit zur Instanz und löst keine gesonderte Vergütung aus (§ 19 I 2 Nr 11 RVG).

§ 766 Erinnerung gegen Art und Weise der Zwangsvollstreckung.

(1) [1]Über Anträge, Einwendungen und Erinnerungen, welche die Art und Weise der Zwangsvollstreckung oder das vom Gerichtsvollzieher bei ihr zu beobachtende Verfahren betreffen, entscheidet das Vollstreckungsgericht. [2]Es ist befugt, die im § 732 Abs. 2 bezeichneten Anordnungen zu erlassen.
(2) Dem Vollstreckungsgericht steht auch die Entscheidung zu, wenn ein Gerichtsvollzieher sich weigert, einen Vollstreckungsauftrag zu übernehmen oder eine Vollstreckungshandlung dem Auftrag gemäß auszuführen, oder wenn wegen der von dem Gerichtsvollzieher in Ansatz gebrachten Kosten Erinnerungen erhoben werden.

1 **A. Normzweck.** Die Erinnerung des § 766 stellt einen Rechtsbehelf eigener Art dar, mit dem ausschl die Einhaltung der vollstreckungsrechtlichen Verfahrensbestimmungen verfolgt wird. Materiell-rechtliche Überprüfungen scheiden aus, es sei denn, diese seien iRv Vollstreckungsmaßnahmen ausdrücklich zu berücksichtigen, wie dies bei §§ 775 Nr 4 oder Nr 5 der Fall ist. Obwohl es sich bei der Erinnerung nicht um ein eigentliches Rechtsmittel handelt, ist sie als Zwei-Parteienverfahren zwischen Gläubiger und Schuldner ausgestaltet (BGHZ 170, 378, 381; St/J/*Münzberg* Fn 4; MüKoZPO/*K. Schmidt* Rn 3).

2 **B. Anwendungsbereich. I. Abgrenzung zu § 793. 1. Kriterien.** § 766 ermöglicht die Überprüfung sowohl von Maßnahmen des Vollstreckungsgerichts als auch des GV; nicht überprüft werden mit § 766 die Entscheidungen des Vollstreckungsgerichts. Liegt eine Entscheidung vor, ist die sofortige Beschwerde nach § 793 der richtige Rechtsbehelf (BGH ZIP 04, 1379). In Familiensachen ist § 766 entspr über § 120 I FamFG anzuwenden (Brandbg FamRZ 11, 831, 832).

3 Umstritten ist die Frage, wann eine Entscheidung des Vollstreckungsgerichts und wann eine bloße Maßnahme vorliegt. Zu zweckmäßigen Ergebnissen und klaren Abgrenzungsmöglichkeiten führt sicher die Auffassung, dass die Ablehnung des Vollstreckungsaktes ebenso wie die Vornahme grds mit der Erinnerung angreifbar seien und erst gegen die Entscheidung über die Erinnerung die sofortige Beschwerde nach § 793 gegeben sei (Baur/Stürner/Bruns Rn 43.4). Nach aA liegt eine Entscheidung des Vollstreckungsgerichts idR nur dann vor, wenn ein Beschl ergangen ist, der das Parteivorbringen bei der Entscheidung berücksichtigt hat; ob der Beschl des Vollstreckungsgerichts dem Inhalt nach eine Vollstreckungsmaßnahme oder eine Entscheidung darstellt, ist unerheblich. Begründet wird dies mit der Erwägung, § 766 gebe dem Vollstreckungsgericht die Möglichkeit, seine eigene Anordnung zu überprüfen; dem Beteiligten, dem rechtliches Gehör gewährt wurde, könne es nicht zugemutet werden, erst noch eine beschwerdefähige Entscheidung des Vollstreckungsgerichts zu erwirken, wenn er ohnedies annehmen muss, sein Vorbringen sei bereits geprüft und abgelehnt worden (MüKoZPO/*K. Schmidt* Rn 17; Musielak/*Lackmann* Rn 12). In Kauf genommen wird dabei, dass für die Beteiligten unterschiedliche Rechtsbehelfe gelten können, je nachdem, ob sie angehört worden sind oder nicht (St/J/*Münzberg* Rn 7). Eine Ausn gilt nur dann, wenn sich auf einer Seite zwei Parteien, so Schuldner und Drittschuldner, befinden; in diesen Fällen wird angenommen, dass es nicht zwei verschiedene Rechtsbehelfe gegen einen Beschl geben kann (Bambg NJW 78, 1389; R/G/S § 37 IV 2). Teilweise wird auf die Anhörungsmöglichkeit für die Parteien konsequent abgestellt und bei unter-

bliebener Anhörung immer eine Vollstreckungsmaßnahme angenommen, dies unabhängig davon, ob die Anhörung vorgeschrieben, zulässig oder sogar unzulässig gewesen ist (so RGZ 16, 317, 321, 322; 18, 431, 434; Wieczorek/Schütze/*Salzmann* Rn 20; aA R/G/S § 37 IV 2 ua).

Nach überwiegender Auffassung ist bei der Frage nach dem Rechtsbehelf nicht nur auf die Anhörung abzustellen, sondern auch auf die Rechtsgrundlagen der Anhörung. So wird, besteht Zwang zur Anhörung des Schuldners, wie dies gem §§ 825 I, 844 II, 887 ff iVm § 891 der Fall ist, die sofortige Beschwerde gem § 793 als zutreffender Rechtsbehelf angesehen, auch wenn eine Anhörung nicht erfolgt ist. Bei vorgeschriebener Anhörung ist eine umfassende Behandlung der Sache erforderlich; damit geht das Gesetz objektiv von einer Entscheidung aus (St/J/*Münzberg* Rn 8; MüKoZPO/*K. Schmidt* Rn 17; Musielak/*Lackmann* Rn 14). Dies gilt auch für Durchsuchungsanordnungen des Vollstreckungsgerichts gem § 758a sowie die Anordnung einer anderen Verwertungsart nach § 825 II. Hier handelt es sich um Beschlüsse, die ihrem Inhalt nach Entscheidungen sind, da materielle Grundrechte des Schuldners berührt werden. Das Vollstreckungsgericht hat die Belange des Schuldners daher vAw zu berücksichtigen (Hamm NJW 84, 1972; Kobl MDR 86, 64; MüKoZPO/*K. Schmidt* Rn 20). Auch dann, wenn sich die Anhörung als unzulässig erweist, wie dies gem § 734 iVm §§ 728 ff der Fall ist, wird eine Entscheidung angenommen (Musielak/*Lackmann* Rn 11; zweifelnd MüKoZPO/*K. Schmidt* Rn 17). 4

Die Abweisung eines vom Gläubiger gestellten Vollstreckungsantrags durch das Vollstreckungsgericht wird stets als nach § 793 bzw § 11 I RPflG und nicht nach § 766 anfechtbar angesehen, dies auch dann, wenn der Schuldner nicht gehört worden ist (Kobl NJW-RR 86, 679; JurBüro 89, 1179; Wieczorek/Schütze/*Salzmann* Rn 19; St/J/*Münzberg* Rn 11; anders für den Erlass eines Pfändungs- und Überweisungsbeschlusses ohne Anhörung des Schuldners Hamm MDR 75, 938). 5

2. Wahl des Rechtsbehelfs. Angesichts der umstrittenen Problematik und der damit verbundenen Unsicherheiten (krit hierzu insb Baur/Stürner/Bruns Rn 43.4) kann den durch eine Anordnung des Vollstreckungsgerichts Betroffenen in Zweifelsfällen nur empfohlen werden, sowohl von der Möglichkeit der unbefristeten Erinnerung als auch derjenigen der befristeten sofortigen Beschwerde gem § 793 bzw der ebenfalls befristeten Durchgriffserinnerung nach § 11 II 1 RPflG Gebrauch zu machen. Die Rechtsunsicherheit wird durch die aufgrund des FGG-RG erfolgte Neufassung des § 11 II RPflG erhöht, die unterschiedliche Fristen für die Durchgriffserinnerung vorsieht (vgl § 793 Rz 5). Der Grundsatz der Meistbegünstigung greift nicht unmittelbar ein. Er gilt dann, wenn das Gericht eine Entscheidung abw von der im Gesetz vorgesehenen Form erlassen hat (grdl BGHZ 40, 265, 267); erweitert wurde er auf Fälle, in denen für den Rechtsmittelführer Unsicherheiten bestehen, welches Rechtsmittel er einzulegen hat (BGH WM 94, 180, 181). Ein derartiger Fall liegt dann nicht vor, wenn die bestehende Unsicherheit darauf beruht, dass, wie hier, sowohl in Rechtsliteratur als auch in Rspr unterschiedliche Auffassungen bestehen. Man wird daher, will man die Meistbegünstigungstheorie nicht weiter ausweiten, dem Betroffenen nicht die freie Wahl zwischen § 766 und § 793 lassen können. Auch wird man nicht darauf abstellen können, ob einer der Beteiligten sich auf den objektiven Entscheidungsinhalt oder auf die fehlende Anhörung beruft (so allerdings MüKoZPO/*K. Schmidt* Rn 7; abl Wieczorek/Schütze/*Salzmann* Rn 20; R/G/S § 37 IV 2 Fn 88). 6

II. Abgrenzung zu sonstigen Rechtsbehelfen. Materiell-rechtliche Einwendungen gegen den Vollstreckungstitel sind nicht im Weg des § 766 geltend zu machen (BGH JurBüro 09, 442, 443); allenfalls kann dies im Weg der Vollstreckungsabwehrklage nach § 767, der Interventionsklage nach § 771 oder der Klage auf vorzugsweise Befriedigung gem § 805 erfolgen. Bei evidentem Dritteigentum kann der Dritte – anstelle oder neben der Interventionsklage nach § 771 – auch Erinnerung einlegen (Musielak/*Lackmann* Rn 4; § 808 Rn 5; Schuschke/Walker/*Walker* § 808 Rn 5). Dies gilt auch für den Fall, dass eine Verfügungsbeschränkung nach § 1365 I BGB iRe Teilungsversteigerung nach §§ 180 ff ZVG unstr ist (Frankf NJW-RR 99, 731, 732). Einem nachfolgenden Gläubiger steht die Erinnerung gem § 766 gegen eine vorrangige Pfändung zu, nicht dagegen eine Feststellungsklage auf Unzulässigkeit der Pfändung (RGZ 34, 377, 381; BGH NJW-RR 89, 636, 637). 7

Hat ein Vollstreckungstitel einen nicht ausreichend bestimmten Inhalt, scheidet eine Auslegung durch die Vollstreckungsorgane aus. Es ist dann Feststellungsklage über die Auslegung des Titels möglich (BGH LM § 1 KO Nr 5; BAG NJW 02, 3045, 3046); die Unwirksamkeit des Titels kann zudem mit einer sog Titelgegenklage geltend gemacht werden (vgl § 767 Rz 5). Ist der Titel offensichtlich nicht vollstreckungsfähig, kommt neben der Feststellungsklage und der Titelgegenklage auch die Erinnerung in Frage (Musielak/*Lackmann* Rn 9). 8

9 Vollstreckungsbeschränkende Vereinbarungen nehmen dem Titel nicht die Vollstreckbarkeit; gegebener Rechtsbehelf ist in derartigen Fällen die Vollstreckungsgegenklage (BGH NJW 68, 700; NJW-RR 07, 1724, 1725). Die Vollstreckungsgegenklage wird auch dann erhoben werden können, wenn die vollstreckungsbeschränkende Vereinbarung nur die Art und Weise der Zwangsvollstreckung betrifft; in derartigen Fällen wird man dem Schuldner auch die Möglichkeit der Erinnerung zuzubilligen haben (St/J/*Münzberg* Rn 23, 26, 28; MüKoZPO/*K. Schmidt* Rn 34, 35; Zö/*Stöber* vor § 704 Rn 25). Keinesfalls darf jedoch über den materiellen Teil vollstreckungsbeschränkender Vereinbarungen im Erinnerungsverfahren entschieden werden; etwas anderes gilt dann, wenn es um die Beschränkung oder Einstellung der Zwangsvollstreckung nach § 775 S 4, 5 geht.

10 Die Sittenwidrigkeit der Vollstreckung kann nicht im Weg des § 766 geltend gemacht werden. Hier besteht die Möglichkeit der Unterlassungsklage gem § 826 BGB, verbunden mit einer Klage auf Herausgabe des Titels (Schuschke/Walker/*Walker* Rn 8; vgl § 767 Rz 10).

11 **III. Sonderregelungen. 1. Einzelne Spezialregelungen.** Einzelne Spezialregelungen schließen § 766 aus. Vollstreckungsmaßnahmen des GBA unterliegen den §§ 71 ff, 78 ff GBO; die Erinnerung ist nicht gegeben (so bereits RGZ 48, 242, 243, 244). Im Verfahren zur Abnahme der eV gilt § 900 IV 1 (BGH NJW-RR 11, 1693, 1694; vgl § 777 Rz 3). Dem Schuldner steht als Rechtsbehelf nur der Widerspruch zu; der Gläubiger kann, wird die Terminsbestimmung abgelehnt, gem § 793 vorgehen (MüKoZPO/*K. Schmidt* Rn 20). Im Fall des § 930 I 3 ist das Arrestgericht als Vollstreckungsgericht zuständig.

12 Zwangsversteigerung und Zwangsverwaltung werden gem § 869 durch ein besonderes Gesetz geregelt. Im Zwangsversteigerungsverfahren gelten neben den Bestimmungen der ZPO die §§ 95–104 ZVG. Diese Vorschriften regeln die durch die Besonderheiten des Versteigerungsverfahrens bedingten Abweichungen von den zivilprozessualen Vorschriften. Vollstreckungsmaßnahmen können mit der Erinnerung nach § 766 angegriffen werden (Bremen Rpfleger 84, 157, 158; *Stöber* § 95 ZVG Rn 1).

13 Spricht das Prozessgericht Vollstreckungsmaßnahmen gem §§ 887, 888, 890 aus, findet nur die sofortige Beschwerde gem § 793 statt (RGZ 18, 431, 433). Dies gilt selbst dann, wenn dem Schuldner rechtliches Gehör nicht gewährt wurde (Wieczorek/Schütze/*Salzmann* Rn 13; aA BayObLG WM 75, 1071, 1072).

14 **2. Insolvenzverfahren.** Ausdrückliche Zuweisungen erfolgen im Insolvenzverfahren. So entscheidet über Einwendungen, die gegen die Zulässigkeit einer Zwangsvollstreckung nach § 89 I, II InsO erhoben werden, gem § 89 III InsO das Insolvenzgericht. Diese Zuständigkeit gilt für Einwendungen gegen die Zulässigkeit der Zwangsvollstreckung, dies unabhängig davon, ob die beantragte Maßnahme angeordnet oder ihr Erlass abgelehnt wurde (BGH NJW-RR 08, 294). Kraft besonderer Zuweisung entscheidet das Insolvenzgericht insoweit funktional als Vollstreckungsgericht (BGH NJW 04, 1379 mwN). Eine ausdrückliche Zuweisung an das Insolvenzgericht enthält auch § 148 II 1 InsO; gegen die Herausgabevollstreckung des Insolvenzverwalters kann der Schuldner mit der Erinnerung vorgehen; an die Stelle des Vollstreckungsgerichts tritt auch hier das Insolvenzgericht.

15 Analog ist § 89 III InsO wegen des engen Zusammenhangs zwischen Einzelvollstreckung und Insolvenzverfahren anzuwenden, soweit iRd Insolvenzverfahrens über die Erinnerung zu befinden ist, die sich auf die in § 90 I InsO geregelten Vollstreckungsverbote bei Masseverbindlichkeiten bezieht, ebenso bei Pfändungen der Insolvenzmasse, welche die Befriedigung in der Rangfolge des § 207 III InsO vereiteln, und bei Vollstreckungsmaßnahmen, die nach Eintritt der Massearmut in die Insolvenzmasse erfolgen, § 210 InsO (BGH NJW-RR 07, 119, 120); mit dem auf die Massearmut gestützten Vollstreckungsverbot besteht ein Einwand gegen die Zulässigkeit der Zwangsvollstreckung, nicht eine materielle Einwendung gegen die vollstreckbare Masseschuld an sich (entgegen BAG ZIP 86, 1338, 1339 zu § 60 I KO aF). Das insolvenzrechtliche Verbot der Einzelzwangsvollstreckung kann grds nicht mit der Vollstreckungsgegenklage, sondern nur mit einer Vollstreckungserinnerung nach § 766 geltend gemacht werden (Köln Rpfl 10, 529, 530).

16 Kraft Sachzusammenhangs ist auch über die Erinnerung gegen Zwangsvollstreckungsmaßnahmen entgegen einem Untersagungsbeschluss des Insolvenzgerichts nach § 21 II 3 InsO vom Insolvenzgericht als Vollstreckungsgericht zu entscheiden (Musielak/*Lackmann* Rn 6; aA Zö/*Stöber* Rn 17). Dies gilt auch, wenn Einwendungen gegen die Wirksamkeit einer Pfändung gem § 114 InsO erhoben werden, ebenso wenn es um die Unzulässigkeit der Zwangsvollstreckung in der Phase vor Eröffnung des Insolvenzverfahrens gem § 88 I InsO geht (Musielak/*Lackmann* Rn 6).

IV. Teilungsversteigerungsverfahren. Im Teilungsversteigerungsverfahren nach § 180 ZVG wird § 766 entspr angewendet, wenn es versäumt wurde, einen der anderen Miteigentümer anzuhören (MüKoZPO/*K. Schmidt* Rn 20 Stichwort: »Anordnung der Teilungsversteigerung«). 17

C. Voraussetzungen. I. Zulässigkeit, Rechtsschutzbedürfnis. Ein Rechtsschutzbedürfnis besteht, sobald die Zwangsvollstreckung begonnen hat; es fehlt, wenn die Zwangsvollstreckung beendet ist (BGH NJW-RR 10, 785). Die Erinnerung kann auch bereits gegen eine unmittelbar bevorstehende Vollstreckungsmaßnahme eingelegt werden, so insb bei drohender Räumung, drohender Vollstreckung eines Haftbefehls oder einer drohenden Durchsuchungsanordnung (BGH WM 05, 292, 293). Soll auf die Erinnerung eine bestimmte Vollstreckungsmaßnahme für unzulässig erklärt werden, entfällt das Rechtsschutzbedürfnis nicht erst mit der Beendigung der Zwangsvollstreckung, sondern mit der Beendigung der beanstandeten Zwangsvollstreckungsmaßnahme. Nur eine noch nicht beendete Maßnahme, nicht dagegen eine bereits endgültig vollzogene Maßnahme kann iSd § 775 Nr 1 iVm § 776 aufgehoben werden; eine solche Maßnahme müsste vielmehr rückgängig gemacht werden, was mit der Erinnerung nicht möglich ist (BGH WM 05, 292, 293; 09, 2390, 2391). Die Vollstreckung wegen Herausgabe einer bestimmten Sache endet nicht bereits mit der Wegnahme, sondern erst mit der Besitzerlangung des Gläubigers; so ist die Räumungsvollstreckung nicht vor Einweisung des Gläubigers in den Besitz der Räume durch Übergabe der Schlüssel beendet (BGH WM 05, 292, 293). Bei einer Sachpfändung ist die Vollstreckung mit Auskehrung des Erlöses an den Gläubiger und nicht bereits durch Hinterlegung beendet (RGZ 56, 84, 91; 67/310, 311); lediglich dann, wenn ein Verteilungsverfahren nicht stattfindet, kann die Hinterlegung des Erlöses als Abschluss der Zwangsvollstreckung gewertet werden (Musielak/*Lackmann* Rn 17). Bei der Forderungspfändung ist die Vollstreckung mit Leistung des Drittschuldners an den Gläubiger beendet, nicht bereits mit Erlass des Pfändungs- u Überweisungsbeschlusses; dies gilt auch im Fall einer Überweisung an Zahlungs statt (Ddorf ZIP 82, 366, 367; zweifelnd MüKoZPO/*K. Schmidt* Rn 45). Im Verteilungsverfahren gem §§ 872 ff kann Erinnerung eingelegt werden. Die Erinnerung ist nicht bereits dann unzulässig, wenn die Voraussetzungen für die Einleitung eines Verteilungsverfahrens vorliegen. So ist die Erinnerung zug eines am Verteilungsverfahrens beteiligten Gläubigers bis zum Verteilungstermin zuzulassen; Streitigkeiten um den Rang der Pfandrechte sind im Verteilungsverfahren somit nicht ausschl mit den dort vorgesehenen Mitteln des Widerspruchs und der Widerspruchsklage auszutragen (R/G/S § 37 VI 2 b Fn 181; MüKoZPO/*K. Schmidt* Rn 9 mwN; entgegen Kobl ZIP 84, 745). Auch der Schuldner kann noch nach Anordnung des Verteilungsverfahrens Erinnerung einlegen (MüKoZPO/*K. Schmidt* Rn 9; Musielak/*Lackmann* Rn 5). 18

Eine Ausn von dem Grundsatz, dass die Zwangsvollstreckung noch nicht abgeschlossen sein darf, gilt, soweit Zwangsvollstreckungsmaßnahmen auch nach ihrer Beendigung noch fortwirken, wie dies bei der Erteilung einer Unpfändbarkeitsbescheinigung der Fall sein kann (Zö/*Stöber* Rn 13; aA KG NJW 56, 1115, 1116). Nach Beendigung der Zwangsvollstreckung kann nicht die Feststellung verlangt werden, dass eine Vollstreckungsmaßnahme rechtswidrig gewesen sei; ausgenommen ist der Fall, dass die Vollstreckungsmaßnahme mit einem tiefgreifenden Grundrechtseingriff verbunden gewesen ist (BGH WM 05, 292, 293; NJW-RR 10, 785). 19

II. Legitimation, Prozessführungsbefugnis. Zur Erinnerung befugt ist derjenige, der unter Berücksichtigung seiner eigenen Darlegungen durch den Vollstreckungsakt in seinen Rechten beeinträchtigt ist, nicht dagegen derjenige, der seine Beeinträchtigung ausschl aus der Verletzung eines Rechtes eines Dritten ableitet (RGZ 42, 343, 347; BGH NJW-RR 10, 281, 282). Nicht zur Erinnerung berechtigt sind somit Untermieter oder Unterpächter eines Mieters oder des Pächters des Schuldners; ihnen fehlt das erforderliche Rechtsschutzinteresse (BGH ZInsO 11, 1710, 1711). 20

Der Gläubiger ist gem § 766 II immer dann befugt, die Erinnerung einzulegen, wenn er diese damit begründen kann, ein GV habe sich geweigert, einen Vollstreckungsauftrag zu übernehmen, die Vollstreckungshandlung dem Auftrag gem auszuführen oder eine solche verzögert. Führt ein GV eine Vollstreckungshandlung nicht auftragsgemäß aus, ist der Gläubiger im Einzelfall verpflichtet, dem GV Gelegenheit zur Nachbesserung zu geben. Erst wenn der GV den Antrag ablehnt, steht dem Gläubiger die Erinnerung nach § 766 zu (BGH NJW-RR 08, 1163, 1164). Gegen eine Entscheidung des GV über den Kostenansatz gem § 766 II können sowohl Gläubiger als auch Schuldner Erinnerung einlegen. Beide können die Höhe der Kosten beanstanden; der Schuldner kann sich zudem gegen die Erstattungsfähigkeit der Kosten wenden (R/G/S § 37 IV 1 b). 21

22 Dritten steht die Erinnerung zu, wenn ihre Rechte durch eine unrichtige Art und Weise der Zwangsvollstreckung betroffen werden (RGZ 34, 377, 380). Für eine Feststellungsklage, wonach eine Pfändungsmaßnahme unwirksam ist, hat der Dritte idR kein Rechtsschutzbedürfnis (BGHZ 69, 144, 148, 149).

23 Beschwert ist der Dritte, der ohne Vorliegen eines Duldungstitels als Schuldner behandelt wird; das Fehlen des Titels als Voraussetzung der Zwangsvollstreckung kann von dem Dritten gerügt werden (Köln JurBüro 92, 702; St/J/*Münzberg* Rn 34). Dies gilt auch dann, wenn Leistungs- oder Duldungstitel gegen sämtliche an einem Vermögenswert Beteiligten erforderlich sind und derartige Titel nicht gegen alle vorliegen. Der Drittschuldner wird von einer Forderungspfändung in seinen eigenen Rechten betroffen; er hat ein Rechtsschutzinteresse an der Erinnerung, da er im Prozess gegen den Gläubiger nur die Nichtigkeit, nicht jedoch die sonstige Fehlerhaftigkeit des Pfändungs- und Überweisungsbeschlusses geltend machen kann (BGHZ 66, 79, 81, 82; 121, 98, 100 ff).

24 Zur Erinnerung befugt sind diejenigen, welche die Zwangsvollstreckung, ohne selbst Schuldner zu sein, dulden müssen, so gem § 740 I der in Gütergemeinschaft lebende, das Gesamtgut nicht verwaltende Ehegatte, jeder Ehegatte bei einer Vollstreckung nach § 741, ebenso die Erben bei einer Vollstreckung nach § 745 I und § 748 I. Erinnerungsbefugt ist bei einer Pfändung nach § 809 der Dritte, der Gewahrsam oder Mitgewahrsam hat (St/J/*Münzberg* Rn 36). Erfolgt die Pfändung von Früchten, die vom Boden noch nicht getrennt sind, nach § 810, ist der Grundpfandgläubiger erinnerungsbefugt; zuzulassen ist hier allerdings auch die Drittwiderspruchsklage (St/J/*Münzberg* Rn 36). Bei Verstößen gegen das Verbot der Pfändung von Zubehör im Weg der Mobiliarzwangsvollstreckung ist für den Gläubiger der Immobiliarzwangsvollstreckung, ebenso den Grundpfandgläubiger und den Zwangsverwalter als Dritten ebenfalls die Erinnerung gegeben; für den Grundpfandgläubiger besteht zusätzlich die Möglichkeit des § 771 (RGZ 142, 379, 382). Dritte können auch durch eine Vollstreckungsmaßnahme betroffen sein, wenn eine sie schützende Norm oder eine Norm, in deren Schutzzweck sie mit einbezogen sind, verletzt wird. Eine derartige Vorschrift ist § 772 I 1, der Veräußerungsverbote zug eines Dritten ausspricht (St/J/*Münzberg* § 772 Rn 11). Hierunter fällt auch § 778 I; diese Vorschrift gilt zug des Erben, solange dieser die Erbschaft nicht angenommen hat und dennoch in sein persönliches Vermögen vollstreckt wird; erinnerungsbefugt sind hier sowohl die Erben als auch die Gläubiger des Erben. Eine weitere derartige Vorschrift stellt § 778 II dar; diese greift dann ein, wenn wegen eigener Verbindlichkeiten des Erben vor Annahme der Erbschaft in den Nachlass vollstreckt wird; erinnerungsbefugt sind hier die Nachlassgläubiger (St/J/*Münzberg* Rn 36; MüKoZPO/*K. Schmidt* § 778 Rn 12). Dritte sind auch diejenigen, denen die Pfändungsbeschränkungen im Bereich der §§ 850 ff zugute kommen, nämlich die Unterhaltsberechtigten des Schuldners, ebenso die im Haus des Schuldners lebenden Familienangehörigen, die durch die Unpfändbarkeit der in §§ 811, 812 genannten Gegenstände geschützt werden sollen.

25 Dritter ist auch der Insolvenzverwalter, der gegen unzulässige Vollstreckungsakte vor Eröffnung des Insolvenzverfahrens im Weg der Erinnerung vorgehen kann (Zö/*Stöber* Rn 17). Der GV ist nicht Verfahrensbeteiligter; er ist damit iA auch nicht befugt, gegen Maßnahmen des Vollstreckungsgerichts Erinnerung einzulegen; auch steht ihm das Recht der sofortigen Beschwerde grds nicht zu (vgl § 793 Rz 6; BGHZ 170, 243, 246; NJW 04, 2979, 2981).

26 **D. Begründetheit, Rechtsfolgen.** Die Erinnerung ist begründet, wenn die beanstandete Vollstreckungsmaßnahme zum Zeitpunkt der Entscheidung über die Erinnerung sich als fehlerhaft erweist. Die Erinnerung des Schuldners wird unbegründet, wenn der gerügte Mangel während des Verfahrens geheilt wird; sie wird begründet, wenn der gerügte Mangel erst während des Erinnerungsverfahrens eintritt (Frankf NJW-RR 97, 1274; Schlesw OLGR 00, 367, 368). Bei nichtigen Vollstreckungsakten allerdings ist auf den Zeitpunkt der Pfändungsmaßnahme abzustellen, da nichtige Vollstreckungsakte nicht geheilt werden können; diese müssen vielmehr neu vorgenommen werden (Brox/Walker Rn 1234). Erweist sich die Erinnerung des Schuldners als begründet, wird die beanstandete Maßnahme für unzulässig erklärt und entspr § 775 Nr 1 iVm § 776 von dem zuständigen Vollstreckungsorgan aufgehoben (BGH WM 05, 292, 293). Richtet sich die Erinnerung gegen eine eigene Vollstreckungsmaßnahme des Vollstreckungsgerichts und hat diese Erfolg, hat das Vollstreckungsgericht gleichzeitig mit der Unzulässigkeitserklärung die Aufhebung der Maßnahme auszusprechen (RGZ 84, 200, 203; BGHZ 66, 394, 395).

27 Weist das Gericht den GV im Beschl an, die Vollstreckungsmaßnahme aufzuheben, ist es zweckmäßig, die Entscheidung bis zur Rechtskraft entspr § 570 II hinauszuschieben. Grds wird die Aufhebung einer Vollstreckungsmaßnahme sofort wirksam und hängt nicht von der formellen Rechtskraft der aufhebenden Entscheidung ab (BGHZ 66, 394, 395); eine Vollstreckungsmaßnahme ist daher mit der Aufhebung endgültig

beseitigt. Das durch Aufhebung erloschene Pfandrecht muss, beurteilt das Rechtsmittelgericht die Lage anders als das Vollstreckungsgericht, durch Neupfändung wieder begründet werden. Um dies zu vermeiden kann das Vollstreckungsgericht die Aufhebung der Pfändung aufschiebend bedingt für den Fall der Rechtskraft der Erinnerungsentscheidung aussprechen. Ist die Erinnerung des Gläubigers erfolgreich, erfolgt an den GV die Anweisung zur Ausführung genau anzugebender Vollstreckungsmaßnahmen.

E. Verfahren. I. Allgemeines. Die Erinnerung ist nicht fristgebunden; sie muss in analoger Anwendung des § 569 II, III schriftlich eingelegt oder zu Protokoll der Geschäftsstelle erklärt werden. Anwaltszwang besteht nicht (Musielak/*Lackmann* Rn 16). Zuständig zur Entscheidung ist das Vollstreckungsgericht; die örtliche und sachliche Zuständigkeit des § 764 II ist nach § 802 eine ausschließliche. 28

II. Verfahrensablauf. Gegner der Erinnerung des Schuldners ist regelmäßig der Gläubiger; ohne dessen Anhörung darf nicht zu seinem Nachteil entschieden werden. Gleiches gilt, wenn ein Dritter die Erinnerung gegen eine Vollstreckungsmaßnahme einlegt. Bei der Erinnerung des Gläubigers, insb auch derjenigen des § 766 II, ist Erinnerungsgegner der Schuldner; es bedarf auch dessen Anhörung, wenn zu seinem Nachteil entschieden wird. Etwas anderes gilt, wenn die Benachrichtigung des Schuldners den Vollstreckungserfolg gefährden würde oder ausdrücklich ausgeschlossen ist. 29

Für das Erinnerungsverfahren gelten die allg zivilprozessualen Grundsätze, damit auch der Beibringungsgrundsatz. Das Vollstreckungsgericht prüft zwar Zulässigkeit und Begründetheit der Erinnerung vAw; Amtsermittlungen werden jedoch nicht vorgenommen (R/G/S § 28 IV 2; MüKoZPO/*K. Schmidt* Rn 41; aA iSe Beschränkung des Beibringungsgrundsatzes: Musielak/*Lackmann* Rn 26). Die gem §§ 141–144 vorgesehenen Anordnungen können aber vAw durch das Vollstreckungsgericht erfolgen. Im Übrigen gelten die allg Grundsätze der Darlegungs- und Beweislast; die Glaubhaftmachung ist nicht ausreichend (Brox/Walker Rn 1231). 30

Richtet sich die Erinnerung gegen eine Maßnahme des GV, kann bereits dieser der Erinnerung abhelfen; so kann er eine zunächst abgelehnte Vollstreckungsmaßnahme vornehmen oder beschleunigen (Schuschke/Walker/*Walker* Rn 20). Wird Erinnerung gegen eine Maßnahme des Vollstreckungsgerichts eingelegt, ist eine Abhilfeentscheidung gem § 572 I 1 möglich. Handelt es sich um eine Maßnahme des Rechtspflegers, kann dieser ebenfalls der Erinnerung abhelfen; gegen eine solche Entscheidung ist die sofortige Beschwerde nach § 793 iVm § 11 I RPflG zulässig; dies gilt jedenfalls dann, wenn die Parteien vor der Abhilfeentscheidung gehört worden sind (St/J/*Münzberg* Rn 5). Eine Zurückweisung der Erinnerung durch den Rechtspfleger ist gem § 8 IV 1 RPflG unwirksam. Erfolgt keine Abhilfe, wird die Entscheidung über die Erinnerung durch den Richter gem § 20 Nr 17 S 2 RPflG getroffen. 31

III. Einstweilige Anordnungen. Die Erinnerung hat keine aufschiebende Wirkung. Das Vollstreckungsgericht kann aber gem § 766 I 2 einstweilige Anordnungen erlassen; dies kann auch durch den Rechtspfleger vorgenommen werden (R/G/S § 39 I 1). Trifft der Rechtspfleger eine einstweilige Anordnung, handelt es sich um eine der befristeten Erinnerung nach § 11 II 1 RPflG unterliegende Entscheidung; eine sofortige Beschwerde nach § 793 scheidet in analoger Anwendung des § 707 II 2 aus (vgl § 765a Rz 29; vgl auch § 769 Rz 13). 32

IV. Rechtsmittel. Gegen die Entscheidung über die Erinnerung gibt es das Rechtsmittel der sofortigen Beschwerde nach § 793; diese ist gem einer Notfrist von zwei Wochen bei dem Gericht einzulegen, dessen Entscheidung angefochten wird, oder bei dem Beschwerdegericht. Dieses ist gem § 72 I GVG die Zivilkammer des LG. In entspr Anwendung des § 569 III 1 besteht Anwaltszwang nicht. Erlässt das Beschwerdegericht im Verfahren nach § 793 eine Vollstreckungsmaßnahme, ist hiergegen die Erinnerung an das Beschwerdegericht zuzulassen, wenn eine Anhörung des Schuldners nicht erfolgt ist. Fehlt es an der vorherigen Anhörung des Schuldners, handelt es sich nicht um eine »Entscheidung«, sondern um die Vornahme einer Vollstreckungshandlung; über die hiergegen vom Schuldner eingelegte Vollstreckungserinnerung hat das Beschwerdegericht selbst zu entscheiden. Bei der Zurückweisung der Vollstreckungserinnerung liegt eine Entscheidung des Beschwerdegerichts vor, die nicht mit der sofortigen Beschwerde nach § 793, sondern unter den Voraussetzungen des § 574 I 2 nur mit der Rechtsbeschwerde angegriffen werden kann. Wurde der Schuldner angehört, stellt die Anordnung einer Zwangsvollstreckungsmaßnahme durch das Beschwerdegericht eine Entscheidung dar, gegen welche ebenfalls bei ausdrücklicher Zulassung die Rechtsbeschwerde statthaft ist (BGH WM 10, 2317, 2318). 33

Besonderheiten gelten bei der Kostenerinnerung nach § 766 II. Gegen die Entscheidung über die Erinnerung findet nach Maßgabe des § 66 II GKG die unbefristete Beschwerde statt. Hiergegen ist unter den Voraussetzungen des § 66 IV GKG die weitere Beschwerde zulässig (BGH DGVZ 08, 187, 188). Hat das Insolvenzgericht als Vollstreckungsgericht entschieden, richtet sich der Rechtsmittelzug nach den allg vollstreckungsrechtlichen Vorschriften (vgl § 793 Rz 4).

34 **F. Rechtskraft.** Der Bescheid über die Erinnerung ist der formellen und materiellen Rechtskraft fähig. Die materielle Rechtskraft tritt mit Wirkung für und gegen den Erinnerungsführer und den als Partei gehörten Gegner ein, desgleichen auch für einen Dritten, wenn dieser Partei des Erinnerungsverfahren ist und gehört wurde (St/J/*Münzberg* Rn 50 Fn 291; Brox/Walker Rn 1249). Einwendungen eines nicht gehörten Dritten oder einer nicht gehörten Partei können zur nachträglichen Abänderung führen (R/G/S § 37 IX 2; St/J/*Münzberg* Rn 55; MüKoZPO/*K. Schmidt* Rn 55). Es sind alle vor dem Schluss objektiv vorhandenen Tatsachen präkludiert, nicht nur solche, die in das Erinnerungs- bzw Beschwerdeverfahren eingeführt worden sind (so MüKoZPO/*K. Schmidt* Rn 55; aA St/J/*Münzberg* Rn 55; Schuschke/Walker/*Walker* Rn 32). Das Erinnerungsverfahren wird vom Beibringungsgrundsatz beherrscht; es ist Sache der Parteien, vollständig vorzutragen. Neue Tatsachen allerdings rechtfertigen die Einleitung eines neuen Erinnerungsverfahrens.

35 **G. Kosten/Gebühren. I. Gericht.** Das Verfahren ist gebührenfrei. Lediglich Auslagen können erhoben werden.

Im **Beschwerdeverfahren** wird nach Nr 2121 KV eine Festgebühr iHv 25 € erhoben, wenn die Beschwerde verworfen oder zurückgewiesen wird. Wird die Beschwerde nur tw verworfen oder zurückgewiesen, kann das Gericht die Gebühr nach billigem Ermessen auf die Hälfte ermäßigen oder bestimmen, dass eine Gebühr nicht zu erheben ist (Anm zu Nr 2121 KV).

Im **Rechtsbeschwerdeverfahren** entsteht eine Festgebühr iHv 50 € nach Nr 2124 KV, wenn die Rechtsbeschwerde verworfen oder zurückgewiesen wird. Wird die Rechtsbeschwerde nur tw verworfen oder zurückgewiesen, kann das Gericht die Gebühr nach billigem Ermessen auf die Hälfte ermäßigen oder bestimmen, dass eine Gebühr nicht zu erheben ist (Anm zu Nr 2124 KV).

36 **II. Anwalt.** Hier ist zu differenzieren:

- War der Anwalt **bereits im Vollstreckungsverfahren** tätig gewesen und wird er sodann im Verfahren über eine Erinnerung nach § 766 tätig (unabhängig davon, ob der Anwalt den Gläubiger oder den Schuldner vertritt), dann hat der Anwalt zunächst die Verfahrensgebühr nach Nr 3309 VV RVG für das Vollstreckungsverfahren verdient. Die Tätigkeit im Erinnerungsverfahren löst für ihn keine weiteren Gebühren aus, sondern zählt nach § 19 II Nr 2 RVG zum Rechtszug (AG Koblenz AGS 07, 72).
- Wird der Anwalt **ausschließlich im Verfahren über die Vollstreckungserinnerung** nach § 766 beauftragt, fällt keine Verfahrensgebühr nach Nr 3309 VV RVG an. Vielmehr entsteht für ihn eine Verfahrensgebühr nach Nr 3500 VV RVG, und zwar unabhängig davon, ob sich die Erinnerung gegen eine Entscheidung des Rechtspflegers richtet oder nicht. Auf § 18 I Nr 3 RVG kommt es hier nicht an, da ein selbständiger Auftrag zur Erinnerung vorliegt. Die Anwendung der Nr 3500 VV RVG bedeutet aber noch nicht, dass damit auch eine 0,5-Gebühr anfällt. Insoweit ist nämlich jetzt § 15 Nr 6 RVG zu berücksichtigen. Der mit einer Einzeltätigkeit beauftragte Anwalt darf keine höhere Vergütung beanspruchen als ein Anwalt, der mit dem gesamten Verfahren beauftragt worden wäre. Wäre der Anwalt aber mit dem gesamten Vollstreckungsverfahren einschließlich der Erinnerung beauftragt, dann hätte er nur eine 0,3-Verfahrensgebühr nach Nr 3309 VV RVG verdient. Folglich kann er im isolierten Erinnerungsverfahren keine höhere Vergütung abrechnen (im Ergebnis zutr AG Eckenförde AGS 09, 441 = JurBüro 09, 531; s. dazu auch *Hansens* RVGreport 09, 128).

Kommt es zu einem **Beschwerdeverfahren**, ist dies für den Anwalt eine neue Angelegenheit (§ 18 I Nr 3 RVG). Es entstehen die Gebühren nach Nr 3500 ff VV RVG.

In Verfahren der **Rechtsbeschwerde** wird eine Gebühr nach Nr 3502 VV RVG ausgelöst.

§ 767 Vollstreckungsabwehrklage.

(1) Einwendungen, die den durch das Urteil festgestellten Anspruch selbst betreffen, sind von dem Schuldner im Wege der Klage bei dem Prozessgericht des ersten Rechtszuges geltend zu machen.

(2) Sie sind nur insoweit zulässig, als die Gründe, auf denen sie beruhen, erst nach dem Schluss der mündlichen Verhandlung, in der Einwendungen nach den Vorschriften dieses Gesetzes spätestens hät-

ten geltend gemacht werden müssen, entstanden sind und durch Einspruch nicht mehr geltend gemacht werden können.
(3) Der Schuldner muss in der von ihm zu erhebenden Klage alle Einwendungen geltend machen, die er zur Zeit der Erhebung der Klage geltend zu machen im Stande war.

Inhaltsübersicht

	Rz
A. Normzweck	1
B. Anwendungsbereich, Abgrenzung	2
I. Anwendbarkeit	2
II. Abgrenzung, sonstige Rechtsbehelfe	5
III. Rechtsmittel und Vollstreckungsabwehrklage	11
C. Voraussetzungen	12
I. Zulässigkeit, Rechtsschutzbedürfnis	12
II. Legitimation, Prozessführungsbefugnis	17
III. Begründete Einwendungen	19
1. Allgemeines	19
2. Rechtsvernichtende und rechtshemmende Einreden	21
3. Gesetzesänderungen, Änderungen der Rspr	25
D. Verfahren	28
I. Zuständigkeiten	28
II. Einstweilige Anordnungen	30
III. Entscheidung	31
IV. Rechtskraft	32
E. Präklusion nach § 767 II	33
I. Normzweck	33
II. Anwendungsbereich	34
1. Titel des § 794 I	34
2. Sonstige Titel	39
III. Voraussetzungen, Kenntnis	40
IV. Gestaltungsrechte	45
F. Präklusion nach § 767 III	47
I. Normzweck, Anwendungsbereich	47
II. Voraussetzungen	49
G. § 717 II	51
H. Kosten/Gebühren	52
I. Gericht	52
II. Anwalt	53

1 **A. Normzweck.** Die Vollstreckungsabwehrklage ist prozessuale Gestaltungsklage. Sie ist allein auf die Beseitigung der Vollstreckbarkeit gerichtet. Unter Aufrechterhaltung des Titels soll Umständen Rechnung getragen werden, welche die Vollstreckung nachträglich vernichten oder hemmen können. Mit der Vollstreckungsabwehrklage soll damit nicht der titulierte Anspruch selbst beseitigt werden; ebenso wenig kann mit der Klage nach § 767 gegen die Unzulässigkeit bestimmter Vollstreckungsmaßnahmen vorgegangen werden (BGHZ 22, 54, 56; WM 08, 1806, 1807).

2 **B. Anwendungsbereich, Abgrenzung. I. Anwendbarkeit.** Die Vorschriften über die Vollstreckungsabwehrklage gelten nicht nur für Urt, sondern gem § 795 auch für die in § 794 I erwähnten Schuldtitel; bei einzelnen Schuldtiteln des § 794 I entfällt § 767 II. Gemäß § 95 I, II des Gesetzes über das Verfahren in Familiensachen und in den Angelegenheiten der freiwilligen Gerichtsbarkeit (FamFG) v 22.12.08 gelten die Vorschriften der ZPO, soweit nicht das FamFG ausdrücklich im Einzelfall andere Regelungen enthält, somit auch § 767 für nach diesem Gesetz erlassene Beschlüsse, soweit diese wegen der dort aufgezeigten Aussprüche vollstreckbar sind.

3 Nicht statthaft ist die Vollstreckungsabwehrklage im Hinblick auf die Vollstreckbarkeit aus Arresten und einstweiligen Verfügungen (MüKoZPO/*K. Schmidt* Rn 37). Hier gehen die Vorschriften über die Aufhebung des Titels wegen veränderter Umstände, nämlich die §§ 927, 936, vor. Ausgenommen ist die Leistungsverfügung (BGHZ 24, 269, 273). Nicht anwendbar ist § 767 auch im Justizbeitreibungsverfahren (MüKoZPO/*K. Schmidt* Rn 38). Bei Rechtsstreitigkeiten, die das WEG betreffen, handelt es sich um bürgerliche Rechtsstreitigkeiten iSv § 13 GVG; auf das Verfahren sind daher die zivilprozessualen Vorschriften, damit auch § 767, anzuwenden; zuständig sind die Wohnungseigentumsgerichte (BGH NJW 09, 1282, 1283). Auf den Teilungsplan nach § 115 III ZVG, ebenso die Zuschlagsbeschlüsse nach §§ 93 I, 132 II ZVG, ist § 767 anzuwenden. § 767 gilt für die Feststellung zur Insolvenztabelle gem § 178 III InsO sowie rechtskräftig bestätigte Insolvenzpläne gem § 257 I InsO (RGZ 85, 53, 54; BGH WM 84, 1547, 1548). Die Vollstreckungsgegenklage kann sich gem § 14 AVAG gegen die Vollstreckbarkeit ausl Titel richten. § 767 ist weiter bei Urt in Adhäsionsverfahren gem § 406 b StPO anzuwenden (Musielak/*Lackmann* Rn 6).

4 Die Vollstreckungsgegenklage ist nur ggü einem zumindest der äußeren Form nach zur Vollstreckung geeigneten und damit vollstreckungsfähigen Titel zulässig. In Betracht kommen Urt auf Leistung einschl Unterlassung oder Duldung und Urt nach § 722. Nicht kann sich die Vollstreckungsabwehrklage gegen Feststellungs- oder Gestaltungsurteile richten; diese sind nicht vollstreckungsfähig.

5 **II. Abgrenzung, sonstige Rechtsbehelfe.** Verfahrensrügen gegen einzelne Vollstreckungsmaßnahmen scheiden aus. Zulässige Rechtbehelfe sind in derartigen Fällen die Erinnerung nach § 766 bzw die sofortige Beschwerde nach § 793. Treffen Einwendungen nach § 767 I mit solchen nach § 766 zusammen, sind beide Rechtsbehelfe nebeneinander statthaft (BGH NJW 92, 2159, 2160). Ist der Titel aus formellen Gründen unwirksam, hat der Schuldner im Weg der Klauselerinnerung nach § 732 vorzugehen. Nach früherer Auffassung schloss die Unwirksamkeit des Titels die Erhebung einer Vollstreckungsabwehrklage aus (BGHZ 15, 190, 191; 22, 54, 65). Nach nunmehriger Rspr steht die Möglichkeit einer Klauselerinnerung der Zulässigkeit der Vollstreckungsabwehrklage nicht mehr entgegen. Dies gilt unabhängig davon, ob ein formell vollstreckungsfähiger Titel vorliegt und dieser aus materiell-rechtlichen Gründen unwirksam ist oder ob formelle Mängel des Titels vorliegen (BGHZ 92, 347, 348; 118, 229, 235; NJW-RR 07, 1724, 1725). Die Unwirksamkeit kann mit einer weiteren Klage – Feststellungsklage gem § 256 oder prozessualer Gestaltungsklage in analoger Anwendung des § 767, der sog Titel-Gegenklage – geltend gemacht werden (BGHZ 118, 229, 236; NJW-RR 07, 1724, 1275). Dies gilt auch dann, wenn ein Zahlungstitel nicht erkennen lässt, über welchen Anspruch das Gericht entschieden hat und der Titel somit nicht der materiellen Rechtskraft fähig ist. § 767 II und III sind auf eine derartige Klage nicht entspr anwendbar, da diese Vorschriften eine der materiellen Rechtskraft fähige Gerichtsentscheidung voraussetzen (BGHZ 124, 164, 172, 173; NJW 91, 2280, 2281). Daneben ist, sind die Voraussetzungen des § 767 gegeben, eine Vollstreckungsgegenklage möglich. Im Rahmen einer unmittelbar auf § 767 gestützten Klage wird die Unwirksamkeit des Titels nicht geprüft (BGH NJW 92, 2159, 2162).

6 Abänderungsklagen gem §§ 323, 323a sowie die Abänderungsmöglichkeiten nach dem FamFG einerseits und Vollstreckungsgegenklage andererseits schließen einander aus (BGHZ 163, 187, 198). Die Abänderungsklage ist Gestaltungsklage, mit welcher der Titel unter Durchbrechung seiner materiellen Rechtskraft an die sich ändernden wirtschaftlichen Verhältnisse angepasst werden soll; diese Klage wendet sich nicht gegen die Vollstreckbarkeit eines früheren Titels. Die Abänderungsklage kann mit einer Vollstreckungsabwehrklage verbunden werden, wenn die Voraussetzungen für eine solche gegeben sind (BGH FamRZ 79, 573, 575). Abänderung eines rechtskräftigen Unterlassungstitels kann nicht im Weg der Klage nach § 323 verlangt werden; hier ist die Vollstreckungsabwehrklage der richtige Weg (BGH NJW 08, 1446, 1447; aA B/L/A/H § 323 Rn 79).

7 Im Weg der negativen Feststellungsklage kann der Schuldner vorgehen, wenn er sich gegen den weiteren Bestand des titulierten Anspruchs wendet. Auch nach Abweisung einer Vollstreckungsgegenklage kann eine im Vollstreckungsgegenklageverfahren gebrachte materielle Einwendung gegen die titulierte Forderung im Weg der negativen Feststellungsklage weiterverfolgt werden (BGH WM 85, 703, 704; 09, 918, 920). Etwas anderes gilt dann, wenn eine Vollstreckungsgegenklage wegen Präklusion des Aufrechnungseinwandes abgewiesen worden ist; eine Klage auf Feststellung, dass die titulierte Forderung durch dieselbe Aufrechnung erloschen sei, ist unzulässig; die Präklusion der Aufrechnung hat zur Folge, dass die materiell-rechtlichen Wirkungen der Aufrechnung nicht eintreten; die Aufrechnung gilt als nicht erfolgt (BGHZ 24, 97, 99; BGH WM 09, 918, 920). Die Möglichkeit der Feststellungsklage besteht auch zum Zweck der Klärung eines Streites über die Reichweite eines Vollstreckungstitels (BGHZ 36, 11, 14; NJW 97, 2320, 2321). Der Gläubiger kann, erhebt der Schuldner Einwendungen gegen die vollstreckbare Forderung, auf Feststellung klagen, dass der Anspruch noch besteht und vollstreckbar ist (BGHZ 36, 11, 14; JZ 66, 575, 576). Vollstreckungsgegenklage und negative Feststellungsklage schließen einander grds nicht aus (BGH WM 09, 918, 920).

8 Eine auf § 371 BGB analog gestützte Klage auf Herausgabe der vollstreckbaren Ausfertigung des Titels ist dann zulässig, wenn über eine Vollstreckungsgegenklage rechtskräftig zug des Herausgabeklägers entschieden worden ist und die Erfüllung der dem Titel zugrunde liegenden Forderung entweder unstr oder vom Titelschuldner zur Überzeugung des Gerichts nachgewiesen wird (BGHZ 127, 146, 148 ff; BGH WM 09, 918, 920). Ist der Titel bereits herausgegeben worden, fehlt für die Klage nach § 767 das Rechtsschutzbedürfnis.

9 Entscheidet das Prozessgericht gem. §§ 887 ff über die Vollstreckung, wird der Einwand der Erfüllung vom Prozessgericht geprüft (BGHZ 161, 67, 71, 72). Andere Einwendungen, wie bspw diejenige, die Vornahme der Handlung sei unzumutbar geworden oder führe nicht zum Erfolg, sind im Weg der Vollstreckungsabwehrklage geltend zu machen (BGH NJW-RR 06, 202, 203).

10 Nichtigkeits- bzw Restitutionsklage bezwecken anders als die Klage nach § 767 die rückwirkende Beseitigung des Titels. Eine Durchbrechung der Rechtskraft kann über eine Klage nach § 826 BGB erreicht werden, wenn der Titel objektiv unrichtig ist, der Gläubiger die Unrichtigkeit kennt und besondere Umstände

vorliegen, welche die Vollstreckung als missbräuchlich erscheinen lassen. Eine Vollstreckungsgegenklage scheidet in diesen Fällen aus; diese stützt sich lediglich auf nachträglich entstandene materielle Einwendungen, während die auf § 826 BGB gestützte Schadensersatzklage auf Unterlassung der Zwangsvollstreckung und auf Herausgabe des Vollstreckungstitels die von Anfang an bestehende Unrichtigkeit des Titels betrifft (BGHZ 26, 391, 394; 101, 380, 384, 385; 131, 82, 89).

III. Rechtsmittel und Vollstreckungsabwehrklage. Der Vollstreckungsschuldner hat die Wahl zwischen Berufung und Vollstreckungsabwehrklage, wenn im Hauptprozess nach Schluss der mündlichen Verhandlung in 1. Instanz materiell-rechtliche Einwendungen entstanden sind (BGH NJW 75, 539, 540). Hat der Schuldner gegen das erstinstanzliche Urt bereits eine zulässige Berufung eingelegt und ist er aus Rechtsgründen nicht gehindert, den nachträglich entstandenen Einwand gegen den im erstinstanzlichen Urt festgestellten Anspruch geltend zu machen, entfällt das Rechtsschutzbedürfnis für die Vollstreckungsabwehrklage. Etwas anderes gilt, wenn neu entstandene Einwendungen des Schuldners aus Rechtsgründen im Berufungsverfahren nicht zu berücksichtigen sind, wie dies bei der Einrede der beschränkten Erbenhaftung der Fall ist, die idR gem § 305 I nur zur Verurteilung unter dem Vorbehalt der beschränkten Haftung ohne Prüfung der Begründetheit der Einrede führt (BAG NJW 80, 141; Frankf NJW-RR 92, 31, 32). Revision und Nichtzulassungsbeschwerde schließen die Vollstreckungsgegenklage nicht aus, da im Revisionsverfahren bzw dem vorgeschalteten Nichtzulassungsbeschwerdeverfahren neue Tatsachen nicht vorgetragen werden können, § 559 II. 11

C. Voraussetzungen. I. Zulässigkeit, Rechtsschutzbedürfnis. Das Rechtsschutzbedürfnis für die Vollstreckungsgegenklage liegt vor, sobald eine Zwangsvollstreckung ernstlich droht; dies ist bereits dann der Fall, wenn die Voraussetzungen gegeben sind, unter denen eine vollstreckbare Ausfertigung erteilt werden kann (BHGZ 120, 387, 391, 392). Das Rechtsschutzbedürfnis entfällt, wenn die Vollstreckung aus dem Titel vollständig beendet ist (BGH NJW 94, 1161, 1162). Hat der Schuldner freiwillig seine Schuld vollständig erfüllt, hat er, solange der Gläubiger den Vollstreckungstitel noch in Händen hat, weiterhin ein rechtliches Interesse daran, die Zwangsvollstreckung für unzulässig zu erklären, es sei denn, die Zwangsvollstreckung drohe unzweifelhaft nicht mehr (BGH NJW 84, 2826, 2827; 94, 1161, 1162). Lautet das Urt auf Abgabe einer Willenserklärung, ist die Zwangsvollstreckung bereits mit Rechtskraft des Urt beendet; die Willenserklärung gilt mit Rechtskraft des Urt als abgegeben, § 894 I 1. 12

Bei ausl Urt, Anwaltsvergleichen nach § 794 I 4b iVm § 796b oder Schiedssprüchen kann eine Vollstreckungsgegenklage erhoben werden, sobald das Verfahren der Vollstreckbarerklärung gem §§ 722, 723, 796 a, 1060 abgeschlossen ist (MüKoZPO/*K. Schmidt* Rn 43; Zö/*Geimer* § 722 Rn 104 für ausl Urt; aA für Schiedssprüche St/J/*Schlosser* § 1063 Rn 7). 13

Das Rechtsschutzinteresse für eine Vollstreckungsgegenklage entfällt, wenn die Unwirksamkeit eines Prozessvergleichs geltend gemacht wird; dies geschieht durch Fortsetzung des Rechtsstreites. Etwas anderes kann allenfalls dann gelten, wenn um die Auslegung eines Prozessvergleichs gestritten wird, dies im Zusammenhang mit der Frage, ob bei zutreffender Auslegung ein neu eingetretener Sachverhalt eine Einwendung gegen die Forderung begründet (BGH NJW 77, 583, 584). 14

Liegen vollstreckungsbeschränkende Vereinbarungen vor, ist gegebener Rechtsbehelf die Vollstreckungsgegenklage; nur dann, wenn eine derartige Vereinbarung ausschließlich die Art und Weise der Zwangsvollstreckung betrifft, wird man auch die Möglichkeit der Erinnerung zulassen können (§ 766 Rz 9). 15

Nach Beendigung der Zwangsvollstreckung kann nur noch Leistungsklage wegen ungerechtfertigter Vollstreckung erhoben werden, dies im Weg der sog »verlängerten Vollstreckungsgegenklage« (BGHZ 83, 278, 280; 163, 339, 342). Wird die Zwangsvollstreckung während des Rechtsstreites beendet, kann von der Vollstreckungsabwehrklage zur Bereicherungsklage übergegangen werden; hierin liegt keine Klageänderung, § 264 Nr 3 (BGHZ 113, 169, 172, 173). 16

II. Legitimation, Prozessführungsbefugnis. Aktivlegitimiert ist der Titelschuldner, bei Umschreibung des Schuldners nach §§ 727 ff derjenige, gegen den der Titel umgeschrieben worden ist (BGHZ 92, 346, 349). Richtet sich der Titel gegen mehrere Schuldner, sind diese einzeln aktivlegitimiert; dies gilt auch dann, wenn nur gegen einen von ihnen vollstreckt wird (Frankf MDR 82, 934). Bei Vollstreckung in den Nachlass ist gem § 2039 I BGB jeder einzelne Miterbe in gesetzlicher Prozessstandschaft für die Erbengemeinschaft prozessführungsbefugt (BGH NJW 06, 1969, 1970). Passivlegitimiert ist derjenige, dem die Klausel erteilt worden ist, ebenso der Rechtsnachfolger, auch wenn die Klausel noch nicht auf ihn umgeschrieben ist (BGHZ 120, 387, 391). Bei Vorliegen einer Gesamthandsgläubigerschaft ist die Klage gegen sämtliche 17

Gesamthandsgläubiger zu richten; bei Gesamtgläubigern und Teilgläubigern ist nur der einzelne Vollstreckungsgläubiger, von dem die Vollstreckung droht oder vorgenommen wird, Gegner der Vollstreckungsabwehrklage (Zö/*Herget* Rn 9).

18 Aktivlegitimiert ist der Insolvenzverwalter, soweit der Titel gegen die Masse wirkt (BGHZ 100, 222, 225, 226).

19 **III. Begründete Einwendungen. 1. Allgemeines.** Da mit der Klage aus § 767 nur Einwendungen erhoben werden können, welche die Rechtskraft des Urt unberührt lassen, können nur solche Umstände zum Erfolg führen, welche den rechtskräftig zuerkannten Anspruch nachträglich vernichten oder in seiner Durchsetzbarkeit hemmen (BGHZ 100, 211, 212; 222, 224, 225). Die tatsächlichen Voraussetzungen hierfür sind vom Schuldner darzulegen und nachzuweisen.

20 Die Vollstreckungsabwehrklage scheidet aus, wenn das Gericht in seinem Urt vom Fortbestand der Verhältnisse über den Zeitpunkt der letzten Tatsachenverhandlung hinaus ausgeht. Treten dann nach Erlass des Urt Änderungen ein, handelt es sich nicht um das Vorbringen einer neuen nachträglichen Tatsachenlage, sondern um einen Angriff gegen die Richtigkeit des ersten Urt und dessen Annahme, die bisherigen Verhältnisse würden aufrechterhalten bleiben. Der Schuldner kann somit nicht im Weg der Vollstreckungsgegenklage geltend machen, nach einer rechtskräftigen Verurteilung zur Zahlung von Verzugszinsen habe sich das Zinsniveau verändert (BGHZ 100, 211, 213). Aus dem gleichen Grund kann der rechtskräftig titulierte Räumungsanspruch durch den späteren Wegfall des Eigenbedarfs nicht mehr berührt werden (Schuschke/Walker/*Raebel* Rn 25 entgegen St/J/*Münzberg* Rn 17). Auch die Zubilligung von Schmerzensgeld berücksichtigt von vornherein die zukünftige Entwicklung (BGH NJW 04, 1243, 1244); eine Vollstreckungsgegenklage des Schädigers kommt daher nicht in Frage, auch wenn sich nach der letzten mündlichen Verhandlung beim Geschädigten eine positive Entwicklung abzeichnet. Anders ist es, wenn die gesetzlichen Voraussetzungen für ein Dauerschuldverhältnis nachträglich entfallen. So kann eine Vollstreckungsabwehrklage darauf gestützt werden, dass sich eine Werbeaussage, die als irreführend untersagt wurde, durch nachträgliche Veränderung der Umstände als wahrheitsgemäß erweist (Köln NJW-RR 87, 1471). Ebenso kann iRd § 829 BGB ein Billigkeitsanspruch nachträglich entfallen, wenn die Billigkeitsvoraussetzungen später, so bei verminderter wirtschaftlicher Leistungsfähigkeit des schuldunfähigen Schädigers, nicht mehr gegeben sind (vgl BGHZ 76, 279, 287, 280).

21 **2. Rechtsvernichtende und rechtshemmende Einreden.** Rechtsvernichtend ist die Erfüllung (BGHZ 83, 278, 280), nicht dagegen eine zur Abwendung der Zwangsvollstreckung aus einem nur vorläufig vollstreckbaren Urt geleistete Zahlung, der Erfüllungswirkung nicht zukommt (BGH NJW 90, 2756); ebenso sind dies Erfüllungssurrogate, wie insb die Aufrechnung sowohl durch den Titelgläubiger als auch durch den Vollstreckungsschuldner (BGH NJW 90, 3210, 3211, 3212; WM 95, 634), befreiende Hinterlegung (RGZ 30, 197, 199, 200), befreiende Leistung durch Dritte gem § 267 I BGB (BGHZ 70, 151, 155, 156), Verzicht bzw Erlass, ebenso ein den Anspruch betreffender späterer Vergleich, dem Erlasselemente inne wohnen (BGH FamRZ 79, 573, 574), und die Befriedigung aus Sicherheiten (Hamm WM 84, 829). Zu berücksichtigen sind der Verlust der Aktivlegitimation des Gläubigers, sei dies infolge Abtretung oder Pfändung und Überweisung der titulierten Forderung (RGZ 112, 348, 351; BGH MDR 85, 309) oder infolge gesetzlichen Forderungsübergangs (Hambg FamRZ 96, 810), die Beendigung der gesetzlichen Prozessstandschaft nach § 1629 III BGB (Brandbg FamRZ 97, 509), der Fortfall der Verbandsklagebefugnis nach §§ 8 III UWG, 3 UKlaG) sowie der Wegfall der Passivlegitimation des Schuldners durch befreiende Schuldübernahme (BGHZ 110, 319, 321, 322). Relevant sind der Wegfall einer aufschiebenden Bedingung, ebenso der Eintritt einer auflösenden Bedingung (RGZ 123, 29, 72; BGH NJW 99, 954, 955), nachträgliche vom Schuldner nicht zu vertretende Unmöglichkeit der Leistung (RGZ 39, 167, 168, 169; 107, 233, 234), Geltendmachung von Mängelansprüchen gem §§ 437, 440, 326 V, 323 BGB (zur Rechtslage vor Inkrafttreten des Gesetzes zur Modernisierung des Schuldrechts: BGHZ 85, 367, 371, 372), Erfüllungsablehnung durch den Insolvenzverwalter (BGH NJW 87, 1702, 1703), die Ausübung eines Wahlrechts bei Wahlschulden (RGZ 27, 382, 384, 385) oder durch den Insolvenzverwalter nach § 103 InsO (BGHZ 96, 392, 394) Rücktritt des Schuldners vom Vertrag, aus dem der titulierte Anspruch resultiert (RGZ 104, 15, 17; NJW 79, 2032, 2033) sowie Kündigungserklärungen und Anfechtungserklärungen (Musielak/*Lackmann* Rn 23, 24), ebenso Insolvenzanfechtungen (St/J/*Münzberg* Rn 19). Von Bedeutung sind auch der Wegfall der Geschäftsgrundlage (BGHZ 78, 146, 148) und die Verwirkung (Kobl NJW-RR 00, 347).

In Familiensachen ist der Wegfall des Anspruchs auf Trennungsunterhalt nach rechtskräftiger Scheidung geeignet, einer Vollstreckungsgegenklage zum Erfolg zu verhelfen (BGHZ 78, 130, 136; NJW 10, 1750, 1751), ebenso der Wegfall des Unterhaltsanspruchs gegen den Scheinvater durch Feststellung der Nichtehelichkeit (Ddorf FamRZ 87, 166, 168). 22

Als rechtshemmende Einwendungen können geltend gemacht werden der Eintritt der Verjährung (BGHZ 59, 72, 75; NJW 99, 278, 279), die Einrede der Stundung (OLG Brandenburg 5 U 34/09 v. 11.3.10 juris; MüKoZPO/*K. Schmidt* Rn 68), die Einrede des nicht erfüllten Vertrages (BGHZ 118, 229, 237; NJW-RR 04, 1135, 1136), das Zurückbehaltungsrecht des § 273 BGB (RGZ 158, 145, 149; NJW-RR 97, 1272), die Mängeleinrede ebenso wie die Einreden des § 821 BGB und des § 853 BGB, desgleichen die Einrede der Masseunzulänglichkeit des § 208 InsO (BGH MDR 08, 108). Rechtshemmend wirken sich der nachfolgende Eintritt des Notbedarfs auf Seiten des Schenkers gem § 519 I BGB und die Entstehung des Notbedarfs beim Beschenkten gem § 529 II BGB aus; es handelt sich hier um aufschiebende Notbedarfseinreden, die zur Klageabweisung als zurzeit unbegründet führen (BGH NJW 05, 3638). Vollstreckungsbeschränkende Vereinbarungen begründen Einwendungen iSd § 767, wenn sie den Anspruch selbst betreffen; bei eindeutig vollstreckungsrechtlichen Vereinbarungen ist die Erinnerung statthaft (vgl § 766 II 2). Der Einwand des Schuldners, aus einem gegen ihn ergangenen Urt könne wegen Erteilung der Restschuldbefreiung nicht mehr vollstreckt werden, kann als rechtshemmend im Weg der Vollstreckungsgegenklage verfolgt werden (BGH NJW 08, 3640, 3641). 23

Rechtshindernde Einreden, wie der Einwand der Nichtigkeit nach § 125 bzw §§ 134, 138 BGB, ermöglichen die Vollstreckungsabwehrklage nicht. Etwas anderes gilt dann, wenn, wie dies bei Vergleichen und notariellen Urkunden der Fall ist, § 767 II nicht anzuwenden ist (BGH NJW 53, 345; NJW-RR 87, 1022, 1023). Die Ausübung von Verbraucherwiderrufsrechten ist durch die Rücktrittsfiktion des § 357 I 1 BGB nunmehr einem Gestaltungsrecht gleichgestellt, dessen Ausübung die Möglichkeit der Vollstreckungsabwehrklage gibt, dies entgegen der früheren Rechtslage, wonach die Ausübung von Verbraucherwiderrufsrechten als rechtshindernd eingestuft wurde (BGHZ 113, 222, 225; 131, 85 ff). 24

3. Gesetzesänderungen, Änderungen der Rspr. Eine Gesetzesänderung rechtfertigt, auch wenn der titulierte Anspruch auf der bisherigen Gesetzesregelung beruht, eine Vollstreckungsabwehrklage nicht (BGHZ 3, 82, 86, 87; 183, 316, 323, 324). Etwas anderes gilt dann, wenn die Gesetzesänderung ausnahmsweise titulierte Ansprüche erfasst (Köln WM 85, 1593, 1594; Schuschke/Walker/*Raebel* Rn 23) oder wenn es um die Verurteilung zu wiederkehrenden Leistungen geht bzw um zukünftige Leistungs- bzw Verhaltenspflichten, so auch Unterlassungen (BGHZ 70, 151, 156, 157; 133, 316, 323; BGH NJW 09, 3303, 3304, 3305). 25

Auch Änderungen der Rspr rechtfertigen die Vollstreckungsgegenklage grds nicht, da Entscheidungen nicht unter dem Vorbehalt gleichbleibender Rechtsansichten des Gerichts erlassen werden (BGH NJW 53, 745). Es handelt sich nicht um eine neu entstandene Einwendung gegen den titulierten Anspruch; betroffen ist vielmehr die Richtigkeit des Urt selbst (BGHZ 151, 316, 326; 181, 373, 378 »Mescher weis«). Damit besteht auch bei Titulierung künftiger oder wiederkehrender Ansprüche keine Möglichkeit für eine Vollstreckungsabwehrklage; der BGH erkennt einen Abänderungsgrund nach § 323 an, wenn sich infolge einer höchstrichterlichen Leitentscheidung die rechtlichen Maßstäbe zur Berechnung der Leistung grdl verändert haben (BGHZ 148, 368, 378; 181, 373, 379, 380 »Mescher weis«;Schuschke/Walker/*Raebel* Rn 24). Bei wettbewerbsrechtlichen Unterlassungstiteln ist jedoch ein Festhalten des Unterlassungsschuldners an einem gegen ihn erwirkten Verbot nicht zumutbar, wenn das untersagte Verhalten nach höchstrichterlicher Rspr künftig zweifelsfrei als rechtmäßig zu beurteilen ist; dem Schuldner blieben Werbemöglichkeiten, die seinen Mitbewerbern erlaubt sind, dauerhaft verwehrt (BGHZ 133, 316, 324 »Altunterwerfung I«; 181, 373, 379, 380 »Mescher weis«). Ermöglicht wird eine Vollstreckungsabwehrklage iRd § 10 UKlaG bei nachträglicher Entscheidung des BGH oder des GemS-OGB, wonach die Verwendung einer AGB-Klausel nicht unzulässig ist. § 10 UKlaG ist bei abw höchstrichterlicher Entscheidung in einem Individualverfahren entspr anzuwenden (so Staudinger/*Schlosser* § 10 UKlaG Rn 12 entgegen Schuschke/Walker/*Raebel* Rn 48). 26

Mit der Vollstreckungsabwehrklage kann gem §§ 79 II 3, 95 III 3 BVerfGG geltend gemacht werden, dass das BVerfG eine entscheidungserhebliche Rechtsnorm für nichtig erklärt hat. Dies gilt auch für Fälle, in denen die mit der Vollstreckungsgegenklage angegriffene Entscheidung auf rechtswidriger Auslegung einer Norm beruht (BVerfGE 115, 51, 61 ff). Die Vollstreckungsabwehrklage ist auch zulässig, wenn ein Oberstes Bundesgericht seine verfassungswidrige Rspr selbst korrigiert (Schuschke/Walker/*Raebel* Rn 47). Stellt das Verfassungsgericht eines Landes die Nichtigkeit eines Landesgesetzes fest, gilt § 767 gem § 183 S 3 VwGO entspr. Die Entscheidung des BVerfG zur Problematik des uneingeschränkten gesetzlichen Verbots anwaltli- 27 cher Erfolgshonorare (BVerfGE 117, 163 ff) stellt allerdings keine Einwendung dar, wegen welcher die Zwangsvollstreckung aus einem Urt nach § 767 für unzulässig erklärt werden müsste; verfassungswidrige Vorschriften sind ausnahmsweise weiter anzuwenden, wenn es die Besonderheit der für verfassungswidrig erklärten Norm notwendig macht, die Vorschrift als Übergangsregelung fortbestehen zu lassen (Ddorf OLGR 09, 707, 708).

28 **D. Verfahren. I. Zuständigkeiten.** Sachlich und örtlich zuständig ist gem § 767 I iVm § 802 ausschl das Prozessgericht des ersten Rechtszuges, somit das erstinstanzliche Gericht des Verfahrens, in dem der Vollstreckungstitel geschaffen wurde (BGH NJW 80, 188, 189). Dies gilt auch dann, wenn das Gericht tatsächlich nicht zuständig für die Schaffung des Titels gewesen sein sollte (St/J/*Münzberg* Rn 46). Die Zuständigkeitsregelungen gelten auch für Verfahren, die besonderen Spruchkörpern zugewiesen sind. Stammt der Titel vom FamG, ist dieses auch für die Entscheidung der Vollstreckungsgegenklage zuständig (BGH NJW 81, 346, 347). Die gegen das Urt einer Kammer für Handelssachen oder einer Kammer für Baulandsachen erhobenen Vollstreckungsabwehrklagen sind von diesen Kammern zu entscheiden (BGH NJW 75, 829, 830). Bei Kollisionen mit anderen, ebenfalls ausschl Zuständigkeitsregelungen, hat § 767 I Vorrang (BGH NJW 56, 1356, 1357; 02, 444, 445).

29 Bei Schiedssprüchen und Anwaltsvergleichen bildet der Beschl, welcher den Schiedsspruch oder den Anwaltsvergleich für vollstreckbar erklärt, den Vollstreckungstitel. Dieser wird für den Schiedsspruch in dem Verfahren auf Vollstreckbarerklärung gem §§ 1060, 1062 I 4 durch das OLG geschaffen, beim Anwaltsvergleich gem § 796 b I durch das Gericht, das für die gerichtliche Geltendmachung des zu vollstreckenden Anspruchs zuständig wäre. Für Vollstreckungsbescheide und vollstreckbare Urkunden gelten die §§ 796 III und 797 V, 800 III. Auf Anwaltsvergleiche nach § 796c ist § 797 V u VI anzuwenden. Bei Prozessvergleichen ist das Gericht zuständig, bei dem der vergleichsweise erledigte Rechtsstreit in 1. Instanz anhängig gewesen ist. Wird im PKH-Verfahren ein Vergleich abgeschlossen, ist das Gericht zuständig, bei dem dieses Verfahren betrieben worden ist. Bei einer Vollstreckungsabwehrklage gegen ein ausl Urt ist das Gericht zuständig, welches gem § 722 II das Urt für vorläufig vollstreckbar erklärt hat (RGZ 165, 374, 379, 380; BGH NJW 80/2025).

30 **II. Einstweilige Anordnungen.** Die Erhebung der Vollstreckungsabwehrklage hemmt die begonnene Vollstreckung nicht. Gemäß § 769 kann das Prozessgericht, in dringenden Fällen das Vollstreckungsgericht, auf Antrag vorläufige Anordnungen zum Schutz des Schuldners erlassen. Gemäß § 770 können vorläufige Anordnungen im Urt erlassen werden.

31 **III. Entscheidung.** Das stattgebende Urt lautet auf Unzulässigkeit der Zwangsvollstreckung. Die Vollstreckbarkeit des Titels wird rechtsgestaltend beseitigt. Der Ausspruch kann zeitlich befristet werden, bspw dann, wenn Stundung eingewendet worden war. Soweit Zurückbehaltungsrechte geltend gemacht worden sind, erfolgt der Ausspruch, dass die Zwangsvollstreckung nur Zug um Zug gegen Erbringung der geschuldeten Gegenleistung zulässig ist (BGHZ 118, 229, 242). Die Vollstreckbarkeit des Titels entfällt mit formeller Rechtskraft des Urt, mit welchem die Unzulässigkeit der Zwangsvollstreckung ausgesprochen wird (MüKoZPO/*K. Schmidt* Rn 93, 94; Musielak/*Lackmann* § 768 Rn 46). Ein noch nicht rechtskräftiges Urt reicht jedoch aus, um die Einstellung oder Beschränkung der Zwangsvollstreckung nach § 775 Nr 1 herbeizuführen. Dieses muss für vorläufig vollstreckbar erklärt worden sein, da § 775 Nr 1 die Vorlage einer vollstreckbaren Entscheidung voraussetzt.

32 **IV. Rechtskraft.** Die materielle Rechtskraft wirkt nur zwischen den Prozessparteien. Sie erstreckt sich weder auf die festgestellten noch auf die versagten Einwendungen gegen die titulierte Forderung, da nicht die vorgetragene Einwendung Streitgegenstand ist. Mit einer der Vollstreckungsabwehrklage stattgebenden Entscheidung wird die Vollstreckbarkeit des titulierten Anspruchs beseitigt; durch die Klageabweisung wird festgestellt, dass der Anspruch weiterhin vollstreckbar ist. Der Rechtskraft des klagabweisenden Urt kommt somit lediglich die Bedeutung zu, dass dem Titel die Vollstreckbarkeit nicht mehr mit dem der Vollstreckungsabwehrklage zugrunde liegenden Sachverhalt genommen werden darf (BGH FamRZ 84, 878, 880; WM 85, 703, 704; aA MüKoZPO/*K. Schmidt* Rn 96). Eine Ausn wird im Hinblick auf die Aufrechnung anerkannt; hier wird § 322 II entspr angewendet (BGHZ 48, 356, 358; NJW 94, 2769, 2770). Da es mit der Abweisung der Vollstreckungsgegenklage lediglich abgelehnt wird, einem titulierten Anspruch durch rechtsgestaltendes Urt die Vollstreckbarkeit zu nehmen, und nicht bindend darüber entschieden wird, dass der titulierte Anspruch materiell-rechtlich tatsächlich besteht, ist auch nach rechtskräftiger Abweisung der

Klage nach § 767 eine auf denselben materiellen Einwand gegen die titulierte Forderung gestützte negative Feststellungsklage zulässig (BGH WM 85, 703, 704; 09, 918, 920; vgl auch Rz 7). Die Rechtskraftwirkung eines klageabweisenden Urt hat dagegen zur Folge, dass der Kl aufgrund des Sachverhaltes, der bereits Gegenstand der Vollstreckungsabwehrklage war, nicht wegen unzulässiger Zwangsvollstreckung Schadensersatz verlangen oder Bereicherungsansprüche geltend machen kann (BGH NJW 60, 1460, 1461).

E. Präklusion nach § 767 II. I. Normzweck. § 767 II bestimmt, dass Einwendungen nur zulässig sind, 33
wenn die Gründe, auf denen sie beruhen, nach Schluss der letzten mündlichen Verhandlung entstanden sind, in der Einwendungen nach der ZPO spätestens hätten geltend gemacht werden müssen und durch Einspruch nicht mehr hätten geltend gemacht werden können. Mit dieser Vorschrift soll die Rechtskraft unanfechtbar gewordener Entscheidungen gesichert werden (BGHZ 85, 64, 74; 131, 82, 83). Die Anwendbarkeit des § 767 II ist allerdings nicht zwingend an die Rechtskraft der Entscheidung gebunden; umfasst sind rechtskräftige, jedoch auch vorläufig vollstreckbare Urt.

II. Anwendungsbereich. 1. Titel des § 794 I. Nicht anwendbar ist § 767 II auf die Vollstreckung aus einem 34
gerichtlichen Vergleich (BGH NJW 77, 583, 584; NJW-RR 87, 1022, 1023). § 767 II gilt auch nicht für Kostenfestsetzungsbeschlüsse gem § 104 I, da insoweit materiell-rechtliche Einwendungen nicht geltend gemacht werden können (BGHZ 3, 381, 382 ff). Anders ist es mit dem Gebührenfestsetzungsbeschluss nach § 11 RVG, da der Schuldner der Festsetzung materiell-rechtliche Einwendungen entgegenhalten kann (BGH NJW 97, 743). Für beschwerdefähige Beschlüsse nach § 794 I 3 gilt § 767 II, soweit diese auf eine vollstreckbare Leistung gerichtet sind und sie unter Berücksichtigung materiell-rechtlicher Einwendungen des Schuldners zustande gekommen sind. Auf Vollstreckungsbescheide findet § 767 II Anwendung, § 796 II. Maßgeblicher Zeitpunkt für den Ausschluss von Einwendungen ist der Zeitpunkt der Zustellung des Bescheides.

Auf Schiedssprüche wird § 767 II entspr angewendet. Ausgeschlossen sind die Einwendungen, die bereits im 35
schiedsrichterlichen Verfahren hätten geltend gemacht werden können (BGHZ 34, 274, 279; 38, 263, 264). Auch im Vollstreckbarerklärungsverfahren sind Einwendungen zuzulassen, die an sich dem Anwendungsbereich der Vollstreckungsgegenklage nach 767 zugehören. Dies gilt auch nach Inkrafttreten des SchiedsVfG. Damit unterliegt die Geltendmachung derartiger Einwendungen bereits im Vollstreckbarerklärungsverfahren der Einschränkung des § 767 II (BGH NJW-RR 08, 661, 662). Etwas anderes gilt dann, wenn das SchiedsG sich der Entscheidung über die Einwendung, so bspw bei aufgerechneter Forderung, wegen Unzuständigkeit ausdrücklich enthalten hat (Köln SchiedsVZ 05, 163, 165).

Auch für den Anwaltsvergleich des § 794 I 4 b, der durch ein Gericht für vollstreckbar erklärt wurde, gilt § 767 36
II. Einwendungen sind ausgeschlossen, die vor Abschluss des Vergleichs hätten geltend gemacht werden können; der Anwaltsvergleich stellt einen echten Vergleich iSd § 797 BGB dar, der die Präklusionswirkung in sich trägt (BAG BB 04, 894, 895; Staudinger/*Marburger* § 779 BGB Rn 89). Ebenso wie beim Schiedsspruch sind materiell-rechtliche Einwendungen im Vollstreckbarerklärungsverfahren zuzulassen und fallen damit unter die Präklusionswirkung nach § 767 II (Köln NJW 97, 1450, 1451; offengelassen BGH NJW 06, 695, 697; aA MüKoZPO/*Wolfsteiner* § 796 a Rn 39 und St/J/*Münzberg* § 796 b Rn 4, 5). Für den von einem Notar für vollstreckbar erklärten Anwaltsvergleich des § 796 c gilt § 767 II nicht, § 797 IV, VI.

Auf vollstreckbare Urkunden findet § 767 II ebenfalls aufgrund ausdrücklicher gesetzlicher Regelung keine 37
Anwendung, § 797 IV. Dies gilt allerdings nur für den Normalfall, dass gegen eine vollstreckbare Urkunde erstmals eine Vollstreckungsabwehrklage erhoben wird. Hat bereits ein Vollstreckungsabwehrklageverfahren stattgefunden, ist in einem späteren Verfahren § 767 II anzuwenden (BGH NJW-RR 87, 59).

Für die vollstreckbar erklärten Europäischen Zahlungsbefehle des § 794 I 6 gelten die §§ 795 S 3, 1095 II. 38
Danach sind Einwendungen, die den Anspruch selbst betreffen, nur zulässig, soweit die Gründe, auf denen sie beruhen, nach Zustellung des Europäischen Zahlungsbefehls entstanden sind und durch Einspruch nicht mehr geltend gemacht werden können.

2. Sonstige Titel. Entsprechend anzuwenden ist § 767 II auf ausl Urt. Präkludiert sind Einwendungen, die 39
entweder schon im Verfahren vor dem ausl Gericht oder im Verfahren der Vollstreckbarerklärung hätten geltend gemacht werden können (BGHZ 84, 17, 22; 89, 116, 124; vgl hierzu auch 180, 88, 93). Auf Europäische Vollstreckungstitel findet § 767 II ebenfalls Anwendung; dies gilt gem § 1086 II – abw von § 797 IV – auch für gerichtliche Vergleiche und öffentliche Urkunden. Die Eintragung in die Insolvenztabelle wirkt wie ein rechtskräftiges Urt, § 178 II InsO. Für Einwendungen des Insolvenzverwalters gegen die Feststellung zur Insolvenztabelle ist daher die Anwendbarkeit des § 767 II zu bejahen; der Insolvenzverwalter kann sich

auf Einwendungen nur berufen, wenn die Gründe nach der Feststellung entstanden sind (BGHZ 100, 222, 225; ZIP 91, 456, 457). Im Adhäsionsverfahren nach §§ 403 ff StPO sind die Einwendungen ausgeschlossen, die der Schuldner im Hauptverfahren noch hätte geltend machen können (Baur/Stürner/Bruns Rn 45.16).

40 **III. Voraussetzungen, Kenntnis.** Maßgeblicher Zeitpunkt ist bei einem aufgrund mündlicher Verhandlung ergangenen erstinstanzlichen Urt der Schluss der letzten mündlichen Verhandlung bzw der Zeitpunkt, bis zu dem Schriftsätze nach § 283 eingereicht werden können. Dies gilt auch dann, wenn eine Berufung nicht eingelegt worden ist, wenn sie zurückgenommen worden ist, oder wenn sie sich als unzulässig erweist (BGHZ 163, 339, 342; NJW 88, 2473, 2474). Bei zulässiger und durchgeführter Berufung kommt es darauf an, ob neue Tatsachen gem § 529 I Nr 2 iVm § 531 II 1–3 noch hätten berücksichtigt werden können bzw, soweit es um eine Aufrechnungserklärung geht, diese gem § 533 noch hätte erfolgen können. Werden der neue Tatsachenvortrag oder die Aufrechnung im zweitinstanzlichen Ausgangsverfahren zurückgewiesen, kann auch die Vollstreckungsabwehrklage hierauf nicht mehr gestützt werden (BGHZ 125, 351, 353; 173, 328, 334). In das Revisionsverfahren bzw Nichtzulassungsbeschwerdeverfahren dürfen grds neue Tatsachen und neue Beweismittel nicht eingeführt werden, § 559 II; die Präklusionswirkung des § 767 II bezieht sich daher nicht auf Tatsachen, die in das Revisionsverfahren ausnahmsweise und in Durchbrechung des § 559 II noch hätten vorgetragen werden können (BGHZ 139, 214, 220 ff; NJW 98, 2972, 2974).

41 Der Zeitpunkt der letzten mündlichen Verhandlung im Schluss- oder Nachverfahren ist nur maßgeblich, soweit dort nach Erlass eines Teil-, Vorbehalts- oder eines Grundurteils gem §§ 301, 302, 304 noch Einwendungen zulässig sind (RGZ 45, 229, 432; 91, 2295, 2296). Bei Entscheidung im schriftlichen Verfahren ist der Zeitpunkt entscheidend, bis zu dem gem § 128 II 1 Schriftsätze eingereicht werden können. Bei Entscheidung nach Lage der Akten ist maßgeblich das Datum des versäumten Termins gem § 251 a (Zö/*Herget* Rn 15). Beim Anerkenntnis ist auf den Zeitpunkt abzustellen, zu dem das Anerkenntnis abgegeben wurde.

42 Einwendungen sind von der Vollstreckungsgegenklage ausgeschlossen, wenn die Gründe zwar nach der letzten mündlichen Verhandlung entstanden sind, aber durch Einspruch noch hätten geltend gemacht werden können (RGZ 40, 352, 356; 104, 228, 230; BGH NSW ZPO § 767 BGH-Intern). Dies gilt gem § 796 II in gleicher Weise für Vollstreckungsbescheide. Die Auffassung, der Zulässigkeit der Klage stehe es nicht entgegen, dass der Schuldner vor Ablauf der Einspruchsfrist die Einwendung noch durch Einspruch hätte geltend machen können, die Vollstreckungsabwehrklage könne auf sämtliche Einwendungen gestützt werden, die am Schluss der letzten mündlichen Verhandlung über die Vollstreckungsabwehrklage nicht mehr mit Einspruch geltend gemacht werden können (Hamm NJW-RR 00, 659, 660; St/J/*Münzberg* Rn 40), würde eine Präklusionswirkung für Versäumnisurteile praktisch ausschließen (Musielak/*Lackmann* Rn 38; Schuschke/Walker/*Raebel* Rn 33).

43 Die Einwendungen müssen zu den maßgeblichen Zeitpunkten entstanden sein; dabei kommt es auf die objektive Möglichkeit an, die Einwendung geltend zu machen. Unerheblich ist es, ob der Schuldner die Einwendung kannte oder schuldlos nicht kannte oder nicht beweisen konnte (BGHZ 61, 25, 26; NJW-RR 06, 229, 230). Auch wenn der Schuldner erst nach dem maßgeblichen Zeitpunkt Kenntnis von einer Abtretung oder einem gesetzlichen Forderungsübergang erhält, sind entscheidend die objektiven Voraussetzungen. Die Kenntnis gehört nicht zum Tatbestand der §§ 407, 408 BGB, sondern begründet für den Schuldner nur einen Einwand ggü dem Zessionar, nicht dagegen ggü dem Zedenten (BGH NJW 01, 231, 232; ZZP 201 (114) S. 225, 226; aA R/G/S § 40 V 1a).

44 Der Schuldner trägt die Darlegungs- und Beweislast dafür, dass die Einwendungen erst nachträglich entstanden sind (BGHZ 34, 274, 281; NJW-RR 06, 202, 203).

45 **IV. Gestaltungsrechte.** Bei der Ausübung von Gestaltungsrechten wie Aufrechnung, Anfechtung, Rücktritt, Kündigung kommt es auf den Zeitpunkt an, zu dem erstmals die objektive Möglichkeit der Ausübung des Gestaltungsrechts bestanden hat (BGHZ 24, 97, 98;Celle ZfIR 11, 584; WM 09, 918, 919; aA St/J/*Münzberg* Rn 32 ff). Ausn gelten bei vertraglich eingeräumten Gestaltungsrechten (BGH NJW-RR 06, 229, 230, 231). Etwas anderes wird auch dann zu gelten haben, wenn ein Gestaltungsrecht willkürlich und ohne Berufung auf einen bestimmten objektiven Tatbestand ausgeübt werden kann, wie dies bei einer Option oder einem ordentlichen Kündigungsrecht der Fall ist (MüKoZPO/*K. Schmidt* Rn 82). Dem rechtskräftig entschiedenen Anspruch des Mieters auf Rückzahlung von Betriebskostenvorauszahlungen wegen fehlender Erteilung der fälligen Betriebskostenabrechnung kann der Vermieter mit der Erteilung der Betriebskostenabrechnung durch Vollstreckungsgegenklage entgegentreten. Bei der Erteilung der Betriebskostenabrechnung handelt es sich nicht um ein Gestaltungsrecht, sondern lediglich um einen Rechenvorgang iSd § 259 BGB (BGH WuM 10, 631).

Bei der Aufrechnung ist maßgeblich der Zeitpunkt, zu dem die beiderseitigen Forderungen einander aufrechenbar ggü gestanden haben (BGHZ 103, 362, 366; WM 09, 918, 919). Hätte die Aufrechnungslage zum maßgeblichen Zeitpunkt lediglich geschaffen werden können, tritt Präklusionswirkung nach § 767 II nicht ein (BGHZ 163, 338, 343). **46**

F. Präklusion nach § 767 III. I. Normzweck, Anwendungsbereich. Gemäß § 767 III hat der Schuldner sämtliche Einwendungen gegen den durch das Urt festgestellten Anspruch, die er zur Zeit der Klageerhebung geltend zu machen imstande war, in der Vollstreckungsgegenklage vorzubringen. Damit soll der Verzögerung der Vollstreckung durch mehrere Vollstreckungsgegenklagen vorgebeugt werden. Präkludiert für eine erneute Vollstreckungsabwehrklage sind damit Einwendungen, die schon mit einer früheren derartigen Klage hätten geltend gemacht werden können (BGHZ 124, 164, 172, 173; 167, 150, 153); nicht dagegen ist § 767 III nur als Pflicht zu verstehen, innerhalb des Prozesses Einwendungen umgehend vorzubringen, sobald der Kl hierzu imstande sei (so aber MüKoZPO/*K. Schmidt* Rn 86, 90). Einwendungen, die mit einer früheren Vollstreckungsgegenklage hätten vorgebracht werden können, sind allerdings dann nicht ausgeschlossen, wenn dieses frühere Verfahren nicht durch Urt, sondern durch Klagerücknahme oder Erledigungserklärung beendet worden ist (BGH NJW 91, 2280, 2281). **47**

§ 767 III gilt auch für die Titel, die nicht der Rechtskraft fähig sind (BGHZ 61, 25, 27). **48**

II. Voraussetzungen. Der Schuldner muss, damit Präklusion iSd § 767 III eintritt, imstande gewesen sein, die Einwendungen im ersten Vollstreckungsgegenklageverfahren geltend zu machen. Maßgeblich ist die objektive Möglichkeit der Geltendmachung; auf ein Verschulden kommt es nicht an (BGHZ 61, 25, 26, 27; WM 86, 1032, 1033; aA St/J/*Münzberg* Rn 52). Die Präklusionswirkung des § 767 III schließt damit nicht nur spätere Vollstreckungsgegenklagen aus, sondern auch künftige andere Prozesse, etwa wegen ungerechtfertigter Bereicherung oder Schadensersatz, deren Gründe erst nach dem Schluss des Verurteilungsverfahrens entstanden und dem Schuldner im Verfahren nach § 767 unbekannt geblieben sind (BGHZ 61, 25, 26; NJW-RR 87, 59; entgegen St/J/*Münzberg* Rn 55; *Otto* FS Henkel 95, 618, 631). **49**

Der Konzentrationsgrundsatz des § 767 III erfordert es, dass nicht nur die bis zur Klageerhebung, sondern auch die während des Prozesses entstandenen Einwendungen geltend gemacht werden (BGH NJW 66, 1362, 1363; 91, 2280, 2281). Da nach der Rspr des BGH Streitgegenstand der Vollstreckungsabwehrklage die Unzulässigkeit der Zwangsvollstreckung nur wegen der geltend gemachten Einwendung ist, liegt, macht der Kl anstelle oder neben der ursprünglichen Einwendung weitere Einwendungen im Verfahren geltend, eine Klageänderung vor (BGHZ 45, 231, 232 ff). Dies führt dazu, dass der Kl darauf angewiesen ist, dass neue Einwendungen, die während des Verfahrens entstanden sind, als sachdienlich zugelassen werden, wenn der Bekl nicht einwilligt § 263. Wird die Klageänderung nicht für zulässig erachtet, kommt es nach der Rspr des BGH zu dem unbilligen Ergebnis, dass im Hinblick auf die neue Einwendung Präklusionswirkung eintritt (BGHZ 173, 328, 334). Die Feststellungsklage wegen der neuen Einwendung bleibt dem Kl allerdings offen, es sei denn, es handele sich um die Erklärung einer Aufrechnung (vgl Rz 7). Um derartige Ergebnisse zu vermeiden, wird (vgl St/J/*Münzberg* Rn 54) die Auffassung befürwortet, dass einzelne materiell-rechtliche Einwendungen und Einreden keine Klagehäufung darstellen, sondern vielmehr Elemente der Klagebegründung sind, die den Streitgegenstand nur dann ändern, wenn sich mit ihnen auch die Urteilswirkung ändern würde, so bei später eingewandter rechtsvernichtender Einwirkung, wenn bisher nur eine rechtshemmende Einwirkung geltend gemacht worden ist. **50**

G. § 717 II. Vollstreckt der Gläubiger aus dem Urt, gegen das der Vollstreckungsschuldner im Weg der Vollstreckungsgegenklage erfolgreich vorgegangen ist, scheidet eine Schadensersatzpflicht in analoger Anwendung des § 717 II 1 aus. Dies gilt auch dann, wenn er aus einem formell rechtskräftigen Urt vollstreckt hat, das wegen inhaltlicher Unbestimmtheit nicht der materiellen Rechtskraft fähig ist (BGH NJW-RR 99, 1223). Wird das einer Vollstreckungsabwehrklage stattgebende Urt, aufgrund dessen gem §§ 775 Nr 1, 776 die weitere Zwangsvollstreckung gehindert wird bzw Vollstreckungsmaßnahmen aufgehoben werden, in 2. Instanz kassiert, liegt eine analoge Anwendung des § 717 II zug des Gläubigers nahe. Andererseits hat sich der Bestand des Titels, aus dem der Gläubiger vollstreckt, in 1. Instanz immerhin als zweifelhaft erwiesen, so dass es vertretbar erscheint, den Gläubiger auf die gem § 709 geleistete Sicherheit des Vollstreckungsschuldners zu beschränken (BGHZ 95, 10, 13; 158, 286, 294 zur Problematik der einstweiligen Einstellung der Zwangsvollstreckung gem § 771 III; aA wohl St/J/*Münzberg* § 717 Rn 62; vgl hierzu § 769 Rz 19). **51**

52 **H. Kosten/Gebühren. I. Gericht.** Es wird eine 3,0-Gebühr nach Nr 1210 KV erhoben. Es besteht Vorauszahlungspflicht nach § 12 I GKG. Siehe § 253 Rz 22.

53 **II. Anwalt.** Für den Anwalt entstehen die Gebühren des erstinstanzlichen Verfahrens (s. § 253 Rz 23).

§ 768 Klage gegen Vollstreckungsklausel.

Die Vorschriften des § 767 Abs. 1, 3 gelten entsprechend, wenn in den Fällen des § 726 Abs. 1, der §§ 727 bis 729, 738, 742, 744, des § 745 Abs. 2 und des § 749 der Schuldner den bei der Erteilung der Vollstreckungsklausel als bewiesen angenommenen Eintritt der Voraussetzung für die Erteilung der Vollstreckungsklausel bestreitet, unbeschadet der Befugnis des Schuldners, in diesen Fällen Einwendungen gegen die Zulässigkeit der Vollstreckungsklausel nach § 732 zu erheben.

1 **A. Normzweck.** Der Schuldner kann gem § 768 Einwendungen gegen die Erteilung der Vollstreckungsklausel geltend machen, wenn eine solche nur aufgrund eines besonderen Nachweises erteilt werden kann. Diese Vorschrift gibt dem Schuldner die Möglichkeit, den bei Erteilung der Vollstreckungsklausel als bewiesen angenommenen Eintritt der entspr Voraussetzungen im Weg der Klauselgegenklage zu bestreiten. Bei der Klage handelt es sich um eine prozessuale Gestaltungsklage (R/G/S § 17 III 3e mwN).

2 **B. Anwendungsbereich, Abgrenzung. I. Anwendung.** § 768 gilt dem Wortlaut nach für Urt; gem § 795 S 1 ist diese Vorschrift auf die in § 794 I genannten Schuldtitel entspr anzuwenden. Für Vollstreckungsbescheide ergibt sich dies ohnedies aus § 796 III; für vollstreckbare Urkunden aus § 777 V, für durch einen Notar für vollstreckbar erklärte Anwaltsvergleiche aus § 797 VI und für Vergleiche, die vor einer durch die Landesjustizverwaltung eingerichteten oder anerkannten Gütestelle abgeschlossen sind, aus § 797a III. Für Entscheidungen nach dem FamFG findet § 768 über § 95 FamFG Anwendung. Die Klage gegen die Vollstreckungsklausel gem § 768 ist nur in den dort vorgesehenen enumerativ aufgezählten Fällen statthaft (Ddorf ZInsO 11, 1706; KG MDR 08, 59;Zö/*Herget* § 768 Rn 1).

3 **II. Abgrenzung, sonstige Rechtsbehelfe.** Der Unterschied zur Vollstreckungsabwehrklage nach § 767 besteht darin, dass mit der Klauselgegenklage nur gegen die Erteilung der vollstreckbaren Ausfertigung des Titels vorgegangen werden kann; materiell-rechtliche Einwendungen gegen die titulierte Forderung können nicht geltend gemacht werden. Wird ein der Klage aus § 767 stattgebendes Urt rechtskräftig, erledigt sich eine gleichzeitig geführte Klage aus § 768 in der Hauptsache (MüKoZPO/*K. Schmidt* Rn 5). Die Einwendungen nach §§ 767 und 768 können im Weg der objektiven Klagehäufung miteinander verbunden werden (KG MDR 08, 591, 592; Wieczorek/Schütze/*Salzmann* Rn 4). Auch eine unechte Vollstreckungsabwehrklage (vgl § 767 Rz 5) ist neben der Klauselgegenklage möglich (Schuschke/Walker/*Raebel* Rn 2). Die Frage, ob gegen die Zwangsvollstreckung aus einer sog qualifizierten Klausel materiell-rechtliche Einwendungen erhoben werden können, die sich auf die besonderen Voraussetzungen dieser Klausel beziehen, ist zwischenzeitlich unter den Senaten des BGH umstr. Der XI. und der V. Zivilsenat (BGHZ 185, 133, 150, 151; BKR 11, 291, 292; dem folgend Schuschke/Walker/*Raebel* Rn 2) vertreten die Auffassung, dass die Prüfung, ob eine Rechtsnachfolge nach §§ 795 S 1, 727 I eingetreten ist, dem Klauselerteilungsverfahren vorbehalten ist, der Schuldner, der den Übergang der titulierten Forderung auf den Vollstreckungsgläubiger für unwirksam hält, somit die Rechtsbehelfe nach §§ 732, 768 zu ergreifen hat. Demgegenüber hat der VII. Zivilsenat (WM 11, 1460,1462) entschieden, dass diese Problematik im Weg der Klage nach § 768 zu klären ist.

4 Im Vollstreckungserinnerungsverfahren nach § 732 können nur Einwendungen förmlicher Art geltend gemacht werden, um zu erreichen, dass die Zwangsvollstreckung aus der erteilten Klausel unzulässig ist (BGHZ 22, 54, 65). Auch hier kann der Schuldner, sind die Voraussetzungen gegeben, beide Möglichkeiten, sowohl des § 732 als auch des § 768, nebeneinander ergreifen. Wird einer Erinnerung nach § 732 rechtskräftig stattgegeben, ist ein gleichzeitig aus § 768 geführter Rechtsstreit in der Hauptsache erledigt (MüKoZPO/*K. Schmidt* Rn 4). Hat der Gläubiger erfolgreich auf Erteilung der Vollstreckungsklausel nach § 731 geklagt, dann kann der Schuldner nicht mehr gem § 768 vorgehen. Die Einwendungen, die im Verfahren nach § 731 erhoben werden können, müssen auch bereits in diesem Verfahren gebracht werden, wenn der Schuldner nicht mit ihnen im Verfahren nach § 768 ausgeschlossen werden will (Wieczorek/Schütze/*Salzmann* Rn 11; MüKoZPO/*K. Schmidt* Rn 7). Es greift der Einwand der rechtskräftig entschiedenen Sache durch, wenn die Klausel dem Gläubiger aufgrund einer Klage nach § 731 erteilt worden ist und hierbei über den Einwand entschieden wurde.

Ausgeschlossen sind Klagen auf Feststellung der Unzulässigkeit der Klausel (St/J/*Münzberg* Rn 1). Fehlt es an einer Titelumschreibung überhaupt, ist die Erinnerung gem § 766 der richtige Rechtsbehelf (BGH WM 92, 1382, 1383). Wird die Klage versäumt, schließt dies die spätere Geltendmachung von Bereicherungs- oder Schadensersatzansprüchen nicht aus (BGHZ 4, 283, 284). 5

C. Voraussetzungen. I. Rechtsschutzbedürfnis. Ein Rechtsschutzbedürfnis besteht dann, wenn die qualifizierte Klausel erteilt worden ist und nicht erst dann, wenn die Vollstreckung droht (RGZ 134, 156, 162; 159, 385, 387; St/J/*Münzberg* Rn 4). Es liegt dann nicht vor, wenn die Klausel noch nicht erteilt worden ist, da § 768 auf den bei der Erteilung der Vollstreckungsklausel als bewiesen angenommenen Eintritt der Voraussetzungen für die Erteilung abstellt. Es entfällt, wenn die Vollstreckung vollständig beendet ist. 6

II. Legitimation. Aktivlegitimiert ist der Titelschuldner; auch ein Forderungsprätendent kann Klage gem § 768 erheben, wenn der Titel auf der Gläubigerseite umgeschrieben worden ist und der Kl geltend macht, er selbst sei der richtige Gläubiger (MüKoZPO/*K. Schmidt* Rn 6). Passivlegitimiert ist der in der Klausel benannte Gläubiger. 7

III. Begründetheit. 1. Tatbestände, Zeitpunkt. Mit der Klage wird die Unzulässigkeit der Zwangsvollstreckung aus der vollstreckbaren Ausfertigung verfolgt. Die Klage ist dann begründet, wenn der Schuldner nachweisen kann, dass die als bewiesen angenommenen materiellen Voraussetzungen für die Erteilung der qualifizierten Vollstreckungsklausel gem §§ 726 ff tatsächlich nicht vorliegen, so gem § 726 I die aufschiebende Bedingung, gem § 727 I die Rechtsnachfolge auf Seiten des Schuldners oder des Gläubigers, gem § 728 I die Nacherbfolge und die Voraussetzungen der Urteilswirkung nach § 326, gem § 728 II die Beendigung der Verfügungsbefugnis des Testamentsvollstreckers und die Voraussetzungen der Urteilswirkung nach § 327, gem § 729 I, II Vermögensübernahme bzw Firmenübernahme, gem § 738 I, II die Bestellung des Nießbrauchs an einem Vermögen oder an einer Erbschaft, gem §§ 742, 744 der Eintritt bzw die Beendigung der Gütergemeinschaft, gem § 745 II die Beendigung der fortgesetzten Gütergemeinschaft und gem § 749 der Eintritt des Erbfalles und der Testamentsvollstreckung. 8

Maßgeblich ist der Zeitpunkt der letzten mündlichen Verhandlung in der Tatsacheninstanz (RGZ 134, 156, 160). Die Erteilung einer qualifizierten Vollstreckungsklausel, die zunächst aus materiellen Gründen nicht hätte erteilt werden dürfen, kann sich im Verlauf des Verfahrens aufgrund geänderter Umstände als gerechtfertigt darstellen; die Klage ist dann abzuweisen (St/J/*Münzberg* Rn 8; MüKoZPO/*K. Schmidt* Rn 9). Allerdings ist es nicht zulässig, eine mit unzureichenden Gründen erteilte Vollstreckungsklausel mit einer neuen Begründung aufrecht zu erhalten. In einem solchen Fall muss der Gläubiger eine neue Klausel beantragen (Schuschke/Walker/*Raebel* Rn 4; offengelassen RGZ 81, 299, 302). 9

2. Beweislast. Nach Erteilung der vollstreckbaren Ausfertigung ist es Sache des Schuldners, darzulegen und nachzuweisen, aus welchem Grund die Voraussetzungen der Klauselerteilung nicht gegeben oder entfallen sind, nicht dagegen ist es Sache des Gläubigers, den Nachweis dafür zu erbringen, dass die Gründe für die Voraussetzungen der Klauselerteilung vorliegen (RGZ 50, 372, 375, 376; 82, 35, 37; R/G/S § 17 III 3 c; aA Köln NJW-RR 94, 893, 894; St/J/*Münzberg* Rn 6). Im Ergebnis kommt es auf die hierzu vertretenen unterschiedlichen Auffassungen nicht an. Sind die formellen Voraussetzungen der Klauselerteilung erfüllt, ist der Beweis nach den Grundsätzen der §§ 415 ff durch Erbringung der entspr Nachweise mit Hilfe öffentlicher oder öffentlich-beglaubigter Urkunden von Seiten des Gläubigers geführt worden. Der Gegenbeweis muss dann vom Schuldner erbracht werden. 10

IV. Präklusion. § 767 II findet keine Anwendung; es gilt jedoch § 767 III. Der Schuldner hat mit der Klage sämtliche Einwendungen geltend zu machen, die er zur Zeit der Erhebung der Klage geltend zu machen imstande war (vgl hierzu § 767 Rz 47 ff). 11

D. Verfahren. Ausschließlich zuständig ist das Prozessgericht des ersten Rechtszuges; Ausn enthalten bspw die §§ 797 IV, V für notariell vollstreckbar erklärte Anwaltsvergleiche und § 796 III für Vollstreckungsbescheide. Einstweilige Anordnungen sind gem §§ 769, 770 zulässig. Das Urt lautet auf Unzulässigkeit der Zwangsvollstreckung. Es ist im Hinblick auf § 775 Nr 1 für vollstreckbar zu erklären. 12

E. § 717 II. § 717 II soll anwendbar sein, wenn die Erteilung der Vollstreckungsklausel nach § 768 für unzulässig erklärt wird. Hier trägt der Gläubiger das Vollstreckungsrisiko (St/J/*Münzberg* § 717 Rn 62; MüKoZPO/*Krüger* § 717 Rn 12; Musielak/*Lackmann* § 717 Rn 6). Wird erstinstanzlich das einer Klage nach § 768 stattgebende Urt in 2. Instanz aufgehoben, scheidet eine analoge Anwendung des § 717 II wegen des 13 durch die Verzögerung der weiteren Zwangsvollstreckung gem §§ 775 Nr 1, 776 etwa entstehenden Schadens aus (BGHZ 95, 10, 13 ff für die einstweilige Einstellung der Zwangsvollstreckung nach § 771 III). Eine etwa nach § 709 gegebene Sicherheit haftet allerdings für den durch die Verzögerung der Vollstreckung entstandenen Schaden (BGHZ 158, 286, 294; vgl auch § 769 Rz 19).

14 **F. Kosten/Gebühren. I. Gericht.** Es wird eine 3,0-Gebühr nach Nr 1210 KV erhoben. Es besteht Vorauszahlungspflicht nach § 12 I GKG. Siehe § 253 Rz 22.

15 **II. Anwalt.** Für den Anwalt entstehen die Gebühren des erstinstanzlichen Verfahrens (s. § 253 Rz 23).

§ 769 Einstweilige Anordnungen.

(1) [1]**Das Prozessgericht kann auf Antrag anordnen, dass bis zum Erlass des Urteils über die in den §§ 767, 768 bezeichneten Einwendungen die Zwangsvollstreckung gegen oder ohne Sicherheitsleistung eingestellt oder nur gegen Sicherheitsleistung fortgesetzt werde und dass Vollstreckungsmaßregeln gegen Sicherheitsleistung aufzuheben seien. [2]Es setzt eine Sicherheitsleistung für die Einstellung der Zwangsvollstreckung nicht fest, wenn der Schuldner zur Sicherheitsleistung nicht in der Lage ist und die Rechtsverfolgung durch ihn hinreichende Aussicht auf Erfolg bietet. [3]Die tatsächlichen Behauptungen, die den Antrag begründen, sind glaubhaft zu machen.**

(2) [1]**In dringenden Fällen kann das Vollstreckungsgericht eine solche Anordnung erlassen, unter Bestimmung einer Frist, innerhalb der die Entscheidung des Prozessgerichts beizubringen sei. [2]Nach fruchtlosem Ablauf der Frist wird die Zwangsvollstreckung fortgesetzt.**

(3) **Die Entscheidung über diese Anträge ergeht durch Beschluss.**

(4) **Im Fall der Anhängigkeit einer auf Herabsetzung gerichteten Abänderungsklage gelten die Absätze 1 bis 3 entsprechend.**

1 **A. Normzweck.** Die Klageerhebung gem. §§ 767, 768 hemmt die Vollstreckung nicht; gleiches gilt für die Fälle, in denen §§ 767, 768 durch Verweisung anzuwenden sind. Gemäß § 769 kann daher der Schuldner, der eine entspr Klage erhoben hat, die vorläufige Einstellung der Zwangsvollstreckung bzw die Aufhebung von Vollstreckungsmaßregeln im Weg der einstweiligen Anordnung erreichen.

2 **B. Anwendungsbereich. I. Anwendbarkeit.** Durch Verweisung gilt § 769 – ebenso wie § 770 – auch im Verfahren über die Drittwiderspruchsklage gem § 771 III zug des Dritten, im Verfahren der Durchsetzung der beschränkten Haftung nach den §§ 785 und 786 sowie im Verfahren über die Klage auf vorzugsweise Befriedigung gem § 805 IV zug des Dritten, ebenso für Anträge auf Verweigerung, Aussetzung oder Beschränkung der Zwangsvollstreckung aus Europäischen Vollstreckungstiteln gem § 1084 II. Analog wurden bisher die §§ 769 und 770 im Fall der Anhängigkeit einer auf Herabsetzung gerichteten Abänderungsklage nach § 323 angewendet (BGH NJW 86, 2057; LM § 323 Nr 1). Dies wurde zwischenzeitlich durch das FGG-RG gesetzlich verankert, § 769 IV. In Frage kommen hier besonders Klagen nach §§ 323, 323a sowie Abänderungsentscheidungen nach dem FamFG.

3 **II. Abgrenzung.** In Anfechtungsprozessen nach §§ 143 InsO bzw 11 AnfG sind, soweit sich diese Klagen gegen eine Vollstreckungsmaßnahme richten, die §§ 769, 770 analog anzuwenden (MüKoZPO/*K. Schmidt* Rn 4). In dem FamFG unterliegenden Angelegenheiten gelten die §§ 769, 770 über § 95 I, II FamFG. Im Arrestverfahren wird eine Anwendung der §§ 769, 770 neben den §§ 923, 927 abgelehnt (MüKoZPO/*K. Schmidt* Rn 4; Musielak/*Lackmann* Rn 1a). Nicht anzuwenden sind die §§ 769 und 770 iRv Klagen auf Titelherausgabe nach § 371 BGB, soweit diese nicht mit einer Vollstreckungsabwehrklage verbunden sind, da ein insoweit obsiegendes Urt nicht ohne weiteres zur Beendigung der Zwangsvollstreckung führt. Die Anwendung der §§ 769, 770 ist auch iRe Vaterschaftsanfechtung im Hinblick auf einen bestandskräftigen Unterhaltstitel abgelehnt worden (Ddorf NJW 72, 215; Köln NJW 73, 195, 196; Saarbr DAVorm 85, 155; St/J/*Münzberg* Rn 4).

4 Ist das Urt in der Hauptsache nicht geeignet, eine Zwangsvollstreckung zu verhindern, scheiden die §§ 769, 770 aus. Dies ist bei reinen Feststellungsklagen der Fall.

5 Verneint wird die analoge Anwendung der §§ 769, 770 auch iR materiell-rechtlicher Klagen zur Durchbrechung der Rechtskraft; insoweit wird auf die Möglichkeit der einstweiligen Verfügung verwiesen, obwohl Klagen aus § 826 BGB durchaus auch auf Unzulässigkeit der Zwangsvollstreckung gerichtet sein können (RGZ 61, 359, 361; Frankf NJW 92, 511; Stuttg NJW-RR 98, 70; Wieczorek/Schütze/*Salzmann* Rn 7; aA Frankf FamRZ 02, 618, 619; MüKoZPO/*K. Schmidt* Rn 4). Die Frage, welches Verfahren anzuwenden ist,

kann für den Schuldner von erheblicher Bedeutung sein. Im Fall des § 945 greift die verschuldensunabhängige Haftung des Ast ein; bei der einstweiligen Anordnung nach §§ 769 oder 770 scheidet dies aus (vgl Rz 19).

6 **C. Voraussetzungen. I. Zulässigkeit, Rechtsschutzbedürfnis.** Nach Rspr einiger OLG muss nicht nur eine bereits wirksame Klageschrift eingereicht werden, ehe eine einstweilige Anordnung erlassen werden kann, sondern auch die Zahlung des Prozesskostenvorschusses erfolgt sein (Köln FamRZ 87, 963, 964; Hamm NJW-RR 96, 1023, 1024; Naumbg OLGReport 00, 388; Frankf OLGR 08, 612, 613; ebenso Musielak/*Lackmann* Rn 2). Man wird lediglich verlangen können, dass die Klage eingereicht ist; die Zahlung des Prozesskostenvorschusses muss nicht erfolgen; das Gericht kann allerdings den Erlass einer einstweiligen Anordnung unter die Bedingung stellen, dass ein Kostenvorschuss innerhalb einer bestimmten Frist bezahlt wird oder aber Befreiung gem § 14 GKG beantragt wird (MüKoZPO/*K. Schmidt* Rn 11). Die Auffassung, bedürftige Parteien könnten hierdurch benachteiligt werden, Prozessgericht sei auch das noch nicht mit der Hauptsache befasste Gericht, wenn nur ein PKH-Gesuch eingereicht worden ist (St/J/*Münzberg* Rn 6), berücksichtigt nicht ausreichend, dass in dringenden Fällen der Erlass einer einstweiligen Anordnung beim Vollstreckungsgericht gem § 769 II in Frage kommt. Nicht erforderlich ist, dass die Zwangsvollstreckung bereits begonnen hat oder auch nur drohen würde (Schuschke/Walker/*Raebel* Rn 4). Eine vollstreckbare Ausfertigung muss noch nicht einmal beantragt oder erteilt worden sein (MüKoZPO/*K. Schmidt* Rn 20). Im Fall der §§ 771, 805 allerdings können vor Beginn der Vollstreckung die Rechte Dritter zwangsläufig noch nicht berührt worden sein. Der Antrag ist zulässig, solange die Vollstreckung andauert; mit Ende der Vollstreckung wird der Antrag unzulässig (St/J/*Münzberg* Rn 12).

7 **II. Legitimation.** Antragsberechtigt ist der Schuldner, im Fall der §§ 771, 805 der Dritte.

8 **III. Begründetheit.** Der Antrag geht auf Einstellung der Zwangsvollstreckung gegen oder ohne Sicherheitsleistung bzw darauf, dass die weitere Zwangsvollstreckung nur gegen Sicherheitsleistung erfolgen kann, oder auf Aufhebung von Vollstreckungsmaßnahmen, dies allerdings nur gegen Sicherheitsleistung.

9 Das Gericht hat nach pflichtgemäßem Ermessen zu entscheiden. Die Interessen des Schuldners und des Gläubigers müssen gegeneinander abgewogen werden. Nicht außer acht gelassen werden können die Aussichten des laufenden Rechtsstreites (BGH NJW-RR 93, 355, 356). Anordnungen, die dem Gläubiger überhaupt keine Sicherheiten lassen oder geben, so die Einstellung der Zwangsvollstreckung vor der Pfändung oder die Aufhebung von Maßnahmen ohne Sicherheitsleistung, sollen nur bei besonderem Schutzbedürfnis des Schuldners erlassen werden (Köln InVO 98, 298; St/J/*Münzberg* Rn 13). Nach § 769 I 2 ist eine Sicherheitsleistung für die Einstellung der Zwangsvollstreckung nicht festzusetzen, wenn der Schuldner zur Sicherheitsleistung nicht in der Lage ist und die Rechtsverfolgung durch ihn hinreichende Aussicht auf Erfolg bietet. Großzügig ist zu verfahren, wenn es sich um den Rechtsbehelf eines Dritten handelt; hier ist bereits bei wahrscheinlichem Erfolg der Klage die einstweilige Anordnung zu erlassen (Zweibr FamRZ 02, 556). Dies ist mit dem besonderen Schutzbedürfnis des Dritten zu rechtfertigen, der ohne sein Zutun in ein fremdes Zwangsvollstreckungsverfahren hineingezogen wird.

10 Der Schuldner muss gem § 769 I 3 darlegen und glaubhaft machen, dass infolge des vorläufigen Fortgangs der Zwangsvollstreckung eine besondere Gefährdung besteht (Frankf InVO 01, 262; Schuschke/Walker/*Raebel* Rn 8). Die Glaubhaftmachung gem § 294 kann nicht, wie dies iRd § 921 S 2 möglich ist, durch Sicherheitsleistung ersetzt werden (Wieczorek/Schütze/*Salzmann* Rn 16). Im Fall des § 769 I 2 muss glaubhaft gemacht werden, dass der Schuldner zur Sicherheitsleistung nicht in der Lage ist.

11 **D. Verfahren. I. Allgemeines.** Die Anordnung erfolgt auf ausdrücklichen Antrag; zuständig ist das jeweilige Prozessgericht, somit das Gericht der Hauptsache. Prozessgericht und damit nicht nur iRe »Notzuständigkeit« für den Erlass einer einstweiligen Anordnung ist auch das in der Hauptsache unzuständige Gericht, wenn es mit der Angelegenheit befasst wird, es sei denn die Unzuständigkeit des angerufenen Gerichts stehe eindeutig fest (VGH München NJW 83, 1992; MüKoZPO/*K. Schmidt* Rn 9; aA Zö/*Herget* Rn 3). Prozessgerichte sind auch das Berufungsgericht oder das Revisionsgericht (RGZ 33, 385, 389, 390).

12 Im Verfahren vor dem LG und OLG, ebenso dem FamG besteht Anwaltszwang, § 78 I, II.

13 **II. Entscheidung, Rechtsmittel.** Die Entscheidung ergeht gem § 769 III durch Beschl. Der Beschl des Prozessgerichts ist in entspr Anwendung des § 707 II 2 unanfechtbar, dies auch bei groben Gesetzesverstößen oder einem groben Ermessensfehlgebrauch (BGHZ 159, 14, 15 ff; NJW-RR 06, 286; entgegen der früheren OLG-Rspr, so zB Zweibr FamRZ 02, 556 ua). Der Ausschluss des Rechtsmittels gilt sowohl für stattgebende

als auch für ablehnende Beschlüsse. Bei Änderung der Sachlage kann jederzeit ein neuer Antrag gestellt werden; ein bei dem Prozessgericht eingereichtes Rechtsmittel ist als Abänderungsantrag auszulegen (MüKoZPO/*K. Schmidt* Rn 34). Der Beschl nach § 769 I hat die Wirkung des § 775 Nr 2.

14 Die Maßnahmen des Prozessgerichts sind sofort wirksam. Sie treten bereits mit Erlass des Urt im Hauptverfahren und nicht erst mit Rechtskraft außer Kraft (MüKoZPO/*K. Schmidt* Rn 28; Zö/*Herget* Rn 9). Das Prozessgericht kann hier, um den Schutz des Schuldners auch für die Zeit nach Erlass des Urt zu bewirken, Anordnungen nach § 770 erlassen.

15 **E. Einstellung durch das Vollstreckungsgericht.** In dringenden Fällen kann das Vollstreckungsgericht nach § 769 II angerufen werden. Hier entscheidet der Rechtspfleger nach § 20 Nr 17 RPflG. Ein dringender Fall liegt dann vor, wenn eine Entscheidung des Prozessgerichts nicht rechtzeitig herbeigeführt werden kann; im allg ist dies dann der Fall, wenn eine Klage noch nicht anhängig gemacht worden ist. Eine Aufhebung bereits erfolgter Vollstreckungsmaßnahmen kommt nach § 769 II nicht in Betracht (St/J/*Münzberg* Rn 14).

16 Zu den Tatsachen, die der Schuldner iRd § 769 II glaubhaft zu machen hat, gehören auch diejenigen, mit denen die Dringlichkeit begründet wird.

17 Der Rechtspfleger hat in dem Beschl eine Frist zu setzen, innerhalb der die Entscheidung des Prozessgerichts beizubringen ist. Die Frist kann gem § 224 II verlängert werden. Mit Fristablauf tritt der Beschl ohne weiteres außer Kraft (St/J/*Münzberg* Rn 16).

18 Gegen die Entscheidung des Rechtspflegers erfolgt die befristete Erinnerung nach § 11 II 1 RPflG; über diese hat der Richter abschließend zu entscheiden. Ein weiteres Rechtsmittel ist nicht gegeben. Zu beachten ist, dass nach der Neufassung des § 11 II 1 durch das FGG-RG für die Erinnerung nunmehr unterschiedliche Fristen gelten können (vgl § 793 Rz 5).

19 **F. § 717 II.** Erweist sich die einstweilige Einstellung der Zwangsvollstreckung nachträglich als ungerechtfertigt, ist dem Gläubiger nicht analog §§ 717 II, 945 Schadensersatz zu leisten (BGHZ 95, 10, 13 ff; Wieczorek/Schütze/*Salzmann* Rn 23; St/J/*Münzberg* Rn 21 ua; aA MüKoZPO/*K. Schmidt* Rn 38). Diese vom BGH zu § 771 III entwickelte Auffassung muss für sämtliche Fälle gelten, in denen aufgrund einer gerichtlichen Entscheidung eine vorläufige Einstellung der Zwangsvollstreckung erfolgt und durch Verzögerung der weiteren Zwangsvollstreckung oder Aufhebung von Vollstreckungsmaßnahmen dem Gläubiger Nachteile entstehen. Vor Erlass einer einstweiligen Anordnung sind auch die Erfolgsaussichten zu prüfen. Die Erwägung, es werde die Zwangsvollstreckung aus einem Titel eingestellt, der sich, wenn auch nur iRe summarischen Prüfung, als zweifelhaft erwiesen hat, gilt daher für sämtliche Fälle der vorläufigen Einstellung der Zwangsvollstreckung oder auch der Aufhebung von Zwangsvollstreckungsmaßnahmen nach § 769. Der Schuldner haftet somit für einen Verzögerungsschaden, der durch Einstellung der Zwangsvollstreckung, oder für einen Schaden, der durch die Aufhebung einer Zwangsvollstreckungsmaßnahme entsteht, nur dann, wenn die Voraussetzungen einer deliktsrechtlichen Haftung vorliegen. Eine Sicherheit haftet sowohl für den Verzögerungsschaden als auch für den Aufhebungsschaden (BGHZ 95, 10, 13; BGHZ 158, 286, 291 ff).

20 **G. Kosten/Gebühren. I. Gericht.** Das Verfahren ist gebührenfrei und wird durch die Gebühren im Hauptsacheverfahren mit abgegolten.

21 **II. Anwalt.** Das Verfahren über eine einstweilige Anordnung löst keine gesonderte Vergütung aus, sondern ist durch die Vollstreckungsgebühr mit abgegolten (§ 19 I 2 Nr 11 RVG). Lediglich dann, wenn eine abgesonderte mündliche Verhandlung stattfindet, liegt nach § 19 I 2 Nr 11 RVG eine gesonderte Angelegenheit vor, in der der Anwalt eine 0,5-Verfahrensgebühr nach Nr 3328 VV RVG und eine 0,5-Terminsgebühr nach Nr 3332 VV RVG erhält (LAG München AGS 08, 18 = RVGreport 08, 24; Kobl JurBüro 07, 640 = AGS 08, 63).

§ 770 Einstweilige Anordnungen im Urteil.

[1]Das Prozessgericht kann in dem Urteil, durch das über die Einwendungen entschieden wird, die in dem vorstehenden Paragraphen bezeichneten Anordnungen erlassen oder die bereits erlassenen Anordnungen aufheben, abändern oder bestätigen. [2]Für die Anfechtung einer solchen Entscheidung gelten die Vorschriften des § 718 entsprechend.

1 **A. Normzweck.** Einstweilige Anordnungen nach § 769 treten mit Erlass des Urt in dem Verfahren, in dem sie ergangen sind, ohne weiteres außer kraft (vgl § 769 Rz 14). Der in § 770 enthaltene Hinweis darauf, dass bereits erlassene Anordnungen aufgehoben, abgeändert oder bestätigt werden können, steht dem nicht ent-

gegen; diese Vorschrift dient der Rechtsklarheit; ihr kommt deklaratorische Bedeutung zu (St/J/*Münzberg* Rn 1). Im Fall der Klageabweisung könnte mglw weiter vollstreckt werden, ebenso wenn der Klage stattgegeben wird, das Urt jedoch nur gegen Sicherheitsleistung vorläufig vollstreckbar ist. § 770 ermöglicht es dem Prozessgericht, den Schuldner durch vorläufige Maßnahmen auch noch im Urt zu schützen. Zulässig ist der Erlass neuer einstweiliger Anordnungen; bestehende Anordnungen können aufgehoben, abgeändert oder bestätigt werden.

B. Anwendungsbereich. § 770 gilt in gleicher Weise wie § 769 im Bereich der §§ 767, 768 unmittelbar, kraft Verweisung für Klagen nach §§ 771–774, 785, 786, 805, 1084 II und entspr für Urt nach den §§ 323, 323a bzw die Abänderungsentscheidungen des FamFG. 2

C. Verfahren, Entscheidung, Rechtsmittel. Eines Antrags bedarf es nicht; entspr Anordnungen können vAw getroffen werden (Wieczorek/Schütze/*Salzmann* Rn 1). Die Anordnungen nach § 770 können nicht isoliert angefochten werden, sondern nur zusammen mit der Hauptsacheentscheidung, deren Bestandteil sie sind (BGHZ 58, 207, 214). Wenn im Urt 1. Instanz eine beantragte Anordnung verweigert wird oder die bisherige in irgendeiner Weise beschränkt wird, ist dies in der Berufungsinstanz gem § 718 I zu überprüfen; über die vorläufige Vollstreckbarkeit in der Berufungsinstanz ist dann auf Antrag vorab zu verhandeln, § 770 S 2 iVm § 718 I; die entspr Entscheidung ist gem § 718 II nicht anfechtbar. 3

Das Rechtsmittelgericht kann selbst Anordnungen nach § 769 treffen, ebenso in seinem Urt Anordnungen gem § 770 erlassen (MüKoZPO/*K. Schmidt* § 771 Rn 9). Auch insoweit scheidet ein Rechtsmittel gem § 718 II aus. 4

D. § 717 II. Für die Verhinderung weiterer Vollstreckung gem § 775 Nr 2 bzw die Aufhebung von Vollstekkungsmaßnahmen gem § 776 gilt § 717 II nicht entspr (vgl § 769 Rz 19). 5

§ 771 Drittwiderspruchsklage.

(1) Behauptet ein Dritter, dass ihm an dem Gegenstand der Zwangsvollstreckung ein die Veräußerung hinderndes Recht zustehe, so ist der Widerspruch gegen die Zwangsvollstreckung im Wege der Klage bei dem Gericht geltend zu machen, in dessen Bezirk die Zwangsvollstreckung erfolgt.

(2) Wird die Klage gegen den Gläubiger und den Schuldner gerichtet, so sind diese als Streitgenossen anzusehen.

(3) [1]Auf die Einstellung der Zwangsvollstreckung und die Aufhebung der bereits getroffenen Vollstreckungsmaßregeln sind die Vorschriften der §§ 769, 770 entsprechend anzuwenden. [2]Die Aufhebung einer Vollstreckungsmaßregel ist auch ohne Sicherheitsleistung zulässig.

Inhaltsübersicht

	Rz
A. Normzweck	1
B. Anwendungsbereich, Abgrenzung	2
I. Anwendbarkeit	2
II. Abgrenzung zu anderen Rechtsbehelfen	3
C. Zulässigkeit, Legitimation	9
I. Rechtschutzbedürfnis	9
II. Aktiv- und Passivlegitimation	13
D. Begründetheit	15
I. Allgemeines	15
II. Veräußerung hinderndes Recht	16
1. Eigentum, Vorbehaltseigentum	16
2. Treuhandverhältnisse	17
3. Weitere dingliche Rechte	26
4. Besitz, Recht zum Besitz	30
5. Schuldrechtliche Ansprüche	32
6. Kontenpfändung	35
7. Insolvenzanfechtung und Gläubigeranfechtung	36
8. Sonstiges	38
III. Einwendungen	39
IV. Beweislast	40
E. Verfahren	41
I. Zuständigkeit	41
II. Streitgenossenschaft gem § 771 II	42
III. Einstweilige Anordnungen	43
IV. Entscheidung, Rechtskraft	44
F. Anwendbarkeit von § 717 II	46
G. Kosten/Gebühren	47
I. Gericht	47
II. Anwalt	48

A. Normzweck. Die Klage ist prozessuale Gestaltungsklage (BGHZ 58, 207, 214; 164, 176, 178); sie entspricht dem Aussonderungsrecht des § 47 InsO in der Insolvenz. § 771 gibt dem materiell Berechtigten die 1

Möglichkeit, sich gegen Eingriffe in seine Rechte zur Wehr zu setzen, die aufgrund formell zu Recht vorgenommener Vollstreckungsmaßnahmen erfolgen. Die Vorschrift wird dem Umstand gerecht, dass die Vollstreckungsorgane bei der Zuordnung pfändbarer Gegenstände zum Schuldnervermögen nur eine sehr eingeschränkte Prüfungsbefugnis haben und sich mit dem äußeren Anschein der Zuordnung des Gegenstandes zum Vermögen des Schuldners begnügen müssen (BGH MDR 07, 1274, 1275). So reicht nach § 808 I der Gewahrsam des Schuldners aus, um eine Pfändung körperlicher Sachen vorzunehmen; die Eintragung in das GB genügt, um eine Vollstreckung in das unbewegliche Vermögen in die Wege zu leiten. Bei Vollstreckung in Forderungen und andere Vermögensrechte reicht es aus, wenn die Zugehörigkeit zum Vermögen des Schuldners vom Gläubiger geltend gemacht wird.

2 **B. Anwendungsbereich, Abgrenzung. I. Anwendbarkeit.** Die Drittwiderspruchsklage richtet sich gegen die Vollstreckung aus sämtlichen möglichen Vollstreckungstiteln, so auch gegen die Vollstreckung aus Arresten und eV (BGHZ 156, 310, 314) und gegen die Vollstreckung eines Arrestbefehls nach § 111d StPO (BGHZ 164, 176, 178 ff). § 771 gilt auch für Forderungspfändungen (BGH NJW 77, 384, 385; WM 81, 648, 649). Entspr anwendbar ist § 771 bei einer Teilungsversteigerung nach §§ 180 ff ZVG, dies sowohl zug eines Teilhabers als auch eines Dritten (BGH NJW 85, 3066, 3067; FamRZ 84, 563, 564).

3 **II. Abgrenzung zu anderen Rechtsbehelfen.** Die Erinnerung nach § 766 wird auf die Verletzung vollstreckungsrechtlicher Verfahrensvorschriften gestützt. Die Widerspruchsklage dagegen betrifft die Geltendmachung materieller Rechte. Beide Rechtsbehelfe schließen einander nicht aus, wenn ein Dritter sowohl ein die Veräußerung hinderndes Recht als auch einen Verfahrensfehler bei der Zwangsvollstreckung geltend macht (BGH WM 62, 1177). Das Rechtschutzinteresse für die Drittwiderspruchsklage kann allerdings entfallen, wenn die Erinnerung bereits Erfolg hatte (RGZ 81, 190, 192).

4 Mit der Klage auf vorzugsweise Befriedigung nach § 805 will der Dritte, dem ein besitzloses Pfand- oder Vorzugsrecht an der gepfändeten Sache zusteht, unter Fortsetzung der Zwangsvollstreckung erreichen, dass er aus dem Vollstreckungserlös vor dem Vollstreckungsgläubiger befriedigt wird. Die Klage auf vorzugsweise Befriedigung ist nicht bloßes Minus zur Drittwiderspruchsklage (so aber B/L/A/H § 805 Rn 1; Brox/Walker Rn 1399). Auf eine Drittwiderspruchsklage kann nicht unter Teilabweisung nach § 805 auf vorzugsweise Befriedigung erkannt werden; ebenso wenig kann einer aus § 805 erhobenen Klage stattgegeben werden, wenn sie auf ein tatsächlich unter § 771 fallendes Recht gestützt werden kann. Die Klage nach § 771 ist auf die Unzulässigkeit der Zwangsvollstreckung gerichtet, diejenige nach § 805 setzt die Zulässigkeit der Zwangsvollstreckung voraus (MüKoZPO/*K. Schmidt* Rn 11). Die Widerspruchsklage nach § 878 zielt auf eine Abänderung des Teilungsplanes hin; sie steht nur den am Zwangsvollstreckungsverfahren beteiligten Gläubigern offen, somit nicht denjenigen, die an dem Vollstreckungserlös sonst berechtigt wären.

5 Leistungsklagen gegen den Gläubiger auf Herausgabe, Freigabe oder auch auf Unterlassung der Zwangsvollstreckung gem §§ 985, 1004 BGB sind, solange das Vollstreckungsverfahren andauert, unzulässig. Gleiches gilt für Klagen auf Zustimmung zur Auszahlung von aufgrund von Vollstreckungsmaßnahmen hinterlegten Geldes bei der Hinterlegungsstelle (BGHZ 58, 207, 214, 215; WM 87, 539, 541). Unzulässig ist auch eine selbständige Feststellungsklage gegen den Gläubiger (BGH NJW 81, 1835, 1836). Diese Klagen scheiden sämtlich aus, da zum einen § 771 der spezielle Rechtsbehelf ist, zum anderen diesen Klagen das Rechtschutzbedürfnis fehlt, weil insoweit stattgebende Urt für eine Einstellung bzw Aufhebung nach §§ 775 Nr 1, 776 nicht ausreichen. Ist allerdings der Vollstreckungsgegenstand verwertet und der Erlös an den Gläubiger ausgekehrt, kommen Leistungsklagen in Betracht (BGHZ 32, 240, 244; WM 87, 539, 540). Vor Beginn der Vollstreckung kommt eine Klage nach § 1004 BGB in Betracht, nach Beendigung der Vollstreckung die Schadensersatz- oder Bereicherungsklage.

6 Der Gläubiger kann gegen den Dritten negative Feststellungsklage erheben, soweit dieser eine Drittwiderspruchsklage noch nicht eingereicht hat (MüKoZPO/*K. Schmidt* Rn 14). Eine Leistungsklage gegen den Schuldner auf Herausgabe wird durch § 771 nicht ausgeschlossen, wie sich aus § 771 II ergibt.

7 Durch die Sondervorschriften der Grundbuchordnung wird die Drittwiderspruchsklage nicht verdrängt. Auch einem aus dem GB nicht ersichtlichen Eigentümer, dessen Grundstück entgegen der materiellen Rechtslage mit einer Zwangshypothek belastet wurde, steht die Drittwiderspruchsklage zur Verfügung (BGH Rpfleger 07, 134, 135).

8 Der Einwand der Verfügungsbeschränkung nach § 1365 I BGB ist durch Vollstreckungserinnerung und nicht durch Drittwiderspruchsklage geltend zu machen, da dies der speziellere, einfachere und kostengünstigere Weg ist (Stuttg FamRZ 07, 1830).

C. Zulässigkeit, Legitimation. I. Rechtschutzbedürfnis. Die Drittwiderspruchsklage ist spätestens ab Beginn der Zwangsvollstreckung zulässig (BGH NJW-RR 04, 1220, 1221). Dies ist bereits dann der Fall, wenn eine Vorpfändung vorgenommen wird (St/J/*Münzberg* Rn 12). Das Rechtschutzbedürfnis besteht, solange die Zwangsvollstreckung andauert; es entfällt, wenn die Zwangsvollstreckung durch Verwertung des fraglichen Gegenstandes beendet ist oder die Fortsetzung der Zwangsvollstreckung bspw wegen Untergangs des Vollstreckungsobjekts oder durch lastenfreie Veräußerung des Objektes an Dritte unmöglich geworden ist (BGHZ 72, 334, 336; NJW 04, 1220, 1221; BGH NJW-RR 07, 781, 782), desgleichen dann, wenn die Freigabe des Vollstreckungsgegenstandes erfolgt (Wieczorek/Schütze/*Salzmann* Rn 32; St/J/*Münzberg* Rn 13; offengelassen BGH NJW-RR 04, 1220, 1221). Bei der Herausgabe bestimmter Sachen oder bei Räumung ist die Klage bereits vor Beginn der Vollstreckung statthaft; der Beginn der Zwangsvollstreckung braucht auch nicht abgewartet zu werden, wenn bereits vor Pfändung eines Gegenstandes feststeht, dass der Gläubiger gerade diesen Gegenstand pfänden will (RGZ 48, 293, 295; BGHZ 72, 334, 337). Die Klage bleibt zulässig, wenn die Pfandsache bereits veräußert, der Erlös aber noch nicht an den Gläubiger ausgekehrt ist (R/G/S § 41 VII; MüKoZPO/*K. Schmidt* Rn 58). Auch durch Hinterlegung ist die Zwangsvollstreckung noch nicht beendet (BGHZ 72, 334, 337; 96, 324, 326). Das Rechtschutzbedürfnis für eine Drittwiderspruchsklage bleibt auch bestehen, wenn nach einem erfolglosen Pfändungsversuch eine Wiederholung der Vollstreckung aus dem Titel in den Gegenstand beabsichtigt und noch möglich ist (BGH NJW-RR 04, 1220, 1221). 9

Wird die Vollstreckungsgegenklage während des Verfahrens unzulässig, kann der Kl die Hauptsache für erledigt erklären oder von der Widerspruchsklage zur Leistungsklage auf Schadensersatz oder Bereicherung übergehen. Die Umstellung des Klageantrags mit welchem der Kl Schadens- bzw Wertersatz begehrt, stellt gem § 264 Nr 3 keine Klageänderung dar (Saarbr NJOZ 08, 4305, 4307; Musielak/*Lackmann* Rn 10). 10

Das Rechtschutzbedürfnis für eine Drittwiderspruchsklage ist auch dann gegeben, wenn der Vollstreckungsakt nichtig ist, so wenn die Pfändung einer Forderung ins Leere gegangen ist; der Dritte hat ein Interesse daran, auch den Schein einer wirksamen Pfändung zu beseitigen (BGHZ 156, 310, 314). 11

Eine gesonderte Drittwiderspruchsklage nur gegen die Hilfspfändung bspw von Kfz-Papieren oder Sparbüchern ist nicht zulässig; die Klage muss sich vielmehr gegen die Pfändung der Hauptsache richten (so KG OLGZ 94, 113, 114; Schuschke/Walker/*Raebel* Rn 13). 12

II. Aktiv- und Passivlegitimation. Aktivlegitimiert ist ein Dritter, der ein die Veräußerung hinderndes Recht geltend macht. Ausnahmsweise kann auch der Vollstreckungsschuldner ebenso wie ein Dritter widerspruchsberechtigt sein, nämlich dann, wenn er nur mit einer bestimmten Vermögensmasse haftet und sich dem Zugriff auf die nicht haftende Vermögensmasse entgegenstellt (St/J/*Münzberg* Rn 45; Schuschke/Walker/*Raebel* Rn 16). Der Mitbesitzer kann sich gegen die Pfändung des in seinem Mitbesitz stehenden Gegenstandes zur Wehr setzen; Miteigentum ist Recht iSd § 771 (RGZ 144, 236, 240, 241; BGH NJW 07, 992). Wird aus einem gegen einen Miterben gerichteten Titel nicht der Erbteil des Titelschuldners gepfändet, sondern ein Nachlassgegenstand, können die anderen Miterben widersprechen (MüKoZPO/*K. Schmidt* Rn 19). Ebenso kann aus einem gegen einen Gesellschafter gerichteten Titel nur in dessen Anteil vollstreckt werden und nicht in das Gesellschaftsvermögen. Werden Gegenstände des Gesellschaftsvermögens gepfändet, können sowohl die Gesellschaft als auch die Mitgesellschafter nach § 771 vorgehen. 13

Im Drittschuldnerprozess kann sich der Bekl grds nicht auf ein die Veräußerung hinderndes Recht eines Dritten berufen (BGH WM 06, 2229, 2230). 14

Passivlegitimiert ist der Vollstreckungsgläubiger; der Rechtsnachfolger ist es dann, wenn die Klausel auf ihn umgeschrieben ist (Musielak/*Lackmann* Rn 11).

Die Ein-Mann-GmbH kann ggü dem Gläubiger, der aufgrund eines Titels gegen den Gesellschafter-Geschäftsführer vollstreckt, gem § 771 vorgehen, da grds unterschiedliche Vermögensmassen bestehen (BGH NJW 04, 217, 218).

D. Begründetheit. I. Allgemeines. Der Klageantrag geht dahin, die Zwangsvollstreckung in einen bestimmten Gegenstand für unzulässig zu erklären. Die Klage ist dann begründet, wenn dem Kl ein die Veräußerung hinderndes Recht (krit zu dieser Formulierung MüKoZPO/*K. Schmidt* Rn 16) an dem Gegenstand der Zwangsvollstreckung zusteht und diesem Recht keine Einwendungen entgegenstehen. Ein solches Recht wird dann angenommen, wenn der Schuldner selbst, würde er den Vollstreckungsgegenstand veräußern, widerrechtlich in den Rechtskreis des Dritten eingreifen würde und der Dritte deshalb den Schuldner an der Veräußerung hindern könnte (BGHZ 50, 20, 26; 72, 141, 145). Maßgeblich ist der Zeitpunkt der 15 letzten mündlichen Verhandlung. Erwirbt der Dritte das Recht nach erfolgter Pfändung oder Beschlagnahme, kann die Klage aus § 771 erfolgreich erhoben werden, wenn durch diesen Erwerb Vollstreckungspfandrechte untergehen, wie dies beim gutgläubigen Erwerb des Eigentums durch einen Dritten an einer Pfandsache der Fall ist, oder wenn der Eigentumserwerb sich aufgrund einer Anwartschaft vollzieht, die dem Dritten zum Zeitpunkt der Pfändung bereits zustand (BGHZ 20, 88, 100, 101; St/J/*Münzberg* § 804 Rn 43).

16 **II. Veräußerung hinderndes Recht. 1. Eigentum, Vorbehaltseigentum.** Veräußerung hinderndes Recht ist insb das Eigentum, so das Alleineigentum, auch das Miteigentum – Gesamthandseigentum ebenso wie das Bruchteilseigentum (BGHZ 170, 187, 188, 189; WM 93, 902, 905; vgl Rz 15). Das Vorbehaltseigentum des Vorbehaltsverkäufers stellt im Vollstreckungsverfahren gegen den Vorbehaltskäufer ein die Veräußerung hinderndes Recht dar. Der Vorbehaltsverkäufer kann nicht lediglich auf § 805 verwiesen werden; ihm steht auch die Interventionsklage nach § 771 und nicht lediglich nach § 772 zu (BGHZ 54, 214, 218; MüKoZPO/*K. Schmidt* Rn 20; Schuschke/Walker/*Raebel* Rn 19; aA Marotzke S. 94, 108 ff). Für den Gläubiger des Käufers empfiehlt es sich in derartigen Fällen, das Anwartschaftsrecht des Käufers zu pfänden und den Restkaufpreis an den Verkäufer zu bezahlen. Das Pfandrecht am Anwartschaftsrecht erstarkt dann zum Pfandrecht an der Sache. Der Vorbehaltskäufer kann sich auf sein Anwartschaftsrecht berufen und Drittwiderspruchsklage erheben (BGHZ 55, 20, 26, 27). Bei Vorliegen eines erweiterten Eigentumsvorbehalts können Käufer und Verkäufer ebenfalls Drittwiderspruchsklage erheben (MüKoZPO/*K. Schmidt* Rn 22). Das gleiche gilt beim verlängerten Eigentumsvorbehalt (R/G/S § 41 VI 4 c). Allerdings berechtigen die Verlängerungs- und Erweiterungsformen des Eigentumsvorbehalts den Vorbehaltsverkäufer im Insolvenzverfahren nur zur abgesonderten Befriedigung (BGH NJW 71, 799; BGHZ 176, 86, 95).

17 **2. Treuhandverhältnisse.** Der Sicherungsgeber kann bei Vollstreckung gegen den Sicherungsnehmer nach § 771 vorgehen, solange nicht die Verwertungsreife eingetreten ist (BGHZ 72, 141, 143 ff; 100, 95, 105, 106). Krit hierzu äußert sich MüKoZPO/*K. Schmidt* (Rn 28) mit der Erwägung, dass auch nach Verwertungsreife das Sicherungseigentum nur für die Befriedigung der Forderung des gesicherten Gläubigers zur Verfügung stehe und nicht als Bestandteil des Vermögens des Sicherungsnehmers dessen Gläubigern haftet. Demgegenüber stellt der BGH (aaO) auf die Verwertungsreife ab mit der Begründung, es sei maßgebend, ob und inwieweit der Sicherungsnehmer, der Pfändungsschuldner ist, im Verhältnis zum widersprechenden Dritten, dem Sicherungsgeber, berechtigt sei, das Sicherungsgut zu verwerten; könne das Sicherungsgut zwecks Befriedigung verwertet werden, ließe sich ein Verbot des Zugriffs durch Gläubiger des Sicherungsnehmers nicht mehr rechtfertigen; die Sache diene der Sicherung und nicht der Befriedigung des Sicherungsnehmers, gehöre damit wirtschaftlich noch zum Vermögen des Sicherungsgebers; mit Eintritt der Verwertungsreife stehe der Gegenstand dem Sicherungsnehmer als Sicherungseigentümer jedoch auch wirtschaftlich zu. Nach noch aA (Baur/Stürner/Bruns Rn 46.8) soll der Sicherungsgeber erst dann intervenieren können, wenn die gesicherte Forderung beglichen worden ist; erst dann gehöre sie wieder zum Vermögen des Sicherungsgebers. Schuschke/Walker/*Raebel* (Rn 21, 24) gibt ein Recht auf bevorzugte Befriedigung nach § 805; ein Interventionsrecht bestehe nur dann, wenn infolge bedingter Einigung nach § 929 BGB eine verdinglichte Rückerwerbsanwartschaft vorhanden ist.

18 Die hier aufgezeigte Problematik stellt sich in gleicher Weise bei der Sicherungsabtretung, obwohl die Pfändung einer auch fiduziarisch abgetretenen Forderung ins Leere geht. Sie erzeugt jedoch den Anschein einer rechtswirksamen Pfändung und gefährdet so das Recht des wahren Gläubigers. Aus diesem Grund ist die Drittwiderspruchsklage auch hier gegeben (BGH WM 81, 648, 649).

19 Dem Sicherungsnehmer wird als eigennützigen Treuhänder ebenfalls das Recht der Drittwiderspruchsklage eingeräumt, solange der zu sichernde Anspruch besteht, nicht lediglich das Recht der bevorzugten Befriedigung (BGHZ 72, 141, 146; 80, 296, 299). Es kann (entgegen MüKoZPO/*K. Schmidt* Rn 29; B/L/A/H Rn 26) nicht darauf abgestellt werden, dass das Sicherungseigentum wirtschaftlich einem besitzlosen Pfandrecht gleiche und auch in der Insolvenz nur zur Absonderung und nicht zur Aussonderung gem § 51 Nr 1 InsO berechtige. Der Sicherungseigentümer ist Volleigentümer und grds berechtigt, sich durch freihändigen Verkauf aus der Sache zu befriedigen. Diese Möglichkeit würde ihm genommen, gäbe man ihm lediglich den Anspruch aus § 805 (so Musielak/*Lackmann* Rn 19). Der Vollstreckungsgläubiger hat die Möglichkeit, den Rückübertragungsanspruch des Sicherungsgebers, ggf auch sein Anwartschaftsrecht zu pfänden und die gesicherte Forderung nach § 267 BGB zu erfüllen. Ist die gesicherte Forderung zurückbezahlt, steht einer Drittwiderspruchsklage § 242 BGB entgegen (BGHZ 100, 95, 105, 106).

Im Fall der uneigennützigen Treuhand kann der Treugeber als Berechtigter Drittwiderspruchsklage erheben. Der Vermögenswert bleibt wirtschaftlich im Vermögen des Treugebers (BGHZ 11, 37, 41; NJW 96, 1543). Eine Ausn liegt dann vor, wenn die Vollstreckung sich iRd Treuzwecks hält; in einem derartigen Fall erweist sich die Klage aus § 771 als unbegründet (BGH NJW 59, 1223, 1225). Hält der Treuhänder sich nicht mehr iRd Treuhandverhältnisses, so wenn er über das Treugut unrechtmäßig verfügt, dann allerdings scheidet dieses Vermögen aus dem Vermögen des Treugebers aus; bei Vollstreckungsmaßnahmen gegen den Treuhänder ist dann der Widerspruch des Treugebers unbegründet (so ebenfalls BGH NJW 59, 1223, 1225). Der uneigennützige Treuhänder dagegen kann einer gegen den Treugeber gerichteten Vollstreckung nicht widersprechen (BGHZ 11, 37, 42). Gegenüber einem Vollstreckungsgläubiger, der nicht aufgrund eines Titels gegen den Treugeber vorgeht, hat der Treuhänder die vollen Eigentumsrechte und damit auch das Widerspruchsrecht des § 771; gegen außenstehende Dritte kann der Treuhänder das uneigennützig gegebene Treugut verteidigen (BGH NJW-RR 04, 1220, 1221). Handelt es sich bei dem Treugut um eine Forderung, geht eine gegen den Treugeber gerichtete Forderungspfändung ins Leere; der Gläubiger kann in einem derartigen Fall die dem Treugeber gegen den Treuhänder zustehenden Ansprüche pfänden (R/G/S § 41 VI 4a bb; MüKoZPO/*K. Schmidt* Rn 26). 20

Die Rspr hat ein Aussonderungsrecht des Treugebers bis jetzt nur dann anerkannt, wenn dem Treuhänder das Treugut aus dem Vermögen des Treugebers übertragen worden war (RGZ 84, 214, 216; 91, 12, 14; BGHZ 111, 14, 18; ausdrücklich offengelassen BGH NJW 59, 1223, 1224; BGHZ 155, 227, 233 ff). Der BGH hat das Unmittelbarkeitsprinzip bis jetzt trotz erheblicher Kritik in der Lit (vgl nur Coing S. 45 f, 177 f; *v. Rom* WM 08, 813 ff zu den Problemstellungen, die bei Anwendbarkeit des Unmittelbarkeitsprinzips im Bereich der sog doppelseitigen Treuhand entstehen; mwN St/J/*Münzberg* Rn 25 Fn 170) nicht aufgegeben, sondern lediglich Ausn zugelassen, dies für die Verwaltung eigens zu diesem Zweck eingerichteter Treuhandkonten (BGHZ 61, 72, 79; WM 93, 83, 84; NJW 96, 1543). Hält man an dem Unmittelbarkeitsprinzip fest, dann scheidet bei der Erwerbstreuhand als uneigentlicher Treuhand ein Widerspruchsrecht des Treugebers aus, wenn er das Treugut dem Vollstreckungsschuldner nicht unmittelbar aus seinem Vermögen anvertraut hat (BGHZ 111, 14, 17, 18). 21

Die Führung von Treuhandkonten stellt einen Fall der uneigennützigen Treuhand dar. Für den Fall des Treuhandkontos hat die Rspr eine Ausn vom Unmittelbarkeitsprinzip anerkannt. Bei der Zwangsvollstreckung des Gläubigers in ein Treuhandkonto hat der Treugeber ein Widerspruchsrecht (BGHZ 61, 72, 79; WM 93, 83, 84; NJW 96, 1543). Dies gilt auch für Beträge, die Dritte bestimmungsgemäß auf dieses Konto einbezahlt haben (BGH NJW 59, 1223, 1225; 96, 1543). Die treuhänderische Bindung muss nicht nach außen offengelegt werden; das Konto muss jedoch ausschl als Treuhandkonto verwendet werden (so für das anwaltliche Anderkonto BGHZ 61, 72, 79; NJW 96, 1543). 22

Bei der Treuhand im Restschuldbefreiungsverfahren nach § 292 InsO handelt es sich um einen Fall der uneigennützigen Treuhand. Der Treuhänder hat die für den Schuldner eingehenden Beträge von seinem Vermögen getrennt zu verwalten, § 292 I 2 InsO. Hier steht sowohl dem Schuldner als auch jedem Insolvenzgläubiger die Drittwiderspruchsklage zu, wenn ein Gläubiger des Treuhänders in dessen Vermögen vollstreckt (MüKoZPO/*K. Schmidt* Rn 25). 23

Durch eine schuldrechtliche Vereinbarung, wonach der bisherige Eigentümer sein Eigentum nunmehr im Interesse des Treugebers verwalten soll, erwirbt dieser kein Aussonderungsrecht in der Insolvenz des Treuhänders (BGHZ 155, 227, 232). Eine nur schuldrechtliche Beschränkung der Rechte des Eigentümers reicht auch nicht aus, um dem bisherigen Eigentümer ein Widerspruchsrecht nach § 771 zuzubilligen. 24

Im Liegenschaftsrecht begründen Treuhandvereinbarungen nur dann ein Widerspruchsrecht des Treugebers nach § 771, wenn der Anspruch des Treugebers auf Änderung der dinglichen Rechtslage durch Vormerkung gesichert ist (BGHZ 155, 227, 236, 237; krit hierzu *Stürner* KTS 04, 259, 261, 262 und Schuschke/Walker/*Raebel* Rn 20). 25

3. Weitere dingliche Rechte. Mit einem Besitz verbundene Pfandrechte an beweglichen Sachen rechtfertigen die Vollstreckungsgegenklage, wenn sie durch Vollstreckung und Verwertung beeinträchtigt werden. Besitzlose Pfandrechte ermöglichen lediglich ein Recht auf vorzugsweise Befriedigung nach § 805. Bei mit Besitz verbundenen Pfandrechten wird dem Berechtigten anstelle der Drittwiderspruchsklage auch ein Vorgehen nach § 805 gestattet (R/G/S § 41 VI 5; MüKoZPO/*K. Schmidt* Rn 34). Bei der Herausgabevollstreckung nach § 883 wird auch bei besitzlosen Pfandrechten das Recht zur Drittwiderspruchsklage gewährt (St/J/*Münzberg* Rn 33). Pfandrechte an einem Recht gewähren die Möglichkeit der Drittwiderspruchsklage, nicht nur der Klage auf vorzugsweise Befriedigung. Bei ungleichrangigen Pfandrechten gibt § 1290 BGB 26 nur dem erstrangigen Pfandrecht die Rechte aus den §§ 1281 ff BGB; nachrangige Pfandgläubiger können dann nur Leistungen an den Erstrangigen und an sich selbst nur mit Zustimmung des Erstrangigen verlangen (BGH NJW 81, 1671, 1672). Diese Rechte würden durch die Zwangsvollstreckung vereitelt werden (Wieczorek/Schütze/*Salzmann* Rn 48; aA RGZ 87, 321, 326 für die Bestellung eines Pfandrechts an einem Erbanteil des Schuldners; aA auch Hamm NJW-RR 90, 233 für das Vertragspfandrecht an einem GmbH-Anteil).

27 Sonstige dingliche Berechtigungen an Sachen, wie Erbbaurecht, Dienstbarkeiten, Nießbrauch, dingliche Wohnrechte, berechtigen zur Interventionsklage, wenn durch die Vollstreckung das Recht des Berechtigten beeinträchtigt wird, was bei der Mobiliarzwangsvollstreckung regelmäßig der Fall sein wird (MüKoZPO/*K. Schmidt* Rn 36). Erfolgt die Pfändung von Früchten, die vom Boden noch nicht getrennt sind nach § 810, dann ist der Grundpfandgläubiger nicht nur erinnerungsbefugt, sondern auch zur Drittwiderspruchsklage berechtigt; bei Verstößen gegen das Verbot der Pfändung von Zubehör im Weg der Mobiliarzwangsvollstreckung ist für den Grundpfandgläubiger die Möglichkeit der Erinnerung gegeben, jedoch auch die der Drittwiderspruchsklage (vgl § 766 Rz 24). Bei der Immobiliarzwangsvollstreckung werden die Rechte des Berechtigten üblicherweise nicht beeinträchtigt. Zwangshypothek oder Zwangsversteigerung berühren ein dingliches Recht am Grundstück nicht; dagegen kann die Zwangsverwaltung aus einem gegen den Eigentümer gerichteten Titel ein Erbbaurecht oder Nießbrauchrecht beeinträchtigen (R/G/S § 41 VI 5). Das Recht darf allerdings dem Recht, aus dem die Zwangsvollstreckung betrieben wird, im Rang nicht nachgehen. Die Drittwiderspruchsklage ist somit unbegründet, wenn ein dem dinglichen Recht im Rang vorgehender Gläubiger die Vollstreckung betreibt (RGZ 101, 5, 8, 9). Inhaber von Grundpfandrechten sind nicht zur Klage nach § 771 berechtigt, wenn der Gläubiger die Immobiliarzwangsvollstreckung durchführt; diese Rechte hindern eine Veräußerung nicht. Vorhandene Grundpfandrechte gehen einer Zwangshypothek im Rang vor; bei Zwangsversteigerung oder Zwangsverwaltung wird ein vorrangiges Grundpfandrecht nicht beeinträchtigt (Baur/Stürner/Bruns Rn 46.10).

28 Die Pfändung von Mietforderungen im Weg der Zwangsvollstreckung aus einem persönlichen Titel führt selbst dann nicht zur Unwirksamkeit zeitlich vorangehender Verfügungen über diese Forderung, wenn der Vollstreckungsgläubiger zuvor die Eintragung einer Zwangshypothek erwirkt hatte. Mietforderungen gem §§ 1123, 1124 BGB werden nur dann wirksam in Beschlag genommen, wenn die Vollstreckung aus einem dinglichen Titel erfolgt; die isolierte Pfändung der Mietforderung aufgrund eines persönlichen Titels verdient keinen besonderen Schutz (BGHZ 163, 201, 207, 208; WM 08, 801, 802). Der Grundpfandgläubiger kann daher im Weg der Drittwiderspruchsklage gegen eine derartige Pfändung vorgehen.

29 Dem Inhaber einer ausschl patent- oder urheberrechtlichen Lizenz steht neben dem Lizenzgeber ein Widerspruchsrecht zu. Die ausschl Patentlizenz ist heute nahezu allg als absolutes gegenständliches bzw gleichsam dingliches Recht zu verstehen (vgl RGZ 57, 38, 40; 130, 275, 282, 283; *Kirchhof* FS Merz 92, 283, 288 ff). Anders ist es beim Inhaber einer einfachen Lizenz oder einer »Know-how-Lizenz«; einer derartigen Lizenz kommt regelmäßig nur schuldrechtliche Wirkung zu (BGHZ 62, 272, 276; 83, 251, 256).

30 **4. Besitz, Recht zum Besitz.** Der Besitz an beweglichen Sachen wird als die Veräußerung hinderndes Recht angesehen; dies gilt für den berechtigten unmittelbaren Besitzer und den berechtigten mittelbaren Besitzer, desgleichen für den berechtigten Mitbesitzer. Die Rspr stellt hier auf den Besitz selbst ab und nicht auf das Recht zum Besitz (RGZ 105, 413, 414; BGHZ 2, 164, 168; krit hierzu St/J/*Münzberg* Rn 35; Musielak/*Lackmann* Rn 24; aA auch Rostock OLGR 04, 341). Der Besitz an Grundstücken ist für die Beurteilung der dinglichen Rechtslage irrelevant (RGZ 127, 8, 9; St/J/*Münzberg* Rn 34); ein solcher gibt somit kein Recht, aus § 771 vorzugehen.

31 Das Zurückbehaltungsrecht des § 273 BGB gibt kein Widerspruchsrecht nach § 771 (Hamm NJW 68, 1241, 1242; MüKoZPO/*K. Schmidt* Rn 37). Anders ist es bei § 1000 BGB; dieses Zurückbehaltungsrecht gewährt dem Besitzer außer der Zurückbehaltungseinrede unter bestimmten Voraussetzungen auch ein pfandähnliches Befriedigungsrecht nach § 1003 BGB und ein Absonderungsrecht in der Insolvenz nach § 51 Nr 2 InsO. Es ist daher vertretbar, dem Zurückbehaltungsberechtigten nach § 1000 BGB die Möglichkeit der Interventionsklage zu geben und ihn nicht lediglich auf die Möglichkeiten der §§ 809, 766 zu verweisen (MüKoZPO/*K. Schmidt* Rn 37 mwN; aA MüKoBGB/*Baldus* § 1000 Rn 15). Das kaufmännische Zurückbehaltungsrecht der §§ 369 ff HGB gibt ebenfalls die Möglichkeit der Drittwiderspruchsklage; auch dieses Zurückbehaltungsrecht gewährt ein pfandrechtliches Befriedigungsrecht nach § 371 HGB sowie ein Absonderungsrecht nach § 51 Nr 3 InsO (MüKoZPO/*K. Schmidt* Rn 37).

5. Schuldrechtliche Ansprüche. Obligatorische Rechte begründen grds kein Widerspruchsrecht. Anders ist es, wenn der Dritte Ansprüche auf Herausgabe einer nicht zum Vermögen des Schuldners gehörenden Sache gelten machen kann. Dies gilt ua für den Rückgabeanspruch des Vermieters gem § 546 BGB, den des Verpächters gem §§ 581, 546 BGB, den des Verleihers gem § 604 BGB, den des Hinterlegers auf Rückgewähr der hinterlegten Sache gem § 376 I BGB, ebenso den des Verpfänders gem § 1223 BGB, den des Auftraggebers gem § 667 BGB, dies im Hinblick auf die 1. Alternative, nämlich die Herausgabepflicht des Auftraggebers auf dasjenige, was der Beauftragte zur Ausführung des Auftrags erhalten hat. In diesen Fällen kann der Inhaber des Herausgabeanspruchs gegen die Pfändung beim unmittelbaren Besitzer Widerspruch erheben, und zwar auch dann, wenn ihm die Sache nicht gehört. Maßgeblich ist die Erwägung, dass der Vollstreckungsgegenstand nicht zum Schuldnervermögen gehört; ein Interventionsrecht scheidet daher aus, wenn der Vollstreckungsschuldner selbst Eigentümer ist (RGZ 84, 214, 216; 127, 8, 9; Frankf NJW-RR 88, 1408; St/J/*Münzberg* Rn 36). Obligatorische Ansprüche auf Verschaffung des Eigentums oder auf Abtretung von Rechten berechtigten nicht zur Drittwiderspruchsklage. Diese Rechte gehören noch zum Vermögen des Schuldners oder eines Dritten und zwar auch dann, wenn eine Vormerkung zug des Berechtigten eingetragen ist (BGH NJW 94, 128, 129, 130). Die Drittwiderspruchsklage scheidet nicht nur für Erfüllungsansprüche und Rückabwicklungsansprüche aus, sondern auch bei Ansprüchen auf Herausgabe des Erlangten gem §§ 667, 816 BGB; auch diese Ansprüche werden als Verschaffungsansprüche gewertet (BGH NJW 71, 559, 560). 32

Gemäß § 392 II HGB gelten Forderungen des Kommissionärs aus dem Ausführungsgeschäft im Verhältnis zwischen dem Kommittenten und dem Kommissionär oder dessen Gläubigern als Forderungen des Kommittenten. Ebenso gelten Forderungen eines Spediteurs aus dem für Rechnung des Versenders abgeschlossenen Frachtvertrag im Verhältnis zu den Gläubigern des Spediteurs als auf den Versender übertragen, § 457 S 2 HGB. Sowohl Kommittent als auch Versender können im Hinblick auf § 392 II HGB und § 457 S 2 HGB Drittwiderspruchsklage erfolgreich erheben (RGZ 148, 190, 191 zu § 392 II HGB; so auch RGZ 92, 8, 11 zu §§ 407 HGB aF, 43 KO aF). Dies ergibt sich aus dem treuhandähnlichen Charakter der Kommission (MüKoZPO/*K. Schmidt* Rn 42; vgl auch MüKoHGB/Häuser § 392Rn 2). 33

Bei Leasingverträgen ist zu unterscheiden. Beim Operating Leasing kann sich der Leasinggeber auf den mietrechtlichen Herausgabeanspruch stützen; selbst wenn er nicht Eigentümer ist, hat er ein Widerspruchsrecht im Zwangsvollstreckungsverfahren des Leasingnehmers. Der Leasingnehmer kann bei einer Vollstreckung durch Gläubiger des Leasinggebers nicht nach § 771 vorgehen; er hat nur die Möglichkeit der §§ 809, 766 (MüKoZPO/*K. Schmidt* Rn 29; Musielak/*Lackmann* Rn 27). Beim Finanzierungsleasing hat der Leasinggeber eine ähnl Stellung wie der Vorbehaltsverkäufer; ihm steht daher im Vollstreckungsverfahren gegen den Leasingnehmer ein Widerspruchsrecht zu (MüKoZPO/*K. Schmidt* Rn 31; Musielak/*Lackmann* Rn 27; vgl Rz 18). Der Leasingnehmer hat die Stellung eines Vorbehaltskäufers; ihm ist ebenfalls ein Widerspruchsrecht zuzubilligen; er kann nicht nur auf §§ 809, 766 verwiesen werden (so Baur/Stürner/Bruns Rn 46.12; aA R/G/S § 41 VI 9c; Musielak/*Lackmann* Rn 28; vgl Rz 18). 34

6. Kontenpfändung. Bei einem Konto mit gemeinschaftlicher Verfügungsberechtigung (»Und-Konto«) ist ein gegen sämtliche Kontoinhaber gerichteter Titel erforderlich; Mitberechtigte können daher, wird das Konto für die Verbindlichkeiten von einem der Mitberechtigten gepfändet, von § 771 Gebrauch machen (Musielak/*Lackmann* Rn 20). Bei der Pfändung eines »Oder-Kontos« reicht ein Titel gegen den Kontoinhaber aus (BGHZ 93, 315, 321; BGHR 03, 50, 51). Die Forderung aus einem »Oder-Konto« kann bei jedem Mitinhaber gepfändet und zur Einziehung überwiesen werden. Der Mitinhaber eines derartigen Kontos kann ggü dem vollstreckenden Gläubiger des anderen Kontomitinhabers nicht einwenden, das Guthaben stehe ihm im Innenverhältnis alleine zu (BGHR 03, 50, 51; Stuttg OLGR 02, 77, 78; Nürnbg WM 03, 243, 244; aA MüKoZPO/*K. Schmidt* Rn 19). 35

7. Insolvenzanfechtung und Gläubigeranfechtung. Der sich aus §§ 129 ff InsO ergebende Rückgewähranspruch ist zwar schuldrechtlicher Verschaffungsanspruch; der anfechtbar weggegebene Vermögensgegenstand gehört jedoch haftungsrechtlich zur Insolvenzmasse. Ist somit ein nach § 143 InsO zurück zu gewährender Gegenstand noch bestimmbar in der Insolvenzmasse des Anfechtungsgegners vorhanden, besteht ein Aussonderungsrecht nach § 47 InsO (BGHZ 156, 350, 359 ff); dann muss auch ein Widerspruchsrecht nach § 771 zugebilligt werden (MüKoZPO/*K. Schmidt* Rn 44; Schuschke/Walker/*Raebel* Rn 33; aA BGH NJW 90, 990, 992). 36

Die erfolgreiche Anfechtung nach dem Gläubigeranfechtungsgesetz gibt ein Recht zur Duldung der Zwangsvollstreckung, § 11 AnfG. Auch hier ist ein die Veräußerung hinderndes Recht iSd § 771 anzuneh- 37 men und nicht nur ein Recht auf abgesonderte Befriedigung nach § 805 (Musielak/*Lackmann* Rn 29; aA Schuschke/Walker/*Raebel* Rn 34).

38 **8. Sonstiges.** Eine Drittwiderspruchsklage kann nicht auf die Verletzung des Grundsatzes der Vollstreckungsimmunität gestützt werden. Vermögen eines fremden Staates, welches im Zeitpunkt der Anordnung der Vollstreckungsmaßnahme nicht hoheitlichen Zwecken des fremden Staates dient, steht dem Vollstreckungszugriff eines Gläubigers aus einem Vollstreckungstitel gegen den fremden Staat, der über ein nicht hoheitliches Verhalten dieses Staates ergangen ist, offen (BVerfGE 46, 342, 392; 117, 141, 153 f; BGH WM 08, 2302, 2304).

39 **III. Einwendungen.** Der Bekl kann Einwendungen geltend machen, durch welche die Rechte des Drittwiderspruchsklägers entweder geleugnet, gehemmt oder vernichtet werden (St/J/*Münzberg* Rn 56). Derartige Einwendungen sind bspw Nichtigkeit, Scheingeschäft, Anfechtung. Der Gläubiger kann weiter geltend machen, dass der Widerspruchskläger persönlich für den zu vollstreckenden Anspruch nach materiellem Recht haftet, so als Gesamtschuldner, als Bürge oder als phG. Eines Titels gegen den Drittwiderspruchskläger bedarf es nicht (so BGHZ 80, 296, 302; St/J/*Münzberg* Rn 61; zweifelnd MüKoZPO/*K. Schmidt* Rn 49). Der Gläubiger kann auch einwenden, dass der Gegenstand der Vollstreckung für den Anspruch, wegen dessen vollstreckt wird, nach materiellem Recht haftet. Auch dann scheidet eine Drittwiderspruchsklage aus. Dies ist bei der Vermögensübernahme gem § 419 II 1 BGB aF der Fall (BGHZ 80, 296, 302, 303), weiter dann, wenn der Dritte eine mit einem Pfandrecht, bspw einem Vermieterpfandrecht, belastete Sache erworben hat (RGZ 143, 275, 277, 278; offengelassen BGHZ 118, 201, 207). Auch die Einrede des § 9 AnfG kann dem Drittwiderspruchskläger mit der Begründung entgegengesetzt werden, der Kl sei zur Duldung der Zwangsvollstreckung verpflichtet, weil er sein Widerspruchsrecht durch ein anfechtbares Rechtsgeschäft erhalten habe (BGHZ 98, 6, 10). In diesen Fällen hätte der Gläubiger die Möglichkeit, gegen den Schuldner auf Duldung der Zwangsvollstreckung zu klagen; er kann daher auch der Vollstreckungsgegenklage mit derartigen Einwänden begegnen.

40 **IV. Beweislast.** Den Drittwiderspruchskläger trifft nach allg Regeln die Beweislast für das die Veräußerung hindernde Recht (BGHZ 156, 310, 315; 170, 187, 188, 189). Hierbei kommen ihm, jedoch auch dem Gläubiger im Hinblick auf das Eigentum des Titelschuldners, eine Reihe von Vermutungen zugute, so die Vermutung des § 1006 BGB, des § 1362 I 1 BGB und des § 8 I LPartG, mit denen die Gewahrsamsvermutungen des § 739 I, II korrespondieren. Die §§ 1362 I 1 BGB und 8 I LPartG gehen der Bestimmung des § 1006 BGB nicht schlechthin vor; es bleibt bei der allg Regelung des § 1006 BGB, wenn der Ehegatte, der nicht Schuldner ist, den Nachweis führt, dass er die streitbefangene Sache bereits vor der Ehe besessen hat (BGH WM 93, 902, 904). Auf nichteheliche Lebensgemeinschaften sind die Vermutungen der §§ 1362 BGB, 8 I LPartG nicht entspr anwendbar (BGHZ 170, 187 ff). Bei Sicherungsübereignungen muss der durch das Sicherungseigentum Gesicherte die Übereignung darlegen und nachweisen, nicht dagegen den Bestand der Forderung (BGH NJW 91, 353, 354; aA Zö/*Herget* Rn 17; krit MüKoZPO/*K. Schmidt* Rn 61). Die Voraussetzungen für das Bestehen von Einwendungen hat der Gläubiger darzulegen und nachzuweisen. Er hat auch den Beweis dafür zu erbringen, dass das nachgewiesene Recht des Dritten weggefallen ist. Derjenige, der ein von der gesicherten Forderung abhängiges Pfandrecht geltend macht, hat regelmäßig nur das Entstehen der Forderung zu beweisen, nicht aber, dass diese Forderung nicht erloschen ist; der Beweis dafür, dass sie erloschen ist, obliegt dem Gläubiger (BGH NJW 86, 2426, 2427, 2428).

41 **E. Verfahren. I. Zuständigkeit.** Zuständig ist gem § 771 I das Gericht, in dessen Bezirk die Zwangsvollstreckung erfolgt, dh in dessen Bezirk die Vollstreckung begonnen hat (RGZ 35, 404, 406). Bei Vorpfändung ist das künftige Pfändungsgericht zuständig (R/G/S § 41 VIII 2), bei Anschlusspfändung das Gericht der Hauptpfändung (KG OLGR 29, 194) und bei Rechtspfändung das Gericht, das den Pfändungs- u. Überweisungsbeschluss erlassen hat; dies gilt auch bei Pfändung einer Hypothekenforderung (RGZ 67, 310, 311, 312). Maßgeblich für die Internationale Zuständigkeit ist Art 22 Nr 5 EuGVO (MüKoZPO/*K. Schmidt* Rn 55). Sachlich zuständig ist das AG oder LG, je nach der Höhe des Streitwertes. Wird im Strafverfahren in Vollziehung eines Arrestes gepfändet, ist dennoch das Zivilgericht zuständig (BGH NJW 06, 65, 66). Betrifft das von dem Dritten geltend gemachte Recht eine Familiensache, dann ist das FamG zuständig (BGH NJW 85, 3066, 3067). Eine arbeitsgerichtliche oder finanzgerichtliche Zuständigkeit für die Drittwiderspruchsklage ist nicht begründet (St/J/*Münzberg* Rn 51; Musielak/*Lackmann* Rn 7; Zö/*Herget* Rn 8). Örtliche und sachliche Zuständigkeiten sind ausschließliche Zuständigkeiten gem § 802.

II. Streitgenossenschaft gem § 771 II. Gemäß § 771 II können Gläubiger und Schuldner Streitgenossen auf der Beklagtenseite sein. Neben der gegen den Gläubiger gerichteten Drittwiderspruchsklage können somit gleichzeitig gegen den Schuldner materiell-rechtliche Ansprüche geltend gemacht werden. Hat der Kl Herausgabeklage gegen den Schuldner erhoben und es versäumt, gegen eine von dem Gläubiger betriebene Vollstreckung zu intervenieren, kann ihm der Einwand des § 265 III entgegengesetzt werden (BGH NJW 02, 2101, 2102). Bei der Streitgenossenschaft nach § 771 II handelt es sich wegen der Verschiedenheit der Streitgegenstände um eine einfache Streitgenossenschaft (St/J/*Münzberg* Rn 64). 42

III. Einstweilige Anordnungen. Die Klage hemmt die Vollstreckung nicht; es sind daher gem § 771 III einstweilige Anordnungen nach den §§ 769, 770 möglich; auch die Aufhebung einer Vollstreckungsmaßregel ohne Sicherheitsleistung kommt in Frage, § 771 III 2. Damit wird dem Schutzbedürfnis des Dritten Rechnung getragen, der ohne sein Zutun in ein fremdes Zwangsvollstreckungsverfahren miteinbezogen worden ist. Die Glaubhaftmachung erheblicher Nachteile ist nicht erforderlich; es hat aber eine überschlägige Beurteilung der Erfolgsaussichten zu erfolgen. 43

IV. Entscheidung, Rechtskraft. Mit dem der Klage stattgebenden Urt wird die Zwangsvollstreckung in die streitgegenständliche Sache oder das streitgegenständliche Recht für unzulässig erklärt. Die materielle Rechtskraft des Urt besteht darin, dass der Anspruch auf Abwehr der Zwangsvollstreckung in den Vollstreckungsgegenstand bejaht oder verneint wird; nicht rechtskräftig festgestellt ist das Bestehen des die Veräußerung hindernden Rechts (BGH NJW 85, 3066, 3067). Wird der Drittwiderspruchsklage stattgegeben, ist das Gericht in einem neuen Prozess wegen der Vollstreckung in denselben Gegenstand gebunden, es sei denn, die Sachlage und damit die materielle Rechtslage hätten sich geändert. Die Rechtskraftwirkung des der Klage stattgebenden Urt gilt auch für nachfolgende materiell-rechtliche Klagen wie Bereicherungs- oder Schadensersatzklagen (RGZ 70, 25, 27; BGH LM § 322 Nr 27). Durch ein klageabweisendes Urt wird festgestellt, dass das vom Kl behauptete Interventionsrecht nicht besteht und damit auch, dass das geltend gemachte Drittrecht das Entstehen des Pfändungsrechts nicht gehindert hat. Damit steht der Erwerb des Pfändungspfandrechts fest (BGHZ 158, 286, 293). Die Rechtskraft bezieht sich nicht auf das Nichtbestehen des die Veräußerung hindernden Rechts. 44

Das der Klage stattgebende Urt ist Gestaltungsurteil; die Gestaltungswirkung umfasst das Verwertungsrecht aus dem angegriffenen Vollstreckungsakt. Das bestehende Pfändungspfandrecht erlischt nicht mit Rechtskraft des Urt, sondern erst mit der Entstrickung der Sache nach §§ 775 Nr 1, 776 (St/J/*Münzberg* § 776 Rn 2, 4; Zö/*Herget* Rn 18; aA MüKoZPO/*K. Schmidt* Rn 77). Im Hinblick auf die §§ 775 Nr 1, 776 ist das Urt für vorläufig vollstreckbar zu erklären. 45

F. Anwendbarkeit von § 717 II. Im Bereich des § 771 III hat der BGH die Vorschrift des § 717 II ausdrücklich nicht für entspr anwendbar gehalten. Wird das einer Drittwiderspruchsklage stattgebende Urt, aufgrund dessen gem §§ 775 Nr 1, 776 die weitere Zwangsvollstreckung gehindert wird bzw Vollstreckungsmaßnahmen beseitigt werden, in 2. Instanz aufgehoben, greift § 717 II zug des Gläubigers nicht ein (BGHZ 95, 10, 13; vgl hierzu auch § 769 Rz 19). 46

G. Kosten/Gebühren. I. Gericht. Es wird eine 3,0-Gebühr nach Nr 1210 KV erhoben. Es besteht Vorauszahlungspflicht nach § 12 I GKG. Siehe § 253 Rz 22. 47

II. Anwalt. Für den Anwalt entstehen die Gebühren des erstinstanzlichen Verfahrens (s. § 253 Rz 23). 48

§ 772 Drittwiderspruchsklage bei Veräußerungsverbot.

[1]Solange ein Veräußerungsverbot der in den §§ 135, 136 des Bürgerlichen Gesetzbuchs bezeichneten Art besteht, soll der Gegenstand, auf den es sich bezieht, wegen eines persönlichen Anspruchs oder auf Grund eines infolge des Verbots unwirksamen Rechts nicht im Wege der Zwangsvollstreckung veräußert oder überwiesen werden. [2]Auf Grund des Veräußerungsverbots kann nach Maßgabe des § 771 Widerspruch erhoben werden.

A. Normzweck. Gemäß § 772 S 1 soll eine Veräußerung und Überweisung bei Vorliegen eines relativen Veräußerungsverbotes nach §§ 135, 136 BGB nicht erfolgen. § 772 S 1 stellt eine Verfahrensvorschrift dar, die auch dem Schutz des Schuldners dient; dieser soll vor einem ungünstigen Verwertungsergebnis geschützt werden (MüKoZPO/*K. Schmidt* Rn 19; Musielak/*Lackmann* Rn 3; aA Hambg MDR 66, 515, 516; St/J/*Münzberg* Rn 11). 1

2 § 772 S 2 schützt den Dritten. Er stellt ihm die Interventionsklage nach § 771 zur Verfügung und gibt ihm damit die Möglichkeit, die Verwertung entspr dem Gedanken des § 772 S 1 von vornherein zu verhindern (St/J/*Münzberg* Rn 10; Schuschke/Walker/*Raebel* Rn 5). § 772 S 1 hat auf die Wirksamkeit etwa durchgeführter Vollstreckungsmaßnahmen keinen Einfluss; diese sind lediglich dem Dritten ggü, der sich auf § 135 I 2 BGB beruft, unwirksam. § 772 S 2 schützt damit den Dritten vor der Gefahr der Verwertung der Sache und damit auch vor der Gefahr, dass der Erwerber im Vollstreckungsverfahren ohne Rücksicht auf das Recht des Dritten lastenfreier Eigentümer wird und hiermit das relative Veräußerungsverbot der §§ 135 I 2, 136 BGB vereitelt würde.

3 **B. Anwendungsbereich, Abgrenzung. I. Anwendbarkeit.** § 772 wird sowohl in der Mobiliar- als auch in der Immobiliarzwangsvollstreckung angewendet.

4 Diese Vorschrift gilt nur für relative gesetzliche und behördliche Veräußerungsverbote. Gesetzliche Veräußerungsverbote enthalten bspw die §§ 88, 156 VVG, 21 I InsO (Musielak/*Lackmann* Rn 1; Zö/*Herget* Rn 1). Behördliche Veräußerungsverbote sind solche nach §§ 938 II, 1019 BGB, ebenso nach § 111 c StPO (Musielak/*Lackmann* Rn 1; Zö/*Herget* Rn 1). Nicht unter § 772 fallen die relativen Veräußerungsverbote zug eines Hypothekengläubigers gem §§ 1124 II, 1126 S 3 BGB, da hier spezialgesetzliche Regelungen bestehen (Zö/*Herget* Rn 1). Zu den zu berücksichtigenden behördlichen Veräußerungsverboten gehören nicht die Vormerkung, auch nicht der Widerspruch nach § 899 BGB. Das dem Widerspruch zugrunde liegende Recht des § 899 BGB kann jedoch eine Klage aus § 771 rechtfertigen (MüKoZPO/*K. Schmidt* Rn 10, 11). Auch die iRd Zwangsvollstreckung und der Eröffnung eines Insolvenzverfahrens ergehenden Verfügungs- und Veräußerungsverbote unterfallen nicht § 772; der Zugriff weiterer Gläubiger ist gesetzlich geregelt (St/J/*Münzberg* Rn 2; Zö/*Herget* Rn 1). Rechtsgeschäftliche Veräußerungsverbote fallen nicht unter § 772; diesen kommt gem § 137 BGB dingliche Wirkung nicht zu (Wieczorek/Schütze/*Salzmann* Rn 10).

5 Auf absolute Verfügungsverbote des § 134 BGB ist § 772 nicht anzuwenden; diese umfassen bspw die Verfügungsbeschränkungen des Gesellschafters gem § 719 I BGB, des Ehegatten gem §§ 1365 I, 1369 I BGB und die Beschränkungen, die gem § 1984 I BGB mit der Nachlassverwaltung verbunden sind, sowie die Verfügungsbeschränkungen durch Testamentsvollstreckung nach § 2211 BGB (MüKoZPO/*K. Schmidt* Rn 7), ebenso die Abtretungsverbote der §§ 399, 413 BGB (für letztere BGHZ 40, 156, 159, 160) sowie vereinbarte Abtretungsverbote (MüKoZPO/*K. Schmidt* Rn 8). Absolute Verfügungsverbote sind auch die Verfügungsbeschränkungen des Insolvenzschuldners nach § 81 InsO und das Veräußerungsverbot nach § 21 II Nr 2 InsO.

6 **II. Abgrenzung zu anderen Rechtsbehelfen.** § 772 S 1 ist eine Verfahrensvorschrift, die auch den Schuldner schützt (Rz 1). Dem Schuldner steht daher die Erinnerung offen. Der Dritte kann zwischen Erinnerung nach § 766 und der Interventionsklage wählen.

7 **C. Voraussetzungen.** § 772 S 1 betrifft nicht den Vollstreckungszugriff, sondern nur die Veräußerung oder Überweisung im Weg der Zwangsvollstreckung, somit die Verwertung. Pfändung ist somit von § 772 S 1 nicht erfasst, ebenso wenig die Eintragung einer Sicherungshypothek; auch können Zwangsversteigerung und Zwangsverwaltung angeordnet werden. Die Versteigerung selbst soll nicht erfolgen, wenn diese aufgrund eines persönlichen Rechtes betrieben wird oder ein dingliches Recht vom relativen Veräußerungsverbot erfasst wird. Ein Rechtschutzbedürfnis für die Klage besteht dann, wenn mit einer Vollstreckungsmaßnahme begonnen wird; bereits dann zeichnet sich die konkrete Gefahr der Verwertung ab. Das Rechtschutzbedürfnis besteht bis zur Beendigung der Zwangsvollstreckung einschl der Verwertung.

8 **D. Urteil, Urteilswirkungen.** Das der Klage stattgebende Urt spricht aus, dass die Veräußerung im Weg der Zwangsvollstreckung bzw die Überweisung unzulässig ist. Die Rechtskraft erstreckt sich nur darauf, dass wegen des bestehenden Veräußerungsverbotes die Verwertung unzulässig ist. Nicht von der Rechtskraft umfasst ist die Frage, ob das Veräußerungsverbot tatsächlich zug des Dritten besteht. Durch rechtskräftige Sachabweisung der Drittwiderspruchsklage steht fest, dass der Bekl ein Verwertungsrecht an dem Gegenstand der Vollstreckung hat; es steht nicht mit Rechtskraftwirkung fest, dass etwa ein Veräußerungsverbot nicht besteht.

9 Das auf § 772 gestützte Urt enthält nicht eine stillschweigende auflösende Bedingung für den Fall, dass das Veräußerungsverbot nachträglich entfällt; ein Streit um das Ende der relativen Unwirksamkeit würde iRd Vollstreckung eine materielle Überprüfung erfordern, die nicht Aufgabe des Vollstreckungsorgans ist (St/J/*Münzberg* Rn 14; aA MüKoZPO/*K. Schmidt* Rn 21). Entfällt das Veräußerungsverbot nach Rechtskraft des die Verwertung verbietenden Urt, wird das auf § 772 gestützte Urt daher nicht ohne weiteres gegenstands-

los; vielmehr muss der Gläubiger im Weg des § 767 gegen das Urt vorgehen (R/G/S § 41 VI 10 c; St/J/*Münzberg* Rn 14; Zö/*Herget* Rn 3; Schuschke/Walker/*Raebel* Rn 7).

Die Aufhebung von Vollstreckungsmaßnahmen kann mit der Klage nach § 772 S 2 nicht erreicht werden. 10

§ 773 Drittwiderspruchsklage des Nacherben.

[1]Ein Gegenstand, der zu einer Vorerbschaft gehört, soll nicht im Wege der Zwangsvollstreckung veräußert oder überwiesen werden, wenn die Veräußerung oder die Überweisung im Falle des Eintritts der Nacherbfolge nach § 2115 des Bürgerlichen Gesetzbuchs dem Nacherben gegenüber unwirksam ist. [2]Der Nacherbe kann nach Maßgabe des § 771 Widerspruch erheben.

A. Normzweck. Gemäß § 2115 S 1 BGB ist, erfolgt über einen der Nacherbfolge unterliegenden Nachlassgegenstand im Weg der Zwangsvollstreckung oder der Arrestvollziehung oder auch durch den Insolvenzverwalter eine Verfügung, diese im Fall des Eintritts der Nacherbfolge unwirksam, soweit sie das Recht des Nacherben vereiteln oder beeinträchtigen würde. Dies schließt allerdings nicht aus, dass im Fall einer Versteigerung im Weg der Zwangsvollstreckung das Eigentum an den Nachlassgegenständen auf den Ersteher lastenfrei übertragen werden könnte. § 2115 S 1 BGB wird daher durch das Verwertungsverbot des § 773 ergänzt. Danach soll ein Gegenstand, der zu einer Vorerbschaft gehört, nicht im Weg der Zwangsvollstreckung veräußert oder überwiesen werden, wenn die Veräußerung oder die Überweisung im Fall des Eintritts der Nacherbfolge nach § 2115 BGB dem Nacherben ggü unwirksam ist. § 773 enthält damit ein Verwertungsverbot. 1

Beide Vorschriften bezwecken den Erhalt des Nachlasses. Der Nacherbe soll davor bewahrt werden, dass Eigenverbindlichkeiten des Vorerben aus dem Nachlass beglichen werden und ihm damit ohne Entgelt Vermögenswerte entzogen werden. Damit soll der Nachlass vor haftungsrechtlicher Verwertung der von ihm umfassten Gegenstände und Rechte aufgrund von Geldforderungen geschützt werden, die ggü dem Sondervermögen nicht begründet sind (Staud/*Avenarius* § 2115 BGB Rn 1). Ebenso wie bei den relativen Veräußerungsverboten des § 772 hat sich eine verfahrensrechtliche Ergänzung der materiell-rechtlichen Regelung als erforderlich erwiesen, da im Fall einer Versteigerung im Weg der Zwangsvollstreckung das Eigentum an den Nachlassgegenständen auf den Ersteher lastenfrei übertragen werden kann. Da § 773 S 1 jedoch ebenso wenig wie § 772 S 1 Einfluss auf die Wirksamkeit etwa doch durchgeführter Verwertungsmaßnahmen hat, gibt § 773 S 2 dem betroffenen Nacherben die Möglichkeit der Widerspruchsklage. Geschützt ist jedoch auch der Schuldner; ein Verstoß gegen § 773 S 1 begründet auch hier die Gefahr ungünstiger Verwertungsergebnisse (vgl § 772 Rz 1). 2

B. Anwendungsbereich, Voraussetzungen. Sowohl § 2115 BGB als auch § 773 finden nur bei der Zwangsvollstreckung wegen Geldforderungen Anwendung; uneingeschränkt gelten sie für die Mobiliar- und Immobiliarvollstreckung. Nicht anwendbar ist § 773 auf Teilungsversteigerungen, die von Miterben betrieben werden; etwas anderes gilt dann, wenn ein Gläubiger den Erbteil gepfändet hat und aufgrund dessen die Auseinandersetzungsvollstreckung betreibt (Celle NJW 68, 801, 802). 3

§ 773 betrifft nur Gläubiger des Vorerben. Liegt der Titel eines Nachlassgläubigers vor oder geht es um ein auch dem Nacherben ggü wirksames Recht an einem Nachlassgegenstand, bleibt die Verfügung auch mit Eintritt des Nacherbfalles dem Nacherben ggü wirksam, § 2115 S 2 BGB. Vollstreckungsmaßnahmen, die das Recht des Nacherben im Nacherbfall vereiteln oder beeinträchtigen würden, liegen dann nicht vor, wenn wegen Verbindlichkeiten gepfändet wird, die vom Vorerben in ordnungsgemäßer Verwaltung des Nachlasses gem § 2120 BGB oder aber mit Einwilligung des Nacherben eingegangen worden sind (RGZ 90, 91, 95; BGHZ 110, 176, 179). Das Recht des Nacherben wird auch dann nicht beeinträchtigt, wenn der Gläubiger Nachlassgläubiger ist und ihm der Nacherbe ebenso haftet wie der Vorerbe (St/J/*Münzberg* Rn 2). Die Vollstreckung aus einem vom befreiten Vorerben entgeltlich bestellten Grundpfandrecht muss der Nacherbe gegen sich gelten lassen (RGZ 133, 263, 267), ebenso die Vollstreckung in die dem Vorerben gebührenden Nutzungen (RGZ 80, 1, 7). 4

Ebenso wie § 772 enthält § 773 nur ein Verwertungsverbot, von dem die einzelne Vollstreckungsmaßnahme selbst nicht berührt wird. 5

C. Rechtsbehelfe. § 773 S 2 gibt dem Nacherben das Recht der Widerspruchsklage gem § 771. Jeder Nacherbe hat für sich ein eigenes Widerspruchsrecht (BGH WM 93, 1158, 1160). Mehrere Nacherben sind keine notwendigen Streitgenossen, wenn sie gemeinsam Widerspruchsklage gem § 773 S 2 erheben. Der Nacherbe 6 hat bei Verletzung des § 773 S 1 auch die Möglichkeit der Erinnerung (MüKoZPO/*K. Schmidt* Rn 7). Die Erinnerung steht auch dem Schuldner zu, der ebenfalls durch § 773 S 1 geschützt ist (vgl Rz 1). Gegen eine Ablehnung der Verwertung kann der Gläubiger Erinnerung einlegen (Musielak/*Lackmann* Rn 2). Bei endgültigem Ausfall der Nacherbschaft nach Rechtskraft eines der Klage stattgebenden Urt hat der Gläubiger die Möglichkeit des § 767. Es ist auch iRd § 773 S 2 nicht davon auszugehen, dass ein stattgebendes Urt eine auflösende Bedingung enthielte und der Fortfall des Veräußerungsverbots ohne weiteres zu einem Fortfall der Wirkungen des Urt führen würde (vgl § 772 Rz 9).

§ 774 Drittwiderspruchsklage des Ehegatten.

Findet nach § 741 die Zwangsvollstreckung in das Gesamtgut statt, so kann ein Ehegatte nach Maßgabe des § 771 Widerspruch erheben, wenn das gegen den anderen Ehegatten ergangene Urteil in Ansehung des Gesamtgutes ihm gegenüber unwirksam ist.

1 **A. Normzweck, Anwendungsbereich.** § 774 setzt das Vorliegen einer Gütergemeinschaft nach §§ 1415 ff BGB voraus. Wenn ein nicht oder nicht allein verwaltender Ehegatte mit Zustimmung des anderen ein Erwerbsgeschäft betreibt, haftet für die Geschäftsverbindlichkeiten das Gesamtgut, §§ 1440 S 2, 1462 S 2 BGB. Gemäß § 741 genügt zur Vollstreckung in das Gesamtgut ein gegen den das Erwerbsgeschäft betreibenden Ehegatten ergangenes Urt, wenn es sich um eine Geschäftsverbindlichkeit handelt. Dabei ist die Zwangsvollstreckung auch zulässig, wenn das Gesamtgut nach materiellem Recht nicht für die titulierte Schuld haftet. § 741 wird daher durch § 774 ergänzt. Diese Vorschrift gibt dem anderen Ehegatten die Möglichkeit der Widerspruchsklage. Dieser kann geltend machen, es handele sich nicht um eine Geschäftsverbindlichkeit, er habe keine Kenntnis von dem Geschäftsbetrieb gehabt oder zum Zeitpunkt der Klageerhebung sei ein Einspruch bzw Widerspruch in das Güterrechtsregister eingetragen gewesen. Der mit- oder alleinverwaltende Ehegatte hat darzulegen und nachzuweisen, dass eine dieser Ausn vorliegt, unter denen abw von der Regelung des § 741 das Widerspruchsrecht bestehen bleibt. Wendet der Gläubiger allerdings ein, der die Interventionsklage betreibende Ehegatte habe trotz allgemeinen Widerspruchs das einzelne Geschäft gebilligt, trägt er hierfür die Beweislast (aA St/J/*Münzberg* § 775 Rn 1).

2 Gemäß § 744a sind auf den DDR-Güterstand der Eigentums- und Vermögensgemeinschaft die §§ 741, 774 entspr anzuwenden.

3 **B. Rechtsbehelfe.** Der nicht das Erwerbsgeschäft betreibende Ehegatte kann sich gegen die Vollstreckung mit der Drittwiderspruchsklage wenden. Die Klage geht auf Unzulässigkeit der Zwangsvollstreckung in das Gesamtgut und nicht lediglich auf die Unzulässigkeit der Verwertung. Das Widerspruchsverfahren ist keine Familienrechtssache, obwohl es um die Unzulässigkeit der Vollstreckung in eheliches Gesamtgut geht (BGH NJW 79, 929; 85, 3066, 3067). Die Widerspruchsklage wird dann als Familiensache anzusehen sein, wenn der Vollstreckungstitel, der Grundlage der Zwangsvollstreckung ist, seinerseits eine Familiensache betrifft (St/J/*Münzberg* § 775 Rn 4; aA Schuschke/Walker/*Raebel* Rn 2; zweifelnd MüKoZPO/*K. Schmidt* § 775 Rn 5). War zur Zeit der Rechtshängigkeit der Einspruch des mit- oder alleinverwaltenden Ehegattens oder der Widerruf seiner Einwilligung im Güterrechtsregister eingetragen, kann der Ehegatte sowohl nach § 766 als auch nach § 774 vorgehen; iÜ ist die Erinnerung nicht statthaft, weil die Zwangsvollstreckung nach § 741 zulässig ist (Musielak/*Lackmann* Rn 3).

§ 775 Einstellung oder Beschränkung der Zwangsvollstreckung.

Die Zwangsvollstreckung ist einzustellen oder zu beschränken:

1. **wenn die Ausfertigung einer vollstreckbaren Entscheidung vorgelegt wird, aus der sich ergibt, dass das zu vollstreckende Urteil oder seine vorläufige Vollstreckbarkeit aufgehoben oder dass die Zwangsvollstreckung für unzulässig erklärt oder ihre Einstellung angeordnet ist;**
2. **wenn die Ausfertigung einer gerichtlichen Entscheidung vorgelegt wird, aus der sich ergibt, dass die einstweilige Einstellung der Vollstreckung oder einer Vollstreckungsmaßregel angeordnet ist oder dass die Vollstreckung nur gegen Sicherheitsleistung fortgesetzt werden darf;**
3. **wenn eine öffentliche Urkunde vorgelegt wird, aus der sich ergibt, dass die zur Abwendung der Vollstreckung erforderliche Sicherheitsleistung oder Hinterlegung erfolgt ist;**
4. **wenn eine öffentliche Urkunde oder eine von dem Gläubiger ausgestellte Privaturkunde vorgelegt wird, aus der sich ergibt, dass der Gläubiger nach Erlass des zu vollstreckenden Urteils befriedigt ist oder Stundung bewilligt hat;**

5. wenn der Einzahlungs- oder Überweisungsnachweis einer Bank oder Sparkasse vorgelegt wird, aus dem sich ergibt, dass der zur Befriedigung des Gläubigers erforderliche Betrag zur Auszahlung an den Gläubiger oder auf dessen Konto eingezahlt oder überwiesen worden ist.

A. Normzweck, Anwendungsbereich. § 775 nennt die Voraussetzungen, die zur Einstellung oder Beschränkung der Zwangsvollstreckung durch die Vollstreckungsorgane führen. Eine entspr Anwendung auf weitere Sachverhalte als die in Nr 1–5 genannten ist nicht möglich (BGH NJW 08, 3640, 3641; WM 11, 1708, 1710; Zö/*Stöber* Rn 3). § 775 gilt für jede Art der Zwangsvollstreckung; für die Zwangshypothek gilt die Sonderregelung des § 868; auch gilt § 775 nicht bei der Vollstreckung eines Titels auf Abgabe einer Willenserklärung nach § 894; insoweit ist ein Vollzug nicht erforderlich (MüKoZPO/*K. Schmidt* Rn 3). 1

B. Tatbestände des § 775 Nr 1–5. I. § 775 Nr 1. 1. Voraussetzungen. § 775 Nr 1 erfordert die Vorlage der Ausfertigung einer vollstreckbaren Entscheidung, aus der sich ergibt, dass das zu vollstreckende Urt oder seine vorläufige Vollstreckbarkeit aufgehoben oder die Zwangsvollstreckung für unzulässig erklärt oder ihre Einstellung angeordnet ist. Gemäß § 717 I tritt die vorläufige Vollstreckbarkeit mit der Verkündung eines Urt, welches die Entscheidung in der Hauptsache oder die Vollstreckbarkeitserklärung aufhebt oder abändert, insoweit außer kraft als die Aufhebung oder Abänderung ergeht. Derartige Entscheidungen werden bereits mit der Verkündung wirksam, so dass bereits mit Vorliegen eines entspr Urt Vollstreckungsmaßnahmen aus dem wirkungslos gewordenen Titel nicht mehr getroffen werden können (BGHZ 156, 335, 342, 343). 2

Der Gläubiger kann die Fortsetzung der Zwangsvollstreckung erst wieder beantragen, wenn die gerichtliche Entscheidung, auf welcher die Einstellung beruht, aufgehoben oder außer Kraft getreten oder sonst gegenstandslos geworden ist. 3

2. Entscheidungen. Bei der vorzulegenden vollstreckbaren Entscheidung muss es sich um ein Urt oder einen Beschl handeln; in Frage kommen insb klagestattgebende Urt gem §§ 767, 768, 771 ff und 793, ebenso Beschlüsse, durch welche die Zwangsvollstreckung ausnahmsweise endgültig eingestellt wird, wie dies durch §§ 765 a I und 766 ermöglicht wird. In Frage kommen weiter zweit- oder drittinstanzliche Entscheidungen, durch welche ein vorinstanzliches Urt aufgehoben wurde, ebenso Urt, die im Abänderungsverfahren nach §§ 323, 323a ergangen sind, oder Urt im Wiederaufnahmeverfahren. Eine Entscheidung nach § 269 III 1, IV berührt den Urteilsausspruch einschl des Vollstreckbarkeitsausspruchs, kann somit ebenfalls iRd § 775 Nr 1 berücksichtigt werden (Musielak/*Lackmann* Rn 3). Anzuwenden ist § 775 Nr 1 auch auf Urt, durch die ein durch Beschl erlassener Arrest oder eine durch Beschl erlassene einstweilige Verfügung aufgehoben werden; in Frage kommen auch Beschlüsse eines OLG, durch die eine erstinstanzliche Vollstreckbarerklärung ausl Titel aufgehoben wird. Urt auf Unterlassung der Zwangsvollstreckung fallen nicht unter § 775 Nr 1. Gleiches gilt für ein Feststellungsurteil, wonach die Gläubigerforderung nicht oder nur in bestimmter Höhe besteht und für ein Urt auf Herausgabe des Titels analog § 371 BGB. Derartige Urt lassen das frühere Urt und seine Vollstreckbarkeit unberührt (BGHZ 124, 164, 171). 4

Vergleiche, auch Prozessvergleiche, reichen nicht aus (so BGH WM 11, 1708, 1709; BayObLG NJW-RR 99, 506, 507), ebenso wenig ein Verzicht des Gläubigers auf den Titel (MüKoZPO/*K. Schmidt* Rn 10); etwas anderes kann gelten, wenn das Prozessgericht die Wirksamkeit des Verzichts feststellt (KG NJW-RR 00, 1523; Musielak/*Lackmann* Rn 3). Der Schuldenbereinigungsplan ist keine gerichtliche Entscheidung iSd § 775 Nr 1, dies auch dann nicht, wenn das Insolvenzgericht nach § 308 I 1 InsO die Annahme des Schuldenbereinigungsplans durch die Gläubiger oder deren Ersetzung durch Beschl festgestellt hat (BGH WM 11, 1708, 1709). Auch die Restschuldbefreiung ist keine vollstreckbare Entscheidung iSd § 775 Nr 1 (BGH WM 11, 1708, 1710). Beiderseitige Erledigungserklärungen führen ebenfalls nicht zur Einstellung oder Beschränkung der Zwangsvollstreckung nach § 775 Nr 1 (MüKoZPO/*K. Schmidt* Rn 10; aA Nürnbg GRUR 96, 79; KG NJW-RR 99, 790, 791). In derartigen Fällen kann § 775 Nr 4 anwendbar sein; auch besteht die Möglichkeit einer Vollstreckungsabwehrklage. Ist das Prozessgericht als Vollstreckungsgericht tätig, hat es vAw zu prüfen, ob der Titel nicht durch Prozessvergleich, prozessuale Verzichtserklärung oder Erledigungserklärung seine Grundlage verloren hat (BGHZ 156, 335, 342, 343). Auch die Restschuldbefreiung stellt keine vollstreckbare Entscheidung iSd § 775 Nr 1 dar (BGH WM 11, 1708, 1710). 5

3. Vollstreckbarkeit. Die Entscheidungen müssen vollstreckbar, somit entweder rechtskräftig, für vorläufig vollstreckbar erklärt oder kraft Gesetzes vollstreckbar sein. Urt aus §§ 767, 771 ff müssen daher, um den Anforderungen des § 775 Nr 1 zu genügen, für vorläufig vollstreckbar erklärt werden, auch wenn dies an sich nur im Hinblick auf die Kostenentscheidung geboten wäre. Ist die vorläufige Vollstreckbarkeit eines 6 aufhebenden Urt von einer Sicherheitsleistung abhängig, gilt dies nicht auch für die Einstellung. Gemäß § 717 I entfällt die vorläufige Vollstreckbarkeit des Vollstreckungstitels bereits mit Verkündung des aufhebenden Urt (Schuschke/Walker/*Raebel* Rn 7; aA MüKoZPO/*K. Schmidt* Rn 11). Anders ist es, wenn die Vollstreckung für unzulässig erklärt wird, so bspw im Fall der §§ 732, 766, 767 ff, 793. In diesen Fällen ist § 717 I nicht anzuwenden; eine angeordnete Sicherheitsleistung muss erbracht werden, wenn die vorläufige Vollstreckbarkeit des aufhebenden Urt von einer Sicherheitsleistung abhängig gemacht wird; dies gilt auch für die in analoger Anwendung des § 767 zu erhebende Klage auf Unzulässigkeit der Zwangsvollstreckung, wenn der Zahlungstitel nicht vollstreckbar ist (BGHZ 124, 164, 171).

7 Ist die Zwangsvollstreckung aus einer gerichtlichen Entscheidung für unzulässig erklärt worden, erstreckt sich ein derartiges Urt nicht ohne weiteres auch auf die im Vollstreckungstitel enthaltene Kostenentscheidung. Die Vorlage eines derartigen Urt hindert nicht die Zwangsvollstreckung aus dem Kfb (BGH NJW 95, 3318, 3319; ebenso Schuschke/Walker/*Raebel* Rn 7; aA MüKoZPO/*K. Schmidt* Rn 12). Dies entspricht der Auffassung des BGH, wonach das Urt, das einer Vollstreckungsabwehrklage stattgibt, die materielle Rechtskraft der Verurteilung und die Kostenentscheidung des früheren Urt unberührt lässt (BGH NJW 75, 539, 540; 95, 1318, 1319).

8 **4. Ausfertigung.** Erforderlich ist die Vorlage einer Ausfertigung; als nicht ausreichend wird eine beglaubigte Abschrift der Ausfertigung angesehen (MüKoZPO/*K. Schmidt* Rn 13; aA Wieczorek/Schütze/*Salzmann* § 776 Rn 11).

9 **II. § 775 Nr 2.** § 775 Nr 2 greift zunächst dann ein, wenn die Ausfertigung einer gerichtlichen Entscheidung vorgelegt wird, aus der sich ergibt, dass die einstweilige Einstellung der Vollstreckung oder einer Vollstreckungsmaßregel angeordnet ist. Als Beispiele werden genannt Entscheidungen nach den §§ 570 III, 707 I, 719 I, 732 II, 765 a I, 766 I 1, 769 I, 770, 771 III sowie nach §§ 21 II Nr 3, 89 III InsO (MüKoZPO/*K. Schmidt* Rn 14). Vollstreckbarkeit wird iGgs zu § 775 Nr 1 nicht verlangt (BGHZ 25, 60, 65). Dagegen muss eine evtl angeordnete Sicherheitsleistung erbracht worden sein (Wieczorek/Schütze/*Salzmann* § 776 Rn 20). Erfolgt eine einstweilige Einstellung der Zwangsvollstreckung, dann wirkt diese Entscheidung sofort (BGHZ 140, 253, 255, 256). Weitere Vollstreckungsmaßnahmen sind nicht mehr statthaft, allerdings nicht nichtig; sie müssten, legt der Schuldner hiergegen Erinnerung ein, gem § 766 aufgehoben werden (St/J/*Münzberg* Rn 15; Schuschke/Walker/*Raebel* Rn 8).

10 Die Zwangsvollstreckung ist auch dann nach § 775 Nr 2 einzustellen oder zu beschränken, wenn eine Entscheidung vorgelegt wird, aus der sich ergibt, dass die Vollstreckung nur gegen Sicherheitsleistung fortgesetzt werden darf; es kann sich hier um Entscheidungen nach §§ 707 I, 709 S 3, 719 I, 732 II, 769 I und 770 handeln (Musielak/*Lackmann* Rn 5). Der Nachweis der Sicherheitsleistung muss in entspr Anwendung des § 775 Nr 3 durch öffentliche Urkunden erbracht werden (St/J/*Münzberg* Rn 15).

11 **III. § 775 Nr 3.** Eine Einstellung oder Beschränkung der Zwangsvollstreckung erfolgt nach § 775 Nr 3, wenn eine öffentliche Urkunde vorgelegt wird, aus der sich ergibt, dass die zur Abwendung der Vollstreckung erforderliche Sicherheitsleistung oder Hinterlegung erbracht worden ist. Der Nachweis erfolgt durch öffentliche Urkunde; eine öffentlich beglaubigte Urkunde reicht nicht aus (Musielak/*Lackmann* Rn 6). Die Vollstreckung ist fortzusetzen, wenn eine Entscheidung vorgelegt wird, wonach der titulierte Anspruch nunmehr ohne weiteres vollstreckbar ist, ohne dass die Vollstreckung noch abgewendet werden könnte.

12 **IV. § 775 Nr 4. 1. Voraussetzungen.** § 775 Nr 4 setzt voraus, dass eine öffentliche Urkunde oder eine von dem Gläubiger ausgestellte Privatkurkunde vorgelegt wird, aus der sich ergibt, dass der Gläubiger nach Erlass des zu vollstreckenden Urt befriedigt worden ist oder Stundung bewilligt hat. Es handelt sich hier um eine Ausn von dem Grundsatz, dass Vollstreckungsorgane materiell-rechtliche Einwände gegen die zu vollstreckende Forderung nicht zu beachten haben.

13 **2. Befriedigung, Stundung.** Als Befriedigung kommen neben der Zahlung auch die Erfüllungssurrogate in Frage, somit Aufrechnung und Hinterlegung. § 775 Nr 4 ist darüber hinaus bei dem Vorliegen von Erlassverträgen oder Verzichtserklärungen anzuwenden; dass eine Erklärung des Gläubigers grds ausreicht, belegt der Hinweis auf die Bewilligung der Stundung; dann allerdings ist von § 775 Nr 4 auch eine Erklärung des Gläubigers umfasst, wonach die Forderung nicht lediglich gestundet wird, sondern völlig in Wegfall gerät (St/J/*Münzberg* Rn 20; Schuschke/Walker/*Raebel* Rn 10). Nicht mehr im Bereich des § 775 Nr 4 liegen allerdings Anfechtung und Rücktritt; hier kann der Schuldner nur nach § 767 vorgehen (St/J/*Münzberg* Rn 21; Musielak/*Lackmann* Rn 7; Zö/*Stöber* Rn 7). Eine vom Gläubiger nicht akzeptierte Aufrechnung kann nur

im Weg des § 767 geltend gemacht werden (Zö/*Stöber* Rn 7). Pfändung und Überweisung an den Schuldner selbst erfüllen die Voraussetzungen des § 775 Nr 4 ebenfalls nicht, da sich hieraus weder Befriedigung noch Stundung ergeben (MüKoZPO/*K. Schmidt* Rn 19; Musielak/*Lackmann* Rn 7; aA St/J/*Münzberg* Rn 20; Schuschke/Walker/*Raebel* Rn 10). Auch hier kommt nur die Vollstreckungsgegenklage in Betracht. Ein pactum de non petendo fällt unter § 775 Nr 4 (St/J/*Münzberg* Rn 20). Bestreitet der Gläubiger seine Befriedigung oder eine Stundung, muss dieser Streit iRe Klage nach § 767 ausgetragen werden (Hamm OLGZ 73, 488, 490; MüKoZPO/*K. Schmidt* Rn 28).

Die Befriedigung oder Stundung muss nach Erlass des Urt oder des sonstigen Titels erfolgt sein. Maßgeblich ist – anders als in § 767 II – die Verkündung, ggf auch die Zustellung des Urt, durch welche die Verkündung ersetzt wird, oder die Errichtung der vollstreckbaren Urkunde, nicht jedoch der Zeitpunkt der letzten mündlichen Verhandlung vor Erlass eines Urt (St/J/*Münzberg* Rn 19; aA Wieczorek/Schütze/*Salzmann* § 776 Rn 28). Zahlungen nach Zustellung eines Mahnbescheides, jedoch vor Zustellung des Vollstreckungsbescheides, werden nach hM nicht berücksichtigt, dies mit der Begründung, dem Schuldner sei ein Widerspruch wegen der Zahlung zuzumuten (so bspw R/G/S § 45 I 3b bb; St/J/*Münzberg* Rn 19; aA HK-ZPO/*Kindl* Rn 11). 14

3. Nachweise. Der Nachweis der Befriedigung des Gläubigers oder der Stundung ist durch öffentliche Urkunde zu führen; die öffentliche Beglaubigung einer Privaturkunde (Musielak/*Lackmann* Rn 8) reicht nicht aus; ausreichend ist eine vom Gläubiger ausgestellte, dh von diesem unterzeichnete Privaturkunde. Privaturkunde ist nur das Original; die Vorlage einer Kopie reicht nicht (Zö/*Stöber* Rn 7). Die Quittung eines Dritten reicht nur dann aus, wenn nach dem Titel oder nach gesetzlicher Vorschrift an diesen zu leisten ist oder wenn die Forderung nach Erlass des Titels oder nach dessen Errichtung auf ihn übergegangen ist (St/J/*Münzberg* Rn 18; Schuschke/Walker/*Raebel* Rn 10 15

V. § 775 Nr 5. 1. Voraussetzungen. Gemäß § 775 Nr 5 ist die Zwangsvollstreckung dann einzustellen oder zu beschränken, wenn der Einzahlungs- oder Überweisungsnachweis einer Bank oder Sparkasse vorgelegt wird, aus dem sich ergibt, dass der zur Befriedigung des Gläubigers erforderliche Betrag zur Auszahlung an den Gläubiger angewiesen oder auf dessen Konto eingezahlt worden ist. Wie bei § 775 Nr 4 handelt es sich um eine Ausn von dem Grundsatz, dass Vollstreckungsorgane materiell-rechtliche Einwände gegen die zu vollstreckende Forderung nicht zu berücksichtigen haben. Wie die Formulierung »der zur Befriedigung des Gläubigers erforderliche Betrag« belegt, betrifft § 775 Nr 5 allein Geldforderungen. Die Zahlung muss nach Schluss der letzten mündlichen Verhandlung erfolgt sein; § 767 II gilt entspr. Auch hier reicht die Einzahlung nach Zustellung des Mahnbescheides, jedoch vor Zustellung des Vollstreckungsbescheides nicht aus, um die Anwendung des § 775 Nr 5 zu rechtfertigen; auch hier gilt, dass dem Schuldner ein Widerspruch wegen der Zahlung zuzumuten ist (vgl Rz 14). Die Vollstreckung muss fortgesetzt werden, wenn der Gläubiger bestreitet, dass eine Zahlung auf die titulierte Forderung erfolgt ist (vgl Rz 13). 16

2. Nachweise. Der erforderliche Nachweis kann durch die Einzahlungsbestätigung oder ein mit einer Bescheinigung über die erfolgte Ausführung versehenes Überweisungsauftragsformular geführt werden; es muss sich um einen Beleg handeln, aus dem sich ergibt, dass der Betrag zur Auszahlung an den Gläubiger auf dessen Konto eingezahlt oder überwiesen worden ist. Erforderlich ist die Vorlage des Originals; die bloße Kopie eines Überweisungsformulars genügt nicht. Ein Kontoauszug ist ausreichend, wenn der Gläubiger als Empfänger ausreichend gekennzeichnet ist (St/J/*Münzberg* Rn 25; Schuschke/Walker/*Raebel* Rn 11; aA Musielak/*Lackmann* Rn 10). Nicht ausreichend sind Überweisungsdurchschläge, die nur geeignet sind, die Tatsache des Auftrags zu belegen; dieser kann widerrufen worden sein (BGH NJW-RR 97, 177). Der mit Datum und Paraphe versehene Stempelaufdruck »angenommen« auf der Durchschrift eines Überweisungsauftrags reicht ebenfalls nicht aus; er ist bloße Eingangsbestätigung des Kreditinstitutes (BGH NJW 98, 1640). Scheckbuchungen sind dann geeignet, die Voraussetzungen des § 775 Nr 5 zu erfüllen, wenn der Gläubiger den Empfang des Schecks bestätigt hat (Oldbg DGVZ 89, 187). 17

C. Verfahren. I. Zuständigkeit. Zuständig für die Einstellung ist das Vollstreckungsorgan; die Einstellung erfolgt vAw (RGZ 128, 81, 84); Anträge des Schuldners oder des Dritten sind nicht erforderlich. Allerdings sind die Vollstreckungsorgane nicht gehalten, vAw zu ermitteln; üblicherweise werden daher Schuldner oder betroffener Dritter den Vollstreckungsorganen die Voraussetzungen für die Einstellung oder Beschränkung der Zwangsvollstreckung zur Kenntnis zu bringen und diese nachzuweisen haben. Als Vollstreckungsorgan kommen sowohl der GV als auch das Vollstreckungsgericht in Frage. Die Einstellung 18 durch den GV erfolgt formlos; er hat lediglich die Einstellung in das Protokoll aufzunehmen oder in den Vollstreckungsakten zu vermerken und den Gläubiger zu benachrichtigen. Die vom Vollstreckungsgericht getroffenen Maßnahmen werden durch Beschl eingestellt oder beschränkt (RGZ 70, 399, 402, 403).

19 **II. Maßnahmen.** Nach § 775 kann die Zwangsvollstreckung eingestellt oder beschränkt werden; Vollstreckungsmaßnahmen können aufgehoben werden; dies erfolgt nach § 776. Sind die Voraussetzungen des § 775 gegeben, hat das zuständige Vollstreckungsorgan nicht nur von weiteren Maßnahmen abzusehen, vielmehr muss verhindert werden, dass weitere Vollstreckungsmaßnahmen ergriffen werden; Versteigerungstermine müssen aufgehoben werden (RGZ 70, 399, 402, 403), ebenso Termine zur Abgabe eidesstattlicher Versicherungen; desgleichen muss veranlasst werden, dass Haftbefehle nicht ausgeführt werden. Liegt ein Pfändungs- u. Überweisungsbeschluss vor, muss der Drittschuldner benachrichtigt werden (Schuschke/Walker/*Raebel* Rn 12); dies ergibt sich daraus, dass nach vorläufiger Einstellung der Zwangsvollstreckung der Drittschuldner nicht mehr an den Pfändungsgläubiger allein, sondern nur noch an den Gläubiger und den Vollstreckungsschuldner gemeinsam leisten oder die geschuldete Leistung zug beider hinterlegen darf (RGZ 128, 81, 83, 84; BGHZ 140, 253, 255, 256). An den Gläubiger hat eine Mitteilung des Einstellungsbeschlusses des Vollstreckungsgerichts oder eine Mitteilung über die tatsächliche Einstellung der Zwangsvollstreckung durch den GV zu erfolgen (RGZ 128, 81, 83, 84).

20 **III. Rechtsbehelfe.** Werden die Voraussetzungen des § 775 verneint und wird die Vollstreckung fortgesetzt, können der Schuldner oder der betroffene Dritte die Erinnerung nach § 766 erheben. Wenn das Vollstreckungsgericht nach Anhörung des Schuldners oder des Dritten entschieden hat, kommt die sofortige Beschwerde nach § 793 ggf iVm § 11 I RPflG in Betracht (MüKoZPO/*K. Schmidt* Rn 29). Werden die Voraussetzungen des § 775 bejaht, kann der Gläubiger geltend machen, dass die Vollstreckung zu Unrecht eingestellt worden ist; dies erfolgt, soweit der GV die Vollstreckung eingeschränkt oder beschränkt hat, mit der Erinnerung nach § 766 II. Wird die Vollstreckung durch das Vollstreckungsgericht eingestellt, ist hiergegen die sofortige Beschwerde nach § 793 möglich; gleiches gilt bei der Vollstreckung durch das Prozessgericht. Wird die Vollstreckung durch das GBA wahrgenommen, gilt sowohl für den Schuldner als auch für den Gläubiger, ebenso für den betroffenen Dritten § 71 GBO. Erfolgen entgegen § 775 weitere Vollstreckungsmaßnahmen, sind diese nicht ohne weiteres unwirksam; der Schuldner bzw der Dritte können gem § 766 gegen diese Maßnahmen vorgehen (BGHZ 25, 60, 65, 66).

§ 776 Aufhebung von Vollstreckungsmaßregeln.

[1]In den Fällen des § 775 Nr. 1, 3 sind zugleich die bereits getroffenen Vollstreckungsmaßregeln aufzuheben. [2]In den Fällen der Nummern 4, 5 bleiben diese Maßregeln einstweilen bestehen; dasselbe gilt in den Fällen der Nummer 2 [richtig] des § 775 Nummer 2 , sofern nicht durch die Entscheidung auch die Aufhebung der bisherigen Vollstreckungshandlungen angeordnet ist.

1 **A. Normzweck.** Bereits durchgeführte Pfändungsmaßnahmen werden von einer Einstellung oder Beschränkung der Zwangsvollstreckung nach § 775 nicht berührt. Die Aufhebung erfolgt nach § 776.

2 **B. Voraussetzungen, Rechtsfolgen.** Vollstreckungsmaßnahmen werden unter den Voraussetzungen des § 776 aufgehoben. In den Fällen des § 775 Nr 1, 3 sind bereits getroffene Maßnahmen gleichzeitig, somit in unmittelbarem Zusammenhang mit der Einstellung bzw Beschränkung der Zwangsvollstreckung aufzuheben (BGHR 05, 1619, 1620). Die Rechtskraft eines Einstellungsbeschlusses ist nicht Voraussetzung für Aufhebungsmaßnahmen nach § 775 Nr 1, 3. In den Fällen des § 775 Nr 4, 5 bleiben bereits getroffene Vollstreckungsmaßnahmen einstweilen bestehen; gleiches gilt in den Fällen des § 775 Nr 2, sofern nicht durch die in § 775 Nr 2 genannte gerichtliche Entscheidung auch die Aufhebung der bisherigen Vollstreckungshandlungen angeordnet wurde. Zu einer Aufhebung kommt es dann, wenn eine gerichtliche Entscheidung beigebracht wird, die nicht nur die einstweilige Einstellung der Vollstreckung oder einer Vollstreckungsmaßnahme, sondern auch deren Aufhebung anordnet. Legt der Schuldner eine Entscheidung nach § 775 Nr 1 vor (vgl Musielak/*Lackmann* Rn 4), sind ohnedies die Voraussetzungen für eine Aufhebung nach § 776 gegeben. Erfolgt eine Aufhebung getroffener Maßnahmen nicht, bleibt es bei den Beschlagnahmewirkungen; der Gläubiger ist weiterhin gesichert, kann allerdings die gepfändete Sache oder das gepfändete Recht nicht verwerten.

3 Mit der Aufhebung der Vollstreckungsmaßnahme erlischt das Pfändungspfandrecht; dieses lebt nicht wieder auf. Wird die Aufhebungsentscheidung später erfolgreich angegriffen, muss neu gepfändet werden; ein

etwaiges neues Pfandrecht entsteht nicht im Rang des alten Pfandrechts (BGHZ 66, 394, 395; 158, 286, 293). In entspr Anwendung des § 570 II kann das Vollstreckungsgericht anordnen, dass die Aufhebungsentscheidung erst mit Rechtskraft wirksam werden soll (BGHZ 66, 394, 395).

Ist die Zwangsvollstreckung beendet, scheidet eine Aufhebung aus. Dies ist für die Fälle entscheidend, in denen das Prozessgericht gleichzeitig Vollstreckungsorgan ist und Zwangsgelder nach § 888 und Ordnungsgelder nach § 890 festsetzt. Nach Beendigung der Zwangsvollstreckung, also mit abgeschlossener Beitreibung derartiger Gelder, kommt eine Aufhebung der entspr Beschlüsse nicht mehr in Frage; in diesen Fällen muss der Schuldner seinen Rückzahlungsanspruch gegen die Staatskasse im ordentlichen Klageweg verfolgen (Kobl WRP 83, 575, 576; Schuschke/Walker/*Raebel* Rn 5; aA Zweibr InVO 00, 287). 4

C. Verfahren, Rechtsbehelfe. Die Aufhebung wird durch das Vollstreckungsorgan vorgenommen. Der GV hat dem Schuldner eine gepfändete Sache zurückzugeben; er hat weiter die Verstrickung zu lösen und die Pfandsiegel zu entfernen bzw den Schuldner zur Entfernung der Pfandzeichen zu ermächtigen. Maßnahmen des Vollstreckungsgerichts sind durch Beschl aufzuheben; entspr Beschl sind sofort wirksam und müssen nicht formell rechtskräftig werden (BGHZ 66, 394, 395). Die Maßnahmen des Prozessgerichts werden von diesem durch Beschl aufgehoben (MüKoZPO/*K. Schmidt* Rn 6). 5

Gegen Aufhebungsmaßnahmen oder gegen die Ablehnung derartiger Maßnahmen, soweit diese durch den GV erfolgen, besteht die Möglichkeit der Erinnerung nach § 766. Gegen Maßnahmen oder gegen die Ablehnung von Maßnahmen durch das Vollstreckungsgericht gibt es die Möglichkeit der sofortigen Beschwerde gem § 793 ggf iVm § 11 I RPflG. Gegen Entscheidungen des Prozessgerichts ist die sofortige Beschwerde des § 793 gegeben. 6

§ 777 Erinnerung bei genügender Sicherung des Gläubigers.

[1]Hat der Gläubiger eine bewegliche Sache des Schuldners im Besitz, in Ansehung deren ihm ein Pfandrecht oder ein Zurückbehaltungsrecht für seine Forderung zusteht, so kann der Schuldner der Zwangsvollstreckung in sein übriges Vermögen nach § 766 widersprechen, soweit die Forderung durch den Wert der Sache gedeckt ist. [2]Steht dem Gläubiger ein solches Recht in Ansehung der Sache auch für eine andere Forderung zu, so ist der Widerspruch nur zulässig, wenn auch diese Forderung durch den Wert der Sache gedeckt ist.

A. Normzweck. Nach § 777 S 1 kann der Schuldner der Zwangsvollstreckung in sein übriges Vermögen widersprechen, wenn der Gläubiger eine bewegliche Sache des Schuldners in Besitz hat, an der ihm ein Pfandrecht oder ein Zurückbehaltungsrecht für seine Forderung zusteht, und die Forderung durch den Wert dieser Sache gedeckt ist. Damit ergänzt § 777 S 1 die Vorschrift des § 803 I 2, wonach die Zwangsvollstreckung in das bewegliche Vermögen nicht weiter ausgedehnt werden darf, als dies zur Befriedigung des Gläubigers und zur Deckung der Kosten der Zwangsvollstreckung erforderlich ist. Der Zweck des § 777 liegt darin, die Zwangsvollstreckung in das Schuldnervermögen zu verhindern, soweit dieses zur Befriedigung des bereits anderweitig gesicherten Gläubigers nicht benötigt wird. 1

B. Anwendungsbereich. § 777 gilt für die Zwangsvollstreckung wegen Geldforderungen; der Schuldner hat die Möglichkeit, sowohl gegen Maßnahmen der Mobiliar- als auch der Immobiliarzwangsvollstreckung vorzugehen. Die Vollstreckung in das Vermögen des Schuldners muss begonnen haben; sie darf noch nicht beendet sein; § 777 gilt auch noch im Zwangsversteigerungs- oder Zwangsverwaltungsverfahren. 2

Im Verfahren der eidesstattlichen Versicherung ist der Einwand der ausreichenden Sicherung des Gläubigers nach § 900 IV geltend zu machen (BGH NJW-RR 11, 1693, 1694; MüKoZPO/*K. Schmidt* § 778 Rn 19; aA Zö/*Stöber* Rn 8; vgl § 766 Rz 11). 3

C. Voraussetzungen. § 777 ist anzuwenden, wenn der Gläubiger eine bewegliche Sache in Besitz hat, an der ihm ein Pfandrecht oder ein Zurückbehaltungsrecht zusteht. Andere Sicherheiten, wie Bürgschaften oder Garantien, reichen nicht; § 777 spricht ausdrücklich von beweglichen Sachen; selbst grundbuchmäßig abgesicherte Rechte fallen nicht unter diese Vorschrift (RGZ 98, 106, 109). Dies gilt auch für vom Grundstück getrennte Erzeugnisse und Zubehör; Grundpfandrechte erstrecken sich gem §§ 1120, 1192 BGB auf die vom Grundstück getrennten Erzeugnisse und sonstigen Bestandteile. 4

Es muss sich um eine Sache des Schuldners handeln; Miteigentum des Schuldners genügt. Die Vollstreckungsforderung muss durch den Wert der Sache einschl Zinsen und Vollstreckungskosten voll gedeckt sein. Sichert die Sache gleichzeitig eine weitere Forderung, muss, um den Widerspruch des Schuldners zu rechtfertigen, auch diese Forderung durch den Wert der Sache gedeckt sein, § 777 S 2. Inhaberpapiere wer- 5 den beweglichen Sachen gleichgestellt; dagegen reichen Orderpapiere, so Wechsel und Orderschecks, nicht aus (St/J/*Münzberg* Rn 2; MüKoZPO/*K. Schmidt* Rn 4). Eine analoge Anwendung des § 777 ist jedoch dann möglich, wenn die sich aus den Papieren ergebende Forderung den Gläubiger wegen der Werthaltigkeit ausreichende Sicherung gewährt; derartiges ist regelmäßig dann der Fall, wenn sich die Forderung gegen den Staat oder gegen ein Kreditinstitut richtet, oder aber dann, wenn Geldbeträge hinterlegt sind und der Gläubiger einen vom Verhalten des Schuldners unabhängigen Anspruch gegen die Hinterlegungsstelle hat. Hat der Gläubiger somit ein Pfandrecht an einer entspr Forderung, kann § 777 eingreifen (Köln OLGZ 88, 214, 217; St/J/*Münzberg* Rn 6; MüKoZPO/*K. Schmidt* Rn 5; Schuschke/Walker/*Raebel* Rn 6). Eine analoge Anwendung des § 777 wird auch für sonstige Forderungen befürwortet, über die der Gläubiger ohne weiteres verfügen kann, so Mietkautionen und Treuhandkonten; diese Forderungen müssen dem Gläubiger jedoch in Ansehung der Forderung zustehen, wegen der vollstreckt wird; es muss sich zudem um absolut sichere Forderungen handeln (St/J/*Münzberg* Rn 6; MüKoZPO/*K. Schmidt* Rn 10). Traditionspapiere, wie Lagerschein gem § 448 HGB, Order-Lagerschein gem § 475 g HGB und Konnossement gem § 650 HGB, sind den beweglichen Sachen gleichzustellen (Wieczorek/Schütze/*Paulus* Rn 8; St/J/*Münzberg* Rn 2). Bewegliche Sachen sind auch Geldmittel (MüKoZPO/*K. Schmidt* Rn 4).

6 Dem Gläubiger muss ein Pfand- oder Zurückbehaltungsrecht zustehen. Dieses Pfandrecht kann ein Vertragspfandrecht iSd §§ 1204 ff BGB oder ein gesetzliches Pfandrecht gem § 1257 BGB sein. § 777 umfasst die gesetzlichen mit einem Besitz verbundenen Pfandrechte wie dasjenige des Werkunternehmers, des Kommissionärs, des Spediteurs, des Lagerhalters oder des Frachtführers; besitzlose gesetzliche Pfandrechte, wie das Pfandrecht des Vermieters oder des Verpächters, fallen dann unter § 777, wenn der Gläubiger die Sache aufgrund des Pfandrechts in Besitz genommen hat. Unter § 777 fallen nicht das Pfändungspfandrecht und das Arrestpfandrecht; hier wird idR eine ausreichende Sicherung durch § 803 I 2 eintreten (MüKoZPO/*K. Schmidt* Rn 9; Schuschke/Walker/*Raebel* Rn 8; Zö/*Stöber* Rn 3; aA St/J/*Münzberg* Rn 3). Das Sicherungseigentum kann dem Pfandrecht gleichgestellt werden; die Sache muss dem Gläubiger bereits zur Verwertung übergeben worden sein (Köln OLGZ 88, 214, 217; Schuschke/Walker/*Raebel* Rn 5). Es kommen nur Zurückbehaltungsrechte in Frage, die dem Gläubiger ein Verwertungsrecht geben, wie dies bei den §§ 1000, 1003 BGB und §§ 369, 371 HGB der Fall ist. Zurückbehaltungsrechte nach §§ 273, 320 BGB scheiden aus (St/J/*Münzberg* Rn 3; MüKoZPO/*K. Schmidt* Rn 11; aA für § 273 BGB Zö/*Stöber* Rn 4). Der Gläubiger muss die Sache in Besitz haben; Mitbesitz reicht, ebenso mittelbarer Besitz, wenn dem Gläubiger ein Zugriff ohne Herausgabeklage gegen den Schuldner möglich ist. Der Gläubiger muss immer die Möglichkeit haben, sich problemlos aus den bereits vorhandenen Sicherheiten zu befriedigen.

7 Die Forderung muss durch die Sache gedeckt sein. Der Begriff der Deckung umfasst die Möglichkeit einer alsbaldigen Befriedigung (MüKoZPO/*K. Schmidt* Rn 15; aA St/J/*Münzberg* Rn 9). Dem Gläubiger kann es nicht zugemutet werden, mit der Befriedigung aus der Pfandsache oder der zurückbehaltenen Sache längere Zeit abzuwarten. Der Gläubiger darf auf eine Befriedigung aus der Pfandsache oder zurückbehaltenen Sache nicht länger warten müssen als dies bei Fortführung der Vollstreckung der Fall wäre.

8 **D. Rechtsbehelfe.** Der Schuldner kann gem §§ 777, 766 Erinnerung einlegen. Die Voraussetzungen des § 777 S 1 hat der Schuldner darzulegen und nachzuweisen; diejenigen des § 777 S 2 sind vom Gläubiger zu beweisen. Die Beweislast für eine hinreichende Besicherung sämtlicher Forderungen bzw für das Nichtbestehen oder Erlöschen dieser Forderungen liegt hingegen wieder beim Schuldner (St/J/*Münzberg* Rn 11; MüKoZPO/*K. Schmidt* Rn 18).

9 Durch den Widerspruch des Schuldners wird das Vollstreckungsorgan nicht gehindert, die Vollstreckungsmaßnahme durchzuführen; dies geschieht erst mit der Entscheidung des Vollstreckungsgerichts, wonach die gegen das übrige Vermögen gerichtete durchgeführte Vollstreckung für unzulässig erklärt wird.

§ 778 Zwangsvollstreckung vor Erbschaftsannahme.

(1) Solange der Erbe die Erbschaft nicht angenommen hat, ist eine Zwangsvollstreckung wegen eines Anspruchs, der sich gegen den Nachlass richtet, nur in den Nachlass zulässig.

(2) Wegen eigener Verbindlichkeiten des Erben ist eine Zwangsvollstreckung in den Nachlass vor der Annahme der Erbschaft nicht zulässig.

1 **A. Normzweck.** § 778 befasst sich mit der vorläufigen Rechtsstellung des Erben bis zu einer Annahme der Erbschaft. Er behandelt die insoweit bestehenden unterschiedlichen Vermögensmassen, zum einen den Nachlass und zum anderen das eigene Vermögen des Erben. Die Vorschrift dient dem Zweck, diese beiden

Vermögensmassen vor Annahme der Erbschaft durch den Erben auch im Vollstreckungsverfahren getrennt zu halten. § 778 I hat den Zweck, den Erben, welcher die Erbschaft noch nicht angenommen hat, vor Vollstreckungsmaßnahmen der Nachlassgläubiger zu schützen; er ergänzt insoweit § 1958 BGB, wonach vor der Annahme der Erbschaft ein Anspruch, der sich gegen den Nachlass richtet, nicht gegen den Erben gerichtlich geltend gemacht werden kann. Die Vollstreckung kann nur in den Nachlass erfolgen, somit in das ererbte Vermögen einschl der Surrogate. § 778 II dagegen bezweckt den Schutz des Nachlasses ggü den Privatgläubigern des Erben, solange letzterer die Erbschaft noch nicht angenommen hat.

B. Anwendungsbereich. Die Vorschrift gilt für jede Art der Zwangsvollstreckung, auch für die Arrestvoll- 2
ziehung nach § 928 (RGZ 60, 179, 181). § 778 greift dann nicht mehr ein, wenn der Erbe die Erbschaft gem §§ 1946 ff BGB angenommen hat oder die Ausschlagungsfrist des § 1944 BGB hat verstreichen lassen. Bei Miterbschaft läuft für jeden Miterben eine eigene Ausschlagungsfrist; die Voraussetzungen des § 778 sind damit für jeden einzelnen Miterben gesondert zu prüfen.

C. Voraussetzungen. I. § 778 I. Gemäß § 778 I ist die Zwangsvollstreckung in das eigene Vermögen des 3
Erben wegen Nachlassverbindlichkeiten ausgeschlossen, wenn diese nicht gleichzeitig auch Eigenschulden des Erben sind. Zu den Nachlassverbindlichkeiten iSd § 1967 II BGB gehören nicht nur die vom Erblasser herrührenden Schulden, sondern auch die Verbindlichkeiten, die aus dem Erbfall und in der Person des Erben entstehen, die sog Erbfallschulden, wie Verbindlichkeiten aus Pflichtteilsrechten gem §§ 2303 ff BGB, Vermächtnisse gem §§ 2150, 2174 BGB, Auflagen gem §§ 2192 ff, 1934 b II BGB, vermächtnisähnliche Ansprüche wie Voraus des § 1932 BGB und Dreißigster gem § 1969 BGB, ebenso die Kosten der standesgemäßen Beerdigung des Erblassers gem § 1968 BGB. Für die Nachlasskosten haften allein die Erben (Ddorf Rpfleger 68, 98; Staudinger/*Marotzke* § 1967 BGB Rn 37); es sind dies Kosten, die durch die Eröffnung einer Verfügung vTw entstehen; ebenso Kosten der Nachlasssicherungsmaßnahmen, der Errichtung von Nachlassinventar und einer Nachlasspflegschaft, einer Nachlassverwaltung oder einer Pflegschaft für den Nacherben. Auch Erbschaftssteuern sind keine Nachlassverbindlichkeiten (Ddorf FamRZ 99, 1465; Hamm OLGZ 90, 393, 395; Staudinger/*Marotzke* § 1967 BGB Rn 33; aA BFHE 168, 206, 210). Nicht anwendbar ist § 778 I auf die sog Nachlasserbenverbindlichkeiten, für die der Erbe nicht nur als Gesamtrechtsnachfolger des Erblassers, sondern auch unabhängig von seiner Erbenstellung haftet (Staudinger/*Marotzke* § 1967 BGB Rn 5).

Hat die Vollstreckung bereits vor dem Tod des Titelschuldners begonnen, wird die Vollstreckung in den 4
Nachlass ohne weiteres nach § 779 fortgesetzt. Beginnt sie erst nach dem Tod des Erblassers, ist eine Umschreibung des Titels nach § 727 erforderlich; da diese gem § 1958 BGB gegen den vorläufigen Erben nicht erfolgen kann, muss, soweit die Erbschaft noch nicht angenommen wurde, ein Nachlasspfleger gem § 1961 BGB bestellt werden; antragsberechtigt ist der Gläubiger (St/J/*Münzberg* Rn 7; Zö/*Stöber* Rn 6).

II. § 778 II. Gemäß § 778 II ist die Vollstreckung wegen Eigenverbindlichkeiten des Erben in den Nachlass 5
vor Annahme der Erbschaft nicht statthaft; sie darf nur in das Eigenvermögen des Erben erfolgen; auch die Vollstreckung in Nachlass-Surrogate ist ausgeschlossen. Sind mehrere Erben vorhanden, bedarf es gem § 740 für die Zwangsvollstreckung in einen Nachlass bis zur Erteilung eines gegen alle Erben ergangenen Titels. Damit kann aus dem Titel gegen nur einen der Miterben nicht in den Nachlass vollstreckt werden. Ausgenommen ist der Fall, dass persönliche Verbindlichkeiten sämtlicher Miterben vorliegen, für welche diese als Gesamtschuldner haften (MüKoZPO/*K. Schmidt* Rn 5).

D. Rechtsbehelfe. I. § 778 I. Verstoßen die Vollstreckungsorgane gegen § 778 I kann der Erbe einer Voll- 6
streckung wegen Nachlassschulden in sein eigenes Vermögen im Weg des § 771 begegnen, da er insofern Dritter ist (St/J/*Münzberg* Rn 3; so im Ergebnis auch MüKoZPO/*K. Schmidt* § 779 Rn 12). Er kann auch Erinnerung gem § 766 bzw sofortige Beschwerde nach § 793, ggf iVm § 11 I RPflG einlegen (St/J/*Münzberg* Rn 3; Zö/*Stöber* Rn 11; zweifelnd MüKoZPO/*K. Schmidt* § 779 Rn 11). Der Gläubiger des Erben kann Erinnerung gem § 766 II einlegen, wenn unter Berufung auf § 778 I die Pfändung abgelehnt wurde. Auch ein Gläubiger des Erben kann die Erinnerung einlegen, wenn unter Verstoß gegen § 778 I wegen einer Nachlassverbindlichkeit in das persönliche Vermögen des Erben vollstreckt wird (MüKoZPO/*K. Schmidt* Rn 12). Auch der wegen einer Nachlassverbindlichkeit vollstreckende Gläubiger kann, erfolgt die Vollstreckung unter Verstoß gegen § 778 I in das persönliche Vermögen des Erben, Erinnerung einlegen; er setzt sich bei einer Pfändung in das Eigenvermögen, schlägt der vorläufige Erbe das Erbe nachträglich aus, Bereicherungsansprüchen durch diesen aus (MüKoZPO/*K. Schmidt* Rn 13; vgl § 766 Rz 24).

7 **II. § 778 II.** Erfolgt entgegen § 778 II wegen eigener Verbindlichkeiten des vermeintlichen Erben die Zwangsvollstreckung in den Nachlass, können der tatsächliche Erbe ebenso wie der Nachlaßverwalter, der Nachlasspfleger und der Testamentsvollstrecker gem § 771 vorgehen; ihnen steht allerdings auch der Weg der Erinnerung bzw der sofortigen Beschwerde offen. Auch dem vermeintlichen Erben wird die Möglichkeit der Drittwiderspruchsklage eingeräumt, da er mit dem Nachlass noch nicht haftet (Schuschke/Walker/*Raebel* Rn 4). Man wird dieses Recht auch dem möglichen Ersatzerben zubilligen müssen. Der vollstreckende Gläubiger kann Erinnerung nach § 766 II erheben, wenn die Vollstreckung im Hinblick auf § 778 II in den Nachlass abgelehnt wird. Wird unter Verstoß gegen § 778 II wegen eigener Verbindlichkeiten des Erben in den Nachlass gepfändet, steht die Möglichkeit der Erinnerung auch einem Nachlassgläubiger zu (MüKoZPO/*K. Schmidt* Rn 12). Auch der wegen einer Eigenverbindlichkeit des Erben Vollstreckende hat das Recht zur Erinnerung; wird unter Verstoß gegen § 778 II wegen persönlicher Verbindlichkeiten in den Nachlass vollstreckt, setzt sich der Vollstreckungsgläubiger, schlägt der vorläufige Erbe nachträglich aus, Bereicherungsansprüchen des endgültigen Erben aus (MüKoZPO/*K. Schmidt* Rn 13; vgl § 766 Rz 24).

§ 779 Fortsetzung der Zwangsvollstreckung nach dem Tod des Schuldners.

(1) Eine Zwangsvollstreckung, die zur Zeit des Todes des Schuldners gegen ihn bereits begonnen hatte, wird in seinen Nachlass fortgesetzt.

(2) [1]Ist bei einer Vollstreckungshandlung die Zuziehung des Schuldners nötig, so hat, wenn die Erbschaft noch nicht angenommen oder wenn der Erbe unbekannt oder es ungewiss ist, ob er die Erbschaft angenommen hat, das Vollstreckungsgericht auf Antrag des Gläubigers dem Erben einen einstweiligen besonderen Vertreter zu bestellen. [2]Die Bestellung hat zu unterbleiben, wenn ein Nachlasspfleger bestellt ist oder wenn die Verwaltung des Nachlasses einem Testamentsvollstrecker zusteht.

1 **A. Normzweck.** § 779 gewährleistet die Fortsetzung einer Zwangsvollstreckung, die bereits vor dem Tod des Erblassers eingeleitet worden war. Eine derartige Zwangsvollstreckung soll ohne Rücksicht auf die Annahme der Erbschaft und ohne Titelumschreibung fortgesetzt werden können. Dies gilt sowohl für einzelne konkrete Vollstreckungsmaßnahmen als auch für die gesamte weitere Zwangsvollstreckung aus demselben Titel (so allgM vgl nur St/J/*Münzberg* Rn 3).

2 **B. Anwendungsbereich.** Die Vorschrift ist sowohl in der Mobiliar- als auch in der Immobiliarzwangsvollstreckung anzuwenden; sie gilt auch bei der Vollstreckung zur Erwirkung vertretbarer Handlungen gem § 887 mit der Begründung, diese ähnele der Vollstreckung zur Erwirkung eines Zahlungs- oder Herausgabetitels, eine unterschiedliche Behandlung sei daher nicht gerechtfertigt (MüKoZPO/*K. Schmidt* Rn 2; Musielak/*Lackmann* Rn 1; aA Zö/*Stöber* Rn 2). Nicht anwendbar ist § 779 auf die Erwirkung unvertretbarer Handlungen nach § 888; hier erledigt sich das eingeleitete Vollstreckungsverfahren durch den Tod des Schuldners (BFH BFH/NZ 07, 1037, 1038; Köln OLGR 02, 188; St/J/*Münzberg* Rn 5; aA MüKoZPO/*K. Schmidt* Rn 2). § 779 gilt auch nicht für Unterlassungsaussprüche nach § 890; nach dieser Vorschrift kann nur derjenige in Anspruch genommen werden, der selbst gegen den Vollstreckungstitel verstoßen hat. Dem Schuldner können als Rechtsnachfolger nicht Verstöße zugerechnet werden, die der Rechtsvorgänger begangen hat (Hamm MDR 86, 156; Köln 6 W 104/08 v. 14.10.2008 Rn 9; St/J/*Münzberg* Rn 5; auch hier aA MüKoZPO/*K. Schmidt* Rn 2); auch hier ist ein gegen den Schuldner eingeleitetes Vollstreckungsverfahren mit dessen Tod erledigt.

3 Die Vollstreckung aus einem Kfb, der zu dem Titel, aus dem vollstreckt wird, ergangen ist, wird als Zwangsvollstreckung aus einem anderen Titel, somit als neue Zwangsvollstreckung angesehen, die nicht unter § 779 fällt (Musielak/*Lackmann* Rn 3; Zö/*Stöber* Rn 5).

4 Soweit nach Vollstreckungsbeginn ein Verlust der Parteifähigkeit oder eine Umwandlung der Rechtsform des Schuldners erfolgen, ohne dass Identität anzunehmen ist, ist die Zwangsvollstreckung in Anlehnung an § 779 I fortzusetzen, solange eine Mitwirkung des Schuldners nicht erforderlich ist (St/J/*Münzberg* Vorb § 704 Rn 81).

5 **C. Bestellung eines besonderen Vertreters gem § 779 II.** Gemäß § 779 II bestellt das Vollstreckungsgericht, wenn die Erbschaft noch nicht angenommen wurde oder die Annahme der Erbschaft ungewiss ist, was insb der Fall ist, wenn der Erbe unbekannt ist, für den Erben einen einstweiligen besonderen Vertreter. Die Bestellung unterbleibt gem § 779 II 2, wenn ein Nachlasspfleger bestellt oder ein Testamentsvollstrecker ernannt worden ist.

6 Der Bestellung eines Vertreters für den Nachlass bedarf es zur Fortsetzung der begonnenen Vollstreckung dann, wenn die Zuziehung des Schuldners bei einer Vollstreckungshandlung erforderlich ist, so wenn er aufgrund gesetzlicher Vorschriften mitwirken muss oder Zustellungen bzw Bekanntmachungen an ihn ergehen müssen, so in den Fällen der §§ 829 II, 835 III, 854 II, 875, 885 II, 808 III, 826 III. Sie kann auch dann erforderlich sein, wenn die Aufbewahrung und Verwaltung gepfändeter Gegenstände Schwierigkeiten bereitet (St/J/*Münzberg* Rn 6). Der besondere Vertreter hat die Stellung eines gesetzlichen Vertreters. Seine Stellung ist derjenigen des gem § 1913 BGB für unbekannte Beteiligte bestellten Pflegers oder des Nachlasspflegers nach § 1960 BGB zu vergleichen; er hat jedoch weniger Befugnisse; er hat sich auf Schuldnerhandlungen, die iRd nach § 779 I fortzusetzenden Zwangsvollstreckung erforderlich sind, zu beschränken. So ist er zum Empfang sämtlicher Zustellungen und auch zur Geltendmachung von Einwendungen des Schuldners nach §§ 732, 766, 793 berechtigt. Man wird ihm auch die Möglichkeit einräumen müssen, Einwendungen des Schuldners nach § 767 geltend zu machen (so St/J/*Münzberg* Rn 9; aA MüKoZPO/*K. Schmidt* Rn 10 mit der sehr formalen Begründung, die Vollstreckungsgegenklage sei nicht Teil des Vollstreckungsverfahrens, sondern ein Rechtsstreit um materielles Recht). Die Offenbarungsversicherung ist von den Befugnissen des besonderen Vertreters nicht umfasst (St/J/*Münzberg* Rn 9; MüKoZPO/*K. Schmidt* Rn 10).

7 Solange weder ein Nachlasspfleger noch ein besonderer Vertreter bestellt ist, ruht die Vollstreckung, § 92 Nr 1 GVGA (Zö/*Stöber* Rn 9). Mit dem tatsächlichen Eintritt des Erben, eines Nachlasspflegers oder eines Testamentsvollstreckers endet das Amt des Vertreters nicht automatisch; die Bestellung muss vielmehr durch das Vollstreckungsgericht aufgehoben werden (BGH NJW 10, 157, 158; aA B/L/A/H Rn 8).

8 **D. Verfahren, Rechtsbehelfe.** Liegen die Voraussetzungen des § 779 I vor, hat der Gläubiger die Wahl, ob er nach § 1961 BGB die Bestellung eines Nachlasspflegers oder aber die Bestellung eines einstweiligen besonderen Vertreters des Erben beantragt (Schuschke/Walker/*Raebel* Rn 2). Die Bestellung des besonderen Vertreters erfolgt durch Beschl des Vollstreckungsgerichts gem § 764 I; für die Bestellung ist der Rechtspfleger zuständig, § 20 Nr 17 RPflG. Gegen die Ablehnung steht dem Gläubiger die sofortige Beschwerde gem § 793 zu. Der Erbe kann gegen die erfolgte Bestellung nach § 793 die sofortige Beschwerde erheben. Er kann geltend machen, die Voraussetzungen des § 779 II seien nicht gegeben (so MüKoZPO/*K. Schmidt* Rn 11; aA Schuschke/Walker/*Raebel* Rn 3). Auch etwa bestellte Testamentsvollstrecker bzw Nachlasspfleger können im Weg der sofortigen Beschwerde gegen die Bestellung eines besonderen Vertreters vorgehen. Für die Beendigung des Amtes des einstweiligen besonderen Vertreters ist die Aufhebung der Bestellung durch das Vollstreckungsgericht erforderlich (BGHZ 182, 293, 297, 298).

9 Wird die Vollstreckung ohne Titelumschreibung in den Nachlass betrieben, obwohl sie vor dem Todeszeitpunkt noch nicht eingeleitet worden war, kann der Erbe Erinnerung nach § 766 bzw sofortige Beschwerde nach § 793 erheben. Weigert sich der GV im Hinblick auf § 779 II, die Vollstreckung fortzusetzen, kann der Gläubiger Erinnerung nach § 766 II bzw sofortige Beschwerde nach § 793 erheben.

§ 780 Vorbehalt der beschränkten Erbenhaftung.

(1) Der als Erbe des Schuldners verurteilte Beklagte kann die Beschränkung seiner Haftung nur geltend machen, wenn sie ihm im Urteil vorbehalten ist.

(2) Der Vorbehalt ist nicht erforderlich, wenn der Fiskus als gesetzlicher Erbe verurteilt wird oder wenn das Urteil über eine Nachlassverbindlichkeit gegen einen Nachlassverwalter oder einen anderen Nachlasspfleger oder gegen einen Testamentsvollstrecker, dem die Verwaltung des Nachlasses zusteht, erlassen wird.

1 **A. Normzweck.** Der Erbe, der dem Grundsatz nach unbeschränkt für Nachlassverbindlichkeiten sowohl mit dem Nachlass als auch mit seinem eigenen Vermögen haftet, kann die Haftung auf den Nachlass beschränken. Ist er wegen einer Nachlassverbindlichkeit verurteilt worden, kann er nach § 780 dem Nachlassgläubiger die Beschränkung der Haftung in der Vollstreckung entgegensetzen, dies allerdings nur dann, wenn er den Vorbehalt im Erkenntnisverfahren herbeigeführt hatte oder wenn sich bereits die Verurteilung auf den Nachlass beschränkt hat. § 780 I stellt damit eine Präklusionsnorm dar, die eine verspätete Geltendmachung der beschränkten Erbenhaftung im Vollstreckungsverfahren ausschließt. Die Einrede selbst ist durch Vollstreckungsabwehrklage nach §§ 785, 767 geltend zu machen.

2 **B. Anwendungsbereich, Abgrenzung.** Es muss ein Titel vorliegen, der sich gegen den Erben richtet. § 780 I gilt für jede gegenständliche Beschränkung der Erbenhaftung, somit die Nachlassverwaltung gem § 1975

BGB, das Nachlassinsolvenzverfahren gem § 1975 BGB, die Ausschließung von Gläubigern gem §§ 1973, 1974 BGB, die Erschöpfungseinrede gem § 1989 BGB, die Dürftigkeitseinrede gem § 1990 BGB sowie das Recht des Miterben zur Verweisung des Gläubigers auf den ungeteilten Nachlass nach § 2059 BGB. § 780 I ist nicht anwendbar auf die vorläufigen Einreden der §§ 2014, 2015 BGB. Hier greift § 782 ein (MüKoZPO/*K. Schmidt* Rn 8; Musielak/*Lackmann* Rn 3; entgegen Baur/Stürner/Bruns Rn 20.6). Nicht anzuwenden ist § 780 I auf die Geltendmachung der Teilhaftung von Miterben nach § 2060 BGB; hier geht es nicht um die gegenständliche Beschränkung auf den Nachlass (St/J/*Münzberg* Rn 18; Musielak/*Lackmann* Rn 3; Zö/*Stöber* Rn 5). Auch für die handelsrechtliche Erbenhaftung nach § 27 II HGB gilt § 780 I nicht; diese Haftungsbeschränkung hat bereits im Erkenntnisverfahren zu erfolgen (RGZ 88, 218, 219, 220).

3 § 780 I umfasst jeden Erben, so auch den Miterben und Nacherben. Für letzteren ergibt sich dies aus § 2144 I BGB; danach gelten die Vorschriften über die Beschränkung der Haftung des Erben für die Nachlassverbindlichkeiten auch für den Nacherben. Der Vorerbe kann, tritt Nacherbfolge ein, die Haftungsbeschränkung nach § 2145 I BGB im Weg der Vollstreckungsabwehrklage auch ohne Vorbehalt geltend machen, nicht allerdings die Beschränkung nach § 2145 II BGB; hier gilt § 780 I (St/J/*Münzberg* Rn 16; MüKoZPO/*K. Schmidt* Rn 2). § 780 ist auch auf den Erbschaftskäufer anzuwenden. Gemäß § 2383 I 1 BGB gelten für die Haftung des Käufers die Vorschriften über die Beschränkung der Haftung des Erben; der Erbschaftskäufer kann gem § 2383 I 2 BGB die Beschränkung dann geltend machen, wenn der Erbschaftsverkäufer die Beschränkungsmöglichkeit noch nicht verloren hat. Erbe bzw Vorbehaltsberechtigter müssen Bekl, somit Prozesspartei, sein. Wird der Titel nach § 727 umgeschrieben, findet § 780 I keine Anwendung; die beschränkte Erbenhaftung wird dann nach den §§ 781, 785, 776 geltend gemacht.

4 § 780 I umfasst lediglich vollstreckbare Leistungsurteile, nicht dagegen Feststellungsurteile (RG JW 30, 2215; St/J/*Münzberg* Rn 4; aA Wieczorek/Schütze/*Paulus* Rn 5; offengelassen BGH ZEV 96, 465 mit Anm *Wolf* ZEV 96, 465, 466). Wird vorab über den Grund entschieden, muss der Vorbehalt bereits in das Grundurteil aufgenommen werden (Köln VersR 68, 380, 381; Musielak/*Lackmann* Rn 2). Die Einrede der beschränkten Erbenhaftung kann nicht erhoben werden, wenn es um die Abgabe einer Willenserklärung geht; infolge der Fiktion des § 894 wäre ein derartiger Vorbehalt irrelevant; vielmehr ist die Frage der Haftungsbeschränkung bereits vollständig im Erkenntnisverfahren zu behandeln (MüKoZPO/*K. Schmidt* § 781 Rn 22; aA RGZ 49, 415, 417; Musielak/*Lackmann* Rn 9).

5 Bei ausl Urt ist ein Vorbehalt im Vollstreckungsurteil nach § 722 erforderlich, dies auch dann, wenn das ausl Recht einen derartigen Vorbehalt nicht kennt (Zö/*Stöber* Rn 6). Anders soll es im vereinfachten Beschlussverfahren sein, welches ua im Verhältnis zu EU-Mitgliedsstaaten stattfindet; in einem derartigen Verfahren muss der Vorbehalt nur aufgenommen werden, soweit dort überhaupt Einwendungen gegen den Anspruch zulässig sind, das Recht des Urteilsstaates die Haftungsbeschränkung kennt und Ausführungsgesetze die spätere Geltendmachung verbieten (St/J/*Münzberg* Rn 8 a). Im Klauselerteilungsverfahren nach § 731 findet § 780 I Anwendung, da in diesen Verfahren auch materiell-rechtliche Einwendungen zu berücksichtigen sind; auch hier muss der Vorbehalt daher in das Urt aufgenommen werden (MüKoZPO/*K. Schmidt* Rn 3, 4). § 780 gilt auch für Kostenentscheidungen; der Vorbehalt muss die Kostengrundentscheidung erfassen; im Kostenfestsetzungsverfahren kann der Vorbehalt nicht mehr geltend gemacht werden (Celle NJW-RR 88, 133, 134; 97, 1160). Der zur Hauptsache ergangene Vorbehalt der beschränkten Erbenhaftung gilt nicht für das Kostenfestsetzungsverfahren; dieser muss sich vielmehr ausdrücklich auf die Kostenentscheidung erstrecken (OLG Hamm MDR 82, 855; Schuschke/Walker/*Raebel* Rn 9). Lautet das Urt gegen den Erblasser und sind die Kosten gegen diesen festgesetzt, kann gegen die Vollstreckung aus dem Kfb in der Zwangsvollstreckung der Einwand der beschränkten Erbenhaftung geltend gemacht werden; dagegen müssen die Erben den Einwand im Kostenfestsetzungsverfahren geltend machen, wenn das Urt gegen den Erblasser zu dessen Lebzeiten ergangen ist, die Kosten jedoch erst später gegen den Erben festgesetzt werden (Celle NJW-RR 88, 133, 134; Schuschke/Walker/*Raebel* Rn 9). § 780 I gilt auch für die nach dem FamFG ergehenden Titel, § 95 I, II FamFG.

6 Nach § 795 ist § 780 I auf die in § 794 aufgelisteten Vollstreckungstitel anzuwenden; auch hier bedarf es eines Vorbehalts (BGH NJW 91, 2839, 2840). So muss der Erbe in einen gerichtlichen Vergleich über eine Nachlassverbindlichkeit den Vorbehalt der Haftungsbeschränkung aufnehmen lassen, wenn er diesen später geltend machen will. Die Bezeichnung einer Partei als »Erbe« im Protokoll über einen Prozessvergleich drückt einen Vorbehalt der beschränkten Erbenhaftung nicht aus (BGH NJW 91, 2839, 2840). Ein Schiedsspruch muss den Vorbehalt enthalten (R/G/S § 21 II 4 a); auch bei Errichtung einer notariellen Schuldurkunde über eine Nachlassverbindlichkeit ist der Vorbehalt aufzunehmen (St/J/*Münzberg* Rn 8).

C. Entbehrlichkeit des Vorbehalts. Gemäß § 780 II entfällt die Notwendigkeit des Vorbehalts, wenn der Fiskus als gesetzlicher Erbe nach § 1936 BGB verurteilt wird. Dieser kann gem § 1942 II BGB die ihm als gesetzlichem Erben zufallende Erbschaft nicht ausschlagen; gem § 2011 S 1 BGB wird er vor einer endgültigen Haftung dadurch geschützt, dass ihm keine Inventarfrist bestimmt werden kann; die Haftung beschränkt sich faktisch auf den Nachlass, auch wenn dieser überschuldet ist. Gleiches gilt für Körperschaften, Anstalten und Stiftungen des öffentlichen Rechts, soweit diese nach den landesgesetzlichen Vorschriften gem Art 138 EGBGB anstelle des Fiskus gesetzlicher Erbe sind. Der Vorbehalt ist auch dann nicht erforderlich, wenn das Urt über eine Nachlassverbindlichkeit gegen einen Nachlaßverwalter oder einen anderen Nachlasspfleger oder aber gegen einen Testamentsvollstrecker, dem die Verwaltung des Nachlasses zusteht, erlassen wird. Nachlaßverwalter und Nachlasspfleger können gem § 2012 I 3, II BGB nicht auf die Beschränkung der Haftung des Erben verzichten. 7

D. Verfahren. I. Geltendmachung der beschränkten Erbenhaftung. Im Erkenntnisverfahren wird die beschränkte Erbenhaftung auf Einrede des Erben hin berücksichtigt (BGH WM 83, 661, 663); eines förmlichen Antrags bedarf es nicht (BGHZ 122, 297, 305); auch muss die Einrede nicht begründet werden (BGH NJW 64, 2298, 2300; WM 83, 661, 663). Die Prüfung der Voraussetzungen für die Beschränkung ist dem Vollstreckungsabwehrverfahren gem §§ 785, 787 vorbehalten. Unerheblich ist es, ob die Umstände, welche die Haftungsbeschränkung des Erben begründen, vor oder nach Schluss der letzten mündlichen Verhandlung eingetreten sind; da eine substantiierte Begründung noch nicht erforderlich ist, muss er die beschränkte Erbenhaftung geltend machen, selbst wenn er deren Voraussetzungen noch nicht darzulegen oder nachzuweisen vermag (BGHZ 17, 69, 73; NJW 91, 2839, 2840). Etwas anderes gilt für den Fall, dass der Erbfall zu einem Zeitpunkt eintritt, in dem der Erbe diesen Vorbehalt nicht mehr erwirken konnte (BGHZ 54, 204, 207). 8

Die Einrede ist in den Tatsacheninstanzen zu erheben (BGHZ 54, 204, 205 ff). Die erstmals im Berufungsrechtszug erhobene Einrede der beschränkten Erbenhaftung ist unabhängig von § 531 II zuzulassen. Der Rspr des BGH entspricht es, dass unter den Begriff »neue Angriffs- und Verteidigungsmittel« iSd § 531 lediglich streitiges und damit beweisbedürftiges Vorbringen fällt (BGHZ 177, 212, 214 für die ähnl gelagerte Problematik der Einrede der Verjährung). Die Einlegung der Berufung allein mit dem Ziel, nachträglich die Beschränkung der Haftung nach § 780 zu erreichen, ist zulässig (Celle OLGR 95, 204; Rostock OLGR 09, 102, 103). Für die Aufnahme des Vorbehalts der beschränkten Erbenhaftung bedarf es keines Sachvortrags; es genügt, dass sich der Erbe im Erkenntnisverfahren darauf beruft. Der Erbfall selbst und die Erbenstellung des Beklagten sind im Allgemeinen unstr, dies schon deshalb, weil der Kl die von ihm beantragte Verurteilung hierauf stützt (BGH NJW-RR 10, 664, 665). Der BGH hat die in der Entscheidung des Großen Senats für Zivilsachen (BGHZ 117, 212 ff) niedergelegten Grundsätze zur Einrede der Verjährung auch auf den Vorbehalt der beschränkten Erbenhaftung angewendet. 9

Bei Fehlen des Vorbehaltes im erstinstanzlichen Urt, obwohl ein solcher beantragt worden war, kann der Erbe unter den Voraussetzungen des § 321 Urteilsergänzung beantragen oder Rechtsmittel einlegen. Bei der Übergehung unselbständiger Teile der Entscheidung ist das Urt gleichzeitig inhaltlich falsch, so dass neben der Möglichkeit der Urteilsergänzung auch das entspr Rechtsmittel gegeben ist (Schlesw MDR 05, 250; St/J/*Leipold* § 321 Rn 27; Zö/*Vollkommer* § 321 Rn 2). Die Einrede kann ausschließliches Berufungsziel sein (Celle OLGR 95, 204; Rostock OLGR 09, 102, 103; St/J/*Münzberg* Rn 5). 10

Im Revisionsverfahren kann die erstmalige Erhebung der Einrede ausnahmsweise dann zugelassen werden, wenn der Erbfall erst nach Schluss der letzten mündlichen Verhandlung in der Berufungsinstanz eingetreten ist (BGHZ 17, 69, 73). Die Beschränkung der Haftung wird in einem derartigen Fall auch nach § 785 geltend gemacht werden können, wenn das Urt keinen Vorbehalt enthält. Das Revisionsgericht darf den Vorbehalt im Revisionsverfahren auch nachholen, wenn die in den Vorinstanzen erhobene Einrede nicht beschieden worden war, dies auch ohne besondere Revisionsrüge, da es sich um eine materiell-rechtliche Haftungsbeschränkung handelt (BGH WM 83, 661, 663). Verfolgt der Erbe mit der Revision allerdings nur die Aufnahme des Vorbehaltes, ist die Revision unzulässig (BGHZ 54, 204, 205, 206). 11

II. Entscheidung. Der Vorbehalt sollte im Tenor ausgesprochen werden; es reicht aber aus, dass die Entscheidungsgründe mit der gebotenen Eindeutigkeit ergeben, dass ein Vorbehalt ausgesprochen werden sollte. Üblicherweise begnügt sich das Gericht mit dem Ausspruch des Vorbehalts der Haftungsbeschränkung; es kann jedoch bereits im Erkenntnisverfahren endgültig über die Haftungsbeschränkung entscheiden (BGH NJW 54, 635, 636; BGHZ 122, 297, 305). Wird die Haftungsbeschränkung endgültig bejaht, ist 12 zur Leistung aus dem Nachlass zu verurteilen (BayObLG Rpfleger 00, 67, 68; St/J/*Münzberg* Rn 7). Ist der Nachlass erschöpft, kann die Klage daher voll abgewiesen werden. Bei vorbehaltloser Verurteilung des Erben ist mit Rechtskraft des Urt jede Haftungsbeschränkung ausgeschlossen, dies auch dann, wenn die Beschränkung erst nach Rechtskraft eingetreten ist (RGZ 59, 301, 304).

§ 781 Beschränkte Erbenhaftung in der Zwangsvollstreckung. Bei der Zwangsvollstreckung gegen den Erben des Schuldners bleibt die Beschränkung der Haftung unberücksichtigt, bis auf Grund derselben gegen die Zwangsvollstreckung von dem Erben Einwendungen erhoben werden.

1 **A. Normzweck.** Gemäß § 781 bleibt bei der Zwangsvollstreckung gegen den Erben des Schuldners die Beschränkung der Haftung zunächst unberücksichtigt. Der Schuldner hat die Beschränkungen seiner Haftung auf den Nachlass mit der Vollstreckungsabwehrklage gem §§ 785, 767 geltend zu machen. § 781 hat somit zur Folge, dass die Vollstreckung wegen Nachlassverbindlichkeiten sowohl in den Nachlass als auch in das Eigenvermögen des Erben erfolgt, solange Haftungsbeschränkungen nicht mit der Vollstreckungsabwehrklage geltend gemacht worden sind. Auch das Verfahren auf Abgabe der eidesstattlichen Versicherung erstreckt sich, solange Vollstreckungsabwehrklage nicht erfolgreich erhoben ist, auf das persönliche Vermögen des Erben.

2 **B. Anwendungsbereich, Rechtsbehelfe.** § 781 umfasst die Haftungsbeschränkungen des § 780. »Gegen den Erben« wird nicht nur dann vollstreckt, wenn diesem die Einrede der beschränkten Erbenhaftung nach § 780 I vorbehalten ist, sondern auch dann, wenn ein bereits gegen den Erblasser ergangener Titel vorliegt, der nach § 727 gegen den Erben vollstreckbar ausgefertigt worden ist, oder wenn gem § 780 II kein Vorbehalt erforderlich ist. In Fällen, in denen Vollstreckungsgegenklage noch nicht erhoben wurde, soll der GV gem § 94 S 2 GVGA in erster Linie die Gegenstände pfänden, deren Zuordnung zum Nachlass unzweifelhaft ist. Ist die Haftungsbeschränkung zwischen Gläubiger und Schuldner unstr, ist sie zu berücksichtigen (SchlHA 58, 338; St/J/*Münzberg* Rn 4). In diesem Fall hat sich der Gläubiger auch mit einer auf den Nachlass beschränkten Offenbarungsversicherung zu begnügen; wird dem Erben dennoch eine auch auf sein persönliches Vermögen gerichtete Offenbarungsversicherung abverlangt, hat er die Möglichkeit, nach § 900 IV zu widersprechen, ggf auch im Weg des § 766 vorzugehen.

3 Enthält der Titel nicht nur einen allg Haftungsvorbehalt, sondern beschränkt er die Vollstreckung bereits auf bestimmte, genau beschriebene einzelne Nachlassgegenstände, hat das Vollstreckungsorgan die Haftungsbeschränkung selbst zu beachten; andernfalls kann der Erbe gem § 766 vorgehen. Wird § 781 bei der Vollstreckung nicht beachtet, kann der Gläubiger gem § 766 II vorgehen.

§ 782 Einreden des Erben gegen Nachlassgläubiger. [1]Der Erbe kann auf Grund der ihm nach den §§ 2014, 2015 des Bürgerlichen Gesetzbuchs zustehenden Einreden nur verlangen, dass die Zwangsvollstreckung für die Dauer der dort bestimmten Fristen auf solche Maßregeln beschränkt wird, die zur Vollziehung eines Arrestes zulässig sind. [2]Wird vor dem Ablauf der Frist die Eröffnung des Nachlassinsolvenzverfahrens beantragt, so ist auf Antrag die Beschränkung der Zwangsvollstreckung auch nach dem Ablauf der Frist aufrechtzuerhalten, bis über die Eröffnung des Insolvenzverfahrens rechtskräftig entschieden ist.

1 **A. Normzweck.** § 782 ergänzt die §§ 2014, 2015 BGB sowie § 305 I. Gemäß § 2014 BGB kann der Erbe die Berichtigung einer Nachlassverbindlichkeit bis zum Ablauf der ersten drei Monate nach der Annahme der Erbschaft, allerdings nicht über die Errichtung des Inventars hinaus, verweigern. § 2015 I BGB gibt dem Erben die Möglichkeit, die Berichtigung einer Nachlassverbindlichkeit bis zur Beendigung des Aufgebotsverfahrens zu verweigern, wenn er innerhalb eines Jahres nach Annahme der Erbschaft das Aufgebot der Nachlassgläubiger beantragt und dieser Antrag zwischenzeitlich zugelassen ist. Die Anwendung dieser beiden Vorschriften setzt allerdings gem § 2016 I BGB voraus, dass der Erbe seine Haftung noch beschränken kann. Eine unbeschränkte Haftung ggü einzelnen Nachlassgläubigern ist unbeachtlich. Der Erbe kann diese Einreden, die aufschiebenden Charakter haben, im Erkenntnisverfahren geltend machen. Gemäß § 305 I ist der Vorbehalt der gem §§ 2014, 2015 I BGB beschränkten Erbenhaftung in den Tenor aufzunehmen. Eine sachliche Entscheidung über die Einrede erfolgt nicht; dem Erben ist es gem § 772 iVm §§ 785, 767 vorbehalten, sich auf die Haftungsbeschränkung im Zwangsvollstreckungsverfahren zu berufen.

B. Anwendungsbereich. § 782 gilt sowohl bei der Vollstreckung in den Nachlass als auch bei der Vollstreckung in das eigene Vermögen des Erben (MüKoZPO/*K. Schmidt* Rn 6). § 782 ist nicht nur anzuwenden, wenn der Erbe verurteilt wird, sondern auch dann, wenn die Vollstreckung nach § 779 in den Nachlass fortgesetzt wird oder der Titel nach § 727 gegen den Erben umgeschrieben wurde (MüKoZPO/*K. Schmidt* Rn 4). Die Möglichkeiten des § 782 stehen auch dem Nachlaßverwalter, dem Nachlasspfleger und dem Testamentsvollstrecker zu (St/J/*Münzberg* Rn 4). 2

C. Voraussetzungen. Die Aufnahme des Vorbehalts der gem §§ 2014, 2015 BGB beschränkten Erbenhaftung in das Urt nach § 305 I hindert die Zwangsvollstreckung weder in das eigene Vermögen noch in den Nachlass; der Erbe muss die entspr Einwendungen mit der Klage nach § 767 iVm § 785 geltend machen. Mit der aufschiebenden Einrede kann er der Zwangsvollstreckung nicht uneingeschränkt entgegentreten; er kann lediglich für die Dauer der in §§ 2014, 2015 BGB genannten Fristen verlangen, dass die Vollstreckung auf die Maßnahmen der Arrestvollziehung beschränkt wird. Diese richten sich nach den §§ 930–932. Pfändung und Wegnahme von Sachen sind ebenso wie die Pfändung von Forderungen oder von sonstigen Rechten gestattet; nicht erlaubt ist die Verwertung. Nicht gestattet ist die Räumung nach § 885; auch die Beschlagnahme eines Grundstücks hat zu unterbleiben. Erfolgen kann die Eintragung einer Sicherungshypothek (St/J/*Münzberg* Rn 5, 6). Die durch Urt auszusprechende Beschränkung der Zwangsvollstreckung dauert bis zum Ablauf der in den §§ 2014, 2015 BGB angegebenen Fristen; danach wird die Zwangsvollstreckung ohne weiteres unbeschränkt fortgesetzt (St/J/*Münzberg* Rn 7; Schuschke/Walker/*Raebel* Rn 2). Enden die Fristen der §§ 2014, 2015 BGB vor dem nach §§ 782, 785, 767 ergehenden Urt, ist die Hauptsache erledigt. Der Erbe kann dann immer noch die beschränkte Erbenhaftung nach §§ 781, 785 geltend machen, wenn ihm diese nach § 780 vorbehalten ist und die Aufhebung der Vollstreckungsmaßnahmen in sein eigenes Vermögen verlangen. 3

D. Fristverlängerung nach § 782 S 2. Gemäß § 782 S 2 werden die Fristen der §§ 2014, 2015 BGB für den Fall verlängert, dass die Eröffnung des Nachlassinsolvenzverfahrens innerhalb dieser Fristen beantragt worden ist. Die entspr Verlängerung wird nur auf Antrag gewährt; sie wird ebenfalls durch Klage nach §§ 785, 767 geltend gemacht. Die Verlängerung kann auch iRe noch laufenden Verfahrens gem §§ 782, 785 beantragt werden, und zwar auch dann, wenn bereits ein Urt nach diesen Vorschriften ergangen ist. 4

§ 783 Einreden des Erben gegen persönliche Gläubiger.

In Ansehung der Nachlassgegenstände kann der Erbe die Beschränkung der Zwangsvollstreckung nach § 782 auch gegenüber den Gläubigern verlangen, die nicht Nachlassgläubiger sind, es sei denn, dass er für die Nachlassverbindlichkeiten unbeschränkt haftet.

A. Normzweck. § 783 gibt dem Erben die Möglichkeit, die Einreden der §§ 2014, 2015 BGB (vgl hierzu § 782 Rz 1) auch ggü seinen persönlichen Gläubigern geltend zu machen, wenn diese in den Nachlass vollstrecken. Die Vorschrift bezweckt es, dem Erben ausreichend Zeit zur Inventarerrichtung und zur Prüfung der Frage zu geben, ob er von seinem Recht auf beschränkte Haftung Gebrauch machen soll (Musielak/*Lackmann* Rn 1; Zö/*Stöber* Rn 1). Es soll verhindert werden, dass innerhalb der Fristen der §§ 2014, 2015 BGB der Nachlass von den persönlichen Gläubigern des Erben zu ihrer Befriedigung verwertet wird. Der Nachlass ist Teil des Gesamtvermögens des Erben; grds haftet somit auch der Nachlass für die Eigenverbindlichkeiten des Erben. Das Ziel der §§ 2014, 2015 BGB könnte jedoch verfehlt werden, wenn Eigengläubiger des Erben unbeschränkt auf den Nachlass zugreifen könnten, während Nachlassgläubiger nur unter den Beschränkungen des § 782 vollstrecken könnten (Schuschke/Walker/*Raebel* Rn 1). 1

B. Voraussetzungen, Beweislast. Der Erbe muss die Rechte des § 782 noch geltend machen können. Er darf nicht unbeschränkt für die Nachlassverbindlichkeiten haften. Eine unbeschränkte Haftung ggü einzelnen Nachlassgläubigern allerdings ist unbeachtlich (vgl § 782 Rz 1). Der Erbe muss nachweisen, dass der Gegenstand, auf den sich die Vollstreckung bzw die beabsichtigte Vollstreckung bezieht, zum Nachlass gehört und dass die Fristen der §§ 2014, 2015 BGB noch nicht abgelaufen sind. Dem Gläubiger obliegt dann der Nachweis dafür, dass der Erbe sämtlichen Nachlassgläubigern, zumindest ihm ggü, unbeschränkt haftet und deshalb keine Rechte aus § 783 mehr geltend machen kann (St/J/*Münzberg* Rn 1; Schuschke/Walker/*Raebel* Rn 2). 2

3 **C. Verfahren.** Die Beschränkung der Vollstreckung wird im Weg der Klage nach §§ 785, 767 geltend gemacht. Eines Vorbehalts im Titel, aus dem der Eigengläubiger vollstreckt, bedarf es nicht.

§ 784 Zwangsvollstreckung bei Nachlassverwaltung und -insolvenzverfahren.

(1) **Ist eine Nachlassverwaltung angeordnet oder das Nachlassinsolvenzverfahren eröffnet, so kann der Erbe verlangen, dass Maßregeln der Zwangsvollstreckung, die zugunsten eines Nachlassgläubigers in sein nicht zum Nachlass gehörendes Vermögen erfolgt sind, aufgehoben werden, es sei denn, dass er für die Nachlassverbindlichkeiten unbeschränkt haftet.**

(2) Im Falle der Nachlassverwaltung steht dem Nachlassverwalter das gleiche Recht gegenüber Maßregeln der Zwangsvollstreckung zu, die zugunsten eines anderen Gläubigers als eines Nachlassgläubigers in den Nachlass erfolgt sind.

1 **A. Normzweck.** § 784 I gibt dem Erben die Möglichkeit der Aufhebung von Vollstreckungsmaßnahmen, die in sein persönliches Vermögen wegen Nachlassverbindlichkeiten (zu diesem Begriff vgl § 778 Rz 3) erfolgt sind, wenn Nachlassverwaltung angeordnet oder das Nachlassinsolvenzverfahren eröffnet worden ist. Durch die Nachlassverwaltung wird persönlichen Gläubigern des Erben der Zugriff auf den Nachlass verwehrt. § 784 II gibt dem Nachlassverwalter daher die Möglichkeit, bereits vorhandene Vollstreckungsmaßnahmen persönlicher Gläubiger des Erben in den Nachlass zu beseitigen.

2 **B. Anwendungsbereich, Voraussetzungen. I. § 784 I.** Die Anwendung des § 784 I setzt voraus, dass bei Anordnung der Nachlassverwaltung oder Eröffnung des Nachlassinsolvenzverfahrens die Vollstreckungsmaßnahmen bereits erfolgt sind; die Zwangsvollstreckung darf noch nicht beendet sein. Beginnt die Zwangsvollstreckung wegen Nachlassverbindlichkeiten in das eigene Vermögen des Erben erst nach dem Zeitpunkt der Anordnung der Nachlassverwaltung oder nach der Eröffnung des Nachlassinsolvenzverfahrens, dann kann der Erbe gem §§ 781, 785, 767 vorgehen.

3 § 784 I ist auf die Erschöpfungseinrede gem §§ 1973, 1974 BGB und die Dürftigkeitseinrede der §§ 1990, 1993 BGB entspr anzuwenden (St/J/*Münzberg* Rn 2, 5; Musielak/*Lackmann* Rn 2; Brox/Walker Rn 1387). Die Gleichstellung ist gerechtfertigt. Die Anordnung einer Nachlassverwaltung oder eines Nachlassinsolvenzverfahrens führt dazu, dass der Erbe endgültig beschränkt für die Nachlassverbindlichkeiten haftet, ausgenommen für den Fall, dass bereits eine unbeschränkte Haftung eingetreten ist. Eine endgültige Haftungsbeschränkung erfolgt jedoch auch dann, wenn die Erschöpfungseinrede oder die Dürftigkeitseinrede durchgreift. Es erscheint sinnvoll, diese Sachverhalte, die sämtlich zu einer endgültigen Haftungsbeschränkung führen können, soweit nicht bereits die unbeschränkte Haftung des Erben für die Nachlassverbindlichkeiten eingetreten ist, nicht unterschiedlich zu behandeln.

4 Der Erbe darf die Beschränkungsmöglichkeit noch nicht verloren haben, sonst greift § 784 I nicht ein. Dem Erben, der als Schuldner verurteilt worden ist, muss zudem die Beschränkungsmöglichkeit vorbehalten sein (MüKoZPO/*K. Schmidt* Rn 2).

5 **II. § 784 II.** Ist Nachlassverwaltung gem § 1981 BGB angeordnet, und hat ein persönlicher Gläubiger des Erben Zwangsvollstreckungsmaßnahmen anbringen lassen, kann der Nachlaßverwalter gem § 784 II seinerseits mit der Klage nach §§ 785, 767 die Zwangsvollstreckung für unzulässig erklären und gem § 776 die Vollstreckungsmaßregel aufheben lassen. Hierdurch wird § 1984 II BGB realisiert, wonach Zwangsvollstreckungen und Arreste in den Nachlass zug eines persönlichen Gläubigers des Erben bei Anordnung der Nachlassverwaltung ausgeschlossen sind. Unerheblich ist es in diesem Zusammenhang, ob vorher bereits eine Beschränkung nach § 783 stattgefunden hat (St/J/*Münzberg* Rn 4). Geht allerdings der Nachlaßverwalter nicht nach § 784 II vor, wird die Vollstreckung ohne weiteres – entgegen § 1984 II BGB – fortgesetzt (St/J/*Münzberg* Rn 4; MüKoZPO/*K. Schmidt* Rn 2).

6 Bei Nachlassinsolvenz gilt über das allg Vollstreckungsverbot des § 89 I InsO hinaus § 321 InsO. Danach geben Vollstreckungsmaßnahmen, die in der Zeit zwischen dem Eintritt des Erbfalles und der Eröffnung des Nachlassinsolvenzverfahrens erfolgen, kein Recht zur abgesonderten Befriedigung. Setzt der Gläubiger dennoch die Vollstreckung fort, kann der Insolvenzverwalter die Verletzung des § 321 InsO mit der Erinnerung nach § 766 rügen (Wieczorek/Schütze/*Paulus* Rn 10; Schuschke/Walker/*Raebel* Rn 3).

7 **C. Verfahren, Beweislast, Rechtsbehelfe.** Sowohl dem Erben als auch dem Nachlaßverwalter stehen nach § 784 die Klagemöglichkeiten der §§ 785, 767 zur Verfügung. Die Klage ist auf Aufhebung der Zwangsvollstreckung – und zwar in den Gegenstand, auf den sich die Vollstreckungsmaßnahme bezieht – zu richten.

Den Erben trifft die Beweislast dafür, dass eine Nachlassverbindlichkeit vorliegt und dass der Vollstreckungsgegenstand nicht zum Nachlass gehört. Der Gläubiger dagegen hat den Nachweis dafür zu erbringen, dass einer der Fälle vorliegt, in dem der Erbe unbeschränkt haftet (St/J/*Münzberg* Rn 2; MüKoZPO/*K. Schmidt* § 785 Rn 4). Der Nachlaßverwalter hat darzulegen und nachzuweisen, dass es sich um einen zum Nachlass gehörenden Vollstreckungsgegenstand handelt und dass der Gläubiger ein persönlicher Gläubiger des Erben ist (MüKoZPO/*K. Schmidt* § 785 Rn 5). 8

Die Klagen nach § 784 I, II sind zweckmäßigerweise, damit eine Aufhebung der Vollstreckungsmaßregeln gem § 776 iVm § 775 I 1 erfolgen kann, auf Unzulässigkeit der Zwangsvollstreckung zu richten (vgl Kommentierung zu § 785). Anders ist es, wenn das Prozessgericht selbst gleichzeitig Vollstreckungsorgan und für die Aufhebung zuständig ist (St/J/*Münzberg* Rn 3). Das Urt ist, um die Aufhebung der Vollstreckungsmaßregeln zu gewähren, für vorläufig vollstreckbar zu erklären, § 775 I 1. 9

§ 785 Vollstreckungsabwehrklage des Erben. **Die auf Grund der §§ 781 bis 784 erhobenen Einwendungen werden nach den Vorschriften der §§ 767, 769, 770 erledigt.**

A. Normzweck. § 785 betrifft die Beschränkung der Erbenhaftung gem § 781, die vorläufigen Einreden des Erben gegen die Nachlassgläubiger gem § 782, die vorläufigen Einreden des Erben gegen die persönlichen Gläubiger gem § 783 und die Aufhebung von Vollstreckungsmaßnahmen im Fall von Nachlassverwaltung und Nachlassinsolvenz des § 784. § 785 gibt dem Erben – ebenso dem Testamentsvollstrecker, dem Nachlassverwalter und dem Erbschaftskäufer – die Möglichkeit, die in den genannten Paragrafen niedergelegten Einwendungen im Weg der Vollstreckungsabwehrklage nach § 767 geltend zu machen. § 785 gilt zudem gem § 786 für weitere Fälle der Haftungsbeschränkung, nämlich die §§ 1480, 1489, 1504, 1629a, 2187 BGB. 1

B. Klagemöglichkeiten, Anträge. I. Allgemeines (§§ 781, 782, 783). § 785 verweist ausschl auf die Möglichkeiten der Vollstreckungsabwehrklage; dies wird als problematisch angesehen. Zum einen soll die Vollstreckbarkeit des Titels auf die der Haftung unterliegende Vermögensmasse beschränkt werden, dies in den Fällen der §§ 781, 782, 783. Hier zielt die Klage auf den Titel unmittelbar. Die Klage ist darauf gerichtet, die Vollstreckung einzuschränken, wenn auch tw, wie iRd § 782 und § 783, nur für einen bestimmten Zeitraum. Hier ist die Vollstreckungsabwehrklage der gegebene Weg. Der Klageantrag ist im Fall des § 781 auf die Unzulässigkeit der Zwangsvollstreckung in das nicht zum Nachlass gehörende Vermögen des Erben zu richten, im Fall des § 782 darauf, dass die Vollstreckung aus dem zugrundeliegenden Titel bis zum Ablauf der in §§ 2014, 2015 BGB genannten und genau zu bezeichnenden Fristen für unzulässig erklärt wird, soweit sie über die zur Vollziehung des Arrestes erforderlichen Maßnahmen hinaus geht; im Hinblick auf § 783 geht der Antrag dahin, dass die Vollstreckung in das zum Nachlass gehörende Vermögen bis zum Ablauf der in §§ 2014, 2015 BGB bezeichneten Fristen insoweit für unzulässig erklärt wird, als sie über die zur Vollziehung des Arrestes erforderlichen Maßnahmen hinausgeht. Die §§ 781–783 geben dem Erben jedoch die Möglichkeit, sich auch mit Einwendungen gegen eine bestimmte Vollstreckungsmaßnahme zu wenden; in derartigen Fällen wäre an sich die Drittwiderspruchsklage die richtige Form. Greift § 781 ein, müsste die Klage darauf gerichtet werden, die Zwangsvollstreckung in einen bestimmten, zum persönlichen Vermögen des Erben gehörenden Gegenstand für unzulässig zu erklären; im Fall des § 782 wäre der Antrag darauf zu richten, die Vollstreckung in einen bestimmten, zu bezeichnenden Gegenstand bis zum Ablauf der Fristen der §§ 2014, 2015 BGB für unzulässig zu erklären, soweit sie über die zur Vollziehung des Arrestes erforderlichen Maßnahmen hinaus geht. Im Fall des § 783 lautet der Antrag dahingehend, die Zwangsvollstreckung in einen bestimmten zum Nachlass gehörenden Gegenstand für unzulässig zu erklären, dies ebenfalls bis zum Ablauf der in den §§ 2014, 2015 BGB genannten Fristen und soweit sie über die zur Vollziehung des Arrestes erforderlichen Maßnahmen hinausreicht. 2

Ist bereits ein bestimmter Gegenstand von der Zwangsvollstreckung betroffen, ist es zweckmäßig, sowohl die Unzulässigkeit der Vollstreckung bzw deren Verwertung zu beantragen, gleichzeitig jedoch den Antrag zu stellen, dass die Zwangsvollstreckung in einen bestimmten Gegenstand bzw dessen Verwertung als unzulässig bezeichnet wird (vgl BGH WM 72, 363, 364). Es empfiehlt sich, beide Klagen im Weg der Klagehäufung nach § 260 geltend zu machen. Der Übergang von einem Antrag zum anderen während des Verfahrens ist Klageänderung (MüKoZPO/*K. Schmidt* Rn 7; Baur/Stürner/Bruns Rn 20.8 f), der man allerdings die Sachdienlichkeit nicht absprechen könnte. Hat der Kl seine Klage auf die Unzulässigkeit der Vollstreckung in den konkreten Gegenstand beschränkt, muss er, wird ein weiterer Gegenstand gepfändet, welcher zu der jew geschützten Vermögensmasse gehört, erneut Klage erheben; es müssen dann sämtliche Voraus- 3 setzungen des § 785 neu festgestellt werden. Dies ist nicht erforderlich, wenn die Klage sich von vornherein auch auf die Unzulässigkeit der Zwangsvollstreckung in die entspr Vermögensmasse bezieht (MüKoZPO/*K. Schmidt* Rn 20).

4 **II. § 784.** § 784 I betrifft die bereits erfolgte Zwangsvollstreckung in einen konkreten Gegenstand. Der Erbe kann die Aufhebung von Vollstreckungsmaßnahmen verlangen, die wegen Nachlassverbindlichkeiten in sein eigenes Vermögen vorgenommen worden sind; dem Nachlaßverwalter steht das Recht zu, die Aufhebung von Vollstreckungsmaßnahmen zu fordern, die zug eines persönlichen Gläubigers in den Nachlass erfolgt sind. In beiden Fällen handelt es sich um eine Form der Drittwiderspruchsklage (MüKoZPO/*K. Schmidt* Rn 14; Musielak/*Lackmann* Rn 2). Der Antrag muss dahin gehen, die Zwangsvollstreckung in den konkret zu benennenden Gegenstand für unzulässig zu erklären.

5 **C. Sonstiges. I. Klage nach § 767 und Rechtsmittel.** Die Klage nach §§ 785, 767 ist bereits dann zulässig, wenn gegen das Urt im Erkenntnisverfahren Berufung eingelegt wurde (Frankf NJW-RR 92, 31, 32). Zwar schließt ein bereits eingelegtes Rechtsmittel gegen den Titel das Rechtsschutzbedürfnis für eine Vollstreckungsgegenklage aus, weil auch im Rechtsmittelverfahren der Bestand der Forderung überprüft wird (vgl § 767 Rz 11); dies gilt aber nicht für den Vorbehalt der beschränkten Haftung, da das Prozessgericht sich ohne weitere sachliche Nachprüfung mit dem Ausspruch des Vorbehalts nach § 780 begnügen kann und idR auch begnügt.

6 **II. Anwendbarkeit des § 767 II.** § 767 II gilt nicht, da § 780 eine Spezialregelung enthält (St/J/*Münzberg* Rn 1; Musielak/*Lackmann* Rn 6; Schuschke/Walker/*Raebel* Rn 3; aA Zö/*Stöber* Rn 4). Der Erbe ist nicht durch § 767 II gehindert, Tatsachen vorzutragen, mit denen er in Ausübung eines Vorbehalts nach § 780 die in den §§ 781–784 genannten Einwendungen konkretisiert. § 767 III ist anwendbar. Diese Vorschrift gilt nicht nur für vorausgegangene Vollstreckungsabwehrklagen, sondern auch dann, wenn der Gläubiger gegen den Erben in Zusammenhang mit der Vollstreckungsklausel nach § 731 bzw der Erbe gegen den Gläubiger nach § 768 geklagt hat, oder wenn das Prozessgericht die geltend gemachte Haftungsbeschränkung bereits abschließend geprüft und verneint hat (Schuschke/Walker/*Raebel* Rn 3).

7 **D. Verfahren. I. Zuständigkeit.** Zuständig ist gem § 767 I das Prozessgericht des ersten Rechtszuges, dies auch dann, wenn sich die Klage gegen eine konkrete Vollstreckungsmaßnahme richtet (MüKoZPO/*K. Schmidt* Rn 8).

8 **II. Einstweilige Anordnungen.** § 785 verweist auch auf die §§ 769, 770; es besteht damit die Möglichkeit für das Prozessgericht, sowohl durch Beschl als auch im Urt einstweilige Anordnungen zu treffen.

9 **E. Kosten/Gebühren. I. Gericht.** Es wird eine 3,0-Gebühr nach Nr 1210 KV erhoben. Es besteht Vorauszahlungspflicht nach § 12 I GKG. Siehe § 253 Rz 22.

10 **II. Anwalt.** Für den Anwalt entstehen die Gebühren des erstinstanzlichen Verfahrens (s. § 253 Rz 23).

§ 786 Vollstreckungsabwehrklage bei beschränkter Haftung.

(1) Die Vorschriften des § 780 Abs. 1 und der §§ 781 bis 785 sind auf die nach § 1489 des Bürgerlichen Gesetzbuchs eintretende beschränkte Haftung, die Vorschriften des § 780 Abs. 1 und der §§ 781, 785 sind auf die nach den §§ 1480, 1504, 1629a, 2187 des Bürgerlichen Gesetzbuchs eintretende beschränkte Haftung entsprechend anzuwenden.

(2) Bei der Zwangsvollstreckung aus Urteilen, die bis zum Inkrafttreten des Minderjährigenhaftungsbeschränkungsgesetzes vom 25. August 1998 (BGBl. I S. 2487) am 1. Juli 1999 ergangen sind, kann die Haftungsbeschränkung nach § 1629a des Bürgerlichen Gesetzbuchs auch dann geltend gemacht werden, wenn sie nicht gemäß § 780 Abs. 1 dieses Gesetzes im Urteil vorbehalten ist.

1 **A. Normzweck.** Durch § 786 werden die Vorschriften über die beschränkte Erbenhaftung gem § 780–785 auf weitere Fälle ausgedehnt, in denen es dem Schuldner gestattet ist, seine Haftung zu beschränken.

2 **B. Anwendungsbereich. I. Fortgesetzte Gütergemeinschaft nach § 1489 BGB.** Nach § 1489 BGB haftet der überlebende Ehegatte persönlich bei fortgesetzter Gütergemeinschaft; er hat allerdings die Möglichkeit, unter den Voraussetzungen des § 1489 II BGB die Haftung wie ein Erbe zu beschränken. § 1489 II BGB verweist ausdrücklich auf die entspr Anwendung der für die Haftung des Erben für Nachlassverbindlichkeiten

geltenden Vorschriften und bestimmt, dass an die Stelle des Nachlasses das Gesamtgut tritt. Die §§ 780 I und 781–785 sind entspr anzuwenden. Der überlebende Ehegatte kann seine Haftung durch Gesamtgutverwaltung, Gesamtgutinsolvenz nach § 331 I InsO, die Unzulänglichkeits- bzw Dürftigkeitseinrede, jedoch auch mit den Einreden entspr §§ 2014, 2015 BGB beschränken. Tritt Gesamtgutverwaltung oder Gesamtinsolvenz ein, kann er gem § 784 die Aufhebung bereits ergriffener Vollstreckungsmaßnahmen verlangen. Diese Beschränkungen kann er nur geltend machen, wenn er sich diese in dem der Vollstreckung zugrunde liegenden Titel bereits gem § 305 II hat vorbehalten lassen. Die Haftungsbeschränkung ist durch Vollstreckungsabwehrklage geltend zu machen, wie die Bezugnahme auf §§ 781, 785 ergibt. Entsprechend den Hinweisen auf §§ 782, 783 kann der überlebende Ehegatte auch die vorläufigen Einreden im Verfahren geltend machen, die dem Erben zustehen.

II. Weitere Fälle der Haftungsbeschränkung. 1. Einzelfälle. § 780 I und §§ 781, 785 sind auch auf die nach den §§ 1480, 1504, 1629a, 2187 BGB eintretende beschränkte Haftung entspr anzuwenden. § 1480 BGB betrifft die Haftung des Ehegatten, für den bei Teilung des Gesamtgutes vor Berichtigung der Gesamtgutverbindlichkeiten zum Zeitpunkt der Teilung eine derartige Haftung nicht bestand; seine Haftung beschränkt sich auf die ihm zugeteilten Gegenstände. Gemäß § 1504 BGB sind die anteilsberechtigten Abkömmlinge, soweit sie nach § 1480 BGB den Gesamtgutgläubigern haften, im Verhältnis zueinander nach der Größe ihres Anteils an dem Gesamtgut verpflichtet; die Verpflichtung beschränkt sich ebenfalls auf die ihnen zugeteilten Gegenstände. § 1629a BGB regelt die Haftung Minderjähriger aus Rechtsgeschäften ihrer gesetzlichen Vertreter oder aus eigenen Rechtsgeschäften gem §§ 107, 108, 111 BGB oder aus Erwerb vTw; diese Haftung ist auf den Bestand des bis zur Volljährigkeit vorhandenen Vermögens beschränkt. § 2187 BGB bestimmt, dass ein Hauptvermächtnisnehmer, der selbst mit einem Vermächtnis oder mit einer Auflage beschwert ist, nur mit dem haftet, was er aus dem Vermächtnis erhält. Auch diese Haftungsbeschränkungen können im Vollstreckungsverfahren, wie der Hinweis auf § 780 I belegt, nur geltend gemacht werden, wenn sie im Urt vorbehalten sind; auch hier ist gem §§ 781, 785 Vollstreckungsabwehrklage zu erheben. 3

2. § 786 II. Für die Haftungsbeschränkung des § 1629a BGB gilt § 786 II; dieser dient dem Schutz des minderjährigen Schuldners, der aus Alttiteln haftet. Wird der Minderjährige noch vor Urteilserlass volljährig, muss er die Haftungsbeschränkung nach § 1629a BGB noch vor Urteilserlass einredeweise geltend machen (AG Siegburg FamRZ 10, 1928). Bei Zwangsvollstreckung aus Titeln, die bis zum Inkrafttreten des Minderjährigen-Haftungsbeschränkungsgesetzes v 25.8.98 ergangen sind, ist der Vorbehalt nicht erforderlich, um die Haftungsbeschränkung auch im Vollstreckungsverfahren geltend zu machen. 4

3. § 419 BGB aF. Bis zum 31.12.98 galt § 419 BGB aF; danach haftete derjenige, der das Vermögen eines anderen durch Vertrag übernahm, für dessen Verbindlichkeiten, wobei die Haftung auf das übernommene Vermögen beschränkt war. Die Fassung des § 786 vor dessen Änderung durch Art 16 Nr 6 EGInsO führte noch die Vorschrift des § 419 BGB aF neben den §§ 1480, 1504, 1629a, 2187 BGB auf. Auf bis zum 31.12.98 erfolgte Vermögensübernahmen ist § 786 noch anzuwenden (MüKoZPO/*K. Schmidt* § 786 Rn 1). 5

C. Analogien. Eine analoge Anwendung des § 786 auf ähnl gelagerte und nicht ausdrücklich geregelte Fälle, in denen der Schuldner den Zugriff des Gläubigers auf einzelne Vermögensgegenstände oder ein Sondervermögen zu dulden hat, wird überwiegend befürwortet (Hamm VersR 02, 889; St/J/*Münzberg* Rn 9 ff; MüKoZPO/*K. Schmidt* Rn 9 ff). Eine entspr Anwendung des § 786 kann allerdings nur in den Fällen in Betracht kommen, in denen die beschränkte Haftung für eine Leistungspflicht durch nachträgliche Ereignisse eintritt. Ist dem Gläubiger von vornherein nur der Zugriff auf bestimmte Vermögensstücke oder auf ein Sondervermögen gestattet, scheidet ein Vorbehalt im Urt entspr §§ 780, 786 aus; der Schuldner muss diese Beschränkungen bereits im Erkenntnisverfahren geltend machen (St/J/*Münzberg* Rn 9 ff; MüKoZPO/*K. Schmidt* Rn 8 ff; aA Hamm VersR 02, 889 für einen beschränkt haftenden BGB-Gesellschafter). Die entspr Anwendbarkeit des § 786 für die Mitglieder eines nicht wirtschaftlichen und nicht rechtsfähigen Vereins, die zur Leistung aus dem Vereinsvermögen verurteilt worden sind, kann bejaht werden (zweifelnd MüKoZPO/*K. Schmidt* Rn 11). 6

§ 786a See- und binnenschifffahrtsrechtliche Haftungsbeschränkung. **(1) Die Vorschriften des § 780 Abs. 1 und des § 781 sind auf die nach § 486 Abs. 1, 3, §§ 487 bis 487d des Handelsgesetzbuchs oder nach den §§ 4 bis 5m des Binnenschifffahrtsgesetzes eintretende beschränkte Haftung entsprechend anzuwenden.**

(2) [1]Ist das Urteil nach § 305a unter Vorbehalt ergangen, so gelten für die Zwangsvollstreckung die folgenden Vorschriften:

1. **[1]Wird die Eröffnung eines Seerechtlichen oder eines Binnenschifffahrtsrechtlichen Verteilungsverfahrens nach der Schifffahrtsrechtlichen Verteilungsordnung beantragt, an dem der Gläubiger mit dem Anspruch teilnimmt, so entscheidet das Gericht nach § 5 Abs. 3 der Schifffahrtsrechtlichen Verteilungsordnung über die Einstellung der Zwangsvollstreckung; nach Eröffnung des Seerechtlichen Verteilungsverfahrens sind die Vorschriften des § 8 Abs. 4 und 5 der Schifffahrtsrechtlichen Verteilungsordnung, nach Eröffnung des Binnenschifffahrtsrechtlichen Verteilungsverfahrens die Vorschriften des § 8 Abs. 4 und 5 in Verbindung mit § 41 der Schifffahrtsrechtlichen Verteilungsordnung anzuwenden.**
2. **[1]Ist nach Artikel 11 des Haftungsbeschränkungsübereinkommens (§ 486 Abs. 1 des Handelsgesetzbuchs) von dem Schuldner oder für ihn ein Fonds in einem anderen Vertragsstaat des Übereinkommens errichtet worden, so sind, sofern der Gläubiger den Anspruch gegen den Fonds geltend gemacht hat, die Vorschriften des § 50 der Schifffahrtsrechtlichen Verteilungsordnung anzuwenden. [2]Hat der Gläubiger den Anspruch nicht gegen den Fonds geltend gemacht oder sind die Voraussetzungen des § 50 Abs. 2 der Schifffahrtsrechtlichen Verteilungsordnung nicht gegeben, so werden Einwendungen, die auf Grund des Rechts auf Beschränkung der Haftung erhoben werden, nach den Vorschriften der §§ 767, 769, 770 erledigt; das Gleiche gilt, wenn der Fonds in dem anderen Vertragsstaat erst bei Geltendmachung des Rechts auf Beschränkung der Haftung errichtet wird.**
3. **[1]Ist von dem Schuldner oder für diesen ein Fonds in einem anderen Vertragsstaat des Straßburger Übereinkommens über die Beschränkung der Haftung in der Binnenschifffahrt – CLNI (BGBl. 1988 II S. 1643) errichtet worden, so ist, sofern der Gläubiger den Anspruch gegen den Fonds geltend gemacht hat, § 52 der Schifffahrtsrechtlichen Verteilungsordnung anzuwenden. [2]Hat der Gläubiger den Anspruch nicht gegen den Fonds geltend gemacht oder sind die Voraussetzungen des § 52 Abs. 3 der Schifffahrtsrechtlichen Verteilungsordnung nicht gegeben, so werden Einwendungen, die auf Grund des Rechts auf Beschränkung der Haftung nach den §§ 4 bis 5 m des Binnenschifffahrtsgesetzes erhoben werden, nach den Vorschriften der §§ 767, 769, 770 erledigt; das Gleiche gilt, wenn der Fonds in dem anderen Vertragsstaat erst bei Geltendmachung des Rechts auf Beschränkung der Haftung errichtet wird.**

(3) Ist das Urteil eines ausländischen Gerichts unter dem Vorbehalt ergangen, dass der Beklagte das Recht auf Beschränkung der Haftung geltend machen kann, wenn ein Fonds nach Artikel 11 des Haftungsbeschränkungsübereinkommens oder nach Artikel 11 des Straßburger Übereinkommens über die Beschränkung der Haftung in der Binnenschifffahrt errichtet worden ist oder bei Geltendmachung des Rechts auf Beschränkung der Haftung errichtet wird, so gelten für die Zwangsvollstreckung wegen des durch das Urteil festgestellten Anspruchs die Vorschriften des Absatzes 2 entsprechend.

1 **A. Normzweck, Voraussetzungen.** § 786a betrifft die in den §§ 486 I, III, 487–487 d HGB und §§ 4–5m des BinSchG geregelten Haftungsbeschränkungen für seerechtliche und binnenschifffahrtsrechtliche Forderungen in der Zwangsvollstreckung. § 786a I erklärt insoweit die §§ 780 I, 781 für entspr anwendbar.

2 Auch hier hat der Schuldner die Möglichkeit, die Haftungsbeschränkung gem § 305a II im Titel herbeizuführen; nur dann kann er die Haftungsbeschränkung in der Zwangsvollstreckung geltend machen, wie die Verweisung auf § 780 I ergibt. Die Haftungsbeschränkung ist vom Schuldner nach § 781 geltend zu machen. § 786a I verweist zwar nicht ausdrücklich auch auf § 785; auch iRd see- und binnenschifffahrtsrechtlichen Haftungsbeschränkungen sind die Einwendungen des Schuldners jedoch gem dieser Vorschrift im Weg der Vollstreckungsgegenklage zu erheben (MüKoZPO/*K. Schmidt* Rn 2).

3 **B. Haftungsbeschränkungen nach § 305a II.** Die Haftungsbeschränkung nach § 305a II Nr 1, 2 setzt voraus, dass ein Fonds nach dem Haftungsbeschränkungsübereinkommen oder nach § 5d des BinSchG errichtet worden ist oder bei Geltendmachung des Rechts auf Beschränkung der Haftung errichtet wird.

I. § 786a II 1. Die Errichtung und Verteilung eines Fonds im Inland richtet sich nach der Schifffahrtsrechtlichen Verteilungsordnung (SVertO). Wird die Eröffnung eines See- oder Binnenschifffahrtsrechtlichen Verteilungsverfahrens 25.7.86 idF v. 23.3.99 (BGBl I, 530; 2000 I, 149) beantragt und nimmt der Gläubiger daran teil, kann nach § 786a II 1 zunächst eine Einstellung der Zwangsvollstreckung gem § 5 III SVertO gegen oder ohne Sicherheitsleistung bis zur Dauer von drei Monaten angeordnet werden. Hierüber entscheidet gem § 2 I SVertO das AG, beim dem das Schiffsregister geführt wird. Nach Eröffnung des Seerechtlichen Verteilungsverfahrens ist die Vollstreckung wegen sämtlicher an dem Verfahren teilnehmenden Ansprüche bis zur Aufhebung oder Einstellung des Verteilungsverfahrens nicht mehr zulässig. Mit Errichtung des Fonds beschränkt sich die Haftung für sämtliche Ansprüche, für die das Verteilungsverfahren eröffnet worden ist, auf die eingezahlte Haftungssumme; entspr Ansprüche können gem § 8 I, II 1 SVertO nur noch im Verteilungsverfahren verfolgt werden. Die Zwangsvollstreckung wegen dieser Ansprüche bleibt unzulässig, bis das Verfahren aufgehoben oder eingestellt wird, § 8 IV 1 SVertO. Die Unzulässigkeit der Zwangsvollstreckung ist nach Eröffnung des Verteilungsverfahrens im Weg der Klage bei dem Prozessgericht des ersten Rechtszuges geltend zu machen, § 8 IV 2, V SVertO, im Binnenschifffahrtsrechtlichen Verteilungsverfahren iVm den Maßgaben des § 41 SVertO. 4

II. § 786a II 2. Diese Vorschrift betrifft den Fall, dass der Fonds nach dem Seerechtlichen Haftungsbeschränkungsübereinkommen vom 19.11.76 (BGBl II 86, 786) idF v 2.5.96 (BGBl II 00, 790) in einem anderen Vertragsstaat und nicht im Inland errichtet worden ist. § 786a II 2 nennt für diesen Fall zwei Alternativen. Wenn der Gläubiger den Anspruch gegen den Fonds geltend gemacht hat, sind § 50 SVertO und damit die Vorschriften des § 8 IV, V SVertO entspr anzuwenden. Die Unzulässigkeit der Zwangsvollstreckung ist dann im Weg der Klage geltend zu machen; die einstweilige Einstellung der Zwangsvollstreckung kann angeordnet werden. Macht der Gläubiger den Anspruch nicht ggü den in einem anderen Vertragsstaat errichteten Fonds geltend oder schließt § 50 II SVertO die Geltendmachung der Haftungsbeschränkung aus, so bspw dann, wenn der Anspruch gegen den Fonds vor dem ihn verwaltenden Gericht nicht geltend gemacht werden kann, wenn der Fonds für den Anspruch nicht tatsächlich zur Verfügung steht oder wenn er nicht frei transferierbar ist, dann gelten die §§ 767, 769, 770. Gleiches gilt, wenn der Fonds in dem anderen Vertragsstaat bei Beginn der Zwangsvollstreckung noch nicht errichtet war, sondern erst bei Geltendmachung des Rechts auf Beschränkung der Haftung errichtet wird. 5

III. § 786a II 3. § 786a II 3 enthält eine § 786a II 2 entspr binnenschifffahrtsrechtliche Parallelregelung; maßgeblich ist hier das Straßburger Übereinkommen über die Beschränkung der Haftung in der Binnenschifffahrt (BGBl II 89, 1643). In derartigen Fällen findet § 41 iVm § 8 IV, V SVertO nach § 52 I 1 SVertO Anwendung, wenn der Gläubiger einen Anspruch gegen den Fonds geltend macht. Unterlässt er dies oder sind die Voraussetzungen des § 52 III SVertO nicht gegeben, gelten auch hier die §§ 767, 769, 770. 6

C. § 786a III. Diese Vorschrift regelt den Fall der Verurteilung durch ein ausl Gericht unter dem Vorbehalt, dass der Bekl das Recht auf Beschränkung der Haftung geltend machen kann, wenn ein Fonds nach dem Haftungsbeschränkungsübereinkommen oder nach dem Straßburger Übereinkommen errichtet worden ist oder bei Geltendmachung des Rechts auf Beschränkung der Haftung errichtet wird. In diesem Fall gelten für die Zwangsvollstreckung die Vorschriften des § 786a II entspr. Anstelle des Prozessgerichts des ersten Rechtszugs ist das Gericht zuständig, welches das Vollstreckungsurteil erlassen hat oder welches aufgrund staatsvertraglicher Regelungen die Vollstreckung zugelassen hat. 7

§ 787 Zwangsvollstreckung bei herrenlosem Grundstück oder Schiff.

(1) Soll durch die Zwangsvollstreckung ein Recht an einem Grundstück, das von dem bisherigen Eigentümer nach § 928 des Bürgerlichen Gesetzbuchs aufgegeben und von dem Aneignungsberechtigten noch nicht erworben worden ist, geltend gemacht werden, so hat das Vollstreckungsgericht auf Antrag einen Vertreter zu bestellen, dem bis zur Eintragung eines neuen Eigentümers die Wahrnehmung der sich aus dem Eigentum ergebenden Rechte und Verpflichtungen im Zwangsvollstreckungsverfahren obliegt.
(2) Absatz 1 gilt entsprechend, wenn durch die Zwangsvollstreckung ein Recht an einem eingetragenen Schiff oder Schiffsbauwerk geltend gemacht werden soll, das von dem bisherigen Eigentümer nach § 7 des Gesetzes über Rechte an eingetragenen Schiffen und Schiffsbauwerken vom 15. November 1940 (RGBl. I S. 1499) aufgegeben und von dem Aneignungsberechtigten noch nicht erworben worden ist.

1 **A. Normzweck.** § 787 befasst sich mit der Zwangsvollstreckung in herrenlose Grundstücke, § 787 I, und Schiffe oder Schiffsbauwerke, § 787 II.

2 **B. Anwendungsbereich.** Nach dieser Vorschrift ist ein Vertreter zu bestellen, wenn durch die Zwangsvollstreckung ein Recht an einem Grundstück oder an einem eingetragenen Schiff oder Schiffsbauwerk geltend gemacht werden soll, das von dem bisherigen Eigentümer aufgegeben und von dem Aneignungsberechtigten noch nicht erworben worden ist. Gemäß § 99 I 1 LuftfzRG gilt § 787 in gleicher Weise für Luftfahrzeuge. Nicht anwendbar ist § 787 auf einen Miteigentumsanteil an einem Grundstück; ein solcher kann nicht entspr § 928 I BGB durch Verzicht aufgegeben werden (BGHZ 115, 1, 7 ff); dies gilt in gleicher Weise für das Erbbaurecht, § 11 I ErbbauRG. Die an dem Grundstück, Schiff, Schiffsbauwerk oder Luftfahrzeug durch Zwangsvollstreckung geltend zu machenden Rechte umfassen zwangsläufig nur dingliche Rechte.

3 **C. Funktion des Vertreters, Verfahren.** Der Vertreter hat die sich aus dem Eigentum ergebenden Rechte und Verpflichtungen in bezug auf das Vollstreckungsverfahren wahrzunehmen; er handelt in eigenem Namen. Ein gegen den bisherigen Eigentümer ergangener Titel muss gem § 727 auf ihn umgeschrieben werden (St/J/*Münzberg* Rn 3). Er ist berechtigt, im Zwangsvollstreckungsverfahren sämtliche möglichen Rechtsbehelfe einzulegen (St/J/*Münzberg* Rn 4; Schuschke/Walker/*Raebel* Rn 2).

4 § 787 ergänzt § 58. Ist bereits ein Vertreter nach § 58 I, II bestellt, erübrigt sich eine Vertreterbestellung nach § 787. Die Bestellung des Vertreters erfolgt auf Antrag des Gläubigers; zuständig ist das Vollstreckungsgericht, somit gem § 764 II das AG, in dessen Bezirk das Vollstreckungsverfahren stattfinden soll oder stattgefunden hat. Die Entscheidung trifft gem § 20 Nr 17 RPflG der Rechtspfleger. Sie unterliegt der sofortigen Beschwerde nach § 793 iVm § 11 I RPflG und nicht der Erinnerung. Die Bestellung des Vertreters oder auch die Ablehnung der Bestellung ist immer als Entscheidung anzusehen und nicht als Vollstreckungsmaßnahme (St/J/*Münzberg* § 767 Rn 5; MüKoZPO/*K. Schmidt* § 767 Rn 5).

§ 788 Kosten der Zwangsvollstreckung.

(1) [1]Die Kosten der Zwangsvollstreckung fallen, soweit sie notwendig waren (§ 91), dem Schuldner zur Last; sie sind zugleich mit dem zur Zwangsvollstreckung stehenden Anspruch beizutreiben. [2]Als Kosten der Zwangsvollstreckung gelten auch die Kosten der Ausfertigung und der Zustellung des Urteils. [3]Soweit mehrere Schuldner als Gesamtschuldner verurteilt worden sind, haften sie auch für die Kosten der Zwangsvollstreckung als Gesamtschuldner; § 100 Abs. 3 und 4 gilt entsprechend.

(2) [1]Auf Antrag setzt das Vollstreckungsgericht, bei dem zum Zeitpunkt der Antragstellung eine Vollstreckungshandlung anhängig ist, und nach Beendigung der Zwangsvollstreckung das Gericht, in dessen Bezirk die letzte Vollstreckungshandlung erfolgt ist, die Kosten gemäß § 103 Abs. 2, den §§ 104, 107 fest. [2]Im Falle einer Vollstreckung nach den Vorschriften der §§ 887, 888 und 890 entscheidet das Prozessgericht des ersten Rechtszuges.

(3) Die Kosten der Zwangsvollstreckung sind dem Schuldner zu erstatten, wenn das Urteil, aus dem die Zwangsvollstreckung erfolgt ist, aufgehoben wird.

(4) Die Kosten eines Verfahrens nach den §§ 765a, 811a, 811b, 813b, 829, 850k, 850l, 851a und 851b kann das Gericht ganz oder teilweise dem Gläubiger auferlegen, wenn dies aus besonderen, in dem Verhalten des Gläubigers liegenden Gründen der Billigkeit entspricht.

1 **A. Allgemeines.** § 788 regelt die Kosten der Zwangsvollstreckung.

In Abs 1 wird zunächst der **Grundsatz der Erstattungspflicht** aufgestellt. Danach sind die Kosten der Zwangsvollstreckung vom Schuldner zu zahlen, soweit sie notwendig waren, wobei hinsichtlich der Notwendigkeit auf § 91 Bezug genommen wird.

Die Kosten der Zwangsvollstreckung müssen nicht – wie die Kosten des Rechtsstreits – gesondert festgesetzt und tituliert werden; sie können vielmehr **zusammen mit dem Hauptsachetitel beigetrieben** werden. Unabhängig davon können die Kosten der Zwangsvollstreckung auch **gesondert festgesetzt** werden (Abs 2). Die Festsetzung erfolgt dann nach Abs 2 iVm §§ 103 ff durch das Vollstreckungsgericht. Die Festsetzung ist dann erforderlich, wenn eine Beitreibung zusammen mit dem Hauptsachetitel ausscheidet, etwa wenn lediglich Vorbereitungskosten geltend gemacht werden oder wenn der Gläubiger eine Verzinsung seiner Kosten erreichen will. Die Festsetzung bietet sich auch dann an, wenn die Notwendigkeit strittig ist. Zudem unterbricht die Titulierung den Ablauf der Verjährung.

In Abs 3 ist ein **Erstattungsanspruch des Schuldners** geregelt. Wird der Vollstreckungstitel aufgehoben, sind die Kosten der Zwangsvollstreckung dem Schuldner zu ersetzen (Abs 3).

Darüber hinaus regelt Abs 4 die Möglichkeit einer **Kostenentscheidung in bestimmten Zwangsvollstreckungsverfahren**, so dass dort also dann abw von dem Grundsatz des Abs 1 S 1 nicht der Schuldner, sondern der Gläubiger die Kosten des Verfahrens zu tragen hat.

B. Kostenpflicht des Schuldners. Grundsätzlich hat der Schuldner die Kosten der Zwangsvollstreckung zu tragen, vorausgesetzt, sie waren notwendig. Eine eventuelle Kostenquotierung in dem zugrunde liegenden Titel gilt nicht für die Kosten der Zwangsvollstreckung. Eine Kostenentscheidung im zugrundeliegenden Vollstreckungstitel (Urt, Vergleich oder Beschl) ist insoweit für die Kosten der Zwangsvollstreckung unbeachtlich. 2

Hinsichtlich der Notwendigkeit verweist das Gesetz in Abs 1 S 1 auf § 91, so dass die dortigen Grundsätze auch auf § 788 zu übertragen sind. So ist insb die Hinzuziehung eines Anwalts iRd Zwangsvollstreckung notwendig (§ 91 II). Anwaltskosten sind daher immer zu ersetzen. Des Weiteren zählen zu den notwendigen Kosten insb Gerichts- und Gerichtsvollzieherkosten.

Darüber hinaus zählen nach Abs 1 S 2 zu den Kosten der Zwangsvollstreckung auch die Kosten der Ausfertigung und Zustellung des Urteils, soweit hierdurch besondere Kosten ausgelöst werden.

Nicht notwendig können die Kosten einer Zwangsvollstreckung sein, wenn diese verfrüht erfolgt ist, wenn also der Schuldner nicht genügend Gelegenheit hatte, freiwillig zu leisten. Nach einem Prozessvergleich reicht idR eine Wartefrist von zwei Wochen aus (AG Esslingen AGS 10, 360).

Ebenso sind Kosten einer Zwangsvollstreckung nicht notwendig, wenn diese ersichtlich aussichtslos war, etwa bei Vollstreckung in ersichtlich schuldnerfremde Gegenstände etc. Dagegen sind auch die Kosten solcher Vollstreckungsmaßnahmen nach Abs 1 S 1 zu erstatten, die später wieder zurückgenommen wurden, wenn sie bei Einleitung notwendig waren. Die Regelegung des § 269 III 2 gilt hier nicht.

C. Beitreibung der Kosten. Die Vollstreckungskosten können zusammen mit dem Hauptsachetitel beigetrieben werden. Es bedarf insoweit grds keines gesonderten Festsetzungsbeschlusses. Die Beitreibung von Vollstreckungskosten ist sogar dann noch möglich, wenn der Hauptsachetitel erledigt ist. Die Zwangsvollstreckung kann dann wegen der Kosten fortgesetzt werden. Nicht beigetrieben werden können dagegen Zwangsvollstreckungskosten, die durch die Vorbereitung eines Vollstreckungsauftrages entstanden sind, wenn es nicht mehr zur Vollstreckung gekommen ist. Insoweit bleibt nur die Möglichkeit der Festsetzung nach Abs 2. 3

Beispiel: Der Beklagte war zur Herausgabe eines Pkw verurteilt worden. Er hat diesen Pkw schließlich herausgegeben. Zuvor hatte der Gläubiger jedoch

a) die Zwangsvollstreckung angedroht,

b) den Gerichtvollzieher mit einer Herausgabevollstreckung beauftragt, die zunächst erfolglos war.

Im Fall a) kommt eine isolierte Beitreibung der Kosten nicht in Betracht, weil es nicht zu einer Vollstreckungsmaßnahme gekommen ist. Vorbereitungskosten können nicht isoliert beigetrieben werden. Insoweit ist eine Festsetzung nach Abs 2 erforderlich.

Im Fall b) kann der Gläubiger die angefallenen Vollstreckungskosten jetzt noch isoliert im Zusammenhang mit dem Hauptsachetitel, der zwar erledigt ist, beitreiben.

Zinsen aus Vollstreckungskosten können dagegen nicht ohne weiteres zusammen mit dem Hauptsachetitel vollstreckt werden. Zinsen aus Vollstreckungskosten sind nur beitreibbar, wenn ein entsprechender Kostenfestsetzungsbeschluss ergangen ist.

Wird ein für vorläufig vollstreckbar erklärter Vollstreckungstitel im Nachhinein abgeändert oder aufgehoben so sind Kosten der Zwangsvollstreckung daraus nicht erstattungsfähig, soweit der Verurteilung durch das Rechtsmittelgericht die materiell-rechtliche Grundlage entzogen worden ist (BGH MDR 11, 1381 = RVGreport 11, 469).

Wird ein für vorläufig vollstreckbar Vollstreckungstitel im Nachhinein dagegen nur reduziert, so bleiben die Kosten einer vorherigen Zwangsvollstreckung grds notwendig, und zwar in dem Umfang, in dem der ursprüngliche Titel aufrechterhalten worden ist. Es ist dann zu fragen, welche Kosten angefallen wären, wenn sich der Gläubiger auf die Vollstreckung des letztlich bestehen gebliebenen Betrages oder Gegenstandes beschränkt hätte (BGH AGS 10, 253 = JurBüro 10, 319 = NJW-RR 10, 1005). Es wird hier also nicht gequotelt. Das gilt insb für die Anwalts- und Gerichtsvollzieherkosten:

Beispiel: Der Gläubiger vollstreckt aus einem vorläufig vollstreckbaren Urt wegen einer Forderung iHv 15.000 €. Das Urt wird vom Berufungsgericht später dahingehend abgeändert, dass lediglich 10.000 € zu zahlen sind.
Durch die Vollstreckung sind Anwaltskosten angefallen iHv

1.	0,3-Verfahrensgebühr, Nr 3309 VV RVG (Wert: 15.000 €)		169,80 €
2.	Postentgeltpauschale, Nr 7002 VV RVG		20,00 €
	Zwischensumme	189,80 €	
3.	19 % Umsatzsteuer, Nr 7008 VV RVG		36,06 €
	Gesamt		**225,86 €**

Diese Kosten sind jetzt nicht etwa zu ⅔ zu erstatten, sondern insoweit, als sie aus der berechtigten Forderung, also aus einem Wert von 10.000 angefallen wären, also iHv

1.	0,3-Verfahrensgebühr, Nr 3309 VV RVG (Wert: 10.000 €)		145,80 €
2.	Postentgeltpauschale, Nr 7002 VV RVG		20,00 €
	Zwischensumme	165,80 €	
3.	19 % Umsatzsteuer, Nr 7008 VV RVG		31,50 €
	Gesamt		**197,30 €**

Zur Beitreibung der Vollstreckungskosten ist es erforderlich, dass die Kosten glaubhaft gemacht werden. Dies bereitet bei den Kosten der laufenden Vollstreckung keine Probleme. Kosten vorangegangener Vollstreckungen sind durch Vorlage der entsprechenden Belege nachzuweisen. Das Vollstreckungsorgan prüft dann, ob es sich um Kosten der Zwangsvollstreckung handelt und ob sie notwendig waren.
Sind Kosten vorangegangener Vollstreckungsversuche bereits festgesetzt, dann ist dem Vollstreckungsorgan die Kompetenz zur Prüfung, ob diese Kosten notwendig waren, entzogen. Das Vollstreckungsorgan ist an den Kostenfestsetzungsbeschluss gebunden. Umgekehrt darf ein Vollstreckungsorgan solche Vollstreckungskosten, die in einem Kostenfestsetzungsverfahren bestandskräftig abgesetzt worden sind, nicht mehr mit beitreiben.
Soweit das Vollstreckungsorgan die Betreibung der geltend gemachten Vollstreckungskosten ablehnt, sind die allgemeinen Rechtsbehelfe der Zwangsvollstreckung gegeben.

4 **D. Mehrere Schuldner. I. Gesamtschuldner.** Nach Abs 1 S 3 haften mehrere Gesamtschuldner für die Kosten der Zwangsvollstreckung als Gesamtschuldner, sofern sie als Gesamtschuldner verurteilt worden sind. Dies muss entsprechend auch dann gelten, wenn mehrere Gesamtschuldner in einem Vergleich, einer notariellen Urkunde oder einem anderen Vollstreckungstitel die gesamtschuldnerische Haftung übernommen haben.
Eine Einschränkung erfährt die gesamtschuldnerische Haftung durch Abs 1 S 3 Hs 2 iVm § 100 III. Soweit ein Schuldner durch besondere Angriffs- und Verteidigungsmittel besondere Kosten ausgelöst hat, trägt er diese Kosten alleine. Gemeint sind damit zB Schuldnerschutzanträge etc, deren Kosten ein Schuldner alleine trägt. Dazu gehören auch Erinnerungen oder Beschwerden iRd Zwangsvollstreckung. Für solche Kosten besteht keine gesamtschuldnerische Haftung.

5 **II. Teilschuldner.** Wird gegen Teilschuldner vollstreckt, so haftet jeder Schuldner nur für die Vollstreckungskosten, die ihm ggü entstanden sind (LG Lübeck DGVZ 91, 156).

6 **E. Festsetzung der Vollstreckungskosten (Abs 2).** Unbeschadet der Möglichkeit, nach Abs 1 1 die Kosten der Zwangsvollstreckung mit dem Hauptsachetitel beizutreiben, kann nach Abs 2 auch die Kostenfestsetzung eingeleitet werden. Ein besonderes Rechtsschutzbedürfnis ist nicht erforderlich. Die Kostenfestsetzung darf daher nicht mit der Begründung abgelehnt werden, die Kosten seien vollstreckbar. Im Übrigen ergibt sich ein Rechtsschutzbedürfnis bereits daraus, dass hinsichtlich festgesetzter Kosten die Verzinsung ausgesprochen werden kann. Lediglich solche Kosten, die bereits vom Schuldner bezahlt sind, können nicht festgesetzt werden. Insoweit fehlt das Rechtsschutzbedürfnis.
Zuständig für die Kostenfestsetzung ist das Vollstreckungsgericht.

- Zunächst ist dasjenige Gericht zuständig, bei dem eine Vollstreckungshandlung anhängig ist.
- Ist die Zwangsvollstreckung (zunächst) abgeschlossen, ist das Gericht zuständig, in dessen Bezirk die letzte Vollstreckungshandlung erfolgt ist.

- Sofern es nicht zu einer Vollstreckung gekommen ist, sondern lediglich eine Vollstreckung angedroht wurde, ist das Gericht zuständig, in dessen Bezirk die angedrohte Vollstreckungsmaßnahme durchgeführt worden wäre. Nach Düsseldorf soll in diesem Fall daggen das Prozessgericht zuständig sein (JurBüro 10, 438 = AGS 10, 560 = RVGreport 10, 391 = NJW-RR 10, 1440).
- Im Falle von Vollstreckungskosten, die aus Verfahren nach den §§ 887, 888 und 890 entstanden sind, entscheidet das Prozessgericht des ersten Rechtszugs.

Das Verfahren folgt den §§ 103 II, 104, 107. Auch im Verfahren nach § 788 II ist daher auszusprechen, dass die festgesetzten Kosten ab Antragseingang zu verzinsen sind (Abs 2 iVm § 104 I 2).
Zur Festsetzung der Vollstreckungskosten ist es erforderlich, dass diese Kosten glaubhaft gemacht werden (Abs 2 iVm § 103 II), etwa durch Vorlage von Belegen. Das Vollstreckungsorgan prüft dann, ob es sich um Kosten der Zwangsvollstreckung handelt und ob sie notwendig waren. Es ist nicht erforderlich, Originale vorzulegen (AG Landau AGS 04, 452).
Gegen den Kostenfestsetzungsbeschluss ist die sofortige Beschwerde nach § 567 II gegeben (Abs 2 iVm § 104 III), soweit der Beschwerdegegenstand den Betrag von 200 € übersteigt. Das Beschwerdegericht kann die Rechtsbeschwerde (§ 574) zulassen. Soweit eine Beschwerde nicht in Betracht kommt, ist die Erinnerung gegeben.
Die Festsetzung der Kosten ist für die Vollstreckungsorgane bindend. Sie haben nicht mehr zu prüfen, ob diese Kosten notwendig waren. Umgekehrt darf ein Vollstreckungsorgan solche Vollstreckungskosten, die in einem Kostenfestsetzungsverfahren bestandskräftig abgesetzt worden sind, nicht mehr mit beitreiben.
Die Kostenfestsetzung kann auch mehrmals betrieben werden, allerdings nicht wegen derselben Kosten. Soweit gegen den Schuldner mehrere erfolglose Vollstreckungen durchgeführt werden, können die Kosten eines jeden Vollstreckungsversuchs gesondert festgesetzt werden.

F. Kostenerstattung nach Aufhebung des Vollstreckungstitels (Abs 3). Wird das zugrunde liegende Urt 7
oder ein anderweitiger zugrundeliegender Vollstreckungstitel nachträglich aufgehoben, so sind dem Schuldner die Kosten der Zwangsvollstreckung zu erstatten. Die Vorschrift des Abs 3 betrifft zum einen die Kosten der Zwangsvollstreckung iSd Abs 1, die der Schuldner an den Gläubiger bereits gezahlt hat. Diese Kosten sind zurückzuzahlen, und zwar auch dann, wenn sie bereits nach Abs 2 rechtskräftig tituliert sind. Sie können ggf nach Abs 3 im Wege der Rückfestsetzung nach Abs 2 tituliert werden. Im Übrigen müssen sie gesondert geltend gemacht und notfalls eingeklagt werden. Zum anderen kann der Schuldner auch die ihm selbst entstandenen Kosten iRd Zwangsvollstreckung erstattet verlangen.

G. Kostenentscheidung in bestimmten Vollstreckungsverfahren (Abs 4). Grundsätzlich hat nach Abs 1 8
der Schuldner die notwendigen Kosten der Zwangsvollstreckung zu tragen. In Ausnahme hierzu sieht Abs 4 die Möglichkeit vor, dass das Gericht in bestimmten Zwangsvollstreckungsverfahren eine abweichende Kostenentscheidung trifft und die Kosten ganz oder tw dem Gläubiger auferlegt. Soweit solche Verfahren nicht notwendig waren, tritt bereits nach Abs 1 keine Erstattungspflicht des Schuldners ein. Es kommt aber häufig vor, dass solche Verfahren notwendig sind, der Schuldner aber in diesem Verfahren »obsiegt«, etwa indem ihm eine Räumungsfrist bewilligt wird, ein Konto freigegeben wird oä Waren solche Anträge des Schuldners im Ergebnis berechtigt und hat sich der Gläubiger im voraus nicht freiwillig zu dem entsprechenden Verhalten bereit erklärt, dann wäre es unbillig, den Schuldner mit den Kosten solcher Verfahren zu belasten, so dass es der Billigkeit entspricht, diese Kosten dem Gläubiger aufzuerlegen.
Beispiel: Der Schuldner bittet den Gläubiger unter Vortrag und Nachweis seiner berechtigten Interessen um einen Vollstreckungsaufschub nach § 765a (Räumungsfrist). Der Gläubiger lehnt dies ab, so dass nunmehr ein Antrag bei Gericht nach § 765a gestellt wird, dem das Gericht stattgibt.
Hier wäre es unbillig, den Schuldner mit den Kosten dieses Verfahrens zu belasten, Der Gläubiger hat dieses Verfahren nur dadurch provoziert, dass er dem berechtigten Ansinnen des Schuldners nicht nachgekommen ist. Folglich entspricht es der Billigkeit, dass ihm die Kosten auferlegt werden.
Von Abs 4 werden folgende Verfahren erfasst:

- § 811a Verfahren auf **Zulassung einer Austauschpfändung**,
- § 811b Verfahren auf **Zulassung einer vorläufigen Austauschpfändung**,
- **§ 765a Vollstreckungsschutzverfahren**,
- § 813b **Aussetzung der Verwertung**,

- § 829 **Pfändung einer Geldforderung,**
- § 850k **Pfändungsschutz für Kontoguthaben aus Arbeitseinkommen,**
- § 851a **Pfändungsschutz für Landwirte,**
- § 851b **Pfändungsschutz bei Miet- und Pachtzinsen.**

§ 789 Einschreiten von Behörden.

Wird zum Zwecke der Vollstreckung das Einschreiten einer Behörde erforderlich, so hat das Gericht die Behörde um ihr Einschreiten zu ersuchen.

1 **A. Normzweck.** § 789 regelt die Amtshilfe iRd Vollstreckungsverfahrens. Diese Vorschrift wird als Ausprägung des Art 35 I GG im Vollstreckungsrecht bezeichnet (Schuschke/Walker/*Raebel* Rn 1). Beispielhaft wird in der Rspr der Fall genannt, dass das Vollstreckungsgericht, um eine Räumungsvollstreckung bei dem suizidgefährdeten Schuldner durchführen zu lassen, das Ordnungs- oder Gesundheitsamt vAw einschalten muss, um eine Gefährdung des Schuldners auszuschließen (BGHZ 163, 66, 76; NJW 09, 78, 80; vgl § 765a Rz 15).

2 **B. Anwendungsbereich.** § 789 greift dann ein, wenn zum Zweck der Vollstreckung das Einschreiten einer Behörde erforderlich ist; nicht anwendbar ist diese Vorschrift dann, wenn der Gläubiger das Einschreiten der Behörde selbst beantragen kann, wie dies iRd § 792 der Fall ist (Schuschke/Walker/*Raebel* Rn 2). Auch kann der Gläubiger gem § 892 von sich aus einen GV zuziehen. Auf den GV findet § 789 keine Anwendung, wenn er selbst eigene Maßnahmen ergreifen oder auch selbst eine Behörde um ihr Einschreiten bitten kann (MüKoZPO/*K. Schmidt* § 790 Rn 4). So kann der GV gem § 758 III von sich aus die Polizei zuziehen (vgl Schuschke/Walker/*Raebel* Rn 2).

3 **C. Verfahren, Rechtsbehelfe.** Der Antrag kann vom Gläubiger, aber auch von jedem anderen Beteiligten, gestellt werden. Wird dem Antrag nicht stattgegeben, kann der Ast sofortige Beschwerde einlegen. Gegen die Untätigkeit der ersuchten Behörde kann der Ast mit der Dienstaufsichtsbeschwerde und mit dem für die ersuchte Behörde geltenden Rechtsbehelf vorgehen (St/J/*Münzberg* Rn 2; Musielak/*Lackmann* Rn 3). Der Schuldner kann sich erst gegen Maßnahmen der ersuchten Behörde bei Ergreifen entspr Vollstreckungsmaßnahmen mit den zulässigen Rechtsbehelfen wenden; dem Ersuchen des Gläubigers kann er nicht entgegentreten (MüKoZPO/*K. Schmidt* § 790 Rn 5).

§ 790 *(weggefallen)*

1 Aufgehoben durch Art 29 Ziff 19 des Gesetzes zur Reform des Verfahrens in Familiensachen und in den Angelegenheiten der Freiwilligen Gerichtsbarkeit v 17.12.08 (FGG-RG); BGBl I, 2586, nunmehr § 245 FamFG.

§ 791 *(weggefallen)*

1 § 791 wurde aufgehoben – mit Wirkung v 21.10.05 – durch Art 1 Nr 7 iVm Art 3 des EG-Vollstreckungstitel-Durchführungsgesetzes v 18.8.05 (BGBl I 05, 2477).

§ 792 Erteilung von Urkunden an Gläubiger.

Bedarf der Gläubiger zum Zwecke der Zwangsvollstreckung eines Erbscheins oder einer anderen Urkunde, die dem Schuldner auf Antrag von einer Behörde, einem Beamten oder einem Notar zu erteilen ist, so kann er die Erteilung an Stelle des Schuldners verlangen.

1 **A. Normzweck.** § 792 gibt dem Gläubiger das Recht, anstelle des Schuldners die Erteilung von Urkunden zu beantragen, deren er zum Zweck der Vollstreckung bedarf. Die Vorschrift ist großzügig auszulegen; umfasst sind sämtliche zur Vorbereitung der Vollstreckung dienende Akte (St/J/*Münzberg* Rn 2). Das Gebot einer gläubigerfreundlichen Auslegung ergibt sich aus dem Zweck der Norm; dem Gläubiger soll die Möglichkeit gegeben werden, die für die Zwangsvollstreckung erforderlichen Urkunden zu erhalten, ohne vom Willen des Schuldners abhängig zu sein (VGH Mannheim NJW 03, 1203). So kann der Gläubiger iRd § 792 anstelle des Schuldners Erfordernisse erfüllen, die zur Erlangung der benötigten Urkunden erforderlich sind; er kann Erklärungen anstelle des Schuldners abgeben, so die nach § 2356 BGB zur Erlangung des Erbscheins erforderliche eV (St/J/*Münzberg* Rn 2; Zö/*Stöber* Rn 1).

B. Anwendungsbereich, Voraussetzungen. Der Gläubiger muss im Besitz eines zur Vollstreckung geeigneten Titels sein; er muss darlegen, dass er die Urkunde zum Zweck der Vollstreckung benötigt (Wieczorek/Schütze/*Paulus* Rn 6). Die Urkunde kann auch zum Zweck der Klauselerlangung benötigt werden (Schuschke/Walker/*Raebel* Rn 2). Entsprechend anzuwenden ist § 792 auf die Teilungsversteigerung nach § 180. § 792 findet hier Anwendung, wenn es sonst einem an der Gemeinschaft Beteiligten nicht möglich ist, die gem § 17 ZVG erforderlichen Urkunden zu beschaffen; so kann zum Zweck der Durchführung der Teilungsversteigerung ein Miteigentümer die Erteilung des Erbscheins zug eines anderen Miterben beantragen (Hamm MDR 60, 1018, 1019; BayObLG NJW-RR 95, 272, 273). 2

Beispielhaft erwähnt § 792 den Erbschein; die Vorschrift gilt jedoch auch für sonstige Urkunden, welche der Gläubiger zum Zweck der Zwangsvollstreckung benötigen könnte, so das Testamentsvollstreckerzeugnis gem § 2368 BGB für die Vollstreckung nach § 748, Grundschuld- und Hypothekenbriefe, dies insb dann, wenn die Pfändung eines Grundpfandrechts erfolgt und der Schuldner nicht als Berechtigter eingetragen ist (MüKoZPO/*K. Schmidt* Rn 4, 6), ebenso standesamtliche Urkunden. § 792 ist entspr anzuwenden, wenn der Gläubiger die Beseitigung oder Außerkraftsetzung einer die Vollstreckung hindernden Urkunde benötigt. Der Gläubiger kann anstelle des Schuldners die Einziehung des zug eines Dritten erteilten unrichtigen Erbscheins verlangen; er kann ein Aufgebotsverfahren nach §§ 946 ff betreiben, wenn entweder die Urkunde oder der Schuldner nicht auffindbar sind (MüKoZPO/*K. Schmidt* Rn 8). 3

C. Rechtsschutzinteresse. Der Gläubiger hat kein Rechtsschutzinteresse an einem Verfahren nach § 792, wenn er die Urkunde oder eine gleichwertige Urkunde auf einfachere Weise erhalten kann. So kann er selbst Einblick in das Güterrechtsregister gem § 1563 BGB, in das GB gem § 12 II GBO und in die Akten des Gerichts der Freiwilligen Gerichtsbarkeit gem § 13 FamFG, in das Handelsregister gem §§ 9 II HGB, 10 HRV oder in das Genossenschaftsregister gem § 156 I GenG iVm § 9 II HGB nehmen und sich Ausfertigungen, Auszüge und Abschriften erteilen lassen. In all diesen Fällen kann der Gläubiger für sich selbst, ohne anstelle des Schuldners vorzugehen, handeln (Hamm OLGR 29, 202, 203; MüKoZPO/*K. Schmidt* Rn 6; einschr St/J/*Münzberg* Rn 3). 4

D. Rechtsbehelfe. Gegen die Ablehnung des Verlangens des Gläubigers sind die Rechtsmittel gegeben, die auch dem Schuldner ggf zustehen würden, hätte er selbst den Antrag gestellt. So kann der Gläubiger die Beschwerde nach §§ 58 ff FamFG oder nach § 54 BeurkG, wird ihm die Urkunde verweigert, einlegen (Hamm FamRZ 85, 1185, 1186; BayObLG FamRZ 74, 393). 5

§ 793 Sofortige Beschwerde. **Gegen Entscheidungen, die im Zwangsvollstreckungsverfahren ohne mündliche Verhandlung ergehen können, findet sofortige Beschwerde statt.**

A. Normzweck. Die sofortige Beschwerde des § 793 findet gegen Entscheidungen des Vollstreckungsgerichts statt, die im Zwangsvollstreckungsverfahren gem § 764 III durch Beschl erfolgen und damit gem § 128 IV ohne mündliche Verhandlung ergehen können. 1

B. Anwendungsbereich, Abgrenzung. I. Sonderregelungen. Im Zwangsversteigerungsverfahren gelten die §§ 95–104 ZVG. Wird das GBA als Vollstreckungsorgan tätig, ist nur die einfache Beschwerde nach §§ 71 ff GBO statthaft. Hat das Prozessgericht als Vollstreckungsgericht iRd §§ 887, 888, 890 entschieden, ist die sofortige Beschwerde nach § 793 der richtige Rechtsbehelf. Auch Entscheidungen des Arrestgerichts als Vollstreckungsorgan sind mit der sofortigen Beschwerde anfechtbar. Ausgeschlossen ist die sofortige Beschwerde im Fall des § 707 I, II. Diese Vorschrift ist auf einstweilige Anordnungen entspr anzuwenden; weder der Erlass einer einstweiligen Anordnung noch deren Ablehnung sind anfechtbar (§ 765a Rz 29; vgl auch § 769 Rz 13). Unanwendbar ist § 793 auch auf isolierte Kostenentscheidungen gem § 99 I. In Familienstreitsachen ist § 793 über § 120 I FamFG anzuwenden (Brandbg FamRZ 11, 831, 832). 2

II. Entscheidungen des Insolvenzgerichts. Soweit das Insolvenzgericht kraft besonderer Zuweisung oder aus Gründen des Sachzusammenhangs funktional als Vollstreckungsgericht entscheidet, richtet sich der Rechtsmittelzug nicht nach den Vorschriften der InsO, sondern nach den allg vollstreckungsrechtlichen Bestimmungen (BGH ZIP 04, 732; WuM 11, 321; 486). In diesen Fällen gilt die Rechtsmittelbeschränkung des § 6 I InsO nicht; vielmehr findet § 793 Anwendung. Die Rechtsbeschwerde gegen zweitinstanzliche Entscheidungen ist dann auch nicht, wie in Insolvenzangelegenheiten gem § 7 InsO vorgesehen, uneingeschränkt statthaft, sondern bedarf der ausdrücklichen Zulassung. 3

4 **III. Entscheidung des Rechtspflegers.** Trifft der Rechtspfleger eine Entscheidung, findet § 793 über § 11 I RPflG Anwendung; dies ist bspw beim Erlass eines Pfändungs- u Überweisungsbeschlusses der Fall. Etwas anderes gilt dann, wenn der Rechtspfleger Entscheidungen trifft, die, hätte der Richter sie erlassen, unanfechtbar wären; es gilt dann § 11 II RPflG; gegen eine derartige Entscheidung kann Erinnerung eingelegt werden, über die, hilft der Rechtspfleger ihr nicht ab, der Richter zu entscheiden hat. Nach der Neufassung des § 11 II 1 RPflG infolge des FGG-RG v 17.12.08 gelten für die Erinnerung nunmehr unterschiedliche Fristen.

5 **C. Voraussetzungen. I. Entscheidung im Vollstreckungsverfahren.** Es muss eine Entscheidung vorliegen, die im Vollstreckungsverfahren ergangen ist. Das Vollstreckungsverfahren muss bereits begonnen haben. Das Verfahren der Erteilung der Vollstreckungsklausel gehört noch nicht zu den Entscheidungen im Vollstreckungsverfahren (R/G/S § 38 II 1 c; MüKoZPO/*K. Schmidt* Rn 3). Auch Entscheidungen über eine Räumungsfrist nach § 721 oder § 794a erfolgen noch nicht im Vollstreckungsverfahren (München NJW-RR 93, 1235; Frankf NJW-RR 94, 715, 716; Köln ZMR 95, 30). Wird das Vollstreckungsverfahren während des Beschwerdeverfahrens beendet, fehlt für die Fortsetzung das Rechtsschutzbedürfnis; war das Vollstreckungsverfahren bereits vor Einleitung des Beschwerdeverfahrens beendet, erweist sich die sofortige Beschwerde als von Anfang an unzulässig. Entscheidungen, welche die Durchsuchung oder die Vollstreckung zur Nachtzeit betreffen, sind nach hM mit der sofortigen Beschwerde gem § 793 angreifbar, obwohl diese noch vor der eigentlichen Vollstreckung liegen (St/J/*Münzberg* Rn 1; Brox/Walker Rn 1252).

6 **II. Legitimation.** Aktivlegitimiert ist derjenige, der durch die angefochtene Entscheidung beschwert ist; dies können sowohl der Gläubiger als auch der Schuldner ebenso wie der betroffene Dritte sein (zu letzterem vgl § 766 Rz 22 ff). Nicht beschwerdeberechtigt ist der GV; dies auch dann nicht, wenn er die vom Vollstreckungsgericht angeordnete Vollstreckung für unzulässig hält. Der GV ist Organ der Zwangsvollstreckung und kann idR nicht Partei der Rechtsbehelfsverfahren in Zwangsvollstreckungsangelegenheiten sein (BGHZ 170, 243, 246; NJW 04, 2979, 2981; aA St/J/*Münzberg* Rn 6). Dem GV steht die sofortige Beschwerde allenfalls gegen eine Erinnerungsentscheidung wegen eigener ihn belastender Kostenentscheidungen zu (Hambg OLGR 00, 324, 325; MüKoZPO/*K. Schmidt* Rn 7; aA Brox/Walker Rn 1258).

7 **D. Verfahren. I. Zuständigkeit.** Die sofortige Beschwerde ist innerhalb einer Notfrist von zwei Wochen entweder bei dem Richter, welcher die Entscheidung erlassen hat, oder bei dem Beschwerdegericht einzulegen, § 569 I 1. Wird die sofortige Beschwerde bei dem Richter, welcher die Entscheidung erlassen hat, eingelegt, kann er ihr gem § 572 I, hält er sie für begründet, abhelfen. Anwaltszwang für die Einlegung besteht nicht, wenn in der 1. Instanz kein Anwaltsprozess vorgelegen hat, § 569 III Nr 1. Vollstreckungsgerichte sind gem § 764 I die AG; wird somit die Entscheidung des Vollstreckungsgerichts angegriffen, besteht für die Einlegung der sofortigen Beschwerde kein Anwaltszwang.

8 Nach der Rspr des BGH ist eine Rechtsmittelbelehrung für die gem §§ 869, 793 befristeten Rechtsmittel im Zwangsversteigerungsverfahren erforderlich (BGH NJW-RR 09, 890, 891; vgl auch BGHZ 150, 390, 393 ff). Dies gilt jedenfalls bei der Entscheidung über den Zuschlag, welche für den Laien bei der Bestimmung des Fristenbeginns besondere Unklarheiten aufweist. Die unterbliebene Rechtsmittelbelehrung steht dem Beginn des Laufs der Rechtsmittelfrist nicht entgegen (so bereits BGH NJW-RR 08, 1084, 1085). Ist der Belehrungsmangel für die Versäumung der Rechtsmittelfrist ursächlich, muss jedoch Wiedereinsetzung in den vorigen Stand gewährt werden; fehlendes Verschulden des Rechtsmittelführers ist unwiderleglich zu vermuten; für die Ursächlichkeit spricht bei einem nicht anwaltlich vertretenen Beteiligten eine tatsächliche Vermutung (BGH NJW-RR 09, 890, 891).

9 **II. Einstweilige Anordnungen.** Das Verfahren richtet sich nach den §§ 567 ff. Die Rechtsbeschwerde hat aufschiebende Wirkung nur dann, wenn sie die Festsetzung eines Ordnungs- oder Zwangsmittels zum Gegenstand hat, § 570 I. Das Vollstreckungsgericht kann gem § 570 II anordnen, dass die Vollziehung der angefochtenen Entscheidung ausgesetzt wird. Das Beschwerdegericht kann gem § 570 III einstweilige Anordnungen erlassen; es kann insb ebenfalls anordnen, dass die Vollziehung der angefochtenen Entscheidung ausgesetzt wird.

10 **III. Rechtsbeschwerde.** Gegen die Entscheidung über die sofortige Beschwerde ist die Rechtsbeschwerde zum BGH statthaft, wenn sie ausdrücklich zugelassen ist. Das Beschwerdegericht hat, lässt es die Rechtsbeschwerde wegen grundsätzlicher Bedeutung zu, über die Zulassung in ordnungsgemäßer Besetzung des § 578 I 2 zu entscheiden. Lässt der Einzelrichter die Rechtsbeschwerde zu, ist die Zulassung zwar wirksam,

die Entscheidung muss jedoch auf eine Rechtsbeschwerde wegen fehlerhafter Besetzung des Beschwerdegerichts aufgehoben werden (BGHZ 154, 200, 202; NJW-RR 07, 119).

E. Kosten/Gebühren. I. Gericht. Im **Beschwerdeverfahren** wird nach Nr 2121 KV eine Festgebühr iHv 25 € erhoben, wenn die Beschwerde verworfen oder zurückgewiesen wird. Wird die Beschwerde nur tw verworfen oder zurückgewiesen, kann das Gericht die Gebühr nach billigem Ermessen auf die Hälfte ermäßigen oder bestimmen, dass eine Gebühr nicht zu erheben ist (Anm zu Nr 2121 KV). 11
Im **Rechtsbeschwerdeverfahren** entsteht eine Festgebühr iHv 50 € nach Nr 2124 KV, wenn die Rechtsbeschwerde verworfen oder zurückgewiesen wird. Wird die Rechtsbeschwerde nur tw verworfen oder zurückgewiesen, kann das Gericht die Gebühr nach billigem Ermessen auf die Hälfte ermäßigen oder bestimmen, dass eine Gebühr nicht zu erheben ist (Anm zu Nr 2124 KV).

II. Anwalt. Das Beschwerdeverfahren ist nach §§ 18 Nr 3, 15 II 2 RVG eine eigene Angelegenheit. Der Anwalt erhält die Gebühren nach den Nr 3500, 3513 VV RVG. Im Rechtsbeschwerdeverfahren entsteht die Gebühr nach Nr 3502 VV RVG. 12

§ 794 Weitere Vollstreckungstitel.

(1) Die Zwangsvollstreckung findet ferner statt:

1. aus Vergleichen, die zwischen den Parteien oder zwischen einer Partei und einem Dritten zur Beilegung des Rechtsstreits seinem ganzen Umfang nach oder in Betreff eines Teiles des Streitgegenstandes vor einem deutschen Gericht oder vor einer durch die Landesjustizverwaltung eingerichteten oder anerkannten Gütestelle abgeschlossen sind, sowie aus Vergleichen, die gemäß § 118 Abs. 1 Satz 3 oder § 492 Abs. 3 zu richterlichem Protokoll genommen sind;

2. aus Kostenfestsetzungsbeschlüssen;

3. aus Entscheidungen, gegen die das Rechtsmittel der Beschwerde stattfindet;

4. aus Vollstreckungsbescheiden;

4a. aus Entscheidungen, die Schiedssprüche für vollstreckbar erklären, sofern die Entscheidungen rechtskräftig oder für vorläufig vollstreckbar erklärt sind;

4b. aus Beschlüssen nach § 796b oder § 796c;

5. aus Urkunden, die von einem deutschen Gericht oder von einem deutschen Notar innerhalb der Grenzen seiner Amtsbefugnisse in der vorgeschriebenen Form aufgenommen sind, sofern die Urkunde über einen Anspruch errichtet ist, der einer vergleichsweisen Regelung zugänglich, nicht auf Abgabe einer Willenserklärung gerichtet ist und nicht den Bestand eines Mietverhältnisses über Wohnraum betrifft, und der Schuldner sich in der Urkunde wegen des zu bezeichnenden Anspruchs der sofortigen Zwangsvollstreckung unterworfen hat;

6. aus für vollstreckbar erklärten Europäischen Zahlungsbefehlen.

(2) Soweit nach den Vorschriften der §§ 737, 743, des § 745 Abs. 2 und des § 748 Abs. 2 die Verurteilung eines Beteiligten zur Duldung der Zwangsvollstreckung erforderlich ist, wird sie dadurch ersetzt, dass der Beteiligte in einer nach Absatz 1 Nr. 5 aufgenommenen Urkunde die sofortige Zwangsvollstreckung in die seinem Recht unterworfenen Gegenstände bewilligt.

Inhaltsübersicht

	Rz
A. Normzweck	1
B. Prozessvergleiche gem § 794 I 1	2
I. Rechtsnatur	2
II. Voraussetzungen	3
1. Kontradiktorisches Verfahren vor einem deutschen Gericht	3
2. Beteiligte	9
3. Vergleichsinhalt	12
a) Prozessbeendigungsvereinbarung	12
b) Materiell-rechtliche Vereinbarung	13
c) Widerrufsvorbehalt	15
4. Formerfordernisse	19
III. Unwirksamkeit, Anfechtung, Aufhebung	23
1. Unwirksamkeit, Rechtsbehelfe	23
2. Wegfall der Geschäftsgrundlage, Rücktritt, Aufhebung	28
IV. Wirkung, Vollstreckbarkeit	29
1. Wirkung	29
2. Vollstreckbarkeit	31
V. Vergleiche vor Gütestellen	32
C. Kostenfestsetzungsbeschlüsse, beschwerdefähige Entscheidungen, Vollstreckungsbescheide, Schiedssprüche, Anwaltsvergleiche	33
I. Kostenfestsetzungsbeschlüsse gem § 794 I Nr. 2	33

	Rz
II. Beschwerdefähige Entscheidungen nach § 794 I Nr 3	36
III. Vollstreckungsbescheide gem § 794 I Nr 4	37
IV. Schiedssprüche nach § 794 I Nr. 4a	38
V. Anwaltsvergleiche gem § 794 I Nr 4b	41
D. Vollstreckbare Urkunden gem § 794 I Nr 5	42
I. Zuständigkeit	42
II. Materiell-rechtliche Erklärungen, Inhalt	44
1. Bestimmtheitsgebot	44
2. Dingliche Ansprüche	48
3. Ausnahmen	49
III. Unterwerfungserklärung	52
1. Rechtsnatur, Mängel der Unterwerfungserklärung	52
2. Mängel der Verpflichtungserklärung	55
3. Vollmacht	56
4. Duldungstitel nach § 794 II	57
E. Europäische Zahlungsbefehle	58

1 **A. Normzweck.** Gemäß § 704 I erfolgt die Zwangsvollstreckung aus Endurteilen, die rechtskräftig oder für vorläufig vollstreckbar erklärt worden sind. § 794 I 1–6, II behandelt weitere Titel, aus denen die Zwangsvollstreckung stattfindet.

2 **B. Prozessvergleiche gem § 794 I 1. I. Rechtsnatur.** Nach nunmehr hM hat der Prozessvergleich eine Doppelnatur; er ist sowohl materiell-rechtliches Rechtsgeschäft, weil er sachlich rechtlich die Ansprüche und Verbindlichkeiten der Parteien regelt, als auch Prozessvertrag, weil er den Rechtsstreit beendet (BGHZ 16, 388, 390; 142, 84, 88; BVerwG NJW 94, 2306, 2307; 05, 3576, 3577; aA MüKoZPO/*Wolfsteiner* Rn 11, welcher eine »gemäßigte Trennungstheorie« befürwortet, wonach im Prozessvergleich ein prozessualer und ein materiell-rechtlicher Vertrag in einem Akt zusammengefasst sind). Da der Prozessvergleich sowohl Rechtsgeschäft des bürgerlichen Rechts als auch den Rechtsstreit beendende Prozesshandlung ist, muss er über eine Prozessbeendigungsvereinbarung hinausgehende Vereinbarungen enthalten; ein reiner Prozessbeendigungsvertrag ist zulässig, jedoch nicht geeignet, einen Titel iSd § 794 I 1 darzustellen; ebenso wenig ist ein ausschl materiell-rechtlicher Vergleichsvertrag nach § 779 I BGB als Prozessvergleich iSd § 794 I 1 anzusehen. Prozesshandlung und Rechtsgeschäft bilden eine Einheit, die eine gegenseitige Abhängigkeit der prozessualen Wirkungen und der materiell-rechtlichen Regelungen bewirkt. Um als Vollstreckungstitel geeignet zu sein, hat der Prozessvergleich sowohl in prozessualer als auch in materiell-rechtlicher Hinsicht wirksam zu sein. Die Wirksamkeitsvoraussetzungen sind in materiell-rechtlicher Hinsicht nach § 779 BGB zu beurteilen, als Prozesshandlung nach den zivilprozessualen Vorschriften (BGHZ 84, 333, 335; 142, 84, 88).

3 **II. Voraussetzungen. 1. Kontradiktorisches Verfahren vor einem deutschen Gericht.** Prozessvergleiche gem § 794 I 1 setzen voraus, dass sie vor einem deutschen Gericht abgeschlossen werden; dies sind zunächst Gerichte der ordentlichen Gerichtsbarkeit. Der Vergleich kann auch vor einem Strafgericht, bspw im Privatklageverfahren oder dem Adhäsionsverfahren, geschlossen werden (Stuttg NJW 64, 110, 111), auch im Verfahren der Schiedsgerichtsbarkeit gem § 1053 III, vor den LwG (BGHZ 14, 381, 389, 390; 142, 84, 87; BGH NJW 99, 2806, 2807), vor dem Bundespatentgericht (BPatG GRUR 96, 402) und in Verfahren nach dem FamFG gem §§ 86 I Nr 2, 156 I und § 86 I Nr 3 FamFG. Derartige Vergleiche können auch in Baulandsachen zustande kommen; hier kommt sowohl eine Einigung in Form des § 110 II BauGB als auch ein Vergleich gem § 794 I 1 in Frage (BGH NJW 03, 757, 758). Auch im Arbeitsgerichtsverfahren können Vergleiche nach § 794 I Nr 5 geschlossen werden, wie die §§ 62 II, 85 I 1, 3 ArbGG ergeben. Verwaltungsgerichtliche Vergleiche nach § 106 VwGO sind ebenfalls Vollstreckungstitel gem § 168 I Nr 3 VwGO; für die Vollstreckung gelten die zivilprozessualen Vorschriften entspr, jedoch nur, solange die VwGO keine Sonderregelungen trifft, § 167 I VwGO. Insoweit können Prozessvergleiche nach § 794 I 1 abgeschlossen werden; soweit die Vollstreckung zug der öffentlichen Hand betroffen ist richtet sich die Vollstreckung nach dem VwVG, § 169 I 1 VwGO. Spezialregelungen gelten auch in der Sozialgerichtsbarkeit und in der Finanzgerichtsbarkeit. § 199 I Nr 3 SGG sieht vollstreckbare gerichtliche Vergleiche vor; für diese gilt wie im Verwaltungsverfahren tw das VwVG, § 66 I SGB X, zT finden die zivilprozessualen Vorschriften Anwendung, § 66 IV SGB X. Die Vollstreckung nach der AO erfolgt aufgrund besonderer Vorschriften, nämlich aufgrund vollstreckbarer Verwaltungsakte nach § 251 AO. Vor ausl Gerichten abgeschlossene Vergleiche werden im Inland als außergerichtliche behandelt, soweit nicht Spezialregeln eingreifen (St/J/*Münzberg* Rn 27).

4 Unvorschriftsmäßige Besetzung des Gerichts ist unschädlich (BGHZ 35, 309, 314; NJW 86, 1348, 1349). Zur Beurkundung eines Vergleichs ist nicht nur das Kollegium des Prozessgerichts befugt, sondern auch der Einzelrichter, auch der beauftragte oder ersuchte Richter, ggf auch der Rechtspfleger (BGHZ 35, 309, 314).

Der Vergleich setzt ein kontradiktorisches Verfahren voraus; Anhängigkeit und damit jede Handlung, die ein Verfahren in Gang setzt, genügen; im ordentlichen Verfahren ist dies die Einreichung der Klage (MüKoZPO/*Wolfsteiner* Rn 25; Musielak/*Lackmann* Rn 4). Unerheblich ist es, ob die das Verfahren in Gang setzende Prozesshandlung statthaft und zulässig ist; unerheblich ist es auch, ob das angegangene Gericht sachlich und örtlich zuständig ist und ob der Rechtsweg zulässig ist (BGH MDR 68, 43). Prozessvergleiche sind bis zum Eintritt der formellen Rechtskraft möglich (BGH NJW 95, 1095, 1096). Nicht maßgeblich sind die Möglichkeit der Wiederaufnahme des Verfahrens, des Gesuchs auf Wiedereinsetzung in den vorigen Stand und der Verfassungsbeschwerde (zu letzterer BVerfG NJW 96, 1736). Ohne Auswirkung auf den Eintritt der formellen Rechtskraft ist auch die Gehörsrüge nach § 321a; diese bewirkt eine Hemmung der Rechtskraft nicht. Man wird jedoch, solange über eine Gehörsrüge nicht entschieden ist, einen Prozessvergleich zulassen müssen. Selbstständig anfechtbar sind Zwischenurteile nach §§ 280, 304 (BGH ZIP 06, 873), ebenso Vorbehaltsurteile (BGHZ 69, 270, 272); auch in derartigen Verfahren kann bis zum Eintritt der formellen Rechtskraft ein Prozessvergleich abgeschlossen werden. 5

Wird ein nicht statthaftes Rechtsmittel eingelegt, steht dies dem Abschluss eines Prozessvergleichs dann nicht entgegen, wenn die Entscheidung nicht grds einer Anfechtung entzogen ist. Scheidet im konkreten Fall ein Rechtsmittel aus, so bspw, weil der Wert der Beschwer gem § 511 II für die Berufung oder der Beschwerdewert des § 26 Nr 8 EGZPO für die Erhebung einer Nichtzulassungsbeschwerde nicht erreicht wird, ist auch nach Einlegung des unzulässigen Rechtsmittels noch ein Prozessvergleich möglich. Zulässig ist ein Vergleich, der noch in derselben Verhandlung nach Protokollierung einer Klagerücknahme oder einer Rechtsmittelrücknahme geschlossen wird, wenn die Parteien zuvor ihren Willen zur Einigung zum Ausdruck gebracht haben; in diesen Fällen liegt ein zeitlicher und sachlicher Zusammenhang mit der Verfahrensbeendigung vor (München NJW 97, 2331, 2332; St/J/*Münzberg* Rn 19; aA Zö/*Stöber* Rn 4). 6

Nach § 794 I 1 können Prozessvergleiche auch im PKH-Verfahren gem § 118 I 3 oder im selbständigen Beweisverfahren gem § 492 III abgeschlossen werden. Vergleiche können im Verfahren der einstweiligen Verfügung und im Arrestverfahren erfolgen (BGH NJW-RR 91, 1021, 1022), auch noch im Kostenfestsetzungsverfahren (KG MDR 90, 555, 556; St/J/*Münzberg* Rn 15, 20), ebenso im Zwangsversteigerungs- und Zwangsverwaltungsverfahren (St/J/*Münzberg* Rn 20; Brox/Walker Rn 85; Musielak/*Lackmann* Rn 5). Auch im Verteilungsverfahren sind Prozessvergleiche noch möglich, ebenso iRe Teilungsversteigerung (RGZ 165, 161, 162). Sie können auch noch im Insolvenzverfahren abgeschlossen werden, wenn ein solches auf Antrag eines Gläubigers angeordnet worden ist und der Insolvenzantrag noch zurückgenommen werden kann (MüKoZPO/*Wolfsteiner* Rn 21). Nachdem Prozessvergleiche nunmehr auch nach § 278 VI durch Unterbreitung eines schriftlichen Vergleichsvorschlags ggü dem Gericht oder durch Annahme eines schriftlichen Vergleichsvorschlags des Gerichts erfolgen können, kommt es auf die Problematik, ob ein Prozessvergleich abgeschlossen werden kann, wenn die mündliche Verhandlung ausgeschlossen ist (vgl hierzu St/J/*Münzberg* Rn 18), nicht mehr an. 7

Kontradiktorisches Verfahren ist nicht das Mahnverfahren vor Überleitung in das streitige Verfahren (Zö/*Stöber* Rn 4). 8

2. Beteiligte. Der Prozessvergleich muss zwischen den Prozessparteien abgeschlossen werden; dies gilt auch dann, wenn eine dritte Person sich am Vergleich beteiligt. Der Prozessvergleich enthält neben materiellrechtlichen Bestimmungen eine auf eine Prozessbeendigung gerichtete Regelung, die nicht allein von einer Partei getroffen und auch von einem Dritten nicht erklärt werden kann. § 794 I 1 erwähnt zwar den Vergleich »zwischen einer Partei und einem Dritten«; dies bedeutet jedoch nur, dass ein Dritter in den Prozessvergleich, der zwischen den Parteien zustande kommt, mit einbezogen werden kann (St/J/*Münzberg* Rn 22; MüKoZPO/*Wolfsteiner* Rn 28; Musielak/*Lackmann* Rn 7; aA Zö/*Stöber* Rn 6). Soweit ein Dritter berechtigt werden soll, setzt dies seinen Beitritt zu einer zwischen den Prozessparteien getroffenen Regelung voraus. Bei notwendiger Streitgenossenschaft müssen sämtliche Parteien den Vergleich abschließen. Anders ist es bei einfacher Streitgenossenschaft; § 774 I 1 gibt die Möglichkeit, den Rechtsstreit auch nur tw beizulegen. Der Streithelfer kann allenfalls als Dritter an dem Vergleichsschluss beteiligt werden; er ist zu materiellrechtlichen Verfügungen über den Streitgegenstand nicht berechtigt. 9

Um den Vergleich in prozessualer Hinsicht wirksam abschließen zu können, müssen die Parteien parteifähig und prozessfähig sein; der Prozessvergleich unterliegt dem Anwaltszwang, wenn dieser für das zugrundeliegende Verfahren gilt (BGH NJW 91, 1743, 1744). Soweit die Vertretung durch Anwälte erforderlich ist, muss ein Anwalt auch bei dem Abschluss des Prozessvergleichs vor dem Einzelrichter tätig werden (BGH FamRZ 86, 458, 459); etwas anderes gilt für die Verhandlung vor einem beauftragten oder ersuchten Rich- 10 ter, § 78 V. Der Einzelrichter kann das Verfahren nicht an sich als beauftragten Richter verweisen, um den Anwaltszwang zu umgehen (BGH FamRZ 86, 458). Der zum Zweck des Vergleichsabschlusses beitretende Dritte unterliegt nicht dem Anwaltszwang; er ist nicht Partei des Rechtsstreites und nimmt eine Prozessbeendigungserklärung oder Prozessbeendigungshandlung nicht vor (BGHZ 86, 160, 162 ff; aA R/G/S § 13 III 4b; MüKoZPO/*Wolfsteiner* Rn 31).

11 Zum Abschluss des Vergleichs in materiell-rechtlicher Hinsicht sind Erklärungen rechts- und geschäftsfähiger Personen erforderlich. Die Prozessstandschaft ermächtigt zur Prozessbeendigung, nicht aber zu materiell-rechtlichen Verfügungen über den Streitgegenstand (MüKoZPO/*Wolfsteiner* Rn 33); der Prozessstandschafter könnte ebenso wie der Nebenintervenient nur als Vertreter handeln. Kann der materiell-rechtliche Teil nur persönlich abgeschlossen werden, wie dies beim Erbvertrag der Fall ist, ist eine Erklärung durch die Partei selbst erforderlich; es bedarf dann der ausdrücklichen Feststellung, dass der Vergleichsabschluss nicht nur durch den Prozessbevollmächtigten der Parteien, sondern auch durch die persönlich anwesende Partei erfolgt ist (Ddorf ZEV 07, 95).

12 **3. Vergleichsinhalt. a) Prozessbeendigungsvereinbarung.** Der Vergleich muss zur völligen oder teilweisen Beilegung des Rechtsstreites abgeschlossen werden (St/J/*Münzberg* Rn 4; MüKoZPO/*Wolfsteiner* Rn 8). Hierfür reichen Vereinbarungen über Streitgegenstände, die Gegenstand eines Teilurteils nach § 301, eines Vorbehaltsurteils nach § 302, eines Grundurteils nach § 304 oder einer Zwischenfeststellungsklage nach § 256 II und eines Zwischenurteils nach § 280 II sein können, aus (MüKoZPO/*Wolfsteiner* Rn 52, 53; Musielak/*Lackmann* Rn 17; aA St/J/*Münzberg* Rn 31).

13 **b) Materiell-rechtliche Vereinbarung.** Der Vergleich muss den Vorschriften des § 779 BGB entsprechen. Zwingende Voraussetzung für den Prozessvergleich ist ein gegenseitiges Nachgeben. An das Nachgeben sind hohe Anforderungen nicht zu stellen; es genügt jedes auch nur geringfügige Zugeständnis der Parteien. Ein Nachgeben des Schuldners kann selbst bei unstreitiger Forderung vorliegen; ein solches kann darin bestehen, dass der Schuldner dem Gläubiger mit dem gerichtlichen Vergleich einen sicheren Vollstreckungstitel verschafft, obwohl er den Erlass eines rechtskräftigen Urteils mit prozessualen Mitteln zumindest vorübergehend hinauszögern könnte. Der Verzicht beider Parteien auf eine der Rechtskraft fähige Entscheidung erfüllt das Merkmal des beiderseitigen Nachgebens (BGH NJW-RR 05, 1303, 1304). Ein Nachgeben über prozessuale Fragen reicht damit aus; auch genügt es, eine vergleichsweise Regelung über die Kosten des Rechtsstreites zu treffen (BGHZ 39, 60, 63). Das Merkmal des gegenseitigen Nachgebens verlangt, dass die Parteien die Dispositionsbefugnis über den Vergleichsgegenstand haben. So kann der Widerruf eines Testamentes nicht im Vergleichsweg erklärt werden (BGH Betrieb 59, 790). Auch die Frage, ob eine Rechtsmittelfrist oder eine Rechtsmittelbegründungsfrist versäumt ist, unterliegt nicht der Dispositionsbefugnis der Parteien.

14 Vergleichsgegenstand und Streitgegenstand müssen nicht deckungsgleich sein; es genügt die Zweckverbindung des materiell-rechtlich Vereinbarten mit dem beabsichtigten Erfolg der völligen oder teilweisen Beendigung des Rechtsstreites. Der Vergleich kann somit Ansprüche betreffen, die noch nicht rechtshängig geworden sind (BGHZ 35, 309, 316; 84, 333, 335).

15 **c) Widerrufsvorbehalt.** Prozessvergleiche können wirksam unter einer Bedingung nach § 158 I, II BGB oder einem Rücktritts- bzw Widerrufsvorbehalt abgeschlossen werden (BGHZ 88, 364, 367). In der Vereinbarung eines Widerrufs- bzw Rücktrittsvorbehalts zug einer oder beider Parteien ist im Regelfall eine aufschiebende Bedingung für die Wirksamkeit des Vergleichs zu sehen, es sei denn, ein anderer Wille der Parteien ergäbe sich unmittelbar aus dem Wortlaut des Vergleichs. Die mit dem Vergleich getroffene Verfügung über den Prozessgegenstand wird daher idR erst dann wirksam, wenn die Widerrufsfrist ungenutzt verstrichen ist. Erst dann liegt ein Vollstreckungstitel vor, der mit der Klausel nach § 726 I versehen werden kann (BGHZ 46, 277, 279; NJW 06, 776; BVerwG NJW 93, 2193, 2194). Die Annahme einer Bedingung steht der Wirksamkeit des prozessbeendenden Teils nicht entgegen. Handelt es sich um ein bedingungsfeindliches Geschäft wie die Auflassung, kann ein Widerrufsvorbehalt nicht vereinbart werden (BGH NJW 88, 415, 416).

16 Widerrufsberechtigt kann auch ein am Vergleich beteiligter Dritter sein, der nicht Prozesspartei geworden ist (MüKoZPO/*Wolfsteiner* Rn 58). Bei einem Vergleich mit Widerrufsvorbehalt zug mehrerer Streitgenossen kann eine Auslegung ergeben, dass jeder der Streitgenossen berechtigt sein soll, den Vergleich innerhalb gesetzter Frist zu widerrufen und der Vergleich nur dann wirksam zustande kommt, wenn keiner der Streitgenossen von diesem Widerrufsrecht Gebrauch macht (BGHZ 46, 277, 280, 281). Liegt notwendige

Streitgenossenschaft vor, wird in entsprechender Anwendung des § 62 I der Widerruf eines der Streitgenossen im Hinblick auf den prozessualen Teil des Vergleichs, nicht aber auch dessen materiell-rechtlichen Teil, ausreichen. Die Beweislast dafür, dass ein wirksamer Widerruf nicht erfolgt ist, liegt bei der Partei, die sich auf die Wirksamkeit des Vergleichs beruft; derjenige, der günstige Rechtsfolgen aus einem Vergleich herleitet, hat die Voraussetzungen hierfür zu beweisen (BAG NJW 04, 701, 702).

Die Vergleichsparteien können frei bestimmen, wer Empfänger des Widerrufs sein soll (BGH NJW 80, 1753, 1754; NJW-RR 05, 1323, 1324). Mangels einer ausdrücklichen Vereinbarung ist der Adressat durch Auslegung zu ermitteln. Empfänger des Widerrufs können sowohl das Gericht als auch der Gegner sein. Lässt sich ein eindeutiger Wille im Vergleich nicht feststellen, ist davon auszugehen, dass der Widerruf der Prozessbeendigungsvereinbarung dem Gericht ggü, der materielle Vergleichsteil dem Vertragspartner ggü zu widerrufen ist. Der Widerruf auch nur eines Teils der Vereinbarung führt wegen der bestehenden Verknüpfung zur Unwirksamkeit des gesamten Prozessvergleichs (BGH NJW 05, 3576, 3577). Die dem Gericht ggü widerrufene Prozesshandlung hindert damit den Eintritt der prozessbeendigenden Wirkung des Vergleichs ebenso wie der dem Vergleichspartner nach § 130 BGB erklärte Widerruf. Der dem Gericht ggü zu erklärende Widerruf ist Prozesshandlung und unterliegt den Formvorschriften für bestimmende Schriftsätze; im Anwaltsprozess gilt Anwaltszwang (BAG NJW 89, 3035, 3036). Der dem Gegner ggü zu erklärende Widerruf ist idR formfrei und kann auch mündlich erfolgen (BAG NJW 60, 1365, 1366). Widerruf per Telefax reicht aus, wenn die sonstigen Voraussetzungen des § 130 Nr 6 eingehalten sind. 17

Die Frist für den Widerruf beginnt im Zweifel mit Vergleichsschluss zu laufen und nicht erst mit Zustellung des Protokolls (Schles NJW-RR 87, 1022). Eine außergerichtliche Verlängerung der Frist durch die Parteien wird aus Zweckmäßigkeitsgründen für möglich gehalten, auch wenn eine solche Vereinbarung Abänderung des Prozessvergleichs ist und der prozessrechtlich notwendigen Form ermangelt (St/J/*Münzberg* Rn 87; Musielak/*Lackmann* Rn 14; aA MüKoZPO/*Wolfsteiner* Rn 62). 18

4. Formerfordernisse. Bei Abschluss des Vergleichs sind etwaige Formvorschriften zu beachten. Die Aufnahme eines Prozessvergleichs in einem nach den Vorschriften der ZPO errichteten Protokoll ersetzt die notarielle Beurkundung, § 127a BGB. 19

Der in der mündlichen Verhandlung abgeschlossene Prozessvergleich ist gem § 160 III 1 zu Protokoll zu nehmen. Das Protokoll muss verlesen, vorgespielt oder zur Durchsicht vorgelegt werden; es muss genehmigt werden, § 162 I. Der Prozessvergleich muss gem § 163 I 1 ordnungsgemäß vom Vorsitzenden und vom Urkundsbeamten unterschrieben werden. Die fehlende Unterzeichnung kann nachgeholt werden (Schuschke/Walker/*Walker* Rn 8); jedoch kann ein Richter seine Unterschrift dann nicht mehr wirksam nachholen, wenn er inzwischen in ein anderes richterliches Amt an einem anderen Gericht versetzt worden ist (Stuttg Rpfleger 76, 257, 258 mit ablehnender Anm *Vollkommer*). Vollstreckungsrechtlich relevante Teile müssen beigefügt und mitverlesen werden; es kann nicht auf andere nicht beigefügte Urkunden verwiesen werden (Zweibr NJW-RR 92, 1408; Rpfleger 04, 508; MüKoZPO/*Wolfsteiner* Rn 35). Sämtliche dieser Erfordernisse sind Wirksamkeitsvoraussetzungen; die Nichteinhaltung führt zur Nichtigkeit des Vergleichs (BGHZ 14, 381, 394 ff; NJW 84, 1465, 1466). Bei der notariellen Beurkundung gem § 13 I 1 BeurkG sind das Verlesen der Niederschrift und die anschließende Genehmigung durch die Beteiligten zwingende Erfordernisse. Beim Abschluss des Prozessvergleichs erfüllen die Protokollierungsvorschriften diese Wirksamkeitsvoraussetzungen. Eine Vermutung für das Vorlesen iSd § 13 I 1 BeurkG besteht jedoch nicht (BGHZ 142, 84, 88). Die notarielle Beurkundung wird auch dann durch das Protokoll ersetzt, wenn in diesem der Vermerk unterblieben ist, dass die Erklärungen vorgelesen oder sonst in gesetzlicher Form eröffnet und genehmigt worden sind (BGHZ 107, 142, 146; 142, 84, 88). Gleiches gilt dann, wenn das Protokoll entgegen § 160 I Ort und Tag der Verhandlung, den Namen des Richters, des Urkundsbeamten der Geschäftsstelle sowie die Bezeichnung des Rechtsstreites nicht enthält. Die Namen der erschienenen Parteien müssen sich im Hinblick auf das Bestimmtheitsgebot, das sich auch auf die Vergleichsschließenden bezieht, dem Protokoll oder zumindest dem Vergleichstext entnehmen lassen. Es muss deutlich sein, dass es sich um ein gerichtliches Protokoll handelt. 20

Ist eine Vollmacht nach materiellem Recht formbedürftig, wie dies bei der Vollmacht für eine Erbausschlagung nach § 1945 III BGB der Fall ist, genügt die schriftliche Bevollmächtigung des Anwalts nach § 80 I nicht. Anders ist es, wenn die Form nur Nachweiszwecke erfüllen soll (MüKoZPO/*Wolfsteiner* Rn 33). 21

Ein Prozessvergleich des § 794 I 1 kann auch gem § 278 VI abgeschlossen werden. Die Parteien können dem Gericht einen schriftlichen Vergleichsvorschlag unterbreiten oder einen schriftlichen Vergleichsvorschlag des Gerichts durch Schriftsatz ggü dem Gericht annehmen. Das Gericht hat dann das Zustandekommen 22 und den Inhalt des Vergleichs vAw durch Beschl festzustellen; der Beschl des Gerichts nach § 278 VI 2 ist Vollstreckungstitel. Für derartige Vergleiche gilt § 127a BGB nicht.

23 **III. Unwirksamkeit, Anfechtung, Aufhebung. 1. Unwirksamkeit, Rechtsbehelfe.** Der Prozessvergleich kann aus materiell-rechtlichen Gründen unwirksam sein, so wenn er gegen ein gesetzliches Verbot verstößt, sittenwidrig ist, wenn einer der Beteiligten bei Abschluss des Vergleichs geschäftsunfähig gewesen ist oder wenn der Vergleich wirksam gem § 142 BGB angefochten wurde. In der Regel ist dann auch die Prozessbeendigungsvereinbarung unwirksam; hier ist der Auslegungsregel zu folgen, dass mangels ausdrücklicher anderweitiger Vereinbarung die Wirksamkeit der Prozessbeendigungsvereinbarung vom Zustandekommen der sonstigen Vereinbarungen abhängig sein soll und die Prozesshandlung ihre Wirksamkeit verliert, wenn der materielle Vergleich unwirksam ist (BGHZ 79, 71, 74; NJW 85, 1962, 1963). Kommt wegen formeller Mängel ein wirksamer Prozessvergleich nicht zustande, führt dies nicht ohne weiteres zur Ungültigkeit der materiell-rechtlichen Vereinbarung. Ein formnichtiger Prozessvergleich kann gem § 140 BGB als außergerichtlicher Vergleich iSd § 779 BGB aufrechterhalten werden. Es ist Auslegungsfrage, ob die Parteien den Vergleich auch ohne die Vollstreckungsmöglichkeit und ohne zweifelsfreie Prozessbeendigungswirkung gewollt hätten (BGH NJW 85, 1962, 1963; BAG NJW 60, 1364; BVerwG NJW 94, 2306, 2307; aA MüKoZPO/*Wolfsteiner* Rn 35, 67).

24 Bei einem Streit um Wirksamkeit oder Unwirksamkeit des Prozessvergleichs ist das Ursprungsverfahren fortzusetzen; das Verfahren ist bei Unwirksamkeit des Vergleichs noch nicht beendet; von daher scheidet eine Vollstreckungsabwehrklage aus (BGHZ 16, 388, 390; 86, 184, 187, 188; aA St/J/*Münzberg* Rn 69, wonach das Rechtsschutzbedürfnis für die Vollstreckungsklage erst dann entfällt, wenn eine Partei bereits zulässigerweise den Antrag auf Fortsetzung des Verfahrens gestellt hat). Einer neuen Leistungsklage steht der Einwand einer anderweitigen Rechtshängigkeit entgegen (Musielak/*Lackmann* Rn 21). Der Prozess ist in der Instanz zu führen, in welcher der Prozessvergleich abgeschlossen wurde; dies kann auch die Revisionsinstanz sein (BAG NJW 98, 181). Hat der Vergleich mehrere Verfahren erledigt, kann die Fortsetzung jedes einzelnen Verfahrens beantragt werden oder aber die Wirksamkeit des Gesamtvergleichs in einem neuen Verfahren geklärt werden (BGHZ 87, 227, 230 ff; BAG ZZP 97 (1984) 213, 214). Wurde in dem Prozessvergleich eine über den Streitgegenstand hinausgehende Regelung getroffen und wird ausschl deren Unwirksamkeit geltend gemacht, kann die Unwirksamkeit ebenfalls in einem neuen Verfahren geltend gemacht werden (BGHZ 87, 227, 230 ff). Im Weg der Vollstreckungsgegenklage ist vorzugehen, wenn noch andere Einwendungen außer der Unwirksamkeit des Vergleichs geltend gemacht werden (BGH NJW 67, 2014; St/J/*Münzberg* Rn 69). Mit der Vollstreckungsabwehrklage ggü einem Vergleich können, da § 767 II keine Anwendung findet, auch Einwendungen erhoben werden, die sich auf zeitlich vor dem Vergleich liegende Tatsachen stützen (BGH NJW 67, 2014). Macht nach Abschluss eines Prozessvergleichs eine Partei außer der Nichtigkeit des Vergleichs auch geltend, dass die durch den Vergleich begründete Forderung nachträglich weggefallen ist, dann ist für sämtliche Einwendungen die Vollstreckungsgegenklage der zutreffende Rechtsbehelf. Bei Fortsetzung des Verfahrens und Streit um die Unwirksamkeit oder Wirksamkeit des Vergleichs muss, falls der Vergleich sich als wirksam geschlossen erweist, ausgesprochen werden, dass der Rechtsstreit durch den Vergleich erledigt oder die Fortsetzung des Verfahrens unzulässig ist; insoweit hat Feststellungsurteil zu ergehen. Erweist sich der Vergleich als unwirksam, ist über die Klage zu entscheiden (BGHZ 46, 277, 278; WM 85, 673). Zudem kann jeder Vergleichsschuldner nach § 737 rügen, dass die Erteilung der Vollstreckungsklausel wegen prozessualer Nichtigkeit des Vergleichs unzulässig ist (St/J/*Münzberg* Rn 60). Bestreitet eine Partei die Wirksamkeit des Vergleichs, kann der Gegner selbständige Klage auf Feststellung erheben, wonach der Vergleich wirksam sei (Frankf MDR 75, 584, 585). Das Feststellungsinteresse entfällt, wenn der andere dann doch den ursprünglichen Prozess fortsetzt oder Vollstreckungsabwehrklage erhebt.

25 Die Verfahrensfortsetzung hindert die Vollstreckung aus dem Vergleich nicht (Frankf NJW-RR 95, 703; St/J/*Münzberg* Rn 69).

26 Eine Fortsetzung des ursprünglichen Verfahrens findet nicht statt, wenn die anfängliche Nichtigkeit eines in einem Eilverfahren auch die Hauptsache erledigenden Prozessvergleichs aus Gründen, welche die Regelung in der Hauptsache betreffen, geltend gemacht werden soll; hierdurch würde der Zweck des Eilverfahrens unterlaufen. Auch Vollstreckungsgegenklage scheidet aus. Der Ast, der die Nichtigkeit geltend machen will, muss hier Hauptsacheklage erheben; will der Ag die Vergleichsnichtigkeit überprüfen lassen, muss er dies im Weg der negativen Feststellungsklage tun (Hamm MDR 80, 1019; Köln MDR 71, 671; Schuschke/Walker/*Walker* Rn 15).

Ein Streit um die Auslegung des Prozessvergleichs wird nicht durch die Fortsetzung des bisherigen Verfahrens ausgetragen. Hier geht es um die Vollstreckbarkeit des titulierten Anspruchs; es ist daher die Vollstreckungsabwehrklage der gebotene Rechtsbehelf (BGH Rpfleger 77, 99; Zö/*Stöber* Rn 16). In Frage kommt auch eine Feststellungsklage (Musielak/*Lackmann* Rn 24; in der Tendenz gegenteilig BGH Rpfleger 77, 99). 27

2. Wegfall der Geschäftsgrundlage, Rücktritt, Aufhebung. Der Wegfall der Geschäftsgrundlage führt weder zum Wegfall der Prozessbeendigungsvereinbarung noch der materiell-rechtlichen Absprachen, sondern nur zur Vertragsanpassung. Rechtlicher Bestand des Vergleichs und prozessbeendende Wirkung werden nicht berührt (BGH NJW 86, 1348, 1349). Die Frage, in welchem Umfang der Vergleich weiter gilt, ist daher nicht durch Fortsetzung des durch den Vergleich erledigten Rechtsstreites zu entscheiden (BGH NJW 66, 1658, 1659; 86, 1348, 1349). Eine von vornherein bestehende Nichtigkeit oder eine rückwirkende Vernichtung des Vergleichs führt dazu, dass dem Vergleich jede verfahrensrechtliche Wirkung fehlt; entfällt lediglich die Geschäftsgrundlage, wird der Prozessvergleich nicht beseitigt und ihm seine prozessbeendende Wirkung nicht, jedenfalls nicht von Anfang an, genommen (aA St/J/*Münzberg* Rn 77). Auch im Fall des Rücktritts oder der vertraglichen Aufhebung kann über die Wirkungen derartiger Erklärungen nicht durch Fortsetzung des durch den Vergleich erledigten Rechtstreites entschieden werden, sondern nur in einem neuen Rechtsstreit (BGHZ 16, 388, 392, 393). Auch hier wird der Prozessvergleich nicht mit rückwirkender Kraft beseitigt. In Frage kommen eine Vollstreckungsgegenklage, ebenso eine Feststellungsklage. 28

IV. Wirkung, Vollstreckbarkeit. 1. Wirkung. Der wirksame Prozessvergleich beendet den Prozess und die Rechtshängigkeit ganz oder tw (BGHZ 28, 171, 172; 41, 310, 311). Vorausgegangene und noch nicht rechtskräftige Urteile werden wirkungslos; die Vollstreckbarkeit entfällt (BGH NJW 69, 1480, 1481). Die wirksam beendete Rechtshängigkeit kann nicht dadurch wieder aufleben, dass die Parteien außergerichtlich den Prozessvergleich aufheben oder abändern. Die materiell-rechtlichen Wirkungen des Prozessvergleichs lassen sich abändern oder beseitigen; die prozessbeendende Wirkung des Vergleichs bleibt unberührt (BGHZ 41, 310, 312, 313). 29

Der Prozessvergleich ist einer Entscheidung iSd § 775 Nr 1 nicht gleichzusetzen; er kann nur nach § 775 Nr 4 Bedeutung erlangen (Schuschke/Walker/*Walker* Rn 12). Die Wirkungen des Prozessvergleichs können aber entspr § 269 III 3 durch Beschl ausgesprochen werden. Ein solcher Beschl ist eine Entscheidung iSd § 775 Nr 1, die zur endgültigen Einstellung der Vollstreckung aus der früheren Entscheidung führt (Stuttg NJW-RR 87, 128; MüKoZPO/*Wolfsteiner* Rn 72). 30

2. Vollstreckbarkeit. Der wirksame Prozessvergleich stellt einen Vollstreckungstitel dar. Bei einem Vergleich nach § 278 VI (vgl hierzu Rz 22) ist der Beschl, mit dem gem § 278 VI Nr 2 das Gericht das Zustandekommen und den Inhalt des Vergleichs festgestellt hat, der Vollstreckungstitel. Durch Prozessvergleich begründete Ansprüche auf Abgabe einer Willenserklärung sind vollstreckbar; die Fiktion des § 894 ist hierbei nicht anzuwenden. Gegeben ist der Weg des § 888. Im Hinblick darauf, dass dieses Verfahren zeitraubend, kostenträchtig und unsicher ist, wird dem Gläubiger daneben die Möglichkeit der Leistungsklage zugebilligt (RGZ 55, 57, 58; BGHZ 98, 127, 129). Ein Dritter hat keinen Anspruch auf Klauselerteilung, wenn er nicht beigetreten ist. Die bloße Begünstigung im Vergleich ist, auch wenn sie mit einem eigenen Forderungsrecht verbunden ist, nicht geeignet, für den Begünstigten einen Vollstreckungstitel zu schaffen (Schuschke/Walker/*Walker* Rn 20; zweifelnd für den Fall, dass die Parteien dem Dritten ersichtlich eigene Rechte verschaffen wollten St/J/*Münzberg* Rn 45 und Baur/Stürner/Bruns Rn 16.9). 31

V. Vergleiche vor Gütestellen. Vergleiche, die von einer der durch die Landesjustizverwaltung eingerichteten oder anerkannten Gütestellen abgeschlossen sind, stehen Prozessvergleichen gleich. Ein solcher Vergleich hat nicht die Wirkung des § 127a BGB. Den in § 794 I Nr 1 genannten staatlichen Gütestellen sind die von den Landesregierungen bei den Industrie- und Handelskammern errichteten Einigungsstellen nach § 15 UWG zur Beilegung von bürgerlichen Streitigkeiten aus dem UWG gleichgestellt. 32

C. Kostenfestsetzungsbeschlüsse, beschwerdefähige Entscheidungen, Vollstreckungsbescheide, Schiedssprüche, Anwaltsvergleiche. I. Kostenfestsetzungsbeschlüsse gem § 794 I Nr. 2. Titel, die eine Kostenentscheidung enthalten, regeln die Pflicht zur Erstattung der Kosten nur dem Grunde nach. Die Höhe wird im Kostenfestsetzungsverfahren nach §§ 103 ff festgesetzt. Es erfolgt idR zusätzlich zum Titel eine isolierte Ausfertigung des Kfb; gem § 105 I kann ein vereinfachter Kfb ergehen, der auf die Ausfertigung des Urteils oder des sonstigen gerichtlichen Titels gesetzt wird. Bei Aufhebung des Urteils verlieren auch die Kostenfestsetzungsbeschlüsse ohne weiteres Wirksamkeit und Vollstreckbarkeit (Karlsr Rpfleger 00, 555, 556). 33

Regelungen, welche die vorläufige Vollstreckbarkeit des Titels oder die einstweilige Einstellung der Zwangsvollstreckung betreffen, wirken auch für den Kfb. Ist der Titel, welcher die Grundlage für den Kfb enthält, nur gegen Sicherheitsleistung vorläufig vollstreckbar, gilt dies auch für den Kfb (Schuschke/Walker/*Walker* Rn 24; Zö/*Stöber* Rn 18). Nach Rechtskraft der Kostengrundentscheidung ist der Kfb ohne Sicherheitsleistung vollstreckbar (Naumbg JurBüro 02, 38). Die gegen das Urt oder den sonstigen Titel, welcher die Grundlage für den Kfb bildet, gerichtete Vollstreckungsabwehrklage umfasst nicht die Vollstreckung aus dem Kfb (BGH NJW 95, 3318, 3319).

34 Zuständig für die Festsetzung ist der Rechtspfleger nach § 21 Nr 1 RPflG.

35 Der Kfb, den ein RA nach § 11 I 1 RVG geltend macht, ist nicht Kfb iSd § 794 I Nr 2; er fällt vielmehr unter den Begriff der beschwerdefähigen Entscheidung nach § 794 I Nr 3.

36 **II. Beschwerdefähige Entscheidungen nach § 794 I Nr 3.** § 794 I Nr 3 umfasst die Entscheidungen, die wegen ihrer Art und ihres Inhalts nach der ZPO beschwerdefähig wären, wenn die 1. Instanz sie erlassen hätte, dies auch dann, wenn im konkreten Fall der erforderliche Wert des Beschwerdegegenstandes nicht erreicht ist, wie dies iRd § 567 II der Fall ist (St/J/*Münzberg* Rn 100; MüKoZPO/*Wolfsteiner* Rn 123; Schuschke/Walker/*Walker* Rn 27). Damit erstreckt sich § 794 I Nr 3 auch auf letztinstanzliche Beschlüsse. Die Entscheidung muss auf eine vollstreckbare Leistung gerichtet und nicht nur mittelbar zur Vollstreckung geeignet sein. Zu den beschwerdefähigen Entscheidungen gehören Arreste, eV und Zuschlagsbeschlüsse nach §§ 82, 93, 96 ff ZVG, soweit diese Entscheidungen im Beschlussweg erlassen worden sind (RGZ 71, 404, 413).

37 **III. Vollstreckungsbescheide gem § 794 I Nr 4.** Vollstreckungsbescheide stehen einem für vorläufig erklärten VU gleich, § 700 I. Wird ein VB durch Urt aufrechterhalten, ist Vollstreckungstitel der VB; das aufrechterhaltende Urt hat selbst keinen vollstreckungsfähigen Inhalt (Musielak/*Lackmann* Rn 46). Der VB wird gem § 20 Nr 1 RPflG vom Rechtspfleger erlassen.

38 **IV. Schiedssprüche nach § 794 I Nr. 4a.** Aus Entscheidungen, welche Schiedssprüche für vollstreckbar erklären, findet die Vollstreckung dann statt, wenn diese Entscheidungen formell rechtskräftig oder für vorläufig vollstreckbar erklärt sind. Vollstreckungstitel ist die gerichtliche Entscheidung über die Vollstreckbarkeit des Schiedsspruchs gem § 1062 I Nr 4, nicht dagegen der Schiedsspruch selbst.

39 § 794 I Nr 4a umfasst auch Schiedsvergleiche. Ein derartiger Vergleich wird gem § 1053 I 2 vom Schiedsgericht in Form eines Schiedsspruchs mit vereinbartem Wortlaut festgehalten. Gemäß § 1053 II 1 hat ein solcher Schiedsspruch dieselbe Wirkung wie jeder andere Schiedsspruch. Damit kann auch die Vollstreckung nach § 1062 I Nr 4 erfolgen. Auch hier ist Vollstreckungstitel allein die gerichtliche Entscheidung über die Vollstreckbarkeit und nicht der Schiedsspruch. Nach § 1053 IV 1 kann ein Schiedsspruch mit vereinbartem Wortlaut auch von einem Notar für vollstreckbar erklärt werden. Gegen die gerichtliche Vollstreckbarerklärung ist nach § 1065 die Rechtsbeschwerde statthaft; der Beschl ist nach § 1064 II für vorläufig vollstreckbar zu erklären und damit sofort klauselfähig. Notarielle Entscheidungen sind unanfechtbar. Bereits vor Vollstreckung des Schiedsspruchs kann gem § 1063 III 1, 2 angeordnet werden, dass die Zwangsvollstreckung aus dem Schiedsspruch betrieben werden darf oder vorläufige oder sichernde Maßnahmen des Schiedsgerichts vollzogen werden können. Auch diese Anordnung ist Titel iSd § 794 I Nr 4a.

40 Die Anerkennung und Vollstreckung ausl Schiedssprüche richtet sich nach § 1061 I. Die Vollstreckbarerklärung ist gem dieser Vorschrift und in Übereinstimmung mit Art 3 des UN-Übereinkommens über die Anerkennung und Vollstreckung ausl Schiedssprüche v 10.6.58 (BGBl II 1961, 121) auch dann als inländischer Titel zu werten, wenn sie einen ausl Schiedsspruch zum Gegenstand hat. Vollstreckungstitel ist auch hier die Entscheidung über die Vollstreckbarkeit des Schiedsspruchs.

41 **V. Anwaltsvergleiche gem § 794 I Nr 4b.** Bei den unter § 794 I Nr 4b genannten Beschlüssen nach § 796b oder § 796c handelt es sich um Beschlüsse, durch welche Anwaltsvergleiche für vollstreckbar erklärt werden. Die Vollstreckbarerklärung erfolgt durch das Gericht, § 796b I oder durch den Notar, § 796c I. Ebenso wie der Schiedsspruch ist der Anwaltsvergleich nicht Vollstreckungstitel; die Zwangsvollstreckung findet aus der Vollstreckbarerklärung statt.

42 **D. Vollstreckbare Urkunden gem § 794 I Nr 5. I. Zuständigkeit.** § 794 I Nr 5 umfasst Urkunden, die von einem deutschen Gericht oder einem deutschen Notar innerhalb der Grenzen seiner Amtsbefugnisse in der vorgeschriebenen Form aufgenommen worden sind. Die vorgeschriebene Form ergibt sich aus dem BeurkG. Durch die §§ 56 ff BeurkG ist die allgemeine Beurkundungszuständigkeit der Gerichte beseitigt worden; damit sind nahezu ausschl die Notare zur Errichtung vollstreckbarer Urkunden zuständig; deren Zuständigkeit bestimmt § 20 I 1 BNotO. Gerichtliche Beurkundungen sind nach § 71 BeurkG seit dem 1.1.70 nur noch iRd § 62 BeurkG zulässig, so im Fall von Vaterschaftsanerkenntnissen und der Festlegung von Unterhaltsverpflichtungen. Insoweit können Zwangsvollstreckungsunterwerfungen vom AG beurkundet werden; diese Beurkundungen sind nach § 3 Nr 1f RPflG dem Rechtspfleger übertragen.

Auch Berufskonsuln und andere ausdrücklich ermächtigte konsularische Beamte können zuständig sein. 43
Die von einem Konsularbeamten aufgenommenen Urkunden stehen den von einem inländischen Notar errichteten gleich. Gemäß §§ 59, 60 SGB VIII sind Urkundspersonen des Jugendamtes zur Beurkundung diverser Verpflichtungen berechtigt; gem § 60 SGB VIII sind sie auch befugt, vollstreckbare Ausfertigungen zu erteilen.

II. Materiell-rechtliche Erklärungen, Inhalt. 1. Bestimmtheitsgebot. Vor dem 1.1.99 errichtete Urkun- 44
den können nur die Verpflichtung zur Zahlung einer bestimmten Geldsumme oder zur Leistung einer bestimmten Quantität vertretbarer Sachen oder Wertpapiere zum Gegenstand haben. Nach dem 1.1.99, Datum des Inkrafttretens der 2. Zwangsvollstreckungsnovelle (BGBl I 97, 3040), kann jeder einer vergleichsweisen Regelung zugängliche Anspruch Gegenstand einer vollstreckbaren Urkunde sein, somit jeder Anspruch, der dem Verfügungsrecht des Schuldners unterliegt (vgl Rz 13). Auch ein öffentlich-rechtlicher Anspruch kann Gegenstand einer vollstreckbaren Urkunde nach § 794 I Nr 5 sein (BGH NJW-RR 06, 645, 646). Ausgenommen sind Ansprüche, welche auf Abgabe einer Willenserklärung gerichtet sind oder den Bestand eines Mietverhältnisses über Wohnraum betreffen. Ansprüche aus unvollkommenen Verbindlichkeiten wie Spiel oder Wette können nicht zum Gegenstand vollstreckbarer Urkunden gemacht werden (Musielak/*Lackmann* Rn 33).

Ein geschuldeter Geldbetrag muss entweder bestimmt angegeben sein oder sich aus für die Vollstreckungs- 45
organe allg zugänglichen Quellen bestimmen lassen; so genügt es, wenn die Berechnung mit Hilfe offenkundiger, insb aus dem BGBl oder dem GB ersichtlicher Umstände möglich ist. Als ausreichend wird es angesehen, wenn sich die Höhe des Anspruchs aus einer Wertsicherungsklausel ergibt, die auf den vom Statistischen Bundesamt ermittelten Verbraucherpreisindex abstellt (BGHZ 22, 54, 56; NJW-RR 05, 366). Eine 1973 von einem Notar aufgenommene Urkunde, in der sich der Schuldner verpflichtet hat, an den Gläubiger Unterhalt in Höhe der Bruttobezüge eines ledigen Regierungsrates der Besoldungsgruppe A letzte Dienstaltersstufe (14) der Saarländischen Besoldungsordnung zuzüglich Ortszuschlag I b, Stufe 1 zu bezahlen, genügt dann nicht mehr den Bestimmtheitsanforderungen in der bis zum 31.12.1998 geltenden Fassung, wenn die zum Zeitpunkt der Klauselerteilung geltende Besoldungsordnung keinen Ortszuschlag mehr enthält (BGH NJW-RR 10, 1365, 1366). Dem Bestimmtheitsgebot genügt es, wenn der Zinsbeginn »ab Grundbucheintragung« angegeben wird (BGH WM 81, 189, 191; NJW-RR 00, 1358, 1359). Nicht ausreichend ist dagegen die Unterwerfung wegen Zinsen, wenn sich der Zinsbeginn nicht aus der Urkunde ergibt, sondern sich erst mit Hilfe außerhalb der Urkunde liegender Umstände ermitteln lässt (Ddorf NJW-RR 88, 698, 699; BayObLG NJW-RR 96, 38, 39). Eine Urkunde ist weiter ausreichend bestimmt, wenn der Schuldner ohne Rücksicht auf die zur Zeit der Urkundenerrichtung noch nicht festsehende Höhe der Verbindlichkeit zum Zweck der Zwangsvollstreckung eine bestimmte, wenn auch nur von ihm geschätzte Summe in die Urkunde aufnehmen lässt. Der in der Unterwerfungserklärung für vollstreckbar erklärte Anspruch kann von vornherein weiter gefasst werden als die zugrundegelegte materielle Forderung. Es ist Sache des Vollstreckungsschuldners im Weg der Vollstreckungsgegenklage den Einklang zwischen vollstreckbar gestellter und materieller Forderung wieder herzustellen (BGH NJW 96, 2165, 2166). Dies gilt auch dann, wenn der Entstehungszeitpunkt des zu vollstreckenden Anspruchs und der Zeitpunkt, auf den die Erklärung abstellt, auseinanderfallen (so für eine Unterlassungserklärung BGH NJW 00, 951, 952). Maßgeblich für die Beurteilung ausreichender Bestimmtheit ist (auch) auf den Zeitpunkt der Erteilung der Vollstreckungsklausel abzustellen (BGH NJW-RR 10, 1365).

Ist ein bestimmter Anspruch aus einem konkret bezeichneten Schuldverhältnis in der Urkunde festgelegt, 46
kann auch nur dieser aus der Urkunde vollstreckt werden. Der aus einer vollstreckbaren Urkunde bestehende Titel, in der sich der Schuldner wegen einer Kaufpreisforderung der sofortigen Zwangsvollstreckung unterworfen hat, deckt nicht ohne weiteres die Vollstreckung eines an die Stelle der ursprünglichen Kaufpreisforderung tretenden Schadensersatzanspruchs (BGH NJW 80, 1050, 1051). Das Bestimmtheitsgebot bezieht sich auch auf die Bezeichnung des Schuldners und des Gläubigers.

Gegenstand vollstreckbarer Urkunden können zukünftige, ebenso bedingte Ansprüche sein (BGHZ 88, 62, 47
65; NJW 80, 1050, 1051).

48 **2. Dingliche Ansprüche.** Ansprüche aus Grundpfandrechten können Gegenstand einer Urkunde nach § 794 I Nr 5 sein. Daneben kann in einer vollstreckbaren Urkunde die persönliche Haftung wegen des Anspruchs aus dem Grundpfandrecht übernommen werden; eine derartige Verpflichtung ist auch formularmäßig wirksam, wenn der Grundstücksinhaber und der die persönliche Haftung Übernehmende identisch sind (BGHZ 99, 274, 282; NJW-RR 06, 490). Die formularmäßige Übernahme der persönlichen Haftung für den Grundschuldbetrag und insoweit auch die Vollstreckungsunterwerfung verstoßen gegen § 9 II 1 AGBG aF (§ 307 II 1 BGB), wenn damit die Forderung eines Dritten gesichert werden soll. Die Unterwerfung unter die sofortige Zwangsvollstreckung hinsichtlich der dinglichen Haftung ist zwar nicht zu beanstanden; eine unangemessene Benachteiligung stellt es jedoch dar, einen zur Bestellung einer Grundschuld bereiten Dritten formularmäßig noch zusätzlich, wenn auch beschränkt auf den Betrag der dinglichen Sicherheit, zum persönlichen Mitschuldner zu machen (BGHZ 114, 9, 13, 14; vgl auch Rz 55.1). Zur Problematik, wenn der Eigentümer eines Grundstücks nicht nur sich selbst, sondern jeden künftigen Eigentümer des Grundstücks der sofortigen Zwangsvollstreckung aus der Urkunde unterwirft, wird auf § 800 (s. § 800 Rz 1) verwiesen.

49 **3. Ausnahmen.** Der Anspruch darf nicht auf Abgabe einer Willenserklärung gerichtet sein oder den Bestand eines Mietverhältnisses über Wohnraum betreffen. Dies entspricht der Regelung beim Anwaltsvergleich, § 796a II, sowie, beschränkt auf Mietverhältnisse über Wohnraum im Inland, derjenigen bei Schiedsvereinbarungen, § 1030 II.

50 Ansprüche auf Abgabe einer Willenserklärung können Gegenstand einer vollstreckbaren Urkunde sein; nur ist die Vollstreckung nach § 894 ausgeschlossen und der Gläubiger auf die Zwangsvollstreckung nach § 888 beschränkt (BGHZ 157, 195, 199 ff; MüKoZPO/*Wolfsteiner* Rn 202; aA Schuschke/Walker/*Walker* Rn 38).

51 Soweit § 794 I Nr 5 Verpflichtungen erwähnt, die den Bestand über Wohnraummietverhältnisse betreffen, umfasst dies nicht nur Streitigkeiten über die Wirksamkeit oder Unwirksamkeit eines Mietverhältnisses selbst, sondern auch Ansprüche, für welche der Bestand des Mietverhältnisses lediglich Vorfrage ist, so Räumungs- und Herausgabeansprüche, ebenso Ansprüche auf Überlassung von Mietwohnraum (Musielak/*Lackmann* Rn 32; Musielak/*Voit* § 796a Rn 7). Die einschränkende Auffassung, wonach nur Ansprüche gegen den Mieter von der Unterwerfung ausgeschlossen sein sollen, nicht jedoch Ansprüche gegen den Vermieter auf Überlassung des Mietbesitzes (so MüKoZPO/*Wolfsteiner* Rn 206), ist vom Wortlaut des Gesetzestextes nicht gedeckt. Ansprüche auf Zahlung des Mietzinses sind unterwerfungsfähig (BTDrs 13/341, 20 ff); dies gilt auch für sonstige Rechtsstreitigkeiten, die den Bestand des Mietverhältnisses nicht in Frage stellen, so Ansprüche aus der Beendigung des Mietverhältnisses. Betrifft die Erklärung Mietverträge, die Wohn- und Geschäftsräume zum Gegenstand haben, ist maßgeblich nicht der Schwerpunkt des Vertrages; vielmehr können die Ansprüche nicht Gegenstand einer vollstreckbaren Urkunde sein, wenn auch nur tw Wohnraum betroffen ist (Musielak/*Lackmann* Rn 32; aA MüKoZPO/*Wolfsteiner* Rn 208; Musielak/*Voit* § 796a Rn 7). Die Vollstreckung ist jedoch zulässig, soweit diese nur den gewerbemäßigen Teil des Mietverhältnisses betrifft.

52 **III. Unterwerfungserklärung. 1. Rechtsnatur, Mängel der Unterwerfungserklärung.** Die Vollstreckungsunterwerfung nach § 794 I Nr 5 ist eine einseitige Willenserklärung, die auf das Zustandekommen eines Vollstreckungstitels gerichtet ist und nur prozessualen Grundsätzen untersteht (RGZ 146, 308, 312; BGHZ 139, 387, 390; NJW-RR 07, 749, 750). Sie stellt keine für den Gläubiger empfangsbedürftige Willenserklärung dar (BGH NJW-RR 07, 749, 750). Willensmängel der Unterwerfungserklärung führen nicht zur Nichtigkeit; eine Anfechtung scheidet aus (MüKoZPO/*Wolfsteiner* Rn 245, 248; Musielak/*Lackmann* Rn 39; aA BGH DNotZ 78, 537, 539). Wird geltend gemacht, die Unterwerfungserklärung sei unwirksam, weil sie unbestimmt geblieben sei, handelt es sich um eine Frage der prozessualen Ordnungsmäßigkeit der Unterwerfungserklärung, die im Verfahren nach § 732 zu klären ist (BGH WM 10, 1022, 1024). Die Zwangsvollstreckung findet aus der Unterwerfungserklärung und nicht aus der notariellen Urkunde statt (BGHZ 73, 157, 160). Ein Darlehensnehmer kann sich dann nicht auf die Nichtigkeit der Vollstreckungsunterwerfung berufen, wenn er an den Darlehensvertrag gebunden und zur Rückzahlung der Darlehensvaluta verpflichtet ist; der Darlehensnehmer, welcher sich im Darlehensvertrag wirksam verpflichtet hat, sich der sofortigen Zwangsvollstreckung in sein gesamtes Vermögen zu unterwerfen, darf aus der Nichterfüllung dieser Verpflichtung keine Vorteile ziehen (BGH WM 05, 1520, 1521, 1522; 10, 28, 30).

53 Die vorgeschriebene Form der Unterwerfungserklärung ist diejenige der notariellen Beurkundung von Willenserklärungen nach §§ 6 ff BeurkG (BGH WM 09, 2212, 2214). Ist nur ein Teil formgerecht Inhalt der

Unterwerfungserklärung geworden, richten sich die Folgen nicht nach § 139 BGB; maßgeblich ist das Beurkundete (MüKoZPO/*Wolfsteiner* Rn 187).

Die Regelungen über die AGB sind anwendbar. Die Unterwerfung kann formularmäßig erklärt werden; sie stellt für sich gesehen eine unangemessene Benachteiligung für den Schuldner nicht dar; sie ist vielmehr ausdrücklich gesetzlich vorgesehen. Auch ein Verstoß gegen § 10 II VerbrKrG aF (§ 496 II BGB) ist in der persönlichen Unterwerfungserklärung nicht zu sehen (BGHZ 158, 1, 7, 8; NJW 05, 1576, 1578). Als allein auf das Zustandekommen eines Vollstreckungstitels gerichtete einseitige prozessuale Willenserklärung lässt die Vollstreckungsunterwerfung die Beweislastverteilung unberührt (BGHZ 147, 203, 209 unter Aufgabe von BGH NJW 81, 2756, 2757; ebenso NJW 02, 138, 139). Der Gläubiger hat die Entstehungsvoraussetzungen seines Anspruchs auch dann zu beweisen, wenn sich der Schuldner wegen dieses Anspruchs in notarieller Urkunde der Zwangsvollstreckung unterworfen hat; damit greift der Nichtigkeitsgrund des § 309 Nr 12 BGB nicht ein. Die Unterwerfungserklärung ist auslegungsfähig (St/J/*Münzberg* Rn 120; MüKoZPO/*Wolfsteiner* Rn 182). So sind im Fall der Unwirksamkeit eines Darlehens auch Bereicherungsansprüche abgesichert, wenn Grundschuld und persönliche Haftungsübernahme mit Zwangsvollstreckungsunterwerfung nicht nur Darlehensrückzahlungsansprüche, sondern alle bestehenden, künftigen und bedingten Ansprüche absichern (BGHZ 114, 57, 72; 131, 82, 87). 54

2. Mängel der Verpflichtungserklärung. Ist die beurkundete Verpflichtungserklärung nichtig, bleibt die Unterwerfungserklärung dennoch wirksam, wenn sie nicht selbst gegen ein gesetzliches Verbot verstößt. Der Schuldner kann die Nichtigkeit der Verpflichtungserklärung nur im Weg der Vollstreckungsabwehrklage geltend machen; § 767 II gilt nicht (§ 797 IV; vgl § 767 Rz 37). § 139 BGB ist nicht anwendbar (BGHZ 154, 283, 286; WM 08, 838, 839). Die Unterwerfungserklärung kann nicht von der Wirksamkeit der gleichzeitig abgegebenen Erklärung materiellen Rechts abhängig gemacht werden. Entscheidend ist allein, dass die Unterwerfungserklärung nach Form und Inhalt zur Zwangsvollstreckung geeignet ist (BGHZ 118, 229 ff). So kann sich auch der Schuldner, der sich in einer notariellen Urkunde der sofortigen Zwangsvollstreckung in sein gesamtes Vermögen unterworfen hat, nicht im Klauselerinnerungsverfahren darauf berufen, die Unterwerfungserklärung sei wegen Verstoßes gegen § 307 I BGB unwirksam (BGH ZIP 09, 855, 856). In Widerspruch hiermit und unter Außerachtlassung des von ihm selbst angenommenen rein prozessualen Charakters der Unterwerfungserklärung hat der BGH allerdings in mehreren Fällen angenommen, dass die materiell-rechtliche Nichtigkeit des titulierten Anspruchs wegen Verstoßes gegen ein gesetzliches Verbot zur Unwirksamkeit auch des Titels führen könne. So wurde die mit einem Nachweisverzicht versehene Unterwerfungserklärung in einem Bauträgervertrag wegen Verstoßes gegen §§ 3, 12 MaBV als nichtig gem § 134 BGB gewertet (BGHZ 139, 388, 390 ff; NJW 02, 138, 139). Begründet wurde dies mit dem engen sachlichen Zusammenhang der Unterwerfungserklärung und dem materiell-rechtlichen Rechtsgeschäft; der prozessuale Charakter der Unterwerfungserklärung habe die Rspr nicht gehindert, sie den Vorschriften über die AGB zu unterwerfen (so *Kniffka* ZfBR 92, 195, 196, 197; krit hierzu MüKoZPO/*Wolfsteiner* Rn 132). 55

Auch die formularmäßige Übernahme der persönlichen Haftung für den Grundschuldbetrag, wenn damit die Forderung eines Dritten gesichert werden soll, lässt der BGH ausreichen, um Unwirksamkeit nicht nur der Verpflichtungserklärung (vgl Rz 48), sondern auch der Vollstreckungsunterwerfung gem § 9 II Nr 1 AGBG aF (§ 307 II Nr 1 BGB) anzunehmen. Der Schuldner hat in derartigen Fällen die Wahl, ob er sich mit materiell-rechtlichen Einwendungen gegen den zu vollstreckenden Anspruch verteidigen will, oder ob er daneben mit der Klauselerinnerung die Unwirksamkeit der Unterwerfungserklärung geltend machen will (*Kniffka* ZfBR 92, 195, 198). Die formularmäßige Unterwerfung unter die sofortige Zwangsvollstreckung in einer Grundschuldbestellungsurkunde hinsichtlich der Darlehensforderung stellt keine unangemessene Benachteiligung des Kreditnehmers iSd § 307 I 1 BGB dar, auch wenn die Bank die Kreditforderung frei an beliebige Dritte abtreten kann (so der XI. Zivilsenat BGHZ 185, 133, 144, 145; gegen *Schimansky* WM 08, 1049, 1050). Der BGH hat in der genannten Entscheidung (aaO, 141, 142) allerdings die formularmäßig erfolgte Vollstreckungsunterwerfungserklärung gem § 5 AGBG aF (§ 305c II BGB) zugunsten des Schuldners dahingehend ausgelegt, dass sich diese nur auf Ansprüche aus einer treuhänderisch gebundenen Sicherungsgrundschuld erstreckt; eine solche Position könne ein Grundschuldgläubiger nicht erwerben, wenn er den Verpflichtungen aus dem Sicherungsvertrag nicht beigetreten sei; die Prüfung, ob Rechtsnachfolge hinsichtlich des titulierten Anspruchs iSd § 727 I vorliegt, sei dem Klauselerteilungsverfahren vorbehalten (so auch V. Zivilsenat BKR 11, 291, 292; sehr krit hierzu das Schrifttum vgl nur *Skauradszun* Jura 11, 128, 130; *Stürner* JZ 10, 774, 776, 778; *Bork* WM 10, 2057, 2061; *Kesseler* WM 11, 486, 487 ua; tw abweichend auch der VII. Zivilsenat WM 11, 1460, 1462; vgl § 768 Rz 3). 55.1

56 **3. Vollmacht.** Zur Abgabe der Unterwerfungserklärung ist Prozessfähigkeit erforderlich; Vertretung ist möglich. Die Vollmacht für die Unterwerfungserklärung kann formularmäßig erteilt werden; sie ist ebenso Prozesshandlung wie die Unterwerfungserklärung selbst (BGHZ 154, 283, 286, 287). Im Gegensatz zur materiell-rechtlichen Erklärung, wonach § 164 BGB Anwendung findet, gelten für die Unterwerfungserklärung die §§ 78 ff. Damit bestimmt sich auch die Wirksamkeit des prozessualen Handelns ohne Vertretungsmacht allein nach § 89; die §§ 172 ff BGB gelten nicht (BGHZ 154, 283, 288). Dennoch wirkt sich nach der Rspr des BGH ein Verstoß gegen Art 1 § 1 I 1 RBerG aF iVm § 134 BGB auch auf die Vollmacht zur Abgabe der Vollstreckungsunterwerfungserklärung aus, da andernfalls Sinn und Zweck des gesetzlichen Verbots nicht zu erreichen wären (BGHZ 154, 283, 286, 287; ZIP 84, 159, 161). Besteht jedoch die schuldrechtliche Verpflichtung, ein selbständiges Schuldversprechen mit einer Vollstreckungsunterwerfungserklärung als eine ein Grundpfandrecht verstärkende Sicherheit abzugeben, dann verhält sich der Schuldner treuwidrig, wenn er versucht, aus der bisherigen Nichterfüllung seiner Verpflichtung Vorteile zu ziehen. Dies gilt auch bei formularmäßiger Unterwerfungserklärung (BGH WM 03, 2373, 2374). Die formularmäßige Vollmacht, die auch eine persönliche Haftungsübernahme und Unterwerfung unter die sofortige Zwangsvollstreckung iRe Grundpfandbestellung umfasst, verstößt nicht gegen § 3 AGBG aF (§ 305c BGB); es entspricht jahrzehntelanger Praxis, dass sich der mit dem persönlichen Schuldner identische Grundpfandbesteller der Zwangsvollstreckung in sein gesamtes Vermögen unterwirft; mit einer derartigen Klausel muss gerechnet werden (BGH NJW 03, 885, 886).

57 **4. Duldungstitel nach § 794 II.** § 794 II betrifft Duldungstitel nach §§ 737, 743, 745 II, 748 II – Zwangsvollstreckungen bei Vermögens- oder Erbschaftsnießbrauch, nach Beendigung der Gütergemeinschaft, jedoch vor der Auseinandersetzung, bei fortgesetzter Gütergemeinschaft und bei Testamentsvollstreckung, wobei die Testamentsvollstreckung sich auf die Verwaltung einzelner Nachlassgegenstände zu beziehen hat. In all diesen Fällen ist zur Vollstreckung in ein Sondervermögen neben einem Leistungstitel gegen den Schuldner ein Duldungstitel gegen den mitbetroffenen Dritten – den Nießbraucher, den anderen Ehegatten bzw die anteilsberechtigten Abkömmlinge und den Testamentsvollstrecker – erforderlich. Der Duldungstitel kann gem § 794 II dadurch ersetzt werden, dass der Dritte in einer notariellen Urkunde die sofortige Zwangsvollstreckung in die seinem Recht unterworfenen Gegenstände bewilligt. § 794 II ist extensiv auszulegen. Diese Vorschrift ermöglicht in sämtlichen Fällen der Duldungsverpflichtung Unterwerfungserklärungen, die sich auf Ansprüche erstrecken, die Gegenstand eines Leistungstitels sein können (Musielak/*Lackmann* Rn 48).

58 **E. Europäische Zahlungsbefehle.** § 794 I Nr 6 wurde durch das Gesetz zur Verbesserung der grenzüberschreitenden Forderungsdurchsetzung und Zustellung v 30.10.08, im Wesentlichen in Kraft getreten am 12.12.08 (BGBl I 2008, 2122) eingefügt. Danach findet die Zwangsvollstreckung auch aus für vollstreckbar erklärten Europäischen Zahlungsbefehlen statt.

§ 794a Zwangsvollstreckung aus Räumungsvergleich. **(1) [1]Hat sich der Schuldner in einem Vergleich, aus dem die Zwangsvollstreckung stattfindet, zur Räumung von Wohnraum verpflichtet, so kann ihm das Amtsgericht, in dessen Bezirk der Wohnraum belegen ist, auf Antrag eine den Umständen nach angemessene Räumungsfrist bewilligen. [2]Der Antrag ist spätestens zwei Wochen vor dem Tag, an dem nach dem Vergleich zu räumen ist, zu stellen; §§ 233 bis 238 gelten sinngemäß. [3]Die Entscheidung ergeht durch Beschluss. [4]Vor der Entscheidung ist der Gläubiger zu hören. [5]Das Gericht ist befugt, die im § 732 Abs. 2 bezeichneten Anordnungen zu erlassen**

(2) [1]Die Räumungsfrist kann auf Antrag verlängert oder verkürzt werden. [2]Absatz 1 Satz 2 bis 5 gilt entsprechend.

(3) [1]Die Räumungsfrist darf insgesamt nicht mehr als ein Jahr, gerechnet vom Tag des Abschlusses des Vergleichs, betragen. [2]Ist nach dem Vergleich an einem späteren Tag zu räumen, so rechnet die Frist von diesem Tag an.

(4) Gegen die Entscheidung des Amtsgerichts findet die sofortige Beschwerde statt.

(5) [1]Die Absätze 1 bis 4 gelten nicht für Mietverhältnisse über Wohnraum im Sinne des § 549 Abs. 2 Nr. 3 sowie in den Fällen des § 575 des Bürgerlichen Gesetzbuchs. [2]Endet ein Mietverhältnis im Sinne des § 575 des Bürgerlichen Gesetzbuchs durch außerordentliche Kündigung, kann eine Räumungsfrist höchstens bis zum vertraglich bestimmten Zeitpunkt der Beendigung gewährt werden.

A. Normzweck. § 794a enthält eine Regelung für den Fall, dass der Schuldner sich in einem gerichtlichen Vergleich zur Räumung von Wohnraum verpflichtet hat. Die Regelung entspricht derjenigen des § 721. Zweck ist es, den Schuldner, der sich durch einen vollstreckbaren gerichtlichen Vergleich zur Räumung verpflichtet, nicht schlechter zu stellen als denjenigen, gegen den ein Räumungsurteil ausgesprochen worden ist und dem die Möglichkeiten des § 721 zur Verfügung stehen. 1

B. Anwendungsbereich. § 794a gilt nur für die Räumung von Wohnraum. Bei Mischmietverhältnissen kann § 794a angewendet werden, wenn die Wohnraummiete im Vordergrund steht und eine getrennte Rückgabe der Wohn- und Geschäftsräume weder möglich, wirtschaftlich sinnvoll noch dem Vermieter zuzumuten ist (MüKoZPO/*Wolfsteiner* Rn 3; Schuschke/Walker/*Walker* Rn 1). 2

Ausgenommen von der Regelung des § 794a sind gem § 794a V 1 Mietverhältnisse über Wohnraum iSd § 549 II Nr 3 BGB und die Fälle des § 575 BGB. § 549 II Nr 3 BGB betrifft Wohnraum, den eine juristische Person des öffentlichen Rechts oder ein anerkannter privater Träger der Wohlfahrtspflege angemietet hat, um ihn Personen mit dringendem Wohnungsbedarf zu überlassen; § 575 BGB betrifft Zeitmietverträge. Es soll verhindert werden, dass diese Regelungen durch Bewilligung einer Räumungsfrist bei der Vollstreckung aus einem Räumungsvergleich unterlaufen werden. Endet allerdings ein Zeitmietverhältnis durch außerordentliche Kündigung, kann Räumungsfrist bis zum vertraglich bestimmten Endzeitpunkt gewährt werden, § 794a V 2. Kommt eine Räumungsfrist nach § 794a nicht in Frage, kann immer noch eine Räumungsfrist nach § 765a gewährt werden (§ 765a Rz 7). 3

Soweit vollstreckbare Urkunden nach § 794 I 5 und Anwaltsvergleiche nach § 794 I Nr 4b Räumungsverpflichtungen möglich machen, gilt § 794a entspr (St/J/*Münzberg* Rn 1; Zö/*Stöber* Rn 1). 4

C. Voraussetzungen. Ein Verzicht auf § 794a ist nicht möglich (MüKoZPO/*Wolfsteiner* Rn 1; aA St/J/*Münzberg* Rn 2). Bei der Entscheidung sind die Interessen der Parteien gegeneinander abzuwägen. Da der Schuldner sich selbst zur Räumung zu einem bestimmten Termin verpflichtet hat, soll eine Räumungsfrist nur gewährt werden, wenn nachträglich Umstände eintreten, die der Schuldner bei Abschluss des Vergleichs nicht vorhergesehen hat; die Einhaltung des Räumungsvergleichs muss zudem für den Schuldner eine Härte bedeuten; der Aufschub der Räumung muss für den Gläubiger zumutbar sein (MüKoZPO/*Wolfsteiner* Rn 4; großzügiger Musielak/*Lackmann* Rn 5). Ebenso wie im Bereich des § 765a sind die beiderseitigen Grundrechte der Beteiligten, so das Grundrecht des Gläubigers auf Schutz seines Eigentums gem Art 14 I GG und sein verfassungsrechtlicher Anspruch auf wirksamen Rechtsschutz gem Art 19 IV GG einerseits, sowie die Grundrechte des Schuldners aus Art 2 II 1 GG andererseits, gegeneinander abzuwägen (vgl § 765a Rz 8). 5

D. Verfahren, Fristen. I. Verfahren. Der Antrag auf Räumungsfrist ist spätestens zwei Wochen vor dem Tag, an dem zu räumen ist, zu stellen; die §§ 233–238 sind sinngemäß anzuwenden, § 794a I 2. Die Frist läuft ab dem im Vergleich vereinbarten Datum. Ist sofort zu räumen oder beträgt die im Vergleich niedergelegte Frist weniger als zwei Wochen, scheidet eine Räumungsfrist nach § 794a nicht mit der Folge aus, dass nur noch Vollstreckungsschutz nach § 765a in Frage käme; vielmehr ist auf das Datum des Vergleichs abzustellen (St/J/*Münzberg* Rn 8; Wieczorek/Schütze/*Paulus* Rn 10; Zö/*Stöber* Rn 3; aA Schuschke/Walker/*Walker* Rn 2). Für die Entscheidung ausschl zuständig ist das AG, dies als Prozessgericht und nicht als Vollstreckungsgericht (St/J/*Münzberg* Rn 2). Vor der Entscheidung muss der Gläubiger gehört werden, § 794a I 4. Das AG entscheidet gem § 794a I 3 durch begründeten Beschl, dies sowohl dann, wenn die Räumungsfrist gewährt wird, als auch dann, wenn sie abgelehnt wird. Das AG ist gem § 794a I 5 befugt, einstweilige Anordnungen nach § 732 II zu erlassen. 6

Gegen die Entscheidung des AG findet die sofortige Beschwerde statt; eine Rechtsbeschwerde ist nur statthaft, wenn sie ausdrücklich zugelassen ist. 7

II. Fristen. Die Dauer der Frist darf ein Jahr nicht überschreiten, dies gerechnet vom Tag des Abschlusses des Vergleichs an. Ist nach dem Vergleich an einem späteren Tag zu räumen, ist für den Fristenbeginn maßgeblich der im Vergleich genannte Räumungstermin, § 794a III. Die Räumungsfrist kann verlängert werden; ein Verlängerungsantrag ist spätestens zwei Wochen vor dem Tag, an dem zu räumen ist, zu stellen. Mehrere Verlängerungen einschl der ursprünglich nach § 794a bewilligten Frist dürfen zusammengerechnet nicht mehr als ein Jahr betragen. Nach Ablauf der Jahresfrist kann immer noch ein Antrag nach § 765a gestellt werden. 8

9 **E. Kosten/Gebühren. I. Gericht.** Das Verfahren ist gebührenfrei. Lediglich Auslagen können erhoben werden. Im **Beschwerdeverfahren** wird nach Nr 2121 KV eine Festgebühr iHv 25 € erhoben, wenn die Beschwerde verworfen oder zurückgewiesen wird. Wird die Beschwerde nur tw verworfen oder zurückgewiesen, kann das Gericht die Gebühr nach billigem Ermessen auf die Hälfte ermäßigen oder bestimmen, dass eine Gebühr nicht zu erheben ist (Anm zu Nr 2121 KV).
Im **Rechtsbeschwerdeverfahren** entsteht eine Festgebühr iHv 50 € nach Nr 2124 KV, wenn die Rechtsbeschwerde verworfen oder zurückgewiesen wird. Wird die Rechtsbeschwerde nur tw verworfen oder zurückgewiesen, kann das Gericht die Gebühr nach billigem Ermessen auf die Hälfte ermäßigen oder bestimmen, dass eine Gebühr nicht zu erheben ist (Anm zu Nr 2124 KV).

10 **II. Anwalt.** Das Verfahren zählt als besondere Angelegenheit, da es mit dem Verfahren über die Hauptsache nicht verbunden ist (§ 19 I 2 Nr 11 VV RVG). Der Anwalt erhält eine **1,0-Verfahrensgebühr** (Nr 3334 VVRVG), die sich bei vorzeitiger Erledigung auf 0,5 ermäßigt (Nr 3337 VV RVG). Mehrere Räumungsfristverfahren gelten als besondere Angelegenheiten, so dass dort die Gebühren jeweils erneut anfallen. Kommt es zu einem Termin iSd Vorbem 3 III VV RVG, entsteht eine 1,2-Terminsgebühr nach Nr 3104 VV RVG (Vorbem 3.3.6 VV RVG).
Der **Gegenstandswert** bemisst sich nach der Miete bzw Nutzungsentschädigung für die Dauer der begehrten Frist (Braunschw Rpfleger 64, 66; LG Kempten AnwBl 68, 58)

§ 795 Anwendung der allgemeinen Vorschriften auf die weiteren Vollstreckungstitel.

[1]Auf die Zwangsvollstreckung aus den in § 794 erwähnten Schuldtiteln sind die Vorschriften der §§ 724 bis 793 entsprechend anzuwenden, soweit nicht in den §§ 795 a bis 800 abweichende Vorschriften enthalten sind. [2]Auf die Zwangsvollstreckung aus den in § 794 Abs. 1 Nr. 2 erwähnten Schuldtiteln ist § 720 a entsprechend anzuwenden, wenn die Schuldtitel auf Urteilen beruhen, die nur gegen Sicherheitsleistung vorläufig vollstreckbar sind. [3]Für die Zwangsvollstreckung aus für vollstreckbar erklärten Europäischen Zahlungsbefehlen gelten ergänzend die §§ 1093 bis 1096.

1 **A. Spezialregelungen. I. §§ 795a – 800.** Gemäß § 795 S 1 findet aus den Titeln des § 794 die Zwangsvollstreckung wie aus Urteilen statt. Die §§ 724–793 sind entspr anzuwenden, soweit nicht in den §§ 795a – 800 Spezialvorschriften enthalten sind.

2 Für Prozessvergleiche des § 794 I Nr 1 gilt als Spezialregelung § 795b; auf Vergleiche, die vor Gütestellen abgeschlossen werden, findet § 797a Anwendung; eine spezielle Regelung des Räumungsvergleichs enthält § 794a. Für Kostenfestsetzungsbeschlüsse nach § 794 I Nr 2 gelten die §§ 795a, 798. Für beschwerdefähige Entscheidungen nach § 794 I Nr 3 existieren Sonderregelungen nicht. Eine Sonderregelung für VB des § 794 I Nr 4 enthält § 796. Schiedssprüche nach § 794 I Nr 4a unterliegen § 1060, Schiedsvergleiche § 1053. Auf vollstreckbare Anwaltsvergleiche des § 794 I Nr 4b sind die §§ 796a, 796b, 796c, 797 und § 798 anzuwenden. Vollstreckbare Urkunden unterfallen den §§ 797, 798. Für vollstreckbare Urkunden über dingliche Rechte enthalten die §§ 799, 799a, 800, 800a und § 99 I LuftfzRG Sonderregelungen.

3 **II. § 767 II.** Die Spezialvorschriften sind zT auch auf Titel anzuwenden, auf die sie sich nicht ausdrücklich beziehen. So enthält nur § 796 II für VB die Bestimmung, dass die Präklusionsvorschrift des § 767 II anwendbar ist; für gerichtliche und notarielle Urkunden ebenso für Anwaltsvergleiche nach § 796c bestimmt § 797 IV iVm § 797 VI die Nichtanwendbarkeit des § 767 II. § 767 II gilt jedoch in sämtlichen Fällen nicht, in denen ein der Rechtskraft fähiger Titel nicht ergeht oder eine materiell-rechtliche Auseinandersetzung nicht stattgefunden hat (vgl § 767 Rz 34 ff); iÜ ist § 767 II anwendbar. Soweit § 767 II nicht anzuwenden ist, ermöglichen auch rechtshindernde Einreden die Vollstreckungsabwehrklage (§ 767 Rz 24).

4 **III. § 795 S 2.** Nach § 795 S 2 ist auf die Zwangsvollstreckung aus Kostenfestsetzungsbeschlüssen die Vorschrift des § 720a über die Sicherungsvollstreckung entspr anzuwenden, wenn die Kostenfestsetzungsbeschlüsse auf Urteilen beruhen, die nur gegen Sicherheitsleistung vorläufig vollstreckbar sind.

5 **B. Europäische Zahlungsbefehle.** Eine ausdrückliche Regelung für vollstreckbar erklärte Europäische Zahlungsbefehle enthält § 795 S 3; danach gelten für die Zwangsvollstreckung aus derartigen Titeln erg die §§ 1093–1096.

§ 795a Zwangsvollstreckung aus Kostenfestsetzungsbeschluss. Die Zwangsvollstreckung aus einem Kostenfestsetzungsbeschluss, der nach § 105 auf das Urteil gesetzt ist, erfolgt auf Grund einer vollstreckbaren Ausfertigung des Urteils; einer besonderen Vollstreckungsklausel für den Festsetzungsbeschluss bedarf es nicht.

Unter den Voraussetzungen des 105 I kann ein Kfb auf das Urt gesetzt werden (vgl auch § 794 Rz 33). Die zum Urt erteilte Vollstreckungsklausel ist gleichzeitig Klausel zum Kfb; die Wartefrist des § 798 entfällt. Selbständige Kostenfestsetzungsbeschlüsse dagegen sind gem § 795 wie Urteile zu behandeln; erforderlich ist eine selbständige Vollstreckungsklausel. § 767 II findet auch bei vereinfachten Kostenfestsetzungsbeschlüssen keine Anwendung. 1

§ 795b Vollstreckbarerklärung des gerichtlichen Vergleichs. Bei Vergleichen, die vor einem deutschen Gericht geschlossen sind (§ 794 Abs. 1 Nr. 1) und deren Wirksamkeit ausschließlich vom Eintritt einer sich aus der Verfahrensakte ergebenden Tatsache abhängig ist, wird die Vollstreckungsklausel von dem Urkundsbeamten der Geschäftsstelle des Gerichts des ersten Rechtszugs und, wenn der Rechtsstreit bei einem höheren Gericht anhängig ist, von dem Urkundsbeamten der Geschäftsstelle dieses Gerichts erteilt.

A. Normzweck. § 795b wurde durch das 2. Justizmodernisierungsgesetz v 22.12.06 (BGBl I, 3416) in die ZPO aufgenommen. Mit dieser Vorschrift wurde die Zuständigkeit zur Klauselerteilung, deren Wirksamkeit ausschl vom Eintritt einer sich aus der Verfahrensakte ergebenden Tatsache abhängig ist, auf den Urkundsbeamten der Geschäftsstelle übertragen. BGH und BAG hatten vor Inkrafttreten des Justizmodernisierungsgesetzes, soweit sich die für die Klauselerteilung notwendigen Tatsachen aus den Gerichtsakten ermitteln ließen, den Rechtspfleger als zuständig angesehen (BGH NJW 06, 776; BAG NJW 04, 701, 702). Zweck des § 795b war die Vereinfachung des Klauselerteilungsverfahrens (Schuschke/Walker/*Schuschke* Rn 1). § 795b betrifft im Wesentlichen widerrufliche Vergleiche und Vergleiche, die für den Fall des Eintritts einer bestimmten Tatsache, so für den Fall der Rechtskraft einer Scheidung, abgeschlossen werden. Bei derartigen Sachverhaltsgestaltungen und auch in anderen Fällen, in denen die Wirksamkeit des Vergleichs ausschl anhand von Tatsachen zu beurteilen ist, die sich aus der Verfahrensakte ergeben, schien es ausreichend zu sein, den Urkundsbeamten und nicht den Rechtspfleger mit der Klauselerteilung zu betrauen. 1

Die Regelung des § 795b wird bei Abschluss von Widerrufsvergleichen ihren Zweck nicht erreichen können. 2
Die Vorschrift findet dann keine Anwendung, wenn der Vergleich auch ggü der gegnerischen Partei widerrufen werden kann; in diesem Fall bleibt der Rechtspfleger zuständig. Kann der Widerruf auch der anderen Vertragspartei ggü erklärt werden, ergibt sich die Bestandskraft des Vergleichs nicht allein aus der Verfahrensakte. Es reicht nicht aus, wenn der Urkundsbeamte sich durch die Parteien bestätigen lässt, dass ihnen kein Widerruf zugegangen ist (Schuschke/Walker/*Schuschke* Rn 4). Die sachgerechte Auslegung eines widerruflichen Vergleichs, ist die Zuständigkeit des Widerrufsadressaten nicht ausdrücklich festgelegt, ergibt jedoch, dass der Widerruf im Hinblick auf den prozessualen Teil dem Gericht ggü, im Hinblick auf den materiell-rechtlichen Teil dem Gegner ggü erfolgen kann; in beiden Fällen ist wegen der Doppelnatur des Vergleichs der Widerruf wirksam (§ 794 Rz 17).

B. Anwendungsbereich, Voraussetzungen. § 795b ist einschr dahin auszulegen, dass nur einfache Klauseln 3
iSd § 724 vom Urkundsbeamten erteilt werden, nicht jedoch Klauseln für oder gegen den Rechtsnachfolger oder sonstige qualifizierte Klauseln, in denen die Vollstreckung nicht nur vom Bestand bzw Fortbestand des Vergleichs, sondern von weiteren Voraussetzungen abhängt (Schuschke/Walker/*Schuschke* Rn 3).

Die Tatsache, von welcher die Wirksamkeit des Vergleichs abhängt, muss sich aus der Verfahrensakte 4
ergeben. Dies ist nicht nur die eigentliche Prozessakte; dies sind auch die in dem entsprechenden Verfahren beigezogenen Akten. Der Umstand, dass es sich um Beiakten handelt, muss den eigentlichen Prozessakten entnommen werden können; die Akten müssen somit ausdrücklich und aus der Verfahrensakte ersichtlich beigezogen worden sein.

C. Verfahren. Instanzzuständigkeit besteht gem § 724 II. Der Urkundsbeamte des höheren Gerichts ist 5
zuständig, wenn und solange der Rechtsstreit dort anhängig ist. Wird die Klausel erteilt, steht dem Schuldner die Möglichkeit der Klauselerinnerung nach § 732 offen; bei Ablehnung durch den Urkundsbeamten

kann der Gläubiger befristete Erinnerung nach § 573 I einlegen; der Urkundsbeamte kann gem §§ 573 I 3, 572 I abhelfen. Wird auf die Erinnerung hin die Klausel erteilt, hat der Schuldner die Möglichkeit der Klauselerinnerung nach § 732, nicht dagegen diejenige der sofortigen Beschwerde nach § 573 II; § 732 geht als Spezialregelung vor (aA Hamm NJW-RR 90, 1277, 1278). Sind die entsprechenden Voraussetzungen gegeben, kann der Schuldner auch den Weg der Klage nach § 768 wählen.

§ 796 Zwangsvollstreckung aus Vollstreckungsbescheiden. **(1) Vollstreckungsbescheide bedürfen der Vollstreckungsklausel nur, wenn die Zwangsvollstreckung für einen anderen als den in dem Bescheid bezeichneten Gläubiger oder gegen einen anderen als den in dem Bescheid bezeichneten Schuldner erfolgen soll.**
(2) Einwendungen, die den Anspruch selbst betreffen, sind nur insoweit zulässig, als die Gründe, auf denen sie beruhen, nach Zustellung des Vollstreckungsbescheids entstanden sind und durch Einspruch nicht mehr geltend gemacht werden können.
(3) Für Klagen auf Erteilung der Vollstreckungsklausel sowie für Klagen, durch welche die den Anspruch selbst betreffenden Einwendungen geltend gemacht werden oder der bei der Erteilung der Vollstreckungsklausel als bewiesen angenommene Eintritt der Voraussetzung für die Erteilung der Vollstreckungsklausel bestritten wird, ist das Gericht zuständig, das für eine Entscheidung im Streitverfahren zuständig gewesen wäre.

1 **A. Normzweck.** Vollstreckungsbescheide gem § 699 bedürfen der Vollstreckungsklausel dann nicht, wenn die Zwangsvollstreckung nicht für oder gegen einen Rechtsnachfolger erfolgen soll, § 796 I. Sinn dieser Vorschrift ist es, die Vollstreckung zu erleichtern.

2 **B. Anwendungsbereich, Voraussetzungen. I. Anwendungsbereich.** In den Fällen, in denen eine Titelumschreibung erforderlich ist, bedarf es der Klausel, so in den in den §§ 727–729, 738, 742, 744, 744a, 745, 749 behandelten Fällen. Erweist sich eine Klausel als nicht erforderlich, bedarf auch das Urt, durch welches der Einspruch gegen einen VB verworfen oder der VB aufrechterhalten wird, keiner Vollstreckungsklausel; der VB bleibt Titel; das aufrechterhaltende Urt hat keinen vollstreckungsfähigen Inhalt (Wieczorek/Schütze/*Paulus* Rn 2; St/J/*Münzberg* Rn 1; vgl § 794 Rz 37; aA MüKoZPO/*Wolfsteiner* Rn 4). Soll eine weitere vollstreckbare Ausfertigung nach § 733 erteilt werden, dann allerdings ist eine Vollstreckungsklausel erforderlich, da für die Erteilung der zweiten Ausfertigung Sonderregelungen nicht vorgesehen sind (BGH NJW-RR 06, 1575, 1576). Vor einer Vollstreckung im Ausland sind gem § 31 AVAG VB mit der Vollstreckungsklausel zu versehen, auch wenn § 796 I eingreifen würde und für eine Zwangsvollstreckung im Inland eine Vollstreckungsklausel nicht erforderlich wäre.

3 **II. Präklusion.** § 767 II findet gem § 796 II Anwendung. Präkludiert sind Einwendungen, die bereits vor Zustellung des VB entstanden sind und durch Einspruch hätten geltend gemacht werden können (zu diesen Anforderungen vgl § 767 Rz 42). Maßgeblich ist der Zeitpunkt der Entstehung der Einwendung, nicht derjenige, zu welchem der Schuldner Kenntnis erlangt hat (vgl § 767 Rz 40).

4 **C. Zuständigkeiten.** Ist die Klauselerteilung geboten, entscheidet das AG des MB (BGH NJW 93, 3141, 3142). Ist das Verfahren in das ordentliche Verfahren nach § 700 III überführt, sind das Prozessgericht und dessen Organe zuständig (BGH NJW-RR 06, 1575, 1576). Zuständig für Klagen nach §§ 731, 767, 768 ist gem § 796 III ausschl das Gericht, das für eine Entscheidung im Streitverfahren zuständig gewesen wäre. Ist eine zulässige Prorogation für eine derartige Klage bereits erfolgt, ist der gewählte Gerichtsstand gem § 802 für die in § 796 III genannten Klagen bindend (St/J/*Münzberg* Rn 5). Hätte der Gläubiger im Fall des streitigen Verfahrens bei mehreren Gerichten Klage erheben können, besteht die Wahlmöglichkeit auch für die Klagen nach §§ 731, 767, 768 (St/J/*Münzberg* Rn 5; Musielak/*Lackmann* Rn 3).

5 **D. Kosten/Gebühren. I. Gericht.** Für die Erteilung der Vollstreckungsklausel werden keine Gebühren erhoben. Im Falle einer Klage auf Erteilung einer Vollstreckungsklausel gelten die Gebühren wie in einem erstinstanzlichen Verfahren (s. § 253 Rz 22).

6 **II. Anwalt.** Die Erteilung der Vollstreckungsklausel gehört für den Anwalt mit zum Rechtszug (§ 19 I 2 Nr 12 RVG). Im Verfahren auf Erteilung der Vollstreckungsklausel entstehen die Gebühren des erstinstanzlichen Verfahrens nach den Nr 3100 ff VV RVG (s. § 253 Rz 23).

§ 796a Voraussetzungen für die Vollstreckbarerklärung des Anwaltsvergleichs. (1) **Ein von Rechtsanwälten im Namen und mit Vollmacht der von ihnen vertretenen Parteien abgeschlossener Vergleich wird auf Antrag einer Partei für vollstreckbar erklärt, wenn sich der Schuldner darin der sofortigen Zwangsvollstreckung unterworfen hat und der Vergleich unter Angabe des Tages seines Zustandekommens bei einem Amtsgericht niedergelegt ist, bei dem eine der Parteien zur Zeit des Vergleichsabschlusses ihren allgemeinen Gerichtsstand hat.**
(2) **Absatz 1 gilt nicht, wenn der Vergleich auf die Abgabe einer Willenserklärung gerichtet ist oder den Bestand eines Mietverhältnisses über Wohnraum betrifft.**
(3) **Die Vollstreckbarerklärung ist abzulehnen, wenn der Vergleich unwirksam ist oder seine Anerkennung gegen die öffentliche Ordnung verstoßen würde.**

A. Normzweck. Der Anwaltsvergleich dient der einvernehmlichen Streitbeilegung innerhalb oder außerhalb eines Verfahrens (Musielak/*Voit* Rn 1). Die Vorschrift wurde zusammen mit §§ 796b, 796c durch Art 1 Nr 4 des SchiedsVfG v. 22.12.97 (BGBl I, 3224) anstelle der bisherigen Regelung des § 1044b in die ZPO aufgenommen. Nach der Änderung des § 794 I Nr 5 durch die 2. Zwangsvollstreckungsnovelle (vgl hierzu § 800 Rz 1) hat der Anwaltsvergleich ggü der vollstreckbaren Urkunde keine Vorteile mehr aufzuweisen; aus diesem Grund kommt dem vollstreckbaren Anwaltsvergleich erhebliche praktische Bedeutung nicht mehr zu (Wieczorek/Schütze/*Schütze* Rn 1; MüKoZPO/*Wolfsteiner* Rn 1). 1

B. Anwendungsbereich. Nach Inkrafttreten des SchiedsVfG können vollstreckbare Anwaltsvergleiche nach § 62 II 1 ArbGG auch in Sachen abgeschlossen werden, die der Arbeitsgerichtsbarkeit unterliegen (St/J/*Münzberg* Rn 1; aA B/L/A/H Rn 3). Vor Inkrafttreten des SchiedsVfG konnten Anwaltsvergleiche des § 1044b in Arbeitsgerichtssachen nicht für vollstreckbar erklärt werden, da nach § 101 III ArbGG die Vorschriften der ZPO über das schiedsrichterliche Verfahren auf arbeitsgerichtliche Angelegenheiten keine Anwendung finden. Anwaltsvergleiche in arbeitsgerichtlichen Sachen sind von Gerichten der ordentlichen Gerichtsbarkeit, nicht von den Arbeitsgerichten, für vollstreckbar zu erklären (Wieczorek/Schütze/*Schütze* Rn 3; Musielak/*Voit* Rn 2; aA Wieczorek/Schütze/*Schütze* § 796b Rn 3). Auch in Angelegenheiten, die der Verwaltungsgerichtsbarkeit unterliegen, ist die Vollstreckbarerklärung nicht ausgeschlossen. Zwar sieht § 168 VwGO keine Vollstreckung aus Anwaltsvergleichen vor; die VwGO verweist aber auf die zivilprozessualen Vorschriften; der BGH hat die Unterwerfung iSd § 794 I Nr 5 hinsichtlich einer dem öffentlichen Recht zuzuordnenden Forderung nicht beanstandet (BGH NJW-RR 06, 645, 646). Die Vollstreckbarerklärung erfolgt auch hier durch Gerichte der ordentlichen Gerichtsbarkeit (St/J/*Münzberg* § 796 Rn 1; aA Musielak/*Voit* Rn 2). 2

Für eine Vollstreckung im Ausland nach Art 57 iVm Art 38 ff EuGVO bzw Art 50 I iVm Art 31 ff EuGVÜ/LugÜ ist der Anwaltsvergleich nicht geeignet, weil er nicht von einer Behörde beurkundet wird und deshalb keine öffentliche Urkunde nach Art 57 VO (EG) Nr 44/2000 bzw Art 50 EuGVÜ/LugÜ darstellt (St/J/*Münzberg* Rn 15; Musielak/*Voit* Rn 1; aA Wieczorek/Schütze/*Schütze* Rn 12; *Trittmann/Merz* IPRax 01, 178, 180 ff; krit auch *Geimer* IPRax 00, 366, 367). Dagegen kann der von einem Gericht für vollstreckbar erklärte Anwaltsvergleich als vom Gericht gebilligter Vergleich iSd Art 3 I 2a und Art 4 II EuVTVO (VO [EG] Nr 805/04 v 21.4.04 ABl L 143) gewertet und nach Art 24 I EuVTVO als Europäischer Vollstreckungstitel für unbestrittene Forderungen bestätigt werden. Auch der von einem Notar für vollstreckbar erklärte Anwaltsvergleich kann als Europäischer Vollstreckungstitel bestätigt werden; es liegt eine unbestrittene Forderung nach Art 3 I 2d und Art 4 III EuVTVO vor; dies ergibt sich daraus, dass die Vollstreckbarerklärung durch den Notar nur mit beiderseitiger Zustimmung erfolgen kann (zu dieser Problematik *Wagner* IPRax 05, 189, 192; *Gebauer* NJ 06, 103, 104). 3

C. Voraussetzungen. I. Vergleichsschluss. 1. Vergleich iSd § 779 BGB. Die Parteien müssen einen materiell-rechtlich wirksamen Vergleich iSd § 779 BGB schließen. Der Vergleich setzt gegenseitiges Nachgeben voraus, wobei die Anforderungen nicht zu hoch angesetzt werden dürfen. Es reicht aus, wenn ein Verzicht auf eine gerichtliche Auseinandersetzung ausgesprochen, ein Vollstreckungstitel geschaffen oder im Kostenpunkt nachgegeben wird (BGH NJW-RR 05, 1303, 1304; zum Prozessvergleich s. § 794 Rz 13). Es können Ansprüche einbezogen werden, die als solche nicht im Streit sind (St/J/*Münzberg* Rn 1; Musielak/*Voit* Rn 3; aA MüKoZPO/*Wolfsteiner* Rn 3). Das Merkmal des gegenseitigen Nachgebens verlangt, dass die Parteien die Dispositionsbefugnis über den Vergleichsgegenstand haben (vgl § 794 Rz 13). 4

5 **2. Unterwerfung.** Der Schuldner muss sich der sofortigen Zwangsvollstreckung unterwerfen. Für die Unterwerfungserklärung gelten dieselben Voraussetzungen wie für vollstreckbare Urkunden. Die Unterwerfung muss sich auf den zu vollstreckenden Anspruch beziehen; die Leistungsgegenstände müssen ausreichend bestimmt, Gläubiger und Schuldner müssen eindeutig bezeichnet sein (St/J/*Münzberg* Rn 7).

6 **3. Ausnahmen.** Gemäß § 796a II kann ein vollstreckbarer Anwaltsvergleich nicht geschlossen werden, wenn er auf Abgabe einer Willenserklärung gerichtet sein oder den Bestand eines Mietverhältnisse über Wohnraum betreffen soll. Die Regelung entspricht § 794 I Nr 5 (vgl § 794 Rz 50, 51).

7 **II. Parteien, Vollmacht.** Der Vergleich muss gem § 796a I im Namen der von Rechtsanwälten vertretenen Parteien abgeschlossen werden. Es reicht aus, wenn die Rechtsanwälte den Vergleich lediglich abschließen und nur die Mitverantwortung für einen bereits unmittelbar von den Parteien ausgehandelten Vergleich übernehmen; die Anwälte können sich auf die Unterzeichnung beschränken und müssen am Zustandekommen des Vergleichsinhalts nicht mitwirken (St/J/*Münzberg* Rn 3; Musielak/*Voit* Rn 3; Zö/*Geimer* Rn 11; Schuschke/Walker/*Walker* § 796a Rn 3). Eine Unterzeichnung durch die Parteien, wie dies noch iRd § 1044b I erforderlich war, ist nur noch notwendig, wenn die Erklärung persönlich abgegeben werden muss (für den Prozessvergleich s. § 794 Rz 11). Die Rechtsanwälte müssen mit Vollmacht der von ihnen vertretenen Parteien handeln; die Wirksamkeit der Bevollmächtigung unterliegt den Regeln der §§ 167 ff BGB. Verdeckte Stellvertretung soll ebenso ausgeschlossen sein wie vollmachtlose Vertretung nach § 177 BGB. Die Genehmigung von ohne Vertretungsmacht abgegebenen Erklärungen ist nach Niederlegung des Vergleichs nicht mehr möglich (Musielak/*Voit* Rn 3; Zö/*Geimer* Rn 10; zweifelnd St/J/*Münzberg* Rn 3). In der nicht mehr notwendigen Unterschrift der Parteien ist regelmäßig eine Vollmachtserteilung zu sehen. Schriftliche Nachweise über die Vollmacht der Rechtsanwälte brauchen nicht vorzuliegen (Musielak/*Voit* Rn 5). Die Prozessvollmacht enthält die Vollmacht zur Abgabe materiell-rechtlicher Erklärungen, wenn bereits ein gerichtliches Verfahren anhängig ist (BGH NJW-RR 03, 745, 746; weitergehend R/S/G § 55 Rn 26; St/J/*Münzberg* Rn 3).

8 **III. Form.** Der Vergleich bedarf gem § 126 II 1 BGB der Schriftform (Wieczorek/Schütze/*Schütze* Rn 3; MüKoZPO/*Wolfsteiner* Rn 6; einschr Musielak/*Voit* Rn 4). Er muss nicht bei gleichzeitiger Anwesenheit der Rechtsanwälte unterzeichnet werden; es muss aber eine einheitliche Urkunde vorhanden sein; § 126 II 2 BGB ist nicht anwendbar (MüKoZPO/*Wolfsteiner* Rn 6; Musielak/*Voit* Rn 4). Enthält der Vergleich formbedürftige Willenserklärungen, muss er deren Formvoraussetzungen erfüllen. § 127a BGB gilt für den Anwaltsvergleich nicht.

9 **IV. Niederlegung.** Der Vergleich muss gem § 796a I unter Angabe des Tages des Zustandekommens bei einem AG niedergelegt werden, bei dem eine der Parteien zur Zeit des Vergleichsabschlusses ihren allgemeinen Gerichtsstand hat. Hierdurch sollen nachträgliche Veränderungen und auch der Verlust der Vergleichsurkunde vermieden werden (BTDrs 13/5274, 29). Die Niederlegung beim AG und damit die gerichtliche Vollstreckbarerklärung sind ausgeschlossen, wenn keine der Parteien ihren allgemeinen Gerichtsstand im Inland hat, da ein Ersatzgerichtsstand nicht bestimmt ist (MüKoZPO/*Wolfsteiner* Rn 10); in einem derartigen Fall kann der Vergleich nach § 796c einem Notar in Verwahrung gegeben werden. Der Antrag muss das Datum des Zustandekommens des Vergleichs angeben; dem Erfordernis der Datumsangabe kommt eigenständige Bedeutung jedoch nicht zu; damit soll lediglich die Identifizierung des Vergleichs erleichtert werden (Schuschke/Walker/*Walker* Rn 5). Ein falsches Datum ist daher unschädlich. Der Antrag auf Niederlegung kann von jeder Partei gestellt werden; die am Abschluss des Vergleichs beteiligten Rechtsanwälte müssen hierbei nicht mitwirken (MüKoZPO/*Wolfsteiner* Rn 10; Musielak/*Voit* Rn 5).

10 Die Zuständigkeit des AGs ist eine ausschließliche nach § 802; eine Gerichtsstandsvereinbarung scheidet aus (aA B/L/A/H Rn 10).

11 **D. Vollstreckbarerklärung. I. Mängel des Vergleichs.** Vollstreckungstitel ist der gerichtliche oder notarielle Beschl über die Vollstreckbarkeit, nicht dagegen der Anwaltsvergleich selbst (BGH NJW 06, 695).

12 Der Antrag auf Vollstreckbarerklärung kann gem § 796a III abgelehnt werden, wenn der Vergleich materiell-rechtliche Mängel aufweist, die zu seiner Unwirksamkeit führen, oder aber dann, wenn die Anerkennung gegen die öffentliche Ordnung verstoßen würde. Der Vergleich kann nach §§ 134, 138 BGB unwirksam sein; er kann wirksam angefochten worden sein oder sonstige Mängel enthalten; so kann er einen nicht vergleichsfähigen Gegenstand betreffen; er kann formunwirksam abgeschlossen sein, wenn bereits das materielle Recht besondere nicht eingehaltene Formerfordernisse aufstellt. Er kann auch unwirksam sein,

wenn die Leistungen nicht ausreichend bestimmt dargelegt sind (BGH NJW 06, 695, 697). Ob die Anerkennung einen Verstoß gegen die öffentliche Ordnung darstellen würde, ist durch Inhaltskontrolle des Vergleichs festzustellen; Maßstab ist der deutsche ordre public.

II. Nachträgliche Einwendungen. Einwendungen, welche die Wirksamkeit des Vergleichs nicht in Frage stellen, wie Erfüllung, Stundung, Erlass oder Aufrechnung, müssen über den Wortlaut des § 796a III hinausgehend im Verfahren der Erteilung der Vollstreckbarerklärung vorgebracht werden; andernfalls unterfallen sie der Präklusionswirkung nach § 767 II (§ 767 Rz 36). Für den Schiedsspruch hat der BGH ausgeführt, dass die Geltendmachung nachträglich eingetretener Einwendungen bereits im Vollstreckbarerklärungsverfahren erfolgen kann und damit der Beschränkung des § 767 II unterliegt (BGH NJW-RR 08, 661, 662; § 767 Rz 35). Für den Anwaltsvergleich kann nichts anderes gelten. Für eine nachfolgende Vollstreckungsgegenklage fehlt es dann nicht nur am Rechtsschutzbedürfnis, wenn bereits iRd Vollstreckbarerklärungsverfahrens materiell-rechtliche Einwendungen geltend gemacht werden können (so aber Musielak/Voit Rn 14; Schuschke/Walker/*Walker* Rn 8); vielmehr kann einer späteren Vollstreckungsgegenklage die Präklusionswirkung nach § 767 II entgegengehalten werden (aA St/J/*Münzberg* § 796b Rn 4, 5; MüKoZPO/*Wolfsteiner* Rn 39). 13

Einwendungen, die bereits vor Abschluss des Vergleichs hätten geltend gemacht werden können, sind ausgeschlossen, da der Anwaltsvergleich als echter Vergleich nach § 779 BGB die Präklusionswirkung in sich trägt (vgl § 767 Rz 36). 14

E. Rechtsbehelfe. Der Beschl über die Erteilung oder Ablehnung einer gerichtlichen Vollstreckungsklausel ist gem § 796b II 3 nicht anfechtbar (vgl § 796b Rz 3). Wird die notarielle Vollstreckbarerklärung verweigert, ist dies nach § 796c II 2 angreifbar (§ 796c Rz 5). 15

Die Möglichkeit der Vollstreckbarerklärung hat nicht zwingend den Wegfall des Rechtsschutzbedürfnisses für eine Erfüllungsklage zur Folge. Eine derartige Klage muss dann als statthaft angesehen werden, wenn Zweifel daran bestehen, dass die Vollstreckbarerklärung erteilt werden kann. Mit der Erfüllungsklage kann der Gläubiger auch vorgehen, um einer Vollstreckungsgegenklage des Schuldners zuvor zu kommen, wenn dieser bereits Einwendungen gegen den Anwaltsvergleich erhebt (Wieczorek/Schütze/*Schütze* § 796b Rn 2). 16

F. Kosten/Gebühren. I. Gericht. Das Verfahren über die Erteilung ist gerichtskostenfrei. Im Falle einer Klage auf Erteilung der Vollstreckungsklausel entstehen die Gebühren wie in einem gewöhnlichen erstinstanzlichen Verfahren (s. § 253 Rz 22). 17

II. Anwalt. Das Erwirken der Vollstreckungsklausel gehört für den Anwalt mit zum Rechtszug (§ 19 I 2 Nr 12 RVG). Werden Einwendungen gegen die Vollstreckungsklausel erhoben, so handelt es sich um eine besondere Angelegenheit (§ 18 I Nr 4 RVG). Kommt es zu einer Klage auf Erteilung der Vollstreckungsklausel, so gelten die Gebühren wie in einem gewöhnlichen erstinstanzlichen Verfahren, also die Nr 3100 ff VV RVG (s. § 253 Rz 23). 18

§ 796b Vollstreckbarerklärung durch das Prozessgericht.

(1) Für die Vollstreckbarerklärung nach § 796a Abs. 1 ist das Gericht als Prozessgericht zuständig, das für die gerichtliche Geltendmachung des zu vollstreckenden Anspruchs zuständig wäre.

(2) [1]Vor der Entscheidung über den Antrag auf Vollstreckbarerklärung ist der Gegner zu hören. [2]Die Entscheidung ergeht durch Beschluss. [3]Eine Anfechtung findet nicht statt.

A. Normzweck. § 796b regelt das Verfahren der gerichtlichen Vollstreckbarerklärung des Anwaltsvergleichs. 1

B. Verfahren. I. Zuständigkeit. Zuständig für die Vollstreckbarerklärung ist das Gericht, das für die Geltendmachung des zu vollstreckenden Anspruchs zuständig wäre, § 796b I; darauf, bei welchem Gericht der Vergleich niedergelegt wurde (vgl hierzu § 796a I 9), kommt es nicht an. Die örtliche Zuständigkeit richtet sich nach §§ 12 ff; die sachliche Zuständigkeit ergibt sich aus §§ 23 ff, 71 GVG. Bei Anwaltsvergleichen in Arbeitssachen oder in Verwaltungssachen erfolgt die Vollstreckbarkeit durch das zuständige Gericht der ordentlichen Gerichtsbarkeit (vgl § 796a Rz 2). 2

II. Einzelheiten des Verfahrens. Der Antrag muss schriftlich bei dem für die Vollstreckbarerklärung zuständigen Gericht gestellt werden. Ist das LG zuständiges Gericht, herrscht Anwaltszwang (St/J/*Münzberg* 3

Rn 2; Musielak/*Voit* Rn 3). Eine mündliche Verhandlung kann, muss jedoch nicht stattfinden, § 128 IV. § 796b II 1 schreibt die Anhörung des Schuldners zwingend vor. Die Entscheidung ergeht gem § 796b II 2 durch Beschl; dieser ist gem § 796b II 3 unanfechtbar, unabhängig davon, ob dem Antrag auf Erteilung der Vollstreckungsklausel stattgegeben wurde oder nicht. Damit scheidet auch die Klauselerinnerung aus (aA MüKoZPO/*Wolfsteiner* Rn 8). Vollstreckungsabwehrklage kann erhoben werden; es bestehen jedoch die Beschränkungen des § 767 II (vgl § 796a Rz 13).

4 Das Gericht hat zu prüfen, ob die Voraussetzungen des § 796a I vorliegen, ob ein Ausnahmefall nach § 796a II vorliegt oder ein Ablehnungsgrund nach § 796a III gegeben ist. Die Voraussetzungen der Zulässigkeit der Vollstreckbarerklärung und die Problematik des ordre public sind vAw zu prüfen; die materielle Wirksamkeit des Vergleichs und die weitere Frage, ob im Nachhinein rechtsvernichtende oder rechtshemmende Einwendungen entstanden sind, sind nur auf Rüge zu behandeln (St/J/*Münzberg* Rn 3).

5 **III. Zustellung.** Die Erteilung der Vollstreckungsklausel richtet sich nach §§ 795, 724 ff. Der Beschl, mit welchem die Vollstreckbarerklärung erfolgt, ist nach §§ 166, 329 III vAw zuzustellen; dieser Beschl und nicht der Vergleich als solcher ist Vollstreckungstitel des § 794 I Nr 4b (vgl § 796a Rz 11). Ein den Antrag ablehnender Beschl muss lediglich formlos mitgeteilt werden (St/J/*Münzberg* Rn 7; Schuschke/Walker/*Walker* Rn 4).

6 **C. Bestätigung als Europäischer Vollstreckungstitel.** Wegen der Voraussetzungen wird auf § 796a Rz 3 verwiesen. Zuständig für die Bestätigung ist nach § 1079 Nr 1 das Gericht, welches die Vollstreckbarerklärung ausgesprochen hat; dieses entscheidet durch den Rechtspfleger nach § 20 Nr 11 RPflG (Musielak/*Voit* Rn 4; *Wagner* IPRax 05, 189, 192; *Gebauer* NJ 06, 103, 104).

§ 796c Vollstreckbarerklärung durch einen Notar.

(1) [1]Mit Zustimmung der Parteien kann ein Vergleich ferner von einem Notar, der seinen Amtssitz im Bezirk eines nach § 796 a Abs. 1 zuständigen Gerichts hat, in Verwahrung genommen und für vollstreckbar erklärt werden. [2]Die §§ 796 a und 796 b gelten entsprechend.

(2) [1]Lehnt der Notar die Vollstreckbarerklärung ab, ist dies zu begründen. [2]Die Ablehnung durch den Notar kann mit dem Antrag auf gerichtliche Entscheidung bei dem nach § 796 b Abs. 1 zuständigen Gericht angefochten werden.

1 **A. Normzweck.** Nach § 796c kann die Niederlegung und Vollstreckbarerklärung eines Anwaltsvergleichs auch durch einen Notar erfolgen.

2 **B. Voraussetzungen. I. Zuständigkeit.** Zuständig ist ein Notar, der seinen Amtssitz im Bezirk eines nach § 796a I zuständigen Gerichts hat. Diese Zuständigkeitsregelung betrifft sowohl die Verwahrung als auch die Vollstreckbarerklärung. Gemäß § 797 II wird die vollstreckbare Ausfertigung notarieller Urkunden von dem Notar erteilt, der auch die Urkunde verwahrt. Diese Vorschrift ist gem § 797 VI auf den Anwaltsvergleich nach § 796c entspr anzuwenden. Erfolgt eine Vollstreckbarerklärung, obwohl der Vergleich bei einem anderen Notar niedergelegt wurde, ist die Vollstreckbarerklärung dennoch wirksam (Musielak/*Voit* Rn 3; Zö/*Geimer* Rn 5; B/L/A/H Rn 4). Zuständigkeitsvereinbarungen sind im Hinblick auf § 802 ausgeschlossen.

3 **II. Zustimmung der Parteien.** Die Verwahrung und Vollstreckbarerklärung durch einen Notar kommt nur mit Zustimmung der am Vergleich beteiligten Parteien in Betracht. Liegt die Zustimmung der Parteien nicht vor, muss der Notar den Antrag auf Verwahrung und Vollstreckbarerklärung ablehnen. Die Zustimmung muss nicht auf einen konkreten Notar bezogen werden (Musielak/*Voit* Rn 2; aA MüKoZPO/*Wolfsteiner* Rn 4). Sie kann auch noch nachträglich erklärt werden. Die Parteien können die Zustimmung auch noch verweigern, nachdem die Urkunde von dem Notar in Verwahrung genommen worden ist; das einmal gegebene Einverständnis muss zum Zeitpunkt der Vollstreckbarerklärung jedoch nicht mehr andauern (Musielak/*Voit* Rn 2; aA Wieczorek/Schütze/*Schütze* Rn 4; MüKoZPO/*Wolfsteiner* Rn 5). Wird die Vollstreckbarerklärung erteilt, führt die fehlende oder unwirksame Zustimmung der Parteien nicht zur Nichtigkeit (Zö/*Geimer* Rn 5).

4 **III. Weitere Voraussetzungen.** Nach § 796c I 2 gelten die §§ 796a, 796b entspr. Es muss daher ein von Rechtsanwälten im Namen und mit Vollmacht der von ihnen vertretenen Parteien abgeschlossener Vergleich vorliegen, in welchem sich der Schuldner der sofortigen Zwangsvollstreckung unterworfen hat (§ 796a Rz 5, 7). Zudem darf der Vergleich nicht auf die Abgabe einer Willenserklärung gerichtet sein oder

den Bestand eines Mietverhältnisses über Wohnraum betreffen, § 796a II (vgl § 796a Rz 6; § 794 Rz 50, 51). Der Vergleich muss zudem wirksam zustande gekommen sein; seine Anerkennung darf nicht gegen die öffentliche Ordnung verstoßen (vgl § 796a Rz 12).

C. Verfahren. Nach § 796c I 2 gilt § 796b entspr; gem § 796b II ist vor der Entscheidung über den Antrag 5
auf Vollstreckbarerklärung der Gegner zu hören; eine mündliche Verhandlung kann, muss jedoch nicht stattfinden (vgl § 796b Rz 3). Die Entscheidung ergeht durch Beschl, § 796b II 2. Entsprechend § 796b II 3 ist die Vollstreckbarerklärung unanfechtbar; die ablehnende Entscheidung dagegen ist abw von § 796b II 3 nach § 796c II 2 angreifbar. Die Ablehnung durch den Notar kann mit dem Antrag auf gerichtliche Entscheidung bei dem Gericht angefochten werden, welches nach § 796b I anstelle des Notars für die Vollstreckbarerklärung zuständig gewesen wäre. Der Notar muss seine ablehnende Entscheidung begründen, § 796c II 1; dem Gericht muss die Überprüfung der Ablehnung ermöglicht werden. Das Gericht entscheidet dann in entsprechender Anwendung des § 796b II 3 durch unanfechtbaren Beschl. Der Beschl ist vAw zuzustellen (vgl § 796b Rz 5).

Dem Ag steht die Möglichkeit der Vollstreckungsgegenklage offen; Einwendungen des Schuldners sind 6
nicht präkludiert, auch wenn diese im Verfahren vor dem Notar bereits hätten geltend gemacht werden können, so ausdrücklich § 797 VI iVm § 797 IV.

D. Europäischer Titel. Der von einem Notar für vollstreckbar erklärte Anwaltsvergleich kann als Europäi- 7
scher Vollstreckungstitel für unbestrittene Forderungen bestätigt werden (vgl § 796a Rz 3). Zuständig für die Bestätigung ist der Notar, der die Vollstreckbarerklärung ausgesprochen hat (Musielak/*Voit* Rn 4).

§ 797 Verfahren bei vollstreckbaren Urkunden.

(1) Die vollstreckbare Ausfertigung gerichtlicher Urkunden wird von dem Urkundsbeamten der Geschäftsstelle des Gerichts erteilt, das die Urkunde verwahrt.

(2) [1]Die vollstreckbare Ausfertigung notarieller Urkunden wird von dem Notar erteilt, der die Urkunde verwahrt. [2]Befindet sich die Urkunde in der Verwahrung einer Behörde, so hat diese die vollstreckbare Ausfertigung zu erteilen.

(3) Die Entscheidung über Einwendungen, welche die Zulässigkeit der Vollstreckungsklausel betreffen, sowie die Entscheidung über Erteilung einer weiteren vollstreckbaren Ausfertigung wird bei gerichtlichen Urkunden von dem im ersten Absatz bezeichneten Gericht, bei notariellen Urkunden von dem Amtsgericht getroffen, in dessen Bezirk der im zweiten Absatz bezeichnete Notar oder die daselbst bezeichnete Behörde den Amtssitz hat.

(4) Auf die Geltendmachung von Einwendungen, die den Anspruch selbst betreffen, ist die beschränkende Vorschrift des § 767 Abs. 2 nicht anzuwenden.

(5) Für Klagen auf Erteilung der Vollstreckungsklausel sowie für Klagen, durch welche die den Anspruch selbst betreffenden Einwendungen geltend gemacht werden oder der bei der Erteilung der Vollstreckungsklausel als bewiesen angenommene Eintritt der Voraussetzung für die Erteilung der Vollstreckungsklausel bestritten wird, ist das Gericht, bei dem der Schuldner im Inland seinen allgemeinen Gerichtsstand hat, und sonst das Gericht zuständig, bei dem nach § 23 gegen den Schuldner Klage erhoben werden kann.

(6) Auf Beschlüsse nach § 796c sind die Absätze 2 bis 5 entsprechend anzuwenden.

A. Normzweck, Abgrenzung. § 797 bezieht sich auf vollstreckbare Urkunden des § 794 I Nr 5 und auf 1
notariell vollstreckbar erklärte Anwaltsvergleiche nach § 796c, nicht dagegen auf solche des § 796b. Prozessvergleiche sind nicht gerichtliche Urkunden iSd § 797 (St/J/*Münzberg* Rn 1; MüKoZPO/*Wolfsteiner* Rn 143; aA RGZ 21, 345, 347 ff; 35, 395, 397, 398; München NJW 61, 2265, 2266). § 797 ist auf vollstreckbare Urkunden des FamFG anzuwenden. Gemäß § 86 I Nr 3 FamFG findet die Vollstreckung aus weiteren Vollstreckungstiteln iSd § 794 statt, soweit die Beteiligten über den Gegenstand des Verfahrens verfügen können; hiervon umfasst sind auch vollstreckbare Urkunden iSd § 794 I Nr 5. Auf ausl vollstreckbare Urkunden ist § 797 nicht anzuwenden (Schuschke/Walker/*Walker* Rn 1).

Bei vollstreckbaren Urkunden richtet sich die Erteilung der Vollstreckungsklausel ausschl nach der ZPO, 2
§ 52 BeurkG. Dies betrifft auch Urkunden, die außerhalb der ordentlichen Gerichtsbarkeit, so vor den Arbeitsgerichten, errichtet worden sind.

3 **B. Anwendungsbereich. I. Gerichtliche Urkunden. 1. Erteilung vollstreckbarer Ausfertigung, Verfahren, Rechtsmittel.** Die vollstreckbare Ausfertigung gerichtlicher Urkunden wird gem § 797 I von dem Urkundsbeamten der Geschäftsstelle des Gerichts erteilt, welches die Urkunde verwahrt. In den Fällen der qualifizierten Klausel nach den § 726 ff ist anstelle des Urkundsbeamten der Geschäftsstelle gem § 20 Nr 12 RPflG der Rechtspfleger zuständig. Lehnt ein Urkundsbeamter oder Rechtspfleger die Erteilung der vollstreckbaren Ausfertigung ab, kann der Gläubiger dagegen Beschwerde nach §§ 1 II, 54 BeurkG erheben, nicht dagegen nach erfolgter Erinnerung die sofortige Beschwerde gem § 573 II bei Verweigerung der Klausel durch den Urkundsbeamten bzw die sofortige Beschwerde gem § 11 I RPflG iVm § 567 bei Verweigerung durch den Rechtspfleger. § 54 I BeurkG ist ggü §§ 573 II, 567 I die speziellere Norm (so MüKoZPO/*Wolfsteiner* Rn 37). Bei Ablehnung durch den Urkundsbeamten ist mit der Erinnerung zunächst das Gericht entspr § 573 I anzurufen. Sowohl der Urkundsbeamte als auch der Rechtspfleger können der Beschwerde abhelfen, § 572 I. Geschieht dies nicht, ist für die Entscheidung über die Beschwerde das LG zuständig, in dessen Bezirk die Stelle, gegen die sich die Beschwerde richtet, ihren Sitz hat, § 54 II BeurkG. Für das Beschwerdeverfahren gelten gem § 54 II 1 BeurkG die Vorschriften des FamFG. Gegen die Entscheidung des Beschwerdegerichts findet unter den Voraussetzungen des § 70 I FamFG die Rechtsbeschwerde statt.

4 Wird die Klausel erteilt, kann der Schuldner nach § 732 vorgehen; sind die Voraussetzungen hierfür gegeben, steht ihm auch die Vollstreckungsabwehrklage nach §§ 767, 768 zur Verfügung. Zuständig für die Entscheidung über die Klauselerinnerung ist das AG, welches die Urkunde verwahrt, § 797 III iVm § 797 I. Gegen die Zurückweisung der Erinnerung ist die sofortige Beschwerde gem § 567 I statthaft. Wird der Klauselerinnerung des Schuldners gegen die Erteilung einer Ausfertigung stattgegeben, hat der Gläubiger seinerseits die Möglichkeit der sofortigen Beschwerde nach § 567 I (St/J/*Münzberg* Rn 19). Die Rechtsbeschwerde findet hier unter den Voraussetzungen des § 574 I Nr 2 statt.

5 **2. Weitere vollstreckbare Ausfertigungen.** Die Geschäftsstelle des Gerichts, welches die Urkunde verwahrt, ist auch gem § 797 II für die Erteilung weiterer vollstreckbarer Ausfertigungen nach § 733 zuständig. Die Erteilung erfolgt gem § 20 Nr 13 RPflG durch den Rechtspfleger. Gegen die Entscheidung, durch welche die Erteilung einer weiteren Klausel abgelehnt wird, steht dem Gläubiger die Beschwerde nach § 54 BeurkG zu; gegen eine die Erteilung bewilligende Entscheidung hat der Schuldner die Möglichkeit der Klauselerinnerung nach § 732 (St/J/*Münzberg* Rn 19). Der Schuldner, dessen Erinnerung nach § 732 zurückgewiesen worden ist, hat auch hier die Möglichkeit der sofortigen Beschwerde nach § 567 I; bei Erfolg des Schuldners steht dem Gläubiger die sofortige Beschwerde nach § 567 I zu.

6 **II. Notarielle Urkunden. 1. Vollstreckbare Ausfertigung.** Zur Erteilung der Vollstreckungsklausel für Unterwerfungserklärungen aus notariellen Urkunden ist gem § 797 II 1 der Notar zuständig, welcher die Urkunde verwahrt. Befindet sich die Urkunde in der Verwahrung einer Behörde, dann hat diese gem § 797 II 2 die vollstreckbare Ausfertigung zu erteilen. Eine solche Behörde kann das AG sein, in dessen Bezirk ein nicht mehr amtierender Notar seinen Sitz hatte oder ein Notar, dessen Amtssitz in einen anderen Amtsgerichtsbezirk verlegt wurde und bei dem die Akten und Bücher des Notars nunmehr in Verwahrung gegeben wurden, § 51 I 1, V BNotO. Es kann dies auch bei Abwesenheit oder Verhinderung des Notars ein AG sein, in dessen Verwahrung der Notar selbst seine Akten gegeben hat, § 45 I 1 BNotO, oder das AG, in dessen Bezirk der Notar seinen Amtssitz hat, wenn er abwesend oder verhindert ist und seine Akten nicht nach § 45 I BNotO in Verwahrung gegeben hat, § 45 III BNotO. Auch sonstige Stellen, welche die Urschriften verwahren, kommen gem § 48 BeurkG in Frage. Das Staatsarchiv des § 51 V 1 BNotO stellt eine derartige Behörde nicht dar.

7 Die von einem unzuständigen Notar oder einer unzuständigen Behörde erteilte Klausel ist wirksam; sie kann mit der Erinnerung nach § 732 vom Schuldner angegriffen werden (MüKoZPO/*Wolfsteiner* Rn 4).

8 Der Notar kann von der Amtsausübung gem § 16 I BNotO ausgeschlossen sein, wenn ein Fall des § 3 BeurkG vorliegt. So ist der Notar von der Erteilung der Vollstreckungsklausel zu der von ihm aufgenommenen Urkunde ausgeschlossen, wenn er selbst als RA des Gläubigers in der Zwangsvollstreckung tätig ist (RGZ 145, 199, 202). Gemäß § 16 I BNotO kann der Notar sich der Ausübung des Amtes wegen Befangenheit selbst enthalten. Entsprechend §§ 42 ff kann er unter den Voraussetzungen des § 3 BeurkG auch wegen Befangenheit von den Parteien abgelehnt werden (MüKoZPO/*Wolfsteiner* Rn 9; Musielak/*Lackmann* Rn 6).

9 **2. Erteilung weiterer vollstreckbarer Ausfertigungen.** Die Entscheidung über die Erteilung weiterer vollstreckbarer Ausfertigungen wird bei notariellen Urkunden gem § 797 III nicht von dem Notar getroffen,

sondern von dem AG, in dessen Bezirk der die Urkunde verwahrende Notar seinen Amtssitz hat. Gleiches gilt, wenn sich die Urkunde in der Verwahrung einer Behörde befindet. Hier erfolgt die Entscheidung über die Erteilung einer weiteren vollstreckbaren Ausfertigung durch das AG, in dessen Bezirk die entsprechende Behörde ihren Amtssitz hat, § 797 III. Zuständig für die Entscheidung ist gem § 20 Nr 13 RPflG der Rechtspfleger. Der Antrag ist bei dem Notar oder bei der Behörde zu stellen; Notar oder Behörde haben auch die Ausfertigung zu erteilen. Das Gericht entscheidet nur über die Erteilung weiterer vollstreckbarer Ausfertigungen, erteilt diese jedoch nicht selbst. Entscheidet das AG gegen die Erteilung einer weiteren Ausfertigung, hat der Notar die Erteilung abzulehnen. Etwaige Rechtsbehelfe haben sich gegen die Entscheidung des Gerichts und nicht gegen die Ablehnung der Erteilung durch den Notar zu richten (Frankf DNotZ 82, 320, 321; BayObLG Rpfleger 00, 74, 75; ZNotP 04, 73, 74). Gegebener Rechtsbehelf ist die sofortige Beschwerde nach § 567 I Nr 2. Nach aA ist es der Notar, welcher die Erteilung bindend ablehnt, wenn das AG sich gegen die Erteilung einer weiteren vollstreckbaren Ausfertigung wendet; diese Entscheidung des Notars ist dann mit der Beschwerde nach § 54 BeurkG anzufechten (so St/J/*Münzberg* Rn 19; MüKoZPO/*Wolfsteiner* Rn 5; Zö/*Stöber* Rn 12). Als maßgeblich muss die Entscheidung des Gerichts angesehen werden; der Notar ist an diese Entscheidung gebunden und, verweigert er aufgrund einer Entscheidung des AG die Erteilung der Klausel, letztlich nur ausführende Stelle. Wird die Erteilung weiterer Ausfertigungen durch den Notar oder durch die Behörde aufgrund der Entscheidung des AG erteilt, kann der Schuldner gegen die gerichtliche Entscheidung die sofortige Beschwerde nach § 567 I iVm § 11 I RPflG erheben. Man wird ihm allerdings auch aus Zweckmäßigkeitsgründen die Klauselerinnerung nach § 732 einräumen müssen, über die gem § 797 III iVm § 797 II das AG zu entscheiden hat, in dessen Bezirk der verwahrende Notar oder die verwahrende Behörde den Amtssitz haben.

C. Voraussetzungen. I. Antragsberechtigung. Berechtigt, Anträge auf Erteilung vollstreckbarer Ausfertigungen zu stellen, ist der Gläubiger, der Anspruch auf Erteilung einer einfachen Ausfertigung hat oder eine an ihn oder seinen Rechtsvorgänger adressierte Ausfertigung vorlegen kann. Sind eigene Erklärungen oder solche seines Rechtsvorgängers nicht mitbeurkundet, hat der Gläubiger gem § 51 I 1 BeurkG keinen Anspruch auf Erteilung einfacher Ausfertigungen. In derartigen Fällen benötigt er eine Ermächtigung des Schuldners; eine solche ist frei widerruflich, solange dem Gläubiger noch keine Ausfertigung erteilt wurde (§ 51 II BeurkG). Eine entsprechende Bestimmung liegt nicht bereits in der Unterwerfungserklärung selbst (Hamm NJW-RR 87, 1404, 1405; Hambg DNotZ 87, 356, 357; Ddorf OLGR 01, 420, 421; BayObLG DNotZ 03, 847; Musielak/*Lackmann* Rn 3; aA St/J/*Münzberg* Rn 2). 10

Nicht antragsberechtigt ist ein nur begünstigter Dritter (Schuschke/Walker/*Walker* Rn 5). 11

II. Prüfungspflichten. Die für die Erteilung der Klausel zuständige Stelle hat zu prüfen, ob überhaupt ein formell ordnungsgemäßer Titel mit grds vollstreckungsfähigem Inhalt vorliegt (BGH NJW-RR 04, 1718, 1719). In entsprechender Anwendung des § 726 I ist nicht nur die formell ordnungsgemäße Abgabe der Unterwerfungserklärung durch den Vertreter zu prüfen; die Prüfungspflicht erstreckt sich auch auf die Vollmacht selbst (BGH NJW 08, 2266, 2267; NJW-RR 04, 1718, 1719). Die Wirksamkeit der vom Vertreter abgegebenen Unterwerfungserklärung hängt nicht davon ab, dass die Vollmacht notariell beurkundet wurde; es genügt privatschriftliche Erteilung. Der erforderliche Nachweis muss jedoch durch öffentliche oder öffentlich-beglaubigte Urkunden geführt werden (BGH NJW 08, 2266, 2267). 12

Ist die Unterwerfungserklärung nichtig, sei dies wegen Nichteinhaltung der erforderlichen Form, sei dies aus anderen Gründen, ist die Erteilung der Klausel nur dann abzulehnen, wenn der zur Nichtigkeit führende Tatbestand der Urkunde selbst zu entnehmen ist oder dieser durch präsente Beweismittel zur vollen Überzeugung der die Klausel erteilenden Stelle nachgewiesen ist. Ist einer nichtigen Urkunde die Vollstreckungsklausel erteilt, sind die Vollstreckungsorgane grds hieran gebunden; die Nichtigkeit ist dann im Weg der Klauselerinnerung nach § 732 oder aber im Weg der prozessualen Gestaltungsklage in analoger Anwendung des § 767, ggf auch im Weg der Feststellungsklage nach § 256 geltend zu machen (vgl § 767 Rz 5). Ob der materiell-rechtliche Anspruch besteht, ist für die Klauselerteilung ohne Belang. Kann allerdings derartiges durch öffentliche oder öffentlich-beglaubigte Urkunden nachgewiesen werden oder ist offenkundig, dass der materielle Anspruch nicht bzw nicht mehr besteht, dann kann die Erteilung der vollstreckbaren Ausfertigung trotz Vorlage eines formell wirksamen Titels abgelehnt werden (BayObLG NJW-RR 00, 1663, 1664). Regelmäßig sind materiell-rechtliche Mängel mit der Vollstreckungsabwehrklage nach § 767 geltend zu machen; führen derartige Mängel zur Nichtigkeit auch der Vollstreckungsunterwerfung (vgl insoweit § 794 Rz 55), ist die Titelabwehrklage in analoger Anwendung des § 767 der gegebene Rechtsbehelf. Gemäß 13

§ 797 IV gilt § 767 II nicht; dies allerdings ergibt sich auch ohne weiteres bereits daraus, dass gerichtliche oder notarielle Urkunden iSd § 794 I Nr 5 nicht in Rechtskraft erwachsen; gleiches gilt für den Anwaltsvergleich nach § 796c.

14 Die Prüfungspflicht erstreckt sich auch auf Umstände, von deren Eintritt der Schuldner die Vollstreckbarkeit abhängig gemacht hat.

15 **D. Zuständigkeiten.** § 797 III erwähnt die Zuständigkeit für die Entscheidung über Einwendungen, welche die Zulässigkeit der Vollstreckungsklausel betreffen, somit Einwendungen nach § 732. Ebenso wie bei den Entscheidungen über die Erteilung weiterer vollstreckbarer Ausfertigungen bei gerichtlichen Urkunden wird die Entscheidung über derartige Einwendungen von dem verwahrenden Gericht gem § 797 I und bei notariellen Urkunden von dem AG getroffen, in dessen Bezirk der verwahrende Notar oder die verwahrende Behörde ihren Amtssitz haben, § 797 II. Das AG ist auch dann zuständig, wenn der in der notariellen Urkunde verbriefte Anspruch, würde er streitig geltend gemacht, unter die Zuständigkeit der Arbeitsgerichte fallen würde (St/J/*Münzberg* Rn 18; Schuschke/Walker/*Walker* Rn 10).

16 Zuständig für Klagen nach §§ 731, 767, 768 ist das Gericht des inländischen allgemeinen Gerichtsstandes des Schuldners; in Ermangelung eines solchen gilt der besondere Gerichtsstand des Vermögens und des Gegenstandes nach § 23. Diese örtliche Zuständigkeit überlagert bei dinglichen Ansprüchen diejenige des § 24; ausgenommen ist § 800 III (St/J/*Münzberg* Rn 23). Die sachliche Zuständigkeit ergibt sich aus §§ 23 ff und § 71 GVG. Für Klagen nach §§ 731, 767, 768 sind iÜ die FamG zuständig, wenn die titulierte Forderung zur Zuständigkeit der FamG gehört (BayObLG NJW-RR 92, 263), ebenso die Arbeitsgerichte, wenn die titulierte Forderung zur Zuständigkeit der Arbeitsgerichte gehört (Schuschke/Walker/*Walker* Rn 13; zweifelnd für Klagen nach §§ 731, 768 St/J/*Münzberg* Rn 25). Die in § 797 genannten Zuständigkeiten sind ausschließliche gem § 802. Für Klagen gegen die Vollstreckung aus notariellen Urkunden richtet sich die örtliche Zuständigkeit nach Art. 2 EuGVO, wenn der Kl seinen Wohnsitz in einem Mitgliedsstaat der EU hat und sich aus § 23 kein Gerichtsstand ergibt (LG Frankfurt II-12 O 92/09 vom 26.3.09).

17 **E. Weitere Titel. I. § 796c.** Nach § 797 VI sind auf notariell für vollstreckbar erklärte Anwaltsvergleiche gem § 796c die Vorschriften des § 797 II – V entspr anzuwenden. Insoweit werden die für vollstreckbar erklärten Anwaltsvergleiche den notariellen Urkunden des § 794 I Nr 5 gleichgestellt. Vollstreckbar ausgefertigt wird die notarielle Vollstreckbarerklärung und nicht der Anwaltsvergleich; die Umstände, die bereits bei der Vollstreckbarerklärung zu prüfen waren, dürfen nicht erneut untersucht werden (Musielak/*Lackmann* Rn 10).

18 **II. Sonstige Urkunden.** Für Urkunden des Jugendamtes wird die vollstreckbare Ausfertigung von dem Mitglied der Behörde erteilt, das auch zur Aufnahme derartiger Urkunden befugt ist, § 60 S 3 Nr 1 SGB VIII. Über die Erteilung einer weiteren vollstreckbaren Ausfertigung entscheidet das AG, in dessen Bezirk sich das Jugendamt befindet, so § 60 S 3 Nr 2 SGB VIII. Die Entscheidung trifft der Rechtspfleger; die Ausfertigung wird vom Jugendamt erteilt.

19 Für die Erteilung vollstreckbarer Ausfertigungen bei konsularischen Urkunden ist nach § 10 III Nr 4, 5 KonsG das AG Berlin-Schöneberg zuständig, falls ihm die Urschrift in Verwahrung gegeben wurde.

20 **F. Kosten/Gebühren. I. Gericht.** Das Verfahren über die Erteilung ist gerichtskostenfrei. Im Falle einer Klage auf Erteilung der Vollstreckungsklausel entstehen die Gebühren wie in einem gewöhnlichen erstinstanzlichen Verfahren (s. § 253 Rz 22).

21 **II. Anwalt.** Das Erwirken der Vollstreckungsklausel gehört für den Anwalt mit zum Rechtszug (§ 19 I 2 Nr 12 RVG). Werden Einwendungen gegen die Vollstreckungsklausel erhoben, so handelt es sich um eine besondere Angelegenheit (§ 18 I Nr 4 RVG). Kommt es zu einer Klage auf Erteilung der Vollstreckungsklausel, so gelten die Gebühren wie in einem gewöhnlichen erstinstanzlichen Verfahren, also die Nr 3100 ff VV RVG (s. § 253 Rz 23).

§ 797a Verfahren bei Gütestellenvergleichen.

(1) Bei Vergleichen, die vor Gütestellen der im § 794 Abs. 1 Nr. 1 bezeichneten Art geschlossen sind, wird die Vollstreckungsklausel von dem Urkundsbeamten der Geschäftsstelle desjenigen Amtsgerichts erteilt, in dessen Bezirk die Gütestelle ihren Sitz hat.

(2) Über Einwendungen, welche die Zulässigkeit der Vollstreckungsklausel betreffen, entscheidet das im Absatz 1 bezeichnete Gericht.

(3) § 797 Abs. 5 gilt entsprechend.

(4) [1]Die Landesjustizverwaltung kann Vorsteher von Gütestellen ermächtigen, die Vollstreckungsklausel für Vergleiche zu erteilen, die vor der Gütestelle geschlossen sind. [2]Die Ermächtigung erstreckt sich nicht auf die Fälle des § 726 Abs. 1, der §§ 727 bis 729 und des § 733. [3]Über Einwendungen, welche die Zulässigkeit der Vollstreckungsklausel betreffen, entscheidet das im Absatz 1 bezeichnete Gericht.

A. Normzweck. Gemäß § 794 I Nr 1 können Vergleiche auch vor einer durch die Landesjustizverwaltung eingerichteten oder anerkannten Gütestelle abgeschlossen werden. § 797a enthält Bestimmungen über die Erteilung der vollstreckbaren Ausfertigung in diesen Fällen. 1

B. Zuständigkeit. Zuständig für die Erteilung der Vollstreckungsklausel ist der Urkundsbeamte der Geschäftsstelle des AG, in dessen Bezirk die Gütestelle ihren Sitz hat. Dies gilt nicht für qualifizierte Klauseln; hier entscheidet nach § 20 Nr 12 RPflG der Rechtspfleger; gleiches gilt für die Erteilung weiterer vollstreckbarer Ausfertigungen nach § 733; auch hier ist der Rechtspfleger zuständig, § 20 Nr 13 RPflG. 2

Die Landesjustizverwaltung kann gem § 797a IV 1 Vorsteher von Gütestellen ermächtigen, die Vollstreckungsklausel für Vergleiche zu erteilen, die vor der Gütestelle abgeschlossen worden sind. Betroffen ist nicht die Erteilung qualifizierter Klauseln; auch für die Erteilung weiterer vollstreckbarer Ausfertigungen gilt § 797a IV 1 nicht. Ist eine entsprechende Ermächtigung wirksam erteilt worden, ist der Vorsteher der Gütestellen ausschl zuständig (vgl St/J/*Münzberg* Rn 5). 3

C. Rechtsbehelfe. Erteilt der Urkundsbeamte die Klausel nicht, kann der Gläubiger Erinnerung nach § 573 I einlegen. Gegen die Entscheidung über die Erinnerung findet die sofortige Beschwerde nach § 573 II statt. Die Verweigerung der Klauselerteilung durch den Rechtspfleger ist nach § 11 I RPflG iVm § 567 mit der sofortigen Beschwerde anzugreifen. Der Rechtspfleger kann abhelfen, ebenso wie auch der Urkundsbeamte, § 572 I; wird nicht abgeholfen, entscheidet das Beschwerdegericht. Die Rechtsbeschwerde ist unter den Voraussetzungen des § 574 I 2 statthaft; sie muss zugelassen sein. 4

Verweigert der Vorsteher der Gütestelle, soweit er gem § 797a IV 1 ermächtigt ist, die Vollstreckungsklausel, muss die Erteilung nach § 797a I beim AG beantragt werden; zuständig für die Entscheidung ist der Richter (St/J/*Münzberg* Rn 7).

Über Einwendungen gegen die Zulässigkeit der Vollstreckungsklausel entscheidet, unabhängig davon, ob eine Ermächtigung iSd § 797a IV vorliegt, das in § 797a I bezeichnete AG, §§797a II, 797a IV 3. 5

Für Klagen nach §§ 731, 767, 768 gilt gem § 797a III die Vorschrift des § 797 V. Zuständig ist das Gericht, bei dem der Schuldner im Inland seinen allgemeinen Gerichtsstand hat und sonst das Gericht, bei dem nach § 23 gegen den Schuldner Klage erhoben werden kann. 6

D. Kosten/Gebühren. I. Gericht. Das Verfahren über die Erteilung ist gerichtskostenfrei. Im Falle einer Klage auf Erteilung der Vollstreckungsklausel entstehen die Gebühren wie in einem gewöhnlichen erstinstanzlichen Verfahren (s. § 253 Rz 22). 7

II. Anwalt. Das Erwirken der Vollstreckungsklausel gehört für den Anwalt mit zum Rechtszug (§ 19 I 2 Nr 12 RVG). Werden Einwendungen gegen die Vollstreckungsklausel erhoben, so handelt es sich um eine besondere Angelegenheit (§ 18 I Nr 4 RVG). Kommt es zu einer Klage auf Erteilung der Vollstreckungsklausel, so gelten die Gebühren wie in einem gewöhnlichen erstinstanzlichen Verfahren, also die Nr 3100 ff VV RVG (s. § 253 Rz 23). 8

§ 798 Wartefrist.

Aus einem Kostenfestsetzungsbeschluss, der nicht auf das Urteil gesetzt ist, aus Beschlüssen nach § 794 Abs. 1 Nr. 4b sowie aus den nach § 794 Abs. 1 Nr. 5 aufgenommenen Urkunden darf die Zwangsvollstreckung nur beginnen, wenn der Schuldtitel mindestens zwei Wochen vorher zugestellt ist.

A. Normzweck. Aus einem Kfb, der nicht auf das Urt gesetzt ist, aus Beschlüssen nach § 794 I Nr 4b sowie aus den nach § 794 I Nr 5 aufgenommenen Urkunden darf die Zwangsvollstreckung erst beginnen, wenn der Schuldtitel mindestens zwei Wochen vorher zugestellt ist. Mit der Zweiwochenfrist soll dem Schuldner Gelegenheit gegeben werden, die Leistung von sich aus zu erbringen; er soll zudem die Möglichkeit haben, Rechtsbehelfe einzulegen und ggf die einstweilige Einstellung der Zwangsvollstreckung im Weg einstweiliger Anordnung zu erreichen (St/J/*Münzberg* Rn 1; Musielak/*Lackmann* Rn 1). 1

2 **B. Voraussetzungen. I. Zweiwochenfrist.** Die Vollstreckung darf erst beginnen, wenn der Titel zwei Wochen vorher zugestellt wurde; bei qualifizierten Klauseln nach §§ 726 ff müssen gem § 750 II neben dem Titel auch die Vollstreckungsklausel und, soweit die Vollstreckungsklausel aufgrund öffentlicher oder öffentlich-beglaubigter Urkunden erteilt ist, Abschriften dieser Urkunden zugestellt werden (St/J/*Münzberg* Rn 1; MüKoZPO/*Wolfsteiner* Rn 3). Die Zweiwochenfrist wird nach § 222 I iVm §§ 187 I, 188, 193 BGB berechnet. Die Vollstreckung ist am 15. Tag nach Zustellung zulässig, § 187 I BGB. Endet die Frist an einem Sonntag, an einem allgemeinen Feiertag oder an einem Sonnabend, ist der nächste Werktag maßgeblich, § 193 BGB. Im Fall des § 727 muss sich der Schuldner die Zustellung von Urkunden, die vom Rechtsvorgänger des Gläubigers oder an den Rechtsvorgänger des Schuldners vor Erteilung der Klausel nach § 727 erfolgt sind, bei der Berechnung der Wartefrist anrechnen lassen.

3 Die Frist kann durch Parteivereinbarung verlängert werden (MüKoZPO/*Wolfsteiner* Rn 12; Musielak/*Lackmann* Rn 3; aA Zö/*Stöber* Rn 3); der Schuldner kann auf die Einhaltung der Wartefrist auch im Voraus oder im Nachhinein verzichten; derartiges kann bereits in der vollstreckbaren Urkunde geschehen. Gemäß § 224 I 1 können durch Vereinbarung der Parteien Fristen mit Ausn der Notfristen grds abgekürzt werden (Brox/Walker Rn 155; Schuschke/Walker/*Walker* Rn 2; aA Wieczorek/Schütze/*Paulus* Rn 4; St/J/*Münzberg* Rn 3; einschr Baur/Stürner/Bruns Rn 21.12: nur nachträglicher Verzicht möglich).

4 **II. Folgen der Nichteinhaltung der Schutzfrist.** Ein innerhalb der Schutzfrist vorgenommener Vollstreckungsakt ist fehlerhaft, jedoch wirksam (BGHZ 30, 173, 175; aA RGZ 125, 286, 288). Dem Schuldner steht die Möglichkeit der Erinnerung nach § 766 zu. Nimmt man Unwirksamkeit der Zwangsvollstreckungsmaßnahme an, wird der Mangel nach Ablauf der Zweiwochenfrist geheilt; das Pfandrecht entsteht dann mit Ablauf der Wartefrist (Wieczorek/Schütze/*Salzmann* § 750 Rn 39; Schuschke/Walker/*Walker* Rn 4).

5 **III. Vorpfändung.** Vorpfändungsmaßnahmen nach § 845 sind vor Fristablauf zulässig. Die Zweiwochenfrist beginnt mit Zustellung; nach § 845 I 3 ist eine Zustellung bei der Vorpfändungsmaßnahme nicht erforderlich (Wieczorek/Schütze/*Paulus* Rn 6; St/J/*Münzberg* Rn 6).

§ 798a *(weggefallen)*

§ 799 Vollstreckbare Urkunde bei Rechtsnachfolge.

Hat sich der Eigentümer eines mit einer Hypothek, einer Grundschuld oder einer Rentenschuld belasteten Grundstücks in einer nach § 794 Abs. 1 Nr. 5 aufgenommenen Urkunde der sofortigen Zwangsvollstreckung unterworfen und ist dem Rechtsnachfolger des Gläubigers eine vollstreckbare Ausfertigung erteilt, so ist die Zustellung der die Rechtsnachfolge nachweisenden öffentlichen oder öffentlich beglaubigten Urkunde nicht erforderlich, wenn der Rechtsnachfolger als Gläubiger im Grundbuch eingetragen ist.

1 § 799 enthält eine Ausn von § 750 II. Hat sich der dingliche Schuldner der sofortigen Zwangsvollstreckung in einer Urkunde nach § 794 I Nr 5 unterworfen und ist dem Rechtsnachfolger des Gläubigers eine vollstreckbare Ausfertigung nach § 727 erteilt, kann auf die Zustellung der die Rechtsnachfolge nachweisenden öffentlichen oder öffentlich-beglaubigten Urkunden verzichtet werden, wenn der Rechtsnachfolger als Gläubiger im GB eingetragen ist. Maßgeblich ist die Erwägung, dass der Grundstückseigentümer idR gem § 55 GBO benachrichtigt wird, er zumindest die der Eintragung zugrundeliegenden Urkunden beim GBA einsehen kann (St/J/*Münzberg* Rn 1; Musielak/*Lackmann* Rn 1; Schuschke/Walker/*Walker* Rn 1). Eine Eintragung im GB hat bei der Abtretung einer Buchhypothek gem § 1154 III BGB zu erfolgen; bei der Briefhypothek kann gem § 1154 II BGB die schriftliche Abtretungserklärung durch Eintragung in das GB ersetzt werden. Der Nachweis der Eintragung des Rechtsnachfolgers für die Nachfolge in das Grundpfandrecht genügt; Widersprüche stehen dem nicht entgegen (MüKoZPO/*Wolfsteiner* Rn 1).

2 Im Klauselerteilungsverfahren ist die Rechtsnachfolge weiterhin durch öffentliche oder öffentlich-beglaubigte Urkunden nachzuweisen.

§ 799a Schadensersatzpflicht bei der Vollstreckung aus Urkunden durch andere Gläubiger.

[1]Hat sich der Eigentümer eines Grundstücks in Ansehung einer Hypothek oder Grundschuld in einer Urkunde nach § 794 Abs. 1 Nr. 5 der sofortigen Zwangsvollstreckung in das Grundstück unterworfen und betreibt ein anderer als der in der Urkunde bezeichnete Gläubiger die Vollstreckung, so ist dieser, soweit die Vollstreckung aus der Urkunde für unzulässig erklärt wird, dem Schuldner zum

Ersatz des Schadens verpflichtet, der diesem durch die Vollstreckung aus der Urkunde oder durch eine zur Abwendung der Vollstreckung erbrachte Leistung entsteht. [2]Satz 1 gilt entsprechend, wenn sich der Schuldner wegen der Forderungen, zu deren Sicherung das Grundpfandrecht bestellt worden ist, oder wegen der Forderung aus einem demselben Zweck dienenden Schuldanerkenntnis der sofortigen Vollstreckung in sein Vermögen unterworfen hat.

A. Normzweck. § 799a dient dem Schutz des Schuldners, der sich wegen eines dinglichen Anspruchs der sofortigen Zwangsvollstreckung nach § 794 I Nr 5 unterworfen hat, vor ungerechtfertigter Zwangsvollstreckung durch einen Rechtsnachfolger des ursprünglichen Gläubigers. Betreibt ein anderer als der in der Unterwerfungserklärung bezeichnete Gläubiger die Zwangsvollstreckung und ist eine Vollstreckungsabwehrklage oder eine Klauselgegenklage nach §§ 767, 768 erfolgreich, haftet der neue Gläubiger verschuldensunabhängig für einen in Zusammenhang mit der Vollstreckung entstandenen Schaden, § 799a S 1. Dieselbe Rechtsfolge gilt, wenn sich der Schuldner wegen Forderungen, die durch das Grundpfandrecht gesichert worden sind, der sofortigen Zwangsvollstreckung in sein Vermögen unterwirft, dies auch dann, wenn zum Zweck der durch das Grundpfandrecht gesicherten Forderung ein Schuldanerkenntnis abgegeben wurde und der Schuldner sich hieraus der sofortigen Zwangsvollstreckung in sein Vermögen unterworfen hat. 1

§ 799a ist nicht anzuwenden, wenn die Vollstreckung aus der Urkunde vor dem 19.8.08 für unzulässig erklärt worden ist, § 37 EGZPO. Die Vorschrift wurde durch das G zur Begrenzung der mit Finanzinvestitionen verbundenen Risiken v 12.8.08 (Risikobegrenzungsgesetz, BGBl, 1666) in die ZPO aufgenommen. Sie will die Interessen des Schuldners wahren, der nach üblicher Vertragsgestaltung beim Erwerb von Immobilien sich ggü dem Kreditinstitut sowohl hinsichtlich des dinglichen als auch des persönlichen Anspruchs der sofortigen Zwangsvollstreckung zu unterwerfen hat; derartige Vollstreckungsunterwerfungen erfolgen von Seiten des Schuldners idR in Erwartung einer langfristigen Geschäftsbeziehung mit dem Kreditinstitut. Die verschuldensunabhängige Haftung des Neugläubigers soll Schuldner vor ungerechtfertigter Zwangsvollstreckung aus sofort vollstreckbaren Urkunden durch Finanzinvestoren schützen, die derartig gesicherte Forderungen erwerben (*G. Vollkommer* ZIP 08, 2060). 2

B. Anwendungsbereich, Voraussetzungen. Die Schadensersatzpflicht des § 799a entspricht derjenigen des § 717 II und des § 945. Ersatz wird für den Schaden geschuldet, der durch eine später für unzulässig erklärte Vollstreckung aus der Urkunde oder durch eine zur Abwendung der Vollstreckung erbrachte Leistung entsteht. § 799a ist entspr anzuwenden, wenn sich der Eigentümer von Wohnungseigentum oder der Berechtigte eines Erbbaurechts wegen des dinglichen Anspruchs aus einem Grundpfandrecht der sofortigen Zwangsvollstreckung unterworfen hat (Zö/*Stöber* Rn 2). § 799a betrifft auch Unterwerfungen, die zu Lasten des jeweiligen Eigentümers gem § 800 erfolgen. Rechtsnachfolger des ursprünglichen Gläubigers kann ein Abtretungsempfänger oder ein Pfändungsgläubiger sein. Von 799a umfasst ist auch die Rechtsnachfolge im Bereich des UmwG, so insb Verschmelzung, Aufspaltung, Abspaltung und Ausgliederung gem §§ 2, 20 I Nr 1, 122a, 123 UmwG; diese waren Motiv für die gesetzliche Neuregelung (*G. Vollkommer* ZIP 08, 2060, 2061). Die Erbfolge nach § 1922 BGB fällt nicht unter § 799a, ebenso wenig der Formwechsel nach § 190 UmwG oder die Vollstreckung durch den Insolvenzverwalter (Zö/*Stöber* Rn 4; *G. Vollkommer* ZIP 08, 2060, 2061). Liegt eine wirksame Rechtsnachfolge nicht vor, schließt dies eine Haftung nach § 799a nicht aus. 3

C. Verfahren. Die Unzulässigkeit der Zwangsvollstreckung kann aufgrund einer Vollstreckungsabwehrklage nach § 767, auch einer Titelgegenklage in entsprechender Anwendung des § 767 oder einer Klauselgegenklage nach § 768 geltend gemacht werden. Nicht unter § 799a fällt die Abänderungsklage nach § 323a I (zweifelnd ThoPu/*Hüßtege* Rn 7; anders für § 323 IV aF BTDrs 16/9821, 24). Nach Beendigung der Zwangsvollstreckung entfällt für Klagen nach §§ 767, 768 grds das Rechtsschutzbedürfnis; hängt allerdings von der ausstehenden Entscheidung über die Zulässigkeit der Zwangsvollstreckung das Bestehen eines Anspruchs nach § 799a ab, ist entweder das Rechtsschutzbedürfnis zu bejahen (so *G. Vollkommer* ZIP 08, 2060, 2062) oder aber die Feststellungsklage als ausreichend anzusehen, um Schadensersatzansprüche nach § 799a zu begründen. Der Schadensersatzanspruch entsteht mit Erlass der Entscheidung, mit welcher die Unzulässigkeit der Zwangsvollstreckung ausgesprochen wird, nicht erst mit Rechtskraft dieser Entscheidung. Er entsteht unter der auflösenden Bedingung, dass die Klage nach § 767 oder der sonst statthafte Rechtbehelf rechtskräftig abgewiesen werden. Es müssen hier die Grundsätze gelten, die auch zu § 717 II angewendet werden; nach § 717 II entsteht der Schadensersatz bereits mit Erlass der aufhebenden oder abändernden Entscheidung (BGH NJW 97, 2601, 2603; vgl *G. Vollkommer* ZIP 08, 2060, 2063). 4

5 Der Schadensersatzanspruch nach § 799a kann auf verschiedene Weise geltend gemacht werden. So ist die selbständige Klage möglich; der Schadensersatzanspruch kann jedoch auch zusammen mit einer Klage aus §§ 767, 768 geltend gemacht werden. Im Gegensatz zu den §§ 717 II 2, 302 II 4 fehlt eine Bestimmung, wonach der Schadensersatzanspruch im anhängigen Verfahren selbst mit einem Inzidentantrag geltend gemacht werden kann (krit hierzu *Dieckmann* BWNotZ 08, 166, 178); §§ 717 II 2, 302 II 4 sind auf § 799a jedoch entspr anzuwenden (*G. Vollkommer* ZIP 08, 2060, 2063).

§ 800 Vollstreckbare Urkunde gegen den jeweiligen Grundstückseigentümer. (1) [1]**Der Eigentümer kann sich in einer nach § 794 Abs. 1 Nr. 5 aufgenommenen Urkunde in Ansehung einer Hypothek, einer Grundschuld oder einer Rentenschuld der sofortigen Zwangsvollstreckung in der Weise unterwerfen, dass die Zwangsvollstreckung aus der Urkunde gegen den jeweiligen Eigentümer des Grundstücks zulässig sein soll.** [2]**Die Unterwerfung bedarf in diesem Fall der Eintragung in das Grundbuch.**

(2) **Bei der Zwangsvollstreckung gegen einen späteren Eigentümer, der im Grundbuch eingetragen ist, bedarf es nicht der Zustellung der den Erwerb des Eigentums nachweisenden öffentlichen oder öffentlich beglaubigten Urkunde.**

(3) **Ist die sofortige Zwangsvollstreckung gegen den jeweiligen Eigentümer zulässig, so ist für die im § 797 Abs. 5 bezeichneten Klagen das Gericht zuständig, in dessen Bezirk das Grundstück belegen ist.**

1 **A. Normzweck.** Gemäß § 800 I 1 kann sich der Eigentümer eines Grundstücks in einer vollstreckbaren Urkunde der sofortigen Zwangsvollstreckung wegen eines Grundpfandrechts unterwerfen, dies mit der Maßgabe, dass die Zwangsvollstreckung gegen den jeweiligen Eigentümer des Grundstücks zulässig sein soll. Die Vorschrift sollte es dem dinglichen Gläubiger eines Grundpfandrechts ermöglichen, die Zwangsvollstreckung gegen spätere Grundstückseigentümer vorzunehmen, ohne diese zuvor auf Duldung der Zwangsvollstreckung verklagen zu müssen; Sicherheit und Attraktivität des dinglichen Sicherungsmittels sollten für den Gläubiger erhöht werden (Schuschke/Walker/*Walker* Rn 1). Infolge der Neufassung des § 794 I Nr 5 durch die 2. Zwangsvollstreckungsnovelle (vgl § 794 Rz 44) ist § 800 im Wesentlichen obsolet geworden. In Urkunden, die nach dem 1.1.99 errichtet sind, ist eine Unterwerfung unter die sofortige Zwangsvollstreckung auch wegen dinglicher Ansprüche möglich; § 794 I Nr 5 gestattet es dem Schuldner, nicht nur sich selbst, sondern auch sonstige Grundstückstückseigentümer der sofortigen Zwangsvollstreckung zu unterwerfen. Unabhängig davon, ob die Unterwerfung nach § 800 erklärt und eingetragen ist, kann die vollstreckbare Ausfertigung eines dinglichen Titels gegen einen Rechtsnachfolger des Schuldners iSd §§ 727, 731, 797 erteilt werden. Eigenständige Bedeutung kommt somit nur noch der Zuständigkeitsregelung des § 800 III zu, welche (vgl § 797 Rz 16) diejenige des § 797 V überlagert; eine einschränkende Regelung, welche ggü den sonstigen Urkunden des § 794 I Nr 5 die Erteilung der vollstreckbaren Ausfertigung gegen den Nachfolger im Grundeigentum nur unter besonderen Bedingungen zulassen und die Anwendung des § 727 ausschließen würde, kann in § 800 nicht gesehen werden (St/J/*Münzberg* Rn 9; MüKoBGB/*Joost* § 1107 BGB Rn 13; so ersichtlich auch MüKoZPO/*Wolfsteiner* Rn 1; *Wolfsteiner* DNotZ 99, 306, 322, 323). Um sicherzustellen, dass die Klauselerteilung gegen den neuen Eigentümer nicht als unstatthaft angesehen wird, sollte jedoch vorsorglich von der Möglichkeit des § 800 I 2 Gebrauch gemacht werden (Wieczorek/Schütze/*Paulus* Rn 7; Huhn/v. Schuckmann § 52 BeurkG Rn 27).

2 **B. Anwendungsbereich.** § 800 gilt nur für Urkunden, nicht für Prozessvergleiche (Musielak/*Lackmann* Rn 2). Die Vorschrift ist auf Hypotheken-, Grund- oder Rentenschulden anzuwenden, nicht auf andere dingliche Rechte (Musielak/*Lackmann* Rn 2; aA MüKoBGB/*Joost* § 1107 BGB Rn 13 für Reallasten). Urkunden, die sich auf Reallasten, Dienstbarkeiten und sonstige dingliche Rechte beziehen, können gegen den jeweiligen Grundstückseigentümer nach § 794 I Nr 5 ausgefertigt werden, ohne dass eine Grundbucheintragung erforderlich wäre (Wieczorek/Schütze/*Paulus* Rn 2; MüKoZPO/*Wolfsteiner* Rn 2; *Wolfsteiner* DNotZ 99, 306, 321).

3 **C. Voraussetzungen. I. Anforderungen an die Unterwerfung. 1. Unterwerfungserklärungen.** Die Erklärung muss ausdrücklich und eindeutig ergeben, dass die Zwangsvollstreckung gegen den jeweiligen Eigentümer des Grundstücks möglich sein soll (Schuschke/Walker/*Walker* Rn 2); andernfalls gilt lediglich die auf das Grundpfandrecht bezogene Unterwerfungserklärung mit der Maßgabe, dass diese nicht auch den Einzelrechtsnachfolger im Eigentum umfasst. § 139 BGB findet auf Unterwerfungserklärungen als reine Pro-

zesshandlungen keine Anwendung; maßgeblich ist allein das wirksam Beurkundete (§ 794 Rz 53; wegen der weiteren Erfordernisse an die Unterwerfungserklärung wird auf § 794 Rz 42 ff verweisen).

2. Vollmacht. Vollmacht zur Abgabe der Unterwerfungserklärung kann erteilt werden; auch diese stellt eine reine Prozesshandlung dar, die auch in Formularverträgen wirksam erteilt werden kann (vgl hierzu § 794 Rz 56). Unsicherheiten wirft die weit verbreitete Praxis von Kreditinstituten auf, Grundschuldformulare zu verwenden, die eine dingliche Zwangsvollstreckungsunterwerfung nicht enthalten, sondern lediglich eine Vollmacht für den Gläubiger, eine derartige Zwangsvollstreckungsunterwerfung im Namen des Schuldners zu erklären (hierzu *Grziwotz* ZfIR 08, 821, 822). Hierbei stellt sich zum einen das Problem, ob und in welchem Umfang Befreiung vom Verbot des Selbstkontrahierens bzw des Verfahrensgrundsatzes erteilt werden kann, wonach niemand beide Prozessparteien gleichzeitig vertreten kann. Weitgehend wird eine grundsätzliche Befreiung für möglich gehalten (vgl Zö/*Stöber* § 794 Rn 33; *Wenzel*, Sicherung von Krediten durch Grundschulden, Rn 2122; *Grziwotz* ZfIR 08, 821, 822; Rösler NJW 99, 1150, 1151). Zum anderen stellt sich die Problematik, ob eine unwiderrufliche Vollmacht zur Abgabe der Unterwerfungserklärung zulässig ist; eine solche wird formularmäßig nicht erteilt werden können (Wolfsteiner Rn 12.46; aA *Grziwotz* ZfIR 08, 821, 822; Rösler NJW 99, 1150, 1151; unentschieden BGH ZIP 04, 159, 161). Lässt man eine unwiderrufliche Unterwerfungserklärung zu, muss diese notariell beurkundet werden (so in der Tendenz BGH ZIP 04, 159, 161; *Grziwotz* ZfIR 08, 821, 822). 4

Die §§ 79 und 13 FGG aF (nunmehr § 10 FamFG), die aufgrund des Gesetzes zur Neuregelung des Rechtsberatungsgesetzes v 12.12.07 (BGBl I, 2840) in Kraft getreten sind, finden auf die Vollmacht zur Abgabe der Zwangsvollstreckungsunterwerfung vor einem Notar keine Anwendung (so LG Bielefeld Rpfleger 08, 636, 637). Die notarielle Urkunde wird nicht in einem gerichtlichen Erkenntnisverfahren nach den Vorschriften der ZPO geschaffen; maßgeblich ist das BeurkG, welches die Handlungsfähigkeit eines Beteiligten nicht beschränkt. 5

Die Vollmacht zur Bestellung von Grundpfandrechten ermächtigt nicht ohne weiteres auch zur Abgabe einer Vollstreckungsunterwerfung nach § 800 I (BayObLG Rpfleger 87, 153; Ddorf Rpfleger 88, 357; 89, 499). Die Wirksamkeit der vom Vertreter abgegebenen Unterwerfungserklärung hängt nicht davon ab, dass die Vollmacht notariell beurkundet wurde; es genügt privatschriftliche Erteilung. Anders ist es (s.o. Rz 4) bei der unwiderruflichen Vollmacht. Der erforderliche Nachweis muss durch öffentliche oder öffentlich beglaubigte Urkunden geführt werden (vgl § 797 Rz 12). 6

3. Unterwerfung durch den Nichteigentümer. Auch derjenige, der noch nicht Grundstückseigentümer ist, kann sich der Vollstreckung in das Grundstück unterwerfen. Entscheidend ist, dass der Schuldner die Eigentümerstellung zu dem Zeitpunkt besitzt, zu dem die Unterwerfungserklärung nach § 800 I 2 eingetragen und damit wirksam wird (BGHZ 108, 372, 376). Es liegt eine bedingte Unterwerfung vor; als Verfügung, die nach § 185 II genehmigt werden könnte, ist die Unterwerfungserklärung nicht zu qualifizieren (Wieczorek/Schütze/*Paulus* Rn 8; anders BGHZ 108, 372, 376). 7

4. Grundbucheintragung. Erforderlich ist die Eintragung in das GB, § 800 I 2. Die Grundbucheintragung hat nur für die Frage Bedeutung, ob und unter welchen Voraussetzungen gegen den Erwerber des Grundstücks im Fall der Einzelrechtsnachfolge eine vollstreckbare Ausfertigung der Urkunde erteilt werden kann. Sie besagt nichts über die Wirksamkeit der Unterwerfungsklausel; auch kann sie eine unwirksame Unterwerfungsklausel nicht heilen (BGHZ 108, 372, 375). Vor Eigentumsübergang kann die Unterwerfungserklärung nicht eingetragen werden. Die Zwangsvollstreckungsunterwerfung kann aber nach Eintragung des Grundpfandrechts erfolgen und zwar ohne Zustimmung der im Rang gleich- und nachstehend dinglich Berechtigten, da die Klausel den Umfang der Belastung nicht ändert (KG HRR 26 Nr 862; Zö/*Stöber* Rn 9). 8

II. Umfang der Unterwerfung, Inhaltsänderung. 1. Teilbeträge. Die Unterwerfung kann wegen des Teilbetrages einer Grundschuld erfolgen (BGHZ 108, 372, 377). Der Teilbetrag muss betragsmäßig festgelegt sein oder sich aus der Urkunde ohne weiteres errechnen lassen. Die Bezeichnung des Teilbetrages als »zuletzt zu zahlender« ändert an der betragsmäßigen Festlegung nichts; ein solcher Zusatz bedeutet nur, dass Teilzahlungen auf die Grundschuld zuerst auf den nicht titulierten Teil der Grundschuld angerechnet werden. Hiervon zu unterscheiden ist die auf einen rangmäßig abgespaltenen Teilbetrag beschränkte Unterwerfungserklärung; diese kann ohne Teilung des Grundpfandrechts nicht erfolgen und damit auch nicht eingetragen werden; eine rangmäßige Spaltung des Teilbetrages setzt eine Teilung voraus (BGHZ 108, 372, 377). Bei einer Höchstbetragshypothek nach § 1190 BGB kann eine Vollstreckungsunterwerfung nicht ein- 9 getragen werden; eintragungsfähig ist die Klausel lediglich für einen dinglichen Teilbetrag innerhalb des Höchstbetrages, für den eine gesicherte Forderung schon festgestellt ist (RGZ 132, 5, 18; BGHZ 88, 62, 65).

10 **2. Inhaltsänderungen.** Erweiterungen der dinglichen Leistungspflicht erfordern eine weitere Unterwerfungserklärung (BGH DNotZ 65, 544, 546). Bei der Umwandlung von Grundpfandrechten, so der Umwandlung einer Hypothek nach Tilgung der Forderung in eine Eigentümergrundschuld, bedarf es ebenfalls einer erneuten Unterwerfungserklärung (MüKoZPO/*Wolfsteiner* Rn 12). Formfrei ist dagegen die Erweiterung des Sicherungszwecks eines Grundpfandrechts; hierdurch wird die Unterwerfungserklärung nicht betroffen (BGH NJW 97, 2320, 2321; aA für die Forderungsauswechslung MüKoZPO/*Wolfsteiner* Rn 12).

11 **D. Vollstreckungsverfahren. I. Zustellung.** Gemäß § 800 II bedarf es bei der Zwangsvollstreckung gegen einen späteren Eigentümer, der im GB eingetragen ist, nicht der sonst nach § 750 II erforderlichen Zustellung der den Erwerb des Eigentums nachweisenden öffentlichen oder öffentlich-beglaubigten Urkunde. Die Zustellung der vollstreckbaren Ausfertigung gegen den späteren Eigentümer bleibt erforderlich; die Eintragung ersetzt auch nicht die Klauselumschreibung nach § 727.

12 **II. Zuständigkeit.** Gemäß § 800 III ist, erweist sich die sofortige Zwangsvollstreckung gegen den jeweiligen Eigentümer als zulässig, für die in § 797 V bezeichneten Klagen das Gericht zuständig, in dessen Bezirk das Grundstück belegen ist; es sind dies die Klagen nach §§ 731, 767, 768. Der Gerichtsstand des § 800 III geht demjenigen des § 797 V vor (vgl § 797 Rz 16). § 800 III ist nur maßgebend, soweit es um die Vollstreckung aus dem Grundpfandrecht geht, nicht dagegen für die Vollstreckung des persönlichen Anspruchs (KG NJW-RR 89, 1407, 1408; Hamm WM 04, 1969, 1970; Wieczorek/Schütze/*Paulus* Rn 13; aA Karlsr NJW-RR 01, 1728).

§ 800a Vollstreckbare Urkunde bei Schiffshypothek.

(1) Die Vorschriften der §§ 799, 800 gelten für eingetragene Schiffe und Schiffsbauwerke, die mit einer Schiffshypothek belastet sind, entsprechend.
(2) Ist die sofortige Zwangsvollstreckung gegen den jeweiligen Eigentümer zulässig, so ist für die im § 797 Abs. 5 bezeichneten Klagen das Gericht zuständig, in dessen Bezirk das Register für das Schiff oder das Schiffsbauwerk geführt wird.

1 Die Vorschriften des § 799 über die vollstreckbare Urkunde bei Rechtsnachfolge und des § 800 über die vollstreckbare Urkunde gegen den jeweiligen Grundstückseigentümer gelten gem § 800a entspr für eingetragene Schiffe und Schiffsbauwerke, die mit einer Schiffshypothek belastet sind. § 800a ist auch auf Luftfahrzeuge anzuwenden; hier tritt an die Stelle der Hypothek das Registerpfandrecht gem § 99 I LuftfzRG. Soweit die sofortige Zwangsvollstreckung gegen den jeweiligen Eigentümer als zulässig erachtet wird, ist für die in § 797 V vorgesehenen Klagen nach §§ 731, 767, 768 das Gericht zuständig, in dessen Bezirk das Register für das Schiff, für das Schiffsbauwerk und demzufolge auch für das Luftfahrzeug geführt wird.

§ 801 Landesrechtliche Vollstreckungstitel.

(1) Die Landesgesetzgebung ist nicht gehindert, auf Grund anderer als der in den §§ 704, 794 bezeichneten Schuldtitel die gerichtliche Zwangsvollstreckung zuzulassen und insoweit von diesem Gesetz abweichende Vorschriften über die Zwangsvollstreckung zu treffen.
(2) Aus landesrechtlichen Schuldtiteln im Sinne des Absatzes 1 kann im gesamten Bundesgebiet vollstreckt werden.

1 Landesrechtliche Vollstreckungstitel sind nach § 801 zur Vollstreckung im gesamten Bundesgebiet zugelassen. Ihre Zulässigkeit bestimmt sich nach den Gesetzgebungskompetenzvorschriften des GG. § 801 regelt zudem den Vorbehalt eines von den Bestimmungen der ZPO abweichenden Verfahrens im Bereich der konkurrierenden Gesetzgebung; hiervon soll bisher kein Gebrauch gemacht worden sein (St/J/*Münzberg* Rn 1). Von diesem Vorbehalt nicht umfasst ist der Ausschluss gerichtlicher Zwangsvollstreckung zug der Verwaltungsvollstreckung (St/J/*Münzberg* Rn 1; MüKoZPO/*Wolfsteiner* Rn 3; Schuschke/Walker/*Walker* Rn 2).

2 Schuldtitel iSd § 801 stellen insb nach den landesrechtlichen Schiedsordnungen der Länder geschlossene und vom zuständigen AG für vollstreckbar ausgefertigte Vergleiche dar (St/J/Münzberg Rn 2; MüKoZPO/*Wolfsteiner* Rn 4), ebenso die nach Art 26 des BayVwZVG erlassenen Leistungsbescheide der bayerischen

Gemeinden (Zö/*Stöber* Rn 1; Schuschke/Walker/*Walker* Rn 1), sowie Vergleiche und Vorbescheide in Wild- und Jagdschadenssachen nach § 35 BJagdG (St/J/*Münzberg* § 802 Rn 1).

§ 802 Ausschließlichkeit der Gerichtsstände. Die in diesem Buch angeordneten Gerichtsstände sind ausschließliche.

§ 802 gilt für sämtliche im 8. Buch geregelten Gerichtsstände, somit auch für Arrestverfahren und Verfahren der einstweiligen Verfügung. Die Vorschrift umfasst sowohl die örtliche als auch die sachliche Zuständigkeit, desgleichen die funktionelle Zuständigkeit (so für das Verhältnis § 621 II, III aF zu § 767 I BGH NJW 80, 1393, 1394) und die internationale Zuständigkeit (St/J/*Münzberg* Rn 1; aA Frankf v 30.6.08–19 W 42/08; offengelassen BGH NJW 97, 2245, 2246). Soweit ausschließliche Gerichtsstände bestehen, können diese nicht durch Vereinbarung geändert werden; auch rügeloses Verhandeln zur Hauptsache begründet nach § 40 II 2 eine von § 802 abweichende Zuständigkeit nicht. Ist nur die örtliche Zuständigkeit geregelt, sind Vereinbarungen in den Fällen zulässig, in denen sich die sachliche Zuständigkeit nach dem Streitwert richtet (St/J/*Münzberg* Rn 1; MüKoZPO/*Wolfsteiner* Rn 1). 1

*Die §§ **802a–l** werden ab 1.1.13 in das Gesetz eingefügt. Die Verordnungsermächtigungen des § 801k III u IV sind seit 1.8.09 in Kraft.*

Abschnitt 2 Zwangsvollstreckung wegen Geldforderungen

Titel 1 Zwangsvollstreckung in das bewegliche Vermögen

Untertitel 1 Allgemeine Vorschriften

Bemerkungen vor §§ 803 ff ZPO

Geldforderungen sind Forderungen, die auf Leistung einer Geldsumme gerichtet sind, dh, dass nur der summenmäßige Wert geschuldet wird, nicht bestimmte Geldstücke oder Geldsorten. Unerheblich ist, ob die Geldforderung auf Zahlung an den Gläubiger oder an einen Dritten oder auf Hinterlegung gerichtet ist. Als Geldforderung ist auch ein Duldungsurteil zu vollstrecken, das auf die Haftung für eine Geldschuld gerichtet ist, wie die Duldung der Zwangsvollstreckung wegen einer Geldforderung aus einer Hypothek, Grundschuld, Rentenschuld oder Schiffshypothek; ebenso ein Anfechtungsurteil nach §§ 11 AnfG, 143 InsO (vgl BGHZ 100, 36, 44 = NJW 87, 1703, 1705). Ein Anspruch auf Zahlung in einer ausländischen Währung ist eine Geldforderung, wenn – was die Regel ist – eine Wertschuld vorliegt und der in **ausländischer Währung** angegebene Betrag daher in Euro umgerechnet werden kann (Ddorf NJW 88, 2185, str). Nicht zu den Geldforderungen gehören der Anspruch auf Sicherheitsleistung oder Befreiung von einer Zahlungsverbindlichkeit, die nach § 887 zu vollstrecken sind. 1

Die **Zwangsvollstreckung** wegen Geldforderungen erfolgt in das bewegliche Vermögen durch Pfändung, in das unbewegliche Vermögen durch Eintragung einer Sicherungshypothek (Zwangshypothek, §§ 866 I, 867), Zwangsversteigerung und Zwangsverwaltung, die im ZVG geregelt sind (vgl § 869). Die verschiedenen Vollstreckungsmöglichkeiten stehen dem Gläubiger nebeneinander zur Verfügung (vgl § 866 II). 2

§ 803 Pfändung. (1) [1]**Die Zwangsvollstreckung in das bewegliche Vermögen erfolgt durch Pfändung.** [2]**Sie darf nicht weiter ausgedehnt werden, als es zur Befriedigung des Gläubigers und zur Deckung der Kosten der Zwangsvollstreckung erforderlich ist.**
(2) Die Pfändung hat zu unterbleiben, wenn sich von der Verwertung der zu pfändenden Gegenstände ein Überschuss über die Kosten der Zwangsvollstreckung nicht erwarten lässt.

A. Normzweck. § 803 normiert die Möglichkeit des Zugriffs des Gläubigers auf das bewegliche Vermögen des Schuldners durch Pfändung und setzt diesem Zugriff Grenzen. Die Pfändung darf nur in dem Umfang erfolgen, wie dies zur Befriedigung des Gläubigers erforderlich ist (Abs 1 S 2), und muss unterbleiben, wenn durch sie eine Befriedigung des Gläubigers nicht zu erwarten ist (Abs 2). 1

2 **B. Pfändung beweglichen Vermögens. I. Bewegliches Vermögen.** Die ZPO unterscheidet beim Vermögen lediglich zwischen beweglichem und unbeweglichem Vermögen, in das nach §§ 864 ff zu vollstrecken ist. Bewegliches Vermögen sind zunächst **bewegliche Sachen**. Dazu gehören auch Schiffe, die nicht in das Schiffsbauregister eingetragen sind und dort auch nicht eingetragen werden können. In eingetragene oder eintragbare Schiffe findet dagegen die Zwangsvollstreckung nach § 870a statt. Früchte, die noch nicht vom Boden getrennt sind, können solange als bewegliche Sachen gepfändet werden, wie sie nicht im Wege der Zwangsvollstreckung in das unbewegliche Vermögen beschlagnahmt sind (§ 810). Zubehör von Grundstücken (§ 97 BGB) gehört zum Haftungsverband des Grundstücks und kann damit nicht gesondert gepfändet werden (§ 865 II 1). Als bewegliche Sachen sind auch Wertpapiere (§ 821) sowie Wechsel und andere durch Indossament übertragbare Papiere (§ 831) pfändbar. Bewegliches Vermögen sind schließlich **Geldforderungen** (§§ 829 ff), **Ansprüche** auf Herausgabe oder Leistung von (auch unbeweglichen) Sachen (§§ 846–849) und andere **Vermögensrechte** (§ 857).

3 **II. Pfändung.** Die Pfändung ist die staatliche Beschlagnahme eines Gegenstandes, durch die dieser zum Zwecke der Befriedigung des Gläubigers der Verfügungsmacht des Schuldners entzogen wird (Verstrickung). Durch die Pfändung erwirbt der Gläubiger ein Pfändungspfandrecht (§ 804 I). Zu den Einzelheiten s. § 804 Rz 4 ff. Die Pfändung beweglicher Sachen erfolgt dadurch, dass der GV sie in Besitz nimmt (§ 808 I), bei der Anschlusspfändung durch einen entsprechenden Vermerk des GV im Protokoll (§ 826 I). Zur Pfändung von Geldforderungen erlässt das Vollstreckungsgericht einen Pfändungsbeschluss (§ 829); zur Pfändung sonstiger Rechte s. §§ 830 ff. Zu den allgemeinen Voraussetzungen der Zwangsvollstreckung vgl oben vor §§ 704 ff Rz 9.

4 **C. Pfändungsverbote.** Abs 1 S 2 und Abs 2 enthalten allgemeine Pfändungsverbote. Diese folgen aus dem Verhältnismäßigkeitsgrundsatz. Daneben gibt es spezielle Pfändungsbeschränkungen (zB §§ 811 ff, 850 ff).

5 **I. Überpfändung (Abs 1 S 2).** Das Verbot der Überpfändung dient dem Schutz des Schuldners und ist Schutzgesetz iSd § 823 II (BGH NJW 85, 1155, 1157 mwN). Eine Überpfändung ist nicht nur bei Sachen, sondern auch bei der Vollstreckung in Forderungen und sonstige Rechte verboten. Da bei diesen der Wert (Einbringlichkeit der Forderung) idR kaum abzuschätzen ist, ist eine Vollpfändung oder Pfändung mehrerer Forderungen hier allerdings auch dann zulässig, wenn der Nennbetrag der Forderung(en) den zu vollstreckenden Betrag übersteigt. Abs 1 S 2 greift nur dann ein, wenn eine positive Auskunft des solventen Drittschuldners oder erkennbar eine hinreichende Sicherheit für die Forderung vorliegt. Damit eine absehbare Überpfändung festgestellt werden kann, ist vor der Pfändung die Forderung des Gläubigers zu berechnen. Entweder legt der Gläubiger eine eigene **Berechnung** vor, die der GV lediglich überprüft, oder der GV muss die Berechnung selbst vornehmen (vgl § 130 Nr 1 GVGA). Im Antragsformular (§ 929 IV) für den Erlass eines Pfändungs- und Überweisungsbeschlusses ist ebenfalls eine Berechnung der zu vollstreckenden Forderung durch den Gläubiger vorgesehen. Fortlaufende Zinsen sind dabei bis zum voraussichtlichen Zeitpunkt der Verwertung des Pfandobjekts anzusetzen. Hinzuzusetzen sind schließlich die Kosten der Zwangsvollstreckung (§ 788). Gepfändet werden darf dann nur so viel, dass nicht absehbar ist, dass der Verwertungserlös dasjenige übersteigt, was zur Befriedigung der Forderung des Gläubigers erforderlich ist. Ist nur ein Gegenstand vorhanden, hindert das Verbot der Überpfändung dessen Pfändung nicht. Auf die **Zwangsversteigerung** ist § 803 I 2 nicht entsprechend anwendbar (Schuschke/Walker/*Walker* Rn 2).

6 Das Verbot der Überpfändung betrifft nicht den Fall, dass der Gläubiger gegen mehrere **Gesamtschuldner** jeweils wegen der ganzen Forderung die Zwangsvollstreckung betreibt. Wird der Gläubiger befriedigt, können die anderen Gesamtschuldner ggf gem § 767 vorgehen. Das Vollstreckungsorgan darf dementsprechend die Vornahme der Pfändung nicht von der Vorlage aller gegen die Gesamtschuldner erwirkten Vollstreckungstitel abhängig machen (str, wie hier Zö/*Stöber* Rn 7 mwN).

7 Zeichnet sich nach der Pfändung durch den GV ab, dass der voraussichtliche Erlös zur Befriedigung des Gläubigers nicht ausreicht, so muss dieser auch ohne eine neue Weisung des Gläubigers eine **Nachpfändung** vornehmen. Dies geschieht, indem der der GV weitere, bisher nicht gepfändete Sachen im Wege des § 808 pfändet. Ein schuldhaftes Unterlassen der Nachpfändung begründet Schadensersatzansprüche (Zö/*Stöber* Rn 8 mwN).

8 **II. Nutzlose Pfändung (Abs 2).** Das Verbot der nutz- oder zwecklosen Pfändung dient sowohl dem Schutz des Schuldners, nämlich gegen Verschleuderung seines Vermögens, als auch dem Schutz des Gläubigers vor zusätzlichen Kosten, deren Aufwendung nicht zu seiner (teilweisen) Befriedigung führt. Das Verbot gilt bei

Erst- und Anschlusspfändung (§ 826). Bei der Anschlusspfändung ist zu berücksichtigen, dass sie sich bei Wegfall der vorrangigen Pfändung in eine Erstpfändung umwandeln kann. Daher steht das Verbot der nutzlosen Pfändung einer Anschlusspfändung nur dann wegen vorrangiger Pfändungen entgegen, wenn keine vernünftigen Zweifel bestehen, dass der Verwertungserlös in vollem Umfang nur vorrangigen Gläubigern zugute kommen wird (*Wieser* DGVZ 85, 37). § 803 II ist nicht entsprechend auf die Immobiliarvollstreckung anwendbar (BGH NJW 02, 3178, 3179).

Um festzustellen, ob eine Pfändung nutzlos iSd Abs 2 ist, muss der GV vor der Pfändung abschätzen, ob der voraussichtliche Erlös die Kosten der Pfändung und Verwertung (einschl Transport- und Lagerkosten) übersteigt. Wird für mehrere Gläubiger gepfändet, ist nicht zu berücksichtigen, dass jeder Gläubiger nur anteilige Befriedigung erlangen kann (Schuschke/Walker/*Walker* Rn 6). Hat der Gläubiger selbst ein Gebot zugesichert oder den Erwerb des Pfandgegenstandes (§ 825), ist dies bei der Ermittlung des voraussichtlichen Verwertungserlöses zu berücksichtigen. Übersteigt das Angebot des Gläubigers die Kosten, kann der GV die Pfändung daher nicht gem Abs 2 ablehnen (LG Köln DGVZ 88, 60; einschränkend AG Bremen, Beschl v 13.11.07–247 M 471935/07, juris). Gegenstände, die keinen Verwertungserlös erwarten lassen, sondern durch deren Pfändung lediglich Druck auf den Schuldner ausgeübt werden soll (etwa Reservierungskartei eines Hotelbetriebs, vgl Hamm NJW-RR 97, 733, 734; oder ein Kfz-Kennzeichen, vgl AG Neubrandenburg DGVZ 05, 14) können wegen Abs 2 nicht gepfändet werden. 9

D. Rechtsbehelfe. Je nach Verfahren stehen Erinnerung (§ 766) oder sofortige Beschwerde (§ 793) zur Verfügung. Zur Abgrenzung s. dort. Die Rechtsbehelfe können insb darauf gestützt werden, dass die Voraussetzungen der Pfändung nicht gegeben waren oder dass gegen ein Pfändungsverbot verstoßen wurde. Ein Verstoß gegen § 803 I 2 oder § 803 II führt nicht zur Unwirksamkeit der Pfändung. Auch dürfen der GV oder das Vollstreckungsgericht nicht von sich aus die Pfändung wieder aufheben und die gepfändete Sache (Forderung) freigeben. Vielmehr muss der Schuldner den Verstoß mit dem jeweils gegebenen Rechtsbehelf geltend machen. Die **Beweislast** für den Verstoß trägt der Schuldner. Maßgeblicher Zeitpunkt für die Feststellung eines Verstoßes ist der Erlass der Entscheidung über den Rechtsbehelf (Schuschke/Walker/*Walker* Rn 3). 10

E. Verfahrensvergleich. § 803 gilt auch für die Vollstreckung arbeitsgerichtlicher (§§ 62 II, 85 I 3 ArbGG) Titel. Für Vollstreckungen zugunsten der öffentlichen Hand verweist § 169 VwGO iVm § 5 VwVG auf § 281 AO, der § 803 entspricht. Wird gem § 170 I 2 VwGO eine Behörde um eine Vollstreckung gegen die öffentliche Hand ersucht, gilt ebenfalls § 281 AO; wird ein GV ersucht, ist § 803 anwendbar (vgl § 170 I 3 VwGO). 11

§ 804 Pfändungspfandrecht. **(1) Durch die Pfändung erwirbt der Gläubiger ein Pfandrecht an dem gepfändeten Gegenstande.**

(2) Das Pfandrecht gewährt dem Gläubiger im Verhältnis zu anderen Gläubigern dieselben Rechte wie ein durch Vertrag erworbenes Faustpfandrecht; es geht Pfand- und Vorzugsrechten vor, die für den Fall eines Insolvenzverfahrens den Faustpfandrechten nicht gleichgestellt sind.

(3) Das durch eine frühere Pfändung begründete Pfandrecht geht demjenigen vor, das durch eine spätere Pfändung begründet wird.

A. Verstrickung. Die Pfändung bewirkt zunächst die Verstrickung (Beschlagnahme) des gepfändeten Gegenstandes. Diese ist ein hoheitlicher Zugriff auf die Sache, durch die sichergestellt werden soll, dass sich der Gläubiger aus der Sache befriedigen kann. Die Sache untersteht damit staatlicher Verfügungsmacht und ist privatrechtlichen Verfügungen gem §§ 135, 136 BGB entzogen. Gepfändete bewegliche Sachen werden zudem strafrechtlich durch § 136 StGB geschützt. Die Verstrickung setzt sich an dem Erlös aus der Verwertung der gepfändeten Sache (§§ 819, 825, 844) fort. 1

Die **Entstehung** der Verstrickung setzt die Wirksamkeit der Pfändung voraus. Dies erfordert nicht, dass die Pfändung nicht anfechtbar ist. Nur bei schweren und offenkundigen Fehlern ist die Pfändung nichtig und entfaltet daher keine Wirksamkeit. Die Nichtigkeit der Pfändung ist nicht heilbar; die Pfändung muss daher nach Beseitigung des Nichtigkeitsgrundes wiederholt werden. Darin zeigt sich der öffentlichrechtliche Charakter der Beschlagnahme und § 44 I VwVfG kann zur Beurteilung, ob die Beschlagnahme nichtig ist, herangezogen werden. **Nichtigkeit** liegt danach vor bei Fehlen eines vollstreckbaren Titels (BGHZ 70, 313, 317), Vollstreckung gegen eine Person, die nicht der deutschen Gerichtsbarkeit unterliegt (Schuschke/Walker/*Walker* Rn 4), Pfändung durch ein offensichtlich unzuständiges Organ (so bei Forderungspfändung 2 durch GV oder Sachpfändung durch das Vollstreckungsgericht; für die Nichtigkeit genügt es aber zB nicht, dass der GV eine Sache aus dem Haftungsverband der Hypothek pfändet, s. § 865 II; str, vgl § 865 Rz 18), Sachpfändung ohne Inbesitznahme oder ohne Kenntlichmachung der Pfändung, Anschlusspfändung ohne wirksame Erstpfändung. Die Pfändung einer nicht dem Schuldner zustehenden Forderung (oder eines sonstigen Rechts) geht ins Leere und ist damit ebenfalls wirkungslos. Eine Forderungspfändung bedarf zu ihrer Wirksamkeit auch der Zustellung des Pfändungsbeschlusses an den Drittschuldner (vgl § 829 Rz 53). **Keine Nichtigkeit** bewirken zB das Fehlen von Klausel (§§ 724 ff), vorheriger Zustellung des Titels (§ 750 I), oder die Nichtbeachtung besonderer Vollstreckungsvoraussetzungen (zB § 751) oder sonstiger Verfahrensvorschriften wie §§ 758–760, 803 II, 809, 811, 813. Auch der Verstoß gegen einfache Vollstreckungsvorschriften wie zB Pfändungsverbote führt nur zur Anfechtbarkeit der Pfändung, die der Schuldner mit Rechtsbehelfen geltend machen muss. Zum **Umfang** der Verstrickung, der dem des Pfändungspfandrechts entspricht, vgl unten Rz 5.

3 Die Verstrickung **endet** entweder durch Entstrickung oder die (vollständige) Beendigung der Zwangsvollstreckung, dh die Auskehrung des Erlöses an den Gläubiger (bei der Forderungspfändung durch die befreiende Leistung oder Aufrechnung des Drittschuldners). Bei der **Pfändung körperlicher Sachen** setzt eine Entstrickung voraus, dass der GV den Besitz an der Sache wieder aufgibt. Dazu muss er die Sache dem Schuldner zurückgeben oder das Pfandsiegel entfernen, wozu er auch den Schuldner ermächtigen kann. Nicht genügend ist, dass ein Gericht die Zwangsvollstreckung für unzulässig erklärt, sondern diese Entscheidung bedarf der Vollziehung durch das zuständige Vollstreckungsorgan (§§ 775, 776). Auch in einem solchen Fall führt das eigenmächtige Entfernen des Pfandsiegels durch den Schuldner daher nicht zur Entstrickung. Auch die Freigabe durch den Gläubiger kann den hoheitlichen Zugriff auf die Sache nicht beenden, sie lässt aber das Veräußerungsverbot (§§ 135, 136 BGB) entfallen, weil dieser Schutz für den Gläubiger disponibel ist. Bei der **Rechtspfändung** kann die Entstrickung durch einseitigen Verzicht des Gläubigers erfolgen (§ 843). Sie endet zudem beim Arrest ohne Beteiligung des Vollstreckungsorgans durch Versäumung der Vollziehungsfrist (§ 929 II).

4 **B. Pfändungspfandrecht. I. Rechtsnatur.** Neben der Beschlagnahme bewirkt die Pfändung gem § 804 I das Entstehen eines Pfändungspfandrechts. Es steht in einem Spannungsverhältnis zwischen öffentlichem und privatem Recht, seine **Rechtsnatur** ist daher umstr. Dass es rein privatrechtlicher Natur wäre, wird allerdings nicht mehr vertreten. Rspr und weite Teile der Lit nehmen (mit leichten Variationen) ausgehend vom Wortlaut des Abs 1 zu Recht eine gemischt privat- und öffentlichrechtliche Rechtsnatur an (RGZ 156, 395, 397 f; BGHZ 20, 88, 101; 56, 339, 351; MüKoZPO/*Gruber* Rn 11 ff; Musielak/*Becker* Rn 4; Schuschke/Walker/*Walker* vor §§ 803, 804 Rn 13; ThoPu/*Seiler* Rn 2; Brox/Walker Rn 393; Lackmann Rn 177). Die in der Lit ebenfalls vertretene rein öffentlichrechtliche Theorie (*Lüke* JZ 55, 484; JZ 57, 239; B/L/A/H Übers § 803 Rn 8; St/J/*Münzberg* Rn 1 ff; Wieczorek/Schütze/*Lüke* Rn 56 ff; Zö/*Stöber* Rn 2) führt in der Praxis nur in Einzelfällen zu anderen Ergebnissen. Dies kann insb dann der Fall sein, wenn es auf den Zeitpunkt der Entstehung des Pfändungspfandrechts ankommt (zu Einzelheiten vgl Schuschke/Walker/*Walker* vor §§ 803, 804 Rn 10 ff). Die gemischt-privat-öffentlich-rechtlichen Theorien gehen übereinstimmend davon aus, dass das in § 804 I genannte Pfandrecht, das der Gläubiger durch die Pfändung erwirbt, einerseits ein privates materielles Recht des Gläubigers ist, das nicht in jeder Hinsicht das Schicksal der Verstrickung teilt. Andererseits folgt dieses Pfändungspfandrecht nicht allein den Regelungen des BGB, sondern wird durch das Vollstreckungsrecht modifiziert. Das Pfändungspfandrecht bildet nach dieser Theorie den Rechtsgrund dafür, dass der Gläubiger am Erlös zu beteiligen ist und diesen behalten darf. In der Insolvenz gewährt das Pfändungspfandrecht gem §§ 49, 50 I InsO ein Recht auf abgesonderte Befriedigung.

5 **II. Entstehung/Umfang.** Entspr seiner gemischten Rechtsnatur hängt die Entstehung des Pfändungspfandrechts von öffentlich-rechtlichen und privatrechtlichen Voraussetzungen ab. **Öffentlich-rechtlich** ist eine Verstrickung, dh eine wirksame Pfändung (vgl oben Rz 2), erforderlich. Darüber hinaus müssen alle wesentlichen Verfahrensvorschriften eingehalten sein. Es genügt also nicht, dass, wie bei der Verstrickung, die Pfändung lediglich nicht nichtig ist. Das bedeutet, dass die allgemeinen und besonderen Vollstreckungsvoraussetzungen erfüllt sein müssen, keine Vollstreckungshindernisse bestehen dürfen (zB § 775 oder § 89 InsO) und auch die weiteren wesentlichen Verfahrensvorschriften beachtet sein müssen (vgl Schuschke/Walker/*Walker* vor §§ 803, 804 Rn 14), damit ein Pfändungspfandrecht entsteht. Eine nachträgliche Heilung ist allerdings möglich (Wirkung ex nunc). Die Verletzung bloßer Ordnungsvorschriften (zB §§ 730, 733, 758a IV, 759, 762, 763, 803 I 2, 812, 813) ist für das sofortige Entstehen des Pfändungspfand-

rechts dagegen unschädlich. **Privatrechtlich** (oder materiellrechtlich) ist das Bestehen der Vollstreckungsforderung erforderlich (**Akzessorietät**). Daraus folgt, dass ein Pfändungspfandrecht bei der Pfändung einer zukünftigen Forderung erst mit dem Entstehen der Forderung und nicht bereits mit dem Erlass des Pfändungs- und Überweisungsbeschlusses entsteht (BGH NJW 2004, 1444 mwN; BFH ZIP 2005, 1182, 1183). Daher geht die spätere (aber sofort wirksame) Pfändung eines Gesellschaftsanteils der früheren Pfändung eines (noch nicht entstandenen) Abfindungsanspruchs vor (BGHZ 104, 351, 352 f = NJW 89, 458). Bedingte Ansprüche sind dagegen schon entstanden und ihre Pfändung daher sofort wirksam. Zudem muss das Vollstreckungsobjekt zum **Vermögen des Schuldners** gehören (BGHZ 119, 75, 82 ff = NJW 92, 2570, 2572). An einer schuldnerfremden Sache kann ein Pfändungspfandrecht auch gutgläubig nicht erworben werden. Schuldnerfremd ist auch eine Sache, die dem Gläubiger selbst gehört. Die Pfändung kann in diesem Fall (Sicherungseigentum oder Verkauf unter EV) allerdings insofern sinnvoll sein, als sie dem Gläubiger die Verwertung der Sache ermöglicht und er den Erlös als Eigentümer der Sache behalten darf. Eine **Forderungsauswechslung** durch den Gläubiger ist nicht möglich; es muss vielmehr die Sache erneut (ohne Rangwahrung) gepfändet werden. Die **Akzessorietät** des Pfandrechts ist allerdings auch nach der gemischten Theorie **eingeschränkt**: Ist die Forderung rechtskräftig festgestellt, ist dies auch für die Beurteilung des Bestehens des Pfändungspfandrechts bindend; ist der Schuldner mit Einwänden gegen den Titel gem § 767 II, III ausgeschlossen, sind diese auch im Hinblick auf das Fortbestehen des Pfändungspfandrechts unbeachtlich.

Das Pfändungspfandrecht **erstreckt** sich auf die gepfändete Sache und gem § 1212 BGB auch auf ihre Erzeugnisse (vgl § 99 I 1. Var BGB), die nach der Pfändung von der Sache getrennt werden. Andere Früchte oder Zubehör werden bei der Pfändung beweglicher Sachen nicht erfasst; anders verhält es sich bei der Pfändung unbeweglicher Sachen (vgl § 865). Das Pfändungspfandrecht setzt sich am Erlös aus der Versteigerung oder dem freihändigen Verkauf fort (§§ 1219 II 1, 1247 S 2 BGB). Hat der Pfändungspfandgläubiger mehrere Sachen gepfändet, haftet jede für die ganze Forderung (§ 1222 BGB). Hat der Gläubiger aus einer Sache Befriedigung erlangt, sind die anderen freizugeben. Der Schuldner kann dies mit einer auf eine Überpfändung (§ 803 I 2) gestützten Erinnerung oder mit der Vollstreckungsabwehrklage gem § 767 I geltend machen. Die gepfändete Sache haftet für die Vollstreckungsforderung einschl laufender Zinsen bis zum Zeitpunkt der Verwertung (§ 1210 I 1 BGB) und die auf die Sache gemachten Verwendungen und sonstigen Kosten der Zwangsvollstreckung (§ 788 I). Die Gefahr des **Untergangs** des Pfandgegenstandes trifft den Schuldner; dies gilt auch dann, wenn der GV den Pfändungsgegenstand dem Schuldner weggenommen hat (Zö/*Stöber* Rn 9; zur abweichenden Gefahrtragungsregel bei der Wegnahme von Geld vgl § 815 III). 6

III. Rang. Das Pfändungspfandrecht gewährt gem Abs 2 S 1 dem Gläubiger dieselben Rechte wie ein vertragliches Faustpfandrecht. Bei Bestehen mehrerer Pfandrechte (auch vertraglicher, BGHZ 93, 71, 76 = NJW 85, 863, oder gesetzlicher) richtet sich die Verteilung des Erlöses nach dem Rang der Rechte. Die an dem gepfändeten Gegenstand bestehende Rangordnung setzt sich am durch die Verwertung erzielten Erlös fort. Der Rang wird nach dem **Prioritätsprinzip** bestimmt, also nach dem Zeitpunkt der Entstehung des Pfandrechts (vgl auch § 1209 BGB), wobei früher begründete Pfandrechte jüngeren vorgehen (**Abs 3**). Soll der GV zeitgleich für mehrere Gläubiger einen Gegenstand pfänden, muss er alle Anträge als gleichzeitige behandeln (§ 168 Nr 1 GVGA), sodass die Pfändungspfandrechte gleichrangig sind. Der Erlös wird dann im Verhältnis der Höhe der Forderungen der Gläubiger verteilt (Zö/*Stöber* Rn 5; vgl auch § 168 Nr 5 GVGA; zur Erlösverteilung s. § 819 Rz. 4). Gleich- oder nachrangige Gläubiger haben das Ablösungsrecht gem § 268 BGB. Ist ein Rang **sittenwidrig** erschlichen, können die benachteiligten Gläubiger hiergegen den Einwand unzulässiger Rechtsausübung erheben (BGHZ 57, 108, 110 = NJW 71, 2226). Erlischt ein Pfandrecht, etwa weil der Schuldner die dadurch gesicherte Forderung erfüllt, rücken die nachrangigen Pfandrechte auf. Ein **gutgläubiger Erwerb** eines besseren Rangs gem § 1208 BGB ist bei Vertragspfandrechten möglich, nicht aber bei Pfändungspfandrechten und gesetzlichen Pfandrechten, da nur ein rechtsgeschäftlicher Erwerb gutgläubig erfolgen kann. Mehrere Pfändungsgläubiger können durch Vereinbarung den Rang ändern (BAG NJW 90, 2641, 2642; St/J/*Münzberg* Rn 38). **Abs 2 Hs 2** betrifft Zurückbehaltungsrechte, die nicht unter § 51 Nr 2 und 3 InsO fallen, und die daher auch zu einem später begründeten Pfändungspfandrecht nachrangig sind. Macht ein nicht an der Zwangsvollstreckung beteiligter Dritter einen **Vorrang** seines Pfand- oder Vorzugsrechts **geltend**, so steht ihm hierfür die Klage auf vorzugsweise Befriedigung gem § 805 offen. Andere Pfändungspfandrechtsgläubiger sind dagegen darauf verwiesen, die Hinterlegung des Erlöses gem § 827 II 1 zu erwirken und ihre Rechte im Verteilungsverfahren gem §§ 872 ff geltend zu machen. 7

8 Ist bei wirksamer Pfändung ein **Pfändungspfandrecht nicht entstanden** (vgl oben Rz 5) und wird der hierfür ursächliche Mangel nachträglich **geheilt**, entsteht das Pfändungspfandrecht nach der gemischten Theorie grds erst mit der Heilung und dem zu diesem Zeitpunkt freien Rang. Die Heilung wirkt also nicht zurück. Etwas anderes gilt nur, wenn ausnahmsweise eine Rückwirkung materiellrechtlich angeordnet ist, zB gem §§ 184 II, 185 II BGB für den Fall, dass ein Dritter die Pfändung einer ihm gehörenden Sache nachträglich genehmigt. Auch in diesem Fall gehen aber in der Zwischenzeit begründete andere Pfandrechte im Rang vor (Schuschke/Walker/*Walker* vor §§ 803, 804 Rn 17). Wird die Verstrickung (zB auf einen Rechtsbehelf des Schuldners hin) aufgehoben, entfällt auch das Pfändungspfandrecht (s.u. Rz 10). Es kann dann bei neuer Verstrickung wieder neu entstehen, allerdings nur mit dem Rang, der zu diesem Zeitpunkt frei ist. Dies gilt auch dann, wenn auf einen Rechtsbehelf des Gläubigers die Entscheidung, durch die die Verstrickung aufgehoben worden ist, wiederum abgeändert wird. Daher sollte in einer gerichtlichen Entscheidungen zB über die Aufhebung eines Pfändungs- und Überweisungsbeschlusses stets ausgesprochen werden, dass sie Wirksamkeit erst mit der Rechtskraft der Entscheidung erlangt (vgl Stöber Rn 472).

9 **IV. Rechte bei Beeinträchtigungen des Pfändungspfandrechts.** Wird das Pfändungspfandrechts beeinträchtigt, kann der Inhaber gem § 1227 BGB die Rechte wie ein Eigentümer geltend machen, insb den Unterlassungs- und Beseitigungsanspruch gem § 1004 BGB, Schadensersatzansprüche gem § 823 I BGB wegen Verletzung eines sonstigen (absoluten) Rechts und den Herausgabeanspruch aus § 985 BGB, wobei der Gläubiger, da er nur mittelbarer Besitzer ist, gem § 986 I 2 BGB nur Herausgabe an den GV verlangen kann. Außerdem kann der Gläubiger Besitzansprüche gem §§ 859, 861, 862 BGB geltend machen.

10 **V. Erlöschen des Pfändungspfandrechts.** Der Bestand des Pfändungspfandrechts ist vom Fortbestand der Verstrickung abhängig. Endet die Verstrickung, erlischt auch das Pfändungspfandrecht. Mit der Ablieferung des Pfandgegenstandes an den Meistbietenden gem § 817 II geht das Pfändungspfandrecht unter und setzt sich gem § 1247 S 2 BGB am Erlös fort, bis dieser an den Gläubiger ausgekehrt wird. Wegen seiner Akzessorietät erlischt das Pfändungspfandrecht mit dem Erlöschen der Forderung (§ 1252 BGB). Diese Akzessorietät ist allerdings begrenzt (s.o. Rz 5). Ist die Geltendmachung des Tatbestandes, der zum Erlöschen der Forderung geführt haben soll, gem § 767 II, III ausgeschlossen, gilt die Forderung als fortbestehend. Darüber hinaus kann der Gläubiger gem § 1255 BGB das Pfandrecht durch Erklärung ggü dem Schuldner aufheben; die Verstrickung bleibt in diesem Fall allerdings bestehen (s.o. Rz 3). Auch ein gutgläubiger lastenfreier Erwerb durch einen Dritten führt zum Erlöschen des Pfändungspfandrechts (§ 936 BGB) und auch der Verstrickung (§§ 135 II, 136 BGB). Schließlich wird gem § 88 InsO eine Sicherung, die ein Gläubiger nach oder einen Monat vor dem Antrag auf Eröffnung des Insolvenzverfahrens an zur Insolvenzmasse gehörendem Vermögen erlangt hat, mit der Eröffnung des Insolvenzverfahrens rückwirkend unwirksam. Die Frist berechnet sich nach § 139 InsO. Für die Pfändung von Miet- und Pachtforderungen und von Dienstbezügen enthalten §§ 110 I, II und 114 III InsO weiterreichende Sonderregelungen. Der Gläubiger wird damit zum gewöhnlichen Insolvenzgläubiger.

11 **C. Verfahrensvergleich.** § 282 AO enthält eine § 804 entsprechende Regel. Gemäß § 5 VwVG, auf den auch § 169 I 1 VwGO verweist, ist § 282 AO auch für die Verwaltungsvollstreckung anwendbar. Für die Vollstreckung arbeitsgerichtlicher Titel gilt § 804 aufgrund der Verweisung in §§ 62 II 1, 85 I 3 ArbGG, für verwaltungsgerichtliche Titel aufgrund der Verweisung in § 167 I 1 VwGO.

§ 805 Klage auf vorzugsweise Befriedigung.

(1) Der Pfändung einer Sache kann ein Dritter, der sich nicht im Besitz der Sache befindet, auf Grund eines Pfand- oder Vorzugsrechts nicht widersprechen; er kann jedoch seinen Anspruch auf vorzugsweise Befriedigung aus dem Erlös im Wege der Klage geltend machen, ohne Rücksicht darauf, ob seine Forderung fällig ist oder nicht.

(2) Die Klage ist bei dem Vollstreckungsgericht und, wenn der Streitgegenstand zur Zuständigkeit der Amtsgerichte nicht gehört, bei dem Landgericht zu erheben, in dessen Bezirk das Vollstreckungsgericht seinen Sitz hat.

(3) Wird die Klage gegen den Gläubiger und den Schuldner gerichtet, so sind diese als Streitgenossen anzusehen.

(4) [1]Wird der Anspruch glaubhaft gemacht, so hat das Gericht die Hinterlegung des Erlöses anzuordnen. [2]Die Vorschriften der §§ 769, 770 sind hierbei entsprechend anzuwenden.

A. Normzweck. Die Vorschrift dient dem Schutz des Inhabers eines Verwertungsrechts an der Sache mit besserem oder gleichem Rang, das nicht ein Pfändungspfandrecht ist. Der Pfändungspfandgläubiger ist darauf verwiesen, seine Rechte im Verfahren nach §§ 827 II, 872 ff geltend zu machen (vgl oben § 804 Rz 7). Die Vorzugsklage nach § 805 ergänzt § 771; sie ist prozessuale Gestaltungsklage, mit der im Gegensatz zur Drittwiderspruchsklage nach § 771 nicht die Zwangsvollstreckung in den Gegenstand insgesamt für unzulässig erklärt wird, sondern die lediglich auf eine vorrangige Befriedigung des Rechtsinhabers gerichtet ist. Alternativ kann der Dritte sein Ablösungsrecht nach § 268 BGB geltend machen. Keine Anwendung findet § 805 bei der Pfändung von Rechten, weil dort eine Erlösverteilung nicht stattfindet (hM, vgl Musielak/*Becker* Rn 2 mwN). Dies gilt auch bei der Pfändung des Anwartschaftsrechts an einer Sache, weil dieses kein Pfandrecht an der Sache selbst begründet; hierzu ist vielmehr auch die Pfändung der Sache erforderlich (BGH NJW 54, 1325, 1327). 1

B. Aktivlegitimation. Zur Klage nach § 805 legitimieren all jene Rechte, die gem §§ 50, 51 InsO auch im Insolvenzverfahren zur vorzugsweisen Befriedigung berechtigen. Dies sind zunächst besitzlose Pfandrechte, also das Pfandrecht des Vermieters (§§ 562 ff BGB), des Verpächters (§§ 581 II, 562 ff bzw § 592 BGB) und des Gastwirts (§ 704 BGB), aber auch Grundpfandrechte, soweit sie sich auch auf Gegenstände beziehen, die der Zwangsvollstreckung in das bewegliche Vermögen unterliegen (vgl § 865 II 2). Außerdem gehören hierzu Zurückbehaltungsrechte, die zu einer Verwertung befugen (vgl § 51 Nr 2 und 3 InsO), und Sicherheiten der öffentlichen Hand nach zoll- oder steuerrechtlichen Vorschriften (vgl § 51 Nr 4 InsO, so insb gem § 76 AO). Der zur Klage nach § 771 Berechtigte (zB der Vorbehaltseigentümer) kann, anstatt die Unzulässigkeit der Zwangsvollstreckung insgesamt geltend zu machen, sich darauf beschränken, nach § 805 vorzugehen. Auch der Sicherungseigentümer kann jedenfalls nach § 805 auf vorzugsweise Befriedigung klagen (vgl auch oben § 771 Rz 17). Schließlich kann derjenige, der nach dem AnfG berechtigt ist, die Übertragung der Sache auf den Schuldner anzufechten, nach § 805 vorgehen, weil auch er die Duldung der Zwangsvollstreckung in den betreffenden Gegenstand verlangen kann. Auf ein vertragliches Pfandrecht oder das Werkunternehmerpfandrecht gem § 647 BGB kann eine Klage nach § 805 nur gestützt werden, wenn die Sache dem Pfandrechtsgläubiger vom Schuldner weggenommen oder bei ihm gepfändet worden ist. Wird sie dagegen dem Eigentümer zurückgegeben, erlischt gem § 1253 I das Pfandrecht. Die **Beweislast** für das Bestehen des Rechts trägt derjenige, der nach § 805 vorgeht, dh, dass er die Entstehung des Vorzugsrechts und der durch dieses gesicherten Forderung beweisen muss; dafür, dass die Forderung erloschen ist, ist der Beklagte beweisbelastet (BGH NJW 86, 2426; NJW 97, 128). Die Forderung muss nicht fällig sein (Abs 1 aE). Ist dies der Fall, kann der Kl zwar bereits vorrangige Befriedigung verlangen, muss sich aber Zwischenzinsen abziehen lassen (vgl §§ 1133 S 3, 1217 II 2 BGB; str wie hier St/J/*Münzberg* Rn 23; aA Zö/*Stöber* Rn 10: Klage nur auf Hinterlegung). 2

C. Prozessuales. I. Zuständigkeit (Abs 2). Örtlich zuständig für die Klage gem § 805 ist das Gericht, in dessen Bezirk die Zwangsvollstreckung stattgefunden hat, also wo der Gegenstand gepfändet worden ist (§ 764 II). Die **sachliche** Zuständigkeit bestimmt sich nach dem Streitwert (§ 23 GVG), also nach dem Wert der Sache oder der Höhe der Forderung, deren vorrangige Befriedigung der Kl geltend macht, wobei der niedrigere Wert als das Interesse des Klägers maßgeblich ist (§ 6). Die örtliche und sachliche Zuständigkeit sind jeweils ausschließlich (§ 802). 3

II. Rechtsschutzbedürfnis. Es besteht ab der Pfändung (Rechtsschein einer wirksamen Pfändung genügt) bis zur Auszahlung des Erlöses an den Gläubiger. Andere auf das Recht gestützte Klagen gegen den Gläubiger sind durch die Klage nach § 805 ausgeschlossen. Ist der Erlös ausgezahlt, kann der Inhaber des Vorzugsrechts nur noch Ansprüche aus ungerechtfertigter Bereicherung oder, wenn der Pfändungsgläubiger das Vorzugsrecht schuldhaft verletzt hat, aus unerlaubter Handlung (s.a. oben § 804 Rz 9) geltend machen. Am Rechtsschutzbedürfnis fehlt es auch, wenn Schuldner und Pfändungspfandgläubiger der vorrangigen Befriedigung des Inhabers des Vorzugsrechts zugestimmt haben. 4

III. Klagegegner. Die Klage ist gegen den zu richten, der das Vorzugsrecht bestreitet. Sind danach Schuldner und ein oder mehrere Pfändungsgläubiger gemeinsam zu verklagen, sind diese als Streitgenossen anzusehen (Abs 3; §§ 59 ff). Der Beklagte kann sich zunächst damit verteidigen, dass das Vorzugsrecht oder die gesicherte Forderung nicht besteht. Macht er den Einwand unzulässiger Rechtsausübung geltend oder aber, dass der Kl das Recht anfechtbar erlangt hat, trifft ihn die Beweislast. 5

6 **IV. Klageantrag/Vollziehung.** Der Klageantrag ist auf den Urteilsausspruch zu richten, dass der Kl aus dem Erlös der Verwertung des (genau zu bezeichnenden) Gegenstandes nach Abzug der Vollstreckungskosten bis zum Betrag seiner (ebenfalls genau zu bezeichnenden) Forderung (einschl Kosten, Zinsen, Nebenforderungen) vorrangig zu befriedigen ist. Macht der Kl das Bestehen eines gleichrangigen Rechts geltend, ist die Klage auf anteilige Befriedigung gerichtet. Bei Vorlage des Urteils zahlt der GV in entspr Anwendung des § 775 oder die Hinterlegungsstelle gem § 13 II Nr 2 HinterlO den Erlös in Höhe des ausgeurteilten Betrags an den Kl aus.

7 **V. Einstweilige Anordnung (Abs 4).** Das Verfahren richtet sich nach §§ 769, 770. In dringenden Fällen ist daher gem § 769 II 1 iVm § 20 Nr 17 RPflG der Rechtspfleger zu einer vorläufigen Entscheidung berufen. Die Entscheidung kann durch das Prozessgericht jederzeit abgeändert werden. Rechtsmittel: Sofortige Beschwerde nach § 793, die aber nur auf eine offenbare Gesetzwidrigkeit oder eine Ermessensüberschreitung gestützt werden kann.

8 **D. Verfahrensvergleich.** Für die Vollstreckung arbeitsgerichtlicher Titel verweisen §§ 62 II 1, 85 I 3 ArbGG, für verwaltungsgerichtliche Titel § 167 I 1 VwGO auf § 805. § 293 AO, auf den auch § 5 VwVG und § 169 I 1 VwGO verweisen, enthält eine § 805 I – III entsprechende Regelung.

9 **E. Kosten/Gebühren.** Die Gerichtskosten für die Klage richten sich nach den allgemeinen Bestimmungen (KV Nr 1210, 1211). Die einstweilige Anordnung nach Abs 4 ist gerichtsgebührenfrei. Die Anwaltskosten für die Klage bestimmen sich ebenfalls nach den allgemeinen Vorschriften (Nr 3100 ff VV RVG). Das Verfahren nach Abs 4 gehört zum Rechtszug iSd § 19 I 2 Nr 11 RVG; eine gesonderte Gebühr fällt nur an, wenn eine abgesonderte mündliche Verhandlung stattfindet (Nr 3328, 3332 VV RVG).

§ 806 Keine Gewährleistung bei Pfandveräußerung.

Wird ein Gegenstand auf Grund der Pfändung veräußert, so steht dem Erwerber wegen eines Mangels im Recht oder wegen eines Mangels der veräußerten Sache ein Anspruch auf Gewährleistung nicht zu.

1 **A. Normzweck.** § 806 enthält eine rein materiellrechtliche Regelung. Um die Zwangsvollstreckung von materiellrechtlichen Komplikationen, die sich aus der Mangelhaftigkeit des Pfandgegenstandes ergeben können, freizuhalten, schließt § 806 die Mängelhaftung des Gläubigers, des Schuldners wie auch des Staates (vgl Schuschke/Walker/*Walker* Rn 2) aus.

2 **B. Voraussetzungen.** Veräußerung auf Grund eines Pfandrechts ist nicht nur die Versteigerung nach § 814, sondern jede Verwertung des Pfandobjekts (also auch nach §§ 817a III 2, 821-823, 825, 844, 857 IV, V). Nicht anwendbar ist § 806 dagegen bei einem Selbsthilfeverkauf unter Zuhilfenahme des GV gem §§ 383, 385 BGB, 373 II HGB; dies gilt auch dann, wenn dieser im Wege der Versteigerung der Sache erfolgt. Die Wirksamkeit der Pfändung ist nicht erforderlich; ausreichend ist es, dass der GV die Sache weggeschafft hat. Mit dem bis zur Schuldrechtsmodernisierung geläufigen Begriff Gewährleistung sind sämtliche Mängelrechte (§§ 434, 435 BGB) gemeint. Der Erwerber kann sein Gebot wegen eines Irrtums über den Zustand des Pfandgegenstandes nicht anfechten. Private **Rechte Dritter** können nicht bestehen, wenn die Sache im Wege der öffentlichen Versteigerung veräußert worden ist, weil in diesem Fall der Ersteher mit der Ablieferung (§ 817 II) kraft der hoheitlichen Übertragung unbelastetes Eigentum am Pfandgegenstand erwirbt (vgl RGZ 156, 398; Schuschke/Walker/*Walker* § 817 Rn 7).

3 **C. Verbleibende Möglichkeiten der Haftung.** § 806 ist die im Vergleich zu § 445 BGB speziellere Vorschrift, der auf die Versteigerung iRd Zwangsvollstreckung daher keine Anwendung findet. Eine Haftung kommt bei der Veräußerung in der Zwangsvollstreckung nach §§ 823, 826 BGB oder dann in Betracht, wenn der Gläubiger oder der Schuldner einen selbständigen Garantievertrag mit dem Erwerber abgeschlossen hat. An den Abschluss eines solchen Vertrags sind hohe Anforderungen zu stellen (Schuschke/Walker/*Walker* Rn 2). Amtshaftungsansprüche (§ 839 BGB, Art 34 GG) kommen in Betracht, wenn der GV Zusicherungen den Gegenstand betreffend gemacht hat. Zu einer Untersuchung des Gegenstandes ist der GV nicht verpflichtet.

4 **D. Verfahrensvergleich.** § 283 AO und § 56 S 3 ZVG für das Zwangsversteigerungsverfahren enthalten § 806 entspr Regelungen.

§ 806a Mitteilungen und Befragung durch den Gerichtsvollzieher. **(1) Erhält der Gerichtsvollzieher anlässlich der Zwangsvollstreckung durch Befragung des Schuldners oder durch Einsicht in Dokumente Kenntnis von Geldforderungen des Schuldners gegen Dritte und konnte eine Pfändung nicht bewirkt werden oder wird eine bewirkte Pfändung voraussichtlich nicht zur vollständigen Befriedigung des Gläubigers führen, so teilt er Namen und Anschriften der Drittschuldner sowie den Grund der Forderungen und für diese bestehende Sicherheiten dem Gläubiger mit.**
(2) [1]Trifft der Gerichtsvollzieher den Schuldner in der Wohnung nicht an und konnte eine Pfändung nicht bewirkt werden oder wird eine bewirkte Pfändung voraussichtlich nicht zur vollständigen Befriedigung des Gläubigers führen, so kann der Gerichtsvollzieher die zum Hausstand des Schuldners gehörenden erwachsenen Personen nach dem Arbeitgeber des Schuldners befragen. [2]Diese sind zu einer Auskunft nicht verpflichtet und vom Gerichtsvollzieher auf die Freiwilligkeit ihrer Angaben hinzuweisen. [3]Seine Erkenntnisse teilt der Gerichtsvollzieher dem Gläubiger mit.

A. Normzweck. Mit § 806a soll eine gesicherte Rechtsgrundlage dafür geschaffen werden, dass der GV den Gläubiger über seine anlässlich der Zwangsvollstreckung gewonnenen Erkenntnisse über Geldforderungen des Schuldners unterrichtet. § 806a schafft die für die Unterrichtung notwendige Erlaubnis, begrenzt diese und verpflichtet zugleich den GV zur Unterrichtung des Gläubigers. Ziel der Regelung ist es zudem, Verfahren auf Abgabe der eidesstattlichen Versicherung gem § 807 zu erübrigen (BTDrs 11/3621, 51). Die Befugnis des Gläubigers, den GV gem § 845 mit einer Vorpfändung zu beauftragen, wird von § 806a nicht berührt. Durch § 802a ff. werden die Befugnisse des Gerichtsvollziehers mit Wirkung ab dem 1.1.2013 umfassend neu geregelt. 1

B. Voraussetzungen. I. Maßnahme der Zwangsvollstreckung. Die allgemeinen Voraussetzungen der Zwangsvollstreckung müssen erfüllt sein. Nicht erforderlich ist ein besonderer **Antrag** oder Auftrag des Gläubigers an den GV. Das Interesse des Gläubigers an der Mitteilung gem § 806a ergibt sich bereits daraus, dass die Zwangsvollstreckung in körperliche Sachen des Schuldners nicht zur vollständigen Befriedigung führt (BTDrs 11/3621 51). Dies ist zugleich Voraussetzung für die Mitteilungspflicht und -befugnis des GV. Entscheidend ist die Einschätzung, dass der Verwertungserlös aus den gepfändeten Gegenständen zur Befriedigung nicht ausreicht. § 806a ist zudem nur anwendbar, wenn der GV mit einer Zwangsvollstreckungsmaßnahme, die auf eine **Pfändung** gerichtet ist, beauftragt war, also mit Vollstreckungsmaßnahmen gem §§ 753, 803, 808, einer Sicherungsvollstreckung gem § 720a oder einer Arrestvollziehung gem § 930 I. Verweigert der Schuldner die Durchsuchung nach § 758a, ist eine Unterrichtung nach § 806a nicht zulässig. Vollstreckungshandlungen nach §§ 883, 892 oder die Verhaftung des Schuldners nach § 909 genügen ebenfalls nicht. § 806a eröffnet nicht die Möglichkeit, den GV mit Ermittlungen zu Forderungen des Schuldners zu beauftragen. § 806a berechtigt daher nicht zu einer Befragung des Schuldners oder zu einer Mitteilung amtsbekannter Erkenntnisse, wenn ein Vollstreckungsversuch beim Schuldner wegen bekannter Unpfändbarkeit (vgl § 63 GVGA) nicht zu unternehmen ist. 2

II. Kenntnisnahme durch Befragung des Schuldners oder Einsichtnahme (Abs 1). Ist erkennbar, dass die Pfändung nicht zur vollständigen Befriedigung des Gläubigers führt, ist der GV verpflichtet, den Schuldner gezielt nach eigenen Geldforderungen zu **befragen**. Der Schuldner ist nicht verpflichtet, dem GV Auskunft zu erteilen. Eine solche Pflicht besteht erst im Verfahren nach § 807. Eine Belehrung des Schuldners über sein Schweigerecht durch den GV ist nicht erforderlich. Nach **Dokumenten**, aus denen sich mglw Forderungen des Schuldners gegen Dritte ergeben, darf der GV nicht gezielt suchen. § 806b erlaubt dem GV auch keine gezielte Durchsicht von (umfangreichen) Unterlagen; eine Ermittlungspflicht trifft den GV nicht. Der Schuldner ist zur Mitwirkung auch insoweit nicht verpflichtet. Es kann sich daher nur um solche Dokumente (auch elektronische) handeln, die der Schuldner dem GV vorgelegt hat oder die der GV anlässlich der Durchsuchung der Wohnung und von Behältnissen (§ 758 I) vorfindet und die Informationen über das Bestehen von Forderungen beinhalten. Eine Wegnahme dieser Dokumente gestattet § 806a dem GV nicht (auch nicht zur Herstellung von Ablichtungen). Dass der Schuldner anwesend ist, ist für die Einsichtnahme in die Dokumente nicht erforderlich; ausreichend ist, dass der GV einen Vollstreckungsversuch unternimmt. **Sonstige Erkenntnisse** darf der GV mitteilen, wenn sie amtsbekannt oder offenkundig sind. Dazu gehören nicht solche Erkenntnisse, die der GV anlässlich einer Vollstreckungsmaßnahme für einen anderen Gläubiger gewonnen hat (str, s. Zö/*Stöber* Rn 7 mwN). 3

4 **Kenntnis** des GV erfordert keine völlige Gewissheit. Erforderlich ist aber, dass es auf der Grundlage der Informationen des GV wahrscheinlich erscheint, dass der Gläubiger (mglw im Zusammenwirken mit weiteren Erkenntnissen) erfolgreich eine Forderung des Schuldners gegen einen Dritten gem § 829 pfänden kann. Dazu können auch Forderungen gegen den Träger von Lohnersatzleistungen zählen. Bloße Mutmaßungen dürfen nicht mitgeteilt werden.

5 **III. Kenntnisnahme durch Befragung Dritter.** Zunächst müssen die in Rz 2 dargestellten Voraussetzungen erfüllt sein. Zudem darf der GV den Schuldner bei seinem Vollstreckungsversuch in der Wohnung nicht angetroffen haben. Befragt werden dürfen nur zum Hausstand gehörende erwachsene Personen (vgl hierzu § 178 Rz 5); Nachfragen bei Nachbarn sind nicht zulässig. Der GV darf sich zudem nur nach dem Arbeitgeber des Schuldners erkundigen. Schließlich muss der GV die zu befragende Person vorab darauf hinweisen, dass sie zu einer Auskunft nicht verpflichtet ist. Der GV ist zu einer Befragung nicht verpflichtet; diese liegt vielmehr in seinem pflichtgemäßen Ermessen. Die Befragung und ihr Ergebnis sind in dem Protokoll über die Vollstreckungshandlung gem § 762 zu vermerken.

6 **IV. Verstoß.** Ein Verstoß gegen die Voraussetzungen gem Rz 2–5 führt dazu, dass die auf diese Weise gewonnenen Erkenntnisse nicht verwertet werden dürfen. Zudem kommen Amtshaftungsansprüche in Betracht.

7 **C. Verfahrensvergleich.** Für die Vollstreckung arbeitsgerichtlicher Titel verweisen §§ 62 II 1, 85 I 3 ArbGG, für verwaltungsgerichtliche Titel § 167 I 1 VwGO auf § 806a. Die AO enthält keine vergleichbare Regelung.

8 **D. Kosten/Gebühren.** Gesonderte Kosten fallen für eine Mitteilung nach § 806a nicht an.

§ 806b Gütliche und zügige Erledigung.

[1]Der Gerichtsvollzieher soll in jeder Lage des Zwangsvollstreckungsverfahrens auf eine gütliche und zügige Erledigung hinwirken. [2]Findet er pfändbare Gegenstände nicht vor, versichert der Schuldner aber glaubhaft, die Schuld kurzfristig in Teilbeträgen zu tilgen, so zieht der Gerichtsvollzieher die Teilbeträge ein, wenn der Gläubiger hiermit einverstanden ist. [3]Die Tilgung soll in der Regel innerhalb von sechs Monaten erfolgt sein.

1 **A. Normzweck.** Die Vorschrift weist zunächst auf Selbstverständliches hin: der GV soll im Interesse des Gläubigers das Verfahren möglichst zügig bearbeiten (vgl auch § 64 GVGA). Zudem soll (und darf) der GV versuchen, eine Einigung zwischen den Parteien herbeizuführen. Dazu gehört es auch, dass der GV den Schuldner zu Beginn der Zwangsvollstreckung (nicht vorab) zur freiwilligen Zahlung auffordert (§ 105 Nr 2 GVGA). Durch § 802a ff. werden die Befugnisse des Gerichtsvollziehers mit Wirkung ab dem 1.1.2013 umfassend neu geregelt. Insbesondere sieht § 802b nF eine Regelung über Zahlungsvereinbarungen des Gerichtsvollziehers mit dem Schuldner und einen damit verbundenen Vollstreckungsaufschub vor.

2 **B. Voraussetzungen.** Findet der GV pfändbare Gegenstände vor, muss er diese pfänden, es sei denn, dass der Gläubiger einen abweichenden Auftrag erteilt hat. Bietet der Schuldner in diesem Fall anlässlich der Pfändung Zahlungen an, kommt ausschließlich ein Vorgehen nach § 813a in Betracht; dies gilt auch dann, wenn die gepfändeten Gegenstände eine vollständige Befriedigung des Gläubigers nicht erwarten lassen (Musielak/*Becker* Rn 2; Zö/*Stöber* Rn 7; aA Schuschke/Walker/*Walker* Rn 5; ThoPu/*Seiler* Rn 3). Findet der GV pfändbares Vermögen dagegen nicht vor, versichert der Schuldner aber, die Schuld in Teilbeträgen tilgen zu können, darf und muss der GV diese einziehen, wenn der Gläubiger hiermit einverstanden ist. An die **Versicherung** sind nicht die Anforderungen einer Glaubhaftmachung (§ 294) zu stellen; eine glaubhafte Darlegung genügt. Dazu muss der Schuldner im Einzelnen angeben, wann (idR innerhalb von 6 Monaten, vgl S 3), wie und mit welchen Mitteln er seine Schuld begleichen möchte. Der GV nimmt die Erklärung des Schuldners in das Protokoll auf (§ 762 II Nr 2). Durch die Erklärung des Schuldners und das **Einverständnis** des Gläubigers kommt keine Vollstreckungsvereinbarung zustande; vielmehr handelt es sich um bloße Verfahrenserklärungen (BGH NJW 2006, 3640). Der Gläubiger kann daher sein Einverständnis jederzeit widerrufen (Musielak/*Becker* Rn 2; Schuschke/Walker/*Walker* Rn 8; Zö/*Stöber* Rn 6; aA ThoPu/*Seiler* Rn 5; *Harnacke* DGVZ 99, 81, 83) oder auf höheren Raten bestehen. Eine (den Verzug beendende) Stundung ist mit dem Einverständnis nicht verbunden. Der Gläubiger ist auch nicht gehindert, andere Zwangsvollstreckungsmaßnahmen vorzunehmen (zB Forderungspfändungen; Ausnahme: § 807). Zahlungen gem § 806b können ggf nach § 133 I InsO angefochten werden, weil sie auch dann, wenn sie zur Vermeidung der

Abgabe der eidesstattlichen Versicherung geleistet werden, willensgelenkte Rechtshandlungen des Schuldners sind (BGH NJW 10, 1671 Rn 14 ff). Ob er mit einem Verfahren nach § 806b einverstanden ist, erklärt der Gläubiger sinnvollerweise bereits im Pfändungsauftrag an den GV. Hat der Gläubiger keine Erklärung abgegeben, kann das Einverständnis unterstellt werden, wenn der Gläubiger nicht zugleich einen Auftrag zur Abnahme der eidesstattlichen Versicherung erteilt hat (§§ 807, 900 – vgl § 114a Nr 5 GVGA). Fehlt es an einem ausdrücklichen Einverständnis, unterrichtet der GV unverzüglich den Gläubiger über die Versicherung des Schuldners; der Gläubiger entscheidet dann, ob er sein Einverständnis nachträglich erteilt oder einen Auftrag zur Abnahme der eidesstattlichen Versicherung erteilt.

Der GV **zieht** den **Teilbetrag ein** und kehrt ihn an den Gläubiger aus (soweit er nicht lediglich mit einer 3
Sicherungsvollstreckung oder einer Arrestvollziehung beauftragt ist; aA ThoPu/*Seiler* Rn 2: § 806b ist insoweit gar nicht anwendbar). Der GV quittiert dem Schuldner die Zahlung und vermerkt sie auf dem Titel. Ein Pfändungspfandrecht oder eine Verstrickung entstehen an dem gezahlten Geld nicht; die Gefahrtragungsregel des § 815 III gilt aber entsprechend. Hat der Gläubiger das vom GV vermutete Einverständnis verweigert, leitet der GV gleichwohl eingezogene Teilbeträge an den Gläubiger weiter (§ 114a Nr 5 GVGA). Ist die nächste Rate fällig, zieht der GV diese (ohne neuen Auftrag) ein. Solange der Schuldner die Teilbeträge bezahlt, ruht der Pfändungsauftrag (vgl § 114a Nr 6 GVGA); für eine eidesstattliche Versicherung ist insoweit kein Raum. Gerät der Schuldner in Zahlungsrückstand, unternimmt der GV einen erneuten Pfändungsversuch.

Vollstreckt der GV für **mehrere Gläubiger**, ist das Einverständnis eines Gläubigers mit Teilzahlungen wegen 4
des drohenden Rangverlustes dahin auszulegen, dass es nur dann gilt, wenn alle Gläubiger von einer Pfändung absehen (s. aber auch *Helwich* DGVZ 00, 105). Ansonsten wirken die Erklärungen nur zwischen dem Schuldner und dem jeweiligen Gläubiger. Leistet der Schuldner Teilzahlungen, muss er daher bestimmen, wem diese zugute kommen sollen. Eine Aufteilung durch den GV findet nicht statt. Ein Zahlungsrückstand wirkt ebenfalls nur im Verhältnis zu dem Gläubiger, den dieser betrifft.

C. Kosten/Gebühren. Die kostenrechtliche Behandlung des § 806b ist str. Zum Teil wird ein Vorgehen 5
nach § 806b als nicht erledigte Amtshandlung angesehen (KV Nr 604), bessere Gründe sprechen aber dafür, auch die fruchtlose Pfändung als Pfändung iSv KV Nr 205 zu behandeln (vgl iE Schuschke/Walker/*Walker* Rn 11). Wird der Gläubiger durch einen RA vertreten, löst das Einverständnis nach § 806b eine Einigungsgebühr nicht aus (BGH NJW 06, 3640).

§ 807 Eidesstattliche Versicherung.

(1) Der Schuldner ist nach Erteilung des Auftrags nach § 900 Abs. 1 verpflichtet, ein Verzeichnis seines Vermögens vorzulegen und für seine Forderungen den Grund und die Beweismittel zu bezeichnen, wenn

1. **die Pfändung zu einer vollständigen Befriedigung des Gläubigers nicht geführt hat,**
2. **der Gläubiger glaubhaft macht, dass er durch die Pfändung seine Befriedigung nicht vollständig erlangen könne,**
3. **der Schuldner die Durchsuchung (§ 758) verweigert hat oder**
4. **der Gerichtsvollzieher den Schuldner wiederholt in seiner Wohnung nicht angetroffen hat, nachdem er einmal die Vollstreckung mindestens zwei Wochen vorher angekündigt hatte; dies gilt nicht, wenn der Schuldner seine Abwesenheit genügend entschuldigt und den Grund glaubhaft macht.**

(2) [1]Aus dem Vermögensverzeichnis müssen auch ersichtlich sein

1. **die in den letzten zwei Jahren vor dem ersten zur Abgabe der eidesstattlichen Versicherung anberaumten Termin vorgenommenen entgeltlichen Veräußerungen des Schuldners an eine nahe stehende Person (§ 138 der Insolvenzordnung);**
2. **die in den letzten vier Jahren vor dem ersten zur Abgabe der eidesstattlichen Versicherung anberaumten Termin von dem Schuldner vorgenommenen unentgeltlichen Leistungen, sofern sie sich nicht auf gebräuchliche Gelegenheitsgeschenke geringen Werts richteten.**

[2]Sachen, die nach § 811 Abs. 1 Nr. 1, 2 der Pfändung offensichtlich nicht unterworfen sind, brauchen in dem Vermögensverzeichnis nicht angegeben zu werden, es sei denn, dass eine Austauschpfändung in Betracht kommt.

(3) [1]Der Schuldner hat zu Protokoll an Eides statt zu versichern, dass er die von ihm verlangten Angaben nach bestem Wissen und Gewissen richtig und vollständig gemacht habe. [2]Die Vorschriften der §§ 478 bis 480, 483 gelten entsprechend.

Inhaltsübersicht

	Rz
A. Normzweck	1
B. Voraussetzungen	3
I. Allgemeines	3
II. Rechtsschutzbedürfnis	4
III. Erfolgslose Pfändung (Abs 1 Nr 1)	5
IV. Aussichtslosigkeit der Pfändung (Abs 1 Nr 2)	8
V. Verweigerung der Durchsuchung (Abs 1 Nr 3)	9
VI. Wiederholtes Nichtantreffen (Abs 1 Nr 4)	10
C. Vermögensverzeichnis	13
I. Erklärungspflicht	13
1. Natürliche Personen	14
2. Juristische Personen, Gesellschaften	15
3. Partei kraft Amtes	17
II. Inhalt	18
1. Körperliche Sachen	19
2. Forderungen	20
3. Sonstiges Vermögen	27
4. Früheres Vermögen	28
III. Versicherung	29
IV. Nachbesserung	30
D. Verfahrensvergleich	31

1 **A. Normzweck.** Die eidesstattliche Versicherung des Schuldners über sein Vermögen ist ein Hilfsmittel iRd Zwangsvollstreckung wegen Geldforderungen und ist daher selbst eine Vollstreckungsmaßnahme. Die eidesstattliche Versicherung soll dem Gläubiger ein effektives Mittel zur Durchsetzung seiner Rechte an die Hand geben, das verfassungsrechtlich aufgrund des Zwangsmonopols des Staates und des damit einhergehenden Verbots der Selbsthilfe gerechtfertigt ist (BVerfGE 61, 126). § 807 begründet die Pflicht zu ihrer Abgabe, das Verfahren ist in §§ 899–914 geregelt. Die Eintragung in das Schuldnerverzeichnis und die Auskunft hieraus an Dritte erfolgt gem §§ 915–915h.

2 § 807 findet nur bei der Zwangsvollstreckung wegen Geldforderungen Anwendung (vgl oben vor § 803 ff Rz 1). Maßgeblich ist der Titel. Ausreichend sind auch ein Arrest oder eine einstweilige Verfügung, wenn sie auf eine Geldforderung lauten. § 807 ist auch bei einer Sicherungsvollstreckung gem § 720a anwendbar (ohne Sicherheitsleistung: BGH NJW-RR 2007, 416). Für das Insolvenzverfahren enthält § 153 InsO, für das Steuerverfahren § 284 AO eine Sonderregelung. Für die Herausgabevollstreckung gilt § 883 II. Im Rahmen der Forderungspfändung kann sich eine Offenbarungspflicht mit eidesstattlicher Versicherung aus § 836 III 2 ergeben (ähnl § 315 II 2 AO). Die im BGB geregelten Fälle einer Pflicht zur Abgabe einer eidesstattlichen Versicherung (§§ 259 II, 260 II, 2006, 2028 II, 2057 S 2 BGB) gehören nicht hierher, sondern werden als unvertretbare Handlungen nach §§ 889, 888 vollstreckt.

3 **B. Voraussetzungen. I. Allgemeines.** Das Verfahren der Abnahme der eidesstattlichen Versicherung erfordert einen Auftrag des Gläubigers (§ 900 I 1). Auch für den Rechtsschutz des Schuldners ist § 900 zu beachten; der Widerspruch gem § 900 IV 1 ist für ihn der ggü § 766 speziellere und damit vorrangige Rechtsbehelf (vgl BGH MDR 2011, 1445). Es müssen die allgemeinen Voraussetzungen der Zwangsvollstreckung erfüllt sein. Vollstreckungshindernisse dürfen nicht vorliegen. Die einstweilige Einstellung der Zwangsvollstreckung gem § 21 II Nr 3 InsO hindert die Abnahme der eidesstattlichen Versicherung nicht, weil mit dieser eine nachteilige Veränderung in der Vermögenslage des Schuldners (vgl § 21 I InsO) nicht verbunden ist (str, vgl iE Schuschke/Walker/*Walker* Rn 4). Hat der Schuldner in den vergangenen drei Jahren bereits eine eidesstattliche Versicherung abgegeben, gilt § 903 S 1. Schuldner und Gläubiger können durch Vereinbarung die Offenbarungspflicht des Schuldners ganz, auf Zeit oder auch nur für bestimmte Vermögenswerte ausschließen.

4 **II. Rechtsschutzbedürfnis.** Dieses fehlt, wenn der Gläubiger auf andere Weise Kenntnis von mglw vorhandenem Vermögen des Schuldners erlangt hat, zB durch eine Mitteilung nach § 806a, und daher auf einfacherem Weg Befriedigung erlangen kann (vgl auch LG Darmstadt DGVZ 05, 27). Sind pfändbare Forderungen des Schuldners bekannt, muss der Gläubiger darlegen, dass die Einziehung dieser Forderungen aussichtslos (zB durch Vorlage einer entsprechenden Drittschuldnererklärung gem § 840) oder nicht zum Ausgleich seiner Forderung ausreichend ist. Das Rechtsschutzbedürfnis kann im Einzelfall fehlen, wenn Vermögen des Schuldners im Ausland bekannt ist, auf das ohne weiteres zugegriffen werden kann. Kein Rechtsschutzbedürfnis hat der Gläubiger auch dann, wenn er sichere Kenntnis davon hat, dass der Schuldner kein Vermögen hat (ThoPu/*Seiler* Rn 6a). Erforderlich ist aber insofern, dass der Gläubiger sichere Kenntnis davon hat, dass der Schuldner keine anfechtbaren Vermögensverfügungen vorgenommen hat (vgl Abs 2 S 1). Dies wird praktisch kaum vorkommen. Außergerichtliche Erklärungen des Schuldners, dass er

über kein Vermögen verfüge, führen nicht zum Wegfall des Rechtsschutzbedürfnisses (LG Köln NJW-RR 87, 1407); ebensowenig lässt eine Offenbarung in einem anderen Verfahren, zB nach § 95 AO, das Rechtsschutzbedürfnis entfallen (BGH Rpfleger 04, 577 = DGVZ 04, 153). Das Rechtsschutzbedürfnis fehlt jedoch, wenn feststeht, dass der Schuldner leistungsunfähig ist (BVerfG NJW 03, 559). Verlangt der Gläubiger die Abgabe einer eidesstattlichen Versicherung, obwohl er weiß, dass er gegen den Schuldner zur Vollstreckung nicht mehr berechtigt ist, kann dies wegen der Verletzung der durch den Vollstreckungseingriff begründeten Sonderbeziehung eine Schadensersatzpflicht des Gläubigers begründen (vgl BGH NJW 1985, 3080, 3081 mwN).

III. Erfolgslose Pfändung (Abs 1 Nr 1). Der Gläubiger muss bei Antragstellung nachweisen (Glaubhaftmachung genügt nicht), dass eine Pfändung nicht zur seiner vollständigen Befriedigung geführt hat (Nr 1). Dies kann durch das Vollstreckungsprotokoll des GV über eine erfolglose Vollstreckung (§ 110 Nr 2 S 2 GVGA) geschehen. Eine Pfändung ist aber auch dann erfolglos geblieben, wenn der GV die voraussichtliche Fruchtlosigkeit eines Pfändungsversuchs bescheinigt und daher eine Pfändung nicht versucht (§ 63 Nr 1 GVGA). Der Nachweis muss so aktuell sein, dass nach den Umständen des Einzelfalls von einer fortbestehenden voraussichtlichen Erfolglosigkeit eines Pfändungsversuchs ausgegangen werden kann. Dabei können neben der Höhe der Schulden auch das Alter des Nachweises, die Vermögens- und Erwerbslage sowie die Wohnverhältnisse von Bedeutung sein. In der Regel sollen seit dem bescheinigten Datum des erfolglosen Pfändungsversuchs nicht mehr als 6 Monate vergangen sein (vgl § 185a Nr 2a GVGA). Nicht mehr ausreichend ist jedenfalls eine 16 Monate alte Bescheinigung (LG Hamburg DGVZ 02, 124). Dabei kann ein Verhalten des Schuldners, das zu einer Verzögerung des Zwangsvollstreckungsverfahrens geführt hat, berücksichtigt werden (vgl Schuschke/Walker/*Walker* Rn 10). Über den Nachweis entscheidet der GV nach pflichtgemäßem Ermessen (vgl § 185a Nr 2 a GVGA); gegen seine Entscheidung ist die Erinnerung (§ 766) gegeben. Ist der Nachweis der Erfolglosigkeit der Pfändung geführt, ist ein Nachweis des Fortbestehens fehlender Erfolgsaussichten auch dann nicht erforderlich, wenn sich das weitere Verfahren verzögert (vgl LG Frankfurt DGVZ 03, 41; Schuschke/Walker/*Walker* Rn 10; aA Wieczorek/Schütze/*Storz* Rn 44). 5

Kommt eine Pfändung an **mehreren Orten** (mehrere Wohnsitze, Wohn- und Geschäftssitz) in Betracht, ist entscheidend, ob dem Gläubiger der andere Ort bekannt ist oder von ihm in zumutbarer Weise ermittelt werden kann und ob aus der Erfolglosigkeit eines Pfändungsversuchs an einem Ort auf die Unpfändbarkeit des Schuldners insgesamt geschlossen werden kann. Dabei soll gelten, dass die Unpfändbarkeit am Hauptwohnsitz auf die Unpfändbarkeit auch am Nebenwohnsitz schließen lässt (Frankf Rpfleger 77, 145; MüKoZPO/*Eickmann* Rn 12; aA Zö/*Stöber* Rn 14). Etwas anderes gilt, wenn der Schuldner über mehrere Geschäftslokale (Köln InVo 00, 172) oder über eine Wohnung und ein Geschäftslokal verfügt (Köln Rpfleger 75, 441; Musielak/*Becker* Rn 3); dann ist an allen diesen Orten ein Pfändungsversuch erforderlich, weil aus der Situation an dem einen Ort nicht auf die Lage an dem anderen geschlossen werden kann. Entscheidend sind aber die Umstände des Einzelfalls. So wird man zwar generell annehmen können, dass ein Schuldner, der sich unter seiner Meldeanschrift nicht aufhält, unpfändbar ist (vgl LG Oldenburg JurBüro 92, 570; Musielak/*Becker* Rn 3). Ist aber der tatsächliche Aufenthalt bekannt oder mit zumutbarem Aufwand zu ermitteln und liegen Anhaltspunkte dafür vor, dass sich dort Vermögen befindet, das in zumutbarer Weise gepfändet werden kann, wird eine Pfändung auch dort zu verlangen sein. 6

Eine Pfändung ist auch dann erfolglos, wenn wegen Rechten Dritter die gepfändeten Gegenstände nicht verwertet werden können oder die Verwertung voraussichtlich nicht zur vollständigen Befriedigung des Gläubigers führen wird. Grds ist es hierfür ausreichend, dass ein Dritter ein Recht iSd § 771 oder des § 805 geltend gemacht und der Gläubiger die Sache daraufhin freigegeben hat. Der Gläubiger ist auch nicht verpflichtet, seine eigenen, an den Schuldner unter einem Eigentumsvorbehalt verkauften Sachen zu pfänden, um die Abgabe einer eidesstattlichen Versicherung verlangen zu können, weil er ansonsten gezwungen wäre, spätestens durch die Verwertung der Sache die Rücktrittsfiktion des § 503 II 4 BGB auszulösen (vgl iE PWW/*Kessal-Wulf* § 503 Rn 5). Die Möglichkeit der Zwangsvollstreckung in unbewegliches Vermögen bleibt außer Betracht. Zur Möglichkeit, Forderungen des Schuldners zu pfänden, s.o. Rz 4. 7

IV. Aussichtslosigkeit der Pfändung (Abs 1 Nr 2). Hier genügt eine Glaubhaftmachung. Dass der Gläubiger eine Pfändung beim Schuldner versucht hat, ist nicht erforderlich. Zur Glaubhaftmachung kann daher eine aktuelle Fruchtlosigkeitsbescheinigung gem § 63 GVGA, die der GV einem anderen Gläubiger erteilt hat, ausreichend sein (Köln Rpfleger 90, 216). Ein nicht erledigter Haftbefehl (§ 901) in einer anderen Sache genügt jedenfalls dann nicht, wenn er auf Abs 2 S 1 Nr 3 oder 4 beruht (LG München I JurBüro 07, 8

326; LG Kassel Rpfleger 04, 55; vgl auch Schuschke/Walker/*Walker* Rn 13). Keine Erfolgsaussichten hat die Pfändung auch, wenn der Schuldner über keinen Wohnsitz verfügt (Stuttg Rpfleger 81, 152), Sozialhilfe bezieht (LG Kassel JurBüro 93, 86) oder keine Geschäftsräume mehr unterhält (LG Chemnitz JurBüro 98, 660). Zur Glaubhaftmachung kann der Gläubiger die Beiziehung von Urkunden aus anderen Verfahren beantragen. **Immobiliarvermögen** bleibt bei der Prüfung der voraussichtlichen Erfolglosigkeit außer Betracht. Zur Möglichkeit der Forderungspfändung s.o. Rz 4. Gegen die Annahme der Aussichtslosigkeit der Pfändung kann sich der Schuldner vor Verfahrenseröffnung mit der **Erinnerung** (§ 766) und danach mit dem **Widerspruch** gem § 900 IV zur Wehr setzen.

9 **V. Verweigerung der Durchsuchung (Abs 1 Nr 3).** Verweigert der Schuldner, sein ges Vertreter (LG Aachen DGVZ 01, 61) oder Bevollmächtigter (Schuschke/Walker/*Walker* Rn 15 mwN; aA *Harnacke* DGVZ 01, 58) gem § 758 die Durchsuchung der Wohnung oder auch nur von Behältnissen, begründet dies die Offenbarungspflicht. Nicht erforderlich ist es, dass der Gläubiger eine richterliche Durchsuchungsanordnung gem § 758a erwirkt hat. Nicht ausreichend ist eine Verweigerung der Durchsuchung durch einen Mitbewohner (hM, vgl Zö/*Stöber* Rn 18a; aA für den Ehegatten LG Köln DGVZ 01, 44). Darüber, dass er aufgrund der Durchsuchungsverweigerung zur Abgabe der eidesstattlichen Versicherung verpflichtet ist, soll der GV den Schuldner belehren (§ 107 Nr 2 S 2 GVGA). Auf diese Weise wird auf den Schuldner ein gewisser Druck ausgeübt, die Durchsuchung auch ohne eine richterliche Anordnung zu gestatten (krit hierzu Musielak/*Becker* Rn 1). Gibt es **mehrere Orte**, an denen gepfändet werden kann (vgl oben Rz 6), muss der Schuldner die Durchsuchung an allen diesen Orten verweigert haben oder dort muss einer der Fälle der Nr 1, 2 oder 4 vorliegen. Der Gläubiger muss die Durchsuchungsverweigerung nachweisen; dies geschieht idR durch das Protokoll des GV (§ 762).

10 **VI. Wiederholtes Nichtantreffen (Abs 1 Nr 4).** Für ein wiederholtes Nichtantreffen genügen zwei erfolglose Versuche. Kommen mehrere Orte für die Pfändung in Betracht (vgl oben Rz 6), müssen an jedem dieser Orte zwei Versuche unternommen worden sein (aA LG Berlin JurBüro 00, 375; wie hier Schuschke/Walker/*Walker* Rn 18), weil ansonsten (soweit dort nicht einer der Fälle der Nr 1 bis 3 vorliegt) nicht davon ausgegangen werden kann, dass kein pfändbares Vermögen des Schuldners vorhanden ist. Dies gilt auch dann, wenn der Schuldner über mehrere Wohnungen verfügt und für eine dieser Wohnungen die Durchsuchung verweigert hat oder dort wiederholt nicht angetroffen worden ist (aA Zö/*Stöber* Rn 18a). Hat der Schuldner seine Wohnung oder Geschäftsräume gewechselt, genügt jeweils ein Versuch am alten und neuen Ort.

11 Die **Ankündigung** der Vollstreckung (zu ihrem Inhalt vgl § 185a Nr 2 d GVGA) muss nur einmal, nicht notwendigerweise beim letzten Mal, erfolgt sein (Schuschke/Walker/*Walker* Rn 17). Der GV ist nur dann (dem Gläuiger ggü) verpflichtet, die Zwangsvollstreckung zwei Wochen zuvor anzukündigen, wenn der Gläubiger zugleich mit dem Pfändungsauftrag auch einen Offenbarungsauftrag gem § 900 I erteilt hat, was auch kostenmäßige Konsequenzen hat (vgl Musielak/*Becker* Rn 6 mwN; str). Für die Einhaltung der Zwei-Wochen-Frist (Berechnung nach § 222) ist der Zugang beim Schuldner maßgeblich, wobei der Tag des Zugangs nicht mitgerechnet wird (§ 187 I BGB). Dabei muss der Zeitraum für die Vollstreckung nur ungefähr angegeben werden (5 ½ Stunden AG Göttingen DGVZ 06, 182; 2 Stunden AG Ulm DGVZ 04, 15; für max 2 Stunden Zö/*Stöber* Rn 18a). Insofern ist zu berücksichtigen, dass der Schuldner sich ggf entschuldigen kann (s.u. Rz 12). Die Ankündigung kann mündlich (auch telefonisch) oder auch per Brief durch Niederlegung unter der Anschrift des Schuldners (vgl § 181 Rz 3) erfolgen. Eine förmliche Zustellung ist nicht erforderlich. Den Nachweis der Ankündigung kann der Gläubiger durch eine beglaubigte Abschrift des Ankündigungsschreibens, den Nachweis des Nichtantreffens durch das Protokoll des GV führen.

12 Die Offenbarungspflicht besteht nicht, wenn der Schuldner seine Abwesenheit bei dem angekündigten Vollstreckungsversuch **genügend entschuldigt** hat. Eine genügende Entschuldigung liegt zB bei einem Krankenhausaufenthalt, beruflicher Unabkömmlichkeit (enger Zö/*Stöber* Rn 18a) oder einem unabwendbaren Zufall vor. Der Schuldner ist nicht entschuldigt, wenn es ihm zumutbar gewesen wäre, eine Ersatzperson mit der Wahrnehmung des Termins zu beauftragen (etwa den Ehepartner; vgl Zö/*Stöber* Rn 18a). Ggf muss der Schuldner Ausweichtermine anbieten. Grds muss die Entschuldigung dem GV vorab mitgeteilt werden; eine nachträgliche Entschuldigung ist nur dann beachtlich, wenn diese auf vertretbaren Gründen beruht. Der Schuldner muss den Entschuldigungsgrund ggü dem GV gem § 294 glaubhaft machen, ggf auch nach dem Vollstreckungsversuch. Er kann die Entschuldigung auch noch mit dem Widerspruch gem § 900 IV einwenden. War der Schuldner entschuldigt, muss ein neuer Vollstreckungsversuch unternommen werden.

C. Vermögensverzeichnis. I. Erklärungspflicht. Zur Abgabe der eidesstattlichen Versicherung ist der Schuldner höchstpersönlich verpflichtet, gegen den die Zwangsvollstreckung betrieben wird. Unkenntnis der eigenen Vermögenssituation entlastet nicht; ggf muss sich der Schuldner kundig machen. Von Gesamtschuldnern ist jeder Schuldner, für den die Voraussetzungen vorliegen, offenbarungspflichtig. In Gütergemeinschaft lebende Ehegatten sind im Fall des § 740 II beide offenbarungspflichtig; ansonsten nur der verurteilte Ehegatten. Eine Zugewinngemeinschaft verpflichtet den Ehegatten des Schuldners nicht zur Abgabe der eidesstattlichen Versicherung. Ist über das Vermögen des Schuldners ein Insolvenzverfahren anhängig, kann ein nicht gem § 89 InsO an der Zwangsvollstreckung gehinderter Gläubiger die Erklärung des Schuldners über dessen nicht zur Insolvenzmasse gehörendes Vermögen verlangen. Auch ein Zwangsverwaltungsverfahren hindert die Erklärungspflicht des Schuldners über sein Vermögen, soweit es nicht der Verwaltung unterliegt (vgl § 148 ZVG), nicht. 13

1. Natürliche Personen. Die Erklärung über das Vermögen ist Prozesshandlung. Sie setzt daher Prozessfähigkeit voraus. Ist der Schuldner nicht prozessfähig, muss für ihn sein gesetzlicher Vertreter die Erklärung abgeben. Der gesetzliche Vertreter gibt die Erklärung im Namen des Schuldners ab. Maßgeblich ist der Zeitpunkt des Offenbarungstermins (vgl Zö/*Stöber* Rn 6 mwN). Ein nach § 112 BGB zum selbständigen Betrieb eines Erwerbsgeschäfts ermächtigter Minderjähriger ist nur hinsichtlich des Betriebsvermögens persönlich offenbarungspflichtig. Ein arbeitsmündiger Minderjähriger (§ 113 BGB) ist nur dann persönlich zur Abgabe der eidesstattlichen Versicherung verpflichtet, wenn die Vollstreckungsforderung aus dem Dienst- oder Arbeitsverhältnis herrührt; seine Offenbarungspflicht erstreckt sich ebenfalls allein auf den zur erlaubten Tätigkeit gehörenden Sonderbereich seines Vermögens (dh idR Angabe des Arbeitgebers, KG NJW 68, 2245). Für einen unbekannten Erben handelt der Nachlasspfleger, für einen unter Vermögenssorge stehenden Betreuten gibt der Betreuer die Erklärung ab, wenn ein Einwilligungsvorbehalt (§ 1903) angeordnet ist; ist ein solcher nicht angeordnet, hat das Vollstreckungsgericht nach pflichtgemäßem Ermessen zu bestimmen, ob der Vertreter oder der Schuldner die eidesstattliche Versicherung abzugeben hat (BGH NJW-RR 09, 1). Ein Erbe muss sein Vermögen und den Nachlass offenbaren. Ist rechtskräftig die beschränkte Haftung des Erben festgestellt, kann er nur noch zur Abgabe der eidesstattlichen Versicherung beschränkt auf den Nachlass geladen werden. 14

2. Juristische Personen, Gesellschaften. Für eine **OHG, KG** (auch GmbH & Co KG) oder **Partnerschaft** sind die vertretungsberechtigten Gesellschafter bzw Partner und im Falle der Liquidation der Liquidator erklärungspflichtig. Nach Auflösung und Löschung der Gesellschaft im Handelsregister, bleibt der frühere Liquidator offenbarungspflichtig (LG Saarbr JurBüro 88, 1242). Für eine **BGB-Gesellschaft** gibt der geschäftsführende Gesellschafter (vgl § 714 BGB) die Erklärung ab; fehlt ein solcher, sind alle Gesellschafter erklärungspflichtig. Für eine **juristische Person** (Verein, GmbH, AG, KGaA, eG, VVaG) ist die eidesstattliche Versicherung durch ihren gesetzlichen Vertreter abzugeben, also den Vorstand bzw für die GmbH durch den Geschäftsführer. Sind mehrere Personen gemeinsam zur Vertretung berufen (Gesamtvertretung), ist die Erklärung von so vielen Personen abzugeben, wie zur Vertretung erforderlich sind (Frankf NJW-RR 88, 807, 808; Musielak/*Becker* Rn 10; Schuschke/Walker/*Walker* Rn 22; Zö/*Stöber* Rn 10; aA LG Frankfurt Rpfleger 93, 502; LG Mainz Rpfleger 00, 283; MüKoZPO/*Eickmann* Rn 32: GV könne bestimmen, welcher Vertreter die Versicherung abzugeben habe). Sind mehrere Vertreter jeweils alleinvertretungsberechtigt, entscheidet der Gerichtsvollzieher nach pflichtgemäßem Ermessen, welcher der Vertreter die eidesstaatliche Versicherung abzugeben hat (§ 185a Nr 1 S 5 GVGA). Befindet sich die juristische Person in **Liquidation**, ist der Liquidator zur Abgabe der eidesstattlichen Versicherung verpflichtet. Ist eine GmbH wegen Vermögenslosigkeit **gelöscht** (§ 394 I FamFG), sind die letzten Liquidatoren oder, wenn solche nicht bestellt worden sind, die letzten Geschäftsführer offenbarungspflichtig (hM, aA Stuttg NJW-RR 94, 1064 mwN zur hM). Um ein Rechtsschutzbedürfnis (s.o. Rz 4) geltend machen zu können, muss der Gläubiger allerdings die durch die Löschung begründete Vermutung der Vermögenslosigkeit durch konkreten Vortrag zu gleichwohl vorhandenem Vermögen erschüttern (KG NJW-RR 91, 933, str). Zudem muss die Zwangsvollstreckung bereits eingeleitet sein, weil eine Zustellung des Titels (§ 750 I) an die gelöschte GmbH nicht mehr möglich ist. Eine **Wohnungseigentümergemeinschaft** wird auch im Verfahren nach § 807 vom Verwalter vertreten. Fehlt dieser, gilt § 27 III 2 WEG (zum Streitstand vgl *Drasdo* ZWE 11, 115 ff). 15

Für die Beurteilung der Frage, wer für eine juristische Person als ihr gesetzlicher Vertreter offenbarungspflichtig ist, kommt es grds auf den **Zeitpunkt** des Termins zur Abgabe der eidesstattlichen Versicherung an (BGH NJW-RR 07, 185, 186). Maßgeblich sind die tatsächlichen Verhältnisse, eine Registereintragung 16 ist nicht erforderlich. Hat der gesetzliche Vertreter sein Amt niedergelegt, ohne dass ein neuer Vertreter bestellt worden ist, bleibt er jedenfalls dann offenbarungspflichtig, wenn sein Berufen auf die Amtsniederlegung rechtsmissbräuchlich wäre (BGH NJW-RR 07, 185, 186). Dabei sind an die Annahme des Rechtsmissbrauchs keine allzu hohen Anforderungen zu stellen; vielmehr ergibt sich aus der Amtsniederlegung ohne Bestellung eines neuen, rechtlich erforderlichen, gesetzlichen Vertreters ein erster Anschein iS einer tatsächlichen Vermutung (vgl Baumgärtel/*Laumen*, Handbuch der Beweislast, Grundlagen, § 14 Rn 13 ff) für einen Rechtsmissbrauch (vgl Schuschke/Walker/*Walker* Rn 22; eine Vermutung, dass die Amtsniederlegung in zeitlichem Zusammenhang mit dem Verfahren nach § 807 eine Scheinhandlung, also in jeder Hinsicht ohne Wirkung, ist, nimmt Musielak/*Becker* Rn 9 an; weitergehend, für ein unbeschränktes Fortbestehen der Offenbarungsverpflichtung ThoPu/*Seiler* Rn 15 mwN; einen konkreten Nachweis des Rechtsmissbrauchs verlangen dagegen Bambg DGVZ 98, 75; LG Bochum, DGVZ 02, 22, 23; *E. Schneider* MDR 83, 724, 726). Das gilt insb dann, wenn die Abberufung erst nach der Ladung zum Offenbarungstermin erfolgt ist. Ist aufgrund der Abwesenheit im Offenbarungstermin ein **Haftbefehl** gegen den gesetzlichen Vertreter ergangen, bleibt er auch dann offenbarungspflichtig, wenn zwischenzeitlich ein neuer Vertreter bestellt worden ist (BGH NJW-RR 07, 185, 187 für einen Verein).

17 **3. Partei kraft Amtes.** Insolvenzverwalter, Zwangsverwalter und Testamentsvollstrecker sind als Parteien kraft Amtes (Titel gegen die Partei kraft Amtes ist erforderlich) zur Offenbarung über das ihrer Verwaltung unterliegende Vermögen verpflichtet. Maßgeblich ist der Termin der Abgabe der eidesstattlichen Versicherung. Hat der Verwalter das Amt niedergelegt, ist er, von Fällen des Rechtsmissbrauchs abgesehen, nicht mehr offenbarungspflichtig. Hat der Schuldner gem §153 II 1 InsO eine eidesstattliche Versicherung abgegeben, steht dies der Verpflichtung des Insolvenzverwalters nicht entgegen; Schuldner und Insolvenzverwalter können durchaus über unterschiedliche Kenntnisse verfügen (vgl Schuschke/Walker/*Walker* Rn 24).

18 **II. Inhalt.** Das Vermögensverzeichnis dient dazu, dem Gläubiger den Zugriff auf das pfändbare Vermögen des Schuldners zu ermöglichen. Zu diesem Zweck muss der Schuldner ein Verzeichnis seines gesamten Aktivvermögens vorlegen und bewegliches Vermögen (körperliche Sachen, Forderungen und Rechte, s. vor §§ 803 ff Rz 2) und unbewegliches Vermögen (§§ 864–871; insb Grundstücke) und Rechte hieran so konkret bezeichnen, dass der Gläubiger hierauf sofort zugreifen kann (vgl BGH NJW 04, 2452, 2453). Haftet der Schuldner nur mit einer beschränkten Vermögensmasse, ist nur das dazu gehörende Vermögen anzugeben. Auch ausländisches Vermögen ist offenzulegen. Auch solches Vermögen, das der Schuldner nur treuhänderisch hält, muss er offenbaren (KG JR 85, 161). Früheres Vermögen muss unter den in Abs 2 S 1 Nr 1 und 2 genannten Voraussetzungen mitgeteilt werden. Eine pauschale Erklärung des Schuldners, über kein (pfändbares) Vermögen zu verfügen, genügt nicht. Die Unpfändbarkeit von Vermögensgegenständen entbindet nur nach Maßgabe des Abs 2 S 2 von der Offenbarungspflicht (s.u. Rz 19 aE). Verbindlichkeiten (zB Krankenversicherungsbeiträge, LG Saarbrücken DGVZ 98, 77) brauchen nicht angegeben zu werden. Dass der Schuldner sich einer Straftat (Schwarzarbeit, Steuerdelikte) bezichtigen muss, steht seiner Auskunftspflicht nicht entgegen; insoweit kommen allerdings strafprozessuale Verwertungsverbote in Betracht (BVerfG WM 08, 989).

19 **1. Körperliche Sachen.** Diese (vgl § 808 Rz 2) sind einzeln zu bezeichnen. Es ist zudem ihr Aufbewahrungsort anzugeben (vgl BGHZ 7, 287, 293 f = NJW 53, 261), soweit dieser sich nicht von selbst erschließt. Anzugeben sind auch solche Gegenstände, an denen Rechte Dritter bestehen, also gepfändete Sachen, aber auch Gegenstände, die der Schuldner sicherungsübereignet oder unter EBV gekauft hat. Der Grund einer Sicherungsübereignung ist mitzuteilen (vgl LG Krefeld Rpfleger 79, 146) und bei bedingt übereigneten Sachen die Bedingung und der Stand ihrer Verwirklichung (zB Zahlungs(rück)stand). Unerheblich ist es, ob der Gegenstand der Pfändung unterliegt (vgl Abs 2 S 2), sofern er nur einen Vermögenswert hat. Offenbar wertlose Gegenstände oder solche, die der Pfändung schlechthin entzogen sind (gemietete, geliehene oder in Verwahrung genommene Sachen), brauchen allerdings nicht angegeben zu werden. Hierzu gehören auch Sachen, an denen der Schuldner nur aufgrund eines Leasingvertrages Besitz hat (AG Reinbek DGVZ 03, 173; LG Berlin MDR 76, 409), soweit dem Schuldner nicht ein Anwartschaftsrecht zusteht. Nicht anzugeben braucht der Schuldner auch Gegenstände, die nach § 811 I Nr 1 oder 2 offensichtlich der Pfändung nicht unterworfen sind, soweit eine Austauschpfändung nicht in Betracht kommt. Insofern gilt ein objektiver Maßstab. Die Beurteilung, was unter diesen Voraussetzungen nicht offenbarungspflichtig ist (insb wann eine Austauschpfändung ausgeschlossen ist), ist einem rechtlich nicht erfahrenen Schuldner kaum möglich. Im Zweifel sind die Gegenstände in das Vermögensverzeichnis aufzunehmen.

2. Forderungen. Forderungen (auch bestrittene, BGH NJW 53, 390, und solche Forderungen, die nicht offensichtlich unpfändbar sind, BGH RPfleger 09, 466 Tz 8) müssen so angegeben werden, dass dem Gläubiger aufgrund dieser Angaben ihre Pfändung möglich ist (BGH NJW 04, 2452, 2453). Dazu muss die Forderung einschl Nebenforderungen (auch der Höhe nach) hinreichend bestimmt bezeichnet sein und Person und Anschrift des Schuldners offenbart werden (BGH RPfleger 09, 466 Tz 15). Zudem sind die Beweismittel für diese Forderung anzugeben. Bei einer titulierten Forderung sind Gericht, Datum und Aktenzeichen des Titels mitzuteilen (LG Leipzig DGVZ 06, 28). Außerdem sind für die Forderung bestehende Sicherheiten mitzuteilen. Weitere Angaben sind nicht erforderlich, insb auch nicht, ob der Drittschuldner zahlungsunwillig oder -unfähig ist und warum die Forderung bestritten oder bisher nicht eingezogen worden ist (Zö/*Stöber* Rn 22; aA BGH NJW 57, 718; LG Frankfurt/Oder JurBüro 04, 216; ThoPu/*Seiler* Rn 25). Bloße **Erwerbsmöglichkeiten** braucht der Schuldner nicht zu offenbaren (BGHSt 37, 340 = NJW 91, 2844); dagegen sind künftige Forderungen, deren Rechtsgrund und (Dritt-)Schuldner bereits hinreichend bestimmt, so dass sie gepfändet werden könnten, anzugeben (BGH NJW-RR 11, 851 Tz 10; s.a. unten Rz 22) 20

Ein bestehendes **Arbeitsverhältnis** muss der Schuldner stets angegeben, auch wenn ihm daraus keine fälligen Ansprüche zustehen. Auf Unsicherheiten über den Fortbestand des Arbeitsverhältnisses ist hinzuweisen (Hamm BB 68, 128). Auch ein zukünftiges Arbeitsverhältnis ist zu offenbaren (BGH NJW 58, 427; vgl auch BGHSt 37, 340, 341 = NJW 91, 2844, 2845). Ein früheres Arbeitsverhältnis ist dagegen nur dann anzugeben, wenn dem Schuldner hieraus noch Ansprüche zustehen. Ein Gelegenheitsarbeiter muss die Arbeitgeber, für die er regelmäßig tätig war, nach Person und Anschrift und das (durchschnittliche) Entgelt angeben (vgl BGHSt 37, 340 = NJW 91, 2844, 2845 mwN; LG Köln DGVZ 07, 41, 42). Der Zeitraum hängt vom Einzelfall ab (LG Frankfurt NJW-RR 88, 383; 1 Jahr: LG Verden DGVZ 06, 138). Nicht ausreichend ist eine Erklärung des Schuldners, er arbeite gelegentlich, habe derzeit keine Beschäftigung oder lebe von Zuwendungen Dritter (vgl LG Frankfurt Rpfleger 02, 273; LG Wiesbaden JurBüro 04, 103). Zum **Arbeitseinkommen** muss der Schuldner die Höhe, den Arbeitgeber nach Namen, Rechtsform (vgl LG Hamburg JurBüro 04, 334) und Anschrift sowie den Auszahlungszeitraum (vgl LG Lübeck Rpfleger 86, 99) mitteilen. Auch die nach § 850a nicht pfändbaren Anteile des Arbeitseinkommens müssen mitgeteilt werden; die Angabe von »Nettolohn« ist ohne Klarstellung zu unpräzise (LG Köln NJW-RR 88, 695). Der Schuldner muss auch geldwerte Vorteile, die er durch seine Arbeit erhält (zB Dienstwagen), offenbaren (vgl Schuschke/Walker/*Walker* Rn 27; Zweibr NStZ-RR 08, 173). Nachteile, die dem Schuldner aufgrund einer Gehaltspfändung mglw entstehen, muss dieser hinnehmen. Hat der Schuldner Gehaltsansprüche abgetreten, sind Name und Anschrift des Zessionars zu offenbaren, damit der Gläubiger die Abtretung überprüfen kann (KG DGVZ 81, 75). Der Schuldner muss auch Angaben zu **verschleiertem Arbeitseinkommen** iSd § 850h machen. Dabei sind solche Angaben erforderlich, die den Gläubiger in die Lage versetzen, die Ansprüche geltend zu machen, insb also Art und Umfang der Tätigkeit (vgl LG Bielefeld JurBüro 04, 503; LG Kassel NJW-RR 99, 508). Dazu gehören auch Dienstleistungen, die ein Schuldner innerhalb einer nichtehelichen Lebensgemeinschaft erbringt, soweit diese über den üblichen Beitrag zur Haushaltführung hinausgehen (LG Bonn NJW-RR 01, 1295). Eine generelle Pflicht, dass ein Schuldner, der in einer nichtehelichen Lebensgemeinschaft den Haushalt führt, dies angeben muss, kann allerdings nicht angenommen werden (aA LG Frankenthal JurBüro 07, 499; ThoPu/*Seiler* Rn 26). 21

Ist der Schuldner **selbständig**, muss er ggf laufende Geschäftsverbindungen angeben, aus denen er in letzter Zeit (12 Monate) mit gewisser Regelmäßigkeit Einkünfte erzielt hat und bei denen daher die begründete Erwartung besteht, der Schuldner werde auch künftig Aufträge von seinen bisherigen Kunden erhalten (daher ist in BGH NJW-RR 11, 851 Tz 10 eine Auskunftspflicht bejaht worden, aber in BGH DGVZ 11, 144 nicht). Ein Rechtsanwalt ist verpflichtet, seine Mandanten nach Name und Anschrift zu benennen und mitzuteilen, in welcher Höhe offene Honorarforderungen gegen diese bestehen (vgl BGHSt 37, 340, 341 = NJW 91, 2844, 2845; BGH NJW 10, 1380). Entsprechendes gilt für Steuerberater und Ärzte (vgl BGH NJW 05, 1505, 1506; BGHZ 141, 173, 178 = NJW 99, 1544, 1547) wie auch für die ebenfalls § 203 I Nr. 6 StGB unterfallenden selbständigen Versicherungsvertreter (vgl BGH NJW 10, 2509). § 203 I StGB steht dem nicht entgegen. Ein Makler muss auch eingeleitete, aber noch nicht abgeschlossene Vermittlungen angeben (BGHSt 37, 340 = NJW 91, 2844, 2845). Ein Handelsvertreter muss alle Geschäftsverbindungen offenbaren, aus denen er mglw Provisionsforderungen erwerben kann. Ein Handelsgeschäft, das der Schuldner betreibt, muss der Schuldner daher nur dann angeben, wenn sich daraus Vermögenswerte ergeben, auf die der Gläubiger aktuell zugreifen kann (vgl BGHSt 37, 340 = NJW 91, 2844, 2845). 22

23 **Sozialversicherungsansprüche** (Renten, Arbeitslosengeld) sind ebenfalls zu offenbaren. Der Schuldner muss die Höhe des Anspruchs und den Leistungsträger angeben. Auch künftige Ansprüche auf Altersrente müssen offenbart werden, denn sie sind übertragbar und daher pfändbar; mitzuteilen sind die Rechtsgrundlage und der Leistungsträger (vgl LG Wuppertal JurBüro 98, 100; LG Darmstadt JurBüro 00, 101). Ist die Identifizierung des Anspruchs durch den Leistungsträger anders nicht möglich, muss der Schuldner auch seine Versicherungsnummer mitteilen. **Sozialhilfeleistungen**, unpfändbares Erziehungsgeld (§ 54 III Nr 1 SGB I) und Wohngeld (§ 54 III Nr 2a SGB I) müssen dagegen nicht offenbart werden; Kindergeld (§ 76 EStG) und andere Geldleistungen für Kinder (§ 54 V SGB I) müssen nur dann offenbart werden, wenn sie pfändbar sind, nämlich wenn wegen gesetzlicher Unterhaltsansprüche des Kindes, das bei der Festsetzung der Geldleistungen berücksichtigt wird, gepfändet wird.

24 Der Schuldner muss seine Ansprüche auf **Unterhalt** angeben. Dabei sind – wie bei anderen Forderungen auch – Name und Anschrift des Unterhaltsschuldners mitzuteilen (weitergehend LG Kleve JurBüro 92, 269: auch Geburtsname des unterhaltspflichtigen Ehegatten). Soweit möglich, ist der Anspruch zu beziffern. Ansonsten muss der Schuldner solche Angaben machen, dass der Gläubiger feststellen kann, ob und ggf inwieweit der Anspruch der Pfändung gem § 850b II unterliegt (vgl BGH NJW 04, 2452). Dazu gehört insb – soweit möglich – die Höhe des Einkommens des Unterhaltsschuldners, wenn es für die Bemessung des Anspruchs maßgeblich ist. Entsprechendes gilt für den Taschengeldanspruch (BGH NJW 04, 2452).

25 Der Schuldner muss in dem Vermögensverzeichnis Angaben zu den Einkünften von **Unterhaltsberechtigten** jedenfalls dann machen, wenn in Betracht kommt, dass diese Personen aufgrund dieser Einkünfte bei der Berechnung des unpfändbaren Teils des Arbeitseinkommens ganz oder tw unberücksichtigt bleiben (BGH NJW 04, 2979). Erst aufgrund dieser Angaben kann der Gläubiger die Erfolgsaussichten der Pfändung des Arbeitseinkommens zuverlässig beurteilen. Es bestehen allerdings Bedenken, ob eine solche Offenbarungspflicht von § 807 gedeckt ist (vgl hierzu Zö/*Stöber* Rn 27), denn solche Einkünfte beeinflussen lediglich die Höhe der Unterhaltsansprüche gegen den Schuldner und betreffen daher nur das negative Vermögen des Schuldners, zu dem er keine Angaben machen muss (vgl oben Rz 18).

26 Es sind schließlich alle **anderen Forderungen** anzugeben, insb Ansprüche aus Sparguthaben, Versicherungsansprüche (auch Rückzahlungsansprüche), Steuererstattungsansprüche und eine vom Schuldner hinterlegte Mietkaution. Bei Lebensversicherungen ist der Bezugsberechtigte anzugeben und, ob die Bezugsberechtigung widerruflich ist (LG Duisburg NJW 55, 717). Zudem sind zur Feststellung der Größenordnung der Forderung die Versicherungssumme und –dauer mitzuteilen. Auch unwiderrufliche Bezugsrechte aus Versicherungen Dritter sind pfändbar (BGHZ 45, 162, 165 = NJW 66, 1071) und daher anzugeben. Ein **Girokonto** muss der Schuldner nur dann angeben, wenn es ein Guthaben (Zö/*Stöber* Rn 31) oder eine pfändbare Kreditlinie aufweist; die bloße Erwartung, dort könne sich in Zukunft Vermögen des Schuldners befinden, vermag eine Offenbarungspflicht nicht zu begründen (Bambg NJW 09, 385, 386; St/J/*Münzberg* Rn 26; aA LG Kaiserslautern JurBüro 99, 325; Musielak/*Becker* Rn 14; ThoPu/*Seiler* Rn 26; *Behr* Rpfleger 90, 430). Bei einem »Kontoverleih«, wenn also der Schuldner Zahlungen über das Girokonto eines Dritten erhält, ist der Auszahlungsanspruch gegen den namentlich zu bezeichnenden Dritten zu offenbaren, nicht aber dessen Kontodaten (vgl LG Berlin DGVZ 06, 201; LG Kassel JurBüro 07, 48 mwN); insofern kann ggf nach § 836 III verfahren werden. Bankkonten Dritter, für die der Schuldner eine Bankvollmacht hat, brauchen nicht angegeben zu werden.

27 **3. Sonstiges Vermögen.** Eine dem Schuldner zustehende **Hypothek**, Grundschuld (auch Eigentümergrundschuld), Rentenschuld oder Reallast ist unter Angabe des belasteten Grundstücks und ggf des Aufbewahrungsorts des Briefs zu offenbaren. Mitzuteilen ist ein **Rückgewähranspruch** des Sicherungsgebers auch bereits vor Erlöschen der gesicherten Forderung, da der Rückgewähranspruch aufschiebend bedingt bereits entstanden ist. Dabei sind der Sicherungsnehmer und die gesicherte Forderung mit ihrem derzeitigen Bestand so detailliert anzugeben, dass eine Pfändung sofort möglich ist. Als **sonstige Vermögensrechte** sind insb Gesellschaftsanteile und -rechte, auch an Personengesellschaften, zu offenbaren, nicht aber Forderungen der Gesellschaft. Die Offenbarungspflicht besteht auch dann, wenn der Anteil wertlos ist (Schuschke/Walker/*Walker* Rn 29; aA BGH BB 58, 891). Zudem sind Geschäftsanteile an (Wohn-) Genossenschaften, Miterbenanteile, eine Nacherbenstellung, Patent- und Urheberrechte, Marken und Internet-Domains anzugeben. **Grundstücke** und alle anderen Gegenstände, die der Zwangsvollstreckung in unbewegliches Vermögen unterfallen (vgl § 865), sind ebenfalls zu offenbaren.

4. Früheres Vermögen. Abs 2 verpflichtet den Schuldner zu solchen (hinreichend konkreten, vgl LG Flensburg DGVZ 95, 119) Angaben, die es dem Gläubiger ermöglichen, sein Anfechtungsrecht nach § 3 II oder 4 AnfG auszuüben; § 3 I AnfG wird dagegen bei der Offenbarungspflicht nicht berücksichtigt. Daher sind alle unentgeltlichen Leistungen des Schuldners aus den letzten vier Jahren anzugeben (vgl § 4 AnfG) und entgeltliche Veräußerungen an dem Schuldner nahestehende Personen aus den letzten zwei Jahren (vgl § 3 II AnfG). Für die Berechnung der **Frist** ist der Zeitpunkt entscheidend, zu dem die rechtlichen Wirkungen der Rechtshandlung eintreten (§ 8 I AnfG). Bei Grundstücksgeschäften und anderen Rechtsgeschäften, deren Wirksamkeit von der Eintragung in ein Register abhängt, ist allerdings in Anlehnung an § 8 II AnfG der Zeitpunkt maßgeblich, zu dem die übrigen Voraussetzungen erfüllt sind, die Willenserklärung des Schuldners für ihn bindend geworden ist und der andere Teil den Eintragungsantrag (oder den Antrag auf Eintragung einer entspr Vormerkung) gestellt hat (Musielak/*Becker* Rn 17; zur Rechtslage vor Inkrafttreten des § 8 AnfG vgl BGHZ 121, 179, 188 = NJW 93, 663, 665 mwN). Bei einer bedingten oder befristeten Rechtshandlung bleibt der Eintritt der Bedingung oder des Termins außer Betracht (§ 8 III AnfG). Fallen erster zur Abgabe der Versicherung anberaumter Termin und tatsächliche Abgabe auseinander, sind trotz des insofern missverständlichen Wortlauts auch die zwischenzeitlichen Leistungen des Schuldners anzugeben. Für den Begriff der **nahestehenden Person** ist § 138 InsO maßgeblich, dessen umfangreiche Regelung hier nicht wiederholt werden soll. Eine **Veräußerung** ist die Übertragung einer Sache oder eines Rechts; dies gilt auch dann, wenn dies im Wege der Zwangsvollstreckung geschieht (St/J/*Münzberg* Rn 41). Bloße Verpflichtungen müssen nicht angegeben werden. Zu den **Leistungen** iSd Nr 2 gehören nicht nur die auf dingliche Rechtsänderung gerichteten Handlungen, sondern auch Verpflichtungen oder sonstige Rechtshandlungen, die darauf gerichtet sind, einen zugriffsfähigen Gegenstand aus dem Vermögen des Schuldners zu entfernen, zB die Verleihung (Musielak/*Becker* Rn 18). Das Ausscheiden muss noch nicht bewirkt sein (BGHZ 121, 179, 182 = NJW 93, 663). **Unentgeltlichkeit** liegt auch dann vor, wenn der Empfänger den Wertzuwachs nicht vollständig ausgeglichen hat (BGHZ 121, 179, 182 = NJW 93, 663, 664). Maßgeblich ist das objektive Wertverhältnis (BGHZ 113, 393, 396 = NJW 1991, 1610, 1611). Unentgeltlich sind auch sog ehebezogene Zuwendungen (vgl BGHZ 71, 61 = NJW 78, 1326; BGHZ 116, 167, 180 = NJW 92, 564; NJW 99, 2962, 2965 ff). 28

III. Versicherung. Der Schuldner (vgl oben Rz 14 ff) muss an Eides statt versichern, dass er die Angaben nach bestem Wissen und Gewissen richtig und vollständig gemacht hat (Abs 3 S 1). Dies schließt die Versicherung ein, dass das Verzeichnis keine Gegenstände enthält, die nicht zum Vermögen des Schuldners gehören (vgl BGHSt 7, 375 = NJW 55, 1237) und auch die Angaben des Schuldners über seine persönlichen Verhältnisse (vgl BGHSt 11, 223 = NJW 58, 677; NJW 68, 2251). Hat der Schuldner, insb der für den Schuldner handelnde Vertreter, Zweifel an der Richtigkeit und Vollständigkeit seiner Angaben, muss er seine Zweifel und ihre Gründe im Vermögensverzeichnis darlegen (BGH NJW-RR 07, 185, 187). Über die Bedeutung der eidesstattlichen Versicherung muss der GV ihn vorab belehren (S 2 iVm § 480). Ist dem Schuldner aus religiösen Gründen eine eidesstattliche Versicherung nicht erlaubt, muss der Schuldner die Richtigkeit und Vollständigkeit seiner Angaben in der Weise versichern, die ihm nach seiner religiösen Überzeugung gestattet ist (vgl auch § 480 Rz 2). Für sprach- oder hörbehinderte Personen gilt § 483. 29

IV. Nachbesserung. Fehlen Angaben im Vermögensverzeichnis, kann der Gläubiger beim GV beantragen, den Schuldner zur Nachbesserung des Verzeichnisses zu laden. Wegen § 903 kann auch ein anderer Gläubiger, der nicht das Offenbarungsverfahren betrieben hat, die Nachbesserung beantragen (LG Saarbrücken DGVZ 98, 77). Ist das Verzeichnis unvollständig, muss der Schuldner nachbessern (BGH NJW 04, 2979 für fehlende Angaben zu Einkünften von Unterhaltsberechtigten; BGH NJW-RR 11, 667 Tz 12 für versehentlich unzutreffende Angaben zum Drittschuldner). Fehlende Angaben sind zB Auslassungen, nicht ausreichende Identifizierung und Konkretisierung von Vermögensgegenständen, auch hinsichtlich des Aufbewahrungsorts, unvollständige Angaben zum Arbeitsverhältnis, Widersprüche, fehlende Auskünfte zu Vorpfändungen, aber auch die fehlende Angabe einer nur mglw unpfändbaren Forderung (BGH RPfleger 09, 466 Tz 8). Es wird das alte Verfahren fortgesetzt, so dass die Zuständigkeit des GV nach § 899 bestehen bleibt und die Voraussetzungen des Abs 1 nicht erneut zu prüfen sind. Der Gläubiger muss die Unvollständigkeit glaubhaft machen (vgl BGH NJW-RR 11, 667 Tz 9). Hierzu ist ein konkreter Verdacht ausreichend, der zB darauf gegründet sein kann, dass das vom Schuldner angegebene Einkommen nicht ausreichen kann, um den Lebensunterhalt des Schuldners und seiner Familie bestreiten zu können (LG Stuttgart DGVZ 07, 126). Dass die Angaben des Schuldners unglaubwürdig sind, genügt hingegen nicht; insoweit ist lediglich die strafrechtliche Sanktion des § 156 StGB 30 gegeben. Die Ablehnung der Nachbesserung durch den GV kann mit der Erinnerung gem § 766 angegriffen werden; der Gläubiger kann nicht unmittelbar mit der Erinnerung vorgehen (BGH NJW-RR 08, 1163). Kostenrechtlich ist der Antrag auf Nachbesserung als neuer Auftrag anzusehen (*Seip* DGVZ 04, 121; str).

31 **D. Verfahrensvergleich.** § 807 gilt auch bei der Vollstreckung von arbeits- (s. §§ 62 II 1, 85 I 3 ArbGG) und verwaltungsgerichtlichen (s. § 167 I VwGO) Titeln. Wird zugunsten oder gegen die öffentliche Hand vollstreckt, verweisen § 169 I 1 VwGO bzw § 170 I 3 VwGO iVm § 5 VwVG auf § 284 AO. Dieser entspricht in Abs 1 und 2 dem § 807 und sieht in Abs 3 S 2 zusätzlich vor, dass die Vollstreckungsbehörde von der Abnahme der eidesstattlichen Versicherung absehen kann.

Untertitel 2 Zwangsvollstreckung in körperliche Sachen

§ 808 Pfändung beim Schuldner. (1) Die Pfändung der im Gewahrsam des Schuldners befindlichen körperlichen Sachen wird dadurch bewirkt, dass der Gerichtsvollzieher sie in Besitz nimmt.

(2) [1]Andere Sachen als Geld, Kostbarkeiten und Wertpapiere sind im Gewahrsam des Schuldners zu belassen, sofern nicht hierdurch die Befriedigung des Gläubigers gefährdet wird. [2]Werden die Sachen im Gewahrsam des Schuldners belassen, so ist die Wirksamkeit der Pfändung dadurch bedingt, dass durch Anlegung von Siegeln oder auf sonstige Weise die Pfändung ersichtlich gemacht ist.

(3) Der Gerichtsvollzieher hat den Schuldner von der erfolgten Pfändung in Kenntnis zu setzen.

Inhaltsübersicht Rz

A. Anwendungsbereich . . . 1
B. Gegenstand der Pfändung . . . 2
I. Körperliche Sachen . . . 2
II. Gewahrsam des Schuldners . . . 3
1. Bedeutung des Gewahrsams . . . 3
2. Gewahrsam . . . 5
3. Allein- und Mitgewahrsam . . . 7
a) Wohnungsinhaber, Vermieter und Untermieter . . . 8
b) Mehrere Personen in einer Wohnung . . . 9
c) Behältnisse . . . 10
d) Nicht voll Geschäftsfähige . . . 11
e) Geschäftsräume . . . 12
f) Gewahrsam juristischer Personen . . . 13
III. Auswahl der zu pfändenden Gegenstände . . . 14
C. Bewirkung der Pfändung . . . 15
I. Inbesitznahme . . . 16
II. Wegschaffen der Sachen . . . 17
1. Kostbarkeiten . . . 18
2. Gefährdung der Befriedigung des Gläubigers . . . 19
3. Behandlung der weggeschafften Sachen . . . 20
III. Belassen im Gewahrsam des Schuldners (Abs 2) . . . 21
1. Ersichtlich machen . . . 22
a) Durch Anlegung von Siegeln oder sonst geeigneten Pfandzeichen . . . 23
b) Auf sonstige Weise . . . 24
2. Folgen der Kenntlichmachung . . . 27
IV. Benachrichtigung des Schuldners (Abs 3) . . . 28
D. Wirkung der Pfändung . . . 29
I. Verstrickung . . . 29
II. Besitzverhältnisse . . . 30
III. Nutzung durch den Schuldner . . . 32
E. Anschluss-, Mehrfach- und Doppelpfändung . . . 33
I. Anschlusspfändung (§ 826) . . . 33
II. Mehrfachpfändung . . . 34
III. Doppelpfändung . . . 35
F. Rechtsbehelfe . . . 36
G. Kosten/Gebühren . . . 38

1 **A. Anwendungsbereich.** Die Vorschrift gilt für die Pfändung (§ 803) körperlicher Sachen, die sich im Gewahrsam des Schuldners befinden.

2 **B. Gegenstand der Pfändung. I. Körperliche Sachen.** Körperliche Sachen sind bewegliche Sachen iSv §§ 90 ff BGB, also alle Sachen, die nicht Grundstücke, den Grundstücken gleichgestellt oder (echte) Grundstücksbestandteile sind (beachte aber § 865 für Gegenstände, auf die sich die Hypothek bzw Schiffshypo-

thek erstreckt, s. dort). **Früchte**, die von dem Boden noch nicht getrennt sind, können nach § 810 gepfändet werden (s. dort). **Wertpapiere** fallen in den Anwendungsbereich von § 808 (vgl § 154 GVGA). Bei Wertpapieren in Sammelverwahrung erfolgt die Vollstreckung durch Pfändung und Verwertung der Miteigentumsanteile an den zum Sammelbestand des Verwahrers gehörenden Wertpapieren (§ 6 I DepotG) als andere Vermögensrechte iSv §§ 857 I, 828 ff (BGH WM 08, 400; BGHZ 160, 121). **Legitimationspapiere**, die eine Forderung beweisen, aber nicht Träger des Rechts sind, nimmt der GV zur Vorbereitung und Sicherung der Forderungszwangsvollstreckung vorläufig in Besitz (**Hilfspfändung**, vgl § 836 III). Zu diesen Papieren gehören zB Sparbücher, Pfandscheine, Versicherungsscheine (Ddorf NJW-RR 06, 1470; Hamm NJW-RR 95, 1434), Gesellschaftsanteilsscheine (Köln GmbHR 95, 293), Depotscheine, Flugscheine (LG Frankfurt DGVZ 90, 169, 170), Hypothekenbriefe sowie nicht auf den Inhaber lautende Grund- und Rentenschuldbriefe. Die Papiere sind dem Schuldner zurückzugeben, wenn der Gläubiger nicht alsbald, spätestens innerhalb eines Monats, den Pfändungsbeschluss über die Forderung vorlegt, die dem Papier zugrunde liegt (§ 156 GVGA). Bei der Pfändung von **Kfz** nimmt der GV auch Kfz-Brief und -Schein in Besitz (§ 159 f GVGA). **Miteigentumsanteile** an beweglichen Sachen sind andere Vermögensrechte iSv § 857 (s. dort).

II. Gewahrsam des Schuldners. 1. Bedeutung des Gewahrsams. Der GV darf grds alle Sachen pfänden, 3
die sich im (alleinigen, s.u. Rz 7) Gewahrsam des Schuldners befinden. Das Gesetz geht davon aus, dass der idR leicht feststellbare Gewahrsam für die Zugehörigkeit zum Schuldnervermögen spricht (BGHZ 95, 10, 16). Der GV prüft nicht, ob die Sache tatsächlich zum Schuldnervermögen gehört (vgl BGHZ 80, 296, 299; LG Dortmund NJW-RR 86, 1497, 1498) oder ein die Veräußerung hinderndes Recht eines Dritten besteht. Er hat die Pfändung auch dann vorzunehmen, wenn ein Dritter zB unter Hinweis auf sein Sicherungseigentum widerspricht (BGHZ 118, 201, 206) oder der Schuldner behauptet, dass er die tatsächliche Gewalt über die Sache nur für den Besitzer ausübe oder dass er sein Besitzrecht von einem anderen ableite (§ 119 Nr 1 GVGA). Der Dritte muss sein Recht mit der Drittwiderspruchsklage (§ 771 ZPO) geltend machen. Das gilt auch, wenn dem GV Urkunden vorgelegt werden, nach denen ein Dritter Eigentümer ist (zB Sicherungsübereignungsvertrag, LG Bonn MDR 87, 770). Nur wenn eine Sache offensichtlich zum Vermögen eines Dritten gehört (Bsp s. § 119 Nr 2 und 3 GVGA), unterbleibt die Pfändung (Saarbr OLGR Saarbr 03, 39, 42), es sei denn, der Dritte erklärt, dass er der Pfändung nicht widerspreche, oder der Gläubiger verlangt die Pfändung ausdrücklich (§ 119 Nr 2 GVGA; LG Kassel DGVZ 06, 182, 183; s.a. AG Bühl DGVZ 10, 174, 175).

Haftet der Schuldner nur **mit fremdem Vermögen**, zB als Testamentsvollstrecker, Zwangsverwalter oder 4
Insolvenzverwalter, muss der GV ausnahmsweise neben dem Gewahrsam auch die Zugehörigkeit zu dem haftenden Vermögen prüfen (vgl § 118 Nr 4 GVGA).

2. Gewahrsam. Der Schuldner hat an allen Sachen Gewahrsam, die sich in äußerlich erkennbarer Weise in 5
seinem tatsächlichen Herrschaftsbereich befinden (vgl Saarbr OLGR Saarbr 03, 39, 41; LG Frankfurt NJW-RR 88, 1215, 1216). Der GV bewertet dies nach dem äußeren Anschein (vgl Ddorf NJW-RR 97, 998). Wer **unmittelbaren Besitz** (§ 854 I BGB) hat, hat auch Gewahrsam (Musielak/*Becker* Rn 4; MüKoZPO/*Gruber* § 808 Rn 6). Regelmäßig besteht Gewahrsam an allen Sachen, die der Schuldner bei sich trägt oder die sich in der Wohnung des Schuldners befinden (auch wenn er sich in Haft befindet, LG Berlin DGVZ 91, 57), in allein von ihm genutzten abgeschlossenen Räumen (zB Büro, Werkstatt, Lagerraum, Pkw) oder in Behältnissen (zB Schrank, Schreibtisch, Koffer, Kisten, Kassetten, Taschen, auch in Kleidungsstücken; vgl § 758 Rz 5), über die er die alleinige tatsächliche Sachherrschaft besitzt. Auch der **fehlerhafte Besitz**, der durch verbotene Eigenmacht (§ 858 BGB) oder sonst unberechtigt erlangt ist, begründet Gewahrsam (Musielak/*Becker* Rn 4).

Der **mittelbare Besitzer** (§ 868 BGB) hat mangels tatsächlicher Sachherrschaft keinen Gewahrsam. Gleiches 6
gilt für den **Besitzdiener** (§ 855 BGB), zB Hausangestellte, Kellner (bzgl Trinkgeld s. LG Kaiserslautern DGVZ 09, 165, 166), Verkäufer, Beamte, an den ihm vom Besitzherrn überlassenen Sachen (vgl PWW/*Prütting* § 855 Rn 2 ff). Gewahrsamsinhaber ist allein der Besitzherr. Wird gegen ihn vollstreckt, kann der GV auch gegen den Willen des Besitzdieners pfänden, da § 809 nicht gilt. Den Widerstand des Besitzdieners darf er durch Anwendung von Gewalt nach § 758 III (vgl § 758 Rz 7) brechen. Besitzdiener ist nicht (mehr), wer nach außen erkennbar dauerhaft nicht (mehr) den Willen hat, die tatsächliche Gewalt für einen anderen auszuüben, sondern für sich selbst besitzen will und dies auch zum Ausdruck bringt (Ddorf NJW-RR 97, 998, 999). **Einigung über Besitzerwerb** (§ 854 II BGB) reicht für Gewahrsam nicht aus (wohl

hM, Zö/*Stöber* Rn 7; Musielak/*Becker* Rn 4; **aA** MüKoZPO/*Gruber* Rn 9). Auch der **Erbschaftsbesitzer** (§ 857 BGB) hat keinen Gewahrsam, da sein Besitz nur fiktiv und nicht äußerlich erkennbar ist (vgl Musielak/*Becker* Rn 4; Zö/*Stöber* Rn 7; **aA** MüKoZPO/*Gruber* Rn 10).

7 **3. Allein- und Mitgewahrsam.** Die Pfändung nach § 808 setzt Alleingewahrsam des Schuldners voraus. Hat ein Dritter Mitgewahrsam, gilt § 809; die Pfändung kann also nur erfolgen, wenn der Dritte herausgabebereit ist (vgl § 118 Nr 2 GVGA; § 809 Rz 5).

8 **a) Wohnungsinhaber, Vermieter und Untermieter.** Der **Wohnungsinhaber,** gleichviel ob er Eigentümer oder Mieter ist, hat grds Alleingewahrsam an allen Sachen, die sich in der Wohnung befinden, auch wenn sie mitgemietet sind (zB bei möbliert gemietetem Zimmer). Der Vermieter, dem ein Betretungsrecht eingeräumt ist, etwa zur Pflege der in seinem Eigentum stehenden Sachen oder zur Erbringung von Dienstleistungen (zB bei Hotelzimmer), hat nicht deswegen (Mit-)Gewahrsam (MüKoZPO/*Gruber* Rn 14; Musielak/*Becker* Rn 7; **aA** St/J/*Münzberg* Rn 15). Gewahrsam kann auch an Sachen bestehen, die sich in den **Räumen eines Dritten** befinden, z.B. wenn der Untermieter einen Teil seiner Sachen in anderen Räumen des Untervermieters verwahrt (vgl § 118 Nr 1 GVGA) oder der Untervermieter Sachen, die nicht mitvermietet sind, in dem untervermieteten Raum (zB in einem Schrank, der dem Untermieter nicht zur Benutzung überlassen ist) aufbewahrt (vgl Zö/*Stöber* Rn 5). In solchen Fällen ist der Gerichtsvollzieher auch berechtigt, die Räume des Dritten zur Durchführung der Vollstreckung zu betreten (vgl § 118 Nr 1 GVGA).

9 **b) Mehrere Personen in einer Wohnung.** Leben in einer Wohnung mehrere Personen, hat grds der **Haushaltsvorstand** Alleingewahrsam an allen Sachen, es sei denn, sie werden von einem Bewohner unter alleinigem Verschluss aufbewahrt oder dienen offensichtlich allein dessen persönlichem Gebrauch. Sachen, die sich in einem einer erwachsenen Person zur Alleinbenutzung zugewiesenen Raum befinden, stehen in deren Alleingewahrsam (Musielak/*Becker* Rn 7; **aA** Zö/*Stöber* Rn 9, der offenbar einem Familienangehörigen Gewahrsam nur bei entgeltlicher Überlassung eines Raums zur Alleinbenutzung zuerkennen will). Bei **Eheleuten** oder **eingetragenen Lebenspartnern** haben beide Gewahrsam an den Sachen in der gemeinsamen Wohnung, auch während der Strafhaft des einen Ehegatten/Lebenspartners, solange kein Getrenntleben anzunehmen ist (Ddorf NJW-RR 95, 963, 964). Soweit aber nach § 1362 I BGB das Eigentum des Schuldners vermutet wird, gilt er nach § 739 als alleiniger Gewahrsamsinhaber (vgl § 739 Rz 1–5); dies gilt **nicht analog** für nichteheliche Lebensgemeinschaften (BGHZ 170, 187, 191). Bei **Wohngemeinschaften** gibt es regelmäßig keinen Haushaltsvorstand; an den Sachen in den Gemeinschaftsräumen besteht Mitgewahrsam, Alleingewahrsam an den Sachen, die offensichtlich dem persönlichen Gebrauch eines Bewohners dienen oder die sich in zur alleinigen Nutzung überlassenen Räumen befinden (Musielak/*Becker* Rn 7).

10 **c) Behältnisse.** Der Inhalt eines Behältnisses, das nur der Schuldner öffnen kann (zB **Banksafe,** Automat in Gaststätte), steht in seinem Alleingewahrsam, auch wenn er für den Zutritt zu dem Behältnis der Mitwirkung eines Dritten (zB Bank, Gastwirt) bedarf (Frankf OLGR Frankf 98, 250 f). Kann er nur gemeinsam mit dem Dritten das Behältnis öffnen, haben beide Mitgewahrsam (Musielak/*Becker* Rn 8).

11 **d) Nicht voll Geschäftsfähige.** Beschränkt Geschäftsfähige oder Geschäftsunfähige können eigenen Gewahrsam haben, da es auf die tatsächliche Sachherrschaft ankommt. Sachen, die der gesetzliche Vertreter des Schuldners für diesen im Gewahrsam hat, sind wie solche im Gewahrsam des Schuldners zu behandeln (§ 118 Nr 1 GVGA). Der GV muss klären, ob der gesetzliche Vertreter den Gewahrsam für den Vertretenen oder für sich selbst ausüben will; in letzterem Fall ist er Dritter, sodass Pfändung nur nach § 809 erfolgen kann (vgl LG Berlin DGVZ 72, 113, 114).

12 **e) Geschäftsräume.** Bei **Geschäfts- und Betriebsräumen** hat der Inhaber Alleingewahrsam, seine Mitarbeiter sind Besitzdiener (vgl oben Rz 6).

13 **f) Gewahrsam juristischer Personen.** Für **juristische Personen** übt das Vertretungsorgan (zB Vorstand, Geschäftsführer, Liquidator), für **Personengesellschaften** der geschäftsführende Gesellschafter (zB für die GmbH & Co. KG die GmbH, für diese ihr Geschäftsführer, LG Düsseldorf JurBüro 87, 1425) Gewahrsam aus. Der Vertreter hat seinerseits keinen eigenen Gewahrsam, solange er die tatsächliche Sachherrschaft äußerlich erkennbar für die juristische Person innehat (Köln JurBüro 96, 217, 218; BGHZ 156, 310, 316 für Ein-Mann-GmbH). Dies gilt auch für Gesellschaftsvermögen, das sich in Privaträumen des Vertretungsorgans (LG Mannheim DGVZ 83, 118) oder in der tatsächlichen Sachherrschaft eines Kommanditisten befindet (vgl KG NJW 77, 1160). An den Gegenständen in den Geschäftsräumen der juristischen Person hat

diese regelmäßig Gewahrsam (Musielak/*Becker* Rn 9; vgl aber LG Berlin DGVZ 98, 27, 28). Der Gewahrsam der juristischen Person bleibt bestehen, wenn sie ihre werbende Tätigkeit eingestellt hat, aber noch die Abwicklung der Geschäfte betrieben wird (LG Kassel DGVZ 78, 114). Endet die Organstellung der Person, die die tatsächliche Sachherrschaft hat, erlangt diese Gewahrsam an den Sachen, die in ihrer tatsächlichen Gewalt verbleiben (BGHZ 156, 310, 316).

III. Auswahl der zu pfändenden Gegenstände. Die Auswahl der Sachen, die gepfändet werden, obliegt dem GV. Dabei berücksichtigt er, dass der Gläubiger auf schnellstem Wege befriedigt, der Schuldner aber nicht unnötig beeinträchtigt werden soll. Daher sind zunächst Geld, Kostbarkeiten, wie bewegliche Sachen pfändbare Wertpapiere oder diejenigen Sachen zu pfänden, die der Schuldner am ehesten entbehren kann (§ 131 Nr 2 GVGA). Auf Wünsche des Schuldners nimmt der GV Rücksicht, soweit es ohne überflüssige Kosten und Schwierigkeiten und ohne Beeinträchtigung des Zwecks der Vollstreckung geschehen kann (§ 104 S 4 GVGA). **14**

C. Bewirkung der Pfändung. Die Pfändung wird dadurch bewirkt, dass der nach § 753 zuständige GV die Sachen in Besitz nimmt und entweder wegschafft oder im Gewahrsam des Schuldners belässt und die Pfändung durch Anlegung von Siegeln oder auf sonstige Weise kenntlich macht (Abs 2). Nimmt statt des GV ein funktionell unzuständiges Vollstreckungsorgan die Pfändung vor, ist diese nichtig (MüKoZPO/*Gruber* Rn 46; Musielak/*Becker* Rn 22). Ein Verstoß gegen die örtliche Zuständigkeit des GV führt zur Anfechtbarkeit der Pfändung (MüKoZPO/*Gruber* Rn 46; Musielak/*Becker* Rn 22). **15**

I. Inbesitznahme. Die wirksame Pfändung setzt voraus, dass der GV sich Alleingewahrsam, dh die die Verfügungsmacht des Schuldners ausschließende tatsächliche Gewalt über die zu pfändenden Sachen verschafft; selbst wenn er nach Abs 2 die Gegenstände im Gewahrsam des Schuldners belässt, muss er sie zunächst in seinen unmittelbaren Besitz bringen und räumt sodann dem Schuldner den Gewahrsam wieder ein (RGZ 118, 276, 277; Musielak/*Becker* Rn 11; **aA** MüKoZPO/*Gruber* Rn 28). Häufig fällt die Inbesitznahme mit der Wegschaffung oder der Ersichtlichmachung nach Abs 2 S 2 zeitlich zusammen. Sie kann aber auch durch sonstige Maßnahmen erfolgen, die dem Gerichtsvollzieher die tatsächliche Gewalt verschaffen und den Schuldner von der Verfügung über diese Gegenstände ausschließen, zB Einschließen der Sachen in einen Raum, der nur dem GV, nicht aber dem Schuldner zugänglich ist (vgl AG Northeim DGVZ 02, 125, 126). **16**

II. Wegschaffen der Sachen. Der GV hat Geld, Kostbarkeiten und Wertpapiere wegzuschaffen, andere Sachen nur, sofern die Befriedigung des Gläubigers gefährdet wäre, wenn die Sachen im Gewahrsam des Schuldners verblieben, Abs 2 S 1. Gelangt die ordnungsgemäß gepfändete Sache, die zunächst im Gewahrsam des Schuldners belassen wurde, in den Gewahrsam eines Dritten, darf der GV die Sache bei dem Dritten nicht ohne Weiteres herausholen; es bedarf eines auf den Drittgewahrsamsinhaber lautenden Titels, den sich der Gläubiger aufgrund seines Pfändungspfandrechts beschaffen muss. Nur ein solcher Titel berechtigt zu einem Eingriff in die Rechtssphäre des am Vollstreckungsverfahren bis dahin unbeteiligten Dritten (BGH NJW-RR 04, 352, 353). **17**

1. Kostbarkeiten. Kostbarkeiten sind Gegenstände, deren Wert im Verhältnis zu ihrer Größe besonders wertvoll sind (BGH NJW 53, 902), zB Edelmetalle wie Gold, Silber oder Platin, Edelsteine, echte Perlen, Münzen, deren Verkaufswert ihren Nennwert übersteigt, Briefmarkensammlungen, Kunstwerke, Antiquitäten. Ob eine Kostbarkeit vorliegt, beurteilt der GV nach pflichtgemäßem Ermessen (Köln Rpfleger 98, 353). **18**

2. Gefährdung der Befriedigung des Gläubigers. Ob der GV **andere Sachen** wegen Gefährdung der Befriedigung des Gläubigers wegzuschaffen hat, hat der GV selbstständig zu beurteilen. Liegt eine Gefährdung vor, ist er zur Wegschaffung verpflichtet (BGH MDR 59, 282), wenn ihn nicht der Gläubiger anders angewiesen hat (vgl AG Riesa JurBüro 08, 442; AG Brake JurBüro 07, 549, 550; AG Gotha DGVZ 95, 119, 120); belässt er die Sachen trotzdem im Gewahrsam des Schuldners, liegt darin eine Amtspflichtverletzung (BGH MDR 59, 282). Wird eine Gefährdung erst später erkennbar, muss er die Sachen alsbald wegschaffen (BGH MDR 59, 282; Zö/*Stöber* Rn 17). Von einer **Gefährdung** ist zB auszugehen, wenn die Sachen leicht verderblich sind, wenn der Schuldner für eine sorgfältige Aufbewahrung nicht sorgen will oder kann (zB mangels geeigneten Raumes), wenn zu befürchten ist, dass der Schuldner oder ein Dritter die Sachen beiseiteschaffen oder verbrauchen wird, oder wenn bei weiterer Benutzung durch den Schuldner eine Wertminderung der gepfändeten Sache zu befürchten ist; Letzteres ist bei **Kfz** regelmäßig der Fall, weshalb der **19**

GV das Kfz in Besitz zu nehmen hat (§ 157 GVGA; Hamburg DGVZ 67, 185, 186; Ddorf DGVZ 68, 25, 26); ebenso bei einem Reitpferd, das bei Turnieren eingesetzt wird (AG Aschaffenburg DGVZ 91, 45, 46).

20 **3. Behandlung der weggeschafften Sachen.** Der GV hat gepfändetes **Geld** nach Abzug der Vollstreckungskosten unverzüglich dem Gläubiger abzuliefern (§ 815 I), wenn nicht die Hinterlegung erfolgen muss, zB nach § 720 oder § 815 II (s. § 196 GVGA; vgl § 815 Rz 8–13); andere Sachen, die er nicht im Gewahrsam des Schuldners belässt, hat er **in Verwahrung** zu nehmen. Er hat für eine sichere Unterbringung und Verwahrung der Pfandstücke zu sorgen und die notwendigen Maßnahmen zu deren Erhaltung zu treffen (§ 139 Nr 1 GVGA). Gepfändete Tiere, die er nicht im Gewahrsam des Schuldners belässt, muss er versorgen (§ 139 Nr 5 GVGA). Kostbarkeiten, Wertpapiere sowie Geld bis zur Auszahlung oder Hinterlegung hat er unter sicherem Verschluss und getrennt von seinen eigenen Geldern und Wertgegenständen zu verwahren, wenn nötig bei einer sicheren Bank oder öffentlichen Sparkasse (§ 138 Nr 2 GVGA, § 72 GVO). Andere Gegenstände verwahrt er in der Pfandkammer, die er nach § 48 Nr 1 GVO idR auf eigene Kosten unterhält, oder übergibt sie einem Verwahrer (§ 139 Nr 3 und 4 GVGA). Bei Verlust oder Beschädigung der Sachen können Amtshaftungsansprüche gegen den Staat aus Pflichtverletzung des GV bestehen. Den Vertrag mit dem Verwahrer schließt der GV idR nicht im eigenen Namen, sondern für den Justizfiskus (BGHZ 142, 77, 80). Wegen der Kosten der Verwahrung ist der Gläubiger zur Zahlung eines Vorschusses verpflichtet (§ 4 GvKostG). Der GV hat aber darauf zu achten, dass keine unnötigen Kosten entstehen (§ 140 Nr 1 GVGA). Letztlich fallen die Kosten der Verwahrung dem Schuldner nach § 788 zur Last.

21 **III. Belassen im Gewahrsam des Schuldners (Abs 2).** Werden Pfandsachen (auch nur vorübergehend bis zur Fortschaffung, vgl § 132 Nr 2 S 2 GVGA) im Gewahrsam des Schuldners belassen, ist die Pfändung nur wirksam, wenn sie durch Anlegung von Siegeln oder auf sonstige Weise **ersichtlich gemacht** wird. Fehlt es an der Kenntlichmachung, ist die Pfändung nichtig; es kommt weder zur Verstrickung noch entsteht ein Pfändungspfandrecht. Der Mangel wird nicht durch spätere Inbesitznahme geheilt, sondern es muss neu gepfändet werden (St/J/*Münzberg* Rn 40 Fn 186; für Wirksamkeit ex nunc, wenn der GV nachträglich eine Kennzeichnung vornimmt: MüKoZPO/*Gruber* Rn 35). Die Pflicht des GV zur Ersichtlichmachung ist Amtspflicht ggü Gläubiger und Schuldner (BGH NJW 59, 1775), deren Verletzung zu Amtshaftungsansprüchen gegen den Staat führen kann. Hat der GV gepfändete Sachen **zunächst nicht im Gewahrsam** des Schuldners belassen und gibt er sie später unter Aufrechterhaltung der Pfändung an den Schuldner heraus, muss er die Pfändung nunmehr ersichtlich machen; anderenfalls erlischt das Pfändungspfandrecht (§ 132 Nr 6 GVGA).

22 **1. Ersichtlich machen.** Die Pfändung ist so kenntlich zu machen, dass sie jedem Dritten, der die im Verkehr übliche Sorgfalt aufwendet, erkennbar ist (OLG Königsberg DGVZ 38, 135). Es muss sich außerdem eindeutig ergeben, welche konkreten Gegenstände gepfändet sind (LG Frankfurt DGVZ 90, 59). Soll nur ein Teil von mehreren gleichartigen Sachen (zB eines Warenlagers) gepfändet werden, muss dieser Teil körperlich ausgesondert werden; es genügt nicht, den zu pfändenden Teil eines Vorrats einer Gattung nach Gewicht oder Stückzahl anzugeben (RG JW 1915, 523; 1916, 200; 1916, 1023).

23 **a) Durch Anlegung von Siegeln oder sonst geeigneten Pfandzeichen.** Der GV soll idR **jedes einzelne Pfandstück** an einer in die Augen fallenden Stelle mit einer Siegelmarke oder einem sonst geeigneten Pfandzeichen versehen (§ 132 Nr 2 S 4 GVGA; vgl aber AG Göttingen DGVZ 72, 32, das die Anbringung des Pfandsiegels auf der der Wand zugekehrten Seite eines Schrankes für ausreichend erachtet); Rücksichtnahme auf das Interesse des Schuldners, dass die Vollstreckungsmaßnahmen nicht jedermann offenbar werden, ist nur insoweit geboten, als die Wirksamkeit und der Zweck der Pfändung nicht gefährdet werden (vgl Zö/*Stöber* Rn 19; Musielak/*Becker* Rn 17). Das Pfandzeichen muss mit dem Pfandstück mechanisch verbunden sein, jedoch sind Beschädigungen der Sache zu vermeiden (§ 132 Nr 2 S 5, 6 GVGA). Für eine Mehrzahl von Pfandstücken – insb eine Menge von Waren oder anderen vertretbaren Sachen, die sich in einem Behältnis oder in einer Umhüllung befinden oder mit Zustimmung des Schuldners in einem abgesonderten Raum untergebracht werden – genügt ein gemeinschaftliches Pfandzeichen, wenn es so angelegt wird, dass kein Stück aus dem Behältnis, der Umhüllung oder dem Raum entfernt werden kann, ohne dass das Pfandzeichen zerstört wird; den Schlüssel zu versiegelten Behältnissen oder Räumen nimmt der GV an sich (§ 132 Nr 2 S 8, 9 GVGA).

24 **b) Auf sonstige Weise.** Abs 2 S 2 stellt es dem GV frei, ob er die Pfändung durch Anlegung von Siegeln oder auf sonstige Weise ersichtlich macht; beide Möglichkeiten stehen also gleichwertig nebeneinander

(RGZ 126, 346, 347; MüKoZPO/*Gruber* Rn 34; Musielak/*Becker* Rn 17). § 132 Nr 2 S 7 GVGA weist den GV jedoch an, das Dienstsiegel oder den Dienststempel zur Kennzeichnung gepfändeter Gegenständen nur dann zu verwenden, wenn die Anbringung von Siegelmarken oder anderen Pfandzeichen unmöglich oder unzweckmäßig ist.

Zur Kenntlichmachung in sonstiger Weise kommt insb die **Pfandanzeige** in Betracht, ein auf die Pfändung hinweisendes Schriftstück, das der GV an dem Ort, an dem sich die Pfandstücke befinden, so anbringt, dass jedermann davon Kenntnis nehmen kann; sie ist vom GV zu unterschreiben und zu siegeln (§ 132 Nr 3 GVGA). Damit klar ist, welche von mehreren an dem Ort befindlichen Gegenständen gepfändet sind, sind die Pfandstücke in der Pfandanzeige genau zu bezeichnen. 25

Bei **nicht eingetragenen Schiffen** (in eingetragene Schiffe erfolgt die Zwangsvollstreckung nach § 870a durch Eintragung einer Schiffshypothek oder Zwangsversteigerung, s. dort) ist die Pfändung idR dadurch ersichtlich zu machen, dass dem Schiff eine mit Schloss und Siegel versehene Kette angelegt wird; außerdem ist für die Bewachung des Schiffes zu sorgen (§ 134 GVGA). 26

2. Folgen der Kenntlichmachung. Ist die Kenntlichmachung **ordnungsgemäß** erfolgt, bleibt die dadurch bewirkte Pfändung auch bestehen, wenn die Erkennbarkeit vom Schuldner oder einem Dritten eigenmächtig beseitigt oder sonst ohne Zustimmung des Gläubigers oder des GV aufgehoben wird (RGZ 161, 109, 114); der GV hat die Pfändung aber unverzüglich wieder ersichtlich zu machen (§ 132 Nr 10 GVGA). Die Pfändung verliert ihre Wirkung, wenn die Erkennbarkeit mit Wissen und Willen des Gläubigers oder des GV beseitigt wird (RGZ 161, 109, 114). 27

IV. Benachrichtigung des Schuldners (Abs 3). Der GV hat den Schuldner von der Pfändung in Kenntnis zu setzen. Dies kann mündlich oder schriftlich erfolgen (MüKoZPO/*Gruber* Rn 41). Bei Pfändung in Abwesenheit geschieht dies regelmäßig durch Übersendung des nach § 762 aufzunehmenden Pfändungsprotokolls (§ 763, vgl § 135 Nr 5 b GVGA). Ein Verstoß gegen § 808 III berührt die Wirksamkeit der Pfändung nicht (St/J/*Münzberg* Rn 42; MüKoZPO/*Gruber* Rn 41), kann aber Amtshaftungsansprüche begründen (MüKoZPO/*Gruber* Rn 46). Der Schuldner sollte zudem auf die Strafbarkeit (§§ 136, 288 StGB) von Beschädigung oder Zerstörung der Pfandzeichen und von Handlungen, die den Besitz des GV beeinträchtigen, hingewiesen werden (§ 132 Nr 5 GVGA). 28

D. Wirkung der Pfändung. I. Verstrickung. Die wirksame Pfändung bewirkt die Verstrickung der Pfandsache (s. § 804 Rz 1–3) und dem privatrechtlich Berechtigten ist die **Verfügungsbefugnis** entzogen (§§ 136, 135 BGB; MüKoBGB/*Armbrüster* § 136 Rn 5; ThoPu/*Seiler* § 803 Rn 7; **einschr** MüKoZPO/*Gruber* § 803 Rn 53 ff). Der Gläubiger erwirbt ein Pfändungspfandrecht (s. § 804 Rz 4–10). Wer die Pfandsache der Verstrickung ganz oder zT entzieht, macht sich nach § 136 StGB strafbar. 29

II. Besitzverhältnisse. Der GV wird unmittelbarer Fremdbesitzer und vermittelt dem Gläubiger mittelbaren Fremdbesitz erster Stufe, dem Eigentümer (sei dieser der Schuldner oder ein Dritter) letztstufigen mittelbaren Eigenbesitz. Belässt der GV die Sache im Gewahrsam des Schuldners, erlangt dieser den unmittelbaren Besitz zurück und vermittelt dem GV mittelbaren Fremdbesitz erster Stufe, dem Gläubiger mittelbaren Besitz zweiter Stufe (RGZ 94, 341; 126, 21, 25; MüKoZPO/*Gruber* Rn 44; Musielak/*Becker* Rn 19). Der Schuldner hat aber ggü dem GV, der die Pfandsache wegen Gefährdung (s. Rz 19) oder zum Zwecke der Verwertung an sich nimmt, keine Besitzschutzrechte aus §§ 858 ff BGB. 30

Veräußert der Schuldner die in seinem Gewahrsam belassene Pfandsache, ist diese nicht abhandengekommen iSv § 935 I BGB, sodass ein gutgläubiger lastenfreier Erwerb nach §§ 932 ff, 136, 135 BGB möglich ist (MüKoZPO/*Gruber* Rn 44; Musielak/*Becker* Rn 19). 31

III. Nutzung durch den Schuldner. Bleibt die Pfandsache im Gewahrsam des Schuldners, kann dieser sie weiter benutzen, sofern dadurch nicht die spätere Verwertung dem Grunde oder der Höhe des zu erzielenden Erlöses nach gefährdet wird, insb durch Abnutzung oder Beseitigung der Kenntlichmachung (MüKoZPO/*Gruber* Rn 45; Zö/*Stöber* Rn 21). Liegen diese Voraussetzungen nicht vor, wird der GV aber regelmäßig Anlass haben, die Pfandsache an sich zu nehmen (s. Rz 19), es sei denn, er kann durch andere Maßnahmen eine Benutzung durch den Schuldner verhindern. Belässt der Gerichtsvollzieher Tiere im Gewahrsam des Schuldners, so kann er mit dem Schuldner vereinbaren, dass dieser befugt sein soll, die gewöhnlichen Nutzungen der Tiere (zB die Milch gepfändeter Kühe) als Entgelt für deren Fütterung und Pflege im Haushalt zu verbrauchen (§ 132 Nr 4 GVGA). 32

33 **E. Anschluss-, Mehrfach- und Doppelpfändung. I. Anschlusspfändung (§ 826).** Eine bereits gepfändete Sache kann iRd Zwangsvollstreckung eines weiteren Gläubigers gegen denselben Schuldner nochmals gepfändet werden (s. § 826). Die frühere Pfändung geht der späteren im Rang vor (§ 804 III).

34 **II. Mehrfachpfändung.** Eine Sache kann gleichzeitig für mehrere Gläubiger gepfändet werden. Die Folgen ergeben sich aus § 827 (s. § 827 Rz 5). § 168 Nr 1 GVGA weist den GV an, mehrere ihm vorliegende Vollstreckungsaufträge als gleichzeitige zu behandeln und die Pfändung ohne Rücksicht auf die Reihenfolge des Eingangs für alle beteiligten Gläubiger zugleich zu bewirken (dagegen MüKoZPO/*Gruber* Rn 50). Die so entstehenden Pfändungspfandrechte sind gleichrangig. Es ist nur ein Pfändungsprotokoll aufzunehmen, das die Erklärung enthalten muss, dass die Pfändung gleichzeitig für alle bewirkt ist (§ 168 Nr 3 GVGA).

35 **III. Doppelpfändung.** § 739 (s. § 739 Rz 5) ermöglicht die mehrfache Pfändung derselben Sache bei der Zwangsvollstreckung gegen **verschiedene Schuldner**, nämlich aus Titeln gegen Ehemann und Ehefrau. Es handelt sich nicht um eine Anschlusspfändung. Für jede Pfändung ist ein eigenes Protokoll aufzunehmen (Zö/*Stöber* Rn 26; Musielak/*Becker* Rn 12).

36 **F. Rechtsbehelfe.** Gegen die Pfändung kann der Schuldner, der Gläubiger oder ein Dritter **Erinnerung** nach § 766 und anschließend sofortige Beschwerde nach § 793 einlegen. Der Gläubiger kann damit geltend machen, der GV habe den Pfändungsauftrag nicht oder nicht ordnungsgemäß ausgeführt, zB wenn der GV trotz Gefährdung die Sache im Gewahrsam des Schuldners belässt. Dritte können mit der Erinnerung zB gegen eine Verletzung ihres (Mit-)Gewahrsams vorgehen.

37 Wird auf die Erinnerung die Pfändung für unzulässig erklärt, erlischt das Pfandrecht mit der Freigabe des Pfandgegenstands durch den GV und lebt nicht mit dem ursprünglichen Rang wieder auf, wenn auf sofortige Beschwerde der Beschl des Vollstreckungsgerichts aufgehoben wird. Um dies zu vermeiden, sollte das Vollstreckungsgericht im Zweifel die Vollziehung des Beschlusses bis zu dessen formeller Rechtskraft aussetzen (KG MDR 1966, 515; Zö/*Stöber* Rn 29; Musielak/*Lackmann* § 766 Rn 31).

38 **G. Kosten/Gebühren.** Der Anwalt erhält die Gebühren nach den Nr 3309, 3310 VV RVG. Hinzu kommen kann eine Einigungsgebühr nach Nr 1000 ff VV RVG.

In der Zwangsvollstreckung gilt **jede Vollstreckungsmaßnahme** zusammen mit den durch diese vorbereiteten weiteren Vollstreckungshandlungen bis zur Befriedigung des Gläubigers als eine besondere Gebührenangelegenheit iSd § 15 RVG (§ 18 Nr 1 Hs 1 RVG). **Vorbereitende Vollstreckungshandlungen** zählen allerdings nach § 19 I 1 RVG noch mit zum Umfang der jeweiligen Vollstreckungsangelegenheit, also insb die Vorbereitung des Antrags (§ 19 I 2 Nr 1 RVG), die erstmalige Erteilung der Vollstreckungsklausel, wenn deswegen keine Klage erhoben wird (§ 19 I 2 Nr 14 RVG) sowie die Zustellung eines Vollstreckungstitels, der Vollstreckungsklausel oder der sonstigen in § 750 genannten Urkunden, sofern dies nicht bereits im Rechtsstreit geschehen ist (§ 19 I 2 Nr 16 RVG). Darüber zählt § 19 II RVG noch weitere Tätigkeiten auf, die zur jeweiligen Vollstreckungsangelegenheit gehören, wie etwa die Erinnerung nach § 766. Ebenfalls zur Vollstreckungsangelegenheit gehört das **Einholen von Meldeamtsauskünften**, um den Aufenthaltsort des Schuldners in Erfahrung zu bringen (BGH AGS 04, 99 = NJW 04, 1101 = JurBüro 04, 191).

39 Eine vorbereitende Handlung, die stets mit zur jeweiligen Vollstreckungsangelegenheit gehört, ist die **Vollstreckungsandrohung**. Sie löst zwar bereits die Gebühr nach Nr 3309 VV RVG aus (BGH FamRZ 2004, 101 = DGVZ 2004, 24); kommt es dann aber zur Durchführung der angedrohten Vollstreckungsmaßnahme, entsteht die Gebühr nicht erneut, sondern insgesamt nur einmal (AG Münster DGVZ 06, 31; LG Kassel DGVZ 96, 11; AG Herborn DGVZ 93, 118).

Ist die Mobiliarvollstreckung gegen den Schuldner zunächst erfolglos, weil er unter seiner bisherigen Anschrift nicht angetroffen wird und wird die Vollstreckung daraufhin fortgesetzt, so ist zu differenzieren:

- Wird die Zwangsvollstreckung zeitnah unter der neuen Anschrift fortgesetzt, dann ist von einem einheitlichen Vollstreckungsauftrag auszugehen, so dass die Verfahrensgebühr nach Nr 3309 VV RVG nur einmal entsteht (München AnwBl 82, 500 = JurBüro 92, 326; Ddorf JurBüro 87, 546).
- Wird die Vollstreckung dagegen mangels Kenntnis des wahren Aufenthaltsorts zunächst eingestellt und zu einem späteren Zeitpunkt nach Bekanntwerden der neuen Anschrift wieder aufgenommen, liegen zwei verschiedene Angelegenheiten vor.

Eine Angelegenheit liegt auch dann noch vor, wenn zunächst am **Geschäftssitz** vollstreckt wird und anschließend am **Wohnsitz des Schuldners** oder umgekehrt (BGH AGS 05, 63 = JurBüro 05, 139).

Jeweils **eigene Angelegenheiten** iRd Zwangsvollstreckung sind dagegen die in § 18 I Nr 4–21 RVG aufgezählten Tätigkeiten.

Ebenfalls mehrere Aufträge liegen bei einem sog **Kombi-Auftrag** vor, also wenn ein unbedingter Auftrag **40**
zur Mobiliarvollstreckung und gleichzeitig ein bedingter Auftrag für die Einleitung des Verfahrens auf Abgabe der eidesstattlichen Versicherung erteilt worden ist. Mit Eintritt der Bedingung, nämlich der Fruchtlosigkeit der Mobiliarvollstreckung, wird der weitere Auftrag für das Verfahren auf Abgabe der eidesstattlichen Versicherung wirksam und löst eine weitere Gebühr nach Nr 3309 VV RVG aus. Ist die Zwangsvollstreckung dagegen erfolgreich, tritt die Bedingung nicht ein und es bleibt bei einer Angelegenheit und damit bei einer Gebühr nach Nr 3309 VV RVG.

Des Weiteren handelt es sich jeweils um gesonderte Gebührenangelegenheiten, wenn gegen **mehrere Schuldner** vollstreckt wird. Das gilt auch für Vollstreckungen gegen Gesamtschuldner, mag der Anspruch auch der gleiche und das wirtschaftliche Interesse dasselbe sein. Eine Streitgenossenschaft in der Zwangsvollstreckung gibt es nicht, selbst dann nicht, wenn gegen die verschiedenen Schuldner aus demselben Titel vollstreckt wird (BGH AGS 07, 71 = AnwBl 06, 856; Frankf AGS 04, 69; LG Frankfurt aM AGS 03, 207 mit Anm *N. Schneider* = JurBüro 03, 304; AG Singen JurBüro 06, 329).

Für seine Tätigkeit in der Zwangsvollstreckung erhält der Anwalt zunächst einmal eine **0,3-Verfahrensgebühr** nach Nr 3309 VV RVG. Die Vorbem 3 II VV RVG gilt auch hier, so dass die Gebühr bereits mit der Entgegennahme der Information entsteht. **41**

Eine Reduzierung bei **vorzeitiger Erledigung**, also wenn es nicht zur Durchführung der Zwangsvollstreckung kommt, ist nicht vorgesehen. Daher entsteht die volle 0,3-Verfahrensgebühr der Nr 3309 VV RVG auch schon für eine Androhung der Zwangsvollstreckung (Vollstreckungsandrohung), selbst wenn es nicht mehr zur Durchführung der Vollstreckung kommt.

Bei **mehreren gemeinschaftlich beteiligten Auftraggebern**, also zB bei mehreren Gesamtgläubigern, erhöht sich die Gebühr um 0,3 je weiterem Auftraggeber. Die Verfahrensgebühr beträgt also bei zwei Auftraggebern 0,6 (Stuttg AGS 07, 33; LG Frankfurt aM AGS 05, 18 mit Anm *Mock* = NJW 04, 3642; LG Hamburg AGS 05, 497; LG Köln MDR 05, 1318).

Darüber hinaus kann der Anwalt iRd Zwangsvollstreckung auch eine Einigungsgebühr nach Nr 1000 ff VV **42**
RVG verdienen. Eine Einigungsgebühr wird ausgelöst, wenn iRd Zwangsvollstreckung mit dem Schuldner Vereinbarungen getroffen werden, sofern ein Nachgeben – idR des Gläubigers – gegeben ist. Von einem solchen Nachgeben ist insb dann auszugehen, wenn der Gläubiger für den Fall der sofortigen Zahlung auf einen Teil der Forderung, und sei es nur auf einen Teil der Zinsen oder der Kosten verzichtet. Auch bloße **Ratenzahlungsvereinbarungen** stellen eine Einigung iSd Nr 1000 VV RVG dar, selbst wenn der Gläubiger letztlich seine gesamte Forderung erhält (BGH AGS 05, 140 = JurBüro 05, 309). Dagegen soll keine Einigungsgebühr entstehen, wenn der Gerichtsvollzieher mit dem Schuldner eine Einigung trifft und der Gläubiger sich damit einverstanden erklärt (BGH AGS 06, 496 = RVGreport 06, 382).

Soweit noch die Hauptsache oder ein Vollstreckungsverfahren anhängig ist, entsteht eine 1,0-Einigungsgebühr nach Nr 1000, 1003 VV RVG. Dazu zählt auch ein Verfahren vor dem Gerichtsvollzieher (Anm S 2 zu Nr 1003 VV RVG). Soweit weder die Hauptsache noch ein Vollstreckungsverfahren anhängig ist, etwa wenn bislang nur die Vollstreckung angedroht oder die Zwangsvollstreckungsmaßnahme zum Zeitpunkt der Einigung bereits abgeschlossen ist, entsteht die Einigungsgebühr zu 1,5 (Nr 1000 VV RVG). Dass die titulierte Forderung zuvor im Rechtsstreit anhängig gewesen war, ist unerheblich, da es nur auf den Zeitpunkt der Einigung ankommt. **43**

Der **Gegenstandswert** bemisst sich nach § 25 RVG. Maßgebend ist der Wert der zu vollstreckenden Forderung einschließlich der Nebenforderungen (§ 25 I Nr 1 RVG). Hierzu zählen insb Zinsen sowie die Kosten vorausgegangener Vollstreckungsversuche. Beschränkt sich der Vollstreckungsauftrag darauf, einen bestimmten Gegenstand oder eine bestimmte Forderung zu verwerten, so ist lediglich deren Wert maßgebend, sofern er geringer ist. **44**

Bei Vollstreckungen auf **Herausgabe oder Leistung von Sachen** ist der Wert der Sache maßgebend, also **45**
der Verkehrswert (§ 25 I Nr 2 Hs 1 RVG). Der Wert darf jedoch nicht den Wert übersteigen, mit dem der Herausgabe- oder Räumungsanspruch nach den für die Berechnung von Gerichtskosten maßgeblichen Vorschriften zu bewerten ist. Soweit also das GKG privilegierte Streitwerte vorsieht, gelten diese in der Zwangsvollstreckung fort.

§ 809 Pfändung beim Gläubiger oder bei Dritten. Die vorstehenden Vorschriften sind auf die Pfändung von Sachen, die sich im Gewahrsam des Gläubigers oder eines zur Herausgabe bereiten Dritten befinden, entsprechend anzuwenden.

1 **A. Normzweck.** § 809 erweitert die Möglichkeit der Pfändung auf Sachen, die zum Vermögen des Schuldners gehören, sich aber nicht im (Allein-)Gewahrsam des Schuldners, sondern im (Mit-)Gewahrsam einer anderen Person befinden, die nicht geschützt werden muss.

2 **B. Voraussetzungen. I. Gewahrsam des Gläubigers (1. Alt.).** Zum Begriff des Gewahrsams s. § 808 Rz 5–13. Herausgabebereitschaft des Gläubigers wird nicht vorausgesetzt (**aA** *Gerlach* ZZP 89, 294, 317 mwN). Widerspricht der Gläubiger aber der Zwangsvollstreckung, darf kein Zwang gegen ihn ausgeübt werden (MüKoZPO/*Gruber* Rn 4; Musielak/*Becker* Rn. 2).

3 **II. Gewahrsam eines herausgabebereiten Dritten (2. Alt.). 1. Dritter.** Dritter ist jeder, der am Vollstreckungsverfahren weder als Gläubiger noch als Schuldner beteiligt ist. Ob der GV, der an einer Sache durch Pfändung Gewahrsam erlangt hat, für eine weitere Pfändung Dritter ist, ist str (bejahend Musielak/*Becker* Rn 3; ThoPu/*Seiler* Rn 2; verneinend MüKoZPO/*Gruber* Rn 5; *Knoche* ZZP 114, 399, 412 f). In diesen Fällen ist zu differenzieren, ob die Erstpfändung nach § 808 oder § 809 erfolgt ist (Musielak/*Becker* Rn 3; *Knoche* ZZP 114, 399, 413 ff); wurde nach § 808 gepfändet, erfolgt die weitere Pfändung ohne Weiteres nach § 808 bzw § 826, wenn der Schuldner derselbe wie bei der Erstpfändung ist. Ist der Schuldner ein anderer, ist nach § 809 die Herausgabebereitschaft des Erstschuldners erforderlich. Wurde die Erstpfändung nach § 809 vorgenommen, muss die Herausgabebereitschaft des Dritten auch für eine weitere Pfändung vorliegen, es sei denn, dieser ist Schuldner der neuen Pfändung; dann kann nach § 808 auch gegen seinen Willen gepfändet werden (Musielak/*Becker* Rn 3; *Knoche* ZZP 114, 399, 413 ff).

4 **2. Gewahrsam.** Zum Begriff des Gewahrsams (insb von Vertretern, Ehegatten, Besitzdienern) s. § 808 Rz 5 – 13. Auch wenn der Dritte neben dem Schuldner Mitgewahrsam hat, hat die Pfändung nach § 809 zu erfolgen (AG Siegen DGVZ 93, 61; LG Wiesbaden DGVZ 81, 60; MüKoZPO/*Gruber* Rn 6; **aA** *Braun* AcP 196, 557, 584). Hat der Schuldner die Sache dem Dritten nur überlassen, um die Zwangsvollstreckung zu vereiteln, ist zu prüfen, ob der Dritte überhaupt Gewahrsam erlangt hat oder etwa nur Besitzdiener ist, sodass § 809 nicht anzuwenden ist (MüKoZPO/*Gruber* Rn 6; *Knoche* ZZP 114, 399, 425 ff). Ist aber Gewahrsam des Dritten festzustellen, entfällt das Erfordernis der Herausgabebereitschaft auch bei kollusivem Zusammenwirken von Schuldner und Drittem nicht (MüKoZPO/*Gruber* Rn 7; Musielak/*Becker* Rn 5; ThoPu/*Seiler* Rn 4; vgl zur Räumungsvollstreckung BGH NJW 08, 3287, 3288; **aA** AG Flensburg DGVZ 95, 60; AG Dortmund DGVZ 94, 12; LG Tübingen DGVZ 92, 137; Zö/*Stöber* Rn 5: bei sog **Scheingewahrsam** grds keine Herausgabebereitschaft des Dritten erforderlich).

5 **3. Herausgabebereitschaft.** Der (Mit-)Gewahrsamsinhaber muss mit der Pfändung und der Wegnahme der Sache zum Zwecke der Verwertung einverstanden sein, was der Gerichtsvollzieher durch Befragen festzustellen hat (BGH NJW-RR 04, 352, 353; Ddorf NJW-RR 97, 998, 999). Die Erklärung ist zu protokollieren (§ 137 GVGA). Die widerspruchslose Hinnahme der Pfändung stellt ein Indiz für das Einverständnis mit der Wegnahme der Sache dar (BGH NJW-RR 04, 352, 353; MüKoZPO/*Gruber* Rn 8). Die Unterzeichnung des Pfändungsprotokolls, das eine Einverständniserklärung nicht enthält, ist jedoch nicht ohne Weiteres als Erklärung der Herausgabebereitschaft zu werten (KG DGVZ 64, 7, 8; Musielak/*Becker* Rn 4). Die Herausgabebereitschaft kann auch nachträglich erklärt werden (Nürnbg OLG Rspr 31, 112). Sie ist als Prozesshandlung **unwiderruflich** und **bedingungsfeindlich,** sofern nicht die gestellten Bedingungen von allen Beteiligten angenommen werden (§ 118 Nr 2 GVGA; Zö/*Stöber* Rn 6; Musielak/*Becker* Rn 4). Zulässig ist die Beschränkung auf Pfändungen zugunsten einzelner Gläubiger (*Knoche* ZZP 114, 399, 408 ff; *Göhler* MDR 65, 339, 340; Zö/*Stöber* Rn 6; Musielak/*Becker* Rn 4; **aA** *Sonnenberger* MDR 62, 22; B/L/A/H Rn 6). Ist der Dritte zur Herausgabe nicht oder nur unter einer unzulässigen Bedingung bereit, kann der GV auch dann nicht pfänden, wenn ihm ein Herausgabeanspruch des Schuldners gegen den Dritten offensichtlich erscheint (LG Oldenburg DGVZ 83, 58); der Gläubiger ist darauf verwiesen, den Herausgabeanspruch des Schuldners gegen den Dritten zu pfänden (Zö/*Stöber* Rn 6).

6 **4. Eigentum des Schuldners.** Fehlendes Eigentum des Schuldners an der zu pfändenden Sache verhindert ein Vorgehen des Gläubigers nach § 809 ZPO ebenso wenig wie nach § 808 ZPO (BGHZ 80, 296, 299; MüKoZPO/*Gruber* Rn 13; **aA** Musielak/*Becker* Rn 6; B/L/A/H Rn 3; Schuschke/Walker/*Walker* Rn 6; vgl § 808 Rz 3).

C. Durchführung und Folgen der Pfändung. Liegen die Voraussetzungen des § 809 vor, wird die Pfändung wie bei § 808 (s. dort) durchgeführt. Der Schuldner ist von der Pfändung beim Gläubiger oder bei einem Dritten durch Übersendung einer Protokollabschrift zu benachrichtigen (§ 137 GVGA). Die gepfändete Sache ist fortzuschaffen, wenn der Dritte es verlangt (§ 137 GVGA). Belässt der GV die Sache bei dem Dritten, kommt dadurch nicht ohne Weiteres ein Verwahrungsvertrag mit dem Dritten zustande (MüKoZPO/*Gruber* Rn 15; Musielak/*Becker* Rn 7; Zö/*Stöber* Rn 7; anders aber BGHZ 89, 84). Der späteren Abholung der Pfandsache kann der Dritte nicht widersprechen, weil er seine Herausgabebereitschaft unwiderruflich erklärt hat (s.o. Rz 5). Ein Widerspruchsrecht nach § 771 ZPO, das er als berechtigter Besitzer der Sachen geltend machen könnte, hat er damit verloren. Hat er aber irrtümlich eigene Sachen, die nicht zum Vermögen des Schuldners gehören, an den pfändenden Gerichtsvollzieher herausgegeben, kann er sein materielles, die Veräußerung der Pfandsache hinderndes Recht durch Erinnerung nach § 766 ZPO oder im Wege des § 771 ZPO geltend machen (BGH MDR 78, 401; MüKoZPO/*Gruber* Rn 18). 7

D. Rechtsbehelfe. Dem Dritten und dem Gläubiger steht wie bei § 808 (Einzelheiten s. § 808 Rz 36 f) die Erinnerung nach § 766 zu, dem Dritten zudem die Klage nach § 805. Ggf kann er eigene Rechte an der Sache außer dem Besitzrecht mit der Drittwiderspruchsklage (§ 771) verfolgen. Verstöße gegen § 809 machen die Pfändung nicht nichtig, sondern nur anfechtbar. Der Schuldner kann die fehlende Herausgabebereitschaft des Dritten nicht mit einem Rechtsbehelf geltend machen (MüKoZPO/*Gruber* Rn 19; Musielak/*Becker* Rn 8; Zö/*Stöber* Rn 9). 8

§ 810 Pfändung ungetrennter Früchte.

(1) [1]Früchte, die von dem Boden noch nicht getrennt sind, können gepfändet werden, solange nicht ihre Beschlagnahme im Wege der Zwangsvollstreckung in das unbewegliche Vermögen erfolgt ist. [2]Die Pfändung darf nicht früher als einen Monat vor der gewöhnlichen Zeit der Reife erfolgen.

(2) Ein Gläubiger, der ein Recht auf Befriedigung aus dem Grundstück hat, kann der Pfändung nach Maßgabe des § 771 widersprechen, sofern nicht die Pfändung für einen im Falle der Zwangsvollstreckung in das Grundstück vorgehenden Anspruch erfolgt ist.

A. Normzweck. Ungetrennte Früchte unterliegen als wesentliche Bestandteile des Grundstücks (§ 94 I 1 BGB) grds der Immobiliarvollstreckung. § 810 erlaubt ausnahmsweise die Pfändung als bewegliche Sachen. 1

B. Voraussetzungen der Pfändung. I. Ungetrennte Früchte. Hierunter fallen nur die wiederkehrend geernteten Früchte wie Getreide, Hackfrüchte, Obst; **nicht** Rechtsfrüchte oder sonstige Bodenerzeugnisse wie Holz auf dem Stamm (aber Bäume in einer Baumschule, AG Elmshorn DGVZ 95, 12; LG Bayreuth DGVZ 85, 42), Torf, Kohle, Steine und Mineralien (§ 151 I GVGA). 2

II. Kein Ausschluss der Pfändbarkeit. Werden die Früchte nach der Trennung Zubehör des Grundstücks (§§ 97, 98 Nr 2 BGB), sodass sie nach § 865 II 1 nicht gepfändet werden können, oder sind sie nach § 811 I Nr 2–4 unpfändbar, ist vor der Trennung eine Pfändung nach § 810 nicht zulässig (MüKoZPO/*Gruber* Rn 4; Zö/*Stöber* Rn 3). 3

III. Gewahrsam. Da die ungetrennten Früchte wie bewegliche Sachen behandelt werden, ist Voraussetzung der Pfändung, dass sie im Gewahrsam des Schuldners (§ 808), des Gläubigers oder eines herausgabebereiten Dritten (§ 809) stehen (MüKoZPO/*Gruber* Rn 2; Zö/*Stöber* Rn 5). IdR hat derjenige Gewahrsam, der das Grundstück besitzt und zur Fruchtziehung berechtigt ist (St/J/*Münzberg* Rn 4). Regelmäßig ist das der Eigentümer. Ist das Grundstück verpachtet oder besteht ein Nießbrauch, kann gegen den Eigentümer bzw Verpächter nur unter den Voraussetzungen des § 809 gepfändet werden, gegen den Pächter bzw Nießbraucher, der mit der Trennung der Früchte nach §§ 954, 956 BGB das Eigentum erwirbt, hingegen nach § 808 (§ 152 Nr 1 GVGA; MüKoZPO/*Gruber* Rn 5; St/J/*Münzberg* Rn 4 f). Das Pfandrecht des Verpächters nach § 592 S 1 BGB steht der Pfändung nicht entgegen, genießt jedoch Vorrang und kann mit der Klage nach § 805 geltend gemacht werden (St/J/*Münzberg* Rn 6; MüKoZPO/*Gruber* Rn 5). 4

IV. Keine Immobiliarbeschlagnahme. Ist das Grundstück, dessen Bestandteile die Früchte sind, bereits im Wege der Zwangsvollstreckung beschlagnahmt, können die Früchte nicht mehr gepfändet werden, da sie von der Beschlagnahme miterfasst werden (§§ 21 I 1, 148 ZVG) und dann ausschließlich der Immobiliar- 5 zwangsvollstreckung unterliegen. Anders, wenn das Grundstück im Besitz eines Pächters ist, da sein Recht auf den Fruchtgenuss nach § 21 III ZVG von der Beschlagnahme unberührt bleibt; in diesem Fall hindert die Beschlagnahme des Grundstücks die Pfändung nach § 810 nicht. Zu den Folgen nachträglicher Immobiliarbeschlagnahme s. § 824 Rz 6.

6 **V. Monatsfrist (Abs 1 S 2).** Die Pfändung ist frühestens einen Monat vor der gewöhnlichen Zeit der Reife zulässig. Diese bestimmt sich nicht nach dem konkreten Reifestand, sondern aus dem Durchschnitt mehrerer Jahre nach der fraglichen Fruchtgattung und den örtlichen Verhältnissen (RGZ 42, 382, 383; BGHZ 120, 368, 374). Werden Früchte üblicherweise in verschiedenen Reifestadien geerntet, ist auf den frühesten Zeitpunkt abzustellen, zu dem man die Früchte zu ernten pflegt (St/J/*Münzberg* Rn 8). Zur Bestimmung der Reifezeit ist im Zweifelsfall ein Sachverständiger zuzuziehen (§ 813 III; § 152 Nr 3 GVGA).

7 **C. Vornahme der Pfändung.** Die Pfändung erfolgt wie die beweglicher Sachen nach §§ 808, 809, wobei die Wegschaffung naturgemäß nicht in Betracht kommt. Die Kenntlichmachung geschieht durch Aufstellung von Pfandtafeln oder Pfandzeichen mit einer vom Gerichtsvollzieher unterschriebenen Pfandanzeige oder durch andere zweckentsprechende Vorrichtungen, tunlichst unter Verwendung des Dienstsiegels oder des Dienststempels; in geeigneten Fällen bestellt der Gerichtsvollzieher einen Hüter (§ 152 Nr 2 GVGA). Nach § 813 III ist ein Sachverständiger hinzuzuziehen, wenn anzunehmen ist, dass der Wert der gepfändeten Früchte 500 € übersteigt (s. § 813 Rz 6).

8 **D. Rechtsfolgen.** Mit der Pfändung, also vor der Trennung der Früchte entsteht an ihnen ein Pfändungspfandrecht (RGZ 161, 109, 113; St/J/*Münzberg* Rn 2; MüKoZPO/*Gruber* Rn 9 Musielak/*Becker* Rn 5; **aA** Henckel S. 334 Fn 86 mwN). Nach der Trennung setzen sich Verstrickung und Pfandrecht an den getrennten Früchten bzw ihren Surrogaten, zB ausgedroschene Samen und Stroh (RGZ 74, 247, 248), aus Trauben gewonnener Most (RGZ 161, 109, 113), fort. Der GV sollte jedoch für die erneute Ersichtlichmachung der Pfändung umgehend Sorge tragen, um einen gutgläubigen lastenfreien Erwerb Dritter zu verhindern (RGZ 161, 109, 115). Die Verwertung erfolgt nach § 824 (s. dort).

9 **E. Vorrangige Realgläubiger (Abs 2).** Dingliche oder persönliche Gläubiger, denen nach § 10 bis 12 ZVG ein Recht auf Befriedigung aus dem Grundstück zusteht, können einer nach Abs 1 zulässigen Pfändung durch Drittwiderspruchsklage nach § 771 widersprechen, weil ihnen auch die Früchte haften. Auf Eintragung oder Fälligkeit des Anspruchs kommt es nicht an (St/J/*Münzberg* Rn 14; MüKoZPO/*Gruber* Rn 10). Der vorrangige Realgläubiger kann sich aber auch darauf beschränken, die vorzugsweise Befriedigung nach § 805 zu verlangen (Zö/*Stöber* Rn 13; Musielak/*Becker* Rn 6). Das Widerspruchsrecht nach Abs 2 entfällt, wenn der pfändende Gläubiger beweist, dass sein Befriedigungsrecht nach der Rangordnung des § 10 ZVG vorgeht (Abs 2 aE). Werden die Früchte iRd Zwangsvollstreckung gegen den Pächter gepfändet, besteht wegen § 21 III ZVG kein Widerspruchsrecht der Realgläubiger (vgl Rz 5).

10 **F. Rechtsbehelfe.** Verstöße gegen die Voraussetzungen des § 810 können mit der Erinnerung nach § 766 geltend gemacht werden. Erfolgt die Pfändung mehr als einen Monat vor der gewöhnlichen Reifezeit, ist die Pfändung zunächst anfechtbar; sie wird aber durch Eintritt der Monatsfrist mit Wirkung ex nunc geheilt (OLG Königsberg HRR 31 Nr 143; MüKoZPO/*Gruber* Rn 7).

§ 811 Unpfändbare Sachen.

(1) Folgende Sachen sind der Pfändung nicht unterworfen:

1. **die dem persönlichen Gebrauch oder dem Haushalt dienenden Sachen, insbesondere Kleidungsstücke, Wäsche, Betten, Haus- und Küchengerät, soweit der Schuldner ihrer zu einer seiner Berufstätigkeit und seiner Verschuldung angemessenen, bescheidenen Lebens- und Haushaltsführung bedarf; ferner Gartenhäuser, Wohnlauben und ähnliche Wohnzwecken dienende Einrichtungen, die der Zwangsvollstreckung in das bewegliche Vermögen unterliegen und deren der Schuldner oder seine Familie zur ständigen Unterkunft bedarf;**
2. **die für den Schuldner, seine Familie und seine Hausangehörigen, die ihm im Haushalt helfen, auf vier Wochen erforderlichen Nahrungs-, Feuerungs- und Beleuchtungsmittel oder, soweit für diesen Zeitraum solche Vorräte nicht vorhanden und ihre Beschaffung auf anderem Wege nicht gesichert ist, der zur Beschaffung erforderliche Geldbetrag;**

3. Kleintiere in beschränkter Zahl sowie eine Milchkuh oder nach Wahl des Schuldners statt einer solchen insgesamt zwei Schweine, Ziegen oder Schafe, wenn diese Tiere für die Ernährung des Schuldners, seiner Familie oder Hausangehörigen, die ihm im Haushalt, in der Landwirtschaft oder im Gewerbe helfen, erforderlich sind; ferner die zur Fütterung und zur Streu auf vier Wochen erforderlichen Vorräte oder, soweit solche Vorräte nicht vorhanden sind und ihre Beschaffung für diesen Zeitraum auf anderem Wege nicht gesichert ist, der zu ihrer Beschaffung erforderliche Geldbetrag;

4. bei Personen, die Landwirtschaft betreiben, das zum Wirtschaftsbetrieb erforderliche Gerät und Vieh nebst dem nötigen Dünger sowie die landwirtschaftlichen Erzeugnisse, soweit sie zur Sicherung des Unterhalts des Schuldners, seiner Familie und seiner Arbeitnehmer oder zur Fortführung der Wirtschaft bis zur nächsten Ernte gleicher oder ähnlicher Erzeugnisse erforderlich sind;

4a. bei Arbeitnehmern in landwirtschaftlichen Betrieben die ihnen als Vergütung gelieferten Naturalien, soweit der Schuldner ihrer zu seinem und seiner Familie Unterhalt bedarf;

5. bei Personen, die aus ihrer körperlichen oder geistigen Arbeit oder sonstigen persönlichen Leistungen ihren Erwerb ziehen, die zur Fortsetzung dieser Erwerbstätigkeit erforderlichen Gegenstände;

6. bei den Witwen und minderjährigen Erben der unter Nummer 5 bezeichneten Personen, wenn sie die Erwerbstätigkeit für ihre Rechnung durch einen Stellvertreter fortführen, die zur Fortführung dieser Erwerbstätigkeit erforderlichen Gegenstände;

7. Dienstkleidungsstücke sowie Dienstausrüstungsgegenstände, soweit sie zum Gebrauch des Schuldners bestimmt sind, sowie bei Beamten, Geistlichen, Rechtsanwälten, Notaren, Ärzten und Hebammen die zur Ausübung des Berufes erforderlichen Gegenstände einschließlich angemessener Kleidung;

8. bei Personen, die wiederkehrende Einkünfte der in den §§ 850 bis 850b dieses Gesetzes oder der in § 54 Abs. 3 bis 5 des Ersten Buches Sozialgesetzbuch bezeichneten Art oder laufende Kindergeldleistungen beziehen, ein Geldbetrag, der dem der Pfändung nicht unterworfenen Teil der Einkünfte für die Zeit von der Pfändung bis zu dem nächsten Zahlungstermin entspricht;

9. die zum Betrieb einer Apotheke unentbehrlichen Geräte, Gefäße und Waren;

10. die Bücher, die zum Gebrauch des Schuldners und seiner Familie in der Kirche oder Schule oder einer sonstigen Unterrichtsanstalt oder bei der häuslichen Andacht bestimmt sind;

11. die in Gebrauch genommenen Haushaltungs- und Geschäftsbücher, die Familienpapiere sowie die Trauringe, Orden und Ehrenzeichen;

12. künstliche Gliedmaßen, Brillen und andere wegen körperlicher Gebrechen notwendige Hilfsmittel, soweit diese Gegenstände zum Gebrauch des Schuldners und seiner Familie bestimmt sind;

13. die zur unmittelbaren Verwendung für die Bestattung bestimmten Gegenstände.

(2) [1]Eine in Absatz 1 Nr. 1, 4, 5 bis 7 bezeichnete Sache kann gepfändet werden, wenn der Verkäufer wegen einer durch Eigentumsvorbehalt gesicherten Geldforderung aus ihrem Verkauf vollstreckt. [2]Die Vereinbarung des Eigentumsvorbehaltes ist durch Urkunden nachzuweisen.

Inhaltsübersicht

	Rz
A. Normzweck	1
B. Auslegungsgrundsätze	2
C. Anwendungsbereich	3
I. Sachlicher Anwendungsbereich	3
1. Vollstreckung wegen Geldforderungen in bewegliche Sachen	3
2. Eigentumsverhältnisse an den Sachen	4
II. Persönlicher Anwendungsbereich	5
III. Maßgeblicher Zeitpunkt	6
1. Nachträgliche Pfändbarkeit	7
2. Nachträgliche Unpfändbarkeit	8
D. Vereinbarungen über den Pfändungsschutz	9
I. Vereinbarung zugunsten des Schuldners	9
II. Vereinbarung zu Lasten des Schuldners	10
1. Vorausverzicht	10
2. Verzicht bei oder nach der Pfändung	11
E. Verfahren	12
F. Katalog der Pfändungsverbote (Abs 1)	13
I. Sachen des persönlichen Gebrauchs und des Haushalts; Gartenlauben uä (Nr 1)	14
1. Persönlicher Gebrauch und Haushalt	14
2. Angemessene, bescheidene Lebens- und Haushaltsführung	15
3. Wohnzwecken dienende Einrichtungen	16
4. Beispiele	17

		Rz
II.	Nahrungs-, Feuerungs- und Beleuchtungsmittel (Nr 2)	20
III.	Vieh für Selbstversorger (Nr 3)	21
IV.	Landwirte (Nr 4)	22
	1. Geschützte Betriebe	22
	2. Geschützte Personen	23
	3. Geschützte Sachen	24
V.	Landwirtschaftliche Arbeitnehmer (Nr 4a)	25
VI.	Persönliche Arbeitsleistung und deren Fortführung (Nr 5 und 6)	26
	1. Schutzzweck	26
	2. Geschützter Personenkreis	27
	3. Fortsetzung der Erwerbstätigkeit	31
	4. Erforderliche Gegenstände	32
	5. Erweiterung des persönlichen Schutzbereichs (Nr 6)	36
VII.	Dienstkleidung und -ausrüstung; bestimmte Berufsgruppen (Nr 7)	37
	1. Dienstkleidung und -ausrüstung	37
	2. Besondere Berufsgruppen	38
	3. Keine Austauschpfändung	39
VIII.	Wiederkehrende Einkünfte (Nr 8)	40
IX.	Apotheken (Nr 9)	41
X.	Bücher (Nr 10)	42
XI.	Höchstpersönliche Sachen (Nr 11)	43
	1. Haushaltungs- und Geschäftsbücher	44
	2. Familienpapiere	45
	3. Trauringe	46
	4. Orden und Ehrenzeichen	47
XII.	Hilfsmittel wegen körperlicher Gebrechen (Nr 12)	48
XIII.	Bestattungsbedarf (Nr 13)	49
G.	Pfändung bei Eigentumsvorbehalt (Abs 2)	50
	I. Anwendungsbereich	50
	II. Voraussetzungen	51
	III. Wirkung	52
	IV. Nachweis (Abs 2 S 2)	53
H.	Pfändungsverbote außerhalb von § 811	54
I.	Rechtsbehelfe	55

1 **A. Normzweck. Abs 1** verbietet die Pfändung von Gegenständen, die dem Schuldner zur angemessenen Lebensführung verbleiben müssen. Das **Verbot der Kahlpfändung** ist Ausfluss der in Art. 1 und 2 GG garantierten Menschenwürde bzw allgemeinen Handlungsfreiheit und beinhaltet eine Konkretisierung des verfassungsrechtlichen Sozialstaatsprinzips (Art. 20 I, 28 I GG). Dem Schuldner und seiner Familie soll die wirtschaftliche Existenz erhalten werden, um ein bescheidenes, aber der Würde des Menschen entsprechendes Leben führen zu können (BGH NJW-RR 11, 1367). Da die Befriedigung des Gläubigers nicht zu Lasten öffentlicher Mittel erfolgen darf, dürfen dem Schuldner bei der Zwangsvollstreckung keine Gegenstände entzogen werden, die ihm der Staat aus sozialen Gründen mit Leistungen der Sozialhilfe wieder zur Verfügung stellen müsste (BGH NJW-RR 04, 789, 790). Die Pfändungsverbote des § 811 dienen also dem Schutz des Schuldners aus sozialen Gründen im öffentlichen Interesse (BGHZ 137, 193, 197; BGH NJW-RR 04, 789, 790). **Abs 2** privilegiert den Vorbehaltsverkäufer, der wegen einer Geldforderung aus dem Verkauf die unter Eigentumsvorbehalt verkaufte Sache pfänden will. Dem Gläubiger soll damit der aufwändige Umweg über Herausgabeklage und Vollstreckung nach §§ 883 ff erspart werden.

2 **B. Auslegungsgrundsätze.** Die **Auslegung** der einzelnen Pfändungsverbote hat sich am Normzweck (s. Rz 1) zu orientieren und muss dabei den Wandel der Bedürfnisse und Betrachtungsweisen im Verlaufe der Zeit berücksichtigen (BFH NJW 90, 1871). So können wirtschaftliche, technische oder gesellschaftliche Entwicklungen, insb eine **Veränderung des allgemeinen Lebensstandards** (vgl BGH NJW-RR 04, 789, 790), dazu führen, dass die Pfändbarkeit bestimmter Gegenstände anders beurteilt wird als in früherer Zeit (vgl zB zur Pfändbarkeit eines Fernsehgerätes BFH NJW 90, 1871). Andererseits sind stets auch die **Umstände des Einzelfalls** zu betrachten, die den Bedarf des Schuldners maßgeblich beeinflussen, wie die Person des Schuldners selbst bzw eines geschützten Dritten (zB Alter, Gesundheitszustand, Berufstätigkeit), die Art seines Bedarfs sowie die örtlichen und zeitlichen Verhältnisse. Die besonderen Verhältnisse in der Familie des Schuldners sind ebenso zu berücksichtigen wie die Notwendigkeit, dem Schuldner die Sicherung einer Lebensgrundlage durch eigene Tätigkeit zu gewährleisten (LG Berlin NJW-RR 92, 1038, 1039; Zö/*Stöber* Rn 3).

3 **C. Anwendungsbereich. I. Sachlicher Anwendungsbereich. 1. Vollstreckung wegen Geldforderungen in bewegliche Sachen.** Der Pfändungsschutz nach § 811 gilt **ausschließlich** für die Zwangsvollstreckung wegen Geldforderungen in bewegliche Sachen, also bei Pfändung nach §§ 808 ff, 826. Auf die Art der beizutreibenden Forderung kommt es nicht an. Auch Ansprüche aus einem Arrest oder einstweiligen Verfügung fallen in den Anwendungsbereich (MüKoZPO/*Gruber* Rn 11; Musielak/*Becker* Rn 2). Einer analogen

Anwendung ist § 811 als Ausnahmevorschrift grds nicht zugänglich (BGH NJW-RR 2007, 1219, 1221). Daher ist sie **nicht anwendbar** bei der Vollstreckung wegen eines Herausgabeanspruchs nach §§ 883 ff, der Pfändung eines Herausgabeanspruchs nach § 847 oder von sonstigen Vermögensrechten nach § 857 oder der Vollstreckung in das unbewegliche Vermögen (Musielak/*Becker* Rn 3; Schuschke/Walker/*Walker* Rn 3). Gleiches gilt, wenn nach § 11 AnfG die Zwangsvollstreckung in einen bestimmten Gegenstand zu dulden ist; der Anfechtungsgegner kann sich nicht auf den Schutz des § 811 berufen, da nicht wegen einer gegen ihn gerichteten Geldforderung vollstreckt wird; war der anfechtbar erworbene Gegenstand beim ursprünglichen Schuldner unpfändbar, hätte dies schon im Anfechtungsprozess unter dem Gesichtspunkt der fehlenden Gläubigerbenachteiligung geltend gemacht werden müssen (Hamm NJW 62, 1827; Schuschke/Walker/*Walker* Rn 3; Musielak/*Becker* Rn 4; MüKoZPO/*Gruber* Rn 12).

2. Eigentumsverhältnisse an den Sachen. Für die Geltung des Pfändungsverbots spielt es keine Rolle, in wessen Eigentum die Sache steht. Selbst wenn unstr oder offenkundig ist, dass der Schuldner nicht Eigentümer ist, unterliegt die Sache dem Pfändungsschutz (Hamm DGVZ 84, 138, 141; Musielak/*Becker* Rn 5; MüKoZPO/*Gruber* Rn 17); dem Eigentümer steht es frei, einen Herausgabetitel zu erwirken und nach §§ 883 ff zu vollstrecken. Dies gilt auch, wenn der Gläubiger wegen einer Forderung vollstreckt, zu deren Sicherung ihm die Sache übereignet ist (BTDrs 13/341, 25). Besonderheiten gelten nur, wenn die Sache unter dem Eigentumsvorbehalt des Gläubigers steht, Abs 2 (s.u. Rz. 50 – 53). 4

II. Persönlicher Anwendungsbereich. Die Pfändungsverbote gelten für jeden Schuldner, also nicht nur für natürliche, sondern auch für juristische Personen, soweit das Gesetz nicht auf den persönlichen Bedarf einer natürlichen Person abstellt (Zö/*Stöber* Rn 4). Bei Erben sind deren Verhältnisse maßgeblich, nicht die des Erblassers (Musielak/*Becker* Rn 6). 5

III. Maßgeblicher Zeitpunkt. Der GV hat bei der Vornahme der Pfändung zu prüfen, ob ein Pfändungsverbot vorliegt (vgl Rz 12). Ob nachträgliche Veränderungen, die die Pfändbarkeit beeinflussen, zu berücksichtigen sind, wird unterschiedlich beurteilt: 6

1. Nachträgliche Pfändbarkeit. War eine Sache im Zeitpunkt der Pfändung nach § 811 unpfändbar, ist die Unpfändbarkeit aber später entfallen, wird der Mangel ex nunc geheilt. Dies ist bei der Entscheidung über die Erinnerung bzw Beschwerde zu berücksichtigen (LG Bad Kreuznach DGVZ 00, 140; MüKoZPO/*Gruber* Rn 18; Zö/*Stöber* Rn 9; Schuschke/Walker/*Walker* Rn 10). Hierfür spricht schon die Zulässigkeit der Vorwegpfändung nach § 811 d. 7

2. Nachträgliche Unpfändbarkeit. Für den Fall, dass nach der Pfändung Umstände eintreten, die die gepfändete Sache unpfändbar machen, wird vielfach vertreten, entscheidend sei allein, ob die Pfändbarkeit im Zeitpunkt der Pfändung gegeben war (LG Berlin RPfleger 77, 262; LG Bochum DGVZ 80, 37, 38; AG Sinzig DGVZ 90, 95; Zö/*Stöber* Rn 9; ThoPu/*Seiler* Rn 3a; B/L/A/H Rn 13). Nach anderer Auffassung kommt es auch hier auf den Zeitpunkt der Entscheidung an (MüKoZPO/*Gruber* Rn 19; Schuschke/Walker/*Walker* Rn 10; Musielak/*Becker* Rn 7; St/J/*Münzberg* Rn 17; *Brock* DGVZ 97, 65 f). Diese Ansicht ist zutr. Es besteht kein Anlass, von dem allgemeinen Grundsatz abzugehen, dass auf den **Zeitpunkt der letzten Sachentscheidung** abzustellen ist. Der Schutzzweck der Norm, die die Befriedigung des Gläubigers zu Lasten öffentlicher Mittel verhindern soll, ist auch dann berührt, wenn die Voraussetzungen der Unpfändbarkeit erst nach der Pfändung eingetreten sind. Der Gefahr, dass der Schuldner nach der Pfändung rechtsmissbräuchlich die Unpfändbarkeit herbeiführt, kann durch eine sekundäre Darlegungslast des Schuldners dafür, dass ihm kein treuwidriges Verhalten zur Last fällt, begegnet werden (vgl MüKoZPO/*Gruber* Rn 19; für volle Beweislast des Schuldners: Musielak/*Becker* Rn 7; St/J/*Münzberg* Rn 17; Schuschke/Walker/*Walker* Rn 10). 8

D. Vereinbarungen über den Pfändungsschutz. I. Vereinbarung zugunsten des Schuldners. Ein weitergehender Schutz, als § 811 ihn dem Schuldner gewährt, kann jederzeit ohne Weiteres vereinbart werden (Schuschke/Walker/*Walker* Rn 13; Musielak/*Becker* Rn 10). Der GV kann und muss eine solche Vereinbarung berücksichtigen, wenn der Gläubiger ihn dahingehend anweist. Es genügt nicht, dass allein der Schuldner sich auf sie beruft, selbst wenn er ein entsprechendes Schriftstück vorlegt. Es ist nicht Sache des GV und des Vollstreckungsgerichts, die Wirksamkeit einer solchen Vereinbarung bei der Pfändung bzw iRe Erinnerung nach § 766 zu beurteilen. Der Schuldner muss Vollstreckungsabwehrklage nach § 767 erheben (Schuschke/Walker/*Walker* Rn 13). Der Gläubiger kann sich schadensersatzpflichtig machen, wenn er sich nicht an die Vereinbarung hält. 9

10 **II. Vereinbarung zu Lasten des Schuldners. 1. Vorausverzicht.** Da der Pfändungsschutz auch im öffentlichen Interesse, etwa zur Vermeidung von Sozialleistungen, besteht, kann der Schuldner nicht auf ihn verzichten. Eine entsprechende Vereinbarung ist nach § 134 BGB nichtig (Köln Rpfleger 69, 439; KG NJW 60, 682; LG Oldenburg DGVZ 80, 39, 41; AG Köln MDR 73, 48; Schuschke/Walker/*Walker* Rn 14; Musielak/*Becker* Rn 8; Zö/*Stöber* Rn 10; MüKoZPO/*Gruber* Rn 13 ff). Der Gegenansicht (LG Bonn MDR 65, 303, 304), die sich darauf stützt, dass der Schuldner über unpfändbare Gegenstände jederzeit durch Übereignung verfügen könne, ist nicht zuzustimmen; das Sozialstaatsprinzip verbietet es, dass der Staat durch Vollstreckungsmaßnahmen aktiv dazu beiträgt, dass der Schuldner seine Existenzgrundlage verliert.

11 **2. Verzicht bei oder nach der Pfändung.** Ein Verzicht auf den Pfändungsschutz ist auch bei oder nach der Pfändung nicht zulässig (LG Oldenburg DGVZ 80, 39, 41; AG Sinzig NJW-RR 87, 757, 758; **aA** AG Essen DGVZ 78, 175). Zwar mag der Schuldner zu diesem Zeitpunkt die Folgen seines Verzichts besser überblicken können als bei einem im Voraus erklärten Verzicht. Auch ist er nicht gehindert, unpfändbare Gegenstände durch Rechtsgeschäft zu veräußern. Es kann aber nicht angehen, dass der Staat dort, wo er eine Einwirkungsmöglichkeit hat, die eigene Existenzvernichtung des Schuldners fördert (AG Sinzig NJW-RR 87, 757, 758; Schuschke/Walker/*Walker* Rn 15; Musielak/*Becker* Rn 9). Daran ändert nichts, dass ein Anspruch auf Sozialleistungen in diesem Fall nach § 26 I SGB XII nicht besteht und die Allgemeinheit insoweit nicht belastet wird.

12 **E. Verfahren.** Die Pfändungsverbote des § 811 sind vom GV vAw zu beachten (BGHZ 137, 193, 197). Sachen, deren Pfändbarkeit zweifelhaft ist, pfändet er, sofern sonstige Pfandstücke nicht in ausreichendem Maße vorhanden sind (§ 120 Nr 1 GVGA). Verstöße gegen § 811 machen die Pfändung nicht nichtig, aber anfechtbar (MüKoZPO/*Gruber* Rn 22; Schuschke/Walker/*Walker* Rn 12; St/J/*Münzberg* Rn 22). Erkennt der GV nachträglich den Verstoß, ist er nicht befugt, die Pfändung von sich aus aufzuheben. Er bedarf hierzu der Zustimmung des Gläubigers oder einer Entscheidung des Vollstreckungsgerichts, die der Schuldner oder ein betroffener Dritter mit der Erinnerung herbeiführen kann (§ 120 Nr 2 GVGA; St/J/*Münzberg* Rn 22; Schuschke/Walker/*Walker* Rn 12). Ist die Zwangsvollstreckung beendet, ohne dass Erinnerung eingelegt worden wäre, darf der Gläubiger den Erlös endgültig behalten; Bereicherungsansprüche bestehen insoweit nicht (Schuschke/Walker/*Walker* Rn 12; St/J/*Münzberg* Rn 22; Zö/*Stöber* Rn 9; **aA** MüKoZPO/*Gruber* Rn 22; B/L/A/H Rn 3), ggf aber Ansprüche aus § 826 BGB (Zö/*Stöber* Rn 9; Schuschke/Walker/*Walker* Rn 12; St/J/*Münzberg* Rn 22).

13 **F. Katalog der Pfändungsverbote (Abs 1).** Die in Abs 1 Nr 1 bis 13 aufgezählten Sachen sind unpfändbar; für die Nr 1, 5 und 6 besteht die Möglichkeit der **Austauschpfändung** nach § 811a. Bei Gegenständen, die zum gewöhnlichen Hausrat gehören, ist § 812 zu beachten.

14 **I. Sachen des persönlichen Gebrauchs und des Haushalts; Gartenlauben uä (Nr 1). 1. Persönlicher Gebrauch und Haushalt.** Sachen des persönlichen Gebrauchs sind solche, die der individuellen Lebensführung des Schuldners dienen. Zu ihnen zählen insb die in der nicht abschließenden Aufzählung in Nr 1 genannten Kleidungsstücke, aber auch zahlreiche Haushaltsgegenstände. Dem Haushalt dienen Gegenstände, die der Schuldner zur Führung des Hausstands benutzt, insb Wäsche, Haushaltsgeräte und Möbel. Bei der Bemessung des Bedarfs sind alle Personen zu berücksichtigen, die mit dem Schuldner im Haushalt zusammenleben, unabhängig davon, ob sie von diesem wirtschaftlich abhängig sind (MüKoZPO/*Gruber* Rn 25; St/J/*Münzberg* Rn 31; **aA** Schlesw SchlHA 52, 12; Zö/*Stöber* Rn 12; B/L/A/H Rn 15). Der Haushalt muss bereits bestehen, darf also nicht nur geplant sein (LG Schweinfurt DGVZ 57, 108). Bei vorübergehender Obdachlosigkeit nach einer Zwangsräumung ist weiter von einem bestehenden Haushalt auszugehen (LG München DGVZ 83, 93, 94). Gegenstände, die dem Schuldner nicht gehören, ihm aber tatsächlich dauerhaft zur ungestörten (Mit-)Benutzung zur Verfügung stehen, sind bei der Frage, ob eigene Sachen gepfändet werden dürfen, zu berücksichtigen (Hambg MDR 55, 175; Celle JurBüro 69, 362, 363).

15 **2. Angemessene, bescheidene Lebens- und Haushaltsführung.** Welche Gegenstände der Schuldner hierfür im konkreten Fall benötigt, ist nach den Umständen des Einzelfalls zu beurteilen und verschließt sich einer schematischen Anwendung der Schutzbestimmungen (s. Rz 2). Das Wort »bescheiden« stellt klar, dass der Schuldner keine standesgemäße Lebens- und Haushaltsführung beanspruchen kann, sondern Einschränkungen hinnehmen muss (MüKoZPO/*Gruber* Rn 26). **Unentbehrlichkeit** des Gegenstands ist jedoch nicht Voraussetzung für den Pfändungsschutz (BFH NJW 90, 1871; LG Bochum DGVZ 83, 12).

3. Wohnzwecken dienende Einrichtungen. Nr 1 nimmt auch Wohnzwecken dienende Einrichtungen, soweit sie der Mobiliarzwangsvollstreckung unterliegen, von der Pfändbarkeit aus. Darunter fallen Wohnlauben, Gartenhäuser, Wohnwagen, Wohnboote, Baracken uä. Größe, Ausstattung und Wert spielen keine Rolle (Schuschke/Walker/*Walker* Rn 21; MüKoZPO/*Gruber* Rn 27; Zweibr Rpfleger 76, 328, 329; **aA** Hamm MDR 51, 738). Werden sie nicht zur ständigen Unterkunft des Schuldners oder seiner Familie benötigt, besteht kein Pfändungsschutz; in der Freizeit genutzte Gartenlauben, Jagdhütten oder Zweitwohnungen wie Wochenend- oder Ferienwohnungen bleiben daher pfändbar. 16

4. Beispiele. Bei der nachfolgenden Darstellung von Beispielen ist zu beachten, dass die Unpfändbarkeit stets nach den **Umständen des Einzelfalls** zu beurteilen ist und deshalb Gerichtsentscheidungen zu konkreten Gegenständen **nicht ohne Weiteres** auf andere Fälle **übertragbar** sind. 17

Unpfändbar sind idR: **Bett** einschließlich Matratze, Bettdecke, Kopfkissen und Bettwäsche (auch zum Wechseln); **Besteck** in angemessenem Umfang; **Bücher** in angemessener Zahl; **Bügeleisen**; **Computer** (VG Gießen NJW 11, 3179; LG Rottweil InVo 99, 27; vgl MüKoZPO/*Gruber* Rn 61); **Fahrrad** (Braunschw NJW 52, 751; **aA** Schuschke/Walker/*Walker* Rn 20); **Fernseher**, auch wenn zusätzlich ein Radiogerät vorhanden ist (AG Wuppertal DGVZ 08, 163; AG Lichtenberg DGVZ 07, 173, 174; Stuttg NJW 87, 196, 197; LG Augsburg DGVZ 93, 55, 56); **Gartenlaube** (s. Rz 16); **Geschirr** in angemessenem Umfang; **Heizkissen** (MüKoZPO/*Gruber* Rn 61; Zö/*Stöber* Rn 15; **aA** Köln MDR 69, 151); **Kinderwagen** (AG Biberach DGVZ 63, 76, 77); **Kleidungsstücke** in angemessenem Rahmen für die verschiedenen Jahreszeiten und zum Wechseln; kleinere **Küchengeräte** wie Toaster, Rührgerät, Wasserkocher (MüKoZPO/*Gruber* Rn 61); **Küchenherd und -backofen; Kühlschrank** (AG Mönchengladbach-Rheydt DGVZ 96, 141; Frankf RPfleger 64, 276 f; AG München DGVZ 74, 95; **aA** LG Hannover MDR 64, 155; einschr LG Traunstein MDR 63, 58, 59); **Möbel** iRe angemessenen, bescheidenen Lebensführung: Tisch, 4 Stühle, Sitzgruppe mit Couchtisch (FG Brandenburg JurBüro 98, 664; LG Heilbronn MDR 92, 1001; AG Itzehoe DGVZ 98, 63; LG Wiesbaden DGVZ 89, 141); **Rundfunkgerät**, wenn kein Fernseher vorhanden ist (Stuttg NJW 87, 196, 197; s.a. Fernseher); **Staubsauger** (Musielak/*Becker* Rn 12; **aA** AG Wiesbaden DGVZ 93, 158); **Telefon; Uhr** als Armband- oder Taschenuhr (München DGVZ 83, 140); **Wäsche**, soweit zur angemessenen, bescheidenen Lebensführung erforderlich; **Waschmaschine** (LG Berlin NJW-RR 92, 1038, 1039; LG Traunstein MDR 63, 58; **aA** Köln MDR 69, 151; LG Konstanz DGVZ 91, 25, 26; AG Berlin-Schöneberg DGVZ 90, 15); **Wäscheschleuder** (LG Traunstein MDR 63, 58). 18

Pfändbar sind idR: **Anrufbeantworter** (LG Berlin NJW-RR 92, 1038, 1039); **Bügelmaschine** zumindest im Austausch gegen ein elektrisches Bügeleisen, wenn nicht ohnehin vorhanden (MüKoZPO/*Gruber* Rn 61; Schuschke/Walker/*Walker* Rn 19); **CD- und DVD-Spieler** (s. Unterhaltungselektronik); **Gefriertruhe** (AG Itzehoe DGVZ 84, 30; LG Kiel DGVZ 78, 115); **Geschirrspülmaschine** (AG Heidelberg DGVZ 81, 31); **Glasvitrine** (LG Heilbronn MDR 92, 1001); **Grill; Kaffeemaschine** (Musielak/*Becker* Rn 12; **aA** Zö/*Stöber* Rn 15; MüKoZPO/*Gruber* Rn 61); **Kraftfahrzeuge**, es sei denn, der Schuldner hat nicht die Möglichkeit, öffentliche Verkehrsmittel zu benutzen (vgl AG Wuppertal DGVZ 09, 43); **Mikrowellenherd**, wenn ein anderer Küchenherd vorhanden ist (Schuschke/Walker/*Walker* Rn 19; Musielak/*Becker* Rn 12); **Musikinstrumente** (AG Essen DGVZ 98, 30); **Nähmaschine** (Köln MDR 69, 151; LG Hannover NJW 60, 2248; **aA** Musielak/*Becker* Rn 12); **Stereoanlage**, wenn andere tontechnische Informationsmittel vorhanden sind (VGH Mannheim NJW 95, 2804; LG Hannover DGVZ 90, 60); **Unterhaltungselektronik** (VGH Mannheim NJW 95, 2804; LG Duisburg MDR 86, 682); **Videorekorder und -kamera** (AG Essen DGVZ 98, 30); **Wäschetrockner**, es sei denn, es ist keine andere Trocknungsmöglichkeit vorhanden (MüKoZPO/*Gruber* Rn 61; Schuschke/Walker/*Walker* Rn 19; **aA** AG Heidelberg DGVZ 81, 31; St/J/*Münzberg* Rn 28); **Wohnwagen** (s. aber Rz 16). 19

II. Nahrungs-, Feuerungs- und Beleuchtungsmittel (Nr 2). In den Schutz einbezogen sind neben dem Schuldner seine Familie und seine Hausangehörigen, die ihm im Haushalt (nicht ausreichend: im Geschäft) helfen; auf verwandtschaftliche Beziehungen kommt es nicht an, sodass auch Lebensgefährten und Pflegekinder zu berücksichtigen sind (Schuschke/Walker/*Walker* Rn 22; Zö/*Stöber* Rn 17). Lebendes Vieh ist als Nahrungsmittel unpfändbar, wenn es zum baldigen Verzehr bestimmt ist (Zö/*Stöber* Rn 17). Sind keine ausreichenden Vorräte vorhanden, bemisst sich der zur Beschaffung erforderliche Geldbetrag ausschließlich nach den in der Vorschrift genannten Naturalien ohne Berücksichtigung sonstiger lebensnotwendiger Bedürfnisse wie Miete, Bekleidung oä. Soweit die Beschaffung auf anderem Wege gesichert ist, 20 etwa durch bevorstehende Gehaltszahlung oder sonstige Zahlungseingänge, besteht kein Pfändungsschutz, ggf nur für einen verkürzten Zeitraum.

21 **III. Vieh für Selbstversorger (Nr 3).** Geschützt wird derjenige Schuldner, der sich, seine Familie und seine Hausangehörigen von den Produkten (zB Eier, Milch, Fleisch) selbst gehaltener Haustiere ernährt; der Schutzbereich ist nicht auf Landwirte beschränkt. Die dem Schuldner zu belassenden Tiere müssen für die Ernährung nicht unentbehrlich, aber erforderlich sein, wobei es nicht darauf ankommt, ob der Schuldner sich die erforderlichen Lebensmittel auch anders als durch Selbsterzeugung beschaffen könnte (Schuschke/Walker/*Walker* Rn 23). Kleintiere sind Kaninchen, Hühner, Enten und Gänse. Trifft der Schuldner keine Wahl unter den Tieren, bleibt dies dem GV überlassen (St/J/*Münzberg* Rn 35; Zö/*Stöber* Rn 18). Das eigene Vieh des Schuldners ist pfändbar, wenn sog Stallvieh (Leihvieh) vorhanden ist, durch das die Ernährung gesichert ist (Zö/*Stöber* Rn 18; Musielak/*Becker* Rn 14).

22 **IV. Landwirte (Nr 4). 1. Geschützte Betriebe.** Durch die Vorschrift sollen die Arbeitsplätze des Landwirts und seiner Gehilfen geschützt werden, solange kein Insolvenzverfahren durchgeführt werden muss (vgl § 36 II Nr 2 InsO). Zur Landwirtschaft gehört jede erwerbsmäßige Bearbeitung eigenen oder fremden Grund und Bodens zur Gewinnung von Nutzpflanzen und Nutztieren und deren Erzeugnissen (LG Oldenburg DGVZ 80, 170). Dazu gehören Ackerbau, Viehzucht, Geflügelzucht, Forstwirtschaft, Baumschulen, die überwiegend Urproduktion betreiben (BGHZ 24, 169, 172), Garten-, Gemüse-, Obst- und Weinbau, Imkerei und Fischzucht. Voraussetzung ist aber, dass die Zucht überwiegend unter Verwendung von Bodenflächen, die zur Ernährung der Tiere dienen, betrieben wird. Dies ist regelmäßig nicht der Fall bei Pferdezucht (LG Koblenz DGVZ 97, 89; LG Frankenthal NJW-RR 89, 896), Legehennenhaltung (LG Hildesheim NdsRpfl 71, 257), Pelztier- und Hundezucht und andere Tierfarmen (LG Frankenthal NJW-RR 89, 896), insb für neuartiges Nutzvieh wie Damwild, Strauße, Kamele und Kängurus. Gewerbliche Nebenbetriebe wie Brauereien, Brennereien oder Gaststätten werden nicht nach Nr 4 geschützt (St/J/*Münzberg* Rn 38; Schuschke/Walker/*Walker* Rn 24). Betriebe, die Landwirte unterstützen, wie Saatguthandlungen, Molkereien oder Lohndruschunternehmen (Ddorf JMBlNRW 68, 18), gelten selbst nicht als landwirtschaftliche Betriebe iSv Nr 4 (Schuschke/Walker/*Walker* Rn 24; Musielak/*Becker* Rn 15).

23 **2. Geschützte Personen.** Geschützt ist derjenige, der die Landwirtschaft betreibt. Ausreichend ist, wenn dies nebenberuflich geschieht (MüKoZPO/*Gruber* Rn 30).

24 **3. Geschützte Sachen.** Welche Geräte und wie viel Vieh im Einzelfall pfändungsfrei ist, ist nach dem jeweiligen Zuschnitt des Betriebs zu beurteilen; dazu soll nach § 813 III ein landwirtschaftlicher Sachverständiger zugezogen werden, wenn der Wert der zu pfändenden Gegenstände voraussichtlich den Betrag von 500 € übersteigt (s. § 813 Rz 6). Zur Fortführung der Wirtschaft erforderlich sind die **Geräte**, ohne die die Landwirtschaft nicht ordnungsgemäß betrieben werden kann. Zum geschützten **Vieh** gehören Arbeitstiere, Zucht-, Milch- und Mastvieh, solange ein Weitermästen sinnvoll ist (RGZ 142, 379, 381; LG Rottweil MDR 85, 1034, 1035). Ist das Vieh hingegen schon zum kurzfristigen Verkauf bestimmt, besteht kein Pfändungsschutz (RGZ 142, 379, 382). Das gilt auch für die **sonstigen landwirtschaftlichen Erzeugnisse** (LG Kleve DGVZ 80, 38, 39), auch wenn ihr Verkauf erst nach der Weiterverarbeitung vorgesehen ist (AG Worms DGVZ 84, 126, 127). Sofern die Forderung aus dem Verkauf jedoch nach § 851a pfändungsfrei wäre, sind schon die Erzeugnisse selbst unpfändbar (AG Aachen DGVZ 61, 141, 142 f; St/J/*Münzberg* Rn 39; Musielak/*Becker* Rn 15; **aA** Celle MDR 62, 139). Für die Fortführung der Wirtschaft erforderlich iS der Vorschrift sind nicht diejenigen Erzeugnisse, deren Verkaufserlös der Wirtschaftsführung dient (LG Kleve DGVZ 80, 38, 39; Celle MDR 62, 139).

25 **V. Landwirtschaftliche Arbeitnehmer (Nr 4a).** Die Vorschrift schützt den Schuldner, der in einem landwirtschaftlichen Betrieb (s. Rz 22; auch Nebenerwerbsbetrieb) als Arbeitnehmer beschäftigt ist. Dabei ist unerheblich, ob seine Tätigkeit im Betrieb selbst landwirtschaftliche Dienste darstellt oder ob es sich etwa um Büroarbeiten oder Haushaltsarbeit handelt (Schuschke/Walker/*Walker* Rn 25; St/J/*Münzberg* Rn 41). Naturalien sind nicht nur Nahrungsmittel, sondern auch Kleidung, Heizmaterial, Tierfutter uä. Sie müssen nicht in dem landwirtschaftlichen Betrieb selbst erzeugt worden sein (Schuschke/Walker/*Walker* Rn 25; Musielak/*Becker* Rn 16).

26 **VI. Persönliche Arbeitsleistung und deren Fortführung (Nr 5 und 6). 1. Schutzzweck.** Dem Schuldner soll die Möglichkeit erhalten werden, durch seinen eigenen Arbeitseinsatz den Unterhalt für sich und seine

Familie zu erwirtschaften. Dazu sind ihm die erforderlichen Gegenstände zu belassen. Für bestimmte Berufsgruppen wird Nr 5 durch Nr 7 ergänzt (s. Rz 37–39).

2. Geschützter Personenkreis. Aus dem Schutzzweck ergibt sich, dass nicht jede Erwerbstätigkeit geschützt wird. Voraussetzung ist, dass sich die persönliche Tätigkeit des Schuldners im Gegensatz zur Leistung anderer und zur Ausnutzung sachlicher Betriebsmittel als das wirtschaftlich Wesentliche darstellt (FG München EFG 08, 1483, 1484; Hambg DGVZ 84, 57). Das ist bei **abhängig Beschäftigten** (Arbeiter, Angestellte, Beamte, Auszubildende) stets der Fall. Bei **selbständig** Tätigen ist zu prüfen, ob die persönliche Leistung des Schuldners die Ausnutzung von Sach- und Kapitalmitteln überwiegt (s. Rz 28 f). Auch die auf **künftigen Erwerb** gerichtete Tätigkeit wird durch Nr 5 geschützt, zB Berufsausbildung, Studium (AG Heidelberg DGVZ 89, 15) und Betriebsgründung (LG Hannover NJW 53, 1717; AG Ibbenbüren DGVZ 01, 30, 31). Der Schutzbereich erstreckt sich zudem auf den **Ehegatten** des Schuldners, sodass Gegenstände, die jener zur Fortsetzung seiner Erwerbstätigkeit benötigt, dem Pfändungsverbot unterliegen (BGH 28.1.10 – VII ZB 16/09, Tz 10 ff, NJW-RR 10, 642, 643; Hamm DGVZ 84, 138, 140; **aA** LG Augsburg Rpfleger 03, 203). 27

Geschützt werden idR **Freiberufler** wie Architekten (LG Frankfurt DGVZ 90, 58), Steuerberater, Musiker, Schauspieler und Schriftsteller. Gleiches gilt für **Handwerker**, die in ihrem Betrieb selbst maßgeblich handwerklich mitarbeiten, auch wenn Maschinen zum Einsatz kommen (Frankf OLGR Frankf 01, 27, 28; LG Bochum DGVZ 82, 43, 44; AG Sinzig NJW-RR 87, 757, 758) und für Fuhr- oder Taxiunternehmer, die selbst fahren (Hambg DGVZ 84, 57). 28

Nicht geschützt werden hingegen regelmäßig Kaufleute. Bei reinem Warenhandel oder -verleih ist wesentlicher Faktor der Erwerbsausübung der Kapitaleinsatz, während die persönliche Leistung völlig im Hintergrund steht (LG Frankfurt NJW-RR 88, 1471; LG Düsseldorf DGVZ 85, 74, 75). Das gilt auch für Fabrikbetriebe, Hotels, Sonnenstudios (LG Oldenburg DGVZ 93, 12, 13), größere Bauunternehmen (LG Hamburg JurBüro 51, 435) und größere Gastwirtschaften. Bei vielen Unternehmen muss im Einzelfall beurteilt werden, ob der persönliche Arbeitseinsatz überwiegt. 29

Der Pfändungsschutz gilt wegen des Schutzzwecks (Rz 26) nur für natürliche, nicht auch für **juristische Personen** (AG Steinfurt DGVZ 90, 62, 63). Bei Einmanngesellschaften, **Personenhandelsgesellschaften** und BGB-Gesellschaften ist Nr 5 anwendbar, wenn die Gesellschafter durch ihren persönlichen Arbeitseinsatz ihr Einkommen innerhalb der Gesellschaft erzielen und die Kapitalausnutzung dagegen im Hintergrund bleibt (Oldbg NJW 64, 505; AG Bersenbrück DGVZ 92, 78; AG Düsseldorf DGVZ 91, 175; MüKoZPO/*Gruber* Rn 38; **aA** für Einmanngesellschaften Musielak/*Becker* Rn 18). 30

3. Fortsetzung der Erwerbstätigkeit. Geschützt ist die gegenwärtig ausgeübte Tätigkeit. Diese muss dazu bestimmt sein, dass der Schuldner seinen Erwerb aus ihr zieht. Die nebenberufliche Ausübung genügt (OVG Magdeburg 29.4.09 – 3 M 175/09; AG Karlsruhe DGVZ 89, 141, 142). Eine vorübergehende Unterbrechung der Tätigkeit beendet nicht den Pfändungsschutz (OVG Magdeburg 29.4.09 – 3 M 175/09; Hamm JurBüro 53, 209; LG Wiesbaden DGVZ 97, 59). Die bloße Möglichkeit, dass die Tätigkeit wieder aufgenommen wird, genügt jedoch nicht (AG Bad Kreuznach DGVZ 00, 140). Unter die Vorschrift fällt auch die auf künftigen Erwerb gerichtete persönliche Tätigkeit wie die Berufsausbildung, wenn mit einer alsbaldigen Aufnahme der neuen Erwerbstätigkeit sicher gerechnet werden kann (BFH ZIP 11, 1728, 1730). 31

4. Erforderliche Gegenstände. Pfändungsfrei sind Gegenstände, die unmittelbar oder mittelbar der Erwerbstätigkeit dienen und für deren Fortführung notwendig sind; unentbehrlich müssen sie nicht sein. Dazu gehören insb Sachen, die zu Herstellung, Bearbeitung, Aufbewahrung oder Transport von Waren dienen, sonstige Arbeitsmittel, Geschäftsausstattung, zur Verarbeitung bestimmte Materialvorräte und Verwaltungsmaterial, aber auch Fahrzeuge, die der Schuldner benötigt, um zur Arbeitsstelle zu gelangen. 32

Bei der nachfolgenden Darstellung von **Beispielen** ist zu beachten, dass die Unpfändbarkeit stets nach den **Umständen des Einzelfalls** zu beurteilen ist und deshalb Gerichtsentscheidungen zu konkreten Gegenständen **nicht ohne Weiteres** auf andere Fälle **übertragbar** sind. 33

Als **unpfändbar** wurden angesehen: **Anrufbeantworter** eines Immobilienmaklers (LG Düsseldorf DGVZ 86, 44); **Ausstellungsstücke** eines Küchenstudios (LG Saarbrücken DGVZ 88, 158); **Backofen** einer Bäckerei (Frankf OLGR Frankf 01, 27, 28); **Baustellenzubehör** eines Bauunternehmers (AG Schönau DGVZ 74, 61); **Bücher** als Hilfsmittel für persönliche Arbeit, nicht für Leihbücherei (Ddorf MDR 64, 63); **Computer** für persönlichen Beruf (LG Heilbronn Rpfleger 94, 370; AG Bersenbrück DGVZ 90, 78), Gewerbe (LG Hildesheim DGVZ 90, 30, 31) oder Examen (AG Essen DGVZ 98, 94; **aA** AG Heidelberg DGVZ 89, 15); **Dik-** 34

tiergerät eines Rechtsanwalts (LG Mannheim MDR 66, 516); **Einrichtungsgegenstände** einer Arztpraxis (AG Köln ZInsO 03, 667, 669 und NJW-RR 03, 987, 988) oder Boutique (Frankf NJW-RR 96, 585); **Fahrrad** für beruflich veranlasste Fahrten (München OLG Rspr 29, 213); **Falzmaschine** eines Druckers (LG Hamburg DGVZ 84, 26, 27); **Fotokopiergerät** eines Architekten (LG Frankfurt DGVZ 90, 58) oder Steuerberaters (FG Köln KKZ 91, 198); **Kamera** eines Berufsfotografen oder Sachverständigen (München OLG Rspr 20, 352; AG Düsseldorf DGVZ 88, 125); **Kfz**-Werkzeuge wie Hebebühne und Hochdruckreiniger (LG Augsburg DGVZ 97, 27, 28; LG Bochum DGVZ 82, 43, 44); **Ladeneinrichtung** eines Kleingewerbetreibenden (LG Lübeck DGVZ 02, 185; OLG Darmstadt JW 34, 1740; KG OLG Rspr 39, 77); **Lkw**, wenn erwerbsnotwendig (LG Oldenburg DGVZ 91, 119; AG Gießen DGVZ 97, 189, 190; AG Köln JurBüro 65, 932, 933); **Musikinstrument** und Noten bei Musiklehrer (Hambg OLG Rspr 33, 105, 106; KG DGVZ 39, 277); **medizinisches Gerät** eines Arztes wie eine Röntgenanlage (Hamm JMBlNRW 53, 40, 41); **Nähmaschine** einer Schneiderin (LG Berlin DGVZ 39, 121); **Pkw** für Lohnfahrten (AG Karlsruhe DGVZ 89, 141, 142), Kundschaftsbesuche (LG Braunschweig MDR 70, 338; LG Stuttgart DGVZ 05, 42, 43; LG Hagen DGVZ 95, 121; LG Koblenz JurBüro 89, 1470; AG Neuwied DGVZ 98, 174), Warentransporte (Schlesw DGVZ 78, 9, 11; Hamm MDR 61, 420; LG Hagen DGVZ 95, 121; AG Bersenbrück DGVZ 92, 140, 141) oder Fahrten zur Arbeitsstätte (BGH 28.1.10 – VII ZB 16/09, Tz 16, NJW-RR 10, 642, 643; Hamm DGVZ 84, 138, 140; AG Waldbröl DGVZ 98, 158); **Schreibmaschine** bei Selbständigen (Ddorf JMBlNRW 53, 105; LG Wiesbaden DGVZ 97, 59); **Videorekorder** eines Kfz-Sachverständigen (AG Düsseldorf DGVZ 88, 125); **verkaufsbereite Waren** einschließlich eines angemessenen Vorrats (Frankf DGVZ 60, 125; Celle DGVZ 99, 26, 27; LG Lübeck DGVZ 02, 185; AG Köln DGVZ 92, 47; s. aber Rz 35); **Wechselgeld** in kleinerem Umfang (LG Lübeck DGVZ 02, 185; LG Heidelberg DGVZ 71, 138, 139; AG Horb DGVZ 89, 78, 79); **Zuchthunde** bei Hundezucht im Nebenerwerb (AG Itzehoe DGVZ 96, 44).

35 Als **pfändbar** wurden ua angesehen: **Computer** (LG Frankfurt DGVZ 90, 58; LG Koblenz JurBüro 92, 264, 265; AG Kiel JurBüro 04, 334, 335; AG Heidelberg DGVZ 89, 15); **Fotokopiergerät** eines Rechtsanwalts (LG Berlin DGVZ 85, 142); **Hebebühne** eines Kfz-Handwerkers (LG Berlin DGVZ 70, 39, 40); **Orientteppiche** eines Anlageberaters (AG München DGVZ 95, 11); **Pkw** für Fahrten zur Arbeitsstätte, wenn diese mit öffentlichen Verkehrsmitteln erreicht werden kann (BGH NJW-RR 10, 642, 643, Tz 16; LG Stuttgart DGVZ 86, 78; LG Detmold DGVZ 96, 120; LG Heidelberg DGVZ 94, 9, 10), für Fahrten, die der Erzielung von Mieteinnahmen aus Grundvermögen dienen (LG Lübeck DGVZ 10, 173), für eine nach § 16 III SGB II vermittelte Arbeitsgelegenheit (VG Göttingen 13.2.09–2 B 4/09), für Gelegenheitsarbeiten (AG Mannheim DGVZ 03, 124) oder für die Teilnahme an Trainingsmaßnahmen des Arbeitsamts (AG Dülmen MDR 01, 772); **Schreibtisch** eines Handelsvertreters (AG Iserlohn DGVZ 75, 63); **Telefaxgerät** eines Versicherungsvertreters (FG des Saarlandes DGVZ 95, 171, 172); **verkaufsbereite Waren** (LG Göttingen DGVZ 94, 89, 90; LG Kassel JurBüro 96, 215; AG Gießen DGVZ 98, 30, 31); **Warenlager** (Köln DB 67, 422; LG Cottbus InVo 02, 428, 429; LG Göttingen DGVZ 94, 89, 90; LG Düsseldorf DGVZ 85, 74; LG Lübeck DGVZ 82, 78).

36 **5. Erweiterung des persönlichen Schutzbereichs (Nr 6).** Nr 6 erweitert den Schutzbereich auf Witwen (für Witwer entsprechend) und **minderjährige Erben**, die die vom Erblasser ausgeübte Erwerbstätigkeit nicht selbst (dann Nr 5), sondern auf ihre Rechnung durch einen Dritten fortführen lassen.

37 **VII. Dienstkleidung und -ausrüstung; bestimmte Berufsgruppen (Nr 7). 1. Dienstkleidung und -ausrüstung.** Die Vorschrift ergänzt Nr 5 in Bezug auf Dienstkleidung und dienstliche Ausrüstungsgegenstände. Dienstkleidung ist vor Pfändung geschützt, wenn der Schuldner durch Gesetz oder Vorschrift des Arbeitgebers im öffentlichen Dienst verpflichtet ist, sie zu tragen; freiwillig genutzte Dienstkleidung (zB Uniform eines privaten Chauffeurs) ist pfändbar (Zö/*Stöber* Rn 31; Schuschke/Walker/*Walker* Rn 37).

38 **2. Besondere Berufsgruppen.** Für bestimmte Berufsgruppen ordnet Nr 7 ergänzend zu Nr 5 die Unpfändbarkeit der zur Berufsausübung erforderlichen Gegenstände an. Diese sind wie bei Nr 5 zu bestimmen (Beispiele s. dort). Unter Beamten sind auch Richter und Angestellte im öffentlichen Dienst zu verstehen, unter Ärzten auch Zahn- und Tierärzte und unter Rechtsanwälten auch Patentanwälte (Musielak/*Becker* Rn 22; Zö/*Stöber* Rn 31; MüKoZPO/*Gruber* Rn 43).

39 **3. Keine Austauschpfändung.** Es besteht insoweit eine Privilegierung der nach Nr 7 unpfändbaren Sachen, als eine Austauschpfändung nach § 811a nicht zulässig ist.

VIII. Wiederkehrende Einkünfte (Nr 8). Die Vorschrift ergänzt den bei der Forderungspfändung geltenden Schutz der §§ 850 ff für wiederkehrende Einkünfte und nimmt bereits ausgezahlte Beträge von der Pfändung aus. Sie bezieht sich nur auf **Bargeld** (Schuschke/Walker/*Walker* Rn 38; für Kontoguthaben gilt § 850k) und betrifft alle wiederkehrenden Einkünfte iSd §§ 850 bis 850b (s. dort), Sozialleistungen iSd § 54 III–V SGB I und Kindergeldleistungen. Unerheblich ist, ob der vorgefundene Bargeldbetrag tatsächlich aus den geschützten Bezügen stammt (St/J/*Münzberg* Rn 61; Zö/*Stöber* Rn 32; Musielak/*Becker* Rn 23). Der GV hat den unpfändbaren Teil der Einkünfte zwischen zwei Zahlungsterminen zu berechnen und dann den auf den Zeitraum zwischen dem Tag der Pfändung und dem nächsten Zahlungstermin entfallenden Betrag zu bestimmen (Schuschke/Walker/*Walker* Rn 38). Kann der GV den unpfändbaren Betrag mangels ausreichender Information nicht feststellen, hat er zunächst das Geld bis auf den Notbedarf (Nr 2) zu pfänden und darauf hinzuweisen, dass der Schuldner beim Vollstreckungsgericht die Aufhebung der Pfändung nach Nr 8 beantragen kann; um dem Schuldner hierzu Gelegenheit zu geben, hat der GV die Ablieferung des Geldes an den Gläubiger um max vier Wochen aufzuschieben (arg §§ 815 II 2, 835 III; St/J/*Münzberg* Rn 63; Schuschke/Walker/*Walker* Rn 38; MüKoZPO/*Gruber* Rn 44). 40

IX. Apotheken (Nr 9). Apotheken werden besonders geschützt, um die Versorgung der Bevölkerung mit Arzneimitteln zu gewährleisten (Köln NJW 61, 975). Nach **aA** soll die Veräußerung durch Sachunkundige verhindert werden (Musielak/*Becker* Rn 24; MüKoZPO/*Gruber* Rn 45); diese Auffassung steht jedoch im Widerspruch dazu, dass nur **unentbehrliche Gegenstände** pfändungsfrei sind, während etwa nicht zum kurzfristigen Verkauf bestimmte Vorräte gepfändet werden können (St/J/*Münzberg* Rn 65; s.a. Musielak/*Becker* Rn 24; MüKoZPO/*Gruber* Rn 45). Da der Schutz betriebsbezogen ist, gilt er auch, wenn der Inhaber der Apotheke eine juristische Person ist. 41

X. Bücher (Nr 10). Die Vorschrift stellt allein auf die konkrete Zweckbestimmung der Bücher ab. Auch wertvolle Bücher wie Schmuckausgaben sind daher pfändungsfrei, wenn sie vom Schuldner oder seiner Familie für einen der genannten Zwecke benutzt werden (AG Bremen DGVZ 84, 157). Eine **Austauschpfändung** lässt § 811a nicht zu. Unerheblich ist, ob die Bücher notwendig gebraucht werden oder entbehrlich sind. **Kirche** ist jede staatlich anerkannte oder geduldete Religionsgemeinschaft, die den Schutz von Art 4 GG genießt. Zu **Unterrichtsanstalten** gehören neben den staatlichen auch private Schulen, Hochschulen, Volkshochschulen, Musikschulen, Konservatorien, Fachschulen und sonstige Lehreinrichtungen. Pfändbar bleiben Bücher, die nicht zu den in Nr 10 genannten Zwecken benutzt werden, zB Teile einer Kunstsammlung, Kapitalanlagen oä. Nr 10 gilt ausschließlich für Bücher, nicht für sonstige Kultgegenstände wie Kruzifix, Kultleuchter oder Gebetsteppich (AG Hannover DGVZ 87, 31; **aA** *Wacke* DGVZ 86, 161, 164); für sie kommt ggf § 765a in Betracht (MüKoZPO/*Gruber* Rn 46). 42

XI. Höchstpersönliche Sachen (Nr 11). Nr 11 schützt die private und wirtschaftliche Intimsphäre (Schuschke/Walker/*Walker* Rn 41). 43

1. Haushaltungs- und Geschäftsbücher. Unter Haushaltungs- und Geschäftsbüchern sind alle Aufzeichnungen des Schuldners über seine geschäftlichen und wirtschaftlichen Angelegenheiten zu verstehen. Dazu gehören insb Handels-, Konto- und Arbeitsbücher. Geschützt sind aber nicht nur Unterlagen, die in Buchform vorliegen; auch Quittungen, Rechnungen, Belege, Geschäftsbriefe oder Verträge in Form von losen Blättern oder auf Datenträgern fallen unter Nr 11 (Schuschke/Walker/*Walker* Rn 41; Musielak/*Becker* Rn 26; **aA** bzgl Datenträgern St/J/*Münzberg* Rn 67). Die Unpfändbarkeit besteht auch, wenn sie einen eigenständigen Vermögenswert darstellen, zB eine Kundenkartei (Frankf MDR 79, 316; MüKoZPO/*Gruber* Rn 46; **aA** St/J/*Münzberg* Rn 67 Fn 342; Musielak/*Becker* Rn 26). 44

2. Familienpapiere. Familienpapiere sind einerseits die öffentlichen Urkunden wie Geburts-, Heirats- oder Sterbeurkunden, andererseits alle privaten Aufzeichnungen, die etwas über die persönlichen Verhältnisse des Schuldners und seiner Angehörigen aussagen, ggf auch wenn diese schon lange verstorben sind. Hierzu gehören zB private Briefe und Familienfotos. Auch wertvolle Sachen genießen Pfändungsschutz (Schuschke/Walker/*Walker* Rn 42; MüKoZPO/*Gruber* Rn 47; St/J/*Münzberg* Rn 68). Wertvolle Gemälde von Familienangehörigen unterliegen jedoch der Pfändung, weil ihnen die Intimität privater Papiere fehlt (Schuschke/Walker/*Walker* Rn 42; Musielak/*Becker* Rn 26). 45

3. Trauringe. Als Trauringe sind nur diejenigen Ringe anzusehen, die als Zeichen der Eheschließung oder Begründung der Lebenspartnerschaft benutzt wurden. Daher sind Verlobungsringe (**aA** St/J/*Münzberg* 46

Rn 68), Freundschaftsringe oder aus Anlass der Trauung gekaufte Schmuckringe nicht pfändungsfrei (Schuschke/Walker/*Walker* Rn 43; MüKoZPO/*Gruber* Rn 47; Musielak/*Becker* Rn 26). Keine Rolle spielt hingegen, ob der Trauring tatsächlich getragen wird und ob die Ehe oder Lebenspartnerschaft noch besteht.

47 **4. Orden und Ehrenzeichen.** Pfändungsfrei sind Auszeichnungen, die dem Schuldner oder einem bereits verstorbenen Familienmitglied von einem Staat oder einer supranationalen Institution verliehen wurden. Geschützt ist nur das Original, eine Dublette nur, wenn das Original abhandengekommen ist. (Schuschke/Walker/*Walker* Rn 44; St/J/*Münzberg* Rn 69; **abw** MüKoZPO/*Gruber* Rn 47: Dubletten sind stets geschützt; **aA** Musielak/*Becker* Rn 26: Kein Schutz für Dubletten). Private Ehrenzeichen wie Sportpokale, Medaillen, Vereinsabzeichen oder Wettbewerbspreise genießen keinen Pfändungsschutz.

48 **XII. Hilfsmittel wegen körperlicher Gebrechen (Nr 12).** Nr 12 soll gewährleisten, dass der Schuldner und seine Familienangehörigen bei körperlichen Gebrechen sich so weit wie möglich wie ein körperlich gesunder Mensch betätigen kann (BGH NJW-RR 11, 1367; Musielak/*Becker* Rn 27). Nach diesem Zweck bestimmt sich, welche Sachen im Einzelfall pfändungsfrei bleiben. In Betracht kommen neben den im Gesetz genannten Beispielen Gehhilfen, Hörgeräte, Rollstühle, Blindenhunde, Gebisse, behindertengerechte Einrichtungsgegenstände und Spezialausrüstungen, bei Gehbehinderung auch ein Pkw (BGH NJW-RR 11, 1367 f).

49 **XIII. Bestattungsbedarf (Nr 13).** Die Vorschrift setzt voraus, dass in der Familie des Schuldners gerade ein Todesfall vorgekommen ist; nur hinsichtlich dieser Bestattung gilt das Pfändungsverbot von Nr 13 (Schuschke/Walker/*Walker* Rn 46). Zum Bestattungsbedarf gehören alle Gegenstände, die bei diesem Vorgang unmittelbar Verwendung finden sollen; nur diese sind unpfändbar (BGH NJW-RR 06, 570, 571). Hierzu gehören insb Sarg und Totenhemd (Köln JurBüro 91, 1703), nicht jedoch der Grabstein (BGH NJW-RR 06, 570, 571). Für diesen kann uU ein übergesetzliches Pfändungsverbot außerhalb von Nr 13 aus Pietätsgründen in Betracht kommen, dies aber jedenfalls dann nicht, wenn der Steinmetz den Grabstein unter Eigentumsvorbehalt geliefert hat und wegen seines Zahlungsanspruchs vollstreckt (BGH NJW-RR 06, 570, 571).

50 **G. Pfändung bei Eigentumsvorbehalt (Abs 2). I. Anwendungsbereich.** Der Anwendungsbereich ist beschränkt auf Gegenstände, deren Unpfändbarkeit sich ausschließlich aus **Nr 1, 4 oder 5–7** ergibt. Abs 2 ist auch auf Titel anzuwenden, die vor Inkrafttreten der Vorschrift am 1.1.99 erlassen worden sind (AG Nürnberg JurBüro 99, 550).

51 **II. Voraussetzungen.** Der Vollstreckungsgläubiger muss die zu pfändende Sache **selbst unter Eigentumsvorbehalt verkauft** haben und gerade wegen einer gesicherten **Geldforderung aus dem Verkauf** vollstrecken. Der Eigentumsvorbehalt muss so vereinbart sein, dass er sich lediglich auf die verkaufte, unter Eigentumsvorbehalt übereignete Sache erstreckt und mit der Kaufpreiszahlung erlischt (**einfacher Eigentumsvorbehalt**). Gepfändet werden kann aber auch, wenn der Verkäufer selbst unter einfachem Eigentumsvorbehalt die Sache erworben und diese noch vor Zahlung des Kaufpreises weiterveräußert und mit dem Käufer einen einfachen Eigentumsvorbehalt vereinbart hat (**weitergegebener Eigentumsvorbehalt;** § 121 Nr 2 S 1 b GVGA); in diesem Fall kann auch der Lieferant des Verkäufers wegen der an ihn abgetretenen Kaufpreisforderung die Sache pfänden lassen (§ 121 Nr 2 S 2 GVGA). Für **verlängerten oder erweiterten Eigentumsvorbehalt** (vgl dazu PWW/*D. Schmidt* § 449 Rn 21 ff) gilt die Privilegierung nicht. Auch auf sonstiges Eigentum des Gläubigers, insb aufgrund einer Sicherungsübereignung, ist Abs 2 nicht anwendbar (MüKoZPO/*Gruber* Rn 59). Vollstreckungsforderung kann nicht nur der Kaufpreis selbst sein, sondern auch notwendige Prozess- und Zwangsvollstreckungskosten (Musielak/*Becker* Rn 29; Zö/*Stöber* Rn 39) und Nebenforderungen wie Versandkosten und Verzugszinsen (MüKoZPO/*Gruber* Rn 58; Zö/*Stöber* Rn 39; **aA** St/J/*Münzberg* Rn 74; Musielak/*Becker* Rn 29).

52 **III. Wirkung.** Abs 2 hebt den Pfändungsschutz des Abs 1 Nr 1, 4 und 5 bis 7 auf. Die Verbote aus §§ 803 II, 812 bleiben davon unberührt. Ist der Vorbehaltskauf ein Teilzahlungsgeschäft iSv § 499 II BGB, ist § 503 II 4 BGB zu beachten (s. § 817 Rz 16–17).

53 **IV. Nachweis (Abs 2 S 2).** Dem GV müssen Originalurkunden oder beglaubigte Ablichtungen (§ 121 Nr 2 c GVGA) vorgelegt werden, die den vollen Beweis für die Vereinbarung des Eigentumsvorbehalts erbringen. Glaubhaftmachung (§ 294) reicht nicht aus. Als Urkunden kommen der zu vollstreckende Titel

selbst oder andere Schriftstücke wie der Kaufvertrag in Betracht (§ 121 Nr 2 aE GVGA). Der Nachweis durch Urkunden ist entbehrlich, wenn der Schuldner ggü dem GV die Vereinbarung des Eigentumsvorbehalts glaubhaft einräumt (Schuschke/Walker/*Walker* Rn 8; Musielak/*Becker* Rn 30).

H. Pfändungsverbote außerhalb von § 811. Weitere Pfändungsverbote ergeben sich zT aus anderen Vorschriften der ZPO, zB für Bargeld, das dem Schuldner bei der Austauschpfändung zur Ersatzbeschaffung überlassen ist (§ 811a III) oder aus Mieten und Pachten stammt und zur laufenden Grundstücksunterhaltung erforderlich ist (§ 851b), zT aus anderen Gesetzen (s. Schuschke/Walker/*Walker* Rn 47). Außerdem dürfen solche Gegenstände nicht gepfändet werden, deren Veräußerung unzulässig ist oder dem Washingtoner Artenschutzübereinkommen unterliegen (§ 126 GVGA). 54

I. Rechtsbehelfe. Verstöße können mit der Erinnerung nach § 766 geltend gemacht werden. Erinnerungsbefugt ist bei Pfändung stets der Schuldner, Dritte, wenn und soweit sie selbst vom Schutzbereich des Pfändungsverbots erfasst sind. Die Rechtskraft einer Entscheidung über die Pfändbarkeit nach § 811 hindert nicht, bei einer späteren Änderung der Sachlage die Pfändbarkeit erneut zu prüfen (LG Braunschweig NdsRpfl 55, 54). Die Änderung kann auch darin liegen, dass sich über die Jahre die Beurteilung geändert hat, was zu einer angemessenen Lebens- und Haushaltsführung erforderlich ist (LG Braunschweig NdsRpfl 55, 54). 55

§ 811a Austauschpfändung.

(1) Die Pfändung einer nach § 811 Abs. 1 Nr. 1, 5 und 6 unpfändbaren Sache kann zugelassen werden, wenn der Gläubiger dem Schuldner vor der Wegnahme der Sache ein Ersatzstück, das dem geschützten Verwendungszweck genügt, oder den zur Beschaffung eines solchen Ersatzstückes erforderlichen Geldbetrag überlässt; ist dem Gläubiger die rechtzeitige Ersatzbeschaffung nicht möglich oder nicht zuzumuten, so kann die Pfändung mit der Maßgabe zugelassen werden, dass dem Schuldner der zur Ersatzbeschaffung erforderliche Geldbetrag aus dem Vollstreckungserlös überlassen wird (Austauschpfändung).
(2) [1]Über die Zulässigkeit der Austauschpfändung entscheidet das Vollstreckungsgericht auf Antrag des Gläubigers durch Beschluss. [2]Das Gericht soll die Austauschpfändung nur zulassen, wenn sie nach Lage der Verhältnisse angemessen ist, insbesondere wenn zu erwarten ist, dass der Vollstreckungserlös den Wert des Ersatzstückes erheblich übersteigen werde. [3]Das Gericht setzt den Wert eines vom Gläubiger angebotenen Ersatzstückes oder den zur Ersatzbeschaffung erforderlichen Betrag fest. [4]Bei der Austauschpfändung nach Absatz 1 Halbsatz 1 ist der festgesetzte Betrag dem Gläubiger aus dem Vollstreckungserlös zu erstatten; er gehört zu den Kosten der Zwangsvollstreckung.
(3) Der dem Schuldner überlassene Geldbetrag ist unpfändbar.
(4) Bei der Austauschpfändung nach Absatz 1 Halbsatz 2 ist die Wegnahme der gepfändeten Sache erst nach Rechtskraft des Zulassungsbeschlusses zulässig.

A. Normzweck. Die Vorschrift ermöglicht den Zugriff auf höherwertige unpfändbare Sachen, wenn der von dem Pfändungsverbot beabsichtigte Schutz des Schuldners auch dadurch hinreichend bewirkt werden kann, dass dem Schuldner ein Ersatz von geringerem Wert zur Verfügung gestellt wird. Der durch die Verwertung realisierbare Mehrwert kann so zur Befriedigung des Gläubigers nutzbar gemacht werden. 1

B. Voraussetzungen. I. Anwendungsbereich. Die Austauschpfändung ist nur für Sachen zulässig, deren Unpfändbarkeit sich ausschließlich aus § 811 I Nr 1, 5 oder 6 ergibt. Unterfällt die Sache gleichzeitig einer anderen Nummer des § 811 I, bleibt sie unpfändbar (MüKoZPO/*Gruber* Rn 2). Eine entsprechende Anwendung auf andere Beschränkungen der Pfändbarkeit kommt nicht in Betracht (AG Bremen DGVZ 84, 157). 2

II. Arten der Ersatzleistung. 1. Ersatzstück. Das Ersatzstück muss den durch das Pfändungsverbot geschützten Verwendungszweck erfüllen, also im Fall von § 811 Nr 1 eine angemessene Lebens- und Haushaltsführung (s. § 811 Rz 15–19) und im Fall von § 811 Nr 5 und 6 die Fortführung der Erwerbstätigkeit gewährleisten (s. § 811 Rz 32–35). Dazu muss es nicht von gleicher Art und Güte sein (BGH NJW-RR 11, 1366, 1367; **aA** bzgl der Güte Zö/*Stöber* Rn 3). Seine Haltbarkeit muss derjenigen der zu pfändenden Sache entsprechen; ein neuer Gegenstand kann also nur durch einen gebrauchten ausgetauscht werden, wenn dieser eine entsprechende Haltbarkeit und Lebensdauer hat (BGH NJW-RR 11, 1366, 1367). Ob ein Ersatzstück den Anforderungen genügt, ist nach den Umständen des Einzelfalls zu beurteilen. Zulässig ist der Austausch eines LCD-Farbfernsehers durch ein beliebiges funktionstüchtiges Farbfernsehgerät (LG Wup- 3 pertal DGVZ 09, 41), eines Farbfernsehers durch ein Schwarzweißgerät (BFH NJW 90, 1871, 1872; LG Bonn DGVZ 88, 11, 12; Stuttgart NJW 87, 196, 197), aber nicht durch ein Radio (vgl § 811 Rz 18). Eine goldene Armbanduhr kann durch eine einfache ausgetauscht werden (München DGVZ 83, 140).

4 **2. Geldbetrag für ein Ersatzstück.** Die Bemessung des Geldbetrags hat zu berücksichtigen, dass der Schuldner nach Verwendung des Geldes so stehen soll, wie er bei der Lieferung eines Ersatzstückes stehen würde. Daher ist nicht nur der reine Kaufpreis, sondern ggf auch der notwendige Betrag für Transport-, Montage- oder andere Nebenkosten zur Verfügung zu stellen (Schuschke/Walker/*Walker* Rn 5; Musielak/*Becker* Rn 3).

5 **3. Geldbetrag aus dem Verwertungserlös.** Die Gestattung, dass der Gläubiger dem Schuldner den Geldbetrag erst aus dem Vollstreckungserlös überlässt, kommt nur ausnahmsweise in Betracht, wenn das Interesse des Gläubigers an der Vollstreckung höher zu bewerten ist als das Interesse des Schuldners, die Sache ohne Unterbrechung nutzen zu können (Musielak/*Becker* Rn 4; Schuschke/Walker/*Walker* Rn 6). Dies kann insb bei Unterhaltsforderungen oder Ansprüchen aus schwerwiegenden unerlaubten Handlungen der Fall sein, wenn der Gläubiger auf die erfolgreiche Vollstreckung für seinen Lebensunterhalt angewiesen ist (Musielak/*Becker* Rn 4; B/L/A/H Rn 6).

6 **III. Verfahren (Abs 2). 1. Antrag.** Die Austauschpfändung setzt einen Antrag des Gläubigers voraus. Dieser kann schriftlich oder zu Protokoll der Geschäftsstelle ohne Anwaltszwang (§ 78 V) gestellt werden. Der Antrag muss die Art der Ersatzleistung angeben; wenn ein Ersatzstück gestellt werden soll, muss dieses identifizierbar bezeichnet werden (Musielak/*Becker* Rn 5). Der Gläubiger hat außerdem die Angemessenheit der Austauschpfändung (s. Rz 7) darzulegen und nachzuweisen, insb, dass der Vollstreckungserlös den Wert des Ersatzstücks erheblich übersteigen wird (vgl Abs 2 S 2).

7 **2. Entscheidung durch das Vollstreckungsgericht. a) Formalien.** Es entscheidet das Vollstreckungsgericht durch den Rechtspfleger (§ 764; § 20 Nr 17 RPflG) mit Beschl nach freigestellter mündlicher Verhandlung. Der Schuldner ist zuvor anzuhören. Der Beschl ist mit Gründen zu versehen und den Parteien zuzustellen; bei ablehnender Entscheidung unterbleibt die Zustellung an den Schuldner, wenn dieser nicht angehört wurde (Zö/*Stöber* Rn 9; Schuschke/Walker/*Walker* Rn 11).

8 **b) Angemessenheit.** Das Gericht hat die Angemessenheit der Austauschpfändung nach Lage der Verhältnisse zu überprüfen. Insbesondere soll eine Austauschpfändung nur erfolgen, wenn eine im Verhältnis zum Wert des Ersatzstücks nennenswerte Befriedigung des Gläubigers zu erwarten ist (LG Mainz NJW-RR 88, 1150). Hat der Schuldner anderes Vermögen, durch das der Gläubiger befriedigt werden kann, ist die Austauschpfändung ebenfalls nicht angemessen (MüKoZPO/*Gruber* Rn 8; St/J/*Münzberg* Rn 8; **abw** Musielak/*Becker* Rn 6; Schuschke/Walker/*Walker* Rn 10, die nur das Vorhandensein anderer pfändbarer beweglicher Sachen, nicht aber anderen Vermögens berücksichtigen wollen). Im Einzelfall kann sich die Unangemessenheit auch daraus ergeben, dass einem relativ geringen Vollstreckungsinteresse des Gläubigers ein besonders gravierender Nachteil des Schuldners durch den Verlust der Sache oder ein besonderer ideeller Wert der Sache für den Schuldner gegenübersteht (vgl St/J/*Münzberg* Rn 8; MüKoZPO/*Gruber* Rn 8). Die Angemessenheit ist zum Zeitpunkt der sonst unzulässigen Pfändung zu beurteilen (Ddorf MDR 61, 62).

9 **c) Inhalt des Beschlusses.** Das Gericht ist an den Antrag des Gläubigers gebunden (§ 308 I), darf also nur die beantragte Ersatzleistung und keinen höheren als einen im Antrag bezifferten Geldbetrag bestimmen (Zö/*Stöber* Rn 8). Der zu pfändende Gegenstand und ggf das Ersatzstück sind genau zu bezeichnen und der Wert des Ersatzstücks bzw der Geldbetrag zur Ersatzbeschaffung ist festzusetzen (Abs 2 S 3). Bei entsprechendem Antrag kann das Gericht dem Gläubiger verschiedene konkret bestimmte Arten der Ersatzleistung zur Wahl stellen (St/J/*Münzberg* Rn 13; Zö/*Stöber* Rn 9).

10 **C. Unpfändbarkeit der Ersatzleistung.** Der überlassene Geldbetrag ist nach **Abs 3** unpfändbar. Für das Ersatzstück folgt die Unpfändbarkeit unmittelbar aus § 811 I, eine nochmalige Austauschpfändung ist jedoch möglich. Unpfändbar ist auch der Anspruch auf Auszahlung des Geldbetrags, es sei denn, es vollstreckt der Lieferant des Ersatzstücks wegen seiner Kaufpreisforderung (Schuschke/Walker/*Walker* Rn 16; St/J/*Münzberg* Rn 30).

11 **D. Durchführung der Austauschpfändung. I. Zeitpunkt.** Die zunächst unpfändbare Sache darf ab Erlass des Beschlusses, nicht erst ab dessen Rechtskraft gepfändet werden. Die **Wegnahme** darf erst erfolgen,

nachdem der Schuldner das Ersatzstück bzw den zur Ersatzbeschaffung erforderlichen Geldbetrag erhalten hat. Ist der Geldbetrag aus dem Vollstreckungserlös zu überlassen (s. Rz 5), ist die Wegnahme erst nach Rechtskraft des Zulassungsbeschlusses zulässig (Abs 4).

II. Überlassung der Ersatzleistung. Die Überlassung des Ersatzstücks oder des Geldbetrags kann vom GV, der sie im Pfändungsprotokoll zu vermerken hat, oder vom Gläubiger selbst vorgenommen werden (§ 123 Nr 2 GVGA); in letzterem Fall hat der Gläubiger dem GV die Überlassung entsprechend §§ 756, 765 nachzuweisen. Der GV prüft, ob das Ersatzstück dem Zulassungsbeschluss entspricht. Überlassen bedeutet Verschaffung des **unmittelbaren Besitzes und des Eigentums**; es genügt nicht, das Ersatzstück leihweise zur Verfügung zu stellen. Verweigert der Schuldner seine Mitwirkung an der Überlassung, genügt analog §§ 756, 765 ein den Annahmeverzug begründendes Angebot (MüKoZPO/*Gruber* Rn 5; St/J/*Münzberg* Rn 26; Zö/*Stöber* Rn 11). Ein Anspruch des Schuldners auf den Ersatz wird weder durch den Zulassungsbeschluss noch durch die Pfändung oder Wegnahme begründet, besteht aber nach der Verwertung der Sache (St/J/*Münzberg* Rn 27; MüKoZPO/*Gruber* Rn 5; Musielak/*Becker* Rn 9). 12

III. Rechts- oder Sachmängel des Ersatzes. Die Überlassung eines Ersatzstücks begründet ein gesetzliches Schuldverhältnis zwischen Gläubiger und Schuldner, auf das bei Rechts- oder Sachmängeln des gelieferten Ersatzstücks die Vorschriften über den Kauf (§§ 437 ff BGB) anwendbar sind, soweit die Besonderheiten der Austauschpfändung dem nicht entgegenstehen (Schuschke/Walker/*Walker* Rn 17; Zö/*Stöber* Rn 11). Der Schuldner kann insb Nachbesserung, Nachlieferung oder Minderung verlangen (MüKoZPO/*Gruber* Rn 14; Musielak/*Becker* Rn 9). Auch Schadensersatzansprüche wegen Pflichtverletzung können nach § 280 BGB entstehen (St/J/*Münzberg* Rn 28; Musielak/*Becker* Rn 9). Der Rücktritt nach §§ 437 Nr 2, 323 BGB ist dagegen nicht möglich (Zö/*Stöber* Rn 11; **abw.** St/J/*Münzberg* Rn 28; Musielak/*Becker* Rn 9: Rücktritt möglich, um den nach Abs 2 S 4 dem Gläubiger erstatteten Betrag zurückzuerlangen). 13

IV. Erstattung des Wertes des Ersatzstücks bzw des Geldbetrags. Der Gläubiger erhält den im Zulassungsbeschluss festgesetzten Wert des Ersatzstücks (s. Rz 9) bzw den dem Schuldner zur Ersatzbeschaffung überlassenen Geldbetrag aus dem Verwertungserlös als Kosten der Zwangsvollstreckung erstattet (Abs 2 S 4). 14

E. Rechtsbehelfe. Maßnahmen des GV sind mit der Erinnerung nach § 766 angreifbar. Gegen den die Austauschpfändung zulassenden oder ablehnenden Beschl des Rechtspflegers steht dem Beschwerten die sofortige Beschwerde nach § 793, § 11 RPflG offen. Bei unterlassener Anhörung können der Schuldner oder beschwerte Dritte gegen den Zulassungsbeschluss Erinnerung nach § 766 einlegen. 15

F. Kosten/Gebühren. I. Gericht. Das Verfahren ist gebührenfrei. 16

II. Anwalt. Das Verfahren über eine Austauschpfändung ist nach § 18 Nr 7 RVG ein selbständiges Verfahren und löst die Vollstreckungsgebühren der Nr 3309, 3310 VV RVG erneut aus. 17

§ 811b Vorläufige Austauschpfändung.

(1) [1]Ohne vorgängige Entscheidung des Gerichts ist eine vorläufige Austauschpfändung zulässig, wenn eine Zulassung durch das Gericht zu erwarten ist. [2]Der Gerichtsvollzieher soll die Austauschpfändung nur vornehmen, wenn zu erwarten ist, dass der Vollstreckungserlös den Wert des Ersatzstückes erheblich übersteigen wird.

(2) Die Pfändung ist aufzuheben, wenn der Gläubiger nicht binnen einer Frist von zwei Wochen nach Benachrichtigung von der Pfändung einen Antrag nach § 811a Abs. 2 bei dem Vollstreckungsgericht gestellt hat oder wenn ein solcher Antrag rechtskräftig zurückgewiesen ist.

(3) Bei der Benachrichtigung ist dem Gläubiger unter Hinweis auf die Antragsfrist und die Folgen ihrer Versäumung mitzuteilen, dass die Pfändung als Austauschpfändung erfolgt ist.

(4) [1]Die Übergabe des Ersatzstückes oder des zu seiner Beschaffung erforderlichen Geldbetrages an den Schuldner und die Fortsetzung der Zwangsvollstreckung erfolgen erst nach Erlass des Beschlusses gemäß § 811a Abs. 2 auf Anweisung des Gläubigers. [2]§ 811a Abs. 4 gilt entsprechend.

A. Normzweck. Die vorläufige Austauschpfändung soll die spätere Durchführung der Austauschpfändung sichern, bis die Entscheidung des Vollstreckungsgerichts vorliegt. 1

B. Voraussetzungen und Verfahren. I. Vornahme durch GV. Der GV kann ohne Antrag des Gläubigers eine vorläufige Austauschpfändung vornehmen, wenn mit einer positiven Entscheidung des Vollstreckungsgerichts über eine Austauschpfändung nach § 811a zu rechnen ist. Der GV muss dabei insb abwägen, ob zu 2 erwarten ist, dass der Vollstreckungserlös den Wert des Ersatzstücks erheblich übersteigen wird (Abs 1 S 2; s. dazu LG Düsseldorf DGVZ 95, 43). Liegen die Voraussetzungen vor, muss der GV die Sache pfänden und sie im Gewahrsam des Schuldners belassen. Den Gläubiger benachrichtigt er unverzüglich von der vorläufigen Austauschpfändung und weist ihn auf die Antragsfrist des Abs 2 und die Folgen ihrer Versäumung hin (Abs 3; § 124 Nr 3 a GVGA). Mängel der Hinweise hindern den Lauf der durch die Benachrichtigung in Gang gesetzten Frist nicht, können aber Amtshaftungsansprüche begründen (Schuschke/Walker/*Walker* Rn 2; Musielak/*Becker* Rn 4).

3 **II. Antrag des Gläubigers.** Der Gläubiger muss binnen zwei Wochen nach seiner Benachrichtigung den Antrag auf Austauschpfändung nach § 811a II (s. § 811a Rz 6) stellen. Verstreicht die Frist ungenutzt oder wird der Antrag rechtskräftig zurückgewiesen, hat der GV die Pfändung aufzuheben (Abs 2; § 124 Nr 3 b und c GVGA). Ein verspäteter Antrag hindert die Aufhebung nicht und ist nach § 811a zu behandeln. Der Gläubiger kann, wenn er die Austauschpfändung nicht betreiben will, die vorläufig gepfändete Sache auch schon vor Ablauf der Frist durch Erklärung ggü dem GV freigeben (Schuschke/Walker/*Walker* Rn 3; Musielak/*Becker* Rn 3).

4 **III. Fortsetzung der Zwangsvollstreckung.** Erlässt das Vollstreckungsgericht den Zulassungsbeschluss nach § 811a (s. § 811a Rz 7–9), wird dem Schuldner die Ersatzleistung auf Anweisung des Gläubigers übergeben (Abs 4). Erst danach kann der GV die Pfandsache wegnehmen und verwerten (vgl § 811a Rz 11). Ist der Geldbetrag aus dem Vollstreckungserlös zu überlassen, muss die Rechtskraft des Zulassungsbeschlusses abgewartet werden (Abs 4 S 2; s. § 811a Rz 11).

5 **C. Rechtsbehelfe.** Zu den Rechtsbehelfen s. § 811 Rz 15.

§ 811c Unpfändbarkeit von Haustieren.

(1) Tiere, die im häuslichen Bereich und nicht zu Erwerbszwecken gehalten werden, sind der Pfändung nicht unterworfen.

(2) Auf Antrag des Gläubigers lässt das Vollstreckungsgericht eine Pfändung wegen des hohen Wertes des Tieres zu, wenn die Unpfändbarkeit für den Gläubiger eine Härte bedeuten würde, die auch unter Würdigung der Belange des Tierschutzes und der berechtigten Interessen des Schuldners nicht zu rechtfertigen ist.

1 **A. Normzweck.** Die Unpfändbarkeit von Haustieren soll sowohl die Tiere selbst als auch das emotionale Interesse des Schuldners an seinen Haustieren schützen (BTDrs 11/5463, 7). Da Abs 1 den Pfändungsschutz ohne Rücksicht auf einen möglicherweise hohen Wert des Tieres gewährt, schafft Abs 2 zum Schutz des Gläubigers eine Ausnahmeregelung.

2 **B. Voraussetzungen. I. Tiere im häuslichen Bereich.** Die Vorschrift schützt nicht nur Haustiere im herkömmlichen Sinn des Wortes. Ihr unterfällt jedes Tier, das in räumlicher Nähe zur Wohnung des Schuldners gehalten wird. Dies kann auch im Garten, in Ställen, Volieren oder einem Wohnwagen sein, solange eine räumliche Verbindung zum Wohngrundstück des Schuldners besteht (MüKoZPO/*Gruber* Rn 3). Dies ist auch dann der Fall, wenn das Tier naturbedingt oft herumstreunt (MüKoZPO/*Gruber* Rn 4; Musielak/*Becker* Rn 2). Ist das Tier bei einem Dritten untergebracht (zB angemieteter Pferdestall), fehlt es an der erforderlichen räumlichen Nähe (MüKoZPO/*Gruber* Rn 3). Die Haltung des Tieres muss auf eine gewisse Dauer angelegt sein, da sonst keine schützenswerte Bindung zwischen Schuldner und Tier anzunehmen ist (Musielak/*Becker* Rn 2; St/J/*Münzberg* Rn 3; **aA** Zö/*Stöber* Rn 2). Eine vorübergehende Entfernung aus dem häuslichen Bereich (zB Unterbringung während des Urlaubs, Verleihen, Quarantäne vor Auslandsreise) hebt den Pfändungsschutz nicht auf (Schuschke/Walker/*Walker* Rn 1; Musielak/*Becker* Rn 2).

3 **II. Keine Haltung zu Erwerbszwecken.** Erwerbszwecken dient ein Tier, wenn das Erzielen von Einnahmen im Vordergrund der Tierhaltung steht, auch wenn es nur dem Nebenerwerb dient (Schuschke/Walker/*Walker* Rn 1). Ggf kann ein Pfändungsverbot nach § 811 Nr 5 bestehen. Gelegentliche Erträge lassen den Pfändungsschutz nach § 811c unberührt (MüKoZPO/*Gruber* Fn 15; Schuschke/Walker/*Walker* Rn 1).

4 **C. Ausnahmsweise Zulassung der Pfändung (Abs 2). I. Voraussetzungen.** Die Pfändung kann ausnahmsweise zugelassen werden, wenn das Tier einen hohen materiellen Wert hat (zB wertvolles Reitpferd, Rassehunde oder -katzen, Koi-Karpfen, seltene Tierarten) und bei Abwägung der Interessen der Beteiligten und des Tierschutzes die Unpfändbarkeit eine nicht zu rechtfertigende Härte bedeuten würde. Insbeson-

dere zu berücksichtigen sind auf Gläubigerseite Art und Höhe des Vollstreckungsanspruchs, der zu erwartende Vollstreckungserlös und die Dringlichkeit, mit der der Gläubiger auf die Vollstreckung gerade durch Pfändung des Tieres angewiesen ist, auf Schuldnerseite dessen gefühlsmäßige Bindung an das Tier und deren Schutzwürdigkeit in der besonderen Lage des Schuldners (kranke, alte, alleinstehende Menschen, Kinder). Außerdem sind die Folgen für das Tier in die Abwägung einzustellen, zB Alter und Gesundheit des Tieres (AG Paderborn DGVZ 96, 44), Bindung des Tieres an den Schuldner und seine Familie, zu erwartende Lage des Tieres nach der Verwertung (Schuschke/Walker/*Walker* Rn 2).

II. Verfahren. Das Vollstreckungsgericht entscheidet auf Antrag des Gläubigers. Das Verfahren entspricht dem bei der Austauschpfändung (s. § 811a Rz 6–7), ebenso die **Rechtsbehelfe** (s. § 811a Rz 15). 5

III. Rechtsfolgen. Ab Erlass des Zulassungsbeschlusses ist das Tier pfändbar; es muss nicht die Rechtskraft des Beschlusses abgewartet werden. Der Beschl wirkt nur für den Gläubiger, der ihn beantragt hat, nicht für andere Gläubiger, da nicht geprüft wurde, ob auch für diese die Unpfändbarkeit eine Härte bedeutet. Ohne Zulassung pfändbar ist hingegen der Anspruch des Schuldners auf Auszahlung eines Übererlöses aus der Verwertung des Tieres (Zö/*Stöber* Rn 10). 6

§ 811d Vorwegpfändung.

(1) [1]Ist zu erwarten, dass eine Sache demnächst pfändbar wird, so kann sie gepfändet werden, ist aber im Gewahrsam des Schuldners zu belassen. [2]Die Vollstreckung darf erst fortgesetzt werden, wenn die Sache pfändbar geworden ist.
(2) Die Pfändung ist aufzuheben, wenn die Sache nicht binnen eines Jahres pfändbar geworden ist.

A. Normzweck. Die Vorwegpfändung einer Sache, deren Unpfändbarkeit voraussichtlich demnächst wegfällt, verhindert einerseits, dass der Schuldner die Sache zuvor noch veräußert, und sichert andererseits den Gläubiger davor, dass andere Gläubiger nach Eintritt der Pfändbarkeit ein vorrangiges Pfandrecht erwerben. 1

B. Voraussetzungen. I. Unpfändbare Sachen. Woraus sich die bestehende Unpfändbarkeit ergibt, spielt für die Anwendbarkeit keine Rolle. Sie kann auf §§ 811, 811c beruhen, aber auch auf sonstigen Pfändungsverboten (s. § 811 Rz 54). 2

II. Wegfall der Unpfändbarkeit. Die Erwartung, dass die Unpfändbarkeit demnächst wegfällt, kann sich etwa aus bevorstehenden Änderungen der Lebensumstände ergeben, zB Berufswechsel, Eintritt in den Ruhestand, Änderung der Familienverhältnisse, bevorstehende Neuanschaffung eines Ersatzes, aber auch aus einem erwarteten Zulassungsbeschluss nach § 811c. Demnächst bedeutet innerhalb eines Jahres (arg Abs 2). Der Fall, dass eine schuldnerfremde Sache demnächst in sein Eigentum übergehen wird, fällt nicht unter § 811d (MüKoZPO/*Gruber* Rn 4; Schuschke/Walker/*Walker* Rn 1), da das fehlende Eigentum des Schuldners kein Pfändungshindernis bedeutet (s. § 808 Rz 3). 3

C. Verfahren. I. Pfändung. Der GV nimmt, nachdem er die Voraussetzungen selbstständig geprüft hat, die Pfändung vor und belässt die Sache im Gewahrsam des Schuldners. Er vermerkt den Grund hierfür im Pfändungsprotokoll (§ 122 Nr 1 S 2 GVGA). 4

II. Fortsetzung der Vollstreckung oder Aufhebung der Pfändung. Sobald die Pfändbarkeit eintritt, kann die Sache weggeschafft werden und die Verwertung nach den allgemeinen Regeln erfolgen. Der GV muss die Pfändung vAw aufheben, wenn binnen eines Jahres ab Pfändung die Unpfändbarkeit nicht weggefallen ist (Abs 2). 5

D. Rechtsbehelfe. Gegen die Vornahme und Ablehnung der Vorwegpfändung durch den GV ist für den jeweils Beschwerten die Erinnerung nach § 766 statthaft. 6

§ 812 Pfändung von Hausrat.

Gegenstände, die zum gewöhnlichen Hausrat gehören und im Haushalt des Schuldners gebraucht werden, sollen nicht gepfändet werden, wenn ohne weiteres ersichtlich ist, dass durch ihre Verwertung nur ein Erlös erzielt werden würde, der zu dem Wert außer allem Verhältnis steht.

A. Normzweck. Hausratsgegenstände, die nicht nach § 811 Abs 1 Nr 1 unpfändbar sind, aber häufig für den Schuldner einen hohen Gebrauchswert haben, sollen diesem nicht entzogen werden, wenn ersichtlich nur ein geringer Erlös zu erzielen wäre. 1

2 **B. Voraussetzungen. I. Gewöhnlicher Hausrat.** Zum gewöhnlichen Hausrat iSd Vorschrift gehören die dem persönlichen Gebrauch und dem Haushalt dienenden Sachen, die nicht schon nach § 811 I Nr 1 unpfändbar sind (s. § 811 Rz 14, 18). Damit können Gegenstände unpfändbar sein, die über eine angemessene, bescheidene Lebens- und Haushaltsführung hinausgehen, zB Stereoanlage, Videorekorder (LG Hannover DGVZ 90, 60). Nicht geschützt werden Sachen, die gewerblich genutzt werden (Schuschke/Walker/*Walker* Rn 2; MüKoZPO/*Gruber* Rn 2; Musielak/*Becker* Rn 2; **abw** St/J/*Münzberg* Rn 1: anwendbar auf im Wohnbereich gebrauchte Wirtschafts- und gewerbliche Geräte), sowie Luxusgegenstände, Sammlerstücke oder Antiquitäten (MüKoZPO/*Gruber* Rn 3; Schuschke/Walker/*Walker* Rn 2; Musielak/*Becker* Rn 2).

3 **II. Gebrauch im Haushalt des Schuldners.** Die Gegenstände müssen tatsächlich im Haushalt des Schuldners benutzt werden. Gelegentlicher Gebrauch reicht aus. Sachen, die als Vorrat, Ersatzstücke oder sonst gelagert, aber nicht einmal gelegentlich benutzt werden, bleiben pfändbar (Schuschke/Walker/*Walker* Rn 3; MüKoZPO/*Gruber* Rn 4). Übliche Reservestücke für schon stark abgenutzte oder kurzlebige Sachen können aber geschützt sein (St/J/*Münzberg* Rn 2). Nicht erforderlich ist, dass die Gegenstände zur Haushaltsführung objektiv notwendig sind.

4 **III. Unverhältnismäßig geringer Verwertungserlös.** Für den GV muss offensichtlich sein, dass der zu erzielende Erlös zum Gebrauchswert, den die Sache für den Schuldner hat, außer allem Verhältnis steht (OVG Saarlouis NVwZ-RR 06, 756, 757). Im Zweifelsfall pfändet er.

5 **C. Rechtsfolgen.** Obwohl es sich um eine Sollvorschrift handelt, hat der GV bei Vorliegen der Voraussetzungen die Pfändung zu unterlassen. Die Gegenstände unterliegen allerdings den gesetzlichen Pfandrechten nach §§ 562, 592, 704 BGB, da Hausrat nicht generell unpfändbar ist (St/J/*Münzberg* Rn 4; Schuschke/Walker/*Walker* Rn 1; **aA** LG Köln MDR 64, 599).

6 **D. Rechtsbehelfe.** Gegen die Entscheidung des GV steht dem hierdurch beschwerten Gläubiger, Schuldner oder Dritten die Erinnerung nach § 766 offen.

§ 813 Schätzung.

(1) [1]**Die gepfändeten Sachen sollen bei der Pfändung auf ihren gewöhnlichen Verkaufswert geschätzt werden.** [2]**Die Schätzung des Wertes von Kostbarkeiten soll einem Sachverständigen übertragen werden.** [3]**In anderen Fällen kann das Vollstreckungsgericht auf Antrag des Gläubigers oder des Schuldners die Schätzung durch einen Sachverständigen anordnen.**
(2) [1]**Ist die Schätzung des Wertes bei der Pfändung nicht möglich, so soll sie unverzüglich nachgeholt und ihr Ergebnis nachträglich in dem Pfändungsprotokoll vermerkt werden.** [2]**Werden die Akten des Gerichtsvollziehers elektronisch geführt, so ist das Ergebnis der Schätzung in einem gesonderten elektronischen Dokument zu vermerken.** [3]**Das Dokument ist mit dem Pfändungsprotokoll untrennbar zu verbinden.**
(3) Zur Pfändung von Früchten, die von dem Boden noch nicht getrennt sind, und zur Pfändung von Gegenständen der in § 811 Abs. 1 Nr. 4 bezeichneten Art bei Personen, die Landwirtschaft betreiben, soll ein landwirtschaftlicher Sachverständiger zugezogen werden, sofern anzunehmen ist, dass der Wert der zu pfändenden Gegenstände den Betrag von 500 Euro übersteigt.
(4) Die Landesjustizverwaltung kann bestimmen, dass auch in anderen Fällen ein Sachverständiger zugezogen werden soll.

1 **A. Normzweck.** Im Vollstreckungsverfahren ist der Wert des gepfändeten Gegenstands unter verschiedenen Gesichtspunkten von Bedeutung, zB bei Pfändungsbeschränkungen (§§ 803 I 2, II, 811a II, 811b I, 812) und beim Mindestgebot (§ 817a). Daher soll der gewöhnliche Verkaufswert bzw der Materialwert rechtzeitig festgestellt werden.

2 **B. Anwendungsbereich.** Die Vorschrift gilt für die Zwangsvollstreckung wegen Geldforderungen in bewegliche Sachen, deren Verwertung nach §§ 814 ff erfolgt. Ob sie auch anwendbar ist, wenn eine Forderung oder ein sonstiges Recht nach § 844 durch Versteigerung statt durch Überweisung verwertet werden soll, ist streitig (s. § 844 Rz 10).

3 **C. Schätzung. I. Gewöhnlicher Verkaufswert.** Der gewöhnliche Verkaufswert ist der Durchschnittspreis, der bei freihändiger Veräußerung normalerweise zu erzielen ist. Zu berücksichtigen sind dabei die konkrete Beschaffenheit der Sache, die allgemeine Marktlage und die besonderen örtlichen und zeitlichen Verhält-

nisse. Keine Rolle spielen ungewöhnliche und persönliche Verhältnisse. Wegen § 817a III ist bei Gold- und Silbersachen sowie anderen Edelmetallen (s. § 817a Rz 6) neben dem gewöhnlichen Verkaufswert auch der Materialwert zu schätzen (§ 132 Nr 8 S 3 HS 2 GVGA).

II. Zuständigkeit. 1. Gerichtsvollzieher. Die Schätzung nimmt grds der GV bei der Pfändung vor. Erforderlichenfalls muss er hierzu Erkundigungen einholen. Das Ergebnis seiner Schätzung nimmt er in das Pfändungsprotokoll auf (§§ 132 Nr 8, 135 Nr 1 a GVGA). Hält er sich für nicht ausreichend kompetent, darf er, wenn § 813 dies nicht vorsieht (s. Rz 5), nicht von sich aus einen Sachverständigen zuziehen (LG Konstanz DGVZ 94, 140, 141; LG Aachen JurBüro 86, 1256 f; MüKoZPO/*Gruber* Rn 11; **aA** B/L/A/H Rn 5). Er muss dann die Parteien darauf hinweisen, dass sie einen Antrag auf Schätzung durch einen Sachverständigen nach Abs 1 S 3 stellen können (s. Rz 5). 4

2. Sachverständiger (Abs 1 S 2 und 3). Kostbarkeiten (s. § 808 Rz 18) darf der GV nicht selbst schätzen, sondern muss vAw einen Sachverständigen seiner Wahl beauftragen (Köln Rpfleger 98, 352, 353). Ob eine Kostbarkeit vorliegt, hat der GV nach pflichtgemäßem Ermessen zu beurteilen (Köln Rpfleger 98, 352, 353). Unterlässt er die Zuziehung eines Sachverständigen, beeinträchtigt das die Wirksamkeit der Pfändung und der Verwertung nicht; es können jedoch Amtshaftungsansprüche entstehen (MüKoZPO/*Gruber* Rn 7). Im Übrigen können Gläubiger und Schuldner nach Abs 1 S 3 die Schätzung durch einen Sachverständigen beim Vollstreckungsgericht beantragen, auch wenn bereits eine Schätzung durch den GV oder einen von diesem beigezogenen Sachverständigen vorliegt (Zö/*Stöber* Rn 5; MüKoZPO/*Gruber* Rn 8). Der GV oder Dritte sind nicht antragsberechtigt (LG Berlin DGVZ 78, 112, 113 f). Über den Antrag entscheidet der Rechtspfleger (§ 20 Nr 17 RPflG) nach pflichtgemäßem Ermessen; die Kompetenz, die Schätzung selbst vorzunehmen, steht dem Vollstreckungsgericht nicht zu. Der Sachverständige hat die Schätzung schriftlich oder zu Protokoll des GV abzugeben (§ 132 Nr 8 S 4 GVGA). Das Ergebnis der Schätzung ist den Parteien rechtzeitig mitzuteilen (§ 132 Nr 8 S 5 GVGA). An den vom Sachverständigen geschätzten Wert ist der GV grds gebunden (München DGVZ 80, 122, 123). 5

3. Landwirtschaftlicher Sachverständiger (Abs 3). Sind bei der Vollstreckung gegen eine Person, die Landwirtschaft betreibt, vom Boden noch nicht getrennte Früchte oder Gegenstände der in § 811 I Nr 4 bezeichneten Art zu pfänden, ist ein Sachverständiger zuzuziehen, wenn der Wert der zu pfändenden Gegenstände voraussichtlich 500 € übersteigt. Der Sachverständige hat dann nicht nur den gewöhnlichen Verkaufswert zu schätzen, sondern auch zu begutachten, ob die gewöhnliche Zeit der Reife binnen eines Monats zu erwarten ist (§ 810 I 2), ob die zu pfändenden Sachen zu denen gehören, die in § 811 I Nr 4 bezeichnet sind oder auf die sich die Hypothek erstreckt (§§ 150 Nr 2, 152 Nr 3 S 2 GVGA). 6

4. Bestimmungen der Landesjustizverwaltung (Abs 4). Von der Ermächtigung in Abs 4 haben die Landesjustizverwaltungen in §§ 150 Nr 1, 152 Nr 3 a und b GVGA Gebrauch gemacht und für Fälle, in denen der Wert der zu pfändenden landwirtschaftlichen Gegenstände oder der zu pfändenden Früchte 500 € nicht übersteigt, unter bestimmten Voraussetzungen die Zuziehung eines Sachverständigen angeordnet. 7

III. Nachträgliche Schätzung (Abs 2). Ist die Schätzung bei Vornahme der Pfändung nicht möglich oder ist sie versehentlich unterblieben, ist sie unverzüglich nachzuholen. Das Ergebnis ist im Pfändungsprotokoll zu vermerken und den Parteien mitzuteilen. Bei elektronischer Aktenführung kann das Schätzungsergebnis nicht nachträglich ohne Zerstörung der elektronischen Signatur im Protokoll vermerkt werden (BTDrs 15/4067 36); daher ist es in einem gesonderten elektronischen Dokument festzuhalten und dieses mit dem Pfändungsprotokoll untrennbar zu verbinden (Abs 2 S 2 und 3). 8

IV. Nachschätzung. Ändern sich die Verhältnisse nach der Schätzung wesentlich, kann eine Nachschätzung erfolgen (Schuschke/Walker/*Walker* Rn 6; Zö/*Stöber* Rn 8). Erfolgte die ursprüngliche Schätzung auf Anordnung des Gerichts nach Abs 1 S 3 durch einen Sachverständigen, bedarf es für die Nachschätzung einer neuerlichen Anordnung des Gerichts (Zö/*Stöber* Rn 8; Schuschke/Walker/*Walker* Rn 6). Die Neubewertung ist im Pfändungsprotokoll zu vermerken und den Parteien unverzüglich mitzuteilen (vgl § 132 Nr 8 S 6 GVGA). 9

D. Rechtsbehelfe. Die Entscheidung des Vollstreckungsgerichts über den Antrag auf Zuziehung eines Sachverständigen nach Abs 1 S 3 einschließlich seiner Auswahl ist mit der **sofortigen Beschwerde** (§ 11 I RPflG, § 793) anfechtbar. Andere Fehler, insb die Unterlassung der Schätzung oder der Zuziehung eines Sachverständigen durch den GV, können mit der **Erinnerung** nach § 766 geltend gemacht werden (AG 10

Schöneberg DGVZ 09, 45; MüKoZPO/*Gruber* Rn 14). Einwände gegen das **Ergebnis der Schätzung** des GV oder des Sachverständigen können nur mit einem Antrag auf Schätzung durch einen Sachverständigen erhoben werden (AG Schöneberg DGVZ 09, 45, 46; LG Aachen JurBüro 86, 1256; LG Limburg DGVZ 88, 159; MüKoZPO/*Gruber* Rn 14; **aA** LG Essen NJW 57, 108, 109; B/L/A/H Rn 12; Wieczorek/*Lüke* Rn 17).

11 **E. Kosten/Gebühren. I. Gericht.** Im gerichtlichen Verfahren wird eine Festgebühr iHv 15 € nach Nr 2113 KV erhoben.

12 **II. Anwalt.** Für den Anwalt zählt jedes Verfahren über einen Antrag und jedes Verfahren über eine Abänderung der getroffenen Anordnung als besondere Angelegenheit (§ 18 I Nr 6 RVG) und löst die Gebühren nach den Nr 3309, 3310 VV RVG aus.

§ 813a Aufschub der Verwertung. (1) [1]**Hat der Gläubiger eine Zahlung in Teilbeträgen nicht ausgeschlossen, kann der Gerichtsvollzieher die Verwertung gepfändeter Sachen aufschieben, wenn sich der Schuldner verpflichtet, den Betrag, der zur Befriedigung des Gläubigers und zur Deckung der Kosten der Zwangsvollstreckung erforderlich ist, innerhalb eines Jahres zu zahlen; hierfür kann der Gerichtsvollzieher Raten nach Höhe und Zeitpunkt festsetzen.** [2]**Einen Termin zur Verwertung kann der Gerichtsvollzieher auf einen Zeitpunkt bestimmen, der nach dem nächsten Zahlungstermin liegt; einen bereits bestimmten Termin kann er auf diesen Zeitpunkt verlegen.**
(2) [1]**Hat der Gläubiger einer Zahlung in Teilbeträgen nicht bereits bei Erteilung des Vollstreckungsauftrags zugestimmt, hat ihn der Gerichtsvollzieher unverzüglich über den Aufschub der Verwertung und über die festgesetzten Raten zu unterrichten.** [2]**In diesem Fall kann der Gläubiger dem Verwertungsaufschub widersprechen.** [3]**Der Gerichtsvollzieher unterrichtet den Schuldner über den Widerspruch; mit der Unterrichtung endet der Aufschub.** [4]**Dieselbe Wirkung tritt ein, wenn der Schuldner mit einer Zahlung ganz oder teilweise in Verzug kommt.**

1 **A. Normzweck.** Der Verwertungsaufschub soll dem Schuldner bei Einverständnis des Gläubigers die Möglichkeit geben, die oft unwirtschaftliche Zwangsverwertung der Pfandsache durch eine freiwillige Ratenzahlung zu vermeiden (BTDrs 13/341, 26/27). Auch für den Gläubiger ist diese Lösung häufig günstiger, da er durch die Verwertung der Pfandsache möglicherweise nicht voll befriedigt würde.

2 **B. Voraussetzungen. I. Pfändung beweglicher Sachen.** Die Vorschrift gilt bei der Pfändung beweglicher Sachen, sofern diese nach §§ 814 ff verwertet werden; dies ist bei Bargeld, das dem Gläubiger schlicht nach § 815 abzuliefern ist, und bei Arrestpfändung (§ 930) und Sicherungsvollstreckung (§ 720a) nicht der Fall, sodass dort ein Verwertungsaufschub nicht in Betracht kommt (Musielak/*Becker* Rn 1). Es müssen tatsächlich Sachen gepfändet worden sein; war der Pfändungsversuch fruchtlos, gilt § 806b S 2 (s. § 806b Rz 2). Bei der Zwangsvollstreckung in Forderungen oder sonstige Rechte ist § 813a nicht entsprechend anzuwenden (Musielak/*Becker* Rn 1; MüKoZPO/*Gruber* Rn 2).

3 **II. Kein Ausschluss durch den Gläubiger.** Hat der Gläubiger bereits bei Erteilung des Vollstreckungsauftrags oder bis zur Pfändung eine Zahlung in Teilbeträgen ausgeschlossen, darf ein Verwertungsaufschub nicht gewährt werden; in der Verbindung des Vollstreckungsauftrags mit einem Antrag auf Abnahme der eidesstattlichen Versicherung liegt noch kein Ausschluss der Ratenzahlung (§ 141 Nr 2 S 5 GVGA). Hat der Gläubiger in dem Vollstreckungsauftrag **Bedingungen** für sein Einverständnis mit einer Ratenzahlung festgelegt (zB Mindestraten, Höchstfristen), darf der GV hiervon nicht abweichen (§ 141 Nr 2 S 6 GVGA). Bei fehlendem Einverständnis des Gläubigers bleibt dem Schuldner die Möglichkeit, bei dem Vollstreckungsgericht einen Antrag nach § 813b zu stellen.

4 **III. Verpflichtung des Schuldners.** Der Schuldner muss sich verpflichten, die Vollstreckungsforderung und die Kosten der Zwangsvollstreckung binnen eines Jahres zu zahlen. Die Erklärung bedarf keiner **Form** und ist an keine **Frist** gebunden, also noch bis kurz vor dem Versteigerungstermin möglich (BTDrs 13/341, 28). Sie ist vom GV im Protokoll zu vermerken (§ 141 Nr 6 GVGA). Es ist nicht erforderlich, dass der Schuldner sofort eine Teilzahlung leistet (BTDrs 13/341, 28).

5 **IV. Anordnung durch GV.** Über den Aufschub der Verwertung entscheidet der GV. Ein **Ermessen** steht ihm dabei nicht zu (Zö/*Stöber* Rn 6; MüKoZPO/*Gruber* Rn 8). Ordnet er den Aufschub an, sollte er Höhe und Zeitpunkt der Raten sofort festsetzen (Abs 1 S 1 HS 2). Dabei hat er darauf zu achten, dass die **Jahres-**

frist eingehalten wird, sofern nicht die Beteiligten eine Überschreitung der Höchstfrist vereinbaren (MüKoZPO/*Gruber* Rn 3; Musielak/*Becker* Rn 2). Eine kürzere Frist ist ohne Weiteres möglich; diese kann später bis zur Höchstfrist verlängert werden. Legt der GV keine Raten fest, richtet sich die Verpflichtung des Schuldners nach dessen Erklärung (Zö/*Stöber* Rn 6). Der GV kann zudem, um die Motivation des Schuldners zur pünktlichen Zahlung zu fördern, bereits einen **Verwertungstermin** bestimmen, der nach dem nächsten Zahlungstermin liegt, bzw einen bereits bestimmten Termin auf diesen Zeitpunkt verlegen (Abs 1 S 2 HS 2). Zwischen Zahlungstermin und Verwertungstermin soll mindestens eine Woche liegen (§ 141 Nr 4 S 1 GVGA). Wird der Verwertungstermin nach Zahlung der Rate verlegt, gehören die dadurch verursachten Kosten zu den Kosten der Zwangsvollstreckung iSv § 788 I (§ 141 Nr 4 S 2 GVGA).

C. Rechtsfolgen. Solange der Verwertungsaufschub wirksam ist, darf die Verwertung nicht fortgesetzt werden. Die Fälligkeit der titulierten Forderung und der bestehende Zahlungsverzug bleiben bestehen, da der Verwertungsaufschub nicht als Stundung zu verstehen ist (BTDrs 13/341, 27). Vollstreckungshandlungen, die nicht zur Verwertung führen, bleiben möglich, etwa weitere Pfändungen unter Beachtung der Grenze nach § 803 I 2; ggf sind sie jedoch wegen Rechtsmissbrauchs unzulässig (MüKoZPO/*Gruber* Rn 13 mwN). 6

D. Ende des Verwertungsaufschubs. Der Verwertungsaufschub endet nach Abs 2 S 3 und 4, wenn der Gläubiger nach Abs 2 S 2 widerspricht oder der Schuldner mit einer Zahlung ganz oder tw in Verzug kommt. Der Schuldner kann binnen zwei Wochen ab dem Ende des Aufschubs bei dem Vollstreckungsgericht einen Antrag auf Aussetzung der Verwertung nach § 813b stellen (§ 813b II). Der GV hat den Schuldner auf diese Möglichkeit hinzuweisen (§ 141 Nr 8 S 2 GVGA). 7

I. Widerspruch des Gläubigers (Abs 2). Hat der Gläubiger schon mit der Erteilung des Vollstreckungsauftrags sein Einverständnis mit einer Ratenzahlung (ggf unter Bedingungen, s. Rz 3) erklärt, ist er daran **unwiderruflich** gebunden (BTDrs 13/341, 29). Hat er hingegen noch nicht zugestimmt, kann er dem Verwertungsaufschub nachträglich widersprechen (Abs 2 S 2). Um ihm hierzu Gelegenheit zu geben, hat der GV den Gläubiger unverzüglich über den Aufschub und seine Bedingungen zu unterrichten (Abs 2 S 1). Der Widerspruch ist formlos ggü dem GV zu erklären (BTDrs 13/341, 29). Dieser unterrichtet unverzüglich den Schuldner, wodurch der Aufschub **endet** (Abs 2 S 3). Da in diesem Zeitpunkt die Antragsfrist nach § 813b II 2 beginnt, ist die Unterrichtung durch Zustellung einer beglaubigten Abschrift der Widerspruchsschrift oder des über einen telefonischen Widerspruch aufgenommenen Vermerks zu bewirken; der GV kann den Schuldner auch mündlich unterrichten und dies im Protokoll vermerken (§ 141 Nr 8 S 2 GVGA). Wendet sich der Gläubiger nur gegen die festgesetzten Raten, liegt **kein Widerspruch** vor; der GV ändert dann die Teilzahlungsbestimmungen entsprechend den Auflagen des Gläubigers ab und unterrichtet den Schuldner (§ 141 Nr 8 S 5 und 6 GVGA). 8

II. Verzug. Kommt der Schuldner mit einer Zahlung ganz oder tw in Verzug, führt dies gleichfalls zur Beendigung des Verwertungsaufschubs (Abs 2 S 4). Dabei wird der Begriff Verzug nicht iSv § 286 BGB verstanden. Vielmehr endet der Aufschub, wenn der Schuldner eine Rate nicht oder nicht vollständig zum festgelegten Termin geleistet hat, auch wenn ihm ein Verschulden nicht zur Last fällt (MüKoZPO/*Gruber* Rn 18; St/J/*Münzberg* Rn 13; Zö/*Stöber* Rn 11). 9

E. Erneuter Aufschub. Wurde der Verwertungsaufschub beendet, kann ein erneuter Aufschub gewährt werden, solange nicht die Jahresfrist von Abs 1 S 1 überschritten wird. Die vom Gläubiger für den vorangegangenen Aufschub erteilte Zustimmung bindet ihn nicht für den nachfolgenden, sodass er diesem nach Abs 2 S 2 widersprechen kann. Endete der Verwertungsaufschub wegen des Widerspruchs des Gläubigers, kann der wiederholte Aufschub nur gewährt werden, wenn der Gläubiger vorher zustimmt (Zö/*Stöber* Rn 12; Musielak/*Becker* Rn 4). 10

F. Mehrere Gläubiger. Wurde der GV von mehreren Gläubigern mit der Pfändung beauftragt, kann ein Verwertungsaufschub bzgl aller Gläubiger gewährt werden, wenn für jeden einzelnen die Voraussetzungen vorliegen. Bei einer Zahlung des Schuldners an den GV, die nicht zur Deckung aller fälligen Raten ausreicht, muss der Schuldner bestimmen, wie der gezahlte Betrag auf die fälligen Raten aufzuteilen ist (vgl § 806b Rz 4; **aA** *Helwich* DGVZ 00, 105, 109; MüKoZPO/*Gruber* Rn 6: grds Aufteilung entsprechend § 804 III). Liegen die Voraussetzungen für einen Verwertungsaufschub hinsichtlich **eines** von mehreren Gläubigern nicht vor, kommt der Aufschub gleichwohl bzgl der übrigen Gläubiger zustande, gleichviel, ob die Pfändung für alle Gläubiger gleichzeitig oder nacheinander erfolgte (vgl *Harnacke* DGVZ 02, 108, 109; Zö/ 11

Stöber Rn 13; **abw** *Helwich* DGVZ 00, 105, 109; MüKoZPO/*Gruber* Rn 6; **aA** Schuschke/Walker/*Walker* Rn 4). Umstände, die das Ende des Verwertungsaufschubs herbeiführen, wirken jeweils nur im Verhältnis zu dem Gläubiger, den die Umstände betreffen (vgl § 806b Rz 4); hinsichtlich der übrigen Gläubiger bleibt der Verwertungsaufschub wirksam. Wird die Pfandsache jedoch für einen Gläubiger verwertet, ist der Erlös entsprechend dem Rang der einzelnen Pfandrechte an alle Gläubiger auszuzahlen (*Helwich* DGVZ 00, 105, 109; MüKoZPO/*Gruber* Rn 7; Zö/*Stöber* Rn 13).

12 **G. Rechtsbehelfe.** Die Anordnung des GV, die Verwertung aufzuschieben, ist ebenso wie die Ablehnung des Verwertungsaufschubs mit der Erinnerung nach § 766 anfechtbar (MüKoZPO/*Gruber* Rn 19; Schuschke/Walker/*Walker* Rn 9). Bei Versagung steht dem Schuldner auch der Antrag nach § 813b offen.

§ 813b Aussetzung der Verwertung. **(1) [1]Das Vollstreckungsgericht kann auf Antrag des Schuldners die Verwertung gepfändeter Sachen unter Anordnung von Zahlungsfristen zeitweilig aussetzen, wenn dies nach der Persönlichkeit und den wirtschaftlichen Verhältnissen des Schuldners sowie nach der Art der Schuld angemessen erscheint und nicht überwiegende Belange des Gläubigers entgegenstehen. [2]Es ist befugt, die in § 732 Abs. 2 bezeichneten Anordnungen zu erlassen.**

(2) [1]Wird der Antrag nicht binnen einer Frist von zwei Wochen gestellt, so ist er ohne sachliche Prüfung zurückzuweisen, wenn das Vollstreckungsgericht der Überzeugung ist, dass der Schuldner den Antrag in der Absicht der Verschleppung oder aus grober Nachlässigkeit nicht früher gestellt hat. [2]Die Frist beginnt im Falle eines Verwertungsaufschubs nach § 813a mit dessen Ende, im Übrigen mit der Pfändung.

(3) Anordnungen nach Absatz 1 können mehrmals ergehen und, soweit es nach Lage der Verhältnisse, insbesondere wegen nicht ordnungsmäßiger Erfüllung der Zahlungsauflagen, geboten ist, auf Antrag aufgehoben oder abgeändert werden.

(4) Die Verwertung darf durch Anordnungen nach Absatz 1 und Absatz 3 nicht länger als insgesamt ein Jahr nach der Pfändung hinausgeschoben werden.

(5) [1]Vor den in Absatz 1 und in Absatz 3 bezeichneten Entscheidungen ist, soweit dies ohne erhebliche Verzögerung möglich ist, der Gegner zu hören. [2]Die für die Entscheidung wesentlichen tatsächlichen Verhältnisse sind glaubhaft zu machen. [3]Das Gericht soll in geeigneten Fällen auf eine gütliche Abwicklung der Verbindlichkeiten hinwirken und kann hierzu eine mündliche Verhandlung anordnen. [4]Die Entscheidungen nach den Absätzen 1, 2 und 3 sind unanfechtbar.

(6) In Wechselsachen findet eine Aussetzung der Verwertung gepfändeter Sachen nicht statt.

1 **A. Normzweck.** Die Vorschrift ermöglicht über § 813a hinaus (s. § 813a Rz 1), die Verwertung auch gegen den Willen des Gläubigers auszusetzen und dem Schuldner dadurch Gelegenheit zu geben, die Vollstreckungsforderung zu bezahlen.

2 **B. Voraussetzungen. I. Pfändung beweglicher Sachen.** Die Anwendung setzt wie bei § 813a eine Pfändung voraus. Zu den Einzelheiten s. § 813a Rz 2.

3 **II. Keine Wechselsachen (Abs 6).** Gründet sich die Vollstreckungsforderung materiell-rechtlich auf einen Wechsel, darf die Verwertung nicht ausgesetzt werden. Dabei kommt es nicht darauf an, ob der Anspruch im Wechselprozess oder in sonstiger Weise tituliert wurde (MüKoZPO/*Gruber* Rn 4; Schuschke/Walker/*Walker* Rn 2; Musielak/*Becker* Rn 3). Auf Ansprüche aus einem Scheck ist Abs 6 entsprechend anzuwenden (St/J/*Münzberg* Rn 7; MüKoZPO/*Gruber* Rn 4; Musielak/*Becker* Rn 3; **aA** Schuschke/Walker/*Walker* Rn 2; Zö/*Stöber* Rn 10).

4 **III. Persönlichkeit und wirtschaftliche Verhältnisse des Schuldners.** Hat sich der Schuldner in der Vergangenheit als unredlich oder unzuverlässig erwiesen, insb durch sein Verhalten ggü dem Gläubiger während des Rechtsstreits oder im Zwangsvollstreckungsverfahren, ist er nicht schutzwürdig, sodass eine Aussetzung der Verwertung unangemessen wäre. Seine wirtschaftlichen Verhältnisse müssen erwarten lassen, dass er die Schuld zwar nicht sofort, aber in angemessener Frist, die höchstens ein Jahr betragen darf (Abs 4), abzahlen kann.

5 **IV. Art der Schuld.** Bei Forderungen, die den laufenden Lebensunterhalt des Gläubigers sichern sollen (zB laufende Unterhalts- oder Arbeitsentgeltszahlungen) oder zweckgebunden sind und deshalb ohne Verzögerung benötigt werden (zB Heizungskosten, AG Köln MDR 56, 486), wäre eine Aussetzung der Verwertung

nicht angemessen. Je nach den Umständen des Einzelfalls kann dies auch bei Forderungen aus unerlaubter Handlung der Fall sein, insb wenn diese vorsätzlich begangen wurde (MüKoZPO/*Gruber* Rn 6; Schuschke/Walker/*Walker* Rn 11).

V. Belange des Gläubigers. Die Belange des Gläubigers dürfen die Schutzwürdigkeit des Schuldners nicht überwiegen. Hier sind tw dieselben Gesichtspunkte wie bei der Art der Schuld zu berücksichtigen (s. Rz 5). Ins Gewicht fällt auch, wenn der Gläubiger die Mittel selbst zur Begleichung von Verbindlichkeiten benötigt, insb wenn ihm andernfalls die Insolvenz oder erhebliche Schadensersatzansprüche drohen (Schuschke/Walker/*Walker* Rn 12). Die Aussetzung ist zudem unangemessen, wenn zu erwarten ist, dass die Verwertung der Pfandsache zu einem späteren Zeitpunkt nicht mehr zur Befriedigung des Gläubigers ausreichen wird, zB bei leicht verderblichen Pfandsachen oder hohen Lagerkosten (MüKoZPO/*Gruber* Rn 7). 6

C. Verfahren. I. Antrag des Schuldners. Die Aussetzung der Verwertung setzt einen Antrag des Schuldners voraus. Dieser kann schriftlich oder zu Protokoll der Geschäftsstelle ohne Anwaltszwang (§ 78 V) gestellt werden. Nähere Einzelheiten wie Höhe und Fälligkeit der Raten kann, muss der Antrag aber nicht enthalten. Wird der Antrag nicht binnen einer **Frist** von zwei Wochen (Berechnung: § 222) ab der Pfändung bzw im Falle eines Verwertungsaufschubs nach § 813a ab dessen Ende (Abs 2 S 2) gestellt, ist er zwar nicht als unzulässig zu behandeln. Er ist jedoch ohne Weiteres zurückzuweisen, wenn nach der Überzeugung des Vollstreckungsgerichts die Fristversäumnis auf **Verschleppungsabsicht** oder **grober Nachlässigkeit** beruht (Abs 2 S 1). Dies wird – insb wenn der Schuldner vom GV gem § 141 Nr 7 S 3 GVGA belehrt wurde – schon durch die Versäumung der Frist indiziert, wenn der Schuldner keine Umstände vorträgt, die ihn entlasten (MüKoZPO/*Gruber* Rn 10; Musielak/*Becker* Rn 5). Wiedereinsetzung in den vorigen Stand (§ 233) kommt nicht in Betracht, weil es sich nicht um eine Notfrist (§ 224 I 1) handelt. Die Frist kann auch nicht verlängert werden (§ 224 II). 7

II. Zuständigkeit. Die Entscheidung trifft der Rechtspfleger des Vollstreckungsgerichts (§ 764, § 20 Nr 17 RPflG). 8

III. Anhörung des Gegners und Glaubhaftmachung (Abs 5). Vor der Entscheidung über die Anordnung, Aufhebung oder Änderung der Aussetzung der Verwertung ist der Antragsgegner jeweils anzuhören. In geeigneten Fällen soll das Vollstreckungsgericht auf eine gütliche Abwicklung hinwirken, ggf in einer mündlichen Verhandlung (Abs 5 S 3). Die Tatsachen, die für die Entscheidung des Gerichts wesentlich sind, hat die Partei, die sich auf sie beruft, darzulegen und glaubhaft zu machen (§ 294 I). 9

IV. Entscheidung. 1. Formalien. Der Beschl des Vollstreckungsgerichts ist zu begründen und entweder nach § 329 I zu verkünden, wenn er aufgrund mündlicher Verhandlung ergeht (Abs 5 S 3), oder nach § 329 II 2 zuzustellen. Hat ausnahmsweise der Richter entschieden, ist der Beschl zwar nicht anfechtbar (s. Rz 15); die Zustellung ist aber trotzdem sinnvoll, wenn der Beschl Zahlungsfristen enthält (Musielak/*Becker* Rn 9). Die Entscheidung muss sich iRd Antrags halten (§ 308 I 1). 10

2. Inhalt. Der Beschl muss die gepfändete Sache genau bezeichnen und Zahlungsfristen und -beträge bestimmen. Es kann auch die Zahlung des Gesamtbetrags binnen einer bestimmten Frist angeordnet werden (MüKoZPO/*Gruber* Rn 13; Schuschke/Walker/*Walker* Rn 14; Musielak/*Becker* Rn 9; **aA** Zö/*Stöber* Rn 14). Für andere Auflagen, zB gleichzeitige Tilgung anderer Schulden ggü dem Gläubiger, bietet § 813b keine Grundlage (Schuschke/Walker/*Walker* Rn 14; B/L/A/H Rn 11; **aA** MüKoZPO/*Gruber* Rn 13; Zö/*Stöber* Rn 14; Musielak/*Becker* Rn 9). Bei der Bemessung der Zahlungsfrist sind die Belange von Gläubiger und Schuldner abzuwägen (vgl Rz 4–6). Die **Höchstfrist** von einem Jahr ab Pfändung (Abs 4) ist als äußerste Grenze und nicht als Regelfrist zu betrachten (Zö/*Stöber* Rn 14). 11

3. Mehrmalige Anordnungen, Aufhebung oder Abänderung (Abs 3). Nach dem Ende der Verwertungsaussetzung kann, wenn alle Voraussetzungen vorliegen (Rz 2 – 7), erneut die Aussetzung angeordnet werden. Die Frist für den Antrag des Schuldners beginnt mit dessen Kenntnis von der Fortsetzung der Verwertung. Auch bei mehrmaliger Anordnung darf die Höchstfrist von einem Jahr (Abs 4) insgesamt nicht überschritten werden. Die **Aufhebung** der Aussetzung kommt auf Antrag (nur) aufgrund wesentlicher Änderung der tatsächlichen Umstände in Betracht, insb wenn der Schuldner die Zahlungsauflagen nicht erfüllt. Auf Antrag kann die Anordnung auch **abgeändert** werden, wenn veränderte Verhältnisse dies gebieten, zB Verkürzung oder Verlängerung der Zahlungsfristen, Erhöhung oder Herabsetzung der Ratenhöhe. Eine geänderte Beurteilung der 12 gleich gebliebenen Verhältnisse durch das Vollstreckungsgericht rechtfertigt die Aufhebung oder Abänderung nicht (MüKoZPO/*Gruber* Rn 14; Musielak/*Becker* Rn 6; **aA** B/L/A/H Rn 9).

13 **4. Einstweilige Anordnungen (Abs 1 S 2).** Das Gericht kann vor der Entscheidung über den Antrag auf Aussetzung der Verwertung eine einstweilige Anordnung nach § 732 II erlassen. Diese kann vorläufige Zahlungsauflagen enthalten.

14 **D. Rechtsfolgen.** Die Rechtsfolgen entsprechen denen des § 813a (s. § 813a Rz 6). Die Verwertungsaussetzung endet mit Ablauf der bestimmten Frist. Die Versäumung eines einzelnen Zahlungstermins beendet die Aussetzung nicht automatisch, kann aber zu einer Aufhebung nach Abs 3 führen.

15 **E. Rechtsbehelfe.** Abs 5 S 4 ordnet die **Unanfechtbarkeit** der Entscheidungen nach den Absätzen 1, 2 und 3 an. Wenn – wie in der Regel – der Rechtspfleger entschieden hat, können der Gläubiger und der Schuldner nach § 11 II 1 RPflG **sofortige Erinnerung** einlegen; gegen die hierüber ergehende Entscheidung des Richters ist kein Rechtsmittel statthaft, es kann jedoch nach **§ 321a** die Verletzung des Anspruchs auf rechtliches Gehör gerügt werden.

§ 814 Öffentliche Versteigerung.

(1) Die gepfändeten Sachen sind von dem Gerichtsvollzieher öffentlich zu versteigern; *Kostbarkeiten sind vor der Versteigerung durch einen Sachverständigen abzuschätzen.*[1]

(2) Eine öffentliche Versteigerung kann nach Wahl des Gerichtsvollziehers
1. als Versteigerung vor Ort oder
2. als allgemein zugängliche Versteigerung im Internet über eine Versteigerungsplattform
erfolgen.

(3) [1]Die Landesregierungen bestimmen für die Versteigerung im Internet nach Absatz 2 Nummer 2 durch Rechtsverordnung
1. den Zeitpunkt, von dem an die Versteigerung zugelassen ist,
2. die Versteigerungsplattform,
3. die Zulassung zur und den Ausschluss von der Teilnahme an der Versteigerung; soweit die Zulassung zur Teilnahme oder der Ausschluss von einer Versteigerung einen Identitätsnachweis natürlicher Personen vorsieht, ist spätestens ab dem 1. Januar 2013 auch die Nutzung des elektronischen Identitätsnachweises (§ 18 des Personalausweisgesetzes) zu diesem Zweck zu ermöglichen,
4. Beginn, Ende und Abbruch der Versteigerung,
5. die Versteigerungsbedingungen und die sonstigen rechtlichen Folgen der Versteigerung einschließlich der Belehrung der Teilnehmer über den Gewährleistungsausschluss nach § 806,
6. die Anonymisierung der Angaben zur Person des Schuldners vor ihrer Veröffentlichung und die Möglichkeit der Anonymisierung der Daten der Bieter,
7. das sonstige zu beachtende besondere Verfahren.
[2]Sie können die Ermächtigung durch Rechtsverordnung auf die Landesjustizverwaltungen übertragen.

1 **A. Normzweck.** Die Verwertung der Pfandsachen erfolgt regelmäßig im Wege der öffentlichen Versteigerung, die durch den GV entweder als Versteigerung vor Ort oder über von den Landesregierungen bestimmte Versteigerungsplattformen im Internet erfolgt. Dies soll einen höchstmöglichen Erlös gewährleisten. Ausnahmen regeln §§ 817a III 2 und 825 sowie für Geld § 815 und für Wertpapiere mit Börsen- oder Marktpreis § 821.

2 **B. Voraussetzungen.** Es müssen die allgemeinen Voraussetzungen für die Zulässigkeit der Zwangsvollstreckung vorliegen (s. vor §§ 704 ff Rz 9). Zudem muss durch Pfändung nach §§ 803, 808 f eine **wirksame Verstrickung** bewirkt worden sein; das Bestehen eines Pfändungspfandrechts nach § 804 ist nicht erforderlich (MüKoZPO/*Gruber* Rn 5; Musielak/*Becker* Rn 2). **Verwertungshindernisse**, die die Versteigerung unzulässig machen, ergeben sich aus der einstweiligen Einstellung der Zwangsvollstreckung (§§ 707, 719, 765a, 769), Beschränkungen in §§ 772, 773, 775 Nr 2, 4 und 5, 811d oder Anordnungen des Aufschubs oder der Aussetzung der Verwertung (§§ 813a, 813b). Ist die Sache aufgrund Sicherungs- oder Arrestvollstreckung gepfändet worden, darf grds keine Verwertung erfolgen (s. § 930 Rz 4 f).

---

1 § 814 Halbsatz 2 gemäß Artikel 5 Nr. 1 des Gesetzes vom 20. August 1953 (BGBl. I S. 952) außer Kraft, soweit er sich nicht auf das Verwaltungszwangsverfahren bezieht.

Die Eröffnung des Insolvenzverfahrens über das Vermögen des Schuldners hindert die Versteigerung nicht, soweit das Verwertungsrecht des Gläubigers nach § 173 InsO weiter besteht. Befindet sich die Sache jedoch im Besitz des Insolvenzverwalters, darf dieser die Sache nach § 166 I InsO freihändig verwerten; eine Versteigerung durch den GV ist dann unzulässig (MüKoZPO/*Gruber* Rn 6; St/J/*Münzberg* § 804 Rn 37). 3

C. Verfahren. Nähere Regelungen zum Verfahren enthalten die §§ 816–819 sowie §§ 142–146, 153, 161 GVGA. Für die Versteigerung im Internet sind die Einzelheiten durch Rechtsverordnungen der Landesregierungen oder ggf der Landesjustizverwaltungen zu regeln (Abs 3), insb auf welcher Versteigerungsplattform und ab welchem Zeitpunkt öffentliche Versteigerungen im Internet zugelassen sind (Abs 3 S 1 Nr 1). Entsprechende Verordnungen haben Baden-Württemberg (VO v 3.5.10 GVBl 10, 412), Bayern (VO v 25.11.09 GVBl 09, 619), Brandenburg (VO v 8.2.11 GVBl II/11, 1), Bremen (VO v 21.4.10 GBl 10, 339), Hamburg (VO v 6.4.10 GVBl 10, 254), Hessen (VO v 10.6.10 GVBl 10, 172), Mecklenburg-Vorpommern (VO v 6.10.10 GVBl 10, 603), Nordrhein-Westfalen (VO v 22.9.09 GVBl 09, 508), Rheinland-Pfalz (VO v 26.6.10 GVBl 10, 198), Saarland (VO v 17.1.11 ABl 11, 16), Sachsen (VO v 14.3.10 GVBl 10, 94), Sachsen-Anhalt (VO v 3.2.10 GVBl 10, 36) und Thüringen (VO v 22.9.10 GVBl 10, 323) erlassen. Unter der Projektleitung von Nordrhein-Westfalen beteiligen sich alle Länder an der gemeinsamen Versteigerungsplattform »Justiz-Auktion«. Zum Ablauf der Versteigerung s. § 817 Rz 2 – 9. 4

I. Zuständigkeit. Zuständig ist der GV, der die Sache gepfändet hat, bei mehrfacher Pfändung der Erstpfändende, wenn nicht das Vollstreckungsgericht etwas anderes anordnet (§ 827). Der GV nimmt die Verwertung ohne weiteren Auftrag des Gläubigers vor (§ 141 Nr 2 GVGA). Er wird dabei **hoheitlich** und nicht als Beauftragter oder Stellvertreter des Gläubigers oder des Schuldners tätig (MüKoZPO/*Gruber* Rn 8; Musielak/*Becker* Rn 4). Weisungen des Gläubigers, die nicht dem Gesetz oder der GVGA widersprechen, hat der GV jedoch zu befolgen (MüKoZPO/*Gruber* Rn 8; Zö/*Stöber* Rn 3; Musielak/*Becker* Rn 4). 5

II. Wahl der Versteigerungsart. Die beiden vom Gesetz vorgesehenen Arten der Versteigerung stehen gleichwertig nebeneinander. Dem GV obliegt die Wahl, ob die Versteigerung vor Ort oder im Internet erfolgt (Abs 2). Seine Entscheidung hat er insb daran zu orientieren, wie ein besserer Erlös zu erzielen ist. 6

III. Öffentlichkeit. Öffentlichkeit erfordert, dass grds jedermann freien Zutritt während der Versteigerung hat. Einschränkungen können aber durch entsprechende Anwendung von §§ 169 ff GVG gerechtfertigt sein, insb aus Gründen der Sicherheit und Ordnung oder aufgrund der Größe des zur Verfügung stehenden Raumes (MüKoZPO/*Gruber* Rn 9; St/J/*Münzberg* Rn 5; Musielak/*Becker* Rn 5; **aA** Schuschke/Walker/*Walker* Rn 4 Fn 16). Der GV hat bei der Wahl des Raumes ua das voraussichtliche Ausmaß des Interesses der Öffentlichkeit und die Angemessenheit der Versteigerungskosten abzuwägen (Musielak/*Becker* Rn 5). Eine Versteigerung im Internet muss grds für alle Internetnutzer zugänglich sein, darf also nicht etwa in einem nur einem beschränkten Personenkreis zugänglichen Intranet erfolgen (BTDrs 16/12811, 9). 7

D. Rechtsbehelfe. Verfahrensverstöße können mit der Erinnerung nach § 766 geltend gemacht werden. Ein Verstoß gegen das Öffentlichkeitsgebot führt zur Unwirksamkeit der Versteigerung. 8

§ 815 Gepfändetes Geld. **(1) Gepfändetes Geld ist dem Gläubiger abzuliefern.**

(2) [1]Wird dem Gerichtsvollzieher glaubhaft gemacht, dass an gepfändetem Geld ein die Veräußerung hinderndes Recht eines Dritten bestehe, so ist das Geld zu hinterlegen. [2]Die Zwangsvollstreckung ist fortzusetzen, wenn nicht binnen einer Frist von zwei Wochen seit dem Tag der Pfändung eine Entscheidung des nach § 771 Abs. 1 zuständigen Gerichts über die Einstellung der Zwangsvollstreckung beigebracht wird.

(3) Die Wegnahme des Geldes durch den Gerichtsvollzieher gilt als Zahlung von Seiten des Schuldners, sofern nicht nach Absatz 2 oder nach § 720 die Hinterlegung zu erfolgen hat.

A. Normzweck. Die Vorschrift ordnet in Abweichung von § 814 die Verwertung von gepfändetem Geld durch schlichte Ablieferung an. Das in Abs 2 geregelte Hinterlegungsverfahren soll die Rechte Dritter an dem gepfändeten Geld wahren. Abs 3 betrifft die Gefahrtragung. 1

B. Verwertung gepfändeten Geldes. I. Voraussetzungen. Es müssen die Verwertungsvoraussetzungen wie § 814 Rz 2 vorliegen. Geld sind Euro-Banknoten und -münzen. Nach § 815 behandelt werden auch gültige inländische Wertzeichen wie Briefmarken, Stempel-, Versicherungs- und Kostenmarken, die vom GV ohne 2 besondere Anordnung in Geld gewechselt werden (MüKoZPO/*Gruber* Rn 3; Musielak/*Becker* Rn 2). Ausländisches Geld fällt als im Inland nicht ohne Weiteres gültiges Zahlungsmittel nicht unter § 815, sondern ist nach § 821 zu verwerten (s. § 821 Rz 3). Münzsammlungen, die einen über den Nominalwert hinausgehenden Wert haben, gelten nicht als Geld iSv § 815, sondern werden nach § 814 oder § 825 verwertet (MüKoZPO/*Gruber* Rn 3; Musielak/*Becker* Rn 2).

3 **II. Ablieferung.** Sie erfolgt an den Vollstreckungsgläubiger, nicht an den Gläubiger iSd BGB (MüKoZPO/*Gruber* Rn 4; *Scheld* DGVZ 83, 161, 164; **aA** B/L/A/H Rn 3). Das Geld wird nach Abzug der Vollstreckungskosten (§ 15 II GVKostG) dem Gläubiger bar übergeben, per Post angewiesen oder bargeldlos über das Dienstkonto des GV überwiesen (§ 73 Nr 7 GVO). An einen **Vertreter** kann das Geld abgeliefert werden, wenn dieser seine Empfangsvollmacht durch Vorlage der Urschrift oder einer Ausfertigung nachweist (AG Lehrte DGVZ 08, 29; LG Bremen DGVZ 02, 168; LG Bielefeld DGVZ 93, 28; LG Aachen DGVZ 91, 173). Nicht ausreichend ist eine Generalinkassovollmacht (LG Ingolstadt DGVZ 94, 92, 93) oder eine Prozessvollmacht (§ 62 Nr 2 GVGA; AG Brake DGVZ 94, 77). Zur Empfangnahme der vom Gegner zu erstattenden Prozesskosten ist der Prozessbevollmächtigte jedoch berechtigt (§ 81).

4 **III. Wirkung. 1. Eigentumsübergang.** Die Ablieferung führt zum Eigentumsübergang auf den Gläubiger durch Hoheitsakt (BGH NJW 09, 1085, 1086; Musielak/*Becker* Rn 2; Zö/*Stöber* Rn 1; **aA** MüKoZPO/*Gruber* Rn 5: öffentlich-rechtlicher Vertrag). Das gilt auch, wenn schuldnerfremdes Geld gepfändet wurde. §§ 929 ff BGB sind weder unmittelbar noch entsprechend anzuwenden (BGH NJW 09, 1085, 1086; MüKoZPO/*Gruber* Rn 5; ThoPu/*Seiler* Rn 3). Bei Überweisung vom Dienstkonto des GV ist die Ablieferung mit der Gutschrift auf dem Konto des Empfängers vollzogen (MüKoZPO/*Gruber* Rn 6; St/J/*Münzberg* Rn 14 f).

5 **2. Zahlungsfiktion (Abs 3).** Unabhängig vom Zeitpunkt des Eigentumserwerbs ordnet Abs 3 an, dass schon die Wegnahme des Geldes durch den GV, die nach § 757 zu quittieren ist, als Zahlung des Schuldners gilt mit der Folge, dass der Schuldner von seiner Leistungspflicht frei wird und der Verzug endet (vgl BGH NJW 81, 2244), auch wenn das Geld dem Gläubiger nicht abgeliefert wird. Damit geht die Gefahr, dass der GV das Geld dem Gläubiger nicht abliefert, auf den Gläubiger über; der Vollstreckungstitel ist in Höhe der fingierten Zahlung verbraucht (MüKoZPO/*Gruber* Rn 18; Musielak/*Becker* Rn 4). Die Vorschrift findet auch Anwendung, wenn der Schuldner nur zur Hinterlegung verpflichtet ist (Musielak/*Becker* Rn 4; MüKoZPO/*Gruber* Rn 15). Erfolgt hingegen die Hinterlegung nach Abs 2, nach § 720 oder aus sonstigem Grund (zB §§ 771, 805 IV, 827 II, III), gilt die Fiktion nicht (St/J/*Münzberg* Rn 22). Die Fiktion entfaltet ihre Wirkung, sobald der GV das Geld von der Hinterlegungsstelle wieder erhält (St/J/*Münzberg* Rn 21; Musielak/*Becker* Rn 4). Treten die Hinterlegungsvoraussetzungen nach Wegnahme, aber vor Ablieferung ein, entfällt die Fiktion (Musielak/*Becker* Rn 4). Gehört das gepfändete Geld nicht dem Schuldner, gilt Abs 3 nicht (MüKoZPO/*Gruber* Rn 17; Musielak/*Becker* Rn 4; Schuschke/Walker/*Walker* Rn 9; **aA** B/L/A/H Rn 8).

6 Ob die Fiktion auch die **materiell-rechtliche Erfüllung** betrifft, ist streitig und wird in der Literatur überwiegend verneint (MüKoZPO/*Gruber* Rn 16 mwN; **aA** BGH JZ 84, 151; ThoPu/*Seiler* Rn 10; vgl auch BGH NJW 09, 1085, 1086).

7 **IV. Ende der Zwangsvollstreckung.** Die Zwangsvollstreckung ist trotz der Zahlungsfiktion erst mit der Ablieferung des Geldes beendet. Bis zu diesem Zeitpunkt kann die Zwangsvollstreckung noch eingestellt werden oder eine Anschlusspfändung erfolgen (Zö/*Stöber* Rn 3).

8 **C. Hinterlegung (Abs 2). I. Zweck.** Wegen des zügigen Ablaufs der Vollstreckung käme die Klage eines Dritten nach § 771 uU zu spät, da nach Ablieferung des Geldes eine Drittwiderspruchsklage nicht mehr zulässig ist. Deshalb ermöglicht die Vorschrift demjenigen, der ein die Veräußerung hinderndes Recht an dem gepfändeten Geld hat, zunächst die Hinterlegung herbeizuführen, um sodann Klage nach § 771 erheben zu können.

9 **II. Anwendungsbereich.** Die Vorschrift wird entsprechend angewendet, wenn Pfand- und Vorzugsrechte nach § 805 oder beschränkte Haftung nach §§ 780, 781, 786 geltend gemacht werden (Zö/*Stöber* Rn 7; Musielak/*Becker* Rn 3; MüKoZPO/*Gruber* Rn 7). Nicht anwendbar ist sie bei der Herausgabevollstreckung nach §§ 883 f (St/J/*Münzberg* Rn 5; Musielak/*Becker* Rn 3; Zö/*Stöber* Rn 7; **aA** MüKoZPO/*Gruber* Rn 7; *Schneider* DGVZ 89, 145, 148 f) und auf die Auszahlung des Versteigerungserlöses (Zö/*Stöber* Rn 7; St/J/*Münzberg* Rn 5).

III. Voraussetzungen. Das Bestehen eines die Veräußerung hindernden Rechts eines Dritten (s. dazu § 771 Rz 13, 16–38) muss glaubhaft gemacht werden. Dies hat durch den Dritten, den Schuldner oder einen Vertreter ggü dem GV zu erfolgen (§ 136 Nr 4 GVGA). Für die Glaubhaftmachung gilt § 294; zu den Beweismitteln und dem Beweismaß s. dort. Die eidesstattliche Versicherung kann auch zu Protokoll des GV erklärt werden (Musielak/*Becker* Rn 3; Zö/*Stöber* Rn 4; St/J/*Münzberg* Rn 6). Der GV kann auch präsente Zeugen vernehmen (St/J/*Münzberg* Rn 6; B/L/A/H Rn 6). Erachtet der GV **nicht für glaubhaft gemacht**, dass ein Drittrecht besteht, liefert er das Geld dem Gläubiger unverzüglich ab, ohne weitere Gelegenheit zur Nachbesserung der Glaubhaftmachung zu geben (Musielak/*Becker* Rn 3; MüKoZPO/*Gruber* Rn 9). 10

IV. Folgen. Hält der GV das fremde Recht für glaubhaft gemacht, hinterlegt er den Betrag ohne Abzug von Kosten; einen bereits erteilten Überweisungsauftrag muss er allerdings nicht widerrufen (Musielak/*Becker* Rn 3; Zö/*Stöber* Rn 4). Der GV muss sich wegen Abs 2 S 2 bei der Hinterlegung das Recht der unbedingten Rücknahme zur Fortsetzung der Zwangsvollstreckung nach Ablauf von zwei Wochen seit dem Pfändungstag vorbehalten; andernfalls muss er zur Wiedererlangung des Geldes der Hinterlegungsstelle nachweisen, dass kein Einstellungsbeschluss beigebracht wurde (St/J/*Münzberg* Rn 11; Musielak/*Becker* Rn 3). Das Pfändungspfandrecht setzt sich am Rückforderungsanspruch des GV gegen die Hinterlegungsstelle fort (MüKoZPO/*Gruber* Rn 15; St/J/*Münzberg* Rn 21). 11

Binnen zwei Wochen ab dem Pfändungstag (Berechnung nach § 222) ist dem GV eine Entscheidung des Prozessgerichts über die Einstellung der Zwangsvollstreckung nach § 771 III vorzulegen; eine Entscheidung des Vollstreckungsgerichts nach § 769 II genügt nicht (Musielak/*Becker* Rn 3; MüKoZPO/*Gruber* Rn 11). Unterbleibt die Vorlage, hat der GV die Zwangsvollstreckung **ohne Antrag fortzusetzen**, indem er das Geld von der Hinterlegungsstelle abholt und dem Gläubiger abliefert (Rz 3). Wird vor der Ablieferung ein Einstellungsbeschluss doch noch vorgelegt, ist das Geld erneut zu hinterlegen (St/J/*Münzberg* Rn 12; MüKoZPO/*Gruber* Rn 12). 12

Bleibt das Geld aufgrund eines Einstellungsbeschlusses hinterlegt, wird das Geld ohne weitere Mitwirkung des GV nach §§ 12 ff HintO an denjenigen ausgezahlt, der seine Berechtigung nachweist (Zö/*Stöber* Rn 6; Musielak/*Becker* Rn 3). 13

D. Freiwillige Zahlungen. Auch wenn der Schuldner freiwillige Zahlungen an den GV leistet, wird dieser hoheitlich tätig (BGH NJW 09, 1085, 1086; MüKoZPO/*Gruber* Rn 19 mwN). Es entsteht jedoch keine Verstrickung und kein Pfändungspfandrecht und die Übereignung an den Gläubiger erfolgt nach §§ 929 ff BGB (MüKoZPO/*Gruber* Rn 19). Abs 3 ist zum Schutz des Schuldners entsprechend anzuwenden (BGH NJW 09, 1085, 1086 f; Schuschke/Walker/*Walker* Rn 11; MüKoZPO/*Gruber* Rn 19 mwN; **aA** St/J/*Münzberg* Rn 23 mwN). 14

Wird über das Vermögen des Schuldners das Insolvenzverfahren eröffnet, sind zuvor geleistete freiwillige Zahlungen anders als Zwangsvollstreckungsmaßnahmen regelmäßig nach § 133 InsO anfechtbar; hat der Schuldner allerdings nur die Wahl, die geforderte Zahlung sofort zu leisten oder die Vollstreckung zu dulden, fehlt es an einer Rechtshandlung des Schuldners iSv §§ 129 ff InsO, sodass die Zahlung nicht nach § 133 InsO angefochten werden kann (BGHZ 162, 143, 152; Frankf ZInsO 06, 943, 945; vgl BGH ZIP 10, 191, 192). 15

E. Rechtsbehelfe. Bis zur Ablieferung können Schuldner und betroffener Dritter Erinnerung nach § 766 einlegen, danach nicht mehr, da die Zwangsvollstreckung dann beendet ist. Der Gläubiger kann mit der Erinnerung gegen die Verweigerung oder Verzögerung der Ablieferung und gegen die Hinterlegung nach Abs 2 vorgehen. Die Glaubhaftmachung ist jedoch nicht überprüfbar (Schuschke/Walker/*Walker* Rn 12; Musielak/*Becker* Rn 6). 16

§ 816 Zeit und Ort der Versteigerung.

(1) Die Versteigerung der gepfändeten Sachen darf nicht vor Ablauf einer Woche seit dem Tag der Pfändung geschehen, sofern nicht der Gläubiger und der Schuldner über eine frühere Versteigerung sich einigen oder diese erforderlich ist, um die Gefahr einer beträchtlichen Wertverringerung der zu versteigernden Sache abzuwenden oder um unverhältnismäßige Kosten einer längeren Aufbewahrung zu vermeiden.

(2) Die Versteigerung erfolgt in der Gemeinde, in der die Pfändung geschehen ist, oder an einem anderen Ort im Bezirk des Vollstreckungsgerichts, sofern nicht der Gläubiger und der Schuldner über einen dritten Ort sich einigen.

(3) Zeit und Ort der Versteigerung sind unter allgemeiner Bezeichnung der zu versteigernden Sachen öffentlich bekannt zu machen.
(4) Bei der Versteigerung gilt die Vorschrift des § 1239 Absatz 1 Satz 1 des Bürgerlichen Gesetzbuchs entsprechend; bei der Versteigerung vor Ort ist auch § 1239 Absatz 2 des Bürgerlichen Gesetzbuchs entsprechend anzuwenden.
(5) Die Absätze 2 und 3 gelten nicht bei einer Versteigerung im Internet.

1 **A. Normzweck.** Die Regelung soll die Interessen von Schuldner, Gläubiger und Dritten, die ggf Rechte an den Pfandsachen haben, bei der Verwertung durch öffentliche Versteigerung wahren.

2 **B. Zeit (Abs 1).** Grundsätzlich darf die Versteigerung frühestens eine Woche nach der Pfändung erfolgen. Die Wartefrist ermöglicht es Dritten, ggf ihre Rechte an der Pfandsache nach § 771 geltend zu machen, dem Schuldner, die Verwertung noch durch Zahlung zu verhindern; Gläubiger und Schuldner haben Gelegenheit, mögliche Bieter aufmerksam zu machen (MüKoZPO/*Gruber* Rn 2; Zö/*Stöber* Rn 2). Die Frist wird nach § 222 berechnet. Bei Anschlusspfändung wird die Frist für jede einzelne Pfändung gesondert bestimmt (KG OLG Rspr 2, 77, 78; Hambg JW 29, 122). Der GV legt den Termin für die Versteigerung idR schon bei der Pfändung fest, es sei denn, die Parteien sind mit einer späteren Terminsbestimmung einverstanden oder die sofortige Terminsbestimmung erscheint im Einzelfall untunlich oder nicht zweckmäßig (s. § 142 Nr 1 GVGA). Die Versteigerung soll idR nicht später als einen Monat nach der Pfändung stattfinden (§ 142 Nr 3 S 4 GVGA). Wird die einwöchige Wartefrist nach Abs 1 Hs 2 verkürzt, sind die Gründe hierfür aktenkundig zu machen (§ 142 Nr 3 S 3 GVGA). Eine beträchtliche Wertverringerung, die eine frühere Versteigerung rechtfertigt, wird insb bei verderblicher Ware zu befürchten sein.

3 **C. Ort (Abs 2).** Bei der **Versteigerung vor Ort** (§ 814 II Nr 1) legt der GV der Versteigerungsort nach den Vorgaben von Abs 2 nach pflichtgemäßem Ermessen fest. Der GV hat sich dabei an dem Ziel zu orientieren, einen möglichst hohen Erlös zu erzielen und die Kosten gering zu halten (vgl Musielak/*Becker* Rn 3). In der Wohnung des Schuldners darf die Versteigerung wegen Art 13 I GG nicht ohne dessen Zustimmung stattfinden (Hamm NJW 85, 75; s. aber § 824 Rz 4). Zum Begriff der Wohnung s. § 758 Rz 3.

4 Außerhalb des Bezirks des Vollstreckungsgerichts kann die Versteigerung stattfinden, wenn Gläubiger und Schuldner sich hierüber einigen (Abs 2 aE), eine Anordnung nach § 825 ergeht oder der Schuldner unter Mitnahme der Pfandstücke in einen anderen Amtsgerichtsbezirk verzogen ist und die Zwangsvollstreckung auf Antrag des Gläubigers an den nunmehr zuständigen GV abgegeben wird (§ 32 GVO). Auf die Möglichkeit eines Antrags nach § 825 soll der GV die Parteien hinweisen, wenn die Versteigerung an einem anderen Ort in deren Interesse liegt (§ 142 Nr 2 S 2 GVGA).
Abs 2 ist auf die **Versteigerung im Internet** (§ 814 II Nr 2) nicht anzuwenden (Abs 5).

5 **D. Öffentliche Bekanntmachung (Abs 3).** Die Versteigerung vor Ort (§ 814 II Nr 1) ist öffentlich bekannt zu machen. Für die Versteigerung im Internet (§ 814 II Nr 2) gilt Abs 3 nicht (Abs 5).

6 **I. Art und Zeitpunkt der Bekanntmachung.** Die öffentliche Bekanntmachung soll gewährleisten, dass ein möglichst großer Bieterkreis erreicht und dadurch ein größtmöglicher Erlös erzielt wird. Unter Berücksichtigung dieser Zielsetzung hat der GV nach pflichtgemäßem Ermessen die **Art der Bekanntmachung** (zB Zeitungsanzeige, Aushang etc) zu bestimmen (MüKoZPO/*Gruber* Rn 4; Zö/*Stöber* Rn 4). Sie hat idR spätestens am Tag vor dem Versteigerungstermin zu erfolgen (§ 142 Nr 1 S 2 GVGA), doch kann eine frühere Bekanntmachung im Einzelfall erforderlich sein (Musielak/*Becker* Rn 4; Zö/*Stöber* Rn 4). Wird der Versteigerungstermin aufgehoben, ist dies ebenfalls öffentlich bekannt zu machen, sofern dies noch tunlich ist; Aushänge und Anschläge sind sofort zu entfernen (§ 142 Nr 6 GVGA).

7 **II. Öffentlich.** Öffentlich bedeutet, dass jedermann von der Bekanntmachung Kenntnis nehmen kann (MüKoZPO/*Gruber* Rn 4; Musielak/*Becker* Rn 4).

8 **III. Allgemeine Bezeichnung der zu versteigernden Sachen.** Zweck der Bezeichnung ist es, die potenziellen Bieter möglichst umfassend zu informieren und dadurch anzulocken, um ein günstiges Versteigerungsergebnis zu erzielen. Je nach Einzelfall ist zur Erreichung dieses Ziels eine mehr oder weniger genaue Beschreibung angezeigt (MüKoZPO/*Gruber* Rn 5; vgl § 143 Nr 2 S 1 b GVGA).

IV. Benachrichtigung der Beteiligten. Gläubiger und Schuldner sind von dem Versteigerungstermin besonders zu benachrichtigen, wenn er ihnen nicht bereits anderweit bekannt gegeben wurde (§ 142 Nr 4 GVGA). Unterbleibt die Benachrichtigung, kommt Amtshaftung in Betracht (RG JW 31, 2427, 2428). Ist der Aufenthalt des Schuldners nicht zu ermitteln, darf die Versteigerung ohne seine Benachrichtigung durchgeführt werden (LG Essen MDR 79, 414). Die Aufhebung oder Verlegung des Versteigerungstermins ist den Beteiligten ebenfalls mitzuteilen. 9

E. Mitbieten von Gläubiger, Schuldner und Eigentümer (Abs 4). Gläubiger, Eigentümer und Schuldner dürfen wie beim Pfandverkauf entsprechend § 1239 I 1 BGB mitbieten. Bei der Versteigerung vor Ort ist zudem § 1239 II BGB entsprechend anzuwenden (Abs 4 Hs 2). Das Gebot des Eigentümers kann daher zurückgewiesen werden, wenn die Bietsumme nicht sofort bar hinterlegt wird. Bietet der Schuldner, muss nach § 145 Nr 2 b GVGA bei fehlender Barsicherheit das Gebot zurückgewiesen werden. Der **GV** und die von ihm zugezogenen Gehilfen dürfen nach § 450 BGB weder für sich noch als Vertreter eines anderen mitbieten; seinen Angehörigen und den bei ihm Beschäftigten darf der GV das Mitbieten nicht gestatten (§ 141 Nr 12 GVGA). 10

F. Verstöße und Rechtsbehelfe. War die Versteigerung nicht ordnungsgemäß bekannt gemacht, sodass die Öffentlichkeit nicht gewahrt war, ist die Versteigerung **unwirksam** (Musielak/*Becker* Rn 6). Das gilt auch für einen Verstoß gegen § 450 BGB, wenn er nicht nach § 451 BGB durch Genehmigung aller Beteiligten geheilt wird. Andere Verstöße gegen § 816 berühren die Wirksamkeit der Versteigerung nicht, können aber bis zur Ablieferung mit der Erinnerung nach § 766 geltend gemacht werden und Amtshaftungsansprüche begründen (Zö/*Stöber* Rn 7; MüKoZPO/*Gruber* Rn 8; Musielak/*Becker* Rn 6). 11

§ 817 Zuschlag und Ablieferung.

(1) [1]Bei der Versteigerung vor Ort soll dem Zuschlag an den Meistbietenden ein dreimaliger Aufruf vorausgehen. [2]Bei einer Versteigerung im Internet ist der Zuschlag der Person erteilt, die am Ende der Versteigerung das höchste, wenigstens das nach § 817 a Absatz 1 Satz 1 zu erreichende Mindestgebot abgegeben hat; sie ist von dem Zuschlag zu benachrichtigen. [3]§ 156 des Bürgerlichen Gesetzbuchs gilt entsprechend.

(2) Die zugeschlagene Sache darf nur abgeliefert werden, wenn das Kaufgeld gezahlt worden ist oder bei Ablieferung gezahlt wird.

(3) [1]Hat der Meistbietende nicht zu der in den Versteigerungsbedingungen bestimmten Zeit oder in Ermangelung einer solchen Bestimmung nicht vor dem Schluss des Versteigerungstermins die Ablieferung gegen Zahlung des Kaufgeldes verlangt, so wird die Sache anderweit versteigert. [2]Der Meistbietende wird zu einem weiteren Gebot nicht zugelassen; er haftet für den Ausfall, auf den Mehrerlös hat er keinen Anspruch.

(4) [1]Wird der Zuschlag dem Gläubiger erteilt, so ist dieser von der Verpflichtung zur baren Zahlung so weit befreit, als der Erlös nach Abzug der Kosten der Zwangsvollstreckung zu seiner Befriedigung zu verwenden ist, sofern nicht dem Schuldner nachgelassen ist, durch Sicherheitsleistung oder durch Hinterlegung die Vollstreckung abzuwenden. [2]Soweit der Gläubiger von der Verpflichtung zur baren Zahlung befreit ist, gilt der Betrag als von dem Schuldner an den Gläubiger gezahlt.

A. Normzweck. Die Vorschrift gilt für die Versteigerung nach § 814. Sie bestimmt den Ablauf der Versteigerung (Abs 1), regelt die Ablieferung der Pfandsache (Abs 2) sowie einzelne Versteigerungsbedingungen (Abs 3) und fingiert die Zahlung des Schuldners bei Ersteigerung durch den Gläubiger (Abs 4). 1

B. Ablauf der Versteigerung vor Ort (§ 814 II Nr 1). I. Rechtsnatur und anwendbare Vorschriften. Die Versteigerung folgt nicht den privatrechtlichen Regeln über den Pfandverkauf nach §§ 1235 ff BGB, sondern stellt einen **staatlichen Hoheitsakt** dar (RGZ 156, 395, 398; BGHZ 55, 20, 25; vgl BFHE 146, 484, 488). Zu Voraussetzungen und anwendbaren Vorschriften s. § 814 Rz 2 – 7. Durch den Zuschlag kommt ein öffentlich-rechtlicher Vertrag zwischen dem Staat und dem Meistbietenden zustande (str; ausf zum Meinungsstand MüKoZPO/*Gruber* Rn 5). 2

II. Vorbereitung. Der GV muss Pfandsachen, die nach § 808 II im Gewahrsam des Schuldners belassen wurden, abholen und zum Versteigerungsort bringen. Gegen den Willen des Schuldners darf er dessen Wohnung jedoch nur aufgrund richterlicher Anordnung durchsuchen (§ 758a; Musielak/*Becker* Rn 2). Vor Beginn des Termins sind die zu versteigernden Sachen bereitzustellen, damit sie von möglichen Bietern 3 besichtigt werden können (§ 144 GVGA). Bei der Eröffnung des Termins sind die Versteigerungsbedingungen bekannt zu machen, insb der gewöhnliche Verkaufswert der Sache und das Mindestgebot (§ 817a I 2); dann fordert der GV zum Bieten auf (§ 145 Nr 1 und 2 GVGA).

4 **III. Gebot.** Das Gebot ist eine **Prozesshandlung** (BGH NJW-RR 05, 1359, 1361) und unterliegt den allgemeinen Regeln für prozessuale Erklärungen (s. Einl Rz 48). Es kann nicht nach §§ 119 ff BGB wegen Willensmängeln angefochten werden (**hM;** MüKoZPO/*Gruber* Rn 7 mwN; Musielak/*Becker* Rn 3; St/J/*Münzberg* Rn 8; **aA** Zö/*Stöber* Rn 5), aber bis zum Zuschlag widerrufen werden (Musielak/*Becker* Rn 3; St/J/*Münzberg* Rn 8; **aA** Zö/*Stöber* Rn 5). Ein Gebot kann nur im Termin abgegeben werden (LG Itzehoe DGVZ 78, 122, 123). Es erlischt, wenn ein Übergebot abgegeben oder die Versteigerung ohne Erteilung des Zuschlags geschlossen wird (Abs 1 Hs 2, § 156 S 2 BGB), aber nicht mit Zurückweisung des Gebots durch den GV, da § 146 BGB nicht (auch nicht entsprechend) anzuwenden ist (Musielak/*Becker* Rn 3; **aA** MüKoZPO/*Gruber* Rn 6; Zö/*Stöber* Rn 5).

5 **IV. Zuschlag.** Den Zuschlag erhält nach dreimaligem Aufruf der Meistbietende, es sei denn, das Mindestgebot nach § 817a ist nicht erreicht, der Bieter ist ausgeschlossen (zB nach Abs 3 S 2, § 450 BGB) oder es ergibt sich ein Grund, der der Fortsetzung der Zwangsvollstreckung entgegensteht. Erst wenn der Zuschlag erteilt ist, sind keine Übergebote mehr zulässig (MüKoZPO/*Gruber* Rn 8). Ist der **dreimalige Aufruf** unterblieben, hindert das die Wirksamkeit des Zuschlags nicht (Musielak/*Becker* Rn 3; Zö/*Stöber* Rn 6).

6 **C. Ablauf der Versteigerung im Internet (§ 814 II Nr 2). I. Rechtsnatur und anwendbare Vorschriften.** Insoweit gilt zunächst das Gleiche wie für die Versteigerung vor Ort (s. Rz 2). Die Regelungen über den Fernabsatzvertrag (§§ 312b ff BGB) und den Verbrauchsgüterkauf (§§ 474 ff BGB) sind nicht anwendbar. Weitere Einzelheiten der Versteigerung sind durch Rechtsverordnungen der Landesregierungen oder ggf der Landesjustizverwaltungen zu regeln (s. § 814 Rz 4).

7 **II. Versteigerungsplattform.** Für die Versteigerung können nicht die bereits vorhandenen gewerblichen Auktionsplattformen genutzt werden. Sie soll über eine hierfür eigens geschaffene Plattform durchgeführt werden, auf der die Versteigerung nach öffentlichem Recht erfolgt (BTDrs 16/12811, 8). Die Länder Baden-Württemberg, Bayern, Bremen, Hamburg, Hessen, Mecklenburg-Vorpommern, Nordrhein-Westfalen, Rheinland-Pfalz, Saarland, Sachsen, Sachsen-Anhalt und Thüringen beteiligen sich an der gemeinsamen Versteigerungsplattform »Justiz-Auktion«.

8 **III. Gebot.** Wie bei der Versteigerung vor Ort unterliegt das Gebot als Prozesshandlung den allgemeinen Regeln für prozessuale Erklärungen und kann nicht nach §§ 119 ff BGB wegen Willensmängeln angefochten werden (s. Rz 4). Der Widerruf ist bis zum Ende der Versteigerung möglich (vgl Musielak/*Becker* Rn 3; St/J/*Münzberg* Rn 8; **aA** Zö/*Stöber* Rn 5).

9 **IV. Zuschlag (Abs 1 S 2).** Bei der Internetversteigerung erfolgt der Zuschlag nicht als äußerlich erkennbarer Akt. Vielmehr ist mit dem Ende der Versteigerung der Zuschlag ohne Weiteres demjenigen erteilt, der zu diesem Zeitpunkt das höchste Gebot abgegeben hat, es sei denn, das Mindestgebot nach § 817a ist nicht erreicht. Von dem Zuschlag ist der Meistbietende zu benachrichtigen (Abs 1 S 2 Hs 2).

10 **D. Eigentumserwerb des Meistbietenden.** Mit Erteilung des Zuschlags erwirbt der Meistbietende noch nicht das Eigentum an der ersteigerten Sache. Das Eigentum geht, sofern Pfändung und Versteigerung ordnungsgemäß erfolgt waren, mit der **Ablieferung** über (BGHZ 100, 95, 98; RGZ 156, 395, 398). Die Übereignung ist **Hoheitsakt** (BGHZ 119, 75, 76). §§ 929 ff BGB sind nicht anzuwenden (s. Rz 2; § 814 Rz. 5). Der Meistbietende erwirbt **lastenfreies** Eigentum ohne Rücksicht darauf, ob der Schuldner Eigentümer der Sache oder der Ersteher gutgläubig war (BGHZ 100, 95, 98; 55, 20, 25). **Gewährleistungsansprüche** des Erwerbers sind durch § 806 ausgeschlossen.

11 **I. Ablieferung.** Die Sache darf nur abgeliefert werden, wenn das Kaufgeld entweder schon gezahlt ist, etwa durch Überweisung auf das Dienstkonto des GV, oder bei Ablieferung bar gezahlt wird (sog **Bezahlungspflicht**; Ausnahme bei Zuschlag an den Gläubiger nach Abs 4). Zur Folge eines Verstoßes s. Rz 12. Die Ablieferung erfolgt idR durch Verschaffung des **unmittelbaren Besitzes** (RGZ 153, 257, 261; Köln DGVZ 96, 59, 60), ggf durch Versendung (vgl LG Berlin DGVZ 66, 174; LG Nürnberg-Fürth DGVZ 92, 136). Es reicht nicht aus, dass der GV die Wegnahme der Sachen, die noch mit fremdem Grund und Boden verbunden sind, gestattet (RGZ 153, 257, 261). In Ausnahmefällen kann zur Ablieferung auch die Zuweisung **mit-**

telbaren Besitzes durch den GV an den Ersteher genügen, wenn wegen der Größe und Beschaffenheit der Sache sich diese nicht am Versteigerungsort befindet oder Transportprobleme entstehen oder wenn die Sache Scheinbestandteil des Grundstückes und der Ersteher dessen Eigentümer ist (Rostock OLGR Rostock 05, 933; Köln DGVZ 96, 59, 60; **aA** München MDR 1971, 1018; ThoPu/*Seiler* Rn 8; vgl auch LG Köln NJW-RR 09, 1425, 1426).

II. Den Eigentumserwerb hindernde Umstände. Die Ablieferung verschafft dem Meistbietenden kein Eigentum, wenn im Zeitpunkt der Übergabe keine wirksame **Verstrickung** (mehr) besteht (MüKoZPO/*Gruber* Rn 13 mwN; Musielak/*Becker* Rn 4; vgl BGHZ 100, 95, 98; **aA** Zö/*Stöber* Rn 9), die **Öffentlichkeit** der Versteigerung nicht gewahrt war (s. § 814 Rz 7 f; § 816 Rz 11) oder das **Barzahlungsgebot** missachtet wurde. Der gute Glaube des Meistbietenden wird nicht geschützt; § 1244 BGB findet keine (entsprechende) Anwendung (vgl BGHZ 119, 75, 83). Andere Verfahrensmängel hindern den Eigentumserwerb nicht (**str** für Unterschreitung eines bekannt gegebenen Mindestgebots, s. § 817a Rz 4). 12

E. Anderweite Versteigerung (Abs 3). Die durch den Zuschlag entstehende Pflicht des Meistbietenden, das Kaufgeld zu bezahlen, ist nicht durchsetzbar; der Zuschlag wird jedoch gegenstandslos, wenn der Meistbietende die Ablieferung nicht zur rechten Zeit (Abs 3 S 1) gegen Barzahlung verlangt, und die Sache wird ohne neuen Antrag unter Ausschluss des früheren Meistbietenden als Bieter (Abs 2 S 2) erneut versteigert. Dies kann noch im selben Termin oder in einem neu nach § 816 III bekannt zu machenden Termin geschehen. Wird hierbei ein geringerer Erlös als bei der vorangegangenen Versteigerung erzielt, hat der frühere Meistbietende den Ausfall dem Geschädigten zu ersetzen. Der Anspruch ist ggf mit einer Klage geltend zu machen (MüKoZPO/*Gruber* Rn 19). Ein Mehrerlös kommt dem früheren Meistbietenden hingegen nicht zugute. 13

F. Zuschlag an den Gläubiger; Zahlungsfiktion (Abs 4). I. Befreiung von der Barzahlungspflicht. Erhält der Gläubiger den Zuschlag, muss er den Preis nicht bar bezahlen, soweit der Erlös zu seiner Befriedigung zu verwenden ist. Nach oben begrenzt ist der Betrag, hinsichtlich dessen er von der Barzahlung befreit ist, durch die titulierte Forderung einschließlich der ihm nach § 788 vom Schuldner zu erstattenden Kosten der Zwangsvollstreckung. Bar zu entrichten hat er stets die Kosten der Zwangsvollstreckung, die nach § 15 GVKostG dem Erlös entnommen werden können, sowie die Teile des Erlöses, die vor- oder gleichrangigen Gläubigern zustehen oder als Übererlös dem Schuldner auszukehren sind. Bei einer Austauschpfändung (§ 811a I Hs 2) muss er zudem den zur Ersatzbeschaffung erforderlichen Geldbetrag bar zahlen. **Keine Befreiung** von der Barzahlungspflicht besteht, wenn der Schuldner durch Sicherheitsleistung oder Hinterlegung die Vollstreckung abwenden darf (Abs 4 S 1 aE iVm §§ 711 S 1, 712 I 1, 720). 14

II. Zahlungsfiktion. Soweit der Gläubiger von der Barzahlungspflicht befreit ist, wird eine Zahlung des Schuldners an den Gläubiger fingiert (Abs 4 S 2). Durch die Vorschrift soll das Hin- und Herzahlen von Geldbeträgen vermieden werden. Die Fiktion gilt unabhängig davon, ob die versteigerte Sache tatsächlich dem Schuldner oder einem Dritten gehörte, dem deswegen der Versteigerungserlös materiell-rechtlich gebührt hätte (BGHZ 100, 95, 99). In letzterem Fall ist der Gläubiger auf Kosten des Eigentümers durch die Befreiung von der Barzahlungspflicht bereichert und ist dem Eigentümer der versteigerten Sache gem § 812 Abs 1 Satz 1 BGB zur Herausgabe des Erlöses verpflichtet (BGHZ 100, 95, 99 f). 15

G. Teilzahlungsgeschäft. I. Rücktrittsfiktion. Betreibt ein Unternehmer aus einem Teilzahlungsgeschäft iSv § 499 II BGB gegen den Verbraucher die Zwangsvollstreckung wegen seines Zahlungsanspruchs und wird dabei die aufgrund des Teilzahlungsgeschäfts gelieferte Sache gepfändet, ist § 503 II 4 BGB zu beachten. Nach dieser Vorschrift gilt es grds als Ausübung des Rücktrittsrechts des Unternehmers, wenn dieser die gelieferte Sache wieder an sich nimmt. Die Rücktrittsfiktion tritt ein, sobald die gelieferte Sache in der Zwangsvollstreckung verwertet ist, gleichviel ob nach § 817 oder nach § 825 (MüKoZPO/*Gruber* § 825 Rn 19; Zö/*Stöber* Rn 15); darauf, ob der Gläubiger selbst oder ein Dritter die Sache erwirbt, kommt es nicht an (BGHZ 55, 59, 62 ff). Allein die Pfändung bewirkt die Fiktion noch nicht, selbst wenn der GV die Sache nicht beim Schuldner belässt (BGHZ 39, 97, 99 ff; MüKoZPO/*Gruber* Rn 25 mwN; **aA** MüKoBGB/*Schürnbrand* § 503 Rn 56; Palandt/*Weidenkaff* § 503 Rn 14). 16

II. Prozessuale Folgen. Die Rücktrittsfiktion hat lediglich materiellrechtliche Folgen und begründet kein vAw zu berücksichtigendes Verfahrenshindernis für die Verwertung. Sie kann daher nicht mit der Erinnerung nach § 766 geltend gemacht werden (MüKoZPO/*Gruber* Rn 25; St/J/*Münzberg* Rn 12). Der Schuldner 17 kann jedoch mit der Vollstreckungsgegenklage nach §§ 767, 769 die Einrede nach §§ 503 II 4, 348 BGB erheben, dass die Zwangsvollstreckung in die Sache nur Zug um Zug gegen Zahlung des ihm nach §§ 346 ff BGB zustehenden Betrags fortgesetzt werden darf (LG Berlin MDR 74, 1025; MüKoZPO/*Gruber* Rn 25; Musielak/*Becker* Rn 8).

18 **H. Rechtsbehelfe.** Bis zur Ablieferung der Sache können Gläubiger, Schuldner und etwa betroffene Dritte Erinnerung nach § 766 einlegen, hinsichtlich des Erlöses auch noch bis zur Ablieferung des Erlöses. Auch die Ablieferung der zugeschlagenen Sache kann der Meistbietende nur mit der Erinnerung nach § 766 durchsetzen, nicht mit Leistungsklage (Zö/*Stöber* Rn 7; MüKoZPO/*Gruber* Rn 9). Die Versagung des Zuschlags kann der Meistbietende ebenfalls mit der Erinnerung angreifen (Musielak/*Becker* Rn 3; Schuschke/Walker/*Walker* Rn 5; **aA** Zö/*Stöber* Rn 6).

§ 817a Mindestgebot. (1) [1]**Der Zuschlag darf nur auf ein Gebot erteilt werden, das mindestens die Hälfte des gewöhnlichen Verkaufswertes der Sache erreicht (Mindestgebot).** [2]**Der gewöhnliche Verkaufswert und das Mindestgebot sollen bei dem Ausbieten bekannt gegeben werden.**
(2) [1]**Wird der Zuschlag nicht erteilt, weil ein das Mindestgebot erreichendes Gebot nicht abgegeben ist, so bleibt das Pfandrecht des Gläubigers bestehen.** [2]**Er kann jederzeit die Anberaumung eines neuen Versteigerungstermins oder die Anordnung anderweitiger Verwertung der gepfändeten Sache nach § 825 beantragen.** [3]**Wird die anderweitige Verwertung angeordnet, so gilt Absatz 1 entsprechend.**
(3) [1]**Gold- und Silbersachen dürfen auch nicht unter ihrem Gold- oder Silberwert zugeschlagen werden.** [2]**Wird ein den Zuschlag gestattendes Gebot nicht abgegeben, so kann der Gerichtsvollzieher den Verkauf aus freier Hand zu dem Preise bewirken, der den Gold- oder Silberwert erreicht, jedoch nicht unter der Hälfte des gewöhnlichen Verkaufswertes.**

1 **A. Normzweck.** Die Vorschrift soll im Interesse der Beteiligten (Gläubiger und Schuldner) und der Allgemeinheit verhindern, dass Pfandsachen verschleudert werden (Ddorf NJW-RR 92, 1245, 1246).

2 **B. Mindestgebot. I. Höhe.** Die Höhe des Mindestgebots wird durch Abs 1 S 1 geregelt, für Gold- und Silbersachen in Abs 3 S 1. Die Schätzung des Wertes erfolgt nach § 813 (s. dort).

3 **II. Bekanntgabe.** Verkaufswert und Mindestgebot sollen beim Ausbieten bekannt gegeben werden (Abs 1 S 2). Geschieht dies nicht, ist die Versteigerung dennoch wirksam; es können jedoch Amtshaftungsansprüche entstehen (MüKoZPO/*Gruber* Rn 4). Soll das Mindestgebot im Versteigerungstermin verringert werden, etwa weil sich die Verhältnisse wesentlich geändert haben, ist den Beteiligten idR rechtliches Gehör zu gewähren; sind nicht alle Beteiligten anwesend, muss ggf ein neuer Versteigerungstermin anberaumt werden (§ 145 Nr 2 f GVGA).

4 **III. Folgen des Nichterreichens.** Wird das Mindestgebot nicht erreicht, ist der **Zuschlag zu versagen.** Wird er dennoch erteilt, ist die Versteigerung nicht unwirksam (MüKoZPO/*Gruber* Rn 2; Musielak/*Becker* Rn 2; **aA** bei bekannt gegebenem Mindestgebot St/J/*Münzberg* § 817 Rn 23 mwN); es können jedoch Amtshaftungsansprüche geltend gemacht werden (MüKoZPO/*Gruber* Rn 2; Musielak/*Becker* Rn 2). Das Mindestgebot darf ausnahmsweise außer Acht gelassen werden, wenn alle beteiligten Gläubiger und der Schuldner einverstanden sind oder die sofortige Versteigerung erforderlich ist, um die Gefahr einer beträchtlichen Wertverringerung der zu versteigernden Sache abzuwenden oder um unverhältnismäßige Kosten einer längeren Aufbewahrung zu vermeiden (§ 145 Nr 2 c S 5 GVGA).

5 **IV. Weiteres Verfahren (Abs 2).** Die Pfändung bleibt nach der Versagung des Zuschlags aufrechterhalten. Ein neuer Versteigerungstermin wird nur **auf Antrag** des Gläubigers anberaumt. Auch in diesem Termin ist das Mindestgebot nach Abs 1 zu beachten. Der Gläubiger kann stattdessen die Anordnung **anderweitiger Verwertung** nach § 825 beantragen, bei der ebenfalls das Mindestgebot zu berücksichtigen ist (Abs 2 S 3). Bleiben weitere Verwertungsversuche erfolglos und ist ein Erfolg auch nicht mehr zu erwarten, kann der GV nach Anhörung des Gläubigers entsprechend § 803 II die Pfändung aufheben (§ 145 Nr 2 c S 3 und 4 GVGA). Widerspricht der Gläubiger, hebt der GV die Pfändung nicht auf; der Schuldner kann mit der Erinnerung nach § 766 die Entscheidung des Vollstreckungsgerichts herbeiführen (MüKoZPO/*Gruber* Rn 5; Musielak/*Becker* Rn 4; St/J/*Münzberg* Rn 10 mit Fn 15; Schuschke/Walker/*Walker* Rn 5).

C. Gold- und Silbersachen. Bei Gold- oder Silbersachen darf nur zugeschlagen werden, wenn sowohl das Mindestgebot nach Abs 1 S 1 als **auch der Materialwert** mindestens erreicht sind. Kann kein Zuschlag erfolgen, darf der GV die Sachen auch ohne Anordnung nach § 825 freihändig verkaufen, muss aber mindestens den Materialwert und die Hälfte des gewöhnlichen Verkaufswerts erlösen (Abs 3 S 2). Die Vorschrift gilt für andere Edelmetalle (zB Platin) entsprechend, nicht aber für sonstige Kostbarkeiten (MüKoZPO/*Gruber* Rn 7; Musielak/*Becker* Rn 5). 6

D. Rechtsbehelfe. Verstöße können bis zur Beendigung der Zwangsvollstreckung durch Ablieferung mit der Erinnerung nach § 766 geltend gemacht werden. Fördert der GV durch die Missachtung des § 817a den unlauteren Wettbewerb eines anderen, kann er auf Unterlassung nach dem UWG in Anspruch genommen werden (KG NJW-RR 86, 201, 203). 7

§ 818 Einstellung der Versteigerung. **Die Versteigerung wird eingestellt, sobald der Erlös zur Befriedigung des Gläubigers und zur Deckung der Kosten der Zwangsvollstreckung hinreicht.**

A. Normzweck. Dem Schuldner sollen durch die Zwangsvollstreckung nicht mehr Sachen entzogen werden, als zur Deckung der Kosten und der Befriedigung der Gläubiger notwendig ist. 1

B. Voraussetzungen. Versteigert der GV **mehrere Pfandstücke**, muss er laufend prüfen, ob der bisher erzielte Erlös ausreicht, um die (Haupt- und Neben-)Forderung des Gläubigers sowie die Vollstreckungskosten (§ 788) zu decken. Mit einzurechnen sind Forderrungen, für die eine Anschlusspfändung (§ 826) erfolgt ist, wenn für sie die Frist nach § 816 I abgelaufen ist oder Gläubiger und Schuldner einwilligen (Zö/*Stöber* Rn 1). Nach § 805 vorrangig zu befriedigende Ansprüche sind nur zu berücksichtigen, wenn der Schuldner zustimmt oder zugunsten des Dritten ein Urt oder eine EA nach § 805 IV ergangen ist (Musielak/*Becker* Rn 2; MüKoZPO/*Gruber* Rn 3; St/J/*Münzberg* Rn 1; Schuschke/Walker/*Walker* Rn 3; **abw** Zö/*Stöber* Rn 1: nur bei Zustimmung aller Beteiligten oder Vorlage eines rechtskräftigen Urteils). 2

Bei Versteigerungen durch einen **privaten Auktionator** nach § 825 II ist § 818 nicht unmittelbar anwendbar. Der Schuldner kann jedoch nach dem Rechtsgedanken der Vorschrift bei dem Vollstreckungsgericht beantragen, dem privaten Auktionator die Anweisung zu erteilen, die Versteigerung einzustellen, sobald der Erlös zur Befriedigung der Gläubiger und zur Deckung der Kosten der Zwangsvollstreckung ausreicht; den insoweit voraussichtlich erforderlichen Erlös hat das Vollstreckungsgericht betragsmäßig festzustellen (BGHZ 170, 243, 248). Der Antrag muss nicht notwendig schon in dem Verfahren der Anordnung der anderen Verwertung nach § 825 II ZPO gestellt werden; ein nachträglich gestellter Antrag kann jedoch im Einzelfall rechtsmissbräuchlich sein (BGHZ 170, 243, 249 f). 3

C. Rechtsfolgen. Ist die Deckung erreicht, muss der GV die Versteigerung einstellen. Die Pfändung der nicht versteigerten Sachen, die nicht für andere Gläubiger gepfändet sind, ist aufzuheben und sie sind dem Schuldner auszuhändigen. Ein etwa erzielter Erlösüberschuss wird dem Schuldner ausgezahlt. 4

D. Rechtsbehelfe. Mit der Erinnerung nach § 766 kann der Schuldner bis zur Ablieferung (s. § 817 Rz 11–12) geltend machen, dass die Vollstreckung nach § 818 einzustellen ist; der Gläubiger kann mit ihr gegen eine vorzeitige Einstellung vorgehen. 5

§ 819 Wirkung des Erlösempfanges. **Die Empfangnahme des Erlöses durch den Gerichtsvollzieher gilt als Zahlung von Seiten des Schuldners, sofern nicht dem Schuldner nachgelassen ist, durch Sicherheitsleistung oder durch Hinterlegung die Vollstreckung abzuwenden.**

A. Normzweck. Die Vorschrift regelt wie § 815 III die Gefahrtragung (vgl § 815 Rz 1). 1

B. Schicksal des Erlöses. I. Rechte am Erlös. Bis zur Ablieferung des Erlöses steht entsprechend § 1247 S 2 BGB dem Eigentümer der versteigerten Sache das Eigentum am Erlös zu, da dieser an die Stelle der Sache getreten ist (RGZ 156, 395, 399). Auch sonstige Rechte an der Sache setzen sich am Erlös fort. Dieser ist verstrickt und kann wegen weiterer Forderungen gegen den Schuldner nach § 826 gepfändet werden (LG Berlin DGVZ 83, 93). War Eigentümer der versteigerten Sache nicht der Schuldner, sondern ein Dritter, kann dieser nach § 771 Drittwiderspruchsklage gegen die Auskehr des Erlöses erheben. Der Gläubiger hat keinen pfändbaren Anspruch auf Auskehr des Erlöses. Wer wegen einer gegen den Gläubiger bestehenden 2

Forderung vollstrecken will, kann dessen Vollstreckungsforderung pfänden; dies erfasst dann als Nebenrecht den Anspruch auf Auszahlung des Erlöses (Zö/*Stöber* Rn 5).

3 **II. Auskehr des Erlöses.** Sofern der Erlös nicht zu hinterlegen ist, zB nach § 720 oder § 815 II (s. § 196 GVGA; vgl § 815 Rz 8–13), ist er auszukehren.

4 **1. Verteilung.** Die ZPO regelt die Auskehr des Erlöses nicht ausdrücklich. Nach § 169 Nr 2 GVGA sind zunächst ein dem Schuldner im Falle einer Austauschpfändung (§§ 811a, 811b) zu erstattender Eratzbetrag sowie die Kosten der Zwangsvollstreckung gem § 15 I GVKostG zu entnehmen. Sodann sind nach § 805 vorrangig Berechtigte zu befriedigen, anschließend die die Zwangsvollstreckung betreibenden Gläubiger. Zur Verteilung unter mehreren Gläubigern s. § 827 Rz 4 – 5. Was nicht zur Befriedigung von Gläubigern benötigt wird, wird dem Schuldner als Übererlös ausgezahlt. Die Verrechnung auf Kosten, Zinsen und Hauptforderung erfolgt nach § 367 BGB (§ 169 Nr 2 S 3 GVGA). Ein Tilgungsbestimmungsrecht nach § 366 BGB steht dem Schuldner in der Zwangsvollstreckung nicht zu (BGH NJW 08, 2842, 2843; BGHZ 140, 391, 394).

5 **2. Folgen der Auskehr.** Zur Wirkung der Auszahlung s. § 815 Rz 4, zur Auszahlung an einen Vertreter s. § 815 Rz 3. Solange ein etwaiger Übererlös an den Schuldner noch nicht ausgekehrt ist, kann der Übererlös wegen einer weiteren Forderung gegen den Schuldner durch **Anschlusspfändung** (§ 826) gepfändet werden. Bei der Auszahlung eines Übererlöses wird dem Schuldner das Geld nicht übereignet; entweder ist er ohnehin bereits Eigentümer, weil die versteigerte Sache ihm gehörte, oder die Sache gehörte einem Dritten, dann bleibt dessen Eigentum am Übererlös bestehen (MüKoZPO/*Gruber* Rn 8 mwN). Mit der Erlösauskehr ist die Zwangsvollstreckung **beendet** (vgl § 815 Rz 7).

6 **III. Zahlungsfiktion.** Es gilt Entsprechendes wie zu § 815 III (s. § 815 Rz 6–7) mit der Maßgabe, dass die Empfangnahme des Erlöses durch den GV an die Stelle der Wegnahme des Bargelds tritt. Die Fiktion tritt nicht ein, wenn der Schuldner durch Sicherheitsleistung oder Hinterlegung die Vollstreckung abwenden darf (letzter Hs).

7 **C. Rechtsbehelfe.** Verfahrensverstöße können bis zur Erlösauskehr mit der Erinnerung nach § 766 geltend gemacht werden. Das gilt auch für den Anspruch auf Auszahlung des Erlöses, der nicht mit der Leistungsklage verfolgt werden kann.

§ 820 *(weggefallen)*

§ 821 Verwertung von Wertpapieren.

Gepfändete Wertpapiere sind, wenn sie einen Börsen- oder Marktpreis haben, von dem Gerichtsvollzieher aus freier Hand zum Tageskurs zu verkaufen und, wenn sie einen solchen Preis nicht haben, nach den allgemeinen Bestimmungen zu versteigern.

1 **A. Normzweck.** Die Vorschrift regelt die Verwertung gepfändeter Wertpapiere und vereinfacht diese für solche Papiere, die einen Börsen- oder Marktpreis haben.

2 **B. Voraussetzungen. I. Wertpapiere.** Wertpapiere sind Urkunden, die ein privates Recht in der Weise verbriefen, dass zu dessen Geltendmachung das Innehaben der Urkunde erforderlich ist (MüKoZPO/*Gruber* Rn 2; PWW/*Buck-Heeb* § 793 Rn 1). **§ 821 erfasst Inhaber- und Namenspapiere.**

3 **1. Inhaberpapiere.** Bei Inhaberpapieren steht das verbriefte Recht dem jeweiligen Inhaber der Urkunde zu, ohne dass der Name des Berechtigten in der Urkunde genannt wird (PWW/*Buck-Heeb* § 793 Rn 2). Zu ihnen gehören zB Inhaberschuldverschreibungen (§ 793 BGB), Inhaberaktien (§ 10 I Alt 1 AktG), Inhaberschecks (Art 5 ScheckG; vgl LG Göttingen NJW 83, 635; **aA** ThoPu/*Seiler* Rn 2), Inhabergrund- und -rentenschuldbriefe (§§ 1195, 1199 BGB) und Investment- und Immobilienzertifikate auf den Inhaber (*Berner* Rpfleger 60, 33, 35; *Viertelhausen* DGVZ 00, 129, 130; LG Berlin Rpfleger 70, 361). Auch **ausländische Banknoten** fallen unter § 821 (für inländische Banknoten gilt § 815), ebenso sog **kleine Inhaberpapiere** nach § 807 BGB wie Lotterielose, Eintrittskarten, Fahrscheine, Versicherungsmarken, Briefmarken (BGHZ 164, 286, 289 ff; s. aber für inländische Briefmarken § 815 Rz 2), Essensmarken und Telefonkarten (zu den kleinen Inhaberpapieren s. PWW/*Buck-Heeb* § 807 Rn 4).

2. Namenspapiere. Teilweise wird auch der Begriff Rektapapiere synonym verwandt (vgl dazu *Hezel* Rpfleger 06, 105, 107). In ihnen ist der Berechtigte namentlich benannt. Hierunter fallen zB bürgerlich-rechtliche Anweisungen (§ 783 BGB), umgeschriebene Schuldverschreibungen (§ 806 BGB), handelsrechtliche Papiere nach § 363 HGB, die nicht an Order lauten, Kuxen, Namensaktien (§ 10 I Alt 1 AktG), Zwischenscheine, Investmentzertifikate auf den Namen, Rektaschecks und -wechsel mit dem Vermerk »nicht an Order« (Art 14 II ScheckG, Art 11 II WG). 4

3. Unanwendbarkeit. Keine Wertpapiere iSv § 821 sind **Orderpapiere**, zB Wechsel, Schecks und handelsrechtliche Papiere nach § 363 HGB, die an Order lauten; für sie gelten §§ 831, 835 ff. Auch **Legitimationspapiere** (s. dazu § 808 Rz 2) sind keine Wertpapiere, ebenso wenig die Bahncard (Frankf NJW-RR 95, 1204, 1205). 5

II. Pfändung. Die Pfändung erfolgt nach §§ 808 f durch den GV. Dies setzt voraus, dass die Wertpapiere sich in Papierform in Besitz des Schuldners befinden. Wertpapiere werden jedoch häufig in Depots in **Sammelverwahrung** genommen. Die Zwangsvollstreckung hat dann nach §§ 857 I, 828 ff ZPO durch Pfändung und Verwertung der Miteigentumsanteile an den zum Sammelbestand des Verwahrers gehörenden Wertpapieren (§ 6 I DepotG) zu erfolgen (BGH NJW-RR 08, 494, 495). 6

C. Verwertung. I. Wertpapiere mit Börsen- oder Marktpreis. 1. Börsen- oder Marktpreis. Börsenpreis ist der amtliche Kurs eines an der Börse zum Handel zugelassenen Papiers, Marktpreis der am inländischen Handelsplatz festgelegte Ankaufspreis (Schuschke/Walker/*Walker* Rn 3). Der Ort, an dem der Börsen- oder Marktpreis besteht, muss nicht der Ort der Zwangsvollstreckung sein (MüKoZPO/*Gruber* Rn 5; Musielak/*Becker* Rn 6; St/J/*Münzberg* Rn 7; **aA** B/L/A/H Rn 9). Ob ein Börsen- oder Marktpreis besteht, muss der GV ermitteln, zB durch Erkundigungen an der Börse, bei Banken oder Maklern oder anhand von Veröffentlichungen in den Medien. 7

2. Verkauf. Der Verkauf hat unverzüglich zu erfolgen. Die Frist des § 816 gilt nicht. Wenn die Beteiligten zustimmen, darf durch Zuwarten auf einen günstigeren Kurs spekuliert werden (MüKoZPO/*Gruber* Rn 6; Musielak/*Becker* Rn 6; abw lässt Schuschke/Walker/*Walker* Rn 3 schon die Zustimmung des Gläubigers ausreichen). Der Verkauf erfolgt aus freier Hand zum Tageskurs gegen Barzahlung (§ 817 II). Nimmt der GV dies, wie in § 821 vorgesehen, selbst vor, erfolgt dies öffentlich-rechtlich; der Erwerber erlangt durch Hoheitsakt unbelastetes Eigentum unter Ausschluss der Gewährleistung (vgl § 817 Rz 10; **aA** Zö/*Stöber* Rn 10: Übereignung von Inhaberpapieren nach sachenrechtlichen Grundsätzen). Bei Inhaberpapieren geht das Recht mit der Übergabe über, Namenspapiere sind auf den Erwerber umzuschreiben; es gilt § 822 (s. zur Rechtsübertragung § 155 Nr 2 GVGA). Will der GV eine Bank oder einen Makler mit dem Verkauf beauftragen, ist ein Beschl nach § 825 II erforderlich, da Veräußerung und Rechtsübertragung dann nicht hoheitlich, sondern privatrechtlich erfolgen (MüKoZPO/*Gruber* Rn 6; Musielak/*Becker* Rn 6; Schuschke/Walker/*Walker* Rn 4; **aA** St/J/*Münzberg* Rn 7; Wieczorek/*Lüke* Rn 10; *Viertelhausen* DGVZ 00, 129, 133). 8

II. Wertpapiere ohne Börsen- oder Marktpreis. Sie werden nach § 813 geschätzt und nach §§ 814 ff versteigert. Namenspapiere sind auf den Erwerber umzuschreiben; es gilt § 822. 9

III. Inhaberschecks und kleine Inhaberpapiere mit festem Rücknahmepreis. Ein Inhaberscheck wird verwertet, indem der GV ihn der bezogenen Bank vorlegt und den so erlangten Betrag dem Gläubiger abliefert (LG Göttingen NJW 83, 635; zur Ablieferung s. § 815 Rz 3). Löst die Bank den Scheck nicht ein, kann auf Antrag des Gläubigers nach § 825 angeordnet werden, dass ihm der Scheck ausgehändigt wird, damit er Ansprüche nach Art 40 ScheckG geltend machen kann. Kleine Inhaberpapiere (s. Rz 3), die einen festen Rücknahmepreis besitzen, sind vom GV in sinngemäßer Anwendung von § 821 Alt 1 einzulösen (Zö/*Stöber* Rn 11; Musielak/*Becker* Rn 7). 10

§ 822 Umschreibung von Namenspapieren. **Lautet ein Wertpapier auf Namen, so kann der Gerichtsvollzieher durch das Vollstreckungsgericht ermächtigt werden, die Umschreibung auf den Namen des Käufers zu erwirken und die hierzu erforderlichen Erklärungen an Stelle des Schuldners abzugeben.**

A. Normzweck. Namenspapiere können nicht durch schlichte Übereignung des Papiers übertragen werden, sondern bedürfen der Umschreibung auf den Namen des Erwerbers. Die durch § 822 eröffnete Mög- 1 lichkeit, dass hierbei der GV anstelle des Schuldners handeln darf, erleichtert die Verwertung von Namenspapieren gem § 821 (s. § 821 Rz 4).

2 **B. Voraussetzungen.** Die Vorschrift gilt bei der Verwertung von Namenspapieren nach § 821, sei es durch freihändigen Verkauf, sei es durch Versteigerung. Sie ist nicht anzuwenden, wenn indossable Papiere nach § 831 verwertet werden.

3 **I. Namenspapiere.** Zu den Namenspapieren, die in den Anwendungsbereich von § 821 fallen, s. § 821 Rz 4. Bei nach § 806 BGB auf den Namen umgeschriebenen Schuldverschreibungen kommt statt der Übertragung durch Umschreibung auch die Rückumschreibung in eine Inhaberschuldverschreibung nach § 823 in Betracht.

4 **II. Gerichtliche Ermächtigung.** Ist die Ermächtigung zulässig und erforderlich, hat sie das Vollstreckungsgericht (§ 764) auf Antrag durch Beschl ohne Ausübung eines Ermessens auszusprechen. Nach § 20 Nr. 17 RPflG ist der Rechtspfleger zuständig. Antragsberechtigt sind der GV, der Gläubiger, der Schuldner und der Erwerber (Musielak/*Becker* Rn 2; MüKoZPO/*Gruber* Rn 3; Schuschke/Walker/*Walker* Rn 1; tw einschränkend Zö/*Stöber* Rn 1; St/J/*Münzberg* Rn 1; ThoPu/*Seiler* Rn 1). Dem Antrag werden Schuldtitel und Pfändungsprotokoll beigefügt (§ 155 Nr 3 S 3 GVGA).

5 **III. Umschreibung.** Der GV gibt anstelle des Schuldners die für die Übertragung des Wertpapiers erforderlichen Erklärungen ab und bezieht sich dabei auf die gerichtliche Ermächtigung. Ist das Papier durch Indossament zu übertragen, wird dieses vom GV auf die Urkunde gesetzt. Bei Übertragung durch Abtretung wird die Abtretungserklärung dem Wertpapier beigefügt und dies auf dem Papier vermerkt (MüKoZPO/*Gruber* Rn 4). Der GV hat bei der Verwertung von Namensaktien auch die ggf erforderliche Zustimmung der Gesellschaft (§ 68 II AktG) und die Umschreibung im Aktienregister (§ 67 III AktG) herbeizuführen.

6 **C. Rechtsbehelfe.** Die Ablehnung des Rechtspflegers, den Ermächtigungsbeschluss zu erlassen, ist mit der sofortigen Beschwerde nach §§ 11 RPflG, 793 angreifbar. Gegen Maßnahmen des GV bzw dessen Weigerung, tätig zu werden, ist die Erinnerung nach § 766 gegeben.

§ 823 Außer Kurs gesetzte Inhaberpapiere.

Ist ein Inhaberpapier durch Einschreibung auf den Namen oder in anderer Weise außer Kurs gesetzt, so kann der Gerichtsvollzieher durch das Vollstreckungsgericht ermächtigt werden, die Wiederinkurssetzung zu erwirken und die hierzu erforderlichen Erklärungen an Stelle des Schuldners abzugeben.

1 Die Vorschrift hat ihren Hauptanwendungsbereich verloren, seit Art 176 EGBGB die Außerkurssetzung von Inhaberpapieren verbietet. Anwendung findet sie noch, wenn Inhaberpapiere nach § 806 BGB in Namenspapiere umgeschrieben wurden. Der Gläubiger kann in diesem Fall wählen, ob die Papiere nach § 822 verwertet werden oder die Rückverwandlung in Inhaberpapiere erfolgen soll. Für die Entscheidung des Vollstreckungsgerichts ist der Rechtpfleger zuständig (§ 20 Nr 17 RpflG).

§ 824 Verwertung ungetrennter Früchte.

[1]Die Versteigerung gepfändeter, von dem Boden noch nicht getrennter Früchte ist erst nach der Reife zulässig. [2]Sie kann vor oder nach der Trennung der Früchte erfolgen; im letzteren Fall hat der Gerichtsvollzieher die Aberntung bewirken zu lassen.

1 **A. Normzweck.** Die Vorschrift enthält ergänzende Bestimmungen für die Versteigerung von Früchten, die nach § 810 vor ihrer Trennung vom Boden gepfändet wurden. Im Übrigen gelten §§ 813 ff.

2 **B. Voraussetzungen der Versteigerung. I. Reife der Früchte.** Die Früchte dürfen erst versteigert werden, wenn sie reif sind. Anders als für den Zeitpunkt der Pfändung (§ 810) kommt es hier nicht auf die Zeit der gewöhnlichen Reife an, sondern auf die **tatsächliche** Reife der gepfändeten Früchte. Die Zeitgrenze ist auch zu beachten, wenn die Früchte üblicherweise vor der Reife abgeerntet werden. Die Parteien können jedoch eine abweichende Vereinbarung treffen (MüKoZPO/*Gruber* Rn 3; Schuschke/Walker/*Walker* Rn 1). Ist bei einer Versteigerung vor der tatsächlichen Reife ein höherer Erlös zu erwarten, kann der GV auf Antrag einer Partei nach § 825 I eine vorzeitige Verwertung vornehmen. Die Beurteilung, wann Reife vorliegt, obliegt dem GV, der ggf einen Sachverständigen dazu anhört. Führt er die Versteigerung verfrüht durch, ist

diese dennoch wirksam; es können jedoch Amtshaftungsansprüche entstehen (B/L/A/H Rn 6; MüKoZPO/*Gruber* Rn 3).

II. Trennung. Ob die Versteigerung vor oder nach der Trennung erfolgt, entscheidet der GV – ggf nach Zuziehung eines Sachverständigen – insb mit Rücksicht darauf, auf welche Weise voraussichtlich ein höherer Erlös zu erzielen ist (§ 153 Nr 1 S 4 GVGA). Der GV bestimmt auch, ob die Früchte im Ganzen oder in Teilen versteigert werden (§ 153 Nr. 1 S 5 GVGA). 3

1. Vor der Trennung. Werden die Früchte vor der Trennung versteigert, findet der Termin idR an Ort und Stelle statt (§ 153 Nr 2 S 1 GVGA). Die Zustimmung des Schuldners ist dafür nicht erforderlich (LG Bayreuth DGVZ 85, 42). Aberntung und Wegschaffung obliegen dann dem Erwerber. Die Versteigerungsbedingungen bestimmen, in welcher Frist er dies zu tun hat (§ 153 Nr 3 S 1 GVGA). Der Erwerber erlangt abw von §§ 93, 94 BGB Eigentum bereits mit der Gestattung der Aberntung (LG Bayreuth DGVZ 85, 42; Musielak/*Becker* Rn 3; MüKoZPO/*Gruber* Rn 4 mwN). Der Erlös darf erst ausgekehrt werden, wenn der Erwerber die Früchte weggeschafft hat oder die gesetzte Frist verstrichen ist (§ 153 Nr 3 S 2 GVGA). 4

2. Nach der Trennung. Soll die Versteigerung nach der Trennung durchgeführt werden, lässt der GV sie durch eine zuverlässige Person, die ggf auch der Schuldner sein kann, abernten und sorgt für die sichere Unterbringung und Verwahrung der Früchte (§ 153 Nr 2 S 2–6 GVGA). Die Kosten hierfür sind vom Gläubiger vorzuschießen; tut er dies nicht, wird die Versteigerung ohne Trennung durchgeführt (Zö/*Stöber* Rn 3; Musielak/*Becker* Rn 4). 5

C. Verhältnis zur Immobiliarzwangsvollstreckung. I. Anordnung der Zwangsversteigerung. Wird das Grundstück nach der Pfändung der ungetrennten Früchte infolge der Anordnung der Zwangsversteigerung beschlagnahmt, werden davon nach § 21 ZVG auch die Früchte erfasst, sofern sie zu diesem Zeitpunkt noch mit dem Grund und Boden verbunden oder Zubehör des Grundstücks sind. Der Gläubiger muss sein Recht aus der Pfändung dann nach § 37 Nr 4 ZVG geltend machen; die Verwertung nach § 824 ist nicht mehr möglich, der GV stellt die Zwangsvollstreckung in die Früchte ein (§ 153 Nr 4 GVGA). Nach umstrittener Auffassung erfasst die Beschlagnahme die Früchte nicht, wenn sie zwar noch nicht getrennt sind, das Eigentum an ihnen aber bereits durch Gestattung der Aberntung (s. Rz 4) auf den Käufer übergegangen ist (MüKoZPO/*Gruber* Rn 4; Musielak/*Becker* Rn 5; Schuschke/Walker/*Walker* Rn 5; Zö/*Stöber* Rn 2; **aA** AK-ZPO/*Schmidt-von Rhein* Rn 2). Infolge des Meinungsstreits verbietet § 153 Nr 4 GVGA die Auskehr des Erlöses, solange der Käufer die Früchte noch nicht an sich genommen hat. Steht der Fruchtgenuss einem **Pächter** zu, bleiben die Früchte von der Beschlagnahme des Grundstücks unberührt (§ 21 III ZVG). 6

II. Anordnung der Zwangsverwaltung. Beruht die Beschlagnahme auf der Anordnung der Zwangsverwaltung, erfasst sie nach § 148 ZVG getrennte und nicht getrennte Früchte, solange sie noch nicht abgeliefert sind. Zu den Folgen s. Rz 6. 7

D. Rechtsbehelfe. Verstöße können bis zum Eigentumserwerb des Käufers mit der Erinnerung nach § 766 geltend gemacht werden. 8

§ 825 Andere Verwertungsart.

(1) [1]**Auf Antrag des Gläubigers oder des Schuldners kann der Gerichtsvollzieher eine gepfändete Sache in anderer Weise oder an einem anderen Ort verwerten, als in den vorstehenden Paragraphen bestimmt ist.** [2]**Über die beabsichtigte Verwertung hat der Gerichtsvollzieher den Antragsgegner zu unterrichten.** [3]**Ohne Zustimmung des Antragsgegners darf er die Sache nicht vor Ablauf von zwei Wochen nach Zustellung der Unterrichtung verwerten.**
(2) **Die Versteigerung einer gepfändeten Sache durch eine andere Person als den Gerichtsvollzieher kann das Vollstreckungsgericht auf Antrag des Gläubigers oder des Schuldners anordnen.**

A. Normzweck. Bei der Verwertung von Pfandsachen soll grds der bestmögliche Erlös erzielt werden. § 825 gestattet daher, bessere Verwertungsmöglichkeiten als die für den Regelfall vom Gesetz vorgesehenen zu nutzen (vgl BGHZ 119, 75, 77). 1

B. Andere Verwertung durch den GV (Abs 1). I. Antrag. Eine andere Verwertung kann der GV nicht vAw, sondern nur auf Antrag vornehmen. Der GV soll jedoch die Parteien auf die Möglichkeit der anderweitigen Verwertung hinweisen, wenn er von der öffentlichen Versteigerung keinen angemessenen Erlös erwartet (§ 141 Nr 1 S 3 GVGA) oder diese aus sonstigen Gründen unzweckmäßig erscheint. Der Antrag, 2 der die gewünschte Verwertungsart bezeichnen muss, unterliegt nicht dem Anwaltszwang und kann schriftlich oder mündlich von Gläubiger oder Schuldner gestellt werden, nicht von Dritten (LG Berlin DGVZ 78, 112, 114). Sind mehrere Gläubiger beteiligt, genügt der Antrag eines von ihnen (Schuschke/Walker/*Walker* Rn 4). Zeitlich möglich ist der Antrag ab Pfändung bis zur Erteilung des Zuschlags in der Versteigerung (Schuschke/Walker/*Walker* Rn 5). Er kann bis zur Wirksamkeit der anderen Verwertung zurückgenommen werden (Zö/*Stöber* Rn 6).

3 **II. Verfahren.** Zuständig ist der GV, der die Sache gepfändet hat, nicht das Vollstreckungsgericht (Schlesw OLGR Schlesw 01, 367). An den Antrag ist der GV entsprechend § 308 I gebunden (Zö/*Stöber* Rn 6; MüKoZPO/*Gruber* Rn 5), doch kann der GV eine Änderung des Antrags anregen. Will der GV dem Antrag auf andere Verwertung entsprechen, hat er zunächst zur **Gewährung rechtlichen Gehörs** den Antragsgegner über die beabsichtigte Verwertungsart zu unterrichten (Abs 1 S 2; § 141 Nr 1 S 4 GVGA). Er entscheidet sodann nach pflichtgemäßem Ermessen. Er darf die andere Verwertungsart nur anordnen, wenn sie einen **höheren Erlös** als die Regelverwertung verspricht (vgl LG Koblenz MDR 81, 236; LG Freiburg DGVZ 82, 186, 187; MüKoZPO/*Gruber* Rn 4). Über seine Entscheidung informiert er die Beteiligten. Dem Antragsgegner teilt er die Ablehnung des Antrags nur mit, wenn er ihn zuvor über den Antrag unterrichtet hat. Seine Entschließung ist keine förmliche Entscheidung, sondern **Vollstreckungshandlung** (BTDrs 13/341, 31). Stimmt der Antragsgegner der beabsichtigten anderen Verwertung zu, kann der GV diese sofort vornehmen; andernfalls muss er eine zweiwöchige **Wartefrist** (Berechnung nach § 222) ab Zustellung der Unterrichtung des Antragsgegners einhalten (Abs 1 S 3), damit der Antragsgegner Gelegenheit hat, Rechtsbehelf (vgl Rz 15) gegen die andere Verwertung einzulegen. Bei **Änderung der Sachlage** kann der GV nach Anhörung der Beteiligten von der anderen Verwertung wieder Abstand nehmen und zur Regelverwertung zurückkehren (vgl LG Nürnberg-Fürth RPfleger 78, 332, 333). Stellt der Gläubiger oder der Schuldner, nachdem der GV bereits eine andere Verwertungsart angeordnet hat, einen Antrag auf eine dritte Verwertungsart, entscheidet der GV erneut nach § 825 I (vgl LG Nürnberg-Fürth RPfleger 78, 332, 333; Zö/*Stöber* Rn 13).

4 **III. Arten anderer Verwertung.** Die im Folgenden dargestellten Verwertungsarten sind keine abschließende Aufzählung. Andere Möglichkeiten sind nach den Umständen des Einzelfalls denkbar.

5 **1. Abweichende Versteigerungsbedingungen.** Die öffentliche Versteigerung kann zu anderen Bedingungen erfolgen, als das Gesetz sie vorsieht, soweit die gesetzlichen Vorgaben nicht zwingend sind. So kann zB der Versteigerungsort geändert, auf den Ablauf der Frist des § 816 I verzichtet, der Bieterkreis auf bestimmte Personen oder Personengruppen beschränkt oder die Erlöszahlung abw von § 817 II gestundet werden. **Zwingend** sind hingegen der Zuschlag an den Meistbietenden (§ 817 I), die Bindung und Haftung des Bietenden (§ 817 III) und die Rechtsnatur der Veräußerung als hoheitlicher Akt. Das Mindestgebot (§ 817a) darf heraufgesetzt, nicht aber gemindert werden (Zö/*Stöber* Rn 3).

6 **2. Freihändige Veräußerung durch den GV.** Auch der freihändige Verkauf ist wie die öffentliche Versteigerung Hoheitsakt und folgt nicht privatrechtlichen Regeln (vgl § 817 Rz 2). Die Übereignung erfolgt durch Ablieferung der Sache (MüKoZPO/*Gruber* Rn 9; Zö/*Stöber* Rn 12; Musielak/*Becker* Rn 3; vgl § 817 Rz 11). Das Mindestgebot (§ 817a) ist zu beachten (vgl Rz 5), das Barzahlungsgebot (§ 817 II), wenn nichts anderes angeordnet ist (MüKoZPO/*Gruber* Rn 10). Für den Erlös gilt § 819.

7 **3. Veräußerung durch Internetauktion.** § 814 II Nr 1 sieht mittlerweile die öffentliche Versteigerung im Internet als Regel neben der Präsenzversteigerung vor. Der GV kann die Pfandsache aber auch nach § 825 I über eine gewerbliche Auktionsplattform im Internet veräußern. Dann liegt idR keine Versteigerung iSv § 156 BGB vor, da der Vertrag nicht durch Zuschlag des Auktionators zustande kommt (vgl BGHZ 149, 129, 133; BGH NJW 05, 53, 54). Eine Veräußerung über das Internet außerhalb des § 814 II Nr 1 ist daher wie ein freihändiger Verkauf (s. Rz 6) zu behandeln (*Meller-Hannich* DGVZ 09, 21, 24 ff).

8 **4. Erwerb durch bestimmte Person.** Die Pfandsache kann auch an eine bestimmte Person zu dem von dieser gebotenen Preis veräußert werden. Erwerber kann hierbei auch der Gläubiger oder der Schuldner sein (MüKoZPO/*Gruber* Rn 11). Der angebotene Preis muss höher sein als der durch Versteigerung oder freihändigen Verkauf zu erwartende Erlös (LG Koblenz MDR 81, 236; LG Freiburg DGVZ 82, 186, 187). Bei Erwerb durch den Gläubiger gilt für die Zahlung § 817 IV (s. § 817 Rz 14–15). Im Übrigen ist der Erwerb durch eine bestimmte Person wie die freihändige Veräußerung zu behandeln (vgl Rz 6).

C. Verwertung durch eine andere Person (Abs 2). Die Vorschrift erfasst nicht nur die Versteigerung, sondern auch den freihändigen Verkauf durch einen Dritten wie zB Bank, Makler oder Kommissionär (MüKoZPO/*Gruber* Rn 14; **aA** Zö/*Stöber* Rn 15). 9

I. Antrag. Zu dem in Abs 2 vorgeschriebenen Antrag vgl Rz 2. Anders als der Antrag nach Abs 1 kann er jedoch nach der Entscheidung des Gerichts nicht mehr zurückgenommen werden, da die Beteiligten an den Beschl gebunden sind (Zö/*Stöber* Rn 16). Im Antrag muss keine bestimmte Person bezeichnet werden, die die Verwertung vornehmen soll; die Auswahl erfolgt durch das Vollstreckungsgericht (Zö/*Stöber* Rn 16). 10

II. Verfahren. Zuständig ist der **Rechtspfleger**, in dessen Bezirk die öffentliche Versteigerung stattfinden würde (§ 20 Nr 17 RPflG, § 764 II). Dem Antragsgegner ist rechtliches Gehör zu gewähren. Der Rechtspfleger entscheidet nach fakultativer mündlicher Verhandlung durch **Beschluss** (§§ 764 III, 128 IV), der gem § 329 III zuzustellen ist. Er kann analog §§ 766 I, 732 II einstweilige Maßnahmen treffen (Zö/*Stöber* Rn 17; Musielak/*Becker* Rn 5; Schuschke/Walker/*Walker* Rn 22). Der Rechtspfleger darf dem Antrag nur entsprechen, wenn die Verwertung durch eine andere Person ein besseres Verwertungsergebnis erwarten lässt als die Regelverwertung (Schuschke/Walker/*Walker* Rn 20; Musielak/*Becker* Rn 5; vgl oben Rz 3). Dazu kann ggf Beweis erhoben werden (MüKoZPO/*Gruber* Rn 16). Ob dem Rechtspfleger ein Ermessen oder nur ein Beurteilungsspielraum zusteht, ist streitig (vgl zum Meinungsstand MüKoZPO/*Gruber* Rn 16), aber praktisch kaum relevant (Musielak/*Becker* Rn 5). GV und Beteiligte sind an die Entscheidung des Vollstreckungsgerichts gebunden (LG Nürnberg-Fürth DGVZ 78, 332, 333; MüKoZPO/*Gruber* Rn 17; Zö/*Stöber* Rn 22). Bei geänderter Sachlage kann das Vollstreckungsgericht seinen Beschl abändern (LG Nürnberg-Fürth DGVZ 78, 332, 333). 11

III. Durchführung. Der mit der Verwertung betraute Dritte wird nicht hoheitlich tätig; die Verwertung läuft in privatrechtlichen Formen ab (BGHZ 119, 75, 79 ff). Die Veräußerung erfolgt daher nach §§ 156, 433 ff, 929 ff BGB. Für den **guten Glauben** nach § 932 BGB reicht es nicht aus, dass der Erwerber auf die Tragfähigkeit der Pfändung und der Verwertungsanordnung vertraut (BGHZ 119, 75, 85). Der **Gewährleistungsausschluss** nach § 806 gilt nur, wenn darauf hingewiesen wurde, dass die Verwertung iRd Zwangsvollstreckung nach § 825 II erfolgt (Schuschke/Walker/*Walker* Rn 24; Zö/*Stöber* Rn 25). Das Mindestgebot ist zu beachten (§ 817a II 3). Zur Einstellung der Verwertung entsprechend § 818 s. § 818 Rz 3. 12

IV. Erlösauskehr. Der Dritte kehrt den Erlös nicht selbst an den Gläubiger aus, sondern liefert ihn dem GV ab. Ab diesem Zeitpunkt gilt § 819 (MüKoZPO/*Gruber* Rn 18; Zö/*Stöber* Rn 25; Schuschke/Walker/*Walker* Rn 24). Zum weiteren Schicksal des Erlöses vgl § 819 Rz 2–5. 13

D. Teilzahlungsgut. Bei der anderweitigen Verwertung von Teilzahlungsgut ist die Rücktrittsfiktion des § 503 II S 4 BGB zu beachten (s. § 817 Rz 16–17). 14

E. Rechtsbehelfe. Gegen Maßnahmen des GV oder deren Unterlassen ist die **Erinnerung** nach § 766 gegeben. Entscheidungen des Rechtspflegers können mit der **sofortigen Beschwerde** nach §§ 11 I RPflG, 793 angegriffen werden (MüKoZPO/*Gruber* Rn 20; Musielak/*Becker* Rn 7). Nach Beendigung der Zwangsvollstreckung sind Rechtsbehelfe unzulässig. Wendet der Schuldner ggü dem Rechtspfleger, der über die Verwertung durch einen Dritten zu entscheiden hat, die **Unpfändbarkeit** der Pfandsache ein, ist das als Erinnerung gegen die Pfändung nach § 766 zu behandeln, über die der Richter zu entscheiden hat (MüKoZPO/*Gruber* Rn 16; Zö/*Stöber* Rn 15; **aA** *Lüke* JuS 70, 629, 630). 15

F. Kosten/Gebühren. I. Gericht. Das Verfahren ist gebührenfrei. 16

II. Anwalt. Für den Anwalt löst das Verfahren nach § 18 I Nr 8 RVG eine gesonderte Angelegenheit aus, in der er die Gebühren nach den Nr 3309, 3310 RVG erhält. 17

§ 826 Anschlusspfändung.

(1) Zur Pfändung bereits gepfändeter Sachen genügt die in das Protokoll aufzunehmende Erklärung des Gerichtsvollziehers, dass er die Sachen für seinen Auftraggeber pfände.
(2) Ist die erste Pfändung durch einen anderen Gerichtsvollzieher bewirkt, so ist diesem eine Abschrift des Protokolls zuzustellen.
(3) Der Schuldner ist von den weiteren Pfändungen in Kenntnis zu setzen.

1 **A. Normzweck.** Eine gepfändete Sache kann später ein weiteres Mal nach § 808 gepfändet werden. § 826 bietet die Möglichkeit, das Verfahren einer weiteren Pfändung zu Lasten desselben Schuldners für denselben oder einen anderen Gläubiger zu vereinfachen. Die Vorschrift gilt nicht für den Fall, dass **gleichzeitig** für mehrere Gläubiger oder für einen Gläubiger wegen mehrerer Forderungen gepfändet wird (vgl § 808 Rz 34).

2 **B. Voraussetzungen. I. Wirksamkeit der Erstpfändung.** Die Sache muss bereits wirksam nach den Regeln der ZPO gepfändet worden und weiterhin verstrickt sein. Ist die Erstpfändung im Wege der **Verwaltungsvollstreckung** (§ 307 AO) erfolgt, hat der GV nach § 167 Nr 10 S 2 GVGA eine nachfolgende zivilprozessrechtliche Pfändung in der Form der Erstpfändung nach §§ 808, 809 vorzunehmen. Eine Anschlusspfändung ist aber auch in diesem Fall wirksam (Schuschke/Walker/*Walker* Rn 4; Zö/*Stöber* Rn 6; St/J/*Münzberg* Rn 3; Musielak/*Becker* Rn 2; MüKoZPO/*Gruber* Rn 3; **aA** B/L/A/H Rn 3). Das Fehlen einer wirksamen Erstpfändung macht die Anschlusspfändung **nichtig** (Schuschke/Walker/*Walker* Rn 6). Wurde die Sache im Gewahrsam des Schuldners belassen und die Pfändung ordnungsgemäß ersichtlich gemacht (vgl § 808 Rz 22–26), ist die Anschlusspfändung auch dann möglich, wenn die Ersichtlichmachung weggefallen ist, die Verstrickung jedoch fortbesteht (MüKoZPO/*Gruber* Rn 4; Musielak/*Becker* Rn 2; B/L/A/H Rn 4; **aA** Ddorf OLGZ 73, 51, 52; St/J/*Münzberg* Rn 8; Zö/*Stöber* Rn 3; für den Fall, dass ein Dritter Besitz an der Sache erlangt hat: RGZ 35, 333, 339; s. zum Fortbestand der Verstrickung § 808 Rz 27). Der GV soll sich jedoch nach § 167 Nr 3 S 4 GVGA vergewissern, dass die Pfändung noch ersichtlich ist. **Nicht ausreichend** ist der äußere Anschein einer wirksamen Pfändung, ohne dass die Sache verstrickt ist (MüKoZPO/*Gruber* Rn 4; Musielak/*Becker* Rn 2; Schuschke/Walker/*Walker* Rn 3; **aA** St/J/*Münzberg* Rn 8; B/L/A/H Rn 4). Die **Anfechtbarkeit** der Erstpfändung hindert die Anschlusspfändung nicht, solange die Anfechtung nicht erfolgt ist. Wird die Erstpfändung später aufgehoben, berührt das die Wirksamkeit der Anschlusspfändung nicht mehr (Schuschke/Walker/*Walker* Rn 3; MüKoZPO/*Gruber* Rn 4; St/J/*Münzberg* Rn 9; Musielak/*Becker* Rn 3); diese wird mit Entfallen der vorhergehenden Pfändung zur Erstpfändung. Die Vornahme der Anschlusspfändung führt nicht zur Heilung der fehlerhaften Erstpfändung. Die Anschlusspfändung ist bis zur vollständigen Auskehr oder Hinterlegung des Erlöses möglich (LG Berlin DGVZ 83, 93).

3 **II. Derselbe Schuldner.** Die Anschlusspfändung ist nur gegen denselben Schuldner möglich (§ 167 Nr 1 GVGA; MüKoZPO/*Gruber* Rn 2; Schuschke/Walker/*Walker* Rn 4; St/J/*Münzberg* Rn 1; Zö/*Stöber* Rn 2; **aA** *Gerlach* ZZP 89, 294 ff). Wird gegen einen anderen Schuldner vollstreckt, zB gegen den Ehegatten (s. § 739), hat eine weitere Pfändung nach § 808 zu erfolgen (**Doppelpfändung**; s. § 808 Rz 35). Eine Anschlusspfändung ist auch ausgeschlossen, wenn die Vollstreckung zwar gegen denselben Schuldner, aber nicht in **identisches Vermögen** erfolgt, zB einerseits gegen den Schuldner persönlich, andererseits gegen den Schuldner als Insolvenzverwalter über fremdes Vermögen (MüKoZPO/*Gruber* Rn 2; Musielak/*Becker* Rn 1; s. zur Haftung mit fremdem Vermögen § 808 Rz 4).

4 **C. Durchführung der Anschlusspfändung. I. Zuständigkeit.** Die Anschlusspfändung nimmt der GV vor. Hat ein anderer GV die Erstpfändung bewirkt, ist diesem eine Abschrift des Protokolls zuzustellen (Abs 2). Ein Verstoß hiergegen hindert die Wirksamkeit der Anschlusspfändung nicht (RGZ 13, 345, 346; MüKoZPO/*Gruber* Rn 7), kann aber ggf Amtshaftungsansprüche begründen.

5 **II. Herausgabebereitschaft des Dritten (§ 809).** Ist die Erstpfändung nach § 809 erfolgt, muss auch für die Anschlusspfändung die Erklärung des Dritten über seine Herausgabebereitschaft eingeholt werden, auch wenn der GV die Sache nach der Erstpfändung nicht im Gewahrsam des Dritten belassen hat (Ddorf OLGZ 73, 50, 51 f; MüKoZPO/*Gruber* Rn 5 mwN). Zur Frage, ob der GV Dritter iSv § 809 ist, s. § 809 Rz 3.

6 **III. Vornahme.** Die Anschlusspfändung kann nach §§ 808 f in der Form der Erstpfändung vorgenommen werden. Nach § 826 genügt es jedoch, wenn der GV die Pfändungserklärung in das Protokoll aufnimmt. Der GV hat dazu nach § 762 I ein neues Protokoll zu erstellen, das die gepfändete Sache, den Gläubiger und den Anspruch, für die die Anschlusspfändung erfolgt, bezeichnen muss. Das Protokoll muss nicht in Anwesenheit bestimmter Personen und nicht angesichts der Pfandsache aufgenommen werden (Bremen DGVZ 71, 4, 7 f; AG Fürth DGVZ 77, 14), muss aber den genauen Zeitpunkt der Pfändungserklärung enthalten, damit der Rang der Pfändung festgestellt werden kann (Musielak/*Becker* Rn 5; Schuschke/Walker/*Walker* Rn 6).

IV. Bekanntgabe an den Schuldner (Abs 3). Der Schuldner ist über die Anschlusspfändung zu informieren. Unterbleibt dies, ist die Anschlusspfändung dennoch wirksam, doch können Amtshaftungsansprüche begründet werden. Der GV muss entsprechend § 136 Nr 2 S 2 GVGA auch einen **Dritten** über die weitere Pfändung in Kenntnis setzen, wenn ihm bekannt ist, dass dieser sich auf ein die Veräußerung hinderndes Recht beruft, damit dieser Gelegenheit hat, seine Ansprüche bei dem Gläubiger oder dem Gericht geltend zu machen (BGH NJW-RR 08, 338, 339). 7

D. Wirkung der Anschlusspfändung. Die Anschlusspfändung hat dieselbe Wirkung wie eine selbständige Pfändung. Der Rang des Pfandrechts bestimmt sich nach § 804 III (s. § 804 Rz 7–8). Jeder Gläubiger kann unabhängig von den anderen die Verwertung der Pfandsache betreiben. Stundung, Einstellung, Aufschub nach § 813a oder Aussetzung nach § 813b wirken nur in Bezug auf den jeweiligen Gläubiger (§ 167 Nr 8 GVGA; MüKoZPO/*Gruber* Rn 9; Musielak/*Becker* Rn 7; Schuschke/Walker/*Walker* Rn 7). Die Anschlusspfändung bezieht sich auch auf den aus einer Versteigerung der gepfändeten Sache resultierenden Übererlös, der als Surrogat an die Stelle der versteigerten Sache getreten ist (LG Berlin DGVZ 83, 93; MüKoZPO/*Gruber* Rn 3; Zö/*Stöber* Rn 2). 8

E. Rechtsbehelfe. In Bezug auf Rechtsbehelfe gilt dasselbe wie für die selbständige Pfändung (s. § 808 Rz 36). Der Erstgläubiger ist durch die Anschlusspfändung nicht beschwert und daher nicht anfechtungsberechtigt. 9

§ 827 Verfahren bei mehrfacher Pfändung.

(1) [1]Auf den Gerichtsvollzieher, von dem die erste Pfändung bewirkt ist, geht der Auftrag des zweiten Gläubigers kraft Gesetzes über, sofern nicht das Vollstreckungsgericht auf Antrag eines beteiligten Gläubigers oder des Schuldners anordnet, dass die Verrichtungen jenes Gerichtsvollziehers von einem anderen zu übernehmen seien. [2]Die Versteigerung erfolgt für alle beteiligten Gläubiger.

(2) [1]Ist der Erlös zur Deckung der Forderungen nicht ausreichend und verlangt der Gläubiger, für den die zweite oder eine spätere Pfändung erfolgt ist, ohne Zustimmung der übrigen beteiligten Gläubiger eine andere Verteilung als nach der Reihenfolge der Pfändungen, so hat der Gerichtsvollzieher die Sachlage unter Hinterlegung des Erlöses dem Vollstreckungsgericht anzuzeigen. [2]Dieser Anzeige sind die auf das Verfahren sich beziehenden Dokumente beizufügen.

(3) In gleicher Weise ist zu verfahren, wenn die Pfändung für mehrere Gläubiger gleichzeitig bewirkt ist.

A. Normzweck. Die Vorschrift regelt nur Folgen einer bereits erfolgten mehrfachen Pfändung derselben Sache, nicht hingegen deren Voraussetzungen oder Vornahme. **Abs 1** schafft aus Gründen der Effektivität die einheitliche Zuständigkeit eines GV für das weitere Vollstreckungsverfahren, wenn eine Sache von verschiedenen GV gepfändet worden ist. **Abs 2 und 3** regeln die Erlösverteilung bei mehrfacher Pfändung, wenn der Erlös zur Deckung der Forderungen nicht ausreicht. 1

B. Zuständigkeit des GV (Abs 1). I. Regelzuständigkeit. Abs 1 legt fest, wer im Falle einer Mehrfachpfändung das weitere Verfahren für sämtliche Gläubiger betreibt. Die Regelung gilt unabhängig davon, ob die nachfolgende Pfändung selbstständig nach § 808 oder als Anschlusspfändung nach § 826 und ob sie ggü einem oder mehreren Schuldnern bewirkt wurde. Sobald die spätere Pfändung vollzogen ist, geht der Vollstreckungsauftrag kraft Gesetzes auf den GV über, der die erste Pfändung vorgenommen hat (MüKoZPO/*Gruber* Rn 4; Musielak/*Becker* Rn 2; **aA** St/J/*Münzberg* Rn 1 und Zö/*Stöber* Rn 2: Übergang erst mit Kenntnis des GV von der nachfolgenden Pfändung). Nach § 167 Nr 6 S 2 GVGA sind dem nun zuständigen GV sämtliche für die Vollstreckung erforderlichen Urkunden auszuhändigen, insb der Schuldtitel. Gläubiger und Schuldner sind hierüber zu informieren (§ 167 Nr 6 S 3 GVGA). Die Versteigerung oder sonstige Verwertung nimmt der GV ohne besonderen Antrag für alle beteiligten Gläubiger vor, Abs 1 S 2 (Zö/*Stöber* Rn 2; MüKoZPO/*Gruber* Rn 4; Musielak/*Becker* Rn 2). Die Vollstreckungsverfahren bleiben gleichwohl **rechtlich selbständig**, sodass zB Stundung oder Einstellung in Bezug auf einen Gläubiger keine Wirkung auf die Verfahren anderer Gläubiger haben (Zö/*Stöber* Rn 2; Musielak/*Becker* Rn 2). 2

II. Anderweitige Anordnung. Auf Antrag eines beteiligten Gläubigers oder Schuldners kann das Vollstreckungsgericht (§ 764 II, § 20 Nr 17 RPflG) eine abweichende Zuständigkeit bestimmen (Abs 1 S 1 Hs 2). Die Anordnung trifft das zur Zeit der Erstpfändung zuständige Vollstreckungsgericht (St/J/*Münzberg* Rn 2; 3

Zö/*Stöber* Rn 3). Die Übertragung kann auf den GV, der die nachfolgende Pfändung vorgenommen hat, oder auf einen bisher unbeteiligten GV erfolgen (St/J/*Münzberg* Rn 2; MüKoZPO/*Gruber* Rn 5). Das Vollstreckungsgericht entscheidet nach pflichtgemäßem Ermessen (vgl MüKoZPO/*Gruber* Rn 5; **aA** St/J/*Münzberg* Rn 2; Musielak/*Becker* Rn 3; Zö/*Stöber* Rn 3: aus besonderen Gründen). In Betracht kommt die anderweitige Anordnung zB, wenn der GV bei der späteren Pfändung gleichzeitig andere Sachen erstmals pfändet, da für diese der Auftrag nicht nach Abs 1 auf den erstpfändenden GV übergeht. In diesem Fall hat der GV nach § 167 Nr 9 GVGA bei seinem Auftraggeber nachzufragen, ob dieser mit der Erledigung des ganzen Vollstreckungsauftrags durch den erstpfändenden GV einverstanden ist.

4 **C. Erlösverteilung bei nachrangiger Pfändung.** Zur Verteilung des Erlöses allgemein s. § 819 Rz 4. Reicht der zur Auszahlung an die Gläubiger zur Verfügung stehende Erlös zur Deckung aller Forderungen nicht aus, ist bei nachrangiger Pfändung (§ 804 III) in der Reihenfolge der Pfändungen zu verteilen (§ 167 Nr 7 GVGA); diese ist auch bei mehreren vom selben Gläubiger erwirkten Pfändungen maßgebend (Schuschke/Walker/*Walker* Rn 2; MüKoZPO/*Gruber* Rn 7; St/J/*Münzberg* Rn 4; Zö/*Stöber* Rn 4; Musielak/*Becker* Rn 4; **aA** B/L/A/H Rn 6). Die Gläubiger können eine andere Verteilung vereinbaren; der GV hat dann entsprechend zu verfahren (arg Abs 2 S 1). Verlangt einer der nachrangigen Gläubiger aber ohne Zustimmung der anderen Gläubiger eine abweichende Verteilung, hinterlegt der GV vAw den Erlös, zeigt den Sachverhalt dem gem §§764 II, 827 I zuständigen Vollstreckungsgericht an (Abs 2 S 1) und übermittelt diesem gleichzeitig die sich auf das Verfahren beziehenden Dokumente (Abs 2 S 2). Der Erlös wird sodann nach dem Verteilungsverfahren der §§ 872 ff behandelt.

5 **D. Erlösverteilung bei gleichzeitiger mehrfacher Pfändung.** Wurde gleichzeitig mehrfach gepfändet (s. § 808 Rz 34), ist der Erlös bei nicht ausreichender Verteilungsmasse nach dem Verhältnis der beizutreibenden Forderungen zu verteilen (§ 168 Nr 5 GVGA). Im Übrigen gilt Abs 2 (s. Rz 4).

6 **E. Rechtsbehelfe.** Verstöße gegen § 827 machen das Verfahren anfechtbar, nicht aber unwirksam (MüKoZPO/*Gruber* Rn 10; Musielak/*Becker* Rn 7). Sie können mit der Erinnerung nach § 766 geltend gemacht werden. Ist der Erlös vollständig verteilt, kommen nur noch Amtshaftungs- und Bereicherungsansprüche in Betracht (MüKoZPO/*Gruber* Rn 10; Musielak/*Becker* Rn 7).

Untertitel 3 Zwangsvollstreckung in Forderungen und andere Vermögensrechte

§ 828 Zuständigkeit des Vollstreckungsgerichts. (1) Die gerichtlichen Handlungen, welche die Zwangsvollstreckung in Forderungen und andere Vermögensrechte zum Gegenstand haben, erfolgen durch das Vollstreckungsgericht.

(2) Als Vollstreckungsgericht ist das Amtsgericht, bei dem der Schuldner im Inland seinen allgemeinen Gerichtsstand hat, und sonst das Amtsgericht zuständig, bei dem nach § 23 gegen den Schuldner Klage erhoben werden kann.

(3) [1]Ist das angegangene Gericht nicht zuständig, gibt es die Sache auf Antrag des Gläubigers an das zuständige Gericht ab. [2]Die Abgabe ist nicht bindend.

1 **A. Normzweck.** § 828 regelt die funktionelle, sachliche und örtliche Zuständigkeit für die Zwangsvollstreckung wegen Geldforderungen in alle Arten von Geld- und Sachforderungen nach den §§ 829–856 und von sonstigen Vermögensrechten gem den §§ 857–863 (Musielak/*Becker* § 828 Rn 1). Die Sachpfändung von Mobilien, §§ 808 ff, und Immobilien, §§ 864 ff, wird nicht erfasst. Bezweckt wird eine Kompetenzbündelung sowie eine erhöhte Rechtssicherheit, aber auch eine verbesserte Rechtsschutzgewährleistung. Die vAw zu prüfende Zuständigkeit wird für jede gerichtliche Vollstreckungshandlung begründet. Abs 1, 2 bilden eine spezielle Regelung ggü § 764. Die Abgabe nach Abs 3 tritt an die Stelle von § 281.

2 **B. Zuständigkeit (Abs 1, 2). I. Funktionelle Zuständigkeit.** Vollstreckungsorgan für die Vollstreckung in Forderungen und andere Vermögensrechte ist das **Gericht**. Zu erklären ist die gerichtliche Zuständigkeit aus den erhöhten Anforderungen an das Vollstreckungsorgan. Im Gegensatz zur Sachpfändung kann die Zugehörigkeit einer Forderung zum Schuldnervermögen nicht durch einen äußeren Rechtsscheintatbestand bestimmt werden. Zudem ist ein Verfahren zur Übertragung des Rechts erforderlich (Wieczorek/

Schütze/*Lüke* § 828 Rn 2). Der **Gerichtsvollzieher** wird in den Fällen der §§ 830 I 2, 831, 836 III, 847 tätig. Zur Vorpfändung § 845 Rz 2 ff. Sonst stellt der Gerichtsvollzieher nur zu, § 829 II, III.

Die Aufgaben des Vollstreckungsgerichts sind gem § 20 Nr 17 RPflG dem **Rechtspfleger** übertragen. Über die Erinnerung, § 766, und die Beschwerde, § 793, entscheidet der Richter. Im Arrestverfahren ist der Rechtspfleger des Arrestgerichts zuständig, soweit der Arrestbefehl nicht schon den Pfändungsbeschluss oder die Anordnung der Pfändung enthält, § 20 Nr 16 RPflG (§ 930 Rz 2). In diesem Fall erlässt der Richter den Pfändungsbeschluss (Gottwald § 828 Rn 7). **3**

II. Sachliche Zuständigkeit (Abs 1). Als Vollstreckungsgericht ist grds ausschließlich, § 802, das **Amtsgericht** sachlich zuständig, § 764, auch wenn aus einem Titel des Familiengerichts (BGH NJW 79, 1048, einschl der Entscheidung über die Bewilligung von Prozesskostenhilfe für die Zwangsvollstreckung) oder ein vom Prozessgericht gem § 888 festgesetztes Zwangsgeld vollstreckt wird (BGH NJW 83, 1859). Zuständig ist das Amtsgericht auch für die Vollstreckung aus Titeln des Sozialgerichts (MüKoZPO/*Smid* § 828 Rn 8) und des Arbeitsgerichts, es sei denn das Arbeitsgericht wurde als Arrestgericht tätig (BGH NJW 1976, 1453; Germelmann/*Germelmann* ArbGG § 62 Rn 65). **4**

Verwaltungsakte werden nach den Verwaltungsvollstreckungsgesetzen des Bundes bzw des jeweiligen Landes vollstreckt. Bei verwaltungsgerichtlichen Entscheidungen ist das Prozessgericht 1. Instanz Vollstreckungsgericht, § 167 I 2 VwGO. Die abgabenrechtliche Vollstreckung, §§ 309 ff AO, erfolgt durch die Vollstreckungsbehörde, § 249 I AO. Sozialbehörden können entweder nach § 66 I bis III SGB X im Wege der Verwaltungsvollstreckung vorgehen oder gem § 66 IV SGB X aus dem Verwaltungsakt in entsprechender Anwendung der zivilprozessualen Vorschriften vollstrecken (*Ahrens* JurBüro 03, 405 f). Dann ist das Amtsgericht zuständig (Stöber Rn 443a). **5**

III. Internationale Zuständigkeit. Sie kann nur bestehen, wenn der Pfändungsgegenstand der deutschen Gerichtsbarkeit unterliegt (BGH NJW-RR 2006, 198, abgelehnt für öffentlich-rechtliche Gebührenansprüche ausländischer Staaten). Ansprüche, die der diplomatischen Vertretung eines ausländischen Staats dienen, dürfen völkerrechtlich nicht gepfändet werden (BGH NJW-RR 07, 1498). Die internationale folgt der örtlichen Zuständigkeit (Saenger/*Kemper* § 828 Rn 10). Diese ist grds begründet, wenn der Drittschuldner seinen Wohnsitz im Inland hat (Musielak/*Becker* § 828 Rn 3; anders für die Lohnpfändung BAG NZA 97, 336). Hat der Drittschuldner seinen Wohnsitz im Ausland, bereitet die Zustellung Schwierigkeiten (Schuschke/Walker/*Walker* Vor §§ 828–863 Rn 2). Beim Europäischen Zahlungsbefehl gilt Art 21 I EuMVVO. **6**

IV. Örtliche Zuständigkeit (Abs 2). Örtlich zuständig ist das Vollstreckungsgericht, bei dem der Schuldner nach den §§ 13 bis 19a seinen **allgemeinen Gerichtsstand** hat. Abweichend von § 764 II wird damit an die allgemeinen Regeln angeknüpft. Dies gilt auch für Parteien kraft Amtes, wie den Insolvenzverwalter, aber auch den Nachlasspfleger (B/L/Hartmann § 828 Rn 4). Bei wohnsitzlosen Personen ist das Gericht des Aufenthaltsorts zuständig oder bei dem der Schuldner seinen letzten Wohnsitz hatte, § 16 (Zweibr NJW-RR 00, 929). An den Nachweis des unbekannten Aufenthalts sind wegen der abweichenden Aufgabenstellungen geringere Anforderungen zu stellen als im Erkenntnisverfahren. Grds genügt eine aktuelle Auskunft des für den letzten bekannten Wohnort des Schuldners zuständigen Einwohnermelde- und Postamts (BGH NJW 03, 1530 f). Die einmal begründete Zuständigkeit wird angelehnt an den Grundsatz der perpetuatio fori durch eine Veränderung des allgemeinen Gerichtsstands nicht berührt (BGH Rpfleger 90, 308, zu § 850g), doch betrifft dies nur die jeweils einzelne Vollstreckungsmaßnahme. Abzustellen ist auf den Zeitpunkt, in dem der Pfändungsbeschluss erlassen wird. Unter **mehreren zuständigen Gerichten** hat der Gläubiger die unwiderrufliche Wahl, § 35 (Zweibr NJW-RR 00, 929). Ein Titel gegen mehrere Schuldner kann gegen jeden von ihnen gesondert vollstreckt werden. Steht die Forderung gegen einen Drittschuldner mehreren Schuldnern mit unterschiedlichen Gerichtsständen gesamthänderisch oder nach Bruchteilen zu, ist entspr § 36 I Nr 6 das zuständige Gericht zu bestimmen (BGH NJW 83, 1859; Zö/*Stöber* § 828 Rn 2). **7**

Besteht **kein allgemeiner Gerichtsstand** des Schuldners, ist nach Abs 2 Alt 2 der besondere Gerichtsstand des Vermögens aus § 23 anzuwenden. Da § 23 S 2 für die Belegenheit von Forderungen auf den Wohnsitz des Schuldners abstellt, dieser jedoch in den hier maßgebenden Fällen nicht nachgewiesen werden kann, ist das Amtsgericht zuständig, in dessen Bezirk der Drittschuldner seinen Wohnsitz hat. Hat auch der Drittschuldner keinen Wohnsitz im Inland, ist aber drittschuldnerisches Vermögen hier belegen, greift § 23 S 1 ein (MüKoZPO/*Smid* § 828 Rn 14). **8**

9 **V. Insolvenzverfahren.** Im **Insolvenzverfahren** ist für Entscheidungen über die Vollstreckungsverbote aus § 89 I, II InsO das Insolvenzgericht zuständig, § 89 III InsO, gleich ob die beantragte Maßnahme angeordnet oder ob ihr Erlass abgelehnt wird (BGH ZInsO 04, 391, 392; 06, 139 Tz 5; ZVI 07, 78 Tz 3; NJW-RR 08, 294). Ein eröffnetes und noch nicht beendetes Insolvenzverfahren ist ebenso wenig Voraussetzung der Zuständigkeit wie der Erlass einer Vollstreckungsmaßnahme. Das Insolvenzgericht ist deswegen nach §§ 36 IV 1, 3 InsO, 850g für die Änderung des pfändbaren Betrags zuständig, wenn in einem Schuldenbereinigungsplan die pfändbaren Forderungen auf Bezüge aus einem Dienstverhältnis abgetreten sind (BGH ZInsO 08, 506, 507). Es ist auch zuständig, wenn in einem Restschuldbefreiungsverfahren die pfändbaren Beträge neu festgesetzt werden sollen (BGH ZInsO 08, 506, 508).

10 **C. Abgabe (Abs 3).** Auf formlosen Antrag des Gläubigers hat das örtlich oder sachlich unzuständige Gericht das Verfahren abzugeben, Abs 3 S 1. Dieser kann vorsorglich hilfsweise gestellt werden. Es muss nicht das zuständige Gericht benannt werden (ThoPu/*Hüßtege* § 828 Rn 6). § 281 wird verdrängt (vgl Zweibr NJW-RR 00, 929). Da die Abgabe ohne Anhörung des Schuldners erfolgt, § 834, ist sie nicht bindend, Abs 3 S 2. Das Gericht, an das die Abgabe erfolgt, kann weiter abgeben. Kompetenzkonflikte sind nach den §§ 36, 37 zu entscheiden.

11 **D. Rechtsbehelfe.** Ein Verstoß gegen die Vorschriften über die örtliche und internationale Zuständigkeit führt nicht zur Unwirksamkeit der Vollstreckungsmaßnahme, ist aber mit der Erinnerung, § 766, anfechtbar (St/J/*Brehm* § 828 Rn 10). Gleiches gilt, wenn die Regeln über die sachliche Zuständigkeit verletzt sind (Schuschke/Walker/*Walker* § 828 Rn 10). Handelt ein funktionell unzuständiges Organ, ist die Vollstreckungsmaßnahme grds nichtig. Dies gilt jedenfalls, wenn der Gerichtsvollzieher anstelle des Vollstreckungsgerichts tätig wird. Beschlüsse einer anderen Abteilung des Amtsgerichts oder des Prozessgerichts sind wirksam, aber anfechtbar (G/S/B-E § 54 Rn 49). Das Rechtsbeschwerdegericht hat die funktionelle Zuständigkeit des erstinstanzlichen Gerichts nicht zu prüfen (BGH NJW-RR 07, 1498).

§ 829 Pfändung einer Geldforderung.

(1) [1]Soll eine Geldforderung gepfändet werden, so hat das Gericht dem Drittschuldner zu verbieten, an den Schuldner zu zahlen. [2]Zugleich hat das Gericht an den Schuldner das Gebot zu erlassen, sich jeder Verfügung über die Forderung, insbesondere ihrer Einziehung, zu enthalten. [3]Die Pfändung mehrerer Geldforderungen gegen verschiedene Drittschuldner soll auf Antrag des Gläubigers durch einheitlichen Beschluss ausgesprochen werden, soweit dies für Zwecke der Vollstreckung geboten erscheint und kein Grund zu der Annahme besteht, dass schutzwürdige Interessen der Drittschuldner entgegenstehen.

(2) [1]Der Gläubiger hat den Beschluss dem Drittschuldner zustellen zu lassen. [2]Der Gerichtsvollzieher hat den Beschluss mit einer Abschrift der Zustellungsurkunde dem Schuldner sofort zuzustellen, sofern nicht eine öffentliche Zustellung erforderlich wird. [3]An Stelle einer an den Schuldner im Ausland zu bewirkenden Zustellung erfolgt die Zustellung durch Aufgabe zur Post.

(3) Mit der Zustellung des Beschlusses an den Drittschuldner ist die Pfändung als bewirkt anzusehen.

(4) [1]Das Bundesministerium der Justiz wird ermächtigt, durch Rechtsverordnung mit Zustimmung des Bundesrates Formulare für den Antrag auf Erlass eines Pfändungs- und Überweisungsbeschlusses einzuführen. [2]Soweit nach Satz 1 Formulare eingeführt sind, muss sich der Antragsteller ihrer bedienen. [3]Für Verfahren bei Gerichten, die die Verfahren elektronisch bearbeiten, und für Verfahren bei Gerichten, die die Verfahren nicht elektronisch bearbeiten, können unterschiedliche Formulare eingeführt werden.

Inhaltsübersicht

	Rz
A. Normzweck	1
B. Geldforderung	7
I. Gegenstand	7
II. Nicht fällige oder bedingte Forderungen	10
III. Künftige Forderungen	11
C. Zugehörigkeit zum Schuldnervermögen	15
I. Grundlagen	15
II. Mehrheit von Berechtigten	17
III. Treuhand	19
IV. Sonstiges	21
D. Unpfändbarkeit	23
E. Pfändungsverfahren	28
I. Pfändungsantrag	28
II. Zuständigkeit	32
III. Prüfung des Gesuchs	33
1. Entscheidungsgrundlagen	33
2. Verhandlung	36

Rz
3. Anhörung . . . 37
IV. Pfändungsbeschluss . . . 40
1. Entscheidung des Vollstreckungsgerichts . . . 40
2. Inhalt . . . 43
3. Bestimmtheit der zu pfändenden Forderung . . . 46
4. Zustellung (Abs 2 und 3) . . . 52
a) Gläubiger . . . 52
b) Drittschuldner . . . 53
c) Schuldner . . . 59
d) Auslandszustellung . . . 60
5. Mehrere Drittschuldner (Abs 1 S 3) . . . 61
6. Anfechtbarkeit . . . 64
a) Unwirksamkeit . . . 64
b) Fehlerhaftigkeit . . . 65
c) Konsequenzen für den Einziehungsprozess . . . 66
F. Wirkungen . . . 67
I. Grundlagen . . . 67
1. Beschlagnahme . . . 67
2. Pfändungspfandrecht . . . 70

Rz
II. Umfang der Pfändung . . . 72
1. Voll- und Teilpfändung, künftige Forderungen . . . 72
2. Nebenrechte . . . 76
3. Pfändung mehrerer Forderungen, alternative Pfändung . . . 80
III. Stellung des Gläubigers . . . 82
IV. Stellung des Schuldners . . . 85
V. Stellung des Drittschuldners . . . 90
1. Zahlungsverbot . . . 90
2. Einziehungsprozess . . . 95
VI. Stellung Dritter . . . 96
VII. Mehrfache Pfändungen . . . 97
G. Rechtsbehelfe . . . 99
I. Gläubiger . . . 99
II. Schuldner . . . 100
III. Drittschuldner . . . 102
IV. Dritte . . . 103
V. Sonstiges . . . 104
H. Internationale Forderungspfändung . . . 105
I. Insolvenzverfahren . . . 107
J. Kosten/Gebühren . . . 109

A. Normzweck. § 829 normiert das Verfahren sowie die Wirkungen der Pfändung von Geldforderungen. Aufgrund der Verweisungen in den §§ 846 und 857 I sind § 829 und die Folgevorschriften auf die Vollstreckung in Herausgabeansprüche und andere Vermögensrechte (entsprechend) anwendbar. Durch den Pfändungsbeschluss wird die Forderung beschlagnahmt und ein **Pfändungspfandrecht** begründet. Mit dieser hoheitlichen Maßnahme wird die Forderung sichergestellt. Der Gläubiger erhält aber noch keine Befriedigungsmöglichkeit, für die eine zusätzliche gerichtliche Verwertungsanordnung erforderlich ist. Zumeist wird die Verwertung in einem Überweisungsbeschluss nach § 835 angeordnet, doch kann sie auch auf andere Weise, § 844, erfolgen. Obwohl beide Hoheitsakte regelmäßig in einem einheitlichen Pfändungs- und Überweisungsbeschluss zusammengefasst werden, müssen ihre Wirkungen strikt unterschieden werden. Ein Grund für diese Trennung besteht darin, dass so auch Forderungen gesichert werden können, die noch nicht zu verwerten sind, wie bei der Sicherungsvollstreckung, § 720a, oder der Arrestvollziehung, § 930 (Zö/*Stöber* § 829 Rn 16). 1

Als **Grundnorm** der Forderungsvollstreckung regelt § 829 die Pfändung von Geldforderungen. Hypothekarisch gesicherte Forderungen werden nach den §§ 830, 837 III und durch Schiffshypotheken gesicherte Forderungen gem § 830a gepfändet. Auf Wechsel und andere indossable Papiere wird nach § 831 zugegriffen, während für sonstige Wertpapiere § 821 gilt. Die Pfändung von Herausgabe- und Leistungsansprüchen erfolgt nach den §§ 846 ff und die sonstiger Vermögensrechte nach § 857. 2

Die Forderungsvollstreckung stellt eine besonders **wichtige Art** der Zwangsvollstreckung dar. Durch das ausdifferenzierte System der Mobiliarsicherheiten ist der Vollstreckungszugriff auf das pfändbare Sachvermögen oft sehr begrenzt. Zugleich verfügen zahlreiche Vollstreckungsschuldner entweder über regelmäßige Einkünfte aus beruflicher Tätigkeit oder über andere Forderungen. Deren Verwertung ist für den Gläubiger vorteilhaft, da sie jedenfalls bei Geldforderungen nur geringe Transaktionskosten verursachen und damit zu einer vorteilhaften Befriedigung führen können (Wieczorek/Schütze/*Lüke* § 829 Rn 1). 3

Nach den Modellgrundlagen des Zwangsvollstreckungsrechts ist prinzipiell jede selbständige Geldforderung des Schuldners pfändbar, es sei denn, sie wird durch spezielle Regelungen geschützt. Bei der Forderungsvollstreckung resultiert daraus ein grundlegender **Systemvorteil** zugunsten des Gläubigers. Mit den modernen ökonomischen Instrumenten werden neuartige Forderungen und Rechte geschaffen, wie durch die vielfältigen Finanzmarktprodukte oder bei der Notwendigkeit einer privaten Altersvorsorge. Die breitere Partizipation an diesen Wirtschaftsformen schafft für den Gläubiger neue Zugriffsmöglichkeiten. 4

5 Damit einhergehend wird der tradierte Vollstreckungsschutz substanziell entwertet. In der Konsequenz liegt darin eine **Systemschwäche** der Forderungsvollstreckung zu Lasten des Schuldners begründet. Korrektive ggü einem unbegrenzten Vollstreckungszugriff in eine neuartige Forderung des Schuldners werden gleichsam nachlaufend geschaffen, nachdem die soziale Dimension des jeweiligen Zugriffs erkannt ist. Beispiele dafür bilden der Vollstreckungsschutz für die private Altersvorsorge oder der Kontopfändungsschutz.

6 Das institutionell gewährleistete Forderungs- und Vollstreckungsrecht des Gläubigers muss durch den verfassungsrechtlich verankerten Schutz des **Existenzminimums** für den Schuldner begrenzt werden. Dies gilt sowohl für Ansprüche auf laufende Einkünfte als auch andere Forderungen mit Versorgungsfunktion. Soweit eine gesetzliche Konkretisierung erfolgt ist, wie in den §§ 850c ff, 851c f, ist der Entscheidungsspielraum des Vollstreckungsorgans begrenzt. Fehlt eine solche Positivierung, muss das Vollstreckungsgericht eine eigenständige Entscheidung über den zwingenden Grundrechtsschutz treffen. Erforderlich ist letztlich ein von einer Gesamtvorstellung getragenes **Schutzmodell**, das neue Forderungsarten erfassen kann und nicht lediglich punktuell nach den aktuell wahrgenommenen Bedürfnissen geformt wird.

7 **B. Geldforderung. I. Gegenstand.** Geldforderungen sind schuldrechtliche Ansprüche, die auf eine **Geldleistung** gerichtet sind. Auf welchem rechtlichen Grund die Forderungen beruhen ist unerheblich. Sie können privatrechtlicher oder öffentlich-rechtlicher Natur und gesetzlich, vertraglich, persönlich oder dinglich begründet sein (St/J/*Brehm* § 829 Rn 2). Keine Rolle spielt, ob die Forderung auf eine Geldleistung in inländischer oder ausländischer Währung gerichtet ist.

8 In eine zum **Haftungsverband der Hypothek** gehörende Forderung, § 1120 BGB, kann nur dann nach § 829 vollstreckt werden, wenn sie nicht nach den Vorschriften über die Zwangsvollstreckung in das unbewegliche Vermögen, § 865 II 2, beschlagnahmt ist (Schuschke/Walker/*Schuschke* § 829 Rn 2). Das Recht auf **Auskehrung des Erlöses** stellt in der Mobiliar- wie Immobiliarvollstreckung ein Befriedigungsrecht dar und ist grds nicht pfändbar. Nach § 857 II ist aber der Anspruch des Schuldners auf Auskehrung des Übererlöses ab dem Zuschlag pfändbar (St/J/*Brehm* § 829 Rn 2).

9 **Keine Geldforderung** stellt die Geldstück- oder Geldsortenschuld dar, bei der eine bestimmte Münze oder eine Anzahl von Geldsorten geschuldet ist und nach den §§ 883, 884 vollstreckt wird (Schuschke/Walker/*Schuschke* § 829 Rn 5). Der Anspruch auf Befreiung von einer Verbindlichkeit ist nicht als Geldforderung, sondern nach § 887 zu vollstrecken (BGHZ 25, 1, 7).

10 **II. Nicht fällige oder bedingte Forderungen.** Pfändbar sind auch noch **nicht fällige, bedingte** (BGH NJW 70, 241, 242) oder von einer Zeitbestimmung abhängige Forderungen. Aufschiebend bedingte Forderungen werden zwar erst mit Bedingungseintritt wirksam, doch entstehen Verstrickung und Pfandrecht bereits mit der Pfändung. Gleichgültig ist, ob ein Zurückbehaltungsrecht besteht oder die Forderung von einer Gegenleistung abhängt. Pfändbar sind auch Forderungen, deren Bestand von einem Gestaltungsrecht des Berechtigten abhängen (Hk-ZV/*Bendtsen* § 829 Rn 13). Gepfändet werden können auch unvollkommene Verbindlichkeiten, die zwar freiwillig erfüllt, aber nicht gegen den Willen des Schuldners durchgesetzt werden können. Der Drittschuldner darf dann nicht mehr an den Schuldner leisten, doch kann die Zahlung nicht im Einziehungsprozess realisiert werden (Stöber Rn 36). Für Kulanzleistungen gilt Entsprechendes, doch können sie auch durchgesetzt werden, wenn ein selbständiger Schuldgrund geschaffen ist.

11 **III. Künftige Forderungen. Künftige Forderungen** können grds gepfändet werden. Gesetzlich erstreckt § 832 eine ausgebrachte Pfändung auf künftig fällig werdende Forderungen, falls bereits eine einheitliche Rechtsbeziehung mit der gepfändeten Forderung existiert. Die künftige Forderung muss in diesem Fall nicht ausdrücklich bezeichnet werden (§ 832 Rz 1). Im Übrigen kann bei einer hinreichenden Konkretisierung die künftige Forderung nach § 829 gepfändet werden (zur Anwartschaft § 857 Rz 28). Die künftige Forderung ist genügend bestimmbar, wenn schon eine Rechtsbeziehung zwischen Schuldner und Drittschuldner besteht, aus der die künftige Forderung nach ihrem Inhalt und der Person des Drittschuldners bestimmt werden kann (BGH NJW 70, 241, 242; 01, 1937, 1938; NJW-RR 89, 286, 290). Es spielt keine Rolle, wenn noch unsicher ist, ob die Forderung und ggf in welcher Höhe sie entsteht (Musielak/*Becker* § 829 Rn 6). Die Bestimmbarkeit ist jedoch enger als bei einer materiellrechtlichen Übertragung durch Abtretung auszulegen (MüKoZPO/*Smid* § 829 Rn 13; aA Wieczorek/Schütze/*Lüke* § 829 Rn 15). Deswegen genügt es nicht schon wie bei der Abtretung, wenn die künftige Entstehung der Forderung als denkbar erscheint (Stöber Rn 28). Wirksam wird die Pfändung mit Entstehen der Forderung, dh erst dann wird ein Pfändungspfandrecht begründet. Vergütungsansprüche entstehen danach mit Erbringung der Dienstleistung (BGH NJW-RR 08, 1441 Tz 10, 13). Bereits der zugestellte Pfändungsbeschluss wirkt jedoch rangwah-

rend und das mit der Forderung entstehende Pfändungspfandrecht kann nicht durch Zwischenverfügungen beeinträchtigt werden (Wieczorek/Schütze/*Lüke* § 829 Rn 11). Bei mehrfach gepfändeten künftigen Forderungen entstehen die Pfandrechte deswegen gleichzeitig, aber mit unterschiedlichem Rang.

Im Einzelnen als künftige Forderungen pfändbar ist der **Abfindungsanspruch** des Gesellschafters bzw sein Anspruch auf das Auseinandersetzungsguthaben bei Ausscheiden (BGH NJW 89, 458), der Anspruch auf Auszahlung eines zugesagten Darlehens, dh eines **Dispositionskredits**, mit dessen Abruf einschließlich der unter Vorbehalt in das Kontokorrent eingestellten Zahlungen (BGH NJW 08, 1535 Tz 3, mit Anm *Ahrens* KTS 09, 91 ff). Noch kein pfändbarer Anspruch besteht nach der Rspr des BGH bei einer bloß geduldeten Kontoüberziehung (BGHZ 93, 315, 325; 170, 276 Tz 14). Ansprüche aus künftigen **Kaufverträgen** sind pfändbar, wenn ein Rahmenvertrag besteht (Wieczorek/Schütze/*Lüke* § 829 Rn 13). Im **Kontokorrentverhältnis** können über das Tagesguthaben (BGH NJW 82, 2192) hinaus auch künftige Salden (BGH NJW 97, 1857) und Ansprüche auf Durchführung von Überweisungen (BGH NJW 85, 1219, 1220), nicht aber einzelne in das Kontokorrent eingestellte Forderungen gepfändet werden. Pfändbar ist der **Kostenerstattungsanspruch** ab Klageeinreichung (Schuschke/Walker/*Schuschke* § 829 Rn 2). Künftige Forderungen auf **Miete**, Pacht und Erbbauzinsen sind pfändbar, Ansprüche aus **Nichterfüllung** oder aufgrund der Ausübung eines mitgepfändeten Gestaltungsrechts sind mit beschlagnahmt (St/J/*Brehm* § 829 Rn 6). **Provisionsansprüche** aus noch nicht geschlossenen Geschäften (RGZ 138, 252, 253) und Ansprüche auf **Rückübertragung von Sicherheiten** können gepfändet werden. Zukünftig entstehende oder fällig werdende laufende Geldansprüche gegen einen Träger der **Sozialversicherung** sind pfändbar, sofern die Ansprüche in einem bereits bestehenden Sozialversicherungsverhältnis wurzeln. Dies gilt in der gesetzlichen Rentenversicherung (BGH NJW 03, 1457, 1458 f, bei einem 47jährigen Schuldner, bei jungen Schuldnern kann das Rechtsschutzbedürfnis für eine Pfändung fehlen; LG Kleve ZInsO 2008, 755; außerdem B/L/Hartmann § 829 Rn 4) und für Renten wegen verminderter Erwerbsfähigkeit (BGH NJW 03, 3774, 3775). 12

Bloße Erwartungen oder Aussichten sind nicht pfändbar. Die **Verdachtspfändung** erhoffter Rechte ist ausgeschlossen (Stöber Rn 28). Künftiger Lohn kann bei einem bestehenden Umschulungsverhältnis nicht gepfändet werden (LG Kleve MDR 70, 770). Bloße vorvertragliche Beziehungen reichen für die Pfändbarkeit nicht aus, soweit noch die Möglichkeit besteht, mit einer anderen Person zu kontrahieren (MüKoZPO/*Smid* § 829 Rn 14). Der Anspruch auf Insolvenzgeld ist nicht pfändbar, bevor die Insolvenz des Arbeitgebers eingetreten ist (LG Würzburg Rpfleger 78, 388). Ergeht ein Pfändungsbeschluss über ein bloß erhofftes Recht, soll dieser nicht nichtig, sondern nach § 766 anfechtbar sein (St/J/*Brehm* § 829 Rn 8). Entsteht die Forderung, soll der Fehler geheilt werden. Die Pfändung einer inexistenten Forderung führt jedoch zur Nichtigkeit des Beschlusses. 13

Zum **Umfang** der Pfändung künftiger Forderungen vgl Rz 75. 14

C. Zugehörigkeit zum Schuldnervermögen. I. Grundlagen. Der Gläubiger kann grds nur in das **Vermögen des Schuldners** vollstrecken. Eine Forderung, in die der Gläubiger vollstreckt, muss deswegen zum Schuldnervermögen gehören. Besteht im Zeitpunkt der Pfändung kein Anspruch des Schuldners gegen den Drittschuldner, ist die Pfändung nichtig (BGH NJW 02, 755, 757). Sie ist auch nichtig, wenn die Forderung vor Zustellung des Pfändungs- und Überweisungsbeschlusses zur Sicherung abgetreten wurde (München JurBüro 10, 160). Während bei der Zwangsvollstreckung in Mobilien mit dem Gewahrsam ein äußerlich wahrnehmbarer Tatbestand existiert und darauf gestützt die Zugehörigkeit zum Schuldnervermögen vermutet wird, fehlen bei einer zu vollstreckenden Forderung vergleichbare Anhaltspunkte (Brox/Walker Rn 510). 15

Bei der Forderungsvollstreckung wird deswegen die **angebliche Forderung** des Schuldners gepfändet. Ob eine zu pfändende Forderung besteht, wird im Zwangsvollstreckungsverfahren nur in engem Maße überprüft (BGH NJW-RR 08, 733 Tz 9). Erforderlich, aber auch regelmäßig ausreichend ist, wenn der Gläubiger behauptet, der Schuldner sei Inhaber dieser Forderung (Schuschke/Walker/*Schuschke* § 829 Rn 13; s.u. Rz 33). Wird eine nicht bestehende Forderung gepfändet, ist die Pfändung nichtig (BGH NJW 02, 755, 757). 16

II. Mehrheit von Berechtigten. Richtet sich der Titel nur gegen den Schuldner, ist die Vollstreckung in eine Forderung, die neben dem Schuldner auch anderen Gläubigern zusteht, grds unzulässig. Bei einer Gesamthandsforderung ist nur die Gesamthand forderungsberechtigt. Gläubiger des Mitglieds einer **Gesamthand** (GbR, Erbengemeinschaft), können nicht in diese Forderungen vollstrecken. Auch die Forderung, die mehreren Personen in einer **Bruchteilsgemeinschaft** zusteht, kann nicht mit einem allein gegen 17 ein Gemeinschaftsmitglied gerichteten Titel gepfändet werden (Stöber Rn 62). Dies gilt etwa für den Inhaber eines Und-Kontos.

18 Bei einer **Gesamtgläubigerschaft** kann jeder Gläubiger die Leistung an sich verlangen, § 428. Die Pfändung ist deswegen wirksam. Dies gilt etwa bei der Pfändung eines Oder-Kontos, wenn der Schuldner als Kontoinhaber Auszahlung an sich in voller Höhe verlangen kann (BGH NJW 85, 1218). Auch bei einer Teilgläubigerschaft steht dem Vollstreckungsschuldner ein eigenes Forderungsrecht zu, in das der Titelgläubiger vollstrecken kann (Brox/Walker Rn 512).

19 **III. Treuhand.** Sowohl bei einer eigennützigen als auch bei einer fremdnützigen Treuhand können die **Gläubiger des Treugebers** die Forderung nicht pfänden. Wirtschaftlich steht sie zwar dem Treugeber, rechtlich aber dem Treuhänder zu (BGHZ 11, 37, 41 f). Ein Titel gegen den Treuhänder muss nicht vorliegen, wenn nicht das Treugut, sondern ein Anspruch des Treugebers gegen den Treuhänder aus dem Treuhandverhältnis gepfändet wird. Von den Gläubigern des Treugebers kann deswegen ein Rückübertragungsanspruch nach § 857 gepfändet werden (BGHZ 11, 37, 43; BGH NJW 10, 2346 Tz 10). Hat der Treuhänder Forderungen des Schuldners eingezogen, können dessen Ansprüche aus den §§ 667, 675 BGB gepfändet werden (St/J/*Brehm* § 829 Rn 19). **Gläubiger des Treuhänders** können die Forderung pfänden, doch kann dann der Treugeber regelmäßig die Widerspruchsklage gem § 771 erheben (Wieczorek/Schütze/*Lüke* § 829 Rn 20).

20 **Anderkonten** stellen offene Treuhandkonten dar, für deren Pfändung die zuvor dargestellten Grundsätze gelten (Stöber Rn 405). Gleiches gilt für verdeckte Fremdkonten. Sonderkonten weisen neben dem Namen des Verwaltenden auch den des Begünstigten auf. Hier ist aufgrund der näheren Umstände bei der Kontoerrichtung zu bestimmen, wer Kontoinhaber ist (BGH NJW 56, 1593).

21 **IV. Sonstiges.** Auch **Forderungen des Schuldners gegen den Gläubiger** können grds gepfändet werden. Dies gilt jedenfalls, sofern eine Aufrechnung materiell- oder verfahrensrechtlich ausgeschlossen ist. Auch darüber hinaus wird eine Pfändung wegen der größeren Klarheit und Rechtssicherheit zuzulassen sein (Köln NJW-RR 89, 190, 191).

22 Gläubigereigene Forderungen, die etwa der Schuldner zur Sicherheit an den Gläubiger abgetreten hat, können ebenfalls gepfändet werden. Ein Rechtsschutzbedürfnis ist wegen der Rechte des Gläubigers aus den §§ 836, 840 zu bejahen, weil der Gläubiger etwa Herausgabe der Schuldurkunden verlangen kann, ohne eine Herausgabeklage anstrengen zu müssen, obwohl der Gläubiger zunächst kein Pfandrecht erwirbt (Musielak/Becker § 829 Rn 6; ThoPu/*Hüßtege* § 829 Rn 11; Brox/Walker Rn 514; aA G/S/B-E § 54 Rn 7; Baur/Stürner/Bruns § 30.5; offengelassen von BGH NJW 07, 2560, 2561).

23 **D. Unpfändbarkeit.** Die zu pfändende Forderung darf keinem **Pfändungsverbot** oder keiner **Pfändungsbeschränkung** unterliegen (§ 76 S 1 EStG zum steuerrechtlichen Kindergeld, § 54 III SGB I insb zum Erziehungs- und Mutterschaftsgeld, § 54 V DGB I zum sozialrechtlichen Kindergeld). Ein Verstoß gegen ein Pfändungsverbot führt nicht zur Nichtigkeit des Pfändungsbeschlusses, sondern nur zur Anfechtbarkeit. Der Beschl ist bis zur Aufhebung auf ein Rechtsmittel vom Schuldner und vom Drittschuldner zu beachten (BGH NJW-RR 09, 211 Tz 7).

24 Nach den Regeln des **Völkerrechts** darf auch bei Zwangsvollstreckungsmaßnahmen gegen einen fremden Staat nicht auf die seiner diplomatischen Vertretung zur Wahrnehmung ihrer amtlichen Funktion dienenden Forderungen zugegriffen werden, sofern dadurch die Erfüllung der diplomatischen Tätigkeit beeinträchtigt werden könnte (BGH NJW-RR 06, 425, 426; 07, 1498).

25 Da die Konsequenzen einer gepfändeten und überwiesenen Forderung in vieler Hinsicht einer Übertragung durch Abtretung entsprechen, ist eine Forderung nach **§ 851 I** regelmäßig nur insoweit pfändbar, wie sie abgetreten werden kann. Dahinter steht der allerdings nicht bis in die letzte Konsequenz umgesetzte Grundgedanke eines Gleichlaufs von Pfändbarkeit und Abtretbarkeit (§ 851 Rz 1 f). Eine wesentliche Einschränkung erfährt diese Leitvorstellung durch § 851 II. Damit Schuldner und Drittschuldner nicht über die Vollstreckung disponieren können, wirken sich danach vertragliche Abtretungsverbote nicht auf die Pfändbarkeit aus (§ 851 Rz 18 ff).

26 Für die Pfändung laufender **Arbeitseinkommen** und wichtiger gleichgestellter Einkünfte stellen die §§ 850 ff substanzielle Pfändungsverbote und -beschränkungen auf. Ihr primäres Ziel besteht darin, das Existenzminimum des Schuldners und seiner Familie zu sichern. Darüber hinaus wird etwa auch ein Interessenausgleich zwischen Schuldner und Gläubiger gewährleistet und das öffentliche Interesse vor einer Inanspruchnahme der Sozialsysteme geschützt.

Ansprüche auf **Erstattung von Steuern**, Haftungsbeträgen, steuerlichen Nebenleistungen sowie auf Steuervergütungen können nach § 46 VI AO nicht beim Finanzamt – anders beim Arbeitgeber – gepfändet werden, bevor sie entstanden sind. Als Ziel soll die Finanzverwaltung geschützt werden. Verboten ist lediglich, einen Pfändungs- und Überweisungsbeschluss vor der Anspruchsentstehung zu erlassen (St/J/*Brehm* § 829 Rn 9). Der Beschl darf bereits zuvor vorbereitet, dh vom Gläubiger beantragt und vom Rechtspfleger unterzeichnet, aber noch nicht zum Zwecke der Beförderung der Poststelle übergeben werden (BFH NJW 91, 1975 f). 27

E. Pfändungsverfahren. I. Pfändungsantrag. Die Pfändung einer Geldforderung erfolgt durch einen Beschl des Vollstreckungsgerichts, der die allgemeinen Voraussetzungen der Zwangsvollstreckung (Titel, Klausel, Zustellung) verlangt und nur auf **Antrag** des Gläubigers ergehen darf. Der Antrag stellt eine Prozesshandlung des Gläubigers dar und unterliegt den dafür geltenden Regeln. Der Gläubiger ist **postulationsfähig** und muss sich nicht durch einen Anwalt vertreten lassen. Vertretungsberechtigt sind nach § 79 II Nr 4 auch Inkassodienstleister. 28

Für den Antrag besteht derzeit noch **kein Formzwang** (MüKoZPO/*Smid* § 829 Rn 16). Er kann nach § 496 mündlich zu Protokoll der Geschäftsstelle gestellt oder schriftlich eingereicht werden. Ein schriftlicher Antrag muss nicht unterschrieben sein (Wieczorek/Schütze/*Lüke* § 829 Rn 43; aA LG Ingolstadt JurBüro 95, 51; Stöber Rn 469), denn die Anforderungen an bestimmende Schriftsätze aus § 130 Nr 6 gelten nicht. Es genügt, wenn aus den Umständen ersichtlich wird, dass ein ernsthafter Antrag gestellt ist. Bei Zweifeln an der Ernstlichkeit muss das Vollstreckungsgericht gem § 139 nachfragen. Es können die in der Praxis eingeführten Formulare, etwa aus dem Internet, genutzt werden (Musielak/*Becker* § 829 Rn 2). Eine Verpflichtung zur Verwendung amtlicher Vordrucke besteht noch nicht, obwohl **Abs 4** eine Verordnungsermächtigung enthält, um solche Formulare einführen zu können (zum Vorhaben des BMJ, Formulare einzuführen *Jäger* ZVI 10, 121; *Strunk* ZVI 10, 128). 29

Mit dem Antrag sind die für den Nachweis der Vollstreckungsvoraussetzungen erforderlichen **Urkunden** einzureichen. Ein Inkassounternehmen muss als Nichtanwalt seine Vertretungsberechtigung durch Vorlage einer Originalvollmacht nachweisen (AG Hannover NJW 10, 3313). Der Gläubiger muss den Vollstreckungstitel mit Klausel in Urschrift vorlegen, §§ 724 ff, 795 ff (Köln NJW-RR 00, 1580). Auch die Zustellungsurkunde, § 750, ist beizufügen. Die Hinterlegung einer Sicherheitsleistung und andere besondere Zwangsvollstreckungsvoraussetzungen sind nachzuweisen, §§ 709, 711, 751, 765, 798f, 882a. 30

Der **notwendige Inhalt** des ggf auf Hinweis des Vollstreckungsgerichts ergänzten Antrags wird durch die zum Erlass eines Pfändungsbeschlusses erforderlichen Angaben bestimmt (Rz 46 ff). Die Daten müssen so genau sein, dass sie aus dem Antrag in den Pfändungsbeschluss übernommen werden können. Zu benennen sind Schuldner und Gläubiger. Die Vollstreckungsforderung muss nach Hauptsache, Zinsen, Prozess- und Vollstreckungskosten zumindest bestimmbar dargestellt sein, sonst kann das Vollstreckungsgericht eine mit zumutbarem Aufwand prüffähige Forderungsaufstellung verlangen (BGH NJW-RR 03, 1437). Ausreichend ist eine dem Antrag beigefügte Aufstellung der Teilbeträge nach Hauptforderung, Zinsen und Kosten (BGH JurBüro 10, 606). Soweit die Kosten nicht tituliert sind, müssen sie glaubhaft gemacht werden (St/J/*Brehm* § 829 Rn 79). Außerdem ist die zu pfändende Forderung des Schuldners sowie der Drittschuldner anzugeben (Zö/*Stöber* § 829 Rn 3). Verlangt der Gläubiger nur eine Rest- oder Teilzahlung, muss eine spezifizierte Abrechnung vorliegen (LG Aurich DGVZ 04, 15; aA LG Hanau DGVZ 93, 112, 113; Schuschke/Walker/*Schuschke* § 829 Rn 31). Der Antrag wird meist mit dem **Überweisungsantrag** gem § 835 verbunden. Beantragt werden kann auch die Herausgabe der Urkunden nach § 836 III 3. Zulässig ist außerdem das Begehren, den Drittschuldner mit Zustellung des Pfändungsbeschlusses zur Abgabe der Drittschuldnererklärung nach § 840 aufzufordern. 31

II. Zuständigkeit. Der Gläubiger muss beim örtlich zuständigen **Vollstreckungsgericht**, § 828, die Pfändung des Herausgabe- oder Eigentumsübertragungsanspruchs beantragen (§ 828 Rz 7 f). Der Pfändungsbeschluss ist durch den funktionell zuständigen Rechtspfleger zu erlassen, § 20 Nr 17 RPflG (§ 828 Rz 3). Diese Zuständigkeit des Vollstreckungsgerichts besteht selbst dann, wenn ein Erkenntnisverfahren über die zu pfändende Forderung vor den Arbeits- oder Verwaltungsgerichten zu führen wäre. 32

III. Prüfung des Gesuchs. 1. Entscheidungsgrundlagen. Das Gericht entscheidet auf Grundlage der Behauptungen des Gläubigers, denn im formalisierten Vollstreckungsverfahren werden die **Angaben des Gläubigers** grds als zutr unterstellt. Der Tatsachenvortrag des Gläubigers muss deswegen auch nicht glaubhaft gemacht oder bewiesen werden. Infolge der Aufgabenverteilung zwischen Erkenntnis- und Vollstre- 33 ckungsverfahren entscheidet das Vollstreckungsgericht nicht, ob die Forderung des Schuldners besteht. Dies bleibt dem Einziehungsprozess vorbehalten. Das Vollstreckungsgericht prüft nur, ob die Forderung nach dem Sachvortrag des Gläubigers dem Schuldner gegen den Drittschuldner zustehen kann und ob sie nicht unpfändbar ist (BGH NJW-RR 03, 1650). Zu den Konsequenzen bei einer Anhörung Rz 38. Eine Pfändung muss erfolgen, wenn dem Schuldner die Forderung nach irgendeiner vertretbaren Rechtsansicht zustehen kann (BGH NJW-RR 08, 733 Tz 9).

34 Da der zu pfändende Anspruch nicht begründet, sondern lediglich bezeichnet wird, darf der Rechtspfleger den Antrag nur **ausnahmsweise ablehnen**, wenn dem Schuldner der Anspruch aus tatsächlichen oder rechtlichen Gründen offenbar nicht zustehen kann oder ersichtlich unpfändbar ist (BGH NJW 04, 2096, 2097; NJW-RR 08, 733 Tz 9). Eine künftige Forderung darf nicht gepfändet werden, wenn deren Entstehung auszuschließen ist (LG Berlin Rpfleger 97, 267).

35 Erforderlich sind **schlüssige Ausführungen** (vgl BGH NJW 04, 2096, 2097; B/L/Hartmann § 829 Rn 20). Unsubstantiierte Behauptungen, wie sie in Formularanträgen vorliegen können, genügen nicht. Bloße Vermutungen oder **Angaben ins Blaue hinein** enthalten keinen ausreichenden Sachvortrag. Trägt der Gläubiger nur unsubstantiierte Behauptungen und Vermutungen vor, für die nachvollziehbare Anhaltspunkte fehlen, ist der Antrag zu verwerfen. Ein solches Pfändungsgesuch kann rechtsmissbräuchlich sein. Verdachts- bzw Ausforschungspfändungen sind unzulässig. Zulässig ist bei einem nicht gewerblich tätigen Schuldner das Gesuch, die Ansprüche aus bis zu drei örtlichen Bankverbindungen zu pfänden (BGH NJW 04, 2096, 2097). Eine unzulässige Ausforschungspfändung liegt bei dem Antrag vor, die Kontokorrentforderungen aus Giroverträgen mit 264 örtlichen Kreditinstituten zu pfänden (München ZIP 90, 1128).

36 **2. Verhandlung.** Die Entscheidung des Vollstreckungsgerichts ergeht regelmäßig aufgrund **freigestellter mündlicher Verhandlung**, § 764 III iVm § 128 IV.

37 **3. Anhörung.** Vor der Entscheidung ist der Drittschuldner nie und der Schuldner gem § 834 grds nicht zu hören. Das **Anhörungsverbot** für den Schuldner ist jedoch bei Pfändungen nach den §§ 850d, 850f II verfassungskonform einzuschränken (§ 834 Rz 3). Außerdem ist er bei einer Billigkeitsentscheidung gem den § 850b III und § 54 II SGB I zu hören, ebenso in den von einem Schuldnerantrag abhängigen Verfahren nach den §§ 850f I, 850i, 850k.

38 Wird der Schuldner angehört, sind die Konsequenzen für die **Darlegungsanforderungen** des Gläubigers zu differenzieren. Eine Anhörung iRd §§ 850d, 850f II dient dazu, das Existenzminimum des Schuldners und seiner Familie zu gewährleisten und soll die für diese Feststellung erforderlichen Angaben erbringen. Sie zielt nicht darauf ab, die Plausibilitätserfordernisse hinsichtlich der zu pfändenden Forderung zu erhöhen. Allenfalls kann sich bei der Anhörung ergeben, dass die Forderung dem Schuldner nicht zustehen kann.

39 Im Unterschied dazu trägt der Gläubiger bei einer Billigkeitsentscheidung nach § 850b II die volle **Darlegungs- und Beweislast** (BGH NJW 04, 2450; § 850b Rz 27). Andererseits muss der Schuldner bei einem Antrag nach § 850i darlegen und beweisen, welche Mittel er für die Sicherung des notwendigen Unterhaltsbedarfs benötigt (BGH NJW 08, 227, 229; § 850i Rz 25). Ebenso trägt er die Darlegungs- und Beweislast für die wiederkehrenden Einkünfte iSv § 850k sowie die Umstände, aus denen sich die Unpfändbarkeit des Einkommens ergibt (§ 850k Rz 16).

40 **IV. Pfändungsbeschluss. 1. Entscheidung des Vollstreckungsgerichts.** Die Entscheidung des Vollstreckungsgerichts ergeht durch Beschl. Der Antrag auf Erlass eines Pfändungsbeschlusses wird **zurückgewiesen**, wenn die allgemeinen Verfahrens- oder die Vollstreckungsvoraussetzungen fehlen. Das Rechtsschutzbedürfnis besteht nicht, wenn nach dem Vorbringen des Gläubigers die zu pfändende Forderung dem Schuldner nicht zusteht oder sie unpfändbar ist (BGH NJW 04, 2096, 2097). Als rechtsmissbräuchlich wird der Antrag verworfen, wenn er auf eine Ausforschung gerichtet ist (Rz 35).

41 Die Pfändung erfolgt durch den **Pfändungsbeschluss**, der gewöhnlich zusammen mit dem Überweisungsbeschluss erlassen wird. Um den Rang zu sichern, ist der Pfändungsbeschluss auch zu erlassen, wenn derzeit keine nach § 850c pfändbaren Ansprüche auf Einkünfte bestehen (Wieczorek/Schütze/*Lüke* § 829 Rn 50). Entsprechendes gilt in den Verfahren nach den §§ 850d, 850f II, 850h ff.

42 Regelmäßig kann der Beschl formularmäßig erfolgen und ist grds **nicht** zu **begründen**. Gründe sind aber insb erforderlich, wenn über eine streitige Rechtsfrage zu entscheiden ist, bei einer Entscheidung, die auf einer Interessenabwägung beruht (LG Düsseldorf Rpfleger 83, 255; *Schuschke*/Walker § 829 Rn 36), und allgemein nach einer Anhörung (ThoPu/*Hüßtege* § 829 Rn 19). Der Pfändungsbeschluss muss durch den Rechtspfleger unterschrieben sein, sonst ist er unwirksam (BGH NJW 98, 609). Die Unterschrift dient neben der Selbstkontrolle des entscheidenden Organs dazu, nach außen erkennbar zu machen, dass die unterschriebene Fassung den Willen bei der Beschlussfassung zutr wiedergibt. Beigefügte Anlagen müssen nicht unterzeichnet sein, wenn der unterschriebene Beschl ausreichend deutlich auf bestimmte Anlagen verweist und diese Anlagen nachgeheftet sind (BGH NJW-RR 08, 1164 Tz 12 f).

2. Inhalt. Der Pfändungsbeschluss muss das Vollstreckungsgericht, das Datum, zu dem der Beschl erlassen ist, sowie das Aktenzeichen nennen. **Schuldner** und **Gläubiger** sowie ihre Vertreter müssen identifizierbar bezeichnet werden. Abzustellen ist auf die Umstände des Einzelfalls. Eine unzutreffende Adressenangabe kann eine Identifikation des Schuldners verhindern (Stuttg NJW-RR 94, 1023). Über den Gläubiger sind so genaue Angaben erforderlich, dass ihm ein ablehnender Beschl zugestellt werden kann. Trotz unrichtiger und ungenauer Parteibezeichnung ist grds die Person als Partei anzusprechen, die erkennbar durch die Parteibezeichnung betroffen wird. Sogar die Angabe eines falschen Gläubigers ist unschädlich, wenn die Identität der Forderung nicht infrage gestellt ist (BGH NJW 67, 821, 822). 43

Wer **Drittschuldner** ist, muss nach materiellem Recht bestimmt werden. Der Drittschuldner muss so eindeutig benannt werden, dass alle Beteiligten erkennen können, ob und welche Forderungen gepfändet sind (zur Auslegung Rz 47). Eine unrichtige Drittschuldnerbezeichnung im Pfändungsbeschluss ist unschädlich, wenn der objektive Wortlaut des Beschlusses die Person des Schuldners und die Art der gepfändeten Forderung zweifelsfrei bezeichnet (BAG AP Nr 7 zu § 850). Im Einzelfall kann eine Geschäfts- oder Betriebsbezeichnung ohne Angabe des Inhabers bzw der Rechtsform genügen (LG München II Rpfleger 06, 664). Bei einer Kontopfändung ist die kontoführende Stelle, dh das Unternehmen mit seinem Hauptsitz anzugeben (Stöber Rn 156b). Die Zustellung kann auch in einer Zweigniederlassung erfolgen (Wieczorek/Schütze/*Lüke* § 829 Rn 55). Wird ein Finanzamt in einer Stadt mit mehreren Finanzämtern angegeben, ist das Finanzamt gemeint, in dessen Bezirk der Schuldner seinen Wohnsitz oder seine Niederlassung hat (St/J/*Brehm* § 829 Rn 46). 44

Anzugeben ist der zumindest eindeutig bestimmbare **Betrag** des zu vollstreckenden Anspruchs nach Hauptsache, Zinsen, Prozess- und bisherigen Vollstreckungskosten sowie den Kosten des Pfändungsbeschlusses. Bei wiederkehrenden Leistungen muss der Zeitraum genannt werden, für den sie geltend gemacht werden. Außerdem muss der **Titel** mit Aktenzeichen bzw Nummer der Urkundenrolle bezeichnet werden. Eine fehlende oder falsche Bezeichnung im Pfändungsbeschluss ist unschädlich, soweit eine Verwechslung oder doppelte Inanspruchnahme auszuschließen ist (Köln NJW-RR 89, 190, 191; weiter Zö/*Stöber* § 829 Rn 7). 45

3. Bestimmtheit der zu pfändenden Forderung. Der Beschl muss die zu pfändende Forderung bzw den zu pfändenden Anspruch und den Rechtsgrund so genau bezeichnen, dass der Gegenstand der Zwangsvollstreckung **zweifelsfrei bestimmbar** ist (stRspr BGH NJW 83, 886; 85, 1031 f; JurBüro10, 440, 441). Kleinere Ungenauigkeiten sind unschädlich, wenn sie keinen Zweifel begründen, welche Forderung gemeint ist (BGH NJW 80, 584; 88, 2543, 2544). Wird die gepfändete Forderung nicht hinreichend bestimmt bezeichnet, ist der Pfändungsbeschluss unwirksam (BGH NJW 07, 3132 Tz 15). Der Beschl muss zunächst für die unmittelbar Beteiligten, also Pfändungsgläubiger, Schuldner, Drittschuldner, hinreichend deutlich sein. Im Interesse des Rechtsverkehrs genügt dies jedoch nicht, weswegen er auch **für Dritte**, wie weitere Gläubiger des Schuldners, den Pfändungsgegenstand zweifelsfrei bezeichnen muss. 46

Eine **Auslegung** ist zulässig, doch ist der Beschl nur begrenzt nach objektiven Gesichtspunkten auslegungsfähig. Dafür dürfen nur die offenkundigen und die im Beschl angegebenen Umstände berücksichtigt werden (BGH NJW 88, 2543, 2544; 10, 2137 Tz 11). Umstände außerhalb des eigentlichen Beschlusses dürfen nicht zur Auslegung herangezogen werden, weil darin eine unzulässige Ergänzung des unvollständigen und deshalb unwirksamen Pfändungsakts zu sehen ist. Es reicht deshalb nicht, wenn sich der Inhalt des Beschlusses erst aus den Verfahrensakten oder Urkunden ergibt, die nicht Bestandteil des Beschlusses sind. Etwas Anderes gilt nur, wenn das Prozessgericht als zuständiges Vollstreckungsorgan über einen von ihm selbst erlassenen Titel befindet (BGH NJW 10, 2137 Tz 11). Vom Rechtspfleger an den Beschl angeheftete Anlagen stellen aufgrund der körperlichen Verbindung Bestandteile des Beschlusses dar, die zur Auslegung herangezogen werden können (BGH NJW-RR 08, 1164 Tz 7 ff). 47

Der **Rechtsgrund**, auf dem die Forderung beruht, muss wenigstens in allgemeinen Umrissen angegeben werden, damit sie von anderen unterschieden werden kann (BGH NJW-RR 05, 1361, 1362). Dies gilt auch bei der Pfändung eines Herausgabeanspruchs (BGH NJW 07, 3132 Tz 16; aA Stöber Rn 2016). Allerdings dürfen keine übermäßigen Anforderungen gestellt werden, weil der Pfändungsgläubiger die Verhältnisse 48 des Schuldners idR nur oberflächlich kennt (BGH NJW 88, 2543, 2544). Es genügt die Bezeichnung aus neuem Werkvertrag (BGH NJW 80, 584) bzw als Arbeitsleistung gem erteilter Abrechnung (BGH NJW 86, 977, 978).

49 **Sammelbezeichnungen** erweisen sich als nichtssagend und zu unbestimmt. Im Interesse eines sicheren Rechtsverkehrs genügen sie regelmäßig nicht, weswegen insb die Angabe aus jedem Rechtsgrund unzureichend ist (BGH NJW 54, 881; NJW-RR 05, 1361, 1362). Ungenügend ist auch die Aneinanderreihung zahlreicher Rechtsgründe. Allerdings ist die Auflistung mehrerer möglicher Ansprüche grds zulässig (Musielak/*Becker* § 829 Rn 8). Im Grenzbereich liegen Entscheidungen, nach denen die Pfändung von Forderungen aus Lieferungen und Leistungen – Bohrarbeiten – (BGH NJW 83, 886) bzw von Steuererstattungsansprüchen für die Jahre 1980 und 1981 (BFH NJW 90, 2645, 2646) eine hinreichend bestimmte Angabe des Rechtsgrunds enthalten sollen.

50 In folgenden Fällen ist die **Bestimmtheit bejaht** worden: Es genügt, wenn in einer dem Beschl angehefteten **Anlage** die gepfändete Forderung bezeichnet ist und in der in dem Beschlussformular vorgesehenen Zeile für die Bezeichnung der gepfändeten Forderung darauf verwiesen wird (BGH NJW-RR 08, 1164 Tz 10). Ausreichend bestimmt ist die Pfändung aller im Zeitpunkt der Zustellung des Pfändungsbeschlusses vorhandenen **Guthaben** und Habensalden der Schuldnerin auf Konten der Drittschuldnerin (BGH NJW 88, 2543, 2544). Hinreichend bestimmt ist die Pfändung der Ansprüche aus bis zu drei örtlichen Bankverbindungen (BGH NJW 04, 2096, 2097). Es ist unschädlich, wenn beim schuldrechtlichen **Rückgewähranspruch** für eine Grundschuld lediglich die Angabe der Gemarkung fehlt (BGH NJW-RR 91, 1197, 1198). Ein dynamisierter Unterhaltstitel ist ausreichend (LG Kassel JurBüro 10, 156).

51 In folgenden Fällen ist die **Bestimmtheit verneint** worden: Ungenügend ist die Pfändung laufender Geldleistungen nach dem **AFG** gem § 54 I SGB I (BSG ZIP 82, 1124, 1126, auch die Angabe der Stammnummer genügt nicht), aus **Bankverbindung** (Frankf NJW 81, 468) bzw der Antrag, alle rechtlich denkbaren Ansprüche aus zulässiger und möglicher Geschäftsbeziehung mit einer Bank zu pfänden (Stöber Rn 485d). Nicht hinreichend bestimmt ist die Pfändung der Ansprüche des Schuldners gegen den Drittschuldner auf **Rückgabe** oder Rückübertragung aller Sicherheiten (LG Limburg NJW 86, 3148; LG Aachen JurBüro 91, 873; aA LG Bielefeld Rpfleger 87, 116), jedenfalls dann, wenn mehrere Forderungen durch unterschiedliche Rechte gesichert werden, respektive die Vollstreckung von **Transferleistungen** (BGH JurBüro 10, 440, 441).

52 **4. Zustellung (Abs 2 und 3). a) Gläubiger.** Gibt der Pfändungsbeschluss dem Gesuch statt, ist er dem antragstellenden Gläubiger gem § 329 II 1 formlos mitzuteilen. Wird das Pfändungsgesuch ganz oder tw abgelehnt, ist der Beschl dem Gläubiger nach § 329 III zuzustellen.

53 **b) Drittschuldner.** Mit der Zustellung des Pfändungsbeschlusses an den Drittschuldner wird die **Pfändung** nach Abs 3 **bewirkt**. Wird ihm der Pfändungsbeschluss nicht zugestellt, ist die Pfändung unwirksam. Die Zustellung an den Drittschuldner ist nach § 173 Nr 1 S 2 GVGA vor der Zustellung an den Schuldner durchzuführen, falls nicht der Auftraggeber eine abweichende Reihenfolge bestimmt. In die Zustellungsurkunde ist der Zustellungszeitpunkt mit Stunde und Minute aufzunehmen, § 173 Nr 1 S 3 GVGA. Dem Drittschuldner muss eine vollständige Ausfertigung des Pfändungsbeschlusses zugestellt werden (ArbG Stuttgart FamRZ 67, 689, 690). Zustellungsmängel können gem § 189 geheilt werden (BGH NJW 80 1754, 1755), doch kann dies nicht rückwirkend geschehen (Schuschke/Walker/*Schuschke* § 829 Rn 46).

54 Mit der Zustellung eines Pfändungsbeschlusses an einen **Gesamtschuldner** wird nur die gegen diesen gerichtete Forderung gepfändet (BGH NJW 98, 2904). Wird der Beschl mehreren Gesamtschuldnern zugestellt, ist die Wirksamkeit separat zu bestimmen. Steht auf der Drittschuldnerseite eine Gesamthandsgemeinschaft, muss nach der bisherigen Rspr des BGH der Pfändungsbeschluss jedem Gesamthandsschuldner zugestellt werden. Erst mit der letzten Zustellung wird die Pfändung in diesem Fall wirksam (BGH NJW 98, 2904). Bei einer im Außenverhältnis rechtsfähigen GbR kann die Zustellung an den geschäftsführenden Gesellschafter erfolgen (vgl BGH NJW 06, 2191; 07, 995, 996). Auch wenn der Gläubiger zugleich Drittschuldner ist, wird die Pfändung erst mit Zustellung an ihn wirksam (ThoPu/*Hüßtege* § 829 Rn 24).

55 Die Zustellung erfolgt nicht vAw, sondern nach Abs 2 S 1 im Parteibetrieb, dh auf **Betreiben des Gläubigers**. Die Zustellung erfolgt nach den §§ 191 ff. Der Gläubiger kann gem § 192 I den Gerichtsvollzieher direkt oder gem § 192 III unter Vermittlung der Geschäftsstelle des Vollstreckungsgerichts mit der Zustellung beauftragen. Um die Vermittlung muss eindeutig, nicht notwendig ausdrücklich, ersucht werden. Zulässig ist das Ersuchen bereits im Pfändungsantrag. Veranlasst der Gläubiger keine Zustellung unter Ver-

mittlung durch die Geschäftsstelle, wird ihm die Ausfertigung des Pfändungsbeschlusses formlos zugeleitet (St/J/*Brehm* § 829 Rn 55).

Die Zustellung wird gem § 191 grds nach den **allgemeinen Regeln** durchgeführt, doch kann gem § 194 der Gerichtsvollzieher die Post mit der Zustellung beauftragen. Die Zustellung muss an den Drittschuldner erfolgen und nicht, etwa bei einem Betriebsübergang, an einen Nachfolger (AG Stuttgart DGVZ 73, 61; Schuschke/Walker/*Schuschke* § 829 Rn 45). 56

Eine **Ersatzzustellung** ist deswegen grds zulässig (BAG NJW 09, 2324 Tz 15). Umstritten ist aber, ob eine Ersatzzustellung an den Schuldner nach § 178 II unwirksam ist. Wegen der Interessenkollisionen beim Schuldner und den Haftungsgefahren für den Drittschuldner darf keine Zustellung an den Schuldner erfolgen. Zudem wird der Drittschuldner bei einer Leistung in Unkenntnis der Pfändung befreit (BAG NJW 81, 1399; Celle DGVZ 03, 8; MüKoZPO/*Smid* § 829 Rn 37; aA Zö/*Stöber* § 829 Rn 14). 57

Eine **öffentliche Zustellung** gem § 185 ist nach dem Zweck von Abs 2 und 3 ausgeschlossen (MüKoZPO/*Smid* § 829 Rn 39; aA Zö/*Stöber* § 829 Rn 14). Gleiches gilt für die Bestellung eines Abwesenheitspflegers (Zweibr NJW-RR 1987, 584, 585). 58

c) **Schuldner.** Sofort nach der Zustellung an den Drittschuldner muss der Gerichtsvollzieher den Pfändungsbeschluss zusammen mit einer Abschrift der Zustellungsurkunde an den Schuldner zustellen. Ist der Schuldner angehört worden, muss wegen der ihm dann eröffneten Rechtsbehelfe die Zustellung vAw erfolgen (AG Regensburg DGVZ 08, 82, 83; St/J/*Brehm* § 829 Rn 59; aA Köln NJW-RR 92, 894 f; ThoPu/*Hüßtege* § 829 Rn 25). Die Zustellung an den Schuldner ist keine Wirksamkeitsvoraussetzung der Pfändung (BGH NJW 00, 730), sondern soll die Einhaltung des Verfügungsverbots gem Abs 1 S 2 sichern; anders bei § 857 II. Sie erfolgt durch den Gerichtsvollzieher ohne Antrag des Gläubigers. Im Unterschied zur Zustellung an den Drittschuldner erfolgt hier zwar eine Amtszustellung, doch ist sie erforderlich, weil kein rechtlich verankertes Interesse des Gläubigers an einer schleunigen Parteizustellung an den Schuldner besteht. Eine öffentliche Zustellung ist zulässig, Abs 2 S 2 Hs 2, erfordert aber einen besonderen Antrag (Wieczorek/Schütze/*Lüke* § 829 Rn 73). 59

d) **Auslandszustellung.** Hält sich der Schuldner im Ausland auf, ist eine Auslandszustellung nach den §§ 183 I, 184 gem § 829 II 3 entbehrlich. Die Zustellung erfolgt hier durch Aufgabe des Beschlusses zur Post. Diese Regelung ist jedoch nicht mit dem europäischen Diskriminierungsverbot aus den Art 12, 293 EGV zu vereinbaren (vgl EuGH NJW 94, 1271 f). Im europäischen Justizraum außer Dänemark ist daher der Pfändungsbeschluss dem Schuldner nach der Verordnung (EG) 1348/2000 (EuZVO), geändert durch die Verordnung (EG) 1393/2007 zuzustellen (vgl Rauscher/*Heiderhoff* Einl EG-ZustellVO Rn 23). 60

5. Mehrere Drittschuldner (Abs 1 S 3). Mehrere Forderungen gegen verschiedene Drittschuldner sollen auf Antrag des Gläubigers durch **einheitlichen Beschluss** gepfändet werden, soweit dies für die Zwecke der Vollstreckung geboten erscheint und nicht zu erwarten ist, dass schutzwürdige Interessen des Drittschuldners entgegenstehen, Abs 1 S 3. Wie die antragsabhängige Regelung zeigt, dient die Berechtigung, einen einheitlichen Beschl zu erlassen, in erster Linie den **Interessen des Gläubigers**. Zu denken ist etwa an eine Zusammenrechnung nach § 850e Nr 2 und 2a, etwa bei der Pfändung der Ansprüche auf Arbeitseinkommen und Lohnersatzleistungen oder einer Kontenpfändung. In Betracht kommen auch mehrere als Gesamtschuldner oder Gesamthänder haftende Drittschuldner (Musielak/*Becker* § 829 Rn 12). 61

Interessen der Vollstreckungsorgane, wie eine Arbeitserleichterung, werden nur reflexartig geschützt. Die **Sollvorschrift** stellt die Entscheidung ins pflichtgemäße Ermessen des Vollstreckungsgerichts (B/L/Hartmann § 829 Rn 19) und ermöglicht eine getrennte Entscheidung, etwa bei unterschiedlichen Pfändungsregeln (LG Berlin Rpfleger 93, 167, die Herleitung aus § 145 ist jedoch nicht mehr tragfähig). § 147 ist daneben unanwendbar, weil dadurch die differenzierte Regelung in § 829 I 3 unterlaufen werden könnte (aA KG Rpfleger 76, 327; LG Detmold Rpfleger 91, 427). Von Amts wegen ohne einen Gläubigerantrag ist das Vollstreckungsgericht nicht zu einer einheitlichen Entscheidung berechtigt. 62

Ein einheitlicher Beschl darf nicht ergehen, wenn angenommen werden kann, dass schutzwürdige **Interessen des Drittschuldners** entgegenstehen. Schutzwürdige Interessen können etwa bei einem Angehörigen eines verschwiegenheitspflichtigen Berufs bestehen (vgl Musielak/*Becker* § 829 Rn 12). Bei einer Pfändung muss er zwar die erforderlichen Daten über die Forderungshöhe bekannt geben (BGH NJW 05, 1505, 1506). Dies darf jedoch nicht dazu führen, dass andere Drittschuldner durch einen einheitlichen Beschl davon Kenntnis erlangen. Der Gläubiger muss möglicherweise entgegenstehende Interessen des Drittschuldners widerlegen. 63

64 **6. Anfechtbarkeit. a) Unwirksamkeit.** Eine nichtige Pfändung entfaltet keine Wirkungen. Die Pfändung ist unwirksam, wenn keine Zustellung an den Drittschuldner erfolgt ist (Rz 53) oder das an ihn gerichtete Verbot fehlt, keine Zahlungen an den Schuldner zu leisten (Rz 69). Besteht oder entsteht die Forderung oder das Recht gem § 857 nicht, geht die Pfändung ins Leere und ist wirkungslos (BGH NJW 02, 755, 757). Anders als bei der Pfändung schuldnerfremder beweglicher Sachen ist die Pfändung einer Forderung wirkungslos, die einer anderen Person als dem Schuldner zusteht (Schuschke/Walker/*Schuschke* § 829 Rn 49). Außerdem ist die Pfändung unwirksam, wenn die gepfändete Forderung nicht hinreichend bestimmt bezeichnet wird (BGH NJW 07, 3132 Tz 15).

65 **b) Fehlerhaftigkeit.** Ein lediglich fehlerhafter und damit anfechtbarer Pfändungsbeschluss ist bis zur Aufhebung aufgrund eines Rechtsmittels vom Schuldner und vom Drittschuldner zu beachten (BGH NJW-RR 09, 211 Tz 7). Ein lediglich fehlerhafter Pfändungsbeschluss liegt vor, wenn der Vollstreckungstitel nicht zugestellt ist (BGH NJW 76, 851, 852). Verstößt der Beschl gegen ein Pfändungsverbot oder eine -beschränkung, ist er anfechtbar (BGH NJW-RR 09, 211 Tz 7).

66 **c) Konsequenzen für den Einziehungsprozess.** Im Rechtsstreit des Gläubigers gegen den Drittschuldner hat das Prozessgericht grds die Existenz des Pfändungs- und Überweisungsbeschlusses hinzunehmen. Dies gilt dann nicht, wenn der Beschl nichtig, also von vornherein unwirksam ist (BAG NJW 09, 2324 Tz 9). Beruft sich der Drittschuldner ggü der Einziehungsklage des Gläubigers auf derartige Mängel des Pfändungs- und Überweisungsbeschlusses, so macht er die mangelnde Aktivlegitimation des Gläubigers geltend (BGH NJW 76, 851 f).

67 **F. Wirkungen. I. Grundlagen. 1. Beschlagnahme.** Mit der Pfändung wird die Beschlagnahme der Forderung bewirkt und ein Pfändungspfandrecht zugunsten des Gläubigers begründet (§ 804 Rz 1, 3; Zö/*Stöber* § 804 Rn 1). Die Pfändung berechtigt den Gläubiger noch nicht zur Verwertung. Dafür ist entweder eine Überweisung gem § 835 oder eine andere Anordnung nach § 844 erforderlich. Durch die Trennung von Pfändung und Verwertung können noch nicht verwertungsreife Forderungen gesichert werden.

68 Die **Beschlagnahme** oder Verstrickung beinhaltet einen hoheitlichen Zugriff auf die Forderung (krit Stamm S. 441 ff). Die Forderung wird damit für die weitere staatliche Verfügung zur Verwertung sichergestellt. Mit der Überweisung begründet sie die Legitimation für die Verwertung der Forderung. **Voraussetzung** ist eine wirksame Pfändung (zur Unwirksamkeit Rz 64). Gepfändet wird die angebliche Forderung des Schuldners. Wird eine künftige Forderung gepfändet, bleibt die Wirkung der Beschlagnahme aufgeschoben bis die Forderung entsteht (vgl BGH NJW-RR 08, 1441 Tz 10).

69 Die **Rechtsfolgen** der Verstrickung bestimmt § 829 I 1 und 2. Das Vollstreckungsgericht hat dem Drittschuldner zu verbieten, dem Schuldner auf seine Forderung zu zahlen, Abs 1 S 1 (**Arrestatorium**). Außerdem muss es dem Schuldner jede Verfügung über die Forderung und insb ihre Einziehung verbieten (**Inhibitorium**). Fehlt das an den Drittschuldner gerichtete Verbot, an den Schuldner zu zahlen, ist die Pfändung unwirksam. Unwesentlich ist dagegen das an den Schuldner gerichtete Verbot, sich der Verfügung zu enthalten, anders § 857 II (St/J/*Brehm* § 829 Rn 52).

70 **2. Pfändungspfandrecht.** Mit der öffentlich-rechtlichen Verstrickung entsteht das **Pfändungspfandrecht.** Außerdem muss eine Vollstreckungsforderung bestehen, denn bei der Pfändung einer künftigen Forderung wird ein Pfandrecht erst mit deren Entstehung begründet (BGH NJW 04, 1444; NJW-RR 08, 1441 Tz 10). Demzufolge wird ganz überwiegend von einer gemischt privat- und öffentlich-rechtlichen Rechtsnatur des Pfändungspfandrechts ausgegangen (§ 804 Rz 4 f; MüKoZPO/*Gruber* § 805 Rn 6; krit Stamm S. 376 ff).

71 Als **Wirkung** begründet das Pfandrecht ggü dem Vollstreckungsschuldner und den nachrangigen Gläubigern den Rechtsgrund für das Behaltendürfen des aus der Forderung Erlösten (Schuschke/Walker/*Schuschke* § 829 Rn 56). Nach § 804 III wird der für die Verteilung des Erlöses maßgebende Rang nach dem Prioritätsprinzip bestimmt, dh dem Zeitpunkt der Entstehung des Pfandrechts.

72 **II. Umfang der Pfändung. 1. Voll- und Teilpfändung, künftige Forderungen.** Das Pfandrecht erfasst die Forderung in ihrem tatsächlichen Bestand bei Zustellung des Pfändungsbeschlusses (St/J/*Brehm* § 829 Rn 72). Ergibt sich aus dem Pfändungsbeschluss keine ausdrückliche Einschränkung, wird die Forderung des Schuldners ggü dem Drittschuldner zugunsten des Gläubigers auch dann **in voller Höhe** gepfändet, wenn sich die titulierte Forderung auf einen geringeren Betrag beläuft (BGH NJW 75, 738; 86, 977, 978; 01, 2178, 2179). Obwohl § 803 I 2 eine Überpfändung untersagt, wird eine Vollpfändung auch dann zugelassen, wenn der Nennbetrag der gepfändeten Forderung höher als die titulierte Forderung ist. Begründet

wird dies mit den tatsächlichen und rechtlichen Unsicherheiten über den Bestand der Forderung (Zö/*Stöber* § 829 Rn 12). Schranken können sich aber aus einer unverhältnismäßigen Diskrepanz zwischen den Werten bei Bestehen einer anderen für den Gläubiger pfänd- und verwertbaren Forderung sowie zur Sicherung des Existenzminimums des Schuldners ergeben. Zum Rechtsbehelf bei Überpfändung Rz 101.

Eine Forderungspfändung in Höhe des Anspruchs des Gläubigers bedeutet regelmäßig eine **Teilpfändung** 73 (BGH NJW 75, 738). Es genügt die Formulierung wegen und bis zur Höhe der titulierten Forderung (Brox/Walker Rn 632).

Im **Einzelfall** wird die Reichweite der Pfändung wie folgt bestimmt: Die Pfändung des gesamten Arbeits- 74 einkommens erfasst die Schadensersatzansprüche wegen verfallener Vergütungsansprüche (BAG NJW 09, 2324, 2325; *Ahrens* NJW-Spezial 09, 21). Die Pfändung des **Regressanspruchs** gegen den Anwalt erfasst auch den Sekundäranspruch, ohne Rücksicht darauf, ob er im Zeitraum der Pfändung schon entstanden ist und im Pfändungs- und Überweisungsbeschluss erwähnt wird (BGH NJW 1996, 48, 51). Die Pfändung der Forderung auf Zahlung der gesamten **Rentenbezüge** erfasst nicht die Witwenrentenabfindung (BSGE 60, 34, 36). Sind Ansprüche auf Rückgewähr von Sicherheiten gepfändet, wird davon auch der aus ihrer Verwertung erzielte Erlös erfasst (MüKoZPO/*Smid* § 829 Rn 44). Die Pfändung der Forderung des Schuldners gegen den Drittschuldner auf **Schadensersatz** wegen Nichterfüllung eines Kaufvertrags erfasst nicht den Anspruch des Schuldners gegen den Drittschuldner auf Zahlung des Kaufpreises aus diesem Vertrag (BGH NJW 00, 1268). Die Pfändung gesellschaftsrechtlicher Schadensersatzansprüche kann Kapitalerhaltungsansprüche erfassen (BGH NJW 09, 2127 Tz 41).

Künftige Forderungen werden regelmäßig nur dann beschlagnahmt, wenn sich der Beschl ausdrücklich 75 oder zumindest erkennbar auf sie erstreckt (Karlsr NJW-RR 93, 242). Etwas anderes gilt aber für die Pfändung einer Gehaltsforderung oder einer ähnlichen in fortlaufenden Bezügen bestehenden Forderung. Bei ihnen erstreckt sich das Pfandrecht gem § 832 auch dann auf die nach der Pfändung fällig werdenden Beträge, wenn dies in dem Pfändungsbeschluss nicht ausdrücklich angeordnet wird (BGH NJW-RR 89, 286, 290).

2. Nebenrechte. Die mit der Pfändung des Hauptrechts verbundene Beschlagnahme erstreckt sich ohne 76 Weiteres auch auf alle **Nebenrechte**, die im Falle einer Abtretung nach §§ 412, 401 BGB auf den Gläubiger übergehen. Einer gesonderten Neben- oder Hilfspfändung bedarf es dazu nicht (BGH NJW-RR 03, 1555, 1556). Beschlagnahmt werden auch die Ansprüche auf **Zinsen** einschließlich der Verzugszinsen. Rückständige Zinsen werden entsprechend dem Gedanken aus § 1289 BGB nur verstrickt, wenn der Pfändungsbeschluss sie eindeutig erfasst (Ddorf WM 84, 1431; Schuschke/Walker/*Schuschke* § 829 Rn 59; PWW/*Nobbe* § 1289 Rn 1; aA St/J/*Brehm* § 829 Rn 80). Um Auseinandersetzungen zu vermeiden, kann eine ausdrückliche Mitpfändung sinnvoll sein (Stöber Rn 696). Hypotheken werden nicht als Nebenrechte, sondern nach § 830 gepfändet.

Unselbständige Nebenrechte idS sind rechtsgeschäftliche und gesetzliche Pfandrechte, zum Faustpfand vgl 77 § 838, der Anspruch gegen den Bürgen (BGH NJW 72, 437, 439; PWW/*Müller* § 401 Rn 2) sowie die Rechte aus einer Vormerkung (BGH NJW 94, 2947, 2948). Legitimationsurkunden werden von der Pfändung erfasst (Musielak/*Becker* § 829 Rn 21). Zu diesen unselbständigen Nebenrechten gehören auch die Ansprüche auf Auskunftserteilung und Rechnungslegung gem den §§ 666, 675 BGB, welche zur Feststellung des Gegenstands und des Betrags des Hauptanspruchs dienen (BGH NJW-RR 03, 1555, 1556; NJW 06, 217 Tz 14) einschließlich dem auf Lohnabrechnung, außerdem der Anspruch auf Abgabe der eidesstattlichen Versicherung gem § 259 II BGB (BGH NJW 88, 2729).

Von den mitgepfändeten unselbständigen Auskunftsansprüchen sind die **vollstreckungsrechtlichen Aus-** 78 **kunfts- und Herausgabeansprüche** nach § 836 III 1 und 3 zu unterscheiden (§ 836 Rz 16 ff). Danach herauszugeben sind Beweisurkunden über den Bestand der Forderung bzw zur Ermittlung oder dem Nachweis ihrer Höhe, Fälligkeit und Einredefreiheit (BGH NJW 03, 1256; 07, 606 Tz 5).

Selbständige Rechte müssen selbstständig gepfändet werden. Der selbständige Auskunftsanspruch des 79 Kontoinhabers auf Erteilung von Kontoauszügen und Rechnungsabschlüssen geht im Gegensatz zum unselbständigen Nebenanspruch nicht auf den Pfändungsgläubiger über (BGH NJW 06, 217 Tz 16). Selbständige Sicherungsrechte, wie eine Grundschuld, der Eigentumsvorbehalt, das Sicherungseigentum oder eine zur Sicherung abgetretene Forderung, werden ebenfalls nicht von der Pfändung erfasst (Zö/*Stöber* § 829 Rn 20).

80 **3. Pfändung mehrerer Forderungen, alternative Pfändung.** Die gleichen Grundsätze gelten bei der Pfändung **mehrerer Forderungen** des Schuldners gegen einen Drittschuldner zugunsten des Gläubigers. Eine solche Pfändung kann auf Antrag durch einheitlichen Beschl erfolgen, es sei denn, schutzwürdige Interessen des Drittschuldners stehen dem entgegen. Auch eine Geldforderung und ein sonstiges Recht können in einem einheitlichen Beschl gepfändet werden (Zö/*Stöber* § 829 Rn 6a). Ist der Schuldner nur über einzelne Verfahrensgegenstände anzuhören, kann dennoch ein einheitlicher Beschl ergehen (abw LG Berlin Rpfleger 93, 167). Ergibt sich aus dem Pfändungsbeschluss keine Einschränkung, werden die Forderungen in voller Höhe gepfändet. Bei einer Teilpfändung bis zur Höhe der zu vollstreckenden Schuld unterliegt jede der gepfändeten Forderungen der Pfandverstrickung in Höhe der Schuld. Der Gläubiger muss die titulierte Forderung nicht auf die einzelnen gepfändeten Forderungen aufteilen (BGH NJW 75, 738 f).

81 Eine **alternative Pfändung** des einen oder anderen Rechts ist zulässig, wenn nur eines bestehen kann (Musielak/*Becker* § 829 Rn 3). Sonst ist die Pfändung zu unbestimmt (LG Stuttgart Rpfleger 77, 331), doch kann in einem solchen Gesuch ein zulässiger Antrag auf kumulative Pfändung enthalten sein (St/J/*Brehm* § 829 Rn 40).

82 **III. Stellung des Gläubigers.** Der Pfändungspfandgläubiger erlangt im Wesentlichen die gleiche Rechtsstellung, die ein Rechtspfandgläubiger nach den Grundsätzen der §§ 1273 ff BGB vor Eintritt der Pfandreife innehat. Weitergehende Rechte sind von einer Überweisung gem § 835 oder Anordnung nach § 844 abhängig. Er darf nach der Pfändung ohne Überweisung die Forderung sichern und zur Erhaltung des Pfandrechts tätig werden. Ihm ist gestattet, Wechsel protestieren zu lassen. Droht eine Verjährung, kann er etwa nach § 256 auf Feststellung der Forderung klagen (MüKoZPO/*Smid* § 829 Rn 46). Er darf außerdem verlangen, dass eine fällige Forderung an ihn und den Schuldner gemeinsam geleistet wird (Stöber Rn 556).

83 **Unzulässig** sind Handlungen, die zur Befriedigung des Gläubigers führen, also Maßnahmen zur Einziehung der Forderung. Er darf weder die Leistung des Drittschuldners an sich allein verlangen noch über sie verfügen, indem er sie abtritt, auf sie verzichtet oder mit ihr aufrechnet (Stöber Rn 555). Er darf auch nicht rechtsgestaltende Erklärungen abgeben und durch Kündigung die Fälligkeit der Forderung begründen (RGZ 153, 220, 224).

84 Verzug des Drittschuldners, Unmöglichkeit der Leistung oder eine auflösende Bedingung **wirken** für und gegen Gläubiger (St/J/*Brehm* § 829 Rn 73). Pfändet der Gläubiger eine abgetretene Forderung, so geht die Pfändung ins Leere und wird auch nicht durch eine Anfechtung der Abtretung nach dem AnfG wirksam. Erforderlich ist eine Pfändung der Forderung, die aufgrund des Anfechtungsurteils entstanden ist (BGH NJW 87, 1703, 1705). Klagt der Gläubiger die Forderung ein, ist er nach § 841 zur **Streitverkündung** an den Schuldner verpflichtet.

85 **IV. Stellung des Schuldners.** Der Schuldner bleibt auch nach der Pfändung Inhaber der Forderung. Mit dem Verfügungsverbot aus § 829 I 2 (Inhibitorium) wird dem Schuldner jede Verfügung über die Forderung untersagt. Trotz der umfassenden Formulierung sind ihm aber nach dem Zweck der Regelung nicht alle, sondern nur das Pfändungspfandrecht **beeinträchtigende Verfügungen** untersagt (BGH NJW 68, 2059, 2060). Er darf deswegen die zum Erhalt der Forderung notwendigen Handlungen vornehmen. Ggü Gegenansprüchen des Drittschuldners kann sich der Schuldner auf ein Zurückbehaltungsrecht berufen (St/J/*Brehm* § 829 Rn 99).

86 Er kann – auch im Wege einer **Klage** (BGH NJW 01, 2178, 2180) – Leistung an den Pfändungspfandgläubiger verlangen (BGH NJW 68, 2059, 2060). Eine auf Leistung an sich gerichtete Klage ist nach Pfändung und Überweisung unbegründet. Übersteigt die gepfändete Forderung die titulierten Ansprüche, kann er Zahlung an sich nach Befriedigung des Gläubigers verlangen (BGH NJW 01, 2178, 2180). Bei mehrfachen Pfändungen ist der Rang der Gläubiger zu bezeichnen. Außerdem sollen ihre Forderungen einschließlich der aus den Pfändungsbeschlüssen oder -verfügungen ersichtlichen Kostenbeträge genau beziffert werden (BGH NJW 01, 2178, 2180).

87 **Verboten** sind dem Schuldner Verfügungen, die für den Gläubiger nachteilig sind. Dazu gehört insb die Einziehung der Forderung. Außerdem darf der Schuldner nicht die Forderung erlassen, mit ihr aufrechnen, an Zahlungs statt hingeben oder eine andere die Durchsetzbarkeit erschwerende Verfügung treffen, wie sie stunden (MüKoZPO/*Smid* § 829 Rn 50).

88 Als **Rechtsfolge** ist eine gegen das Verfügungsverbot verstoßende, das Pfändungspfandrecht beeinträchtigende Verfügung nach den §§ 135, 136 BGB relativ unwirksam (BGH NZI 07, 39 Tz 6; PWW/*Ahrens* §§ 135, 136 Rn 6). Die Verfügung ist dann im Verhältnis zum Pfändungspfandgläubiger unwirksam, iÜ

aber wirksam (PWW/*Ahrens* §§ 135, 136 Rn 7). Sie wirkt deswegen sowohl ggü dem Drittschuldner als auch nachrangigen Gläubigern. Die Verfügung wird außerdem in vollem Umfang wirksam, wenn das Verbot aufgehoben wird, der von ihm Geschützte die Verfügung genehmigt oder das durch das Verbot geschützte Recht entfällt (BGH NZI 07, 39 Tz 6).

Der Schuldner ist **nicht gehindert**, auf das der Forderung zugrunde liegende Rechtsverhältnis einzuwirken **89** und dadurch der gepfändeten Forderung die Grundlage zu entziehen, bspw bei einer Pfändung der Miete oder des Arbeitseinkommens das Miet- bzw Arbeitsverhältnis zu kündigen (Zö/*Stöber* § 829 Rn 18). Ist eine Teilpfändung erfolgt, kann der Schuldner den nicht von der Pfändung erfassten Teil der Forderung weiterhin einziehen (Schuschke/Walker/*Schuschke* § 829 Rn 57). Wird ein rechtshängiger Anspruch gepfändet, muss der Schuldner seinen Klageantrag umstellen. Er kann Leistung an den Pfändungspfandgläubiger bzw an diesen und sich oder Hinterlegung verlangen (BGH NJW 01, 2178, 2180). Eine vor der Pfändung vereinbarte Abtretung der Forderung ist rechtlich wirksam (BGH NJW 87, 1703, 1705).

V. Stellung des Drittschuldners. 1. Zahlungsverbot. Dem Drittschuldner ist nach § 829 I 1 verboten, an den **90** Schuldner zu leisten (Arrestatorium). Zahlt der Drittschuldner dennoch an den Schuldner, ist grds die **Leistung ggü dem Gläubiger unwirksam**, §§ 135, 136 BGB. Der Drittschuldner trägt das Risiko, den richtigen Empfänger zu bestimmen. Bei einer unwirksamen Zahlung an den Schuldner muss der Pfändungsgläubiger so gestellt werden, wie er stehen würde, wenn eine verbotswidrige Zahlung an den Schuldner nicht bewirkt worden wäre (vgl LG Frankfurt WM 09, 409). Auch durch eine verbotswidrige Zahlung an den Schuldner verliert der Drittschuldner nicht seine zulässigen Einwendungen gegen die gepfändete Forderung (BGH NJW 73, 428; 83, 886, 887). Er kann sich auf rechtshindernde Einreden, zB §§ 134, 138 BGB, rechtsvernichtende Einreden, zB § 362 BGB, oder auf rechtshemmende Einreden, etwa die Verjährung oder ein Zurückbehaltungsrecht (BGH DB 79, 1839), und auf die fehlende Fälligkeit berufen. Eine Aufrechnung ist im Allgemeinen unzulässig, doch darf der Drittschuldner unter den Voraussetzungen von § 392 BGB ggü der Forderung des Schuldners mit ihm gegen diesen zustehenden Gegenforderungen aufrechnen (BGH NJW 73, 428).

Im **Verhältnis zum Schuldner** tritt durch eine Zahlung Erfüllung gem § 362 BGB ein (Musielak/*Becker* **91** § 829 Rn 20). Betreibt der Schuldner aus einem eigenen Titel die Zwangsvollstreckung, obwohl die Forderung von einem Gläubiger gepfändet ist, kann der Drittschuldner die Vollstreckungsgegenklage gem § 767 erheben (BAG NJW 97, 1868, 1869). Auf Antrag kann das Gericht nach § 769 einstweilige Anordnungen treffen. Gegen eine dem Schuldner erteilte Vollstreckungsklausel kann der Drittschuldner nach § 732 vorgehen (Zö/*Stöber* § 829 Rn 19). Für die Kosten einer Drittschuldnerauskunft nach § 840 steht dem Drittschuldner kein Erstattungsanspruch aus den §§ 677, 683, 670 BGB und kein Schadensersatzanspruch etwa aus § 280 I BGB zu (BGH NJW 99, 2276, 2277; § 840 Rz 17). Im Arbeitsverhältnis kann eine Erstattungspflicht weder vertraglich noch durch Betriebsvereinbarung begründet werden (BAG NJW 07, 1302, 1303). Formularmäßige Entgeltklauseln, etwa eines Kreditinstituts, verstoßen gegen § 307 BGB (BGH NJW 99, 2276, 2277; 00, 651).

Leistet jedoch der Drittschuldner in **Unkenntnis** der Pfändung bzw des Zahlungsverbots, muss der Gläubi- **92** ger die Zahlung in entsprechender Anwendung von § 407 BGB gegen sich gelten lassen (BGH NJW 89, 905). Hat der Drittschuldner gutgläubig die Zahlung geleistet, besteht für ihn keine Handlungsverpflichtung, um den Eintritt des Leistungserfolgs zu verhindern, insb keine Verpflichtung, eine Überweisung zu widerrufen (BGH NJW 89, 905, 906; aA Zö/*Stöber* § 829 Rn 19). Daueraufträge müssen allerdings widerrufen werden. Nach den allgemeinen Regeln muss der Gläubiger die Voraussetzungen einer wirksamen Pfändung und der Drittschuldner seine Unkenntnis beweisen.

Der Schutz des gutgläubigen Drittschuldners entfällt nicht schon mit der Zustellung. Entsprechend dem **93** Rechtsgedanken aus § 166 I BGB ist die tatsächliche **Kenntnis** der zur Vornahme der Leistung befugten Person entscheidend, ggf also die des zuständigen Sachbearbeiters (St/J/*Brehm* § 829 Rn 102). Erfolgt innerhalb einer angemessenen Zeit keine Kenntniserlangung, muss sich der Drittschuldner für ein mögliches Organisationsverschulden entlasten. Eine Frist von 22 Minuten zwischen Zustellung und Auszahlung ist angemessen (LG Frankfurt WM 09, 409, 411).

Der Drittschuldner ist auf Verlangen des Schuldners **verpflichtet**, an den Gläubiger zu leisten. Sonst ist er **94** verpflichtet, an beide zu leisten oder für beide zu hinterlegen, vgl § 1281 BGB, ist aber auch gem § 372 BGB berechtigt, zu hinterlegen. Unter den Voraussetzungen von § 392 BGB darf er aufrechnen (BGH NJW 73, 428). Erfolgt bei einer Pfändung von Arbeitseinkommen ein Blankettbeschluss (§ 850 Tz 9), muss der Drittschuldner die Höhe der pfändbaren Beträge ermitteln. Auf Verlangen des Gläubigers muss der Drittschuldner die Auskunft nach § 840 erteilen (vgl § 840 Rz 5 ff).

95 **2. Einziehungsprozess.** Gegen die Klage des Gläubigers kann sich der Drittschuldner auf die Unwirksamkeit des Pfändungsbeschlusses berufen und damit die mangelnde Aktivlegitimation des Gläubigers geltend machen (BGH NJW 76, 851 f). Auf eine lediglich fehlerhafte und damit anfechtbare Pfändung kann er sich im Einziehungsprozess nicht berufen, sondern nur dessen Nichtigkeit mit Erfolg geltend machen. Nichtigkeit ist dann anzunehmen, wenn der Beschl offensichtlich fehlerhaft ist (BAG NJW 09, 2324 Tz 9). Unzulässig sind Einwendungen gegen die Richtigkeit der Forderung des Gläubigers an den Schuldner, die der Vollstreckung zugrunde liegt (BGH WM 68, 947; aA BAG NJW 64, 687, 688, bei Sittenwidrigkeit). Über die Unpfändbarkeit der Forderung kann das Prozessgericht selbst befinden, es sei denn, das Vollstreckungsgericht hat eine rechtsgestaltende Entscheidung etwa gem den §§ 850d, 850f getroffen (St/J/*Brehm* § 829 Rn 111). Bei einer einstweiligen Einstellung der Zwangsvollstreckung durch das Vollstreckungsgericht, wird das Prozessgericht regelmäßig das Verfahren aussetzen (Stöber Rn 753). Zu den materiellrechtlichen Einwendungen s. Rz 90.

96 **VI. Stellung Dritter.** Ist ein Dritter und nicht der Schuldner Inhaber der Forderung gegen den Drittschuldner, wird deren Rechtsstellung ggü dem Drittschuldner durch die Pfändung nicht berührt. Dies gilt insb, wenn die Forderung vor der Pfändung abgetreten wurde (BGH NJW 86, 2430; 87, 1703, 1705; 88, 495). Die Pfändung wird auch nicht wirksam, wenn der Schuldner die Forderung später erwirbt.

97 **VII. Mehrfache Pfändungen.** Auch die bereits gepfändete Forderung des Schuldners kann von einem anderen Gläubiger nochmals gepfändet werden. Die nochmalige Pfändung ist ausgeschlossen, wenn die Forderung vom vorpfändenden Gläubiger bereits eingezogen oder diesem an Zahlungs statt überwiesen ist (Zö/*Stöber* § 829 Rn 21). Die Pfändung unterliegt den allgemeinen Verfahrenserfordernissen. Gepfändet wird auf Antrag des Gläubigers die angebliche Forderung.

98 **Verlangt** bei einer mehrfachen Pfändung ein **nachrangiger Gläubiger** Zahlung bevor der bevorrechtigte Gläubiger befriedigt ist, steht dem Drittschuldner der Einwand aus § 804 III zu. Er kann sich also auf den Vorrang der anderweitigen Pfändung berufen. Entsprechendes gilt, wenn der Schuldner Leistung an den nachrangigen Gläubiger verlangt, weil er nicht zu Verfügungen berechtigt ist, die die Pfändungsgläubiger beeinträchtigen (BGH NJW 01, 2178, 2179).

99 **G. Rechtsbehelfe. I. Gläubiger.** Wird dem Antrag des Gläubigers nicht oder nicht in vollem Umfang stattgegeben, kann er gegen die Entscheidung des Rechtspflegers die **sofortige Beschwerde** nach den §§ 11 I RpflG, 793 I einlegen (Kobl NJW-RR 86, 679). Hat der Rechtspfleger einem Rechtsbehelf des Schuldners abgeholfen, steht dem Gläubiger dagegen ebenfalls die sofortige Beschwerde gem den §§ 11 I RpflG, 793 I zu (Zö/*Stöber* § 829 Rn 28). Verweigert der Gerichtsvollzieher die Zustellung, ist die Erinnerung gem § 766 eröffnet (KG DGVZ 66, 152 f).

100 **II. Schuldner.** Wurde der Schuldner zuvor nicht angehört, § 834, kann er gegen die Vollstreckungsmaßnahme mit der **Erinnerung** nach § 766 vorgehen. Der Rechtspfleger kann nach Anhörung des Gläubigers abhelfen. Hebt der Rechtspfleger den Pfändungsbeschluss auf, erlischt das Pfandrecht. Da bei einer späteren gegenteiligen Entscheidung das Pfandrecht nur mit neuem Rang neu begründet werden kann, sollte der Rechtspfleger die Wirksamkeit der Aufhebungsentscheidung gem den §§ 766 I 2, 732 bis zur Rechtskraft des Beschlusses aussetzen (Musielak/*Becker* § 829 Rn 24). Hilft der Rechtspfleger nicht ab, legt er die Erinnerung dem Richter vor. Gegen die richterliche Entscheidung ist die sofortige Beschwerde nach § 793 statthaft.

101 Ein Pfändungs- und Überweisungsbeschluss stellt nicht lediglich eine nach § 766 I anfechtbare Vollstreckungsmaßnahme, sondern eine mit der **sofortigen Beschwerde** nach den §§ 11 I RpflG, 793 I anfechtbare Entscheidung dar, wenn dem Schuldner vor der Pfändung etwa iRd §§ 850b III, 850d, 850f rechtliches Gehör gewährt worden ist (Köln NJW-RR 92, 894). Die Rechtsbehelfsfrist beginnt mit Zustellung an den Schuldner (Köln NJW-RR 92, 894). Nach einer Anhörung muss deswegen die Zustellung vAw erfolgen (s.a. Rz 59). Gegen eine Überpfändung kann der Schuldner nach § 766 vorgehen (BGH NJW 75, 738).

102 **III. Drittschuldner.** Der Drittschuldner, der nicht angehört wurde, kann bei formellen Mängeln des Vollstreckungsverfahrens regelmäßig **Erinnerung** nach § 766 einlegen (BGH NJW 77, 1881, 1882). Ist die Pfändung unwirksam, kann der Drittschuldner an sich negative Feststellungsklage erheben, soweit nicht das Feststellungsinteresse wegen der Möglichkeit fehlt, Erinnerung einzulegen. Besteht die Forderung gegen den Drittschuldner nicht, bejaht die Rspr das erforderliche Feststellungsinteresse erst, wenn der Drittschuldner gegen den Gläubiger erfolglos gem §§ 840, 843 vorgegangen ist (BGH NJW 77, 1881, 1882). Ein-

wendungen gegen die gegen ihn gerichtete Forderung des Schuldners muss er im Einziehungsprozess geltend machen.

IV. Dritte. Bei der Verletzung eigener Rechte können auch Dritte die **Erinnerung** nach § 766 einlegen. Eigene Rechte können etwa nachpfändende Gläubiger geltend machen. Unterhaltsberechtigte Angehörige des Schuldners können Verletzungen der Pfändungsbeschränkungen geltend machen (vgl § 850c Rz 46). 103

V. Sonstiges. Anfechtbar sind fehlerhafte Vollstreckungsakte (Rz 65). Nachträgliche Änderungen der Unpfändbarkeitsvoraussetzungen sind auf Antrag gem § 850g geltend zu machen. 104

H. Internationale Forderungspfändung. Die internationale folgt der örtlichen **Zuständigkeit** (§ 828 Rz 6). Diese ist grds begründet, wenn der Drittschuldner seinen Wohnsitz im Inland hat (anders für die Lohnpfändung BAG NZA 97, 336). Für die Zwangsvollstreckung in Zivil- und Handelssachen im **europäischen Justizraum** unter Ausnahme von Dänemark gelten die Art 38–52 Brüssel I-VO (Nr 44/2001). Für die Zwangsvollstreckung aus europäischen Vollstreckungstiteln im Inland sind die §§ 1082 ff zu beachten. 105

Soweit kein europäisches Recht oder besondere Abkommen bestehen, gilt für die Vollstreckung **ausländischer Entscheidungen** deutsches Recht. Tauglicher Vollstreckungstitel ist nicht das ausländische Urt, sondern die deutsche Entscheidung nach den §§ 722 f (zur Zulässigkeit von Pfändungsbeschlüssen bei Forderungen mit Auslandsbezug Lange S. 21 ff). 106

I. Insolvenzverfahren. Für die Vollstreckung vor Verfahrenseröffnung gilt die Rückschlagsperre aus § 88 InsO. Pfändungsmaßnahmen dürfen im Eröffnungsverfahren nicht nach § 240 unterbrochen werden (BGH NJW 2007, 3132 Tz 10). Während des Insolvenzverfahrens sind nach § 89 I InsO Zwangsvollstreckungen für die Insolvenzgläubiger weder in die Insolvenzmasse noch in das sonstige Vermögen des Schuldners zulässig. Im Insolvenzverfahren kann der Gläubiger die gepfändete Forderung anmelden, das Stimmrecht kann er nur gemeinsam mit dem Inhaber der Forderung ausüben. Im Restschuldbefreiungsverfahren besteht das Vollstreckungsverbot nach § 294 InsO (FK-InsO/*Ahrens* § 294 Rn 5 ff). 107

Für die **Konkurrenz** von **Pfändung und Abtretung** gilt eine differenzierte Lösung. Die Abtretung einer Forderung auf künftige Bezüge aus einem Dienstverhältnis ist auch dann in der Zeitspanne nach § 114 I InsO wirksam, wenn die Forderung vor der Abtretung von einem anderen Gläubiger gepfändet worden war. Die Abtretung verstößt zwar gegen § 829 I 2 ZPO und ist gem §§ 136, 135 BGB dem durch dieses Verbot geschützten Pfändungspfandgläubiger ggü unwirksam. Eine gegen ein nur relativ wirkendes Verfügungsverbot verstoßende Verfügung wird aber in vollem Umfang wirksam, wenn das Verbot aufgehoben wird. Sobald das Pfändungspfandrecht gem § 114 III 1 InsO unwirksam wird, entfällt auch das mit ihm verbundene Verfügungsverbot. Die Abtretung behält demgegenüber nach § 114 I InsO im dort genannten Zeitraum ihre Wirksamkeit und ist vom Treuhänder bzw Insolvenzverwalter zu beachten (BGH NZI 07, 39 Tz 6). 108

J. Kosten/Gebühren. Für Pfändung und Überweisung entsteht eine **Gerichtsgebühr** von 15 € gem KV 2110. Dies gilt auch, wenn beide in getrennten Entscheidungen erfolgen. Die Gebühr entsteht auch dann nur einmal, wenn in einem Antrag wegen einer Vollstreckungsforderung die Pfändung mehrerer Ansprüche des Schuldners verlangt wird (Frankf NJW 64, 1080). Bei einer Vollstreckung gegen mehrere Schuldner wird die Gebühr mehrfach erhoben. Der **Gerichtsvollzieher** erhält für die Zustellung die Gebühr nach § 9 GVKostG iVm KV Nr 100 von 7,50 €. Außerdem sind seine Auslagen gem KV Nr 711, 713 zu erstatten. Bei der Zustellung an Drittschuldner und Schuldner handelt es sich um einen Auftrag (Schuschke/Walker/*Schuschke* § 829 Rn 69). 109

Die **Anwaltsgebühr** mit einem Satz von 0,3 der Gebühr entsteht gem § 18 Nr 3 RVG iVm VV 3309. Der Gegenstandswert ist nach dem Betrag der zu vollstreckenden Forderung einschließlich der Nebenforderungen zu bestimmen, § 25 I Nr 1 RVG. Bei der Pfändung von künftig fällig werdendem Arbeitseinkommen nach § 850d III sind gem § 25 I Nr 1 RVG die noch nicht fälligen Ansprüche nach § 42 I und 2 GKG zu bewerten. Eine Angelegenheit bilden die in einem inneren Zusammenhang stehenden Einzelmaßnahmen, welche die einmal eingeleitete Maßnahme mit demselben Ziel der Befriedigung fortsetzen (BGH NJW 04, 1101). Eine Angelegenheit stellen etwa die Anträge auf Pfändung und Überweisung sowie Pfändung und die Aufforderung nach § 840 dar (Gottwald § 829 Rn 143). Werden auf Antrag eines Rechtsanwalts die Forderungen des Schuldners gegen drei Drittschuldner gepfändet und dem Gläubiger zur Einziehung überwiesen, bezieht sich seine Tätigkeit auf drei Gegenstände. Dennoch kommt eine Zusammenrechnung der Gegenstandswerte nicht in Betracht, soweit die Gegenstände wirtschaftlich identisch sind (BGH NJW-RR 11, 933 Tz 12). Eine besondere Angelegenheit bildet etwa das Beschwerdeverfahren, § 18 Nr 5 RVG. 110

111 **Kostenschuldner** ist nach § 26 I GKG der Gläubiger als Antragsteller, weiterer Kostenschuldner ist gem § 29 Nr 4 GKG der Vollstreckungsschuldner für die notwendigen Kosten der Zwangsvollstreckung. Nach den §§ 91, 788 muss der Schuldner die notwendigen Kosten der Zwangsvollstreckung tragen einschließlich der vom Gläubiger zur Beitreibung der Forderung gegen den Drittschuldner aufgewendeten Kosten. Wurde der Gläubiger im Einziehungsprozess zur Kostentragung verurteilt, hat der Schuldner diese zu ersetzen, soweit der Prozess Aussicht auf Erfolg versprach (LAG Bremen NJW 61, 2324), einschließlich der außergerichtlichen Kosten im arbeitsgerichtlichen Verfahren des ersten Rechtszugs gegen den Drittschuldner.

§ 830 Pfändung einer Hypothekenforderung.

(1) [1]**Zur Pfändung einer Forderung, für die eine Hypothek besteht, ist außer dem Pfändungsbeschluss die Übergabe des Hypothekenbriefes an den Gläubiger erforderlich.** [2]**Wird die Übergabe im Wege der Zwangsvollstreckung erwirkt, so gilt sie als erfolgt, wenn der Gerichtsvollzieher den Brief zum Zwecke der Ablieferung an den Gläubiger wegnimmt.** [3]**Ist die Erteilung des Hypothekenbriefes ausgeschlossen, so ist die Eintragung der Pfändung in das Grundbuch erforderlich; die Eintragung erfolgt auf Grund des Pfändungsbeschlusses.**

(2) **Wird der Pfändungsbeschluss vor der Übergabe des Hypothekenbriefes oder der Eintragung der Pfändung dem Drittschuldner zugestellt, so gilt die Pfändung diesem gegenüber mit der Zustellung als bewirkt.**

(3) [1]**Diese Vorschriften sind nicht anzuwenden, soweit es sich um die Pfändung der Ansprüche auf die im § 1159 des Bürgerlichen Gesetzbuchs bezeichneten Leistungen handelt.** [2]**Das Gleiche gilt bei einer Sicherungshypothek im Falle des § 1187 des Bürgerlichen Gesetzbuchs von der Pfändung der Hauptforderung.**

1 **A. Normzweck.** Für die Pfändung einer hypothekarisch gesicherten Forderung regelt § 830 einige von § 829 abweichende Anforderungen. Zu erfüllen ist ein mehraktiger Tatbestand, bestehend aus dem **Pfändungsbeschluss** sowie bei einer Briefhypothek der **Übergabe** des Hypothekenbriefs bzw bei einer Buchhypothek der **Eintragung** in das Grundbuch. Die Forderungspfändung erfasst dadurch die hypothekarische Sicherung, denn der Hypothekenbrief kann nicht selbstständig gepfändet werden (RGZ 66, 27). Auf diese Weise trägt das Zwangsvollstreckungsrecht den materiellrechtlichen Erfordernissen an eine Übertragung und Pfändung dieser Forderungen gem §§ 1153 f, 1274 I 1 BGB Rechnung, wonach die Forderung nicht ohne die Hypothek und diese nicht ohne die Forderung übertragen werden kann, Ausn § 1190 IV BGB (BGHZ 127, 150). Ergänzend sind für die Verwertung einer hypothekarisch gesicherten Forderung in § 837 von den allgemeinen Regeln der §§ 835, 836 abweichende Anforderungen normiert (Gottwald § 830 Rn 1).

2 **B. Briefhypothek. I. Hypothekarisch gesicherte Forderung.** § 830 ist **anwendbar**, falls die Forderung im Zeitpunkt der Pfändung bereits durch die Hypothek gesichert ist und zwar unabhängig davon, ob dem Gläubiger die hypothekarische Sicherung bekannt ist. Die Regelung gilt grds für alle eingetragenen Hypotheken (Ausnahmen Rn 4). Sie erfasst auch bedingte und künftige hypothekarisch gesicherte Forderungen (St/J/*Brehm* § 830 Rn 2). Selbst wenn die Übertragbarkeit der Forderung gem § 399 BGB ausgeschlossen und nach § 851 II ins Grundbuch eingetragen wurde, bleibt die Pfändung nach § 830 zulässig (Stöber Rn 1797a). Die Vorschrift ist anwendbar, wenn dem Eigentümer Forderung und Hypothek nach §§ 1143, 1177 II BGB zustehen (MüKoZPO/*Smid* § 830 Rn 1). Ebenso ist die Pfändung wirksam, wenn Forderung und Hypothek dem Schuldner nicht mehr in voller Höhe zustehen und das Grundpfandrecht zB tw eine Eigentümergrundschuld bildet, §§ 1163, 1168, 1170, 1177 BGB, oder auf einen Dritten übergegangen ist (Zö/*Stöber* § 830 Rn 3). Auf Grundschulden, Reallasten oder Rentenschulden ist gem § 857 VI bzgl der Pfändung § 830 und hinsichtlich der Verwertung § 837 entspr anzuwenden.

3 Die Vorschrift ist dagegen **unanwendbar** und die Forderung damit nach § 829 zu pfänden, wenn der Hypothekenbrief noch nicht vom Eigentümer an den Hypothekengläubiger übertragen, 1117 I BGB, (Hamm Rpfleger 80, 483) oder erst eine Vormerkung bestellt wurde (Musielak/*Becker* § 830 Rn 2). Entsteht die Hypothek nach Pfändung der Forderung, bleibt die Pfändung nach § 829 wirksam und das Pfändungspfandrecht erfasst ohne weiteres Hypothek sowie Brief (St/J/*Brehm* § 830 Rn 3). Ist die Hypothek etwa durch Zuschlag im Zwangsversteigerungsverfahren erloschen, ist nach § 829 vorzugehen (Wieczorek/Schütze/*Lüke* § 830 Rn 11).

4 **Drei gesetzliche Ausnahmen** schränken § 830 zusätzlich ein. Da gem § 1159 BGB Rückstände auf Zinsen und andere Nebenleistungen sowie Ansprüche auf Kostenerstattung, für die das Grundstück nach § 1118 BGB haftet, nach den allgemeinen Vorschriften und damit gem § 398 BGB übertragen werden, erfolgt gem

§ 830 III auch die Pfändung nach § 829. Hypothekarisch gesicherten Forderungen aus Inhaber- und Orderpapieren, § 1187 BGB, werden gem § 831 gepfändet, indem der Gerichtsvollzieher diese Papiere gem § 808 in Besitz nimmt. Eine durch Höchstbetragshypothek gesicherte Forderung wird nach § 829 gepfändet, wenn der Gläubiger die Überweisung der Forderung ohne die Hypothek an Zahlungs Statt beantragt, § 1190 IV iVm § 837 III, (Schuschke/Walker/*Walker* § 830 Rn 1).

II. Pfändungsbeschluss. Der Pfändungsbeschluss muss grds den **allgemeinen Anforderungen** aus § 829 genügen (RG Gruchot 72, 224 f; § 829 Rz 40 ff). Die Forderung sowie die Hypothek sind bestimmt zu bezeichnen. Letzteres erfolgt vorzugsweise durch die Grundbuchangabe, sonst durch die Postanschrift (BGH NJW 75, 981). Der Beschl ist dem Schuldner spätestens mit der Wegnahme zuzustellen, § 750 I. Der Pfändungsbeschluss bildet den Titel für die Wegnahme des Hypothekenbriefs (MüKoZPO/*Smid* § 830 Rn 5). Ergibt sich aus dem Beschl keine summenmäßige Beschränkung, wird die Forderung in voller Höhe gepfändet, auch wenn der titulierte Anspruch des Gläubigers nebst Kosten niedriger ist (BGHZ 147, 225, 228; NJW 75, 738; 86, 977, 978). Der Anfangszeitpunkt der Zinsen ist zu bestimmen, sonst erstreckt sich der Zugriff nur auf die seit dem Wirksamwerden der Pfändung laufenden Zinsen (Oldbg Rpfleger 70, 101; Stöber Rn 1807). 5

Unterschreitet der titulierte Anspruch den Betrag der hypothekarisch gesicherten Forderung, kommt eine **Teilpfändung** in Betracht. Diese ist zulässig, wenn ein bestimmter Forderungsbetrag angegeben ist und ein Teilhypothekenbrief gebildet werden kann (B/L/A/H § 830 Rn 3). Es besteht dann zwar kein Anspruch auf Herausgabe des für die gesamte Hypothek bestehenden Briefs, wohl aber auf zwangsweise durchsetzbare Vorlage beim Grundbuchamt oder einem Notar (St/J/*Brehm* § 830 Rn 16; zur Bildung von Teilbriefen Oldbg Rpfleger 70, 100 f). Die Bildung eines Teilhypothekenbriefs kann nicht durch eine Vereinbarung eines ungleichstufigen Mitbesitzes umgangen werden, wonach der Schuldner den Hypothekenbrief teils als Eigen- teils als Fremdbesitzer hält (vgl BGHZ 85, 265). 6

Drittschuldner sind der persönliche Schuldner und, falls davon abw, der Eigentümer (Dresd OLG-Rspr 25, 185, 186). Die Zustellung des Beschlusses an den/die Drittschuldner ist abw von § 829 III entbehrlich, denn sie wird durch die Übergabe bzw Wegnahme des Briefs ersetzt. Die Pfändung also ist unabhängig davon wirksam, doch bleibt die Zustellung wegen der Fiktion aus Abs 2 und § 407 BGB empfehlenswert (Rz 12). Eine ungenaue Bezeichnung des Drittschuldners ist deshalb unschädlich (St/J/*Brehm* § 830 Rn 8 f). 7

III. Übergabe des Hypothekenbriefs. 1. Grundlagen. Für eine wirksame Pfändung einer durch Briefhypothek gesicherten Forderung muss nach Erlass des Pfändungsbeschlusses der Gläubiger oder sein Besitzmittler Besitz am Hypothekenbrief erlangen, Abs 1 S 1; BGHZ 127, 150 ff). Besitzmittler ist der Gerichtsvollzieher oder die Hinterlegungsstelle (RGZ 135, 274), nicht aber das Vollstreckungsgericht (St/J/*Brehm* § 830 Rn 10). Während der gesamten Pfändung muss der Hypothekenbrief im Besitz des Gläubigers verbleiben (B/L/A/H § 830 Rn 8). Es handelt sich um die Vollstreckung zur Herausgabe einer Sache gem §§ 883 ff, für die der Pfändungsbeschluss den Titel bildet (ThoPu/*Hüßtege* § 830 Rn 6). Die Eintragung ins Grundbuch ersetzt nicht die Übergabe (Celle NdsRpfl 58, 93; Baur/Stürner/Bruns Rn 31.4), schützt aber vor gutgläubigem Erwerb eines Dritten, §§ 135 II, 892 BGB. Eine Vollstreckungsklausel ist nicht erforderlich. Bei einem verloren gegangenen Brief kann der Vollstreckungsgläubiger das Recht auf Kraftloserklärung und Neuausstellung, § 1162 BGB, pfänden und sich überweisen lassen. 8

2. Besitzerlangung. Befindet sich der Brief im **Gewahrsam des Schuldners**, kann er den Brief freiwillig herausgeben oder hinterlegen (RGZ 135, 274). Sonst nimmt der Gerichtsvollzieher den Brief weg und übergibt diesen dem Gläubiger. Nach Abs 1 S 2 gilt die Übergabe an den Gläubiger bereits mit der Wegnahme durch den Gerichtsvollzieher als erfolgt. Die Wegnahme erfolgt im Wege einer Hilfspfändung, um durch eine Besitzverschaffung die Forderungspfändung zu verwirklichen, § 156 GVGA. Findet der Gerichtsvollzieher den Brief beim Schuldner nicht vor, ist dieser zur Abgabe einer eidesstattlichen Versicherung nach § 883 II verpflichtet (Zö/*Stöber* § 830 Rn 5; aA B/L/A/H § 830 Rn 10, Versicherung nach § 807). 9

Besitzt ein **Dritter** den Brief, zB das Grundbuchamt, so kann der Gläubiger den Herausgabeanspruch des Schuldners aus §§ 985, 952 BGB nach § 886 pfänden und sich überweisen lassen (BGH NJW 79, 2045). Gibt der Dritte den Brief nicht freiwillig heraus, muss der Gläubiger gegen ihn eine Herausgabeklage erheben (Schuschke/Walker/*Walker* § 830 Rn 4). Hat ein anderer Gläubiger die Briefhypothek gepfändet, ist entweder Mitbesitz einzuräumen oder eine Anschlusspfändung erforderlich (RG JW 37, 404, 405). Ging der Hypothekenbrief verloren oder wurde er vernichtet, kann der Gläubiger die Ansprüche des Schuldners 10 auf Kraftloserklärung, § 1162 BGB, und Neuerteilung, § 67 GBO, pfänden und sich überweisen lassen (Brox/Walker Rn 683; aA Stöber Rn 1830).

11 **C. Buchhypothek.** Die Pfändung einer durch Buchhypothek gesicherten Forderung wird durch Erlass des Pfändungsbeschlusses (Rz 5 f) und **Eintragung** ins Grundbuch bewirkt, Abs 1 S 3. Buchhypotheken werden durch Einigung und Eintragung, § 1116 BGB, oder gesetzlich als Sicherungshypotheken, §§ 1184, 1185 BGB, einschl der Zwangs-, § 866 I, und Arrestsicherungshypotheken, § 932, sowie der Höchstbetragshypotheken, § 1190 BGB, begründet (Stöber Rn 1834). Da die Pfändung erst mit der Eintragung ins Grundbuch wirksam wird, können vor diesem Zeitpunkt keine Verwertungsmaßnahmen angeordnet werden (Rz 13). Eine Gesamthypothek ist erst mit der Eintragung beim letzten Grundstück wirksam gepfändet (vgl RGZ 63, 75).

12 Die Eintragung erfolgt nach den Regeln des **Grundbuchverfahrens**. Erforderlich ist ein Antrag des Gläubigers, § 13 GBO. Die Form des § 29 GBO ist entbehrlich (Gottwald § 830 Rn 16). Der Pfändungsbeschluss ersetzt die Eintragungsbewilligung gem § 19 GBO. Fehlt die Voreintragung des Schuldners, § 39 GBO, kann der Gläubiger nach §§ 14, 22, 29 GBO eine Grundbuchberichtigung erlangen, ggf indem er den Berichtigungsanspruch des Hypothekengläubigers pfänden und sich überweisen lässt (Musielak/*Becker* § 830 Rn 7). Die Eintragung erfordert weder Vollstreckungsklausel noch Zustellung. Das Grundbuchamt wird nicht als Vollstreckungsgericht tätig (St/J/*Brehm* § 830 Rn 22).

13 **D. Rechtsfolgen.** Mit dem Pfändungsbeschluss und der Übergabe des Hypothekenbriefs bzw der Eintragung in das Grundbuch entstehen die Verstrickung und das Pfändungspfandrecht. Damit bewirkt nicht schon die Zustellung, sondern erst die Briefübergabe bzw die Eintragung die Pfändung. In der Konsequenz bestünde nach Zustellung, aber vor Briefübergabe oder Eintragung ein Schwebezustand, in dem der Drittschuldner an den Schuldner leisten könnte. Dies verhindert **§ 830 II**. Die Zustellung des Pfändungsbeschlusses an den Drittschuldner ist daher zweckmäßig, weil sie bereits die Wirkungen des Arrestatoriums begründet (G/S/B-E § 55 Rn 68). Auch wenn der Pfändungsbeschluss vor Übergabe des Hypothekenbriefs oder Eintragung der Pfändung ins Grundbuch erfolgt, gilt gem § 830 II die Pfändung dem Drittschuldner ggü als bewirkt, sofern es anschließend zu einer wirksamen Pfändung kommt (BGHZ 127, 151; BGH NJW 07, 3350). Ein gleichzeitig mit dem Pfändungsbeschluss erlassener Überweisungsbeschluss ist deswegen unwirksam (BGHZ 127, 146, 152; aA *Stöber* NJW 96, 1185; *Hintzen/Wolf* Rpfleger 95, 97). Leistungen, vgl § 407 BGB, und Rechtsgeschäfte zum Nachteil des Gläubigers zwischen Schuldner und Drittschuldner sind daher unwirksam. Ist der Drittschuldner über den Empfänger der Tilgungs- und Zinsraten unsicher, kann er diese unter Verzicht auf eine Rücknahme schuldbefreiend hinterlegen (*Behr* JurBüro 97, 514, 515). Die Rückdatierung tritt nur ggü dem Drittschuldner ein, also nicht im Verhältnis zum Schuldner oder zu Dritten. Eine frühere Zustellung des Pfändungsbeschlusses an den Drittschuldner verschafft daher dem Gläubiger keinen Vorrang vor einem anderen Gläubiger (Ddorf NJW 61, 1267; Köln Rpfleger 91, 241). Eine Vorpfändung gem § 845 ist möglich und wird mit der Zustellung an den Drittschuldner wirksam (§ 845 Rz 2). Im Zwangsversteigerungsverfahren ist der Gläubiger gem § 9 Nr 2 ZVG Beteiligter.

14 **E. Insolvenzverfahren.** Nach Eröffnung des Insolvenzverfahrens darf gem § 89 I InsO weder ein beantragter Pfändungsbeschluss erlassen werden noch aufgrund eines Pfändungsbeschlusses der Hypothekenbrief weggenommen werden. Auch die Eintragung in das Grundbuch ist im eröffneten Insolvenzverfahren unzulässig, da sie zur Unterstützung der Zwangsvollstreckung erfolgt (MüKoZPO/*Smid* § 830 Rn 19). Im Insolvenzverfahren eines vom persönlichen Schuldner abweichenden Drittschuldners kann der Gläubiger die Forderung anmelden, das Stimmrecht aber nur gemeinschaftlich mit dem Schuldner ausüben (Stöber Rn 558).

15 **F. Rechtsbehelfe.** Die Rechtsbehelfe richten sich danach, wer tätig geworden ist. Entscheidungen des Vollstreckungsgerichts sind mit der Erinnerung nach § 766 oder der sofortigen Beschwerde nach §§ 11 RPflG, 793 angreifbar. Das Verfahren des Gerichtsvollziehers ist nach § 766 anzufechten. Da das Grundbuchamt iRv § 830 nicht als Vollstreckungsgericht tätig wird, ist ggü seinen Handlungen die Beschwerde nach § 71 GBO gegeben (Gottwald § 830 Rn 21).

16 **G. Gebühren.** Beim **Gerichtsvollzieher** entsteht für die Wegnahme des Hypothekenbriefs eine Gebühr von 20 € gem Nr 221 KV zu § 9 GvKostG. Bei einer Hilfspfändung wird die Gebühr nur erhoben, wenn der Gläubiger den Pfändungsbeschluss über die dem Papier zugrunde liegende Forderung vorlegt, bevor der Gerichtsvollzieher das Papier dem Schuldner zurückgibt, DB-GvKostG zu Nr 221 KV. Sonst entsteht für

den erfolglosen Versuch der Wegnahme eine Gebühr von 12,50 € gem Nr 604 KV. Auslagen sind nach Nr 711, 713 KV zu erstatten. Als **Gerichtsgebühr** entsteht für die Eintragung der Pfändung ins Grundbuch nach § 64 I KostO die Hälfte der vollen Gebühr aus § 32 KostO. Die **Anwaltsgebühr** mit einem Satz von 0,3 der Gebühr gem § 18 Nr 3 RVG iVm VV 3309 erfasst als Gebühr für die gleiche Angelegenheit auch die Wegnahme des Briefs bzw die Eintragung in das Grundbuch.

§ 830a Pfändung einer Schiffshypothekenforderung. **(1) Zur Pfändung einer Forderung, für die eine Schiffshypothek besteht, ist die Eintragung der Pfändung in das Schiffsregister oder in das Schiffsbauregister erforderlich; die Eintragung erfolgt auf Grund des Pfändungsbeschlusses.**
(2) Wird der Pfändungsbeschluss vor der Eintragung der Pfändung dem Drittschuldner zugestellt, so gilt die Pfändung diesem gegenüber mit der Zustellung als bewirkt.
(3) [1]Diese Vorschriften sind nicht anzuwenden, soweit es sich um die Pfändung der Ansprüche auf die im § 53 des Gesetzes über Rechte an eingetragenen Schiffen und Schiffsbauwerken vom 15. November 1940 (RGBl. I S. 1499) bezeichneten Leistungen handelt. [2]Das Gleiche gilt, wenn bei einer Schiffshypothek für eine Forderung aus einer Schuldverschreibung auf den Inhaber, aus einem Wechsel oder aus einem anderen durch Indossament übertragbaren Papier die Hauptforderung gepfändet wird.

A. Normzweck. § 830a erfüllt klarstellende und präzisierende Aufgaben. Nach dem Muster des § 830 folgt auch hier die vollstreckungsrechtliche Regelung den materiellrechtlichen Eigenarten der Schiffshypothek. Die Verwertung geschieht nach § 837a. 1

B. Pfändung einer Schiffshypothek. I. Voraussetzungen. Die Schiffshypothek ist eine Sicherungshypothek und besteht damit stets als **Buchhypothek**, §§ 8 I, II, 3 I 1 SchiffRG. Deswegen sind zur Pfändung stets der Beschl und die Eintragung erforderlich, Abs 1 S 1. Entsprechend § 830 ist die Zustellung des Pfändungsbeschlusses an den Drittschuldner nicht erforderlich (Wieczorek/Schütze/*Lüke* § 830a Rn 2). Erfolgt die Zustellung an den Drittschuldner, gilt ihm ggü die Pfändung als bewirkt, Abs 2, mit den Folgen des Arrestatoriums. 2

Bei der Pfändung von Nebenforderungen iSd § 53 SchiffsRG erklärt Abs 3 S 1, der § 830 III 1 nachgebildet ist, das Eintragungserfordernis aus § 830a für **unanwendbar**. Es gilt § 829. Dies betrifft Forderungen auf Rückstände von Zinsen oder andere Nebenleistungen oder auf Erstattung von Kosten der Kündigung und Rechtsverfolgung sowie den Anspruch des Gläubigers auf Erstattung der Beträge und ihrer Zinsen, die der Gläubiger zur Entrichtung von Prämien oder sonstigen dem Versicherer auf Grund des Versicherungsvertrags gebührenden Zahlungen verwendet hat. Bei einer Pfändung der Schiffshypothek für eine Forderung aus einer Schuldverschreibung auf den Inhaber, einem Wechsel oder einem anderen indossablen Papier ist gem Abs 3 S 2 statt § 830a die Vorschrift des § 831 anzuwenden. 3

II. Luftfahrzeuge. Für die Pfändung des Registerpfandrechts an Luftfahrzeugen, die in die Luftfahrzeugrolle eingetragen sind, gilt nach § 99 I 1 LuftfzRG die Vorschrift des § 830a entspr. Das Register für Luftfahrzeuge führt das AG Braunschweig. 4

III. Insolvenzverfahren. Nach Eröffnung des Insolvenzverfahrens ist die Eintragung der Pfändung in das Schiffsregister unzulässig, § 89 I InsO. Der Insolvenzvermerk ist nach § 33 InsO einzutragen (FK-InsO/*Schmerbach* § 33 Rn 1). 5

C. Kosten/Gebühren. Als **Gerichtsgebühr** entsteht für die Eintragung der Pfändung ins Schiffsregister nach §§ 84 I 1, 85 KostO ein Viertel der vollen Gebühr aus § 32 KostO. Die **Anwaltsgebühr** mit einem Satz von 0,3 der Gebühr gem § 18 Nr 3 RVG iVm VV 3309 und ggf 3310 erfasst als Gebühr für die gleiche Angelegenheit auch die Eintragung in das Schiffsregister. 6

§ 831 Pfändung indossabler Papiere. **Die Pfändung von Forderungen aus Wechseln und anderen Papieren, die durch Indossament übertragen werden können, wird dadurch bewirkt, dass der Gerichtsvollzieher diese Papiere in Besitz nimmt.**

A. Normzweck. Das durch ein Orderpapier verbriefte Recht wird grds durch Übereignung der Urkunde im Wege der Einigung und Übergabe gem §§ 929 ff BGB übertragen, wobei ein Indossament zusätzliche Wirkungen begründet, vgl etwa Art 14 I, 15 I, 16 I WG. Forderungen aus indossablen Papieren sind deswe- 1 gen durch Zugriff des Gerichtsvollziehers auf das Papier und damit im Allgemeinen wie bewegliche Sachen zu pfänden, § 831 iVm §§ 808, 809, 826. Für die Verwertung gelten dagegen besondere Regeln. Während Inhaber- und Namenspapiere nach den Regeln der Mobiliarvollstreckung der §§ 814 ff, 821 ff verwertet werden, ist für die durch Orderpapiere verbrieften Rechte (Rz 2 f) des § 831 eine Form der Forderungsverwertung gem den §§ 835 ff bestimmt.

2 **B. Voraussetzungen. I. Anwendungsbereich.** Das Papier muss eine Forderung verbriefen und durch Indossament übertragen werden. Ausdrücklich erfasst § 831 die Forderung aus einem **Wechsel**, Art 11 I WG, einschl eines unvollständigen Wechsels (Blankowechsel, Art 10 WG). Bei einem Blankowechsel wird entspr §§ 831, 857 die Befugnis mitgepfändet, die Urkunde durch Ausfüllen zu vervollständigen (LG Darmstadt DGVZ 90, 157; Wieczorek/Schütze/*Lüke* § 831 Rn 3), doch berechtigt dazu erst der Überweisungsbeschluss (*Geißler* DGVZ 86, 110, 112). Wird ein Wechsel durch eine negative Orderklausel, Art 11 II WG, zum Rektapapier, ist § 831 unanwendbar (MüKoZPO/*Gruber* § 821 Rn 3; aA St/J/*Brehm* § 831 Rn 3).

3 Anzuwenden ist § 831 auf den **Scheck**, einschl eines Blankoschecks, nicht aber auf den Rektascheck, Art 14 II ScheckG, und nicht auf den Inhaberscheck bzw Verrechnungsscheck, Art 5 II ScheckG (LG Göttingen NJW 83, 635; G/S/B-E § 55 Rn 76; *Geißler* DGVZ 86, 110, 113). **Orderpapiere** iSd § 831 sind auch die kaufmännischen Traditionspapiere, § 363 HGB, die kaufmännischen Anweisungen sowie Verpflichtungen, die Konnossementen der Verfrachter, die Ladescheine der Frachtführer, die Lagerscheine sowie die Transportversicherungspolice, wenn sie an Order lauten, vgl § 175 Nr 1 GVGA.

4 **Unanwendbar** ist § 831 bei Inhaberpapieren und Rektapapieren, deren Verwertung nach § 821 erfolgt, sowie Bodmereibriefen. Namensaktien, § 67 AktG, verbriefen Mitgliedschaftsrecht und keine Forderungen, weshalb sie nach den §§ 808, 821 zu pfänden und zu verwerten sind (*Weimar* JurBüro 82, 357). Einfache Legitimationspapiere sind grds nach § 829 zu pfänden und gem §§ 835 ff zu verwerten. Auch Postbanksparguthaben sind nach § 829 sowie § 850k zu pfänden (*Röder* DGVZ 98, 86).

5 **II. Pfändung.** Die Pfändung erfolgt durch Zugriff auf das Papier, indem der Gerichtsvollzieher das Papier dem Schuldner wegnimmt (*Hilger* KTS 88, 630). Papier und Recht werden also nicht nach § 829, sondern nach den §§ 808, 809 gepfändet. Der Schuldner muss dabei der nach den Papieren legitimierte, etwa durch eine ununterbrochene Indossamentenkette ausgewiesene Inhaber sein (St/J/*Brehm* § 831 Rn 1). Da die Leistungsfähigkeit des Drittschuldners unbekannt ist, pfändet der Gerichtsvollzieher Forderungen aus Wechseln und anderen indossablen Papieren nur auf ausdrückliche Anweisung des Gläubigers oder wenn er keine ausreichenden sonstigen Pfandstücke beim Schuldner vorfindet (Gottwald § 831 Rn 3). Mit der Wegnahme ist die Forderungspfändung mit den Wirkungen des § 829 durchgeführt (B/L/A/H § 831 Rn 3). Sind Sachen herauszugeben, werden diese gem § 847 erst nach Herausgabe an den Gerichtsvollzieher vom Pfandrecht erfasst. Bei der Pfändung von Traditionspapieren ist § 847 zu beachten (MüKoZPO/*Smid* § 831 Rn 7). Ein Pfändungsbeschluss des Vollstreckungsgerichts ist nicht erforderlich, § 175 Nr 1 GVGA. Bis zur Pfandverwertung besteht eine Verwahrungspflicht des Gerichtsvollziehers, § 175 Nr 4 GVGA. Zahlbare Schecks oder Wechsel hat der Gerichtsvollzieher vorzulegen und ggf den Protest zu erheben, § 175 Nr 5 GVGA. Befindet sich das Papier im Besitz eines nicht zur Herausgabe bereiten Dritten, ist der Herausgabeanspruch des Schuldners zu pfänden, §§ 846, 847.

6 **C. Verwertung.** Die **Pfandverwertung** ist nicht ausdrücklich geregelt, erfolgt aber aufgrund der systematischen Stellung des § 831 nach den §§ 835 ff. Sie wird auf Antrag des Gläubigers durch Überweisungsbeschluss oder Anordnung einer anderen Art der Verwertung des Vollstreckungsgerichts bewirkt. Zuständig ist das Vollstreckungsgericht des Schuldnerwohnsitzes (Zö/*Stöber* § 831 Rn 3).

7 **D. Rechtsbehelfe.** Vollstreckungsmaßnahmen des Gerichtsvollziehers sind mit der Erinnerung nach § 766 anfechtbar, über die das nach § 764 zuständige Amtsgericht als Vollstreckungsgericht entscheidet. Umstritten ist, ob der durch das Vollstreckungsgericht erlassene Pfändungsbeschluss lediglich fehlerhaft und daher mit der Erinnerung anfechtbar oder wirkungslos ist. Die fehlende funktionelle Zuständigkeit des Vollstreckungsgerichts spricht für eine Unwirksamkeit (RGZ 61, 330, 331; Zö/*Stöber* § 831 Rn 7; Baur/Stürner/Bruns Rn 8.4 Fn 5; aA Gottwald § 831 Rn 10). Dagegen ist der Beschl bloß fehlerhaft und die Erinnerung nach § 766 gegeben, wenn ein Orderkonnossement statt nach § 831 unzutreffend nach den §§ 846, 847 gepfändet wurde (BGH WM 80, 870 f; Schuschke/Walker § 831 Rn 5; Musielak/*Becker* § 831 Rn 3). Gegen den gerichtlichen Überweisungsbeschluss ist die Erinnerung an das gem § 828 II zuständige Gericht gegeben (St/J/*Brehm* § 831 Rn 6).

E. Kosten/Gebühren. Beim **Gerichtsvollzieher** entsteht für die Wegnahme des Papiers eine Gebühr von 20 € gem Nr 221 KV zu § 9 GvKostG zuzüglich etwaiger Auslagen. Zu den Gerichtsgebühren bei Erlass des Überweisungsbeschlusses s. bei § 835 Rz 33. Die **Anwaltsgebühr** mit einem Satz von 0,3 der Gebühr gem § 18 Nr 3 RVG iVm VV 3309 und ggf 3310 erfasst als Gebühr für die gleiche Angelegenheit auch die Verwertung. 8

§ 832 Pfändungsumfang bei fortlaufenden Bezügen. **Das Pfandrecht, das durch die Pfändung einer Gehaltsforderung oder einer ähnlichen in fortlaufenden Bezügen bestehenden Forderung erworben wird, erstreckt sich auch auf die nach der Pfändung fällig werdenden Beträge.**

A. Normzweck. Künftige Ansprüche können nach § 829 gepfändet werden, doch verlangt das Bestimmtheitserfordernis, die Forderungen ausdrücklich zu bezeichnen. Diese strengen Anforderungen setzt § 832 herab. Die Vorschrift erstreckt die Pfändung einer Gehaltsforderung oder einer ähnlichen in fortlaufenden Bezügen bestehenden Forderung auf die künftig fällig werdenden Raten, ohne dass dies im Beschl besonders ausgedrückt werden muss. Bei einer einheitlichen Rechtsbeziehung werden nicht nur bestehende, aber erst künftig fällig werdende, sondern auch künftige Forderungen von der Pfändung erfasst (BGH ZVI 08, 433 Tz 5). Dadurch werden wiederholte Pfändungsbeschlüsse vermieden und die Vollstreckungskosten reduziert. Davon zu unterscheiden ist die Vorratspfändung nach § 850d III (§ 850d Rz 38). 1

B. Voraussetzungen. I. Rechtsgrund. Erforderlich ist eine **einheitliche Rechtsbeziehung,** bei deren Fortbestand laufend neue Raten fällig werden oder neue Ansprüche entstehen (St/J/*Brehm* § 832 Rn 4). Umstritten ist, ob die Forderung aus einer persönlichen Dienstleistung stammen und wenigstens tw für den Unterhalt bestimmt sein muss. Letzteres ist abzulehnen, da sonst die sozialpolitisch für den Schuldner bedeutsameren und deswegen vollstreckungsrechtlich nur eingeschränkt pfändbaren Forderungen unter leichteren Voraussetzungen als andere Forderungen pfändbar wären (Wieczorek/Schütze/*Lüke* § 832 Rn 9; Musielak/*Becker* § 832 Rn 2; aA RGZ 138, 254; Stöber Rn 665 f; Baur/Stürner/Bruns Rn 30.22; Gottwald § 832 Rn 3). 2

Die Forderung muss aus einer **im Wesentlichen gleichbleibenden** Rechtsbeziehung resultieren. Abzustellen ist dafür auf die Verkehrsauffassung, weshalb auch bei mehreren Verträgen ein einheitliches Arbeitsverhältnis vorliegen kann (BAG NJW 57, 439; 93, 2701).Unschädlich ist, wenn ein Arbeits- oder Dienstverhältnis **unterbrochen,** etwa bei Saisonarbeit bzw Verbüßung einer Freiheitsstrafe (LG Essen MDR 1963, 226), oder sogar beendet, aber alsbald fortgesetzt wird (Ddorf DB 85, 1336). Es genügt ein innerer Zusammenhang zwischen einem alten und dem neuen Arbeitsverhältnis. § 833 II bestimmt dafür jetzt eine Frist von neun Monaten (§ 833 Rz 4 f). Auf die Pfändung ähnlicher in fortlaufenden Bezügen bestehender Forderungen ist § 833 II nicht unmittelbar anwendbar, wenn etwa ein Mietverhältnis wegen eines Auslandsaufenthalts unterbrochen wird, weshalb hier regelmäßig eine kürzere Frist zu bestimmen ist. 3

Ausreichend ist, dass der **Entstehungstatbestand** der Forderung bereits gesetzt wurde, selbst wenn die Forderung erst künftig fällig wird oder noch nicht entstanden ist (BAG NJW 93, 2700; ZVI 08, 433). Es kommt nicht darauf an, ob die Forderung befristet, bedingt oder von einer Gegenleistung abhängig ist. Unerheblich ist auch, ob die Forderungen in regelmäßigen Zeitabständen und gleicher Höhe entstehen (Hambg OLG 31, 118, 119). Abgetretene Forderungen auf künftige Bezüge werden von dem Pfändungspfandrecht erst bei Rückfall der Forderung erfasst (BAG NJW 93, 2700 = AR-Blattei ES 1130 Nr 73 mit Anm *Kohte*). 4

II. Art der Forderung. Gehaltsforderungen stellen die Arbeitseinkommen iSv § 850 II, III dar (dazu § 850 Rz 11 ff), einschl etwa der nach § 850b nur bedingt pfändbaren Bezüge (Gottwald § 832 Rn 3) und der verschleierten Einkünfte nach § 850h (Wieczorek/Schütze/*Lüke* § 832 Rn 3), nicht aber die fiktiv aufgelaufenen Lohn- oder Gehaltsrückstände nach § 850h II (BAG NZA 08, 779 Tz 27). Erfasst werden Sonderzahlungen, die auf dem Arbeitsverhältnis beruhen, etwa regelmäßige Jahresprämien sowie einmalige Projektprämien, Sozialplanabfindungen (BAG AP ZPO § 850 Nr 13), Abfindungen nach den §§ 9, 10 KSchG (BAG AP § ZPO 850 Nr 10), private Ruhegehaltsansprüche sowie Ansprüche auf den vom Arbeitgeber – nicht dem Finanzamt – gem § 42b EStG auszuzahlenden Lohnsteuerjahresausgleich (LAG Hamm NZA 89, 530). Ansprüche auf die Arbeitnehmersparzulage bilden zwar keine Ansprüche auf Arbeitsentgelt iSd §§ 850 ff. Dennoch sind sie pfändbar und unterfallen § 832 (BAG NJW 77, 76). 5

6 **Ähnliche in fortlaufenden Bezügen bestehende Forderungen** stellen Unterhaltszahlungen, Schmerzensgeldrenten (vgl § 850b Rz 6), Ansprüche auf Rentenbezüge gegen einen Träger der gesetzlichen Rentenversicherung (BGH NJW 03, 1458) und auf laufende Sozialleistungen wie früher beim Arbeitslosengeld und der Arbeitslosenhilfe (BSG MDR 89, 187; zum Insolvenzausfallgeld Rz 9) dar. Zu den vergleichbaren Forderungen gehören auch Provisionsansprüche des für eine gewisse Dauer angestellten Handelsvertreters (RGZ 138, 254; RAGE 7, 172, 174; Stettin OLGR 6, 418; Schuschke/Walker § 832 Rn 2), Ansprüche des Arztes gegen die Kassenärztliche Vereinigung (Nürnbg JurBüro 02, 602), Zinsen, Bezüge aus Reallasten (MüKoZPO/*Smid* § 832 Rn 8) sowie aus Miete und Pacht (Musielak/*Becker* § 832 Rn 2; ThoPu/*Hüßtege* § 832 Rn 1; Saenger/*Kemper* § 832 Rn 2; aA Zö/*Stöber* § 832 Rn 2). Die Forderungen müssen nicht auf Geldleistungen gerichtet sein, sondern können auch Naturalleistungen zum Gegenstand haben (St/J/*Brehm* § 832 Rn 4). Zinsen werden als Nebenrechte bereits von § 829 erfasst (§ 829 Rz 76). **Nicht** zu den ähnlichen Forderungen gehören die Gebühreneinnahmen des Anwalts bzw Notars oder sonstige Einkünfte eines Arztes (MüKoZPO/*Smid* § 832 Rn 9).

7 **C. Rechtsfolgen.** Ist eine Forderung wirksam gepfändet, erstreckt sich die Pfändung auf die künftig fällig werdenden Leistungen, auch wenn sie im Pfändungsbeschluss nicht ausdrücklich erwähnt sind. Der Vergütungsanspruch entsteht mit der Erbringung der Dienstleistung (BGHZ 167, 363 Tz 7), womit auch erst das Pfandrecht entsteht, bei mehrfachen Pfändungen allerdings mit unterschiedlichem Rang, Die Pfändung des laufenden Gehalts erstreckt sich ohne besondere Anordnung auf das Ruhegehalt, wenn zu dieser Leistung, wie bei Beamtenpensionen und der betrieblichen Altersversorgung, derselbe Drittschuldner verpflichtet ist (BGH NJW 03, 1457, 1458). Sie bleibt bestehen, bis die Forderung nebst Zinsen und Kosten erfüllt ist. Soll der Pfändungsumfang enger bestimmt werden, ist dies umgekehrt ausdrücklich anzuordnen (Wieczorek/Schütze/*Lüke* § 832 Rn 1). Obwohl es unschädlich ist, wenn die Raten aufgeführt sind, muss dann ausgelegt werden, ob eine Begrenzung gewollt ist. Bei einem Wechsel des Arbeitgebers endet die Pfändung (AG Stuttgart DGVZ 73, 61; auch bei Wechsel innerhalb einer ARGE LAG Mannheim BB 67, 80), außer es handelt sich um eine Gesamtrechtsnachfolge etwa nach § 613a BGB (LAG Hessen NZA 2000, 616; § 833 Rn 3). Leistet der Drittschuldner aufgrund einer Vereinbarung mit dem Gläubiger weniger als die pfändbaren Beträge, erstreckt sich das Pfandrecht auf die späteren, sonst nicht erfassten Raten (Musielak/*Becker* § 832 Rn 3; aA. BAG NJW 75, 1576). Nachpfändende Gläubiger können über §§ 766, 803 I 2 eine Beschränkung der Erstpfändung auf den Betrag der Vereinbarung erreichen (St/J/*Brehm* § 832 Rn 8). Eine Pfändungsvereinbarung zwischen Schuldner und Drittschuldner müssen sie nur gegen sich gelten lassen, wenn sie zugestimmt haben (BAG NJW 75, 1575). Die Erstreckung des Pfandrechts nach § 832 begründet keinen Neubeginn der Verjährung gem § 212 I Nr 2 BGB, weil dies keine Vollstreckungshandlung, sondern nur eine Folge des Pfändungsbeschlusses darstellt (BGH NJW 98, 1059).

8 **D. Insolvenzverfahren.** In einem eröffneten Insolvenzverfahren gehört das Arbeitseinkommen als Neuerwerb zur Insolvenzmasse, § 35 InsO. Während der Dauer des Insolvenzverfahrens stellt § 89 I InsO für Insolvenzgläubiger ein Zwangsvollstreckungsverbot in die Insolvenzmasse und die erweitert pfändbaren Bezüge des Schuldners auf (BGH NZI 08, 51; *Ahrens* NZI 08, 24). Dieses Zwangsvollstreckungsverbot erstreckt § 89 II 1 InsO für Neugläubiger auf künftige Forderungen auf Bezüge. Für Neugläubiger von Unterhaltsforderungen und Forderungen aus vorsätzlich begangenen unerlaubten Handlungen lässt § 89 II 2 InsO eine Ausn zu und gestattet eine Vollstreckung in den Vorrechtsbereich.

9 Eine **vor** der **Eröffnung** des Insolvenzverfahrens **erfolgte Pfändung** ist für Bezüge, die nach der Eröffnung fällig werden, grds nur in dem auf die Verfahrenseröffnung folgenden Monat wirksam. Eine erst nach dem 15. des Monats erfolgte Pfändung erstreckt sich aber auf den Folgemonat, § 114 II, III InsO. Es gilt die Rückschlagsperre aus § 88 InsO. Im Eröffnungsverfahren können Zwangsvollstreckungsmaßnahmen gegen den Schuldner nach § 21 II Nr 3 InsO untersagt oder einstweilen eingestellt werden. Die Abtretung einer gepfändeten Forderung verstößt gegen das Verfügungsverbot aus § 829 I 2, doch ist die Abtretung gem §§ 135, 136 BGB nur relativ unwirksam. Sobald das Pfändungspfandrecht nach § 114 III InsO unwirksam wird und das Verfügungsverbot entfällt, ist die Abtretung für den in § 114 I InsO bestimmten Zeitraum zu berücksichtigen (BGH NZI 2008, 39). Von einer Pfändung des Arbeitsentgelts wird nach § 188 II SGB III auch der Anspruch auf das Insolvenzgeld erfasst. Für Miet- und Pachtforderungen gilt gem § 110 I InsO eine § 114 InsO vergleichbare Regelung.

§ 833 Pfändungsumfang bei Arbeits- und Diensteinkommen. (1) [1]**Durch die Pfändung eines Diensteinkommens wird auch das Einkommen betroffen, das der Schuldner infolge der Versetzung in ein anderes Amt, der Übertragung eines neuen Amtes oder einer Gehaltserhöhung zu beziehen hat.** [2]**Diese Vorschrift ist auf den Fall der Änderung des Dienstherrn nicht anzuwenden.**
(2) **Endet das Arbeits- oder Dienstverhältnis und begründen Schuldner und Drittschuldner innerhalb von neun Monaten ein solches neu, so erstreckt sich die Pfändung auf die Forderung aus dem neuen Arbeits- oder Dienstverhältnis.**

A. Normzweck. § 833 reduziert die Bestimmtheitsanforderungen bei der Pfändung von künftigen Arbeitseinkommen in doppelter Hinsicht. Eine Lohn- oder Gehaltsforderung bleibt nach Abs 1 trotz einer veränderten dienstrechtlichen oder arbeitsvertraglichen Grundlage beschlagnahmt, falls der Schuldner beim Drittschuldner versetzt oder befördert wird bzw eine Gehaltserhöhung erhält. Abs 2 erhält die Forderungspfändung bei einer neuen dienst- oder arbeitsvertraglichen Grundlage mit dem Drittschuldner aufrecht, wenn der Schuldner binnen einer Frist von neun Monaten nach Ende eines Dienst- oder Arbeitsverhältnisses eine neue Tätigkeit beim Drittschuldner antritt. Dies vermeidet wiederholte Pfändungsbeschlüsse und dient der Rechtssicherheit. 1

B. Versetzung, Beförderung und Gehaltserhöhung. I. Abs 1 S 1. Der sachliche Anwendungsbereich von § 833 erfasst die Pfändung von Diensteinkommen, also von Lohn, Gehalt und sonstigen Einkünften iSd §§ 850 ff. Auf ähnliche in fortlaufenden Bezügen bestehende Forderungen gem § 832 Alt 2 ist die Regelung nicht entspr anwendbar (Schuschke/Walker § 833 Rn 1). Die Regelung gilt bei der Versetzung in ein anderes Amt, der Übertragung eines neuen Amts oder einer Gehaltserhöhung für den Schuldner. Der Begriff des Amts ist nicht im statusrechtlichen, sondern im vollstreckungsrechtlichen Sinn zu verstehen und bezeichnet die Arbeitsstelle. Sie erfasst ebenso den Wechsel von der Landesverwaltung in die Landesjustiz oder die Verbeamtung eines Angestellten wie den umgekehrten Statuswechsel (Wieczorek/Schütze/*Lüke* § 833 Rn 2). Mit der Pfändung werden auch Ruhestandsbezüge beschlagnahmt, die der bisherige Dienstherr leistet (RG Gruchot 51, 1078). Die Regelung gilt ebenfalls für Arbeitnehmer im öffentlichen Dienst und in der Privatwirtschaft, wie jetzt Abs 2 klarstellt. 2

II. Änderung des Dienstherrn (Abs 1 S 2). § 833 schützt die Interessen des Gläubigers, solange der Drittschuldner wirtschaftlich identisch bleibt. Wechselt jedoch der Dienstherr oder Arbeitgeber, ist nach § 833 I 2 ein neuer Pfändungsbeschluss erforderlich. Die Pfändung endet daher, wenn der Schuldner vom Kommunal- in den Landes- oder Bundesdienst bzw in ein anderes Unternehmen selbst innerhalb eines Konzerns oder in einer Bau-ARGE wechselt (LAG Mannheim BB 67, 80). Eine erneute Pfändung ist nur bei der Veränderung des individuellen Vertragsverhältnisses erforderlich. Gehen die Dienst- oder Arbeitsverhältnisse eines Arbeitgebers insgesamt auf einen anderen Rechtsträger über, ist eine neue Pfändung entbehrlich. Kein Wechsel iSv Abs 1 S 2 liegt deswegen vor, wenn die Rechtsform der Dienststelle oder des Unternehmens geändert wird (RAG JW 38, 978), also etwa von einer GbR zur oHG oder von dieser zur GmbH. Auch eine kommunale Gebietsneuordnung (St/J/*Brehm* § 833 Rn 2), eine Gesamtrechtsnachfolge oder ein Betriebsübergang gem § 613a BGB lässt die Pfändung unberührt (LAG Hessen NZA 00, 616). 3

C. Unterbrechung (Abs 2). Wird das Dienst- oder Arbeitsverhältnis zwischen Schuldner und Drittschuldner nur vorübergehend unterbrochen, bleibt die Pfändungswirkung bestehen. Unerheblich ist, aus welchem Grund und in welcher Weise das Rechtsverhältnis unterbrochen wurde. Zu denken ist etwa an eine Saison- oder Projektbeschäftigung in der Gastronomie, der Landwirtschaft oder auf dem Bau. Selbst wenn zwischenzeitlich das Arbeitseinkommen eines anderen Arbeitgebers von einem anderen Gläubiger gepfändet wurde, besteht nach einer fristgerechten Wiederbeschäftigung das Pfandrecht mit dem früheren Rang fort (Zö/*Stöber* § 833 Rn 4). Auf die übereinstimmende Art der neuen Tätigkeit kommt es nach dem Gedanken von Abs 1 S 1 nicht an. Die Anordnung greift nur ein, wenn das Rechtsverhältnis entfallen ist. Ruhen die Leistungs- und Gegenleistungspflichten aus einem fortbestehenden Grundverhältnis, wie bei einem Sabbatical, bleibt die Pfändung ohnehin bestehen. 4

Abs 2 bestimmt für diese Zurechnung eine **Höchstfrist** von neun Monaten, die nach § 222 und damit gem §§ 187 ff BGB zu berechnen ist. Die Frist ist nach dem rechtlichen Bestand des jeweiligen Dienstverhältnisses, dh vom Ende bis zum Neubeginn der Hauptleistungspflichten zu berechnen. Diese lange Zeitspanne belastet den Drittschuldner erheblich, der grds die Pfändungswirkung nach einer erneuten Einstellung beachten muss. Im Allgemeinen wird sich der Drittschuldner beim Gläubiger nach dem Fortbestand der 5

Pfändung zu erkundigen haben. Eine umgekehrte, aus § 242 BGB abgeleitete Mitteilungspflicht des Gläubigers kann regelmäßig erst eingreifen, wenn wieder Leistungen erfolgen. Abzustellen ist auf den rechtlichen Zeitpunkt der Beendigung, etwa bei einer vorherigen Freistellung, und des Neubeginns (B/L/A/H § 833 Rn 5).

6 **D. Wirkungen.** In erster Linie sichert die Vorschrift den Rang. Außerdem wird keine erneute Drittschuldnererklärung geschuldet. Die Anordnungen nach § 850e Nr 2 und 2a bleiben in Kraft. Nach dem Gedanken aus § 850g gilt dies auch für die vom Einzelfall abhängigen Abwägungen der Anordnungen nach den §§ 850b, 850c IV, 850d, 850 f.

§ 833a Pfändungsumfang bei Kontoguthaben.

Die Pfändung des Guthabens eines Kontos bei einem Kreditinstitut umfasst das am Tag der Zustellung des Pfändungsbeschlusses bei dem Kreditinstitut bestehende Guthaben sowie die Tagesguthaben der auf die Pfändung folgenden Tage.

1 **A. Normzweck.** Die Vorschrift ist durch das Gesetz zur Reform des Kontopfändungsschutzes v 7.7.09 eingefügt (BGBl I, 1707) und zum 1.7.10 in Kraft getreten. Mit Wirkung zum 1.1.12 ist die Vorschrift durch Art 7 dieses Gesetzes geändert worden. Der bisherige Abs 2 geht mit seinem wesentlichen Inhalt in die neue Fassung von § 850l über.

2 Im Gesamtsystem des Kontopfändungsschutzrechts kommen § 833a wesentliche Aufgaben zu. Die Vorschrift datiert die Pfändung und konkretisiert die **zeitliche Reichweite** des Pfändungspfandrechts. Sein Ziel ist eine verallgemeinernde und vereinheitlichende Bestimmung des Pfändungsumfangs bei gegenwärtigen und künftigen Forderungen. Diese Regelung ist Teil des allgemeinen Forderungspfändungsrechts und nicht Ausdruck eines sozialen Pfändungsschutzes. Die Umfangbestimmung erleichtert dem Gläubiger die Antragstellung, dem Gericht die Entscheidung sowie dem Drittschuldner die Beachtung des Pfändungsbeschlusses und schafft letztlich auch für den Schuldner eine verlässliche Grundlage. Hinter diese vollstreckungsrechtliche Zweckbestimmung haben abweichende bankvertragliche Gewohnheiten zurückzutreten, denen nötigenfalls ein verändertes Gerüst gegeben werden muss.

3–4 *(nicht besetzt)*

5 **B. Umfang der Pfändung** (Abs 1). **I. Voraussetzungen.** Der sachliche Anwendungsbereich der Norm erfasst **alle Arten von Konten**, also insb Giro- und Sparkonten (BTDrs 16/7615, 16). Die Zweckrichtung und Art der Forderung sind unerheblich, weswegen das Konto weder allg dem Zahlungsverkehr noch speziell als Lohn- oder Gehaltskonto dienen muss. Von der Bestimmung sind deswegen auch Pfändungsschutzkonten betroffen (Hk-ZV/*Bendtsen* § 833a ZPO Rn 3; **aA** B/L/*Hartmann* § 833a Rn 3). Es kann sich auch um ein Geschäftskonto handeln.

6 Nicht ausdrücklich verlangt wird ein **Konto des Schuldners**, wodurch sich die Regelung von § 850k I aF und den §§ 850k I, 850l I nF unterscheidet. Dennoch wird nur ein Konto des Schuldners in Betracht kommen, weil er lediglich dann einen eigenen pfändbaren Auszahlungsanspruch gegen das Kreditinstitut erlangen kann. Der Schuldner muss aber nicht alleiniger Kontoinhaber sein. Geschützt sind sowohl »Und-« als auch »Oder-Konten«. Der Pfändungsumfang nach Abs 1 ist für sämtliche Konten des Schuldners zu bestimmen.

7 Für den Umfang der Pfändung wird die **Person des Schuldners** nicht näher qualifiziert. Als Teil des allgemeinen Forderungspfändungsrechts gilt diese Regelung ggü jedem Schuldner. Anders als Abs 2 ist ihr Anwendungsbereich nicht auf natürliche Personen beschränkt. Die Regelung gilt deswegen auch, wenn das Konto einer juristischen Person oder einer Gesellschaft ohne Rechtspersönlichkeit gepfändet wird.

8 Das Konto muss bei einem **Kreditinstitut** geführt werden. Die Begriffsbestimmung ergibt sich aus § 1 I KWG. Dies schließt zunächst Banken, auch die Postbank (LG Bad Kreuznach Rpfleger 90, 216), Sparkassen und Kreditkartenunternehmen ein. Betroffen sind außerdem Kreditgenossenschaften, Realkreditinstitute (Hypothekenbanken), Bausparkassen und Kapitalanlagegesellschaften (Investmentgesellschaften). Keine Kreditinstitute sind die in § 1 Ia KWG aufgeführten Finanzdienstleistungsinstitute, wie Anlage- und Abschlussvermittler von Finanzinstrumenten sowie Finanzportfolioverwalter, außerdem die in § 2 I KWG aufgezählten Unternehmen, also insb Versicherungen. Die Zahlstelle einer Haftanstalt ist ebenfalls ausgeschlossen (LG Berlin Rpfleger 92, 138), weil sie keine gewerbsmäßigen Bankgeschäfte tätigt.

9 **II. Verfahren.** Der Gläubiger muss das Konto nach den §§ 829 ff pfänden. Der **Pfändungsbeschluss** muss durch das zuständige Vollstreckungsgericht (§ 828 Rz 7 f) und dort durch den Rechtspfleger, § 20 Nr 17

RPflG, erlassen werden. Im Wesentlichen gelten die allgemeinen Bestimmtheitsanforderungen (§ 829 Rz 46 ff). Im Beschl sind daher die Drittschuldnerin, die Art des Kontos, die Kontonummer und ggf die Bankleitzahl anzugeben. Die Forderung kann als Guthaben oder Tagesguthaben bezeichnet werden. Die Pfändung sämtlicher Guthaben bei der Drittschuldnerin ohne Angabe der Kontobezeichnungen ist zu unbestimmt (aA Goebel Rn 53). Wirksam wird der Beschl mit Zustellung an den Drittschuldner, § 829 III.

III. Pfändungsumfang. 1. Bestehende Guthaben. Im Kontokorrent sind nach bisheriger Rechtslage die Pfändung des gegenwärtigen Saldos, die Pfändung künftiger Saldoforderungen und die Pfändung der Ansprüche aus dem Kontokorrentverhältnis zu unterscheiden (Stöber Rn 156). Diese komplexe Situation wollte der Gesetzgeber vereinfachen. Die Pfändung umfasst deswegen nach § 833a das am Tag der Zustellung bestehende **Guthaben** sowie das Tagesguthaben der folgenden Tage. Der Pfändungsbeschluss muss sich lediglich auf das Guthaben beziehen. 10

Andere Forderungen, wie die Ansprüche auf Gutschrift aus dem der Geschäftsbesorgung zugrunde liegenden Vertragsverhältnis und insb der Anspruch auf Auszahlung eines Dispositionskredits, werden durch die Pfändung von Kontoguthaben nicht berührt (Musielak/*Becker* Anhang 4 Rn 3). Deren gesonderte Pfändung bleibt zulässig (*Fölsch/Janca* ZRP 07, 253, 255). Hiergegen kann sich der Schuldner insb durch Einrichtung eines Pfändungsschutzkontos schützen. Selbständige Nebenrechte müssen ebenfalls gesondert gepfändet werden. Dies gilt etwa für den selbständigen Anspruch des Kontoinhabers auf Erteilung von Kontoauszügen und Rechnungsabschlüssen, die nicht als Nebenrechte mit auf den Pfändungsgläubiger übergehen (BGH NJW 06, 217 Tz 16; § 829 Rz 79). 11

Der Begriff des **am Tag der Zustellung bestehenden Guthabens** lässt offen, ob damit der bei Wirksamwerden der Zustellung oder der am Tagesende bestehende Postensaldo gemeint ist. Auch der im Verlauf des Tages bei Zustellung vorhandene Saldo existiert am Tag der Zustellung. Abzustellen ist deswegen auf die Konkordanz mit den allgemeinen Pfändungswirkungen, die gem § 829 III mit der Zustellung eintreten (Zö/*Stöber* Anh § 850k, § 833a Rn 1; s.a. Rz 14). Dabei ist die tatsächliche Kenntnis von der Pfändung durch die zur Vornahme der Leistung befugte Person entscheidend (§ 829 Rz 93). 12

Nach § 833a wird stets nur ein Guthaben gepfändet. Maßgebend ist das konkrete **zeitpunktbezogene Guthaben.** Weist das Konto einen **Debetsaldo** auf, besteht keine pfändbare Forderung. Gleichwohl ist ein Pfändungspfandrecht begründet. 13

2. Künftige Guthaben. Entsprechend dem Gedanken aus § 832, wonach sich bei einer Pfändung laufender Bezüge das Pfandrecht auf die nach der Pfändung fällig werdenden Bezüge erstreckt, gilt § 833a auch für die Tagesguthaben der auf die Pfändung **folgenden Tage**. Gemeint sind die während des Bestands des Pfändungspfandrechts folgenden Tage, wofür keine zeitliche Restriktion gilt, also jedes künftige Guthaben bis zur Beendigung der Kontenpfändung. Da das mit Zustellung des Beschlusses bestehende Guthaben gepfändet wird (Rz 12), erstreckt sich die Zukunftswirkung auf alle nachfolgenden Guthaben auch am gleichen Tag. Die Vorschrift erstreckt die Pfändung auf künftig fällig werdende Guthaben, ohne dass dies besonders beantragt oder im Pfändungsbeschluss gesondert ausgedrückt werden muss. 14

Erforderlich bleibt eine **einheitliche Rechtsbeziehung** zwischen Schuldner und Drittschuldner. Die gepfändeten Forderungen müssen auf einem übereinstimmenden Entstehungstatbestand beruhen. Änderungen in der konkreten Ausgestaltung des weiterbestehenden Rechtsverhältnisses, etwa durch einen veränderten Kreditrahmen, sind demgegenüber unerheblich. 15

Das Pfändungspfandrecht erfasst das jeweilige **Tagesguthaben**. Die an diesem Begriff geäußerte bankrechtliche Kritik (*Bitter* WM 08, 141, 143), lässt sich zwangsvollstreckungsrechtlich auflösen. Maßgebend ist der sich durch die Verrechnung der jeweiligen Einzahlungen ergebende Guthabenstand. Das Pfandrecht erstreckt sich auch dann auf die künftige Forderung, wenn bei Pfändung ein Debetsaldo auf dem Konto bestand und erst durch anschließende Einzahlungen ein Guthaben entstand. 16

§ 834 Keine Anhörung des Schuldners. **Vor der Pfändung ist der Schuldner über das Pfändungsgesuch nicht zu hören.**

A. Normzweck und Grundlagen. § 834 schiebt das rechtliche Gehör des Schuldners vor der Pfändung der Forderung auf. Die Regelung dient dazu, den Erfolg der Forderungspfändung ggü zwischenzeitlichen Verfügungen des Schuldners zu sichern und wird deswegen oft als Schutzvorschrift zugunsten des Gläubigers verstanden (Zö/*Stöber* § 834 Rn 1; Brox/Walker Rn 604). Wie aber die zu berücksichtigende Schutzschrift 1 des Schuldners belegt (Rn 6), dient die Vorschrift nicht einseitigen Interessen, sondern einem ordnungsgemäßen Verfahren (MüKoZPO/*Smid* § 834 Rn 1).

2 Die Bestimmung schränkt den Anspruch auf rechtliches Gehör **verfassungskonform** ein (*Vollkommer* RPfleger 82, 2, 6). Soweit die Aufgaben des Vollstreckungsgerichts gem § 20 Nr 17 RpflG dem Rechtspfleger übertragen sind (§ 828 Rz 3), folgt der Anspruch auf rechtliches Gehör aus dem vom Rechtsstaatsprinzip gem Art. 2 I, 20 III GG gewährleisteten Recht auf ein faires Verfahren (BVerfG NJW 00, 1709), sonst aus Art 103 I GG. In der besonderen verfahrensrechtlichen Situation der Forderungsvollstreckung ist eine vorherige Anhörung des Schuldners grds verwehrt (vgl BVerfGE 57, 346, 358, zur Wohnungsdurchsuchung; BayObLG NJW-RR 86, 422). Dennoch darf das rechtliche Gehör nur vorübergehend zurückstehen und muss dem Schuldner gewährt werden, sobald die Verfahrenslage dies zulässt. Regelmäßig kann der Schuldner durch Einlegung der Vollstreckungserinnerung, § 766, rechtliches Gehör erlangen, Rz 7.

3 **B. Anwendungsbereich.** Bei einer **Forderungspfändung** ist die Anhörung des Schuldners, anders als nach § 730, ohne Ermessensspielraum für den Rechtspfleger ausgeschlossen (Schuschke/Walker § 834 Rn 1). Dieses Anhörungsverbot gilt für die Pfändungsverfahren nach den § 829 ff. Es soll auch in den Verfahren nach § 850f II (Ddorf NJW 1973, 1133) und § 850d bestehen. Wegen der insoweit möglichen Gefährdung des verfassungsrechtlich geschützten Existenzminimums des Schuldners sowie der durch § 400 BGB geringeren Risiken für die Vollstreckung muss hier eine Anhörung erfolgen (St/J/*Brehm* § 834 Rn 2 f; Wieczorek/Schütze/*Lüke* § 834 Rn 4; aA Musielak/*Becker* § 834 Rn 3).

4 Nach der gesetzlichen Regelung ist der Schuldner bei einer Billigkeitsentscheidung gem **§ 850b III** zu hören, ebenso in den von einem Schuldnerantrag abhängigen Verfahren nach den §§ 850i, 850k (Baur/Stürner/Bruns Rn 30.11). Für die Pfändung von Sozialleistungen nach **§ 54 SGB I** gilt grds das Anhörungsverbot (R/G/S § 28 II; nicht mehr in der 12. Aufl). Bei einer Billigkeitsentscheidung nach § 54 II SGB I ist jedoch wegen der nach § 54 IV SGB I entsprechenden Anwendbarkeit der Pfändungsschutzvorschriften für das Arbeitseinkommen und der Parallele zu § 850b III eine Anhörung geboten (MüKoZPO/*Smid* § 834 Rn 8; aA Musielak/*Becker* § 834 Rn 3; *Riedel* NJW 94, 2813).

5 Das **Anhörungsverbot** gilt in den **Verfahren** über den Erlass des Pfändungsbeschlusses (BAG NJW 77, 75) einschl der vorbereitenden Handlungen, wie dem Antrag auf Bestimmung des zuständigen Gerichts (BGH NJW 83, 1859; BayObLG NJW-RR 86, 421) oder dem Antrag auf Bewilligung von Prozesskostenhilfe für die Zwangsvollstreckung (Gottwald § 834 Rn 4). Im Fall eines abgewiesenen Antrags besteht es in der Rechtsmittelinstanz fort (KG NJW 80, 1342; Rpfleger 94, 425, 426; Köln NJW-RR 88, 1467). Verbindet das Gericht den Pfändungs- und den Überweisungsbeschluss, darf keine Anhörung erfolgen (ThoPu/*Hüßtege* § 834 Rn 1; *Kahlke* NJW 91, 2688; dagegen *Hoeren* NJW 91, 411). Erfolgt ein gesonderter Überweisungsbeschluss bzw eine Überweisung an Zahlungs statt, ist der Schuldner vor diesem Beschl zu hören (Musielak/*Becker* § 834 Rn 2; Baur/Stürner/Bruns Rn 30.31).

6 Das **Verbot endet**, sobald der Pfändungsbeschluss erlassen wurde. Das Ziel von § 834 kann dann nicht mehr vereitelt werden, weshalb der Schuldner zu den folgenden Anträgen des Gläubigers (Wieczorek/Schütze/*Lüke* § 834 Rn 3) sowie im Rechtsmittelverfahren zu hören ist. Ist der erlassene Pfändungsbeschluss im Rechtsmittelverfahren auf Antrag des Schuldners aufgehoben worden, soll dieser nach Ansicht des KG (MDR 94, 513) im weiteren Verfahren nicht gehört werden, doch ist diese Auffassung abzulehnen, weil das Verfahren durch eine Anhörung nicht mehr beeinträchtigt werden kann. Der Schuldner ist auch zu hören, falls die Forderung nach § 845 beschlagnahmt ist (MüKoZPO/*Smid* § 834 Rn 1). Auf Antrag des Gläubigers ist der Schuldner ebenfalls anzuhören (Celle MDR 72, 958; LG Braunschweig Rpfleger 81, 489 mit Anm *Hornung*; B/L/A/H § 834 Rn 4), es sei denn, der Gläubiger erfüllt seine Darlegungslast nicht (St/J/*Brehm* § 834 Rn 4). Vorbeugender Schuldnervortrag in Schutzschriften kann zwar die Gläubigerinteressen beeinträchtigen, gefährdet aber nicht das ordnungsgemäße Verfahren und ist deswegen zu berücksichtigen (vgl *Vogel* NJW 97, 556; Zö/*Stöber* § 834 Rn 3).

7 **C. Wirkungen.** Nach Erlass des Pfändungs- sowie ggf des Überweisungsbeschlusses kann der Schuldner Erinnerung gem § 766 einlegen (Köln JurBüro 00, 48; Musielak/*Becker* § 834 Rn 1). Im Rechtsmittelverfahren ist das rechtliche Gehör nachzuholen. Wird der Schuldner entgegen § 834 angehört, ist die Pfändung dennoch wirksam. Dann ist gegen den Pfändungs- und Überweisungsbeschluss die sofortige Beschwerde gem §§ 11 RPflG, 793 gegeben (Köln JurBüro 00, 48). Ggf hat der Gläubiger einen Schadensersatzanspruch gegen den Staat aus § 839 I BGB iVm Art 34 GG (Schuschke/Walker § 834 Rn 1).

§ 835 Überweisung einer Geldforderung. **(1) Die gepfändete Geldforderung ist dem Gläubiger nach seiner Wahl zur Einziehung oder an Zahlungs statt zum Nennwert zu überweisen.**
(2) Im letzteren Fall geht die Forderung auf den Gläubiger mit der Wirkung über, dass er, soweit die Forderung besteht, wegen seiner Forderung an den Schuldner als befriedigt anzusehen ist.
(3) [1]Die Vorschriften des § 829 Abs. 2, 3 sind auf die Überweisung entsprechend anzuwenden. [2]Wird ein bei einem Kreditinstitut gepfändetes Guthaben eines Schuldners, der eine natürliche Person ist, dem Gläubiger überwiesen, so darf erst vier Wochen nach der Zustellung des Überweisungsbeschlusses an den Drittschuldner aus dem Guthaben an den Gläubiger geleistet oder der Betrag hinterlegt werden; ist künftiges Guthaben gepfändet worden, ordnet das Vollstreckungsgericht auf Antrag zusätzlich an, dass erst vier Wochen nach der Gutschrift von eingehenden Zahlungen an den Gläubiger geleistet oder der Betrag hinterlegt werden darf.
(4) [1]Wird künftiges Guthaben auf einem Pfändungsschutzkonto im Sinne von § 850k Absatz 7 gepfändet und dem Gläubiger überwiesen, darf der Drittschuldner erst nach Ablauf des nächsten auf die jeweilige Gutschrift von eingehenden Zahlungen folgenden Kalendermonats an den Gläubiger leisten oder den Betrag hinterlegen. [2]Das Vollstreckungsgericht kann auf Antrag des Gläubigers eine abweichende Anordnung treffen, wenn die Regelung des Satzes 1 unter voller Würdigung des Schutzbedürfnisses des Schuldners für den Gläubiger eine unzumutbare Härte verursacht.
(5) Wenn nicht wiederkehrend zahlbare Vergütungen eines Schuldners, der eine natürliche Person ist, für persönlich geleistete Arbeiten oder Dienste oder sonstige Einkünfte, die kein Arbeitseinkommen sind, dem Gläubiger überwiesen werden, so darf der Drittschuldner erst vier Wochen nach der Zustellung des Überweisungsbeschlusses an den Gläubiger leisten oder den Betrag hinterlegen.

A. Normzweck. In der Zwangsvollstreckung wegen einer Geldforderung ist zwischen dem durch die Forderungspfändung begründeten Pfandrecht und der Gläubigerbefriedigung durch die Pfandverwertung zu unterscheiden (krit *Stamm* Prinzipien, 435 ff). Abweichend von den §§ 1282, 1228 II BGB gewährt die Pfändung dem Gläubiger noch kein Verwertungsrecht. Aus der gepfändeten Forderung kann sich der Gläubiger erst dann befriedigen, wenn ihm vom Vollstreckungsgericht insb durch eine Überweisung eine Verwertungsbefugnis eingeräumt wird. Durch diese Trennung sind die Sicherungsvollstreckung nach § 720a, die Arrestvollziehung gem § 930 I, die Pfändung einer hypothekarisch gesicherten Forderung entspr den sachenrechtlichen Grundsätzen (BGHZ 121, 98, 101; § 830 Rn 13), zu deren Verwertung §§ 837, 837a, und bei indossablen Papieren die Übertragung des Pfändungsakts auf den Gerichtsvollzieher möglich (Stöber Rn 578). 1

§ 835 sichert dem Gläubiger die **Dispositionsfreiheit** über die Art der Verwertung. Befriedigt wird er regelmäßig durch Überweisung der Forderung und zwar nach seiner Wahl entweder zur Einziehung oder an Zahlungs statt, § 835 I, soweit nicht auf seinen Antrag eine andere Art der Verwertung angeordnet wird, § 844, oder das Gesetz eine andere Verwertungsart vorschreibt. Bei der Vollstreckung in Forderungen auf Herausgabe oder Leistung von Sachen gelten die §§ 846 ff, Eine Überweisung an Zahlungs statt ist hier nach § 849 ausgeschlossen. Bei sonstigen Vermögensrechten sind die §§ 857 ff anzuwenden (Wieczorek/Schütze/*Lüke* § 835 Rn 1). 2

B. Verfahren der Überweisung. I. Grundlagen. Pfändung und Überweisung der Forderung erfordern zwei sachlich zu unterscheidende Beschlüsse, die in der Praxis äußerlich formularmäßig zusammengefasst werden (G/S/B-E § 55 Rn 32). Die Überweisung setzt ein wirksam entstandenes Pfändungspfandrecht voraus (BGHZ 127, 146, 152). Deswegen kann der Überweisungsbeschluss der Pfändung nachfolgen, nicht aber ihr vorausgehen. Nach Ansicht des BGH ist die Überweisung einer nicht gepfändeten Forderung unwirksam (BGHZ 127, 146, 152). Eine Trennung beider Beschlüsse ist nicht erforderlich (Ausnahmen Rz 1), auch nicht um rechtliches Gehör zu gewähren (vgl § 834 Rz 5; aA *Hoeren* NJW 91, 411; nach St/J/*Brehm* § 835 Rn 2, soll aber die Wirkung aufgeschoben werden, damit der Schuldner Erinnerung einlegen und Maßnahmen nach § 766 I 2 beantragen kann, weil erfolgte Zahlungen nicht mehr im Erinnerungsverfahren korrigierbar sind). Es genügt ein vorläufig vollstreckbarer Titel. Wird die Forderung mehrfach gepfändet, ist auch eine mehrfache Überweisung möglich. 3

II. Antrag. Die Überweisung erfolgt auf einen mit dem Pfändungsantrag verbundenen oder selbstständig gestellten Antrag des Gläubigers. Ein selbständiger Antrag muss die Voraussetzungen des Pfändungsantrags, dh insb das Bestimmtheitserfordernis (§ 829 Rz 31) erfüllen. Er soll auch die gewählte Art der Ver- 4 wertung bezeichnen. Ausdrücklich ist dies aber nur erforderlich, wenn eine Überweisung an Zahlungs statt verlangt wird. Beantragt der Gläubiger die Überweisung der Forderung, ohne die Art zu spezifizieren, ist von einer Überweisung zur Einziehung auszugehen (allg M vgl St/J/*Brehm* § 835 Rn 7), weil der Antrag als Prozesshandlung so ausgelegt werden muss, wie dies vernünftig ist sowie der recht verstandenen Interessenlage des Gläubigers entspricht (vgl BGHZ 149, 298, 310) und der Gläubiger in jenem Fall nicht das Bonitätsrisiko trägt. Der Gläubiger kann zunächst eine Überweisung zur Einziehung und dann an Zahlungs statt wählen, nicht aber umgekehrt (B/L/A/H § 835 Rn 5).

5 Der Antrag ist beim **Vollstreckungsgericht** zu stellen. Da der Rechtspfleger funktionell zuständig ist, § 20 Nr 17 RpflG (§ 828 Rz 3), besteht für die Antragstellung kein Anwaltszwang, § 13 RpflG. Eine Antragstellung durch Inkassodienstleister ist nach § 79 II Nr 4 nicht zulässig.

6 **III. Anschließendes Verfahren.** Werden Pfändung und Überweisung gemeinsam beantragt, erfolgt regelmäßig keine Anhörung des Schuldners (§ 834 Rz 3 f). Beantragt der Gläubiger die Überweisung einer bereits gepfändeten Forderung, ist dem Schuldner rechtliches Gehör zu gewähren (§ 834 Rz 6).

7 **IV. Beschluss.** Der Überweisungsbeschluss muss die Art der Überweisung und im Fall des § 839 auch die Hinterlegungsanordnung bezeichnen. Als Überweisung zur Einziehung kann er gemeinsam mit der Pfändung ergehen, während die Überweisung an Zahlungs statt einen gesonderten Überweisungsbeschluss erfordert (§ 834 Rz 5). In einem Pfändungs- und Überweisungsbeschluss muss die gepfändete Forderung unzweifelhaft bezeichnet werden. Angeheftete Urkunden sind zulässig, wenn sie Bestandteil des Beschlusses sind (BGH NJW-RR 08, 1164). Erfolgt ein gesonderter Überweisungsbeschluss, müssen die Bestimmtheitserfordernisse ebenfalls erfüllt sein. Es genügt aber, wenn im Überweisungsbeschluss auf den hinreichend bestimmten Pfändungsbeschluss Bezug genommen wird. Zur Auslegung des Überweisungsbeschlusses kann der Pfändungsbeschluss herangezogen werden (Wieczorek/Schütze/*Lüke* § 835 Rn 11). Sonst sind die Parteien, die zu vollstreckende Forderung des Gläubigers (entspr § 829 Rz 43 ff) und die Anordnung der Art der Überweisung unter Bezeichnung der gepfändeten Forderung sowie des Drittschuldners anzuführen (Zö/*Stöber* § 835 Rn 4).

8 Ein vom Gläubiger beantragter Vermerk über eine **Zahlstelle** (vgl LG Essen Rpfleger 59, 166; aA LG Nürnberg-Fürth JurBüro 64, 614 f) oder eine portofreie Leistung (LG Berlin Rpfleger 68, 291) muss nicht in den Beschl aufgenommen werden. Er ist aber unter dem Hinweis zulässig, dass es sich hierbei um eine Bitte des Gläubigers handelt, deren Nichtbeachtung durch Zahlung an eine andere als die angegebene Stelle keine nachteiligen Wirkungen auslöst (Stöber Rn 494). Der Gläubiger kann zunächst eine Überweisung zur Einziehung und dann an Zahlungs statt erwirken, aber nicht umgekehrt (Musielak/*Becker* § 835 Rn 2).

9 **V. Zustellung, § 835 III 1 iVm § 829 II, III. 1. Grundlagen.** Um einen Gleichlauf mit der Pfändung zu erreichen, sind nach § 835 III 1 die Vorschriften des § 829 II, III entspr auf die Überweisung anzuwenden (vgl § 829 Rz 52 ff). Der Überweisungsbeschluss wird dem Gläubiger formlos ausgehändigt und ist dem Drittschuldner auf Betreiben des Gläubigers und dem Schuldner anschließend vAw zuzustellen (Schuschke/Walker § 835 Rn 3). Die Zustellung an den Drittschuldner ist Wirksamkeitsvoraussetzung, wie aus der Verweisung aus § 829 II folgt (vgl § 829 Rz 53).

10 **2. Auslandszustellung, europäisches Recht.** Eine Auslandszustellung nach den §§ 183 I, 184 ist gem §§ 835 III 1, 829 II 3 entbehrlich. Die Zustellung erfolgt hier durch Aufgabe des Beschlusses zur Post. Diese Regelung ist jedoch nicht mit dem europäischen Diskriminierungsverbot aus den Art 12, 293 EGV zu vereinbaren (vgl EuGH NJW 1994, 1271 f). Im europäischen Justizraum außer Dänemark ist daher der Überweisungsbeschluss nach der Verordnung (EG) 1348/2000 (EuZVO), geändert durch die Verordnung (EG) 1393/2007 zuzustellen (vgl Rauscher/*Heiderhoff* Einl EG-ZustellVO Rn 23).

11 **C. Wirkung der Überweisung. I. Grundlagen.** Durch die Überweisung werden die förmlichen Erklärungen des Schuldners ersetzt, die für eine Übertragung der Forderung erforderlich wären, § 836 I. Eine wirksame Überweisung setzt eine den Anforderungen des § 829 genügende Pfändung aufgrund eines dazu geeigneten Titels voraus, denn die Überweisung vollzieht die Pfandverwertung, begründet aber nicht das Recht dazu (BGHZ 127, 152). Der Überweisungsbetrag darf daher nicht die Pfändung übersteigen (RG Gruchot 37, 422, 423). Der auf einen Arrest (BGHZ 121, 101) oder auf eine Sicherungsvollstreckung nach § 720a gestützte Überweisungsbeschluss ist nichtig, weil hier die Verwertung nicht erfolgen kann. Ist der Schuldner nicht Inhaber der behaupteten Forderung, gehen Pfändung und Überweisung ins Leere (Musielak/*Becker* § 835 Rn 6).

Der Pfändungsbeschluss muss noch nicht **wirksam** sein, aber durch Zustellung wirksam werden können (MüKoZPO/*Smid* § 835 Rn 5; vgl Wieczorek/Schütze/*Lüke* § 835 Rn 13; aA RG Gruchot 34, 1172, 1175). Der Überweisungsbeschluss wird mit der Zustellung an den Drittschuldner wirksam, § 835 III 1 iVm § 829 II, III (G/S/B-E § 55 Rn 32), aber nicht vor der Pfändung. Die Überweisung berechtigt den Gläubiger, die Forderung im eigenen Namen bzw bei einer Überweisung an Zahlungs statt als eigenes Recht ggü dem Drittschuldner geltend zu machen und durchzusetzen (MüKoZPO/*Smid* § 835 Rn 3). Erwirkt der Gläubiger zunächst nur eine Teilüberweisung, bleibt die restliche Forderung gepfändet (B/L/A/H § 835 Rn 2) und kann später auf Antrag überwiesen werden. Haben **mehrere Gläubiger** dieselbe Forderung gepfändet, kann sie jedem zur Einziehung überwiesen werden, ohne Einfluss auf den Rang der Pfandrechte zu haben (RGZ 164, 162, 169). Bei Rangzweifeln kann der Drittschuldner gem § 853 hinterlegen, bzw gem §§ 854 ff vorgehen; zur Klage bei mehrfacher Pfändung vgl Rn 20. 12

II. Überweisung zur Einziehung (§ 829 I Alt 1). 1. Allgemeines. Der Gläubiger hat zwar grds die Wahl zwischen den Überweisungsformen, doch wird er regelmäßig die risikoärmere Einziehung wählen (Rz 4). Kann eine nach § 399 BGB nicht übertragbare Forderung gem § 851 II gepfändet werden, muss sie zur Einziehung überwiesen werden. Gepfändete Herausgabeansprüche können gem §§ 846, 849 ebenfalls nur zur Einziehung überwiesen werden, weil sie keinen Nennwert haben, ebenso von einer Gegenleistung abhängige Forderungen (Stöber Rn 594; s.a. unten Rz 27). Die Forderung des Gläubigers ist noch nicht mit der Überweisung zur Einziehung, sondern erst mit der Leistung des Drittschuldners oder etwa einer Aufrechnung befriedigt. Die Überweisung zur Einziehung erfolgt erfüllungshalber iSv § 364 BGB (Brox/Walker Rn 634). Falls sich der Gläubiger nicht aus der überwiesenen Forderung befriedigen kann, bleibt er aus seiner ursprünglichen Forderung berechtigt. Da die Zwangsvollstreckung mit der Überweisung noch nicht beendet ist, bleibt eine Anschlusspfändung zulässig. 13

2. Stellung des Gläubigers. a) Materiellrechtliche Kompetenzen. Durch die Überweisung der Forderung zur Einziehung erlangt der Gläubiger ein **eigenes Einziehungsrecht**. Es erfolgt kein Forderungsübergang (BGH NJW 78, 1914; 07, 2560, 2561), weshalb der Schuldner Inhaber der Forderung bleibt, doch ist der Gläubiger zu allen aus der Inhaberschaft an der Forderung folgenden und der Befriedigung dienenden Handlungen befugt (BGHZ 82, 28, 31). Er darf deshalb im eigenen Namen den Drittschuldner in Verzug setzen, eine Leistung an Zahlungs statt vereinbaren (RGZ 169, 54, 56), ein Zurückbehaltungsrecht ausüben und die noch nicht fällige Forderung kündigen (RGZ 76, 276, 282) bzw die Forderung einziehen. Ebenso darf er mit einer eigenen Forderung gegen den Drittschuldner aufrechnen (RGZ 169, 54, 56; BGH NJW 78, 1914) und zwar auch dann, wenn er selbst Drittschuldner ist. In diesem Fall bewirkt die Überweisung noch keine Konfusion (St/J/*Brehm* § 835 Rn 15). Regelmäßig ist zumindest eine Mitteilung an den Schuldner erforderlich. Vor allem ist er berechtigt, auf Leistung an sich zu klagen (BGH NJW 78, 1914; Rn 19). Der Gläubiger ist zu Erklärungen, dem Empfang von Erklärungen und Handlungen befugt, welche die Verjährung hemmen oder neu beginnen lassen (BGH NJW 78, 1914). 14

Auch wenn die gepfändete Forderung den titulierten **Anspruch übersteigt**, wird die gesamte Forderung zur Einziehung überwiesen. Das Einziehungsrecht ist aber auf die Höhe der titulierten Forderung beschränkt, weshalb der Gläubiger keine weitergehende Zahlung verlangen kann (Musielak/*Becker* § 835 Rn 10; Stöber Rn 590). Seine Befugnis findet in den Rechten des Schuldners ihre Grenzen. 15

Unzulässig sind Handlungen, die nicht der Einziehung dienen, denn der Gläubiger darf die Rechte des Schuldners nicht zu dessen Nachteil verändern (BGH NJW 78, 1914). Eine dem Drittschuldner vom Pfändungsgläubiger gewährte Stundung ist dem Schuldner ggü wirkungslos (RGZ 169, 54, 56). Der Gläubiger kann deswegen auch nicht mit Wirkung für den Schuldner einen Erlass gewähren oder einen Vergleich schließen (Stöber Rn 604), es sei denn, der Gläubiger übernimmt in diesen Fällen die finanziellen Konsequenzen (RGZ 169, 54, 56), weil er sich dem Schuldner ggü für befriedigt erklärt (Musielak/*Becker* § 835 Rn 7). Der Gläubiger darf auch nicht die überwiesene Forderung abtreten. 16

Der Gläubiger erlangt die **Stellung eines Pfandgläubigers** iSd § 1275 BGB. Auf sein Rechtsverhältnis zum Drittschuldner sind deswegen die Vorschriften der §§ 398 ff BGB anzuwenden (BGH NJW 01, 288). Die Überweisung umfasst daher auch die **Nebenrechte** iSd § 401 BGB (ThoPu/*Hüßtege* § 835 Rn 3), einschl der – ggf erst künftig fällig werdenden – Zinsen und Nebenleistungen (Wieczorek/Schütze/*Lüke* § 835 Rn 11). Dies gilt etwa für den bankvertraglichen Auskunfts- und Rechnungslegungsanspruch (Karlsr NJW-RR 98, 990, 991). 17

18 Die vom Gläubiger durch die Überweisung zur Einziehung erlangte Rechtsstellung bildet **kein selbständiges Vermögensrecht**. Diese Berechtigung ist weder abtretbar noch kann sie gepfändet werden (Stuttg Rpfleger 83, 409; LG Leipzig Rpfleger 00, 401; St/J/*Brehm* § 857 Rn 42; aA BAG ZIP 80, 287, 288; MüKoZPO/*Smid* § 835 Rn 12; B/L/A/H § 835 Rn 6; Baur/Stürner/Bruns Rn 30.30). Sie stellt lediglich ein von der Pfändung der Forderung eingeschlossenes unselbständiges Nebenrecht dar.

19 **b) Verfahrensrechtliche Kompetenzen.** Der Gläubiger ist außerdem befugt, im eigenen Namen einen **Einziehungsprozess** gegen den Drittschuldner zu führen (BGHZ 82, 28, 31). Auf dieses Klagerecht ist der Gläubiger bei fehlender Zahlungsbereitschaft des Drittschuldners angewiesen, weil der Pfändungs- und Überweisungsbeschluss keinen Vollstreckungstitel gegen den Drittschuldner darstellt (Brox/Walker Rn 640). Der Gläubiger besitzt die gleichen Befugnisse wie der Schuldner, weswegen sich Rechtsweg (BFH NJW 88, 1407, 1408) und Zuständigkeit ggü einer Klage des Schuldners nicht ändern, es sei denn, die Zuständigkeitsnorm knüpft an die Person des Antragsstellers an (Wieczorek/Schütze/*Lüke* § 835 Rn 23). Für den Gläubiger sind die gleichen Verfahrensarten zulässig, etwa das Mahnverfahren oder der Urkunden- und Wechselprozess. Wird eine Forderung durch mehrere Gläubiger gepfändet und jedem von ihnen überwiesen, gilt § 856.

20 Der Gläubiger verfolgt das Recht kraft einer **Prozessstandschaft** (MüKoZPO/*Smid* § 835 Rn 13; G/S/B-E § 55 Rn 37; s.a. *Hau* WM 02, 325, 329 f.; aA Köln Rpfleger 03, 670, 671; ThoPu/*Hüßtege* § 835 Rn 3). Seine Berechtigung muss er durch einen wirksamen Pfändungs- und Überweisungsbeschluss nachweisen (Kassel OLGR 17, 144, 145). Verliert der Gläubiger den Prozess, tritt im Verhältnis zum Schuldner keine Rechtskrafterstreckung (RGZ 83, 116, 117), wohl aber die Interventionswirkung aus den §§ 74, 68 ein (Baur/Stürner/Bruns Rn 30.28).

21 Zu den **Pflichten des Gläubigers** im Verhältnis zum Schuldner gehört nach § 842 grds die Forderung einzuziehen und ggf beizutreiben. Im Einziehungsprozess muss der Gläubiger dem Schuldner nach § 841 den Streit verkünden (Baur/Stürner/Bruns Rn 30.27). Ist die Forderung gegen den Drittschuldner von mehreren Gläubigern gepfändet und ihnen zur Einziehung überwiesen, gilt für die gerichtliche Durchsetzung § 856.

22 Ist ein **Rechtsstreit** des Schuldners über die Forderung beim Wirksamwerden der Überweisung **bereits rechtshängig**, bleibt der Schuldner grds Kl. Das Prozessrechtsverhältnis geht den Vollstreckungswirkungen vor. Stimmt der Drittschuldner einer Übernahme des Verfahrens durch den Gläubiger nicht nach § 265 II 2 zu, kann der Gläubiger dem Kl lediglich als Streitgehilfe beitreten. Der Schuldner muss gem § 265 seinen Klageantrag auf Leistung an den Gläubiger umstellen. Sofern die Forderung des Schuldners bereits tituliert ist, kann der Gläubiger den Titel gem § 727 auf sich umschreiben lassen (Gottwald § 835 Rn 7, 9).

23 **3. Stellung des Schuldners.** Trotz Überweisung der Forderung zur Einziehung bleibt der Schuldner **Inhaber** der Forderung, die weiterhin zu seinem Vermögen gehört (BGH NJW 01, 2178, 2179). Der Vollstreckungsschuldner ist aber nicht mehr berechtigter Zahlungsempfänger (BGHZ 82, 28, 31). Verboten sind ihm Verfügungen zum Nachteil des Vollstreckungsgläubigers, § 829 I 2 (BGH NJW 01, 2178, 2179). Außerdem muss er nach § 836 III 1 dem Gläubiger Auskunft erteilen und Urkunden über die gepfändete Forderung herausgeben. Der Überweisungsbeschluss stellt den Titel für die Herausgabe dar, § 836 III 3 (G/S/B-E § 55 Rn 38).

24 Der Schuldner darf daher aus eigenem Recht die **Forderung einklagen**. Dabei kann er entweder auf Feststellung der Forderung (BGHZ 114, 138, 141) oder auf Zahlung an den Gläubiger klagen (BGH NJW 01, 2178, 2180), es sei denn, der Gläubiger ist bereits Inhaber eines Titels gegen den Drittschuldner. Ist der durch die Pfändung gesicherte Anspruch des Gläubigers niedriger als die gepfändete Forderung des Schuldners, kann der Schuldner schon vor Befriedigung des Pfändungsgläubigers Klage auf zukünftige Leistung an sich gem § 259 erheben (BGH NJW 01, 2178, 2180). Ist der Schuldner bereits Titelinhaber, darf er im Wege der Zwangsvollstreckung Maßnahmen zur Sicherung der Forderung beantragen (Oldbg MDR 98, 61; Zweibr OLGZ 89, 334).

25 **4. Stellung des Drittschuldners.** Der Drittschuldner muss an den Vollstreckungsgläubiger leisten, doch bleiben ihm seine Einwendungen vorbehalten, §§ 1275, 404 BGB. Zahlt er in Unkenntnis der Überweisung an den Vollstreckungsschuldner, ist er ggü dem Vollstreckungsgläubiger entspr § 407 BGB geschützt (Musielak/*Becker* § 835 Rn 13). Nach der Überweisung darf der Drittschuldner grds nicht mehr hinterlegen (RGZ 77, 141, 144). Die Einstellung der Zwangsvollstreckung kann der Drittschuldner dem Gläubiger einredeweise oder, nachdem ein Zahlungstitel ergangen ist, im Wege der Vollstreckungsgegenklage gem § 767

geltend machen (MüKoZPO/*Smid* § 835 Rn 22). Der Drittschuldner darf mit einer Forderung gegen den Vollstreckungsgläubiger aufrechnen.

Ggü dem Gläubiger kann der Drittschuldner zwar nicht eine bloße Fehlerhaftigkeit des Pfändungs- und Überweisungsbeschlusses geltend machen, wohl aber dessen **Nichtigkeit** (BGH, NJW 1976, 851). Die bloße Anfechtbarkeit ist nicht zu berücksichtigen, solange die Verstrickung fortbesteht (Saarbr InVo 05, 66, 67). Nichtigkeit ist dann anzunehmen, wenn der Pfändungs- und Überweisungsbeschluss offensichtlich fehlerhaft ist. Davon ist auszugehen, wenn in dem Beschl bzw in der Verfügung ein pfändbarer Betrag ohne gesetzliche Grundlage festgesetzt wird (BAG NJW 89, 2149). 26

III. Überweisung an Zahlungs statt (§ 829 I Alt 2). Die Überweisung an Zahlungs statt setzt einen besonderen Antrag (Rz 4) und einen eigenen Beschl voraus (Rz 7). Sie darf nur zum Nennwert erfolgen, weswegen sie in den Fällen unzulässig ist, in denen die gepfändete Forderung keinen Nennwert besitzt (Gottwald § 835 Rn 15). In den Fällen der §§ 711, 712 I 1, 846, 849 ist die Überweisung an Zahlungs statt unzulässig (oben Rz 13). 27

Durch die Überweisung an Zahlungs statt **geht** die **Forderung** wie bei einer Abtretung auf den Gläubiger **über**. Wird die Überweisung wirksam, §§ 836 III 1, 829 III, weil die überwiesene Forderung rechtlich existiert, erlischt die Forderung des Gläubigers. Der Gläubiger ist insoweit als befriedigt anzusehen, wie die gepfändete Forderung besteht, § 835 II. Der Gläubiger trägt das Risiko der Bonität, nicht der Verität. Da der Gläubiger das Risiko trägt, ob die Forderung einzubringen ist, wird er sich nur eine zweifelsfrei bestehende Forderung an Zahlungs statt überweisen lassen. Die Titelforderung besteht jedoch fort, falls die Überweisung wirkungslos war, weil die überwiesene Forderung dem Gläubiger nicht zusteht oder einredebehaftet ist (Musielak/*Becker* § 835 Rn 14). Weigert sich der Drittschuldner, die bestehende Forderung zu erfüllen, muss der Gläubiger einen Einziehungsprozess führen, für den das oben (Rz 19 ff) Ausgeführte gilt. 28

D. Schuldnerschutz durch Leistungssperre (Abs 3 S 2, Abs 4). I. Veränderte Rechtslage. Bis auf geringfügige terminologische Unterschiede stimmt § 835 III 2 Hs 1 mit der früheren gesetzlichen Regelung in § 835 III 2 aF überein. Um den Schutz des Schuldners zu verbessern und unnötige zeitliche Belastungen von den Vollstreckungsgerichten zu nehmen, ist die Dauer der Leistungssperre auf vier Wochen verlängert. Für die Pfändung künftiger Guthaben schafft Abs 4 eine Spezialregelung bei Pfändungsschutzkonten und Abs 3 S 2 Hs 2 eine allgemeine Vorschrift. Das neue Recht ist auf Sachverhalte anwendbar, die beim Inkrafttreten nicht abgeschlossen waren (BGH NZI 11, 717 Tz 16 ff). 29

II. Gegenwärtiges Guthaben (Abs 3 S 2 HS 1). Wird das bei einem Kreditinstitut gepfändete Guthaben einer natürlichen Person dem Gläubiger überwiesen, darf der Drittschuldner erst vier Wochen nach Zustellung des Überweisungsbeschlusses aus dem Guthaben leisten oder den Betrag hinterlegen, Abs 3 S 2 Hs 1. Die Frist gilt kraft Gesetzes und muss nicht gerichtlich angeordnet werden. Das Guthaben muss bei einem **Kreditinstitut** iSd § 1 I KWG bestehen (dazu im Einzelnen § 833a Rz 8). Ein **Konto** wird im Gesetz nicht ausdrücklich verlangt, muss aber dennoch eingerichtet sein. Die Sperre gilt ungeachtet der Art des Kontos und des Guthabens, dh auch bei einmaligen Zahlungseingängen, s.a. Abs 5 (vgl Wieczorek/Schütze/*Lüke* § 835 Rn 42; *Arnold* BB 78, 1314, 1320; *Hornung* Rpfleger 78, 353, 360). Die Regelung gilt auch für das gegenwärtige Guthaben auf einem Pfändungsschutzkonto, für künftiges Guthaben ist Abs 4 zu beachten. Geschützt sind sowohl ein »Und-« als auch ein »Oder-Konto«. Inhaber des Kontos muss eine **natürliche Person** sein. Ihre berufliche Stellung und soziale Rolle ist bedeutungslos. Die Person kann selbstständig, nicht selbstständig oder gar nicht erwerbstätig sein. 30

Mit der **vierwöchigen Auszahlungssperre** wird dem Schuldner va Gelegenheit gegeben, die Umwandlung des Kontos in ein Pfändungsschutzkonto gem § 850k VII zu verlangen oder Pfändungsschutz gem § 850l zu erlangen. Der Schuldner kann diese Frist ausschöpfen, ohne Rechtsnachteile befürchten zu müssen. Wird seinem Begehren entsprochen, beeinträchtigt eine späte Antragsstellung ohnehin keine Interessen des Gläubigers. Im Rahmen des einstweiligen Rechtsschutzes (§ 732 II) kann diese Frist verlängert werden, bspw bis zum Erlass einer Entscheidung nach § 850l oder deren Rechtskraft. Die Sperre muss nicht, sollte aber im Überweisungsbeschluss erwähnt werden. Das **Verfügungsrecht** des Schuldners ist nicht in § 835 geregelt. Beim Pfändungsschutzkonto gilt § 850k I. Besteht noch kein Pfändungsschutzkonto, muss der Schuldner einen Antrag nach § 732 II stellen. 31

Die **Frist beginnt** mit der Zustellung des Überweisungsbeschlusses an den Drittschuldner und nicht mit der Kontogutschrift (aA B/L/*Hartmann* § 835 Rn 29). Die frühere Diskussion um den Fristbeginn (Stöber Rn 1297b) ist durch die gerade im Hinblick darauf erfolgte gesetzliche Regelung in § 835 III 2 Hs 1 und 2 erledigt. 32

33 Die Sperre ist unabhängig von der Höhe des Guthabens. Wie im Umkehrschluss aus Abs 3 S 2 Hs 2 abzuleiten ist, besteht eine **einmalige gesetzliche Leistungssperre** im Anschluss an die Zustellung des Überweisungsbeschlusses (vgl Zö/*Stöber* Anh § 850k, § 835 Rn 1). Einzahlungen nach Ablauf der Frist sind von ihr nicht mehr betroffen. Nicht beantwortet ist damit, ob sich der Schutz allein auf das bei der Überweisung bestehende Guthaben bezieht oder ob innerhalb der vierwöchigen Leistungssperre jedes neue Guthaben geschützt wird. Sachlich geht es um die Frage, ab wann künftiges Guthaben entsteht, nach der Pfändung oder nach Ablauf der Schutzfrist. Die gesetzliche Formulierung einer Leistung aus dem Guthaben lässt dies unbeantwortet. Da sich die Auszahlungssperre auf ein Konto beziehen muss und die verlängerte gesetzliche Frist gerade einen unnötigen zeitlichen Druck verhindern soll, gilt die Sperre auch für alle Zahlungseingänge innerhalb der Frist. Insofern wird der Anwendungsbereich des künftigen Guthabens begrenzt.

34 Die Leistungssperre ist **vom Kreditinstitut** unabhängig davon **zu beachten**, ob der Schuldner den Antrag nach den § 850l stellt oder die Umwandlung seines Kontos in ein Pfändungsschutzkonto nach § 850k VII 2 veranlasst. Sie gilt auch, wenn der Schuldner ein Pfändungsschutzkonto eingerichtet hat. Leistet das Kreditinstitut dennoch innerhalb der Frist an den Gläubiger und wird dem Schuldner Pfändungsschutz gewährt, ist es dem Schuldner ggü nicht frei geworden. Erfolgt fehlerhaft eine Überweisung an Zahlungs statt zusammen mit der Pfändung, wird analog Abs 3 S 2 ein Aufschub der Übertragungs- und Befriedigungswirkung um vier Wochen angenommen (vgl St/J/*Brehm* § 835 Rn 49 zur früheren Rechtslage).

35 **III. Künftiges Guthaben (Abs 3 S 2 HS 2).** Ein Schutz des künftigen Guthabens wird dagegen nicht gesetzlich gewährt, sondern muss gesondert beantragt werden. Für künftige Guthaben auf einem Pfändungsschutzkonto iSd § 850 k trifft Abs 4 eine Sonderregelung. Abs 3 S 2 HS 2 gilt daher für andere als Pfändungsschutzkonten. Künftiges Guthaben ist das nach Ablauf der vierwöchigen Schutzfrist aus Abs 3 S 2 entstehende Guthaben. Auf **Antrag des Schuldners** muss das Vollstreckungsgericht zusätzlich anordnen, dass erst vier Wochen nach der Gutschrift von eingehenden Zahlungen an den Gläubiger geleistet oder der Betrag hinterlegt werden darf. Der Antrag ist bereits vor Eingang weiterer Zahlungen auf dem Konto zulässig. Das Moratorium gilt dann auch für künftige Einzahlungen.

36 Dem Vollstreckungsgericht steht bei dieser Entscheidung **kein Ermessensspielraum** zu. Es muss einem zulässigen Antrag stattgeben. Abgesehen vom Wortlaut folgt dies aus dem Gleichklang mit der ermessensunabhängigen gesetzlichen Auszahlungssperre sowie dem Ziel der Novellierung, den Vollstreckungsschutz für das Gericht und den Schuldner zu erleichtern. Für einen gerichtlichen Beurteilungsspielraum existiert kein normativer Anknüpfungspunkt. Bei der ermessensunabhängigen Verlängerung der gesetzlichen Auszahlungssperre ist eine **Anhörung** der Gläubiger regelmäßig entbehrlich, ggf kann sie im Erinnerungsverfahren nachgeholt werden.

37 **IV. Künftiges Guthaben auf Pfändungsschutzkonto (Abs 4). 1. Erweiterte Leistungssperre (Abs 4 S 1).** Mit der durch Art 3 des Zweiten Gesetzes zur erbrechtlichen Gleichstellung nichtehelicher Kinder (vom 12.4.2011, BGBl I, 615; BTDrs 17/4776) in Abs 4 geschaffenen Regelung hat der Gesetzgeber die Leistungssperre für künftige Guthaben auf einem Pfändungsschutzkonto erweitert. § 835 IV regelt das Verhältnis zwischen Drittschuldner und Vollstreckungsgläubiger, während die Wirkungen zwischen dem Drittschuldner und dem Vollstreckungsschuldner in § 850k I 2 normiert sind.

38 Durch die Novellierung soll das sog. **Monatsanfangsproblem** (*Richter/Zimmermann*, ZVI 2010, 359; *Jaeger*, ZVI 2010, 325, 328 ff.; *Strunk*, ZVI 2010, 335, 336 f.; *Bitter*, ZIP 2011, 149, 154) entschärft werden (*Ahrens* NZI 11, 183). In den betreffenden Fallgestaltungen wird eine Leistung in einem Monat gutgeschrieben, aber erst im Folgemonat verbraucht. Typisch dafür ist die Gutschrift zum Ende eines Kalendermonats für eine Verwendung im Folgemonat, wie dies sehr häufig bei Sozialleistungen erfolgt. Hat der Schuldner im Folgemonat über den unpfändbaren Betrag verfügt und wird an dessen Ende die nächste Zahlung gutgeschrieben, wäre die den Freibetrag übersteigende Summe pfändbar. Im zweiten Folgemonat stünden dem Schuldner dann keine Mittel zur Sicherung seines Lebensunterhalts zur Verfügung. Ziel der Neuregelung ist, im Zusammenwirken mit § 850k I 2 ZPO, den existenznotwendigen Lebensunterhalt des Schuldners dauerhaft zu sichern. Individuelle Schutzanträge sollen dadurch entbehrlich werden. § 835 IV normiert dabei das Verhältnis zwischen dem Drittschuldner und dem Vollstreckungsgläubiger normiert, während die ergänzende Bestimmung in § 850k I 2 die Rechtslage zwischen Schuldner und Drittschuldner regelt.

39 **2. Voraussetzungen.** Die Regelung in Abs 4 modifiziert die nach § 835 III 2 Hs 2 bestehende antragsabhängige vierwöchige Auszahlungssperre für künftige Kontoguthaben. Als spezielle und damit vorrangige Regelung für **Pfändungsschutzkonten** begründet die Bestimmung aus Abs 4 S 1 eine besondere gesetzliche, also

antragsunabhängige Leistungssperre bei gepfändeten künftigen Guthaben. Der Drittschuldner darf danach erst mit Beginn des auf die Gutschrift folgenden übernächsten Monats an den Gläubiger leisten.

Geschützt sind alle **künftigen Guthaben** auf Pfändungsschutzkonten unabhängig von der Einkommens- 40
quelle (*Becker* NJW 11, 1317, 1319). Für gegenwärtige Guthaben gilt Abs 3 S 2 Hs 1 (Rz 30 ff). Der Begriff des Guthabens ist wie in § 850k zu verstehen (§ 850k Rz 45 ff). Erfasst werden auch einmalige oder nicht regelmäßig wiederkehrende Zahlungseingänge. Praktisch große Bedeutung besitzt die Regelung bei Sozialleistungen, die oftmals zum Monatsende für den kommenden Monat gezahlt werden.

Die **Dauer der Leistungssperre** variiert, da sie an den Kalendermonat der Gutschrift gekoppelt ist. Erfolgt 41
die Gutschrift zum Monatsersten, dauert die Sperre zwei Monate. Bei einer Gutschrift am Monatsletzten, wie dies für Sozialleistungen typisch ist, beträgt die Sperre einen Monat und einen Tag. Geschaffen ist eine den notwendigen Schutz gewährleistende pauschalisierende Regelung, doch werden weiterhin Monatsanfangsgutschriften ggü Gutschriften zum Monatsende bevorteilt. Für Monatsanfangsgutschriften wird damit ein gewisser überschießender Schutz begründet, der über die eigentliche gesetzliche Zielsetzung hinausgeht. Um die Wirkungen angemessen konturieren zu können, ist die Vollstreckungsanordnung nach Abs 4 S 2 vorgesehen. Ausschlaggebend für die Dauer der Sperre ist damit, wann eine **Gutschrift** erfolgt ist. Dies ist vollstreckungsrechtlich zu beantworten und hängt von der Verfügungsmöglichkeit des Schuldners ab.

3. Wirkungen. Der Drittschuldner darf danach erst mit Beginn des auf die Gutschrift folgenden über- 42
nächsten Monats an den Gläubiger leisten. Zahlt der Drittschuldner dennoch vor Ablauf der Frist an den Vollstreckungsgläubiger, befreit ihn die Leistung nicht im Verhältnis zum Schuldner. Ob und in welchem Umfang der Drittschuldner an den Schuldner leisten muss, ergibt sich aus § 850k I 2 (Rz 48 ff).

4. Vollstreckungsanordnung (Abs 4 S 2). Modifiziert werden kann die Leistungssperre durch eine voll- 43
streckungsgerichtliche Anordnung nach Abs 4 S 2 (*Ahrens* NZI 11, 183, 184). Auf Antrag des Gläubigers kann das Vollstreckungsgericht die Sperre **ausnahmsweise** (so ausdrücklich BTDrs 17/4776, S 8) vor Fristablauf aufheben, wenn die Auszahlungssperre unter umfassender Abwägung der schutzwürdigen Interessen des Schuldners für den Gläubiger eine unzumutbare Härte begründet. Diese Anforderungen gehen deutlich über das in den §§ 850i I 4, 850l S 3 bestimmte Maß für vergleichbare Anordnungen hinaus, die überwiegende Belange des Gläubigers voraussetzen. Diese Anordnung darf nur auf **Antrag** des Vollstreckungsgläubigers ergehen. Im Verfahren über den Antrag ist der Schuldner anzuhören, weil die Pfändung bereits erfolgt ist und die Schuldnerinteressen einbezogen werden müssen.

Bei der gebotenen Abwägung sind die schutzwürdigen Interessen des Schuldners umfassend zu berücksich- 44
tigen. Da die vorzeitige Auszahlung des Betrags an den Gläubiger die Ausnahme bildet, sind im Zweifel die **Schuldnerinteressen vorrangig.** Insbesondere muss dem Schuldner eine Verfügung über die zur Sicherung seines Lebensunterhalts erforderlichen Beträge ermöglicht werden. Die Schuldnerinteressen werden regelmäßig auch dann überwiegen, wenn es sich bei dem Guthaben des Schuldners um staatliche Transferleistungen handelt, die der Existenzsicherung dienen (BTDrs 17/4776, S 8). Nur wenn die Härte für den Gläubiger eindeutig schwerer wiegt als das Interesse des Schuldners, darf eine vorzeitige Auszahlung angeordnet werden.

Das Vollstreckungsgericht entscheidet nicht nur ob, sondern auch in welcher Höhe die Auszahlung freige- 45
geben wird. Es kann die Freigabe für einen oder mehrere Monate anordnen. Die Entscheidung berechtigt nicht nachpfändende Gläubiger.

E. Nicht wiederkehrende Leistungen (Abs 5). Mit der **gesetzlichen Leistungssperre** in Abs 4 wird der 46
Vollstreckungsschutz für Schuldner erweitert, deren Einkünfte iSd § 850i gepfändet und dem Gläubiger überwiesen sind. Die antragsunabhängige Sperrfrist nach Abs 5 setzt nicht beim Kontoguthaben an, sondern besteht bereits bei der Pfändung und Überweisung von Forderungen **an der Quelle** der Einkünfte. Diese Regelung ermöglicht dem Schuldner, einen Schutzantrag nach § 850i rechtzeitig vor dem Wirksamwerden der Überweisung zu stellen. Die gesetzlich angeordnete Rechtsfolge entfällt mit Fristablauf, nicht aber, wenn dem Schutzantrag nach § 850i früher entsprochen wird.

Der Drittschuldner darf **nicht wiederkehrend gezahlte Vergütungen** einer natürlichen Person für persön- 47
liche Arbeitsleistungen oder Dienste bzw Einkünfte, die kein Arbeitseinkommen sind, erst vier Wochen nach Zustellung des Überweisungsbeschlusses an den Gläubiger leisten oder hinterlegen. Durch die Sperre werden **Einkünfte aus selbständiger Tätigkeit** geschützt, etwa aus unternehmerischem oder freiberuflichem Einkommen. Erfasst werden auch Einkünfte, die kein Arbeitseinkommen sind. Das Einkommen muss deswegen nicht durch die Arbeitsleistung des Schuldners erzielt werden.

48 **Leistet der Drittschuldner** dennoch innerhalb der Frist und wird dem Schuldner Pfändungsschutz gewährt, ist er dem Schuldner ggü nicht frei geworden. Um dieses Risiko zu begrenzen, kann im Überweisungsbeschluss auf die gesetzliche Auszahlungssperre hingewiesen werden.

49 **F. Rechtsbehelfe.** Es gelten die Ausführungen zu § 829 (§ 829 Rz 99). Maßgebend ist die Sach- und Rechtslage zum Zeitpunkt der Entscheidung, nicht diejenige zur Zeit der Überweisung oder der Einlegung der Erinnerung (BGH NJW-RR 09, 211, 212). Mit der Erinnerung kann der Drittschuldner geltend machen, die Überweisung sei zu Unrecht erfolgt (Gottwald § 835 Rn 20). Bei einer Überweisung an Zahlungs statt soll der Schuldner nach der Überweisung keine Erinnerung einlegen können, weil die Zwangsvollstreckung bereits beendet ist (Brox/Walker Rn 664; aA Ddorf ZIP 82, 366, 367), doch kann dies ausnahmsweise die Rechte des Schuldners unangemessen beeinträchtigen.

50 **G. Insolvenzverfahren.** Nach Eröffnung des Insolvenzverfahrens über das Vermögen des Schuldners sind gem § 89 InsO Maßnahmen der Forderungsvollstreckung und damit Pfändungs- und Überweisungsbeschlüsse unzulässig (MüKoInsO/*Breuer* § 89 Rn 10). Ein solcher Beschl darf dem Drittschuldner nicht mehr zugestellt werden (Frankf ZIP 95, 1689, 1690). In der Insolvenz des Drittschuldners kann der Gläubiger die Forderung anmelden und Zahlungen des Insolvenzverwalters annehmen.

51 **H. Kosten/Gebühren.** Die vom Gläubiger zur Beitreibung der Forderung gegen den Drittschuldner aufgewendeten Kosten gehen zu Lasten des Schuldners, §§ 91, 788 (Wieczorek/Schütze/*Lüke* § 835 Rn 26). Wurde der Gläubiger im Einziehungsprozess zur Kostentragung verurteilt, hat der Schuldner diese zu ersetzen, soweit der Prozess Aussicht auf Erfolg versprach (LAG Bremen NJW 61, 2324), einschl der außergerichtlichen Kosten im arbeitsgerichtlichen Verfahren des ersten Rechtszugs gegen den Drittschuldner (St/J/*Brehm* § 835 Rn 30). Für Pfändung und Überweisung entsteht eine **Gerichtsgebühr** von 15 € gem KV 2110. Die **Anwaltsgebühr** mit einem Satz von 0,3 der Gebühr gem § 18 Nr 3 RVG iVm VV 3309 und ggf 3310 erfasst als Gebühr für die gleiche Angelegenheit auch die Verwertung.

§ 836 Wirkung der Überweisung.

(1) Die Überweisung ersetzt die förmlichen Erklärungen des Schuldners, von denen nach den Vorschriften des bürgerlichen Rechts die Berechtigung zur Einziehung der Forderung abhängig ist.

(2) Der Überweisungsbeschluss gilt, auch wenn er mit Unrecht erlassen ist, zugunsten des Drittschuldners dem Schuldner gegenüber so lange als rechtsbeständig, bis er aufgehoben wird und die Aufhebung zur Kenntnis des Drittschuldners gelangt.

(3) [1]Der Schuldner ist verpflichtet, dem Gläubiger die zur Geltendmachung der Forderung nötige Auskunft zu erteilen und ihm die über die Forderung vorhandenen Urkunden herauszugeben. [2]Erteilt der Schuldner die Auskunft nicht, so ist er auf Antrag des Gläubigers verpflichtet, sie zu Protokoll zu geben und seine Angaben an Eides statt zu versichern. [3]Die Herausgabe der Urkunden kann von dem Gläubiger im Wege der Zwangsvollstreckung erwirkt werden.

1 **A. Normzweck.** Die zentralen Folgen der Überweisung regelt § 835. Die Überweisung zur Einziehung begründet eine Einziehungsbefugnis des Gläubigers und die Überweisung an Zahlungs statt überträgt die Forderung auf den Gläubiger. Die weiteren **Wirkungen** der Überweisung **konkretisiert** § 836 in mehrfacher Hinsicht, in Abs 1 für die Abgabe förmlicher Erklärungen des Schuldners als spezifische Voraussetzungen einer Forderungsübertragung, in Abs 2 für die Schutzwirkungen der Übertragung und damit den Vertrauensschutz in den Bestand der hoheitlichen Maßnahme bei einer Leistung des Drittschuldners und schließlich in Abs 3 für den Übergang und die Geltendmachung von Nebenrechten.

2 Während Abs 1 nahezu funktionslos ist, balancieren die weiteren Regelungen das bei der Überweisung bestehende **Dreiecksverhältnis** zwischen Gläubiger, Schuldner und Drittschuldner aus. Dabei schützt Abs 2 zunächst den Drittschuldner, sodann aber auch den Schuldner, und Abs 3 den Gläubiger. Parallelen zu diesen verfahrensrechtlichen Regeln bestehen in den §§ 407 ff sowie § 402 BGB.

3 **B. Materiellrechtliche Formerfordernisse (Abs 1).** Nach Abs 1 ersetzt die Überweisung förmliche Erklärungen des Schuldners. Da die Forderungsübertragung nach materiellem Recht grds formfrei wirksam ist, besitzt Abs 1 lediglich einen geringen Anwendungsbereich. Ersetzt werden die **Formerfordernisse** bei der Abtretung der Hypothekenforderung aus § 1154 BGB, nach den §§ 13 f HintO sowie die vormundschaftliche Genehmigung gem § 1821 BGB (Wieczorek/Schütze/*Lüke* § 836 Rn 3). Außerdem ersetzt Abs 1 die in

den Art 18 WG und Art 23 ScheckG verlangte Form für das Inkassoindossament, ohne damit ein Vollindossament gem Art 43 WG zu schaffen, denn der Gläubiger soll vor Rückgriffsansprüchen geschützt werden (ThoPu/*Hüßtege* § 836 Rn 1).

C. Schutz des Drittschuldners (Abs 2). I. Anknüpfung. Der Drittschuldner befindet sich bei der Pfändung in einer Situation, die der bei einer Abtretung ähnelt. Deswegen ähnelt der in § 836 II geregelte Gutglaubensschutz dem des Abtretungsrechts aus den §§ 407, 409 BGB (G/S/B-E § 55 Rn 43). Bei einer wirksamen Überweisung kann der Drittschuldner nur noch ggü dem Gläubiger erfüllen. Der Drittschuldner wird deswegen nach Abs 2 in seinem **Vertrauen** auf die Wirksamkeit des ihm zugestellten (BGH NJW 76, 1453, 1454) Überweisungsbeschlusses **geschützt**, wenn er an den Gläubiger zahlt, bevor der Drittschuldner Kenntnis von der Aufhebung der Entscheidung erlangt hat (BGH NJW 76, 1453 f; Musielak/*Becker* § 836 Rn 3). Geht der Drittschuldner umgekehrt davon aus, ein tatsächlich wirksamer Überweisungsbeschluss sei unwirksam oder aufgehoben, wird er nicht geschützt (G/S/B-E § 55 Rn 44). 4

Erforderlich ist die Regelung jedoch nur bei einem **unwirksamen** oder einem **aufgehobenen Überweisungsbeschluss** (die Entscheidung des BAG NJW 90, 2641, 2643, die allein auf die Aufhebung abstellt, ist insoweit überholt). Leistet der Drittschuldner auf einen fehlerhaften, aber nicht aufgehobenen Beschl, wird er bereits nach den allgemeinen Regeln befreit (MüKoZPO/*Smid* § 836 Rn 4). 5

Gesetzlicher Regeltatbestand ist ein fehlerhafter und damit **anfechtbarer Überweisungsbeschluss**, der angefochten und aufgehoben sein muss. Obwohl damit das Einziehungsrecht des Vollstreckungsgläubigers entfallen ist, darf der Drittschuldner dennoch solange mit befreiender Wirkung an den Titelgläubiger leisten, wie er **keine Kenntnis** von der Aufhebung erlangt hat. Seine Privilegierung entfällt bei jeglicher Kenntniserlangung, sei es durch Vorlegung der Ausfertigung der gerichtlichen Entscheidung, sei es durch formlose Mitteilung. Im letztgenannten Fall muss der Drittschuldner die Richtigkeit der Mitteilung prüfen (Wieczorek/Schütze/*Lüke* § 836 Rn 10). Ist die Zwangsvollstreckung vor der Aufhebung eingestellt, genügt die Kenntnis von der Einstellung (St/J/*Brehm* § 836 Rn 3). Im Prozess muss der Kl die Kenntnis darlegen und beweisen, im Einziehungsprozess also der Vollstreckungsgläubiger (BGH NJW 76, 1453, 1454). 6

Wegen dieser gesetzlichen Ausgangslage hat der BGH zunächst bei einem nichtigen, weil auf einen Arrest gestützten Überweisungsbeschluss § 836 II für unanwendbar gehalten (BGH NJW 93, 735, 737). Auch bei einem **nichtigen Überweisungsbeschluss** besteht jedoch regelmäßig ein schützenswertes Vertrauen des Drittschuldners. In einer Folgeentscheidung hat der BGH zutr auf die unwirksame Überweisung einer durch eine Buchhypothek gesicherten Forderung, deren Pfändung nicht im Grundbuch eingetragen wurde, § 836 II angewendet (BGH NJW 94, 3225, 3227). 7

Das schutzwürdige **Vertrauen entfällt** bei einem nichtigen Beschl, wenn der Drittschuldner die zur Unwirksamkeit führenden Tatsachen kennt und er eindeutig auf diese Folge schließen muss. Dem steht es gleich, wenn sich ihm zumindest ernsthafte Zweifel an der Rechtswirksamkeit der Beschlagnahme aufdrängen mussten und er den auf der Hand liegenden Bedenken nicht nachgegangen ist (BGH NJW 94, 3225, 3226). Abzustellen ist auf den Kenntnisstand rechtlicher Laien, die keinen Rechtsrat einholen müssen (BGH NJW 94, 3225, 3227). 8

Bei der **Art der** maßgebenden **Fehler** ist zu unterscheiden. § 836 II schützt vor Verfahrensmängeln, wenn etwa eine unwirksame Pfändung zu einem unwirksamen Überweisungsbeschluss führt (BGH NJW 94, 3225, 3226). Die Regelung gilt auch bei einer einstweiligen Einstellung der Zwangsvollstreckung, durch die der Gläubiger seine Empfangszuständigkeit verliert (St/J/*Brehm* § 836 Rn 2). Der Schutz gilt auch bei einer dem Drittschuldner unbekannten Rangänderung unter den Pfändungsgläubigern (BAG NJW 90, 2641, 2643). 9

Auf **Mängel in der Forderung** ist § 836 II unanwendbar. Das Vertrauen in das Bestehen der Forderung ist nicht geschützt. Der Drittschuldner wird daher nicht frei, wenn der Anspruch dem Vollstreckungsschuldner nicht zugestanden hat. Bei Zweifeln über den Forderungsinhaber leistet der Drittschuldner deswegen auf eigenes Risiko (BGH NJW 88, 495; 02, 755, 757). 10

II. Wirkungen gegenüber dem Schuldner. Der Schuldner bleibt **Inhaber der Forderung** und darf weiter über sie verfügen, wenn auch nicht zum Nachteil des Gläubigers (ThoPu/*Hüßtege* § 836 Rn 2). Rechtshandlungen, die weder den Bestand des Pfandrechts noch den der gepfändeten Forderung beeinträchtigen, sind ihm deswegen gestattet. Er darf deswegen aus eigenem Recht auf Leistung an den Pfändungsgläubiger klagen (BGH NJW 01, 2178, 2179 f). 11

12 Leistet der gutgläubige Drittschuldner an den durch einen Überweisungsbeschluss ausgewiesenen Gläubiger, **erlischt die Forderung** des Schuldners, selbst wenn der Überweisungsbeschluss zuvor aufgehoben wurde oder nichtig ist. Geschützt wird der Drittschuldner **ggü dem Schuldner** sowie einem nachrangigen Pfändungsgläubiger des Schuldners (BGH NJW 76, 1453, 1454).

13 Ist die Forderung vor der Pfändung und Überweisung an einen Dritten abgetreten und leistet der Drittschuldner in Unkenntnis der **Abtretung** an den Vollstreckungsgläubiger, wird er durch die §§ 408 II, 407 BGB geschützt (BGH NJW 76, 1453 f).

14 Bei einer **Mehrfachpfändung** gilt § 836 II auch ggü dem vorrangigen Gläubiger, deren Pfändung der Gläubiger kennt. Leistet der Drittschuldner nach Wegfall des Einziehungsrechts durch Aufhebung des Pfändungs- und Überweisungsbeschlusses und bei dessen Nichtigkeit an den nicht mehr berechtigten bzw nachrangigen Pfändungsgläubiger, wird er über den Wortlaut des § 836 II hinaus vor den Ansprüchen des wirklichen oder rangbesseren Pfändungsgläubigers geschützt (BGH NJW 82, 173, 174; Musielak/*Becker* § 836 Rn 4).

15 Erbringt der Drittschuldner auf einen vorliegenden Pfändungs- und Überweisungsbeschluss **keine Zahlung**, kann er sich nach einer Aufhebung des Pfändungs- und Überweisungsbeschlusses oder einer Rangänderung unter mehreren Pfändungsgläubigern ggü dem wahren Berechtigten nicht auf § 836 II berufen und Zahlungen für die Zeit vor Bekanntwerden des Aufhebungsbeschlusses oder der Rangänderung verweigern (BAG NJW 90, 2641, 2643).

16 **D. Pflichten des Schuldners** (Abs 3). **I. Auskunftspflicht. 1. Inhalt der Verpflichtung.** Die Pflichten des Schuldners aus § 836 III erleichtern dem Gläubiger, den überwiesenen Anspruch ggü dem Drittschuldner durchzusetzen (Rz 18). Nach § 836 III 1 Alt 1 ist der Schuldner verpflichtet, dem Gläubiger auf Verlangen (Stöber Rn 621 f) die zur Geltendmachung der Forderung **erforderlichen Auskünfte** zu erteilen. Materiellrechtlich entspricht § 402 BGB dieser Regelung. Die Verpflichtung besteht neben der des Drittschuldners aus § 840. Voraussetzung ist eine wirksame Vollstreckung durch Pfändung und Überweisung. Eine Verpflichtung besteht nicht bei einer Vorpfändung, § 845, einer Sicherungsvollstreckung, § 720a, und einer Arrestpfändung (Zö/*Stöber* § 836 Rn 9). Zusammen mit dem Herausgabeanspruch aus § 836 III 1 Hs 2 soll der Gläubiger in die Lage versetzt werden, die Forderung ggü dem Drittschuldner geltend zu machen (MüKoZPO/*Smid* § 836 Rn 11). Ist ein künftiger Anspruch gepfändet, muss das aktuelle Informationsinteresse des Gläubigers, etwa über den Fälligkeitszeitpunkt, gegen die Lasten einer wiederholten Auskunft abgewogen werden. Die Auskunft ist unverzüglich zu erteilen. Zu einer wiederholten Auskunft ist der Schuldner grds nicht verpflichtet, doch kann er unvollständige Auskünfte nachzubessern haben (Stöber Rn 622a). Bei der Pfändung laufender Forderungen, wie des Arbeitseinkommens, sind wiederholte Auskünfte erforderlich.

17 Mit dem Auskunftsverlangen darf **keine Ausforschung** erfolgen (MüKoZPO/*Smid* § 836 Rn 11). In seinem Begehren hat der Vollstreckungsgläubiger die Forderung deswegen hinreichend bestimmt zu bezeichnen, ohne aber das Bestehen der gepfändeten Forderung in allen Einzelheiten darlegen zu müssen. Der Gläubiger kann iRd Auskunftsbegehrens nicht ermitteln, ob dem Schuldner die Forderung überhaupt zusteht. Es darf kein umfassender Einblick in die Geschäftsführung des Schuldners verlangt werden, um überhaupt erst zu ermitteln, ob sich für die lediglich vermuteten, in den Pfändungs- und Überweisungsbeschlüssen bezeichneten Ansprüche tatsächliche Grundlagen finden lassen (OLGR Hamm 99, 212).

18 Der **Umfang** erstreckt sich auf die Auskünfte, die der Vollstreckungsgläubiger benötigt, um die Forderung einziehen zu können. Der Schuldner hat die Angaben zu tätigen, die in einem ggf erforderlichen Einziehungsprozess benötigt werden. Er muss deswegen erklären, wann die Forderung fällig wird, angeben, wie die Forderung zu berechnen ist und auf einen bestehenden Titel hinweisen (Musielak/*Becker* § 836 Rn 6). Erforderlichenfalls muss der Schuldner den vom Gläubiger im Pfändungsantrag und dem Auskunftsbegehren zumindest in Umrissen bezeichneten Rechtsgrund der Forderung präzisieren. Keine Auskunft ist darüber zu erteilen, warum eine angebliche Forderung nicht besteht (Stöber Rn 621c).

19 Vollstreckt der Gläubiger in das **Arbeitseinkommen**, muss der Schuldner darüber informieren, ob Teile des Arbeitseinkommens abgetreten sind sowie den Namen und die ladungsfähige Anschrift des in Anspruch genommenen Bürgens nennen, auf den der Sicherheitsabtretungsvertrag übertragen wurde (LG München II JurBüro 00, 490). Außerdem hat er anzugeben, ob und in welchem Umfang Unterhaltsansprüche gegen den Schuldner bestehen (LG Hildesheim DGVZ 01, 87, 88). Anzugeben ist auch, in welcher Steuerklasse das Einkommen versteuert wird (aA LG Hildesheim DGVZ 01, 87, 88). Bei einer Kontopfändung muss der Schuldner Auskunft darüber erteilen, wieweit und aus welchen Gründen das Guthaben nach § 850k II unpfändbar ist (LG Koblenz ZVI 11, 258, 259).

Bei der Pfändung von zukünftigen Rentenansprüchen gehört das Recht auf Erteilung einer **Rentenauskunft** gem § 109 SGB VI nicht zu den mitgepfändeten Nebenrechten, weil es auch über den vergangenen Versicherungsverlauf informiert (Celle JurBüro 98, 156; LG Leipzig Rpfleger 05, 96; aA LG Dresden JurBüro 09, 45, 46; AG Linz JurBüro 10, 215, 216). Auch nach § 836 III besteht wegen des künftigen Anspruchs keine Pflicht zur Erteilung von Rentenauskünften. Diese geben Informationen über die frühere Arbeitsbiographie des Schuldners, werden aber nicht für die aktuelle Forderungsdurchsetzung des Gläubigers benötigt. Seine PIN muss der Schuldner nicht bekannt geben (Zö/*Stöber* § 836 Rn 13). 20

Für die **Konkurrenz mit materiellrechtlichen Pflichten** ist auf die im Einzelfall bestehende Verpflichtung abzustellen. Privatrechtliche Auskunfts- und Rechnungspflichten bleiben von den vollstreckungsrechtlichen Anforderungen unberührt. Gesetzliche **Verschwiegenheitspflichten** bestehen ebenfalls grds fort (MüKoZPO/*Smid* § 836 Rn 13). Dennoch müssen die Angehörigen verschwiegenheitspflichtiger Berufe Auskünfte insb über die Forderungshöhe erteilen und können insoweit nicht auf ihre Geheimhaltungspflichten verweisen (BGH NJW 05, 1505, 1506; Stuttg NJW 94, 2838, 2839). Wie sie als Drittschuldner über ihre Verbindlichkeiten Auskunft erteilen müssen (§ 840 Rz 11), haben sie auch als Schuldner über ihre Forderungen zu informieren. Auf Geschäftsgeheimnisse wird sich der Schuldner prinzipiell nicht berufen können. 21

2. Durchsetzung. Erteilt der Schuldner die erforderlichen Auskünfte nicht freiwillig, kann der Gläubiger sein Begehren nach § 836 III 2 iVm den §§ 899 ff durchsetzen. Die Auskünfte sind iRd Vollstreckungsverfahrens **erzwingbar**. Dazu muss der Schuldner die Auskünfte verweigert, unvollständig oder gar nicht erteilt haben. Es genügt bereits eine unvollständige Auskunft, doch muss der Vollstreckungsgläubiger darlegen und ggf beweisen, dass die Angaben unzureichend sind. 22

Auf Antrag des Gläubigers muss der Schuldner eine **eidesstattliche Versicherung** gem den §§ 899 ff abgeben. Der Pfändungs- und Überweisungsbeschluss ist dabei Titel auch für die Vollstreckung des Auskunftsanspruchs. Zuständig für die Abnahme ist der Gerichtsvollzieher, § 899 I. Regelmäßig hat der Gerichtsvollzieher einen Termin zur Abnahme einer eidesstattlichen Versicherung zu bestimmen, § 900 I. Inhaltlich beschränkt sich die Verpflichtung auf die Angaben über die gepfändete Forderung, also auf die gleichen Auskünfte wie nach S 1. 23

Eine ausdrückliche Anordnung der Verpflichtung zur Abgabe der eidesstattlichen Versicherung ist nicht erforderlich. **Bestreitet** der Schuldner seine Verpflichtung zur Abgabe einer eidesstattlichen Versicherung, entscheidet nach § 900 IV 1 das Vollstreckungsgericht durch Beschl. Um eine zügige Klärung zu erreichen, dürfen keine überhöhten Anforderungen an die Zulässigkeit einer gerichtlichen Entscheidung gestellt werden. Es genügen die Vorlage eines Aufforderungsschreibens durch den Gläubiger und dessen Erklärung, erfolglos geblieben zu sein. Aufgelistet werden müssen auch die Fragen (Schuschke/Walker § 836 Rn 16). Vor der Entscheidung ist der Schuldner zu hören. Erscheint der Schuldner nicht im Termin zur Abgabe einer eidesstattlichen Versicherung oder **verweigert** er grundlos deren Abgabe, so hat das Gericht auf Antrag Erzwingungshaft anzuordnen, § 901. 24

Verstößt der Schuldner gegen seine Verpflichtung, indem er die Auskünfte nicht, verspätet oder unzutreffend erteilt, ist er nach den §§ 280, 286 BGB **schadensersatzpflichtig.** Der Pfändungs- und Überweisungsbeschluss begründet ein gesetzliches Schuldverhältnis zwischen Vollstreckungsgläubiger und Vollstreckungsschuldner (BGH NJW 04, 954, 955), auf das diese Schadensersatzverpflichtung gestützt werden kann. Außerdem kann der Schuldner nach § 823 BGB ersatzpflichtig sein (MüKoZPO/*Smid* § 836 Rn 11). Für eine auf § 836 III gestützte Auskunftsklage fehlt regelmäßig das Rechtsschutzbedürfnis. 25

II. Herausgabepflicht. 1. Inhalt der Verpflichtung. Der Schuldner muss auch die über die Forderung vorhandenen Urkunden herausgeben. Die **Pflicht zur Herausgabe** der Urkunden über die gepfändete Forderung (AG Hünfeld DGVZ 05, 110) besteht selbstständig neben der Auskunftspflicht. Funktional soll die Verpflichtung den Gläubiger in die Lage versetzen, die Aussichten einer Drittschuldnerklage überprüfen und diese ggf exakt beziffern zu können (BGH NJW 07, 606 Tz 8). Der Gläubiger soll nachprüfen können, welche Ansprüche ihm aus der Pfändung erwachsen sind und ob der Drittschuldner die gepfändete und zur Einziehung überwiesene Forderung vollständig erfüllt hat (BGH NJW-RR 06, 1576 Tz 11). Dieser Zweck begründet und begrenzt die Verpflichtung. Die vom Schuldner herauszugebenden Urkunden sind im Pfändungs- und Überweisungsbeschluss im Einzelnen zu bezeichnen. Eine besondere Herausgabeanordnung ist dagegen grds nicht erforderlich (BGH NJW-RR 06, 1576 Tz 9)). Der Anspruch auf Herausgabe gegen einen Dritten muss selbstständig gepfändet werden (aA LG Bochum JurBüro 09, 270). 26

27 Herauszugeben sind **Legitimationspapiere**, wie im Falle des § 808 II 1 oder nach erfolgter Abtretung, und **Beweisurkunden** über den Bestand der Forderung bzw zur Ermittlung oder dem Nachweis ihrer Höhe, Fälligkeit und Einredefreiheit (BGH NJW 03, 1256; 07, 606 Tz 5). Je schwächer ihr Beweiswert ist, desto stärker müssen entgegenstehende Interessen des Schuldners berücksichtigt werden. Dies betrifft etwa Urkunden, die nur eine Überprüfung oder Berechnung der Forderung ermöglichen sollen. Legitimationspapiere sind im Original herauszugeben. Bei Beweisurkunden genügt regelmäßig eine – ggf beglaubigte – Kopie. Nach dem Ende der Vollsteckung sind die Urkunden zurückzugeben. Dies gilt nicht nur bei einer Teilpfändung. Die Herausgabeverpflichtung besteht nicht für Urkunden, die lediglich für eine erfolgreiche Geltendmachung der Forderung benötigt werden (LG Hof DGVZ 91, 138, 139; St/J/*Brehm* § 836 Rn 14).

28 Der **Umfang** erstreckt sich auf vorrangige Pfändungs- und Überweisungsbeschlüsse (BGH NJW-RR 06, 1576), Quittungen und Pfandscheine (Wieczorek/Schütze/*Lüke* § 836 Rn 17). Abtretungserklärungen sind herauszugeben (BGH NJW-RR 06, 1576 Tz 8) ebenso Sparbücher, Versicherungsscheine (LG Darmstadt JurBüro 91, 730), Flugscheine (LG Frankfurt DGVZ 90, 169), Mietverträge (LG Hannover JurBüro 86, 302) sowie Schuldscheine. Leistungsbescheide des Sozialleistungsträgers sind in Kopie herauszugeben (LG Düsseldorf JurBüro 08, 268; AG Dortmund JurBüro 08, 100; aA LG Hannover JurBüro 86, 302). Dies gilt auch für Rentenbescheide, nicht aber die Rentenauskunft (LG Leipzig Rpfleger 05, 96; Rz 20). Schriftwechsel bzw Briefe sind nur ausnahmsweise herauszugeben, wenn eine Darlegung sonst nicht möglich ist.

29 Bei einer Kontopfändung sind ggf die **Kontoauszüge** herauszugeben (BGH NJW 06, 217 Tz 18; aA AG Göppingen DGVZ 89, 29; LG Stuttgart ZVI 08, 386). Dabei ist zu unterscheiden. Für den Zeitpunkt vor der Pfändung und Überweisung besteht grds kein Herausgabeanspruch (LG Stendal Rpfleger 09, 397, 398 Zeitpunkt des Verlangens). Sonst könnte der Gläubiger Informationen erhalten, die keine Beziehung zu dem gepfändeten Hauptanspruch auf Auszahlung des positiven Saldos aufweisen und sich umfassend über die gesamte Geschäftstätigkeit des Schuldners informieren (vgl BGH NJW 06, 217 Tz 17; LG Konstanz ZVI 11, 257). Nach der Kontopfändung kann der Gläubiger die Auszüge erlangen, soweit er darlegt, dass er sonst seine Ansprüche nicht realisieren kann und keine schutzwürdigen Interessen des Schuldners entgegenstehen. Daran fehlt es etwa bei einem negativen Saldo (Schuschke/Walker § 836 Rn 12). Der Schuldner ist berechtigt, Angaben zu den einzelnen Buchungen zu streichen (LG Verden Rpfleger 10, 95, 96). Der Schuldner ist nach § 836 III 1 verpflichtet, die über den Saldo vorhandenen Urkunden herauszugeben, nicht aber iRd Kontopfändung eine Ermittlung anderer Forderungen zu ermöglichen. Unterlagen, mit denen der Aufstockungsbetrag nachgewiesen wird, sollen nach der Rechtsprechung nicht herauszugeben sein (LG Koblenz ZVI 11, 258, 259 f).

30 Bei der **Pfändung von Arbeitseinkommen** des Schuldners gehören hierzu die Gehaltsabrechnungen für die künftigen bzw rückständigen Zahlungen (BGH NJW-RR 06, 1576). Zusätzlich hat der Schuldner regelmäßig die Lohnabrechnungen der letzten drei Monate vor Zustellung des Pfändungs- und Überweisungsbeschlusses an den Gläubiger herauszugeben (BGH NJW 07, 606 Tz 7).

31 Der Gläubiger ist weder unmittelbar nach § 836 III noch in entsprechender Anwendung berechtigt, das Steuerfestsetzungsverfahren zu betreiben. Er kann einen Anspruch auf Abgabe der Steuererklärung nicht nach den §§ 887, 888 vollstrecken (BGH NJW 08, 1675 Tz 14 ff). Folgerichtig kann der Gläubiger auch nicht die Herausgabe der **Lohnsteuerkarte** bzw der elektronischen Lohnsteuerbescheinigung verlangen. Diese Herausgabepflicht hat die frühere Rechtsprechung des BGH noch anders beurteilt. Danach konnte der Gläubiger die Herausgabe der Lohnsteuerkarte und anderer steuerlicher Unterlagen des Schuldners nur verlangen, wenn feststehe, dass er im Wege der Ersatzvornahme die Einkommensteuererklärung für den Schuldner abgeben könne oder er die Urkunden auf Grund einer Beteiligung am Verfahren zur Festsetzung der Einkommensteuer des Schuldners, eines eigenen Einspruchs oder einer Klage gegen den Drittschuldner benötige (BGH NJW 04, 954, 956 f; NJW-RR 06, 1576 Tz 12). Diese Rechtsprechung zur Herausgabepflicht der Steuerkarte ist durch die aktuelle Judikatur des BGH überholt. Die Lohnsteuerkarte eines Ehepartners muss nicht herausgegeben werden (LG Berlin Rpfleger 75, 229, 230).

32 **Nicht herauszugeben** sind EC-Karten (BGH NJW 03, 1256) bzw Bankkarten. Da ein Geschäftsführervertrag zahlreiche über das Vollstreckungsverfahren hinausreichende vertrauliche Angaben enthält, ist er regelmäßig nicht herauszugeben (LG Aachen InVo 97, 77). Ein Arbeits- oder Mietvertrag sind nicht herauszugeben, wenn die Zahlungsverpflichtungen auf andere Weise sicher dokumentiert sind (Stöber Rn 623).

33 **2. Durchsetzung.** Gibt der Schuldner die Urkunden nicht heraus, kann der Gläubiger die **Vollstreckung** des Herausgabeanspruchs unmittelbar auf der Grundlage des Pfändungs- und Überweisungsbeschlusses

gegen den Schuldner betreiben (BGH NJW-RR 06, 1576 Tz 11). Eine Vollstreckungsklausel ist nicht erforderlich (Schuschke/Walker § 836 Rn 13).

Die vom Schuldner herauszugebenden Urkunden sind im Pfändungs- und Überweisungsbeschluss im Einzelnen zu bezeichnen, damit der Gerichtsvollzieher die Urkunden zweifelsfrei wegnehmen kann. Dazu genügt es nicht, etwa Nachweise über die Dauer einer Nichtbeschäftigung zu verlangen (LG Berlin Rpfleger 75, 229, 230). Es bedarf grds **keiner** besonderen **Herausgabeanordnung** (BGH-NJW-RR 06, 1576 Tz 9). Sie kann aber durch Ergänzungsbeschluss ausgesprochen werden (LG Ravensburg Rpfleger 90, 266; AG Bremerhaven JurBüro 09, 329), wenn die Urkunden im Beschl zunächst noch nicht benannt waren. Ein besonderes Rechtsschutzinteresse wird nicht verlangt. Ein Interesse des Gläubigers, die zur Durchsetzung der Forderung notwendigen Informationen zu erhalten, besteht regelmäßig bereits beim Antrag auf Erlass eines Pfändungs- und Überweisungsbeschlusses (BGH NJW-RR 06, 1576 Tz 11). 34

Die Herausgabevollstreckung nimmt der Gerichtsvollzieher nach § 883 vor. Dazu hat er die Urkunde dem Schuldner wegzunehmen und dem Gläubiger zu übergeben. Ist die Urkunde unauffindbar, kann der Gläubiger die Abgabe einer eidesstattlichen Versicherung verlangen (LG Koblenz JurBüro 94, 742). Befindet sich die Urkunde im Gewahrsam eines nicht herausgabebereiten Dritten, ist § 886 nicht entsprechend anwendbar (aA Schuschke/Walker § 836 Rn 13; Stöber Rn 625b). Erforderlich ist eine etwa auf § 952 BGB gestützte Klage gegen den Dritten (Hamm JurBüro 95, 163). 35

E. Rechtsbehelfe. Der **Gläubiger** kann gegen die Weigerung des Gerichtsvollziehers, dem Schuldner die eidesstattliche Versicherung abzunehmen oder konkrete Fragen zu stellen, Erinnerung einlegen, § 766. Der **Schuldner** kann im Termin zur Abgabe einer eidesstattlichen Versicherung Widerspruch gem § 900 IV und gegen die daraufhin ergehende Entscheidung des Rechtspflegers nach den §§ 11 I RPflG, 793 sofortige Beschwerde einlegen (St/J/*Brehm* § 836 Rn 12). Auch gegen die Herausgabevollstreckung kann er Erinnerung gem § 766 (Stöber Rn 625) und nach Anhörung sofortige Beschwerde nach den §§ 11 I RPflG, 793 einlegen. 36

F. Insolvenzverfahren. Während der Dauer des Insolvenzverfahrens ist die Einzelvollstreckung nach § 89 InsO gehemmt (Jaeger/*Eckardt* InsO § 89 Rn 68). Leistet der Drittschuldner unter Verstoß gegen § 89 InsO, wird er nicht durch § 836 II, sondern nur unter den Voraussetzungen von § 82 InsO befreit (St/J/*Brehm* § 836 Rn 6). 37

G. Kosten/Gebühren. Der **Gerichtsvollzieher** erhält die Gebühr gem § 9 GVKostG iVm KV Nr 221 von 20 €, ggf zuzüglich des Zeitzuschlags nach KV Nr 500 sowie ggf Wegegeld nach KV Nr 711. Bei Erfolglosigkeit erhält er die Gebühr gem KV Nr 604 von 12,50 €. Für die Abnahme der eidesstattlichen Versicherung erhält er die Gebühr nach KV Nr 260 von 30 €. Für die Verhaftung entsteht eine Gebühr gem KV Nr 270 von 30 €. 38

Dem **Rechtsanwalt** des Gläubigers steht für das Auskunfts- und Herausgabeverlangen keine zusätzliche Gebühr zu, da die Vollstreckungsgebühr gem § 18 Nr 3 RVG bereits entstanden ist. Das Verfahren über die Abgabe einer eidesstattlichen Versicherung stellt nach § 18 Nr 18 RVG eine besondere Angelegenheit dar. 39

§ 837 Überweisung einer Hypothekenforderung.

(1) [1]Zur Überweisung einer gepfändeten Forderung, für die eine Hypothek besteht, genügt die Aushändigung des Überweisungsbeschlusses an den Gläubiger. [2]Ist die Erteilung des Hypothekenbriefes ausgeschlossen, so ist zur Überweisung an Zahlungs statt die Eintragung der Überweisung in das Grundbuch erforderlich; die Eintragung erfolgt auf Grund des Überweisungsbeschlusses.

(2) [1]Diese Vorschriften sind nicht anzuwenden, soweit es sich um die Überweisung der Ansprüche auf die im § 1159 des Bürgerlichen Gesetzbuchs bezeichneten Leistungen handelt. [2]Das Gleiche gilt bei einer Sicherungshypothek im Falle des § 1187 des Bürgerlichen Gesetzbuchs von der Überweisung der Hauptforderung.

(3) Bei einer Sicherungshypothek der im § 1190 des Bürgerlichen Gesetzbuchs bezeichneten Art kann die Hauptforderung nach den allgemeinen Vorschriften gepfändet und überwiesen werden, wenn der Gläubiger die Überweisung der Forderung ohne die Hypothek an Zahlungs statt beantragt.

A. Normzweck und Anwendungsbereich. Für die Überweisung einer hypothekarisch gesicherten Forderung regelt § 837 einige von den §§ 835 f abweichende spezielle Anforderungen. Die Regelung knüpft an die besondere Pfändungsbestimmung für die durch Hypothek gesicherten Forderungen des § 830 an. Ziel ist 1 auch bei der Überweisung, den materiellrechtlichen Erfordernissen Rechnung zu tragen. Anstelle der Überweisung kann das Vollstreckungsgericht aber auch eine andere Art der Verwertung anordnen, etwa durch freihändige Veräußerung oder Versteigerung, § 844 (Brox/Walker Rn 687).

2 Der **Anwendungsbereich** entspricht dem des § 830. Die im Fall des § 830 bestehenden **drei Ausnahmen** (§ 830 Rz 4) sind entspr in Abs 2, 3 geregelt (Rz 8 f). Auf Grundschulden, Reallasten oder Rentenschulden ist gem § 857 VI bzgl der Pfändung § 830 und hinsichtlich der Verwertung § 837 entspr anzuwenden.

3 **B. Überweisung (Abs 1). I. Grundlagen.** Die Gläubiger erlangen durch die Überweisung einer hypothekarisch gesicherten Forderung die gleichen Rechte wie nach § 835. Die Forderung kann deswegen gem § 837 durch Überweisung zur **Einziehung** oder an **Zahlungs statt** verwertet werden. Hypothekarisch gesicherte Forderungen bilden den Hauptanwendungsfall der Überweisung an Zahlungs statt, weil der Gläubiger den Wert der Überweisung einfach abschätzen kann.

4 Voraussetzung einer Überweisung ist die wirksame **Pfändung** der hypothekarisch gesicherten Forderung nach § 830, wofür ua die Übergabe des Hypothekenbriefs bzw die Eintragung erforderlich sind. Deswegen ist ein gleichzeitig mit dem Pfändungsbeschluss erlassener Überweisungsbeschluss unwirksam (BGHZ 127, 146, 152; aA *Stöber* NJW 96, 1185; *Hintzen/Wolf* Rpfleger 95, 97). Ergeht dennoch ein einheitlicher Pfändungs- und Überweisungsbeschluss, wird die Überweisung erst wirksam, wenn die Pfändung wirksam, weil zugestellt ist.

5 **II. Briefhypothek.** Die Überweisung der gepfändeten Forderung aus einer Briefhypothek setzt keine förmliche Zustellung des Beschlusses an den Gläubiger voraus. Sowohl bei der Überweisung zur Einziehung als auch der an Zahlungs statt genügt eine formlose Aushändigung des Überweisungsbeschlusses, Abs 1 S 1. In das Grundbuch eintragbar ist lediglich die Pfändung, nicht auch die Überweisung zur Einziehung (KG OLGR 30, 18).

6 **III. Buchhypothek.** Es ist zwischen der Überweisung zur Einziehung und an Zahlungs statt zu unterscheiden. Für die Überweisung einer gepfändeten Buchhypothekenforderung zur **Einziehung** genügt eine formlose Aushändigung an den Hypothekengläubiger, Abs 1 S 1. Auch in diesem Fall wird die Überweisung nicht ins Grundbuch eingetragen, denn der Vollstreckungsgläubiger wird nicht Inhaber der Hypothek (Schuschke/Walker § 837 Rn 3). Wird die Forderung aus einer Buchhypothek **an Zahlungs statt** überwiesen, muss der Überweisungsbeschluss dem Hypothekengläubiger ausgehändigt und zusätzlich die Überweisung gem Abs 1 S 2 Hs 1 ins Grundbuch eingetragen werden. Die Eintragung ist vom Vollstreckungsgläubiger zu beantragen (Hk-ZV/*Bendtsen* § 837 Rn 5). Sie erfolgt auf Grund des Überweisungsbeschlusses, Abs 1 S 2 Hs 2, der keine Vollstreckungsklausel erfordert (Zö/*Stöber* § 837 Rn 6).

7 **IV. Rechtsfolgen.** Ist die Hypothekenforderung **zur Einziehung** überwiesen, erlangt der Gläubiger ein eigenes Einziehungsrecht. Der Schuldner bleibt Inhaber von Forderung und Hypothek. Nach Befriedigung durch den Drittschuldner kann ihm der Gläubiger eine löschungsfähige Quittung ausstellen (Hamm Rpfleger 85, 187; LG Düsseldorf MittRhNotK 82, 23, 24). Eine Löschungsbewilligung ohne Zahlungsquittung stellt dagegen eine unzulässige sonstige Verfügung dar (St/J/*Brehm* § 837 Rn 3). Bei der Überweisung **an Zahlungs statt** ersetzt der Überweisungsbeschluss die Abtretungserklärung gem § 1155 BGB iVm § 836 I. Auch hier bleibt der Schuldner zunächst Inhaber der Hypothek (Gottwald Rn 3). Gestützt auf den Überweisungsbeschluss, kann der Gläubiger die Grundbuchberichtigung beantragen (B/L/Hartmann § 837 Rn 3).

8 **C. Ausnahmen des Abs 2.** § 837 II korrespondiert mit § 830 III. Rückstände auf Zinsen und andere Nebenleistungen sowie Ansprüche auf Kostenerstattung, für die das Grundstück nach § 1118 BGB haftet, werden gem § 1159 BGB nach den allgemeinen Vorschriften übertragen und deswegen nicht gem § 830, sondern aufgrund der allgemeinen Regeln gepfändet (§ 830 Rz 4). Dementsprechend werden sie nicht nach § 837, sondern gem § 835 f überwiesen, Abs 2 S 2. Die Überweisung wird daher erst nach Zustellung gem §§ 835 III 1, 829 III wirksam (MüKoZPO/*Smid* § 837 Rn 5). Für hypothekarisch gesicherte Forderungen aus Inhaber- und Orderpapieren iSd § 1187 BGB gilt mit den §§ 821, 835 Entsprechendes, Abs 2 S 2.

9 **D. Höchstbetragshypothek (Abs 3).** Eine durch Höchstbetragshypothek gesicherte Forderung gem § 1190 BGB kann vom Gläubiger wie eine Buchhypothek gem §§ 830 I, 837 I gepfändet und überwiesen werden. Falls er gem Abs 3 die Überweisung der Forderung ohne die Hypothek an Zahlungs statt verlangt, wird die Forderung nach den allgemeinen Regeln des § 829 gepfändet (§ 830 Rz 4) und gem § 835 überwiesen.

§ 837a Überweisung einer Schiffshypothekenforderung. **(1) [1]Zur Überweisung einer gepfändeten Forderung, für die eine Schiffshypothek besteht, genügt, wenn die Forderung zur Einziehung überwiesen wird, die Aushändigung des Überweisungsbeschlusses an den Gläubiger. [2]Zur Überweisung an Zahlungs statt ist die Eintragung der Überweisung in das Schiffsregister oder in das Schiffsbauregister erforderlich; die Eintragung erfolgt auf Grund des Überweisungsbeschlusses.**
(2) [1]Diese Vorschriften sind nicht anzuwenden, soweit es sich um die Überweisung der Ansprüche auf die im § 53 des Gesetzes über Rechte an eingetragenen Schiffen und Schiffsbauwerken vom 15. November 1940 (RGBl. I S. 1499) bezeichneten Leistungen handelt. [2]Das Gleiche gilt, wenn bei einer Schiffshypothek für eine Forderung aus einer Schuldverschreibung auf den Inhaber, aus einem Wechsel oder aus einem anderen durch Indossament übertragbaren Papier die Hauptforderung überwiesen wird.
(3) Bei einer Schiffshypothek für einen Höchstbetrag (§ 75 des im Absatz 2 genannten Gesetzes) gilt § 837 Abs. 3 entsprechend.

A. Normzweck, Systematik. § 837a bildet eine mit § 830a korrespondierende Bestimmung. Wie § 830a eine besondere Regelung für die Pfändung einer Schiffshypothek beinhaltet, normiert § 837a die Voraussetzungen, unter denen die durch eine Schiffshypothek gesicherte Forderung überwiesen werden kann. 1

B. Regelungsgehalt. Da die Schiffshypothek nur als Buchhypothek besteht (§ 830a Rz 2), gelten die Ausführungen dazu (§ 837 Rz 6) entspr Abs 2 S 1 schließt bei Ansprüchen nach § 53 SchiffsRG – ähnl § 1159 BGB – die Anwendung von Abs 1 aus. Abs 2 S 2 entspricht § 837 II 2 und § 1187 BGB. Da Schiffshöchstbetragshypotheken wie Sicherungshypotheken iSd § 1190 geregelt sind, verweist Abs 3 auf § 837 III (§ 837 Rz 9). Für die Überweisung der durch ein Registerpfandrecht an Luftfahrzeugen gesicherten Forderung ist § 837a sinngemäß anzuwenden, § 99 I 1 LuftfzRG. 2

§ 838 Einrede des Schuldners bei Faustpfand. **Wird eine durch ein Pfandrecht an einer beweglichen Sache gesicherte Forderung überwiesen, so kann der Schuldner die Herausgabe des Pfandes an den Gläubiger verweigern, bis ihm Sicherheit für die Haftung geleistet wird, die für ihn aus einer Verletzung der dem Gläubiger dem Verpfänder gegenüber obliegenden Verpflichtungen entstehen kann.**

A. Normzweck. Die Pfändung und die Überweisung der Forderung erfassen nach § 401 BGB die Nebenrechte und damit auch ein dem Schuldner bestelltes Pfandrecht. Infolgedessen kann der Gläubiger die aus dem Pfandrecht resultierenden Befugnisse geltend machen und vom Schuldner entspr § 1251 I BGB Herausgabe der Sache verlangen. § 838 dient dann der Sicherung des Schuldners für dessen fortbestehende Haftung ggü dem Drittschuldner und schränkt die Herausgabepflicht ein. Während bei einem gesetzlichen Forderungsübergang die Haftung des Schuldners gem § 1251 II 3 BGB erlischt, berechtigt § 838 den Schuldner dazu, die Herausgabe der Sache zu verweigern, bis ihm Sicherheit für die Haftung nach § 1251 II 2 BGB (Rz 2) geleistet ist (St/J/*Brehm* § 838 Rn 2). 1

B. Voraussetzungen. Für die gepfändete Forderung muss der Drittschuldner ein Faustpfandrecht an einer beweglichen Sache bestellt haben. Verlangt der Gläubiger aufgrund der Pfändung und Überweisung der Forderung die Sache vom Schuldner heraus, tritt er entspr § 1251 II 1 BGB in die Verpflichtungen als Faustpfandgläubiger ein. Den Gläubiger treffen deswegen die Pflichten aus den §§ 1214 f, 1217 f, 1223, 1243 BGB auf ordnungsgemäße Verwahrung und Verwertung des Pfands. Für die Erfüllung dieser Pflichten haftet der Schuldner entspr § 1251 II 2 BGB neben dem Gläubiger wie ein selbstschuldnerischer Bürge. § 1251 II 3 BGB ist unanwendbar. 2

Gibt der Schuldner das Pfand nicht freiwillig heraus, kann keine Herausgabevollstreckung nach § 836 III erfolgen (Schuschke/Walker § 838 Rn 2; Zö/*Stöber* § 838 Rn 2; **aA** B/L/A/H § 838 Rn 3), denn die Hilfspfändung ermöglicht keine weitere Sicherung. Der Gläubiger muss eine **Herausgabeklage** erheben. 3

C. Rechtsfolge. Wegen des gesteigerten Haftungsrisikos darf der Schuldner die Herausgabe verweigern, bis der Gläubiger Sicherheit leistet. Dem Schuldner steht damit aufgrund einer materiellrechtlichen Einrede ein Leistungsverweigerungsrecht zu. Hat der Schuldner die Einrede erhoben, ist er bei einer Herausgabeklage zur Leistung Zug-um-Zug gegen Einräumung der Sicherheit zu verurteilen (Wieczorek/Schütze/*Lüke* § 838 Rn 2). § 274 I BGB ist entspr anzuwenden (MüKoZPO/*Smid* § 838 Rn 2; **aA** St/J/*Brehm* § 838 Rn 2). Da § 838 eine materiellrechtliche Regelung enthält, ist die Sicherheit nach den §§ 232 ff BGB und nicht 4 nach § 108 zu leisten. Die Höhe der Sicherheitsleistung bestimmt das Prozessgericht. Die Herausgabevollstreckung erfolgt gem §§ 726, 756. Die Rückabwicklung ist nicht Gegenstand des Vollstreckungsverfahrens, sondern muss durch Klage vor dem Prozessgericht erfolgen (Musielak/*Becker* § 838 Rn 2).

§ 839 Überweisung bei Abwendungsbefugnis. Darf der Schuldner nach § 711 Satz 1, § 712 Abs. 1 Satz 1 die Vollstreckung durch Sicherheitsleistung oder Hinterlegung abwenden, so findet die Überweisung gepfändeter Geldforderungen nur zur Einziehung und nur mit der Wirkung statt, dass der Drittschuldner den Schuldbetrag zu hinterlegen hat.

1 **A. Normzweck, Systematik.** Die Vorschrift entspricht den §§ 720, 815 III, 819. Sie regelt das Verfahren der Forderungsvollstreckung, wenn dem Schuldner nach den §§ 711 S 1, 712 I 1 im Vollstreckungstitel nachgelassen ist, die Vollstreckung durch Sicherheitsleistung oder Hinterlegung abzuwenden. Im Interesse des Schuldnerschutzes modifiziert die Bestimmung die Kompetenzen des Vollstreckungsgerichts nach § 835. In einem vorläufig vollstreckbaren Titel, bei dem die Pfändung durch Hinterlegung oder Sicherheitsleistung abgewendet werden darf, soll die Abwendungsbefugnis davor geschützt werden, durch eine uneingeschränkte Überweisung entwertet zu werden, falls der Schuldner die Sicherheit nicht geleistet hat.

2 **B. Verfahren.** In den Fällen der §§ 711 S 1, 712 I 1 führt die Vollstreckung nur zur Sicherung des Gläubigers, wodurch die Befriedigung des Gläubigers zunächst aufgeschoben ist (St/J/*Brehm* § 839 Rn 1). Deswegen darf die Forderung dem Gläubiger allein zur Einziehung und nicht an Zahlungs statt überwiesen werden. Im Überweisungsbeschluss ist diese Beschränkung auszusprechen. Der Drittschuldner darf den Forderungsbetrag nicht durch Erfüllung, sondern nur durch Hinterlegung befriedigen. Hinterlegt der Drittschuldner, wird er unter den Voraussetzungen des § 378 BGB von seinen Verbindlichkeiten befreit (vgl Ddorf FamRZ 88, 298). Den Auszahlungsanspruch erwirbt der Schuldner. Die Herausgabe erfolgt nach den §§ 12 ff HintO. Am Herausgabenaspruch erwirbt der Gläubiger ein Pfandrecht, § 233 BGB (Stöber Rn 595).

3 Auf die Einstellung der Zwangsvollstreckung gegen Sicherheitsleistung nach den §§ 707, 719 ist § 838 **nicht** entspr **anwendbar** (BGH NJW 68, 398; LG Berlin DGVZ 70, 116, 117; **aA** AG Hamburg-Blankenese MDR 70, 426). § 838 ist außerdem unanwendbar, wenn der Schuldner den Antrag nach § 712 I 1 nicht gestellt hat, sein Antrag nach § 712 I 2 abgewiesen oder er durch ein Vorbehaltsurteil nach den §§ 302 III, 599 III rechtskräftig verurteilt wurde (MüKoZPO/*Smid* § 839 Rn 3).

4 **C. Kosten/Gebühren.** Die Kosten für den Überweisungsbeschluss sind mit den Verfahrensgebühren abgegolten. Die **Gerichtsgebühr** für Pfändung und Überweisung beträgt gem §§ 3 II, 12 V GKG iVm KV Nr 2110 auf 15 €. Die **Anwaltsgebühr** entsteht dafür mit einem Satz von 0,3 der Gebühr gem § 18 Nr 3 RVG iVm VV 3309.

§ 840 Erklärungspflicht des Drittschuldners. (1) Auf Verlangen des Gläubigers hat der Drittschuldner binnen zwei Wochen, von der Zustellung des Pfändungsbeschlusses an gerechnet, dem Gläubiger zu erklären:

1. ob und inwieweit er die Forderung als begründet anerkenne und Zahlung zu leisten bereit sei;
2. ob und welche Ansprüche andere Personen an die Forderung machen;
3. ob und wegen welcher Ansprüche die Forderung bereits für andere Gläubiger gepfändet sei;
4. ob innerhalb der letzten zwölf Monate im Hinblick auf das Konto, dessen Guthaben gepfändet worden ist, nach § 850l die Unpfändbarkeit des Guthabens angeordnet worden ist, und
5. ob es sich bei dem Konto, dessen Guthaben gepfändet worden ist, um ein Pfändungsschutzkonto im Sinne von § 850k Abs. 7 handelt.

(2) [1]Die Aufforderung zur Abgabe dieser Erklärungen muss in die Zustellungsurkunde aufgenommen werden. [2]Der Drittschuldner haftet dem Gläubiger für den aus der Nichterfüllung seiner Verpflichtung entstehenden Schaden.

(3) [1]Die Erklärungen des Drittschuldners können bei Zustellung des Pfändungsbeschlusses oder innerhalb der im ersten Absatz bestimmten Frist an den Gerichtsvollzieher erfolgen. [2]Im ersteren Fall sind sie in die Zustellungsurkunde aufzunehmen und von dem Drittschuldner zu unterschreiben.

1 **A. Normzweck.** Die Vorschrift soll eine im Interesse der Allgemeinheit liegende funktionsfähige Forderungsvollstreckung ermöglichen (BGH NJW 99, 2276, 2278). Regelmäßig sind dem Gläubiger die Verhält-

nisse zwischen Schuldner und Drittschuldner unbekannt. Um planvoll vorgehen zu können, benötigt der Vollstreckungsgläubiger Informationen darüber. Die deswegen bestehenden Pflichten des Schuldners nach § 836 III werden durch die Pflichten des Drittschuldners nach § 840 ergänzt. Da die Regelung die Risiken einer Forderungsvollstreckung reduziert, dient sie primär den Interessen des Pfändungsgläubigers und sekundär denen des Drittschuldners (BGHZ 91, 126, 129; BGH NJW 00, 651, 652). Der Gläubiger kann dadurch insb besser absehen, ob Einwendungen bestehen, Klagen gem § 771 drohen oder Rangnachteile zu befürchten sind. Zudem kann er sicherer entscheiden, ob er die Zwangsvollstreckung betreiben will, um Schadensersatzansprüche nach § 842 zu vermeiden. Auf die Pfändung anderer Vermögensrechte gem § 857 ist § 840 entspr anzuwenden. Den Anreiz zur Erfüllung der Auskunftspflicht schafft eine Schadensersatzverpflichtung. Eine § 840 vergleichbare Regelung enthält § 316 AO.

B. Erklärungspflicht des Drittschuldners. I. Rechtscharakter. Die Auskunftspflicht des Drittschuldners 2
gem § 840 I ist eine aus der allgemeinen Zeugnispflicht abgeleitete staatsbürgerliche Pflicht mit einem selbständigen vollstreckungsrechtlichen Inhalt (BGH NJW 00, 651, 652; St/J/*Brehm* § 840 Rn 1). Die Pflicht begegnet keinen verfassungsrechtlichen Bedenken. Obwohl es sich um eine vollstreckungsrechtliche Pflicht handelt, ist sie nicht selbstständig einklagbar (Rz 18). Deswegen wird auch von einer Obliegenheit bzw verfahrensrechtlichen Last gesprochen (BGHZ 91, 126, 128; BGH NJW-RR 06, 1566 Tz 10; Brox/Walker Rn 624). Allerdings sprechen die Funktion der Vorschrift und die Schadensersatzpflicht aus § 840 II 2 gegen eine im eigenen Interesse bestehende prozessuale Last.

Bei der Auskunftserteilung handelt es sich regelmäßig um eine **Wissenserklärung** und kein Schuldaner- 3
kenntnis (BGHZ 69, 328, 331). Als prozessuale Wirkung wird die Beweislast umgekehrt. Infolgedessen kann der Schuldner die Erklärung zwar nicht anfechten, aber widerrufen. Der Widerruf beseitigt aber nicht die Beweiskraft der vorherigen Erklärung, weshalb der Drittschuldner im Einziehungsprozess danach die Beweislast trägt (BGHZ 69, 328, 332). Ein Anerkenntnis kann etwa eine wegen Verjährung drohende Klage vermeiden helfen (BGH NJW 78, 1914).

Von der Pflicht aus § 840 I zu unterscheiden ist die **materiellrechtliche Auskunftspflicht** des Drittschuld- 4
ners ggü dem Schuldner. Als Nebenrecht der gepfändeten Forderung wird der Auskunftsanspruch nach § 401 BGB ohne Neben- oder Hilfspfändung von der Pfändung mit umfasst, ebenso die Herausgabe eines Leistungsbescheids (LG Dresden JurBüro 09, 663; LG Koblenz JurBüro 10, 49). Das Vollstreckungsgericht kann aber auf Antrag des Gläubigers in dem das Hauptrecht pfändenden Beschl die Mitpfändung aussprechen (BGH NJW-RR 03, 1555, 1556). Nach Überweisung der Forderung kann der materielle Auskunftsanspruch vom Gläubiger in dem für den Schuldner bestehenden Umfang geltend gemacht werden (Wieczorek/Schütze/*Lüke* § 840 Rn 2).

II. Voraussetzungen. Die Erklärungspflicht verlangt eine **Forderungspfändung** durch einen wirksamen, 5
dh insb zugestellten Pfändungsbeschluss. Auf eine Überweisung der gepfändeten Geldforderung kommt es nicht an (BGHZ 68, 289, 291). Für den Auskunftsanspruch genügt eine Pfändung nach den §§ 720a, 930 (BGH NJW-RR 06, 1566), 936, nicht aber eine Vorpfändung nach § 845 oder eine Pfändung gem § 831 (BGHZ 68, 289, 291 f; MüKoZPO/*Smid* § 840 Rn 5). Die **Zustellung** muss durch den Gerichtsvollzieher erfolgen. Eine postalische Zustellung genügt nicht, weil Postzusteller die Erklärungen nach Abs 3 nicht entgegennehmen können (LG Tübingen MDR 74, 677). Die Anfechtbarkeit der Entscheidung ist bis zu einem erfolgreich durchgeführten Rechtsbehelfsverfahren unerheblich. Da es nicht auf materielle Pfändungswirkungen ankommt, ist eine Einstellung der Zwangsvollstreckung unbeachtlich (Musielak/*Becker* § 840 Rn 2).

Da der Gläubiger die **angebliche Forderung** des Schuldners gegen den Drittschuldner pfändet, kommt es 6
für den Auskunftsanspruch nicht darauf an, ob die Forderung besteht. Im formalisierten Vollstreckungsverfahren werden grds die Angaben des Gläubigers nicht überprüft (Schlesw NJW-RR 90, 448). Zudem soll die Auskunft nach § 840 Abs 1 Nr 1 klären helfen, ob die Forderung existiert. Etwas anderes gilt nur, wenn der behauptete Anspruch dem Schuldner von vornherein und klar ersichtlich nicht zustehen kann.

In der Zustellungsurkunde muss die **Aufforderung** an den Drittschuldner aufgenommen sein, die Erklä- 7
rungen abzugeben, § 840 II 1. Eine Aufforderung im Pfändungsbeschluss ist unzureichend. Die Aufforderung ergeht bei Zustellung des Pfändungsbeschlusses. Während eine Ersatzzustellung auch durch Niederlegung gem § 181 ausreicht (AG Itzehoe DGVZ 94, 126), ist eine öffentliche Zustellung ungenügend, da hier die Erklärungen nicht in die Zustellungsurkunde aufgenommen werden können (Zö/*Stöber* § 840 Rn 3). Ist die Aufforderung unterblieben, kann sie nachgeholt werden (ArbG Rendsburg BB 1961, 1322). Die Frist beginnt erst zu laufen, wenn die Aufforderung durch einen Gerichtsvollzieher zugestellt ist. Für die Nach-

holung genügt es, in der Aufforderung auf den zugestellten Pfändungsbeschluss zu verweisen (Köln DGVZ 01, 42, 43).

8 **Auskunftspflichtig** ist der Drittschuldner, bei einer Gesamtschuld oder Pfändung von Bruchteilen jeder Einzelne. Bei akzessorischen Rechten ist es der dingliche und der persönliche Schuldner. Werden Forderungen gegen eine GbR, OHG oder KG gepfändet, ist jeder vertretungsberechtigte Gesellschafter auskunftspflichtig (Gottwald § 840 Rn 5). Die Erklärung kann durch einen Vertreter abgegeben werden. **Erklärungsempfänger** ist der Gläubiger oder der Gerichtsvollzieher.

9 **III. Erteilung der Auskunft. 1. Form und Frist.** Ausdrücklich ordnet die Vorschrift kein **Formerfordernis** an, doch ergeben sich die Formvoraussetzungen aus dem Zusammenhang und der Funktion der Regelung. Der Drittschuldner kann die Erklärung bei Zustellung mündlich ggü dem **Gerichtsvollzieher** abgeben, **§ 840 III 1**, vgl § 173 Nr 2 II GVGA. Die Erklärung soll dann in die Zustellungsurkunde aufgenommen werden, wofür § 762 II gilt. Sie ist vom Drittschuldner zu unterschreiben, **§ 840 III 2.** Eine verweigerte Unterschrift gilt als verweigerte Auskunft (Musielak/*Becker* § 840 Rn 4). Auch anschließend können die Erklärungen schriftlich oder zu Protokoll ggü dem Gerichtsvollzieher abgegeben werden. Dieser ist nicht verpflichtet, auf Weisung des Gläubigers den Dritten aufzusuchen, um allein dessen Erklärung zu Protokoll zu nehmen (Hamm JurBüro 78, 768; Frankf DGVZ 78, 156, 157 f). Um dem Drittschuldner eine verlässliche Informationsgrundlage zu geben, auch für den ggf zu führenden Schadensersatzprozess, ist ihm die Auskunft schriftlich zu erteilen.

10 Der Drittschuldner soll sich binnen **zwei Wochen** nach Zustellung erklären. Die Frist läuft auch bei einer Ersatzzustellung (Zö/*Stöber* § 840 Rn 9; **aA** Wieczorek/Schütze/*Lüke* § 840 Rn 210). Die Frist ist gem § 222 zu berechnen. Da es sich um eine Erklärungs- nicht um eine Überlegungsfrist handelt, muss die Auskunft innerhalb der Frist dem Gläubiger oder Gerichtsvollzieher zugehen (BGHZ 79, 275, 278; B/L/A/H § 840 Rn 7; ThoPu/*Hüßtege* § 840 Rn 8; **aA** MüKoZPO/*Smid* § 840 Rn 10). Eine Fristverlängerung kann allein der Gläubiger bewilligen (Zö/*Stöber* § 840 Rn 9). Die Einhaltung der Frist muss der Drittschuldner beweisen (St/J/*Brehm* § 840 Rn 6, 21).

11 **2. Inhalt und Umfang. a) Grundlagen.** Die **Reichweite** der Auskunftspflicht bestimmt § 840 I. Danach soll der Gläubiger in großen Zügen über die Forderung unterrichtet werden. Weitergehende Anforderungen bestehen nicht (LG Memmingen NJW-RR 06, 998, 999). Um den durch die Vorschrift angestrebten Vollstreckungserfolg (Rz 1) nicht zu gefährden, darf der Umfang der Auskunft nicht zu eng begrenzt werden. Zu berücksichtigen ist, dass der Drittschuldner die Informationen im Rahmen seiner eigenen Rechnungsführung zur Verfügung stehen und er sich durch die Auskunft vor manchen Einziehungsprozessen schützen kann. Bei seinem Auskunftsverlangen kann sich der Gläubiger auf einzelne Fragen beschränken. Die Auskunftserteilung muss wahrheitsgemäß erfolgen. Maßgebend sind die zu diesem Zeitpunkt obwaltenden Umstände. Auch verschwiegenheitspflichtige Berufe müssen die Auskünfte erteilen und können sich nicht auf ihre **Geheimhaltungspflichten** berufen, so etwa die Angehörigen von rechts- und wirtschaftsberatenden Berufen (BGHZ 141, 173, 178, Steuerberater; Karlsr WM 80, 349, 350, Rechtsanwalt), Ärzte, Banken und Sparkassen (vgl München WM 74, 957, 959). Für Sozialversicherungsträger normiert dies ausdrücklich § 71 I 2 SGB X. Eine **einstweilige Einstellung** der **Zwangsvollstreckung** lässt die Auskunftspflicht unberührt (St/J/*Brehm* § 840 Rn 6). Bei mehreren Drittschuldnern besteht für jeden eine eigene Verpflichtung.

12 **b) Nr 1.** Der Drittschuldner muss zunächst erklären, ob und inwieweit er die Forderung als **begründet anerkenne** und zu zahlen bereit sei. Nicht zu erklären ist, ob die Forderung begründet ist (BGH NJW 10, 1674 Tz 12). Weder eine bejahende noch eine verneinende Antwort muss der Drittschuldner begründen (München NJW 75, 174, 175). Der Drittschuldner muss den Rechtsgrund und die Höhe der Forderung nennen. Auf die Erfüllung oder die Verstrickung der Forderung durch ein Pfändungspfandrecht muss er hinweisen (LG Memmingen NJW-RR 06, 998, 999 f). Bei einer Lohnpfändung sind die Steuerklasse, die Zahl der unterhaltsberechtigten Personen und der gem den §§ 850 ff bereinigte Betrag anzugeben (ThoPu/*Hüßtege* § 840 Rn 5; **aA** Wieczorek/Schütze/*Lüke* § 840 Rn 11; MüKoZPO/*Smid* § 840 Rn 12). Der Drittschuldner muss aber nicht angeben, wann die Forderung fällig wird, ebenso wenig hat er Einwendungen und Gestaltungsrechte, wie Anfechtbarkeit, Aufrechnung oder Rücktritt, anzuführen (München NJW 75, 174, 175; **aA** *Foerste* NJW 99, 904). Ist er aber aufgrund einer zulässigen und möglichen Aufrechnung nicht zur Leistung bereit, muss er dies erklären (Stöber Rn 642a).

Daneben muss der Drittschuldner **keine Belege** vorlegen und auch nicht die Richtigkeit seiner Angaben nachweisen. § 260 BGB ist unanwendbar (BGHZ 86, 23, 26). Banken müssen keine Kontoauszüge erstellen (Köln ZIP 81, 964. 965), doch kann der als Nebenrecht mit gepfändete Auskunftsanspruch die Angabe umfassen, wann und inwieweit ein positiver Saldo bestand (LG Dresden JurBüro 09, 663, 664). Die Lohnabrechnung ist nicht vorzulegen (LG Mainz Rpfleger 94, 309). Eine Vorlagepflicht für Urkunden und Belege folgt ggf aus materiellem Recht (Rz 4) und für den Schuldner aus § 836 III (§ 836 Rz 26 ff). 13

c) Nr 2. Anzugeben hat der Drittschuldner, ob und welche **Ansprüche anderer Personen** an der Forderung geltend gemacht werden. Die betreffenden Personen sind mit Namen, Anschrift, Grund und Betrag ihrer Forderungen zu bezeichnen. Die Gründe dafür, wie Abtretung, gesetzlicher Forderungsübergang oder Verpfändung, sind zu benennen. 14

d) Nr 3. Schließlich muss der Drittschuldner erklären, ob und wegen welcher Ansprüche die Forderung bereits für andere Gläubiger gepfändet ist. **Vorrangig Pfändungen**, einschl etwaiger Vorpfändungen, sind deswegen nach Umfang der Titulierung, den erfolgten Leistungen sowie dem Pfändungsbeschluss (Gericht, Az und Datum) zu bezeichnen. Unzureichend ist die Erklärung, es könne nicht mit einer Zahlung gerechnet werden, weil schon Pfändungen und Abtretungen iHv 150.000 DM vorlägen (LAG Hannover NJW 74, 768). Abschriften der Beschlüsse sind nicht vorzulegen (LG Münster Rpfleger 02, 321). 15

e) Nr 4. Die Regelung ergänzt die Auskunftspflicht des Drittschuldners im Hinblick auf die neu geschaffenen Anordnung nach § 850l. **Drittschuldner** iSd Vorschrift ist jedes Kreditinstitut, bei dem ein als Pfändungsschutzkonto taugliches Girokonto geführt wird. Unerheblich ist, ob es sich bei dem Konto um ein Pfändungsschutzkonto handelt. Sonst müsste der Gläubiger zunächst die Antwort auf die Frage nach an einem Pfändungsschutzkonto gem Nr 5 abwarten und dann entsprechend erneut Auskunft verlangen. Nicht allein der Gläubiger, sondern auch der Drittschuldner müsste bei einem anderen Verständnis doppelt Zeit und Mühen aufwenden. Der Vollstreckungsgläubiger erfährt so, ob er aufgrund spezieller vollstreckungsgerichtlicher Entscheidungen nicht mit einer Leistung rechnen kann. Der Drittschuldner muss auf Verlangen dem Gläubiger erklären, ob in den letzten zwölf Monaten für das gepfändete Konto eine Pfändung nach § 8850l aufgehoben worden ist. Diese Information erleichtert es dem Vollstreckungsgläubiger, über einen Gegenantrag nach § 850l S 3 zu entscheiden. Unterlässt der Drittschuldner eine Erklärung nach Nr 4, wird dies regelmäßig solange folgenlos bleiben, wie der Schuldner keinen Antrag nach § 850l gestellt hat. 16

Der **Umfang der Erklärungspflicht** erfasst die Anordnung nach § 850l S 1 über die Freistellung des Kontos von Pfändungen. Unerheblich ist, welches Vollstreckungsgericht oder welche Behörde die Anordnung erlassen hat (Zö/*Stöber* Anh § 850k, § 840 Rn 1). Nach der gesetzlichen Formulierung muss der Drittschuldner allein Auskunft über die Vollstreckungsbeschränkung aus § 850l S 1 erteilen. Dem Sinn der Erklärungspflicht wird es aber nicht gerecht, wenn unerwähnt bliebe, ob die Freistellung zwischenzeitlich aufgehoben ist, denn der Inhalt der Auskunft wäre geradezu in ihr Gegenteil verkehrt. Ziel der Information ist es nicht, zu wissen ob eine Freistellung angeordnet wurde, sondern ob eine Freistellung besteht. 17

Zeitlich erstreckt sich die Erklärungspflicht auf die letzten zwölf Monate, wodurch eine Konkordanz mit § 850l S 1 erreicht wird. Länger zurückliegende Freistellungen sind dann in jedem Fall abgelaufen. Die Frist beginnt nicht mit der Pfändung, wegen der die Erklärung begehrt wird, sondern mit Zugang des Auskunftsverlangens (aA B/L/A/H § 840 Rn 13). 18

f) Nr 5. Die Erklärungspflicht schließt eine **Informationslücke**, die durch die Einführung des Pfändungsschutzkontos nach § 850k entstehen kann. Der Gläubiger erhält so auf einfachem Weg Auskunft über die besondere Qualität des Kontos. 19

Der **Umfang der Erklärungspflicht** erstreckt sich allein auf die Tatsache, ob es sich bei dem Konto, dessen Guthaben gepfändet ist, um ein gesetzliches Pfändungsschutzkonto handelt. Weitere Angaben sind nicht erforderlich und häufig unzulässig. Kontobezeichnung und -nummer sind nicht zu nennen, weil der Gläubiger diese bereits in seinem Pfändungsantrag nennen musste und ein eindeutiger Bezug der Auskunft gewährleistet ist. Handelt es sich beim betreffenden Konto um ein Pfändungsschutzkonto, hat der Drittschuldner die Höhe des unpfändbaren Betrags nicht zu erläutern. Auskünfte über andere Konten sind aufgrund des Bankgeheimnisses unzulässig. Weder darf der Drittschuldner angeben, ein anderes Konto sei ein Pfändungsschutzkonto, noch ein anderes Konto sei kein P-Konto. 20

21 **Verlangt der Schuldner** vor Abgabe der Drittschuldnererklärung, das Konto als **Pfändungsschutzkonto** zu führen, muss der Drittschuldner dies mitteilen, auch wenn das bestehende Konto noch nicht umgewandelt ist. Hat der Drittschuldner die Erklärung abgegeben und fordert der Schuldner anschließend, aber noch während der zweiwöchigen Frist aus § 840 I die Umwandlung, muss der Drittschuldner seine Angaben nicht berichtigen (vgl *Büchel* BKR 09, 358, 361). Der Drittschuldner hat hier eine zutreffende Auskunft abgegeben, die erst durch nachträgliche Umstände verändert wird. Eine im Interesse des Gläubigers erfolgte frühzeitige Erklärung, darf sich nicht zum Nachteil des Drittschuldners auswirken. Unerheblich ist auch, wenn der Schuldner erst nach Fristablauf verlangt, das Konto als Pfändungsschutzkonto zu führen.

22 **g) Wiederholte Auskunft.** Der Drittschuldner erfüllt seine Verpflichtung durch die Auskunftserteilung. Seine Auskunft muss er grds weder wiederholen noch ergänzen (BGHZ 86, 23, 25; BGH VersR 83, 981, 982), doch darf er seine Auskunft ergänzen. War die Erklärung zunächst auf einzelne Umstände beschränkt, kann der Gläubiger weitere Angaben verlangen (Stöber Rn 635). Bei einer Pfändung künftiger Forderungen kann das Verlangen in angemessener Zeit insoweit wiederholt werden, wie es nachträglich veränderte Umstände betrifft (St/J/*Brehm* § 840 Rn 13; aA Stöber Rn 651a). Eine Kontenpfändung begründet aber keinen Anspruch des Gläubigers, über jeden Zahlungseingang informiert zu werden (Köln ZIP 81, 964, 965).

23 **3. Kostenerstattung.** Die Kosten der Auskunft muss der Drittschuldner selbst tragen. Es besteht **kein Erstattungsanspruch gegen** den **Schuldner** aus den §§ 677, 683, 670 BGB, weil der Drittschuldner ein eigenes Geschäft führt. Ein Schadensersatzanspruch etwa aus § 280 I BGB scheitert, weil den Schuldner keine Nebenpflicht trifft, Pfändungen zu vermeiden (BGH NJW 99, 2276, 2277). Formularmäßige Entgeltklauseln verstoßen gegen § 307 BGB (BGH NJW 99, 2276, 2277; 00, 651; *Ahrens* NJW-Spezial 11, 85, 86). Die Änderungskündigung eines Girokontos, mit dem höhere Gebühren wegen des Bearbeitungsaufwands für Pfändungen verlangt werden, ist unzulässig (LG Halle VuR 11, 264, 265). Im Arbeitsverhältnis kann eine Erstattungspflicht weder vertraglich noch durch Betriebsvereinbarung begründet werden (BAG NJW 07, 1302, 1303). Auch der **Vollstreckungsgläubiger** ist **nicht vergütungspflichtig**, weil § 840 allein Pflichten des Drittschuldners und keine Rechte begründet. Die §§ 261 III, 268 II, 811 II BGB sind mangels einer materiellrechtlichen Verpflichtung nicht entspr anwendbar (BAG NJW 85, 1181, 1182; BVerwG Rpfleger 95, 261, zu § 316 AO; Schuschke/Walker § 840 Rn 5; Stöber Rn 647; **aA** Ddorf MDR 90, 730; B/L/A/H § 840 Rn 13; Baur/Stürner/Bruns Rn 30.20). In Betracht kämen ohnedies nur Auslagen und nicht die bei der Bearbeitung der Lohnpfändung entstehenden Kosten (MüKoZPO/*Smid* § 840 Rn 9). Auch bei schwierigen Rechtsfragen sind Rechtsanwaltskosten nicht zu erstatten.

24 **4. Auskunfts-, Feststellungs- und Zahlungsklage.** Es besteht **kein klagbarer Auskunftsanspruch**, und zwar unabhängig davon, ob die Drittschuldnererklärung als nicht einklagbare Pflicht oder als prozessuale Last verstanden wird (Rz 2). Eine Auskunftsklage ist abzuweisen (BGHZ 91, 126, 129; BGH NJW 1999, 2276, 2278; NJW-RR 06, 1566 Tz 11; krit Baur/Stürner/Bruns Rn 30.20; G/S/B-E § 55 Rn 17). Durch eine **negative Feststellungsklage** gegen den Gläubiger kann der Drittschuldner das Nichtbestehen der Forderung feststellen lassen (BGHZ 69, 144, 1499), falls der Gläubiger nicht bereit ist, gem § 843 auf die Rechte aus der Pfändung zu verzichten. Der Schuldner kann gegen den Drittschuldner auf **Leistung** an den Gläubiger klagen (BGHZ 147, 225, 230).

25 **C. Schadensersatzpflicht des Drittschuldners. I. Voraussetzungen.** Der Schadensersatzanspruch aus Abs 2 S 2 beruht auf einem gesetzlichen Schuldverhältnis. Er setzt eine **Pflichtverletzung** durch eine verspätete, unvollständige, unrichtige oder nicht erteilte Auskunft voraus. Erteilt der Drittschuldner, ohne zu einer Erklärung verpflichtet zu sein, eine unzutreffende Auskunft, gilt § 840 II 2 entspr (Gottwald § 840 Rn 22). Der Drittschuldner muss lediglich erklären, ob er die Forderung als begründet anerkennt, nicht ob die Forderung begründet ist. Eine Haftung gem Abs 2 S 2 wegen Nichtanerkennung der Forderung scheidet damit aus (BGH NJW 10, 1674 Tz 12). Die Pflichtverletzung muss **schuldhaft** geschehen sein (BGHZ 79, 275, 278 f; zur Beweislast Rz 23). Ein Verschulden des Erfüllungsgehilfen ist zu vertreten (Brox/Walker Rn 625). Soweit es auf eine Kenntnis oder ein Kennenmüssen ankommt, gelten die Grundsätze der Wissensvertretung entspr § 166 I BGB (G/S/B-E § 55 Rn 22). Der Schaden muss **kausal** durch die unzutreffende oder nicht rechtzeitig erteilte Auskunft verursacht sein. Vor Erhebung der Schadensersatzklage ist keine erneute Aufforderung zur Abgabe der Drittschuldnererklärung erforderlich, weswegen die mit einer nochmaligen Mahnung verbundenen Anwaltskosten nicht erstattungsfähig sind (BGH NJW-RR 06, 1566,

1567). Wird die Drittschuldnererklärung verspätet abgegeben, beruht eine erst danach getroffene Entscheidung, klageweise gegen den Drittschuldner vorzugehen, nicht mehr kausal auf der Verspätung (BGH NJW 10, 1674 Tz 14).

Unterlässt der Drittschuldner die geforderten Angaben, kann der Pfändungsgläubiger von der **Beitreibbarkeit** des gepfändeten Anspruchs ausgehen und diesen ohne Kostenrisiko einklagen. Ergibt sich dann aus den Einlassungen des Drittschuldners, dass die geltend gemachte Forderung nicht besteht oder nicht durchsetzbar ist, kann der Pfändungsgläubiger in diesem Verfahren zu einem Schadensersatzanspruch aus § 840 II 2 übergehen (BGHZ 91, 126, 129; *Schmidt* JurBüro 08, 175, 176). Dies gilt auch, wenn sich aufgrund der erst im Prozess erteilten Auskunft die Erfolglosigkeit der Klage herausstellt. In Betracht kommen auch eine Erledigungserklärung oder eine Klagerücknahme sowie ggf eine neue Klage auf Kostenerstattung (Wieczorek/Schütze/*Lüke* § 840 Rn 27). 26

II. Umfang der Ersatzpflicht. Die Ersatzpflicht ist nach den §§ 249 ff BGB zu bestimmen. § 254 BGB ist anwendbar (Schuschke/Walker § 840 Rn 13). Zu ersetzen sind nur die **Nachteile**, die dem Gläubiger **im konkreten Vollstreckungsverfahren** durch die unzureichende Auskunft entstanden sind, insb weil er mit der gepfändeten Forderung ausgefallen ist. Der Gläubiger kann nicht verlangen, so gestellt zu werden, als ob die Forderung des Schuldners bestünde (Musielak/*Becker* § 840 Rn 14). Nicht nach § 840 II 2 ersatzfähig sind dem Gläubiger entstandene Schäden, weil er aufgrund der unrichtigen Auskunft weitere vermögensbezogene Dispositionen getroffen oder unterlassen hat (BGHZ 98, 291, 294). Der Schaden kann in einer versäumten Vollstreckungsmöglichkeit liegen (LAG Köln JurBüro 09, 548, 549). Die Haftung entfällt nicht schon, weil die Vollstreckung ins Leere geht (Musielak/*Becker* § 840 Rn 12; aA LAG Hamm DB 90, 2228). Da der Gläubiger den Drittschuldner unmittelbar auf Schadensersatz in Anspruch nehmen kann, sind die Kosten eines weiteren anwaltlichen Aufforderungsschreibens nicht erstattungsfähig (BGH NJW-RR 06, 1566, 1567). 27

Vielfach wird der Schaden in den Kosten für einen **Einziehungsprozess** bestehen (Stuttg Rpfleger 90, 265; Köln Rpfleger 03, 670, 672). Der Drittschuldner hat auch die dem Gläubiger in einem Arbeitsgerichtsprozess entstandenen, aber nach § 12a ArbGG nicht erstattungsfähigen außergerichtlichen Kosten zu tragen (BAG NJW 1990, 2643, 2644). Dies gilt nicht, wenn der Gläubiger aufgrund zutr Auskunft einen Drittschuldnerprozess geführt und dort seine Kosten nicht vollständig erstattet bekommen hat (AG Schopfheim JurBüro 08, 216). Die durch den Drittschuldnerprozess entstandenen Kosten können aber, soweit sie nicht beim Drittschuldner beigetrieben werden können, vom Gläubiger nach § 788 ggü dem Schuldner geltend gemacht werden. Dies gilt auch für die nach § 12a ArbGG nicht zu erstattenden Kosten (BGH NJW 06, 1141 f) oder die notwendigen Kosten zur Vorbereitung einer Drittschuldnerklage (BGH NJW 10, 1674 Tz 7 ff). Ggf muss der Gläubiger den Schadensersatzanspruch aus § 840 II 2 abtreten. Setzt der Gläubiger nach Auskunft den Prozess fort, ist ihm kein Schaden entstanden, weil die Prozesskosten auch bei Auskunft angefallen wären (Köln Rpfleger 03, 670, 672). Kommt der Drittschuldner seiner Auskunftspflicht nicht nach und wird er deswegen vom Gläubiger auf Zahlung verklagt, soll dieser, wenn sich im Zahlungsprozess das Nichtbestehen der Forderung herausstellt, die Klage auf Feststellung des durch die verspätete Drittschuldnererklärung entstandenen Schadens umstellen können (AG Oranienburg JurBüro 10, 494). 28

III. Schadensersatzprozess. Zuständig sind grds die ordentlichen Gerichte (LAG Baden-Württemberg, NZA-RR 05, 273). Ausnahmsweise kann bei der Umstellung auf eine Schadensersatzklage etwas anderes gelten (BSG NJW 99, 895). Der Gläubiger muss die Voraussetzungen der Auskunftspflicht und die unrichtige bzw unterlassene Erklärung beweisen (Musielak/*Becker* § 840 Rn 12), außerdem dass bei einer rechtzeitigen und vollständigen Erklärung, ein Prozess voraussichtlich nicht geführt worden wäre (LG Stuttgart Rpfleger 90, 265). Für den Drittschuldner besteht eine erhöhte sekundäre Darlegungslast (BGHZ 86, 23, 29). Für ein fehlendes Verschulden muss sich der Drittschuldner nach allgemeinen Grundsätzen entlasten (BGHZ 79, 275, 279). 29

D. Kosten/Gebühren. Der **Gerichtsvollzieher** erhält die Gebühr gem § 9 GVKostG iVm KV Nr 100 von 7,50 €, bei Erfolglosigkeit gem § 9 GVKostG iVm KV 600 2,50 €, sowie die Schreibauslagen nach § 9 GVKostG iVm KV Nr 700 sowie ggf Wegegeld nach § 9 GVKostG iVm KV Nr 711. Dem **Rechtsanwalt** des Gläubigers steht eine Gebühr mit einem Satz von 0,3 gem § 18 Nr 3 RVG iVm VV 3309 zu. Ist die Vollstreckungsgebühr bereits entstanden, fällt sie nicht erneut an. Der Anwalt des Drittschuldners erhält die Geschäftsgebühr gem VV 2400 (St/J/*Brehm* § 840 Rn 34, Musielak/*Becker* § 840 Rn 12; **aA** MüKoZPO/*Smid* § 840 Rn 35 Zö/*Stöber* § 840 Rn 17, VV 3309). 30

§ 841 Pflicht zur Streitverkündung. Der Gläubiger, der die Forderung einklagt, ist verpflichtet, dem Schuldner gerichtlich den Streit zu verkünden, sofern nicht eine Zustellung im Ausland oder eine öffentliche Zustellung erforderlich wird.

1 **A. Normzweck.** Der Einziehungsprozess des Gläubigers gegen den Drittschuldner begründet keine Rechtskraftwirkungen ggü dem Schuldner (B/L/A/H § 841 Rn 1). Dennoch berührt er auch Interessen des Schuldners, weil es von seinem Ergebnis abhängt, ob anderes Vermögen des Schuldners in Anspruch genommen wird (BGH NJW 78, 1914 f). Ein Unterliegen des Gläubigers kann für den Schuldner nachteilig sein. Deswegen ist es dem Schuldner zu ermöglichen, sich an diesem Rechtsstreit zu beteiligen. § 316 III AO sieht eine entsprechende Anwendung vor.

2 **B. Regelungsgehalt, Verfahren.** § 841 verpflichtet den Gläubiger bei jeder Klage auf Leistung, Hinterlegung oder Feststellung (St/J/*Brehm* § 841 Rn 1) gegen den Drittschuldner, dem Schuldner den Streit zu verkünden. Die **Pflicht** besteht unabhängig davon, ob die gepfändete Forderung zur Einziehung oder an Erfüllungs statt überwiesen wurde, aber auch ohne Überweisung, außerdem auch im arbeitsgerichtlichen Verfahren. Bei einer Klage des Schuldners gegen den Drittschuldner ist § 841 nicht entspr anwendbar (Gottwald § 841 Rn 5).

3 Die Pflicht entfällt bei einer öffentlichen Zustellung, §§ 185 ff, und einer **Auslandszustellung**, § 183. Zwischenstaatliche Zustellungsabkommen (vgl MüKoZPO/*Rauscher* VölkZuStR Rn14) lassen die Pflicht nicht wieder aufleben. Nach überwiegender Ansicht soll auch im Bereich der EuGVO keine Streitverkündungspflicht bestehen (Wieczorek/Schütze/*Lüke* § 841 Rn 2; MüKoZPO/*Smid* § 841 Rn 2; zweifelnd Musielak/*Becker* § 841 Rn 1). Diese Interpretation ist nicht mit den Grundgedanken eines europäischen Justizraums und des europäischen Diskriminierungsverbots aus den Art 12, 293 EGV zu vereinbaren, wie sie der EuGH zu § 917 II aF formuliert hat (EuGH NJW 94, 1271 f).

4 Für das Verfahren der **Streitverkündung** gelten die §§ 72 ff. Die Streitverkündung hat in der Form des § 73 zu erfolgen. Die Wirkungen ergeben sich aus den §§ 68, 74. Da die Streitverkündung nicht zu einer Rechtskrafterstreckung nach § 69 führt, tritt eine einfache und keine streitgenössische Nebenintervention ein (St/J/*Brehm* § 841 Rn 2; **aA** MüKoZPO/*Smid* § 841 Rn 4). Regelmäßig kann der Schuldner allein auf Seiten des Gläubigers dem Streit beitreten. Ausnahmsweise kann er dem Drittschuldner beitreten, wenn er ein Interesse hat, dass die Klage abgewiesen wird, wie etwa im Fall des § 850h (LAG Baden-Württemberg RdA 59, 437).

5 **C. Verstöße.** Unterbleibt die Streitverkündung und verliert der Gläubiger den Prozess, können Schadensersatzansprüche des Schuldners bestehen (RGZ 83, 116, 121). Der Ersatzanspruch ist auf Freistellung von der titulierten Verbindlichkeit in der Höhe gerichtet, in der die gepfändete Forderung durchsetzbar war (Schuschke/Walker § 841 Rn 3). Dazu muss dem Gläubiger eine mangelhafte Prozessführung vorzuwerfen sein und von ihm anderweitig gegen den Schuldner vollstreckt werden. Der Schuldner muss den Bestand der Forderung beweisen. Bei einer Überweisung an Zahlungs statt kann der Schuldner die Klage aus § 767 mit dem Einwand erheben, der Titel sei verbraucht, weil die Forderung bestanden habe. Ebenso muss er nach § 767 klagen, wenn er mit dem Schadensersatzanspruch aufgerechnet hat.

6 **D. Kosten/Gebühren.** Vgl §§ 72 ff.

§ 842 Schadenersatz bei verzögerter Beitreibung. Der Gläubiger, der die Beitreibung einer ihm zur Einziehung überwiesenen Forderung verzögert, haftet dem Schuldner für den daraus entstehenden Schaden.

1 **A. Normzweck.** Um die mit einer Forderungspfändung und -verwertung verbundenen weitreichenden Eingriffe in das Vermögen des Schuldners und die daraus resultierenden Lasten zu reduzieren, soll der Gläubiger die zur Einziehung überwiesene Forderung möglichst schnell beitreiben. Da der Vollstreckungsschuldner bei einer Überweisung zur Einziehung Inhaber der Forderung bleibt, ist er an der Verwertung der Forderung zur Tilgung seiner Verbindlichkeiten interessiert. Den Anreiz zur Beitreibung schafft die eigenständige Schadensersatzverpflichtung aus § 842. § 316 III AO sieht eine entsprechende Anwendung vor.

B. Voraussetzungen. Mit der **Pfändung** und **Überweisung zur Einziehung** verpflichtet § 842 den Gläubiger zur Beitreibung der Forderung. Diese **Beitreibungspflicht** ist bei einer nach § 835 I Alt 1 zur Einziehung überwiesenen Forderung gerechtfertigt, weil der Gläubiger wegen seiner Titelforderung erst befriedigt ist, wenn die überwiesene Forderung erfüllt wird. Der Schuldner kann dabei nur noch begrenzt auf die Beitreibung einwirken (s.a. Rz 4). Er darf aber den Gläubiger von der Beitreibungspflicht entbinden (*App* JurBüro 97, 127). Im Gegensatz dazu geht eine an Zahlungs statt überwiesene Forderung gem § 835 I Alt 2, II auf den Gläubiger über (§ 835 Rz 28). Da der Gläubiger hier mit der Überweisung als befriedigt anzusehen ist, § 835 II, wirkt sich eine verzögerte Beitreibung allein zu seinen eigenem Nachteil aus. Ein Schadensersatzanspruch des Schuldners besteht nicht. 2

Ist die Forderung zur Einziehung überwiesen, muss der Gläubiger die Forderung außergerichtlich verfolgen oder gerichtlich feststellen lassen und durchsetzen. Die Ersatzpflicht besteht bei einer **verzögerten**, also nicht sofortigen Beitreibung. Leistet der Drittschuldner nicht, muss der Gläubiger einen **Einziehungsprozess** führen. Dies gilt auch und gerade bei einer unsicheren Rechtslage. Das aus der Rechtsverfolgung resultierende Kostenrisiko kann der Schuldner nur vermeiden, wenn er auf die durch die Überweisung begründeten Rechte nach § 843 verzichtet. 3

Weitere Voraussetzung ist eine **schuldhaft** verzögerte Beitreibung. Ein Verschulden seiner Erfüllungsgehilfen, zB seines Rechtsanwalts oder eines Inkassobüros (Schuschke/Walker § 842 Rn 2), hat der Gläubiger nach § 278 BGB zu vertreten. Abzustellen ist auf eine nach Vollstreckungsmaßstäben unangemessene und vermeidbare Verzögerung. Eine Ratenzahlungsvereinbarung oder Stundung kann angemessen sein, wenn sonst eine Beitreibung scheitert. Der Gläubiger kann durch eine Gestattung nach § 844 geschützt werden (Musielak/*Becker* § 842 Rn 2; § 844 Rz 11). Der Schuldner ist berechtigt, gegen den Drittschuldner auf Erfüllung der gepfändeten Forderung an die Pfändungsgläubiger sowie auf Zahlung nach deren Befriedigung zu klagen (BGH NJW 01, 2178, 2180; § 835 Rz 24). Er muss sich deswegen ggf ein Mitverschulden gem § 254 BGB anrechnen lassen (LAG Hamm DB 88, 1703), das auch aus verspäteter Herausgabe erforderlicher Unterlagen resultieren kann. 4

Erforderlich sind außerdem **Kausalität** und **Schaden**. Der Schaden kann in einem Rechtsverlust des Schuldners ggü dem Drittschuldner bestehen, etwa durch Verjährung (BGH NJW 96, 48, 50). Geschädigt wird der Schuldner auch durch eine fehlende Durchsetzbarkeit der Forderung sowie den bei ihm entstehenden Zinsen und Kosten. Der Anspruch schafft keine vollstreckungsrechtliche Einwendung, dh der Schuldner kann allein damit noch nicht die Aufhebung des Pfändungs- und Überweisungsbeschlusses verlangen (MüKoZPO/*Smid* § 842 Rn 4). Er ist aber berechtigt, mit dem Schadensersatzanspruch aus § 842 gegen die titulierte Forderung des Gläubigers aufzurechnen sowie ggf die Klage aus § 767 zu erheben (Wieczorek/Schütze/*Lüke* § 842 Rn 5). 5

§ 843 Verzicht des Pfandgläubigers.

[1]Der Gläubiger kann auf die durch Pfändung und Überweisung zur Einziehung erworbenen Rechte unbeschadet seines Anspruchs verzichten. [2]Die Verzichtleistung erfolgt durch eine dem Schuldner zuzustellende Erklärung. [3]Die Erklärung ist auch dem Drittschuldner zuzustellen.

A. Normzweck. Die Vorschrift ermöglicht dem Gläubiger, auf die durch Pfändung und Überweisung erworbenen Rechte zu verzichten. Wegen der mit einer Forderungspfändung verbundenen Risiken, wie der Ersatzpflicht aus § 842 oder einer Drittwiderspruchsklage nach § 771, kann es für den Pfändungsgläubiger sinnvoll sein, die Rechte aufzugeben. § 316 III AO sieht eine entsprechende Anwendung vor. 1

B. Verfahren. Verzichtet werden kann auf die Rechte aus Pfändung und Überweisung der Forderung. Zulässig ist der Verzicht bereits nach der Pfändung, also nicht erst nach der Überweisung. Bedeutsam ist die Regelung nur bei einer zur Einziehung überwiesenen Forderung. Bei einer Überweisung der Forderung an Zahlungs statt ist der Verzicht wegen der nach § 835 II eingetretenen Befriedigung vollstreckungsrechtlich folgenlos. Er kann dann aber eine materiellrechtliche Erklärung beinhalten. 2

Die Verzichtserklärung erfolgt durch eine einseitige **Prozesshandlung** des Pfändungsgläubigers. Als Prozesshandlung ist der Verzicht bedingungsfeindlich (auflösende Bedingung München OLGR 99, 277, 278; **aA** B/L/A/H § 843 Rn 5), aber bis zum Wirksamwerden der Erklärung widerruflich (Wieczorek/Schütze/*Lüke* § 843 Rn 3; enger München OLGR 97, 94 f). Ein **Teilverzicht**, etwa um dem Schuldner einen über die Pfändungsfreigrenzen hinausgehenden Betrag zu belassen, ist im Verhältnis zwischen Gläubiger und Drittschuldner wirksam, wenn keine Gesetzesumgehung bezweckt wird. Die Konsequenzen ergeben sich jedoch 3 nicht aus § 843. Im Verhältnis zu einem nachpfändenden Gläubiger ist aber das Pfändungspfandrecht des vorrangigen Gläubigers in dem Zeitpunkt erloschen, in dem bei voller Ausschöpfung des pfändbaren Lohnanteils seine Forderungen beglichen gewesen wären (BAG NJW 75, 1575, 1576).

4 Wirksam wird der Verzicht nach S 2 mit **Zustellung** an den Schuldner (RGZ 139, 172, 175 f), die im Parteibetrieb nach den §§ 191 ff durchzuführen ist. Zusätzlich sieht S 3 eine Zustellung an den Drittschuldner vor, doch ist diese Ordnungsvorschrift für einen wirksamen Verzicht weder wesentlich noch ausreichend. Hinreichend geschützt ist der Drittschuldner durch § 409 BGB. Da die Zustellung nach S 2, 3 Beweisschwierigkeiten vermeiden soll, kann der Gläubiger auch **ohne** die dort vorgesehenen **Förmlichkeiten** wirksam auf die Rechte verzichten (BGH NJW 83, 886, 887; 02, 1788, 1789; MüKoZPO/*Smid* § 843 Rn 3; krit St/J/*Brehm* § 843 Rn 4). Ein Formzwang in Gestalt einer schriftlichen Erklärung wird nicht begründet. Zulässig ist eine mündliche Erklärung (Schuschke/Walker § 843 Rn 3; aA Brox/Walker Rn 626). Dann muss der Verzicht, angelehnt an die Regeln über empfangsbedürftige Willenserklärungen, unzweideutig erklärt und dem Schuldner zugegangen sein (BGH NJW 02, 1788, 1789; Gottwald § 843 Rn 5). Ein Ratenzahlungsvergleich begründet daher grds noch keinen Verzicht (Stöber Rn 678). Den Drittschuldner schützt § 836 II.

5 **C. Wirkungen.** Die Erklärung des Gläubigers **beendet** das **Vollstreckungsverfahren.** Die Rechte aus Pfändung und Überweisung entfallen ohne Beteiligung eines Vollstreckungsorgans, namentlich ohne Aufhebung der Beschlüsse (Wieczorek/Schütze/*Lüke* § 843 Rn 1). Hat der Gläubiger die Rechte aus dem Pfändungs- und Überweisungsbeschluss aufgegeben, kann aber zur Klarstellung beim Vollstreckungsgericht die Aufhebung des Beschlusses beantragt werden (BGH NJW 02, 1788). Verzichtet der Gläubiger auf die Rechte aus der Pfändung, erlöschen auch die Rechte aus der Überweisung, während ein zulässiger Verzicht allein auf die Einziehungsbefugnis auf diese beschränkt sein kann (B/L/A/H § 843 Rn 1). Der leistende Drittschuldner wird durch § 836 II geschützt. Der **titulierte Anspruch** des Gläubigers bleibt **unberührt.** Der Schuldner kann daher weiter vollstrecken und sogar dieselbe Forderung gegen den Drittschuldner erneut pfänden (AG Berlin-Neukölln DGVZ 86, 78, 79; Stöber Rn 677). Verzichtet der Gläubiger auf die titulierte Forderung (LAG Berlin RdA 66, 200), erlischt das Pfändungspfandrecht, doch bleibt der Anschein der Verstrickung bestehen und muss ggf gem § 767 beseitigt werden (Schuschke/Walker § 843 Rn 1).

6 Erklärt der Gläubiger den Verzicht auf die Rechte aus der Pfändung und Überweisung **im Prozess** gegen den Drittschuldner, so gilt § 265 (St/J/*Brehm* § 843 Rn 6). Eine nach § 842 begründete Ersatzpflicht entfällt durch den Verzicht nur für die Zukunft (Musielak/*Becker* § 843 Rn 3). Auch wenn der Gläubiger auf die Rechte aus dem Pfändungs- und Überweisungsbeschluss verzichtet hat, ist ein Antrag beim Vollstreckungsgericht zulässig, den ergangenen Beschl zur Klarstellung aufzuheben (BGH NJW 02, 1788, 1789). Die Erklärung, den Antrag auf Erlass eines Pfändungs- und Überweisungsbeschlusses zurückzunehmen, steht dem Verzicht auf die Rechte aus dem Pfändungs- und Überweisungsbeschluss gem § 843 gleich (Köln JurBüro 95, 387; **aA** Stöber Rn 678).

7 Ein **Rangrücktritt** unterfällt nicht § 843, da er zwischen vor- und nachrangigem Gläubiger wirkt (RG JW 13, 885). Eine materiellrechtliche Verpflichtung zum Verzicht auf die Rechte aus Pfändung und Überweisung begründet noch nicht die Wirkungen des § 843 (Zö/*Stöber* § 843 Rn 2). Es können aber die Rechte aus den §§ 766, 775 f geltend gemacht werden.

8 **D. Insolvenzverfahren.** Erklärt der Gläubiger keinen Verzicht gem § 843, obwohl die Pfändung nach § 89 InsO unwirksam ist, kann der Schuldner wegen der fortbestehenden Schutzwirkung aus § 836 II ein Interesse an der Aufhebung des Pfändungs- und Überweisungsbeschlusses haben (LG Gera ZVI 07, 181).

9 **E. Kosten/Gebühren.** Notwendige Kosten der Zwangsvollstreckung trägt nach § 788 der Schuldner. Verzichtet der Gläubiger auf die Rechte aus Pfändung und Überweisung, trägt er die Kosten der Zwangsvollstreckungsmaßnahme, weil sie in der von ihm durchgeführten Art und Weise nicht notwendig war (Köln JurBüro 95, 387; **aA** Hk-ZV/*Bendtsen* § 843 Rn 9). Der **Gerichtsvollzieher** erhält die Gebühr gem § 9 GVKostG iVm KV Nr 100 von 7,50 €. Dem **Rechtsanwalt** des Gläubigers steht eine Gebühr mit einem Satz von 0,3 gem § 18 Nr 3 RVG iVm VV 3309 zu. Ist die Vollstreckungsgebühr bereits entstanden, fällt sie nicht erneut an.

§ 844 Andere Verwertungsart.

(1) Ist die gepfändete Forderung bedingt oder betagt oder ist ihre Einziehung wegen der Abhängigkeit von einer Gegenleistung oder aus anderen Gründen mit Schwierigkeiten verbunden, so kann das Gericht auf Antrag an Stelle der Überweisung eine andere Art der Verwertung anordnen.

(2) Vor dem Beschluss, durch welchen dem Antrag stattgegeben wird, ist der Gegner zu hören, sofern nicht eine Zustellung im Ausland oder eine öffentliche Zustellung erforderlich wird.

A. Normzweck. Die Vorschrift ermöglicht dem Vollstreckungsgläubiger, aber auch sonstigen Betroffenen, eine andere Art der Vollstreckung als die Überweisung zu beantragen, wenn diese unwirtschaftlich oder aus anderen Gründen unzweckmäßig ist. Dabei ist der Schuldner vor einer Wertvernichtung zu schützen. Ähnliche Regelungen enthalten § 825 (dazu LG Freiburg DGVZ 82, 186, 187), § 65 ZVG und § 317 AO. 1

B. Verfahren. I. Anwendungsbereich. Die Vorschrift gilt zwar für sämtliche Arten der Zwangsvollstreckung, ist aber va für die **Rechtspfändung** iSv § 857 und insb die Vollstreckung in GmbH-Anteile (unten Rz 6; Frankf WM 1977, 89; LG Gießen JurBüro 99, 49 f; Ddorf Rpfleger 00, 400; Schuschke/Walker § 844 Rn 1), Miterbenanteile (*Eickmann* DGVZ 84, 65) oder der Sammelverwahrung von Wertpapieren (*Erk* Rpfleger 91, 236, 237) bedeutsam. Bei einer Internet-Domain ist die Gesamtheit der schuldrechtlichen Ansprüche, die dem Inhaber der Domain ggü der Vergabestelle aus dem Registrierungsvertrag zustehen, zu pfänden und ggf anderweitig zu verwerten (BGH NJW 05, 3353, 3354; Rz 11; *Boecker* MDR 07, 1234). Ein Antrag nach § 844 ist ausgeschlossen, falls das Recht dem Gläubiger an Zahlungs statt überwiesen wurde, § 835 II. 2

II. Voraussetzungen. Das Vollstreckungsgericht darf eine anderweitige Vollstreckungsart nur auf **Antrag** bestimmen, der vom Vollstreckungsgläubiger, einem nachrangigen Gläubiger, sogar wenn dem vorrangigen Gläubiger die Forderung bereits zur Einziehung überwiesen wurde (RGZ 164, 162, 169), oder dem Schuldner gestellt werden darf. Nicht antragsbefugt sind der Drittschuldner (St/J/*Brehm* § 844 Rn 2) und der Arrestpfandgläubiger (Stöber Rn 1467). Im Antrag ist die anderweitige Verwertungsart konkret zu bezeichnen. Die Antragsberechtigung entsteht mit der Pfändung und endet durch eine Befriedigung des Gläubigers. Der Antrag kann zusammen mit dem Pfändungsantrag gestellt werden. Wegen der kollidierenden Anforderungen einerseits aus § 834 und andererseits aus § 844 II ist vor der Anhörung der Pfändungsbeschluss zu erlassen (St/J/*Brehm* § 844 Rn 2). 3

Über den Antrag entscheidet das **Vollstreckungsgericht**, § 828, am Gerichtsstand des Schuldners durch den Rechtspfleger, § 20 Nr 17 RPflG. Für dieses neue Verfahren ist der Zeitpunkt der Antragstellung maßgebend. Die Entscheidung durch ein örtlich unzuständiges Gericht ist anfechtbar. Zuvor mündlich oder schriftlich **anzuhören** ist nach Abs 2 der Antragsgegner, also der Schuldner, bei einem von anderer Seite gestellten Antrag auch der Gläubiger, ggf auch ein vorrangiger Gläubiger sowie der Drittschuldner (MüKoZPO/*Smid* § 844 Rn 6; **aA** ThoPu/*Hüßtege* § 844 Rn 2; Saenger/*Kemper* § 844 Rn 8). Wird der Antrag abgelehnt, ist die Anhörung entbehrlich (Musielak/*Becker* § 844 Rn 2; aA MüKoZPO/*Smid* § 844 Rn 5). Die Anhörungspflicht entfällt bei einer öffentlichen Zustellung, §§ 185 ff, und einer Auslandszustellung, § 183. Insoweit gilt das zu § 841 Rz 3 Gesagte entspr. 4

Es müssen die Voraussetzungen für einen **Überweisungsbeschluss** mit wirksamer Pfändung und Überweisungsreife erfüllt sein (vgl § 835 Rz 3; Wieczorek/Schütze/*Lüke* § 844 Rn 5). Die andere Verwertung darf in dem Umfang angeordnet werden, wie das Recht wirksam gepfändet ist (B/L/A/H § 844 Rn 6). Nach einer Überweisung der Forderung an Zahlungs statt ist die Anordnung einer anderen Verwertungsart unzulässig. 5

Als besonderes Erfordernis muss die **Verwertung** der gepfändeten Forderung **erschwert** sein. Dies kommt bei einer iSv § 158 BGB bedingten oder einer betagten Forderung in Betracht, bei der die Fälligkeit kalendermäßig bestimmt ist oder durch Kündigung bestimmt werden kann (Musielak/*Becker* § 844 Rn 3). Die Forderung kann aber auch von einer Gegenleistung abhängen oder ihre Einziehung aus anderen Gründen erschwert sein, wie einer Zahlungsunfähigkeit des Drittschuldners. Die Verwertung von GmbH-Anteilen kann erschwert sein, wenn entweder mangels eines Kündigungsrechts die Gesellschaft nicht liquidiert werden kann, oder wenn eine Liquidation zulässig, aber unwirtschaftlich ist. 6

III. Entscheidung. Der Beschl über die anderweitige Verwertung ergeht auf freigestellter mündlicher Verhandlung, §§ 764 II, 128 IV. Er ersetzt den Überweisungsbeschluss und ist zu begründen (B/L/A/H § 844 Rn 6, 11). Der ablehnende Beschl ist dem Antragsteller zuzustellen und dem Schuldner formlos mitzuteilen, der stattgebende Beschl dem Gläubiger und dem Schuldner sowie ggf konkurrierenden Gläubigern zuzustellen, § 329 III, ebenso dem Drittschuldner (St/J/*Brehm* § 844 Rn 5). 7

IV. Rechtsbehelfe. Angeordnet wird die anderweitige Verwertung durch eine vollstreckungsgerichtliche Entscheidung und nicht durch Vollstreckungsakt (LG Limburg DGVZ 76, 88). Deswegen ist die **sofortige** 8

Beschwerde nach § 793 bzw bei der üblichen Entscheidung durch den Rechtspfleger die sofortige Beschwerde nach § 11 I RPflG iVm § 93 einzulegen.

9 **C. Andere Verwertung.** Das Vollstreckungsgericht entscheidet im Rahmen seines **Ermessens** über die Verwertungsart, doch darf es keine andere als die beantragte Verwertungsart anordnen (Gottwald § 844 Rn 5). Um den Schuldner zu schützen und sein Vermögen bestmöglich zu verwerten, sind die Realisierungsaussichten bei einer Überweisung gegen die Risiken einer anderweitigen Verwertung abzuwägen (vgl Stuttg Rpfleger 64, 179, 180 f). Die andere Verwertung muss vorteilhafter als eine Überweisung sein. Selbst wenn bei Ablehnung des Antrags die Verwertung (zunächst) scheitert, ist dem Antrag, eine anderweitige Verwertung anzuordnen, nicht notwendig stattzugeben (Ddorf Rpfleger 00, 400). Unter Beachtung von § 308 darf das Vollstreckungsgericht die Verwertung konkretisieren, etwa indem es die üblichen Verwertungsformen modifiziert oder einen Versteigerungsort bestimmt. Es darf auch den Wert schätzen (LG Krefeld Rpfleger 79, 147; **aA** LG Essen NJW 57, 108; *Boecker* MDR 07, 1234, 1237).

10 Als andere **Verwertungsart** kann das Vollstreckungsgericht eine öffentliche **Versteigerung** durch den Gerichtsvollzieher nach den §§ 816 ff – die §§ 813, 817a sind unanwendbar (Musielak/*Becker* § 844 Rn 5) – eine Versteigerung durch eine Privatperson, wie einen Notar oder Auktionator nach Maßgabe von § 156 BGB, aber auch eine Internet-Versteigerung, § 814 II Nr 2, III (zur früheren Rechtslage LG Mönchengladbach NJW-RR 05, 439, 440; AG Bad Berleburg Rpfleger 01, 560), mit einem Vertragsschluss nach den §§ 145 ff BGB (BGHZ 149, 129, 133 ff; BGH NJW 05, 53, 54) zulassen. Ein Mindestgebot muss nicht, kann aber vom Vollstreckungsgericht selbst (für GmbH-Anteil LG Krefeld Rpfleger 79, 147; **aA** AG Elmshorn DGVZ 93, 190) oder durch den Gerichtsvollzieher (LG Hannover DGVZ 90, 140) festgesetzt werden, etwa bei unsicherem oder streitigem Wert (LG Berlin DGVZ 62, 173). Der Gerichtsvollzieher darf den Zuschlag nur gegen ein angemessenes Gebot erteilen. Übertragen wird dann das Recht nicht durch den Zuschlag, sondern erst durch eine Erklärung des Gerichtsvollziehers (St/J/*Brehm* § 844 Rn 9). Bei einer Versteigerung durch den Gerichtsvollzieher werden die privatrechtlichen Formvorschriften, zB aus § 15 III GmbHG, ersetzt (Zö/*Stöber* § 844 Rn 6). Der Gläubiger kann selbst mitbieten. Erhält er den Zuschlag, ist er in Höhe des Versteigerungserlöses befriedigt (Stöber Rn 1475).

11 Ein **freihändiger Verkauf** ist durch den Gerichtsvollzieher oder eine Privatperson möglich, zB durch Diskontierung von Wechseln (Brox/Walker Rn 670). Bei einem Verkauf durch den Gerichtsvollzieher werden die privatrechtlichen Formvorschriften ersetzt (Wieczorek/Schütze/*Lüke* § 844 Rn 16). Der Erwerb des Rechts von einer Privatperson erfolgt nach bürgerlichem Recht. Angeordnet werden darf außerdem eine **Überweisung an Zahlungs statt** zu einem Schätzwert (BGH NJW 05, 3353, 3354) unterhalb des Nennwerts, etwa bei einer befristeten oder von einer Gegenleistung abhängigen Forderung, für die ein Nennwert sonst nicht zu erzielen ist (Brox/Walker Rn 671). Zulässig ist auch die **Überlassung** des Rechts zur Ausübung an einen Dritten, etwa durch Verwaltung oder Verpachtung. Der Gläubiger kann ermächtigt werden, mit dem Drittschuldner eine Ratenzahlung zu vereinbaren oder einen Vergleich zu schließen, um so die Haftung nach § 842 zu vermeiden (Zö/*Stöber* § 844 Rn 2).

12 **Unzulässig** ist die Einräumung eines Vorrangs im Grundbuch (RGZ 25, 409, 411 f). Auch darf die tw gepfändete Forderung nicht zum vollen Betrag versteigert werden (RG Gruchot 37, 422, 423).

13 **D. Kosten/Gebühren.** Die anfallenden Gebühren und Kosten stellen Kosten der Zwangsvollstreckung iSv § 788 dar. Für die Entscheidung des Gerichts entstehen keine Gerichtsgebühren. Dem **Gerichtsvollzieher** steht für eine Versteigerung oder einen Verkauf die Gebühr gem § 9 GVKostG iVm KV Nr 300 von 40 € sowie ggf der Zeitzuschlag nach KV Nr 500 von 15 € ab der vierten Stunde für jede weitere angefangene Stunde zu. Muss ein erneuter Versteigerungstermin anberaumt werden, beträgt die Gebühr dafür nach KV Nr 302 7,50 €. Außerdem sind seine Auslagen gem KV Nr 711, 713 zu erstatten. Dem **Rechtsanwalt** steht eine Gebühr mit einem Satz von 0,3 gem § 18 Nr 3 RVG iVm VV 3309 zu. Ist die Vollstreckungsgebühr bereits entstanden, fällt sie nicht erneut an.

§ 845 Vorpfändung.

(1) [1]Schon vor der Pfändung kann der Gläubiger auf Grund eines vollstreckbaren Schuldtitels durch den Gerichtsvollzieher dem Drittschuldner und dem Schuldner die Benachrichtigung, dass die Pfändung bevorstehe, zustellen lassen mit der Aufforderung an den Drittschuldner, nicht an den Schuldner zu zahlen, und mit der Aufforderung an den Schuldner, sich jeder Verfügung über die Forderung, insbesondere ihrer Einziehung, zu enthalten. [2]Der Gerichtsvollzieher hat die Benachrichtigung mit den Aufforderungen selbst anzufertigen, wenn er von dem Gläubiger

hierzu ausdrücklich beauftragt worden ist. [3]Der vorherigen Erteilung einer vollstreckbaren Ausfertigung und der Zustellung des Schuldtitels bedarf es nicht. [4]An Stelle einer an den Schuldner im Ausland zu bewirkenden Zustellung erfolgt die Zustellung durch Aufgabe zur Post.

(2) [1]Die Benachrichtigung an den Drittschuldner hat die Wirkung eines Arrestes (§ 930), sofern die Pfändung der Forderung innerhalb eines Monats bewirkt wird. [2]Die Frist beginnt mit dem Tag, an dem die Benachrichtigung zugestellt ist.

A. Normzweck. Zwischen dem Erwerb eines Titels und einer wirksamen Pfändung kann es durch die gerichtliche Bearbeitungszeit und die gesetzlichen Wartefristen aus den §§ 750 III, 798 (Rz 4) zu erheblichen Zeitverlusten kommen. Dem Gläubiger drohen deswegen uU benachteiligende Verfügungen des Schuldners oder Rangnachteile (BayObLG Rpfleger 85, 58, 59). Um sich davor zu schützen, kann der Gläubiger bereits durch eine Benachrichtigung von der geplanten Pfändung, der sog Vorpfändung, ein Pfandrecht begründen. Deren Schutzwirkung ist besonders schnell zu erreichen, weil der Gläubiger die Pfändungsankündigung als private Verfahrenshandlung und Rechtsdurchsetzungsmaßnahme (*Hascher/Lammers* DGVZ 09, 92) selbst erstellen kann. Zudem verlagert § 845 den Schutzbereich vor, weil nach Abs 1 S 3 die Vorpfändung bereits mit Verkündung und noch vor Ausfertigung eines vorläufig vollstreckbaren Urteils erfolgen kann. 1

B. Voraussetzungen. I. Anwendungsbereich. Eine Vorpfändung findet statt bei einer Zwangsvollstreckung **wegen Geldforderungen** in Geld- und Hypothekenforderungen, §§ 829 ff, in Ansprüche auf Herausgabe von Sachen, §§ 846 ff, und in andere Vermögenswerte, § 857. Die Forderung muss pfändbar sein. Pfändungsgrenzen sind zu beachten. Zur Vorpfändung von Hypothekenforderungen ist weder eine Briefübergabe noch eine Eintragung ins Grundbuch (St/J/*Brehm* § 845 Rn 25; **aA** Köln Rpfleger 91, 241) erforderlich, die Eintragung aber zulässig. Auch die Vorpfändung drittschuldnerloser Rechte, § 857 II, ist zulässig (RGZ 71, 179, 183). Die Vorpfändung ist auch bei der Sicherungspfändung nach § 720a zulässig (BGHZ 93, 71, 74). Bei Steuererstattungsansprüchen ist § 46 VII AO zu beachten. 2

Unzulässig ist eine Vorpfändung bei Zwangsvollstreckungen in das unbewegliche Vermögen, § 865, bzw in Wechsel und andere indossable Papiere, die nach § 831 durch den Gerichtsvollzieher gepfändet werden (ThoPu/*Hüßtege* § 845 Rn 1). Ausgeschlossen ist eine Vorpfändung im Vorrechtsbereich der §§ 850d, 850f I, weil das unpfändbare Einkommen durch das Gericht zu beziffern ist. Auch bei den unpfändbaren Bezügen aus § 850b I ist eine Vorpfändung unzulässig, weil deren Pfändung eine gerichtliche Billigkeitsentscheidung erfordert. Die Vorpfändung eines Pfändungsschutzkontos ist unzulässig (§ 850k Rz 44). Nicht zulässig ist die Vorpfändung von Ansprüchen aus einem Konto, wenn die diplomatische Vertretung eines Staats hinsichtlich der Ansprüche aus den gepfändeten Bankkonten diplomatische Immunität genießt (BGH JurBüro 07, 550 LS). 3

II. Titel. Zugunsten des Gläubigers muss ein auf eine Geldforderung gerichteter, für vollstreckbar erklärter oder rechtskräftiger Titel bestehen. Darunter sind ebenso **vollstreckbare Urteile**, Urkunden iSd § 794 (RGZ 71, 179, 182) sowie Arrestbefehle und Leistungsverfügungen (Schuschke/Walker § 845 Rn 2) zu verstehen. Der Titel muss bestehen, ein Urt also verkündet sein. Es muss sich aber noch nicht im Besitz des Gläubigers befinden (LG Frankfurt JurBüro 83, 623). Nach Abs 1 S 3 muss vor der Pfändungsankündigung weder eine vollstreckbare Ausfertigung iSd §§ 725 ff erteilt noch das Urt nach § 750 zugestellt sein. Die Vorpfändung ist selbst dann zulässig, wenn der Titel den Rechtsvorgänger des Schuldners oder Gläubigers nennt und eine Vollstreckungsklausel für oder gegen den Rechtsvorgänger noch nicht erteilt ist (Stöber Rn 798). Beweisurkunden nach den §§ 750 II, 756, 765 müssen nicht zugestellt sein (RGZ 71, 179, 182). Entbehrlich ist auch eine Sicherheitsleistung nach § 720a (BGHZ 93, 71, 74). Die gesetzlichen Wartefristen aus § 750 III (BGHZ 93, 71, 74; München InVo 96, 77; **aA** *Gilleßen/Jakobs* DGVZ 79, 103, 106) und § 798 (BGH NJW 82, 1150; **aA** *Mümmler* JurBüro 75, 1413, 1415) sind nicht einzuhalten. 4

Arreste, § 922, und **einstweilige Verfügungen**, § 940, reichen aus, wenn sie auf Geldleistung gerichtet sind, doch ist bei ihnen die Vollziehungsfrist zu wahren (Gottwald § 845 Rn 2). Für einen Kostenerstattungsanspruch ist ein **Kostenfestsetzungsbeschluss**, § 104, erforderlich, das Urt genügt dafür nicht (B/L/A/H § 845 Rn 5). 5

Der Titel muss im maßgebenden **Zustellungszeitpunkt** bestehen und vollstreckungsfähig sein (Wieczorek/Schütze/*Lüke* § 845 Rn 5). Zudem müssen die besonderen **Vollstreckungsvoraussetzungen** vorliegen. Eine Sicherheitsleistung, zB nach den §§ 707, 719, 732, 769 f, muss erbracht sein (MüKoZPO/*Smid* § 845 Rn 2), 6 anders im Fall des § 720a (Rostock DGVZ 06, 91; Rz 2). Eine Bedingung iSd § 726 muss eingetreten, der Kalendertag nach § 751 I abgelaufen und eine Zug-um-Zug Leistung gem § 765 nachgewiesen sein (Musielak/*Becker* § 845 Rn 2). Aus Titeln über künftig fällig werdende Leistungen darf die Vorpfändung unter den gleichen Voraussetzungen wie die Pfändung erfolgen (RGZ 82, 227, 231).

7 **C. Verfahren. I. Benachrichtigung.** Drittschuldner und Schuldner sind durch eine schriftliche **Erklärung** des Gläubigers über die bevorstehende Pfändung zu benachrichtigen. Auf diese Erklärung ist § 130 nicht entspr anwendbar. Es genügt, wenn der Gläubiger die zuzustellende (Rz 11 f) Benachrichtigung dem Gerichtsvollzieher per Fax (ThoPu/*Hüßtege* § 845 Rn 5; *Müller* DGVZ 96, 85 ff; enger *Kerres* DGVZ 97, 9; **aA** Zö/*Stöber* § 845 Rn 3) zuleitet. Eine E-Mail ist dagegen unzureichend, weil sie den Absender nicht verlässlich erkennen lässt. Der Gerichtsvollzieher hat die ihm übergebene Erklärung nicht darauf zu überprüfen, ob ein vollstreckbarer Schuldtitel vorliegt und insb die Anforderungen aus den §§ 751, 752, 756 erfüllt sind, § 178 Nr 4 GVGA.

8 Zum **Inhalt** der Erklärung gehört die Information, dass wegen einer titulierten Forderung des Gläubigers eine Pfändung der Forderung des Schuldners gegen den Drittschuldner bevorstehe. Gläubiger, Schuldner und Drittschuldner sind zu bezeichnen. Ein gerichtlicher Vollstreckungstitel ist mit Gericht, Aktenzeichen und der titulierten Forderung zu benennen (BGHZ 93, 71, 74). Die Erklärung ist ggü dem Drittschuldner mit der **Aufforderung** zu verbinden, nicht an den Schuldner zu zahlen. Der Schuldner ist aufzufordern, sich jeder Verfügung über die Forderung zu enthalten, Abs 1 S 1. Mängel der Erklärung führen zur Nichtigkeit (Ausn Rz 10).

9 In der Benachrichtigung ist eine – oder mehrere (vgl Stöber Rn 799) – **bestimmte Forderung** zu benennen, deren Pfändung angekündigt wird. Sie muss ebenso eindeutig bezeichnet werden, wie bei der Forderungspfändung (BGH NJW 01, 2976; § 829 Rz 46 ff). Dazu ist das zugrunde liegende Rechtsverhältnis wenigstens in allgemeinen Umrissen anzugeben (BGHZ 172, 16 Tz 16; BGH NJW-RR 2005, 1361). Dennoch dürfen an die Bezeichnung der gepfändeten Forderung keine übermäßigen Anforderungen gestellt werden, weil der Gläubiger die Verhältnisse seines Schuldners idR nur oberflächlich kennt (BGH NJW 01, 2976 f). Wie beim Pfändungsbeschluss, zu dessen Auslegung außerhalb des eigentlichen Beschlusses liegende Umstände nicht herangezogen werden dürfen (BGH NJW-RR 08, 1164), ist auch hier die Auslegung auf den Text der Erklärung beschränkt (**aA** B/L/A/H § 845 Rn 6). Unzureichend ist die Kennzeichnung »aus jedem Rechtsgrund« (BGHZ 13, 42, 43). Auch künftige Forderungen können der Vorpfändung unterliegen.

10 Die Aufforderung kann von dem Gläubiger oder seinem Anwalt formuliert oder gem Abs 1 S 2 aufgrund eines ausdrücklichen Auftrags vom **Gerichtsvollzieher** abgefasst werden. Ein konkludent erteilter Auftrag ist dennoch zulässig (MüKoZPO/*Smid* § 845 Rn 7). Da die ausdrückliche Beauftragung vor Amtshaftungsansprüchen schützen soll, ist eine auftragslose Tätigkeit des Gerichtsvollziehers allein anfechtbar (Musielak/*Becker* § 845 Rn 3). Bei einem Auftrag prüft der Gerichtsvollzieher die Voraussetzungen der Vorpfändung, § 178 Nr 3 II 1 GVGA, erstellt die Erklärung und unterzeichnet sie. Die Beauftragung kann zugleich mit dem Vollstreckungsauftrag erfolgen. Sie muss nicht für eine bestimmte Forderung erteilt werden, doch darf der Gerichtsvollzieher über § 806a hinaus nicht mit der Ermittlung von Forderungen beauftragt werden (Stöber Rn 801b, 801c). Wird in andere Vermögensrechte vollstreckt, darf der Gerichtsvollzieher nach § 857 VII nicht damit beauftragt werden, die Aufforderung anzufertigen.

11 **II. Zustellung.** Die Benachrichtigung muss Schuldner und Drittschuldner durch den **Gerichtsvollzieher** im Parteibetrieb, §§ 191 ff, zugestellt werden. Der Gerichtsvollzieher hat die Zustellung besonders zu beschleunigen, § 178 Nr 2 GVGA. Eine Ersatzzustellung ist zulässig, ebenso eine öffentliche Zustellung, § 185 (St/J/*Brehm* § 845 Rn 8; **aA** MüKoZPO/*Smid* § 845 Rn 11). Zustellungsmängel sind nach § 189 heilbar (BGHZ 93, 71, 74). Eine formlose Information von Schuldner und Drittschuldner durch den Gläubiger, etwa per Boten, E-Mail oder postalisch, ist unwirksam (LG Koblenz DGVZ 84, 58; LG Hechingen DGVZ 86, 188 f) und nicht heilbar. Wirksamkeitsvoraussetzung ist nur die Zustellung ggü dem Drittschuldner. Erfolgt die Vorpfändung eines drittschuldnerlosen Rechts, sind Aufforderung und Zustellung an den Drittschuldner obsolet (RGZ 71, 179, 183).

12 Die Zustellung an den **Schuldner** stellt keine Wirksamkeitsvoraussetzung dar, anders bei drittschuldnerlosen Rechten. Insoweit handelt es sich lediglich um eine Sollvorschrift (RGZ 8, 417, 419; BayObLG Rpfleger 85, 58, 59; Wieczorek/Schütze/*Lüke* § 845 Rn 9). Zur Wahrung des rechtlichen Gehörs ist aber die Pfändungsankündigung auch dem Schuldner zuzustellen (LG Stuttgart DGVZ 90, 15). Ist zwischen dem Gläubiger und Schuldner ein gerichtliches Verfahren anhängig in dem der Schuldner einen Prozessbevollmäch-

tigten bestellt hat, muss nach §§ 191, 172 I 3 (St/J/*Roth* § 191 Rn 5, § 172 Rn 17) die Zustellung an den Bevollmächtigten erfolgen (Stöber Rn 800). Der Gerichtsvollzieher hat zwar die Vollständigkeit der Angaben, nicht aber die Voraussetzungen für eine Vorpfändung zu prüfen und Nachweise zu verlangen (ThoPu/*Hüßtege* § 845 Rn 6).

Anstelle einer **Auslandszustellung** erfolgt nach Abs 1 S 4 die Zustellung durch Aufgabe zur Post, die der Gerichtsvollzieher zu veranlassen hat. Insoweit gilt das zu § 841 Rz 4 Gesagte entspr. Den für die Wirksamkeit der Zustellung maßgebenden Zeitpunkt bestimmt Abs 1 S 4 nicht exakt, doch wird man von der Aufgabe zur Post auszugehen haben. 13

D. Rechtsfolgen. I. Wirkungen der Vorpfändung. Die Vorpfändung ist in ihren Wirkungen dem Arrest gleichgestellt, §§ 845 II 1, 930. Sie wirkt wie eine **Beschlagnahme** der betroffenen Forderung (BGHZ 87, 166, 168). Der Zeitpunkt der Vorpfändung begründet den **Rang** des Pfändungspfandrechts, das durch die Pfändung innerhalb eines Monats seit Zustellung der Benachrichtigung entsteht (BGH NJW 01, 2976). Überwiegend wird darin ein auflösend bedingtes Pfandrecht gesehen, auch wenn bei einer rechtzeitigen Pfändung zu den Wirkungen eines Arrestpfandrechts ein Vollstreckungspfandrecht hinzutritt (St/J/*Brehm* § 845 Rn 14; Brox/Walker Rn 627). Leistungen des Drittschuldners an den Schuldner und Verfügungen des Schuldners sind dem Gläubiger ggü unwirksam sowie andere Pfändungen nachrangig. Die Wirkung tritt mit Zustellung an den Drittschuldner ein. Die Arrestwirkung eröffnet dem Gläubiger weder ein Einziehungs- noch ein anderes Verwertungsrecht (Dresd MDR 01, 580). Eine Aufforderung zur Abgabe einer Drittschuldnererklärung ist bei einer Vorpfändung unzulässig (BGHZ 68, 289, 291). Eine vom Drittschuldner dennoch freiwillig erteilte unzutreffende Erklärung verpflichtet ihn unter den allgemeinen Voraussetzungen zum Schadensersatz (Baur/Stürner/Bruns Rn 31.37). Die Vorpfändung ist unwirksam, falls eine ihrer Voraussetzungen fehlt, die Pfändung nicht hinreichend bestimmt ist oder das Drittschuldnerverbot fehlt (Zö/*Stöber* § 845 Rn 7). 14

Die **Pfändungsschutzvorschriften** der §§ 811, 850 ff sind zu beachten. Auf den Vorrechtsbereich aus den §§ 850d I, 850f II kann ein privilegierter Gläubiger nur aufgrund einer vollstreckungsgerichtlichen Entscheidung zugreifen (LAG Frankfurt DB 89, 1732). Bei bedingt pfändbaren Forderungen, §§ 850b, 54 II SGB I, muss zuvor die Pfändbarkeit durch das Vollstreckungsgericht begründet werden. Beim **Oder-Konto** erfasst die Vorpfändung als solche ohne eine Mitpfändung nicht die Auszahlungsforderung des anderen Kontoinhabers gegen die Bank (Stuttg InVo 99, 150, 152; Dresd MDR 01, 580). 15

II. Frist. Die Beschlagnahme und die rangwahrende Wirkung bleiben nur bestehen, wenn binnen der **Monatsfrist** die Forderung gepfändet wird, sonst entfällt die Arrestwirkung rückwirkend. Die Frist beginnt gem Abs 2 S 2 mit dem Tag der Zustellung an den Drittschuldner. Die Fristberechnung erfolgt nach § 222. Während der Frist muss die Pfändung bewirkt, also der Pfändungsbeschluss erlassen und dem Drittschuldner zugestellt sein (MüKoZPO/*Smid* § 845 Rn 18). 16

Mit **Fristablauf** ohne Vollpfändung enden rückwirkend Beschlagnahme und rangwahrende Wirkung. Eine Verlängerung ist unzulässig, ebenso eine Wiedereinsetzung in den vorigen Stand (Schuschke/Walker § 845 Rn 6). Zwischenzeitlich erfolgte Verfügungen des Schuldners werden wirksam, Pfändungen Dritter rücken im Rang auf. Zulässig ist aber eine auch mehrfach wiederholte Vorpfändung mit dem bei ihrer Zustellung bestehenden schlechteren Rang. 17

III. Pfändung. Die Wirkungen der Vorpfändung bleiben nur dann dauerhaft bestehen, wenn innerhalb der Monatsfrist eine Vollpfändung der gleichen Forderung erfolgt. Dafür muss nur der Pfändungsakt bewirkt sein. Das Pfandrecht kann später entstehen, etwa an künftigen Forderungen (St/J/*Brehm* § 845 Rn 16). Die Pfändung muss nicht auf die Vorpfändung verweisen. Hat sich der Gegenstand der Vorpfändung etwa durch Hinterlegung oder nachträgliche Hypothekenbestellung geändert, muss dem die Form der Pfändung entsprechen (Musielak/*Becker* Rn 7). Eine unwirksame Vorpfändung wird nicht durch eine nachfolgende korrekte Pfändung geheilt (Schuschke/Walker § 845 Rn 7). Wird die Pfändung abgelehnt, entfällt damit noch nicht die Vorpfändung, da ein weiterer wirksamer Pfändungsversuch unternommen werden kann (anders MüKoZPO/*Smid* § 845 Rn 17). Eine verspätete Pfändung ist wirksam, begründet aber den früheren Rang nicht wieder. Die rangwahrende Arrestwirkung der Benachrichtigung greift nur insoweit, wie die Vorpfändung reicht und kann nicht durch die spätere Pfändung erweitert werden (BGH NJW 01, 2976, 2977). 18

19 **E. Rechtsbehelfe.** Gegen die Vorpfändung als Zwangsvollstreckungsmaßnahme kann bei Ablehnung vom Gläubiger, sonst vom Schuldner, Drittschuldner oder einem beschwerten Dritten die Vollstreckungserinnerung nach § 766 (Ddorf NJW-RR 93, 831) eingelegt werden. Wird innerhalb der Monatsfrist der Vollstreckungstitel aufgehoben oder die Zwangsvollstreckung für unzulässig erklärt, ist gegen die Vorpfändung analog § 766 vorzugehen (aA *Hascher/Lammers* DGVZ 09, 92, 95 f). Materielle Einwände sind mit der Widerspruchsklage zu verfolgen. Läuft die Frist aus § 845 II 1 ohne Pfändung ab, ist der Rechtsbehelf erledigt. Für einen nach Fristablauf ohne Pfändung eingelegten Rechtsbehelf fehlt das Rechtsschutzbedürfnis (Köln Rpfleger 91, 261). Der Beschl über die Aufhebung der Vorpfändung kann nicht mehr zulässig angefochten werden, weil die Vorpfändung entfallen ist (Köln DGVZ 89, 39, 40). Die Aufhebung kann aber entspr § 570 II bis zur Rechtskraft des Beschlusses ausgesetzt werden (Musielak/*Becker* § 845 Rn 11).

20 **F. Insolvenzverfahren.** Eine nach Eröffnung des Insolvenzverfahrens zugestellte Vorpfändung verstößt gegen § 89 InsO und ist unzulässig. Entsprechendes gilt gem § 294 I InsO während des Restschuldbefreiungsverfahrens. Es gilt die Rückschlagsperre aus § 88 InsO. Ist die Vorpfändung zugestellt und wird anschließend das Insolvenzverfahren eröffnet, kann nicht mehr das für ein Absonderungsrecht erforderliche Pfändungspfandrecht begründet werden (RGZ 42, 365, 366; LG Detmold Rpfleger 07, 274; Jaeger/*Eckardt* § 89 Rn 53; Gottwald/*Gerhardt* § 33 Rn 2; Viertelhausen KTS 99, 433, 441; **aA** *Meyer-Reim* NJW 93, 3041). Werden im Eröffnungsverfahren Maßnahmen der Zwangsvollstreckung untersagt oder einstweilen eingestellt, ist eine Vorpfändung unzulässig. Für die Anfechtbarkeit nach § 131 InsO ist nicht auf den Zeitpunkt der Vorpfändung, sondern den der Hauptpfändung abzustellen (BGH NJW 06, 1870, 1871).

21 **G. Kosten/Gebühren.** Die anfallenden Gebühren und Kosten stellen **Kosten der Zwangsvollstreckung** iSv § 788 dar. Vom Schuldner sind die Kosten einer Vorpfändung als notwendige oder zweckentsprechende Maßnahme zu erstatten, wenn der Gläubiger begründeten Anlass zu der Besorgnis hatte, sonst seine Forderung nicht realisieren zu können (Frankf MDR 94, 843; aA KG JurBüro 87, 715, ausreichende Zeit zur freiwilligen Leistung). Ohne rechtzeitigen Vollstreckungsversuch sind die Kosten nicht erstattungsfähig (LAG Köln MDR 93, 915; LG Ravensburg DGVZ 98, 171, 172). Die Kosten sind auch zu erstatten, wenn der Schuldner bereits vor der Pfändung leistet. Auch die Kosten für mehrere Vorpfändungen können erstattungsfähig sein (Wieczorek/Schütze/*Lüke* § 845 Rn 29). Ist dem Gläubiger für die Zwangsvollstreckung Prozesskostenhilfe bewilligt, umfasst diese auch die Kosten der noch nicht ausgebrachten Vorpfändung (**aA** AG Essen DGVZ 97, 46, gesonderter Antrag).

22 **Gerichtsgebühren** entstehen nicht, auch nicht im Erinnerungsverfahren. Dem **Gerichtsvollzieher** steht für alle Amtshandlungen bei Anfertigung der Benachrichtigung die Gebühr gem § 9 GVKostG iVm KV Nr 200 von 12,50 € zu. Für die Zustellung erhält er die Gebühr nach § 9 GVKostG iVm KV Nr 100 von 7,50 €. Außerdem sind seine Auslagen gem KV Nr 711, 713 zu erstatten. Dem **Rechtsanwalt** steht eine Gebühr mit einem Satz von 0,3 gem § 18 Nr 3 RVG iVm VV 3309 zu. Ist die Vollstreckungsgebühr bereits entstanden, fällt sie nicht erneut an.

§ 846 Zwangsvollstreckung in Herausgabeansprüche.

Die Zwangsvollstreckung in Ansprüche, welche die Herausgabe oder Leistung körperlicher Sachen zum Gegenstand haben, erfolgt nach den §§ 829 bis 845 unter Berücksichtigung der nachstehenden Vorschriften.

1 **A. Normzweck.** Die Zwangsvollstreckung nach den §§ 829–845 in Herausgabeansprüche des Schuldners ist für den Gläubiger wenig günstig. Auf Gegenstände des Schuldners, die sich bei einem Dritten befinden, kann der Gläubiger nur bei einem zur Herausgabe bereiten Dritten zugreifen, § 809 (vgl RGZ 25, 182, 187). Hat der Schuldner einen Anspruch auf Leistung eines noch nicht zu seinem Vermögen gehörenden Gegenstands, steht dieser dem Vollstreckungszugriff des Gläubigers solange nicht zur Verfügung, wie der Schuldner den Anspruch nicht geltend macht (Schuschke/Walker § 846 Rn 1). In beiden Fällen könnte der Gläubiger die Herausgabe- und Leistungsansprüche pfänden, doch hilft ihm dies nicht weiter, weil er sich selbst bei einer Erfüllung aus den Ansprüchen nicht befriedigen kann. Hier ermöglichen die §§ 846–849 einen zweistufigen Zugriff. Aufgrund der Pfändung des Herausgabe- oder Leistungsanspruchs kann der Gläubiger die Herausgabe des Gegenstands an den Gerichtsvollzieher, Treuhänder oder Sequester verlangen und die Sache anschließend verwerten. Eine vergleichbare Regelung enthält § 318 AO.

2 **B. Anwendungsbereich.** Die §§ 846–849 sind bei Ansprüchen auf Herausgabe oder Leistung körperlicher Sachen anzuwenden. Der Vollstreckungstitel muss auf eine **Geldforderung** lauten. Ist der Titel auf Heraus-

gabe einer Sache gerichtet, findet die Herausgabevollstreckung nach § 886 statt. Als Titel kommen Urteile, Urkunden nach § 794, Arreste und einstweilige Verfügungen in Betracht.

Körperliche Sachen sind bewegliche und unbewegliche Sachen sowie Wertpapiere einschl indossabler Papiere, vgl § 808 II 1. Auf Wechsel sind die §§ 846 ff anzuwenden, wenn der Schuldner Wechselgläubiger und ein Dritter Besitzer ist. Der Anspruch auf Verschaffung der Wechselforderung ist nach § 857 zu pfänden (St/J/*Brehm* § 846 Rn 1). In Ansprüche auf Herausgabe unpfändbarer Sachen findet die Anspruchspfändung nach den §§ 846 ff nicht statt (Stöber Rn 2015). Nicht selbstständig pfändbar sind Beweisurkunden und Legitimationspapiere, doch kommt hier eine Hilfspfändung nach § 857 in Betracht (Wieczorek/Schütze/*Lüke* § 846 Rn 4). 3

Herausgabeansprüche sind auf Verschaffung des unmittelbaren Besitzes gerichtet. Sie können dinglich zu qualifizieren sein, etwa aus den §§ 985, 1007 BGB. Sie können aber auch schuldrechtlicher Natur sein, etwa gem §§ 546, 604, 667, 681, 695, 1254 BGB oder aus einem Sicherungsvertrag. Unerheblich ist, ob der Herausgabeanspruch bedingt, betagt oder von einer Gegenleistung abhängig ist (MüKoZPO/*Smid* § 846 Rn 1). Unanwendbar sind die §§ 846 ff auf Ansprüche, die mit einem Tun oder Unterlassen verbunden sind (Musielak/*Becker* § 846 Rn 2). **Leistungsansprüche** sind auf Besitz- und Eigentumsverschaffung gerichtet, etwa aus §§ 433 I, 607, 651, 1939, 2147, 2155 BGB (Schuschke/Walker § 846 Rn 2). Der schuldrechtliche Anspruch des Grundstückskäufers auf Übertragung des Eigentums kann auch nach der Auflassung bis zur Eintragung der Eigentumsänderung im Grundbuch gepfändet werden. Ist für den gepfändeten Anspruch eine Vormerkung eingetragen, kann die Pfändung bei dieser im Wege der Grundbuchberichtigung vermerkt werden. Die Pfändung wird wirksam mit Zustellung an den Drittschuldner (BGH Rpfleger 10, 365, 366). Von der Pfändung des Eigentumsverschaffungsanspruchs ist die Pfändung des Anwartschaftsrechts zu unterscheiden. Dessen Pfändung wird mit Zustellung des im Pfändungsbeschluss enthaltenen Verfügungsverbots an den Grundstückskäufer wirksam (BGH Rpfleger 10, 365, 366). 4

Der Pfändungsbeschluss muss die Sache zweifelsfrei bezeichnen (B/L/A/H § 845 Rn 3). Mit der Pfändung des Herausgabeanspruchs ist die Sache noch nicht verstrickt (MüKoZPO/*Smid* § 846 Rn 1). Das **Pfandrecht** an der Sache entsteht erst nach der Herausgabe (BGH NJW 58, 1723). Früher begründete dingliche Rechte gehen im Rang vor (Wieczorek/Schütze/*Lüke* § 846 Rn 1). 5

C. Kosten/Gebühren. Es entsteht eine **Gerichtsgebühr** nach KV 2110 in Höhe von 15 €. Dem **Rechtsanwalt** steht eine Gebühr mit einem Satz von 0,3 gem § 18 Nr 3 RVG iVm VV 3309 zu. Ist die Vollstreckungsgebühr bereits entstanden, fällt sie nicht erneut an. 6

§ 847 Herausgabeanspruch auf eine bewegliche Sache. **(1) Bei der Pfändung eines Anspruchs, der eine bewegliche körperliche Sache betrifft, ist anzuordnen, dass die Sache an einen vom Gläubiger zu beauftragenden Gerichtsvollzieher herauszugeben sei.**

(2) Auf die Verwertung der Sache sind die Vorschriften über die Verwertung gepfändeter Sachen anzuwenden.

A. Normzweck. Für den Gläubiger einer Geldforderung ist die Pfändung des Herausgabe- oder Leistungsanspruchs wegen einer Sache wenig günstig. Deswegen beinhalten die §§ 846–849 besondere Regeln für die Pfändung und Verwertung derartiger Ansprüche (§ 846 Rz 1). Mit Pfändung und Überweisung des Anspruchs soll die Zwangsvollstreckung in die Sache vorbereitet werden, um mit dem Verwertungserlös die Forderung des Gläubigers zu befriedigen. Im Anschluss an die Grundnorm des § 846 normiert § 847 die Zwangsvollstreckung in einen Anspruch auf Herausgabe oder Leistung einer beweglichen Sache. Eine vergleichbare Regelung enthält § 318 II AO. 1

B. Pfändung des Herausgabeanspruchs. I. Anwendungsbereich. Der Gläubiger muss eine **titulierte Geldforderung** haben. Als Titel kommen insb Urteile und Urkunden iSd § 794 in Betracht (§ 846 Rz 3). Der gepfändete Herausgabeanspruch muss eine **bewegliche körperliche Sache** einschl der Wertpapiere nach § 808 II 1 betreffen. Die Vorschrift betrifft nur Herausgabeansprüche über bewegliche Sachen, die iSd §§ 808 ff pfändbar (AG Dietz/Lahn DGVZ 62, 126, 127) und nach den §§ 814 ff verwertbar sind (Schuschke/Walker § 847 Rn 1). Zulässig ist auch die Pfändung eines betagten, künftigen oder von einer Gegenleistung abhängigen Anspruchs sowie eines Anspruchs auf Herausgabe nach Trennung (St/J/*Brehm* § 847 Rn 1). 2

3 **Unanwendbar** ist § 847 auf das Zubehör von Grundstücken iSd § 865 sowie auf Sachen, an denen keine selbständigen Rechte begründet werden können. Dazu gehören Hypothekenbriefe (RGZ 74, 78, 79 f), Grund- und Rentenschuldbriefe, Beweisurkunden (§ 952 BGB) wie Kfz-Briefe (LG Berlin DGVZ 62, 186), Sparbücher, Schuldscheine, Lohnabrechnungen (Zweibr DGVZ 95, 148, 149) etc. Herausgabeansprüche über unpfändbare Sachen können nicht gem § 847 gepfändet werden (Celle JW 35, 1718; Ddorf DR 41, 639, 640), es sei denn, die Sachen sind austauschbar (MüKoZPO/*Smid* § 847 Rn 2). Auf die Abtretung von Treugut ist § 847 nicht anwendbar (BGH NJW 98, 2969, 2970).

4 **Höchstpersönliche Herausgabeansprüche**, die nicht auf Dritte übertragbar sind, können auch dann nicht gepfändet werden, wenn die Sachen selbst pfändbar sind. Dies gilt etwa für den Anspruch des getrennt lebenden Ehepartners auf Herausgabe der notwendigen Sachen gem § 1361a BGB (Mu/*Becker* § 847 Rn 1). Befinden sich die Pfändungsobjekte gem §§ 111d, 111e StPO im Besitz der Staatsanwaltschaft, so ist nicht der Herausgabeanspruch des Angeklagten entspr § 847, sondern es sind die Gegenstände selbst nach § 829 zu pfänden. Wird dann nach einer dennoch erfolgten Anspruchspfändung die Sache an den Drittschuldner herausgegeben, setzt sich das durch die Anspruchspfändung begründete Pfandrecht an den Gegenständen fort (Frankf InVo 05, 430, 432). Fehlt ein Drittschuldner, ist nach § 857 und nicht nach § 847 zu pfänden. Soll durch die Zwangsvollstreckungsmaßnahme die Abgabe einer Willenserklärung erzwungen werden, ist § 847 nicht anwendbar (MüKoZPO/*Smid* § 847 Rn 4).

5 **II. Verfahren.** Die Pfändung des Herausgabeanspruchs erfolgt nach den §§ 846, 828–845, außerdem § 176 GVGA. Für die Pfändung beweglicher Sachen gilt § 829, für indossable Papiere § 831 (BGH MDR 80, 1016). Der Gläubiger muss beim örtlich zuständigen Vollstreckungsgericht den Erlass eines Pfändungsbeschlusses beantragen (§ 828 Rz 7 f), für den der Rechtspfleger funktionell zuständig ist, § 20 Nr 17 RPflG (§ 828 Rz 3).

6 Der **Pfändungsbeschluss** muss die Pfändung des Anspruchs auf Herausgabe oder Leistung der beweglichen körperlichen Sache aussprechen. Er wird mit Zustellung an den Drittschuldner wirksam. Der Beschl ist durch den Gerichtsvollzieher im Parteibetrieb, §§ 191 ff, dem Drittschuldner zuzustellen (B/L/A/H § 847 Rn 4) und dem Schuldner mitzuteilen. Da die Pfändung nach § 829 erfolgt, muss der Pfändungsbeschluss die allgemeinen **Wirksamkeitsanforderungen** erfüllen. Im Pfändungsbeschluss sind die gepfändete Forderung und ihr Rechtsgrund (**aA** Stöber Rn 2016) so genau zu bezeichnen, dass bei verständiger Auslegung unzweifelhaft feststeht, welche Ansprüche Gegenstand der Zwangsvollstreckung sein sollen (§ 829 Rz 46 ff). Außerdem muss die bewegliche körperliche Sache bestimmt bezeichnet werden, auf die sich der gepfändete Anspruch bezieht (BGH NJW 00, 3218, 3219). Die pauschale Bezeichnung »Rückgewähr von Sicherheiten« reicht nicht aus (Zö/*Stöber* § 847 Rn 2).

7 Zugleich ist dem Drittschuldner zu **verbieten**, den Gegenstand an den Schuldner herauszugeben oder zu leisten (Arrestatorium). Drittschuldner ist derjenige, der den Herausgabe- oder Leistungsanspruch zu erfüllen hat. Dem Schuldner ist zu **gebieten**, sich jeder Verfügung über den Anspruch zu enthalten, insb den Gegenstand nicht in Erfüllung des Herausgabe- oder Leistungsanspruchs anzunehmen (Inhibitorium).

8 Ggü dem Drittschuldner ist zusätzlich anzuordnen, die Sache an einen vom Gläubiger beauftragten Gerichtsvollzieher herauszugeben. Drittschuldner ist derjenige, der den gepfändeten Anspruch erfüllen muss. Die namentliche Benennung obliegt daher nicht dem Gericht, sondern dem Gläubiger. Diese **Herausgabeanordnung** braucht der Gläubiger nicht eigens zu beantragen. Zudem ist die Anordnung für die Entstehung des Pfändungspfandrechts unerheblich und kann auch nachgeholt werden (RG JW 14, 415, 416; LG Berlin MDR 77, 59; Gottwald § 847 Rn 4). Eine Herausgabe an den Gläubiger darf nur als andere Verwertungsart nach § 844 erfolgen (Musielak/*Becker* § 847 Rn 2). Steht der Anspruch auf Herausgabe einer unteilbaren Sache dem Schuldner sowie einem Dritten nach Bruchteilen zu, darf lediglich der ideelle Anteil des Schuldners gepfändet werden (St/J/*Brehm* § 847 Rn 6).

9 **C. Wirkungen der Pfändung.** Gepfändet wird der Anspruch auf Herausgabe oder Leistung einer Sache, also das Recht auf die Sache, nicht die Sache selbst. Dessen Pfändung begründet noch kein Pfandrecht des Gläubigers an der Sache. Sie bewirkt vielmehr die Verstrickung des angeblichen Anspruchs auf Herausgabe oder Leistung der Sache und begründet an diesem Anspruch ein Pfändungspfandrecht. Anschließend darf der Drittschuldner die Sache nur noch an den Gerichtsvollzieher herausgeben. Der Drittschuldner darf die Sache nicht an den Vollstreckungsgläubiger herausgeben. Eine gemeinschaftliche Leistung an Gläubiger und Schuldner ist, anders als nach § 829, unzulässig (Musielak/*Becker* § 857 Rn 3). Die Überweisung des Anspruchs zur Einziehung ist dafür unerheblich, denn die Herausgabe an den Gerichtsvollzieher stellt noch

keine Verwertung dar, doch wird durch die Überweisung der Schuldner gem § 836 III auskunftspflichtig und der Drittschuldner ist gem § 836 II geschützt.

10 Gibt der Drittschuldner die Sache nicht freiwillig heraus, berechtigen Pfändungsbeschluss und Herausgabeanordnung **nicht** zur **zwangsweisen Durchsetzung** des Herausgabeanspruchs. Der Gerichtsvollzieher darf den Gegenstand nicht wegnehmen. In diesem Fall muss der Gläubiger oder der Schuldner gegen den Drittschuldner auf Herausgabe an den Gerichtsvollzieher klagen. Dazu muss die Forderung nicht zur Einziehung überwiesen sein (Schuschke/Walker § 847 Rn 3; Stöber Rn 2026; **aA** RGZ 25, 182, 187; Wieczorek/Schütze/*Lüke* § 847 Rn 9; G/S/B-E § 57 Rn 2). Die Klage muss auf Herausgabe an den Gerichtsvollzieher gerichtet werden (Hk-Zv/*Bendtsen* § 847 Rn 8). Im Verfahren muss der Gläubiger dem Schuldner nach § 841 den Streit verkünden.

11 Gibt der Drittschuldner den Gegenstand freiwillig oder erzwungenermaßen an den Gerichtsvollzieher heraus, verwandelt sich das Pfändungspfandrecht am Herausgabe- oder Leistungsanspruch ohne erneute Pfändung ex nunc in ein **Pfändungspfandrecht am Gegenstand** (BGHZ 72, 334, 336). Konstitutive Bedeutung für den Pfandrechtserwerb an der Sache hat die Inbesitznahme durch den Gerichtsvollzieher. Er erfolgt daher nicht, wenn der Drittschuldner aufgrund eines von mehreren Gläubigern erwirkten Herausgabeanspruchs die Sache hinterlegt (BGHZ 72, 334, 336). Ist der Leistungsanspruch des Schuldners auf Übereignung gerichtet, erwirbt er mit Besitzerlangung des Gerichtsvollziehers Eigentum, wobei ihn der Gerichtsvollzieher vertritt, vgl §§ 847a II (§ 847 Rz 1), 848 II 1 (§ 848 Rz 9 f) sowie § 1287 BGB.

12 Pfänden **mehrere Gläubiger** den Anspruch, ist dieser Zeitpunkt auch für die spätere Rangfolge der Pfandrechte an der Sache selbst maßgebend, obwohl die Pfandrechte durch die Herausgabe der Sache an den Gerichtsvollzieher zeitgleich entstehen (Schuschke/Walker § 847 Rn 5). Ein durch Sachpfändung erworbenes Pfandrecht geht auch vor, wenn es erst nach Pfändung des Anspruchs auf Herausgabe oder Leistung entstanden ist (Musielak/*Becker* § 847 Rn 5). Nach Herausgabe der Sache findet die Anschlusspfändung gem § 826 statt (Stöber Rn 2030).

13 **D. Verwertung.** Auf die Verwertung der Sache sind nach Abs 2 die Vorschriften über die Verwertung gepfändeter Sachen anzuwenden. Dazu muss der gepfändete Anspruch dem Gläubiger zur Einziehung überwiesen sein (krit Musielak/*Becker* § 847 Rn 6). Ebenso wenig genügt eine Sicherungsvollstreckung nach § 720a. Eine Überweisung an Zahlungs statt ist nach § 849 unzulässig, weil der Anspruch keinen Nennwert besitzt. Der Gerichtsvollzieher verwertet die Sache nach den §§ 814 ff.

14 **E. Rechtsbehelfe.** Wird der Antrag auf Erlass eines Pfändungsbeschlusses abgewiesen, kann der **Gläubiger** hiergegen nach den §§ 11 I RPflG, 793 sofortige Beschwerde einlegen. **Schuldner und Drittschuldner** können bei behaupteten Verstößen gegen das Pfändungsverfahren, zB bei Unpfändbarkeit der Sache gem § 811 oder Unpfändbarkeit des Herausgabeanspruchs nach § 851 I, Erinnerung gem § 766 einlegen. **Dritte**, die ein die Vollstreckung hinderndes Recht oder ein Recht auf vorzugsweise Befriedigung geltend machen, können ab Pfändung des Herausgabeanspruchs Drittwiderspruchsklage gem § 771 (Dresd OLG-Rspr 15, 162) oder Klage auf vorzugsweise Befriedigung nach § 805 erheben (Zö/*Stöber* § 847 Rn 8).

15 **F. Insolvenzverfahren.** Ist der Herausgabeanspruch vor Eröffnung des Insolvenzverfahrens gepfändet, kann die Herausgabe nach Verfahrenseröffnung angeordnet werden, da sie für die Pfändung des Anspruchs nicht wesentlich ist. Wurde der Herausgabeanspruch vor Eröffnung des Insolvenzverfahrens gepfändet, gibt der Drittschuldner die Sache aber erst danach heraus, so entsteht wirksam das Pfändungspfandrecht an der Sache. Dabei wird lediglich der vor Verfahrenseröffnung begonnene Erwerbsvorgang vollendet. Es erfolgt also kein neuer Rechtserwerb (München OLG-Rspr 19, 11, 12 f; Jaeger/*Eckardt* § 89 Rn 50). Die Zwangsvollstreckung in der kritischen Zeit vor der Insolvenzeröffnung ist aber als inkongruente Deckung gem § 131 InsO anfechtbar (stRspr BGHZ 157, 350, 353 mwN; FK-InsO/*Dauernheim* § 131 Rn 24).

16 **G. Kosten/Gebühren.** Es entsteht eine **Gerichtsgebühr** nach KV 2110 iHv 15 €. Der **Gerichtsvollzieher** erhält für die Übernahme einer beweglichen Sache zum Zweck der Verwertung die Gebühr aus § 9 GVKostG iVm KV Nr 206 von 12,50 €. Gibt der Dritte die Sache nicht heraus, entsteht die Gebühr aus § 9 GVKostG iVm KV Nr 604 in Höhe von 12,50 €. Für die Verwertung ist ihm die Gebühr nach § 9 GVKostG iVm KV Nr 30 von 40 € sowie ggf der Zeitzuschlag nach KV Nr 500 von 15 € ab der vierten Stunde für jede weitere angefangene Stunde zu entrichten. Muss ein erneuter Versteigerungstermin anberaumt werden, beträgt die Gebühr dafür nach KV Nr 302 7,50 €. Außerdem sind die Auslagen gem KV Nr 711, 713 zu

erstatten. Dem **Rechtsanwalt** steht eine Gebühr mit einem Satz von 0,3 gem § 18 Nr 3 RVG iVm VV 3309 zu. Ist die Vollstreckungsgebühr bereits entstanden, fällt sie nicht erneut an.

§ 847a Herausgabeanspruch auf ein Schiff. **(1) Bei der Pfändung eines Anspruchs, der ein eingetragenes Schiff betrifft, ist anzuordnen, dass das Schiff an einen vom Vollstreckungsgericht zu bestellenden Treuhänder herauszugeben ist.**

(2) [1]Ist der Anspruch auf Übertragung des Eigentums gerichtet, so vertritt der Treuhänder den Schuldner bei der Übertragung des Eigentums. [2]Mit dem Übergang des Eigentums auf den Schuldner erlangt der Gläubiger eine Schiffshypothek für seine Forderung. [3]Der Treuhänder hat die Eintragung der Schiffshypothek in das Schiffsregister zu bewilligen.

(3) Die Zwangsvollstreckung in das Schiff wird nach den für die Zwangsvollstreckung in unbewegliche Sachen geltenden Vorschriften bewirkt.

(4) Die vorstehenden Vorschriften gelten entsprechend, wenn der Anspruch ein Schiffsbauwerk betrifft, das im Schiffsbauregister eingetragen ist oder in dieses Register eingetragen werden kann.

1 § 847a regelt das Verfahren bei Pfändung von Ansprüchen auf Herausgabe von im **Schiffsregister eingetragenen Schiffen** und eintragungsfähigen Schiffsbauwerken. Deren Zwangsvollstreckung ist weithin der Vollstreckung in Grundstücke und Grundstücksbelastungen angeglichen, vgl §§ 830a, 837a, 870a. § 847a orientiert sich dabei am Muster des § 848. An die Stelle des Sequesters tritt der Treuhänder. Die Schiffshypothek ist stets eine Sicherungshypothek, § 41 SchiffsRG. Aufgrund der Pfändung eines auf Übereignung gerichteten Anspruchs vertritt der Treuhänder den Gläubiger beim Eigentumserwerb.

2 **Nicht eingetragene** bzw nicht eintragungsfähige **Schiffe** und Schiffsbauwerke werden dagegen wie bewegliche Sachen behandelt. Die darauf gerichteten Herausgabeansprüche sind nach § 847 zu pfänden (Schuschke/Walker § 847a Rn 1).

3 Für **Luftfahrzeuge** gilt gem § 99 II LuftFzG die Regelung entspr, wobei an die Stelle des eingetragenen Schiffs das in der Luftfahrzeugrolle eingetragene Luftfahrzeug und an die Stelle der Schiffshypothek das Registerpfandrecht an einem Luftfahrzeug tritt.

4 Zu den Kosten vgl § 848 Rz 19 f.

§ 848 Herausgabeanspruch auf eine unbewegliche Sache. **(1) Bei Pfändung eines Anspruchs, der eine unbewegliche Sache betrifft, ist anzuordnen, dass die Sache an einen auf Antrag des Gläubigers vom Amtsgericht der belegenen Sache zu bestellenden Sequester herauszugeben sei.**

(2) [1]Ist der Anspruch auf Übertragung des Eigentums gerichtet, so hat die Auflassung an den Sequester als Vertreter des Schuldners zu erfolgen. [2]Mit dem Übergang des Eigentums auf den Schuldner erlangt der Gläubiger eine Sicherungshypothek für seine Forderung. [3]3Der Sequester hat die Eintragung der Sicherungshypothek zu bewilligen.

(3) Die Zwangsvollstreckung in die herausgegebene Sache wird nach den für die Zwangsvollstreckung in unbewegliche Sachen geltenden Vorschriften bewirkt.

1 **A. Normzweck.** § 848 stellt für zwei Fallgruppen bei der **Herausgabe** von unbeweglichen Sachen Sonderregeln auf. In einer praktisch wenig bedeutsamen Gestaltung regelt Abs 1 die Pfändung des Herausgabeanspruchs. Ziel ist die Besitzsicherung. Ihr kommt schon deswegen kein großes Gewicht zu, weil die Immobiliarvollstreckung keinen Besitz des Gläubigers erfordert (Schuschke/Walker § 848 Rn 1). Den wichtigeren Fall regelt Abs 2 mit der Pfändung des Anspruchs auf **Übertragung des Eigentums** an einer unbeweglichen Sache. Wie in den anderen Fällen der §§ 846 ff schützt die Vorschrift den Gläubiger vor einem Schuldner, der den Eigentumserwerb blockieren will, um eine Zwangsvollstreckung zu verhindern. Bei den Gestaltungen aus Abs 1 und 2 handelt es sich um keine Fälle der Zwangsvollstreckung in das unbewegliche Vermögen. Die Verwertung durch Zwangsvollstreckung in die Sache selbst erfolgt dagegen gem Abs 3 nach den Vorschriften über die Immobiliarvollstreckung.

2 **B. Pfändung des Herausgabe- oder Übereignungsanspruchs. I. Anwendungsbereich.** Der Herausgabe- oder Übereignungsanspruch muss auf eine unbewegliche Sache gerichtet sein. Erfasst werden Grundstücke, Grundstücksanteile, Zubehör, Wohnungseigentum oder Erbbaurechte, vgl §§ 864 I, 865. Ein Arrestbefehl genügt als Vollstreckungstitel. Auch eine Sicherungsvollstreckung nach § 720a ist genügend (Musielak/*Becker* § 848 Rn 1).

II. Voraussetzungen. Der Gläubiger muss beim örtlich zuständigen Vollstreckungsgericht, § 828, die Pfändung des Herausgabe- oder Eigentumsübertragungsanspruchs beantragen (§ 828 Rz 7 f). Der Pfändungsbeschluss ist durch den funktionell zuständigen Rechtspfleger zu erlassen, § 20 Nr 17 RPflG (§ 828 Rz 3). Da in ein Vermögensrecht des Schuldners und nicht in das Grundstück vollstreckt wird, ist die in § 866 III bestimmte Mindesthöhe von 750 € unbeachtlich. 3

Der **Pfändungsbeschluss** muss die Pfändung des Anspruchs auf Herausgabe oder Eigentumsübertragung der unbeweglichen Sache aussprechen. Da die Pfändung nach § 829 erfolgt, muss der Pfändungsbeschluss die allg Wirksamkeitsanforderungen erfüllen. Der Beschl ist durch den Gerichtsvollzieher im Parteibetrieb, §§ 191 ff, dem Drittschuldner zuzustellen und dem Schuldner mitzuteilen. Der Beschl wird mit Zustellung an den Drittschuldner wirksam. Im Pfändungsbeschluss sind die gepfändeten Forderungen und deren Rechtsgrund so genau zu bezeichnen, dass bei verständiger Auslegung unzweifelhaft feststeht, welche Ansprüche Gegenstand der Zwangsvollstreckung sein sollen (§ 829 Rz 46 ff). Das Grundstück ist eindeutig zu bezeichnen, vgl § 28 GBO. 4

Zugleich ist dem Drittschuldner zu **verbieten**, den Gegenstand an den Schuldner herauszugeben oder zu leisten (Arrestatorium). Drittschuldner ist derjenige, der den Herausgabe- oder Leistungsanspruch zu erfüllen hat. Dem Schuldner ist zu **gebieten**, sich jeder Verfügung über den Anspruch zu enthalten, insb den Gegenstand nicht in Erfüllung des Herausgabe- oder Leistungsanspruchs anzunehmen (Inhibitorium). 5

Der Pfändungsbeschluss muss eine **Herausgabeanordnung** enthalten. Es ist also anzuordnen, die Sache an einen auf Antrag des Gläubigers vom Amtsgericht der belegenen Sache zu bestellenden **Sequester** herauszugeben. Diese Anordnung hat das Vollstreckungsgericht sowohl bei der Entscheidung nach Abs 1 als auch der nach Abs 2 zu treffen. Da die Anordnung für den Pfändungsbeschluss nicht wesentlich ist, kann sie durch gesonderten und dann zuzustellenden Beschl ergehen (St/J/*Brehm* § 848 Rn 2). Ist das Vollstreckungsgericht zugleich das Gericht der belegenen Sache, kann der Sequester bei der Pfändung bestellt werden. 6

Der Gläubiger kann für die **Sequesterbestellung** Vorschläge unterbreiten, doch ist der zur Entscheidung berufene Rechtspfleger des Gerichts der belegenen Sache nicht daran gebunden (Gottwald Rn 2). Übertragen werden kann die Aufgabe natürlichen und juristischen Personen sowie Personengesellschaften mit eigener Rechtspersönlichkeit (B/L/A/H § 848 Rn 4). Sind mehrere Grundstücke in verschiedenen Gerichtsbezirken betroffen, ist für jeden Bezirk ein Sequester zu bestellen (MüKoZPO/*Smid* § 848 Rn 5). Von der Bestellung eines Gerichtsvollziehers sollte abgesehen werden, weil bei dieser Vollstreckung weder ihr besonderer Informations- noch Organisationsvorsprung besteht. Der gerichtlich bestellte Sequester ist nicht verpflichtet, das Amt zu übernehmen. Zur Vergütung Rz 20. Die Sequesterbestellung ist ein eigener, nicht von einer wirksamen Pfändung abhängiger Vollstreckungsakt (MüKoZPO/*Smid* § 848 Rn 4). 7

III. Wirkungen. 1. Herausgabeanspruch (Abs 1). Die Besitzsicherung hat nur eine begrenzte Bedeutung, denn die Eintragung einer Sicherungshypothek und die Anordnung der Zwangsversteigerung erfolgen unabhängig vom Besitz des Schuldners. Die Anordnung der Zwangsverwaltung erfordert zwar ebenfalls keinen Schuldnerbesitz, ihm kommt hier aber eine praktische Relevanz zu, weil die Zwangsverwaltung am Besitzverhältnis eines Dritten scheitern kann, vgl §§ 150 II, 152 ZVG. Im Übrigen trifft Abs 1 auch auf die Konstellationen der §§ 810, 865 II zu (Stöber Rn 2041). Eine wirksame Pfändung des Herausgabeanspruchs begründet ein Pfändungspfandrecht an diesem, nicht an dem Grundstück. Gibt der Drittschuldner die Sache nicht freiwillig heraus, berechtigen Pfändungsbeschluss und Herausgabeanordnung **nicht** zur **zwangsweisen Durchsetzung** des Herausgabeanspruchs. Der Gläubiger oder der Schuldner – nicht der Sequester – müssen dann gegen den Drittschuldner auf Herausgabe an den Sequester gem § 885 klagen. Mit der freiwilligen oder erzwungenen Besitzerlangung des Sequesters ist die Vollstreckung nach Abs 1 beendet. Ein Pfandrecht an der Sache besteht nicht. Auch eine zusätzliche Sicherheit erwirbt der Gläubiger anders als nach Abs 2 nicht (Schuschke/Walker § 848 Rn 4). Zur Verwaltung, etwa durch Einziehung von Mieten, ist der Sequester nicht befugt (Zö/Stöber § 848 Rn 5). 8

2. Übereignungsanspruch (Abs 2). a) Auflassung. Auch die wirksame Pfändung des Anspruchs auf Übertragung des Eigentums begründet lediglich ein Pfändungspfandrecht an diesem, nicht an der Sache (vgl Frankf Rpfleger 97, 152; Hamm Rpfleger 08, 190, 191 f). Neben der Herausgabe (Rz 8) muss der Pfändungsbeschluss die Auflassung des Grundstücks an den Schuldner nach den §§ 873, 925 BGB anordnen, der durch den zu bestellenden Sequester vertreten wird, Abs 2 S 1. Die Sequesterbestellung richtet sich nach Abs 1 (Rz 7). Der Sequester kann die erforderlichen Erklärungen in der Form des § 29 GBO abgeben. Eine zuvor erklärte Auflassung ist vom Sequester zu genehmigen, § 185 II BGB. Für den Eigentumserwerb 9 des Schuldners ist eine wirksame Sequesterbestellung und nicht auch eine wirksame Pfändung erforderlich (Musielak/*Becker* § 848 Rn 4, 5). Eine Überweisung an Zahlungs statt ist nach § 849 unzulässig.

10 Gibt der Drittschuldner die Auflassungserklärung nicht freiwillig ab, müssen der Gläubiger oder der Schuldner – nicht der Sequester – gegen den Drittschuldner auf Auflassung an den durch den Sequester vertretenen Schuldner **klagen**. Die Klagebefugnis des Gläubigers resultiert aus der Herausgabeanordnung im Pfändungsbeschluss. Die Vollstreckung der in dem Verfahren ergehenden Entscheidung erfolgt nach § 894. Bereits zuvor kann der Sequester nach § 895 eine Auflassungsvormerkung gem §§ 883, 885 BGB eintragen lassen (Wieczorek/Schütze/*Lüke* § 848 Rn 14).

11 **b) Sicherungshypothek.** Wird der Schuldner als Eigentümer ins Grundbuch eingetragen, erwirbt der Gläubiger **kraft Gesetzes** nach Abs 2 S 2 eine Sicherungshypothek, § 1184 BGB, am Grundstück. Deswegen besitzt die Eintragung keine konstitutive Wirkung. Die Eintragung sollte dennoch erfolgen, um einen gutgläubigen lastenfreien Erwerb Dritter zu verhindern. Der Sequester hat im Wege der Grundbuchberichtigung die Eintragung der Sicherungshypothek im Grundbuch zu veranlassen (BayObLG NJW-RR 92, 1369, 1372). Für mehrere Grundstücke entsteht eine Gesamthypothek (Ddorf Rpfleger 81, 199, 200). Die Hypothek sichert die Titelforderung nebst Zinsen und Kosten einschl der Zwangsvollstreckungskosten (Zö/*Stöber* § 848 Rn 7).

12 Vor dem Eigentumserwerb des Schuldners vorhandene und vom Schuldner übernommene Grundbuchbelastungen gehen im **Rang** vor, ebenso die im Zusammenhang mit dem Grundstückserwerb vereinbarten und bewilligten Belastungen, zB eine Kaufpreisgrundschuld (LG Frankenthal Rpfleger 85, 231, 232). Dagegen ist die Sicherungshypothek rangmäßig im Grundbuch vor einer Auflassungsvormerkung einzutragen, die den Anspruch eines Dritten auf Eigentümereintragung sichert, an den das Grundstück weiter veräußert worden ist. Dies gilt auch dann, wenn die Eintragung dieser Auflassungsvormerkung vor der Pfändung beantragt worden ist (Jena Rpfleger 96, 100, 102). Nach Eigentumseintragung, aber vor Eintragung der Sicherungshypothek können Nichtberechtigte rechtsgeschäftlich gutgläubig ein lastenfreies Recht erwerben. Bei einem gesetzlichen Erwerb, etwa durch Zwangsvollstreckung, ist dies ausgeschlossen.

13 **3. Mängel der Pfändung.** Eine unwirksame oder erfolgreich angefochtene Pfändung des Übereignungsanspruchs verhindert ex tunc die Entstehung der Sicherungshypothek, selbst wenn sie eingetragen ist. Die Sicherungshypothek wandelt sich deswegen nicht in eine Eigentümergrundschuld um. Die Sequesterbestellung ist dabei zunächst wirksam, aber anfechtbar (St/J/*Brehm* § 848 Rn 8).

14 **C. Pfändung der Auflassungsanwartschaft.** Für den Schuldner kann auch eine Auflassungsanwartschaft begründet sein, auf welche § 848 II 1, 3 nicht passt, weil der Drittschuldner hier bereits alles getan hat, um seine Übereignungspflicht zu erfüllen. Das Arrestatorium ginge ins Leere. Eine Auflassungsanwartschaft entsteht, wenn eine bindende Auflassung vorliegt, also der Voreigentümer die Auflassung erklärt und nach § 873 II BGB eine formgerechte Eintragungsbewilligung abgegeben sowie der Schuldner einen Eintragungsantrag gestellt hat (BGHZ 49, 197, 200 ff; 106, 108, 112). Alternativ kann eine Auflassungsvormerkung eingetragen oder ihre Eintragung vom Schuldner beantragt sein (BGHZ 83, 395, 399).

15 In diesen Fällen ist das Anwartschaftsrecht nach **§ 857 II** durch einen allein dem Schuldner zuzustellenden Pfändungsbeschluss zu pfänden (BGHZ 49, 197, 204; BGH Rpfleger 10, 365, 366; LG Düsseldorf Rpfleger 85, 305, 306). Sobald der Schuldner als Eigentümer ins Grundbuch eingetragen wird, erwirbt der Gläubiger kraft Gesetzes nach den §§ 857 II, 848 II 2 eine Sicherungshypothek am Grundstück. Für die Bestellung eines Sequesters besteht kein Raum. Ein gleichwohl bestellter Sequester ist aber berechtigt, die Eintragung der kraft Gesetzes entstandenen Hypothek zu beantragen. Der Gläubiger einer vom Erwerber bewilligten Grundschuld kann gutgläubig den Vorrang vor der Sicherungshypothek erwerben (BayObLG Rpfleger 94, 162). Zusätzlich zur Pfändung des Anwartschaftsrechts kann der Gläubiger auch den Eigentumsübertragungsanspruch nach § 848 II 1 pfänden (BGH Rpfleger 10, 365, 366), weil der Eigentumserwerb des Schuldners trotz Anwartschaftsrechts, etwa aus Kostengründen, fehlschlagen kann (Stöber Rn 2070).

16 **D. Verwertung (Abs 3).** Mit Eigentumserwerb des Schuldners und Eintragung der Sicherungshypothek im Grundbuch endet die Zwangsvollstreckung nach § 848. Um eine Befriedigung für seine Forderung zu erlangen, muss der Gläubiger einen neuen Vollstreckungsantrag nach den §§ 848 III, 866 sowie den §§ 15, 146 ZVG stellen. Der Gläubiger kann aber auch auf Duldung der Zwangsvollstreckung aus der Hypothek klagen, § 1147 BGB.

E. Rechtsbehelfe. Wird der Antrag auf Erlass eines Pfändungsbeschlusses oder auf Bestellung eines Sequesters abgewiesen, kann der **Gläubiger** hiergegen nach den §§ 11 I RPflG, 793 sofortige Beschwerde einlegen. **Schuldner und Drittschuldner** können bei Verstößen im Pfändungsverfahren oder bei der Sequesterbestellung Erinnerung gem § 766 einlegen. Gegen Entscheidungen des Sequesters können Gläubiger, Schuldner und Drittschuldner nach § 766 mit der Erinnerung vorgehen. Bei Verfahrensverstößen des Grundbuchamts ist die speziellere Beschwerde nach § 71 GBO geltend zu machen. 17

F. Insolvenzverfahren. Ist der Herausgabe- oder Übereignungsanspruch vor Eröffnung des Insolvenzverfahrens gepfändet, kann die Herausgabe und die Sequesterbestellung nach Verfahrenseröffnung angeordnet werden, da sie für die Pfändung des Anspruchs nicht wesentlich ist. Wurde der Herausgabeanspruch vor Eröffnung des Insolvenzverfahrens gepfändet, gibt der Drittschuldner die Sache aber erst danach heraus, so ist die Vollstreckung wirksam. Ist der Übereignungsanspruch vor Eröffnung des Insolvenzverfahrens gepfändet, die Auflassung aber erst danach erklärt, so entsteht wirksam die Sicherungshypothek. Dabei wird ohne neuen Rechtserwerb lediglich der vor Verfahrenseröffnung begonnene Erwerbsvorgang vollendet (vgl § 847 Rz 15). Die Zwangsvollstreckung in der kritischen Zeit vor der Insolvenzeröffnung ist aber als inkongruente Deckung gem § 131 InsO anfechtbar (stRspr BGHZ 157, 350, 353 mwN; FK-InsO/*Dauernheim* § 131 Rn 24). 18

G. Kosten/Gebühren. Für den Erlass des Pfändungsbeschlusses entsteht eine **Gerichtsgebühr** nach KV 2110 iHv 15 €. Weitere Gerichtsgebühren, etwa für die Ernennung des Sequesters durch das Gericht der belegenen Sache, fallen nicht an. Dem **Rechtsanwalt** steht eine Gebühr mit einem Satz von 0,3 gem § 18 Nr 3 RVG iVm VV 3309 zu. Ist die Vollstreckungsgebühr bereits entstanden, fällt sie etwa für den Antrag auf Bestellung des Sequesters nicht erneut an. 19

Infolge seiner gerichtlichen Bestellung steht der **Sequester** in einem durch Hoheitsakt begründeten Vertragsverhältnis zum Gläubiger. Im Innenverhältnis zum Sequester schuldet der Gläubiger das Entgelt. Im Außenverhältnis kann der Gläubiger vom Schuldner nach § 788 die Kosten erstattet verlangen. Die Bezahlung ist vom bestellenden Gericht der belegenen Sache angelehnt an die gesetzliche Vergütung des Zwangsverwalters festzusetzen. Deren Höhe ist an § 19 ZwVwV zu orientieren und nach dem Zeitaufwand festzusetzen (BGH NJW-RR 05, 1283, 1284). 20

§ 849 Keine Überweisung an Zahlungs statt. **Eine Überweisung der im § 846 bezeichneten Ansprüche an Zahlungs statt ist unzulässig.**

Eine Überweisung an Zahlungs statt ist unzulässig, weil die Vollstreckung nach den §§ 847–848 nicht zur Befriedigung des Gläubigers wegen seiner titulierten Forderung führt, sondern nur die weitere Zwangsvollstreckung vorbereitet. Zudem besitzen die nach den §§ 847–848 gepfändeten Ansprüche keinen Nennwert. Die Überweisung zur Einziehung findet nach den §§ 847 ff statt. 1

§ 850 Pfändungsschutz für Arbeitseinkommen. **(1) Arbeitseinkommen, das in Geld zahlbar ist, kann nur nach Maßgabe der §§ 850a bis 850i gepfändet werden.**

(2) Arbeitseinkommen im Sinne dieser Vorschrift sind die Dienst- und Versorgungsbezüge der Beamten, Arbeits- und Dienstlöhne, Ruhegelder und ähnliche nach dem einstweiligen oder dauernden Ausscheiden aus dem Dienst- oder Arbeitsverhältnis gewährte fortlaufende Einkünfte, ferner Hinterbliebenenbezüge sowie sonstige Vergütungen für Dienstleistungen aller Art, die die Erwerbstätigkeit des Schuldners vollständig oder zu einem wesentlichen Teil in Anspruch nehmen.

(3) Arbeitseinkommen sind auch die folgenden Bezüge, soweit sie in Geld zahlbar sind:

a) Bezüge, die ein Arbeitnehmer zum Ausgleich für Wettbewerbsbeschränkungen für die Zeit nach Beendigung seines Dienstverhältnisses beanspruchen kann;

b) Renten, die auf Grund von Versicherungsverträgen gewährt werden, wenn diese Verträge zur Versorgung des Versicherungsnehmers oder seiner unterhaltsberechtigten Angehörigen eingegangen sind.

(4) Die Pfändung des in Geld zahlbaren Arbeitseinkommens erfasst alle Vergütungen, die dem Schuldner aus der Arbeits- oder Dienstleistung zustehen, ohne Rücksicht auf ihre Benennung oder Berechnungsart.

Inhaltsübersicht

	Rz
A. Normzweck	1
B. Systematik	4
C. Verfahren	7
D. Arbeitseinkommen (Abs 2)	11
I. Grundlagen	11
II. Dienst- und Versorgungsbezüge der Beamten	15
III. Arbeits- und Dienstlöhne	18
IV. Ruhegelder	25
V. Hinterbliebenenbezüge	26
VI. Sonstige Vergütungen für Dienstleistungen	27
E. Gleichgestellte Bezüge (Abs 3)	29
I. Karenzentschädigungen (Abs 3 lit a)	29
II. Versicherungsrenten (Abs 3 lit b)	30
F. Pfändungsumfang (Abs 4)	32
G. Gemischte Ansprüche	33
H. Rechtsfolgen	34
I. Vollstreckungsrechtliche Wirkungen	34
II. Materiellrechtliche Konsequenzen	35
I. Rechtsbehelfe	37
J. Insolvenzverfahren	38
K. Kosten/Gebühren	41

1 **A. Normzweck.** Die Vorschrift dient prinzipiengestaltenden und definitorischen Zwecken. Als **systembildende Grundlagennorm** schränkt Abs 1 die Pfändung in das Arbeitseinkommen nach Maßgabe der §§ 850a – 850i ein. Bei der Zwangsvollstreckung dient der Staat nicht allein den Interessen des Gläubigers. Er muss auch die Belange des Schuldners wahren und die sozialen sowie gesamtwirtschaftlichen Auswirkungen der Zwangsvollstreckung berücksichtigen (BGHZ 70, 206, 210 f). Da das Arbeitseinkommen vielfach die wichtigste, wenn nicht sogar die einzige Grundlage der Existenzsicherung des Schuldners darstellt, sind bei der Pfändung dieser Einkünfte die detailliertesten und umfassendsten Schutzbestimmungen normiert. Vorrangig trägt § 850 der **Achtung vor der Person des Schuldners** Rechnung, um ihm einen autonomen Lebensraum zu gewährleisten. § 850 sichert dem Schuldner einen der Pfändung entzogenen Anteil an Vergütungen für Dienstleistungen, die seine Existenzgrundlage bilden (BGH NJW 06, 2485 Tz 22). Aus seinem Arbeitseinkommen und den gleichgestellten Einkünften wird dem Schuldner so viel belassen, um seinen Lebensunterhalt auf einfachem, aber angemessenem Niveau bestreiten zu können. Wie der Umkehrschluss aus § 850f I belegt, soll dem Schuldner aus seinem Arbeitseinkommen regelmäßig mehr als das Existenzminimum verbleiben. Neben der vermögensrechtlichen Schutzaufgabe beinhaltet § 850 damit eine substanziell **freiheitsgewährleistende Dimension.** Zugleich wird dem Schuldner damit ein ökonomischer Anreiz gesetzt, sich um eine entgeltliche Tätigkeit (BGHZ 161, 371, 375) und damit letztlich um eine Schuldentilgung zu bemühen. Im Einzelfall ist daneben eine Anwendung von § 765a zulässig (Wieczorek/Schütze/*Lüke* § 850 Rn 15).

2 Zusätzlich dient die Regelung öffentlichen Zwecken und limitiert als Ausfluss des **Sozialstaatsprinzips** die vollstreckungsrechtlichen Wirkungen (BGHZ 141, 173, 177). Der Schuldner soll dadurch nicht trotz eigener Einkünfte die Sozialsysteme in Anspruch nehmen müssen, der Gläubiger nicht sein materielles Forderungsrecht zu Lasten der öffentlichen Träger der Daseinsfürsorge verwirklichen können. In verfassungskonformer Weise wird so die Durchsetzbarkeit der von Art 14 GG (BGHZ 141, 173, 177; 160, 197, 200; 161, 371, 375) geschützten vermögenswerten subjektiven **Rechte des Gläubigers** begrenzt. Da das Arbeitseinkommen des Schuldners häufig das wichtigste Zugriffsobjekt darstellt, ist eine Interessenabwägung geboten. Diese Abwägung hat der Gesetzgeber teils in generalisierter Form vorgenommen, etwa bei der Bestimmung dessen, was Arbeitseinkommen ist und der Festlegung der Pfändungsfreibeträge nach § 850c, teils in individualisierter Weise den Gerichten überantwortet, vgl §§ 850b II, 850c IV, 850d, 850 f.

3 Als **Definitionsnorm** bestimmt § 850 II – IV, welche Forderungen des Schuldners zu seinem Arbeitseinkommen gehören und den anschließenden Pfändungsbeschränkungen unterliegen. Aus der freiheitssichernden und sozialstaatlichen Aufgabe der Regelung resultiert ein umfassendes Verständnis der geschützten Forderungen. Zugleich dient die Regelung der Rechtssicherheit und eröffnet dem Gläubiger über das System der relativen Pfändungsbeschränkungen Zugriffsmöglichkeiten. Über ihren sachlichen Anwendungsbereich hinaus schaffen die §§ 850 ff **Leitbilder** für die Vollstreckung in andere Forderungsrechte. Einen wichtigen Referenzpunkt bilden die Lohnpfändungsregeln für die umfassende Einbeziehung aller existenzsichernden Einkünfte in die Pfändungsschutzsysteme, vgl die §§ 850i, 850k, 851c, 851d. Eine noch größere Ausstrahlungskraft besitzt das Modell der Pfändungsfreibeträge, das im Grundsatz in § 850k und umfassend in den §§ 851c, 851d, 811 Nr 8, 930 sowie dem Verwaltungsvollstreckungsrecht (Rz 5), § 36 I 2 InsO und § 54 IV SGB I übernommen ist. Sie sind Ausdruck eines Schuldner, Gläubiger und Staat über den Schutz des nackten Existenzminimums hinaus zusammenführenden Sozialstaatsmodells und Gerechtigkeitswerts.

B. Systematik. Die §§ 850 ff bilden das Fundament der sozialen Pfändungsvorschriften für das Erwerbseinkommen. **Geldforderungen** gegen den Arbeitgeber oder den Dienstherrn unterliegen den Pfändungsbeschränkungen der §§ 850–850i. Es gilt hier ein modifiziertes Herkunftsprinzip (*Ahrens* NJW-Spezial 09, 21, 22). Gepfändet werden können nach § 832 auch künftige Vergütungen. Die Pfändung erfasst auch Einkünfte aus einer anderen Tätigkeit beim selben Arbeitgeber oder aus der Neubegründung eines Arbeitsverhältnisses beim selben Arbeitgeber binnen einer Frist von neun Monaten, § 833. Die Pfändung erfasst die gesamten Einkünfte des Schuldners und damit seine Bruttobezüge, doch sind die pfändbaren Beträge nach den **Nettolohnansprüchen** zu bestimmen (BAG NZA 01, 663, 666). Unberücksichtigt bleiben die vom Schuldner am Ende des Steuerjahres zu leistenden Abschlusszahlungen (BAG DB 80, 835, 837). Der Pfändungsschutz gilt für **Forderungen**, nicht für eingenommene Zahlungen, die der Schuldner vom Arbeitgeber direkt oder als Kontoauszahlung erhalten hat. Eingenommenes Bargeld wird nach den §§ 808 ff gepfändet. In diesen Fällen muss dem Schuldner nach § 811 I Nr 8 ein Geldbetrag verbleiben, der dem der Pfändung nicht unterworfenen Teil der Einkünfte entspricht. Für eine Kontoüberweisung gelten die §§ 850k, 850l. Bezieht der Schuldner **Sach- oder Naturalleistungen**, werden diese Ansprüche nach § 846 gepfändet, wofür § 811 I Nr 2–4a gilt. Erhält der Schuldner neben seinem in Geld zahlbaren Einkommen auch Naturalleistungen, ist ihr Wert nach § 850e Nr 3 mit seinen Geldbezügen zusammenzurechnen. Sekundärleistungsansprüche in Geld anstelle gestörter Sach- oder Naturalleistungsansprüche unterliegen den §§ 850 ff (Hk-ZV/*Meller-Hannich* § 850 Rn 4). Um pfändungsgeschützten Arbeitslohn handelt es sich beim Anspruch des Schuldners gegen die Hinterlegungsstelle, wenn der Drittschuldner Arbeitslohn hinterlegt hat (LG Aachen JurBüro 82, 1424). 4

Über die zivilverfahrensrechtliche Zwangsvollstreckung wegen Geldforderungen hinaus gelten die §§ 850 ff auch bei der Vollziehung des Arrests, §§ 928, 930, nach den §§ 62 II 1, 85 I 3 ArbGG sowie im Verwaltungsvollstreckungsrecht nach den §§ 6 I Nr 1 JBeitrO, 319 AO, 5 VwVG und 167 I 1 VwGO (Wieczorek/Schütze/*Lüke* § 850 Rn 6) und im Abgabenrecht nach den §§ 319, 324 III AO. Zum Insolvenzverfahren Rz 38 ff. Die Bezüge von Nato-Truppenangehörigen und ihrem zivilen Gefolge sind nur pfändbar, soweit dies nach dem Recht des Entsendestaats möglich ist (St/J/*Brehm* § 850 Rn 5). 5

Einen korrespondierenden sozialrechtlichen Schutz schaffen die Pfändungsbeschränkungen für das **Erwerbsersatzeinkommen** nach § 54 SGB I, wonach laufende Geldleistungen wie Arbeitseinkommen gepfändet werden können, § 54 IV SGB I. Der damit auch geregelte sozialrechtliche Vollstreckungsschirm für Altersrenten hat wiederum zurückgestrahlt auf den Pfändungsschutz für private Altersrenten und privates Altersvorsorgevermögen gem §§ 851c, 851d. 6

C. Verfahren. Als Geldforderung des AN wird das Arbeitseinkommen grds nach den generellen Vorschriften der §§ 828 ff gepfändet. Der Gläubiger muss beim örtlich zuständigen **Vollstreckungsgericht**, § 828, die Pfändung des Arbeitslohnanspruchs gegen einen bestimmten Drittschuldner beantragen (§ 828 Rz 7 f). Der Pfändungsbeschluss ist durch den funktionell zuständigen Rechtspfleger zu erlassen, § 20 Nr 17 RPflG (§ 828 Rz 3). Diese Zuständigkeit des Vollstreckungsgerichts besteht selbst dann, wenn ein Erkenntnisverfahren über die zu pfändende Forderung vor den Arbeits- oder Verwaltungsgerichten zu führen wäre. Wohnt ein Schuldner, der in Österreich arbeitet, in Deutschland, ist der Pfändungsfreibetrag nach deutschem Recht zu bemessen (AG Deggendorf ZInsO 07, 558). Bei einer Entscheidung über bedingt pfändbare Bezüge ist nach § 850b III abw von § 834 eine Anhörung auch des Schuldners vorgeschrieben (§ 850b Rz 23). 7

Der **Pfändungsbeschluss** muss die Pfändung des Vergütungsanspruchs aussprechen und die allg Wirksamkeitsanforderungen erfüllen. Im Beschl sind die gepfändeten Forderungen und deren Rechtsgrund so genau zu bezeichnen, dass bei verständiger Auslegung unzweifelhaft feststeht, welche Ansprüche Gegenstand der Zwangsvollstreckung sein sollen. Der Arbeitsvertrag muss entweder geschlossen sein oder es muss bereits eine Rechtsbeziehung zwischen Schuldner und Drittschuldner bestehen, aus der die künftige Forderung nach ihrem Inhalt und der Person des Drittschuldners bestimmt werden kann (Stöber Rn 949; § 829 Rz 11). Reine Vertragsverhandlungen genügen noch nicht. Mit dem Beschl wird dem Gläubiger verboten, an den Schuldner zu leisten. Dem Schuldner werden Verfügungen über die gepfändete Forderung untersagt. Der Beschl ist durch den Gerichtsvollzieher im Parteibetrieb, §§ 191 ff, dem Drittschuldner zuzustellen, wodurch er wirksam wird, und dem Schuldner mitzuteilen. Behält der Schuldner seine Vergütung aus den von ihm kassierten Geldern ein (Taxifahrer, Kellner), handelt es sich um den Pfändungsschutzvorschriften unterliegendes Arbeitseinkommen. Der Drittschuldner muss die pfändbaren Teile der Vergütung vom Schuldner herausverlangen und an den Gläubiger abführen (BAG NJW 1966, 469, 470). 8

9 Abgesehen von den antragsabhängigen Regelungen muss das Vollstreckungsgericht die **Pfändungsschutzvorschriften** als zwingende Schuldnerschutzbestimmungen vAw beachten (RGZ 106, 205, 206; 151, 279, 285; B/L/A/H Einf §§ 850–852 Rn 4). Da in angebliche Forderungen des Schuldners gegen den Drittschuldner vollstreckt wird, ist für die Anwendung der Pfändungsschutzregeln ausschlaggebend, ob eine Pfändung nach den für Arbeitseinkommen geltenden Vorschriften beantragt wurde. Dies gilt auch, wenn es sich um andere Einkünfte handelt, die einem geringeren Schutz unterliegen (BGHZ 160, 197, 203). Einen Gläubigerantrag erfordern die §§ 850b II, 850c IV, 850d, 850f II, 850h und einen Schuldnerantrag die §§ 850f I, 850i, 850l und der erhöhte Schutz nach § 850k IV, V 4. Das Gericht hat entweder die dem Schuldner nach den §§ 850c, 850d verbleibenden Beträge zu bezeichnen oder einen – weithin üblichen – **Blankettbeschluss** zu erlassen (MüKoZPO/*Smid* § 850 Rn 6, 16). Im Blankettbeschluss müssen lediglich die Angaben enthalten sein, die der Drittschuldner benötigt, um unter Berücksichtigung der Unterhaltsberechtigten den Freibetrag berechnen zu können (KG OLGZ 78, 491, 494). Unzulässig sind Blankettbeschlüsse bei den Ermessensentscheidungen nach § 850d (LG Berlin Rpfleger 65, 82, 83).

10 Für den **Umfang der Pfändung** sind die §§ 832, 833, 850 IV zu beachten. Die Pfändung umfasst die Forderungen auf rückständige, aktuelle und künftig fällig werdende Bezüge. Werden Gehaltsforderungen ohne zeitliche Beschränkung gepfändet, erstreckt sich die Pfändung auf die fälligen wie die noch nicht fälligen Bezüge (Baur/Stürner/Bruns Rn 30.22). Vergütungsansprüche entstehen mit Erbringung der Dienstleistung (BGH NJW-RR 08, 1441 Tz 13; § 829 Rz 11). Inwieweit eine Forderung pfändbar ist, muss nach dem Zeitpunkt der Pfändung, bei künftig fällig werdenden Leistungen nach dem Eintritt der Fälligkeit bestimmt werden (RGZ 171, 215, 224). Die Pfändung erfasst alle Vergütungsansprüche aus dem Rechtsverhältnis mit dem Schuldner unabhängig von ihrer Benennung oder Berechnungsart, Abs 4. Eingeschlossen sind auch die an die Stelle eines erloschenen Vergütungsanspruchs tretenden Ersatzansprüche (BAG NJW 09, 2324, 2325; *Ahrens* NJW-Spezial 10, 21). Erhöhte Bezüge werden von der Pfändung erfasst, s.a. § 850g. Verwertet wird die gepfändete Forderung nach den §§ 835, 844, dh zumeist durch Überweisung zur Einziehung. Ergänzende Verfahrensregeln enthalten die §§ 850b II, 850f II, die eine Pfändung grds unpfändbaren Einkommens ausnahmsweise zulassen (Gottwald § 850 Rn 2). Nebenrechte, wie das auf die Lohnabrechnung, werden mitgepfändet (§ 829 Rz 76 f). Ist ein Einziehungsprozess gegen den Drittschuldner erforderlich, muss dieser vor dem für die Geltendmachung der gepfändeten Forderung zuständigen Gericht geführt werden. Arbeitseinkommen sind nach § 2 I Nr 3 lit a ArbGG vor den Arbeitsgerichten, Einkünfte aus Dienstverträgen nach § 13 GVG vor der Zivilgerichtsbarkeit und aus öffentlich-rechtlichen Beschäftigungsverhältnissen gem § 40 VwGO geltend zu machen.

11 **D. Arbeitseinkommen (Abs 2). I. Grundlagen.** Als Arbeitseinkommen iSv Abs 2 erfasst werden alle Vergütungen aus **Arbeits-, Dienst- oder Beamtenverhältnissen**, welche die Erwerbstätigkeit des Schuldners vollständig oder zu einem wesentlichen Teil in Anspruch nehmen. Erforderlich ist die Verwertung der Arbeitskraft, weswegen nur die Ansprüche **natürlicher Personen** erfasst werden. Die Vergütungen müssen aus nichtkapitalistischer Tätigkeit, also aus einer Beschäftigung resultieren, bei der die persönliche Leistung des Schuldners die Ausnutzung sächlicher Betriebsmittel überwiegt. Für kapitalistische Einkünfte kann nur der antragsabhängige Pfändungsschutz aus § 850i erreicht werden. Die Vergütungen müssen an ein früheres, gegenwärtiges oder – iRv § 833 II – künftiges Arbeits-, Dienst- oder Beamtenverhältnis anknüpfen. Unerheblich ist die Art der Tätigkeit, die Stellung des Schuldners in der betrieblichen Hierarchie oder die Höhe der Vergütung. Geschützt sind auch die Vergütungen eines Organmitglieds einer Gesellschaft, etwa eines Vorstandsmitglieds einer AG, das nicht oder nicht wesentlich an der Gesellschaft beteiligt ist (BGH NJW 78, 756). Ein wirksamer Vertrag ist nicht erforderlich, weswegen ein Verstoß gegen ein Beschäftigungsverbot (zB von ausländischen Arbeitnehmern ohne Arbeitsgenehmigung) gleichgültig ist (Zö/Stöber § 850 Rn 6). Es genügen Ansprüche aus einem faktischen Arbeitsverhältnis. Unerheblich ist, ob ein Rechtsanspruch auf die Einnahmen besteht, vgl § 14 I 1 SGB IV. Keine Bedeutung besitzt, ob die Rechtsverhältnisse privat- oder öffentlich-rechtlich ausgestaltet sind, ob eine und ggf welche Sozialversicherungspflicht besteht und ob dem Dienst- oder Arbeitsverhältnis deutsches oder ausländisches Recht zugrunde liegt (Schuschke/Walker/*Kessal-Wulf* § 850 Rn 9).

12 Auszugehen ist von einem **umfassenden Begriff** des Arbeitseinkommens (Rz 4). Die Aufzählung aus Abs 2 ist allein exemplarisch und deckt den Gegenstandsbereich des Arbeitseinkommens nicht vollständig ab (Schuschke/Walker/*Kessal-Wulf* § 850 Rn 9). Erfasst werden wiederkehrende und einmalige, Haupt- wie Nebeneinkünfte aus abhängiger und selbständiger Tätigkeit. Konsequenzen besitzen die Differenzierungen va dafür, welche Pfändungsschutzvorschriften anzuwenden sind. Wesentlich ist nach der Rspr des BGH,

dass es sich um **wiederkehrende zahlbare Vergütungen** für selbständige oder unselbständige Dienste handelt, welche die Existenzgrundlage des Dienstpflichtigen bilden (BGHZ 96, 324, 327; BGH NJW-RR 04, 644). Der Schutzgedanke aus § 850 fordert aber, diese Anforderung weit auszulegen und Einkünfte, etwa aus einer Aushilfstätigkeit, als Arbeitseinkommen zu behandeln, soweit sie Bestandteil der Existenzsicherung sind. Sonstige, insb **einmalige Vergütungen** können ebenfalls Arbeitseinkommen darstellen. Sie sind aber zunächst dem Zugriff des Gläubigers ausgesetzt und werden nach § 850i nur auf Antrag geschützt. Auch die Einkünfte **Selbständiger** stellen Arbeitseinkommen dar, zB die Ansprüche des Kassenarztes gegen die Kassenärztliche Vereinigung (BGHZ 96, 324, 326; BGH NJW 06, 2485 Tz 15). Der Anspruch eines selbständigen Handelsvertreters auf monatliche Fixprovision ist Arbeitseinkommen nach § 850 II, wenn es sich um dessen einzige Tätigkeit handelt (BayObLG NJW 03, 2181, 2182). Auslegungshilfen bieten die in § 19 I EStG aufgeführten Einkünfte sowie der Begriff des Arbeitsentgelts aus § 14 I SGB IV, doch ist der Begriff zwangsvollstreckungsrechtlich autonom zu interpretieren. Auf die **Rechtsnatur** des Vertrags als Dienst-, Werk-, Geschäftsbesorgungsvertrag oÄ kommt es nicht an, weshalb auch Lizenzverträge erfasst werden (BGH NJW-RR 04, 644, 645).

Die Vergütungen können schon verdient, aber noch nicht ausgezahlt sein. **Abschlagszahlungen** und noch 13
nicht abgerechnete Gehaltsvorschüsse werden nach der Rspr des BAG grds auf den unpfändbaren Teil des später fällig werdenden Gehalts gezahlt und müssen mit diesem verrechnet werden (BAG NZA 87, 485, 486). Hat der Drittschuldner den Forderungsbetrag hinterlegt, besteht der Pfändungsschutz nach den §§ 850 ff weiter (LG Düsseldorf Rpfleger 77, 183), ebenso bei Hinterlegung durch den Gerichtsvollzieher (KG JW 33, 231, 232).

Einkünfte aus **Nebentätigkeiten** sind ebenfalls geschützt (vgl BGH NJW-RR 04, 644; **aA** St/J/*Brehm* § 850 14
Rn 41; Musielak/*Becker* § 850 Rn 11). Maßgebend darf keine quantitative Beurteilung sein, da sie zu zufälligen Resultaten führt und denjenigen benachteiligt, der seine Arbeitskraft stärker mobilisiert. Entscheidend muss das funktionale Verständnis sein, ob eine wiederkehrende Vergütung zur Sicherung der Existenzgrundlage beiträgt. Bei **mehreren Arbeitseinkommen** sind mehrere Pfändungsbeschlüsse erforderlich. Grds ist jedes Einkommen geschützt, vgl aber § 850e Rz 16 ff.

II. Dienst- und Versorgungsbezüge der Beamten. Geschützt werden hiernach die Personen, die aufgrund 15
beamtenrechtlicher Vorschriften in einem Beamtenverhältnis auf Lebenszeit, Zeit, Probe oder Widerruf bzw aufgrund besonderer öffentlich-rechtlicher Vorschriften in einem besonders geregelten Treueverhältnis zu einer Körperschaft, Stiftung oder Anstalt des öffentlichen Rechts stehen (Wieczorek/Schütze/*Lüke* § 850 Rn 57). Dies sind **Beamte** des Bundes, der Länder und Gemeinden sowie die von den Kirchen beamtengleich Angestellten. Dazu gehören auch Richter, Berufs- und Zeitsoldaten, Beamtenanwärter sowie Referendare (Bambg Rpfleger 74, 30) sowie ggf Notare (Stöber Rn 876). Vollstreckungsrechtlich gleichgestellt sind Minister und Abgeordnete.

Dienst- und Versorgungsbezüge stellen alle wiederkehrenden oder einmaligen Bezüge dar, die nach den 16
Besoldungs- und Versorgungsgesetzen zu zahlen sind. Dazu gehören Bezüge, die Beamte nach den Besoldungs- und Versorgungsgesetzen erhalten, wie Ortszuschläge, Auslandszuschläge (BGH FamRZ 80, 342, 343 f), Amts-, Stellen-, Familien- und Leistungszulagen, Sonderzuwendungen und Anwärterbezüge (Bambg Rpfleger 74, 30), Diäten, Gebührenanteile der Gerichtsvollzieher (Stöber Rn 877), Dienstbezüge der Berufssoldaten und Soldaten auf Zeit nach § 30 SoldatenG, Bezüge der Zivildienstleistenden und die Bezüge Wehrpflichtiger nach den §§ 12a, 13, 13a USG (vgl Neustadt Rpfleger 62, 383, 384), außerdem Übergangsgeld, Entlassungsgeld (Hamm JurBüro 85, 631), da es sich nicht um eine wiederkehrende Vergütung handelt, erfolgt dessen Pfändung nach § 850i (Stöber Rn 909), Ruhegehalt und Hinterbliebenenversorgung.

Zweckgebundene Ansprüche der Beamten aus den §§ 18, 33, 34, 35 und 43 BeamtVG, etwa über die 17
Erstattung der Kosten eines Heilverfahrens, unterliegen nach § 51 BeamtVG nicht der Pfändung (Stöber Rn 880 f).

III. Arbeits- und Dienstlöhne. Erfasst werden **Dienst-, Arbeits-** und **Ausbildungsverhältnisse** bei beste- 18
hender persönlicher oder wirtschaftlicher Abhängigkeit. Dies trifft zu auf Vertragsverhältnisse der Berufssportler (BGH NJW 80, 470, zur Arbeitnehmerstellung des Fußballprofis), Künstler, freien Mitarbeiter der Medien, Volontäre, Auszubildenden, Entwicklungshelfer, aber auch auf höhere Dienste und freie Dienstverhältnisse mit wiederkehrendem Entgelt (BAG NJW 62, 1221, 1222). Geschützt werden auch die Ansprüche von AN, die ohne Arbeitserlaubnis tätig sind (LAG Düsseldorf DB 69, 931). Arbeitet der Schuldner in dem

vom Insolvenzverwalter fortgeführten Betrieb weiter mit und erhält er im Gegenzug aus der Insolvenzmasse finanzielle Zuwendungen, wird damit regelmäßig seine Mitarbeit entgolten (BGH NZI 06, 595, 596).

19 Arbeits- und Dienstlöhne stellen alle **einmaligen oder wiederkehrenden Entgelte** dar, die als Gegenleistung für Dienste vom Drittschuldner gezahlt werden. Unerheblich ist die **Berechnung** als Zeit- bzw Leistungslohn, Tariflohn respektive über- oder außertarifliche Vergütung oder die **Bezeichnung** als Lohn, Gehalt, Vergütung, Honorar, Gratifikation, Sonderzahlung, Prämie (BAG DB 78, 942, 943, Inkassoprämie; BAG NJW 79, 2119, 2120, Anwesenheitsprämie), auch für Verbesserungsvorschläge, Feiertags-, Nacht- und Schichtzulage, Familienzulage, Wohngeldzuschuss, Ortszuschlag, Tantieme, Erfolgsbeteiligung, Gage oder Provision.

20 **Abfindungsansprüche** stellen Arbeitsentgelt dar, vgl außerdem § 850i Rz 16. Auch das nach dem **Altersteilzeitgesetz** (ATZG) gezahlte Arbeitsentgelt ist Arbeitseinkommen (Zö/*Stöber* ZPO, § 850 Rn 6). Zum Arbeitseinkommen gehört auch die von einer Gewerkschaft gezahlte **Arbeitskampfunterstützung**, also die Zuwendung eines Dritten (MünchArbR/*Hanau* § 74 Rn 144), obwohl die Parallele zur steuerrechtlichen Beurteilung nach der neueren Rspr des BFH gegen die Beurteilung als Arbeitslohn spricht (BFH NJW 91, 1007; anders noch BFHE 135, 488). Das Guthaben aus **Arbeitszeitkonten** ist nicht schon in der Ansparphase, sondern erst in der Freistellungsphase pfändbar (Hk-ZV/*Meller-Hannich* § 850 ZPO Rn 18). Von Kellnern vereinnahmtes **Bedienungsgeld** (Trinkgeld) (BAG NJW 66, 469) und sonstige Einbehalte etwa der Taxifahrer (LAG Düsseldorf DB 72, 1540, dabei ist es Aufgabe des Arbeitgebers, eine sichere Feststellung des pfändbaren Arbeitseinkommens zu erreichen) sind Arbeitseinkommen und können nach den §§ 808, 811 I Nr 8 gepfändet werden. Zum Arbeitseinkommen gehört die **Entgeltfortzahlung** an Feiertagen wie im Krankheitsfall, einschl eines Zuschusses zum Krankengeld (B/L/A/H § 850 Rn 15). Der Beihilfeanspruch ist allein für Anlassgläubiger pfändbar (BGH NJW-RR 05, 720; 08, 360). Vereinbaren die Arbeitsvertragsparteien vor der Pfändung eine **Entgeltumwandlung**, nach der ein Teil des monatlichen Barlohns vom Arbeitgeber auf eine Lebensversicherung zugunsten des AN (Direktversicherung) gezahlt werden soll, entstehen insoweit keine pfändbaren Ansprüche auf Arbeitseinkommen mehr (BAG BB 98, 1009; NJW 09, 167 Tz 16). **Insolvenzgeld** nach den §§ 183 ff SGB III stellt eine Sozialleistung dar. Dennoch erfasst gem § 188 II SGB III eine vor dem Antrag auf Insolvenzgeld vorgenommene Pfändung des Arbeitsentgelts auch den Anspruch auf das Insolvenzgeld. **Leistungsvergütungen**, Provisionen, Erfolgsbeteiligungen, Prämien und Sonderzahlungen gehören zum Arbeitsentgelt. **Mehrarbeitsvergütungen** gehören zu den Bezügen, sind aber nach § 850a Nr 1 zur Hälfte unpfändbar. Weihnachtsvergütungen sind Bestandteil der Bezüge, soweit sie gem § 850a Nr 4 die Hälfte des monatlichen Arbeitseinkommens übersteigen bzw mehr als 500 € betragen. Maßgebend sind die Brutto-Beträge (LG Mönchengladbach ZVI 05, 326). **Schadensersatzansprüche** wegen verfallener Vergütungsansprüche werden von der Pfändung des gesamten Arbeitseinkommens erfasst (BAG NJW 09, 2324, 2325; *Ahrens* NJW-Spezial 09, 21). Insoweit wird nicht auf den Gegenleistungscharakter der Zahlung abgestellt. **Sozialzulagen** wie Mietkosten-, Kindergarten- oder Kantinenzuschüsse und Umzugsbeihilfen sind Bestandteil des Arbeitsentgelts. Arbeitseinkommen stellen auch das **Urlaubsentgelt** (BAG NJW 01, 460, 461; *Beetz* ZVI 08, 244) sowie das Entgelt bei einer Urlaubsabgeltung (BAG NZA 02, 323, 324) dar. Begrifflich zählt auch ein zusätzlich gezahltes Urlaubsgeld zum Arbeitseinkommen, doch ist es gem § 850a Nr 2 absolut unpfändbar (§ 850a Rz 4).

21 **Kein Arbeitseinkommen** stellen **Lohn- oder Einkommensteuererstattungsansprüche** dar. Der Anspruch auf Erstattung hat zwar seinen Ursprung im Arbeitsverhältnis. Die Rechtsnatur des als Lohnsteuer einbehaltenen Teils wandelt sich jedoch aufgrund des entstehenden Lohnsteueranspruchs des Staats. Bei einer Rückerstattung nach § 37 II 1 AO wird aus dem Steueranspruch des Staats ein Erstattungsanspruch des Steuerpflichtigen, ohne seinen öffentlich-rechtlichen Charakter zu verlieren. Steuererstattungsansprüche unterfallen deswegen grds nicht § 850 (vgl BGHZ 163, 391, 393; BGH ZInsO 06, 139, 140; BFH ZVI 07, 137, 138). Überzahlte Vorauszahlungen auf die Einkommensteuer zusammen veranlagter Ehegatten werden ohne abweichende Bestimmung beiden Ehegatten zu gleichen Teilen erstattet (BFH ZVI 09, 76). Zur Wahl der Steuerklasse § 850h Rz 21.

22 Nicht zum Arbeitseinkommen gehört nach § 13 III 5. VermBG auch die **Arbeitnehmer-Sparzulage** (B/L/A/H Grdz § 704 Rn 64). Vermögenswirksame Leistungen sind zwar Bestandteil des Arbeitseinkommens, doch ist der Anspruch auf die vermögenswirksame Leistung nach § 2 VII 2 5. VermBG nicht übertragbar und damit auch nicht pfändbar, § 851 (*Stöber* Rn 921 ff). Das vom Arbeitgeber ausgezahlte staatliche **Kindergeld** ist kein Teil des Arbeitseinkommens (LG Würzburg Rpfleger 79, 225; St/J/*Brehm* § 850 Rn 22), seine Pfändbarkeit ist nach § 76 EStG zu bestimmen. Von Gästen freiwillig gezahlte **Trinkgelder** gehören im All-

gemeinen nicht zu den Arbeits- oder Dienstlöhnen bzw gleichgestellten Einkünften (BAG NJW 96, 1012; Stuttg JurBüro 01, 656; Kasseler Handbuch/*Schubert* 2.11 Rn 39). **Dividenden** gehören nicht zum Arbeitsentgelt (St/J/*Brehm* § 850 Rn 29).

Vereinbaren die Arbeitsvertragsparteien vor der Bezügeabtretung eine **Gehaltsumwandelung**, nach der ein 23
Teil des monatlichen Barlohns vom Arbeitgeber auf eine Lebensversicherung zugunsten des AN (Direktversicherung) gezahlt werden soll, entstehen insoweit keine pfändbaren Ansprüche auf Arbeitseinkommen mehr (BAG BB 98, 1009; BAG NJW 09, 167 Tz 16), wie § 183 I 5 SGB III bestätigt. Insoweit besteht ein Unterschied zum sozialrechtlichen Begriff des Arbeitsentgelts nach § 14 I 2 SGB IV. Der **Taschengeldanspruch** gegen den Ehepartner gehört nicht zu den Bezügen aus einem Dienstverhältnis oder den gleichgestellten Bezügen. Bei **Vergütungen für Erfindungen** ist zu unterscheiden. Vergütungen für eine Diensterfindung gem § 4 II ArbnErfG (BGH NJW-RR 04, 644) und Ideenprämien (BAG NJW 09, 167 Tz 32) gehören zum Arbeitseinkommen. Dagegen bildet das vom Arbeitgeber aufgrund eines Lizenzvertrags für die Benutzung einer freien Erfindung iSv § 4 III ArbnErfG geschuldete Entgelt kein Arbeitseinkommen (BGHZ 93, 82, 86).

Die Rechtslage bei den **Bezügen eines Strafgefangenen** ist va strafvollzugsrechtlich geprägt. Der Anspruch 24
des Strafgefangenen aus dieser Tätigkeit ist auf Gutschrift, vgl § 52 StVollzG, und nicht auf Barauszahlung gerichtet. Drei Siebtel der Einkünfte werden von der Vollzugsanstalt dem unpfändbaren Hausgeld zugeschrieben, über das der Gefangene frei verfügen kann, § 47 I StVollzG. Aus dem restlichen Einkommen ist zunächst ein Überbrückungsgeld zu bilden, das den notwendigen Unterhalt des Strafgefangenen und seiner Unterhaltsberechtigten für die ersten vier Wochen nach der Entlassung sichern soll, § 51 I StVollzG. Weitergehende Beträge sind dem Eigengeld des Gefangenen gutzuschreiben, § 52 StVollzG (*Ahrens* NJW-Spezial 11, 725). Das Überbrückungsgeld ist nach § 51 I, IV und V StVollzG nur für Unterhaltsgläubiger pfändbar (Karlsr Rpfleger 94, 370). Der Anspruch auf **Eigengeld** ist gem § 829 pfändbar, ausgenommen der nach § 51 IV 2 StVollzG unpfändbare Teil in Höhe des Unterschiedsbetrags zwischen dem gem § 51 I StVollzG zu bildenden und dem tatsächlich vorhandenen Überbrückungsgeld (BGH NJW 04, 3714, 3715). Auf das Eigengeld finden weder die Pfändungsgrenzen des § 850c noch der Pfändungsschutz aus § 850k unmittelbare oder analoge Anwendung (BGH NJW 04, 3714, 3715 f). Zum pfändbaren Eigengeld gehört entspr auch ein Guthaben aus Zahlung einer Sozialrente. Im angemessenen Umfang muss dem Gefangenen Hausgeld nach § 47 StVollzG zustehen (*Zimmermann* ZVI 04, 738 f). Für Gläubiger von Forderungen aus vorsätzlich begangenen unerlaubten Handlungen fehlt, abgesehen von § 93 II StVollzG, eine Möglichkeit zur privilegierten Vollstreckung (*Ahrens* NJW-Spezial 11, 725, 726).

IV. Ruhegelder. Neben den aktiven Einkünften der Beamten und AN erstreckt die Vorschrift den Pfän- 25
dungsschutz auf deren Versorgungsbezüge und Ruhegelder, die – je nach Status des Versorgungsberechtigten – gegen den Dienstherrn oder den Arbeitgeber gerichtet sind. Versorgungsrenten werden von dem Pfändungsschutz folgerichtig nur erfasst, soweit sie auf einem früheren Dienst- oder Arbeitsverhältnis beruhen (BGH NZI 08, 95 Tz 10). **Ruhegelder** iSd Vorschrift sind Betriebsrenten, betriebliche Direktversicherungen, Leistungen von Pensionskassen, Invalidenrenten (BAG NZA 01, 963, 965) und Vorruhestandsgelder der AN, Wartegelder, Beamtenpensionen sowie Unfallruhegehälter der Beamten aus § 36 BeamtVG (OVG Saarlouis NJW 06, 2873, 2874). Eingeschlossen sind auch Versorgungsbezüge von ehemaligen Organmitgliedern (Vorstandsmitglieder, Geschäftsführer) von Gesellschaften (BGH NJW 78, 756), soweit jene nicht maßgeblich an der Gesellschaft beteiligt sind. Altersversorgungen aus der gesetzlichen Rentenversicherung sind dagegen nicht nach den §§ 850 ff, sondern gem § 54 IV SGB I zu pfänden. Versicherungsleistungen aus privaten Versorgungsverträgen werden nach den §§ 851c, 851d geschützt.

V. Hinterbliebenenbezüge. Diese Bezüge werden an den Hinterbliebenen eines AN oder Beamten vom 26
Arbeitgeber oder Dienstherrn bzw einer an seine Stelle tretenden Versorgungseinrichtung aufgrund des früheren Arbeits- oder Dienstverhältnisses gezahlt. Hinterbliebene sind Ehe- und Lebenspartner sowie Kinder. Keine Hinterbliebenen iSd Vorschrift sind Lebensgefährten. Auch hier sind Hinterbliebenenversorgungen aus der gesetzlichen Rentenversicherung nicht nach den §§ 850 ff, sondern gem § 54 IV SGB I zu pfänden.

VI. Sonstige Vergütungen für Dienstleistungen. Mit einem **Auffangtatbestand** wird auch die Vergütung 27
für sonstige Dienstleistungen aller Art dem Pfändungsschutz der §§ 850 ff unterstellt, sofern diese die Erwerbstätigkeit des Schuldners vollständig oder zu einem wesentlichen Teil in Anspruch nimmt. Eine nebenberufliche Tätigkeit genügt (BGH NJW-RR 04, 644). Dabei muss es sich um wiederkehrende zahlbare Vergütungen für selbständige oder unselbständige Dienste handeln, welche die Existenzgrundlage des Dienstpflichtigen bilden (BGHZ 96, 324, 327). Es genügt, wenn die Dienstleistung für eine beschränkte

Dauer angelegt ist. Die Einkünfte müssen weder regel- noch gleichmäßig erfolgen und können aus einer in wirtschaftlicher oder sozialer Selbständigkeit erbrachten Dienstleistung resultieren (ThoPu/*Hüßtege* § 850 Rn 7).

28 Hierzu gehören die Ansprüche von **Heimarbeitern**, vgl § 850i III iVm § 27 HAG, und arbeitnehmerähnlichen Personen (vgl *Nebe* ZVI 08, 467) sowie die wiederkehrend zahlbare Vergütung von **Handelsvertretern**, sei es als Fixum, sei es als Provision (BAG NJW 62, 1221, 1222) bzw von Versicherungsvertretern (vgl KG Rpfleger 62, 219). Erfasst werden außerdem die Dienstbezüge eines nicht oder nicht wesentlich an der Gesellschaft beteiligten **Vorstandsmitglieds** einer AG (BGH NJW 78, 756) bzw **Geschäftsführers** einer GmbH (BGH NJW 81, 2465, 2466). Dem Pfändungsschutz für Arbeitseinkommen unterliegen auch die Zahlungen der Kassen(zahn)ärztlichen Vereinigung an die (Zahn)Ärzte (BGHZ 96, 324, 326 ff) und die Ansprüche auf fortlaufend gezahlten Werklohn aus einem Werkvertrag (BAG WM 75, 503, 504). Entgeltansprüche für die aus familiärer Verbundenheit geleistete Mitarbeit sind ebenfalls geschützt, doch ist hier eher eine Lohnverschleierung zu befürchten (§ 850h Rz 15).

29 **E. Gleichgestellte Bezüge (Abs 3). I. Karenzentschädigungen (Abs 3 lit a).** Dem Arbeitseinkommen gleichgestellt werden in Abs 3 lit a) sog Karenzentschädigungen, die der AN (auch GmbH-Geschäftsführer Rostock NJW-RR 95, 173, 174) zum Ausgleich für **Wettbewerbsbeschränkungen** für die Zeit nach Beendigung seines Dienstverhältnisses beanspruchen kann. Unerheblich ist, ob eine gesetzliche, zB aus den §§ 74, 90a HGB, oder vertragliche Zahlungspflicht besteht, sofern die Vergütung wiederkehrend gezahlt wird (Gottwald § 850 Rn 14). Bei einmaligen Zahlungen gilt § 850i.

30 **II. Versicherungsrenten (Abs 3 lit b).** Wie Arbeitseinkommen werden auch Versicherungsrenten aus Verträgen zur Versorgung des Versicherungsnehmers oder seiner unterhaltsberechtigten Angehörigen behandelt, § 850 III lit b). Betroffen sind die Rentenansprüche aus **privaten Versicherungsverträgen**, nicht aus der gesetzlichen Rentenversicherung, für welche die §§ 54, 55 SGB IV gelten. Unter den Anwendungsbereich der Vorschrift fallen solche privaten Renten, die ein Ruhegehalt oder eine Hinterbliebenenversorgung gem § 850 II ersetzen. Es muss sich daher um Versicherungsleistungen handeln, die anlässlich des Ausscheidens aus einem Dienst- oder Arbeitsverhältnis begründet werden (BGH NJW-RR 08, 496 Tz 17; Th/P/*Hüßtege* § 850 Rn 9). Zu den geschützten Ansprüchen gehören auch **Berufsunfähigkeitsrenten** (BGH NZI 10, 141 Tz 4, mit Anm *Asmuß*). Bei diesen Renten konkurriert der Anwendungsbereich von § 850 III lit b) mit dem des § 850b I Nr 1 (*Ahrens* NJW-Spezial, 10, 597, 598; *ders* VuR 10, 445 ff; HK-ZV/*Meller-Hannich* § 850 Fn 153; nur § 850 III lit b): B/L/*Hartmann* § 850 Rn 14, § 850b Rn 3; allein § 850b I Nr 1 ZPO: St/J/*Brehm* § 850 Rn 47, § 850b Rn 7; Zö/*Stöber* § 850 Rn 11, § 850b Rn 2; Mu/*Becker* § 850 Rn 13, § 850b Rn 2; *Wollmann* ZinsO 09, 2319, 2322; *Gutzeit* NJW 10, 1644, 1646; die meisten Kommentare nehmen nicht ausdrücklich Stellung, wenden aber § 850b I Nr 1 ZPO an, vgl St/J/*Brehm* § 850b Rn 7). Unerheblich ist, ob der Versicherungsvertrag vom AN oder seinem Arbeitgeber abgeschlossen ist. Zu Krankenhaustagegeldern vgl § 850b Rz 19. Der Pfändungsschutz ist insb nach den allgemeinen Pfändungsfreigrenzen aus § 850c zu bestimmen. Schuldner und Gläubiger können nach § 850b eine abweichende Festsetzung beantragen. Liegt eine durch die Berufsunfähigkeitsrente im Bezugsbeginn vorgezogene Altersrente vor, ist allein § 851c anwendbar (*Ahrens* NJW-Spezial, 10, 597, 598). Um den Versorgungscharakter zu gewährleisten, unterliegen allein wiederkehrende Zahlungen dem Pfändungsschutz. Wie der BGH zu § 850b I Nr 1 ZPO ausgesprochen hat, sind auch rückständige Beträge geschützt, die in einer Summe geleistet werden (BGH NZI 2010, 141 Tz 8). Im Gegensatz zu Ansprüchen aus der gesetzlichen Sozialversicherung (dazu BGH NJW 03, 3774, 3775) können private Berufsunfähigkeitsrenten nicht bereits dann gepfändet werden, wenn der Versicherungsvertrag begründet ist und der Drittschuldner feststeht (MüKoZPO/*Smid* § 850 Rn 42). Eine Pfändung kommt erst mit dem gesundheitsbedingten Ausscheiden aus dem Arbeitsverhältnis oder dem Rentenantrag ggü dem Versicherer in Betracht (*Ahrens* VuR 2010, 445 ff; regelmäßig erst in der Auszahlungsphase Hk-ZV/*Meller-Hannich* § 850 ZPO Rn 59). Der **persönliche Anwendungsbereich** der Vorschrift erstreckt sich allein auf Versicherungsrenten solcher Personen, die bei Abschluss des Versicherungsvertrages entweder AN oder Beamte waren oder in einem arbeitnehmerähnlichen Beschäftigungsverhältnis standen (BGH NJW-RR 08, 496 Tz 18; NZI 08, 95 Tz 18; **aA** St/J/*Brehm* § 850 Rn 48). Für Selbstständige und nicht Erwerbstätige resultiert der Pfändungsschutz allein aus § 850b.

31 **Kein Arbeitseinkommen** iSd Vorschrift stellen fortlaufende Renteneinkünfte freiberuflich tätig oder überhaupt nicht berufstätig gewesener Personen dar (BGH NJW-RR 08, 496 Tz 18; NZI 08, 95 Tz 18; ZIP 10, 1656 Tz 9). Auch die Forderung auf einmalige Auszahlung einer Kapitallebensversicherung unterfällt nicht

der Regelung (BFH WM 07, 2332 Tz 11), selbst wenn ein Rentenwahlrecht besteht. Für vertraglich begründete Renten wegen Körper- oder Gesundheitsverletzungen gilt zudem § 850b I Nr 1 (Oldbg NJW-RR 94, 479; § 850b Rz 4 ff), für Unterhaltsrenten § 850b I Nr 2 (§ 850b Rz 8 ff) und für Altenteilsrenten § 850b I Nr 3 (§ 850b Rz 15 ff); s.a. § 851c.

F. Pfändungsumfang (Abs 4). Die Pfändung erstreckt sich nach Abs 4 auf alle Vergütungen des Schuldners 32
aus dem Dienst- oder Arbeitsverhältnis, unabhängig von ihrer Benennung oder Berechnung. Mit dieser Regelung wird das Bestimmtheitserfordernis der Pfändung (Rz 8) eingeschränkt, indem die einzelnen Vergütungsbestandteile als bloße Rechnungsposten behandelt werden. Es genügt, im Beschl die Pfändung des Arbeitseinkommens auszusprechen, um die möglichen Forderungen insgesamt zu erfassen. Erfasst werden auch die künftig fällig werdenden Vergütungsansprüche, § 832.

G. Gemischte Ansprüche. Bei einer gemischten Erwerbstätigkeit treten neben die Vergütungsansprüche 33
aus einem abhängigen Arbeits- oder Dienstverhältnis Forderungen aus einer selbständigen Erwerbstätigkeit oder einer sonstigen Einkommensquelle (Wieczorek/Schütze/*Lüke* § 850 Rn 72). In diesem Fall ist der Pfändungsschutz aus den §§ 850 ff für die Arbeits- oder Dienstvergütung auf Antrag durch eine sinngemäße Anpassung von § 850i zu ergänzen (BGH NJW-RR 04, 644).

H. Rechtsfolgen. I. Vollstreckungsrechtliche Wirkungen. Ist die Forderung an einen Dritten abgetreten, 34
erfasst der Pfändungs- und Überweisungsbeschluss nicht die abgetretenen Vergütungsbestandteile (BAG NJW 93, 2701). Wird eine nicht der Pfändung unterliegende Forderung gepfändet, ist sie verstrickt (**aA** St/J/*Brehm* § 850 Rn 18), ohne dass ein Pfändungspfandrecht begründet wäre (RGZ 106, 205, 206; Schuschke/Walker/*Kessal-Wulf* § 850 Rn 7; Musielak/*Becker* § 850 Rn 18; **aA** ThoPu/*Hüßtege* § 850 Rn 5). Die Pfändungsbeschränkungen der §§ 850 ff bilden **zwingendes Recht** und stehen grds nicht zur Disposition des Schuldners (BGHZ 137, 193, 197). Ein im Vor- oder Nachhinein geschlossener vollstreckungserweiternder Vertrag oder ein einseitiger Verzicht (vgl *Bartels* Rpfleger 08, 397), mit dem die Pfändungsschutzvorschriften für das Arbeitseinkommen aufgehoben oder beschränkt werden, ist nichtig (Baur/Stürner/Bruns Rn 10.3). Dies ist auch daraus zu erklären, dass der Schuldner unpfändbare Forderungen weder abtreten noch verpfänden darf, weshalb er sie im rechtsgeschäftlichen Verkehr nicht unmittelbar zur Schuldtilgung einsetzen kann. Eine Verwirkung ist ausgeschlossen. Der Pfändungsschutz entfällt auch nicht, soweit der Gläubiger dem Schuldner gleichwertige Leistungen zur Verfügung stellt (BayVGH BayVBl 08, 114 f, Obdachlosenunterkunft). Aus § 836 III ist der Schuldner regelmäßig verpflichtet, die Lohnabrechnungen der letzten drei Monate vor Zustellung des Pfändungs- und Überweisungsbeschlusses an den Gläubiger herauszugeben (BGH NJW 07, 606 Tz 7).

II. Materiellrechtliche Konsequenzen. Wegen des generellen Gleichlaufs von Pfändbarkeit und Abtretbar- 35
keit ist nach § 400 BGB eine rechtsgeschäftliche **Abtretung** unpfändbarer Forderungen grds unzulässig. Für den gesetzlichen Forderungsübergang gilt diese Regelung gem § 412 BGB entspr. Nach dem Schutzzweck der Regelung steht eine unpfändbare Forderung der Abtretung dann nicht entgegen, wenn der Zessionar dem AN für die abgetretene Forderung einen Barbetrag in gleicher Höhe gewährt (BGHZ 4, 153, 156; 13, 360, 361). Beim Streit über den Umfang der Abtretung nach § 850e Nr 2 (BGH NJW-RR 04, 494, 495) und § 850f I (BGH NJW-RR 03, 1367) entscheidet das Prozessgericht. Ausgeschlossen ist auch die **Aufrechnung** gegen eine unpfändbare Forderung, § 394 BGB, und deren Verpfändung, § 1274 II BGB. Das Aufrechnungsverbot darf nicht durch eine Vereinbarung umgangen werden, die den Arbeitgeber berechtigt, die Kosten für Reinigung und Pflege der Berufsbekleidung unabhängig von den Pfändungsfreigrenzen zu verrechnen (BAG NZA 10, 99 Tz 23 ff). Wegen der mit einer Aufrechnung vergleichbaren Wirkungen ist insoweit auch die Ausübung des Zurückbehaltungsrechts durch den Gläubiger nach § 273 BGB ausgeschlossen (RGZ 85, 108, 110). Mit § 400 BGB gleichgestellt werden auch Einziehungsermächtigungen (St/J/*Brehm* § 850 Rn 60).

Die **Kündigung eines Arbeitsverhältnisses** wegen Lohnpfändungen ist grds nicht sozial gerechtfertigt, da 36
die Bearbeitung der Pfändungen zu den gesetzlichen Aufgaben des Arbeitgebers gehört. Ausnahmsweise soll nach der Rspr des BAG etwas anderes gelten, wenn zahlreiche Lohnpfändungen oder -abtretungen zu einem erheblichen Arbeitsaufwand des Arbeitgebers führen und wesentliche Störungen im Arbeitsablauf oder in der betrieblichen Organisation verursachen (BAG NJW 82, 1062, 1063; EzA § 1 KSchG Verhaltensbedingte Kündigung Nr 45). Obwohl das BAG nach diesen Grundsätzen noch keine Kündigung für sozial

gerechtfertigt erklärt hat, ist die Kündigungsmöglichkeit abzulehnen, weil die betrieblichen Lasten dem Arbeitgeber auferlegt sind und die Lohnpfändung nicht auf einem Willensentschluss des AN beruht.

37 **I. Rechtsbehelfe.** Wird dem Antrag des **Gläubigers** nicht oder nicht in vollem Umfang stattgegeben, kann er die sofortige Beschwerde nach den §§ 11 I RpflG, 793 I einlegen. Wurde der **Schuldner** zuvor nicht angehört, § 834, kann er gegen die Vollstreckungsmaßnahme nach § 766 vorgehen. Ist die Anhörung etwa iRv § 850b III erfolgt, kann er die Entscheidung nach den §§ 11 I RpflG, 793 I anfechten. Der **Drittschuldner** kann regelmäßig die Erinnerung nach § 766 einlegen. Bei der Verletzung eigener Rechte können auch Dritte die Erinnerung einlegen (B/L/A/H Einf §§ 850–852 Rn 9). Nachträgliche Änderungen der Unpfändbarkeitsvoraussetzungen sind auf Antrag gem § 850g geltend zu machen.

38 **J. Insolvenzverfahren.** Nach der Grundentscheidung des § 35 I InsO gehört das bei Insolvenzeröffnung vorhandene Vermögen sowie der während des Insolvenzverfahrens erzielte **Neuerwerb** zur Insolvenzmasse. Vom Insolvenzbeschlag werden aber nach § 36 I 1 InsO nur die der Zwangsvollstreckung unterliegenden Gegenstände erfasst. Unpfändbares Arbeitseinkommen wäre danach nicht vom Insolvenzbeschlag erfasst. Um die einzelvollstreckungsrechtlichen Regelungen auf die Gesamtvollstreckung abzustimmen, ist eine differenzierte Verweisung erfolgt, § 36 I 2 InsO iVm den **§§ 850, 850a, 850c, 850e, 850f I, 850g bis l, 851c, 851d.** Für das Restschuldbefreiungsverfahren verweist § 292 I 3 InsO auf § 36 1 2 InsO.

39 **Anwendbar** sind die Bestimmungen, welche die Pfändbarkeit für alle Gläubiger modifizieren, wie etwa die §§ 850c, 850e Nr 2, 2a, 850f I. Anwendbar sein soll auch § 850b I Nr 1 (BGH NZI 10, 141 Tz 10 ff mit Anm *Asmuß*; ZIP 10, 1656 Tz 41). Unschädlich ist, dass § 850c IV eine Einzelfallabwägung erfordert, weil die Abwägung durch die Verhältnisse des Unterhaltsberechtigten als Dritten und nicht durch die des antragstellenden Gläubigers bestimmt wird (BGH NJW-RR 09, 1279 Tz 11; NZI 10, 141 Tz 14). Unanwendbar sind § 850d zur erweiterten Pfändung wegen Unterhaltsforderungen sowie § 850f II und III zur erweiterten Pfändung bei Forderungen aus vorsätzlich unerlaubten Handlungen bzw Pfändung höherer Bezüge, da sie in der Auflistung des § 36 I 2 InsO nicht angeführt werden. Insb die §§ 850d, 850f II modifizieren die Pfändbarkeit zugunsten bestimmter Gläubiger und Gläubigergruppen und lassen sich deshalb nicht in das gesamtvollstreckungsrechtliche Konzept einbinden (FK-InsO/*Ahrens* § 287 Rn 53).

40 Während des Insolvenzverfahrens ist eine **Forderungspfändung** durch Insolvenzgläubiger unzulässig, § 89 I InsO. Für künftige Forderungen aus einem Dienstverhältnis erweitert § 89 II InsO das Vollstreckungsverbot auf andere Gläubiger. Sind die Bezüge vor der Verfahrenseröffnung gepfändet, greift § 89InsO nicht ein. Nach § 114 III InsO ist eine Pfändung jedoch höchstens für den Monat der Eröffnung und den Folgemonat wirksam (Jaeger/*Eckardt* § 89 InsO Rn 61). Zusätzlich gestattet § 89 II 2 InsO den Neugläubigern (nicht den Insolvenzgläubigern BGH NZI 08, 50 Tz 10; *Ahrens* NZI 08, 24) eine Zwangsvollstreckung wegen einer privilegierten Forderung aus den §§ 850d, 850f II in die künftigen Forderungen. Die Zwangsvollstreckung in der kritischen Zeit vor Insolvenzeröffnung ist als inkongruente Deckung gem § 131 InsO anfechtbar (stRspr BGHZ 157, 350, 353 mwN; BGH NZI 08, 563 Tz 8; FK-InsO/*Dauernheim* § 131 Rn 24). § 114 III InsO schließt die Anfechtbarkeit nicht aus (BGH NZI 08, 563 Tz 17).

41 **K. Kosten/Gebühren.** Für den Erlass des Pfändungsbeschlusses entsteht eine **Gerichtsgebühr** nach KV 2110 iHv 15 €. Dem **Rechtsanwalt** steht eine Gebühr mit einem Satz von 0,3 gem § 18 Nr 3 RVG iVm VV 3309 zu.

§ 850a Unpfändbare Bezüge. **Unpfändbar sind**

1. **zur Hälfte die für die Leistung von Mehrarbeitsstunden gezahlten Teile des Arbeitseinkommens;**
2. **die für die Dauer eines Urlaubs über das Arbeitseinkommen hinaus gewährten Bezüge, Zuwendungen aus Anlass eines besonderen Betriebsereignisses und Treugelder, soweit sie den Rahmen des Üblichen nicht übersteigen;**
3. **Aufwandsentschädigungen, Auslösungsgelder und sonstige soziale Zulagen für auswärtige Beschäftigungen, das Entgelt für selbstgestelltes Arbeitsmaterial, Gefahrenzulagen sowie Schmutz- und Erschwerniszulagen, soweit diese Bezüge den Rahmen des Üblichen nicht übersteigen;**
4. **Weihnachtsvergütungen bis zum Betrag der Hälfte des monatlichen Arbeitseinkommens, höchstens aber bis zum Betrag von 500 Euro;**

5. Heirats- und Geburtsbeihilfen, sofern die Vollstreckung wegen anderer als der aus Anlass der Heirat oder der Geburt entstandenen Ansprüche betrieben wird;
6. Erziehungsgelder, Studienbeihilfen und ähnliche Bezüge;
7. Sterbe- und Gnadenbezüge aus Arbeits- oder Dienstverhältnissen;
8. Blindenzulagen.

A. Normzweck. Der weite Begriff des Arbeitseinkommens (§ 850 Rz 12) unterwirft die Einkünfte des berufstätigen Schuldners umfassend dem System der Pfändungsbeschränkungen. Durch die relativen Pfändungsbeschränkungen aus der Tabelle zu § 850c sind allerdings zusätzliche Einkünfte des Schuldners in erheblichem Umfang pfändbar. Da diese Konsequenz nicht stets angemessen erscheint, erklärt § 850a einzelne Bestandteile des Arbeitseinkommens für absolut unpfändbar (vgl Rz 21). Die Gründe dafür sind vielfältig. Teils sind die Bezüge zweckgebunden, Nr 3, 5–8, teils aus sozialen Erwägungen unpfändbar, Nr 2, 4. Im Einzelfall sollen sie aber auch dem Schuldner hälftig zur Verfügung stehen, Nr 1, um ihm einen ökonomischen Anreiz zur intensiveren Arbeitsleistung zu geben. Entsprechende Regelungen enthalten Sondergesetze (B/L/A/H § 850a Rn 1). Überschreiten die Einkünfte die fixen Grenzen aus Nr 1 und 4 oder die flexiblen Schranken der Nr 2 und 3, sind sie nach Maßgabe von § 850c pfändbar. 1

B. Absolut unpfändbare Bezüge. I. Hälftige Mehrarbeitsvergütung, Nr 1. Mehrarbeit iSd vollstreckungsrechtlichen Bestimmung ist die über die gewöhnliche betriebliche oder tarifliche Arbeitszeit hinaus geleistete Arbeit. Von dieser Terminologie weicht die arbeitsrechtliche Begrifflichkeit ab. Arbeitsrechtlich bezeichnen Überarbeit bzw Überstunden die Arbeitszeit, welche die für das Arbeitsverhältnis normale Arbeitszeit überschreitet. Mehrarbeit ist nach arbeitsrechtlichem Verständnis die Arbeitszeit, die über die regelmäßige gesetzliche Arbeitszeit von 8 Stunden werktäglich gem § 3 ArbZG hinausgeht (BAG NZA 04, 1219, 1220; Schaub/*Linck* § 45 Rn 55). 2

Gesetzgeberisches Leitbild ist das Normalarbeitsverhältnis im üblichen Umfang, das nicht ohne Weiteres auf die Vielfalt möglicher Arbeitsbeziehungen übertragen werden kann. Deswegen und weil durch die Regelung auch die Arbeitsleistung des Schuldners mobilisiert werden soll, ist vom Maßstab der **betrieblichen** oder **tariflichen Normalarbeitszeit** und nicht der individuellen Arbeitszeit auszugehen. Da der Begriff zeit- und nicht leistungsbezogen ist, fallen leistungsabhängige Vergütungsbestandteile nicht unter den besonderen Schutz aus Nr 1 (MüKoZPO/*Smid* § 850a Rn 4). Mehrarbeit iSv Nr 1 bildet nicht die auf Sonn- oder Feiertage bzw die Nachtzeit entfallende regelmäßige betriebliche Arbeitszeit (Zö/*Söber* § 850a Rn 2). Die auf betriebsübliche Sonn-, Feiertags- und Nachtarbeit entfallende Vergütung nebst Zuschlägen ist nach § 850c pfändbar. Zur Mehrarbeitsvergütung gehören dagegen Entgelte für Bereitschaftsdienste (Wieczorek/Schütze/*Lüke* § 850a Rn 9), die über die Normalarbeitszeit hinausgehen. Übt der Schuldner eine Teilzeitbeschäftigung aus, gilt für die Vergütung der Überarbeit bis zur Grenze der regelmäßigen Arbeitszeit nicht das Pfändungsverbot aus § 850a. Arbeitet der Schuldner über die regelmäßige Arbeitszeit in einem Hauptarbeitsverhältnis hinaus, besteht das Pfändungsverbot auch dann, wenn die Bezüge aus seiner Nebenbeschäftigung auf einer selbständigen vertraglichen Grundlage beruhen (Hamm AP Nr 3 zu ZPO § 850a). 3

Übt der Schuldner **mehrere Teilzeitbeschäftigungen** aus, ist nicht ohne Weiteres zu bestimmen, welches Arbeitsverhältnis für die Bestimmung der normalen Arbeitszeit und welches für die Fixierung der unpfändbaren Bezüge maßgebend sein soll. Deswegen soll § 850a unanwendbar sein (Schuschke/Walker/*Kessal-Wulf* § 850a Rn 2), doch wird eine solche Auslegung nicht dem Ziel gerecht, dem Schuldner einen angemessenen Anteil aus seinen überobligationsmäßigen Anstrengungen zugute kommen zu lassen. Die regelmäßige Arbeitszeit ist deswegen nach der betriebsüblichen Arbeitszeit im Arbeitsverhältnis mit den meisten Stunden, die Mehrarbeitsvergütung nach der Bezahlung im Arbeitsverhältnis mit der geringsten Stundenzahl zu bestimmen. Sind die Daten nicht feststellbar, ist jeweils von Durchschnittsbeträgen auszugehen. 4

Unpfändbar ist die **Hälfte** der insgesamt auf die Mehrarbeit entfallenden Vergütung, also nicht nur die Hälfte der Mehrarbeitszuschläge. Erfasst werden die Grundvergütung mit sämtlichen Leistungslohnbestandteilen sowie sämtliche arbeitszeitbezogene Zuschläge, sei es ein Mehrarbeitszuschlag, sei es wegen der Lage der Mehrarbeit ein Nacht- oder Feiertagszuschlag. Führt die Mehrarbeit zu einer erhöhten Zielerreichungsprämie, gilt für den konkret nachweisbar auf die Mehrarbeit entfallenden Anteil die Regelung aus Nr 1. Erfolgt die Mehrarbeit unentgeltlich oder wird sie durch Freizeit kompensiert, ist § 850a Nr 1 unanwendbar. Bei einer privilegierten Pfändung wegen Unterhaltsforderungen ist Nr 1 nach § 850d I 1 unan- 5 wendbar. Um dem Schuldner den hälftigen Betrag zu belassen, ist für die Berechnung auf den **Bruttoverdienst** abzustellen. Vom Bruttoarbeitseinkommen ist der unpfändbare Betrag brutto abzuziehen, dh nicht um Steuern und Sozialversicherungsbeiträge zu kürzen (**aA** Wieczorek/Schütze/*Lüke* § 850a Rn 11). Die darauf zu entrichtenden Steuern und Sozialabgaben sind vom pfändbaren Einkommen abzuziehen (Schuschke/Walker/*Kessal-Wulf* § 850a Rn 2).

6 **II. Urlaubsgeld, Jubiläumszuwendungen und Treugelder (Nr 2). Urlaubsgeld** ist eine zusätzliche arbeitsvertragliche, tarifliche oder betriebliche, über das Urlaubsentgelt hinaus gezahlte Vergütung. Urlaubsentgelt ist das während des Urlaubs gezahlte Arbeitsentgelt (BAG NJW 01, 460, 461). Urlaubsabgeltung als finanzieller Ersatz für die nicht mehr mögliche Befreiung von der Arbeitspflicht durch Urlaubsgewährung ist wie das Urlaubsentgelt pfändbar (BAG NZA 02, 323, 324; **aA** Wieczorek/Schütze/*Lüke* § 850a Rn 17, wegen des höchstpersönlichen Charakters nach § 851 I unpfändbar). Unpfändbar nach Nr 2 ist allein die zusätzliche Vergütung. Unerheblich ist, ob der dadurch bezweckte Schutz urlaubsbedingter Mehraufwendungen im Einzelfall notwendig ist.

7 Als Zuwendungen aus Anlass besonderer Betriebsereignisse kommen va **Jubiläumszuwendungen** in Betracht, etwa aus Anlass eines Unternehmensjubiläums. **Treugelder** werden dagegen für Arbeits- oder Dienstjubiläen geleistet. Enthält eine Gratifikation auch Treuelemente, etwa weil sie im Fall einer vom AN veranlassten vorzeitigen Beendigung des Arbeitsverhältnisses zurückzuzahlen ist, genügt dies nicht, um ein Treugeld iSd Nr 2 anzunehmen. Regelmäßig gezahlte Tantiemen und Erfolgsbeteiligungen werden nicht erfasst (LG Berlin Rpfleger 59, 132; Zö/*Stöber* § 850a Rn 4).

8 Unpfändbar sind diese Vergütungen nur, soweit sie den **Rahmen des Üblichen** nicht übersteigen. Dadurch soll eine Lohnverschleierung verhindert werden (St/J/*Brehm* § 850a Rn 13). Die Üblichkeit ist anhand der Verhältnisse in gleichartigen Unternehmen zu beurteilen. Ein fester Rahmen existiert nicht, weswegen auch Nr 4 keine Orientierungsgröße bieten kann (Musielak/*Becker* § 850a Rn 3; **aA** Gottwald Rn 6). Der über die übliche Vergütung hinausgehende Teil der Bezüge ist pfändbar. Der Betrag muss dem Schuldner ohne Abzug verbleiben. Steuern und Sozialversicherungsbeiträge sind aus dem sonstigen Einkommen zu entrichten – Bruttoprinzip (Zö/*Stöber* § 850a Rn 3; **aA** ArbG Aachen FamRZ 07, 63). Die Pfändung zugunsten einer zweckveranlassten Forderung, also einer Urlaubsaufwendung, ist ausgeschlossen. Eine solche Pfändbarkeit ist weder im Gesetz verankert (vgl Nr 5) noch sachgerecht abgrenzbar, etwa bei einer Autoinspektion vor dem Urlaub (aA Stöber Rn 986a; *Pfeifer* NZA 96, 738, 739). Bei einer privilegierten Pfändung wegen Unterhaltsforderungen ist Nr 2 nach § 850d I 1 unanwendbar.

9 **III. Aufwandsentschädigungen, Auslösungen etc (Nr 3). Aufwandsentschädigungen** gelten besondere Belastungen des AN ab, die nicht mit den regelmäßigen Bezügen vergütet werden. Sie müssen getrennt vom Verdienst berechnet und der Höhe nach selbstständig ausgewiesen sein (VG Ansbach InVO 08, 24, 26). Dazu gehören Reisekostenvergütungen, Reisespesen, Kilometergelder (LAG Düsseldorf DB 70, 256) Tage- und Übernachtungsgelder (BAG DB 71, 1923), Trennungsgelder, Umzugskostenentschädigungen, Mankogelder (Musielak/*Becker* § 850a Rn 3), Bekleidungszulagen, Mehraufwandsentschädigungen bei Ein-Euro-Jobs nach § 16 III SGB II (LG Dresden NJW-RR 09, 359; *Harks* Rpfleger 07, 588; vgl BSG NJW 09, 2478, 2479), Erstattungen für Repräsentationsaufwendungen und Fortbildungsaufwendungen des Betriebsrats- (BAG AP Nr 3 zu § 40 BetrVG 1972) oder Personalratsmitglieds. Wird allgemein eine erhöhte Vergütung gezahlt, ist die Regelung unanwendbar. Geschützt sind nur die Bezüge von AN und Ein-Firmen-Vertretern iSd § 92a HGB. Der zur Deckung der Sachauslagen eines (Zahn)Arztes von der Kassen(zahn)ärztlichen Vereinigung erhaltene Vergütungsanteil unterliegt nicht § 850a Nr 3 (BGHZ 96, 324, 329).

10 Zu den geschützten Forderungen gehören auch die Aufwandsentschädigungen für **ehrenamtlich Tätige**, wie Gemeinderatsmitglieder und ehrenamtliche Richter, einschl der Vergütungen für Volkszähler nach § 10 IX VZG (Ddorf NJW 88, 977). Die Ansprüche eines Vorstandsmitglieds eines Anwaltvereins auf Sitzungsgeld, Aufwandsentschädigung und -erstattung sind bei einer selbständigen freiberuflichen Tätigkeit nicht nach Nr 3 unpfändbar, sondern nur auf Antrag nach § 850i (AG Leipzig NJW 04, 375; **aA** MüKoZPO/*Smid* § 850a Rn 11). Es ist aber zwischen der Erstattung für den zusätzlichen Aufwand und für einen Verdienstausfall zu unterscheiden. Soweit das Arbeitseinkommen ersetzt wird, sind die Leistungen nach § 850a pfändbar. Keine Aufwandsentschädigung stellt die von einer Gemeinde dem ehrenamtlichen Bürgermeister gem Art 134 Abs 2 KomWBG BY 1964 gezahlte Aufwandsentschädigung dar, wenn der Bürgermeister annähernd in Vollzeit sein Amt ausübt und seinen Lebensunterhalt weitgehend aus der Entschädigung bestreitet (VG Ansbach InVo 08, 24, 27).

Auslösungen sollen den Mehraufwand bei auswärtiger Beschäftigung ausgleichen etwa durch Umzugskostenerstattungen, Tage- bzw Übernachtungsgelder oder Fahrtkostenzuschüsse. Privilegiert sind auch die **Vergütungen für selbst gestelltes Arbeitsmaterial**. Geschützt ist damit der Kostenerstattungsanspruch für Werkzeuge, Berufsbekleidung, ein beruflich genutztes Kfz, ein privates Büro oder einen Heimarbeitsplatz. Soweit es dafür konkrete Anhaltspunkte gibt, muss der Richter den Betrag im Drittschuldnerprozess schätzen (St/J/*Brehm* § 850a Rn 23). 11

Unpfändbar sind außerdem **Gefahrenzulagen** sowie **Schmutz- und Erschwerniszulagen**. Dazu gehören Zuschläge für Hitze-, Wasser-, Säure-, Staub-, Schacht- und Tunnel-, Druckluft- und Taucher- sowie Stacheldrahtarbeiten (Stöber Rn 997). Erfasst sind auch Nachtzulagen, die nicht allein die Lage der Arbeitszeit, sondern zusätzliche, aus der Art der Arbeit resultierende Erschwernisse entgelten (LAG Frankfurt DB 89, 1732), nicht aber Feiertagszulagen. 12

Unpfändbar sind diese Vergütungen nur, soweit sie der Höhe nach ausgewiesen und getrennt vom Verdienst berechnet werden (offen gelassen von BGHZ 96, 324, 329), um eine sichere Abgrenzung zu ermöglichen. Die Zahlungen dürfen den **Rahmen des Üblichen** nicht übersteigen. Ersparte Ausgaben sind abzuziehen (LG Essen Rpfleger 70, 179, 180; MüKoZPO/*Smid* § 850a Rn 10). Werden die Aufwendungen konkret gegen Nachweis abgerechnet, wie Kilometergelder (BAG DB 70, 256) oder Spesen, werden sie sich regelmäßig im üblichen Rahmen halten. Anders kann dies bei einer pauschalen Vergütung sein. Üblich sind Aufwandsentschädigungen etc in einer durch Gesetz, Verordnung, Tarifvertrag oder Betriebsvereinbarung festgelegten Höhe. Einen Anhaltspunkt bietet insb die steuerliche Absetzbarkeit (BAG DB 71, 1923; Gottwald Rn 10). Bei niedrigem Einkommen und hohen Aufwandsentschädigungen kann eine Lohnverschleierung vorliegen. Mehrere demselben Zweck dienende Aufwandsentschädigungen sind zusammenzurechnen und nur insoweit geschützt, wie sie dann den Rahmen des Üblichen nicht übersteigen (BezG Frankfurt/O Rpfleger 93, 457 f). 13

IV. Weihnachtsvergütungen (Nr 4). Die Weihnachtsgratifikation ist eine Sonderleistung, die vom ArbG anlässlich des Weihnachtsfests zusätzlich zur Vergütung gezahlt wird. Dadurch sollen weihnachtsbedingte Mehraufwendungen geschützt werden, unabhängig davon, ob sie konkret anfallen, etwa bei Angehörigen anderer Religionen. Die Rechtsgrundlage ist unerheblich, solange ein Anspruch besteht. Eine Forderung iSd Nr 4 liegt auch vor, wenn die Anspruchsbegründung freiwillig unter Widerrufsvorbehalt für die Zukunft erfolgt (Musielak/*Becker* § 850a Rn 6). Unerheblich ist, ob der Arbeitgeber damit zusätzlich andere Ziele verfolgt und zB auch eine Betriebstreue vergütet. Die Bezeichnung etwa als 13. Monatsgehalt ist bedeutungslos, soweit die Leistung im zeitlichen und sachlichen Zusammenhang mit Weihnachten erfolgt und eine entsprechende Zwecksetzung erfolgt. Bei einer Sonderzahlung zwischen dem 1.11. und dem 15.1. kann regelmäßig von dieser Zwecksetzung ausgegangen werden. Ein anderes Indiz bildet die Bezeichnung als Weihnachtsgeld. Erfolgt eine Jahressonderzahlung an zwei Terminen zur Jahresmitte und zum Jahresende, ist letztere regelmäßig privilegiert (*Zimmermann* ZVI 08, 275, 276). Falls die Zahlung gleichmäßig über 12 Monate verteilt wird, entfällt der Schutz aus Nr 4. 14

Privilegiert ist der halbe Betrag des monatlichen Bruttoeinkommens, max aber 500 €. Diese Summe ist als **Nettobetrag** vom pfändbaren Einkommen abzusetzen (LG Mönchengladbach NZI 06, 49, 50), damit dem Schuldner der Betrag ungekürzt verbleibt. Für die Höhe des Bruttoverdienstes trägt der Schuldner die Darlegungslast (LG Hannover JurBüro 08, 327). Die darauf entfallenden Steuern und Sozialabgaben sind aus dem sonstigen Einkommen zu leisten. Der restliche Betrag ist dem Monat hinzuzurechnen, für den die Weihnachtsvergütung gezahlt wird, also dem Dezember (B/L/A/H § 850a Rn 12). Bei einer privilegierten Pfändung wegen Unterhaltsforderungen ist Nr 4 nach § 850d I 1 unanwendbar. 15

V. Heirats- und Geburtsbeihilfen (Nr 5). Heirats- und Geburtsbeihilfen sind Sonderleistungen des Arbeitgebers aus einem bestimmten Anlass. Sie sind zweckgebunden allein für die anlässlich der Heirat oder der Geburt entstandenen Ansprüche pfändbar. Dies betrifft Hausratsanschaffungen, Hochzeitsaufwendungen, zB für die Bewirtung, Arzt- bzw Hebammenkosten sowie Säuglingsausstattung einschl des Kinderwagens (St/J/*Brehm* § 850a Rn 30). Der Anspruch der Mutter gegen den Vater auf Leistung der Entbindungskosten gem § 1615l BGB stellt einen nach § 850b I Nr 2 bedingt pfändbaren Unterhaltsanspruch dar (Stöber Rn 1001). 16

VI. Erziehungsgelder, Studienbeihilfen etc (Nr 6). Die Ansprüche sollen den Schuldner bei Erziehung, Schul- oder Berufsausbildung oder Studium unterstützen, zu Fortbildungsaufwendungen vgl Rz 9. Sie werden auf privatrechtlicher Grundlage etwa durch Arbeitgeber und Stiftungen, aber auch auf öffentlich-recht- 17 licher Basis erbracht. Dazu gehören Leistungen von Unternehmen mit dem Ziel, dass der Empfänger nach Abschluss eines Studiums seine Tätigkeit bei dem Unternehmen aufnimmt (Gottwald § 850a Rn 13). Auch ein vom Träger der Jugendhilfe als Teil des Pflegegeldes an die Pflegeeltern für ein in deren Haushalt aufgenommenes Kind ausgezahlter Erziehungsbetrag ist nach Nr 6 unpfändbar (BGH NJW-RR 06, 5). Unerheblich ist, ob der anspruchsberechtigte Schuldner unterhaltsverpflichteter Elternteil ist oder ob er sich selbst in der Ausbildung befindet. Geschützt ist auch die Ausbildungsbeihilfe nach § 44 StVollzG (Celle KKZ 81, 203).

18 **Keine Bezüge iSv Nr 6** stellen Sozialleistungen, wie Kindergeld (§ 850 Rz 22), Erziehungs- und Ausbildungsleistungen nach dem SGB VIII, BaföG etc dar, die den Pfändungsbeschränkungen aus § 54 SGB I unterliegen. Als Arbeitseinkommen zu pfänden und damit nicht nach Nr 6 zu beurteilen sind Anwärterbezüge auch der Referendare (Bambg Rpfleger 74, 30), Ausbildungsvergütungen der Auszubildenden, Praktikantenvergütungen, der Sold der an den Bundeswehruniversitäten studierenden Soldaten, der Verdienst von Werkstudenten, Kindergartenzuschüsse sowie Kinder- bzw Familienzulagen des Arbeitgebers.

19 **VII. Sterbe- und Gnadenbezüge (Nr 7).** Nach dem System der Pfändungsschutzbestimmungen und der ausdrücklichen Formulierung schließt Nr 7 allein Leistungen aus einem Arbeits-, Dienst- oder Beamtenverhältnis ein. **Keine Bezüge** iSd Vorschrift stellen Ansprüche gegen die Sozialversicherungsträger, die den Pfändungsbeschränkungen aus § 54 SGB I unterliegen, bzw Sterbegeld- und Kleinlebensversicherungen dar, die nach § 850b I Nr 4 bedingt pfändbar sind.

20 **VIII. Blindenzulagen (Nr 8).** Geschützt sind sowohl die Leistungen des Arbeitgebers oder Dienstherrn zur Unterstützung Nichtsehender. Blindenzulagen gem § 35 BVG sind nach § 54 SGB I und Blindenbeihilfen iSd § 72 SGB XII nach § 17 I 2 SGB XII unpfändbar. Geschützt werden Zulagen nach Landesrecht, z.B. nach dem Gesetz über Hilfen für Blinde und Gehörlose in Nordrhein-Westfalen vom 17.12.97, GVBl S. 436, soweit die Landesgesetze nicht selbst auf § 54 SGB I Bezug nehmen (z.B. Artikel 7 I Bayer Blindengeldgesetzes vom 7.4.95, GVBl. S. 150, oder ausdrücklich die Unpfändbarkeit bestimmen, wie § 4 Nds Gesetz über das Landesblindengeld für Zivilblinde vom 18.1.1993, GVBl S 25 (BTDrs 17/2167, S 19).

21 **C. Wirkungen.** Bei der Bestimmung des pfändbaren Einkommens sind die nach § 850a der Pfändung entzogenen Beträge nicht mitzuberechnen, es sei denn, der dann anfechtbare Pfändungsbeschluss bezeichnet diese Bezüge als pfändbar. In diesem Fall werden sie zwar verstrickt, aber es entsteht kein Pfändungspfandrecht (vgl § 850 Rz 34). Bei einem Blankettbeschluss (§ 850 Rz 9) muss der Drittschuldner die unpfändbaren Forderungen berechnen. Will er von einer gerichtlichen Bestimmung abweichen, muss er Erinnerung einlegen (Rz 22) oder die Unpfändbarkeit ggf im Drittschuldnerprozess einwenden. Die Unpfändbarkeit besteht auch, wenn der Höchstbetrag nach § 850c II 2 überschritten wird. Die unpfändbaren Bezüge sind als Bruttobeträge zu berücksichtigen. Vom gesamten Bruttoeinkommen des Schuldners sind deswegen zunächst die unpfändbaren Bezüge und sodann die auf das Gesamtbrutto entfallenden Abgaben abzuziehen (§ 550e Rz 5). Die pfändbaren Teile der Bezüge sind zum sonstigen Arbeitseinkommen hinzuzurechnen und dann nach der Tabelle zu pfänden. Mit Zahlung auf ein Konto des Schuldners entfällt der Schutz aus § 850a (vgl LG Deggendorf Rpfleger 05, 372), doch ist bei einem Pfändungsschutzkonto dem Schuldner durch eine von ihm zu beantragende vollstreckungsgerichtliche Entscheidung nach § 850k IV 1 die Unpfändbarkeit zu bewilligen. Bei einer Zwangsvollstreckung wegen Unterhaltsansprüchen sind gem § 850d I 1, 2 die in § 850a Nr 1, 2 und 4 genannten Bezüge zur Hälfte pfändbar. Auf Gläubiger von Forderungen aus vorsätzlich begangenen unerlaubten Handlungen ist diese Erweiterung nicht zu übertragen (§ 850f Rz 51). Die in § 850a Nr 5 geregelten Bezüge sind im Rahmen ihrer Zweckbindung pfändbar. Wegen des prinzipiellen Gleichlaufs von Pfändung und Abtretung sind die unpfändbaren Bezüge gem § 400 BGB nicht abtretbar (vgl § 850 Rz 35).

22 **D. Rechtsbehelfe.** Wird dem Antrag des **Gläubigers** nicht oder nicht in vollem Umfang stattgegeben, kann er die sofortige Beschwerde nach den §§ 11 I RpflG, 793 I einlegen. Wurde der **Schuldner** zuvor nicht angehört, § 834, kann er gegen die Vollstreckungsmaßnahme nach § 766 vorgehen. Der **Drittschuldner** kann regelmäßig die Erinnerung nach § 766 einlegen, um Klarstellung über die unpfändbaren Teile zu erreichen.

23 **E. Insolvenzverfahren.** Zur Insolvenzmasse gehören die pfändbaren Gegenstände, § 36 I 1 InsO. Die unpfändbaren Bezüge gem § 850a unterliegen nicht dem Insolvenzbeschlag, wie § 36 I 2 InsO durch die Verweisung auf § 850a ausdrücklich klarstellt. Im Restschuldbefreiungsverfahren sind die unpfändbaren Bezüge nicht abzutreten, § 292 I 3 InsO iVm § 36 I 2 InsO und § 850a (FK-InsO/*Ahrens* § 287 Rn 56).

§ 850b Bedingt pfändbare Bezüge. **(1) Unpfändbar sind ferner**
1. Renten, die wegen einer Verletzung des Körpers oder der Gesundheit zu entrichten sind;
2. Unterhaltsrenten, die auf gesetzlicher Vorschrift beruhen, sowie die wegen Entziehung einer solchen Forderung zu entrichtenden Renten;
3. fortlaufende Einkünfte, die ein Schuldner aus Stiftungen oder sonst auf Grund der Fürsorge und Freigebigkeit eines Dritten oder auf Grund eines Altenteils oder Auszugsvertrags bezieht;
4. Bezüge aus Witwen-, Waisen-, Hilfs- und Krankenkassen, die ausschließlich oder zu einem wesentlichen Teil zu Unterstützungszwecken gewährt werden, ferner Ansprüche aus Lebensversicherungen, die nur auf den Todesfall des Versicherungsnehmers abgeschlossen sind, wenn die Versicherungssumme 3.579 Euro nicht übersteigt.

(2) Diese Bezüge können nach den für Arbeitseinkommen geltenden Vorschriften gepfändet werden, wenn die Vollstreckung in das sonstige bewegliche Vermögen des Schuldners zu einer vollständigen Befriedigung des Gläubigers nicht geführt hat oder voraussichtlich nicht führen wird und wenn nach den Umständen des Falles, insbesondere nach der Art des beizutreibenden Anspruchs und der Höhe der Bezüge, die Pfändung der Billigkeit entspricht.

(3) Das Vollstreckungsgericht soll vor seiner Entscheidung die Beteiligten hören.

A. Normzweck. § 850b dient mehrstufigen Regelungszwecken. Bezüge iSd § 850b I sind kein Arbeitseinkommen, weil sie nicht auf einer Verwertung der Arbeitskraft beruhen. Sie werden aber als Renten oder rentenähnliche Bezüge wie Arbeitseinkommen behandelt, weil sie dem Lebensunterhalt des Schuldners zu dienen bestimmt sind (BGH NJW-RR 05, 869, 870). Abs 1 schränkt deswegen die Vollstreckungsmöglichkeiten des Gläubigers ein. Über den Katalog der absolut unpfändbaren Einkünfte aus § 850a hinaus, führt die Vorschrift weitere grds unpfändbare Einkünfte auf (Keip S. 63). Da die genannten Bezüge in gleicher Weise der **Existenzsicherung** des Schuldners dienen, wie das Arbeitseinkommen, soll ihr Pfändungsschutz die Existenzgrundlage des Schuldners bewahren (BGHZ 70, 206, 211; BGH NZI 10, 141 Tz 13). 1

Ziel der Vollstreckungsbeschränkungen ist aber auch ein **angemessener Interessenausgleich** zwischen Schuldner und Gläubiger (BGH ZInsO 10, 188 Tz 13). Abs 2 erklärt deswegen die Einkünfte für **bedingt pfändbar**. Auf Antrag des Gläubigers kann unter den Voraussetzungen des Abs 2 in die betreffenden Bezüge vollstreckt werden. Falls die Zwangsvollstreckung in das bewegliche Vermögen des Schuldners nicht zu einer vollständigen Befriedigung des Gläubigers geführt hat, kann das Vollstreckungsgericht aufgrund einer Billigkeitsentscheidung die Einkünfte nach den für das Arbeitseinkommen geltenden Vorschriften pfänden. Es gelten danach die Pfändungsgrenzen aus § 850c. 2

B. Persönlicher Anwendungsbereich. Da die Bezüge kein Arbeitseinkommen darstellen, werden nicht nur die Einkünfte von AN und Beamten geschützt. Erfasst werden die Bezüge aller natürlichen Personen, also auch von Selbständigen (BGH ZIP 10, 1656 Tz 42 ff; *Dietzel* VIA 10, 76) oder von nicht erwerbstätigen Personen. 3

C. Bedingt pfändbare Bezüge. I. Renten wegen Körper- oder Gesundheitsverletzung (Nr 1). Die Renten können aus einer gesetzlichen **Grundlage** resultieren, etwa den §§ 618 III, 843 BGB sowie §§ 30 AtG, 8 HaftpflG, 62 III HGB (RGZ 87, 82, 85) und 13 StVG. Zu den Renten nach § 844 BGB vgl Rz 13. Auf vertraglicher Grundlage geleistete Unfall- und Invaliditätsrenten unterliegen ebenfalls dem Pfändungsschutz (BGHZ 70, 206, 208). Ansprüche auf Leistungen aus einer privaten **Berufsunfähigkeitsversicherung** werden ebenfalls erfasst (BGH NJW 10, 374 Tz 16, 31; NZI 10, 141 Tz 8 mit Anm *Asmuß*; 10, 777 Tz 41; Jena r+s 01, 477; Karlsr OLGR 02, 114; *Dietzel* VIA 09, 6). Die Regelung konkurriert insoweit mit § 850 III lit b) (§ 850 Rz 30). Sie begründet deswegen für Selbständige und nicht Erwerbstätige einen originären Schutz. Bei AN und Beamten ermöglicht sie eine Billigkeitsentscheidung (*Ahrens* NJW-Spezial 10, 597). Da Berufsunfähigkeitsversicherungen typischerweise im Fall der Krankheit, der Körperverletzung oder des Kräfteverfalls eintreten, entsprechen ihre Leistungsvoraussetzungen nicht uneingeschränkt den Anforderungen der Pfändungsschutzregelung. Dennoch hat die höchstrichterliche Rechtsprechung bislang – soweit ersichtlich – nicht nach dem Grund für die Leistung der Berufsunfähigkeitsversicherung differenziert (BGH NZI 10, 141 Tz 8; ZIP 10, 1656 Tz. 42 ff; *Ahrens* NJW-Spezial, 10, 597). Eine durch das Arbeitsverhältnis bedingte, aufgrund einer Stiftungsvereinbarung gezahlte Invalidenpension ist in Nr 1 einbezogen (LG Mainz ZVI 03, 174 f). Auch testamentarische Zuwendungen mit entspr Zwecksetzung sind geschützt (St/J/*Brehm* § 850b Rn 7). 4

5 Geschützt werden **wiederkehrende Zahlungen** bei Gesundheitsbeeinträchtigungen und Invalidität. Dazu gehören auch verrentete Geldleistungen, die zum Ausgleich blindheitsbedingter Mehraufwendungen gezahlt werden. Der Schutz besteht auch für rückständige Beträge, die in einer Summe geleistet werden (BGH NJW 88, 819, 820; NJW-RR 10, 474 Tz 8; Ddorf BeckRS 11, 16503). Zinszahlungen auf rückständige Leistungen unterliegen dagegen nicht dem besonderen Schutz aus § 850b I Nr. 1. Der Schutz entfällt auch bei einer kapitalisierten Rente, weil der Schuldner dann auf den vollen Betrag zugreifen kann und keine dauerhafte Sicherung des Existenzminimums gewährleistet ist. Den Anspruch auf Erstattung von Auslagen, die einem Geschädigten aus einer zeitweiligen Erhöhung seiner Bedürfnisse infolge der Verletzung erwachsen sind, hat das RG nicht dem Schutz von Nr 1 unterstellt (RGZ 87, 82, 85 f; außerdem Zö/*Stöber* § 850b Rn 2; B/L/A/H § 850b Rn 3). Ebenso wie nach dem Normzweck von Nr 2 nicht nur laufende, sondern auch einmalige Sonderzahlungen geschützt sind (vgl Rz 9), muss dieser Gedanke iRv Nr 1 gelten. Die Ersatzleistungen kämen nur der Gläubigerbefriedigung zugute und könnten nicht ihre Aufgabe einer kompensierenden Existenzsicherung erfüllen.

6 Nach überwiegender Ansicht fallen **Schmerzensgeldrenten** nicht unter den Schutz von Nr 1, weil sie Genugtuungszwecken dienen und ihre Pfändbarkeit nicht durch eine Verrentung unterlaufen werden soll (Schuschke/Walker/*Kessal-Wulf* § 850b Rn 9; Wieczorek/Schütze/*Lüke* § 850b Rn 17; Stöber Rn 1009). Als immaterieller Schadensersatz gem § 253 II BGB dient jedoch das sog Schmerzensgeld vorrangig Ausgleichszwecken. Da es bei einer Verrentung auch die Existenzgrundlage des Schuldners sichert, bildet es einen Anspruch iSv § 850b I Nr 1 (vgl Ddorf MDR 55, 674; außerdem Wieczorek/Schütze, 2. Aufl § 850b Anm B I a). Dafür spricht auch das argumentum e contrario zur kapitalisierten Rente. Wenn diese voll pfändbar ist, muss umgekehrt der verrentete Schmerzensgeldbetrag dem Pfändungsschutz unterliegen.

7 **Unanwendbar** ist die Regelung bei einer an die Stelle der Rentenzahlung getretenen Kapitalabfindung etwa gem § 843 III BGB (Stöber Rn 1008). Das Unfallruhegehalt eines Beamten aus § 36 BeamtVG ist nicht in den Schutz von Nr 1 einbezogen, weil es eine Leistung mit Alimentationscharakter darstellt (OVG Saarlouis NJW 06, 2873, 2874). Nicht erfasst sind Renten nach dem BVG und der Sozialversicherungsträger, für die § 54 SGB I gilt. Auf Entschädigungsansprüche wegen Strafverfolgungsmaßnahmen, §§ 1 ff StrEG, oder Verfolgungsmaßnahmen im Bußgeldverfahren, §§ 46 I, 110 OWiG, ist die Regelung bis zur rechtskräftigen Feststellung unanwendbar, weil die Ansprüche insoweit unübertragbar sind, § 851 iVm § 13 II StrEG. Unanwendbar ist die Bestimmung auf den Schadensersatzanspruch der Eltern gegen den Arzt wegen der Mehraufwendungen, die durch einen unterlassenen Schwangerschaftsabbruch entstanden sind (vgl BGHZ 76, 259).

8 **II. Gesetzliche Unterhaltsrenten (Nr 2).** Nr 2 Alt 1 betrifft die Pfändbarkeit von Unterhaltsrenten, nicht die Pfändung wegen Unterhaltsansprüchen (BGH NZI 06, 593, 594). Die Unterhaltsrente muss auf einer **gesetzlichen Vorschrift** beruhen, etwa als Verwandtenunterhalt, §§ 1589, 1601, 1615a BGB, als Ehegattenunterhalt, § 1361 BGB, als Scheidungsunterhalt, §§ 1569 ff BGB, als Unterhalt der Lebenspartner, §§ 5, 12 LPartG, oder früheren Lebenspartner, § 16 LPartG, als Unterhalt der nichtehelichen Mutter § 1615l BGB, der werdenden Mutter eines Erben, § 1963 BGB, bzw Nacherben, § 2141 BGB, iRe Nachlassverbindlichkeit, § 1586b, oder als Unterhalt der Familienangehörigen des Erblassers, § 1969 BGB (krit zur Verfassungskonformität *Foerste* NJW 06, 2945).

9 Unerheblich ist, ob der gesetzlich begründete Anspruch durch **Vertrag** (BGHZ 31, 210, 218), Vergleich oder Urt ausgestaltet wurde. Übersteigt der vertragliche Anspruch die gesetzliche Verpflichtung, besteht der Pfändungsschutz nur bis zur gesetzlichen Höhe (Musielak/*Becker* § 850b Rn 3). Die Unterhaltsrente muss auf **Geld** gerichtet sein (LG Berlin Rpfleger 78, 334). Der Anspruch aus den §§ 1360, 1360a BGB ist daher grds nicht nach Nr 2 pfändbar, denn eine Unterhaltsgewährung durch Zahlung einer Geldrente steht nicht mit der Vorstellung einer ehelichen Lebensgemeinschaft im Einklang, vgl § 1360a II 1 BGB (LG Frankenthal Rpfleger 83, 256; MüKoBGB/*Wacke* § 1360 Rn 24; s.a. Rz 10). Nach dem Normzweck werden auch **einmalig zu zahlende Unterhaltsbeträge** erfasst (BGH NJW 97, 1441; **aA** St/J/*Brehm* § 850b Rn 13). Unpfändbar sind als Einmalzahlung geleistete Unterhaltsrückstände (BGHZ 31, 210, 218) ebenso wie Unterhaltsabfindungen (BGH NJW-RR 02, 1513, 1514; aA Celle NJW 60, 1015). Der Anspruch auf Freistellung von einer Arztforderung wegen der Entbindung eines Kindes soll nach Nr 2 für Anlassgläubiger pfändbar sein (LG Münster Rpfleger 05, 270), doch ist er nach § 851 unpfändbar. Der Prozesskostenvorschuss nach § 1360a IV BGB ist gem § 851 unpfändbar (BGHZ 94, 316, 32; Baur/Stürner/Bruns Rn 24.18). Nicht erfasst sind **ausschließlich vertraglich begründete Ansprüche**. Für die Unpfändbarkeit eines Unterhaltsanspruchs bleibt auch dann kein Raum, wenn die Vertragsparteien die von ihnen gewollte Unterhaltspflicht völlig auf eine

vertragliche Grundlage gestellt und den Zahlungsanspruch damit seines Wesens als eines gesetzlichen Anspruchs entkleidet haben (BGH NJW-RR 02, 1513, 1514 f). Allerdings wird sich eine solche Willensrichtung der Vertragsparteien nur bei Vorliegen besonderer dafür sprechender Umstände annehmen lassen.

Der **Taschengeldanspruch** des unterhaltsberechtigten Ehegatten (PWW/*Kleffmann* Vor § 1577 Rn 29) oder zwischen Eltern und Kindern ist nach Maßgabe von § 850b I Nr 2 Alt 1, II bedingt pfändbar (BGH NJW 04, 2450; Hamm ZVI 02, 195 mwN; auch Stuttg Rpfleger 01, 557; **aA** MüKoZPO/*Smid* § 850b Rn 6). Ein Anspruch auf Taschengeld besteht in Höhe von 5–7 % des bereinigten Einkommens. Dem geringer verdienenden Ehegatten steht dieser Anspruch gegen den Besserverdienenden nur zu, wenn sein Eigeneinkommen nicht zur Befriedigung ausreicht (BGH NJW 98, 1553, 1554; LG Göttingen ZInsO 11, 885, 886). In die Billigkeitsentscheidung sind neben den sonstigen Abwägungskriterien (Rz 25 ff) auch die Belastungen einzubeziehen, die für die Ehe des Schuldners aufgrund der Pfändung entstehen können (BGH NJW 04, 2450, 2452, auch zu den anderen Kriterien), denn der leistungsfähige Ehepartner wird häufig nochmals einen entsprechenden Betrag zur Verfügung stellen. Regelmäßig ist die Pfändung nur dann billig, wenn im Vergleich zu anderen Fällen besondere Umstände vorliegen, etwa weil wegen privilegierter Forderungen vollstreckt wird (Hamm ZVI 02, 195, 196; Zö/*Stöber* § 850b Rn 19). Eine hohe titulierte Forderung spricht eher für die Pfändbarkeit, denn ein Schuldner, der hohe Schulden gemacht hat, darf nicht bessergestellt werden als ein Schuldner, der seine finanziellen Möglichkeiten nur geringfügig überschritten hat. Ggf kann angeordnet werden, dass der abzuführende Betrag zunächst auf die Hauptforderung angerechnet wird (Stuttg FamRZ 97, 1494, 1495). Die Pfändung von Taschengeldansprüchen, die nur geringfügig über der Pfändungsfreigrenze liegen, ist in aller Regel zu versagen (München NJW-RR 88, 894, 895), ebenso bei nur durchschnittlichen Einkommensverhältnissen (Nürnbg JurBüro 98, 661, 662; Brandbg JurBüro 02, 160). **10**

Auch bei der Pfändung des Taschengeldanspruchs sind die §§ 850c ff zu beachten (Stuttg Rpfleger 01, 557, 558; Musielak/*Becker* § 850b Rn 4). Für die nach § 850c I zu beachtende **Pfändungsfreigrenze** ist auf den fiktiven betragsmäßigen Unterhaltsanspruch abzustellen, der regelmäßig mit 3/7 des bereinigten Nettoeinkommens des unterhaltspflichtigen Ehegatten bemessen wird. Eine Erhöhung nach § 850c I 2 ist nicht angezeigt, weil der Schuldner einkommens- und vermögenslos ist. Das Taschengeld von 5–7 % des Unterhaltsanspruchs ist dem danach pfändbaren Teil des Unterhaltsanspruchs zu entnehmen (BGH NJW 04, 2450, 2451 f). Gepfändet werden können bis zu 7/10 des Taschengeldanspruchs (Stuttg FamRZ 97, 1494, 1495; LG Konstanz Rpfleger 08, 37). **11**

Der Gläubiger hat in seinem Pfändungsantrag die **Höhe** der angeblichen Taschengeldforderung zu **beziffern**. Dazu muss er angeben, in welchem Umfang das Einkommen des Ehegatten den notwendigen Familienunterhalt übersteigt (Brox/Walker Rn 560). Bereits im Pfändungsprozess hat der Gläubiger das Bestehen des Anspruchs darzulegen und bei einem Bestreiten durch den Schuldner zu beweisen (Nürnbg JurBüro 98, 661, 662). Erforderlichenfalls ist der Umfang im Einziehungsprozess festzustellen (Frankf FamRZ 91, 727, 728; Stuttg FamRZ 97, 1494, 1495). **12**

Nr 2 Alt 2 unterstellt die wegen der **Entziehung eines gesetzlichen Unterhaltsanspruchs** zu entrichtenden Renten dem Pfändungsschutz. Dies betrifft die Renten aus den §§ 618 III, 844 II BGB sowie den §§ 28 II AtG, 5 II HaftpflG, 62 III HGB, 38 LuftVG und 10 II StVG. Gleichzustellen sind Renten nach § 845 BGB (Wieczorek/Schütze/*Lüke* § 850b Rn 17) und nach § 826 BGB bei einem entsprechenden Tatbestand. **13**

Unanwendbar ist § 850b I Nr 2 auf den Erstattungsanspruch eines Anderen, der anstelle des Unterhaltsverpflichteten geleistet hat und auf den der gesetzliche Unterhaltsanspruch übergegangen ist (Gottwald § 850b Rn 6). Der Unterhaltsanspruch eines Ehegatten gegen den anderen aus den §§ 1360, 1360a BGB ist bei bestehender ehelicher Lebensgemeinschaft unpfändbar, also auch nicht nach § 850b Nr 2 bedingt pfändbar. **14**

III. Einkünfte aus Stiftungen etc (Nr 3). Die Vorschrift schränkt die Pfändbarkeit fortlaufender Bezüge aus **Stiftungen** oder aufgrund der Fürsorge und Freigebigkeit eines Dritten ein. Es muss sich um wiederholte, nicht notwendig regelmäßige Einkünfte handeln, auf die der Schuldner einen Anspruch hat (Wieczorek/Schütze/*Lüke* § 850b Rn 28). Unter den Schutz von Nr 3 fällt das Vermächtnis eines Kapitalbetrags, bei dem durch die ausgeschlossene Verwaltungs- und Verfügungsbefugnis tatsächlich nur ein Zinsbetrag zugewendet wird (RGZ 12, 383, 385). **15**

Der Dritte muss kumulativ aus Gründen der **Fürsorge und Freigebigkeit** leisten, dh er muss die Zuwendung unentgeltlich und mit der Vorstellung erbringen, die Lebenshaltung des Schuldners zu verbessern und zu erleichtern (Stöber Rn 1017). Die Freigebigkeit wird nicht durch ein gesetzliches Erbrecht, Pflichtteilsrecht oder Anwartschaftsrecht auf die Leistung ausgeschlossen (MüKoZPO/*Smid* § 850b Rn 10). Erbringt der Schuldner eine wirtschaftlich ungefähr gleichwertige Gegenleistung (BGH NJW-RR 07, 1390 **16**

Tz 8), ist die Zuwendung je nach Art des Rechtsgeschäfts pfändbar. Sie kann als Arbeitseinkommen nach den §§ 850 ff oder etwa als Vergütung für die Übertragung eines Grundstücks oder Vermögensteils unbeschränkt pfändbar sein (Hamm OLGZ 70, 49, 53; s.a. Rz 18). Der Pfändungsschutz gilt nicht für den Erben (KG Rpfleger 85, 73).

17 **Rechtsgrundlage** der Zuwendung kann eine Schenkung, nicht gemischte Schenkung (vgl Rz 18), eine Auslobung oder ein Vermächtnis sein (RGZ 106, 205). Die Leistungspflicht kann privat- oder öffentlich-rechtlich begründet sein.

18 Geschützt sind außerdem fortlaufende Einkünfte aus **Altenteils- oder Auszugsverträgen** (zu den Begriffen Art 96 EGBGB). Ein Altenteilsvertrag hat idR die Gewährung von Unterhalt zum Inhalt, wobei dem Altenteiler ein Wohnrecht an einem bestimmten Teil eines überlassenen Grundstücks gewährt wird. Dem Übernehmer soll ein Gut oder ein Grundstück überlassen werden, kraft dessen Nutzung er sich eine eigene Lebensgrundlage schaffen und gleichzeitig den dem Altenteiler geschuldeten Unterhalt gewinnen kann. Dieser Versorgungszweck des Vertrags lässt das sonst übliche Gleichgewichtsverhältnis von Leistung und Gegenleistung in den Hintergrund treten (BGH NJW-RR 07, 1390 Tz 8). Auf die Bezeichnung und eine dingliche Sicherung kommt es nicht an (BGHZ 53, 41, 42). Dennoch ist nicht jede vertragliche Zuwendung von Versorgungsleistungen als Altenteil unpfändbar. An einem Altenteilsvertrag fehlt es bei einem gegenseitigen Vertrag mit Versorgungselementen, aber ungefähr gleichwertig gedachten Leistungen (BGH NJW-RR 07, 1390, 1391). Hier kommt ein Pfändungsschutz aus § 851c I in Betracht.

19 **IV. Bezüge aus Witwen-, Waisen-, Hilfs- und Krankenkassen sowie Lebensversicherungen (Nr 4).** Die Regelung schützt Bezüge aus Witwen-, Waisen-, Hilfs – und Krankenkassen, die ausschließlich oder zu einem wesentlichen Teil zu Unterstützungszwecken gewährt werden. Erfasst werden auch Ansprüche auf Kostenerstattung gegen die private Krankenversicherung (BGH NJW-RR 07, 1510), auf Krankenhaustagegeld (LG Oldenburg JurBüro 83, 779, 782) oder eine private Pflegeversicherung. Einbezogen sind auch die Leistungen einer privaten Zusatzversicherung für privatärztliche Behandlung und Wahlleistungen (LG Hannover Rpfleger 95, 511). Die Bezüge müssen nicht fortlaufend gewährt werden, weshalb auch einmalige Leistungen der Krankenkassen geschützt sind (Gottwald § 850b Rn 13). Der Schutzzweck der Norm schließt dagegen Bonusleistungen der Krankenkassen nicht ein, die für besondere Bemühungen des Versicherten um seine Gesundheit erbracht werden (AG Hanau ZVI 07, 368, 369). Geschützt ist auch das Sterbegeld aus berufsständischen Versorgungswerken.

20 **Unanwendbar** ist die Vorschrift bei Leistungen der Sozialversicherungsträger. Ihr Pfändungsschutz richtet sich nach § 54 SGB I (Köln NJW 89, 2956). Auf den Beihilfeanspruch des Beamten ist § 850 I Nr 4 ebenfalls nicht anwendbar (BGH NJW-RR 05, 720, 721).

21 Schließlich sind nach Nr 4 Ansprüche aus **Lebensversicherungen** auf den Todesfall des Versicherungsnehmers (Sterbegeldversicherung), deren Versicherungssumme 3.579 € nicht übersteigt, dem Vollstreckungszugriff der Gläubiger entzogen. Die Versicherung muss ausschließlich auf den Todesfall abgeschlossen sein (BGHZ 35, 261, 263; BVerfG NJW 04, 2585). Begünstigter kann ein Dritter sein, selbst ein Nichtangehöriger, dem die Bestattung des Versicherungsnehmers obliegt (BGH ZInsO 09, 915). Bei dem gesetzlichen Grenzwert von 3.579 € handelt es sich um einen Freibetrag (Bambg JurBüro 85, 1739). Übersteigt die Versicherungssumme den Schwellenwert, sind die auf einen Betrag bis 3.579 € bezogenen Ansprüche unpfändbar und nur die über diese Versicherungssumme hinausgehenden Ansprüche nach Maßgabe von Nr 4 pfändbar (BGH NJW-RR 08, 412 Tz 17 = VuR 08, 316 mit Anm *Kohte/Beetz*; **aA** B/L/A/H § 850b Rn 14). Übersteigt die Versicherungssumme 3.579 €, erreicht aber der Rückkaufswert noch nicht diesen Betrag, kann der anteilige überschießende Anspruch vor Eintritt des Versicherungsfalls nicht verwertet werden. Gepfändet werden kann der künftige höhere Auszahlungsanspruch. Eine Pfändung des Kündigungsrechts ist ausgeschlossen, da sich die Kündigung auch auf unpfändbare Ansprüche bezieht und eine Teilkündigung nicht in Betracht kommt. Im Rahmen der Billigkeitsentscheidung spricht gegen die Pfändbarkeit, wenn die Angehörigen des Schuldners bei Pfändung der Ansprüche aus einer auf seinen Todesfall abgeschlossenen Lebensversicherung zur Bestreitung der Bestattungskosten auf Sozialhilfe angewiesen wären (BGH NJW-RR 08, 412 Tz 21).

22 Bestehen **mehrere Kleinlebensversicherungen**, deren Versicherungssumme jeweils unterhalb des Grenzwerts liegt, sind die Ansprüche grds unpfändbar. Auf Antrag können die Ansprüche entspr § 850e Nr 2 zusammengerechnet und im Verfahren nach § 850b Nr 4 mit dem 3.579 € übersteigenden Betrag gepfändet werden (vgl Bambg JurBüro 85, 1739; MüKoZPO/*Smid* § 850b Rn 14; *Floeth* FamRZ 08, 1247; **aA** Hamm

MDR 62, 661; B/L/A/H § 850b Rn 14; Stöber Rn 1021). Das Vollstreckungsgericht bestimmt, welche Versicherungsleistungen unpfändbar sind.

D. Verfahren. I. Antrag, Zuständigkeit, Anhörung. Die Pfändung der in Abs 1 aufgeführten Bezüge erfolgt allein auf **Antrag des Gläubigers**, dh nicht vAw. Der Antrag ist beim örtlich zuständigen Vollstreckungsgericht zu stellen (§ 828 Rz 7 f). Der Beschl ist durch den funktionell zuständigen Rechtspfleger zu erlassen (§ 828 Rz 3). Das Gericht soll nach Abs 3 die Beteiligten anhören. Auch die **Anhörung des Schuldners** ist abw von § 834 vorgeschrieben, weil nur so seine iRd Billigkeitsentscheidung zu berücksichtigenden Belange hinreichend in das Verfahren einbezogen werden können (MüKoZPO/*Smid* § 850b Rn 29; **aA** Hamm Rpfleger 1977, 180). Der Drittschuldner ist ebenfalls anzuhören (LG Verden Rpfleger 86, 100). Die Anhörung kann iRe freigestellten mündlichen Verhandlung oder schriftlich erfolgen. 23

II. Vergebliche oder aussichtslose Vollstreckung. Als weitere Sachentscheidungsvoraussetzung nach Abs 2 darf die Vollstreckung in das sonstige bewegliche Vermögen des Schuldners nicht zu einer vollständigen Befriedigung des Gläubigers geführt haben oder führen. Der Gläubiger muss die vergebliche oder voraussichtlich aussichtslose Vollstreckung darlegen. Dazu kann eine Fruchtlosigkeitsbescheinigung vorgelegt werden. Es genügt nicht, wenn der Schuldner die Durchsuchung seiner Wohnung ohne richterliche Anordnung verweigert hat oder der Gerichtsvollzieher den Schuldner wiederholt in seiner Wohnung nicht angetroffen hat (Zö/*Stöber* § 850b Rn 12), denn § 807 I Nr 3, 4 sind nicht anwendbar. Eine eidesstattliche Versicherung ist nicht erforderlich (Wieczorek/Schütze/*Lüke* § 850b Rn 9). Eine **Glaubhaftmachung** (Musielak/*Becker* § 850b Rn 10, 11) ist zur Darlegung weder erforderlich noch bei einem Bestreiten des Schuldners ausreichend (Zö/*Stöber* § 850b Rn 15; **aA** MüKoZPO/*Smid* § 850b Rn 18; Musielak/*Becker* § 850b Rn 10; B/L/A/H § 850b Rn 15). § 807 I Nr 2 ist nicht entspr anwendbar, weil § 850b mit der gerichtlichen Entscheidung eine weitergehende Prozesshandlung und mit der Forderungspfändung einen weitergehenden Eingriff in das durch Art 14 GG geschützte Vermögen des Schuldners begründet. Ein Vollstreckungsversuch in das unbewegliche Vermögen muss nicht unternommen worden sein. 24

III. Billigkeitsprüfung. Ihren besonderen Charakter erhält die Entscheidung des Vollstreckungsgerichts durch die in Abs 2 vorgeschriebene Billigkeitsprüfung. Danach muss die Pfändung nach den Umständen des Falls, insb nach der Art des beizutreibenden Anspruchs und der Höhe der Bezüge der Billigkeit entsprechen. Erforderlich ist eine umfassende und nachvollziehbare **Gesamtwürdigung** aller hierfür in Betracht kommenden Umstände des Einzelfalls (BGH NJW 04, 2450, 2451; NJW-RR 05, 869, 870). Ein abschließender Katalog besteht nicht. Im Einzelnen sind neben der Höhe der Bezüge, insb der Höhe des dem Schuldner im Fall der Pfändung verbleibenden Betrags, va Art und Umstände der Entstehung der beizutreibenden Forderung von Bedeutung. Hat eine Rente Lohnersatzfunktion, ist die Pfändbarkeit an den Pfändungsfreibeträgen aus § 850c zu orientieren (BGH NJW-RR 10, 474 Tz 14; Ddorf BeckRS 11, 16503). Bei einer Rente wegen Verletzung des Körpers oder der Gesundheit, können von ihm dargelegte erhöhte Bedürfnisse in Rechnung gestellt werden (BGH NJW-RR 10, 474 Tz 14). Da die Pfändung nur dann zulässig ist, wenn sie der Billigkeit entspricht, müssen die für eine Pfändung sprechenden Gründe überwiegen. Das normale Vollstreckungsinteresse genügt für die Ausnahmepfändung noch nicht (Schlesw Rpfleger 02, 87, verlangt zudem eine restriktive Auslegung). 25

Für eine Pfändung spricht eine Vollstreckung zur Beitreibung privilegierter Ansprüche iSd §§ 850d, 850f II (BGH NJW-RR 08, 412 Tz 21; Hamm ZVI 02, 195, 196; Schlesw Rpfleger 02, 87; Zö/*Stöber* § 850b Rn 19). Berücksichtigt werden kann, ob es sich um den Vollstreckungsschutz aus Abs 1 entsprechende Anlassforderungen handelt. Je nach Sachlage können ferner von Bedeutung sein eine besondere Notlage des Gläubigers, die wirtschaftliche Situation und der Lebensstil des Schuldners, das Verhalten der Beteiligten bei der Entstehung oder der Beitreibung der Forderung. Zu berücksichtigen ist außerdem, ob der Schuldner eine ihm mögliche Erwerbstätigkeit unterlässt. Für eine Billigkeit spricht, wenn die Bezüge gerade aus dem Anlass gewährt werden, aus dem der Gläubiger die Vollstreckung betreibt (vgl LG Berlin MDR 77, 147). Auch die Höhe der zu vollstreckenden Forderung und die voraussichtliche Dauer der Pfändung können auf beiden Seiten in die Bewertung einfließen (BGH NJW 04, 2450, 2452). **Gegen eine Pfändung** kann sprechen, wenn der Schuldner dadurch sozialhilfebedürftig wird (BGH NJW-RR 08, 412 Tz 21; Celle MDR 99, 1087, 1088) oder die Pfändung im Verhältnis zu den Lasten nur geringen Nutzen bringt (LG Mainz VersR 72, 142, 143). Zu beachten sind auch mögliche Belastungen, die für die Ehe des Schuldners auf Grund der Pfändung entstehen könnten. 26

27 Die **Darlegungs- und Beweislast** für die Tatsachen, aus denen sich die Billigkeit ergibt, trägt der Gläubiger (BGH NJW 04, 2450, 2452; München NJW-RR 88, 894). Es dürfen zwar keine übertriebenen Anforderungen gestellt werden, weil der Gläubiger die Verhältnisse des Schuldners nur zT kennt. Um dem Schutzzweck von § 850b zu genügen, dürfen sie aber auch nicht zu gering sein (Brox/Walker Rn 560).

28 **IV. Pfändung.** Die Entscheidung des Vollstreckungsgerichts ergeht durch einen zu begründenden Beschl (LG Düsseldorf JurBüro 83, 1575). Wird dem Antrag des Gläubigers stattgegeben, ergeht ein Pfändungsbeschluss (Zö/*Stöber* § 850b Rn 16). Die Bezüge sind dann nach den für das **Arbeitseinkommen** geltenden Grundsätzen zu pfänden, Abs 2. Die genannten Bezüge sind in die Berechnung der Pfändungsfreigrenzen aus § 850c einzustellen, was für die Erfolgsaussichten eines Pfändungsantrags berücksichtigt werden muss. Das Existenzminimum ist gem § 850f I zu gewährleisten. Eine privilegierte Vollstreckung gem §§ 850d, 850f II ist zulässig. Mehrere Einkünfte sind nach Maßgabe von § 850e zusammenzurechnen.

29 Ein **Blankettbeschluss** ist zulässig, wenn sich der Schuldner im Anhörungsverfahren nicht geäußert hat, denn es obliegt va ihm, sich auf eine beschränkte Leistungsfähigkeit zu berufen und auf bestehende Unterhaltsverpflichtungen hinzuweisen. Erst anschließend muss der Gläubiger Stellung nehmen (BGH NJW-RR 05, 869, 870; *Meller-Hannich* DGVZ 09, 69, 73 f). Der Beschl wird mit der im Parteibetrieb, §§ 191 ff, durchzuführenden **Zustellung** an den Drittschuldner wirksam. Er ist auch dem Schuldner zuzustellen. Eine **Vorpfändung** ist unzulässig. Erfolgt sie dennoch, bewirkt sie eine Verstrickung, doch begründet sie kein Pfändungspfandrecht (Schuschke/Walker/*Kessal-Wulf* § 850b Rn 7).

30 **E. Wirkungen.** Solange keine Entscheidung des Vollstreckungsgerichts ergangen ist, sind die Bezüge insgesamt unpfändbar (St/J/*Brehm* § 850b Rn 2). Sind sie dennoch gepfändet, werden sie zwar verstrickt, aber es wird kein Pfändungspfandrecht begründet (**aA** Wieczorek/Schütze/*Lüke* § 850b Rn 13). Erlässt das Vollstreckungsgericht einen Pfändungsbeschluss, werden die Bezüge nach den für das Arbeitseinkommen geltenden Vorschriften gepfändet, Abs 2. Die Billigkeitsentscheidung betrifft die Frage, ob die Bezüge gepfändet werden. Wie weit die Pfändung reicht, bestimmt sich nach den gesetzlichen Vorschriften (St/J/*Brehm* § 850b Rn 5). Die Pfändbarkeit gilt nur zugunsten des Gläubigers, der die Pfändung erwirkt hat (Schuschke/Walker/*Kessal-Wulf* § 850b Rn 1). Mit Zahlung auf ein Konto des Schuldners entfällt der Schutz aus § 850b, doch ist bei einem Pfändungsschutzkonto dem Schuldner durch eine von ihm zu beantragende vollstreckungsgerichtliche Entscheidung nach § 850k IV 1 die Unpfändbarkeit zu bewilligen.

31 Vor einer Pfändung sind die in § 850b I genannten Bezüge der **Aufrechnung** entzogen, § 394 BGB (RG DR Ausgabe A 43, 942, 943; BGHZ 31, 210, 217; Karlsr FamRZ 84, 1090, 1091). Zur Entscheidung über die Pfändung ist allein das Prozessgericht unter den in Abs 2, 3 bestimmten Voraussetzungen berufen. Wegen der Aufgabenverteilung zwischen Erkenntnis- und Vollstreckungsgericht kann das Prozessgericht die Aufrechnung nicht zulassen. Die sonst mit der Aufrechnung ermöglichte selbständige Forderungsdurchsetzung ist weitgehend eingeschränkt, weil der Gläubiger einen Titel sowie einen Pfändungs- und Überweisungsbeschluss benötigt (LG Hamburg MDR 84, 1035). Die Pfändung ermöglicht nur dem Pfändungsgläubiger, nicht aber einem Dritten die Aufrechnung (Karlsr FamRZ 84, 1090, 1091, zur Aufrechnung mit einem Kostenerstattungsanspruch gegen den Anspruch auf Prozesskostenvorschuss). Rechnet der Gläubiger vor der Pfändung auf, bleibt die Aufrechnung auch nach der gerichtlichen Entscheidung unwirksam (MüKoBGB/*Schlüter* § 394 Rn 4). Ein Sozialversicherungsträger, auf den der Anspruch des Geschädigten übergegangen ist, § 116 SGB X, fällt jedoch nicht in den Schutzbereich der Norm. Er kann sich deswegen nicht auf das Pfändungsverbot berufen (BGHZ 35, 317, 327; **aA** Ddorf FamRZ 06, 1532, 1533).

32 Ohne Pfändung durch das Vollstreckungsgericht können die Forderungen auf Bezüge iSv § 850b I grds nicht **abgetreten** werden, § 400 BGB. Nach dem Schutzzweck hindert das Pfändungsverbot eine Abtretung auch dann nicht, wenn ein Dritter einen Barbetrag in gleicher Höhe gewährt hat (Vorschuss) und die Forderung an ihn abgetreten wird (BGHZ 4, 153, 155; 13, 360, 361). Bei Unterhaltsrenten gem Nr 2 ist der durch § 850b begründete Schutz nicht mehr erforderlich, wenn ein anderer geleistet und die Forderung im Wege der Legalzession auf ihn übergegangen ist. Die Verkehrsfähigkeit der Forderung ist danach nicht mehr beeinträchtigt (BGH NJW 82, 515, 516). Ein **Pfandrecht** kann an ihnen nach § 1274 II BGB nicht bestellt werden (RGZ 106, 205). Zu Einziehungsermächtigungen und Zurückbehaltungsrecht vgl § 850 Rz 35.

33 **F. Rechtsbehelfe.** Gegen die ablehnende Entscheidung steht dem **Gläubiger** die sofortige Beschwerde zu, bei einer richterlichen Entscheidung gem §§ 793, 567 ff, sonst nach den § 11 I RPflG iVm §§ 793, 567 ff. Gegen den erlassenen Pfändungsbeschluss können **Schuldner und Drittschuldner** sofortige Beschwerde

einlegen, § 11 I RPflG iVm §§ 793, 567 ff bzw bei einer richterlichen Entscheidung nach den §§ 793, 567 ff. Wurde der Schuldner allerdings gesetzwidrig nicht angehört, hat er die Erinnerung nach § 766 (B/L/A/H § 850b Rn 22). Einem **nachrangig pfändenden Gläubiger** steht die Erinnerung gem § 766 gegen den Pfändungs- und Überweisungsbeschluss zu (BGH NJW-RR 05, 869, 870).

G. Insolvenzverfahren. Die gem § 850b bedingt pfändbaren Ansprüche unterliegen nach der neuen Rspr des BGH zu Berufsunfähigkeitsrenten (BGH NZI 10, 141 Tz 10 ff mit Anm *Asmuß*; 10, 777 Tz 41; s.a. VuR 10, 445 ff; *Wollmann* ZInsO 09, 754; a.A. die bislang ganz überwiegende Ansicht vgl nur Jaeger/*Henckel* § 36 Rn 19; FK-InsO/*Schumacher*, 5. Aufl, § 36 Rn 20; MüKoInsO/*Lwowski/Peters* § 36 Rn 43 ff) dem Insolvenzbeschlag, da es sonst zu einer nicht gerechtfertigten Ungleichbehandlung zwischen dem Zwangsvollstreckungs- und Insolvenzverfahren käme. Im Rahmen der Billigkeitsentscheidung sind die Schuldnerinteressen mit Anlass und Art der Leistung, etwa bei einer Rente wegen Körperverletzung, und die Höhe der Bezüge zu berücksichtigen. Abzuwägen seien dagegen die Gesamtinteressen der Gläubiger, nicht aber die Art eines beizutreibenden Anspruchs. Soweit keine besonderen Umstände ersichtlich sind, könne die Pfändbarkeit nach den Freigrenzen des § 850c I bestimmt werden (BGH NZI 10, 141 Tz 14). Da regelmäßig keine besonderen Gesamtinteressen der Gläubiger ersichtlich sind, wird die Einbeziehung der bedingt pfändbaren Bezüge bei entsprechenden Schuldnerinteressen zu einer Erhöhung der Freibeträge nach § 850c einschließlich der Tabellenbeträge für den Mehrverdienst gem § 850c II, III führen. Nachzahlungen rückständiger Beträge werden von § 850b erfasst (Ddorf BeckRS 11, 16503). Zinszahlungen auf rückständige Leistungen unterliegen dagegen nicht dem besonderen Schutz und fallen in die Insolvenzmasse. Aufgrund dieser Billigkeitsentscheidung fallen Ansprüche gegen eine Sterbegeldversicherung gem § 850b I Nr 4 nicht in die Insolvenzmasse (BGH ZInsO 09, 915 Tz 5). Zu entscheiden hat das Insolvenzgericht, wenn der Insolvenzverwalter beantragt, bedingt pfändbare Bezüge des Schuldners für pfändbar zu erklären. Dagegen muss das Prozessgericht die Billigkeitsentscheidung treffen, wenn der Insolvenzverwalter und der Schuldner über die Massezugehörigkeit von bedingt pfändbaren Einkünften streiten oder über die Pfändbarkeit iRe Anfechtungsprozesses zu entscheiden ist (BGH NZI 10, 141 Tz 10). Wird dem Schuldner im Insolvenzverfahren gem § 100 InsO Unterhalt bewilligt, gilt für die Vollstreckung durch Neugläubiger § 850b I Nr 2 (vgl Stöber Rn 1015a). Im Restschuldbefreiungsverfahren gilt § 292 I 3 InsO iVm § 36 I 2 InsO (FK-InsO/*Ahrens* § 287 Rn 53). 34

H. Kosten/Gebühren. Für den Erlass des Pfändungsbeschlusses entsteht eine **Gerichtsgebühr** nach KV 2110 in Höhe von 15 €. Dem **Rechtsanwalt** steht eine Gebühr mit einem Satz von 0,3 gem § 18 Nr 3 RVG iVm VV 3309 zu. Ist eine Vollstreckungsgebühr bereits entstanden, fällt sie nicht erneut an. Der Gerichtsvollzieher erhält für die Zustellung die Gebühr nach § 9 GVKostG iVm KV Nr 100 von 7,50 €. Außerdem sind seine Auslagen gem KV Nr 711, 713 zu erstatten. 35

§ 850c Pfändungsgrenzen für Arbeitseinkommen. **(1) Arbeitseinkommen ist unpfändbar, wenn es, je nach dem Zeitraum, für den es gezahlt wird, nicht mehr als**

***1.028,89** Euro monatlich,**
***236,79** Euro wöchentlich oder**
***47,36** Euro täglich,**

beträgt. Gewährt der Schuldner auf Grund einer gesetzlichen Verpflichtung seinem Ehegatten, einem früheren Ehegatten, seinem Lebenspartner, einem früheren Lebenspartner oder einem Verwandten oder nach §§ 1615l, 1615n des Bürgerlichen Gesetzbuchs einem Elternteil Unterhalt, so erhöht sich der Betrag, bis zu dessen Höhe Arbeitseinkommen unpfändbar ist, auf bis zu

***2.279,03** Euro monatlich,**
***524,49** Euro wöchentlich oder**
***104,90** Euro täglich,**

und zwar um

***387,22** Euro monatlich,**
***89,11** Euro wöchentlich oder**
***17,82** Euro täglich,**

für die erste Person, der Unterhalt gewährt wird, und um je
215,73* **Euro monatlich,**
49,65* **Euro wöchentlich oder**
9,93* **Euro täglich**
für die zweite bis fünfte Person.
(2) Übersteigt das Arbeitseinkommen den Betrag, bis zu dessen Höhe es je nach der Zahl der Personen, denen der Schuldner Unterhalt gewährt, nach Absatz 1 unpfändbar ist, so ist es hinsichtlich des überschießenden Betrages zu einem Teil unpfändbar, und zwar in Höhe von drei Zehnteln, wenn der Schuldner keiner der in Absatz 1 genannten Personen Unterhalt gewährt, zwei weiteren Zehnteln für die erste Person, der Unterhalt gewährt wird, und je einem weiteren Zehntel für die zweite bis fünfte Person. Der Teil des Arbeitseinkommens, der ***3.154,15**** **Euro monatlich (*****725,89**** **Euro wöchentlich,** ***145,18**** **Euro täglich) übersteigt, bleibt bei der Berechnung des unpfändbaren Betrages unberücksichtigt.**
(2a) Die unpfändbaren Beträge nach Absatz 1 und Absatz 2 Satz 2 ändern sich jeweils zum 1. Juli eines jeden zweiten Jahres, erstmalig zum 1. Juli 2003, entsprechend der im Vergleich zum jeweiligen Vorjahreszeitraum sich ergebenden prozentualen Entwicklung des Grundfreibetrages nach § 32a Abs. 1 Nr. 1 des Einkommensteuergesetzes; der Berechnung ist die am 1. Januar des jeweiligen Jahres geltende Fassung des § 32a Abs. 1 Nr. 1 des Einkommensteuergesetzes zugrunde zu legen. Das Bundesministerium der Justiz gibt die maßgebenden Beträge rechtzeitig im Bundesgesetzblatt bekannt.
(3) Bei der Berechnung des nach Absatz 2 pfändbaren Teils des Arbeitseinkommens ist das Arbeitseinkommen, gegebenenfalls nach Abzug des nach Absatz 2 Satz 2 pfändbaren Betrages, wie aus der Tabelle ersichtlich, die diesem Gesetz als Anlage beigefügt ist, nach unten abzurunden, und zwar bei Auszahlung für Monate auf einen durch 10 Euro, bei Auszahlung für Wochen auf einen durch 2,50 Euro oder bei Auszahlung für Tage auf einen durch 50 Cent teilbaren Betrag. Im Pfändungsbeschluss genügt die Bezugnahme auf die Tabelle.
(4) Hat eine Person, welcher der Schuldner auf Grund gesetzlicher Verpflichtung Unterhalt gewährt, eigene Einkünfte, so kann das Vollstreckungsgericht auf Antrag des Gläubigers nach billigem Ermessen bestimmen, dass diese Person bei der Berechnung des unpfändbaren Teils des Arbeitseinkommens ganz oder teilweise unberücksichtigt bleibt; soll die Person nur teilweise berücksichtigt werden, so ist Absatz 3 Satz 2 nicht anzuwenden.

* Die unpfändbaren Beträge entstammen der Pfändungsfreigrenzenbekanntmachung 2011 v 9.5.2011 (BGBl I, 825).

Inhaltsübersicht

	Rz
A. Normzweck	1
B. Systematik	4
C. Pfändungsfreibeträge	7
I. Grundlagen	7
II. Berechnung	8
III. Freibetrag (Abs 1)	11
1. Grundfreibetrag	11
2. Erhöhter Freibetrag bei Unterhaltspflichten	12
a) Gesetzliche Unterhaltspflicht	12
b) Unterhaltsleistung	14
c) Erhöhung	16
IV. Mehrverdienst (Abs 2, 3)	18
D. Dynamisierung der Pfändungsfreigrenzen (Abs 2a)	20
E. Verfahren	25
I. Pfändungsverfahren	25
II. Stellung des Drittschuldners	28
F. Eigenes Einkommen von Unterhaltsempfängern (Abs 4)	30
I. Antrag	30
II. Einkünfte des Unterhaltsempfängers	33
III. Billigkeitsprüfung	35
1. Berechnungsmethode	35
2. Anrechnung	39
3. Sonstige Umstände	43
4. Entscheidung	44
G. Rechtsbehelfe	46
H. Internationale Forderungspfändung	47
I. Insolvenzverfahren	48
J. Kosten/Gebühren	49
Anlage zu § 850c	

1 **A. Normzweck.** Während die §§ 850–850b bestimmen, was als Arbeitsentgelt oder entsprechendes Einkommen des Schuldners in den Vollstreckungsschutz einbezogen ist, enthält § 850c die zentrale Regelung darüber, **inwieweit** das laufende Arbeitseinkommen für nicht bevorrechtigte Gläubiger pfändbar ist. Die

Regelung justiert damit das gesamte System des sozialen Pfändungsschutzes für Entgeltforderungen des Schuldners. Als **Primärzweck** sichert der Grundfreibetrag aus § 850c I 1 die **Existenzgrundlage** des Schuldners, dem hinreichende Subsistenzmittel belassen werden, um ein angemessenes Leben führen zu können, ohne auf staatliche Leistungen angewiesen zu sein. Da das Zwangsvollstreckungsrecht anderen Zwecken als das Sozialrecht dient, überschreiten die Beträge das Existenzmininimum. Hier ist ein deutlicher Abstand zu den sozialrechtlichen Regeln geboten, um Anreize zur Erwerbstätigkeit zu schaffen (BTDrs 17/2167, 28). Mit den in § 850c I 2 vorgeschriebenen Erhöhungsbeträgen für die Personen, denen der Schuldner aufgrund einer gesetzlichen Verpflichtung Unterhalt leistet, schützt die Regelung auch die Familie des Schuldners. Zudem lässt § 850c II, III einen Teil des Mehrverdienstes pfändungsfrei. Dieser Gedanke legitimiert auch den Zugriff privilegierter Gläubiger auf den Vorrechtsbereich nach den §§ 850d, 850f II (vgl BTDrs 17/2167, 28). Die Pfändungsfreibeträge können auch in einer Gesamtschau von Einzel- und Gesamtvollstreckungsrecht gesehen werden. Da die Restschuldbefreiung erst nach einer im internationalen Vergleich relativ langen Frist von sechs Jahren nach Eröffnung des Insolvenzverfahrens erteilt werden kann, §§ 287 II 1, 301 I InsO, rechtfertigt dies höhere Pfändungsfreibeträge.

Die pfändungsfreien Beträge sind nach § 850c I–III pauschalisiert, wodurch sie weitgehend vom persönlichen Lebenszuschnitt des Schuldners absehen. Als **Sekundärzweck** treffen die Pfändungsgrenzen eine gesetzliche **Abwägung** zwischen Schuldner- und Gläubigerinteressen. Ihr misst der Gesetzgeber eine überragende Bedeutung zu, hat er sie doch nicht, wie etwa bei Bestimmung der Unterhaltspflichten, den Gerichten überlassen. Zugleich sichert er ihr durch die Dynamisierung der Freibeträge in Abs 2a fortlaufende Aktualität. Gegenüber den gesetzlichen Festbeträgen öffnen die §§ 850c IV, 850d, 850f gewisse Einfallstore für eine individualisierte Berücksichtigung der Verhältnisse von Schuldner und Gläubiger, die eine hinreichend flexible Handhabung des Pfändungsschutzes ermöglichen. 2

Mit den weiteren, **tertiären Zielen** legen die Tabellenbeträge eine zweifelsfreie **Berechnungsgrundlage** fest. Zusätzlich dient die Regelung öffentlichen Zwecken und schützt die Sozialleistungssysteme. Der Schuldner soll dadurch nicht trotz eigener Einkünfte die Sozialsysteme in Anspruch nehmen müssen, der Gläubiger nicht sein materielles Forderungsrecht zu Lasten der öffentlichen Träger der Daseinsfürsorge verwirklichen können. Schuldner und Gläubiger wird sodann eine sichere Basis geschaffen, auf die sie sich einstellen und die der Drittschuldner berechnen kann. Zugleich organisieren die vorgeschriebenen Freibeträge ein **effektiv funktionierendes Massenverfahren** der Lohnpfändung. Deswegen darf das Vollstreckungsgericht einen Blankettbeschluss unter Bezug auf die Pfändungstabelle erlassen, Abs 3 S 2. 3

B. Systematik. Die Bestimmung des Grundfreibetrags sowie die Berechnung der pfändungsfreien Teile des laufenden Arbeitseinkommens nach § 850c bilden die Schwerpunkte des sozialen Schuldnerschutzes bei der Forderungspfändung. Über diesen Kernbereich des Vollstreckungsschutzes für das laufende Arbeitseinkommen hinaus ist die Reichweite der Regelung in mehrfacher Hinsicht erweitert. Eine erste Dimension betrifft im Ziel der Existenzsicherung **vergleichbare Einkünfte**. Auf vertraglicher Basis begründete Ansprüche auf Altersrenten dürfen nach den §§ 851c, 851d nur wie Arbeitseinkommen und damit insb gem § 850c gepfändet werden. Auch der Vollstreckungsschutz für sonstige Vergütungen, § 850i, ist am Pfändungsschutz für das laufende Arbeitseinkommen zu orientieren. 4

Geschützt sind nicht allein die Ansprüche auf das Einkommen, sondern auch die Einkünfte **nach der Erfüllung**. Bei unbaren Zahlungen nähert § 850k I das Kontoguthaben den Ansprüchen auf Arbeitseinkommen an, doch wird zunächst nur ein Basispfändungsschutz begründet. Die Erhöhungsbeträge bei Mehrverdienst setzen eine gerichtliche Entscheidung nach § 850k IV voraus. Für eine Barzahlung ergänzt § 811 I Nr 8 die Regelung durch einen übereinstimmenden Pfändungsschutz (Schuschke/*Walker* § 811 Rn 38), einen entsprechenden Schutz begründet außerdem § 930. Der Pfändungsschutz besteht aber auch, wenn der Drittschuldner den Betrag hinterlegt. Nicht übersehen werden darf auch die **Leitfunktion** bei der Pfändung wegen privilegierter Ansprüche, §§ 850d, 850f II. 5

Schließlich können **sozialrechtliche Ansprüche** auf laufende Geldleistungen nach § 54 IV SGB I nur wie Arbeitseinkommen gepfändet werden. Auch § 319 AO ordnet eine sinngemäße Anwendung der Regelung an. Über § 394 BGB beeinflusst § 850c den Umfang der **Aufrechnung** und über § 400 BGB die Reichweite der **Abtretung**. Dabei ist auch § 850c IV entsprechend anwendbar (BGH ZVI 09, 374 Tz 16). 6

C. Pfändungsfreibeträge. I. Grundlagen. Der Pfändungsschutz für das laufende Arbeitseinkommen setzt sich aus **drei Modulen** zusammen. Dem Grundfreibetrag aus Abs 1 S 1, der Anpassung bei Unterhaltsverpflichtungen gem Abs 1 S 2 nebst der Korrekturregelung bei eigenem Einkommen von Unterhaltsberech- 7 tigten, Abs 4, sowie den Vollstreckungsbeschränkungen für den Mehrverdienst, Abs 2, 3. Bei den Grundfreibeträgen handelt es sich um pauschalisierte Festbeträge, von denen nur in den Fällen der §§ 850c IV, 850d und 850f abgewichen werden darf. Dem Schuldner bleibt die Verwendungsentscheidung überlassen. Ist im Freibetrag eine Quote für bestimmte Ausgaben vorgesehen, darf der Pfändungsfreibetrag nicht herabgesetzt werden, wenn der Schuldner die entsprechenden Forderungen nicht erfüllt (LG Kassel JurBüro 07, 664, 665, Stromkosten).

8 **II. Berechnung.** Der pfändungsfreie Teil des Arbeitseinkommens ist abhängig vom monatlichen, wöchentlichen oder täglichen **Auszahlungsmodus** zu berechnen. Welcher Zeitraum gilt, richtet sich nach der arbeitsrechtlichen Bestimmung zwischen Schuldner und Drittschuldner und darf nicht durch das Vollstreckungsgericht festgelegt werden (LG Bochum RPfleger 85, 370). Weichen die Arbeitsvertragsparteien hiervon ab, ist ihre tatsächliche Übung maßgebend. Selbst wenn die Entgeltfortzahlung im Krankheitsfall nach Tagessätzen berechnet wird, ist der Pfändungsschutz nach der Periode zu bestimmen, für die das Arbeitsentgelt zu leisten ist (BSG NJW 93, 811, 812). Bei längerfristigen Abrechnungsperioden, etwa des (Zahn)-Arztes ggü der Kassen(zahn)ärztlichen Vereinigung (vgl BGHZ 96, 324, 326 ff; dazu § 850 Rz 28), ist die Vergütung auf die Monatstabelle umzurechnen. Ggf kann der Arzt auch nach § 850f I geschützt werden. Die Auszahlungsfrist ist auch maßgebend, wenn der Schuldner nicht im gesamten Zeitraum gearbeitet hat (BAG ZInsO 09, 1412 Tz 19). Dies gilt, wenn das Arbeitsverhältnis vor dem Ende des Zahlungszeitraums beendet wird oder der Schuldner aus anderen Gründen, wie Fehltagen, nicht während der gesamten Periode arbeitet (Wieczorek/Schütze/*Lüke* § 850c Rn 5; Zö/*Stöber* § 850c Rn 3), denn es kommt hier nicht auf den Leistungsumfang an. Sein Arbeitseinkommen ist ggf gem § 850e Nr 2 um andere Einkünfte zu ergänzen (ArbG Frankfurt aM NJW-RR 99, 723; St/J/*Brehm* § 850c Rn 13; **aA** Schaub/*Koch* § 92 Rn 54, Aufteilung nach Tagen).

9 **Nachzahlungen** werden dem Zeitraum zugerechnet, für den, nicht in dem sie gezahlt werden (St/J/*Brehm* § 850c Rn 9; *Ahrens* NZI 11, 265, 269). Sie werden gem § 832 von der Beschlagnahme für die maßgebende Periode erfasst. Daher sind die unterbliebenen Lohnabrechnungen nachzuholen und die für jeden Monat pfändbaren Teile des Arbeitseinkommens neu zu berechnen (ArbG Wetzlar AP Nr 1 zu § 850i ZPO). Für rückwirkende Tariflohnerhöhungen gilt § 833 (Stöber Rn 1042). Der pfändbare Teil des **Weihnachtsgelds,** § 850a Nr 4, ist dem Monat hinzuzurechnen, in dem die Pfändung erfolgt. **Sonderzahlungen** sind dagegen auf den Zeitraum umzurechnen, Jahresprämien also das Jahr, für den sie gezahlt werden (Gottwald Rn 5; B/L/A/H § 850c Rn 3).

10 Im Übrigen sind die Einkünfte gem § 850e zu berechnen. Abzustellen ist damit auf das nach § 850e Nr 1 zu bestimmende **Nettoeinkommen**. Zudem sind mehrere Arbeitseinkommen nach § 850e Nr 2 und Ansprüche auf laufende Sozialleistungen nach § 850e Nr 2a zusammen- sowie Naturalleistungen hinzuzurechnen, § 850e Nr 3. Vereinbaren Schuldner und Drittschuldner, dass das Arbeitsentgelt nicht ausbezahlt, sondern für die Zukunft als Darlehen geschuldet wird, ist eine gesonderte Pfändung des Rückzahlungsanspruchs aus § 488 I 2 BGB erforderlich (MüKoZPO/*Smid* § 850c Rn 8). Abgetretene, verpfändete oder vorgeschossene Bezüge werden mit dem ausgezahlten Entgelt zusammengerechnet, um die wirksamen Verfügungen zu bestimmen (Musielak/*Becker* § 850c Rn 2).

11 **III. Freibetrag (Abs 1). 1. Grundfreibetrag.** Seit dem 1. Juli 2005 beläuft sich der Grundfreibetrag nach Abs 1 S 1 iVm der Pfändungsfreigrenzenbekanntmachung 2011 v 9.5.11 (BGBl I, 825; dazu *Ahrens* NZI 11, 440) auf **monatlich 1.028,89 €** bzw wöchentlich 236,79 € respektive täglich 47,36 €. Die disproportionale Relation zwischen den Freibeträgen beruht auf der Überlegung, dass ein Schuldner mit einer tageweisen Vergütung daraus auch den Lebensunterhalt für die beschäftigungsfreien Tage bestreiten muss (BSG NJW 93, 811, 812). Die Grundfreibeträge stellen gesetzliche Fixbeträge dar, die nicht zur Disposition des Gerichts stehen. Ein Abschlag bei Minderbedarf ist nicht zulässig (BGH NJW-RR 04, 1439, 1440, zu § 54 IV SGB I). Bereits deswegen darf bei einer Pfändung wegen einer auch im Freibetrag berücksichtigten Forderung, insb der Miete, der unpfändbare Teil des Arbeitseinkommens nicht herabgesetzt werden (zur Abtretung Rz 27). Allein auf Antrag des Gläubigers einer privilegierten Forderung nach den §§ 850d, 850f II können die Beträge herabgesetzt werden. Ausnahmsweise kann dem Schuldner gem § 850f I ein Teil des nach den §§ 850c, 850d und 850i pfändbaren Arbeitseinkommens belassen werden, wenn nur so sein Existenzminimum gewahrt ist.

12 **2. Erhöhter Freibetrag bei Unterhaltspflichten. a) Gesetzliche Unterhaltspflicht.** Über den Grundbetrag hinaus ist dem Schuldner ein erhöhter Freibetrag zu gewähren, wenn er **gesetzliche Unterhaltspflichten**

für bis zu fünf Personen erfüllt, Abs 1 S 2 (Rz 16). Der Schuldner muss seinem Ehegatten, §§ 1360, 1360a, 1361 BGB, einem früheren Ehegatten, §§ 1569 ff BGB, seinem Lebenspartner, §§ 5, 12 LPartG, einem früheren Lebenspartner, § 16 LPartG, einem Verwandten in gerader Linie, § 1601 BGB, wie Kinder, Enkelkinder, Eltern und Großeltern, oder einem Elternteil nach den §§ 1615l, 1615n BGB iRe gesetzlichen Verpflichtung Unterhalt gewähren. Im Verhältnis zwischen Eheleuten trifft die Verpflichtung grds jeden Ehegatten unabhängig von der Höhe seines eigenen Einkommens und der des anderen (BAG ZIP 83, 1247, 1249; BGH NZI 11, 979 Tz 9). Unschädlich ist, wenn die gesetzliche Pflicht vertraglich ausgestaltet wird.

Unbeachtlich sind allein vertraglich begründete oder freiwillige Leistungen. Nach der gesetzlichen Entscheidung sind iRv § 850c Leistungen an den Partner einer nicht ehelichen Lebensgemeinschaft nicht privilegiert (LG Osnabrück JurBüro 99, 45). Möglich ist aber, den unpfändbaren Betrag nach § 850f I zu erhöhen (§ 850f Rz 3; **aA** Schuschke/Walker/*Kessal-Wulf* § 850c Rn 4). Angehörige einer Bedarfsgemeinschaft gem § 7 III SGB II werden also nicht berücksichtigt. Nach § 850c können für Leistungen an andere Personen, wie Geschwister, Schwiegereltern, Stief- (Köln MDR 09, 953) oder Pflegekinder, unabhängig davon, ob sie im gleichen Haushalt leben, keine erhöhten Freibeträge beansprucht werden (Stöber Rn 1047). Unberücksichtigt bleibt auch ein volljähriges Kind, ggü dem der Schuldner nicht unterhaltspflichtig ist, weil sein eigener angemessener Unterhalt gefährdet ist, § 1603 I BGB (BAG NJW 87, 1573, 1574). 13

b) Unterhaltsleistung. Berücksichtigt werden dürfen nur die unterhaltsberechtigten Personen, denen der Schuldner aufgrund einer gesetzlichen Verpflichtung **tatsächlich Unterhalt gewährt** (LG Kassel JurBüro 04, 558). Falls keine gegenteiligen Anhaltspunkte bestehen, darf der Drittschuldner von den Angaben des Schuldners etwa im Lebenslauf oder den Daten der Lohnsteuerkarte ausgehen (LAG Hamm BeckRS 11, 78953). Bestreitet der Gläubiger die Zahlung, trägt er dafür die Darlegungs- und Beweislast, die durch die sekundäre Darlegungslast des Schuldners gemildert wird. Bei einer umstrittenen Leistung des Schuldners liegt keine aus dem Blankettbeschluss resultierende Unklarheit vor, die durch klarstellenden Beschl des Vollstreckungsgerichts beseitigt werden kann (Rz 26), sondern es besteht ein ggf im Rechtsbehelfsverfahren oder ggf im Verfahren nach § 850g zu klärender Streit über Tatsachen. Unerheblich ist, ob der Unterhalt als Bar- oder Naturalunterhalt geleistet wird. Unterhalt leistet der Schuldner regelmäßig ggü den unterhaltsberechtigten Personen, mit denen er in einem **Haushalt** lebt. Dies gilt ebenso ggü seinem Ehegatten oder Lebenspartner, wie Kindern oder Elternteilen. Der Freibetrag ist auch zu gewähren, wenn der Unterhaltsberechtigte einen **eigenen Haushalt** führt. Die Leistung kann freiwillig oder zwangsweise durch Pfändung und Überweisung von Arbeitseinkommen erfolgen (LSG NW Rpfleger 84, 278). Es genügt, wenn mit der Zahlung Unterhaltsrückstände getilgt werden (LG Münster Rpfleger 01, 608, 609). Die Leistung von **Teilunterhalt** ist ausreichend (*Meller-Hannich* DGVZ 09, 69, 73). Auch hier gelten typisierte Erwägungen, wie sie den Pfändungsfreibeträgen insgesamt zugrunde liegen. Im Interesse einer praktikablen Gestaltung hat der Gesetzgeber bewusst davon abgesehen, die Zubilligung der unterhaltsbedingten Freibeträge von einzelfallbezogenen Feststellungen zur Höhe der Unterhaltsverpflichtung abhängig zu machen (*BGH* NJW-RR 07, 938 Tz 12). Es kommt daher nicht darauf an, ob der gesetzlich geschuldete Unterhalt den jeweiligen Pauschalbetrag erreicht oder übersteigt (BGH NJW-RR 07, 938 Tz 10; NJW 08, 227 Tz 29). Die Freibeträge können deshalb allenfalls in besonders gelagerten Einzelfällen herabgesetzt werden, in denen die Inanspruchnahme des dem unterhaltsverpflichteten Schuldner eingeräumten Vollstreckungsfreiraums unbillig ist und deshalb die Verwirklichung des mit der Einführung von Pauschalbeträgen verfolgten Zwecks ausnahmsweise hinter dem Vollstreckungsinteresse des Gläubigers zurücktreten muss. Eine Unterhaltsleistung von weniger als 10 % des nach der Düsseldorfer Tabelle geschuldeten Unterhaltsbetrags ist dafür nicht ausreichend (BGH WM 10, 2231 Tz 11). 14

Sofern der Schuldner Unterhalt leistet, ist der zusätzliche Freibetrag selbst dann zu gewähren, wenn die unterhaltsberechtigte Person über **eigene Einkünfte** verfügt. Dies gilt nur dann nicht, wenn das Vollstreckungsgericht aufgrund eines Antrags nach Abs 4 eine abweichende Anordnung getroffen hat (Rz 30 ff). Leistet der Schuldner den Unterhalt zusammen mit einer anderen Person, etwa zusammen mit seinem Ehepartner für die gemeinsamen Kinder, ist für ihn der volle Freibetrag anzusetzen (aA LG Ansbach JurBüro 10, 50 hälftiger Freibetrag). Bei einer gegen beide Ehegatten gerichteten Zwangsvollstreckung können grds beide den erhöhten pfändungsfreien Betrag beanspruchen, wenn beide gemeinschaftlichen ehelichen Kindern Unterhalt gewähren (BAG MDR 75, 695, 696; Zö/*Stöber* § 850c Rn 7). 15

c) Erhöhung. Gewährt der Schuldner aufgrund einer gesetzlichen Verpflichtung Unterhalt, ist der Grundfreibetrag gestaffelt um die zusätzlichen Freibeträge gem Abs 1 S 2 **erhöht**. Für die erste Person sind zusätz- 16 lich monatlich 387,22 € oder wöchentlich 89,11 € bzw täglich 17,82 € pfändungsfrei. Unerheblich ist, ob dies ein Ehegatte, ein geschiedener Ehegatte, ein (früherer) Lebenspartner, ein Kind oder ein Verwandter ist. Für die zweite bis fünfte Person sind dies jeweils zusätzlich monatlich 215,73 € respektive wöchentlich 49,65 € oder täglich 9,93 €. Leistet der Schuldner weiteren Personen Unterhalt, sind keine zusätzlichen Freibeträge vorgesehen. Möglich ist aber ein Antrag nach § 850f I. Um dem verfassungsrechtlich gebotenen Schutz von Ehe und Familie Rechnung zu tragen, muss das Gericht auf dieses Antragsrecht hinweisen.

17 Gegenüber dem Grundfreibetrag sind die **zusätzlichen Freibeträge** reduziert, weil für weitere haushaltsangehörige Personen keine vergleichbaren Kosten entstehen. Die Abstufung zwischen der ersten und den weiteren unterhaltenen Personen resultiert aus der Vorstellung, dass es sich bei der ersten Person um den Ehepartner und bei den anderen um die Kinder des Schuldners mit einem geringeren Unterhaltsbedarf handelt. Dieses gesetzgeberische Motiv ist allerdings nicht positiviert. Selbst wenn die erste unterhaltsberechtigte Person ein Kind ist, muss der erhöhte Freibetrag der ersten Stufe angesetzt werden (BGH NJW-RR 04, 1370, 1371).

18 **IV. Mehrverdienst (Abs 2, 3).** Erzielt der Schuldner ein über die Freibeträge hinausgehendes Entgelt, ist der überschießende Betrag tw unpfändbar. Vom Mehrverdienst sind drei Zehntel **unpfändbar**, wenn der Schuldner nur für sich aufkommen muss, zwei weitere Zehntel für den ersten Unterhaltsempfänger iSv Abs 1 S 2 und je ein weiteres Zehntel für die zweite bis fünfte Person, Abs 2 S 1 (zu weiteren Personen Rz 16). Maximal neun Zehntel des Mehrverdienstes sind deswegen unpfändbar. Überschreitet das Einkommen des Schuldners 3.154,15 € monatlich respektive 725,89 € wöchentlich oder 145,18 € täglich, ist der überschießende Betrag nach Abs 2 S 2 uneingeschränkt pfändbar.

19 Um die Berechnung des pfändungsfreien Einkommens zu erleichtern, ist nach Abs 3 S 1 der pfändungsfreie Teil des Einkommens auf glatte Beträge abzurunden. Außerdem verweist die Regelung auf die als Anlage beigefügte Tabelle (Schuschke/Walker/*Kessal-Wulf* § 850c Rn 5).

20 **D. Dynamisierung der Pfändungsfreigrenzen (Abs 2a).** Durch das Siebte Gesetz zur Änderung der Pfändungsfreigrenzen ist in Abs 2a eine dynamische Anpassungsregelung geschaffen worden. Danach ändern sich die unpfändbaren Beträge gem Abs 1 und Abs 2 S 2 zum **1. Juli eines jeden zweiten Jahres** entsprechend der prozentualen Entwicklung des Grundfreibetrags aus § 32a I Nr 1 EStG im Vergleich zum Vorjahreszeitraum. Diese Regelung soll ein dauerhaftes Herabsinken der Pfändungsfreibeträge unter das Existenzminimum verhindern. Dadurch werden gleichermaßen sozialstaatliche Aufgaben erfüllt, wie die Gerichte vor Vollstreckungsschutzanträgen nach § 850f I bewahrt. Die veränderten Pfändungsfreigrenzen gelten kraft Gesetzes und sind vom Drittschuldner zu berücksichtigen, wenn sich die unpfändbaren Beträge zum 1. Juli des jeweiligen Jahres ändern, § 20 III iVm I EGZPO.

21 Erstmalig eröffnete die Regelung eine **Anpassung** zum 1.7.03. In der Pfändungsfreigrenzenbekanntmachung 2003 v 25.2.03 blieben die unpfändbaren Beträge unverändert (BGBl I, 276). Mit der Pfändungsfreigrenzenbekanntmachung 2005 v 25.2.05 (BGBl I, 493) wurde eine Erhöhung um 5,93 % veröffentlicht. Diese Beträge galten unverändert in der Zeit vom 1.7.05 bis zum 30.6.11 (vgl Pfändungsfreigrenzenbekanntmachung 2007 v 22.1.07, BGBl I, 64, Pfändungsfreigrenzenbekanntmachung 2009 v 15.5.09, BGBl I, 1141). Mit der Pfändungsfreigrenzenbekanntmachung 2011 v 9.5.11 (BGBl I, 825) ist zum 1.7.11 eine Erhöhung um 4,44 % erfolgt.

22 Die Pfändungsfreibeträge werden entsprechend der im Vergleich zum **Vorjahreszeitraum** erfolgten prozentualen Entwicklung des Grundfreibetrags nach § 32a I Nr 1 EStG geändert. Mit Vorjahreszeitraum ist nicht der Zeitraum von zwölf Monaten, sondern die seit der letzten Feststellung der Pfändungsfreigrenzen verstrichene Zweijahresfrist gemeint (BGHZ 166, 48 Tz 26). Dies ist der Zeitraum vom 1.1. eines Jahres mit ungerader Jahreszahl bis zum 31.12. des darauf folgenden Jahres. Einerseits wirkt sich deswegen eine im ersten Jahr der Frist, also eine länger als zwölf Monate vor der Anpassung zurückliegende Erhöhung des Steuerfreibetrags auf die Pfändungsfreibeträge aus. Andererseits führt ein nach dem Stichtag erhöhter Steuerfreibetrag erst im folgenden Anpassungszeitraum zu einer Änderung.

23 Für die Berechnung ist nach Abs 2a S 1 Hs 2 die am **1.1.** des betreffenden Jahres **geltende Fassung** von § 32a I Nr 1 EStG zugrundezulegen. Das sog Konjunkturpaket II (Gesetz zur Sicherung von Beschäftigung und Stabilität in Deutschland v 2.3.09, BGBl I, 416) hat den Grundfreibetrag nach § 32a I Nr 1 EStG auf 7.834 € erhöht. Diese Regelung trat gem Art 19 I des Gesetzes am 6.3.09 in Kraft. Nach § 52 XI EStG wurde der Grundfreibetrag nach § 32a I Nr 1 EStG für den Veranlagungszeitraum 2010 auf 8.004 € erhöht.

Die maßgebenden Beträge veröffentlicht das Bundesministerium der Justiz im BGBl. Da die Pfändungsfreibeträge dem veränderten Steuerfreibetrag folgen, besitzt die **Bekanntmachung** lediglich **deklaratorische Wirkung**. Sie kann deswegen die Pfändungsfreibeträge nicht ändern, wenn die Voraussetzungen von § 850c IIa S 1 nicht vorliegen (BGHZ 166, 48 Tz 22). Werden überhöhte Pfändungsgrenzen veröffentlicht, kann sich der Schuldner auf den Vertrauensschutz berufen. Umgekehrt tritt aufgrund der eindeutigen gesetzlichen Regelung eine Änderung der Pfändungsfreibeträge unter den Voraussetzungen von Abs 2a S 1 selbst dann ein, wenn keine Änderungsbeträge bekannt gemacht worden sind. 24

E. Verfahren. I. Pfändungsverfahren. Die Pfändung erfolgt auf einen **Antrag des Gläubigers**, der beim örtlich zuständigen Vollstreckungsgericht zu stellen ist (§ 828 Rz 7 f). Das Pfändungsgesuch kann mit den Anträgen nach den §§ 850b, 850c IV, 850d, 850f II verbunden werden. Der Pfändungs- und Überweisungsbeschluss ist durch den funktionell zuständigen Rechtspfleger zu erlassen (§ 828 Rz 3). Regelmäßig wird ein durch Abs 3 S 2 zugelassener **Blankettbeschluss** ergehen, der auf die Tabelle Bezug nimmt. Das Vollstreckungsgericht darf dem Drittschuldner nicht die Berechnung nach Monats-, Wochen- oder Tagessätzen vorschreiben (LG Bochum Rpfleger 85, 370). Es gelten die aktuellen Tabellenbeträge. Bei neuen Tabellensätzen ist daher kein Änderungsbeschluss erforderlich (LG Heilbronn Rpfleger 05, 679). Ein Blankettbeschluss ist auch bei mehreren Einkommen des Schuldners iSv § 850e Nr 2 zulässig, da sonst eine erhebliche Rechtsunsicherheit entstehen könnte (aA MüKoZPO/*Smid* § 850c Rn 13). Für die Berechnung darf sich der Drittschuldner auf die vorliegende Lohnsteuerkarte stützen. Allerdings sind die Angaben nicht bindend, da sie mit den Freibeträgen auf steuerliche und nicht vollstreckungsrechtliche Kriterien abstellen. Zum Schutz des Drittschuldners genügt die entsprechende Anwendung von § 407 BGB. 25

Resultieren aus den allgemein gefassten Angaben im Beschl Unklarheiten, besteht für Gläubiger, Schuldner und Drittschuldner ein Rechtsschutzbedürfnis, um eine **Klarstellung** beim Gericht zu beantragen. Das Gericht muss dann den Beschl ergänzen und dem Drittschuldner konkrete Berechnungswege aufzeigen. Hierbei handelt es sich um einen Ergänzungsbeschluss analog § 850c und nicht um eine Entscheidung im Rechtsbehelfsverfahren. Über diese Maßnahme der Zwangsvollstreckung hat der Rechtspfleger zu entscheiden (BGHZ 166, 48 Tz 15 ff). In Zweifelsfällen soll der Drittschuldner grds den Betrag nach § 372 BGB hinterlegen können (MüKoZPO/*Smid* § 850c Rn 13; Stöber Rn 1057). Soweit das Existenzminimum des Schuldners betroffen ist, ist jedoch diese Befugnis verfassungskonform zu beschränken und der Drittschuldner entsprechend § 407 BGB zu schützen. 26

Zwischen der Pfändung und einer vorausgegangenen **Abtretung** gilt das Prioritätsprinzip. Hat der Schuldner allerdings sein Arbeitseinkommen zur Erfüllung von Verbindlichkeiten abgetreten, die in die Berechnung des unpfändbaren Betrags eingestellt sind, soll nach einer tw vertretenen Ansicht der Abtretungsbetrag in einen pfändbaren und einen unpfändbaren Teil aufgeteilt werden können. Den Maßstab bildet der Anteil, mit dem die Kosten in das unpfändbare Einkommen eingestellt sind (Gottwald Rn 8; abl Zö/*Stöber* § 850c Rn 20; zur Pfändung in derartigen Konstellationen Rz 11). Dies betrifft insb die Mietkosten. Durch klarstellenden Beschl sei entsprechend der Pfändungsfreibetrag zu kürzen. In der Höhe dieses Betrags könne die nachrangige Pfändung erfolgen (AG Frankfurt JurBüro 97, 438, 439; AG Heidelberg JurBüro 97, 439). Diese Ansicht verstößt jedoch gegen die Grundgedanken der pauschalisierten Pfändungsbeträge, weil sie für die vielfältigen Kosten der Lebenshaltung zu einer weitgehenden Auflösung der Freibeträge käme. Zudem kollidiert sie mit den gesetzlich eng begrenzten Ausnahmetatbeständen der §§ 850d, 850f II. 27

II. Stellung des Drittschuldners. Die summenmäßige **Berechnung** der unpfändbaren Bezüge obliegt dem Drittschuldner. Er muss, wie bei der Entgeltabrechnung, das Nettoeinkommen bestimmen und die Freibeträge für zu berücksichtigende Unterhaltsempfänger berechnen. Der Drittschuldner hat dabei die ihm bekannten Umstände zu beachten. Unterlaufen ihm dann bei der Berechnung Fehler, gehen sie zu seinen Lasten. Auszugehen ist von der auf der Lohnsteuerkarte angegebenen Steuerklasse. Eine andere Steuerklasse ist nicht vom Drittschuldner, sondern allein vom Gläubiger im Verfahren nach § 850h (§ 850h Rz 21) einzuführen. Für andere als diese steuerliche Angabe darf der Drittschuldner sich nicht auf die Lohnsteuerkarte verlassen, weil sie etwa die Zahl der Unterhaltsempfänger nicht verlässlich abbildet. Mit der Zahl 1 können steuerliche Kinderfreibeträge von 0,5 für zwei Kinder, aber auch ein voller Kinderfreibetrag für ein Kind ausgewiesen sein (Stöber Rn 1054a). In Zweifelsfällen wird er auch den bei ihm beschäftigten Schuldner befragen müssen (Karlsr JurBüro 09, 553; MüKoZPO/*Smid* § 850c Rn 13; ThoPu/*Hüßtge* § 850c Rn 2; B/L/A/H § 850c Rn 9; **aA** Wieczorek/Schütze/*Lüke* § 850c Rn 23). Dem Drittschuldner obliegt nicht die Prüfung materieller Unterhaltsfragen. Ohne eine Entscheidung des Vollstreckungsgerichts darf er nicht von 28 sich aus einen unterhaltsberechtigten Angehörigen des Schuldners mit eigenen Einkünften gem § 850c IV ganz oder tw bei der Berechnung unberücksichtigt lassen (Karlsr JurBüro 09, 553, 554). Auch im Einziehungsprozess darf das Prozessgericht seine Entscheidung über die Berücksichtigung von Angehörigen mit eigenem Einkommen nicht an die Stelle des Vollstreckungsgerichts setzen (Karlsr JurBüro 09, 553).

29 Ändern sich im Verlauf der Pfändung maßgebliche Umstände, etwa weil eine Unterhaltsverpflichtung entfällt, muss der Drittschuldner den pfändungsfreien Betrag neu berechnen, sobald er von der **Änderung** Kenntnis erlangt. Ebenso muss er die nach Abs 2a veränderten Tabellensätze berücksichtigen. Leistet der Drittschuldner in Unkenntnis der erheblichen Faktoren einen zu niedrigen Betrag an den Gläubiger, ist er entsprechend § 407 BGB geschützt. Zahlt er diesem einen überhöhten Betrag, ist der Drittschuldner entspr § 409 BGB geschützt (Schuschke/Walker/*Kessal-Wulf* § 850c Rn 9).

30 **F. Eigenes Einkommen von Unterhaltsempfängern (Abs 4). I. Antrag.** Da der Pfändungsfreibetrag nach Abs 1 S 2 erhöht wird, um den Unterhaltsbedarf von Angehörigen decken zu können, enthält Abs 4 eine **Korrekturregel.** Diese höheren Freibeträge sind nicht berechtigt, wenn aufgrund eigener Einkünfte des Unterhaltsempfängers der Unterhaltsbedarf entfällt. Abweichend von den typisierten Freibeträgen aus den Abs 1 bis 3, stellt die Ausnahmebestimmung des Abs 4 eine individualisierte Entscheidungsregel auf. Die differenzierte, antrags- und ermessensabhängige Rechtsfolgenanordnung weist dies aus. Auf **Antrag eines Gläubigers** kann das zuständige Vollstreckungsgericht durch den Rechtspfleger (Rz 25) nach billigem Ermessen anordnen, dass eine unterhaltsberechtigte Person mit eigenem Einkommen bei der Berechnung des unpfändbaren Betrags ganz oder tw unberücksichtigt bleibt. Ziel des Antrags kann ebenso sein, einen erwerbstätigen Angehörigen, wie ein Kind mit Unterhaltsanspruch auch gegen eine andere Person, bei Berechnung der Freibeträge unbeachtet zu lassen. Zunächst ist der Bedarf des Unterhaltsberechtigten zu ermitteln und davon dessen eigenes Einkommen abzuziehen (LG Kassel JurBüro 10, 216). Solange noch kein Antrag nach Abs 4 gestellt und beschieden wurde, ist der volle Freibetrag unabhängig davon, welches Arbeitseinkommen der Schuldner bezieht und trotz eigener Einkünfte des Unterhaltsberechtigten zu gewähren (BAG ZIP 83, 1247, 1249). Dies gilt auch bei zusammenlebenden Ehegatten mit wechselseitigen Unterhaltsverpflichtungen und sogar bei Vollstreckung gegen beide (BGH NZI 11, 979 Tz 9). Der Antrag kann zusammen mit dem Antrag auf Erlass eines Pfändungs- und Überweisungsbeschlusses gestellt, mit einem Antrag auf privilegierte Pfändung nach den §§ 850d, 850f II verbunden oder auch im Pfändungsverfahren nachgeholt werden. Der Antrag kann nicht mit einer Vorpfändung verbunden werden (MüKoZPO/*Smid* § 850c Rn 31).

31 Wegen der erforderlichen Billigkeitsentscheidung ist der Schuldner abw von § 834 anzuhören. Diese Verpflichtung, dem Schuldner **rechtliches Gehör** zu gewähren, besteht unabhängig davon, ob der Gläubigerantrag mit dem Antrag auf Erlass eines Pfändungs- oder Überweisungsbeschlusses verbunden oder ob er nachträglich gestellt wurde (Wieczorek/Schütze/*Lüke* § 850c Rn 28; St/J/*Brehm* § 850c Rn 30 f; **aA** LG Stade JurBüro 00, 378, 379; nur bei nachträglicher Anhörung Musielak/*Becker* § 850c Rn 10). Der Unterhaltsberechtigte und der Drittschuldner müssen nicht angehört werden.

32 Der Gläubiger muss **substantiiert** die eigenen Einkünfte des Unterhaltsempfängers sowie die maßgebenden Billigkeitserwägungen **darlegen.** Für den Gläubiger resultieren daraus erhebliche Lasten, weil er vielfach nicht unmittelbar über die Verhältnisse des Schuldners informiert ist. Dennoch muss das Gericht wegen der Grundrechtsbetroffenheit beim Schuldner und den Unterhaltsberechtigten genaue Angaben verlangen. Der Gläubiger muss den Unterhaltsempfänger, etwa als Ehefrau oder Kind, bezeichnen (ohne zwingende Namensangabe LG Kassel JurBüro 01, 154) und Einkünfte sowie die Einkommensquelle darlegen. Hat der Schuldner die Angaben bestritten, muss der Gläubiger vollen Beweis antreten (Musielak/*Becker* § 850c Rn 10; **aA** Gottwald § 850c Rn 17, Glaubhaftmachung). Soweit nach aA der Schuldner nicht anzuhören ist (Rz 31), sollen die Einkünfte des Unterhaltsberechtigten weder bewiesen noch glaubhaft gemacht werden müssen (LG Stade JurBüro 00, 378).

33 **II. Einkünfte des Unterhaltsempfängers.** Unberücksichtigt bleiben dürfen nur Unterhaltsberechtigte mit eigenen Einkünften. Dieser **Begriff der Einkünfte** ist weiter als der des Arbeitseinkommens nach § 850 ff. Erfasst werden grds alle **Einkunftsarten** (BGH NJW-RR 09, 1279 Tz 8), wenn auch gewisse Einschränkungen bestehen (*Ahrens* NZI 09, 423, 424; Rz 34). Eingeschlossen sind Einkünfte aus gegenwärtiger nicht selbständiger und selbständiger Erwerbstätigkeit einschließlich der Ausbildungsvergütungen (LG Osnabrück JurBüro 96, 271, abzgl berufsbedingter Aufwendungen; LG Chemnitz JurBüro 10, 550; B/L/A/H § 850c Rn 11; nach MüKoZPO/*Smid* § 850 Rn 23, nur zur Hälfte) und aus früherer Erwerbstätigkeit, aber auch

aus Vermietung oder Verpachtung bzw Kapitalvermögen sowie Barunterhaltsleistungen Dritter (BGH NJW-RR 09, 1279 Tz 8; München JurBüro 00, 47, 48; LG Detmold Rpfleger 01, 142; *Ahrens* NZI 09, 423), zB des anderen Ehegatten an die gemeinsamen Kinder. Auch Sozialleistungen können zu den Einkünften iSv Abs 4 gehören, soweit sie nicht zum Rückgriff gegen den Schuldner berechtigen (Schuschke/Walker/*Kessal-Wulf* § 850c Rn 11) oder unpfändbar sind (Rz 34).

Keine eigenen Einkünfte des Angehörigen stellen seine Unterhaltsansprüche gegen den Schuldner dar, da sie das insgesamt zur Verfügung stehende Einkommen nicht vergrößern. Ein Unterhaltsvorschuss hat unberücksichtigt zu bleiben, wenn der Schuldner den Vorschuss erstattet. Wegen ihrer besonderen Zweckbindung müssen Erziehungsgeld in Höhe der nach den §§ 10 BEEG, 54 III Nr 1 SGB I unpfändbaren Beträge (vgl LG Hagen Rpfleger 93, 30), Kindergeld (BGH NJW-RR 06, 568 Tz 10) sowie die analog § 54 III Nr 2a SGB I unpfändbaren Beträge für Unterkunft und Heizung (LG Hannover ZInsO 11, 1611 [1612]) unberücksichtigt bleiben. Ihrer Art nach unpfändbare Geldleistungen, wie die zum Ausgleich der durch Körper- oder Gesundheitsschäden bedingten Mehraufwendungen geleisteten Zahlungen gem § 54 III Nr 3 SGB I, sind deswegen nicht anrechenbar (*Ahrens* NZI 09, 423, 424). Um dem Schutzgedanken von § 850a Rechnung zu tragen, dürfen nach dieser Vorschrift unpfändbare Einkünfte nicht mit in die Berechnung einbezogen werden. 34

III. Billigkeitsprüfung. 1. Berechnungsmethode. Das Gericht muss unter Würdigung aller wesentlichen **Umstände des Einzelfalls** und der Interessen der Beteiligten nach billigem Ermessen feststellen, ob und in welchem Umfang die eigenen Einkünfte des Unterhaltberechtigten die Leistungspflicht des Schuldners mindern (BGH NJW-RR 05, 795, 797; 05, 1239, 1240; 06, 568 Tz 11). Vor allem früher sind von der Rspr verschiedene standardisierte Modelle als Richtschnur entwickelt worden, wie eigenes Einkommen des Unterhaltsberechtigten zu berücksichtigen ist. Eine Ansicht hat sich am vollstreckungsrechtlichen Grundfreibetrag aus § 850c I 1 für den nicht unterhaltspflichtigen Schuldner orientiert (Oldbg JurBüro 95, 48, 49; LG Darmstadt Rpfleger 02, 370; Gottwald Rn 18). Nach einer anderen Auffassung ist der sozialhilferechtliche Regelbedarf zuzüglich eines Besserstellungszuschlags zu gewähren (LG Bielefeld DGVZ 00, 87; LG Heilbronn JurBüro 03, 660, 61). Der unterhaltsrechtliche Bedarf kann allein nicht zugrundegelegt werden, da er an anderen Kriterien orientiert ist, als das Vollstreckungsrecht (aA LG Kassel JurBüro 10, 216, aber Korrektur über die Billigkeitsentscheidung). 35

Nach dem Sinn von Abs 4 darf **keine schematisierende Beurteilung** erfolgen (BGH NJW-RR 05, 795, 797; NZI 10, 578 Tz 6; NZI 11, 979 Tz 11). Eine einseitige und unterschiedslose Orientierung an festen Berechnungsmodellen ist damit ausgeschlossen. Um das Pfändungsverfahren dennoch praktikabel zu handhaben, können aber Pfändungsfreibeträge und Unterhaltstabellen Gesichtspunkte für die Ausübung des Ermessens geben, sofern die Umstände des Einzelfalls angemessen berücksichtigt werden (BGH NJW-RR 05, 1239, 1240; NZI 10, 578 Tz 6). Der dem Schuldner gebührende Pfändungsfreibetrag nach § 850c I kann als Maßstab dienen, doch stellt er keinen Mindestbetrag dar, welcher dem Unterhaltsberechtigten verbleiben muss (BGH NZI 10, 578 Tz 7). Bei seiner Ermessensentscheidung muss das Gericht beachten, dass der Grundfreibetrag des § 850c I regelmäßig auch dazu dient, zu einem erheblichen Teil die Wohnungsmiete und andere Grundkosten des Haushalts abzudecken. Diese Kosten erhöhen sich bei mehreren Personen nicht proportional zur Personenzahl (BGH NJW-RR 05, 1239, 1240). Deswegen ist zwischen unterhaltsberechtigten Personen, die im Haushalt des Schuldners leben, und solchen mit eigenem Hausstand zu unterscheiden. Bei doppelter Haushaltsführung des Angehörigen, können die Kosten vorab von dessen Einkommen abgezogen werden (BGH NZI 10, 578 Tz 8). Die steuerliche Berücksichtigung des Verpflegungsmehraufwands ist dagegen unerheblich (BGH NZI 10, 578 Tz 9). 36

Lebt die unterhaltsberechtigte Person mit eigenem Einkommen **im Haushalt des Schuldners**, ist im Ausgangspunkt auf die nach den sozialrechtlichen Regelungen die Existenzsicherung gewährleistenden Sätze abzustellen. Die Vorschriften über die Pfändungsfreigrenzen sollen dem Schuldner und seinen Unterhaltsberechtigten nicht nur das Existenzminimum sichern, sondern eine deutlich darüber liegende Teilhabe am Arbeitseinkommen erhalten (BGH NJW-RR 06, 568 Tz 12). Daher ist ein Besserstellungszuschlag von 30–50 % zu gewähren (BGH NJW-RR 05, 1239, 1240 = ZVI 05, 254 mit Anm *Zimmermann*; LG Chemnitz JurBüro 10, 550; AG Göttingen ZInsO 06, 952; Zö/*Stöber* § 850c Rn 15a; pauschal 33 % angesetzt, LG Frankfurt Rpfleger 11, 544). Bislang wurden für eine volljährige Person 90 % der Regelleistung nach § 20 II 1 SGB II von 374 € angesetzt, also 336,60 € (für minderjährige Personen mit eigenem Einkommen gem § 20 II 2 SGB II 80 % der Regelleistung, dh 299,20 €. Zu erwarten ist, dass diese Beträge an die Sätze der Regelbedarfsverordnung v 20.10.11 (BGBl I, 2093) angeglichen werden. Volljährige erwerbsfähige Partner einer 37

Bedarfsgemeinschaft haben danach einen monatlichen Regelbedarf von 299 €, nicht volljährige erwerbsfähige Angehörige der Bedarfsgemeinschaft von 287 €. Auf diesen Betrag ist der Besserstellungszuschlag von zumindest 30 % zu gewähren. Zusätzlich sind die kopfanteiligen (vgl BVerwG NVwZ 95, 1104) Kosten der angemessenen Warmmiete gem § 22 I 1 SGB II sowie ein Mehrbedarf gem § 21 SGB II etwa für eine werdende Mutter sowie bspw Fahrtkosten zu berücksichtigen.

38 Führt der Unterhaltsberechtigte hingegen einen **eigenen Haushalt** und hat aus seinem Einkommen Mietzahlungen und die weiteren Grundkosten des Haushalts zu leisten, wird sein Lebensbedarf idR so hoch sein wie der des Schuldners selbst. In derartigen Fällen ist es nahe liegend und wird es regelmäßig billigem Ermessen entsprechen, als Orientierungshilfe den Grundfreibetrag des § 850c I zugrunde zu legen (BGH NJW-RR 05, 1239, 1240). Leistet der unterhaltsberechtigte Angehörige selbst einer anderen Person Unterhalt, ist der erhöhte Freibetrag anzusetzen. Erbringen der Schuldner und sein (ehemaliger) Ehegatte einem Kind gemeinsam den Unterhalt, ist bei beiden der volle Freibetrag anzusetzen (Rz 15; **aA** hälftige Berücksichtigung LG Osnabrück JurBüro 02, 440; LG Regensburg JurBüro 00, 546; MüKoZPO/*Smid* § 850c Rn 13). Hat der Unterhaltsberechtigte ausnahmsweise einen höheren Bedarf, kann eine Korrektur entspr § 850f I erfolgen.

39 **2. Anrechnung. Übersteigen** die eigenen Einkünfte des Angehörigen seinen Unterhaltsbedarf, ist die Person vorbehaltlich weiterer in die Ermessensentscheidung einzubeziehender Umstände bei der Berechnung des unpfändbaren Teils des Arbeitseinkommens nicht zu berücksichtigen.

40 Decken die eigenen Einkünfte nur **teilweise** den Bedarf der unterhaltsberechtigten Person, muss diese bei der Bestimmung des unpfändbaren Arbeitseinkommens des Schuldners vorbehaltlich der Einzelfallabwägung partiell unberücksichtigt bleiben (LG Chemnitz JurBüro 10, 550, 551; vgl Rz 35). Eine relative Festsetzung, wonach dem Schuldner bspw 50 % des Differenzbetrags zwischen den Stufen 0 und 1 verbleiben, wird dabei der Systematik der Pfändungsfreibeträge nicht gerecht (anders BGH NJW-RR 06, 568 Tz 13; LG Kiel JurBüro 08, 161; LG Wuppertal JurBüro 08, 270). Bei einer solchen Anordnung würde bei einem nach Stufe 0 der Tabelle pfändbaren Einkommen in jedem Fall ein Einkommensteil gepfändet, obwohl der Schuldner zumindest tw zum Unterhalt einer anderen Person beiträgt (*Grote* InsBüro 09, 71, 72) und dies zu einem höheren Freibetrag führt. Vielmehr ist ein konkreter Betrag anzugeben, der aus der Differenz zwischen dem Unterhaltsbedarf und dem Einkommen des Angehörigen gebildet wird. Am einfachsten ist es, diese Summe sodann dem unpfändbaren Einkommen nach der maßgebenden Stufe zuzurechnen. Das Gericht kann aber auch umgekehrt den Betrag nennen, um den sich das pfändbare Einkommen erhöht (Wieczorek/Schütze/*Lüke* § 850c Rn 31).

41 Eine **Untergrenze** für das zu berücksichtigende Einkommen, unterhalb der Angehörige mit geringem Verdienst im vollen Umfang berücksichtigungsfähig bleiben sollen, ist gesetzlich nicht ausdrücklich bestimmt. Dennoch ist sie mit guten Gründen anzunehmen (iE auch LG Frankfurt Rpfleger 88, 73, 74; Musielak/*Becker* § 850c Rn 12; Zö/*Stöber* § 850c Rn 15). Es widerspricht dem Pauschalierungsgedanken aus § 850c, selbst kleinste Einkommen zu berücksichtigen und die Gerichte mit geringfügigen Änderungen zu belasten. Zudem müssten sonst die Angehörigen den eigenen Bedarf zwecks Tilgung der Verbindlichkeiten des Schuldners unangemessen einschränken.

42 Als **Schwellenwert** wird auf den einfachen Regelsatz nach den sozialrechtlichen Vorschriften zur Existenzsicherung abgestellt (LG Frankfurt Rpfleger 88, 73; Saenger/*Kemper* § 850c Rn 15). Vorzugswürdig ist demgegenüber eine differenzierende vollstreckungsrechtliche Beurteilung, die im Ansatz auf die Höhe der Freibeträge nach Abs 1 S 2 abstellt. Sie berücksichtigt gleichermaßen die Lasten für den Schuldner wie den gesetzlich legitimierten Nutzen für den Unterhaltsberechtigten. Unterhält der Schuldner keine andere Person, ist von einem Grenzwert von 370,76 € monatlich, bei anderen Unterhaltsleistungen von 206,56 € monatlich auszugehen. Zusätzlich sind stets auch die Besonderheiten des Einzelfalls zu beachten. Der BGH ist bei einer Unterhaltsleistung von 222 € monatlich für ein elfjähriges Kind davon ausgegangen, dass die Unterhaltsverpflichtung nicht wesentlich gemindert wird (BGH NJW-RR 05, 795, 797), was der hier vertretenen Lösung entspricht, soweit keine weiteren Unterhaltsverpflichtungen des Schuldners bestehen.

43 **3. Sonstige Umstände.** In die erforderliche Gesamtwürdigung sind andere Umstände mit einzubeziehen. Dies lässt Raum für weitere persönliche Korrekturfaktoren, wie Lebensalter (LG Ellwangen, Rpfleger 06, 88), krankheitsbedingte Mehraufwendungen, Ausbildungskosten und auswärtige Erwerbstätigkeit (*Ahrens* NJW-Spezial 07, 613, 614). Zu berücksichtigen sind auch ehe- bzw familienbedingte Verbindlichkeiten des Angehörigen (allgemeiner Stöber Rn 1063c). Einfluss hat auch, ob der Schuldner ohne gesetzliche Verpflichtung einer weiteren Person Unterhalt leistet, etwa in einer Patchwork-Familie dem Kind seines Partners.

4. Entscheidung. Die gerichtliche Entscheidung muss die gerichtliche Anordnung konkret bezeichnen und begründen. Zuständig ist auch bei einem nachträglich gestellten Antrag der Rechtspfleger (Zö/*Stöber* § 850c Rn 14). Der Beschl wirkt nur **zugunsten des Antragstellers** (BAG NZA 85, 126 LS; zur Konkurrenz der Gläubiger *Wischemeyer* ZVI 08, 238). Stellt ein nachrangiger Gläubiger den Antrag nach Abs 4, ist der Mehrerlös solange an ihn abzuführen, bis der vorrangige Gläubiger ebenfalls die Erweiterung für sich erwirkt hat, weil die Rangfolge dann nach dem ursprünglichen Pfandrecht bestimmt wird (LAG Hamm DB 82, 1676, 1677; St/J/*Brehm* § 850c Rn 35). Sieht das Gericht nachträglich von der Berücksichtigung eines Angehörigen ab, ist keine erneute Pfändung erforderlich, da die Beschlagnahme den pfändbaren Teil der Einkünfte erfasst. Bleibt eine unterhaltsberechtigte Person tw unberücksichtigt, ist nach Abs 4 Hs 2 die Regelung des Abs 3 S 2 unanwendbar. 44

Das Gericht darf deshalb insoweit **keinen Blankettbeschluss** erlassen. Es darf sich aber darauf beschränken, den Differenzbetrag in Prozent zu benennen, um den der Tabellenbetrag in der nach den sonstigen Unterhaltsbeträgen maßgebenden Stufe erhöht wird (BGH NJW-RR 05, 795, 797). Im Einziehungsprozess ist diese Festsetzung für das Erkenntnisgericht bindend (LAG Niedersachsen JurBüro 04, 217). Eine nachträgliche Entscheidung ist vAw **zuzustellen.** Die Zustellung erfolgt an Schuldner und Drittschuldner, wenn der Antrag zumindest tw erfolgreich war, an den Gläubiger, wenn der Antrag zumindest tw abgelehnt wurde (Musielak/*Becker* § 850c Rn 14). Eine erweiterte **Abtretung** zugunsten anderer Gläubiger ist unzulässig (LAG Hamm DB 82, 1676, 1677). Wegen des Antragsrechts aus Abs 4 ist in einem Pfändungsverfahren eine Entscheidung des Prozessgerichts zur Nichtberücksichtigung des Ehegatten als Unterhaltsberechtigten unzulässig (BGH WM 11, 2372 Tz 13). Etwas anderes kommt nur bei einer analogen Anwendung von § 850c etwa auf eine Abtretung in Betracht (BGH NJW-RR 10, 211 Tz 16; NZI 11, 979 Tz 14). 45

G. Rechtsbehelfe. Gegen die ablehnende Entscheidung steht dem **Gläubiger** die sofortige Beschwerde zu, bei einer richterlichen Entscheidung gem §§ 793, 567 ff, sonst nach § 11 I RPflG iVm §§ 793, 567 ff. Gegen den erlassenen Pfändungsbeschluss können **Schuldner und Drittschuldner** sofortige Beschwerde einlegen, § 11 I RPflG iVm §§ 793, 567 ff bzw bei einer richterlichen Entscheidung nach den §§ 793, 567 ff. Wurde der Schuldner allerdings nicht angehört, hat er die Erinnerung nach § 766. Der unterhaltsberechtigte **Angehörige** mit eigenem Einkommen kann einen Antrag nach § 850g S 2 stellen (Schuschke/Walker/*Kessal-Wulf* § 850c Rn 33; **aA** den Rechtsbehelf aus § 850c Stuttg Rpfleger 87, 255; Oldbg Rpfleger 91, 261; Musielak/*Becker* § 850c Rn 15). Eine den Blankettbeschluss klarstellende Entscheidung beinhaltet keine Entscheidung über einen Rechtsbehelf und kann deswegen vom Rechtspfleger erlassen werden (BGHZ 166, 48 Tz 16, 18; oben Rz 26). 46

H. Internationale Forderungspfändung. Die Pfändungsfreigrenzen für ein im Ausland erwirtschaftetes Einkommen sind nach dem Recht des Staats zu bestimmen, in dem der Gegenstand belegen ist, also das Einkommen erworben wird (AG Passau ZInsO 09, 253; AG München NZI 10, 664; iE auch Lange S. 248 f). Die deutschen Vollstreckungsregeln gelten dagegen bei einem im Ausland lebenden Schuldner mit Bezügen, die deutschem materiellem Recht unterliegen. Eine Herabsetzung ist auch nicht zulässig, wenn die Lebenshaltungskosten im Ausland niedriger sind (Heilbronn Rpfleger 06, 330; Zö/*Stöber* § 850c Rn 2). 47

I. Insolvenzverfahren. Zur Insolvenzmasse gehören gem § 36 I 2 InsO iVm § 850c die nach der Tabelle pfändbaren Anteile des Arbeitseinkommens. Entsprechendes gilt gem § 292 I 3 InsO im Treuhandverfahren. Anwendbar ist auch Abs 4 (BGH NZI 10, 141 Tz 14). In beiden Verfahren sind Insolvenzverwalter bzw Treuhänder aufgrund der gesetzlichen Verweisung berechtigt, einen Antrag nach Abs 4 zu stellen (BGH NZI 10, 578 Tz 6; WM 11, 2372 Tz 12). Bei der Billigkeitsentscheidung muss die wirtschaftliche Lage des Gläubigers unberücksichtigt bleiben (BGH NJW-RR 09, 1279 Tz 11; *Ahrens* NZI 09, 423, 424). Für die Entscheidungen ist das Insolvenzgericht nach § 36 IV 1, 3 InsO zuständig. Dies gilt auch auf Grundlage eines Schuldenbereinigungsplanverfahrens (BGH NZI 08, 384 Tz 14). 48

J. Kosten/Gebühren. Für den Erlass des Pfändungsbeschlusses entsteht eine **Gerichtsgebühr** nach KV 2110 iHv 15 €. Für den Antrag nach Abs 4 entsteht eine gesonderte Gebühr. Dem **Rechtsanwalt** steht eine Gebühr mit einem Satz von 0,3 gem § 18 Nr 3 RVG iVm VV 3309 zu. Ist eine Vollstreckungsgebühr bereits entstanden, fällt sie nicht erneut an. Der Gerichtsvollzieher erhält für die Zustellung die Gebühr nach § 9 GVKostG iVm KV Nr 100 von 7,50 €. Außerdem sind seine Auslagen gem KV Nr 711, 713 zu erstatten. 49

Anlage zu § 850c

* Pfändungsfreibeträge seit dem 1.7.11 nach der Pfändungsfreigrenzenbekanntmachung 2011 v 9.5.11 (BGBl I, 825).

Nettolohn monatlich		Pfändbarer Betrag bei Unterhaltspflicht für ... Person(en)					
		0	1	2	3	4	5 und mehr
		in Euro					
bis	1.029,99	–	–	–	–	–	–
1.030,00 bis	1.039,99	0,78	–	–	–	–	–
1.040,00 bis	1.049,99	7,78	–	–	–	–	–
1.050,00 bis	1.059,99	14,78	–	–	–	–	–
1.060,00 bis	1.069,99	21,78	–	–	–	–	–
1.070,00 bis	1.079,99	28,78	–	–	–	–	–
1.080,00 bis	1.089,99	35,78	–	–	–	–	–
1.090,00 bis	1.099,99	42,78	–	–	–	–	–
1.100,00 bis	1.109,99	49,78	–	–	–	–	–
1.110,00 bis	1.119,99	56,78	–	–	–	–	–
1.120,00 bis	1.129,99	63,78	–	–	–	–	–
1.130,00 bis	1.139,99	70,78	–	–	–	–	–
1.140,00 bis	1.149,99	77,78	–	–	–	–	–
1.150,00 bis	1.159,99	84,78	–	–	–	–	–
1.160,00 bis	1.169,99	91,78	–	–	–	–	–
1.170,00 bis	1.179,99	98,78	–	–	–	–	–
1.180,00 bis	1.189,99	105,78	–	–	–	–	–
1.190,00 bis	1.199,99	112,78	–	–	–	–	–
1.200,00 bis	1.209,99	119,78	–	–	–	–	–
1.210,00 bis	1.219,99	126,78	–	–	–	–	–
1.220,00 bis	1.229,99	133,78	–	–	–	–	–
1.230,00 bis	1.239,99	140,78	–	–	–	–	–
1.240,00 bis	1.249,99	147,78	–	–	–	–	–
1.250,00 bis	1.259,99	154,78	–	–	–	–	–
1.260,00 bis	1.269,99	161,78	–	–	–	–	–
1.270,00 bis	1.279,99	168,78	–	–	–	–	–
1.280,00 bis	1.289,99	175,78	–	–	–	–	–
1.290,00 bis	1.299,99	182,78	–	–	–	–	–
1.300,00 bis	1.309,99	189,78	–	–	–	–	–
1.310,00 bis	1.319,99	196,78	–	–	–	–	–
1.320,00 bis	1.329,99	203,78	–	–	–	–	–

Nettolohn monatlich		Pfändbarer Betrag bei Unterhaltspflicht für ... Person(en)					
		0	1	2	3	4	5 und mehr
		in Euro					
1.330,00 bis	1.339,99	210,78	–	–	–	–	–
1.340,00 bis	1.349,99	217,78	–	–	–	–	–
1.350,00 bis	1.359,99	224,78	–	–	–	–	–
1.360,00 bis	1.369,99	231,78	–	–	–	–	–
1.370,00 bis	1.379,99	238,78	–	–	–	–	–
1.380,00 bis	1.389,99	245,78	–	–	–	–	–
1.390,00 bis	1.399,99	252,78	–	–	–	–	–
1.400,00 bis	1.409,99	259,78	–	–	–	–	–
1.410,00 bis	1.419,99	266,78	–	–	–	–	–
1.420,00 bis	1.429,99	273,78	1,95	–	–	–	–
1.430,00 bis	1.439,99	280,78	6,95	–	–	–	–
1.440,00 bis	1.449,99	287,78	11,95	–	–	–	–
1.450,00 bis	1.459,99	294,78	16,95	–	–	–	–
1.460,00 bis	1.469,99	301,78	21,95	–	–	–	–
1.470,00 bis	1.479,99	308,78	26,95	–	–	–	–
1.480,00 bis	1.489,99	315,78	31,95	–	–	–	–
1.490,00 bis	1.499,99	322,78	36,95	–	–	–	–
1.500,00 bis	1.509,99	329,78	41,95	–	–	–	–
1.510,00 bis	1.519,99	336,78	46,95	–	–	–	–
1.520,00 bis	1.529,99	343,78	51,95	–	–	–	–
1.530,00 bis	1.539,99	350,78	56,95	–	–	–	–
1.540,00 bis	1.549,99	357,78	61,95	–	–	–	–
1.550,00 bis	1.559,99	364,78	66,95	–	–	–	–
1.560,00 bis	1.569,99	371,78	71,95	–	–	–	–
1.570,00 bis	1.579,99	378,78	76,95	–	–	–	–
1.580,00 bis	1.589,99	385,78	81,95	–	–	–	–
1.590,00 bis	1.599,99	392,78	86,95	–	–	–	–
1.600,00 bis	1.609,99	399,78	91,95	–	–	–	–
1.610,00 bis	1.619,99	406,78	96,95	–	–	–	–
1.620,00 bis	1.629,99	413,78	101,95	–	–	–	–
1.630,00 bis	1.639,99	420,78	106,95	–	–	–	–
1.640,00 bis	1.649,99	427,78	111,95	3,26	–	–	–
1.650,00 bis	1.659,99	434,78	116,95	7,26	–	–	–
1.660,00 bis	1.669,99	441,78	121,95	11,26	–	–	–
1.670,00 bis	1.679,99	448,78	126,95	15,26	–	–	–

Nettolohn monatlich		Pfändbarer Betrag bei Unterhaltspflicht für ... Person(en)					
		0	1	2	3	4	5 und mehr
		in Euro					
1.680,00 bis	1.689,99	455,78	131,95	19,26	–	–	–
1.690,00 bis	1.699,99	462,78	136,95	23,26	–	–	–
1.700,00 bis	1.709,99	469,78	141,95	27,26	–	–	–
1.710,00 bis	1.719,99	476,78	146,95	31,26	–	–	–
1.720,00 bis	1.729,99	483,78	151,95	35,26	–	–	–
1.730,00 bis	1.739,99	490,78	156,95	39,26	–	–	–
1.740,00 bis	1.749,99	497,78	161,95	43,26	–	–	–
1.750,00 bis	1.759,99	504,78	166,95	47,26	–	–	–
1.760,00 bis	1.769,99	511,78	171,95	51,26	–	–	–
1.770,00 bis	1.779,99	518,78	176,95	55,26	–	–	–
1.780,00 bis	1.789,99	525,78	181,95	59,26	–	–	–
1.790,00 bis	1.799,99	532,78	186,95	63,26	–	–	–
1.800,00 bis	1.809,99	539,78	191,95	67,26	–	–	–
1.810,00 bis	1.819,99	546,78	196,95	71,26	–	–	–
1.820,00 bis	1.829,99	553,78	201,95	75,26	–	–	–
1.830,00 bis	1.839,99	560,78	206,95	79,26	–	–	–
1.840,00 bis	1.849,99	567,78	211,95	83,26	–	–	–
1.850,00 bis	1.859,99	574,78	216,95	87,26	0,73	–	–
1.860,00 bis	1.869,99	581,78	221,95	91,26	3,73	–	–
1.870,00 bis	1.879,99	588,78	226,95	95,26	6,73	–	–
1.880,00 bis	1.889,99	595,78	231,95	99,26	9,73	–	–
1.890,00 bis	1.899,99	602,78	236,95	103,26	12,73	–	–
1.900,00 bis	1.909,99	609,78	241,95	107,26	15,73	–	–
1.910,00 bis	1.919,99	616,78	246,95	111,26	18,73	–	–
1.920,00 bis	1.929,99	623,78	251,95	115,26	21,73	–	–
1.930,00 bis	1.939,99	630,78	256,95	119,26	24,73	–	–
1.940,00 bis	1.949,99	637,78	261,95	123,26	27,73	–	–
1.950,00 bis	1.959,99	644,78	266,95	127,26	30,73	–	–
1.960,00 bis	1.969,99	651,78	271,95	131,26	33,73	–	–
1.970,00 bis	1.979,99	658,78	276,95	135,26	36,73	–	–
1.980,00 bis	1.989,99	665,78	281,95	139,26	39,73	–	–
1.990,00 bis	1.999,99	672,78	286,95	143,26	42,73	–	–
2.000,00 bis	2.009,99	679,78	291,95	147,26	45,73	–	–
2.010,00 bis	2.019,99	686,78	296,95	151,26	48,73	–	–
2.020,00 bis	2.029,99	693,78	301,95	155,26	51,73	–	–

Nettolohn monatlich		Pfändbarer Betrag bei Unterhaltspflicht für ... Person(en)					
		0	1	2	3	4	5 und mehr
in Euro							
2.030,00 bis	2.039,99	700,78	306,95	159,26	54,73	–	–
2.040,00 bis	2.049,99	707,78	311,95	163,26	57,73	–	–
2.050,00 bis	2.059,99	714,78	316,95	167,26	60,73	–	–
2.060,00 bis	2.069,99	721,78	321,95	171,26	63,73	–	–
2.070,00 bis	2.079,99	728,78	326,95	175,26	66,73	1,34	–
2.080,00 bis	2.089,99	735,78	331,95	179,26	69,73	3,34	–
2.090,00 bis	2.099,99	742,78	336,95	183,26	72,73	5,34	–
2.100,00 bis	2.109,99	749,78	341,95	187,26	75,73	7,34	–
2.110,00 bis	2.119,99	756,78	346,95	191,26	78,73	9,34	–
2.120,00 bis	2.129,99	763,78	351,95	195,26	81,73	11,34	–
2.130,00 bis	2.139,99	770,78	356,95	199,26	84,73	13,34	–
2.140,00 bis	2.149,99	777,78	361,95	203,26	87,73	15,34	–
2.150,00 bis	2.159,99	784,78	366,95	207,26	90,73	17,34	–
2.160,00 bis	2.169,99	791,78	371,95	211,26	93,73	19,34	–
2.170,00 bis	2.179,99	798,78	376,95	215,26	96,73	21,34	–
2.180,00 bis	2.189,99	805,78	381,95	219,26	99,73	23,34	–
2.190,00 bis	2.199,99	812,78	386,95	223,26	102,73	25,34	–
2.200,00 bis	2.209,99	819,78	391,95	227,26	105,73	27,34	–
2.210,00 bis	2.219,99	826,78	396,95	231,26	108,73	29,34	–
2.220,00 bis	2.229,99	833,78	401,95	235,26	111,73	31,34	–
2.230,00 bis	2.239,99	840,78	406,95	239,26	114,73	33,34	–
2.240,00 bis	2.249,99	847,78	411,95	243,26	117,73	35,34	–
2.250,00 bis	2.259,99	854,78	416,95	247,26	120,73	37,34	–
2.260,00 bis	2.269,99	861,78	421,95	251,26	123,73	39,34	–
2.270,00 bis	2.279,99	868,78	426,95	255,26	126,73	41,34	–
2.280,00 bis	2.289,99	875,78	431,95	259,26	129,73	43,34	0,10
2.290,00 bis	2.299,99	882,78	436,95	263,26	132,73	45,34	1,10
2.300,00 bis	2.309,99	889,78	441,95	267,26	135,73	47,34	2,10
2.310,00 bis	2.319,99	896,78	446,95	271,26	138,73	49,34	3,10
2.320,00 bis	2.329,99	903,78	451,95	275,26	141,73	51,34	4,10
2.330,00 bis	2.339,99	910,78	456,95	279,26	144,73	53,34	5,10
2.340,00 bis	2.349,99	917,78	461,95	283,26	147,73	55,34	6,10
2.350,00 bis	2.359,99	924,78	466,95	287,26	150,73	57,34	7,10
2.360,00 bis	2.369,99	931,78	471,95	291,26	153,73	59,34	8,10
2.370,00 bis	2.379,99	938,78	476,95	295,26	156,73	61,34	9,10

Nettolohn monatlich		Pfändbarer Betrag bei Unterhaltspflicht für ... Person(en)					
		0	1	2	3	4	5 und mehr
in Euro							
2.380,00 bis	2.389,99	945,78	481,95	299,26	159,73	63,34	10,10
2.390,00 bis	2.399,99	952,78	486,95	303,26	162,73	65,34	11,10
2.400,00 bis	2.409,99	959,78	491,95	307,26	165,73	67,34	12,10
2.410,00 bis	2.419,99	966,78	496,95	311,26	168,73	69,34	13,10
2.420,00 bis	2.429,99	973,78	501,95	315,26	171,73	71,34	14,10
2.430,00 bis	2.439,99	980,78	506,95	319,26	174,73	73,34	15,10
2.440,00 bis	2.449,99	987,78	511,95	323,26	177,73	75,34	16,10
2.450,00 bis	2.459,99	994,78	516,95	327,26	180,73	77,34	17,10
2.460,00 bis	2.469,99	1.001,78	521,95	331,26	183,73	79,34	18,10
2.470,00 bis	2.479,99	1.008,78	526,95	335,26	186,73	81,34	19,10
2.480,00 bis	2.489,99	1.015,78	531,95	339,26	189,73	83,34	20,10
2.490,00 bis	2.499,99	1.022,78	536,95	343,26	192,73	85,34	21,10
2.500,00 bis	2.509,99	1.029,78	541,95	347,26	195,73	87,34	22,10
2.510,00 bis	2.519,99	1.036,78	546,95	351,26	198,73	89,34	23,10
2.520,00 bis	2.529,99	1.043,78	551,95	355,26	201,73	91,34	24,10
2.530,00 bis	2.539,99	1.050,78	556,95	359,26	204,73	93,34	25,10
2.540,00 bis	2.549,99	1.057,78	561,95	363,26	207,73	95,34	26,10
2.550,00 bis	2.559,99	1.064,78	566,95	367,26	210,73	97,34	27,10
2.560,00 bis	2.569,99	1.071,78	571,95	371,26	213,73	99,34	28,10
2.570,00 bis	2.579,99	1.078,78	576,95	375,26	216,73	101,34	29,10
2.580,00 bis	2.589,99	1.085,78	581,95	379,26	219,73	103,34	30,10
2.590,00 bis	2.599,99	1.092,78	586,95	383,26	222,73	105,34	31,10
2.600,00 bis	2.609,99	1.099,78	591,95	387,26	225,73	107,34	32,10
2.610,00 bis	2.619,99	1.106,78	596,95	391,26	228,73	109,34	33,10
2.620,00 bis	2.629,99	1.113,78	601,95	395,26	231,73	111,34	34,10
2.630,00 bis	2.639,99	1.120,78	606,95	399,26	234,73	113,34	35,10
2.640,00 bis	2.649,99	1.127,78	611,95	403,26	237,73	115,34	36,10
2.650,00 bis	2.659,99	1.134,78	616,95	407,26	240,73	117,34	37,10
2.660,00 bis	2.669,99	1.141,78	621,95	411,26	243,73	119,34	38,10
2.670,00 bis	2.679,99	1.148,78	626,95	415,26	246,73	121,34	39,10
2.680,00 bis	2.689,99	1.155,78	631,95	419,26	249,73	123,34	40,10
2.690,00 bis	2.699,99	1.162,78	636,95	423,26	252,73	125,34	41,10
2.700,00 bis	2.709,99	1.169,78	641,95	427,26	255,73	127,34	42,10
2.710,00 bis	2.719,99	1.176,78	646,95	431,26	258,73	129,34	43,10
2.720,00 bis	2.729,99	1.183,78	651,95	435,26	261,73	131,34	44,10

Nettolohn monatlich		Pfändbarer Betrag bei Unterhaltspflicht für ... Person(en)					
		0	1	2	3	4	5 und mehr
in Euro							
2.730,00 bis	2.739,99	1.190,78	656,95	439,26	264,73	133,34	45,10
2.740,00 bis	2.749,99	1.197,78	661,95	443,26	267,73	135,34	46,10
2.750,00 bis	2.759,99	1.204,78	666,95	447,26	270,73	137,34	47,10
2.760,00 bis	2.769,99	1.211,78	671,95	451,26	273,73	139,34	48,10
2.770,00 bis	2.779,99	1.218,78	676,95	455,26	276,73	141,34	49,10
2.780,00 bis	2.789,99	1.225,78	681,95	459,26	279,73	143,34	50,10
2.790,00 bis	2.799,99	1.232,78	686,95	463,26	282,73	145,34	51,10
2.800,00 bis	2.809,99	1.239,78	691,95	467,26	285,73	147,34	52,10
2.810,00 bis	2.819,99	1.246,78	696,95	471,26	288,73	149,34	53,10
2.820,00 bis	2.829,99	1.253,78	701,95	475,26	291,73	151,34	54,10
2.830,00 bis	2.839,99	1.260,78	706,95	479,26	294,73	153,34	55,10
2.840,00 bis	2.849,99	1.267,78	711,95	483,26	297,73	155,34	56,10
2.850,00 bis	2.859,99	1.274,78	716,95	487,26	300,73	157,34	57,10
2.860,00 bis	2.869,99	1.281,78	721,95	491,26	303,73	159,34	58,10
2.870,00 bis	2.879,99	1.288,78	726,95	495,26	306,73	161,34	59,10
2.880,00 bis	2.889,99	1.295,78	731,95	499,26	309,73	163,34	60,10
2.890,00 bis	2.899,99	1.302,78	736,95	503,26	312,73	165,34	61,10
2.900,00 bis	2.909,99	1.309,78	741,95	507,26	315,73	167,34	62,10
2.910,00 bis	2.919,99	1.316,78	746,95	511,26	318,73	169,34	63,10
2.920,00 bis	2.929,99	1.323,78	751,95	515,26	321,73	171,34	64,10
2.930,00 bis	2.939,99	1.330,78	756,95	519,26	324,73	173,34	65,10
2.940,00 bis	2.949,99	1.337,78	761,95	523,26	327,73	175,34	66,10
2.950,00 bis	2.959,99	1.344,78	766,95	527,26	330,73	177,34	67,10
2.960,00 bis	2.969,99	1.351,78	771,95	531,26	333,73	179,34	68,10
2.970,00 bis	2.979,99	1.358,78	776,95	535,26	336,73	181,34	69,10
2.980,00 bis	2.989,99	1.365,78	781,95	539,26	339,73	183,34	70,10
2.990,00 bis	2.999,99	1.372,78	786,95	543,26	342,73	185,34	71,10
3.000,00 bis	3.009,99	1.379,78	791,95	547,26	345,73	187,34	72,10
3.010,00 bis	3.019,99	1.386,78	796,95	551,26	348,73	189,34	73,10
3.020,00 bis	3.029,99	1.393,78	801,95	555,26	351,73	191,34	74,10
3.030,00 bis	3.039,99	1.400,78	806,95	559,26	354,73	193,34	75,10
3.040,00 bis	3.049,99	1.407,78	811,95	563,26	357,73	195,34	76,10
3.050,00 bis	3.059,99	1.414,78	816,95	567,26	360,73	197,34	77,10
3.060,00 bis	3.069,99	1.421,78	821,95	571,26	363,73	199,34	78,10
3.070,00 bis	3.079,99	1.428,78	826,95	575,26	366,73	201,34	79,10

Nettolohn monatlich		Pfändbarer Betrag bei Unterhaltspflicht für ... Person(en)					
		0	1	2	3	4	5 und mehr
in Euro							
3.080,00 bis	3.089,99	1.435,78	831,95	579,26	369,73	203,34	80,10
3.090,00 bis	3.099,99	1.442,78	836,95	583,26	372,73	205,34	81,10
3.100,00 bis	3.109,99	1.449,78	841,95	587,26	375,73	207,34	82,10
3.110,00 bis	3.119,99	1.456,78	846,95	591,26	378,73	209,34	83,10
3.120,00 bis	3.129,99	1.463,78	851,95	595,26	381,73	211,34	84,10
3.130,00 bis	3.139,99	1.470,78	856,95	599,26	384,73	213,34	85,10
3.140,00 bis	3.149,99	1.477,78	861,95	603,26	387,73	215,34	86,10
3.150,00 bis	3.154,15	1.484,78	866,95	607,26	390,73	217,34	87,10
Der Mehrbetrag über 3.154,15 Euro ist voll pfändbar.							

§ 850d Pfändbarkeit bei Unterhaltsansprüchen. **(1) [1]Wegen der Unterhaltsansprüche, die kraft Gesetzes einem Verwandten, dem Ehegatten, einem früheren Ehegatten, dem Lebenspartner, einem früheren Lebenspartner oder nach §§ 1615l, 1615n des Bürgerlichen Gesetzbuchs einem Elternteil zustehen, sind das Arbeitseinkommen und die in § 850a Nr. 1, 2 und 4 genannten Bezüge ohne die in § 850c bezeichneten Beschränkungen pfändbar. [2]Dem Schuldner ist jedoch so viel zu belassen, als er für seinen notwendigen Unterhalt und zur Erfüllung seiner laufenden gesetzlichen Unterhaltspflichten gegenüber den dem Gläubiger vorgehenden Berechtigten oder zur gleichmäßigen Befriedigung der dem Gläubiger gleichstehenden Berechtigten bedarf; von den in § 850a Nr. 1, 2 und 4 genannten Bezügen hat ihm mindestens die Hälfte des nach § 850a unpfändbaren Betrages zu verbleiben. [3]Der dem Schuldner hiernach verbleibende Teil seines Arbeitseinkommens darf den Betrag nicht übersteigen, der ihm nach den Vorschriften des § 850c gegenüber nicht bevorrechtigten Gläubigern zu verbleiben hätte. [4]Für die Pfändung wegen der Rückstände, die länger als ein Jahr vor dem Antrag auf Erlass des Pfändungsbeschlusses fällig geworden sind, gelten die Vorschriften dieses Absatzes insoweit nicht, als nach Lage der Verhältnisse nicht anzunehmen ist, dass der Schuldner sich seiner Zahlungspflicht absichtlich entzogen hat.**
(2) Mehrere nach Absatz 1 Berechtigte sind mit ihren Ansprüchen in der Reihenfolge nach § 1609 des Bürgerlichen Gesetzbuchs und § 16 des Lebenspartnerschaftsgesetzes zu berücksichtigen, wobei mehrere gleich nahe Berechtigte untereinander den gleichen Rang haben.
(3) Bei der Vollstreckung wegen der in Absatz 1 bezeichneten Ansprüche sowie wegen der aus Anlass einer Verletzung des Körpers oder der Gesundheit zu zahlenden Renten kann zugleich mit der Pfändung wegen fälliger Ansprüche auch künftig fällig werdendes Arbeitseinkommen wegen der dann jeweils fällig werdenden Ansprüche gepfändet und überwiesen werden.

Inhaltsübersicht

	Rz
A. Normzweck	1
B. Erweiterte Pfändbarkeit (Abs 1)	5
I. Voraussetzungen (Abs 1 S 1)	5
1. Persönlicher Anwendungsbereich	5
2. Übergang der Unterhaltsforderung	7
3. Sachlicher Anwendungsbereich	10
II. Pfändungsumfang (Abs 1 S 1 bis 3)	13
1. Vollstreckungsgegenstand	13
2. Sozialrechtliche Unterhaltsbestimmung	16
3. Unterhaltsbedarf des Schuldners	21
a) Erwerbsfähiger Schuldner	21
b) Nicht erwerbsfähiger Schuldner	28
4. Sonstige Abzugsposten	29
5. Kappungsgrenze	31
III. Unterhaltsrückstände (Abs 1 S 4)	32
C. Rangfolge der Unterhaltsgläubiger (Abs 2)	35
D. Vorratspfändung (Abs 3)	38
E. Verfahren	42
F. Wirkungen	48
G. Rechtsbehelfe	53
H. Insolvenzverfahren	55
I. Kosten/Gebühren	56

A. Normzweck. Als vollstreckungsrechtliches Strukturkennzeichen genießen **Unterhaltsforderungen** eine privilegierte Stellung. Dadurch soll der existenzielle Schutz auch der Unterhaltsberechtigten gewährleistet werden. Zugleich wird dem besonderen Näheverhältnis zwischen dem Schuldner und dem Unterhaltsberechtigten Rechnung getragen. Nicht in diesem Zweck, aber bei der Durchführung der privilegierten Vollstreckung bestehen strukturelle Parallelen zu § 850 f II. 1

Zugunsten des Schuldners werden bei einer Pfändung des Arbeitseinkommens durch einen Dritten die Pfändungsfreibeträge des Schuldners nach § 850c bei bestehenden Unterhaltspflichten pauschal erhöht. Für den Schutzumfang aus § 850c sind letztendlich die Unterhaltsforderungen gegen den Schuldner maßgebend, wie sich aus den kombinierten Anforderungen der erforderlichen Unterhaltsleistungen (§ 850c Rz 12), der Berücksichtigung eigenen Arbeitseinkommens der Unterhaltsberechtigten (§ 850c Rz 33) sowie den Effekten des erhöhten Pfändungsfreibetrags für den Mehrverdienst (§ 850c Rz 18 f) ergibt. Individuell höhere Unterhaltsforderungen können zudem gem § 850f I, etwa bei krankheitsbedingten Mehraufwendungen für die Unterhaltsberechtigten oder bei einer größeren Zahl von Unterhaltsberechtigten, berücksichtigt werden. 2

Zugunsten bevorrechtigter Unterhaltsgläubiger werden nach § 850d bei einer Pfändung des Arbeitseinkommens wegen laufender und im gewissen Umfang auch wegen rückständiger Forderungen von Unterhaltsberechtigten die Pfändungsfreibeträge des Schuldners aus § 850c herabgesetzt. Zudem wird auf einen Teil der nach § 850a unpfändbaren Einkünfte der Zugriff des Gläubigers zugelassen. Für Pfändungen aufgrund eines Unterhaltstitels eröffnet Abs 1 S 1 bis 3 einen vollstreckungsrechtlichen Vorrechtsbereich der privilegierten Gläubiger unterhalb der Pfändungsgrenze, aber oberhalb des Existenzminimums. Dieses Vollstreckungsprivileg trägt der besonderen Pflichtigkeit des Schuldners ggü Unterhaltsberechtigten Rechnung, verhilft dazu, das Existenzminimum der Unterhaltsgläubiger zu sichern und entlastet die Sozialsysteme. In diesem **Einkommenskorridor** des Schuldners konkurrieren die Unterhaltsgläubiger lediglich untereinander und mit den Gläubigern der anderen privilegierten Forderungsgruppe aus vorsätzlich begangenen unerlaubten Handlungen. 3

Zugleich ordnet Abs 2 das **Rangverhältnis** mehrerer Unterhaltsberechtigter untereinander. Sonderregeln betreffen Pfändungen wegen **rückständiger Unterhaltsleistungen**, Abs 1 S 4, denen für die Sicherung des aktuellen Lebensunterhalts eine geringere Bedeutung zukommt, und die **Vorratspfändung** aufgrund künftiger Unterhaltsforderungen und Unterhaltsrenten wegen Körper- oder Gesundheitsverletzungen, Abs 3. 4

B. Erweiterte Pfändbarkeit (Abs 1). I. Voraussetzungen (Abs 1 S 1). 1. Persönlicher Anwendungsbereich. Privilegierte Pfändungsgläubiger gehören zum identischen Personenkreis, für den der Pfändungsfreibetrag des Schuldners nach **§ 850c I 2** erhöht wird (vgl § 850c Rz 12). Insoweit stellt § 850d eine Konkordanz der Schutzwirkungen her. Die Zwangsvollstreckung muss von einem Verwandten in gerader Linie, § 1601 BGB, wie Kindern, Enkelkindern, Eltern und Großeltern, seinem Ehegatten, §§ 1360, 1360a, 1361 BGB, einem früheren Ehegatten, §§ 1569 ff BGB, seinem Lebenspartner, §§ 5, 12 LPartG, einem früheren Lebenspartner, § 16 LPartG, oder einem Elternteil nach den §§ 1615l, 1615n BGB betrieben werden (BGH NZI 06, 593). Unberücksichtigt bleiben Forderungen des Partners einer nicht ehelichen Lebensgemeinschaft. Nicht privilegiert sind die Ansprüche anderer Personen, wie Geschwister, Schwiegereltern, Stief- oder Pflegekinder. 5

Vollstreckungsschuldner ist, wer den gesetzlichen Unterhalt erfüllen muss. Ebenfalls der bevorrechtigten Pfändung unterliegt der wegen einer Entziehung gesetzlicher Unterhaltsforderungen zur Schadensersatzleistung Verpflichtete (Rz 11). Keiner privilegierten Vollstreckung unterliegt, wer neben dem Schuldner oder an seiner Stelle haftet, etwa als Bürge, Schuldübernehmer bzw Erbe, ohne selbst unterhaltspflichtig zu sein (Schuschke/Walker/*Kessal-Wulf* § 850d Rn 5). 6

2. Übergang der Unterhaltsforderung. Für die umstrittene Frage, ob die Privilegierung aus § 850d bei einem Übergang der Unterhaltsforderung bestehen bleibt, ist zu differenzieren. Leistet ein anderer **familienrechtlicher Unterhaltsschuldner** nach den §§ 1607, 1608, 1584 BGB, lässt dieser Übergang aufgrund der familiären Nähebeziehung und der Kollision mit der eigenen Existenzsicherung die Bevorrechtigung grds bestehen. Der übergegangene Anspruch und damit auch das Vollstreckungsprivileg darf nach den §§ 1607 IV, 1608 S 3, 1584 S 3 BGB nicht zum Nachteil des Unterhaltsberechtigten geltend gemacht werden. 7

Tritt ein **Träger der Sozialhilfe** in die Leistungspflichten ein, besteht für seine Erstattungsansprüche nach den §§ 1607 f BGB, 33 SGB II, 72 II 1 SGB III, 95 SGB VIII, 116 f SGB X, 93 f SGB XII, 37 BAföG, 7 I UVG keine Bevorrechtigung (*Frisinger* NJW 72, 75, 76; *Behr* Rpfleger 81, 382, 385 f; B/L/A/H § 850d Rn 1; s.a. 8

LG Erfurt JurBüro 96, 494, 495; **aA** BGH NJW 10, 2353 Tz 6 zu § 302 Nr 1 InsO; BAG NJW 71, 2094, zu § 90 BSHG; LG Erfurt JurBüro 97, 46; MüKoZPO/*Smid* § 850d Rn 6; Musielak/*Becker* § 850d Rn 3; Saenger/*Kemper* § 850d Rn 5; Stöber Rn 1082). Das Vollstreckungsprivileg bildet kein Nebenrecht des Unterhaltsanspruchs (so aber Wieczorek/Schütze/*Lüke* § 850d Rn 7), sondern eine höchstpersönliche Berechtigung, die mit dem gesetzlichen Forderungsübergang und der Verwandlung des Unterhaltsanspruchs in eine Regressforderung untergeht. Zudem entfällt hier der gesetzgeberische Telos, die Gläubiger, die in ihrer Existenz von den Zahlungen des Schuldners abhängen, nicht auf die Sozialfürsorge zu verweisen (BGH Rpfleger 05, 676, 677). Auch das Argument, ein nachlässig und böswilliger Schuldner werde sonst bessergestellt (Schuschke/Walker/*Kessal-Wulf* § 850d Rn 6), ist verfehlt. Zum einen hätte der ursprüngliche Unterhaltsanspruch bei ihm nach § 850d vollstreckt werden können, zum anderen ist er bei einer strafbaren Unterhaltspflichtverletzung der Vollstreckung in den Vorrechtsbereich gem § 850f II iVm §§ 823 II BGB, 170 StGB ausgesetzt. **Verstirbt der Schuldner**, greift § 850d auch im Fall des § 1586b BGB nicht zu Lasten des Erben ein (MüKoZPO/*Smid* § 850d Rn 8).

9 Für den **Kostenersatzanspruch** des Sozialhilfeträgers aus den §§ 102 ff SGB XII gilt die Privilegierung wegen des anderen Entstehungsgrunds der Forderung nicht (OVG Lüneburg NJW 67, 2221; Zö/*Stöber* § 850d Rn 4; **aA** Wieczorek/Schütze/*Lüke* § 850d Rn 9, zu §§ 92 ff BSHG). Das Vorrecht entfällt auch bei einer rechtsgeschäftlichen **Abtretung**, in deren Rahmen der Zedent eine gleichwertige Gegenleistung erhalten hat (aA Boewer/Bommermann Rn 590), denn die Gegenleistung vermag allein die Abtretbarkeit und nicht die Pfändung in den Vorrechtsbereich zu legitimieren. Geht der Anspruch im Erbgang, durch Pfändung und Überweisung oder durch Schuldübernahme bzw gem § 774 BGB über, besteht keine Bevorrechtigung (St/J/*Brehm* § 850d Rn 13). Die Rechtsstellung des Gläubigers beruht hier auf erbrechtlichem Erwerb, Hoheitsakt oder Vertrag und nicht auf gesetzlichen Unterhaltspflichten.

10 **3. Sachlicher Anwendungsbereich. Privilegiert** werden **gesetzliche Unterhaltsansprüche**. Unschädlich ist, wenn die gesetzliche Pflicht vertraglich ausgestaltet wird (BGHZ 31, 210, 218). Dies gilt selbst dann, wenn aus steuerrechtlichen Gesichtspunkten der gesetzliche Unterhaltsanspruch ausgeschlossen und durch einen vertraglichen Anspruch ersetzt wird (MüKoZPO/*Smid* § 850d Rn 2; **aA** Frankf Rpfleger 80, 198). Übersteigt die vertragliche Vereinbarung den gesetzlichen Anspruch, ist der überschießende Betrag nicht nach § 850d privilegiert (Wieczorek/Schütze/*Lüke* § 850d Rn 2). Erfasst wird auch der Sonderbedarf, wie der Anspruch auf einen Prozesskostenvorschuss gegen den Ehegatten aus § 1360a IV BGB, ein Prozesskostenvorschuss anderer Unterhaltsberechtigter unabhängig vom Verfahrensgegenstand (vgl Ddorf FamRZ 68, 208; Musielak/*Becker* § 850d Rn 2; **aA** LG Bremen Rpfleger 70, 214) oder der Entbindungsunterhalt nach § 1615l I 2 BGB (BGH NJW-RR 04, 362, 363). Zwangsvollstreckungskosten teilen das Schicksal der Hauptforderung, nicht aber die prozessualen Kostenerstattungsansprüche (BGH MDR 09, 1190 Tz 7 ff zu prozessualen Kostenerstattungsansprüchen; ThoPu/*Hüßtege* § 850d Rn 6, Letzteres ist str). Zu Unterhaltsrückständen vgl Rz 32 ff.

11 **Nicht** erweitert pfändbar sind nach der höchstrichterlichen Rechtsprechung **Schadensersatzansprüche** wegen der Entziehung gesetzlicher Unterhaltspflichten, etwa nach § 844 BGB (BGH NZI 06, 593 Tz 10; **aA** Stöber Rn 1079).

12 **Nicht bevorrechtigt** ist der Anspruch aus dem schuldrechtlichen Versorgungsausgleich, der auf dem Gedanken der hälftigen Teilhabe des einen Ehegatten an dem in der Ehezeit erworbenen Überschuss am Versorgungssystem auf Seiten des anderen Ehegatten beruht (BGH Rpfleger 05, 676, 677). Ebenfalls unbeachtlich sind vertraglich begründete oder freiwillige Leistungen. Kapitalansprüche zur Abfindung von Unterhalt sind auch dann nicht privilegiert, wenn sie in Raten gezahlt werden (Zö/*Stöber* § 850d Rn 2) und die Ratenhöhe den gesetzlichen Unterhaltsanspruch nennenswert übersteigt. Eine Quotierung ist ausgeschlossen.

13 **II. Pfändungsumfang (Abs 1 S 1 bis 3). 1. Vollstreckungsgegenstand.** Dem privilegierten Zugriff des Gläubigers nach Abs 1 unterliegen das **Arbeitseinkommen** des Schuldners gem § 850 sowie bis zur Hälfte der nach § 850a Nr 1, 2 und 4 pfändungsfreien Bezüge, Da dem Schuldner mindestens die Hälfte der genannten Bezüge verbleiben muss, kann das Gericht auch einen geringeren Beträg für pfändbar erklären (Stöber Rn 1091). Die Abwägung ist eine Frage des Einzelfalls, weswegen nicht von der grundsätzlichen Pfändbarkeit der hälftigen nach § 850a Nr 1, 2, 4 pfandfreien Beträge ausgegangen werden darf. Mit diesem erweiterten Zugriffsrecht wird der Unterhaltsgläubiger ggü einem einfachen Vollstreckungsgläubiger deutlich besser gestellt. Hierbei handelt es sich um ein exzeptionelles Pfändungsrecht des Unterhaltsgläubigers.

Privilegiert pfändbar sind also bis zu einem Viertel des Mehrarbeitsverdiensts, bis zur Hälfte des Urlaubsgelds etc sowie die Weihnachtsvergütungen bis zu einem Betrag von 250 €. Vergütungsbestandteile nach § 850a Nr 3, 5–8 gehören nicht zum Vorrechtsbereich. Auf Antrag kann außerdem in die nach § 850b bedingt pfändbaren Bezüge vollstreckt werden (St/J/*Brehm* § 850d Rn 18).

Verschleiertes Arbeitseinkommen iSv § 850h ist ebenfalls erweitert pfändbar (Musielak/*Becker* § 850d Rn 1). Unterhaltsansprüche des Schuldners, etwa gegen seinen Ehegatten, sind nicht als Arbeitseinkommen zu behandeln. Das Pfändungsprivileg gilt grds auch für die Vollstreckung in laufende Ansprüche auf Sozialleistungen, die gem § 54 IV SGB I nach den Vorschriften über die Pfändung des Arbeitseinkommens und deswegen auch gem § 850d erfolgt. Kindergeld kann allein wegen der Unterhaltsansprüche des durch das Kindergeld begünstigten Kindes gepfändet werden, §§ 54 V SGB I, 76 S 1 EStG (Stöber Rn 1101 ff). 14

Auszugehen ist vom **Nettoeinkommen** des Schuldners (§ 850e Rz 5 ff). Eine dem Gläubiger ungünstige Wahl der Steuerklasse kann unter den Voraussetzungen von § 850h korrigiert werden (§ 850h Rz 21; Zweibr NJW-RR 89, 517). Für den nach den allgemeinen Regeln pfändbaren Betrag gilt zwischen Unterhalts- und anderen Gläubigern das Prioritätsprinzip. Auf den Vorrechtsbereich können nur die nach den §§ 850d, 850f II privilegierten Gläubiger zugreifen. Zwischen diesen Gläubigergruppen gilt wieder das Prioritätsprinzip. Zwischen den Unterhaltsgläubigern gilt die Rangfolge aus Abs 2. 15

2. Sozialrechtliche Unterhaltsbestimmung. Der Pfändungsumfang muss vom Vollstreckungsgericht nach sozialrechtlichen Maßstäben individuell berechnet werden (BGH NJW 08, 227 Tz 30). Der vollstreckungsrechtlich **notwendige Unterhalt** darf dabei nicht mit dem unterhaltsrechtlich notwendigen Selbstbehalt gleichgesetzt werden, der zwar ebenfalls an den sozialrechtlichen Größen ausgerichtet ist, diese aber leicht übersteigt. Sonst wäre in Mängelfällen eine Vollstreckung von Unterhaltsrückständen ausgeschlossen (BGHZ 156, 30, 35). Der frühere Lebensstandard des Schuldners ist für diese Bemessung unerheblich (aA in gewissem Umfang MüKoZPO/*Smid* § 850d Rn 25). Dem Schuldner ist bei der erweiterten Pfändung regelmäßig so viel zu belassen, wie ihm als notwendiger Lebensunterhalt zu gewähren wäre (BGHZ 156, 30, 34, noch zum BSHG). 16

Bei der Unterhaltsbemessung ist zu differenzieren. Um die Umstände des Einzelfalls angemessen zu berücksichtigen, sind die vollstreckungsrechtlichen Maßstäbe entsprechend den sozialrechtlichen Referenzbestimmungen aus den §§ 20 ff SGB II bzw den §§ 27 ff SGB XII zu interpretieren. Wegen des Nachrangs der Sozialhilfe, § 2 SGB XII, sind die Regelungen der **Sozialhilfe** auf die nicht erwerbsfähigen Personen anzuwenden. Dementsprechend ist der notwendige Unterhalt des nicht erwerbsfähigen Schuldners am SGB XII auszurichten. Für den erwerbsfähigen Schuldner ist dagegen auf die im SGB II angelegten Beträge der **Grundsicherung für Arbeitsuchende** abzustellen (LG Aschaffenburg FamRZ 07, 1664, 1665; *Zimmermann/Freeman* ZVI 08, 374, 375 ff; *Neugebauer* MDR 05, 911, 912; **aA** allein SGB XII Zö/*Stöber* § 850d Rn 7; ThoPu/*Hüßtege* § 850d Rn 10). 17

Die höchstrichterliche Rechtsprechung weicht davon tw ab und wendet vorwiegend das SGB XII an, wie es unter Rz 28 dargestellt ist. In der Entscheidung des BGH 23.2.2005 (BGHZ 162, 234, 245 f) hat das Gericht in einem obiter dictum allein auf das SGB XII abgestellt. Entscheidungsgegenstand war die Obliegenheit des Schuldners von Kindesunterhalt, einen Insolvenzantrag zu stellen. Dabei hat der BGH die frühere Orientierung des notwendigen Lebensbedarfs an den Abschnitten 2 und 4 des BSHG mit dem SGB XII Kapitel 3 und 11 übersetzt. Eine Stellungnahme zum SGB II oder gar eine Abgrenzung zwischen dem SGB II und dem SGB XII ist damit weder verbunden noch sachlich erfolgt und war wohl auch nicht angezeigt. In der Entscheidung vom 12.12.07 (BGH NJW-RR 08, 733 f) bestätigt der BGH diese Rspr ohne zu erklären, warum der Begriff des notwendigen Unterhalts anders als in § 850f I ausgelegt werden soll. In einer Entscheidung vom 25.11.10 (WM 11, 76) bestätigt das Gericht diese Judikatur und überträgt sie auf den Begriff des notwendigen Unterhalts nach § 850f II. Offen gelassen hat der BGH, ob im Einzelfall auf die Vorschriften des SGB II zurückgegriffen werden kann (BGH WM 11, 76 Tz 9). Soweit auf den Regelsatz abzustellen ist, besteht allerdings kein Unterschied zur hier vertretenen Ansicht, da der nach den §§ 28, 40 SGB XII festgesetzte Regelsatz dem des § 20 II 1, IV SGB II entspricht. 18

Die Unterscheidung ist sowohl aus funktionellen Erwägungen erforderlich als auch, um die Kohärenz zwischen den vollstreckungsrechtlichen Bestimmungen und zu den sozialhilferechtlichen Regeln zu wahren. Der Begriff des notwendigen Unterhalts in § 850d stimmt mit dem aus den §§ 850i, 850h sowie dem notwendigen Lebensunterhalt aus **§ 850f I** überein. Der Schuldner muss auch nach § 850d das in § 850f I bestimmte Mindestmaß dessen behalten, was er zur Sicherung seines Lebensunterhalts benötigt. § 850f I lit a) verweist aber für die Gewährleistung des notwendigen Unterhalts nicht nur auf das 19

3. und 11. Kapitel des SGB XII, sondern ausdrücklich auch auf das Kapitel 3 Abschnitt 2 des SGB II, also auf die §§ 19–35 SGB II.

20 Für die innere Konkordanz der Regelungen ist diese Ausdifferenzierung schon deswegen zu beachten, weil etwa § 82 III SGB XII andere Freibeträge beim Einkommen kennt, als sie in § 30 SGB II vorgesehen sind. Beide Vorschriften stellen auf grdl andere Modelle ab (Eicher/Spellbrink/*Lang/Link* SGB II § 30 Rn 2). Könnte ein erwerbstätiger Schuldner bis hinunter zu den Grenzen des SGB II gepfändet werden, müsste der Sozialleistungsträger das Einkommen bis zum Maß der durch das SGB II gewährleisteten Grundsicherung aufstocken. Dann käme es zu dem allgemein unerwünschten Ergebnis, wonach der Gläubiger eine Befriedigung auf Kosten der Allgemeinheit erreichen könnte.

21 **3. Unterhaltsbedarf des Schuldners. a) Erwerbsfähiger Schuldner.** Der notwendige Unterhalt ist für den erwerbsfähigen Schuldner nach den §§ 20 ff SGB II zu berechnen (LG Darmstadt ZVI 07, 364, 365). Bestandteil ist ein Betrag in Höhe des Regelsatzes (BGH WM 11, 76 Tz 13). Anzusetzen ist zunächst der **Regelsatz** nach § 20 SGB II von derzeit 364 €. In diesem Satz sind die Kosten für einen Telefonanschluss enthalten. Der Betrag ist nicht um die GEZ-Gebühren zu erhöhen. Diese Regelleistung ist Element des untersten Netzes der sozialen Sicherung, in welches im Wege der Zwangsvollstreckung nicht eingegriffen werden kann. Der Empfänger ist frei, den als Teil des Existenzminimums festgestellten Betrag zur Deckung seiner Bedarfe eigenverantwortlich zu verwenden (BGH WM 11, 76 Tz 13, 19). Auch der darin enthaltene Ansparanteil darf nicht dem Pfändungszugriff ausgesetzt sein (BGH WM 11, 76 Tz 17). Ebenso wenig wie der Anspruch auf Sozialhilfe nach § 17 I 2 SGB XII ist aufgrund einer Wertungsparallele auch ein sachlich entsprechender Anspruch auf Geldleistung nach dem SGB II pfändbar (BGH WM 11, 76 Tz 20).

22 Hinzuzurechnen sind die angemessenen tatsächlichen Leistungen für **Unterkunft und Heizung** gem § 22 SGB II. Regelmäßig ist von der tatsächlich gezahlten Miete auszugehen (LG Darmstadt ZVI 07, 364, 366; Eicher/Spellbrink/*Lang/Link* SGB II § 22 Rn 15c). Zur Bemessung der Kosten für Unterkunft und Heizung vgl § 850f Rz 14.

23 Die Kosten für Unterkunft und Heizung sind auf eine **angemessene Höhe** zu begrenzen. Zu deren Bestimmung vgl § 850f Rz 15 f.

24 Zusätzlich sind **Mehrbedarfe** nach § 21 SGB II bei Schwangerschaft, Alleinerziehenden, abhängig von Zahl und Alter der Kinder, Behinderung sowie kostenaufwändiger Ernährung zu berücksichtigen. Die Summe des Mehrbedarfs darf nach § 21 VI SGB II die Höhe des für Erwerbsfähige maßgebenden Regelbedarfs nicht übersteigen.

25 Anzusetzen sind außerdem die **Beträge nach § 11 II Nr 3–5 SGB II**. Zu den dabei anzusetzenden Beträgen vgl § 850f Rz 18. Hier können die Umstände des Einzelfalls berücksichtigt werden.

26 Weiter abzusetzen ist der **Besserstellungszuschlag** nach den §§ 11 II Nr 6, 30 SGB II (vgl BGH NJW-RR 04, 506, 508). Nach dieser Regelung sind dem Schuldner von seinem Einkommen zwischen 100 € und 800 € zusätzlich 20 %, also bis zu 140 € zu belassen. Von den Einkünften zwischen 800 € und 1.200 € verbleiben ihm weitere 10 %, dh bis zu 40 €. Der Besserstellungszuschlag beläuft sich demnach auf insgesamt 180 €. Für einen Schuldner mit einem unterhaltsberechtigten Kind ist der Betrag auf max 210 € zu erhöhen.

27 Von den Bezügen gem § 850a Nr 1, 2 und 4 muss dem Schuldner zumindest die Hälfte des nach dieser Vorschrift unpfändbaren Betrags verbleiben (Rz 13). Unberücksichtigt bleibt der Zuschlag nach § 24 SGB II (LG Münster Rpfleger 05, 550).

28 **b) Nicht erwerbsfähiger Schuldner.** Der notwendige Unterhalt ist für den nicht erwerbsfähigen Schuldner nach den §§ 28 ff SGB XII zu berechnen. Insb die höchstrichterliche Rechtsprechung wendet diese Regeln auch auf den erwerbstätigen Schuldner an (vgl Rz 18). Der Anspruch auf Sozialhilfe ist nach § 17 I 2 SGB XII nicht pfändbar. Anzusetzen ist zunächst der **Regelsatz** nach § 28 SGB XII von derzeit 364 €. In diese Regelleistung darf als Element des untersten Netzes der sozialen Sicherung im Wege der Zwangsvollstreckung nicht eingegriffen werden. Der Empfänger ist frei, den als Teil des Existenzminimums festgestellten Betrag zur Deckung seiner Bedarfe eigenverantwortlich zu verwenden (BGH WM 11, 76 Tz 13, 19). Auch der darin enthaltene Ansparanteil darf nicht dem Pfändungszugriff ausgesetzt sein (BGH WM 11, 76 Tz 17). Hinzu kommen die angemessenen tatsächlichen Kosten für **Unterkunft und Heizung** gem § 29 SGB XII (vgl Rz 22 f). Anzusetzen sind auch die Aufwendungen für **Mehrbedarfe** nach § 30 SGB XII, etwa bei Erwerbsminderungen sowie die Versicherungs- und Vorsorgeaufwendungen nach den §§ 32 f SGB XII. Zu berücksichtigen sind außerdem die einmaligen Bedarfe nach § 31 SGB XII für Erstausstattung der Woh-

nung bzw für Kleidung. Diese Kosten können regelmäßig mit 30 % des Regelsatzes pauschaliert werden (10 % Hamm JurBüro 84, 1900, 1901; 20 % Köln JurBüro 96, 493, 494; 30 % Köln NJW-RR 93, 1156; LG Stuttgart Rpfleger 90, 173; regelmäßig 50 % Frankf Rpfleger 01, 38, 39). Zusätzlich sind gem § 82 III SGB XII 30 % des Einkommens aus selbständiger oder nicht selbständiger Arbeit jedoch max 50 % des Eckregelsatzes zu berücksichtigen. Bei diesen Positionen kann die besondere Situation des Einzelfalls berücksichtigt werden. Soweit der Bedarf nicht von den tatsächlichen Aufwendungen abhängt, ist eine Herabsetzung wegen besonderer Sparsamkeit des Schuldners ausgeschlossen, weil dem Schuldner die Verwendungsentscheidung überlassen bleibt (Hk-ZV/*Meller-Hannich* § 850d ZPO Rn 20).

4. Sonstige Abzugsposten. Unpfändbar ist nach Abs 1 S 2 auch der Betrag, den der Schuldner zur Erfüllung seiner gesetzlichen **Unterhaltspflichten** ggü vorrangigen Unterhaltsgläubigern benötigt. Die gesetzlichen Unterhaltspflichten können nur dann berücksichtigt werden, wenn der Schuldner tatsächlich Unterhalt leistet. Da dem Schuldner die zur Erfüllung seiner Unterhaltspflicht erforderlichen Mittel uneingeschränkt zur Verfügung stehen sollen, ist nicht auf die Höhe der tatsächlichen Leistungen, sondern auf den gesetzlichen Anspruch abzustellen (BGH ZVI 10, 348 Tz 12 ff). Um die Konformität mit dem Unterhaltsbedarf des Schuldners zu gewährleisten, ist für die Unterhaltshöhe auf den notwendigen Unterhalt (Mu/*Becker* § 850d Rn 7; oben Rz 21 ff) und nicht den angemessenen Unterhalt aus § 1610 BGB zurückzugreifen. Leistet der Schuldner aufgrund einer anderen Verpflichtung Unterhalt, kann dies ggf gem § 850f I lit a) auf Antrag berücksichtigt werden (§ 850f Rz 21). Eigene Einkünfte anderer Unterhaltsberechtigter können nur iRe Antrags nach § 850c IV berücksichtigt werden (**aA** Schuschke/Walker/*Kessal-Wulf* § 850d Rn 8), denn § 850d verdrängt nicht § 850c, sondern ergänzt dessen Regelungen für den Vorrechtsbereich. Sonst käme es zu einer Kollision, wenn ein nicht privilegierter Gläubiger einen Antrag nach § 850c IV stellt. Reicht das Einkommen des Schuldners nicht aus, um die mit dem beitreibenden Unterhaltsgläubiger gleichrangigen Berechtigten, vgl Abs 2, zu befriedigen, ist der pfändbare Betrag aufzuteilen. Die Verteilung hat grds nicht nach Kopfteilen, sondern im Verhältnis des jeweiligen Unterhaltsbedarfs zu erfolgen (Stöber Rn 1100). Nur wenn dieser nicht bekannt ist, kommt eine gleichmäßige Aufteilung in Betracht. 29

Aufwendungen des Schuldners zur Erfüllung von Verbindlichkeiten sind grds zu berücksichtigen (MüKoZPO/*Smid* § 850d Rn 26). Dies gilt insb, wenn sie zum Aufbau oder zur Sicherung der Lebensgrundlage dienen oder dem Unterhaltsgläubiger zugute gekommen sind. Zur Immobilienfinanzierung s.o. Rz 22. Ausgenommen sind unangemessene Verbindlichkeiten nach dem Maßstab des § 290 I Nr 4 InsO (vgl FK-InsO/*Ahrens* § 290 Rn 33 ff). 30

5. Kappungsgrenze. Hat das Vollstreckungsgericht den notwendigen Unterhalt des Schuldners bestimmt, muss es eine Vergleichsrechnung nach Abs 1 S 3 vornehmen. Der dem Schuldner verbleibende Teil des Einkommens darf danach nicht den Freibetrag aus § 850c ggü nicht privilegierten Gläubigern übersteigen, sonst ist der Pfändungsfreibetrag zugrunde zu legen (LG Hamburg NJW-RR 92, 264, 265). Unterhaltsgläubiger sollen nicht ggü einfachen Gläubigern benachteiligt werden. Dies kann insb bedeutsam werden, wenn die tatsächlichen Unterhaltsleistungen die Freibeträge nach § 850c I 2 übersteigen. Vereinzelt kann die Kappungsgrenze auch zu berücksichtigen sein, wenn mehr als die nach § 850c I 2 zu berücksichtigenden fünf Unterhaltsberechtigten existieren. Allerdings darf in diesem Fall das Existenzminimum nicht unterschritten werden. Auch bei einer bevorrechtigten Vollstreckung nach § 850d und ggf einer Beschränkung des notwendigen Unterhalts auf den Pfändungsfreibetrag muss das Existenzminimum des Schuldners nach § 850f I gewahrt bleiben (Frankf NJW-RR 00, 220, 221). Übersteigt das Existenzminimum den Pfändungsfreibetrag nach § 850c, wird diese Vollstreckungsgrenze auf Antrag des Schuldners berücksichtigt, der auch in einem Rechtsbehelf enthalten sein kann. Ggf bleibt dem Schuldner ein besonderer Antrag nach § 850f I vorbehalten. 31

III. Unterhaltsrückstände (Abs 1 S 4). Der bevorrechtigte Zugriff besteht auch für die im letzten Jahr vor dem Antrag auf Erlass des Pfändungsbeschlusses fällig gewordenen rückständigen Unterhaltsforderungen des Gläubigers. Abzustellen ist auf den Eingang des Antrags bei Gericht. Für ältere Rückstände gilt die Privilegierung nicht, soweit nicht anzunehmen ist, dass der Schuldner sich seiner Zahlungspflicht absichtlich entzogen hat, Abs 1 S 4. **Überjährige Rückstände** sind nur dann nicht bevorrechtigt, wenn die Voraussetzungen von Abs 1 S 4 vorliegen. Aufgrund der negativen Formulierung trägt der Schuldner die Darlegungs- und Beweislast dafür, dass er sich seiner Unterhaltsverpflichtung nicht absichtlich entzogen hat (BGH NJW-RR 05, 718, 719). 32

33 Der Unterhaltsschuldner hat sich seiner Zahlungsverpflichtung unter den gleichen Voraussetzungen wie nach § 1585b III BGB **absichtlich entzogen** (BGH NJW-RR 05, 718, 719). Dazu muss er durch ein zweckgerichtetes Handeln oder Unterlassen die zeitnahe Realisierung der Unterhaltsschuld verhindert oder zumindest wesentlich erschwert haben. Dies setzt nicht stets ein aktives Hintertreiben der Unterhaltsschuld voraus (BGHZ 105, 250, 257). Auch muss der Schuldner nicht in der Absicht gehandelt haben, für die rückständigen Zahlungen durch Ausnutzung der Jahresfrist das Pfändungsvorrecht auszuschließen (BGH NJW-RR 05, 718, 719; s.a. KG Rpfleger 86, 394, 395).

34 **Zweckgerichtet** handelt der Schuldner bereits dann, wenn er trotz bestehender Zahlungsmöglichkeit die ihm zur Verfügung stehenden Mittel für andere Zwecke verwendet und so die zeitnahe Realisierung der entstehenden Rückstände zumindest wesentlich erschwert. Daran fehlt es, wenn der Schuldner sich aus vertretbaren Rechtsgründen nicht für zahlungspflichtig halten muss (LG Braunschweig JurBüro 86, 1422, 1423) bzw die Unterhaltshöhe noch nicht feststeht und besondere Umstände hinzutreten, der Schuldner etwa einen angemessenen Teilbetrag leistet (KG Rpfleger 86, 394, 395). Eine Zweckrichtung besteht auch dann, wenn der Schuldner seiner – ggü minderjährigen Kindern gesteigerten – unterhaltsrechtlichen Verpflichtung, die Arbeitskraft voll einzusetzen, trotz entsprechender Arbeitsmöglichkeiten nicht nachkommt. Da es sich bei dem Tatbestandsmerkmal um eine innere Tatsache handelt, lässt sich regelmäßig nur indirekt erschließen, ob der Schuldner sich seiner Zahlungspflicht absichtlich entzogen hat (BGH NJW-RR 05, 718, 719).

35 **C. Rangfolge der Unterhaltsgläubiger (Abs 2).** Können aus dem erweitert pfändbaren Arbeitseinkommen des Schuldners nicht alle Unterhaltsberechtigten befriedigt werden, schreibt Abs 2 Hs 1 die besondere Rangfolge aus § 1609 BGB und § 16 LPartG vor. Die Rangfolge gilt bei einer Pfändung nach § 850d I durch mehrere Unterhaltsberechtigte. Mehrere gleich nahe Berechtigte haben untereinander den gleichen Rang, Abs 2 Hs 2. Dieses **Rangprinzip** ersetzt bei der Pfändung wegen Unterhaltsansprüchen zwischen den Unterhaltsberechtigten das Prioritätsprinzip (vgl *Wolf/Hintzen* Rpfleger 08, 337; zu den Wirkungen vgl Rz 48 ff).

36 Im **ersten Rang** stehen die minderjährigen unverheirateten bzw geschiedenen Kinder sowie die volljährigen unverheirateten bzw geschiedenen Kinder nach § 1603 II 2 BGB bis zur Vollendung des 21. Lebensjahrs, die im Haushalt der Eltern oder eines Elternteils leben und sich in einer allgemeinen Schulausbildung befinden. Dazu gehören nur die Kinder, deren Unterhaltsanspruch nach § 850d privilegiert ist, also Adoptiv- sowie Zählkinder, nicht aber Pflegekinder.

37 Den **zweiten Rang** nehmen Elternteile ein, die wegen Betreuung eines Kindes unterhaltsberechtigt sind oder bei einer Scheidung wären, sowie Ehegatten und geschiedene Ehegatten bei einer Ehe von langer Dauer. Entsprechendes gilt für die Partner einer eingetragenen Lebensgemeinschaft. Den **dritten Rang** bilden die Ehegatten und geschiedenen Ehegatten, die nicht in der zweiten Rangklasse aufgenommen sind. Im **vierten Rang** stehen die nicht zur ersten Rangklasse gehörenden Kinder. Den **fünften Rang** nehmen Enkelkinder und weitere Abkömmlinge, den **sechsten Rang** Eltern und den **siebten Rang** weitere Verwandte in aufsteigender Linie ein, wobei die Näheren den Entfernteren vorgehen (Schuschke/Walker/*Kessal-Wulf* § 850d Rn 13 ff).

38 **D. Vorratspfändung (Abs 3).** Nach den allgemeinen Grundsätzen muss eine Zwangsvollstreckung wegen einer fälligen Titelforderung, § 751 I, in eine fällige Forderung erfolgen. In verschiedener Hinsicht erweist sich dieses Vollstreckungskorsett als zu eng. Deswegen erstrecken die §§ 832, 833 das Pfandrecht auf die nach der Pfändung fällig werdenden Bezüge. Bei der zu § 751 I entwickelten Dauerpfändung wird außerdem die gepfändete Forderung aufschiebend befristet am Tag nach Fälligkeit verstrickt. Als Schwäche der Dauerpfändung entsteht das Pfandrecht allerdings erst im Rang der jeweiligen Fälligkeitstermine (Hamm NJW-RR 94, 895, 896). Die ausnahmsweise in Abs 3 zugelassene Vorratspfändung geht darüber hinaus und lässt eine **rangsichernde Pfändung** wegen künftiger Ansprüche zu. Eine erweiternde Auslegung der Vorschrift scheidet regelmäßig aus. Liegen die Voraussetzungen einer Vorratspfändung nicht vor, ist eine Dauerpfändung ohne rangwahrende Wirkung möglich (LG Kassel JurBüro 10, 156).

39 Voraussetzung ist zunächst eine Vollstreckung wegen künftig fällig werdender **Unterhaltsansprüche** nach Abs 1 oder solcher Ansprüche auf Renten wegen Körper- oder Gesundheitsverletzung. Mit der Vorratspfändung können die künftigen Ansprüche auf laufendes **Arbeitseinkommen**, aber auch Ansprüche auf einmalige Leistungen des Arbeitgebers (**aA** MüKoZPO/*Smid* § 850d Rn 22) sowie die gleichgestellten sozialrechtlichen Ansprüche gepfändet werden. Die Ansprüche etwa auf Sonderzahlungen müssen nach § 832 als

künftige Bezüge pfändbar sein (§ 832 Rz 5). Weitere Restriktionen bestehen insoweit nicht, denn Abs 3 modifiziert nicht die Anforderungen an die gepfändete, sondern an die titulierte Forderung.

Mit der Vorratspfändung erfolgt in typisierter Form eine **prognostische Entscheidung**, wonach eine erst zukünftig fällige Titelforderung nicht freiwillig erfüllt wird. Als Ausdruck einer geronnenen Erfahrung mag eine solche Einschätzung vielfach berechtigt sein. Dennoch bedarf ein so weitgehender Eingriff in die Schuldnerinteressen einer besonderen vollstreckungsrechtlichen Legitimation. Diese Rechtfertigung bildet eine laufende Vollstreckung. Ist jedoch weder eine Pfändung wegen rückständiger noch wegen laufender Unterhaltsforderungen ausgebracht, besteht kein hinreichender Anhaltspunkt für eine mögliche Gefährdung der Gläubigerinteressen, der es legitimiert, bereits wegen künftiger Ansprüche zu pfänden. Ausdrücklich lässt Abs 3 deshalb eine Vorratspfändung nur zusammen mit einer Pfändung wegen laufender Ansprüche zu. Eine **isolierte Vorratspfändung** ist **unzulässig** (Frankfurt OLGR 00, 269). 40

Aufzuheben ist die Vorratspfändung nicht schon dann, wenn sämtliche Rückstände beglichen sind. Vielmehr bedarf es zusätzlicher Anhaltspunkte, weshalb der Schuldner zukünftig pflichtgemäß zahlen wird (Gottwald § 850d Rn 19). Die Vorratspfändung muss aber aufgehoben werden, wenn der Rückstand nicht auf Zahlungsunfähigkeit oder mangelndem Zahlungswillen beruhte, sondern sich der Unterhaltsschuldner in einem unverschuldeten Irrtum befunden und den Rückstand nach Aufdeckung des Irrtums voll ausgeglichen hat (Bambg FamRZ 94, 1540). 41

E. Verfahren. Die Pfändung nach § 850d I erfolgt auf **Antrag** eines berechtigten Gläubigers. Der Antrag muss ausdrücklich auf eine Pfändung in den Vorrechtsbereich gerichtet sein oder zumindest dieses Begehren erkennen lassen. Der Antrag muss das pfändungsfreie Einkommen des Schuldners nicht betragsmäßig beziffern. Es genügt jedoch nicht, wenn ein Unterhaltsberechtigter einen Pfändungsantrag stellt und sich die Bevorrechtigung aus dem Titel ergibt. Als Prozesshandlung ist der Antrag zwar so auszulegen, wie dies vernünftig ist sowie der recht verstandenen Interessenlage des Gläubigers entspricht (vgl BGHZ 149, 298, 310). Er muss aber erkennen lassen, dass wegen eines Unterhaltsanspruchs mehr als nur eine Pfändung nach § 850c gewünscht ist. Der Antrag ist nicht fristgebunden und kann auch während einer laufenden Pfändung gestellt werden. 42

Die bevorrechtigte Pfändung ist beim örtlich zuständigen **Vollstreckungsgericht** zu beantragen (§ 828 Rz 7 f). Das Pfändungsgesuch kann mit den Anträgen nach den §§ 850b, 850c IV, 850e Nr 2 und 2a, 850f II verbunden werden. Der Pfändungs- und Überweisungsbeschluss ist durch den funktionell zuständigen Rechtspfleger zu erlassen (§ 828 Rz 3). Eine Vorpfändung nach § 845 ist unzulässig, weil die Höhe des unpfändbaren Betrags durch das Vollstreckungsgericht festgelegt wird (**aA** St/J/*Brehm* § 850d Rn 48; Wieczorek/Schütze/*Lüke* § 850d Rn 56; Stöber Rn 1130). 43

Der Gläubiger muss sein **tituliertes Vorrecht** nachweisen. Hierfür gelten die selben Grundsätze, wie für die Vollstreckung eines Anspruchs aus vorsätzlich begangener unerlaubter Handlung nach § 850f II (§ 850f Rz 35 ff; *Hoffmann* NJW 73, 1111, 1113; St/J/*Brehm* § 850d Rn 41; ThoPu/*Hüßtege* § 850d Rn 2; **aA** Zö/*Stöber* § 850d Rn 12). Wegen der Kompetenzverteilung zwischen Erkenntnis- und Vollstreckungsgericht muss sich die Bevorrechtigung aus einem Titel ergeben, der auf einer Schlüssigkeitsprüfung des Erkenntnisgerichts beruht. Als qualifizierter Titel genügt ein Vollstreckungsbescheid nicht. Weist der Titel die Bevorrechtigung nicht aus, kann der Gläubiger eine titelergänzende Feststellungsklage erheben. Diese Anforderungen weichen deutlich von der vielfach vertretenen Ansicht ab, wonach die Privilegierung auch auf andere Weise dargelegt und bewiesen werden kann, etwa durch Beiziehung der Verfahrensakten (Frankf JurBüro 80, 778, 780; MüKoZPO/*Smid* § 850d Rn 21). 44

Zusätzlich muss der Gläubiger die **wesentlichen Umstände darlegen**, nach denen der notwendige Unterhalt des Schuldners zu bemessen ist. Erforderlich sind Angaben zur Art der Tätigkeit des Schuldners, seinen Zahlungen und der Stellung der vorrangigen bzw gleichrangigen Unterhaltsberechtigten (Schuschke/Walker/*Kessal-Wulf* § 850d Rn 19). Da die Pfändung an der Grenze zum Existenzminimum erfolgt, sind auch Angaben zur Höhe der Wohn- und Heizungskosten unverzichtbar. Durch das besondere Näheverhältnis eines Unterhaltsberechtigten zum Schuldner werden hierdurch auch keine unangemessenen Anforderungen gestellt. 45

Fehlende Angaben sind vom Gläubiger nach Aufforderung durch das Gericht zu ergänzen. Ein Beweis ist grds nicht erforderlich, kann aber vom Gericht bei Zweifeln verlangt werden. Das **Anhörungsverbot** aus § 834 ist verfassungskonform einzuschränken. Wegen der insoweit möglichen Gefährdung des verfassungsrechtlich geschützten Existenzminimums muss das Verbot hier zurückstehen (§ 834 Rz 3; St/J/*Brehm* § 850d 46

Rn 42; **aA** Stöber Rn 1127). Allein durch eine Anhörung des Schuldners ist sein notwendiger Unterhaltsbedarf und der von ihm an die anderen Berechtigten zu leistende Unterhalt zu ermitteln.

47 Das Gericht muss im **Pfändungsbeschluss** den Betrag beziffern, der dem Schuldner für den Auszahlungszeitraum pfändungsfrei verbleibt. Ein **Blankettbeschluss** ist unzulässig (Stöber Rn 1121; *Wolf/Hintzen* Rpfleger 08, 337). Das Gericht fällt eine Ermessensentscheidung (St/J/*Brehm* § 850d Rn 44).

48 **F. Wirkungen.** Bei den Wirkungen der Pfändung ist zu unterscheiden. Für das nach § 850c pfändbare Einkommen gilt das **Prioritätsprinzip** aus § 804 auch im Verhältnis zwischen einfachen und bevorrechtigten Gläubigern. Bei kollidierenden Ansprüchen zwischen den Unterhaltsgläubigern ersetzt das **Rangprinzip** aus Abs 2 den Prioritätsgedanken. Nach ihrer systematischen Stellung gilt die Rangordnung für das nach § 850d erweitert pfändbare Einkommen. Aufgrund des Wortlauts von Abs 2 und seiner Zielsetzung einer allgemeinen Kollisionsentscheidung gilt der Ranggrundsatz nicht nur für den Vorrechtsbereich, sondern für das gesamte wegen eines Unterhaltsanspruchs gepfändete Einkommen.

49 Liegt **keine frühere Pfändung** vor und bestehen keine vor- oder gleichrangigen Unterhaltsansprüche, ist der über den notwendigen Unterhalt des Schuldners hinausgehende Betrag auf Antrag für gepfändet zu erklären. Bestehen Ansprüche vorrangiger Unterhaltsgläubiger, ist der notwendige Unterhalt des Schuldners um deren tatsächliche Ansprüche zu erhöhen. Nachrangige Gläubiger sind bei der Bemessung des Freibetrags nicht zu berücksichtigen (*Kreutzkam* JurBüro 09, 60, 63).

50 Genügt das pfändbare Einkommen unter Berücksichtigung vorrangiger Unterhaltsgläubiger nicht, um den Gläubiger und die mit ihm gleichrangigen Unterhaltsberechtigten zu befriedigen, ist der pfändbare Anteil im Verhältnis des jeweiligen Unterhaltsbedarfs zu bestimmen und die auf den Vollstreckungsgläubiger entfallende **Quote** zu pfänden (St/J/*Brehm* § 850d Rn 23). Hat der privilegierte Gläubiger allein eine Pfändung nach § 850c beantragt und folgt die Pfändung wegen eines sonstigen Anspruchs nach, sind auf den Unterhaltsanspruch auf Antrag gem § 850e Nr 4 zunächst die der erweiterten Pfändung unterliegenden Teile des Arbeitseinkommens zu verrechnen (§ 850e Rz 41 ff).

51 Besteht eine **frühere**, aber **nicht privilegierte Pfändung**, ist die Vollstreckung für den Unterhaltsgläubiger auf den Vorrechtsbereich zu beschränken, dh auf die Differenz zwischen dem nach § 850d unpfändbaren Betrag und der Pfändungsfreigrenze nach § 850c. Ggf sind die Quoten für gleichrangige Unterhaltsgläubiger zu berücksichtigen. Der Beschl wird mit der Zustellung an den Drittschuldner wirksam. Im **Einziehungsprozess** ist das Prozessgericht an die Festsetzung des Vollstreckungsgerichts gebunden (BAG NJW 61, 1180, 1181; LAG Düsseldorf NZA-RR 02, 35, 36).

52 Liegt eine **frühere Pfändung** für einen vorrangigen Gläubiger vor, gilt im Vorrechtsbereich das Rang- und iÜ das Prioritätsprinzip (Zö/*Stöber* § 850d Rn 21). Einer früheren Pfändung für einen gleichrangigen Gläubiger kommt für das erweitert pfändbare Einkommen keine Bedeutung zu. Das Prioritätsprinzip wird dort durch die Rangfolge des § 850d II verdrängt (Wieczorek/Schütze/*Lüke* § 850d Rn 48).

53 **G. Rechtsbehelfe.** Gegen eine ganz oder tw die bevorrechtigte Pfändung ablehnende Entscheidung steht dem **Gläubiger** die sofortige Beschwerde zu, bei einer richterlichen Entscheidung gem §§ 793, 567 ff, sonst nach § 11 I RPflG iVm §§ 793, 567 ff. Dieses Rechtsmittel ist auch einzulegen, wenn das Gericht einen höheren Unterhaltsbedarf des Schuldners zugrunde gelegt hat, als vom Gläubiger angegeben. Hat der Gläubiger den notwendigen Unterhalt nicht beziffert, kann er gegen einen überhöhten Ansatz Erinnerung nach § 766 einlegen.

54 Wurde der **Schuldner** angehört, kann er gegen den Pfändungsbeschluss die sofortige Beschwerde einlegen, § 11 I RPflG iVm §§ 793, 567 ff, bzw bei einer richterlichen Entscheidung nach den §§ 793, 567 ff. Ist die Anhörung unterblieben, ist er zur Erinnerung nach § 766 berechtigt. Diese Rechtsbehelfe stehen dem Schuldner auch wegen einer privilegierten Pfändung wegen überjähriger Zahlungsrückstände oder einer Vorratspfändung zu. Ggf kann der Schuldner auch einen Antrag nach § 850f I stellen. Der **Drittschuldner** sowie **unterhaltsberechtigte Angehörige** können Erinnerung nach § 766 einlegen. Zusätzlich kann ein unterhaltsberechtigter Angehöriger auch einen Antrag nach § 850g stellen.

55 **H. Insolvenzverfahren.** Unterhaltsrückstände aus der Zeit vor Eröffnung des Insolvenzverfahrens sind Insolvenzforderungen (BGHZ 162, 234, 245). Es ist auch nicht danach zu differenzieren, ob der Pfändungs- und Überweisungsbeschluss vor oder nach Eröffnung des Insolvenzverfahrens zugestellt ist (BAG NJW 10, 253 Tz 20). Die Gläubiger von rückständigem Unterhalt werden im Insolvenz- und Restschuldbefreiungsverfahren nicht durch § 850d privilegiert (LAG Hamm NZI 11, 772, 774), denn § 36 I 2 InsO bzw § 292 I 3 iVm § 36 I 2 InsO verweisen nicht auf die Vorschrift. In einem Gesamtvollstreckungsverfahren

kann dieses allein auf eine bestimmte Gläubigergruppe zugeschnittene Vorrecht nicht herangezogen werden. Dagegen können die am Insolvenzverfahren nicht teilnehmenden privilegierten Unterhaltsberechtigten wegen ihrer nach Eröffnung des Insolvenzverfahrens fällig werdenden Unterhaltsforderungen in den Vorrechtsbereich vollstrecken (BGH NZI 08, 50; *Ahrens* NZI 08, 24).

I. Kosten/Gebühren. Für den Erlass des Pfändungsbeschlusses entsteht eine **Gerichtsgebühr** nach KV 2110 in Höhe von 15 €. Der Gegenstandswert ist nach § 42 I GKG zu berechnen. Dem **Rechtsanwalt** steht eine Gebühr mit einem Satz von 0,3 gem § 18 Nr 3 RVG iVm VV 3309 zu. Ist eine Vollstreckungsgebühr bereits entstanden, fällt sie nicht erneut an. Der Gegenstandswert einer Vorratspfändung ist nach § 25 I Nr 1 Hs 2 RVG iVm § 42 I, II GKG zu berechnen. Der **Gerichtsvollzieher** erhält für die Zustellung die Gebühr nach § 9 GVKostG iVm KV Nr 100 von 7,50 €. Außerdem sind seine Auslagen gem KV Nr 711, 713 zu erstatten. 56

§ 850e Berechnung des pfändbaren Arbeitseinkommens. **[1]Für die Berechnung des pfändbaren Arbeitseinkommens gilt Folgendes:**

1. [1]Nicht mitzurechnen sind die nach § 850a der Pfändung entzogenen Bezüge, ferner Beträge, die unmittelbar auf Grund steuerrechtlicher oder sozialrechtlicher Vorschriften zur Erfüllung gesetzlicher Verpflichtungen des Schuldners abzuführen sind. [2]Diesen Beträgen stehen gleich die auf den Auszahlungszeitraum entfallenden Beträge, die der Schuldner
   a) nach den Vorschriften der Sozialversicherungsgesetze zur Weiterversicherung entrichtet oder
   b) an eine Ersatzkasse oder an ein Unternehmen der privaten Krankenversicherung leistet, soweit sie den Rahmen des Üblichen nicht übersteigen.

2. [1]Mehrere Arbeitseinkommen sind auf Antrag vom Vollstreckungsgericht bei der Pfändung zusammenzurechnen. [2]Der unpfändbare Grundbetrag ist in erster Linie dem Arbeitseinkommen zu entnehmen, das die wesentliche Grundlage der Lebenshaltung des Schuldners bildet.

2a. [1]Mit Arbeitseinkommen sind auf Antrag auch Ansprüche auf laufende Geldleistungen nach dem Sozialgesetzbuch zusammenzurechnen, soweit diese der Pfändung unterworfen sind. [2]Der unpfändbare Grundbetrag ist, soweit die Pfändung nicht wegen gesetzlicher Unterhaltsansprüche erfolgt, in erster Linie den laufenden Geldleistungen nach dem Sozialgesetzbuch zu entnehmen. [3]Ansprüche auf Geldleistungen für Kinder dürfen mit Arbeitseinkommen nur zusammengerechnet werden, soweit sie nach § 76 des Einkommensteuergesetzes oder nach § 54 Abs. 5 des Ersten Buches Sozialgesetzbuch gepfändet werden können.

3. [1]Erhält der Schuldner neben seinem in Geld zahlbaren Einkommen auch Naturalleistungen, so sind Geld- und Naturalleistungen zusammenzurechnen. [2]In diesem Fall ist der in Geld zahlbare Betrag insoweit pfändbar, als der nach § 850c unpfändbare Teil des Gesamteinkommens durch den Wert der dem Schuldner verbleibenden Naturalleistungen gedeckt ist.

4. [1]Trifft eine Pfändung, eine Abtretung oder eine sonstige Verfügung wegen eines der in § 850d bezeichneten Ansprüche mit einer Pfändung wegen eines sonstigen Anspruchs zusammen, so sind auf die Unterhaltsansprüche zunächst die gemäß § 850d der Pfändung in erweitertem Umfang unterliegenden Teile des Arbeitseinkommens zu verrechnen. [2]Die Verrechnung nimmt auf Antrag eines Beteiligten das Vollstreckungsgericht vor. [3]Der Drittschuldner kann, solange ihm eine Entscheidung des Vollstreckungsgerichts nicht zugestellt ist, nach dem Inhalt der ihm bekannten Pfändungsbeschlüsse, Abtretungen und sonstigen Verfügungen mit befreiender Wirkung leisten.

Inhaltsübersicht

	Rz
A. Normzweck	1
B. Anwendungsbereich	2
C. Berechnung des Nettoeinkommens (Nr 1)	3
I. Bereinigtes Bruttoeinkommen	3
II. Nettoeinkommen	5
1. Steuern und Sozialversicherungsbeiträge	5
2. Gleichgestellte Beträge	9
3. Vorschüsse, atypische Zahlungsverläufe	11
4. Sonstiges	14
D. Zusammenrechnung mehrerer Arbeitseinkommen (Nr 2)	16
I. Mehrere Arbeitseinkommen	16
II. Anwendungsbereich	19
III. Verfahren	21
IV. Wirkungen	26
E. Zusammenrechnung von Arbeitseinkommen und Sozialleistungen (Nr 2a)	29
I. Grundlagen	29

	Rz		Rz
II. Laufende Sozialleistungen	30	I. Grundlagen	41
III. Kindergeld	32	II. Fallgestaltungen	44
F. Berücksichtigung von Naturalleistungen (Nr 3)	35	III. Verfahren	47
I. Grundlagen	35	IV. Wirkungen	50
II. Bewertungsmaßstäbe	38	V. Abtretung	52
III. Mehrere Arbeitgeber	40	H. Rechtsbehelfe	53
G. Konkurrenz zwischen privilegierten und nicht privilegierten Forderungen (Nr 4)	41	I. Internationale Forderungspfändung	54
		J. Insolvenzverfahren	55
		K. Kosten/Gebühren	56

1 **A. Normzweck.** § 850e schafft den regulativen Rahmen, innerhalb dessen die **Höhe des pfändbaren Arbeitseinkommens** zu berechnen ist. Dennoch handelt es sich um kein technisches Recht, sondern um eine originär die Schuldner- und Gläubigerinteressen ausbalancierende Vorschrift. Dieser materielle Gerechtigkeitsgehalt erstreckt sich auf das gesamte Anwendungsgebiet der Vorschrift.

2 **B. Anwendungsbereich.** Zunächst konstituiert § 850e den Berechnungsmodus für die einfache und die privilegierte Pfändung von Arbeitseinkommen nach den §§ 850c, 850d. Die Vorschrift gilt außerdem für gepfändete einmalige Vergütungen iSv § 850i, die nicht notwendig Arbeitseinkommen bilden, und verschleierte Einkommen nach § 850h. Insb beantwortet die Vorschrift, welche Abzüge vom Bruttoeinkommen vorzunehmen sind. Zusätzlich ist die Zusammenrechnung mehrerer, auch unterschiedlicher Einkünfte und das Verhältnis zwischen privilegierten und einfachen Pfändungen geregelt. Bei einer Entscheidung außerhalb des Vollstreckungsverfahrens über eine Abtretung ist § 850e Nr 2 entsprechend anwendbar. Für die Entscheidung ist das Prozessgericht zuständig (BGH NJW-RR 04, 494, 495; ZVI 09, 374 Tz 14; B/L/A/H § 850e Rn 1; Musielak/*Becker* § 850e Rn 1; aA BGH NJW 02, 3121, 3122 f).

3 **C. Berechnung des Nettoeinkommens (Nr 1). I. Bereinigtes Bruttoeinkommen.** In mehreren Schritten muss der Drittschuldner das Nettoeinkommen des Schuldners ermitteln. Auszugehen ist vom **Gesamtbruttoeinkommen.** Erfasst werden alle von einem Arbeitgeber in Geld gezahlten laufenden Vergütungsbestandteile. Von diesem Gesamtbrutto aus ist zunächst das bereinigte Bruttoeinkommen festzustellen, wofür zwei Berechnungsmodalitäten bestehen. Bei einer nicht privilegierten Forderungspfändung hat der Drittschuldner vom Bruttoeinkommen des Schuldners die nach **§ 850a unpfändbaren Beträge** abzuziehen, § 850e Nr 1 S 1 Hs 1. Erfolgt die bevorrechtigte Zwangsvollstreckung eines Unterhaltsberechtigten, dürfen nur die verringerten unpfändbaren Beträge nach § 850d I 2 Hs 2 abgezogen werden (MüKoZPO/*Smid* § 850e Rn 2). Zu den darauf entfallenden Steuern und Sozialversicherungsbeiträgen vgl Rz 5 ff.

4 Soweit das Vollstreckungsgericht keine Billigkeitsentscheidung nach § 850b II zugunsten des Vollstreckungsgläubigers getroffen hat, müssen die **bedingt pfändbaren Bezüge** gem § 850b I aus dem Bruttoeinkommen heraus gerechnet werden.

5 **II. Nettoeinkommen. 1. Steuern und Sozialversicherungsbeiträge.** Auf der Grundlage des bereinigten Bruttoeinkommens ist sodann das Nettoeinkommen des Schuldners zu bestimmen. Vom Einkommen sind dazu die Beträge abzuziehen, die unmittelbar aufgrund steuerrechtlicher oder sozialrechtlicher Vorschriften zur Erfüllung gesetzlicher Verpflichtungen des Schuldners abzuführen sind, § 850e Nr 1 S 1 Hs 2. Der Drittschuldner muss die **gesamten** auf dem Arbeitseinkommen ruhenden **Abgaben** absetzen, also auch die, welche anteilig auf die Pfändungsfreibeträge entfallen. Da dem Schuldner die nach § 850a unpfändbaren Beträge insgesamt verbleiben sollen, sind die darauf zu entrichtenden Steuern und Sozialabgaben vom pfändbaren Einkommen abzuziehen (Bruttomethode). Vom gesamten Bruttoeinkommen des Schuldners sind deswegen zunächst die unpfändbaren Bezüge und sodann die auf dem Gesamtbrutto liegenden Abgaben und Sozialversicherungsbeiträge abzuziehen (LAG Berlin NZA-RR 00, 657 f; Zö/*Stöber* § 850e Rn 1b; MüKoZPO/*Smid* § 850e *Rn 2; Hk-ZV/Meller-Hannich § 850 Rn 32; ThoPu/*Hüßtege *§ 850e Rn 2;* aA ArbG Aachen FamRZ 07, 63; *Bauckhage-Hoffer/Umnuß* NZI 11, 745, 746).

6 Abzuziehen sind die **Steuern**, die der Schuldner unmittelbar von seinem Arbeitseinkommen an den Fiskus zahlt. Dies betrifft die vom Arbeitgeber vom Arbeitseinkommen periodisch für Rechnung des Schuldners abgeführten Steuerbeträge nach § 38 I EStG. Erfasst sind die Lohn- und Kirchensteuer sowie der Solidaritätszuschlag. Unberücksichtigt bleiben die vom Schuldner am Ende des Steuerjahres zu leistenden Abschlusszah-

lungen (BAG DB 80, 835, 837) sowie Einkommensteuer- (St/J/*Brehm* § 850e Rn 5) oder Umsatzsteuervorauszahlungen. Nicht nach § 850e Nr 1, sondern nur iRv § 850f I sollen die von einem in Deutschland beschäftigten, aber an seinem ausländischen Wohnsitz gezahlten Steuern eines AN berücksichtigt werden (BAG NJW 86, 2208). Dies verstößt nicht gegen die Rspr des EuGH (Slg I 2004, I-5763 Tz 36).

Für seine Berechnung muss der Drittschuldner die auf der Steuerkarte eingetragene **Steuerklasse** und die dort vermerkten anderen steuerlichen Faktoren berücksichtigen. Nimmt der Gläubiger an, der Schuldner habe ohne sachlichen Grund eine ungünstige Steuerklasse gewählt, muss jener nach § 850h vorgehen (§ 850h Rz 21). Unerheblich ist, ob der Schuldner es unterlassen hat, einen nach § 39a EStG möglichen Freibetrag auf der Steuerkarte eintragen zu lassen, da die Überzahlung nach der Veranlagung zurückgezahlt wird (LG Detmold Rpfleger 02, 630 f) und dann pfändbar ist. Da die Angaben auf der Steuerkarte, etwa über den Kinderfreibetrag, allein steuerlichen Zwecken dienen, können sie für andere Zwecke, wie die Bestimmung des erhöhten Pfändungsfreibetrags bei Unterhaltspflichten, nicht ohne Weiteres herangezogen werden (§ 850c Rz 28). 7

Als **Sozialabgaben** sind die Arbeitnehmeranteile auf die gesetzliche Kranken-, Renten-, Arbeitslosen- und Unfallversicherung abzuziehen. Unberücksichtigt bleiben die im Gesamtsozialversicherungsbetrag nach § 28d SGB IV enthaltenen Arbeitgeberanteile, da sie der Arbeitnehmer nicht schuldet. Abzuziehen sind auch die Pflichtbeiträge des Arbeitnehmers zur VBL (BGH WM 09, 2391). Abzuziehen ist auch der kassenindividuelle Zusatzbetrag gem § 242 I 1 SGB V, der dem Drittschuldner vom Schuldner mitzuteilen ist. 8

2. Gleichgestellte Beträge. Den vom Arbeitgeber abzuführenden Steuern und Sozialversicherungsbeiträgen sind einige ungleich schwerer zu bestimmende Zahlungen gleichgestellt. Nach Abs 1 S 2 lit a) muss der Drittschuldner die vom Schuldner aufgrund sozialversicherungsrechtlicher Vorschriften zur **Weiterversicherung** entrichteten Beträge berücksichtigen. Erfasst sind die nach dem Ende der Sozialversicherungspflicht vom Schuldner nach § 9 SGB V freiwillig gezahlten Beträge, mit denen er den Versicherungsschutz erhalten will. Unberücksichtigt bleiben freiwillige Leistungen zum Zweck einer Höherversicherung (Schuschke/Walker/*Kessal-Wulf* § 850e Rn 2). 9

Abzusetzen sind nach Nr 1 S 2 lit b) außerdem vom Schuldner im üblichen Rahmen an eine **Ersatzkasse** oder ein Unternehmen der **privaten Krankenversicherung** geleistete Beträge. Dies gilt etwa für die privaten Krankenversicherungen der Beamten, mit denen die nicht durch die Beihilfe abgedeckten Krankheitskosten abgedeckt werden sollen (LG Hannover JurBüro 87, 464). Mit dem Rekurs auf die nicht den Rahmen des Üblichen übersteigende Zahlung ist eine wertungsoffene Formulierung verwendet. Keinen überzeugenden Anhaltspunkt bieten die Beiträge zur gesetzlichen Krankenversicherung (**aA** LG Berlin Rpfleger 94, 426), deren Sätze häufig höher als die der privaten Krankenversicherung sind. Zu eng wäre es, auf mit der gesetzlichen Krankenversicherung deckungsgleiche Leistungen und Beiträge abzustellen, denn für Risikopatienten können in der privaten Krankenversicherung deutlich erhöhte Zahlungspflichten bestehen (Saenger/*Kemper* § 850e Rn 7). Verhindert werden soll aber eine Überversicherung auf Kosten der Gläubiger. Abzustellen ist daher auf einen Standardleistungskatalog der privaten Versicherungen. Die Tarifhöhe darf das Übliche nicht überschreiten. Unschädlich ist, wenn die private, nicht aber die gesetzliche Versicherung der Risiken üblich ist, etwa durch einen Beihilfeergänzungstarif oder eine Krankenhaustagegeld- bzw Zahnbehandlungskostenzusatzversicherung (LG Hannover JurBüro 83, 1423; MüKoZPO/*Smid* § 850e Rn 4). Abzuziehen sind nur die Kosten für die eigene Versicherung (Hk-ZV/*Meller-Hannich* § 850e Rn 6). Der Versicherungsaufwand für Angehörige kann aber über § 850f I berücksichtigt werden. 10

3. Vorschüsse, atypische Zahlungsverläufe. Ein **nach der Pfändung** gezahlter Vorschuss ist ggü dem Gläubiger wirkungslos und beim Nettoeinkommen nicht zu berücksichtigen (AG Berlin BB 65, 203). Er darf nur mit dem unpfändbaren Einkommensanteil abgerechnet werden (*Boewer/Bommermann* Rn 564). § 394 BGB steht dem grds nicht entgegen, weil es sich nicht um eine Aufrechnung, sondern eine Abrechnung der bereits erbrachten Leistung handelt (RGZ 133, 249, 252; BAG NJW 56, 926; PWW/*Pfeiffer* § 394 Rn 2). 11

Der **vor einer Pfändung** geleistete Vorschuss bleibt nach Ansicht der Rechtsprechung ebenfalls unberücksichtigt, weil der pfändbare Teil der Vergütung nach dem Betrag der ursprünglichen Schuld zu bestimmen ist (RGZ 133, 249, 252 f; BAG NJW 56, 926; NZA 1987, 485). Nur wenn der Vorschuss das unpfändbare Einkommen überschreitet, soll er auf den pfändbaren Restbetrag angerechnet werden (Wieczorek/Schütze/*Lüke* § 850e Rn 18; St/J/*Brehm* § 850e Rn 16; MüKoZPO/*Smid* § 850e Rn 7; B/L/A/H § 850e Rn 4). Demgegenüber geht ein Teil der Lehre davon aus, dass eine nachträgliche Lohnpfändung nur den noch nicht 12 durch den Vorschuss erfüllten Lohnanspruch erfasst (*Boewer/Bommermann* Rn 565; Stöber Rn 1266; Schuschke/Walker/*Kessal-Wulf* § 850e Rn 3). Dieser zuletzt genannten Ansicht ist zu folgen, weil sie dem Schutzzweck von § 850c ggü dem Schuldner und der zutreffenden Verteilung des Insolvenzrisikos zwischen dem Arbeitgeber und dem später pfändenden Gläubiger entspricht, wie es auch in § 392 BGB zum Ausdruck kommt.

13 Bei **Arbeitgeberdarlehen** oder kreditierten **Mitarbeiterkäufen** wird eine Aufrechnungslage begründet, die der Arbeitgeber gem den §§ 392, 394 BGB dem Titelgläubiger entgegenhalten kann. Bestand die Aufrechnungslage bei der Pfändung, kann der Arbeitgeber gegen den pfändbaren Einkommensteil aufrechnen. Der unpfändbare Teil ist dem Schuldner auszuzahlen. **Nachzahlungen** sind dem Zeitraum zuzurechnen, für den, nicht in dem sie gezahlt werden. Sie werden gem § 832 von der Beschlagnahme für die maßgebende Periode erfasst. Die unterbliebenen Lohnabrechnungen sind nachzuholen und die für jeden Monat pfändbaren Teile des Arbeitseinkommens neu zu berechnen (ArbG Wetzlar AP Nr 1 zu § 850i).

14 **4. Sonstiges.** Ansprüche des Schuldners auf **vermögenswirksame Leistungen** gegen seinen Arbeitgeber sind nicht übertragbar, § 2 VII des 5. VermBG, und daher unpfändbar. Sie sind deswegen aus dem pfändbaren Bruttoeinkommen heraus zu rechnen. Gleiches gilt für tarifliche oder betriebliche Zusatzversorgungen (MüKoZPO/*Smid* § 850e Rn 4). Dagegen darf das Einkommen nicht um die Beiträge zu Berufsverbänden etc gekürzt werden.

15 Bestehen über die Berechnung des Nettoeinkommens Zweifel, können Drittschuldner, Gläubiger und Schuldner das Vollstreckungsgericht wegen eines klarstellenden Beschlusses anrufen (**aA** St/J/*Brehm* § 850e Rn 4). Zuständig ist nach § 20 Nr 17 RPflG der Rechtspfleger (Zö/*Stöber* § 850e Rn 1c). Bei Zweifeln über seine Leistungspflicht kann der Drittschuldner gem § 376 BGB befreiend unter Verzicht auf die Rücknahme hinterlegen.

16 **D. Zusammenrechnung mehrerer Arbeitseinkommen (Nr 2). I. Mehrere Arbeitseinkommen.** Bezieht der Schuldner unterschiedliche Einkommensbestandteile von **einem Arbeitgeber**, sind diese nach den allgemeinen Regeln vom Drittschuldner zusammenzurechnen und daraus die Pfändungsfreibeträge zu bestimmen, wie sich aus dem Zusammenwirken von § 832 mit § 850a und § 850c ergibt. Dabei spielt es keine Rolle, ob die verschiedenen Zahlungsverpflichtungen aus einem Vertrag, aus einer Zusatzvereinbarung zu einem Vertrag oder aus mehreren Verträgen zwischen den gleichen Parteien resultieren. Der Pfändungsfreibetrag ist aus dem Gesamteinkommen des Schuldners zu berechnen.

17 Eine grdl andere Situation besteht, wenn der Schuldner Arbeitseinkommen von **mehreren Arbeitgebern** bezieht. Von einer Forderungspfändung werden nur die Ansprüche des Schuldners gegen einen Drittschuldner erfasst. In einem Pfändungsbeschluss kann daher allein das Arbeitseinkommen des Schuldners bei einem Arbeitgeber gepfändet werden. Bezieht der Schuldner Einkünfte von mehreren Arbeitgebern, die durch verschiedene Beschlüsse gepfändet werden, gilt für jede Pfändung prinzipiell die Freigrenze aus § 850c (Schuschke/Walker/*Kessal-Wulf* § 850e Rn 5).

18 Soll es zu keinen **Wertungswidersprüchen** kommen, müssen bei mehreren gepfändeten Einkommen die gleichen Wirkungen eintreten, wie bei der Einkommenspfändung allein bei einem Arbeitgeber. Sonst könnte die in den Pfändungsgrenzen von § 850c ausgedrückte Interessenabwägung zwischen Existenzsicherung und Zugriffsgewährleistung nicht mehr sachgerecht abgebildet werden. Der Schuldner hätte es dann in der Hand, durch Aufspaltung seiner Arbeitsbeziehungen den Pfändungsschutz zu multiplizieren. § 850e Nr 2 ermöglicht es deswegen, durch einen Beschl des Vollstreckungsgerichts mehrere Arbeitseinkommen zusammenzurechnen.

19 **II. Anwendungsbereich.** Zusammengerechnet werden können nach Nr 2 die Ansprüche auf **Arbeitseinkommen** des Schuldners gegen mehrere Arbeitgeber, wenn zumindest eine der Forderungen gepfändet wird (Wieczorek/Schütze/*Lüke* § 850e Rn 26). Arbeitseinkommen sind alle laufenden Bezüge nach § 850, nicht aber die nach § 850a unpfändbaren Bezüge (Köln FamRZ 90, 190). Bedingt pfändbare Bezüge nach § 850b sind nur zu berücksichtigen, wenn zugunsten des Gläubigers, der die Zusammenrechnung beantragt, eine Billigkeitsentscheidung nach § 850b II getroffen ist. Ein Antrag nach § 850c IV ist zulässig. Einmalig zahlbare Vergütungen für persönlich geleistete Dienste oder Arbeiten nach § 850i I 1 Alt 1 sind nicht zu berücksichtigen (St/J/*Brehm* § 850e Rn 52; ThoPu/*Hüßtege* § 850e Rn 3). Einkünfte aus selbständiger Tätigkeit iSv § 850i I 1 Alt 2 dürfen nicht nach § 850e hinzugerechnet werden, weil § 850e Nr 2 von Arbeitseinkommen spricht (LG Hannover JurBüro 90, 1059; sa § 850i Rz 32). Erfasst werden nur die dem Schuldner, nicht aber Dritten zustehenden Bezüge. Eine Zusammenrechnung mit Sozialleistungen erfolgt nach

Nr 2a (Rz 29 ff). Zulässig ist auch eine Zusammenrechnung mit Unterhaltsansprüchen des Schuldners gegen Dritte, die ebenfalls existenzsichernde Aufgaben besitzen (aA LG Heilbronn Rpfleger 09, 640, doch ist die zum Insolvenzverfahren ergangene Entscheidung durch die abweichende Entscheidung BGH NZI 10, 141, überholt). Berücksichtigt werden können nur eigene Einkünfte des Schuldners, nicht die des Ehegatten.

Umstritten ist, ob eine Zusammenrechnung nach Nr 2 auch bei den **privilegierten Pfändungen** nach den §§ 850d, 850f II erforderlich ist. Dies wird tw abgelehnt, weil hier die weiteren Einkünfte des Schuldners bereits bei der Bemessung des notwendigen Unterhalts zu berücksichtigen sind (Wieczorek/Schütze/*Lüke* § 850e Rn 28; Zö/*Stöber* § 850e Rn 3). Teilweise wird eine Entscheidung jedenfalls dann als notwendig angesehen, wenn eine privilegierte mit einer einfachen Pfändung konkurriert, damit der notwendige Unterhalt dem Arbeitseinkommen entnommen wird, welches die Lebensgrundlage des Schuldners bildet (St/J/*Brehm* § 850e Rn 44). Nach zutreffender Ansicht ist auch bei einer privilegierten Pfändung ein Zusammenrechnungsbeschluss geboten (LG Frankfurt Rpfleger 83, 449; B/L/A/H § 850e Rn 5; *Mertes* Rpfleger 84, 453). Eine Zusammenrechnung ist bereits deswegen erforderlich, um bei der Bemessung des notwendigen Unterhalts die mit der Erzielung des Einkommens verbundenen notwendigen Ausgaben berücksichtigen zu können, § 11 II Nr 5 SGB II (§ 850d Rz 25). Diese Ausgaben, wie etwa Fahrtkosten, sind auf den jeweiligen Einkommenserwerb bezogen und können daher nur bei einer Zusammenrechnung insgesamt berechnet werden. 20

III. Verfahren. Die Zusammenrechnung erfolgt auf **Antrag** eines Gläubigers oder des Schuldners (St/J/*Brehm* § 850e Nr 45; Musielak/*Becker* § 850e Rn 10; **aA** Zö/*Stöber* § 850e Rn 4), der allerdings regelmäßig kein Interesse daran haben wird, nicht aber auf Antrag des Drittschuldners. Der nicht fristgebundene Antrag muss in einem Vollstreckungsverfahren gestellt werden. Es genügt, wenn die Forderung gegen einen der Arbeitgeber gepfändet ist. Er kann gesondert gestellt oder mit einem Pfändungsgesuch bzw den Anträgen nach den §§ 850b, 850c IV, 850d, 850f II verbunden werden. Der Antrag kann auch konkludent gestellt werden und sich aus dem Vorbringen insb des Gläubigers ergeben, denn als Prozesshandlung ist er so auszulegen, wie dies vernünftig ist sowie der recht verstandenen Interessenlage des Gläubigers entspricht (vgl BGHZ 149, 298, 310). 21

Der Antrag ist beim örtlich zuständigen **Vollstreckungsgericht** zu stellen (§ 828 Rz 7 f) und durch den nach § 20 Nr 17 RPflG funktionell zuständigen Rechtspfleger zu erlassen (§ 828 Rz 3). Der Antragsteller muss angeben, welche Arbeitseinkommen zusammengerechnet werden sollen. Er hat sein Begehren schlüssig darzulegen und zur Überzeugung des Vollstreckungsgerichts zu beweisen (Stöber Rn 1140). Er kann sich dazu auf die nach den §§ 836 III 1, 840 I erlangten Auskünfte stützen. Eine **Anhörung** des Schuldners unterbleibt gem § 834, wenn der Antrag mit einem einfachen Pfändungsgesuch verbunden wird. Dagegen ist der Schuldner anzuhören, wenn der Antrag zusammen mit einem privilegierten Pfändungsgesuch nach den §§ 850d, 850f II (§ 834 Rz 3) oder separat gestellt wird (Wieczorek/Schütze/*Lüke* § 850e Rn 35; **aA** München Rpfleger 79, 223, 224). 22

Im Beschl gibt das Vollstreckungsgericht an, **welche Einkünfte** zusammengerechnet werden. Es darf nicht über den Antrag hinausgehen. Das Gericht hat den Gesamtbetrag nicht summenmäßig zu beziffern, weil sonst bei schwankenden Einkünften fortwährend Änderungsbeschlüsse erforderlich wären. 23

Das Vollstreckungsgericht muss in seinem Beschl angeben, aus welchem Einkommen der unpfändbare **Grundfreibetrag** gem § 850c bzw der notwendige Unterhalt nach § 850d zu entnehmen ist (Schuschke/Walker/*Kessal-Wulf* § 850e Rn 6). Diese unpfändbaren Beträge sind nach Nr 2 S 2 in erster Linie dem Arbeitseinkommen zu entnehmen, das die wesentliche Grundlage der Lebenshaltung des Schuldners bildet. Regelmäßig wird dies das höchste, doch kann es auch das sicherere oder beständigere Einkommen sein (Gottwald § 850e Rn 8). Erreicht dieses Einkommen nicht den Umfang der Freibeträge bzw des notwendigen Unterhalts, sind die dafür erforderlichen Beträge zusätzlich dem nächsthöheren Einkommen etc zu entnehmen. Im Rahmen seines Ermessens kann das Vollstreckungsgericht den Grundbetrag auf mehrere Bezüge verteilen. Auf den erhöhten Freibetrag bei Mehrverdienst nach § 850c I, II ist die Regelung aus Nr 2 S 2 nach ihrem Sinn einheitlich anzuwenden. 24

Erfolgt die Zusammenrechnung mit einem Pfändungsbeschluss, wird der Beschl nach § 829 III erst mit **Zustellung** an den Drittschuldner wirksam. Eine separate Anordnung ist dem Gläubiger, Schuldner und Drittschuldner zuzustellen. Bei Pfändung mehrerer Bezüge ist jeder Drittschuldner zu informieren, welchem Einkommen die unpfändbaren Freibeträge zu entnehmen ist. 25

26 **IV. Wirkungen.** Die Anordnung nach Nr 2 hat **zwei konstitutive Folgen.** Sie bestimmt, dass das unpfändbare Einkommen nach der Summe der Gesamteinkünfte zu berechnen ist. Außerdem legt sie fest, welchem Einkommen die unpfändbaren Beträge zu entnehmen sind. Zusammenzurechnen sind die Ansprüche des Schuldners, weshalb es unerheblich ist, ob das Einkommen bereits ausgezahlt ist (**aA** Gottwald § 850e Rn 9). Der Beschl gilt nur unter den Verfahrensbeteiligten, wirkt also allein zugunsten des Gläubigers, der die Zusammenrechnung beantragt hat (LAG Düsseldorf Rpfleger 86, 100, zu Nr 2a). Die Zusammenrechnung setzt eine Pfändung voraus, begründet aber selbst **keine Beschlagnahme.** Ist nur eine der Forderungen zugunsten des Antragstellers gepfändet, wird durch Nr 2 der Zugriff nicht auf eine andere Forderung erweitert. Der Gläubiger kann allein aus der gepfändeten Forderung Befriedigung erlangen (St/J/Brehm § 850e Rn 2). Im Einzelfall kann dies den Antragsteller sogar benachteiligen, wenn der unpfändbare Grundbetrag der von ihm gepfändeten Forderung zu entnehmen ist (Schuschke/Walker/*Kessal-Wulf* § 850e Rn 7). Der unpfändbare Betrag muss nicht einem gepfändeten Einkommen entnommen werden.

27 Der **Drittschuldner** hat die Gesamtsumme zu berechnen. Regelmäßig wird er dazu Informationen vom Schuldner einholen müssen. Sind die Ansprüche gegen mehrere Drittschuldner gepfändet, muss jeder von ihnen den Gesamtbetrag berechnen. Mit jeder Auszahlungsperiode können die Berechnungen zu aktualisieren sein. Drittschuldner, Gläubiger und Schuldner können beim Vollstreckungsgericht einen klarstellenden Beschl beantragen.

28 Auf die **Abtretung** einer Forderung ist § 850e Nr 2 nicht unmittelbar anwendbar. § 400 BGB ordnet zwar eine Parallelwirkung hinsichtlich der schuldnerschützenden Wirkung an, aber § 850e Nr 2 begünstigt den Gläubiger. Deswegen bildet die Regelung bei einer Abtretung kein zwingendes Recht und unterliegt der Vertragsfreiheit der Parteien. Ob eine Zusammenrechnung von mehreren abgetretenen Arbeitseinkommen gewollt ist, muss ggf durch Vertragsauslegung geklärt werden, die durch das Vollstreckungsgericht zu erfolgen hat (BGH NJW-RR 04, 494, 495). Ohne Anhaltspunkte für einen entsprechenden Vertragswillen darf das Prozessgericht § 850e Nr 2 nicht entsprechend anwenden. Dafür genügt es noch nicht, wenn mehrere Arbeitseinkommen an einen Gläubiger abgetreten werden.

29 **E. Zusammenrechnung von Arbeitseinkommen und Sozialleistungen (Nr 2a). I. Grundlagen.** Die Vorschrift regelt die Zusammenrechnung von Ansprüchen auf Arbeitseinkommen und auf laufende Sozialleistungen nach dem Sozialgesetzbuch. Nr 2a S 1 und 2 entspricht weitgehend der Zusammenrechnung von Arbeitseinkommen, weswegen zunächst auf die Ausführungen dazu zu verweisen ist (Rz 16 ff). Der unpfändbare Grundbetrag ist in erster Linie den laufenden Sozialleistungen zu entnehmen, § 850e Nr 2a S 2. Eine Sonderregelung enthält Nr 2a S 3 wegen der Pfändung von Ansprüchen auf Geldleistungen für Kinder. Auch der Zusammenrechnungsbeschluss nach § 850e Nr 2a wirkt nur für den Vollstreckungszugriff des Gläubigers, auf dessen Antrag die Entscheidung ergangen ist. Er wirkt dagegen nicht zugunsten des Gläubigers einer Abtretung (BAG NJW 97, 479), doch kann die Zusammenrechnung iRe Abtretungsvertrags vereinbart werden (BGH ZIP 09, 2120 Tz 15). Erfolgt keine Zusammenrechnung, kommt der Schuldner für jedes Einkommen und jede Sozialleistung in den Genuss der Pfändungsfreigrenze aus § 850c (BGH NZI 08, 607 Tz 14).

30 **II. Laufende Sozialleistungen.** § 850e Nr 2a betrifft die Zusammenrechnung von Ansprüchen auf laufende Sozialleistungen in Geld aus dem SGB oder anderen Sozialgesetzen mit dem Arbeitseinkommen. Um die Schutzzwecke anzugleichen, entspricht der in § 850e Nr 2a verwendete Begriff der Sozialleistungen dem sozialrechtlichen der §§ 18 ff SGB I. Nicht ausdrücklich geregelt ist, wie Sozialleistungen zusammenzurechnen sind, wenn kein Anspruch auf Arbeitsentgelt besteht. Nach § 54 IV SGB I sind Ansprüche auf laufende Sozialleistungen, die in Geld zu erbringen sind, wie Arbeitseinkommen pfändbar. Deswegen ist auf die **Zusammenrechnung von Sozialleistungen** § 850e Nr 2a entsprechend anwendbar (BGH NJW-RR 05, 1010, 1011; demgegenüber stellt BGH NZI 10, 111 Tz 11 auf Nr 2 ab). Bezieht der Schuldner, der aufgrund eines dreiseitigen Vertrags zu einer Beschäftigungs- und Qualifizierungsgesellschaft gewechselt ist, neben dem Transferkurzarbeitergeld gem § 216b SGB III einen Aufstockungsbetrag zur Sicherung seines bisherigen Nettoentgelts, handelt es sich um ein einheitliches Arbeitseinkommen. Eines Zusammenrechnungsbeschlusses gem § 850e Nr 2 bzw Nr 2a bedarf es nicht (LAG Hamm ZIP 07, 348 f).

31 **Unpfändbare Ansprüche auf Sozialleistungen** können weder nach § 850e Nr 2a noch gem § 54 IV SGB I in diese Anordnung einbezogen werden. Unpfändbar nach § 54 III SGB I sind Elterngeld bis zur Höhe der nach § 10 BEEG anrechnungsfreien Beträge, Mutterschaftsgeld und Geldleistungen, die den durch einen Körper- oder Gesundheitsschaden bedingten Mehraufwand ausgleichen sollen. Der Gesetzgeber hat inso-

weit die Unpfändbarkeit wegen der Zweckbestimmung der Sozialleistungen angeordnet. Sie sollen dem Berechtigten ungeschmälert verbleiben und nicht letztlich auf Kosten der Allgemeinheit dazu dienen, titulierte Ansprüche seines Gläubigers zu befriedigen (BGH NJW-RR 05, 1010, 1011). Unpfändbar ist der Anpruch auf Sozialhilfe gem § 17 I 2 SGB XII. Unzulässig ist eine Zusammenrechnung mit dem Landesblindengeld (Köln FamRZ 90, 190). Unterliegen Ansprüche auf laufende Sozialleistungen einer besonderen Zweckbindung, wie etwa Ansprüche auf Wohngeld, sind sie nur zugunsten der Anlassgläubiger pfändbar. Dies gilt entsprechend § 54 III Nr 2a SGB I auch bei Leistungen für Unterkunfts- und Heizungskosten, die funktional an die Stelle des Wohngelds treten (LG Hannover ZInsO 11, 1611 [1612]). Soweit danach iRe Bedarfsgemeinschaft Leistungen für einen Ehepartner erbracht werden, scheidet eine Anordnung nach § 850c IV aus (LG Hannover ZInsO 11, 1611 [1612]). Das Privileg erlischt, wenn der Mietzinsanspruch durch einen Dritten gepfändet wird (aA LG Mönchengladbach Rpfleger 09, 577).

III. Kindergeld. Kindergeld ist nicht als Lohnersatzleistung anzusehen, sondern dient dem Ausgleich der 32
aus dem Familienunterhalt folgenden Belastungen (BGH NJW-RR 05, 1010, 1011). Zu unterscheiden ist das sozialrechtliche Kindergeld vom steuerrechtlichen Kindergeld iSd § 76 EStG. Ansprüche auf Geldleistungen für Kinder iSv § 48 SGB I (Kinderzuschuss gem § 270 SGB VI, Kinderzulage aus § 217 SGB VII, Kinderzuschuss nach § 33b BVG, Kindergeld nach dem BKGG) dürfen deswegen nach § 850e Nr 2a S 3 nur mit dem Arbeitseinkommen zusammengerechnet werden, wenn sie nach § 54 V SGB I pfändbar sind. Eine Pfändung und damit auch eine Zusammenrechnung ist danach nur zulässig, sofern ein Kind einen gesetzlichen Unterhaltsanspruch geltend macht. Andere Gläubiger können nicht nach dieser Vorschrift pfänden. Pfändbar sind danach sowohl das Kindergeld als auch vergleichbare Rentenbestandteile nach den §§ 270 SGB VI, 33b BVG, 4 BKGG (*Mrozynski* SGB I § 54 Rn 32).

Vollstreckt ein Kind, für das der Schuldner **Kindergeld erhält**, ist der auf das Gesamtkindergeld entfallende 33
gleichmäßige Anteil des Kindes nach § 54 V Nr 1 S 1 SGB I pfändbar. Erhöhungsbeträge für Kinder des Schuldners mit einer dritten Person bleiben unberücksichtigt.

Erhält der Schuldner für ein Kind **kein Kindergeld**, wohl aber für andere Kinder, so wird das erste Kind 34
für die Höhe des Kindergelds mitgezählt. Pfändet dieses erste Kind, kann es nach § 54 V Nr 2 SGB I nur seinen Anteil am Zählkindervorteil erhalten (*Mrozynski* SGB I § 54 Rn 35).

F. Berücksichtigung von Naturalleistungen (Nr 3). I. Grundlagen. Die Pfändungsschutzvorschriften der 35
§§ 850 ff sind auf das in Geld zahlbare Arbeitseinkommen gerichtet, wie § 850 I, III, IV ausdrücklich belegt. Auf Naturalleistungen gerichtete Vergütungsbestandteile, wie die Überlassung einer Wohnung (*Grote* InsbürO 09, 236), eines auch privat nutzbaren Dienstwagens (BAG ZInsO 09, 1412 Tz 15, 23; LAG Frankfurt ZVI 09, 408, 410) oder Mobiltelefons, freier Verpflegung bzw verbilligter Sachleistungen, sind regelmäßig nach § 851 unpfändbar. Für diese Leistungen erspart der Schuldner Aufwendungen aus seinen unpfändbaren Einkünften. Deswegen wäre es unangemessen, die Sachbezüge bei der Einkommenspfändung unberücksichtigt zu lassen. Die Leistung muss durch den Arbeitgeber erfolgen. Zuwendungen eines Dritten, wie mietfreies Wohnen beim Lebenspartner oder Angehörigen (Frankf JurBüro 91, 723, 725), sind nicht nach § 850e Nr 3 zu berücksichtigen. Unerheblich ist dabei, ob die Naturalleistungen Bedürfnisse befriedigen, die unmittelbar bei der Berechnung der Pfändungsgrenzen zugrunde gelegt sind oder ob es sich um zusätzliche, möglicherweise sogar um Luxusbedürfnisse handelt.

Die **Zusammenrechnung** obliegt dem **Drittschuldner**, der dazu auch den Wert der Naturalleistung ermit- 36
teln muss. Aus praktischen Gründen mag es angezeigt sein, wenn sich Arbeitgeber und Gläubiger über den Betrag einigen. Eine Bindungswirkung entfaltet eine solche Abrede jedoch nicht. Eine gerichtliche Anordnung ist nicht vorgesehen. Auf Antrag des Drittschuldners, Gläubigers oder Schuldners kann aber in Zweifelsfällen eine klarstellende Entscheidung ergehen (Hamm JurBüro 62, 700). In Betracht kommt auch ein Einziehungsprozess.

Anzusetzen ist regelmäßig der objektive **Verkehrswert** der Leistung am Erfüllungsort, also nicht der Wert 37
der tatsächlichen Nutzung, doch muss dabei den Umständen des Einzelfalls angemessen Rechnung getragen werden. Bezieht der Arbeitnehmer Sachleistungen zu vergünstigten Mitarbeiterkonditionen, ist deren Wert monatlich zu ermitteln und nachlaufend im Folgemonat als Sachbezug zu berücksichtigen. Die Naturalleistungen sind auf die unpfändbaren Bezüge anzurechnen. Übersteigt der Wert der Naturalbezüge den unpfändbaren Betrag, sind dem Schuldner dennoch die nach § 851 unpfändbaren Sachbezüge zu belassen.

II. Bewertungsmaßstäbe. Bewertungsrichtlinien der Verwaltung, etwa des Bundesministeriums der Vertei- 38
digung (vgl Stöber Rn 1171), können nur einen Anhaltspunkt geben, weil sie anderen als Vollstreckungs-

zwecken dienen. Insbes ist deren Abwägung auf das Verhältnis zwischen dem Bürger und dem Staat und nicht zwischen Schuldner und Gläubiger ausgerichtet. Dies gilt auch für die auf § 17 I 1 Nr 4 SGB IV gestützte Sachbezugsverordnung, die zum 1.1.07 durch die Sozialversicherungsentgeltverordnung (SvEV) abgelöst wurde. Deren sozialversicherungsrechtliche Ausrichtung wird etwa bei der Bemessung eines nur mit außergewöhnlichen Schwierigkeiten feststellbaren Wohnwerts mit 3,55 € je Quadratmeter monatlich deutlich. Auch die Wertfestsetzungen nach § 8 II EStG und den Steuerrichtlinien können nur unter Vorbehalt herangezogen werden, da sie vorrangig steuerlichen Zwecken dienen. Dies gilt etwa bei der Bewertung eines Dienstfahrzeugs mit 1 % des Anschaffungspreises (aber LAG Reinland-Pfalz JurBüro 09, 268; AG Zossen JurBüro 09, 660).

39 Auf **Strafgefangene** kann § 850e Nr 3 nur dem Grundgedanken nach angewendet werden. Strafgefangene sind in einer JVA untergebracht und werden dort versorgt, was bei ihren Bezügen (Einzelheiten dazu bei § 850 Rz 24) zu berücksichtigen ist. Deswegen finden auf ihr Eigengeld weder die Pfändungsgrenzen des § 850c noch der Pfändungsschutz aus § 850k unmittelbare oder analoge Anwendung (BGH NJW 04, 3714, 3715 f).

40 **III. Mehrere Arbeitgeber.** Bezieht der Schuldner von mehreren Arbeitgebern Einkünfte, die Naturalleistungen umfassen, muss jeder Drittschuldner deren Wert berechnen. Selbstverständlich gilt dies nur, soweit die Ansprüche gepfändet sind. Auf Antrag muss das Gericht nach § 850e Nr 2 die Ansprüche auf Bezüge bei den verschiedenen Arbeitgebern zusammenrechnen. Als Sonderregelung für die Anrechnung bestimmt § 850e Nr 3 S 2, dass der unpfändbare Teil des Arbeitseinkommens zunächst auf die Sachbezüge zu verrechnen ist (Stöber Rn 1172). Übersteigt der Wert der Naturalleistungen den pfändungsfreien Betrag, sind dem Schuldner dennoch die nach § 851 unpfändbaren Naturalbezüge zu belassen (Wieczorek/Schütze/*Lüke* § 850e Rn 46).

41 **G. Konkurrenz zwischen privilegierten und nicht privilegierten Forderungen (Nr 4). I. Grundlagen.** Auszugehen ist von der vollstreckungsrechtlichen **Dreiteilung des Arbeitseinkommens.** Soweit das Einkommen zur Sicherung des notwendigen Unterhalts eines Schuldners und seiner Familie benötigt wird (§ 850d Rz 16 ff, § 850f Rz 10 ff), ist es für niemanden pfändbar. Dies gilt in jedem Fall auch für das Existenzminimum gem § 850f I. Der Betrag zwischen dem individuell bestimmten notwendigen Unterhalt und dem nach der Tabelle zu § 850c zu berechnenden Pfändungsfreibetrag ist den gem §§ 850d, 850f II privilegierten Gläubigern vorbehalten. Auf den nach den Tabellensätzen pfändbaren Betrag des Einkommens können alle Gläubiger zugreifen.

42 **Konkurrieren** privilegierte und einfache Pfändungen, gilt nach den allgemeinen Pfändungsregeln für den gem § 850c pfändbaren Bereich des Einkommens der Prioritätsgrundsatz. Im erweitert pfändbaren Bereich gilt zwischen konkurrierenden bevorrechtigten Forderungen mit unterschiedlicher Privilegierung, dh einerseits aus § 850d und andererseits aus § 850f II, ebenfalls das Prioritätsprinzip. Zwischen konkurrierenden Unterhaltsforderungen ist dagegen auf das Rangprinzip abzustellen (§ 850d Rz 35 ff).

43 Diese allgemeinen Regeln ergänzt § 850e Nr 4 um eine **Verrechnungsregel**, falls eine Pfändung, Abtretung oder sonstige Verfügung wegen einer nach § 850d bevorrechtigten Unterhaltsforderung mit einer einfachen Pfändung zusammentrifft. Erforderlich ist diese Regelung, wenn ein einfacher Gläubiger mit einem prioritär pfändenden Unterhaltsgläubiger konkurriert, der nicht auf den erweitert pfändbaren Bereich zugreift. **Unanwendbar** ist § 850e Nr 4 bei einer prioritären Pfändung eines nach § 850f II privilegierten Deliktsgläubigers. Der qualifizierte Deliktsgläubiger kann zwar auch in den Vorrechtsbereich vollstrecken. Auf ihn soll jedoch kein Druck zur Ausübung seiner Privilegierung ausgeübt werden, um die Zugriffschancen der Unterhaltsgläubiger nicht unnötig zu beeinträchtigen.

44 **II. Fallgestaltungen.** Pfändet **zunächst** ein **einfacher Gläubiger** und anschließend ein Unterhaltsgläubiger, erhält der gewöhnliche Gläubiger im allgemein pfändbaren Bereich den Vorrang. Um seine Forderung zu befriedigen, kann und muss der Unterhaltsgläubiger auf den Vorrechtsbereich zugreifen und dazu einen Antrag nach § 850d stellen. Dem Unterhaltsgläubiger steht insoweit der nach § 850f II privilegierte Gläubiger einer Forderung aus vorsätzlich begangener unerlaubter Handlung gleich.

45 Vollstreckt **zeitlich vorrangig** ein **Unterhaltsgläubiger** und anschließend ein gewöhnlicher Gläubiger, so ist zu unterscheiden. Hat der Unterhaltsgläubiger einen Antrag nach § 850d gestellt, ist seine Forderung aus dem Vorrechtsbereich und mit einem ggf verbleibenden Rest prioritär aus dem allgemein pfändbaren Einkommen zu erfüllen. Der einfache Gläubiger kann auf den nicht ausgeschöpften pfändbaren Teil des Einkommens zugreifen. Gleiches gilt auch bei der prioritären Vollstreckung eines qualifizierten Deliktsgläubigers.

Stellt der zunächst pfändende Unterhaltsgläubiger **keinen Antrag nach § 850d**, greift er also nur auf den für alle Gläubiger offen stehenden Bereich zu, blockiert er den nachrangigen einfachen Gläubiger. Für den nachrangigen Gläubiger besteht dann das Risiko, mit seiner Forderung auszufallen, weil der Unterhaltsgläubiger sein Vorrecht nicht beansprucht hat. Reicht der verbleibende pfändbare Betrag nicht aus, um die Forderung des gewöhnlichen Gläubigers zu erfüllen, begründet § 850e Nr 4 eine besondere Verrechnungsregel. Auf Antrag ordnet das Vollstreckungsgericht dann an, dass der Unterhaltsanspruch zunächst auf privilegiert pfändbare Einkommensteile verrechnet wird. Übersteigt der Unterhaltsanspruch das erweitert pfändbare Einkommen, ist für die Differenz auf das allgemein pfändbare Einkommen zuzugreifen. Diese Verrechnungsmöglichkeit gilt nicht für den Deliktsgläubiger nach § 850f II. 46

III. Verfahren. Die abzuziehenden Beträge nach **Nr 1** muss der Drittschuldner berechnen und die unpfändbaren Beträge leisten. Verrechnung und Anrechnung nach **Nr 2 bis 4** erfolgt auf **Antrag** eines Gläubigers oder des Schuldners, der allerdings regelmäßig kein Interesse daran haben wird, nicht aber auf Antrag des Drittschuldners. Der Verrechnungsantrag eines Unterhaltsgläubigers ist erforderlichenfalls in einen Antrag gem § 850d umzudeuten. Der nicht fristgebundene Antrag muss in einem Vollstreckungsverfahren gestellt werden. Die Verrechnung kann gesondert beantragt oder mit einem Pfändungsgesuch bzw den Anträgen nach den §§ 850b, 850c IV, 850d verbunden werden. 47

Der Antrag ist beim örtlich zuständigen **Vollstreckungsgericht** zu stellen (§ 828 Rz 7 f) und durch den nach § 20 Nr 17 RPflG funktionell zuständigen Rechtspfleger zu erlassen (§ 828 Rz 3). Der Antragsteller hat den Unterhaltsanspruch des vorrangig pfändenden Gläubigers sowie den notwendigen Unterhalt des Schuldners schlüssig darzulegen und zur Überzeugung des Vollstreckungsgerichts zu beweisen. Eine **Anhörung** des Schuldners muss erfolgen, wenn der Verrechnungsantrag ohne ein Pfändungsgesuch gestellt wird, weil dann § 834 nicht anwendbar ist. Wird der Antrag dagegen mit einem Pfändungsgesuch verbunden, ist der Schuldner nicht anzuhören, weil die angeordnete Verrechnung noch nicht das verfassungsrechtlich geschützte Existenzminimum gefährdet. 48

Das Vollstreckungsgericht darf **keine Blankettentscheidung** treffen. Da der notwendige Unterhalt einzelfallabhängig festzusetzen ist, muss das Gericht die Verrechnung konkret beziffern. Für einen nachfolgenden Antrag gem § 850d entfaltet die Verrechnungsentscheidung keine Rechtskraftwirkung. 49

IV. Wirkungen. Mit der Verrechnung greift das Vollstreckungsgericht in das **Verhältnis zwischen den Gläubigern** ein, nicht in die Beziehung zwischen Gläubiger und Schuldner. Die Anordnung begründet keine Pfändungswirkungen. § 850e Nr 4 greift zwar in das Prioritätsprinzip ein, doch setzt die gerichtliche Entscheidung gerade die Pfändung voraus. Für den Unterhaltsgläubiger kann die Entscheidung schon deswegen keinen Zugriff auf den Vorrechtsbereich bewirken, weil dieser keinen Antrag gestellt hat. Zugunsten des Antragstellers kann der Vorrechtsbereich nicht gepfändet werden, weil dieser kein Vollstreckungsprivileg genießt. 50

Der **Drittschuldner** kann die Berechnung selbst anstellen und den Lohnabzug entsprechend § 850d vornehmen. Wegen der einzelfallbezogenen Abwägung ist ein solches Vorgehen für ihn sehr risikoreich, da er für eine richtige Berechnung haftet. Der Drittschuldner darf deswegen gem § 850d Nr 4 S 3 bis zur Zustellung einer anderen Entscheidung des Vollstreckungsgerichts nach dem Inhalt der ihm zugestellten Beschlüsse bzw ihm bekannten Abtretungen und Verfügungen leisten. 51

V. Abtretung. Erfolgt eine Abtretung oder rechtsgeschäftliche Verfügung zugunsten des Unterhaltsgläubigers, verweist § 850e Nr 4 den Zessionar auf den der bevorrechtigten Pfändung unterliegenden Teil der Bezüge. Damit wird auch insoweit die Rechtsstellung des einfachen Pfändungsgläubigers verbessert (St/J/*Brehm* § 850e Rn 76). 52

H. Rechtsbehelfe. Gegen eine die Anträge nach § 850e Nr 2, 2a, 4 ganz oder tw ablehnende Entscheidung steht dem **Antragsteller** die sofortige Beschwerde zu, bei einer richterlichen Entscheidung gem §§ 793, 567 ff, sonst nach § 11 I RPflG iVm §§ 793, 567 ff. Dieses Recht steht auch den anderen **Gläubigern** zu. Wurde der **Schuldner** angehört, kann er gegen den Pfändungsbeschluss die sofortige Beschwerde einlegen, § 11 I RPflG iVm §§ 793, 567 ff, bzw bei einer richterlichen Entscheidung nach den §§ 793, 567 ff. Ist die Anhörung unterblieben, ist er zur Erinnerung nach § 766 berechtigt. Der **Drittschuldner** kann ebenfalls Erinnerung nach § 766 einlegen. 53

I. Internationale Forderungspfändung. Sind von einem im europäischen Ausland lebenden Schuldner für das im Inland bezogene Arbeitseinkommen aufgrund eines Freistellungsbescheids des Finanzamts vom 54

Arbeitgeber keine Steuern abzuführen, dürfen die Einkünfte nicht nach § 850e Nr 1 S 1 um den entsprechenden Steueranteil gekürzt werden. Der Schuldner muss sie wegen seines Wohnsitzes im Ausland unmittelbar entrichten. Solche Belastungen können allerdings eine Erhöhung des pfändungsfreien Betrags durch das Vollstreckungsgericht rechtfertigen (BAG NJW 86, 2208).

55 **J. Insolvenzverfahren.** Aufgrund der Anordnung in § 36 I 2 InsO bzw §§ 292 I 3 iVm 36 I 2 InsO ist § 850e Nr 1 bis Nr 3 im Insolvenzverfahren entsprechend anzuwenden (BGH NZI 08, 607 Tz 14; LAG Hamm ZIP 07, 348). Unanwendbar ist § 850e Nr 4, weil sich diese Regelung auf den Prioritätsgrundsatz bezieht, der im Insolvenzverfahren durch das Gleichbehandlungsprinzip abgelöst ist. Im Übrigen verweist § 36 I 2 InsO nicht auf § 850d, weswegen der bevorrechtigte Insolvenzgläubiger nicht auf den erweitert pfändbaren Bereich zugreifen könnte. Anstelle der Gläubiger ist der Insolvenzverwalter antragsbefugt, § 36 IV 2 InsO. Über den Antrag hat das Insolvenzgericht zu entscheiden, § 36 IV 1 InsO. Der Beschl des Insolvenzgerichts hat die Höhe des Gesamteinkommens anzugeben und unter Berücksichtigung des § 850e Nr 2 S 2, Nr 2a S 2 anzuordnen, aus welchem Einkommen der unpfändbare Grundbetrag zu entnehmen ist (BGH NZI 08, 607 Tz 14).

56 **K. Kosten/Gebühren. Gerichtsgebühren** für die Anordnungen nach § 850e Nr 2, 2a, 4 entstehen nicht. Dem **Rechtsanwalt** steht eine Gebühr mit einem Satz von 0,3 gem § 18 Nr 3 RVG iVm VV 3309 zu. Ist eine Vollstreckungsgebühr bereits entstanden, fällt sie nicht erneut an.

§ 850f Änderung des unpfändbaren Betrages.

(1) Das Vollstreckungsgericht kann dem Schuldner auf Antrag von dem nach den Bestimmungen der §§ 850c, 850d und 850i pfändbaren Teil seines Arbeitseinkommens einen Teil belassen, wenn
a) der Schuldner nachweist, dass bei Anwendung der Pfändungsfreigrenzen entsprechend der Anlage zu diesem Gesetz (zu § 850c) der notwendige Lebensunterhalt im Sinne des Dritten und Elften Kapitels des Zwölften Buches Sozialgesetzbuch oder nach Kapitel 3 Abschnitt 2 des Zweiten Buches Sozialgesetzbuch für sich und für die Personen, denen er Unterhalt zu gewähren hat, nicht gedeckt ist,
b) besondere Bedürfnisse des Schuldners aus persönlichen oder beruflichen Gründen oder
c) der besondere Umfang der gesetzlichen Unterhaltspflichten des Schuldners, insbesondere die Zahl der Unterhaltsberechtigten, dies erfordern
und überwiegende Belange des Gläubigers nicht entgegenstehen.
(2) Wird die Zwangsvollstreckung wegen einer Forderung aus einer vorsätzlich begangenen unerlaubten Handlung betrieben, so kann das Vollstreckungsgericht auf Antrag des Gläubigers den pfändbaren Teil des Arbeitseinkommens ohne Rücksicht auf die in § 850c vorgesehenen Beschränkungen bestimmen; dem Schuldner ist jedoch so viel zu belassen, wie er für seinen notwendigen Unterhalt und zur Erfüllung seiner laufenden gesetzlichen Unterhaltspflichten bedarf.
(3) Wird die Zwangsvollstreckung wegen anderer als der in Absatz 2 und in § 850d bezeichneten Forderungen betrieben, so kann das Vollstreckungsgericht in den Fällen, in denen sich das Arbeitseinkommen des Schuldners auf mehr als monatlich *3.117,53 Euro (wöchentlich *708,83** Euro, täglich *137,08** Euro) beläuft, über die Beträge hinaus, die nach § 850c pfändbar wären, auf Antrag des Gläubigers die Pfändbarkeit unter Berücksichtigung der Belange des Gläubigers und des Schuldners nach freiem Ermessen festsetzen. Dem Schuldner ist jedoch mindestens so viel zu belassen, wie sich bei einem Arbeitseinkommen von monatlich *3.117,53** Euro (wöchentlich *708,83** Euro, täglich *137,08** Euro) aus § 850c ergeben würde. Die Beträge nach den Sätzen 1 und 2 werden entsprechend der in § 850c Abs. 2a getroffenen Regelung jeweils zum 1. Juli eines jeden zweiten Jahres, erstmalig zum 1. Juli 2003, geändert. Das Bundesministerium der Justiz gibt die maßgebenden Beträge rechtzeitig im Bundesgesetzblatt bekannt.***

* Die Beträge entstammen der Pfändungsfreigrenzenbekanntmachung 2011 v 9.5.2011 (BGBl I, 825).

Inhaltsübersicht

	Rz
A. Normzweck	1
B. Erweiterter Pfändungsschutz für den Schuldner (Abs 1)	3
I. Anwendungsbereich	3
II. Voraussetzungen	10
1. Notwendiger Lebensunterhalt (lit a)	10
a) Grundlagen	10
b) Erwerbsfähiger Schuldner	13

	Rz
c) Nicht erwerbsfähiger Schuldner	20
d) Unterhaltspflichten	21
2. Besondere persönliche oder berufliche Bedürfnisse (lit b)	22
3. Besondere Unterhaltspflichten (lit c)	24
a) Zahl der Unterhaltsberechtigten	24
b) Sonstiger erhöhter Umfang der Unterhaltspflichten	27
4. Überwiegende Belange des Gläubigers	28
III. Verfahren	32
C. Privilegierte Vollstreckung wegen Forderungen aus vorsätzlich begangener unerlaubter Handlung (Abs 2)	35
I. Rechtsgrund	35
1. Systematik	35
2. Tatbestand	37
II. Privilegierte Forderungen	42
III. Qualifizierter Titel	44
IV. Verfahren	48
V. Wirkungen	51
D. Beschränkter Pfändungsschutz bei hohem Einkommen (Abs 3)	54
E. Rechtsbehelfe	56
F. Insolvenzverfahren	58
G. Kosten/Gebühren	60

A. Normzweck. Eine einheitliche Aussage über die Ziele von § 850f lässt sich nur auf sehr allgemeinem Niveau treffen. Gegenüber den pauschalierten Pfändungsfreigrenzen des § 850c soll § 850f eine stärker an der **konkreten Fallgerechtigkeit** orientierte Entscheidung ermöglichen. Dabei weisen die Ziele in zwei entgegengesetzte Richtungen. Trotz der Freibeträge nach § 850c kann der Schuldner in die Situation kommen, seinen notwendigen Lebensunterhalt nicht mehr aus dem pfändungsfreien Einkommen bestreiten zu können. Zu seinen Gunsten wird deswegen der Vollstreckungsschutz für das Arbeitseinkommen erweitert, wenn der notwendige Unterhalt für ihn oder die unterhaltsberechtigten Personen gefährdet ist bzw besondere Bedürfnisse bestehen. Umgekehrt wird zu Lasten des Schuldners der Pfändungsschutz bei einer Vollstreckung wegen einer Forderung aus vorsätzlich begangener unerlaubter Handlung oder einem Zugriff auf ein oberhalb der Tabellenbeträge gem § 850c von monatlich 2.815 € (wöchentlich 641 €, täglich 123,50 €) liegendem Einkommen eingeschränkt. 1

Wegen der in den einzelnen Regelungen getroffenen konkreten Interessenabwägung handelt es sich bei § 850f um **keine allgemeine Billigkeitsklausel**. Die Vorschrift darf deswegen nicht als Einfallstor für generalisierte Billigkeits- oder gar Redlichkeitserwägungen angesehen werden. Dennoch kann sie für ein kohärentes Verständnis der Pfändungsschutzvorschriften wichtige Hinweise geben. So gewährleisten die in Abs 1 bestimmten Standards der Existenzsicherung ein allgemeingültiges vollstreckungsrechtliches Mindestniveau. Auch müssen die zu Abs 2 ausgeformten Leitlinien über das Verhältnis zwischen Vollstreckungs- und Erkenntnisgericht generell beachtet werden. 2

B. Erweiterter Pfändungsschutz für den Schuldner (Abs 1). I. Anwendungsbereich. Die **Garantiebestimmung** des § 850f I sichert unabhängig von der konkreten vollstreckungsrechtlichen Situation den Lebensunterhalt des Schuldners. In jedem Fall ist das Grundrecht auf ein menschenwürdiges Existenzminimum zu gewährleisten, das nach der Grundsatzentscheidung des BVerfG unverfügbar ist (BVerfG NJW 10, 505 Tz 133). Dieses verfassungsrechtlich garantierte Existenzminimum muss auch im Vollstreckungsverfahren gelten (BGH WM 11, 76 Tz 15). Dazu muss das pfändungsfreie Einkommen des Schuldners mit seinem hypothetischen Bedarf verglichen werden. Einer der drei gesetzlich normierten Härtefälle muss vorliegen und es dürfen keine überwiegenden Belange des Gläubigers die Erhöhung verhindern. Überschreitet der gem Abs 1 lit a anzusetzende sozialrechtliche und der nach Abs 1 lit b und c zu berücksichtigende sonstige Bedarf den Betrag des pfändungsfreien Einkommens, ist Letzteres um die Differenz zu erhöhen, soweit keine überwiegende Belange des Gläubigers entgegenstehen. 3

Die **Gewährleistungsfunktion** der Regelung gilt auch im Normalfall einer **Vollstreckung nach der Pfändungstabelle**. Dem Schuldner ist danach der sozialrechtlich zu bestimmende Bedarf zu belassen, selbst wenn dieser Betrag die Pfändungsfreigrenze aus § 850c übersteigt (Stuttgart NJW-RR 87, 758). Vor der Dynamisierung der Pfändungsfreigrenzen durch § 850c II a lag hier ein weites Aufgabengebiet. Eine ältere Entscheidung des BGH 25.10.84 hat allerdings, wenn auch nur bezogen auf den damaligen Zeitpunkt, für den Normalfall eine sozialrechtliche Hilfebedürftigkeit iRd Tabellensätze des § 850c verneint (BGHZ 92, 339, 346). Dennoch ist der Entscheidung, jedenfalls nach der heutigen Rechtslage, zu widersprechen, weil sie etwa im Hinblick auf die Unterkunfts- und Heizungskosten die sozialrechtlich erforderliche Einzelfallbetrachtung nicht genügend beachtet. Diese sozialrechtliche Bindung folgt spätestens aus der Ergänzung 4 von § 850f I um lit a im Sechsten Gesetz zur Änderung der Pfändungsfreigrenzen v 1.4.92 (BGBl I, 745). Seit der Dynamisierung der Pfändungsfreibeträge im Siebten Gesetz zur Änderung der Pfändungsfreigrenzen v 13.12.01 (BGBl I, 3638) ist freilich diese Bedeutung von § 850f I geschrumpft. Es existiert aber eine Restfunktion bei besonderen Bedürfnissen oder hohen Unterhaltslasten des Schuldners.

5 Die aktuelle Zentralfunktion der Vorschrift besteht darin, den sozialrechtlichen Mindestbedarf des Schuldners bei einer **erweiterten Pfändung** nach den §§ 850d, 850f II sicherzustellen. Dazu wird die Gewährleistungsfunktion von § 850f I in einem zweistufigen Regelungskonzept entfaltet. Über seine **Definitionsfunktion** bestimmt § 850f I lit a das Mindestmaß für den Lebensunterhalt des Vollstreckungsschuldners. Reicht der nach § 850c zu ermittelnde pfändungsfreie Teil des Arbeitseinkommens nicht aus, um den individuellen Lebensbedarf des Schuldners zu decken, und sind seine Bedürfnisse bei Bemessung des notwendigen Unterhalts nach § 850d I 2 nicht hinreichend berücksichtigt worden, kann dies über § 850f I ausgeglichen werden (BGH NJW-RR 04, 506, 507). Bei einer privilegierten Vollstreckung muss dem Schuldner aufgrund der ausdrücklichen Regelungen in § 850d I 2 sowie § 850f II Hs 2 der eigene und der zur Erfüllung seiner laufenden gesetzlichen Unterhaltspflichten erforderliche notwendige Unterhalt belassen werden. Bei nicht wiederkehrenden Bezügen muss dem Schuldner nach § 850i I 1 der notwendige Unterhalt belassen werden, ähnl auch § 850k II 1. Diesen notwendigen Unterhalt definiert § 850f I lit a einheitlich für die verschiedenen Arten der Forderungsvollstreckung. Den Maßstab bilden die sozialrechtlichen Vorschriften des SGB XII und des SGB II.

6 Jenseits dieser Basis sichert die **Aufstockungsfunktion** aus § 850f I lit b und lit c den Mindestbedarf in besonderen Lebenssituationen. Eine Heraufsetzung ist auch dann zulässig, wenn der Gläubiger die Zwangsvollstreckung wegen einer nach den §§ 850d, 850f II bevorrechtigten Forderung betreibt (LG Darmstadt ZVI 03, 399, 400). Da diese Vorschriften bereits eine individualisierte Abwägung verlangen, können nur noch solche Bedürfnisse berücksichtigt werden, die nach Art und Umfang nicht schon gem den §§ 850d, 850f II zu beachten sind (Hamm JurBüro 77, 411; St/J/*Brehm* § 850f Rn 4). Dies betrifft etwa die zu berücksichtigenden Unterhaltslasten, die in den §§ 850d I 2, 850f II enger bestimmt und auf die gesetzlichen Unterhaltspflichten bezogen werden. Demgegenüber sind nach § 850f I lit a auch andere Unterhaltsberechtigte zu beachten.

7 Über diese Pfändungen in das laufende Arbeitseinkommen hinaus, ist die Gewährleistungsfunktion aus § 850f I nach der ausdrücklichen Bestimmung in Abs 1 Einleitungssatz auch beim Zugriff auf **sonstige Vergütungen gem § 850i** anwendbar. Sie gilt auch für die Einkünfte eines Selbständigen (BGH NJW 08, 227 Tz 30). Auch § 850i I 1 stellt als Basis auf den notwendigen Unterhalt insb des Schuldners ab. Darüber hinaus sind freilich auch dessen wirtschaftliche Verhältnisse zu würdigen, § 850i I 2. Im Anwendungsbereich von § 850f I ist wegen der präziseren Interessenabwägung kein Raum für den Vollstreckungsschutz nach § 765a (vgl Schuschke/Walker/*Kessal-Wulf* § 850f Rn 1). Ein Antrag gem § 850f I ist vorrangig ggü dem nach § 850g (§ 850g Rz 5), doch kann ein Schutzantrag wegen Änderung der Unpfändbarkeitsvoraussetzungen ggf entsprechend ausgelegt werden.

8 Bei der **Pfändung von Sozialleistungen** besitzt § 850f I wegen der Verweisung in § 54 IV SGB I auf die Vorschriften über die Pfändung von Arbeitseinkommen eine wichtige Ergänzungsfunktion (Mrozynski SGB I § 54 Rn 22). Außerdem ist die Bestimmung gem **§ 319 AO** auch bei der Vollstreckung von Abgabenforderungen anwendbar.

9 Seit Langem wird diskutiert, ob § 850f I auf **Abtretungen** entsprechend anwendbar ist, wenn sich der Schuldner auf einen entsprechenden Erhöhungstatbestand beruft (bejahend BSG NZS 96, 142, 144; Köln NJW-RR 98, 1689; ThoPu/*Hüßtege* § 850f Rn 1a; verneinend St/J/*Brehm* § 850f Rn 28; Wieczorek/Schütze/*Lüke* § 850f Rn 23). Die Anwendbarkeit ist zu bejahen, denn es überzeugt nicht, wenn der Abtretungsgläubiger weitergehende Rechte hat als ein Titelgläubiger. Der BGH hat diese Frage noch nicht abschließend entschieden, aber erkennen lassen, dass er zu einer Analogie neigt. Streitigkeiten über den Umfang der Abtretung sind allerdings nicht vor dem Vollstreckungsgericht, sondern vor dem Prozessgericht zu klären (BGH NJW-RR 03, 1367; ZVI 09, 374 Tz 13). Nach Ansicht des BAG kann darüber nicht im Verfahren zwischen dem Schuldner der Bezüge (Arbeitgeber) und dem Zedenten (Arbeitnehmer), sondern nur zwischen Zedent und Zessionar (Neugläubiger) entschieden werden (BAG NJW 91, 2038, 2039; Stöber Rn 1250a).

10 **II. Voraussetzungen. 1. Notwendiger Lebensunterhalt (lit a). a) Grundlagen.** Die Gewährleistungsfunktion von § 850f I sichert dem Schuldner einen an den **sozialrechtlichen Maßstäben** orientierten Lebensunterhalt. Trotz eigener Einkünfte soll er nicht die Sozialsysteme in Anspruch nehmen müssen. Daran schließt sich die Überlegung an, dass der Gläubiger nicht sein materielles Forderungsrecht zu Lasten der öffentli-

chen Träger der Daseinsfürsorge verwirklichen darf. Unterstützt ein Sozialleistungsträger den Schuldner, wird ebenfalls eine Erhöhung nach § 850 f I lit a für möglich gehalten (LG Detmold Rpfleger 00, 341; Schuschke/Walker/*Kessal-Wulf* § 850f Rn 6).

Der Pfändungsumfang ist vom Vollstreckungsgericht individuell zu berechnen. Um die Umstände des Einzelfalls angemessen zu berücksichtigen, muss bei der Unterhaltsbemessung differenziert werden. Als Mindestmaß muss stets der gesamte existenznotwendige Bedarf eines jeden Schuldners realitätsgerecht berücksichtigt werden (BVerfG NJW 10, 505 Tz 137, 139). Gewährleistet sein muss sowohl die physische Existenz des Menschen, also Nahrung, Kleidung, Hausrat, Unterkunft, Heizung, Hygiene und Gesundheit, als auch die gesicherte Möglichkeit zur Pflege zwischenmenschlicher Beziehungen und zu einem Mindestmaß an Teilhabe am gesellschaftlichen, kulturellen und politischen Leben (BVerfG NJW 10, 505 Tz 135; BGH WM 11, 76 Tz 15 zu Abs 2). Aufgrund der **Verweisungsarchitektur** in § 850f I lit a sind die vollstreckungsrechtlichen Regeln entsprechend den sozialrechtlichen Referenzbestimmungen in den §§ 20 ff SGB II bzw den §§ 27 ff SGB XII zu interpretieren (B/L/A/H § 850f Rn 3; Musielak/*Becker* § 850f Rn 2; Saenger/*Kemper* § 850f Rn 4; **aA** nur SGB XII BGH NJW-RR 09, 1459 Tz 23; Gottwald § 850f Rn 1, 6). Wegen des Nachrangs der Sozialhilfe, § 2 SGB XII, gelten die Regelungen der Sozialhilfe für die **nicht erwerbsfähigen Personen**. Dementsprechend ist der notwendige Unterhalt des nicht erwerbsfähigen Schuldners am SGB XII auszurichten. Für den **erwerbsfähigen Schuldner** ist dagegen auf die im SGB II angelegten Beträge der Grundsicherung für Arbeitsuchende abzustellen (ThoPu/*Hüßtege* § 850f Rn 3; zu § 850d ebenso LG Aschaffenburg FamRZ 07, 1664, 1665; *Zimmermann/Freeman* ZVI 08, 374, 375 ff). Die differenzierten Verweisungen bilden die notwendige Konsequenz aus den unterschiedlichen sozialrechtlichen Materien (**aA** Zö/*Stöber* § 850f Rn 2b, der die gesetzliche Bezugnahme auf das SGB II für unanwendbar erklären möchte; anders aber Stöber Rn 1176e). Wegen der bestehenden Differenzierungsgründe liegt auch kein redaktionelles Versehen vor, denn es geht nicht um eine unterschiedliche Behandlung der Einkünfte, sondern den Bedarf (aA Hk-ZV/*Meller-Hannich* § 850f ZPO Rn 5). 11

Für die innere Konkordanz der Regelungen ist diese Ausdifferenzierung schon deswegen zu beachten, weil etwa § 82 III SGB XII andere Freibeträge beim Einkommen kennt, als sie in § 30 SGB II vorgesehen sind. Beide Vorschriften stellen auf grdl andere Modelle ab (Eicher/Spellbrink/*Lang/Link* SGB II § 30 Rn 2), denn ein erwerbsfähiger Schuldner hat andere Bedarfe als ein nicht erwerbsfähiger. Könnte ein erwerbstätiger Schuldner bis hinunter zu den Grenzen des SGB II gepfändet werden, müsste der Sozialleistungsträger das Einkommen bis zum Maß der durch das SGB II gewährleisteten Grundsicherung aufstocken. Damit könnte der Gläubiger seine Forderung zu Lasten der Sozialhilfeträger durchsetzen. 12

b) Erwerbsfähiger Schuldner. Der notwendige Unterhalt ist für den erwerbsfähigen Schuldner nach den §§ 20 ff SGB II zu berechnen (vgl LG Darmstadt ZVI 07, 364, 365). Als Basisbedarf ist zunächst der **Regelsatz** nach § 20 SGB II von derzeit 374 € anzusetzen. Eine Herabsetzung des Regelsatzes nach § 39 SGB XII ist auch dann ausgeschlossen, wenn der Schuldner eine zumutbare Arbeit ablehnt (St/J/*Brehm* § 850f Rn 3; **aA** Stöber Rn 1176g). Dem Zwangsvollstreckungsrecht ist eine – auch mittelbare – Erwerbsverpflichtung fremd, die wegen des Prinzipienwechsels ausdrücklich normiert sein müsste. Im Regelsatz sind die Kosten für einen Telefonanschluss enthalten. Der Betrag ist nicht um die GEZ-Gebühren zu erhöhen. Der befristete Zuschlag nach Bezug von Arbeitslosengeld gem § 24 SGB II ist unanwendbar (Zö/*Stöber* § 850f Rn 2b). Als Element des untersten Netzes der sozialen Sicherung darf in die Regelleistung nicht durch Zwangsvollstreckung eingegriffen werden. Der Empfänger ist frei, den als Teil des Existenzminimums festgestellten Betrag zur Deckung seiner Bedarfe eigenverantwortlich zu verwenden. Kosten für (Mobil-)Telefon, Internet, Kabelfernsehen und GEZ müssen aus diesem Betrag finanziert werden (vgl LG Braunschweig ZInsO 2011, 1268, 1269). Auch der darin enthaltene Ansparanteil darf nicht dem Pfändungszugriff ausgesetzt sein (BGH WM 11, 76 Tz 13 ff, zu Abs 2). Ebenso wenig wie der Anspruch auf Sozialhilfe nach § 17 I 2 SGB XII ist aufgrund einer Wertungsparallele auch ein sachlich entsprechender Anspruch auf Geldleistung nach dem SGB II pfändbar (BGH WM 11, 76 Tz 20). Abzulehnen ist deswegen eine Entscheidung, wonach vom Regelsatz des Arbeitslosengelds II ein Betrag von 30 € zugunsten des Vermieters pfändbar sein soll (AG Dresden JurBüro 09, 46), denn diese Pfändungsanordnung unterschreitet den notwendigen Unterhalt. Unzutreffend ist auch, wenn bei laufenden Leistungen nach dem SGB der unpfändbare Betrag 20 € unter dem Regelsatz festzusetzen sein soll (LG Siegen JurBüro 2009, 210). 13

Zu diesem Grundbetrag sind die konkreten Kosten für **Unterkunft und Heizung** (gem § 22 SGB II) hinzuzurechnen, soweit sie nicht den angemessenen Umfang übersteigen (BGH NJW-RR 09, 1459 Tz 23). Regelmäßig ist von der tatsächlich gezahlten **Miete** auszugehen (vgl LG Darmstadt ZVI 07, 364, 366; Eicher/ 14

Spellbrink/*Lang/Link* SGB II § 22 Rn 15c). Die Kosten für eine Garage zählen grds nicht dazu. Einzubeziehen sind außerdem die tatsächlich zu entrichtenden **Mietnebenkosten**. Wegen der erheblich gestiegenen Nebenkosten kommt diesen konkret abzurechnenden Ausgaben bei der Bedarfssicherung eine wesentliche Aufgabe zu. Dies betrifft insb die Kosten für Wasser, Abwasser, Abfallentsorgung, Versicherungen, Treppenhausreinigung, Hauswart, Treppenhauslicht, Fahrstuhl, Straßenreinigung, Schornsteinfeger und Thermenreinigung. Dies gilt ebenfalls für mietvertraglich verankerte Kabelanschlussgebühren, nicht aber für die durch individuellen Vertrag begründeten Kabelgebühren. Betriebskostennachzahlungen stellen einen im Monat der Fälligkeit zu berücksichtigenden aktuellen Bedarf dar (BSG BeckRS 11, 74134 Tz 15). Für eigengenutztes **Wohneigentum** und Eigenheime sind als notwendige Ausgaben die Schuldzinsen (nicht aber die Tilgungsanteile BVerwGE 48, 182, 185), Grundsteuern, Ausbaubeiträge, Versicherungskosten, Erbbauzinsen, Erhaltungskosten und die bei einem Mieter anzusetzenden sonstigen Nebenkosten zu berücksichtigen. Anzusetzen sind außerdem die tatsächlichen Heizungskosten, die sich aus der Nebenkostenabrechnung ergeben werden. Nachzahlungen oder Erstattungen sind zu berücksichtigen. Gleiches gilt bei den Ausgaben für Elektrizität.

15 Die Kosten für **Unterkunft** und Heizung sind auf eine **angemessene Höhe** zu begrenzen. Die Angemessenheit ist nach den konkreten Umständen des Einzelfalls unter Berücksichtigung der örtlichen Gegebenheiten zu ermitteln (BGH NJW-RR 09, 1459 Tz 23). Sozialrechtlich erfolgt eine mehrstufige Prüfung. Im ersten Schritt sind die abstrakt angemessene Wohnungsgröße und der Wohnungsstandard zu bestimmen. Sodann wird festgelegt, auf welche konkreten räumlichen Verhältnisse als räumlicher Vergleichsstandard abzustellen ist. Weiter sind die für eine nach Größe und Standard abstrakt angemessene Wohnung auf dem räumlichen Wohnungsmarkt angemessenen Kosten zu ermitteln (BSG NJW 10, 699 Tz 13). Die angemessene Wohnungsgröße beträgt für einen Einpersonenhaushalt 45-50 qm (BSG NJW 10, 699 Tz 19) und erhöht sich für jede weitere haushaltsangehörige Person um 10–15 qm. Für zwei Haushaltsangehörige sind bis zu 60 qm, für drei bis zu 75 qm (BVerwG NVwZ 95, 1104) und für vier bis zu 90 qm angemessen. Maßgebend ist der untere Bereich der für vergleichbare Wohnungen am Wohnort marktüblichen Miete (BVerwG NVwZ 95, 1104, 1105), wie es sich aus einem qualifizierten Mietspiegel, § 558d BGB, einem Mietspiegel, § 558c BGB, oder unmittelbar aus einer Mietdatenbank, § 558e BGB, ableiten lässt. Als räumliche Vergleichsmaßstäbe darf nicht nur auf Orts- oder Stadtteile abgestellt werden (BSG NJW 10, 699 Tz 21). Abweichend von den sozialrechtlichen Maßstäben soll ein Rückgriff auf die Tabellenwerte in § 8 WoGG aF zulässig sein, wenn alle anderen Erkenntnismöglichkeiten ausgeschöpft sind, etwa aus einem Mietspiegel, § 558c BGB, einem qualifizierten Mietspiegel, § 558d BGB, oder unmittelbar aus einer Mietdatenbank, § 558e BGB, (BGH NJW-RR 09, 1459 Tz 23). Orientierungsgrößen bieten dann auch die Mietpreisstufen nach § 12 WoGG. Unangemessene Kosten sind idR längstens für sechs Monate zu berücksichtigen, § 22 I 3 SGB II. Eine alternative Unterkunft wird nur ausnahmsweise nicht zu finden sein (BSG NJW 10, 699 Tz 36). Als Korrekturüberlegung ist auch zu berücksichtigen, ob dem Schuldner ein Wohnungswechsel zumutbar ist. Dazu sind die möglichen Ersparnisse durch Anmietung einer angemessenen Wohnung zu den Mehrkosten durch einen Wohnungswechsel etwa für Umzug oder einen weiteren Arbeitsweg in Relation zu setzen. Zu berücksichtigen ist auch, über welchen Zeitraum das Arbeitseinkommen des Schuldners voraussichtlich gepfändet ist und ob sich der Wohnungswechsel früher zu rentieren beginnt. Entstehen durch einen Umzug höhere Wohnungs- und Heizungskosten, sind sie allein deswegen nicht unangemessen, wenn zum Zeitpunkt des Mietvertragsschlusses keine Hilfebedürftigkeit bestand (BSG NZS 11, 713). In der Rechtsprechung des BGH ist nicht geklärt, wie zwangsvollstreckungsrechtlich dieses Kostensenkungsverfahren durchzuführen ist. Hier wird von einer Zuständigkeit des Vollstreckungsgerichts auszugehen sein, das sich an den zeitlichen Vorgaben des SGB II zu orientieren hat.

16 Die **angemessenen Heizkosten** sind grds getrennt von den angemessenen Unterhaltskosten zu bestimmen (BSG NZM 10, 411 Tz 18). Auszugehen ist von den tatsächlichen Aufwendungen. Die Heizkosten dürfen deswegen nicht nur in Höhe der abstrakt angemessenen Wohnungsgröße berücksichtigt werden (BSG NZM 10, 411 Tz 20). Eklatant kostspieliges oder unwirtschaftliches Verhalten ist jedoch nicht zu berücksichtigen. Als Grenzwert kann bei einer mit Öl, Erdgas oder Fernwärme beheizten Wohnung der von der co2online gGmbH in Kooperation mit dem Deutschen Mieterbund erstellte und durch das Bundesministerium für Umwelt, Naturschutz und Reaktorsicherheit geförderte »Kommunale Heizspiegel« (http://www.heizspiegel.de) bzw bei Fehlen der »Bundesweite Heizspiegel« herangezogen werden (BSG NZM 10, 411 Tz 20). Hierbei sind Einzelfallentscheidungen zu treffen, für die zahlreiche Einflussfaktoren berücksichtigt werden müssen, wie objektiv die Energieeffizienzklasse des Hauses oder subjektiv der Gesundheitszustand des Bewohners. In Mehrfamilienhäusern kann hilfsweise der durchschnittliche Verbrauch in ähnlichen Wohnungen als Vergleichsmaßstab herangezogen werden.

Wohnungsbeschaffungs- und Umzugskosten sind nach § 22 III 1 SGB II zu berücksichtigen. Zusätzlich sind **Mehrbedarfe** nach § 21 SGB II bei Schwangerschaft, Alleinerziehenden, abhängig von Zahl und Alter der Kinder, Behinderung sowie kostenaufwändiger Ernährung zu berücksichtigen. Die Summe des Mehrbedarfs darf aber nach § 21 VI SGB II die Höhe des für Erwerbsfähige maßgebenden Regelbedarfs nicht übersteigen. 17

Abzusetzen sind außerdem die **Beträge nach § 11b I Nr 3–5 SGB II.** Davon erfasst werden etwa ein Festbetrag von 30 € für Privatversicherungen sowie der Mindesteigenbetrag für Riester-geförderte Altersvorsorgeverträge nach § 82 EStG. Auch hierin besteht ein signifikanter Unterschied zur sozialhilferechtlichen Unterhaltsbemessung, bei der Aufwendungen für Versicherungen nicht berücksichtigt werden sollen (LG Saarbrücken InVo 98, 136, 137). Eingeschlossen sind auch die mit der Erzielung des Einkommens verbundenen notwendigen Ausgaben, § 11b I Nr 5 SGB II, wie die mit einem Pauschbetrag von 0,20 € je Entfernungskilometer (AG Fritzlar ZInsO 09, 201, setzt 0,30 € je Fahrtkilometer an) anzusetzenden Fahrtkosten zwischen Wohnung und Arbeitsstätte, wobei der Maßstab aus dem SGB II nicht gestattet, 30 km als gewöhnliche Belastung unberücksichtigt zu lassen (aA LG Braunschweig ZInsO 2011, 1268, 1269), Aufwendungen für erforderliche Arbeitsmittel, Kosten der Kinderbetreuung in einer Krippe, einem Hort oder bei einer Tagesmutter sowie notwendige Beiträge für Berufsverbände (*Zimmermann/Freeman* ZVI 08, 374, 377). Bei Einkünften bis 400 € ist stattdessen grds eine Pauschale von 100 € abzusetzen. Übersteigen die Einkünfte 400 € ist ein nachgewiesener höherer Freibetrag anzusetzen, § 11b II SGB II. 18

Weiter einzustellen ist der **Besserstellungszuschlag** nach den §§ 11b I Nr 6, III SGB II (vgl BGH NJW-RR 04, 506, 508). Nach dieser Regelung sind dem Schuldner von seinem Einkommen zwischen 100 € und 1.000 € zusätzlich 20 %, also bis zu 180 € zu belassen. Von den Einkünften zwischen 1.000 € und 1.200 € verbleiben ihm weitere 10 %, dh bis zu 20 €. Der Besserstellungszuschlag beläuft sich demnach auf insgesamt max 200 €. Für einen Schuldner mit einem unterhaltsberechtigten Kind ist der Betrag auf max 250 € zu erhöhen. 19

c) Nicht erwerbsfähiger Schuldner. Der notwendige Unterhalt ist für den nicht erwerbsfähigen Schuldner nach den §§ 28 ff SGB XII zu berechnen. Als Basisbedarf ist zunächst der **Regelsatz** nach § 28 SGB XII von derzeit 374 € anzusetzen (vgl Rz 13). Beim Zusammenleben mit einem Ehegatten setzt das LG Wuppertal (JurBüro 08, 499) 90 % des Regelsatzes an. Zu diesem Grundbetrag sind die angemessenen tatsächlichen Kosten für Unterkunft und Heizung gem § 29 SGB XII hinzuzurechnen (vgl Rz 15 f). Anzusetzen sind auch die Aufwendungen für Mehrbedarfe nach § 30 SGB XII, etwa bei Erwerbsminderungen, sowie die Versicherungs- und Vorsorgeaufwendungen nach den §§ 32 f SGB XII. Zu berücksichtigen sind außerdem die einmaligen Bedarfe nach § 31 SGB XII für eine Erstausstattung der Wohnung bzw für Kleidung. Diese Kosten können regelmäßig mit 30 % des Regelsatzes pauschaliert werden (10 % Hamm JurBüro 84, 1900, 1901; 20 % Köln JurBüro 96, 493, 494; 30 % Köln NJW-RR 93, 1156; LG Stuttgart Rpfleger 90, 173; regelmäßig 50 % Frankf Rpfleger 01, 38, 39). Als arbeitsbedingter Mehrbedarf sind zusätzlich gem § 82 III SGB XII 30 % des Einkommens aus selbständiger oder nicht selbständiger Arbeit jedoch max 50 % des Eckregelsatzes zu berücksichtigen (LG Hamburg Rpfleger 00, 169, 170). Auch dann müssen konkret nachgewiesene höhere Mehrbedarfe berücksichtigt werden können. 20

d) Unterhaltspflichten. Unpfändbar ist auch der Betrag, den der Schuldner zur Erfüllung seiner **Unterhaltspflichten** benötigt. Dieser Personenkreis muss eigenständig bestimmt werden. Während die §§ 850d I 2, 850f II auf die laufenden gesetzlichen Unterhaltspflichten abstellen, bezieht sich § 850f I lit a auf die Personen, denen der Schuldner Unterhalt zu gewähren hat. Unterhalt gewähren muss aber auch der vertraglich verpflichtete Schuldner (St/J/*Brehm* § 850f Rn 3) bzw derjenige, der ggü dem Ausländeramt eine Verpflichtungserklärung abgegeben hat (LG Limburg NJW-RR 03, 365; Gottwald § 850f Rn 7; **aA** Köln MDR 09, 953, Stiefkinder; Wieczorek/Schütze/*Lüke* § 850f Rn 8; Musielak/*Becker* § 850f Rn 2; Zö/*Stöber* § 850f Rn 2a). Bestätigt wird diese Auslegung durch die abweichende Formulierung in Abs 1 lit c, die insb im Zusammenhang mit § 850c zu lesen ist und deswegen auf die gesetzlichen Unterhaltspflichten abstellt. Bestehen solche zusätzlichen Unterhaltspflichten, muss der unpfändbare notwendige Unterhalt ggf über den für die §§ 850d I 2, 850f II anzusetzenden Umfang hinaus erhöht werden. Zu berücksichtigen sein soll auch eine **Bedarfsgemeinschaft** (str Frankf ZVI 08, 384; aA MüKoZPO/*Smid* § 850f Rn 7; *Wiedemann* ZVI 10, 291, 293), denn ohne deren Berücksichtigung besteht die Gefahr, das Existenzminimum zu unterschrei- 21 ten. Sozialrechtlich ist von den Sätzen der Regelbedarfsverordnung v 20.10.11 (BGBl I, 2093) auszugehen. Volljährige erwerbsfähige Partner einer Bedarfsgemeinschaft haben danach einen monatlichen Regelbedarf von 299 €, nicht volljährige erwerbsfähige Angehörige der Bedarfsgemeinschaft von 287 €, Leistungsberechtigte im 15. Lebensjahr mtl 287 €, Personen vom siebten bis zur Vollendung des 14. Lebensjahrs mtl 251 € und Personen bis zur Vollendung des sechsten Lebensjahrs mtl 219 €. Eigene Einkünfte Unterhaltsberechtigter können nur iRe Antrags nach § 850c IV berücksichtigt werden. Sonst käme es zu einer Kollision, wenn ein nicht privilegierter Gläubiger einen Antrag nach § 850c IV stellt.

22 **2. Besondere persönliche oder berufliche Bedürfnisse (lit b).** Besondere persönliche oder berufliche Bedürfnisse sind zu berücksichtigen, soweit sie nicht schon in die Bemessung des notwendigen Unterhalts nach Abs 1 lit a eingegangen sind. Das Bedürfnis muss aktuell und konkret sein und darf bei den meisten Personen in vergleichbarer Lage nicht auftreten. Der Schuldner soll so gestellt werden, wie ein Empfänger von Sozialhilfe nach § 52 SGB XII (BGH NJW 09, 2313 Tz 10, 14; krit *Stahlschmidt* ZInsO 09, 1987). Eine erste Gruppe besonderer Bedürfnisse resultiert aus dem **Gesundheitszustand** des Schuldners. Erfasst wird der Selbstbehalt für die aus medizinischen Gründen erforderlichen Therapien (BGH NJW 09, 2313 Tz 10, 16). Dazu gehören insb die von den Krankenkassen nicht getragenen Kosten für medizinisch indizierte diätische Lebens- (LG Frankenthal Rpfleger 90, 470; LG Essen Rpfleger 90, 470) oder orthopädische Hilfsmittel. Eingeschlossen sind auch die konkreten Ausgaben aufgrund eines mit der Krankenkasse vereinbarten Selbstbehalts (LG Düsseldorf JurBüro 06, 156) sowie Praxis- und Rezeptgebühren. Anzusetzen sind auch die von der Pflegeversicherung nicht gedeckten Kosten der Unterbringung in einem Pflegeheim (Zö/*Stöber* § 850f Rn 2a). Muss der Schuldner in eine andere angemessene Wohnung umziehen, stellen die Umzugskosten besondere persönliche Bedürfnisse dar.

23 Als weitere Gruppe nennt § 850f I lit b **beruflich veranlasste besondere Bedürfnisse**. Sie können etwa aus besonders hohen Fahrtkosten resultieren (LG Bochum Rpfleger 98, 531; einschränkend LG Halle Rpfleger 00, 285, nur die über den üblichen Rahmen hinausgehenden Fahrtkosten), die durch die Pauschbeträge nach § 11 II Nr 5 SGB II nicht hinreichend abgedeckt sind. Vereinzelt wird angenommen, es seien nur die Kraftstoffkosten zu berücksichtigen (LG Bonn JurBüro 09, 550), doch sind aufgrund der gebotenen Einzelfallabwägung insb bei geringer privater Nutzung auch Steuern und Versicherungen anzusetzen. Ggf können die anteiligen Aufwendungen für Ersatzbeschaffungen eines benötigten Kfz, bei dem private und berufliche Nutzung zu trennen sind, oder für ein Notebook angesetzt werden. Bei einer auswärtigen Berufstätigkeit kommen auch die Kosten einer doppelten Haushaltsführung in Betracht (Schuschke/Walker/*Kessal-Wulf* § 850f Rn 7). Zu nennen sind außerdem etwa Arbeitskleidung und Fachliteratur (Wieczorek/Schütze/*Lüke* § 850f Rn 10). Verbindlichkeiten können berücksichtigt werden, soweit sie auch noch gegenwärtig bestehende Bedürfnisse befriedigen (Hamm JurBüro 77, 411, 412; Zö/*Stöber* § 850f Rn 4), etwa bei einem für den Weg zur Arbeitsstätte benötigtem Kfz.

24 **3. Besondere Unterhaltspflichten (lit c). a) Zahl der Unterhaltsberechtigten.** Weiterhin ist dem Schuldner ein Teil seines pfändbaren Arbeitseinkommens zu belassen, wenn der besondere Umfang seiner Unterhaltspflichten und insb die Zahl der Unterhaltsberechtigten dies erfordern. Diese Regelung knüpft unmittelbar an § 850c an, gilt aber auch bei einer Vollstreckung nach den §§ 850d, 850f II und 850i. Der Grundfreibetrag wird nach § 850c I 2, II 1 für bis zu fünf unterhaltsberechtigte Personen erhöht (§ 850c Rz 16). Ist der Schuldner ggü weiteren Personen unterhaltspflichtig, können diese Unterhaltslasten nicht mehr iRv § 850c berücksichtigt werden. Geschlossen wird diese Lücke durch § 850f I lit c, in dessen Rahmen weitere Unterhaltsberechtigte berücksichtigt werden können. Auf dieses Antragsrecht muss das Gericht wegen des verfassungsrechtlich gebotenen Schutzes von Ehe und Familie hinweisen.

25 Abzustellen ist allein auf **gesetzliche Unterhaltspflichten** (LG Schweinfurt NJW 84, 374, 375). Damit schließt die Regelung direkt an § 850c I 2 an. Der Schuldner muss demzufolge seinem Ehegatten, §§ 1360, 1360a, 1361 BGB, einem früheren Ehegatten, §§ 1569 ff BGB, seinem Lebenspartner, §§ 5, 12 LPartG, einem früheren Lebenspartner, § 16 LPartG, einem Verwandten in gerader Linie, § 1601 BGB, wie Kinder, Enkelkinder, Eltern und Großeltern, oder einem Elternteil nach den §§ 1615l, 1615n BGB iRe gesetzlichen Verpflichtung Unterhalt gewähren.

26 Für den **Umfang der Unterhaltslasten** bei mehr als fünf Unterhaltsberechtigten gibt Abs 1 lit c keinen konkreten Betrag vor. Auszugehen ist deswegen vom sozialrechtlichen Maßstab der tatsächlich bestehenden Unterhaltsverpflichtungen. Vor allem bei einer Pfändung nach der Tabelle wird für den Gläubiger kaum

mehr ein pfändbarer Betrag verbleiben. Dies ist ggf bei den entgegenstehenden Gläubigerbelangen zu berücksichtigen (Rz 28).

b) Sonstiger erhöhter Umfang der Unterhaltspflichten. Nicht in jedem Fall bilden pauschale Unterhaltsfreibeträge den bestehenden Unterhaltsbedarf angemessen ab. Bei besonderen Unterhaltslasten, etwa wegen gesundheitsbedingter Mehraufwendungen für den Unterhaltsberechtigten, kann dem Schuldner ein Teil des pfändbaren Einkommens belassen werden. Dies gilt etwa auch bei besonders hohen Ausbildungskosten. 27

4. Überwiegende Belange des Gläubigers. Der pfändungsfreie Betrag darf nur erhöht werden, wenn sonst eine Unterdeckung für den Lebensunterhalt besteht oder besondere Bedürfnisse des Schuldners bzw besondere Unterhaltspflichten dies erfordern und dem keine überwiegenden Belange des Gläubigers entgegenstehen. Hierfür ist eine **differenzierende Beurteilung** erforderlich. Abzustellen ist einerseits darauf, welche Qualität die **Bedürfnisse des Schuldners** besitzen, und andererseits, welches Gewicht den Belangen des Gläubigers beizumessen ist. In der Hierarchie der Bedürfnisse gehen die Anforderungen aus lit a denen der lit b und lit c vor. Dementsprechend bezieht sich das Kriterium der Erforderlichkeit sprachlich und sachlich nur auf die letzten beiden Regelungen. Das Unterschreiten des notwendigen Unterhalts stellt für den Schuldner bereits eine derart gravierende Benachteiligung dar, dass insoweit keine zusätzlichen Anforderungen existieren (anders St/J/*Brehm* § 850f Rn 6; MüKoZPO/*Smid* § 850f Rn 8). So steht die Sicherung des notwendigen Unterhalts des Schuldners an höchster Stelle. Es folgen der notwendige Unterhalt der gesetzlich Unterhaltsberechtigten, der besondere Umfang der Unterhaltslasten, der notwendige Unterhalt anderer unterhaltsberechtigter Personen und schließlich die sonstigen besonderen Bedürfnisse des Schuldners. Wie der BGH iRd Abwägung nach § 850c IV ausgesprochen hat, ist Kindergeld als eine dem Ausgleich der aus dem Familienunterhalt folgenden Belastungen dienende Leistung nicht zu berücksichtigen (BGH NJW-RR 06, 568). 28

Als wichtigster **Belang des Gläubigers** ist zunächst zu beachten, inwieweit der Gläubiger auf die Vollstreckung angewiesen ist, um selbst nicht Sozialleistungen in Anspruch nehmen zu müssen. Es folgt seine sonstige wirtschaftliche und persönliche Situation, wie etwa seine Unterhaltslasten, sowie die Aussicht, überhaupt für seine Titelforderung Befriedigung erlangen zu können. Nicht zu berücksichtigen ist die Art der zu vollstreckenden Forderung. Auf deren Qualität wird bei der erweiterten Vollstreckung abgestellt und kann insoweit auch nach § 850f I berücksichtigt werden. Die abschließende Regelung über die bevorrechtigte Pfändung schließt es aus, zusätzliche Unterscheidungen nach der Forderungsqualität zu treffen. 29

Erforderlich ist eine umfassende **Abwägung** unter Einbeziehung aller Umstände des Einzelfalls zwischen Schuldnerbedürfnissen und Gläubigerbelangen. Eine Erhöhung der pfändungsfreien Beträge ist nur dann ausgeschlossen, wenn die Belange des Gläubigers überwiegen. Muss der notwendige Unterhalt des Schuldners gesichert werden, kann der Gläubiger dem höchstens seinen eigenen notwendigen Unterhalt entgegensetzen. Da beide Unterhaltsbedarfe grds gleichrangig sind, können grds keine überwiegenden Belange des Gläubigers bestehen. Etwas anderes kommt allenfalls bei einer Gefährdung höchster Rechte in Betracht, wie Leben und Gesundheit. Um den notwendigen Unterhalt des Schuldners zu sichern, können aber vertragliche Unterhaltspflichten des Schuldners zurückzustellen sein. Das Verhältnis zwischen vor- und nachrangigen Unterhaltsgläubigern ist schon in § 850d II gelöst. 30

Unerheblich ist, ob der Gläubiger bei der Pfändung leer ausgeht. Im Ergebnis darf deswegen auch das **gesamte Einkommen** des Schuldners für unpfändbar erklärt werden (Zweibr NJW-RR 02, 1664, 1665; LG Duisburg Rpfleger 98, 355; **aA** Koblenz JurBüro 87, 306; MüKoZPO/*Smid* § 850f Rn 13). Der Wortlaut von § 850f I steht dem nicht entgegen. Wenn nach § 850c bei einem Einkommen unterhalb der Pfändungsfreigrenze eine Forderungsdurchsetzung ausgeschlossen ist, dann muss dies um so mehr bei einer verfassungsrechtlich besonders geschützten Position des Schuldners gelten. Je länger der Gläubiger vollständig an einer Forderungsdurchsetzung gehindert ist, desto höhere Anforderungen sind aber an die Belange des Schuldners zu stellen. 31

III. Verfahren. Der unpfändbare Teil des Einkommens wird auf **Antrag** des Schuldners oder eines von der Pfändung betroffenen Unterhaltsberechtigten bestimmt (Boewer/Bommermann Rn 760). Nicht antragsberechtigt ist ein Sozialleistungsträger, auf den der Anspruch übergegangen ist. Der Antrag kann auch konkludent gestellt werden und in einer Erinnerung nach § 766 enthalten sein. Dies ist der Fall, wenn der Schuldner ein über die anderen Pfändungsschutzvorschriften hinausgehendes und nur nach § 850f I zu erreichendes Ziel verfolgt. Als Prozesshandlung ist das Begehren so auszulegen, wie dies vernünftig ist sowie der recht verstandenen Interessenlage des Gläubigers entspricht (vgl BGHZ 149, 298, 310). Der Antrag ist nicht fristgebunden, muss aber vor Beendigung des Vollstreckungsverfahrens gestellt werden. 32

33 Die Erhöhung der pfändungsfreien Beträge ist beim örtlich zuständigen **Vollstreckungsgericht** zu beantragen (§ 828 Rz 7 f). Ein Antrag ist selbst dann zulässig, wenn das Gericht den unpfändbaren Betrag gem den §§ 850d, 850f II herabgesetzt hat. Als zwingende staatliche Aufgabe muss das Gericht bereits im Verfahren über die Vollstreckungsvorrechte das Existenzminimum des Schuldners berücksichtigen. Unterschiede können sich aber ergeben, wenn dem Gericht in diesen Verfahren, zB mangels Anhörung, nicht alle Informationen vorliegen und wegen der zusätzlichen Bedarfe aus Abs 1 Nr 1 lit b) und c). Der Beschl ist durch den nach § 20 Nr 17 RPflG funktionell zuständigen Rechtspfleger zu erlassen (§ 828 Rz 3). Im Verfahren ist dem Gläubiger rechtliches Gehör zu gewähren.

34 Der Schuldner muss **darlegen und beweisen**, dass die ihm belassenen Mittel das Existenzminimum unterschreiten (BGH NJW 03, 2918, 2919; LG Braunschweig Rpfleger 09, 160). Dazu kann er etwa eine Bedarfsbescheinigung des zuständigen Sozialamts oder eine Garantiebescheinigung des Trägers der Grundsicherung nach dem SGB II vorlegen (BGH NJW-RR 04, 506, 507). Das Vollstreckungsgericht hat die Beträge selbstständig festzustellen, weswegen es nicht an die Angaben in den Bescheinigungen gebunden ist (Köln JurBüro 99, 606; LG Stuttgart Rpfleger 93, 357, 358). Vom Gläubiger sind überwiegende eigene Belange nachzuweisen. Gibt das Vollstreckungsgericht dem Antrag zumindest tw statt, muss es seinen **Beschluss** begründen und den unpfändbaren Betrag konkret beziffern. Die Entscheidung kann befristet und mit Auflagen verbunden werden. Der Beschl ist den Beteiligten zuzustellen.

35 **C. Privilegierte Vollstreckung wegen Forderungen aus vorsätzlich begangener unerlaubter Handlung (Abs 2). I. Rechtsgrund. 1. Systematik.** Bei der Zwangsvollstreckung wegen einer Forderung aus einer vorsätzlich begangenen unerlaubten Handlung kann das Vollstreckungsgericht auf Antrag des Gläubigers den pfändbaren Betrag unabhängig von den Beschränkungen des § 850c bestimmen. Dem Schuldner ist jedoch der eigene und der zur Erfüllung seiner gesetzlichen Unterhaltspflichten notwendige Unterhalt zu belassen. Der **Rechtsbegriff** der Forderungen aus vorsätzlich begangenen unerlaubten Handlungen, der den Kreis der begünstigten Ansprüche absteckt, wird auch in den **§§ 273 II, 393, 1000 S 2 BGB, 302 Nr 1 InsO** verwendet. Die §§ 37b Abs 5, 37c Abs 5 WpHG behandeln zudem Ansprüche aus vorsätzlichen unerlaubten Handlungen. Diese Normen bevorzugen die Gläubiger derartiger Forderungen. Eine gleichermaßen funktional wie systematisch indizierte Parallele bietet § 302 Nr 1 InsO. Schutzzweck von § 302 Nr 1 InsO ist das vom besonderen Unrechtsgehalt der Forderungen aus vorsätzlich begangenen unerlaubten Handlungen getragene Ausgleichsinteresse (BGH NZI 07, 532 Tz 9). Diesem Interesse dient auch § 850f II.

36 Demgegenüber wird **§ 393 BGB** von einer anderen Teleologie geprägt. Die Vorschrift soll verhindern, dass der Gläubiger einer nicht beitreibbaren Forderung dem Schuldner bis zur Höhe der Schuld Schaden zufügt. Zugleich soll sie dem Ersatzberechtigten die Möglichkeit bewahren, seine Ansprüche durchzusetzen, ohne sich einen Erfüllungsersatz aufdrängen zu lassen (Staudinger/*Gursky* BGB § 393 Rn 1). Nicht übertragen werden kann deswegen die zu § 393 BGB vertretene Ansicht, die den Anwendungsbereich dieser Vorschrift auf Ansprüche erstreckt, die mit einer unerlaubten Handlung eng zusammenhängen (MüKoBGB/*Schlüter* § 393 Rn 3, der sich aber weitgehend auf eine schadensrechtliche Wertung beschränkt). **§ 319 AO** verweist für die Pfändung von Geldforderungen auf die §§ 850 bis 852 ZPO und damit auch auf § 850f II. Auf diese abgabenrechtliche Vorschrift verweisen § 5 I VwVG und die Vollstreckungsregeln der meisten Länder. **Sonderregeln** enthalten § 48 I 2 VwVG NRW und § 55 I 2 VwVG Rheinland-Pfalz. Die Vollstreckung wegen eines Zwangsgelds, Bußgelds, Ordnungsgelds oder einer Nutzungsentschädigung wegen Obdachlosigkeit kann ohne Rücksicht auf die in § 850c vorgesehenen Beschränkungen erfolgen. Dem Schuldner ist jedoch so viel zu belassen, wie er für seinen notwendigen Unterhalt und zur Erfüllung seiner laufenden gesetzlichen Unterhaltspflichten bedarf. Tatbestandlich sind die Regeln stark erweitert, doch stimmen die Rechtsfolgen wörtlich mit § 850f II überein.

37 **2. Tatbestand.** Aufgrund der engen Zielsetzung von § 850f II, die auf die besondere Verantwortung für vorsätzliche Delikte abstellt, muss der Schuldner den Tatbestand einer unerlaubten Handlung iSd §§ 823 ff BGB verwirklicht haben. Privilegiert sind deswegen Ansprüche aus der vorsätzlichen Verletzung eines **absolut geschützten Rechts oder Rechtsguts bzw Schutzgesetzes**, §§ 823 I, II, 826 BGB. Erfasst werden auch Ansprüche aus den §§ 97 UrhG, 139 PatG (Musielak/*Becker* § 850f Rn 9). Es genügt allerdings nicht, wenn eine vorsätzliche Handlung adäquat kausal einen Schaden herbeigeführt hat. Zusätzlich muss auch die Schadensfolge vom Vorsatz umfasst sein. Ein vorsätzlicher Verstoß gegen ein Schutzgesetz begründet deswegen noch nicht das Vollstreckungsprivileg, falls der Vorsatz allein auf die Übertretung des Verbots oder die Nichtbefolgung des Gebots gerichtet ist, die Schädigung jedoch allein fahrlässig verursacht wurde (vgl BGH NZI 07, 532 Tz

10, 15). Wie zu § 302 Nr 1 InsO entschieden, begründet die Vorsatz-Fahrlässigkeitskombination des § 315c I Nr 1 lit a, III Nr 1 StGB kein erweitertes Zugriffsrecht (vgl BGH NZI 07, 532 Tz 10).

Subjektiv wird vorsätzliches Handeln verlangt. Grobe Fahrlässigkeit reicht nicht aus (MüKoZPO/*Smid* § 850f Rn 15). Der Vorsatz ist also nach den materiellrechtlichen Kriterien zu bestimmen. Wie zumeist genügt auch hier dolus eventualis (vgl MüKoBGB/*Grundmann* § 276 Rn 154), der sich nach der gesetzlichen Formulierung einer vorsätzlich begangenen unerlaubten Handlung auf den Haftungs- bzw den Unrechtstatbestand beziehen muss (vgl Deutsch/Ahrens Deliktsrecht, Rn 117). Im Unterschied zur insolvenzrechtlichen Vorschrift des § 302 Nr 1 InsO (vgl FK-InsO/*Ahrens* § 302 Rn 5) muss sich der Vorsatz grds nicht auf die Schadensfolge beziehen, denn es soll gerade nicht eine ausnahmsweise fortbestehende Haftung legitimiert, sondern ein Haftungsanspruch erleichtert durchgesetzt werden. Selbst bei dem weit zu ziehenden Kreis der vorsätzlich begangenen Schutzgesetze gem § 823 II BGB fällt die fahrlässig herbeigeführte Schadensfolge unter die Privilegierung des Abs 2. Anders zu beurteilen sind nur die Normen, nach deren Tatbestand der Vorsatz die Schädigungsfolge umfassen muss, wie die §§ 826 BGB, 86 III VVG (zur Vorgängervorschrift des § 67 II VVG aF BGH NJW 62, 41, 42; BGH VersR 86, 233, 235), die §§ 104 f SGB VII sowie § 116 VI SGB X (Zweibr NJW-RR 87, 1174 f). Als relativer Begriff (Deutsch/Ahrens Deliktsrecht, Rn 117) entzieht sich der Vorsatz folglich einer einheitlichen Festlegung. **38**

Bei einem **gesetzlichen Forderungsübergang** auf einen Dritten, etwa den Versicherer nach § 86 VVG oder den Sozialversicherungsträger gem § 116 SGB X, bleiben die Rechte und Lasten aus der Privilegierung bestehen. Der den erweiterten Zugriff legitimierende besondere Unrechtsgehalt der Tat wirkt auch nach der Umwandlung des Ersatzanspruchs in eine Regressforderung fort (BGH NJW 10, 2353 Tz 6, zu § 302 Nr 1 InsO). Dies unterscheidet die erweiterte Vollstreckung aus § 850f II von der gem § 850d. Dort entfällt regelmäßig mit einem Forderungsübergang der gesetzgeberische Grund für die Bevorrechtigung (§ 850d Rz 7 ff). Dessen Ziel ist es, die in ihrer Existenz von den Zahlungen des Schuldners abhängenden Gläubiger nicht auf die Sozialfürsorge zu verweisen (BGH Rpfleger 05, 676, 677). **39**

Wichtige Schutzgesetze iSd § 823 II BGB, die bei der gebotenen typisierenden Betrachtung einen höheren Unrechtsgehalt im Hinblick auf die Schadensfolge aufweisen, bilden etwa die Verletzung der Unterhaltspflicht gem § 170 StGB (BGHZ 30, 162, 172; BGH NJW 74, 1868), der Raub mit Todesfolge (BGH NZI 07, 532 Tz 19) und der Betrug nach § 263 StGB (BGHZ 57, 137, 138), wobei Tathandlung iSd Betrugstatbestands bei einem Vertragsschluss auch die Täuschung über die unzureichende Leistungsfähigkeit des Schuldners sein kann (LK/*Lackner* StGB § 263 Rn 214; s.a. OLG Braunschweig NJW 59, 2175, 2176). Für einen Eingehungsbetrug wird eine Zahlungsunfähigkeit im Zeitpunkt des Vertragsschlusses nicht durch eine ein Jahr später abgegebene eidesstattliche Versicherung belegt (AG Neukölln ZVI 09, 85, 86). **40**

Nicht privilegiert und damit nicht zur erweiterten Vollstreckung berechtigend sind Ansprüche aus Vertragsverletzungen, Gefährdungshaftungstatbeständen (vgl BGH NZI 07, 532 Tz 11) und ungerechtfertigter Bereicherung (St/J/*Brehm* § 850f Rn 10). Abstrakte Schuldanerkenntnisse sind nicht geeignet, weil sie keinen bestimmten Rechtsgrund zur Grundlage haben. Steuerforderungen sind nicht privilegiert, weil sie aus dem Gesetz, § 38 AO, und nicht aus vorsätzlicher unerlaubter Handlung resultieren (BFH NJW 08, 3807). Vollstreckungsrechtlich genügt es ebenfalls nicht, wenn im Fall einer strafbaren Steuerhinterziehung wegen der Steuerforderung die Zwangsvollstreckung betrieben wird (BAG NJW 89, 2148, 2149). Mit einer Steuerhinterziehung gem § 370 AO wird auch kein Schutzgesetz iSv § 823 II BGB verletzt (BFH NJW 97, 1725, 1726; NJW 08, 3807). Zu den bevorrechtigten Verbindlichkeiten gehören auch nicht Steuersäumniszuschläge nach § 240 AO (BFH NJW 74, 719, 720) und Steueransprüche nach § 14 III Alt 1 UStG (BFH DB 82, 886) sowie Säumniszuschläge gem § 24 SGB IV bzw Steueransprüche, die im Zusammenhang mit einer Steuerhinterziehung entstehen (BFH NJW 08, 3807). **41**

II. Privilegierte Forderungen. Der Kreis der privilegierten Forderungen ist danach zu bestimmen, welche Rechtsfolgen im **materiellen Schadensrecht** an die begangene unerlaubte Handlung geknüpft werden. Der Gläubiger muss seine Forderung gerade aus dem Recht der unerlaubten Handlungen herleiten können (*BGH* ZInsO 11, 1608 Tz 7, 13, zu § 302 Nr 1 InsO). Mit dieser Festlegung kann eine einheitliche Reichweite des Tatbestandsmerkmals bei sämtlichen Privilegierungsvorschriften erreicht werden. Zur erweiterten Vollstreckung berechtigen die Schadensersatzansprüche aus vorsätzlich begangenen unerlaubten Handlungen einschließlich der Schmerzensgeldansprüche. Privilegiert sind auch die Forderungen auf Erstattung von Folgeschäden, wie bspw die Kosten einer privatrechtlichen Rechtsverfolgung. Eine Privatperson erhält jedoch keinen Erstattungsanspruch für den Zeitaufwand, den sie benötigt, um die Forderung geltend zu machen (BGHZ 66, 112, 114 ff). Anwaltskosten sind bei der außergerichtlichen Anspruchsverfolgung nur **42**

zu erstatten, soweit die Einschaltung eines Anwalts erforderlich war (OLG Karlsruhe NJW-RR 90, 929). **Zwangsvollstreckungskosten** teilen das Schicksal der Hauptforderung (Stöber Rn 1191).

43 **Prozessuale Kostenerstattungsansprüche** sind nicht vom Verschulden, sondern nur von verfahrensrechtlichen Tatbeständen abhängig. Wenn sie zugleich aus materiellem Recht begründet sind, unterfallen sie nach Ansicht des BGH ebenso wie die Kosten der Zwangsvollstreckung dem Vollstreckungsprivileg (*BGH* ZInsO 11, 1608 Tz 16 f, zu § 302 Nr 1 InsO). Auch Ansprüche auf Erstattung von **Verzugszinsen** sind danach privilegiert (BGH NJW-RR 11, 791 Tz 14; sa BGH ZInsO 11, 102 Tz 16, zu § 302 Nr 1 InsO). **Strafprozessuale Ansprüche** auf Entrichtung der dem Schuldner auferlegten Gerichtskosten zählen dagegen nicht zu den Verbindlichkeiten aus vorsätzlich begangener unerlaubter Handlung. Sie stellen keine Kompensation für begangenes Unrecht, sondern öffentliche Abgaben dar, die nach dem Veranlassungsprinzip auferlegt werden (BGH NZI 11, 64 Tz 9; mit Anm *Ahrens* LMK 11, 17; ZInsO 2011, 1608 Tz 12). Dies gilt auch für die Kosten des Nebenklägers (ZInsO 2011, 1608 Tz 14, zu § 302 Nr 1 InsO).

44 **III. Qualifizierter Titel.** Das Vollstreckungsgericht muss aus dem Vollstreckungstitel entnehmen können, ob die Verbindlichkeit aus einer vorsätzlich begangenen unerlaubten Handlung resultiert. Prinzipiell muss also der **Titel über eine vorsätzlich begangene unerlaubte Handlung** des Schuldners erlassen sein, die wenigstens einen der dem Titel unterlegten rechtlichen Gründe bildet und im Titel zum Ausdruck gekommen ist (MüKoZPO/*Smid* § 850f Rn 16). Ergibt sich aus einem geeigneten Titel (Rz 45 f) die qualifizierte Forderung, ist das Vollstreckungsgericht an die Feststellung des Erkenntnisgerichts gebunden. Aus der funktionalen **Aufgabenverteilung zwischen Prozess- und Vollstreckungsgericht** (*Gaul* NJW 05, 2894, 2895) folgt, dass das Vollstreckungsgericht zwar zur Auslegung des Titels (*Ahrens* NJW 03, 1371), nicht aber zu einer eigenständigen materiellrechtlichen Prüfung des qualifizierten Schuldgrunds berechtigt ist. Ist im zu vollstreckenden Titel keine oder nur eine vertragliche Anspruchsgrundlage genannt, kann der Gläubiger im Vollstreckungsverfahren ohne Zustimmung des Gläubigers einen Anspruch aus vorsätzlich begangener unerlaubter Handlung nicht mehr nachweisen (BGH NJW 03, 515; ZVI 02, 422).

45 Erst die auf den qualifizierten Rechtsgrund zu erstreckende eigenständige Rechtserkenntnis durch das Prozessgericht rechtfertigt den erweiterten Vollstreckungszugriff (*Meller-Hannich* LMK 05, 74, 75). Deswegen legitimieren nicht sämtliche Titel eine privilegierte Pfändung, selbst wenn der Titel den Rechtsgrund eines Anspruchs aus vorsätzlich begangener unerlaubter Handlung zum Ausdruck bringt. Zulässig ist eine Vollstreckung in den Vorrechtsbereich aus **streitigen Endurteilen**.

46 **Unzulässig** ist in jedem Falle eine privilegierte Vollstreckung nach § 850f II aus einem **Vollstreckungsbescheid**, weil im Mahnverfahren keine materiellrechtliche Prüfung erfolgt (BGH NJW 03, 515; 05, 1663; 06, 2922, 2923; *Ahrens* JurBüro 03, 401, 403). Kein erweiterter Zugriff ist möglich, wenn dem Anspruch ein rechtskräftiges **Versäumnisurteil** zugrunde liegt, dessen Tenor nicht ausdrücklich einen Anspruch aus vorsätzlich begangener unerlaubter Handlung feststellt (BGH NJW 10, 2210 Tz 14 ff; Koblenz NZI 08, 117, 118; **aA** Celle ZInsO 09, 724, 725; Naumbg NZI 11, 772; alle zu § 302 Nr 1 InsO). Entsprechendes gilt für die Vollstreckung aus **Anerkenntnisurteilen, gerichtlichen Vergleichen,** es sei denn, die Parteien wollten auch den Rechtsgrund aus vorsätzlich begangener unerlaubter Handlung außer Streit stellen (BGH NZI 09, 612 Tz 7; *Ahrens* NJW-Spezial 08, 501, 502), Ist die Zahlungsverpflichtung in dem Vergleich ohne Anerkennung einer Rechtspflicht übernommen, besteht keine Bindung. Dies gilt ebenso bei privatschriftlichen Vergleichen (LG Verden Rpfleger 10, 150) und bei vollstreckbaren Urkunden. Der Auszug aus der **Insolvenztabelle**, § 201 II 1 InsO, genügt nicht (aA LG Düsseldorf ZInsO 09, 1542). Vollstreckbare Bescheide der Verwaltungsbehörden bilden keinen geeigneten Titel (*Ahrens* JurBüro 03, 401, 405).

47 Fehlt im Titel die entsprechende Qualifikation der Forderung oder ist der Titel mangels einer positiven Erkenntnis durch das Prozessgericht nicht zur bevorrechtigten Vollstreckung geeignet, kann der Gläubiger eine **titelergänzende Feststellungsklage** erheben (BGH NJW 03, 515, 516; 06, 2922, 2923; *Smid* ZInsO 11, 1327). Das Rechtsschutzbedürfnis für eine solche Klage liegt trotz des bestehenden Titels vor, weil der Gläubiger sonst nicht das Vollstreckungsprivileg realisieren kann. Zulässig sein kann auch eine negative Feststellungsklage des Schuldners (vgl Celle ZInsO 09, 724, 725). Für den Streitwert der Feststellungsklage ist ein Abschlag vorzunehmen, der von den späteren Vollstreckungsaussichten abhängt. Sind diese nur gering, kann der Abschlag bis zu 75 % betragen (vgl BGH NJW 09, 920 Tz 6).

48 **IV. Verfahren.** Die Pfändung nach § 850f II erfolgt auf **Antrag** eines berechtigten Gläubigers. Der Antrag muss ausdrücklich auf eine Pfändung in den Vorrechtsbereich gerichtet sein oder zumindest dieses Begehren erkennen lassen. Der Antrag muss das pfändungsfreie Einkommen des Schuldners nicht betragsmäßig beziffern. Es genügt jedoch nicht, wenn der Gläubiger einen Pfändungsantrag stellt und sich die Bevorrechtigung aus dem Titel ergibt. Als Prozesshandlung ist der Antrag zwar so auszulegen, wie dies vernünftig ist sowie der recht verstandenen Interessenlage des Gläubigers entspricht (vgl BGHZ 149, 298, 310). Er muss aber erkennen lassen, dass mehr als nur eine Pfändung nach § 850c gewünscht ist. Der Antrag ist nicht fristgebunden und kann auch während einer laufenden Pfändung gestellt werden.

Die bevorrechtigte Pfändung ist beim örtlich zuständigen **Vollstreckungsgericht** zu beantragen (§ 828 Rz 7 f). Das Pfändungsgesuch kann mit den Anträgen nach den §§ 850b, 850c IV, 850d, 850e Nr 2 und 2a verbunden werden. Der Gläubiger trägt die Darlegungs- und Beweislast und muss sein Vollstreckungsprivileg durch einen qualifizierten Titel belegen (Rz 45 f). Das **Anhörungsverbot** aus § 834 ist verfassungskonform einzuschränken. Wegen der insoweit möglichen Gefährdung des verfassungsrechtlich geschützten Existenzminimums muss das Verbot hier zurückstehen. (B/L/A/H § 850f Rn 17; § 834 Rz 3). Allein durch eine Anhörung des Schuldners ist sein notwendiger Unterhaltsbedarf und der von ihm an die anderen Berechtigten zu leistende Unterhalt zu ermitteln. Der Pfändungs- und Überweisungsbeschluss ist durch den funktionell zuständigen Rechtspfleger zu erlassen (§ 828 Rz 3). **49**

Die Entscheidung ergeht durch zu begründenden **Beschluss**, der dem Drittschuldner und dem Schuldner zuzustellen ist. Das Gericht muss im Rahmen seiner Ermessensentscheidung alle Umstände des Einzelfalls würdigen. Es muss deswegen nicht notwendig bei einer Forderung aus vorsätzlich begangener unerlaubter Handlung den pfändbaren Betrag herabsetzen. Dies kann etwa unterbleiben, wenn der Schuldner eine Geldstrafe nicht zahlen und eine Ersatzfreiheitsstrafe antreten müsste (LG Frankfurt NJW 60, 2249; Schuschke/Walker/*Kessal-Wulf* § 850f Rn 13). Gibt das Vollstreckungsgericht dem Antrag zumindest tw statt, muss der Beschl den unpfändbaren Betrag konkret festlegen. Da die Höhe des pfändungsfreien Einkommens durch das Vollstreckungsgericht festgelegt wird, ist eine Vorpfändung nach § 845 unzulässig (**aA** Zö/*Stöber* § 850f Rn 17). **50**

V. Wirkungen. Der privilegierten Pfändung des Gläubigers nach Abs 2 unterliegt das Arbeitseinkommen des Schuldners. Ein Zugriff auf die nach § 850a unpfändbaren Teile des Arbeitseinkommens, wie ihn § 850d I 1, 2 tw eröffnet, bleibt dem Gläubiger verwehrt. Während § 850d I 1 dem privilegierten Gläubiger ermöglicht, auf diese unpfändbaren Einkünfte zuzugreifen, enthält § 850f II keine entsprechende Öffnungsklausel. Auch § 850f II eröffnet einen Korridor, innerhalb dessen der qualifizierte Gläubiger erweitert vollstrecken kann. Nach oben wird der **Vorrechtsbereich** durch die gem § 850c für alle Gläubiger pfändbaren Teile des Einkommens beschränkt. Nach unten begrenzt der notwendige Unterhalt des Schuldners und der ihm ggü gesetzlich Unterhaltsberechtigten das Vollstreckungsvorrecht. **51**

Der **notwendige Unterhalt** ist grds nach den zu Abs 1 entwickelten Maßstäben zu bestimmen (Rz 10 ff). Im Unterschied zu Abs 1 sind allerdings nicht sämtliche Unterhaltsberechtigten, sondern nur die aufgrund gesetzlicher Regeln Berechtigten zu berücksichtigen. Nach der **Rspr des BGH** entspricht allerdings der Begriff des notwendigen Unterhalts aus § 850f II dem des notwendigen Unterhalts in § 850d I 2 (BGH WM 11, 76 Tz 8). Wie zu § 850d I 2 vertritt der BGH die Ansicht, dass der Begriff grds dem notwendigen Lebensunterhalt iSd 3. und 11. Kapitels des SGB XII entspricht. Offengelassen hat er, ob im Einzelfall auf die Vorschriften des SGB II zurückgegriffen werden kann (BGH WM 11, 76 Tz 9; so LG Frankfurt Rpfleger 11, 544). Bestandteil des notwendigen Unterhalts idS ist ein Betrag in Höhe des Regelsatzes nach SGB XII bzw SGB II von 374 €. Soweit auf den Regelsatz abzustellen ist, besteht allerdings kein Unterschied zur hier vertretenen Ansicht, da der nach den §§ 28, 40 SGB XII festgesetzte Regelsatz dem des § 20 II 1, IV SGB II entspricht. Diese Regelleistung ist Element des untersten Netzes der sozialen Sicherung, in welches im Wege der Zwangsvollstreckung nicht eingegriffen werden kann. Der Empfänger ist frei, den als Teil des Existenzminimums festgestellten Betrag zur Deckung seiner Bedarfe eigenverantwortlich zu verwenden (BGH WM 11, 76 Tz 13, 19). Auch der darin enthaltene Ansparanteil darf nicht dem Pfändungszugriff ausgesetzt sein (BGH WM 11, 76 Tz 17). Ebenso wenig wie der Anspruch auf Sozialhilfe nach § 17 I 2 SGB XII ist aufgrund einer Wertungsparallele auch ein sachlich entsprechender Anspruch auf Geldleistung nach dem SGB II pfändbar (BGH WM 11, 76 Tz 20). Zu berücksichtigen ist auch der **Besserstellungszuschlag** nach den §§ 11b I Nr 6, III SGB II, der zT pauschal mit 33 % angesetzt wird (LG Frankfurt Rpfleger 11, 544). **52**

Die Entscheidung wirkt nur zugunsten des Gläubigers, der sie beantragt hat. Das **Prioritätsprinzip** gilt grds weiter. Für das nach den allgemeinen Regeln pfändbare Einkommen besteht es auch im Verhältnis zu einfachen Gläubigern. Im Vorrechtsbereich gilt es zwischen den nach § 850f II privilegierten Gläubigern. Im Vorrechtsbereich ist die Vollstreckung wegen einer Forderung aus § 850d vorrangig (Stöber Rn 1197). **53**

§ 850e Nr 4 ist auf den Gläubiger einer Forderung aus vorsätzlich begangener unerlaubter Handlung unanwendbar (§ 850e Rz 43).

54 **D. Beschränkter Pfändungsschutz bei hohem Einkommen (Abs 3).** Für den Gläubiger einer einfachen, nicht nach den §§ 850d, 850f II bevorrechtigten Forderung eröffnet Abs 3 ebenfalls eine erweiterte Vollstreckungsmöglichkeit. Beträgt das Arbeitseinkommen des Schuldners mehr als monatlich 3.117,53 € bzw wöchentlich 708,83 € oder täglich 137,08 €, kann das Vollstreckungsgericht gem Abs 3 S 1 die Vollstreckbarkeit über die nach § 850c pfändbaren Beträge hinaus unter Berücksichtigung der Gläubigerbelange nach freiem Ermessen festsetzen. Dies kommt etwa in Betracht, wenn die geleisteten Unterhaltszahlungen geringer als der Freibetrag sind (Musielak/*Becker* § 850f Rn 14). Dem Schuldner muss jedoch so viel belassen werden, wie sich bei einem Arbeitseinkommen von monatlich 3.117,53 € bzw wöchentlich 708,83 € oder täglich 137,08 € aus § 850c ergibt, Abs 3 S 2.

55 Übereinstimmend mit der Regelung in § 850c IIa hat der Gesetzgeber auch diese Beträge dynamisiert. Die aktuellen Sätze entstammen der Pfändungsfreigrenzenbekanntmachung 2005 v 25.2.05 (BGBl I, 493) iVm der Berichtigung der Bekanntmachung der Neufassung der ZPO v 14.2.06 (BGBl I, 431). Sie gelten unverändert seit dem 1.7.05 (vgl Pfändungsfreigrenzenbekanntmachung 2007 v 22.1.07, BGBl I, 64, Pfändungsfreigrenzenbekanntmachung 2009 v 15.5.09, BGBl I, 1141). Der Verordnungsgeber hat die vereinbarten Beträge nicht stets rechtzeitig bekannt gemacht. Durch das Gesetz zur Reform der Sachaufklärung in der Zwangsvollstreckung v 29.7.09 (BGBl I, 2258) ist deswegen ein neuer Abs 3 S 4 eingefügt. Danach gibt das Bundesministerium der Justiz die maßgebenden Beträge rechtzeitig im BGBl bekannt. Die Formulierung stimmt wörtlich mit § 850c IIa 2 überein. Für die Wirkung der Bekanntmachung gilt das zu § 850c IIa Gesagte entsprechend (§ 850c Rz 24).

56 **E. Rechtsbehelfe.** Dem **Gläubiger** steht gegen eine ganz oder tw die bevorrechtigte Pfändung nach § 850f II ablehnende Entscheidung die sofortige Beschwerde zu, bei einer richterlichen Entscheidung gem §§ 793, 567 ff, sonst nach § 11 I RPflG iVm §§ 793, 567 ff. Dieses Rechtsmittel ist auch einzulegen, wenn das Gericht einen höheren Unterhaltsbedarf des Schuldners zugrunde gelegt hat als vom Gläubiger angegeben. Dieses Beschwerderecht besteht auch, wenn das Gericht auf Antrag des Schuldners den unpfändbaren Betrag nach Abs 1 erhöht hat.

57 Hat der **Schuldner** einen Antrag nach Abs 1 gestellt, kann er gegen den diesen Antrag ganz oder tw ablehnenden Beschl die sofortige Beschwerde einlegen, § 11 I RPflG iVm §§ 793, 567 ff, bzw bei einer richterlichen Entscheidung nach den §§ 793, 567 ff. Bei einem erfolgreichen Antrag des Gläubigers nach § 850f II, III, in dessen Rahmen der Schuldner angehört wurde, kann dieser gegen den Pfändungsbeschluss die sofortige Beschwerde einlegen, § 11 I RPflG iVm §§ 793, 567 ff, bzw bei einer richterlichen Entscheidung nach den §§ 793, 567 ff. Ist die Anhörung unterblieben, ist er zur Erinnerung nach § 766 berechtigt. Der **Drittschuldner** sowie **unterhaltsberechtigte Angehörige** können Erinnerung nach § 766 einlegen.

58 **F. Insolvenzverfahren.** Für die Anwendung von § 850f im Insolvenzverfahren ist zu differenzieren. § 36 I 2 InsO verweist für das Insolvenzverfahren und entsprechend § 292 I 3 InsO für das Restschuldbefreiungsverfahren allein auf § 850f I. Die **Erhöhung des unpfändbaren Betrags** zur Sicherung des notwendigen Lebensunterhalts für den Schuldner ist daher auch im Insolvenz- und Restschuldbefreiungsverfahren **anwendbar** (BGH NJW 08, 227 Tz 30; AG Braunschweig ZInsO 07, 280; 07, 950; AG Wiesbaden ZVI 08, 122). Insbesondere gelten deswegen auch die Kriterien zur Bestimmung des notwendigen Unterhalts. Ein erhöhter Freibetrag wegen einer gegen den Schuldner vor Eröffnung des Insolvenzverfahrens entstandenen Forderung aus einem schuldrechtlichen Versorgungsausgleich scheidet aus, da es sich dabei um eine Insolvenzforderung handelt (BGH ZInsO 11, 2184 Tz 6). Die erforderliche Interessenabwägung hat auf die Belange der Gläubigergemeinschaft abzustellen. Die Entscheidung darüber trifft nach § 36 IV 1 InsO das Insolvenzgericht (LG Bonn NZI 09, 615).

59 **Unanwendbar** ist dagegen § 850f II, weil der Vorteil des erweiterten Zugriffs allein dem privilegierten Gläubiger, nicht aber der Gläubigergemeinschaft zugutekommen soll. Die am Insolvenzverfahren nicht teilnehmenden privilegierten Deliktsgläubiger können aber wegen ihrer nach Eröffnung des Insolvenzverfahrens fällig werdenden Forderungen in den Vorrechtsbereich vollstrecken.

60 **G. Kosten/Gebühren.** Für die Änderung des unpfändbaren Teils des Arbeitseinkommens entsteht keine **Gerichtsgebühr**. Dem **Rechtsanwalt** steht eine Gebühr mit einem Satz von 0,3 gem § 18 Nr 3 RVG iVm VV 3309 zu. Ist eine Vollstreckungsgebühr bereits entstanden, fällt sie nicht erneut an.

§ 850g Änderung der Unpfändbarkeitsvoraussetzungen. **[1]Ändern sich die Voraussetzungen für die Bemessung des unpfändbaren Teils des Arbeitseinkommens, so hat das Vollstreckungsgericht auf Antrag des Schuldners oder des Gläubigers den Pfändungsbeschluss entsprechend zu ändern. [2]Antragsberechtigt ist auch ein Dritter, dem der Schuldner kraft Gesetzes Unterhalt zu gewähren hat. [3]Der Drittschuldner kann nach dem Inhalt des früheren Pfändungsbeschlusses mit befreiender Wirkung leisten, bis ihm der Änderungsbeschluss zugestellt wird.**

A. Normzweck. § 850g soll die Balance zwischen Verfahrenseffizienz und -gerechtigkeit der Einkommenspfändung wahren. Im Interesse eines effektiven Vollstreckungsverfahrens schafft § 832 einen kontinuierlichen Zugriff und erstreckt das Pfandrecht auf die nach der Pfändung fällig werdenden Bezüge. Als **verfahrensbezogene Kompensationsnorm** eröffnet § 850g einen Weg, um die Einkommenspfändung an veränderte tatsächliche Umstände und damit geänderte Bemessungsvoraussetzungen anzupassen. Darin ist ein entfernter Anklang an die Abänderungsklage aus § 323 zu vernehmen, die freilich etwa bei den wesentlich veränderten Verhältnissen und der Präklusionsregel aus § 323 II deutlich strengere Voraussetzungen aufweist. 1

Vor allem aber bleibt der dogmatische Unterschied zwischen der prozessualen Gestaltungsklage des § 323, die der Rechtskraftdurchbrechung dient, und dem Änderungsverfahren nach § 850g, in dem kein neues Vollstreckungsverfahren eingeleitet, sondern das alte Verfahren fortgesetzt wird (BGH Rpfleger 90, 308). § 850g ermöglicht es dem Gericht, die nach § 318 bestehende innerprozessuale **Bindung** an seine Entscheidungen jenseits von § 572 I **zu überwinden** (BGHZ 161, 73, 76). 2

B. Anwendungsbereich. Obwohl § 850g eine prinzipielle Aufgabenstellung beizumessen ist, besitzt die Norm nur eine **geringe Bedeutung**, denn ihre Reichweite ist in mehrfacher Hinsicht limitiert. **Unnötig** ist die Regelung bei einem **Blankettbeschluss**, in dessen Rahmen der Drittschuldner von sich aus veränderte Verhältnisse insb durch steigendes oder sinkendes Einkommen des Schuldners berücksichtigen muss (Musielak/*Becker* § 850g Rn 2). Wird dennoch eine gerichtliche Entscheidung begehrt, handelt es sich regelmäßig um einen zulässigen klarstellenden Beschl (vgl BGH NZI 08, 384, 386). Die Verantwortung des Drittschuldners erstreckt sich ebenso darauf, eine veränderte Einkommenshöhe und neue Tabellensätze, wie die für die Bemessung des Nettoeinkommens und der Freibeträge maßgebenden Umstände, zu berücksichtigen. Vorrangig sind außerdem **Erstanträge** nach den §§ 850b II, 850c IV, 850d, 850e Nr 2, 2a, 3, 850f, 850i, 850k. 3

Grds **anwendbar** ist § 850g, falls das Vollstreckungsgericht den pfändbaren Betrag oder einzelne Voraussetzungen für dessen Bestimmung konkret festgelegt hat. Zu denken ist zunächst an die Fälle, in denen das Gericht von einem Blankettbeschluss abgesehen und den unpfändbaren Betrag bestimmt hat. Ein Änderungsverfahren kommt auch in Betracht, wenn das Vollstreckungsgericht durch einen klarstellenden Beschl (vgl § 850c Rz 26) über Einzelfragen der Pfändung entschieden hat. Im Mittelpunkt stehen freilich die Konstellationen, in denen das Gericht auf Antrag über Einzelfragen des Vollstreckungszugriffs entschieden hat. Erfasst werden außerdem Änderungsbegehren zu Beschlüssen, die nach den §§ 850b II, 850c IV, 850d, 850e Nr 2, 2a, 3, 850f, 850i, 850k IV, V ergangen sind. Insoweit ist der Drittschuldner gehindert, veränderte Umstände zu beachten. 4

In seinem Anwendungsbereich steht § 850g in einer **doppelten Konkurrenz**. Soweit in dem Vollstreckungsverfahren ein Rechtsbehelf zulässig ist, sei es als befristete sofortige Beschwerde nach den §§ 793, 567 ff, bzw § 11 I RPflG iVm §§ 793, 567 ff, sei es als nicht befristete Erinnerung gem § 766, ist das Rechtsbehelfsverfahren vorrangig. Kann der Schuldner bei einer Pfändung nach den §§ 850c, 850d, 850f II, 850i, 850k eine Heraufsetzung der unpfändbaren Beträge gem § 850f I verlangen, verdrängt auch diese Regelung als Spezialgesetz § 850g. 5

C. Veränderte Umstände. Berücksichtigt werden dürfen die **nachträglich**, also nach Erlass des Pfändungsbeschlusses oder der Rechtsbehelfsentscheidung **veränderten Verhältnisse**. Unveränderte Faktoren dürfen dagegen im Abänderungsverfahren nicht anders als im Ausgangsverfahren beurteilt werden. Dies gilt auch bei irrig angenommenen Verhältnissen (LG Hannover JurBüro 86, 622), doch kommt dann ein Rechtsbehelfsverfahren in Betracht. Umstände, die nicht Gegenstand des Pfändungsbeschlusses bzw der Rechtsbehelfsentscheidung waren, damals aber schon vorlagen, können im Abänderungsverfahren berücksichtigt werden. § 850g S 1 kennt keine § 323 II vergleichbare Präklusion von Einwendungen (BGH NJW-RR 05, 222, 223). Es ist **kein Mindestmaß** der veränderten Umstände angeordnet. Der Abänderungsantrag ist 6 selbst dann begründet, wenn nur geringfügig veränderte Verhältnisse geltend gemacht werden, etwa ein längerer Arbeitsweg. Die Grenze bildet ein rechtsmissbräuchlicher Antrag.

7 Begründet ist der Änderungsantrag, wenn neue tatsächliche oder rechtliche Verhältnisse eingetreten sind (Schuschke/Walker/*Kessal-Wulf* § 850g Rn 3). Erheblich sind sämtliche für die Bestimmung der unpfändbaren Beträge maßgebenden Umstände. Im Mittelpunkt stehen dabei die **Unterhaltspflichten** des Schuldners, entweder weil neue Unterhaltspflichten durch Heirat oder Geburt entstehen oder weil sie durch Erwerbstätigkeit oder Tod des Unterhaltsberechtigten entfallen. In Betracht kommen außerdem veränderte Rangverhältnisse zwischen den Unterhaltsgläubigern (BAG NJW 91, 1774). Zu beachten sind aber insb auch alle sonstigen Umstände, die für die Bestimmung des **notwendigen Unterhalts** und der besonderen Verhältnisse maßgebend sind. Dazu gehören umzugsbedingt geänderte Wohnkosten (LG Hamburg MDR 88, 154), gestiegene Nebenkosten und veränderte Fahrtkosten zur Arbeitsstelle. Zu berücksichtigen sind außerdem die mit der Erzielung des Einkommens verbundenen notwendigen Ausgaben. Veränderungen sind schließlich bei den für eine **Zusammenrechnung des Einkommens** nach § 850e Nr 2, 2a maßgebenden Faktoren bzw den Naturalbezügen gem § 850e Nr 3 erheblich.

8 Zu beachten sind auch **veränderte rechtliche Verhältnisse**, wie geänderte Regelsätze, oder eine auf sonstige Weise veränderte Rechtslage (Wieczorek/Schütze/*Lüke* § 850g Rn 4), zB nach § 850c IIa veränderte Pfändungsfreibeträge. Erfolgt aufgrund einer neuen höchstrichterlichen Grundsatzentscheidung eine andere rechtliche Beurteilung, obwohl die tatsächlichen Umstände gleichgeblieben sind, ist § 850g S 1 entsprechend anzuwenden (BGHZ 161, 73, 78). Gleichzustellen ist dem, wenn eine Unterhaltsbelastung durch ein Urt oder einen Vergleich anders bestimmt wird, als im Pfändungsverfahren angenommen.

9 **D. Verfahren.** Das Abänderungsverfahren wird auf einen **unbefristeten Antrag** durchgeführt. Antragsberechtigt sind der Schuldner, der Gläubiger sowie ein von der Pfändung betroffener Unterhaltsberechtigter, § 850g S 2, sofern dieser ein Rechtsschutzinteresse aufgrund einer durch das Verfahren verbesserten Unterhaltssituation besitzt (Stöber Rn 1202). Nicht antragsberechtigt ist der Drittschuldner. Der Antrag kann auch konkludent gestellt werden und ist von einem Rechtsbehelf und dem Antrag auf Erlass einer klarstellenden Entscheidung abzugrenzen. Als Prozesshandlung ist das Begehren so auszulegen, wie dies vernünftig ist sowie der recht verstandenen Interessenlage des Gläubigers entspricht (vgl BGHZ 149, 298, 310). Vorrangig ist ein zulässiger Rechtsbehelf.

10 Im Abänderungsverfahren wird das ursprüngliche Pfändungsverfahren fortgesetzt. Deswegen ist der Antrag beim **Vollstreckungsgericht** zu stellen, das den **Pfändungsbeschluss erlassen** hat (BGH Rpfleger 90, 308; aA Zö/*Stöber* § 850g Rn 4), selbst wenn der Schuldner zwischenzeitlich verzogen ist. Die Abänderungsentscheidung trifft der Rechtspfleger, § 20 Nr 17 RPflG, selbst wenn der Pfändungsbeschluss, etwa im Rechtsbehelfsverfahren, vom Richter erlassen wurde, denn es geht nicht um eine Überprüfung der Entscheidung, sondern um die Berücksichtigung neuer Tatsachen (Wieczorek/Schütze/*Lüke* § 850g Rn 8).

11 Der Antragsteller muss die veränderten Umstände darlegen und beweisen. Im Verfahren ist der **Gegner anzuhören** (Gottwald § 850g Rn 3). Das Anhörungsverbot aus § 834 ist beendet, sobald der Pfändungsbeschluss erlassen wurde. Das Ziel von § 834 kann dann nicht mehr vereitelt werden, weshalb der Schuldner zu den folgenden Anträgen auch nach § 850g zu hören ist (vgl § 834 Rz 6; St/J/*Brehm* § 850g Rn 3; **aA** Schuschke/Walker/*Kessal-Wulf* § 850g Rn 4; differenzierend MüKoZPO/*Smid* § 850g Rn 6). Gibt das Vollstreckungsgericht dem Antrag zumindest tw statt, muss es seinen **Beschluss** begründen und den unpfändbaren Betrag konkret beziffern. In diesem Fall ist der Beschl Schuldner, Gläubiger, den betroffenen Unterhaltsberechtigten und dem Drittschuldner zuzustellen, dem Antragsteller aber nur bekannt zu geben. Ein den Antrag abweisender Beschl ist allein dem Antragsteller zuzustellen und den übrigen Beteiligten bekannt zu geben.

12 **E. Wirkung.** Der Drittschuldner kann so lange nach dem Inhalt des bisherigen Beschlusses vorgehen, bis ihm die Abänderungsentscheidung zugestellt ist, § 850g S 3. Dies gilt auch dann, wenn dem Drittschuldner die veränderten Faktoren bereits zuvor bekannt waren. Auf Antrag kann das Vollstreckungsgericht eine **Rückwirkung** auf den Zeitpunkt der geänderten Verhältnisse anordnen (BAG NJW 61, 1180, 1182; NJW 91, 1774, 1775; MüKoZPO/*Smid* § 850g Rn 9). Dann muss sich die Rückwirkung hinreichend klar aus dem Beschl ergeben. Hat der Drittschuldner die Forderung befreiend erfüllt, ist für eine Rückwirkung grds kein Raum (LG Rostock JurBüro 03, 327). Eine entsprechende Anwendung auf Abtretungen erscheint fraglich.

13 **F. Rechtsbehelfe.** Dem **Antragsteller** steht gegen einen die Änderung ganz oder tw ablehnenden Beschl die sofortige Beschwerde zu, bei einer richterlichen Entscheidung gem §§ 793, 567 ff, sonst nach § 11 I RPflG

iVm §§ 793, 567 ff. Gleiches gilt, wenn der **Antragsgegner** angehört wurde. Falls der Schuldner nach aA nicht angehört wurde, kann er Erinnerung gem § 766 einlegen, ebenso wie der nicht angehörte, aber beschwerte Beteiligte.

G. Insolvenzverfahren. § 36 I 2 InsO verweist für das Insolvenzverfahren und entsprechend § 292 I 3 InsO für das Restschuldbefreiungsverfahren auf § 850g (BGH NJW 03, 2167). Antragsbefugt ist zusätzlich der Insolvenzverwalter. Dies gilt auch, wenn in einem Schuldenbereinigungsplan die pfändbaren Forderungen auf Bezüge aus einem Dienstverhältnis abgetreten sind (BGH NZI 08, 384, 386). Die Entscheidung trifft nach § 36 IV 1 das Insolvenzgericht und zwar selbst dann, wenn das Insolvenzverfahren beendet und die Treuhandperiode des Restschuldbefreiungsverfahrens eingeleitet ist. 14

H. Kosten/Gebühren. Für die Änderungsentscheidung entsteht keine **Gerichtsgebühr**. Dem **Rechtsanwalt** steht eine Gebühr mit einem Satz von 0,3 gem § 18 Nr 3 RVG iVm VV 3309 zu. Ist eine Vollstreckungsgebühr bereits entstanden, fällt sie nicht erneut an. 15

§ 850h Verschleiertes Arbeitseinkommen.

(1) [1]Hat sich der Empfänger der vom Schuldner geleisteten Arbeiten oder Dienste verpflichtet, Leistungen an einen Dritten zu bewirken, die nach Lage der Verhältnisse ganz oder teilweise eine Vergütung für die Leistung des Schuldners darstellen, so kann der Anspruch des Drittberechtigten insoweit auf Grund des Schuldtitels gegen den Schuldner gepfändet werden, wie wenn der Anspruch dem Schuldner zustände. [2]Die Pfändung des Vergütungsanspruchs des Schuldners umfasst ohne weiteres den Anspruch des Drittberechtigten. [3]Der Pfändungsbeschluss ist dem Drittberechtigten ebenso wie dem Schuldner zuzustellen.

(2) [1]Leistet der Schuldner einem Dritten in einem ständigen Verhältnis Arbeiten oder Dienste, die nach Art und Umfang üblicherweise vergütet werden, unentgeltlich oder gegen eine unverhältnismäßig geringe Vergütung, so gilt im Verhältnis des Gläubigers zu dem Empfänger der Arbeits- und Dienstleistungen eine angemessene Vergütung als geschuldet. [2]Bei der Prüfung, ob diese Voraussetzungen vorliegen, sowie bei der Bemessung der Vergütung ist auf alle Umstände des Einzelfalles, insbesondere die Art der Arbeits- und Dienstleistung, die verwandtschaftlichen oder sonstigen Beziehungen zwischen dem Dienstberechtigten und dem Dienstverpflichteten und die wirtschaftliche Leistungsfähigkeit des Dienstberechtigten Rücksicht zu nehmen.

A. Normzweck. In der Zwangsvollstreckung kann grds nur auf Arbeitseinkommen des Schuldners zugegriffen werden, das dieser tatsächlich bezieht. Um den Gläubiger vor unlauteren Manipulationen zu schützen, mit denen das Schuldnereinkommen dem Vollstreckungszugriff entzogen wird, erweitert § 850h die Pfändbarkeit. Dazu begründet die Vorschrift materielle Leistungspflichten und stellt Verfahrensregeln auf. Die Vorschrift ermöglicht es dem Gläubiger so auf den wirtschaftlichen Gegenwert der Arbeit zuzugreifen, als erhielte der Schuldner ein reguläres Entgelt (Schuschke/Walker/*Kessal-Wulf* § 850h Rn 1). 1

Bei einer **Lohnverschiebung** ermöglicht § 850h I dem Gläubiger, auf Einkommen Zugriff zu nehmen, das tatsächlich einem Dritten zufließt (BGH NJW-RR 06, 569 Tz 8). § 850h II schützt den Gläubiger vor einer **Lohnverschleierung**, wenn der Schuldner bei einem Dritten Dienste leistet, ohne eine entsprechend angemessene Vergütung zu erhalten (BAG NZA 09, 163 Tz 13). Der Dritte wird beim Vollstreckungszugriff des Gläubigers so behandelt, als ob er dem Schuldner zu einer angemessenen Vergütung verpflichtet sei. Sonst könnte dem Dritten auf Kosten des Vollstreckungsgläubigers ein unangemessener Vorteil zufließen (BGH NJW 79, 1600, 1601 f). 2

B. Lohnverschiebung (Abs 1). I. Grundlagen. Im Fall der Lohnverschiebung erlangt ein Drittberechtigter einen Anspruch auf die Lohnzahlung, weil der Schuldner mit dem Drittschuldner vereinbart hat, die Vergütung des Schuldners für geleistete Arbeiten oder Dienste ganz oder tw an den Dritten zu bewirken. Häufig wird dies der Ehegatte, ein Angehöriger oder eine andere nahestehende Person sein. 3

II. Voraussetzungen. 1. Leistungspflicht des Schuldners. Der Schuldner muss aufgrund eines Vertragsverhältnisses verpflichtet sein, Arbeiten oder Dienste zu leisten. Hierbei kann es sich um einen Arbeits- oder freien Dienstvertrag, aber auch um einen Werkvertrag handeln. Die Art des Rechtsverhältnisses ist bedeutungslos (BAG NZA 97, 61, 63). Eine dauerhafte Leistungspflicht ist nicht erforderlich. Es genügen gelegentliche oder einmalige Leistungen. Der Empfänger der Dienste und der Vergütende müssen nicht personengleich sein (Wieczorek/Schütze/*Lüke* § 850h Rn 3). Abs 1 ist aber unanwendbar, wenn dem Dritt- 4 schuldner aufgrund der Leistungen des Schuldners Ansprüche gegen Vierte zustehen. Fehlt eine vertraglich begründete Leistungspflicht des Schuldners, kann § 850h I 1 nicht analog angewendet werden (BAG NZA 97, 61, 63).

5 **2. Anspruch des Dritten.** Als weitere Voraussetzung muss sich der Empfänger der Dienste ggü dem Schuldner verpflichtet haben, einem Drittberechtigten die Vergütung zu zahlen. Schuldner und Drittschuldner haben also einen echten Vertrag zugunsten Dritter iSd § 328 BGB geschlossen, aufgrund dessen der Drittberechtigte den Anspruch erwirbt, die Vergütung für die Leistung des Schuldners vom Drittschuldner zu verlangen (BAG NZA 97, 61, 63). Eine Benachteiligungsabsicht ist nicht erforderlich. Die Bezügeabtretung, die auf einer Vereinbarung zwischen Schuldner und Drittem beruht, fällt nicht unter § 850h I 1, ist aber ggf gem § 3 I AnfG anfechtbar (MüKoZPO/*Smid* § 850h Rn 2).

6 **3. Vergütung.** Das Entgelt für die üblicherweise zu bezahlende Leistung des Schuldners muss dem Dritten ganz oder teilweise – dann wird von Mischverhältnissen gesprochen – zufließen. Als Vergütung ist jeder Vermögensvorteil des Drittberechtigten anzusehen, der wirtschaftlich betrachtet als Gegenleistung für die Tätigkeit des Schuldners anzusehen ist. Auf die Art oder Bezeichnung kommt es nicht an, ebenso wenig darauf, ob die Tätigkeit des Schuldners den alleinigen Grund für die Leistung an den Dritten bildet (Schuschke/Walker/*Kessal-Wulf* § 850h Rn 3). Es kann sich um eine einmalige Leistung handeln. Abzustellen ist auf eine objektive Würdigung aller Umstände nach Lage der Verhältnisse (St/J/*Brehm* § 850h Rn 8). In Betracht kommen unverhältnismäßig hohe Zinsen, die der Drittberechtigte für ein Darlehen erhält, oder eine hohe Gewinnbeteiligung, Entnahme bzw Prämie (LG Mannheim MDR 54, 178). Eine Lohnverschiebung kann vorliegen, falls Schuldner und Dritter beim Drittschuldner tätig sind und der Schuldner allein eine unangemessen geringe und der Dritte eine ungerechtfertigt hohe Vergütung bezieht (Wieczorek/Schütze/*Lüke* § 850h Rn 6).

7 **III. Rechtsfolgen.** Inhaber der Vergütungsforderung ist der Drittberechtigte. Zugunsten des Gläubigers fingiert jedoch Abs 1, dass diese Forderung zum Schuldnervermögen gehört (BAG NZA 97, 61, 63). Auch wenn die Vergütung teils an den Schuldner, teils an den Drittberechtigten ausbezahlt wird, handelt es sich um ein einheitliches Einkommen. Der Drittschuldner muss die pfändbaren Einkommensteile zusammenrechnen, ohne dass ein Beschl nach § 850e Nr 2 erforderlich ist (Stöber Rn 1215). Ein Schadensersatzanspruch aus § 826 BGB ist allein in äußersten Fällen denkbar (BGH VersR 64, 642, 643; s.a. BAG FamRZ 73, 626, 627). Der Gläubiger kann erst nach der Pfändung aufrechnen.

8 **IV. Verfahren. 1. Pfändung.** Dem Schuldner stehen **zwei** alternative **Verfahrensweisen** offen. Kennt er die Person des **Drittberechtigten**, kann er dessen Ansprüche gem Abs 1 S 1 pfänden. Dazu sind die Angaben aus Abs 1 S 2 erforderlich. Da der Dritte nicht Vollstreckungsschuldner ist, wird kein gegen ihn gerichteter Vollstreckungstitel, keine Umschreibung der Vollstreckungsklausel und keine Zustellung des gegen den Schuldner gerichteten Titels an ihn verlangt. Es gilt das Prioritätsprinzip. Vorrangige Pfändungen sind zu berücksichtigen, unabhängig davon, ob der Anspruch aus § 850h I ZPO durchgesetzt wird (BGHZ 113, 27, 29).

9 Der Gläubiger kann auch den **Anspruch des Schuldners** gegen den Vollstreckungsschuldner pfänden, Abs 1 S 2. Der Gläubiger wird diese Vorgehensweise etwa dann wählen, wenn ein Teil der Vergütung an den Schuldner ausbezahlt wird (Musielak/*Becker* § 850h Rn 7). Aufgrund der gesetzlichen Fiktion des Abs 1 umfasst diese Pfändung zugleich die Ansprüche des Dritten gegen den Drittschuldner. Dieser hat die pfändungsfreien Beträge aus der Gesamtsumme zu errechnen.

10 Gepfändet wird die angebliche Forderung des Schuldners. Deswegen müssen die **Zwangsvollstreckungsvoraussetzungen** gegen den Schuldner erfüllt sein. Das Vollstreckungsgericht geht von den Angaben des Gläubigers aus und prüft den Anspruch nicht materiell. Dies folgt aus der Aufgabenverteilung zwischen Prozess- und Vollstreckungsgericht (BGHZ 152, 166, 170). Will der Gläubiger allerdings einen aus rechtlichen Gründen auszuschließenden Anspruch durchsetzen, fehlt ihm das Rechtsschutzbedürfnis (vgl Frankf JurBüro 78, 931). Das Vollstreckungsgericht erlässt den Pfändungsbeschluss gem § 834, ohne Schuldner oder Drittschuldner anzuhören. Im Pfändungsbeschluss müssen die Pfändungsbeschränkungen nach den §§ 850a, 850c, 850d, 850e und 850f II berücksichtigt werden. Der unpfändbare Betrag ist aus dem Gesamtbetrag aus realem und fiktivem Einkommen zu berechnen (St/J/*Brehm* § 850h Rn 12). Wirksam ist die Pfändung mit der Zustellung des Beschlusses an den Drittschuldner, § 829 III. Ohne die Wirksamkeit zu beeinflussen, muss der Pfändungsbeschluss auch dem Schuldner und dem Drittberechtigten zugestellt werden, Abs 1 S 3 (MüKoZPO/*Smid* § 850h Rn 2), Letzteres, sobald dessen Identität bekannt ist.

2. Einziehungsprozess. Besteht über die Forderung zwischen Vollstreckungsgläubiger und Drittschuldner bzw Drittberechtigtem Streit oder lehnen diese eine Zahlung ab, muss der Gläubiger einen Einziehungsprozess führen. Der Einziehungsprozess ist vor dem Gericht zu führen, das für eine Zahlungsklage des Schuldners zuständig wäre. Das Arbeitsgericht ist als Prozessgericht zuständig, wenn fingierte Ansprüche eines Arbeitnehmers oder einer arbeitnehmerähnlichen Person geltend gemacht werden, §§ 2 I Nr 3, 5 I 2 ArbGG (BGHZ 68, 127, 128). Die Voraussetzungen des § 850h I ZPO sind vom Gläubiger darzulegen und ggf zu beweisen. 11

C. Lohnverschleierung (Abs 2). I. Grundlagen. In der praktisch wichtigeren Gestaltung schützt § 850h II den Gläubiger, wenn der Schuldner bei einem Dritten Dienste leistet, **ohne** eine **angemessene Vergütung** zu erhalten (BAG NZA 09, 163 Tz 13). Nach § 850h II ist der Zugriff des Gläubigers auf den Drittschuldner gerechtfertigt, wenn diesem auf Kosten des Gläubigers ein unangemessener Vorteil zufließt, weil er als Empfänger unbelohnter Dienstleistungen des Schuldners regelmäßig sein Vermögen mehren oder zumindest Aufwendungen sparen konnte (Ddorf NJW-RR 89, 390). **Nicht jede** unentgeltliche Tätigkeit oder unverhältnismäßig geringe Vergütung eröffnet freilich die Pfändung (aA Zö/*Stöber* § 850h Rn 3). Der Schuldner kann etwa aus verwandtschaftlichen oder persönlichen Gründen unentgeltlich arbeiten, ohne § 850h II zu erfüllen (B/L/A/H § 850h Rn 2). Entscheidend ist, ob die Tätigkeit nach den Maßstäben des § 850h II üblicherweise vergütungspflichtig ist und ob eine unentgeltliche Tätigkeit die Gläubigerinteressen grob missachtet (BAG NJW 78, 343). Eine Gläubigerbenachteiligungsabsicht ist nicht erforderlich (BGH NJW 79, 1600, 1601; LAG Rheinland-Pfalz JurBüro 10, 380). Zumeist wird der Schuldner bei einer Lohnverschleierung im Unternehmen eines Ehegatten oder Verwandten tätig. 12

II. Voraussetzungen. 1. Tätigkeit. Der Schuldner muss einem Dritten in einem ständigen Verhältnis Arbeiten oder Dienste leisten. Anders als nach Abs 1 müssen die Tätigkeiten aufgrund eines **ständigen Verhältnisses** von einer gewissen Dauer und Regelmäßigkeit erbracht werden. Um Gefälligkeiten oder Hilfeleistungen auszuschließen, genügen einmalige oder gelegentliche Tätigkeiten nicht. In Betracht kommen Tätigkeiten etwa iRv Dienst-, Werk- und Gesellschaftsverträgen (vgl Ddorf NJW-RR 89, 390). Es muss jedoch weder ein Arbeitsverhältnis noch überhaupt eine vertragliche Grundlage der Leistungserbringung bestehen (LAG Hamm JurBüro 97, 273). Maßgebend ist allein die tatsächliche Dienstleistung. Es genügen deswegen Leistungen in Gesellschaften oder Familien. Eine Teilzeittätigkeit ist ausreichend (LAG Hamm BB 88, 1754; s.a. BAG NJW 08, 2606 Tz 20). Es genügt eine gesellschaftsrechtliche Gestaltung, in deren Rahmen der Auseinandersetzungs- oder Gewinnanspruch nicht dem Üblichen entspricht (Ddorf OLGZ 79, 223, 225; Baur/Stürner/Bruns Rn 24.44). Die Leistung muss **tatsächlich erbracht** werden. Erhält der Schuldner eine Unterstützung, ohne Dienste zu leisten, ist Abs 2 unanwendbar. Ebenso wenig reicht es aus, wenn der Schuldner Dienst leisten könnte und wegen eines gegen ihn bestehenden Unterhaltsanspruchs auch müsste, ohne dies zu tun (BAG FamRZ 73, 626). 13

2. Üblicherweise bestehende Vergütungspflicht. In einem ersten Schritt ist zu bestimmen, ob die Tätigkeit üblicherweise entgeltlich erfolgt. Erst danach ist über die Höhe der Vergütung zu entscheiden (dazu Rz 18 ff). Die Tätigkeit muss aus objektiver Sicht üblicherweise zu bezahlen sein (BAG NJW 78, 343). Dies trifft va auf erwerbswirtschaftliche Leistungen zu (Musielak/*Becker* § 850h Rn 14). 14

Vollstreckungsrechtlich besteht für die Haushaltstätigkeit der **Ehegatten** bzw Partner nach dem LPartG grds weder als Hausmann (aber LG Frankenthal JurBür 07, 499) noch als Hausfrau eine Vergütungspflicht (B/L/A/H § 850h Rn 8; vgl aber AG Plön JurBüro 08, 160). Auch sonst wird eine Mitarbeit häufig aus bzw in **familiärer Verbundenheit** geleistet. Eine solche familienrechtlich begründete Mitarbeit bzw eine familienrechtliche Unterhaltspflicht hindert aber grds nicht die Vergütungspflicht (BGH NJW 79, 1600, 1602; LAG Rheinland-Pfalz JurBüro 10, 380). Abzustellen ist einerseits darauf, ob die Tätigkeit ohne die familiären Beziehungen üblicherweise zu vergüten wäre (LG Halle JurBüro 06, 382). Wird ein vergütetes Arbeitsverhältnis einer dritten Person durch die Mitarbeit des Schuldners entbehrlich oder gibt dieser ein Arbeitsverhältnis bei einem Dritten zugunsten einer entsprechenden Tätigkeit im Familienbetrieb auf, spricht dies für eine üblicherweise bestehende Entgeltlichkeit. Eine Mitarbeitspflicht für Ehegatten, wie sie § 1356 II BGB in der bis zum 30.6.77 geltenden Fassung vorsah (dazu BGHZ 46, 385, 388), ist nicht mehr gesetzlich vorgeschrieben. Sie kann sich ausnahmsweise aus der nach § 1353 BGB bestehenden ehelichen Beistandspflicht (MüKoBGB/*Wacke* § 1356 Rn 20; PWW/*Weinreich* § 1356 Rn 5) sowie aus § 1360 BGB ergeben (BGHZ 127, 48, 55). Eine Vergütungspflicht besteht jedenfalls dann, wenn das geschuldete Maß der Mitarbeit weit überschritten wird (BGHZ 127, 48, 55). Für Kinder normiert § 1619 BGB eine Mitarbeitspflicht. 15

Im Außenverhältnis zum Gläubiger besteht eine Vergütungspflicht auch bei einer Übernahmeerwartung für den elterlichen Betrieb. Andererseits kann die familiäre Mitarbeit als üblicherweise nicht vergütungspflichtig angesehen werden, etwa wenn dadurch eine Unterhaltspflicht ggü dem anderen Familienmitglied erfüllt wird (BAG NJW 78, 343) oder bei einer Krankenpflege.

16 Die Haushaltsführung eines Partners einer **nichtehelichen Lebensgemeinschaft** begründet grds keine Vergütungspflicht des anderen (OLGR Hamm 98, 138, im unterhaltsrechtlichen Kontext; Zö/*Stöber* § 850h Rn 4a; *Ernst* JurBüro 04, 407, 410; s.a. Ddorf FamRZ 97, 1110, 1111; Köln FamRZ 97, 1113; **aA** Nürnbg NJW-RR 96, 1412, 1413; LAG Köln NZA 89, 686, wenn die Leistung üblicherweise bezahlt worden wäre; wohl auch LG Stuttgart DGVZ 09, 132). Pflege- und Unterstützungsleistungen können wie im familiären Kreis als typischerweise unentgeltlich angesehen werden (Schuschke/Walker/*Kessal-Wulf* § 850h Rn 9).Eine geringe Vergütung bei einer dem Schuldner nahestehenden Person, vgl § 138 InsO, allein ist noch nicht verdächtig, weil es auf die gesamten Umstände, wie die Art des Unternehmens, der Tätigkeit etc ankommt (aA *Schmid* JurBüro 10, 4, 5).

17 **Ehrenamtliche Tätigkeiten** können unentgeltlich erbracht werden, doch dürfen sie nicht den Umfang einer üblicherweise zu vergütenden Tätigkeit erreichen. Bei Ordensangehörigen kommt es nicht darauf an, ob deren Arbeiten üblicherweise unentgeltlich sind, sondern ob die Art der karitativen, seelsorgerischen, gewerblichen oder verwaltenden Tätigkeit üblicherweise vergütet wird (offen gelassen von BVerfG NJW 92, 2471).

18 **3. Unentgeltliche Tätigkeit oder unverhältnismäßig geringe Vergütung. a) Einzelfallabhängige Beurteilung.** Die Tätigkeit muss unentgeltlich oder zu einer unverhältnismäßig geringen Vergütung ausgeführt werden. Maßgebend ist eine objektive Betrachtung, unabhängig von subjektiven Merkmalen wie einer Benachteiligungsabsicht. Unerheblich ist, ob im Verhältnis des Schuldners zum Empfänger der vom Schuldner geleisteten Arbeiten oder Dienste eine Vergütung geschuldet wird oder nicht (BAG NZA 08, 779 Tz 15). Das Entgelt des Schuldners muss deutlich im Missverhältnis zum Marktwert der Leistung stehen. Umstritten ist, ob auch die Art der Vollstreckungsforderung, etwa auf Unterhalt, zu berücksichtigen ist (bejahend Stöber Rn 1225; verneinend St/J/*Brehm* § 850h Rn 31). Dies ist abzulehnen, falls die Forderung zum Zugriff auf den Vorrechtsbereich iSd §§ 850d, 850f II befugt.

19 Den Prüfungsmaßstab bei einer unverhältnismäßig geringen Vergütung bilden **alle Umstände des Einzelfalls**, insb die Art der Arbeits- und Dienstleistung, die verwandtschaftlichen oder sonstigen Beziehungen zwischen dem Dienstberechtigten und dem Dienstverpflichteten und die wirtschaftliche Leistungsfähigkeit des Dienstberechtigten (BAG NZA 08, 779 Tz 25; *Ahrens* NJW-Spezial 09, 53, 54). Dies folgt bereits aus der Formulierung von Abs 2 S 2. Die Aufzählung ist nicht abschließend. Die erforderliche einzelfallabhängige Beurteilung schließt die generelle Annahme aus, wonach lediglich eine Vergütung von weniger als 75 % der üblichen Bezahlung unverhältnismäßig gering sei (BAG NZA 09, 163 Tz 15). Umgekehrt begründet die untertarifliche Entlohnung allein keine unverhältnismäßig geringe Vergütung (**aA** ArbG Herford BB 59, 232, 233; Stöber Rn 1220; s.a. Rz 22).

20 **b) Einzelaspekte.** Angelehnt an die Sittenwidrigkeitsprüfung (dazu BAG NZA 06, 1354, 1356; PWW/*Ahrens* § 138 Rn 54) vermittelt die Grenze von **75 %** des üblichen Verdienstes eine wichtige Orientierung. Je deutlicher dieser Betrag unterschritten ist, desto weniger zusätzliche Hinweise werden für eine unverhältnismäßig niedrige Vergütung erforderlich sein. Umgekehrt werden, je höher die Zahlung ist, desto mehr zusätzliche Anzeichen benötigt.

21 Abzustellen ist auf die vom Schuldner ohne die Pfändung sinnvollerweise gewählte **Steuerklasse** (BAG NJW 08, 2606 LS 3). Ein **sachlicher Grund** für die Wahl besteht bei der Steuerklasse, die aufgrund der familiären Einkommenssituation unter Berücksichtigung der Steuerlast des Partners gewählt wäre (BGH NJW-RR 06, 569; enger AG Aurich JurBüro 09, 47; LG Ansbach JurBüro 10, 50). Eine schon lange vor der Pfändung aus völlig anderen Gründen gewählte Steuerklasse, die ex post gesehen den Gläubiger benachteiligt, ist nicht unangemessen (LG Osnabrück NJW-RR 00, 1216). Hat der Schuldner **vor der Pfändung** nachweislich eine ungünstigere Steuerklasse gewählt, muss zusätzlich eine **Gläubigerbenachteiligungsabsicht** vorliegen. Dann ist er schon im Jahre der Pfändung so zu behandeln, als sei sein Arbeitseinkommen gem der günstigeren Steuerklasse zu versteuern (BGH NJW-RR 06, 569 Tz 13; krit Zö/*Stöber* § 850e Rn 1b). Diese von § 850e Nr 1 abweichende Berechnung ggü dem Schuldner ist dem Drittschuldner mitzuteilen. Für die Beurteilung der Gläubigerbenachteiligungsabsicht des Schuldners sind alle maßgeblichen Umstände des Einzelfalls zu berücksichtigen, also insb die Höhe der Einkommen beider Ehegatten, Kennt-

nis des Schuldners von der Höhe seiner Verschuldung und einer drohenden Zwangsvollstreckung, Abgabe der eidesstattlichen Versicherung etc. Wesentlich ist auch, wann erstmals die ungünstige Steuerklasse gewählt worden ist und ob dies im Zusammenhang mit der Verschuldung und Zwangsvollstreckung geschehen ist. Nach einer Heirat ist ein Wechsel des Schuldners aus der Steuerklasse I in die Steuerklasse V sachlich gerechtfertigt, wenn dadurch die Steuerlast der Ehegatten EUR 2.401,24 statt EUR 2.642,58 beträgt (LG Dortmund NZI 10, 581, 582). Gibt ein Schuldner keine Auskunft über diesen Zeitpunkt, kann auch dies ein Indiz zu seinen Lasten sein (BGH NJW-RR 06, 569 Tz 14). Wechselt der Schuldner **nach der Pfändung** in eine ungünstigere Steuerklasse oder behält er diese für das folgende Kalenderjahr bei, so gilt dies ohne Gläubigerbenachteiligungsabsicht schon dann, wenn für die Wahl objektiv kein sachlich rechtfertigender Grund gegeben ist (BAG NJW 08, 2606 Tz 25). Unbeachtlich ist, ob der Ehepartner einer Änderung der Steuerklasse widerspricht (LG Lüneburg JurBüro 09, 211, 212). Nicht erheblich ist, ob der Schuldner es unterlassen hat, einen nach § 39a EStG zulässigen steuerlichen Freibetrag auf der Steuerkarte eintragen zu lassen, da die Überzahlung nach der Veranlagung zurückgezahlt wird (LG Detmold Rpfleger 02, 630, 631) und dann pfändbar ist.

Orientierungsgrößen für das nach der **Art der Tätigkeit** üblicherweise geschuldete Entgelt bieten die Tarif- 22
löhne (BAG AP Nr 10 zu § 850h) bzw die § 612 II BGB entsprechende übliche Vergütung. Zu berücksichtigen sind etwa Position, Qualifikation und berufliche Erfahrung des Schuldners sowie der zeitliche Umfang der Tätigkeit (vgl BAG NJW 08, 2606 Tz 20).

Verwandtschaftliche oder sonstige **Beziehungen** können, wie sich aus Abs 2 S 2 ergibt, auf die Höhe der 23
Vergütung Einfluss gewinnen (BAG NJW 78, 343). Arbeitet ein Angehöriger aus familiärer Rücksichtnahme preiswerter, wird dieser Vorteil nicht vollständig beseitigt (Schuschke/Walker/*Kessal-Wulf* § 850h Rn 10). Die Beschäftigung bei nahestehenden Personen, zur insolvenzrechtlichen Begriffsbestimmung § 138 InsO, verstärkt nicht die Verdachtsmomente auf verschleiertes Arbeitseinkommen (so aber *Schmidt* JurBüro 10, 4, 5), sondern wird sie oft abschwächen. Zu beachten ist auch, ob sonst eine andere Arbeitskraft eingestellt werden müsste. Anspruchsmindernd wirkt es sich aus, wenn der Schuldner Verbindlichkeiten ggü dem Drittschuldner abarbeiten will (LAG Hamm ZIP 93, 610, 611 f; Stöber Rn 1230).

Einen wesentlichen Faktor zur Bemessung des Entgelts bildet die wirtschaftliche **Leistungsfähigkeit** des 24
Drittschuldners. Dazu ist insb auf die Gewinn- und Verlustrechnung abzustellen (BAG NJW 08, 2606 Tz 19). Die Steuerbilanzen reichen nicht aus, da in sie die steuerlich relevanten Gesichtspunkte eingeflossen sind, die nicht unbedingt die reale wirtschaftliche Leistungsfähigkeit des Unternehmens widerspiegeln (Ddorf NJW-RR 89, 390). Kleinbetriebe oder landwirtschaftliche Betriebe können oft nur durch unterdurchschnittliche Vergütungen wirtschaftlich überleben, die gerade im sozialen Nähebereich vorkommen. Mangelnde Leistungsfähigkeit und Unrentabilität trotz erheblicher Geschäftsumsätze sind wirtschaftlich als Ausnahmesituation aufzufassen (vgl dazu BGH WM 68, 1254, 1255).

c) Einzelfälle. Die Rspr hat insb über folgende Tätigkeiten entschieden: Fremdnütziger Treuhänder von 25
GmbH-Anteilen (Hamm NJW-RR 98, 1567), Geschäftsführer (BGH WM 68, 1254; Ddorf NJW-RR 89, 390; Frankf GmbHR 94, 708; LAG Hamm JurBüro 97, 273), kaufmännischer Leiter (BAG NJW 08, 2606 Tz 18), kaufmännischer Mitarbeiter und Projektleiter (BAG NJW 08, 2606 Tz 26), Kfz-Meister (Oldbg JurBüro 95, 104), Mitarbeit in einem landwirtschaftlichen Betrieb wie ein Betriebsleiter (LAG Rheinland-Pfalz JurBüro 10, 380, mit einem Nettostundenlohn von € 7,75 für wöchentlich 60 Std, doch erscheint die Arbeitszeit überhöht). Mitarbeit des arbeitslosen Ehegatten im Unternehmen des anderen (BAG NJW 78, 343), Mitgesellschafter (Ddorf OLGZ 79, 223, 225), Optikermeister (BAG NJW 95, 414), Reisevertreter (BAG AP Nr 10 zu § 850h) sowie Tankwart (LAG Hamm ZIP 93, 610).

III. Rechtsfolgen. 1. Angemessene Vergütung. Zugunsten des Gläubigers gilt eine angemessene Vergü- 26
tung als geschuldet. Die angemessene Vergütung ist am Tariflohn bzw der betriebs- sonst ortsüblichen Vergütung zu orientieren. Der Anspruch entsteht in Höhe der Differenz zwischen der angemessenen und der gezahlten Vergütung (Hk-ZV/*Meller-Hannich* § 850h ZPO Rn 29). Die Leistungspflicht des Drittschuldners endet, wenn der Schuldner seine Tätigkeit einstellt. Die Pfändung wirkt nicht für die Vergangenheit und erfasst damit nicht fiktiv aufgelaufene Lohn- oder Gehaltsrückstände (BAG NZA 08, 779 Tz 27; NJW 08, 2606 Tz 13).

Es handelt sich um einen **fingierten Anspruch**, also um keinen Vergütungsanspruch des Schuldners iSv 27
§ 611 I BGB ggü dem Drittschuldner. Aus der Pfändung kann der Schuldner deshalb selbst keine Rechte herleiten (BAG NZA 08, 779 Tz 15), wenn er etwa mit dem Drittschuldner einen niedrigeren Betrag verein-

bart hat als den Pfändungsfreibetrag. Umgekehrt kann der Drittschuldner den Schuldner auch nicht in Regress nehmen (MüKoZPO/*Smid* § 850h Rn 10). Zugunsten des Gläubigers sollen mit der Fiktion eines angemessenen Arbeitseinkommens nur annähernd jene Verhältnisse geschaffen werden, wie er sie im Falle der Vollstreckung in regulär an den Schuldner entrichtete Vergütung vorfände. Eine weitergehende Begünstigung wird nicht bezweckt. Pfändbar ist deswegen allein die fiktive Nettovergütung, wobei die Pfändungsschutzvorschriften der §§ 850a, 850b, 850c zu beachten sind. Der Drittschuldner muss von der fiktiven Vergütung weder Steuern noch Sozialversicherungsbeiträge abführen (BAG NJW 08, 2606 Tz 14). Der fingierte Anspruch ist nicht abtretbar (Saenger/*Kemper* § 850h Rn 9).

28 **2. Einkommensbestandteile.** Das tatsächlich gezahlte und das fiktive Einkommen sind zusammenzurechnen. Ein dem Schuldner geleisteter geldwerter Vorteil ist bei dem pfändbaren realen Arbeitseinkommen zu berücksichtigen, nicht aber auch bei der Ermittlung des höheren pfändbaren fiktiven Verdienstes (BGH NJW 08, 2606 Tz 21, Dienstwagen).

29 **3. Weitere Folgen.** Vor der Pfändung ist eine Aufrechnung schon deswegen ausgeschlossen, weil es an den wechselseitigen Forderungen fehlt. Mit der Pfändung durch das Vollstreckungsgericht wird die Forderung für den Pfändungsgläubiger aufrechenbar.

30 **IV. Verfahren. 1. Vorbereitung.** In seinem Vermögensverzeichnis nach § 807 muss der Schuldner Angaben zu verschleiertem Arbeitseinkommen machen. Neben der Einkommenshöhe muss er Art und Umfang seiner Erwerbstätigkeit darlegen (LG München I DGVZ 09, 65; LG Dessau-Roßlau DGVZ 09, 65, 66; § 807 Rn 21; *Schmid* JurBüro 10, 4). Ggf ist auch eine Nachbesserung erforderlich (LG Stuttgart DGVZ 09, 132; AG Nürtingen DGVZ 09, 134).

31 **2. Pfändung.** Siehe zunächst oben Rz 8 ff. Gepfändet wird der tatsächliche und der angebliche Anspruch des Schuldners, welcher fingiert wird. Konkurrieren mehrere Gläubiger, gilt das **Prioritätsprinzip**. Ein nachrangiger Gläubiger kann selbst dann nicht auf das fingierte Einkommen zugreifen, wenn der vorrangige Gläubiger diese Einkommensteile nicht in Anspruch genommen hat (BGHZ 113, 27, 29; BAG NJW 95, 414). Den früher begründeten Pfandrechten kommt die bessere Rangstelle im Verhältnis zu dem nachrangigen Gläubiger allerdings nicht bis zur tatsächlichen Befriedigung zu, sondern nur solange, bis sie bei Zugriff auch auf das verschleierte Einkommen befriedigt wären (BAG NJW 95, 414). Die Pfändung verschleierter Arbeitsvergütung wirkt **nicht für** die **Vergangenheit** und erfasst damit nicht die fiktiv aufgelaufenen Lohn- oder Gehaltsrückstände (BAG NZA 08, 779 Tz 27; NJW 08, 2606 Tz 13; aA St/J/*Brehm* § 850h Rn 35; B/L/A/H § 850h Rn 10).

32 Der **Pfändungsschutz** gem § 850 ff ist zu beachten. Es gelten die Pfändungsfreibeträge nach der Tabelle zu § 850c unter Berücksichtigung der Unterhaltspflichten (LAG Rheinland-Pfalz JurBüro 10, 380, 381). Das Vollstreckungsgericht kann entweder einen Blankettbeschluss iSv § 850c III 2 erlassen oder den pfändungsfreien Betrag festsetzen. Ist die Zahl der Unterhaltsberechtigten im Pfändungsbeschluss festgelegt, sind Drittschuldner und Prozessgericht bis zur Änderung durch das Vollstreckungsgericht daran gebunden (Stöber Rn 1224). Bis zu einem Antrag nach § 850c IV ist auch der Ehegatte anzusetzen, in dessen Betrieb der Schuldner arbeitet (*Fenn* ZZP 93 (1980), 227, 230; **aA** LAG Hamm ZIP 93, 610, 612; St/J/*Brehm* § 850h Rn 33). Die Pfändung ist mit Zustellung des Pfändungsbeschlusses an den Drittschuldner bewirkt.

33 **3. Einziehungsprozess.** Die Höhe der angemessenen Vergütung wird im Einziehungsprozess bestimmt. Zur Zuständigkeit s.o. Rz 11 (außerdem ArbG Passau NZA-RR 06, 541, 542). Bei Organstellung sind die Zivilgerichte zuständig. Der Gläubiger muss die Voraussetzungen von Abs 2, dh insb Art und Umfang der Tätigkeit darlegen und beweisen (LAG Ddorf MDR 94, 1020). Es besteht keine Vermutung dafür, dass ein arbeitsloser gesunder Ehegatte im Kleinunternehmen des anderen vollschichtig mitarbeitet (LAG Hamm BB 88, 1754, 1755; anders LG Halle JurBüro 06, 382). Ein tatsächlich veranlasster Verdacht kann aber die sekundäre Darlegungslast beeinflussen. Ggf muss der Schuldner Art und Umfang der Tätigkeit sowie sein niedriges Einkommen erläutern (LG Ingolstadt JurBüro 04, 336; LG Regensburg DGVZ 99, 59, 60, zur Auskunft im Vermögensverzeichnis; vgl Rz 29). Dem Drittschuldner obliegt die Beweislast, wenn die mangelnde wirtschaftliche Leistungsfähigkeit seines Unternehmens ein niedrigeres Einkommen rechtfertigen soll (Ddorf NJW-RR 89, 390; Oldbg JurBüro 95, 104, 105). Das Prozessgericht muss Grund und Höhe des Anspruchs selbst feststellen (LG Frankenthal Rpfleger 84, 425, 426).

D. Rechtsbehelfe. Pfändet der Gläubiger nach Abs 1, können Schuldner und Drittschuldner gegen den Pfändungsbeschluss Erinnerung gem § 766 einlegen. Gegen die Ablehnung der Pfändung kann der Schuldner sofortige Beschwerde gem § 793 iVm § 11 I RPflG erheben (Schuschke/Walker/*Kessal-Wulf* § 850h Rn 18). Der Drittberechtigte kann Drittwiderspruchsklage nach § 771 erheben. Entsprechendes gilt bei einer Pfändung gem Abs 2. 34

E. Insolvenzverfahren. Die Pfändung des verschleierten Arbeitseinkommens verliert mit der Insolvenzeröffnung entsprechend § 114 III 1 InsO die Wirkung (LAG Baden-Württemberg BeckRS 2011, 74934). Auf den verschleierten Teil des Arbeitseinkommens hat der Schuldner keinen Anspruch, weswegen es nach dem Wortlaut von § 35 I InsO an sich nicht zur **Insolvenzmasse** gehört. Der Insolvenzverwalter kann aber gem § 36 I 2 InsO iVm § 850h II 1 wie ein Gläubiger im Vollstreckungsverfahren vom Empfänger der Arbeitsleistung für die Zeit nach der Eröffnung des Verfahrens die fiktive Vergütung beanspruchen (BAG NZA 08, 779 Tz 14; *Ahrens* NJW-Spezial 09, 53). Nach Ansicht des BAG tritt diese Folge mit Eröffnung des Insolvenzverfahrens ein, weil der Eröffnungsbeschluss wie ein Pfändungs- und Überweisungsbeschluss im Vollstreckungsverfahren wirken soll (BAG NZA 08, 799 Tz 18). Im Restschuldbefreiungsverfahren gilt die Regelung aufgrund der Verweisung in § 292 I 3 InsO auf § 36 I 2 InsO entsprechend (**aA** *Riedel* ZVI 09, 91, 92). Noch nicht beantwortet ist, ob im Eröffnungsverfahren das Insolvenzgericht bzw der vorläufige Insolvenzverwalter die fiktiven Vergütungsansprüche zur Masse ziehen kann. Dies kommt über eine erweiternde Anwendung der §§ 21 I 1, 22 I 2 Nr 1 InsO in Betracht. 35

Offen ist, ob auch der verfahrensrechtliche Gehalt von § 850h II entsprechend anzuwenden ist (abl Jaeger/*Henckel* InsO § 36 Rn 16; *Uhlenbruck* InsO § 35 Rn 58). Das BAG vertritt dazu eine differenzierende Position, indem es die vollstreckungsrechtlichen Regeln an das Insolvenzverfahren anpasst (ähnl HK-InsO/*Eickmann* § 36 Rn 21). Für die Zeit vor Eröffnung des Insolvenzverfahrens kommt eine Insolvenzanfechtung nach § 134 InsO in Betracht (**aA** *Riedel* ZVI 09, 91, 92). 36

F. Kosten/Gebühren. Die **Gerichtsgebühr** für Pfändung und Überweisung beläuft sich gem § 3 II GKG iVm KV Nr 2110 auf 15 €. Dem **Rechtsanwalt** steht eine Gebühr mit einem Satz von 0,3 gem § 18 Nr 3 RVG iVm VV 3309 zu. Ist eine Vollstreckungsgebühr bereits entstanden, fällt sie nicht erneut an. 37

§ 850i Pfändungsschutz für sonstige Einkünfte.

(1) [1]Werden nicht wiederkehrend zahlbare Vergütungen für persönlich geleistete Arbeiten oder Dienste oder sonstige Einkünfte, die kein Arbeitseinkommen sind, gepfändet, so hat das Gericht dem Schuldner auf Antrag während eines angemessenen Zeitraums so viel zu belassen, als ihm nach freier Schätzung des Gerichts verbleiben würde, wenn sein Einkommen aus laufendem Arbeits- oder Dienstlohn bestünde. [2]Bei der Entscheidung sind die wirtschaftlichen Verhältnisse des Schuldners, insbesondere seine sonstigen Verdienstmöglichkeiten, frei zu würdigen. [3]Der Antrag des Schuldners ist insoweit abzulehnen, als überwiegende Belange des Gläubigers entgegenstehen.

(2) Die Vorschriften des § 27 des Heimarbeitsgesetzes vom 14. März 1951 (BGBl. I S. 191) bleiben unberührt.

(3) Die Bestimmungen der Versicherungs-, Versorgungs- und sonstigen gesetzlichen Vorschriften über die Pfändung von Ansprüchen bestimmter Art bleiben unberührt.

A. Normzweck. Mit dem Gesetz zur Reform des Kontopfändungsschutzes vom 7.7.09 (BGBl I, 1707) sind zum 1.7.10 die frühere engere Fassung von Abs 1 neu gefasst und Abs 2 aufgehoben worden. Aus den früheren Abs 3 und 4 wurden die Abs 2 und 3. § 850i I enthält **Auffangnormen** über den Pfändungsschutz für nicht wiederkehrende Vergütungsansprüche des Schuldners und sonstige Einkünfte, die kein Arbeitseinkommen iSv § 850 II darstellen, aber insgesamt in vergleichbarer Weise den Lebensunterhalt des Schuldners sichern. 1

Mit ihren Strukturelementen sind die Vorschriften zur Einkommenspfändung der §§ 850–850h auf wiederkehrende Leistungen ausgerichtet, die eine weithin gesetzlich vertypte und damit effiziente Verfahrensgestaltung ermöglichen. Einmaligen Bezügen fehlen dagegen vergleichbare Grundmuster, die normativ zu einer abstrakt-generellen Regelung mit einem Konditionalprogramm verdichtet sind. Abs 1 formuliert deswegen ein **gesetzliches Leitbild** und die Orientierungsmuster für den Pfändungsschutz einmaliger Leistungen. Sein Modell ist an den Grundgedanken der Einkommenspfändung nach den §§ 850a – 850h ausgerichtet. Diese systematisierenden Vorgaben muss das Vollstreckungsgericht **wertend ausfüllen**. Funktional 2 bildet § 850i I den Kristallisationspunkt für den Pfändungsschutz bei Ansprüchen aus selbständiger Tätigkeit (BGH NJW-RR 04, 644; NJW 03, 2167, 2170). Gerade deswegen kommt es hier auf die wertende Parallele zur Pfändung des Arbeitseinkommens an.

3 Die neue Regelung in § 850i I erfüllt mehrere zentrale Aufgaben. Vollstreckungsrechtlich wird ein **autonomer Begriff der Einkünfte** gebildet. Die Regelung ist vorrangig, aber nicht ausschließlich, auf Selbständige bezogen (Rz 6 ff). Infolgedessen ist nunmehr für alle Einkünfte nicht abhängig beschäftigter Personen Pfändungsschutz möglich (BTDrs 16/7615, 18). Einbezogen sind aber auch nicht wiederkehrend zahlbare Vergütungen für persönlich geleistete Arbeiten und Dienste und damit ebenfalls Ansprüche von Arbeitnehmern. Damit wird im Ausgangspunkt ein verfassungsrechtliches Gebot eingelöst, denn das unverfügbare Grundrecht auf Gewährleistung eines menschenwürdigen Existenzminimums muss für jeden Einzelnen gesichert sein (BVerfG NJW 10, 505 Tz 133). Zudem wird ebenso die Gleichbehandlung und Aktivierung jeglicher den Lebensunterhalt sichernder gewinnbringender Tätigkeit ermöglicht.

4 Zusätzlich ist ein **eigenes Schutzniveau** geschaffen, das in einer mehrfachen Referenz zunächst an den Pfändungsschutz für Arbeitseinkommen, Abs 1 S 1 letzter HS, und sodann an die sonstigen wirtschaftlichen Verhältnisse des Schuldners angebunden wird, Abs 1 S 2. Kontrastiert wird der Pfändungsschutz des zumeist selbständig erwerbstätigen Schuldners durch etwaige überwiegende **Belange des Gläubigers**, Abs 1 S 3. Dadurch werden Elemente einer Interessenabwägung in das Schutzprogramm eingebunden.

5 In seiner doppelten Anbindung an einen konkreten Forderungsschutz und die sonstigen wirtschaftlichen Verhältnisse des Schuldners stimmt das neue gesetzliche Modell mit der gesetzlichen Regelung in § 850i aF überein. Allerdings ist das **Schutzniveau verbreitert** und **erhöht**. Eingeschlossen sind künftig mehr Einkünfte als bislang. Va aber ist der Pfändungsschutz nicht mehr vorrangig am notwendigen Unterhalt, sondern an den allg Vorschriften über die Pfändung von Arbeitseinkommen orientiert. Einkünfte iSd § 850i werden dadurch besser geschützt. Ziel ist eine stärkere Harmonisierung des Pfändungsschutzes.

6 In den ergänzenden Regelungen von § 850i wird der **Anwendungsbereich** erweitert und es werden **Konkurrenzfragen** geklärt. Abs 2 klärt das Verhältnis zum Heimarbeitsrecht und Abs 3 bestimmt über den Pfändungsschutz bei Versicherungs- und Versorgungsverträgen.

7 **B. Nicht wiederkehrend zahlbare Vergütungen und sonstige Einkünfte (Abs 1). I. Persönlicher Anwendungsbereich.** § 850i I 1 schafft in beiden Regelungsalternativen Schutzbestimmungen für alle natürlichen Personen aus jeglichen Berufsgruppen. Die zentrale Zielsetzung der Regelung, den Pfändungsschutz Selbständiger zu verbessern, schließt den gleichwertigen Schutz anderer Personengruppen nicht aus. Es wäre verfehlt, die Regelung über nicht wiederkehrend gezahlte Vergütungen für persönliche Arbeiten oder Dienste aus § 850i I 1 Alt 1 va auf abhängig Beschäftigte und § 850i I 1 Alt 2 über die sonstigen Einkünfte primär auf Selbständige zu beziehen. Über die Zuordnung zu den Regelungsalternativen entscheidet die Art der Forderungen, denn auch ein Arbeitnehmer kann bspw über sonstige Einkünfte verfügen (*Ahrens* ZInsO 10, 2357, 2359).

8 Vom persönlichen Anwendungsbereich der Bestimmung werden also sämtliche **Arbeitnehmer**, einschließlich der geringfügig oder Teilzeitbeschäftigten, die in wirtschaftlicher Abhängigkeit tätigen arbeitnehmerähnlichen Personen und die Selbständigen erfasst. Geschützt werden deswegen die Ansprüche der selbständig Tätigen und hier insb die der **Freiberufler**, deren Dienste persönlich erbracht werden. Erfasst werden Vergütungsansprüche etwa der Ärzte (BGH NJW 08, 227 Tz 26), Zahnärzte, Tierärzte, Hebammen, Krankengymnasten, Rechtsanwälte, Notare, Architekten (BGH NJW-RR 09, 410 Tz 9), Maler, Komponisten, Schriftsteller und Erfinder (ausdrücklich zu diesen Berufsgruppen BGH NJW-RR 04, 644, 645). Gleiches gilt auch für Therapeuten, Psychologen (NJW 03, 2167, 2170), Insolvenz- und Zwangsverwalter, Mitglieder von Aufsichtsräten und Gläubigerausschüssen, Steuerberater (BGHZ 141, 173, 176) und Wirtschaftsprüfer sowie freiberuflich tätige Mitarbeiter der Medien.

9 § 850i bildet keine Spezialnorm für freiberuflich Tätige und schließt deswegen auch die Ansprüche **gewerblich tätiger Selbständiger** ein. Unter dem Schutz von § 850i stehen daher auch die Ansprüche selbständiger Handelsvertreter und Makler, aber etwa auch eines Elektroinstallateurs, der als selbständiger Subunternehmer im Einmannbetrieb auf einer Baustelle tätig wird und nicht wiederkehrende Einkünfte bezieht.

10 Nicht geschützt werden die Einnahmen juristischer Personen. Ist die Schuldnerin eine juristische Person, kann ihr kein Vollstreckungsschutz nach § 850i gewährt werden. Davon zu unterscheiden sind die Konstellationen, in denen eine natürliche Person einen Gewinnanspruch aus ihrem Geschäftsanteil an einer Gesellschaft besitzt. Hier ist der persönliche Anwendungsbereich eröffnet und Pfändungsschutz nach § 850i zu gewähren (*Ahrens* ZInsO 10, 2357, 2359).

II. Nicht wiederkehrend zahlbare Vergütungen für persönliche Arbeiten und Dienste. 1. Persönlich geleistete Arbeiten oder Dienste. Der sachliche Anwendungsbereich der ersten Alternative erfasst das Einkommen des Schuldners, welches dieser durch den **Einsatz seiner Arbeitskraft** erzielt. Die Regelung schützt den Schuldner bei nicht wiederkehrend zahlbaren Vergütungen für persönlich geleistete Arbeiten oder Dienste. Diese Formulierung entspricht der bisherigen Regelung in § 850 I 1 aF. Einbezogen werden die nicht kontinuierlich gezahlten Einkünfte von Arbeitnehmern und Selbständigen. Auseinandersetzungen darüber, welche Vergütungen unter den Tatbestand dieser Regelung fallen, werden künftig an Bedeutung verlieren, da sie jedenfalls von § 850 I 1 Alt 2 erfasst werden. Auch dadurch wird sich langfristig der Anwendungsschwerpunkt auf die zweite Alternative verlagern. 11

Trotz des übereinstimmenden Gesetzeswortlauts wird es ggü der alten Regelung zu manchen Verschiebungen im Normgefüge kommen. Mit dem neuen Doppeltatbestand in § 850i I 1 wird ein Vollstreckungsschutz für sämtliche Arten von Einkünften eingeführt, die keinem besonders geregelten Pfändungsschutz unterliegen. Dieser Aufgabenbestimmung ist auch durch eine erweiterte Interpretation von § 850i I 1 Alt 1 Rechnung zu tragen. Um einen vollständigen Schutz zu erreichen, ohne den Vollstreckungsschutz für die sonstigen Einkünfte systematisch unpassend anwenden zu müssen, ist der Gegenstandsbereich der nicht wiederkehrenden Vergütungen für persönliche Arbeiten oder Dienste zu erweitern (*Ahrens* ZInsO 10, 2357, 2359). Während früher die Tätigkeit einen nicht unerheblichen Teil der Arbeitskraft in Anspruch nehmen musste (so BGH NJW-RR 04, 644 zu § 850i I aF; zur früheren Rechtslage St/J/*Brehm* § 850i Rn 4; MüKoPO/*Smid* § 850i Rn 9; PG/*Ahrens* 2. Aufl, § 850i Rz 4), wird von der Neuregelung jegliche nicht wiederkehrend zahlbare Vergütung für persönliche Arbeiten und Dienste erfasst. Dies schließt nunmehr auch geringfügige Tätigkeiten ein, die nur unwesentliche Teile zu Sicherung der Lebensgrundlagen beitragen. Im Unterschied zu früher (dazu BGH 10.07.08 – IX ZB 116/07 nv) besteht jetzt auch Pfändungsschutz bei einer nicht wiederkehrenden Vergütung für Dienste, die der vollbeschäftigte Schuldner in seiner Freizeit erbringt. 12

Arbeitseinkommen aus nicht selbständiger Erwerbstätigkeit können wiederkehrend oder einmalig geleistet werden. Bei der Pfändung laufender Einkünfte muss der Vollstreckungsschutz nach § 850c automatisch gewährt werden. Für nicht wiederkehrende Arbeitseinkommen begründet § 850i I den – nur auf Antrag zu gewährenden – Pfändungsschutz. Bei Arbeitnehmern betrifft dies die Ansprüche auf einmalig oder nur fallweise gezahltes Arbeitseinkommen einschließlich der einmaligen Nebentätigkeit. Für den kontinuierlich ausgeübten Nebenjob auf Arbeitsvertragsbasis gelten dagegen die §§ 850c, 850e Nr 2. Zur selbständigen Nebentätigkeit des Arbeitnehmers Rz 15. 13

Unerheblich ist die Rechtsgrundlage der Tätigkeit in einem Arbeits-, Dienst-, Werk- oder Geschäftsbesorgungsvertrag (BGH NJW-RR 04, 644, 645). Erfasst wird aber auch der gemischte Kaufvertrag. 14

Infolge der gewandelten Normalarbeitsbeziehung erwirtschaften Arbeitnehmer häufig **neben ihrer Grundsicherung** aus einem Arbeitsverhältnis Einkünfte aus selbständiger Tätigkeit, die von § 850i geschützt sind. Dies betrifft etwa angestellte Krankenhausärzte, die eine Privatpraxis betreiben oder niedergelassene Ärzte, denen neben den Zahlungsansprüchen der Kassen(Zahn)ärztlichen Vereinigung (für die Pfändungsschutz nach den §§ 850 ff bestehen kann, BGHZ 96, 324, 327 f) Honoraransprüche gegen Privatpatienten zustehen (Zö/*Stöber* § 850i Rn 1). Ebenso eingeschlossen sind die Ansprüche eines Arbeitnehmers, der neben seinem Arbeitsverhältnis als Versicherungsvertreter tätig ist oder ein Nagelstudio betreibt. Ob die Leistung neben einer Vollzeittätigkeit in der Freizeit erbracht wird, ist unerheblich. 15

Bei gewerblichen Tätigkeiten ist zu differenzieren. Soweit die persönliche Leistung des Schuldners die Ausnutzung sächlicher Betriebsmittel überwiegt, ist die erste Regelungsalternative anwendbar, sonst die zweite Alternative. Die Abgrenzung wird zumeist nur noch theoretische Bedeutung besitzen, denn es besteht keine Schutzlücke mehr. Dies ist jedoch keine Frage des persönlichen, sondern des sachlichen Anwendungsbereichs. 16

2. Nicht wiederkehrende Vergütung. Zu den nicht wiederkehrenden Ansprüchen auf Vergütungen eines Arbeitnehmers gehören **Abfindungen** anlässlich der Beendigung eines Arbeitsverhältnisses aus den §§ 9, 10 KSchG (BAG NZA 97, 563, 565; LG Bochum ZInsO 10, 1801; LG Essen ZVI 11, 379, 380) bzw Sozialplanabfindungen nach den §§ 112, 113 BetrVG (BAG NZA 92, 384, 385; LG Bamberg JurBüro 09, 327). Gleiches gilt für die in einem Aufhebungsvertrag vereinbarte Abfindung (BAG NZA 97, 563, 565). Geschützt wird auch das Entlassungsgeld eines Wehrpflichtigen nach § 9 WehrsoldG (LG Rostock Rpfleger 01, 439; iE auch Dresd Rpfleger 99, 183) oder eines Zivildienstleistenden (LG Detmold Rpfleger 97, 448), der Ausgleichsanspruch des Handelsvertreters aus § 89b HGB, einmalige Karenzentschädigungen aus vertraglichen Wettbewerbsverboten (Schuschke/Walker/*Kessal-Wulf* § 850i Rn 3) bzw die Stornoreserve eines Außendienstmitarbeiters (LAG Hamm BB 92, 2224 LS). 17

18 Unabhängig von der rechtlichen Qualifikation sind auch die Ansprüche aus Verwertungsrechten, wie auf Tantiemen der GEMA-Gebühren, Zahlungen der Verwertungsgemeinschaft Wort und aus Verlagsverträgen geschützt. Gerade **Lizenzgebühren** verdienen einen umfassenden Schutz, weil die dem wahren wirtschaftlichen Wert der schöpferischen Leistung entsprechenden Zahlungen häufig erst viel später in umsatzabhängigen Teilbeträgen gezahlt werden (BGH NJW-RR 04, 644, 645). Nachzahlungen auf rückständigen Lohn werden dagegen vom Pfändungsschutz für das Arbeitseinkommen erfasst und sind auf den Zeitraum umzurechnen, für den sie geleistet werden (§ 850c Rn 9).

19 **III. Sonstige Einkünfte. 1. Gegenstand.** Mit der zweiten Regelungsalternative werden nunmehr auch Einkünfte, die kein Arbeitseinkommen sind, dem Pfändungsschutz unterstellt. Dieser auf die sonstigen Einkünfte ausgeweitete Pfändungsschutz bildet eine **Auffangregelung**, die Lücken im Pfändungsschutz schließen soll. Die Art der Einkünfte verliert hierdurch für den Vollstreckungsschutz an Bedeutung. Der steuerrechtliche Begriff der Einkünfte ermöglicht nur eine gewisse Orientierung (*Meller-Hannich* WM 11, 529, 531). Infolgedessen ist der Schutzgedanke in § 850i gewandelt. Um einen Pfändungsschutz zu erlangen, muss nicht mehr die Arbeitskraft des Schuldners verwertet sein. Bezugsgröße ist nunmehr ein auf breite Basis gestellter Schutz des **selbst erwirtschafteten Lebensunterhalts**. In einer neuen Regelungsdimension wird va die unternehmerische Erwerbstätigkeit dem ungehinderten Gläubigerzugriff entzogen. Erfasst werden außerdem wiederkehrend zahlbare Vergütungen, die kein Arbeitseinkommen darstellen. Eingeschlossen sind schließlich auch andere Einkünfte. Es genügt die Verwertung fremder Arbeitskraft, von Sacheigentum oder einer Rechtsinhaberschaft. Um keine systemwidrigen Ergebnisse zu erreichen, müssen zufällige bzw vom Schuldner nicht beeinflussbare Erwerbsvorgänge, wie der Erwerb von Todes wegen oder aus einem Lottogewinn, unberücksichtigt bleiben (Hk-ZV/*Meller-Hannich* § 850i Rn 7). Geschützt werden Schenkungen, die ebenfalls eine unterhaltssichernde Funktion besitzen können, etwa der nicht unterhaltspflichtigen Großeltern an ihr Enkelkind. Dafür spricht auch die Parallele zu § 850k I, bei dem freiwillige Zuwendungen Dritter geschützt werden (BTDrs 16/7615, 18, mit Bezug auf § 850i).

20 Der Begriff der sonstigen Einkünfte umfasst insb aus der unternehmerischen Tätigkeit resultierende Einnahmen, die dem Unterhalt des Schuldners und seiner Angehörigen dienen. Aufgegeben ist die bisherige Anbindung an die Arbeitsleistung. Es entfällt damit die frühere Restriktion, wonach die persönliche Leistung des Schuldners die Ausnutzung sächlicher Betriebsmittel überwiegen muss (*Ahrens* ZInsO 10, 2357, 2360). Erfasst wird auch die kapitalistische Tätigkeit (Hk-ZV/*Meller-Hannich* § 850i ZPO Rn 2). Es genügt, wenn allein Vergütungsansprüche für die Tätigkeit von Mitarbeitern des Schuldners bestehen. Für den Begriff der sonstigen Einkünfte ist es unerheblich, ob es sich um einmalige oder wiederkehrende Vergütungen handelt. **Einkommensteuererstattungsansprüche** stellen wegen ihres öffentlich-rechtlichen Charakters (vgl BGHZ 163, 391, 393; BFH ZVI 07, 137, 138) keine Einkünfte iSd § 850i I 1 Alt 2 dar. BGH ZInsO 06, 139, 140; BFH ZVI 07, 137, 138).

21 Obwohl aus der unternehmerischen Tätigkeit resultierend, werden solche Beträge **nicht** nach § 850i **geschützt**, die anderen Zwecken als einer Unterhaltssicherung dienen. Dies betrifft etwa Zahlungen an Mitarbeiter und Lieferanten.

22 Ein zusätzlicher Regelungsbereich betrifft die früher selbständig in § 850i II aF geregelten **gemischten Vergütungsansprüche** für Sachnutzungen und Dienstleistungen. Eine eigenständige Bestimmung ist – sachlich konsequent – aufgehoben. Da ihr Anwendungsbereich im Begriff der sonstigen Einkünfte aufgeht, ist der Pfändungsschutz nach Abs 1 zu bestimmen.

23 Wiederkehrende Vergütungen unterliegen grds nicht den Pfändungsbeschränkungen aus § 850i. Ausnahmsweise unterstellt jedoch Abs 2 bestimmte wiederkehrende Vergütungen der Regelung des Abs 1. Bei diesen gemischten Ansprüchen muss ein Entgelt für eine Sachbenutzung zugleich zu einem nicht unwesentlichen Teil als Vergütung für eine zusätzlich erbrachte Dienstleistung anzusehen sein. Leistet der Schuldner wiederkehrende Dienste in einem Arbeitsverhältnis, gelten die §§ 850 II, 850c (Stöber Rn 1243). Bei einmaligen Leistungen mit einer unwesentlichen Vergütung der Sachbenutzung gilt Abs 1 (St/J/*Brehm* § 850i Rn 19).

24 Eine **Wohngelegenheit** wird etwa bei der Überlassung eines möblierten Zimmers gewährt. Als zusätzliche Dienstleistungen ist an die Instandhaltung, Reinigung oder das Zubereiten von Mahlzeiten zu denken. **Sonstige Sachbenutzungen** können etwa bei Überlassung eines Fahrzeugs oder einer Maschine verbunden mit der Beförderung oder Bedienung sein. Der Regelung unterliegt auch die Überlassung einer Garage unter Übernahme der Fahrzeugpflege (Zö/*Stöber* § 850i Rn 3). Die Regelung ist auf die Überlassung eines Rechts und zusätzliche Beratungs- oder Entwicklungsleistungen entsprechend anwendbar (MüKoZPO/*Smid* § 850i Rn 21).

Geschützt sind außerdem die den Unterhalt sichernden **Einkünfte aus Vermögen**, etwa aus Vermietung und Verpachtung. Die Reichweite dieses Schutzes ist freilich begrenzt. Abgesehen von wenigen Fällen, wie den unpfändbaren Gegenständen aus § 811 und dem Altersvorsorgevermögen gem § 851c II, unterliegt der Vermögensstamm nicht dem Vollstreckungsschutz. Deswegen wird der Schuldner lediglich in sehr begrenztem Umfang seinen Unterhalt aus diesem Vermögen sichern können. Schließlich werden Einnahmen aus Immaterialgüterrechten erfasst, die nicht als Vergütung für persönliche Dienstleistungen anzusehen sind. **25**

2. Konkurrenzen. Als Auffangbestimmung besitzt § 850i I 1 Alt 2 einen umfassenden Anwendungsbereich, der eine Demarkation ggü **anderen Pfändungsschutzbestimmungen** erfordert. Eindeutig abzugrenzen sind Forderungen auf wiederkehrende Vergütungen für Arbeitsleistungen, die den §§ 850 ff unterliegen. Bei § 851a ist zu differenzieren (Hk-ZV/*Meller-Hannich* § 850i ZPO Rn 9). Pfändungsschutz für den Unterhalt des Schuldners und seiner Familie ist nach der weitergehenden Regelung des § 850i zu gewähren. Es ist nicht gerechtfertigt, den Landwirt ggü allen anderen Selbständigen zu benachteiligen, zumal § 851a seinen Schutz verbessern soll. Pfändungsschutz für die Leistungen an die Arbeitnehmer sowie zur Aufrechterhaltung einer geordneten Wirtschaftsführung ist allein nach § 851a zu erreichen. Dies gilt auch für das Unterbleiben der Zwangsvollstreckung. Der Pfändungsschutz aus § 850i tritt neben den des § 851b. Da § 851b die Unterhaltung des Grundstücks, nicht aber den Unterhalt des Schuldners sichert, liegen zwei unterschiedliche Zielsetzungen vor. § 850i wird deswegen nicht verdrängt (aA Goebel Rn 218 ff). Vorrangig sind die spezialgesetzlichen Regelungen der §§ 851c, 851d. **26**

C. Umfang des Pfändungsschutzes. I. Grundlagen. Der Pfändungsschutz ist in **vier Schritten** zu bestimmen. Als Erstes ist die Höhe der Einnahmen zu bestimmen. Dazu ist das nicht notwendig kontinuierlich fließende, möglicherweise aus mehreren Quellen stammende und evtl ungleichartige Einkommen in eine angemessene Vergleichsgröße umzurechnen. Für den Pfändungsschutz ist unerheblich, ob es sich um nicht wiederkehrend zahlbare Vergütungen iSv Abs 1 S 1 Alt 1 oder um sonstige Einkünfte gem Abs 1 S 1 Alt 2 handelt. Sodann ist die Höhe des unpfändbaren Betrags anhand der für die Pfändung von Arbeitseinkommen geltenden Regeln zu bestimmen. Als dritter Schritt sind die wirtschaftlichen Verhältnisse des Schuldners, Abs 1 S 2, und als vierter entgegenstehende überwiegende Belange des Gläubigers, Abs 1 S 3, zu berücksichtigen. Die früher geltende Kappungsgrenze aus § 850i I 3 aF ist gestrichen und durch die Ausrichtung an den §§ 850a ff ersetzt. **27**

Das Vollstreckungsgericht muss den unpfändbaren Betrag konkret bestimmen. Stärker als bei der Pfändung von Arbeitseinkommen können in die Pfändungsbeschränkung nach § 850i **prognostische Elemente** einfließen. Soweit sich die Einkommensentwicklung iRd für die Bemessung zugrundegelegten Umstände hält, sind Schuldner und Gläubiger an einen bestandskräftigen Beschl gebunden. Im Übrigen kommt eine Änderung gem § 850g in Betracht. **28**

II. Höhe der Einkünfte. Grund der Sonderbehandlung nicht wiederkehrend zahlbarer Vergütungen für persönlich geleistete Arbeiten oder Dienste ist ihr **abweichender Zahlungsmodus**, der einer Gleichstellung mit dem laufenden Arbeitseinkommen Grenzen setzt. In ähnlicher Weise gilt dies auch für sonstige Einkünfte, etwa aus Vermögen, wenn zB Dividenden in anderen Rhythmen als Arbeitseinkommen gezahlt werden. Um eine Vergleichsgröße zu ermitteln, müssen Einmalzahlungen oder langfristige Leistungen in laufende Zahlungsperioden umgerechnet werden (*Ahrens* ZInsO 10, 2357, 2361). Dadurch ist ein fiktives Gesamteinkommen zu bilden (LG Essen ZVI 11, 379, 380). **29**

Von den Einkünften ist dem Schuldner während eines angemessenen Zeitraums so viel zu belassen, wie ihm nach freier Schätzung des Gerichts verbliebe, wenn sein Einkommen aus laufendem Arbeits- oder Dienstlohn bestünde. Mit dem **angemessenen Zeitraum** ist zunächst die Zeitspanne der Arbeitsleistung bzw bis zur nächsten fallweisen Zahlung gemeint (LG Essen ZVI 11, 379, 380). Für große Projekte, etwa eines Architekten oder bei Publikationen, können mehrmonatige, jährige oder sogar überjährige Perioden anzusetzen sein. Dies gilt insb auch für Abfindungen bei denen anhand der konkreten Umstände des Einzelfalls auf eine voraussichtliche Wiederaufnahme der Erwerbstätigkeit abzustellen ist (LG Essen ZVI 11, 379, 380). Die Abfindung nach den §§ 9, 10 KSchG einer 53-jährigen Schuldnerin kann auf 12 Monate zu verteilen sein (LG Bochum ZInsO 10, 1801, 1802; LG Münster BeckRS 11, 27895, 6 Monate). Bei einer Sozialplanabfindung für einen 60-jährigen Schuldner in schlechtem gesundheitlichen Zustand kann eine Frist von 18 Monaten (LG Bamberg Rpfleger 09, 327, 328) und sogar sechzig Monaten (LG Essen Rpfleger 98, 297) angemessen sein. Oft werden aber kürzere, etwa monatliche Zeitabschnitte festzusetzen sein. Ausschlaggebend ist aber nicht allein eine Kalenderblattzählung, sondern auch, inwieweit die Leistungen zur **30**

Sicherung des Lebensunterhalts benötigt werden und wann die nächste Zahlung zu erwarten ist. Verfügt der Schuldner über eine andere auskömmliche Einkommensquelle, etwa aus nicht selbständiger Tätigkeit, kann der Zeitraum an die dafür geltenden Zahlungstermine angepasst werden.

31 Sind **mehrere Einkommensquellen** vorhanden, ist eine Zusammenrechnung erforderlich, die nicht auf eine Summenarithmetik reduziert werden kann. Ihrer Art nach gleichartige Einkünfte können entsprechend dem Modell der § 850e Nr 2, 2a gebündelt und auf einen angemessenen Zeitraum bezogen werden (vgl Wieczorek/Schütze/*Lüke* § 850i Rn 8).

32 **Ungleichartige Vergütungen** sind schwieriger einzuordnen, weil sie eine Systemmischung der Pfändungsschutzregeln erfordern. Je enger die Schutzgedanken an die Lohnpfändungsregeln angelehnt werden können, desto einfacher wird diese Verbindung gelingen. Laufende und einmalige Bezüge können regelmäßig schon deswegen nicht zusammengerechnet werden, weil sie nicht auf übereinstimmende Zahlungsperioden bezogen sind. Für die weitere Behandlung ist allerdings nicht entscheidend, ob die Zeitspannen angeglichen und die Beträge sodann addiert werden können. Maßgebend ist vielmehr, ob der Lebensunterhalt aus den laufenden Einkünften beglichen werden kann oder nicht. Nach dem Gedanken aus § 850e Nr 2 S 2 ist der unpfändbare Betrag va dem laufenden Arbeitseinkommen zu entnehmen, weil es regelmäßig die wesentliche Grundlage der Lebensführung bildet. Einkünfte aus nicht selbständiger und selbständiger Tätigkeit können nach § 850e nicht zusammengerechnet werden (§ 850e Rz 19). Auch § 850i I 1 scheint von einem Alternativverhältnis auszugehen („oder") und lediglich die Zusammenrechnung von verschiedenen Arbeitseinkommen oder mehreren Einkünften anderer Art zuzulassen. Dem Schutzzweck der Novelle wird dies nicht gerecht. Zudem steht ein flexibel am Arbeitseinkommen ausgerichtetes Berechnungsmodell zur Verfügung.

33 Vielfach wird die Höhe der Einkünfte nicht ohne Weiteres zu bestimmen sein. Der Schuldner trägt dafür die Darlegungs- und Beweislast. Um das Vollstreckungsverfahren nicht übermäßig zu belasten, steht die Bestimmung im **Ermessen** des Vollstreckungsgerichts.

34 **III. Ausrichtung am Pfändungsschutz für Arbeitseinkommen.** Die Höhe des unpfändbaren Betrags ist sodann anhand der **Pfändungsregeln für das Arbeitseinkommen** zu bemessen. Unerheblich ist dabei, ob es sich um Arbeitseinkommen iSd § 850 handelt, denn es gilt für alle Einkünfte ein einheitlicher Maßstab. Hierdurch wird ein sachgerechter Anreiz gesetzt, um den Schuldner dazu anzuhalten, seinen Lebensunterhalt selbst zu erwirtschaften. Dies erfordert einen deutlichen Abstand zu den sozialrechtlichen Sicherungen des Existenzminimums (vgl die Stellungnahme der Bundesregierung zum GneuMoP BTDrs 17/2167, 28). Zugleich liegt hierin ein wesentlicher Schritt zur Vereinheitlichung der Vollstreckungsschutzregeln begründet, denn der unpfändbare Betrag ist nicht mehr auf den notwendigen Unterhalt des Schuldners und seiner Angehörigen begrenzt. Damit wird die Stellung des selbständigen Schuldners der des nicht selbständigen angenähert. Obwohl sich die sprachliche Fassung zur freien Schätzung durch das Gericht auch auf die Pfändungsschutzregeln für das Arbeitseinkommen bezieht, liegen hier doch exakte Anwendungsregeln vor. Diese begrenzen das gerichtliche Ermessen an diesem Punkt auf den gesetzlichen Pfändungsschutz. Bei Anwendung der Pfändungstabelle ist das Ermessen auf Null reduziert.

35 Dem Schuldner ist so viel zu belassen, wie ihm verbliebe, wenn sein Einkommen aus laufendem Arbeits- oder Dienstlohn bestünde. Damit wird die Pfändungsbeschränkung an den §§ 850 ff ausgerichtet (LG Bochum ZInsO 10, 1801, 1802). Auch die **§§ 850a, 850b** sind demnach grds anwendbar. Werbungskosten sind nach dem Gedanken aus § 850a Nr 3 zu berücksichtigen (BGH NJW 03, 2167, 2170). Blindenzulagen gem § 850a Nr 8 sind deswegen unpfändbar. Eine exakte Berechnung der für Mehrarbeit erlangten Teile des Einkommens scheidet zwar aus, doch ist die Einsatzbereitschaft iRd sonstigen Abwägung zu berücksichtigen. Für besonders hohen Arbeitseinsatz kann dem Schuldner ein höherer Anteil seines Einkommens belassen werden, denn es ist auch im Interesse des Gläubigers, diese Motivation zu erhalten. Bedingt pfändbare Bezüge gem § 850b bleiben unpfändbar, es sei denn, es ist eine andere Entscheidung gem § 850b II zu treffen.

36 Abgesehen von den Korrekturen aufgrund der sonstigen wirtschaftlichen Verhältnisse des Schuldners und überwiegender Belange des Gläubigers, ist der Pfändungsschutz nach den **Pfändungsgrenzen gem § 850c** zu bestimmen (LG Essen ZVI 11, 379, 380). Für den Pfändungsfreibetrag sind dabei der Grundfreibetrag nach § 850c I 1, der erhöhte Freibetrag bei Unterhaltspflichten gem § 850c I 2 sowie der erhöhte Freibetrag bei Mehrverdienst gem § 850c II, III zu berücksichtigen. Ebenso gilt die Dynamisierung gem § 850c IIa. Es gelten daher die Ausführungen zu § 850c. Decken diese Beträge nicht den notwendigen Unterhalt, kann der Schuldner eine Erhöhung gem **§ 850f I** beantragen (Zö/*Stöber* Anh § 850k, § 850i Rn 2).

Privilegierte Vollstreckungen gem den **§§ 850d, 850f II** sind auf Antrag des Gläubigers zu berücksichtigen. Soll eine unterhaltsberechtigte Person mit eigenen Einkünften gem **§ 850c IV** bei der Berechnung unberücksichtigt bleiben, muss der Gläubiger dies beantragen. 37

Die unpfändbaren Beträge der §§ 850c ff ZPO bilden bei gepfändeten Einkünften Selbständiger nur die Untergrenze des Vollstreckungsschutzes (*Ahrens* VIA 10, 93, 94). Der **Rechtsgedanke aus § 850e Nr 1**, wonach bei der Berechnung des pfändbaren Arbeitseinkommens die anteiligen Beträge zur gesetzlichen Rentenversicherung nicht mitzuberechnen sind, ist auch bei der Pfändung der unter § 850i fallenden Vergütungen heranzuziehen (BGH NJW-RR 09, 410 Tz 10). Der einem Selbständigen nach § 850i I zu belassende Betrag ist deswegen grds auch auf dessen **Vorsorgeaufwendungen** zu erstrecken (BGH NJW 08, 227, 229). Dies betrifft zunächst die Kosten der Krankenversicherung. Pflichtbeiträge zum Versorgungswerk der Architekten sind jedenfalls in der Höhe zu berücksichtigen, in der für einen sozialversicherungspflichtigen Arbeitnehmer, bezogen auf ein entspr Einkommen, Beiträge zur gesetzlichen Rentenversicherung zu entrichten wären (BGH NJW-RR 09, 410 Tz 10). Wegen der gesetzlich angestrebten Alterssicherung gilt dies auch für andere berufsständische Versorgungswerke und den Aufbau einer Altersversorgung entspr § 851c (*Busch* VuR 11, 371, 376). 38

IV. Wirtschaftliche Verhältnisse des Schuldners (Abs 1 S 2). Als Kontrapunkt zu der klaren Orientierung des Pfändungsschutzes an den Bestimmungen über das laufende Arbeitseinkommen, **erweitert Abs 1 S 2** den Gegenstand der zu berücksichtigenden **Existenzgrundlage**. Diese Regelung stimmt mit § 850i I 2 aF überein. In die Entscheidung sind danach die wirtschaftlichen Verhältnisse des Schuldners und insb seine sonstigen Verdienstmöglichkeiten einzubeziehen. Damit werden zwei Abwägungskriterien eingeführt, die einen systematischen Bruch mit den Pfändungsvorschriften für das laufende Arbeitseinkommen begründen. 39

Andere Vermögenswerte sollen berücksichtigt werden, weil zumeist nicht nur ein Anspruch des Schuldners seine gesamte Einkommensquelle bildet. Allerdings unterliegen auch die anderen Ansprüche dem Zugriff der Gläubiger (St/J/*Brehm* § 850i Rn 9). Um das verfassungsrechtlich geschützte Existenzminimum des Schuldners nicht zu unterschreiten, dürfen sie allein dann berücksichtigt werden, wenn auf sie kein Vollstreckungszugriff erfolgt. Zusätzlich darf dem Gläubiger durch ihre Einbeziehung nicht das Vollstreckungsverfahren in diese Vermögenswerte abgenommen werden. Die Vermögenswerte können deswegen nur dann in die Abwägung einbezogen werden, wenn der Gläubiger allein unter besonderen Schwierigkeiten auf sie zugreifen kann. Wird nachträglich in diese Vermögensgegenstände vollstreckt, kann der Schuldner einen Änderungsantrag gem § 850g stellen. Sozialleistungsansprüche dürfen nicht berücksichtigt werden, weil sie nachrangig sind (Musielak/*Becker* § 850i Rn 7). 40

Verfehlt ist die Berücksichtigung bloßer **Verdienstmöglichkeiten** (St/J/*Brehm* § 850i Rn 9). Um keine Haftung mit der Arbeitskraft zu begründen, ist diese Regelung als Erwerbsobliegenheit zu verstehen, bei deren Verletzung die Privilegierung aus § 850i I 1 verringert wird. Nach den Gedanken aus den §§ 295 I Nr 1, 296 I 1 InsO ist auf eine angemessene Erwerbstätigkeit abzustellen und eine schuldhafte Verletzung zu verlangen. 41

V. Überwiegende Belange des Gläubigers (Abs 1 S 3). Der Antrag des Schuldners ist insoweit abzulehnen, wie ihm überwiegende Belange des Gläubigers entgegenstehen, Abs 1 S 3. Die gesetzliche Formulierung stimmt mit der bisherigen Regelung in § 850i I 4 überein. Im Ergebnis wird es aber zu gewissen Verschiebungen kommen. Da der Pfändungsschutz des Schuldners prinzipiell auf höherem Niveau angelegt ist, besteht nunmehr ein breiterer Raum für die Abwägung der Gläubigerinteressen. An der Untergrenze ändert sich allerdings nichts. Insbes muss das Existenzminimum des Schuldners gewahrt bleiben. 42

Da § 850i I 1 den notwendigen Unterhalt des Schuldners sichern soll, gelten hierfür die gleichen Maßstäbe, wie nach § 850f I (vgl § 850f Rz 28 ff). Soweit das Existenzminimum des Schuldners zu sichern ist, kann der Pfändungsschutz nicht ganz versagt werden. Eine **Kahlpfändung** muss ausgeschlossen sein (St/J/*Brehm* § 850i Rn 13; MüKoZPO/*Smid* § 850i Rn 17; aA Schuschke/Walker/*Kessal-Wulf* § 850i Rn 4; Gottwald § 850i Rn 5). Obwohl die Einkünfte ohne Pfändungsschutzantrag uneingeschränkt dem Vollstreckungszugriff unterliegen, bedeutet dies nicht, dass auf sie auch nach einem Antrag im vollen Umfang zugegriffen werden kann. Ein aktives staatliches Handeln, durch das dem Schuldner das Existenzminimum genommen wird, ist unzulässig. 43

D. Verfahren. Der Pfändungsbeschlag erfasst uneingeschränkt die gesamten Einkünfte iSd Abs 1, denn der Pfändungsschutz wird nur auf **Antrag** gewährt. Antragsberechtigt sind der Schuldner und die Personen, denen der Schuldner gesetzlich zur Unterhaltsleistung verpflichtet ist. Um dem Schuldner die Antragsstellung zu ermöglichen, gilt die vierwöchige Leistungssperre aus § 835 IV (§ 835 Rz 46). Für den Arbeitgeber 44 besteht keine Verpflichtung, den Schuldner über die Möglichkeit eines Vollstreckungsschutzantrags nach § 850i zu belehren (BAG NZA 92, 384, 385). Durch das Antragserfordernis und die damit einhergehende Darlegungs- und Beweislast des Antragsstellers sollen die dem Gläubiger nicht ohne Weiteres zugänglichen tatsächlichen Entscheidungsgrundlagen in das Verfahren eingeführt werden. Antragsberechtigt sind der Schuldner sowie die Unterhaltsberechtigten iSv Abs 1 S 1. Nicht antragsberechtigt ist der Drittschuldner. Da der Antrag als Prozesshandlung auszulegen ist, kommt jedes Begehren des Schuldners in Betracht (vgl BGHZ 149, 298, 310), mit dem er sich vernünftigerweise gegen eine Pfändung wendet. Auszulegen ist auch, ob sich ein Antrag auf verschiedene Ansprüche auf einmalige Vergütungen erstreckt. Der Antrag ist nicht fristgebunden, muss aber vor Beendigung des Vollstreckungsverfahrens gestellt werden. Das Rechtsschutzinteresse des Schuldners für einen Vollstreckungsschutzantrag entfällt, nachdem der Drittschuldner an den Schuldner bzw den Gläubiger gezahlt hat (BGH BeckRS 2010, 03666 Tz 2 f). Bei mehrfachen Pfändungen muss der Schuldner in jedem Vollstreckungsverfahren den Schutzantrag stellen (Stöber Rn 1242b).

45 Die Erhöhung der pfändungsfreien Beträge ist beim örtlich zuständigen **Vollstreckungsgericht** zu beantragen (§ 828 Rz 7 f). Der Beschl ist durch den nach § 20 Nr 17 RPflG funktionell zuständigen Rechtspfleger zu erlassen (§ 828 Rz 3). Im Verfahren ist dem Gläubiger rechtliches Gehör zu gewähren.

46 Der Schuldner muss **darlegen und beweisen**, welche Mittel er für die Sicherung des notwendigen Unterhaltsbedarfs benötigt (vgl BGH NJW 08, 227, 229) und wieweit dazu die gepfändeten Einkünfte einzusetzen sind. Vom Gläubiger sind die wirtschaftlichen Verhältnisse und sonstigen Verdienstmöglichkeiten, die einem Pfändungsschutz entgegenstehen, sowie überwiegende eigene Belange nachzuweisen. Gibt das Vollstreckungsgericht dem Antrag zumindest tw statt, muss es seinen **Beschluss** begründen und den unpfändbaren Betrag **konkret beziffern**. Welcher Betrag dem Schuldner zu belassen ist, entscheidet das Gericht im Rahmen seines Ermessens. Der stattgebende Beschl ist dem Gläubiger und dem Drittschuldner zuzustellen, § 329 III, und dem Schuldner mitzuteilen. Ein den Antrag zumindest tw ablehnender Beschl ist auch dem Schuldner zuzustellen.

47 **E. Wirkungen.** Nicht wiederkehrende Vergütungen unterliegen im vollen Umfang dem Gläubigerzugriff und sind abtretbar (MüKoZPO/*Smid* § 850i Rn 7). Der Pfändungs- und Abtretungsschutz wird erst **durch den Beschluss** des Vollstreckungsgerichts begründet. Auf den Schutz kann nicht verzichtet werden. Mit dem Antrag wird nicht die Überprüfung des Pfändungsbeschlusses, sondern die Berücksichtigung neuer Tatsachen verlangt, weshalb er keine Erinnerung darstellt (St/J/*Brehm* § 850i Rn 16). Es ist zulässig und zweckmäßig, mit dem Antrag zugleich die einstweilige Einstellung der Zwangsvollstreckung zu beantragen. Diese Berechtigung ergibt sich nicht aus den §§ 766 I 2, 732 II, sondern entsprechend §§ 850k III, 732 II. Bereicherungsansprüche gegen den Gläubiger bestehen nicht (Boewer/Bommermann Rn 872).

48 **F. Pfändungsschutz für Heimarbeiter (Abs 2).** Heimarbeiter erbringen als arbeitnehmerähnliche Personen ihre Dienste persönlich unabhängig, aber wirtschaftlich abhängig. Arbeiten sie aufgrund eines dauerhaften Verhältnisses für einen Auftraggeber und werden sie mit wiederkehrenden Bezügen vergütet, so gilt § 850 II und der Pfändungsschutz aus den §§ 850a ff (Musielak/*Becker* § 850i Rn 13; nach Zö/*Stöber* § 850i Rn 4, entsprechende Anwendung). Im Übrigen können auf ihre Einkünfte die §§ 850 ff nicht unmittelbar angewendet werden. Nach **§ 27 HAG** sind aber auf das den in Heimarbeit Beschäftigten oder den ihnen Gleichgestellten gewährte Entgelt die Vorschriften über den Pfändungsschutz für Arbeitseinkommen entsprechend anzuwenden.

49 Der **persönliche Anwendungsbereich** erfasst Heimarbeiter, § 1 I HAG, Hausgewerbetreibende, § 2 II HAG, Zwischenmeister, § 2 III HAG, und die ihnen gleichgestellten Personen. Für einfache Gläubiger gilt § 850c, für privilegierte Gläubiger gelten die – von einem Antrag abhängigen – §§ 850d, 850f II.

50 **G. Pfändungsschutz für Sozialleistungen (Abs 3).** Vorschriften außerhalb der ZPO über die Pfändung von Versicherungs-, Versorgungs- und sonstigen Ansprüchen bestimmter Art bleiben nach Abs 4 unberührt. Durch die Sonderregelung des § 54 SGB I hat diese Bestimmung weithin an Bedeutung verloren. Zu ihrem Gegenstandsbereich gehören noch einige Sondermaterien, wie der Pfändungsschutz nach § 51 IV, V StVollzG und die nicht im SGB geregelten Sozialleistungen, etwa nach dem Lastenausgleichsrecht und BAG (Zö/*Stöber* § 850i Rn 5).

51 **H. Rechtsbehelfe.** Gegen die stattgebende Entscheidung steht dem **Gläubiger** die sofortige Beschwerde zu, bei einer richterlichen Entscheidung gem §§ 793, 567 ff, sonst nach § 11 I RPflG iVm §§ 793, 567 ff. Wird der Pfändungsschutz abgelehnt, können **Schuldner und Drittschuldner** sofortige Beschwerde einlegen,

§ 11 I RPflG iVm §§ 793, 567 ff bzw bei einer richterlichen Entscheidung nach den §§ 793, 567 ff. Der unterhaltsberechtigte **Angehörige** kann Erinnerung einlegen.

I. Insolvenzverfahren. Im Insolvenz- und Restschuldbefreiungsverfahren ist § 850i aufgrund der Verweisung in den §§ 36 I 2, 292 I 3 InsO entsprechend anwendbar. Zentrale Bedeutung besitzt § 850i bei der **Existenzsicherung selbstständig tätiger Schuldner.** Deren nicht wiederkehrend zahlbare Vergütungen für persönlich geleistete Arbeiten oder Dienste fallen in vollem Umfang in die Insolvenzmasse. Der Schuldner kann aber Pfändungsschutz nach § 850i beantragen (BGH NJW 03, 2167, 2170; 08, 227, 229). 52

J. Kosten/Gebühren. Für die Bestimmung des unpfändbaren Teils der Einkünfte entsteht keine **Gerichtsgebühr.** Dem **Rechtsanwalt** steht eine Gebühr mit einem Satz von 0,3 gem § 18 Nr 3 RVG iVm VV 3309 zu. Ist eine Vollstreckungsgebühr bereits entstanden, fällt sie nicht erneut an. 53

§ 850k Pfändungsschutzkonto. (1) [1]**Wird das Guthaben auf dem Pfändungsschutzkonto des Schuldners bei einem Kreditinstitut gepfändet, kann der Schuldner jeweils bis zum Ende des Kalendermonats über Guthaben in Höhe des monatlichen Freibetrages nach § 850c Abs. 1 Satz 1 in Verbindung mit § 850c Abs. 2a verfügen; insoweit wird es nicht von der Pfändung erfasst.** [2]**Zum Guthaben im Sinne des Satzes 1 gehört auch das Guthaben, das bis zum Ablauf der Frist des § 835 Absatz 4 nicht an den Gläubiger geleistet oder hinterlegt werden darf.** [3]**Soweit der Schuldner in dem jeweiligen Kalendermonat nicht über Guthaben in Höhe des nach Satz 1 pfändungsfreien Betrages verfügt hat, wird dieses Guthaben in dem folgenden Kalendermonat zusätzlich zu dem nach Satz 1 geschützten Guthaben nicht von der Pfändung erfasst.** [4]**Die Sätze 1 bis 3 gelten entsprechend, wenn das Guthaben auf einem Girokonto des Schuldners gepfändet ist, das vor Ablauf von vier Wochen seit der Zustellung des Überweisungsbeschlusses an den Drittschuldner in ein Pfändungsschutzkonto umgewandelt wird.**

(2) [1]**Die Pfändung des Guthabens gilt im Übrigen als mit der Maßgabe ausgesprochen, dass in Erhöhung des Freibetrages nach Absatz 1 folgende Beträge nicht von der Pfändung erfasst sind:**

1. **die pfändungsfreien Beträge nach § 850c Abs. 1 Satz 2 in Verbindung mit § 850c Abs. 2a Satz 1, wenn**
   a) **der Schuldner einer oder mehreren Personen aufgrund gesetzlicher Verpflichtung Unterhalt gewährt oder**
   b) **der Schuldner Geldleistungen nach dem Zweiten oder Zwölften Buch Sozialgesetzbuch für mit ihm in einer Gemeinschaft im Sinne des § 7 Abs. 3 des Zweiten Buches Sozialgesetzbuch oder der §§ 19, 20, 36 Satz 1 oder 43 des Zwölften Buches Sozialgesetzbuch lebende Personen, denen er nicht aufgrund gesetzlicher Vorschriften zum Unterhalt verpflichtet ist, entgegennimmt;**
2. **einmalige Geldleistungen im Sinne des § 54 Abs. 2 des Ersten Buches Sozialgesetzbuch und Geldleistungen zum Ausgleich des durch einen Körper- oder Gesundheitsschaden bedingten Mehraufwandes im Sinne des § 54 Abs. 3 Nr. 3 des Ersten Buches Sozialgesetzbuch;**
3. **das Kindergeld oder andere Geldleistungen für Kinder, es sei denn, dass wegen einer Unterhaltsforderung eines Kindes, für das die Leistungen gewährt oder bei dem es berücksichtigt wird, gepfändet wird.**

[2]**Für die Beträge nach Satz 1 gilt Absatz 1 Satz 3 entsprechend.**

(3) An die Stelle der nach Absatz 1 und Absatz 2 Satz 1 Nr. 1 pfändungsfreien Beträge tritt der vom Vollstreckungsgericht im Pfändungsbeschluss belassene Betrag, wenn das Guthaben wegen der in § 850d bezeichneten Forderungen gepfändet wird.

(4) [1]**Das Vollstreckungsgericht kann auf Antrag einen von den Absätzen 1, 2 Satz 1 Nr. 1 und Absatz 3 abweichenden pfändungsfreien Betrag festsetzen.** [2]**Die §§ 850a, 850b, 850c, 850d Abs. 1 und 2, die §§ 850e, 850f, 850g und 850i sowie die §§ 851c und 851d dieses Gesetzes sowie § 54 Abs. 2, Abs. 3 Nr. 1, 2 und 3, Abs. 4 und 5 des Ersten Buches Sozialgesetzbuch, § 17 Abs. 1 Satz 2 des Zwölften Buches Sozialgesetzbuch und § 76 des Einkommensteuergesetzes sind entsprechend anzuwenden.** [3]**Im Übrigen ist das Vollstreckungsgericht befugt, die in § 732 Abs. 2 bezeichneten Anordnungen zu erlassen.**

(5) [1]**Das Kreditinstitut ist dem Schuldner zur Leistung aus dem nach Absatz 1 und 3 nicht von der Pfändung erfassten Guthaben im Rahmen des vertraglich Vereinbarten verpflichtet.** [2]**Dies gilt für die nach Absatz 2 nicht von der Pfändung erfassten Beträge nur insoweit, als der Schuldner durch eine Bescheinigung des Arbeitgebers, der Familienkasse, des Sozialleistungsträgers oder einer geeigneten Person oder Stelle im Sinne von § 305 Abs. 1 Nr. 1 der Insolvenzordnung nachweist, dass das Guthaben nicht von der Pfändung erfasst ist.** [3]**Die Leistung des Kreditinstituts an den Schuldner hat befreiende**

Wirkung, wenn ihm die Unrichtigkeit einer Bescheinigung nach Satz 2 weder bekannt noch infolge grober Fahrlässigkeit unbekannt ist. [4]Kann der Schuldner den Nachweis nach Satz 2 nicht führen, so hat das Vollstreckungsgericht auf Antrag die Beträge nach Absatz 2 zu bestimmen. [5]Die Sätze 1 bis 4 gelten auch für eine Hinterlegung.

(6) [1]Wird einem Pfändungsschutzkonto eine Geldleistung nach dem Sozialgesetzbuch oder Kindergeld gutgeschrieben, darf das Kreditinstitut die Forderung, die durch die Gutschrift entsteht, für die Dauer von 14 Tagen seit der Gutschrift nur mit solchen Forderungen verrechnen und hiergegen nur mit solchen Forderungen aufrechnen, die ihm als Entgelt für die Kontoführung oder aufgrund von Kontoverfügungen des Berechtigten innerhalb dieses Zeitraums zustehen. [2]Bis zur Höhe des danach verbleibenden Betrages der Gutschrift ist das Kreditinstitut innerhalb von 14 Tagen seit der Gutschrift nicht berechtigt, die Ausführung von Zahlungsvorgängen wegen fehlender Deckung abzulehnen, wenn der Berechtigte nachweist oder dem Kreditinstitut sonst bekannt ist, dass es sich um die Gutschrift einer Geldleistung nach dem Sozialgesetzbuch oder von Kindergeld handelt. [3]Das Entgelt des Kreditinstituts für die Kontoführung kann auch mit Beträgen nach den Absätzen 1 bis 4 verrechnet werden.

(7) [1]In einem der Führung eines Girokontos zugrunde liegenden Vertrag können der Kunde, der eine natürliche Person ist, oder dessen gesetzlicher Vertreter und das Kreditinstitut vereinbaren, dass das Girokonto als Pfändungsschutzkonto geführt wird. [2]Der Kunde kann jederzeit verlangen, dass das Kreditinstitut sein Girokonto als Pfändungsschutzkonto führt. [3]Ist das Guthaben des Girokontos bereits gepfändet worden, so kann der Schuldner die Führung als Pfändungsschutzkonto zum Beginn des vierten auf seine Erklärung folgenden Geschäftstages verlangen.

(8) [1]Jede Person darf nur ein Pfändungsschutzkonto unterhalten. [2]Bei der Abrede hat der Kunde gegenüber dem Kreditinstitut zu versichern, dass er kein weiteres Pfändungsschutzkonto unterhält. [3]Das Kreditinstitut darf Auskunfteien mitteilen, dass es für den Kunden ein Pfändungsschutzkonto führt. [4]Die Auskunfteien dürfen diese Angabe nur verwenden, um Kreditinstituten auf Anfrage zum Zwecke der Überprüfung der Richtigkeit der Versicherung nach Satz 2 Auskunft darüber zu erteilen, ob die betroffene Person ein Pfändungsschutzkonto unterhält. [5]Die Erhebung, Verarbeitung und Nutzung zu einem anderen als dem in Satz 4 genannten Zweck ist auch mit Einwilligung der betroffenen Person unzulässig.

(9) [1]Unterhält ein Schuldner entgegen Absatz 8 Satz 1 mehrere Girokonten als Pfändungsschutzkonten, ordnet das Vollstreckungsgericht auf Antrag eines Gläubigers an, dass nur das von dem Gläubiger in dem Antrag bezeichnete Girokonto dem Schuldner als Pfändungsschutzkonto verbleibt. [2]Der Gläubiger hat die Voraussetzungen nach Satz 1 durch Vorlage entsprechender Erklärungen der Drittschuldner glaubhaft zu machen. [3]Eine Anhörung des Schuldners unterbleibt. [4]Die Entscheidung ist allen Drittschuldnern zuzustellen. [5]Mit der Zustellung der Entscheidung an diejenigen Kreditinstitute, deren Girokonten nicht zum Pfändungsschutzkonto bestimmt sind, entfallen die Wirkungen nach den Absätzen 1 bis 6.

Inhaltsübersicht

	Rz
A. Normzweck	1
B. Zeitlicher Anwendungsbereich und Übergangsrecht	7
C. Einrichtung des Pfändungsschutzkontos	10
I. Anwendungsbereich	10
1. Sachlich	10
2. Persönlicher Anwendungsbereich	12
II. Einrichtung	13
1. Vorbemerkung	13
2. Zugang zum bargeldlosen Zahlungsverkehr	14
3. Rechtsgeschäft	16
a) Ersteinrichtung	16
b) Kontoumwandlung	19
c) Umwandlung bei bestehender Pfändung	25
d) Änderung des Kontos	28
4. Versicherung des Schuldners (Abs 8 S 1)	30
D. Wirkung der Umwandlung	34
I. Grundlagen	34
II. Einzelkonto	36
III. Gemeinschaftskonto	40
IV. Sonstiges	44
E. Umfang des Pfändungsschutzes	45
I. Guthaben	45
1. Begriff	45
2. Monatsanfangsproblem	48
3. Debetsaldo	52
II. Basispfändungsschutz (Abs 1 S 1)	53
III. Aufstockungsbetrag (Abs 2)	56
1. Grundlagen	56
2. Unterhaltsgewährung (Abs 2 Nr 1 lit a)	57

	Rz
3. Gemeinschaften (Abs 2 Nr 1 lit b)	58
4. Einmalige Geldleistungen und Zahlungen bei Körper- und Gesundheitsschäden (Abs 2 Nr 2)	60
5. Kindergeld etc (Abs 2 Nr 3)	61
6. Verfahren	62
7. Wirkung	68
IV. Privilegierte Vollstreckung	69
1. Unterhaltsansprüche (Abs 3)	69
2. Ansprüche aus vorsätzlich begangener unerlaubter Handlung	71
V. Gerichtliche Entscheidung	72
1. Vorbemerkung	72
2. Bestimmung der Beträge nach § 850k II, V 4	73
3. Festsetzung eines abweichenden Pfändungsfreibetrags (Abs 4)	77
a) Zulässigkeit	77
b) Änderungsgründe	78
c) Sonstiges	92
4. Wirkung	93
F. Kontoführung	94
I. Verfügungen über das Guthaben (Abs 5 S 1)	94
II. Leistung bei Aufstockung (Abs 5 S 3)	95
III. Übertragung des Freibetrags (Abs 1 S 2)	97
IV. Verrechnung und Aufrechnung	100
1. Aufrechnungsverbot gem § 394 BGB	100
2. Zulässige Verrechnungen und Aufrechnungen (Abs 6)	102
a) Sozialleistungen und Kindergeld	102
b) Andere unpfändbare Beträge ua	106
G. Unzulässigkeit mehrerer Pfändungsschutzkonten	107
I. Ein-Konto-Regel	107
II. Schutz vor Mehrfachkonten	108
1. Grundlagen	108
2. Anfrage bei Auskunfteien (Abs 8 S 3 bis 5)	109
3. Gerichtliche Entscheidung (Abs 9)	111
a) Antrag	111
b) Weiteres Verfahren	114
c) Entscheidung	115
d) Wirkung	116
H. Rechtsbehelfe	117
I. Gegen die Festsetzung des Aufstockungsbetrags	117
II. Gegen die Entscheidung im gerichtlichen Bestimmungsverfahren (Abs 5 S 4)	118
III. Gegen die gerichtliche Entscheidung (Abs 4)	119
IV. Aufhebung von Pfändungsschutzkonten (Abs 9 S 1)	120
I. Insolvenz	121
J. Kosten	124

A. Normzweck. Das Pfändungsschutzkonto (P-Konto) bildet einen zentralen Baustein für einen systematisch ausgeformten Schutz der Lebensgrundlagen bei Forderungspfändungen (Überblick bei *Ahrens* NJW 10, 2001). Als erste Aufgabe dient er der **Lückenschließung** im Bereich des Vollstreckungsschutzes. Der gesetzliche Pfändungsschutz setzte bisher bei der Quelle der Einkünfte an, §§ 850-850c, 850i, 851c, 851d, § 54 SGB I. Bei der Pfändung von Arbeitseinkommen und Altersrenten wurde der Kontopfändungsschutz nach bisherigem Zwangsvollstreckungsrecht, § 850k aF, nur antragsabhängig und in begrenztem Umfang gewährt. Da Erwerbseinkommen und Einkünfte aus Erwerbsersatzeinkommen zumeist unbar gezahlt werden, besitzt der Schutz der Forderungen des Schuldners ggü dem Kreditinstitut die gleiche Bedeutung für die Lebensführung wie der Schutz an der Quelle. Deswegen schafft § 850k einen ggü der konkreten Zwangsvollstreckungsmaßnahme antragsunabhängigen vollstreckungsrechtlichen Mindestschutz. 1

Weiteres Ziel ist die Annäherung des Schutzniveaus durch eine **Gleichbehandlung aller Einkünfte** auf dem Konto. Bislang galt bei der Kontenpfändung ein unterschiedlicher Standard für Arbeitseinkommen und Altersrenten nach § 850k aF, für Sozialleistungen gem § 55 SGB I aF und bei der Überweisung von Kindergeld aus § 76a EStG aF. Für die Zweckbestimmung des Vollstreckungsschutzes, der die Lebensgrundlage des Schuldners sichern soll, muss es indessen unerheblich sein, um welche Art von Einkünften es sich handelt (BTDrs 16/7615, 18; **aA** B/L/A/H § 850k Rn 8, Arbeitseinkommen). Ein auf das Kontoguthaben bezogener, von der Art der Einkommensquellen unabhängiger Allgemeinstandard ist möglich, weil auf dem Konto alle Einkünfte zusammenfließen. Übereinstimmend mit der Novellierung in § 850i I 1 Alt 2 werden deswegen alle Einkünfte in den Regelungsbereich einbezogen (BGH NJW 12, 79 Tz 7). 2

Ausgerichtet ist dieser Schutz auf die **Existenzsicherung** für den Schuldner. Aufgegeben wird die bisherige Beschränkung auf den notwendigen Unterhalt. Mit der Orientierung in § 850k I 1 am Grundfreibetrag aus § 850c I 1 und den Aufstockungsmöglichkeiten gem § 850k II, IV wird das Schutzniveau erhöht. Dennoch ist der Pfändungsschutz für Arbeitseinkommen nicht vollständig im Pfändungsschutzkonto abgebildet, weil 3 die höheren Pfändungsfreibeträge für Unterhaltsleistungen und den Mehrverdienst aus § 850c allein auf besondere Erklärung ggü dem Drittschuldner oder Antrag beim Vollstreckungsgericht auf den Kontopfändungsschutz übertragen werden.

4 Dieses Verfahren dient einem für den Drittschuldner einfach zu berücksichtigenden und für den Gläubiger schnelleren Zugriff auf das Guthaben. Es kann aber speziell bei bestehenden Unterhaltspflichten das **Existenzminimum** des Schuldners und seiner Angehörigen **gefährden**. Obwohl es sich nur um eine Übergangszeit handelt, kann diese Einbuße durch eine Person kaum aufgefangen werden, gegen die vollstreckt wird. Diese per se bei Unterhaltsleistungen bedenkliche Verfahrensgestaltung muss daher in einer verfassungskonformen Weise so ausgeformt werden, dass der Schuldner zügig und effektiv eine Anpassung des Pfändungsfreibetrags erreichen kann. Dies gilt es insb bei der Überzeugungsbildung des Kreditinstituts und der Dauer va seiner Entscheidungen nach Abs 5 S 2 zu berücksichtigen (Musielak/*Becker* § 850k Rn 3). Auch darf durch die Kontopfändung nicht in die Ansprüche anderer Personen eingegriffen werden. Bedenklich sind auch die unterschiedlichen Konsequenzen bei einem Doppelzugriff. Ist das Arbeitseinkommen des Schuldners bereits an der Quelle gepfändet und wird der unpfändbare Anteil auf ein Pfändungsschutzkonto überwiesen, kann der Gläubiger dort zunächst auf weitere (Einkommens-)Beträge zugreifen, weil neben dem erhöhten Freibetrag für Unterhaltsberechtigte auch die Erhöhung bei Mehrverdienst zunächst unberücksichtigt bleibt. Die daraus resultierende Ungleichbehandlung (Zö/*Stöber* Anh § 850k, § 850k Rn 10) ggü einer Barzahlung erscheint zumindest rechtspolitisch fragwürdig.

5 Grund für diese Beschränkung ist eine **leichtere Handhabung**. Das Kreditinstitut soll ohne Nachprüfung und ohne vollstreckungsgerichtliche Entscheidung den Mindestschutz feststellen können. Deswegen erfolgt eine monatsweise und nicht wie früher taggenaue Abrechnung des unpfändbaren Betrags. Gerade der gesetzlich verankerte antragsunabhängige Vollstreckungsschutz – die Gesetzesbegründung spricht von einem automatischen Pfändungsschutz (BTDrs 16/7615, 18) – schafft für Schuldner, Vollstreckungsgericht und Drittschuldner erhebliche Erleichterungen, aber für den Drittschuldner auch finanzielle Belastungen.

6 Schließlich gewährleistet § 850k V, VII die **materiellrechtlichen Grundlagen** des Kontopfändungsschutzes, weil dem Schuldner das Recht eingeräumt wird, ein vorhandenes Konto in ein Pfändungsschutzkonto umzuwandeln. Wenig überzeugend werden in diesem Zusammenhang auch die rechtsgeschäftlichen Vertretungsregeln modifiziert, Abs 7 S 1, wodurch eine Kollision mit den Schutzzwecken von § 850k droht.

7 **B. Zeitlicher Anwendungsbereich und Übergangsrecht.** Seit dem **Inkrafttreten** des Gesetzes zur Reform des Kontopfändungsschutzes v 7.7.09 (BGBl I, 1707) **zum 1.7.10** kann der Schuldner die Umwandlung eines bestehenden Girokontos in ein Pfändungsschutzkonto verlangen. Der für eine Übergangszeit bis zum 31.12.11 unabhängig von einem P-Konto in § 850l geregelte Kontopfändungsschutz ist zum 1.1.12 außer Kraft getreten, Art 7 des Gesetzes zur Reform des Kontopfändungsschutzes. Das Pfändungsschutzkonto bildet seitdem die einzige Form des Kontopfändungsschutzes.

8 Auf eine bei Inkrafttreten der Neuregelung **bestehende Kontopfändung** ist § 850k wie folgt anzuwenden: Seit dem 1.7.10 kann der Schuldner nach Abs 7 S 3 die Umwandlung seines Girokontos (Rz 10) in ein Pfändungsschutzkonto, bei einer bestehenden Pfändung mit Wirkung ab dem vierten auf seine Erklärung folgenden Geschäftstag verlangen (Rz 25) bzw mit dem Kreditinstitut eine Umwandlung vereinbaren. Ein früheres Umwandlungsverlangen gilt als auf den 1.7.10 datiert. Das Kontoguthaben wird erst mit der Umwandlung geschützt. An den Gläubiger aufgrund eines Pfändungs- und Überweisungsbeschlusses nach Ablauf der Frist aus § 835 III 2, aber vor dem Wirksamwerden des Verlangens geleistete Zahlungen besitzen für den Drittschuldner befreiende Wirkung. **Altbeschlüsse** zu § 850k aF werden mit der Umwandlung in ein Pfändungsschutzkonto gegenstandslos (AG Hannover ZVI 11, 342, 343). Soweit der früher bestimmte unpfändbare Betrag dem nunmehr geltenden Freibetrag entspricht, ist der Beschl überflüssig. Soweit die Beträge voneinander abweichen, kann die frühere Festsetzung nicht übernommen werden, weil sie anderen Maßstäben folgt. Beschlüsse nach § 850k aF bleiben dagegen wirksam, wenn kein Pfändungsschutzkonto eingerichtet und kein Änderungsantrag gestellt ist (AG Altenkirchen ZVI 10, 355, 356; *Strunk* ZVI 10, 335, 336).

9 Wurde der Überweisungsbeschluss höchstens **4 Wochen vor Umwandlung** des Kontos dem Drittschuldner zugestellt, muss der Drittschuldner nach § 850k I 4 die Pfändungsschutzregeln der S 1 bis 3 entspr anwenden. Diese Regelung gilt ab dem 1.7.10. Die vierwöchige Frist aus § 850k I 4 ist mit der neuen Fristenregelung in § 835 III 2, IV nF harmonisiert, passt aber nicht zur bisherigen Zweiwochenfrist aus § 835 III 2 aF. Um den Drittschuldner nicht mit dem Risiko einer nicht befreiende Leistung an den Gläubiger zu belasten, darf weder die Frist aus § 835 III 2, IV vorzeitig, noch die aus § 850k I 4 unverändert angewendet werden.

Für die bis zum 30.6.10 zugestellten Überweisungsbeschlüsse ist § 850k I 4 daher teleologisch zu reduzieren und die Frist auf zwei Wochen zu begrenzen.

C. Einrichtung des Pfändungsschutzkontos. I. Anwendungsbereich. 1. Sachlich. Der sachliche Anwendungsbereich der Norm erfasst allein **Girokonten**. Dies folgt aus Abs 7 und Abs 9 S 1. Erforderlich ist ein durch dienstvertragliche Elemente geprägtes Geschäftsbesorgungsverhältnis auf Grundlage eines Zahlungsdiensterahmenvertrags (LG Frankfurt ZVI 11, 32). Das Konto muss mit Sichteinlagen geführt werden, also täglich fälligen Geldern. Dabei muss es sich um ein Zahlungsverkehrkonto handeln, denn allein ein für die Teilnahme am bargeldlosen Zahlungsverkehr bestimmtes Konto kann in ein Pfändungsschutzkonto umgewandelt werden. Ein Tagesgeldkonto mit täglich fällig werdenden Sichteinlagen genügt nicht, weil ihm keine Giralvereinbarung zugrunde liegt. Ausgeschlossen sind auch Sparkonten. Das Pfändungsschutzkonto wirkt nicht abschließend. Dem Schuldner ist weder untersagt, andere Girokonten (nicht jedoch Pfändungsschutzkonten) zu unterhalten, noch seine Einkünfte auf diese anderen Konten überweisen zu lassen. Vollstreckungsrechtlich ist dies unproblematisch, weil der Gläubiger auf die anderen Konten uneingeschränkt zugreifen darf. 10

Das Konto muss bei einem **Kreditinstitut** iSd § 1 I KWG geführt werden. Betroffen sind zunächst Banken, auch die Postbank (LG Bad Kreuznach Rpfleger 90, 216), Sparkassen und Kreditkartenunternehmen. Soweit unter dem Begriff auch Kreditgenossenschaften, Realkreditinstitute (Hypothekenbanken), Bausparkassen und Kapitalanlagegesellschaften (Investmentgesellschaften) zu verstehen sind, werden sie für die Einrichtung eines Pfändungsschutzkontos keine praktische Bedeutung besitzen. Keine Kreditinstitute stellen die in § 1 Ia KWG aufgeführten Finanzdienstleistungsinstitute dar, wie Anlage- und Abschlussvermittler von Finanzinstrumenten sowie Finanzportfolioverwalter, außerdem die in § 2 I KWG aufgezählten Unternehmen, also insb Versicherungen. Ausgeschlossen ist auch die Zahlstelle einer Haftanstalt (LG Berlin Rpfleger 92, 128, 129), weil sie keine gewerbsmäßigen Bankgeschäfte tätigt. 11

2. Persönlicher Anwendungsbereich. Wie Abs 7 S 1 ausdrücklich formuliert, kann ein Pfändungsschutzkonto allein von einer **natürlichen Person** unterhalten werden. Funktional folgt dies bereits aus dem Ziel des Pfändungsschutzkontos, den Lebensunterhalt des Schuldners und seiner unterhaltsberechtigten Angehörigen zu sichern und den am Pfändungsschutz für Arbeitseinkommen orientierten Vollstreckungsschranken. Geschützt werden Selbständige, Nichtselbständige und nicht erwerbstätige Personen. Dazu gehören Unternehmer, Arbeitnehmer, Hausfrauen oder -männer, Arbeitsuchende, Rentner, Minderjährige und rechtlich Betreute. Zugunsten einer juristischen Person oder einer Gesellschaft ohne Rechtspersönlichkeit kann kein Pfändungsschutzkonto geführt werden. 12

II. Einrichtung. 1. Vorbemerkung. An der Einrichtung eines Pfändungsschutzkontos ist das Vollstreckungsgericht nicht beteiligt. Sie erfolgt durch materiellrechtliches Rechtsgeschäft zwischen Kunden und Kreditinstitut, also nicht durch eine Prozesshandlung. Als **Voraussetzung** ist neben dem erforderlichen **Rechtsgeschäft** nach Abs 7 auch die **Versicherung** des Kunden gem Abs 8 S 2 erforderlich, dass er kein weiteres Pfändungsschutzkonto unterhält. Ein Pfändungsschutzkonto kann auch eingerichtet werden, wenn der Kunde weder Vollstreckungsmaßnahmen unterworfen noch bedürftig oder absehbar ist, ob er jemals einer Pfändung ausgesetzt sein wird. 13

2. Zugang zum bargeldlosen Zahlungsverkehr. Das Pfändungsschutzkonto soll die weitere Teilnahme eines Schuldners am bargeldlosen Zahlungsverkehr sichern und eine Kontosperre verhindern. Es kann aber **keinen Zugang** zum bargeldlosen Zahlungsverkehr eröffnen. Wer kein Inhaber eines Girokontos ist, erhält durch § 850k keinen Anspruch auf ein P-Konto (Musielak/*Becker* § 850k Rn 8; *Schumacher* ZVI 09, 313, 315). Ohne ein Girokonto können Arbeitseinkommen und Sozialleistungen nur mit Schwierigkeiten ausgezahlt werden, vgl § 47 SGB I, und die Zahlung von Miete, Strom, Wasser, Kommunikationsmitteln und Versicherungsprämien verursacht häufig Mehrkosten. Mit vollstreckungsrechtlichen Instrumenten kann dieses Problem jedoch nicht gelöst werden. 14

Diese Benachteiligung einkommensschwacher Bürger soll durch das **Girokonto für jedermann** kompensiert werden. Die Sparkassengesetze und -verordnungen vieler Länder normieren deswegen einen Kontrahierungszwang, vgl § 5 II SpkO Bayern, § 5 I SpkV BB, § 5 I SpkVO M-V, § 5 II SpkG NRW, § 2 IV SpkG RP, § 5 I SpkVO LSA, § 5 I SächsSpkVO, § 12 II ThürSpkVO. Außerdem sieht § 2 IV SparkG HE vor, dass die Satzungen der hessischen Sparkassen einen Kontrahierungszwang bestimmen sollen. In Ländern mit einem sparkassenrechtlich normierten Anspruch auf ein Girokonto kann jeder Kunden zunächst ein Giro- 15 konto einrichten und dieses dann in ein Pfändungsschutzkonto umwandeln. Ein Anspruch auf Einrichtung eines Girokontos bei einer Bank besteht dagegen nach überwiegender Ansicht nicht (SBL/*Schimansky* § 47 Rn 2 ff). Obwohl der Zentrale Kreditausschuss der Kreditinstitute ein Girokonto für jedermann empfiehlt, wird diese Empfehlung soweit ersichtlich von der Bankpraxis ignoriert.

16 **3. Rechtsgeschäft. a) Ersteinrichtung.** Unterhält der Kunde bislang kein Girokonto bei dem betreffenden Kreditinstitut, können Bank und Kunde einen Zahlungsdiensterahmenvertrag gem § 675f II BGB abschließen und die Einrichtung des Girokontos als Pfändungsschutzkonto **vertraglich vereinbaren**. Obwohl einkommensschwache Bürger dadurch vom bargeldlosen Zahlungsverkehr ausgeschlossen werden können, besteht kein allg Anspruch auf Abschluss eines Girovertrags mit dem Inhalt eines Pfändungsschutzkontos (Rz 14 f). Das Kreditinstitut besitzt deswegen einen Gestaltungs- und Entscheidungsspielraum, unter welchen Voraussetzungen es zum Abschluss eines Girovertrags über ein Pfändungsschutzkonto bereit ist. Der Kunde darf allerdings nicht unangemessen benachteiligt werden, § 307 I 1 BGB. Es dürfen keine höheren Gebühren als für ein übliches Girokonto vereinbart werden.

17 Der **Vertragsschluss** kann nach Abs 7 S 1 durch den Kunden oder dessen gesetzlichen Vertreter auf der einen und der Bank auf der anderen Seite erfolgen. Umgekehrt bedeutet dies, ein Pfändungsschutzkonto soll nicht durch einen rechtsgeschäftlichen Vertreter des Kunden mit der Bank vereinbart werden können. Ziel ist, Missbräuchen entgegenzuwirken, wie der Einrichtung von mehreren Pfändungsschutzkonten (BTDrs 16/12714, 21). Dazu ist diese Regelung jedoch weder geeignet noch angemessen. Einerseits ist der Kunde durch diese Regel nicht gehindert, persönlich mehrere Pfändungsschutzkonten zu beantragen. Andererseits wird Behinderten, erkrankten oder bildungsfernen Personen und anderen Kunden, die, ohne gesetzlich vertreten zu sein, eine rechtsgeschäftliche Unterstützung benötigen, der Abschluss unnötig erschwert. Zu denken ist etwa an Senioren, die Angehörigen Vermögensvollmachten erteilt haben und dann erkranken. Im Einzelfall mag hierin sogar eine verfassungswidrige Benachteiligung liegen. Teilweise wird deswegen eine teleologische Restriktion bei notariell beurkundeten General- oder Vorsorgevollmachten angenommen (*Sudergat* ZVI 10, 445, 446), doch bleibt unklar, warum es gerade auf die notarielle Beurkundung ankommen soll. Als Ausweg kann zunächst ein einfaches Girokonto vereinbart und später in ein Pfändungsschutzkonto umgewandelt werden, wofür gem § 850k VII 2 kein Vertretungsverbot besteht.

18 Ungeachtet der gesetzlichen Qualifikation ist offen, ob aufgrund der Regelung eine rechtsgeschäftliche Vertretung unzulässig ist oder ob sie einen **Pflichtenmaßstab für das Kreditinstitut** bestimmt. Unzulässig kann die Stellvertretung bei höchstpersönlichen Rechtsgeschäften sein, vgl §§ 1311 S 1, 2064, 2274, 2284 S 1 BGB, doch erfordert dies eine persönlichkeitsrechtsrelevante Dimension, die bei der Einrichtung eines Pfändungsschutzkontos nicht vorliegt. Da bei der Kontoumwandlung nach Abs 7 S 2 eine systematisch vergleichbare Situation existiert, dort die rechtsgeschäftliche Vertretung jedoch nicht ausgeschlossen ist, steht jedenfalls nicht der höchstpersönliche Charakter einer rechtsgeschäftlichen Vertretung entgegen. Soweit nach § 48 I HGB nur der Inhaber des Handelsgeschäfts oder sein gesetzlicher Vertreter Prokura erteilen darf, dient die Regelung va Inhaberinteressen und ist schon deswegen nicht mit § 850k VII 1 vergleichbar. Die gesetzlichen Wertungen in den Vergleichsfällen sprechen daher gegen eine nach § 850k VII 1 unzulässige Vertretung. Vielmehr hat das Kreditinstitut die Pflicht, die Vertretungsmacht zu überprüfen. Bei Pflichtverletzungen haftet es ggf dem Gläubiger auf Schadensersatz, wenn es durch Einschaltung eines rechtsgeschäftlichen Vertreters zu Missbräuchen gekommen ist. Das Kreditinstitut verletzt jedoch seine Pflichten nicht, wenn es in begründeten Fällen, etwa bei Behinderung oder Erkrankung, eine rechtsgeschäftliche Vertretung akzeptiert. Das Einrichtungsrecht beeinträchtigende **Gebühren** sind gem § 307 II Nr 1 BGB unwirksam. Das Kreditinstitut darf daher keine höheren Gebühren nehmen, als von ihm im Allgemeinen für Girokonten erhoben werden. Zu den kontrollfähigen Regelungen zählen insb Klauseln, die Zahlungsmodalitäten festlegen (BGH NJW 10, 2719 Tz 26). Übersteigen die Kosten des Pfändungsschutzkontos das übliche Entgelt, so ist zu differenzieren. Der den gewöhnlichen Sätzen des Kreditinstituts entsprechende Teil ist als Vergütung zu entrichten. Der darüber hinausgehende Anteil ist als Nebenentgelt kontrollfähig und wegen der das Einrichtungsrecht einschränkenden Wirkung unwirksam (außerdem Rz 24).

19 **b) Kontoumwandlung.** Nach Abs 7 S 2 kann der Kunde jederzeit verlangen, dass sein Konto als Pfändungsschutzkonto geführt wird. **Voraussetzung** ist allein ein **bestehendes Girokonto** bei dem Kreditinstitut. Dieses Umwandlungsrecht kann nicht bankvertraglich beschränkt werden (Rz 24). Es genügt ein aufgrund des Kontrahierungszwangs für Sparkassen eingerichtetes Konto. Ein besonderes Rechtsschutzinte-

resse für die Umwandlung muss nicht bestehen. Eine **Mindestbestandsfrist** des Girokontos vor der Umwandlung ist weder gesetzlich vorgesehen noch kann sie bankvertraglich vereinbart werden. Die zweimonatige Änderungsfrist für den Zahlungsdiensterahmenvertrag aus § 675g I BGB bindet lediglich den Zahlungsdienstleister und die einmonatige Kündigungsfrist aus § 675h I BGB ist unanwendbar, weil der Kunde das Vertragsverhältnis gerade nicht beenden will. Vor allem widerspricht eine Erklärungsfrist aber der ausdrücklichen Regelung in Abs 7 S 2, wonach der Kunde jederzeit die Umwandlung verlangen darf, und dem gesetzlichen Ziel, bei jeder Kontopfändung Vollstreckungsschutz zu gewähren (*Ahrens* NJW 10, 2001, 2002). Die Kontoumwandlung ist auch bei einem mit Debetsaldo geführten Konto zulässig. Im Zahlungsdiensterahmenvertrag oder iRe Änderungsvertrags können Kunde und Kreditinstitut aber auch **vereinbaren**, dass das Konto als Pfändungsschutzkonto geführt wird, Abs 7 S 1. Den Parteien wird damit die Möglichkeit zu einer privatautonomen Gestaltung eröffnet. Entsprechend dem zwingenden Charakter der Vollstreckungsschutzbestimmungen, sind die Regelungen über die Einrichtung und Führung des Pfändungsschutzkontos lediglich einseitig dispositiv zugunsten des Kunden.

Umgewandelt werden können auch **gemeinschaftliche Konten**, die als »Und-« bzw »Oder-Konten« geführt 20
werden. Verlangen beide Kontoinhaber die Umwandlung, hat jeder Kontoinhaber das Recht auf ein eigenes Pfändungsschutzkonto (BTDrs 16/7615, 20). Verlangt nur ein Kontoinhaber eine Umwandlung, wird das Konto rechtlich in ein Pfändungsschutz- und ein Girokonto aufgespalten (Musielak/*Becker* § 850k Rn 8). Das gesetzliche Umwandlungsrecht muss nicht besonders eingeräumt werden (wie dies vertragsrechtlich verlangt wurde, BGH NJW 91, 420) und verdrängt insoweit eine entgegenstehende vertragliche Vereinbarung.

Die Umwandlung erfolgt durch **Erklärung** des Kunden. Da bereits ein Girovertrag existiert, ist die Erklä- 21
rungsberechtigung nicht auf den Schuldner und seine gesetzlichen Vertreter beschränkt. Eine Analogie zu Abs VII 1 ist deswegen ausgeschlossen (aA *Bitter* ZIP 11, 199, 150). Das Missbrauchsrisiko erscheint hier geringer. Das Kreditinstitut hat nicht zu überprüfen, ob ein gewillkürter Vertreter ausgeschlossen ist. Als rechtsgeschäftliche Erklärung muss das Umwandlungsverlangen dem Kreditinstitut zugehen, nicht dem Vollstreckungsgericht oder dem Pfändungsgläubiger. Eine besondere Form ist für die Erklärung nicht vorgeschrieben, doch hat sie die nach Abs 8 S 2 erforderliche Versicherung (Rz 30 ff) zu umfassen.

Die **Rechtsnatur** der Erklärung ist umstr. Ausgangspunkt ist eine vollstreckungsrechtlich verankerte mate- 22
rielle Gestaltung. Teils wird von einem Kontrahierungszwang (B/L/A/H § 850k Rn 81; *Jaeger* ZVI 07, 544, 548; *Singer* ZAP Fach 14, 613, 614), teils von einem Rechtsanspruch auf Umwandlung (*Schumacher* ZVI 09, 313, 321; *Graf-Schlicker/Linder* ZIP 09, 989, 990; *Perleberg-Kölbel* FuR 10, 311; *Homann* ZVI 10, 405, 409; Musielak/*Becker* § 850k Rn 8; Hk-ZV/*Meller-Hannich* § 850k ZPO Rn 34; auch die Gesetzgebungsmaterialien erwähnen einen Anspruch des Schuldners, BTDrs 16/7615, 20) gesprochen. Gegen einen Kontrahierungszwang und damit eine vertragliche Konstruktion spricht, dass dann eine Zustimmungserklärung der Bank erforderlich wäre. Von deren Zugang könnte zwar nach § 151 BGB abgesehen werden, doch ändert dies nichts an der Notwendigkeit der Erklärung. Wird sie vom Kreditinstitut pflichtwidrig verzögert oder nicht abgegeben, käme kein Pfändungsschutzkonto zustande, obwohl es nach Abs 7 S 3 bei einer vorliegenden Pfändung bis zum vierten Geschäftstag geführt werden muss. Ein Schadensersatzanspruch gegen die Bank könnte einen Pflichtenverstoß wegen des möglicherweise schwierigen Schadensnachweises nur unzureichend kompensieren. Für einen Anspruch auf Umwandlung spricht zwar die gesetzliche Formulierung, die den Kunden jederzeit berechtigt, eine Umwandlung verlangen zu können. Es bleiben aber die Bedenken gegen pflichtwidrige Verzögerungen des Kreditinstituts.

Funktional spricht die gesetzliche Regelung für ein **Gestaltungsrecht** des Schuldners (*Ahrens* NJW 10, 23
2001, 2002; offen gelassen von LG Köln VuR 11, 392). Kraft der Erklärung wird das Girokonto in ein Pfändungsschutzkonto umgewandelt. Passend dazu kann der Schuldner bei einem gepfändeten Girokonto die Führung als Pfändungsschutzkonto zum Beginn des vierten auf seine Erklärung folgenden Geschäftstags verlangen, Abs 7 S 3. Eine vollstreckungsrechtlich unterlegte Parallele bietet § 167 VVG (*Busch* VuR 07, 138, 140). Auch der mit § 850k VII 2 übereinstimmende Wortlaut der versicherungsrechtlichen Regelung wird als Gestaltungsrecht interpretiert. Geregelt wird damit, ab wann die Umwandlung wirkt, also eine **Umwandlungsfrist**. Will der Kunde die Umwandlung zu einem bestimmten späteren Zeitpunkt erreichen, kann er seine Erklärung aufschiebend befristen, §§ 163, 158 I BGB. Verlangt der Kunde, das Konto ohne eine ausgebrachte Pfändung umzuwandeln, ist keine gesetzliche Frist angeordnet. Wegen des fehlenden Eilbedarfs ist eine längere Frist angemessen. Als Vergleichsgröße erscheint die vierzehntägige Frist aus § 840 I angemessen. Zulässig ist die Kontoumwandlung auch bei *debitorischen Konten.* Ein Zurückbehaltungsrecht kann nicht geltend gemacht werden (aA *Bitter* ZIP 11, 149, 151). **Ausgeschlossen** ist das Gestaltungsrecht

nur, wenn die gesetzlichen Voraussetzungen des Rechts nicht erfüllt sind oder wenn bereits die Beendigung des Zahlungsdiensterahmenvertrags binnen der Umwandlungsfrist aus Abs 7 S 3 feststeht. Wegen des Schutzbedarfs des Schuldners ist ein Umwandlungsverlangen auch bei einer absehbaren Beendigung des Zahlungsdiensterahmenvertrags nicht rechtsmissbräuchlich.

24 Das gesetzliche Umwandlungsrecht **einschränkende AGB** sind gem § 307 II Nr 1 BGB unwirksam. Als wesentliche Konsequenz des Gestaltungsrechts muss der Kunde **keine Zusatzvereinbarungen** etwa über die Rückführung des Debets oder Schutzanträge nach § 833a akzeptieren (*Ahrens* NJW-Spezial 11, 85). Eine Zusatzvereinbarung, die über den gesetzlichen Gegenstand hinausgeht, darf nicht verlangt werden (LG Köln VuR 11, 392). Soweit sich das Kreditinstitut nur bei Abschluss von Zusatzvereinbarungen bereit erklärt, ein Girokonto umzuwandeln, ist die Vereinbarung zumindest unbillig, ggf auch anfechtbar. Freiwillig abgeschlossene Zusatzvereinbarungen dürfen das Umwandlungsrecht und die Kontoführung nicht einschränken, § 307 II Nr 1 BGB. Es dürfen deswegen keine höheren **Kontoführungsgebühren** als für das bisherige Girokonto verlangt werden, da sonst das gesetzliche Umwandlungsrecht beeinträchtigt wird (Antwort der Bundesregierung BTDrs 17/5411, NZI 11, 397, 399; Nürnbg 22.11.11, 3 U 1585/11; LG Erfurt VuR 11, 188, 189; *Ahrens* NJW 10, 2001, 2002 f; *ders* NJW-Spezial 11, 85, 86; *Zimmermann/Zipf* ZVI 11, 37 f; krit *Bitter* WM 08, 141, 146 f; *ders.* ZIP 11, 149, 151; *Eggert* ZRP 08, 66; aA LG Frankfurt, 15.12.11, 2-10 O 148/11; vgl oben Rz 18). In zahlreichen einstweiligen Rechtsschutzverfahren hat die Rspr dies bestätigt (KG NJW 11, 395; Nürnbg 22.11.11, 3 U 1585/11; LG Bamberg ZVI 11, 36; LG Leipzig ZVI 11, 73, 74; LG Halle ZVI 11, 35; aA LG Frankfurt ZVI 12, 32 m Anm *Sudergat*). Der Aufwand für die Bearbeitung und Überwachung von Pfändungen gehört zu den allg, vom Drittschuldner zu tragenden Lasten, für die weder unmittelbar noch mittelbar eine Kostenerstattung verlangt werden darf (BGHZ 141, 380, 384 ff; NJW 00, 651 f). Die Kontrollfähigkeit nach § 307 III 1 BGB besteht, weil nur die den allgemeinen Gebühren entsprechenden Kosten als Preis der Hauptleistung anzusehen sind, also die übersteigenden Kosten eine kontrollfähige Preisnebenabrede für die Zusatzleistungen beim Pfändungsschutzkonto darstellen. Eine angemessene **Gebühr für die Umstellung** des Kontos, die den dafür erforderlichen Bearbeitungsaufwand vergütet und von einer konkreten Pfändung unabhängig ist, kann in den AGB begründet werden (*Ahrens* NJW-Spezial 11, 85, 86; aA *Homann* ZVI 10, 405, 410). Die Beschlussempfehlung des Rechtsausschusses nimmt zwar an, dass nach der Rspr kein Entgelt für die Kontoumwandlung verlangt werden darf (BTDrs 16/12714 S. 17), aber sie gibt die Judikatur nur unvollständig wieder. Für die Erfüllung gesetzlicher Verpflichtungen darf allerdings nach der höchstrichterlichen Rechtsprechung kein Entgelt verlangt werden (BGH NJW 00, 651 f; NJW-RR 05, 1135, 1136), doch resultiert hier die Umstellung aus der Gestaltungserklärung des Kunden. Aufgabe des Kreditinstituts als Drittschuldner ist, den Vollstreckungsschutz zu gewährleisten, während die Umstellung Letzterem zwar dient, aber unabhängig von Vollstreckungsmaßnahmen erfolgen kann (*Ahrens* NJW-Spezial 11, 85). Wenn im Allgemeininteresse, losgelöst von der gebundenen Aufgabenstellung, Leistungen erbracht werden, kann dafür eine Vergütung verlangt werden (vgl BGH NJW 03, 1447, 1448). Bislang bestehende **bankvertragliche Leistungen** (EC-Karte, Benutzung des Geldautomaten) dürfen nicht entzogen werden, wenn dadurch dem Kunden höhere Kosten entstehen (*Ahrens* NJW-Spezial 11, 85; *Zimmermann/Zipf* ZVI 11, 37, 38; aA LG Frankfurt, 15.12.11, 2-10 O 148/11; *Sudergat*, Kontopfändung und P-Konto, Rn 424). Hierbei handelt es sich um Legitimationsmittel und Zahlstellen, die in Nebenabreden eröffnet werden und nicht als selbständige vertragliche Vereinbarung ausgestaltet werden können. Als gesetzliche Befugnis begründet die Umwandlung keinesfalls ein **Kündigungsrecht** des Kreditinstituts. Eine Kündigung bei Verletzung des Girovertrags bleibt nach den allg Grundsätzen zulässig. Dabei darf die gesetzliche Zielsetzung eines einfach zu führenden Pfändungsschutzkontos nicht unterlaufen werden. Geht das Kreditinstitut eine girovertragliche Bindung mit dem Kunden ein, ist seine weitere privatautonome Gestaltungsmacht beschränkt. Dies belegt deutlich der Unterschied zwischen der allein vertraglich begründeten Ersteinrichtung eines Girokontos und einer durch einseitige Erklärung des Kunden zu erreichenden Umwandlung. Bei einem bestehenden Zahlungsdiensterahmenvertrag ist die Möglichkeit des Kreditinstituts limitiert, sich den Lasten eines Pfändungsschutzkontos zu entziehen. Um das Umwandlungsrecht des Kunden nicht unterlaufen zu können, ist das ordentliche Kündigungsrecht des Kreditinstituts beschränkt. Es müssen zwar nicht die Anforderungen an eine außerordentliche Kündigung erfüllt sein. Aber es darf jedenfalls nicht vom Kreditinstitut wegen der Umwandlung des Kontos in ein Pfändungsschutzkonto gekündigt werden. Das Kreditinstitut benötigt deswegen Gründe außerhalb der Umwandlung und den aus der Kontoführung resultierenden Lasten, die es darzulegen hat. Soweit für Sparkassen ein Kontrahierungszwang besteht, ist das Recht zur ordentlichen Kündigung ohnehin ausgeschlossen. Zwangsvollstreckungs-

maßnahmen auf dem Konto dürfen deswegen auch nicht als wesentliche Verschlechterung der wirtschaftlichen Verhältnisse des Kunden angesehen werden, die nach Nr 19 Abs 3 AGB-Banken zur fristlosen Kündigung berechtigen, sonst wäre die Funktion der Kontoumwandlung gefährdet.

c) **Umwandlung bei bestehender Pfändung.** Auch bei einer bestehenden Pfändung kann das Konto umgewandelt werden. Gerade in derartigen Konstellationen existiert ein besonderes Bedürfnis, den Kontopfändungsschutz zu erreichen. Der Schuldner kann in diesem Fall nach Abs 7 S 3 verlangen, dass das Konto zum Beginn des **vierten** auf die Erklärung folgenden **Geschäftstags** als Pfändungsschutzkonto geführt wird. Die Umwandlung erfolgt aufgrund der gestaltenden Erklärung des Kunden. Im Einvernehmen mit dem Kreditinstitut kann die Umstellung auch schneller erfolgen. Nennt der Schuldner keinen Anfangstermin der Schutzwirkung, begehrt er die frühestmögliche Umwandlung (*Ahrens* NJW 10, 2001, 2002). Die Wirkung tritt ab dem Beginn des vierten Geschäftstags, also nach drei Geschäftstagen (nicht Werktagen) ein. Bei der Fristberechnung wird gem § 222 I iVm § 187 I BGB der Tag nicht mitgerechnet, an dem die Umwandlungserklärung dem Kreditinstitut zugeht. Über die erfolgte Umwandlung muss das Kreditinstitut den Pfändungsgläubiger nicht informieren. 25

Die Umwandlung des Kontos erfolgt ab dem vierten Geschäftstag und wirkt dann auf eine frühere Pfändung zurück. Diese **Rückwirkung** wird durch Abs 1 S 4 begrenzt. Ist die Guthabenforderung oder ein Anspruch auf Gutschrift bzw der Anspruch auf Auszahlung eines Dispositionskredits gepfändet, wird der Kontopfändungsschutz gem § 850k I 1 bis 3 erreicht, wenn das Konto binnen vier Wochen nach der Zustellung des Überweisungsbeschlusses an den Drittschuldner in ein Pfändungsschutzkonto umgewandelt wird. Diese Regelung harmonisiert den Kontopfändungsschutz mit der Auszahlungssperre aus § 835 III 2, IV. Fristbeginn ist die Zustellung des Überweisungsbeschlusses. 26

Innerhalb der **vierwöchigen Frist** muss nach der gesetzlichen Formulierung die Umstellung durchgeführt sein (Zö/*Stöber* Anh § 850k, § 850k Rn 2). Das Umstellungsverlangen muss deswegen am viertletzten Geschäftstag der vierwöchigen Frist dem Kreditinstitut zugehen. Bei einem späteren Zugang kann das Vollstreckungsgericht eine **einstweilige Anordnung** nach den §§ 850k IV 3, 732 II erlassen. Zuvor wird für einen Antrag nach § 732 II regelmäßig das Rechtsschutzbedürfnis fehlen. Ist die Auszahlungssperre vor dem Wirksamwerden der Umstellung abgelaufen, muss das Kreditinstitut das gepfändete Guthaben dem Gläubiger überweisen. Der Kontopfändungsschutz setzt dann nur für die Zukunft ein. Die Auszahlungssperre erfolgt nach § 835 IV. 27

d) **Änderung des Kontos.** Verschiedene Gründe, wie die Höhe der Kontoführungsgebühren oder ein Umzug, können den Kunden dazu veranlassen, seine Entscheidung über die Begründung eines Pfändungsschutzkontos zu ändern. Da es sich bei dem Recht auf ein Pfändungsschutzkonto um **kein einmaliges Recht** handelt, denn sonst wären die Regelungen über Mehrfachkonten überflüssig, kann der Kunde seine Entscheidung revidieren, dh den Kontopfändungsschutz insgesamt aufgeben oder ein anderes Pfändungsschutzkonto einrichten. 28

Dabei ist der **Pfändungsschutz vom** zugrunde liegenden **Giroverhältnis zu unterscheiden**. Der Girovertrag kann in den dafür geltenden Fristen beendet werden. Dann erlischt auch das Pfändungsschutzkonto. Ein vertraglicher Ausschluss oder eine Beschränkung dieses Änderungsrechts ist beim Wechsel der Bankverbindung nach § 307 II Nr 1 BGB und sonst nach § 307 II Nr 2 BGB unwirksam. Allerdings kann auch der das Giroverhältnis überwölbende Pfändungsschutz beendet werden und der zugrunde liegende Girovertrag fortbestehen (**Rückumwandlung**). Diese Änderung vermag durch einseitige Erklärung des Kunden herbeigeführt zu werden. Sie wirkt grds in der entspr anzuwendenden Frist aus Abs 7 S 3. Der Kunde darf aber auch eine andere Frist bestimmen. So ist er berechtigt, etwa durch Erklärung vom 15.8. den Pfändungsschutz zum 30.9. aufzugeben und ihn zum 1.10. auf einem anderen Konto neu zu begründen (Musielak/*Becker* § 850k Rn 8). 29

4. Versicherung des Schuldners (Abs 8 S 1). Der Kunde muss nach Abs 8 S 2 ggü dem Kreditinstitut versichern, dass er **kein weiteres Pfändungsschutzkonto** unterhält. Erfolgen soll die Erklärung bei der **Abrede** über das Pfändungsschutzkonto. Terminologisch ist diese Formulierung ungenau, weil eine vertragliche Vereinbarung allein bei der Ersteinrichtung eines Pfändungsschutzkontos erfolgt. Sachlich muss diese Erklärung aber auch bei einem einseitigen Umwandlungsverlangen für ein bestehendes Girokonto abgegeben werden. Die Erklärung ist **Voraussetzung** für die Einrichtung eines Pfändungsschutzkontos. Selbst bei einer unzutreffenden Versicherung ist das Konto unter den sonstigen Voraussetzungen einzurichten, da sonst Abs 9 S 1 nahezu bedeutungslos wäre. Wird die Versicherung nicht oder nicht rechtzeitig abgegeben, kann (solange) die Umwandlung eines Girokontos verweigert werden. 30

31 Abzugeben ist die **Versicherung**, kein weiteres Pfändungsschutzkonto zu unterhalten. Die Erklärung betrifft nur Pfändungsschutzkonten, nicht den Pfändungsschutz nach § 850l. Auch bei dieser Versicherung ist eine rechtsgeschäftliche Vertretung nach den oben ausgeführten Maßstäben (Rz 17 f) zulässig. Anders als in den §§ 254, 294, 406 III, 807 III 1, 899 verlangt das Gesetz keine eidesstattliche Versicherung, zumal die Erklärung nicht ggü einer zur Abnahme einer eidesstattlichen Versicherung besonders befugten Stelle erfolgt. Bei der Versicherung handelt es sich um eine privatrechtliche, für die materiellrechtliche Begründung des Pfändungsschutzkontos erforderliche Erklärung. Es genügt deswegen eine einfache Versicherung. Eine eidesstattliche Versicherung darf vom Kreditinstitut nicht verlangt werden. Mehr als eine Nachfrage bei der SCHUFA Holding AG wird von der Bank nicht zur Überprüfung zu verlangen sein.

32 Die Erklärung muss **ggü dem Kreditinstitut** erfolgen. Eine Versicherung ggü dem Gläubiger oder dem Vollstreckungsgericht ist weder ausreichend noch erforderlich. Der Kunde erfüllt mit der Versicherung eine ggü dem Kreditinstitut bestehende Pflicht. Verletzt der Kunde schuldhaft diese Verpflichtung, kann das Kreditinstitut den Girovertrag über das Pfändungsschutzkonto kündigen. Ein Schadensersatzanspruch des Kreditinstituts ggü dem Kunden wird regelmäßig ausscheiden, weil es befreiend an den Kunden geleistet hat und ihm deswegen kein Schaden entstanden ist.

33 Gibt der Kunde schuldhaft eine unzutreffende Versicherung ab, kommen **Schadensersatzansprüche des Gläubigers** in Betracht. Ein solcher Anspruch folgt allerdings weder aus dem Girovertrag mit dem Kreditinstitut, der hier keine Schutzwirkung zugunsten des Gläubigers entfaltet, noch aus der insoweit unanwendbaren Drittschadensliquidation. Auch ein Schadensersatzanspruch aus der aufgrund des Vollstreckungseingriffs begründeten gesetzlichen Sonderbeziehung privatrechtlicher Art besteht nicht (aA Goebel Rn 524). Der BGH hat zwar aus diesem Verhältnis Pflichten des Gläubigers zur Wahrung der Interessen des Schuldners iRe Verfahrens auf Abgabe der eidesstattlichen Versicherung abgeleitet (BGH NJW 85, 3080, 3081). Auf die im privatrechtlichen Verhältnis zwischen Kunden und Drittschuldner abgegebene Versicherung kann diese Folge aber nicht übertragen werden. Ein Schutzgesetz iSd § 823 II BGB stellt § 850k VIII 2 nicht dar. Wenn die qualifizierten Verschuldens- und sonstigen Voraussetzungen vorliegen, kommt allerdings ein Schadensersatzanspruch aus § 823 II BGB iVm §§ 288 bzw 263 StGB in Betracht. Der Ersatzanspruch ist freilich auf den Verspätungsschaden beschränkt (vgl Musielak/*Becker* § 850k Rn 9), denn die Titelforderung kann weiterhin durchgesetzt werden.

34 **D. Wirkung der Umwandlung. I. Grundlagen.** Unter den gesetzlichen Voraussetzungen einer Vereinbarung bzw einer rechtsgestaltenden Erklärung des Kunden, Abs 7 S 1, 2, sowie der Versicherung nach Abs 8 S 2 wird der Vollstreckungsschutz auf einem Pfändungsschutzkonto begründet. Unterhält der Schuldner mehrere Pfändungsschutzkonten, besteht der Schutz bis zu einer gerichtlichen Entscheidung nach Abs 9 für jedes dieser Konten. Bei der Einrichtung eines Pfändungsschutzkontos oder der Umwandlung eines Girokontos wird das dabei **bestehende Guthaben** geschützt. Ist die Guthabenforderung oder ein Anspruch auf Gutschrift bzw der Anspruch auf Auszahlung eines Dispositionskredits gepfändet, wirkt der Pfändungsschutz gem Abs 1 S 3 zurück. Zur Bestimmung des Anfangsguthabens unten Rz 45 ff. Entsprechend dem Gedanken aus § 832 umfasst nach § 833a die Pfändung des Kontoguthabens auch die **künftigen Guthaben** (§ 833a Rz 14 ff).

35 Bei einem bestehenden Pfändungsschutzkonto tritt der **Beginn** des Pfändungsschutzes in dem Monat ein, in welchem der Überweisungsbeschluss zugestellt wurde, und besteht bis zum Abschluss der Pfändung fort. Bei erneuten Pfändungen tritt die Folge wiederholt ein. Für den Kontopfändungsschutz ist das System des zeitanteiligen Vollstreckungsschutzes, wie es noch § 850l I kennt, durch einen zeitraumbezogenen Schutz abgelöst. In bewusster Abkehr von der früheren Regelung ist keine zeitanteilige Berechungsformel geschaffen. Dies gilt auch bei Umwandlung eines Girokontos in ein Pfändungsschutzkonto (*Jaquemoth/Zimmermann* ZVI 10, 113, 114; *Ahrens* NJW 10, 2001, 2004). Unabhängig vom Zustellungstermin steht dem Schuldner der gesamte monatliche Pfändungsfreibetrag zu (LG Münster ZVI 10, 479).

36 **II. Einzelkonto.** Als Folge der Gestaltungserklärung des Kunden wird das bestehende Konto umgewandelt. Pfändungsschutzkonten sollen, wie angenommen wird, als Einzelkonten geführt werden. Dritten kann aber eine Verfügungsbefugnis eingeräumt werden. Wird das Konto nach der Pfändung umgewandelt, erstreckt sich das **Pfändungspfandrecht** unabhängig von der konkreten Kontobezeichnung auf das Pfändungsschutzkonto. Der Pfändungsschutz gilt für alle Ansprüche aus der Vertragsbeziehung. Er erfasst die Ansprüche aus dem Guthaben, Ansprüche auf Gutschrift aus dem der Geschäftsbesorgung zugrunde liegenden Vertragsverhältnis und die Ansprüche auf Auszahlung eines Dispositionskredits.

Der Pfändungsschutz nach Abs 1 S 1 bis 3 tritt ab dem vertraglich vereinbarten Beginn eines neu eingerichteten Pfändungsschutzkontos oder ab dem vierten Geschäftstag ab Zugang der Umwandlungserklärung ein. Bei einer Umwandlung ist zu unterscheiden. Weist das Konto ein **Guthaben** aus, wird dafür und für die zukünftigen Zahlungseingänge ein Pfändungsfreibetrag begründet. Ein vertraglich für das bisherige Girokonto vereinbarter Dispositionskredit erlischt. Es kann eine neue Darlehensvereinbarung geschlossen werden. 37

Besteht auf dem bisherigen Konto ein **Debetsaldo**, ist die Kontoführung umzustellen, denn das Pfändungsschutzkonto ist grds auf Guthabenbasis zu führen. Da das Gesetz vom Pfändungsschutz für das Guthaben spricht, wird allerdings zT angenommen, dass der Debetsaldo erst zurückgeführt sein und ein Guthaben bestehen muss, bevor der Pfändungsschutz wirkt. Nach der gesetzlichen Regelung kann jedoch der Schuldner jederzeit die Umwandlung eines bestehenden Girokontos in ein Pfändungsschutzkonto verlangen, Abs 7 S 2. Diese durch Gestaltungsrecht erfolgende Umwandlung schafft eine neue Rechtsbeziehung zwischen dem Kunden und dem Kreditinstitut. Wegen der Neugestaltung können nicht Darlehensverbindlichkeiten aus dem alten Vertrag in das neue Vertragsverhältnis übertragen werden. Die Umwandlung erfasst den Zahlungsdiensterahmenvertrag, nicht den Darlehensvertrag. Für eine Übertragung der Darlehensforderung bedürfte es einer besonderen Grundlage, die nicht ersichtlich ist. Eine Bestimmung in AGB kann dafür nach Maßgabe von § 307 II Nr 1 BGB nicht genügen. Infolgedessen ist das Pfändungsschutzkonto mit einem Nullsaldo zu beginnen. Die Darlehensforderungen muss die Bank auf anderem Weg realisieren (vgl Rz 106). 38

Geschützt sind alle Gutschriften auf dem Konto, unabhängig von der **Person des Zahlungsempfängers**. Begrenzt wird dieser Schutz durch die Höhe des Pfändungsfreibetrags. Zusätzlich sind Zahlungen an eine mit dem Schuldner in einer Gemeinschaft lebenden Person, die der Schuldner für diese entgegennimmt, in dem in Abs 2 Nr 1 lit a) bestimmten Umfang unpfändbar. Erfolgt die Zahlung für eine andere Person auf dem Konto des Schuldners, ist iÜ kein besonderer Schutz vorgesehen. In Betracht kommt aber eine Freigabe. 39

III. Gemeinschaftskonto. Ein bestehendes Gemeinschaftskonto wird durch Erklärungen beider Kontoinhaber in zwei Pfändungsschutzkonten, durch Erklärung eines Kontoinhabers in ein Pfändungsschutz- und in ein Girokonto umgewandelt (Rz 20; aA *Sudergat*, Kontopfändung und P-Konto, Rn 482). Die Umwandlung ist auch bei einer bestehenden Pfändung zulässig (aA *Singer* ZAP Fach 14, 613 [614]). Ein zuvor begründetes Pfändungspfandrecht besteht jeweils an beiden Konten fort. Ebenso wirkt die Auszahlungssperre des § 835 III 2, IV fort. Ein bestehender Dispositionskredit (dazu Rz 36) ist im Wege der ergänzenden Vertragsauslegung anteilig entsprechend den Berechnungsgrundlagen auf die Konten zu verteilen. 40

Bei einem **»Oder-Konto«** mit einem **Guthaben** sind die beteiligten Kontoinhaber Gesamtgläubiger iSd § 428 BGB (BGH NJW 91, 420). Nach der gesetzlichen Regel des § 428 S 1 BGB kann das Kreditinstitut als Schuldner wählen, an welchen Gläubiger es leistet. Bei der Kontoführung ist diese dispositive Vorschrift jedoch abbedungen, denn das Kreditinstitut muss an den Gesamtgläubiger leisten, der die Leistung fordert (SBL/*Hadding/Häuser* § 35 Rn 2). Erklärt ein Kunde die Umwandlung, verlangt er konkludent die Leistung aus dem Guthaben in Höhe des Pfändungsfreibetrags. Überschreitet das Guthaben den Pfändungsfreibetrag, verbleibt die Differenz auf dem bisherigen Girokonto. Unterschreitet das Guthaben diese Summe, beschränkt sich das schlüssige Verlangen auf die Höhe des Guthabens. Es kann aber auch ausdrücklich ein anderes Auszahlungsverlangen geäußert werden. Beides gilt auch, wenn das Guthaben auf dem Gemeinschaftskonto gepfändet ist. Erklären beide Kontoinhaber die Umwandlung, beinhaltet dieses Begehren konkludent ein je hälftiges Auszahlungsverlangen. 41

Weist ein «Oder-Konto» ein **Debetsaldo** aus, sind beide Kontoinhaber Gesamtschuldner iSd § 421 BGB. Diese gesamtschuldnerische Haftung für das Debet bleibt bestehen. Die Darlehensforderung kann das Kreditinstitut mit den pfändbaren Anteilen des Guthabens bzw der Guthaben verrechnen (Rz 106), sofern die Pfändung nicht vorrangig ist. 42

Die Inhaber eines **»Und-Kontos«** bilden demgegenüber, soweit keine Gesamthandsgemeinschaft vorliegt, eine Gemeinschaft nach Bruchteilen iSd §§ 741 ff BGB. Als bloße Mitgläubiger können sie allein über ihren Anteil an der gemeinschaftlichen Einlageforderung, nicht aber über das Kontoguthaben verfügen, § 747 BGB (BGH NJW 91, 420). Es wird deswegen nicht der unpfändbare Guthabenbetrag übertragen. Für ein Debetsaldo haften beide Inhaber gesamtschuldnerisch (SBL/*Hadding/Häuser* § 35 Rn 18). Es gilt insofern das zum »Oder-Konto« Ausgeführte. 43

IV. Sonstiges. Eine **Vorpfändung** ist zulässig. 44

45 **E. Umfang des Pfändungsschutzes. I. Guthaben. 1. Begriff.** Das Guthaben auf dem Pfändungsschutzkonto wird grds für die Dauer eines Monats in Höhe des Sockelbetrags nicht von der Pfändung erfasst, Abs 1 S 1. Geschützt ist **jeder Zahlungseingang** unabhängig davon, ob die Leistung einmalig oder wiederkehrend erfolgt bzw aus welcher Quelle sie stammt. Unerheblich ist, ob es sich um Einkünfte aus abhängiger oder selbständiger Erwerbstätigkeit oder um sonstige Einkünfte wie Renten, Pensionen, Einnahmen aus Vermietung und Verpachtung, Mietnebenkostenerstattungen, Beihilfezahlungen, Sozialleistungen, Unterhaltsansprüche oder freiwillige Zuwendungen Dritter handelt (BTDrs 16/7615, 18; BGH NJW 12, 79 Tz 7). Der Guthabensschutz wird damit nicht nur auf eine neue systematische Basis gestellt, sondern auch erleichtert, weil kein Nachweis über die Art der Einkünfte zu führen ist (Zö/*Stöber* Anh § 850k, § 850k Rn 3). Andere Ansprüche des Schuldners gegen das Kreditinstitut (vgl SBL/*Bitter* § 33 Rn 42 ff) als der auf Auszahlung des Guthabens sind weiterhin pfändbar. Der Schuldner kann über den unpfändbaren Betrag frei verfügen, § 850k I 1 Hs 1.

46 Maßgebend ist ein **zeitraumbezogener Guthabensbegriff**. Zeiteinheit ist der Kalendermonat. Erfasst werden sowohl die bei der Pfändung bestehenden Guthaben als auch die danach eingegangenen Beträge (Musielak/*Becker* § 850k Rn 2). Die Guthaben werden monatsweise berechnet (LG Münster ZVI 10, 479). Überschreitet das Guthaben den pfändungsfreien Betrag, kann der Gläubiger auf die Differenz zugreifen. Für jeden Monat steht dem Schuldner der volle Freibetrag zu. Bei Umwandlung eines Girokontos in ein Pfändungsschutzkonto setzt der Pfändungsschutz grds am vierten Geschäftstag nach der Umwandlungserklärung ein, §§ 850k VII 3, 222 I iVm § 187 I BGB. Wird das Verlangen am 5.7.10 gestellt, entsteht der Pfändungsschutz ab dem 9.7.10 und dann insgesamt für den Juli 2010. Bei einer bereits ausgebrachten Pfändung kann durch ein Umstellungsverlangen rückwirkend für bis zu vier Wochen der Pfändungsschutz erlangt werden, Abs 1 S 3. Wurde der Überweisungsbeschluss dem Kreditinstitut am 26.7.10 zugestellt und verlangt der Schuldner am 13.8.10 die Umwandlung, erlangt er ab Juli 2010 den vollen Pfändungsfreibetrag. Der durch § 840 III 2, IV geschaffene zeitlich begrenzte Schutz wird dadurch auf eine allg Grundlage gestellt.

47 Im Interesse einer einfachen Handhabung enthält die Vorschrift in bewusster Abkehr von der bisherigen Regelung **keine zeitanteilige Berechnungsformel** (*Busch* VuR 07, 138, 140; *Jaquemoth/Zimmermann*, ZVI 10, 113, 114). Zum Anfangsguthaben werden auch nicht die vom Schuldner vor Beginn des Pfändungsschutzes vorgenommenen wirksamen Verfügungen addiert (*Schumacher* ZVI 09, 313, 319). Dies widerspräche dem gesetzlichen Modell einer monatsweisen Abrechnung und dem Konzept des Sockelbetrags, das von den individuellen Verhältnissen absieht. Unerheblich ist auch, ob der Schuldner Verfügungen über die Guthaben auf anderen Girokonten getätigt hat. Erfolgt die Gutschrift etwa bei einem eingereichten Scheck unter Vorbehalt, ist darauf abzustellen, wann der Schuldner über die Gutschrift verfügen kann.

48 **2. Monatsanfangsproblem.** Intensiv diskutiert werden die mit einer Leistung zum Monatsende für den kommenden Monat (sog Monatsanfangsproblem) zusammenhängenden Fragen. Zu denken ist an folgende Konstellation. Am 29.8. geht auf dem Pfändungsschutzkonto eine Zahlung von € 900,- ein. Am 1.9. wird das Konto gepfändet. Im Lauf des Monats verbraucht der Schuldner das Guthaben. Am 29.9. erfolgt die nächste Zahlung von € 900,-. Wenn jetzt ein pfändbarer Betrag dem Gläubiger überwiesen werden müsste, könnte der Schuldner im Folgemonat seinen Lebensunterhalt bis zum nächsten Zahlungseingang nicht mehr bestreiten, wovor allerdings das P-Konto gerade schützen sollte (*Richter/Zimmermann* ZVI 10, 359; *Jaeger* ZVI 10, 325, 328 ff; *Strunk* ZVI 10, 335, 336 f; *Nolte/Schumacher* ZVI 11, 45, 48 ff). Vor der Gesetzesänderung wurden unterschiedliche Lösungsansätze diskutiert. Erwogen wurde, den Pfändungsschutz teleologisch zu extendieren oder die Übertragungsregel aus Abs 1 S 2 bereits vor Pfändungsbeginn anzuwenden (AG Köln ZIP 11, 168, 170; Musielak/*Becker* § 850k Rn 2), wodurch eine Vorwegfreigabe möglich ist. Alternativ kommen Anträge nach den §§ 850k IV, 850 f I bzw 765a in Betracht (zust BGH NZI 2011, 717 Tz 20; außerdem LG Essen ZVI 10, 350 f; LG Oldenburg ZVI 11, 31 f; AG Ludwigshafen ZVI 10, 354; AG Esslingen ZVI 10, 481 = VIA 11, 21 mit Anm *Ahrens*; aA LG München I ZVI 2011, 180; AG Leipzig ZVI 10, 351; AG Steinfurt ZVI 11, 102).

49 Mit der neu geschaffenen Regelung in Abs 1 S 2 (durch das Zweite Gesetz zur erbrechtlichen Gleichstellung nichtehelicher Kinder vom 12.4.11, BGBl I, 615; BTDrs 17/4776), die auf nicht abgeschlossene Sachverhalte beim Inkrafttreten anwendbar ist (BGH NZI 2011, 717 Tz 16 ff; NJW-RR 2011, 1433 Tz 15 ff) wird der **Pfändungsschutz** für das Kontoguthaben **erweitert**. Die Vorschrift ist im Zusammenhang mit der ebenfalls neuen Regelung in § 835 IV zu lesen. Im Verhältnis zwischen Drittschuldner und Vollstreckungsgläubiger ordnet § 835 IV eine verlängerte Auszahlungssperre an.

Abs 1 S 2 regelt das Verhältnis zwischen Schuldner und Drittschuldner. Die Vorschrift verlängert den Pfändungsschutz und harmonisiert die Verfügungsmöglichkeiten des Schuldners mit der Auszahlungssperre (§ 835 Rz 36c ff). Dadurch ermöglicht sie dem Schuldner, bis zum Ende des Folgemonats über das unpfändbare Guthaben zu verfügen (*Ahrens* NZI 11, 183, 184). Die **Höhe** des geschützten Betrags ist nach den Abs. 1 – 4 zu berechnen (BTDrs 17/4776, S 8). Sie ist nach dem Grundfreibetrag aus Abs 1, dem in Abs 2 normierten Aufstockungsbetrag oder dem nach den Abs 3 und 4 vom Vollstreckungsgericht abw festgesetzten Betrag zu bestimmen. Ergeben sich bei den Berechnungsgrundlagen Änderungen und weicht deswegen der unpfändbare Betrag im Folgemonat von dem im Ausgangsmonat ab, muss das Kreditinstitut die Veränderung nach den allgemeinen für das Pfändungsschutzkonto geltenden Bestimmungen beachten. **50**

Die Regelung gilt nach Abs 1 S 4 entsprechend, wenn ein gepfändetes Girokonto vor Ablauf von vier Wochen in ein Pfändungsschutzkonto umgewandelt wird. Das Recht, nach Abs 1 S 3 ein nicht verbrauchtes unpfändbares Guthaben auf den Folgemonat zu übertragen, bleibt unberührt. **51**

3. Debetsaldo. Auch wenn bei einer Umwandlung auf dem Girokonto ein **Sollsaldo** besteht, beginnt das Pfändungsschutzkonto nicht mit einem Schuldsaldo (Rz 38). Unerheblich ist, ob auf dem Konto zuvor Gutschriften erfolgt sind. Dem Schuldner steht ab Beginn des Kontopfändungsschutzes für jeden Monat der volle Freibetrag zu (Musielak/*Becker* § 850k Rn 8; aA Goebel Rn 333). Dies folgt aus der gesetzlichen Bestimmung, wonach der Schuldner über Guthaben – nicht Beträge – in Höhe des Pfändungsfreibetrags verfügen kann. Grund ist die einfachere Handhabung für den Drittschuldner. Wird das Pfändungsschutzkonto nachfolgend ausnahmsweise nicht als reines Guthabenkonto geführt, muss der Schutzumfang bestimmt werden. Steht das Konto am Monatsbeginn mit 2.000,- € im Debet und erhält der Schuldner in dem Monat Kontogutschriften über 1.100,- € sind jedenfalls 1.028,89 € unpfändbar. **52**

II. Basispfändungsschutz (Abs 1 S 1). Der Kontopfändungsschutz bildet nicht automatisch den Pfändungsschutz für das Arbeitseinkommen und insb die Tabellenbeträge nach § 850c ab. Ursächlich dafür ist das mehrstufige Pfändungsschutzsystem ggü einer Kontopfändung, bei dem zunächst nur ein Grundfreibetrag gewährt wird. Erhöht wird dieses unpfändbare Schonvermögen allein auf besonderen Antrag des Schuldners (Rz 56 ff, 72 ff). Als **erste Stufe** des Vollstreckungsschutzes wird das Kontoguthaben in Höhe des bei der Pfändung von Arbeitseinkommen bestehenden **Sockelfreibetrags** nach § 850c I 1 nicht von der Pfändung erfasst, § 850k I 1. Geschützt ist damit der Pfändungsfreibetrag von mtl 1.028,89 €. Selbst wenn die Einzahlungen in anderen Zeitabständen erfolgen, gilt zur Vereinfachung der allerdings zT unzureichende monatliche Grundfreibetrag. Dieser Schutz besteht auch dann, wenn die Einkünfte bereits an der Quelle gepfändet werden und dort Vollstreckungsschutz etwa nach § 850c gewährt wird. Da der Pfändungsschutz an der Quelle, etwa bei Arbeitseinkommen, höher sein kann als der Basispfändungsschutz durch das Pfändungsschutzkonto, solange der Schuldner keine Aufstockungsanträge gestellt hat, können auf dem Konto zwar nicht nach § 850c I 2, II, wohl aber nach § 850k I 1 iVm § 850c I 1 pfändbare Beträge eingehen. Auf diesen Differenzbetrag kann der Gläubiger zugreifen. **53**

Mit der Verweisung auf den unpfändbaren Grundfreibetrag nach § 850c I 1 werden die Grundgedanken des **Pfändungsschutzes für Arbeitseinkommen** unabhängig davon auf den Kontopfändungsschutz übertragen, ob der Schuldner Arbeitnehmer ist (krit *Remmert* NZI 08, 70, 72). Über das Existenzminimum und über den durchschnittlichen sozialrechtlichen Bedarf hinaus verbleibt dem Schuldner ein gewisser Selbstbehalt, um die Sinnhaftigkeit der Beibehaltung einer Erwerbstätigkeit auch wirtschaftlich noch erkennbar werden zu lassen (die Notwendigkeit betont jüngst die Bundesregierung BTDrs 17/2167, 28). Dies entspricht dem Begriff in § 850 II, III lit b), der weit über das Arbeitsverhältnis hinausreicht (Zypries/*Kohte* S. 97, 100), in § 851c bei der Pfändung von Renten und in § 54 IV SGB I für die Pfändung laufender Sozialleistungen ausgesprochenen Maßstäben. Die Regelung folgt damit der Tendenz zur Vereinheitlichung des Schutzumfangs anhand des überzeugenden Maßstabs der Arbeitseinkommenspfändung. Zusätzliche Freibeträge für Unterhaltsberechtigte und bei Mehrverdienst muss der Drittschuldner nur bei entspr Darlegung des Schuldners oder auf gerichtliche Anordnung berücksichtigen. **54**

Kraft der gesetzlichen Verweisung auf § 850c IIa ist die **Dynamisierung der Pfändungsfreigrenzen** zu beachten. Da der Pfändungsfreibetrag dem steuerlichen Freibetrag folgt, besitzt die Bekanntmachung der Pfändungsfreibeträge lediglich deklaratorische Wirkung (BGHZ 166, 48 Tz 22; § 850c Rz 24). Nach § 20 I, III EGZPO muss dann zwar das Vollstreckungsgericht einen Pfändungsbeschluss entspr berichtigen. Dies gilt aber nur, wenn das Vollstreckungsgericht den unpfändbaren Betrag nach Abs 4 festgesetzt hat. Da der Drittschuldner den Grundfreibetrag ohne gerichtliche Entscheidung über den Pfändungsfreibetrag berück- **55** sichtigen muss, bestehen hier gesteigerte Anforderungen bei der Berechnung des unpfändbaren Betrags. Es wird freilich ein Rechtsschutzinteresse für einen Feststellungsantrag analog Abs 4 S 1 bestehen.

56 **III. Aufstockungsbetrag (Abs 2). 1. Grundlagen.** Eine **zweite Stufe** des Pfändungsschutzes bildet der vom Schuldner zu beantragende Aufstockungsbetrag (*Kohte* VuR 10, 257 [258]; *Perleberg-Kölbel* FuR 10, 311 [312]). Häufig benötigt der Schuldner einen erhöhten Freibetrag wegen **Unterhaltspflichten** oder er erhält Leistungen mit einer besonderen **Zweckbindung**. In diesen Fällen ist der auf den Grundfreibetrag beschränkte Pfändungsschutz unzureichend. Unter den Voraussetzungen von Abs 2 hat der Drittschuldner auf einen entspr Nachweis des Schuldners, Abs 5 S 2, ohne das Vollstreckungsgericht einschalten zu müssen, einen erhöhten Freibetrag zu gewähren.

57 **2. Unterhaltsgewährung (Abs 2 Nr 1 lit a).** Gewährt der Schuldner aufgrund einer gesetzlichen Verpflichtung Unterhalt, ist der Pfändungsfreibetrag gem § 850k II Nr 1a iVm § 850c I 2, IIa erhöht. Der Begriff der gesetzlichen Unterhaltsverpflichtung ist wie in § 850c I 2 zu verstehen (§ 850c Rz 12 f). Entspr gilt auch für die Unterhaltsleistung (§ 850c Rz 14). Der unpfändbare Betrag wird gestaffelt um die Freibeträge nach § 850c I 2 angehoben. Für die erste Person sind zusätzlich monatlich 370,76 € pfändungsfrei. Für die zweite bis fünfte Person sind dies jeweils zusätzlich monatlich 206,56 €. Leistet der Schuldner weiteren Personen Unterhalt, sind keine zusätzlichen Freibeträge vorgesehen. Möglich ist aber ein Antrag nach den §§ 850k IV 2, 850f I. Eine Entscheidung nach § 850c IV darf nicht der Drittschuldner, sondern allein das Vollstreckungsgericht treffen. Aufgrund der gesetzlichen Verweisung in § 850k II Nr 1 lit a) auf § 850c IIa 1 ist die Dynamisierung der Pfändungsfreigrenzen zu beachten. Aus der im Unterschied zu § 850k I 1 Hs 1 fehlenden Bezugnahme auf § 850c IIa 2 ist keine sachliche Differenzierung herzuleiten.

58 **3. Gemeinschaften (Abs 2 Nr 1 lit b).** Nimmt der Schuldner **Geldleistungen nach dem SGB II bzw SGB XII** für eine mit ihm in Bedarfsgemeinschaft gem § 7 SGB II oder in einer Gemeinschaft nach den §§ 19, 20, 36 S 1, 43 SGB XII lebenden Person entgegen, der er nicht aufgrund gesetzlicher Vorschriften zum Unterhalt verpflichtet ist, sind diese Zahlungen unpfändbar. Obwohl der Schuldner die Beträge entgegennimmt, stehen ihm die Leistungen nicht zu und dürfen deswegen nicht gepfändet werden.

59 Als sozialrechtliche Besonderheit existiert das Rechtsinstitut der **Bedarfsgemeinschaft**. Sie ist tw Voraussetzung dafür, Sozialleistungen erhalten zu können, etwa beim Sozialgeld nach § 28 SGB II. Allerdings werden an die Bedarfsgemeinschaft auch Verpflichtungen und Rechtsnachteile geknüpft. Zur Bedarfsgemeinschaft nach § 7 III Nr 3 lit a) SGB II gehört dazu der nicht dauernd getrennt lebende Ehegatte. Der Begriff des Getrenntlebens ist nach familienrechtlichen Maßstäben zu bestimmen. Ein Lebensmodell der Ehegatten ohne gemeinsamen räumlichen Lebensmittelpunkt begründet noch kein Getrenntleben. Dafür ist zusätzlich ein Wille erforderlich, die häusliche Gemeinschaft nicht herstellen zu wollen, weil die eheliche Gemeinschaft abgelehnt wird (BAG NJW 11, 172 Tz 13). Mitglieder der Bedarfsgemeinschaft sind außerdem der nicht dauernd getrennt lebende Ehegatte, § 7 III Nr 3 lit b) SGB II, bzw eine Person, die mit dem erwerbsfähigen Hilfebedürftigen in einem gemeinsamen Haushalt so zusammenlebt, dass nach verständiger Würdigung der wechselseitige Wille anzunehmen ist, Verantwortung füreinander zu tragen und füreinander einzustehen, § 7 III Nr 3 lit c) SGB II. Dazu zählt etwa der Partner einer eheähnlichen Lebensgemeinschaft. Diese Regelung ist auf **Barunterhaltsleistungen** analog anzuwenden, die der Schuldner von einer unterhaltsverpflichteten Person für einen Dritten entgegennimmt, etwa von einem barunterhaltspflichtigen früheren Ehepartner für ein gemeinsames Kind.

60 **4. Einmalige Geldleistungen und Zahlungen bei Körper- und Gesundheitsschäden (Abs 2 Nr 2).** Das Guthaben des Schuldners ist außerdem in Höhe der einmaligen Geldleistungen nach § 54 II SGB I unpfändbar. Dies betrifft etwa das Sterbegeld nach § 64 SGB VII, Leistungen für Erstausstattung einer Wohnung, bei Schwangerschaft oder Klassenfahrten, §§ 23 III SGB II, 31 I SGB XII. Dem Zweck nach ausgenommen sind Rentenabfindungen gem den §§ 107 SGB VI, 80 SGB VII. Geschützt sind auch die zum Ausgleich des durch Körper- und Gesundheitsschäden bedingten Mehraufwands geleisteten Zahlungen nach § 54 III Nr 3 SGB I. Dies betrifft etwa Rente und Schwerstbehindertenzulage nach § 31 BVG, die Pflegezulage gem § 35 BVG oder das Pflegegeld für selbst beschaffte Pflegehilfen nach § 37 SGB XI. § 54 II SGB I lässt eine Pfändung zu, soweit dies nach den Umständen des Falles, insb nach den Einkommens- und Vermögensverhältnissen des Leistungsberechtigten, der Art des beizutreibenden Anspruchs sowie der Höhe und der Zweckbestimmung der Geldleistung, der Billigkeit entspricht. Diese Billigkeitsentscheidung darf allerdings nicht durch den Drittschuldner, sondern allein durch das Vollstreckungsgericht nach Abs 4

S 2 getroffen werden. Im Rahmen des Aufstockungsverfahrens beim Drittschuldner muss sie unbeachtet bleiben und kann durch den Gläubiger gerichtlich beantragt werden.

5. Kindergeld etc (Abs 2 Nr 3). Wegen ihrer Zweckbestimmung geschützt sind schließlich auch das Kindergeld und andere Leistungen für Kinder. Gemeint sind damit nur staatliche Transferleistungen iSd § 48 I 2 SGB I und nicht Zahlungen eines barunterhaltspflichtigen Elternteils (dazu Rz 59). Auf die materielle Stellung als Kindergeldberechtigter kommt es nicht an (*Homann* ZVI 10, 365, 370). Leistungen an das Kind, wie eine Halbwaisenrente, erhöht nicht den unpfändbaren Betrag (*Ruch* ZVI 11, 288), denn das Pfändungsschutzkonto kann nur für eine Person geführt werden. Ausgenommen vom Pfändungsschutz sind Anlasspfändungen, wenn wegen der Unterhaltsforderung eines Kindes, für das die Leistung gewährt oder bei dem es berücksichtigt wird, vollstreckt wird. 61

6. Verfahren. Während das Kreditinstitut den unpfändbaren Grundfreibetrag nach den §§ 850k I 1, 850c I 1 automatisch berücksichtigen muss, gilt dies nicht für die Aufstockungsbeträge. Hierfür ist ein zumindest konkludent gestelltes **Verlangen des Schuldners** bzw ein entspr Antrag erforderlich (*Ahrens* NJW 10, 2001, 2004). Gesetzlich ist ein solches Begehren nicht ausdrücklich vorgeschrieben, doch resultiert es mittelbar aus der dem Schuldner obliegenden Nachweislast. Im Aufstockungsverfahren beim Kreditinstitut muss und darf der Gläubiger schon wegen des Eilbedarfs nicht angehört werden. Seine Anhörung kann im gerichtlichen Entscheidungsverfahren erfolgen. 62

Die nach Abs 2 bestimmten Aufstockungsbeträge muss das Kreditinstitut nur dann dem Schuldner leisten, wenn er gem Abs 5 S 2 durch eine **Bescheinigung** des Arbeitgebers, der Familienkasse, des Sozialleistungsträgers oder einer geeigneten Person oder Stelle iSd § 305 I Nr 1 InsO nachweist, dass das Guthaben nicht von der Pfändung erfasst ist. Der ZKA und die AG SBV haben dafür ein Muster entwickelt (ZVI 10, 120). Es dürfen jedoch nicht nur diese Formulare beachtet und andere Nachweise pauschal zurückgewiesen werden, solange die sonstigen Verfahrensanforderungen erfüllt sind (LG Essen ZVI 11, 64, 65; *Nolte/Schumacher* ZVI 11, 45, 52). Damit wird dem Schuldner eine Nachweislast ggü dem Kreditinstitut auferlegt. Zugleich werden die Nachweismittel beschränkt. Nicht ganz einfach ist freilich die Verweisung auf eine **geeignete Person oder Stelle** iSv § 305 I Nr 1 InsO zu handhaben, weil die Länder bestimmen können, welche Personen oder Stellen geeignet sind. Geeignet sind danach va die Angehörigen der rechtsberatenden Berufe, wie Rechtsanwälte, Notare, Steuerberater und die Schuldnerberatungsstellen der Wohlfahrtsverbände, Verbraucherzentralen und Kommunen (FK-InsO/*Grote* § 305 Rn 14). Obwohl der Treuhänder insolvenzrechtlich nicht dem Begriff der geeigneten Person unterfällt, weil er erst in einem späteren Zeitpunkt eingesetzt wird, kann er doch nach einer funktionalen vollstreckungsrechtlichen Beurteilung einer geeigneten Person gleichzustellen sein. Gewerbliche Anbieter sind regelmäßig ungeeignet. Ein **Anspruch auf** Ausstellung der **Bescheinigung** ist nach dem zugrundeliegenden Rechtsverhältnis zu beurteilen. Eine vertragliche Nebenpflicht des Arbeitgebers zur Ausstellung der Bescheinigung existiert regelmäßig nicht. Auch gegen die geeignete Stelle besteht grds kein Anspruch. Im Pfändungs- und Überweisungsbeschluss kann keine Anordnung auf Herausgabe der Bescheinigung gegen den Schuldner erfolgen, da er diese dem Drittschuldner vorzulegen hat. Es können nur das Auskunfts- und Herausgabeverfahren nach § 836 III 1 und 3 eingeleitet (BTDrs 16/7615, 18) oder eine gerichtliche Entscheidung nach Abs 4 beantragt werden. Wegen der Beweisfunktion der Bescheinigung sind erhebliche Anforderungen an eine sorgfältige Erstellung zu richten. Eine fehlerhafte Bescheinigung kann vertragliche und ggf auch andere Ersatzansprüche begründen. 63

Geschaffen ist ein **formalisiertes Nachweisverfahren**, das den Entscheidungsprozess im Kreditinstitut erleichtert. Ziel ist eine schnelle und für alle Beteiligten verlässliche Klärung. Legt der Schuldner die Bescheinigung einer gelisteten Person oder Stelle vor, kommt ihr ein besonderer Nachweiswert zu. Allerdings muss sich dazu die Bescheinigung auf den jeweiligen Tätigkeitsbereich beziehen. Ein Sozialleistungsträger kann Unterhaltspflichten attestieren (AG Bremen ZVI 2010, 353). Ein Arbeitgeber kann wohl etwas über Unterhaltsberechtigte, nicht aber über Sozialleistungen bescheinigen. Rechtsanwälte und Notare sind aufgrund ihrer beruflichen Stellung umfassend zur Ausstellung dieser Bescheinigungen geeignet. Eine Unterhaltsgewährung nach Abs 2 Nr 1 lit a) ist freilich nur mit Schwierigkeiten nachzuweisen. Wenn diese Fallgruppe nicht vollkommen entwertet werden soll, muss es genügen, dass der Schuldner die Unterhaltsverpflichtung nachweist, die für eine Unterhaltsgewährung spricht. Maßgebend sind die zu § 850c entwickelten Grundsätze (§ 850c Rz 14). Der Beweiswert der Bescheinigung gilt über den Bestand des Rechtsverhältnisses hinaus, das der Ausstellung zugrunde liegt, also etwa auch nach Beendigung eines Arbeitsverhältnisses. Die Bescheinigung einer hälftigen Unterhaltsverpflichtung fügt sich nicht in das for- 64 malisierte Modell und besitzt keinen Nachweiswert. Die Bescheinigung kann auch vor Umwandlung des Kontos ausgestellt sein (AG Bremen ZVI 10, 353, 354). Nicht geregelt ist, ob die Bescheinigung durch **Zeitablauf** bis zur Vorlage entwertet wird. Beweismittel sind zwar nicht befristet, aber die Umstände, auf die sie sich beziehen, können sich verändern. Je älter die Bescheinigung ist, desto eher werden Zweifel daran möglich sein. Angelehnt an den Gedanken aus § 25 I 1 WoGG ist von einer Jahresfrist auszugehen, nach der die Bescheinigung nicht mehr zur Vorlage geeignet erscheint (aA B/L/A/H § 850k Rn 45, kein Höchstalter).

65 Die Bescheinigung einer der genannten Personen und Stellen **bindet** das Kreditinstitut (vgl *Kohte* VuR 10, 257 [258]). Soweit der Bundesrat ein freies Ermessen des Kreditinstituts annimmt (BTDrs 16/7615 S 31), wird diese Position durch Wortlaut und Sinn des Gesetzes begrenzt. Zu erklären ist diese Bindung aus der gesetzlich begründeten Nachweismöglichkeit des Schuldners und aus der Notwendigkeit, eine schnelle Klärung zu erreichen. Eine rechtsgestaltende Wirkung entfaltet die Bescheinigung selbst nicht (*Somberg* ZVI 10, 169, 170). Das Kreditinstitut kann und muss aber die bescheinigten Angaben seiner Entscheidung zugrunde legen, es sei denn, es kennt deren Unrichtigkeit oder ihm ist grobe Fahrlässigkeit vorzuwerfen, Abs 5 S 3. Bescheinigt der Aussteller mehr als fünf unterhaltsberechtigte Personen, darf das Kreditinstitut dennoch nur fünf Personen berücksichtigen, § 850k V 2 iVm II Nr 1 und § 850c I 2 (aA Sudergat ZVI 10, 445, 452, keine Berücksichtigung). Eine Prüfungspflicht des Kreditinstituts besteht in diesem engen Rahmen. Nach diesen Maßstäben wird es etwa eine offensichtliche Fälschung nicht berücksichtigen dürfen. Eine bestimmte **Gültigkeitsdauer** nach der Vorlage existiert nicht. Das Kreditinstitut darf die Bescheinigung deswegen nicht nur befristet berücksichtigen (Rz 68). Es ist Aufgabe des Gläubigers, geänderte Umstände darzulegen, § 850k IV 2 iVm § 850g. Liegt keine gerichtliche Entscheidung vor, darf dies ggü dem Kreditinstitut erfolgen.

66 **Andere Urkunden** besitzen keinen vergleichbaren Nachweiswert. Dennoch dürfen solche Unterlagen, wie die Bezügeabrechnung, Steuerkarte, Leistungsbescheide, Heirats- bzw Geburtsurkunden (vgl *Sudergat*, Kontopfändung und P-Konto, Rn 604) oder Unterhaltstitel, nicht vollkommen unbeachtet bleiben (aA wohl *Schwörer* DGVZ 09, 121, 122). Sie können ergänzend zu den Bescheinigungen oder auch selbstständig vorgelegt werden. Im letzten Fall besteht allerdings kein festgelegter Nachweiswert. Das Kreditinstitut kann die Unterlagen daher frei, allerdings nicht ungebunden würdigen.

67 Bei seiner Entscheidung besitzt das Kreditinstitut **keinen Ermessensspielraum**. Ist der Nachweis geführt, muss es den Aufstockungsbetrag berücksichtigen, ist er nicht erbracht, darf es ihn nicht beachten. Trifft es eine unzutreffende Entscheidung, wird es durch eine Leistung nicht befreit. Um den Unsicherheiten zu begegnen, weil der Nachweis nicht gelungen ist, kann auch das Kreditinstitut beim Vollstreckungsgericht einen Antrag auf Bestimmung der Beträge nach Abs 5 S 4 stellen (dazu Rz 73 ff). Bei derartigen Ungewissheiten kann auch vom Drittschuldner ein Klarstellungsbeschluss beantragt werden. Wegen des gebotenen Schutzes des Existenzminimums und fremder Forderungen muss das Kreditinstitut eine schnelle Entscheidung treffen. Hierfür erscheint die Frist von drei Geschäftstagen nach dem Eingang des Verlangens aus Abs 7 S 3 angemessen.

68 **7. Wirkung.** Nach Eingang des Aufstockungsbegehrens darf das Kreditinstitut aus dem betreffenden Anteil des Guthabens nicht mehr an die Gläubiger leisten. Abzuleiten ist dies ggf aus dem verfassungsrechtlich gebotenen Schutz des Existenzminimums und fremder Rechte. Die Aufstockung wirkt ggü allen Gläubigern. Ist der Aufstockungsbetrag vom Schuldner nachgewiesen, wird die Summe für den gesamten **Monat** berücksichtigt. Eine weitere Rückwirkung des Antrags ist ausgeschlossen, selbst wenn die Bescheinigung eine frühere Änderung attestiert. Eine Mitteilung des Kreditinstituts über den aufgestockten Betrag ist nicht vorgeschrieben. Die Aufstockung ist grds weder befristet noch auflösend bedingt. Da gesetzlich allein das Aufstockungs- und **kein Herabsetzungsverfahren** bei der kontoführenden Stelle geregelt ist, darf das Kreditinstitut den aufgestockten Betrag regelmäßig nicht von sich aus reduzieren. Dies gilt etwa, wenn das Kreditinstitut von dritter Seite, wie dem Gläubiger, Informationen über veränderte Unterhaltspflichten erhält. Selbst wenn aus der Bescheinigung Hinweise auf einen Fortfall der Unterhaltspflicht zu entnehmen sind, wie den Eintritt der Volljährigkeit, darf das Kreditinstitut den unpfändbaren Betrag nach Eintritt dieses Ereignisses nicht herabsetzen. Solche Angaben können nicht mit hinreichender Sicherheit festgestellt werden, denn es ist die Aufgabe der Bescheinigungen, bestehende und nicht entfallende Voraussetzungen für höhere Pfändungsfreibeträge zu attestieren. Dies ergibt sich auch aus dem Verweis auf § 850g in Abs 4 S 2, durch den der Gläubiger hinreichend geschützt wird (*Somberg* ZVI 10, 169, 170 f). Ausnahmsweise kann die Aufstockung allein einmalig oder nur vorübergehend erfolgen, wenn sich dies aus der Bescheinigung eines öffentlichen Leistungsträgers ergibt, weil ihnen eine erhöhte Verlässlichkeit und Bindungswirkung beizumessen ist.

IV. Privilegierte Vollstreckung. 1. Unterhaltsansprüche (Abs 3). Hat das Vollstreckungsgericht im Pfändungsbeschluss den unpfändbaren Betrag wegen einer privilegierten Vollstreckung von Unterhaltsforderungen nach § 850d herabgesetzt, tritt diese Summe an die Stelle des Grundfreibetrags (Musielak/*Becker* § 850k Rn 4). **Voraussetzung** ist, dass im Beschl über die Kontenpfändung eine bevorrechtigte Vollstreckung angeordnet wird, was vom Unterhaltsgläubiger bereits mit der Pfändung beantragt werden kann (*Griesche* FPR 10, 170, 171). Ist dort keine Entscheidung über die privilegierte Pfändung getroffen, muss der Unterhaltsgläubiger einen Antrag nach Abs 4 S 1, 2 stellen. 69

Als Folge ist das Kontoguthaben in Höhe des vom Vollstreckungsgericht im Pfändungsbeschluss bestimmten Betrags unpfändbar. Da die Höhe der unpfändbaren Bezüge gerichtlich bestimmt ist, wird den Schutzbedürfnissen des Schuldners angemessen Rechnung getragen. Zugleich liegt eine exakte Bemessung des unpfändbaren Guthabens vor, die das Kreditinstitut unproblematisch umsetzen kann. Dieser Betrag muss dem Schuldner selbst dann verbleiben, wenn er etwa durch arbeitsbedingte Mehraufwendungen oder andere Unterhaltspflichten höher ist, als der Grundfreibetrag nach Abs 1 S 1. Selbst wenn der unpfändbare Betrag im Pfändungsbeschluss festgelegt ist, bleibt ein erneuter Antrag auf Bestimmung des Vollstreckungsvorrechts statthaft, wie aus der ausdrücklichen Verweisung in Abs 4 S 1 auf einen von Abs 3 abweichenden Betrag folgt. Die Voraussetzungen von § 850g müssen dazu nicht erfüllt sein. Die gerichtliche Anordnung wirkt nur im Verhältnis zum privilegierten Vollstreckungsgläubiger. 70

2. Ansprüche aus vorsätzlich begangener unerlaubter Handlung. Für eine privilegierte Vollstreckung wegen eines **Anspruchs aus vorsätzlich begangener unerlaubter Handlung** aus § 850f II ist das vereinfachte Zugriffsverfahren nicht gesetzlich vorgesehen. Spricht bereits der Kontopfändungsbeschluss das Vorrecht nach § 850f II aus und ist der unpfändbare Betrag bestimmt, besteht jedoch kein Anlass, eine neuerliche gerichtliche Entscheidung gem Abs 4 herbeizuführen. Analog § 850k III ist das Kontoguthaben in Höhe des gerichtlich festgesetzten Betrags unpfändbar (*Ahrens* NJW 10, 2001, 2004). 71

V. Gerichtliche Entscheidung. 1. Vorbemerkung. Die **dritte Stufe** des Pfändungsschutzes bildet die vollstreckungsgerichtliche Entscheidung (*Kohte* VuR 10, 257 [258]; *Perleberg-Kölbel* FuR 10, 311 [312]). Sie ist in **zwei Konstellationen** statthaft. Nach Abs 5 S 4 bestimmt das Vollstreckungsgericht auf Antrag die unpfändbaren Beträge gem Abs 2, wenn der Schuldner den dafür gem Abs 5 S 2 erforderlichen Nachweis nicht geführt hat. Va aber kann das Vollstreckungsgericht gem Abs 4 auf Antrag einen vom Grundfreibetrag gem Abs 1, dem Aufstockungsbetrag gem Abs 2 Nr 1 und der privilegierten Vollstreckung von Unterhaltsforderungen (bzw Forderungen aus vorsätzlich begangenen unerlaubten Handlungen) gem Abs 3 abweichenden Betrag festsetzen. Steht die Höhe des unpfändbaren Guthabens gesetzlich fest oder ist sie nachgewiesen, verweigert aber das Kreditinstitut dennoch die Auszahlung, ist eine Leistungsverfügung zulässig, wenn der Schuldner auf das Geld angewiesen ist (AG Bremen VuR 11, 26 mit Anm *Kohte*). 72

2. Bestimmung der Beträge nach § 850k II, V 4. Auf Antrag bestimmt das Vollstreckungsgericht nach Abs 5 S 4 den sich durch die Aufstockung in den Fällen des Abs 2 ergebenden unpfändbaren Betrag. **Antragsberechtigt** sind der Schuldner und der Gläubiger, zur Klärung seiner Leistungspflicht aber auch der Drittschuldner. Außerdem sind auch die durch Abs 2 geschützten Personen antragsbefugt. Einen Antrag auf gerichtliche Entscheidung kann im Fall von Abs 2 Nr 1 lit a) eine unterhaltsberechtigte Person, nach Abs 2 Nr 1 lit b) die Person, für die der Schuldner die Leistung erhält und gem Abs 2 Nr 3 das Kind stellen. 73

Ein **Rechtsschutzinteresse** für den Antrag besteht nach der gesetzlichen Formulierung, wenn der Schuldner ggü dem Kreditinstitut den Nachweis gem Abs 5 S 2 nicht führen kann. Dies gilt für einen **Schuldnerantrag** auch, wenn der Kunde eine Aufstockung verlangt und Bescheinigungen vorgelegt hat, aber der Drittschuldner die Aufstockung dennoch ablehnt bzw verzögert. Der Schuldner kann den erforderlichen Nachweis auch dann nicht führen, wenn die vorgelegten Bescheinigungen vom Kreditinstitut nicht akzeptiert werden (aA LG Essen ZVI 11, 64, 65). Das Aufstockungsverfahren durch den Drittschuldner soll zwar die Vollstreckungsgerichte entlasten. Dennoch wird ein vorheriges Aufstockungsverlangen des Schuldners ggü dem Drittschuldner nicht ausdrücklich gesetzlich vorausgesetzt. Besteht ein hinreichendes Schutzbedürfnis, ist ein unmittelbar eingeleitetes gerichtliches Verfahren zulässig. Ein Antrag des Schuldners ist außerdem zulässig, wenn er ggü dem Vollstreckungsgericht darlegt, nicht die gesetzlich verlangten Bescheinigungen zu besitzen. Es genügt, wenn eine befugte Stelle bzw Person es abgelehnt hat, eine Bescheinigung auszustellen. Unabhängig von dieser Voraussetzung ist das Verfahren durchzuführen, wenn eine schnelle Klärung geboten ist. Ein **Antrag des Drittschuldners** kann gestellt werden, soweit eine begründete Unsi- 74 cherheit über die Aufstockung existiert, etwa weil der Schuldner nicht die erforderlichen Bescheinigungen vorgelegt hat. Liegen eindeutige Bescheinigungen gem Abs 5 S 2 vor, ist ein Drittschuldnerantrag unzulässig, denn der Drittschuldner darf sich nicht seinen Aufgaben entziehen. Kann der Schuldner Aufstockung nach § 850k II Nr 1 lit a) und zugleich einen pfändungsfreien Anteil vom Mehrverdienst verlangen, ist sogleich eine gerichtliche Entscheidung zulässig, weil der Drittschuldner nicht über die Pfändungsfreiheit des Mehrverdienstes bestimmen kann.

75 Hat der Drittschuldner über die Aufstockung entschieden, kann seine Festsetzung nach Abs 5 S 4 überprüft werden. Das gerichtliche Bestimmungsverfahren übernimmt dann die Aufgaben eines **Rechtsbehelfsverfahrens.** Bleibt die Aufstockung durch den Drittschuldner hinter dem Begehren zurück, kann der Schuldner den Antrag stellen, außerdem auch die sonstigen Personen. Erfolgt eine Aufstockung, ist ein Antrag des Gläubigers zulässig. Der Drittschuldner darf nach einer eigenen Festsetzung keinen Antrag stellen.

76 Im Verfahren ist der Gläubiger anzuhören, nicht der Drittschuldner. Obwohl nicht ausdrücklich vorgesehen, kann das Vollstreckungsgericht **einstweilige Anordnungen analog den §§ 850k IV 3, 732 II** treffen. Wird die Reduzierung des unpfändbaren Betrags verlangt, ist der Schuldner anzuhören, da § 834 nicht einschlägig ist. Die Entscheidung ist dem Drittschuldner zuzustellen sowie Schuldner und Gläubiger mitzuteilen.

77 **3. Festsetzung eines abweichenden Pfändungsfreibetrags (Abs 4). a) Zulässigkeit.** Auf **Antrag** kann das Vollstreckungsgericht den pfändungsfreien Betrag gem Abs 4 abw von Abs 1, Abs 2 Nr 1, Abs 3 wie bei einer Pfändung von Arbeitseinkommen oder anderen Forderungspfändungen festsetzen. Unzulässig ist eine gerichtliche Entscheidung, die von der Bestimmung des Aufstockungsbetrags nach Abs 2 Nr 2 und 3 durch den Drittschuldner oder das Vollstreckungsgericht im Verfahren nach Abs 5 S 4 abweichen soll. Antragsbefugt sind die gleichen Personen, die nach den jeweiligen Verfahrensregeln berechtigt sind. § 850k IV 2 listet die Gründe auf, aus denen einen Abänderung verlangt werden kann.

78 **b) Änderungsgründe.** Der Schuldner kann beantragen, die nach **§ 850a** unpfändbaren Beträge pfändungsfrei zu stellen. Dies gilt etwa für das Urlaubs- oder Weihnachtsgeld nach Nr 2 und Nr 4 (BGH NJW 12, 79 Tz 8).

79 Gemäß **§ 850b II** ist der Gläubiger antragsberechtigt, um aus Billigkeitsgründen in die bedingt pfändbaren Einkünfte des Schuldners vollstrecken zu können.

80 Da dem Schuldner zunächst nur der Grundfreibetrag nach den §§ 850k I 1, 850c I 1 belassen wird, kann er die Pfändungsfreiheit des Mehrverdiensts gem **§ 850c II, III** beantragen. Dies gilt auch für den auf unterhaltsberechtigte Personen entfallenden Anteil. Ein vorheriges Aufstockungsverlangen gem § 850k I Nr 1 lit a) ggü dem Drittschuldner ist nicht erforderlich.

81 Auf Antrag des Gläubigers können nach **§ 850c IV** unterhaltsberechtigte Personen mit eigenen Einkünften ganz oder tw bei der Berechnung des unpfändbaren Teils der Einkünfte unberücksichtigt bleiben.

82 Ordnet nicht schon der Pfändungsbeschluss eine bevorrechtigte Vollstreckung des Unterhaltsgläubigers an, kann das Vollstreckungsgericht auf Antrag eines Gläubigers nach **§ 850d I** eine privilegierte Pfändung zulassen oder gem **§ 850d II** eine vom Prioritätsprinzip abweichende Rangfolge aufstellen.

83 Beantragt werden kann auch nach **§ 850e** vom Schuldner die Freistellung von Leistungen nach Nr 1 und vom Gläubiger insb die Zusammenrechnung mehrerer Arbeitseinkommen gem Nr 2 bzw von Arbeitseinkommen und Sozialleistungen gem Nr 2a sowie die Zusammenrechnung von Geld- und Naturalleistungen, Nr 3. Die Zusammenrechnungen nach Nr 2 und 2a werden allerdings keine große Bedeutung besitzen, weil in das geschützte Guthaben ohnehin alle Einkünfte eingehen.

84 Unterschreitet der pfändungsfreie Betrag den notwendigen Unterhalt des Schuldners bzw seinen besonderen Bedarf, kann er nach **§ 850f I** eine Heraufsetzung beanspruchen. Da im Grundfreibetrag Unterhaltsleistungen ggü Angehörigen nicht berücksichtigt sind, kann eine solche Situation schnell eintreten. Vorrangig müssen freilich zunächst Schutzanträge nach den anderen Normen gestellt werden. Ggf ist ein Antrag nach § 850f I entspr auszulegen.

85 Bei titulierten Forderungen aus vorsätzlich begangener unerlaubter Handlung kann der Gläubiger nach **§ 850f II** die privilegierte Vollstreckung verlangen. Sofern bereits der Pfändungsbeschluss das Vorrecht bestimmt, ist analog § 850k III eine nochmalige gerichtliche Entscheidung entbehrlich.

86 Schuldner und Gläubiger können nach **§ 850g** eine Anpassung des Pfändungsbeschlusses an veränderte Verhältnisse verlangen.

87 Auf Antrag des Schuldners sind nicht wiederkehrend zahlbare Einkünfte oder sonstige Einkünfte, die kein Arbeitseinkommen darstellen, nach Maßgabe von **§ 850i** auch über den Grundfreibetrag hinaus pfändungsfrei zu stellen.

Für Altersrenten nach **§ 851c** und das steuerlich geförderte Altersvorsorgevermögen gem **§ 851d** sind die Regelungen für das Arbeitseinkommen entspr anzuwenden. **88**

Zulässig sind auch die Anordnungen nach **§ 54 II, III Nr 1 bis 3, IV, V SGB I.** **89**

Der Schuldner kann auch beantragen, Leistungen gem **§ 17 I 2 SGB XII** für unpfändbar zu erklären. **90**

Der Anspruch auf Kindergeld kann nach **§ 76 EStG** im Wege einer Anlasspfändung für vollstreckbar erklärt werden. **91**

c) **Sonstiges.** Für die jeweiligen Verfahren gelten die speziellen Verfahrensvorschriften, etwa über Anhörung, Zustellung und Rechtsbehelfsberechtigung. Das Vollstreckungsgericht muss grds den **pfändungsfreien Betrag bestimmen**, dh summenmäßig festlegen (BGH NJW 12, 79 Tz 8). Bei Änderungen der unpfändbaren Bezüge durch Einkünfte nach § 850a muss der Schuldner rechtzeitig entsprechende Änderungsanträge stellen (*Langenhahn/Zimmermann/Zipf* ZVI 10, 440, 441). Bei monatlich wechselnden Einkünften, etwa durch Leistungsbezüge, muss der Freibetrag nicht beziffert, sondern kann durch die Bezugnahme auf das vom Arbeitgeber des Schuldners überwiesene Arbeitseinkommen festgesetzt werden (BGH NJW 12, 79 Tz 8). Dies kommt insb bei einer Doppelpfändung von Gehalt und Kontoguthaben in Betracht (LG Münster ZVI 11, 257, 258). Das Kreditinstitut hat dann im Einzelfall zu prüfen, in welcher Höhe Arbeitseinkommen eingegangen ist. Dafür genügt, wenn der im Beschl bezeichnete Arbeitgeber als Anweisender ersichtlich ist und aus der Anweisung etwa ersichtlich wird, dass es sich um die Vergütung handelt (BGH NJW 12, 79 Tz 13 f). **92**

4. Wirkung. Die Änderung des unpfändbaren Betrags erfolgt mit dem Wirksamwerden der gerichtlichen Entscheidung. Das Gericht kann vorweg zur Sicherung seiner Entscheidung eine einstweilige Anordnung entsprechend § 732 II erlassen. Die gerichtliche Entscheidung entfaltet zunächst eine Rechtskraftwirkung zwischen den beteiligten Parteien. Bei den privilegierten Pfändungen nach § 850d, 850f II bleibt die Wirkung auf das Verhältnis zum bevorrechtigten Gläubiger beschränkt. Eine Heraufsetzung des unpfändbaren Betrags muss bei **mehrfachen Pfändungen** notwendig auch ggü nachpfändenden Gläubigern gelten. Sonst könnte der nachrangige Gläubiger auf den Differenzbetrag zum Basispfändungsschutz zugreifen und wäre bevorteilt (Stöber Rn 1300t; *Homann* ZVI 10, 405; aA *Bitter* ZIP 11, 149, 155). Die Anordnung bleibt auch bei geänderten Verhältnissen bestehen, kann aber nach dem Gedanken aus § 850g geändert werden. **93**

F. Kontoführung. I. Verfügungen über das Guthaben (Abs 5 S 1). Der Schuldner kann nach Abs 5 S 1 über das pfändungsfreie Guthaben iRd vertraglichen Vereinbarungen verfügen. Sein Verfügungsrecht erstreckt sich auf den Grundfreibetrag gem Abs 1 S 1, die Aufstockungsbeträge gem Abs 2 und ist ggf gem Abs 3 und Abs 4 zu korrigieren. Der Schuldner darf in jeder zulässigen Art verfügen. Eingeschlossen sind Überweisungen, Lastschriften und Einzugsermächtigungen. Er darf seine Verfügungen iRd bankrechtlich Zulässigen ändern, widerrufen und wiederholen. Auch die Verfügung aufgrund einer zulässigen Kreditkartennutzung fällt darunter. Die Freiheit zu abweichenden vertraglichen Vereinbarungen wird durch die gesetzlichen Aufrechnungsschranken limitiert. Gemäß Abs 5 S 5 gelten die Sätze 2–4 auch für eine Hinterlegung. Kontovollmachten sind zulässig (*Bitter* ZIP 11, 149, 151). **94**

II. Leistung bei Aufstockung (Abs 5 S 3). Nach Abs 5 S 2 muss das Kreditinstitut den Schuldner über den Aufstockungsbetrag gem Abs 2 verfügen lassen, wenn der Schuldner seine Berechtigung durch eine Bescheinigung nachweist. Diese privatrechtliche Entscheidung besitzt keine Bindungswirkung. Als Kompensation schafft Abs 5 S 3 eine **Gutglaubensregelung**, wonach die Leistung des Kreditinstituts an den Schuldner befreiende Wirkung besitzt, wenn ihm die Unrichtigkeit der Bescheinigung weder bekannt noch infolge grober Fahrlässigkeit unbekannt war. Grob fahrlässig handelt das Kreditinstitut, wenn ihm ein besonders schwerer Verstoß gegen die objektiv erforderliche Sorgfalt zur Last fällt. Ganz naheliegende Überlegungen dürfen nicht angestellt oder müssen beiseite geschoben worden sein und es muss dasjenige unbeachtet geblieben sein, was sich im gegebenen Fall jedem aufgedrängt hätte. Bei der groben Fahrlässigkeit liegt eine auch subjektiv schlechthin unentschuldbare Pflichtverletzung vor. Maßgebend ist die Kenntnis bzw grob fahrlässige Unkenntnis eines Wissensvertreters. **95**

Geschützt wird allein die Überzeugung in die **Richtigkeit der Bescheinigung**. Andere, auch leicht fahrlässig begangene Irrtümer werden nicht privilegiert. Bei Tatsachenirrtümern, Berechnungsfehlern oder Irrtümern in der Rechtsanwendung wird das Kreditinstitut nicht befreit. **96**

III. Übertragung des Freibetrags (Abs 1 S 2). Hat der Schuldner über den unpfändbaren Teil des Guthabens nicht vollständig verfügt, wird dieser Anteil des Guthabens im folgenden Monat zusätzlich zum nach **97**

Abs 1 S 1 geschützten Betrag **nicht von der Pfändung erfasst**. Hinter dieser Regelung steht ein wichtiger sozialpolitischer Gedanke. Vielfach wird der Schuldner größere Anschaffungen oder höhere Nachzahlungen tätigen müssen und die Kosten dafür nicht aus seinen laufenden unpfändbaren Kontoguthaben aufbringen können. Hier ist es angebracht, ein sparsames Wirtschaften zu privilegieren. Nicht verbrauchte Guthabenbeträge sind deswegen auf den Folgemonat zu übertragen, Abs 1 S 2. Übertragen werden kann aber nur ein konkretes Guthaben, nicht aber der abstrakte unverbrauchte Pfändungsfreibetrag ohne entsprechende Forderungen gegen das Kreditinstitut (AG Köln ZIP 11, 168, 169). Die Übertragbarkeit ist keine Pfändungs-, sondern eine **Kontowirkung**, denn Abs 1 S 3 setzt weder ausdrücklich noch systematisch eine Pfändung voraus. Bereits vor der erstmaligen Kontopfändung kann deswegen ein Guthaben in Höhe des unpfändbaren Betrags auf den Folgemonat übertragen werden, da der Schuldner Anschaffungen planen oder Nachzahlungen erwarten kann. Die Übertragbarkeit gilt gem Abs 1 S 3 für den Basispfändungsschutz. Sie gilt aber auch für den vom Kreditinstitut zu beachtenden Aufstockungsbetrag, da Abs 3 und Abs 5 S 1 insgesamt auf Abs 1 und damit auch auf die Übertragungsregelung verweisen. Führt eine gerichtliche Entscheidung zur Änderung des unpfändbaren Betrags, ist dieser wegen der Verweisungen in Abs 5 S 4 auf Abs 2 iVm Abs 1 und in Abs 4 auf Abs 1 übertragbar (*Homann* ZVI 10, 405, 406).

98 Wird ein gepfändetes Konto binnen vier Wochen seit Zustellung des Überweisungsbeschlusses in ein Pfändungsschutzkonto umgewandelt, bestehen **rückwirkend** ebenso der Pfändungsschutz wie die gesetzliche Übertragungswirkung. Dies stellt Abs 1 S 4 klar. Über den nicht verbrauchten Betrag kann nach Abs 1 S 3 im Folgemonat zusätzlich zum pfändungsfreien Betrag nach Abs 1 S 1 verfügt werden. Damit ist zunächst, aber nicht abschließend, auf den Basispfändungsschutz Bezug genommen. Da nach § 850k III, IV 1, V 1 der dort jeweils bestimmte Betrag an die Stelle des pfändungsfreien Grundbetrags tritt, ist der übertragbare Teil dem geänderten Freibetrag hinzuzurechnen. Sonst könnte der Schuldner bei einer geringfügigen Übertragung schlechter als ohne sie dastehen.

99 Offen ist, ob lediglich eine einmalige (so wohl BGH NJW 12, 79 Tz 15; Zö/*Stöber* Anh § 850k, § 850k Rn 5; Musielak/*Becker* § 850k Rn 2; ; *Dörndorfer* JurBüro 09, 626, 628; *Büchel* ZInsO 10, 20, 25; *Homann* ZVI 10, 365, 366) oder auch eine **mehrmalige Übertragung** (*Ahrens* NJW 10, 2001, 2005; B/L/A/H § 850k Rn 16) zulässig ist. Da ein übertragenes Guthaben im Saldo eingestellt ist, existiert kein separater Betrag. Regelmäßig ist deswegen nicht feststellbar, ob das Guthaben zunächst ausgegeben und in den folgenden Monaten ein neues Guthaben übertragen wird. Da das Übertragungsrecht für jeden Monat besteht, ist eine solche Handhabung zulässig. Die Entwurfsfassung deutete allerdings stärker auf ein einmaliges Übertragungsrecht hin. Die Gesetzesmaterialien sind wenig klar, denn einerseits wird von quartalsweise entstehenden Kosten (BTDrs 16/7615, 18 f), andererseits einer Übertragung des Guthabens auf den Folgemonat gesprochen (BTDrs 16/12714, 19). Für eine wiederholte Übertragungsmöglichkeit kann insb auf den Gesetzeszweck verwiesen werden, denn viele höhere Ausgaben (Heizkostennachzahlungen, Reparaturen, Anschaffungen) werden nicht mit einer einmaligen Übertragung zu bewältigen sein. Vor allem spricht aber die bankrechtliche Ausgestaltung des Kontokorrents gegen eine allein einmalige Übertragungsmöglichkeit. Gutschriften werden in den pfändbaren Tagessaldo (BGHZ 80, 172, 175 f) eingestellt. Mit der Einstellung in das Kontokorrent verlieren die Einzelforderungen ihre rechtliche Selbständigkeit und werden zu Rechnungsposten, die später die Grundlage der Saldofeststellung bilden (BGHZ 162, 349, 351). Erfolgen an anderen Tagen weitere Haben- und Belastungsbuchungen, werden neue Tagessalden gebildet. Aufgrund der Saldierung ist grds nicht feststellbar, ob in dieser Situation zunächst über eine in einen früheren Tagessaldo eingestellte Forderung verfügt und eine neue Forderung in den Folgemonat übertragen wird. Bereits dies schließt es aus, allein eine einmalige Übertragung zuzulassen. Mit Anerkennung des Saldos gehen zudem die Einzelforderungen unter und es verbleibt nur der Anspruch aus dem Saldoanerkenntnis (BGHZ 80, 172, 176; 133, 349, 355). Spätestens danach müsste wieder von einer erstmaligen Übertragung gesprochen werden. Gegenständlich ist das Übertragungsrecht nicht begrenzt. Die **Höhe** des übertragbaren Guthabens ist anfangs nach dem jeweils unpfändbaren Betrag zu bestimmen, also dem Sockelbetrag gem Abs 1 S 1 bzw dem Aufstockungsbetrag aus Abs 2 oder dem gerichtlich festgesetzten Betrag nach Abs 4. Sowohl Abs 2 als auch Abs 4 bestimmen, dass die veränderten Freibeträge an die Stelle der in Abs 1 genannten Beträge, dh auch an die des übertragbaren Guthabens treten. Unterschreiten die Zahlungseingänge den pfändungsfreien Betrag, wird die Differenz nicht als fiktives Guthaben auf den Folgemonat übertragen. Bei einer mehrfachen Übertragung (Rz 99), kann der Übertragungsbetrag den monatsweise unpfändbaren Betrag übersteigen. Um den Interessen des Gläubigers Rechnung zu tragen, kann dieser analog Abs 9 S 1 beim Vollstreckungsgericht beantragen, dem Schuldner nur das aktuelle Guthaben und das aus dem Vormonat zu belassen. Der Schuldner hat dann entsprechend Abs 4 S 1 darzulegen, dass er aus dem Guthaben eine erforderliche Anschaffung oder Nachzahlung tätigen will.

IV. Verrechnung und Aufrechnung. 1. Aufrechnungsverbot gem § 394 BGB. Die Pfändungsschranken des Zwangsvollstreckungsrechts wirken nach § 394 BGB zugleich als Aufrechnungsverbote, die das Kreditinstitut in seinen **Verrechnungs- und Aufrechnungsmöglichkeiten** beschränken. Allerdings hat der BGH eine kontokorrentmäßige Verrechnung des pfändungsfreien Arbeitseinkommens für zulässig erklärt. § 850k aF sollte dem nicht entgegenstehen, weil die Regelung darauf beschränkt war, dem Schuldner Kontenschutz gegen Vollstreckungszugriffe seines Gläubigers durch Herbeiführung einer konstitutiven Entscheidung des im Verhältnis zwischen dem Kunden und der Bank nicht zuständigen Vollstreckungsgerichts zu ermöglichen (BGH NJW 05, 1863, 1864). 100

Das Pfändungsschutzkonto schafft demgegenüber einen allg Vollstreckungsschutz, der auch im Verhältnis zum Kreditinstitut wirkt und Verrechnungen prinzipiell einschränkt (*Kohte* VuR 10, 257, 258). Sonst wären die Sonderregelungen in Abs 6 nicht erforderlich gewesen. Dieses prinzipielle Aufrechnungsverbot besteht zunächst in **Höhe** des Grundfreibetrags. Die Gesetzesbegründung stellt nur hierauf ab, schließt aber einen Schutz von insb gerichtlich festgesetzten höheren Beträgen nicht aus (BTDrs 16/7615, 19). Dies folgt insb aus Abs 6 S 3, der bei einer gegenteiligen Ansicht entbehrlich wäre. Das Aufrechnungsverbot besteht auch für die Aufstockungsbeträge gem Abs 2 und die Beträge, die aufgrund gerichtlicher Entscheidung nach Abs 4 für unpfändbar erklärt sind. Soweit das Kreditinstitut aufgrund von Verfügungen des Schuldners aus dem Guthaben geleistet hat, bleibt es zur Saldierung berechtigt. 101

2. Zulässige Verrechnungen und Aufrechnungen (Abs 6). a) Sozialleistungen und Kindergeld. Wird dem Pfändungsschutzkonto eine Sozialleistung oder Kindergeld gutgeschrieben, darf das Kreditinstitut die Guthabenforderung für die Dauer von vierzehn Tagen nur mit solchen Forderungen verrechnen oder hiergegen aufrechnen, die ihm als **Entgelt** für die Kontoführung oder aufgrund von **Verfügungen** des Berechtigten innerhalb dieses Zeitraums zustehen, Abs 6 S 1. Selbst wenn das Konto im Soll geführt wird, kann der Kontoinhaber damit über die eingegangenen Sozialleistungen abzgl dem vertraglichen Kontoführungsentgelt verfügen. Aufgabe ist einerseits den gebotenen erhöhten Schutz dieser Leistungen sicherzustellen, andererseits aber auch den berechtigten Interessen des Kreditinstituts zu genügen. Bis zum 31.12.11 stand diese Regelung neben den §§ 55 SGB I, 76a EStG, die den Pfändungs- und Aufrechnungsschutz außerhalb des P-Kontos betreffen. Ab dem 1.1.12 besteht ein Aufrechnungsschutz nur noch für die auf ein Pfändungsschutzkonto gezahlten Leistungen. 102

Geschützt sind das Kindergeld sowie sämtliche Geldleistungen aus dem SGB einschl seiner besonderen Teile iSd § 68 SGB I. Der Schutz besteht für die Dauer von vierzehn Tagen ab Gutschrift in Höhe der gesamten Sozialleistung. Wird das Konto als Guthabenkonto geführt, steht dem Kontoinhaber der nach den Abs 1 bis 5 unpfändbare Betrag zu. Wird das Konto mit einem über den Zahlungseingang hinausgehenden Sollbetrag geführt, kann der Schuldner nach der gesetzlichen Regelung über die gesamte Sozialleistung verfügen, selbst wenn sie den unpfändbaren Betrag übersteigt. Beträgt der Debetsaldo 2.000,– € und wird dem Konto eine monatliche Sozialversicherungsrente von 1.400,– € gutgeschrieben, kann der Schuldner über diesen Betrag abzgl der Kontoführungsgebühren verfügen (*Homann* ZVI 10, 405, 406). Ist der unpfändbare Betrag durch gerichtliche Entscheidung bestimmt worden, wirkt diese auch ggü dem Auszahlungsanspruch auf Sozialleistungen bei einem Debetstand. Dadurch lassen sich die Wertungswidersprüche zum Guthabenkonto auflösen. Erreicht das Debet nicht die Höhe der Sozialleistung, besteht ein Auszahlungsanspruch in Höhe des Debets nach Abs 6 und iÜ nach den allgemeinen Regeln. Bei einem Soll von 500,– € und einer Sozialversicherungsrente von 1.500,– € sind 500,– € abzgl der Kontoführungsgebühr nach Abs 6 und 485,15 € nach Abs 1 auszuzahlen. 103

Zulässig ist eine Verrechnung mit Forderungen aus Verfügungen des Schuldners während der vierzehntägigen Schutzperiode. Der Schuldner kann dadurch das Guthaben abheben und zweckentsprechend verwenden. Ebenso zugelassen ist die Aufrechnung mit Entgeltforderungen des Kreditinstituts. Auch diese Forderungen müssen dem Kreditinstitut innerhalb der vierzehntägigen Schutzfrist zustehen. Da Entgelte periodenbezogen entstehen, ist zu beantworten, welche Entgelte zu berücksichtigen sind. In Betracht kommen die Entgelte für den vierzehntägigen Zeitraum, die im Zeitraum fällig gewordenen Entgelte unabhängig von ihrem Zeitbezug oder sämtliche noch nicht erfüllten Entgelte. Die erstgenannte Alternative scheidet aus, um dem Kreditinstitut nicht eine Umrechnung auf die Vierzehntagesfrist abzuverlangen. Die letztge- 104 nannte Alternative erscheint nicht mit dem Schutzzweck von Abs 6 S 1 vereinbar. Angemessen sind aber die während des Zeitraums vertragsgemäß entstehenden, also fällig gewordenen Vergütungen.

105 Für die nach den gem Abs 6 S 1 zulässigen Verrechnungen und Aufrechnungen existierende Gutschrift ordnet Abs 6 S 2 eine **Auszahlungspflicht** ggü dem Schuldner an. Innerhalb der vierzehntägigen Schutzfrist darf das Kreditinstitut die Ausführung von Zahlungsvorgängen über die verbleibende Gutschrift nicht wegen mangelnder Deckung verweigern, soweit der Berechtigte nachweist oder dem Kreditinstitut bekannt ist, dass es sich um Sozialleistungen oder Kindergeld iSd Vorschrift handelt. Die Leistungspflicht gilt in Höhe der Sozialleistungen und des Kindergelds abzgl der zulässigen Verrechnungen oder Aufrechnungen während der vierzehntägigen Schutzperiode. Den Nachweis kann der Schuldner mit allen Mittel, nicht nur den in Abs 5 S 2 vorgesehenen Bescheinigungen führen. Regelmäßig wird es genügen, wenn die Überweisung vom entspr Träger stammt und den Zweck benennt. Ggf kann ein entspr Leistungsbescheid vorgelegt werden.

106 b) **Andere unpfändbare Beträge ua.** Das Entgelt des Kreditinstituts darf nach Abs 6 S 3 ebenfalls mit anderen unpfändbaren Beträgen verrechnet werden. Gegen den pfändbaren Betrag des Guthabens kann dem Rang entspr aufgerechnet werden.

107 **G. Unzulässigkeit mehrerer Pfändungsschutzkonten. I. Ein-Konto-Regel.** Jede Person darf nur **ein Pfändungsschutzkonto** unterhalten, Abs 8 S 1. Für ein zweites Pfändungsschutzkonto des Schuldners besteht kein Bedürfnis, zumal dem Schuldner kein doppelter Pfändungsfreibetrag zustehen darf. Nach der Gesetzesbegründung und der ganz überwiegenden Ansicht soll ein Pfändungsschutzkonto nicht gemeinschaftlich unterhalten werden dürfen (BTDrs 16/7615, 20). Aus der gesetzlichen Regelung folgt dies nicht zwangsläufig. Bei einem gemeinschaftlichen Konto hat jeder Kontoinhaber Anspruch auf ein eigenes Pfändungsschutzkonto. Deswegen besteht kein Bedürfnis für ein als »Und-« bzw »Oder-Konto« unterhaltenes Pfändungsschutzkonto. Andere Girokonten des Schuldners sind von dieser Beschränkung nicht betroffen. Zudem kann einer anderen Person die Verfügungsbefugnis über das Konto eingeräumt werden (BTDrs 16/7615, 20 f).

108 **II. Schutz vor Mehrfachkonten. 1. Grundlagen.** Der Schutz vor Mehrfachkonten erfolgt mit **unterschiedlichen Instrumentarien.** Bei Einrichtung eines Pfändungsschutzkontos muss der Schuldner in einer formalisierten Erklärung versichern, keine weiteren Pfändungsschutzkonten zu unterhalten, Abs 8 S 2. Bei dieser Regelung handelt es sich um kein Schutzgesetz iSv § 823 II BGB. Die Einrichtung mehrerer Pfändungsschutzkonten ist wirksam (*Ahrens* NJW 10, 2001, 2003). Deswegen wird zusätzlich ein privatwirtschaftliches Überwachungssystem ermöglicht und ein gerichtliches Klärungsverfahren installiert. Eine vollstreckungsrechtliche Sanktion, etwa durch Verlust des Pfändungsschutzes auf dem verbleibenden Schutzkonto, ist aus guten Gründen nicht vorgesehen. Einerseits müssten dann systemwidrige Überwachungsaufgaben installiert werden, andererseits könnte das Existenzminimum des Schuldners gefährdet sein. Möglich sind aber Schadensersatzansprüche des Gläubigers bei einer unzutreffenden Versicherung des Schuldners (Rz 33). Eine **außerordentliche Kündigung** des Zahlungsdiensterahmenvertrags durch die Bank, nachdem Mehrfachkonten aufgedeckt worden sind, ist regelmäßig unzulässig. Mit der gerichtlichen Entscheidung nach Abs 9 ist ein besonderer Lösungsweg installiert worden, der nicht unterlaufen werden darf. Nach der gerichtlichen Entscheidung besteht kein begründeter Bedarf. Zudem treffen die wirtschaftlichen Folgen den Gläubiger und nicht den Drittschuldner.

109 **2. Anfrage bei Auskunfteien (Abs 8 S 3 bis 5).** Abs 8 ist durch Art 8 des Gesetzes zur Umsetzung der Dienstleistungsrichtlinie in der Justiz und zur Änderung weiterer Vorschriften vom 22.12.10 (BGBl I, 2248) novelliert worden. Dabei beschränkt sich die Neufassung von Abs 8 S 1 und 2 auf geringfügige redaktionelle Korrekturen. Die Änderungen von Abs 8 S 3 bis 5 beseitigen im Wesentlichen die frühere Privilegierung der SCHUFA Holding AG, die im alten Gesetzestext als einzige zulässige zentrale Informationsstelle genannt war. An der Verfassungs- und Europarechtskonformität dieser Regelung sind mit guten Gründen Zweifel geäußert worden (*Schröder* ZVI 09, 400). Nunmehr besteht die Berechtigung allgemein für **Auskunfteien.** Die Novellierung ermöglicht den Kreditinstituten, andere Auskunfteien über das Bestehen eines Pfändungsschutzkontos zu unterrichten, Abs 8 S 3. Die **Mitteilung** ist freiwillig (»darf«), wird aber im Eigeninteresse der Kreditinstitute regelmäßig erfolgen. Nach der Gesetzesfassung darf das Kreditinstitut auch mehrere Auskunfteien informieren. Weitergegeben werden dürfen die äußeren Kontodaten, dh Name und Anschrift des Kunden sowie des Kreditinstituts und die Kontonummer, außerdem die Führung als Pfändungsschutzkonto. Eine Rechtsgrundlage zur Erhebung weiterer Daten besteht danach nicht.

Abs 8 S 4 stellt eine strenge **Zweckbindung** auf. Die Mitteilung dient der Information der Banken und soll Mehrfachpfändungsschutzkonten verhindern. Sie dient nicht der Information etwaiger Gläubiger und darf daher nicht zur Beurteilung der Kreditwürdigkeit des Schuldners oder für die Berechnung von Score-Werten verwendet werden (BTDrs 17/3356 S 18 f). Diese Zweckbindung beschränkt die Verwendung der Daten, lässt aber die Auskunftsrechte der Betroffenen gem § 34 BDSG sowie die Kontrollbefugnisse der Aufsichtsbehörde gem § 38 BDSG unberührt. Nach **Abs 8 S 5** darf die Angabe selbst mit Einwilligung des Kontoinhabers nicht für einen anderen als den vorgesehenen Zweck erhoben, verarbeitet oder genutzt werden. 110

3. Gerichtliche Entscheidung (Abs 9). a) Antrag. Unterhält der Schuldner mehrere Pfändungsschutzkonten, können die Wirkungen der weiteren Pfändungsschutzkonten durch gerichtliche Entscheidung beseitigt werden, Abs 9 S 1. Nach Ansicht des Gesetzgebers soll allerdings der Vertrag über ein etwaiges zweites Pfändungsschutzkonto gegen ein gesetzliches Verbot verstoßen und damit gem § 134 BGB nichtig sein (BTDrs 17/3356 S 18). Dazu passt allerdings weder das Bestimmungsrecht des Gläubigers noch die gerichtliche Entscheidung nach Abs 9. Erforderlich ist der **Antrag** eines Gläubigers. Den Antrag kann jeder Gläubiger mit einem Pfändungspfandrecht an einem Pfändungsschutzkonto stellen. Antragsberechtigt ist also auch ein nachrangiger Gläubiger. Der Antrag ist bei dem nach § 828 II zuständigen Vollstreckungsgericht zu stellen. Stellen mehrere Gläubiger einen Antrag auf gerichtliche Entscheidung, ist der erste Antrag maßgebend (aA Musielak/*Becker* § 850k Rn 10, der Antrag des bestrangigen Schuldners). 111

In seinem Antrag trägt der Gläubiger die **Darlegungs- und Beweislast** dafür, dass der Schuldner mehrere Girokonten als Pfändungsschutzkonten unterhält. Seine Beweislast wird allerdings durch Abs 9 S 2 modifiziert. Als Zulässigkeitsvoraussetzung muss der Gläubiger das Bestehen mehrerer Pfändungsschutzkonten durch Erklärungen der Drittschuldner glaubhaft machen. Es genügt damit ein geringerer Grad der richterlichen Überzeugung, der erreicht ist, wenn die behauptete Tatsache überwiegend wahrscheinlich ist (§ 294 Rz 2). Abw von § 294 sind die zulässigen Beweismittel beschränkt, denn der Gläubiger darf sich allein auf präsente schriftliche Erklärungen berufen. Gesetzlich verlangt werden Erklärungen der Drittschuldner. Die etwa auf eine SCHUFA-Auskunft gestützte Erklärung eines Kreditinstituts genügt daher nicht. Erforderlich sind Erklärungen sämtlicher Drittschuldner. Verlangt werden regelmäßig **Drittschuldnererklärungen** nach § 840 I Nr 5, § 316 I Nr 5 AO (BTDrs 16/12714, 21). Als Beweismittel zulässig sind zwar auch andere Erklärungen der Kreditschuldner, doch ist allein die Drittschuldnerauskunft kostenfrei. 112

Dem Gläubiger steht nach Abs 9 S 1 ein **Bestimmungsrecht** zu, welches Girokonto dem Schuldner als Pfändungsschutzkonto verbleibt. Der Gläubiger wird regelmäßig das Konto wählen, bei dem sein Pfändungspfandrecht den schlechtesten Rang besitzt. Da beim ausgewählten Konto der Pfändungsschutz fortbesteht, sind auch die Interessen des Schuldners regelmäßig gewahrt. Eine Bankgebühr für die Rückumwandlung der überzähligen, nicht ausgewählten Konten ist zulässig, weil der Schuldner keinen Anspruch auf diesen Pfändungsschutz hatte. 113

b) Weiteres Verfahren. Eine mündliche Verhandlung ist nicht vorgeschrieben, § 128 IV. Eine **Anhörung** des Schuldners unterbleibt nach § 850k IX 3. Wie iRv § 834 anerkannt, ist der Schuldner auf Antrag des Gläubigers zu hören (§ 834 Rz 6). Andere Gläubiger müssen nicht gehört werden. 114

c) Entscheidung. Die Entscheidung erfolgt durch den funktionell zuständigen Rechtspfleger, § 20 Nr 17 RPflG. Das Gericht muss das vom Gläubiger benannte Konto wählen. Dem Vollstreckungsgericht steht dabei kein Ermessensspielraum zu. Sind Bestimmungsanträge mehrerer Gläubiger anhängig, muss das Gericht nach dem Prioritätsprinzip vorgehen. Mit Bestimmung des Pfändungsschutzkontos sind die nachfolgenden Anträge erledigt. Die Entscheidung ist nach Abs 9 S 4 allen Drittschuldnern zuzustellen. 115

d) Wirkung. Mit Zustellung der Entscheidung an die Kreditinstitute, deren Konten nicht zum Pfändungsschutzkonto bestimmt sind, entfällt gem Abs 9 S 5 der Pfändungsschutz nach den Abs 1 bis 6 für die betreffenden Konten. Sie sind als Girokonten von den Kreditinstituten fortzuführen. Da bei einem erfolgreichen Rechtsbehelf der Pfändungsschutz nicht rückwirkend begründet werden kann, sollte das Vollstreckungsgericht die Aufhebung vom Eintritt der Rechtskraft abhängig machen. Der Pfändungsschutz entfällt für jedes Konto mit der Zustellung. Die Folge tritt ggü jedermann ein (Musielak/*Becker* § 850k Rn 10), begünstigt also auch die nicht am Verfahren beteiligten Gläubiger. Am ausgewählten Konto bleibt der Schutz bestehen. Soweit der Gläubiger ein bestehendes Pfändungsschutzkonto in seinem Antrag nicht aufgenommen oder den Beweis nicht geführt hat, existiert der Pfändungsschutz dort ebenfalls fort. 116

117 **H. Rechtsbehelfe. I. Gegen die Festsetzung des Aufstockungsbetrags.** Hat das Kreditinstitut einen Aufstockungsbetrag nach Abs 2 festgesetzt oder abgelehnt, ist zwar kein Rechtsschutz vorgesehen. Eine unüberprüfbare Festsetzung durch eine Privatperson wäre aber systemwidrig. Klarstellungsbeschlüsse sind zudem weithin anerkannt. Deswegen können die Einwendungen gegen den Aufstockungsbetrag seitens des Schuldners oder des Gläubigers im gerichtlichen Bestimmungsverfahren gem Abs 5 S 4 geltend gemacht werden.

118 **II. Gegen die Entscheidung im gerichtlichen Bestimmungsverfahren (Abs 5 S 4).** Wurde das gerichtliche Bestimmungsverfahren auf Antrag des Schuldners eingeleitet, kann dieser gegen die Entscheidung nach den §§ 793, 567 ff sofortige Beschwerde einlegen. Hat das Gericht den Gläubiger angehört, kann dieser die sofortige Beschwerde, §§ 793, 567 ff, sonst die Erinnerung nach § 766 einlegen. In einem auf Gläubigerantrag eingeleiteten Bestimmungsverfahren ist dieser gem den §§ 793, 567 ff zur sofortigen Beschwerde berechtigt. Bei Anhörung des Schuldners kann er die sofortige Beschwerde, §§ 793, 567 ff, sonst die Erinnerung nach § 766 einlegen.

119 **III. Gegen die gerichtliche Entscheidung (Abs 4).** Es bestehen grds die für die jeweiligen Änderungsgründe geltenden Rechtsbehelfe. Soweit im Einzelfall der Antragsteller nicht mit dem aus dem allg Änderungsgrund identisch ist, vgl § 850c II, III, ist dem Antragsteller die sofortige Beschwerde gem den §§ 793, 567 ff eröffnet.

120 **IV. Aufhebung von Pfändungsschutzkonten (Abs 9 S 1).** Der antragstellende Gläubiger ist zur sofortigen Beschwerde, §§ 793, 567 ff berechtigt. Wurde der Schuldner nicht angehört, kann er die Erinnerung gem § 766 einlegen, sonst die sofortige Beschwerde, §§ 793, 567 ff. Ein nicht angehörter anderer Gläubiger ist zur Erinnerung gem § 766 berechtigt. Den Kreditinstituten steht kein Rechtsbehelf zu.

121 **I. Insolvenz.** Als Folge der Verweisung in **§ 36 I 2 InsO** auf § 850k unterliegt das pfändungsfreie Guthaben auf dem Pfändungsschutzkonto nicht dem Insolvenzbeschlag. Das Umwandlungsrecht bleibt auch nach Eröffnung des Insolvenzverfahrens für den Schuldner bestehen, der verfahrensbezogene Anträge stellen kann. Der Insolvenzverwalter/Treuhänder ist nicht berechtigt, die Umwandlung zu verlangen (AG Kandel BeckRS 2011, 22915). Für die Einkünfte von Selbständigen resultiert daraus eine veränderte Situation. Nach der Rspr des BGH zu § 850i unterliegen sie im vollen Umfang dem Insolvenzbeschlag, doch können sie auf Antrag freigegeben werden (BGH NZI 03, 389, 392). Diese Beschlagswirkung an der Quelle gilt unverändert fort. Der Drittschuldner kann deswegen befreiend nur an den Insolvenzverwalter/Treuhänder leisten. Sobald die Einkünfte auf das Pfändungsschutzkonto überwiesen werden, sind sie freilich in der entsprechenden Höhe unpfändbar und dem Zugriff des Verwalters entzogen (*du Carrois* ZInsO 09, 1801, 1803).

122 Teilweise wird angenommen, dass das Pfändungsschutzkonto als Geschäftsbesorgungsvertrag zusammen mit der Girovereinbarung gem den **§§ 115, 116 InsO** bei Eröffnung des Insolvenzverfahrens erlischt (*du Carrois* ZInsO 09, 1801, 1805; *Knees* ZInsO 2011, 511). Allerdings erlöschen nur Aufträge, die sich auf das zur Insolvenzmasse gehörende Vermögen des Schuldmers beziehen. Da das unpfändbare Guthaben auf dem Konto nicht zur Masse gehört und das Pfändungsschutzkonto auf Guthabenbasis geführt wird, ist das Pfändungsschutzkonto insolvenzfest (*Büchel* ZInsO 10, 20, 26; *Jaquemoth/Zimmermann* ZVI 2010, 113 [116]; *Busch* VIA 2010, 57 [58]; *Bitter* ZIP 11, 149, 158; s.a. *Kohte/Busch* ZVI 06, 142, 143). Der Insolvenzschutz besteht auch dann fort, wenn auf dem Konto Gutschriften eingehen, welche die Pfändungsfreibeträge übersteigen, denn es ist keine gespaltene Behandlung für unpfändbare und pfändbare Vermögenswerte möglich.

123 Da der Pfändungsschutz an der Quelle, etwa bei Arbeitseinkommen, höher sein kann als der Basispfändungsschutz durch das Pfändungsschutzkonto, solange der Schuldner keine Aufstockungsanträge gestellt hat, können auf dem Konto zwar nicht nach § 850c I 2, II, wohl aber nach § 850k I 1 iVm § 850c I 1 pfändbare Beträge eingehen. Die Differenzbeträge zwischen dem Pfändungsschutz an der Quelle und dem Kontopfändungsschutz unterliegen dem Insolvenzbeschlag. Lastschriften, die das pfändungsfreie Guthaben betreffen, sind allein vom Schuldner zu genehmigen (BGH NZI 2010, 731 Tz 33; zur konkludenten Genehmigung BGH ZIP 11, 91 Tz 16 ff). Übersteigt der Betrag der Lastschriften die unpfändbaren Summen, entscheidet der Schuldner, welche Lastschriften er aus dem Schonvermögen erfüllen will.

124 **J. Kosten.** Im gerichtlichen Verfahren nach Abs 4 gelten die für die jeweiligen Änderungsgründe bestimmten Kosten. In den Verfahren nach Abs 5 und 9 sind keine besonderen **Gerichtsgebühren** vorgesehen. Die

Anwaltsgebühren in diesen beiden Verfahren mit einem Satz von 0,3 der Gebühr entsteht gem § 18 Nr 3 RVG iVm VV 3309. Der Gegenstandswert ist nach dem Betrag der zu vollstreckenden Forderung einschl der Nebenforderungen zu bestimmen, § 25 I Nr 1 RVG. Ist die Vollstreckungsgebühr bereits entstanden, fällt für die Anträge nach § 850k keine neue Gebühr an.

§ 850l Anordnung der Unpfändbarkeit von Kontoguthaben auf dem Pfändungsschutzkonto. **[1]Auf Antrag des Schuldners kann das Vollstreckungsgericht anordnen, dass das Guthaben auf dem Pfändungsschutzkonto für die Dauer von bis zu zwölf Monaten der Pfändung nicht unterworfen ist, wenn der Schuldner nachweist, dass dem Konto in den letzten sechs Monaten vor Antragstellung ganz überwiegend nur unpfändbare Beträge gutgeschrieben worden sind, und er glaubhaft macht, dass auch innerhalb der nächsten zwölf Monate nur ganz überwiegend nicht pfändbare Beträge zu erwarten sind. [2]Die Anordnung kann versagt werden, wenn überwiegende Belange des Gläubigers entgegenstehen. [3]Sie ist auf Antrag eines Gläubigers aufzuheben, wenn ihre Voraussetzungen nicht mehr vorliegen oder die Anordnung den überwiegenden Belangen dieses Gläubigers entgegensteht.**

A. Normzweck. Die Vorschrift ist durch das Gesetz zur Reform des Kontopfändungsschutzes v 7.7.09 eingefügt (BGBl I, 1707) und zum 1.7.10 in Kraft getreten. Für eine Übergangszeit regelte sie die Fortgeltung des vor dem neu geschafffenen Pfändungsschutzkontos bestehenden Kontopfändungsschutz (dazu die Kommentierung in der 3. Aufl). Dadurch sollte ein Übergang auf das neue Kontopfändungsschutzrecht erleichtert werden. Mit Wirkung zum 1.1.12 ist diese Regelung aufgehoben und durch die neue Fassung ersetzt, Art 7 des Gesetzes zur Reform des Kontopfändungsschutzes. Die im neuen Kontopfändungsschutzrecht geschaffene Vorschrift des § 833a ist mit ihrem wesentlichen Inhalt in § 850l überführt worden. 1

Die Regelung ergänzt § 850k. Während § 850k einen unpfändbaren Betrag des Kontoguthabens gewährleistet, ermöglicht es § 850l, vorübergehend die Unpfändbarkeit des Kontoguthabens anzuordnen, wenn keine Vollstreckungsaussichten bestehen. Geschützt werden damit in erster Linie die **Interessen des Schuldners**, der befristet keinen Pfändungen ausgesetzt ist. Über den bereits durch § 850k ermöglichten Schutz des angemessenen Lebensunterhalts werden weitere Einzelanordnungen und Auseinandersetzungen über einen Aufstockungsbetrag nach § 850k II entbehrlich. Dadurch werden die Gerichte entlastet und es wird der Verwaltungsaufwand des beteiligten Kreditinstituts reduziert. Als speziellere Norm ist die Vorschrift ggü § 765a vorrangig, doch bleibt § 765a subsidiär anwendbar (BTDrs 16/7615, 17). 2

Konturiert wird der schuldnerschützende Regelungsgehalt durch die abzuwägenden **Interessen des Gläubigers**, S 2 und 3. Erheblich sind aber nicht sämtliche Interessen des Gläubigers, sondern erst seine überwiegenden Belange. Regelmäßig werden deswegen die Interessen des Schuldners und damit der Schuldnerschutz dominieren. 3

B. Freistellung von Pfändungen. I. Anwendungsbereich. Hat der Gläubiger mit **keiner nennenswerten Befriedigung** zu rechnen, kann das Vollstreckungsgericht auf Antrag des Schuldners das Pfändungsschutzkonto befristet von Pfändungen freistellen, sofern dem nicht überwiegende Belange des Gläubigers entgegenstehen. Zusammen mit der Sperrfrist aus § 835 III 2, IV und dem Pfändungsschutzkonto aus § 850k sichert diese Regelung den Lebensunterhalt des Schuldners. Zugleich erleichtert sie die Kontoführung des beteiligten Kreditinstituts. Droht die Sperrfrist aus § 835 III 2, IV vor der Entscheidung nach § 850lI abzulaufen, ist eine einstweilige Einstellung der Pfändung analog den §§ 766 I 2, 732 II zulässig. 4

Die Schutzbestimmung aus § 850l knüpft an § 850k an und korrespondiert deswegen grds mit dessen sachlichen und persönlichen Anwendungsbereich. Ausdrücklich vorausgesetzt wird ein **Pfändungsschutzkonto**. Für ein nicht in ein Pfändungsschutzkonto umgewandeltes Girokonto kann die Pfändbarkeit nicht vorübergehend aufgehoben werden. Dies folgt auch aus der gesetzgeberischen Zielsetzung, ab dem 1.1.12 Kontopfändungsschutz allein über das Pfändungsschutzkonto zu gewähren. Nach dem Schutzzweck nicht ausgeschlossen ist, parallel zu einer ggü dem Kreditinsitut abgegebenen Umwandlungserklärung, die gerichtliche Freistellung zu beantragen, weil dadurch eine zeitnahe Entscheidung ermöglicht wird. Ein Schutz mehrerer Konten ist ausgeschlossen, weil der Schuldner lediglich ein Pfändungsschutzkonto führen darf. 5

Wie mit § 850k vorgegeben, muss der der Schuldner eine **natürliche Person** sein (§ 850k Rz 12). Geschützt werden kann jede natürliche Person, unabhängig von ihrer beruflichen Stellung und sozialen Rolle. Sie kann selbstständig, nicht selbstständig oder nicht erwerbstätig sein. Der Schuldner kann gewerblich tätiger 6

Unternehmer, Freiberufler, Arbeitnehmer, Arbeitsloser, Rentner, aber auch minderjährig oder rechtlich betreut sein.

7 Ein Rechtsschutzbedürfnis für den Freistellungsantrag besteht nur, wenn das Guthaben auf dem Pfändungsschutzkonto **gepfändet** wird. Es genügt eine Vorpfändung.

8 **II. Umfang der Zahlungseingänge. 1. Ganz überwiegend unpfändbare Beträge.** Die Freistellung des Kontos von der Pfändung steht unter einer **doppelten Voraussetzung**. Die Anordnung darf nur erfolgen, wenn dem Konto in den letzten sechs Monaten vor der Antragstellung nachweislich ganz überwiegend allein unpfändbare Beträge gutgeschrieben wurden. Außerdem dürfen in den nächsten zwölf Monaten nur ganz überwiegend nicht pfändbare Beträge zu erwarten sein, was der Schuldner glaubhaft machen muss, Abs 2 S 1.

9 Die vergangenen, wie die künftig zu erwartenden Beträge müssen ganz überwiegend **unpfändbar** sein. Diese Terminologie ist ungenau, weil sie offenlässt, ob die Höhe der gutgeschriebenen Forderungen nach dem Pfändungsschutz an der Quelle oder auf dem Konto bemessen werden muss. Da die Pfändungsschutzbestimmungen nicht vollständig vereinheitlicht sind, kann es hierbei zu Differenzen kommen. Seit die Freistellung von Pfändungen auf das Pfändungsschutzkonto beschränkt ist, besteht eine systematisch eindeutige Situation. Um unterschiedliche Maßstäbe auszuschließen, von dem für das freizustellende Konto geltenden Pfändungsschutz auszugehen (aA Zö/*Stöber* § 859l Rn 4, der auf den Pfändungsschutz an der Quelle abstellt). Abzustellen ist auf den für das Konto geltenden Kontopfändungsschutz, also den Grundfreibetrag nach § 850k I 1 und den bereits vom Kreditinstitut berücksichtigten Aufstockungsbetrag. Zusammen mit der Freistellung kann auch eine gerichtliche Entscheidung über den unpfändbaren Betrag nach § 850k IV, V 4 erfolgen.

10 Schwierigkeiten bereitet die Bestimmung des unpfändbaren Betrags bei **privilegierten Pfändungen** nach den §§ 850d, 850f II. Hier wird zu differenzieren sein. Soweit eine bevorrechtigte Pfändung bereits ausgebracht ist, wird das unpfändbare Einkommen nach dem in diesem Fall dem Schuldner zu belassenden Einkommen zu berechnen sein. Ist noch keine bevorrechtigte Pfändung erfolgt, ist vom Grundfreibetrag bzw dem Aufstockungsbetrag auszugehen. Will ein privilegierter Gläubiger das freigestellte Guthaben pfänden, kann er einen Antrag nach § 850l S 3 stellen.

11 Da das Gesetz auf **ganz überwiegend unpfändbare Beträge** abstellt, sind geringfügige Überschreitungen der Pfändungsgrenzen unbeachtlich. Eine feste Grenze, ab wann höhere Zahlungseingänge schädlich sind, existiert nicht (krit *Jaeger* ZVI 07, 544, 545). Eine prozentuale Festlegung, nach der keine ganz überwiegend unpfändbaren Forderungen bestehen, wenn der Anteil der unpfändbaren Beträge geringer als 90 % ist, kann nicht erfolgen (aA Hk-ZV/*Bendtsen* § 833a Rn 15). Im Rahmen seiner Entscheidung muss das Gericht abwägen, ob tw pfändbare Beträge zum Ausschluss des Schutzes führen. Abzustellen ist zunächst auf die Höhe der Überschreitungen, dann aber auch darauf, ob es sich um einen regelmäßigen oder einmaligen Zahlungseingang handelt. Übersteigt der pfändbare Teil eines regelmäßigen Zahlungseingangs nicht den Bedarf des Schuldners für bis zu drei Tage, wird er grds unbeachtet bleiben können. Als Obergrenze wird der Bedarf für fünf Werktage anzusehen sein. Pfändbare Beträge von mehr als € 1.100,- sind nicht unerheblich (AG Hannover ZVI 11, 230). Individuelle Gläubigerinteressen sind noch nicht bei dieser Prüfung, sondern erst bei der Abwägung nach S 2 zu berücksichtigen.

12 Erfolgt keine Pfändung an der Quelle, werden die Voraussetzungen von § 850l häufig nicht vorliegen, es sei denn, die Einkünfte des Schuldners unterschreiten die Pfändungsfreibeträge. **Mehrere Einkünfte** des Schuldners können zusammengerechnet werden. Der dafür erforderliche Antrag ist konkludent im Antrag nach § 850l enthalten. Dies erfordert die Berücksichtigung der Gläubigerinteressen.

13 **2. Vergangene und künftige Zahlungseingänge.** Auf der ersten Stufe muss der Schuldner nachweisen, welche Zahlungseingänge in den **vergangenen sechs Monaten** erfolgt sind. Nach dem sprachlich-funktionalen Zusammenhang beginnt diese Rückwärtsfrist mit dem Schutzantrag des Schuldners. Die sechs Monate müssen zusammenhängen (B/L/*Hartmann* § 833a Rn 13). Zulässig ist der Antrag bereits unmittelbar nach der Pfändung (*Schumacher* ZVI 07, 455, 461). Der Schuldner hat es aber in der Hand, über den Zeitpunkt der Antragstellung Einfluss auf die Fristberechnung zu nehmen. Der Schuldner muss die tatsächliche Höhe und ggf die Herkunft der eingegangenen Beträge im maßgebenden Zeitraum **darlegen und beweisen**. Eine Glaubhaftmachung genügt insoweit nicht. Zugelassen sind alle Beweismittel des Strengbeweises. Die eingegangenen Beträge wird der Schuldner in erster Linie durch Kontoauszüge, sonst etwa mit Bankbestätigungen, nachweisen können. Die vorgelegten Kontoauszüge müssen vollständig sein (AG Brühl

JurBüro 2011, 270), doch kann Höhe des Guthabens auch anders nachgewiesen werden. Unpfändbare Bezüge gem § 850a sind bspw durch die Entgeltabrechnung, Sozialleistungen durch entsprechende Bescheide zu beweisen. Beantragt der Schuldner entsprechend § 850f I, ihm einen weiteren Teil der Zahlungseingänge zu belassen, trägt er auch dafür die Darlegungs- und Beweislast. Die Höhe der unpfändbaren Beträge ist vom Vollstreckungsgericht zu berechnen.

In einem zweiten Schritt hat der Schuldner darzulegen und glaubhaft zu machen, welche **künftigen Zahlungseingänge** er in den kommenden zwölf Monaten zu erwarten hat. Bei einem seit zehn Jahren arbeitslosen Schuldner kann regelmäßig nicht erwartet werden, dass er in den nächsten zwölf Monaten eine Beschäftigung findet (aA AG Lichtenberg ZVI 11, 101, 102). Auch bei einer erwerbsunfähigen unterhaltspflichtigen Personen mit deutlich unterhalb der Pfändungsgrenze liegenden Einkünften ist regelmäßig keine Änderung zu erwarten (vgl AG Brackenheim ZVI 11, 260). Auch die erwarteten Beträge müssen ganz überwiegend unpfändbar sein (Rz 9). 14

Die **Glaubhaftmachung** kann gem § 294 mit allen präsenten Beweismitteln einschließlich einer eidesstattlichen Versicherung erfolgen. Entscheidend für eine erfolgreiche Glaubhaftmachung ist, wie das Prognoserisiko verteilt wird. Die Gesetzesbegründung verweist dazu auf zwei Konstellationen, in denen durch Berufsunfähigkeit oder längere Arbeitslosigkeit voraussichtlich gleichbleibende Zahlungen zu erwarten sind. Derartige Fallgestaltungen werden allerdings verhältnismäßig selten bleiben. Häufiger sind wechselnde Zahlungsbeträge, etwa aus verschiedenen Transferleistungen oder unterschiedlichen Erwerbseinkommen. Um der Aufgabe gerecht zu werden, den angemessenen Lebensunterhalt des Schuldners zu sichern, wird deswegen ggf § 850l S 1 verfassungskonform zu korrigieren sein. Selbst wenn erst in kürzeren Zeitabschnitten Schwankungen eingetreten sind, etwa der Schuldner seinen Arbeitsplatz verloren hat, darf dies nicht zum Ausschluss des Schutzes führen, sofern längerfristig allein überwiegend unpfändbare Einkünfte zu erwarten sind. Umfassende Pfändungen an der Quelle erhöhen die Wahrscheinlichkeit, dass die Einzahlungen unverändert bleiben. Soweit der Grad der Wahrscheinlichkeit im Lauf der Zeit sinkt, kann das Gericht dies bei der Dauer der Anordnung berücksichtigen. Mangels Erwerbsobliegenheiten muss der Schuldner keinen Nachweis über vergangene Bewerbungen oder absolvierte Weiterbildungen führen. 15

III. Verfahren. 1. Antrag. Der Schuldner muss einen Vollstreckungsschutzantrag beim zuständigen Vollstreckungsgericht stellen. Der **Schuldnerantrag** ist ab Pfändung zulässig. Im Antrag müssen das Konto und der Pfändungsbeschluss identifizierbar bezeichnet werden. Es genügen geringere **Anforderungen** als im Pfändungsbeschluss. Als Prozesshandlung muss der Antrag so ausgelegt werden, wie dies vernünftig ist sowie der recht verstandenen Interessenlage des Antragsstellers entspricht (vgl BGHZ 149, 298, 310). Ein nicht befristeter Antrag ist auf die Höchstfrist von 12 Monaten gerichtet. 16

Bei **mehreren Pfändungen** muss grds gegen jeden Pfändungsbeschluss ein Aufhebungs- bzw Freistellungsantrag gestellt werden, doch kann sich der Antrag auf mehrere Verfahren beziehen. Wie bei einer Schutzschrift darf sich der Antrag nach Nr 2 auch auf zukünftige Pfändungen beziehen. 17

Ein **Wiederholungsantrag** ist ggf auch mehrmals zulässig (*Weber/Wellmann/Zimmermann* ZVI 11, 342, 243). Die Schutzwirkung ist nicht mit einmaliger Geltendmachung verbraucht, stellt doch die Sicherung des Lebensunterhalts eine fortlaufende staatliche Aufgabe dar. Die Höchstfrist von 12 Monaten berücksichtigt die Unwägbarkeiten zukünftiger Entwicklungen und bezieht die Interessen des Gläubigers ein. Wenn aber nach Fristablauf die Voraussetzungen von Abs 2 weiter erfüllt sind, muss einem erneuten Antrag stattgegeben werden. Der Antrag kann zum Ende der laufenden Schutzfrist gestellt werden, damit die Wirkungen lückenlos bestehen. Im Rahmen der abzuwägenden Gläubigerinteressen kann die Dauer der Schutzmaßnahme berücksichtigt werden. 18

2. Anschließendes Verfahren. Auf den Antrag des Schuldners ist dem Gläubiger, nicht dem Drittschuldner, rechtliches Gehör, Art 103 I GG, zu gewähren. Es sind alle Gläubiger zu hören. Eine mündliche Verhandlung ist nicht vorgeschrieben, § 128 IV. Der Gläubiger muss das Vorbringen des Schuldners nicht bestreiten, doch können substantiierte Einwände die Beweisführung erschüttern. Im Übrigen hat jede Seite die für sie günstigen Umstände darzulegen und ggf zu beweisen. Stellt der Gläubiger einen Antrag nach den §§ 850c IV, 850d, 850f II, muss dieser iRd Gläubigerbelange berücksichtigt werden. 19

3. Entscheidung. a) Interessenabwägung. Die Entscheidung ist in das pflichtgemäße Ermessen des Vollstreckungsgerichts gestellt. Dabei hat es eine **zweistufige Prüfung** durchzuführen. Zunächst muss das Vollstreckungsgericht feststellen, ob hinreichende Gründe existieren, um den Schuldner vor einer Pfändung zu 20 schützen. Anschließend ist abzuwägen, ob überwiegende Belange des Gläubigers einer solchen Entscheidung entgegenstehen.

21 Die Anordnung nach S 1 ist in erster Linie zu treffen, um die **Existenzgrundlage** des Schuldners zu schützen und unnötige Belastungen durch Pfändungen zu verhindern. Sinnvoll ist sie va, wenn die pfändungsfreien Beträge oder die Einkommensquellen häufig wechseln und dadurch fortwährende Auseinandersetzungen insb über den Aufstockungsbetrag zu erwarten sind. Droht die Frist aus § 835 III 2, IV abzulaufen, kann das Konto vorübergehend von Pfändungen freigestellt werden.

22 Kommt danach eine Aufhebung der Pfändung oder Freistellung des Kontos von Pfändungen in Betracht, sind iRe **umfassenden Abwägung,** unter Einbeziehung aller zwangsvollstreckungsrechtlich beachtlichen Umstände des Einzelfalls, die Interessen des Schuldners mit den Belangen des Gläubigers zu vergleichen. Sachlich stimmt das Regelungsprogramm von § 850l 2, wonach die Anordnung nur bei überwiegenden Belangen des Gläubigers versagt werden darf, mit § 850f I letzter Hs überein (vgl § 850f Rz 28 ff). Hier wie dort muss va die Sicherung der Lebensgrundlage für den Schuldner ggü den Interessen des Gläubigers differenziert abgewogen werden. Das höchste Gewicht besitzt dabei die Sicherung des notwendigen Unterhalts für den Schuldner. Es folgen der notwendige Unterhalt der gesetzlich Unterhaltsberechtigten, der besondere Umfang der Unterhaltslasten, der notwendige Unterhalt anderer unterhaltsberechtigter Personen und schließlich die sonstigen besonderen Bedürfnisse des Schuldners.

23 **Auf Seiten des Gläubigers** ist va zu berücksichtigen, inwieweit er auf die Vollstreckung angewiesen ist, um selbst nicht Sozialleistungen in Anspruch nehmen zu müssen. Einzubeziehen ist außerdem seine sonstige wirtschaftliche und persönliche Situation, wie etwa seine Unterhaltslasten, sowie die Aussicht, überhaupt für seine Titelforderung Befriedigung erlangen zu können. Im Unterschied zu § 850f I ist auch die Art der zu vollstreckenden Forderung zu beachten, etwa wenn Anträge nach den §§ 850d, 850f gestellt sind. Mehrere Einkünfte des Schuldners sind zusammenzurechnen (Rz 24). Eine allg zwangsvollstreckungsrechtliche Erwerbsobliegenheit des Schuldners besteht nicht, weswegen unerheblich ist, ob der Schuldner sozialrechtliche Erwerbsobliegenheiten erfüllt (aA *Goebel* Kontopfändung Rn 85), die zudem anderen Zwecken dienen. Im Übrigen könnten auch sie ein Unterschreiten des Existenzminimums durch Pfändungen nicht rechtfertigen. Sofern die Gläubigerbelange nicht gerichtsbekannt sind, muss der Gläubiger seine Interessen darlegen und erforderlichenfalls beweisen. Obwohl S 2 nur im Singular von einem Gläubiger spricht, sind die **Belange aller Gläubiger** zu berücksichtigen, soweit sie von ihnen vorgetragen oder gerichtsbekannt sind.

24 Die Anordnung kann nach S 2 versagt werden, wenn ihr **überwiegende Belange des Gläubigers** entgegenstehen. Gleichberechtigte Belange des Gläubigers genügen deswegen nicht. Muss der notwendige Unterhalt des Schuldners gesichert werden, kann der Gläubiger dem höchstens seinen eigenen notwendigen Unterhalt entgegensetzen. Da beide Unterhaltsbedarfe grds gleichrangig sind, können insoweit keine überwiegenden Belange des Gläubigers bestehen. Anders verhält es sich, wenn der Lebensbedarf des Schuldners durch ein P-Konto gesichert ist und die Anordnung anderen Interessen des Schuldners zu dienen bestimmt wäre. Dann darf der Pfändungsschutzantrag abgewiesen werden.

25 **b) Zuständigkeit, Zustellung.** Das Vollstreckungsgericht entscheidet durch den funktionell zuständigen Rechtspfleger, § 20 Nr 17 RPflG. Die Entscheidung ergeht durch Beschl, der den Beteiligten bekanntzugeben, im Fall des Abs 2 S 1 Nr 2 allen Gläubigern, und dem Drittschuldner zuzustellen ist.

26 **IV. Wirkungen. 1. Freistellung von Pfändungen.** Die Freistellung ist vom Gericht zeitlich zu beschränken und lässt deswegen ein **Pfändungspfandrecht** rangwirksam bestehen. Andere Pfändungswirkungen werden nicht begründet. Insb darf der Schuldner in diesem Fall über die Guthabenforderung verfügen.

27 Auf einen **neuen Pfändungsantrag** in der Freistellungsperiode ist ein Pfändungsbeschluss mit rangwahrender Wirkung zu erlassen. Andere Pfändungswirkungen treten in der freigestellten Zeit nicht ein.

28 Das Vollstreckungsgericht kann das Kontoguthaben bis zu zwölf Monate von Pfändungen freistellen. Das Gericht muss abwägen, für welchen Zeitraum die Freistellung zu erfolgen hat. Die **Befristung** kann daran orientiert werden, ob und wann der Schuldner höhere Zahlungseingänge zu erwarten hat. Wichtiger noch wird die Beschränkung sein, wenn nicht mehr hinreichend verlässlich abgesehen werden kann, ob die überwiegende Unpfändbarkeit fortbesteht. Besucht der Schuldner einen Integrationskurs, kann die Freistellung bis zu dessen Ende befristet werden (AG Heilbronn ZVI 11, 260, 261). Hat der Schuldner glaubhaft gemacht, dass in den kommenden 12 Monaten unpfändbare Beträge zu erwarten sind, wird die Höchstdauer auszuschöpfen sein (vgl AG Frankfurt/M ZVI 11, 262). Befristet das Vollstreckungsgericht die

Anordnung nicht, gilt die gesetzliche Höchstfrist von 12 Monaten. Beträgt die gerichtlich angeordnete Frist mehr als zwölf Monate, ist die Freistellung fehlerhaft und damit anfechtbar, aber nicht nichtig. Sie wirkt auch ggü den nicht am Verfahren beteiligten Gläubigern.

Nach **Fristablauf** leben die Pfändungen im jeweils begründeten Rang wieder auf. 29

3. Sonstiges. Leistet der gutgläubige Drittschuldner an den durch einen Überweisungsbeschluss ausgewiesenen Gläubiger, erlischt die Forderung des Schuldners, selbst wenn das Konto von Pfändungen freigestellt wurde. 30

C. Aufhebung der Freistellung (S 3). Hat das Gericht das Konto von Pfändungen freigestellt, kann jeder Gläubiger beantragen, diese Anordnung aufzuheben. **Jeder** von der Freistellung betroffene **Gläubiger**, also auch ein nachrangiger Vollstreckungsgläubiger, kann den Antrag stellen. 31

Die Freistellung ist aufzuheben, wenn entweder ihre Voraussetzungen nicht mehr vorliegen oder der Anordnung überwiegende Belange dieses Gläubigers entgegenstehen. Funktional entspricht die erste Alternative der Regelung in § 850g S 1. In erster Linie werden sich die **veränderten Umstände** auf die Verhältnisse des Schuldners beziehen, dem höhere Kontoguthaben zustehen, als vorhergesehen. Es kann sich aber auch die Interessenlage des Gläubigers geändert haben. Insoweit besteht eine Überschneidung mit der zweiten Alternative. Der Antragsteller muss die veränderte Sachlage substanziiert darlegen und beweisen. Der Schuldner ist in diesem Verfahren zu hören, denn das Anhörungsverbot aus § 834 endet mit Erlass des Pfändungsbeschlusses (vgl § 850g Rz 11). 32

Der Gläubiger kann sich mit seinem Aufhebungsantrag außerdem auf **überwiegende eigene Belange** stützen. Wegen der Bindungswirkung der Freistellungsentscheidung (vgl Musielak/*Becker* Anhang 4 Rn 6) sind regelmäßig nur veränderte eigene Belange zu beachten. Ausnahmsweise können auch die bei der Freistellungsentscheidung existenten Interessen des Gläubigers berücksichtigt werden, wenn sie nicht in die rechtskräftige Ausgangsentscheidung eingehen konnten, etwa weil der Gläubiger nicht angehört wurde. 33

D. Rechtsmittel. Gegen die Pfändung bestehen die allg Rechtsbehelfe (§ 829 Rz 99 ff). Ist der Antrag des Schuldners auf Freistellung abgelehnt, steht dem Schuldner hiergegen die sofortige Beschwerde zu, §§ 793, 567 ff. Wird dem Antrag stattgegeben, kann ein Gläubiger, der angehört wurde, hiergegen sofortige Beschwerde, §§ 793, 567 ff, sonst die Erinnerung nach § 766 einlegen. Weist das Gericht den Antrag des Gläubiger auf Aufhebung der Freistellung ab, steht dem Gläubiger die sofortige Beschwerde gem §§ 793, 567 ff zu. Wird die Freistellungsentscheidung aufgehoben, ist der Schuldner zur sofortigen Beschwerde, §§ 793, 567 ff, berechtigt. Dem Drittschuldner steht in keinem Fall ein Rechtsbehelf zu. 34

E. Insolvenz. In der Insolvenz des Schuldners unterliegt das Konto dem Insolvenzbeschlag. Es gelten das Zwangsvollstreckungsverbot, § 89 InsO, und die Rückschlagsperre, §§ 88, 312 I 3 InsO. Hat das Vollstreckungsgericht einem Schutzantrag nach § 850l stattgegeben, muss dies grds auch im Insolvenzverfahren berücksichtigt werden. 35

F. Kosten. Die Kosten des Antrags trägt gem § 788 der Schuldner. Für die Pfändung entsteht eine **Gerichtsgebühr** von 15 € gem KV 2110. Gesonderte Gerichtsgebühren für den Schutzantrag des Schuldners oder den Aufhebungsantrag des Gläubigers sind nicht vorgesehen. Die **Anwaltsgebühr** mit einem Satz von 0,3 der Gebühr entsteht gem § 18 Nr 3 RVG iVm VV 3309. Der Gegenstandswert ist nach dem Betrag der zu vollstreckenden Forderung einschl der Nebenforderungen zu bestimmen, § 25 I Nr 1 RVG. Ist die Vollstreckungsgebühr bereits entstanden, fällt für die Anträge nach § 833a II keine neue Gebühr an. 36

§ 851 Nicht übertragbare Forderungen.

(1) Eine Forderung ist in Ermangelung besonderer Vorschriften der Pfändung nur insoweit unterworfen, als sie übertragbar ist.

(2) Eine nach § 399 des Bürgerlichen Gesetzbuchs nicht übertragbare Forderung kann insoweit gepfändet und zur Einziehung überwiesen werden, als der geschuldete Gegenstand der Pfändung unterworfen ist.

A. Normzweck. Die Konsequenzen einer gepfändeten und überwiesenen Forderung entsprechen in vieler Hinsicht einer Übertragung (Schuschke/Walker/*Kessal-Wulf* § 851 Rn 1). Als folgerichtige Verlängerung der Abtretungsverbote und des darin zum Ausdruck gekommenen **Schutzgedankens** ist eine Forderung nach Abs 1 regelmäßig nur insoweit pfändbar, wie sie übertragen werden kann. Diese Regelungsidee korrespondiert mit § 400 BGB, wonach eine unpfändbare Forderung grds nicht abgetreten werden kann. 1

2 Gemeinsamer Leitgedanke dieses Regelungsmodells ist der weitgehend angenäherte **Gleichlauf von Pfändbarkeit und Abtretbarkeit.** Dieses Modell darf freilich nicht schematisch zugrunde gelegt werden, denn es wird durch einige Sonderregeln durchbrochen, vgl Abs 2. § 851 stellt darauf ab, ob eine Forderung als solche nicht übertragbar ist, wenn die Abtretung kraft Gesetzes schlechthin verboten ist, der Gläubigerwechsel den Inhalt der Leistung ändern oder deren rechtlich gesicherte Zweckbindung vereiteln würde (BGHZ 141, 173, 176). Der Grundsatz ist daher anhand der Funktion der jeweiligen Regelung zu überprüfen. Einerseits begründen etwa die §§ 244, 294 LAG übertragbare Ansprüche, die in der Person des Geschädigten nicht der Zwangsvollstreckung unterliegen. Andererseits können vereinzelt nicht abtretbare Forderungen gepfändet werden, bspw nach § 859 oder § 717 BGB, §§ 66, 76 GenG (St/J/*Brehm* § 851 Rn 2 f). Unterschiedlichen Regelungen unterliegen die Abtretbarkeit und die Pfändbarkeit gem den §§ 53 II, II 54 II, III SGB I. Unterschiede bestehen auch bei künftigen Forderungen, die abtretbar, aber noch nicht pfändbar sind, wenn das künftige Entstehen der Forderung wahrscheinlich ist (§ 829 Rz 11). Bsp: Künftige Kundenforderungen aus einem bestimmten Geschäftsbereich sind unter einer Gesamtbezeichnung abtretbar, aber nicht pfändbar.

3 **B. Unübertragbare Forderungen (Abs 1). I. Gesetzliche Übertragungsverbote.** Die Pfändbarkeit selbständiger Gestaltungsrechte richtet sich nach dem Einzelfall (BGH NJW 03, 1858). Nicht übertragbar aufgrund gesetzlicher Anordnung sind im **bürgerlichen Recht** die nicht verkehrsfähigen Rechte, wie die Vereinsmitgliedschaft, § 38 S 2 BGB, das Rücknahmerecht des Hinterlegers aus § 377 BGB, die Gesellschafterrechte § 717 S 1 BGB, im Zweifel das Vorkaufsrecht gem § 473 BGB oder gem §§ 1094 I, 1098 I 1 BGB (BGH NJW 03 1858, 1859), anders die nach Ausübung des Vorkaufrechts entstandenen Rechte (RGZ 108, 113, 114). Im Zweifel unübertragbar sind auch die Ansprüche aus § 613 S 2 BGB, dessen Unübertragbarkeit dem Arbeitnehmerschutz dient (BGH NJW-RR 08, 1728 Tz 31) und aus § 664 II BGB. Nicht übertragen werden kann die beschränkte persönliche Dienstbarkeit, § 1092 I 1 BGB, wie insb das Wohnrecht aus § 1093 BGB. Als akzessorisches Recht ist das Pfandrecht nach § 1250 I 2 BGB nicht allein pfändbar. Der Anspruch auf Erbauseinandersetzung ist an die Stellung als Miterbe gebunden und kann nicht abgetreten und deswegen auch nicht gepfändet werden (RGZ 60, 126, 128 ff).

4 Gesetzliche Übertragungsverbote für **gesellschaftsrechtliche Forderungen** bestehen nach den §§ 717 S 1 BGB, 41 IV AktG. Das Recht zur Kapitalentnahme gem § 122 HGB ist pfändbar (aA *Winnefeld* DB 77, 897, 900).

5 Kraft Gesetzes unübertragbare **sonstige Forderungen** begründen die §§ 26 I, 39 I, 140 I, II BEG. Gleiches gilt für den Anspruch auf Erbbaurechtsentschädigung vor der Fälligkeit, § 27 IV ErbbauVO. Der Anspruch des **Strafgefangenen** auf Auszahlung des Überbrückungsgeldes ist nach § 54 IV 1 StVollzG grds unpfändbar. Erreicht der Anspruch nicht die in § 54 I StVollzG bestimmte Höhe, so ist in Höhe des Unterschiedsbetrages auch der sonst pfändbare Anspruch auf Auszahlung des Eigengeldes unpfändbar, § 51 IV 2 StVollzG (BGH NJW 04, 3714, 3715). Eine Ausnahme gilt gem § 51 V StVollzG zugunsten der Unterhaltsansprüche nach § 850d I 1.

6 Ansprüche aus **Lebensversicherungen** (Direktversicherung bzw Gehaltsumwandlungsdirektversicherung) gem **§ 2 Abs 2 S 4 BetrAVG** sind unabtretbar und unpfändbar (LG Konstanz Rpfleger 08, 87, 88; LG Stuttgart JurBüro 10, 155; einschränkend bei Unterhalts- und Zugewinnausgleichsansprüchen Stuttg NJW-RR 01, 150). Die Unpfändbarkeit gilt uneingeschränkt für die vor Verfügungen des ArbN umfassend geschützte Versorgungsanwartschaft (BGH NJW-RR 11, 283 Tz 7). Die Verfügungsbeschränkung erfasst nicht den Anspruch auf Auszahlung der Versicherungssumme im Versicherungsfall (BGH NJW-RR 09, 211 Tz 9). Auch als künftige Forderung ist der Anspruch des ArbN auf Auszahlung der Versicherungssumme aus einer Firmendirektversicherung bereits vor Eintritt des Versicherungsfalls pfändbar (BGH NJW-RR 11, 283 Tz 9 ff). Nach § 97 EStG nicht übertragbar ist das gem den §§ 10a, 79 ff EStG geförderte Altersvorsorgevermögen einschließlich seiner Erträge, die geförderten laufenden Altersvorsorgebeiträge und der Anspruch auf die Zulage. Diese Forderungen sind bereits nach § 851d unpfändbar.

7 Nicht schlechthin unübertragbar und damit **pfändbar** sind die Honoraransprüche verschwiegenheitspflichtiger Berufe, wie der Ärzte (BGH NJW 05, 1505, 1506), Rechtsanwälte (BGH NJW-RR 04, 54; BFH NJW 05, 1308) und Steuerberater (BGHZ 141, 173, 176). Ebenfalls pfändbar ist das Recht, eine Rückauflassung verlangen zu können (BGH NJW 03, 1858).

8 Unabtretbare landesrechtlich begründete Ansprüche des öffentlichen Rechts sind nur dann unpfändbar, wenn dies mit dem verfassungsrechtlich geschützten Befriedigungsrecht der Gläubiger vereinbar ist. Ansprüche gegen ein berufsständisches **Versorgungswerk** sind deswegen trotz der landesrechtlich bestimmten Unabtretbarkeit grds in den Grenzen von § 850c pfändbar (BGH NJW 04, 3770, 3771; FamRZ

05, 438 LS). Gleiches gilt für die Ansprüche gegen die Versorgungsanstalt der deutschen Bezirksschornsteinfegermeister (BGH ZVI 07, 522). Das Recht des Mitglieds eines Rechtsanwaltsversorgungswerks, die Mitgliedschaft zu beenden und die Erstattung gezahlter Beiträge zu verlangen, ist unpfändbar (BGH NZI 08, 244, 245).

II. Höchstpersönliche Forderungen. Bei ihnen wird entweder der Leistungsinhalt durch das persönliche Verhältnis wesentlich bestimmt oder die Leistung kann an einen anderen Gläubiger nicht in derselben Weise bewirkt werden bzw bekäme insoweit einen anderen Inhalt (Musielak/*Becker* § 851 Rn 4). Die wechselseitigen **Unterhaltsansprüche** der Ehegatten aus den §§ 1360, 1360a BGB sind grds nicht pfändbar (§ 850b Rz 9). Insbes ist auch der Anspruch auf Zahlung eines Prozesskostenvorschusses unabtretbar und unpfändbar (BGH NJW 85, 2263, 2264). Dagegen ist der Taschengeldanspruch des unterhaltsberechtigten Ehegatten nach Maßgabe von § 850b I Nr 2 Alt 1, II bedingt pfändbar (BGH NJW 04, 2450; § 850b Rz 10). Der Sonderbedarf (ärztliche Behandlung) eines Schuldners ist durch den Gläubiger pfändbar, wegen dessen Forderung der Sonderbedarf entstanden ist (LG Frankenthal NJW-RR 01, 1012). 9

Kein pfändbarer Anspruch besteht nach der Rechtsprechung des BGH bei einer bloß **geduldeten Kontoüberziehung** (BGHZ 93, 315, 325; 170, 276 Tz 14). Dagegen ist der Anspruch auf Auszahlung eines zugesagten Darlehens, dh eines Dispositionskredits, einschließlich der unter Vorbehalt in das Kontokorrent eingestellten Zahlungen (BGH NJW 08, 1535 Tz 3, mit Anm *Ahrens* KTS 09, 91 ff), mit dessen Abruf pfändbar (BGHZ 147, 193, 196 ff). 10

Als höchstpersönlicher Anspruch unpfändbar – auch für den Arbeitgeber – ist der **Urlaubsanspruch** des Arbeitnehmers (ThoPu/*Hüßtege* § 851 Rn 2). Ansprüche auf Urlaubsentgelt oder Urlaubsabgeltung sind dagegen pfändbar (BAG NZA 02, 323, 324). Unpfändbar sind ebenfalls der Anspruch auf Mitwirkung an einer **Steuererklärung** (vgl BGHZ 177, 79 Tz 13; Musielak/*Becker* § 851 Rn 6) sowie die nicht vermögensrechtlichen Elemente des allgemeinen Persönlichkeitsrechts (vgl BGHZ 143, 214, 220). Ein **Schmerzensgeldanspruch** ist pfändbar. 11

III. Zweckgebundene Forderungen. Bei der Zweckbindung einer Forderung droht mit der Übertragung eine Inhaltsänderung. Zweckgebundene Forderungen sind **unpfändbar**, wenn eine Pfändung mit dem zum Rechtsinhalt gehörenden Anspruchszweck unvereinbar wäre (BGH NJW-RR 05, 720), also der mit der Leistung bezweckte Erfolg bei einer Vollstreckung verfehlt wird (BGHZ 25, 211, 214). Für den Anlassgläubiger ist eine Vollstreckung regelmäßig zulässig (Schuschke/Walker/*Kessal-Wulf* § 851 Rn 5). Entfällt durch eine Zweckerreichung die Zweckbindung, endet auch die Pfändungsbeschränkung (St/J/*Brehm* § 851 Rn 24). Für zweckgebundene Mittel der EG gilt das besondere europäische Vollstreckungsregime (EuGH NJW 01, 3109). 12

Eine vertraglich **vereinbarte Zweckbindung**, mit der ein Verwendungszweck zum Inhalt der zu erbringenden Leistung erhoben wird, schränkt die Pfändbarkeit ein (aA Mu/*Becker* § 851 Rn 6; St/J/*Brehm* § 851 Rn 20). Eine einseitige Zweckbindung genügt dafür jedoch nicht (BGH NJW 98, 746, 747). Bei einer vereinbarten **treuhänderischen Zweckbindung**, mit der die Zahlung an den ursprünglichen Gläubiger zum Leistungszweck gemacht wird, ist die Forderung unpfändbar (BGH NJW 85, 2263, 2264; 01, 1937, 1938). 13

In den folgenden **Einzelfällen** schließt die Zweckbindung eine Pfändung aus: In **Baugeldforderungen** aus einem zweckgebundenen Darlehensvertrag dürfen allein die Gläubiger von Forderungen für Bauleistungen vollstrecken, wie Bauhandwerker oder Architekten (KG JW 37, 2232; Brox/Walker Rn 522). Während bei Bausparverträgen der Anspruch auf das Sparguthaben und das Recht zur Kündigung (MüKOZPO/*Smid* § 851 Rn 13) pfändbar sind, kann das zweckgebundene Bauspardarlehen nicht abgetreten und nicht gepfändet werden (Stuttg BB 56, 1012; Stöber Rn 88). Ist das Baugeld ausgezahlt und nicht auf einem besonderen Treuhandkonto verbucht, dann ist es der Pfändung ausgesetzt (BGH NJW 88, 263, 265). Eine auf **Befreiung** von einer Verbindlichkeit gerichtete Forderung, etwa aus einer Rechtsschutz- bzw Haftpflichtversicherung oder dem Arbeitsverhältnis, ist grds nicht abtretbar und deswegen unpfändbar (BGH NJW-RR 01, 1490, 1491), es sei denn, sie wird vom Gläubiger jener Verbindlichkeit gepfändet (BGHZ 12, 136, 141). **Beihilfeansprüche** sind jedenfalls dann unpfändbar, wenn die Titelforderung nicht dem konkreten Beihilfeanspruch zugrunde liegt und dessen Anlassgläubiger noch nicht befriedigt sind (BGH NJW-RR 05, 720, 721). 14

Gegen **Einlageforderungen** kann nach den §§ 54, 65, 66 I 2 AktG aufgerechnet werden, ähnl § 19 II 2 GmbHG. Einlageansprüche der GmbH sind dann abtretbar und pfändbar, wenn der Gesellschaft dafür eine vollwertige Gegenleistung zufließt (BGH NJW 92, 2229). Der **Entschädigungsanspruch** wegen überlanger 15

Verfahrensdauer nach Art 41 EMRK ist grds unpfändbar (BGH NJW 11, 2296 Tz 32). Der Anspruch auf eine besondere Zuwendung für Haftopfer aus § 17a I, V StrRehaG ist unpfändbar, die Kapitalentschädigung gem § 17 StrRehaG ist dagegen pfändbar (BGH NZI 11, 979 Tz 4 f). Kostenerstattungsansprüche gegen den **Krankenversicherer** sind nicht nach § 851 unpfändbar, doch ist die Pfändung unbillig iSv § 850b II (BGH NJW-RR 07, 1510 Tz 10, 14). Im **Mietverhältnis** ist der Anspruch des Mieters auf Überlassung der Sache zum Gebrauch aufgrund seiner Zweckbindung nicht pfändbar (B/L/A/H § 851 Rn 10). Ansprüche des Vermieters auf Zahlung der Mietnebenkosten sind wegen der Parallele zu § 851b unpfändbar (Celle NJW-RR 00 460, 461). Im Übrigen sind außerhalb des Anwendungsbereichs von § 851b Forderungen aus Vermietung und Verpachtung grds uneingeschränkt pfändbar (BGH NJW 05, 681, 682). Auch der **Rückgabeanspruch** aus § 528 I BGB ist zweckgebunden (München NJW-RR 93, 250). Bei den gem § 1629 III BGB geltend gemachten **Unterhaltsansprüchen** besteht eine treuhänderische Zweckbindung mit der Folge der Unpfändbarkeit (BGH NJW 06, 2040 Tz 13). Der Anspruch auf **Versorgungsausgleich** durch Begründung von Rentenanwartschaften ist wegen der sonst eintretenden Inhaltsänderung unpfändbar (BGH NJW-RR 07, 1553 Tz 10).

16 **IV. Unselbständige Nebenrechte.** Sie können nicht selbstständig gepfändet werden, doch ist dies regelmäßig auch nicht erforderlich. Die mit der **Pfändung des Hauptrechts** verbundene Beschlagnahme erstreckt sich aber auf alle Nebenrechte, die im Falle einer Abtretung nach §§ 412, 401 BGB auf den Gläubiger übergehen (BGH NJW 85, 2640, 2641 f). Einer gesonderten Neben- oder Hilfspfändung bedarf es dazu nicht. Das Vollstreckungsgericht kann jedoch auf Antrag des Gläubigers in dem das Hauptrecht pfändenden Beschl die Mitpfändung aussprechen (BGH NJW-RR 03, 1556, 1555).

17 Zu den **nicht selbstständig pfändbaren** Nebenrechten zählt der Anspruch auf Auskunftserteilung und Rechnungslegung gem §§ 666, 675 BGB, welcher der Feststellung des Gegenstands und des Betrags des Hauptanspruchs dient (BGH NJW-RR 03, 1556, 1555). Zu ihnen gehören auch akzessorische Gestaltungsrechte, die das gesamte Schuldverhältnis umgestalten, wie das Rücktritts- oder Anfechtungsrecht (BGH NJW 73, 1793, 1794).

18 **C. Unübertragbarkeit gem § 399 BGB (Abs 2). I. Grundlagen.** § 851 II **lockert** für vertraglich vereinbarte Abtretungsverbote die **Verbindung** zwischen materiellem und Vollstreckungsrecht. Schuldner und Drittschuldner sollen nicht darüber disponieren können, ob Teile des Schuldnervermögens dem zwangsweisen Gläubigerzugriff entzogen sind. Selbst wenn eine Unabtretbarkeit vereinbart ist, bleibt die Forderung pfändbar, soweit ihr Gegenstand der Pfändung unterworfen ist. Unerheblich ist, ob die Vereinbarung im Voraus oder nachträglich bzw einzelvertraglich oder kollektivrechtlich begründet ist (Musielak/*Becker* § 851 Rn 8).

19 Trotz des weitergehenden Wortlauts ist die Regelung auf die **vertraglichen Abtretungsverbote** nach § 399 Alt 2 BGB beschränkt. Die Rechtsfolge ist für den Richter bindend. Er ist daher nicht berechtigt, im Wege einer Abwägung mit den Interessen des Drittschuldners eine Pfändbarkeit nach § 851 II auszuschließen (BGH MDR 78, 839).

20 Die **Inhaltsänderung** der Fallgruppe aus § 399 Alt 2 BGB wird nicht erfasst, denn sie ist bereits in § 851 I geregelt und folgt einer anderen Teleologie (München NJW-RR 91, 1416, 1417; Schuschke/Walker/*Kessal-Wulf* § 851 Rn 1; Baur/Stürner/Bruns Rn 25.8; BGH NJW 84, 2263, 2264, für zweckgebundene Ansprüche; modifizierend St/J/*Brehm* § 851 Rn 28; aA Wieczorek/Schütze/*Lüke* § 851 Rn 3; B/L/A/H § 851 Rn 16).

21 **II. Inhaltsänderung (§ 399 Alt 1 BGB).** Ansprüche, die nicht ohne eine Inhaltsänderung übertragen werden können, sind nach § 399 Alt 1 BGB nicht abtretbar und demzufolge gem § 851 I, II unpfändbar.

22 **III. Abtretungsverbot (§ 399 Alt 2 BGB).** Der geschuldete Gegenstand muss grds pfändbar sein, wie Geld bzw übertragbare Sachen oder Rechte einschließlich der Geldforderungen. Zahlungsansprüche sind zwar grds pfändbar, doch verlieren kontokorrentzugehörige Einzelforderungen aufgrund der Kontokorrentabrede ihre rechtliche Selbständigkeit. Gepfändet werden kann lediglich die Saldoforderung nach § 357 HGB (BGH NJW 81, 1611 f).

23 Trotz eines vereinbarten Abtretungsverbots sind nach **§ 354a I HGB** die Abtretung und damit auch die Pfändung insb dann wirksam, wenn das der Forderung zugrunde liegende Geschäft für beide Teile ein Handelsgeschäft bzw der Schuldner eine juristische Person des öffentlichen Rechts oder ein öffentlich-rechtliches Sondervermögen ist. Als Rückausnahme bleibt nach § 354a II HGB bei einer Forderung aus einem Darlehensvertrag das Abtretungsverbot wirksam, wenn der Gläubiger ein Kreditinstitut iSd Kreditwesengesetzes ist.

D. Rechtsfolgen. Eine unpfändbare Forderung darf nicht gepfändet werden. Die Unpfändbarkeit muss das Vollstreckungsgericht vAw beachten. Ein Verstoß führt dennoch zur Verstrickung der Forderung (Schuschke/Walker/*Kessal-Wulf* § 851 Rn 16). Die verbotswidrig erfolgte Pfändung ist anfechtbar (Koblenz NJW-RR 99, 508). 24

E. Rechtsbehelfe. Dem **Gläubiger** steht gegen die Zurückweisung seines Pfändungsantrags die sofortige Beschwerde zu, bei einer richterlichen Entscheidung gem §§ 793, 567 ff, sonst nach § 11 I RPflG iVm §§ 793, 567 ff. Der **Schuldner** kann einen Verstoß mit der Erinnerung nach § 766 geltend machen. Der **Drittschuldner** kann ebenfalls nach § 766 vorgehen, wenn seine Rechte betroffen sind, etwa bei höchstpersönlichen Rechten. Im Einziehungsprozess kann der Drittschuldner den Einwand nicht vorbringen (BGH NJW 76, 851, 852; BAG NJW 89; 2148; aA Baur/Stürner/Bruns Rn 30.35). 25

F. Insolvenzverfahren. Im Insolvenzverfahren gehört nur das beschlagfähige Vermögen zur Insolvenzmasse, § 36 I 1 InsO. Ob ein Gegenstand der Zwangsvollstreckung unterliegt, ist nach den zivilprozessualen Regeln zu bestimmen. Die Vorschrift des § 851 ist deswegen auch im Insolvenzverfahren zu beachten. Ein Schutz vor benachteiligenden Handlungen durch die **Insolvenzanfechtung** kommt nur hinsichtlich solcher Vermögensgegenstände in Betracht, die auch massefähig wären (BGH NJW 80, 1964). Da bei einer geduldeten Kontoüberziehung kein pfändbarer Anspruch besteht, ist nach der Rechtsprechung des BGH auch eine Insolvenzanfechtung ausgeschlossen (BGH NJW 08, 1535 Tz 3, mit Anm *Ahrens* KTS 09, 91 ff). 26

§ 851a Pfändungsschutz für Landwirte.

(1) Die Pfändung von Forderungen, die einem die Landwirtschaft betreibenden Schuldner aus dem Verkauf von landwirtschaftlichen Erzeugnissen zustehen, ist auf seinen Antrag vom Vollstreckungsgericht insoweit aufzuheben, als die Einkünfte zum Unterhalt des Schuldners, seiner Familie und seiner Arbeitnehmer oder zur Aufrechterhaltung einer geordneten Wirtschaftsführung unentbehrlich sind.
(2) Die Pfändung soll unterbleiben, wenn offenkundig ist, dass die Voraussetzungen für die Aufhebung der Zwangsvollstreckung nach Absatz 1 vorliegen.

A. Normzweck. § 851a ergänzt den Schutz des Landwirts aus § 811 Nr 3 und 4. Während § 811 Nr 3 und 4 den Bestand des landwirtschaftlichen Betriebs durch den Erhalt seiner Erzeugnisse sichern soll, schützt § 851a Forderungen aus dem Verkauf landwirtschaftlicher Erzeugnisse. Da die Forderungen kein Arbeitsentgelt darstellen, sind die §§ 850 bis 850c unanwendbar. Nach dem ursprünglichen gesetzgeberischen Konzept dient die Vorschrift einem doppelten Zweck. Zunächst sollte sie das **Existenzminimum** des Landwirts und seiner unterhaltsberechtigten Angehörigen sichern. Außerdem schützt sie im öffentlichen Interesse den **Fortbestand des Unternehmens** nebst den dazugehörigen Arbeitsplätzen. Dies verschafft dem landwirtschaftlichen Produktionsbetrieb eine vollstreckungsrechtlich einmalige Stellung, die erst durch die Insolvenz begrenzt wird. Diese Aufgabenstellung ist inzwischen weitgehend **obsolet** geworden. Durch den weitergehenden Schutz der Einkünfte gem § 850i läuft die unterhaltssichernde Funktion von § 851a I praktisch weitgehend leer (Rz 4). Angesichts der umfassend gesicherten Nahrungsmittelversorgung ist auch die vollstreckungsrechtliche Privilegierung agrarischer Betriebe kaum noch zu rechtfertigen. 1

B. Voraussetzungen und Wirkung. I. Anwendungsbereich. Vom **personellen Anwendungsbereich** wird der Landwirt geschützt. Landwirt ist, wer haupt- oder nebenberuflich eine Landwirtschaft betreibt (Schuschke/Walker/*Kessal-Wulf* § 851a Rn 1). Der Begriff entspricht dem aus § 811 Nr 4 (§ 811 Rz 22). Zur Landwirtschaft gehören die der Urerzeugung dienenden Betriebe der Bodenbewirtschaftung oder Bodennutzung durch Tierhaltung, also Acker-, Obst- und Weinbau, Vieh-, Geflügel- und Fischzucht, Binnenfischerei, Imkerei, Gärtnerei, Forstwirtschaft und Baumschulen (BGHZ 24, 169, 171). Der Landwirt muss den Beruf selbstständig ausüben und das Unternehmerrisiko tragen. Geschützt ist auch der Genosse einer landwirtschaftlichen Genossenschaft. Unerheblich ist, ob der Landwirt einen eigenen oder einen gepachteten Betrieb bewirtschaftet. 2

Vom **sachlichen Anwendungsbereich** werden Forderungen aus dem Verkauf landwirtschaftlicher Erzeugnisse erfasst. Der Begriff der Erzeugnisse entspricht dem in § 811 Nr 4. Dies schließt Kaufgeldforderungen aus der Veräußerung von Obst, Gemüse, Getreide, Vieh und Geflügel ein. Dazu gehören auch das Milchgeld (LG Bonn DGVZ 83, 153) und die Bullenprämie (LG Koblenz JurBüro 03, 382, 383). Da staatliche Subventionen vielfach erwerbswirtschaftliche Einnahmen ersetzen, sind sie nach der Funktion von § 851a 3 dem Pfändungsschutz unterstellt (vgl Musielak/*Becker* § 851a Rn 2). Anders als nach § 851b I 2 sind Barmittel und Guthaben aus den Verkäufen nicht geschützt (St/J/*Brehm* § 851a Rn 1).

4 **II. Geschützte Ausgaben.** Beim Schutz des Unterhalts für den Schuldner und seiner unterhaltsberechtigten Angehörigen steht § 851a I in **Konkurrenz** mit der weitergehenden Regelung aus § 850i, die höhere Pfändungsgrenzen begründet. § 850i I verdrängt – nur – insoweit § 851a I, denn es ist nicht gerechtfertigt, den Landwirt ggü allen anderen Selbständigen schlechter zu stellen. Sonst wäre die Zwecksetzung von § 851a in ihr Gegenteil verkehrt, die gerade darauf abzielt, den Schutz des Landwirts zu verbessern. Eigenständige Bedeutung besitzt die Unterhaltsbemessung nach Abs 1 nur noch iRv Abs 2.

5 Die zum **Unterhalt** des Schuldners, seiner Familie und seiner AN oder zur Aufrechterhaltung einer geordneten Wirtschaftsführung unentbehrlichen Beträge sind dem Schuldner zu belassen. Unentbehrlich sind die Mittel, wenn der Bedarf nicht auf andere Weise gedeckt werden kann (Zö/*Stöber* § 851a Rn 5). Die enge Formulierung des unentbehrlichen Unterhalts belegt, dass dem Schuldner und seiner Familie nicht ein an die Tabellensätze aus § 850c angelehnter angemessener Unterhalt, sondern eine dem notwendigen Unterhalt aus den §§ 850d, 850f I entsprechende Summe verbleiben soll (Schuschke/Walker/*Kessal-Wulf* § 851a Rn 3). Mit Familie sind die unterhaltsberechtigten Personen iSv § 850c gemeint. Sie müssen nicht mit dem Schuldner zusammenwohnen (aA B/L/A/H § 851a Rn 2).

6 Geschützt ist auch die Vergütung der AN für den unentbehrlichen Personalstamm in der nach den konkreten Arbeitsverhältnissen unabänderlichen Höhe. Dieser Regelungsbereich bleibt von § 850i unberührt. Unentbehrliche Mittel zur Aufrechterhaltung einer geordneten **Wirtschaftsführung** umfassen die Anschaffung von Saatgut, Zuchttieren, Futter- und Düngemittel, aber auch notwendige Löhne, Instandhaltungen, Pachten, Steuern, Schuldendienste und Heizungskosten. Die Unentbehrlichkeit kann auch erst bei einer nachrangigen Pfändung eintreten, so dass der nachpfändende Gläubiger erfolglos bleibt (vgl LG Bonn DGVZ 83, 153). Sinnvolle und nützliche Investitionen sind noch nicht unentbehrlich (Hk-ZV/*Meller-Hannich* § 851a ZPO Rn 5).

7 **III. Rechtsfolgen.** Die Forderungen aus dem Verkauf landwirtschaftlicher Erzeugnisse sind grds uneingeschränkt pfändbar. Erst auf den Schutzantrag des Schuldners oder nach Abs 2 sind die Forderungen für unpfändbar zu erklären. Das Gericht muss eine gesetzlich gebundene und **keine Billigkeitsentscheidung** unter Abwägung mit den Gläubigerinteressen treffen. Dennoch kann der Schutzantrag abgelehnt werden, wenn gerade wegen einer Forderung vollstreckt wird, deren Erfüllung § 851a ermöglichen soll, etwa wegen Futtermittelkosten oder Arbeitslöhnen (St/J/*Brehm* § 851a Rn 4). Ggf ist nur ein Teil der Forderungen für unpfändbar zu erklären (»insoweit«). Durch die Aufhebung der Pfändung wird die Forderung beschlagsfrei.

8 **C. Verfahren und Entscheidung. I. Abs 1.** Auf unbefristeten, aber vor Beendigung der Zwangsvollstreckung beim zuständigen Vollstreckungsgericht zu stellenden **Antrag des Schuldners** ist die Pfändung aufzuheben. Bei Zweifeln, ob Vollstreckungsschutz nach § 851a oder nach § 850i begehrt wird, ist der Antrag als Prozesshandlung so auszulegen, wie dies vernünftig ist sowie der recht verstandenen Interessenlage des Gläubigers entspricht (vgl BGHZ 149, 298, 310). Im Zweifel wird der weitergehende Schutz und ggf ein Antrag nach beiden Regelungen gewollt sein. Die Darlegungs- und Beweislast trägt der Schuldner. Ggf muss ein Sachverständiger hinzugezogen werden (MüKoZPO/*Smid* § 851a Rn 8). Das Gericht entscheidet auf freigestellte mündliche Verhandlung durch einen zu begründenden Beschl, der dem Drittschuldner zuzustellen ist. Vor der Entscheidung ist der Gläubiger anzuhören. Eine einstweilige Anordnung analog § 766 I 2 iVm § 732 II ist zulässig (Zö/*Stöber* § 851a Rn 8).

9 **II. Abs 2.** Die Pfändung soll unterbleiben, wenn offenkundig die Voraussetzungen für die Aufhebung der Zwangsvollstreckung nach Abs 1 vorliegen. Der Unterhalt ist insoweit nach § 851a I und nicht nach § 850i I zu bemessen (Rz 4). Die erforderlichen Angaben können aus dem Pfändungsgesuch des Gläubigers oder vorangegangenen Vollstreckungsverfahren resultieren.

10 **D. Rechtsbehelfe.** Wird dem Antrag des **Schuldners** nicht oder nicht in vollem Umfang stattgegeben, kann er die sofortige Beschwerde nach den §§ 11 I RpflG, 793 I einlegen. Wird dem Antrag des Schuldners stattgegeben oder das Pfändungsgesuch nach Abs 2 abgelehnt, kann der **Gläubiger** sofortige Beschwerde nach den §§ 11 I RpflG, 793 I erheben.

E. Kosten/Gebühren. Da bereits der Erlass des Pfändungsbeschlusses eine **Gerichtsgebühr** nach KV 2110 iHv 15 € auslöst, ist für den Schutzantrag des Schuldners keine zusätzliche Gebühr vorgesehen. Es können aber Sachverständigenkosten entstehen. Dem **Rechtsanwalt** steht eine besondere Gebühr mit einem Satz von 0,3 gem § 18 Nr 8 RVG iVm VV 3309 zu, die nicht durch eine bereits früher entstandene Vollstreckungsgebühr abgegolten ist. Der **Gerichtsvollzieher** erhält für die Zustellung die Gebühr nach § 9 GVKostG iVm KV Nr 100 von 7,50 €. Außerdem sind seine Auslagen gem KV Nr 711, 713 zu erstatten. 11

§ 851b Pfändungsschutz bei Miet- und Pachtzinsen. (1) [1]**Die Pfändung von Miete und Pacht ist auf Antrag des Schuldners vom Vollstreckungsgericht insoweit aufzuheben, als diese Einkünfte für den Schuldner zur laufenden Unterhaltung des Grundstücks, zur Vornahme notwendiger Instandsetzungsarbeiten und zur Befriedigung von Ansprüchen unentbehrlich sind, die bei einer Zwangsvollstreckung in das Grundstück dem Anspruch des Gläubigers nach § 10 des Gesetzes über die Zwangsversteigerung und die Zwangsverwaltung vorgehen würden.** [2]**Das Gleiche gilt von der Pfändung von Barmitteln und Guthaben, die aus Miet- oder Pachtzahlungen herrühren und zu den in Satz 1 bezeichneten Zwecken unentbehrlich sind.**
(2) [1]**Die Vorschriften des § 813b Abs. 2, 3 und Abs. 5 Satz 1 und 2 gelten entsprechend.** [2]**Die Pfändung soll unterbleiben, wenn offenkundig ist, dass die Voraussetzungen für die Aufhebung der Zwangsvollstreckung nach Absatz 1 vorliegen.**

A. Normzweck. Für Einkünfte aus Vermietung und Verpachtung begründet § 851b einen speziellen antragsabhängigen Pfändungsschutz, soweit der Schuldner diese Einnahmen zur Erhaltung der Miet- und Pachtsache benötigt. Damit verfolgt die Regelung einen doppelten Zweck. Sie schützt die **wirtschaftliche Grundlage**, auf der vom Schuldner Einnahmen erzielt werden können (MüKoZPO/*Smid* § 851b Rn 1). Sie dient aber auch dem **öffentlichen Interesse** an einer Erhaltung des Grundstücks- und Gebäudebestands. Die Existenzsicherung des Schuldners bildet dagegen kein Ziel von § 851b. Deswegen tritt die Vollstreckungsschranke aus § 850i I 1 Alt 2 neben den Pfändungsschutz des § 851b. Da § 851b die Unterhaltung des Grundstücks, nicht aber den Unterhalt des Schuldners sichert, liegen zwei unterschiedliche Zielsetzungen vor. § 850i wird nicht verdrängt. 1

B. Voraussetzungen und Wirkung. I. Anwendungsbereich. Geschützt sind nur Miete und Pacht von **Immobilien**. Erfasst werden also Vergütungen für die Gebrauchsüberlassung von Grundstücken, Gebäuden und Eigentumswohnungen. Der Schutz erstreckt sich auf Nießbraucher sowie Inhaber eines dinglichen Wohnrechts, das weiter überlassen werden darf, und eines Erbbaurechts. Nach Veräußerung der Immobilie entfällt auch für rückständige Miet- und Pachtforderungen die schützende Wirkung. Diese Anknüpfung an ein Immobiliarsachenrecht folgt aus dem gesetzlichen Hinweis auf die Unterhaltung eines Grundstücks und der Zwangsvollstreckung in ein Grundstück. Im Rahmen der §§ 1123, 1124 BGB werden Miet- und Pachtforderungen von der Hypothekenhaftung und damit der Beschlagnahme in der Immobiliarvollstreckung erfasst (Hk-ZV/*Meller-Hannich* § 851b ZPO Rn 3). Nicht eingechlossen sind daher Ansprüche aus der Vermietung oder Verpachtung beweglicher Sachen bzw des Hauptmieters gegen den Untermieter (Schuschke/Walker/*Kessal-Wulf* § 851b Rn 2). 2

Der Pfändungsschutz besteht nach Abs 1 S 1 für **Ansprüche** auf Miete und Pacht. Abs 1 S 2 erstreckt ihn auf **Barmittel** und Guthaben aus Miete und Pacht. Ansprüche auf Mietnebenkosten werden nicht erfasst. Sie sind aber zweckgebunden und nur für Anlassgläubiger pfändbar (Celle NJW-RR 00, 460, 461). 3

II. Geschützte Ausgaben. Abs 1 S 1 schützt die für drei Arten von Aufwendungen unentbehrlichen Mittel. Erfasst werden zunächst die zur **laufenden Unterhaltung** des Grundstücks erforderlichen Kosten. Hierzu gehören die Kosten für Wasser- und Energieversorgung, Müll- und Abwasserentsorgung, Straßenreinigung und Winterdienst, öffentlichen Abgaben, wie Steuern und Anliegerbeiträge, Pflichtversicherungen sowie Gemeinschaftseinrichtungen (Aufzug, Antennenanlage) und Hausmeister (Zö/*Stöber* § 851b Rn 3). Nicht zu berücksichtigen sind Kosten der kaufmännisch tätigen Hausverwaltung (AG Berlin Schöneberg JurBüro 01, 326, 327). Geschützt sind auch die Kosten für **notwendige Instandhaltungen**. Sie betreffen die erforderlichen Ausgaben, um die Immobilie nutzen bzw ihren Wert erhalten zu können. Unschädlich ist regelmäßig, wenn die Arbeiten bereits ausgeführt wurden (Stöber Rn 251). Auch die Aufwendungen für bevorstehende Ausgaben sind geschützt (Musielak/*Becker* § 851b Rn 3). Unbeachtlich sind wertsteigernde Maßnahmen. Schließlich sind auch Aufwendungen zur Befriedigung von Ansprüchen privilegiert, die in 4 der Zwangsvollstreckung und Zwangsverwaltung nach **§ 10 ZVG** ggü dem Anspruch des Gläubigers **vorrangig** sind. Dies betrifft bspw die Lasten und Kosten des gemeinschaftlichen Eigentums bei Wohneigentum § 10 I Nr 2 ZVG, öffentliche Lasten des Grundstücks der letzten vier Jahre, § 10 I Nr 3 ZVG, und Ansprüche aus dinglichen Rechten, § 10 I Nr 4 ZVG.

5 Die Einkünfte müssen für die bezeichneten Ausgaben **unentbehrlich** sein. Dafür bildet eine bloße Kostenmiete ein Indiz (B/L/A/H § 851b Rn 3). An der Unentbehrlichkeit fehlt es, wenn dem Schuldner noch andere Mittel zur Verfügung stehen (KG NJW 69, 1860), wenn zB entsprechende Mietnebenkosten geleistet werden. Langwierige Rückstände können ggf als unentbehrliche Mittel unberücksichtigt bleiben.

6 **III. Rechtsfolgen.** Die Forderungen aus Miete und Pacht sind grds uneingeschränkt pfändbar. Erst auf den Schutzantrag des Schuldners oder nach Abs 2 S 2 sind die Forderungen sowie die gleichgestellten Barmittel und Guthaben für unpfändbar zu erklären. Das Gericht muss eine gesetzlich gebundene und **keine Billigkeitsentscheidung** unter Abwägung mit den Gläubigerinteressen treffen. Dennoch kann der Schutzantrag abgelehnt werden, wenn gerade wegen einer Forderung vollstreckt wird, deren Erfüllung § 851b ermöglichen soll, etwa wegen öffentlicher Abgaben oder Werklohnforderungen für die Immobilie. Ggf ist nur ein Teil der Forderungen für unpfändbar zu erklären (»insoweit«). Ist das Grundstück tw vermietet und tw selbstgenutzt, können nur die anteiligen Unterhaltungskosten berücksichtigt werden. Ein Pfändungsschutzkonto nach § 850k dient der Unterhaltssicherung des Schuldners und damit anderen Zwecken. Der Pfändungsschutz aus § 851b wird dadurch nicht entbehrlich.

7 **C. Verfahren und Entscheidung.** Auf unbefristeten, aber vor Beendigung der Zwangsvollstreckung beim zuständigen Vollstreckungsgericht zu stellenden **Antrag des Schuldners** ist die Pfändung aufzuheben. Falls Barmittel gepfändet sind, muss der Gerichtsvollzieher die Vollstreckung aufheben. Der Antrag beinhaltet ein eigenes Rechtsschutzgesuch, keine Erinnerung (**aA** MüKoZPO/*Smid* § 851b Rn 3). Für das Verfahren verweist Abs 2 S 1 auf § 813b II, III, V 1 und 2. Danach ist der Antrag ohne sachliche Prüfung zurückzuweisen, wenn er nicht innerhalb von **zwei Wochen** gestellt wird und das Vollstreckungsgericht überzeugt ist, dass der Schuldner aus Verschleppungsabsicht oder grober Nachlässigkeit gehandelt hat. Die Anordnungen können mehrfach ergehen, aber auch aufgehoben oder abgeändert werden. Vor der Entscheidung ist, soweit ohne Verzögerung möglich, der Gegner zu hören. Die für die Entscheidung wesentlichen tatsächlichen Verhältnisse sind glaubhaft zu machen. Die Darlegungs- und Beweislast trägt der Schuldner. Ggf muss ein Sachverständiger hinzugezogen werden.

8 Das Gericht entscheidet auf freigestellte mündliche Verhandlung durch einen zu begründenden Beschl, der dem Drittschuldner zuzustellen ist. Eine einstweilige Anordnung analog § 766 I 2 iVm § 732 II ist zulässig. Die freigegebenen Mittel können vom Gericht geschätzt werden (Köln OLGZ 92, 81). Das Gericht kann seine Anordnung mit Auflagen verbinden. Die Mittel können als absoluter oder laufender Betrag bestimmt werden.

9 Die **Pfändung** soll nach Abs 2 S 2 **unterbleiben**, wenn offenkundig die Voraussetzungen für die Aufhebung der Zwangsvollstreckung nach Abs 1 vorliegen. Die erforderlichen Angaben können aus dem Pfändungsgesuch des Gläubigers oder vorangegangenen Vollstreckungsverfahren resultieren.

10 **D. Rechtsbehelfe.** Wird dem Antrag des **Schuldners** nicht oder nicht in vollem Umfang stattgegeben, kann er die sofortige Beschwerde nach den §§ 11 I RpflG, 793 I einlegen. Wird dem Antrag des Schuldners stattgegeben oder das Pfändungsgesuch nach Abs 2 abgelehnt, kann der **Gläubiger** sofortige Beschwerde nach den §§ 11 I RpflG, 793 I erheben.

11 **E. Insolvenzverfahren.** Die Regelung gilt nicht im Insolvenzverfahren, § 36 Abs 1 InsO.

12 **F. Kosten/Gebühren.** Da bereits der Erlass des Pfändungsbeschlusses eine **Gerichtsgebühr** nach KV 2110 iHv 15 € auslöst, ist für den Schutzantrag des Schuldners keine zusätzliche Gebühr vorgesehen. Es können aber Sachverständigenkosten entstehen. Dem **Rechtsanwalt** steht eine besondere Gebühr mit einem Satz von 0,3 gem § 18 Nr 8 RVG iVm VV 3309 zu, die nicht durch eine bereits früher entstandene Vollstreckungsgebühr abgegolten ist. Der **Gerichtsvollzieher** erhält für die Zustellung die Gebühr nach § 9 GVKostG iVm KV Nr 100 von 7,50 €. Außerdem sind seine Auslagen gem KV Nr 711, 713 zu erstatten.

§ 851c Pfändungsschutz bei Altersrenten. (1) **Ansprüche auf Leistungen, die auf Grund von Verträgen gewährt werden, dürfen nur wie Arbeitseinkommen gepfändet werden, wenn**
1. die Leistung in regelmäßigen Zeitabständen lebenslang und nicht vor Vollendung des 60. Lebensjahres oder nur bei Eintritt der Berufsunfähigkeit gewährt wird,
2. über die Ansprüche aus dem Vertrag nicht verfügt werden darf,
3. die Bestimmung von Dritten mit Ausnahme von Hinterbliebenen als Berechtigte ausgeschlossen ist und
4. die Zahlung einer Kapitalleistung, ausgenommen eine Zahlung für den Todesfall, nicht vereinbart wurde.

(2) [1]**Um dem Schuldner den Aufbau einer angemessenen Alterssicherung zu ermöglichen, kann er unter Berücksichtigung der Entwicklung auf dem Kapitalmarkt, des Sterblichkeitsrisikos und der Höhe der Pfändungsfreigrenze, nach seinem Lebensalter gestaffelt, jährlich einen bestimmten Betrag unpfändbar auf der Grundlage eines in Absatz 1 bezeichneten Vertrags bis zu einer Gesamtsumme von 238.000 Euro ansammeln.** [2]**Der Schuldner darf vom 18. bis zum vollendeten 29. Lebensjahr 2.000 Euro, vom 30. bis zum vollendeten 39. Lebensjahr 4.000 Euro, vom 40. bis zum vollendeten 47. Lebensjahr 4.500 Euro, vom 48. bis zum vollendeten 53. Lebensjahr 6.000 Euro, vom 54. bis zum vollendeten 59. Lebensjahr 8.000 Euro und vom 60. bis zum vollendeten 65. Lebensjahr 9.000 Euro jährlich ansammeln.** [3]**Übersteigt der Rückkaufwert der Alterssicherung den unpfändbaren Betrag, sind drei Zehntel des überschießenden Betrags unpfändbar.** [4]**Satz 3 gilt nicht für den Teil des Rückkaufwerts, der den dreifachen Wert des in Satz 1 genannten Betrags übersteigt.**

(3) **§ 850e Nr. 2 und 2a gilt entsprechend.**

Inhaltsübersicht

	Rz
A. Normzweck	1
B. Anwendungsbereich und Systematik	4
C. Schutz der Altersversorgung (Abs 1)	7
I. Voraussetzungen	7
1. Vertragliche Grundlage	7
a) Allgemeines	7
b) Versicherungsverträge	8
c) Andere Verträge	11
2. Lebenslange, regelmäßige Zahlung ab dem 60. Lebensjahr bzw bei Berufsunfähigkeit, Nr 1	14
a) Zahlungsmodalitäten bei der Altersversorgung	14
b) Berufsunfähigkeit	17
3. Verfügungsverbot (Nr 2)	19
4. Hinterbliebenenversorgung (Nr 3)	25
5. Kapitalleistungen (Nr 4)	28
II. Rechtsfolge	29
1. Pfändungsschutz	29
2. Berechnung	30
III. Verfahren	31
D. Schutz des Vorsorgekapitals (Abs 2)	33
I. Grundlagen	33
II. Gesamtsumme (Abs 2 S 1)	34
III. Jahresbeiträge (Abs 2 S 2)	36
IV. Steigerungsbeträge (Abs 2 S 3 und 4)	42
V. Zusammenrechnung (Abs 3)	44
VI. Verfahren	45
E. Rechtsbehelfe	46
F. Insolvenzverfahren	47
G. Kosten/Gebühren	48

A. Normzweck. Mit der Aufgliederung der Alterssicherungssysteme geht eine **Fragmentierung der Vollstreckungsregeln** einher. Rentenansprüche der Beschäftigten aus der gesetzlichen Sozialversicherung wegen Alters, §§ 35 ff SGB VI, wegen Minderung der Erwerbsfähigkeit, § 43 SGB VI, oder für Hinterbliebene, §§ 46 ff SGB VI, sind nach § 54 IV SGB I wie Arbeitseinkommen pfändbar. Aufgrund landesrechtlicher Regelungen gleichgeschaltet sind auch Renten aus berufsständischen Versorgungswerken (BGHZ 160, 196, 202; außerdem Schuschke/Walker/*Kessal-Wulf* § 851 Rn 2; *Smid* FPR 07, 443). Ansprüche auf wiederkehrende Zahlungen, die vom Arbeitgeber aufgrund eines früheren Arbeits- oder Dienstverhältnisses erbracht werden sowie Beamtenpensionen, stellen nach § 850 II Arbeitseinkommen dar (§ 850 Rz 25). Dabei ist unerheblich, ob die Zahlungen unmittelbar durch den Arbeitgeber oder durch eine Unterstützungskasse bzw einen Pensionsfond erfolgen. Ansprüche aus privaten Versicherungsverträgen zur Versorgung eines Dienstverpflichteten sind schließlich nach § 850 III b als Arbeitseinkommen geschützt (§ 850 Rz 30). 1

Bis zum Inkrafttreten des Gesetzes zum Pfändungsschutz für die Altersvorsorge v 26.3.07 (BGBl I, 368) bestand va bei Versorgungsrenten selbstständig erwerbstätiger Versicherungsnehmer eine **Schutzlücke**, da 2 für deren private Altersvorsorge die bestehenden Vollstreckungsschutzregeln nicht eingriffen (BGH NZI 08, 93 Tz 18). § 851c stellt die Ansprüche auf private Versicherungsrenten den anderen Rentenansprüchen gleich. Laufende Rentenzahlungen werden wie Arbeitseinkommen geschützt. Um die Versorgungsfunktion erfüllen zu können, wird auch ein gewisser Kapitalsockel dem Vollstreckungszugriff entzogen. Vorrangiges Ziel von § 851c ist, die **Existenzgrundlage** des Schuldners im Alter zu sichern, dem hinreichende Subsistenzmittel belassen werden, um ein angemessenes Leben führen zu können (BGH WM 11, 128 Tz 20). Aufgabe ist die Unterhaltssicherung, nicht der Vermögensschutz. Zugleich beseitigt die Regelung die **Ungleichbehandlung** bei der Altersvorsorge Selbständiger ggü anderen Alterssicherungssystemen. Durch die gestaffelten Jahresbeiträge und das gedeckelte Kapitalvolumen nach Abs 2 sowie die umfassende Anwendung der Lohnpfändungsregeln nach Abs 1 werden zugleich auch die Interessen der Gläubiger angemessen berücksichtigt. Zudem soll der Staat dauerhaft von der Erbringung der Sozialleistungen entlastet werden (BGH 25.11.10 – VII ZB 5/08 Tz 20 WM 11, 128).

3 Über die Existenzsicherung im Alter hinaus, ermöglicht § 851c einen adäquaten Lebensunterhalt in **anderen Versorgungsfällen** durch privaten Versicherungsschutz bei Berufsunfähigkeit und bei der Hinterbliebenenversorgung.

4 **B. Anwendungsbereich und Systematik.** Der **persönliche Anwendungsbereich** von § 851c ist nicht auf Selbständige bzw ehemals Selbständige beschränkt. Die Regelung gilt für alle natürlichen Personen unabhängig von ihrer erwerbswirtschaftlichen Stellung, die einen Altersversicherungsvertrag nach Abs 1 oder 2 geschlossen haben (*Wollmann* Private Altersvorsorge und Gläubigerschutz, S. 37). Sie erfasst Selbständige, wie Freiberufler, Landwirte und andere Unternehmer, nichtselbständig Erwerbstätige, dh Arbeitnehmer und Beamte einschließlich der Berufssoldaten (**aA** LG Bonn ZVI 09, 214), und nicht erwerbswirtschaftlich Tätige, wie Hausfrauen oder -männer, Studierende, Arbeitslose, Rentner, aber auch Häftlinge. Unerheblich ist, ob andere Formen der Altersversorgung vollstreckungsrechtlich geschützt sind. Beim Schutz nicht selbstständig Tätiger überschneidet sich ihr Anwendungsbereich nach § 850 III b. Nach der mit § 851c verfolgten Zielsetzung, den Pfändungsschutz zu erweitern, geht deswegen die weiterreichende Regelung vor (Schuschke/Walker/*Kessal-Wulf* § 851c Rn 1). Unerheblich ist, ob der Schuldner noch eine andere Altersversorgung besitzt und ob er zur Existenzsicherung auf die Altersversorgung nach § 851c angewiesen ist. Bei Häftlingen ist zu unterscheiden. Werden die Ansprüche während der Untersuchungs- oder Strafhaft fällig, gelten die vom BGH aufgestellten Grundsätze zur Pfändbarkeit des Eigengelds (BGH NJW 04, 3714, 3715; § 850 Rz 24). Für die erst später fällig werdenden Ansprüche und den Schutz des Kapitalsockels gilt § 851c.

5 **Abs 1** stellt die Ansprüche auf Rentenleistungen aus bestimmten privaten Alters- und Berufsunfähigkeitsvorsorgeverträgen dem Arbeitseinkommen gleich. Dafür müssen die Voraussetzungen von Abs 1 Nr 1 bis 4 im Zeitpunkt der Pfändung kumulativ vorliegen. Maßgebend ist, ob auch unter Berücksichtigung der vertraglichen Regelungen in ihrer konkreten Ausgestaltung im Zeitpunkt der Pfändung sichergestellt ist, dass die Altersvorsorgefunktion der vertraglichen Leistungen gewährleistet ist (BGH WM 11, 128 Tz 19). Unerheblich ist, ob die Wirkungen erst später eintreten (BGH WM 11, 128 Tz 22). Unschädlich ist, wenn ein Kapitalwahlrecht oder ein Bezugsrecht einer nicht geschützten Person bestanden, beide aber erloschen sind (BGH WM 11, 128 Tz 20 f). Es gilt deswegen der Pfändungsschutz nach § 850c. Den Kontopfändungsschutz erstreckt § 850k ausdrücklich auf Einkünfte der in § 851c bezeichneten Art. Für Bargeld fehlt allerdings in § 811 Nr 8 eine vergleichbare Regelung. Nach dieser Vorschrift ist für Personen mit wiederkehrenden Einkünften nach den §§ 850 bis 850b ein Geldbetrag in Höhe des nicht der Pfändung unterworfenen Teils der Einkünfte unpfändbar. Einkünfte nach § 851c sind dabei, anders als in § 850k, nicht erwähnt. Dennoch ist davon auszugehen, dass auch Bargeld aus diesen Vorsorgeverträgen geschützt sein soll (*Stöber* NJW 07, 1242, 1245). In einer teleologischen Extension ist der umgekehrte Verweisungsgedanke aus § 851c auf das Arbeitseinkommen und damit auf § 811 anzunehmen. Auf die **private Basisrente** nach § 10 I Nr 2 lit b) EStG ist § 851c unanwendbar. Während § 10 I Nr 2b EStG eine Kapitalisierung im Todesfall ausschließt, wird in § 851c I Nr 4 gerade darauf abgestellt. Die private Basisrente wird aber ebenso wie die steuerlich geförderte Altersrente durch § 851d geschützt (§ 851d Rz 2).

6 **Abs 2** erweitert den Schutz auf den Kapitalstock und damit das Vorsorgevermögen des Schuldners. In der gesetzlichen Rentenversicherung ist die Rentenanwartschaft als Stammrecht wegen des Umlageverfahrens und der Regelung in § 54 IV SGB I unpfändbar (BGH NJW 03, 1457, 1458). Bei privaten Versicherungsverträgen kann dagegen grds der noch von einer Kündigung des Versicherungsvertrags, § 168 I VVG, abhängige Anspruch auf den Rückkaufswert (= Rentenanwartschaft), § 169 I VVG, zusammen mit dem ordentlichen Kündigungsrecht gepfändet werden (BGHZ 45, 162, 167; Prölss/Martin/*Kollhosser* § 13 ALB 86

Rn 63). In gestaffelten Freibeträgen entzieht Abs 2 das Vorsorgevermögen bis zu einer Obergrenze der Pfändung.

C. Schutz der Altersversorgung (Abs 1). **I. Voraussetzungen. 1. Vertragliche Grundlage. a) Allgemeines.** Der Anspruch des Schuldners muss auf vertraglicher Grundlage beruhen. In erster Linie ist an Verträge mit der Versicherungs- und Finanzwirtschaft zu denken, doch ist dies keine notwendige Voraussetzung, solange die anderen Anforderungen aus § 851c I erfüllt sind. Im Gesetzgebungsverfahren ist dies mit dem Wechsel von der Bezeichnung »Rente« zu der umfassenderen Formulierung »Ansprüche auf Leistungen« berücksichtigt worden (*Wimmer* ZInsO 07, 281, 282; *Holzer* DStR 07, 767, 768). Da ausdrücklich im Plural von Verträgen die Rede ist, kann der Pfändungsschutz mehrere Verträge umfassen (enger BGH ZIP 10, 1656 Tz 32). Laufende Rentenbeiträge sind aus dem pfändungsfreien Einkommen zu erbringen (LG Lüneburg NZI 11, 25 f). 7

b) Versicherungsverträge. Vorrangig kommen **originäre Rentenversicherungsverträge** gegen laufendes Entgelt in Betracht, §§ 150 ff VVG, die den Voraussetzungen von § 851c genügen. Unerheblich ist die Person des Versicherungsnehmers. Für den Schutz aus § 851c ist allein die Bezugsberechtigung des Schuldners ausschlaggebend. Ist der Schuldner nicht Versicherungsnehmer, muss er bei Eintritt der Pfändungswirkungen als unwiderruflich bezugsberechtigter Dritter iSv § 159 III VVG benannt sein. Ein widerrufliches Bezugsrecht genügt wohl nicht, weil der Schuldner dann das Recht auf die Leistung des Versicherers erst mit dem Eintritt des Versicherungsfalls erwirbt, § 159 II VVG (s.a. BTDrs 16/886, 8). Der Pfändungsschutz nach § 851c I – anders nach § 851c II – setzt keinen Rückkaufswert voraus und besteht auch bei einer reinen Rentenversicherung. 8

Erfüllt eine Kapital- oder Rentenversicherung nicht die Voraussetzungen von Abs 1, kann der Versicherungsnehmer jederzeit für den Schluss der laufenden Versicherungsperiode die **Umwandlung** in eine diesen Anforderungen genügende Versicherung verlangen, § 167 S 1 VVG. Umgewandelt werden kann die Versicherung nur, wenn keine Rechte Dritter entgegenstehen. Insbes dürfen die Ansprüche noch nicht gepfändet sein (BTDrs 16/886, 14). Unwiderruflich eingeräumte Bezugsrechte, § 159 III VVG, bleiben bestehen. Steht einem Dritten, der weder der Schuldner selbst noch ein Hinterbliebener ist, ein unwiderrufliches Bezugsrecht zu, kann eine Umwandlung durch die Schranke aus Nr 3 keinen Pfändungsschutz begründen. Umwandlung des Versicherungsvertrags und Widerruf eines Bezugsrechts bilden zwei systematisch zu unterscheidende Willenserklärungen. Ob mit der Umwandlung ein widerrufliches Bezugsrecht, § 159 II VVG, konkludent widerrufen wird, ist auszulegen. Beim Bezugsrecht eines Hinterbliebenen kann ein entsprechender Widerrufswillen fehlen. Besondere Probleme entstehen beim Zugewinnausgleich. Da ein Zugriff auf den Kapitalstock ausgeschlossen ist, kann lediglich eine nicht insolvenzfeste Forderung gegen den Vorsorgenden begründet werden (*Kogel* FamRZ 07, 870, 972). 9

Von welchem **Zeitpunkt** an der Pfändungsschutz wirkt, ist § 167 S 1 VVG nicht ohne Weiteres zu entnehmen. Die Vorschrift berechtigt den Schuldner, jederzeit für den Schluss der laufenden Versicherungsperiode die Umwandlung verlangen zu können. Diese Befugnis weist auf einen Anspruch hin (RHS/*Brambach* § 167 Rn 6), der erst nach einer Erfüllungshandlung des Versicherers die Rechtswirkungen des § 851c bewirkt. Nimmt der Versicherer die Leistung nicht rechtzeitig vor, könnte der Pfändungsschutz verzögert werden. Um ein mögliches Unterlaufen der Schutzwirkungen zu verhindern, ist das Umwandlungsrecht als Gestaltungsrecht anzusehen. Dafür spricht auch die Parallele zur Prämienfreistellung nach § 165 VVG, die übereinstimmend formuliert ist und ein Gestaltungsrecht bildet (Prölss/Martin/*Kollhosser* § 174 aF Rn 1). Der Bezug auf die Versicherungsperiode ist versicherungstechnisch zu erklären. Auch wenn die versicherungsrechtliche Wirkung insoweit aufgeschoben ist, tritt die vollstreckungsrechtliche Konsequenz mit Zugang der Umwandlungserklärung ein (*Hasse* VersR 07, 870, 889; aA LG Hamburg ZInsO 11, 1018 f). 10

c) Andere Verträge. Die Vorsorgeleistungen können auch über einen **kombinierten Sparplan und Auszahlungsplan mit anschließender Rentenversicherung** erwirtschaftet werden. Sparpläne beinhalten Darlehen des Vorsorgenden an eine Bank, § 488 I BGB. Beim Erreichen der Altersgrenze kann das vorhandene Vermögen in eine Rentenversicherung gegen Einmalbetrag eingebracht werden. Alternativ kann auch zunächst eine ratenweise Auszahlung aufgrund des Auszahlungsplans erfolgen und dann, zB ab dem 80. Lebensjahr, eine Rentenversicherung eingeschaltet werden, vgl § 1 Abs 1 S 1 Nr 4 AltZertG. Beide Möglichkeiten sind kombinierbar, indem etwa eine Grundrente aufgrund eines Rentenversicherungsvertrags ab dem 60. Lebensjahr ausgezahlt und ein anderer Teil des Kapitals aufgrund eines Auszahlungsplans ausgeschüttet wird. Es muss lediglich bei Abschluss des Vertrags feststehen, dass eine lebenslange Versorgung 11 gewährleistet ist. Dies kann erreicht werden, indem sich die Bank verpflichtet, zu einem vereinbarten Zeitpunkt das Kapital aus dem Sparvertrag in eine Rentenversicherung zugunsten des Vorsorgenden einzubringen (§§ 328 ff BGB).

12 Auch Rentenzahlungen aus einem **Glückspielvertrag**, §§ 762 ff BGB, sind prinzipiell in den sachlichen Anwendungsbereich von § 851c I einbezogen. Dennoch wird regelmäßig ein Schutz ausgeschlossen sein, weil die Zahlungen in den meisten Fällen vor Vollendung des 60. Lebensjahrs beginnen und kein Verfügungsverbot besteht. **Erbvertragliche Vereinbarungen**, nicht aber einseitige testamentarische Bestimmungen des Erblassers, unterliegen dem Pfändungsschutz, sofern sie die weiteren Voraussetzungen von § 851c erfüllen. Dies gilt ebenfalls für **Altenteilsverträge** iSd § 851b I Nr 3 sowie gegenseitige Verträge mit Versorgungselementen, aber ungefähr gleichwertig gedachten Leistungen, die keine Altenteilsverträge im Rechtssinn darstellen (vgl § 850b Rz 18). Eingeschlossen sein können deswegen auch Leistungen aus der Veräußerung einer freiberuflichen Praxis oder eines anderen Unternehmens.

13 **Unanwendbar** ist § 851c auf **Altersvorsorge-Sparpläne iSv § 90 InvG**. Die §§ 87 ff InvG ermöglichen im Investmentgeschäft langfristiges Vorsorgesparen mittels Altersvorsorge-Sparplänen gem § 90 InvG mit anschließendem Auszahlplan, § 90 V InvG, zu betreiben. Für die eingezahlten Beträge gibt die Investmentgesellschaft Anteilsscheine aus, § 33 I 1 InvG, regelmäßig in Form von Inhaberpapieren (SBL/*Köndgen* III, § 113 Rn 136). Systematisch zutr wäre der Pfändungsschutz bei den §§ 808, 821 einzuordnen und nicht bei den §§ 850 ff, 851 ff. Zudem kollidieren Verfügungsbeschränkungen mit dem grundlegenden Prinzip der jederzeitigen Verwertbarkeit im Investmentgeschäft.

14 **2. Lebenslange, regelmäßige Zahlung ab dem 60. Lebensjahr bzw bei Berufsunfähigkeit, Nr 1. a) Zahlungsmodalitäten bei der Altersversorgung.** Bei Altersversorgungsverträgen, in denen der Versicherungsfall vom Eintritt eines bestimmten Lebensalters abhängt, darf der **Zahlungsbeginn** nicht vor dem vollendeten 60. Lebensjahr erfolgen. Dieses Kriterium besteht nur für Altersrenten des Schuldners, davon ausgenommen sind also Berufsunfähigkeits- und Hinterbliebenenrenten. Damit besteht ein Wertungsunterschied ggü Abs 2 S 2, denn das Vorsorgevermögen von 238.000 € darf erst vollständig mit dem vollendeten 65. Lebensjahr eingebracht sein. Ermöglicht wird so eine flexible Entscheidung zwischen einem früheren Renteneintrittsalter mit niedrigerem Versorgungsniveau oder einem späteren Beginn auf höherem Niveau.

15 Für die **Zahlungsweise** in der Altersversorgung stellt Nr 1 zwei Anforderungen auf. Als erste Voraussetzung muss die Leistung in **regelmäßigen Zeitabständen** erfolgen. Die Zahlungsabstände sind dabei unerheblich, solange eine periodische Leistung erfolgt (krit *Wollmann* Private Altersvorsorge und Gläubigerschutz, S. 39 ff). Wie bei den wichtigsten Zahlungsperioden in der gesetzlichen Rentenversicherung und beim Arbeitseinkommen wird zumeist monatlich geleistet werden. Angelehnt an die Pfändungstabellen zu § 850c kommen aber auch kürzere Zahlungszeiträume in Betracht. Umgekehrt ist auch bei größeren Zahlungsabständen bis hin zur jährlichen Auszahlung von einer regelmäßigen Zahlung auszugehen (Saenger/*Kemper* § 851c Rn 5). Dies kann etwa für Ausschüttungen bedeutsam sein. Auch hier ist die Parallele zum laufenden Arbeitseinkommen zu ziehen, dessen Pfändungsschutz auch auf Jahresprämien erstreckt wird. Die Leistung muss dann auf eine monatliche Zahlungsweise umgerechnet werden (§ 850c Rz 9). Einmalige Kapitalausschüttungen erfüllen dagegen nicht den Versorgungszweck.

16 Als weitere Voraussetzung muss eine **lebenslange Leistung** gesichert sein. Darin kommt die gesetzliche Teleologie einer umfassenden Existenzsicherung im Alter zum Ausdruck.

17 **b) Berufsunfähigkeit.** Eine **Berufsunfähigkeitsversicherung** kann als Zusatzversicherung (Berufsunfähigkeitszusatzversicherung – BUZ) zu einer Lebensversicherung oder Rentenversicherung, oder als selbständige Berufsunfähigkeitsversicherung (SBU) abgeschlossen werden. Offen ist, welche Bedeutung die Erwähnung der Berufsunfähigkeitsversicherung in Nr 1 hat (vgl auch § 850b Rz 4), da nicht alle für die Altersvorsorge bestehenden Anforderungen auch für die Berufsunfähigkeitsversicherung gelten können. Insofern kann die Nennung auch als Koppelungserlaubnis gedeutet werden mit der Folge, dass sich der Pfändungsschutz für die Berufsunfähigkeitsrente aus § 850b I Nr 1 ergibt. Der auf den Pfändungsschutz für die Leistungen bezogene Wortlaut von § 851c I Nr 1 sowie die Teleologie einer selbständigen Schutzwirkung sprechen aber für einen eigenständigen Anwendungsfall von § 851c I Nr 1. § 851c I regelt nicht den Pfändungsschutz für Berufsunfähigkeitsrenten, sondern die Voraussetzungen, unter denen iRe geschützten Altersrentenvertrags zusätzlich Vorsorge für den Fall der Berufsunfähigkeit getroffen werden kann (*Wollmann* Private Altersvorsorge und Gläubigerschutz, S 54; *ders* ZInsO 09, 2319, 2324; *Dietzel* VIA 09, 6). Entscheidend ist also, ob eine Leistung, für deren Beginn mit der Berufsunfähigkeit oder der Vollendung des

60. Lebensjahres zwei gesetzliche Alternativen genannt werden, in regelmäßigen Zeitabschnitten lebenslang erbracht wird (BGH ZIP 10, 1656 Tz 32). Der Schutzzweck bezieht sich auf eine bei Berufsunfähigkeit lediglich im Bezugsbeginn vorgezogene Altersrente. Die §§ 850 III lit b), 850b I Nr 1 sind insoweit unanwendbar. Die aus dieser Einordnung vom BGH abgeleiteten Konsequenzen sind allerdings zu eng. Nach Ansicht des BGH müsse es sich um eine im Wesentlichen gleichbleibende und nur an die veränderten Umstände vertragsgemäß anzupassende Leistung handeln, was bei einer Berufsunfähigkeitsversicherung von monatlich € 912,11 und einer Altersrente von € 91,30 nicht der Fall sei (BGH ZIP 10, 1656 Tz 32 f). Wegen der unterschiedlichen Versorgungslücken muss jedenfalls auch eine Berufsunfähigkeitsversicherung, die das volle finanzielle Risiko abdeckt, und eine Altersrente, die zusammen mit einem weiteren privaten oder sozialversicherungsrechtlichen Schutz die Vorsorge im Alter gewährleistet, unter den Anwendungsbereich von § 851c I fallen. Anders, als in der Entscheidung angedeutet (BGH ZIP 10, 1656 Tz. 29), kann es dann nicht darauf ankommen, ob der Schutz in einem Vertrag begründet wird (*Ahrens* NJW-Spezial 10, 597, 598) Es obliegt den Vertragsparteien, den Begriff der Berufsunfähigkeit zu definieren.

Um dem Versorgungszweck zu genügen, sind die Zahlungen **regelmäßig** zu leisten (Rz 15). Funktional zwingend muss ein Leistungsbeginn vor Vollendung des 60. Lebensjahrs möglich sein. Bereits daran ist zu zeigen, dass die Kriterien für die pfändungsgeschützte Altersvorsorge nicht deckungsgleich für die Berufsunfähigkeit gelten. Deswegen ist keine lebenslange Berufsunfähigkeitsrente erforderlich. Es genügt, wenn die Berufsunfähigkeitsrente bis zum Bezug einer Altersrente gezahlt wird (*Wimmer* ZInsO 07, 281, 282; *Hasse* VersR 07, 870, 884). Entscheidend ist der dauerhafte Versorgungszweck. Deswegen ist ein Pfändungsschutz nach § 851c I Nr 1 abzulehnen, wenn zwischen dem Ende der Berufsunfähigkeitsversicherung und dem Beginn der Altersvorsorge fünf Jahre lang keine Leistungen erbracht werden sollen (BGH ZIP 10, 1656 Tz 32). Ob die Altersvorsorge beim gleichen Versicherer oder einem anderen Anbieter vertraglich vereinbart wird oder ob es sich um Leistungen aus der gesetzlichen Unfallversicherung handelt, ist nach dem Regelungsziel unerheblich. Deswegen muss die Berufsunfähigkeitsversicherung auch nicht zeitgleich mit der Altersvorsorge vereinbart sein. 18

3. Verfügungsverbot (Nr 2). Über die Ansprüche aus dem Vertrag darf nach Nr 2 nicht verfügt werden. So soll eine **zweckentfremdete Verwendung** des Vorsorgekapitals verhindert werden. Abtretung, Verpfändung und ordentliche Kündigung des Vertrags müssen ausgeschlossen sein. Eine trotz vereinbarten Verbots erfolgte Abtretung ist iRv § 399 Alt 2 BGB unwirksam und eine Aufrechnung nach § 394 BGB. Das Kapital der Altersvorsorge kann insoweit nicht mehr als Kreditsicherungsmittel verwendet werden. Unzulässig ist aber auch der Einsatz des Vorsorgevermögens zu Investitions- und Konsumtionszwecken, selbst wenn als Nebenwirkung eine Altersvorsorge erreicht wird. Bei Abschluss eines anderen Altersvorsorgevertrags ist die Umwandlung durch den bisherigen Vertragspartner bzw die Abtretung an einen anderen Anbieter zulässig, wenn der Schuldner eine wirtschaftlich gleichwertige Gegenleistung erhält (vgl BGHZ 4, 153, 156; 13, 360, 361). Maßgebender Beurteilungszeitpunkt ist die Pfändung (*Busch* VuR 11, 371, 373). 19

Die Formulierung »nicht verfügt werden darf« beschreibt ein **vertragliches Verbot** und nicht nur einen faktischen Zustand. Der Pfändungsschutz besteht nicht, wenn in einem Vertrag ohne Verfügungsverbot tatsächlich noch nicht verfügt worden ist. Eine entsprechende vertragliche Regelung begründet aber nur ein rechtsgeschäftliches Verfügungsverbot. Eine verbotswidrige Verfügung ist dennoch wirksam (PWW/*Ahrens* § 137 Rn 4), lässt aber den Pfändungsschutz entfallen. Dies gilt bspw bei einer außerordentlichen Kündigung (Rz 24). 20

Flankiert wird das Verfügungsverbot durch die **Beschränkung des ordentlichen Kündigungsrechts** in Versicherungsverträgen gem § 168 III 2 VVG. Allerdings führt der Wortlaut von § 168 III 2 VVG zu einem gesetzlichen Zirkelschluss, wenn das ordentliche Kündigungsrecht bei einem Altersvorsorgevertrag ausgeschlossen ist, soweit die Ansprüche nach § 851c nicht gepfändet werden dürfen. Zu verlangen ist ein vertraglich ausgeschlossenes Kündigungsrecht. Infolgedessen kann in diesem Umfang der Rückkaufswert der Versicherung weder vom Schuldner noch vom Gläubiger realisiert werden. Das Recht zur außerordentlichen Kündigung bleibt davon unberührt. 21

Dabei ist die Beschränkung des ordentlichen Kündigungsrechts mit der **Obergrenze** aus § 851c II harmonisiert. Die ordentliche Kündigung durch den Versicherungsnehmer kann nach § 168 III 2 VVG nur bis zur Höhe der in § 851c II genannten Freibeträge ausgeschlossen werden, arg »soweit«. Eine weitergehende Einschränkung ist wegen § 171 VVG unwirksam. Auf die überschießenden Beträge können Schuldner und Gläubiger zugreifen. Infolgedessen wird der Vertrag in einen pfändungsgeschützten und einen nicht geschützten Teil aufgespalten. Durch die Umwandlung in eine prämienfreie Versicherung, § 165 VVG, kann 22 der Schuldner einen solchen Zugriff verhindern. Fraglich ist, ob auch Abtretung und Verpfändung nur ausgeschlossen sein müssen, soweit sie sich auf den unpfändbaren Teil beziehen (*Stöber* NJW 07, 1242, 1244). Insoweit fehlt zwar eine gesetzliche Regelung, doch spricht der Schutzzweck von § 851c für eine Zulässigkeit entsprechender Teilabtretungen.

23 Bei **Sparverträgen mit Laufzeitvereinbarung** ist das ordentliche Kündigungsrecht grds für die gesamte Vertragsdauer ausgeschlossen. Übersteigt das Vorsorgekapital die in Abs 2 genannten Freibeträge, könnte dadurch evtl ein größerer Teil des Vermögens dem Pfändungszugriff entzogen werden. Eine Zwangsvollstreckung in den überschießenden Kapitalbetrag ist deswegen zulässig.

24 Trotz des Verfügungsverbots ist ein **außerordentliches Kündigungsrecht** des Vorsorgenden aus wichtigem Grund nicht ausgeschlossen, vgl § 314 I BGB. Sonst könnte der Vertragspartner risikolos selbst schwere Vertragsverstöße begehen (aA *Wollmann* Private Altersvorsorge und Gläubigerschutz, S. 73). Für den Vorsorgenden besteht aber kein wichtiger Kündigungsgrund, wenn er in wirtschaftliche Schwierigkeiten gerät und Leistungen nach dem SGB II bzw SGB XII in Anspruch nehmen muss. Der Leistungsträger darf die Leistungen nicht verweigern, weil das vorhandene Vorsorgevermögen iRv § 851c II unpfändbar und damit nach den §§ 12 I SGB II, 90 I SGB XII nicht verwertbar ist (*Wollmann* Private Altersvorsorge und Gläubigerschutz, S 86).

25 **4. Hinterbliebenenversorgung (Nr 3).** Um dem Versorgungscharakter von § 851c I zu genügen und die Forderungsdurchsetzung der Gläubiger nicht unnötig zu erschweren, dürfen ausgenommen von Hinterbliebenen keine Dritten begünstigt werden. Hinter der Unterhaltssicherung für Hinterbliebene muss eine verbesserte Vollstreckungsgrundlage für die Pfändungsgläubiger zurücktreten. Die Begünstigung erfolgt durch Vertrag zugunsten Dritter auf den Todesfall, §§ 328, 331 BGB. **Hinterbliebene** sind Ehepartner sowie eigene Kinder und Pflegekinder (*Stöber* NJW 07, 1242, 1245). Die sozialrechtliche Gleichstellung von Enkeln und Geschwistern unter den Voraussetzungen von § 48 III Nr 2 SGB VI kann wegen des vergleichbaren Versorgungsgesichtspunkts übertragen werden. Umstritten ist, ob auch Lebenspartner gem § 1 I 1 LPartG geschützt sind. Es entspricht der sozial- und vollstreckungsrechtlichen Konkordanz mit den §§ 46 IV SGB VI, 850c I 2, auch diese Lebenspartner als Hinterbliebene anzusehen (Musielak/*Becker* § 851c Rn 2; *Holzer* ZVI 07, 113, 115; *Stöber* NJW 07, 1242, 1245; **aA** Schuschke/Walker/*Kessal-Wulf* § 851c Rn 3). Ob der hinterbliebene Lebenspartner Kinder erzieht (so *Wollmann* Private Altersvorsorge und Gläubigerschutz, S 149) kann im Hinblick auf den Schutzzweck der Norm keine Rolle spielen. Andere nichteheliche Lebensgefährten sind dagegen keine Hinterbliebenen iSd Vorschrift (BGH WM 11, 128 Tz 12 ff). Eine widerrufliche Drittbegünstigung wird für unschädlich gehalten (*Wollmann* Private Altersvorsorge und Gläubigerschutz, S 101). Das Bezugsrecht einer nicht geschützten Person schließt den Schutz aus, ist aber ab dem Zeitpunkt unschädlich, in dem es unwiderruflich entfallen ist (BGH WM 11, 128 Tz 21).

26 Um den Unterhalt des Hinterbliebenen dauerhaft zu sichern, wird die Zuwendung regelmäßig in **Rentenform** erbracht werden. Abweichend von Nr 1 kann die Leistung bereits vor Vollendung des 60. Lebensjahres einsetzen. Die **Dauer** der Rentenleistung an den Hinterbliebenen ist gesetzlich nicht bestimmt. Für Ehegatten und Lebenspartner ist eine lebenslange Versorgung zulässig. Dies folgt ebenso aus der Parallele zu § 46 SGB VI wie dem Umfang der Unterhaltspflicht, zu der auch die Sicherung der Altersvorsorge gehört (BGHZ 32, 246, 249, Gernhuber/Coester-Waltjen § 21 Rn 23). Für Waisen muss die Rentenleistung befristet werden können. Sachnäher als eine Orientierung an § 32 VI EStG (*Hasse* VersR 07, 870, 885) sind die Altersgrenzen aus § 48 SGB VI, die auf die Vollendung des 18. bzw des 27. Lebensjahrs abstellen. In die Rentenversicherung kann eine Überlebensleibrentenversicherung eingeschaltet sein, die auf das Leben des Hinterbliebenen als fremde Gefahrperson bezogen ist (Eisenecker S. 34, 36).

27 Zulässig ist aber auch eine **Kapitalleistung** (*Stöber* NJW 07, 1242, 1245; *Holzer* DStR 07, 767, 770). Da der Versorgungsfall aus Nr 3 den Tod des Vorsorgenden voraussetzt, ist nach Nr 4 eine einmalige Kapitalleistung zulässig, für die in Nr 3 die Empfangszuständigkeit geregelt wird. Eine solche Einmalzahlung widerspricht auch nicht dem Unterhaltszweck, denn bei einem Todesfall können erhebliche Zahlungspflichten entstehen, etwa für eine Beerdigung. Zudem kann das Vorsorgekapital dem Hinterbliebenen ermöglichen, sich eine eigene dauerhafte Lebensgrundlage aufzubauen.

28 **5. Kapitalleistungen (Nr 4).** Kapitalleistungen können nicht ohne Weiteres dauerhaft die Existenzgrundlage sichern. Deswegen sind auf Kapitalleistungen gerichtete Vorsorgeverträge einerseits grds nicht in den Schutz von § 851c einbezogen. Ein Kapitalwahlrecht ist aber unschädlich, wenn es im Zeitpunkt der Pfändung entfallen ist (BGH WM 11, 128 Tz 20). Bei einer Rentenversicherung ohne Todesfallleistung kämen

andererseits bei einem frühzeitigen Versterben des Schuldners die überschießenden Beiträge allein der Versichertengemeinschaft und nicht den Hinterbliebenen oder Gläubigern zugute. Deswegen sieht Nr 4 eine Kapitalleistung im Todesfall, weil das Kapital dann in den Nachlass fällt und die Gläubiger darauf zugreifen können.

II. Rechtsfolge. 1. Pfändungsschutz. Laufende Rentenleistungen dürfen nach § 851c nur wie Arbeitseinkommen gepfändet werden. Verwiesen wird damit nicht nur, aber insb auf die §§ 850 bis 850i. Das Pfandrecht wird gem § 832 auf künftig fällig werdende Bezüge erstreckt. Pfändungsschutz besteht in Höhe der Tabellenbeträge aus § 850c, wobei die Anwendung der jeweiligen Tabellensätze von den vertraglichen Auszahlungsmodalitäten abhängt. Dem Schuldner ist der Grundfreibetrag zu gewähren, der bei Unterhaltspflichten und Mehrverdienst erhöht wird. Ein Antrag nach § 850c IV des Gläubigers ist ebenso zulässig, wie Anträge nach den §§ 850d, 850f I, II (Zö/*Stöber* § 851c Rn 3, ohne § 850f I). Werden ausnahmsweise Kapitalleistungen gestattet, können diese nach den allgemeinen Regeln gepfändet werden. 29

2. Berechnung. Durch die Verweisung auf die für das Arbeitseinkommen geltenden Pfändungsvorschriften gelten auch die **Berechnungsregeln in § 850e.** Soweit Abs 3 eine entsprechende Anwendung – nur – von § 850e Nr 2 und 2a bestimmt, beinhaltet dies für laufende Rentenleistungen keine Einschränkung. Vielmehr sollen dadurch diese Regeln auf das Vorsorgekapital angewendet werden können (Gegenäußerung der Bundesregierung BTDrs 16/886, S 19). Deswegen können Ansprüche auf mehrere Rentenleistungen nach § 851c I, auf Rentenleistungen und Arbeitseinkommen sowie auf Rentenleistungen und laufende Geldleistungen nach dem Sozialgesetzbuch zusammengerechnet werden. 30

III. Verfahren. Die Pfändung erfolgt allein auf **Antrag des Gläubigers**, der beim örtlich zuständigen Vollstreckungsgericht zu stellen ist (§ 828 Rz 7 f). Der Beschl ist durch den funktionell zuständigen Rechtspfleger zu erlassen (§ 828 Rz 3). Der Gläubiger muss den Anspruch aus einem Altersvorsorgevertrag schlüssig darlegen. Der Pfändungsschutz ist vAw zu gewähren. Beantragt er die Pfändung ohne die für Arbeitseinkommen geltenden Beschränkungen, muss er darlegen, dass die in Abs 1 aufgeführten Voraussetzungen nicht erfüllt sind (Zö/*Stöber* § 851c Rn 4). Wegen der Verweisung auch auf § 850c III 2 ist ein Blankettbeschluss zulässig. 31

Die **Stellung des Drittschuldners** ist durch die aus der Lohnpfändung resultierenden Grundsätze geprägt, woraus sich für ihn erhebliche Lasten ergeben. Bei der Drittschuldnererklärung nach § 840 dürfen sich Versicherungen, Banken und Sparkassen nicht auf ihre Geheimhaltungspflicht berufen (vgl München WM 74, 957, 959). Der Drittschuldner muss den Rechtsgrund und die Höhe der Forderung nennen. Da der Drittschuldner das Nettoeinkommen entsprechend § 850e Nr 1 zu berechnen hat, muss er die Sozialversicherungsbeiträge und bei einer nachgelagerten Besteuerung die Steuerklasse sowie schließlich auch die Zahl der unterhaltsberechtigten Personen berücksichtigen (§ 840 Rz 12). 32

D. Schutz des Vorsorgekapitals (Abs 2). I. Grundlagen. Abs 2 ergänzt die Sicherung der Altersvorsorge, indem das Vorsorgevermögen und insb der Anspruch auf den Rückkaufswert vor einer Pfändung geschützt wird. Ergänzend kann nach § 168 III 2 VVG die ordentliche Kündigung eines Rentenversicherungsvertrags und damit auch die Pfändung dieses Kündigungsrechts ausgeschlossen werden. Der Schutz besteht nur für das aufgrund eines Vertrags nach Abs 1 eingezahlte Deckungskapital, dann aber auch für das vor der Umstellung angesparte Kapital (Stuttg BeckRS 12, 00737). 33

II. Gesamtsumme (Abs 2 S 1). Der Schuldner kann nach Abs 2 S 1 unter Berücksichtigung der Entwicklung auf dem Kapitalmarkt, des Sterblichkeitsrisikos und der Höhe der Pfändungsfreigrenze jährlich einen bestimmten Betrag aufgrund eines Vertrags iSv Abs 1 unpfändbar bis zu einer Gesamtsumme von 238.000 € mit Vollendung des 65. Lebensjahrs ansammeln. Die angesammelte Gesamtsumme bezeichnet nicht die schlichte Addition der eingezahlten Beträge, da dann der Kostenanteil des Vorsorgeunternehmens unberücksichtigt bliebe. Ausgegeangen wird zT vom Deckungskapital (*Wollmann* Private Altersvorsorge und Gläubigerschutz, S 198). Auch auf den **Rückkaufswert** nach § 169 VVG kann nicht ohne Weiteres abgestellt werden, weil dieser auf der für Altersvorsorgeverträge gerade ausgeschlossenen Kündigungsmöglichkeit beruht und die Vorsorgeverträge nicht notwendig mit Versicherungsunternehmen abgeschlossen werden müssen (*Hasse* VersR 07, 870, 884). Die über die Gesamtsumme hinausgehenden Beträge sind nach Maßgabe der Steigerungsbeträge, Abs 2 S 3 und 4, tw pfändbar. 34

Dennoch ist eine mit der Bestimmung des Rückkaufswerts übereinstimmende **Berechnungsmethode** zu verwenden. Für Versicherungen und andere Produkte ist deshalb eine vergleichbare Methode zu verwen- 35 den. Dies folgt bereits aus den genannten Kriterien der Kapitalmarktentwicklung, des Sterblichkeitsrisikos und der Pfändungsfreigrenze (vgl BTDrs 16/886, 10). Vor allem ergibt sich dies aber aus Abs 2 S 2. Wenn dort der tatsächliche Rückkaufswert ins Verhältnis zum unpfändbaren Betrag gesetzt wird, muss letzterer nach der gleichen Methode berechnet sein. Für die Gesamtsumme fehlt eine § 850c IIa entsprechende Dynamisierung, doch ist der Gesetzgeber gehalten, diese Summe ebenso wie die geschützten Jahresleistungen regelmäßig anzupassen (BTDrs 16/886, 10).

36 **III. Jahresbeiträge (Abs 2 S 2).** Abs 2 S 2 regelt die progressiv ausgestaltete **Höhe** des jährlich ansparbaren, pfändungsgeschützten Vorsorgekapitals. Der Schuldner darf vom 18. bis zum vollendeten 29. Lebensjahr 2.000 €, vom 30. bis zum vollendeten 39. Lebensjahr 4.000 €, vom 40. bis zum vollendeten 47. Lebensjahr 4.500 €, vom 48. bis zum vollendeten 53. Lebensjahr 6.000 €, vom 54. bis zum vollendeten 59. Lebensjahr 8.000 € und vom 60. bis zum vollendeten 65. Lebensjahr 9.000 € jährlich ansammeln. Durch diese Staffelung soll verhindert werden, dass ein junger Schuldner hohe Kapitalbeträge dem Pfändungszugriff seiner Gläubiger entziehen kann, obwohl ihm noch Zeit bleibt, eine ausreichende Altersvorsorge aufzubauen. Diese Summen können allerdings durch die Steigerungsbeträge nach Abs 2 S 3 erhöht werden (Rz 42).

37 Auf diesen Jahresbetrag kann der Vorsorgende auch monatliche oder vierteljährliche Raten einzahlen, die mit **Zahlungseingang** bis zur Obergrenze gesichert sind. Für die nächsthöhere Stufe des geschützten Kapitalbetrags ist nicht auf das Kalenderjahr oder die Vertragsdauer, sondern das Lebensalter des Vorsorgenden abzustellen. Hierfür ist eine taggenaue Berechnung erforderlich. Jede andere Abrechnung führt zu wenig überzeugenden Ergebnissen. Wird für den Wechsel in die höhere Kapitalstufe etwa auf den Geburtsmonat abgestellt, müsste zusätzlich zwischen Monatsanfang und -ende entschieden werden. Hat der Schuldner den Versicherungsvertrag erst später geschlossen oder die zulässigen Höchstbeträge nicht vollumfänglich geleistet, kann er durch **Nachzahlung** der versäumten Annuitäten rückwirkend eine angemessene Altersvorsorge aufbauen (BTDrs 16/886, 10; **aA** *Flitsch* ZVI 07, 161, 162 f). Da der Schuldner die Beträge ansammeln darf, ist nicht der Einzahlungsbetrag, sondern die in den »Rückkaufswert«, § 169 III VVG (vgl dazu BGH NJW 05, 3559; Beckmann/Matusche-Beckmann/*Brömmelmeyer* § 42 Rn 158 ff) eingehende Summe maßgebend.

38 Die starre Bemessung der Jahresbeträge scheint keinen Raum zu lassen, um **Unterhaltsberechtigte** und Hinterbliebene bei der Berechnung des Vorsorgekapitals zu berücksichtigen. Dies entspricht dem Modell der gesetzlichen Rentenversicherung, deren Beiträge auch nicht von der Zahl der Unterhaltsempfänger abhängen. Allerdings bleibt die zu erwartende Rentenleistung aus einem Deckungskapital von 238.000 € deutlich hinter den möglichen Leistungen aus der gesetzlichen Rentenversicherung zurück. Zudem soll § 851c II 1 den Aufbau einer angemessenen Altersvorsorge ermöglichen. § 850g ist nicht anwendbar, weil diese Regelung veränderte Pfändungsvoraussetzungen erfordert, nicht aber die Pfändungsvoraussetzungen selbst modifiziert.

39 Zu denken ist daher an eine **analoge Anwendung von § 850f I c** (**aA** *Wollmann* Private Altersvorsorge und Gläubigerschutz, S 211). Diese Vorschrift verweist zwar nicht auf § 851c. Umgekehrt verweist aber § 851c I auf eine Anwendung der Pfändungsvorschriften für das Arbeitseinkommen und damit auch auf § 850f I. Unmittelbar betrifft diese Regelung zwar nur die laufenden Rentenzahlungen, doch besteht ein entsprechender Regelungsbedarf auch für das Vorsorgekapital. Um das Existenzminimum im Alter zu sichern und eine verfassungswidrige Ungleichbehandlung zwischen nicht unterhaltsverpflichteten und unterhaltsverpflichteten Schuldnern zu verhindern, ist ein auf den Kapitalstock bezogener Antrag analog § 850f I c zuzulassen, für den schon vor einer konkret bevorstehenden Pfändung ein Rechtsschutzbedürfnis besteht.

40 Der **Beginn** der Schutzwirkung ist durch die Einzahlung auf den Vorsorgevertrag bedingt. Eine Vorwirkung für die noch nicht geleisteten Beträge besteht nicht. Während der privaten Ansparphase besteht daher noch keine Schutzwirkung zugunsten der für die Einzahlung erforderlichen Mittel des Schuldners (BGH ZInsO 11, 1153 Tz 7 ff). Für Selbständige kann sich allerdings ein Schutz aus § 850i I 1 ergeben (vgl BGH NJW 08, 227, 229; § 850i Rz 38). Unterjährig auf einem anderen Konto angesparte Beträge unterliegen nicht dem Pfändungsschutz (vgl *Tavakoli* NJW 08, 3259, 3261). Ein vorgelagerter Schutz lässt sich auch nicht mit dem Modell der Altersvorsorge verbinden, weil der Schuldner noch die uneingeschränkte Verfügungsmacht hat. Dem Gläubiger ist deswegen der Zugriff auf diese Vermögensgegenstände nicht entzogen. Zudem besteht keine Schutzlücke, weil der notwendige Unterhalt eines Selbständigen gem § 850i die Vorsorgeaufwendungen umfasst (§ 850i Rz 15) und Nichtselbständige in der gesetzlichen Rentenversicherung versichert sind.

Wie der **Vollstreckungszugriff** während der Aufbauphase zu realisieren ist, wirft besondere Fragen auf. Die nächstliegende Möglichkeit scheint eine partielle Pfändung des Kündigungsrechts sowie eine auf den überschießenden Teil des Deckungskapitals bezogene Kündigung des Vorsorgevertrags zu sein. Das Verfügungsverbot und der Ausschluss der ordentlichen Kündigung nach § 168 III 2 VVG (Rz 21 ff) stehen dem allerdings nicht entgegen, da sie nur bestehen, soweit das Vorsorgekapital unpfändbar ist. Eine Teilkündigung wäre aber auf den Gesamtvertrag und eine bestimmbare Quote des geplanten Endbetrags bezogen, während hier doch nur eine Pfändung der überschießenden Anteile einzelner Jahresbeträge infrage kommt. Zu denken ist aber an ein eigenständiges, aus § 168 III 2 VVG iVm § 851c II 1 abzuleitendes **Sonderkündigungsrecht** für den überschießenden Betrag aus den Jahresleistungen. Dieses Sonderkündigungsrecht kann der Gläubiger zusammen mit dem daraus resultierenden Auszahlungsanspruch pfänden. Die Höhe der Auszahlung ist erforderlichenfalls im Einziehungsprozess zu klären. 41

IV. Steigerungsbeträge (Abs 2 S 3 und 4). Entsprechend § 850c II 2 wird ein über den **Gesamtbetrag** hinausgehender Anteil des Vorsorgekapitals vor der Pfändung geschützt, um dem Gläubiger einen Anreiz für eine weitergehende Alterssicherung zu geben. Übersteigt der Rückkaufswert den unpfändbaren Betrag von 238.000 €, sind nach Abs 2 S 3 3/10 des überschießenden Betrags unpfändbar. Abs 2 S 4 begrenzt den erhöhten Freibetrag. Aufgrund dieser Kappungsgrenze gilt S 3 nicht für den Teil des Rückkaufwerts, der den dreifachen Wert des Gesamtbetrags aus S 1, also 714.000 €, übersteigt. 42

Nach Regelungszusammenhang und -zweck gilt diese Steigerungsmöglichkeit auch für die **Jahresbeträge**, könnte der Schuldner doch sonst praktisch nicht die erhöhte Endsumme erreichen. 3/10 der über die gesetzliche Jahresleistung hinausgehenden Einzahlungen sind danach unpfändbar. Auf die Steigerungen des Jahresbeitrags ist Abs 2 S 4 sinngemäß anzuwenden, dh die Kappungsgrenze setzt bei der dreifachen für die jeweilige Altersgruppe insgesamt ansammelbaren Summe ein. Ausdrücklich gilt diese Regelung wegen ihres Bezugs auf den Rückkaufswert für Versicherungsprodukte, doch ist sie entsprechend auf andere Produkte anzuwenden. 43

V. Zusammenrechnung (Abs 3). Abs 3 sieht eine entsprechende Anwendung von § 850e Nr 2 und 2a vor. Der gesetzlichen Systematik nach gilt diese Regelung sowohl für die Sicherung der Ansprüche auf laufende Zahlungen nach Abs 1, als auch den Schutz des Vorsorgekapitals aus Abs 2. Da die Ansprüche auf laufende Leistungen nur wie Arbeitseinkommen gepfändet werden, unterstehen sie ohnedies schon der Berechnungsregel aus § 850e. Abs 3 besitzt deswegen nur für den Schutz des Deckungskapitals eine eigenständige Bedeutung und ist daher als Abs 2 S 5 zu lesen. Das Kapital aus mehreren Altersvorsorgeverträgen ist danach zusammenzurechnen. Ein Umkehrschluss, dass deswegen andere Vorschriften der §§ 850 ff unanwendbar sind, ist nicht berechtigt. Eine Analogie zu diesen Regelungen bleibt möglich. Dies ist im Einzelnen bei Anträgen nach den §§ 850d, 850f zu prüfen. 44

VI. Verfahren. Zum Verfahren vgl Rz 31 f. Die Drittschuldnerauskunft muss die jährliche Veränderung des Kapitals nicht darstellen (aA *Wollmann* Private Altersvorsorge und Gläubigerschutz, S. 255). 45

E. Rechtsbehelfe. Wird dem Antrag des **Gläubigers** nicht oder nicht in vollem Umfang stattgegeben, kann er die sofortige Beschwerde nach den §§ 11 I RpflG, 793 I einlegen. Wurde der **Schuldner** zuvor nicht angehört, § 834, kann er gegen die Vollstreckungsmaßnahme nach § 766 vorgehen. Ist eine Anhörung erfolgt, kann er die Entscheidung nach den §§ 11 I RpflG, 793 I anfechten. Der **Drittschuldner** kann regelmäßig die Erinnerung nach § 766 einlegen. Bei der Verletzung eigener Rechte können auch Dritte die Erinnerung einlegen (B/L/A/H Einf §§ 850–852 Rn 9). Nachträgliche Änderungen der Unpfändbarkeitsvoraussetzungen sind auf Antrag gem § 850g geltend zu machen. 46

F. Insolvenzverfahren. § 36 I 2 InsO verweist auch auf § 851c. Deswegen gelten die dargestellten Regeln sowohl über den Schutz der laufenden Rentenzahlungen als auch den des Vorsorgekapitals im Insolvenz- und über § 292 I 3 InsO auch im Restschuldbefreiungsverfahren. Der Insolvenzverwalter kann deswegen nur den überschießenden Teil des Kapitals, Abs 2, und die pfändbaren Ansprüche auf Rentenforderungen zur Masse ziehen. Wandelt der Schuldner eine bestehende Versicherung vor Eröffnung des Insolvenzverfahrens in eine Altersvorsorgeversicherung um, sind für eine mögliche Anfechtung insb nach den §§ 132, 133 InsO die Fallgruppen sehr genau zu unterscheiden. Dabei zu berücksichtigen sind die grundlegenden Wertvorstellungen des Gesetzgebers zum Schutz der privaten Altersvorsorge. Hat der Schuldner die Lebensversicherung vor Eröffnung des Insolvenzverfahrens umgewandelt, ist eine Anfechtung des Insolvenzverwalters gegen ihn gem § 143 InsO ausgeschlossen (BGH NZI 11, 937; Stuttg BeckRS 12, 00737; s.a. *Henning* Ver- 47 braucherinsolvenz aktuell 09, 17). Ein Anspruch aus § 823 II BGB kommt mangels einer Strafbarkeit nicht in Betracht, doch ist ausnahmsweise ein Anspruch aus § 826 BGB denkbar. Wandelt der Schuldner während des Insolvenzverfahrens eine Kapitallebensversicherung in eine unpfändbare Rentenversicherung um, verstößt er nach Ansicht des BGH gegen § 290 I Nr 5 InsO (BGH BeckRS 2011, 17763).

48 **G. Kosten/Gebühren.** Für den Erlass des Pfändungsbeschlusses entsteht eine **Gerichtsgebühr** nach KV 2110 iHv 15 €. Dem **Rechtsanwalt** steht eine Gebühr mit einem Satz von 0,3 gem § 18 Nr 3 RVG iVm VV 3309 zu. Ist eine Vollstreckungsgebühr bereits entstanden, fällt sie nicht erneut an. Der **Gerichtsvollzieher** erhält für die Zustellung die Gebühr nach § 9 GVKostG iVm KV Nr 100 von 7,50 €. Außerdem sind seine Auslagen gem KV Nr 711, 713 zu erstatten.

§ 851d Pfändungsschutz bei steuerlich gefördertem Altersvorsorgevermögen.

Monatliche Leistungen in Form einer lebenslangen Rente oder monatlicher Ratenzahlungen im Rahmen eines Auszahlungsplans nach § 1 Abs. 1 Satz 1 Nr. 4 des Altersvorsorgeverträge-Zertifizierungsgesetzes aus steuerlich gefördertem Altersvorsorgevermögen sind wie Arbeitseinkommen pfändbar.

1 **A. Normzweck.** Um einen auskömmlichen Lebensunterhalt älterer Menschen zu ermöglichen, den die umlagefinanzierte soziale Rentenversicherung nicht mehr hinreichend gewährleisten kann, wird der Aufbau einer privaten Altersvorsorge staatlich gefördert (Altersvermögensgesetz 2001, BGBl 2001 I, 1310 ff; Altersvermögensergänzungsgesetz (AVmEG) 2001, BGBl 2001 I, 403 ff; Alterseinkünftegesetz 2005, BGBl 2004 I, 1247). Ohne einen korrespondierenden vollstreckungsrechtlichen Schutz ginge diese Zielsetzung jedoch vielfach ins Leere. Da die steuerlich geförderte Altersvorsorge an andere Voraussetzungen als der Pfändungsschutz nach § 851c anknüpft, verbleibt eine **Schutzlücke**, die § 851d **schließen** soll. Es wäre unsinnig, zunächst mit staatlichen Mitteln den Aufbau einer privaten Altersvorsorge zu unterstützen, die daraus resultierenden Ansprüche aber vollumfänglich dem Gläubigerzugriff und nicht vorrangig der Existenzsicherung im Alter zukommen zu lassen. Wegen der komplexen Materie ist es nicht vollständig gelungen, die steuer- und die vollstreckungsrechtlichen Instrumente zu harmonisieren. Verbleibende Diskrepanzen sind deswegen unter besonderer Berücksichtigung der Teleologie zu lösen. Soweit sich der Schutz mit § 850 III b überschneidet, geht die weiterreichende Vorschrift vor.

2 **B. Voraussetzungen. I. Vertragsarten.** Geschützt werden die Alterseinkünfte aus **steuerlich gefördertem Altersvorsorgevermögen**. Erfasst werden auch Ansprüche auf Leistungen aus Sparverträgen oder Fondssparplänen. Die Formulierung ist an § 97 EStG angelehnt, der ausdrücklich nur auf die §§ 10a, 79 ff EStG (»Riester-Rente«) verweist. Dennoch ist § 851d ergänzend auch auf die private Basisrente nach § 10 I Nr 2b EStG (»Rürup-Rente«) anzuwenden (Schuschke/Walker/*Kessal-Wulf* § 851d Rn 1), die nicht auf einem Versicherungsvertag beruhen muss (*Dammermuth/Risthaus* DB 09, 812). Förderungsberechtigt nach § 10a EStG sind die in der gesetzlichen Rentenversicherung versicherungspflichtigen Personen, §§ 1–4, 229, 229a, 230 SGB VI, Landwirte sowie selbstständig Tätige, deren Ehegatte förderungsberechtigt ist.

3 Eine **Berufsunfähigkeits- und Hinterbliebenenversorgung** ist nach Maßgabe von § 1 I 1 Nr 2 AltZertG bei den Verträgen nach den §§ 10a, 79 ff EStG möglich. Gleiches gilt für die Renten nach § 10 I Nr 2b EStG (**aA** *Thomas* VW 08, 1459, 1461).

4 **II. Leistungsmodaliten.** Die Vorschrift verlangt monatliche Leistungen in Form einer lebenslangen Rente oder monatlicher Ratenzahlungen iRe Auszahlungsplans nach § 1 I 1 Nr 4 AltZertG. Danach müssen insb eine lebenslange Leibrente oder Ratenzahlungen iRe Auszahlungsplans mit einer anschließenden Teilkapitalverrentung ab spätestens dem 85. Lebensjahr vorgesehen sein. Die Leistungen müssen während der gesamten Auszahlungsphase gleich bleiben oder steigen. Anbieter und Vertragspartner können aber vereinbaren, dass bis zu 12 Monatsleistungen in einer Auszahlung zusammengefasst werden oder eine Kleinbetragsrente nach § 93 III EStG abgefunden wird. Bis zu 30 % des zu Beginn der Auszahlungsphase zur Verfügung stehenden Kapitals kann an den Vertragspartner außerhalb der monatlichen Leistungen ausgezahlt werden. Die gesonderte Auszahlung der in der Auszahlungsphase anfallenden Zinsen und Erträge ist zulässig.

5 **C. Rechtsfolgen.** Die **monatlichen Leistungen** sind im gleichen Umfang wie Arbeitseinkommen pfändbar. Nach der gesetzlichen Formulierung bleiben **Ansprüche** auf derartige Leistungen ungeschützt, könnten also vollumfänglich gepfändet werden. Hierbei handelt es sich um ein Redaktionsversehen durch das § 851d seines wesentlichen Sinns beraubt wird. Vom Pfändungsschutz werden gerade auch die Ansprüche

auf derartige monatliche Leistungen erfasst. Soweit bis zu 12 Monatsleistungen in einer Auszahlung zusammengefasst werden, sind sie wie Jahresprämien (§ 850c Rz 9) auf das betreffende Jahr umzulegen.

Zulässige **Kapitalausschüttungen** sind nach den allgemeinen Vorschriften pfändbar. Das steuerlich geförderte **Altersvorsorgevermögen** einschließlich seiner Erträge ist nach § 97 EStG unübertragbar und infolgedessen gem § 851 unpfändbar. Überschießende Beträge können gepfändet werden. Dies entspricht dem auch in § 851c normierten Modell (§ 851c Rz 42 f). Bei der Basisrente nach § 10 I Nr 2b EStG besteht unabhängig von der Höhe der eingezahlten Beiträge kein Anspruch auf Auszahlungen, weswegen der Kapitalstock nicht pfändbar ist (*Wimmer* ZInsO 07, 281, 285; **aA** Musielak/*Becker* § 851d Rn 3). 6

Als vollstreckungsrechtliche Besonderheit sind bereits die steuerlich geförderten **laufenden Beiträge** pfändungsgeschützt. Dies folgt aus dem eindeutigen Wortlaut von § 97 EStG, wonach auch diese Beiträge unübertragbar und deswegen gem § 851 unpfändbar sind (LAG Rheinland-Pfalz VuR 07, 395; *Kohte/Busch* jurisPR-ArbR 40/2007 Anm 4). Infolgedessen ist bei Personen mit laufenden Einkünften dieser Betrag aus dem gem § 850c pfändbaren Einkommen heraus zu rechnen. 7

D. Verfahren. Vgl § 851c Rz 31 f. 8

E. Rechtsbehelfe. Vgl § 851c Rz 46. 9

F. Insolvenzverfahren. Vgl § 851c Rz 47. Eine Insolvenzanfechtung nach § 132 InsO kommt insb bei einer Basisrente nach § 10 I Nr 2 lit b) EStG in Betracht, soweit die eingezahlten Summen über die steuerlich geförderten Höchstbeträge hinausgehen. 10

G. Kosten/Gebühren. Vgl § 851c Rz 48. 11

§ 852 Beschränkt pfändbare Forderungen.

(1) Der Pflichtteilsanspruch ist der Pfändung nur unterworfen, wenn er durch Vertrag anerkannt oder rechtshängig geworden ist.
(2) Das Gleiche gilt für den nach § 528 des Bürgerlichen Gesetzbuchs dem Schenker zustehenden Anspruch auf Herausgabe des Geschenkes sowie für den Anspruch eines Ehegatten auf den Ausgleich des Zugewinns.

A. Normzweck. Materiellrechtlich sind der Anspruch auf Zugewinnausgleich gem § 1378 III BGB, der Herausgabeanspruch des verarmten Schenkers nach § 528 I BGB sowie der Pflichtteilsanspruch aus § 2317 II BGB trotz ihrer persönlichen Natur übertragbar und daher gem § 851 grds pfändbar. Aufgrund der besonderen Bindungen zwischen den Beteiligten soll aber der Anspruchsinhaber allein bestimmen, ob er den Anspruch geltend macht (BGHZ 123, 183, 186). Seine Entscheidungsfreiheit wird durch § 852 geschützt. Im Gegensatz zu § 851 sind deswegen die Ansprüche grds unpfändbar. Der Schutz entfällt, wenn der Anspruch vertraglich anerkannt oder rechtshängig geworden ist (BGHZ 154, 64, 71; 169, 320 Tz 25). 1

B. Voraussetzungen. I. Anwendungsbereich. Unter den **sachlichen Anwendungsbereich** der Vorschrift fällt nach Abs 1 der Pflichtteilsanspruch aus § 2317 II BGB sowie gem Abs 2 der Herausgabeanspruch des verarmten Schenkers nach § 528 I BGB und der Anspruch auf Zugewinnausgleich gem § 1378 III BGB. Dies gilt auch, wenn der Unterhaltsberechtigte den Anspruch aus § 528 I BGB pfänden will. Selbst wenn dieser Anspruch unterhaltsrechtlich bei der Leistungsfähigkeit des Schuldners berücksichtigt wird, stellt die vollstreckungsrechtlich gesicherte Entscheidungsfreiheit des Schuldners ein anderes Schutzgut dar (allgemein Rz 3; **aA** Zeranski S. 95 ff). 2

Erfasst werden ebenfalls der Pflichtteilsanspruch des ausgeschlossenen Abkömmlings gem § 1511 BGB (St/J/*Brehm* § 852 Rn 1), der Zusatzpflichtteil aus den §§ 2305–2307 BGB sowie der Pflichtteilergänzungsanspruch gem den §§ 2325 ff BGB (Schuschke/Walker/*Kessal-Wulf* § 852 Rn 1). Auf den Vermächtnisanspruch oder anderen Erwerb von Todes wegen ist § 852 unanwendbar (Zö/*Stöber* § 852 Rn 2). Die Beschränkungen gelten auch für bevorrechtigt pfändende Gläubiger nach § 850d (Celle OLGR 04, 414) bzw § 850f II. Pflichtteilsansprüche entstehen erst mit dem Erbfall. Zuvor besteht auch keine pfändbare Anwartschaft (Musielak/*Becker* § 852 Rn 2). Der Zugewinnausgleichsanspruch ist nach § 1378 III 1 BGB erst mit Beendigung des Güterstands übertragbar, zuvor also nach § 851 unpfändbar. 3

II. Geltendmachung. Die Pfändbarkeit kann durch ein **vertragliches Anerkenntnis** begründet werden. Es genügt ein formfreies (PWW/*Buck-Heeb* § 781 Rn 9) deklaratorisches Anerkenntnis zwischen dem Vollstreckungsschuldner als Berechtigten und dem Verpflichteten (Ddorf NJW-FER 99, 246, 247). Durch das Aner- 4 kenntnis wird das Schuldverhältnis als solches oder es werden einzelne Punkte dem Streit oder der Ungewissheit der Parteien entzogen und endgültig festgelegt. Dafür kommt nicht schon jede Einigung zwischen Berechtigtem und Verpflichtetem in Betracht, denn es bedarf regelmäßig eines entspr Anlasses, um den Schluss auf ein derartiges Rechtsgeschäft zu rechtfertigen (vgl BGH NJW 01, 2096, 2099; **aA** Gottwald § 852 Rn 2). Unzureichend ist eine Einigung zwischen Erben und Vollstreckungsgläubiger. Tritt der Berechtigte den Anspruch ab, entfällt die besondere Bindung. Demzufolge ist der Anspruch beim neuen Gläubiger unabhängig davon pfändbar, ob der Drittschuldner den Anspruch bestreitet (MüKoZPO/*Smid* § 852 Rn 3).

5 Auch bei einem **rechtshängigen Anspruch** entfällt der Pfändungsschutz. Eine Klage wird mit Einreichung und Zustellung rechtshängig, §§ 261 I, 253 I. Die Rechtshängigkeit eines im Prozessverlauf erhobenen Anspruchs tritt mit Geltendmachung in der mündlichen Verhandlung oder Zustellung eines Schriftsatzes ein, § 261 II. Bloße Anhängigkeit genügt nicht (Wieczorek/Schütze/*Lüke* § 852 Rn 4). Die Rückwirkung aus § 167 ist unanwendbar. Es genügt eine Feststellungsklage (MüKoZPO/*Smid* § 852 Rn 4; **aA** St/J/*Brehm* § 852 Rn 3) oder eine Teilklage. Ausreichend ist auch die Anmeldung zur Insolvenztabelle. Ein Prozesskostenhilfeantrag, ein Arrest oder eine einstw Verfügung sind unzureichend (Stöber Rn 270). Im Mahnverfahren begründet noch nicht der Mahnantrag, sondern erst die Zustellung des Mahnbescheids die Rechtshängigkeit, § 696 III.

6 Überwiegend wird verlangt, dass die Forderung bei der Pfändung noch rechtshängig sein muss. Eine vorherige Rücknahme begründet danach erneut den Pfändungsschutz, weil sich der Gläubiger sonst gegen den Willen des Schuldners in persönliche Beziehungen mischen kann (Schuschke/Walker/*Kessal-Wulf* § 852 Rn 3; Stöber Rn 270). Ziel von § 852 ist nicht die Willens-, sondern die **Entscheidungsfreiheit** des Schuldners zu schützen. Hat sich der Schuldner für die Rechtsverfolgung entschieden, entfällt das Pfändungsprivileg dauerhaft, selbst wenn er die Klage später zurücknimmt.

7 Für den **Pflichtteilsanspruch** ist die Schutzwirkung von § 852 eingeschränkt. Dieser Anspruch kann vor vertraglicher Anerkennung oder Rechtshängigkeit als in seiner zwangsweisen Verwertung **aufschiebend bedingter Anspruch** gepfändet werden (BGHZ 123, 183, 186; NJW 11, 1448 Tz 8). Der Anspruch ist dann ohne Einschränkung mit einem Pfandrecht belegt, dh es entsteht ein Pfandrecht mit dem Rang des Zeitpunkts der Pfändung. Aufgrund der Verwertungsbeschränkung darf es aber erst verwertet werden, wenn die Voraussetzungen des § 852 I vorliegen (BGH WM 09, 710 Tz 7). Gleiches muss auch für den Anspruch auf Zugewinnausgleich und den Rückforderungsanspruch des verarmten Schenkers gelten.

8 **C. Verfahren und Wirkungen.** Der Antrag des Gläubigers auf Pfändung eines Pflichtteilsanspruchs und der Pfändungsbeschluss müssen nach der abzulehnenden Rspr des BGH keine Angaben dazu enthalten, ob vertragliche Anerkennung oder Rechtshängigkeit vorliegen (BGH WM 09, 710; Zö/*Stöber* § 852 Rn 4; **aA** Schuschke/Walker/*Kessal-Wulf* § 852 Rn 5; MüKoZPO/*Smid* § 852 Rn 5; Wieczorek/Schütze/*Lüke* § 852 Rn 6). Die Vollstreckungsgerichte sollen darauf hinweisen, dass die Verwertung erst erfolgen darf, wenn die Voraussetzungen des § 852 vorliegen. Der Gläubiger kann in entspr Anwendung von § 836 III insoweit Auskunft vom Schuldner verlangen (BGH WM 09, 710). Da der Gläubiger entgegen des grds bestehenden Pfändungsschutzes vollstrecken will, trägt er die Beweislast. IVm der Judikatur zum aufschiebend bedingt verwertbaren Pfandrecht (Rz 7) wäre der Schuldner sonst übermäßig belastet. Eine Glaubhaftmachung ist nicht erforderlich.

9 Der Rang ist nach dem Zeitpunkt der Pfändung zu bestimmen (BGHZ 123, 183, 190). Ein einheitlicher Pfändungs- und Überweisungsbeschluss und damit auch eine eingeschränkte Überweisung der Forderung zur Einziehung ist zulässig (LG Münster NJW-RR 06, 1020, 1021). Vor einem Anerkenntnis oder der Rechtshängigkeit ist eine Aufrechnung unwirksam (BGHZ 169, 320 Tz 25). Im Anschluss an eine bedingte Pfändung ist eine Abtretung im Verhältnis zum Gläubiger unwirksam (BGHZ 123, 183, 190).

10 **D. Rechtsbehelfe.** Wird dem Antrag des **Gläubigers** nicht stattgegeben, kann er die sofortige Beschwerde nach den §§ 11 I RpflG, 793 I einlegen. **Schuldner** und **Drittschuldner** können mit der Erinnerung nach § 766 geltend machen, dass die Voraussetzungen des § 852 für die Überweisung nicht vorliegen (BGH WM 09, 710). Im Einziehungsprozess kann sich der Drittschuldner nicht auf die fehlenden Pfändungsvoraussetzungen berufen (RGZ 93, 74, 77 f).

11 **E. Insolvenzverfahren.** Ansprüche, die nicht vor Verfahrenseröffnung anerkannt und rechtshängig wurden, gehören nur bedingt zur Insolvenzmasse (BGHZ 123, 183, 189; BGH NZI 09, 191 Rn 14; Jaeger/*Henckel* InsO § 36 Rn 37). In der Treuhandperiode können solche Ansprüche keinen Neuerwerb begründen. Wurden die Ansprüche zuvor anerkannt oder rechtshängig gemacht, unterliegen sie dem Insolvenzbe-

schlag. Die in § 852 angelegte Entscheidungsfreiheit des Schuldners darf entspr dem Gedanken aus § 83 I 1 InsO nicht durch eine Gläubigeranfechtung unterlaufen werden. Meldet der Schuldner im Insolvenzverfahren des Verpflichteten seine Ansprüche an, steht dies der Rechtshängigkeit gleich (Stöber Rn 270).

F. Kosten/Gebühren. Der **Gerichtsvollzieher** erhält die Gebühr gem § 9 GVKostG iVm KV Nr 100 von 7,50 €, bei Erfolglosigkeit gem § 9 GVKostG iVm KV 600 2,50 €, sowie die Schreibauslagen nach § 9 GVKostG iVm KV Nr 700 sowie ggf Wegegeld nach § 9 GVKostG iVm KV Nr 711. Die **Gerichtsgebühr** für Pfändung und Überweisung beläuft sich gem § 3 II GKG iVm KV Nr 2110 auf 15 €. Die **Anwaltsgebühr** entsteht mit einem Satz von 0,3 der Gebühr gem § 18 Nr 3 RVG iVm VV 3309. 12

§ 853 Mehrfache Pfändung einer Geldforderung.

Ist eine Geldforderung für mehrere Gläubiger gepfändet, so ist der Drittschuldner berechtigt und auf Verlangen eines Gläubigers, dem die Forderung überwiesen wurde, verpflichtet, unter Anzeige der Sachlage und unter Aushändigung der ihm zugestellten Beschlüsse an das Amtsgericht, dessen Beschluss ihm zuerst zugestellt ist, den Schuldbetrag zu hinterlegen.

A. Normzweck. § 853 **schützt** zunächst **den Drittschuldner** vor den Unsicherheiten bei mehrfacher Pfändung einer Geldforderung durch eine Leistung an den falschen Gläubiger. Bei möglichen Zweifeln an einer wirksamen Pfändung, dem Rang des Pfändungspfandrechts oder der Reichweite einer privilegierten Pfändung soll der Drittschuldner vor unzumutbaren Risiken bewahrt werden. Obwohl sein Vertrauen in den Überweisungsbeschluss nach § 836 II geschützt wird (BGHZ 66, 394, 396 f), sind damit nicht alle Gefahren beseitigt. Nicht selten riskiert der Drittschuldner, an einen anderen als den vorrangigen Gläubiger zu zahlen und deswegen erneut leisten zu müssen. § 853 entlastet deswegen den Drittschuldner von der erforderlichen Prüfung und gestattet ihm, den Schuldbetrag zu hinterlegen. Zusätzlich werden auch die **Gläubiger geschützt**, denn der Drittschuldner soll bei möglichen Konflikten nicht die Erfüllung verzögern können (Wieczorek/Schütze/*Lüke* § 853 Rn 1). Auf Verlangen eines Gläubigers, dem die Forderung zur Einziehung überwiesen ist, muss der Drittschuldner den Schuldbetrag hinterlegen. Die Vorschrift ist auf die Vollstreckung von Abgaben entspr anzuwenden, § 320 AO. 1

B. Voraussetzungen der Hinterlegungsbefugnis (Alt 1). Erforderlich ist eine **Mehrfachpfändung**, dh die Forderung des Schuldners muss für mehrere, zumindest zwei Gläubiger gepfändet sein. Bei einer Mehrfachpfändung richtet sich der Rang nach der Entstehung der Pfandrechte und damit der Zustellung, § 804 III. Die Pfändungen müssen wirksam sein. Eine Überweisung ist nicht erforderlich, anders Alt 2. Pfändungen iRd Sicherungsvollstreckung, § 720a, oder der Arrestvollziehung berechtigen deswegen zur Hinterlegung (Zö/*Stöber* § 853 Rn 2). Es genügt noch nicht, falls die Forderung erst einmal gepfändet ist und weitere Pfändungen lediglich drohen (MüKoZPO/*Smid* § 853 Rz 2). Bei Zweifeln über eine wirksame Erstpfändung kommt eine Hinterlegung nach § 372 BGB in Betracht (Frankf OLGR 04, 250; aA Zö/*Stöber* § 853 Rn 2, nach § 853). Unzureichend ist auch, wenn eine Pfändung mit einer Abtretung zusammentrifft (RGZ 144, 391, 393; LG Münster Rpfleger 95, 78), doch ist dann ggf eine Hinterlegung nach § 372 BGB möglich (BGH NJW-RR 05, 712, 713). 2

Als konstitutive Voraussetzung (Köln InVo 98, 327) für die Hinterlegungswirkung muss der Drittschuldner dem Vollstreckungsgericht, das ihm als erstes ein Pfändungsbeschluss zugestellt hat, die **Sachlage anzeigen** (RGZ 36, 360, 361). Die Anzeige kann nachgeholt werden (vgl LG Berlin RPfleger 81, 453). Wurde der Pfändungsbeschluss vom Rechtsmittelgericht erlassen, ist die Anzeige an dieses oder das erstinstanzlich für diese Entscheidung zuständige Amtsgericht zu richten (Schuschke/Walker/*Kessal-Wulf* § 853 Rn 5). Erfolgt die Anzeige beim unzuständigen Gericht, ist sie an das zuständige Gericht weiterzuleiten. 3

Die Anzeige muss die vollständige Bezeichnung sämtlicher vorliegender Pfändungs- und Überweisungsbeschlüsse beinhalten. Anzugeben sind die Gläubiger, Az, Art und Höhe der gepfändeten Forderung sowie die Hinterlegung. Abgesehen vom Verlangen eines Gläubigers nach Alt 2 muss der Drittschuldner keine sonstigen Gründe für die Hinterlegung angeben. Seiner Anzeige muss der Drittschuldner die ihm zugestellten **Beschlüsse beifügen**. Da § 853 die Anzeigepflicht konkretisiert, entfällt die Verpflichtung aus § 374 II BGB ggü dem Schuldner (Stöber Rn 791). 4

Der Drittschuldner ist auch dann zur Hinterlegung berechtigt, wenn die Pfandforderung größer als die Vollstreckungsforderung ist (Musielak/*Becker* § 853 Rn 2). Die Voraussetzungen der **§§ 372, 1281 BGB** 5 müssen **nicht erfüllt** sein. Insbesondere ist keine nicht auf Fahrlässigkeit beruhende Ungewissheit über die Person des Schuldners erforderlich (Wieczorek/Schütze/*Lüke* § 853 Rn 2).

6 Der Drittschuldner darf an den vorrangigen Gläubiger **leisten** (RArbG JW 36, 2666; **aA** St/J/*Brehm* § 853 Rn 6), dem die gepfändete Forderung überwiesen ist, doch trägt der Drittschuldner dann das Risiko einer Fehlbeurteilung. Leistet der Drittschuldner irrtümlich an einen nachrangigen Pfändungsgläubiger, steht ihm ein Bereicherungsanspruch zu (BGH NJW 82, 173, 174).

7 **C. Voraussetzungen der Hinterlegungspflicht (Alt 2).** Auf **Verlangen** eines Gläubigers, dem die Forderung zur Einziehung überwiesen ist, wird der Drittschuldner verpflichtet, den Schuldbetrag zu hinterlegen, wobei er auch die Sachlage anzuzeigen und die Beschlüsse auszuhändigen hat. Die erforderliche Überweisung zur Einziehung unterscheidet die Regelung auch von Alt 1, in der lediglich die Pfändung verlangt wird (Rz 2). Vgl außerdem Rz 3 ff. Für das Hinterlegungsverlangen besteht kein Formerfordernis. Es muss nicht zugestellt werden, doch ist dies vielfach aus Beweisgründen sinnvoll (Gottwald § 853 Rn 2). Die Forderung muss fällig und eine Gegenleistung erbracht sein. Jeder Gläubiger, also nicht nur der Gläubiger, der das Hinterlegungsbegehren gestellt hat, kann nach § 856 auf Erfüllung klagen. Dem Schuldner, nicht den anderen Gläubigern ist der Streit zu verkünden, § 841 (Stöber Rn 787). Beruft sich der Drittschuldner im Einziehungsprozess auf sein Hinterlegungsrecht, kann er nur zur Zahlung oder Hinterlegung verurteilt werden (RG JW 13, 885; Zö/*Stöber* § 853 Rn 3).

8 **D. Hinterlegung.** Die pfändbaren Forderungen kann, Alt 1, bzw muss, Alt 2, der Drittschuldner hinterlegen. Die örtliche Zuständigkeit der Hinterlegungsstelle, § 1 HintO, ist nicht geregelt, doch sollte nach § 374 I BGB beim Amtsgericht des Leistungsorts hinterlegt werden (Zö/*Stöber* § 853 Rn 4). Die Hinterlegung nach § 853 befreit den Drittschuldner von seinen Pflichten ggü dem Schuldner und den Gläubigern. Ein Verzicht auf die Rücknahme nach § 378 BGB ist unnötig, weil die Rücknahme nicht möglich ist (RGZ 49, 357, 359; ThoPu/*Hüßtege* § 853 Rn 4). Selbst wenn ein Gläubiger einen Titel aus einem Einziehungsprozess besitzt, kann der Drittschuldner hinterlegen und sich mit der Vollstreckungsabwehrklage nach § 767 verteidigen (MüKoZPO/*Smid* § 853 Rn 11). Genügt der hinterlegte Betrag nicht zur Befriedigung der beteiligten Gläubiger, tritt das Verteilungsverfahren nach § 872 ein. Ist mehr als gepfändet hinterlegt worden, steht dem Drittschuldner ein Bereicherungsanspruch gegen die Pfändungsgläubiger zu (Musielak/*Becker* § 853 Rn 5).

9 **E. Rechtsbehelfe.** Der **Drittschuldner** kann sofortige Beschwerde einlegen, wenn der Rechtspfleger die Entgegennahme der Anzeige verweigert (vgl Frankf Rpfleger 77, 184). Gleiches gilt für die **Gläubiger** (St/J/*Brehm* § 853 Rn 7).

10 **F. Kosten/Gebühren.** Die Kosten der Hinterlegung sind Zwangsvollstreckungskosten nach § 788. Der Drittschuldner kann sie von der zu hinterlegenden Summe abziehen (B/L/A/H § 853 Rn 8), sonst können die Kosten nach § 874 II im Verteilungsverfahren geltend gemacht werden (Wieczorek/Schütze/*Lüke* § 853 Rn 11).

§ 854 Mehrfache Pfändung eines Anspruchs auf bewegliche Sachen. **(1) [1]Ist ein Anspruch, der eine bewegliche körperliche Sache betrifft, für mehrere Gläubiger gepfändet, so ist der Drittschuldner berechtigt und auf Verlangen eines Gläubigers, dem der Anspruch überwiesen wurde, verpflichtet, die Sache unter Anzeige der Sachlage und unter Aushändigung der ihm zugestellten Beschlüsse dem Gerichtsvollzieher herauszugeben, der nach dem ihm zuerst zugestellten Beschluss zur Empfangnahme der Sache ermächtigt ist. [2]Hat der Gläubiger einen solchen Gerichtsvollzieher nicht bezeichnet, so wird dieser auf Antrag des Drittschuldners von dem Amtsgericht des Ortes ernannt, wo die Sache herauszugeben ist.**

(2) [1]Ist der Erlös zur Deckung der Forderungen nicht ausreichend und verlangt der Gläubiger, für den die zweite oder eine spätere Pfändung erfolgt ist, ohne Zustimmung der übrigen beteiligten Gläubiger eine andere Verteilung als nach der Reihenfolge der Pfändungen, so hat der Gerichtsvollzieher die Sachlage unter Hinterlegung des Erlöses dem Amtsgericht anzuzeigen, dessen Beschluss dem Drittschuldner zuerst zugestellt ist. [2]Dieser Anzeige sind die Dokumente beizufügen, die sich auf das Verfahren beziehen.

(3) In gleicher Weise ist zu verfahren, wenn die Pfändung für mehrere Gläubiger gleichzeitig bewirkt ist.

A. Normzweck. § 854 normiert, wie bei der mehrfachen Pfändung von Ansprüchen auf Herausgabe oder Leistung einer beweglichen körperlichen Sache zu verfahren ist und knüpft damit zunächst an § 847 an. Im Unterschied zur Pfändung beweglicher Sachen ist eine Anschlusspfändung ausgeschlossen. Für jeden Gläubiger wird durch einen nach den allgemeinen Regeln ergehenden Pfändungs- und Überweisungsbeschluss vollstreckt. Die Vorschrift **schützt den Drittschuldner** vor den Unsicherheiten mehrfacher Pfändungen durch eine Leistung an den falschen Gläubiger und schreibt damit die Konzeption des § 853 fort. Um diesen Risiken entgehen zu können, regelt § 854 auf welche Weise der Drittschuldner die bewegliche Sache an den Gerichtsvollzieher herausgeben kann. Wie § 853 **sichert** auch § 854 durch eine Herausgabepflicht die Rechte der **Gläubiger** bei einer verzögerlichen Handhabung durch den Drittschuldner. Außerdem regelt Abs 2 das Verteilungsverfahren. 1

B. Voraussetzungen. Der Drittschuldner ist nach Abs 1 S 1 Alt 1 **zur Herausgabe befugt**, falls ein Anspruch auf Herausgabe oder Leistung einer beweglichen Sache nach § 847 **mehrfach**, also zumindest zweimal wirksam gepfändet ist. Aufgrund einer titulierten Geldforderung muss der Gläubiger den Herausgabeanspruch wegen einer beweglichen körperlichen Sache einschließlich der Wertpapiere nach § 808 II 1 gepfändet haben. Als weitere konstitutive Voraussetzungen hat der Drittschuldner die Sachlage dem Gerichtsvollzieher anzuzeigen und die zugestellten Beschlüsse herauszugeben, der nach dem zuerst zugestellten Beschl zum Empfang der Sache berechtigt ist. Zu den Einzelheiten der Anzeigepflicht vgl § 853 Rz 4. Der Gerichtsvollzieher ist selbst dann zu bezeichnen, wenn nur ein Gerichtsvollzieher zuständig ist (Musielak/*Becker* § 854 Rn 2). 2

Ist im ersten Beschl **kein Gerichtsvollzieher bezeichnet**, wird dieser auf Antrag des Drittschuldners vom Gericht des Leistungsorts ernannt, also nicht notwendig dem Gericht der belegenen Sache (St/J/*Brehm* § 854 Rn 1). Die Bestimmung trifft der Rechtspfleger, § 20 Nr 17 RPflG. Der Drittschuldner darf die Sache also nicht an einen anderen, in einem späteren Beschl bezeichneten Gerichtsvollzieher herausgeben (Schuschke/Walker/*Kessal-Wulf* § 854 Rn 2). 3

Eine **Herausgabepflicht** des Drittschuldners besteht, wenn ein Gläubiger, dem der Anspruch zur Einziehung überwiesen wurde, die Herausgabe verlangt. Es genügt ein formloses Verlangen. Der Drittschuldner muss sodann dem Gerichtsvollzieher die Sachlage anzeigen und die Beschlüsse aushändigen. 4

C. Herausgabe. Unter den Voraussetzungen von Abs 1 (Rz 2 ff) wird der Drittschuldner von seinen Pflichten ggü dem Schuldner sowie dem Gläubiger frei. Mit der Inbesitznahme der Sache durch den Gerichtsvollzieher, der Anzeige und der Aushändigung der Beschlüsse entstehen die Pfandrechte an der Sache entsprechend ihrem gesetzlichen Rang (Schuschke/Walker/*Kessal-Wulf* § 854 Rn 2). Der Gerichtsvollzieher hat die Gläubiger unverzüglich über die Inbesitznahme der Sache zu informieren (Zö/*Stöber* § 854 Rn 2). Die mit einer ordnungsgemäßen Anzeige verbundene Herausgabe der Sache befreit den Schuldner von seinen Pflichten ggü dem Drittschuldner und den Gläubigern (vgl § 853 Rz 8). 5

D. Verwertung und Verteilung. Ist der Anspruch mehreren Gläubigern zur Einziehung überwiesen, verwertet der Gerichtsvollzieher die Sache gem §§ 814 ff für die Gläubiger. Den Erlös **verteilt der Gerichtsvollzieher** nach der Rangfolge an die Gläubiger. Reicht der Erlös nicht aus, um alle Gläubiger zu befriedigen, und verlangt ein an zweiter oder späterer Stelle stehender Gläubiger ohne Zustimmung der Anderen eine von der Rangfolge abweichende Verteilung, muss der Gerichtsvollzieher den Erlös beim Amtsgericht **hinterlegen**, Abs 2 S 1. Diese Regelung ist an § 827 II angelehnt. Das Verlangen des Gläubigers ist formlos wirksam. Die örtliche Zuständigkeit der Hinterlegungsstelle, § 1 HintO, ist nicht geregelt, doch sollte nach § 374 I BGB beim Amtsgericht des Leistungsorts hinterlegt werden. Das Hinterlegungsgericht verteilt den Erlös sodann gem den §§ 872 ff. 6

Zugleich muss der Gerichtsvollzieher die Sachlage dem Amtsgericht **anzeigen**, dessen Beschl dem Drittschuldner zuerst zugestellt ist, Abs 2 S 1. Seiner Anzeige hat der Gerichtsvollzieher die **Schriftstücke beizufügen**, die sich auf das Verfahren beziehen, Abs 2 S 2. Dabei handelt es sich va um die vom Drittschuldner übergebenen Pfändungsbeschlüsse sowie das Verlangen einer anderweitigen Verteilung. 7

Werden dem Drittschuldner mehrere Pfändungsbeschlüsse gleichzeitig zugestellt, gelten die gleichen Regeln, Abs 3. Sind mehrere Gerichtsvollzieher benannt, hat der Drittschuldner die Wahl. 8

E. Kosten/Gebühren. Gerichtsgebühren für die Bestimmung des Gerichtsvollziehers entstehen nicht. Der **Gerichtsvollzieher** erhält für die Übernahme einer beweglichen Sache zum Zweck der Verwertung die Gebühr aus § 9 GVKostG iVm KV Nr 206 von 12,50 €. Für die Verwertung ist ihm die Gebühr nach § 9 9

GVKostG iVm KV Nr 30 von 40 € sowie ggf der Zeitzuschlag nach KV Nr 500 von 15 € ab der vierten Stunde für jede weitere angefangene Stunde zu entrichten. Muss ein erneuter Versteigerungstermin anberaumt werden, beträgt die Gebühr dafür nach KV Nr 302 7,50 €. Außerdem sind die Auslagen gem KV Nr 711, 713 zu erstatten. Dem **Rechtsanwalt** steht eine Gebühr mit einem Satz von 0,3 gem § 18 Nr 3 RVG iVm VV 3309 zu. Ist die Vollstreckungsgebühr bereits entstanden, fällt sie nicht erneut an.

§ 855 Mehrfache Pfändung eines Anspruchs auf eine unbewegliche Sache. Betrifft der Anspruch eine unbewegliche Sache, so ist der Drittschuldner berechtigt und auf Verlangen eines Gläubigers, dem der Anspruch überwiesen wurde, verpflichtet, die Sache unter Anzeige der Sachlage und unter Aushändigung der ihm zugestellten Beschlüsse an den von dem Amtsgericht der belegenen Sache ernannten oder auf seinen Antrag zu ernennenden Sequester herauszugeben.

1 **A. Normzweck.** § 855 ergänzt die §§ 853, 855 für die mehrfache Pfändung des Anspruchs auf Herausgabe oder Leistung einer unbeweglichen Sache. Auch diese Regelung schützt va den Drittschuldner vor den Risiken einer Mehrfachpfändung. Durch die Herausgabepflicht **sichert** § 855 die Rechte der **Gläubiger** bei einer verzögerlichen Handhabung durch den Drittschuldner.

2 **B. Voraussetzungen.** Der Drittschuldner ist nach Abs 1 S 1 Alt 1 **zur Herausgabe befugt**, falls ein Anspruch auf Herausgabe oder Leistung einer unbeweglichen Sache nach § 848 **mehrfach**, also zumindest zweimal wirksam gepfändet ist. Als weitere konstitutive Voraussetzungen muss der Drittschuldner die Sachlage dem Sequester anzeigen und ihm die zugestellten Beschlüsse herausgeben, der vom Amtsgericht der belegenen Sache ernannt ist. Auf Antrag des Drittschuldners hat dieses Amtsgericht ggf einen Sequester zu bestellen. Die Bestimmung trifft der Rechtspfleger, § 20 Nr 17 RPflG. Zu den Einzelheiten der Anzeigepflicht vgl § 853 Rz 4.

3 Eine **Herausgabepflicht** des Drittschuldners besteht, wenn ein Gläubiger, dem der Anspruch zur Einziehung überwiesen wurde, die Herausgabe verlangt. Auch in diesem Fall muss der Drittschuldner die Sachlage anzeigen und die Beschlüsse aushändigen.

4 **C. Herausgabe.** Ist der Anspruch auf Eigentumsübertragung gerichtet, muss der Sequester die Übertragung an den Schuldner gem § 848 II bewirken, mit der Sicherungshypotheken zugunsten der Gläubiger im Rang ihrer Pfändungen entstehen (Wieczorek/Schütze/*Lüke* § 855 Rn 3). Die Eintragung der Sicherungshypotheken hat der Sequester zu bewilligen. Zu den Aufgaben des Sequesters vgl § 848 Rz 9 ff. Damit sind die Gläubiger noch nicht befriedigt. Wollen sie die Zwangsvollstreckung aus dem Grundstück betreiben, müssen sie einen erneuten Vollstreckungsantrag nach den §§ 848 III, 866 sowie den §§ 15, 146 ZVG stellen oder auf Duldung der Zwangsvollstreckung aus der Hypothek klagen, § 1147 BGB (§ 848 Rz 16).

5 **D. Kosten/Gebühren.** Für die Ernennung des Sequesters durch das Gericht der belegenen Sache fallen keine **Gerichtsgebühren** an. Dem **Rechtsanwalt** steht eine Gebühr mit einem Satz von 0,3 gem § 18 Nr 3 RVG iVm VV 3309 zu. Ist die Vollstreckungsgebühr bereits entstanden, fällt sie etwa für den Antrag auf Bestellung des Sequesters nicht erneut an. Infolge seiner gerichtlichen Bestellung steht der **Sequester** in einem durch Hoheitsakt begründeten Vertragsverhältnis zum Gläubiger, der im Innenverhältnis das Entgelt schuldet, aber nach § 788 vom Schuldner erstattet verlangen kann. Die Bezahlung ist vom bestellenden Gericht der belegenen Sache festzusetzen, angelehnt an die gesetzliche Vergütung des Zwangsverwalters. Deren Höhe ist an § 19 ZwVwV zu orientieren und nach dem Zeitaufwand festzusetzen (BGH NJW-RR 05, 1283, 1284).

§ 855a Mehrfache Pfändung eines Anspruchs auf ein Schiff. (1) Betrifft der Anspruch ein eingetragenes Schiff, so ist der Drittschuldner berechtigt und auf Verlangen eines Gläubigers, dem der Anspruch überwiesen wurde, verpflichtet, das Schiff unter Anzeige der Sachlage und unter Aushändigung der Beschlüsse dem Treuhänder herauszugeben, der in dem ihm zuerst zugestellten Beschluss bestellt ist.

(2) Absatz 1 gilt sinngemäß, wenn der Anspruch ein Schiffsbauwerk betrifft, das im Schiffsbauregister eingetragen ist oder in dieses Register eingetragen werden kann.

1 **A. Normzweck.** Die Vorschrift regelt die mehrfache Pfändung von Ansprüchen auf Herausgabe oder Leistung von eingetragenen Schiffen oder Schiffsbauwerken. Ihre Ziele stimmen mit den §§ 853–855 überein.

Geschützt werden soll der Drittschuldner vor den Risiken einer Mehrfachpfändung. Die Gläubiger sollen vor einer verzögerlichen Handhabung bewahrt werden.

B. Verfahren. Die Regelung knüpft an § 847a an. Für Luftfahrzeuge gilt die Vorschrift gem § 99 I LuftFzG entsprechend. Das Verfahren ist an das nach § 855 angelehnt. Herauszugeben ist an den im ersten Beschl bestellten Treuhänder. 2

§ 856 Klage bei mehrfacher Pfändung. **(1) Jeder Gläubiger, dem der Anspruch überwiesen wurde, ist berechtigt, gegen den Drittschuldner Klage auf Erfüllung der nach den Vorschriften der §§ 853 bis 855 diesem obliegenden Verpflichtungen zu erheben.**
(2) Jeder Gläubiger, für den der Anspruch gepfändet ist, kann sich dem Kläger in jeder Lage des Rechtsstreits als Streitgenosse anschließen.
(3) Der Drittschuldner hat bei dem Prozessgericht zu beantragen, dass die Gläubiger, welche die Klage nicht erhoben und dem Kläger sich nicht angeschlossen haben, zum Termin zur mündlichen Verhandlung geladen werden.
(4) Die Entscheidung, die in dem Rechtsstreit über den in der Klage erhobenen Anspruch erlassen wird, ist für und gegen sämtliche Gläubiger wirksam.
(5) Der Drittschuldner kann sich gegenüber einem Gläubiger auf die ihm günstige Entscheidung nicht berufen, wenn der Gläubiger zum Termin zur mündlichen Verhandlung nicht geladen worden ist.

A. Normzweck. § 856 ergänzt die Rechte der Pfändungsgläubiger aus den §§ 853–855a. Jeder Gläubiger, dem der entsprechende Anspruch überwiesen und der deswegen berechtigt ist, Hinterlegung oder Herausgabe zu fordern, kann Klage gegen den Drittschuldner erheben. Dieses Klagerecht **schützt** die **Gläubiger** vor einer verzögerlichen Handhabung durch den Drittschuldner. § 856 gestaltet damit den Einziehungsprozess bei einer mehrfachen Pfändung und die Rechtskrafterstreckung einer dort ergangenen Entscheidung aus (Schuschke/Walker/*Kessal-Wulf* § 856 Rn 1). 1

B. Verfahren. Das **Klagerecht** steht jedem Gläubiger zu, dem der Anspruch aus den §§ 853–855a zur Einziehung oder an Zahlungs statt überwiesen ist, Abs 1 (Zö/*Stöber* § 856 Rn 1). Der Gläubiger macht damit einen prozessualen Leistungsanspruch geltend (B/L/A/H § 856 Rn 3). Es kommt nicht darauf an, ob gerade dieser oder ob überhaupt ein Gläubiger ein Hinterlegungs- oder Herausgabeverlangen gestellt hat. Zuständig ist das Gericht, vor dem auch der Schuldner Klage erheben müsste. In dem besonders ausgestalteten Einziehungsprozess ist dem Schuldner nach § 841 der Streit zu verkünden. Ggf sind dem klagenden Gläubiger die Kosten nach § 93 aufzuerlegen. Unanwendbar ist § 856, wenn der Schuldner auf Hinterlegung oder einer der Gläubiger auf Zahlung klagt (St/J/*Brehm* § 856 Rn 1). 2

Andere Gläubiger können sich nach Abs 2 dem Kl als **Streitgenossen** anschließen, Abs 2, und werden dann notwendige Streitgenossen aus prozessualen Gründen, § 62 I Alt 1 (R/S/G § 49 Rn 9). Anschließen können sich auch die Gläubiger, denen der Anspruch nicht überwiesen ist (Musielak/*Becker* § 856 Rn 3). Einem eigenen Rechtsstreit der übrigen Gläubiger steht die Rechtshängigkeit des Anspruchs entgegen (ThoPu/*Hüßtege* § 856 Rn 2; **aA** B/L/A/H § 856 Rn 4, fehlendes Rechtsschutzbedürfnis). Dem Schuldner, § 841, nicht aber den anderen Gläubigern, hat der Kl den Streit zu verkünden (Stöber Rn 787). 3

Haben sich nicht alle Gläubiger dem Kl angeschlossen, muss der Drittschuldner – nicht der klagende Gläubiger – beim Prozessgericht eine **Beiladung** der anderen Gläubiger zum Termin zur mündlichen Verhandlung beantragen, Abs 3. Die Ladung geschieht vAw, §§ 214, 495. Dadurch wird den Gläubigern rechtliches Gehör gewährt. Der Drittschuldner soll die Gläubiger benennen, weil er durch die Pfändungen ihre Anschriften kennt. Ein nach der Pfändung eingetretener Anschriftenwechsel ist deswegen für den Drittschuldner unschädlich. Geladen werden die Gläubiger nur zur ersten mündlichen Verhandlung (Musielak/*Becker* § 856 Rn 4). 4

Einreden des Drittschuldners können sich gegen die Mehrfachpfändung oder die Befugnis des einzelnen Gläubigers richten. Sie können aber auch den Bestand des gepfändeten Anspruchs betreffen (Gottwald § 856 Rn 3). Deswegen ist die Klage als unbegründet abzuweisen, falls der Drittschuldner an den bestberechtigten Gläubiger geleistet hat. 5

Die Entscheidung über den mit der Klage erhobenen Anspruch erwächst für oder gegen sämtliche Gläubiger in **Rechtskraft**, Abs 4. Zugunsten der Gläubiger gilt diese Wirkung unabhängig davon, ob sie dem Rechtsstreit beigetreten sind oder zur mündlichen Verhandlung geladen wurden. Die Entscheidung wirkt 6 aber nur zu Lasten der Gläubiger, die dem Rechtsstreit nach Abs 2 beigetreten oder zur mündlichen Verhandlung nach Abs 3 beigeladen sind, Abs 5. Auf den Schuldner erstreckt sich die Rechtskraft nicht (RGZ 83, 116, 118). Die nicht am Verfahren teilnehmenden Gläubiger können den Titel entspr § 727 auf sich umschreiben lassen (Saarbr NJW-RR 90, 1472).

7 **C. Kosten/Gebühren.** Für den Rechtsstreit gelten die allgemeinen Kostenregeln der §§ 91 ff für einen erstinstanzlichen Rechtsstreit.

§ 857 Zwangsvollstreckung in andere Vermögensrechte.

(1) Für die Zwangsvollstreckung in andere Vermögensrechte, die nicht Gegenstand der Zwangsvollstreckung in das unbewegliche Vermögen sind, gelten die vorstehenden Vorschriften entsprechend.

(2) Ist ein Drittschuldner nicht vorhanden, so ist die Pfändung mit dem Zeitpunkt als bewirkt anzusehen, in welchem dem Schuldner das Gebot, sich jeder Verfügung über das Recht zu enthalten, zugestellt ist.

(3) Ein unveräußerliches Recht ist in Ermangelung besonderer Vorschriften der Pfändung insoweit unterworfen, als die Ausübung einem anderen überlassen werden kann.

(4) [1]Das Gericht kann bei der Zwangsvollstreckung in unveräußerliche Rechte, deren Ausübung einem anderen überlassen werden kann, besondere Anordnungen erlassen. [2]Es kann insbesondere bei der Zwangsvollstreckung in Nutzungsrechte eine Verwaltung anordnen; in diesem Fall wird die Pfändung durch Übergabe der zu benutzenden Sache an den Verwalter bewirkt, sofern sie nicht durch Zustellung des Beschlusses bereits vorher bewirkt ist.

(5) Ist die Veräußerung des Rechts selbst zulässig, so kann auch diese Veräußerung von dem Gericht angeordnet werden.

(6) Auf die Zwangsvollstreckung in eine Reallast, eine Grundschuld oder eine Rentenschuld sind die Vorschriften über die Zwangsvollstreckung in eine Forderung, für die eine Hypothek besteht, entsprechend anzuwenden.

(7) Die Vorschrift des § 845 Abs. 1 Satz 2 ist nicht anzuwenden.

Inhaltsübersicht

	Rz
A. Normzweck	1
B. Anwendungsbereich	3
I. Vermögensrechte	3
II. Selbständige Verwertbarkeit	7
III. Unveräußerliche Rechte (Abs 3 und 4)	13
C. Verfahren	15
I. Entsprechende Anwendung der §§ 828 ff (Abs 1)	15
II. Drittschuldner	18
III. Zustellung (Abs 2)	20
IV. Vorpfändung (Abs 7)	21
V. Verwertung	22
D. Einzelne Vermögensrechte	28
I. Anwartschaftsrecht an beweglichen Sachen	28
II. Auflassungsanwartschaft	33
III. Bruchteilsgemeinschaft	35
IV. Dauerwohnrecht	39
V. Geschäftsanteile an einer GmbH	40
VI. Grunddienstbarkeiten	46
VII. Grundschulden, Reallasten, Rentenschulden (Abs 6)	47
1. Grundsätze	47
2. Grundschuld	48
a) Fremdgrundschuld	48
b) Eigentümergrundschuld	51
3. Eigentümerhypothek	58
4. Reallast	59
5. Rentenschuld	61
VIII. Immaterialgüterrechte und gewerbliche Schutzrechte	62
1. Urheberrechte	62
2. Patentrechte	63
3. Geschmacksmuster	65
4. Marken	66
IX. Internetdomain	67
X. Leasing	68
XI. Nießbrauch	69
XII. Sonstige Rechte	73
E. Rechtsbehelfe	74
F. Insolvenzverfahren	75
G. Kosten/Gebühren	76

1 **A. Normzweck.** § 857 beinhaltet eine **Auffangnorm**, um das Vermögen des Schuldners umfassend als Haftungsgrundlage zu erschließen. Bewegliche Sachen des Schuldners sind nach den §§ 808 ff, Forderungen

gem den §§ 829 ff, Ansprüche auf Herausgabe oder Leistung von Sachen sind nach den §§ 846 ff und Grundstücke aufgrund der §§ 864 ff sowie des ZVG zu pfänden. Auf andere Vermögensrechte kann der Titelgläubiger nach diesen Vollstreckungsvorschriften grds nicht zugreifen. Kommt den sonstigen Rechten ein selbständiger Vermögenswert zu, ermöglicht grds § 857 die Pfändung und Verwertung.

Dennoch ist damit kein schrankenloser Zugriff eröffnet. Erforderlich ist auch eine **Beschränkung** der Voll- 2
streckungsmöglichkeiten (St/J/*Brehm* § 857 Rn 1). Bereits die Anforderungen an ein rechtsstaatliches Vollstreckungsverfahren verkörpern wesentliche Schutzwirkungen. Über diese verfahrensrechtlichen Anforderungen hinaus sind aber auch materielle Grenzen einzuhalten, die durch die Verweisung von Abs 1 auf die entsprechende Anwendung der §§ 829 ff aktualisiert werden können. Insbesondere ist stets der verfassungsrechtlich gebotene Schutz des Existenzminimums zu beachten.

B. Anwendungsbereich. I. Vermögensrechte. Dem Regelungsbereich der Vorschrift unterfallen nach 3
Abs 1 andere Vermögensrechte, die nicht Gegenstand der Zwangsvollstreckung in das unbewegliche Vermögen sind. Gemeint sind damit Vermögensrechte, in die sonst nach den Vorschriften des Abschnitts 2 des 8. Buchs der ZPO, also gem den §§ 808 bis 871, nicht vollstreckt werden darf. Auf andere Vermögensrechte eröffnet § 857 ein **subsidiäres Zugriffsrecht**, das nur besteht, wenn der Anwendungsbereich sonstiger Vollstreckungsmöglichkeiten nicht eröffnet ist. Wegen der positivierten Schutzmaßstäbe aus den §§ 808 ff ist diese sachliche Reihenfolge geboten.

Ein **Vermögensrecht** iS der Vorschrift bilden Rechte aller Art, die einen Vermögenswert derart verkörpern, 4
dass eine Pfandverwertung die Befriedigung eines Geldanspruchs des Gläubigers ermöglichen kann (BGH NJW 05, 3353; NJW-RR 07, 1219 Tz 21). Die Pfändung sowie die anschließende Verwertung durch Einziehung, Veräußerung und Verwaltung müssen nicht unmittelbar zur Befriedigung der Geldforderung des Gläubigers führen (St/J/*Brehm* § 857 Rn 7). Ist jedoch der Vermögenswert auf eine entfernte Aussicht auf einen pekuniären Vollstreckungserfolg beschränkt, wird regelmäßig der verfassungsrechtlich gebotene Schutz des Schuldnervermögens ggü dem Schutz des Gläubigerrechts überwiegen und eine Vollstreckung unzulässig sein.

Ausgenommen vom Vollstreckungszugriff sind alle »**Nichtvermögensrechte**«. Hierzu gehören im Kern die 5
allgemeinen und besonderen **Persönlichkeitsrechte**, wie das Recht auf informationelle Selbstbestimmung und unabhängig vom Streit um die dogmatische Begründung auch das Recht auf körperliche Unversehrtheit. Dazu gehören auch das Recht am eigenen Bild, das Namensrecht und das Urheberpersönlichkeitsrecht (Wieczorek/Schütze/*Lüke* § 857 Rn 10). Werden aber diese Rechte durch eine wirtschaftliche Verwertung kommerzialisiert, sei es auch durch eine beanspruchte Geldentschädigung, kann in das Resultat vollstreckt werden. Die Entscheidung über eine derartige Ausübung von Persönlichkeitsrechten muss als höchstpersönliches Recht dem Rechtsinhaber vorbehalten bleiben und ist nach § 851 unpfändbar.

Keine vermögensrechtliche Qualität besitzen auch die personenbezogenen familienrechtlichen Ansprüche, 6
wie die elterliche Sorge, der Anspruch auf eheliche Lebensgemeinschaft oder Mitarbeit im Haushalt (Schuschke/*Walker* § 857 Rn 2).

II. Selbständige Verwertbarkeit. Pfändbar sind nur **selbständige Vermögensrechte**. Erfasst werden etwa 7
Ansprüche auf Einräumung oder Übertragung von Rechten oder auf Abgabe von Willenserklärungen (Brox/Walker Rn 716).

Demgegenüber können **unselbständige Vermögensrechte** nicht vom Gegenstand getrennt werden und 8
Objekt einer eigenen Rechtsausübung sein (zur Hilfspfändung Rz 16), wie die Vollmacht. die Einziehungsermächtigung oder der Kundenstamm. Die kaufmännische Firma kann nach § 23 HGB nicht ohne das Handelsgeschäft übertragen werden und ist nicht selbstständig pfändbar (St/J/*Brehm* § 857 Rn 26). **Akzessorische Rechte**, wie die Bürgschaft, das Pfandrecht, die Vormerkung oder die Hypothek, können nicht selbstständig übertragen werden.

Unselbständige **Nebenrechte** sind mit dem Hauptrecht untrennbar verbunden und nicht eigenständig 9
pfändbar. Da diese Rechte nach § 401 BGB mit der Pfändung des Hauptrechts übergehen, ist eine selbständige Pfändung nicht erforderlich (§ 851 Rz 16 f). Dazu gehört der Anspruch auf Auskunftserteilung und Rechnungslegung gem §§ 666, 675 BGB, mit dem der Gegenstand und der Betrag des Hauptanspruchs festzustellen ist (BGH NJW-RR 03, 1556, 1555), der Anspruch auf eidesstattliche Versicherung gem § 259 II BGB (BGH NJW 88, 2729) und regelmäßig auch der Grundbuchberichtigungsanspruch aus § 894 BGB (BGHZ 33, 76, 83), es sei denn er kann durch Eintragung des Schuldners zur Befriedigung des Gläubigers führen (ThoPu/*Hüßtege* § 857 Rn 6). Zulässig ist die Pfändung und Überweisung der Ermächtigung eines

Dritten zur Geltendmachung des Rechts im eigenen Namen (BGHZ 33, 76, 83). Unpfändbar sind akzessorische Gestaltungsrechte, wie Rücktritt, Minderung, Kündigung oder Anfechtung.

10 Über die Pfändbarkeit **nicht akzessorischer Gestaltungsrechte** ist im Einzelfall zu entscheiden (BGH NJW 03, 1858, 1859). **Unpfändbar** ist etwa das Recht zur Zurücknahme hinterlegter Gegenstände aus § 377 I BGB, das Vorkaufsrecht nach § 473 BGB bzw § 1094 I BGB, das Recht auf Herabsetzung einer Vertragsstrafe (BGH NJW 03, 1858, 1859), das Recht auf Beantragung einer vorgezogenen Altersrente aus einer Ärzteversorgung (VG Düsseldorf NZI 11, 460, 461). **Pfändbar** ist der Anspruch eines Miteigentümers auf Aufhebung der Gemeinschaft sowie Teilung und Auszahlung des Erlöses. Gleiches gilt für das Recht des Schuldners, nach freiem Belieben die Rückübertragung einer Sache verlangen zu können (BGH NJW 03, 1858, 1859). Bei einer Lebensversicherung auf den Todesfall kann ein Gläubiger des Versicherungsnehmers schon zu dessen Lebzeiten die Versicherungssumme pfänden und das Bezugsrecht eines Dritten widerrufen (BGH NJW 03, 1858, 1859).

11 Aus einer Rechtsstellung resultierende bloße **Befugnisse** begründen keine unabhängigen Rechtspositionen und sind deswegen unpfändbar. Als derartige bloße Befugnisse werden Handlungsmöglichkeiten verstanden, deren Nutzung durch die Rechtsordnung garantiert wird, die gerade deswegen aber nicht als verkehrsfähige, pfändbare Rechte ausgestaltet sind. Hierzu werden das Recht, einen Vertrag zu schließen (anders, wenn einem Angebotsempfänger die Befugnis eingeräumt ist, das Recht an einen Dritten abzutreten, BGH NJW 03, 1858, 1859), die Möglichkeit, eine Forderung abzutreten, das Recht, eine Erbschaft anzunehmen oder auszuschlagen sowie Anfechtungsrechte nach dem Anfechtungsgesetz und den §§ 129 ff InsO gezählt (BGH NJW-RR 07, 1219, 1220). Dies trifft ebenfalls auf das Einziehungsrecht aufgrund eines Pfändungs- und Überweisungsbeschlusses (BAG WM 80, 661) sowie eine Vollmacht zu (MüKoZPO/*Smid* § 857 Rn 10). Unpfändbar sind auch **rechtlich nicht geschützte Aussichten**, wie die bloße Chance, Erbe zu werden. Tatsächliche Verhältnisse und Vermögensinbegriffe, wie eine freiberufliche Praxis oder ein Kundenstamm, sind nicht pfändbar (St/J/*Brehm* § 857 Rn 2).

12 **Öffentlich-rechtliche Befugnisse** sind allenfalls pfändbar, wenn sie nach den Regeln des Privatrechts übertragen werden können. Die Gaststättenerlaubnis bzw die Erlaubnis zur Personenbeförderung sind deswegen nicht pfändbar. Die öffentlich-rechtliche Arzneimittelzulassung ist deswegen nur zusammen mit der zivilrechtlichen Befugnis pfändbar, nach der die Arzneimittel in den Verkehr gebracht werden dürfen (BGH NJW 90, 2931, 2932). Die einem Milcherzeuger zustehende Anlieferungs-Referenzmenge nach der Milchabgabenverordnung stellt hingegen ein anderes Vermögensrecht iSv § 857 I dar (BGH NJW-RR 07, 1219, 1220).

13 **III. Unveräußerliche Rechte (Abs 3 und 4).** Nach § 851 ist eine nicht übertragbare Forderung grds unpfändbar. Von dieser Regelung sieht § 857 III eine Ausnahme vor. Soweit keine abweichenden Regelungen bestehen, ist danach ein unveräußerliches Recht insoweit der Pfändung unterworfen, als seine Ausübung einem Anderen überlassen werden kann. Bei der Zwangsvollstreckung in unveräußerliche Rechte, die pfändbar sind, weil ihre Ausübung einem anderen überlassen werden kann, darf das Gericht nach Abs 4 besondere Anordnungen erlassen. Es kann insb bei der Zwangsvollstreckung in Nutzungsrechte eine Verwaltung anordnen

14 Nach § 857 III pfändbar sind der **Nießbrauch**, § 1030 BGB, und eine beschränkte persönliche Dienstbarkeit, § 1092 I BGB (BGH NJW 1962, 1392), insb das **Wohnrecht**, § 1093 BGB (LG Hamburg JurBüro 09, 498; AG Köln ZVI 03, 655). Beide sind unübertragbar, können aber anderen zur Ausübung überlassen werden, §§ 1059, 1092 I 2 BGB, und sind dann pfändbar. Die Überlassung muss nicht aus dem Grundbuch ersichtlich sein (BGH ZInsO 06, 1324 Tz 10). Pfändbar ist der Nießbrauch als solcher und nicht nur die Ausübungsbefugnis (BGHZ 62, 133, 136). Der vertragliche Ausschluss der Übertragbarkeit hindert nicht die Pfändbarkeit (BGHZ 95, 99, 101). § 1059b BGB stellt klar, dass die Übertragbarkeit des Nießbrauchs nach § 1059a BGB keine neuen Möglichkeiten zur Pfändung eines Nießbrauchs zugunsten juristischer Personen oder rechtsfähiger Personengesellschaften schafft. Der Pfändbarkeit des Nießbrauchs steht die Norm daher nicht entgegen (MüKoBGB/*Pohlmann* § 1059b Rn 1). Die Pfändung des Nießbrauchs wird mit Zustellung an den Eigentümer als Drittschuldner wirksam. Die Pfändung muss nicht, kann aber im Grundbuch eingetragen werden. Überwiesen werden kann nur die Befugnis zur Ausübung des Nießbrauchs, nicht aber das Stammrecht. Das Nutzungsrecht eines Mieters, Pächters oder Leasingnehmers ist pfändbar, wenn er zur Gebrauchsüberlassung an einen anderen berechtigt ist (Ddorf NJW 88, 1676). Dies gilt jedoch nicht für die Wohnraummiete. Der Anspruch des Miteigentümers auf **Aufhebung der Gemeinschaft** ist zwar allein ohne den Miteigentumsanteil nicht pfändbar. Da der Anspruch aber zur Ausübung überlassen werden kann, kann der Gläubiger das Recht auf Aufhebung der Gemeinschaft, dh Versteigerung

des ganzen Grundstücks gem den §§ 180 ff ZVG, sowie auf Teilung und Auszahlung des Erlöses nach den §§ 857, 829 pfänden. Auch der Anspruch auf Zustimmung zur Veräußerung oder Belastung des **Erbbaurechts** ist ein unveräußerliches Vermögensrecht, dessen Ausübung einem Anderen überlassen und das infolgedessen auch gepfändet werden kann (BGHZ 33, 76, 82 ff).

C. Verfahren. I. Entsprechende Anwendung der §§ 828 ff (Abs 1). Die Rechte werden grds nach den **allgemeinen Vorschriften** über die Pfändung von Geldforderungen der §§ 829 ff vollstreckt. Der Gläubiger muss beim örtlich zuständigen Vollstreckungsgericht, § 828, die Pfändung beantragen (§ 828 Rz 7 f). Der Antrag muss bestimmt sein und das zu pfändende Recht verlässlich bezeichnen. Der Pfändungsbeschluss ist durch den funktionell zuständigen Rechtspfleger zu erlassen, § 20 Nr 17 RPflG (§ 828 Rz 3). 15

Das Verfahren zur Pfändung **grundbuchfähiger Rechte** gem Abs 6 bzw der Eigentümergrundpfandrechte ist an § 830 ausgerichtet. Buchrechte sind in das Grundbuch einzutragen, die Pfändung verbriefter Rechte wird mit Briefübergabe wirksam (Wieczorek/Schütze/*Lüke* § 857 Rn 3). Die Pflicht zur Herausgabe von Urkunden und von anderen nicht selbstständig durchsetzbaren Positionen kann bereits durch **Hilfspfändung** nach § 836 III 3 geltend gemacht werden. 16

Das Vollstreckungsgericht prüft, ob aufgrund der Angaben des Gläubigers das Recht bestehen kann und ob es pfändbar ist (Schuschke/*Walker* § 857 Rn 7). Ist ein Gegenstand nach § 811 unpfändbar, kann auch ein Miteigentumsanteil daran nicht gepfändet werden (Brox/Walker Rn 802). Dies trifft etwa auf einen Hausratsgegenstand zu, der ohne Einwilligung des anderen Ehegatten nicht übertragen und deswegen nicht gepfändet werden darf (LG Krefeld NJW 73, 2304). 17

II. Drittschuldner. Auf den Drittschuldner kommt es in verschiedener Hinsicht an. Ihm wird im Arrestatorium verboten, an den Schuldner zu leisten. Außerdem wird eine Pfändung nach § 829 III grds mit Zustellung an den Drittschuldner wirksam, Ausnahme § 857 III. Wegen des Auffangcharakters von § 857 I ist der Begriff des Drittschuldners weit zu verstehen. Drittschuldner im eigentlichen Wortsinn ist nur der aufgrund eines schuldrechtlichen Anspruchs Verpflichtete. **Im weiteren Sinn** erfasst werden auch Personen, die an dem gepfändeten Recht irgendwie beteiligt sind oder Inhaber von Rechten, die von der Pfändung berührt werden (BGH NJW 68, 493, 495). 18

Als Drittschuldner in diesem weiten Sinn anzusehen sind deswegen bei der Pfändung eines Miteigentumsanteils die übrigen Miteigentümer, bei der Pfändung eines Erbteils die übrigen Miterben (BGH NJW 68, 493, 495) sowie bei der Pfändung des Anwartschaftsrechts des Vorbehaltskäufers einer beweglichen Sache der Veräußerer (BGH NJW 54, 1325, 1326). Bei einem Dauerwohnrecht (Stöber Rn 1525) und beim Nießbrauch sind dies die Eigentümer, bei Geschäftsanteilen einer GmbH die Gesellschaft (Wieczorek/Schütze/*Lüke* § 857 Rn 4). 19

III. Zustellung (Abs 2). Ausnahmsweise kann kein Drittschuldner festzustellen sein, so etwa bei Patent-, Marken- und Urheberrechten (St/J/*Brehm* § 857 Rn 99). In diesem Fall lässt Abs 2 für eine wirksame Pfändung, abw von § 829 II, eine Zustellung an den Schuldner genügen. Die Zustellung kann aber nicht nach § 828 II 3 durch Aufgabe zur Post erfolgen (MükoZPO/*Smid* § 857 Rn 6). Zudem ist dann für eine Pfändung das Gebot an den Schuldner wesentlich, sich jeder Verfügung über das gepfändete Recht zu enthalten (Zö/*Stöber* § 857 Rn 4). 20

IV. Vorpfändung (Abs 7). Durch die Verweisung in Abs 1 auf die allgemeinen Regeln ist auch eine Vorpfändung nach § 845 zulässig. Ein Drittschuldner ist gem Abs 2 nicht erforderlich. Da § 845 I 2 unanwendbar ist, kann der Gläubiger nicht den Gerichtsvollzieher beauftragen, die Benachrichtigungen mit den Aufforderungen nach § 845 I 1 anzufertigen. Dies muss durch den Gläubiger selbst erfolgen. 21

V. Verwertung. Als regelmäßige Form der Verwertung erfolgt die **Überweisung zur Einziehung**, § 835, jedenfalls soweit das Recht von einer anderen Person als dem Schuldner ausgeübt werden kann. Im Unterschied zu Geldforderungen können jedoch nicht alle Rechte vom Titelgläubiger geltend gemacht werden. Ausgeschlossen ist daher eine Überweisung zur Einziehung beim gepfändeten Geschäftsanteil einer GmbH, es sei denn, der Gesellschaftsvertrag sieht nach § 60 II GmbHG die Kündigung als besonderen Auflösungsgrund vor (Brox/Walker Rn 730). 22

Eine **Überweisung an Zahlungs statt** ist nur dann zulässig, wenn das auf den Gläubiger übertragbare Recht einen Nennwert besitzt. In Betracht kommt dies etwa bei einer Eigentümergrundschuld. 23

Auf Antrag des Gläubigers kann das Vollstreckungsgericht nach § 844 eine **andere Verwertungsart** anordnen, wenn eine Überweisung ausgeschlossen oder mit Schwierigkeiten verbunden ist. Dies gilt insb für eine Verwertung des Nacherbenrechts und des Geschäftsanteils an einer GmbH (Brox/Walker Rn 732). 24

25 Zwei Sonderregeln modifizieren die etwaige Verwertung. Kann das Recht nicht veräußert, aber einem Anderen zur Ausübung überlassen werden, ist das Vollstreckungsgericht nach Abs 4 S 1 berechtigt, **besondere Anordnungen** zu erlassen. Insbesondere darf es bei einer Vollstreckung in Nutzungsrechte die Verwaltung anordnen, Abs 4 S 2 Hs 1. Die Pfändung wird dann durch Übergabe der Sache an den Verwalter wirksam, es sei denn, sie ist bereits zuvor durch Zustellung des Beschlusses bewirkt, Abs 4 S 2 Hs 2.

26 Ist die **Veräußerung** des Rechts zulässig, kann das Gericht die Veräußerung anordnen, Abs 5. In Betracht kommt eine Versteigerung, ein freihändiger Verkauf oder die Überweisung zu einem unter dem Nennwert liegenden Betrag (Stöber Rn 1472 ff).

27 Besitzt das zu pfändende Recht eine Struktur, die an Vergütungen angelehnt ist, ohne den §§ 850 ff, 850i direkt zu unterliegen, muss aufgrund der Generalverweisung auf die allgemeinen Vorschriften das **Existenzminimum** des Schuldners geschützt werden. Wie bei der Pfändung von Vergütungen muss dann zumindest der notwendige Lebensunterhalt des Schuldners gesichert sein. In Betracht kommt dies etwa bei Lizenzgebühren, soweit sie nicht schon nach § 850i geschützt sind.

28 **D. Einzelne Vermögensrechte. I. Anwartschaftsrecht an beweglichen Sachen.** Ein Anwartschaftsrecht liegt vor, wenn von dem mehraktigen Entstehungstatbestand eines Rechtes schon so viele Erfordernisse erfüllt sind, dass von einer gesicherten Rechtsposition des Erwerbers gesprochen werden kann, die der andere an der Entstehung des Rechtes Beteiligte nicht mehr einseitig zu zerstören vermag (BGHZ 49, 197, 201; NJW 82, 1639, 1640; PWW/*Prütting* § 929 Rn 21). Die Rechtsprechung sieht im Anwartschaftsrecht ein wesensgleiches Minus zum Vollrecht (BGH NJW 58, 1133, 1134; s.a. NJW 84, 1184, 1185). Beim **Eigentumsvorbehalt** an einer beweglichen Sache entsteht ein Anwartschaftsrecht nach Übergabe und der bedingten Einigung, wonach der Schuldner das Eigentum erst durch vollständige Kaufpreiszahlung erhalten soll. Im Fall der **Sicherungsübereignung** einer dem Schuldner gehörenden Sache auf einen Dritten wird ein Anwartschaftsrecht durch die Vereinbarung begründet, dass das Eigentum mit Erfüllung der gesicherten Forderung automatisch an den Schuldner zurückfällt.

29 Das Anwartschaftsrecht auf den Erwerb einer beweglichen Sache verkörpert einen eigenen wirtschaftlichen Wert, der eine Haftungsgrundlage für den Gläubiger bilden kann. Der Theorienstreit um die Form der Vollstreckung ist dabei weitgehend zugunsten der Theorie der Doppelpfändung entschieden. Die **Theorie der Rechtspfändung** sieht im Anwartschaftsrecht ein anderes Vermögensrecht iSd § 857 I und fordert alleine eine Rechtspfändung (Baur/Stürner/Bruns Rn 32.17). Beim Erstarken zu einem Vollrecht lässt sich damit ein Pfandrecht an der Sache nicht begründen, für das die Inbesitznahme fehlt. Nach der **Theorie der Sachpfändung** erfolgt die Pfändung des Anwartschaftsrechts durch die Pfändung der Sache. Dem Dritten (Vorbehaltsverkäufer/Sicherungseigentümer) bliebe dann aber die Möglichkeit, unter Berufung auf sein Eigentum, Drittwiderspruchsklage gem § 771 zu erheben.

30 Diese Schwächen vermeidet die **Theorie der Doppelpfändung**, die eine Rechtspfändung gem § 857 und ergänzend eine Sachpfändung nach § 808 erfordert (BGH NJW 54, 1325, 1326 f). Der Rang wird durch die Pfändung des Rechts bestimmt, die Publizität durch die Sachpfändung gewahrt. Danach kann das Anwartschaftsrecht beim Inhaber bereits durch den Pfändungsbeschluss gem den §§ 857 I, 829 beschlagnahmt werden. Die Pfändung wird mit Zustellung an den Drittschuldner wirksam. Wegen der Entscheidung BGHZ 49, 197, 203 ist zweifelhaft, ob doch § 857 II gilt. Vorsorglich wird eine Zustellung auch an den Gläubiger empfohlen (St/J/*Brehm* § 857 Rn 85 Fn 330). Damit sich das Pfandrecht an der Sache fortsetzen kann, ist auch deren Pfändung erforderlich (Schuschke/*Walker* § 857 Rn 16). Die Sachpfändung kann vor, gleichzeitig mit oder nach der Pfändung des Anwartschaftsrechts erfolgen (Gottwald Rn 15). Aus wirtschaftlichen – nicht rechtlichen – Erwägungen kann nur dann auf eine Sachpfändung verzichtet werden, wenn ein Erstarken des Anwartschaftsrechts zum Vollrecht kaum absehbar erscheint und sich die Vollstreckungskosten nicht rentieren.

31 Die Pfändung erfolgt durch Beschl. Drittschuldner ist der Vorbehalts- (Rz 19) bzw Sicherungseigentümer. Ist die Sachpfändung gem § 811 **unzulässig**, darf das Anwartschaftsrecht nicht gepfändet werden (LG Berlin DGVZ 65, 91; Stöber Rn 1495; aA Schuschke/*Walker* § 857 Rn 19).

32 Das Pfandrecht an der Sache wird erst im Zeitpunkt des Eigentumserwerbs durch den Schuldner, aber mit dem durch die Pfändung des Rechts kraft Surrogation erworbenen **Rang** begründet (St/J/*Brehm* § 857 Rn 89; aA Stöber Rn 1496). Der Rang bestimmt sich dagegen nach der Sachpfändung, falls diese der Pfändung des Anwartschaftsrechts vorausging. Solange der Schuldner seine Verpflichtungen erfüllt, kann der Eigentümer der Sache nicht die Drittwiderspruchsklage nach § 771 erheben. Die bloße Pfändung – anders bei Verwertung – beeinträchtigt seine Rechte nicht, denn er könnte auch ohne Pfändung die Sache nicht

herausverlangen. Durch die Pfändung des Anwartschaftsrechts ist der Gläubiger befugt, die restliche Verbindlichkeit des Schuldners zu tilgen und dessen Eigentumserwerb herbeizuführen. Der Schuldner kann nicht nach § 267 II widersprechen, da dies eine durch § 829 I 2 ausgeschlossene Verfügung zum Nachteil des Gläubigers wäre (Schuschke/*Walker* § 857 Rn 18). Die **Verwertung** erfolgt nach den §§ 814 ff.

II. Auflassungsanwartschaft. Ein Anwartschaftsrecht auf den Eigentumserwerb an einem Grundstück entsteht, wenn der Veräußerer dem Erwerber das Grundstück aufgelassen hat und ein **Antrag auf Eigentumsumschreibung** beim Grundbuchamt gestellt ist (BGH NJW 89, 1093, 1094). Gleiches gilt, wenn zugunsten des Auflassungsempfängers eine **Vormerkung** im Grundbuch eingetragen ist, die nach den §§ 883 II, 888 BGB Schutz vor einer anderweitigen Verfügung des Veräußerers gewährt (BGH NJW 82, 1639, 1640). 33

Die Auflassungsanwartschaft ist nach den §§ 857 I, 829 pfändbar. Da der Veräußerer seine Pflichten schon erfüllt hat, fehlt es an einem Drittschuldner. Es gilt § 857 II. Die Pfändung wird daher mit Zustellung des ein Verfügungsverbot enthaltenden Pfändungsbeschlusses an den Schuldner als Auflassungsempfänger wirksam (BGHZ 49, 197, 203; München Rpfleger 10, 365, 366). Mit der Erklärung der Auflassung ist der Grundstücksverkäufer zwar seiner Hauptverpflichtung aus dem Kaufvertrag nachgekommen. Der Eigentumsverschaffungsanspruch des Grundstückskäufers ist damit aber noch nicht erfüllt. Er besteht bis zur Eintragung des Eigentumswechsels im Grundbuch fort. Außer der Anwartschaft kann daher auch dieser Anspruch weiterhin gepfändet werden (München Rpfleger 10, 365, 366). Mit Eintragung des Schuldners entsteht zugunsten des Titelgläubigers eine Sicherungshypothek, § 857 I, 848 II. Sie geht im Rang den vom ursprünglichen Eigentümer und den vom Schuldner vor der Eintragung bewilligten Rechten nach. Ein Sequester muss nicht bestellt werden. 34

III. Bruchteilsgemeinschaft. Bei der Pfändung in Bruchteilsgemeinschaften, § 741 BGB, ist zwischen dem Anteilsrecht, dem Aufhebungsanspruch sowie dem Recht auf anteiligen Erlös zu unterscheiden. Das Anteilsrecht ist nach § 747 BGB übertragbar und deswegen pfändbar. Besteht Miteigentum an einer **beweglichen Sache**, muss das **Anteilsrecht** nach den §§ 857 I, 829 gepfändet werden. Bei einer Veräußerung tritt der anteilige Anspruch auf den Erlös im Wege der dinglichen Surrogation an die Stelle des Anteilsrechts (BGH NJW 84, 2527, 2528; NJW-RR 86, 233, 234). 35

Der Anspruch auf **Aufhebung** der Gemeinschaft ist zwar allein nicht pfändbar. Wohl aber kann sich der Gläubiger diesen Anspruch zusammen mit dem auf **Teilung und Auszahlung des Erlöses** gem §§ 857 I, 829 pfänden und überweisen lassen (BGH NJW 84, 1968, 1970). Nach Pfändung durch Zustellung des Beschlusses an die Miteigentümer und Überweisung kann die Aufhebung der Gemeinschaft verlangt werden. Der Titel darf aber nicht nur vorläufig vollstreckbar sein, § 751 S 2 BGB. 36

Die Pfändung von Anteilsrechten an **Grundstücken** und Wohnungseigentumsrechten erfolgt gem § 864. Auch in diesem Fall kann der Anspruch auf Aufhebung der Gemeinschaft sowie auf Teilung und Auszahlung des Erlöses gem den §§ 857, 829 gepfändet werden (BGH NJW 84, 1968, 1970; 06, 849 f). Zwar kann der Anspruch auf Aufhebung der Gemeinschaft allein ohne den Miteigentumsanteil nicht abgetreten, also nach den §§ 857 I, 851 I nicht gepfändet werden. Aber der Auseinandersetzungsanspruch kann jedenfalls dem zur Ausübung überlassen werden, § 857 III, dem auch das übertragbare künftige Recht auf den dem Miteigentumsanteil entsprechenden Teil des Versteigerungserlöses abgetreten worden ist. Deshalb kann der Aufhebungsanspruch auf eine den Anteilen entsprechende Teilung und Auskehrung des Versteigerungserlöses gepfändet und überwiesen werden (BGH NJW 84, 1968, 1970). Die Pfändung des Aufhebungsanspruchs kann nicht im Grundbuch eingetragen werden (AG Siegen Rpfleger 88, 249, 250). 37

Wie jedes Recht kann auch eine **Forderung** dem Schuldner und anderen Personen in einer Bruchteilsgemeinschaft zustehen. In Betracht kommt dies etwa bei Mieteinnahmen aus einem im Bruchteilseigentum stehenden Grundstück, das von der Gemeinschaft vermietet ist. Die Pfändung des Anteils an der Bruchteilsgemeinschaft erfolgt nach den §§ 857 I, 829 (Stöber Rn 1549). 38

IV. Dauerwohnrecht. Dauernutzungs- und Dauerwohnrechte, § 31 WEG, sind übertragbar, § 33 I 1 WEG, und nach den §§ 857 I, 851 pfändbar. Dies erfolgt entsprechend Abs 6 in der Form des § 830 und wird mit Eintragung in das Grundbuch wirksam (Schuschke/*Walker* § 857 Rn 36). Die Verwertung erfolgt gem Abs 5 nach § 844. 39

V. Geschäftsanteile an einer GmbH. Der Geschäftsanteil des Schuldners an einer GmbH ist gem § 15 I GmbHG veräußerlich und damit **pfändbar** (BGH NJW 60, 1053). Mehrere Geschäftsanteile sind selbstständig, § 15 II GmbHG, und damit auch einzeln pfändbar. Eine Pfändung ist bereits vor Eintragung der 40

Gesellschaft in das Handelsregister zulässig (Brox/Walker Rn 796). Die Pfändung wird mit Zustellung des Beschlusses an die GmbH als Drittschuldner wirksam.

41 Während die freiwillige Veräußerung eines Geschäftsanteils durch einen Gesellschafter im Wege eines Rechtsgeschäfts unter Lebenden gem § 15 V GmbHG erschwert werden kann, verbietet § 15 I GmbHG Behinderungen für den Fall der Pfändung oder der Insolvenz. Solche **Erschwerungen** sind entweder nach § 134 BGB nichtig (BGH NJW 60, 1053, 1054) oder gem den §§ 137 BGB, 857 I, 851 II wirkungslos.

42 Dennoch kann in der Satzung eine **Einziehung** des Geschäftsanteils bei Pfändung vorgesehen werden (BGH NJW 60, 1053, 1054), für die dem Inhaber des Geschäftsanteils ein gleichwertiger, aber nicht unbedingt vollwertiger Ausgleich gezahlt werden muss. Ziel ist, eine Gläubigerdiskriminierung zu verhindern. Deswegen ist eine Satzungsbestimmung nichtig, wenn sie bei Pfändung eines Geschäftsanteils dessen Einziehung gegen ein unter dem Verkehrswert liegendes Entgelt zulässt und nicht auch dieselbe Entschädigungsregelung für den vergleichbaren Fall der Ausschließung eines Gesellschafters aus wichtigem Grund getroffen wird (BGH NJW 75, 1835, 1836; 00, 2819, 2820).

43 Trotz Pfändung des Geschäftsanteils bleibt der Schuldner berechtigt, das **Stimmrecht** (München JurBüro 88, 1740) bzw die Verwaltungsrechte auszuüben. Er darf jedoch an keinen Beschlüssen mitwirken, die den Gläubiger beeinträchtigen oder durch Kündigung über den Geschäftsanteil verfügen (Stöber Rn 1620).

44 Umstritten ist, ob mit dem Geschäftsanteil der Anspruch des Schuldners auf **Auszahlung des Gewinns** gepfändet ist. Gegen eine Erstreckung sprechen die §§ 1273 II, 1213 II 2 BGB, nach denen bei der Forderungspfändung gerade nicht die Vermutung besteht, dass der Pfandgläubiger zur Fruchtziehung berechtigt ist (Wieczorek/Schütze/*Lüke* § 857 Rn 42; aA Baur/Stürner/Bruns Rn 32.10). Bereits wegen dieser Unsicherheit ist dem Gläubiger zu empfehlen, gegenwärtige oder künftige Gewinnansprüche gem § 829 zu pfänden.

45 Eine **Verwertung** durch Überweisung zur Einziehung ist ausgeschlossen, falls nicht statutarisch nach § 60 II GmbHG die Kündigung bei Pfändung zugelassen ist (Stöber Rn 1624). Eine Überweisung an Zahlungs statt kommt mangels eines Nennwerts des Geschäftsanteils nicht in Betracht. Zumeist wird deswegen das Anteilsrecht nach den §§ 857 V, 844 durch freihändigen Verkauf unter Beachtung von § 15 III GmbHG oder durch Versteigerung verwertet. Vor Anordnung der Versteigerung muss das Vollstreckungsgericht den Wert des Geschäftsanteils feststellen und dem Gerichtsvollzieher mitteilen (AG Elmshorn DGVZ 93, 190, 191).

46 **VI. Grunddienstbarkeiten.** Als Bestandteil des herrschenden Grundstücks, § 96 BGB, kann die Grunddienstbarkeit, §§ 1018 ff BGB, nicht von diesem getrennt und selbstständig übertragen werden. Sie kann daher nach § 851 I auch nicht gepfändet werden (Stöber Rn 1637).

47 **VII. Grundschulden, Reallasten, Rentenschulden (Abs 6). 1. Grundsätze.** Auf die Zwangsvollstreckung in eine Grundschuld, Reallast oder Rentenschuld sind nach Abs 6 die Vorschriften über die Zwangsvollstreckung in eine hypothekarisch gesicherte Forderung entsprechend anzuwenden. Die Pfändung erfolgt deswegen nach den §§ 829, 830, die Verwertung nach den §§ 835, 837.

48 **2. Grundschuld. a) Fremdgrundschuld.** Eine zugunsten des Schuldners am Grundstück eines Dritten bestellte Grundschuld bildet eine Fremdgrundschuld. Sie wird durch den Pfändungsbeschluss und – bei einer **Briefgrundschuld** – durch Übergabe des Grundschuldbriefs gepfändet. Die Übergabe gilt mit Wegnahme des Briefs durch den Gerichtsvollzieher als erfolgt, § 830 I 1, 2 (Frankfurt JurBüro 09, 660; § 830 Rz 8 ff). Bei einer **Buchgrundschuld** ist die Eintragung der Pfändung ins Grundbuch erforderlich, § 830 I 3 (§ 830 Rz 11 f). Im Wege der Einziehungsklage kann der Gläubiger sodann die Duldung der Zwangsvollstreckung verlangen und aus dem so erlangten Titel in das Grundstück vollstrecken (Musielak/*Becker* § 857 Rn 16).

49 Aufgrund der vertraglichen Abrede dient die Grundschuld zumeist der Sicherung einer Forderung. Diese **Sicherungsgrundschuld** ist jedoch weder in ihrer Entstehung noch ihrem Bestand von der Forderung abhängig. Deswegen ist die Grundschuld nach den vorstehenden Grundsätzen zu pfänden. Um zu verhindern, dass der persönliche Schuldner an den Vollstreckungsschuldner leistet und so einen Vollstreckungserfolg verhindert, sollte neben der Grundschuld auch die gesicherte Forderung selbstständig gepfändet werden. Bei dieser Forderungspfändung ist das Bestimmtheitserfordernis zu beachten (BGH NJW-RR 91, 1197, 1198).

50 Gepfändet werden kann auch der Anspruch des Sicherungsgebers gegen den Grundschuldgläubiger auf **Rückgewähr** der Sicherheit aus der Sicherungsabrede (BGHZ 108, 237, 242; NJW-RR 91, 1197, 1198). Die Pfändung erfolgt nach § 829. Der Rückgewähranspruch entsteht aufschiebend bedingt mit Abschluss des

Sicherungsvertrags (BGH NJW 91, 1821) und ist ab diesem Zeitpunkt pfändbar. Auch die Grundschuld, mit der die Forderung gesichert wird, muss bestimmt bezeichnet werden (BGH NJW-RR 91, 1197, 1198). Da Pfandobjekt nicht die Grundschuld selbst, sondern ein bloß schuldrechtlicher Rückgewähranspruch des Schuldners ist, muss der Grundschuldbrief nicht mit gepfändet werden (BGH NJW-RR 91, 1197, 1198).

b) Eigentümergrundschuld. Eine offene Eigentümergrundschuld ist im Grundbuch auf den Namen des Schuldners eingetragen, § 1196 I BGB. Eine verdeckte Eigentümergrundschuld entsteht gesetzlich aus einer noch für einen Dritten eingetragenen Hypothek oder Grundschuld, §§ 1163, 1168, 1170 II, 1177 I, 1192 BGB (Gottwald § 857 Rn 31). Eine künftige Eigentümergrundschuld ist pfändbar und ein Pfändungsbeschluss kann erlassen werden. Die Eigentümergrundschuld darf jedoch erst dann ins Grundbuch eingetragen werden, wenn sie entstanden ist (ohne diese Differenzierung BGH NJW 70, 322, 323). Deswegen kann die Pfändung einer künftigen Eigentümergrundschuld nicht ins Grundbuch eingetragen werden (OLGR Celle 06, 817). 51

Die Pfändung der Eigentümergrundschuld erfolgt nach Abs 6 iVm den §§ 829, 830. Bei der **offenen Eigentümergrundschuld** bestehen keine besonderen Anforderungen. Erforderlich ist neben der Zustellung an den Schuldner, Abs 2, die Übergabe des Grundschuldbriefs oder die Eintragung der Pfändung ins Grundbuch (BGH NJW 79, 2045). 52

Pfändbar ist auch die **vorläufige Eigentümergrundschuld** aus § 1163 BGB bei einer beabsichtigten Hypothekenbestellung bevor die Forderung entsteht. Gepfändet werden kann allerdings nur dasselbe Recht, das dem Schuldner zusteht, dh eine unter einer auflösenden Bedingung stehende, mit der Valutierung wegfallende Grundschuld (BGH NJW 70, 322). Ist die durch eine Höchstbetragshypothek nach § 1190 BGB gesicherte Forderung noch nicht entstanden, existiert eine auflösend bedingte Eigentümergrundschuld. Sie kann gepfändet, aber nicht eingetragen werden (RGZ 120, 110, 112). Eine Eintragung kann erst dann erfolgen, wenn nachgewiesen wird, dass eine weitere Valutierung nicht mehr erfolgt (B/L/A/H § 857 Rn 26). Eine dennoch erfolgte Eintragung und Pfändung ist wirksam (RGZ 120, 110, 112). 53

Bei einer **verdeckten Eigentümerbriefgrundschuld** genügt es, wenn der Gerichtsvollzieher den im Besitz des Schuldners befindlichen Brief wegnimmt. Besitzt ein Dritter den Brief, kann der Gläubiger den Herausgabeanspruch des Schuldners pfänden und ggü dem Dritten geltend machen (Stöber Rn 1939). 54

Besteht das Briefrecht **tw als Eigentümergrundschuld** und tw als Fremdgrundschuld für einen Dritten, kann der Schuldner (Eigentümer) vom Dritten zwar nicht Herausgabe des Briefs verlangen. Vom Schuldner geltend gemacht und vom Titelgläubiger gepfändet werden können aber das Miteigentum am Brief, §§ 1008, 952 BGB, der Anspruch auf Aufhebung der Gemeinschaft am Brief, §§ 749 I, 752 BGB, die Ansprüche auf Vorlage des Briefs bei der zuständigen Stelle zur Herstellung und Aushändigung eines Teilbriefs, § 1145 I 2 BGB, sowie der Grundbuchberichtigungsanspruch, § 894 BGB. Die Pfändung wird mit Übergabe des Teilbriefs wirksam (Stöber Rn 1943). 55

Bei einer **verdeckten Eigentümerbuchgrundschuld** muss wegen der nach § 39 GBO erforderlichen Voreintragung des Betroffenen zunächst der Schuldner eingetragen werden. Dazu muss die Unrichtigkeit des Grundbuchs nachgewiesen werden. Die dafür erforderlichen Urkunden kann der Gerichtsvollzieher dem Schuldner gem § 836 III 3 wegnehmen. Anderenfalls muss der Gläubiger den Anspruch des Schuldners gegen den Buchberechtigten auf Quittung, § 1144 BGB, oder Grundbuchberichtigung, § 894 BGB, pfänden und sich überweisen lassen. Erfüllt der Buchberechtigte daraufhin nicht, muss der Titelgläubiger einen Einziehungsprozess führen (Musielak/*Becker* § 857 Rn 17). 56

Zur **Verwertung** ist eine Überweisung zur Einziehung nach den §§ 857 I, 835, 837 möglich, da die Eigentümergrundschuld einen Nennwert besitzt. Nach den §§ 857 I, 844 kann auch eine andere Verwertungsart angeordnet werden, wie die Veräußerung oder Versteigerung. Besitzt der Gläubiger gem § 1147 BGB einen Duldungstitel, kann er die Zwangsvollstreckung in das Grundstück betreiben. § 1197 I BGB steht dem nicht entgegen, weil der Titelgläubiger und nicht der Eigentümer die Zwangsvollstreckung betreibt. 57

3. Eigentümerhypothek. Sie entsteht, wenn der mit dem persönlichen Schuldner nicht identische Eigentümer Inhaber der Forderung wird, sei es als Gesamtrechtsnachfolger, sei es weil er die Forderung befriedigt, etwa um eine Zwangsvollstreckung in das Grundstück zu verhindern. Bei einer Erfüllung geht mit der Forderung, § 1143 I 1 BGB, auch die Hypothek auf ihn über, §§ 412, 401 I, 1153 I BGB, die zur Eigentümerhypothek nach § 1173 II BGB wird. Die Vollstreckung erfolgt gem den §§ 830, 837 (Musielak/*Becker* § 857 Rn 18). 58

59 **4. Reallast.** Die Reallast ist nach der **Begriffsbildung** in § 1105 I 1 BGB die Belastung eines Grundstücks, durch die dem Berechtigten wiederkehrende Leistungen aus dem Grundstück zu entrichten sind. Sie kann gem § 1105 I BGB subjektiv-persönlich zugunsten einer bestimmten Person oder nach § 1105 II BGB subjektiv-dinglich zugunsten des jeweiligen Eigentümers eines Grundstücks bestellt werden.

60 Eine **subjektiv-dingliche Reallast** kann nach § 1110 BGB nicht vom Eigentum am Grundstück getrennt werden. Gemäß § 851 I ist sie daher nicht selbstständig pfändbar. In die Einzelleistungen kann aber gem § 1107 BGB vollstreckt werden (PWW/*Eickmann* § 1107 Rn 7). Eine **subjektiv-persönliche Reallast** ist dagegen grds nach den §§ 857 VI, I, 830 pfändbar, es sei denn, die Leistung ist unpfändbar. Die Pfändung erfolgt durch Pfändungsbeschluss und Eintragung. Die Pfändung rückständiger Leistungen wird bereits mit der Zustellung des Pfändungsbeschlusses wirksam, §§ 1107 BGB, 857 VI, 830 II (Zö/*Stöber* § 857 Rn 16).

61 **5. Rentenschuld.** Gesetzlich ist die Rentenschuld als besondere Form der Grundschuld ausgestaltet, § 1199 BGB (PWW/*Waldner* § 1199 Rn 2). Die Rentenschuld ist deswegen so wie eine Grundschuld zu pfänden. Die Vollstreckung in die Rentenschuld erfolgt durch den Pfändungsbeschluss und die Eintragung ins Grundbuch, §§ 857 VI, I, 830. Für die Pfändung einzelner Leistungen sind nach § 1200 BGB die Vorschriften über die Pfändung von Hypothekenzinsen entsprechend anzuwenden.

62 **VIII. Immaterialgüterrechte und gewerbliche Schutzrechte. 1. Urheberrechte.** Gegen den Urheber ist gem § 113 UrhG die Zwangsvollstreckung wegen Geldforderungen in das Urheberrecht nur mit seiner Einwilligung und nur insoweit zulässig, als er Nutzungsrechte nach § 31 UrhG einräumen kann. Gepfändet werden können die Verwertungsrechte aus den §§ 15 ff UrhG. In die Honorare und sonstigen Geldforderungen des Urhebers kann nach den §§ 857 I, II, 829 (Schuschke/*Walker* § 857 Rn 46) sowie ggf nach § 850i vollstreckt werden. Unpfändbar sind das Urheberpersönlichkeitsrecht, §§ 12 ff UrhG, und der Erhöhungsanspruch aus § 32 I 3 UrhG (Hk-ZV/*Koch* § 857 Rn 26). Das Einwilligungserfordernis besteht, weil dies eine höchstpersönliche Entscheidung des Urhebers darstellt. Die Pfändung erfolgt durch Zustellung des Beschlusses an den Schuldner, Abs 2. Die Vollstreckung in die Geldforderungen aus der Verwertung, insb die Honorare, erfolgt nach den §§ 829 ff. Die Vollstreckung in das Urheberrecht an einer **Computersoftware**, §§ 2 I Nr 1, 69a UrhG, erfolgt nach § 857, die in den Datenträger mit dem Programm nach den Regeln über die Sachpfändung. Hat der Urheber seine Verwertungsabsicht bekundet, ist die in § 113 UrhG vorgesehene Einwilligung entbehrlich. Das durch das Einwilligungserfordernis geschützte Urheberpersönlichkeitsrecht wird bei Computersoftware regelmäßig in den Hintegrund treten (St/J/*Brehm* § 857 Rn 23).

63 **2. Patentrechte.** Das Recht auf das Patent, § 6 PatG, der Anspruch auf Erteilung des Patents, § 7 PatG, und das Recht aus dem Patent, § 9 PatG, sind nach § 15 I 2 PatG übertragbar und damit gem § 851 I pfändbar (BGH NJW 94, 3099, 3100). Dabei setzt sich das Pfändungspfandrecht an der durch die Anmeldung begründeten »Anwartschaft« nach Erteilung des Patents an diesem fort (BGH NJW 94, 3099, 3100). Vor Anmeldung ist das Recht nur pfändbar, wenn ein Verwertungswille an der im Wesentlichen fertiggestellten Erfindung besteht (BGH NJW 55, 628, 629). Wirksam wird die Pfändung nach Abs 2 durch Zustellung an den Schuldner.

64 Auch **nach der Pfändung** bleibt das Patentrecht dem Inhaber. Der Pfandgläubiger erlangt kein eigenes ausschließliches Benutzungsrecht am Patent. Das Recht zur Eigennutzung des Patents durch den Patentinhaber, § 9 PatG, wird bis zu einer etwaigen Pfandverwertung des gepfändeten Patentrechts ebenso wenig eingeschränkt wie der Fortbestand der bereits vor der Pfändung begründeten Lizenzrechte. Der Pfändungspfandgläubiger ist daher nicht berechtigt, den Abnehmern des Patentinhabers die Benutzung der von diesem oder dem Inhaber einer fortbestehenden Lizenz erworbenen patentgemäßen Gegenstände zu untersagen (BGH NJW 94, 3099, 3101). Der Schuldner darf nur die Maßnahmen treffen, die dem Erhalt des Patentrechts dienen, wie die Zahlung der Patentgebühr. Die Verwertung erfolgt nach den §§ 857 I, 844.

65 **3. Geschmacksmuster.** Gepfändet werden kann das Recht am Geschmacksmuster, § 30 I Nr 2 GeschmMG, das durch die Anmeldung begründete Recht, § 32 GeschmMG, und das Recht an einem offenbarten Muster vor der Anmeldung, § 5 GeschmMG (Zö/*Stöber* § 857 Rn 9). Entsprechendes gilt für Gebrauchsmuster, § 22 I 2 GebrMG.

66 **4. Marken.** Erfasst werden Marken, geschäftliche Bezeichnungen und geographische Herkunftsangaben, § 1 MarkenG. Gepfändet werden können die durch Eintragung, Benutzung oder notorische Bekanntheit, §§ 4, 29 I Nr 2 MarkenG, sowie die durch Anmeldung, § 31 MarkenG, begründeten Rechte. Im Pfändungs-

antrag sollten alle Markenrechte genannt werden. Die Pfändung erfolgt nach Abs 2 durch Zustellung an den Schuldner, die Verwertung gem §§ 857 V, I, 844.

IX. Internetdomain. Eine Internetdomain stellt als solche kein anderes Vermögensrecht iS von § 857 I dar. 67
Gegenstand zulässiger **Pfändung** nach § 857 I ist vielmehr die Gesamtheit der schuldrechtlichen Ansprüche, die dem Inhaber der Domain ggü der Vergabestelle aus dem der Domainregistrierung zu Grunde liegenden Vertragsverhältnis zustehen (BGH NJW 05, 3353; *Boecker* MDR 07, 1234). Das Bestimmtheitserfordernis soll bereits erfüllt sein, wenn die Domain als Pfändungsgegenstand angegeben wird (Musielak/*Becker* § 857 Rn 13a). Zutreffend sind jedoch die Ansprüche des Schuldners gegen die DENIC eG aus dem Vertrag über die Domain zu pfänden (LG Zwickau Rpfleger 09, 34). Eine Pfändung kann analog § 811 Nr 5 unzulässig sein, wenn die Domain zur Fortsetzung der Erwerbstätigkeit des Schuldners erforderlich ist. Dazu muss sie sich im Rechtsverkehr bereits durchgesetzt haben und sie darf nicht mehr ohne Weiteres ausgetauscht werden können. Nicht zu prüfen ist, ob die Domain Namensrechte Dritter verletzt (LG Mönchengladbach NJW-RR 05, 439, 440). Die **Verwertung** der gepfändeten Ansprüche des Schuldners gegen die DENIC eG kann nach §§ 857 I, 844 I durch Überweisung an Zahlungs statt zu einem Schätzwert erfolgen. Zulässig ist auch eine Internet-Versteigerung (LG Mönchengladbach NJW-RR 05, 439, 440).

X. Leasing. Der Gebrauchsüberlassungsanspruch des Leasingnehmers ist ein unveräußerliches Recht. Es ist 68
deswegen nur pfändbar, wenn der Leasingnehmer berechtigt ist, das Leasingobjekt einem Dritten zur Ausübung der Nutzung zu überlassen (Ddorf NJW 88, 1676). Das Nutzungsrecht des Leasingnehmers ist daher gem § 857 III nicht pfändbar, wenn dem Leasingnehmer die Überlassung des Leasingobjekts an Dritte verboten oder von der Zustimmung des Leasinggebers abhängig ist (Ddorf NJW 88, 1676). Enthält ein Finanzierungsleasingvertrag keine Regelung hierzu, ist die Gebrauchsüberlassung entsprechend § 540 BGB unzulässig. Eine Erwerbsoption ist grds nicht pfändbar (St/J/*Brehm* § 857 Rn 32).

XI. Nießbrauch. Der Nießbrauch berechtigt dazu, die Nutzungen aus einer Sache, § 1030 BGB, oder aus 69
einem Recht, § 1068 BGB, zu ziehen (PWW/*Eickmann* § 1030 Rn 11). Der Nießbrauch ist zwar unübertragbar, § 1159 S 1 BGB. Da aber seine Ausübung einem anderen überlassen werden kann, ist er nach Abs 3 **pfändbar**. Obwohl die Übertragbarkeit mit dinglicher Wirkung ausgeschlossen werden kann, berührt dies gem § 851 II nicht die Pfändbarkeit (BGH NJW 85, 2827).

Die Pfändung erfolgt nach den §§ 857 I, 829 und wird mit der Zustellung an den Eigentümer wirksam. Auf 70
Antrag des Gläubigers kann sie als Verfügungsbeschränkung in das Grundbuch eingetragen werden (Zö/*Stöber* § 857 Rn 12).

Gegenstand der Pfändung ist der Nießbrauch selbst und nicht nur ein obligatorischer Anspruch auf seine 71
Ausübung (BGH NJW 06, 1124). Wegen der auch in der Zwangsvollstreckung fortbestehenden Unveräußerlichkeit des Nießbrauchs darf der Pfändungspfandgläubiger den Nießbrauch nicht zu seiner Befriedigung verwerten, sondern ihn nur zu diesem Zwecke ausüben. Dies schließt eine Überweisung des Stammrechts selbst zur Einziehung oder an Zahlungs statt nach den §§ 857 I, 835 I ebenso aus wie eine anderweitige Verwertung durch Versteigerung oder freien Verkauf. Zulässig ist aber die Überweisung der **Ausübungserlaubnis.** Der Gläubiger darf sich daher nur aus den Nutzungen befriedigen. Als Verwertungsmöglichkeit kann das Vollstreckungsgericht nach Abs 4 S 2 die Verwaltung anordnen.

Bei einem **Bruchteilsnießbrauch**, der auf einem ideellen hälftigen Bruchteil des Grundstücks lastet, das in 72
ungeteiltem Eigentum eines anderen steht, existiert zwischen dem Nießbraucher und dem Alleineigentümer eine Nutzungs- und Verwaltungsgemeinschaft. Nach § 745 II BGB kann der in die Rechtsstellung des Nießbrauchers eintretende Gläubiger eine dem Interesse aller Teilhaber nach billigem Ermessen entsprechende Benutzung verlangen und notfalls gerichtlich durchsetzen (BGH NZM 07, 102 f).

XII. Sonstige Rechte. Die einem Milcherzeuger zustehende **Anlieferungs-Referenzmenge** nach der Milch- 73
abgabenverordnung stellt ein anderes Vermögensrecht iS von § 857 I ZPO dar (BGH NJW-RR 07, 1219). Die einem Landwirt aus der GAP-Agrarreform zugewiesene **Betriebsprämie** ist nach § 857 pfändbar (BGH NJW-RR 09, 411). Das **Bezugsrecht** auf neue Aktien gem § 186 AktG ist gem § 857 I pfändbar (MükoZPO/*Smid* § 857 Rn 44). Erlischt eine Hypothek oder Grundschuld durch Zuschlag, tritt Kraft Surrogation an deren Stelle der **Erlösanspruch** (BGH NJW 89, 2536, 2537). Die Miteigentumsanteile an den in **Sammelverwahrung** befindlichen Wertpapieren, § 6 I DepotG, sind als andere Vermögensrechte gem dem §§ 857 I, 829 pfändbar und verwertbar (BGH NJW 04, 3340, 3341; NJW-RR 08, 494, 495). Das **Sondernutzungsrecht** eines Wohnungseigentümers an einem Kfz-Stellplatz kann nicht selbstständig gepfändet werden

(Stuttg NZM 02, 884 f; vgl BGHZ 73, 145, 149 keine selbständige Übertragbarkeit auf einen außerhalb der Wohnungseigentümergemeinschaft stehenden Dritten). Pfändbar sind aber die Ansprüche des Treugebers gegen den Treuhänder aus einem **Treuhandverhältnis** (BGH NJW 10, 2346 Tz 13 ff, Verwaltung treuhänderisch übertragener Sondernutzungsrechte). Die **Umweltprämie** (Abwrackprämie) ist nach der Bewilligung, nicht aber davor (insoweit **aA** *Viertelhausen* DGVZ 09, 75, 76) pfändbar.

74 **E. Rechtsbehelfe.** Durch die entsprechende Anwendung der §§ 829 ff gelten die gleichen Rechtsbehelfe wie dort.

75 **F. Insolvenzverfahren.** Im Insolvenzverfahren gehört nur das beschlagsfähige Vermögen zur Insolvenzmasse, § 36 I 1 InsO. Ob ein Gegenstand der Zwangsvollstreckung unterliegt ist nach den zivilprozessualen Regeln zu bestimmen. Die Vorschrift des § 851 ist deswegen auch im Insolvenzverfahren zu beachten.

76 **G. Kosten/Gebühren.** Für Pfändung und Überweisung entsteht grds eine **Gerichtsgebühr** von 15 € gem KV 2110. Die **Anwaltsgebühr** mit einem Satz von 0,3 der Gebühr gem § 18 Nr 3 RVG iVm VV 3309 und ggf 3310 erfasst als Gebühr für die gleiche Angelegenheit auch die Verwertung. Für die Pfändung von grundbuchfähigen Rechten gelten die Ausführungen zu § 830 Rz 16. Bei einer Doppelpfändung entstehen die Gebühren für den Gerichtsvollzieher gem Nr 205 zu § 9 GvKostG von 20 €.

§ 858 Zwangsvollstreckung in Schiffspart.

(1) Für die Zwangsvollstreckung in die Schiffspart (§§ 489 ff. des Handelsgesetzbuchs) gilt § 857 mit folgenden Abweichungen.

(2) Als Vollstreckungsgericht ist das Amtsgericht zuständig, bei dem das Register für das Schiff geführt wird.

(3) [1]Die Pfändung bedarf der Eintragung in das Schiffsregister; die Eintragung erfolgt auf Grund des Pfändungsbeschlusses. [2]Der Pfändungsbeschluss soll dem Korrespondentreeder zugestellt werden; wird der Beschluss diesem vor der Eintragung zugestellt, so gilt die Pfändung ihm gegenüber mit der Zustellung als bewirkt.

(4) [1]Verwertet wird die gepfändete Schiffspart im Wege der Veräußerung. [2]Dem Antrag auf Anordnung der Veräußerung ist ein Auszug aus dem Schiffsregister beizufügen, der alle das Schiff und die Schiffspart betreffenden Eintragungen enthält; der Auszug darf nicht älter als eine Woche sein.

(5) [1]Ergibt der Auszug aus dem Schiffsregister, dass die Schiffspart mit einem Pfandrecht belastet ist, das einem anderen als dem betreibenden Gläubiger zusteht, so ist die Hinterlegung des Erlöses anzuordnen. [2]Der Erlös wird in diesem Fall nach den Vorschriften der §§ 873 bis 882 verteilt; Forderungen, für die ein Pfandrecht an der Schiffspart eingetragen ist, sind nach dem Inhalt des Schiffsregisters in den Teilungsplan aufzunehmen.

1 **A. Normzweck.** § 858 passt die Regelung des § 857 an die Besonderheiten einer Zwangsvollstreckung in die Schiffspart an. Die Schiffspart ist nach § 491 I HGB der Gesellschaftsanteil eines Mitreeders an einer Parten-Reederei. Eine Schiffspart kann nur an einem Seeschiff bestehen (LG Würzburg JurBüro 77, 1289, 1290). Sie ist grds veräußerlich und verpfändbar, § 503 HGB. Da die gesellschaftsrechtliche Struktur der Reederei von den Grundsätzen anderer Gesamthandsgesellschaften abweicht, gelten auch besondere Vollstreckungsregeln. Dazu folgt die Zwangsvollstreckung in die eingetragene Schiffspart den Vorschriften über das bewegliche Vermögen (Wieczorek/Schütze/*Lüke* § 858 Rn 2), während die in das Schiffsregister eingetragenen Schiffe den Regeln der Immobiliarvollstreckung unterworfen sind, §§ 864 I, 870a.

2 **B. Verfahren.** Die Pfändung der Schiffspart als **Anteilsrecht** erfolgt nach den §§ 858 I, 857, 829. Miteigentum an Binnenschiffen begründet keine Schiffspart (LG Würzburg JurBüro 77, 1289, 1290). Abweichend von § 828 ist als Vollstreckungsgericht das Amtsgericht des Schiffsregisters örtlich zuständig, Abs 2. Funktionell zuständig für den Erlass des Pfändungsbeschlusses ist der Rechtspfleger, § 20 Nr 17 RPflG. Die Schiffspart wird durch Pfändungsbeschluss gepfändet.

3 Die Pfändung ist in das Schiffsregister **einzutragen** und wird erst damit wirksam, Abs 3 S 1. Der Gläubiger muss die Eintragung erwirken (St/J/*Brehm* § 858 Rn 6). Der Pfändungsbeschluss ist dem Korrespondentreeder **zuzustellen**, doch ist dies für die Wirksamkeit nicht erforderlich (Zö/*Stöber* § 858 Rn 3). Eine Zustellung an den Schuldner ist gem §§ 858 I, 857 I, IV, 830 entbehrlich. Erfolgt die Eintragung erst nachdem der Beschl zugestellt ist, so gilt die Pfändung ggü dem Korrespondentreeder mit der Zustellung als bewirkt, Abs 3 S 2. Der Korrespondentreeder ist Drittschuldner, sonst die Mitreeder (Schuschke/Walker/

Walker § 858 Rn 2). Das Pfändungspfandrecht an der Schiffspart erfasst auch den Gewinnanteil, doch ist dies str, weswegen dieser mit gepfändet werden sollte (Stöber Rn 1750; aA Gottwald § 858 Rn 2). Es erstreckt sich auch auf den durch die Versteigerung des Schiffs als Ganzes im Wege der Zwangsvollstreckung erzielten Erlös (MüKoZPO/*Smid* § 858 Rn 3). Das Pfändungspfandrecht steht älteren Pfandrechten im Rang nach. Ein Rangverhältnis zwischen Pfandrechten am Schiff als Ganzem und der Schiffspart besteht nicht (St/J/*Brehm* § 858 Rn 3).

C. Verwertung. Die Schiffspart darf weder zur Einziehung noch an Zahlungs statt überwiesen werden (Gottwald § 858 Rn 3). Zulässig ist allein die **Veräußerung**, § 844, oder die Verwaltung (Musielak/*Becker* § 858 Rn 3). Dem Antrag auf Anordnung der Veräußerung ist ein Auszug aus dem Schiffsregister beizufügen, der alle das Schiff sowie die Schiffspart betreffenden Eintragungen enthält und nicht älter als eine Woche sein darf, Abs 5. Ist das Vollstreckungsgericht zugleich Registergericht, genügt nach dem Gedanken aus § 17 II ZVG die Bezugnahme auf das Register (Wieczorek/Schütze/*Lüke* § 858 Rn 6). Ergibt der Registerauszug eine Belastung der Schiffspart mit einem Pfandrecht für einen anderen als den beitreibenden Gläubiger, ist die **Hinterlegung** des Erlöses anzuordnen. Der Erlös wird nach den §§ 873 ff verteilt. Abweichend von § 874 III sind Forderungen, für die ein Pfandrecht an der Schiffspart eingetragen ist, nach dem Inhalt des Schiffsregisters in den Teilungsplan aufzunehmen, Abs 5. 4

D. Kosten/Gebühren. Es entsteht eine **Gerichtsgebühr** nach KV 2110 iHv 15 €. Der **Gerichtsvollzieher** erhält für die Verwertung die Gebühr nach § 9 GVKostG iVm KV Nr 30 von 40 € sowie ggf den Zeitzuschlag nach KV Nr 500 von 15 € ab der vierten Stunde für jede weitere angefangene Stunde. Muss ein erneuter Versteigerungstermin anberaumt werden, beträgt die Gebühr dafür nach KV Nr 302 7,50 €. Außerdem sind die Auslagen gem KV Nr 711, 713 zu erstatten. Dem **Rechtsanwalt** steht eine Gebühr mit einem Satz von 0,3 gem § 18 Nr 3 RVG iVm VV 3309 zu, falls er sie nicht schon verdient hat. Im Verteilungsverfahren steht ihm nach § 18 Nr 12 RVG iVm VV 3309 eine gesonderte Gebühr von 0,3 zu. 5

§ 859 Pfändung von Gesamthandanteilen.

(1) [1]Der Anteil eines Gesellschafters an dem Gesellschaftsvermögen einer nach § 705 des Bürgerlichen Gesetzbuchs eingegangenen Gesellschaft ist der Pfändung unterworfen. [2]Der Anteil eines Gesellschafters an den einzelnen zu dem Gesellschaftsvermögen gehörenden Gegenständen ist der Pfändung nicht unterworfen.

(2) Die gleichen Vorschriften gelten für den Anteil eines Miterben an dem Nachlass und an den einzelnen Nachlassgegenständen.

A. Normzweck. § 859 **eröffnet** die **Zwangsvollstreckung in Gesamthandsanteile**, die nach den allgemeinen Grundsätzen ausgeschlossen wäre. Ein Gesamthänder kann über seinen Anteil am Gesamthandsvermögen und an den einzelnen dazu gehörenden Gegenständen nicht verfügen, so § 719 I BGB für die GbR. Entsprechendes gilt für den Erbanteil, § 2033 II BGB. Nach § 851 I wäre deswegen eine Zwangsvollstreckung in den Gesellschaftsanteil nicht zulässig. Demgegenüber ermöglicht § 859 selbst dann die Vollstreckung zugunsten der Gläubiger des Gesellschafters, wenn der Gesellschaftsvertrag die Übertragbarkeit des Gesellschaftsanteils nicht vorsieht (Wieczorek/Schütze/*Lüke* § 858 Rn 2). 1

Nach Abs 1 S 1 ist der Anteil eines Gesellschafters an einer GbR pfändbar. Der Anteil des Gesellschafters an den einzelnen zur Gesellschaft gehörenden Gegenständen ist dagegen nicht pfändbar. Diese Grundsätze gelten gem den §§ 105 III, 161 II HGB entsprechend für die Personenhandelsgesellschaften der OHG und KG sowie für gleichgestellte Gesellschaften, wie die EWIV oder die Partnerschaftsgesellschaft. Abs 2 erstreckt die Vorschriften auf den Miterbenanteil und den Anteil des Miterben an einzelnen Nachlassgegenständen. 2

B. Zwangsvollstreckung in den Gesellschaftsanteil an einer Gesellschaft bürgerlichen Rechts (Abs 1). I. Gegenstand. Gepfändet wird gem § 859 I 1 insb nach Ansicht der Rspr der Gesellschaftsanteil als Wertrecht, das die zum Gesellschaftsvermögen gehörenden Vermögensrechte repräsentiert (BGHZ 97, 392, 394; St/J/*Brehm* § 859 Rn 3). Überzeugender erscheint es demgegenüber, von einer **Pfändung der Mitgliedschaft** als solcher auszugehen, in welcher die Rechte und Pflichten aus dem Gesellschaftsverhältnis zusammengefasst sind (MüKoBGB/*Ulmer/Schäfer* § 725 Rn 10). Die Pfändung des Gesellschaftsanteils ist auch zulässig, wenn gesellschaftsvertraglich die Anteilsübertragung von der Zustimmung der übrigen Gesellschafter abhängig gemacht wird (Stöber Rn 1559). Unerheblich ist, ob die Gesellschaft bereits aufgelöst ist. Dann erfasst die Pfändung den vereinbarten Abfindungsanspruch (BGH NJW 72, 259). Die Vollstreckung 3 in den Geschäftsanteil eines Gesellschafters ist insb für seine persönlichen Gläubiger sinnvoll. Zur Zwangsvollstreckung in das Gesellschaftsvermögen einer GbR selbst ist nach § 736 ein gegen alle Gesellschafter ergangener Titel erforderlich.

4 **II. Verfahren.** Die Pfändung erfordert einen Titel gegen den Gesellschafter. Sie erfolgt als **Rechtspfändung** gem den §§ 857, 829 und nicht als Forderungspfändung. Aus dem Pfändungsbeschluss muss ersichtlich werden, dass der Gesellschaftsanteil und nicht bloß Einzelansprüche gepfändet werden (Musielak/*Becker* § 859 Rn 3). **Drittschuldner** ist die Gesamthand (BGHZ 97, 392, 394 f). Soweit die GbR unter einem unterscheidungskräftigen Namen im Rechtsverkehr auftritt, genügt dieser. Im Einzelfall kann auch eine unrichtige Angabe unerheblich sein (BGH WM 61, 348, 349 f). Sonst sind die Namen der übrigen Gesellschafter und das zwischen ihnen bestehende Gesamthandsverhältnis anzugeben (Stöber Rn 1557).

5 **Zuzustellen** ist der Beschl dem Drittschuldner, also der Gesamthand, vertreten durch ihren Geschäftsführer (BGHZ 97, 392, 395). Wird die Gesellschaft von mehreren Geschäftsführern vertreten, genügt die Zustellung an einen, § 170 III. Die Zustellung an die anderen Gesellschafter bewirkt eine wirksame Pfändung und ist empfehlenswert, um Zweifelsfragen zu vermeiden (Gottwald § 859 Rn 4).

6 **III. Wirkung.** Infolge der Pfändung werden die aus der Mitgliedschaft folgenden **Vermögensrechte** verstrickt. Neben dem Abfindungsanspruch, dh dem Anspruch auf den anteiligen Liquidationserlös (BGH NJW 72, 259), gehören dazu die periodischen Gewinnansprüche, die Ansprüche auf Aufwendungsersatz sowie die Ausgleichsansprüche auf Grund von Leistungen des Gesellschafters im Gesellschaftsinteresse (MüKoBGB/*Ulmer/Schäfer* § 725 Rn 11). Diese Rechte können auch isoliert gepfändet werden. Da in den Gesellschaftsanteil und nicht in den einzelnen Gegenstand vollstreckt wird (BGHZ 116, 222, 224), sind die Gesellschafter nicht in ihrer Verfügungsmacht über einzelne Gegenstände beschränkt. Deswegen kann die Pfändung auch nicht berichtigend im Grundbuch eines Gesellschaftsgrundstücks eingetragen werden (Zweibr JurBüro 1982, 1427 f; Hamm Rpfleger 87, 196 f).

7 Um den **Auseinandersetzungsanspruch** geltend zu machen, muss der Gläubiger die Auflösung der Gesellschaft verlangen können. Deswegen ist der Gläubiger nach § 725 I BGB mit der Pfändung zur fristlosen Kündigung der Gesellschaft berechtigt (Ddorf Rpfleger 04, 418), sofern der Titel im Zeitpunkt der Kündigung nicht nur vorläufig vollstreckbar ist. Um das Kündigungsrecht ausüben zu können, muss wegen der Parallele zu § 135 HGB der Gesellschaftsanteil gepfändet und dem Gläubiger überwiesen sein (Wieczorek/Schütze/*Lüke* § 859 Rn 8; **aA** St/J/*Brehm* § 859 Rn 5). Die Kündigung ist nicht nur ggü den zur Vertretung berechtigten Personen, sondern ggü allen Gesellschaftern einschließlich des Schuldners unter Wahrung der ggf vorgeschriebenen Förmlichkeiten zu erklären (BGHZ 97, 392, 395). Durch die Kündigung wird die Gesellschaft aufgelöst, falls nicht gesellschaftsvertraglich etwas Abweichendes vereinbart wurde, § 736 I BGB. Besteht eine Fortsetzungsklausel, § 736 I BGB, erfolgt eine partielle Auseinandersetzung, § 738 BGB. Im Rahmen der Auseinandersetzung kann der Gläubiger die Teilungsversteigerung nach § 180 ZVG verlangen, falls der Gesellschaftszweck auf das Halten eines Grundstücks beschränkt ist (BGHZ 116, 222, 228; ThoPu/*Hüßtege* § 859 Rn 5).

8 Da der Gläubiger durch die Pfändung nicht in die Gesellschafterstellung einrückt (MüKoZPO/*Smid* § 859 Rn 3), werden die aus der Mitgliedschaft folgenden **Verwaltungsrechte nicht verstrickt**, wie Stimmrechte, Widerspruchsrechte, Rechte auf Rechnungslegung und Kontrollrechte. Auskunftsrechte bestehen in dem für die Vollstreckung erforderlichen Umfang (vgl St/J/*Brehm* § 859 Rn 4 Fn 19).

9 **IV. Verwertung.** Verwertet wird der gepfändete Gesellschaftsanteil durch Überweisung zur Einziehung. Eine Veräußerung nach § 857 V kann nur angeordnet werden, wenn sie gesellschaftsvertraglich zulässig ist (Wieczorek/Schütze/*Lüke* § 859 Rn 11). Eine Verwaltung nach § 857 IV ist wegen der persönlichen Gesellschafterrechte ausgeschlossen.

10 **C. Zwangsvollstreckung in den Gesellschaftsanteil an einer OHG.** Auf die OHG sind nach § 105 II HGB die Vorschriften über die GbR anzuwenden, soweit nichts Abweichendes geregelt ist. Deswegen gelten die Erläuterungen zur GbR (Rz 3 ff) grds auch für die OHG. Im Pfändungsbeschluss wird die OHG bereits mit ihrer Firma hinreichend bestimmt bezeichnet. Zuzustellen ist der Pfändungsbeschluss an die geschäftsführenden Gesellschafter (Zö/*Stöber* § 859 Rn 7). Der Titel darf nicht nur vorläufig vollstreckbar sein und der gepfändete Gesellschaftsanteil muss dem Gläubiger zur Einziehung überwiesen sein.

11 Das **Kündigungsrecht** aus § 135 HGB ist ggü § 725 I BGB beschränkt. Es besteht erst, wenn innerhalb der letzten sechs Monate irgendein – nicht notwendig der vollstreckende – Gläubiger des Gesellschafters erfolg-

los eine Zwangsvollstreckung in dessen bewegliches Vermögen versucht hat. Die Kündigung ist mit einer Frist von sechs Monaten zum Ende des Geschäftsjahrs ggü allen Gesellschaftern einschließlich des Schuldners zu erklären. Ist die gesellschaftsvertraglich vereinbarte Kündigungsfrist kürzer, kann sich auch der Gläubiger auf die kürzere Frist berufen (Stöber Rn 1593). Als Folge der Kündigung scheidet nach § 131 III Nr 4 HGB der Gesellschafter aus der OHG aus.

D. Zwangsvollstreckung in den Gesellschaftsanteil an einer KG. Für die Zwangsvollstreckung in den Gesellschaftsanteil an einer KG gelten gem § 161 II HGB die Vorschriften über die OHG soweit nichts Anderes bestimmt ist. Deswegen kann auf die Ausführungen zur OHG (Rz 10 f) und GbR (Rz 3 ff) verwiesen werden. Gepfändet werden kann sowohl der Anteil eines Komplementärs als auch eines Kommanditisten. Die Kündigung ist selbst bei einer Publikums-KG auch ggü den Kommanditisten auszusprechen (Schuschke/Walker/*Walker* § 859 Rn 14). 12

E. Zwangsvollstreckung in die Beteiligung des stillen Gesellschafters. Es ist auf die Ausführungen zu den Personenhandelsgesellschaften (Rz 10 ff) zu verweisen. Die Gläubiger des stillen Gesellschafters können in dessen Beteiligung vollstrecken. Drittschuldner ist der Inhaber des Handelsgeschäfts, dem der Pfändungs- und Überweisungsbeschluss zuzustellen ist. Die Pfändung der Beteiligung umfasst nach § 234 I 1 HGB auch das Kündigungsrecht entsprechend § 135 HGB. Auf das Auseinandersetzungsguthaben kann erst nach der Kündigung zugegriffen werden (Gottwald § 859 Rn 15). 13

F. Zwangsvollstreckung in den Gesellschaftsanteil an einer Partnerschaftsgesellschaft. Auf die Partnerschaftsgesellschaft sind nach § 1 IV PartGG grds die Vorschriften über die GbR anzuwenden. Der Anteil an einer Partnerschaftsgesellschaft ist deswegen als Recht nach den §§ 859, 857 I, 829 zu pfänden. Die Pfändung des Gesellschaftsanteils umfasst auch das Recht zur Kündigung. Die Kündigung ist gem § 9 I PartGG unter den Voraussetzungen von § 135 HGB (dazu Rz 11) zulässig (Schuschke/Walker/*Walker* § 859 Rn 13). 14

G. Zwangsvollstreckung in den Gesellschaftsanteil an einer EWIV. Auf die EWIV sind nach § 1 EWIV-AusführungsG grds die Vorschriften der OHG anzuwenden, mit der die EWIV weitgehend gleichgestellt ist. Deswegen kann auf die Ausführungen zur Pfändung des Geschäftsanteils an einer OHG und dessen Kündigung nach § 135 HGB verwiesen werden. 15

H. Zwangsvollstreckung in einen Miterbenanteil (Abs 2). I. Gegenstand. Für den Miterbenanteil gilt nach Abs 2 das Gleiche, wie für den Gesellschaftsanteil an einer GbR. Materiellrechtlich ist der Miterbe allerdings weniger gebunden als der Gesellschafter einer GbR, denn nach § 2033 I BGB kann jeder Miterbe über seinen Anteil am Nachlass verfügen. Dies gilt aber nicht über seinen Anteil an den einzelnen Nachlassgegenständen, § 2033 II BGB. Dementsprechend kann vor der Nachlassteilung der **Anteil des Erben** am Nachlass **gepfändet** werden. Entsprechendes gilt für Vor- und Nacherben (Hk-ZV/*Koch* § 859 Rn 21). Das Pfandrecht erstreckt sich nach Abs 2 allein auf diesen Erbteil, nicht jedoch auf den einzelnen Nachlassgegenstand, auch nicht auf den Anteil des Miterben am einzelnen Nachlassgegenstand (BGH NJW 67, 200, 201). 16

Ein Miterbenanteil entsteht durch den **Erbfall** und kann erst danach gepfändet werden. Zuvor ist auch eine aufschiebend bedingte Pfändung unzulässig. Unerheblich ist, ob der Schuldner die Erbschaft angenommen hat (Stöber Rn 1667). Die Pfändung erfasst nicht das höchstpersönliche Recht, die Erbschaft auszuschlagen. Die Pfändung des Miterbenanteils ist auch bei einer Testamentsvollstreckung oder Nachlassverwaltung zulässig. (Zö/*Stöber* § 859 Rn 15). Mitgepfändet werden unselbständige Nebenrechte des Schuldners innerhalb der Erbengemeinschaft, wie zB der Auskunftsanspruch. Ein selbstständig pfändbares Recht auf den Auseinandersetzungsanspruch besteht dagegen nicht (RGZ 60, 126, 132). Das Pfandrecht setzt sich am Auseinandersetzungsguthaben bzw den einzelnen, dem Schuldner zugeteilten Nachlassgegenständen fort (*Roth* NJW-Spezial 10, 487). Erst wenn einzelne Gegenstände dem Schuldner durch eine Teilungsauseinandersetzung zugewiesen sind, kann der Gläubiger aber den Herausgabeanspruch gem § 847 pfänden (BGH NJW 67, 200, 201; Schuschke/Walker/*Walker* § 859 Rn 17). Schlägt der Schuldner den Erbteil aus und erwirbt er einen Pflichtteilsanspruch, so erstreckt sich das Pfandrecht nicht auf diesen Anspruch, der gesondert gepfändet werden muss. 17

II. Verfahren. Die Zwangsvollstreckung in den Miterbenanteil erfolgt als **Rechtspfändung** gem den §§ 857, 829 und nicht als Forderungspfändung, selbst wenn ein Grundstück zum Nachlass gehört (vgl BGHZ 52, 99, 102). Drittschuldner sind die Miterben oder, wenn bestellt, der Testamentsvollstrecker bzw Nachlassver- 18 walter, nicht aber ein Nachlasspfleger (LG Kassel MDR 1997, 1032, 1033). Ihnen muss der Pfändungsbeschluss gem § 829 III zugestellt werden.

19 **III. Wirkungen.** Die Pfändung nach § 859 II wirkt wie ein durch Erbteilsverpfändung entstandenes Vertragspfandrecht, soweit die ZPO keine eigene Regelung einhält und die besondere Natur des Pfändungspfandrechts nicht entgegensteht, § 804 II Hs 1, §§ 1273 II, 1258 BGB (RGZ 156, 395, 397). Das Pfandrecht erstreckt sich nur auf diesen Erbteil, nicht jedoch auf den einzelnen Nachlassgegenstand, auch nicht auf den Anteil des Miterben am einzelnen Nachlassgegenstand (BGH NJW 67, 200, 201). Der Gläubiger erwirbt damit die Rechte zur gemeinschaftlichen Verwaltung und Verfügung der §§ 2038 ff BGB. Er kann deswegen nach Maßgabe von § 2042 BGB jederzeit die **Auseinandersetzung** verlangen (BGH NJW 68, 2059, 2060). Sind die Nachlassverbindlichkeiten berichtigt, gebührt ihm gem § 2047 I BGB der anteilige Überschuss. Der Anspruch ist nicht isoliert zu pfänden.

20 Ohne Zustimmung des Gläubigers können der Schuldner und die anderen Erben nicht mehr über die Erbschaft als Ganzes verfügen. Verboten ist jede das Pfändungspfandrecht beeinträchtigende Verfügung (BGH NJW 68, 2059, 2060). Eine Verfügung über **einzelne Nachlassgegenstände**, etwa über eine Forderung der Erbengemeinschaft, stellt unmittelbar noch keine Verfügung über den Pfändungsgegenstand dar. Sie kann jedoch mittelbar das Pfändungspfandrecht beeinträchtigen, indem die Nachlassmasse und damit auch der gepfändete Erbteil in seinem Bestand oder Wert geschmälert wird. In diesem Fall steht die Erbteilspfändung auch der Verfügung des Pfändungsschuldners über einen einzelnen Nachlassgegenstand entgegen. Die Einziehung einer Nachlassforderung, um den zu leistenden Geldbetrag für alle Erben zu hinterlegen, beeinträchtigt die Rechtsstellung des den Erbteil pfändenden Gläubigers als solchen nicht (BGH NJW 68, 2059, 2060).

21 Durch Pfändung und Überweisung des Erbanteils verliert der Miterbe das Recht, die **Teilungsversteigerung**, § 180 ZVG, des Nachlassgrundstücks zu beantragen. Ist die Pfändung im Grundbuch eingetragen, hat das Vollstreckungsgericht dies vAw zu berücksichtigen (LG Frankenthal Rpfleger 85, 500).

22 **IV. Verwertung.** Verwertet werden kann der gepfändete Erbteil durch Überweisung zur Einziehung, §§ 857 I, 835, oder durch Anordnung der Veräußerung. §§ 857 V, 844. Wird der Erbanteil dem Gläubiger zur Einziehung überwiesen, kann er die dem Schuldner bei der Auseinandersetzung zustehenden Rechte im eigenen Namen geltend machen (Gottwald § 859 Rn 18). An Forderungen, die bei der Teilung auf den gepfändeten Erbteil entfallen, setzt sich kraft Surrogation das Pfandrecht fort (BGHZ 52, 99, 105). Auf gepfändete Sachen sind die §§ 847 I, 848 entsprechend anzuwenden. Der Gläubiger muss beim Vollstreckungsgericht ergänzend zum Pfändungs- und Überweisungsbeschluss die Anordnung beantragen, die Sache an einen vom Gläubiger zu beauftragenden Gerichtsvollzieher oder an einen vom Amtsgericht der belegenen Sache zu bestellenden Sequester herauszugeben (St/J/*Brehm* § 859 Rn 34).

23 **I. Genossenschaft.** Der Geschäftsanteil an einer Genossenschaft kann nicht gepfändet werden, da er lediglich eine Rechengröße und kein Wertrecht darstellt (Zö/*Stöber* § 859 Rn 14). Pfändbar sind die Ansprüche auf Gewinnauszahlung und auf das Geschäftsguthaben bei Ausscheiden. Die auf die Pfändung des Auseinandersetzungsguthabens gestützte Kündigung der Mitgliedschaft in einer Wohnungsbaugenossenschaft soll auch dann keine unzumutbare Härte darstellen, wenn dadurch eine Kündigung des Mietverhältnisses droht (BGH NJW-RR 10, 157 Tz 17 ff)

24 **J. Rechtsbehelfe.** Zu den Rechtsbehelfen vgl § 857 Rz 74.

25 **K. Insolvenzverfahren.** Ein eröffnetes Insolvenzverfahren über das Vermögen eines Gesellschafters einer GbR führt regelmäßig gem § 728 II BGB zur Auflösung der Gesellschaft und damit zur Auseinandersetzung gem den §§ 730 ff BGB. Die Gesellschafterinsolvenz bei einer Personenhandelsgesellschaft führt grds nicht zur Auflösung der Gesellschaft, sondern nur zum Ausscheiden des Gesellschafters (Jaeger/*Eckardt* InsO, § 83 Rn 21, 25). Von der Insolvenz eines Miterben wird der Nachlass nicht berührt. Lediglich sein Anteil an dem Nachlass fällt in die Insolvenzmasse (Jaeger/*Eckardt* InsO, § 83 Rn 29).

26 **L. Kosten/Gebühren.** Zu den Kosten vgl § 857 Rz 76.

§ 860 Pfändung von Gesamtgutanteilen. (1) [1]**Bei dem Güterstand der Gütergemeinschaft ist der Anteil eines Ehegatten an dem Gesamtgut und an den einzelnen dazu gehörenden Gegenständen der Pfändung nicht unterworfen.** [2]**Das Gleiche gilt bei der fortgesetzten Gütergemeinschaft von den Anteilen des überlebenden Ehegatten und der Abkömmlinge.**

(2) Nach der Beendigung der Gemeinschaft ist der Anteil an dem Gesamtgut zugunsten der Gläubiger des Anteilsberechtigten der Pfändung unterworfen.

A. Normzweck. Vereinbaren die Ehegatten Gütergemeinschaft, § 1415 BGB, ist der Anteil des Ehegatten, bei fortgesetzter Gütergemeinschaft auch der Anteil des Abkömmlings, am Gesamtgut und an den einzelnen Gegenständen der freien Verfügung entzogen, §§ 1419 I, 1487 I BGB. Das daher bereits aus § 851 resultierende Pfändungsverbot wird durch § 860 konkretisiert. 1

B. Regelung bei bestehender Gütergemeinschaft (Abs 1). Ausgeschlossen ist die **Pfändung** des Anteils eines Ehegatten am Gesamtgut und an den einzelnen Gegenständen. Während der bestehenden Gütergemeinschaft oder der fortgesetzten Gütergemeinschaft ist eine aufschiebend bedingte Pfändung des Anteils unzulässig, wie aus der Formulierung von Abs 2 folgt. Auch der Anspruch auf das Auseinandersetzungsguthaben ist während einer bestehenden Gütergemeinschaft unpfändbar (LG Frankenthal Rpfleger 1981, 241; Schuschke/Walker/*Walker* § 860 Rn 4; nach BGH WM 66, 711, ist der Anspruch auf das Guthaben aber abtretbar). Die Pfändung erfasst nicht das höchstpersönliche Recht, die Aufhebung der Gütergemeinschaft verlangen zu können (Musielak/*Becker* § 860 Rn 2). Die Gläubiger des verwaltenden Ehegatten können aber nach den §§ 740, 745 in das Gesamtgut vollstrecken. 2

C. Regelung bei beendeter Gütergemeinschaft (Abs 2). Auch nach der Beendigung der Gütergemeinschaft durch Tod, Vertrag, Aufhebungsurteil gem den §§ 1447 ff BGB oder Eheauflösung ist der Anteil weiterhin unveräußerlich. Allerdings können die Ehegatten, ihre Abkömmlinge oder Erben die Auseinandersetzung herbeiführen, §§ 1471 ff, 1494 BGB. Der Anteil am Gesamtgut ist deswegen nach Abs 2 **pfändbar.** Die Pfändung erfolgt nach den §§ 857, 829. Der Pfändungsbeschluss ist den übrigen Mitgliedern der noch nicht auseinandergesetzten Gütergemeinschaft als Drittschuldnern zuzustellen. Die wirksame Pfändung berechtigt den Gläubiger die Auseinandersetzung zu verlangen (Stöber Rn 1641). Die Eintragung der Pfändung im Grundbuch ist zulässig. Der gepfändete Anteil ist zur Einziehung zu überweisen (Gottwald § 860 Rn 3). 3

§§ 861 und 862 *(weggefallen)*

§ 863 Pfändungsbeschränkungen bei Erbschaftsnutzungen. (1) [1]**Ist der Schuldner als Erbe nach § 2338 des Bürgerlichen Gesetzbuchs durch die Einsetzung eines Nacherben beschränkt, so sind die Nutzungen der Erbschaft der Pfändung nicht unterworfen, soweit sie zur Erfüllung der dem Schuldner seinem Ehegatten, seinem früheren Ehegatten, seinem Lebenspartner, einem früheren Lebenspartner oder seinen Verwandten gegenüber gesetzlich obliegenden Unterhaltspflicht und zur Bestreitung seines standesmäßigen Unterhalts erforderlich sind.** [2]**Das Gleiche gilt, wenn der Schuldner nach § 2338 des Bürgerlichen Gesetzbuchs durch die Ernennung eines Testamentsvollstreckers beschränkt ist, für seinen Anspruch auf den jährlichen Reinertrag.**

(2) Die Pfändung ist unbeschränkt zulässig, wenn der Anspruch eines Nachlassgläubigers oder ein auch dem Nacherben oder dem Testamentsvollstrecker gegenüber wirksames Recht geltend gemacht wird.

(3) Diese Vorschriften gelten entsprechend, wenn der Anteil eines Abkömmlings an dem Gesamtgut der fortgesetzten Gütergemeinschaft nach § 1513 Abs. 2 des Bürgerlichen Gesetzbuchs einer Beschränkung der im Absatz 1 bezeichneten Art unterliegt.

A. Normzweck. Ist der spätere Erwerb eines Abkömmlings durch Verschwendung oder Überschuldung erheblich gefährdet, kann der Erblasser nach § 2338 BGB eine Nacherbschaft oder ein Nachvermächtnis bestimmen. Dadurch kann die Verfügungsmöglichkeit des Pflichtteilsberechtigten über sein Pflichtteilsrecht beschränkt werden. § 863 zieht aus dieser materiellrechtlichen Lage die vollstreckungsrechtliche Konsequenz und nimmt in Abs 1 die Nutzungen des Vorerben an der Vorerbschaft in gewissem Umfang von der Pfändung aus (MüKoZPO/*Smid* § 863 Rn 1). 1

2 **B. Regelungsgegenstand. Abs 1 S 1** nimmt die Nutzungen der Erbschaft von der Pfändung aus, soweit der Schuldner sie zur Erfüllung seines eigenen standesmäßigen oder des gesetzlich geschuldeten Unterhalts benötigt. Neben dem eigenen Unterhalt des Schuldners sind nur die gesetzlichen Ansprüche seines Ehegatten, eines früheren Ehegatten, seines Lebenspartners, eines früheren Lebenspartners oder seiner Verwandten zu berücksichtigen. Standesgemäßer Unterhalt bedeutet angemessene Höhe gem § 1610 I BGB (Musielak/*Becker* § 863 Rn 1). Ist eine Testamentsvollstreckung nach § 2238 I 2 BGB angeordnet, gilt nach **Abs 1 S 2** für den Anspruch auf den Reinertrag das Gleiche.

3 Das Pfändungsverbot besteht für die persönlichen Gläubiger des Schuldners, nicht aber nach **Abs 2** für die Nachlassgläubiger. Ist ein Testamentsvollstrecker bestellt und wirkt der Titel auch ihm ggü, gilt das Gleiche.

4 Bei einer fortgesetzten Gütergemeinschaft kann nach § 1513 II BGB der Anteil des Abkömmlings am Gesamtgut einer § 2338 entsprechenden Beschränkung unterworfen werden. Deswegen erklärt **Abs 3** die Regelungen der Abs 1 und 2 darauf für anwendbar.

5 **C. Rechtsbehelfe.** Wird dem Antrag des **Gläubigers** nicht oder nicht in vollem Umfang stattgegeben, kann er die sofortige Beschwerde nach den §§ 11 I RpflG, 793 I einlegen. Wurde der **Schuldner** wie regelmäßig zuvor nicht angehört, § 834, kann er gegen die Vollstreckungsmaßnahme nach § 766 vorgehen. Gleiches gilt für **Dritte**, wie den Nacherben oder Testamentsvollstrecker.

Titel 2 Zwangsvollstreckung in das unbewegliche Vermögen

§ 864 Gegenstand der Immobiliarvollstreckung. (1) **Der Zwangsvollstreckung in das unbewegliche Vermögen unterliegen außer den Grundstücken die Berechtigungen, für welche die sich auf Grundstücke beziehenden Vorschriften gelten, die im Schiffsregister eingetragenen Schiffe und die Schiffsbauwerke, die im Schiffsbauregister eingetragen sind oder in dieses Register eingetragen werden können.**

(2) **Die Zwangsvollstreckung in den Bruchteil eines Grundstücks, einer Berechtigung der im Absatz 1 bezeichneten Art oder eines Schiffes oder Schiffsbauwerks ist nur zulässig, wenn der Bruchteil in dem Anteil eines Miteigentümers besteht oder wenn sich der Anspruch des Gläubigers auf ein Recht gründet, mit dem der Bruchteil als solcher belastet ist.**

1 **A. Geltungsbereich.** Die §§ 864–871 regeln innerhalb der ZPO die Zwangsvollstreckung in Grundstücke und grundstücksgleiche Rechte. Die Zwangsvollstreckung wegen Geldforderungen in das unbewegliche Vermögen findet statt durch die Zwangsversteigerung, die Zwangsverwaltung oder die Eintragung einer Sicherungshypothek (§ 867). Die nähere Ausgestaltung der Zwangsversteigerungs- und Zwangsverwaltungsverfahren ergibt sich aus dem ZVG. Die Eintragung der Zwangssicherungshypothek ist in den §§ 866–868 ZPO geregelt, das Verfahrensrecht wird ergänzt durch die GBO, materiell-rechtliche Vorschriften ergeben sich ansonsten aus dem Recht der Hypothek.

2 **B. Betroffene Rechte. I. Grundstücke.** Grundstücke sind von einer umlaufenden Grenzlinie umgebende Abschnitte der Erdoberfläche, die unter einer laufenden Nummer im Bestandsverzeichnis des Grundbuchs eingetragen sind. Ein Grundstück kann aus mehreren Flurstücken bestehen. Maßgeblich für die Klassifizierung als Grundstück und die Zuordnung zu einem bestimmten Schuldnervermögen ist demnach das Grundbuch, nicht der optische Eindruck oder die wirtschaftliche Nutzung (Schuschke/Walker Rn 2). Zum Grundstück gehören seine wesentlichen Bestandteile (§§ 93, 94 BGB), nicht aber Scheinbestandteile nach § 95 BGB. Für das Zubehör iSd § 96 BGB trifft § 865 ZPO eine Sonderregelung. Wie ein Grundstück behandelt wird auch das Wohnungs- und Teileigentum nach § 1 WEG. Wohnungseigentum ist ein Miteigentumsanteil an einem Grundstück in Verbindung mit dem Sondereigentum an einer Wohnung oder einem nicht zu Wohnzwecken dienenden, in sich abgeschlossenen Gebäudeteil (§ 1 II, III WEG).

3 **1. Reale Grundstücksteile.** Ein realer Grundstücksteil, also ein allein nach der Beschaffenheit und den tatsächlichen Gegebenheiten der Bodenoberfläche selbstständig erscheinender Teil eines Grundstückes, ist nicht Grundstück im Rechtssinne und kann nicht isoliert Gegenstand der Zwangsvollstreckung sein. Maßgeblich ist allein die rechtliche Zuordnung, also das, was unter einer laufenden Nummer im Bestandsverzeichnis eingetragen ist.

2. Vereinigung von Grundstücken. Ausnahmen bestehen dann, wenn einzeln belastete Grundstücke im Wege der Grundstücksvereinigung und Bestandteilszuschreibung (§ 890 BGB) vereinigt werden (BGH NJW 00, 1000). Grundsätzlich erstrecken sich nach Bestandteilszuschreibung Grundpfandrechte, die an der zugeschriebenen Fläche lasten, nicht kraft Gesetzes auch auf das Hauptgrundstück (§§ 1131, 890 BGB). Aus diesen Rechten kann nach der Bestandteilszuschreibung weiter in die Grundstücksteilfläche, die zugeschrieben worden ist, vollstreckt werden. Grundpfandrechte am Hauptgrundstück erstrecken sich nach Zuschreibung eines Bestandteils auch auf die zugeschriebene Fläche (§ 1131 BGB). Gläubiger eines solchen Rechtes können wählen, ob sie in das einheitliche Gesamtgrundstück vollstrecken oder aber die Zwangsvollstreckung auf das ehemalige Hauptgrundstück beschränken. Dabei ist die Vollstreckung unabhängig davon möglich, ob das zugeschriebene Grundstück als Flurstück katastermäßig weiter besteht oder auch katastermäßig nicht mehr existiert (BGH NJW 06, 1000). Wird das Grundstück durch Versteigerung verwertet und ist Ersteher des einzeln belastete Flächenabschnittes ein Dritter, so wird das Grundstück mit Rechtskraft des Zuschlagsbeschlusses durch Hoheitsakt geteilt und der versteigerte Flächenabschnitt abgetrennt (BGH NJW 06, 1000). 4

II. Grundstücksgleiche Rechte. Wie Grundstücke anzusehen sind grundstücksgleiche Rechte, das sind Erbbaurecht, Teilerbbaurecht, sowie Bergwerkseigentum nach BBergG. Außerdem fallen hierunter auch noch einige landesrechtliche sonstige Rechte, wie Fischereirechte und Kohleabbaugerechtigkeiten. Des Weiteren fällt hierunter das selbstständige Gebäudeeigentum in den neuen Bundesländern. Das Dauerwohnrecht und Dauernutzungsrecht nach § 31 WEG ist kein grundstücksgleiches Recht und demnach nach § 857 zu pfänden. 5

III. Schiffe. Ebenfalls wie Grundstücke behandelt werden Schiffe, die im Schiffsregister eingetragen sind, Schiffsbauwerke, die im Schiffsregister im eingetragen sind oder in dieses Register eingetragen werden können (§§ 2, 3, 77 SchiffsRG). Ähnlich wie bei den Grundstücken entscheidet demnach auch hier die Eintragung in einem öffentlichen Register darüber, welchem Vollstreckungsrecht der Gegenstand unterliegt. Nicht eintragungsfähige Schiffe werden wie bewegliche Sachen behandelt. Auch bei den Luftfahrzeugen gilt, das solche, die in der Luftfahrtrolle eingetragen sind, wie Grundstücke behandelt werden (§ 99 LuftFzgG). Eingetragen werden nur Flugzeuge, Drehflügler, Luftschiffe und Motorsegler. Für Segelflugzeuge und bemannte Ballone erfolgt die Eintragung in ein besonderes Register mit gleicher Wirkung (§ 18a LuftVZO). Für die Zwangsvollstreckung gelten jeweils Sondervorschriften, sowohl für die Hypothek (§ 870a ZPO), als auch für die Zwangsversteigerung und Zwangsverwaltung. 6

IV. Grundstücksbruchteile und Rechte an Grundstücksbruchteilen. Bruchteile an Grundstücken, Berechtigungen, Schiffen und Luftfahrzeugen unterliegen der Zwangsvollstreckung in das unbewegliche Vermögen, wenn sie in dem ideellen Anteil eines Miteigentümers gem §§ 741 ff BGB bestehen. Das gilt auch dann, wenn eine Hypothek oder Grundschuld von einem Alleineigentümer bestellt worden ist, und das Grundstück erst danach in Miteigentum aufgeteilt wurde. Der Bruchteil eines Grundstückes eines Alleineigentümers kann auch dann selbstständig mit einem Recht belastet sein, wenn der Bruchteil vorher im Anteil eines Miteigentümers bestand und der Bruchteil nach Belastung weggefallen ist, weil aus dem Miteigentum Alleineigentum wurde. Außerdem dann, wenn ein Bruchteilseigentümer Vorerbe eines weiteren Bruchteils am Grundstück ist, und nur seinen ihm schon vor dem Vorerbfall gehörenden Anteil gesondert mit einem Grundpfandrecht belastet hat (BayOblG NJW 68, 1431). Nicht im Weg der Immobiliarvollstreckung kann in Anteile an Gesamthandsvermögen, wie in Gesellschaftsanteile, das Gesamtgut einer Gütergemeinschaft oder Grundstücke einer Erbengemeinschaft vollstreckt werden. Hier ist zur Vollstreckung in das Grundstück die Pfändung und Überweisung des Gesellschaftsanteils gem § 829 notwendig. Anschließend kann das Grundstück ggf im Wege der Teilungsversteigerung nach §§ 180 ff ZVG versteigert werden. Wenn der dingliche Anspruch des Gläubigers sich auf ein Recht gründet, mit welchem der Bruchteil eines Grundstücks belastet ist, kann ebenfalls nur in den Bruchteil vollstreckt werden. Das ist zB der Fall bei Einzelbelastung eines Miteigentümers von Anfang an, oder durch nachträgliche gewillkürte oder gesetzlich bedingte Einzelbelastung (Haftentlassung eines Bruchteils, Sicherungshypothek für eine nach § 128 ZVG übertragene Forderung gegen einen früheren Miteigentümer). Die originäre Belastung nur eines Bruchteils des Alleineigentums ist zB auch möglich, wenn der Alleineigentümer nur diesen Anteil anficht nach dem AnfG (BGHZ 90, 2107) oder, wenn er nur den betroffenen Bruchteil iRe Vermögensübernahme nach § 419 BGB erlangt hat (MüKoZPO/*Eickmann* § 864 Rn 31). Das gilt auch dann, wenn der Alleineigentümer als Erbe des Schuldners verurteilt worden ist und nur mit dem aus dem Nachlass stammende Mitei- 7 gentumsanteil haftet (Schlesw SchlHA 11, 167). Ansonsten ist die Zwangsvollstreckung in den Bruchteil eines Alleineigentümers nicht zulässig (Wieczorek/Schütze/*Storz* § 865 Rn 14; Kobl MDR 78, 670).

§ 865 Verhältnis zur Mobiliarvollstreckung. **(1) Die Zwangsvollstreckung in das unbewegliche Vermögen umfasst auch die Gegenstände, auf die sich bei Grundstücken und Berechtigungen die Hypothek, bei Schiffen oder Schiffsbauwerken die Schiffshypothek erstreckt.**
(2) [1]Diese Gegenstände können, soweit sie Zubehör sind, nicht gepfändet werden. [2]Im Übrigen unterliegen sie der Zwangsvollstreckung in das bewegliche Vermögen, solange nicht ihre Beschlagnahme im Wege der Zwangsvollstreckung in das unbewegliche Vermögen erfolgt ist.

1 **A. Zweck.** Die Vorschrift soll das Verhältnis zwischen Mobiliar- und Immobiliarvollstreckung klären. Grundsätzlich soll die Immobiliarvollstreckung vorrangig sein. Damit soll die wirtschaftliche Einheit des Grundstücks erhalten bleiben, um den Zugriff des dinglich vollstreckenden Gläubigers zu verbessern. Denn der Wert eines Grundstücks wird maßgeblich auch durch die Gegenstände bestimmt, auf die sich die Hypothek erstreckt.

2 **B. Von der Zwangsvollstreckung umfasste Gegenstände. I. Haftungsverband der Hypothek.** Der Zwangsvollstreckung in das unbewegliche Vermögen unterliegen die Gegenstände, auf die sich die Hypothek erstreckt. Dabei handelt es sich lediglich um eine Definition des Haftungsverbandes, es bedeutet nicht, dass die Vorschrift nur bei belasteten Grundstücken gelten soll. Auch bei unbelasteten Grundstücken und der Zwangsversteigerung oder Zwangsverwaltung aus einer persönlichen Forderung gilt selbiges. Durch den Verweis auf die Vorschriften des BGB (§§ 1120–1122 BGB und §§ 92–98 BGB) fallen unter die Zwangsvollstreckung in das unbewegliche Vermögen:

3 **II. Wesentliche und unwesentliche Bestandteile.** Wesentliche Bestandteile sind gem § 93 BGB solche, die voneinander nicht getrennt werden können, ohne dass der eine oder andere zerstört oder in seinem Wesen verändert wird. Für die Beurteilung der Wesentlichkeit ist auf die wirtschaftlichen Folgen einer Trennung der Bestandteile von der Hauptsache auf die einzelnen Bestandteile abzustellen (PWW/*Völzmann-Stickelbrock* § 93 Rn 3). Wenn die Bestandteile ohne die Hauptsache keinen eigenständigen Zweck erfüllen können, sind sie als wesentliche Bestandteile anzusehen. In seinem Wesen verändert ist ein Teil, wenn durch die Trennung seine Brauchbarkeit und damit sein Wert nicht unerheblich gemindert wird. Auch wenn die Teile austauschbar sind, wie zB bei einem Kfz, handelt es sich nicht mehr um wesentliche Bestandteile, sondern um einfache Bestandteile, die jeweils Gegenstand eigener Rechte sein können.

4 **1. Wesentliche Bestandteile eines Grundstücke.** Die Gegenstände, die als wesentliche Bestandeile eines Grundstücks anzusehen sind und damit vollinhaltlich das rechtliche Schicksal der Hauptsache teilen, sind in § 94 BGB gesondert geregelt.es gehören dazu – mit dem Grundstück fest verbundene Sachen, insb Gebäude, – Erzeugnisse des Grundstückes, solange sie noch mit dem Boden verbunden sind. Erzeugnisse des Grundstücks unterliegen daher grds der Immobiliarvollstreckung, sie können nur ausnahmsweise und auch nur bis zur Beschlagnahme in der Immobiliarvollstreckung im Wege der Mobiliarvollstreckung gepfändet werden (s.u.).

5 **2. Wesentliche Bestandteile eines Gebäudes.** Obwohl Gebäude grds als wesentliche Bestandteile eines Grundstücks anzusehen sind, unterscheidet das Gesetz gesondert die wesentlichen Bestandteile eines Gebäudes wegen der Möglichkeit des Dritteigentums an Gebäuden auf Grundstücken. Wesentliche Bestandteile eines Gebäudes sind die zur Herstellung des Gebäudes eingefügten Sachen (§ 94 III BGB). Das sind nicht nur mit dem Gebäude fest verbundene Gegenstände, sondern auch locker verbundene, sofern sie nach der Verkehrsanschauung dazu dienen, das Gebäude zu seiner Anwendung geeignet zu machen (BGH NJW 78, 1311). Dazu gehören zB Türen und Fenster, Heizkörper, Klimaanlagen, Öltank, Badewannen.

6 **3. Scheinbestandteile.** Abzugrenzen von den echten Bestandteilen sind die Scheinbestandteile. Es sind solche, die nur zu einem vorübergehenden Zweck mit dem Grundstück verbunden sind (§ 95 BGB). Als Ausnahme vom grundsätzlichen Vorrang der Immobiliarvollstreckung sind sie als körperliche Sachen zu pfänden. Darunter fallen zB Gartenlauben. Außerdem gehören Gebäude, die in Ausübung eines Rechtes an dem fremden Grundstück von dem Berechtigten mit dem Grundstück verbunden worden sind, nicht zu den wesentlichen Bestandteilen (Erbbaurecht). Ob ein Gebäude auf einem fremden Grundstück als Scheinbestandteil anzusehen ist, entscheidet die vertragliche Vereinbarung zwischen dem Eigentümer und dem Mie-

ter. Dabei ist im Zweifel davon auszugehen, dass nur eine vorübergehende Verbindung gewollt ist, sodass das Gebäude im Eigentum des Mieters oder Pächters verbleibt (BGH NJW 87, 774).

4. Früchte. Früchte einer Sache sind die Erzeugnisse und die sonstige Ausbeute, welche aus der Sache ihrer Bestimmung nach gewonnen wird, (Früchte, Pflanzen sowie Bodenprodukte wie Sand, Torf, Lehm vgl § 99 BGB), soweit sie nicht durch die Trennung vom Grundstück in das Eigentum eines Dritten gelangt sind (§§ 954–957 BGB). 7

III. Ausnahmen vom Grundsatz des Vorrangs der Immobiliarvollstreckung. § 865 I 2 regelt, dass dem Haftungsverband unterliegende Gegenstände mit Ausnahme des Zubehörs auch im Wege der Mobiliarvollstreckung gepfändet werden können. Das gilt aber nie für Bestandteile (s.o). Für die Zuordnung zu den Vollstreckungsarten muss unterschieden werden, zu welchem Zeitpunkt die Pfändung erfolgt und wie nach der Trennung vom Grundstück die Eigentumslage ist. 8

1. Pfändung vor Beschlagnahme. Vor der Beschlagnahme und vor Trennung vom Boden unterliegen Erzeugnisse der Mobiliarvollstreckung (Pfändung auf dem Halm). Vor einer Beschlagnahme vom Boden getrennte Erzeugnisse unterliegen der Mobiliarvollstreckung: – im Fall der Trennung und Entfernung vom Grundstück und – wenn sie im Rahmen ordnungsgemäßer Bewirtschaftung dauerhaft vom Grundstück entfernt worden sind, es sei denn, sie sind Zubehör geworden. Die Zubehöreigenschaft setzt allerdings eine dauerhafte Zweckbestimmung voraus. Damit fallen Erzeugnisse, die zum alsbaldigen Verbrauch bestimmt sind, nicht hierunter. Wenn getrennte Erzeugnisse in das Eigentum des Grundstückseigentümers gelangen oder in ihm bleiben, so fallen sie in den Haftungsverband der Hypothek und sind der Immobiliarvollstreckung unterworfen. Sie können allerdings enthaftet werden gem §§ 1121, 1122 BGB. Das geschieht durch: – Veräußerung und Entfernung vor Beschlagnahme. Mit Veräußerung gemeint ist der Eigentumsübergang nach § 929 BGB, Entfernung ist die tatsächliche, für dauernd gedachte Wegschaffung der Gegenstände vom Grundstück aufgrund der Veräußerung (BGHZ 60, 267). – Veräußerung und Entfernung nach Beschlagnahme, wenn der Erwerber bei der Entfernung keine Kenntnis von der Beschlagnahme hatte, nicht bösgläubig war (§ 1121 II 2 BGB iVm § 932 BGB). Dabei ist zu beachten, dass die Beschlagnahme stets als bekannt gilt, sobald der Versteigerungsvermerk im Grundbuch eingetragen ist (§ 23 II 2 ZVG). – Entfernung vor der Beschlagnahme ohne Veräußerung, wenn die Entfernung im Rahmen ordnungsgemäßer Bewirtschaftung erfolgt ist (§ 1122 I BGB). Wichtig in allen Fällen, in denen die Entfernung von Grundstück zur Enthaftung notwendig ist, ist, dass die Entfernung dauerhaft sein muss und nicht nur zu einem vorübergehenden Zweck erfolgt. Gelangen Erzeugnisse in das Eigentum eines Dritten, zB bereits mit Trennung durch einen zur Fruchtziehung berechtigten Pächter oder Nießbraucher, so können sie ohnehin nur noch im Wege der Mobiliarvollstreckung gegen den neuen Eigentümer gepfändet werden. 9

Gegenstände, die nach zulässiger Mobiliarvollstreckung zum Zeitpunkt der Beschlagnahme bereits verwertet worden sind, sind dem Zugriff des dinglich vollstreckenden Gläubigers endgültig entzogen.

2. Pfändung nach Beschlagnahme. Nach der Beschlagnahme unterliegen die Erzeugnisse des Grundstücks grds der Immobiliarvollstreckung, es sei denn, sie werden von der Beschlagnahme nicht erfasst (Dritteigentum) oder sind enthaftet durch dauerhafte Trennung vom Grundstück im Rahmen ordnungsgemäßer Bewirtschaftung. Die Rechte eines Pächters oder Nießbrauchers auf Fruchtziehung bleiben unberührt. 10

IV. Pfändung von Zubehör. 1. Allgemeines. § 865 II bestimmt den Grundsatz des Verbots der Einzelvollstreckung in Zubehör. Beim Zubehör soll die wirtschaftliche Einheit unbedingt erhalten bleiben, anders als bei den Erzeugnissen geht man davon aus, dass der Wegfall des Zubehörs den wirtschaftlichen Wert des Grundstücks einschränkt oder mindert. In der Zwangsversteigerung umfasst der Wert auch den Wert des Zubehörs, er wird nicht gesondert festgesetzt (BGH NJW 92, 1702–1705). Um von der Beschlagnahme erfasst zu werden, muss der Gegenstand ins Eigentum des Grundstückseigentümers gelangt sein. Bei unter Eigentumsvorbehalt gelieferten Gegenständen fällt das Anwartschaftsrecht unter die Haftung (BGH NJW 65, 1475). 11

2. Definition. Zubehör sind all die Gegenstände, die nicht nur vorübergehend dem wirtschaftlichen Zweck einer anderen Sache zu dienen bestimmt sind und zu ihr in einem dieser Bestimmung entsprechenden räumlichen Verhältnis stehen (§ 97 BGB). Anders als Bestandteile bleibt Zubehör ein rechtlich selbstständiger beweglicher Gegenstand. Da aber auch hier der wirtschaftliche **Zweck** für die Hauptsache gegeben ist, soll eine möglichst enge rechtliche Bindung an die Hauptsache bestehen. Das Zubehör muss eine zweckdie- 12 nende Funktion ggü der Hauptsache haben. Das setzt voraus, dass die Hauptsache schon und noch nutzbar existiert. Der Zubehörgegenstand muss weiterhin eine räumliche Nähe zur Hauptsache haben. *Beispiel*: Maschinen und sonstige Geräte eines landwirtschaftlichen Betriebes oder einer Fabrik (Einzelheiten dazu PWW/*Völzmann-Stickelbrock* § 97 Rn 10). Es existiert umfangreiche und tw uneinheitliche Rechtsprechung dazu, was Zubehör ist. Als Beispiel sei dazu die streitige und regional unterschiedlich bewertete Rechtsnatur der Einbauküche genannt (Schuschke/Walker/*Zoll* Rn 4). Zubehör ist zB: Alarmanlage, Apothekeneinrichtung, Kraftfahrzeugpark einer Fabrik (BGH NJW 83, 756). Kein Zubehör ist der Holzvorrat eines Sägewerkes, KG JW 34, 435, Biervorräte auf Brauereigrundstück. § 98 BGB ergänzt durch Regelbeispiele die Vorschrift des § 97 BGB für landwirtschaftliches Inventar sowie für Gewerbebetriebe. Maschinen, Geräte und Vieh dienen der Hauptsache. Außerdem die Erzeugnisse, die zur Fortführung der Wirtschaft bis zu der Zeit voraussichtlich erforderlich sind, zu welcher gleiche oder ähnliche Erzeugnisse gewonnen werden können (Futter bei einem landwirtschaftlichen Betrieb).

13 **3. Vollstreckbarkeit.** Hinsichtlich der Vollstreckbarkeit gilt folgendes: Vor Beschlagnahme und vor Enthaftung ist eine Pfändung im Wege der Mobiliarvollstreckung nicht zulässig, der Gerichtsvollzieher hat demnach gerade die Zubehöreigenschaft in Abgrenzung zu den sonstigen Bestandteilen bzw Erzeugnissen genau zu prüfen. Sobald ein Zubehörstück durch

- Enthaftung (Veräußerung und Entfernung vom Grundstück § 1121 BGB),
- Aufhebung der Zubehöreigenschaft ohne Veräußerung (§ 1122 II 2 BGB) vor der Beschlagnahme

nicht mehr von der Hypothek erfasst wird, unterliegt es der Zwangsvollstreckung in das bewegliche Vermögen. Ebenfalls gem § 803 gepfändet werden Zubehörstücke, die nicht in das Eigentum des Grundstückseigentümers oder des Eigenbesitzers (zB Pächter) gelangt sind. Besteht ein Anwartschaftsrecht, wie zB beim Eigentumsvorbehalt, dann fällt dieses in den Haftungsverband der Hypothek (BGHZ 35, 85).
Fremdzubehör, zB geleaste Maschinen, fällt unter die Zwangsvollstreckung in das unbewegliche Vermögen gem § 55 ZVG, der Eigentümer muss sein Recht im Versteigerungsverfahren gem § 37 Nr 5 ZVG anmelden und die Freigabe des Gegenstands vom Gericht und allen betreibenden Gläubigern erlangen. Befindet sich ein solcher fremder Zubehörgegenstand zum Zeitpunkt des Zuschlages in der Zwangsversteigerung noch auf dem Grundstück und hatte der Eigentümer sein Recht nicht gem § 37 Nr 5 ZVG, 771 bereits geltend gemacht, so erwirbt der Ersteher mit dem Zuschlag auch an diesen Gegenständen Eigentum. Über die Klage muss allerdings noch nicht entschieden worden sein, sie muss lediglich erhoben sein (Schuschke/Walker Rn 3). Die Pfändungsverbote für die Mobiliarvollstreckung bestehen als Grundsatz, es kommt nicht darauf an, ob überhaupt ein dinglicher Gläubiger betroffen ist, oder das Grundstück belastet ist (MüKoZPO/*Eickmann* Rn 25). Zubehör wird enthaftet, wenn der Gegenstand die Zubehöreigenschaft verliert iRe ordnungsgemäßen Bewirtschaftung (§ 1122 II BGB). Da es für die Zubehöreigenschaft erforderlich ist, dass die Sache der Hauptsache nicht nur vorübergehend dienen soll, reicht es auch aus, wenn die Sache nach dem Willen des Eigentümers ihre zweckdienende Funktion nur noch vorübergehend ausüben soll (BGH LM § 97 Nr 5). Außerdem tritt Enthaftung ein nach § 1121 BGB (s.o). Allerdings hindern weder die Sicherungsübereignung noch der Erwerb unter Eigentumsvorbehalt die Zubehöreigenschaft (BGH NJW 87, 1266).

14 **V. Miet- und Pachtforderungen.** Miet- und Pachtzinsforderungen unterliegen entsprechend §1123 BGB dem Haftungsverband der Hypothek und werden daher von der Beschlagnahme des Grundstücks umfasst, aber nur iRd Zwangsverwaltung, nicht bei der Zwangsversteigerung § 21 ZVG. Unter die genannten Forderungen fallen alle Forderungen, die der Mieter/Pächter nach dem Vertrag zu erbringen hat, soweit die Forderung in einer pfändbaren Leistung besteht. Sie werden ein Jahr nach ihrer Entstehung frei, sofern sie bis dahin noch nicht durch Pfändung durch einen Grundpfandrechtgläubiger oder durch Zwangsverwaltung beschlagnahmt worden sind § 1123 II BGB. Enthaftet werden können Miet- und Pachtzinsen außerdem vor der **Beschlagnahme** des Grundstücks gem § 1124 BGB durch Verfügungen wie Abtretung, Mietvorauszahlung, Verpfändung oder auch die Pfändung und Überweisung gem §§ 829, 835. Gemäß § 1124 II BGB ist eine Vorausverfügung von Miete ggü einem Hypothekengläubiger unwirksam, soweit sie sich auf die Miete für eine spätere Zeit als den zur Zeit der Beschlagnahme laufenden Monat bezieht. Eine Zwangsvollstreckung im Wege der Mobiliarvollstreckung kommt demnach nur für die fälligen (Monat oder Folgemonat) Ansprüche in Betracht, die laufenden unterliegen dann wieder der Immobiliarvollstreckung. (Dazu ausf MüKoZPO/*Eickmann* Rn 31, 56). Im Einzelnen müssen der dinglich und persönlich konkurrierende Gläubiger prüfen, wann der Mietzins fällig wird. – Ist der Miet/Pachtzins im Nachhinein zu entrichten, dann

wird die Forderung aus dem Haftungsverband frei, wenn nicht innerhalb eines Jahres nach der Fälligkeit die dingliche Beschlagnahme erreicht wird. Dem dinglichen Gläubiger stehen daher immer nur die Rückstände eines Jahres zu. – Ist der Mietzins monatlich im Voraus zu entrichten, tritt Enthaftung für den laufenden Monat ein, sofern die Beschlagnahme vor dem 15. des Monats wirksam wurde (§ 1123 II 2 BGB). – Ist die Beschlagnahme nach dem 15. des Monats erfolgt, so wird dieser und der nächste Monat frei vom Haftungsverband und steht daher für die Pfändung nach § 829 frei. Bis zur Beschlagnahme durch einen Hypothekengläubiger können Miet- und Pachtzinsen demnach im Wege der Forderungspfändung gepfändet werden, nach der Beschlagnahme nicht mehr. Nicht nur eine Beschlagnahme im Wege der Zwangsverwaltung ist eine Beschlagnahme der Mietforderungen durch Hypothekengläubiger, es genügt auch die **Beschlagnahme im Wege der Forderungspfändung**, dann muss die Pfändung aber aus dem dinglichen Titel erfolgen (BGH NJW 08, 1599). Bei einer nachfolgenden Beschlagnahme durch einen Hypothekengläubiger bleiben sowohl die öffentlich-rechtliche Verstrickung als auch das Pfandrecht an bereits gepfändeten Forderungen wirksam, es darf nur nicht mehr verwertet werden, da ansonsten ein Verstoß gegen § 772 vorliegen würde, wenn ein nach § 11, 12 ZVG rangbesserer Gläubiger die Beschlagnahme in der Zwangsverwaltung erwirkt hat. Der Pfändungsgläubiger muss in der Zwangsverwaltung anmelden (Wieczorek/Schütze/*Storz* Rn 31 mwN). Das gilt auch, wenn aus einer persönlichen Forderung die Zwangsverwaltung betrieben wird. Die Zwangsverwaltung ist also eine Möglichkeit, vorrangige Pfändungen von Mietzinsansprüchen zu umgehen, was allerdings im Ergebnis unabhängig von den deutlich höheren Kosten der Zwangsverwaltung (Vorschusspflicht des Gläubigers) nur dann lohnenswert ist, wenn angesichts der dinglichen Belastungen eine Befriedigung von persönlichen Forderungen noch zu erwarten ist. Für dingliche Gläubiger besteht auch ohne vorherige Beschlagnahme die Möglichkeit der Klage aus § 805, wenn sie sich gegen die Pfändung von Miete und Pacht durch persönliche Gläubiger wehren wollen. Im Übrigen haben obwohl Schuldner als auch dinglicher Gläubiger das Recht, auch bei einer Pfändung von Miet- und Pachtzinsen wegen einer persönlichen Forderung iRd Erinnerung ihre Rechte aus § 850 i ZPO geltend zu machen, wenn die Miet- und Pachtzinsen zur Befriedigung des dinglichen Gläubigers laufend benötigt werden.

VI. Sonstige Rechte. 1. Versicherungsforderungen. Versicherungsforderungen gehören unter den gleichen Voraussetzungen wie das Grundstück selbst zum Haftungsverband der Hypothek gem § 1127 – § 1130 BGB. Sobald der versicherte Gegenstand wieder hergestellt ist oder Ersatz beschafft ist, wird die Forderung gem § 1127 III BGB frei. Die Enthaftung der Forderung tritt ein durch die Verfügung über die Forderung, die gem § 1124 BGB wirksam ist. Außerdem durch Ausscheiden des versicherten Gegenstandes aus dem Haftungsverband, ohne dass der Versicherungsfall eingetreten ist. Durch § 10 I Nr 5 ZVG ist klargestellt, dass die Bezugnahme auf den Haftungsverband der Hypothek zur Bestimmung der der Zwangsvollstreckung in das unbewegliche Vermögen unterliegenden Gegenstände auch gilt, wenn das Grundstück nicht belastet ist und aus einer persönlichen Forderung die Zwangsvollstreckung betrieben wird. 15

2. Ersatzforderungen für staatliche Eingriffe. Enteignungsentschädigungen sowie der Ersatzanspruch für Bergschäden gem Art 67 II EGBGB iVm. Art 52, 53, 53a EGBGB gehören ebenfalls in den Haftungsverband der Hypothek. Folgerichtig kann aber nach dem vollständigen Vollzug der Enteignung die Enteignungsentschädigung nur noch im Wege der Forderungspfändung gem § 829 gepfändet werden. 16

C. Beschlagnahme. Sie ist die Entziehung des Gegenstands aus der **Verfügungsmacht des Schuldners** durch staatlichen Eingriff und das Unterstellen unter die staatliche Kontrolle zur Befriedigung des Gläubigers. Die Beschlagnahme hat die Wirkung eines relativen Veräußerungsverbotes gem § 23 ZVG, §§ 135, 136 BGB. Durch die Beschlagnahme erlischt die Möglichkeit des Freiwerdens von Zubehörstücken, die ab der Beschlagnahme nur noch der Zugriffsmöglichkeit des ins unbewegliche Vermögen vollstreckenden Gläubigers unterliegen. Die erste Beschlagnahme im Zwangsversteigerungsverfahren und im Zwangsverwaltungsverfahren ist die Zustellung des Anordnungsbeschlusses an den Schuldner oder der Eingang des Ersuchens um Eintragung des Zwangsversteigerungs- Zwangsverwaltungsvermerkes beim Grundbuchamt. Die Beschlagnahme erfasst Miet- und Pachtzinsforderungen, sowie andere wiederkehrende Leistungen nur im Zwangsverwaltungsverfahren, nicht im Zwangsversteigerungsverfahren. § 148 I ZVG. 17

D. Rechtsfolgen unzulässiger Pfändung. Gegen die unzulässige Zubehörpfändung ist die Vollstreckungserinnerung gem § 766, dann die sofortige Beschwerde nach § 793 gegeben. Der Rechtsbehelf steht dem Schuldner, jedem dinglich betreibenden Gläubiger und auch dem Zwangsverwalter zu. Sofern Zubehörge- 18

genstände, die der Immobiliarvollstreckung unterliegen, im Wege der Mobiliarvollstreckung gepfändet worden sind, ist die Rechtsfolge hinsichtlich der Wirksamkeit der Pfändung streitig. Teilweise wird vertreten, die Pfändung von Zubehör durch den Gerichtsvollzieher sei von Anfang an nichtig (Zö/*Stöber* Rn 11). Teilweise wird vertreten, die Pfändung sei lediglich anfechtbar (MüKoZPO/*Eickmann* Rn 61; Wieczorek/Schütze/*Storz* Rn 26 mwN, Schuschke/Walker Rn 5). Mit *Stöber* ist die Nichtigkeit anzunehmen. § 865 II enthält ein Verbot der Pfändung von Zubehör. Allein der Wortlaut spricht für eine anfängliche Nichtigkeit, da die Zubehörgegenstände der Pfändung völlig entzogen sind. Auch dann ist aber eine Klage aus § 771 für den Eigentümer möglich, weil der Schein des Vollstreckungszugriffs auf das Eigentum verhindert werden muss (BGH NJW 87, 1266). Die Begründung, die Rechtssicherheit erfordere eine bloße Anfechtbarkeit, überzeugt nicht. Folgerichtig ist auch die Pfändung und Überweisung von der Beschlagnahme unterliegenden Mietforderungen nichtig (Zö/*Stöber* Rn 11). Daneben hat der dinglich besser berechtigte Gläubiger auch die Möglichkeit der Klage nach § 805 ZPO, sowie im Fall der erfolgten Verwertung unzulässig gepfändeter Gegenstände auch Bereicherungsansprüche gegen den pfändenden Gläubiger.
In andere Gegenstände als Zubehör ist bis zur Beschlagnahme die Mobiliarvollstreckung zulässig (s.o.), danach ist eine Pfändung unzulässig und führt zur Nichtigkeit der Pfändung, wenn die Vollstreckungsmaßnahme dennoch vom Vollstreckungsorgan durchgeführt wird (hM hier auch Wieczorek/Schütze/*Storz* Rn 29f mwN).

§ 866 Arten der Vollstreckung.

(1) Die Zwangsvollstreckung in ein Grundstück erfolgt durch Eintragung einer Sicherungshypothek für die Forderung, durch Zwangsversteigerung und durch Zwangsverwaltung.
(2) Der Gläubiger kann verlangen, dass eine dieser Maßregeln allein oder neben den übrigen ausgeführt werde.
(3) [1]Eine Sicherungshypothek (Absatz 1) darf nur für einen Betrag von mehr als 750 Euro eingetragen werden; Zinsen bleiben dabei unberücksichtigt, soweit sie als Nebenforderung geltend gemacht sind. [2]Auf Grund mehrerer demselben Gläubiger zustehender Schuldtitel kann eine einheitliche Sicherungshypothek eingetragen werden.

1 **A. Maßnahmen der Zwangsvollstreckung in das unbewegliche Vermögen.** Dem Gläubiger einer Geldforderung stehen zur Zwangsvollstreckung in ein Grundstück drei verschiedene Möglichkeiten zur Verfügung.

2 **I. Zwangsversteigerung.** Sie soll die Befriedigung des Gläubigers durch den Erlös des zwangsweise durch Versteigerung verwerteten Grundstücks sicherstellen. Da sie zur vollständigen Verwertung des Grundstücks führt, stellt sie den schwerwiegendsten Eingriff in das Eigentum des Schuldners dar. Die Verfahrensvoraussetzungen, der Ablauf und die Rechtsmittel sind geregelt im ZVG, welches aber ergänzt wird durch die ZPO, so gelten hier zB die allgemeinen Regelungen des Vollstreckungsschutzes, die §§ 30 ff ZVG ergänzen, hier insb § 765a, die Rechtsbehelfe und die Verfahrensgrundsätze.

3 **II. Zwangsverwaltung.** Die Zwangsverwaltung dient der Befriedigung des Gläubigers aus den Erträgnissen des Grundstücks, auch hier sind Verfahrensvoraussetzungen und Ablauf geregelt im ZVG. Die Zwangsverwaltung ist eine geeignete Vollstreckungsmaßnahme, wenn das Grundstück ausreichend hohe Erträge abwirft, um in absehbarer Zeit die Schuld zu begleichen. Außerdem umfasst die Zwangsverwaltung anders als die Zwangsversteigerung auch Miet- und Pacht Forderungen. Zudem gibt sie die Möglichkeit, in Fällen, in denen der Eigentümer keine ordnungsgemäße Verwaltung des Grundstücks vornimmt, oder mögliche Nutzungen nicht zieht, einen erweiterten Vollstreckungszugriff des Gläubigers zu schaffen, indem mit dem Zwangsverwalter eine andere Verwaltungsperson eingesetzt wird. Die Zwangsverwaltung eines mit einem Einfamilienhaus bebauten Grundstücks ist rechtsmissbräuchlich, wenn sie nur dazu dient, Ansprüche des Schuldners auf Sozialleistungen zu begründen, die dann für die nicht nach § 149 ZVG zu Wohnzwecken benötigten Räume an den Zwangsverwalter abzuführen sind (BGH NJW 09, 444).

4 **III. Sicherungshypothek.** Die Zwangshypothek ist als einzige Vollstreckungsmaßnahme ausschließlich in der ZPO geregelt. Sie verschafft dem Gläubiger ein Sicherungsrecht am Grundstück, aus welchem er dinglich die Versteigerung betreiben kann. Die Zwangssicherungshypothek gleicht in ihrer sachenrechtlichen Wirkung der Sicherungshypothek des BGB. Lediglich die Erklärungen des Eigentümers werden durch den Vollstreckungstitel ersetzt, weitere Voraussetzung ist wie bei der Sicherungshypothek die Eintragung im Grundbuch.

B. Voraussetzungen. I. Gläubigerwahlrecht. Der Gläubiger hat die Wahl, welche Vollstreckungsmaßnahme er durchführt, alle Maßnahmen können auch kumulativ gewählt werden. Gegenüber dem Gläubigerinteresse tritt der Schuldnerschutz zurück. Maßnahmen können auch gleichzeitig beantragt werden, wobei dies aufgrund der Tatsache, das zur Durchführung die Titelvorlage erforderlich ist, nur möglich ist bei gleicher Zuständigkeit der Vollstreckungsbehörde, oder aber wenn dem Gläubiger ausnahmsweise zwei vollstreckbare Ausfertigungen zur Verfügung stehen. Die gleichzeitige Durchführung von Zwangsversteigerung und Zwangsverwaltung bietet sich aber gerade bei Grundstücken, aus denen Mieteinnahmen erzielt werden können, insb für den erstrangig dinglich gesicherten Gläubiger an, da eine schnellere Befriedigung von Teilforderungen aus nicht der Zwangsversteigerung unterliegenden Forderungen möglich ist. Des Weiteren bleibt es dem Gläubiger auch bei Eintragung einer Sicherungshypothek unbenommen, aus der persönlichen Forderung die Zwangsversteigerung zu betreiben, und damit die Hypothek bestehen zu lassen. 5

II. Schuldnerschutz. Die Zwangsvollstreckung in das unbewegliche Vermögen stellt unabhängig von ihrer Art idR einen entscheidenden Eingriff in das Schuldnervermögen dar, der nicht selten mit erheblichen persönlichen Konsequenzen verbunden ist, man denke an die Verwertung des Familienheims oder des Betriebsgrundstücks. Unabhängig von der Mindesthöhe bei der Zwangshypothek gibt es weder eine gesetzliche Regelung über die Mindesthöhe, für die zB die Zwangsversteigerung betrieben werden darf, noch ist ein Privatgläubiger verpflichtet, erst andere Vollstreckungsmöglichkeiten erfolglos zu versuchen, wie das bei der Abgabe der eidesstattlichen Versicherung der Fall ist. Grundsätzlich darf daher auch bei **kleinen Forderungen** ins unbewegliche Vermögen vollstreckt werden, da gerade diese Vollstreckung auch den nicht verwerflichen, sondern zulässigen Druck auf den Schuldner ausübt, die Forderung zu begleichen. Ausnahmen ergeben sich sowohl in der Höhe als auch in der Verfahrensgestaltung aus dem Übermaßverbot sowie dem Gebot der Verhältnismäßigkeit. Insbesondere das Verbot der Überpfändung aus § 803 ZPO gilt nicht. Rechtsschutz kann der Schuldner in solchen Fällen allerdings nur unter dem Gesichtspunkt des allgemeinen Vollsteckungsschutzes des § 765a erhalten. Unzulässig ist allerdings die Eintragung einer Zwangssicherungshypothek für eine Forderung, wenn bereits eine rechtsgeschäftlich bestellte Hypothek an dem zu belastenden Grundstück eingetragen ist. Dies gilt ebenso für die Eintragung einer Sicherungshypothek wegen der Eintragung einer Grundschuldsumme aus der Unterwerfungsklausel, sofern diese Grundschuld bereits an denselben Grundstück als dingliche Belastung eingetragen ist (Köln NJW-RR 96, 1106; Hintzen Grundbuch Rn 518 mwN). Nach Rechtskraft des Zuschlagsbeschlusses in der Zwangsversteigerung kann ein Antrag nach § 765a nicht mehr gestellt werden (BGH FamRZ 09, 2079). 6

III. Mindesthöhe. Die Zwangshypothek darf nur für einen Betrag von über 750 € (demnach mindestens 750,01 €) eingetragen werden, eine Zwangshypothek für einen geringeren Betrag ist nichtig. Entscheidend ist die Höhe der Hauptforderung ohne Zinsen als Nebenforderung. Wenn Zinsen aber in der Zwangsvollstreckung betragsmäßig beziffert werden, können sie mit dem Betrag der Hauptforderung zusammengerechnet werden. Wenn nach Eintragung einer Zwangshypothek für eine Forderung eine weitere selbstständige Zwangssicherungshypothek für weitere Kosten beantragt wird, so muss die Grenze von 750 € ebenfalls überschritten sein. Isolierte Kostenforderungen und selbstständige Zinsforderungen müssen jeweils selbst wieder den Betrag von 750€ übersteigen (LG Bonn RPfleger 82, 75). Die Zusammenfassung mehrerer demselben Gläubiger zustehender Forderungen zu einer Zwangshypothek ist zulässig, dann können die einzelnen Hauptforderungen addiert werden. Die Kosten und Gebühren des Eintragungsverfahrens werden nicht mitgerechnet. Der Mindestbetrag gilt nicht für freiwillig bestellte Sicherungshypotheken. Er gilt auch nicht bei Hypotheken, die aufgrund einer einstweiligen Verfügung auf Bewilligung einer Bauhandwerkersicherungshypothek nach § 648 BGB einzutragen sind. Er gilt auch nicht für Sicherungshypotheken, die iRd Vollstreckung nach § 848 II entstehen (Schuschke/Walker Rn 7). 7

C. Wirkung. Die Zwangshypothek entsteht als Sicherungshypothek mit dem gesetzlichen Löschungsanspruch gem § 1179a BGB ggü den vorrangigen Eigentümergrundpfandrechten. Gegenüber vorrangigen Grundschulden wirkt der Löschungsanspruch nicht, sodass hier zur umfassenden Sicherung des nachrangigen Gläubigers neben der Eintragung der Sicherungshypothek noch die Pfändung der Rückgewährsansprüche erforderlich ist. 8

D. Kosten/Gebühren. Gericht: Zwangsversteigerung KV 2210 ff, Zwangsverwaltung KV 2220 ff. Der Gläubiger ist vorschusspflichtig, auch für die Auslagen für Sachverständigen und Zwangsverwalter. Wert: Wert der Hauptforderung §§ 54–56 GKG. Für die Eintragung einer Zwangshypothek eine volle Gebühr nach 9

§§ 32, 62 KostO. Bei Belastung mehrerer Grundstücke fällt für jede Eintragung eine Gebühr an § 63 KostO. RA Gebühren: VV 3311 je 0,4 Gebühr für die Tätigkeit im Verfahren bis zur Einleitung des Verteilungsverfahrens und für das Verteilungsverfahren. VV 3312 0, 4 für die Wahrnehmung eines Versteigerungstermins für einen Beteiligten. Im Zwangsverwaltungsverfahren je eine 0,4 Gebühr bei Antragstellervertretung im Verfahren auf Anordnung/Beitritt und für das weitere Verfahren einschließlich des Verteilungsverfahrens. Für sonstige Beteiligte eine 0,4 Gebühr für das gesamte Verfahren. Im Verfahren über Anträge auf Einstellung entsteht eine gesonderte 0,4 Gebühr. Wert: §§ 26, 27 RVG. Das Verfahren auf Eintragung einer Zwangshypothek ist eine besondere Angelegenheit (VV 3309).

§ 867 Zwangshypothek. **(1) [1]Die Sicherungshypothek wird auf Antrag des Gläubigers in das Grundbuch eingetragen; die Eintragung ist auf dem vollstreckbaren Titel zu vermerken. [2]Mit der Eintragung entsteht die Hypothek. [3]Das Grundstück haftet auch für die dem Schuldner zur Last fallenden Kosten der Eintragung.**

(2) [1]Sollen mehrere Grundstücke des Schuldners mit der Hypothek belastet werden, so ist der Betrag der Forderung auf die einzelnen Grundstücke zu verteilen. [2]Die Größe der Teile bestimmt der Gläubiger; für die Teile gilt § 866 Abs. 3 Satz 1 entsprechend.

(3) Zur Befriedigung aus dem Grundstück durch Zwangsversteigerung genügt der vollstreckbare Titel, auf dem die Eintragung vermerkt ist.

Inhaltsübersicht

	Rz
A. Allgemeines	1
B. Verfahren	2
I. Antrag	2
II. Antragsrücknahme	3
III. Inhalt des Antrags	4
1. Grundstücksbezeichnung	4
2. Angabe von Gläubiger und Schuldner	5
a) Ehegatten	6
b) Wohnungseigentümergemeinschaft	7
3. Forderung	8
a) Hauptforderung	9
b) Zinsen	10
c) Kosten	11
4. Angabe des Gemeinschaftsverhältnisses	12
5. Belastung mehrerer Grundstücke	13
IV. Vollstreckungsvoraussetzungen	14
1. Titel	14
2. Klausel und Zustellung (§§ 725, 726)	15
3. Sicherungsvollstreckung	16
V. Arresthypothek	17
C. Inhalt und Eintragung	18
D. Wirkung und Rechtsbehelfe	19
I. Entstehung der Hypothek	19
II. Verwertung	20
III. Akzessorietät der Zwangshypothek	21
E. Mängel des Antrags	22
I. Eintragung trotz vollstreckungsrechtlichem Mangel	23
II. Eintragung trotz grundbuchrechtlichem Mangel	24
F. Rechtsbehelfe	25
I. Beschwerde	25
1. Eintragung der Hypothek	26
2. Ablehnung der Eintragung	27
II. Weitere Beschwerde	28
G. Kosten/Gebühren	29

1 **A. Allgemeines.** Im Eintragungsverfahren wird das Grundbuchamt in einer Doppelfunktion als Vollstreckungsorgan und Grundbuchamt tätig. Dementsprechend sind neben den allgemeinen Vollstreckungsvoraussetzungen auch die Vorschriften der GBO zu beachten. Mit der Eintragung der Hypothek entsteht eine Sicherungshypothek, die einer durch Rechtsgeschäft bestellten Sicherungshypothek gem § 1184 BGB gleichsteht. Die Hypothek bestimmt sich dementsprechend nur nach der Forderung, allerdings ist auch bei der Sicherungshypothek und auch bei der Zwangshypothek ein gutgläubiger Erwerb gem § 892 BGB möglich.

2 **B. Verfahren. I. Antrag.** Ein ausdrücklicher Antrag ist erforderlich, der gem § 13 I GBO schriftlich oder zur Niederschrift des Urkundsbeamten des Grundbuchamtes zu stellen ist. Die Form des § 29 GBO ist nicht erforderlich. Antragsberechtigt ist ausschließlich der Gläubiger. Das Vollstreckungsgericht und der Schuldner sind nicht antragsberechtigt (Schuschke/Walker Rn 2). Auch eine Vollmacht ist im Original und in Schriftform vorzulegen. Die Wirksamkeit der Vollmacht ist vom GBA vAw zu prüfen, allerdings nicht die Wirksamkeit des vorgelegten Vollmachtsnachweises (Zweibr JurBüro 01, 271). Es besteht kein Anwalts-

zwang. Die Vollmachtsvorlage für den im Titel angegebenen Prozessbevollmächtigten, oder wenn ein Rechtsanwalt oder Rechtsbeistand als Kammermitglied auftritt, ist nicht notwendig. Der Antrag bedarf keiner besonderen Form, er muss allerdings faktisch schriftlich oder zu Protokoll der Geschäftsstelle erklärt werden, da der besondere Eingangsvermerk auf dem Antrag anzubringen ist, aus welchem sich die Erledigungsreihenfolge beim GBA ergibt. Gemäß § 17 GBO bestimmt der Antragseingang die Reihenfolge der Bearbeitung.

II. Antragsrücknahme. Die Antragsrücknahme ist bis zur Unterzeichnung der Eintragung möglich. Streitig ist, welcher Form die Rücknahme des Antrags bzw Widerruf der Vollmacht zur Antragstellung bedarf. Teilweise wird vertreten, dass eine öffentliche beziehungsweise öffentlich beglaubigte Urkunde gem §§ 29, 31 GBO (Ddorf Rpfleger 00, 62; Hamm Rpfleger 85, 231; Stöber ZVG Rn 38) erforderlich sei. Nach anderer Auffassung genügt die Schriftform (*Hintzen* ZIP 91, 474). Es gibt keinen ersichtlichen Grund, die Antragsrücknahme einer stärkeren Form zu unterwerfen, als die Antragstellung, daher muss die Schriftform ausreichen. Im gesamten Zwangsvollstreckungsverfahren sind sowohl die Anträge auf Durchführung einer Maßnahme als auch die Antragsrücknahme keiner Form unterworfen (Hintzen Grundbuch Rn 529). Die Doppelnatur des Verfahrens auf Eintragung einer Zwangssicherungshypothek im Grundbuch bedarf jedenfalls hinsichtlich der Antragstellung und der Antragsrücknahme aufgrund der Unterschiede zum rein grundbuchrechtlichen Verfahren nicht der Schutzfunktion der notariellen Beglaubigung, sodass die Antragsrücknahme ebenfalls formfrei möglich sein muss. Das Verfahren würde sonst unnötig verkompliziert, was dem Gebot effektiven Rechtsschutzes, der gerade im Zwangsvollstreckungsverfahren Bedeutung entfaltet, widersprechen würde. 3

III. Inhalt des Antrags. 1. Grundstücksbezeichnung. Im Antrag ist die Bezeichnung des zu belastenden Grundbesitzes nach dem Inhalt des Grundbuches gem § 28 GBO notwendig, damit die Identität festgestellt werden kann. 4

2. Angabe von Gläubiger und Schuldner. Der Grundstückseigentümer und der im Vollstreckungstitel genannte Schuldner müssen identisch sein. Identität ist nicht gegeben, wenn im Urt eine BGB Gesellschaft verurteilt ist, die Hypothek aber am Grundbesitz eines der Gesellschafter eingetragen werden soll (BayObLG NJW-RR 02, 991). Der Prüfungsumfang des GBA kann bei behördlichen Ersuchen um Eintragung an einem Grundstück der Erbengemeinschaft bei Schulden eines Miterben eingeschränkt sein, wenn es sich um eine Schuld aus dem Erbschaftsteuerverhältnis handelt (OLGR München 09, 793). Eingetragen wird der Prozessstandschafter (zB Elternteil, der gem § 1629 III BGB Unterhaltsansprüche des Kindes im eigenen Namen geltend macht). Ist der Gläubiger minderjährig, ist der gesetzliche Vertreter ebenfalls einzutragen. Die Eintragung einer Sicherungshypothek gegen einen minderjährigen Schuldner und Eigentümer bedarf keiner vormundschaftsgerichtlichen Genehmigung. Diese ist nur bei rechtsgeschäftlichen Verfügungen über das Grundstück erforderlich (§ 1822 BGB). 5

a) Ehegatten. Bei Ehegatten gilt: Bei der Eintragung einer Sicherungshypothek auf einem Grundstück, welches im Eigentum von Ehegatten spielt, findet die Verfügungsbeschränkung des § 1365 BGB keine Anwendung. Die Sicherungshypothek ist lediglich ein Sicherungsmittel, keine Verwertung des Grundbesitzes. Zwar kann die Verfügungsbeschränkung auch bei verfahrensrechtlichen Anträgen, so etwa beim Antrag auf Teilungsversteigerung des anderen Ehepartners greifen, ansonsten gilt sie nur für Rechtsgeschäfte, nicht für Vollstreckungsmaßnahmen. Bei im Güterstand der Gütergemeinschaft lebenden Ehegatten genügt zur Eintragung die Vorlage des Titels gegen den das Gesamtgut verwaltenden Ehepartner (Zö/Stöber § 740 Rn 7). Der Güterstand sowie die Alleinverwaltungsbefugnis des Titelschuldners ist dem Grundbuchamt nachzuweisen (Ehevertrag oder Güterrechtsregister). Liegt gemeinsame Verwaltung vor, so muss die Verpflichtung gegen beide Ehegatte bestehen, aber nicht in einem Titel tituliert sein, es muss sich nur um einen einheitlichen Schuldgrund handeln (Zweibr FamRZ 09, 1910). Beim Güterstand der Eigentums- und Vermögensgemeinschaft des FGB-DDR sind die Vorschriften über die Gütergemeinschaft anzuwenden. Das gilt nur dann, wenn die Eheleute ggü dem Gericht die Erklärung abgegeben haben, dass für sie der bisherige Güterstand fortgelten soll (Art 234 § 4 II EGBGB). Ansonsten erfolgte eine Umwandlung des gemeinschaftlichen Vermögens in Bruchteilseigentum, zu gleichen Teilen, jedenfalls dann, wenn im Grundbuch auch« in ehelichem Vermögen »eingetragen ist. (LG Dresden Rpfleger 96, 405). Bei Ehegatten, die im Güterstand der Errungenschaftsgemeinschaft nach italienischem Recht leben, ist idR ein Titel gegen beide Ehegatten erforderlich (Zweibr FamRZ 07, 1580). Grundsätzlich ist gem § 39 GBO die Voreintragung des 6

Schuldners im Grundbuch als Eigentümer erforderlich, der Gläubiger kann aber diese selbst beantragen, § 14 GBO, und sich die dazu erforderlichen Urkunden über § 792 ZPO beschaffen. Als Ausnahme ist hier der Fall zu sehen, dass der Schuldner nach Beginn der Zwangsvollstreckung verstirbt, die Eintragung des Erblassers kann dann im Wege der Grundbuchberichtigung erfolgen und die Vollstreckung in den Nachlass fortgesetzt werden (Stöber ZVG Rn 15a mwN). Der Einzelkaufmann ist nicht mit seiner Firma, sondern mit seinem bürgerlichen Namen im einzutragen. Gemäß § 15 GBV ist die Eintragung mit Vor-und Zunamen, Geburtstag oder Beruf und Wohnort erforderlich (BayObLG NJW-RR 88, 980). Der Antrag muss diese Angaben dementsprechend enthalten. Wenn der Titel auf Zahlung an einen Dritten lautet, so ist der Gläubiger unter Bezeichnung des Dritten als Zahlungsempfänger einzutragen (Karlsr Rpfleger 98, 158). Handelt es sich um eine Sicherungshypothek wegen Zwangsgeld, welches vom Gericht festgesetzt worden ist, so ist der Kl als Gläubiger einzutragen, die Gerichtskasse ist als Zahlungsempfänger anzugeben, das Zwangsgeld steht nicht dem Gläubiger zu (AG Hamburg Rpfleger 82, 31). Ist im Grundbuch eine Auflassungsvormerkung für einen bedingten Anspruch eingetragen, dessen Bedingung noch nicht eingetreten ist, so ist auch später die Eintragung einer Sicherungshypothek für den Gläubiger des Eigentümers möglich (BGH FamRZ 07, 1092).

7 **b) Wohnungseigentümergemeinschaft.** Die Wohnungseigentümergemeinschaft ist teilrechtsfähig, damit Gläubigerin der Forderung und als solche im Grundbuch einzutragen, mit den gleichen Namen wie im Vollstreckungstitel aufgeführt (BGHZ 163, 154). § 47 GBO mit dem Erfordernis der gesonderten Angabe des Gemeinschaftsverhältnisses findet keine Anwendung. Der Verwalter wird nicht eingetragen (Zö/*Stöber* § 867 Rn 8a). Der Verwalter ist aber als Gläubiger einzutragen, wenn er im Urt als Gläubiger ausgewiesen ist, unabhängig, ob er als gewillkürter Verfahrensstandschafter oder materiellrechtliche Forderungsinhaber anzusehen ist (BGH NJW 01, 3627).

8 **3. Forderung.** Die Forderung ist betragsmäßig anzugeben, aufgeteilt nach Hauptforderung, Zinsen und Kosten.

9 **a) Hauptforderung.** Als Hauptforderung ist die Forderung einzutragen, wegen der der Gläubiger die Zwangsvollstreckung betreibt.

10 **b) Zinsen.** Die Zinsen aus der Hauptforderung können bis zur Antragstellung kapitalisiert und der Hauptforderung zu addiert werden (Hintzen Grundbuch Rn 536; LG Bonn Rpfleger 82, 75). Auch eine isolierte Sicherungshypothek für rückständige und bezifferte Zinsen kann eingetragen werden, sofern der Mindestbetrag von 750 € erreicht ist. Ansonsten werden Zinsen als Nebenforderung im Grundbuch eingetragen, und zwar mit Zinssatz und Verzinsungsbeginn. Eine isolierte Hypothek für als Nebenforderung geltend gemachte Zinsen ist nicht möglich. Auch wenn die Zinsen im Vollstreckungstitel als Verzugszinsen ausgewiesen sind, entsteht die Sicherungshypothek für sie nur mit Eintragung (§ 867 I 2). Ohne Eintragung haftet das Grundstück anders als bei der Hypothek nach § 1118 BGB nicht für die Zinsen (Stöber ZVG Rn 21). Bei variablen Zinssätzen, auch beim gesetzlichen Zinssatz gem § 288 I BGB, ist ein angemessener Höchstzinssatz anzugeben. Bei Bezugnahme auf den Basiszinssatz ist die Angabe eines Höchstzinssatz nicht erforderlich (BGH NJW 06, 1341). In diesem Fall ist der Zinssatz wie tituliert bei der Hypothek einzutragen.

11 **c) Kosten.** Die Kosten des Rechtsstreites, sowie die Kosten bisheriger Vollstreckungsmaßnahmen sind eintragungsfähig, sie müssen aber besonders eingetragen werden, wenn sie von der Zwangshypothek erfasst werden sollen. Bei einer Vollstreckung der Kosten gem § 788 ist die gesonderte Festsetzung der Vollstreckungskosten nicht erforderlich, wenn sie mit dem Hauptanspruch aus dem Haupttitel vollstreckt werden. Dann ist die Glaubhaftmachung bei Antragstellung erforderlich (Stöber ZVG Rn 23). Der Nachweis in der Form des § 29 GBO ist nicht erforderlich. Die Kosten des Verfahrens auf Eintragung der Zwangshypothek müssen nicht gesondert eingetragen werden, für sie haftet das Grundstück gem Abs 1 S 3 kraft Gesetzes.

12 **4. Angabe des Gemeinschaftsverhältnisses.** Bei mehreren Gläubigern ist gem § 47 GBO das Gemeinschaftsverhältnis anzugeben. Grundsätzlich muss sich das Gemeinschaftsverhältnis aus dem Titel ergeben. Ist das nicht der Fall, können die Gläubiger noch im Eintragungsantrag das Gemeinschaftsverhältnis angeben (Köln Rechtspfleger 86, 91; Schuschke/Walker Rn 7). Bei einer Bruchteilsgemeinschaft müssen sich aus dem Titel die Anteile der Berechtigten in Bruchteilen ergeben.

13 **5. Belastung mehrerer Grundstücke.** Bei Belastung mehrerer Grundstücke ist der Betrag auf die einzelnen Grundstücke zu verteilen. Die Eintragung einer Gesamtzwangshypothek ist nicht möglich. Die Verteilung

bestimmt der Gläubiger, die Angabe ist im Antrag zu machen, ansonsten erfolgt eine Nachfrage des Gerichts in Form der Zwischenverfügung. Die Aufteilung ist keine grundbuchrechtliche, sondern vollstreckungsrechtliche Voraussetzung, sodass eine Beanstandungsverfügung keine rangwahrende Wirkung gem § 18 GBO hat (Stöber ZVG Rn 27). Maßgeblich für den Rang ist dann der Eingang des Schriftsatzes, in welchem die Verteilung vorgenommen ist, beim Grundbuchamt. Es darf nur unter diesen Voraussetzungen an mehreren Grundstücken des Schuldners eine Zwangshypothek eingetragen werden. Die Zinsen sind gesondert zu jedem Teil der Hauptforderung zu nehmen, ohne dass es hierzu einer besonderen Bestimmung des Gläubigers bedarf. Die Eintragung einer Vertragshypothek an einem anderen Grundstück des Schuldners hindert die Eintragung einer Zwangshypothek nicht (BayObLG Rpfleger 93, 41). Ebenso wenig ist die Eintragung einer Sicherungshypothek unzulässig, wenn zur Sicherung der titulierten Forderung an einem anderen Grundstück bereits eine Grundschuld bestellt worden ist (Hintzen Grundbuch Rn 575; aA MüKoZPO/*Eickmann* § 867 Rn 69). Haften mehrere Schuldner als Gesamtschuldner, so kann auf je einem Grundstück jedes Schuldners je eine Sicherungshypothek für die gesamte Forderung eingetragen werden. **Muster:** *Gegen den … steht mir aufgrund des Urteils vom … des … Aktenzeichen, vollstreckbare Ausfertigung ist beigefügt, eine Forderung in Höhe von … nebst 5 % Zinsen über dem Basiszinssatz seit dem … zu, sowie gem beigefügter Belege Vollstreckungskosten bisher in Höhe von ... Wegen dieser Forderung sowie der Kosten für diesen Antrag stelle ich den Antrag, im Wege der Zwangsvollstreckung eine Sicherungshypothek auf dem Grundstück des Schuldners, eingetragen im Grundbuch von … Blatt … Gemarkung … Flurstück, lfd, Nr 1 im Bestandsverzeichnis, einzutragen.* Ein Gesamtrecht kann auch bei der Zwangssicherungshypothek entstehen, nämlich dann, wenn ein belastetes Grundstück nachträglich geteilt wird. Dies hat auf den Bestand der Zwangssicherungshypothek keine Auswirkung, es entsteht dann ein Gesamtrecht. Außerdem kann ein Gesamthypothek entstehen, wenn der Gläubiger den Eigentumsverschaffungsanspruch oder das Anwartschaftsrecht des Schuldners, gerichtet auf Übertragung mehrerer Grundstücke, gepfändet hat, dann wird nach Auflassung und Eintragung des Eigentums die Sicherungshypothek als Gesamtrecht an allen Grundstücken eingetragen (Hintzen Grundbuch Rn 577). Bis zur Eintragung gibt es für den Gläubiger keine weitere Möglichkeit der Sicherung gegen Zwischenverfügungen des Schuldners, die ihm ggü wirksam sind und den Rang verschlechtern. Insbesondere gibt es nicht die Möglichkeit der Eintragung einer Vormerkung gem § 883 BGB. Umso größere Sorgfalt ist beim Antrag auf Eintragung der Sicherungshypothek geboten, insb im Hinblick auf die Erfüllung der vollstreckungsrechtlichen Voraussetzungen.

IV. Vollstreckungsvoraussetzungen. 1. Titel. Vollstreckungstitel kann jeder auf Zahlung gerichtete Vollstreckungstitel sein. Ausreichend ist auch ein Beschl gem § 888 (AG Hamburg Rpfleger 82, 31). Auch für einen Anspruch auf Hinterlegung von Geld kann eine Sicherungshypothek eingetragen werden, denn auch dies ist eine Zwangsvollstreckung wegen einer Geldforderung. Der Gläubiger der Geldforderung und der Gläubiger der Hypothek müssen dieselbe Person sein. Bei einem echten Vertrag zu Gunsten Dritter ist die Eintragung einer Hypothek zu Gunsten des Versprechensempfängers nicht möglich; ist im Vertrag hingegen der Dritte als bloßer Zahlungsempfänger bestimmt, wird die Eintragung einer Hypothek nur zu Gunsten des Gläubigers, jedoch mit zusätzlicher Angabe des Zahlungsempfängers als zulässig angesehen (München Beschl v 28.7.11 – 34 Wx 295/11 mwN – Abfindung für schuldrechtlichen Versorgungsausgleich). Ein Duldungstitel dagegen reicht nicht aus, da er nicht auf Zahlung gerichtet ist. Ausreichend ist ein Duldungstitel dann, wenn die Verpflichtung zur Duldung der Zwangsvollstreckung in das Grundstück für eine titulierte fremde Schuld ausgesprochen worden ist, sofern der jetzige Eigentümer das Grundstück in anfechtbarer Weise oder im Wege der Vermögensübernahme erwogen hat (KG HRR 1930, 67). Ein nach § 3 AnfG ergangener Duldungstitel gegen einen Grundstücks Eigentümer reicht zur Eintragung von Sicherungshypotheken nicht aus, wenn in ihm der Leistungstitel lediglich mit Gericht, Datum und Aktenzeichen in Bezug genommen sind (Schlesw MDR 96, 416). Mit dem Duldungstitel muss ebenfalls vorgelegt werden der auf die Geldforderung lautende Titel gegen den Schuldner, von dem der jetzige Eigentümer das Grundstück erworben hat (Hintzen Grundbuch Rn 534 mwN). Die Zwangssicherungshypothek darf nur wegen bereits fälliger Leistungen eingetragen werden (§ 751 I). Bei der Eintragung von Sicherungshypotheken wegen laufender Leistungen wie beim Unterhalt, müssen bei jeder neuen Eintragung alle Vollstreckungsvoraussetzungen, auch die Mindestgrenze, jeweils neu erfüllt sein. Bei einem Ratenzahlungstitel mit einer Verfallklausel reicht der Verzug des Schuldners aus. Diese muss beim Eintragungsantrag nicht nachgewiesen werden, es ist Sache des Schuldners nachzuweisen, dass er die Raten pünktlich gezahlt hat (Hintzen Grundbuch Rn 559 mwN). 14

15 **2. Klausel und Zustellung (§§ 725, 726).** Es ist die vollstreckbare Ausfertigung vorzulegen, sofern der Titel nicht ausnahmsweise einer Klausel nicht bedarf, wie beim Vollstreckungsbescheid (§ 796). Die Wirksamkeit der Klauselerteilung wird vom Grundbuchamt nicht geprüft, es sei denn es ist offensichtlich, dass die Klausel unwirksam ist (Hamm NJW-RR 87, 957). Der Zustellungsnachweis muss vorliegen. Außerdem für den Titel speziell erforderliche Voraussetzungen (Wartefrist, Nachweis der Fälligkeit, Nachweis der Gegenleistung bei Verurteilung mit Zug-um-Zug-Leistung). Die Wartefrist muss abgelaufen sein, bevor der Antrag beim Grundbuchamt gestellt wird, es kommt nicht auf die Eintragung im Grundbuch an (Hintzen Grundbuch Rn 557).

16 **3. Sicherungsvollstreckung.** Auch im Wege der Sicherungsvollstreckung kann eine Zwangshypothek eingetragen werden. Aus einem nur gegen Sicherheitsleistung vorläufig vollstreckbaren Urt kann nach Zustellung und Ablauf einer Wartefrist von zwei Wochen (§ 750 III) auch ohne vorherige Gläubigersicherheit eine Zwangshypothek eingetragen werden, wenn der Schuldner nicht zur Abwendung der Zwangsvollstreckung Sicherheit geleistet hat. Nach Schuldnersicherheit oder vor Ablauf der Wartefrist darf die Hypothek nur eingetragen werden, wenn die Gläubigersicherheit durch öffentliche oder öffentlich beglaubigte Urkunden nachgewiesen ist, und eine Abschrift dieser Urkunde dem Schuldner zugestellt ist (§ 751 II). Wenn die Sicherheit durch Bankbürgschaft geleistet worden ist, dann entsteht die Bürgschaft erst durch Zugang der Bürgschaftserklärung beim Schuldner (§130 BGB). Deshalb muss der Zugang durch öffentliche oder öffentlich-beglaubigte Urkunde nachgewiesen werden, in dem Fall reicht die Zustellung der Sicherheit von Anwalt zu Anwalt nicht aus. Wenn entgegen des Titels ohne erforderliche Sicherheitsleistung die Zwangshypothek eingetragen wird, entsteht sie nicht, dem Schuldner steht ein Grundbuchberichtigungsanspruch zu (Eintragung eines Widerspruchs vAw). Wird dann nachträglich Sicherheit geleistet, entsteht die Hypothek (BayOblG 75, 398). Nach Einstellung der Zwangsvollstreckung darf keine Sicherungshypothek mehr eingetragen werden, es kommt auf den Zeitpunkt der Eintragung, nicht auf den Antrag an.

17 **V. Arresthypothek.** Die Vollziehung eines Arrestes erfolgt gem § 932 in ein Grundstück durch Eintragung einer Sicherungshypothek. Auch hierbei gilt, dass die Mindestsumme von 750 € erfüllt sein muss. Hier ist aber zu beachten, dass der Arrestbefehl unter 750 € lauten kann, wenn die Lösungssumme (§ 923 ZPO) unter Einschluss von Kosten und Zinsen 750 € übersteigt. Zur Eintragung sind erforderlich: Der Arrestbefehl, dessen Vollziehung binnen einer Frist von einem Monat erfolgen muss. Das Grundbuchamt hat die Wahrung der Frist zu prüfen. Ergibt sich bereits aus dem Datum des Beschlusses, dass die einmonatige Frist noch nicht abgelaufen ist, erfolgt keine weitere Prüfung der Zustellung der Wahrung der Frist. Maßgeblich für die Fristwahrung ist der Eingang des Antrages beim Amtsgericht, zu welchem das Grundbuchamt gehört, welches für die Eintragung der Arresthypothek zuständig ist. § 929 III. Für die Wahrung der Vollziehungsfrist ist nicht erforderlich, dass der Antrag innerhalb der Frist auch bei einem zur Entgegennahme von Erklärungen befugten Beamten des Grundbuchamtes vorliegt, es reicht der Eingang beim Amtsgericht, zu welchem das Grundbuchamt gehört (BGH NJW 01, 1134). Für die Reihenfolge der Erledigung des Antrages und damit auch den Rang der Arresthypothek, entscheidet aber der Eingang des Antrages beim Grundbuchamt (§§ 17, 45 GBO). Entscheidend ist, ob der Antragsteller vor Ablauf der Frist alles seinerseits mögliche und erforderliche getan hat, damit die Eintragung der Hypothek erfolgen kann. Das gilt auch dann, wenn ein vollstreckungsrechtlicher Mangel vorliegt, jedenfalls dann, wenn der Mangel innerhalb der Frist behoben ist und nur die Eintragung nach Ablauf der Frist erfolgt (Karlsr NJW-RR 98, 523). Fristbeginn ist die Zustellung des Beschlusses an den Gläubiger beziehungsweise die Verkündung des Arrestbefehles bei solchen, die aufgrund mündlicher Verhandlung ergehen. Die Frist beginnt aber auch schon mit formloser Aushändigung des Arrestbefehles an den Gläubiger. Die Vollziehung darf bereits vor der Zustellung des Arrestbefehles an den Schuldner erfolgen. Dann ist die Zustellung binnen einer Woche nach der Vollziehung (Eintragung der Hypothek, nicht Antrag) nachzuholen und die Zustellung muss innerhalb der Monatsfrist liegen. Das GBA prüft die Einhaltung der Vollziehungsfrist vAw, nicht aber die nachträgliche Zustellung. Erfolgt die Zustellung nicht innerhalb der Frist, so löscht das Grundbuchamt auf Antrag des Schuldners unter Vorlage des Zustellungsnachweises ohne Löschungsbewilligung des Gläubigers, aber nach Gewährung rechtlichen Gehörs, die Hypothek (Stöber ZVG Rn 43a). Im Antrag ist die Lösungssumme, die den Schuldner zum Antrag auf Aufhebung des Arrestes berechtigt, zu bezeichnen. Ansonsten gelten die weiteren Antragsinhalte wie oben. Eine zur Sicherung einer Unterhaltsforderung ausgebrachte Arresthypothek kann nur durch Hinterlegung der Lösungssumme abgelöst werden, nicht durch

vollständige Zahlung an den Unterhaltsgläubiger, da der Unterhaltsschuldner wegen § 1614 BGB durch Zahlung im voraus nur für 3 Monate im voraus erfüllen kann (Ddorf DNotZ 84, 521).

C. Inhalt und Eintragung. Zur Mindesthöhe s. § 866 Rz 7. Auch für eine Forderung mit wiederkehrenden Leistungen (Unterhalt, Miete) kann eine Sicherungshypothek eingetragen werden, allerdings immer nur für die jeweils fälligen Beträge, eine Sicherungshypothek für zukünftig fällig werdende Beträge ist nicht zulässig. Bei wiederkehrenden Forderungen ist die Sicherungshypothek daher nur bei größeren Rückständen als Vollstekkungsmittel geeignet, bei laufenden Forderungen ist dagegen die Zwangsverwaltung das Mittel der Wahl. Auch wegen eines Teils einer Forderung kann eine Hypothek eingetragen werden, wenn die Mindestsumme von 750 € erreicht wird. Die Währung muss nicht unbedingt auf Euro lauten, der Geldbetrag kann auch angegeben werden in einer Währung eines Mitgliedsstaates der Europäischen Union, der Schweizerischen Eidgenossenschaft oder der Vereinigten Staaten von Amerika (§ 28 GBO). Eine Eintragung in anderen Währungen ist nicht zulässig, es kann jedoch beantragt werden, die Eintragung nach dem Kurswert der titulierten ausländischen Währung am Tag der Auszahlung in Euro umzurechnen (Formulierungsvorschlag und wN Stöber ZVG Rn 18). Eingetragen werden muss der Gläubiger mit voller Bezeichnung und Angabe des Gemeinschaftsverhältnisses. Eingetragen wird der Prozessstandschafter mit eigenem Namen (Kindesunterhalt). 18

Die **Eintragungsfähigkeit der Gesellschaft bürgerlichen Rechtes** ist durch den BGH bejaht worden (BGH NJW 09, 594). Danach kann eine GBR unter der Bezeichnung in das Grundbuch eingetragen werden, die ihre Gesellschafter im Gesellschaftsvertrag für sie vorgesehen haben. Diese formelle Grundbuchfähigkeit, die nach Auffassung des BGH der materiellen Rechtslage hinsichtlich der Teilrechtsfähigkeit der BGB-Gesellschaft folgt, ist allerdings durch die Neufassung des § 47 Abs. 2 GBO und des § 15 GBV wieder geändert worden. Eingetragen werden die Gesellschafter sowie lediglich zusätzlich der Name der Gesellschaft und ihr Sitz (Zö/*Stöber* Rn 8c). Die Zwangssicherungshypothek kann nur eingetragen werden, wenn in dem Titel die Gesellschafter genannt sind und diese auch mit den im Grundbuch eingetragenen übereinstimmen (BGH NJW 11, 615 unter tw Aufgabe BGH NJW 09, 594).

Lautet der Titel auf Zahlung an einen Dritten, so ist auch dieser in der Eintragung anzugeben. Eingetragen wird die gesamte Forderung mit betragsmäßig ausgewiesenen Zinsen und Kosten, der Zinssatz und der Zinsbeginn. Die Sicherungshypothek wird im Grundbuch als im Wege der Zwangsvollstreckung eingetragen bezeichnet. Von der Eintragung erhalten der Gläubiger und der eingetragene Eigentümer Nachricht. Die Eintragung der Hypothek, die immer Buchhypothek ist, wird auf dem Titel vermerkt, bzw mit dem Titel verbunden.

D. Wirkung und Rechtsbehelfe. I. Entstehung der Hypothek. Mit der Eintragung entsteht die Hypothek, sie ist als Sicherungshypothek zu bezeichnen, sie ist immer Buchhypothek, Brieferteilung ist ausgeschlossen. Bei Aufteilung der Forderung auf mehrere Grundstücke entstehen jeweils Einzelhypotheken. 19

II. Verwertung. Die Verwertung der Sicherungshypothek erfolgt durch Zwangsversteigerung. Der Gläubiger kann gem § 867 III aus der Sicherungshypothek die Zwangsversteigerung betreiben, es bedarf keines dinglichen Titels gegen den Eigentümer. Zur Antragstellung genügt die Vorlage des Vollstreckungstitels, auf welchem die Eintragung der Sicherungshypothek vermerkt ist. Eine erneute Zustellung ist nicht erforderlich. Gegen den Erben des Schuldners kann die Klausel gem § 727 umgeschrieben werden, dann ist die erneute Zustellung wegen § 750 notwendig (Zö/*Stöber* Rn 20). Die Zwangssicherungshypothek ersetzt allerdings nicht in allen Fällen der Vollstreckung einen dinglichen Titel. So kann der Gläubiger einer Zwangssicherungshypothek nicht aus dieser die Pfändung einer Mietforderung mit der Wirkung des § 1124 II BGB betreiben. Nach dem Wortlaut von § 867 III ersetzt die Hypothek nur bei Verwertung durch Zwangsversteigerung den dinglichen Titel (BGH NJW 08, 1599). Bei Veräußerung des belasteten Grundstücks muss gegen den neuen Eigentümer ein gesonderter Duldungstitel erwirkt werden. Der Weg des § 867 III ist nur gangbar, solange der Schuldner als Eigentümer im Grundbuch eingetragen ist (BGH FamRZ 07, 1092). Allerdings kann der neue Eigentümer in diesem Verfahren nur die Einwendungen und Einreden geltend machen, die auch dem Vollstreckungsschuldner zugestanden hätten. Der Gläubiger der Zwangssicherungshypothek muss weder Bestand noch Höhe der persönlichen Forderung darlegen und beweisen, anders als bei der Sicherungshypothek gem § 1147 BGB, auch nicht gegen den neuen Eigentümer (BGH NJW 88, 828). Das liegt darin begründet, dass bereits ein rechtskräftiger Titel Grundlage der Eintragung war und die Belastung für den neuen Eigentümer konkret aus dem Grundbuch zu entnehmen war. Die Rechtskraft des zu Grunde liegenden Titels wirkt auch gegen den neuen Eigentümer. Im Umkehrschluss muss der Gläubi- 20 ger gegen den neuen Eigentümer Bestand und Höhe beweisen, wenn der Vollstreckungstitel nicht materiell rechtskräftig war (BGH NJW 94, 460). Dem neuen Eigentümer steht in diesem Fall die Klage gem § 767 zu.

21 **III. Akzessorietät der Zwangshypothek.** Als Sicherungshypothek ist auch die Zwangssicherungshypothek streng akzessorisch. Erlischt die Forderung nach Eintragung der Hypothek, dann erwirbt der Eigentümer des Grundstücks die Hypothek als Eigentümergrundschuld gem § 1163 BGB. War der titulierte Anspruch zum Zeitpunkt der Eintragung der Zwangshypothek bereits erloschen, so steht die Hypothek ebenfalls dem Eigentümer zu. Er muss sein Recht in diesem Fall mit der Vollstreckungsabwehrklage geltend machen (Schuschke/Walker Rn 18). Wenn Schuldner und Eigentümer des Grundstücks nicht identisch sind, was auch bei der Zwangshypothek vorkommen kann, wenn ein mit einer Zwangshypothek belastetes Grundstück weiterveräußert wird, gilt auch § 1164 BGB. Die Sicherungshypothek geht auf den persönlichen Schuldner über, soweit er von dem Eigentümer Ersatz verlangen kann.

22 **E. Mängel des Antrags.** Gemäß § 17 GBO begründet der Eingang des Eintragungsantrag beim Grundbuchamt auch den späteren Rang der Eintragung, da die Eintragung in der Reihenfolge des Antragseingang erfolgen muss. Das gilt aber nur dann, wenn alle vorliegenden Anträge verfahrensrechtlich unbedenklich sind, und eine Eintragung auf den Antrag direkt erfolgen kann, oder für einen mangelhaften Eintragungsantrag ein Widerspruch oder eine Vormerkung mit rangwahrender Wirkung nach § 18 II GBO eingetragen werden darf. Ein mangelhafter Antrag, der einen vollstreckungsrechtlichen Mangel aufweist, auf den eine Eintragung nicht direkt erfolgen kann, wahrt den Rang gem § 17 GBO (Eingang bei GBA) nicht. Ein vollstreckungsrechtlich unzulässiger Antrag gilt iSd § 17 GBO als noch nicht gestellt (Schuschke/Walker Rn 8). Eine rangwahrende Zwischenverfügung gem § 18 GBO kann nicht erfolgen, vielmehr muss eine Zwischenverfügung gem § 139 ZPO erfolgen (Stöber ZVG Rn 18a mwN). Sowohl das Grundbuchamt als auch das LG als Beschwerdegericht und damit zweite Tatsacheninstanz sind verpflichtet, einen solchen Hinweis gem § 139 zu geben (Jena Beschl v 28.2.02 – 6 WF 787/01). Ist der Antrag bzgl eines Teils der Forderung begründet, bzgl eines anderen Teils dagegen zu beanstanden, muss die Zwangshypothek für den beanstandungsfreien Teil eingetragen werden, um insoweit für den Antragsteller den Rang zu sichern (*Hintzen* Rpfleger 91, 286). Ausnahmsweise hat auch ein Antrag, der einen vollstreckungsrechtlichen Mangel aufweist, rangwahrende Wirkung, wenn die Beseitigung eines Eintragungshindernisses allein in der Sphäre des Grundbuchamtes liegt. Das kann der Fall sein, wenn lediglich der Verzicht auf eine Sicherungshypothek an einem Teil des Grundstücks im Grundbuch eingetragen werden muss, damit an einem anderen Teil des Grundstücks die Sicherungshypothek eingetragen werden kann (Karlsr Rpfleger 98, 255). Liegt ein grundbuchrechtlicher Mangel vor, dann kann darauf mit rangwahrender Zwischenverfügung gem § 18 GBO hingewiesen werden. Liegen aus beiden Bereichen Mängel vor, so richtet sich die Behebbarkeit insgesamt nach § 139. Dann richtet sich die Frage des Ranges ebenso wie bei rein vollstreckungsrechtlichen Mängeln nach dem Eingang der vollständigen Beseitigung des Mangels beim GBA. Sofern die Mängel nicht behoben werden können, erfolgt die Zurückweisung des Antrags ohne Zwischenverfügung (Bsp: Schuldner ist nicht Eigentümer, die Mindestgrenze ist nicht gegeben).

23 **I. Eintragung trotz vollstreckungsrechtlichem Mangel.** Wird trotz vollstreckungsrechtlichem Mangel die Sicherungshypothek eingetragen, so ist sie nach hM nicht nichtig, sondern anfechtbar. Sie entsteht bei Heilung des Mangels mit rangwahrender Wirkung. So zB wenn bei Eintragung der Zwangshypothek die Zustellung des Titels noch nicht erfolgt und die Wartefrist des § 750 II noch nicht abgelaufen war, aber zum Zeitpunkt der Entscheidung des Beschwerdegericht ist beide Voraussetzungen vorliegen (Hamm Rpfleger 97, 393). Anders ist es, wenn ein unheilbarer Mangel besteht und dieser sich bereits aus dem Eintragungsvermerk bzw den Eintragungsunterlagen ergibt. Dann ist die Hypothek nichtig, das Grundbuch unrichtig. Bsp: Fehlender Vollstreckungstitel, Betrag unter 750 €.

24 **II. Eintragung trotz grundbuchrechtlichem Mangel.** Es entsteht keine Hypothek und auch ein gutgläubiger Erwerb der Hypothek durch den Gläubiger scheidet aus, da keine Entstehung durch Rechtsgeschäft vorliegt (BGH WM 63, 219).

25 **F. Rechtsbehelfe. I. Beschwerde.** Bei Eintragung und Ablehnung des Antrags ist die Beschwerde nach § 71 GBO bzw § 76 Schiffsregisterordnung gegeben. Die Eintragung kann mit vollstreckungsrechtlichen Rechtsbehelfen nicht angefochten werden (OLGR München 09, 793). Sowohl eine Erinnerung als auch eine Beschwerde sind unstatthaft (Köln JurBüro 96, 159). Über die Beschwerde entscheidet das LG, der Rechtspfleger kann abhelfen. Die Beschwerde ist beim Amtsgericht oder beim LG einzulegen. Es entscheidet das LG.

26 **1. Eintragung der Hypothek.** Gegen Eintragung der Hypothek richtet sich die Beschwerde entweder auf Eintragung eines Widerspruchs im Grundbuch oder auf Löschung der Hypothek. Auf Löschung allerdings nur, wenn sichergestellt ist, das ein gutgläubiger Erwerb der Hypothek für die Vergangenheit mangels entsprechender Eintragung im Grundbuch und für die Zukunft aufgrund Eintragung eines Amtswiderspruchs rechtlich ausgeschlossen ist (BGH NJW 75, 1282). Nur Eintragungen, die nicht am öffentlichen Glauben des Grundbuchs teilnehmen, können durch die Beschwerde mit dem Ziel ihrer Löschung angefochten werden. Für die konkret vorliegende Sicherungshypothek muss daher jeweils festgestellt werden, ob im Grundbuch bereits ein Widerspruch gegen die Richtigkeit der Hypothek eingetragen ist. Nur dann ist der gutgläubiger Erwerb der Sicherungshypothek für die Vergangenheit und Zukunft ausgeschlossen (Naumbg NotBZ 00, 193). Es ist nur die eingeschränkte Beschwerde gem § 71 II 1 iVm § 53 GBO zulässig. Für eine Beschwerde mit dem Antrag auf Löschung ist Voraussetzung, dass eine inhaltlich unzulässige Eintragung vorgenommen wurde. Diese liegt nur dann vor, wenn ein nicht eintragungsfähiges Recht, ein Recht ohne den gebotenen Inhalt oder mit einem nicht erlaubten Inhalt eingetragen worden ist. Wegen der Möglichkeit des gutgläubigen Erwerbs führt ein Fehler bei der Eintragung nur dann zur Nichtigkeit der Hypothek und damit zur Möglichkeit der Löschung, wenn dem Grundbuchamt ein schwerer, offenkundiger Fehler unterlaufen ist. Das ist zum Beispiel auch dann der Fall, wenn das Grundbuchamt zu Unrecht einen Antrag auf Eintragung einer Sicherungshypothek angenommen hat (Naumbg DNotBZ 00, 193). Eine Beschwerde mit dem Ziel der Löschung kann auch dann erhoben werden, wenn die Eintragung vor Fälligkeit der Forderung erfolgt ist und die Möglichkeit des gutgläubigen Erwerbs für die Vergangenheit und die Zukunft ausgeschlossen werden kann (Frankf JurBüro 98, 381). Ansonsten kann eine Beschwerde nur mit dem Ziel der Eintragung eines Amtswiderspruchs erhoben werden (Frankf Beschl v 29.1.07 – 20 W 366/06). Dann ist Voraussetzung, dass das Grundbuchamt unter Verletzung gesetzlicher Vorschriften eine Eintragung vorgenommen hat, durch die das Grundbuch unrichtig geworden ist (§ 53 I 1 GBO). Das kann sein die fehlende Voreintragung (§ 39 GBO), falsche Bezeichnung der Vollstreckungstitel, die Klausel sowie die Zustellung. Materiellrechtliche Einwendungen spielen im Vollstreckungsverfahren keine Rolle mehr, insoweit ist nur der Prozessweg gegeben. Des Weiteren kommt die Eintragung eines Amtswiderspruchs nur dann in Betracht, wenn das Grundbuchamt gesetzliche Vorschriften auf den ihm unterbreiteten Sachverhalt unrichtig angewandt hat (BGHZ 30, 255). Bei nachträglich bekannt gewordenen Umständen, die die rechtliche Fehlerhaftigkeit der Eintragungsunterlagen belegen, kann im Beschwerdeverfahren die Eintragung eines Amtswiderspruchs nur erreicht werden, wenn das Grundbuchamt die Fehlerhaftigkeit der Unterlagen kannte oder fahrlässig nicht kannte (Frankf aaO). Abweichend dazu hat das OLG Celle entschieden, dass bei Zwangseintragungen im Vollstreckungsweg das Gebot effektiven Rechtsschutzes dazu führen müsse, dass auf ein von dem Schuldner eingelegte Rechtsmittel vom Grundbuchamt ein Widerspruch eingetragen werden muss, wenn die Voraussetzungen für die Eintragung objektiv nicht vorlagen, auch wenn dies für das Grundbuchamt nicht erkennbar war (Celle Rpfleger 90, 112). Die hM verneint diese Auffassung unter Hinweis auf die zitierte BGH-Entscheidung. Die Beschwerdebefugnis deckt sich mit dem Antragsrecht. Bei festgestellter Gütergemeinschaft ist auch ohne Nachweis der Alleinvertretungsbefugnis eines Ehegatten jeder Ehegatte beschwerdebefugt, da es sich um eine notwendige Verwaltungshandlung gem § 1455 BGB handelt (München Beschl v 4.11.10, 34 Wx 121/109).

27 **2. Ablehnung der Eintragung.** Mit der Ablehnung des Eintragungsantrages ist das Eintragungsverfahren beendet. Wird im Beschwerdeverfahren die Entscheidung aufgehoben, so entfällt zwar die Erledigung des Antrages, zwischenzeitlich eingetragene Rechte bleiben aber in ihrem Rang unberührt (BayObLG Rpfleger 83, 101 mit Anm *Meyer-Stolte* Rpfleger 83, 102).

28 **II. Weitere Beschwerde.** Gegen die Beschwerdeentscheidung ist weitere Beschwerde zum OLG gem § 78 GBO statthaft. Die Beschwerde bedarf der Form des § 80 GBO. Die weitere Beschwerde kann mehrfach eingelegt werden, wenn bereits eine weitere Beschwerde als unzulässig verworfen wurde. Sie ist erledigt, wenn die Sicherungshypotheken auf den Eigentümer als Eigentümergrundschulden umgeschrieben worden sind. Im Beschwerdeverfahren kann der Schuldner lediglich die Eintragung eines Amtswiderspruchs erreichen, wegen der beschränkten Beschwerdemöglichkeit nicht aber die Löschung. Als Eigentümer der Eigentümergrundschuld kann er jederzeit die Löschung bewilligen, sodass die Hauptsache die Beschwerde erledigt ist (BayObLG Beschl v 22.9.94–2Z BR 50/94)

29 **G. Kosten/Gebühren.** Kosten sind gem § 788 als notwendige Kosten der Zwangsvollstreckung vom Schuldner zu tragen. In Erweiterung dieses Prinzips haftet auch das Grundstück für die dem Schuldner zur Last

fallenden Kosten der Eintragung, darunter fallen auch die RA Gebühren für den Antrag. § 18 Nr 13 RVG, VV 3309 0,3 Gebühr. Gerichtskosten: 1 volle Gebühr § 62 I 32 KostO. Gegenstandswert für die Zwangsvollstreckung aus einem Titel auf Löschung einer Sicherungshypothek ist ein Bruchteil von 1/4 bis 1/5 des Nennbetrages der Hypothek (Stuttg OLGR Stuttg 01, 375).

§ 868 Erwerb der Zwangshypothek durch den Eigentümer. **(1) Wird durch eine vollstreckbare Entscheidung die zu vollstreckende Entscheidung oder ihre vorläufige Vollstreckbarkeit aufgehoben oder die Zwangsvollstreckung für unzulässig erklärt oder deren Einstellung angeordnet, so erwirbt der Eigentümer des Grundstücks die Hypothek.**
(2) Das Gleiche gilt, wenn durch eine gerichtliche Entscheidung die einstweilige Einstellung der Vollstreckung und zugleich die Aufhebung der erfolgten Vollstreckungsmaßregeln angeordnet wird oder wenn die zur Abwendung der Vollstreckung nachgelassene Sicherheitsleistung oder Hinterlegung erfolgt.

A. Auswirkungen von Veränderungen der zu vollstreckenden Forderung auf die Hypothek. I. Materi-
1 **ell-rechtliche Veränderungen.** Sobald die Sicherungshypothek entstanden ist, gelten für sie die Vorschriften des BGB über die Hypothek entsprechend und damit auch die Regelungen über die Eigentümergrundschuld. Bei Änderungen der Forderung ist damit zu unterscheiden:

- Besteht die vollstreckte Forderung von vornherein nicht, so erwirbt der eingetragene Eigentümer die Sicherungshypothek als Eigentümergrundschuld (§§ 1163, 1177 BGB). Es gilt also insb dann, wenn der Schuldner den Gläubiger befriedigt. Daran ändern auch später eintretende Eigentumswechsel des belasteten Grundstücks nichts. Daraus folgt, dass bei einem Eigentumswechsel des mit einer Sicherungshypothek, hier eine Höchstbetragshypothek aufgrund eines Arrestes, belasteten Grundstücks zur Löschung auch die Bewilligung des früheren Grundstückseigentümer erforderlich ist, da in Höhe des nicht ausgefüllten Teiles eine Eigentümergrundschuld entstanden ist, die nach dem Eigentumswechsel zur Fremdgrundschuld des ehemaligen Eigentümers am Grundstück des Erwerbers geworden ist (Frankf MittBayNot 84, 85).
- Erlischt die Forderung nach der Eintragung, so erwirbt sie der Grundstückseigentümer zum Zeitpunkt des Erlöschens als Eigentümergrundschuld (§ 1163 I 2 BGB).
- Verzichtet der Gläubiger auf die Hypothek, so erwirbt sie der Eigentümer als Hypothek (§1168 BGB).

2 **II. Wirkungen der Rückschlagsperre in der Insolvenz.** Hat ein Insolvenzgläubiger innerhalb der letzten Monats vor dem Eröffnungsantrag des Insolvenzverfahrens oder während des Eröffnungsverfahrens eine Zwangshypothek an einem Grundstück des Insolvenzschuldners erwirkt, so ist diese Sicherung gem § 88 InsO unwirksam. Dabei handelt es sich um eine absolute schwebende Unwirksamkeit ggü jedermann (BGH NJW 06, 1286). Deshalb erlischt die Zwangssicherungshypothek, eine entsprechende Anwendung von § 868 findet nicht statt. Allerdings kann die Zwangssicherungshypothek ohne neue Eintragung neu entstehen, wenn der Insolvenzverwalter das belastete Grundstück aus der Insolvenzmasse freigibt und das Recht als Buchposition noch besteht und iÜ die Voraussetzungen für die Zwangsvollstreckung weiterhin gegeben sind (BGH NJW 06, 1286). Die Löschung der unwirksamen Sicherungshypotheken durch den Insolvenzverwalter erfolgt nach § 22 GBO mit Vorlage der Bestallungsurkunde, des Eröffnungsbeschlusses sowie der Löschungsbewilligung nach § 29 GBO des Insolvenzverwalters, da die Zwangshypothek zur Eigentümergrundschuld geworden ist (OLGR Ddorf 04, 88).

3 **III. Prozessuale Sonderfälle nach § 868.** § 868 regelt die Sonderfälle, die sich durch die Tatsache der Zwangsvollstreckung ergeben, insb die, die sich iRd vorläufigen Vollstreckbarkeit unter Berücksichtigung von Sicherheitsleistungen, sowie iRd Einstellung der Zwangsvollstreckung ergeben. Voraussetzung ist eine wirksam entstandene Sicherungshypothek. (auch Arrestsicherungshypothek, Zö/*Stöber* Rn 2).

4 **1. Gerichtliche Entscheidungen über die Vollstreckbarkeit der Forderung.** § 868 I betrifft die Fälle, in denen eine Auswirkung im Verfahren auf die materiell-rechtliche Verpflichtung eintritt. Wird nach Eintragung der Hypothek der Titel aufgehoben, die vorläufige Vollstreckbarkeit des Titels aufgehoben, die Zwangsvollstreckung für unzulässig erklärt oder die Einstellung der Zwangsvollstreckung angeordnet, so erwirbt der derzeitige Eigentümer des Grundstücks die Hypothek als Eigentümergrundschuld. Es ist unerheblich, ob er mit dem Titelschuldner identisch ist, zB wenn zwischenzeitlich ein Eigentumswechsel stattgefunden hat, wird die Sicherungshypothek nicht Fremdgrundschuld des Schuldners. Die Umwandlung der

Sicherungshypothek in eine Eigentümergrundschuld findet statt, soweit die Entscheidung erlassen ist. Die maßgebliche Entscheidung muss vollstreckbar sein, demnach rechtskräftig oder vorläufig vollstreckbar. Eine Einigung der Parteien auch als Prozessvergleich reicht nicht aus, es muss eine gerichtliche Entscheidung vorliegen (Wiezcorek/Schütze/*Storz* § 868 Rn 12), wobei hierbei zu erwägen ist, ob als gerichtliche Entscheidung hierzu der Vergleich gem § 278 V ZPO oder der gerichtlich hinterlegte Anwaltsvergleich ausreichen. Im Hinblick auf die rechtsgestaltende Wirkung und den Wortlaut der Norm ist dies abzulehnen. Ein Vergleich, in welchem sich der Gläubiger verpflichtet, keine Zwangsvollstreckung aus dem Titel zu betreiben, führt nur zu einer dauernden Einrede der Eigentümer gegen die Vollstreckung aus der Hypothek (BayObLG NJW-RR 99, 506). Die Wirkung des § 868 tritt nur ein, wenn die Entscheidung, die Grundlage der Eintragung der Zwangssicherungshypothek war, aufgehoben wird. Es reicht nicht aus, wenn Eintragungsgrundlage ein Versäumnisurteil war, dass das nachfolgende streitige Urt aufgehoben wird, wenn durch dieses das Versäumnisurteil nicht aufgehoben wurde (Brandbg RPfleger 01, 487).

Die Umwandlung der Sicherungshypothek in eine Eigentümergrundschuld ist nicht abhängig von der 5
Rechtskraft der Entscheidung. Wenn die Entscheidung in der nächsten Instanz aufgehoben wird, führt dies nicht dazu, dass die Eigentümergrundschuld wieder zur Fremdgrundschuld wird (BGH NJW 06, 1286). Der Gläubiger hat dann zwei Möglichkeiten, er kann zunächst eine neue Sicherungshypothek an rangbereiter Stelle im Grundbuch eintragen lassen oder er pfändet die Eigentümergrundschuld.

2. Wirkung und Vollzug. Der Rechtsübergang tritt kraft Gesetzes ein, der Eintragung im Grundbuch 6
bedarf es zur Wirksamkeit nicht. Die Umschreibung des Grundbuchs erfolgt auf Antrag des Schuldners und mit Vorlage der Ausfertigung der Entscheidung als Unrichtigkeitsnachweis. Eine Bewilligung des Gläubigers ist daher gem § 22 GBO nicht erforderlich. Die Kosten trägt der Eigentümer.

B. Gerichtliche Entscheidungen über die einstweilige Einstellung der Zwangsvollstreckung. Durch 7
Abs 2 wird diese Wirkung erweitert auf die Fälle, in denen durch gerichtliche Entscheidung die einstweilige Einstellung der Zwangsvollstreckung (§§ 732 I, 767, 771) und zugleich die Aufhebung der erfolgten Maßnahmen angeordnet wird. Auch hier muss eine gerichtliche Entscheidung, idR ein Beschl vorliegen. Der Beschl über die einstweilige Einstellung der Zwangsvollstreckung reicht nicht aus, die Aufhebung getroffenen Maßnahme muss gesondert ausgesprochen werden. Eine Einigung der Parteien reicht nicht. Wenn die zur Abwendung der Vollstreckung nachgelassene Sicherheitsleistung oder Hinterlegung erfolgt, erwirbt ebenfalls der Eigentümer die Sicherungshypothek als Eigentümergrundschuld. Dies gilt für alle Fälle der Sicherheitsleistung auch für die Sicherheitsleistung nach § 720a, auch die erfolgt zur Abwendung der Zwangsvollstreckung. Der jeweilige Eigentümer des Grundstücks erwirbt die Hypothek mit Verkündung der Entscheidung und kann die Berichtigung des Grundbuchs durch Vorlage der Ausfertigung des Urteils beim Grundbuchamt beantragen. In den Fällen der Sicherheitsleistung ist die Titelvorlage zur Überprüfung der eingeräumten Abwendungsbefugnis sowie der Nachweis der Sicherheitsleistung erforderlich.

Wird die ursprüngliche Entscheidung wieder hergestellt, so wird die Eigentümergrundschuld gewordene Sicherungshypothek nicht wieder zur Sicherungshypothek des Gläubigers (BGH NZI 06, 224). Der Gläubiger kann neben einer Neueintragung auch die Eigentümergrundschuld pfänden, ist aber gegen Verfügungen des Schuldners in der Zwischenzeit nicht geschützt. Insbesondere steht ihm kein Anspruch nach § 717 III 3 zu (Zö/*Stöber* § 870 Rn 3).

§ 869 Zwangsversteigerung und Zwangsverwaltung. **Die Zwangsversteigerung und die Zwangsverwaltung werden durch ein besonderes Gesetz geregelt.**

Gemeint ist das Gesetz über die Zwangsversteigerung und die Zwangsverwaltung (ZVG). Das ZVG ist zwar 1
ein besonderes Gesetz, die Vorschriften sind aber als Teil der ZPO zu verstehen, sodass allgemeine Vorschriften der ZPO gelten, so zB Partei- und Prozessfähigkeit, Zustellungen, Prozesskostenhilfe und Aufklärungs- und Hinweispflichten, soweit nicht im ZVG abw geregelt.

§ 870 Grundstücksgleiche Rechte. **Auf die Zwangsvollstreckung in eine Berechtigung, für welche die sich auf Grundstücke beziehenden Vorschriften gelten, sind die Vorschriften über die Zwangsvollstreckung in Grundstücke entsprechend anzuwenden.**

1 Auf die den Grundstücken gleichgestellten Berechtigungen finden die Vorschriften über die Zwangsvollstreckung in Grundstücke ebenfalls Anwendung. Soweit die Berechtigungen landesrechtlich geregelt sind, sind auch hinsichtlich der Zwangsvollstreckung Sonderregelungen in den Landesgesetzen möglich. Berechtigungen s. § 864. Für Schiffe und Luftfahrzeuge finden sich im ZVG Sondervorschriften.

§ 870a Zwangsvollstreckung in ein Schiff oder Schiffsbauwerk. **(1) Die Zwangsvollstreckung in ein eingetragenes Schiff oder in ein Schiffsbauwerk, das im Schiffsbauregister eingetragen ist oder in dieses Register eingetragen werden kann, erfolgt durch Eintragung einer Schiffshypothek für die Forderung oder durch Zwangsversteigerung.**

(2) § 866 Abs. 2, 3, § 867 gelten entsprechend.

(3) [1]Wird durch eine vollstreckbare Entscheidung die zu vollstreckende Entscheidung oder ihre vorläufige Vollstreckbarkeit aufgehoben oder die Zwangsvollstreckung für unzulässig erklärt oder deren Einstellung angeordnet, so erlischt die Schiffshypothek; § 57 Abs. 3 des Gesetzes über Rechte an eingetragenen Schiffen und Schiffsbauwerken vom 15. November 1940 (RGBl. I S. 1499) ist anzuwenden. [2]Das Gleiche gilt, wenn durch eine gerichtliche Entscheidung die einstweilige Einstellung der Zwangsvollstreckung und zugleich die Aufhebung der erfolgten Vollstreckungsmaßregeln angeordnet wird oder wenn die zur Abwendung der Vollstreckung nachgelassene Sicherheitsleistung oder Hinterlegung erfolgt.

1 **A. Allgemeines.** Die Zwangsvollstreckung in ein Schiff oder Schiffsbauwerk richtet sich nach den Vorschriften der Immobiliarvollstreckung. § 870a regelt die Besonderheiten, die sich für Schiffe ergeben. Die Vorschrift entspricht § 866, wobei es keine Zwangsverwaltung von Schiffen gibt. Die in § 165 ZVG geregelte Anordnung der Bewachung und Verwahrung des Schiffes ist eine Sicherungsmaßnahme für die Zwangsversteigerung, keine Zwangsverwaltung (Zö/*Stöber* Rn 1). Der Immobiliarvollstreckung unterliegen die Schiffe, die in das Schiffsregister eingetragen sind. Das sind Kauffahrteischiffe und andere zur Seefahrt bestimmte Schiffe, die nach §§ 1, 2 Flaggenrechtsgesetz (BGBl, 79) die Bundesflagge zu führen haben oder zu führen berechtigt sind. Außerdem Binnenschiffe, die in das Binnenschiffsregister eingetragen sind. Nicht eingetragene Schiffe werden nach den Vorschriften der Mobiliarvollstreckung behandelt. Auch an Schiffen ist die Begründung von Bruchteilseigentum möglich, wobei an den Bruchteilen die Begründung selbstständiger Rechte zulässig ist (§ 8 III SchiffsregG). Auch diese Bruchteile unterliegen wie die an Grundstücken selbstständig der Zwangsvollstreckung.

2 **B. Beschlagnahme.** Auch bei der Immobiliarvollstreckung in ein Schiff erfasst die Vollstreckung die Gegenstände, auf die sich die Schiffshypothek erstreckt. Erfasst ist das Schiff einschließlich seiner Bestandteile (§ 31 III SchiffsRG). Beim Schiffsbauwerk werden außerdem erfasst das Schwimmdock sowie die auf der Bauwerft befindlichen, zum Einbau bestimmten und als solche gekennzeichneten Bauteile, sofern sie im Eigentum des Eigentümers des Schiffsbauwerkes sind (MüKoZPO/*Eickmann* Rn 12). Die Beschlagnahme erstreckt sich ferner auf das Zubehör des Schiffes mit Ausnahme der Gegenstände, die nicht in das Eigentum des Schiffseigentümers gelangt sind sowie auf die Versicherungsforderungen. Auch hier werden die Zubehörgegenstände von der Beschlagnahme frei, wenn die Zubehöreigenschaft im Rahmen ordnungsgemäßer Bewirtschaftung aufgehoben oder das Zubehör vor der Beschlagnahme veräußert und entfernt wurde. Zum Zubehör gehören zB: Pumpen, Lot, Kompass, Taue, Schiffskarte, Radar und Funkanlagen (Stöber ZversG § 162 Rn 4). Auch Bestandteile werden enthaftet, indem sie getrennt und vor der Beschlagnahme vom Schiff entfernt worden sind.

3 **C. Die Schiffshypothek.** Mit wenigen Ausnahmen entspricht die Schiffshypothek hinsichtlich ihrer Entstehung und Wirkung des §§ 866, 867. Bei der Schiffshypothek entstehen keine Eigentümergrundpfandrechte. § 868 kann demnach keine Anwendung finden. Im Fall der Aufhebung des Urteils erlischt die Hypothek. Bis zur Löschung im Schiffsregister kann der Schiffseigner im Rang und bis zur Höhe der eingetragenen Belastung eine rechtsgeschäftliche Hypothek bestellen (§ 57 III SchiffsregG). Wie bei der Zwangssicherungshypothek an Grundstücken lebt auch die Schiffshypothek nicht wieder auf, wenn die den Titel aufhebende, die Vollstreckung einstellende oder sonstige Entscheidung nach § 868 ihrerseits aufgehoben wird. Das gilt auch dann, wenn die Löschung im Register noch nicht vollzogen wurden (Schuschke/Walker Rn 3).

Gegen die Eintragung der Zwangsschiffshypothek ist die unbefristete Beschwerde nach § 75 SchRegO gegeben (BayObLG JurBüro 91, 1565).

D. Die Zwangsversteigerung von Schiffen. Bei der Zwangsversteigerung von Schiffen ist das Amtsgericht zuständig, in dessen Bezirk sich das Schiff befindet (§ 163 ZVG). In den Landesgesetzen kann eine Zuständigkeitszuweisung an ein Amtsgericht erfolgen, die meisten Bundesländer haben von der Ermächtigung Gebrauch gemacht (Nachweise bei Stöber ZversG § 163). Die Ausgestaltung des Verfahrens ist geregelt in den §§ 162 ff ZVG. 4

E. Kosten/Gebühren. I. Gericht. ¼ der vollen Gebühr für die Eintragung und Löschung der Zwangshypothek (§§ 84 III, 62, 63 I KostO). 5

II. RA. Der Antrag auf Eintragung der Schiffshypothek ist eine besondere Angelegenheit (§ 18 RVG, VV 3309 0,3 Gebühr). 6

§ 871 Landesrechtlicher Vorbehalt bei Eisenbahnen. Unberührt bleiben die landesgesetzlichen Vorschriften, nach denen, wenn ein anderer als der Eigentümer einer Eisenbahn oder Kleinbahn den Betrieb der Bahn kraft eigenen Nutzungsrechts ausübt, das Nutzungsrecht und gewisse dem Betriebe gewidmete Gegenstände in Ansehung der Zwangsvollstreckung zum unbeweglichen Vermögen gehören und die Zwangsvollstreckung abweichend von den Vorschriften des Bundesrechts geregelt ist.

Der Vorbehalt gilt ausschließlich für die landesrechtlich noch zulässigen Privatbahnen, zB in Baden-Württemberg, Berlin, Hessen und Nordrhein-Westfalen, nicht für die Deutsche Bahn. 1

Titel 3 Verteilungsverfahren

§ 872 Voraussetzungen. Das Verteilungsverfahren tritt ein, wenn bei der Zwangsvollstreckung in das bewegliche Vermögen ein Geldbetrag hinterlegt ist, der zur Befriedigung der beteiligten Gläubiger nicht hinreicht.

A. Zweck. Das Verfahren soll eine gerichtliche Möglichkeit geben, die Verteilung von Geldbeträgen zu klären, wenn nach einer erfolgten Zwangsvollstreckungsmaßnahme hierüber Streit zwischen beteiligten Gläubigern besteht, oder wenn der hinterlegte Betrag für alle Gläubiger nicht ausreicht. Im Hinblick auf das Prioritätsprinzip in der Zwangsvollstreckung mag der Anwendungsbereich zunächst eng erscheinen, allerdings gibt es verschiedene Teilgebiete, in denen ein Verteilungsverfahren in Frage kommt: 1

B. Fälle. 2

- Ein Drittschuldner hat Zweifel über die Rangfolge der Gläubiger bei Pfändung einer Forderung. Er hinterlegt und die hinterlegte Summe reicht zur Befriedigung aller Gläubiger nicht aus.
- Der Gerichtsvollzieher hat eine mehrfach gepfändete Sache versteigert, die Gläubiger können sich über ihre Rangfolge nicht einigen und der Gerichtsvollzieher hinterlegt gem § 827.
- Bei Pfändung eines Herausgabeanspruchs durch mehrere Gläubiger.

Nach dem Zwangsversteigerungs- und dem Zwangsverwaltungsverfahren sind jeweils die Verteilungsverfahren im ZVG gesondert geregelt, wobei allerdings § 115 ZVG für das Verfahren nach Widerspruch auf die ZPO verweist. Ansonsten bestehen grundlegende Unterschiede zum Verteilungsverfahren nach § 872 ff. Im Zwangsversteigerungs- und Zwangsverwaltungsverfahren sind an der Verteilung des Erlöses nicht nur die Vollstreckungsgläubiger, sondern alle Beteiligten und auch der Schuldner beteiligt, da die Zuteilung sich nach dem Rang des Grundbuches richtet und so auch Gläubiger eine Zuteilung erhalten können, die überhaupt keine Anmeldung im Verfahren getätigt haben, wenn ihr Recht sich aus dem Grundbuch ergibt. Zudem tritt das Verteilungsverfahren dort vAw ein, nicht nur auf Antrag.
Zu beachten ist, dass § 872 nicht gilt für den Fall der Hinterlegung durch den Schuldner wegen Gläubigerungewissheit nach § 372 BGB (Wieczorek/Schütze/*Storz* vor § 872 Rn 6). Treffen Hinterlegungen nach Pfändung mit einer **Hinterlegung** für einen Abtretungsgläubiger zusammen, dann kann nur der auf die Pfändungsgläubiger entfallende Betrag verteilt werden. Das gilt jedenfalls dann, wenn die Zession zeitlich vor der Pfändung erfolgt ist. Eine Einbeziehung des Abtretungsgläubigers ist auch in diesem Fall nicht

möglich. Das gilt unabhängig davon, ob zwischen den Abtretungsgläubigern und den Pfändungsgläubigern auch **Streit über die Rangfolge** oder die Beteiligung an der hinterlegten Masse besteht. In einem solchen Fall ist daher das Verteilungsverfahren nicht geeignet, da eine endgültige Klärung zwischen allen beteiligten Gläubigern nicht erzielt werden kann. Ist ersichtlich, dass die Abtretung zeitlich nach der Pfändung erfolgt ist, so kann das Verteilungsgericht nach der Prüfung, dass die Pfändung insoweit wirksam erfolgt ist, das Verteilungsverfahren durchführen. Der hinterlegte Geldbetrag darf zur Befriedigung aller beteiligten Gläubiger nicht ausreichen, reicht der Betrag aus, so zahlt das Gericht an alle Gläubiger aus, ohne das Verfahren durchzuführen. Das Verteilungsverfahren wird vAw durchgeführt, wenn die Voraussetzungen vorliegen. Die Gläubiger haben keine Wahlmöglichkeit, eine anderweitige Klage ist unzulässig (Zö/*Stöber* Rn 5). Einen Verweis auf die Vorschriften der ZPO enthält die schifffahrtsrechtliche Verteilungsordnung (SeeRVertO), zuletzt geändert durch Gesetz v 23.11.07, BGBl I 2614.

3 **C. Voraussetzungen. I. Hinterlegung eines Geldbetrages im Rahmen der Zwangsvollstreckung.** Es muss ein Geldbetrag iRd Zwangsvollstreckung in das bewegliche Vermögen hinterlegt worden sein, entweder durch den Gerichtsvollzieher nach § 827 II ZPO oder durch den Drittschuldner nach § 853 ZPO und eine Anzeige der Sachlage an das Amtsgericht erfolgt sein.

4 **II. Unzureichende Verteilungsmasse.** Die Verteilungsmasse darf zur Befriedigung aller Gläubiger, die beteiligt sind, nicht ausreichen. Außerdem ist Voraussetzung, dass keine Einigung zwischen den Gläubigern erzielt worden ist. Der Gerichtsvollzieher oder der Drittschuldner sind nicht verpflichtet, auf eine Einigung der Gläubiger vor Eintritt des Verteilungsverfahrens hinzuwirken. Das ist Aufgabe des Gerichts. Es müssen mindestens zwei Gläubiger beteiligt sein, wobei nicht Voraussetzung ist, dass die Gläubiger bereits berechtigt sind, sich aus dem betroffenen Gegenstand oder Recht zu befriedigen. Eine Vorpfändung reicht ebenso aus, wie die Pfändung eines Arrestgläubigers oder eine Sicherungsvollstreckung (MüKoZPO/*Eickmann* Rn 4).

5 **III. Vorrang des Verteilungsverfahrens.** Liegen die Voraussetzungen des Verteilungsverfahrens vor, dann besteht kein Wahlrecht der Gläubiger, eine andere Verfahrensart oder Klage zu benutzen, um den Streit zu klären. Das Verfahren tritt vAw ein. Während des Verteilungsverfahrens ist eine auf § 812 BGB gestützte Klage auf Zustimmung zur Auszahlung des hinterlegten Betrages durch die Hinterlegungsstelle oder auf die durch die Hinterlegung erlangte Sperrposition nicht zulässig. Die am Verfahren beteiligten Gläubiger können auch nicht mehr Vollstreckungsmängel bei der Pfändung durch einen vorrangigen Gläubiger selbstständig mit der Erinnerung angreifen. Wenn eine Erinnerung dazu führen würde, dass die Zwangsvollstreckung für unzulässig erklärt und das durch sie begründete Pfändungspfandrecht zum Erlöschen gebracht würde, müssen Mängel der Vollstreckungshandlung mit dem Widerspruch geltend gemacht werden und führen, wenn der Widerspruch Erfolg hat, dazu, dass das Recht im Verteilungsverfahren nicht berücksichtigt wird (Schuschke/Walker Rn 3). Sonstige Rechtsbehelfe des Schuldners oder nicht beteiligter Gläubiger bleiben zulässig, da diese nicht Beteiligte iSd § 878 sind. Wird daraufhin die Zwangsvollstreckung in den gesamten streitbefangenen Gegenstand eingestellt, so darf das Verteilungsverfahren nicht fortgeführt werden (MüKoZPO/*Eickmann* Rn 18). Sofern nur die von einem Gläubiger betriebene Vollstreckung eingestellt wird, so nimmt der Gläubiger weiter am Verfahren teil, solange die Pfändung nicht aufgehoben ist. Der auf ihn entfallene Erlösanteil wird hinterlegt (St/J/*Münzberg* Rn 10), ebenso wie die Anteile der Gläubiger, die noch kein Befriedigungsrecht haben.

6 **D. Kosten/Gebühren. Gericht:** ½ Gebühr für das gesamte Verteilungsverfahren (KV 217). Beschwerdeverfahren: 1,0 Gebühr nach KV 2120 für die Zurückweisung oder Verwerfung der Beschwerde. Rechtsbeschwerde 2,0 Gebühren nach KV 2122, Ermäßigung auf 1,0 bei Rücknahme oder anderweitige Erledigung. Bei Stattgabe keine Gebühr. Fälligkeit bei Aufforderung an den Gläubiger, eine Berechnung gem § 873 einzureichen. Kostenschuldner der Vollstreckungsschuldner (§ 29 IV GKG). Die Kosten werden aus der Verteilungsmasse vorab entnommen. **Für den RA:** Das Verteilungsverfahren ist eine besondere Angelegenheit nach § 18 Nr 12 RVG; VV 3309 0,3 Verfahrensgebühr, VV 3310 0,3 Terminsgebühr. VV 3333 findet keine Anwendung, es liegt ein Verfahren der Zwangsvollstreckung vor. Beschwerdeverfahren: VV 3500, 3513.

§ 873 Aufforderung des Verteilungsgerichts. Das zuständige Amtsgericht (§§ 827, 853, 854) hat nach Eingang der Anzeige über die Sachlage an jeden der beteiligten Gläubiger die Aufforderung zu erlassen, binnen zwei Wochen eine Berechnung der Forderung an Kapital, Zinsen, Kosten und sonstigen Nebenforderungen einzureichen.

A. Allgemeines. Das Verteilungsgericht erhält vom beteiligten Gerichtsvollzieher oder Drittschuldner die Anzeige der Sachlage. Damit ist seit Vollstreckungsbeginn ein gewisser Zeitraum vergangen. Die Aufforderung zur Einreichung der Berechnung der Forderung soll sicherstellen, dass das Gericht über Bestand und Höhe der Forderung zeitnah informiert wird. 1

B. Verfahren. I. Zuständigkeit. Zuständig ist örtlich das Gericht am Ort der Vollstreckung, bei mehreren örtlich zuständigen Gerichten für die Vollstreckung ist das Gericht zuständig, dessen Pfändungs- und Überweisungsbeschluss dem Drittschuldner als Erstes zugestellt worden ist. Sachlich zuständig ist das Amtsgericht, funktionell der Rechtspfleger (§ 20 Nr 17 RPflG). 2

II. Antrag. Ein Antrag ist nicht erforderlich, die Anzeige der Sachlage reicht aus. Der Anzeige über die Sachlage seitens des betroffenen Vollstreckungsorgans sind die Pfändungs- und Überweisungsbeschlüsse und der Hinterlegungsnachweis beizufügen. Es gilt kein Anwaltszwang und der Antrag hat keine Formerfordernisse. Das Gericht erlässt unverzüglich nach dem Eingang der Anzeige an alle aus der Anzeige benannten Gläubiger die Aufforderung, eine nach § 366 BGB gegliederte Auflistung zu übersenden, wegen des Beginns der Zweiwochenfrist ist die Anzeige förmlich zuzustellen. 3

III. Beteiligte. Am Verfahren zu beteiligen sind alle Gläubiger, für die eine Pfändung stattgefunden hat. Hierzu zählt auch der Arrestgläubiger sowie derjenigen, der lediglich eine Vorpfändung ausgebracht hat. Liegen die Voraussetzungen zu einer Auszahlung für einzelne Gläubiger noch nicht vor, wie bei einer Sicherungsvollstreckung oder bei der Vorpfändung, dann wird der entsprechende Geldbetrag, der aufgrund des Verteilungsverfahrens auf diese Gläubiger entfällt, für diese hinterlegt. Die Gläubiger haben eine aktuelle Forderungsaufstellung einzureichen, gegliedert nach Kapital, Zinsen und Kosten und Nebenforderungen. Die Forderungsanmeldung muss schriftlich oder zu Protokoll der Geschäftsstelle erfolgen. Die Frist von zwei Wochen kann nicht verlängert werden, sie ist keine Notfrist. Unter den Voraussetzungen des § 874 III kann die Einreichung bis zur Aufstellung des Teilungsplanes genügen. 4

C. Rechtsbehelfe. Die Anordnung des Verteilungsverfahrens ist nicht anfechtbar (Zö/*Stöber* § 872 Rn7). Gegen die Ablehnung des Verteilungsverfahrens steht den beteiligten Gläubigern die sofortige Beschwerde zu nach § 793 (Ddorf Rpfleger 95, 265). Verfahrensmängel können von Seiten des Schuldners über die Erinnerung nach § 766 gerügt werden, für die Gläubiger können Verfahrensverstöße gem § 793 mit der sofortigen Beschwerde geltend gemacht werden. Wenn der Gerichtsvollzieher die zur Einleitung des Verfahrens notwendige Anzeige beim Vollstreckungsgericht nicht vornimmt, so kann der Gläubiger ihn mit der Erinnerung nach § 766 dazu anhalten. Nimmt das Vollstreckungsgericht die Anzeige eines Drittschuldners gem § 853 nicht entgegen, so ist dagegen die sofortige Beschwerde gem § 793 (Erinnerung nach § 11 RPflG) statthaft (Frankf Rpfleger 77, 184). 5

D. Kosten/Gebühren. RA: § 18 Nr 12 RVG; VV 3309 0,3 Verfahrensgebühr, 3310 0,3 Terminsgebühr. Für Widerspruchs- und Bereicherungsklage gelten die VV 3100 ff für das erstinstanzliche Verfahren. 6
Gericht: ½ Gebühr KV 2117 für das gesamte Verfahren, fällig mit Zustellung der Aufforderung an die Gläubiger. Die Gebühren sind aus der hinterlegten Masse vorab zu entnehmen, da Amtsverfahren keine Antragstellerhaftung und keine Vorschussverpflichtung. Kostenschuldner ist der Vollstreckungsschuldner (§ 12 Nr 4 GKG).

§ 874 Teilungsplan. **(1) Nach Ablauf der zweiwöchigen Fristen wird von dem Gericht ein Teilungsplan angefertigt.**

(2) Der Betrag der Kosten des Verfahrens ist von dem Bestand der Masse vorweg in Abzug zu bringen.
(3) [1]Die Forderung eines Gläubigers, der bis zur Anfertigung des Teilungsplanes der an ihn gerichteten Aufforderung nicht nachgekommen ist, wird nach der Anzeige und deren Unterlagen berechnet. [2]Eine nachträgliche Ergänzung der Forderung findet nicht statt.

A. Frist und Aufstellung des Plans. Die Frist, nach welcher der Teilungsplan aufgestellt werden kann, beginnt mit der Zustellung an den letzten Gläubiger. Von Amts wegen wird dann der Teilungsplan aufgestellt, und zwar auf Grundlage der Pfändungs- und Hinterlegungsprotokolle und nach Berechnung der einzelnen Gläubiger. Der Teilungsplan ist dann Grundlage der Erlösverteilung im Termin zur mündlichen Verhandlung. 1

2 **B. Aufzunehmende Forderungen. I. Wirksamkeit des Pfandrechts.** Im Verteilungsverfahren wird die materiellrechtliche Berechtigung der Forderungen nicht geprüft. Geprüft wird allerdings die Wirksamkeit der Pfändungen, offensichtlich unwirksame Pfändungen dürfen nicht aufgenommen werden. Nur anfechtbare Pfändungen müssen ebenso aufgenommen werden wie solche, bei denen die Zwangsvollstreckung einstweilen eingestellt ist. Es kommt nur darauf an, dass das Pfandrecht noch besteht (St/J/*Münzberg* Rn 2). Streitig ist, ob eine Forderung aufgenommen wird, wenn das Gericht Zweifel an der Wirksamkeit der Pfändung hat (Für Berücksichtigung Wieczorek/Schütze/*Storz* § 874 Rn 3; St/J/*Münzberg* Rn 2; aA MüKoZPO/*Eickmann* Rn 7). Da im formalisierten Verteilungsverfahren Rechtssicherheit vorgeht, sollte im Zweifel die Forderung berücksichtigt werden und die anderen Gläubiger auf den Klageweg verwiesen werden. Da sie durch eine unwirksame Pfändung betroffen sind, steht ihnen die Drittwiderspruchsklage offen.

3 **II. Arrestforderungen.** Arrestforderungen sind nur vorläufig zu berücksichtigen (RGZ 121, 351), ebenso solche Forderungen, für welche lediglich eine Vorpfändung ausgebracht ist. Hier ist ein Hilfsplan aufzustellen für den Fall, dass der Arrest aufgehoben beziehungsweise eine Pfändung nicht rechtzeitig innerhalb der Monatsfrist des § 845 beigebracht wird. Nach der Aufstellung des Teilungsplanes können Ergänzungen von den Gläubigern nicht mehr vorgenommen werden.

4 **III. Teilungsplan.** In den Teilungsplan aufgenommen wird:
– der Hinterlegungsbetrag mit Zinsen (Teilungsmasse),
– die aus der Hinterlegungsmasse vorab zu entnehmenden Kosten des Verfahrens. Die Kosten des Verfahrens sind an erster Rangstelle zu berücksichtigen. Das sind die Gebühren und Auslagen des Verteilungsverfahrens und der Hinterlegung sowie die Kosten des Gerichtsvollziehers, soweit dieser sie nicht vor der Hinterlegung entnommen hat.
– die Forderungen aller Gläubiger mit Betrag und Rangstelle. Die Forderung soll gem § 367 BGB aufgeschlüsselt werden und wird in dieser Reihenfolge im Plan berücksichtigt. An erster Stelle stehen die Kosten, die Notwendigkeit der Vollstreckungskosten gem § 788 ist auch im Verteilungsverfahren zu prüfen. Die Zinsen werden berechnet bis zum Tage vor dem Verteilungstermin. An dritter Stelle steht die Hauptforderung, soweit wegen ihr gepfändet ist.

Der Plan muss alle Gläubiger umfassen, auch wenn im Ergebnis nur an den ersten zugeteilt wird. Unter Umständen kann sich der Plan nach einem Widerspruch noch ändern, für diesen Fall muss die weitere Zuteilung festgestellt sein. Es können auch fortlaufende Bezüge zur Verteilung stehen, dann muss bereits der erste Teilungsplan auch die Zuteilungen für den Fall enthalten, dass weitere Beträge zur Teilungsmasse gegangen. Es wird kein neuer Plan aufgestellt.

§ 875 Terminsbestimmung. **(1) [1]Das Gericht hat zur Erklärung über den Teilungsplan sowie zur Ausführung der Verteilung einen Termin zu bestimmen. [2]Der Teilungsplan muss spätestens drei Tage vor dem Termin auf der Geschäftsstelle zur Einsicht der Beteiligten niedergelegt werden.**
(2) Die Ladung des Schuldners zu dem Termin ist nicht erforderlich, wenn sie durch Zustellung im Ausland oder durch öffentliche Zustellung erfolgen müsste.

1 Nach Ablauf der Frist und nach Anfertigung des Teilungsplanes bestimmt das Gericht einen Termin, zur Verhandlung über den Teilungsplan sowie zur Ausführung der Verteilung. Die Terminsbestimmung erfolgt vAw, für die Ladungsfrist gilt § 217. Die Ladung des Schuldners ist gem Abs 3 entbehrlich, wenn sie durch Zustellung im Ausland oder durch öffentliche Zustellung erfolgen müsste. Daraus folgt im Umkehrschluss, dass ansonsten der Schuldner zum Termin zu laden ist. Mindestens drei Tage vor dem Termin muss der Teilungsplan auf der Geschäftsstelle zur Einsicht der Beteiligten niedergelegt werden. Dabei soll es sich nach allgemeiner Ansicht um eine Sollvorschrift handeln, deren Verletzung lediglich einen Vertagungsgrund, kein Anfechtungsrecht gibt (Wieczorek/Schütze/*Storz* Rn 4 mwN). Eine Übersendung des Teilungsplanes an die Parteien ist nicht erforderlich, kann aber erfolgen. Der Vertagungsgrund entfällt durch rügelose Einlassung. Der Termin ist nichtöffentlich.

§ 876 Termin zur Erklärung und Ausführung. **[1]Wird in dem Termin ein Widerspruch gegen den Plan nicht erhoben, so ist dieser zur Ausführung zu bringen. [2]Erfolgt ein Widerspruch, so hat sich jeder dabei beteiligte Gläubiger sofort zu erklären. [3]Wird der Widerspruch von den Beteiligten als begründet anerkannt oder kommt anderweit eine Einigung zustande, so ist der Plan demgemäß zu**

berichtigen. [4]Wenn ein Widerspruch sich nicht erledigt, so wird der Plan insoweit ausgeführt, als er durch den Widerspruch nicht betroffen wird.

A. Allgemeines. Wenn im Termin ein Widerspruch nicht erhoben wird, dann wird der festgestellte Plan ausgeführt. Der Widerspruch ist spezieller Rechtsbehelf gegen den Teilungsplan. Damit kann sowohl die Behauptung, dem Gläubiger stünde ein besseres Recht zu, als auch die Verletzung von Verfahrensvorschriften bei Aufstellung des Termins gerügt werden (Wieczorek/Schütze/*Storz* Rn 10; aA ThoPu/*Hüßtege* Rn 3, nur Einwendungen materieller Art). In Frage kommt die Rüge der Nichtberücksichtigung (str; MüKoZPO/*Eickmann* Rn 2) des eigenen Rechtes oder seines Ranges. Ebenso die Berücksichtigung eines anderen Gläubigers oder seines Ranges. 1

B. Verfahren bei Widerspruch gegen den Teilungsplan. Wird im Termin ein Widerspruch gegen den Teilungsplan erhoben, so ist die Planausführung gehindert. 2

I. Widerspruchsberechtigung. Widerspruchsberechtigt ist jeder Gläubiger, dessen Recht durch die Zuteilung ganz oder tw verdrängt wird. Voraussetzung ist weiterhin, dass nach den vorgelegten Unterlagen dem widersprechenden Gläubiger ein Pfandrecht tatsächlich zusteht (Zö/*Stöber* Rn 3). 3
Dritte sind nicht widerspruchsberechtigt, sie sind darauf verwiesen, ggf ihre Rechte mit den Klagen nach § 771 oder § 805 geltend zu machen. Der Schuldner ist nicht widerspruchsberechtigt, er kann lediglich gem §§ 767, 769 vorgehen. Sein Widerspruch ist unstatthaft und muss wegen der klaren gesetzlichen Regelung auch nicht formell zurückgewiesen werden (Zö/*Stöber* Rn 4, Wieczorek/Schütze/*Storz* Rn 13).

II. Form des Widerspruchs. Der Widerspruch kann mündlich im Termin erklärt werden oder schriftlich vor dem Termin oder zu Protokoll der Geschäftsstelle. Spätestens muss der Widerspruch vor Aufstellung des Teilungsplanes im Termin erhoben sein. Der Widerspruch muss nicht begründet werden, allerdings muss der Widersprechende erkennen lassen, welche anderweitige Zuteilung er begehrt und gegen wen sich der Widerspruch richtet (RGZ 26, 424). Der Widerspruch kann ohne Begründung, und ohne dass es der Zustimmung der übrigen Beteiligten bedürfe, zurückgenommen werden (Schuschke/Walker Rn 1). 4

III. Verhandlung über den Widerspruch. Über den Widerspruch ist im Termin zu verhandeln, jeder beteiligte Gläubiger muss sich sofort erklären, weder eine schriftliche Erklärung nach dem Termin noch eine Vertagung kommt in Betracht. Bei anwesenden Beteiligten, die sich nicht erklären, wird gem § 138 III vermutet, dass sie mit der Plan Ausführung einverstanden sind. Bei nicht erschienenen Beteiligten wird gem § 877 II vermutet, dass sie den Widerspruch nicht als begründet anerkennen. Nach Ergebnis der Erörterung entscheidet sich die weitere Vorgehensweise. Einigen sich die Gläubiger, so ändert das Gericht den Plan entsprechend und führt den Verteilungsplan so aus. Ebenso wenn der Widerspruch nach der Verhandlung zurückgenommen wird. Einigen sich die Gläubiger nicht, so bleibt es bei der Hinterlegung der ungeklärten Beträge § 876 S 4. Dann weist das Gericht die Gläubiger darauf hin, dass der vom Widerspruch betroffene Teil des Plans ausgeführt wird, wenn nicht innerhalb der Monatsfrist des § 878 I die Erhebung einer Widerspruchsklage nachgewiesen wird. Soweit der Plan durch den Widerspruch nicht betroffen ist, wird er ausgeführt. 5

IV. Planausführung. Der Verteilungsplan wird durch Anweisung an die Hinterlegungsstelle ausgeführt, die Beträge laut Plan an die Gläubiger auszuzahlen. Bei Widerspruch wird der Plan insoweit ausgeführt, als er vom Widerspruch nicht betroffen ist (Im Einzelnen: MüKoZPO/*Eickmann* Rn 14 ff). 6

C. Sonstige Rechtsbehelfe. Die sofortige Beschwerde gem § 793 iVm § 11 RPflG ist zur Rüge von Verfahrensverstößen statthaft. Die sofortige Beschwerde ist zum Beispiel statthaft, wenn der Rechtspfleger selbst über einen Widerspruch entschieden und ihn als unberechtigt für das weitere Verteilungsverfahren außer Acht gelassen hat (BGH NJW-RR 07, 782). Ein Gläubiger, der keinen Widerspruch erhoben hat, ist auch nicht beschwerdeberechtigt. Ihm steht aber wie allen anderen Gläubigern die Widerspruchsklage gem § 878 zu. 7

§ 877 Säumnisfolgen.

(1) Gegen einen Gläubiger, der in dem Termin weder erschienen ist noch vor dem Termin bei dem Gericht Widerspruch erhoben hat, wird angenommen, dass er mit der Ausführung des Planes einverstanden sei.
(2) Ist ein in dem Termin nicht erschienener Gläubiger bei dem Widerspruch beteiligt, den ein anderer Gläubiger erhoben hat, so wird angenommen, dass er diesen Widerspruch nicht als begründet anerkenne.

1 **A. Planausführung bei Nichterscheinen.** Die Vorschrift regelt die Planausführung ggü nicht erschienenen beteiligten Gläubigern. Die Vorgehensweise bei Nichterscheinen oder Nichtverhandeln eines Gläubigers ist dahingehend geregelt, dass für diesen, wenn er auch nicht schriftlich vor dem Termin Widerspruch erhoben hat, sein Einverständnis fingiert wird. Da die Vermutung nach der Konstruktion ausdrücklich nur für den Verteilungsplan gilt, der vor dem Termin aufgestellt und ausgelegt wurde, kann sie nicht Anwendung finden, wenn im Termin eine Änderung des Teilungsplanes vAw erfolgt.

2 **B. Widerspruch und nicht erschienener Gläubiger.** Wenn nach erhobenem Widerspruch eine Einigung nicht gefunden ist, so muss der widersprechende Gläubiger auch den nicht erschienenen Gläubiger verklagen. Es wird fingiert, dass der nicht erschienener Gläubiger den Widerspruch nicht anerkennt. Streitig ist, ob in einem solchen Fall der widersprechende Gläubiger außergerichtlich vor Klageerhebung zur Zustimmung auffordern muss, um ein sofortiges Anerkenntnis mit der Kostenfolge des § 93 zu verhindern (Ja: Wieczorek/Schütze/*Storz* Rn 8; Zö/*Stöber* Rn 2; Schuschke/Walker Rn 2; Nein: MüKoZPO/*Eickmann* Rn 4). Im Hinblick auf die kurze Klagefrist in § 878 I und die Tatsache, dass jeder Gläubiger durch Teilnahme am Termin Kenntnis über erhobene Widersprüche haben könnte, sollte das Kostenrisiko insoweit den nicht erschienenen Gläubiger treffen. Gegenüber dem Gericht ist der Gläubiger verpflichtet, sich über den Widerspruch im Termin zu erklären, es gibt keinen Grund den beteiligten Gläubiger insoweit schlechter zu stellen und zu verpflichten, noch außergerichtlich aufzufordern.

§ 878 Widerspruchsklage.

(1) [1]Der widersprechende Gläubiger muss ohne vorherige Aufforderung binnen einer Frist von einem Monat, die mit dem Terminstag beginnt, dem Gericht nachweisen, dass er gegen die beteiligten Gläubiger Klage erhoben habe. [2]Nach fruchtlosem Ablauf dieser Frist wird die Ausführung des Planes ohne Rücksicht auf den Widerspruch angeordnet.

(2) Die Befugnis des Gläubigers, der dem Plan widersprochen hat, ein besseres Recht gegen den Gläubiger, der einen Geldbetrag nach dem Plan erhalten hat, im Wege der Klage geltend zu machen, wird durch die Versäumung der Frist und durch die Ausführung des Planes nicht ausgeschlossen.

1 **A. Allgemeines.** Die Widerspruchsklage soll im eher formell betonten Verteilungsverfahren die materielle Berechtigung stärken. Sie ist prozessuale Gestaltungsklage (MüKoZPO/*Eickmann* § 878 Rn 10 mwN). Die Entscheidung über die Berechtigung des Widerspruchs ist dem Prozessgericht zugewiesen. Im formellen Verteilungsverfahren können und sollen die Streitigkeiten nicht geklärt werden.

2 **B. Zulässigkeit der Widerspruchsklage. I. Zuständigkeit.** Zuständig ist das Gericht, in dessen Bezirk die Zwangsvollstreckung stattgefunden hat (§ 802). Diese Zuständigkeit ist ausschließlich, die sachliche Zuständigkeit ergibt sich ansonsten nach der Höhe des Streitwertes. Der Streitwert ist der Betrag, dessen andere Verteilung vom beteiligten Gläubiger verlangt wird (Zö/*Stöber* Rn 1). Ist nach dem Streitwert das LG sachlich zuständig, ist das dem Verteilungsgericht nachgeordnete LG zuständig. Streitgegenstand und damit Streitwert bestimmend ist der Betrag, dessen anderweitige Verteilung im Streit steht. Gemäß § 879 II ist bei mehreren Widersprüchen das LG ausschließlich zuständig. Die Gläubiger können eine anderweitige Zuständigkeit vereinbaren. Den Gläubigern steht es frei, eine einheitliche Widerspruchsklage zu erheben, jedenfalls dann, wenn derselbe Widerspruchsgrund geltend gemacht wird.

3 **II. Frist.** Die Erhebung der Widerspruchsklage ist binnen eines Monats nach dem Termin dem Gericht nachzuweisen. Die Klage muss erhoben worden und der Gerichtskostenvorschuss eingezahlt oder ein Antrag auf Bewilligung von PKH eingereicht sein (Hamm NJW 65, 825), wobei hier die unbedingte Klagerhebung erforderlich ist. Teilweise wird die Auffassung vertreten, dass auch die alsbaldige Zustellung der Klage nachzuweisen ist (Hambg MDR 60, 767; Bremen MDR 82, 762). Dem ist allerdings nicht zu folgen, innerhalb der Monatsfrist kann die alsbaldige Zustellung regelmäßig nicht nachgewiesen werden, durch Einzahlung des Kostenvorschusses/PKH Antrag hat der Gläubiger alles getan, was aus seiner Sphäre zur Zustellung der Klage erforderlich ist. Durch die Erhebung des Widerspruchs ist die Planausführung gehemmt, solange die Monatsfrist nicht abgelaufen ist. Die Frist wird nach § 222 berechnet, der Terminstag wird mitgezählt (Termin 7.1, Fristablauf 6.2), (Zö/*Stöber* Rn 6). Bei fruchtlosem Fristablauf wird die Planausführung angeordnet. Die Zwangsvollstreckung ist damit beendet. Die verspätet erhobene Widerspruchsklage nach Beendigung der Zwangsvollstreckung unstatthaft. Eine einstweilige Verfügung auf Verhinderung der Planausführung ist unzulässig (Frankf NJW 61, 787).

III. Weitere Zulässigkeitsvoraussetzungen. Der Kl muss einen zulässigen Widerspruch erhoben haben. Parteien sind der widersprechende Gläubiger als Kl sowie alle den Widerspruch nicht anerkennenden Gläubiger als Beklagte, auch der Schuldner, sobald er den Widerspruch nicht anerkannt hat (Celle FamRZ 96, 1128). Die Klage ist auch gegen die Gläubiger zu richten, die wegen Nichterscheinen oder Nichtverhandeln im Termin als nicht anerkennende Gläubiger gem § 877 II gelten. Das Rechtsschutzbedürfnis für die Klage entfällt, sobald der Verteilungsplan ausgeführt ist. Die Klage ist dann unzulässig. Klagebefugt ist der widersprechende Gläubiger. 4

Der Antrag richtet sich auf Zustimmung zur Auszahlung eines bestimmten Betrages an den Gläubiger. 5

C. Begründetheit der Widerspruchsklage. I. Schlüssigkeit. Die Widerspruchsklage ist begründet, wenn dem widersprechenden Gläubiger ein besseres Recht auf die Verteilungsmasse zusteht als den Beklagten und der Verteilungsplan damit unrichtig ist. Es können nur Tatsachen zur Begründung des besseren Rechtes vorgetragen werden, die bis zum Schluss der Verhandlung über den Verteilungsplan eingetreten sind. Dabei richtet sich die Verteilung nach der materiellen Rechtslage selbst für den Gläubiger, der der Verteilung nicht widersprochen hat, soweit der Plan nicht ausgeführt worden ist (BGH NJW-RR 87, 891 mit Anm *Eickmann* EWiR 87, 731). Dabei ist allerdings zu beachten, dass die Planausführung fortgesetzt wird, sofern ein Widerspruch nicht vorliegt. Die Planausführung wird auch dann fortgesetzt, wenn der Gläubiger nicht alle betroffenen Beteiligten verklagt hat. Es muss dann ein Antrag auf einstweilige Einstellung der Zwangsvollstreckung gestellt werden. Der Gläubiger kann sich zur Begründung der Klage sowohl auf Gründe aus dem Rechtsverhältnis zwischen den Gläubigern, als auch auf Gründe zwischen dem Beklagten und den Schuldner berufen. 6

1. Mängel der Vollstreckungshandlung. Ein besseres Recht des Gläubigers kann entstehen durch das Nichtbestehen oder die Mangelhaftigkeit des Pfandrechtes. Das gilt auch, wenn das Pfandrecht nach der Pfändung weggefallen ist, zB das nach Vorpfändung gem § 845 nicht fristgerecht gepfändet wurde (MüKoZPO/*Eickmann* Rn 12). Auch die Anfechtbarkeit des Pfändungspfandrechtes und die Aufhebung erteilt nach § 776 reicht aus, nicht aber die einstweilige Einstellung der Zwangsvollstreckung, denn diese hat keine Auswirkungen auf das Pfandrecht, lediglich die Verwertung des Gegenstandes wird gehemmt (MüKoZPO/*Eickmann* Rn 10). Streitig ist die Frage, ob die Klage begründet ist, wenn ein bestehender Vollstreckungsmangel nachträglich geheilt wurde. Der Widerspruch wäre unbegründet, wenn die Heilung zum Zeitpunkt des Erwerbs des Pfandrechtes durch den Kl bereits eingetreten war. Der Kl muss dementsprechend, damit sein Widerspruch Erfolg hat, seinerseits fehlerfrei gepfändet haben, bevor die Heilung der angegriffenen Erstpfändung eintrat. Ansonsten würde ein Gläubiger, der unter Verzicht auf Wirksamkeitsvoraussetzungen möglichst schnell gepfändet, im Verteilungsverfahren bevorteilt (Zö/*Stöber* Rn 11). 7

2. Besserer Rang aufgrund Zeitabfolge. Geltend gemacht werden kann auch der bessere Rang des Gläubigers iRd Forderungspfändung. Bei Beendigung des Arbeitsverhältnisses nach einer erfolgten Pfändung der Bezüge hat der Gläubiger nur dann den Rang vor einer Pfändung, die nach der Beendigung und vor einer Wiedereinstellung des Schuldners erfolgt ist, wenn das Arbeitsverhältnis durch die Wiedereinstellung fortgesetzt wird (AG Köln DAVorm 91, 872). Auch die formellen Fragen, die das Verteilungsgericht im Verteilungsverfahren hätte berücksichtigen müssen, können in der Klage noch gerügt werden. Das kann zB sein, dass das Verteilungsgericht den vollstreckungsrechtlichen Rang bereits unrichtig gewürdigt hat. 8

3. Materiell-rechtliche Einwände. Einwendungen, die gegen den titulierten Anspruch selbst gerichtet sind, und die dem Schuldner zustehen, kann der Gläubiger nur erheben, soweit sie der Schuldner gem § 767 II noch erheben könnte (BGH NJW 74, 2284; str Wieczorek/Schütze/*Storz* Fn 39 mwN). Mit der Widerspruchsklage wird nur die Frage des besseren Rechtes geklärt, andere Gründe, die zum Beispiel die Vollstreckungsforderung betreffen, können nicht geltend gemacht werden. Teilweise wird vertreten, dass dem Gläubiger alle Einwendungen auch gegen den titulierten Anspruch zustehen (St/J/*Münzberg* Rn 23). Das kann nicht überzeugen. Die Widerspruchsklage kann nicht dazu dienen, für den Schuldner nicht mehr durchsetzbare Einreden und Einwendungen durchzusetzen, auch wenn dies nicht zu Gunsten des Schuldners, sondern zu Gunsten eines anderen Gläubigers erfolgt. Die Rechtssicherheit für den klagenden Gläubiger wäre dadurch nachträglich entzogen. Gründe, die die Zugehörigkeit des gepfändeten Gegenstandes zum Schuldnervermögen betreffen, können nicht geltend gemacht werden (Schuschke/Walker Rn 15). Für den Betroffenen bleibt hier als Klageart die Drittwiderspruchsklage. Der Kl kann allerdings seine Klage damit begründen, dass der Beklagte in Vermögensgegenstände vollstreckt hat, die nur ihm haften, aber nicht dem 9

Beklagten (St/J/*Münzberg* Rn 32). Ein Zurückbehaltungsrecht des widersprechenden Gläubigers kann dagegen im Verteilungsverfahren nicht berücksichtigt werden, wenn die zu Grunde liegenden Ansprüche eine Zuteilung aus dem Verteilungserlös nicht rechtfertigen (BGH NJW-RR 87, 890). Maßgeblicher Zeitpunkt für die Beurteilung ist der Zeitpunkt des Verteilungstermins (BGHZ 113, 169).

10 **II. Einwendungen des Beklagten.** Der Beklagte kann zunächst das Vorbringen des Klägers bestreiten. Er ist allerdings nicht gehindert, auch alle anderen Einwendungen vorzutragen, die aus seiner Sicht gegen das bessere Recht des Klägers bestehen. Er kann also seinerseits vortragen, dass das Pfändungspfandrecht nicht besteht, der Titel nicht mehr besteht, prozessuale Rangregeln verletzt sind oder ein Vermögensgegenstand dem Kl nicht haftet (St/J/*Münzberg* Rn 32).

11 **III. Folgen nicht erhobener Klage.** Hat der Widersprechende nicht rechtzeitig Klage erhoben, so wird der Plan ausgeführt. Das hat keine Auswirkungen auf die materielle Rechtslage, das materiell bessere Recht des Gläubigers bleibt bestehen. Nach Ausführung des Planes muss bei erhobener Klage der Gläubiger den auf Zustimmung lautenden Klageantrag auf einen Zahlungsantrag umstellen (MüKoZPO/*Eickmann* Rn 31). Voraussetzung für die Hinderung der Planausführung ist weiterhin, dass der Kl fristgerecht die Klagerhebung nachgewiesen. Der Nachweis der Klagerhebung reicht aus, der Nachweis der Zustellung oder der alsbaldigen Zustellung muss nicht erfolgen. Ein Antrag auf Bewilligung von Prozesskostenhilfe ohne gleichzeitige Klagerhebung reicht nicht aus.

12 **D. Bereicherungsklage.** Nach der Ausführung des Planes kann der betroffene Gläubiger sein besseres Recht nur noch im Wege der Bereicherungsklage gem Abs 3 geltend machen. Im Wege der Klageänderung kann der Gläubiger auch von der Widerspruchsklage zur Bereicherungsklage übergehen, wenn durch Planausführung während der Widerspruchsklage sich diese erledigt. Die Bereicherungsklage steht neben dem nicht widersprechenden Gläubiger auch Dritten zu. Auch der beteiligte Gläubiger, der keinen Widerspruch erhoben hat, kann noch die Bereicherungsklage erheben (BGH NJW 94, 3299). Die Bereicherungsklage richtet sich auf Auszahlung des Erlangten gegen den begünstigten Gläubiger.

13 **E. Kosten/Gebühren.** Für die Widerspruchsklage und die Bereicherungsklage KV 1210 ff beim Gericht. Für den RA entstehen die Gebühren für das erstinstanzliche Verfahren nach VV 3100 ff. Der Streitwert der Widerspruchsklage ist der Betrag, dessen vorrangige Befriedigung durch das Urt erreicht werden soll. Nebenforderungen zu der Forderung also Zinsen und Kosten sind hinzuzurechnen. Der Streitwert der Bereicherungsklage ergibt sich aus dem Klageantrag.

§ 879 Zuständigkeit für die Widerspruchsklage.

(1) Die Klage ist bei dem Verteilungsgericht und, wenn der Streitgegenstand zur Zuständigkeit der Amtsgerichte nicht gehört, bei dem Landgericht zu erheben, in dessen Bezirk das Verteilungsgericht seinen Sitz hat.
(2) Das Landgericht ist für sämtliche Klagen zuständig, wenn seine Zuständigkeit nach dem Inhalt der erhobenen und in dem Termin nicht zur Erledigung gelangten Widersprüche auch nur bei einer Klage begründet ist, sofern nicht die sämtlichen beteiligten Gläubiger vereinbaren, dass das Verteilungsgericht über alle Widersprüche entscheiden solle.

1 Zuständig ist das Gericht, in dessen Bezirk die Zwangsvollstreckung stattgefunden hat (§ 802). Diese Zuständigkeit ist ausschließlich, die sachliche Zuständigkeit ergibt sich ansonsten nach der Höhe des Streitwertes. Der Streitwert ist der Betrag, dessen andere Verteilung vom beteiligten Gläubiger verlangt wird. (Zö/*Stöber* Rn 1). § 879 gilt nur für die Widerspruchsklage des § 878 I, für die Bereicherungsklage des § 878 II gilt die allgemeine Zuständigkeit. Wenn auch nur bei einem widersprechenden Gläubiger die Zuständigkeit des Landgerichts erreicht ist, dann gilt für alle andere widersprechenden Gläubiger ebenfalls diese Zuständigkeit gem § 879 II, da eine Zersplitterung der Verfahren in einer Sache verhindert werden soll. Wenn keine der Klagen die Zuständigkeit des Landgerichtes begründet, ist das Amtsgericht zuständig. Eine Addition der verschiedenen Klagen findet nicht statt. Diese Zuständigkeit ist disponibel, es müssen aber alle an einem Widerspruch aktiv oder passiv Beteiligten zustimmen. Eine andere Zuständigkeit als die des Verteilungsgerichts kann nicht vereinbart werden. Umgekehrt kann auch die Zuständigkeit des Landgerichts vereinbart werden, wenn an sich die Zuständigkeit des Verteilungsgerichts gegeben ist (B/L/A/H Rn 3).

§ 880 Inhalt des Urteils. **[1]In dem Urteil, durch das über einen erhobenen Widerspruch entschieden wird, ist zugleich zu bestimmen, an welche Gläubiger und in welchen Beträgen der streitige Teil der Masse auszuzahlen sei. [2]Wird dies nicht für angemessen erachtet, so ist die Anfertigung eines neuen Planes und ein anderweites Verteilungsverfahren in dem Urteil anzuordnen.**

A. Allgemeines. Das Gericht, welches über den Widerspruch entscheidet, entscheidet mit für das Verteilungsgericht bindender Wirkung. Dieses Urt kann nicht für vorläufig vollstreckbar erklärt werden, sodass erst nach Rechtskraft vollstreckt werden kann. Wegen der Kosten ist der Ausspruch der vorläufigen Vollstreckbarkeit dagegen möglich. Es ergeben sich je nach Entscheidung unterschiedlich Tenorierungen. 1

B. Stattgabe des Widerspruchs. Bei stattgebender Entscheidung hat das Gericht die Verteilung entweder selbst neu vorzunehmen oder die Aufstellung eines neuen Planes durch das Verteilungsgerichts anzuordnen. Es besteht Ermessensspielraum, wobei sinnvollerweise bei der Anordnung eines neuen Planes genaue Anweisungen erteilt werden sollten, um Missverständnisse zu vermeiden. Ein Widerspruch gegen die neue Verteilung kann nur noch mit der Begründung erhoben werden, dass der neue Plan nicht dem Urt entspricht (Zö/*Stöber* Rn 1 mwN). Beteiligte des neuen Verfahrens sind nur noch die Beteiligten des Widerspruchsverfahrens. In dem neuen Verteilungsverfahren ist eine erneute Aufforderung nach § 873 nicht notwendig. 2

C. Zurückweisung des Widerspruchs. Erachtet das Gericht den Widerspruch als unbegründet, dann weist es die Klage ab, indem der Widerspruch abgewiesen wird. Ohne weitere Anweisung im Urt wird dann der Teilungsplan vom Verteilungsgericht ausgeführt. 3

§ 881 Versäumnisurteil. **Das Versäumnisurteil gegen einen widersprechenden Gläubiger ist dahin zu erlassen, dass der Widerspruch als zurückgenommen anzusehen sei.**

Auch im Verteilungsverfahren gelten die §§ 331 ff, sodass gegen den ausbleibenden Beklagen ein Versäumnisurteil ergehen kann. Abweichend von der sonstigen Tenorierung bestimmt § 881, dass gegen den ausbleibenden Gläubiger das Urt auf Zurücknahme des Widerspruchs lautet. Das hat zur Folge, dass dem Gläubiger die Möglichkeit der Bereicherungsklage gem § 878 II erhalten bleibt. Das ist folgerichtig aus der durch § 878 ermöglichten Kumulation der Widerspruchsklage nach Abs 1 und der Bereicherungsklage nach Abs 2 (so St/J/*Münzberg* Rn 1, MüKoZPO/*Eickmann* Rn 2, aA B/L/A/H Rn 1, Zö/*Stöber* Rn 1). 1

§ 882 Verfahren nach dem Urteil. **Auf Grund des erlassenen Urteils wird die Auszahlung oder das anderweite Verteilungsverfahren von dem Verteilungsgericht angeordnet.**

Basis der endgültigen Verteilung ist das Urt. Ergeht ein die Klage abweisendes Sachurteil oder ein Versäumnisurteil gegen den Kl, dann wird der ursprüngliche Plan ausgeführt. Bei Erfolg oder teilweisem Erfolg wird entweder gem der Anordnung im Urt ein neuer Plan aufgestellt, über den neu verhandelt werden muss, oder der Plan wird nach Maßgabe der Feststellungen des Urteils ausgeführt. Das Verteilungsgericht ersucht vAw gem § 15 HinterlO die Hinterlegungsstelle um Auszahlung des Betrages an die Gläubiger, nach hM ist Rechtskraft des Urteils erforderlich, die vorläufige Vollstreckbarkeit reicht nicht aus. Der Gläubiger muss die Rechtskraft des Urteils nachweisen (Zö/*Stöber* Rn 1). 1

Titel 4 Zwangsvollstreckung gegen juristische Personen des öffentlichen Rechts

§ 882a Zwangsvollstreckung wegen einer Geldforderung. **(1) [1]Die Zwangsvollstreckung gegen den Bund oder ein Land wegen einer Geldforderung darf, soweit nicht dingliche Rechte verfolgt werden, erst vier Wochen nach dem Zeitpunkt beginnen, in dem der Gläubiger seine Absicht, die Zwangsvollstreckung zu betreiben, der zur Vertretung des Schuldners berufenen Behörde und, sofern die Zwangsvollstreckung in ein von einer anderen Behörde verwaltetes Vermögen erfolgen soll, auch dem zuständigen Minister der Finanzen angezeigt hat. [2]Dem Gläubiger ist auf Verlangen der Empfang der Anzeige zu bescheinigen. [3]Soweit in solchen Fällen die Zwangsvollstreckung durch den Gerichts-**

vollzieher zu erfolgen hat, ist der Gerichtsvollzieher auf Antrag des Gläubigers vom Vollstreckungsgericht zu bestimmen.

(2) [1]Die Zwangsvollstreckung ist unzulässig in Sachen, die für die Erfüllung öffentlicher Aufgaben des Schuldners unentbehrlich sind oder deren Veräußerung ein öffentliches Interesse entgegensteht. [2]Darüber, ob die Voraussetzungen des Satzes 1 vorliegen, ist im Streitfall nach § 766 zu entscheiden. [3]Vor der Entscheidung ist der zuständige Minister zu hören.

(3) [1]Die Vorschriften der Absätze 1 und 2 sind auf die Zwangsvollstreckung gegen Körperschaften, Anstalten und Stiftungen des öffentlichen Rechtes mit der Maßgabe anzuwenden, dass an die Stelle der Behörde im Sinne des Absatzes 1 die gesetzlichen Vertreter treten. [2]Für öffentlich-rechtliche Bank- und Kreditanstalten gelten die Beschränkungen der Absätze 1 und 2 nicht.

(4) (weggefallen)

(5) Der Ankündigung der Zwangsvollstreckung und der Einhaltung einer Wartefrist nach Maßgabe der Absätze 1 und 3 bedarf es nicht, wenn es sich um den Vollzug einer einstweiligen Verfügung handelt.

1 **A. Anwendungsbereich und Zweck.** Die Vorschrift bestimmt besondere Voraussetzungen der Zwangsvollstreckung wegen Geldforderungen gegen bestimmte öffentlich-rechtliche Rechtsträger und Körperschaften. Diese Voraussetzungen müssen zusätzlich zu den allgemeinen und besonderen Voraussetzungen der Zwangsvollstreckung vorliegen. Nicht jede Vollstreckungsart gegen jede öffentlich-rechtliche Körperschaft fällt unter die Vorschrift. Durch die Norm wird eine Privilegierung der öffentlichen Hand in der Zwangsvollstreckung bewirkt (Fiskusprivileg), die den Verwaltungsabläufen im Hinblick auf ein erweitertes Zeitmoment Rechnung trägt. Für streitige Forderungen stehen oft keine Haushaltsmittel zur Verfügung und das Einstellen außerplanmäßiger Mittel kostet Zeit. Da gerade in der Zwangsvollstreckung ansonsten Schnelligkeit und keine vorherige Information des Schuldners Prinzip sind, wird hier eine Ausnahme geschaffen und ist gerechtfertigt, da die Zahlungsfähigkeit der öffentlichen Hand im allgemeinen nicht angezweifelt wird. Zudem ist die Verwaltung an Recht und Gesetz gebunden, so das davon auszugehen ist, dass sie titulierte Verbindlichkeiten auch begleicht (BVerfGE 84, 6). Durch die Einschaltung der jeweiligen Dienstvorgesetzten wird die Möglichkeit der freiwilligen Zahlung erweitert. Außerdem soll die weitere Erfüllung der öffentlichen Aufgaben sichergestellt werden. Im Ergebnis geht es demnach um den Schutz öffentlicher Interessen in verschiedener Art und Weise (Schuschke/Walker Rn 4).

2 **I. Zwangsvollstreckung wegen einer Geldforderung.** Anwendung findet § 882a nur bei der Zwangsvollstreckung wegen einer Geldforderung. Damit sind die Vollstreckung zur Herausgabe von Sachen, auf Abgabe einer Willenserklärung sowie zur Erwirkung von Handlungen und Unterlassungen sowohl vertretbarer als auch unvertretbarer Art ausgenommen und unterliegen nur den allgemeinen Vorschriften.

3 Weiterhin ausgenommen sind die Vollstreckungsfälle, die zur Verfolgung eines dinglichen Rechts vorgenommen werden. Mit dinglichen Rechten ist der abschließende Katalog der dinglichen Rechte des BGB gemeint. Nicht erfasst ist aber von der Ausnahme die Zwangsvollstreckung wegen einer Geldforderung in das dingliche Vermögen, hier gilt § 882a ebenfalls.

4 **II. Keine Anwendung bei allen öffentlich-rechtlichen Körperschaften.** Für die Zwangsvollstreckung gegen Gemeinden und Gemeindeverbände gilt die Vorschrift nicht wegen § 15 Nr 3 EGZPO. Hier ist das jeweilige Landesrecht vorrangig und weicht inhaltlich tw ab (Einzelheiten zu den jeweiligen Länderregelungen Schuschke/Walker Rn 2). Ferner ausgenommen ist gem Abs 3 die Vollstreckung gegen die öffentlich-rechtlichen Banken und Kreditanstalten. Für diese gelten keine Sonderregeln, sondern lediglich die allgemeinen Vorschriften.

5 Das gilt auch für die Deutsche Bahn (BVerfGE 64, 44). Nach der Aufhebung der Sondervorschriften für die Deutsche Bahn (Abs 4 ist weggefallen durch Art 6 Abs 38 ENeuOG v 27.12.93, BGBl I 2378) sind die Vermögen der Deutschen Bahn überhaupt nicht mehr privilegiert.

6 **III. Privilegierte Rechtsträger.** Erfasst werden vom Anwendungsbereich der Norm der Bund einschließlich der selbstständigen Sondervermögen, aber nicht die Nachfolgeunternehmen der Deutschen Bundespost seit der Umwandlung in Aktiengesellschaften, außerdem die Bundesländer und die aufgrund Bundes- oder Landesrechts bestehenden Körperschaften, Anstalten und Stiftungen des öffentlichen Rechts. Das sind auch die öffentlich-rechtlichen Rundfunk- und Fernsehanstalten (BVerfG NJW 1987, 3018). Außerdem gehören die Träger der Sozialversicherung, die Industrie- und Handelskammern nach § 3 I IHKG und die Handwerkskammern hierzu. Gleich behandelt werden auch die Kirchen, soweit sie öffentlich-rechtlich organi-

siert sind gem Art 140 GG iVm Art 137 V WRV. Das gilt nicht für privatrechtlich organisierte Körperschaften, auch wenn sie von einer Kirche getragen werden (Schuschke/Walker Rn 39).

B. Verfahren bei Vollstreckung gegen öffentlich-rechtliche Körperschaften. I. Anzeige. Der Gläubiger einer Forderung muss vor der Zwangsvollstreckung seine Absicht, die Zwangsvollstreckung zu betreiben, der Körperschaft, gegen die er vollstrecken will, anzeigen. Die Anzeige ist an die Behörde, die die Körperschaft vertritt, zu richten. In der Praxis ergibt sich die zuständige Behörde aus dem Rubrum des Urteils. Soll in ein Vermögen vollstreckt werden, welches die Behörde verwaltet, so muss eine weitere Anzeige an den zuständigen Minister der Finanzen gerichtet werden. Die Anzeige ist Vollstreckungsvoraussetzung, vAw zu beachten und daher vom Gläubiger nachzuweisen. 7

Inhalt der Anzeige ist die Ankündigung, die Zwangsvollstreckung wegen einer Geldforderung gegen die juristische Person des öffentlichen Rechts betreiben zu wollen. Der Vollstreckungstitel und die Forderung sind zu bezeichnen (Zö/*Stöber* Rn 3). Der Gläubiger ist nicht verpflichtet, die konkrete Art der Vollstreckung und den Vollstreckungsgegenstand zu bezeichnen. 8

Bei Körperschaften, Stiftungen und Anstalten des öffentlichen Rechtes tritt an die Stelle der Behörde als zum Empfang der Anzeige befugter Stelle der jeweilige gesetzliche Vertreter.

II. Wartefrist. Nach der Anzeige ist eine Wartefrist von vier Wochen gegeben, die ab dem Zeitpunkt des Zugangs der Anzeige berechnet wird. Deshalb regelt Abs 1 S 2 die gesonderte Verpflichtung der Behörde, den Empfang der Anzeige nachzuweisen. Der Nachweis der Anzeige kann aber auch auf andere Art und Weise erfolgen. Muss auch eine Anzeige an den Minister für Finanzen erfolgen, so beginnt die Frist mit dem Zugang der letzten Anzeige. Die Kosten für die Fertigung und die Zustellung der Anzeige sind Vollstreckungskosten, die nach § 788 unter dessen Voraussetzungen vom Schuldner zu erstatten sind. Das gilt auch dann, wenn keine Zwangsvollstreckung auf die Anzeige folgt, wenn der Schuldner Veranlassung zur Fertigung der Anzeige gegeben hat (Schuschke/*Walker* Rn 6). 9

III. Bestimmung des Gerichtsvollziehers. Beabsichtigt der Gläubiger, die Zwangsvollstreckung durch einen Gerichtsvollzieher zu betreiben, so bestimmt das Vollstreckungsgericht (funktionell zuständig ist der Rechtspfleger, § 20 Nr 17 RPflG) auf Antrag des Gläubigers den zuständigen Gerichtsvollzieher. Der Gläubiger ist nicht verpflichtet, den zuständigen Gerichtsvollzieher gem Gerichtsvollzieherverteilungsplan zu ermitteln. Die Bestimmung des zuständigen Gerichtsvollziehers kann bereits vor Ablauf der 4-Wochenfrist erfolgen (Zö/*Stöber* Rn 5). Sie ist keine Vollstreckungshandlung, sondern lediglich Vorbereitungshandlung. 10

IV. Unpfändbare Gegenstände. Gemäß Abs 3 ist die Zwangsvollstreckung in Sachen unpfändbar, die für die Erfüllung öffentlicher Aufgaben unentbehrlich sind oder deren Veräußerung ein öffentliches Interesse entgegensteht. Der Pfändungsschutz ergänzt § 811, die Vorschrift ist daneben anwendbar. Sachen sind körperliche Gegenstände nach § 808. Auch Geld ist eine Sache (Zö/*Stöber* Rn 6), dagegen gibt es keine Erweiterung des Pfändungsschutzes für Forderungen oder sonstige Vermögensrechte (Schuschke/Walker Rn 8). Der Begriff der Unentbehrlichkeit setzt voraus, dass eine besondere Dringlichkeit des Bedarfs zur Erfüllung öffentlicher Aufgaben vorausgesetzt wird (St/J/*Münzberg* Rn 19). Da ansonsten wegen des Gebots der Sparsamkeit der Verwaltung nicht davon auszugehen st, dass Sachen innegehalten werden, die zur Erfüllung öffentlicher Aufgaben nicht notwendig sind, ist eine Abgrenzung erforderlich. Ein entgegenstehendes öffentliches Interesse ist anzunehmen bei Sachen, die der Allgemeinheit zu dienen bestimmt sind, zB Bibliotheken, Archive, Kunstsammlungen, Kunstschätze. Bei den Kirchen fallen unter die unpfändbaren Gegenstände die Sachen, die zu Erfüllung des Auftrags im engeren Sinne erforderlich sind und diejenigen, die für die kirchliche Tätigkeit insgesamt unentbehrlich sind (BVerfGE 66, 1, 23). 11

V. Rechtsbehelf. Ob eine Zwangsvollstreckung in einen konkreten Gegenstand unzulässig ist, ist gem § 766 im Wege der Erinnerung des Schuldners oder des Gläubigers gegen die Art und Weise der Zwangsvollstreckung zu entscheiden. Zuständig für die Entscheidung ist das örtlich zuständige Vollstreckungsgericht nach §§ 764, 828, funktionell zuständig ist der Richter. Vor einer Entscheidung ist in jedem Fall der jeweils zuständige Minister zu hören, nicht nur in den Fällen, in denen auch eine Anzeige an den Finanzminister erfolgen musste. 12

VI. Ausnahmen beim Vollzug einer einstweiligen Verfügung (Abs 5). Beim Vollzug einer einstweiligen Verfügung bedarf es der Ankündigung der Zwangsvollstreckung und der Einhaltung einer Wartefrist nicht, das widerspräche dem Eilcharakter. Die sonstigen Regelungen, insb über den erweiterten Pfändungsschutz 13 gelten auch hier. Abs 5 ist auf den Vollzug eines dinglichen Arrestes nicht entsprechend anwendbar (Schuschke/Walker Rn 9).

14 **C. Kosten/Gebühren. I. Gericht.** Für die Bestimmung des Gerichtsvollziehers und für das Erinnerungsverfahren nach Abs 2 iVm § 766 werden keine Gerichtsgebühren fällig.

15 **II. RA.** Die Anzeige nach Abs 1 löst eine Gebühr nach VV 3309, 3310 aus. Die Anzeige ist ggü dem folgenden Verfahren keine besondere Angelegenheit (§ 19 II Nr 4 RVG). Für das Erinnerungsverfahren entsteht eine 0,5 Gebühr nach VV 3500. Zur Kostenerstattung s. Rz 9.

Abschnitt 3 Zwangsvollstreckung zur Erwirkung der Herausgabe von Sachen und zur Erwirkung von Handlungen oder Unterlassungen

§ 883 Herausgabe bestimmter beweglicher Sachen.

(1) Hat der Schuldner eine bewegliche Sache oder eine Menge bestimmter beweglicher Sachen herauszugeben, so sind sie von dem Gerichtsvollzieher ihm wegzunehmen und dem Gläubiger zu übergeben.

(2) Wird die herauszugebende Sache nicht vorgefunden, so ist der Schuldner verpflichtet, auf Antrag des Gläubigers zu Protokoll an Eides statt zu versichern, dass er die Sache nicht besitze, auch nicht wisse, wo die Sache sich befinde.

(3) Das Gericht kann eine der Sachlage entsprechende Änderung der eidesstattlichen Versicherung beschließen.

(4) Die Vorschriften der §§ 478 bis 480, 483 gelten entsprechend.

1 **A. Normzweck und Regelungsgehalt.** § 883 schützt das Sachleistungsinteresse des Gläubigers im Wege der Zwangsvollstreckung. Die Norm regelt das Vollstreckungsverfahren für diejenigen Fälle, in denen ein Vollstreckungstitel den Schuldner zur Herausgabe einer **unvertretbaren beweglichen Sache** oder einer Menge derartiger Sachen aus seinem Gewahrsam verpflichtet (s.u. Rz 4). Bezieht sich die Herausgabe auf eine bestimmte Menge vertretbarer Sachen, gilt § 884. § 886 erfasst den Fall, dass sich die Sache im Gewahrsam eines Dritten befindet.

2 **B. Herausgabevollstreckung, Abs 1. I. Anwendungsbereich. 1. Herausgabe.** Die Vorschrift greift ein, wenn der Schuldner aus schuldrechtlichem oder dinglichem Anspruch Herausgabe, also Übergabe der Sache an den Gläubiger, schuldet (vgl Köln DGVZ 83, 75). Auf Beseitigung oder Entfernung einer Sache gerichtete Titel werden demgegenüber nach § 887 vollstreckt (LG Stuttgart DGVZ 90, 122). Die Abgrenzung richtet sich nicht allein nach dem Tenor des Vollstreckungstitels, sondern nach der vom Schuldner zu leistenden Handlung (Köln NJW-RR 88, 1210; vgl B/L/A/H Rn 6). Dabei kommt es darauf an, dass die Befriedigung des Anspruchs jedenfalls auch die Wegnahme der Sache durch den Gerichtsvollzieher erfordert. Erfasst sind damit solche Fälle, in denen sich der Anspruch auf Einräumung von bloßem Mitbesitz richtet (Braunschw InVo 97, 133). Unerheblich ist, ob dem Gläubiger ein Recht auf endgültigen Verbleib der Sache zusteht oder ob er sie dem Schuldner später wieder zur Verfügung stellen muss, weil die Befriedigung des Gläubigers nur den zeitweiligen Gewahrsam der Sache verlangt (Schuschke/Walker/*Walker* Rn 2). Aus diesem Grund muss auch ein Anspruch auf **Einsichtnahme** in Urkunden nach § 883 vollstreckt werden, sofern er sich auf die Vorlage der Urkunde beschränkt (Frankf InVo 03, 445; NJW-RR 02, 824; NJW-RR 92, 171; München OLGR 94, 261; KG InVo 98, 108; Wieczorek/Schütze/*Storz* Rn 15; für eine Vollstreckung des Anspruchs auf Akteneinsicht nach § 888 aber BFH BB 01, 83). Demgegenüber kommt eine Vollstreckung nach § 888 in Betracht, wenn die Vorlagepflicht sich nur als **Nebenpflicht** zu einer umfassenden Auskunftspflicht darstellt (Karlsr InVo 00, 398). Die Abgrenzung erfolgt durch Auslegung (vgl Frankf MDR 02, 478).

Welche Besitzart des Gläubigers nach Herausgabe begründet werden soll oder ob Herausgabe zur Hinterlegung an eine Behörde oder einen sonstigen Dritten geschuldet wird, ist für die Anwendbarkeit von § 883 deshalb gleichgültig, weil sich der Anspruch in allen Fällen nur mittels Wegnahme beim Schuldner verwirklichen lässt.

2. Mischkonstellationen. Treffen den Schuldner neben der Pflicht zur Herausgabe der Sache weitere **sachbezogene** Verpflichtungen (etwa Versendung, Reparatur, Bearbeitung etc), entscheidet ihre Bedeutung im Vergleich zur Herausgabe über die Rechtsgrundlage der Vollstreckung (vgl Schuschke/Walker/*Walker* Rn 3). **Nicht sachbezogene** Handlungspflichten sind nach den hierfür jew einschlägigen Vorschriften gesondert zu vollstrecken (Frankf InVo 03, 445). 3

Auch bei **nicht vertretbaren** Sachen ist ausschließlich nach § 888 zu vollstrecken, wenn sich die Herausgabe nur als eine **Nebenfolge** zu den übrigen geschuldeten Handlungen darstellt (vgl LAG Thüringen BB 01, 943 für den Anspruch auf ordnungsgemäße Ausfüllung und nachfolgende Herausgabe von Arbeitspapieren). Die Erwirkung **vertretbarer Handlungen** (zB Einbau) richtet sich nach § 887 (Zö/*Stöber* Rn 9). Umgekehrt erfasst § 883 die Vollstreckung anderer Handlungen als die der Herausgabe, wenn ihnen **untergeordnete Bedeutung** zukommt, sie also lediglich der Herausgabe dienen. Dies ist dann der Fall, wenn der Gerichtsvollzieher sie selbst durchführen kann. Deshalb bedarf es etwa im Hinblick auf die Verpackung der Sache ebenso wenig der Erzwingung nach § 887 wie bei ihrem Transport (sofern dieser nicht mit erheblichem Aufwand oder Risiko verbunden ist, Zweibr InVo 00, 398); beide Maßnahmen sind von § 883 gedeckt.

Erfolgt die Herausgabe der Sache zum Zwecke ihrer Übereignung oder zur Bestellung eines Rechts an ihr, muss hierfür neben der Übergabe, die durch Wegnahme zum Zwecke der Ablieferung an den Gläubiger gem § 897 als erfolgt gilt, auch das erforderliche Rechtsgeschäft vorliegen. Bezüglich einer Willenserklärung des Schuldners ist § 894 zu beachten (vgl MüKoZPO/*Gruber* Rn 21).

3. Bewegliche Sachen. Den Vollstreckungsgegenstand müssen individuell bestimmte (körperliche) **Sachen** (§ 90 BGB) bzw – ihnen gleichgestellte – **Tiere** (§ 90a BGB) bilden. Hierzu zählen Einzelsachen und eine Menge von **Einzelsachen** ebenso wie **Sachgesamtheiten** (zB Bibliothek). Auch eine **begrenzte Gattungsschuld**, bei der die herauszugebenden Sachen nach Gattungsmerkmalen bestimmt, aber auf einen Vorrat (Vorratsschuld, zB Schiffsladung) begrenzt sind, fällt unter § 883 (vgl Zö/*Stöber* Rn 3). Für die Herausgabevollstreckung einer **unbegrenzten Gattungsschuld** findet dagegen § 884 Anwendung (s.u. § 884 Rz 1). 4

Unter die Wendung »bewegliche Sache« iSd § 883 fallen ferner Gegenstände, die erst durch die Wegnahme beweglich werden, so dass etwa ein Anspruch auf Herausgabe einer bisher mit dem Grundstück verbundenen Maschine nach § 883 zu vollstrecken ist (Wieczorek/Schütze/*Storz* Rn 8).

Bei der Herausgabe verkörperter **Software** müssen zwei Konstellationen unterschieden werden: Richtet sich der Anspruch auf die Herausgabe einzelner Datenträger, wird nach § 883 vollstreckt (LG Düsseldorf CR 95, 220; Hk-ZV/*Bendtsen* Rn 14). Die Erzwingung bestimmt sich dagegen nach § 887, wenn der Schuldner zur Kopierung und ggf zur Löschung des Programms auf dem Ausgangsdatenträger verpflichtet ist (vgl Hk-ZV/*Bendtsen* Rn 15; Zö/Stöber Rn 2; aus Effektivitätsgründen für eine Analogie zu § 883 St/J/*Brehm* Rn 11; für eine Anwendung des § 888 auf Dateien ohne körperlichen Datenträger *Bultmann,* ZInsO 11, 992, 996). 5

Befindet sich die herauszugebende Sache in einem zur EU gehörenden **ausländischen Staat**, bestimmt sich die Vollstreckung des inländischen Herausgabetitels nach § 883 und nicht nach § 888 analog (Celle OLGR 95, 77). 6

4. Herausgabe eines Kindes. Auf die Herausgabe von Kindern oder anderen unselbstständigen Personen findet § 883 nach allgM keine entsprechende Anwendung (anders RG JW 24, 539). Die Vollstreckung bestimmt sich in diesen Fällen ausschließlich nach §§ 86 ff FamFG bzw § 44 IntFamRVG (BGHZ 88, 113; Zweibr FamRZ 2010, 1369; Wieczorek/Schütze/*Storz* Rn 36 f). 7

II. Voraussetzungen. Neben einem **Gläubigerauftrag** (§ 753) müssen die **allg Zulässigkeitsvoraussetzungen** der Zwangsvollstreckung vorliegen. Der **Vollstreckungstitel** hat die herauszugebende Sache eindeutig zu bezeichnen und die Herausgabeverpflichtung anzuordnen. Ob der Vollstreckungstitel rechtskräftig oder vorläufig vollstreckbar ist, bleibt ebenso unerheblich wie der Rechtsgrund der Herausgabeverpflichtung bzw die Art des Vollstreckungstitels. Neben einem Urt kommt auch jeder andere Titel in Betracht, etwa einstweilige Verfügung, Anordnungsbeschluss im Zwangsverwaltungsverfahren (München Rpfleger 02, 373) oder Überweisungsbeschluss (Dresd OLGE 16, 331), sogar Strafurteil und Bußgeldbescheid, sofern nur die Einziehung einer bestimmten beweglichen Sache hierin verfügt worden ist (B/L/A/H Rn 6). 8

III. Verfahren. Als Vollstreckungsorgan führt der **Gerichtsvollzieher** die Herausgabe nach den §§ 758 ff und § 179 GVGA durch, indem er die im Gewahrsam (§ 808; vgl zu dessen entsprechender Anwendung LG Karlsruhe DGVZ 93, 141) des Schuldners oder eines zur Herausgabe bereiten Dritten (§ 809) befindliche Sache wegnimmt und dem Gläubiger oder dem aus dem Vollstreckungstitel ersichtlichen Dritten übergibt. 9

Nur wenn der Dritte die Herausgabe verweigert, richtet sich die Vollstreckung nach § 886. Andernfalls kann er die bei ihm erfolgte Wegnahme durch Erklärung der Herausgabebereitschaft gem § 809 analog deshalb gestatten, weil der Schutzzweck des § 886 (vgl hierzu § 886 Rz 1) hierdurch nicht unterlaufen wird (MüKoZPO/*Gruber* Rn 24). Denn die Norm schützt nur Besitz und Besitzrecht des Dritten, der auf diesen Schutz verzichten kann.

Vorbehaltlich entgegenstehender Vorgaben im Titel hat der Gerichtsvollzieher dem Gläubiger die weggenommene Sache regelmäßig an Ort und Stelle auszuhändigen (Kobl DGVZ 90, 40). Ist dies nicht möglich, sendet er dem Gläubiger die Sache zu, soweit der Titel nicht lediglich auf Hinterlegung oder Vorlegung lautet (Ddorf DGVZ 95, 86). Sämtliche Maßnahmen zur Abwicklung der Heraus- und Übergabe hat der Gerichtsvollzieher unter Berücksichtigung der entstehenden Kosten nach pflichtgemäßem Ermessen zu entscheiden.

10 Die **örtliche Zuständigkeit** des Gerichtsvollziehers richtet sich nach dem Ort der Wegnahmehandlung. Der Gerichtsvollzieher prüft ferner die allg und die sich aus dem konkreten Titel ergebenden besonderen Voraussetzungen der Zwangsvollstreckung. Eine Prüfung der Eigentumslage unterbleibt, weil diese für den Herausgabeanspruch uU bedeutungslos ist (AG Flensburg DGVZ 52, 158).

Verweigert der Schuldner dem Gerichtsvollzieher den Zutritt zu seiner Wohnung, muss der Gläubiger selbst dann eine richterliche Durchsuchungsanordnung gem § 758a erwirken, wenn die Pflicht zur Herausgabe in einem Urt ausgesprochen ist (LG Kaiserslautern DGVZ 81, 87; Gottwald Zwangsvollstreckung Rn 11; aA wohl *Schilken* InVo 98, 304, 306). Das gilt auch im Falle der zwangsweisen Wegnahme eines fest installierten Gas- oder Stromzählers (LG Kaiserslautern DGVZ 81, 87).

11 Der Gläubiger kann von dem Schuldner Herausgabe der von ihm ausgewählten Sache verlangen, wenn er nach dem Schuldtitel die **Wahl** zwischen mehreren bezeichneten Sachen hat. Steht das **Wahlrecht** umgekehrt dem **Schuldner** zu und nimmt er es vor Beginn der Zwangsvollstreckung nicht wahr, kann der Gläubiger die Zwangsvollstreckung auf eines der in Frage kommenden Stücke richten. Allerdings steht dem Schuldner nach §§ 262, 264 BGB die Möglichkeit offen, sich durch Leistung anderer Sachen zu befreien, bis der Gläubiger die Sache empfangen hat.

12 Die **Wegnahme** verbraucht den Schuldtitel (Zö/*Stöber* Rn 10; aA MüKoZPO/*Gruber* Rn 28) und führt mit der **Übergabe** zum **Gefahrübergang** auf den Gläubiger (arg § 897 I). Der Schuldner wird somit frei, so dass bei Rückkehr der Sache zum Schuldner eine neue Klage des Gläubigers erforderlich ist. Unanwendbar bleiben die Vorschriften über den Pfändungsschutz nach §§ 811 ff (AG Aalen DGVZ 89, 188).

13 **IV. Rechtsbehelfe.** Bei Verfahrensfehlern oder der Weigerung des Gerichtsvollziehers, die Zwangsvollstreckung durchzuführen, bildet die **Vollstreckungserinnerung** gem § 766 den einschlägigen Rechtsbehelf. Ebenso verhält es sich, wenn zwischen den Parteien Uneinigkeit darüber besteht, ob die wegzunehmende Sache der im Schuldtitel bezeichneten entspricht (Zö/*Stöber* Rn 5). Auch in Fällen, in denen der Schuldner zur Herausgabe einer Sache an den Gläubiger verpflichtet ist, aber für sie bereits Zahlung geleistet hat (etwa bei Eigentumsvorbehalt oder Abschlagsgeschäften), kann der Schuldner im Wege der Erinnerung vorgehen (LG Braunschweig MDR 68, 157). Einwendungen ggü dem titulierten Herausgabeanspruch muss er im Wege der **Vollstreckungsabwehrklage** nach § 767 erheben. Dagegen kann ein Dritter, der durch die Herausgabe der Sache in seinen Rechten betroffen ist, bereits vor der Durchführung der Vollstreckung Drittwiderspruchsklage gem § 771 erheben (KG JW 26, 1034; JW 30, 169). Der Gerichtsvollzieher darf die Sache auch entspr § 815 II hinterlegen, wenn an ihr Rechte Dritter geltend gemacht werden (MüKoZPO/*Gruber* Rn 28).

14 **C. Offenbarungsversicherung (Abs 2–4). I. Voraussetzungen.** Findet der Gerichtsvollzieher die Sache nicht vor, kann der Gläubiger gem § 883 II verlangen, dass der Schuldner an Eides statt versichert, sie weder zu besitzen noch zu wissen, wo sie sich befindet. §§ 887 f sind daneben nicht anwendbar (Köln DGVZ 83, 75). Die Richtigkeit seiner Angaben muss der Schuldner eidesstattlich versichern. § 883 III eröffnet die Möglichkeit, die Eidesformel an die jeweilige tatsächliche Situation anzupassen. Für die Abnahme ist der **Rechtspfleger** beim **Vollstreckungsgericht** gem §§ 764 II, 20 Nr 17 RPflG zuständig. Gleiches gilt auch bei einem Vollstreckungsversuch auf der Grundlage einer einstweiligen Verfügung vor Erwirkung des Herausgabetitels (Karlsr Rpfleger 93, 79). Durch die Verpflichtung zur Versicherung an Eides statt soll der Gläubiger Kenntnis vom Verbleib der Sache oder davon erlangen, dass sein Herausgabeanspruch nicht im Wege der Zwangsvollstreckung realisiert werden kann. Außerdem wird bezweckt, den Schuldner durch die mit einer falschen eidesstattlichen Versicherung einhergehenden Sanktionen zu konstruktiver Zusammenarbeit

anzuhalten (Wieczorek/Schütze/*Storz* Rn 42; zum Umfang der Auskunft eines Vermieters über die Verwendung einer Barkaution BGH WM 08, 1076). Ist ein Schuldner zur Herausgabe und ein anderer zur Duldung der Zwangsvollstreckung verpflichtet, müssen beide eine eidesstattliche Versicherung abgeben (St/J/*Brehm* Rn 36).

II. Verfahren. Das Verfahren zur Abnahme der eidesstattlichen Versicherung bestimmen die §§ 899 ff. Daneben ist § 883 IV zu beachten, wonach die §§ 478–480, 483 entsprechende Anwendung finden. Die Zuständigkeit zur Abnahme der eidesstattlichen Versicherung liegt beim Gerichtsvollzieher. Der Gläubiger muss durch Vorlage des Gerichtsvollzieherprotokolls nur nachweisen, dass die herauszugebende Sache nicht beim Schuldner vorgefunden wurde (Gottwald Zwangsvollstreckung Rn 14). 15

III. Rechtsbehelfe. Der Schuldner kann der Pflicht der Versicherung an Eides statt allein durch Herausgabe der Sache entgehen. Einwendungen gegen seine Verpflichtung oder gegen Anordnungen nach § 883 II, III muss er im Wege des **Widerspruchs** gem § 900 IV vorbringen. Über diesen entscheidet der zuständige **Rechtspfleger** durch **Beschl**, welcher mit **sofortiger Beschwerde** gem § 793 anfechtbar ist. Möchte sich der Schuldner gegen den materiell-rechtlichen Herausgabeanspruch wenden, muss er dies mit der **Vollstreckungsabwehrklage** gem § 767 verfolgen. Die Weigerung des Gerichtsvollziehers, die Abnahme der eidesstattlichen Versicherung durchzuführen, kann der Gläubiger mit der **Vollstreckungserinnerung** gem § 766 anfechten. 16

D. Kosten/Gebühren. Der **Gerichtsvollzieher** erhält für die **Wegnahme** und **Übergabe** der Sache die Gebühr aus Nr 221 des Kostenverzeichnisses (KV) in der Anlage zu GVKostG zzgl Auslagenersatz gem Nr 700 ff KV. Hierzu zählt ua das Wegegeld nach Nr 711 KV. Ggf tritt ein Zeitzuschlag nach Nr 500 KV hinzu. Beförderungskosten sind erstattungsfähig, wenn man sie als notwendige Kosten der Zwangsvollstreckung ansehen kann, weil sich unmittelbar aus dem zu vollstreckenden Titel die Pflicht des Schuldners ergibt, die Sache beim Gläubiger abzuliefern (Ddorf DGVZ 95, 86). Ebenso verhält es sich bei Demontagekosten (Kobl DGVZ 90, 40). Für die **Abnahme der Offenbarungsversicherung** erhält der Gerichtsvollzieher die Gebühr aus Nr 260 KV. 17

Der **Rechtsanwalt** erhält keine besondere Gebühr für seine Tätigkeit iRd Wegnahmevollstreckung. 18
Die Mitwirkung an der Offenbarungsversicherung wird hingegen als eine **besondere Angelegenheit** iSd § 18 Nr 18 RVG mit einer 0,3 Verfahrensgebühr nach Nr 3309 VV RVG honoriert. Hinzu tritt eine weitere 0,3 Terminsgebühr nach Nr 3310 VV RVG, wenn der Rechtsanwalt an dem Termin der Abnahme der Offenbarungsversicherung teilnimmt.

§ 884 Leistung einer bestimmten Menge vertretbarer Sachen.

Hat der Schuldner eine bestimmte Menge vertretbarer Sachen oder Wertpapiere zu leisten, so gilt die Vorschrift des § 883 Abs. 1 entsprechend.

A. Anwendungsbereich und Voraussetzungen. Die Vorschrift erklärt § 883 I auch auf die Leistungsvollstreckung in **vertretbare Sachen** (§ 91 BGB) und in **Wertpapiere** für anwendbar. In Abgrenzung hierzu erfasst der Anwendungsbereich von § 883 **Stück-** und **Vorratsschulden** (vgl § 883 Rz 4). 1
Unabhängig davon, ob es sich um Inhaber- oder Namenspapiere handelt, zählen zu den **Wertpapieren** iSd § 884 sämtliche Papiere, bei denen die Ausübung des Rechts von der **Inhaberschaft** abhängt, zB Aktien, Lotterielose (MüKoZPO/*Gruber* Rn 3). Nicht hierzu gehören Pfand-, Versicherungs- und Schuldscheine (Zö/*Stöber* Rn 1). Nach § 884 ist auch zu vollstrecken, wenn der Titel auf Herausgabe von Aktien lautet, die sich in Sammelverwahrung befinden (BGH NJW 04, 3340 ff).

B. Verfahren. Der Gerichtsvollzieher nimmt dem Schuldner die Sachen bzw Wertpapiere weg und übergibt sie dem Gläubiger. § 884 betrifft zunächst die Besitzübertragung. Ist der Schuldner daneben zur Übereignung verpflichtet, muss die Abgabe der Einigungserklärung nach § 894 vollstreckt werden (vgl § 883 Rz 3). Mit der Wegnahme der Sache konkretisiert sich die Schuld des Schuldners gem § 243 II BGB auf diejenigen Gegenstände, die der Gerichtsvollzieher an sich genommen hat. Befinden sich beim Schuldner mehr Sachen, als dieser dem Titel nach schuldet, so wählt der Gerichtsvollzieher an Stelle des Schuldners nach der Regel des § 243 I BGB bzw § 360 HGB aus. 2

Findet der Gerichtsvollzieher die herauszugebenden Sachen nicht vor, scheidet eine Offenbarungsversicherung des Schuldners deshalb aus, weil § 884 ausdrücklich nur auf § 883 I verweist. Die eingeschränkte Ver- 3 weisung erklärt sich dadurch, dass sich der Schuldner vertretbare Sachen beschaffen kann und es daher unerheblich ist, ob er die geschuldeten Sachen bereits besitzt (Wieczorek/Schütze/*Storz* Rn 2). Weil auch die §§ 887 ff unanwendbar sind, bleibt dem Gläubiger in diesen Fällen bei Drittgewahrsam nur der Weg über § 886 oder sonst über die Ersatzbeschaffung mit besonderer Schadensersatzklage nach § 893 (Köln JZ 59, 63; B/L/A/H Rn 3).

4 **C. Kosten/Gebühren.** Siehe hierzu die Ausführungen bei § 883 Rz 17 f.

§ 885 Herausgabe von Grundstücken oder Schiffen.

(1) [1]Hat der Schuldner eine unbewegliche Sache oder ein eingetragenes Schiff oder Schiffsbauwerk herauszugeben, zu überlassen oder zu räumen, so hat der Gerichtsvollzieher den Schuldner aus dem Besitz zu setzen und den Gläubiger in den Besitz einzuweisen. [2]Der Gerichtsvollzieher hat den Schuldner aufzufordern, eine Anschrift zum Zweck von Zustellungen oder einen Zustellungsbevollmächtigten zu benennen.

(2) Bewegliche Sachen, die nicht Gegenstand der Zwangsvollstreckung sind, werden von dem Gerichtsvollzieher weggeschafft und dem Schuldner oder, wenn dieser abwesend ist, einem Bevollmächtigten des Schuldners oder einer zu seiner Familie gehörigen oder in dieser Familie dienenden erwachsenen Person übergeben oder zur Verfügung gestellt.

(3) [1]Ist weder der Schuldner noch eine der bezeichneten Personen anwesend, so hat der Gerichtsvollzieher die Sachen auf Kosten des Schuldners in das Pfandlokal zu schaffen oder anderweit in Verwahrung zu bringen. [2]Unpfändbare Sachen und solche Sachen, bei denen ein Verwertungserlös nicht zu erwarten ist, sind auf Verlangen des Schuldners ohne weiteres herauszugeben.

(4) [1]Fordert der Schuldner nicht binnen einer Frist von zwei Monaten nach der Räumung ab oder fordert er ab, ohne die Kosten zu zahlen, verkauft der Gerichtsvollzieher die Sachen und hinterlegt den Erlös; Absatz 3 Satz 2 bleibt unberührt. [2]Sachen, die nicht verwertet werden können, sollen vernichtet werden.

Inhaltsübersicht

	Rz
A. Normzweck und Regelungsgehalt	1
B. Anwendungsbereich	3
I. Gegenstand der Herausgabe	3
II. Unbewegliche Sachen	4
III. Eingetragene Schiffe und Schiffsbauwerke	5
IV. Herausgabe, Überlassung und Räumung	6
C. Voraussetzungen	7
I. Schuldtitel	7
II. Allgemeine Voraussetzungen der Zwangsvollstreckung und Gläubigerauftrag	9
III. Schuldner	11
1. Prozessuales Verständnis	11
2. Eheleute	12
3. Nichteheliche Lebenspartner und andere häusliche Gemeinschaften	14
4. Minderjährige	16
5. Angehörige	17
6. Untermieter	18
7. Bedienstete	19
D. Verfahren	20
I. Durchführung der Räumung	20
II. Nicht zur Zwangsvollstreckung gehörendes Räumungsgut (Abs 2, 3)	22
1. Vorgehen bei der Räumung	22
2. Verwahrung (Abs 3)	23
a) Durchführung	23
b) Haustiere	24
c) Vermieterpfandrecht	25
3. Herausgabe	26
III. Verwertung (Abs 4)	29
1. Dauer der Lagerung	29
2. Verkauf	30
3. Vernichtung	33
E. Rechtsbehelfe	34
F. Kosten	35
G. Gebühren	36

1 **A. Normzweck und Regelungsgehalt.** § 885 soll das **Sachleistungsinteresse** eines Gläubigers realisieren und ergänzt somit § 883. Die Norm regelt die Zwangsvollstreckung von Ansprüchen, die auf Herausgabe, Überlassung oder Räumung einer **unbeweglichen Sache** oder eines **eingetragenen Schiffes** oder **Schiffsbauwerks** gerichtet sind. Der Regelungsgehalt der Vorschrift erstreckt sich daneben auf die von der Zwangsvollstreckung betroffenen **beweglichen Sachen**, die zwar nicht zu ihrem Gegenstand zählen, gleichwohl aber auch nicht am Vollstreckungsort verbleiben können (Abs 2–4).

Die im Zuge des Gesetzes zur Verbesserung des zivilgerichtlichen Schutzes bei Gewalttaten und Nachstellungen sowie zur Erleichterung der Überlassung der Ehewohnung bei Trennung gefasste Modifikation des Abs 1 dient dem Zweck, die **Räumungsvollstreckung** einfacher und effektiver zu gestalten (BTDrs 14/5429 34). Dies geschieht zum einen dadurch, dass der Gerichtsvollzieher den Schuldner zur Benennung einer zustellungsfähigen Anschrift oder eines Zustellungsbevollmächtigten nach § 885 I 2 anhalten kann, um die Zustellung zu bewirken. Zum anderen erlaubte der durch das Gesetz zur Reform des Verfahrens in Familiensachen und in den Angelegenheiten der freiwilligen Gerichtsbarkeit v 17.12.08 (FGG-RG; BGBl I 08, 2586) nunmehr gestrichene § 885 I 3 aF in Fällen einstweiliger Anordnung gem § 620 Nr 7, Nr 9 aF sowie nach § 621g S 1 aF (beide nunmehr aufgehoben; die einstweilige Anordnung ist seit dem 1.9.09 in § 49 FamFG geregelt) eine mehrfache Vollziehung des entsprechenden Räumungs- und Herausgabetitels, allerdings nur während der **Geltungsdauer** der einstweiligen Anordnung (Gottwald Zwangsvollstreckung Rn 1). Der Regelungsgehalt des § 885 I 3 und 4 aF findet sich seit dem 1.9.09 in § 96 II FamFG. 2

B. Anwendungsbereich. I. Gegenstand der Herausgabe. In den Anwendungsbereich der Vorschrift fallen diejenigen Konstellationen, in denen der Schuldner nach dem Inhalt des Vollstreckungstitels eine **unbewegliche Sache**, ein eingetragenes **Schiff** oder **Schiffsbauwerk** entweder zu räumen, dem Gläubiger zu überlassen oder an ihn herauszugeben hat. 3

II. Unbewegliche Sachen. Unbewegliche Sachen iSd Norm sind **Grundstücke** und **Teile** von Grundstücken, etwa Wohnungen, Geschäftsräume und sonstige Gebäude jeglicher Art. Unerheblich bleibt, ob die zu räumenden Gebäude wesentliche Bestandteile iSd § 94 I BGB und damit selbst unbewegliche Sachen im Rechtssinne sind. Deshalb muss auch ein Vollstreckungstitel, der auf Räumung von Behelfsheimen oder Wohnwagen lautet, nach Abs 1 vollstreckt werden (Hamm NJW 65, 2207; Celle NJW 62, 595). Anders verhält es sich, wenn nach dem Titel wesentliche Bestandteile eines Grundstücks oder Grundstückszubehör von diesem getrennt und durch Entfernung vom Grundstück an den Gläubiger herausgegeben werden müssen. Diese Vollstreckung erfolgt nach § 883 und ggf nach § 887. Lautet der Titel hingegen auf Räumung bzw Herausgabe eines Grundstücks **samt Zubehör**, vollzieht sich die Vollstreckung ausschließlich nach § 885 (Hamm JurBüro 56, 31). Für § 883 bleibt dann kein Raum, es sei denn, aus dem Titel ergibt sich ausdrücklich, dass die Herausgabe des Zubehörs durch Entfernung vom Grundstück zu erfolgen hat (Schuschke/Walker/*Walker* Rn 2). Wenn etwa der zur Räumung verurteilte Schuldner in dem vom Gläubiger an ihn vermieteten Gebäude nebst Inventar ein Altenwohn- und Pflegeheim betreibt, kann der Gerichtsvollzieher den Schuldner gem § 885 aus dem Besitz setzen. Einer besonderen Mitwirkung des Schuldners bei der Vollstreckung bedarf es nicht. 4

Befinden sich in dem Gebäude Sachen, die dem Schuldner gehören, steht dem Gläubiger ferner die Möglichkeit offen, an diesen uU sein Vermieterpfandrecht gem § 562 BGB geltend zu machen (s.u. Rz 25). Er kann seinen entsprechenden Vollstreckungsauftrag dahin beschränken, diese Gegenstände an Ort und Stelle zu belassen (BGH DGVZ 03, 88; Gottwald Zwangsvollstreckung Rn 2). Beinhaltet der Räumungstitel daneben die Verpflichtung zur ordnungsgemäßen Betriebsabwicklung, muss diese eigenständige Handlungspflicht nach § 888 vollstreckt werden (LG Göttingen DGVZ 02, 120).

Ein Räumungs- und Herausgabetitel ist auch dann nach § 885 zu vollstrecken, wenn Bauschutt, Schrott oder sonstiger Abfall von dem zu räumenden Grundstück zu entfernen ist (BGH DGVZ 05, 70).

III. Eingetragene Schiffe und Schiffsbauwerke. Bei Schiffen und Schiffsbauwerken entscheidet ihre Eintragung bzw Eintragungsfähigkeit in das Schiffsregister oder Register für Schiffsbauwerke über die (entsprechende) Anwendbarkeit des § 885. Während eingetragene Schiffe und Schiffsbauwerke in den direkten Anwendungsbereich der Norm fallen, gilt die Vorschrift entspr bei Herausgabe, Räumung oder Überlassung bewohnter, aber nicht eingetragener Schiffe (Lackmann Rn 390). Bei anderen nicht eingetragenen Schiffen oder Schiffsbauwerken erfolgt die Wegnahme nach § 883 (Zö/*Stöber* Rn 1). 5

IV. Herausgabe, Überlassung und Räumung. Das herauszugebende, zu räumende oder zu überlassende Grundstück muss im Vollstreckungstitel **hinreichend genau bezeichnet** sein (München DGVZ 99, 56). Für die Anwendbarkeit des § 885 kommt es darauf an, ob nach dem Inhalt des Vollstreckungstitels die Entfernung des Schuldners vom Grundstück oder aber andere Leistungsverpflichtungen im Vordergrund stehen. Im ersten Fall vollzieht sich die Vollstreckung nach § 885, während bei Dominanz anderer Schuldnerverpflichtungen, wie dem Abriss eines Gebäudes oder aber der Reinigung des Erdreichs von belastenden Ablagerungen, je nach Ausgestaltung der geforderten Leistung §§ 887, 888 eingreifen (Ddorf DVGZ 99, 155; 6

MDR 59, 215). So darf der Gerichtsvollzieher bei der Vollstreckung eines Räumungs- und Herausgabetitels eines Grundstücks, Bauwerke und Anpflanzungen nach § 885 nicht entfernen, wenn der Schuldner nach dem Inhalt des Vollstreckungstitels hierzu selbst verpflichtet ist (dafür gilt § 887, BGH NJW-RR 05, 212).

7 **C. Voraussetzungen. I. Schuldtitel.** Der Titel – gleich ob **dinglicher** oder **persönlicher** Art – muss auf Herausgabe, Überlassung oder Räumung lauten, wobei die Nennung einer dieser Verpflichtungen für die Vollstreckung ausreicht. Lautet der Vollstreckungstitel daher auf Räumung, ist eine gesonderte Herausgabeverpflichtung zwar nicht erforderlich (München DGVZ 99, 56), wird in der Praxis aber regelmäßig in den Tenor aufgenommen (Gottwald Zwangsvollstreckung Rn 3). Weil die Räumungsvollstreckung für den Schuldner einschneidende Folgen hat, sollte bei zweifelhafter Auslegung des Titels im Hinblick auf die Anwendung des Zwangs Zurückhaltung geboten sein. Der Titel muss deshalb die Verpflichtung des Schuldners zur Besitzaufgabe einer **genau bezeichneten Sache** eindeutig zum Ausdruck bringen (AG Berlin-Schöneberg NJW-RR 91, 1488). Die Bezeichnung eines zu räumenden Grundstücks mit Flurstücknummer und Grundbuchblatt reicht aber ebenso aus (München DGVZ 99, 56) wie eine vergleichsweise getroffene Verpflichtung »auszuziehen« (AG Gießen DGVZ 91, 126; Zö/*Stöber* Rn 2; aA AG Mainz DGVZ 00, 62). Unzureichend ist dagegen, wenn ein Vergleich nur über die Beendigung eines Mietverhältnisses geschlossen wird (LG Berlin DGVZ 91, 92). Etwas anderes gilt, sofern gleichzeitig vergleichsweise eine Räumungsfrist vereinbart wurde (LG Coburg DGVZ 91, 38). Nicht nach § 885, sondern nach § 888 wird vollstreckt, wenn der Schuldner per einstweiliger Anordnung zum Verlassen der Wohnung verpflichtet wird (Köln FamRZ 83, 1231; AG Gladbeck FamRZ 92, 589; s.o. Rz 2), es sei denn, die Anordnung enthält daneben ausdrücklich die Verpflichtung zur Räumung, Herausgabe oder Überlassung (Gottwald Zwangsvollstreckung Rn 3). Dann richtet sich die Vollstreckung nach § 885, ebenso bei einer familiengerichtlichen Entscheidung auf Überlassung zur alleinigen Nutzung nach § 2 GewSchG (s.o. Rz 2). Keine taugliche Grundlage zur Räumungsvollstreckung nach § 885 bildet hingegen die bloße Zuweisung zum alleinigen Nutzen eines Ehegatten (Stuttg InVo 02, 297; LG Bückeburg DGVZ 77, 121).

8 Einen nach § 885 zu vollstreckenden Schuldtitel kann zwar auch ein **Zuschlagsbeschluss** nach § 93 I ZVG zur Zwangsvollstreckung gegen den Besitzer eines Grundstücks bilden (Ddorf InVo 97, 134; AG Heilbronn DGVZ 93, 174). Er berechtigt aber nicht zur Räumungsvollstreckung gegen einen **Dritten**, der sich im Besitz eines herauszugebenden Grundstücks bzw Teilen davon befindet (LG Darmstadt DGVZ 96, 72). Daneben kommen bei der **Zwangsverwaltung** nach § 149 II ZVG ein Räumungsbeschluss gegen den Schuldner und bei der Zwangsverwaltung nach § 150 II der Beschl über die Anordnung der Zwangsverwaltung mit der darin enthaltenen Ermächtigung des Zwangsverwalters zur Besitzverschaffung (BGH NJW-RR 11, 1095) als taugliche Vollstreckungsgrundlagen in Betracht. Gleiches gilt für einen **vollstreckbaren Anwaltsvergleich** iSd § 796a I (Gottwald Zwangsvollstreckung Rn 3; *Haase* ZMR 97, 1) sowie für eine **einstweilige Verfügung**, die als Befriedigungsverfügung die Herausgabe anordnet. § 940a beschränkt die Räumung von Wohnraum im Wege einstweiliger Verfügungen aber auf Fälle **verbotener Eigenmacht** oder **Gefahren für Leib und Leben**. Aufgrund einer **notariellen Urkunde** kann die Vollstreckung einer Räumungspflicht von Wohnraum wegen § 794 I Nr 5 nicht erfolgen (AG Detmold DGVZ 03, 60).

9 **II. Allgemeine Voraussetzungen der Zwangsvollstreckung und Gläubigerauftrag.** Neben der Erteilung des Gläubigerauftrags gem § 753 müssen sowohl die **allg** als auch die nach dem Titel zu beachtenden **besonderen Voraussetzungen** der Zwangsvollstreckung vorliegen. Dies setzt ua den Ablauf einer dem Schuldner gem §§ 721, 794a, 765a gewährten **Räumungsfrist** voraus, wobei die Anberaumung des **Räumungstermins**, dessen Bestimmung im pflichtgemäßen Ermessen des Gerichtsvollziehers steht (LG Mannheim MDR 65, 144), bereits vor Fristablauf erfolgen kann. Bei Verurteilung zur Räumung **Zug um Zug** gegen Zahlung einer Entschädigung muss der Gerichtsvollzieher diese dem Schuldner in annahmeverzugsbegründender Weise anbieten, es sei denn, der Nachweis gem § 756 I wird erbracht. Will der Schuldner der Räumungsverpflichtung selbst beim Angebot der Gegenleistung nicht nachkommen, kann die Zwangsräumung auch ohne die Gegenleistung vollzogen werden (AG Neustadt DGVZ 76, 73).

Die Erwirkung einer gesonderten **richterlichen Durchsuchungsanordnung** ist für die Räumungsvollstreckung nach § 885 wegen § 758a II nicht erforderlich. Keines Durchsuchungsbeschlusses bedarf es auch bei Räumungsvergleichen oder bei nichtrichterlichen Beschlüssen nach § 93 ZVG (BTDrs 13/341, 16). Räumungsschutz gem §§ 721, 765a bleibt hiervon unberührt (BTDrs 13/341, 16).

10 Droht dem Schuldner durch die Räumung Obdachlosigkeit und weist die Ordnungsbehörde ihn aufgrund dessen in die zu räumende Wohnung ein (hierzu BayVGH DGVZ 92, 126; zur polizeilichen Wiedereinwei-

sung eines Mieters in die bisherige Wohnung OVG Lüneburg NZM 11, 371, 372 (nur bei polizeilichem Notstand)), ist die Zwangsvollstreckung zwar gehemmt (vgl zur Hemmungswirkung näher § 181 Nr 4 GVGA), die Vollstreckungsfähigkeit des Titels aber nicht aufgehoben. Aus diesem Grund kann der Gläubiger nach Ablauf der Zeit der Wiedereinweisung oder nach Aufhebung der Einweisungsverfügung die Räumungsvollstreckung aus seinem Titel erneut betreiben (Frankf MDR 69, 852; Nürnbg NJW 53, 1398; LG Darmstadt DGVZ 93, 154). Ein Vollstreckungstitel darf jedoch nicht durch die vollständige Durchführung der Räumung verbraucht sein. Hinzu tritt der auf dem Verwaltungsrechtsweg zu verfolgende Folgenbeseitigungsanspruch gegen die Obdachlosenbehörde auf Entfernung des Schuldners aus der Wohnung (BGHZ 130, 332; Zö/*Stöber* Rn 36).

III. Schuldner. 1. Prozessuales Verständnis. § 885 I stellt zur Bestimmung des Schuldners auf diejenige 11
Person ab, die die unbewegliche Sache (das Schiff oder Schiffsbauwerk) herauszugeben, zu räumen oder zu überlassen hat und begreift den **Schuldner** damit nicht im materiell-rechtlichen, sondern im **prozessualen Sinne**. Vollstreckungsschuldner ist damit nur derjenige, den entweder der Titel oder die Vollstreckungsklausel namentlich bezeichnet (Zö/*Stöber* Rn 5). Der Gerichtsvollzieher kann grds nur gegen ihn die Räumungsvollstreckung betreiben (Hambg NJW 92, 3308). Der Schuldner muss darüber hinaus unmittelbarer **Besitzer** (§ 854 BGB, § 886 nennt den »Gewahrsam«) der Sache sein. Schwierig gestaltet sich die hinreichend genaue Bezeichnung des Schuldners im Fall der **Hausbesetzung** durch mehrere Personen. Grundsätzlich ist ein Titel gegen sämtliche Hausbesetzer erforderlich. Steht hingegen zwar der Personenkreis der Hausbesetzer fest, kann der Gläubiger jedoch ihre Namen nicht mit zumutbarem Aufwand ermitteln, darf die namentliche Bezeichnung ausnahmsweise unterbleiben, sofern die Personengruppe eindeutig vom Gerichtsvollzieher identifiziert werden kann. Bei unidentifizierbaren und wechselnden Hausbesetzern dagegen ist die Vollstreckung aus **einem** Titel unzulässig (Oldbg NJW-RR 95, 1164). Der Eigentümer bleibt dann auf die Einschaltung von Ordnungs- und Polizeibehörden beschränkt. Weil der Gerichtsvollzieher im Vollstreckungsverfahren nur die **erkennbare Sachherrschaft** prüfen kann, müssen **Dritte**, denen nicht erkennbare entgegenstehende Besitzrechte zustehen, diese im **Rechtsbehelfsverfahren** nach §§ 766, 793 oder auf dem **Klageweg** nach § 771 geltend machen (BVerfG NJW-RR 91, 1101; Köln NJW 54, 1895). Eine Vollstreckung gegen den früheren Besitzer einer unbeweglichen Sache entfällt, wenn ein Dritter nach Eintritt der Rechtshängigkeit den Alleinbesitz an ihr erworben hat. Gegen den neuen Besitzer tritt in Anknüpfung an § 325 eine Vollstreckbarkeitserstreckung ein (Schlesw ZHR 83, 15). Eine Titelumschreibung kommt unter den Voraussetzungen des § 727 in Betracht. Im Einzelnen gilt folgendes:

2. Eheleute. Bei ungestörter Ehe sind die Eheleute aufgrund des § 1353 I BGB regelmäßig **Mitbesitzer** der 12
Ehewohnung iSd § 866 BGB (BGH NJW 54, 918). Weil sie die Herrschaftsgewalt über ihre Wohnung gemeinsam ausüben, ist die Vollstreckung grds nicht gerechtfertigt, wenn sich der Räumungstitel nur gegen einen Ehegatten richtet und der andere die Wohnung nicht freiwillig räumt (BGHZ 159, 383; Jena InVo 02, 158). Auch der Titelschuldner allein kann nicht aus dem Besitz gesetzt werden, weil die Räumung einzelner Mitbesitzer dem Gläubigerinteresse auf komplette Räumung nicht entspricht (LG Heilbronn Rpfleger 04, 431). § 739 findet ebenso wenig Berücksichtigung (die Vorschrift zielt auf die Ergänzung der Vorteile der auf bewegliche Sachen beschränkten Eigentumsvermutung nach § 1362 BGB, nicht hingegen auf die Erleichterung der Vollstreckung gegen Ehegatten) wie die güterrechtlichen Verhältnisse der Eheleute (Hambg MDR 60, 769). Unerheblich bleibt, ob die Eheleute ihr Besitzrecht vom Gläubiger aus einem gemeinsamen Mietvertrag ableiten oder aber ein Ehegatte seinen Mitbesitz nur durch vom Vermieter zu duldende Aufnahme des anderen allein mietenden Ehegatten erlangt hat (mit ausf Begründung Frankf InVo 04, 163; St/J/*Brehm* Rn 9 ff). Die Räumungsvollstreckung verlangt also einen **Titel gegen beide Ehegatten** (BGHZ 159, 383; BGH FamRZ 05, 269). Dies gilt auch dann, wenn dem Vollstreckungsgläubiger bei Klageerhebung oder bei Vollstreckungsverfahrenseinleitung nicht bekannt war, dass in der Wohnung noch ein anderer Ehegatte lebt (BGH FamRZ 05, 270). Zu Unrecht stellt man zT für die Zulässigkeit der Zwangsvollstreckung bei gemieteten Räumen darauf ab, wer als Mieter sein Besitzrecht vom Vermieter ableitet (LG Mönchengladbach DGVZ 00, 118). Danach sei ein Titel gegen den allein mietenden Ehegatten ausreichend, wenn der Mitbesitz des anderen Ehegatten allein durch das eheliche Zusammenleben begründet sei (Frankf MDR 69, 853; LG Oldenburg DGVZ 91, 29; *Schilken* DGVZ 88, 56). Ebenso verhalte es sich, wenn der im Titel genannte Schuldner erst nach Erlangung des Vollstreckungstitels geheiratet habe (LG Mannheim MDR 64, 59). Beides vermag deshalb nicht zu überzeugen, weil die Ableitung des Mitbesitzes vom Mieter-Ehegatten nichts an dem nunmehr bestehenden unmittelbaren Besitz des anderen, ebenfalls

schutzwürdigen Ehegatten ändert (*Becker-Eberhard* FamRZ 94, 1297 f). Ungeachtet dessen können aber besondere Umstände des Einzelfalls eine andere Beurteilung rechtfertigen, also die Vollstreckung gegen beide trotz Beschränkung des Titels auf einen Ehegatten ermöglichen (BGHZ 12, 399; Bsp bei Zö/*Stöber* Rn 6).

13 Nach Aufhebung der Ehe kann aus einem Räumungstitel, der gegen den mietenden Ehegatten lautet, nicht gegen den anderen in der Wohnung zurückgebliebenen Ehegatten vollstreckt werden, wenn dieser nunmehr alleiniger Gewahrsamsinhaber der Wohnung geworden ist (LG Stuttgart DGVZ 03, 121; Gottwald Zwangsvollstreckung Rn 7; aA LG Mönchengladbach DGVZ 00, 118). Ebenso wenig rechtfertigt ein Titel gegen den Ehemann auf Räumung eines im Miteigentum der Eheleute stehenden Grundstücks die Zwangsvollstreckung gegen die mitbesitzende Ehefrau (LG Düsseldorf MDR 62, 995; Zö/*Stöber* Rn 6).

14 **3. Nichteheliche Lebenspartner und andere häusliche Gemeinschaften.** Zwar steht die nichteheliche Lebensgemeinschaft nicht unter dem Schutz staatlicher Ordnung gem Art 6 I GG; hinsichtlich der Zulässigkeit der Räumungsvollstreckung gilt aber Gleiches wie für Eheleute (BGH NJW 08, 1959; krit zu dieser Rspr *Walker* JZ 11, 453, 454). Sofern die herauszugebenden Räume an beide Lebensgefährten vermietet wurden und sie daher Mitbesitzer sind, muss auch der Räumungstitel gegen beide Partner lauten. Nichts anderes gilt, wenn nur ein Lebensgefährte Mietvertragspartei ist und seinen Partner durch die (spätere) Aufnahme in die Wohnung Mitbesitz eingeräumt hat (str; so BGH NJW 08, 1959 mwN; Köln MDR 97, 782). Davon kann man nicht nur bei ausdrücklicher Erlaubnis durch den Vermieter gem § 553 I BGB, sondern auch bei langjährigem Zusammenleben ausgehen. Gegen die Kinder des Lebensgefährten, der nicht Vertragspartei ist, darf ebenfalls nicht vollstreckt werden (Ddorf DGVZ 98, 140; Hambg NJW 92, 3308; aA LG Berlin DGVZ 93, 173). Ein Räumungstitel gegen den Schuldner als Mieter reicht für die Zwangsvollstreckung nach § 885 aber dann aus, wenn der Lebensgefährte die Räume lediglich unter Anerkennung des alleinigen fremden Besitzes des Mieters benutzt, zB, wenn die Aufnahme entweder erst vor kurzer Zeit oder nur vorübergehend erfolgte. Denn nur vorübergehendes Zusammenleben begründet ebenso wenig ein Indiz für eine nichteheliche Lebensgemeinschaft mit gemeinsamer unmittelbarer Sachherrschaft wie eine noch nicht lang andauernde Lebensführung. Erforderlich ist, dass sich aus den Gesamtumständen klar und eindeutig der Mitbesitz des Dritten ergibt (vgl BGH NJW 08, 1959, 1960). Irrt der Gerichtsvollzieher, der für die Einschätzung der Nutzungsbefugnisse von den erkennbaren Umständen auszugehen hat, muss der Lebensgefährte, dem ein nicht erkennbares Besitzrecht an den Räumen zusteht, dieses im Rechtsbehelfsverfahren geltend machen (s.u. Rz 34).

15 Entsprechende Grundsätze greifen ein, wenn **Verwandte** zusammenleben oder vergleichbare häusliche Gemeinschaften in Rede stehen. Vermietet der Gläubiger an alle, muss sich auch der Räumungstitel aufgrund des dadurch begründeten Mitbesitzes gegen alle Mitbewohner richten. Fälle, in denen die Bewohner die Wohnung unter Anerkennung fremden alleinigen Besitzes mitbenutzen, sind jedoch selten (vgl auch Zö/*Stöber* Rn 11).

16 **4. Minderjährige.** Minderjährigen, die der elterlichen Sorge unterstehen und mit den Eltern zusammenwohnen, werden Räume regelmäßig nicht zum selbstständigen Gebrauch überlassen. Die Räumungsvollstreckung erfordert deshalb nur einen Titel gegen die Eltern bzw den Elternteil als alleinige Besitzer, weil die Minderjährigen weder Besitzer noch Mitbesitzer sind (BGH NJW 08, 1959; LG Lüneburg NJW-RR 98, 662; St/J/*Brehm* Rn 8; *Wiek* Anm zu AG Ludwigshafen aR – 3 b M 1211/09, WuM 2010, 45). Selbst bei Zuweisung eines eigenen Zimmers an ein erwachsenes Kind und dessen eigener Haushaltsführung in der elterlichen Wohnung gilt das Gleiche. Denn bei Zusammenleben von Eltern und Kind ändert sich durch die Volljährigkeit nichts an den Besitzverhältnissen (BGH NJW 08, 1959, 1960 mwN zur aA; Hambg MDR 91, 453; *Wiek* Anm zu AG Ludwigshafen aR – 3 b M 1211/09, WuM 2010, 45; *Arzt/Schmidt* ZMR 94, 90). Nur in Ausnahmefällen, etwa bei eigener Mietzinsentrichtung, eigenem Hausstand oder einem abgeschlossenen Lebensbereich in der elterlichen Wohnung, kann (Mit-)Besitz des Kindes gegeben sein, so dass in diesen Fällen ein Räumungstitel auch gegen dieses erforderlich ist (LG Heilbronn Rpfleger 05, 154; Zö/*Stöber* Rn 7; *Becker-Eberhard* FamRZ 94, 1302). Für den Gerichtsvollzieher nicht erkennbare Besitzrechte eines Kindes sind im Rechtsbehelfsverfahren zu verfolgen.

17 **5. Angehörige.** Angehörige des Mieters, etwa Geschwister, Eltern oder Schwiegereltern, die in der Wohnung leben, haben regelmäßig Mit- (§ 866 BGB) bzw Teilbesitz (§ 865 BGB). Der Räumungstitel muss deshalb auch gegen sie lauten (Gottwald Zwangsvollstreckung Rn 10). Benutzt ein Angehöriger die Wohnung allerdings lediglich unter Anerkennung des alleinigen Besitzes des Mieters mit, ist ein Titel gegen ihn für

die Räumungsvollstreckung entbehrlich (LG Baden-Baden FamRZ 93, 227). Probleme bereitet der Fall, wenn der Besitzer seine Rechtsposition ohne oder gegen den Willen des Vermieters begründet (vgl Wuppertal DGVZ 2010, 158 f mit Anm *Walke*, jurisPR-MietR 19/2010 Anm 6; dazu s.u. Rz 18).

6. Untermieter. Ein Räumungstitel gegen den Mieter rechtfertigt keine Vollstreckung gegen den Untermieter (BGH NJW-RR 03, 1450; Celle NJW-RR 88, 913). Fraglich ist die Notwendigkeit eines eigenen Räumungstitels gegen den Untermieter allerdings, wenn der Vermieter von der Untermiete keine Kenntnis hatte. Entscheidend sind aber auch in diesem Fall die tatsächlichen Besitzverhältnisse. Auf ein Recht zum Besitz hingegen kommt es nicht an, da materiell-rechtliche Erwägungen zur Frage des Besitzrechts nicht im formalisierten Zwangsvollstreckungs-, sondern im Erkenntnisverfahren anzustellen sind (BGH NJW 08, 3287, 3288; gegen die Notwendigkeit eines eigenen Räumungstitels AG Lübeck DGVZ 95, 92). Gleiches gilt, wenn es um die Frage geht, ob es den Grundsätzen von Treu und Glauben widerspricht, dass die besitzende Person sich auf ein vermeintliches Besitzrecht beruft: Da der Gerichtsvollzieher keine Möglichkeit zur Überprüfung hat, ist auch hier ein eigener Räumungstitel erforderlich (vgl BGH NJW 08, 3287, 3288 bei Verdacht der Vollstreckungsvereitelung; krit hierzu *Klimesch*, WE 09, 46; *ders*, ZMR 09, 431, 432; aA für den vergleichbaren Fall der Räumung gegen einen Lebenspartner des Mieters Hambg NJW 92, 3308). 18

7. Bedienstete. Ein Räumungstitel gegen Bedienstete des Schuldners (etwa Hausangestellte, Arbeitnehmer oder Auszubildende) ist nicht erforderlich (LG Berlin DGVZ 67, 152; ebenso für Gäste, AG Hannover DGVZ 73, 158), weil sie nicht Besitzer, sondern lediglich **Besitzdiener** iSd § 855 BGB des Schuldners und damit dessen Weisungen untergeordnet sind. Im Rahmen der Räumungsvollstreckung ersetzt der Gerichtsvollzieher die Weisung des allein besitzenden Schuldners (Zö/*Stöber* Rn 9). 19

D. Verfahren. I. Durchführung der Räumung. Die Räumung erfolgt in der Weise, dass der Gerichtsvollzieher den Schuldner notfalls unter **Anwendung von Gewalt** gem § 758 aus dem Besitz setzt und den Gläubiger in den Besitz einweist. Neben dem Schuldner hat der Gerichtsvollzieher auch diejenigen Personen aus dem Besitz zu setzen, gegen die eine Räumungsvollstreckung ohne eigenen Titel möglich ist (Minderjährige oder sonstige Personen ohne eigenes Besitzrecht, AG Hannover DGVZ 73, 158; s.o. Rz 16 ff). Der Anwesenheit des Schuldners bedarf es für die Räumung nicht. Ist er zugegen, setzt der Gerichtsvollzieher ihn durch persönliche Aufforderung zum Verlassen des Grundstücks aus dem Besitz. Anschließend entfernt der Gerichtsvollzieher diejenigen Sachen, die der Schuldner nicht an den Gläubiger herauszugeben oder wegen einer gleichzeitig ausstehenden Forderung zu pfänden hat (Schuschke/Walker/*Walker* Rn 7a; s.u. Rz 22). Dazu ist der Gläubiger selbst nicht befugt (AG Leverkusen DGVZ 96, 44). Mit den geschilderten Handlungen endet die Räumung und der ihr zugrunde liegende Titel ist verbraucht (Gottwald Zwangsvollstreckung Rn 15). Die Räumungsvollstreckung erstreckt sich auch auf das **Zubehör** (§§ 97, 98 BGB; so auch § 180 Nr 3 GVGA), selbst wenn dieses keine gesonderte Erwähnung im Schuldtitel findet (BGH DGVZ 03, 89; vgl zum Anwendungsbereich des § 883 Rz 2). Das Grundstück wird dem Gläubiger deshalb iRd Zwangsräumung zusammen mit dem Zubehör übergeben. Abbau und Entfernung von Anlagen oder Gebäuden, die sich auf dem zu räumenden Grundstück befinden, sowie die Beseitigung einer mit Bäumen und Sträuchern bewachsenen Erdaufschüttung obliegen dem Gerichtsvollzieher ebenso wenig (Frankf MDR 03, 655; Ddorf NJW-RR 00, 533) wie die Abfallbeseitigung (BGH DGVZ 05, 70). Ein entsprechender Beseitigungsanspruch, etwa aus § 1004 I BGB, ist nicht nach § 885, sondern nach § 887 zu vollstrecken (BGH MDR 04, 1021). Ein Anspruch des Gläubigers gegen den Gerichtsvollzieher auf »besenreine« Übergabe der geräumten Sache besteht nicht (LG Berlin DGVZ 80, 154; vgl ausf zur Vollstreckung von Verpflichtungen nach § 546 Abs 1 BGB, welche über die Besitzrückübertragung an den Vermieter hinausgehen *Schuschke* DGVZ 2010, 137 ff). 20

Die **Besitzeinweisung** des Gläubigers vollzieht sich durch Verschaffung der **tatsächlichen Gewalt** über die unbewegliche Sache, in Anwesenheit des Gläubigers regelmäßig durch Übergabe der Schlüssel oder den Einbau eines neuen Schlosses. Aber auch in Abwesenheit des Gläubigers kann die Besitzeinweisung erfolgen. Dazu muss die Maßnahme des Gerichtsvollziehers den Gläubiger bspw durch Übermittlung der Schlüssel oder Bestellung eines Hüters in die Lage versetzen, die tatsächliche Gewalt über das Grundstück bzw die Räume auszuüben. Bei Brachliegen des Grundstücks vollzieht sich die Herausgabe dadurch, dass der Gerichtsvollzieher vor Ort und in Gegenwart des Gläubigers zu Protokoll feststellt, dass der Schuldner aus dem Besitz gesetzt und der Gläubiger in den Besitz eingewiesen wird (BGH MDR 09, 289; LG Trier DGVZ 72, 93; Zö/*Stöber* Rn 14). Ein schriftliches Verfahren reicht nicht aus. 21

22 **II. Nicht zur Zwangsvollstreckung gehörendes Räumungsgut (Abs 2, 3). 1. Vorgehen bei der Räumung.** Diejenigen Sachen, die nicht zum Vollstreckungsgegenstand zählen und auch nicht wegen beizutreibender Kosten zu pfänden sind, werden vom Gerichtsvollzieher verpackt (ein Anspruch auf Sortierung der Sachen besteht nicht, AG Siegen DGVZ 89, 44), entfernt und dem Schuldner oder im Falle seiner Abwesenheit einer anderen in § 885 II genannten Person (bevollmächtigte Person, etwa ein Frachtführer, oder einer zur Familie des Schuldners gehörigen oder in dieser Familie dienenden erwachsenen Person) außerhalb des Grundstücks bzw der Räume übergeben. Die grundsätzliche Notwendigkeit der Wegschaffung beweglicher Sachen durch den Gerichtsvollzieher ergibt sich daraus, dass er andernfalls dem Gläubiger Gewahrsam an nicht zum Gegenstand der Zwangsvollstreckung gehörenden Sachen verschafft (LG Düsseldorf DGVZ 84, 78; aA aber LG Arnsberg DGVZ 84, 30). Für die Anwendbarkeit der Abs 2–4 bleibt unerheblich, ob die nicht zur Zwangsvollstreckung zählenden beweglichen Sachen im Eigentum des Schuldners oder eines Dritten stehen (MüKoZPO/*Gruber* Rn 33). Abs 2–4 finden hingegen keine Anwendung, wenn die Zuweisung einer Wohnung an den anderen Ehegatten im Raum steht und noch keine Einigung über den Haushalt getroffen wurde. Die Verpflichtung des Schuldners beschränkt sich dann auf das Verlassen der Wohnung. Sie wird allein nach Abs 1 vollstreckt (Saarbr FuR 05, 574). Ebenso verhält es sich bei entsprechenden vergleichsweisen Einigungen (KG FamRZ 87, 1291).

Die Wegschaffung der beweglichen Sachen kann sich entweder **gleichzeitig** mit der Wegnahme der unbeweglichen Sachen vollziehen (»Preußische Räumung«) oder aber in **zwei zeitlich getrennten Schritten** – Wegschaffung der beweglichen Sachen erst nach Wegnahme der unbeweglichen Sache – erfolgen (»Hamburger Räumung«; zu beiden *Riecke* DGVZ 05, 84 f).

23 **2. Verwahrung (Abs 3). a) Durchführung.** In den Fällen, in denen weder der Schuldner noch eine andere in Abs 2 genannte Person anwesend ist oder die Bereitschaft des Schuldners zur Entgegennahme des Räumungsgutes fehlt (Hambg NJW 66, 2319; Karlsr DGVZ 74, 114), darf der Gerichtsvollzieher die wegzuschaffenden Sachen nicht ihrem Schicksal überlassen, sondern muss sie in **Verwahrung** nehmen. Er ist in diesem Rahmen aber nicht dazu verpflichtet, das Räumungsgut, etwa über eine Spedition, in die neue Wohnung des Schuldners zu schaffen (LG Aschaffenburg DGVZ 97, 155; LG Essen MDR 74, 762), es sei denn, der Schuldner hat die hierdurch entstehenden Kosten bereits im Voraus bezahlt (AG Herne DGVZ 80, 30; Zö/*Stöber* Rn 17). Das Gleiche gilt, wenn diese Verfahrensweise die voraussichtlichen Kosten mindert und der Gläubiger dem zustimmt (vgl § 180 Nr 4 GVGA). Weil der Gerichtsvollzieher bei der Lagerung nach **pflichtgemäßem Ermessen** handeln und hohe Kosten vermeiden muss, mag ihm ausnahmsweise gestattet sein, schwer zu transportierende Maschinen an Ort und Stelle, also in den Räumen des Gläubigers, zu verwahren (LG Detmold DGVZ 96, 171). Regelmäßig bringt der Gerichtsvollzieher die wegzuschaffenden Gegenstände jedoch im Pfandlokal oder anderweitig, etwa in einem Lager, unter. Im letzteren Fall kommt kein öffentlich-rechtliches Verwahrungsverhältnis zwischen Schuldner und Gerichtsvollzieher zustande (BGHZ 89, 82). Weil der Lagerhalter kein Verwaltungshelfer ist, haben Staat und Gerichtsvollzieher bei dessen Fehlverhalten auch nicht nach § 839 I BGB bzw Art 34 GG einzustehen. Jedenfalls kann der Anspruchsteller iRd Subsidiaritätsklausel nach § 839 I 2 BGB auf Ansprüche gegen den Lagerhalter verwiesen werden (Köln DGVZ 94, 171). Auswahl und Beauftragung einer Spedition fallen in den Zuständigkeitsbereich des Gerichtsvollziehers und unterliegen ebenfalls dessen pflichtgemäßen Ermessen (Gottwald Zwangsvollstreckung Rn 17). In Ermangelung anderer Anhaltspunkte ergibt sich aus den Umständen regelmäßig, dass der Gerichtsvollzieher die Verwahrungsverträge als bevollmächtigter Vertreter des Justizfiskus abschließt (BGH DGVZ 99, 167).

24 **b) Haustiere.** Befinden sich auf dem Grundstück bzw in der Wohnung Haustiere, so sind auch diese wie bewegliche Sachen (§ 90a BGB) wegzunehmen und dem Schuldner zu übergeben. Ihre Unterbringung und Versorgung obliegt selbst dann nicht dem Gerichtsvollzieher, wenn weder der Schuldner noch eine sonstige in Abs 2 genannte Person bereit oder in der Lage ist, die vorgefundenen Tiere an sich zu nehmen. Vielmehr hat er in diesen Fällen entweder die Räumungsvollstreckung einzustellen oder der zuständigen Ordnungsbehörde iRd Gefahrenabwehr Gelegenheit zum Einschreiten zu geben (Karlsr NJW 97, 1789; LG Ingolstadt DGVZ 97, 167; Schuschke/Walker/*Walker* Rn 8; aA aber Zö/*Stöber* Rn 19; *Rigol* MDR 99, 1363).

25 **c) Vermieterpfandrecht.** Im Hinblick auf bewegliche Gegenstände, an denen dem Gläubiger als Vermieter ein Pfandrecht zusteht, scheidet eine Wegschaffung und Übergabe an den Schuldner nach Abs 2 wegen § 562a BGB aus. Ebenso verhält es sich gem § 581 II BGB für das Pfandrecht des Verpächters. Weil der Gläubiger in Ausübung seines Pfandrechts diese Sachen selbst ohne Vollstreckungstitel in Besitz nehmen

darf, kann er die Ausführung des der Räumung zugrunde liegenden Vollstreckungsauftrags darauf beschränken, dass die pfändbaren Sachen an Ort und Stelle zu bleiben haben (BGH DGVZ 06, 23; DGVZ 03, 88; LG Bonn NZM 10, 920). Der Gerichtsvollzieher muss die Sachen auch dann in der Wohnung lassen, wenn umstr ist, ob sie vom Vermieterpfandrecht erfasst werden, weil ihm die Klärung materiell-rechtlicher Fragen nicht obliegt (BGH NJW-RR 09, 1384, 1385 mit krit Anm *Fischer,* WuM 11, 403, 404 ff zur Zulässigkeit der sog „Berliner Räumung"; BGH NJW 06, 848; LG Bonn NZM 10, 920; LG Darmstadt DGVZ 77, 89; zu dogmatischen Bedenken im Hinblick auf Abs 3 S 2 vgl MüKoZPO/*Gruber* Rn 50). Dementsprechend beschränkt sich die Zwangsvollstreckung auf die Herausgabe der Wohnung, wenn der Gläubiger an sämtlichen Sachen ein Vermieterpfandrecht geltend macht, selbst dann, wenn die Reichweite des Pfandrechts strittig ist (BGH NJW 06, 848). Verzichtet der Gläubiger später auf sein Pfandrecht oder stellt sich heraus, dass ein solches nicht an allen behaupteten Sachen bestanden hat, muss er diese verwahren und dem Schuldner herausgeben. Andernfalls macht er sich schadensersatzpflichtig (BGH NJW 06, 848; Zö/*Stöber* Rn 20). Vom Gerichtsvollzieher kann der Gläubiger die Wegschaffung dann nicht mehr verlangen.

3. Herausgabe. Der Schuldner hat einen Anspruch auf Herausgabe der eingelagerten **pfänd-** und **verwertbaren** Sachen gegen Erstattung der Transport- und Verwahrungskosten. Hierzu muss er sich nicht an den Gläubiger oder den Lagerhalter, sondern ausschließlich an den Gerichtsvollzieher wenden. Das Zurückbehaltungsrecht des Gerichtsvollziehers besteht nur im Hinblick auf diejenigen Kosten, die nicht durch den Vorschuss des Gläubigers gedeckt sind und erstreckt sich nicht auf den Kostenerstattungsanspruch des Gläubigers (LG Essen DGVZ 89, 153; LG Berlin MDR 72, 249; aA KG MDR 75, 235; Zö/*Stöber* Rn 23). Dieser muss nach den allg Regeln als Teil der Vollstreckungskosten iSd § 788 I beigetrieben werden (LG Kassel ZMR 67, 190; Schuschke/Walker/*Walker* Rn 29). 26

Anders verhält es sich bei **unverwertbaren** und nach §§ 811, 811c **unpfändbaren** Sachen des Schuldners. Sie müssen zwar weggeschafft werden (LG Berlin DGVZ 80, 155), sind dem Schuldner auf Verlangen aber jederzeit herauszugeben. Ein Zurückbehaltungsrecht des Gerichtsvollziehers existiert nicht. Sinn und Zweck dieser Vorgabe bestehen darin, dass das Räumungsgut auch tatsächlich abgeholt wird und die Verwahrungskosten gering gehalten werden. Die Abholung der Sachen erfolgt durch den Schuldner und auf eigene Kosten (Celle NdsRPfl 56, 109). Eine Überbringung kann er ebenso wenig verlangen (LG Wuppertal DGVZ 90, 189) wie eine aufwändige Aussonderung der jeweiligen Sachen aus dem verpackten, umfangreichen Räumungsgut (LG Wuppertal DGVZ 05, 108). Das Herausgabeverlangen des Schuldners erfordert keine Form und richtet sich an den Gerichtsvollzieher. 27

Auch **Dritte** können Herausgabe der weggeschafften und verwahrten Sachen des Schuldners verlangen, grds aber nur bei **Einverständnis des Schuldners** (AG Essen DGVZ 00, 125; manche erachten es demgegenüber als ausreichend, wenn der Dritte seine Eigentümerstellung darlegt und der Schuldner nicht widerspricht, Brox/Walker Rn 1057e). Ausnahmsweise soll es nicht der Zustimmung des Schuldners bedürfen, wenn der Dritte entweder Ehegatte des Schuldners ist (AG Siegburg DGVZ 98, 190) oder aber Sicherungseigentum an dem gelagerten Gegenstand geltend macht (AG Hannover DGVZ 71, 14). Diese Ansicht überzeugt nicht, weil der Gerichtsvollzieher die materielle Rechtslage grds nicht überprüft. Bei Herausgabe an einen Dritten kann der Gerichtsvollzieher die Übergabe der Sache ebenfalls von der Erstattung der Transport- und Lagerkosten abhängig machen (LG Berlin DGVZ 74, 156). Verweigert der Schuldner seine Zustimmung zur Herausgabe, richtet sich der Herausgabeanspruch des Dritten nicht etwa gegen den Gerichtsvollzieher bzw den Staat, sondern gegen den Schuldner selbst (AG Essen DGVZ 00, 125). 28

III. Verwertung (Abs 4). 1. Dauer der Lagerung. Zur Entlastung der Pfandkammer und zur Wahrung der Belange des Gläubigers, der die Unterbringungskosten für das Räumungsgut vorschießen muss, hat die Lagerung nur so lange anzudauern, bis es dem Schuldner unter zumutbaren Umständen möglich ist, die Sachen abzuholen und in Besitz zu nehmen. Nach Ablauf der Aufbewahrungsfrist kann der Gerichtsvollzieher die Gegenstände verkaufen bzw vernichten. 29

2. Verkauf. Die Ermächtigung des Gerichtsvollziehers zum Verkauf der Sachen wird erst nach Ablauf einer **Frist von zwei Monaten** nach Räumung wirksam und soll ab diesem Zeitpunkt allerdings dann möglichst ohne Verzögerung erfolgen (Karlsr Rpfleger 74, 408). Die Fristberechnung bestimmt sich nach § 222, der die Kenntnis des Schuldners von der Verwahrung der Sache zwar nicht voraussetzt. Gleichwohl beginnt die Frist in analoger Anwendung der §§ 294–296 BGB aber erst dann, wenn dem Schuldner eine diesbezügliche Mitteilung vom Gerichtsvollzieher zugegangen ist (LG Berlin DGVZ 70, 54). Der Verkauf setzt weiter voraus, dass der Schuldner innerhalb dieses Zeitraums die verwahrten Gegenstände entweder gar nicht 30 abgefordert oder aber zwar abgefordert, nicht aber die entstandenen Kosten gezahlt hat. Seine vorherige **Anhörung** ist nicht erforderlich; der Gerichtsvollzieher wird den Schuldner jedoch regelmäßig bei Übernahme des Räumungsgutes, spätestens rechtzeitig vor dem Verkauf, über die anstehende Verwertung informieren. Der Verkauf steht im pflichtgemäßen Ermessen des Gerichtsvollziehers und kann sowohl in der Form des **freihändigen Verkaufs** nach § 180 Nr 5 IV GVGA als auch durch **Versteigerung** erfolgen. Dabei soll der Gerichtsvollzieher die Belange des Schuldners wahren; ein Mindestgebot muss indessen nicht erzielt werden. Die Verkaufsmöglichkeit eröffnet sich dem Gerichtsvollzieher auch dann, wenn ein eingelagerter Gegenstand im Eigentum eines Dritten steht, dieser aber Transport- und Lagerkosten nicht zahlen will.

31 Für höhere Lagerkosten, die durch **Verzögerungen** bei Herausgabe und Verkauf des Räumungsgutes entstehen, haftet der Gläubiger nicht, wenn dies bei zügiger Sachbehandlung durch den Gerichtsvollzieher vermieden worden wäre (LG Lübeck JurBüro 82, 622; LG Berlin DGVZ 75, 42).

32 Nach dem Verkauf zieht der Gerichtsvollzieher von dem **Erlös** die durch den Vorschuss des Gläubigers nicht gedeckten **Kosten** der Räumung, Verwahrung und des Verkaufs ab und hinterlegt den Restbetrag für den Schuldner (LG Berlin DGVZ 73, 217). Der Gläubiger kann zur Kompensation seines Vorschusses nur dann einen Anspruch auf Auszahlung der Verkaufserlöses geltend machen, wenn er einen diesbezüglichen Pfändungs- und Überweisungsbeschluss erwirkt hat (LG Kassel DGVZ 82, 9; Schuschke/Walker/*Walker* Rn 32).

33 **3. Vernichtung.** § 885 IV 2 enthält eine gesetzliche Grundlage für die amtswegige Vernichtung **unverwertbaren Räumungsgutes.** Unverwertbar iSd Vorschrift ist eine Sache dann, wenn sie keinen Verkaufswert besitzt, also keinen Interessenten findet. Erst wenn die Voraussetzungen für den Verkauf vorliegen, darf die Vernichtung evtl erfolgen. Dazu reicht es nicht aus, dass der Gerichtsvollzieher die Sache unbrauchbar macht. Vielmehr muss er sie zerstören und entsorgen. Die Wendung »sollen« räumt dem Gerichtsvollzieher aber bei der Verwertung auch wertloser Sachen einen Ermessensspielraum ein, so dass ihm in Einzelfällen möglich ist, von der Vernichtung abzusehen (BTDrs 13/341, 40) und die Sache dem Schuldner sogar ohne Zahlung der Transport- und Verwahrungskosten (zB bei persönlichen Papieren) oder einem Dritten, etwa einer gemeinnützigen Organisation, zur Verfügung zu stellen. Bei Geschäftsunterlagen, deren Vernichtung eine gesetzliche Aufbewahrungspflicht entgegensteht, ist die Einlagerung über die Frist des Abs 4 hinaus zu verlängern. Die Kosten stellen keine notwendigen Vollstreckungskosten dar, die vom Vollstreckungsgläubiger gem § 13 I Nr 1 GVKostG zu tragen wären, sondern fallen dem Staat zur Last (BGH NJW-RR 08, 1166 f). Bei ersichtlich unbrauchbarem Unrat und Müll muss kein vorheriger Verwertungsversuch stattfinden. Vernichtung ist in diesem Fall also ohne Verwahrung und Fristablauf möglich (Zweibr DGVZ 98, 9). Geschäftsunterlagen dürfen im Fall einer gesetzlichen Aufbewahrungspflicht nicht vernichtet werden (LG Koblenz MDR 06, 473).

Schuldnerschutz zur Abwendung oder Zurückstellung der Verwertung ermöglicht § 765a (KG MDR 86, 1033; Zö/*Stöber* Rn 28; aA MüKoZPO/*Gruber* Rn 46).

34 **E. Rechtsbehelfe.** Gegen **formelle Fehler** bei der Durchführung der Räumungsvollstreckung können sich Gläubiger, Schuldner und von der Räumung unmittelbar betroffene Dritte (KG NJW-RR 94, 713) mit der **Erinnerung** nach § 766 wenden. Auf diese Weise lässt sich zwar kein früherer Räumungstermin erreichen (AG Karlsruhe DGVZ 84, 29), der Gläubiger hat jedoch die Möglichkeit, sich gegen die Ablehnung seines Räumungsantrages sowie gegen die Festsetzung der Vorschusshöhe zu wenden. Dritteigentum muss im **Klageweg** gem § 771 geltend gemacht werden. Weil der Verkauf durch den Gerichtsvollzieher gem § 885 IV eine Maßnahme des Vollstreckungsverfahrens darstellt, kann er sowohl vom Schuldner als auch von möglichen Dritteigentümern im Wege der Erinnerung gem § 766 angefochten werden. Der Verkauf ist keine Zwangsvollstreckung **in die Sache**, so dass § 771 keine Anwendung findet (LG Berlin DGVZ 66, 137).

35 **F. Kosten.** Bei den durch die Herausgabe verursachten Kosten handelt es sich um **Zwangsvollstreckungskosten**, die der Schuldner gem § 788 I zu tragen hat. Hierzu zählen neben den **Transportkosten** für die Wegschaffung der in § 885 II genannten beweglichen Sachen und deren Einlagerung nach § 885 III auch die **Verwertungskosten** sowie diejenigen Aufwendungen des Gläubigers für die Beseitigung von Schäden, die durch Widerstand des Schuldners verursacht wurden (AG Kenzingen DGVZ 92, 93; Zö/*Stöber* Rn 30).

Als **Auftraggeber** schuldet auch der **Gläubiger** dem Gerichtsvollzieher gem § 13 I Nr 1 GVKostG Ersatz derjenigen Kosten, die durch die Räumungsvollstreckung entstanden sind (LG Koblenz DGVZ 95, 90; LG Hamburg DGVZ 83, 124 [zu § 3 I Nr 1 GVKostG aF]). Seine Haftung erstreckt sich nur auf solche Kosten, die zur Räumung nach § 885 **erforderlich** waren, nicht auf Mehrkosten, die dadurch entstehen, dass der Gerichtsvollzieher abw von den Erfordernissen bewegliche Sachen in eine Ersatzwohnung schaffen lässt (LG Bochum DGVZ 68, 85). Auch für Kosten, die nach Ablauf der Frist des Abs 4 etwa für die weitere Verwahrung der dem Vollstreckungsschuldner gehörenden aufbewahrungspflichtigen Unterlagen entstehen, hat der Vollstreckungsgläubiger nicht einzustehen (str; so auch BGH NJW-RR 08, 1166 f mwN zur Gegenansicht). Dagegen treffen ihn als Auftraggeber die Kosten der Vernichtung der verwahrten Gegenstände bei Nichtabruf durch den Schuldner nach Ablauf der Zweimonatsfrist. Den Gerichtsvollzieher trifft aber allg die Pflicht, die Vollstreckungskosten gering zu halten (LG Frankfurt DGVZ 72, 136).

G. Gebühren. Für die Vollstreckung erhält der **Gerichtsvollzieher** die Gebühr nach Nr 240 KV der Anlage zu § 9 GVKostG in Höhe von 75 €. Hinzu treten weitere 15 € Zeitzuschlag je weiterer Stunde, sofern drei Stunden überschritten sind, vgl Nr 500 KV. § 10 I 1 GVKostG bestimmt den einmaligen Anfall der Gebühr, auch wenn die Räumung mehrere Schuldner betrifft. Erledigt sich die Vollstreckung ohne vollständige Mitwirkung des Gerichtsvollziehers, etwa durch vorherige Inbesitznahme seitens des Gläubigers, erhält der Gerichtsvollzieher eine Gebühr in Höhe von 25 € nach Nr 602 KV. Bei Versteigerung oder Verkauf fällt die Gebühr nach Nr 300 KV in Höhe von 40 € an. Weitere Gebühren entstehen uU sowohl durch Zeitzuschlag nach Nr 500 KV als auch durch Auslagen nach Nr 700 ff KV. 36
Die Tätigkeit des **Rechtsanwalts** iRd Räumungsvollstreckung ist hingegen mit der allg 0,3-Verfahrensgebühr nach Nr 3309 VV RVG abgegolten.

§ 886 Herausgabe bei Gewahrsam eines Dritten. **Befindet sich eine herauszugebende Sache im Gewahrsam eines Dritten, so ist dem Gläubiger auf dessen Antrag der Anspruch des Schuldners auf Herausgabe der Sache nach den Vorschriften zu überweisen, welche die Pfändung und Überweisung einer Geldforderung betreffen.**

A. Normzweck und Regelungsgehalt. Einerseits räumt die Vorschrift dem Gläubiger die Möglichkeit ein, die aufgrund des Titels herauszugebende Sache auch von einem **Dritten** herauszuverlangen und die Herausgabe ggf zwangsweise durchzusetzen. Andererseits schützt § 886 den Gewahrsam des Dritten iRd Zwangsvollstreckung, wenn kein Titel gegen ihn selbst vorliegt. 1

B. Anwendungsbereich, Voraussetzungen und Verfahren. Der Anwendungsbereich des § 886 erstreckt sich auf die Zwangsvollstreckung wegen **Ansprüchen auf Herausgabe** sowohl **beweglicher** (vgl §§ 883, 884) als auch **unbeweglicher** (vgl § 885) **Sachen**. Die Norm greift nicht ein, wenn sich der herauszugebende Gegenstand im Gewahrsam eines zur Herausgabe bereiten Dritten befindet. Dann vollstreckt der Gerichtsvollzieher durch Übernahme der Sache vom Dritten und Übergabe an den Gläubiger nach §§ 883, 885 (Wieczorek/Schütze/*Storz* Rn 1). Verweigert der Dritte aber die Herausgabe, deckt der Herausgabetitel des Gläubigers nur die Vollstreckung gegen den Schuldner, nicht auch gegen einen Dritten. Gemäß § 886 muss der Herausgabeanspruch des Schuldners gegen den Dritten deshalb gepfändet und nach §§ 829, 835 an den Gläubiger zur Einziehung überwiesen werden. 2

Die Vollstreckung setzt voraus, dass der nicht zur Herausgabe bereite Dritte **Allein-** oder **Mitgewahrsam** 3
an der betreffenden Sache hat (St/J/*Brehm* Rn 1). Er darf nicht lediglich **Besitzdiener** iSd § 855 BGB sein. Es kommt hingegen nicht darauf an, ob der Anspruch auf Verschaffung, Überlassung oder Räumung lautet. Auch ein betagter, bedingter oder künftiger Anspruch des Vollstreckungsschuldners gegen den Dritten ist pfänd- und überweisbar iSd §§ 886, 829, 835, sofern Anspruch und Person des Drittschuldners bestimmbar sind (BGH NJW 70, 242). Die Norm gilt analog, wenn sich die Vollstreckung auf einen Titel bezieht, der auf die Übertragung von Wertpapieren gerichtet ist, die sich in Sammelverwahrung befinden (BGHZ 160, 121). Liegen die Voraussetzungen vor, hat der Dritte die Sache nicht etwa an den Gerichtsvollzieher oder einen Sequester, sondern an den Gläubiger selbst herauszugeben. Hierin liegt der entscheidende Unterschied zu den von §§ 846–848 erfassten Fällen, in denen der Gläubiger die Sache zur Befriedigung seiner Geldforderung herausverlangt (vgl BGH NJW 04, 3342).
Sofern der Dritte auch nach Pfändung und Überweisung iSd § 886 die Herausgabe verweigert, muss der Gläubiger seinen auf die Überweisung gestützten Anspruch gegen den Dritten einklagen und diesen Titel notfalls nach §§ 883–885 vollstrecken (ThoPu/*Hüßtege* Rn 2). Eine gleichwohl erfolgte Wegnahme der Sache durch den Gerichtsvollzieher stellt aber keine verbotene Eigenmacht dar und erlaubt dem Dritten damit nicht, gegen den Gläubiger gem § 861 BGB vorzugehen (Celle DGVZ 99, 75).

4 Pfändung und Überweisung zur Einziehung fallen auf schriftlichen oder zu Protokoll gestellten **Antrag** in den Zuständigkeitsbereich des **Vollstreckungsgerichts** und dort in die Zuständigkeit des **Rechtspflegers** gem § 20 Nr 17 RpflG. Beschreitet der Gläubiger den Weg über § 886, scheiden Zwangsmittel gegen den Schuldner aus (Köln DGVZ 83, 74).

5 **C. Rechtsbehelfe.** Während der Schuldner gegen den Pfändungs- und Überweisungsbeschluss mit der **Erinnerung** gem § 766 vorgehen muss, kann sich der Gläubiger mit der **sofortigen Beschwerde** nach § 793 gegen die Ablehnung seines Antrags wenden.

6 **D. Kosten/Gebühren.** Für Pfändung und Überweisung nach § 886 fällt die **Gerichtsgebühr** nach Nr 2110 KV an. Eine **Vorauszahlungspflicht** ergibt sich aus § 12 V GKG. Bei Herausgabebereitschaft des Dritten entstehen dieselben Gebühren des **Gerichtsvollziehers** wie in Fällen der Vollstreckung nach §§ 883–885 (s. § 883 Rz 17; § 885 Rz 35).
Der **Rechtsanwalt** erhält für seine Tätigkeit eine 0,3 Verfahrensgebühr nach Nr 3309 VV RVG. Der Antrag stellt keine besondere Angelegenheit dar. § 25 I Nr 2 RVG bestimmt den Gegenstandswert.
Bei denjenigen Kosten, die dem Gläubiger durch das Vorgehen gegen den Dritten nach § 886 entstehen, handelt es sich um notwendige Kosten der Zwangsvollstreckung iSd § 788. Anders verhält es sich, wenn der Dritte von Beginn an herausgabebereit war und den Gläubigeranspruch im Einziehungsprozess sofort anerkannt hat (Gottwald Zwangsvollstreckung Rn 8).

§ 887 Vertretbare Handlungen.

(1) Erfüllt der Schuldner die Verpflichtung nicht, eine Handlung vorzunehmen, deren Vornahme durch einen Dritten erfolgen kann, so ist der Gläubiger von dem Prozessgericht des ersten Rechtszuges auf Antrag zu ermächtigen, auf Kosten des Schuldners die Handlung vornehmen zu lassen.
(2) Der Gläubiger kann zugleich beantragen, den Schuldner zur Vorauszahlung der Kosten zu verurteilen, die durch die Vornahme der Handlung entstehen werden, unbeschadet des Rechts auf eine Nachforderung, wenn die Vornahme der Handlung einen größeren Kostenaufwand verursacht.
(3) Auf die Zwangsvollstreckung zur Erwirkung der Herausgabe oder Leistung von Sachen sind die vorstehenden Vorschriften nicht anzuwenden.

Inhaltsübersicht

	Rz
A. Normzweck und systematische Einordnung	1
I. Abgrenzung zur Vollstreckung nach § 888	2
II. Abgrenzung zu besonderen Vollstreckungsregeln	3
1. Geldvollstreckung (§§ 803 ff)	4
2. Herausgabevollstreckung (§§ 883 ff)	5
3. Vollstreckung zur Abgabe einer Willenserklärung (§ 894)	6
4. Vollstreckung auf Duldung oder Unterlassung (§ 890)	7
B. Allgemeine Voraussetzungen und Tatbestandsvoraussetzungen des Abs 2	8
I. Zulässigkeit der Zwangsvollstreckung	8
1. Allgemeine Verfahrensvoraussetzungen	8
a) Ordnungsgemäßer Vollstreckungsantrag/Zuständigkeit	8
b) Rechtsschutzbedürfnis	10
2. Allgemeine Zwangsvollstreckungsvoraussetzungen	11
II. Nichtvornahme einer Handlung (Abs 1)	12
1. Erfüllungseinwand	13
2. Unmöglichkeitseinwand	14
III. Vertretbarkeit der Handlung	15
1. Allgemeines	15
2. Einzelfälle vertretbarer und unvertretbarer Handlungen	20
C. Verfahren und Durchführung der Vollstreckung	36
I. Zuständigkeit	36
II. Verfahrensgrundsätze	37
III. Entscheidung durch Beschluss	38
IV. Ermächtigung zur Ersatzvornahme und Duldungspflicht	39
D. Rechtsbehelfe	40
E. Kosten	43
I. Ersatz notwendiger Kosten	43
II. Kostenvorschuss (Abs 2)	44
F. Gebühren	47
I. Gerichtsgebühren	47
II. Anwaltsgebühren	48

A. Normzweck und systematische Einordnung. § 887 stellt eine Regelung zur Durchsetzung von Ansprüchen auf Vornahme **vertretbarer Handlungen** in Form der **Ersatzvornahme** dar, soweit es sich nicht um Herausgabeansprüche oder Ansprüche auf Leistung von Sachen handelt. Wegen ihrer Vertretbarkeit wird die Handlung nicht erzwungen, sondern vielmehr im Falle der Weigerung des Schuldners auf seine Kosten durchgeführt. 1

I. Abgrenzung zur Vollstreckung nach § 888. Bei Untätigkeit des Schuldners, der eine **bestimmte** Handlung schuldet, stehen sich das Interesse des Gläubigers an einem Vollstreckungserfolg und das Interesse des Schuldners an einem möglichst kleinen Eingriff in seine Rechte ggü. Diese **Interessenkollision** hat der Gesetzgeber berücksichtigt und **verschiedene Mittel der Handlungsvollstreckung** gesetzlich geregelt. Bei **vertretbaren Handlungen** ist es nicht erforderlich, Zwangsmaßnahmen gegen den Schuldner anzuordnen, damit er **persönlich** die geschuldete Leistung erbringt. Stattdessen kann der Gläubiger nach § 887 ermächtigt werden, die Handlung auf Kosten des Schuldners selbst vorzunehmen oder durch einen Dritten vornehmen zu lassen (sog **Ersatzvornahme**). Etwas anderes gilt für **unvertretbare Handlungen**. In diesem Fall bleibt keine andere Möglichkeit, als den Schuldner mittels **Beugezwang** zur Leistung anzuhalten, vgl § 888. Daraus, dass die Ersatzvornahme idR einen weniger belastenden Eingriff für den Schuldner darstellt, folgt, dass der **Anwendungsbereich** des § 887 größer als der des § 888 sein sollte (s.u. Rz 19). 2

II. Abgrenzung zu besonderen Vollstreckungsregeln. Obwohl auch Zahlungen, Herausgabe oder die Abgabe von Willenserklärungen Handlungen darstellen, werden auf ihre Vornahme gerichtete Titel grds nach folgenden, vorrangigen Vorschriften vollstreckt. Das Gleiche gilt für Duldung und Unterlassung. 3

1. Geldvollstreckung (§§ 803 ff). Ansprüche auf **Geldzahlung** werden nach §§ 803 ff vollstreckt. Dies gilt auch für Ansprüche auf **Hinterlegung von Geld** (KG NJW-RR 00, 1409, 1410; Ddorf FamRZ 84, 704; KG JW 34, 3218 f) oder **Sicherheitsleistung durch Hinterlegung von Geld** (Ddorf FamRZ 84, 704). Lautet aber der Vollstreckungstitel auf eine Sicherheitsleistung gem **§ 232 BGB**, ohne dass das Wahlrecht auf den Gläubiger übergegangen ist, greift § 887 ein (RGZ 19, 204, 207; Karlsr MDR 91, 454; Ddorf FamRZ 84, 704), da diese vom Schuldner auf unterschiedliche Weise erbracht werden kann. Ansprüche auf **Befreiung von Verbindlichkeiten** werden ebenfalls nach § 887 vollstreckt, auch wenn die Verbindlichkeit selbst in einer Geldzahlung besteht (hM; BGH NJW 83, 2438, 2439; NJW 58, 497; München InVo 96, 215; zur Durchsetzung eines Befreiungsanspruchs *Schlappa* DGVZ 11, 21, 23), da dem Schuldner die Option bleiben muss, die Befreiung des Gläubigers auch auf anderem Wege als durch Zahlung zu erreichen. Die Verbindlichkeit muss im Titel nach Grund und Höhe bezeichnet sein (stRspr; Naumbg InVo 04, 201 mwN). 4

2. Herausgabevollstreckung (§§ 883 ff). Nach Abs 3 findet § 887 keine Anwendung auf die Verurteilung zur **Herausgabe oder Leistung** von Sachen; stattdessen wird nach §§ 883 ff vollstreckt. Das gleiche gilt idR auch für die **Hinterlegung** oder **Vorlegung** von Urkunden oder Belegen (Köln NJW-RR 88, 1210, 1211 mwN) bzw Gewährung von **Einsicht** in Unterlagen (vgl § 883 Rz 2). Wenn eine solche Handlung allerdings untrennbar mit Auskunft und Rechnungslegung verbunden ist, greift § 888 ein (Karlsr InVo 00, 398; Köln NJW-RR 96, 382 [zu § 888]). Abgrenzungsprobleme können entstehen, wenn der Herausgabeanspruch mit **Handlungspflichten**, etwa im Hinblick auf Beschaffung oder Herstellung der betreffenden Sache, verbunden ist. Hier wird eine getrennte Vollstreckung durchgeführt: Selbständige Handlungspflichten mit eigenständiger Bedeutung werden neben der Herausgabe nach § 887 vollstreckt (vgl BGH NJW-RR 05, 212). Ist zB bei einem herauszugebenden Grundstück eine große Menge Abfall zu beseitigen, gilt für den Beseitigungsanspruch § 887 (BGH DGVZ 05, 70; vgl in diesem Zusammenhang zur Abgrenzung zwischen § 885 und § 887 *Schuschke* DGVZ 2010, 137 ff). Abzulehnen ist zum einen die Ansicht, die eine Anwendung des § 887 auf die Beschaffungs- oder Herstellungshandlung gänzlich verneint (RGZ 58, 160, 161 f; Köln NJW 58, 1355 mwN), denn schließlich muss eine Handlung iSd § 887 bewirkt werden. Nicht zu folgen ist zum anderen der Auffassung, die danach unterscheidet, ob vertretbare oder unvertretbare Handlungen zu vollstrecken sind und nur im letzten Fall § 887 annimmt (zum Meinungsstand vgl Brox/Walker Rn 1068). Denn auch Abs 3 unterscheidet nicht zwischen vertretbaren und unvertretbaren Handlungen. 5

3. Vollstreckung zur Abgabe einer Willenserklärung (§ 894). Bei der Vollstreckung eines rechtskraftfähigen Titels auf Abgabe einer **bestimmten** Willenserklärung gilt § 894. Eine Vollstreckung nach § 894 scheidet also bei Titeln auf Abgabe einer unbestimmten Willenserklärung aus, ebenso bei Vollstreckungstiteln (insb Prozessvergleich, Schiedsspruch und vollstreckbarer Urkunde), die nicht der Rechtskraft fähig sind (zum Vorrang des § 894 ggü § 888 vgl Frankf FamRZ 89, 1321). Im letztgenannten Fall greifen die Vorschriften 6 der Handlungsvollstreckung ein; im ersten Fall ist dies jedoch va wegen des Charakters des § 894 als lex specialis ausgeschlossen (str; vgl § 894 Rz 1). Es ist ferner str, ob § 887 überhaupt auf die Abgabe von Willenserklärungen, zB auf die Erteilung einer **Vollmacht**, angewendet werden kann. Nach richtiger Ansicht gilt insoweit jedoch § 888 (Kobl DGVZ 86, 138; Hamm NJW 56, 918 [für den Fall der Auflassung]; zumindest für die Erteilung einer Prozessvollmacht: BGH NJW 95, 463, 464). Selbst wenn ein Dritter in der Lage wäre, eine Willenserklärung abzugeben, bliebe der rechtliche Erfolg nicht derselbe, wenn er nicht als Vertreter des Schuldners handelte (Hamm NJW 56, 918). Die Gegenansicht stützt die Vollstreckung auf § 887 und ersetzt in Analogie zu § 848 II die fehlende Vollmacht durch die dort geregelte Ermächtigung des Gerichts (RGZ 55, 57, 60). Sie ist jedoch mangels Rechtsgrundlage abzulehnen (ausf Hamm NJW 56, 918).

7 **4. Vollstreckung auf Duldung oder Unterlassung (§ 890).** Bei der problematischen Vollstreckung von **Dauerverpflichtungen** zu vertretbaren sowie unvertretbaren Handlungen zieht die Rspr selbst dann, wenn sie nicht auf Duldung oder Unterlassung gerichtet sind, gelegentlich die Regel der **Unterlassungsvollstreckung** nach § 890 (analog) heran (zB LG Berlin WuM 94, 552 [Treppenhausreinigung] mwN; LG Koblenz NJW-RR 86, 506 ([Beheizung)]), indem sie den Wortlaut des § 887 teleologisch reduziert (vgl MüKoZPO/*Gruber* Rn 16). Dagegen spricht die Ausschließlichkeit der Vollstreckungsarten (Köln MDR 95, 95; Hamm NJW 73, 1135; differenzierend Ddorf NJW-RR 97, 648, 649 [Ladenbetriebspflicht]: grds § 887, bei zeitlich nahem Wegfall der Dauerverpflichtung § 890). Selbst in Grenzfällen hat der Gläubiger jedoch kein Wahlrecht zwischen den verschiedenen Vollstreckungsarten (Köln MDR 95, 95; aA ThoPu/*Hüßtege* Rn 1c). Eine Abgrenzung zu § 890 ist schließlich bei der Vollstreckung von **Beseitigungs- und Unterlassungsansprüchen** aus § 1004 I BGB notwendig, die je nach Einzelfall nach § 887 zu vollstrecken sind (vgl Saarbr NJW-RR 01, 163: Verhinderung von Immissionen eines Nachbargrundstücks durch geeignete Maßnahmen; Bambg NJW-RR 00, 358, 359).

8 **B. Allgemeine Voraussetzungen und Tatbestandsvoraussetzungen des Abs 2. I. Zulässigkeit der Zwangsvollstreckung. 1. Allgemeine Verfahrensvoraussetzungen. a) Ordnungsgemäßer Vollstreckungsantrag/ Zuständigkeit.** Der erforderliche Antrag des Gläubigers gem § 753 ist an das Prozessgericht 1. Instanz als zuständigem Organ der Zwangsvollstreckung zu richten. In Fällen der Zuständigkeit des LG besteht Anwaltszwang nach § 78 I – nicht nur in der mündlichen Verhandlung. Dies gilt auch nach der Neufassung der Vorschrift, da das Gesetz für das Zwangsvollstreckungsverfahren keine Befreiung vom Anwaltszwang vorgesehen hat (str, so hM; Köln NJW-RR 95, 644, 645 (zu § 888) mwN; Hamm MDR 85, 242 (zu § 890); München NJW 77, 909; einschränkend Neustadt NJW 61, 1266: Anwaltszwang nur bei Anordnung der mündlichen Verhandlung). Anwaltszwang besteht in derartigen Fällen auch, wenn aus einer einstweiligen Verfügung vollstreckt wird (hM; aA Jena InVo 96, 18, 19). Nur vor dem AG kann der Antrag zu Protokoll der Geschäftstelle gestellt werden, § 496.

9 Der Antrag muss **hinreichend bestimmt** sein. In ihm ist die **konkrete Handlung** zu bezeichnen, auch wenn der Vollstreckungstitel nur den geschuldeten **Handlungserfolg** nennt (str, so hM; Köln NJW-RR 90, 1087 mwN; Frankf JurBüro 88, 259; Zweibr MDR 74, 409, 410). Dies ist schon deshalb erforderlich, weil andernfalls die Grundlage für die Entscheidung fehlte, ob die Zwangsvollstreckung nach § 887 oder § 888 zu erfolgen hat. Zudem kann der Schuldner nur dann prüfen, ob er die Handlung selbst vornehmen oder aber von einem Dritten vornehmen lassen will und ob ihm uU sogar eine geeignete und kostengünstigere Maßnahme bekannt ist. Die Maßnahme muss sich jedenfalls aus dem Schriftsatz ergeben, der den Vollstreckungsantrag enthält (Bambg NJW-RR 00, 358, 359). Unterlagen, auf welche im Vollstreckungstitel Bezug genommen wird, sind dem Titel beizuheften (Saarbr NJW-RR 10, 95, 96). Die Festlegung einer bestimmten technischen Maßnahme ist nicht erforderlich (München NJW-RR 88, 22; Hamm MDR 84, 591). So kann zB jeder Baufachmann verantwortlich entscheiden, was nötig ist, um eine Außenwand vor Feuchtigkeit zu schützen (Dresd MDR 09, 1411). Ansonsten geht mit der Ermächtigung des Gläubigers die Duldungspflicht des Schuldners einher, die nach § 892 mit Hilfe des Gerichtsvollziehers vollstreckt werden kann, sofern eine konkrete Bezeichnung der Duldungshandlung erfolgt. Dieses Erfordernis besteht jedenfalls dann, wenn str ist, welche Maßnahmen zur Mängelbeseitigung erforderlich sind (Stuttg NJW-RR 99, 792; Stuttg BauR 86, 490). Der Gläubiger muss weder jeden einzelnen Arbeitsschritt angeben (Karlsr Justiz 89, 156; Zweibr MDR 83, 500) noch einen Dritten, der die Ersatzvornahme ausführt, namentlich benennen. Erforderlich ist allerdings die Darlegung der Ausführungsfähigkeit des Gläubigers oder eines Dritten (Hamm NJW 59, 891). Gemäß § 264 I BGB darf im Falle der **Wahlschuld** der Gläubiger entscheiden, auf welche Art und Weise die Handlung ausgeführt werden soll. Die **Umdeutung** eines Antrages nach § 888 in

einen nach § 887 ist nur bei Vorliegen konkreter Anhaltspunkte dafür möglich, dass dies dem Willen des Gläubigers entspricht (Hamm NJW 85, 274, 275). Eine **Rücknahme** des Vollstreckungsantrages kann bis zur Rechtskraft des Beschl nach § 322 erfolgen.

b) Rechtsschutzbedürfnis. Am erforderlichen Rechtsschutzinteresse mangelt es, wenn der Gläubiger die Ersatzvornahme bereits durchgeführt (LG Essen MDR 59, 399) oder der Schuldner offenkundig schon erfüllt hat, wofür er allerdings **beweispflichtig** ist. 10

2. Allgemeine Zwangsvollstreckungsvoraussetzungen. Neben den allg Vollstreckungsvoraussetzungen prüft das Gericht das Vorliegen, nicht aber die materielle Richtigkeit des Titels, da diese im Zwangsvollstreckungsverfahren keine Rolle spielt (Bambg NJW-RR 98, 716). 11

II. Nichtvornahme einer Handlung (Abs 1). Der Schuldner darf die erforderliche Handlung trotz objektiver Möglichkeit der Erfüllung, Aufforderung und ausreichend Zeit seit Eintritt der Vollstreckbarkeit nicht vorgenommen haben. Das gleiche gilt, wenn sie nur tw oder unbrauchbar (Köln NJW-RR 96, 100, 101) vorgenommen wurde. Bei **Dauerverpflichtungen** (s.o. Rz 7) liegt in der Verweigerung der weiteren Erfüllung eine Nichtvornahme. Die Nichterfüllung hat der Gläubiger schlüssig zu behaupten, nicht jedoch zu beweisen (ausf MüKoZPO/*Gruber* Rn 18; differenzierend *Schuschke* InVo 05, 396, 397 f). 12

1. Erfüllungseinwand. Es ist umstr, ob der Schuldner iRd nach § 891 S 2 erforderlichen Anhörung den Erfüllungseinwand erheben kann. Mit dem BGH ist davon auszugehen, dass wegen des Wortlautes von § 887, seines Sinn und Zwecks und aus prozessökonomischen Gründen das **Prozessgericht** im Verfahren nach § 887 prüfen muss, ob erfüllt wurde (BGH NJW-RR 11, 470, 471; BGH NJW 05, 367, 369 mwN und Anm *Kannowski/Distler* NJW 05, 865; offen gelassen BGH NJW 93, 1394, 1395 f; Nürnbg NJW-RR 95, 63, 64 mwN). Die **Beweislast** trägt der **Schuldner** (Karlsr NJW-RR 02, 429; Karlsr MDR 01, 1191; ausf *Schuschke* InVo 05, 396 ff). 13
Nach der Gegenansicht bleibt dem Schuldner nur die **Vollstreckungsabwehrklage**, § 767 (etwa RGZ 21, 377, 379; München MDR 00, 907; Bambg Rpfleger 83, 79; KG InVo 02, 435). Daneben gibt es zwei vermittelnde Ansichten. Danach ist der Erfüllungseinwand im Vollstreckungsverfahren jedenfalls zu berücksichtigen, wenn die Tatsachen **unstr, offenkundig oder liquide beweisbar** sind (Rostock InVo 04, 122, 123; München NJW-RR 02, 1034, 1035 mwN). Das Gleiche soll gelten, wenn eine vom Schuldner **unstr vorgenommene Handlung** dem **Vollstreckungstitel genügt** (statt vieler Hamm InVo 01, 343, 344). Sonst wird der Schuldner auf § 767 verwiesen.

2. Unmöglichkeitseinwand. Der Schuldner kann sich nach Ansicht des BGH im Verfahren nach § 887 allerdings nicht darauf berufen, dass ihn die Vornahme der Handlung unzumutbar belaste oder nicht zum Erfolg führen könne (NJW-RR 06, 202, 203). Dieser **materiell-rechtliche Einwand** bleibe der Vollstreckungsabwehrklage vorbehalten (so auch Ddorf MDR 91, 260 zum Einwand des nachträglichen Unvermögens; Hamm DB 84, 1824; aA zum Unmöglichkeitseinwand: Zweibr NJW-RR 98, 1767, 1768). Im Fall des Unmöglichkeitseinwandes sollte indessen **differenziert** werden: Ist die Handlungsvornahme **objektiv unmöglich**, liefe die Zwangsvollstreckung nach § 887 ins Leere, so dass keine staatliche Zwangsmaßnahme gegen den Schuldner verhängt werden darf (Ddorf NJW-RR 01, 48; vgl zum Parallelproblem iRd § 888 Hamm FamRZ 97, 1094, 1095; sowie Hamm NJW-RR 88, 1087, 1088 B/L/A/H Rn 16 begründet mit fehlendem Rechtschutzbedürfnis; anders argumentiert St/J/*Brehm* Rn 23). Die **subjektive Unmöglichkeit** kann hingegen iRd § 887 nicht berücksichtigt werden, da der Anspruch vollstreckbar bleibt. Der Schuldner muss Vollstreckungsabwehrklage erheben (so im Ergebnis auch Ddorf InVo 02, 32, 33 f; Ddorf MDR 91, 260, 261). 14

III. Vertretbarkeit der Handlung. 1. Allgemeines. Vertretbar ist eine Handlung, wenn es für den Gläubiger bei vernünftiger Betrachtungsweise rechtlich und wirtschaftlich keine Bedeutung hat, ob der Schuldner selbst oder ein Dritter (nicht unbedingt jeder Dritte) sie vornimmt (Zweibr InVo 00, 398, 399; Ddorf NJW-RR 98, 1768, 1769; Köln MDR 75, 586; G/S/B-E § 71 Rn 4). Zudem muss es vom Standpunkt des Schuldners rechtlich zulässig sein, dass ein anderer die Handlung bewirkt (BGH NJW 95, 463, 464). 15
Bei der Abgrenzung ist auf die **Gläubigerinteressen** abzustellen, so dass Nachteile für den Schuldner grds außer Betracht bleiben (zB erhöhte Kosten, RGZ 55, 57, 59, wenn der Gläubiger Wert darauf legen kann, dass der Schuldner persönlich leistet). Ansonsten entscheidet über die Vertretbarkeit der Kern der geschuldeten Leistung, ihr sachlicher Inhalt (Hamm NJW 74, 653; LG Bremen DGVZ 06, 51). Die Tatsache, dass 16

der Schuldner ein **Wahlrecht** hat, macht die Handlung nicht unvertretbar, so dass es also irrelevant ist, wenn der Erfolg auf verschiedene Art und Weise bewirkt werden kann (Ddorf NJW-RR 98, 1768 unter Aufgabe von NJW-RR 88, 63; Zweibr MDR 74, 409, 410). Tätigkeiten, die keine besonderen geistigen oder körperlichen Fähigkeiten voraussetzen, stellen regelmäßig vertretbare Leistungen dar, während künstlerische und wissenschaftliche Leistungen, also Leistungen, bei denen es auf individuelle, unersetzbare Fähigkeiten des Schuldners ankommt, meist als unvertretbar einzustufen sind (zur Frage der Vollstreckbarkeit nach § 888 vgl § 888 Rz 11, 12).Vertretbarkeit scheidet nicht schon deswegen aus, weil vor der Durchführung Vorüberlegungen anzustellen sind (vgl Dresd InVo 02, 297, 298 f).

17 Wenn die Mitwirkung eines **Dritten** erforderlich ist, kommt § 887 nur bei dessen **Einverständnis** oder bei Vorlage eines gegen ihn gerichteten **Duldungstitels** zur Anwendung (BGH NZM 09, 202; Zweibr NJW-RR 98, 1767; BayObLG NJW-RR 89, 462). Ansonsten greift § 888 ein (Köln MDR 03, 114), sofern die Durchsetzung des Anspruchs in der Macht des Schuldners steht (vgl § 888 Rz 11, 14). Die Vollstreckung nach § 887 setzt weiterhin die rechtliche Zulässigkeit der Handlungsvornahme durch den Dritten voraus. Im Falle der Erforderlichkeit einer Genehmigung, um die sich zumeist der Schuldner zu bemühen hat, ist die Ersatzvornahme nur bei ihrer rechtskräftigen Versagung ausgeschlossen (Ddorf MDR 02, 1394; Frankf InVo 97, 252). Komplexe Handlungen, für die das Zusammenwirken mehrerer Personen nötig ist und die Eingriffe in fremde Rechtsgüter erfordern, sind regelmäßig unvertretbar (München NJW-RR 92, 768).

18 Problematisch ist die Einstufung von **Arbeitsleistungen**. Früher nahm eine verbreitete Ansicht in der arbeitsrechtlichen Literatur an, dass es sich dabei um unvertretbare Handlungen handele, so dass eine Vollstreckung wegen § 888 III ausschied (ausf St/J/*Brehm* § 888 Rn 39 ff). Sofern es aber nicht auf individuelle Fähigkeiten des Schuldners ankommt und es dem Arbeitgeber gleichgültig ist, wer die Arbeitsleistung erbringt, sind Werk-, Dienst- und Arbeitsleistungen nach § 887 zu vollstrecken (hM in der zwangsvollstreckungsrechtlichen Literatur; vgl MüKoZPO/*Gruber* Rn 15 mwN). Klassisches Beispiel einer unvertretbaren Handlung ist dagegen die Tätigkeit eines Geschäftsführers. Zweifelhaft ist der Charakter einer im **Ausland** vorzunehmenden Handlung. Manche Gerichte wollen nach § 888 vollstrecken, da sonst unzumutbare Erschwerungen und Verzögerungen drohten (Köln InVo 03, 38, 39; Frankf InVo 01, 183, 184). Dagegen spricht, dass sich die Vollstreckungsart grds am Titel orientiert und nicht an Schwierigkeiten der Vollstreckung (Musielak/*Lackmann* Rn 8), so dass § 887 einschlägig und nur ausnahmsweise § 888 anwendbar ist (ausf Ddorf InVo 04, 385, 386 f; Hamm InVo 99, 32).

19 Weil die Abgrenzung im Einzelfall Schwierigkeiten bereitet, steht im Zweifel der den Schuldner **weniger belastende Eingriff**, idR also die Ersatzvornahme, im Vordergrund (LG Hamburg NJW-RR 86, 158). Bei deren Scheitern können noch Zwangsmittel nach § 888 angewendet werden (LG Hamburg NJW-RR 86, 158, 159).

Der Gläubiger und der Schuldner können **nicht** wirksam **vereinbaren**, dass eine vertretbare Handlung wie eine unvertretbare Handlung nach § 888 vollstreckt werden soll (Hamm MDR 68, 333, 334; LG Itzehoe NJW-RR 87, 1343).

20 **2. Einzelfälle vertretbarer und unvertretbarer Handlungen.**

- **Abnahme** beim Kauf: vertretbar, wenn allein auf **Besitzbefreiung** gerichtet (aA noch *Marienwerder* SeuffA 50, 237, 237 f); unvertretbar, wenn mit ihr Prüfung als Erfüllung (**Annahme**) verbunden (B/L/A/H Rn 20).
- Gewährung der **Akteneinsicht**: grds unvertretbar (BFH BB 01, 83, 84).
- **Arbeitsvertrag**: Zur Einstufung von **Arbeitsleistungen** s.o. Rz 18. Unvertretbar: Erstellung von **Arbeitspapieren** (LAG Erfurt BB 01, 943; LAG Frankfurt DB 81, 534, 535), Erteilung von **Arbeitszeugnissen**, Erteilung einer Arbeitsbescheinigung nach § 312 SGB III (LAG Nürnberg 09.06.11 – 7 Ta 15/11), Prozessvergleich über ein Arbeitszeugnis (BAG DB 11, 2444), Entfernung von **Abmahnungsunterlagen** aus Personalakten (LAG Frankfurt NZA 94, 288), ferner **Ausbildung** (LAG Berlin BB 79, 1404), ebenso wie **Beschäftigung** und **Weiterbeschäftigung** (LAG Mainz NZA-RR 05, 550, 551; LAG München BB 94, 1083; zur Weiterbeschäftigung ausf Zö/*Stöber* § 888 Rn 3). Die Erteilung einer **Lohnabrechnung** ist vertretbar, wenn betriebliche Lohnunterlagen vorhanden sind (hM; LAG Köln JurBüro 08, 496; LAG Mainz MDR 06, 55; LAG Köln MDR 91, 650, 651; aA BAG NZA 2010, 61, 62; LAG Nürnberg 09.06.11 – 7 Ta 15/11; LAG Hamburg NZA-RR 96, 422, 423; vgl aber LAG Hamm DB 83, 2257: Ausnahme bei Kleinstbetrieben, bei denen Lohnunterlagen nur aus flüchtigen Notizen bestehen; zur Ausnahme bei Nichtvorliegen erforderlicher Unterlagen in geeigneter Form auch LAG Köln JurBüro 08, 496, 497).

- Ermittlung des **Auseinandersetzungsguthabens**: vertretbar (Köln NJW-RR 03, 33; ebenso Erstellung der **Auseinandersetzungsbilanz** (BGH NJW 09, 431, 432)).
- **Auskunftserteilung** und **Rechnungslegung**: IdR unvertretbar (so BGH NJW 68, 300, 301; NJW-RR 97, 489; Nürnbg MDR 09, 1309; Rostock OLG-NL 06, 161), da der Schuldner meist eigene Kenntnisse und eigenes Wissen offenbaren muss (Hamm NJW-RR 88, 1087, 1088). Stets unvertretbar, wenn nur der Schuldner leisten kann (zB BGH NJW-RR 86, 369 [Versorgungsausgleichsverfahren]), oder wenn die Auskunft aus den Geschäftsunterlagen mit einer Vollständigkeitserklärung verbunden ist (Köln MDR 02, 294). Vertretbar aber dann, wenn die Erfüllung allein durch einen Sachverständigen erfolgen kann (Köln JurBüro 95, 550). Zur Auskunft und Rechnungslegung vgl ausf B/L/A/H Rn 21; zur Rechnungslegung des Wohnungseigentumsverwalters Ddorf NJW-RR 99, 1029 mwN: vertretbar (hM).
- **Auslandsvollstreckung**: s.o. Rz 18
- **Befreiung von einer Verbindlichkeit**: s.o. Rz 4
- Öffentliche **Beglaubigung** (einer Abtretungserklärung): unvertretbar (RGZ 115, 304, 310; BayObLG NJW-RR 97, 1015, 1016). **21**
- **Beseitigung** eines **Bauwerks** (BGH NJW-RR 05, 212), **Überbaus** (Köln JurBüro 69, 364), **Überhangs** (Karlsr OLGZ 91, 448), **Überwuchses** (BGH NJW 04, 603): vertretbar. Zur Störungsbeseitigung iÜ s.u. »Immissionen«.
- **Betrieb** eines **Einzelhandelsgeschäftes/Ladengeschäftes**: unvertretbar (str; Hamm NJW 73, 1135 (die Vollstreckbarkeit aus § 888 wird allerdings iE abgelehnt); Hambg WuM 03, 641, 642; aA B/L/A/H Rn 25); einer **Postfiliale**: unvertretbar und nach § 888 vollstreckbar (LG Mainz NJW-RR 01, 637, 638 f; insoweit B/L/A/H Rn 34 zust).
- **Bilanzierung**: nur unvertretbar, wenn der Schuldner mitwirken muss (Köln NJW-RR 03, 33; Köln NJW-RR 98, 716).
- **Buchauszugserteilung** durch Wirtschafts- oder Buchprüfer: grds vertretbar (BGH NJW-RR 11, 470; BGH FamRZ 09, 2077; Bambg NJW-RR 08, 1422, 1423; Köln VersR 04, 1413, 1414; München NJW-RR 02, 1034, 1035; Kobl NJW-RR 94, 358; Hamm NJW 65, 1387); unvertretbar, wenn rechnergestützte ergänzende Abrechnungen zu erstellen sind (Hamm NJW-RR 94, 489, 490). Ausf zum Buchauszug B/L/A/H Rn 23; Zö/*Stöber* Rn 3.
- Stellung einer **Bürgschaft**: vertretbar (Karlsr InVo 05, 71; Köln MDR 89, 169 mit abl Anm *Schmidt* MDR 89, 1067, 1068; Zweibr MDR 86, 1034).
- **Dauerverpflichtungen**: s.o. Rz 7
- **Dienstleistungen**: grds vertretbar (s.o. Rz 18); unvertretbar sind höhere Dienste, wobei § 888 III zu beachten ist. **22**
- **Entfernen** von **Abmahnungsunterlagen** aus Personalakten: unvertretbar (s.o. Rz 20); von **Gegenständen**: vertretbar (BGH NJW-RR 05, 212 (Anpflanzungen und Bauwerke)); von **Haustieren**: grds vertretbar (Hamm NJW 66, 2415; LG Hamburg NJW-RR 86, 158; aA LG Köln MDR 63, 228) unter besonderen Umständen unvertretbar (Hamm NJW 66, 2415, 2416); von **Personen**: unvertretbar (BGH FamRZ 63, 553, 556). **23**
- **Erbe**: unvertretbar sind Herstellung eines **Nachlassverzeichnisses** oder Auskunft über dieses (Celle InVo 02, 383, 384; Frankf Rpfleger 77, 184), ferner **Urkundenvorlage** an den Pflichtteilsberechtigten.
- **Geistige Leistungen**: grds unvertretbar (vgl aber Ausnahme unter »Wissenschaftliche Leistungen« Rz 34; zur Vollstreckungsmöglichkeit generell vgl § 888 Rz 12); ausf B/L/A/H Rn 27. **24**
- Beseitigung einer **Grundstückslast/Grunddienstbarkeit**: vertretbar nur, wenn Ablösungszahlung klar und Gläubiger zur Löschung bereit ist oder dazu gezwungen werden kann (BGH NJW 86, 1676, 1677; Saarbr MDR 05, 1253, 1254; Nachw bei MüKoZPO/*Gruber* Rn 45).
- **Handwerkliche/Werkvertragliche Leistungen**: grds vertretbar (vgl BGH NJW 93, 1394; B/L/A/H Rn 28). **25**
- **Herausgabe** einer zu beschaffenden oder herzustellenden Sache: s.o. Rz 5.
- **Hinterlegung** von Geld und Sachen: s.o. Rz 4
- Abwendung und Verhinderung von **Immissionen** (Geräusche, Gerüche etc): Je nach Einzelfall und Antrag des Gläubigers (RGZ 60, 120, 121; Frankf Rpfleger 75, 445) vertretbar (Saarbr NJW-RR 01, 163 [Geruchs- und Lärmimmissionen]; Ddorf NJW-RR 98, 1768 [Feuchtigkeit]; anders noch in NJW-RR 88, 63) oder unvertretbar (LG Köln InVo 02, 246, 247 [vom Straßenbahnbetrieb ausgehender Lärm];

München OLGZ 82, 101, 102). UU nach § 890 zu vollstrecken, je nachdem, ob in der Sache Gebot zum Handeln oder Unterlassen ausgesprochen (Saarbr NJW-RR 01, 163, 164; LG Lüneburg NJW-RR 86, 502 [quakende Frösche]). Zu Immissionen vgl auch B/L/A/H Rn 43.

– **Kauf** nach **Listenpreis**: vertretbar (Köln MDR 75, 586).
– **Komplexe Handlungen**: s.o. Rz 17

26 – Verpflichtung zur **Kündigung**: unvertretbar (Frankf NJW 53, 1029).
– **Künstlerische Leistungen**: unvertretbar (Baur/Stürner/Bruns Rn 40.13 mwN in Fn 69); zur Vollstreckungsmöglichkeit generell s.o. Rz 16 und § 888 Rz 12.

27 – **Mängelbeseitigung**: vertretbar; anders, wenn Schuldner bestimmten Erfolg herbeizuführen hat (Ddorf BauR 95, 423; krit Musielak/*Lackmann* Rn 10).
– **Mitwirkung**: s.o. Rz 17

28 – **Namensänderung**: unvertretbar: Verpflichtung zur Annahme des Namens vor Eheschließung (Schlesw SchlHA 53, 184, 185) sowie Verpflichtung, den früheren Familiennamen nach Scheidung anzunehmen (B/L/A/H Rn 33).

29 – **Presse**: unvertretbar sind Abdrucke einer **Annonce** (München ZUM-RD 03, 91) sowie einer **Gegendarstellung** (München MDR 03, 53; Köln NJW 69, 755).
– **Provisionsabrechnung**: grds vertretbar (Köln InVo 02, 379, 380; Köln NJW-RR 96, 100); anders, wenn Titel auf Mitteilung wesentlicher Umstände lautet (Frankf InVo 02, 518, 519), Bücher fehlen oder unzulänglich sind (Zweibr NJW-RR 96, 100); zT wird danach differenziert, welches Vollstreckungsziel verfolgt wird (vgl Zweibr InVo 99, 29).
– **Prozess**: grds unvertretbar sind **Klageerhebung** (B/L/A/H Rn 30), **Prozessführung** (B/L/A/H Rn 34) und Erteilung einer **Prozessvollmacht** (BGH NJW 95, 463).

30 – **Räumung**: unvertretbar, wenn **Betriebsabwicklung** (unvertretbar) vorauszugehen hat (LG Göttingen DGVZ 02, 120).
– **Rechnungslegung**: s.o. Rz 20 unter »Auskunftserteilung«.

31 – **Sachverständigengutachten**: vertretbar, sofern es nicht auf ungewöhnliche Kenntnisse ankommt.
– **Steuer**: Die Eintragung in die **Steuerkarte** ist vollstreckbar (LAG Düsseldorf MDR 90, 1044; aA LAG Hamm MDR 72, 900) und grds vertretbar (aA LAG Düsseldorf MDR 90, 1044); unvertretbar sind Vorlage und Erwirkung des **Steuerbescheides** (München OLGR 96, 58, 59) sowie Abgabe (BGH NJW 04, 954, 955: Vollstreckbarkeit des Hilfsanspruchs auf Abgabe der Steuererklärung aus einem Pfändungs- und Überweisungsbeschluss; für Unvertretbarkeit, im Ergebnis aber gegen Vollstreckbarkeit im konkreten Fall: BGH NJW 08, 1675 ff) bzw Mitwirkung des Ehegatten bei der **Steuererklärung** (LG Zweibrücken MDR 76, 144, 145).

32 – **Übersetzung**: vertretbar die einer **Urkunde**; unvertretbar die eines **Buches**.
– **Umgangsgewährung** mit dem Kind: unvertretbar (Zweibr FamRZ 79, 842, 843).
– **Unterhaltsleistung**: idR vertretbar, auch bei Naturalunterhalt (Hambg FamRZ 83, 212; aA BayObLG FamRZ 97, 422).

33 – **Veräußerungsverpflichtung**: unvertretbar, da Aushandeln der Bedingungen erforderlich (Hamm MDR 65, 584).
– **Vermieterhandlungen**: Können beiden Vollstreckungsarten zugeordnet sein. **Beheizung** einer Wohnung grds vertretbar (str; LG Kiel SchlHA 87, 155; aA Hamm InVo 97, 251 [für § 888]; offen Köln MDR 95, 95), jedenfalls nicht nach § 890 zu vollstrecken. **Aufrechterhaltung einer bestimmten Temperatur** ist dagegen nach § 890 zu vollstrecken (LG Koblenz NJW-RR 86, 506, 507), allerdings nur, wenn Unterlassungspflicht im Vollstreckungstitel eindeutig ausgesprochen ist (ausf Köln MDR 95, 95; aA LG Wuppertal WuM 82, 134: § 890 gilt entspr). Erstellung einer **Betriebs-/Nebenkostenabrechnung** ist meist unvertretbar, da sie verbindliche Erklärungen voraussetzt, die auf besonderen Kenntnissen des Vermieters beruhen (umstr; so BGH NJW 06, 2706, 2707; KG NZM 02, 671; aA Rostock NZM 05, 520; LG Rostock NJW-RR 03, 373, 374 mwN; diff LG Wuppertal WuM 02, 273: für Anspruch auf Auskunft über Betriebskosten unter Angabe des Verteilungsschlüssels gelte § 888, für Anspruch auf Erstellung einer Betriebskostenabrechnung § 887). Enthalten Erklärungen stillschweigend die Versicherung der Richtigkeit und Vollständigkeit durch den Vermieter, wie bei Betriebskostenabrechnungen zumeist der Fall, sind diese unvertretbar; vertretbar ist dagegen Erstellung einer Abrechnung lediglich aufgrund vorhan-

dener Unterlagen. Verhinderung/Beseitigung von **Feuchtigkeit** ist nach hM vertretbar (s.o. Rz 25 unter »Immissionen«; Dresd InVo 02, 297, 298 f; Ddorf NJW-RR 98, 1768) wenn keine Maßnahmen am **Gemeinschaftseigentum** nötig sind (Ddorf NJW-RR 02, 1663). Einrichtung eines **Kautionskontos** ist unvertretbar (LG Berlin GE 00, 1326), positives Tun iRd **Konkurrenzschutzes** durch den Vermieter gleichfalls (BGH NJW-RR 96, 460). **Stromversorgung** ist dagegen vertretbar (AG Flensburg WuM 04, 32); ebenso **Treppenhausreinigung** (aA LG Berlin WuM 94, 552, 553: als Dauerverpflichtung analog § 890 zu vollstrecken; zur Vollstreckung von Dauerverpflichtungen s.o. Rz 7).

- **Veröffentlichung** eines Werkes: vertretbar (München MDR 55, 682, 683).
- **Versicherungen**: Benennung des **Begünstigten** einer Lebensversicherung ist unvertretbar (Köln MDR 75, 586), Eintragung in eine **Versicherungskarte** hingegen grds vertretbar.
- Auskunft über Voraussetzungen des **Versorgungsausgleiches**: unvertretbar (Frankf FamRZ 81, 180, 181; Hamm FamRZ 80, 899, 900; aA noch Frankf FamRZ 80, 265, 266).
- **Versteigerung** einer gemeinschaftlichen Sache: unvertretbar
- Schriftlicher Abschluss eines **Vertrages**: unvertretbar (BayObLG NZM 01, 672, 675; Bambg MDR 83, 499).
- Erteilung einer **Vollmacht**: s.o. Rz 6
- **Vorlegung** von Urkunden: s.o. Rz 5

- **Wertermittlung**: vertretbar (Bambg NJW-RR 99, 577 [iRd Zugewinns § 1379 I 2 BGB]; aA Hamm FamRZ 10, 222; Naumbg NJOZ 04, 3561, 3562; Frankf NJW-RR 87, 1472 [Nachlass]; differenzierend zur Zwangsvollstreckung des Wertermittlungsanspruchs im Pflichtteilsrecht *Schneider*, ZEV 11, 353 ff). 34
- **Widerruf** einer Behauptung: nach bisher noch hM unvertretbar, nach aA Vollstreckung nach § 894 (analog); näheres § 888 Rz 3.
- Abgabe oder Entgegennahme einer **Willenserklärung**: s.o. Rz 6.
- **Wissenschaftliche Leistungen**: grds unvertretbar (Baur/Stürner/Bruns Rn 40.13 mwN in Fn 69); vertretbar jedoch Erstellung von Sachregistern oder Inhaltsangaben; zur Vollstreckungsmöglichkeit generell vgl § 888 Rz 12.

- **Zeugnisausstellung**: unvertretbar (BAG NJW 05, 460, 461; zur Frage der Vollstreckbarkeit generell LAG Frankfurt NZA-RR 04, 382). 35
- **Zugangs-/Zutrittsgewährung**: unvertretbar, wenn Objekt verschlossen (Zweibr InVo 04, 288, 289; Frankf InVo 97, 271, 272; für eine – nicht überzeugende – Vollstreckbarkeit des Zutrittsrechts nach § 890: Köln NJW-RR 88, 832).

C. Verfahren und Durchführung der Vollstreckung. I. Zuständigkeit. Sachlich ausschließlich (§ 802) 36
zuständiges Vollstreckungsorgan ist das **Prozessgericht erster Instanz** (§ 887 I), auch wenn der Rechtsstreit in höherer Instanz anhängig ist oder war (BGH NJW 02, 754, 755; zur Zuständigkeit s. Rz 8). Es wird der **Richter** tätig, nicht der Rechtspfleger (arg § 20 Nr 17 RPflG). Beim LG ist grds der **Einzelrichter** zuständiges Prozessgericht (§ 348; Frankf MDR 81, 504 sowie München MDR 83, 499: keine erstmalige Übertragung auf Einzelrichter, wenn im Erkenntnisverfahren Kammer entschieden hat, allerdings vor Einführung des § 348a). Zuständig können aber auch sein: das **Arbeitsgericht** (LAG Hamm DB 73, 1951), das **Familiengericht** (Ddorf FamRZ 81, 577) oder (nach §§ 94 ff GVG) die **Kammer für Handelssachen**. In **WEG-Sachen** muss der Antrag an das dafür zuständige Gericht gerichtet werden, § 43 WEG (BayObLG NJW-RR 88, 640; im Fall des § 72 II GVG ist das danach bestimmte Gericht auch für Zwangsvollstreckungsverfahren in WEG-Sachen zuständig, Oldbg NJW 09, 859, 860). In **Patentsachen** ist das BPatG zuständig (BPatG GRUR 96, 402). Für vollstreckbare **Schiedssprüche** (§§ 794 I Nr 4a, 1060) und **ausländische Urt** (§ 722) liegt die Zuständigkeit bei dem die Vollstreckbarkeit anordnenden Gericht (Köln InVo 06, 332, 333). Bei **vollstreckbarer notarieller Urkunde** streitet man, ob der allg Schuldnergerichtsstand nach § 797 V gilt (Baur/Stürner/Bruns Rn 40.9 Fn 31) oder eine amtsgerichtliche Zuständigkeit am Notarsitz analog § 797 III gegeben ist (Musielak/*Lackmann* Rn 18). Die zweite Ansicht erscheint aus praktischen Gründen bei Unklarheiten über die tatsächliche Sachlage vorzugswürdig. Dieses Gericht ist auch zuständig bei vom Notar für vollstreckbar erklärten **Vergleichen** nach § 796c. Hat eine Kammer des LG den Vollstreckungstitel im **Eilverfahren** erlassen, bleibt sie auch für das Vollstreckungsverfahren zuständig, selbst wenn die Hauptsache in die Zuständigkeit des Einzelrichters fällt (Kobl NJW-RR 02, 1724, 1725 [zu § 890]; aA B/L/A/H Rn 11). Für die Vollstreckung vertretbarer Handlungen mit einem Auslandsbezug besteht die internationale Zuständigkeit deutscher Gerichte, wenn die Zwangsvollstreckungsmaßnahme auf das Inland beschränkt

bleibt (BGH NJW-RR 10, 279; krit zu diesem Urt *Heese,* ZZP 11, 73, 91, wonach die Vollstreckung einer Verpflichtung zur Erstellung von Buchauszügen im österreichischen Rechtsraum gem § 887 völkerrechtswidrig sei; vielmehr müsse in einem solchen Fall § 888 eingreifen.).

37 **II. Verfahrensgrundsätze.** Das auf das Vollstreckungshandeln angelegte Verfahren erfordert nicht stets eine **mündliche Verhandlung** (§ 891 S 1 iVm § 128 IV), jedoch zwingend **rechtliches Gehör** (§ 891 S 2), also die Möglichkeit, **verfahrensrechtliche Einwendungen** geltend zu machen. Eine andere Frage ist, inwieweit der Schuldner **materiell-rechtliche Einwendungen** gegen den vollstreckbaren Anspruch erheben kann (zum Erfüllungs- und Unmöglichkeitseinwand s.o. Rz 13, 14).

38 **III. Entscheidung durch Beschluss.** Die Entscheidung ergeht gem § 891 S 1 durch einen **begründeten Beschl**, der beiden Parteien nach § 329 III **zuzustellen** ist und einen **Vollstreckungstitel** nach § 794 I Nr 3 darstellt, auch wenn dadurch der Antrag zurückgewiesen wird. Die differenzierende Meinung, wonach der stattgebende Beschl dem Schuldner, der teils ablehnende auch dem Gläubiger und der ganz ablehnende nur dem Gläubiger zuzustellen sei, während iÜ formlose Mitteilungen genügten, erscheint zu kompliziert (so aber Musielak/*Lackmann* Rn 20 sowie § 888 Rn 13 und Zö/*Stöber* Rn 8 sowie § 888 Rn 12). Im Beschl ist nach § 891 S 3 über die **Kosten** zu entscheiden und zwar nach §§ 91 ff. Die Kosten des Beschlussverfahrens sind von den Kosten der Durchführung (dazu s.u. Rz 43) zu differenzieren.

39 **IV. Ermächtigung zur Ersatzvornahme und Duldungspflicht.** Das Gericht weist den Vollstreckungsantrag entweder zurück oder es ermächtigt den Gläubiger in Abs 1, die Handlung nach Wahl vornehmen zu lassen oder selbst vorzunehmen (letzteres analog Abs 1). Dafür muss der Schuldner darlegen, dass er dazu in der Lage ist (Hamm NJW 59, 891). Der Beschl nach § 329 begründet seine **Duldungspflicht**, die der Gläubiger notfalls durch Hinzuziehung des Gerichtsvollziehers nach § 892 erzwingen kann. Das Gericht kann in dem Beschl anordnen, was der Schuldner zur Ausführung dulden muss, zB ein Zutrittsrecht des Dritten zur Ermöglichung der Handlung (Hamm NJW 85, 274). Eine Verpflichtung Dritter ist dem Gericht dagegen nicht möglich. Ob der Ersatzvornahmebeschluss zugleich eine nach § 758a, Art 13 II GG erforderliche **Durchsuchungsanordnung** enthält (AG Wiesbaden DGVZ 98, 45) oder ob dafür eine gesonderte richterliche Entscheidung nötig ist (AG Heidelberg DGVZ 86, 189, 190), wird unterschiedlich beurteilt. Der letztgenannten Ansicht kann man deshalb beipflichten, weil sie dem erforderlichen Grundrechtsschutz des Schuldners genügt (nicht überzeugend *Guntau* JuS 1983, 687 ff). Der Schuldner kann selbst nach Erlass des Beschl die geschuldete Handlung noch vornehmen (RGZ 104, 15, 16 f; BGH NJW 95, 3189, 3190) und zwar uU auch in anderer Art und Weise, wenn er nicht das Vertrauen des Gläubigers auf eine ordnungsgemäße Handlungsvornahme nachhaltig erschüttert hat (Ddorf MDR 82, 61, 62) oder der Zustimmung des Gläubigers bedarf und dieser sie verweigert (Frankf NJW-RR 89, 59). Die erforderliche Zustimmung des Dritten muss hingegen bereits bei Erlass des Ermächtigungsbeschlusses vorliegen (Frankf MDR 83, 141; aA Ddorf MDR 91, 260, 261).

40 **D. Rechtsbehelfe.** Der Beschl und die Anordnung des Kostenvorschusses (s.u. Rz 44 ff) sind sowohl seitens des Gläubigers als auch seitens des Schuldners mit der **sofortigen Beschwerde** (§§ 567 I Nr 1, 793) anfechtbar. Die Geltendmachung von Einwendungen gegen die **Höhe** des Kostenvorschusses (s.u. Rz 45) durch Vollstreckungsabwehrklage nach § 767 ist hingegen unzulässig (BGH NJW 93, 1394), ebenso die sofortige Beschwerde nach durchgeführter Ersatzvornahme (BayObLG InVo 99, 58, 59). Die **Rechtsbeschwerde** ist im Falle ihrer Zulassung statthaft, **§ 574 I 1 Nr 2.**

41 Der Schuldner hat die Möglichkeit, nach formell rechtskräftiger Beendigung des Verfahrens mit der Behauptung der Erfüllung oder der Unmöglichkeit die **Vollstreckungsabwehrklage** nach § 767 zu erheben (Karlsr FamRZ 06, 284; Frankf MDR 81, 414 [zu § 888]). Str ist, ob er – insb in Anbetracht der neuen BGH-Rspr zum Erfüllungseinwand (s.o. Rz 13) – bereits **vor** der rechtskräftigen Beendigung des Verfahrens nach § 887 auf diese Weise vorgehen kann (bejahend noch BGH NJW 93, 1394, 1395 f). Zwar könnte man das Rechtsschutzbedürfnis wegen der Rechtsmittel im Beschwerdeverfahren verneinen (B/L/A/H Rn 16; HK-ZPO/*Pukall* Rn 16; krit auch *Kannowski/Distler* NJW 05, 865, 867 f). Dagegen spricht aber das abw Klageziel von sofortiger Beschwerde und Vollstreckungsabwehrklage (so auch MüKoZPO/*Gruber* Rn 19). Zudem betrifft die Frage der Erfüllung nicht lediglich das Vollstreckungsverfahren, sondern nimmt dem Titel uU die Vollstreckbarkeit an sich (BGH NJW 93, 1394, 1396). Da sowohl für die Vollstreckungsabwehrklage nach § 767 als auch für das Vollstreckungsverfahren nach § 887 das Prozessgericht des ersten Rechtszuges zuständig ist, überzeugen auch die von der Gegenansicht angeführten Argumente der man-

gelnden Prozessökonomie und der drohenden Gefahr widersprüchlicher Entscheidungen bei doppelter Anbringung des Einwandes im Verfahren nach § 887 und § 767 nicht (München MDR 00, 907, deshalb gegen die Berücksichtigung des Erfüllungseinwandes im Verfahren nach § 887). Es bleibt abzuwarten, wie die Rspr mit dieser Problematik umgehen wird.

Da Beschlüsse nach § 887 der materiellen Rechtskraft fähig sind, kann die Erfüllung auf Antrag des Gläubigers nach Ablehnung eines vorhergehenden Vollstreckungsantrages nur dann erneut geprüft werden, wenn sich die Umstände geändert haben. Ansonsten liegt hinsichtlich des Tatbestandsmerkmals »Nichtvornahme« eine rechtskräftige Entscheidung vor (MüKoZPO/*Gruber* Rn 20; aA *Schuschke* InVo 05, 396, 398: im Vollstreckungsverfahren werde nicht rechtskräftig über die materiell-rechtliche Erfüllung entschieden). Wenn der Schuldner nach Erlass des Beschl erfüllt, rechtfertigt dies keine Aufhebung des Beschl (Frankf NJW-RR 89, 59). **42**

Gegen Maßnahmen oder die Verfahrensweise des **Gerichtsvollziehers** steht den Beteiligten die **Vollstreckungserinnerung** nach § 766 zur Verfügung. Zudem kann nach § 893 **Schadensersatzklage** erhoben werden.

E. Kosten. I. Ersatz notwendiger Kosten. Die durch die Ersatzvornahme entstehenden Kosten (**Kosten der Durchführung**) stellen **Kosten der Zwangsvollstreckung** nach § 788 dar. Der Gläubiger ist berechtigt, Verträge im eigenen Namen abzuschließen. Die notwendigen Kosten sind nach § 788 I 1 vom Schuldner zu ersetzen, zB Architektenhonorare (Ddorf JurBüro 85, 471), Gutachter- (Frankf DB 83, 495) oder Finanzierungskosten (Ddorf MDR 84, 323, 324). Die objektive Notwendigkeit der Kosten wird im **Kostenfestsetzungsverfahren** geprüft (Zweibr MDR 94, 1044, 1045). Andere befürworten die **Vollstreckungsabwehrklage** des Schuldners gem § 767, wenn maßgebliche Umstände nicht unstr oder offensichtlich sind (Frankf MDR 83, 587; Stuttg Rpfleger 82, 355). Dies ist jedoch deshalb nicht nötig, da auch im Kostenfestsetzungsverfahren die Umstände klärbar sind, notfalls im Wege der sofortigen Beschwerde nach § 104 III 1. Die Höhe der Kosten bemisst sich danach, was ein verständig abwägender, wirtschaftlich denkender Gläubiger in der konkreten Situation für angebracht halten durfte (KG Rpfleger 94, 31; Berlin 19.4.2010 – 52 S 69/09 Rn 5). Insoweit gilt § 287 entspr (München JurBüro 92, 270). Mitverschulden des Gläubigers führt über § 254 BGB analog uU zu einer Kürzung seines Erstattungsanspruchs um die entsprechende Haftungsquote (BGH NJW 97, 2234). Nicht als Zwangsvollstreckungskosten über § 788 I geltend machen kann der Gläubiger Kosten der Ersatzvornahme ohne entsprechenden Ermächtigungsbeschluss (vgl BGH NJW-RR 07, 213, 214); er muss gegen den Schuldner auf Leistung klagen (Köln OLGR 04, 198 mwN). **43**

II. Kostenvorschuss (Abs 2). Die Kostentragung findet allerdings nur in dem Umfang statt, wie die Kosten nicht durch **Zahlung** auf den vom Gericht festgesetzten Vorschuss gedeckt sind (München JurBüro 92, 270), es sei denn, es wurde noch nicht gezahlt (München MDR 97, 1068). Der Antrag des Gläubigers auf Vorschuss kann nach dem Ermächtigungsantrag gestellt werden, nicht aber nach Vornahme der Handlung (BGH NJW-RR 07, 213). Das Gericht prüft nach Anhörung des Schuldners gem § 891, ob die Vorschussanordnung erforderlich und die Höhe angemessen ist. Durch Nachforderungsantrag kann der Gläubiger einen weiteren Vorschuss verlangen, wenn der zunächst festgesetzte nicht ausreichend war, allerdings nicht mehr nach der Ersatzvornahme (Hamm MDR 72, 615). Dann verbleibt ihm nur noch die Möglichkeit, nach § 788 vorzugehen (Schlesw SchlHA 90, 39; aA LG Koblenz MDR 84, 591, 592). **44**

Die **Höhe** des Vorschusses liegt im pflichtgemäßen **Ermessen** des Gerichts, das ggf einen Sachverständigen heranzieht (BGH NJW 05, 367, 369; NJW 93, 1394, 1395). Sie findet ihre Grenze in § 308 I. Zur Ermittlung einer Schätzgrundlage bedarf es einer substantiierten Darlegung des Gläubigers, idR durch Kostenvoranschlag oder Kostenschätzung eines Sachverständigen (Köln InVo 97, 21). Maßstab für die Erforderlichkeit ist auch insoweit, was ein verständiger Gläubiger unter dem Gesichtspunkt der Wirtschaftlichkeit für sachgerecht halten durfte (KG Rpfleger 94, 31, 32 u o Rz 43). **45**

Eine vom Gläubiger geschuldete **Gegenleistung** für die Handlungsvornahme wirkt sich uU auf die Höhe des Vorschusses aus: Wird die Gegenforderung erst nach Durchführung der vertretbaren Handlung fällig, dürfen aber nicht lediglich die Mehrkosten der Ersatzvornahme als Vorschuss gewährt werden (Naumbg InVo 03, 83, 84 mwN; Hamm MDR 84, 591; aA LG Würzburg Rpfleger 80, 160, 161). Bei Fälligkeit kann der Schuldner mit einer **unstreitigen Forderung** gegen den titulierten Anspruch aufrechnen (Rostock NZM 05, 520 mwN; aA Celle NJW-RR 05, 1013, allerdings nur für den konkreten Fall). Die Aufrechnung mit einer **streitigen Gegenforderung** hingegen ist nicht möglich, so dass der Schuldner sich mit der Vollstreckungsabwehrklage nach § 767 behelfen muss (Ddorf InVo 02, 32; manche verweisen stets auf § 767, vgl **46**

MüKoZPO/*Gruber* Rn 39). Der die Vorauszahlung anordnende Beschl ist ein **Vollstreckungstitel** nach § 794 I Nr 3, der nach §§ 803 ff vollstreckt wird. Wenn der Kostenvorschuss die tatsächlichen Kosten übersteigt, muss der Schuldner uU auf **Rückzahlung** klagen und kann nicht entspr § 788 II Rückforderung des Kostenvorschusses betreiben (Schuschke/Walker/*Walker* Rn 27). Die für die Rückforderung eines Vorschusses aus § 637 BGB entwickelten Grundsätze gelten nicht ohne weiteres für die Rückforderungen eines vollstreckungsrechtlichen Vorschusses gem § 887 II (Ddorf BauR 10, 110).

47 **F. Gebühren. I. Gerichtsgebühren.** Nach **KV GKG Nr 2111** fallen **Gerichtskosten** als Festgebühr iHv 15 € an. Daneben können **Auslagen** ersetzt werden, KV GKG Nr 9000 ff.

48 **II. Anwaltsgebühren.** Der **Anwalt** erhält für Vollstreckungsanträge nach Abs 1 und Kostenvorschussanträge gem Abs 2 eine **0,3-Verfahrensgebühr** nach **VV RVG Nr 3309**. Kostenrechtlich bilden die Anträge nach Abs 1 und 2 auch bei späterer Verurteilung zur Vorauszahlung **eine Angelegenheit**. Gemäß **§ 18 Nr 12 RVG** stellt die Vollstreckung der Entscheidung auf Zahlung eines Kostenvorschusses jedoch eine **besondere Angelegenheit** dar, so dass die Gebühr nach VV RVG Nr 3309 erneut anfällt. Der **Gegenstandswert** bemisst sich gem § 25 I Nr 3 RVG nach dem Wert der zu erzwingenden Handlung für den Gläubiger bzw gem § 25 I Nr 1 RVG nach der Höhe des Kostenvorschusses.

§ 888 Nicht vertretbare Handlungen. **(1) [1]Kann eine Handlung durch einen Dritten nicht vorgenommen werden, so ist, wenn sie ausschließlich von dem Willen des Schuldners abhängt, auf Antrag von dem Prozessgericht des ersten Rechtszuges zu erkennen, dass der Schuldner zur Vornahme der Handlung durch Zwangsgeld und für den Fall, dass dieses nicht beigetrieben werden kann, durch Zwangshaft oder durch Zwangshaft anzuhalten sei. [2]Das einzelne Zwangsgeld darf den Betrag von 25.000 Euro nicht übersteigen. [3]Für die Zwangshaft gelten die Vorschriften des Vierten Abschnitts über die Haft entsprechend.**

(2) Eine Androhung der Zwangsmittel findet nicht statt.

(3) Diese Vorschriften kommen im Falle der Verurteilung zur Leistung von Diensten aus einem Dienstvertrag nicht zur Anwendung.

1 **A. Normzweck und systematische Einordnung.** § 888 regelt die Zwangsvollstreckung zur Durchsetzung von Ansprüchen auf Vornahme unvertretbarer, ausschließlich vom Schuldnerwillen abhängiger Handlungen mittels **Beugezwang**. Vollstreckungsmittel ist also die Ausübung von Zwang auf den Schuldnerwillen. Die Vorschrift hat durch das Gesetz zur Reform des Verfahrens in Familiensachen und in den Angelegenheiten der freiwilligen Gerichtsbarkeit v 17.12.08 (FGG-RG; BGBl I 08, 2586) zum 1.9.09 eine Änderung ihres Abs 3 erfahren (dazu s.u. Rz 18).

2 **I. Abgrenzung zu § 887.** Die Abgrenzung zur Vollstreckung **vertretbarer Handlungen** nach § 887 bereitet tw Schwierigkeiten (vgl § 887 Rz 2).

3 **II. Abgrenzung zu besonderen Vollstreckungsregeln.** Abgrenzungsprobleme bestehen zur **Herausgabevollstreckung** nach §§ 883 ff (§ 887 Rz 5) und zur Vollstreckung zur **Abgabe einer Willenserklärung** nach § 894. Im letztgenannten Fall werfen die Verpflichtung des Schuldners zur **Erteilung einer Vollmacht** (§ 887 Rz 6) und der begehrte **Widerruf** einer (ehrverletzenden) Behauptung Fragen auf. Die hM spricht sich für eine Vollstreckung der Widerrufsverpflichtung nach § 888 aus (BVerfG NJW 70, 651, 652 [verfassungsrechtlich nicht zu beanstanden]; BGH NJW 62, 1438; offen gelassen: BGH NJW 77, 1288, 1290; Frankf MDR 98, 986; differenzierend Celle InVo 02, 301). Die Gegenansicht wendet § 894 analog an (Hamm NJW-RR 92, 634, 635 mwN; Frankf NJW 82, 113). Dies überzeugt deshalb nicht, weil weder eine planwidrige Lücke besteht, noch dem Gläubigerinteresse damit genügend Rechnung getragen würde (zur Problematik vgl auch § 894 Rz 4). Kann eine Erklärung des Schuldners an sich nach § 888 vollstreckt werden, muss das Urt hinreichend **bestimmt** sein, damit den Erfordernissen der Norm genügt wird (aA Karlsr InVo 05, 201: Verurteilung zu »erforderlichen Erklärungen« reiche aus).

Auch Fälle, in denen außer der Erklärung **weitere Handlungen** erforderlich sind, können statt nach § 894 gem § 888 vollstreckt werden (vgl MüKoZPO/*Gruber* Rn 8 mwN). Gleiches gilt, wenn sich die Verpflichtung zur Abgabe einer Willenserklärung aus einem **Prozessvergleich** ergibt (BGH NJW 86, 2704, 2705; zur Vollstreckbarkeit eines Vergleichs über ein Arbeitszeugnis BAG DB 11, 2444).

III. Vollstreckung auf Duldung oder Unterlassung. Ob eine Verpflichtung auf ein Unterlassen oder eine unvertretbare Handlung gerichtet ist, lässt sich ebenfalls zT nur schwer abgrenzen. Maßgeblich ist die Auslegung des Titels, nicht die Formulierung des Tenors. Sie muss ergeben, ob ein Gebot zum **Unterlassen** oder zu einem **Handeln** ausgesprochen wird (Saarbr NJW-RR 01, 163, 164). Enthält der Titel beides, entscheidet der **Schwerpunkt der Verpflichtung** über die anwendbare Vollstreckungsregel (Köln OLGZ 94, 599, 602; im Ergebnis ebenso BGH NJW-RR 03, 1235 ff). 4

Eine Abgrenzung zu § 890 ist schließlich auch bei der Vollstreckung von **Beseitigungs- und Unterlassungsansprüchen** aus § 1004 I BGB notwendig, die uU nach § 887 oder § 888 zu vollstrecken sind (vgl § 887 Rz 7; Saarbr OLGR 04, 640).

B. Allgemeine Voraussetzungen und Tatbestandsvoraussetzungen. I. Zulässigkeit der Zwangsvollstreckung. 1. Vollstreckungsantrag/Rechtsschutzbedürfnis. Die Festsetzung von Zwangsmitteln erfordert einen ordnungsgemäßen **Vollstreckungsantrag** des Gläubigers an das **Prozessgericht des ersten Rechtszuges**. Dafür besteht Anwaltszwang, soweit § 78 dies erfordert (str; vgl § 887 Rz 8). Der Antrag muss erkennen lassen, dass der Gläubiger nach § 888 vorgehen will, wobei keine zu strengen Anforderungen gestellt werden dürfen (München MDR 03, 53; zur **Umdeutung** in Bezug auf § 887 vgl dort Rz 9 und in Bezug auf § 890 München MDR 03, 53 [bejahend] sowie München OLGR 00, 86 [abl]). Die geforderte Handlung muss im Antrag so genau wie möglich bezeichnet werden, der Antrag also **hinreichend bestimmt** sein. Hingegen sind weder **Art noch Maß des Zwangsmittels zu nennen** (Köln MDR 82, 589). Eine etwaige Angabe stellt lediglich eine Anregung dar (München NJW-RR 92, 704) und setzt keinen Zwangsrahmen nach § 308 I (aA Zö/*Stöber* Rn 4). Im Übrigen ist das Gericht aber an den Antrag des Gläubigers nach § 308 I gebunden. 5

Die **Rücknahme** des Antrags (str, ob § 269 analog gilt; dagegen KG NJW-RR 87, 192: Kostenentscheidung nach § 788) ist bis zur **Rechtskraft** des Beschl möglich (Ddorf InstGE 9, 56 mwN). Zum notwendigen **Rechtsschutzbedürfnis** vgl § 887 Rz 10.

2. Allgemeine Vollstreckungsvoraussetzungen. Das Gericht prüft ferner die allg Vollstreckungsvoraussetzungen (§ 887 Rz 8 ff). Der Titel muss sich auf eine **unvertretbare Handlung** richten und ebenfalls hinreichend bestimmt sein, sei dies auch im Wege der Auslegung zu erreichen (Zweibr FamRZ 04, 1224: zu unbestimmt »Auskunft in geeigneter Weise zu belegen«; vgl aber auch o Rz 3). Die rechtliche Zulässigkeit der geschuldeten Handlung spielt im Verfahren nach § 888 keine Rolle (München FamRZ 92, 1207, 1208; Frankf NJW 53, 1029, 1030). 6

II. Nichtvornahme einer Handlung. Der Gläubiger hat die Nichtvornahme bzw die unvollständige und unzureichende Vornahme der geschuldeten Leistung trotz Handlungsmöglichkeit im Zeitpunkt der Vollstreckung (hM; statt vieler Köln MDR 03, 114) und vergeblicher Aufforderung **darzulegen**. 7

1. Erfüllungseinwand. Ein Erfüllungseinwand des Schuldners ist vom Prozessgericht zu berücksichtigen (str; so BGH NJW-RR 11, 470, 471 und BGH NJW 05, 367, 369 zu § 887; Ddorf MDR 09, 1193; Nürnbg MDR 09, 1309; Zweibr JurBüro 03, 494), kann also nicht nur vom Schuldner im Wege des § 767 geltend gemacht werden. Die in § 887 Rz 13 aufgeführten Argumente gelten auch hier. Wegen §§ 259, 260 BGB darf kein Zwang bei der Vollstreckung von Auskunftsansprüchen angewendet werden, wenn die Angaben falsch oder unvollständig sind. Da der Anspruch auch dann erfüllt ist, bleibt nur die eidesstattliche Versicherung gem §§ 259 II, 260 II, 261 BGB iVm §§ 410 Nr 1, 411 I FamFG. 8

Etwas anderes gilt nach **rechtskräftigem Abschluss** des Zwangsmittelverfahrens (Karlsr FamRZ 06, 284, 285; Zweibr FamRZ 98, 384). Dann muss der Schuldner den Erfüllungseinwand stets nach § 767 vorbringen (zu § 767 vgl § 887 Rz 41).

2. Unmöglichkeitseinwand. Zum Unmöglichkeitseinwand s.u. Rz 13. 9

III. Unvertretbarkeit der Handlung. Eine Handlung ist unvertretbar, wenn ihre Vornahme durch einen Dritten rechtlich oder wirtschaftlich einen anderen Effekt hat als die Vornahme durch den Schuldner, oder wenn sie nur vom Schuldner vorgenommen werden kann. Teilweise wird Unvertretbarkeit angenommen, sofern die Handlung ausschließlich vom **Schuldnerwillen** abhängt, mithin eine Voraussetzung des Abs 1 in die Definition der unvertretbaren Handlung hinein gelesen (BGH NJW 06, 2706, 2707; Frankf NJW-RR 98, 1768, 1769). Allerdings folgt daraus kein anderes Ergebnis, weil diese Voraussetzungen stets vorliegen müssen. 10

Klassische Fälle unvertretbarer Handlungen sind etwa **Auskunftserteilung** und **Rechnungslegung** (vgl § 887 Rz 20). Da das zur Definition einer vertretbaren Handlung Gesagte umgekehrt gilt, wird für problematische Einzelfälle auf die Ausführungen in § 887 Rz 20 ff verwiesen.
Die Parteien können nicht wirksam **vereinbaren**, dass eine vertretbare Handlung wie eine unvertretbare Handlung nach § 888 vollstreckt werden soll (Hamm MDR 68, 333, 334; LG Itzehoe NJW-RR 87, 1343).

11 **IV. Abhängigkeit der Handlung vom Schuldnerwillen.** Die Vollstreckung scheidet aus, wenn die Handlung – im **Zeitpunkt des Beschl** – nicht ausschließlich vom Schuldnerwillen abhängt. Der Grund liegt darin, dass Zwangsmittel den Schuldnerwillen brechen sollen (s.o. Rz 1).

12 **1. Allgemeines.** Die ausschließliche Abhängigkeit vom Schuldnerwillen ist gegeben, wenn die Handlung von ihm **aus eigener Kraft und aus eigenem Willen** (vgl Mot zu § 888 bei Hahn S. 466) erbracht werden kann. Daran fehlt es uU trotz vorhandener Fähigkeiten bei schöpferischen oder wissenschaftlichen Leistungen, die nicht beliebig produzierbar sind (vgl auch Baur/Stürner/Bruns Rn 40.13 mwN in Fn 69 [Herstellung eines druckfertigen Kommentars]). Diese Erfordernisse liegen darin begründet, dass idR nicht festgestellt werden kann, ob solche Fähigkeiten beim Schuldner gerade im entscheidenden Moment abrufbar sind (Wieczorek/Schütze/*Storz* Rn 21).
An der ausschließlichen Abhängigkeit der Handlung vom Willen des Schuldners mangelt es, wenn die Erfüllung seiner Verpflichtung Geldmittel erfordert, die dem Schuldner fehlen und die er nicht beschaffen kann. Es besteht keine **erzwingbare Kreditaufnahmepflicht** (Schlesw NJW 92, 579, 580; aA *Grunsky* ZZP 95, 264 ff mwN). Der BGH bejaht aber die Zulässigkeit der Pfändung künftiger Ansprüche aus einer offenen Kreditlinie (BGH MDR 01, 1014, 1015; dazu Baur/Stürner/*Bruns* Rn 30.7 mwN; ausf bereits *Olzen* ZZP 97, 1 ff).

13 **2. Unmöglichkeitseinwand.** Aus dem Erfordernis der ausschließlichen Abhängigkeit vom Willen des Schuldners folgt ferner, dass diese im Zeitpunkt der Zwangsmittelfestsetzung (Celle MDR 98, 923, 924) noch durchführbar sein muss. Wenn objektive **Unmöglichkeit** feststeht oder auch nur zweifelhaft ist, darf keine staatliche Zwangsmaßnahme verhängt werden, so dass der Schuldner den Unmöglichkeitseinwand im Verfahren nach § 888 geltend machen kann (ganz hM; München MDR 08, 291; Rostock OLG-NL 06, 161, 163; Celle MDR 98, 923, 924; Hamm NJW-RR 88, 1087, 1088). Dies gilt jedenfalls bei **dauernder** (objektiver oder subjektiver) **Unmöglichkeit**; das Vertretenmüssen ist irrelevant (Hamm NJW-RR 88, 1087, 1088; vgl aber zur subjektiven Unmöglichkeit bei vertretbaren Handlungen § 887 Rz 14).
Im Fall **vorübergehender Unmöglichkeit** ist die Zwangsvollstreckung ebenfalls unabhängig vom Verschulden für den entsprechenden Zeitraum (einstweilen) unzulässig (statt vieler Wieczorek/Schütze/*Storz* Rn 18; aA: nur bei unverschuldeter Unmöglichkeit, vgl Baur/Stürner/*Bruns* Rn 40.18).
Eine Berufung auf die Unmöglichkeit ist nur möglich, wenn der Schuldner bei erforderlicher Mitwirkung eines **Dritten** eine solche veranlasst oder dieses zumindest versucht hat (mit der »gebotenen Intensität«, vgl Ddorf NJW-RR 02, 1663; BayObLG NJW 75, 740, 741; s.u. Rz 16).

14 **3. Mitwirkung eines Dritten.** Das Erfordernis der Mitwirkung eines Dritten ist unproblematisch, sofern der Schuldner dessen Verhalten beeinflussen kann (BayObLG NJW-RR 89, 462, 463). Andernfalls fehlt es an der Abhängigkeit der Handlung von seinem Willen.

15 Aber nur wenn die mangelnde Mitwirkungsbereitschaft des Dritten von vornherein feststeht, scheidet eine Vollstreckung nach § 888 aus (hM; Köln MDR 03, 114; Köln OLGR 94, 26, 27). Demgegenüber nahm man früher vereinzelt an, die Vollstreckung scheide bereits aus, wenn die Mitwirkungsbereitschaft nicht eindeutig gegeben war (vgl Hamm OLGZ 66, 443, 445). Ist hingegen die Bereitschaft des Dritten eindeutig gesichert, können die Zwangsmittel angewendet werden (BGH NJW 82, 2552) und zwar selbst dann, wenn keine Rechtspflicht des Dritten besteht (aA Hamm NJW 73, 1135). Bei zweifelhafter Mitwirkung kommt es auf die Behauptungs- und Beweislast an (s.u. Rz 17).

16 Die Entscheidung, wann das Mitwirkungserfordernis einer Vollstreckung gem § 888 entgegensteht, kann im Einzelfall schwierig sein (Betrieb eines Geschäfts: unschädlich, dass Dritte eingesetzt werden müssen, vgl Celle NJW-RR 96, 585; aA Naumbg NJW-RR 98, 873, 874; Sicherung der Mitwirkung eines Architekten beim Bau: unschädlich, so auch Baur/Stürner/Bruns Rn 40.14; aA Hamm OLGZ 66, 443, 445).
Der Schuldner muss alle **zumutbaren Maßnahmen** ergreifen, um sich die Mitwirkung des Dritten zu sichern (BGH NZM 09, 202, 203; Stuttg MDR 05, 777, 778; Köln NJW-RR 92, 633, 634; *Bartenbach/Jung/Fock* Mitt. 2010, 373, 378 f) und alle (Einfluss-)Möglichkeiten ausschöpfen, tatsächliche wie rechtliche,

wirtschaftliche wie persönliche (zB Antragstellung ggü Behörde: RGZ 39, 418, 419; gerichtliches Vorgehen gegen den Dritten: Ddorf ZMR 03, 863, 864; NJW-RR 02, 1663, 1664; BayObLG NJW-RR 89, 462, 463). Der Gläubiger kann ihn dazu im Wege des Zwangs gerichtlich anhalten lassen (Frankf NJW-RR 97, 567), jedoch aus dem Vollstreckungstitel gegen den Schuldner nicht die Mitteilung von Namen und Adressen Dritter verlangen, um diese selbst auf Duldung einer gebotenen Vollstreckungsmaßnahme oder Mitwirkung in Anspruch zu nehmen (BGH NZM 09, 202, 203).
Schließlich ist § 888 anwendbar, wenn eine an sich vertretbare Handlung von der Mitwirkung eines dazu nicht bereiten Dritten abhängt (vgl § 887 Rz 17).

4. Behauptungs- und Beweislast. Die Verteilung der Beweislast ist äußerst umstr. Teilweise wird argumentiert, wegen des Wortlautes der Vorschrift und um das Risiko des Schuldners nicht zu übersteigern, treffe sie den Gläubiger, wenn er sich auf die Möglichkeit der Handlungsvornahme und ihre ausschließliche Abhängigkeit vom Schuldnerwillen berufe (hM; Köln MDR 03, 114; Hamm FamRZ 97, 1094, 1095; Hamm NJW-RR 88, 1087, 1088; KG NJW 72, 2093, 2094 f; aA Stuttg MDR 05, 777; Köln InVo 96, 107; LAG Kiel NZA-RR 04, 408, 409). Damit der Gläubiger ein Vorbringen des Schuldners, er sei zur Erfüllung außerstande, überprüfen könne, müsse dieser jedoch die Unmöglichkeit bzw den Umstand, alle möglichen Anstrengungen unternommen zu haben, um die Mitwirkung oder Zustimmung des Dritten zu erlangen, substanziiert darlegen, nicht nur pauschal behaupten (BGH NZM 09, 202, 203; Brandbg MDR 07, 429; Hamm FamRZ 97, 1094, 1095; Hamm NJW-RR 88, 1087, 1088). 17
Richtigerweise trägt der **Gläubiger** die Beweislast jedoch allein im Hinblick auf die **Höchstpersönlichkeit** der Leistung. Was eine etwaige **Erfüllung** oder die **Unmöglichkeit** anbelangt, bleibt es dagegen bei den allg Grundsätzen, nach denen der **Schuldner** beweispflichtig ist. Da die **ausschließliche Abhängigkeit der Handlung vom Schuldnerwillen** letztlich einen Anwendungsfall der (subjektiven) Unmöglichkeit darstellt, liegt auch hier die Beweislast beim **Schuldner** (MüKoZPO/*Gruber* Rn 16).

V. Kein Ausschluss der Vollstreckung nach Abs 3. Abs 3, eine eng auszulegende Sondervorschrift, nennt einen Fall, in dem die Zwangsvollstreckung ausscheidet (Vollstreckungsverbot). Vor dem Inkrafttreten des Gesetzes zur Reform des Verfahrens in Familiensachen und in den Angelegenheiten der freiwilligen Gerichtsbarkeit v 17.12.08 (FGG-RG; BGBl I 08, 2586) waren zwei weitere Vollstreckungsverbote aufgezählt: Die Vollstreckung entfiel bei der Verurteilung zur Eingehung einer Ehe und im Falle der Verurteilung zur Herstellung des ehelichen Lebens (Abs 3 Alt 1, 2 aF). Mangels praktischer Bedeutung wurden diese Vollstreckungsverbote mit Wirkung zum 1.9.09 ersatzlos gestrichen (BTDrs 16/6308, 326). 18

1. Verurteilung zur Leistung von Diensten aus einem Dienstvertrag. Da **Arbeitsleistungen** regelmäßig vertretbar sind (s. § 887 Rz 18) und Abs 3 sich nur auf unvertretbare Dienste bezieht, ist das Verbot von geringer Bedeutung. Die Vollstreckbarkeit einer einstweiligen Verfügung zur Sicherung des **Dienstleistungsanspruchs** nach dieser Regel scheidet aus, nicht jedoch diejenige zur Sicherung des **Beschäftigungsanspruchs** (vgl LAG Kiel NZA 87, 322, 323; LAG Berlin BB 79, 1404). 19
Erfasst sind schließlich nicht nur Leistungen aus einem Dienstvertrag, sondern auch aus **entgeltlicher Geschäftsbesorgung**, § 675 BGB, oder aus **Auftrag**, § 662 BGB (ganz hM; MüKoZPO/*Gruber* Rn 21). Dagegen betrifft das Verbot keine Ansprüche aus dem **Werkvertrag** gem § 631 BGB.

2. Sonstige Fälle. Die Vorschrift gilt entspr, wenn die zwangsweise Anspruchsdurchsetzung einen **Gesetzes-** oder **Grundrechtsverstoß** darstellen würde. Daher ist etwa die Verpflichtung zum **Abschluss eines Erbvertrages** wegen § 2302 BGB ebenso wenig vollstreckbar (Frankf Rpfleger 80, 117, 118) wie die Verpflichtung zur Teilnahme an einer **kultisch-religiösen Handlung** (Köln MDR 73, 768, 769). 20
Anders verhält es sich, wenn auch der Gläubiger seinen Anspruch aus Grundrechten ableiten kann und die Abwägung der Grundrechtspositionen zu seinen Gunsten ausfällt. Daher ist die Verpflichtung einer Mutter, ihrem Kind Auskunft über mögliche Erzeuger zu erteilen, vollstreckbar (hM; BGH NJW 08, 2919, 2921; Hamm NJW 01, 1870, 1871; Bremen NJW 00, 963, 964 mwN; aA LG Münster NJW 99, 3787, 3788; LG Bremen Streit 99, 134, 135).

C. Verfahren und Durchführung. I. Zuständigkeit, Verfahrensgrundsätze und Entscheidung. Zuständig ist das **Prozessgericht des ersten Rechtszuges**, dessen Entscheidung durch begründeten **Beschl** ergeht, der entweder den Antrag zurückweist oder das Zwangsmittel und die vorzunehmende Handlung konkret bezeichnet (vgl § 887 Rz 36 ff). 21

22 **II. Anordnungsverfahren und Vollstreckung. 1. Allgemeines.** Der Schuldner ist gem Abs 1 S 1 mittels **Zwangsgeld** oder **Zwangshaft** zur Vornahme einer unvertretbaren Handlung anzuhalten. Es handelt sich um reine **Zwangsmittel** bzw **Beugemaßnahmen**, aber **keine Kriminalstrafen** (unstr, vgl Zweibr FamRZ 98, 384; Hamm NJW-RR 88, 1087, 1088). Das Gericht setzt das Zwangsmittel für den Fall fest, dass die geschuldete Handlung bis zu einem **bestimmten Zeitpunkt** (Datum oder Frist ab Zustellung) oder innerhalb einer **angemessenen Frist** nicht erbracht wird.

Dem Gericht steht ein **Wahlrecht** nach **pflichtgemäßem Ermessen** zwischen den Zwangsmitteln zu (Köln MDR 82, 589), und zwar unter Beachtung des **Verhältnismäßigkeitsgrundsatzes** (Brandbg MDR 07, 429, 430; LAG Frankfurt DB 93, 1248).

23 Die Verhängung beider Zwangsmittel **nebeneinander** ist **unzulässig,** nicht aber die **alternative** Festsetzung sowie – auf besonderen Antrag– die **konsekutive**: Nimmt der Schuldner die Handlung nach Vollstreckung des verhängten Zwangsmittels (Celle FamRZ 06, 1689, 1690 mwN; Karlsr FamRZ 94, 1274) nicht vor, kann das Gericht wiederholt dasselbe oder ein anderes Zwangsmittel festsetzen (KG NJW 63, 2081, 2082). Weil es sich bei Zwangsgeld und Zwangshaft um reine Beugemaßnahmen handelt, verstößt die Mehrfachanordnung nicht gegen Art 103 III GG (BGH NZI 05, 391, 392).

Aus dem genannten Grund besteht **kein Verschuldenserfordernis** für die Festsetzung der Zwangsmaßnahmen (ganz hM; Hamm NJW-RR 88, 1087, 1088; Frankf NJW 53, 1029, 1030) und keine Sanktionsmöglichkeit von in der **Vergangenheit** abgeschlossenen Zuwiderhandlungen (Karlsr NJW-RR 89, 189, 190).

24 **2. Keine Androhung.** Anders als § 890 sieht Abs 2 keine Androhung vor. Sie ist weder erforderlich noch zulässig (hM bereits vor Einführung von Abs 2; vgl Kobl NJW-RR 97, 1337, 1338; aA Köln NJW-RR 95, 1405, 1406). Eine **aufschiebend befristete Zwangsmittelfestsetzung** kommt dagegen in Betracht (vgl BTDrs 13/341, 41).

25 **3. Adressat der Zwangsmittelanordnung.** Adressat der Zwangsmittelfestsetzung ist grds der **Schuldner**, auch im Falle der **Prozessunfähigkeit** (hM; Zweibr OLGR 03, 347, 348; Kobl FamRZ 03, 1486). Zwangsgeld wird also in sein Vermögen vollstreckt. Die **Zwangshaft** ist allerdings gegen den **gesetzlichen Vertreter** anzuordnen (hM; Zweibr OLGR 03, 347, 348; aA MüKoZPO/*Gruber* Rn 26: gegen Schuldner bei Einsichtsfähigkeit), da eine Willensbeugung nicht ggü Prozessunfähigen erfolgen darf. Abzulehnen ist deshalb die Ansicht, die stets gegen den vollstrecken will, dessen Wille zu beugen sei, entweder gegen den Schuldner oder seinen gesetzlichen Vertreter oder sogar gegen beide, sofern Einsichtsfähigkeit vorläge (vgl Schuschke/Walker/*Walker* Rn 33 f; St/J/*Brehm* Rn 43 mwN).

26 Organe **juristischer Personen** (Organwalter) sind zu behandeln wie gesetzliche Vertreter. Das Zwangsgeld ist gegen die juristische Person anzuordnen und die Zwangshaft gegen die Organe (hM; Dresd FamRZ 00, 298; Schuschke/Walker/*Walker* Rn 35 unterscheidet nicht zwischen Zwangsgeld und Zwangshaft).

27 **4. Handlungsvornahme durch den Schuldner.** Die **Festsetzung** eines Zwangsmittels bedeutet noch keine endgültige Durchsetzung, da der Schuldner sie durch Vornahme der geschuldeten Handlung abwenden kann (Zweibr FamRZ 98, 384). Aus Beschlüssen darf in diesem Fall nicht vollstreckt werden (Ddorf MDR 09, 1193; Karlsr FamRZ 06, 284), sondern die Geldvollstreckung ist einzustellen bzw die Haft zu beenden (vgl etwa Köln InVo 01, 306, 307).

28 **5. Zwangsmittel. a) Zwangsgeld. aa) Anordnung.** Der Beschl auf Anordnung des Zwangsgeldes muss auf eine **bestimmte Höhe** lauten, die sich nach dem **Vollstreckungsinteresse** des Gläubigers bemisst (LAG Frankfurt DB 93, 1248; Karlsr NJW-RR 00, 1312; aA Hambg ZUM 05, 660, 661 sowie MüKoZPO/*Gruber* Rn 29: Fraglich sei allein, welcher Zwangsgeldbetrag den entgegenstehenden Willen des Schuldners überwinde). Dafür bildet der **Streitwert der Hauptsache** eine Richtschnur (Rostock JurBüro 09, 105; Brandbg MDR 07, 429, 430; Karlsr NJW-RR 00, 1312). Ferner ist die **Hartnäckigkeit der Erfüllungsverweigerung** beachtlich (Brandbg MDR 07, 429, 430; Karlsr NJW-RR 00, 1312). Schließlich muss das Zwangsgeld der **Bedeutung der Sache** angemessen sein (München NJW-RR 92, 704). Das **Mindestmaß** beläuft sich auf 5 € (Art 6 I 1 EGStGB) und der – einzelne (vgl BGH NJW-RR 05, 1211, 1213) – **Höchstbetrag** auf 1.000 € (Abs 1 S 2).

Mit dem Beugecharakter nicht zu vereinbaren und deshalb unzulässig sind **Stundung** und **Ratenzahlung** (keine Anwendbarkeit des Art 7 EGStGB). Das Zwangsgeld fällt an die **Staatskasse,** nicht an den Gläubiger (BGH NJW 83, 1859, 1860 mwN) und ist durch den Gerichtsvollzieher zu überweisen. Bei einer Forde-

rungspfändung muss im Überweisungsbeschluss die Zahlung durch den Drittschuldner an die Gerichtskasse angeordnet werden.
Für den Fall, dass das Zwangsgeld nicht beigetrieben werden kann, ordnet das Gericht ersatzweise Zwangshaft an, § 888 I 1. Deren Festsetzung ist nachholbar, wenn die Anordnung im Beschl fehlt (entsprechende Anwendung des Art 8 I EGStGB). An den Nachweis der Nichtbeitreibbarkeit sind keine strengen Anforderungen zu stellen (Köln FamRZ 02, 895; Ddorf JurBüro 89, 277, 278; KG NJW 63, 2081, 2082).

bb) Vollstreckung. Die Vollstreckung der Zwangsgeldanordnung steht im Belieben des Gläubigers. Es 29
erfolgt keine Vollstreckung vAw nach der JBeitrO (so aber München NJW 83, 947), sondern auf **Gläubigerantrag** hin nach den Bestimmungen über die Zwangsvollstreckung wegen Geldforderungen, §§ 803–882a (str; so hM; RGZ 53, 181, 182 f; BGH NJW 83, 1859, 1860 mwN; Stuttg FamRZ 97, 1495; aA für die Vollstreckung vAw, § 1 I Nr 3 JBeitrO: München NJW 83, 947; B/L/A/H Rn 18).
Der Zwangsgeldbeschluss bedarf einer **Vollstreckungsklausel,** §§ 795, 724; (aA LG Kiel SchlHA 83, 75, 76; Schuschke/Walker/*Walker* Rn 42).

cc) Rückforderung. Str ist, ob der Schuldner einen Rückforderungsanspruch gegen den Staat hat, wenn 30
das **Gericht** den Vollstreckungstitel oder den Zwangsgeldbeschluss nach der Vollstreckung **aufhebt**. Gründe können darin liegen, dass die Vollstreckung zum Beitreibungszeitpunkt (zB wegen Erfüllung) rechtswidrig war, oder der Gläubiger nachträglich auf seine titulierten Rechte verzichtet hat. Gegen einen solchen Anspruch wird geltend gemacht, die spätere Aufhebung des Vollstreckungstitels habe auf die Rechtmäßigkeit der Anordnung und die Beitreibung des Zwangsgeldes keinen Einfluss. Der Schuldner müsse sich gem §§ 717 II, 945 an den Gläubiger halten (so KG JW 22, 1047 f mit zust Anm *Oertmann*; differenzierend Frankf JurBüro 91, 1554 ff: Rückforderungsanspruch besteht in den ersten beiden Fällen analog § 776, im letzten Fall nicht). Richtigerweise ist jedoch in allen Fällen der **Rückgewähranspruch** zu bejahen (BAG NJW 90, 2579, 2580 mwN; Zweibr InVo 00, 287), da kein Grund ersichtlich ist, warum der Fiskus profitieren sollte. Der Anspruch lässt sich entweder auf **§ 812 I 2 BGB analog** stützen (so BAG NJW 90, 2579, 2580; Köln JZ 67, 762, 763 mit Anm *Baur*) oder auf **§ 776 analog** (Zweibr InVo 00, 287; Frankf JurBüro 91, 1554, 1555). Im Fall des § 717 II besteht auch ein Ersatzanspruch des Schuldners gegen den Gläubiger.

b) Zwangshaft. aa) Anordnung. Wegen des **Verhältnismäßigkeitsgrundsatzes** ist Zwangshaft nur dann 31
zulässig, wenn Zwangsgeld nicht ausreichend erscheint, den Willen des Schuldners zu beugen (hM; Zweibr JurBüro 03, 494).
Die Festsetzung einer bestimmten **Haftdauer** ist nicht nötig. Das **Mindestmaß** liegt bei **einem Tag** (Art 6 II 1 EGStGB), die **Höchstdauer** bei **sechs Monaten** (§§ 888 I 3, 913). **Unzulässig** ist der Erlass der Haft aus Gnade (**Begnadigung**), da der Gläubiger Herr über die Zwangsvollstreckung ist und eine Begnadigung die Vollstreckbarkeit des Urt beseitigen würde (vgl St/J/*Brehm* Rn 28, 29).

bb) Vollstreckung. Die Zwangshaft wird aufgrund eines **Gläubigerantrags** nach den Vorschriften über die 32
Haft, §§ 901–913, vollstreckt. Die gerichtlich vollstreckbare Ausfertigung der Haftanordnung ist der Haftbefehl des Prozessgerichts (§§ 888 I 3, 901; LG Kiel SchlHA 83, 75, 76; AG Berlin-Charlottenburg DGVZ 79, 28).
Die Zwangshaft wird nach § 171 StVollzG vollzogen. Die Vollziehung kann ausgesetzt oder hinausgeschoben werden (Nürnbg OLGR 01, 329).

D. Rechtsbehelfe. Gegen den Anordnungsbeschluss kann der Schuldner die **sofortige Beschwerde** einle- 33
gen (§§ 567 I Nr 1, 793). Diese hat keine **aufschiebende Wirkung** (str; so Köln NJW-RR 04, 716, 717: § 570 I finde entgegen seinem Wortlaut keine Anwendung, weil dies dem Willen des Gesetzgebers widerspreche; Zö/*Stöber* Rn 15; aA BGH 17.8.2011 – I ZB 20/11; Musielak/*Lackmann* Rn 14).
Ein wegen Abs 2 unzulässiger **Androhungsbeschluss** ist nach § 793 mittels sofortiger Beschwerde anfechtbar (Stuttg MDR 95, 92, 93; Hamm NJW-RR 87, 765, 766), und zwar allein wegen der Kosten (vgl Karlsr FamRZ 94, 54, 55). Eine andere, abzulehnende Ansicht meint, gegen die Androhung seien keine Rechtsmittel des Schuldners statthaft (Bremen InVo 00, 399), weil Abs 2 dem Gläubigerschutz, nicht dem Schuldnerschutz diene. Aber auch dessen Belange sind zu berücksichtigen. Zu den Rechtsbehelfen iÜ vgl § 887 Rz 40 ff.

E. Kosten. Zu unterscheiden sind die Kosten des **Beschlussverfahrens** von den Kosten der **Durchführung** 34
(wie auch iRd § 887; s. § 887 Rz 38, 43). In Bezug auf erstgenannte Kosten ergeht die Kostenentscheidung

im Beschl wegen § 891 S 3 nach §§ 91 ff. Die zuletzt genannten Kosten werden nach § 788 I festgesetzt und beigetrieben, und zwar gem § 788 II 2 auch durch das Prozessgericht des ersten Rechtszuges.

35 **F. Gebühren. I. Gerichtsgebühren.** Nach KV GKG Nr 2111 entstehen für das gesamte Verfahren **Gerichtskosten** als **Festgebühr** iHv 15 €. Die Kosten einer Zwangshaft gehören zu den **Auslagen**, KV GKG Nr 9010. Für die Tätigkeit des **Gerichtsvollziehers** bei Durchführung der Ersatzhaft fallen Kosten iHv 30 € an, vgl KV GVKostG Nr 270.

36 **II. Anwaltsgebühren.** Der **Anwalt** erhält für das Verfahren eine 0,3-Verfahrensgebühr nach VV RVG Nr 3309. Das Verfahren zur Ausführung der Zwangsvollstreckung stellt jedoch eine besondere Angelegenheit nach § 18 Nr 13 RVG dar und löst damit eine zusätzliche 0,3-Verfahrensgebühr nach Nr 3309 aus. Der **Gegenstandswert** bemisst sich gem § 25 I Nr 3 RVG nach dem Wert der zu erzwingenden Handlung.

§ 888a Keine Handlungsvollstreckung bei Entschädigungspflicht. **Ist im Falle des § 510b der Beklagte zur Zahlung einer Entschädigung verurteilt, so ist die Zwangsvollstreckung auf Grund der Vorschriften der §§ 887, 888 ausgeschlossen.**

1 **A. Normzweck und systematische Einordnung.** § 888a schließt im Fall des § 510b eine Zwangsvollstreckung der Hauptleistung auf Vornahme einer Handlung nach §§ 887, 888 aus. Es handelt sich um eine **Klarstellungsvorschrift**, damit Doppelvollstreckungen vermieden werden.
Für das arbeitsgerichtliche Verfahren gibt es eine entsprechende Regelung in § 61 II ArbGG.

2 **B. Tatbestandsvoraussetzungen.** Der Schuldner muss gleichzeitig mit der Verurteilung zur Vornahme einer vertretbaren oder unvertretbaren Handlung für den Fall des Unterbleibens binnen einer bestimmten Frist durch das AG zur Zahlung einer Entschädigung verurteilt worden sein, § 510b. Ebenso wenig wie diese Vorschrift gilt auch § 888a nicht für Duldungs- oder Herausgabeansprüche.
Über den Wortlaut hinaus greift das Vollstreckungsverbot im Falle der Erzwingung einer **Offenbarungsversicherung** nach § 889 ebenfalls ein, sofern die Voraussetzungen des § 510b gegeben sind. Denn die Erzwingung der eidesstattlichen Versicherung nach § 889 II stellt einen Unterfall von § 888 dar.

3 **C. Rechtsbehelf.** Wenn der Gläubiger dennoch die Zwangsvollstreckung betreibt, steht dem Schuldner die **sofortige Beschwerde** nach §§ 567 I Nr 1, 793 zu.

§ 889 Eidesstattliche Versicherung nach bürgerlichem Recht. (1) [1]**Ist der Schuldner auf Grund der Vorschriften des bürgerlichen Rechts zur Abgabe einer eidesstattlichen Versicherung verurteilt, so wird die Versicherung vor dem Amtsgericht als Vollstreckungsgericht abgegeben, in dessen Bezirk der Schuldner im Inland seinen Wohnsitz oder in Ermangelung eines solchen seinen Aufenthaltsort hat, sonst vor dem Amtsgericht als Vollstreckungsgericht, in dessen Bezirk das Prozessgericht des ersten Rechtszuges seinen Sitz hat.** [2]**Die Vorschriften der §§ 478 bis 480, 483 gelten entsprechend.**

(2) Erscheint der Schuldner in dem zur Abgabe der eidesstattlichen Versicherung bestimmten Termin nicht oder verweigert er die Abgabe der eidesstattlichen Versicherung, so verfährt das Vollstreckungsgericht nach § 888.

1 **A. Normzweck und systematische Einordnung.** § 889 ordnet ein besonderes Verfahren der Zwangsvollstreckung an, das Offenbarungsversicherungen nach **materiellem Recht** betrifft, die von prozessrechtlichen eidesstattlichen Versicherungen zu unterscheiden sind (s.u. Rz 3). Wenn sich der Schuldner einer eidesstattlichen Versicherung freiwillig zur Abgabe bereit erklärt, ist nach §§ 410 Nr 1, 413 FamFG das Gericht der freiwilligen Gerichtsbarkeit zuständig. Ansonsten kann der Gläubiger den Auskunfts- oder Rechnungslegungsanspruch und zugleich den Anspruch auf eidesstattliche Versicherung im Wege der Stufenklage nach § 254 verfolgen und nach § 889 vollstrecken. Schließlich besteht die Möglichkeit, dass sich die Parteien nach Erlass des Vollstreckungstitels noch auf das FamFG-Verfahren einigen (ganz hM; statt vieler Musielak/*Lackmann* Rn 2 [damals FGG-Verfahren]; offen: Frankf FamRZ 04, 129).

2 **B. Tatbestandsvoraussetzungen. I. Zulässigkeit der Zwangsvollstreckung.** Es müssen die Voraussetzungen der Zwangsvollstreckung gegeben sein (zum Zeitpunkt s.u. Rz 5). Der Gläubiger hat einen Titel vorzuweisen, der den Schuldner zur Abgabe der Offenbarungsversicherung verpflichtet. Als solcher kommt

wegen des Wortlautes von Abs 1 S 1 (»verurteilt«) nur ein Urt in Betracht (str; so auch Musielak/*Lackmann* Rn 2); ein Prozessvergleich genügt hingegen nicht (so aber aA; B/L/A/H Rn 3; MüKoZPO/*Gruber* Rn 3). Ausreichend ist bereits ein vorläufig vollstreckbares Urt nach §§ 708 ff (vgl BGH NJW-RR 05, 221), nicht jedoch eine einstweilige Verfügung nach §§ 935 ff (aA MüKoZPO/*Gruber* Rn 3).

II. Verurteilung des Schuldners zur Abgabe einer eidesstattlichen Versicherung nach bürgerlichem Recht. Der Schuldner muss aufgrund der Vorschriften des BGB zur Abgabe einer eidesstattlichen Versicherung verurteilt worden sein. **Materielle Ansprüche** auf Abgabe einer eidesstattlichen Versicherung finden sich etwa in §§ 259 II, 260 II, 2006 I, 2028 II, 2057 S 2 BGB. Abzugrenzen sind sie von **prozessrechtlichen Offenbarungsversicherungen** nach §§ 807 III, 836 III 2, 883 II (Ddorf MDR 94, 306). 3

C. Verfahren und Durchführung der Vollstreckung. I. Zuständigkeit. § 889 regelt die **sachliche** (nach § 802 ausschließliche) Zuständigkeit des **AG** als Vollstreckungsgericht nach § 764, auch bei familien- (Frankf FamRZ 04, 129) und arbeitsgerichtlichen (§ 62 II 1 ArbGG) Titeln. Die Zuständigkeit des Prozessgerichts betrifft sowohl die Terminsbestimmung und die Abgabe der eidesstattlichen Versicherung als auch deren Vollstreckung. Im Rahmen der **funktionellen** Zuständigkeit ist der **Rechtspfleger** für die Terminsbestimmung und die eidesstattliche Versicherung zuständig (§ 20 Nr 17 RPflG), für das Verfahren nach §§ 889 II, 888 hingegen (also die Vollstreckung) ausschließlich der **Richter** (unstr; wegen § 4 II Nr 2a RPflG). Die **örtliche** Zuständigkeit richtet sich in erster Linie nach §§ 13, 17, also dem (Wohn-)Sitz. Sonst entscheidet der Aufenthaltsort, äußerstenfalls ist das AG im Bezirk des Prozessgerichtes des ersten Rechtszuges zuständig, Abs 1 S 1. 4

II. Terminsbestimmung. Wenn der Schuldner die Offenbarungsversicherung nicht freiwillig abgibt, kann der Gläubiger beim **Vollstreckungsgericht** einen Termin zu ihrer Abgabe beantragen (wegen § 78 III ohne Anwaltszwang). Dann wird der Schuldner ordnungsgemäß vom Rechtspfleger gem §§ 214 ff vAw **geladen** (§ 329 II 2; Anwalt und Gläubiger sind zu benachrichtigen). Die Terminsbestimmung selbst stellt noch keine Maßnahme der Zwangsvollstreckung dar (hM; Ddorf MDR 94, 306), sondern steht der Aufforderung zur freiwilligen Erfüllung gleich. Deswegen müssen die Voraussetzungen der Zwangsvollstreckung vom Gläubiger noch nicht im Antrag nachgewiesen werden, sondern erst bei Vorgehen nach Abs 2 (MüKoZPO/*Gruber* Rn 7; aA statt vieler Zö/*Stöber* Rn 2: Prüfung der Vollstreckungsvoraussetzungen bei Antragseingang). 5

III. Abgabe der eidesstattlichen Versicherung (Abs 1). Bei der Abgabe der Offenbarungsversicherung gelten nach Abs 1 S 2 die §§ 478–480, 483 entspr. Insbesondere sind **Belehrung** und **Eidesleistung in Person** erforderlich. Die Abgabe erfolgt nur im Falle seiner Prozessunfähigkeit durch den gesetzlichen Vertreter des Schuldners, dann aber auch, wenn dieser nicht im Titel benannt ist (St/J/*Brehm* Rn 12). Der **Inhalt** der eidesstattlichen Versicherung richtet sich nach der Formel des Urt, das an sich die Fassung der eidesstattlichen Versicherung enthalten soll (RGZ 125, 256, 260). Das Vollstreckungsgericht ist aber notfalls durch Beschl zur **Auslegung** befugt, um Inhalt und Umfang des Urt zu konkretisieren. Es kann ferner nach § 261 I BGB die Urteilsformel ändern, wenn der Schuldner sonst zur Abgabe einer inhaltlich falschen Erklärung gezwungen würde (BGH NJW-RR 05, 221, 222 [Nachbesserung einer unvollständigen Auskunft]). Der Schuldner muss (aus strafrechtlicher Sicht) nur versichern, was sich mit seinem Gewissen vereinbaren lässt. Mehr kann der Gläubiger nicht verlangen. 6

IV. Vollstreckung der Abgabeverpflichtung (Abs 2). Wenn der Schuldner in dem zur Abgabe der eidesstattlichen Versicherung bestimmten Termin nicht erscheint oder die Abgabe verweigert, wird auf schriftlichen **Antrag** des Gläubigers (im Termin oder auch danach; wegen § 78 III ohne Anwaltszwang) die Abgabeverpflichtung nach § 888 vollstreckt. Der Richter prüft die **Vollstreckungsvoraussetzungen**, insb das Vorliegen eines entsprechenden **Titels**, ferner **Säumnis** bzw **Weigerung** des Schuldners, ohne die kein Zwangsmittel verhängt werden darf (Ddorf FamRZ 97, 1495, 1496). Dem Schuldner ist nach § 891 S 2 **rechtliches Gehör** zu gewähren. Diesem Erfordernis wird jedoch bereits durch die Ladung zur Abgabe der Versicherung genügt. Die **Säumnis** muss **verschuldet** (vgl Ddorf MDR 94, 306, 307) und die **Weigerung ungerechtfertigt** sein (BGH WM 64, 795 ff: selbst wenn der Schuldner sich einer Straftat bezichtigen würde, darf er nicht die Auskunft verweigern; LG Köln NJW-RR 86, 360: Begründung, vom Steuerberater erstellte Auskunft sei nicht nachprüfbar, berechtigt nicht zur Weigerung). Dem Schuldner ist die Erhebung des **Unmöglichkeitseinwandes** möglich (vgl § 888 Rz 13). 7

8 **D. Rechtsbehelfe.** Der Schuldner kann gegen die Zwangsmittelverhängung **sofortige Beschwerde** gem §§ 567 I Nr 1, 793 einlegen (aA Zö/*Stöber* Rn 4: Vollstreckungserinnerung, § 766). Diese Möglichkeit steht ihm aber ebenso wenig wie die Vollstreckungserinnerung nach § 766 gegen die **Terminsbestimmung** zu, weil diese keine Maßnahme der Zwangsvollstreckung bildet (s.o. Rz 5). Im Übrigen gelten die für § 888 maßgeblichen Regelungen (vgl § 888 Rz 33).

9 **E. Kosten.** Wenn der Schuldner die eidesstattliche Versicherung **freiwillig** leistet (s.o. Rz 1), sind die Kosten gesondert einzuklagen, weil das Prozessgericht nicht über sie entscheiden kann (KG NJW-RR 93, 63, 64). Im Übrigen gelten iRd § 889 keine Besonderheiten im Vergleich zum Verfahren nach § 888 (vgl § 888 Rz 34).

10 **F. Gebühren. I. Gerichtsgebühren.** Für das gerichtliche Verfahren über den **Antrag** auf Abgabe der eidesstattlichen Versicherung fällt nach KV GKG Nr 2114 eine Festgebühr iHv 30 € an. Im Falle der **Freiwilligkeit** und damit des FamFG-Verfahrens (§ 410 Nr 1 FamFG) ist § 124 KostO einschlägig.

11 **II. Anwaltsgebühren.** Der Rechtsanwalt erhält eine **0,3-Verfahrensgebühr** nach VV RVG Nr 3309 und eine **0,3-Terminsgebühr** nach VV RVG Nr 3310. Im Falle des Abs 2 iVm § 888 ist zu beachten, dass das Verfahren eine **besondere Angelegenheit** nach § 18 Nr 13 RVG darstellt.

§ 890 Erzwingung von Unterlassungen und Duldungen.

(1) [1]Handelt der Schuldner der Verpflichtung zuwider, eine Handlung zu unterlassen oder die Vornahme einer Handlung zu dulden, so ist er wegen einer jeden Zuwiderhandlung auf Antrag des Gläubigers von dem Prozessgericht des ersten Rechtszuges zu einem Ordnungsgeld und für den Fall, dass dieses nicht beigetrieben werden kann, zur Ordnungshaft oder zur Ordnungshaft bis zu sechs Monaten zu verurteilen. [2]Das einzelne Ordnungsgeld darf den Betrag von 250.000 Euro, die Ordnungshaft insgesamt zwei Jahre nicht übersteigen.

(2) Der Verurteilung muss eine entsprechende Androhung vorausgehen, die, wenn sie in dem die Verpflichtung aussprechenden Urteil nicht enthalten ist, auf Antrag von dem Prozessgericht des ersten Rechtszuges erlassen wird.

(3) Auch kann der Schuldner auf Antrag des Gläubigers zur Bestellung einer Sicherheit für den durch fernere Zuwiderhandlungen entstehenden Schaden auf bestimmte Zeit verurteilt werden.

1 **A. Normzweck und systematische Einordnung.** Die Vorschrift ermöglicht dem Gläubiger eines titulierten Unterlassungs- oder Duldungsanspruchs, gegen den Schuldner zu vollstrecken, und entspricht für diesen Bereich der Handlungsvollstreckung nach den §§ 887 f. **Praktische Bedeutung** kommt der Norm va im Bereich der Störung dinglicher Rechte, im Wettbewerbs-, Urheber-, Patent- und Namensrecht sowie beim Schutz absoluter Rechtsgüter, zB der Ehre, zu. Auch »schlicht hoheitliche« Unterlassungsgebote werden nicht nach § 172 VwGO, sondern nach § 890 vollstreckt (OVG Berlin NVwZ-RR 01, 99 f). Zu Unterlassungsverpflichtungen aus § 1 GewSchG vgl zudem § 96 I FamFG. Schließlich kann der Schuldner aufgrund von Abs 3 zur Bestellung einer Sicherheit auf bestimmte Zeit verurteilt werden, damit dem Gläubiger der durch weitere Zuwiderhandlungen entstehende Schaden ersetzt werden kann.

2 Als Vollstreckungsmittel stehen dem Gericht **Ordnungsgeld** oder **Ordnungshaft** zur Verfügung. Nach richtiger Ansicht erfüllen beide eine **Doppelfunktion**: Durch ihre Verhängung wird der Schuldner zum einen angehalten, der titulierten Verpflichtung für die Zukunft nachzukommen. Insoweit hat die Norm also **präventive Funktion** in Gestalt der Willensbeugung des Schuldners (vgl BGHZ 120, 73, 78). Da die Verhängung des Ordnungsmittels auf ein pflichtwidriges Verhalten des Schuldners reagiert, kommt ihm jedoch va **strafähnlicher (repressiver) Charakter** zu (grdl BVerfG NJW 67, 195, 196; fortgeführt durch BVerfGE 58, 159, 162 f; BGHZ 156, 335, 345; G/S/B-E § 73 Rn 26 f; aA Ddorf NJW-RR 88, 1216), insb dann, wenn Prävention ausscheidet, weil ein weiterer Verstoß gegen das Unterlassungs- oder Duldungsgebot nicht in Betracht kommt. Insoweit unterscheidet sich § 890 von den in § 888 vorgesehenen Zwangsmitteln, deren Bedeutung sich in der Beugefunktion erschöpft (s. § 888 Rz 1). Dies wird aus der unterschiedlichen Bezeichnung der Vollstreckungsmittel in § 888 (Zwangsgeld, Zwangshaft) und in § 890 (Ordnungsgeld, Ordnungshaft) ersichtlich.

B. Tatbestandsvoraussetzungen. I. Verpflichtung zur Unterlassung oder Duldung. 1. Titel. 3
§ 890 verlangt eine titulierte Unterlassungs- bzw Duldungsverpflichtung des Schuldners. Als Titel kommen neben (rechtskräftigen oder vorläufig vollstreckbaren) (Leistungs-) **Urteilen** insb **einstweilige Verfügungen**, **Prozessvergleiche** sowie vollstreckbare **Beschl** nach dem WEG in Betracht. Feststellungsurteile werden von § 890 nicht erfasst. Die **titulierte Verpflichtung** muss in der Weise inhaltlich **bestimmt** sein, dass das dem Schuldner aufgetragene Verhalten für jedermann ersichtlich ist (BGH NJW 80, 700, 701). Die hinreichende Bestimmtheit wird jedoch nicht dadurch ausgeschlossen, dass die verwendeten Begriffe einer Konkretisierung bedürfen (Kobl NJW-RR 87, 95, 96; vgl auch Nürnbg GRUR-RR 04, 61, 62). Bloße Wiederholung des Gesetzestextes genügt den Anforderungen hingegen nicht. Etwas anderes gilt allerdings dann, wenn der Gesetzeswortlaut selbst bereits hinreichend bestimmt ist (Frankf WRP 78, 830). Für die Bestimmung des Titelinhalts muss zunächst auf den **Tenor** abgestellt werden, daneben auf die **Entscheidungsgründe** (BGHZ 124, 173, 175; Ddorf NJW-RR 01, 1223, 1224). Aber auch außerhalb des Titels liegende Umstände sind zur Auslegung heranzuziehen (BGH NJW 04, 506, 507; Bamberg VersR 11, 865, 866). Maßgebliche Auswirkungen entfaltet das Auslegungsergebnis auch im Vollstreckungsverfahren, da sich das Vollstreckungsgericht an diesem zu orientieren hat (BVerfG 23.8.10 – 1 BvR 480/10).

2. Unterlassung, Duldung. Eine Unterlassungsverpflichtung iSd Norm liegt vor, wenn der Vollstreckungs- 4
titel vom Schuldner **Untätigkeit** fordert, so dass durch ihn ein bestimmter Kausalverlauf nicht (mit-) beeinflusst wird. Auf diese Weise soll der Eintritt des im Titel bezeichneten unerwünschten Erfolges verhindert werden. In vielen Fällen genügt eine Verpflichtung des Schuldners zu **passivem Verhalten**, zB verbotene AGB-Klauseln nicht zu verwenden (BGHZ 81, 222, 225) oder Straßenbauarbeiten stillzulegen (BGHZ 120, 73, 76). Weiterhin fallen in diesen Zusammenhang die Verpflichtung, in bestimmter Zeit keine Tätigkeit bei einer Konkurrenzfirma aufzunehmen sowie das Gebot zur Unterlassung einer Tatsachenbehauptung ggü Dritten (Frankf OLGZ 85, 380, 382; zur Unterlassung der Veröffentlichung einer Zeitungsannonce vgl Köln NJW-RR 86, 1191 f).

Etwas anderes gilt, wenn sich der rechtswidrige Zustand bereits realisiert hat und bei Passivität des Schuld- 5
ners fortbestehen würde, so dass dieser uU weiterhin von ihm profitieren könnte. Da dann im passiven Verhalten eine (weitere) Zuwiderhandlung läge, umfasst die Unterlassungspflicht die **Beseitigung** des beeinträchtigenden Zustandes durch **aktives Verhalten** des Schuldners (BGH NJW-RR 03, 1235, 1236; Jena InVo 05, 71, 72), zB Entfernung eines Telefonbucheintrages mit unzulässigem Inhalt (München GRUR 93, 510), Veranlassung zur Löschung einer unbefugt gebrauchten Firma im Handelsregister (Frankf WRP 77, 413), Maßnahmen zur Beseitigung störenden Hundegebells (Köln VersR 93, 1242; München MDR 90, 442 f), uU sogar die Einwirkung auf dritte Personen (zB den Vertragspartner, Köln MDR 08, 1066; Hambg NJW 03, 1196). Im Einzelfall ergibt sich hierbei die Problematik der **Abgrenzung zur Handlungsvollstreckung** nach den §§ 887 f (s. § 887 Rz 7 sowie § 888 Rz 4). Wegen der klaren gesetzlichen Trennung zwischen Handlungs- und Unterlassungsvollstreckung kann der Ansicht nicht gefolgt werden, welche §§ 887 f neben (Hk-ZV/*Bendtsen* Rn 13, 17; St/J/*Brehm* Rn 5) oder sogar anstatt (Hamm OLGZ 74, 62 ff) § 890 anwendet. Vielmehr ist bei einem Unterlassungstitel auch dann ausschließlich nach § 890 vorzugehen, wenn dieser den Schuldner zusätzlich zu einem aktiven Verhalten verpflichtet (BGHZ 120, 73, 76 f). Der Gläubiger hat jedoch die Möglichkeit, einen isoliert auf die erforderliche Handlung gerichteten Titel zu erwirken, aufgrund dessen er die Vollstreckung nach den §§ 887 f betreiben kann. Zur Vollstreckung **dauerhafter Handlungspflichten** vgl § 887 Rz 7.

Die **Duldung** als Unterfall des Unterlassens verpflichtet den Schuldner ebenfalls zur Untätigkeit. Zusätzlich 6
darf er die Vornahme einer Handlung durch einen Dritten, welche in seinem Einflussbereich stattfindet, nicht behindern. Hierzu zählt zB die **gesetzliche Verpflichtung** des Eigentümers oder Besitzers einer Sache, Einwirkungen auf diese durch Dritte zu dulden. Zu nennen sind dabei insb die **nachbarschaftsrechtlichen Ansprüche** der §§ 867, 906, 1005 BGB. Daneben kann der titulierte Anspruch auch auf **vertraglicher Grundlage** beruhen, so etwa bei der Verpflichtung zur Gestattung einer Wohnungsbesichtigung aus dem Mietvertrag (Dresd SeuffA 68, Nr 36). Eventuell zusätzlich erforderliches aktives Verhalten des Schuldners wird von der Duldungspflicht umfasst. Leistet der Schuldner gegen die Handlung des Dritten Widerstand, kann der Gläubiger zur Durchsetzung seiner Rechte nach § 892 einen Gerichtsvollzieher hinzuziehen.

II. Androhung des Ordnungsmittels. Vor Verurteilung des Schuldners zu einem Ordnungsgeld bzw zur 7
Ordnungshaft muss die Verhängung **angedroht** werden, § 890 II. Da es sich um eine zwingende gesetzliche Voraussetzung handelt, können die Parteien auf sie nicht wirksam verzichten (Zö/*Stöber* Rn 12a). In der

Regel spricht das Gericht die Androhung bereits im **Vollstreckungstitel** aus. Eine Androhung von Ordnungsmitteln innerhalb eines Prozessvergleiches genügt den gesetzlichen Anforderungen jedoch nicht, weil die Androhung als Vorbereitung einer hoheitlichen Maßnahme der Parteiherrschaft entzogen ist und deshalb stets einer **richterlichen Entscheidung** bedarf (RGZ 40, 413, 415; LG Oldenburg VersR 00, 385). Ergeht der Vollstreckungstitel ohne die Androhung, ist diese gem § 890 II aE auf Antrag des Gläubigers von dem Prozessgericht des ersten Rechtszuges nach Anhörung des Schuldners (§ 891 S 2) durch Beschl zu erlassen, welcher dem Schuldner gem § 329 III zugestellt werden muss. Da der **separate Androhungsbeschluss** den Beginn der Zwangsvollstreckung darstellt (BGH NJW 92, 749, 750; NJW 79, 217), sind im Zeitpunkt seines Erlasses die allg Vollstreckungsvoraussetzungen (Zustellung einer vollstreckbaren Ausfertigung des Titels) zu prüfen (Karlsr InVo 02, 384, 385).

8 Der Gläubiger muss sich bei Antragstellung anwaltlich vertreten lassen, wenn im Ursprungsprozess Anwaltszwang bestand, vgl § 78. Ein Antrag, der sich auf die Verhängung eines nicht angedrohten Ordnungsmittels richtet, kann in einen Androhungsantrag umgedeutet werden. Ferner kommt die Umdeutung eines verfehlten Zwangsmittelantrages nach § 888 in einen Antrag auf Androhung von Ordnungsmitteln gem § 890 in Betracht (BayObLG NZM 99, 769, 770). Fehlt dem Antrag auf Ordnungsgeld der Hinweis auf eine ersatzweise anzudrohende Ordnungshaft, hat das Gericht diese vAw in den Androhungsbeschluss aufzunehmen (BGH MDR 93, 38 f). Das **Rechtsschutzbedürfnis** des Gläubigers ergibt sich regelmäßig aus der titulierten Unterlassungs- oder Duldungsverpflichtung sowie der Möglichkeit der Zuwiderhandlung (VGH Kassel NVwZ-RR 06, 531, 535; Frankf InVo 01, 385, 386; darüber hinausgehend Bremen NJW 71, 58). Der Schuldner muss nicht bereits gegen die titulierte Verpflichtung verstoßen haben (BGH NJW 79, 217; Frankf InVo 01, 385 f). Das Rechtsschutzbedürfnis wird auch nicht dadurch ausgeschlossen, dass zwischen Titel und Androhung eine mehrjährige Zeitspanne liegt (KG NJW-RR 87, 507 – neun Jahre) oder sich der Schuldner zur Zahlung einer Vertragsstrafe verpflichtet hat (BGH NJW 98, 1138, 1139; Köln InVo 01, 36; aA Bremen NJW 71, 58).

9 Die Androhung hat das Ordnungsmittel **seiner Art nach** zu bezeichnen (BGH NJW 95, 3177). Unzulässig ist aus diesem Grunde der Hinweis auf die »gesetzlichen Ordnungsmittel gem § 890« (BGH aaO). Eine Verurteilung zur Ersatzordnungshaft ist nur möglich, wenn sie von der Androhung umfasst wird (Hamm OLGZ 93, 450 f). Hinsichtlich des **Umfangs** des Ordnungsgeldes bzw der (Ersatz-)Ordnungshaft ist dagegen ein Verweis auf den gesetzlichen Rahmen üblich und auch ausreichend (vgl BGHZ 156, 335, 340 f; BGH NJW 95, 3177). Bei dessen **Unterschreitung** ist das Gericht im Falle einer späteren Festsetzung hieran gebunden. Bei **Überschreitung** des gesetzlichen Höchstmaßes bleibt die Androhung gleichwohl wirksam (BGHZ 156, 335, 341). Entsprechendes gilt für die § 890 zuwiderlaufende **kumulative Androhung** von Ordnungsgeld und Ordnungshaft. Denn auch sie erfüllt ihren Zweck, dem Schuldner die möglichen Konsequenzen einer Zuwiderhandlung vor Augen zu führen (BGHZ 156, 335, 340 f).

10 Die Androhung richtet sich an den im Vollstreckungstitel bezeichneten **Schuldner**, auch wenn es sich beim Titelschuldner um eine **juristische Person** oder eine **Personengesellschaft** handelt (RGZ 43, 405, 406; für die Vor-GmbH s. Stuttg NJW-RR 89, 637 f). Allerdings kommt als Adressat auch der **gesetzliche Vertreter** in Betracht (BGH NJW 92, 749, 750). Die Androhung von (Ersatz-)Ordnungshaft erfordert den Hinweis, dass sie an einem organschaftlichen Vertreter vollzogen wird. Entsprechendes gilt für den Vollzug bei **geschäftsunfähigen** oder in der **Geschäftsfähigkeit beschränkten** Schuldnern sowie **Betreuten**. Einer Namensnennung bedarf es im Hinblick auf den gesetzlichen Vertreter nicht. So genügt etwa bei einer GmbH der Hinweis, dass die (Ersatz-)Ordnungshaft an einem ihrer Geschäftsführer zu vollziehen sei (BGH NJW 92, 749, 750). Das Gericht ist jedoch bei der späteren Verhängung des Ordnungsmittels an seine Entscheidung gebunden, wenn es den organschaftlichen bzw gesetzlichen Vertreter oder Betreuer in der Androhung namentlich benennt (zu dem Parallelproblem vgl § 888 Rz 25 f).

11 **III. Zuwiderhandlung.** Anknüpfungspunkt für die Verhängung von Ordnungsmitteln ist eine **Zuwiderhandlung** gegen die im Titel aufgeführte Unterlassungs- oder Duldungspflicht, und zwar grds vom **Titelschuldner selbst**. Handelt es sich beim Schuldner um eine **juristische Person**, Handelsgesellschaft etc, ist ein Verstoß des **gesetzlichen Vertreters** bzw **Organs** erforderlich (Hamm WRP 79, 802). Das Verhalten sonstiger Angestellter oder Beauftragter kann hingegen nicht zugerechnet werden (ThoPu/*Hüßtege* Rn 12). Der Verstoß durch **dritte Personen** rechtfertigt dann Maßnahmen nach § 890, wenn der Schuldner verpflichtet gewesen wäre, deren verbotswidriges Verhalten zu unterbinden, und seine Untätigkeit für den Verstoß gegen das Unterlassungsgebot ursächlich war. Dies ist etwa dann der Fall, wenn der Schuldner sein 9-

jähriges Kind nicht am untersagten Klavierspiel hindert (München NJW-RR 86, 638) oder Fahrten über das Grundstück des benachbarten Gläubigers durch Dritte zulässt (BGH NJW-RR 03, 1235, 1236).

Eine Zuwiderhandlung gegen das Unterlassungsgebot ist auch dann zu bejahen, wenn das Verhalten des Schuldners zwar nicht völlig mit der verbotenen Handlung übereinstimmt, aber nach der Verkehrsauffassung einen gleichwertigen Verstoß darstellt, so dass es den Kern der titulierten Verpflichtung verletzt (sog **Kerntheorie,** RGZ 147, 27, 31; BGH NJW 96, 723, 724; München GRUR-RR 11, 32, 33 mit Anm *Becker* GRUR-Prax 2010, 303 f; bloße Ähnlichkeit genügt nicht, vgl Frankf NJW 95, 892). Schwierigkeiten bei der Beurteilung der Gleichwertigkeit können zur Not überwunden werden, indem der Gläubiger anstatt einer Vollstreckung nach § 890 (zunächst) einen weiteren Titel erwirkt, welcher je nach Einzelfall auf die Feststellung der Reichweite des ersten Titels oder auf dessen Ergänzung gerichtet ist (MüKoZPO/*Gruber* Rn 12 mwN). 12

Der **Versuch** einer Zuwiderhandlung rechtfertigt die Verhängung eines Ordnungsmittels grds nicht, es sei denn, dieser ist vom Unterlassungstitel umfasst (Köln JurBüro 93, 627 f; Frankf MDR 72, 58 f). Für die Beurteilung einer eventuellen Verletzungshandlung ist das Verhalten des Schuldners stets im Kontext zu würdigen. Eine rechtswidrige Zuwiderhandlung scheidet daher aus, wenn er eine ihm untersagte Äußerung iRe Zeugenaussage vor Gericht wiederholt (Frankf NJW-RR 01, 1364 f). Die Ahndung mehrerer gleichartiger Einzelverstöße als eine Zuwiderhandlung unter Berücksichtigung der Grundsätze des **Fortsetzungszusammenhangs** kommt nicht mehr in Betracht, seitdem der BGH das Institut sowohl im Bereich des Strafrechts (BGHSt 40, 138 ff) und der Vertragsstrafe (BGHZ 146, 318, 324) als auch für das Zwangsvollstreckungsrecht (BGH NJW 09, 921 f) aufgegeben hat.

Der Zuwiderhandelnde muss den Verstoß zudem **schuldhaft** herbeigeführt haben (BVerfGE 84, 82, 87; BVerfGE 58, 159, 162; BGH NJW 94, 45, 46). Das Verschuldenserfordernis stellt ein **ungeschriebenes Tatbestandsmerkmal** dar, welches aus der überwiegend repressiven Rechtsnatur der Ordnungsmittel folgt. Verschuldensmaßstab sowie Schuldfähigkeit richten sich nach den Grundsätzen des Strafrechts (LG Bonn FamRZ 06, 1290). Es gelten daher die §§ 19 ff StGB. **Fahrlässiges Verhalten** reicht aus (Stuttg MDR 58, 523). Es ist aber möglich, dass ein Verschulden aufgrund eines **Verbotsirrtums** ausscheidet (BVerfGE 20, 323, 332 f). Anwaltliche Beratung entlastet den Schuldner idR noch nicht (Stuttg InVo 01, 382, 384). Gleiches gilt für die Erwartung, mit einer Verfassungsbeschwerde Erfolg zu haben (BayObLG NJW-RR 95, 1040, 1041). Ordnungsmittel gegen einen **prozessunfähigen Schuldner** kommen in Betracht, wenn dieser (ausnahmsweise) schuldfähig ist und ihn ein Verschulden trifft (iE s.u. Rz 16). Eine **Zurechnung fremden Verschuldens**, zB nach § 278 BGB, ist nicht möglich (BVerfGE 20, 323, 335 f). Allerdings können **mangelnde Organisation** sowie unzulängliche **Auswahl, Belehrung** und **Überwachung Dritter** einen Verschuldensvorwurf ggü dem Schuldner begründen, der iÜ nicht selbst gegen den Titel verstoßen hat. Um sich von einem entsprechenden Vorwurf zu befreien, hat der Schuldner alle erforderlichen und zumutbaren Maßnahmen zu ergreifen, um ein verbotswidriges Verhalten zB seiner Angestellten oder Beauftragten zu verhindern (Karlsr InVo 02, 384, 385; Stuttg VuR 00, 453, 454). Bei **juristischen Personen**, Handelsgesellschaften etc wird auf das Verschulden der **Organe** abgestellt. Stirbt der Schuldner des Unterlassungsanspruchs nach der Zuwiderhandlung, scheidet eine Festsetzung von Ordnungsmitteln gegen seinen **Erben** mangels persönlichen Verschuldens aus (Hamm MDR 86, 156; aA KG DB 85, 2245). 13

In **zeitlicher Hinsicht** ist erforderlich, dass das Ordnungsmittel **vor** der Zuwiderhandlung **angedroht** wurde (s.o. Rz 7 ff). Dafür genügt die Zustellung des separaten Androhungsbeschlusses, selbst wenn dieser noch nicht rechtskräftig ist (BayObLG InVo 00, 106). Ein Urt, das die Androhung enthält, muss, damit die Zuwiderhandlung die Rechtsfolgen des Abs 1 S 1 auslöst, verkündet, aber noch nicht zugestellt worden sein (München WRP 75, 458). Etwas anderes gilt, wenn es sich beim Unterlassungstitel um eine einstweilige Verfügung handelt, die das Ordnungsmittel androht. Sie muss dem Schuldner vor der Zuwiderhandlung zugestellt worden sein (Hamm NJW-RR 86, 679). Ein weiteres Rechtmäßigkeitserfordernis besteht darin, dass der **Titel** im Zeitpunkt der Zuwiderhandlung **vollstreckbar** ist. Eine Zuwiderhandlung vor Eintritt der allg Vollstreckungsvoraussetzungen steht einer Verurteilung nach § 890 jedoch dann nicht entgegen, wenn Klauselerteilung und Zustellung vor der Festsetzung des Ordnungsmittels nachgeholt werden (vgl Frankf ZZP 67 (54), 70, 71 f). An der Vollstreckbarkeit fehlt es, wenn der Gläubiger eine erforderliche **Sicherheit** im Zeitpunkt der Zuwiderhandlung noch nicht geleistet hat (BGHZ 131, 233, 235 f; BGH NJW 08, 3220, 3221). 14

IV. Antrag des Gläubigers. Die Festsetzung des Ordnungsmittels setzt einen entsprechenden Antrag des Gläubigers an das **Prozessgericht des ersten Rechtszuges** voraus. Als Adressaten kommen neben ordentlichen Gerichten (zB bei Familien- und Wohnungseigentumssachen) auch Arbeitsgerichte in Betracht (Schlesw NZM 00, 557; Frankf FamRZ 87, 1292, 1293; LAG Hamm DB 73, 1951). Der Antrag unterliegt 15 unter den Voraussetzungen des § 78 dem **Anwaltszwang** (Köln NJW-RR 95, 644 f; Frankf MDR 89, 459, 460). Er ist **nicht** an die Einhaltung einer bestimmten **Frist** gebunden und daher so lange zulässig, wie die Wirksamkeit des Vollstreckungstitels andauert (Ddorf MDR 65, 52; aA Frankf NJW 58, 2021, 2022). Im Antrag muss die Zuwiderhandlung des Schuldners konkret bezeichnet werden. Angaben zur Art oder Höhe des festzusetzenden Ordnungsmittels sind zwar nicht erforderlich, aber vom Gericht als Anregung zu berücksichtigen (Köln GRUR 87, 652). Bis zur Rechtskraft des Festsetzungsbeschlusses kann der Gläubiger den Antrag jederzeit **zurücknehmen** (Hamm NJW 77, 1203, 1204). Die Rücknahme hindert ihn jedoch nicht daran, zu einem späteren Zeitpunkt aufgrund desselben Titels erneut die Festsetzung von Ordnungsgeld oder Ordnungshaft zu beantragen (B/L/A/H Rn 13; für weitere Gläubiger vgl Hamm NJW 77, 1203, 1204). Im Einzelfall kann der Antrag des Gläubigers rechtsmissbräuchlich und damit unzulässig sein (Köln OLGR 02, 302).

16 **C. Ordnungsmittel. I. Festsetzung. 1. Allgemeines.** Das Gericht entscheidet über die Festsetzung des Ordnungsmittels innerhalb der gesetzlichen Vorgaben und der Androhung nach **pflichtgemäßem Ermessen** (Saarbr 19.08.09 – 5 W 181/09; Ddorf NJW-RR 88, 1216) durch (begründeten) **Beschl**, § 891 S 1 (Frankf NJW 69, 58), der den **Adressaten** namentlich zu bezeichnen hat (BGH NJW 92, 749, 750; KG MDR 97, 195 f). In aller Regel handelt es sich hierbei um den **Titelschuldner**. Bei **juristischen Personen** erfolgt die Festsetzung von Ordnungsgeld stets ggü der juristischen Person selbst, während **Ordnungshaft** an ihren **Organen** zu vollstrecken ist (Jena NJOZ 02, 1558; für eine Festsetzung des Ordnungsgeldes (auch) gegen den gesetzlichen Vertreter Wieczorek/Schütze/*Storz* Rn 55; zum parallelen Problem bei § 888 vgl dort Rz 25). Bei **Prozessunfähigen** wird im Sonderfall ihrer Schuldfähigkeit und bei Verschulden ein Ordnungsgeld gegen sie persönlich festgesetzt. Auch die Ordnungshaft ist dann ggü dem Schuldner zu vollziehen (aA Hamm OLGZ 66, 52, 54 f, wonach die Ordnungshaft allein den gesetzlichen Vertreter trifft, wenn diesem ein Verschulden zur Last fällt). Eine Inhaftierung des gesetzlichen Vertreters kommt nur in Betracht, wenn dieser das titelwidrige Verhalten des Schuldners in vorwerfbarer Weise veranlasst hat (MüKoZPO/*Gruber* Rn 24).

17 Bei der **Auswahl** des Ordnungsmittels sowie dessen **Höhe** berücksichtigt das Gericht – va aus Gründen der Verhältnismäßigkeit – die Umstände des Einzelfalls, insb **Art**, **Umfang** und **Dauer** des Verstoßes sowie seine **Gefährlichkeit**, den **Verschuldensgrad**, die **Vorteile** des Schuldners aus der Zuwiderhandlung sowie den **Zweck der Ordnungsmittel** (BGHZ 156, 335, 349; BGH NJW 94, 45, 46; Saarbr 19.8.09 – 5 W 181/09). Hingegen besteht keine Verpflichtung des Gerichtes, die Höhe des Ordnungsmittels schematisch am Streitwert des ursprünglichen Unterlassungsverfahrens auszurichten (BGH NJW 94, 45, 46; aA Frankf NJW-RR 90, 639 – bei der ersten Zuwiderhandlung Begrenzung auf 1/20 des Streitwerts). Aufgrund der gesetzlich vorgegebenen Alternativität zwischen Ordnungsgeld und Ordnungshaft ist die **kumulative Festsetzung** beider Ordnungsmittel **unzulässig**, nicht aber die konsekutive, vgl auch § 888 Rz 23. Zur mangelnden Möglichkeit der gemeinsamen Ahndung mehrerer gleichartiger Zuwiderhandlungen aufgrund eines Fortsetzungszusammenhangs s.o. Rz 12.

18 **2. Festsetzung bei Fortfall des Titels.** Die Festsetzung von Ordnungsmitteln kann nur auf Grundlage eines **wirksamen Titels** erfolgen. Eine Verurteilung des Schuldners im Falle eines Titelfortfalls kommt nicht in Betracht, wenn der Titel bzw seine Vollstreckbarkeit **vor** Begehung der Zuwiderhandlung **aufgehoben wurde** (KG NJW-RR 04, 68, 69) oder zum Zeitpunkt des Verstoßes gegen die Unterlassungspflicht die Zwangsvollstreckung bereits **eingestellt** war. Bei Titelfortfall **nach** Begehung der Verletzungshandlung ist danach zu differenzieren, ob der Vollstreckungstitel ex tunc oder ex nunc entfällt (MüKoZPO/*Gruber* Rn 18 f; Baur/Stürner/Bruns § 40 Rn 40.28; aA St/J/*Brehm* Rn 28). In ersterem Fall, zB wenn die Parteien die Sache übereinstimmend für erledigt erklären, scheidet die Verhängung eines Ordnungsmittels aus, weil es durch den rückwirkenden Fortfall des Titels weder seinen präventiven noch repressiven Zweck erfüllen kann (BGH NJW 04, 506, 508 mwN; vgl aber auch Hambg NJW-RR 87, 1024). Ein Wegfall des Vollstreckungstitels ex nunc steht der Festsetzung von Ordnungsmitteln zur Ahndung von vorher begangenen Verstößen nicht entgegen (vgl Hamm NJW-RR 90, 1086 f). Entsprechendes gilt bei befristeten Vollstreckungstiteln für Zuwiderhandlungen vor Fristablauf (Ddorf InVo 02, 69).

19 **II. Ordnungsgeld.** Das einzelne Ordnungsgeld muss mindestens fünf (Art 6 I 1 EGStGB) und darf höchstens 250.000 € (Abs 1 S 2) betragen. Zur Wahrung der präventiven Funktion des Ordnungsgeldes hat das Gericht dieses der Höhe nach in der Weise festzusetzen, dass sich eine Titelverletzung aus der Sicht des Schuldners »nicht lohnt« (BGHZ 156, 335, 349; BGH NJW 94, 45, 46; Saarbr 19.8.09 – 5 W 181/09). Die

Vereinbarung einer **Vertragsstrafe** schließt vollstreckungsrechtliche Sanktionen zwar nicht aus (s.o. Rz 8), kann aber bei der **Bemessung des Ordnungsgeldes** berücksichtigt werden (BGHZ 138, 67, 70 f). Bei Leistungsunfähigkeit sind dem Vollstreckungsschuldner uU gem Art 7 I 1 EGStGB **Zahlungserleichterungen,** etwa Stundung oder Ratenzahlung, zu bewilligen. Die Entscheidung fällt gem § 31 III RPflG in die Zuständigkeit des Rechtspflegers, soweit sich nicht der Vorsitzende des Prozessgerichts als Vollstreckungsbehörde iSd Art 7 II 1 EGStGB die Vollstreckung selbst vorbehalten hat (Zö/*Stöber* Rn 21, 23).

III. Ordnungshaft. Alternativ zur Verhängung eines Ordnungsgeldes kann das Gericht den Schuldner 20 wegen einer Zuwiderhandlung zu einer Ordnungshaft von **mindestens einem Tag** (Art 6 II 1 EGStGB) und **höchstens sechs Monaten** je Festsetzung (Abs 1 S 1) verurteilen. Bei wiederholter Verhängung von Ordnungshaft aufgrund desselben Vollstreckungstitels darf die Obergrenze des Abs 1 S 2 von insgesamt **zwei Jahren** nicht überschritten werden. Das Gericht wandelt uU auch ein zunächst verhängtes Ordnungsgeld nachträglich in eine Ordnungshaft um, Art 8 I 1 EGStGB, sofern das Ordnungsgeld nicht beigetrieben werden kann und eine Festsetzung von Ersatzordnungshaft zunächst fehlt. Eine Vollstreckung hat in diesen Fällen aber zu unterbleiben, wenn sie für den Schuldner eine unbillige Härte darstellen würde (Art 8 II EGStGB; vgl auch Köln OLGZ 89, 475, 476 f). Die Dauer der Ordnungshaft ist stets nach **Tagen** zu bemessen, Art 6 II 2 EGStGB. Die **primäre Verhängung einer Ordnungshaft** widerspricht dem **Grundsatz der Verhältnismäßigkeit**, wenn der (präventive und repressive) Zweck der Ordnungsmittel auch durch Ordnungsgeld erfüllt würde (MüKoZPO/*Gruber* Rn 34). Mangels Qualifizierung der Ordnungsmittel als Kriminalstrafen kommt weder eine **Begnadigung** des Schuldners in Betracht (allgM, Kobl WRP 83, 575, 576) noch eine **Amnestie** (Ddorf NJW 55, 506 f; vgl auch § 888 Rz 31).

Kann das vom Gericht festgesetzte Ordnungsgeld nicht beigetrieben werden, kommt Inhaftierung durch 21 **Ersatzordnungshaft** in Betracht, Abs 1 S 1. Diese ist vom Gericht **von Amts wegen** neben dem Ordnungsgeld festzusetzen, selbst wenn sich der Antrag des Gläubigers nicht darauf richtet (BGH NJW-RR 92, 1453, 1454). Der Vollzug muss dem Schuldner zuvor angedroht werden (s.o. Rz 9). Für die Bemessung der Ersatzordnungshaft existieren keine starren Vorgaben; sie muss aber in einem angemessenen Verhältnis zum uneinbringlichen Ordnungsgeld stehen. Daran fehlte es etwa, als die Ersatzhaft für ein Ordnungsgeld iHv (jetzt ca) 3.750 € lediglich drei Tage betrug (Frankf GRUR 87, 940). Als **Höchstmaß** hat das Gericht je Verurteilung auch hier die Grenze des Abs 1 S 1 (sechs Monate) zu beachten, weil sich die Vorgabe sowohl auf die primäre als auch die ersatzweise festgesetzte Ordnungshaft bezieht (Gottwald Zwangsvollstreckung Rn 19).

IV. Zuständigkeit/Verfahren. Für die Festsetzung des Ordnungsmittels besteht eine **ausschließliche** 22 **Zuständigkeit** für das **Prozessgericht des ersten Rechtszuges**, § 802, also das Gericht, das den Vollstreckungstitel erlassen hat (BPatG GRUR 96, 402, 403). Dies gilt selbst dann, wenn das Gericht im Erkenntnisverfahren zu Unrecht von seiner Zuständigkeit ausgegangen war (BPatG aaO; aA Ddorf FamRZ 81, 577). Wurde der Vollstreckungstitel von einem Einzelrichter erlassen, entscheidet dieser auch über die Festsetzung des Ordnungsmittels (Frankf MDR 81, 504). Für die Vollstreckung eines iRe Privatklageverfahrens geschlossenen Vergleichs sind die Zivilgerichte zuständig (Hambg MDR 58, 434). IÜ vgl die Ausf zu § 887 Rz 36.

Vor der Festsetzung des Ordnungsmittels ist der Schuldner gem § 891 S 2 zu hören. Eine mündliche Ver- 23 handlung ist wegen § 891 S 1 iVm § 128 IV nicht zwingend erforderlich. Trotz des strafähnlichen Charakters der Ordnungsmittel ermittelt das Gericht die tatbestandlichen Voraussetzungen nicht vAw, sondern es gelten die allg zivilprozessualen Grundregeln über die **Darlegungs- und Beweislast** (vgl Bremen NJW 72, 1286). Beides trifft grds den Gläubiger, der somit die allg Vollstreckungsvoraussetzungen, die vorherige Androhung sowie eine schuldhafte Zuwiderhandlung des Schuldners vorzutragen und ggf zu beweisen hat. Eine bloße **Glaubhaftmachung** genügt den Anforderungen nicht (LG Landau NJW-RR 02, 214; aA Bremen MDR 03, 233). Zu Gunsten des Gläubigers gelten aber die Grundsätze der **Beweiserleichterung** durch **Anscheinsbeweis** (BVerfGE 84, 82, 87 ff; Frankf GRUR 99, 371 f). Steht ein Verstoß des Schuldners gegen die Unterlassungspflicht zur Überzeugung des Gerichts fest, hat dieser zumindest insoweit iRe **Beweislastumkehr** mangelndes Verschulden zu beweisen, als es sich um Umstände aus seiner Sphäre handelt (Köln InVo 96, 133 f).

V. Vollstreckung. Die Vollstreckung der Ordnungsmittel richtet sich nach den Vorschriften der JBeitrO, § 1 24 I Nr 3 JBeitrO. Sie erfolgt **von Amts wegen** und wird vom Prozessgericht als Vollstreckungsbehörde iSd § 2 JBeitrO veranlasst. Hält sich der Schuldner im europäischen Ausland auf und besteht keine Zugriffsmöglichkeit auf inländisches Vermögen, erfolgt die Vollstreckung des Ordnungsgeldfestsetzungsbeschlusses nach der EuVTVO, wenn der Gläubiger den Beschl als Europäischen Vollstreckungstitel hat bestätigen lassen (BGH NJW 2010, 1883 ff; diese Rspr bestätigt EuGH NJW 11, 3568, 3569 mit ähnlicher Begründung allerdings unter Bezugnahme auf Art 1 I 1 EuGVVO, wonach eine Ordnungsgeldvollstreckung eines privatrechtlichen Anspruchs eine Zivil- bzw Handelssache iSv Art 1 I 1 EuGVVO darstelle; *Heggen* Rpfleger 2010, 526 f; aA Vorinstanz zum BGH OLG München Rpfleger 2009, 396 f; ebenfalls aA mit ausführlicher Begründung *Stoffregen* WRP 2010, 839 ff). Der Festsetzungsbeschluss ist aufgrund von § 794 I Nr 3 iVm §§ 793, 128 IV, 891 S 1 **sofort**, also noch vor Eintritt der Rechtskraft, **vollstreckbar** (BGHZ 161, 60, 65; aM *Stoffregen* WRP 2010, 839 f, der jedoch § 3 Abs 1 Einforderungs- und Beitreibungsanordnung verkennt). Die erforderlichen Vollstreckungshandlungen werden durch den **Rechtspfleger** des Prozessgerichts (nicht der Staatsanwaltschaft, vgl BayObLG InVo 02, 244 f; Köln OLGZ 89, 475 f) vorgenommen, sofern sich der **Richter** die Vollstreckung nicht ganz oder zT vorbehalten hat, vgl § 31 III RPflG. Dies gilt aufgrund von § 4 II Nr 2a RPflG auch für die Vollstreckung der Ordnungshaft. Der Rechtspfleger kann mit der Inhaftierung des Vollstreckungsschuldners in entsprechender Anwendung des § 909 I 1 den **Gerichtsvollzieher** beauftragen (HK-ZPO/*Pukall* Rn 35).

25 Das beigetriebene **Ordnungsgeld** fließt in die Staatskasse. Da die Vollstreckung der **Ordnungshaft** nicht nach den Vorschriften der StrVollstrO, sondern aufgrund der §§ 904 ff erfolgt, sind die hierbei entstehenden **Kosten** nicht vom Staat, sondern vom **Vollstreckungsgläubiger** zu tragen (MüKoZPO/*Gruber* Rn 39; vgl auch München NJW-RR 88, 1407; str. nach aA erfolgt die Vollstreckung nach der Strafvollstreckungsordnung vom 1.4.01, BAnz Nr 87, S. 9157; St/J/*Brehm* Rn 45, Fn 238; Baur/Stürner/Bruns § 40 Rn 40.29). Sie stellen jedoch notwendige Vollstreckungskosten iSd § 788 I dar. Die Gegenauffassung (vgl ThoPu/*Hüßtege* Rn 32), nach welcher die Ordnungshaft wie eine Kriminalstrafe iSd § 1 II StrVollStrO zu vollstrecken ist, verkennt, dass bei den Ordnungsmitteln trotz ihres repressiven Charakters der Vollstreckungszweck im Vordergrund steht (MüKoZPO/*Gruber* Rn 39).

26 Eine Vollstreckung der Ordnungsmittel scheidet aus, wenn der Gläubiger seinen Ordnungsmittelantrag vor Rechtskraft des Festsetzungsbeschlusses **zurücknimmt** oder nach Art 9 EGStGB **Verjährung** eingetreten ist. Letzteres ist vAw zu überprüfen (BayObLG WuM 95, 443). Die zweijährige **Verfolgungsverjährung** nach Art 9 I EGStGB beginnt mit Beendigung der Zuwiderhandlung. Sie wird durch die Einleitung eines Ordnungsmittelverfahrens nicht unterbrochen (BayObLG WuM 95, 443, 444) und endet mit der Festsetzung des Ordnungsmittels, auch wenn der Beschl noch nicht rechtskräftig ist (BGHZ 161, 60, 64). Nach diesem Zeitpunkt kann daher nur noch **Vollstreckungsverjährung** iSd Art 9 II EGStGB eintreten. Diese beträgt ebenfalls zwei Jahre und beginnt mit der Vollstreckbarkeit des Ordnungsmittels, also mit Zustellung des Ordnungsmittelbeschlusses an den Schuldner (Nürnbg NJW-RR 99, 723, 725). Zum Ruhen der Verjährung vgl Art 9 I 4, II 4 EGStGB.

27 Die Vollstreckung eines Ordnungsgeldbeschlusses ist rückgängig zu machen, wenn der Vollstreckungstitel mit Wirkung **ex tunc entfällt** (s.o. Rz 18). Da dies nicht automatisch den rechtskräftigen Ordnungsgeldbeschluss aufhebt, hat das Prozessgericht des ersten Rechtszuges ihn analog § 775 Nr 1, § 776 **aufzuheben** (BGH NJW-RR 88, 1530; KG NJW-RR 00, 1523). Danach kann der Schuldner die Erstattung des geleisteten Betrages auf Anordnung des Prozessgerichts von der Staatskasse verlangen (Hamm WRP 02, 472).

28 **D. Verurteilung zur Bestellung einer Sicherheit (Abs 3).** Schließlich kann der Schuldner gem Abs 3 auf Antrag des Gläubigers vom Prozessgericht des ersten Rechtszuges zur Bestellung einer Sicherheit verurteilt werden, um diejenigen **Schäden** auszugleichen, die dem Gläubiger durch **künftige Zuwiderhandlungen** drohen, sofern der Schuldner der Unterlassungsverpflichtung nach wirksamer Androhung von Ordnungsmitteln mindestens einmal zuwidergehandelt hat und weitere Verstöße zu befürchten sind. Einer Androhung der Kaution bedarf es nicht (Frankf RPfleger 78, 267; aA HK-ZPO/*Pukall* Rn 27), ebenso wenig ist erforderlich, dass gegen den Schuldner bereits Ordnungsmittel verhängt wurden (vgl Frankf aaO mwN). Das Gericht entscheidet durch Beschl nach Anhörung des Schuldners bei freigestellter mündlicher Verhandlung (s.o. Rz 23). Art und Höhe der Sicherheit müssen im Gläubigerantrag nicht bezeichnet sein, sondern liegen im Ermessen des Gerichts, § 108 I 1 (s.a. München InVo 00, 25). Bei der Festlegung der Kautionshöhe hat es den Zweck der Sicherheit zu berücksichtigen, künftige Schäden auf Seiten des Gläubigers abzudecken. Unberücksichtigt bleibt dabei ein zu verhängendes Ordnungsgeld, weil es der Staatskasse zusteht. Der Beschl muss auf der Grundlage einer Prognose einen Zeitrahmen festlegen, innerhalb dessen Zuwiderhandlungen des Schuldners eine Verpflichtung zur Kautionszahlung begründen (MüKoZPO/*Gruber* Rn 41). Weigert sich der Schuldner, die Sicherheitsleistung zu erbringen, kann der Kautionsbeschluss gem § 887 vollstreckt werden. Einen evtl erlittenen Schaden muss der Gläubiger im Streitfalle nach § 893 II geltend machen (Frankf RPfleger 78, 267). Zur Rückgabe der Sicherheit s. § 109.

E. Rechtsbehelfe. Gegen den separaten **Androhungsbeschluss** ist die **sofortige Beschwerde** statthaft, s. §§ 891 S 1, 567 I Nr 1, 793, 128 IV (BGH NJW 92, 749, 750; München InVo 02, 288, 289). Wurde die Androhung hingegen bereits im **Urt** bzw der **einstweiligen Verfügung** ausgesprochen, kann gegen sie nur mit dem gegen den Titel zulässigen **Rechtsmittel** vorgegangen werden (LAG Hamm MDR 77, 699 f; aA Hamm NJW-RR 88, 960: stets sofortige Beschwerde). Eine zwischenzeitliche Festsetzung des Ordnungsmittels erledigt die gegen den Androhungsbeschluss gerichtete sofortige Beschwerde nicht (B/L/A/H Rn 37). Die **Festsetzung** des Ordnungsmittels selbst sowie die Entscheidung über eine **Kaution** nach Abs 3 unterliegen ebenfalls der **sofortigen Beschwerde.** Diese kann auch der Gläubiger erheben, wenn sein Ordnungsmittel- bzw Kautionsantrag abgelehnt oder das Ordnungsmittel seiner Ansicht nach zu niedrig bemessen wurde (Hamm NJW-RR 88, 960; Frankf GRUR 87, 940). Gleiches gilt für den Schuldner, dessen Antrag auf Aufhebung des Festsetzungsbeschlusses das Gericht abgelehnt hat (Hamm OLGZ 89, 471, 472). Die sofortige Beschwerde gegen die Festsetzung eines Ordnungsmittels im Vollstreckungsverfahren entfaltet trotz des Wortlauts von § 570 **keine aufschiebende Wirkung**, weil die Vorschrift weiterhin nur die in der Vorgängervorschrift (§ 572 aF) aufgeführten Fälle der Ordnungs- bzw Zwangsmittelfestsetzung erfasst (unter Hinw auf die Begründung des Regierungsentwurfs Köln FamRZ 05, 223 f; aA BGH NJW 11, 3791 f; Musielak/*Lackmann* Rn 20). **Materiell-rechtliche Einwendungen** gegen die titulierte Unterlassungsverpflichtung kann der Schuldner ausschließlich durch eine **Vollstreckungsabwehrklage** nach § 767 geltend machen (vgl Köln NJW-RR 87, 1471). Gegen die **Art und Weise** der Zwangsvollstreckung ist die **Erinnerung** gem § 766 statthaft. 29

F. Kosten/Gebühren. I. Gerichtsgebühren. Gerichtsgebühren werden in Höhe einer einmaligen Festgebühr von 15 € erhoben, Nr 2111 KV, welche gem § 12 VI GKG im Voraus zu entrichten ist. 30

II. Anwaltsgebühren. Gemäß § 18 I Nr 14 RVG stellt jede Verurteilung zu einem **Ordnungsgeld** eine besondere Angelegenheit dar, so dass für jeden Festsetzungsantrag des **Rechtsanwalts** eine 0,3-Verfahrensgebühr anfällt (Nr 3309 VV RVG). Entsprechendes gilt gem § 18 I Nr 15 RVG für den Antrag auf Bestellung einer **Sicherheit** nach Abs 3. Im Gegensatz hierzu stellt der Antrag auf **Androhung** des Ordnungsmittels keine besondere Angelegenheit dar. Dies ergibt sich aus § 19 II Nr 5 RVG, welcher über seinen Wortlaut hinaus auch für die Androhung von Ordnungshaft gilt (Gottwald Zwangsvollstreckung Rn 32). Es erfolgt daher bei separaten Androhungsbeschlüssen eine Abgeltung mit der Verfahrensgebühr für die Zwangsvollstreckung (VV zu § 2 II RVG Nr 3309). Anträge auf Androhung von Ordnungsmitteln iRd Urt werden von der Verfahrensgebühr für den ersten Rechtszug (VV zu § 2 II RVG Nr 3100) umfasst. Der Gegenstandswert bestimmt sich in Verfahren des Abs 1 und 2 nach dem Wert des Gläubigerinteresses an der Erfüllung der geschuldeten Unterlassung bzw Duldung, § 25 I Nr 3 RVG. Für die Bestellung einer Sicherheit ist die Höhe des dem Gläubiger drohenden Schadens maßgeblich (Musielak/*Lackmann* Rn 21). Zur Ermittlung der Gegenstandswerte ist auf § 3 zurückzugreifen (Zö/*Herget* § 3 Rn 16). 31

§ 891 Verfahren; Anhörung des Schuldners; Kostenentscheidung. **[1]Die nach den §§ 887 bis 890 zu erlassenden Entscheidungen ergehen durch Beschluss. [2]Vor der Entscheidung ist der Schuldner zu hören. [3]Für die Kostenentscheidung gelten die §§ 91 bis 93, 95 bis 100, 106, 107 entsprechend.**

A. Normzweck und systematische Einordnung. Die Vorschrift regelt das Verfahren für Entscheidungen, die das **Prozessgericht** als **Vollstreckungsorgan** nach §§ 887–890 zu treffen hat. Zu beachten ist allerdings, dass die Terminsbestimmung nach § 889 I keine solche »Entscheidung« darstellt (hM, vgl § 889 Rz 5). § 891 dient durch den fehlenden Verhandlungszwang der **Prozesswirtschaftlichkeit**, also der Verfahrensbeschleunigung und -vereinfachung. Zugleich setzt er durch die Verpflichtung, den Schuldner anzuhören, das **Rechtsstaatlichkeitsgebot** um und konkretisiert damit Art 103 I GG (B/L/A/H Rn 2). 1

B. Verfahren. I. Entscheidung durch Beschluss und Freistellung von der mündlichen Verhandlung (S 1). Das Gericht (zur Zuständigkeit vgl § 887 Rz 8) hat nach S 1 durch (begründeten) **Beschl** zu entscheiden, auch wenn eine mündliche Verhandlung stattgefunden hat. Förmliche Zustellung erfolgt nach § 329 III (dazu vgl § 887 Rz 38). Die mündliche Verhandlung ist fakultativ (§ 891 S 1 iVm § 128 IV); wird sie angeordnet, sind die Beteiligten vAw zu laden (§ 214). 2

3 **II. Notwendigkeit der Anhörung des Schuldners (S 2).** Der Entscheidung geht nach S 2 **zwingend** eine Anhörung des Schuldners voraus. Die Anhörung eines Prozessbevollmächtigten genügt jedoch (Ddorf MDR 58, 42). Auch im Anwaltsprozess ist aber eine eigene Erklärung des Schuldners zu würdigen. Die Gelegenheit zur Stellungnahme (eine tatsächliche Äußerung ist nicht notwendig) muss das Gericht dem Schuldner entweder **schriftlich** durch Zustellung des Antragsschriftsatzes (unter Fristsetzung und mit Belehrung analog § 277 II) oder **mündlich** (zu Protokoll der Geschäftsstelle bzw in der mündlichen Verhandlung) geben. **Verspätete Äußerungen** sind grds zu berücksichtigen, wenn die Entscheidung bei Eingang der Äußerung noch nicht erlassen worden ist. Eine **Zurückweisung** als verspätet kommt jedoch entspr §§ 282, 296 in Betracht (KG OLGZ 79, 366, 367; aA München MDR 81, 1025). § 138 III ist anwendbar (Ddorf NJW-RR 91, 1088; aA Zö/*Stöber* Rn 1: kann bei schriftlicher Anhörung nicht gelten), jedoch müssen eine Aufforderung zur Stellungnahme und die Belehrung über den Anwaltszwang (sofern erforderlich, vgl § 887 Rz 8) zugestellt werden (Ddorf NJW-RR 91, 1088). Bloße **Glaubhaftmachung**, zB, dass der Schuldner seiner Verpflichtung schuldhaft zuwider gehandelt hat, reicht nicht aus, vielmehr sind streitige Tatsachen zu beweisen (Schlesw NZM 00, 557), und zwar auch dann, wenn eine einstweilige Verfügung die Zwangsvollstreckungsgrundlage darstellt (str; B/L/A/H Rn 5 mwN; aA *Dahm* MDR 96, 1101 f).

4 **III. Kostengrundentscheidung (S 3).** Entscheidungen im Verfahren nach §§ 887, 888, 890 sollen nach S 3 stets eine Kostengrundentscheidung enthalten und zwar entspr §§ 91–93, 95–100, 106, 107 (zur Erledigung vgl KG WuM 06, 530, 531; zur Kostenverteilung iE und zu Bsp B/L/A/H Rn 7). Wegen der Anwendbarkeit der §§ 91 ff kommt eine differenzierte Kostenentscheidung in Betracht. Für die Verteilung ist auf den **Vollstreckungsantrag des Gläubigers** abzustellen und wie weit er Erfolg hatte. Mit Einführung der Regelung (durch das 2. ZVGÄndG) wurde die Möglichkeit angemessener Kostenentscheidungen in Fällen bezweckt, in denen der Gläubigerantrag nur zT Erfolg hatte (vgl auch Musielak/*Lackmann* Rn 1). Da dies allerdings im Wortlaut nicht zum Ausdruck kommt, müssen Kostengrundentscheidungen nicht nur im Falle des Teilunterliegens ergehen, sondern immer. S 3 ist als Sondervorschrift zu § 788 anzusehen: Diese Vorschrift ist nicht mehr anwendbar, soweit sie eine Kostenbeitreibung ohne Grundentscheidung zulässt, wohl aber für Kosten, die durch Vollstreckungs-/Durchführungsmaßnahmen entstehen.

5 **C. Rechtsbehelfe.** Gegen die Entscheidung des Prozessgerichts ist die **sofortige Beschwerde** (§§ 567 I Nr 1, 793) statthaft. Die **Rechtsbeschwerde** kann unter den Voraussetzungen des § 574 I 1 Nr 2 eingelegt werden. Unstatthaft ist dagegen die **Vollstreckungserinnerung** nach § 766.

§ 892 Widerstand des Schuldners.

Leistet der Schuldner Widerstand gegen die Vornahme einer Handlung, die er nach den Vorschriften der §§ 887, 890 zu dulden hat, so kann der Gläubiger zur Beseitigung des Widerstandes einen Gerichtsvollzieher zuziehen, der nach den Vorschriften des § 758 Abs. 3 und des § 759 zu verfahren hat.

1 **A. Normzweck und systematische Einordnung.** Die Vorschrift soll die Vollstreckung sicherstellen und dient der **Rechtssicherheit**: Da dem Gläubiger nur eingeschränkt **Selbsthilfe** nach § 229 BGB erlaubt ist, gewährt § 892 **staatliche Hilfe** für den Fall, dass sich der Schuldner einer Vollstreckung widersetzt. Die Norm erfasst und ergänzt somit die Zwangsvollstreckung zur Erwirkung vertretbarer Handlungen nach § 887 und zur Erzwingung von Unterlassungen und Duldungen nach § 890. Der Gläubiger hat die Wahl zwischen einem Vorgehen nach § 890 oder einem solchen nach § 892 (Köln NJW-RR 88, 832; LG Karlsruhe DGVZ 84, 12; aA AG Berlin-Wedding DGVZ 87, 63 [zuerst Vorgehen nach § 890]). IdR ist zur Realisierung eines Anspruchs das Vorgehen nach § 892 effektiver als die Festsetzung eines Ordnungsmittels gem § 890.

2 **B. Tatbestandsvoraussetzungen.** Die Grundlage des Einschreitens für den Gerichtsvollzieher bildet ein **Ermächtigungsbeschluss** nach § 887 oder ein **Duldungstitel** nach § 890.

Es müssen ferner die **allg Vollstreckungsvoraussetzungen** gegeben sein, die Zwangsvollstreckung muss also (schon und noch) zulässig sein. Diese Voraussetzungen sind dem Gerichtsvollzieher nachzuweisen (bei § 887 genügt der Ermächtigungsbeschluss; aA wohl Köln DGVZ 92, 170, 171, Zö/*Stöber* Rn 1 [der Gerichtsvollzieher habe den Ermächtigungsbeschluss zu prüfen]).

3 Weiterhin verlangt der Tatbestand eine **Widerstandsleistung** des Schuldners gegen die Vollstreckungshandlung, die nicht nachzuweisen ist (§ 184 Nr 1 S 2 GVGA). Es genügt, dass der Widerstand vom Gläubiger als zumindest bevorstehend – also nicht unbedingt bereits erfolgt – behauptet wird (LG Braunschweig DGVZ 88, 140, 141). Widerstand idS bedeutet ein »auf Verhinderung eines bestimmten Erfolgs gerichtetes vorsätz-

liches Handeln« und »mehr als bloßes Zuwiderhandeln« (ThoPu/*Hüßtege* Rn 1; *Brackhahn* DGVZ 92, 145 ff). Bei der Prüfung sollte wegen der Folgen und auch vor dem Hintergrund des § 113 StGB restriktiv verfahren werden (B/L/A/H Rn 2).

C. Verfahren. Der Gläubiger kann den Gerichtsvollzieher unmittelbar, dh ohne Zuhilfenahme des Gerichts, einschalten. Für einen entsprechenden Antrag an das Gericht besteht deshalb kein Rechtsschutzbedürfnis. 4

Der Gerichtsvollzieher verfährt nach §§ 758 III, 759, darf also zur Beseitigung des Widerstandes Gewalt anwenden und/oder sich polizeilicher Hilfe bedienen. Zwar enthält § 892 keinen Verweis auf § 758 II. Dennoch kann der Gerichtsvollzieher auch verschlossene Türen öffnen lassen (LG Weiden DGVZ 08, 120; LG Braunschweig DGVZ 88, 140, 141 f; zur Durchsuchungsanordnung nach § 758a vgl § 887 Rz 39). Bei seinem Vorgehen hat er stets maßvoll zu handeln und das zur Widerstandsbeseitigung notwendige Maß nicht zu überschreiten (§ 184 Nr 2 S 4 GVGA). Über die Vollstreckungshandlung muss er ein Protokoll aufnehmen (§ 762 und § 184 Nr 3 GVGA). 5

D. Rechtsbehelfe. Für den beschwerten Gläubiger und den Schuldner ist die **Erinnerung** nach § 766 der statthafte Rechtsbehelf. Im Anschluss kommt die Erhebung der **sofortigen Beschwerde** nach §§ 567 I Nr 1, 793 in Betracht. 6

E. Kosten/Gebühren. Die **Kosten** des Gerichtsvollziehers (s.u. Rz 8) stellen Zwangsvollstreckungskosten iSd § 788 I dar und werden nur erstattet, wenn sie objektiv notwendig waren (sonst muss der Gläubiger sie tragen, vgl LG Braunschweig DGVZ 88, 140, 141). Es entscheidet, ob objektiv Widerstand geleistet wurde bzw mit einem solchen jedenfalls objektiv zu rechnen war. 7

Im Falle der Hinzuziehung eines **Gerichtsvollziehers** nach § 892 ist **KV GVKostG Nr 250** einschlägig. Es fällt eine **Festgebühr iHv 40 €** an. Evtl kommt daneben uU ein **Zeitzuschlag iHv 15 €** nach **KV GVKostG Nr 500** hinzu. 8

§ 892a *(weggefallen seit 1.9.2009)*

Durch Gesetz zur Reform des Verfahrens in Familiensachen und in den Angelegenheiten der freiwilligen Gerichtsbarkeit v 17.12.08 (FGG-RG; BGBl I 08, 2586) wurde der Regelungsgehalt in § 96 I FamFG übernommen. 1

§ 893 Klage auf Leistung des Interesses. **(1) Durch die Vorschriften dieses Abschnitts wird das Recht des Gläubigers nicht berührt, die Leistung des Interesses zu verlangen.**

(2) Den Anspruch auf Leistung des Interesses hat der Gläubiger im Wege der Klage bei dem Prozessgericht des ersten Rechtszuges geltend zu machen.

A. Normzweck und systematische Einordnung. Abs 1 stellt klar, dass die Möglichkeit der Zwangsvollstreckung nicht die Verpflichtung des Schuldners zum Ersatz des durch die Nichterfüllung entstandenen Schadens entfallen lässt. Ein eigenständiger prozessualer Anspruch wird durch die Norm aber nicht begründet. Vielmehr richtet sich der Schadensersatzanspruch nach den Vorschriften des materiellen Rechts (insb §§ 280 ff BGB). Aufgrund seiner Systematik gilt § 893 für titulierte Ansprüche iSd §§ 883–890, nicht aber bei Verurteilung zur Abgabe einer Willenserklärung nach § 894. Dessen Fiktionswirkung lässt keinen Raum für einen Schadensersatz wegen Nichterfüllung. Eine Ausübung des Wahlrechts erfordert nach allgM weder, dass der Gläubiger zunächst erfolglos versucht hat, das geschuldete Verhalten im Wege der Zwangsvollstreckung zu erzwingen (Gottwald Zwangsvollstreckung Rn 3; ThoPu/*Hüßtege* Rn 3), noch, dass die Zwangsvollstreckung überhaupt zulässig ist. Die Vorschrift gilt daher auch im Fall des § 888 III. 1

B. Zuständigkeit (Abs 2). Abs 2 begründet für die Schadensersatzklage des Gläubigers eine vom Streitwert unabhängige, ausschließliche (§ 802), örtliche, sachliche sowie internationale (BGH NJW 97, 2245: insoweit keine ausschließliche) Zuständigkeit des **Prozessgerichts des ersten Rechtszuges**. So entscheidet etwa das Familiengericht wegen des engen sachlichen Zusammenhangs nicht nur im Ausgangsverfahren über den Anspruch auf Herausgabe von Hausrat, sondern auch darüber, ob dem Gläubiger wegen Nichterfüllung des titulierten Anspruchs Schadensersatz zusteht (Schlesw NJW-RR 03, 1013; aA Ddorf FamRZ 85, 406 f). 2

Allerdings setzt die Zuständigkeitsregel des Abs 2 voraus, dass der Anspruch auf die Leistung des Interesses durch Erhebung einer **Klage** verfolgt wird. Eine Geltendmachung im Wege der Aufrechnung gem §§ 387 ff BGB wird daher nicht vom Anwendungsbereich der Vorschrift erfasst (RGZ 35, 379, 380 f; Schuschke/Walker/*Sturhahn* Rn 4). Gleiches gilt für Ansprüche auf Schadensersatz neben der Leistung. Die Zuständigkeit richtet sich in diesen Fällen nach den allg Zuständigkeitsvorschriften (MüKoZPO/*Gruber* Rn 5). Bei Nichtbeachtung des Abs 2 gelten die §§ 11, 513 II, 545 II (RGZ 66, 17, 19).

§ 894 Fiktion der Abgabe einer Willenserklärung. **[1]Ist der Schuldner zur Abgabe einer Willenserklärung verurteilt, so gilt die Erklärung als abgegeben, sobald das Urteil die Rechtskraft erlangt hat. [2]Ist die Willenserklärung von einer Gegenleistung abhängig gemacht, so tritt diese Wirkung ein, sobald nach den Vorschriften der §§ 726, 730 eine vollstreckbare Ausfertigung des rechtskräftigen Urteils erteilt ist.**

1 **A. Normzweck und systematische Einordnung.** Die Vorschrift betrifft die zwangsweise Durchsetzung einer Verurteilung des Schuldners zur Abgabe einer Willenserklärung. Da es sich hierbei um eine **unvertretbare Leistung** handelt, stellt § 894 – ergänzt durch die §§ 895–898 – eine **Spezialvorschrift zu § 888** dar. Während letzterer die Durchsetzung nicht vertretbarer **Leistungen** durch Zwangsmittel vorsieht (vgl § 888 Rz 10), erübrigt sich bei Verurteilung zur Abgabe einer Willenserklärung eine Willensbeugung des Schuldners. Stattdessen fingiert die Norm mit Eintritt der Rechtskraft die Abgabe der geschuldeten Willenserklärung. Dadurch wird die Zwangsvollstreckung beendet, ohne dass weitere Vollstreckungsmaßnahmen notwendig bzw zulässig sind. Es handelt sich somit um eine einfache und sichere Methode, einen entsprechenden Anspruch unabhängig vom Verhalten des Schuldners durchzusetzen.

2 Der Regelungsgehalt des ehemaligen Abs 2, der einen Ausschlusstatbestand für den Fall der Verurteilung zur Eingehung einer Ehe darstellte, wurde durch Gesetz zur Reform des Verfahrens in Familiensachen und in den Angelegenheiten der freiwilligen Gerichtsbarkeit v 17.12.08 (FGG-RG; BGBl I 08, 2586) in § 120 III FamFG übernommen.

3 **B. Tatbestandsvoraussetzungen. I. Willenserklärung.** Der Begriff der Willenserklärung umfasst zum einen alle **rechtsgeschäftlichen Erklärungen**. Diese können auf Abschluss eines Vertrages gerichtet sein, wie zB Angebot und Annahme zum Abschluss eines Kaufvertrages (BGH NJW 84, 479, 480), die Einigung iSd § 929 BGB, die Auflassung eines Grundstücks (§§ 925, 873 BGB) sowie die Abtretung einer Forderung (§ 398 BGB). In Betracht kommen darüber hinaus Willenserklärungen, welche eine Vertragsaufhebung oder Vertragsänderung (BGH NJW-RR 11, 1382 und BayObLG NJW-RR 89, 1172 f –Zustimmung zur Mieterhöhung gem §§ 558 ff BGB) herbeiführen, sowie die Bewilligung einer Registereintragung (zB nach § 19 GBO). Der Anwendungsbereich der Vorschrift umfasst ferner die Verurteilung eines GmbH-Gesellschafters zur Zustimmung, den Gesellschaftsvertrag zu ändern (Bremen NJW 72, 1952) oder zur Stimmabgabe entspr einer Abstimmungsvereinbarung (BGH NJW 67, 1963, 1966). Erfasst sind ferner die Zustimmung zu einem Kapitalerhöhungsbeschluss und zur Übernahme zusätzlicher Geschäftsanteile (BGH NJW 87, 189, 190), ebenso Genehmigungen gem § 177 I BGB (Köln NJW-RR 00, 880), die Zustimmung zur gemeinsamen Veranlagung der Einkommenssteuer (Kobl FamRZ 05, 224) oder zum Realsplitting bei geschiedenen Ehegatten (BFH NJW 89, 1504). Gleiches gilt für die Abgabe einer Erklärung iSd § 1355 V 2 BGB (LG München I FamRZ 00, 1168 f) sowie schließlich für die Zustimmung des Betriebsrates zu personellen Maßnahmen nach § 99 BetrVG (ArbG Frankf NZA-RR 02, 473, 474) und die Gewährung von Urlaub durch den Arbeitgeber (BAG NJW 62, 270). Zum anderen ist § 894 **entspr auf rechtsgeschäftsähnliche** (zB Mahnung, Fristsetzung oder Erteilung einer Quittung) und **prozessuale Erklärungen** (etwa die Rücknahme einer Klage, Privatklage oder eines Strafantrages) anwendbar. Unerheblich ist, ob es sich beim Adressaten der Erklärung um den Gläubiger, einen Dritten (Brandbg NJW-RR 01, 1185, 1186) oder eine deutsche Behörde (BGHZ 120, 239, 248) handelt.

4 **Tatsächliche Handlungen** sind hingegen nach § 894 nicht vollstreckbar, wie etwa die Leistung einer persönlichen Unterschrift, die Erteilung einer Auskunft oder die Erstellung eines Arbeitszeugnisses. Gleiches gilt, wenn der Schuldner zum Widerruf einer ehrverletzenden Äußerung verurteilt worden ist, weil dem Interesse des Gläubigers allein durch eine – notfalls nach § 888 zu vollstreckende – persönliche Erklärung des Schuldners Rechnung getragen wird (Zweibr NJW 91, 304 f; vgl auch BGH NJW 62, 1438; G/S/B-E § 72 Rn 9; aA Hamm NJW-RR 92, 634, 635 ff; s. § 888 Rz 3).

II. Verurteilung zur Abgabe der Willenserklärung. S 1 setzt weiterhin voraus, dass der Schuldner zur Abgabe der Willenserklärung verurteilt wurde. Da die Fiktion nicht bereits aus dem Inhalt des Urt folgt, sondern einen Akt der Zwangsvollstreckung darstellt (BayObLG MDR 53, 561, 562), handelt es sich bei den nach § 894 zu vollstreckenden Urt nicht um Gestaltungs-, sondern um **Leistungsurteile** (BGH NJW-RR 05, 687, 692). Entgegen dem zu engen Wortlaut findet die Vorschrift nach allgM nicht nur auf Urt, sondern auch auf alle anderen **gerichtlichen Entscheidungen** Anwendung, sofern sie in **Rechtskraft** erwachsen können. Hierzu zählen va **rechtskraftfähige Beschlüsse**, zB in Beschlussform ergangene einstweilige Verfügungen (Köln NJW-RR 97, 59 f; Stuttg NJW 73, 908) oder Anordnungen des Familiengerichtes zur Übertragung von Vermögensgegenständen gem § 1383 BGB. Auch **Schiedssprüche** und **ausländische Urt** können bei zuvor erteilter Vollstreckbarkeitserklärung (§ 1060 I) bzw Erlass eines Vollstreckungsurteils (§ 722 I) nach § 894 vollstreckt werden. Vollstreckbare Urkunden iSd § 794 I Nr 5 sowie Prozessvergleiche gem § 794 I Nr 1 (für den Anwaltsvergleich beachte § 796a II, wonach bereits eine Vollstreckbarkeitserklärung nicht in Betracht kommt; s.a. Zö/*Stöber* Rn 3; aA Schuschke/Walker/*Sturhahn* Rn 1) müssen hingegen mangels Rechtskraftfähigkeit nach den §§ 887 ff vollstreckt werden. Praktisch ist es daher, die Willenserklärung selbst bereits in die Urkunde bzw den Vergleich aufzunehmen. Fehlt es hieran, bleibt dem Gläubiger jedoch stets die Möglichkeit, seinen Anspruch auf Abgabe der Willenserklärung im Wege der Leistungsklage durchzusetzen (für den Prozessvergleich BGH NJW 86, 2704, 2705). 5

Die Willenserklärung muss im Titel so **hinreichend bestimmt** sein, dass ihr Inhalt für jedermann ersichtlich ist (vgl BGH NJW 95, 463, 464; Karlsr RPfleger 05, 95). Diesem Erfordernis genügt eine Verurteilung des Beklagten zum Abschluss aller für die Übertragung seines Geschäfts notwendigen Rechtsgeschäfte (BGH NJW 59, 1371) ebenso wenig wie die Verpflichtung des Schuldners, ein Drittel seines Grundbesitzes auf den Gläubiger zu übertragen (Kobl OLGZ 76, 380, 381). Zur Ermittlung des Erklärungsinhalts können neben dem Tenor der **Tatbestand** und die **Entscheidungsgründe** als Auslegungshilfe herangezogen werden (vgl § 890 Rz 3). Führt dieses Vorgehen nicht zu einer hinreichenden Bestimmtheit der Erklärung, kommt ein Fiktionseintritt iSd S 1 nicht in Betracht. Nach zutreffender Meinung ist dann wegen des Vorrangs von § 894 auch eine Vollstreckung nach § 888 nicht mehr möglich (BGH NJW 11, 3161, 3162 mit zust Anm *Walker* LMK 11, 321441; Musielak/*Lackmann* Rn 6; aA Karlsr aaO). Es bleibt nur die erneute Klage. 6

Die Verurteilung muss **unbedingt** und **vorbehaltlos** erfolgen. Deshalb ist eine Verurteilung des Erben unter dem Vorbehalt der Beschränkung seiner Haftung (§ 780) nicht nach § 894, sondern nach § 888 zu vollstrecken (s. bereits RGZ 49, 415, 417 f; St/J/*Brehm* Rn 11). Zur Konkretisierung des Erklärungsinhalts durch Ausübung eines Wahlrechts iSd §§ 262 ff BGB s.u. Rz 10. 7

III. Rechtskraft. Die Fiktion des S 1 tritt erst zu dem Zeitpunkt ein, zu welchem der Titel die **formelle Rechtskraft** (§ 705) erlangt. Einer **vorläufigen Vollstreckbarkeitserklärung** kommt lediglich iRd § 895 und § 16 HGB sowie bei der Kostenfestsetzung Bedeutung zu. Wegen des Vorrangs von § 894 kann der Gläubiger vor Eintritt der formellen Rechtskraft seinen Anspruch nicht nach den §§ 887 f vollstrecken. 8

IV. Abhängigkeit von einer Gegenleistung (S 2). Zusätzliche Anforderungen an den Fiktionseintritt gelten dann, wenn die Willenserklärung des Schuldners von einer **Gegenleistung** abhängt. Hier genügt nicht der Eintritt der Rechtskraft, sondern erst die Erteilung einer **vollstreckbaren Ausfertigung** (§ 724 I) des rechtskräftigen Urt nach den §§ 726 II, 730 (vgl auch BFH NJW 89, 1504; Kobl FamRZ 05, 224). Dazu muss der Gläubiger nachweisen, dass die Gegenleistung durch ihn bereits erbracht wurde oder dass sich der Schuldner mit ihrer Annahme im Verzug befindet. Die Norm bezweckt den Schutz des Schuldners, indem sie verhindert, dass dieser mit Eintritt der Rechtskraft automatisch in Vorleistung treten muss, während den Gläubigerinteressen bereits durch die Fiktion des S 1 ausreichend Rechnung getragen wird. S 2 findet wegen des vergleichbaren Schutzbedürfnisses auf Seiten des Schuldners entsprechende Anwendung, wenn die Vollstreckung von einer **Bedingung** abhängig gemacht wurde (§ 726 I). Gleiches gilt im Falle der vor Rechtskraft eingetretenen **Rechtsnachfolge** (§ 727; Musielak/*Lackmann* Rn 13; aA MüKoZPO/*Gruber* Rn 19). Bedingungsfeindliche Erklärungen sind hingegen nach § 888 zu vollstrecken (MüKoZPO/*Gruber* Rn 10). 9

C. Rechtsfolgen. Die Willenserklärung des Schuldners gilt ab dem Zeitpunkt der **Rechtskraft**, im Falle des S 2 mit **Herausgabe** der vollstreckbaren Ausfertigung des Titels durch den Rechtspfleger, als abgegeben (vgl BGH NJW-RR 11, 1382; vgl BAG NZA 11, 161, 162). Bei Schiedssprüchen und ausländischen Urt ist auf die Rechtskraft der zugehörigen Vollstreckbarkeitserklärung abzustellen (BGH BB 61, 264; vgl auch Rz 5). Die Fiktionswirkung löst sämtliche Rechtsfolgen aus, welche eingetreten wären, wenn der Schuldner die 10

Erklärung mit gleichlautendem Inhalt und zum entsprechenden Zeitpunkt unter Beachtung aller Wirksamkeitserfordernisse abgegeben hätte (BAG BB 77, 895, 896). Letzteres führt dazu, dass die Einhaltung der **Formvorschriften** von der Fiktionswirkung erfasst wird. Urteilszusätze über die Verpflichtung zur Einhaltung einer bestimmten Form sind aus diesem Grunde gegenstandslos (Köln NJW-RR 00, 880). Ebenfalls überwunden werden eine zum Zeitpunkt des Rechtskraftseintritts **fehlende Geschäftsfähigkeit** sowie die **mangelnde Verfügungsbefugnis** des Schuldners. Da eine für die Wirksamkeit der Willenserklärung erforderliche **Genehmigung** (zB des Familiengerichts gem §§ 1821 f BGB) vom Prozessgericht vor Titelerlass zu überprüfen ist, wird auch sie mit Eintritt der Fiktion ersetzt (BayObLG MDR 53, 561, 562; aA MüKoZPO/*Gruber* Rn 16). Steht einer der Parteien nach dem Urteilsinhalt ein **Wahlrecht** zwischen mehreren Willenserklärungen oder einer Willenserklärung und einer Leistung zu (§§ 262 ff BGB), treten die Vollstreckungsfolgen des S 1 grds erst **nach** Rechtskraft sowie **Ausübung des Wahlrechts** ein. Der **Gläubiger** als Ausübungsberechtigter kann von seinem Wahlrecht bereits ab dem Zeitpunkt der **vorläufigen Vollstreckbarkeit** des Titels Gebrauch machen, sofern er dieses nicht bereits vorher ausgeübt oder gem § 264 II BGB verloren hat (B/L/A/H Rn 16). Steht das Wahlrecht dem **Schuldner** zu, muss dieser es bis zum Beginn der Zwangsvollstreckung ausüben; anderenfalls geht es gem § 264 I Hs 1 BGB auf den Gläubiger über (vgl aber auch RGZ 53, 80, 84 – Vollstreckung nach § 888 bei Wahlrecht des Schuldners).

11 Die Fiktion beschränkt sich auf die **Abgabe** der Willenserklärung des Schuldners, so dass alle übrigen Voraussetzungen für die Wirksamkeit des Rechtsgeschäfts von ihr unberührt bleiben (BGHZ 82, 292, 297). Somit sind insb die Vorschriften über den **Zugang** empfangsbedürftiger Willenserklärungen (§§ 130 ff BGB) zu beachten. Erforderlich ist daher, dass der Gläubiger nicht nur die Möglichkeit besitzt, vom Inhalt des Urt Kenntnis zu erlangen, sondern dass unter normalen Umständen mit einer Kenntnisnahme auch gerechnet werden kann. An letzterem fehlt es etwa im Falle einer Urteilsverkündung in Abwesenheit des Gläubigers (arg § 312 Abs 1 S 1; wie hier MüKoZPO/*Gruber* Rn 17 mwN; aA Wieczorek/Schütze/*Storz* Rn 34). Handelt es sich beim Adressaten der Erklärung um einen Dritten, zB eine Behörde, muss der Gläubiger diesem eine Ausfertigung des rechtskräftigen Urt vorlegen, übersenden oder gem § 132 BGB zustellen (RGZ 160, 321, 324 f). Der Vorlage einer vollstreckbaren Ausfertigung des Titels bedarf es jedoch nicht, weil die Zwangsvollstreckung durch den Fiktionseintritt beendet wird (s.o. Rz 1).

Ebenfalls nicht ersetzt werden erforderliche **Erklärungen des Gläubigers** oder eines **Dritten**. Im Falle einer gem S 1 fingierten Auflassungserklärung des Schuldners muss der Gläubiger daher nach Fiktionseintritt vor der zuständigen Stelle unter Vorlage des rechtskräftigen Titels noch in notariell beurkundeter Form die **Annahme** erklären (BayObLG RNotZ 05, 362, 363). Ebenso bleiben weitere Handlungen des Schuldners erforderlich, welche sich von der Abgabe der Willenserklärung trennen lassen, zB die **Übergabe** der zu übereignenden beweglichen Sache (vgl § 897). Fehlen **behördliche Genehmigungen**, welche nicht die Wirksamkeit der Willenserklärung des Schuldners (s.o. Rz 10), sondern des Rechtsgeschäfts in seiner Gesamtheit betreffen (zB § 2 I 1 GrdstVG), ist dieses bis zu ihrer Einholung **schwebend unwirksam** (BGHZ 82, 292, 297).

12 **D. Rechtsbehelfe.** Nach Eintritt der formellen Rechtskraft des Titels scheiden Rechtsbehelfe, insb nach § 767 und § 771, aus (Hambg MDR 98, 1051). Dem Schuldner bleibt lediglich die Möglichkeit, die Rechtskraft durch Wiedereinsetzung in den vorigen Stand (§§ 233 ff) oder durch eine Wiederaufnahme des Verfahrens (§§ 579, 580) zu beseitigen. Beides führt zum rückwirkenden Fortfall der fingierten Willenserklärung (zu den Folgen vgl § 898).

13 **E. Kosten/Gebühren. Gerichtsgebühren** fallen allenfalls in Gestalt von Gebühren für Registereintragungen nach §§ 60 ff KostO an. Die Kosten eines hierauf gerichteten Antrags des **Rechtsanwalts** richten sich nach VV zu § 2 II RVG Nr 2300.

§ 895 Willenserklärung zwecks Eintragung bei vorläufig vollstreckbarem Urteil.

[1]Ist durch ein vorläufig vollstreckbares Urteil der Schuldner zur Abgabe einer Willenserklärung verurteilt, auf Grund deren eine Eintragung in das Grundbuch, das Schiffsregister oder das Schiffsbauregister erfolgen soll, so gilt die Eintragung einer Vormerkung oder eines Widerspruchs als bewilligt. [2]Die Vormerkung oder der Widerspruch erlischt, wenn das Urteil durch eine vollstreckbare Entscheidung aufgehoben wird.

1 **A. Normzweck und systematische Einordnung.** Die Norm ergänzt § 894, wenn der vom Schuldner abzugebenden Willenserklärung eine Eintragung in das Grundbuch oder das Schiffs(bau-)register folgen soll.

Wegen der oft erheblichen Zeitspanne zwischen Urteilserlass und Eintritt der formellen Rechtskraft, die die Fiktionswirkung des § 894 auslöst, besteht die Gefahr einer Anspruchsvereitelung infolge titelwidriger Verfügungen durch den weiterhin im Register eingetragenen Schuldner. Ihr kann materiell-rechtlich durch Eintragung einer **Vormerkung** (§ 883 BGB) oder eines **Widerspruchs** (§ 899 BGB) begegnet werden. Durch die Fiktion der erforderlichen Bewilligung des Schuldners (vgl etwa § 19 GBO) bewirkt § 895 bereits bei vorläufig vollstreckbaren Urt die prozessuale **Sicherung des Gläubigeranspruchs** bis zum Eintritt der formellen Rechtskraft.

B. Tatbestandsvoraussetzungen. I. Urteil auf Abgabe einer Willenserklärung. Der Geltungsbereich der 2
Vorschrift ist wegen des Zusammenhangs mit § 894 auf **(Leistungs-)Urteile** beschränkt (aA B/L/A/H Rn 3). Prozessvergleiche sowie vollstreckbare Urkunden werden nicht erfasst (vgl § 894 Rz 5). Im Gegensatz zu § 894 betrifft die Norm aber auch keine rechtskraftfähigen Beschlüsse, weil diese die Hauptsache vorwegnehmen würden (zur sog Befriedigungsverfügung MüKoZPO/*Gruber* Rn 2). Die Vorschrift ist ferner nicht anwendbar auf die Eintragung einer Vormerkung bzw eines Widerspruchs aufgrund einer einstweiligen Verfügung gem § 885 I 1 Alt 1, § 899 II 1 Alt 1 BGB (Frankf FGPrax 95, 180 mwN).

Die vom Schuldner abzugebende Willenserklärung muss eine **Registereintragung** oder **-löschung** erforder- 3
lich machen, zB die Auflassungserklärung sowie die Bestellung einer Hypothek oder Grundschuld, wegen des eindeutigen Wortlauts aber nicht die Bewilligung einer Vormerkung (BayObLG NJW-RR 97, 1445, 1446). § 895 gilt entspr, wenn sich die Bewilligung auf Eintragung in andere als die ausdrücklich genannten Register richtet (zB Eintragung in die Luftfahrzeugrolle gem § 99 I LuftFzgG).

II. Vorläufige Vollstreckbarkeit. Die Fiktion der Bewilligung setzt die vorläufige Vollstreckbarkeit des Urt 4
iSd §§ 708 f, 537, 558 voraus. Der Schuldner kann die Rechtsfolgen des § 895 gem §§ 711 ff durch Sicherheitsleistung abwenden. Steht die vorläufige Vollstreckbarkeit nach § 709 unter der Bedingung einer Sicherheitsleistung, muss der Gläubiger deren Bewirkung für den Fiktionseintritt nachweisen.

C. Rechtsfolgen. Die Norm fingiert die Bewilligung des Schuldners für den Zeitpunkt, in dem das vorläu- 5
fig vollstreckbare Urt erlassen wird. Die Fiktion bezieht sich je nach Anspruchsinhalt auf die Eintragung einer Vormerkung gem § 883 BGB oder eines Widerspruchs gem § 899 BGB. Die Eintragung erfolgt auf **Antrag** des Gläubigers – auch zugunsten eines Dritten (KG ZMR 79, 218, 219) – beim Grundbuchamt unter Vorlage einer Ausfertigung des Urt. Da die Eintragung selbst keinen Akt der Zwangsvollstreckung darstellt, sind weder Vollstreckungsklauseln noch Zustellung erforderlich (BGH RPfleger 69, 425). Auch § 788 findet keine Anwendung (Celle NJW 68, 2246, 2247). Die Eintragung folgt den Vorschriften der GBO, so dass gegen Entscheidungen des Grundbuchamtes die Grundbuchbeschwerde gem §§ 71 ff GBO in Betracht kommt. Die materiell-rechtliche Richtigkeit des Urt wird vom Grundbuchamt aber nicht überprüft (KG RPfleger 81, 22, 23).

Wird das **Urt** durch vollstreckbare Entscheidung **aufgehoben**, erlischt die Vormerkung bzw der Wider- 6
spruch, **S 2**. Die Berichtigung des Grundbuchs erfolgt aufgrund eines Löschungsantrags durch den Schuldner, § 25 S 2 GBO. Mögliche (Schadensersatz-)Ansprüche gründen sich auf § 717 II, III. Eine spätere Wiederherstellung des Urt im Rechtsmittelverfahren macht den Rangverlust des Gläubigers infolge der Löschung nicht rückgängig, weil Dritte auf die Rechtslage vertraut haben können. Die **Einstellung der Zwangsvollstreckung** wirkt sich auf eine Eintragung nicht aus, weil nur die Bewilligung selbst einen Akt der Zwangsvollstreckung darstellt, die damit nicht entfällt. Eine Löschung der Vormerkung bzw des Widerspruchs bedarf in einem solchen Fall der Zustimmung des Gläubigers (vgl KG RPfleger 81, 22, 23). Nach **Eintritt der Rechtskraft** – und damit der Fiktionswirkung des § 894 S 1 – muss die Eintragung auf Antrag des Gläubigers vom Grundbuchamt in eine endgültige umgewandelt werden.

§ 896 Erteilung von Urkunden an Gläubiger.

Soll auf Grund eines Urteils, das eine Willenserklärung des Schuldners ersetzt, eine Eintragung in ein öffentliches Buch oder Register vorgenommen werden, so kann der Gläubiger an Stelle des Schuldners die Erteilung der im § 792 bezeichneten Urkunden verlangen, soweit er dieser Urkunden zur Herbeiführung der Eintragung bedarf.

A. Normzweck und systematische Einordnung. Die Norm ergänzt die §§ 894, 895. Inhaltlich entspricht 1
sie § 792, dessen Anwendbarkeit daran scheitert, dass die Registereintragung selbst keine Maßnahme der Zwangsvollstreckung darstellt, wie die Norm es voraussetzt. § 896 erleichtert dem Gläubiger die Beschaffung solcher Urkunden, welche für die Eintragung erforderlich sind.

2 **B. Tatbestandsvoraussetzungen.** Die Vorschrift ist anwendbar auf **Urt** iSd §§ 894, 895. Neben den in § 895 aufgeführten Registern wird auch die Eintragung in alle übrigen öffentlichen Bücher oder Register erfasst (zB Handels-, Genossenschafts- und Güterrechtsregister, Patentrolle, Erbbaugrundbuch), sofern sie die Vorlegung einer Urkunde voraussetzt. Ein praktisch relevanter Fall ist die Erteilung eines auf den Schuldner lautenden **Erbscheins** zwecks Voreintragung, wenn der Schuldner als Erbe selbst (noch) nicht im Grundbuch eingetragen ist (vgl §§ 35, 40 GBO).

3 **C. Rechtsnachfolge.** § 896 begründet einen eigenen Anspruch des Gläubigers auf Erteilung der Urkunde. Das Verfahren richtet sich nach den Vorschriften des FamFG. Lehnt also die Behörde einen entsprechenden Antrag ab, kann der Gläubiger hiergegen gem §§ 58 ff FamFG Beschwerde einlegen. Wegen dieser Möglichkeiten scheidet Zwang gegen den Schuldner aus (RGZ 48, 398, 400).

§ 897 Übereignung; Verschaffung von Grundpfandrechten.

(1) Ist der Schuldner zur Übertragung des Eigentums oder zur Bestellung eines Rechts an einer beweglichen Sache verurteilt, so gilt die Übergabe der Sache als erfolgt, wenn der Gerichtsvollzieher die Sache zum Zwecke der Ablieferung an den Gläubiger wegnimmt.

(2) Das Gleiche gilt, wenn der Schuldner zur Bestellung einer Hypothek, Grundschuld oder Rentenschuld oder zur Abtretung oder Belastung einer Hypothekenforderung, Grundschuld oder Rentenschuld verurteilt ist, für die Übergabe des Hypotheken-, Grundschuld- oder Rentenschuldbriefs.

1 **A. Normzweck und systematische Einordnung.** § 897 ist bei **mehraktigen Erwerbstatbeständen** anwendbar, bei denen zusätzlich zur Willenserklärung des Schuldners die Übergabe einer beweglichen Sache (§§ 929, 1032, 1205 BGB) oder die Aushändigung eines Briefes über ein Grundpfandrecht (§§ 1117, 1154, 1192, 1274 BGB) erforderlich ist. Während die Erklärung des Schuldners mit Eintritt der Rechtskraft gem § 894 fingiert wird, erfolgt die zwangsweise Durchsetzung der Übergabe durch den Gerichtsvollzieher aufgrund der §§ 883, 886. § 897 enthält keine zusätzlichen Vollstreckungsvoraussetzungen, sondern leistet einen Beitrag zur Rechtssicherheit, indem er den für die Übergabe maßgeblichen Zeitpunkt klarstellt.

2 **B. Tatbestandsvoraussetzungen.** Ist der Schuldner gem Abs 1 zur Übereignung einer beweglichen Sache oder zur Bestellung eines dinglichen Rechts (Nießbrauch, Pfandrecht) an derselben verurteilt, muss der Gerichtsvollzieher ihm die Sache zwecks Ablieferung an den Gläubiger wegnehmen, § 883 I (bei Drittgewahrsam vgl § 886). Die Norm greift auch im Falle einer vorläufig vollstreckbaren Verurteilung sowie bei freiwilliger Herausgabe der Sache durch den Schuldner ein. Die gleichen Grundsätze gelten, wenn die Entscheidung auf die Bestellung, Abtretung oder Belastung eines verbrieften Grundpfandrechtes gerichtet ist, für die Übergabe des Grundpfandbriefs, Abs 2. Die Norm findet dagegen auf Fälle des § 1117 II BGB keine Anwendung (BayObLG RPfleger 98, 32).

3 **C. Rechtsfolgen.** Die Übergabe der Sache, bzw des Briefes gilt nicht erst mit Ablieferung an den Gläubiger, sondern bereits im Zeitpunkt der **Wegnahme** durch den Gerichtsvollzieher als erfolgt. In diesem Moment wird der Schuldner deshalb von seiner Verpflichtung befreit. Gleichzeitig geht die **Gefahr** auf den **Gläubiger** über, so dass dieser bei einem späteren Untergang oder einer Beschädigung auf Ansprüche aus Amtshaftung (§ 839 BGB iVm Art 34 GG) beschränkt ist. Bei **vorläufig vollstreckbaren Urteilen** vollzieht sich die Vollendung des Rechtserwerbs jedoch erst bei Eintritt der für § 894 maßgeblichen formellen **Rechtskraft**. Bei einer **Gegenleistungspflicht** des Gläubigers sind die §§ 726 II, 756, 894 S 2 zu beachten.

§ 898 Gutgläubiger Erwerb.

Auf einen Erwerb, der sich nach den §§ 894, 897 vollzieht, sind die Vorschriften des bürgerlichen Rechts zugunsten derjenigen, die Rechte von einem Nichtberechtigten herleiten, anzuwenden.

1 **A. Normzweck.** Da gem § 894 mit Eintritt der formellen Rechtskraft die Abgabe der geschuldeten Willenserklärung fingiert wird, wird der auf §§ 894, 897 beruhende Erwerb einem rechtsgeschäftlichen gleichgestellt. Der Gläubiger ist damit in derselben Weise durch die Gutglaubensvorschriften (zB §§ 892 f, 932 ff BGB, §§ 366 f HGB) zu schützen, wie wenn der Erwerb sich aufgrund eines Rechtsgeschäfts vollzogen hätte.

2 **B. Tatbestandsvoraussetzungen.** § 898 ist anwendbar auf Erwerbstatbestände iSd §§ 894, 897, entgegen dem Wortlaut aber auch auf eine gem § 895 erworbene **Vormerkung** (MüKoZPO/*Gruber* Rn 3 mwN; aA

RGZ 68, 150, 154 f; B/L/A/H Rn 3). Die unbewusste Regelungslücke erklärt sich daraus, dass die Möglichkeit eines gutgläubigen Vormerkungserwerbes erst nach Inkrafttreten des § 898 anerkannt wurde.

C. Rechtsfolgen. Die für den rechtsgeschäftlichen Erwerb geltenden Gutglaubensvorschriften (s.o. Rz 1) 3
finden im Hinblick auf Voraussetzungen und Rechtsfolgen in vollem Umfang Anwendung. Es kommt auf den guten Glauben des Gläubigers, bzw derjenigen Person an, deren Wissen er sich zurechnen lassen muss. Böser Glaube des Gerichtsvollziehers schadet hingegen selbst dann nicht, wenn der Schuldner diesem die Sache freiwillig aushändigt, weil der Gerichtsvollzieher doch auch in diesem Fall nicht als Vertreter des Gläubigers, sondern als Amtsperson tätig wird. In zeitlicher Hinsicht entscheidet bei beweglichen Sachen der Moment der **Vollendung des Rechtserwerbs** nach materiellem Recht, bei Grundstücken hingegen gem § 892 II BGB der Zeitpunkt des **Umschreibungsantrags.** Die Besonderheiten der §§ 894, 895, 897, welche die Fiktionswirkung auf einen anderen Zeitpunkt verlegen können, sind zu beachten.

Abschnitt 4 Eidesstattliche Versicherung und Haft

§ 899 Zuständigkeit. (1) Für die Abnahme der eidesstattlichen Versicherung in den Fällen der §§ 807, 836 und 883 ist der Gerichtsvollzieher bei dem Amtsgericht zuständig, in dessen Bezirk der Schuldner im Zeitpunkt der Auftragserteilung seinen Wohnsitz oder in Ermangelung eines solchen seinen Aufenthaltsort hat.

(2) [1]Ist das angegangene Gericht nicht zuständig, gibt es die Sache auf Antrag des Gläubigers an das zuständige Gericht ab. [2]Die Abgabe ist nicht bindend.

A. Normzweck und systematische Einordnung. Die Norm regelt die Zuständigkeit für das Verfahren zur 1
Abnahme einer eidesstattlichen Versicherung nach §§ 807, 883 II und 836 III 2. Mit dem 2. Gesetz zur Änderung zwangsvollstreckungsrechtlicher Vorschriften ist die Zuständigkeit mit Wirkung v 1.1.99 vom Vollstreckungsgericht (= Rechtspfleger) auf den **Gerichtsvollzieher** übergegangen.

B. Zuständigkeit des Gerichtsvollziehers. I. Funktionelle Zuständigkeit. Funktionell zuständig für die 2
Abnahme der Offenbarungsversicherung ist also ausschließlich (§ 802) der Gerichtsvollzieher.

II. Örtliche Zuständigkeit. Die örtliche Zuständigkeit richtet sich nach dem **Amtsgerichtsbezirk** (§ 154 3
GVG, §§ 16 ff GVO), in dem der Schuldner seinen **Wohnsitz** oder bei Fehlen eines solchen seinen **Aufenthaltsort** hat. Gleiches gilt für einen **Einzelkaufmann** – der Firmensitz ist insoweit unbeachtlich (MüKoZPO/*Eickmann* Rn 2; St/J/*Münzberg* Rn 3).
Bei **juristischen Personen** dagegen entscheidet deren **Sitz** über die örtliche Zuständigkeit (§ 17 ZPO) und nicht der des organschaftlichen oder gesetzlichen Vertreters. Daran ändert sich nichts, wenn am Sitz der juristischen Person kein Geschäftsbetrieb geführt wird (Stuttg OLGZ 77, 378, 379; AG Magdeburg JurBüro 01, 112). Bei Parteien kraft Amtes gilt deren **Wohnsitz.**
Im Falle von **prozessunfähigen Schuldnern** richtet sich die gerichtliche Zuständigkeit nach deren Wohnsitz und nicht nach dem des Betreuers (B/L/A/H Rn 3).
Bei einem Verfahren gegen **unbekannte Erben,** vertreten durch den Nachlasspfleger gem § 1960 BGB, ist nach der Rechtsprechung der Gerichtsvollzieher des Gerichts zuständig, welches die Nachlasspflegschaft gem § 1960 II BGB angeordnet hat (LG Berlin JR 51, 664).
Unterbringung in einer **Strafvollzugsanstalt** bedeutet grds nicht die Aufgabe des Wohnsitzes, so dass das Wohnsitzgericht zuständig bleibt (BGH NJW-RR 96, 1217; MüKoZPO/*Eickmann* Rn 5). Etwas anderes gilt uU bei längeren Freiheitsstrafen, wenn der Täter seinen Wohnsitz erkennbar aufgibt. Das (noch) zuständige Gericht am Wohnsitz des Schuldners kann das Gericht am Haftort um Rechtshilfe ersuchen.
Bei **Auslandswohnsitz** ist der Gerichtsvollzieher am Aufenthaltsort des Schuldners zuständig. § 899 bleibt anwendbar, da sich die internationale Zuständigkeit nicht nach der EuGVO sondern nach § 899 bestimmt (Köln OLGR Köln 04, 157, 158; Musielak/*Voit* Rn 4).
Für **ausländische juristische Personen** entscheidet der Ort einer **Niederlassung** im Inland (§§ 899 II, 21 entspr), vorausgesetzt, die Anerkennung und Vollstreckbarkeit deutscher Titel sind im Hauptsitzstaat nicht gesichert (LG Zwickau IPrax 96, 193, 194; Musielak/*Voit* Rn 4). Als problematisch stellt sich der Umfang einer Auskunftspflicht des Schuldners dar. Für eine Beschränkung auf **inländisches Vermögen** lässt sich das Territorialitätsprinzip vorbringen, demzufolge Vollstreckungsakte als staatliche Hoheitsakte auf das

jeweilige Staatsgebiet begrenzt sind. Eine gemeinschaftskonforme Auslegung streitet hingegen im Ergebnis für eine Ausweitung der Auskunftspflicht auf das **ausländische Vermögen** in europäischen Staaten. Die Offenbarungspflicht soll eine Zwangsvollstreckung im europäischen Rechtsraum ermöglichen (vgl ausf *Heß* Rpfleger 96, 89, 93).
Bei **mehreren Wohnsitzen** steht dem Gläubiger nach § 35 ein **Wahlrecht** zu. Für den Fall, dass ein Angehöriger des Schuldners angibt, dieser lasse sich die Post nachsenden, kann auch die frühere Adresse genügen (LG Kempten JBl 06, 101).
Zur Begründung des **Aufenthaltsortes** genügt die kurzfristige Anwesenheit des Schuldners; sogar eine Durchreise kann ausreichen (BGH WM 2008, 1853).
Ist der Aufenthaltsort des Schuldners **unbekannt**, besteht idR die Möglichkeit, die Zustellung öffentlich durch das Gericht zu bewirken (MüKoZPO/*Eickmann* Rn 13; St/J/*Münzberg* § 900 Rn 36). Angesichts der bedeutsamen Konsequenzen, die dies nach sich ziehen kann (Haftanordnung), muss der Gläubiger dartun, dass er alle Möglichkeiten zur Ermittlung des Schuldners ausgeschöpft hat (MüKoZPO/*Eickmann* Rn 13).

4 **III. Maßgeblicher Zeitpunkt.** Für die Zuständigkeitsfeststellung kommt es auf den **Zeitpunkt des Antragseingangs** beim Gerichtsvollzieher oder bei einer Verteilungsstelle an, so dass ein **nachträglicher Wohnsitzwechsel** entspr § 261 III Nr 2 keinen Einfluss auf die Zuständigkeit hat (BayOLG RPfleger 94, 471; Hamm, OLGZ 86, 341, 344).
Auch im Falle einer späteren **Nachbesserung** oder **Ergänzung** des Vermögensverzeichnisses bleibt die ursprüngliche Zuständigkeit bestehen (vgl iE § 903 Rz 15). Anders als bei der sog **Wiederholungsversicherung** gem § 903 stellt die Ergänzung lediglich eine Fortsetzung des alten Verfahrens dar, demzufolge sich an der Zuständigkeit nichts ändert (Frankf MDR 76, 320, 321; Wieczorek/Schütze/*Storz* Rn 8).
Wird der Antrag auf Bestimmung eines Termins zur Abgabe der eidesstattlichen Versicherung mit einem **Pfändungsauftrag** für den Fall **verbunden**, dass die Pfändung nicht zu einer vollständigen Befriedigung des Gläubigers führt, ist der Zeitpunkt **des Pfändungsversuchs** maßgeblich. Erst jetzt kann über die Verpflichtung zur Abgabe der eidesstattlichen Versicherung entschieden werden. Eine in diesem Augenblick begründete Zuständigkeit reicht aus (BGH WM 2008, 1853; Zö/*Stöber* Rn 2; *David* MDR 2010, 491, 491).

5 **IV. Besondere Verfahren. 1. Verwaltungsgerichtliche Titel.** Schwierigkeiten bereitet die Vollstreckung verwaltungsgerichtlicher Zahlungstitel. Vollstreckungsgericht ist gem § 167 I 2 VwGO als Gericht des **ersten Rechtszuges** das **Verwaltungsgericht**. Daraus ergab sich bis zum 31.12.98 auch die Zuständigkeit für Offenbarungsverfahren im verwaltungsrechtlichen Bereich (OVG Münster NJW 84, 2484 f; RPfleger 80, 395).
Nach der Neufassung des § 899 I (s.o. Rz 1) geht die Verweisung des § 167 I 2 VwGO ins Leere, da die Zuständigkeit vom Vollstreckungsgericht auf den Gerichtsvollzieher übertragen wurde. Weil keine anderweitigen Vorschriften bestehen, ist der Gerichtsvollzieher deshalb auch bei verwaltungsgerichtlichen Zahlungstiteln zuständig, soweit es um Maßnahmen zur Abnahme der eidesstattlichen Versicherung geht (Musielak/*Voit* Rn 3; St/J/*Münzberg* Rn 7; aA Schuschke/Walker/*Schuschke* Vor §§ 899–915h Rn 4; Zö/*Stöber* Rn 1, allerdings ohne Begründung).
Bei Offenbarungen iRv **Vergütungsfestsetzungsbeschlüssen** nach § 11 RVG, die aus einem verwaltungsgerichtlichen Verfahren resultieren, führt der Rechtsweg zu den ordentlichen Gerichten. Deshalb ist ohne weiteres die Zuständigkeit des Gerichtsvollziehers gegeben. Die Ansicht, die das VG für zuständig hält (OVG Münster NJW 86, 1190; NJW 84, 2484 f) übersieht, dass § 11 II 3 RVG wie schon § 19 II 3 BRAGO aF auf die ZPO verweist und ein privatrechtlicher Anspruch aus dem Anwaltsvertrag vollstreckt wird (OVG Münster RPfleger 86, 152, 153; OVG Lüneburg NJW 84, 2485; OVG Koblenz NJW 80, 1541).

6 **2. Finanzgerichtliche Titel.** Finanzgerichtliche Urt und Verwaltungsakte werden vom **Finanzamt** vollstreckt, § 150 S 2 FGO. Auch die Zuständigkeit für das Offenbarungsverfahren liegt beim Finanzamt, § 284 AO. Für die **Haft** muss jedoch das zuständige AG ersucht werden, § 284 VIII AO (Köln NJW-RR 88, 697; Wieczorek/Schütze/*Storz* Rn 11).

7 **3. Sozialgerichtliche Titel.** Die Vollstreckung sozialgerichtlicher Titel iSd § 199 I Nr 1–5 SGG zugunsten einer Privatperson folgt nach § 198 SGG den Vorschriften der ZPO, eine solche zugunsten der öffentlichen Hand gegen Privatpersonen nach § 200 SGG den Normen des VwVG. Die Vollstreckung der öffentlichen Hand gegen die öffentliche Hand regelt sich nach § 198 oder § 201 SGG. Vollstreckungsbehörde sind entspr § 4 I VwVG, § 249 AO idR die **Hauptzollämter**. Bei einer Zwangsvollstreckung zugunsten anderer als Bun-

desbehörden bestimmen die Länder die Vollstreckungsbehörde, Abs 2 S 2. Die Sozialbehörden haben die Wahl, ob sie ihre **Verwaltungsakte** im Verwaltungszwangsverfahren oder nach der ZPO vollstrecken, § 66 IV SGB X (Wieczorek/Schütze/*Storz* Rn 12).

4. Insolvenzverfahren. Im Insolvenzverfahren muss der Gemeinschuldner die eidesstattliche Versicherung 8
nach §§ 98, 153 II InsO vor dem **Insolvenzgericht** abgeben (ausf MüKoZPO/*Eickmann* Rn 18).

5. Bürgerlich-rechtliche Offenbarungspflichten. Auf bürgerlich-rechtliche Offenbarungspflichten (zB 9
gem §§ 259, 260, 2006, 2028, 2057 BGB) finden die §§ 899 ff keine Anwendung. Erklärt sich der Schuldner bereit, die Offenbarung freiwillig abzugeben, ist nach § 411 I FamFG das AG des Ortes, an dem die Verpflichtung zur Rechnungslegung oder zur Vorlegung des entsprechenden Verzeichnisses zu erfüllen ist, zuständig und das Verfahren richtet sich nach § 413 FamFG. Im Falle einer Erzwingung der Versicherung gilt § 889 (MüKoZPO/*Eickmann* Rn 24; Musielak/*Voit* Rn 2).

V. Abgabe. Die Zuständigkeitsprüfung erfolgt vAw. Unzuständigkeit des angegangenen Gerichts hat die 10
Abgabe des Auftrags nach § 899 II 1 zur Folge. Diese ist nicht bindend, § 899 II 2, so dass Weiterverweisung oder Rückverweisung in Betracht kommt. Im letzteren Fall gilt § 36 I Nr 6 entspr.

Abs 2 regelt unstr den Fall des **unzuständigen AG**. Dagegen verdeutlicht die Vorschrift nicht, ob auch der **unzuständige Gerichtsvollzieher** innerhalb des zuständigen Amtsgerichtsbezirks erfasst wird und ferner, wer bei Unzuständigkeit die Abgabe vorzunehmen hat. Diese Unklarheit ergibt sich daraus, dass Abs 2 unverändert aus dem Regierungsentwurf der 2. Zwangsvollstreckungsnovelle hervorgegangen ist, der das AG als zuständig für eidesstattliche Versicherungen ansah.

Der Wortlaut des § 899 II erfasst die Konstellation des **unzuständigen Gerichtsvollziehers** nicht und für eine Analogie fehlt die planwidrige Lücke. Der Gesetzgeber wollte das Problem durch ein formloses Verwaltungsverfahren lösen (vgl BTDrs 13/9088, 23): Nach Eintragung in sein Dienstregister leitet deshalb der unzuständige Gerichtsvollzieher den Antrag an den zuständigen Gerichtsvollzieher weiter, der den Gläubiger davon in Kenntnis setzt, § 185c Nr 2 S 3 GVGA, §§ 22a Nr 2 und 2a GVO.

Schwieriger stellt sich die Frage der funktionellen **Abgabezuständigkeit** im Falle des **unzuständigen AG.** Dem Wortlaut nach scheint das Gericht stets die Abgabe vornehmen zu müssen (hM in der Lit, statt vieler: B/L/A/H Rn 5; Musielak/*Voit* Rn 5).

Allerdings spricht § 899 II von dem »**angegangenen** Gericht«. Das Gericht ist aber erst im Falle von 11
§ 900 IV »angegangen«, wenn der Schuldner im Termin die Verpflichtung zur Abgabe der eidesstattlichen Versicherung bestreitet und das Gericht daraufhin erstmals in das Verfahren einbezogen wird. Vor Einschaltung des Gerichts idS findet Abs 2 also keine Anwendung. Eine Abgabe durch den Gerichtsvollzieher oder die Verteilungsstelle ist deshalb möglich, §185c Nr 2 S 4 GVGA bzw §§ 22a Nr 2, 29 Nr 2, 36 GVO (St/J/*Münzberg* Rn 12).

Diese Auslegung entspricht einer effektiven und zügigen Verfahrensweise, wie sie von der 2. Zwangsvollstreckungsnovelle (s.o. Rz 1) beabsichtigt war. Anderenfalls müsste der Gerichtsvollzieher im Falle der Unzuständigkeit den Vorgang dem Rechtspfleger an seinem Gericht (§ 20 Nr 17 RpflG) vorlegen, der diesen an den Rechtspfleger des zuständigen Gerichts weiterleiten würde. Letzterer wiederum hätte die Sache dem zuständigen Gerichtsvollzieher zukommen zu lassen.

Die Ansicht (Schuschke/Walker/*Schuschke* Rn 5; Zö/*Stöber* Rn 3; *Steder* RPfleger 98, 409, 412), die eine generelle Zuständigkeit des Gerichtsvollziehers für die Abgabe annimmt, lässt sich mit dem Wortlaut der Norm »Gericht« nicht in Einklang bringen.

1. Antrag. Die Abgabe des Verfahrens setzt zwingend einen Antrag des Gläubigers voraus. Sonst wird der 12
Antrag auf Abnahme der eidesstattlichen Versicherung vom Gerichtsvollzieher abgelehnt. Deshalb empfiehlt es sich, den Antrag auf Abgabe der Offenbarungsversicherung mit dem Antrag auf Abgabe bei Unzuständigkeit zu verbinden.

2. Rechtsmittel gegen die Abgabe. Bei Abgabe durch das **Gericht** nach Abs 2 oder im Falle der Antragsab- 13
lehnung kann der Antragsteller die Entscheidung nach § 11 I RpflG, § 793 mit der **sofortigen Beschwerde** anfechten. Hält der **Gerichtvollzieher** sich für zuständig oder unzuständig, kommt die Erinnerung gem § 766 in Betracht (St/J/*Münzberg* Rn 15).

Bei Abnahme einer eidesstattlichen Versicherung trotz Unzuständigkeit besteht keine Möglichkeit zur Anfechtung. Vielmehr gilt § 513 II entspr (Wieczorek/Schütze/*Storz* Rn 13).

14 **3. Unerkannte Unzuständigkeit.** Ist das Verfahren trotz Unzuständigkeit durchgeführt worden, berührt dies die Wirksamkeit der eidesstattlichen Versicherung entspr § 513 II nicht (ThoPu/*Hüßtege* Rn 5). Sobald das Gericht von seiner Unzuständigkeit erfährt, hat es das zuständige Gericht jedoch zu benachrichtigen. Dieses nimmt die Eintragung in das von ihm geführte Schuldnerverzeichnis vor.

15 **VI. Rechtshilfe.** Gemäß §§ 156, 161 GVG kann ein anderer Gerichtsvollzieher um Rechtshilfe zur Abnahme einer eidesstattlichen Versicherung ersucht werden (vgl auch § 807 III, der auf § 479 verweist; eine Beauftragung im Wege der Amtshilfe scheide hingegen aus, da der Gerichtsvollzieher keine Behörde sei, AG Augsburg, DGVZ 11, 75). Der ersuchte Gerichtsvollzieher darf die Voraussetzungen der §§ 807, 899 ff nicht überprüfen, da er nur als »verlängerter Arm« des ersuchenden Gerichtsvollziehers fungiert (Köln JMBlNRW 62, 7; MüKoZPO/*Eickmann* Rn 15).

§ 900 Verfahren zur Abnahme der eidesstattlichen Versicherung.

(1) [1]Das Verfahren beginnt mit dem Auftrag des Gläubigers zur Bestimmung eines Termins zur Abgabe der eidesstattlichen Versicherung. [2]Der Gerichtsvollzieher hat für die Ladung des Schuldners zu dem Termin Sorge zu tragen. [3]Er hat ihm die Ladung zuzustellen, auch wenn dieser einen Prozessbevollmächtigten bestellt hat; einer Mitteilung an den Prozessbevollmächtigten bedarf es nicht. [4]Dem Gläubiger ist die Terminsbestimmung nach Maßgabe des § 357 Abs. 2 mitzuteilen.

(2) [1]Der Gerichtsvollzieher kann die eidesstattliche Versicherung abweichend von Absatz 1 sofort abnehmen, wenn die Voraussetzungen des § 807 Abs. 1 vorliegen. [2]Der Schuldner und der Gläubiger können der sofortigen Abnahme widersprechen. [3]In diesem Fall setzt der Gerichtsvollzieher einen Termin und den Ort zur Abnahme der eidesstattlichen Versicherung fest. [4]Der Termin soll nicht vor Ablauf von zwei Wochen und nicht über vier Wochen hinaus angesetzt werden. [5]Für die Ladung des Schuldners und die Benachrichtigung des Gläubigers gilt Absatz 1 entsprechend.

(3) [1]Macht der Schuldner glaubhaft, dass er die Forderung des Gläubigers binnen einer Frist von sechs Monaten tilgen werde, so setzt der Gerichtsvollzieher den Termin zur Abgabe der eidesstattlichen Versicherung abweichend von Absatz 2 unverzüglich nach Ablauf dieser Frist an oder vertagt bis zu sechs Monaten und zieht Teilbeträge ein, wenn der Gläubiger hiermit einverstanden ist. [2]Weist der Schuldner in dem neuen Termin nach, dass er die Forderung mindestens zu drei Vierteln getilgt hat, so kann der Gerichtsvollzieher den Termin nochmals bis zu zwei Monaten vertagen.

(4) [1]Bestreitet der Schuldner im Termin die Verpflichtung zur Abgabe der eidesstattlichen Versicherung, so hat das Gericht durch Beschluss zu entscheiden. [2]Die Abgabe der eidesstattlichen Versicherung erfolgt nach dem Eintritt der Rechtskraft der Entscheidung; das Vollstreckungsgericht kann jedoch die Abgabe der eidesstattlichen Versicherung vor Eintritt der Rechtskraft anordnen, wenn bereits ein früherer Widerspruch rechtskräftig verworfen ist, wenn nach Vertagung nach Absatz 3 der Widerspruch auf Tatsachen gestützt wird, die zur Zeit des ersten Antrags auf Vertagung bereits eingetreten waren, oder wenn der Schuldner den Widerspruch auf Einwendungen stützt, die den Anspruch selbst betreffen.

(5) Der Gerichtsvollzieher hat die von ihm abgenommene eidesstattliche Versicherung unverzüglich bei dem Vollstreckungsgericht zu hinterlegen und dem Gläubiger eine Abschrift zuzuleiten.

Inhaltsübersicht

	Rz
A. Normzweck und Anwendungsbereich	1
B. Gesetzessystematik	3
C. Verfahrensvoraussetzungen	4
I. Auftrag	4
II. Prüfung des Auftrages durch Gerichtsvollzieher	8
III. Entscheidungsmöglichkeiten	11
D. Termin und Ladung (Abs 1 und 2)	12
I. Terminsbestimmung und Ladung (Abs 1)	12
II. Terminsänderung	15
III. Terminsablauf	16
IV. Sofortabnahme (Abs 2)	23
E. Vertagung	26
I. Vertagung nach Abs 3	27
1. Zahlungsbereitschaft	28
2. Weiterer Aufschub	31
3. Verfahren	32
4. Rechtsbehelf	36
II. Vertagung nach § 227 I und § 765a	37
F. Widerspruch (Abs 4 S 1)	39
I. Begründetes Bestreiten im Termin	40
II. Einwendungen	45
1. Unzulässigkeit der Zwangsvollstreckung	46

	Rz
2. Unzulässigkeit des Offenbarungsverfahrens	47
3. Weitere unstatthafte Einwände	48
4. Unfähigkeit	50
5. Berufsgeheimnis	51
III. Entscheidung	52
IV. Besonderheiten bei Insolvenzeröffnungsverfahren bzw eröffnetem Insolvenzverfahren	58
V. Rechtsbehelfe	64
VI. Verfahren bei fehlenden Einwendungen des Schuldners	66
G. Eidesstattliche Versicherung vor rechtskräftiger Widerspruchsentscheidung (Abs 4 S 2)	68
H. Hinterlegung der Versicherung	72
I. Kosten/Gebühren	73

A. Normzweck und Anwendungsbereich. Die Vorschrift regelt das Verfahren zur Abgabe der eidesstattlichen Versicherung und gibt dem Schuldner einen eigenständigen verfahrensbezogenen Rechtsbehelf in Form des **Widerspruchs**. Die ersten beiden Abs sowie der fünfte Abs enthalten Ablaufregelungen, der dritte ermöglicht im Sinne einer Anreizregelung für den Schuldner Vertagungsmöglichkeiten. Im vierten Abs findet sich der genannte Widerspruch als erinnerungsähnlicher Rechtsbehelf bei verfahrensrechtlichen Einwendungen gegen die Verpflichtung zur Abgabe der eidesstattlichen Versicherung. 1

Der Anwendungsbereich der Norm deckt sich grds mit demjenigen des § 899 (vgl dort Rz 1), bezieht sich demnach zunächst nur auf die **vollstreckungsrechtliche** eidesstattliche Versicherung gem §§ 807, 836 III 2, 883 II bzw auf Fälle der **gesetzlichen Verweisung** auf die §§ 899 ff (zB § 284 AO), **nicht** auf deren Abgabe nach **materiellem Recht** (zB §§ 259, 260 BGB) oder iRd § 294. Da Abs 3 die Vollstreckung von **Geldforderungen** ohne vorhergehenden Vollstreckungsversuch voraussetzt, ist er iRd §§ 836 III 2, 883 II nicht anwendbar (vgl HK-ZPO/*Rathmann* Rn 1). Abs 2 erfasst nach seinem eindeutigen Wortlaut nur die Offenbarungsversicherung des § 807, eine entsprechende Anwendung auf die Fälle der §§ 836 III 2, 883 II scheidet deshalb ebenfalls aus (MüKoZPO/*Eickmann* Rn 41; aA ThoPu/*Hüßtege* Rn 1). 2

B. Gesetzessystematik. Das Verfahren des § 900 dient nicht unmittelbar der Befriedigung des Gläubigers, sondern kann als vollstreckungsrechtliches **Zwischenverfahren sui generis** mit eigenständigem Rechtsbehelf des Schuldners eingestuft werden (vgl auch MüKoZPO/*Eickmann* Rn 1; aA ThoPu/*Hüßtege* Rn 5). In prozessualer Hinsicht ähnelt es durch das Antragserfordernis einerseits dem Vollstreckungsverfahren. Andererseits lehnt es sich durch das Verfahrensziel der **Gläubigerinformation** an das **Beweisaufnahmeverfahren** an, nach Schuldnerwiderspruch verläuft es **kontradiktorisch** (MüKoZPO/*Eickmann* Rn 1, St/J/*Münzberg* Rn 2). Ergänzende Verfahrensregelungen finden sich in den §§ 185a ff GVGA. 3

C. Verfahrensvoraussetzungen. I. Auftrag. Der verfahrenseinleitende, **formfrei** mögliche (§ 754) **Auftrag** (Antrag) des Gläubigers unterliegt gem §§ 496, 78 III **keinem Anwaltszwang** und kann mit dem Vollstreckungsauftrag als sog kombinierter Antrag verbunden werden (St/J/*Münzberg* Rn 39; Muster bei Wieczorek/Schütze/*Storz* Rn 21). Auch eine Verbindung mit dem **Haftbefehlsantrag** des § 901 kommt in Betracht. Er wird durch den Gerichtsvollzieher zuständigkeitshalber an das entscheidende Gericht weitergeleitet (Musielak/*Voit* Rn 5). Ein **bedingter Auftrag** ist wegen der mit ihm verbundenen Verfahrensunsicherheit grds **unzulässig.** Eine **bedingte Rücknahme** des Auftrages kann jedoch mit der Weisung verbunden werden, das Verfahren nicht vor einem angegebenen Termin durchzuführen (Musielak/*Voit* Rn 4). Der Auftrag darf vorab einen **Antrag auf Auskunft** iSd § 915b I und den **Gläubigerwiderspruch** des Abs 2 S 2 enthalten (Musielak/*Voit* Rn 5). Adressat ist der **Gerichtsvollzieher**, alternativ kann der Gläubiger den Antrag zu Protokoll der Verteilungsstelle des Vollstreckungsgerichts stellen (§ 496). Er stellt eine zwingende Voraussetzung für die Offenbarungspflicht nach den §§ 807, 836 III 2 und 883 II dar. 4

Der Antrag muss **Gläubiger**, **Schuldner** mit ladungsfähiger Anschrift und iRd § 807 – wegen der Beschränkbarkeit des Vollstreckungsverfahrens und wegen § 775 Nr 4, 5 sowie Abs 3 der Vorschrift – auch die betreffende **Geldforderung** des Gläubigers bezeichnen (Schlesw Rpfleger 76, 224; Zö/*Stöber* Rn 3). Wird nur ein Teilbetrag der Gläubigerforderung geltend gemacht, hat der Antragsteller dies anzugeben, um die Voraussetzungen des Abs 3 und einer möglichen Einstellung des Verfahrens beurteilen zu können (Musielak/*Voit* Rn 4; aA LG Deggendorf DGVZ 06, 116, 117). Die Teilforderung muss dagegen nicht aufgegliedert werden. Die Möglichkeit der Rückfrage beim Gläubiger über die Höhe der Forderung reicht hingegen wegen der Verzögerungsgefahr und mangels Praktikabilität nicht, damit dieses Antragserfordernis erfüllt ist (MüKoZPO/*Eickmann* Rn 4). Etwas anderes gilt jedoch, wenn bei fehlender zahlenmäßiger 5

Bezeichnung die Auslegung des Antrags zweifelsfrei ergibt, dass das Verfahren wegen des vollen im Schuldtitel ausgewiesenen Betrages betrieben wird (Zö/*Stöber* Rn 3). Bei **Prozessunfähigkeit** des Schuldners sowie bei Handelsgesellschaften und juristischen Personen muss im Antrag schließlich der **gesetzliche Vertreter** benannt werden (allgM, LG Essen JurBüro 72, 76).

6 Dem Antrag sind **Nachweise** über die **Voraussetzungen der Zwangsvollstreckung** beizufügen (Titel, vollstreckbare Ausfertigung iRd § 750 II, Zustellungsurkunde, evtl Nachw der Sicherheitsleistung). Unterlagen über die Vollstreckungskosten gehören nicht dazu (vgl LG Düsseldorf JurBüro 87, 1101), solange das Verfahren nicht nur deswegen betrieben wird. Andernfalls ist deren Nachweis durch Kostenfestsetzungsbeschluss nötig (vgl Musielak/*Voit* Rn 6). Ferner gehören zum Antrag Belege über die jeweilige gesetzliche Offenbarungsverpflichtung des Schuldners. Dazu zählt zB iRd § 807 I die **Fruchtlosigkeitsbescheinigung** (vgl Stuttg NJW-RR 87, 1405). Dies gilt nicht, wenn bereits vorher die Pfändung versucht wurde und nicht zur vollständigen Befriedigung des Gläubigers geführt hat (Musielak/*Voit* Rn 6). Hingegen ist die Beifügung von Abschriften, insb der Forderungsaufstellung, nur zweckmäßig (vgl § 185b Nr 3 GVGA), mangels gesetzlicher Grundlage aber nicht Bedingung für die Terminsladung durch den Gerichtsvollzieher (LG Hamburg DGVZ 05, 77; Zö/*Stöber* Rn 8; aA LG Deggendorf DGVZ 06, 116, 117; vgl auch LG Schweinfurt DGVZ 11, 89, 90, wonach § 133 anwendbar sei). Evtl erforderliche Ablichtungen oder Abschriften können gem § 4 GVKostG und KVGv 701, 713 von der Zahlung eines Kostenvorschusses und der Zustellungsauslagen abhängig gemacht werden. Eine Vollmacht muss ggf gem §§ 80, 88 nur dann nachgewiesen werden, wenn sich die Vertretungsbefugnis nicht bereits aus dem Titel ergibt (Gottwald Zwangsvollstreckung Rn 2). Hat der Gerichtsvollzieher vom Gläubiger nachzuweisende Vollstreckungshandlungen ausgeführt, kann bei Antragstellung auf die Akten Bezug genommen werden (§ 185a Nr 2 lit a GVGA; HK-ZPO/*Rathmann* Rn 2). Bei Anträgen öffentlicher Gläubiger genügt uU der Antrag selbst anstelle des Nachweises des Schuldtitels (für § 284 AO St/J/*Münzberg* Rn 3; Wieczorek/Schütze/*Storz* Rn 16 mwN), iÜ muss jedoch auch die öffentliche Hand die Voraussetzungen der Zwangsvollstreckung und der Offenbarungspflicht iE belegen (Wieczorek/Schütze/*Storz* Rn 16).

7 Der Auftrag umfasst auch die **sofortige Abnahme** der eidesstattlichen Versicherung gem Abs 2 S 1 (ThoPu/*Hüßtege* Rn 5). Eine Erstreckung des Verfahrens zwischen Auftrag und Abnahme der eidesstattlichen Versicherung auf weitere titulierte Forderungen des Gläubigers kommt wegen der Rechtsbeeinträchtigungen des Schuldners nur dann in Betracht, wenn sie dem Schuldner rechtzeitig unter Angabe des weiteren Titels mitgeteilt wird (Musielak/*Voit* Rn 4).

Der Antrag kann von dem in Titel oder Klausel benannten **Gläubiger** bzw von einem **bevollmächtigten Vertreter** gestellt werden (Musielak/*Voit* Rn 3). Ein Inkassounternehmen ist für den Gläubiger antragsberechtigt, wenn ihm die Erlaubnis zum außergerichtlichen Forderungseinzug erteilt wurde und es gem §§ 2 II 1, 10 ff RDG bei der zuständigen Behörde registriert ist. Das Gleiche gilt für Gerichtskassen, die nach §§ 2, 7 JBeitrO als Vollstreckungsbehörden tätig werden. Hingegen verliert der Gläubiger die Antragsberechtigung nach Überweisung der gepfändeten Forderung an seinen Pfändungsgläubiger an Zahlungs statt (LG Augsburg Rpfleger 97, 120). Gesamt- oder Mitgläubiger können das Verfahren gemeinsam betreiben; bei mehreren Gläubigern mit verschiedenen Titeln gilt ab der ersten Abnahme § 903 (ThoPu/*Hüßtege* Rn 4). UU besteht ein Wahlrecht des Schuldners, in welchem Verfahren er die eidesstattliche Versicherung abgeben will (Musielak/*Voit* Rn 15). Dies solle dann gelten, wenn mehrere Verfahren in einem Termin am selben Tag zusammengefasst werden (Zö/*Stöber* Rn 43). Einer aA nach hat anstelle eines Wahlrechts die Abgabe in allen Verfahren zugleich zu erfolgen (ThoPu/*Hüßtege* Rn 4; *Viertelhausen* DGVZ 02, 53 ff) oder schließlich nur in einem Verfahren (MüKoZPO/*Eickmann* § 902 Rn 5: Abgabe zweckmäßigerweise im ältesten Verfahren). **Rücknahme des Antrages** ist bis zum Ende des Verfahrens möglich, auch nach Widerspruch des Schuldners (KG MDR 91, 163). Der Termin wird dann aufgehoben. Wenn der Gläubiger dem Schuldner die Rücknahme zusagt, kann er sich bei Unterlassen schadensersatzpflichtig machen (BGH NJW 85, 3080). Die Rücknahme hindert einen erneuten Terminsantrag nicht (LG Kaiserlautern JurBüro 00, 46; Schuschke/Walker/*Schuschke* Rn 12).

Der Antrag ist nach hM auch iRd **Sicherungsvollstreckung** des § 720a möglich (BGH DGVZ 06, 69; Hambg MDR 99, 255; Ddorf NJW 80, 2717; offen BGHR 04, 987; zust *Markgraf/Lauscher* ZAP 11, 507, 508) sowie bei **Aussetzung** des Verfahrens iRd Art 46 I EuGVO (BGH DGVZ 06, 69).

8 **II. Prüfung des Auftrages durch Gerichtsvollzieher.** Bei wirksamem Auftrag und auch während des gesamten Verfahrens prüft der **Gerichtsvollzieher** vAw (BGH NJW-RR 06, 645) neben seiner **Zuständigkeit** (§ 899) die **allg Verfahrens-** und **Vollstreckungsvoraussetzungen** sowie die **besonderen Vorausset-**

zungen der jeweiligen Offenbarungspflicht (§ 185a Nr 2 GVGA). Fehlen oder entfallen sie, wird der Termin aufgehoben (§ 185c Nr 5 GVGA, HK-ZPO/*Rathmann* Rn 4). Der Gerichtsvollzieher prüft hingegen keine Einwendungen gegen Titel, Klausel oder den zu vollstreckenden Anspruch, für die dem Schuldner die allg Vollstreckungsrechtsbehelfe zur Verfügung stehen (etwa §§ 732, 766, 767). An Feststellungen des Prozessgerichts, zB hinsichtlich der Verfahrensfähigkeit des Schuldners, ist der Gerichtsvollzieher bei seiner Prüfung grds nicht gebunden (KG NJW 68, 1245; Wieczorek/Schütze/*Storz* Rn 23). Nach Einstellung der Zwangsvollstreckung iSd § 775 kann der Antrag jedoch unzulässig werden (BGHR 04, 987). Anhand des Schuldnerverzeichnisses ist zudem vAw zu überprüfen, ob der Schuldner in den letzten drei Jahren die eidesstattliche Versicherung abgegeben hat oder gegen ihn Erzwingungshaft angeordnet wurde (§ 185a Nr 3 GVGA; Musielak/*Voit* Rn 8 mwN).

Zum Prüfungsumfang des Gerichtsvollziehers gehört auch das **Rechtsschutzbedürfnis.** Es fehlt zB dann, 9 wenn der Gläubiger zuverlässige Kenntnis vom fehlenden Schuldnervermögen hat (vgl BVerfGE 48, 401; LG Köln MDR 87, 944; Hk-ZV/*Bendtsen* Rn 8). Dies wird nach einer Löschung des Schuldners aus dem Handelsregister vermutet (Frankf Rpfleger 76, 329), kann also widerlegt werden (Stuttg GmbH-Rdsch 94, 485). Ferner mangelt es am Rechtsschutzbedürfnis, wenn der Gläubiger den Erfüllungseinwand des Schuldners zugesteht (LG Hamburg Rpfleger 85, 34; Hk-ZV/*Bendtsen* Rn 8), uU auch, wenn im Verlaufe des Verfahrens weitere Vollstreckungsmöglichkeiten bekannt werden (LG Hamburg DGVZ 06, 73). Das Rechtsschutzbedürfnis liegt dagegen sowohl vor, wenn der Gläubiger nur eine Teilleistung begehrt (Gottwald Zwangsvollstreckung Rn 4) als auch grds bei Minimalforderungen (BVerGE 48, 401). Ebenso entfällt es nicht bereits dadurch, dass der Schuldner den amtlichen Vermögensfragebogen ausfüllt und die Richtigkeit und Vollständigkeit mit notariell beglaubigter Unterschrift oder vor dem Notar eidesstattlich versichert (LG Flensburg DGVZ 00, 89; LG Detmold Rpfleger 87, 165; LG Frankenthal Rpfleger 85, 33). Schließlich stellt ein Insolvenzantrag des Schuldners kein Vollstreckungshindernis dar, jedenfalls solange das Insolvenzgericht nicht gem § 21 II Nr 3 InsO Vollstreckungsmaßnahmen untersagt hat (LG Tübingen DGVZ 00, 39; Musielak/*Voit* Rn 7; vgl zu § 89 InsO u. Rz 58 ff; ferner AG Hamburg NZI 06, 646).

Ein Verfahren gegen einen Schuldner, der körperlich oder seelisch zur Abgabe der eidesstattlichen Versiche- 10 rung unfähig ist, findet – bei entsprechendem Antrag nach § 765a – während dieses Zeitraums nicht statt (Musielak/*Voit* Rn 7; vgl ausf Rz 50).

III. Entscheidungsmöglichkeiten. Nach Zulässigkeitsprüfung kommt eine **Abgabe** bei fehlender Zustän- 11 digkeit in Betracht. Ferner besteht die Möglichkeit zur **Ablehnung** des Auftrages bei Fehlen von Verfahrensvoraussetzungen nach Anhörung des Gläubigers, und zwar durch begründeten **Beschl** oder **Verfügung gem § 329.** Ansonsten bestimmt der Gerichtsvollzieher einen **Termin**, wenn die Voraussetzungen gegeben sind. Das Gleiche gilt, wenn ein Hindernis nur für einen Teil der Forderung besteht (HK-ZPO/*Rathmann* Rn 4, vgl Rz 44). Bei bereits bestehender Eintragung im Schuldnerverzeichnis gibt der Gerichtsvollzieher die Vollstreckungsunterlagen an den Gläubiger zurück oder reicht sie an das Vollstreckungsgericht weiter, wenn der Gläubiger einen Antrag auf Übersendung einer Ablichtung des Vermögensverzeichnisses stellt (iE § 185a Nr 3 S 3, 4 GVGA). Bei vorheriger Abgabe einer eidesstattlichen Versicherung in den letzten drei Jahren wird das Verfahren bei entsprechendem Antrag nur unter den Voraussetzungen des § 903 fortgesetzt (Gottwald Zwangsvollstreckung Rn 7).

D. Termin und Ladung (Abs 1 und 2). I. Terminsbestimmung und Ladung (Abs 1). Der Gerichtsvollzie- 12 her bestimmt unabhängig vom Vorliegen eines Haftbefehls unverzüglich den Termin (§ 216) und lädt den Schuldner mit Zustellungsurkunde oder durch persönliche Zustellung (B/L/A/H Rn 16). Eine mündliche Ladung reicht nicht aus (LG Karlsruhe DGVZ 00, 89, 90).

Bei Annahmeverweigerung besteht die Möglichkeit, die Ladung iSd § 179 vor der Wohnung abzulegen (LG Stade DGVZ 06, 76). UU ist auch öffentliche Zustellung möglich (St/J/*Münzberg* Rn 36). Parteizustellung gem § 191 kommt nicht in Betracht; zugestellt wird vielmehr gem Abs 1 S 2, § 166 II vAw (MüKoZPO/*Eickmann* Rn 13; Musielak/*Voit* Rn 12; zur Frage, ob die Zustellungsgebühr nach KVGv 100 entsteht vgl *Schwörer* DGVZ 03, 152, 153). Die Zustellung der Ladung erfolgt wegen Abs 1 S 3 grds an den **Schuldner persönlich**, nicht an dessen Prozessbevollmächtigten (Frankf RPfleger 75, 67; LG Berlin Rpfleger 78, 30), wobei allerdings eine Ersatzzustellung nach den §§ 178 ff möglich ist (Musielak/*Voit* Rn 12). § 172 gilt also erst für spätere Zustellungen im Verfahren (Ddorf JMBlNRW 62, 83). Anders liegt es bei Abgabepflicht des gesetzlichen Vertreters natürlicher Personen. Dann ist dieser selbst zu laden (LG Berlin Rpfleger 78, 30; AG Bochum DGVZ 01, 13). Bei juristischen Personen geht die Ladung an das kraft Gesetz zur Vertretung berufene Organ. Sind mehrere gesetzliche Vertreter vorhanden, genügt die Zustellung an einen (LG Mainz Rpfleger 00, 283). In der Liquidation einer Gesellschaft wird der Liquidator geladen (Stuttg GmbH-Rdsch 94, 485) oder der letzte Geschäftsführer (KG NJW-RR 91, 933, 934). Dies kommt zB in Betracht, wenn der Liquidator nur zum Schein bestellt wurde (Köln OLGZ 91, 214; Wieczorek/Schütze/*Storz* Rn 7). Es gilt die (in der Praxis regelmäßig zu kurze) Ladungsfrist des § 217 (St/J/*Münzberg* Rn 37; aA analog § 900 II 4 Musielak/*Voit* Rn 12). Für die Terminszeit ist § 758a IV zu berücksichtigen (HK-ZPO/*Rathmann* Rn 5).

13 Eine Benachrichtigung des Prozessbevollmächtigten vom Termin durch den Gerichtsvollzieher findet gem Abs 1, S 3, 2 HS nicht statt (B/L/A/H Rn 16). Der Gerichtsvollzieher kann ferner das persönliche Erscheinen des Schuldners iSd § 141 nicht anordnen (LG Landshut Rpfleger 75, 329, 330). Dem Gläubiger, der im Termin Anwesenheits- und Fragerecht hat, ist der Termin formlos mitzuteilen. Daneben kommt eine Zustellung in Betracht, Abs 1 S 4, § 357 II. Die unterlassene Information löst uU Amtshaftungsansprüche aus (BGH NJW 53, 261; Wieczorek/Schütze/*Storz* Rn 40). Mit der Ladung sollte der Schuldner (durch Formblatt) aufgefordert werden, ein Vermögensverzeichnis iSd § 807 vorzulegen. Das fehlende Formblatt hat auf die Wirksamkeit der Ladung aber keine Auswirkung (Karlsr DGVZ 79, 72). Hingegen muss die Ladung auf die Rechtsgrundlage der Abgabeverpflichtung hinweisen, um dem Schuldner eine rechtliche Verteidigung zu ermöglichen. Ein entsprechender Mangel ist jedoch heilbar analog § 295 (Musielak/*Voit* Rn 12). Zur Information des Schuldners ist dem Beschl zweckmäßigerweise eine Ablichtung oder Abschrift des Auftrages, ggf der Forderungsaufstellung, beizufügen (Frankf Rpfleger 77, 417; LG Hamburg DGVZ 05, 77; St/J/*Münzberg* Rn 35; aA: zwingend, weil Kenntnis für den Schuldner unentbehrlich sei, wenn er Belege vorlegen wolle, Gottwald Zwangsvollstreckung Rn 10; MüKoZPO/*Eickmann* Rn 11). Eine notwendige Voraussetzung für die Rechtmäßigkeit der Ladung liegt darin aber nicht. Daneben kann der amtliche Vordruck des Vermögensverzeichnisses beigefügt werden (MüKoZPO/*Eickmann* Rn 11). Einer Übersetzung bedarf es bei ausländischen Schuldnern nicht (AG Frankfurt DGVZ 00, 63; Schuschke/Walker/*Schuschke* Rn 15). Der Gerichtsvollzieher kann analog § 479 iVm §§ 156, 157 I GVG einen Gerichtsvollzieher am auswärtigen Wohnort des Schuldners um Abnahme der eidesstattlichen Versicherung im Wege der Rechtshilfe ersuchen, etwa im Fall der Erkrankung (B/L/A/H Rn 18; St/J/*Münzberg* Rn 33). Die Prüfung der Vollstreckungsvoraussetzungen obliegt aber dem ursprünglich zuständigen Gerichtsvollzieher (St/J/*Münzberg* Rn 33). § 128a findet keine Anwendung, weil die Norm auf das Einverständnis beider Parteien zugeschnitten ist (Musielak/*Voit* Rn 11).

14 Gegen die **Terminsbestimmung** findet ausschließlich der **Widerspruch des Schuldners** nach Abs 4 statt. Sonstige vollstreckungsrechtliche **Rechtsbehelfe** bestehen nicht (Zweibr DGVZ 01, 117, 118; LG Stuttgart DGVZ 03, 91). Bei Ablehnung seines Antrages kann der **Gläubiger** jedoch **Erinnerung** gem § 766 einlegen, über die das **Vollstreckungsgericht** gem § 20 Nr 17 S 2 RPflG durch den Richter entscheidet (B/L/A/H Rn 19); entsprechendes gilt bei Teilablehnung (Musielak/*Voit* Rn 10). Die richterliche Entscheidung ist mit der **sofortigen Beschwerde** anzugreifen, §§ 793, 567 I Nr 1. Bei ersuchtem auswärtigem Gericht (§§ 479, 807 II 2, 883 IV) steht Gläubiger und Schuldner die Erinnerung gem § 766 zu. Der ersuchte Gerichtsvollzieher kann nur nach § 158 II GVG vorgehen (B/L/A/H Rn 19).

15 **II. Terminsänderung.** Außer im Falle des § 227 und der Vertagung gem Abs 3 (s.u. Rz 27 ff) ist eine Terminsbestimmung grds an die Zustimmung des **Gläubigers** als »Herr der Zwangsvollstreckung« gebunden (LG Frankfurt DGVZ 00, 171; LG Lübeck DGVZ 99, 174). Einem Antrag des Gläubigers mit Angabe eines Datums ist deshalb grds zu entsprechen (St/J/*Münzberg* Rn 77; Zö/*Stöber* Rn 13), etwa wegen Teilzahlungen des Schuldners (LG Nürnberg-Fürth Rpfleger 85, 309; St/J/*Münzberg* Rn 61). Auch eine Vorverlegung des Termins ist grds möglich, etwa wenn der Schuldner vorzeitig offenbaren möchte (St/J/*Münzberg* Rn 76). Auf Antrag des Gläubigers kann der Termin ferner aufgehoben werden. Dies führt zum Verfahrensstillstand, wenn nicht der Gläubiger die zurückzugebenden Vollstreckungsunterlagen erneut einreicht (St/J/*Münzberg* Rn 79). Eine Terminsänderung kommt dagegen nicht in Betracht, wenn der Gläubiger sein Vorgehen unzulässig nur als Druckmittel wählt (LG Nürnberg-Fürth Rpfleger 85, 309; aA Musielak/*Voit* Rn 16). Wird im Termin und in Anwesenheit des Schuldners eine Terminsänderung beschlossen und verkündet, ist seine Ladung zum neuen Termin nicht mehr nötig (Hamm Rpfleger 57, 355; Wieczorek/Schütze/*Storz* Rn 43; Zö/*Stöber* Rn 14).

16 **III. Terminsablauf.** Das Verfahren findet vor dem **Gerichtsvollzieher** als Organ des Vollstreckungsgerichts, nicht aber vor einem »erkennenden Gericht« iSd § 169 GVG statt und ist damit nicht öffentlich (LG Detmold Rpfleger 87, 165; LG Frankenthal Rpfleger 85, 33). Auch die Vorschriften über die mündliche Verhandlung finden deshalb grds keine Anwendung (LG Ddorf Rpfleger 80, 484; B/L/A/H Rn 21; aA LG Arnsberg Rpfleger 97, 207). Möglich bleibt jedoch die Mitteilung von Entscheidungen durch Verkündung gem § 329 (B/L/A/H Rn 21). Ferner sind § 139 und §§ 159 ff entspr anzuwenden (Wieczorek/Schütze/*Storz* Rn 45 mwN). Der Gerichtsvollzieher kann uU auch in Abwesenheit von Gläubiger und Schuldner entscheiden (KG OLGZ 71, 429; Wieczorek/Schütze/*Storz* Rn 44). Der Schuldner, der grds persönlich erscheinen muss, hat nicht die Möglichkeit, sich bei der Abgabe der eidesstattlichen Versicherung vertreten zu lassen (§§ 478, 807 III 2, 836 III 2, 883 IV), wohl aber im Termin bei der alleinigen Abgabe eines Widerspruchs (LG Lübeck DGVZ 06, 139, 140; B/L/A/H Rn 21) sowie bei der Glaubhaftmachung der Gründe zur Terminsvertagung des Abs 3 (Gottwald Zwangsvollstreckung Rn 27). Zum Nachweis der Vollmacht genügt deren Anzeige ggü dem Gerichtsvollzieher durch Telefax im Vorfeld des Termins (LG Mönchengladbach Rpfleger 04, 509). Für juristische Personen und Handelsgesellschaften gibt das im Zeitpunkt des Termins vertretungsberechtigte Organ die Erklärung ab (str, Köln JurBüro 00, 599, 600; aA aus Missbrauchsbefürchtungen: im Zeitpunkt der Ladung, B/L/A/H Rn 20); Scheinabberufungen hindern eine Offenbarungspflicht des vormaligen gesetzlichen Vertreters aber nicht (Köln JurBüro 00, 599, 600; AG Dachau JurBüro 06, 551, 552; ausf Wieczorek/Schütze/*Storz* Rn 9 f). UU kann der Gläubiger Vervollständigung der Informationen durch andere Organmitglieder verlangen (Wieczorek/Schütze/*Storz* Rn 10).

Der Gläubiger hat ein Anwesenheitsrecht, keine Anwesenheitspflicht, und kann sich deshalb im Termin vertreten lassen. Bei Abwesenheit treffen ihn aber Nachteile, insb der Verlust seines Fragerechts (LG Detmold DGVZ 01, 88; LG Düsseldorf Rpfleger 80, 484). Es besteht auch keine Wartepflicht des Schuldners auf das Erscheinen des fragewilligen Gläubigers über eine Stunde hinaus (LG Oldenburg DGVZ 03, 156). Der Prozessbevollmächtigte des Schuldners hat ebenfalls ein Anwesenheitsrecht (B/L/A/H Rn 21). Erscheint der Schuldner selbst nicht zum Termin, sind die Akten dem Vollstreckungsrichter zur Entscheidung über den mit dem Verfahrensantrag oder im Termin gestellten Haftantrag (§ 901) vorzulegen (MüKoZPO/*Eickmann* Rn 31). Dies gilt allerdings nicht, wenn es an der ordnungsgemäßen Ladung fehlt oder bei einem anderen Hinderungsgrund. Dann wird der Termin aufgehoben (§ 227). Fehlt der Haftantrag, tritt Verfahrensstillstand ein, aber kein förmliches Ruhen des Verfahrens (Zö/*Stöber* Rn 36). 17

Die **Auswahl des Ortes,** an dem die eidesstattliche Versicherung abgenommen wird, steht im pflichtgemäßen Ermessen des Gerichtsvollziehers, wobei insb sein Geschäftszimmer oder ein am AG dafür vorgesehener Raum in Betracht kommt. Nur ganz ausnahmsweise ist die Wohnung bzw ein Geschäftsraum des Schuldners für die Abgabe der eidesstattlichen Versicherung zu verwenden (Gottwald Zwangsvollstreckung Rn 27; vgl § 185b Nr 2 GVGA). Eine öffentliche Abnahme der eidesstattlichen Versicherung findet nicht statt (ThoPu/*Hüßtege* Rn 16a). Mehrere Verfahren zur Abgabe der eidesstattlichen Versicherung werden gem § 185e GVGA zweckmäßigerweise in einem Termin durchgeführt (für Verbindungszwang LG Stuttgart Rpfleger 96, 167 f). Es besteht ein Wahlrecht des Schuldners, in welchem Verfahren er offenbaren möchte (Musielak/*Voit* Rn 20; St/J/*Münzberg* Rn 32; s.o. Rz 7). 18

Dem Gläubiger steht im Termin ein **Fragerecht** zu, allerdings bezogen auf verfahrensrelevante Umstände, nicht hingegen das Recht zu pauschalen Fragen ohne Einzelfallbezug. Zulässig sind Fragen zur Klärung des Vermögens, des Einkommens, der wirtschaftlichen Lebensumstände (vgl LG Marburg DGVZ 00, 152; LG Freiburg DGVZ 94, 118; LG Göttingen NJW 94, 1164; AG Bochum DGVZ 06, 120, 121; Zö/*Stöber* Rn 28). Sie müssen über den Gerichtsvollzieher vermittelt werden, weil die gesetzliche Verpflichtung zur Abgabe der eidestattlichen Versicherung nur ihm ggü besteht (str, Musielak/*Voit* Rn 23). Es kommen grds auch solche in Betracht, die über den amtlichen Vordruck zum Vermögensverzeichnis hinausgehen (LG Koblenz DGVZ 06, 137; LG Hamburg JurBüro 96, 325). Allerdings darf der Gläubiger keine Ausforschung »ins Blaue hinein« betreiben (LG Münster DGVZ 00, 90; LG Bonn JurBüro 00, 101; krit MüKoZPO/*Eickmann* Rn 17). Auch dürfen Fragen nicht beleidigend sein oder Persönlichkeitsrechte des Schuldners verletzen (Schuschke/Walker/*Schuschke* Rn 18). Das Fragerecht kann ferner bereits im Vorfeld des Termins schriftlich wahrgenommen werden. Dabei ist der Gläubiger nicht an eingeführte Formulare gebunden (LG Arnsberg Rpfleger 97, 207; LG Göttingen NJW 94, 1164). Der Gerichtsvollzieher darf im Vorfeld des Termins Fragen nicht sofort zurückweisen (LG Braunschweig JurBüro 99, 46). Er muss den Termin ggf bei Verletzung der Mitwirkungsrechte des Gläubigers wiederholen (AG Bochum DGVZ 06, 120, 121). Eine förmliche Ablehnung **unzulässiger Fragen** ist nicht nötig (LG Berlin Rpfleger 95, 75; LG München I JurBüro 94, 407). Bleiben die Angaben des Schuldners im Offenbarungstermin unvollständig oder widersprüchlich (zB bei Angabe eines Einkommens im Vermögensverzeichnis, welches offensichtlich nicht zur Bestreitung des eigenen Lebensunterhalts und dem der Familie ausreicht, was der allgemeinen Lebenserfahrung nach den Ver- 19 dacht hervorruft, dass Einkünfte verschwiegen würden, AG Brake JurBüro 06, 550), kann der Gläubiger Nachbesserung und ergänzende eidesstattliche Versicherung verlangen, uU sogar mehrfach (AG Brake JurBüro 06, 550, 551), solange nur ein unmittelbarer zeitlicher Bezug besteht (LG Bonn DGVZ 06, 92, 93). § 903 findet insoweit keine Anwendung (vgl § 903 Rz 15; Schuschke/Walker/*Schuschke* Rn 44 ff; Wieczorek/Schütze/*Storz* Rn 76 ff) . Zu den hiervon zu unterscheidenden vollständigen aber ganz oder tw falschen Angaben s. § 903 Rz 15 f. Im Falle von Verständigungsschwierigkeiten kann bei Einverständnis des Gläubigers wegen der entstehenden Kosten ein Dolmetscher hinzugezogen werden (LG Berlin JurBüro 00, 376).

20 Je nach **Inhalt der Offenbarungsverpflichtung** ist der Schuldner durch den Gerichtsvollzieher nach dem Verbleib der Sache bzw nach der Auskunft zu befragen oder es ist das vom Schuldner erstellte Vermögensverzeichnis zu erörtern (Gottwald Zwangsvollstreckung Rn 28; HK-ZPO/*Rathmann* Rn 17). Der Schuldner muss nach § 480 ferner über die Bedeutung der Versicherung und die Strafbarkeit nach § 156 StGB belehrt werden. Der Gerichtsvollzieher hat ihn außerdem auf vorhersehbare Fehlerquellen hinzuweisen und über die vom Gläubiger gestellten Fragen aufzuklären (Gottwald Zwangsvollstreckung Rn 28). Das Verzeichnis ist mit dem Schuldner zu erörtern, insb hinsichtlich Vollständigkeit und dem Laienschuldner vielfach unbekannter Rechtsbegriffe (MüKoZPO/*Eickmann* Rn 15). Nachforschungen zum **Verbleib von Gegenständen**, deren Besitz der Schuldner verneint, sind allerdings iRd § 807 nicht zulässig (str, LG Tübingen JurBüro 95, 326, 327; aA *Spring* NJW 94, 1108 ff), wohl aber sind Fragen nach möglichen vermögensrelevanten **Rückforderungsansprüchen** erlaubt (Musielak/*Voit* Rn 22), weil diese Bestandteil des gegenwärtigen Vermögens sind. Angaben zu **zukünftigen Erwerbsmöglichkeiten** sind wiederum nicht geschuldet (LG Bremen JurBüro 00, 154, 155). Deshalb müssen auch keine Angaben über Stammkunden erteilt werden. Dagegen gilt die Verpflichtung des Schuldners auf Auskunft über künftige bereits bestimmbare Forderungen (BGH NJW 58, 427; Hamm Rpfleger 79, 468). Unterlässt der Gerichtsvollzieher pflichtwidrig die Präzisierung unvollständiger Angaben, kann der Gläubiger gebührenfrei Ergänzung verlangen, weil das ursprüngliche Verfahren lediglich fortgesetzt wird (AG Leer JurBüro 06, 549; AG Hamburg JurBüro 00, 598). Grds ist Erinnerung gem § 766 möglich (AG Plön JurBüro 06, 551; Musielak/*Voit* Rn 23). Macht der Gläubiger geltend, der Gerichtsvollzieher habe ein unvollständiges oder ungenaues Vermögensverzeichnis aufgenommen, so ist er allerdings zunächst gehalten, beim Gerichtsvollzieher Nachbesserung zu beantragen. Erst wenn der Gerichtsvollzieher dies abgelehnt hat, steht dem Gläubiger die Erinnerung nach § 766 zu. Zuvor fehlt es am Rechtsschutzbedürfnis (BGH NJW-RR 08, 1163, 1164). Bei **mangelhafter Erstellung** des Vermögensverzeichnisses unter Mitwirkung des Gerichtsvollziehers im Termin kommen **Amtshaftungsansprüche** in Betracht (LG Göttingen NJW 94, 1164). Allerdings sind die Mitwirkungspflichten des Gerichtsvollziehers beschränkt, sofern der Schuldner erkennbar selbst zum Ausfüllen des Vermögensverzeichnisses in der Lage ist (MüKoZPO/*Eickmann* Rn 15). Bei grundloser Verweigerung gilt § 901; es wird Haftbefehl erlassen.

21 Der Ablauf des Termins ist durch den Gerichtsvollzieher entspr der §§ 159 ff zu **protokollieren** (LG Düsseldorf Rpfleger 80, 484; Bsp für Niederschrift bei Zö/*Stöber* Rn 32). Dabei sind die vom Schuldner vorgebrachten **Verweigerungsgründe** ebenso aufzunehmen (LG Düsseldorf Rpfleger 80, 484) wie **Vorhalte** des Gläubigers und Gerichtsvollziehers an den Schuldner (B/L/A/H Rn 23). Das Protokoll ist Teil des Vermögensverzeichnisses (AG Westerburg MDR 99, 1226) und vom Schuldner zu unterschreiben (Gottwald Zwangsvollstreckung Rn 30). Das Vermögensverzeichnis wird dem Protokoll gem § 160 V als Anlage beigefügt (Zö/*Stöber* Rn 31). Für die eigentliche Offenbarungsversicherung, die nach Ausübung des Fragerechtes, entsprechender Protokollierung und Fertigstellung des Vermögensverzeichnisses erfolgt, ist **keine bestimmte Formel** vorgegeben (Gottwald Zwangsvollstreckung Rn 30). Sie besteht in der eidesstattlichen Versicherung des Schuldners, die verlangten Angaben nach bestem Wissen und Gewissen richtig und vollständig gemacht zu haben (vgl § 807 III). Der übliche Protokollvermerk lautet: »Der Schuldner erklärt: Ich versichere an Eides statt, dass ich die verlangten Angaben nach bestem Wissen und Gewissen gemacht habe. Vorgelesen und genehmigt.« (MüKoZPO/*Eickmann* Rn 18).

22 Nach Abgabe der eidesstattlichen Versicherung erhält der Gläubiger vom Gerichtsvollzieher **Abschriften** des Protokolls und des Vermögensverzeichnisses sowie die **Vollstreckungsunterlagen** (Gottwald Zwangsvollstreckung Rn 31), während die Originale gem Abs 5 unverzüglich beim Vollstreckungsgericht hinterlegt werden. Von dort erfolgt dann gem § 915 die Eintragung im Schuldnerverzeichnis, evtl an zwei Stellen, wenn der Schuldner den Wohnsitz gewechselt hat (Musielak/*Voit* Rn 29). Auch bei Abgabe der eidesstattlichen Versicherung durch den gesetzlichen Vertreter wird nur der Schuldner eingetragen (LG Frankenthal Rpfleger 87, 380; Wieczorek/Schütze/*Storz* Rn 6). Dritten können bei Vorlage einer vollstreckbaren Ausfertigung eines Titels gegen den Schuldner und eines Zustellungsnachweises Einsicht in das Vermögensverzeichnis gewährt und Abschriften erteilt werden (Wieczorek/Schütze/*Storz* Rn 72; iE Zö/*Stöber* Rn 38).

IV. Sofortabnahme (Abs 2). Der Gerichtsvollzieher kann nach pflichtgemäßem Ermessen im Fall des § 807 I (nicht: §§ 836 III, 883) auch ohne Terminsbestimmung die eidesstattliche Versicherung abnehmen, soweit und solange ein Auftrag des Gläubigers und kein Widerspruch des Schuldners und/oder des Gläubigers vorliegen (Abs 2 S 2). Dieser Offenbarungsauftrag darf mit dem Antrag auf Sachpfändung kombiniert werden (St/J/*Münzberg* Rn 39). Allerdings muss der **Gerichtsvollzieher** auch für die Abnahme der eidesstattlichen Versicherung gem § 899 **örtlich zuständig** sein (Musielak/*Voit* Rn 13). Die **Sofortabnahme** erfolgt dann regelmäßig unmittelbar im Anschluss an einen erfolglosen Pfändungsversuch (Gottwald Zwangsvollstreckung Rn 13; MüKoZPO/*Eickmann* Rn 42). Sie kommt sogar in Betracht, wenn schon nach Abs 1 terminiert wurde (Gottwald Zwangsvollstreckung Rn 13; MüKoZPO/*Eickmann* Rn 40; aA B/L/A/H Rn 13). Eines ausdrücklichen Auftrages des Gläubigers auf Abgabe der Offenbarungsversicherung bedarf es dazu nicht (B/L/A/H Rn 12). Im Übrigen müssen aber auch iRd Sofortabnahme die allg Vollstreckungsvoraussetzungen sowie die besonderen Voraussetzungen der Offenbarungspflicht vorliegen (vgl Rz 7). Die Gläubigeranwesenheit, die im Sofortverfahren praktisch ausgeschlossen ist, da der Gläubiger nicht mit einer Sofortabnahme rechnen muss und ihm ggü keine Benachrichtigungspflicht besteht, kann durch einen vorherigen schriftlichen Fragenkatalog des Gläubigers, der mit dem Auftrag eingereicht wird, ersetzt werden (Gottwald Zwangsvollstreckung Rn 16). Zur Sicherung seiner Terminsteilnahme kann der Gläubiger andererseits der Sofortabnahme bereits im Auftrag widersprechen (MüKoZPO/*Eickmann* Rn 43; St/J/*Münzberg* Rn 40). Eine Benachrichtigungspflicht des Gerichtsvollziehers ggü dem Gläubiger entfällt aufgrund der Verfahrensbesonderheiten (MüKoZPO/*Eickmann* Rn 43). Die Verpflichtung des Gerichtsvollziehers, die dreijährige Sperrwirkung einer bereits abgegebenen eidesstattlichen Versicherung durch Einsicht in das Schuldnerverzeichnis zu überprüfen (§ 903), besteht hingegen auch iRd Sofortabnahme (Gottwald Zwangsvollstreckung Rn 16). Ebenso ist § 914 im Falle der Verhaftung zu beachten (MüKoZPO/*Eickmann* Rn 44). Bei Vorliegen der Voraussetzungen ist die Sofortabnahme mit den Beschränkungen des § 758a IV jederzeit möglich. Hier wie im regulären Verfahren steht die Wahl des Ortes im Ermessen des Gerichtsvollziehers (MüKoZPO/*Eickmann* Rn 45; s.o. Rz 18). Ferner gelten die Belehrungs- und Mitwirkungspflichten des Gerichtsvollziehers sowie die beschriebenen Fragemöglichkeiten (MüKoZPO/*Eickmann* Rn 46; s.o. Rz 19). **23**

Das **Widerspruchsrecht** dient dem Schuldner zur Vorbereitung, dem Gläubiger zur Wahrnehmung seiner Teilnahmerechte (Musielak/*Voit* Rn 13). Ob ein Widerspruch vorliegt, ist durch Auslegung zu ermitteln. Er muss also nicht ausdrücklich, wohl aber eindeutig erklärt werden (B/L/A/H Rn 12). Der Schuldner ist über das Widerspruchsrecht zu belehren und der Gerichtsvollzieher hat den Widerspruch zu protokollieren (MüKoZPO/*Eickmann* Rn 43). Als Folge des Widerspruchs erlischt die Befugnis zur sofortigen Abnahme der eidesstattlichen Versicherung. Das Verfahren wird fortgesetzt, Abs 2 S 3, 5, Abs 1 S 2–4. Entweder bestimmt der Gerichtsvollzieher einen neuen Termin oder er lässt einen bereits vorgesehenen Termin bestehen. Die Ladung des Schuldners kann diesem unmittelbar nach gescheiterter Pfändung gem § 177 zugestellt werden (St/J/*Münzberg* Rn 39). Dem Gläubiger ggü genügt die formlose Benachrichtigung (ThoPu/*Hüßtege* Rn 13, 18). Nach Abs 2 S 4 soll für den Termin eine Frist von zwei bis vier Wochen nach Widerspruch des Schuldners eingehalten werden; die Fristberechnung erfolgt nach § 222 (HK-ZPO/*Rathmann* Rn 9). Bei ermessensfehlerhaften Verstößen des Gerichtsvollziehers gegen die Vorgaben des Abs 2 kommt eine Erinnerung nach § 766 in Betracht (neben der Dienstaufsichtsbeschwerde, vgl B/L/A/H Rn 13; aA LG Saarbrücken DGVZ 04, 29); Auswirkungen auf die im Termin abgegebene eidesstattliche Versicherung bestehen jedoch nicht (Musielak/*Voit* Rn 14). Bietet der Schuldner Ratenzahlung iSd Abs 3 an, ruht das Verfahren für den vereinbarten Zeitraum (MüKoZPO/*Eickmann* Rn 48). **24**

Wegen des ausdrücklichen Wortlautes des § 901 (»bestimmten Termin«) und des drohenden erheblichen Grundrechtseingriffs kann iRd Sofortabnahme kein Haftbefehl erlassen werden. Dafür ist vielmehr Terminierung nach Abs 1 erforderlich. Etwas anderes gilt uU bei Abs 4 (MüKoZPO/*Eickmann* Rn 49). **25**

E. Vertagung. Wegen dessen Weisungsrecht ist mit Zustimmung des Gläubigers jederzeit eine Vertagung des Termins zulässig, ebenso eine **Verlegung** oder **Aufhebung** (Musielak/*Voit* Rn 16; Schuschke/Walker/*Schuschke* Rn 30). Ohne seine Zustimmung kann der Gerichtsvollzieher den Termin nur nach § 227 I aus erheblichen Gründen verlegen (s.u. Rz 37); eine besondere Vertagungsmöglichkeit für das Offenbarungsverfahren sieht daneben Abs 3 vor. **26**

27 **I. Vertagung nach Abs 3.** Unter den Voraussetzungen des Abs 3 S 1 kann der Gerichtsvollzieher die Abgabe der eidesstattlichen Versicherung ohne Zustimmung des Gläubigers auf Schuldnerantrag hin später ansetzen als in Abs 2 S 3 vorgesehen (Abs 3 S 1 Alt 1) bzw einen bereits bestimmten Termin vertagen (Abs 3 S 1 Alt 2). Die Vorschrift trägt dem Umstand Rechnung, dass die Abgabe der eidesstattlichen Versicherung, insb im Hinblick auf ihre Folgen nach § 915, **unverhältnismäßig** erscheint, wenn in absehbarer Zeit mit einer vollständigen Befriedigung des Gläubigers zu rechnen ist. Sie korrespondiert nach ihrem Sinn und Zweck mit §§ 806b, 813a (Keller Rn 173). Deshalb kann auch ein bereits begonnener Termin noch vertagt werden (Wieczorek/Schütze/*Storz* Rn 89).

28 **1. Zahlungsbereitschaft.** Für eine **erstmalige Vertagung** muss der Schuldner nach Abs 3 S 1 im Termin oder vorher schriftlich (vgl St/J/*Münzberg* Rn 67; Zö/*Stöber* Rn 17) seine Bereitschaft glaubhaft machen, die Forderung binnen 6 Monaten zu tilgen. Zur Forderung iSd Abs 3 S 1 gehören neben der **Hauptforderung** auch die **Zinsen**, weitere **Nebenleistungen** sowie die **Kosten** einschl der Vollstreckungskosten (HK-ZPO/*Rathmann* Rn 10). Beträge, in deren Höhe die Vollstreckung durch gerichtliche Entscheidung für unzulässig erklärt oder in deren Höhe der Titel aufgehoben wurde, sind ebenso abzuziehen wie unbestrittene Teilzahlungen (vgl St/J/*Münzberg* Rn 69). Ob die Tilgung durch gleich hohe, fest terminierte Teilzahlungen, eine einmalige Zahlung oder unterschiedlich hohe Zahlungen zu unterschiedlichen Zeitpunkten erbracht werden soll, bleibt außer Betracht (St/J/*Münzberg* Rn 71; *David* MDR 00, 195).

29 Die **bloße Zusicherung des Schuldners**, er werde leisten, reicht zur Glaubhaftmachung (§ 294) ebenso wenig aus wie die Tatsache, dass er einen Teil der Forderung getilgt hat (LG Frankenthal Rpfleger 81, 363, 364; Keller Rn 173). Vielmehr muss er substanziiert, etwa unter Vorlage von Geschäftsbüchern, Kontoauszügen oder Bankauskünften seine Zahlungswilligkeit und seine Zahlungsfähigkeit vortragen. Dazu gehört, dass er die erforderlichen Mittel trotz des fruchtlosen Verlaufs der Zwangsvollstreckung nunmehr zur Verfügung stellen kann (Musielak/*Voit* Rn 18; Schuschke/Walker/*Schuschke* Rn 23). Es genügt aber, wenn er die Zahlung durch einen Dritten bzw dessen Zahlungszusicherung glaubhaft macht (Musielak/*Voit* Rn 18; St/J/*Münzberg* Rn 71).

30 Die Vertagung bedarf nicht der **Zustimmung** des Gläubigers (MüKoZPO/*Eickmann* Rn 33; Musielak/*Voit* Rn 18; Schuschke/Walker/*Schuschke* Rn 24; aA Gottwald Zwangsvollstreckung Rn 19, der aber die Zustimmung vermutet, soweit der Gläubiger keine andere Weisung erteilt). Denn das Zustimmungserfordernis des Abs 3 S 1 bezieht sich nur auf die **Einziehung von Teilbeträgen** durch den Gerichtsvollzieher (AG Ansbach DGVZ 03, 175; AG Forchheim DGVZ 00, 43; Schuschke/Walker/*Schuschke* Rn 24). Fehlt es daran, muss der Schuldner unmittelbar an den Gläubiger leisten (MüKoZPO/*Eickmann* Rn 35).

31 **2. Weiterer Aufschub.** Einen weiteren Aufschub um bis zu **zwei Monate** kann der Schuldner nach Abs 3 S 2 in dem neuen Termin, dh dem, auf den nach Abs 3 S 1 vertagt worden war (Gottwald Zwangsvollstreckung Rn 26), erreichen, wenn er nachweist, dass er die **Forderung** zum Zeitpunkt des Termins – nicht bei Ablauf der Frist des Abs 3 S 1 – (St/J/*Münzberg* Rn 72) mindestens zu **drei Vierteln getilgt** hat. Zum Umfang der Forderung gilt das oben Gesagte (s.o. Rz 28). Nun reicht aber nach dem eindeutigen Gesetzeswortlaut eine Glaubhaftmachung nicht mehr aus. Vielmehr bedarf es des **vollen Beweises** im Termin, zB durch Einzahlungsbeleg oder Quittung (St/J/*Münzberg* Rn 74).

32 **3. Verfahren.** Eine Vertagung nach Abs 3 erfolgt nur auf Antrag des Schuldners bzw seines gesetzlichen Vertreters (Musielak/*Voit* Rn 18), evtl durch einen Prozessvertreter, dessen Vollmacht so weit reicht (St/J/*Münzberg* Rn 67). Der Antrag kann im Termin oder bereits vorher gestellt werden (St/J/*Münzberg* Rn 67; aA Keller Rn 173). Er wird protokolliert (Zö/*Stöber* Rn 17). Eine konkludente Antragstellung ist möglich und idR in einem Zahlungsversprechen enthalten (LG Wuppertal Rpfleger 81, 25). Ein erfolgloser Widerspruch nach Abs 4 schließt einen erstmaligen Antrag nach Abs 3 S 1 im neuen Termin nicht aus (St/J/*Münzberg* Rn 66; Keller Rn 176).

33 **Die Zuständigkeit** für die Entscheidung über den Vertagungsantrag liegt ausschließlich (§ 802) beim gem § 899 Abs 1 zuständigen **Gerichtsvollzieher** (St/J/*Münzberg* Rn 66; *Keller* Rn 173). Sind die Voraussetzungen des Abs 3 S 1 gegeben, hat er entspr § 227 IV durch begründete **Verfügung** zu vertagen und zugleich vAw einen **neuen Termin** zu bestimmen (Musielak/*Voit* Rn 18; Schuschke/Walker/*Schuschke* Rn 22). Ein Ermessen kommt ihm im Falle des Abs 3 S 1 nicht zu (Musielak/*Voit* Rn 18). Der Termin ist unverzüglich nach Ablauf der Frist von **sechs Monaten** anzusetzen. Eine kürzere Frist kommt in Betracht, wenn die Tilgung voraussichtlich bis dahin erfolgen wird (Schuschke/Walker/*Schuschke* Rn 25). Der Lauf der 6-Monats-Frist beginnt, wenn ein bereits bestimmter bzw begonnener Termin vertagt wird, mit diesem, ansonsten

mit dem Pfändungsversuch (HK-ZPO/*Rathmann* Rn 10). Der Gerichtsvollzieher hat den Schuldner zum neuen Termin entspr § 329 II 2 vAw zu laden (*Gottwald* Zwangsvollstreckung Rn 21; St/J/*Münzberg* Rn 66;), es sei denn (entspr § 218), dass die Vertagung in einem Termin in Anwesenheit des Schuldners erfolgt (Hamm Rpfleger 57, 355; MüKoZPO/*Eickmann* Rn 34). Der Gläubiger ist von dem neuen Termin ebenfalls zu benachrichtigen (*Gottwald* Zwangsvollstreckung Rn 21; HK-ZPO/*Rathmann* Rn 11;).

Erweist sich der Schuldner in der Folge als unzuverlässig, weil er versprochene Ratenzahlungen nicht erbringt, stellt dies einen wichtigen Grund iSd § 227 I dar. Der Gerichtsvollzieher kann dann den nach Abs 3 S 1 angesetzten Termin aufheben und einen früheren Termin bestimmen (HK-ZPO/*Rathmann* Rn 13; Schuschke/Walker/*Schuschke* Rn 27). **34**

Die Entscheidung nach Abs 3 S 2 steht, anders als nach S 1, im pflichtgemäßen Ermessen des Gerichtsvollziehers (St/J/*Münzberg* Rn 66; ThoPu/*Hüßtege* Rn 25). Dieser berücksichtigt, welche Gründe der Schuldner dafür anführt, dass er entgegen seiner Zusage nach Abs 3 S 1 die Forderung nicht vollständig getilgt hat, zum anderen aber auch, ob dem Gläubiger ein weiterer Aufschub zuzumuten ist (Musielak/*Voit* Rn 19). **35**

4. Rechtsbehelf. Gegen die Entscheidung des Gerichtsvollziehers über den Vertagungsantrag steht dem beschwerten Beteiligten die **Erinnerung** gem § 766 zu, über die gem § 20 Nr 17 S 2 RPflG der Richter entscheidet. Dessen Entscheidung ist gem §§ 793, 567 I Nr 1 mit der **sofortigen Beschwerde** angreifbar. **36**

II. Vertagung nach § 227 I und § 765a. Liegen **erhebliche Gründe** für eine Terminsverlegung vor, so kann eine Vertagung, Verlegung oder Aufhebung des Termins **ohne Zustimmung des Gläubigers** auch nach § 227 I erfolgen (LG Düsseldorf Rpfleger 89, 73; MüKoZPO/*Eickmann* Rn 39; Musielak/*Voit* Rn 17). In solchen Fällen hat der Gerichtsvollzieher die für eine Terminsverlegung sprechenden Gründe nach pflichtgemäßem Ermessen gegen die Förderung des Verfahrens abzuwägen (AG Neuruppin DGVZ 05, 43). Erhebliche Gründe liegen zB darin, dass dem Schuldner aus einer objektiven Mangelhaftigkeit des Vermögensverzeichnisses kein Vorwurf gemacht und mit dessen kurzfristiger Vervollständigung gerechnet werden kann (Musielak/*Voit* Rn 17). Gleiches gilt im Falle der Erkrankung, wenn bis zum Termin keine Genesung zu erwarten ist und eine Abgabe in der Wohnung bzw im Krankenhaus ausscheidet (Jena Rpfleger 97, 446, 447; Schuschke/Walker/*Schuschke* Rn 31); auch in einem nicht verschiebbaren Urlaub kann ein erheblicher Grund iSd § 227 liegen. Private Einladungen, Teilleistungen (vgl Abs 3), befürchtete Tätlichkeiten des Schuldners sowie schuldhafte Nichtinformation durch den Schuldner reichen für eine Terminsverschiebung demgegenüber nicht aus (vgl § 901). Die Gründe für eine Vertagung nach § 227 I stammen uU auch aus dem dienstlichen Bereich des Gerichtsvollziehers (St/J/*Münzberg* Rn 76), so etwa, weil er wegen des Umzuges des Schuldners den zuständigen Gerichtsvollzieher um Rechtshilfe ersuchen muss, oder noch keine Kenntnisse von einer nach § 903 iVm § 915 entgegenstehenden Eintragung hat (St/J/*Münzberg* Rn 76). **37**

Ein Antrag des **Schuldners** auf Vertagung nach § 765a ist ebenfalls grds zulässig; über diesen entscheidet aber nicht der Gerichtsvollzieher, sondern das **Vollstreckungsgericht** (LG Düsseldorf DGVZ 00, 119; St/J/*Münzberg* Rn 75). Wird er auf Teilleistungen gestützt, so hat der Antrag im Hinblick auf das besondere Verfahren nach Abs 3 – allerdings nur ganz ausnahmsweise – Erfolg, etwa dann, wenn nur noch ganz geringe Beträge offen stehen, und die alsbaldige Offenbarung den Schuldner unverhältnismäßig schwer schädigen würde (St/J/*Münzberg* Rn 75, zu weiteren Fällen Rz 50). Im Hinblick auf Abs 4 muss auch der Antrag nach § 765a grds im Termin gestellt werden (LG Lübeck DGVZ 06, 139, 140; Schuschke/Walker/*Schuschke* Rn 32), es sei denn, er richtet sich gerade gegen die Pflicht zum persönlichen Erscheinen im Termin. Dann kann der Antrag schriftlich außerhalb des Termins gestellt werden (Schuschke/Walker/*Schuschke* Rn 32; St/J/*Münzberg* Rn 16). Im Hinblick auf Abs 4 gelten aber, um dessen Sonderregelung nicht auszuhöhlen, strenge Anforderungen (Jena InVo 97, 167; Schuschke/Walker/*Schuschke* Rn 32). **38**

F. Widerspruch (Abs 4 S 1). Bestreitet der Schuldner die Voraussetzungen einer Verpflichtung zur Abgabe der eidesstattlichen Versicherung, so steht ihm der besondere Rechtsbehelf des **Widerspruchs** nach Abs 4 S 1 offen. Dieser Rechtsbehelf verdrängt die Erinnerung nach § 766 (LG Limburg Rpfleger 82, 434, 435; MüKoZPO/*Eickmann* Rn 19; Lackmann Rn 431). **39**

I. Begründetes Bestreiten im Termin. Das G geht dabei in Abs 4 S 1 davon aus, dass die Einwendungen **im Termin** ggü dem Gerichtsvollzieher erhoben werden (BGH NJW-RR 06, 645, 646; LG Mönchengladbach Rpfleger 02, 529). Dies setzt voraus, dass der Schuldner erscheint und den Widerspruch selbst einlegt bzw durch seinen Verfahrensbevollmächtigten einlegen lässt (LG Lübeck DGVZ 06, 139, 140; MüKoZPO/*Eickmann* Rn 19). Dass der Widerspruch im Termin erhoben werden muss, bedeutet nicht zwingend **40**

mündliches Vorbringen; vielmehr kann der Schuldner im Termin auch einen Schriftsatz überreichen (Schuschke/Walker/*Schuschke* Rn 32).

Ein **vor dem Termin schriftlich** eingereichtes Bestreiten ist hingegen unbeachtlich, soweit es nicht (lediglich) auf vAw zu beachtende Verfahrenshindernisse hinweist (BGH NJW-RR 06, 645, 646; LG Lübeck DGVZ 06, 139, 140; aA Hamm JurBüro 83, 1891; LG Mönchengladbach Rpfleger 02, 529, die stets von Unbeachtlichkeit ausgehen). Da solche Umstände sogar ohne Hinweis des Schuldners Beachtung finden müssen (s.u. Rz 66), besteht kein Grund, einem schriftlichen Hinweis des Schuldners keine Aufmerksamkeit zu schenken.

41 Wie sich mittelbar aus § 901 S 1 Hs 2 ergibt, ist ein **Bestreiten** des Schuldners auch im Termin nur zu berücksichtigen, wenn es **konkret begründet** wird (Frankf DGVZ 04, 92; LG Rostock JurBüro 03, 106, 107; LG Wuppertal Rpfleger 81, 25; Wieczorek/Schütze/*Storz* Rn 98; Keller Rn 257). Dafür genügt, dass der Schuldner in der Vergangenheit oder Gegenwart liegende Umstände tatsächlicher und/oder rechtlicher Art vorträgt, die nach seiner Meinung die Verpflichtung zur Abgabe der eidesstattlichen Versicherung aufheben oder ihr entgegenstehen (Frankf DGVZ 04, 92; LG Düsseldorf Rpfleger 80, 484). Abwegiges Vorbringen oder solches, das mit der Verpflichtung zur Abgabe der eidesstattlichen Versicherung nicht in Zusammenhang steht, genügt nicht (LG Düsseldorf Rpfleger 80, 484; Wieczorek/Schütze/*Storz* Rn 98), ebenso wenig das pauschale Bestreiten der Voraussetzungen des § 807 (Frankf DGVZ 04, 92). In diesen Fällen wie auch bei unbegründeter Weigerung ist der Schuldner entspr § 139 nach seinen Gründen zu fragen (LG Düsseldorf Rpfleger 80, 484). Bleibt die Nachfrage erfolglos, kann der Gläubiger Haftantrag nach § 901 stellen. Daraus, dass Abs 3 S 1 dem Schuldner eine Möglichkeit verschafft, im Falle seiner Zahlungswilligkeit durch Vertagung eine verfahrensmäßige Vergünstigung zu erreichen, folgt andererseits, dass ein im Termin abgegebenes Zahlungsversprechen keine ausreichende Begründung für die Verweigerung der eidesstattlichen Versicherung darstellt (LG Wuppertal Rpfleger 81, 25; St/J/*Münzberg* Rn 58).

42 Erweisen sich die Einwände des Schuldners nicht als abwegig, so hat der Gerichtsvollzieher sie auch dann als Widerspruch nach Abs 4 S 1 zu behandeln, wenn sie sich im Ergebnis als unbegründet oder, wie etwa im Falle des Vorrangs der §§ 732, 767, 768, bereits als unzulässig darstellen (Ddorf Rpfleger 96, 359, 360; Gottwald Zwangsvollstreckung Rn 34; Musielak/*Voit* Rn 25 Fn 156;). Hier besteht uU die Möglichkeit eines Vorgehens nach Abs 4 S 2.

43 Bei dem Termin zur Abgabe der eidesstattlichen Versicherung handelt es sich nicht um einen Termin vor dem erkennenden Gericht. Obwohl **Abs 1 S 4** die Anwesenheit des Gläubigers nicht voraussetzt und deshalb auch keine mündliche Verhandlung erfolgt, gelten die §§ 159 ff dennoch entspr (LG Düsseldorf RPfleger 80, 484). Der Gerichtsvollzieher hat daher ein **Protokoll** mit den rechtserheblichen Erklärungen des Schuldners aufzunehmen. Dazu gehören insb die vom Schuldner angegebenen Gründe für seine Verweigerung und eine eventuelle Belehrung entspr § 139 über die Begründungspflicht (Frankf DGVZ 04, 92; LG Düsseldorf Rpfleger 80, 484; St/J/*Münzberg* Rn 45). Der Gerichtsvollzieher hat in diesem Zusammenhang darauf hinzuwirken, dass sich der Schuldner vollständig zu allen erheblichen Tatsachen erklärt (Pankow-Weißensee 19.05.10 – 32 M 255/10).

44 Bezieht sich der »Widerspruchsgrund« nur auf einen **Teil** der titulierten Forderung, so berührt das nicht die Offenbarungspflicht für den unstreitigen »Rest«. Insofern liegt kein beachtlicher Widerspruch iSd Abs 4 vor, so dass der Gerichtsvollzieher auf die Offenbarung bestehen muss (St/J/*Münzberg* Rn 48; Zö/*Stöber* Rn 23; aA LG Oldenburg Rpfleger 81, 363; Schuschke/Walker/*Schuschke* Rn 39; Gottwald Zwangsvollstreckung Rn 39: eine Fortsetzung des Verfahrens vor Entscheidung über den Widerspruch allenfalls nach seiner Abtrennung gem § 145).

45 **II. Einwendungen.** Mit dem Widerspruch nach Abs 4 S 1 kann der Schuldner gegen seine Verpflichtung zur Abgabe der eidesstattlichen Versicherung folgende Einwendungen erheben:

46 **1. Unzulässigkeit der Zwangsvollstreckung.** Wegen Fehlens der **allg Vollstreckungsvoraussetzungen** lässt sich die Zulässigkeit der Zwangsvollstreckung als solche bestreiten, zB weil keine ordnungsgemäße Zustellung nach § 750 erfolgte (Keller Rn 247) oder die erforderliche Klausel fehlt (Hamm FamRZ 81, 199, 200). Des Weiteren kann der Schuldner **Vollstreckungshindernisse** geltend machen, etwa eine gerichtliche Einstellung der Zwangsvollstreckung aus dem Titel nach § 775 (zu §§ 775 Nr 4, 5 s.u. Rz 49). Wie § 305a InsO zeigt, stellt es jedoch kein Vollstreckungshindernis dar, dass sich der Schuldner um eine **Schuldenbereinigung** iSd § 305 I Nr 1 InsO bemüht (Musielak/*Voit* Rn 25).

2. Unzulässigkeit des Offenbarungsverfahrens. Mögliche Einwände betreffen ferner die **Zulässigkeit des Offenbarungsverfahrens**, zB der Vorwurf, dass die Fruchtlosigkeitsbescheinigung nach § 807 unrechtmäßig erteilt wurde (KG NJW 56, 1115, 1116), dass der Gläubiger auf die Möglichkeit des Offenbarungsverfahrens verzichtet hat (Dresd OLGE 13, 198 f) oder dass § 903 einer erneuten eidesstattlichen Versicherung entgegensteht (Wieczorek/Schütze/*Storz* Rn 102; Keller Rn 248). Die Unzulässigkeit des Offenbarungsverfahrens kann sich auch daraus ergeben, dass dem Gläubiger das **Rechtsschutzbedürfnis** fehlt (LG Limburg RPfleger 92, 434, 435), zB unter Berücksichtigung der Wertungen des § 777 deshalb, weil er bereits genügend gesichert ist (BGH WM 11, 2135, 2136 – der Einwand der Übersicherung des Gläubigers sei nur durch Widerspruch und nicht nach § 766 geltend zu machen; LG Stuttgart Rpfleger 00, 28; LG Limburg Rpfleger 82, 434, 435; Gottwald Zwangsvollstreckung Rn 33). § 452 IV steht der Pflicht zur eidesstattlichen Versicherung nicht entgegen (Musielak/*Voit* Rn 25). Dagegen wird der Schuldner nicht mit dem Einwand gehört, er gestatte jetzt die Durchsuchung seiner Wohnung oder sei zu einer bestimmten Zeit in seiner Wohnung anzutreffen. Denn § 807 I Nr 3, 4 verpflichtet ihn nach dem ergebnislosen Vollstreckungsversuch zur Abgabe der eidesstattlichen Versicherung, so dass seine spätere Bereitwilligkeit die Voraussetzungen nicht mehr entfallen lässt (Zö/*Stöber* Rn 22). 47

3. Weitere unstatthafte Einwände. Keine Berücksichtigung findet der Einwand des Schuldners, der dem Titel zugrunde liegende **Anspruch bestehe** nicht mehr bzw sei vom Gläubiger gestundet. Ebenfalls wird er nicht damit gehört, dass die **Klausel** nicht ordnungsgemäß nach den §§ 724 ff zustande gekommen sei (MüKoZPO/*Eickmann* Rn 21; St/J/*Münzberg* Rn 13). Insoweit besteht Vorrang der Vollstreckungsabwehrklage nach § 767 sowie der Klauselrechtsbehelfe nach §§ 732, 768 (Ddorf Rpfleger 96, 359, 360; Hamm FamRZ 81, 199, 200; LG Limburg RPfleger 82, 434, 435; MüKoZPO/*Eickmann* Rn 21). Gleiches gilt für den Fall der **beschränkten Erbenhaftung** nach §§ 780, 785 iVm § 767: Führt die Zwangsvollstreckung in den Nachlass nicht zur vollständigen Befriedigung des Nachlassgläubigers, so kann er etwa im Falle des § 1990 I BGB die eidesstattliche Versicherung nur in Bezug auf den Nachlass fordern (MüKoBGB/*Küpper* § 1990 Rn 15). Diesen Einwand muss der Erbe bei entsprechendem Vorbehalt nach § 780 I im Wege der §§ 785 iVm 767 geltend machen. Möglich ist in solchen Fällen eine Einstellung des Verfahrens nach §§ 732 II, 769 I (St/J/*Münzberg* Rn 13). 48

Aus den vorstehenden Gründen wird der Schuldner idR auch mit dem materiell-rechtlichen Einwand der **Erfüllung** nicht gehört (St/J/*Münzberg* Rn 12; Lackmann Rn 431). Eine Ausn gilt in den Fällen des § 775 Nr 4, 5, da wegen der urkundlich belegten Zahlung (auch) ein Vollstreckungshindernis vorliegt. Dann muss auch der Gerichtsvollzieher einstellen (MüKoZPO/*Eickmann* Rn 21; Lackmann Rn 431). Aus den in Rz 44 genannten Gründen gilt dies allerdings nur, wenn sich die **vollständige Befriedigung** des Gläubigers urkundlich belegen lässt (St/J/*Münzberg* Rn 10). Bestreitet der Gläubiger die Zahlung und widerspricht so einer Verfahrenseinstellung, ist das Verfahren auf Abgabe einer eidesstattlichen Versicherung ohne vorherige Beweisaufnahme fortzusetzen (St/J/*Münzberg* Rn 11). Dem Schuldner verbleibt nur die Klage nach § 767 (Lackmann Rn 431), in deren Rahmen das Vollstreckungsgericht wiederum gem § 769 II einstweilen einstellen kann (St/J/*Münzberg* Rn 11). 49

4. Unfähigkeit. Schließlich kann sich der Schuldner in engen Grenzen darauf berufen, er sei zur Abgabe der eidesstattlichen Versicherung körperlich oder seelisch nicht in der Lage (Frankf Rpfleger 77, 146). Dies setzt allerdings einen **Antrag nach § 765a** voraus (aA, Berücksichtigung vAw: St/J/*Münzberg* Rn 5). Die Antragstellung muss wegen Abs 4 S 1 grds im Termin erfolgen (LG Düsseldorf DGVZ 00, 119), soweit der Schuldner damit nicht schon seiner Pflicht zum Erscheinen im Termin entgegentritt (St/J/*Münzberg* Rn 16; s.o. Rz 38). Der Antrag gem § 765a lässt sich damit begründen, dass der Schuldner aufgrund seines Gesundheitszustandes keine Übersicht über seine Vermögensverhältnisse mehr hat und sie auch nicht mehr beschaffen kann (KG OLGE 35, 185, 186; St/J/*Münzberg* Rn 5). An eine krankheitsbedingte Entpflichtung von der Offenbarungsversicherung sind allerdings **strenge Anforderungen** zu stellen (Jena Rpfleger 97, 446; Köln MDR 78, 59; MüKoZPO/*Eickmann* Rn 22). Insb bedeutet Haftunfähigkeit nach § 906 wegen der unterschiedlichen Belastung noch nicht zwangsläufig eine Offenbarungsunfähigkeit (MüKoZPO/*Eickmann* Rn 22). Die Grenzen des Zumutbaren sind im Hinblick auf die Wertung des § 906 erreicht, wenn die Abgabe der eidesstattlichen Versicherung zu einer **Gefahr für Leib oder Leben** des Schuldners führen kann, etwa bei Gefahr eines Schlaganfalls (BVerfG WM 08, 740). UU werden jedoch weniger einschneidende Maßnahmen als der völlige Verzicht auf die eidesstattliche Versicherung dem Schutz des Schuldners gerecht, zB, wenn der Schuldner einen Termin außerhalb seiner Wohnung nicht wahrnehmen kann, dass 50 der Gerichtsvollzieher diesen gem § 219 I auch ohne Antrag in dessen Wohnung oder in das Krankenhaus verlegt (Jena RPfleger 97, 446 f; Frankf Rpfleger 77, 146; AG Göppingen JurBüro 05, 551, 552; St/J/*Münzberg* Rn 6). Verweigert der Schuldner dem Gerichtsvollzieher, Gläubiger oder dessen Prozessvertreter den Zutritt, so ist dies im Hinblick auf sein Hausrecht beachtlich, aber auch eine grundlose Verweigerung iSd § 901 (St/J/*Münzberg* Rn 6). Bei **Suizidgefahr** auf Seiten des Schuldners gelten die primär für Zwangsräumungen bzw Zwangsversteigerungen von Grundstücken entwickelten Grundsätze (LG Verden EWiR 07, 607): Eine dauerhafte Einstellung der Zwangsvollstreckung kommt selbst dann nur als letztes Mittel in Betracht. Ferner obliegt es dem Schuldner, an der Beseitigung einer Suizidgefahr mitzuwirken; andernfalls überwiegt das gleichfalls verfassungsrechtlich abgesicherte Vollstreckungsinteresse des Gläubigers (LG Verden EWiR 07, 607, 608).

51 **5. Berufsgeheimnis.** Schließlich kann der Schuldner geltend machen, bei Abgabe der eidesstattlichen Versicherung eine **berufliche Schweigepflicht** zu verletzen (Musielak/*Voit* Rn 25). Im Hinblick auf das oben Ausgeführte (Rz 44) stehen Schweigepflichten allerdings nicht der Verpflichtung als solcher entgegen, sondern schränken sie allenfalls ein. Ein pauschaler Rückgriff auf § 384 Nr 3 verbietet sich dabei (aA B/L/A/H Rn 29), weil sich die Lage des Schuldners von der des oft unwillentlich in seine Rolle geratenen Zeugen unterscheidet (vgl BGHZ 41, 318, 324). Deshalb bedarf es einer **Abwägung** der beteiligten **Interessen**, welche regelmäßig zugunsten des Dritten ausfällt, dessen Geheimnisse zu schützen sind und der keinen Anlass zur Vollstreckung gegeben hat. Aber auch Einschränkungen dieses Geheimhaltungsinteresses sind wegen des gleichfalls grundgesetzlich geschützten Vollstreckungsinteresses des Gläubigers denkbar. So hat etwa ein Arzt im Vermögensverzeichnis Honorarforderungen gegen seine Privatpatienten anzugeben, allerdings nur Name und Vorname, Anschrift und Zeitpunkt der Behandlung, nicht aber Einzelheiten der Behandlung (LG Mainz DGVZ 01, 78, 79; LG Aurich NJW 71, 252). Gleiches gilt für Honorarforderungen eines Rechtsanwalts oder eines Steuerberaters (für letzteren BGH NZI 99, 191, 193).

52 **III. Entscheidung.** Hat der Schuldner Einwendungen erhoben und der Gläubiger seinen Antrag daraufhin nicht zurückgenommen, muss der Gerichtsvollzieher ohne Verzug seine Akten samt Protokoll und Vollstreckungsunterlagen dem zuständigen Gericht vorlegen (LG Stuttgart Rpfleger 00, 28; MüKoZPO/*Eickmann* Rn 20). Funktionell zuständig für die Entscheidung nach Abs 4 S 1 ist dabei gem § 20 Nr 17 S 1 RPflG der **Rechtspfleger** (Keller Rn 260). Einer vorherigen mündlichen Verhandlung bedarf es nicht (Musielak/*Voit* Rn 26; Schuschke/Walker/*Schuschke* Rn 33), sie ist aber auch nicht ausgeschlossen (Gottwald Zwangsvollstreckung Rn 35). Selbst bei Nichterscheinen des Schuldners im Verhandlungstermin muss eine Sachentscheidung ergehen (St/J/*Münzberg* Rn 45). Der Gläubiger, der in dem Termin, in welchem der Schuldner den Widerspruch erhoben hat, nicht anwesend war, hat vor einer ihm ungünstigen Entscheidung über den Widerspruch Anspruch auf rechtliches Gehör (St/J/*Münzberg* Rn 59).

53 Die Entscheidung des Rechtspflegers – auch über die Kosten – ergeht als **Beschl**, der zu begründen ist (MüKoZPO/*Eickmann* Rn 24; St/J/*Münzberg* Rn 45). Er wird gem §§ 329 III iVm 793 vAw zugestellt (Gottwald Zwangsvollstreckung Rn 35; Keller Rn 262). Anders als bei der Ladung findet § 172 Anwendung, und zwar auch dann, wenn der Prozessbevollmächtigte des Schuldners den Termin nicht wahrgenommen hat (Zö/*Stöber* Rn 22a). Inhaltlich muss der Beschl alle vom Schuldner erhobenen Einwendungen abhandeln, auch die – etwa im Hinblick auf das Konkurrenzverhältnis zu §§ 732, 767 f, 785 – unzulässigen (St/J/*Münzberg* Rn 47).

54 Erweist sich der Widerspruch als begründet und lässt sich der zugrunde liegende Mangel **nicht beheben**, so weist der Rechtspfleger den **Antrag des Gläubigers zurück** (MüKoZPO/*Eickmann* Rn 26; Wieczorek/Schütze/*Storz* Rn 108). Das Verfahren endet mit **Rechtskraft des Beschl**. Auf denselben Titel kann ein erneuter Antrag auf Abgabe der eidesstattlichen Versicherung wegen entgegenstehender Rechtskraft nicht mehr gestützt werden, soweit der Gläubiger nicht nachweist, dass sich die tatsächlichen Verhältnisse geändert haben (MüKoZPO/*Eickmann* Rn 26; Schuschke/Walker/*Schuschke* Rn 42).

55 Ist der Mangel dagegen nur vorübergehend bzw **behebbar**, so kann der Termin **vertagt** werden (MüKoZPO/*Eickmann* Rn 26; St/J/*Münzberg* Rn 46). Vor einer Fortsetzung des Verfahrens hat der Gläubiger glaubhaft zu machen, dass der Hinderungsgrund nicht mehr besteht (Wieczorek/Schütze/*Storz* Rn 109).

56 Bei **örtlicher Unzuständigkeit** gilt § 899 II: Auf Antrag des Gläubigers ist die Sache an das zuständige Gericht abzugeben; andernfalls wird der Antrag zurückgewiesen (Gottwald Zwangsvollstreckung § 899 Rn 4). Zur Frage des Gerichts iSd § 899 II vgl dort Rz 3. In den Fällen des § 775 stellt der Rechtspfleger das Verfahren ein (St/J/*Münzberg* Rn 45).

Bei unzutreffendem Vorbringen des Schuldners wird der Widerspruch als **unbegründet verworfen** (ThoPu/*Hüßtege* Rn 32; Wieczorek/Schütze/*Storz* Rn 110). Erst nach Rechtskraft dieser Entscheidung findet das Offenbarungsverfahren seine Fortsetzung (Gottwald Zwangsvollstreckung Rn 36; MüKoZPO/*Eickmann* Rn 26;). Eine Ausn gilt, wenn der Schuldner eine frühere Abnahme der eidesstattlichen Versicherung verlangt oder in Fällen des Abs 4 S 2 (s.u. Rz 68 ff). Der Gerichtsvollzieher hat danach vAw einen neuen Termin zu bestimmen und den Schuldner zu laden (MüKoZPO/*Eickmann* Rn 26; Wieczorek/Schütze/*Storz* Rn 113). Zwar kann der Schuldner jetzt erneut Widerspruch erheben, wie sich aus Abs 4 S 2 ergibt. Dieser ist aber nur zulässig, soweit er sich auf Tatsachen stützt, die erst nach Rechtskraft des ersten Beschl bzw der Beschwerdeentscheidung über den ersten Widerspruch entstanden sind (LG Göttingen JurBüro 03, 658; MüKoZPO/*Eickmann* Rn 28; Schuschke/Walker/*Schuschke* Rn 42; aA St/J/*Münzberg* Rn 53: nach Schluss des Termins, in dem der Schuldner Widerspruch erhoben hat). Unzulässig sind daher sowohl ein Widerspruch mit Gründen, die Gegenstand der Widerspruchsentscheidung waren, als auch ein solcher mit Gründen, die durch Widerspruch hätten geltend gemacht werden können aus Gründen der Rechtssicherheit selbst (Wieczorek/Schütze/*Storz* Rn 113; Gottwald Zwangsvollstreckung Rn 42). Dafür kommt es nicht auf die Kenntnis des Schuldners, sondern auf deren Entstehen an (Schuschke/Walker/*Schuschke* Rn 42; St/J/*Münzberg* Rn 53). 57

IV. Besonderheiten bei Insolvenzeröffnungsverfahren bzw eröffnetem Insolvenzverfahren. Bereits im **Insolvenzeröffnungsverfahren** kann das Insolvenzgericht gem § 21 II Nr 3 InsO (nicht hingegen gem § 89 InsO, der die Zulässigkeit der Zwangsvollstreckung während der Dauer des Insolvenzverfahrens selbst regelt, hierzu s.u. Rz 60) Maßnahmen der Zwangsvollstreckung untersagen bzw eingeleitete Maßnahmen einstellen, soweit nicht unbewegliche Gegenstände betroffen sind. Dann ist uU auch das Verfahren auf Abgabe einer eidesstattlichen Versicherung unzulässig (LG Heilbronn Rpfleger 08, 88, 89; LG Darmstadt NJW-RR 03, 1493; AG Wilhelmshaven NZI 01, 436, 437; MüKoZPO/*Eickmann* § 899 Rn 26; Musielak/*Voit* Rn 7; Zö/*Stöber* Rn 5; aA LG Würzburg NZI 99, 504, 505; AG Rostock NZI 00, 142; Gottwald Zwangsvollstreckung Rn 6; Schuschke/Walker/*Schuschke* Rn 11;). Dies hätte der Gerichtsvollzieher wegen § 775 Nr 1, 2 vAw zu berücksichtigen (vgl MüKoZPO/*Eickmann* § 899 Rn 26). Zwar könnte man vom Zweck des Verfahrens nach §§ 899 ff her argumentieren, es komme dadurch nicht zu einer Schmälerung der künftigen Insolvenzmasse, die § 21 I InsO verhindern will. Die Betrachtungsweise reduziert teleologisch den Begriff der »Zwangsvollstreckung« auf solche Maßnahmen, die der Eröffnung des Insolvenzverfahrens entgegenlaufen (so LG Würzburg NZI 99, 504, 505). Sie widerspricht jedoch dem Wortlaut des § 21 II Nr 3 InsO, der ausdrücklich nur solche Zwangsvollstreckungsmaßnahmen ausnimmt, die **unbewegliches Vermögen** betreffen. Daraus lässt sich folgern, dass alle anderen Vollstreckungsmaßnahmen grds vom Gericht untersagt werden können. Dann aber hat der Vollstreckungsgläubiger **kein Rechtsschutzbedürfnis** für ein »isoliertes« Verfahren auf Abgabe der eidesstattlichen Versicherung, da die nachfolgende Vollstreckung in das Schuldnervermögen durch § 21 I InsO gesperrt wäre (LG Heilbronn Rpfleger 08, 88, 89). 58

Folgt man der Gegenansicht, wäre nicht das Insolvenzgericht, sondern das **Vollstreckungsgericht** zuständig, da § 89 III InsO weder unmittelbar noch analog mangels Bestehen einer Regelungslücke gilt (AG Rostock NZI 00, 142; AG Köln NZI 99, 381Smid InsO § 89 Rn 19; aA AG Hamburg ZInsO 07, 1166; AG Göttingen ZInsO 03, 770, 771; NZI 00, 493, 494; Jaeger/*Eckardt* InsO § 89 Rn 87). Die ausschließliche Zuständigkeit des Vollstreckungsgerichts ergibt sich aus §§ 766 I 1 iVm 764 II, 802. Denn die Untersagung bzw Entscheidung der Zwangsvollstreckung gem § 21 II Nr 3 InsO stellt eine Entscheidung iSv § 775 Nr 1, 2 dar, die als ein Zwangsvollstreckungshindernis mit der Erinnerung anzugreifen wäre (AG Köln NZI 99, 381). Zuständig ist das Vollstreckungsgericht, in dessen Bezirk das Vollstreckungsverfahren stattfinden soll oder stattgefunden hat. 59

Im **Insolvenzverfahren** über das Vermögen des Schuldners selbst verbietet § 89 I InsO Zwangsvollstreckungen für einzelne Insolvenzgläubiger sowohl in die Insolvenzmasse als auch in das insolvenzfreie Vermögen des Schuldners. Der Begriff der »Zwangsvollstreckung« umfasst auch die eidesstattliche Versicherung nach §§ 899 ff (Zweibr NZI 01, 423; Musielak/*Voit* Rn 7; zweifelnd AG Hamburg NZI 06, 646). Die Offenbarungsverpflichtung beeinflusst zwar nicht unmittelbar das Vermögen des Gemeinschuldners (AG Hamburg NZI 06, 646), sondern dient lediglich der Ermittlung des Schuldnervermögens bzw des herauszugebenden Gegenstandes. Dennoch handelt es sich insofern um ein Hilfsmittel, das die Möglichkeiten einer im Insolvenzverfahren unzulässigen Vollstreckung aufdecken soll. 60

Ein laufendes Insolvenzverfahren **hindert** somit **Verfahrenseinleitung** bzw **-fortsetzung** (vgl MüKoZPO/*Eickmann* § 899 Rn 25; *Viertelhausen* DGVZ 01, 36, 37). Ein nach § 901 verhafteter Schuldner ist mit Verfahrenseröffnung vAw aus der Haft zu entlassen (Jaeger/*Eckardt* InsO § 89 Rn 42; Uhlenbruck/*Uhlenbruck* InsO § 89 Rn 11; *Viertelhausen* DGVZ 01, 36, 37).

61 Die Einzelzwangsvollstreckung ist **während der Insolvenz** allerdings nur unzulässig, soweit sie zugunsten eines Insolvenzgläubigers iSd § 38 InsO bzw eines nachrangigen Insolvenzgläubigers iSd § 39 InsO erfolgen soll. Darunter fallen keine sog **Neugläubiger**, die ihren Anspruch erst nach Verfahrenseröffnung erworben haben. Obwohl ihnen der Zugriff auf die Insolvenzmasse (Uhlenbruck/*Uhlenbruck* InsO § 89 Rn 19) und gem § 89 II 1 InsO auch eine Pfändung künftiger (BGH InVo 08, 16, 17) Forderungen auf Bezüge aus einem Dienstverhältnis verwehrt ist, können sie die Zwangsvollstreckung in das **insolvenzfreie, pfändbare Vermögen** des Gemeinschuldners betreiben (AG Göttingen ZInsO 07, 1165, 1166) und daher auch das Verfahren nach §§ 899 ff (AG Göttingen ZInsO 07, 1165, 1166; *Viertelhausen* DGVZ 01, 36, 39).

62 Verbindet der Schuldner mit dem Widerspruch nach Abs 4 (auch) die Einwendung nach § 89 I InsO (aA Smid § 89 Rn 16: § 89 I InsO ist durch Erinnerung nach § 766 geltend zu machen), so gilt § 89 III 1 InsO (AG Göttingen ZInsO 07, 1165). Der Gerichtvollzieher hat deshalb nicht dem Vollstreckungsgericht, sondern dem **Insolvenzgericht** vorzulegen, das zur Vermeidung einer gespaltenen Zuständigkeit auch über nicht insolvenzspezifische Einwendungen entscheidet (AG Göttingen ZInsO 07, 1165; aA Jaeger/*Eckardt* InsO § 89 Rn 82; *App* NZI 99, 138, 140). Obwohl nach hM iRd § 89 III InsO die Zuständigkeit des **Rechtspflegers** nach §§ 3 Nr 2 lit e, 18 RPflG durch die des **Richters** nach § 20 Nr 17 S 2 RPflG **verdrängt** wird (BGH NZI 04, 278; NZI 05, 520; aA AG Göttingen ZInsO 07, 1165; AG Duisburg NZI 00, 608), ist für die Widerspruchsentscheidung nach Abs 4 der **Rechtspfleger** zuständig.

63 Über den Wortlaut des § 89 III 1 InsO hinaus ist das **Insolvenzgericht** wegen größerer Sachnähe auch für Entscheidungen nach § 766 zuständig, wenn der **Gläubiger** gegen die auf § 89 I InsO gestützte Verweigerung des Gerichtsvollziehers vorgeht (BGH InVo 08, 16, 17).

64 **V. Rechtsbehelfe.** Gegen den Beschl, durch welchen der Rechtspfleger über die Einwendungen des Schuldners im Widerspruchsverfahren entscheidet, ist gem §§ 793, 567 I Nr 1 die **sofortige Beschwerde** statthaft (Ddorf NJW-RR 01, 68, 69; Zö/*Stöber* Rn 42; Keller Rn 263); auch im Falle der Abgabe nach § 899 II (ThoPu/*Hüßtege* Rn 35). Die **Beschwerdefrist** beginnt mit wirksamer **Zustellung** des Beschl (MüKoZPO/*Eickmann* Rn 24; St/J/*Münzberg* Rn 50). Die Beschwerde kann nach § 571 II ebenfalls auf Gründe gestützt werden, welche der Schuldner im Termin nicht vorgebracht hat, weil sie erst später entstanden sind (St/J/*Münzberg* Rn 50). Dagegen finden mit Ausn der vAw zu beachtenden Voraussetzungen Einwände keine Berücksichtigung, die der Schuldner entgegen Abs 4 S 1 vor dem Termin in schriftlicher Form erhoben hat. Sonst würde das Gebot zur Erhebung der Einwendungen im Termin umgangen (St/J/*Münzberg* Rn 50).

65 Zuständig für die Entscheidung über die Beschwerde ist nach § 793 ZPO, § 72 GVG das **LG** (HK-ZPO/*Kindl* § 793 Rn 5).

66 **VI. Verfahren bei fehlenden Einwendungen des Schuldners.** Auch ohne Einwendungen des Schuldners hat der **Gerichtsvollzieher** vor Abnahme der eidesstattlichen Versicherung vAw seine ausschließliche (§ 802) **Zuständigkeit** nach § 899, die **allg Vollstreckungsvoraussetzungen** sowie die **besonderen Voraussetzungen** der §§ 807, 836 III 2, 883 II zu prüfen (HK-ZPO/*Rathmann* Rn 4; s.o. Rz 8; St/J/*Münzberg* Rn 3 ff). Liegen sie vor, nimmt er dem Schuldner bzw dessen gesetzlichem Vertreter nach Belehrung gem § 480 und nach vollständiger Ausfüllung des Vermögensverzeichnisses die eidesstattliche Versicherung ab.

67 Andernfalls lehnt der Gerichtsvollzieher bei **unbehebbaren Mängeln** die Terminsbestimmung ab (St/J/*Münzberg* Rn 27); dem Gläubiger steht dann die **Erinnerung** nach § 766 offen. Bei **behebbaren Mängeln** ergeht an den Gläubiger ein Hinweis entspr § 139; eine Ablehnung kommt erst in Betracht, wenn er den Mangel innerhalb einer gesetzten Frist nicht beseitigt (St/J/*Münzberg* Rn 27).

68 **G. Eidesstattliche Versicherung vor rechtskräftiger Widerspruchsentscheidung (Abs 4 S 2).** Bei Einwendungen des Schuldners erfolgt die Abnahme der eidesstattlichen Versicherung gem Abs 4 S 2 Hs 1 grds erst nach rechtskräftiger Entscheidung über den Widerspruch (MüKoZPO/*Eickmann* Rn 26), es sei denn, das Vollstreckungsgericht lässt gem Abs 4 S 2 Hs 2 die Abnahme bereits vor Rechtskraft zu oder der Schuldner beantragt dies (s.o. Rz 57).

69 Nach dem Gesetzeswortlaut des Abs 4 S 2 Hs 2 kommt eine solche Entscheidung zunächst in Betracht, wenn ein **früherer Widerspruch rechtskräftig verworfen** worden ist, und zwar auch dann, wenn dieser auf anderen Gründen beruhte als der erneute Widerspruch (Schuschke/Walker/*Schuschke* Rn 37). Ferner ergeht eine solche Entscheidung, wenn nach Vertagung gem Abs 3 der Widerspruch auf Tatsachen gestützt wird, die zur Zeit der ersten Antragsvertagung bereits eingetreten waren, oder wenn der Schuldner den

Widerspruch auf Einwendungen stützt, die den Anspruch selbst betreffen. Für letzteren Fall gilt eine Ausn, wenn diese iSd § 775 Nr 4, 5 urkundlich belegt sind. Da neben den gem § 767 durch Vollstreckungsabwehrklage geltend zu machenden Erfüllungseinwand auch die Unzulässigkeit der Fortsetzung der Zwangsvollstreckung gem § 775 tritt, liegt kein verschleppender Widerspruch vor (Gottwald Zwangsvollstreckung Rn 38). Eine Anordnung nach Abs 4 S 2 Hs 2 scheidet daher aus.

Entsprechend dem Gesetzeszweck kommt eine Anordnung nach Abs 4 S 2 Hs 2 außerdem bei **rechtsmissbräuchlichem Verhalten** in Betracht (AG Groß-Gerau Rpfleger 85, 245, 246; B/L/A/H Rn 49; aA: abschließender Wortlaut MüKoZPO/*Eickmann* Rn 27; Musielak/*Voit* Rn 27; Schuschke/Walker/*Schuschke* Rn 37). 70

Die Anordnung ergeht durch **Beschl**, bei Entscheidung über den Widerspruch auch gesondert (Zö/*Stöber* Rn 24). Er ist nach § 329 III vAw zuzustellen (Zö/*Stöber* Rn 24). Die Anordnung nach Abs 4 S 2 als prozessleitende Verfügung unterliegt nicht der Anfechtung (KG MDR 62, 582; LG Berlin Rpfleger 72, 325; Keller Rn 272). Ergeht sie durch den Rechtspfleger, so steht dem Schuldner daher die **befristete Rechtspflegererinnerung** nach § 11 II RPflG zu (*Gottwald* Zwangsvollstreckung Rn 47; MüKoZPO/*Eickmann* Rn 53). 71

H. Hinterlegung der Versicherung. Der Gerichtsvollzieher hat das eidesstattlich versicherte Vermögensverzeichnis bzw die eidesstattlich versicherten Angaben nach §§ 836 III, 883 II sowie sein Protokoll nach Abs 5 im Original unverzüglich beim **Vollstreckungsgericht** zu hinterlegen und dem Gläubiger (formlos) eine Abschrift zuzuleiten. Der Schuldner erhält sie nur auf entsprechenden Antrag (B/L/A/H Rn 51). 72

I. Kosten/Gebühren. Da das Verfahren durch den Gerichtsvollzieher durchgeführt wird, fallen **keine Gerichtskosten** an; vielmehr bestimmen sich die Kosten des Verfahrens vor dem Gerichtsvollzieher nach KVGv 260, 700 ff der Anlage zu § 9 GvKostG. Die Gebühr fällt an, wenn der Schuldner die in § 807 III vorgesehene Versicherung abgegeben hat (Gottwald Zwangsvollstreckung Rn 48 ff). Diese Kosten sowie die Kosten eines sich anschließenden gerichtlichen Verfahrens gehören zu den **Kosten der Zwangsvollstreckung** nach § 788 I und sind daher vom Schuldner zu tragen (Musielak/*Voit* Rn 30; Schuschke/Walker/*Schuschke* Rn 51). 73

Nimmt der Gläubiger den Auftrag nach Abs 1 S 1 zurück, so gilt § 269 III analog (Musielak/*Voit* Rn 30; Wieczorek/Schütze/*Storz* Rn 123). In der Regel hat dann der Gläubiger die bis dahin angefallenen Kosten zu tragen. 74

§ 901 Erlass eines Haftbefehls.

[1]Gegen den Schuldner, der in dem zur Abgabe der eidesstattlichen Versicherung bestimmten Termin nicht erscheint oder die Abgabe der eidesstattlichen Versicherung ohne Grund verweigert, hat das Gericht zur Erzwingung der Abgabe auf Antrag einen Haftbefehl zu erlassen. [2]In dem Haftbefehl sind der Gläubiger, der Schuldner und der Grund der Verhaftung zu bezeichnen. [3]Einer Zustellung des Haftbefehls vor seiner Vollziehung bedarf es nicht.

A. Normzweck und Regelungsgehalt. Die Vorschrift ordnet als Mittel zur Erzwingung der eidesstattlichen Versicherung des Schuldners Haft an. Der **Beugezwang** stellt ein geeignetes Instrument zur Vollstreckung dieser unvertretbaren Handlung dar, § 888. Denn Zwangsgeld wäre aufgrund nachgewiesener Erfolglosigkeit bzw glaubhaft gemachter Aussichtslosigkeit der Geldvollstreckung, § 807, für den Gläubiger zur Durchsetzung seines Anspruchs sinnlos (vgl Wieczorek/Schütze/*Storz* Rn 1). Der Erlass des Haftbefehls erscheint grds auch verhältnismäßig, weil der Schuldner die Maßnahme durch eigenes Verhalten verursacht hat und ohne weiteres vermeiden kann. Insoweit ist der Haftbefehl also geeignet und erforderlich, sodass prinzipiell keine Bedenken an der Verfassungsmäßigkeit von Norm und Maßnahme bestehen (BVerfGE 61, 126, 134 ff; BVerfGE 48, 396, 401). Etwas anderes kann im Ausnahmefall in Betracht kommen, wenn die Vermögenslosigkeit des Schuldners feststeht (BVerfGE 61, 126, 134). Ein Anspruch eines zivilrechtlichen Gläubigers auf Unterbrechung der Strafhaft des Schuldners zur Vollstreckung der Erzwingungshaft nach § 901 besteht nicht, wenn innerhalb der Frist des § 909 II mit dem Ende der Strafhaft zu rechnen ist (BGH NJW-RR 08, 1743). 1

B. Tatbestandsvoraussetzungen der Haftanordnung. I. Antrag des Gläubigers. Die Einleitung des Verfahrens erfolgt auf Antrag des Gläubigers, entweder **schriftlich** oder zu **Protokoll der Geschäftsstelle**, § 496. Es besteht **kein Anwaltszwang**, § 78 III. Da der Antrag aus prozessökonomischen Gründen mit dem Antrag auf Abgabe der eidesstattlichen Versicherung gem § 900 I 1 verbunden werden kann, besteht die Möglichkeit, ihn bereits im Verfahren vor dem Gerichtsvollzieher zu stellen, der diesen Antrag dann ggf an das Vollstreckungsgericht weitergibt (Musielak/*Voit* Rn 5; aA St/J/*Münzberg* Rn 3). Die Antragstellung nach 2 dem Termin muss dem Schuldner zur Gewährung rechtlichen Gehörs nicht erneut mitgeteilt werden (aA St/J/*Münzberg* Rn 3, 10; wie hier Wieczorek/Schütze/*Storz* Rn 20; s.u. Rz 22). Beauftragten Inkassounternehmen fehlt die Antragsbefugnis, weil diese von der materiell-rechtlichen Ermächtigung nicht erfasst wird (allgM LG Köln MDR 02, 1215, 1216; St/J/*Münzberg* Rn 3). Der Antrag kann bis zur Rechtskraft der Entscheidung, durch die der Haftbefehl erlassen wird, **zurückgenommen** werden (Musielak/*Voit* Rn 5). Ein entsprechendes späteres Vorbringen ist als **Aufhebungsantrag** zu verstehen (s.u. Rz 26).

3 **II. Vollstreckungsvoraussetzungen.** Im Verfahren zum Erlass des Haftbefehls sind die **allg** und **besonderen Vollstreckungsvoraussetzungen** des Offenbarungsverfahrens vAw zu prüfen (LG Dresden Rpfleger 99, 501). Auch bei Haftantrag des Finanzamts zur Erzwingung einer eidesstattlichen Versicherung gem § 284 VIII AO hat der Richter alle Vollstreckungsvoraussetzungen zu überprüfen (BGH NJW 08, 3504). **Haftfähigkeit** des Schuldners ist nicht erforderlich, sondern ihr Fehlen steht nur der Vollstreckung des Haftbefehls entgegen (Karlsr Rpfleger 99, 284). Es bedarf aber der **Verpflichtung des Schuldners** zur Abgabe der eidesstattlichen Versicherung, die im Termin vor dem Gerichtsvollzieher schon bestanden haben und bei Erlass des Haftbefehls fortbestehen muss (BGH NJW 08, 3504, 3505; NJW 08, 3288, 3289; Zö/*Stöber* Rn 3). Rechtskräftige Entscheidungen über Widersprüche gem § 900 IV binden den Richter, der über Erlass des Haftbefehls entscheidet (St/J/*Münzberg* Rn 4).

4 **III. Rechtsschutzbedürfnis.** Für die Haftanordnung muss ein **Rechtsschutzinteresse** bestehen (BVerfGE 61, 126, 135), das aber nicht bereits durch geringe Streitwerte entfällt (LG Düsseldorf JurBüro 97, 324). Unbilligkeiten können jedoch durch die Anwendung von § 765a abgewendet werden (BVerfGE 48, 396, 401). Besteht zweifelsfrei **Leistungsunfähigkeit** des Schuldners, so ist die durch die Haft erzwungene eidesstattliche Versicherung für den Gläubiger ohne Wert. Dafür fehlt es dementsprechend am Rechtsschutzbedürfnis (Wieczorek/Schütze/*Storz* Rn 7; HK-ZPO/*Rathmann* Rn 6 will bei Kenntnis des Vollstreckungsgerichts von der Leistungsunfähigkeit Verhältnismäßigkeit verneinen, obwohl schon das Rechtsschutzinteresse fehlt). Zulässig ist es unter dem Aspekt des Rechtsschutzbedürfnisses dagegen, den Haftantrag zurückzunehmen und später erneut zu stellen, wenn der Schuldner zwischenzeitlich Teilleistungen erbracht hat, aber weitere Leistungen ausbleiben (Wieczorek/Schütze/*Storz* Rn 7).

5 **IV. Nichterscheinen des Schuldners trotz ordnungsgemäßer Ladung.** Das Fernbleiben des Schuldners oder seines gesetzlichen Vertreters in dem zur Abgabe der Versicherung bestimmten Termin (zum Begriff Termin Musielak/*Voit* Rn 2) nach § 900 I–III trotz **richtiger** und **rechtzeitiger Ladung** (§ 900 Rz 12 ff) führt zur Haftanordnung (BGH NJW 08, 3504, 3505). Dies gilt in entsprechender Anwendung des § 337 nicht, sofern der Schuldner **ohne Verschulden** verhindert war (vgl MüKoZPO/*Eickmann* Rn 6). Unabwendbarer Zufall, zB wegen Unkenntnis der zugestellten Terminsladung bei Auslandsaufenthalt (KG Berlin OLGZ 93, 358, 360) oder eine ernsthafte (nachgewiesene) Erkrankung (Jena Rpfleger 97, 446, 447) können dies bedingen (Nw bei Musielak/*Voit* Rn 2; Zö/*Stöber* Rn 4). Urlaubsabwesenheit oder Abwesenheit aus sonstigen Gründen dient uU ebenfalls als Entschuldigung, sofern eine Unterbrechung oder vorzeitige Rückkehr unzumutbar ist (LG Berlin JurBüro 98, 212, 213; Musielak/*Voit* Rn 2). Persönliche Motive, berufliche Verpflichtungen (MüKoZPO/*Eickmann* Rn 6) oder ein lediglich schriftlicher Widerspruch beseitigen die Säumnis nicht (Zö/*Stöber* Rn 4).

6 Die entsprechenden Umstände zu seiner **Entlastung** hat der **Schuldner darzulegen** und ggf zu **beweisen**. Er muss sie aber nicht gem § 294 glaubhaft machen (HK-ZPO/*Rathmann* Rn 4; aA ThoPu/*Hüßtege* Rn 4; nicht eindeutig KG OLGZ 93, 358, 360). Dann ergeht ein neuer Termin vAw (Hamm Rpfleger 77, 111; AG Neuruppin DGVZ 05, 43). **Nichtverhandeln** steht dem Nichterscheinen gleich (Wieczorek/Schütze/*Storz* Rn 13). **Haftunfähigkeit** findet erst iRv § 906 Beachtung (s. § 906 Rz 2). Bestreitet der Schuldner seine Offenbarungspflicht, kann er aus Gründen der Verfahrensökonomie und der Rechtssicherheit nur solche Gründe vortragen, welche er nicht bereits im Widerspruchsverfahren nach § 900 IV geltend gemacht hat oder jedenfalls hätte geltend machen können (MüKoZPO/*Eickmann* Rn 7). Nachträglich entstandene Einwände sind dagegen nicht präkludiert; vor Erlass des Haftbefehls ist über sie zu entscheiden (St/J/*Münzberg* Rn 5).

7 **V. Grundlose Verweigerung der Offenbarung.** Eine grundlose Verweigerung iSd Norm bei der Abgabe der eidesstattlichen Versicherung liegt dann vor, wenn der Schuldner sich entweder überhaupt nicht einlässt, auch nicht iRe Widerspruchsverfahrens, oder wenn seine Argumente durch **Zurückweisung des Widerspruchs rechtskräftig** nach § 900 IV (dazu § 900 Rz 39 ff) als unzulässig oder unbegründet verwor-

fen wurden (vgl HK-ZPO/*Rathmann* Rn 5). Ist der verwerfende Beschl noch **nicht rechtskräftig,** aber schon eine Anordnung nach § 900 IV 2 erfolgt, bleibt es dem Richter im Haftanordnungsverfahren unbenommen, die vAw zu prüfenden Voraussetzungen nachzuvollziehen (vgl MüKoZPO/*Eickmann* Rn 9).

Als **grundlose Verweigerung** gilt auch die (vollständige oder partielle) Ablehnung, das **Vermögensverzeichnis** auszufüllen (Zö/*Stöber* Rn 5), sowie die Mitteilung wissentlicher **Falschangaben** (LG Berlin DGVZ 08, 106). Dem stehen die Erklärung, keine Kenntnis über die Vermögensverhältnisse zu haben, wie auch die Weigerung, eine vom Gericht verlangte notwendige Präzisierung einzelner Angaben im Vermögensverzeichnis vorzunehmen, gleich (MüKoZPO/*Eickmann* Rn 9). Der grundlosen Verweigerung entspricht bei einem Termin in der Wohnung des Schuldners (§ 900 Rz 50) die **Zutrittsverweigerung** für den Gläubiger (Frankf Rpfleger 77, 146). Dies gilt jedenfalls dann, wenn der Grund des sog Haustermins in der Person des Schuldners liegt. Waren hingegen die Belange des Gläubigers oder diejenigen des Gerichtsvollziehers ursächlich für die Ortswahl, stellt die Zutrittsverweigerung lediglich eine berechtigte Geltendmachung des grundrechtlich geschützten Hausrechts dar, so dass der Schuldner den Zutritt nicht grundlos verweigert (weitergehend Musielak/*Voit* Rn 3: Hausrecht überwiegt immer). 8

C. Verfahren. I. Zuständigkeit. Die **sachliche Zuständigkeit** für den Erlass des Haftbefehls liegt beim **Vollstreckungsgericht**. Vor dessen Entscheidung muss jedoch der **Gerichtsvollzieher**, der den vergeblichen Offenbarungstermin geleitet hat, erneut überprüfen, ob ein neuer Termin zu bestimmen ist, weil die Säumnis des Schuldners auf Unverschulden beruhte (Schuschke/Walker/*Schuschke* Rn 11). Kommt er zum gegenteiligen Ergebnis, hat er die Akten mit dem Haftantrag des Gläubigers unverzüglich an den **Rechtspfleger** des Gerichts, da es sich um ein Geschäft der Zwangsvollstreckung handelt (§ 20 Nr 17 RPflG), weiterzuleiten, bei dem er selbst tätig ist, vgl § 899 I (AG Heinsberg Rpfleger 99, 550, 551 mit abl Anm *Schniguda*; gegen die Einschaltung des Rechtspflegers in dieses Verfahren Schuschke/Walker/*Schuschke* Rn 11). Bei Vorliegen der Voraussetzungen für den Erlass des Haftbefehls legt der **Rechtspfleger** die Sache seinerseits dem **Richter** zur Entscheidung vor, § 4 III RPflG. Anderenfalls kann der Antrag schon von ihm abgelehnt werden (B/L/A/H Rn 9; Musielak/*Voit* Rn 6; Wieczorek/Schütze/*Storz* Rn 22). Die Gegenauffassung verkennt, dass dem Richter nach § 4 III RPflG nicht jeder Antrag zur Entscheidung vorzulegen ist (so ThoPu/*Hüßtege* Rn 7). Ebensowenig überzeugt der Umkehrschluss aus § 4 II Nr 2 RPflG, wonach der Rechtspfleger, dem keine Entscheidung über den Haftantrag zustehe, auch nicht für dessen Ablehnung zuständig sein könne (so aber Zö/*Stöber* Rn 7). Dem Geschäftskreis des Rechtspflegers sollen nur freiheitsentziehende Maßnahmen entzogen sein. Nur die Zuständigkeit über den Erlass des Haftbefehls bleibt also funktionell dem Richter **zugewiesen**, vgl § 4 II Nr 2 RPflG e contrario (vgl BGH NJW 08, 3504, 3505; MüKoZPO/*Eickmann* Rn 10). 9

Die **örtliche Zuständigkeit** bemisst sich nach dem **Wohnsitz** des Schuldners (ggf nach dessen Aufenthaltsort) an dem gem § 899 maßgebenden Zeitpunkt (s. § 899 Rz 4). Ein späterer Wohnsitzwechsel ist für das Verfahren belanglos (LG Mönchengladbach Rpfleger 02, 529, 530). 10

Die Ablehnung der Haftanordnung kann der Gläubiger mit der **sofortigen Beschwerde** gem § 793 anfechten. Die Frist beginnt mit Zustellung des Beschl zu laufen (MüKoZPO/*Eickmann* Rn 18). Sofern der Gerichtsvollzieher – statt den Haftbefehl dem Richter vorzulegen – lediglich einen neuen Termin anberaumt, kann der Gläubiger dagegen mit der Erinnerung gem § 766 vorgehen (Zö/*Stöber* Rn 7). 11

II. Entscheidungen. Soweit das Gericht die Tatbestandsvoraussetzungen des § 900 I verneint, gilt es zu differenzieren: Bei einem **nicht ordnungsgemäßen Antrag** ist dem Gläubiger die Möglichkeit einzuräumen, **behebbare Fehler** zu beseitigen. Bei **unbehebbaren Mängeln** hat das Vollstreckungsgericht nicht nur den Haftbefehlsantrag abzuweisen, sondern auch den Auftrag an den Gerichtsvollzieher auf Abnahme der eidesstattlichen Versicherung (Musielak/*Voit* Rn 7). Diese abl Entscheidung ist mittels **sofortiger Beschwerde** nach § 793 angreifbar (MüKoZPO/*Eickmann* Rn 18). Grds entscheidet der Richter nach Aktenlage, da ein Vorführungsbefehl zur Anhörung des Schuldners mangels Rechtsgrundlage gegen Art 104 I 1 GG verstoßen würde (LG Paderborn Rpfleger 05, 208, 209 mit zust Anm *Schneider*). Stets ist das Vorliegen der Voraussetzungen für den Erlass des Haftbefehls zu prüfen. UU gibt der Richter die Sache auch an den Gerichtsvollzieher zur weiteren Erledigung des Auftrags zurück, zB, wenn sich dessen Verfahren als fehlerhaft oder unvollständig erwiesen hat (Zö/*Stöber* Rn 7). Dem folgt regelmäßig die Bestimmung eines neuen Termins zur Abgabe der Versicherung (Musielak/*Voit* Rn 7). 12

Der als Beschl ergehende **Haftbefehl** wird gem § 329 III vAw zugestellt, da gegen ihn das Rechtsmittel der **sofortigen Beschwerde** statthaft ist (s.u. Rz 20). Nach S 3 muss die Zustellung nicht vor Vollziehung des 13

Haftbefehls erfolgen, obwohl dies zweckmäßig und wünschenswert wäre, um dem Schuldner eine Anfechtung vor der Haft zu ermöglichen (HK-ZPO/*Rathmann* Rn 7). Eine Übergabe entspr § 909 I 2 genügt nicht, sondern verstieße gegen den eindeutigen Wortlaut des § 329 III (MüKoZPO/*Eickmann* Rn 17; aA Musielak/*Voit* Rn 9; ThoPu/*Hüßtege* Rn 8).

14 Der Haftbefehl ist dem Gläubiger in **Ausfertigung** auszuhändigen, der damit den Gerichtsvollzieher beauftragen kann, § 909 I. Gegen die Ablehnung der Verhaftung durch den Gerichtsvollzieher findet die **Erinnerung** nach § 766 statt (LG Rostock JurBüro 03, 107).

15 **III. Inhalt.** Der Beschl über den Haftbefehl (S 2) enthält zwingend: die **Bezeichnung der Parteien** mit Anschrift, ggf die **gesetzlichen Vertreter**. Den Maßstab bildet § 750 I 1 (ThoPu/*Hüßtege* Rn 6). Bei **prozessunfähigen Schuldnern** ist deren gesetzlicher Vertreter zu benennen, da dieser die eidesstattliche Versicherung abzugeben hat (vgl § 900 Rz 5) und somit bei Zuwiderhandlung zu verhaften ist. Im Fall **mehrerer gesetzlicher Vertreter** muss der Beschl denjenigen bezeichnen, der geladen war und nicht erschienen ist bzw grundlos die Abgabe der eidesstattlichen Versicherung verweigert hat (HK-ZPO/*Rathmann* Rn 8). Das **Datum des Haftbefehls** ist wegen § 909 II zu nennen. Ferner gehört auch der **Grund der Verhaftung** zum Inhalt des Beschl. Dies erfordert Angaben über die Art der abzugebenden eidesstattlichen Versicherung (§§ 807, 836 III 2 bzw § 883 II).

16 Der Anordnungsbeschluss bezeichnet weiterhin den zugrunde liegenden **Vollstreckungstitel** (Zö/*Stöber* Rn 8). Denn der Gerichtvollzieher muss überprüfen können, ob der vorgelegte Titel aus dem betriebenen Verfahren stammt (MüKoZPO/*Eickmann* Rn 12).

17 Letztlich ist der dem Verfahren zugrunde liegende **Geldbetrag** als Gesamtforderung oder Forderungsteilbetrag aufzuführen (Zö/*Stöber* Rn 8; aA gegen die Benennung einer Lösungssumme die wohl hM LG Düsseldorf MDR 61, 607; Musielak/*Voit* Rn 8; St/J/*Münzberg* Rn 13). Denn nur so kann der Schuldner durch Zahlung des ausstehenden Betrages die Verhaftung abwenden (vgl § 909 Rz 4). Aus einer reinen Forderungsaufstellung im Verhaftungsauftrag vermag der Gerichtsvollzieher keine Rückschlüsse zu ziehen, ob das Offenbarungsverfahren nicht nur wegen eines Teilbetrages betrieben wurde (MüKoZPO/*Eickmann* Rn 13). Er müsste dann zu Lasten des Schuldners die Verhaftung durchführen, wenn dieser nicht den Gesamtbetrag entrichtet.

18 Die Haftanordnung muss nicht zwingend mit der Angabe ihrer **Höchstdauer** verbunden sein (aA ThoPu/*Hüßtege* Rn 6), da diese aus § 913 folgt (vgl HK-ZPO/*Rathmann* Rn 8).

19 Der Haftbefehl ist vom Richter eigenhändig zu **unterschreiben** und bei **Anwesenheit** beider Parteien zu **verkünden** (Wieczorek/Schütze/*Storz* Rn 26). Eine bloße Unterzeichnung eines Formulars mit Textbausteinen, das bei Ausfertigung von der Geschäftsstelle ergänzt werden soll, reicht wegen der weitreichenden Folgen der Entscheidung nicht (Köln MDR 90, 346).

20 **D. Rechtsbehelfe gegen den Haftbefehl. I. Zulässigkeit und Verfahren.** Gegen den Haftbefehl ist die **sofortige Beschwerde** nach §§ 793, 567 ff statthaft (Jena DGVZ 02, 90, 91; Schuschke/Walker/*Schuschke* Rn 14). Selbst wenn der Schuldner zwischenzeitlich die Offenbarungspflicht erfüllt hat, bleibt die Beschwerde statthaft, da er weiterhin durch die Eintragung des Haftbefehls in das Schuldnerverzeichnis, § 915 I, beschwert ist und ein Rechtsschutzbedürfnis für die Löschung der Eintragung besteht (MüKoZPO/*Eickmann* Rn 19; vgl auch LG Limburg DGVZ 85, 44 f).

21 Die Beschwerdefrist beginnt grds mit der **Zustellung**, vgl § 569 I 2. Wird der Haftbefehl dem Schuldner nicht zugestellt, beginnt die Frist jedoch mit der **Übergabe** einer beglaubigten Abschrift des Haftbefehls gem § 909 I 2, damit der Schuldner Kenntnis vom Fristbeginn erhält (Musielak/*Voit* Rn 10; Zö/Stöber Rn 13; aA MüKoZPO/*Eickmann* Rn 17). Zustellungen haben an den Prozessbevollmächtigten der 1. Instanz zu erfolgen, §§ 172 I, 81. **Fristablauf** bewirkt die Unzulässigkeit der sofortigen Beschwerde, selbst wenn die Gründe für die sofortige Beschwerde erst im Nachhinein entstanden sind (Musielak/*Voit* Rn 12). In solch einem Fall hilft analog § 766 der Antrag an das Vollstreckungsgericht, den Haftbefehl aufzuheben (LG Wuppertal MDR 62, 996; St/J/*Münzberg* Rn 5). Die in der Praxis nicht seltene Aufhebung des Haftbefehls vAw ist indessen unzulässig (MüKoZPO/*Eickmann* Rn 21), sofern dieser sich nicht verbraucht hat (s.u. Rz 26).

22 Ein Anspruch auf **rechtliches Gehör** zur Offenbarungspflicht besteht für den Schuldner in diesem Verfahren nicht. Denn es wurde ihm bereits durch den Termin zur Abgabe der eidesstattlichen Versicherung ermöglicht. Entsprechendes gilt, wenn der Antrag auf Haftanordnung erst nach diesem Termin gestellt wurde (vgl o Rn 2). Rechtliches Gehör soll nicht zu diesem Antrag, sondern zu den die Haftanordnung

rechtfertigenden Voraussetzungen der Offenbarungspflicht gewährt werden. Der Haftbefehl ist keine Maßnahme des Vollstreckungszwangs, sondern Entscheidung nach Säumnis und Weigerung im Offenbarungsverfahren (Zö/*Stöber* Rn 13). Das Verfahren bildet somit insgesamt eine Einheit, so dass die Möglichkeit zur Stellungnahme vor dem Gerichtsvollzieher ausreicht (MüKoZPO/*Eickmann* Rn 19).

II. Begründetheit. Die sofortige Beschwerde kann darauf gestützt werden, dass **Verfahrensvoraussetzungen fehlen** (LG Aschaffenburg DGVZ 93, 76 f), dass der Schuldner **weder säumig** war (Frankf Rpfleger 75, 67, 68) **noch grundlos** die Abgabe der Versicherung verweigert hat, oder dass der vollstreckbare **Titel** nach der Haftanordnung **weggefallen** ist (Zö/*Stöber* Rn 14). Ferner kommt in Betracht, dass eine Verpflichtung zur Abgabe der Versicherung deshalb nicht besteht, weil eine solche bereits innerhalb der letzten drei Jahre abgegeben worden ist, § 903 S 1 (Zö/*Stöber* Rn 14). 23

Dagegen finden Einwendungen des Schuldners gegen die dem Verfahren zugrunde liegende **Forderung** keine Berücksichtigung (LG Göttingen JurBüro 04, 658). Ein **Widerspruchsverfahren** gem § 900 IV präkludiert sämtliche Tatsachen, die in diesem Verfahren hätten vorgetragen werden können (LG Düsseldorf JurBüro 85, 1737). Ohne einen Widerspruch muss der Schuldner allerdings damit im Beschwerdeverfahren gegen die Anordnung der Haft noch gehört werden (Frankf Rpfleger 76, 27; LG Saarbrücken DGVZ 04, 29), da keine Pflicht zum Widerspruch besteht (Musielak/*Voit* Rn 12). Nach § 570 II, III kann die Vollziehung der Haft bis zur Entscheidung ausgesetzt werden (LG Frankfurt MDR 90, 256). 24

Unberührt vom Rechtsbehelf hat der Schuldner die Möglichkeit, **Vollstreckungsschutz** nach § 765a zu beantragen (Gottwald Zwangsvollstreckung Rn 15), entweder zusammen mit dem Widerspruch gem § 900 IV (Hamm NJW 68, 2247, 2248) oder nach Haftanordnung zusammen mit der sofortigen Beschwerde (MüKoZPO/*Eickmann* Rn 22). Außerdem bleibt es jederzeit möglich, dass der Rechtspfleger das Verfahren aus den Gründen des § 775 **einstellt** (Gottwald Zwangsvollstreckung Rn 16). 25

E. Aufhebung und Verbrauch des Haftbefehls. Auch ohne ausdrückliche gesetzliche Anordnung kann der Haftbefehl vom Vollstreckungsgericht aufgehoben werden (Gottwald Zwangsvollstreckung Rn 18), und zwar durch den **Rechtspfleger** (Musielak/*Voit* Rn 13), weil § 4 II Nr 2 RPflG nicht entgegensteht. Die Aufhebung setzt voraus, dass der Gläubiger oder der Schuldner sie mit seiner Zustimmung **beantragt** (LG Frankfurt NJW 61, 1217, 1218). Sie erfolgt ebenfalls dann, wenn der Gläubiger den Antrag auf Abgabe der eidesstattlichen Versicherung **zurücknimmt** (LG Frankenthal Rpfleger 86, 268). Danach ist die Eintragung im Schuldnerverzeichnis nach § 915a II Nr 2 zu löschen (HK-ZPO/*Rathmann* Rn 9). 26

Der Haftbefehl ist ferner aufzuheben, wenn er **verbraucht** ist, und zwar vAw (HK-ZPO/*Rathmann* Rn 9; aA St/J/*Münzberg* Rn 28: Antrag erforderlich). Der Verbrauch des Haftbefehls, der seinem Vollzug entgegensteht (Wieczorek/Schütze/*Storz* Rn 41), tritt bei **Wegfall der Voraussetzungen** für seinen Erlass ein, zB wenn die Offenbarungsversicherung abgegeben wird, insb nach § 902. Gleiches gilt, wenn der Schuldner die Offenbarungsversicherung auf Betreiben eines anderen Gläubigers abgibt, § 807 (LG Frankenthal Rpfleger 86, 268). Daneben ist der Haftbefehl mit **Erfüllung** des Anspruchs verbraucht, aufgrund dessen die Zwangsvollstreckung betrieben wird, allerdings einschl Nebenforderungen und Kosten, § 788 (HK-ZPO/*Rathmann* Rn 9). Das Gleiche gilt mit Ablauf der **Haftdauer** von sechs Monaten, § 913, sowie der **Drei-Jahresfrist** nach § 909 II. Eine Aufhebung wegen seines Verbrauchs erfolgt schließlich, wenn ein **Rechtsbehelf** des Schuldners Erfolg hat (B/L/A/H Rn 14). Kein Verbrauch und damit keine Aufhebung kommen hingegen in Betracht, wenn der Schuldner nur eine Teilzahlung anbietet oder erbringt (LG Frankfurt DGVZ 03, 41). 27

F. Kosten/Gebühren. Die Verfahrenskosten fallen unter § 788. Im Haftbefehlsverfahren entstehen keine selbständigen Gerichtsgebühren. Die Kosten eines Beschwerdeverfahrens fallen nach § 97 I – außer im Fall des Abs 2 – dem unterliegenden Teil zur Last. Für den Anwalt handelt es sich um eine besondere Angelegenheit iSv § 18 I Nr 16 RVG. 28

§ 902 Eidesstattliche Versicherung des Verhafteten.

(1) [1]Der verhaftete Schuldner kann zu jeder Zeit bei dem zuständigen Gerichtsvollzieher des Amtsgerichts des Haftortes verlangen, ihm die eidesstattliche Versicherung abzunehmen. [2]Dem Verlangen ist ohne Verzug stattzugeben. [3]Dem Gläubiger ist die Teilnahme zu ermöglichen, wenn er dies beantragt hat und die Versicherung gleichwohl ohne Verzug abgenommen werden kann.

(2) Nach Abgabe der eidesstattlichen Versicherung wird der Schuldner aus der Haft entlassen und der Gläubiger hiervon in Kenntnis gesetzt.

(3) [1]Kann der Schuldner vollständige Angaben nicht machen, weil er die dazu notwendigen Unterlagen nicht bei sich hat, so kann der Gerichtsvollzieher einen neuen Termin bestimmen und die Vollziehung des Haftbefehls bis zu diesem Termin aussetzen. [2]§ 900 Abs. 1 Satz 2 bis 4 gilt entsprechend.

1 **A. Normzweck und Regelungsgehalt.** Die Vorschrift dient dem **Ausgleich** des **Gläubigerinteresses** auf Information, die notfalls durch Beugehaft erzwungen wird, und dem **Schuldnerinteresse** auf Gewährleistung seiner verfassungsrechtlich geschützten Freiheit, Art 104 I 1 GG. Da mit Abgabe der eidesstattlichen Versicherung das Ziel der Haft erreicht ist, darf dem zur Abgabe bereiten Schuldner wegen des Grundsatzes der **Verhältnismäßigkeit** die Freiheit nicht länger entzogen werden. Vielmehr muss der Gerichtsvollzieher gem Abs 2 die eidesstattliche Versicherung so schnell wie möglich abnehmen und der Schuldner danach unverzüglich entlassen werden.

2 **B. Tatbestandsvoraussetzungen.** Der Schuldner, der entgegen seiner bestehenden Verpflichtung die eidesstattliche Versicherung unter den Voraussetzungen des § 901 nicht abgibt, wird gem § 909 verhaftet und in die zuständige Vollzugsanstalt verbracht.

3 **I. Verlangen der Offenbarungsversicherung durch den verhafteten Schuldner.** Auf Verlangen (Antrag) ist dem Schuldner unverzüglich (§ 121 BGB) die eidesstattliche Versicherung abzunehmen, nachdem er verhaftet wurde.

Über den Wortlaut hinaus muss ihm das gleiche Recht zustehen, wenn er **anlässlich seiner Verhaftung** verlangt, die eidesstattliche Versicherung abgeben zu dürfen (AG Hildesheim DGVZ 05, 30). In diesen Fällen ist keine Freiheitsentziehung mehr erforderlich, da der Schuldner iSv § 186 Nr 5 GVGA »die Leistung bewirkt«. Deshalb wird kein Termin gem § 900 I 1 anberaumt, sondern sogleich vor Ort die eidesstattliche Versicherung abgenommen (aA Zö/*Stöber* Rn 2). Dem Gläubiger ist in den Grenzen des Abs 1 S 3 die Anwesenheit zu ermöglichen (Musielak/*Voit* Rn 2). Ensprechendes gilt für den Fall, dass der Gerichtsvollzieher den Schuldner an einem anderen Ort antrifft. Dem Gläubiger soll auch in dieser Konstellation eine Teilnahme ermöglicht werden. Ein Widerspruchsrecht gegen die Abgabe der eidesstattlichen Versicherung steht ihm aber nicht zu (Zö/*Stöber* Rn 2).

Umstr ist die Behandlung des Falles, dass die Verhaftung des Schuldners (noch) **nicht unmittelbar droht**, der Schuldner aber dennoch zu ihrer Abwendung die eidesstattliche Versicherung abgeben möchte. Nach vorherrschender Ansicht soll er einen Termin entspr § 900 I beantragen müssen (Schuschke/Walker/*Schuschke* Rn 6; Zö/*Stöber* Rn 2 jew mwN). Dieses Verfahren hätte den Vorteil, dem Gläubiger die Teilnahme zu ermöglichen. Andererseits könnte der Schuldner aber jederzeit vor seiner Verhaftung den Gerichtsvollzieher aufsuchen und dadurch erzwingen, dass dieser ihm die eidesstattliche Versicherung **anlässlich** seiner Verhaftung abnimmt. Deshalb muss auch auf sein Verlangen die vorzeitige Abnahme der Versicherung an Eides statt möglich sein (HK-ZPO/*Rathmann* Rn 2; Musielak/*Voit* Rn 2; Wieczorek/Schütze/*Storz* Rn 5; weitergehend AG Augsburg DGVZ 03, 191).

4 **II. Zuständigkeit des Gerichtsvollziehers.** Die eidesstattliche Versicherung wird dem Schuldner gem Abs 1 grds vom zuständigen Gerichtsvollzieher des AG am **Haftort** abgenommen. Das ist das für den Bezirk der Haftanstalt zuständige AG (St/J/*Münzberg* Rn 1a). Soweit der Schuldner noch nicht in die Vollzugsanstalt verbracht wurde, ist der **verhaftende Gerichtsvollzieher** zur Abnahme der eidesstattlichen Versicherung zuständig. Unter dem Aspekt einer raschen Abwicklung im allseitigen Interesse lässt sich das AG des **Verhaftungsortes** dann als dasjenige des Haftortes ansehen (Wieczorek/Schütze/*Storz* Rn 6), auch wenn die Bezirke auseinander fallen. Zu förmlich erscheint dagegen die Ansicht, dass es hier mangels Haftortes iSd Abs 1 S 1 bei der Zuständigkeit des Gerichtsvollziehers am Aufenthaltsort des Schuldners nach § 899 verbleibt (aA MüKoZPO/*Eickmann* Rn 4). Dieser ist allerdings zuständig, wenn der Schuldner vor der Verhaftung die Abgabe der eidesstattlichen Versicherung verlangt.

5 **III. Unverzügliche Abnahme der eidesstattlichen Versicherung (Abs 1 S 2).** Dem Verlangen des Schuldners ist ohne Verzug stattzugeben, Abs 1 S 2. Andere Dienstgeschäfte des Gerichtsvollziehers sind deshalb zurückzustellen (MüKoZPO/*Eickmann* Rn 5). Ohne Verzug meint aber nicht, dass es keinerlei Verzögerung geben darf, etwa zur Nachtzeit gehandelt werden müsste. Ebenso schaden kürzere Verhinderungen des Gerichtsvollziehers nicht. Ferner liegt noch kein Verstoß gegen Abs 1 S 2 vor, wenn ein Dolmetscher hinzugezogen werden muss (Musielak/*Voit* Rn 4). Der Grundsatz der **Verhältnismäßigkeit** zwingt zu einer Haftunterbrechung, aber nicht zu einer endgültigen Entlassung, wenn das Erscheinen des Dolmetschers nicht

kurzzeitig gewährleistet werden kann (Musielak/*Voit* Rn 4). Seine Hinzuziehung am Tag nach der Verhaftung genügt (AG Kirchheim DGVZ 83, 63; Wieczorek/Schütze/*Storz* Rn 11). Entsprechend Abs 3 muss der Gerichtsvollzieher anderenfalls einen neuen Termin zur Abgabe der Versicherung an Eides statt bestimmen und die Vollziehung des Haftbefehls bis dahin aussetzen (Musielak/*Voit* Rn 4).

IV. Gläubigerrechte (Abs 1 S 3). Dem Gläubiger bzw dessen Vertreter ist die Teilnahme am Termin zur Abnahme der eidesstattlichen Versicherung durch den verhafteten Schuldner zu ermöglichen, sofern er dies zuvor beantragt hat und die Versicherung gleichwohl ohne Verzug abgenommen werden kann, Abs 1 S 3. Der Gläubiger muss vom Termin telefonisch (§ 187 GVGA) unterrichtet werden; schriftliche Benachrichtigungen scheiden aufgrund der Zustellungsdauer aus (BTDrs 13/341 49). Bei Verstoß gegen diese Benachrichtigungspflicht kommen **Amtshaftungsansprüche** in Betracht (BGHZ 7, 287, 291; Schuschke/Walker/*Schuschke* Rn 2). Gewisse Verzögerungen des Verfahrens, die dadurch entstehen, dass der Gläubiger seinen Teilnahmewillen zum Ausdruck gebracht hat, sind vom Schuldner zur Wahrung der Gläubigerinteressen hinzunehmen (St/J/*Münzberg* Rn 3). Die zulässige Dauer der Verzögerung richtet sich nach den Umständen des Einzelfalls und kann sogar weniger als zwei Stunden betragen (LG Oldenburg DGVZ 03, 156, 157). Das Teilnahmeinteresse des Gläubigers ist umso höher einzuschätzen, wenn besondere Umstände, zB sehr hohe Forderungen, im Raum stehen (BGHZ 7, 287, 292; Zö/*Stöber* Rn 5). Im Zweifelsfall überwiegt jedoch das Interesse des Schuldners an persönlicher Freiheit (BTDrs 13/341 49; § 187 Nr 3 GVGA). Unerreichbarkeit rechtfertigt den Verzicht auf die Teilnahme des Gläubigers (Zö/*Stöber* Rn 5). Räumliche Distanz des Gläubigers vom Haftort steht nicht grds dem Umstand entgegen, dass die Abnahme der eidesstattlichen Versicherung in ganz kurzer Zeit erfolgen muss, wenn der Schuldner dies verlangt (HK-ZPO/*Rathmann* Rn 5; aA AG Kronach DGVZ 03, 157, 158). Denn der Gläubiger kann uU seine Anregungen oder Fragen fernmündlich vorbringen. Auch ist iRd Abwägung zu berücksichtigen, ob eine Vertretung des Gläubigers durch eine am Haftort wohnhafte Person in Betracht kommt (Musielak/*Voit* Rn 5). Wird die Versicherung unter Verletzung des Teilnahmerechts abgenommen, kann der Gläubiger zur Wahrnehmung seines Fragerechts einen weiteren Termin zur Abgabe der Offenbarungsversicherung verlangen (KG DGVZ 81, 75). 6

V. Verhaftung aufgrund mehrerer Gläubigeranträge. Der auf Antrag mehrerer Gläubiger verhaftete Schuldner ist nicht verpflichtet, die Versicherung **allen Gläubigern** ggü einzeln abzugeben (vgl zum Verfahren § 185e GVGA: ein Protokoll und ein Vermögensverzeichnis; aA LG Arnsberg DGVZ 94, 6). Dies ist auch deshalb nicht möglich, weil für das Vollstreckungsverfahren eine § 145 entsprechende Vorschrift fehlt. Zweckmäßigerweise sollte man den Schuldner auf den **ältesten Antrag** offenbaren lassen (MüKoZPO/*Eickmann* Rn 5; z Meinungsstand iÜ vgl § 900 Rn 7). Mit Abgabe ggü einem Gläubiger entfällt gem § 903 eine Voraussetzung für eventuelle weitere Haftbefehle, so dass diese aufzuheben sind (Musielak/*Voit* Rn 7). 7

C. Rechtsfolgen/Rechtsbehelfe auf Veranlassung des Gläubigers. I. Anordnung der Haft. Einwendungen gegen die Haftanordnung sind im Wege der **sofortigen Beschwerde** vorzubringen. Ein nach Haftanordnung nicht mehr statthafter Widerspruch gem § 900 IV ist als eine sofortige Beschwerde (MüKoZPO/*Eickmann* Rn 8) oder als Antrag auf Aufhebung der Haftanordnung einzuordnen. Hierüber hat das **Vollstreckungs-** bzw das **Beschwerdegericht** bis zur Entscheidung über das Rechtsmittel zu entscheiden. Die Vorfrage der **Haftaussetzung** ist entspr §§ 570 II, 573 I ebenfalls einem **Richter** vorbehalten (Musielak/*Voit* Rn 3, hält den Rechtspfleger für zuständig; ähnl St/J/*Münzberg* Rn 8; differenzierend nach Art der Einwendung MüKoZPO/*Eickmann* Rn 9 ff; aA Zö/*Stöber* Rn 3, der auch dafür den Gerichtsvollzieher des Haftortes für zuständig hält). Etwas anderes gilt im Einzelfall gem § 187 Nr 6 GVGA, wonach der Gerichtsvollzieher uU den Haftbefehl aussetzen kann, damit der Schuldner die sofortige Beschwerde einlegen kann. 8

II. Nach Abgabe der eidesstattlichen Versicherung. Nach Abgabe der eidesstattlichen Versicherung wird der **Schuldner** aus der Haft **entlassen** und der Gläubiger hiervon in Kenntnis gesetzt, Abs 2. Eine formlose Information des Gläubigers genügt (Zö/*Stöber* Rn 7), idR durch Übersendung einer Protokollabschrift (HK-ZPO/*Rathmann* Rn 6). Die sofortige Entlassung muss in das Protokoll aufgenommen werden (HK-ZPO/*Rathmann* Rn 6; vgl insgesamt § 187 Nr 7 GVGA); durch sie ist der Haftbefehl **verbraucht**, so dass seine **Aufhebung nicht erforderlich** ist (LG Koblenz MDR 87, 944; aA St/J/*Münzberg* Rn 6). 9

Als zulässiger Rechtsbehelf gegen die Entlassungsentscheidung dient dem **Gläubiger** die **Erinnerung**, § 766 (St/J/*Münzberg* Rn 12; aA B/L/A/H Rn 9), durch die insb eine unvollständige Versicherung gerügt werden kann (Musielak/*Voit* Rn 8). Sie steht auch dem **Schuldner** zu, falls nach Abgabe der Versicherung die Anordnung der Entlassung ausbleibt (Musielak/*Voit* Rn 8). Rechtsbehelfe gegen den **Haftbefehl** selbst sind nunmehr **unzulässig** (Musielak/*Voit* Rn 9); ihnen fehlt nach seinem Verbrauch das Rechtschutzinteresse des Antragstellers.

10 Der Schuldner erfährt ferner **Vollstreckungsschutz** durch § 775 Nr 4. Er hat die Möglichkeit, eine Abschrift des Protokolls über die Abgabe der eidesstattlichen Versicherung vorzulegen. Schließlich kann er sich auf § 903 berufen, wenn er innerhalb der letzten 3 Jahre eine eidesstattliche Versicherung abgegeben hat (Zö/*Stöber* Rn 7).

11 Der Gläubiger hat keinen Zugriff auf den Haftbefehl. Ihm steht also kein Anspruch auf dessen Rückgabe zu (AG Rotenburg (Wümme) DGVZ 79, 47).Vielmehr bleibt der Haftbefehl bei den Akten des Gerichtsvollziehers (LG Koblenz MDR 87, 944) oder ist gem § 187 Nr 7 S 3 GVGA dem Schuldner zu übergeben (HK-ZPO/*Rathmann* Rn 6). Der Ausnahmefall, dass der Gläubiger den Haftbefehl dennoch im Besitz hatte, macht eine deklaratorische Aufhebung durch das Vollstreckungsgericht erforderlich (St/J/*Münzberg* Rn 12).

12 **III. Haftaussetzung aufgrund fehlender Unterlagen (Abs 3 S 1).** Sofern der verhaftete Schuldner die eidesstattliche Versicherung und das Vermögensverzeichnis nur deshalb nicht auszufüllen vermag, weil ihm die erforderlichen Unterlagen fehlen, ist nach Ermessen des Gerichtsvollziehers die Haft nach Abs 3 **auszusetzen** und ein **neuer Termin** nach Maßgabe des § 900 I 2–4 zur Abgabe der eidesstattlichen Versicherung zu bestimmen. Dies gilt nicht, wenn der Schuldner die fraglichen Unterlagen durch Dritte beibringen oder sich auch in die Haftanstalt bringen lassen bzw dem Gerichtsvollzieher in elektronischer Form zur Verfügung stellen kann (HK-ZPO/*Rathmann* Rn 7). Unzulässig ist die Abnahme der eidesstattlichen Versicherung auf Grundlage eines nicht vollständig ausgefüllten Vermögensverzeichnisses verbunden mit der Auflage, notwendige Angaben nachzureichen (Zö/*Stöber* Rn 8).

13 An der Durchführung des neuen (zeitnahen) Termins (MüKoZPO/*Eickmann* Rn 8) zur Abgabe der eidesstattlichen Versicherung ändern nachgereichte Unterlagen nichts (LG Berlin Rpfleger 73, 34). Für diesen Termin gilt nach Abs 3 S 2 § 900 I 2–4 entspr. Bei Nichterscheinen des Schuldners oder fehlender Vorbereitung kann der Gerichtsvollzieher ihn aufgrund des bestehenden Haftbefehls erneut verhaften (LG München II DGVZ 68, 137 f; St/J/*Münzberg* Rn 7), da dieser mangels vollständigen Vollzugs nicht verbraucht ist (§ 901 Rz 27; Musielak/*Voit* Rn 6). Die Aussetzung der Haft endet damit. Deshalb verbleibt der Haftbefehl in der Zwischenzeit auch beim Gerichtsvollzieher. Zu einer erneuten Haftaussetzung kommt es nur in Sonderfällen (BTDrs 13/341 50), da die Regelung des Abs 3 S 1 als Ausnahmevorschrift eng auszulegen ist (Zö/*Stöber* Rn 9).

14 **D. Gebühren.** Eine schon für den nach § 899 zuständigen Gerichtsvollzieher angefallene Gebühr (KV GVKostG 260) wird bei dessen erneuter Tätigkeit nach Abs 1 auf die Gebühr aus KV GVKostG 604 angerechnet. In der Regel ist bei einer Verhaftung nach Abs 1 die Gebühr gem KV GVKostG 270 einschlägig (St/J/*Münzberg* Rn 17). Bei unrichtiger Sachbehandlung entfällt sie aber wegen § 7 I GVKostG, wenn der Gerichtsvollzieher eine Unvollständigkeit der Offenbarungsversicherung hätte erkennen müssen (AG Berlin-Tiergarten DGVZ 02, 77). Gerichtsgebühren fallen nicht an. Gleiches gilt für Anwaltsgebühren, weil nur das Verfahren zur Abnahme der eidesstattlichen Versicherung eine besondere Angelegenheit gem § 18 I Nr 16 RVG darstellt.

§ 903 Wiederholte eidesstattliche Versicherung.

[1]Ein Schuldner, der die in § 807 dieses Gesetzes oder in § 284 der Abgabenordnung bezeichnete eidesstattliche Versicherung abgegeben hat, ist, wenn die Abgabe der eidesstattlichen Versicherung in dem Schuldnerverzeichnis noch nicht gelöscht ist, in den ersten drei Jahren nach ihrer Abgabe zur nochmaligen eidesstattlichen Versicherung einem Gläubiger gegenüber nur verpflichtet, wenn glaubhaft gemacht wird, dass der Schuldner später Vermögen erworben hat oder dass ein bisher bestehendes Arbeitsverhältnis mit dem Schuldner aufgelöst ist. [2]Der in § 807 Abs. 1 genannten Voraussetzungen bedarf es nicht.

1 **A. Normzweck und Regelungsgehalt.** Die Regelung soll im **Interesse des Schuldners** und zur **Entlastung der Rechtspflege** eine wiederholte Abgabe der eidesstattlichen Versicherung über denselben Vermögensgegenstand unterbinden. Der Schutz gilt allerdings unter Berücksichtigung von **Gläubigerbelangen** nur solange, wie ein früheres Vermögensverzeichnis noch Informationswert besitzt, also nicht, wenn eine Änderung in den Vermögensverhältnissen des Schuldners eingetreten ist oder wenn bisherige laufende Einkünfte weggefallen sind. Spätestens nach Ablauf von drei Jahren muss die eidesstattliche Versicherung ohnehin wiederholt werden, um zuverlässige Gläubigerinformationen garantieren zu können, vorher jedoch nur in Ausnahmefällen. Die dafür in § 903 genannten Voraussetzungen stehen allerdings der Nachbesserung einer unvollständigen eidesstattlichen Versicherung nicht im Wege (s.u. Rz 15 ff).

B. Ausschluss wiederholter eidesstattlicher Versicherung. Sofern der Schuldner die eidesstattliche Versicherung nach § 807 bzw § 284 AO innerhalb der letzten drei Jahre, selbst vor einem unzuständigen Gericht (LG Frankenthal Rpfleger 85, 33 f), abgegeben hat, ist jeder Gläubiger, der einen vollstreckbaren Titel hat, entspr § 299 I berechtigt, Auskünfte aus dem Schuldnerverzeichnis und Abschriften des Vermögensverzeichnisses zu verlangen (vgl MüKoZPO/*Eickmann* Rn 1). § 903 greift allerdings nicht ein, wenn die Abgabe der eidesstattlichen Versicherung auf anderen Bestimmungen beruht, wie zB auf den §§ 836, 883 (vgl BGH NJW 04, 2905 zu § 95 AO). Diese Vorschriften dienen – wie auch §§ 98, 153 InsO – einem anderen Zweck als § 807. 2

Das Gesetz geht grds davon aus, dass der Schuldner **nicht für jeden Gläubiger** eine eidesstattliche Versicherung abgeben muss, und zwar auch dann nicht, wenn es sich um ein anderes Verfahren oder ein anderes mit der Sache befasstes Gericht handelt (vgl bereits § 900 Rn 7, § 902 Rn 7; Musielak/*Voit* Rn 2). Der Schutz des Schuldners, der durch eine Sperrfrist von drei Jahren für die Abgabe einer erneuten eidesstattlichen Versicherung gewährleistet wird, entfällt allerdings dann, wenn besondere Umstände eine erneute Offenbarung seiner Vermögensverhältnisse rechtfertigen (s.u. Rz 8). Deshalb gilt die Rechtsfolge ggü **allen Gläubigern** (LG Bonn Rpfleger 93, 354) und ist vAw zu berücksichtigen (St/J/*Münzberg* Rn 1; aA ThoPu/*Hüßtege* [26. Aufl] Rn 1a). Die Dreijahresfrist beginnt mit der **Abgabe** der eidesstattlichen Versicherung, selbst wenn diese später ergänzt wird (LG Lübeck Rpfleger 91, 119), und berechnet sich nach § 222 (HK-ZPO/*Rathmann* Rn 2). Der maßgebliche Zeitpunkt für die Fristberechnung liegt nicht in der Antragstellung durch den Gläubiger, sondern in der **Prüfung** durch den Gerichtsvollzieher bzw das Vollstreckungsgericht im Fall des Widerspruchs, da erst dann die Begründetheit des Antrags festgestellt wird (AG Meißen JurBüro 06, 330; Musielak/*Voit* Rn 3; aA Zö/*Stöber* Rn 3). Späteren Antragstellern ggü erfolgt ein Hinweis auf die ihr Verfahren sperrende eidesstattliche Versicherung; ihnen ist dann auf Antrag eine Abschrift des Vermögensverzeichnisses auszuhändigen (MüKoZPO/*Eickmann* Rn 5). Eine Beauftragung des Gerichtsvollziehers zur Abnahme einer eidesstattlichen Versicherung entgegen den Voraussetzungen des S 1 muss vAw zurückgewiesen werden (hL, Musielak/*Voit* Rn 3). 3

C. Ausnahmen. I. Löschung aus dem Schuldnerverzeichnis. Mit (auch vorzeitiger) **Löschung** des Schuldners aus dem **Schuldnerverzeichnis** gem § 915a bzw durch die **Löschungsfiktion** des § 915b II endet die Wirkung der Sperrfrist bereits vor ihrem Ablauf. Der Schuldner muss nun die eidesstattliche Versicherung erneut abgeben, obwohl der Grund für die Löschung im Schuldnerverzeichnis regelmäßig in der Erfüllung seiner Schuld liegt (915a II Nr 1), der Schuldner sich also ordnungsgemäß verhalten hat (krit deshalb zu Recht MüKoZPO/*Eickmann* Rn 2). 4

II. Späterer Vermögenserwerb. Vor Ablauf der Sperrfrist und in Ermangelung einer Löschung des Schuldners aus dem Schuldnerverzeichnis ist dieser auch dann zur Abgabe einer erneuten (vollständigen) eidesstattlichen Versicherung verpflichtet, wenn der Gläubiger glaubhaft macht, dass der Schuldner Vermögen erworben hat (S 1 Hs 2 Alt 1). Gleich zu behandeln sind die Fälle des **absichtlichen Verschweigens** von Vermögen oder der **Falschangabe** durch den Schuldner, die zur Unrichtigkeit des Vermögensverzeichnisses führen (LG Waldshut-Tiengen JurBüro 03, 547). Zum Vermögenserwerb zählt es auch, wenn zur Sicherung übereignete Sachen des Schuldners **freigegeben** werden, ebenso gehört hierzu die Aufnahme der **Erwerbstätigkeit** eines vorher erwerbslosen Schuldners (Wieczorek/Schütze/*Storz* Rn 11). 5

Änderungen der tatsächlichen bzw vom Schuldner vorgetragenen Verhältnisse muss der Gläubiger **glaubhaft** machen, § 294. Er hat deshalb zunächst tatsächliche Umstände **darzulegen**, die nach allg Lebenserfahrung den Rückschluss darauf ermöglichen, dass der Schuldner Vermögen erworben hat (Frankf JurBüro 02, 442; LG Saarbrücken JurBüro 09, 102). Insofern genügt zB eine erkennbar beträchtliche Änderung des Lebensstils, etwa durch Fernreisen (MüKoZPO/*Eickmann* Rn 14). Ohne zusätzliche Anhaltspunkte erlaubt allerdings die Heimreise eines Ausländers noch keinen Rückschluss auf seine verbesserten Vermögensverhältnisse (Zö/*Stöber* Rn 9). Insgesamt genügen Vermutungen ohne konkrete Anhaltspunkte nicht, um die erneute Verpflichtung der eidesstattlichen Versicherung zu begründen (Karlsr Rpfleger 92, 208; zur Abgrenzung Zö/*Stöber* Rn 9). Gleiches gilt für die pauschale Behauptung des Gläubigers, die allg verbesserte wirtschaftliche Lage müsse sich auch positiv auf die Situation des Schuldners ausgewirkt haben (nach LG 6

Frankfurt DGVZ 04, 44: Ein Wohnungswechsel reicht für die Glaubhaftmachung nicht aus). Die Richtigkeit der Tatsachen ist gem § 294 I **an Eides statt zu versichern.**

7 Ferner ist es notwendig, dass die Änderung der Verhältnisse mit einer **Vermögensverbesserung** beim Schuldner einhergeht. Umstr ist, ob dieses Vermögen **pfändbar** sein muss. Einerseits lässt sich vertreten, ein erneutes Vorgehen nach § 903 sei allein dann angebracht, wenn der Gläubiger sich aus dem erlangten Vermögen auch befriedigen könnte. Dann müsste die wiederholte Abgabe der eidesstattlichen Versicherung unterbleiben, sofern kein pfändbares Vermögen vorliegt (Stuttg JurBüro 01, 434, 435; B/L/A/H Rn 9). Andererseits wird aber zu Recht darauf verwiesen, dass der Gläubiger regelmäßig kaum in der Lage ist, detailliert den Erwerb von Sachen, Rechten und Forderungen zu beziffern (MüKoZPO/*Eickmann* Rn 6). Deshalb erscheint es unter Berücksichtigung seiner Rechte angebracht, darauf abzustellen, ob die **Unpfändbarkeit** oder Unverwertbarkeit **erkennbar** ist (HK-ZPO/*Rathmann* Rn 5). Jedenfalls braucht die Pfändbarkeit des Neuerwerbs grds nicht glaubhaft gemacht zu werden (LG Koblenz JurBüro 97, 272). Bei **erkennbarer Unpfändbarkeit** besteht **kein Rechtsschutzinteresse** des Gläubigers, das Verfahren nach § 903 anzustreben, weil bei seiner Durchführung eventuelles Vermögen dem Schuldner nicht zur Verfügung stünde. Im Regelfall dürfte Unpfändbarkeit für den Gläubiger aber nicht zu überprüfen sein, so dass einem Antrag auf erneute eidesstattliche Versicherung meist kein fehlendes **Rechtsschutzbedürfnis** entgegensteht. Vielmehr hat der Schuldner sich auf Pfändungshindernisse zu berufen (St/J/*Münzberg* Rn 14).

8 **III. Auflösung eines Arbeitsverhältnisses und vergleichbare Fälle.** Eine erneute Offenbarungspflicht innerhalb des Dreijahreszeitraums wird dadurch begründet, dass der Gläubiger glaubhaft machen kann, dass der Schuldner ein bislang vorhandenes Arbeitsverhältnis aufgelöst hat (S 1 Hs 2 Alt 2). Sinn und Zweck der Ausnahmevorschrift bestehen darin, dem Gläubiger eine Rechtsverfolgung zu ermöglichen, wenn der Schuldner wechselnde Erwerbsquellen hat (BTDrs 1/4452 4). Rechtsprechung und Schrifttum haben den Anwendungsbereich der Norm wegen ihres Zweckes weit über den Wortlaut hinaus erweitert. So wird nicht der **Arbeitnehmerbegriff** im arbeitsrechtlichen Sinne (hM so etwa MüKoZPO/*Eickmann* Rn 7 mwN), sondern jede **nachhaltige** Tätigkeit erfasst, die durch Einsatz eigener Arbeit eine Erwerbsmöglichkeit und damit verbunden Arbeitseinkommen iSd § 850 II schafft, in welches gem §§ 850 ff vollstreckt werden kann (Hamm Rpfleger 83, 322). Folgerichtig ist auch ungeachtet des Ausnahmecharakters der Vorschrift die Beendigung einer **gewerblichen** oder **selbständigen Tätigkeit** darunter zu verstehen. Die Vorschrift findet daher Anwendung, wenn der Schuldner seine Tätigkeit als **Handelsvertreter** aufgibt (KG OLGZ 68, 307 ff). Gleiches gilt für die Aufgabe des **Gewerbebetriebs** (LG Frankfurt an der Oder MDR 98, 369 f) oder eines **freien Berufs** (LG München II JurBüro 90, 1522), ebenso für die Beendigung der **Geschäftsführertätigkeit** einer GmbH (LG Hamburg Rpfleger 90, 31), bei **Unternehmensaufgabe** (Frankf JurBüro 90, 404), bei Ausscheiden aus dem **Beamtenverhältnis** (HK-ZPO/*Rathmann* Rn 6) sowie bei Verlust von **(Witwen-)Renten** und **Pensionen** (Hamm JurBüro 83, 1738).

9 Die Beendigung einer **Nebentätigkeit** führt ebenfalls zur Anwendung des § 903, wenn sie einen nicht unerheblichen Umfang hatte. Dann besteht nämlich die Vermutung, dass der Schuldner an Stelle seiner früheren Beschäftigung eine neue Nebentätigkeit aufgenommen hat (Musielak/*Voit* Rn 6; ohne diese Einschränkung LG Schweinfurt DGVZ 02, 155). Die Regelung gilt wegen der vergleichbaren Interessenlage für den Gläubiger analog, wenn im Zeitpunkt der Abgabe der letzten eidesstattlichen Versicherung kein Arbeitsverhältnis bestand, aber nunmehr Anhaltpunkte für eine Beschäftigung vorliegen (LG Heilbronn JurBüro 01, 153). Nicht ausreichend ist jedoch die Ankündigung des Schuldners, Arbeitslosengeld beantragen zu wollen, um auf vorherige Verwandtenunterstützung verzichten zu können (LG Stuttgart DGVZ 02, 93). Gerechtfertigt soll die wiederholte Abgabe aber sein, wenn ein arbeitswilliger Schuldner unter Berücksichtigung seiner Ausbildung und des Arbeitsmarktes einen Arbeitsplatz hätte finden können (LG Aurich JurBüro 08, 499). Insoweit ist dieses Fallbeispiel mit der Grundkonstellation verwandt, in der das Gesetz der Aufgabe eines Arbeitsverhältnisses Indizcharakter für die Aufnahme einer neuen Tätigkeit beimisst (Musielak/*Voit* Rn 6). Dementsprechend gilt auch die Vermutung, dass ein arbeitsloser Schuldner neue Arbeit gefunden hat, wenn er bei der Arbeitsagentur nicht mehr gemeldet ist und auch keine Arbeitslosenhilfe beantragt hat (Stuttg JurBüro 78, 1726; LG Stuttgart JurBüro 00, 438) oder aber wenn nach Auskunft der zuständigen ARGE der Leistungsbezug beendet ist (AG Königs Wusterhausen JurBüro 09, 47, 48).

10 Ist eine Beendigung des Arbeitsverhältnisses iSd S 1 Hs 2 Alt 2 anzunehmen, muss – anders als bei Alt 1 – keine Verbesserung der Vermögenslage, insb durch die Aufnahme einer neuen Beschäftigung durch den Gläubiger glaubhaft gemacht werden (Ddorf MDR 76, 587). Selbst, wenn der Gläubiger das neue Arbeitsverhältnis kennt, besteht deshalb eine Pflicht zur Abgabe der eidesstattlichen Versicherung (LG Bonn NJW-

RR 03, 72), da mit einem solchen Wechsel regelmäßig auch eine Veränderung der wirtschaftlichen Verhältnisse korrespondiert (Gottwald Zwangsvollstreckung Rn 5). Einzig muss glaubhaft sein, dass der Schuldner neue Einkünfte erlangt hat (Stuttg JurBüro 78, 1726; LG Stuttgart DGVZ 05, 75).

Ob die Beendigung des Arbeitsverhältnisses schon aus der **Auflösung** einer bisherigen **Bankverbindung** 11 geschlossen werden kann, lässt sich nur im Einzelfall entscheiden (dafür LG Göttingen Rpfleger 03, 255; dagegen jedoch BGH JurBüro 07, 441; LG Marburg DGVZ 06, 180). Steter Eingang unpfändbarer Leistungen auf das frühere Konto lässt bei einem **Kontowechsel** noch nicht die Vermutung zu, nunmehr von Einzahlungen größeren Umfangs auszugehen. Dies kann bei einem Freiberufler oder einem selbständigen Gewerbetreibenden anders zu beurteilen sein (MüKoZPO/*Eickmann* Rn 9). Einzelfallbezogen ist auch die Vermutungswirkung eines **Wohnsitzwechsels** für eine Veränderung der Vermögensverhältnisse zu beurteilen.

D. Verfahrensgang. Das Verfahren beginnt als neues, selbständiges Verfahren der Offenbarungsversiche- 12 rung mit einem entsprechenden **Gläubigerantrag**. Für die **Zuständigkeit** gilt § 899. Sie bestimmt sich nach dem Zeitpunkt des neuen Auftrags (vgl § 899 Rz 4). Der Gerichtsvollzieher muss also nicht derjenige des früheren Verfahrens sein (Zö/*Stöber* Rn 11), zB weil der Schuldner durch Umzug einen neuen Aufenthaltsort hat. In seinem Antrag hat der Gläubiger nach S 2 die Voraussetzungen des § 807 I nicht erneut darzulegen. Wohl aber muss er die **besonderen Voraussetzungen** des Wiederholungsverfahrens **vortragen** und die zugrunde liegenden Tatsachen (mindestens) **glaubhaft** machen (s.o. Rz 6). Ferner ist der **Schuldner** vor Terminbestimmung **zu hören** (hL, vgl Musielak/*Voit* Rn 7 mwN; aA Zö/*Stöber* Rn 11).

Der **Gerichtsvollzieher weist** den **Antrag** des Gläubigers **zurück**, wenn er diesen für **unzulässig** hält, weil 13 entweder die allg oder besonderen Voraussetzungen des Wiederholungsverfahrens fehlen oder nicht glaubhaft gemacht worden sind. Bei einem **zulässigen Antrag** wird wie bei jedem anderen Verfahren zur Abnahme der eidesstattlichen Versicherung, vgl § 900, auch mit der Möglichkeit einer Haft, § 901, vorgegangen. Im neu bestimmten Termin muss der Schuldner also grds ein vollständig neues Vermögensverzeichnis vorlegen (LG Bonn NJW-RR 03, 72), selbst wenn der Gläubiger Kenntnis von einem anderen Arbeitsverhältnis des Schuldners oder von einem neuen Vermögenserwerb hat. Dadurch entfällt nicht das Rechtsschutzbedürfnis für das neue Vermögensverzeichnis (Zö/*Stöber* Rn 12). Der Gläubiger kann allerdings auf dessen vollständige Erbringung verzichten und sich mit einer Teilerfüllung, zB der Angabe des neuen Arbeitgebers, begnügen (St/J/*Münzberg* Rn 26). Ferner hat der Gerichtsvollzieher die Möglichkeit, mit dem Schuldner bei der Erstellung eines neuen Verzeichnisses das alte für einzelne Positionen heranzuziehen (LG Duisburg MDR 74, 52). Allerdings muss dabei zwingend Übersichtlichkeit hergestellt werden (LG Ellwangen DGVZ 06, 72, 73 mit Anm *Schmidt*). Ein pauschaler Verweis ist unzulässig (LG Stuttgart DGVZ 92, 158).

Der **Schuldner** kann hier wie im ersten Verfahren **Widerspruch** gem § 900 IV einlegen. Dieser Wider- 14 spruch lässt sich im erneuten Verfahren darauf stützen, dass die besonderen Voraussetzungen für die verfrühte Abgabe der eidesstattlichen Versicherung nicht vorliegen (Gottwald Zwangsvollstreckung Rn 10). Der Widerspruch ist begründet, wenn dem Schuldner zB durch präsente Beweismittel der Nachweis über die Unpfändbarkeit des neuen Vermögenserwerbs bzw für seine Verwendung zum Lebensunterhalt gelingt. Ferner reicht für die Alt 2 ein Nachweis im Hinblick auf die Unpfändbarkeit der Einkünfte aus. Gleiches gilt, wenn die Ergebnislosigkeit einer Arbeitssuche oder der Nichtbezug von Arbeitslosenunterstützung geltend gemacht wird (MüKoZPO/*Eickmann* Rn 17).

E. Nachbesserungsverfahren. Von der **wiederholten Offenbarungsversicherung** nach § 903 ist die **Nach-** 15 **besserung** bzw Ergänzung einer unvollständigen eidesstattlichen Versicherung im **laufenden Offenbarungsverfahren** abzugrenzen, die vor dem Gerichtsvollzieher erfolgt, der das Ursprungsverfahren durchgeführt hat. Sofern der Gläubiger nachweisen kann, dass der Schuldner vorhandene Vermögenswerte im Vermögensverzeichnis nicht benannt hat, oder wenn sich das Verzeichnis augenscheinlich als unvollständig erweist, ist der verfahrensrechtliche Anspruch des Gläubigers nach § 807 durch den Schuldner noch nicht vollständig erfüllt (BGH NJW 04, 2979, 2980). Der Gläubiger kann also **Nachbesserung** verlangen, wenn das Vermögensverzeichnis **unvollständig, ungenau** oder **widersprüchlich** ist, ohne die besonderen Voraussetzungen des § 903 darlegen und glaubhaft machen zu müssen (LG Frankfurt an der Oder JurBüro 04, 217). Allg Fragen des Gläubigers, zB wovon der Schuldner seinen Lebensunterhalt bestreitet (LG Potsdam DGVZ 01, 86; aA LG Berlin JurBüro 01, 436) sind indessen nicht ausreichend, um ein Nachbesserungsverfahren einzuleiten (LG Heilbronn JurBüro 03, 104). Das Nachbesserungsrecht steht nicht nur ihm, sondern jedem Gläubiger zu, da auch die vollständige Offenbarungspflicht jedem Gläubiger ggü begründet ist (MüKoZPO/*Eickmann* Rn 19).

16 Bei **bewusst unwahren Angaben** des Schuldners ist hingegen kein Nachbesserungsverfahren, sondern ein neues Verfahren nach § 903 mit der Einschränkung durchzuführen, dass der Schuldner sich nicht zu seinem Schutz auf § 903 berufen kann (Köln DB 75, 547; Musielak/*Voit* Rn 8; aA: Unwahrheit und Unvollständigkeit sind nicht zu trennen, LG Stendal JurBüro 00, 45). Es bedarf aber dazu eines konkreten Verdachtes, dass der Schuldner vorsätzlich etwas verschwiegen hat; ein solcher kann sich uU auch aus der allg Lebenserfahrung ergeben (nach LG Münster Rpfleger 02, 631 erweckt zB ein zur Miete wohnender Schuldner bei einem angegebenen monatlichen Nettoeinkommen von 322 € den Verdacht anderweitiger Einkünfte).

Im Rahmen des **Nachbesserungsverfahrens** ist der Gläubiger **darlegungs-** und **beweisbelastet** im Hinblick auf den Vorwurf eines ungenauen oder unrichtigen Vermögensverzeichnisses (LG Detmold Rpfleger 97, 537) sowie für dessen Unvollständig- oder Lückenhaftigkeit (LG Mainz JurBüro 96, 326). Dabei hat der Vollstreckungsschuldner alle Vermögensgegenstände und die Umstände zu ihrer Konkretisierung so genau zu bezeichnen, dass die Realisierung im Wege der Zwangsvollstreckung für den Gläubiger keine Hindernisse bereitet, die den allg Verfahrensablauf übersteigen (LG Heilbronn InVo 97, 306).

17 Auch das Nachbesserungsverfahren wird durch den **Auftrag des Gläubigers**, § 900 I 1, eingeleitet. **Zuständig** ist, selbst beim Antrag eines anderen Gläubigers als des ursprünglichen, der Gerichtsvollzieher, welcher für die Abnahme der zuvor abgegebenen – etwa unvollständigen – eidesstattlichen Versicherung zuständig war, § 899 (MüKoZPO/*Eickmann* Rn 21). Der Schuldner hat zum Termin zu erscheinen und die Richtigkeit seiner ergänzenden Angaben auf gleichem Wege zu Protokoll an Eides Statt zu geben, wie er es bei seinen ursprünglichen Versicherungen tun musste (Gottwald Zwangsvollstreckung Rn 10). Eine rein schriftliche Ergänzung reicht also nicht aus (LG Berlin Rpfleger 73, 34). Die Offenbarungsversicherung bezieht sich inhaltlich auf die Ergänzungen (Köln Rpfleger 75, 180), weil es sich bei der Nachbesserung um die Fortsetzung des alten Verfahrens handelt.

18 Sofern erforderlich, kann eine **Nachbesserung** auch **wiederholt** begehrt werden (LG Hannover MDR 79, 237). Sind die Anträge aber auf einen einzelnen Gläubiger zurückzuführen, so gilt es zu berücksichtigen, dass ein Missbrauch des Verfahrens zum Zwecke der Schikane des Schuldners verhindert werden muss (MüKoZPO/*Eickmann* Rn 21). Daher ist ein wiederholtes Nachbesserungsverfahren ausgeschlossen, wenn zuvor schon ein früheres, auf demselben Grund beruhendes rechtskräftig abgelehnt worden ist (LG Kassel Rpfleger 91, 118).

19 In der **Ergänzungsoffenbarungsversicherung** hat der Schuldner alle Angaben zu machen, die seinem Gläubiger eine erfolgversprechende Pfändung, zumindest aber die Beurteilung weiterer Schritte erlauben (LG Duisburg JurBüro 99, 271). Das Ziel der Nachbesserung besteht darin, alle Auskünfte zu erlangen, die dem Gläubiger von Anfang an zugestanden hätten (MüKoZPO/*Eickmann* Rn 27).

20 **F. Rechtsbehelfe.** Dem Gläubiger steht gegen die **Zurückweisung** seines Antrages die **Erinnerung** gem § 766 zu und zwar unabhängig davon, ob dieser Antrag auf Ladung des Schuldners zur Nachbesserung oder zur wiederholten Versicherung gerichtet war (wohl hM LG Chemnitz DGVZ 05, 166; Musielak/*Voit* Rn 8; aA Wieczorek/Schütze/*Storz* Rn 51 sofortige Beschwerde nach § 793). Der Schuldner kann in beiden Konstellationen gegen seine Verpflichtung **Widerspruch** nach § 900 IV erheben (Zö/*Stöber* Rn 17; vgl § 900 Rz 39 ff). Dieser Widerspruch ist im Termin vorzutragen.

21 **G. Kosten/Gebühren.** Das nach § 903 betriebene Verfahren ist ein neues, so dass alle Kosten und Gebühren wie bei dem Ausgangsverfahren, vgl § 900 Rz 73, anfallen (Schuschke/Walker/*Schuschke* Rn 16). Insoweit ist es als neue besondere Angelegenheit iSd § 18 Nr 16 RVG zu verstehen. Das **Nachbesserungs- bzw Ergänzungsverfahren** (s.o. Rz 15) hingegen führt lediglich zu weiteren Kosten für die Ladung des Schuldners zu dem Termin (Gottwald Zwangsvollstreckung Rn 13). Neue Gebühren, zB diejenige nach KV Nr 604 GvKostG, fallen nicht an, weil dieses Verfahren nur die Fortsetzung des bereits begonnenen Verfahrens darstellt (LG Frankfurt an der Oder JurBüro 04, 216; LG Frankenthal Rpfleger 84, 194).

§ 904 Unzulässigkeit der Haft. **Die Haft ist unstatthaft:**

1. gegen Mitglieder des Bundestages, eines Landtages oder einer zweiten Kammer während der Tagung, sofern nicht die Versammlung die Vollstreckung genehmigt;

2. (weggefallen)

3. gegen den Kapitän, die Schiffsmannschaft und alle übrigen auf einem Seeschiff angestellten Personen, wenn sich das Schiff auf der Reise befindet und nicht in einem Hafen liegt.

A. Normzweck. § 904 schränkt zur Gewährleistung **ungestörter Gremienarbeit** für gesetzgeberische Körperschaften, aber auch um die **Funktionseinheit** von Schiffsmannschaften zu schützen, die Vollstreckung der Haft des Schuldners (sowohl der Ordnungs- als auch der Zwangshaft zum Zwecke der Erzwingung der eidesstattlichen Versicherung, vgl § 890 Rz 20) ein. Die Norm stellt eine Ausprägung des **Verhältnismäßigkeitsgebots** dar (B/L/A/H Rn 1). Schutzgut ist aber nicht die **persönliche Freiheit** des Schuldners, sondern das Interesse der **Allgemeinheit**, vor großen Schäden bewahrt zu werden (Wieczorek/Schütze/*Storz* Rn 1). § 904 verhindert nicht den Erlass des Haftbefehls (§ 901), sondern dessen Vollstreckung. Die Voraussetzungen werden vom Gerichtsvollzieher geprüft, sobald ihm ein Haftantrag vorliegt. 1

B. Bundestagsmitglieder (Nr 1). Bei **Bundestagsabgeordneten** wird § 904 von Art 46 III GG verdrängt. Die Vollstreckung der Haft zur Erzwingung der eidesstattlichen Versicherung bedarf demnach der **Genehmigung** des **Bundestages**. Die Genehmigungspflicht bezieht sich nur auf die Haftvollstreckung, nicht auf die Verfahrensdurchführung und die Haftanordnung, da diese keine Beschränkung der persönlichen Freiheit iSd Art 46 III darstellen (vgl Anlage 6 A Ziff 14b GO BT). 2
Für **Landtagsabgeordnete** beinhalten die Landesverfassungen ähnl Vorschriften (vgl zB Art 48 II LVerf NRW). In diesen Fällen ist die Haft von der **Genehmigung des Landtags** abhängig, gleich wie sich das Verhältnis zwischen § 904 und den Landesverfassungen rechtlich gestaltet (vgl HK-ZPO/*Rathmann* Rn 1). Sollten solche – zB in den neuen Bundesländern – fehlen, findet § 904 Anwendung.
Mit der Abschaffung des Senats in **Bayern** ist der einzige Anwendungsfall der »zweiten Kammer« entfallen.

C. Schiffsbesatzungen (Nr 3). Nr 3 enthält eine Beschränkung der Haftvollstreckung für die Besatzung von **Seeschiffen,** nicht von Flussschiffen (*Gottwald* Zwangsvollstreckung Rn 3; Musielak/*Voit* Rn 2). Einbezogen ist nicht nur das seemännische Personal, sondern auch die übrigen Angestellten an Bord unterfallen diesem Schutz (HK-ZPO/*Rathmann* Rn 2; Gottwald Zwangsvollstreckung Rn 3). Er besteht während der gesamten Reise. Kurzzeitiges Anlegen – zB für einen Landausflug – hat darauf keinen Einfluss. Erst bei Eintreffen im **Heimathafen** ist die Reise – und damit die Wirkung der Nr 3 – beendet. Für die **Bundesmarine** gilt die Nr 3 entspr (Erlass über Zustellungen, Ladungen, Vorführungen und Zwangsvollstreckungen in der Bundeswehr v 16.3.82 abgedr in: VMBl 82, 130; 83, 182). 3

D. Andere Haftvollstreckungsbefreiungen. Bei **Exterritorialen** ist schon der Erlass eines Haftbefehls unzulässig, § 18 GVG. Der Inhaftierung von fremden **Konsuln** steht demgegenüber grds nichts entgegen, § 19 GVG, Art 41 II des Wiener Übereinkommens über konsularische Beziehungen (B/L/A/H Rn 2; Musielak/*Voit* Rn 3; St/J/*Münzberg* Rn 5). 4
Die Haft von **Bundeswehrsoldaten** regelt der Erlass über Zustellungen, Ladungen, Vorführungen und Zwangsvollstreckungen in der Bundeswehr v 16.3.82 (VMBl 82, 130; 83, 182; abgedr bei Musielak/*Voit* Fn 3). Im Falle einer Haftvollstreckung gegen **NATO-Streitkräfte** und ihre Angehörigen greift Art 34 II ZusAbk NATO-Truppenstatut (BGBl II 61, 1183, 1218) ein, wonach sowohl die Anordnung als auch die Vollstreckung der Haft unzulässig sind (LG Hagen DGVZ 76, 138).

E. Rechtsbefehle. Rechtsbehelf zur Geltendmachung einer unzulässigen Haftvollstreckung ist die **Erinnerung** gem § 766. Gegen die Entscheidung des Vollstreckungsgerichtes kommt dann die **sofortige Beschwerde** gem § 793 in Betracht. 5

§ 905 Haftunterbrechung. Die Haft wird unterbrochen:

1. gegen Mitglieder des Bundestages, eines Landtages oder einer zweiten Kammer für die Dauer der Tagung, wenn die Versammlung die Freilassung verlangt;
2. (weggefallen).

Die Vorschrift macht die Zulässigkeit von Vollzug und Fortdauer einer **Beugehaft**, die gegen ein Mitglied einer gesetzgebenden Versammlung durchgeführt werden soll, von deren Zustimmung abhängig. Die Regelung wird für Abgeordnete des Deutschen Bundestages durch Art 46 IV GG verdrängt. Für Abgeordnete der Länderparlamente bestehen uU Konkurrenzprobleme, soweit die Landesverfassungen entsprechende Regelungen vorsehen, vgl zB Art 48 III LVerf NRW. Sie wirken sich aber im Ergebnis nicht aus (vgl § 904 Rz 2). Eine sofortige Entlassung des Abgeordneten hat auf Ersuchen der Versammlung durch Anordnung des Vollstreckungsgerichts zu erfolgen. 1

§ 906 Haftaufschub. Gegen einen Schuldner, dessen Gesundheit durch die Vollstreckung der Haft einer nahen und erheblichen Gefahr ausgesetzt wird, darf, solange dieser Zustand dauert, die Haft nicht vollstreckt werden.

1 **A. Normzweck und Systematik.** Die Vorschrift dient als Ausdruck des **Rechtsstaatsprinzips** und in Wahrung des Grundsatzes der **Verhältnismäßigkeit** dem **Schutz des Schuldners**, insb seinem Grundrecht aus Art 2 II 1 GG auf körperliche Unversehrtheit (vgl BVerfG NJW 79, 2607). Weil diesem Recht Vorrang ggü den **Vermögensinteressen** und Vollstreckungsbelangen des **Gläubigers** gebührt, darf die Beugehaft nach § 901 gem § 906 bei ernsthafter Gefährdung der körperlichen und seelischen (vgl München NJW 77, 1822; ThoPu/*Hüßtege* Rn 3) Gesundheit nicht vollzogen werden. Unberührt von der **Haftunfähigkeit** bleiben sowohl die Haftanordnung selbst als auch die Pflicht zur Offenbarungsversicherung.
Gesetzessystematisch ergänzt die Bestimmung die §§ 901–904. Sie ist **lex specialis** zu § 765a mit der Maßgabe, dass im Einzelfall, wenn bloßer Haftaufschub unzureichend erscheint, im Verfahren nach § 765a weiter gehende Anordnungen getroffen werden können (Schuschke/Walker/*Schuschke* Rn 1).

2 **B. Tatbestandsvoraussetzungen.** Die Gewährung des Haftaufschubes verlangt eine ernsthafte, nahe und **schwerwiegende Gesundheitsgefährdung**, die der Schuldner wegen § 788 I auf seine Kosten nachzuweisen hat, wenn sie nicht bereits offensichtlich ist. Für die diesbezügliche Prüfung gilt aber ein **strenger Maßstab** (vgl Jena Rpfleger 97, 446; Hamm DGVZ 83, 137), weil der Schuldner die Beugehaft im Gegensatz zu einer Strafhaft jederzeit durch Abgabe der Offenbarungsversicherung abwenden kann (Köln Rpfleger 95, 220). Die Offensichtlichkeit der Gesundheitsgefährdung setzt voraus, dass schon äußere Symptome auch für Laien zwingend auf eine erhebliche Erkrankung schließen lassen, die den Haftaufschub gebietet (vgl LG Koblenz MDR 72, 790). Die Vorschrift bezieht sich ausdrücklich nur auf die **Gesundheit** des Schuldners und findet auch keine entsprechende Anwendung, wenn der Schuldner minderjährige Kinder zu versorgen hat, deren Gesundheit durch die Vollstreckung der Haft gefährdet ist (München NJW 77, 1822).
Für den Nachweis sind regelmäßig auch **privatärztliche** Atteste geeignet (vgl LG Hannover DGVZ 90, 59). Anders verhält es sich bei **dauernder Haftunfähigkeit**. Sie muss durch **amtsärztliches Attest** belegt werden (vgl LG Frankenthal JurBüro 85, 792). Eine (aussagelose) Arbeitsunfähigkeitsbescheinigung ist mangels Aussagekraft hinsichtlich der Schwere einer Krankheit als Beleg unzureichend (AG Göppingen DGVZ 05, 552). Allg ist erforderlich, dass ein Zeugnis das Krankheitsbild konkret nachweist und diejenigen Gründe erkennen lässt, aus denen die Gesundheitsgefährdung folgt (LG Düsseldorf DGVZ 80, 38). Bei sich widersprechenden Gutachten bzgl der Haftfähigkeit des Schuldners hat die Haft im Falle eines non liquet wegen des vorrangigen Gesundheitsschutzes zu unterbleiben. Die Konturierung des Begriffs der **Gesundheitsgefährdung** erfordert eine **Güterabwägung** nach dem **Verhältnismäßigkeitsprinzip**, die den Umfang des zu vollstreckenden Betrages und der Gesundheitsrisiken in Relation stellt. Von einer Verhaftung des Schuldners muss jedenfalls dann abgesehen werden, wenn sie mit **lebensbedrohenden Risiken** verbunden ist, selbst dann, wenn der Schuldner ersichtlich die Abgabe der eidesstattlichen Versicherung vermeiden will (Ddorf DGVZ 96, 27).

3 **C. Beispiele gewährten Haftaufschubs.** Haftunfähigkeit wurde etwa angenommen bei einem Schuldner, der sich dreimal wöchentlich einer Dialysebehandlung unterziehen muss (AG Pirmasens DGVZ 83, 127), bei Bluthochdruckerkrankung, die in Stresssituationen das Risiko lebensbedrohlicher Blutdruckspitzen birgt (Ddorf DGVZ 96, 27), bei einem 81-jährigen Schuldner, der nach ärztlichem Nachweis an schwerer Herzkrankheit leidet (AG Berlin-Schöneberg DGVZ 82, 14; vgl auch Bambg DGVZ 90, 39) sowie bei einem 87-jährigen Schuldner, dessen Altersbeschwerden eine gesundheitliche Krise befürchten ließen (AG Koblenz DGVZ 86, 126).

4 **D. Verfahren.** Die Entscheidung über die **Haftunfähigkeit** des Schuldners trifft der mit der Verhaftung betraute Gerichtsvollzieher vAw nach kritischer Würdigung der Beweismittel in eigener Verantwortung und nach seiner Überzeugung. Stellt er nach Ausübung pflichtgemäßen Ermessens die Haftfähigkeit fest, muss er die Verhaftung vollziehen. Der Schuldner, den die Beweislast trifft, kann in diesem Fall nicht verlangen, erst einem Arzt vorgeführt zu werden, der die Haftunfähigkeit bescheinigen soll (LG Lübeck DGVZ 08, 126; AG Hochheim DGVZ 81, 15). Gelangt der Gerichtsvollzieher dagegen zu dem Ergebnis, der Schuldner sei haftunfähig, hat er die hierfür maßgeblichen Umstände zu protokollieren und seine Entscheidung nachvollziehbar zu begründen (LG Berlin DGVZ 75, 167). Neben der Einlieferung in die Vollzugsanstalt scheidet in diesem Fall auch bereits ein Vollzug des Haftbefehls oder die Einlieferung des Schuldners

in ein Anstaltskrankenhaus aus (Karlsr DGVZ 93, 8; Bambg DGVZ 90, 39). Das Gleiche gilt für eine zwangsweise Vorführung beim AG zur Abgabe der eidesstattlichen Versicherung (Hamm DGVZ 83, 137). Eine bereits angetretene Haft ist bei Vorliegen der Voraussetzungen der Vorschrift zu unterbrechen. Die Entscheidung hierüber trifft jedoch nicht der Gerichtsvollzieher, sondern das zuständige **Vollstreckungsgericht**, das gem § 913 auf Erinnerung auch über die endgültige Entlassung entscheidet.

E. Rechtsbehelfe. Gegen die Gewährung von Haftaufschub durch den Gerichtsvollzieher kann der **Gläubiger**, dessen Verhaftungsauftrag damit nicht durchgeführt wird, **Vollstreckungserinnerung** gem § 766 einlegen. Das Gericht ist nicht auf die Überprüfung der Ermessensausübung des Gerichtsvollziehers beschränkt, sondern hat die Voraussetzungen der Vorschrift umfassend zu prüfen (Köln Rpfleger 95, 220). Auch der **Schuldner** vermag sich im Falle der Feststellung seiner Haftfähigkeit gegen die Entscheidung des Gerichtsvollziehers im Wege der **Vollstreckungserinnerung** zu wehren. Einwendungen nach § 766 sind schon dann zulässig, wenn der Vollzug droht und nicht erst dann, wenn der Gerichtsvollzieher tatsächlich zur Verhaftung schreitet (vgl Hamm DGVZ 83, 37). Gegen die Entscheidung des Vollstreckungsgerichtes findet die **sofortige Beschwerde** gem § 793 statt. 5

§§ 907 und 908 *(weggefallen)*

§ 909 Verhaftung.

(1) [1]Die Verhaftung des Schuldners erfolgt durch einen Gerichtsvollzieher. [2]Dem Schuldner ist der Haftbefehl bei der Verhaftung in beglaubigter Abschrift zu übergeben.
(2) Die Vollziehung des Haftbefehls ist unstatthaft, wenn seit dem Tage, an dem der Haftbefehl erlassen wurde, drei Jahre vergangen sind.

A. Normzweck und Regelungsgehalt. Die Norm regelt in Abs 1 die **Zuständigkeit** zur Verhaftung eines Schuldners, gegen den Beugezwang angeordnet wurde, sowie das dabei zu beachtende Verfahren nur zu einem geringen Teil. Abs 1 S 2 dient dem **Informationsrecht** des Schuldners, der die Grundlage seiner Verhaftung durch Übergabe einer beglaubigten Abschrift des Haftbefehls erfährt. Abs 2 kodifiziert die lange Zeit (vgl Wieczorek/Schütze/*Storz* Rn 16 Fn 18) umstrittene Möglichkeit einer **Verwirkung** des Zwangsrechts. Eine umfassende Regelung zum Verfahren der Verhaftung enthält § 187 GVGA. 1

B. Ablauf der Verhaftung. Die **Ausführung des Haftbefehls** erfolgt nicht vAw durch das Gericht, das ihn erlassen hat. Vielmehr händigt es dem **Gläubiger** das Original des Haftbefehls aus. Das weitere Vorgehen bleibt damit ihm überlassen. Begehrt der Gläubiger die Verhaftung des Schuldners, hat er dem **Gerichtsvollzieher** einen entsprechenden **Auftrag** zu erteilen, der bereits mit einem Sachpfändungsauftrag verbunden werden kann. Bedingte Haftanträge sind wegen der damit verbundenen Rechtsunsicherheit und ihrer Missbrauchsgefahr unzulässig (LG Bonn DGVZ 87, 28). Der Gerichtsvollzieher ist auch zuständig für Verhaftungen auf Antrag des **Finanzamtes** gem § 284 AO (LG Kassel DGVZ 93, 189). **Örtlich** zuständig ist der Gerichtsvollzieher des Bezirks, in dem die Verhaftung erfolgen soll. Mit dem Auftrag muss der Gläubiger dem Gerichtsvollzieher den Haftbefehl und die vollstreckbare Ausfertigung des Titels aushändigen. Die Beifügung einer Forderungsaufstellung ist dann geboten, wenn sich aus Haftbefehl und Schuldtitel – etwa wegen zwischenzeitlicher Teilzahlungen – nicht eindeutig ableiten lässt, welcher Betrag bereits geleistet wurde. 2

I. Durchführung der Verhaftung. Abs 1 S 2 fordert für die Wirksamkeit der Verhaftung die **Übergabe** einer **beglaubigten Abschrift** des Haftbefehls an den Schuldner, auch wenn dieser es nicht verlangt. Ein Verstoß führt zwar zur Rechtswidrigkeit der Verhaftung. Es kommt aber zu einer Heilung des Mangels gem § 295, wenn der Schuldner ihn nicht alsbald rügt. Ist eine **juristische Person** offenbarungspflichtig, wird ihr **gesetzlicher Vertreter** verhaftet, der die eidesstattliche Versicherung schuldet (vgl § 900 Rz 12). Der Gerichtsvollzieher kann Vertreter einer juristischen Person nach dem Termin, auf dessen Grundlage der Haftbefehl erlassen worden ist, nicht mehr verhaften, sofern diese bereits von ihrem Posten abberufen wurden (LG Bremen DGVZ 90, 139). 3

Zum Zwecke der Verhaftung darf der Gerichtsvollzieher auf der Grundlage des Haftbefehls die Wohnung des Schuldners ohne weitere richterliche Anordnung **durchsuchen**. Anders liegen die Dinge, wenn sich der Schuldner, ohne Mitgewahrsamsinhaber zu sein, in den Räumen eines Dritten aufhält. Diese darf der Gerichtsvollzieher nur mit dessen Einverständnis betreten. Eine Verhaftung des Schuldners zur Nachtzeit bzw an Sonn- und Feiertagen in seiner Wohnung bedarf einer richterlichen Anordnung gem § 758a IV

(BGH NJW-RR 05, 146). In Untersuchungs- oder Strafhaft befindliche Personen sind deshalb nicht zu verhaften, weil sie nicht in Zwangshaft überführt werden können (LG Essen DGVZ 95, 89f). Bei der Verhaftung hat der Gerichtsvollzieher aufgrund der Geltung des Verhältnismäßigkeitsprinzips nicht nur die Belange des Schuldners angemessen zu berücksichtigen, sondern auch Belange Dritter, die sich in der Obhut des Schuldners befinden. Deshalb darf die Verhaftung des Schuldners erst erfolgen, wenn für die Betreuung seiner minderjährigen Kinder – etwa durch das Jugendamt – Sorge getragen ist (vgl München MDR 77, 413). Ebenso müssen Haustiere in einem Tierheim untergebracht werden (sehr weitgehend AG Oldenburg DGVZ 91, 174f, das einen Kostenvorschuss von 2.000 DM verlangte).

4 **II. Abwendung der Verhaftung.** Der **Schuldner** kann die **Verhaftung** durch Zahlung derjenigen Summe **abwenden**, wegen der dem Gerichtsvollzieher vom Gläubiger der Auftrag zur Verhaftung erteilt worden war. Tilgt der Schuldner die gesamte Schuld oder die gesamte Restschuld, so ist der Haftbefehl verbraucht und zu den Akten des Vollstreckungsgerichts zu nehmen. Die Verhaftung unterbleibt auch ohne Verbrauch des Haftbefehls, wenn sie nur wegen eines Teilbetrages beantragt war und der Schuldner diesen an den Gerichtsvollzieher gezahlt hat (LG Stade DGVZ 88, 28; Schuschke/Walker/*Schuschke* Rn 5; aA LG Lübeck JurBüro 89, 1327). Anders verhält es sich, wenn der Schuldner nur einen Teil der Summe zahlt, deretwegen die Verhaftung beantragt wurde. Der Gerichtsvollzieher darf in diesem Falle nur mit Zustimmung des Gläubigers, die bereits im Auftrag vorab erklärt werden kann (LG Frankfurt DGVZ 00, 171), von der Verhaftung absehen. Die Vollstreckung wird auf Antrag des Gläubigers fortgesetzt, wenn die Erfüllung nur in der in § 775 Nr 4, 5 vorgesehenen Weise geschieht (St/J/*Münzberg* Rn 16). Auch ein glaubhaftes Tilgungsversprechen innerhalb einer Frist von sechs Monaten steht einer Verhaftung nicht entgegen; ein Einverständnis des Gläubigers zur Aussetzung ist allerdings möglich (Musielak/*Voit* Rn 6). Die Verhaftung hat hingegen zu unterbleiben, wenn der Schuldner nachweisen kann, innerhalb der letzten drei Jahre die eidesstattliche Versicherung abgegeben zu haben, § 903.

5 **C. Unstatthaftigkeit der Vollziehung des Haftbefehls (Abs 2).** Abs 2 der Vorschrift begrenzt die **Vollziehung** des Haftbefehls auf drei Jahre seit seinem Erlass. Hierunter versteht man den Tag der **Unterzeichnung des Haftbefehls**, nicht den seiner Herausgabe durch die Geschäftsstelle. Die Frist berechnet sich nach § 222 iVm §§ 186 ff BGB. Ihren Ablauf muss der Gerichtsvollzieher vAw beachten. Für die Vollziehung reicht es nach Abwägung der beiderseitigen Interessen aus, dass der Gläubiger die Verhaftung des Schuldners **innerhalb der Frist** bei dem zuständigen Gerichtsvollzieher **beantragt** hat (BGH NJW 06, 1290). Der Gläubiger hat mit der Antragstellung alles getan, was ihm möglich ist, und soll keinen Nachteil wegen der Dauer des Verfahrens erleiden. Zulässig ist dann auch die Vollziehung des Haftbefehls nach seiner befristeten Aussetzung durch den Gerichtsvollzieher gem § 902 III 2. Mit Fristablauf ist der Haftbefehl verbraucht, die Verhaftung damit unzulässig.

6 **D. Rechtsbehelfe.** Dem Gläubiger und dem Schuldner steht die **Vollstreckungserinnerung** gem § 766 zur Seite. Anschließend haben beide das Recht zur **sofortigen Beschwerde** gem § 793. Im Fall des § 284 AO ist die **Dienstaufsichtsbeschwerde** einschlägig (AG Hannover DGVZ 97, 76).

7 **E. Kosten/Gebühren.** Der Gerichtsvollzieher erhält für die Verhaftung die Gebühr nach KV Nr 270 der Anlage zu § 9 GVKostG in Höhe von 30 €. Unterbleibt die Vollstreckungshandlung, entsteht die Gebühr nur in Höhe von 12,50 € nach KV Nr 604. Je nach Einzelfall kommt für den Gerichtsvollzieher die Geltendmachung von Auslagen nach den KV Nr 700, 710, 711, 713 in Betracht. Jede erneute Verhaftung begründet das Entstehen einer erneuten Gebühr. Gerichtsgebühren fallen ebenso wenig an wie Anwaltskosten (vgl § 902 Rz 14).

§ 910 Anzeige vor der Verhaftung.

[1]Vor der Verhaftung eines Beamten, eines Geistlichen oder eines Lehrers an öffentlichen Unterrichtsanstalten ist der vorgesetzten Dienstbehörde von dem Gerichtsvollzieher Anzeige zu machen. [2]Die Verhaftung darf erst erfolgen, nachdem die vorgesetzte Behörde für die dienstliche Vertretung des Schuldners gesorgt hat. [3]Die Behörde ist verpflichtet, ohne Verzug die erforderlichen Anordnungen zu treffen und den Gerichtsvollzieher hiervon in Kenntnis zu setzen.

1 **A. Normzweck und Regelungsbereich.** Die Norm ordnet eine Benachrichtigungspflicht des Gerichtsvollziehers vor der Verhaftung öffentlicher Bediensteter an. Sie dient der Wahrung der **Funktionsfähigkeit öffentlicher Einrichtungen** und damit dem **öffentlichen Interesse**. Die Vorschrift führt nicht zu einer Ein-

schränkung der Haftanordnung, sondern verschiebt nur deren Vollzug. Entsprechende Anwendung findet sie auf Soldaten, Richter und Angestellte im öffentlichen Dienst, die, ohne Beamte im staatsrechtlichen Sinne zu sein, öffentliche Aufgaben wahrnehmen (vgl MüKoZPO/*Eickmann* Rn 3). Gleiches gilt für Lehrer an Privatschulen, die öffentlich rechtlichen Schulen gleichgestellt sind (Musielak/*Voit* Rn 1; str). Ebenso wird die Vorschrift sehr weit auf Mütter versorgungsbedürftiger Kinder entspr angewendet (München MDR 77, 413). Der Gerichtsvollzieher hat in diesem Fall vor der Verhaftung im Wege der Amtshilfe dem zuständigen Jugendamt Anzeige zu machen (München MDR 77, 413).

B. Tatbestandsvoraussetzungen. Vor der Verhaftung eines Schuldners, der einen der genannten Berufe ausübt oder dem erweiterten Personenkreis angehört, hat der Gerichtsvollzieher vAw die nach Bundes- bzw Landesrecht zuständige vorgesetzte Dienstbehörde bzw das Jugendamt zu benachrichtigen. Er darf die Verhaftung erst vornehmen, wenn die Vertretung des zu Verhaftenden sichergestellt ist und er hierüber in Kenntnis gesetzt wurde. Unterbleibt die vorherige Unterrichtung der Behörde, wird die Verhaftung zwar wirksam, aber anfechtbar (vgl Schuschke/Walker/*Schuschke* Rn 2). In den Fällen, in denen die Behörde eine Vertretungsregelung verzögert oder verweigert, muss sie der Gläubiger im Klagewege vor dem **zuständigen** VG durchsetzen (St/J/*Münzberg* Rn 3). Das Vollstreckungsgericht darf keine Maßnahmen veranlassen. 2

C. Rechtsbehelfe. Weil die Anzeigepflicht nicht dem Schutz des Schuldners dient, kann dieser einen Verstoß hiergegen nicht rügen (vgl Musielak/*Voit* Rn 2; aA St/J/*Münzberg* Rn 3). Es handelt sich vielmehr um eine Amtspflichtverletzung des Gerichtsvollziehers, die im Wege der **Dienstaufsichtsbeschwerde** geahndet werden kann. Für die Behörde, die die Vertretung zu regeln hat, besteht bei Verstoß gegen die Vorschrift die Möglichkeit einer **Vollstreckungserinnerung** gem § 766. 3

§ 911 Erneuerung der Haft nach Entlassung.

Gegen den Schuldner, der ohne sein Zutun auf Antrag des Gläubigers aus der Haft entlassen ist, findet auf Antrag desselben Gläubigers eine Erneuerung der Haft nicht statt.

A. Normzweck. Die Bestimmung dient im empfindlichen Bereich einer **Freiheitsbeschränkung** dem Schutz des Schuldners vor Willkürmaßnahmen des Gläubigers, wenn dieser zunächst die Entlassung des Schuldners ohne dessen Veranlassung bewirkt, danach aber erneut einen Haftantrag stellt. 1

B. Tatbestandsvoraussetzungen. Der Anwendungsbereich der Vorschrift ist schmal. Sie gilt weder dann, wenn der Gläubiger die Haftentlassung auf **Veranlassung des Schuldners** hin beantragt, noch, wenn sie **ohne Veranlassung** des Gläubigers vAw erfolgt. Ein »Zutun« iSd Norm kann zB bejaht werden, wenn die Haftentlassung vom Gläubiger deshalb beantragt wurde, weil der Schuldner ein Ratenzahlungsangebot unterbreitet (AG Düsseldorf MDR 56, 494) oder aus persönlichen Gründen um eine Verschonung von der Haft gebeten hat. Liegen die Voraussetzungen der Vorschrift vor, so ist der Haftbefehl verbraucht. Er wird deshalb zu den Gerichtsakten genommen und darf dem Gläubiger nicht wieder ausgehändigt werden. Bei Vorliegen einer anderen Haftanordnung zugunsten desselben Gläubigers (also im Falle des § 903; vgl hierzu LG Freiburg MDR 81, 151) kommt eine erneute Haft jedoch ebenso in Betracht wie bei einer erneuten Haftanordnung im Nachbesserungsverfahren (vgl § 903 Rz 15 ff) oder bei einer Haftanordnung auf Grund eines anderen Vollstreckungstitels. Ebenso verhält es sich bei einer Haftanordnung zugunsten eines anderen Gläubigers. 2

C. Rechtsbehelfe. Gegen das Verhalten des Gerichtsvollziehers können sich sowohl **Gläubiger** als auch **Schuldner** mit der **Vollstreckungserinnerung** gem § 766 wenden. 3

D. Gebühren. Die Verhaftungsgebühr gem KV Nr 270 entsteht erneut. 4

§ 912 *(weggefallen)*

§ 913 Haftdauer.

[1]Die Haft darf die Dauer von sechs Monaten nicht übersteigen. [2]Nach Ablauf der sechs Monate wird der Schuldner von Amts wegen aus der Haft entlassen.

Die Regelung konkretisiert den **Verhältnismäßigkeitsgrundsatz**, indem sie die Ausübung des Beugezwanges wegen ein und desselben Titels auf sechs Monate seit der Verhaftung durch den Gerichtsvollzieher, § 909 I, (Zö/*Stöber* Rn 1) beschränkt. Nach Ablauf dieser Zeit treten die Interessen des Gläubigers hinter 1

denjenigen des Schuldners zurück. Anders verhält es sich dann, wenn der Gläubiger hintereinander aus mehreren verschiedenen Titeln vollstreckt. In diesem Fall gewährt die Beschränkung des § 914 **Schuldnerschutz** (vgl Celle OLGR 99, 212). Liegt der Grund der Verhaftung in der wiederholten unberechtigten Zeugnis- oder Eidesverweigerung, findet § 913 neben § 390 II mit der Folge Anwendung, dass die Haft mit Beendigung des Prozesses in diesem Rechtszug endet, spätestens aber nach sechs Monaten (Musielak/*Voit* Rn 2).
Die Fristprüfung obliegt dem **Leiter der Justizvollzugsanstalt** in eigener Verantwortung (Zö/*Stöber* Rn 1). Eine entsprechende Entlassung nach Fristablauf erfolgt vAw ohne Anordnung des Vollstreckungsgerichts. Gegen eine Haft über den Fristablauf hinaus kann der **Schuldner Vollstreckungserinnerung** gem § 766 mit dem Ziel einlegen, dass das Vollstreckungsgericht die Entlassung anordnet, danach die **sofortige Beschwerde** gem § 793. Erfolgt die Entlassung nach Ansicht des **Gläubigers** zu früh, kann dieser sich hiergegen ebenfalls mit der **Vollstreckungserinnerung** wenden.

§ 914 Wiederholte Verhaftung.

(1) Ein Schuldner, gegen den wegen Verweigerung der Abgabe der eidesstattlichen Versicherung nach § 807 dieses Gesetzes oder nach § 284 der Abgabenordnung eine Haft von sechs Monaten vollstreckt ist, kann auch auf Antrag eines anderen Gläubigers von neuem zur Abgabe einer solchen eidesstattlichen Versicherung durch Haft nur angehalten werden, wenn glaubhaft gemacht wird, dass der Schuldner später Vermögen erworben hat oder dass ein bisher bestehendes Arbeitsverhältnis mit dem Schuldner aufgelöst ist.
(2) Diese Vorschrift ist nicht anzuwenden, wenn seit der Beendigung der Haft drei Jahre verstrichen sind.

1 **A. Normzweck.** Die Norm ergänzt § 903 und erweitert den **Schutz** des § 913 zugunsten des **Schuldners.** Wenn dieser in den Fällen der § 807 und § 284 AO bereits durch Vollstreckung von sechs Monaten Haft zur Abgabe der Offenbarungsversicherung angehalten worden ist und seit der letzten Haftentlassung nicht mehr als drei Jahre vergangen sind, kann aus Gründen der **Verhältnismäßigkeit** eine erneute Haft nur bei Vorliegen derjenigen Voraussetzungen angeordnet werden, unter denen § 903 auch die wiederholte Versicherung erlaubt. Die Berechnung der Dreijahresfrist erfolgt auch hier gem § 222 iVm §§ 186 ff BGB. Das Vollstreckungsgericht hat das Vorliegen der Voraussetzungen vAw zu prüfen.

2 **B. Rechtsbehelfe.** Während dem Schuldner gegen einen erneuten, unzulässigen Haftbefehl die **sofortige Beschwerde** gem § 793 zur Seite steht (vgl Schuschke/Walker/*Schuschke* Rn 2), kann er sich gegen eine erneute Verhaftung auf Grund eines bereits vorliegenden anderen Haftbefehls mit der **Erinnerung** gem § 766 wehren (vgl Wieczorek/Schütze/*Storz* Rn 4). Wird die Haftandrohung unter fälschlicher Annahme des Vorliegens der Voraussetzungen des § 914 abgelehnt, kann sich der **Gläubiger** hiergegen mit **sofortiger Beschwerde** wenden.

§ 915 Schuldnerverzeichnis.

(1) [1]Das Vollstreckungsgericht führt ein Verzeichnis der Personen, die in einem bei ihm anhängigen Verfahren die eidesstattliche Versicherung nach § 807 abgegeben haben oder gegen die nach § 901 die Haft angeordnet ist. [2]In dieses Schuldnerverzeichnis sind auch die Personen aufzunehmen, die eine eidesstattliche Versicherung nach § 284 der Abgabenordnung oder vor einer Verwaltungsvollstreckungsbehörde abgegeben haben. [3]Die Vollstreckung einer Haft ist in dem Verzeichnis zu vermerken, wenn sie sechs Monate gedauert hat. [4]Geburtsdaten der Personen sind, soweit bekannt, einzutragen.
(2) Wer die eidesstattliche Versicherung vor dem Gerichtsvollzieher eines anderen Amtsgerichts abgegeben hat, wird auch in das Verzeichnis dieses Gerichts eingetragen, wenn er im Zeitpunkt der Versicherung in dessen Bezirk seinen Wohnsitz hatte.
(3) [1]Personenbezogene Informationen aus dem Schuldnerverzeichnis dürfen nur für Zwecke der Zwangsvollstreckung verwendet werden, sowie um gesetzliche Pflichten zur Prüfung der wirtschaftlichen Zuverlässigkeit zu erfüllen, um Voraussetzungen für die Gewährung von öffentlichen Leistungen zu prüfen oder um wirtschaftliche Nachteile abzuwenden, die daraus entstehen können, dass Schuldner ihren Zahlungsverpflichtungen nicht nachkommen, oder soweit dies zur Verfolgung von Straftaten erforderlich ist. [2]Die Informationen dürfen nur für den Zweck verwendet werden, für den sie übermittelt worden sind. [3]Nichtöffentliche Stellen sind darauf bei der Übermittlung hinzuweisen.

A. Normzweck. Das Schuldnerverzeichnis dient dem Schutz der **Allgemeinheit** vor zahlungsunfähigen und zahlungsunwilligen Schuldnern und dem Schutz des **redlichen Geschäftsverkehrs**, für den gewährleistet sein muss, dass er die Kreditwürdigkeit seiner Geschäftspartner rechtzeitig und mit vertretbarem Aufwand überprüfen kann (BTDrs 12/193, 7). Gleichzeitig dient es dem **Schuldner** selbst, der vor mehrfacher Heranziehung zur Offenbarungsversicherung gem § 903 oder Haft gem § 914 geschützt werden soll (B/L/A/H Rn 2; Wieczorek/Schütze/*Storz* Rn 3). Eine Neuregelung in Form des Gesetzes zur Reform der Sachaufklärung im Zwangsvollstreckungsrecht, die auch Änderungen im Schuldnerverzeichnis vorsieht, ist am 29.7.09 verabschiedet worden und tritt in hier fraglichem Zusammenhang am 1.1.13 in Kraft (BGBl 09, I Nr 48, 2258, vgl dazu BRDrs 304/08 bzw BTDrs 16/10069). Insbesondere werden die Stärkung der Informationsbeschaffung für den Gläubiger durch frühzeitigere Auskunft und die Schaffung eines landesweiten elektronischen Schuldnerverzeichnisses angestrebt. Diese Gesetzesinitiative der Länder Baden-Württemberg, Bayern, Hessen, Niedersachsen und Sachsen zielt insgesamt auf eine Modernisierung des Vollstreckungsrechts, eine Entlastung der Justiz und eine Verbesserung des Rechtsverkehrs ab. 1

B. Tatbestandsvoraussetzungen. I. Schuldnerverzeichnis (Abs 1, 2). Das sog Schuldnerverzeichnis wird von dem nach § 899 zuständigen **Vollstreckungsgericht** über diejenigen Personen geführt, die vor dem Vollstreckungsgericht oder einem von ihm ersuchten Gericht, § 479, vor einem Haftgericht oder auch vor einem unzuständigen Gericht die eidesstattliche Offenbarungsversicherung nach § 807 oder § 284 AO abgegeben haben, gegen die zur Erzwingung der Abgabe Haft angeordnet oder die 6 Monate andauernde Haft vollstreckt worden ist. Zusätzlich ergibt sich eine Zuständigkeit desjenigen AG, vor dessen Gerichtsvollzieher die eidesstattliche Versicherung abgegeben wurde, sofern es sich um ein anderes als das nach § 899 zuständige Gericht handelt und der Schuldner zu der Zeit der Abgabe im Bezirk dieses AG seinen **Wohnsitz** hatte, Abs 2. Dies gilt insb bei zwischenzeitlichem **Schuldnerwohnsitzwechsel**. Die Abgabe der eidesstattlichen Versicherung ist auch in diesem Schuldnerverzeichnis zu vermerken. Es handelt sich bei der Führung des Schuldnerverzeichnisses nicht um eine Maßnahme der Justizverwaltung, sondern um die Ausübung der Gerichtsbarkeit, für die der **Urkundsbeamte der Geschäftsstelle** funktionell zuständig ist (Oldbg Rpfleger 78, 267; Hamm NJW 61, 737; Zö/*Stöber* Rn 2). 2

II. Eintragungen. Die Eintragungen erfolgen vAw und im Allgemeininteresse, so dass Gläubiger und Schuldner kein Unterbleiben vereinbaren können. Der Gläubiger ist grds nicht verpflichtet, die Erfüllung seiner Forderung durch den Schuldner zwecks Verhinderung der Eintragung mitzuteilen (KG NJW 73, 860; Musielak/*Voit* Rn 4). Inhaltlich richten sich die Eintragungen nach der auf Grund von § 915h I Nr 1 erlassenen SchuVVO, BGBl I 94, 3822. Danach sind die **Person** des Schuldners, § 1 I Nr 1 SchuVVO, und seine **Geburtsdaten einzutragen**, sofern diese bei Eintragung bekannt sind, § 1 I Nr 2 SchuVVO. Das Gesetz sieht späteres Nachtragen nicht vor (Musielak/*Voit* Rn 2). Ferner werden die Daten der gerichtlichen Verfahren und Handlungen, das Datum der Abgabe der eidesstattlichen Versicherung, dasjenige der gerichtlichen Entscheidung, die Aktenzeichen und Gerichts- bzw Behördenbezeichnung, § 1 I Nr 3, 4 SchuVVO, nach eigenen Angaben des Schuldners und Angaben aus dem Vollstreckungstitel eingetragen. Veränderungen, wie zB ein Anschriftswechsel, können nur in der Spalte »Bemerkungen« vermerkt werden (Musielak/*Voit* Rn 2; St/J/*Münzberg* Rn 2 mwN; aA Zö/*Stöber* Rn 5). Einzutragen ist der **Vertretene** (Minderjährige, GmbH, Verein, OHG, KG usw) und nicht (auch nicht zusätzlich) dessen gesetzlicher Vertreter (Geschäftsführer, Vorstand usw), obwohl der gesetzliche Vertreter die eidesstattliche Versicherung abgegeben hat (vgl § 900 Rz 12; Musielak/*Voit* Rn 2; Zö/*Stöber* Rn 3). Dies gilt auch bei Haftanordnung oder sechsmonatiger Haftvollstreckung, wenngleich die Haft allein dem Vertreter ggü angeordnet wurde und an ihm vollstreckt wurde (vgl § 901). Die **wiederholte** Versicherung gem § 903 ist eine neue eidesstattliche Versicherung und selbstständig einzutragen, während die Nachbesserung einer unvollständigen Versicherung dieser ergänzend **beizuschreiben** ist (Musielak/*Voit* Rn 3; Zö/*Stöber* Rn 3; vgl auch § 903 Rz 15). Soweit angenommen wird, der Schuldner müsse bei **mehreren Gläubigern** die eidesstattliche Versicherung allen ggü abgeben (z hier vertretenen aA § 902 Rn 7), sind **sämtliche Verfahren** und Gläubiger anzugeben (LG Arnsberg DGVZ 94, 6; Rpfleger 94, 76; Wieczorek/Schütze/*Storz* Rn 18 mwN). 3

Die Abgabe der eidesstattlichen Versicherung gem §§ 807 ZPO, 284 AO, die Anordnung der Haft gem § 901 oder der Umstand einer sechsmonatigen Vollstreckung der Haft sind einzutragen. Fehler können zu Schadensersatzansprüchen (Minderung der Kreditwürdigkeit des Schuldners) wegen **Amtspflichtverletzung** gegen den Staat führen.

4 **III. Zweckbindung (Abs 3).** Die Verwendung **personenbezogener Daten** aus dem Schuldnerverzeichnis ist zweckgebunden und die diesbezügliche Auskunft aus datenschutzrechtlichen Gründen entspr beschränkt. Darüber hinaus besteht ein **Verwendungsverbot**. Sämtliche Informationen aus dem Schuldnerverzeichnis (sowohl Einzelauskünfte wie Abdrucke, Listen und auch darauf beruhende Aufzeichnungen) dürfen jew nur für den Zweck verwendet werden, für den sie übermittelt wurden. Wer die Informationen zu einem anderen Zweck verwenden will, muss sich erneut an das Gericht wenden. Abs 3 findet – anders als Abs 1 – aufgrund ausdrücklicher Verweisung auf Eintragungen in das Verzeichnis bzgl der Nichteröffnung des Insolvenzverfahrens mangels Masse gem § 26 II 2 InsO Anwendung (Musielak/*Voit* Rn 5; Zö/*Stöber* Rn 11). Eine abschließende Aufzählung der erlaubten Verwendungszwecke findet sich in § 915 III: Danach dürfen personenbezogene Informationen aus dem Schuldnerverzeichnis verwendet werden

1. für Zwecke der Zwangsvollstreckung:

Hierunter fällt jede Art von Vollstreckung, also auch die Verwaltungszwangsvollstreckung (BTDrs 12/193, 9; Wieczorek/Schütze/*Storz* Rn 22). Das Vollstreckungsverfahren muss nicht vom Antragsteller selbst betrieben werden. Erforderlich ist allein, dass dieser ein vollstreckungsbedingtes Interesse an der Information hat (B/L/A/H Rn 8; Gottwald Zwangsvollstreckung Rn 6).

2. zur Erfüllung gesetzlicher Pflichten im Hinblick auf die Prüfung wirtschaftlicher Zuverlässigkeit:

Es muss sich um gesetzliche und nicht bloß um vertragliche Prüfungspflichten oder -befugnisse handeln, die sich auf die wirtschaftliche Zuverlässigkeit, also insb die Zahlungswilligkeit neben der Zahlungsfähigkeit des Schuldners beziehen. Solche Pflichten gründen zB in der Gewerbeordnung oder im Insolvenzrecht (St/J/*Münzberg* Rn 7), wie etwa iRd Prüfung der Erlaubnisvoraussetzungen für den Pfandleiher gem § 34 I 3 GewO.

3. zur Prüfung der Voraussetzungen für die Gewährung öffentlicher Leistungen:

Insbes soll dadurch ua der Agentur für Arbeit ermöglicht werden, zum Zwecke der Prüfung, ob die Voraussetzungen für die Gewährung von **Insolvenzgeld** vorliegen, Auskünfte über Eintragungen nach § 26 II InsO einzuholen (BTDrs 12/6914, 13).

4. zur Abwendung von wirtschaftlichen Nachteilen, die daraus entstehen können, dass Schuldner ihren Zahlungsverpflichtungen nicht nachkommen:

Dies umschreibt als Generalklausel den Hauptzweck des Verzeichnisses, die **Sicherung** des **redlichen Geschäftsverkehrs** (vgl Rz 1). Aufgrund der weiten Formulierung erscheint jedoch die Verfassungsmäßigkeit problematisch. Ebenso wie der Begriff »wirtschaftliche Zuverlässigkeit prüfen« ist der Begriff »wirtschaftliche Nachteile abwenden« unbestimmt. Dies erfordert jedenfalls eine enge Auslegung (Hamm Rpfleger 06, 481). Deshalb sind die gesetzlichen Kontrollmechanismen, insb § 915e zur Wahrung des Verhältnismäßigkeitsgrundsatzes, streng zu handhaben (B/L/A/H Rn 11; Wieczorek/Schütze/*Storz* Rn 26). Die Information des Schuldners fordert etwa den Vortrag des Antragstellers, dass er mit einer bestimmten Person über den Abschluss eines Vertrags verhandelt, der Zahlungspflichten der Gegenseite auslösen würde, wie es insb bei Kauf-, Kredit-, Werk- und Mietverträgen der Fall ist (MüKoZPO/*Eickmann* § 915b Rn 9). Ein berechtigtes und schutzwürdiges Interesse zur Einsicht in das Schuldnerverzeichnis hinsichtlich der Eintragungen einer Person, zu der keinerlei geschäftliche Beziehungen bestehen, kann nicht anerkannt werden (BTDrs 12/193, 9).

5. soweit dies zur Straftatverfolgung erforderlich ist:

Es genügt dabei nicht, wenn die Auskunft lediglich hilfreich, förderlich oder nützlich ist (MüKoZPO/*Eickmann* § 915b Rn 9; Musielak/*Voit* Rn 6) oder dass es sich bloß um die Verfolgung einer Ordnungswidrigkeit handelt (St/J/*Münzberg* Rn 10).

5 **C. Kosten/Gebühren.** Durch die Maßnahmen der §§ 915a–915h selbst, insb Eintragungen, Löschungen und Auskünfte, entstehen grds **keine Gerichtsgebühren**. Allerdings können evtl **Auslagen** für die Erteilung von Abdrucken und Listen erhoben werden. Zu den **Rechtsanwaltsgebühren** für das Tätigwerden im Zusammenhang mit dem Verfahren s. § 915a und § 915b Rz 7.

§ 915a Löschung. **(1) [1]Eine Eintragung im Schuldnerverzeichnis wird nach Ablauf von drei Jahren seit dem Ende des Jahres gelöscht, in dem die eidesstattliche Versicherung abgegeben, die Haft angeordnet oder die sechsmonatige Haftvollstreckung beendet worden ist. [2]Im Falle des § 915 Abs. 2 ist die Eintragung auch im Verzeichnis des anderen Gerichtes zu löschen.**

(2) Eine Eintragung im Schuldnerverzeichnis wird vorzeitig gelöscht, wenn

1. die Befriedigung des Gläubigers, der gegen den Schuldner das Verfahren zur Abnahme der eidesstattlichen Versicherung betrieben hat, nachgewiesen worden ist oder

2. der Wegfall des Eintragungsgrundes dem Vollstreckungsgericht bekannt geworden ist.

A. Normzweck. Die Norm regelt die Löschung der Eintragungen im Schuldnerverzeichnis und wahrt durch die zeitliche Begrenzung der Eintragungen den **Verhältnismäßigkeitsgrundsatz** ggü dem Schuldner. 1

B. Tatbestandsvoraussetzungen. I. »Regelmäßige« Löschung nach Fristablauf (Abs 1). Die »regelmäßige« Löschung erfolgt vAw durch den Urkundsbeamten der Geschäftsstelle, die auch das Verzeichnis führt, und zwar nach Ablauf von drei Jahren seit dem Ende des Jahres, in dem die eidesstattliche Versicherung abgegeben, die Haft angeordnet (vgl § 901) oder die sechsmonatige Haftvollstreckung (vgl § 913) beendet worden ist. War die eidesstattliche Versicherung unvollständig und wird daraufhin ein Nachbesserungsverfahren (vgl § 903 Rz 15 ff) betrieben, löst die dortige Haftanordnung keine neue Frist aus. Die ergänzende Eintragung wird vielmehr mitgelöscht, wenn das Gericht die Eintragung der unvollständigen Versicherung löscht. Bei Eintragung in mehrere Verzeichnisse, § 915 II, sind sämtliche Eintragungen zu löschen, Abs 1 S 2. Diese Regelung findet auch bei vorzeitiger Löschung nach Abs 2 Anwendung (Musielak/*Voit* Rn 1; Zö/*Stöber* Rn 9). Die Eintragung nach § 26 II InsO wegen Ablehnung der Eröffnung des Insolvenzverfahrens mangels Masse wird erst nach fünf Jahren gelöscht, § 26 II 2 InsO. 2

II. Vorzeitige Löschung (Abs 2). Ebenfalls vAw erfolgt die Löschung **vor Ablauf dieser Frist** gem § 915a II durch den **Rechtspfleger**, §§ 3 Nr 3a, 20 Nr 17 RPflG, wenn die **Befriedigung** des Gläubigers nachgewiesen oder der **Wegfall des Eintragungsgrundes** dem Vollstreckungsgericht bekannt geworden ist. Die vorzeitige Löschung wird durch **Beschl** angeordnet und dem Schuldner und Gläubiger gem § 329 II 1 mitgeteilt. Diese Regelung weckt deshalb Bedenken, weil infolgedessen der zahlende Schuldner die eidesstattliche Versicherung eher wieder abgeben muss als der nicht zahlende. Ersterem wird damit der Schutz des § 903 genommen (vgl Musielak/*Voit* Rn 3; St/J/*Münzberg* Rn 1). Einen **Antrag** auf Löschung sieht das Gesetz nicht vor. Ein dennoch gestellter Antrag ist als »Anregung« aufzufassen. Auch Dritte können so das Verfahren der vorzeitigen Löschung anregen (Musielak/*Voit* Rn 3; Zö/*Stöber* Rn 5). Zweifelhaft ist, ob eine vorzeitige Löschung der Eintragung des Schuldners, dessen Antrag auf Eröffnung des Insolvenzverfahrens mangels Masse iSv § 26 II InsO abgewiesen wurde, dennoch in Betracht kommt, wenn dieser nachweist, dass er den Gläubiger vollständig befriedigt hat, der das Verfahren auf Abgabe der eidesstattlichen Versicherung betrieben hatte (vgl St/J/*Münzberg* Rn 5 mwN). Dies ist richtigerweise abzulehnen. Die Befriedigung der Forderungen des Antragstellers reicht im Verfahren nach § 26 II InsO nicht aus. Vorzeitige Löschung wegen des Nachweises der Befriedigung **aller Gläubiger** (so HK-InsO/*Kirchhof* § 26 Rn 38; vgl auch Hess Bd 1, § 26 Rn 59; aA AG Duisburg NZI 01, 437) ist denkbar, aber jedenfalls deshalb nicht praktikabel, weil sich bei Abweisung des Insolvenzantrags nicht klären lässt, welche Gläubiger der Schuldner insgesamt hatte (Musielak/*Voit* Rn 1). Wurden Haftbefehle in Einzelverfahren auf Antrag **mehrerer Gläubiger** erlassen und liegen die Löschungsvoraussetzungen des Abs 2 nur für ein Verfahren vor, so ist allein die Löschung des in dieser Vollstreckungssache ergangenen Haftbefehls auszuführen. Sofern der verhaftetete Schuldner die eidesstattliche Versicherung für **mehrere Gläubiger** abgegeben hat (gegen eine entspr Verpflichtung des Schulders s. § 902 Rn 7), kann die vorzeitige Löschung nur erfolgen, wenn die Befriedigung aller Gläubiger nachgewiesen wird. Ansonsten ist nur die zu löschen, die in der Angelegenheit des jeweiligen Gläubigers abgegeben wurde. Die Hafteintragungen aus Verfahren anderer Gläubiger bleiben hingegen bestehen (Zö/*Stöber* Rn 8). 3

1. Befriedigung des Gläubigers (Abs 2 Nr 1). Die **vollständige Befriedigung des Gläubigers** in Bezug auf die Forderung, die zur Eintragung geführt hat, ist nachzuweisen. Bloße Glaubhaftmachung genügt nicht. Der Nachweis erfolgt gem § 775 Nr 4 und 5, insb durch die Vorlage einer Quittung. Er kann sowohl vom Schuldner als auch vom Gläubiger erbracht werden. Der Erlass, § 397 BGB, (LG Hannover Rpfleger 70, 442), nicht aber die Stundung (LG Tübingen Rpfleger 86, 24) und die Zustimmung des Gläubigers (LG Freiburg Rpfleger 86, 187) stehen der Befriedigung gleich. Bei Zweifeln sollte der Gläubiger gehört werden. 4

5 **2. Wegfall des Eintragungsgrundes (Abs 2 Nr 2).** Bei Vorliegen der Voraussetzungen des § 776, die zur **Aufhebung der Vollstreckungsmaßregeln** durch das Gericht führen, fällt der Eintragungsgrund weg. Dies gilt zB bei der **Aufhebung** des Titels, seiner vorläufigen Vollstreckbarkeit oder der Haftanordnung (Ddorf MDR 95, 313; LG Dortmund 59, 2269). Gleiches gilt bei **Unzulässigerklärung** der Zwangsvollstreckung aus dem Titel nach § 767 (LG Münster Rpfleger 96, 168). Weitere Bsp sind die Erklärung des **Widerspruchs** für begründet nach Abgabe der Offenbarungsversicherung (Musielak/*Voit* Rn 4; Wieczorek/Schütze/*Storz* Rn 24) und die Erklärung des **Haftbefehls** (vgl § 901) für **kraftlos**, zB wegen Gläubigerverzichts (B/L/A/H Rn 10). Der Wegfall muss dem AG in sicherer Form, idR durch öffentliche Urkunde (Musielak/*Voit* Rn 4; St/J/*Münzberg* Rn 5), bekannt werden.

6 **III. Löschung.** »Gelöscht« wird eine Eintragung durch das Unkenntlichmachen gespeicherter personenbezogener Daten (§ 3 IV Nr 5 BDSG), zB durch die Vernichtung der Karteikarte. Die Eintragungen werden nach § 915a jew mit Ablauf der Frist zum Jahresende gelöscht. Die Fiktion des § 915b verhilft aber dazu, dass eine **Auskunftssperre** taggenau nach Ablauf der Dreijahresfrist entsteht.

7 **C. Kosten/Gebühren.** Für die Löschung fallen **keine Gerichtsgebühren** an. Der Rechtsanwalt des Schuldners erhält für seine Tätigkeit gem § 18 I Nr 17 RVG, Nr 3309 VV die **Verfahrensgebühr** von 0,3. IdR beschränkt sich die Tätigkeit darauf, den Nachweis der Befriedigung des Gläubigers beizubringen. Die Gebühr fällt aber auch bereits an, wenn der Rechtsanwalt des Schuldners den Nachweis der Befriedigung in Vorbereitung eines solchen Verfahrens, also vor dessen Anhängigkeit, einholt. Maßgeblich für die Entstehung der Gebühr sind die Auftragserteilung und das Tätigwerden des Rechtsanwalts zur Erledigung des Auftrags (HK-RVG/*Rohn* § 18 Rn 121; aA Hartmann RVG § 18 Rn 39, der die bloße Löschungsbewilligung nicht genügen lässt).

Auch dem **Rechtsanwalt des Gläubigers** kann die og Gebühr zustehen, da sie nicht durch Antragstellung, sondern durch **Tätigwerden** im Zusammenhang mit dem Verfahren entsteht (Zö/*Stöber* Rn 10), insb bei Anhörung des Gläubigers vor Gericht oder im Zusammenhang mit der durch den Schuldner erfolgenden Einholung des Befriedigungsnachweises, zB in Form der Löschungsbewilligung (HK-RVG/*Rohn* § 18 Rn 122; Musielak/*Voit* Rn 6).

Die Angelegenheit endet mit der Entscheidung über die Löschung. Ein neuer Antrag stellt deshalb eine neue Angelegenheit mit eigenen Gebühren dar. Maßgeblich ist für den **Gegenstandswert** das Interesse des Schuldners an der Löschung, § 25 II RVG.

§ 915b Auskunft; Löschungsfiktion. (1) [1]**Der Urkundsbeamte der Geschäftsstelle erteilt auf Antrag Auskunft, welche Angaben über eine bestimmte Person in dem Schuldnerverzeichnis eingetragen sind, wenn dargelegt wird, dass die Auskunft für einen der in § 915 Abs. 3 bezeichneten Zwecke erforderlich ist.** [2]**Ist eine Eintragung vorhanden, so ist auch das Datum des in Absatz 2 genannten Ereignisses mitzuteilen.**

(2) Sind seit dem Tage der Abgabe der eidesstattlichen Versicherung, der Anordnung der Haft oder der Beendigung der sechsmonatigen Haftvollstreckung drei Jahre verstrichen, so gilt die entsprechende Eintragung als gelöscht.

1 **A. Normzweck und Regelungsgehalt.** Abs 1 gewährt einen Auskunftsanspruch und dient dazu, die Schranken des § 915 III einzuhalten. Aus Datenschutzgründen wird im Gegensatz zu § 915 III aF (bis zum 31.12.94) kein allg Einsichtsrecht in das Schuldnerverzeichnis mehr ermöglicht (MüKoZPO/*Eickmann* Rn 1; Zö/*Stöber* Rn 1). Der Auskunftsanspruch des § 915b I ist vom Anspruch des Vollstreckungsgläubigers auf Einsicht in das vom Schuldner erstellte Vermögensverzeichnis abzugrenzen, der in § 299 geregelt ist.

2 Abs 2 stellt eine **Löschungsfiktion** auf. Sie bewirkt, dass die einzelne Eintragung taggenau (§§ 187 I, 188 I BGB, 222 ZPO) mit Ablauf der Dreijahresfrist des § 903 als gelöscht gilt, obwohl eine tatsächliche Löschung nur einmal jährlich stattfindet. Nach Ablauf der Frist wird der Schuldner also durch Nichtweitergabe seiner Daten geschützt. Es besteht eine **Auskunftssperre**. Ob sie bereits greift, entscheidet nicht der Antragseingang, sondern das Datum der Auskunftserteilung.

3 **B. Tatbestandsvoraussetzungen. I. Zuständigkeit.** Der für die Auskunftserteilung zuständige **Urkundsbeamte der Geschäftsstelle**, § 153 GVG, entscheidet sowohl über das Vorliegen der Voraussetzungen als auch über den Inhalt der Auskunft, ohne den Schuldner anzuhören. Handelt an seiner Stelle ein Rechtspfleger,

ist dies ohne Konsequenzen, § 8 V RPflG. Die Zuständigkeit des Urkundsbeamten wird mit Blick auf eine mögliche Überforderung zT krit betrachtet (B/L/A/H Rn 3), entspricht aber der gegenwärtigen Rechtslage.

II. Antrag. Die Auskunft erfolgt nur auf Antrag, der **mündlich** oder **schriftlich** anzubringen ist und eine 4
bestimmte Person benennen muss. Ferner hat der Antragsteller darzulegen, dass er die Auskunft für einen der in § 915 III genannten Zwecke benötigt (BTDrs 12/193, 9). Glaubhaftmachung iSd § 294 wird nicht vorausgesetzt, erst recht nicht der Nachweis der Zweckverfolgung. Eine Auskunft iSd § 915b I 1 ist »erforderlich«, wenn ihre Einholung bei vernünftiger Betrachtungsweise angezeigt erscheint. Sie braucht nicht das einzig denkbare Mittel zur Zweckerreichung zu sein (BTDrs 12/193, 9). Aufgrund dieser weiten Definition wird tw vertreten, dass bereits die bloße Behauptung, die Auskunft sei erforderlich, genüge (B/L/A/H Rn 4). Bei einer geringfügigen Forderung ist die Erforderlichkeit der Auskunft jedenfalls dann zu verneinen, wenn keine konkreten Zweifel an der wirtschaftlichen Zuverlässigkeit des Schuldners bestehen (Musielak/*Voit* Rn 2).

III. Auskunft. Die Auskunft wird **schriftlich** oder **mündlich** erteilt und enthält die Angaben über den 5
Schuldner, das Datum der Abgabe der eidesstattlichen Versicherung oder das der Haftanordnung, das Aktenzeichen des Verfahrens sowie gem § 915b I 2 das Datum, an dem die Eintragung als gelöscht gelten wird.

Der Schuldner selbst kann gem § 19 BDSG unabhängig von den Voraussetzungen des § 915b Auskunft verlangen (Musielak/*Voit* Rn 2; St/J/*Münzberg* Rn 2).

C. Rechtsbehelf. Gegen eine Ablehnung des Auskunftsantrags oder wegen unvollständiger Auskunft kann 6
gegen die Entscheidung des Urkundsbeamten der Geschäftsstelle die **Erinnerung** gem § 573 eingelegt werden. Die Beschwerde ist gem § 915c nicht zulässig.

D. Kosten/Gebühren. Für die einzelne Auskunft nach Abs 1 fallen **keine Gerichtsgebühren** an. Ob dafür 7
Anwaltsgebühren anfallen, ist str. Mehrheitlich wird vertreten, dass bereits für die bloße **Einholung** der Auskunft Gebühren anfallen (HK-RVG/*Rohn* § 18 Rn 113; *Schneider* AGS 03, 75 f). Nach der Gegenansicht stellt die Einholung der Auskunft lediglich eine Vorbereitungshandlung für eine spätere Vollstreckungshandlung dar. Für die Auskunft soll deshalb keine Gebühr anfallen (AG Lahnstein DGVZ 02, 190).

§ 915c Ausschluss der Beschwerde. **Gegen Entscheidungen über Eintragungen, Löschungen und Auskunftsersuchen findet die Beschwerde nicht statt.**

Die Norm stellt klar, dass eine sofortige Beschwerde nach §§ 567 ff gegen die genannten Entscheidungen 1
ausgeschlossen ist. Sie dient der **Verfahrensvereinfachung** sowie der **Rechtssicherheit**.

Gegen die **Vornahme** oder **Unterlassung** einer gebotenen Eintragung durch den Urkundsbeamten der 2
Geschäftsstelle, gegen die **Ablehnung** eines Auskunftsersuchens durch ihn und gegen **Anordnung** oder **Ablehnung** einer Löschung nach § 915a I ist die **befristete Erinnerung** an den Richter gem § 573 I gegeben. Maßnahmen des Rechtspflegers, insb die **vorzeitige** Löschung nach § 915a II, können mit der **befristeten Erinnerung** gem § 11 II RpflG angegriffen werden (Köln NJW-RR 95, 1343). Dies gilt auch dann, wenn der Betroffene vorher nicht angehört worden ist, weil bei der Führung des Registers nicht die Interessen des Gläubigers, sondern die des Schuldners und des Geschäftsverkehrs im Mittelpunkt stehen und es sich somit nicht um Maßnahmen der Zwangsvollstreckung handelt. Die unbefristete Vollstreckungserinnerung nach § 766 findet daher keine Anwendung (Musielak/*Voit* Rn 2; aA St/J/*Münzberg* Rn 1; Wieczorek/Schütze/*Storz* Rn 4).

Die **Entscheidungen des Richters** sind unanfechtbar. 3

Entscheidet der Präsident des AG oder des LG über Anträge nach § 915d I 1, handelt er als Teil der **Justiz-** 4
verwaltung. Deshalb ist nach Maßgabe des § 20 SchuVVO (BGBl I 94, 3822) der Rechtsweg gem §§ 23–30 EGGVG einschlägig (HK-ZPO/*Rathmann* Rn 1; Schuschke/Walker/*Schuschke* Rn 1).

§ 915d Erteilung von Abdrucken. **(1) [1]Aus dem Schuldnerverzeichnis können nach Maßgabe des § 915e auf Antrag Abdrucke zum laufenden Bezug erteilt werden, auch durch Übermittlung in einer nur maschinell lesbaren Form. [2]Bei der Übermittlung in einer nur maschinell lesbaren Form gelten die von der Landesjustizverwaltung festgelegten Datenübertragungsregeln.**

(2) Die Abdrucke sind vertraulich zu behandeln und dürfen Dritten nicht zugänglich gemacht werden.

(3) Nach der Beendigung des laufenden Bezugs sind die Abdrucke unverzüglich zu vernichten; Auskünfte dürfen nicht mehr erteilt werden.

1 **A. Normzweck und Regelungsgehalt.** Die Bestimmung regelt die Zulässigkeit der fortlaufenden Erteilung von Abdrucken aus dem Schuldnerverzeichnis an die in § 915e genannten Antragsteller. Sie erkennt damit ein generelles **Informationsinteresse** bestimmter Kammern, Gesellschafter oder privater Betreiber von Schuldnerverzeichnissen (zB Schufa) an. Bemerkenswert ist, dass diese iGgs zu § 915b keinen Nachweis der Erfordernisse des § 915 III erbringen müssen, um die Abdrucke regelmäßig zu erhalten. Ob der durch Abschaffung des allg Einsichtsrechts beabsichtigte Schuldnerschutz auf diese Weise gewahrt wird, erscheint zweifelhaft (Musielak/*Voit* Rn 1). Vereinzelt wird der Vorwurf erhoben, dass eine Missbrauchsgefahr va bei Massenbeziehern auf der Hand liege und dass der verfassungsrechtliche Grundsatz der Verhältnismäßigkeit prinzipiell nicht beachtet werde (B/L/A/H vor §§ 915–915h Rn 6 ff).

Abs 2 und 3 der Vorschrift enthalten Regelungen hinsichtlich der Behandlung der Abdrucke.

2 **B. Tatbestandsvoraussetzungen. I. Begriff des Abdrucks.** Unter Abdruck versteht man eine von vornherein auf größere Stückzahlen ausgelegte, vollständige **Reproduktion** des Schuldnerverzeichnisses. Um dem Gedanken der Massenproduktion Rechnung zu tragen, wird zudem gem Abs 1 S 1 der Vorschrift auch die Übermittlung in maschinell lesbarer Form, also auf **Datenträgern** oder im Wege einer Datenfernübertragung, erfasst (BTDrs 12/193, 10). Näheres zur Übermittlung der Abdrucke regeln gem Abs 1 S 2 die Landesjustizverwaltungen. Bisher sind solche Regeln von Bayern (JMBl 00, 18 ff), Niedersachsen (NdsRpfl 01, 6 f), NRW (GVBl 02, 301) und Mecklenburg-Vorpommern (ABl 01, 1175) erlassen worden. Ferner hat die Bund-Länder-Kommission für Datenverarbeitung und Rationalisierung hierzu Regeln verfasst (http://www.justiz.de/BLK/regelungen/datenuebertragung.pdf). Einzelheiten hinsichtlich des Inhalts und der Übersendung von Abdrucken regeln die §§ 9, 10 SchuVVO (BGBl I 94, 3822).

3 **II. Bezug von Abdrucken.** Abdrucke können ausschließlich an die in § 915e genannten Interessenten und nur zum **laufenden Bezug** erteilt werden, da ein zeitlich unterbrochener Bezug nicht sicherstellen kann, dass die Bezieher regelmäßig die Löschungsmitteilungen erhalten. Nur so können sie ihrer Pflicht gem § 915d II nachkommen und zutreffende Auskünfte geben (BTDrs 12/193, 10). Wurde die vorzeitige Löschung einer Eintragung nach § 915a II verfügt, darf ein Abdruck selbst dann nicht erteilt werden, wenn er mit einer Mitteilung über die Löschung versehen ist (AG Nordenham DGVZ 93, 63).

4 **III. Verfahren.** Über einen Antrag nach § 915d I 1 entscheidet regelmäßig der **Präsident des AG** in einem Bewilligungsverfahren nach §§ 2–8 SchuVVO. Hat das AG keinen Präsidenten, ist der **Präsident des LG** zuständig, § 3 SchuVVO. Während die Entscheidung, ob überhaupt Abdrucke erteilt werden, eine gebundene Entscheidung darstellt, kann die zeitliche Geltungsdauer gem § 7 SchuVVO festgesetzt werden.

5 **IV. Umgang mit Abdrucken.** Abs 2 setzt einen **vertraulichen Umgang** mit den erteilten Abdrucken voraus. Untersagt werden dadurch aber nur Auskünfte, die über die weitgehende Regelung des § 915e hinausgehen (krit B/L/A/H Rn 5; MüKoZPO/*Eickmann* Rn 5). Das Gericht kann die Einhaltung der Beschränkung nach § 915e IV iVm § 38 BDSG überwachen.

Abs 3 schließlich **verpflichtet** die **Empfänger** der Abdrucke, diese nach Beendigung des laufenden Bezugs unverzüglich zu **vernichten** und keine Auskunft mehr zu erteilen. Beendigung tritt sowohl bei wirksam gewordener **Kündigung** des Bezugs als auch im Falle eines rechtskräftigen **Widerrufs** oder einer **Rücknahme** der Bewilligung, nicht aber bei einstweiligem Ausschluss vom Bezug nach § 11 SchuVVO, ein.

6 **C. Rechtsbehelfe.** Aus § 20 SchuVVO folgt, dass gegen die Entscheidung über einen Antrag nach Abs 1 der Vorschrift der Rechtsweg zu den **ordentlichen Gerichten** nach §§ 23–30 EGGVG gegeben ist (vgl § 915c Rz 4).

7 **D. Kosten/Gebühren.** Für die Erteilung von Abdrucken können Gebühren erhoben werden. Bei einem Antrag auf Bewilligung zum laufenden Bezug von Abdrucken aus den Schuldnerverzeichnissen mehrerer oder sämtlicher AG eines Bezirks handelt es sich nicht um mehrere, der Anzahl der betroffenen AG entsprechende, Anträge. Folglich fällt die Gebühr nur einmal an (LG Paderborn Rpfleger 97, 396).

§ 915e Empfänger von Abdrucken; Auskünfte aus Abdrucken; Listen; Datenschutz.

(1) Abdrucke erhalten

a) Industrie- und Handelskammern sowie Körperschaften des öffentlichen Rechts, in denen Angehörige eines Berufes kraft Gesetzes zusammengeschlossen sind (Kammern),

b) Antragsteller, die Abdrucke zur Errichtung und Führung zentraler bundesweiter oder regionaler Schuldnerverzeichnisse verwenden, oder

c) Antragsteller, deren berechtigtem Interesse durch Einzelauskünfte, insbesondere aus einem Verzeichnis nach Buchstabe b, oder durch den Bezug von Listen (§ 915f) nicht hinreichend Rechnung getragen werden kann.

(2) [1]Die Kammern dürfen ihren Mitgliedern oder den Mitgliedern einer anderen Kammer Auskünfte erteilen. [2]Andere Bezieher von Abdrucken dürfen Auskünfte erteilen, soweit dies zu ihrer ordnungsgemäßen Tätigkeit gehört. [3]§ 915d gilt entsprechend. [4]Die Auskünfte dürfen auch im automatisierten Abrufverfahren erteilt werden, soweit diese Form der Datenübermittlung unter Berücksichtigung der schutzwürdigen Interessen der Betroffenen wegen der Vielzahl der Übermittlungen oder wegen ihrer besonderen Eilbedürftigkeit angemessen ist.

(3) [1]Die Kammern dürfen die Abdrucke in Listen zusammenfassen oder hiermit Dritte beauftragen. [2]Sie haben diese bei der Durchführung des Auftrages zu beaufsichtigen.

(4) [1]In den Fällen des Absatzes 1 Satz 1 Buchstabe b und c gilt für nichtöffentliche Stellen § 38 des Bundesdatenschutzgesetzes mit der Maßgabe, dass die Aufsichtsbehörde auch die Verarbeitung und Nutzung dieser personenbezogenen Daten in oder aus Akten überwacht und auch überprüfen kann, wenn ihr keine hinreichenden Anhaltspunkte dafür vorliegen, dass eine Vorschrift über den Datenschutz verletzt ist. [2]Entsprechendes gilt für nichtöffentliche Stellen, die von den in Absatz 1 genannten Stellen Auskünfte erhalten haben.

A. Normzweck und Regelungsgehalt. Die Vorschrift legt fest, welche Institutionen und Personen auf Antrag Abdrucke gem § 915d aus dem Schuldnerverzeichnis erhalten können und unter welchen Umständen die Informationen an Dritte weitergegeben werden dürfen (krit wegen des weiten Kreises der Antragsberechtigten zu Recht B/L/A/H Rn 1). Abs 4 der Norm regelt die Aufsichtsmöglichkeiten der Datenschutzbehörde nach § 38 BDSG und ermöglicht damit zum Schutz des Schuldners eine Datenkontrolle ohne besondere Anhaltspunkte für eine Verletzung von Datenschutzvorschriften. 1

B. Tatbestandsvoraussetzungen. I. Antragsberechtigung. 1. Kammern. Bezugsberechtigt sind neben den in Abs 1 genannten Industrie- und Handelskammern auch die berufsständischen **Selbstverwaltungskörperschaften** (Handwerks-, Rechtsanwalts-, Architekten-, Steuerberater- und Ärztekammern etc), ohne dass sie ein berechtigtes Interesse zum Bezug der Abdrucke nachweisen müssen. 2

2. Betreiber von privaten Schuldnerverzeichnissen. Weiterhin dürfen auch Antragsteller, die zentrale bundesweite oder regionale Schuldnerverzeichnisse erstellen und betreiben, Abdrucke beziehen, wodurch gleichzeitig die Zulässigkeit solcher Unternehmen (zB der Schufa) gesichert wird. Auch diesen Unternehmen unterstellt der Gesetzgeber ein berechtigtes Interesse. 3

3. Andere Antragsteller. Schließlich können sonstige **natürliche** oder **juristische Personen des Privatrechts** sowie Behörden Abdrucke erhalten. Die Gesetzesbegründung nennt bspw die Gewerbeaufsicht, Handelsauskunfteien und Gewerbetreibende mit einer Vielzahl von Kreditnehmern (BTDrs 12/193, 11). Sie müssen aber im Unterschied zu den zuvor aufgezählten Institutionen ein **berechtigtes Interesse** darlegen. Gelingt ihnen dies, gibt es **keinen Ermessensspielraum** der Justizverwaltung, sondern es besteht ein **Anspruch** auf Erteilung der Bewilligung (Brandbg Rpfleger 03, 201; Stuttg Justiz 95, 227). Fraglich ist, was unter »berechtigtem Informationsinteresse« zu verstehen ist. Der vom Gesetzgeber verfolgte Zweck einer Verbesserung des Datenschutzes (BTDrs 12/6914, 1) legt eine enge, auf den Einzelfall bezogene Auslegung des Abs 1 nahe (Hamm Rpfleger 06, 481 ff; Musielak/*Voit* Rn 3). Maßgebend ist einerseits, ob für den Antragsteller in einer Vielzahl von Einzelfällen ein konkretes Informationsinteresse besteht bzw erwartet werden kann. Andererseits hängt der Anspruch auf Erteilung von Abdrucken davon ab, ob das Interesse der Antragsteller nach Abs 1 lit c nicht bereits durch Einzelauskünfte oder Listenbezug nach § 915f befriedigt wird. In aller Regel kann man ihnen zumuten, sich zur Beschaffung der benötigten Informationen an eine Kammer oder an ein zentrales Schuldnerverzeichnis iSv Abs 1 lit b zu wenden. 4

5 **4. Bewilligungsverfahren.** Allen in Abs 1 genannten Berechtigten muss der Bezug ausdrücklich von der Justizverwaltung bewilligt werden. Das Bewilligungsverfahren ist in §§ 2–8 SchuVVO (BGBl I 94, 3822) geregelt. Die Festlegung der Geltungsdauer der Bewilligung erfolgt iRe Einzelfallabwägung. Wird der Bezug generell nur für die Mindestdauer von einem Jahr bewilligt, liegt ein Ermessensfehler vor (Brandbg Rpfleger 03, 201).

6 **II. Weitergabe von Daten.** Die Kammern sind gem Abs 2 befugt, ihren Mitgliedern oder denen anderer Kammern Auskünfte zu erteilen. Dabei haben sie § 915 III als allgemeine Regelung des Datenschutzes (vgl Zö/*Stöber* Rn 6) sowie die Frist des § 915b II einzuhalten. Außerdem dürfen Kammern die Abdrucke nach Abs 3 in Form von Listen zusammenfassen und unter den Voraussetzungen des § 915f an Kammermitglieder weitergeben. Diese Listen müssen sich nicht am jeweiligen Schuldnerverzeichnis orientieren, sondern können nach speziell ausgewählten Gesichtspunkten geordnet sein. Sie dürfen auch von beauftragten Dritten erstellt werden. Dies führt zu datenschutzrechtlichen Bedenken, da § 38 BDSG auf die Kammern und ihre Befugnisse nach Abs 3 keine Anwendung findet. Ein etwaiger Missbrauch durch die beauftragten Dritten kann also kaum überprüft werden (B/L/A/H Rn 6; Musielak/*Voit* Rn 5). Andere Abdruckbezieher (s.o. Rz 3, 4) dürfen im Rahmen ihrer ordnungsgemäßen Tätigkeit ausschließlich Einzelauskünfte erteilen und keine Listen erstellen oder gar weitergeben.

7 **C. Kosten/Gebühren.** Da eine bundeseinheitliche Gebührenregelung fehlt, richten sich die Gebühren für den laufenden Bezug von Abdrucken nach Landesrecht, ergeben sich also aus den JVKostG der Länder.

§ 915f Überlassung von Listen; Datenschutz. (1) [1]**Die nach § 915e Abs. 3 erstellten Listen dürfen den Mitgliedern von Kammern auf Antrag zum laufenden Bezug überlassen werden.** [2]**Für den Bezug der Listen gelten die §§ 915d und 915e Abs. 1 Buchstabe c entsprechend.**
(2) **Die Bezieher der Listen dürfen Auskünfte nur jemandem erteilen, dessen Belange sie kraft Gesetzes oder Vertrags wahrzunehmen haben.**
(3) **Listen sind unverzüglich zu vernichten, soweit sie durch neue ersetzt werden.**
(4) **§ 915e Abs. 4 gilt entsprechend.**

1 **A. Normzweck und Regelungsgehalt.** Die Vorschrift erlaubt die Weitergabe von Informationen durch Kammern in Form von Listen. Abs 2 der Norm regelt die Auskunftsbefugnis der Listenbezieher, während Abs 3 und 4 dazu dienen, die datenschutzrechtlichen Interessen der Schuldner zu wahren.

2 **B. Tatbestandsvoraussetzungen. I. Weitergabe der Listen.** Auf Antrag (BTDrs 12/6914, 13) ist den Kammern die Überlassung von Abdrucken in Listen an **eigene Mitglieder** gestattet. An Mitglieder anderer Kammern dürfen keine Listen übergeben werden, da diese Möglichkeit in § 915f im Gegensatz zu § 915e II 1 nicht erwähnt wird (MüKoZPO/*Eickmann* Rn 2; St/J/*Münzberg* Rn 1; aA Wieczorek/Schütze/*Storz* Rn 1). Die Antragsteller müssen den Kammern ein **berechtigtes Interesse** iSv § 915e I c darlegen, ferner, dass diesem Interesse nur durch den Bezug von Listen, nicht durch bloße Einzelauskünfte, Rechnung getragen werden kann. Ein besonderes Bewilligungsverfahren ist für die Überlassung von Listen aber nicht mehr vorgesehen (BTDrs 12/6914, 13). Ihre Übermittlung erfolgt iSv § 915d ausschließlich in **maschineller Form.** Regelungen zu Inhalt, Anfertigung, Erteilung, Verwendung, Löschung und Kontrolle der Listen finden sich in §§ 12–16 SchuVVO (BGBl I 94, 3822).

3 **II. Auskunftsbefugnis der Listenbezieher.** Gemäß Abs 2 dürfen Listenempfänger daraus **Einzelauskünfte** erteilen. So ist zB ein Rechtsanwalt – als Kammermitglied – berechtigt, einen Mandanten, der eine Klage auf Geldzahlung erheben will, auf die Eintragung des Gegners im Schuldnerverzeichnis hinzuweisen (BTDrs 12/193, 12). Diese Möglichkeit besteht allerdings nur, wenn die Listenbezieher kraft Gesetzes oder Vertrags die Belange der Auskunftsempfänger wahrzunehmen haben. Angesichts der Freiheit, einen entsprechenden Vertrag abzuschließen, liegt darin jedoch keine wirkungsvolle Beschränkung (B/L/A/H Rn 3; MüKoZPO/*Eickmann* Rn 7). Der Gesetzestext erzielt also nicht den angestrebten Schutz des Schuldners. Es ist zu befürchten, dass die Entscheidung zur Datenweitergabe eher von geschäftlichen Interessen als von gesetzlichen Vorgaben abhängen wird.

4 **III. Vernichtung alter Listen.** Nach Abs 3 der Vorschrift ist jede einzelne Liste, die durch eine neue ersetzt wird, nicht nur abzulegen, sondern unverzüglich zu vernichten.

IV. Datenschutz. Gemäß Abs 4 gilt § 915e IV entspr. Damit wird klargestellt, dass auch nicht-öffentliche Empfänger von Listen dem Kontrollverfahren nach § 38 BDSG unterliegen. 5

§ 915g Löschung in Abdrucken, Listen und Aufzeichnungen.

(1) Für Abdrucke, Listen und Aufzeichnungen über eine Eintragung im Schuldnerverzeichnis, die auf der Verarbeitung von Abdrucken oder Listen oder auf Auskünften über Eintragungen im Schuldnerverzeichnis beruhen, gilt § 915a Abs. 1 entsprechend.

(2) [1]Über vorzeitige Löschungen (§ 915a Abs. 2) sind die Bezieher von Abdrucken innerhalb eines Monats zu unterrichten. [2]Sie unterrichten unverzüglich die Bezieher von Listen (§ 915f Abs. 1 Satz 1). [3]In den auf Grund der Abdrucke und Listen erstellten Aufzeichnungen sind die Eintragungen unverzüglich zu löschen.

§ 915g will verhindern, dass im Schuldnerverzeichnis bereits gelöschte Eintragungen weiterhin in Abdrucken, Listen und maschinellen Aufzeichnungen verbreitet werden. Diese Sicherstellung der Einheitlichkeit zwischen Schuldnerverzeichnis und Sekundärverzeichnissen trägt dazu bei, das wirtschaftliche Ansehen des **Schuldners** zu wahren, und dient folglich seinem **Schutz.** 1

Abs 1 begründet die Pflicht, **Löschungen**, auf die der Schuldner einen Anspruch hat, innerhalb der Frist des § 915a I – und damit zum gleichen Zeitpunkt wie im Schuldnerverzeichnis – vorzunehmen. Löschen bedeutet dabei das Unkenntlichmachen des Namens. Auch bei **vorzeitiger Löschung** im Schuldnerverzeichnis gem § 915a II gilt die durch § 15 SchuVVO (BGBl I 94, 3822) konkretisierte Löschungspflicht für Sekundärverzeichnisse. Um die Durchführung zu gewährleisten, bestehen gem Abs 2 Benachrichtigungspflichten. Die Vollstreckungsgerichte müssen innerhalb eines Monats die Empfänger der Abdrucke und diese wiederum unverzüglich die Listenbezieher über die vorzeitige Löschung informieren. 2

Wird das Gericht, bei dem das Schuldnerverzeichnis geführt wird, über einen möglichen Verstoß gegen die in § 915g normierten Pflichten informiert, hat es nach Maßgabe des § 16 SchuVVO vorzugehen und die Angelegenheit seinem gem § 3 SchuVVO zuständigen Präsidenten vorzulegen. Allerdings bleibt abzuwarten, ob Datenschutzbehörden und Vollstreckungsgerichte – auch aufgrund eingeschränkter personeller Möglichkeiten – in der Lage sind, die Einhaltung der Pflichten angemessen zu kontrollieren (B/L/A/H vor §§ 915–915h Rn 6 ff; Schuschke/Walker/*Schuschke* Rn 1). Bei Verstößen gegen die Löschungspflicht der §§ 915a und 915g besteht nur dann ein Anspruch auf Geldentschädigung, wenn es sich um einen schwerwiegenden Eingriff in das Recht auf informationelle Selbstbestimmung handelt (AG Speyer RDW 08, 161). 3

§ 915h Verordnungsermächtigungen.

(1) Das Bundesministerium der Justiz wird ermächtigt, durch Rechtsverordnung mit Zustimmung des Bundesrates

1. Vorschriften über den Inhalt des Schuldnerverzeichnisses, über den Bezug von Abdrucken nach den §§ 915d, 915e und das Bewilligungsverfahren sowie den Bezug von Listen nach § 915f Abs. 1 zu erlassen,
2. Einzelheiten der Einrichtung und Ausgestaltung automatisierter Abrufverfahren nach § 915e Abs. 2 Satz 4, insbesondere der Protokollierung der Abrufe für Zwecke der Datenschutzkontrolle, zu regeln,
3. die Erteilung und Aufbewahrung von Abdrucken aus dem Schuldnerverzeichnis, die Anfertigung, Verwendung und Weitergabe von Listen, die Mitteilung und den Vollzug von Löschungen und den Ausschluss vom Bezug von Abdrucken und Listen näher zu regeln, um die ordnungsgemäße Behandlung der Mitteilungen, den Schutz vor unbefugter Verwendung und die rechtzeitige Löschung von Eintragungen sicherzustellen,
4. zur Durchsetzung der Vernichtungs- und Löschungspflichten im Falle des Widerrufs der Bewilligung die Verhängung von Zwangsgeldern vorzusehen; das einzelne Zwangsgeld darf den Betrag von 25.000 Euro nicht übersteigen.

(2) [1]Die Landesregierungen werden ermächtigt, durch Rechtsverordnung zu bestimmen, dass

1. anstelle des Schuldnerverzeichnisses bei den einzelnen Vollstreckungsgerichten oder neben diesen ein zentrales Schuldnerverzeichnis für die Bezirke mehrerer Amtsgerichte bei einem Amtsgericht geführt wird und die betroffenen Vollstreckungsgerichte diesem Amtsgericht die erforderlichen Daten mitzuteilen haben;

2. bei solchen Verzeichnissen automatisierte Abrufverfahren eingeführt werden, soweit dies unter Berücksichtigung der schutzwürdigen Belange des betroffenen Schuldners und der beteiligten Stellen angemessen ist; die Rechtsverordnung hat Maßnahmen zur Datenschutzkontrolle und Datensicherung vorzusehen.

[2]Sie werden ermächtigt, diese Befugnisse auf die Landesjustizverwaltungen zu übertragen.

1 Die Norm bildet die nach Art 80 I GG erforderliche **Ermächtigungsgrundlage** zum Erlass von VO. Abs 1 berechtigt das Bundesjustizministerium mit Zustimmung des Bundesrates, Ergänzungsvorschriften über die Führung des Schuldnerverzeichnisses und die Durchführung der §§ 915d–915g zu erlassen. Abs 2 gibt den Landesregierungen das Recht, VO über die Führung zentraler Schuldnerverzeichnisse zu verabschieden.

2 Von der Ermächtigung in Abs 1 wurde seitens des Bundesjustizministeriums in Form der Schuldnerverzeichnisverordnung (SchuVVO) v 15.12.94 Gebrauch gemacht (BGBl I 94, 3822; Entwurf des BJM mit Begründung, BRDrs 932/94; Empfehlungen der Ausschüsse des BR, BRDrs 932/1/94; vgl zur SchuVVO *Lappe* NJW 95, 1657). Die am 1.1.95 in Kraft getretene Regelung tritt an die Stelle der allg Vorschriften über Erteilung und Entnahme von Abschriften und Auszügen aus dem Schuldnerverzeichnis v 1.8.55. Die letzte Änderung erfolgte durch Gesetz mit Wirkung v 1.1.02 (BGBl I 01, 3638).

3 Landesrechtliche Vorschriften über die Errichtung zentraler Schuldnerverzeichnisse existieren bisher in Berlin (VO v 23.1.97, GVBl 21, zentrales Schuldnerverzeichnis beim AG Schöneberg), in Brandenburg (VO v 6.9.07, GVBl 309, zentrales Schuldnerverzeichnis beim AG Nauen), in Hamburg (VO v 20.9.94, GVBl 263, zusätzliches zentrales Schuldnerverzeichnis beim AG Hamburg-Mitte), in Hessen (VO v 30.11.07, GVBl 828, zentrales Schuldnerverzeichnis beim AG Hünfeld) und in Nordrhein-Westfalen (VO v 17.7.02, GVBl 372, zusätzliches zentrales Schuldnerverzeichnis beim AG Hagen). In Schleswig-Holstein (VO v 4.12.96, GVBl 720) und Thüringen (VO v 8.7.99, GVBl 459) haben die Landesregierungen gem Abs 2 S 2 die Befugnis zur Erstellung eines zentralen Schuldnerverzeichnisses auf das Justizministerium übertragen. Von der Ermächtigung wurde bislang kein Gebrauch gemacht.

Abschnitt 5 Arrest und einstweilige Verfügung

§ 916 Arrestanspruch. **(1) Der Arrest findet zur Sicherung der Zwangsvollstreckung in das bewegliche oder unbewegliche Vermögen wegen einer Geldforderung oder wegen eines Anspruchs statt, der in eine Geldforderung übergehen kann.**

(2) Die Zulässigkeit des Arrestes wird nicht dadurch ausgeschlossen, dass der Anspruch betagt oder bedingt ist, es sei denn, dass der bedingte Anspruch wegen der entfernten Möglichkeit des Eintritts der Bedingung einen gegenwärtigen Vermögenswert nicht hat.

1 **A. Grundsätzliches. I. Systematik.** Die Einordnung des Abschnitts Arrest und einstweilige Verfügung in das 8. Buch ist systemwidrig (BVerfGE 46, 182 = NJW 78, 693). Zur Zwangsvollstreckung gehören lediglich die im einstweiligen Verfügungsrecht als Vollziehung bezeichneten Maßnahmen, mit denen Arrest und Verfügung vollstreckungsrechtlich durchgesetzt werden. Im Übrigen ist das einstweilige Rechtsschutzverfahren ein **abgekürztes, vorläufiges Erkenntnisverfahren**, das selbstständig ggü dem Hauptsacheverfahren geführt wird. Dieses abgekürzte Erkenntnisverfahren ist gekennzeichnet durch die **Entbehrlichkeit der mündlichen Verhandlung** und den **Ersatz der vollen Beweisführung** durch das Mittel der Glaubhaftmachung. Das Verfahren dient der Gewährung wirksamen Rechtsschutzes und rechtfertigt deshalb auch den vorläufigen Verzicht auf die Einräumung rechtlichen Gehörs für den Antragsgegner. Aus der Selbständigkeit des einstweiligen Rechtsschutzverfahrens folgt auch die Möglichkeit, nach Ausschöpfung des Rechtsweges hiergegen Verfassungsbeschwerde einzulegen. Das Gesetz regelt entgegen dem rechtstatsächlichen Vorrang der einstweiligen Verfügung vor dem Arrest zunächst das Arrestverfahren und hierauf aufbauend das Verfahren der einstweiligen Verfügung.

2 **II. Arrest und Einstweilige Verfügung. 1. Abgrenzung.** Der Arrest sichert eine künftige Zwangsvollstreckung in das bewegliche und unbewegliche Vermögen wegen einer im Verfahren der ordentlichen Gerichtsbarkeit durchsetzbaren Geldforderung oder eines Anspruchs, der in eine Geldforderung übergehen kann. Die einstweilige Verfügung dient dagegen der Sicherung eines Individualanspruchs (§ 935, Sicherungsverfü-

gung) oder der Regelung eines einstweiligen Zustandes bzgl eines streitigen Rechtsverhältnisses (§ 940, Regelungsverfügung). Daneben ist richterrechtlich für bestimmte Fallgruppen die Leistungsverfügung anerkannt, die insoweit auch eine Ausnahme zu dem für das einstweilige Rechtsschutzverfahren prägende Verbot der Vorwegnahme der Hauptsache zulässt.

2. Überleitung. Grundsätzlich ist hinsichtlich des gleichen Streitgegenstandes ein Antrag auf Erlass eines Arrestes und einer einstweiligen Verfügung ausgeschlossen, es sei denn, es handelt sich um Ansprüche, die in eine Geldforderung übergehen können, aber noch nicht übergegangen sind (vgl § 916 Rz 13). Ein **Übergang** vom Arrestverfahren in das einstweilige Verfügungsverfahren oder umgekehrt ist im Wege der Klageänderung, auch in der Rechtsmittelinstanz, zulässig (Ddorf NJW 91, 2028; keine Klageänderung Zö/*Vollkommer* Vor § 916 Rn 3). Ein Antrag auf Erlass einer einstweiligen Verfügung kann in einen Arrest **umgedeutet** werden (Köln NJW 70, 1883; Jena OLGR 97, 96). 3

III. Verhältnis zum Hauptsacheverfahren. Das vorläufige Rechtsschutzverfahren bildet ggü dem Verfahren in der Hauptsache ein selbständiges Verfahren (BVerfGE 42, 163, 167 = MDR 77, 115). Die Verfahren weisen unterschiedliche Streitgegenstände auf. Ein Übergang in das Hauptsacheverfahren ist wegen der unterschiedlichen Verfahrensart unzulässig (Hamm NJW 71, 387; München OLGR 94, 178; aA Frankf FamRZ 89, 297). 4

IV. Keine Revisibilität im einstweiligen Rechtsschutz. §§ 542 II 1, 574 I 2 schließen den Rechtszug im einstweiligen Rechtschutzverfahren zum BGH aus (BGH Beschl v 25.1.07 – IX ZB 204/06 Tz 2). Daher wird das Recht des einstweiligen Rechtsschutzes durch die (tw stark divergierende) Rechtsprechung der Oberlandesgerichte geprägt, was im Hinblick auf das Postulat der Rechtseinheit zu bedauern ist (vgl *Teplitzky* Kap 53 Rn 8). Lediglich über die revisiblen Schadensersatzverfahren nach § 945, die Anwaltshaftung sowie neuerdings die Kostenfestsetzungsstreitigkeiten hat der BGH mittelbar Zugriff auf das Recht des einstweiligen Rechtsschutzes. Bis zur Entlastungsnovelle 1910 waren Arrest- und einstweilige Verfügungssachen revisibel. Deshalb kommt der älteren Rspr des Reichsgerichts auch heute noch gewisse Bedeutung zu. 5

V. Rechtswegprüfung. Sie richtet sich auch im einstweiligen Rechtsschutzverfahren nach § 17a GVG (BGH NJW 01, 2181; NJW 03, 1194), so dass die Sache ungeachtet der Eilbedürftigkeit an das Gericht des zulässigen Rechtswegs zu verweisen ist (§ 17a II GVG). Die sofortige Beschwerde nach § 17a IV 3 GVG ist auch für das einstweilige Rechtsschutzverfahren eröffnet (Ddorf WRP 98, 1091); gleiches gilt für die Rechtsbeschwerde nach § 17a IV GVG an den BGH. § 542 II 1 steht dem nicht entgegen (BGH NJW 99, 3785; NJW 03, 1192, 1193; Zö/*Vollkommer* Vor § 916 Rn 4). 6

VI. Verfassungsbeschwerde. Sie ist kein Rechtsmittel, sondern ein außerordentlicher Rechtsbehelf (BVerfG NJW 04, 1855), der sich auch gegen Entscheidungen des einstweiligen Rechtsschutzverfahrens richten kann. Prinzipiell ist es aber wegen des Grundsatzes der Subsidiarität der Verfassungsbeschwerde geboten, eine Korrektur der geltend gemachten Grundrechtsverletzung im Hauptsacheverfahren anzustreben (BVerfGE 42, 163, 167 = MDR 77, 115; BVerfG NJW 04, 3768). Die Notwendigkeit, vorab das Klageverfahren zu betreiben, fehlt nur dann, wenn dies für den jeweiligen Beschwerdeführer nicht zumutbar ist. Das ist insb dann der Fall, wenn die gerügte Grundrechtsverletzung die Eilentscheidung selbst betrifft und im Hauptsacheverfahren nicht mehr zureichend ausgeräumt werden könnte (BVerfGE 69, 233, 241 = NJW 85, 2187; 79, 275 279 = NJW 89, 1665). Auf das Hauptsacheverfahren kann ein Beschwerdeführer zudem dann nicht verwiesen werden, wenn es im konkreten Fall einer weiteren tatsächlichen Klärung nicht mehr bedarf, wenn die im vorläufigen und im Hauptsacheverfahren zu entscheidenden Rechtsfragen identisch sind und wenn deshalb nicht damit gerechnet werden kann, dass ein Hauptsacheverfahren die Anrufung des Verfassungsgerichts entbehrlich machen könnte (BVerfGE 42, 163, 167 = MDR 77, 115; BVerfG NJW 04, 3768). 7

B. Arrestansprüche. I. Normzweck. Entgegen der amtlichen Überschrift wird durch § 916 nicht nur geregelt, welche Ansprüche als Grundlage für einen Arrest in Betracht kommen. Vielmehr wird zugleich Ziel und Zweck des Arrestes festgelegt, der in der ausschließlichen **Sicherung der Zwangsvollstreckung** eines im Hauptsacheverfahren zu erwirkenden Titels hinsichtlich einer Geldforderung liegt (Musielak/*Huber* Rn 2; Schuschke/Walker/*Walker* Rn 1; Zö/*Vollkommer* Vor § 916 Rn 1). 8

1. FamFG. In Famstreitsachen (§ 112 FamFG) kann mit Wirkung seit 1.9.09 auch der Arrest gem § 119 II 1 FamFG angeordnet werden. Nach § 119 II 2 FamFG gelten die Bestimmungen des Arrest- und einstweili- 9 gen Verfügungsverfahrens der ZPO in entsprechender Anwendung; zu den Einzelheiten Schulte-Bunert/Weinreich/*Schwonberg* § 119 Rn 9 ff.

10 **2. StPO.** Zu Gunsten des Staates ist nach § 111d StPO eine Arrestanordnung zulässig; der durch die Straftat Verletzte kann wegen der hieraus erwachsenen Ersatzansprüche die Arrestpfändung in von der StA beschlagnahmte Vermögensgegenstände des Täters vornehmen, vgl hierzu BGHZ 144, 185, 187 = NJW 00, 2027; Celle ZIP 07, 2335, 2336.

11 **II. Arrestanspruch.** Hierbei muss es sich um eine Geldforderung oder einen vermögensrechtlichen Anspruch handeln, der in eine Geldforderung übergehen kann (BGHZ 131, 95, 105 = NJW 96, 321). Nichtvermögensrechtliche Individualansprüche, deren Verletzung zu einem Geldersatzanspruch führt, können gleichfalls einen Arrestanspruch darstellen.

12 **1. Geldforderung.** Unter diesen Begriff fällt jeder Anspruch, der auf Zahlung eines bestimmten Geldbetrages gerichtet ist. Dies gilt auch, wenn er von einer Gegenleistung abhängig ist (RGZ 54, 162, 164; Schuschke/Walker/*Walker* Rn 2; Zö/*Vollkommer* Rn 5). **Ansprüche auf Duldung der Zwangsvollstreckung** stehen Geldforderungen **nicht** gleich. Sie sind als Individualansprüche im Wege der einstweiligen Verfügung durch Verfügungsverbot zu sichern (vgl BGHZ 172, 360, 364 Tz 11 = NJW 08, 376; Musielak/*Huber* Rn 13; aA MüKoZPO/*Drescher* Rn 6; Schuschke/Walker/*Walker* Rn 2; Zö/*Vollkommer* Rn 6: Arrest wie bei Geldforderung). Bei Anfechtungsansprüchen nach §§ 3 ff, 11 AnfG bzw §§ 129 ff, 143 InsO ist zu unterscheiden: Der Anspruch auf Duldung der Zwangsvollstreckung (§ 11 I 1 AnfG) bzw Rückgewähr in Natur (§ 143 I 1 InsO) kann durch einstweilige Verfügung gesichert werden (BGHZ 172, 360, 364 Tz 11 = NJW 08, 376; Stuttg ZIP 10, 1089, 1090 [jeweils zu § 11 AnfG]; Musielak/*Huber* Rn 13a; vgl § 940 Rz 7; *T. Wazlawik* NZI 10, 278, 280). Kommt, etwa durch Weggabe der Sache, nur noch ein Wertersatzanspruch (§ 11 I 2 AnfG, § 143 I 2 InsO) in Betracht, handelt es sich um eine Geldforderung, die durch Arrest zu sichern ist (München ZInsO 08, 1213, 1214; Stuttg ZIP 10, 1089, 1090; HK-InsO/*Kreft* § 129 Rn 108; Musielak/*Huber* Rn 13a). Der Erlass eines Arrests setzt nicht voraus, dass der Gläubiger für seine befriedigungsbedürftige Forderung gegen den Schuldner bereits einen wenigstens vorläufig vollstreckbaren Schuldtitel erlangt hat (München ZInsO 08, 1213, 1214; Musielak/*Huber* Rn 13a; *T. Wazlawik* NZI 10, 278, 280; aA Hamm NZI 02, 575).

13 **2. In Geldforderung übergehende Ansprüche.** Hat sich die Umwandlung des Individualanspruchs in eine Geldforderung noch nicht vollzogen, steht dem Gläubiger ein **Wahlrecht** zu, ob er den Individualanspruch (durch einstweilige Verfügung) oder den Geldanspruch (durch Arrest) sichern will (Zö/*Vollkommer* Rn 2). Im Einzelfall kann bei einer Gefährdung der Durchsetzbarkeit beider Ansprüche neben einer einstweiligen Verfügung zur Sicherung des Individualanspruchs auch ein Arrest zur Sicherung des Ersatzanspruches beantragt werden (Köln JMBl NRW 84, 9; Schuschke/Walker/*Walker* Rn 8; Zö/*Vollkommer* Rn 2).

14 **3. Betagte und aufschiebend bedingte Ansprüche.** Nach Abs 2 können auch betagte und bedingte Forderungen als Arrestanspruch in Betracht kommen. **a) Betagte Ansprüche.** Betagte Ansprüche sind Forderungen, die zwar schon bestehen, aber erst zu einem späteren bestimmten oder von einer Kündigung abhängigen Zeitpunkt fällig werden (Schuschke/Walker/*Walker* Rn 5; Zö/*Vollkommer* Rn 7). **b) Aufschiebend bedingte Ansprüche.** Aufschiebend bedingte Ansprüche sind dann arrestfähig, wenn ihnen bereits ein gegenwärtiger Vermögenswert zukommt. Die Darlegungs- und Beweislast hinsichtlich eines fehlenden Vermögenswerts trägt der Schuldner (MüKoZPO/*Drescher* Rn 9; Schuschke/Walker/*Walker* Rn 6; Zö/*Vollkommer* Rn 7).

15 **4. Künftige Ansprüche.** Sie werden in § 916 II nicht erwähnt. Sie sind nur dann arrestfähig, wenn sie bereits klagefähig sind, wobei eine Feststellungsklage genügt (MüKoZPO/*Drescher* Rn 10; Schuschke/Walker/*Walker* Rn 7).

16 **III. Einzelfälle.** Ein Arrest zur Sicherung des Anspruchs auf Sicherheitsleistung nach § 1389 BGB ist zulässig; dass er auf Hinterlegung gem § 232 BGB gerichtet ist, steht nicht entgegen (Hamm NJW-RR 92, 1410; Stuttg FamRZ 95, 1427; Karlsr FamRZ 07, 408; aA Kobl OLGR 01, 292). Ein künftiger Zugewinnausgleichsanspruch kann ab seiner Klagbarkeit, die bei Rechtshängigkeit des Scheidungsverfahrens bzw ab Geltendmachung des vorzeitigen Zugewinnausgleichs gegeben ist, durch Arrest gesichert werden (Karlsr FamRZ 97, 622; 07, 408; Hamm FamRZ 97, 181; Hambg FamRZ 03, 238; Naumbg OLGR 08, 612; aA Stuttg FamRZ 95, 1427; Kobl FamRZ 99, 97).

IV. Streitwert. Aufgrund des vorläufigen Charakters des Arrestverfahrens ist regelmäßig nur ein Bruchteil der Hauptsache anzusetzen. Maßgeblich sind die Umstände des Einzelfalls. Regelmäßig wird ein Betrag von 1/3 der Hauptsache angemessen sein (Bambg JurBüro 80, 278; Kobl JurBüro 92, 191; München ZInsO 08, 1213, 1215). Ein persönlicher Arrest ist wertmäßig nicht niedriger anzusetzen als ein dinglicher Arrest (Kobl JurBüro 92, 191). 17

C. Kosten/Gebühren. I. Gericht. In Arrest- und einstweiligen Verfügungsverfahren richten sich die Gerichtsgebühren nach den Nr 1410 ff KV. Jedes Arrest- oder Verfügungsverfahren ist eine eigene Angelegenheit und löst die Gerichtsgebühren gesondert aus. 18
Für das Verfahren entsteht zunächst nach Nr 1410 KV eine 1,5-Gebühr. Diese Gebühr fällt bereits mit der Einreichung des Antrags an, nicht erst mit Erlass der Entscheidung oder mit der Zustellung der Antragsschrift (München MDR 98, 63). Die Verfahrensgebühr reduziert sich nach Nr 1411 Nr 1 KV auf 1,0, wenn der Antrag vor Schluss der mündlichen Verhandlung zurückgenommen wird. Ebenso ermäßigt sich die Gebühr im Fall des Erlasses eines Anerkenntnis- oder Verzichtsurteils oder eines Urteils, das nach § 313a II keinen Tatbestand und keine Entscheidungsgründe zu enthalten braucht (Nr 1411 Nr 2 KV). Gleiches gilt für einen Beschl nach § 91a, der nach § 313a II infolge Rechtsmittelverzichts ohne Gründe ergehen kann. Darüber hinaus ermäßigt sich die Verfahrensgebühr auf 1,0, wenn die Parteien einen Vergleich schließen, wobei dieser Vergleich auch die Kostenregelung mit erfassen muss (Nr 1411 Nr 3 KV). Ebenso führt die übereinstimmend erklärte Erledigung der Hauptsache zu einer Ermäßigung auf 1,0, wenn der Beschl nach § 91a keine Kostenentscheidung zu enthalten braucht oder die Kostenentscheidung einer Einigung der Parteien oder Übernahmeerklärung einer der Parteien folgt (Nr 1411 Nr 4 KV). Voraussetzung für die Gebührenermäßigung in allen Fällen der Nr 1411 KV ist, dass kein Beschl nach § 922 I ggf iVm § 936 oder ein anderes als eines der in Nr 1411 Nr 2 KV genannten Urteile vorausgegangen ist.
Wird durch Urt entschieden oder ergeht ein Beschl nach § 91a oder nach § 269 III 3, der nicht unter den Gebührentatbestand der Nr 1411 KV fällt, so erhöht sich die Verfahrensgebühr der Nr 1410 KV auf 3,0 (Nr 1412 KV). Klargestellt ist jetzt, dass sich die Gebühr nur nach dem Wert erhöht, auf den sich die Entscheidung bezieht (Wortlaut zu Nr 1412 KV). Wird also der Antrag auf Erlass eines Arrestes oder einer einstweiligen Verfügung tw zurückgenommen oder wird gegen einen Arrest- oder Verfügungsbeschluss nur tw Widerspruch eingelegt, so kommt es zu Stufenstreitwerten. 19
Im Verfahren über die **Berufung** in Arrest- und einstweiligen Verfügungsverfahren entsteht für das Verfahren im Allgemeinen zunächst eine 4,0-Verfahrensgebühr nach Nr 1413 KV. Sofern das Verfahren durch Rücknahme der Berufung, Antragsrücknahme oder Rücknahme des Widerspruchs endet, bevor die Berufungsbegründung bei Gericht eingegangen ist, ermäßigt sich die Gebühr nach Nr 1414 KV auf 1,0. Gleiches gilt, wenn die Parteien den Rechtsstreit in der Hauptsache übereinstimmend für erledigt erklären und das Gericht keine Kostenentscheidung zu erlassen braucht oder die Kostenentscheidung einer Kostenvereinbarung oder der Kostenübernahmeerklärung einer Partei folgt (Anm zu Nr 1414 KV). Nach erfolgter Begründung kommt nur noch eine Ermäßigung auf 2,0 in Betracht (Nr 1415 KV). Es gilt hier das Gleiche wie bei der Berufung im Erkenntnisverfahren. Ebenso wie im Erkenntnisverfahren ist auch eine Reduzierung nach Erlass des Berufungsurteils noch möglich, wenn die Parteien nach § 313a I 2 auf Gründe verzichten (Nr 1416 KV).
Wird der Erlass des beantragten Arrestbeschlusses oder der einstweiligen Verfügung zurückgewiesen, so ist hiergegen **Beschwerde** gegeben. Im Beschwerdeverfahren entsteht nach Nr 1417 KV eine 1,5-Verfahrensgebühr. Diese Gebühr ermäßigt sich, wenn die Beschwerde zurückgenommen wird und sich damit das Verfahren erledigt. Es wird dann nach Nr 1418 KV nur eine 1,0-Gebühr erhoben. 20
Für die Einreichung einer **Schutzschrift** werden keine Gebühren erhoben.

II. Anwalt. Ein Verfahren über einen Antrag auf Anordnung eines Arrestes oder einer einstweiligen Verfügung ist gem § 17 Nr 4b RVG ggü dem Hauptsacheverfahren eine **besondere Angelegenheit** iSd § 15 RVG. Mehrere durch gesonderte Anträge eingeleitete Arrest- oder einstweilige Verfügungsverfahren gelten jeweils als besondere Angelegenheiten. Mehrere Angelegenheiten liegen auch dann vor, wenn ein Arrest- oder Verfügungsantrag wiederholt wird, etwa weil ein früheres Gesuch zurückgewiesen worden ist oder weil die zeitliche Befristung einer einstweiligen Verfügung oder die Vollziehungsfrist abgelaufen war (Hambg JurBüro 91, 1084). 21
Verfahren über die **Abänderung oder Aufhebung eines Arrestes** sind zwar ebenfalls ggü der Hauptsache eine gesonderte Angelegenheiten (§ 17 Nr 4d RVG). Gegenüber dem zugrunde liegenden Anordnungsver- 22

fahren sind sie jedoch nicht gesondert abzurechnen; es liegt insoweit vielmehr nur eine Angelegenheit vor (§ 16 Nr 5 RVG).

23 Im **erstinstanzlichen Arrest- und einstweiligen Verfügungsverfahren** erhält der Anwalt die Gebühren nach den Nr 3100 ff VV RVG. Dies gilt auch dann, wenn das erstinstanzliche Arrest- oder Verfügungsverfahren vor dem Berufungsgericht als Gericht der Hauptsache (§ 943) stattfindet (Vorbem 3.2 II 1 VV RVG). Vertritt der Anwalt mehrere Auftraggeber wegen desselben Gegenstands, erhöht sich die Verfahrensgebühr gem Nr 1008 VV RVG um 0,3 je weiteren Auftraggeber, höchstens um 2,0. Die Terminsgebühr (Nr 3104 VV RVG) entsteht unter den gleichen Voraussetzungen wie im Erkenntnisverfahren (Vorbem 3 III VV RVG). Insoweit kann auf die dortigen Ausführungen (Anm zu § 253) Bezug genommen werden. Möglich ist auch die ermäßigte Terminsgebühr nach Nr 3105 VV RVG. Wird die einstweilige Verfügung ohne mündliche Verhandlung erlassen oder wird der Antrag auf Erlass eines Arrestes oder einer einstweiligen Verfügung ohne mündliche Verhandlung zurückgewiesen, löst dies keine Terminsgebühr nach Anm I Nr 1 zu Nr 3104 VV RVG aus, da über die Zurückweisung ohne mündliche Verhandlung entschieden werden kann (§ 922 I).

Problematisch ist der Anfall der Terminsgebühr, wenn eine Einigung nach § 278 VI geschlossen wird. Nach OLG München (München AGS 05, 486 = AnwBl 06, 147) soll in diesem Fall keine Terminsgebühr entstehen, weil eine mündliche Verhandlung im Verfahren auf Erlass einer einstweiligen Anordnung nicht vorgeschrieben sei. Das trifft in dieser pauschalen Form nicht zu, da nach einem Widerspruch mündlich verhandelt werden muss oder auch dann, wenn das Gericht die einstweilige Verfügung nicht ohne mündliche Verhandlung erlassen will. Jedenfalls in diesen Stadien muss auch im Falle des § 278 VI eine Terminsgebühr anfallen.

Maßgeblich für die Terminsgebühr ist auch hier nur der Wert, über den verhandelt oder erörtert wird. Ist zB gegen eine einstweilige Verfügung lediglich wegen eines Teils Widerspruch eingelegt worden oder nur wegen der Kosten, so gilt für die Verhandlung ein reduzierter Wert.

Auch die **Einigungsgebühr** nach Nr 1000 ff VV RVG kann in Arrest- und einstweiligen Verfügungsverfahren anfallen. Es gelten hier grds keine Besonderheiten.

24 Wird der Anwalt vom potentiellen Antragsgegner beauftragt, eine **Schutzschrift** einzureichen, so zählt diese Tätigkeit für ihn bereits zum Arrest- oder Verfügungsverfahren. Der Anwalt verdient damit bereits die Verfahrensgebühr nach Teil 3 VV RVG, da er den Auftrag hat, im Verfahren tätig zu werden. Mit Einreichung der Schutzschrift wird auch bereits die volle **1,3-Verfahrensgebühr** nach Nr 3100 VV RVG ausgelöst und nicht etwa nur die ermäßigte 0,8-Verfahrensgebühr nach Nr 3100, 3101 Nr 1 VV RVG. Mangels Anhängigkeit kann der Anwalt zwar noch keinen Sachantrag stellen; andererseits enthält die Schutzschrift bereits Sachvortrag, so dass kein Fall der Nr 3101 Nr 1 VV RVG vorliegt (BGH JurBüro 08, 428 = AGS 08 274; bestätigt in RVGreport 09, 265; Hambg AGS 07, 448; Ddorf AGS 06, 489 = JurBüro 07, 36; Nürnbg AGS 05, 339). Werden mehrere Schutzschriften bei verschiedenen Gerichten wegen desselben drohenden Arrestes oder derselben drohenden einstweiligen Verfügung eingereicht, weil ungewiss ist, vor welchem Gericht der Arrest oder die einstweilige Verfügung beantragt wird, liegt nur eine Angelegenheit iSd § 15 RVG vor. Kommt es nach Einreichung der Schutzschrift zur Durchführung des Arrest- oder Verfügungsverfahrens, erhält der Anwalt des Antragsgegners keine weitere Verfahrensgebühr. Da für ihn bereits die volle 1,3-Verfahrensgebühr nach Nr 3100 VV RVG entstanden ist, erhält er für das Betreiben des Geschäfts also keine weitere Verfahrensgebühr (§ 15 I 1 RVG).

25 Im Verfahren über die **Berufung** gegen den Erlass oder die Zurückweisung eines Arrest- oder Verfügungsantrags erhält der Anwalt die Gebühren nach Teil 3 Abschnitt 2 VV RVG (Nr 3200 ff VV RVG), also eine 1,6-Verfahrensgebühr nach Nr 3200 VV RVG, eine 1,2-Terminsgebühr nach Nr 3202 VV RVG sowie eine 1,3-Einigungsgebühr (Nr 1000, 1003 VV RVG).

Weist das Gericht den Antrag auf Erlass einer einstweiligen Verfügung oder eines Arrestes ohne mündliche Verhandlung durch Beschl zurück, so ist hiergegen die einfache **Beschwerde** gegeben (§ 567 I). Dieses Beschwerdeverfahren wiederum stellt gem § 15 II 2 RVG eine eigene Angelegenheit dar, die nach den Nr 3500 ff VV RVG zu vergüten ist. Es entsteht insoweit zunächst eine 0,5-Verfahrensgebühr nach Nr 3500 VV RVG und eine 0,5-Terminsgebühr nach Nr 3513 VV RVG. Wird allerdings vor dem Beschwerdegericht mündlich verhandelt, erhält der Anwalt die volle 1,2-Terminsgebühr nach Nr 3514 VV RVG. Entgegen dem Wortlaut der Nr 3514 VV RVG gilt dies nicht nur, wenn durch Urt entschieden wird, sondern stets, wenn mündlich verhandelt wird, auch wenn dort der Antrag oder die Beschwerde in der mündlichen Verhandlung zurückgenommen oder die Hauptsache übereinstimmend für erledigt erklärt wird (AnwK-RVG/*N. Schneider* Nr 3514 VV RVG Rn 6).

Für die Vollziehung einer einstweiligen Verfügung oder eines Arrestes gelten gem Vorbem 3.3.3 Nr. 4 VV RVG die Gebühren der Zwangsvollstreckung (Nr 3309, 3310 VV RVG). Für die Vollziehung einer Gebots-, Verbots- oder Unterlassungsverfügung durch Zustellung steht dem Anwalt gem §§ 18 Nr 4, 19 I 2 Nr 15 RVG allerdings keine gesonderte Gebühr zu. Diese Tätigkeit wird noch durch die Verfahrensgebühr des Arrest- bzw einstweiligen Verfügungsverfahrens abgegolten. 26

Ein sog **Abschlussschreiben**, also ein Schreiben, mit dem der Rechtsanwalt den Antragsgegner nach Erlass einer einstweiligen Verfügung auffordert, den Verfügungsanspruch anzuerkennen und auf seine Rechte gegen die Verfügung zu verzichten, zählt nicht mehr zur Gebühreninstanz des Verfügungsverfahrens. Diese Tätigkeit betrifft vielmehr bereits die Hauptsache und löst eine Geschäftsgebühr (Nr 2300 VV RVG) aus dem Wert der Hauptsache aus (NJW 08, 1744 = AGS 08, 270 = JurBüro 08, 361; NJW 09, 2068 = AGS 09, 261 = JurBüro 09, 358) 27

§ 917 Arrestgrund bei dinglichem Arrest.

(1) Der dingliche Arrest findet statt, wenn zu besorgen ist, dass ohne dessen Verhängung die Vollstreckung des Urteils vereitelt oder wesentlich erschwert werden würde.

(2) Als ein zureichender Arrestgrund ist es anzusehen, wenn das Urteil im Ausland vollstreckt werden müsste und die Gegenseitigkeit nicht verbürgt ist.

A. Normzweck. Die Norm betrifft den Arrestgrund beim dinglichen Arrest und soll den **Gläubiger** vor gewichtigen Verschlechterungen seiner Vollstreckungsmöglichkeiten **schützen**. Allerdings werden hierbei nicht alle wesentlichen Verschlechterungen vom Normzweck erfasst. Die drohende Konkurrenz anderer vollstreckungswilliger Gläubiger fällt nicht unter § 917 (BGHZ 131, 95, 105 = NJW 96, 321; 171, 261, 268 Tz 23 = NJW 07, 2485). 1

B. Arrestgrund nach Abs 1. Die **Besorgnis einer Vollstreckungsvereitelung** oder wesentlichen Erschwernis kann auf Gefährdungshandlungen des Schuldners beruhen, aber auch durch Handlungen Dritter oder Naturereignisse verursacht sein. Es kommt nicht darauf an, ob der Schuldner unlautere Absichten verfolgt und eine Vereitelung oder Erschwerung der Zwangsvollstreckung erstrebt, oder auch nur darauf, dass er rechtswidrig oder schuldhaft handelt (BFH BB 78, 1203; Karlsr NJW 97, 1018; LAG Köln AA 11, 144; Zö/*Vollkommer* Rn 5). Maßgeblich ist allein, ob die Handlungen oder Vorkommnisse objektiv die Besorgnis der Gefährdung der späteren Zwangsvollstreckung rechtfertigen (RGZ 67, 369; LAG Köln AA 11, 144; Zö/*Vollkommer* Rn 5). 2

I. Gefährdungshandlungen des Schuldners. Der drohende Einzug einer Forderung kann ebenso wie die Veräußerung eines Vermögensstücks (*Schwerdtner* NJW 70, 222, 224) als bloße **Vermögensumschichtung** für sich allein nicht als Arrestgrund gelten. Ein solcher ist erst zu bejahen, wenn zu besorgen ist, dass der Vermögensgegenstand dem Zugriff der Gesamtheit der Gläubiger entzogen wird (BGHZ 131, 95, 105 = NJW 96, 321). Dies ist der Fall bei einem **Beiseiteschaffen von Vermögensgegenständen** (Ddorf NJW-RR 94, 454; KG ZInsO 05, 1323), einer **verdächtigen Veräußerung** oder Belastung von Vermögensgegenständen ohne ausreichenden Gegenwert (Musielak/*Huber* Rn 3). Gleiches gilt für verschwenderische Lebensweise, Spielleidenschaft, Verschleuderung von Waren (Zö/*Vollkommer* Rn 5) sowie die **Verschiebung von Gegenständen ins Ausland** (Köln ZIP 88, 969). Ein Arrestgrund folgt nicht bereits daraus, dass der Schuldner den Gläubiger durch eine gegen dessen Vermögen gerichtete Straftat geschädigt hat. Zur Annahme eines Arrestgrundes muss vielmehr hinzukommen, dass der Schuldner durch zusätzliche weitere Maßnahmen den Anspruch des Gläubigers gefährdet hat und deshalb konkret zu befürchten ist, dass die spätere Vollstreckung vereitelt oder erschwert wird (Ddorf NJW-RR 99, 1592; Frankf OLGR 01, 71, 72; Frankf StRR 11, 309). 3

II. Anderweitige Gefährdungstatbestände. Naturereignisse wie Feuer, Sturm und Überschwemmung können ausreichen, wenn hierdurch ein Vermögensverfall droht (LAG Köln AA 11, 144; Musielak/*Huber* Rn 3; MüKoZPO/*Drescher* Rn 7; Schuschke/Walker/*Walker* Rn 4; Zö/*Vollkommer* Rn 7). Entsprechendes gilt für **Boykott-** oder **Streikmaßnahmen** ggü dem Gewerbebetrieb des Schuldners (Musielak/*Huber* Rn 3) oder eine **drohende Inhaftierung** des Schuldners (Köln MDR 86, 595). 4

5 **III. Keine Arrestgründe.** Die **schlechte Vermögenslage** des Schuldners allein stellt keinen Arrestgrund dar (BGHZ 171, 261, 268 Tz 23 = NJW 07, 2485). Gleiches gilt für eine **drohende Konkurrenz anderer Gläubiger** (RGZ 67, 22, 26; BGHZ 131, 95, 105 = NJW 96, 321; aA Schuschke/Walker/*Walker* Rn 5). Diese einengende Auslegung des Abs 1 entspricht dem Willen des historischen Gesetzgebers und verhindert eine ungesunde Verschärfung des Gläubigerwettlaufs sowie uU eine dadurch künstlich herbeigeführte vorzeitige Illiquidität des Schuldners (BGHZ 131, 95, 106 = NJW 96, 321). Tritt an die Stelle eines vermögenden Schuldners ein überschuldeter Erbe, so stellt auch dies keinen hinreichenden Arrestgrund dar (LAG Hamm MDR 77, 611).

6 **C. Arrestgrund nach Abs 2.** Der privilegierte Arrestgrund der **Auslandsvollstreckung** findet **nur** noch im Verhältnis zu Staaten Anwendung, in denen die **Gegenseitigkeit** (§ 328 I Nr 5) **nicht verbürgt** ist. In diesen Fällen liegt bereits in der Notwendigkeit der Auslandsvollstreckung ein ausreichender Arrestgrund; auf die besonderen Voraussetzungen des Abs 1 kommt es nicht an. Liegt Gegenseitigkeit vor, kann ein Arrest nur unter den Voraussetzungen des Abs 1 beantragt werden, tatsächliche Schwierigkeiten der Vollstreckung können aber berücksichtigt werden (Dresd NJW-RR 07, 659; Musielak/*Huber* Rn 6; MüKoZPO/*Drescher* Rn 11).

7 **D. Ausschluss des Arrests. I. Ausreichende Sicherheit.** Die Voraussetzungen für einen dinglichen Arrest sind nicht gegeben, wenn dem Gläubiger bereits die ganze Forderung abdeckende und wirtschaftlich ausreichende **Sicherheiten** zur Verfügung stehen (BGHZ 171, 261, 268 Tz 23 = NJW 07, 2485). Als Sicherheiten kommen in Betracht **Eigentumsvorbehalt** (BGHZ 171, 261, 268 Tz 23 = NJW 07, 2485), **Hinterlegung** (BGH NJW 72, 1044), **Sicherungseigentum**, **Pfandrechte**, **Kautionen** (Zö/*Vollkommer* Rn 11).

8 **II. Insolvenzverfahren.** Ein Arrest ist wegen des Verbots der Einzelvollstreckung (§ 89 InsO) während der **Dauer eines Insolvenzverfahrens** über das Vermögen des Schuldners unzulässig (Ddorf FamRZ 06, 286).

§ 918 Arrestgrund bei persönlichem Arrest.

Der persönliche Sicherheitsarrest findet nur statt, wenn er erforderlich ist, um die gefährdete Zwangsvollstreckung in das Vermögen des Schuldners zu sichern.

1 **A. Normzweck.** Wie bei § 917 soll die Norm die Vereitelung oder die **Erschwerung der Zwangsvollstreckung des Gläubigers verhindern.** Der persönliche Arrest ist daher nur zulässig, wenn der Schuldner noch pfändbares Vermögen hat. Die Regelung dient nicht dazu, den Schuldner dazu zu zwingen, Vermögensstücke zu besorgen oder sie aus dem Ausland herbeizuschaffen (Bambg OLGR 05, 206, 207).

2 **B. Arrestgrund.** Ein persönlicher Arrest darf nur dann angeordnet werden, wenn die Maßnahme erforderlich ist, um die gefährdete Zwangsvollstreckung in das Vermögen des Schuldners zu sichern. Hieran fehlt es, wenn die Anordnung eines dinglichen Arrests ausreichend ist (**Grundsatz der Subsidiarität**, Karlsr NJW-RR 97, 450, 451; Musielak/*Huber* Rn 2; MüKoZPO/*Drescher* Rn 1; Schuschke/Walker/*Walker* Rn 3).

3 **I. Einzelne Arrestgründe.** Eine Gefährdung iSd § 918 kann darin bestehen, dass die **drohende Verschiebung** von in Deutschland an unbekanntem Ort befindlichen Vermögenswerten des Schuldners ins Ausland zu besorgen ist (Karlsr NJW-RR 97, 450, 451). Gleiches gilt, wenn der Schuldner sonst nicht zur **Abgabe der eidesstattlichen Versicherung** nach §§ 899 ff gezwungen werden kann, weil er für den Gläubiger im Ausland kaum erreichbar ist (Bambg OLGR 05, 206, 207). Besteht die durch Tatsachen belegbare Gefahr, dass sich der Schuldner der Ladung zur Abgabe der eidesstattlichen Versicherung entziehen wird, kommt die Anordnung des persönlichen Sicherungsarrests in Betracht (München NJW-RR 88, 382). Wird nach Anordnung das Verfahren zur Abgabe der eidesstattlichen Versicherung nicht unverzüglich betrieben, ist der vollzogene Arrest wieder aufzuheben (Bambg OLGR 05, 206, 207).

4 **II. Verhältnismäßigkeitsgrundsatz.** Stets ist bei der Verhängung des persönlichen Arrests eine Verhältnismäßigkeitsprüfung erforderlich (Musielak/*Huber* Rn 4; Schuschke/Walker/*Walker* Rn 4; Zö/*Vollkommer* Rn 2). Hierbei ist auch zu prüfen, ob eine Haftanordnung durch **mildere freiheitsbeschränkende Maßnahmen** ersetzt werden kann (Reiseverbot ins Ausland mit Beschlagnahme des Passes, Hausarrest mit Beschlagnahme des Personalausweises oder Meldepflicht). Bei **Bagatellforderungen** scheidet eine Haftanordnung regelmäßig aus (Musielak/*Huber* Rn 4; Schuschke/Walker/*Walker* Rn 4; Zö/*Vollkommer* Rn 2; aA MüKoZPO/*Drescher* Rn 7). Dies gilt nicht, wenn der Schuldner ohne weiteres die Lösungssumme erbrin-

gen kann (Karlsr NJW-RR 97, 450, 451). Aus Verhältnismäßigkeitsgründen kommt auch die Anordnung einer Sicherheitsleistung bei fehlender Glaubhaftmachung (§ 921 Rz 3) nicht in Betracht (Musielak/*Huber* Rn 4).

III. Anwendungsbereich. Die Staatsangehörigkeit des Schuldners ist unerheblich, weil das deutsche Vollstreckungsrecht **In- und Ausländer** gleichstellt (Art 26 HÜZ 54, MüKoZPO/*Drescher* Rn 5). Bei einer **juristischen Person** ist der persönliche Arrest wie bei der Beugehaft nach § 888 ggü dem gesetzlichen Vertreter anzuordnen (Musielak/*Huber* Rn 4; Schuschke/Walker/*Walker* Rn 3). 5

IV. Insolvenzverfahren. Ein Schuldner, gegen den nach Eröffnung des Insolvenzverfahrens ein persönlicher Arrest angeordnet oder bestätigt worden ist, kann diese Entscheidungen durch Widerspruch und Berufung anfechten (Ddorf FamRZ 06, 286). 6

§ 919 Arrestgericht. Für die Anordnung des Arrestes ist sowohl das Gericht der Hauptsache als das Amtsgericht zuständig, in dessen Bezirk der mit Arrest zu belegende Gegenstand oder die in ihrer persönlichen Freiheit zu beschränkende Person sich befindet.

A. Normzweck. Die Vorschrift regelt die Zuständigkeit für die Anordnung des Arrests. Sie gewährt im Interesse **wirksamen Rechtsschutzes** dem Schuldner zwei Gerichtsstände zur freien Wahl. Es handelt sich um eine ausschließliche Zuständigkeit (§ 802). 1

B. Arrestgericht. Sachlich und örtlich zuständig ist sowohl das Gericht der Hauptsache als auch das Amtsgericht, in dessen Bezirk der mit dem Arrest zu belegene Gegenstand oder die in ihrer persönlichen Freiheit zu beschränkende Person sich befindet. Der Gläubiger kann zwischen beiden Gerichtsständen wählen (§ 35). Aus prozessökonomischen Gründen ist es aber im Regelfall sachdienlich, das Gericht der Hauptsache anzurufen. 2

I. Gericht der Hauptsache. Hauptsachegericht ist das für die Hauptsache örtlich und sachlich zuständige Gericht. § 943 I regelt die Einzelheiten gemeinsam für das Arrest- wie das einstweilige Verfügungsverfahren (§ 943 Rz 2). Der Begriff der **Hauptsache** wird durch den **Arrestanspruch** (§ 916) bestimmt. 3

II. Amtsgericht der belegenen Sache. Das Amtsgericht ist unabhängig vom Streitwert des Verfahrens zuständig. Auch wenn die Hauptsache bereits bei einem anderen Gericht anhängig ist, bleibt das Wahlrecht des Gläubigers bestehen. Die Anrufung des Amtsgerichts ist aber auch in diesem Fall ohne Hinzutreten besonderer Umstände nicht sachdienlich. 4

§ 920 Arrestgesuch. (1) Das Gesuch soll die Bezeichnung des Anspruchs unter Angabe des Geldbetrages oder des Geldwertes sowie die Bezeichnung des Arrestgrundes enthalten.
(2) Der Anspruch und der Arrestgrund sind glaubhaft zu machen.
(3) Das Gesuch kann vor der Geschäftsstelle zu Protokoll erklärt werden.

A. Normzweck. Entgegen der zu engen amtlichen Überschrift regelt die Bestimmung nicht nur die **Anforderungen an das Arrestgesuch**, sondern darüber hinaus auch die **Beweismaßanforderungen** für das gesamte einstweilige Rechtsschutzverfahren. 1

B. Arrestgesuch (Abs 1 und 3). I. Allgemeine Grundsätze. Nach herrschender Meinung tritt im einstweiligen Rechtsschutzverfahren die **Rechtshängigkeit** einschließlich der Entstehung eines Prozessrechtsverhältnisses zwischen den Parteien des Verfahrens bereits mit der **Einreichung der Antragsschrift** (Gesuch) beim Gericht ein. Die vorgezogene Rechtshängigkeit im einstweiligen Rechtsschutzverfahren dient dazu, den Besonderheiten dieser Verfahrensart Rechnung zu tragen und insb eine Entscheidung des Gerichts auch ohne vorherige Beteiligung des Schuldners zu ermöglichen (Hambg MDR 00, 786; Stuttg NJW-RR 07, 527; KG MDR 09, 765). Wegen dieser verfahrenseinleitenden Wirkung hat das Gesuch trotz der Fassung von Abs 1 als »Soll«-Vorschrift den allgemeinen **Anforderungen nach § 253 II** zu genügen (Musielak/*Huber* Rn 2). So gehört zur Ordnungsmäßigkeit des Verfahrensantrags im Eilverfahren, dass der Antragsteller seine ladungsfähige Anschrift angibt. Wird diese unzutreffend bezeichnet und auch auf Rüge hin nicht richtig gestellt, ist das Gesuch als unzulässig abzuweisen (Frankf NJW 92, 1178). Ferner muss ein **bestimmter Antrag** auf Erlass eines dinglichen oder persönlichen Arrests oder beider Maßnahmen gleichzeitig 2 gestellt werden. Im Zweifel gilt wegen des Subsidiaritätsgrundsatzes ein dinglicher Arrest als gewollt (Musielak/*Huber* Rn 6; Schuschke/Walker/*Walker* Rn 6; Zö/*Vollkommer* Rn 3). Der Gläubiger kann sein Gesuch jederzeit bis zum rechtskräftigen Abschluss des Verfahrens zurücknehmen. Entgegen dem für die **Rücknahme** der Klage maßgeblichen § 269 I ist eine Zustimmung des Gegners nicht erforderlich (Ddorf NJW 82, 2452), weil auch bei rechtskräftiger Abweisung des Gesuchs eine Hauptsacheklage möglich bleibt und bei veränderten Umständen auch ein wiederholtes Arrestgesuch zulässig ist (Frankf NJW 05, 3222). Wird das Gesuch dem Gegner nicht mitgeteilt, ist die **Kostenregelung** des § 269 III 3 entsprechend anzuwenden (Stuttg NJW-RR 07, 527).

3 **II. Konkretisierung.** Arrestanspruch und Arrestgrund sind genau zu benennen. Hinsichtlich des **Arrestanspruchs** sind Grund und Höhe der Forderung anzugeben, wobei die **genaue Bezeichnung** des Geldwerts für den Umfang des Arrestpfandrechts oder die Höhe der Sicherungshypothek sowie der Festsetzung der Lösungssumme geboten ist. Auch zur Bezeichnung des **Arrestgrundes** sind die Tatsachen anzuführen, aus denen die Gefahr einer Vollstreckungsvereitelung oder -erschwerung hergeleitet wird (MüKoZPO/*Drescher* Rn 4–6; Schuschke/Walker/*Walker* Rn 4–5; Zö/*Vollkommer* Rn 1–2).

4 **III. Verfahren.** Nach Abs 3 kann das Gesuch auch zu Protokoll der Geschäftstelle erklärt werden. Gemäß § 78 V besteht daher **kein Anwaltszwang** für die Einreichung beim LG als Gericht der Hauptsache (Frankf MDR 99, 186; OLGR 04, 221). Für das weitere Verfahren beim LG (mündliche Verhandlung sowie Widerspruchseinlegung gegen Beschlussentscheidung) muss ein **Anwalt** hinzugezogen werden. Dies gilt auch bei einer **Beschwerde** des Gläubigers gegen die Zurückweisung seines Arrestantrags (Ddorf OLGZ 83, 358; Frankf MDR 99, 186; OLGR 04, 221; Saarbr NJW-RR 98, 1611; Hamm MDR 08, 708, 709; aA München BauR 95, 875; Karlsr OLGR 98, 130; Celle NJW-RR 09, 977, 978; *Teplitzky* Kap 55 Rn 7 mN zur gleichlautenden Rspr im Wettbewerbsrecht).

5 **C. Glaubhaftmachung (Abs 2). I. Allgemeine Grundsätze.** Im Verfahren auf Erlass eines Arrestes oder einer einstweiligen Verfügung findet zum Zwecke der **Verfahrensbeschleunigung** anstelle der vollen Beweisführung nur ein **abgekürztes Verfahren der Glaubhaftmachung** statt. Es genügt ein geringerer Grad der richterlichen Überzeugungsbildung; die Behauptung ist glaubhaft gemacht, sofern eine überwiegende Wahrscheinlichkeit dafür besteht, dass sie zutrifft (vgl BGHZ 156, 139, 141 f = NJW 03, 3558; BGH NJW 94, 2898). Der Antragsteller kann sich grds aller **präsenten Beweismittel** bedienen, auch zur **eidesstattlichen Versicherung** zugelassen werden (vgl BGHZ 156, 139, 141 = NJW 03, 3558). Es gilt § 294. Als weitere Mittel der Glaubhaftmachung kommen in Betracht das Einreichen eidesstattlicher Versicherungen Dritter, die Vorlage einer **anwaltlichen Versicherung** (München MDR 85, 1037, einschränkend allerdings BGH VersR 74, 1021), eines im Parteiauftrag erstellten **Gutachtens** (KG MDR 87, 677 [Meinungsumfrage]; KGR 06, 1009, 1010 [öffentlich bestellter und vereidigter Sachverständiger]) oder die Verweisung auf die **Hauptsacheakten** nebst den beigezogenen Akten (MüKoZPO/*Drescher* Rn 19; Schuschke/Walker/*Walker* Rn 16; Zö/*Vollkommer* Rn 10). Die Parteien können aber den **Vollbeweis** durch präsente Beweismittel (mitgebrachte Zeugen, Sachverständige) in der mündlichen Verhandlung erbringen, Gegenbeweis kann dann nur durch die Strengbeweismittel, nicht durch Vorlage eidesstattlicher Versicherungen geführt werden (Köln MDR 81, 765). Eine Beweisaufnahme, die nicht sofort erfolgen kann, ist im Verfahren der Glaubhaftmachung nicht statthaft. Aus diesem Grund die mündliche Verhandlung zu vertagen, ist unzulässig (Kobl NJW-RR 87, 510).

6 **II. Glaubhaftmachungslast.** Für die Darlegung und Glaubhaftmachung gelten die allgemeinen Beweislastregeln ab dem Zeitpunkt, in dem der Antragsgegner (nach Anberaumung mündlicher Verhandlung) vollwertig am Verfahren beteiligt ist (Karlsr WRP 83, 170; 88, 631; KG WRP 11, 611; Schuschke/Walker/*Walker* Rn 22; *Teplitzky* Kap 54 Rn 45). Bis dahin trifft den **Antragsteller** eine **erweiterte Darlegungslast** insofern, als er sich auch mit Einwendungen und Einreden des Antragsgegners, die nach seinem eigenen Vorbringen oder nach einer vom Antragsgegner eingereichten Schutzschrift (§ 937 Rz 4) in Betracht kommen, auseinandersetzen muss. Gelingt es ihm nicht, die Entkräftung solchen Gegenvorbringens glaubhaft zu machen, wird darauf allein die Zurückweisung des Antrags ohne mündliche Verhandlung im allgemeinen aber nicht gestützt werden können (Köln JMBl NRW 85, 18; P/O/S § 12 Rn 132; *Teplitzky* Kap 54 Rn 45).

§ 921 Entscheidung über das Arrestgesuch. [1]**Das Gericht kann, auch wenn der Anspruch oder der Arrestgrund nicht glaubhaft gemacht ist, den Arrest anordnen, sofern wegen der dem Gegner drohenden Nachteile Sicherheit geleistet wird.** [2]**Es kann die Anordnung des Arrestes von einer Sicherheitsleistung abhängig machen, selbst wenn der Anspruch und der Arrestgrund glaubhaft gemacht sind.**

A. Normzweck. Die Bestimmung ermöglicht den Erlass eines Arrests bei Leistung einer Sicherheit auch dann, wenn es an einer Glaubhaftmachung fehlt. Insoweit dient die Vorschrift der **Verfahrensbeschleunigung**. Ferner kann das Gericht auch bei Glaubhaftmachung eine Sicherheitsleistung vom Gläubiger verlangen, um einen hinreichenden **Schutz des Schuldners** zu gewährleisten. 1

B. Sicherheitsleistung. Die Vorschrift gilt sowohl für das Urteils- wie auch das Beschlussverfahren. 2

I. Anwendungsbereich. Die Anordnung einer Sicherheitsleistung nach **S 1** dient **nur zur Ergänzung nicht ausreichender Glaubhaftmachung**, kann aber fehlenden Tatsachenvortrag nicht ersetzen (Frankf OLGR 95, 155, 156). Eine Sicherheitsleistung nach **S 2** kommt im einstweiligen Rechtsschutzverfahren dann in Betracht, wenn aus einer mit tatsächlichen oder rechtlichen Unsicherheiten behafteten Arrestanordnung dem Schuldner ein **besonders großer Schaden** entstehen kann (vgl Celle OLGR 06, 378, 379). 3

II. Verfahrensweise. Die **Anordnung der Sicherheitsleistung** steht im **Ermessen des Gerichts** (KG WRP 95, 24 f). Sie kann durch gesonderten, dem Schuldner nicht mitzuteilenden (§ 922 III) Beschluss – so S 2 – angeordnet werden, dem dann, wenn die Sicherheitsleistung erbracht ist, die eigentliche Arrestentscheidung nachfolgt. In der **Praxis** ist aber die in S 1 vorausgesetzte Verfahrensweise gebräuchlich, bei der die **Arrestvollziehung** von der Sicherheitsleistung abhängig gemacht wird (MüKoZPO/*Drescher* Rn 5; Schuschke/Walker/*Walker* Rn 6; Zö/*Vollkommer* Rn 4). Die Anordnung der Sicherheitsleistung wird danach in die Arrestentscheidung selbst aufgenommen. 4

C. Rechtsbehelfe. Gegen die Anordnung einer Sicherheitsleistung steht dem Gläubiger die **sofortige Beschwerde** zu (§ 567 I Nr 2). Dies gilt nicht, falls er sich zur Leistung einer Sicherheit erboten hatte; eine eingelegte Beschwerde wäre mangels Beschwer unzulässig (Köln MDR 59, 31). Eine unterbliebene Anordnung kann der Schuldner im Wege des Widerspruchs bzw der Berufung anfechten (Musielak/*Huber* Rn 8; MüKoZPO/*Drescher* Rn 7; Zö/*Vollkommer* Rn 6). 5

§ 922 Arresturteil und Arrestbeschluss. (1) [1]**Die Entscheidung über das Gesuch ergeht im Falle einer mündlichen Verhandlung durch Endurteil, andernfalls durch Beschluss.** [2]**Die Entscheidung, durch die der Arrest angeordnet wird, ist zu begründen, wenn sie im Ausland geltend gemacht werden soll.**

(2) Den Beschluss, durch den ein Arrest angeordnet wird, hat die Partei, die den Arrest erwirkt hat, zustellen zu lassen.

(3) Der Beschluss, durch den das Arrestgesuch zurückgewiesen oder vorherige Sicherheitsleistung für erforderlich erklärt wird, ist dem Gegner nicht mitzuteilen.

A. Normzweck. Die Bestimmung sieht in Abs 1 vor, dass die Arrestentscheidung nicht zwingend aufgrund einer mündlichen Verhandlung ergehen muss. Soweit die Arrestentscheidung ohne mündliche Verhandlung getroffen wird, ist zugleich die Möglichkeit eröffnet, den Schuldner hieran nicht zu beteiligen. Die damit verbundene **Beschleunigung** der richterlichen Entscheidungsfindung dient der **Gewährleistung wirksamen Rechtsschutzes**. Sie ist nur dann gerechtfertigt, wenn entweder die Eilbedürftigkeit oder das Erfordernis einer Überraschungsentscheidung die Nichtbeteiligung des Schuldners gebietet. Abs 2 sichert bei einer Entscheidung ohne mündliche Verhandlung das **rechtliche Gehör** des Schuldners. Abs 3 gewährleistet, dass dem Gläubiger für den Fall einer erfolgreichen Beschwerde die **Überraschungswirkung** des einstweiligen Rechtsschutzes erhalten bleibt. 1

B. Erledigung der Hauptsache. Im Arrest- wie auch im einstweiligen Verfügungsverfahren können die Parteien die Hauptsache für erledigt erklären. Es gelten die allgemeinen Grundsätze (St/J/*Grunsky* Rn 17; Zö/*Vollkommer* Rn 4; *Vossler* MDR 09, 668). Tritt das Erledigungsereignis erst nach Zurückweisung eines Antrags auf Erlass einer einstweiligen Rechtschutzmaßnahme ein, so kann der Antragsteller sofortige Beschwerde mit dem Ziel einlegen, die Hauptsache im Eilverfahren für erledigt zu erklären (Hambg NJW- 2

RR 1989, 570; Frankf NJW-RR 92, 493; St/J/*Grunsky* Rn 18; Zö/*Vollkommer* Rn 4; *Vossler* MDR 09, 669; aA Stuttg OLGR 01, 182; Kobl OLGR 03, 144). Der Antragsteller kann die Hauptsache auch **einseitig für erledigt erklären.** Dann ist zu prüfen, ob ein Erledigungsereignis vorliegt, dh ob der Eilantrag ursprünglich zulässig und begründet war, inzwischen aber wegen eines mittlerweile eingetretenen Ereignisses (zB die Abgabe einer strafbewehrten Unterlassungserklärung im Falle einer Unterlassungsverfügung vgl BGH GRUR-RR 10, 129, 130 Tz 9 – Schubladenverfügung) die Eilmaßnahme nicht mehr erlassen werden kann (Köln WRP 85, 660; St/J/*Grunsky* Rn 18; Zö/*Vollkommer* Rn 4; *Vossler* MDR 09, 668). Wird der Antrag auf Erlass einer einstweiligen Rechtsschutzmaßnahme aufgrund eines nach Rechtshängigkeit eingetretenen erledigenden Ereignisses zurückgenommen, so ist über die Kosten gem § 269 III entspr zu entscheiden (Stuttg NJW-RR 07, 527; aA KG MDR 09, 765).

3 **C. Entscheidung ohne mündliche Verhandlung. I. Voraussetzungen.** Die Entscheidung, ob ohne mündliche Verhandlung über das Arrestgesuch zu befinden ist, hat das Gericht nach **pflichtgemäßem Ermessen** zu treffen. Die damit verbundene Einschränkung des rechtlichen Gehörs des Schuldners ist verfassungsrechtlich zulässig (vgl BVerfGE 9, 89, 98 = NJW 59, 427). Das Verfahrensgrundrecht auf rechtliches Gehör steht in derartigen Fällen in Kollision mit dem aus dem Rechtsstaatsgrundsatz folgenden Anspruch auf wirksamen Rechtsschutz des Gläubigers. Die erforderliche Abwägung kann den Vorrang des Gläubigerschutzes gebieten. Dies ist immer dann anzunehmen, wenn im konkreten Fall die Gefahr besteht, dass der Arrestbefehl bei Anordnung einer mündlichen Verhandlung seine Funktion nicht mehr erfüllen kann (LG Zweibrücken NJW-RR 87, 1199; Musielak/*Huber* Rn 2; St/J/*Grunsky* Rn 1; Zö/*Vollkommer* Rn 1). Grund hierfür kann der damit verbundene Zeitverlust oder die hierdurch bewirkte Warnung des Schuldners sein (MüKoZPO/*Drescher* Rn 1; Schuschke/Walker/*Walker* Rn 5).

4 **II. Keine Unterschiede zum Verfügungsverfahren.** Eine § 937 II entsprechende Regelung, wonach die Anordnung einer einstweiligen Verfügung ohne mündliche Verhandlung nur in dringenden Fällen zulässig ist, besteht im Arrestrecht nicht. § 921 I aF sah – ohne weitere Voraussetzungen aufzuführen – ausdrücklich vor, dass die Entscheidung über den Arrestantrag ohne mündliche Verhandlung ergehen kann. Trotz des unterschiedlichen Wortlauts besteht in der Sache kein Unterschied zwischen Arrest- und Verfügungsverfahren (vgl § 937 Rz 3; St/J/*Grunsky* Rn 1; Schuschke/Walker/*Walker* Rn 9).

5 **III. Unbegründete Eilanträge.** Eine weitere Fallgruppe, in der eine mündliche Verhandlung entbehrlich ist, bezieht sich auf nicht begründete Anträge, die im Wege der Beschlussentscheidung schnell und kostengünstig erledigt werden können. Dem Antragsteller wird durch diese Verfahrensweise zudem ermöglicht, umgehend eine Entscheidung des Beschwerdegerichts zu beantragen. Um dem Gläubiger für den Fall einer erfolgreichen Beschwerde die **Überraschungswirkung** des einstweiligen Rechtsschutzes zu erhalten, ordnet Abs 3 an, dass diese Beschlüsse dem Schuldner nicht mitgeteilt werden dürfen.

6 **D. Grundsatz der mündlichen Verhandlung.** In den übrigen Fällen ist grds iRe mündlichen Verhandlung zu entscheiden. Dies gilt aber nicht ausnahmslos. Art 101 I GG kann im Einzelfall aber auch dadurch angemessen Rechnung getragen werden, dass der Gegner vor Erlass einer Beschlussentscheidung schriftlich angehört wird (vgl *Teplitzky* Kap 55 Rn 3; ferner MüKoZPO/*Drescher* Rn 2; Schuschke/Walker/*Walker* Rn 6; aA Musielak/*Huber* § 921 Rn 6).

7 **E. Entscheidung durch Beschluss. I. Keine Begründungspflicht für Arrestbefehle.** Ein stattgebender Arrestbeschluss muss im Interesse der Verfahrensbeschleunigung keine Begründung enthalten (Nürnbg NJW 76, 1101). Dies gilt auch dann, falls der Schuldner eine Schutzschrift eingereicht hat (Köln MDR 98, 432; Schuschke/Walker/*Walker* Rn 24). Soweit die Arrestanordnung im Ausland geltend gemacht werden soll, ist die **Begründungspflicht nach Abs 1 S 2** zu beachten. Der Sinn und Zweck des Begründungserfordernisses liegt allein in der Sicherung der ordnungsgemäßen Auslandszustellung. Bei einer nicht begründeten Entscheidung besteht für den Gläubiger die Gefahr, dass eine förmliche Zustellung im Ausland zurückgewiesen wird und er hierdurch Rechtsnachteile erleidet. Weitergehende – materielle – Auswirkungen für das Inland hat das Begründungserfordernis hingegen nicht. Ein Verstoß hiergegen stellt eine vollzogene Auslandszustellung nicht in Frage und bleibt daher sanktionslos (Hambg OLGR 05, 280, 281).

8 **II. Begründungspflicht für zurückweisende Beschlüsse.** Der den Antrag zurückweisende Beschl ist stets zu begründen, um dem Beschwerdegericht die Möglichkeit der Nachprüfung zu geben.

III. Richterspruchprivileg. Die Entscheidung über den Antrag auf Erlass eines Arrests ist auch dann ein »urteilsvertretendes Erkenntnis« und unterfällt dem Spruchrichterprivileg (Richterspruchprivileg) der Amtshaftung (§ 839 II 1 BGB), wenn die Entscheidung durch Beschl ohne mündliche Verhandlung ergeht (BGHZ 161, 298, 302 f = NJW 05, 436). 9

F. Rechtsbehelfe gegen Beschlussentscheidung. I. Beschwerdeverfahren. Die Zurückweisung des Arrestantrages, die einer Begründung bedarf, ist mit der sofortigen Beschwerde (§§ 567 I Nr 2, 569) angreifbar. Die Beschwerdeeinlegung unterliegt dem **Anwaltszwang** (Ddorf OLGZ 83, 358; Frankf MDR 99, 186; OLGR 04, 221; Saarbr NJW-RR 98, 1611; Hamm MDR 08, 708, 709; aA München BauR 95, 875; Karlsr OLGR 98, 130; Celle NJW-RR 09, 977, 978; *Teplitzky* Kap 55 Rn 7 mN zur gleichlautenden Rspr im Wettbewerbsrecht). Die Beschwerde ist in entsprechender Anwendung des § 511 II Nr 1 unzulässig, wenn die Beschwer 600 € nicht übersteigt (LG Konstanz NJW-RR 95, 1102; LG Köln MDR 03, 831; Musielak/*Huber* Rn 10; aA LG Zweibrücken NJW-RR 87, 1199; MüKoZPO/*Drescher* Rn 15; ThoPu/*Reichold* Rn 7). Das Gericht 1. Instanz hat gem § 572 I zu prüfen, ob es die sofortige Beschwerde für begründet erachtet und ihr abhilft, oder anderenfalls die Beschwerde dem Beschwerdegericht vorlegt. Im Rahmen der Entscheidung über die Abhilfe kann Termin zur mündlichen Verhandlung über die Beschwerde anberaumt (vgl KG KGR 03, 375) und aufgrund der mündlichen Verhandlung durch Endurteil entscheiden werden, mithin in einer anderen Entscheidungsart (LG Arnsberg BRAK-Mitt 11, 102, 103). Gegen die Entscheidung des Beschwerdegerichts findet die Rechtsbeschwerde nicht statt (§ 574 I 2; BGHZ 154, 102, 103 = NJW 03, 1531). Nach Zurückweisung des Arrestgesuchs kann der Gläubiger sofortige Beschwerde mit dem ausschließlichen Ziel einlegen, die Erledigung festzustellen und dem Gegner die Kosten aufzuerlegen (Hambg NJW-RR 1989, 570; Frankf NJW-RR 92, 493; KG MDR 09, 765; St/J/*Grunsky* Rn 18; Zö/*Vollkommer* Rn 4; *Vossler* MDR 09, 669; aA Stuttg OLGR 01, 182; Kobl OLGR 03, 144; Celle NJW-RR 09, 977; Musielak/*Huber* Rn 10a; ThoPu/*Reichold* Rn 7). 10

II. Widerspruchsverfahren. Wird durch Beschl dem Arrestantrag stattgegeben und ein Arrestbefehl erlassen, so kann der Schuldner hiergegen nur Widerspruch einlegen, über den das Eingangsgericht zu befinden hat. Dies gilt auch dann, wenn das erstinstanzliche Gericht den Antrag auf Erlass des Arrestes abgelehnt hat und das Beschwerdegericht den Arrest durch Beschl anordnet (BGHZ 154, 102, 103 = NJW 03, 1531). Gegen die Entscheidung des Beschwerdegerichts findet die Rechtsbeschwerde nicht statt (§ 574 I 2). 11

III. Fehlerhafte Beschlussentscheidung nach mündlicher Verhandlung. Hat die 1. Instanz trotz mündlicher Verhandlung durch Beschl entschieden, so ist Berufung, nicht Widerspruch, zulässig, weil eine erneute mündliche Verhandlung in der 1. Instanz auch bei richtiger Bezeichnung der Entscheidung nicht möglich wäre (Karls NJW 87, 509; aA Meistbegünstigungsgrundsatz entweder Berufung oder Widerspruch St/J/*Grunsky* Rn 11, 30; Zö/*Vollkommer* Rn 17, bei Widerspruch ist ins Berufungsverfahren überzuleiten). 12

G. Entscheidung durch Urteil. Die Entscheidung aufgrund mündlicher Verhandlung ergeht durch Endurteil. Das Urt ist stets zu begründen, es sei denn, es wird durch nichtstreitiges Versäumnisurteil entschieden. 13

H. Rechtsbehelfe gegen Urteilsentscheidung. Bei Versäumnisurteil ist Einspruch möglich, ansonsten findet bei kontradiktorischer Entscheidung Berufung nach § 511 statt. Für das Berufungsverfahren gelten die allgemeinen Regelungen und Besonderheiten des Einstweiligen Rechtsschutzverfahrens. Da das einstweilige Rechtsschutzgesuch aufgrund neuer Tatsachen oder neuer Glaubhaftmachung grds wiederholt werden könnte, gilt weder die Bindung des Berufungsgerichts an die Tatsachenfeststellungen nach § 529 (MüKoZPO/*Drescher* Rn 25; *Dötsch* MDR 10, 1429, 1431; aA Saarbr MDR 03, 1198) noch die Beschränkungen des § 531 (Hambg GRUR–RR 03, 135; Stuttg BauR 05, 1047; Frankf GRUR-RR 05, 299, 301; MüKoZPO/*Drescher* Rn 25; *Dötsch* MDR 10, 1429, 1431; aA Jena OLGR 04, 277). Gemäß § 542 II 1 ist gegen Urteile der Berufungsgerichte eine Revision unstatthaft. 14

I. Mitteilung der Entscheidung. I. Beschluss. Bei Entscheidung durch Beschl ist im Falle der Zurückweisung des Arrestgesuchs die Entscheidung gem § 329 III dem Gläubiger zuzustellen; der Schuldner wird nicht unterrichtet (§ 922 III). Der Arrestbefehl wird dem Gläubiger vAw zugestellt (§ 929 II), der ihn anschließend dem Schuldner im Parteibetrieb zustellen lässt (§ 922 II). Wird in einem Beschl, in dem ein Arrestbefehl erlassen wird, auf die Antragsschrift Bezug genommen, ist auch diese mit dem Beschl zuzustellen, um eine wirksame Zustellung herbeizuführen. Dieser Mangel kann nicht im späteren Arrestverfahren nach § 189 geheilt werden (Ddorf MDR 10, 652). 15

16 **II. Urteil.** Ein Urt ist vAw gem § 317 beiden Parteien zuzustellen. In dieser Amtszustellung liegt noch keine Vollziehung iSd § 929.

17 **J. Inhalt des Arrestbefehls.** Wesentlicher Inhalt des Tenors des Arrestbefehls ist, unabhängig davon, ob die Entscheidung durch Beschl oder Urt ergeht, die Bezeichnung des Arrestanspruchs nach Grund und Betrag sowie die Art des Arrests als dinglicher oder persönlicher Arrest. Fehlen diese Angaben, dann ist der Arrestbefehl unwirksam (RGZ 78, 331, 332 f; Musielak/*Huber* Rn 6; St/J/*Grunsky* Rn 31; Schuschke/Walker/*Walker* Rn 20). Ferner ist die Angabe der Lösungssumme erforderlich. Der Tenor endet mit der Kostenentscheidung. Ein Ausspruch über die vorläufige Vollstreckbarkeit des Arrestbefehls ist nicht erforderlich, weil es sich aus der Natur der Sache ergibt, dass eine einstweilige Rechtsschutzmaßnahme vorläufig vollstreckbar sein muss.

§ 923 Abwendungsbefugnis. In dem Arrestbefehl ist ein Geldbetrag festzustellen, durch dessen Hinterlegung die Vollziehung des Arrestes gehemmt und der Schuldner zu dem Antrag auf Aufhebung des vollzogenen Arrestes berechtigt wird.

1 **A. Normzweck.** Im Arrestbefehl ist vAw die sog **Lösungssumme** festzusetzen. Der Schuldner kann dann wählen, ob er durch Hinterlegung des festgesetzten Betrages die Arrestvollziehung abwenden bzw einen bereits vollzogenen Arrest aufheben lässt oder ob er den Arrest hinnimmt.

2 **B. Lösungssumme.** Ist im **Arrestbefehl** versehentlich die Festsetzung der Lösungssumme unterblieben, so ist die Entscheidung gleichwohl **wirksam** (Hambg NJW 58, 1145). Die Entscheidung kann hinsichtlich der **fehlenden Lösungssumme** gem § 321 (BGH NJW-RR 96, 1238) oder auf Rechtsbehelf hin **ergänzt** werden. Die **Höhe der Lösungssumme** bemisst sich nach dem Betrag der zu sichernden Forderung sowie, soweit beantragt, Zinsen und Kosten des Hauptsacheverfahrens (Kostenpauschale). Die Kosten des Arrestverfahrens bleiben unberücksichtigt, weil diese aufgrund der Arrestentscheidung unmittelbar beitreibbar sind (Musielak/*Huber* Rn 2; MüKoZPO/*Drescher* Rn 2; Zö/*Vollkommer* Rn 1). Die **Sicherheitsleistung** kann entgegen des Wortlauts des § 923 nicht nur durch **Hinterlegung**, sondern auch durch **Bankbürgschaft** (§ 108 I 2) sowie durch eine **andere**, durch das Arrestgericht gem § 108 I 1 festgelegte **Art** der Sicherheitsleistung erbracht werden.

§ 924 Widerspruch. (1) Gegen den Beschluss, durch den ein Arrest angeordnet wird, findet Widerspruch statt.
(2) [1]Die widersprechende Partei hat in dem Widerspruch die Gründe darzulegen, die sie für die Aufhebung des Arrestes geltend machen will. [2]Das Gericht hat Termin zur mündlichen Verhandlung von Amts wegen zu bestimmen. [3]Ist das Arrestgericht ein Amtsgericht, so ist der Widerspruch unter Angabe der Gründe, die für die Aufhebung des Arrestes geltend gemacht werden sollen, schriftlich oder zum Protokoll der Geschäftsstelle zu erheben.
(3) [1]Durch Erhebung des Widerspruchs wird die Vollziehung des Arrestes nicht gehemmt. [2]Das Gericht kann aber eine einstweilige Anordnung nach § 707 treffen; § 707 Abs. 1 Satz 2 ist nicht anzuwenden.

1 **A. Normzweck.** Die Bestimmung befasst sich mit dem weiteren Verfahrensgang nach Einlegung des Widerspruchs. Um einen Instanzverlust zu vermeiden, hat das Eingangsgericht dem Schuldner das bislang nicht eingeräumte **rechtliche Gehör** durch Anberaumung einer mündlichen Verhandlung zu gewähren. Der Widerspruch ist deshalb als Rechtsbehelf, nicht als Rechtsmittel ausgestaltet. Abs 3 regelt die Wirkung des Widerspruchs auf die Arrestvollziehung.

2 **B. Widerspruch. I. Ziel des Rechtsbehelfs.** Das Ziel des Widerspruchs kann auf Aufhebung oder (tw) Abänderung des Arrestbefehls oder der Lösungssumme gerichtet sein. Die Rechtspraxis hat darüber hinaus die Rechtsfigur des **Kostenwiderspruchs** entwickelt. Dieser ist ausschließlich auf die Abänderung der Kostenentscheidung ausgerichtet (*Teplitzky* Kap 55 Rn 9). Um die erstrebte Vergünstigung des § 93 in Anspruch nehmen zu können, bedarf es der Erklärung, die Entscheidung über den Anordnungsanspruch hinnehmen zu wollen und auf einen Widerspruch gegen die Sachentscheidung zu verzichten. Der Sache nach enthält eine solche Erklärung einen **teilweisen Rechtsbehelfsverzicht** (BGH NJW-RR 03, 1293 – Prozessgebühr beim Kostenwiderspruch); ein späterer Übergang zum Vollwiderspruch ist dann unzulässig (Hambg NJW-RR 00, 1238).

II. Widerspruchsberechtigte. Widerspruch kann nicht nur der Schuldner, sondern auch sein **Rechtsnachfolger** sowie im Insolvenzverfahren über das Vermögen des Schuldners der bestellte **Insolvenzverwalter** einlegen. Nach Insolvenzeröffnung kann der Widerspruch zur Aufhebung oder Bestätigung eines bereits vollzogenen Arrests führen (vgl BGH NJW 62, 589, 591). Ist der Arrest bei Insolvenzeröffnung noch nicht vollzogen, muss er auf Widerspruch hin aufgehoben werden, weil eine (weitere) Vollstreckung nach § 89 InsO unzulässig ist. Der Insolvenzverwalter kann sich aber auch auf eine Insolvenzanfechtung (§ 141 InsO) beschränken oder sich auf die Unwirksamkeit einer durch Arrestvollziehung erlangten Sicherung berufen (§ 88 InsO; Musielak/*Huber* Rn 5). 3

III. Einlegung des Widerspruchs. Sie erfolgt beim Amtsgericht schriftlich oder zu Protokoll der Geschäftsstelle (§ 924 II 3), beim LG durch Anwaltsschriftsatz (Kobl NJW 80, 2589; Hamm WRP 92, 724). Auf die Verwendung des Begriffs »Widerspruch« kommt es nicht an, wenn der Wille des Schuldners zur Aufhebung oder Abänderung des Arrests unzweideutig erkennbar ist (RGZ 67, 159, 163). Eine bestimmte Frist ist nicht einzuhalten. Der Widerspruch ist ein **unbefristet zulässiger Rechtsbehelf**. Er kann grds noch nach längerem Zeitablauf erhoben werden. Solange der Hauptsacheprozess läuft, muss der Gläubiger grds mit einem Widerspruch rechnen (BGH NJW 92, 2297, 2298). 4

IV. Widerspruchsverwirkung. Eine Verwirkung des Widerspruchs ist möglich, kommt aber nur aufgrund besonderer Umstände in Betracht (vgl BVerfGE 32, 305, 308 = NJW 72, 675; Celle GRUR 80, 945; KG GRUR 85, 237; Saarbr NJW-RR 89, 1513). Bei Verwirkung des Rechts zur Einlegung des Widerspruchs im einstweiligen Rechtsschutzverfahren ist die ergangene Entscheidung einer sachlichen Überprüfung entzogen, der eingelegte Widerspruch ist als unzulässig zu verwerfen (Celle GRUR 80, 945). Gemäß § 924 II 1 hat der Schuldner im Widerspruch die Gründe darzulegen, die für die Aufhebung des Arrests geltend gemacht werden sollen. Hierbei handelt es sich lediglich um eine Sollvorschrift; ein **ohne Begründung eingelegter Widerspruch** darf daher nicht als unzulässig verworfen werden (Musielak/*Huber* Rn 8; St/J/*Grunsky* Rn 21; Schuschke/Walker/*Walker* Rn 12). Nicht geltend gemachte Gründe können jederzeit nachgeschoben werden; für Vorbringen erst in der mündlichen Verhandlung gelten aber §§ 296 II, 282 II (St/J/*Grunsky* Rn 21). 5

V. Widerspruchsrücknahme. Die Rücknahme des Widerspruchs ist jederzeit möglich, auch ohne Zustimmung des Gläubigers. Der Widerspruch kann, weil nicht fristgebunden, auch nach Rücknahme wieder eingelegt werden (Kobl MDR 96, 425, 426; München MDR 97, 1067), es sei denn, es liegt Verzicht oder Verwirkung vor (Zö/*Vollkommer* Rn 8). 6

VI. Widerspruchsverzicht. Ein Verzicht auf den Widerspruch ist möglich. Die Verzichtserklärung muss erkennen lassen, in welchem Umfang der Verzicht erklärt wird. Der Kostenwiderspruch (§ 924 Rz 2) enthält einen teilweisen Rechtsbehelfsverzicht (BGH NJW-RR 03, 1293 – Prozessgebühr beim Kostenwiderspruch). Mit der **Abschlusserklärung** (§ 927 Rz 7) wird insgesamt auf eine Widerspruchseinlegung verzichtet. 7

C. Zuständiges Gericht. Über den Widerspruch entscheidet das **Arrestgericht der ersten Instanz**. Dies gilt auch dann, wenn der Arrest auf Rechtsmittel des Gläubigers durch das Beschwerdegericht erlassen wurde (RGZ 37, 368, 369; Ddorf MDR 84, 324; KG NJW-RR 08, 520). Ergibt sich erst im Verfahren über den Widerspruch die sachliche oder örtliche **Unzuständigkeit** des angerufenen Arrestgerichts, so ist auf Antrag die Sache unter Aufrechterhaltung des Arrestbefehls an das zuständige Gericht zu verweisen (Hamm OLGZ 89, 340; LAG Niedersachsen MDR 06, 592; MüKoZPO/*Drescher* Rn 10; St/J/*Grunsky* Rn 19; Zö/*Vollkommer* Rn 6). Die Annahme, das unzuständige Gericht sei vor Verweisung verpflichtet, den erlassenen Arrestbefehl aufzuheben (so LG Arnsberg NJW-RR 93, 318; ähnl Schuschke/Walker/*Walker* Rn 10), ist systemfremd. Die Verweisung soll dem zuständigen Gericht ermöglichen, das Verfahren in dem Stadium unverändert zu übernehmen, in dem es sich zu diesem Zeitpunkt befindet (LAG Niedersachsen MDR 06, 592). Im Übrigen spricht hierfür der dem einstweiligen Rechtschutz immanente Beschleunigungsgrundsatz und der Umstand, dass zur Entscheidung über den Widerspruch allein das zuständige und nicht das unzuständige Gericht berufen ist. 8

D. Wirkung auf Arrestvollziehung. Der Widerspruch hat nach § 924 III 1 **keine aufschiebende Wirkung** hinsichtlich der Arrestvollziehung. Das Gericht kann aber die Vollziehbarkeit durch einstweilige Anordnung nach § 707 aussetzen. § 707 I 1 gilt hierbei nicht, so dass auch eine Aussetzung ohne Sicherheitsleistung in Betracht kommen kann. Wegen des Schutzzweckes des Arrestverfahrens für den Gläubiger, des 9

Grundsatzes bestehender Eilbedürftigkeit, des in der Hand des Schuldners liegenden Rechts, durch Hinterlegung der Lösungssumme gem § 923 die Aufhebung des Arrestes beantragen zu können und schließlich auch wegen § 921 S 2 (Anordnung einer durch den Gläubiger zu erbringenden Sicherheit) ist allerdings eine Einstellung der Zwangsvollstreckung nur in Ausnahmefällen möglich (Frankf NJW 03, 2688; Musielak/*Huber* Rn 10; Zö/*Vollkommer* Rn 13).

§ 925 Entscheidung nach Widerspruch. **(1) Wird Widerspruch erhoben, so ist über die Rechtmäßigkeit des Arrestes durch Endurteil zu entscheiden.**
(2) Das Gericht kann den Arrest ganz oder teilweise bestätigen, abändern oder aufheben, auch die Bestätigung, Abänderung oder Aufhebung von einer Sicherheitsleistung abhängig machen.

1 **A. Normzweck.** Die Bestimmung befasst sich mit Form und Inhalt der Entscheidung über den Widerspruch. Konsequenz der nach § 924 stattzufindenden mündlichen Verhandlung ist es, dass die Entscheidung durch Endurteil zu erfolgen hat.

2 **B. Verfahren.** Mit dem Widerspruch entsteht ein **neuer Verfahrensabschnitt**, weil nunmehr streitig verhandelt wird (KG NJW-RR 08, 520). Nach Einlegung eines Widerspruchs ist grds aufgrund mündlicher Verhandlung durch Urt zu entscheiden (§§ 924 II 2, 925 I). Das Gebot der mündlichen Verhandlung ist insofern aber nicht strenger als der im Urteilsverfahren allgemein geltende Mündlichkeitsgrundsatz (§ 128 I) und unterliegt daher den in den Folgeabsätzen dieser Bestimmungen normierten Einschränkungen. Die Vorschriften über das Erkenntnisverfahren (§§ 128 ff) finden auch im Eilverfahren Anwendung, sofern sich aus den Bestimmungen und den Besonderheiten des vorläufigen Rechtsschutzes nicht etwas anderes ergibt (Frankf GRUR-RR 07, 62; Zö/*Vollkommer* vor § 916 Rn 3). Daher kann die nach § 925 zu treffende Entscheidung bei Einverständnis der Parteien auch im **schriftlichen Verfahren** (§ 128 II) ergehen. Die Entscheidung über einen Kostenwiderspruch kann gem § 128 III im schriftlichen Verfahren getroffen werden (Frankf GRUR-RR 07, 62; Musielak/*Huber* Rn 3; Zö/*Vollkommer* Rn 1). Die Entscheidung ergeht auch in diesem Fall durch Urt (Frankf GRUR-RR 07, 62).

3 **C. Prüfungsumfang.** Das Gericht hat alle Voraussetzungen des Arrests zu prüfen. An seine Beurteilung bei Erlass des Beschlussarrests ist es nicht gebunden (St/J/*Grunsky* Rn 3; Zö/*Vollkommer* Rn 5). Maßgeblich ist, ob der Arrestbefehl bei Schluss der mündlichen Verhandlung sachlich gerechtfertigt ist (BFH NJW 04, 2183, 2184).

4 **D. Inhalt des Urteils.** Der mögliche Inhalt des Endurteils, mit dem das Widerspruchsverfahren abgeschlossen wird, folgt aus § 925 II. Danach kann das Gericht den im Beschlussverfahren erlassenen Arrestbefehl ganz oder tw **bestätigen**, **abändern** oder **aufheben**. Ferner kann es seine Entscheidung von einer Sicherheitsleistung abhängig machen (Schuschke/Walker/*Walker* Rn 8; Zö/*Vollkommer* Rn 7). Im Falle der Arrestaufhebung ist der Arrestantrag zurückzuweisen (ThoPu/*Reichold* Rn 2). Ein unzulässiger Widerspruch ist wie ein unzulässiger Einspruch gegen ein Versäumnisurteil in entsprechender Anwendung von § 341 I 2 als unzulässig zu verwerfen (Celle GRUR 80, 945).

5 **E. Wirkung bei Aufhebung.** Wird der Arrestbefehl aufgehoben, so entfällt seine Wirkung bereits **mit Verkündung des Urteils**, nicht erst mit dessen Rechtskraft (BFH NJW 04, 2183; Hambg MDR 97, 394, 395; Frankf MDR 97, 1060, 1061; Köln MDR 03, 352; aA Celle NJW-RR 87, 64). Ein auf Widerspruch hin aufgehobener Arrest kann im Berufungsurteil nicht bestätigt werden, sondern muss neu erlassen werden (Ddorf NJW-RR 02, 138; Köln MDR 03, 352). Eine Aufhebung der Vollziehung kann im Urt nach § 925 I nicht ausgesprochen werden, weil die Vollziehung nicht Gegenstand des Widerspruchsverfahrens ist (Schuschke/Walker/*Walker* Rn 11). Dagegen kann der Arrestschuldner aufgrund des Urteils die Aufhebung der Vollstreckungsmaßnahmen nach §§ 775 Nr 1, Nr 3, 776 beim Gerichtsvollzieher oder gem §§ 766, 764 beim Vollstreckungsgericht beantragen (BFH NJW 04, 2183).

6 **F. Rechtsbehelfe.** Gegen das auf den Widerspruch ergangene Endurteil ist unter den allgemeinen Voraussetzungen Berufung zulässig, gegen ein Versäumnisurteil Einspruch (RGZ 20, 330). Für das Berufungsverfahren gelten die allgemeinen Regelungen und Besonderheiten des Einstweiligen Rechtsschutzverfahrens (§ 922 Rz 14). Ein auf Kostenwiderspruch ergangenes Urt ist mit der sofortigen Beschwerde entsprechend § 99 II anzufechten (Kobl MDR 96, 1293; Brandbg NJW-RR 00, 1668, 1669; Frankf GRUR-RR 07, 62; Musielak/*Huber* Rn 9; Zö/*Vollkommer* Rn 11).

§ 926 Anordnung der Klageerhebung. **(1) Ist die Hauptsache nicht anhängig, so hat das Arrestgericht auf Antrag ohne mündliche Verhandlung anzuordnen, dass die Partei, die den Arrestbefehl erwirkt hat, binnen einer zu bestimmenden Frist Klage zu erheben habe.**
(2) Wird dieser Anordnung nicht Folge geleistet, so ist auf Antrag die Aufhebung des Arrestes durch Endurteil auszusprechen.

A. Normzweck. Die Vorschrift will verhindern, dass der Schuldner auf Dauer einer einstweiligen Maßnahme unterworfen ist. Sie gibt ihm deshalb die Möglichkeit, eine **Überprüfung im Hauptsacheverfahren** zu erzwingen. 1

B. Verhältnis zu anderen Rechtsbehelfen. § 926 enthält keine erschöpfende Regelung der Rechte des von einer einstweiligen Rechtschutzanordnung Betroffenen. Der Schuldner kann grds wahlweise auch im Wege der **negativen Feststellungsklage** eine Klärung des der Verfügung oder dem Arrest zugrunde liegenden Rechtsverhältnisses herbeiführen (BGH NJW 78, 2157 2158; 86, 1815). Das Feststellungsinteresse fehlt aber, wenn die Hauptsache sich zwischenzeitlich erledigt hat und deshalb für die Aufhebung der Kostenentscheidung mit dem Kostenwiderspruch ein einfacherer Weg zur Verfügung steht (BGH NJW 86, 1815). Ferner besteht die Möglichkeit, im Wege des **Widerspruchs** (§ 924) vorzugehen oder, soweit die entsprechenden Voraussetzungen vorliegen, Antrag auf **Aufhebung wegen veränderter Umstände** (§ 927) zu stellen. 2

C. Verfahren nach § 926 I. I. Zuständigkeit. Für die Anordnung der Fristsetzung ist das Gericht zuständig, das den Arrest erlassen hat. Dies gilt auch dann, wenn die Sache in der Berufungsinstanz anhängig ist. Hat das Beschwerde- bzw das Berufungsgericht den Arrest erlassen, so ist gleichwohl hinsichtlich der Anordnung der Fristsetzung das erstinstanzliche Gericht zuständig (Schuschke/Walker/*Walker* Rn 21; Zö/*Vollkommer* Rn 6). **Funktionell zuständig** für die Anordnung der Fristsetzung ist der **Rechtspfleger** (§ 20 Nr 14 RPflG). Anwaltszwang besteht daher nicht (§ 13 RPflG). Ausnahmsweise kann der Richter entscheiden, wenn der Schuldner den Antrag bereits anlässlich einer Anhörung zum Arrestgesuch gestellt hat (§§ 6, 8 RPflG). 3

II. Unzulässigkeit des Antrags. Er ist **unzulässig**, wenn der Arrest rechtskräftig aufgehoben, die Hauptsacheklage bereits erhoben oder über sie rechtskräftig entschieden ist. Unzulässig ist der Antrag auch dann, wenn das **Rechtsschutzbedürfnis** fehlt. Dies trifft zu, wenn der Gläubiger auf die Rechte aus dem Arrest unter Herausgabe des Titels an den Schuldner verzichtet hat oder wenn es offensichtlich ist, dass der Arrestbefehl nicht mehr besteht, wie etwa in den Fällen übereinstimmender Erledigungserklärung. Für den Antrag auf Anordnung der Klageerhebung fehlt das Rechtsschutzbedürfnis ferner, wenn der zu sichernde Anspruch infolge von Erfüllung durch den Schuldner erloschen ist; richtiger Rechtsbehelf des Schuldners in einem solchen Falle ist der Widerspruch (§ 924) oder der Antrag auf Aufhebung der Arrestanordnung wegen veränderter Umstände (§ 927, KGR 08, 882). 4

III. Entscheidung. Über den Antrag wird nach Anhörung des Gläubigers ohne mündliche Verhandlung durch Beschl entschieden. Eine Fristsetzung von zwei bis vier Wochen ist regelmäßig ausreichend. Die Frist kann verlängert werden (§ 224 II). 5

IV. Antragsverzicht. Ein Verzicht auf das Antragrecht aus § 926 I ist möglich; insb bei einer Abschlusserklärung (§ 927 Rz 7) ist dies stets der Fall (BGH NJW 81, 1955; *Teplitzky* Kap 43 Rn 5). Ein Kostenwiderspruch (§ 924 Rz 2) kann so auszulegen sein, dass damit nicht nur auf den Widerspruch in der Sache, sondern auch auf das Antragsrecht nach Abs 1 verzichtet wird (Stuttg WRP 80, 102; MüKoZPO/*Drescher* Rn 8; Schuschke/Walker/*Walker* Rn 5). 6

D. Rechtsbehelfe. Gegen eine ausnahmsweise durch den Richter erfolgte Fristbestimmung nach Abs 1 steht dem Gläubiger kein Rechtsmittel zu (Stuttg Rpfleger 08, 475). Entscheidet über die Anordnung der Klagefrist der nach § 20 Nr 14 RpflG hierfür zuständige Rechtspfleger stattgebend, so ist hiergegen für den Gläubiger die befristete Erinnerung gem § 11 II RpflG möglich (BGH NJW-RR 87, 683, 685). Bei Ablehnung steht dem Schuldner die sofortige Beschwerde gem § 11 II RpflG, § 567 I Nr 2 zu (Stuttg Rpfleger 08, 475; ThoPu/*Reichold* Rn 6; Zö/*Vollkommer* Rn 19; Musielak/*Huber* Rn 12). 7

E. Verfahren nach § 926 II. Zuständig ist das Gericht, das die Anordnung nach § 926 I getroffen hat. Dies gilt auch dann, wenn das einstweilige Rechtsschutzverfahren in der Berufungs- oder Beschwerdeinstanz anhängig ist (Dresd OLGR 04, 39; MüKoZPO/*Drescher* Rn 19; Zö/*Vollkommer* Rn 22). Das Gericht ent- 8 scheidet nach **mündlicher Verhandlung** durch **Endurteil**, und zwar bei Nichterhebung der Klage auf Aufhebung des Arrests und bei ordnungsgemäßer Klageerhebung auf Zurückweisung des Antrags. Die Aufhebung wirkt zurück und begründet die Schadensersatzverpflichtung des Antragstellers des Arrestgesuchs aus § 945. Gegen das Urt ist nach allgemeinen Vorschriften die Berufung gegeben.

9 **F. Rechtzeitige Klageerhebung. I. Fristgerechte Erhebung.** Erforderlich ist die Zustellung der Klageschrift innerhalb der festgesetzten Frist. Es genügt aber **fristgerechte Einreichung der Klage**, wenn die Zustellung demnächst erfolgt (§ 167, Köln OLGR 99, 400; Celle MDR 07, 1280). Die Zustellung eines Mahnbescheids steht der Klageerhebung gleich (Köln OLGZ 79, 119; Zö/*Vollkommer* Rn 32). Die Frist wird auch durch Klageerhebung beim unzuständigen Gericht gewahrt (Karlsr NJW 73, 1509 f; Hamm OLGR 94, 142; Zö/*Vollkommer* Rn 32). Maßgeblicher Zeitpunkt für die Beurteilung der Fristwahrung ist der Schluss der mündlichen Verhandlung 1. Instanz im Aufhebungsverfahren (Frankf NJW-RR 90, 190). Hat der Gläubiger die Frist versäumt, ist die nachgeholte Hauptsacheklage aber bis zur Entscheidung über den Aufhebungsantrag zugestellt worden, gilt die **Versäumung** als **geheilt** (§ 231 II, Frankf NJW-RR 90, 190). Der Schuldner kann dann den Aufhebungsantrag für erledigt erklären (Musielak/*Huber* Rn 16).

10 **II. Anforderungen an die Hauptsacheklage.** Die Hauptsacheklage muss den Anspruch betreffen, den der erlassene Arrest sichert. Entscheidend ist, ob die Klage zur Überprüfung der Rechtmäßigkeit der Eilmaßnahme führt (BGH NJW 01, 157, 159). Wurde der Anspruch auf Eintragung einer **Bauhandwerkersicherungshypothek** nach § 648 BGB im Wege der einstweiligen Verfügung durch Vormerkung gesichert, so muss die Hauptsacheklage auf Bewilligung der Eintragung der Hypothek gerichtet sein, Klage auf Zahlung des Werklohns reicht nicht aus (Ddorf NJW-RR 86, 322; Celle MDR 04, 111; aA Frankf MDR 03, 23, 24). In **Wettbewerbssachen** ist es erforderlich, dass der Klageantrag der Hauptsacheklage auf dasselbe Unterlassungsgebot gerichtet ist wie die einstweilige Verfügung, wobei ein weitergehender Antrag in der Hauptsache nicht schadet (BGHZ 122, 172, 176 – Verfügungskosten = NJW 93, 2686). Betrifft die einstweilige Verfügung den Unterhalt für das uneheliche Kind gem § 1615o BGB, so ist die Hauptsacheklage sowohl in der Form der Leistungsklage als auch mittels Vaterschaftsfeststellungsklage möglich (Musielak/*Huber* Rn 14; MüKoZPO/*Drescher* Rn 13; Zö/*Vollkommer* Rn 30).

11 **G. Kosten/Gebühren. I. Gericht.** In Verfahren über den Antrag auf Aufhebung (Abs 2) werden die Gebühren gesondert erhoben (Vorbem 1.4.1 S 1 KV).

12 **II. Anwalt.** Es gilt § 16 Nr 5 RVG. Anordnungs- und Aufhebungsverfahren sind eine Angelegenheit. Die Gebühren entstehen nur einmal (§ 15 II 1 RVG).

§ 927 Aufhebung wegen veränderter Umstände.

(1) Auch nach der Bestätigung des Arrestes kann wegen veränderter Umstände, insbesondere wegen Erledigung des Arrestgrundes oder auf Grund des Erbietens zur Sicherheitsleistung die Aufhebung des Arrestes beantragt werden.
(2) Die Entscheidung ist durch Endurteil zu erlassen; sie ergeht durch das Gericht, das den Arrest angeordnet hat, und wenn die Hauptsache anhängig ist, durch das Gericht der Hauptsache.

1 **A. Normzweck.** Die Bestimmung ermöglicht dem Schuldner die Rechtmäßigkeit der Fortdauer – nicht der Anordnung als solches – überprüfen zu lassen. Die Bestimmung soll einen umfassenden **Schutz des Schuldners** während der gesamten Dauer der Arrestanordnung sicherstellen.

2 **B. Verfahren. I. Zuständigkeit.** Zuständig für die Entscheidung über den Aufhebungsantrag ist das Gericht, das die Arrestanordnung erlassen hat und wenn die Hauptsache bereits anhängig ist, das Gericht der Hauptsache. Wird die einstweilige Rechtsschutzanordnung erst durch das Berufungsgericht erlassen, so hat das Berufungsgericht über den Aufhebungsantrag zu entscheiden, solange das Hauptsacheverfahren noch nicht anhängig ist (Karlsr NJW 73, 1509). Gericht der Hauptsache (§ 943 Rz 2) ist das Gericht des ersten Rechtszugs und, wenn die Hauptsache in der Berufungsinstanz anhängig ist, das Berufungsgericht. Danach ist, sobald Revision eingelegt ist, wieder das Gericht 1. Instanz zuständig (BGH WM 76, 1201).

3 **II. Antragsbefugnis.** Antragsbefugt ist nur der Schuldner, nicht der Gläubiger. Diesem steht es aber frei, auf seine Rechte aus dem Arrest zu verzichten. Der Antrag kann sich nur gegen eine noch bestehende Arrestanordnung, sei es durch Beschl oder Urt, richten. Anderenfalls fehlt das Rechtschutzbedürfnis. Glei-

ches gilt bei Verzicht des Gläubigers auf die Rechte aus dem Arrest und Herausgabe des Titels an den Schuldner (Karls NJWE-WettbR 99, 39, 40 zum einstweiligen Verfügungsrecht).

III. Kostenrisiko des § 93. Vor der Stellung des Antrages nach § 927 I sollte der Schuldner zur Vermeidung 4 der Kostenfolge aus § 93 den Gläubiger unter Androhung der Antragstellung zum Verzicht auf die Rechte aus der Arrestanordnung und zur Herausgabe des Titels auffordern. Anderenfalls hat der Schuldner bei einem sofortigen Anerkenntnis seitens des Gläubigers die Kosten des Aufhebungsverfahrens zu tragen (Zö/ *Vollkommer* Rn 12).

IV. Rechtsbehelfe. Gegen das Urt ist nach allgemeinen Vorschriften die **Berufung** möglich, im Falle eines 5 Versäumnisurteils Einspruch.

C. Veränderte Umstände. Die Aufhebung des Arrests kommt nur in Betracht, wenn sich die für den Erlass 6 der Arrestanordnung maßgebenden Umstände nachträglich geändert haben. Tatsachen, die der Schuldner bereits im Arrestverfahren geltend und glaubhaft machen konnte, gehören nicht dazu. Neue Mittel der Glaubhaftmachung sind aber geeignet, den Aufhebungsantrag zu rechtfertigen. Als **Aufhebungsgründe** nennt Abs 1 ausdrücklich die **Erledigung** sowie das Anerbieten des Schuldners zur Sicherheitsleistung. Als **Erledigungsgründe** kommen bspw in Betracht der Wegfall der Erforderlichkeit der Auslandsvollstreckung, der Ablauf der Frist für die Erhebung der Hauptsacheklage, die rechtskräftige Abweisung der Hauptsacheklage wegen Fehlen des Arrestanspruchs (BGHZ 122, 172, 178 = NJW 93, 2685 – Verfügungskosten) oder wenn bei einer Unterlassungsverfügung die Wiederholungsgefahr durch eine strafbewehrte Unterlassungserklärung (§ 940 Rz 24) entfällt (Hambg OLGR 02, 407; Frankf OLGR 06, 206; Stuttg OLGR 08, 924, 925). Gesetzesänderungen oder Änderungen in der höchstrichterlichen Rechtsprechung vermögen gleichfalls veränderte Umstände zu begründen (vgl BGHZ 181, 373, 377 Tz 25 = NJW 09, 3303 – Mescher weis). Weitere **veränderte Umstände** können – bei entsprechender Einrede des Schuldners – die Verjährung des Arrestanspruchs (Hamm BB 78, 574) oder die Leistung einer Sicherheit durch den Schuldner (§ 927) sein.

D. Verzicht und Abschlusserklärung. Der Schuldner kann auf das Antragsrecht nach § 927 verzichten 7 (BGH NJW-RR 87, 288, 289). Mit der im Wettbewerbsrecht entwickelten, hierauf aber nicht beschränkten Abschlusserklärung kann der Schuldner unter **Verzicht auf die Rechtsbehelfe** der §§ 924, 926 die Klage in der Hauptsache abwenden (BGHZ 181, 373, 377 Tz 15 = NJW 09, 3303 – Mescher weis). Mit der Abschlusserklärung erkennt der Unterlassungsschuldner eine gegen ihn ergangene Unterlassungsverfügung als nach Bestandskraft und Wirkung einem entsprechenden Hauptsachetitel gleichwertig an. Hierdurch wird das Rechtsschutzinteresse für eine Hauptsacheklage beseitigt, weil sie einen dem Unterlassungstitel gleichwertigen Vollstreckungstitel entstehen lässt (BGH WRP 10, 1035, 1037 Tz 16 – Folienrollos). Die Wirkung der Abschlusserklärung reicht soweit wie der Verbotsumfang der Unterlassungsverfügung, die der Schuldner als endgültige Regelung anerkannt hat (BGH WRP 10, 1035, 1037 Tz 17 – Folienrollos). Die Abschlusserklärung muss sich aber auch – jedenfalls grundsätzlich – auf die Rechte aus § 927 erstrecken, um die **Beseitigung des Rechtsschutzbedürfnisses für die Hauptsacheklage** zu erreichen (BGHZ 181, 373, 377 Tz 15 = NJW 09, 3303 – Mescher weis; *Teplitzky* Kap 43 Rn 5 f; MüKoZPO/*Drescher* Rn 13; Zö/ *Vollkommer* Rn 9a). Zu beachten ist jedoch, dass der Verzicht des Schuldners den Gläubiger nicht besser stellen soll, als er bei einem rechtskräftigen Hauptsachetitel stünde. Dies wäre bei einem uneingeschränkten Verzicht auf den Rechtsbehelf des § 927, der es dem Schuldner ermöglicht, die Aufhebung der einstweiligen Verfügung wegen veränderter Umstände zu beantragen, aber der Fall. Denn einem Hauptsachetitel können unter den Voraussetzungen der §§ 323, 767 nachträglich entstandene Einwendungen entgegengehalten werden. Für die Beseitigung des Rechtsschutzbedürfnisses für die Hauptsacheklage ist ein **uneingeschränkter Verzicht** jedenfalls nicht erforderlich (BGHZ 181, 373, 377 Tz 16 = NJW 09, 3303 – Mescher weis). Der Schuldner muss deshalb auf die Rechte aus § 927 nicht verzichten, soweit es um die Geltendmachung veränderter Umstände geht, die auf einer Gesetzesänderung oder Änderungen in der höchstrichterlichen Rechtsprechung beruhen (BGHZ 181, 373, 380 Tz 25 = NJW 09, 3303 – Mescher weis). Als hinreichende Formulierung für eine Abschlusserklärung wird es nunmehr ausreichen, dass der Schuldner sich die Rechte aus § 927 vorbehält, die er auch gegen einen im Hauptsacheverfahren ergangenen rechtskräftigen Titel geltend machen könnte (BGHZ 181, 373, 382 Tz 27 = NJW 09, 3303 – Mescher weis).

Die Abschlusserklärung muss dem Inhalt der einstweiligen Verfügung entsprechen, damit sie die angestrebte Gleichstellung des vorläufigen mit dem Hauptsachetitel erreichen kann, und darf allenfalls auf einzelne in der Entscheidung selbstständig tenorierte Streitgegenstände beschränkt werden (BGH NJW 05,

2550 – »statt«-Preis). Der **Inhalt einer Abschlusserklärung** ist nach allgemeinen Grundsätzen durch **Auslegung** zu ermitteln. Der Erklärungsgehalt richtet sich nach dem objektiven Empfängerhorizont unter Berücksichtigung des Grundsatzes von Treu und Glauben. Wird in einer Abschlusserklärung auf die Rechte aus §§ 924, 926 und 927 ohne ausdrückliche Einschränkung verzichtet, so kann dem Verzicht nach Treu und Glauben kein weitergehender Erklärungsinhalt beigemessen werden, als er für den Zweck der Abschlusserklärung, die angestrebte Gleichstellung des vorläufigen mit dem Hauptsachetitel zu erreichen, erforderlich ist. Es kann regelmäßig nicht angenommen werden, dass ein Schuldner auf die Rechte aus § 927 auch insoweit verzichten will, als sie mit den Einwendungen übereinstimmen, die einem rechtskräftigen Hauptsachetitel nach § 767 entgegengehalten werden könnten (BGHZ 181, 373, 380 Tz 26 = NJW 09, 3303 – Mescher weis).

8 **E. Kosten/Gebühren. I. Gericht.** In Verfahren über die Aufhebung werden die Gebühren gesondert erhoben (Vorbem 1.4.1 S 1 KV).

9 **II. Anwalt.** Es gilt § 16 Nr 5 RVG. Anordnungs- und Aufhebungsverfahren sind eine Angelegenheit. Die Gebühren entstehen nur einmal (§ 15 II 1 RVG).

§ 928 Vollziehung des Arrestes. **Auf die Vollziehung des Arrestes sind die Vorschriften über die Zwangsvollstreckung entsprechend anzuwenden, soweit nicht die nachfolgenden Paragraphen abweichende Vorschriften enthalten.**

1 **A. Normzweck.** Die Bestimmung verweist auf die Regelungen über die Zwangsvollstreckung, soweit sich nicht aus den nachfolgenden Paragrafen etwas anderes ergibt. Aus dieser Regelung geht hervor, dass das Gesetz unter Vollziehung des Arrests und der einstweiligen Verfügung die **Zwangsvollstreckung** versteht. Die abweichende Terminologie ist allein darauf zurückzuführen, dass der Zweck der Zwangsvollstreckung im einstweiligen Rechtsschutz regelmäßig nur in einer Sicherung des Gläubigeranspruchs besteht (BGHZ 120, 73, 77 = NJW 93, 1076; 131, 141, 143; = NJW 96, 198; 142, 208, 209; = NJW 99, 3122).

2 **B. Anwendbare Bestimmungen.** Entsprechend anwendbar sind alle Bestimmungen über die sachlichen Voraussetzungen der Zwangsvollstreckung, insb hinsichtlich des Titels und über die Personen, gegen die sich der Titel richtet. Daher muss aus einem Arrestbeschluss oder einer einstweiligen Verfügung die genaue und eindeutige Bezeichnung des Rubrums und der Entscheidungsformel unmittelbar aus dem Text der vom Richter unterzeichneten Urschrift selbst ersichtlich sein (BGH NJW 03, 3136). Soweit die Urschrift eines Arrestbeschlusses durch die Formulierung »einrücken wie Bl ... dA« auf bestimmte Teile der Akten verweist, werden diese von der Unterschrift des Richters nicht gedeckt. Ein entsprechender Beschl ist formell fehlerhaft zu Stande gekommen; trotz dieses Rechtsmangels ist die einstweilige Rechtschutzanordnung wirksam, so dass aus ihr die Zwangsvollstreckung betrieben werden kann (BGH NJW 03, 3136). Die übrigen Vorschriften über die Zwangsvollstreckung sind nur insofern, als die §§ 929–934 keine abweichenden Regelungen vorsehen, anwendbar.

§ 929 Vollstreckungsklausel; Vollziehungsfrist. (1) **Arrestbefehle bedürfen der Vollstreckungsklausel nur, wenn die Vollziehung für einen anderen als den in dem Befehl bezeichneten Gläubiger oder gegen einen anderen als den in dem Befehl bezeichneten Schuldner erfolgen soll.**
(2) Die Vollziehung des Arrestbefehls ist unstatthaft, wenn seit dem Tag, an dem der Befehl verkündet oder der Partei, auf deren Gesuch er erging, zugestellt ist, ein Monat verstrichen ist.
(3) [1]Die Vollziehung ist vor der Zustellung des Arrestbefehls an den Schuldner zulässig. [2]Sie ist jedoch ohne Wirkung, wenn die Zustellung nicht innerhalb einer Woche nach der Vollziehung und vor Ablauf der für diese im vorhergehenden Absatz bestimmten Frist erfolgt.

1 **A. Normzweck.** Die Bestimmung des Abs 1 dient der wirksamen Rechtsdurchsetzung seitens des Gläubigers und erleichtert deshalb die Vollziehungsvoraussetzungen. Die einmonatige Vollziehungsfrist nach Abs 2 dient dem Schuldnerschutz (BVerfG NJW 88, 3141). Sie soll verhindern, dass aufgrund eines summarischen Eilverfahrens erlassene Entscheidungen über längere Zeit und trotz möglicherweise veränderter Verhältnisse vollziehbar, also vollstreckbar bleiben (BGHZ 112, 356, 361 = NJW 91, 220; 180, 72, 74 Tz 15 = WM 09, 1622). Mit der Sonderregelung des Abs 3, die eine Vollziehung bereits vor Zustellung an den

Schuldner zulässt, wird dem Gläubiger zur **Wahrung eines wirksamen Rechtsschutzes** ein überraschender Zugriff auf das Schuldnervermögen ermöglicht.

B. Vollstreckungsklausel. Arrest und einstweilige Verfügung sind ohne weiteren Ausspruch **sofort vollstreckbar**, wobei es gleichgültig ist, ob die Anordnung durch Beschl oder Urt erfolgt. Wird entgegen diesem Grundsatz eine Entscheidung zur vorläufigen Vollstreckbarkeit getroffen, die es dem Schuldner ermöglicht, die Zwangsvollstreckung durch Sicherheitsleistung abzuwenden, sind hieran die Vollstreckungsorgane gebunden (Karlsr MDR 83, 677, 678). Eine Vollstreckungsklausel ist regelmäßig nicht notwendig, es genügt eine einfache Ausfertigung. Anderes gilt, wenn, wie in Abs 1 ausdrücklich angeführt, die einstweilige Rechtschutzanordnung nach § 727 für oder gegen eine andere Person erfolgen soll. Ferner ist eine Vollstreckungsklausel nach § 31 AVAG geboten, wenn der Arrest oder die einstweilige Verfügung in einem ausländischen Vertragsstaat vollzogen werden soll. Zuständig für die Erteilung der Vollstreckungsklausel ist in diesen Fällen das Arrestgericht. 2

C. Vollziehungsfrist. Die Vollziehungsfrist ist eine gesetzliche Frist, die der Disposition der Parteien wie auch des Gerichts entzogen ist. Sie kann weder abgekürzt noch verlängert werden. Gegen ihre Versäumung gibt es im Zivilprozess keine Wiedereinsetzung in den vorigen Stand (BGHZ 120, 73, 86 = NJW 93, 1076). Die unterbliebene Vollziehung führt zur Aufhebung der einstweiligen Rechtsschutzanordnung sowie zur Auferlegung der Verfahrenskosten. Die Vollziehungsfrist betrifft nicht die **Kostenentscheidung**; solange der Arrestbefehl besteht, können Kosten festgesetzt und beigetrieben werden (Hamm JurBüro 97, 151; Jena OLGR 05, 964, 965). 3

Ein Arresturteil ist dem Arrestbeklagten zur Einhaltung der Vollziehungsfrist des § 929 II im Wege der Parteizustellung nach §§ 191ff zuzustellen. Fehlt es an dieser **Zustellung**, kann dieser Mangel nicht durch eine vorgenommene Amtszustellung geheilt werden (Ddorf MDR 10, 652, 653). Soweit das Gericht gem den Angaben im Antrag auf Erlass einer einstweiligen Rechtsschutzsache einen Prozessbevollmächtigten in das Passivrubrum der Beschlussverfügung aufgenommen hat, muss zur Wahrung der Frist die Zustellung an diesen Prozessbevollmächtigten erfolgen (Hambg NJW-RR 95, 444; Hamm NJW 10, 3380, 3381). Die Zustellung ist bewirkt, wenn der Adressat den Empfang zu einem bestimmten Zeitpunkt bestätigt, wobei es keiner bestimmten Form bzgl. des Empfangsbekenntnisses bedarf (Hamm NJW 10, 3380, 3381).

Nach Ablauf der Monatsfrist ist die Vollziehung unstatthaft (Abs 2). Die Vollstreckungsorgane dürfen nicht mehr tätig werden (Kobl NJW-RR 00, 732). Nach Ablauf der Vollziehungsfrist beantragte Vollstreckungsmaßnahmen sind unwirksam (BGHZ 112, 356, 361 = NJW 91, 220). Ist die Frist versäumt, wird der Arrestbefehl auf Widerspruch, Antrag des Schuldners nach § 927 (Tho/Pu/*Reichold* Rn 5) oder im Berufungsrechtszug (Hamm NJW 2010, 3380, 3381) aufgehoben. Ein Neuerlass kann beantragt werden, falls die Voraussetzungen hierfür noch vorliegen (KG NJW-RR 92, 318; Tho/Pu/*Reichold* Rn 5). Zuständig hierfür ist das Gericht des ersten Rechtszuges (KG NJW-RR 92, 318; Brandbg MDR 99, 1219; Tho/Pu/*Reichold* Rn 5). 4

D. Lauf der Vollziehungsfrist. I. Fristbeginn. Die Frist beginnt beim **Arresturteil** bereits mit Verkündung, nicht erst mit der Amtszustellung. Dies gilt auch dann, wenn trotz Antrages eine Urteilsausfertigung nicht fristgerecht erteilt wurde (Hamm MDR 87, 63, 64). Den Interessen des Gläubigers wird hinreichend dadurch Rechnung getragen, dass er sogleich erneut eine einstweilige Rechtsschutzmaßnahme erwirken kann. Eine nennenswerte Verzögerung des gebotenen wirksamen Rechtsschutzes ist danach im Vergleich zur nachträglichen Vollziehung des früheren Titels nicht zu befürchten (BVerfG NJW 88, 3141). Soweit der Gläubiger durch das Fehlverhalten der Justizorgane Kostennachteile erlitten hat, kommen Amtshaftungsansprüche (§ 839 BGB iVm Art 34 GG) in Betracht. Beim **Arrestbeschluss** ist die Zustellung an den Gläubiger maßgeblich. Wird ihm der Beschl auf der Geschäftsstelle ausgehändigt (§ 173), so wird bereits hierdurch die Frist in Gang gesetzt. 5

II. Fristunterbrechung. Die Vollziehungsfrist wird unterbrochen durch die einstweilige Einstellung der Zwangsvollstreckung (Ddorf OLGZ 87, 367). Die Einlegung von Widerspruch oder Rechtsmitteln gegen den Arrestbefehl führt nicht zur Unterbrechung. 6

III. Fristende. Das Fristende bestimmt sich nach den allgemeinen Regeln (§§ 222, 187, 188 BGB). 7

E. Neuer Fristlauf. Erfährt die einstweilige Rechtsschutzanordnung auf Widerspruch oder Rechtsmittel eine **wesentliche Änderung**, dann muss die abgeänderte Maßnahme erneut vollzogen werden; die **Vollzie-** 8

hungsfrist beginnt **neu** zu laufen (Frankf OLGZ 80, 259; Hamm OLGR 94, 59; Ddorf OLGR 94, 261; Karlsr OLGR 08, 759; Oldbg BauR 08, 1932, 1933). Dies folgt daraus, dass der Schuldner einer einstweiligen Rechtsschutzmaßnahme durch die erneute Vollziehung Klarheit darüber erhalten soll, ob der Gläubiger auch für die nur unter wesentlichen Änderungen bestätigte Anordnung das Risiko der Schadensersatzverpflichtung aus § 945 tragen will. Eine wesentliche Änderung liegt bspw dann vor, wenn in der Widerspruchsentscheidung erstmals eine Sicherheitsleistung angeordnet wird (Oldbg BauR 08, 1932, 1933). Stellt sich dagegen die Abänderung der einstweiligen Rechtsschutzanordnung zur ursprünglichen Entscheidung nur als ein Weniger dar, so bedarf es einer erneuten Vollziehung nicht (Köln OLGR 02, 363 f; Karlsr OLGR 08, 759).

9 **F. Wahrung der Vollziehungsfrist. I. Fristwahrende Handlungen.** Um die Frist zu wahren, muss mit der Vollstreckung bereits begonnen worden sein. Dem Sinn und Zweck der Vollziehungsfrist, die Vollziehung einer einstweiligen Rechtsschutzanordnung nach längerer Zeit und unter veränderten Umständen zu verhindern, genügt es, wenn der Gläubiger innerhalb der Vollziehungsfrist die Durchführung einer **Vollstreckungsmaßnahme** gegen den Schuldner **beantragt** und damit von der einstweiligen Anordnung Gebrauch macht (BGHZ 112, 356, 359 = NJW 91, 220). So ist die mit der Zustellung oder Verkündung des Arrestbefehls beginnende Vollziehungsfrist für eine Vollstreckungsmaßnahme gewahrt, wenn der Arrestgläubiger die **Pfändung** von beweglichen, im Gewahrsam des Schuldners befindlichen Sachen oder die Pfändung einer ausreichend umschriebenen Forderung (BGH WM 87, 1311) innerhalb der Monatsfrist bei der zuständigen Stelle **beantragt**, also vom Arrest Gebrauch gemacht und danach ohne vom Arrestgläubiger zu verantwortende Verzögerung auf diese Anträge der Gerichtsvollzieher gepfändet oder das Arrestgericht den dann zugestellten Pfändungsbeschluss erlassen hat (BGHZ 112, 356, 359 = NJW 91, 220). Als weitere fristwahrende Handlung kommt der **Antrag auf Eintragung einer Sicherungshypothek** (§ 932 II) in Betracht, wobei der rechtzeitige Eingang beim Amtsgericht, zu dem das für die Eintragung zuständige Grundbuchamt gehört, ausreicht (BGHZ 146, 361, 363 = NJW 01, 1134). Hinsichtlich der Rangwahrung kommt es auf den Eingang des Antrags beim Grundbuchamt an. Bei einer Unterlassungsverfügung kann die Vollziehungshandlung im Antrag auf Festsetzung von Ordnungsmitteln liegen (BGHZ 112, 356, 359 = NJW 91, 220).

10 **II. Ablauf der Vollziehungsfrist.** Nach Ablauf der Vollziehungsfrist ist unter den genannten Voraussetzungen die Wiederholung einer fehlgeschlagenen Pfändung zulässig (Celle NJW 68, 1682 f; Musielak/*Huber* Rn 6), nicht aber die Beantragung einer völlig neuen Vollstreckungsmaßnahme (BGHZ 112, 356, 360 = NJW 91, 220). Beispiele hierfür sind ein Antrag auf Forderungspfändung nach erfolgloser Sachpfändung oder Pfändung einer anderen Forderung (Schuschke/Walker/*Schuschke* Rn 20).
Nach Ablauf der Monatsfrist ist die Vollziehung unstatthaft (Abs 2). Die Vollstreckungsorgane dürfen nicht mehr tätig werden (Kobl NJW-RR 00, 732). Nach Ablauf der Vollziehungsfrist beantragte Vollstreckungsmaßnahmen sind unwirksam (BGHZ 112, 356, 361 = NJW 91, 220). Ist die **Vollziehungsfrist versäumt**, wird der Arrestbefehl auf Widerspruch, Antrag des Schuldners nach § 927 (Tho/Pu/*Reichold* Rn 5) oder im Berufungsrechtszug (Hamm NJW 2010, 3380, 3381) aufgehoben. Ein Neuerlass kann beantragt werden, falls die Voraussetzungen hierfür noch vorliegen (KG NJW-RR 92, 318; Tho/Pu/*Reichold* Rn 5). Zuständig hierfür ist das Gericht des ersten Rechtszuges (KG NJW-RR 92, 318; Brandbg MDR 99, 1219; Tho/Pu/*Reichold* Rn 5).

11 **III. Arrestpfändung nach § 111b StPO.** Die Arrestpfändung des durch eine Straftat Verletzten in einen von der Staatsanwaltschaft gem § 111b StPO beschlagnahmten Vermögensgegenstand des Täters setzt zu ihrer Wirksamkeit nicht voraus, dass innerhalb der Vollziehungsfrist des § 929 II die Arrestvollziehung gem § 111g II 1 StPO zugelassen oder ein darauf gerichteter Antrag gestellt wird (BGHZ 144, 185, 187 = NJW 00, 2027).

12 **G. Vollziehung vor Zustellung (Abs 3).** Die Zustellung des vollständigen Arrestbefehls einschließlich der vom Gericht beigefügten Anlagen muss innerhalb einer Woche nach Vollziehung und vor Ablauf der Monatsfrist des Abs 2 nachgeholt werden. Die Übermittlung des Verhandlungsprotokolls einschließlich Entscheidungstenor mittels Fax reicht nicht aus (Frankf NJW-RR 95, 445). Alle Zustellungen im Parteibetrieb müssen durch den Gerichtsvollzieher vermittelt werden, auch die Zustellung durch Einschreiben mit Rückschein. Stellt der Prozessbevollmächtigte der Partei selbst durch Einschreiben mit Rückschein zu, kann dieser Mangel geheilt werden durch den Nachweis, dass der Gegner die Sendung erhalten hat (Dresd NJW-

RR 95, 445). Die einwöchige Frist für die Zustellung des Arrestbefehls an den Schuldner beginnt erst mit dem bereits erfolgten Zugriff auf das Schuldnervermögen (Frankf NJW-RR 99, 1446). Erst ab diesem Zeitpunkt ist eine Unterrichtung des Schuldners über die Grundlage der Vollstreckung erforderlich. Für die Arrestvollziehung durch Forderungspfändung bedeutet dies, dass auf die Zustellung des Pfändungs- und Überweisungsbeschlusses an den Drittschuldner abzustellen ist. Erst durch diese Zustellung ist die Pfändung, also der unmittelbare Zugriff auf das Schuldnervermögen nach Abs 3 iVm § 930 als bewirkt anzusehen (Frankf NJW-RR 99, 1446).

§ 930 Vollziehung in bewegliches Vermögen und Forderungen. **(1) [1]Die Vollziehung des Arrestes in bewegliches Vermögen wird durch Pfändung bewirkt. [2]Die Pfändung erfolgt nach denselben Grundsätzen wie jede andere Pfändung und begründet ein Pfandrecht mit den im § 804 bestimmten Wirkungen. [3]Für die Pfändung einer Forderung ist das Arrestgericht als Vollstreckungsgericht zuständig.**

(2) Gepfändetes Geld und ein im Verteilungsverfahren auf den Gläubiger fallender Betrag des Erlöses werden hinterlegt.

(3) Das Vollstreckungsgericht kann auf Antrag anordnen, dass eine bewegliche körperliche Sache, wenn sie der Gefahr einer beträchtlichen Wertverringerung ausgesetzt ist oder wenn ihre Aufbewahrung unverhältnismäßige Kosten verursachen würde, versteigert und der Erlös hinterlegt werde.

A. Normzweck. Die Bestimmung regelt die Vollziehung in bewegliches Vermögen und Forderungen. Der **Beschleunigung** des Verfahrens dient die **Zuständigkeitskonzentration** in § 930 I 3. Danach hat das **Arrestgericht** zugleich als **Vollstreckungsgericht** über den Erlass von Pfändungsbeschlüssen zu befinden. Mit dieser notwendigen Konzentration soll unmittelbar **wirksamer Rechtsschutz in Eilfällen** gewährleistet werden (München MDR 04, 1383). Weil der einstweilige Rechtsschutz nur der Sicherung, nicht der Befriedigung des Gläubigers dient, kommt für das bewegliche Vermögen und Forderungen nur deren Beschlagnahme durch Pfändung in Betracht; Verwertungsmaßnahmen sind grds ausgeschlossen. Abs 3 macht hiervon eine Ausnahme für bewegliche Sachen, die der Gefahr einer beträchtlichen Wertverringerung ausgesetzt sind oder deren Aufbewahrung unverhältnismäßige Kosten verursachen würde. 1

B. Arrestvollziehung. I. Einzelheiten. Die Vollziehung erfolgt bei beweglichen Sachen durch Sachpfändung (§§ 808 ff) und bei Forderungen, Herausgabeansprüchen und anderen Vermögensrechten nach §§ 829 ff, 846 ff, 857 ff. Zuständig ist das Arrestgericht als Vollstreckungsgericht. Es entscheidet der Richter, wenn das Pfändungsgesuch bereits mit dem Arrestgesuch gestellt wird (§ 20 Nr 16 RPflG). Wird das Pfändungsgesuch erst nach Erlass des Arrestbefehls gestellt, entscheidet hierüber der Rechtspfleger (§ 20 Nr 16 RPflG). Ordnet das Beschwerdegericht den Arrest an, so kann es als Vollstreckungsgericht iSd Abs 1 S 3 zugleich auch einen Pfändungsbeschluss erlassen (München MDR 04, 1383). Die Überweisung der Forderung darf nicht ausgesprochen werden; geschieht dies gleichwohl, ist der Überweisungsbeschluss nichtig (BGHZ 121, 98, 101 = NJW 93, 735). Die Wirksamkeit der Pfändung wird hierdurch nicht berührt (Musielak/*Huber* Rn 3). 2

II. Wohnungsdurchsuchung. Verweigert der Schuldner dem Gerichtsvollzieher bei einer Sachpfändung den Zutritt, so darf eine Wohnungsdurchsuchung **ohne richterliche Anordnung** wegen Art 13 II GG, § 758a I 2 **nur bei Gefahr in Verzuge** erfolgen. Dies ist der Fall, wenn die Verzögerung, die mit der vorherigen Einholung der richterlichen Erlaubnis verbunden ist, den Erfolg der Durchsuchung gefährden würde (BVerfGE 51, 97, 111 = NJW 79, 1539). Diese Umschreibung hat der Gesetzgeber im Wesentlichen in § 758a I 2 übernommen. Naheliegend ist es, das Vorliegen einer **Gefährdungslage** bei einer ohne mündliche Verhandlung erlassenen Arrestanordnung oder Verfügung anzunehmen; dies ausnahmslos zu bejahen, ist aber nicht gerechtfertigt (Karlsr DGVZ 83, 139; LG Düsseldorf DGVZ 85, 60; aA stets: LG Kaiserlautern DGVZ 86, 62; Musielak/*Huber* Rn 2). Bei einem aufgrund mündlicher Verhandlung erlassenen Arrestbefehl gelten die allgemeinen Grundsätze (nach § 758a). 3

C. Wirkungen. Die Pfändung begründet ein Pfandrecht mit den sich aus § 804 ergebenden Wirkungen. Ein Verwertungsrecht besteht nicht. Aus diesem Grund wird das Pfandrecht auch als **Arrestpfandrecht** bezeichnet. Ist eine (Geld-)**Forderung gepfändet**, so kann der Drittschuldner nur noch an den Arrestschuldner und Arrestpfandgläubiger gemeinsam leisten (RGZ 77, 250, 254; Zö/*Vollkommer* Rn 4). Beide können Hinterlegung des gepfändeten Betrages verlangen und ggf auf Hinterlegung bei der Hinterlegungs- 4 stelle klagen (RGZ 36, 357; Zö/*Vollkommer* Rn 4). Ist ein auf eine körperliche Sache bezogener **Herausgabeanspruch** gepfändet, kann der Arrestgläubiger vom Drittschuldner die Herausgabe der Sache an den Gerichtsvollzieher oder Sequester verlangen (Zö/*Vollkommer* Rn 4).

5 **D. Versteigerung und Hinterlegung (Abs 3).** Eine Verwertung kann nur das Vollstreckungsgericht, nicht der Gerichtsvollzieher anordnen (BGHZ 89, 82, 86 = NJW 84, 1759). Zuständig ist der Rechtspfleger (§ 20 Nr 17 RPflG). Eine Versteigerung mit anschließender Hinterlegung des Erlöses kommt in Betracht bei leicht verderblichen Sachen, dem Kursverfall ausgesetzten Wertpapieren (Schuschke/Walker/*Schuschke* Rn 6) sowie bei Gegenständen, deren Aufbewahrung im Verhältnis zum Wert unverhältnismäßige Kosten verursacht (LG Möchengladbach DGVZ 03, 141: Teure Garage für älteren PKW).

6 **E. Übergang in Vollstreckungspfand.** Im Falle einer Arrestpfändung wandelt sich durch die Erwirkung eines Titels im Hauptsacheverfahren das Arrestpfandrecht in ein vollgültiges Vollstreckungspfand um (BGHZ 66, 394, 397 = NJW 76, 1453).

§ 931 Vollziehung in eingetragenes Schiff oder Schiffsbauwerk.

(1) Die Vollziehung des Arrestes in ein eingetragenes Schiff oder Schiffsbauwerk wird durch Pfändung nach den Vorschriften über die Pfändung beweglicher Sachen mit folgenden Abweichungen bewirkt.

(2) Die Pfändung begründet ein Pfandrecht an dem gepfändeten Schiff oder Schiffsbauwerk; das Pfandrecht gewährt dem Gläubiger im Verhältnis zu anderen Rechten dieselben Rechte wie eine Schiffshypothek.

(3) Die Pfändung wird auf Antrag des Gläubigers vom Arrestgericht als Vollstreckungsgericht angeordnet; das Gericht hat zugleich das Registergericht um die Eintragung einer Vormerkung zur Sicherung des Arrestpfandrechts in das Schiffsregister oder Schiffsbauregister zu ersuchen; die Vormerkung erlischt, wenn die Vollziehung des Arrestes unstatthaft wird.

(4) Der Gerichtsvollzieher hat bei der Vornahme der Pfändung das Schiff oder Schiffsbauwerk in Bewachung und Verwahrung zu nehmen.

(5) Ist zur Zeit der Arrestvollziehung die Zwangsversteigerung des Schiffes oder Schiffsbauwerks eingeleitet, so gilt die in diesem Verfahren erfolgte Beschlagnahme des Schiffes oder Schiffsbauwerks als erste Pfändung im Sinne des § 826; die Abschrift des Pfändungsprotokolls ist dem Vollstreckungsgericht einzureichen.

(6) [1]Das Arrestpfandrecht wird auf Antrag des Gläubigers in das Schiffsregister oder Schiffsbauregister eingetragen; der nach § 923 festgestellte Geldbetrag ist als der Höchstbetrag zu bezeichnen, für den das Schiff oder Schiffsbauwerk haftet. [2]Im Übrigen gelten der § 867 Abs. 1 und 2 und der § 870a Abs. 3 entsprechend, soweit nicht vorstehend etwas anderes bestimmt ist.

1 **A. Normzweck.** Eingetragene Schiffe und Schiffsbauwerke sind nach § 864 Gegenstand der Immobiliarvollstreckung. Aus Zweckmäßigkeitsgesichtspunkten werden sie iRd Arrestvollziehung als bewegliche Sachen behandelt. Die Bestimmung enthält die hierfür notwendigen abweichenden Regelungen.

2 **B. Arrestvollziehung.** Sie geschieht durch Pfändung, die entweder im Arrestbeschluss selbst oder gesondert durch den Rechtspfleger (§ 20 Nr 16 RPflG) angeordnet wird. Der Gerichtsvollzieher, der das Schiff oder Schiffsbauwerk pfändet und in Besitz nimmt, hat die zur Bewachung und Verwahrung erforderlichen Maßnahmen zu treffen, Abs 4. Das **Arrestpfandrecht** entsteht nach § 804. Die Eintragung der Vormerkung in das Schiffsregister, die das Registergericht auf Ersuchen des Arrestgerichts vornimmt, und eine nach Abs 6 veranlasste Eintragung in das Schiffsregister dient nur zur Berichtigung und zum Schutz des Arrestgläubigers ggü einem gutgläubigen Erwerb durch Dritte. Die **Arrestvollziehung in inländische Luftfahrzeuge** unterliegt nicht § 931. Handelt es sich um ein nicht eingetragenes Fahrzeug, gilt § 930. Bei eingetragenen Fahrzeugen wird durch Eintragung eines Registerpfandrechts (§ 99 II LuftFzRG) gepfändet; ferner hat der Gerichtsvollzieher das Fahrzeug in Bewachung und Verwahrung zu nehmen (MüKoZPO/*Drescher* Rn 6).

§ 932 Arresthypothek.

(1) [1]Die Vollziehung des Arrestes in ein Grundstück oder in eine Berechtigung, für welche die sich auf Grundstücke beziehenden Vorschriften gelten, erfolgt durch Eintragung einer Sicherungshypothek für die Forderung; der nach § 923 festgestellte Geldbetrag ist als der Höchstbetrag zu bezeichnen, für den das Grundstück oder die Berechtigung haftet. [2]Ein Anspruch nach

§ 1179a oder § 1179b des Bürgerlichen Gesetzbuchs steht dem Gläubiger oder im Grundbuch eingetragenen Gläubiger der Sicherungshypothek nicht zu.
(2) Im Übrigen gelten die Vorschriften des § 866 Abs. 3 Satz 1, des § 867 Abs. 1 und 2 und des § 868.
(3) Der Antrag auf Eintragung der Hypothek gilt im Sinne des § 929 Abs. 2, 3 als Vollziehung des Arrestbefehls.

A. Normzweck. Die Bestimmung beschränkt die Vollziehung in Grundstücke, Grundstücksmiteigentumsanteile und grundstücksgleiche Rechte auf die Eintragung einer Sicherungshypothek. Eine Zwangsverwaltung mit der Möglichkeit der Hinterlegung von Überschüssen ist nicht zulässig. Die Regelung dient damit ausschließlich der **Sicherungsfunktion des Arrests.** 1

B. Arrestvollziehung. I. Antragserfordernis. Die Eintragung der Arresthypothek setzt einen **Antrag** des Arrestgläubigers voraus, der nicht der Form des § 29 GBO unterliegt. Der rechtzeitige Eingang beim Amtsgericht, zu dem das für die Eintragung zuständige Grundbuchamt gehört, reicht für die Fristwahrung (Abs 3) aus (BGHZ 146, 361, 363 = NJW 01, 1134). Hinsichtlich der Rangwahrung kommt es auf den Eingang des Antrags beim Grundbuchamt an. Die Einhaltung der Zustellungsfrist des § 929 III 2 hat das **Grundbuchamt** nicht zu überprüfen (BayObLG RPfleger 93, 397 f). **Zweckmäßig** ist es, wenn der Arrestgläubiger beim Arrestgericht die Aushändigung von **zwei Ausfertigungen** des **Arrestbefehls** beantragt, um die eine durch den Gerichtsvollzieher dem Schuldner zustellen zu lassen und die andere dem Grundbuchamt vorzulegen. Die Bestellung einer Gesamthypothek ist nicht zulässig (RGZ 163, 171, 174). 2

II. Mindestbetrag. Abs 2 nimmt auf die Bestimmungen der **Zwangshypothek** Bezug. Nach § 866 III 1 darf eine Sicherungshypothek nur für einen Betrag von mehr als **750 €** eingetragen werden. Dieser Mindestbetrag gilt auch für die Arresthypothek. 3

III. Entstehen der Arresthypothek. Mit der Eintragung entsteht die Arresthypothek. Aus der Arresthypothek kann auf Duldung der Zwangsvollstreckung gem § 1147 BGB geklagt werden (BGH NJW 97, 3230, 3233). Die Gefahr einer vorzeitigen Befriedigung besteht nicht, weil der Arrestgläubiger im Duldungsprozess das Vorliegen der gesicherten Forderung nicht nur glaubhaft machen, sondern voll nachweisen muss. 4

C. Rechtsbehelfe. Gegen die Zurückweisung des Eintragungsantrages steht dem Gläubiger Erinnerung gem § 71 I GBO, § 11 I RPflG zu. Der Schuldner kann, wenn er die Eintragung aus vollstreckungsrechtlichen oder grundbuchrechtlichen Gründen für unzulässig hält, nur ggü dem Grundbuchamt anregen, vAw einen Widerspruch einzutragen oder die Löschung vorzunehmen. 5

D. Umwandlung. Ein rechtskräftiger Titel über die Arrestforderung hat nicht zur Folge, dass aus der Arresthypothek kraft Gesetzes eine Zwangshypothek wird. In der Regel kann der Arrestgläubiger, nachdem er einen Titel über die gesicherte Forderung erwirkt hat, seine **Arresthypothek** in eine **Zwangshypothek** – mit dem Rang der Arresthypothek – **umwandeln** lassen, und zwar entweder durch Einigung (§§ 877, 1186 BGB) oder im Vollstreckungswege (vgl §§ 867 I, 932 II) auf Antrag ggü dem Grundbuchamt unter Vorlage des Schuldtitels, der die Einigung und Eintragungsbewilligung des Grundeigentümers ersetzt, jeweils in Verbindung mit der Eintragung in das Grundbuch (BGH NJW 97, 3230, 3233). Bei Abweisung der Hauptsacheklage erwirbt der Schuldner als Eigentümer die Hypothek (§ 868, RGZ 78, 398, 402). Die Umschreibung der Hypothek in eine **Eigentümergrundschuld** erfolgt aufgrund der dem Grundbuchamt vorgelegten Ausfertigung der Entscheidung (§ 22 GBO). 6

§ 933 Vollziehung des persönlichen Arrestes.

[1]Die Vollziehung des persönlichen Sicherheitsarrestes richtet sich, wenn sie durch Haft erfolgt, nach den Vorschriften der §§ 901, 904 bis 913 und, wenn sie durch sonstige Beschränkung der persönlichen Freiheit erfolgt, nach den vom Arrestgericht zu treffenden besonderen Anordnungen, für welche die Beschränkungen der Haft maßgebend sind. [2]In den Haftbefehl ist der nach § 923 festgestellte Geldbetrag aufzunehmen.

A. Normzweck. Die Bestimmung regelt die Einzelheiten der Vollziehung des persönlichen Arrests. 1

B. Vollziehung des persönlichen Arrests. Bereits in dem Arrestbefehl ist die **Art der Freiheitsbeschränkung** – Haft, Reiseverbot ins Ausland mit Beschlagnahme des Passes, Hausarrest oder Meldepflicht – anzugeben. Bei Verhängung des Hausarrestes kann auch die Beschlagnahme des Personalausweises ausgespro- 2 chen werden (Musielak/*Huber* Rn 1; Schuschke/Walker/*Schuschke* Rn 2; aA Zö/*Vollkommer* Rn 1). Soweit die Einzelmaßnahme im Arrestbefehl noch nicht konkretisiert ist, muss dies durch einen gesonderten Beschl im Vollziehungsverfahren erfolgen (Musielak/*Huber* Rn 1). Bei Ausführung der Maßnahmen hat der Gerichtsvollzieher die von dem Gericht getroffene Anordnung genau zu befolgen. Wird Haft angeordnet, so ist **Haftbefehl** (§ 901) zu erlassen, in den die Lösungssumme (§ 923) aufzunehmen ist. Die Vollziehung der Haft richtet sich nach den §§ 904–913 (Celle OLGR 99, 212, 213), der Vollzug nach den §§ 171–175 StrVollzG. Durch Zahlung oder Hinterlegung der Lösungssumme kann der Schuldner die Haftanordnungen abwenden (Musielak/*Huber* Rn 2; Schuschke/Walker/*Schuschke* Rn 3–4; Zö/*Vollkommer* Rn 1).

3 **C. Rechtsbehelfe.** Dem Schuldner steht gegen die Art und Weise der Vollziehung durch den Gerichtsvollzieher Erinnerung an das Vollstreckungsgericht nach § 766 zu (LG Hambg MDR 82, 605; Schuschke/WalkerSchuschke Rn 6; Zö/*Vollkommer* Rn 1). Gleiches gilt für den Gläubiger (Musielak/*Huber* Rn 3).

§ 934 Aufhebung der Arrestvollziehung.

(1) Wird der in dem Arrestbefehl festgestellte Geldbetrag hinterlegt, so wird der vollzogene Arrest von dem Vollstreckungsgericht aufgehoben.
(2) Das Vollstreckungsgericht kann die Aufhebung des Arrestes auch anordnen, wenn die Fortdauer besondere Aufwendungen erfordert und die Partei, auf deren Gesuch der Arrest verhängt wurde, den nötigen Geldbetrag nicht vorschießt.
(3) Die in diesem Paragraphen erwähnten Entscheidungen ergehen durch Beschluss.
(4) Gegen den Beschluss, durch den der Arrest aufgehoben wird, findet sofortige Beschwerde statt.

1 **A. Normzweck.** Wird die Lösungssumme erbracht, dann ist der vom Arrest angestrebte **Sicherungszweck erreicht.** Es besteht keine Veranlassung mehr, die vollzogenen Vollstreckungsmaßnahmen aufrecht zu erhalten. § 934 regelt die Aufhebung dieser Maßnahmen, betrifft also nur die Arrestvollziehung

2 **B. Aufhebung.** Aufgehoben wird lediglich der Vollzug des Arrests, der Arrestbefehl als Vollstreckungstitel bleibt aufrechterhalten (RGZ 15, 405, 409).

3 **C. Verfahren. I. Zuständigkeit.** Ausschließlich zuständig ist das **Vollstreckungsgericht** (§ 764), bei Pfändung einer Forderung das **Arrestgericht** (§ 930 I 3). **Funktionell zuständig** für die Aufhebung nach § 934 I ist der **Rechtspfleger** (§ 20 Nr 15 RPflG). Über die Aufhebung nach § 934 II entscheidet der Richter.

4 **II. Antragsbefugnis.** In beiden Verfahren besteht kein Anwaltszwang. Für das Verfahren nach Abs 1 bedarf es eines Antrags des Schuldners; im Verfahren nach Abs 2 kann die Entscheidung auch vAw getroffen werden. Die Entscheidung ergeht durch Beschl (Abs 3), der dem Gläubiger vAw zuzustellen ist und nach § 128 IV keiner mündlichen Verhandlung bedarf. Für den Schuldner genügt eine formlose Mitteilung (RGZ 15, 405, 409). Eine Kostenentscheidung ist nicht erforderlich, weil die Kosten unter § 788 fallen.

5 **D. Rechtsbehelfe.** Bei Aufhebung durch den Rechtspfleger oder den Richter steht dem Gläubiger die sofortige Beschwerde zu (§ 934 I, IV, § 11 I RPflG). Der Schuldner kann die Ablehnung der Aufhebung durch die sofortige Beschwerde anfechten (§ 11 I RPflG).

§ 935 Einstweilige Verfügung bezüglich Streitgegenstand.

Einstweilige Verfügungen in Bezug auf den Streitgegenstand sind zulässig, wenn zu besorgen ist, dass durch eine Veränderung des bestehenden Zustandes die Verwirklichung des Rechts einer Partei vereitelt oder wesentlich erschwert werden könnte.

1 **A. Normzweck.** Die Bestimmung regelt als **Grundnorm** des einstweiligen Verfügungsrechts die Voraussetzungen für den Erlass einer **Sicherungsverfügung**. Gleichen Rang hat § 940, der sich mit den Anforderungen einer Regelungsverfügung befasst (§ 940 Rz 2). Einstweilige Verfügungen in Bezug auf den Streitgegenstand sind geboten, wenn zu besorgen ist, dass durch eine Veränderung des bestehenden Zustandes die Verwirklichung des Rechts einer Partei vereitelt oder wesentlich erschwert werden könnte.

2 **B. Verfügungsgesuch.** Es gelten die gleichen **Grundsätze wie für** das **Arrestgesuch** (§ 920 Rz 2). Die Parteien werden üblicherweise als Antragsteller und Antragsgegner bezeichnet, für das Urteilsverfahren ist die Bezeichnung Verfügungskläger und Verfügungsbeklagter gebräuchlich. Im Verfügungsgesuch hat der

Antragsteller Verfügungsanspruch und Verfügungsgrund glaubhaft zu machen. Hinsichtlich der **Glaubhaftmachung** sind die für das Arrestverfahren maßgeblichen Grundsätze (§ 920 Rz 5–6) zu beachten.

C. Verfügungsanspruch. Verfügungsanspruch ist jener Anspruch, den der Verfügungsgläubiger im Hauptsacheverfahren geltend machen will und der im Verfügungsverfahren gesichert werden soll (Schuschke/Walker/*Schuschke* Rn 5). Es muss sich mithin um einen **Individualanspruch** handeln, dessen Durchsetzung in einem Hauptsacheprozess möglich ist. Hierunter fallen alle Ansprüche auf **Handlungen**, **Duldungen** und **Unterlassungen**. In Betracht kommen bspw Ansprüche aus Vermieterpfandrecht (Celle NJW-RR 87, 447), auf Eintragung einer Sicherungshypothek des Bauunternehmers nach § 648 BGB (Celle BauR 03, 1439; Hamm NJW-RR 04, 379), auf Herausgabe, Leistung oder Vorlegung von Sachen (LG Bremen MDR 89, 1111), auf Unterlassung der Entfernung von zum Haftungsverband gehörigem Grundstückszubehör (Köln NJW-RR 87, 751, 753) oder auf Duldung der Zwangsvollstreckung in eine bewegliche Sache oder ein Grundstück (KG OLGR 05, 642). 3

D. Verfügungsgrund. I. Einzelne Verfügungsgründe. Ein Verfügungsgrund liegt vor, wenn der Erlass der einstweiligen Verfügung für den Verfügungsgläubiger **eilbedürftig** ist, weil ohne Sofortmaßnahme der **Verfügungsanspruch vereitelt** oder wesentlich erschwert werden könnte. Als besondere Ausformulierung des allgemeinen Rechtsschutzinteresses bezeichnet der Verfügungsgrund das **Rechtschutzbedürfnis** des Antragstellers für das summarische Verfahren (P/O/S § 12 Rn 112). Eine Eilbedürftigkeit bzw **Dringlichkeit** idS kommt bspw in Betracht bei drohender Verarbeitung, Verschlechterung, Zerstörung, Veräußerung oder sonstigem Beiseiteschaffen einer herauszugebenden Sache (Köln ZInsO 00, 296; Musielak/*Huber* Rn 13), Wegschaffen von dem Vermieterpfandrecht unterliegenden Sachen (Celle NJW-RR 87, 447; Stuttg NJW-RR 97, 521) oder bei Notwendigkeit einer Auslandsvollstreckung (Musielak/*Huber* Rn 13). Das überlange Zuwarten des Antragstellers mit der Beantragung einstweiligen Rechtsschutzes kann eine ursprünglich bestehende Dringlichkeit beseitigen; maßgeblich sind die Umstände des jeweiligen Einzelfalls (**Selbstwiderlegung**: Ddorf NJW-RR 00, 825, 826 [Bauwerkvertragsrecht]; KG NJW-RR 01 1201, 1202 [Urheberrecht]; Hambg NJW-RR 02, 550 [Medienrecht]; Bremen MDR 04, 50, 51 [Mietrecht, Zuwarten von vier Monaten]; Hamm NJW-RR 07, 108, 109 [Wettbewerbsrecht]; Stuttg NZBau 10, 639, 640 [Urheberrecht, max drei Monate]; Celle MDR 09, 347 [Zulassung zu einer Schützenfestveranstaltung, Zuwarten von dreieinhalb Monaten]). 4

II. Gesetzliche Dringlichkeitsvermutung. Für bestimmte Fallgruppen wird eine Gefährdung von Gesetzes wegen angenommen, weshalb eine Glaubhaftmachung des Verfügungsgrundes nicht erforderlich ist. Hierzu gehören bspw §§ 885 I, 899 II § 1615o III BGB, § 12 II UWG sowie §§ 2, 5 UKlaG. Die dort enthaltene **Vermutung der Dringlichkeit** ist aber **widerleglich**, wie etwa im Falle der Selbstwiderlegung, wenn der Gläubiger mit seiner Antragstellung zu lange zuwartet (KG NJW-RR 01, 1201, 1202). 5

E. Verfahren und Entscheidung. Grundsätzlich hat eine **mündliche Verhandlung** stattzufinden, sofern nicht ein Fall der gesteigerten Dringlichkeit (§ 937 Rz 3) vorliegt oder das Amtsgericht gem § 942 angerufen wurde. Für das Urteils- und Beschlussverfahren gelten die gleichen Grundsätze wie im Arrestrecht (§ 922 Rz 7–14). Die **Entscheidung** über den Antrag auf Erlass einer einstweiligen Verfügung ist ein »urteilsvertretendes Erkenntnis« und unterfällt dem **Spruchrichterprivileg** (Richterspruchprivileg) der Amtshaftung (§ 839 II 1 BGB). Dies trifft auch dann zu, wenn die Entscheidung durch **Beschluss** ohne mündliche Verhandlung ergeht (BGHZ 161, 298, 302 = NJW 05, 436). Diese Grundsätze gelten ebenso für die Entscheidung im Arrestverfahren (BGHZ 161, 298, 302 f = NJW 05, 436). 6

F. Rechtsbehelfe und Vollziehung. Für die Rechtsbehelfe gelten die Grundsätze wie bei §§ 922–927 im Einzelnen erläutert. Für das Berufungsverfahren gelten die allgemeinen Regelungen und Besonderheiten des Einstweiligen Rechtsschutzverfahrens (§ 922 Rz 14) Abweichungen ergeben sich für Entscheidungen des Amtsgerichts der belegenen Sache (§ 942). Hinsichtlich der Vollziehung sind die bei § 936 dargelegten Grundsätze maßgeblich. 7

G. Die einstweilige Verfügung nach § 12 II UWG. I. Bedeutung der Unterlassungsverfügung. Der einstweiligen Verfügung kommt für das Wettbewerbsrecht eine außerordentliche Bedeutung zu. Namentlich die in der Praxis vorherrschende Unterlassungsverfügung ermöglicht es, gegen einen Verletzer schnell und umfassend vorzugehen, um weiteren oder drohenden Wettbewerbsverstößen wirksam zu begegnen. Der vorläufige Charakter der einstweiligen Rechtsschutzmaßnahmen steht dem nicht entgegen, weil die einst- 8 weilige Verfügung weitgehend einem Vollstreckungstitel im Hauptsacheverfahren entspricht. Von maßgeblicher, insb prozessökonomischer Bedeutung ist schließlich, dass die Unterlassungsverfügung vielfach das ordentliche Klageverfahren erübrigt (BGHZ 161, 298, 303 = NJW 05, 436). Abschlussschreiben und Abschlusserklärung (§ 927 Rz 7) im Anschluss an den Erlass einer einstweiligen Verfügung bewirken eine endgültige Streitbeilegung mit der Folge, dass länger dauernde und kostenaufwändige Klageverfahren vermieden werden.

9 **II. Gesetzliche Dringlichkeitsvermutung.** Die besondere Bedeutung des wettbewerblichen Eilverfahrens wird durch § 12 II UWG auch dadurch anerkannt, dass der Verfügungsgrund nicht glaubhaft gemacht werden muss (**widerlegliche Dringlichkeitsvermutung**, BGH NJW-RR 00, 209 – späte Urteilsbegründung). Die Regelung gilt nach § 12 II für die im UWG bezeichneten Ansprüche auf Unterlassung sowie für Unterlassungsansprüche aus dem UKlaG (§ 5 UKlaG). Für Unterlassungsansprüche aus dem Kartellrecht (Stuttg NJW-RR 90, 940), Gebrauchsmusterrecht (Ddorf GRUR-RR 09, 142); Patentrecht (Ddorf GRUR 94, 508) und Urheberrecht (Stuttg OLGReport 09, 633, 634; NZBau 10, 639, 640) ist dagegen § 12 II UWG nicht analog anwendbar (Köhler/Bornkamm/*Köhler* § 12 Rn 3.14). Dies gilt auch für Unterlassungsansprüche aus dem MarkenG (Hambg WRP 10, 953; München WRP 07, 201; Ddorf GRUR-RR 02, 212; *Teplitzky* Kap 54 Rn 19-20; aA Stuttg GRUR 02, 381; Köln GRUR 01, 424, 425) sowie für vertragliche Ansprüche (P/O/S § 12 Rn 113; *Teplitzky* Kap 54 Rn 21). Die Dringlichkeit entfällt, wenn während des Eilverfahrens Umstände eintreten, die die Wiederholung des Wettbewerbsverstoßes unwahrscheinlich machen (KG GRUR-RR 10, 22, 24; Köhler/Bornkamm/*Köhler* § 12 Rn 3.16). Die Vermutung des § 12 II UWG bezieht sich nur auf den Verfügungsgrund. Den Verfügungsanspruch muss der Gläubiger unabhängig von der Vermutungswirkung des § 12 II UWG darlegen und glaubhaft machen. Allerdings kommt ihm bei einem Verfügungsanspruch, dem ein Verfügungsunterlassungsanspruch zugrunde liegt, die **Vermutung der Wiederholungsgefahr** zugute. Hierbei handelt es sich um eine widerlegliche tatsächliche Vermutung, die die konkrete Verletzungsform erfasst. Hierzu gehören die identische Wiederholung des Verstoßes sowie darüber hinaus alle Begehungsformen, die mit der konkreten Verletzungsform im Kern wesensgleich sind (BGHZ 126, 287, 295 = NJW 94, 2820 – Rotes Kreuz; NJW 05, 1050, 1053 – Ansprechen in der Öffentlichkeit II; WRP 06, 749, 753 Tz 36 – Parfümtestkäufe). Die Wiederholungsgefahr entfällt bei Abgabe einer vertragsstrafebewehrten Unterlassungserklärung, wenn eine angemessene Strafhöhe (BGH NJW 83, 941, 942 – Vertragsstrafeversprechen; BGH NJW-RR 06, 1477, 1478 Tz 20) vereinbart oder diese in das Ermessen des Gläubigers oder eines Dritten (vgl hierzu BGH NJW 94, 45, 46 – Vertragsstrafebemessung) gestellt wird (*Teplitzky* Kap 8 Rn 36; *D. Fischer* FS Piper, 205, 216, 217).

10 **III. Selbstwiderlegung.** Der Gläubiger kann die Dringlichkeitsvermutung durch sein eigenes Verhalten entkräften (Selbstwiderlegung, KG NJW-RR 01, 1201, 1202). Dies ist va dann der Fall, wenn der Gläubiger die Antragstellung trotz Kenntnis von der Zuwiderhandlung und der Person des Schuldners unangemessen hinauszögert. Grob fahrlässige Unkenntnis steht positiver Kenntnis gleich (Köhler/Bornkamm/*Köhler* § 12 Rn 3.15; P/O/S § 12 Rn 115; *Teplitzky* FS Loschelder, 391, 393 f; *ders* Kap 54 Rn 28). Welcher Zeitraum bis zur Antragstellung angemessen ist, wird in der Rechtsprechung der Oberlandesgerichte ganz unterschiedlich beurteilt. Sie schwankt zwischen einem und sechs Monaten (Einzelnachweise bei Harte-Bavendamm/Henning-Bodewig/*Retzer* § 12 Rn 943 ff). Bei einem Zuwarten von ein bis zwei Monaten mit der Antragstellung ist die Dringlichkeit im Allgemeinen noch zu bejahen. Maßgeblich sind aber die Umstände des jeweiligen Einzelfalles. Bei aufwändigen Ermittlungen oder sich hinziehenden Vergleichverhandlungen kann auch eine längere Zeitspanne noch angemessen sein (P/O/S § 12 Rn 116). Die Dringlichkeit kann auch durch zögerliches Verhalten des Gläubigers während des Verfügungsverfahrens entfallen. Rechtsmittelfristen können ausgeschöpft werden (P/O/S § 12 Rn 117). Bei Fristverlängerungen muss eine zügige Verfahrensförderung erkennbar sein; im Einzelfall kann aber auch schon ein Fristverlängerungsgesuch geeignet sein, die Dringlichkeitsvermutung entfallen zu lassen (Karlsr WRP 05, 1188, 189; KG MDR 09, 888 bzgl einer einmonatigen Berufungsbegründungsfristverlängerung, die fast vollständig ausgeschöpft wurde). Die Dringlichkeitsvermutung ist ferner widerlegt, wenn der Antragsteller nach Erlass der Beschlussverfügung und deren Vollziehung in Kenntnis der Fortsetzung des untersagten Verhaltens keinen Vollstreckungsantrag stellt, um das sich aus § 945 ergebende Kostenrisiko zu vermeiden (Frankf ZLR 10, 458). Wer nach erstinstanzlich erfolgreichem Eilverfahren zu Beginn des Berufungsrechtszugs ohne besonderen Grund erklärt, dass er bis zum Verfahrensabschluss aus der einstweiligen Verfügung nicht vollstrecken werde, widerlegt ebenfalls die Dringlichkeitsvermutung (KG Magazindienst 10, 951).

IV. Regionale Besonderheiten. Im Hinblick auf die fehlende Revisibiltät des einstweiligen Rechtschutzverfahrens haben sich zahlreiche regionale Besonderheiten entwickelt. Einen guten Überblick über diese bedauerliche Rechtszersplitterung verschaffen die **Rechtsprechungsübersichten** in der WRP (Auflistung nach den einzelnen Oberlandesgerichten bei *Teplitzky* Kap 53 Rn 9 sowie bei Harte-Bavendamm/Henning-Bodewig/*Retzer* § 12 Rn 943 ff). 11

§ 936 Anwendung der Arrestvorschriften. **Auf die Anordnung einstweiliger Verfügungen und das weitere Verfahren sind die Vorschriften über die Anordnung von Arresten und über das Arrestverfahren entsprechend anzuwenden, soweit nicht die nachfolgenden Paragraphen abweichende Vorschriften enthalten.**

A. Normzweck. Arrest und einstweilige Verfügung weisen als Maßnahmen des einstweiligen Rechtsschutzes zwar Unterschiede auf. Ihre gemeinsame Funktion rechtfertigt es aber, ein einheitliches Rechtschutzverfahren zu konzipieren. Der Gesetzgeber hat daher das Verfahren einheitlich im Arrestrecht geregelt, worauf § 936 als **Bezugsnorm** verweist. Die für das einstweilige Verfügungsverfahren notwendigen Besonderheiten sind in den §§ 937–944 im Einzelnen geregelt. 1

B. Anordnungsverfahren. § 916 I ist wegen §§ 935, 940 nicht anwendbar. § 916 II gilt dagegen auch im einstweiligen Verfügungsverfahren. § 917 I ist nicht anwendbar, weil der Verfügungsgrund in den §§ 935, 940 im Einzelnen geregelt ist. § 917 II ist als Ergänzung der §§ 935, 940 anwendbar. § 918 gilt im Hinblick auf die speziellere Regelung des § 940 nicht. § 919 ist nicht anwendbar, weil §§ 937, 942 abschließende Zuständigkeitsregelungen aufweisen. Für Antrag und Glaubhaftmachung gilt § 920 entsprechend. § 921 gilt entsprechend, bzgl des Absehens von einer mündlichen Verhandlung hat § 937 nur scheinbar Vorrang. § 922 gilt. Hinsichtlich § 923 geht § 939 als Sondervorschrift vor. 2

C. Rechtsbehelfe. § 924 ist anwendbar; für die einstweilige Verfügung nach § 942 gibt es keinen Widerspruch, sondern nur das dort geregelte Rechtfertigungsverfahren vor dem Gericht der Hauptsache. § 925 I gilt; § 925 II wird durch § 939 modifiziert. § 926 findet Anwendung; bei presserechtlichen Gegendarstellungen findet aber nach den meisten länderrechtlichen Regelungen kein Hauptsacheverfahren statt, anders nur § 10 III BayPresseG und § 10 IV HessPresseG (Zö/*Vollkommer* § 926 Rn 2). § 927 gilt mit Modifizierungen nach § 939. 3

D. Vollziehung. Vollziehung ist die gesetzestechnische Bezeichnung für die **Zwangsvollstreckung** der einstweiligen Rechtsschutzanordnung (BGHZ 131, 141, 143 = NJW 96, 198). Die Vollziehung der einstweiligen Verfügung ist unstatthaft, wenn sie nicht innerhalb der **Monatsfrist** der §§ 936, 929 II erfolgt (§ 929 Rz 3). Die zur Wirksamkeit der Beschlussverfügung erforderliche Parteizustellung (§ 922 II) stellt zugleich eine **Vollziehungshandlung** iSd § 929 II dar (BGHZ 120, 73, 78 = NJW 93, 1076; 131, 141, 143 = NJW 96, 198). Die Zustellung einer **Unterlassungsverfügung** im Parteibetrieb genügt als Vollziehung allerdings nur dann, wenn die Verfügung bereits die Androhung von Ordnungsmitteln enthält; andernfalls wird die einstweilige Verfügung erst mit der Zustellung der nachträglich erwirkten Ordnungsmittelandrohung vollzogen (BGHZ 131, 141, 143 = NJW 96, 198). Lautet die einstweilige Verfügung ausnahmsweise auf Abgabe einer **Willenserklärung** (hierzu § 940 Rz 25), erübrigt sich eine weitere Vollstreckung, weil die Fiktionswirkung des § 894 bereits mit Erlass der einstweiligen Verfügung eintritt (Schuschke/Walker/*Schuschke* § 928 Rn 15; Zö/*Vollkommer* § 928 Rn 8). Gleiches gilt für **rechtsgestaltende Verfügungen** (vgl *Pohlmann* KTS 94, 57). Zur Vollziehung einer Auskunftsverfügung vgl *Teplitzky* FS G. Kreft, 163. 4

E. Streitwert. Aufgrund des vorläufigen Charakters des Verfügungsverfahrens ist regelmäßig nur ein **Bruchteil der Hauptsache** anzusetzen. Maßgeblich sind die Umstände des Einzelfalls. Regelmäßig wird ein Betrag von ⅓ der Hauptsache angemessen sein (KG WRP 77, 793). Je mehr die einstweilige Verfügung zur endgültigen Befriedigung des Hauptsacheanspruchs führt, desto mehr müssen die Streitwerte angeglichen werden (Celle OLGR 08, 91; Stuttg MDR 11, 1316). Wird bei einer Leistungsverfügung die Hauptsache vorweggenommen, kann auch der Streitwert des Hauptsacheanspruchs angemessen sein (vgl Köln WRP 00, 650; Stuttg MDR 11, 1316). Dies ist bspw der Fall ist, wenn mittels vorläufigem Rechtsschutz die bevorstehende Aberntung eines Flurstücks und der Abtransport des Ernteguts untersagt werden soll (Stuttg MDR 11, 1316, 1317). Auch wenn die wettbewerbsrechtliche Verfügung vielfach zu einer endgültigen Beendigung des Streits der Parteien führt, ist dies nicht streitwerterhöhend zu berücksichtigen. Maßgeblich sind 5 die Verhältnisse zu Beginn des Verfügungsverfahrens (Schuschke/Walker/*Schuschke* § 935 Rn 35; *Teplitzky* Kap 49 Rn 27).

6 **F. Kosten/Gebühren. I. Gericht.** Siehe § 916 Rz 18.

7 **II. Anwalt.** Siehe § 916 Rz 21 f.

§ 937 Zuständiges Gericht. **(1) Für den Erlass einstweiliger Verfügungen ist das Gericht der Hauptsache zuständig.**

(2) Die Entscheidung kann in dringenden Fällen sowie dann, wenn der Antrag auf Erlass einer einstweiligen Verfügung zurückzuweisen ist, ohne mündliche Verhandlung ergehen.

1 **A. Normzweck.** Die Bestimmung dient der Straffung des Verfügungsverfahrens und weist hinsichtlich **der Zuständigkeit** und des **Verfahrensablaufs zwei Unterschiede zum Arrestverfahren** auf. Im Gegensatz zum Arrestverfahren (§ 919) gibt es für das Verfügungsverfahren gem Abs 1 keine gleichrangige und wahlweise Zuständigkeit zwischen Amtsgericht und Hauptsachegericht. Das Amtsgericht kann nur unter den besonderen Voraussetzungen des § 942 angerufen werden; ansonsten gilt die Regelzuständigkeit des Hauptsachegerichts. Abs 2 sieht vor, dass eine einstweilige Verfügung nur ausnahmsweise durch Beschl erlassen werden darf, nämlich dann, wenn wegen besonderer Dringlichkeit eine Anberaumung eines Verhandlungstermins nicht in Betracht kommt.

2 **B. Zuständigkeit.** Für den Erlass einer einstweiligen Verfügung ist das Gericht der Hauptsache (§ 943) örtlich und sachlich **ausschließlich** zuständig (§ 802). Solange die **Hauptsache** noch **nicht anhängig** ist, ist für das Verfügungsverfahren jedes Gericht zuständig, bei dem eine Zuständigkeit für die Hauptsache gegeben ist (Karlsr MDR 10, 1013; *Teplitzky* Kap 54 Rn 7). Der Antragsteller kann mithin zwischen mehreren in der Hauptsache zuständigen Gerichten **wählen** (§ 35). Die Zuständigkeit des angerufenen Gerichts für das Verfügungsverfahren entfällt nicht dadurch, dass nach Einreichung des Verfügungsantrags anderenorts Hauptsacheklage erhoben wird (Karlsr MDR 10, 1013). Ist die **Hauptsache bereits anhängig**, so ist das befasste Gericht auch dann ausschließlich für den Erlass einer einstweiligen Verfügung zuständig, wenn es für die Hauptsache nicht zuständig ist (RGZ 50, 342, 346; Nürnbg GRUR 57, 296, 297; Hambg MDR 81, 1027; Hamm OLGZ 89, 338; Schuschke/Walker/*Walker* Rn 1; Zö/*Vollkommer* Rn 1). Die Zuständigkeitskonzentration auf das mit der Hauptsache befasste Gericht erstreckt sich auch auf die dort angerufene **Zivilkammer** oder **Kammer für Handelssachen** (Zweibr MDR 89, 272). In **Familiensachen** ist das **Familiengericht** Hauptsachegericht (Hamm FamRZ 01, 1230; Stuttg FamRZ 78, 704; MüKoZPO/*Drescher* Rn 3); mit Wirkung ab 1.9.09 richtet sich das Verfahren nach dem FamFG. Das Gericht, bei dem eine **negative Feststellungsklage** anhängig ist, soll Gericht der Hauptsache sein für einen den identischen Streitgegenstand betreffenden Antrag auf Erlass einer einstweiligen Verfügung, den der Beklagte der negativen Feststellungsklage als Antragsteller des Eilverfahrens verfolgt (Frankf WRP 96, 27; MüKoZPO/*Drescher* Rn 3; Musielak/*Huber* Rn 3; Zö/*Vollkommer* Rn 1). Jedenfalls für **Wettbewerbsverfahren** und sonstige Verfahren, in denen aus Kostengründen vorweg Abmahnungen (§ 940 Rz 24) erfolgen müssen (etwa **AGB-Kontrollklagen**), kann dies nicht uneingeschränkt gelten. Hier ist dahin zu modifizieren, dass ein durch ein Feststellungsverfahren begründeter Gerichtstand der einstweiligen Verfügung für den Gläubiger nur wahlweise gilt. Dieser ist berechtigt, sie auch bei dem für die Leistungsklage (abw) zuständigen Gericht einzureichen (Hambg GRUR 01, 361 unter Bezugnahme auf BGH NJW 94, 3107 – Parallelverfahren II; LG Düsseldorf GRUR 00, 611; P/O/S, § 12 Rn 121; Schuschke/Walker/*Walker* Rn 2; *Teplitzky* Kap 54 Rn 3).

3 **C. Entscheidung ohne mündliche Verhandlung.** Im Regelfall wird über den Verfügungsantrag aufgrund mündlicher Verhandlung entschieden. Hiervon abw eröffnet Abs 2 zwei Ausnahmen. Die erste betrifft **dringende Fälle**, bei denen auch eine kurzfristige Terminsanberaumung nicht mehr abgewartet werden kann oder wenn der Zweck der einstweiligen Verfügung die **Überraschungswirkung** der Beschlussverfügung erfordert (Karlsr NJW-RR 87, 1206). § 12 II UWG stellt keine Vermutung für das Vorliegen einer besonderen Dringlichkeit nach Abs 2 auf (*Teplitzky* Kap 55 Rn 2). Die zweite Fallgruppe bezieht sich auf **nicht begründete Anträge**, die im Wege der Beschlussentscheidung schnell und kostengünstig erledigt werden können, insb dem Antragsteller ermöglichen, umgehend eine Entscheidung des Beschwerdegerichts zu beantragen.

D. Schutzschrift. Sie ist ein **vorbeugendes Verteidigungsmittel** gegen einen erwarteten Antrag auf Erlass einer einstweiligen Verfügung. Das in der ZPO nicht vorgesehene Rechtsinstitut der Schutzschrift hat die Rechtspraxis im **Wettbewerbsrecht** entwickelt, um dem potentiellen Antragsgegner die Gewährung rechtlichen Gehörs zu ermöglichen. Sie ist heute aber auch in anderen Rechtsgebieten, wie etwa dem **Gesellschafts-, Presse- oder Baurecht,** üblich (Schuschke/Walker/*Kessen* Anh zu § 935 B Rn 3) und hierauf nicht beschränkt. Das einstweilige Rechtsschutzgericht muss die **Schutzschrift berücksichtigen** (Art 103 I GG: BGH NJW 03, 1257, 1258 – Kosten einer Schutzschrift I; BGH NJW–RR 08, 1093 Tz 14 – Kosten einer Schutzschrift III; Schuschke/Walker/*Kessen* Anh zu § 935 B Rn 4; *Teplitzky* Kap 55 Rn 53; Zö/*Vollkommer* Rn 4). Es hat dem Gläubiger vor einer Zurückweisung des Verfügungsantrags Gelegenheit zur Stellungnahme hinsichtlich der Schutzschrift zu geben (P/O/S § 12 Rn 134; *Teplitzky* Kap 55 Rn 52). Durch organisatorische Maßnahmen der Gerichtsverwaltung muss sichergestellt werden, dass Schutzschriften rechtzeitig den einschlägigen Verfügungsakten beigegeben werden. Der **Inhalt der Schutzschrift** ist **nicht** auf die Frage einer Entscheidung ohne mündliche Verhandlung (Abs 2) **beschränkt**, sondern sie kann auch zu Verfügungsanspruch und Verfügungsgrund Stellung beziehen (*Teplitzky* Kap 55 Rn 52; Zö/*Vollkommer* Rn 4). Es besteht **kein Anwaltszwang** (Musielak/*Huber* Rn 7; Schuschke/Walker/*Kessen* Anh zu § 935 B Rn 2; Zö/*Vollkommer* Rn 4). Sind verschiedene Gerichte zuständig, so ist es zweckmäßig, bei allen in Betracht kommenden Gerichten Schutzschriften einzureichen. 4

E. Rechtsbehelfe. Gegen die Anordnung einer mündlichen Verhandlung oder gegen ihre Ablehnung ist grds kein Rechtsbehelf gegeben. 5

§ 938 Inhalt der einstweiligen Verfügung.

(1) Das Gericht bestimmt nach freien Ermessen, welche Anordnungen zur Erreichung des Zweckes erforderlich sind.

(2) Die einstweilige Verfügung kann auch in einer Sequestration sowie darin bestehen, dass dem Gegner eine Handlung geboten oder verboten, insbesondere die Veräußerung, Belastung oder Verpfändung eines Grundstücks oder eines eingetragenen Schiffes oder Schiffsbauwerks untersagt wird.

A. Normzweck. Im Unterschied zum Arrestverfahren, das nur zwei Sicherungsmittel (§§ 917, 918) zur Verfügung stellt, ist im einstweiligen Verfügungsverfahren angesichts der **Vielfalt der** durch eine Verfügung **abzuwehrenden Gefahrenquellen** für das Gericht ein eigenständiger Gestaltungsrahmen geboten. § 938 I räumt daher dem **Gericht** die Möglichkeit ein, nach **freiem Ermessen** zu bestimmen, welche Anordnungen zur Erreichung des Zweckes der einstweiligen Verfügung erforderlich sind. Damit sind **Erleichterungen** für die Formulierung eines »bestimmten Antrags« (§ 253 II Nr 2) im Antragsgesuch sowie **Abweichungen** vom Grundsatz der strengen Antragsbindung gem § 308 I verbunden (Musielak/*Huber* Rn 1). 1

B. Anwendungsbereich. Die Bestimmung bezieht sich sowohl auf die Sicherungs- (§ 935), die Regelungs- (§ 940) als auch auf die von der Rspr entwickelte Leistungsverfügung (Musielak/*Huber* Rn 2 § 940). Die Leistungsverfügung wird mitunter auch als Befriedigungsverfügung bezeichnet. Der Differenzierung in die genannten Unterarten der einstweiligen Verfügung kommt aber in der Praxis keine nennenswerte Bedeutung zu (vgl MüKoZPO/*Drescher* Rn 8). Sie lässt sich auch nicht strikt einhalten und dient lediglich dem Versuch einer systematischen Einordnung 2

C. Inhalt der einstweiligen Verfügung. I. Allgemeine Grundsätze. Der Antragsteller muss nur sein Rechtschutzziel angeben; es ist **nicht erforderlich**, aber empfehlenswert, eine **konkrete Maßnahme** zu beantragen (Musielak/*Huber* Rn 3; Schuschke/Walker/*Walker* Rn 3). **Ausnahmen** gelten für die **Leistungsverfügung.** Hier muss der Antragsteller die Leistung, die er anstrebt, genau bezeichnen. Der zu zahlende Betrag (bspw bei Notunterhalt) ist zu beziffern (Schuschke/Walker/*Walker* Rn 4); bei einer **Unterlassungsverfügung** muss die zu unterlassende Handlung konkret bezeichnet werden (P/O/S § 12 Rn 128; *Teplitzky* Kap 54 Rn 38). Die einstweilige Verfügung darf grds die Entscheidung in der **Hauptsache nicht vorwegnehmen** (BGHZ 171, 261, 268 Tz 23 = NJW 07, 2485). Die angeordnete Maßnahme muss daher ein minus und zugleich ein aliud zum Hauptsacheanspruch sein (Dresd NJW 01, 1433, 1434; Musielak/*Huber* Rn 4; Zö/*Vollkommer* Rn 3). Dieser Grundsatz gilt für Sicherungs- und Regelungsverfügungen ausnahmslos. Daher ist es unzulässig, den Ausschluss eines Gesellschafters im Wege der einstweiligen Verfügung auszusprechen; die vorläufige Entziehung der Vertretungsbefugnis kommt dagegen als Regelungsverfügung in Betracht (§ 940 Rz 15). Für die Leistungsverfügung sind dagegen Ausnahmen anerkannt; typisches Beispiel ist die auf Zahlung eines Geldbetrages gerichtete Leistungsverfügung. 3

4 **II. Ordnungsmittelandrohung.** Der Antrag auf Androhung von Ordnungsmitteln (§ 890 II) gehört nicht zwingend zum Inhalt des Antrags auf Erlass einer Unterlassungsverfügung. Er sollte aber immer mit diesem zugleich gestellt werden, weil in der Zustellung der einstweiligen Verfügung ohne Ordnungsmittelandrohung noch keine Vollziehung der Eilmaßnahme iSd § 928 liegt (BGHZ 131, 141, 144 f = NJW 96, 198 – einstweilige Verfügung ohne Strafandrohung; Köln GRUR-RR 01, 71; P/O/S § 12 Rn 130; *Teplitzky* Kap Rn 54 Rn 41). Die in einer auf Unterlassung gerichteten Urteilsverfügung enthaltene Strafandrohung gilt als erster Schritt der Vollziehung iSd § 945 (BGHZ 180, 72, 76 Tz 16 = WM 09, 1622, vgl § 945 Rz 8).

5 **D. Beispiele für einzelne Maßnahmen.** Die Aufzählung in § 938 II ist nicht abschließend (»auch«), sondern nennt nur eine Reihe praxisrelevanter Maßnahmen.

6 **I. Sequestration.** Hierunter ist die Sicherstellung, Verwahrung und Verwaltung einer Sache (BGHZ 146, 17, 20 = NJW 01, 434; 172, 98, 101 Tz 11 = NJW-RR 08, 487; Kobl MDR 81, 855; München MDR 84, 62), einer Forderung oder Vermögensmasse zu verstehen. Auch ein Handelsgeschäft oder ein gewerbliches Unternehmen kann der Sequestration unterliegen (LG Göttingen MDR 58, 246; MüKoZPO/*Drescher* Rn 30; Zö/*Vollkommer* Rn 3). Sie ist keine Maßnahme der Zwangsvollstreckung, sondern beruht auf einem privatrechtlichen Sequestrationsvertrag (BGHZ 146, 17, 20 = NJW 01, 434). Das Gericht des einstweiligen Rechtsschutzes bestimmt die Person des Sequesters und seinen Aufgabenbereich. Zweckmäßigerweise erfolgt die **Bestellung des Sequesters** durch gesonderten **Beschluss**, der der sofortigen Beschwerde unterliegt (Karlsr Justiz 89, 190; Zö/*Vollkommer* Rn 9). Die Tätigkeit des **Gerichtsvollziehers als Sequester** ist keine ihm kraft seines Gerichtsvollzieheramtes zugewiesene Aufgabe. Er ist deshalb zur Übernahme des Sequesteramtes nicht verpflichtet (§ 195 Nr 2 S 3 GVGA; *Noack* JR 63, 295, 297). Der **Sequester** selbst ist **kein Vollstreckungsorgan** iSd ZPO. Deswegen hat er auch keine staatlichen Zwangsbefugnisse ggü dem Schuldner. Er ist somit nicht schon kraft seines Amtes als Sequester befugt, die zu sequestrierende Sache gegen den Willen des Schuldners wegzunehmen (*Gleußner* DGVZ 96, 33, 35). Die **Wegnahme des Sequestrationsobjektes** fällt vielmehr in den hoheitlichen Bereich der **Vollziehung der einstweiligen Verfügung** und obliegt daher dem Gerichtsvollzieher kraft seines Amtes (BGHZ 146, 17, 20 = NJW 01, 434). Dabei handelt der Gerichtsvollzieher in Ausübung öffentlicher Gewalt. Durch ihn als sein Organ übt der Staat als alleiniger Träger der Vollstreckungsgewalt sein Zwangsmonopol in hoheitlicher Weise aus (BVerfGE 61, 126, 136 = DB 83, 108; BGHZ 146, 17, 20 = NJW 01, 434; 162, 143, 148 = NJW 05, 1121; Zö/*Stöber* vor § 704 Rn 1). Mit der Übergabe an den Sequester ist die Vollziehung beendet (vgl § 195 Nr 2 S 2 GVGA; *Gleußner* DGVZ 96, 33, 35); zugleich beginnt die Sequestration (BGHZ 146, 17, 20 = NJW 01, 434). Aus der Sequestration kann sich eine **Vertretungsmacht zu Gunsten des Sequesters** ergeben, mittels der er für den Rechtsinhaber handeln kann; soweit keine gegenteilige Anordnung des Prozessgerichts vorliegt, folgt dies aus der privatrechtsgestaltenden Wirkung der Sequestrationsanordnung (BGHZ 172, 98, 102 Tz 14 = NJW-RR 08, 487).

7 **II. Veräußerungs- und Verfügungsverbote.** Veräußerungs- und Verfügungsverbote können gleichfalls Gegenstand einer einstweiligen Verfügung sein, zumal der Gläubiger hierdurch kein Recht an der Sache selbst zugewiesen erhält. Die Wirkungen ergeben sich aus §§ 135, 136 BGB, wonach die verbotswidrig vorgenommene Verfügung dem Gläubiger ggü relativ unwirksam ist (BGHZ 172, 360, 365 Tz 12 = NJW 08, 376 zu § 135 BGB). Um einen gutgläubigen Erwerb auszuschließen, muss zugleich die Eintragung des Verfügungsverbots in das Grundbuch, ggf über § 941, veranlasst werden. Treten **richterliche Verfügungsverbote** zum Schutz unterschiedlicher Gläubiger gegeneinander in Wettbewerb, so ist das später wirksam gewordene Verbot ggü dem durch ein älteres Verbot geschützten Gläubiger relativ unwirksam (BGHZ 172, 360, 365 Tz 13 = NJW 08, 376). Bei beweglichen Sachen lässt sich der gutgläubige Erwerb nicht sicher ausschließen. Deshalb kann es hier empfehlenswert sein, anstelle eines Veräußerungsverbots die Hinterlegung oder Verwahrung der Sache zu beantragen (MüKoZPO/*Drescher* Rn 40; St/J/*Grunsky* Rn 25).

8 **III. Erwerbsverbot.** Dem Veräußerungsverbot steht das von der Rspr seit langem anerkannte Erwerbsverbot gleich (RGZ 117, 287, 290 f; 120, 118, 119 f; BayObLG NJW-RR 97, 913, 914; KG MDR 94, 727; Hamm NJW-RR 01, 1086). Ist ein Grundstückskaufvertrag formnichtig und droht die Heilung des Formmangels über § 311b I 2 BGB, kann der Grundstückseigentümer und Verkäufer im Wege der einstweiligen Verfügung die Eintragung des Käufers durch ein Erwerbsverbot selbst dann zu verhindern suchen, wenn der Eintragungsantrag bereits beim Grundbuchamt gestellt ist (RGZ 117, 287, 290; 120, 118, 119 f; BayObLG NJW-RR 97, 913, 914; KG MDR 94, 727; Hamm NJW-RR 01, 1086; Naumbg OLGR 03, 483). Das

Erwerbsverbot ist nicht im Grundbuch eintragungsfähig (Schuschke/Walker/*Walker* Rn 33; Zö/*Vollkommer* Rn 13), muss aber vom Grundbuchamt beachtet werden, sobald es ihm bekannt wird (RGZ 117, 287, 291; BayObLG NJW-RR 97, 913, 914; KG MDR 94, 727; Hamm NJW-RR 01, 1086; Naumbg OLGR 03, 483).

§ 939 Aufhebung gegen Sicherheitsleistung. **Nur unter besonderen Umständen kann die Aufhebung einer einstweiligen Verfügung gegen Sicherheitsleistung gestattet werden.**

A. Normzweck. Die Vorschrift bezieht sich auf die Besonderheit, dass – im Gegensatz zum Arrest – das durch die einstweilige Verfügung zu schützende **Sicherungsinteresse des Gläubigers** im Regelfall nicht angemessen durch eine Sicherheitsleistung ausgeglichen werden kann. Mit dem als Sicherheit dienenden Geldbetrag könnte allenfalls ein an die Stelle des Erfüllungsanspruches tretender Schadensersatzanspruch gesichert werden, was nicht dem Ziel der einstweiligen Verfügung, Primärschutz zu gewährleisten, entspricht (Schuschke/Walker/*Walker* Rn 1). Die Regelung ersetzt §§ 923, 934 I sowie tw § 925 II und § 927. 1

B. Aufhebung gegen Sicherheitsleistung. I. Voraussetzungen. Die Aufhebung setzt das **Vorliegen besonderer Umstände** voraus, die gewährleisten, dass durch die Sicherheitsleistung das Sicherungsinteresse des Gläubigers hinreichend gewahrt bleibt (Frankf MDR 83, 585, 586). Dies kommt nur **ausnahmsweise** in Betracht, etwa bei einer **Bauhandwerkersicherungshypothek** nach § 648 BGB (RGZ 55, 140, 142; Saarbr BauR 93, 348) oder bei einem Verbot der Wegschaffung von dem **Vermieterpfandrecht** (§ 562 BGB) unterliegenden Gegenständen. Hier kann die Hinterlegung der streitigen Werklohn- bzw Mietforderungen ausreichen (Musielak/*Huber* Rn 2; Zö/*Vollkommer* Rn 1). 2

II. Entscheidung. Sie kann bereits in der einstweiligen Verfügung selbst getroffen werden (München BayJBl 53, 39). Ansonsten kann sie nach mündlicher Verhandlung im Endurteil erfolgen, und zwar entweder im Widerspruchsverfahren (LG Aachen VersR 92, 338), im Berufungsverfahren (Frankf MDR 83, 585, 586) oder im Verfahren nach § 927 (Schuschke/Walker/*Walker* Rn 3). 3

III. Wirkung. Mit Leistung der vom Gericht zu bestimmenden Sicherheit, die noch nicht zum Zeitpunkt der Entscheidung vorliegen muss, tritt die einstweilige Verfügung unmittelbar außer Kraft, ohne dass es hierzu einer weiteren Entscheidung bedarf (Köln NJW 75, 454, 455). 4

IV. Einstweilige Einstellung gem §§ 719 I, 707. Eine einstweilige Einstellung der Zwangsvollstreckung nach diesen Vorschriften aus einem Urt, das eine einstweilige Verfügung bestätigt hat, ist nur bei außergewöhnlichen Umständen gerechtfertigt (Frankf MDR 83, 585, 586; Rostock OLGR 08, 211). 5

§ 940 Einstweilige Verfügung zur Regelung eines einstweiligen Zustandes. **Einstweilige Verfügungen sind auch zum Zwecke der Regelung eines einstweiligen Zustandes in Bezug auf ein streitiges Rechtsverhältnis zulässig, sofern diese Regelung, insbesondere bei dauernden Rechtsverhältnissen zur Abwendung wesentlicher Nachteile oder zur Verhinderung drohender Gewalt oder aus anderen Gründen nötig erscheint.**

Inhaltsübersicht

	Rz
A. Allgemeine Grundsätze	1
I. Normzweck	1
II. Regelungsverfügung	2
1. Verfügungsanspruch	2
2. Verfügungsgrund	3
III. Leistungsverfügung	4
1. Verfügungsanspruch	4
2. Verfügungsgrund	5
B. Sicherungsverfügung, Regelungsverfügung, Leistungsverfügung: Einzelne Rechtsgebiete	6
I. Allgemeine Geschäftsbedingungen	6
II. Anfechtungsrecht (AnfG)	7
III. Arbeitsrecht	8
1. Ansprüche des Arbeitgebers	8
2. Ansprüche des Arbeitnehmers	9
3. Kollektivrecht	9a
IV. Auskunft	10
V. Bankrecht	11
VI. Baurecht	12
VII. Erbrecht	13
VIII. Geldleistungsverfügung	14
IX. Gesellschaftsrecht	15
X. Herausgabeansprüche	16
XI. Insolvenzrecht	17
XII. Mietrecht	18
1. Ansprüche des Mieters	18

		Rz			Rz
	2. Ansprüche des Vermieters	19	XVII.	Wettbewerbsrecht	24
XIII.	Presse- und Medienrecht	20	XVIII.	Wohnungseigentümergemeinschaft	24a
XIV.	Vergaberecht	21	XIX.	Abgabe von Willenserklärungen	25
XV.	Versicherungsrecht	22			
XVI.	Wechselrecht	23			

1 **A. Allgemeine Grundsätze. I. Normzweck.** Die Bestimmung ergänzt § 935, in dem sie neben der Sicherungsverfügung auch einstweilige Verfügungen zum Zwecke der Regelung eines einstweiligen Zustandes in Bezug auf ein streitiges Rechtsverhältnis zulässt. Zweck der **einstweiligen Regelungsverfügung** ist es, den Rechtsfrieden bis zur Entscheidung in der Hauptsache (wieder) herzustellen (ThoPu/*Reichold* Rn 1; HK-ZPO/*Kemper* Rn 1).

2 **II. Regelungsverfügung. 1. Verfügungsanspruch.** An die Stelle des zu sichernden Individualanspruchs tritt bei § 940 das zu regelnde **streitige Rechtsverhältnis** (ThoPu/*Reichold* Rn 1; Zö/*Vollkommer* Rn 2). Der Begriff des **Rechtsverhältnisses** ist ähnl weit auszulegen wie bei der Feststellungsklage iSd § 256 (MüKoZPO/*Drescher* Rn 5; Musielak/*Huber* Rn 3; Schuschke/Walker/*Walker* Rn 3). Hierunter können Dauerschuldverhältnisse (zB Arbeitsverhältnis, Bankvertrag, gesellschaftsrechtliche Rechtsbeziehungen, Mietvertrag), nachbar-, familien- oder erbrechtliche Beziehungen sowie gesetzliche Schuldverhältnisse fallen, aber auch Ansprüche, die sich nur auf einen einzigen Gegenstand beziehen, wie der Anspruch auf sofortige Rückgabe der durch verbotene Eigenmacht (§ 858 BGB) erlangten Sache (Schuschke/Walker/*Walker* Rn 3). Streitig ist das Rechtsverhältnis, wenn der Verfügungsschuldner Rechte oder Ansprüche des Verfügungsgläubigers bestreitet. Es genügt aber auch, wenn in das Rechtsverhältnis eingegriffen wird oder eine Verletzungshandlung unmittelbar droht (Musielak/*Huber* Rn 3).

3 **2. Verfügungsgrund.** Die Regelungsverfügung muss **notwendig** sein. Trotz des ggü § 935 unterschiedlichen Wortlauts ist auch hier erforderlich, dass für die Verfügung eine **Dringlichkeit** bzw **Eilbedürftigkeit** besteht. Hieran fehlt es, wenn dem Verfügungskläger auch mit einer späteren Verwirklichung seines Rechts im ordentlichen Prozessweg gedient ist (St/J/*Grunsky* Rn 7). Die Dringlichkeit entfällt nach den Grundsätzen der **Selbstwiderlegung** (§ 935 Rz 10), wenn der Verfügungskläger in Kenntnis der sie rechtfertigenden Umstände untätig bleibt und den Antrag auf Erlass einer einstweiligen Verfügung erst nach längerer Zeit stellt (KG NJW-RR 01, 1201, 1202; MüKoZPO/*Drescher* Rn 10; ThoPu/*Reichold* Rn 5; Schuschke/Walker/*Walker* Rn 11; St/J/*Grunsky* Rn 8). Gleiches gilt, wenn der Antragsteller das Verfügungsverfahren nicht zügig, sondern schleppend betreibt (*Teplitzky* Kap 54 Rn 24). Dies ist bspw anzunehmen, wenn der Gläubiger vor Erlass der einstweiligen Verfügung ein Versäumnisurteil gegen sich ergehen lässt (Hamm NJW-RR 07, 108) oder eine zweimonatige Verlängerung der Berufungsbegründungsfrist voll ausschöpft (KG DB 80, 1394; noch strenger KG MDR 09, 888 bzgl einer einmonatigen Berufungsbegründungsfristverlängerung). Für die noch hinzunehmende Zeitspanne (regelmäßig bis zu drei Monate, im Wettbewerbsrecht kürzer, hier sind regionale Unterschiede zu beachten: sehr streng München MDR 94, 152, 153; Nürnbg MDR 03, 533 [ein Monat]) sind die Besonderheiten des Einzelfalles unter Berücksichtigung der Schwierigkeit tatsächlicher und rechtlicher Art maßgeblich (Musielak/*Huber* Rn 4).

4 **III. Leistungsverfügung. 1. Verfügungsanspruch.** Die Rspr lässt über die Sicherung eines Anspruchs und die vorläufige Regelung eines streitigen Rechtsverhältnisses hinaus eine **(tw) Befriedigung des Gläubigers** dann zu, wenn er auf die unmittelbare Erfüllung so dringend angewiesen ist, dass ein Abwarten des ordentlichen Verfahrens unzumutbar erscheint (KG MDR 09, 526, 527 [Zugang zu Internet-Marktplatz]; ThoPu/*Reichold* Rn 6). Entwickelt wurde die Leistungsverfügung im Unterhaltsrecht, kann heute aber **jeden materiell-rechtlichen Anspruch auf Handlung, Duldung oder Unterlassen** erfassen (Musielak/*Huber* Rn 13).

5 **2. Verfügungsgrund.** Die gebotene Dringlichkeit liegt nur vor, wenn der Gläubiger ohne Erfüllung seines Anspruchs existentiell gefährdet ist und die ihm drohenden Nachteile die des Schuldners überwiegen (vgl Musielak/*Huber* Rn 14). Die Grundsätze zur Selbstwiderlegung (§ 935 Rz 10) können auch hier ergänzend herangezogen werden.

B. Sicherungsverfügung, Regelungsverfügung, Leistungsverfügung: Einzelne Rechtsgebiete. I. Allgemeine Geschäftsbedingungen. Der Unterlassungsanspruch gem § 1 UKlaG kann durch einstweilige Verfügung gesichert werden (vgl Ddorf NJW 89, 1487, 1488; Frankf NJW 89, 1489). Beim Verfügungsgrund wird Dringlichkeit gem § 5 UKlaG, § 12 II UWG, widerleglich vermutet (KG NJW-RR 04, 1239). Die Grundsätze der **Selbstwiderlegung** (§ 935 Rz 10) sind zu beachten. Bei **Unterlassungsverfügungen von Verbraucherschutzverbänden**, denen die Klagebefugnis nicht im eigenen oder im Mitgliederinteresse, sondern im öffentlichen Interesse verliehen ist (§ 2 I UKlaG), kommt es allerdings nicht entscheidend darauf an, ob der Verein durch schnelle Antragstellung ein dringendes Bedürfnis für die Beseitigung ihm drohender Nachteile nachweist. Da es nicht um die Abwendung eigener Nachteile, sondern um die Beseitigung rechtswidriger Zustände im öffentlichen Interesse geht, richtet sich die Entscheidung, ob ein Verfügungsgrund anzunehmen ist, in erster Linie danach, ob öffentliche Interessen zum Zeitpunkt der Entscheidung noch in ernstzunehmender Weise und in erheblichem Maße beeinträchtigt werden (KG NJW-RR 04, 1239). Nur völlig grundloses Zögern kann im Einzelfall die Annahme rechtfertigen, dass für eine eilige, vorläufige Regelung kein dringendes Bedürfnis besteht (KG NJW-RR 04, 1239). Eine vorherige **Abmahnung** ist nicht Voraussetzung für den Erlass einer einstweiligen Verfügung. Fehlt sie, führt dies gem § 5 UKlaG, § 12 I UWG bei Anerkenntnis des Schuldners regelmäßig zu Kostennachteilen für den Gläubiger (§ 93, vgl BGHZ [GrS] 164, 1, 8 = NJW 05, 3141 – Unberechtigte Schutzrechtsverwarnung). 6

II. Anfechtungsrecht (AnfG). Der **Anspruch auf Duldung der Zwangsvollstreckung** (§ 11 I 1 AnfG) in ein weggegebenes Grundstück kann im Grundbuch nicht durch Vormerkung gesichert werden, sondern nur im Wege einstweiliger Verfügung durch ein richterliches Verfügungsverbot (BGHZ 172, 360, 364 Tz 11 = NJW 08, 376; Stuttg ZIP 10, 1089, 1090; Musielak/*Huber* § 916 Rn 13a). Treten richterliche Verfügungsverbote zum Schutz unterschiedlicher Gläubiger gegeneinander in Wettbewerb, so ist das später wirksam gewordene Verbot ggü dem durch ein älteres Verbot geschützten Gläubiger relativ unwirksam (BGHZ 172, 360, 365 Tz 13 = NJW 08, 376). Der **Erlass eines Verfügungsverbots** setzt nicht voraus, dass der Gläubiger für seine befriedigungsbedürftige Forderung gegen den Schuldner bereits einen wenigstens vorläufig vollstreckbaren Schuldtitel erlangt hat (München ZInsO 08, 1213, 1214; Stuttg ZIP 10, 1089, 1090; Musielak/*Huber* § 916 Rn 13a; *T. Wazlawik* NZI 10, 278, 280; aA Köln ZInsO 09, 1960). Der Glaubhaftmachung eines Verfügungsgrundes bedarf es bei einer derartigen Fallgestaltung nicht. § 885 I 2, § 899 II 2 BGB sind entspr anwendbar (Stuttg ZIP 10, 1089, 1091). Kommt, etwa durch Weggabe der Sache, nur noch ein Wertersatzanspruch (§ 11 I 2 AnfG) in Betracht, handelt es sich um eine Geldforderung, die durch Arrest zu sichern ist (München ZInsO 08, 1213, 1214; Stuttg ZIP 10, 1089, 1090; HK-InsO/*Kreft* § 129 Rn 108; Musielak/*Huber* Rn 13a; *T. Wazlawik* NZI 10, 278, 280). 7

III. Arbeitsrecht. 1. Ansprüche des Arbeitgebers. Er kann **Leistung geschuldeter Dienste** nicht im Wege einstweiliger Verfügung verlangen (LAG Frankfurt NZA 90, 614; Zö/*Vollkommer* Rn 8). Die **Unterlassung anderweitiger Arbeit**, die gegen ein gesetzliches oder vertragliches Konkurrenzverbot verstößt, kann der Arbeitgeber durch einstweilige Verfügung geltend machen (LAG Köln NZA 91, 396; MüKoZPO/*Drescher* § 935 Rn 115). Ferner kann nach Beendigung des Arbeitsverhältnisses die Herausgabe von Gegenständen (bspw Dienstfahrzeuge, Arbeitsgeräte, Musterkoffer, Kundenlisten, Werbeunterlagen) verlangt werden, die der Arbeitgeber dem Arbeitnehmer iRd Vertragsverhältnisses überlassen hat. Als Verfügungsgrund kommt hier das Bedürfnis in Betracht, die Gegenstände dem Nachfolger zu überlassen (MüKoZPO/*Drescher* § 935 Rn 124; Schuschke/Walker/*Schuschke* Vor § 935 Rn 131). 8

2. Ansprüche des Arbeitnehmers. Als Gegenstände einstweiliger Verfügungen zu Gunsten des Arbeitnehmers kommen Anordnungen hinsichtlich der **vorläufigen Weiterbeschäftigung** iRv § 102 Abs. 5 BetrVG (Schuschke/Walker/*Schuschke* Vor § 935 Rn 135) sowie aufgrund des allgemeinen Weiterbeschäftigungsanspruchs (BAGE [GrS] 48, 122 = NJW 85, 2968; Zö/*Vollkommer* Rn 8) in Betracht.Ein Verfügungsgrund für die Durchsetzung des Beschäftigungsanspruchs im Wege der einstweiligen Verfügung kann darin liegen, dass dem gekündigten Piloten bei längerem Nichteinsatz Nachschulungen, beaufsichtigte Flüge oder Flugsimulatortests zur Erhaltung seiner beruflichen Qualifikation obliegen (ArbG Berlin BB 2010, 1020). .Ferner sind Regelungen von **Urlaubszeiten** (LAG Rheinland-Pfalz MDR 02, 1130), **Arbeitszeitreduzierungen** (LAG Köln MDR 02, 1257), Maßnahmen des **Nichtraucherschutzes** (LAG München NZA 91, 521), **Streikmaßnahmen** (LAG Frankfurt BB 03, 1229, 1230) sowie die **Herausgabe von Arbeitspapieren** (LAG Frankfurt DB 81, 534) anerkannt. 9

9a **3. Kollektivrecht.** Eine Gewerkschaft kann eine Beeinträchtigung ihrer kollektiven Koalitionsfreiheit durch eine tarifwidrigen Betriebsvereinbarungen im Wege des einstweiligen Rechtsschutzes durch eine Regelungsverfügung nach § 940 verhindern oder zumindest verkürzen (BAG NZA 11, 1169, 1173).

10 **IV. Auskunft.** Auskunftsansprüche können unabhängig davon, ob es sich um eine Hauptpflicht oder eine Nebenpflicht zur Vorbereitung weitergehender Ansprüche handelt, **grds nicht** im Wege der einstweiligen Verfügung durchgesetzt werden, weil mit der Erteilung der geschuldeten Auskunft der Anspruch des Gläubigers nicht nur vorläufig, sondern endgültig erfüllt wird, mithin eine Vorwegnahme der Hauptsache vorliegt (KG GRUR 88, 403, 404; Hamm NJW-RR 92, 640; Schlesw GRUR-RR 01, 70; Köln WRP 03, 1008). Anderes gilt, wenn **Sondervorschriften** dies ausdrücklich gestatten, wie § 24b III GebrMG, § 14a III GeschmMG, § 140b III PatG, § 101a III UrhG, § 19 III MarkenG. Ferner kann **Auskunft** im Wege der einstweiligen Verfügung begehrt werden, wenn der Gläubiger **aus existenziellen Gründen** hierauf angewiesen ist (KG GRUR 88, 403, 404; Rostock OLGR 04, 267 zu § 562b II BGB) oder wenn die Auskunft zur Verhinderung weiterer Rechtsverletzungen unverzichtbar ist (Karlsr NJW 84, 1904, 1905; ferner Brandbg MDR 05, 950 bzgl Globalzession).

11 **V. Bankrecht.** Gegen die **missbräuchliche Inanspruchnahme einer Bankgarantie** auf erstes Anfordern kann der Garantieauftraggeber gegen den Garantiebegünstigten im Wege einstweiliger Verfügung vorgehen, wenn Rechtsmissbrauch offensichtlich ist (vgl BGHZ 145, 286, 296 = NJW 01, 282). Eine einstweilige Verfügung, die gem § 921 I, § 936 ohne Anhörung des Antragsgegners im Beschlusswege ergangen ist und keine Begründung enthält, kommt als liquides Beweismittel für die rechtsmissbräuchliche Inanspruchnahme einer Bankgarantie allerdings nicht in Betracht (BGHZ 145, 286, 296 = NJW 01, 282). Bei (gewöhnl) **Bürgschaft** kann deren Nichtinanspruchnahme durch einstweilige Verfügung durchgesetzt werden (Frankf NJW-RR 91, 174; Celle OLGR 95, 269). Eine Bank, die sich durch eine **Globalzession** Forderungen ihres Schuldners zur Sicherung hat abtreten lassen, hat bei Eintritt des Sicherungsfalles gegen den Schuldner einen Anspruch auf Unterlassung der Einziehung der abgetretenen Forderungen. Dieser Unterlassungsanspruch kann durch eine einstweilige Verfügung in der Weise gesichert werden, dass der Schuldner verpflichtet wird, der Bank Auskunft über die Schuldner der abgetretenen Forderungen zu erteilen (Brandbg MDR 05, 950 f). **Gekündigte Girokontoverträge** extremistischer Parteien können bei Nichtigkeit der Kündigung zur Sicherung ungestörter Teilnahme am bargeldlosen Zahlungsverkehr im Wege einstweiliger Verfügung aufrechterhalten bleiben (Zö/*Vollkommer* Rn 8). Gleiches gilt allgemein bei der Kündigung eines Girokontos zur Unzeit oder einer fristlosen Kündigung (Brandbg OLGR 01, 57; Schuschke/Walker/*Schuschke* Vor § 935 Rn 85a).

12 **VI. Baurecht.** Der Anspruch auf Eintragung einer **Sicherungshypothek** des Bauunternehmers nach § 648 BGB kann durch **Vormerkung** aufgrund einstweiliger Verfügung gesichert werden (Celle BauR 03, 1439; Hamm NJW-RR 04, 379). Die gesetzliche Dringlichkeitsvermutung des § 885 I 1 BGB kann entfallen, wenn der Bauunternehmer nach Erteilung der Schlussrechnung zu lange zu wartet (Celle BauR 03, 1439; Hamm NJW-RR 04, 379). Der Antrag des Unternehmers auf Erlass einer einstweiligen Verfügung gegen den Subunternehmer auf Herausgabe von **überlassenen Baugeräten** ist als Leistungsverfügung zulässig, wenn der Auftraggeber hinreichend glaubhaft macht, dass er die herausverlangten Gegenstände zur weiteren Erfüllung seiner vertraglichen Verpflichtungen ggü dem Bauherrn benötigt (KG NJW-RR 03, 1528). Der planende Architekt ist im Hinblick auf die erstellten Baupläne vorleistungspflichtig und kann sich nicht auf ein Zurückbehaltungsrecht wegen noch offen stehender Honorarrechnungen berufen. Der Bauherr kann deshalb im Wege der einstweiligen Verfügung bei einem vorzeitig gekündigten Vertragsverhältnis von dem Architekten die **Herausgabe der Planungsunterlagen** verlangen (Hamm BauR 00, 295). Der gekündigte Auftragnehmer hat keinen im Wege einer einstweiligen Verfügung durchsetzbaren Anspruch darauf, dass der Auftraggeber die Bauarbeiten solange nicht weiterführt bis der Auftragnehmer seine erbrachten Leistungen **aufgemessen** hat (Ddorf MDR 01, 1288).

13 **VII. Erbrecht.** In Betracht kommen Verfügungs- und Veräußerungsverbote des Erben gegen den Scheinerben, des Vermächtnisnehmers gegen den Erben, des Erben gegen den Nachlassverwalter oder Testamentvollstrecker oder auch von Erben untereinander (Schuschke/Walker/*Schuschke* Vor § 935 Rn 65). Nach Eintritt des Nacherbfalls kann der Nacherbe ggü dem Vorerben bei Veräußerung eines Nachlassgrundstücks im Wege einstweiliger Verfügung ein Verfügungsverbot bzgl des Verkaufserlöses erwirken (Bremen OLGR 04, 87).

VIII. Geldleistungsverfügung. Für Ehegatten- und Kindesunterhalt ist im Hinblick auf die Neuregelung des § 644 eine einstweilige Verfügung nicht mehr zulässig; auch hier gilt der Vorrang der einstweiligen Anordnung. **Abschlagszahlungen** auf periodisch wiederkehrende Leistungen wie Ansprüche aus §§ 842, 843 BGB (Frankf NJW 07, 851) können gleichfalls Gegenstand einer Leistungsverfügung sein (ThoPu/*Reichold* Rn 9). Für FamFG-Streitsachen (§ 112 FamFG) richtet sich mit Wirkung seit 1.9.09 der Erlass einstweiliger Verfügungen nach § 119 II 1 FamFG. Gemäß § 119 II 2 FamFG gelten die Bestimmungen des einstweiligen Verfügungsverfahrens der ZPO in entsprechender Anwendung; zu den Einzelheiten Schulte-Bunert/Weinreich/*Schwonberg* § 119 Rn 9 ff. 14

IX. Gesellschaftsrecht. Für gesellschaftsrechtliche Streitigkeiten sind überwiegend die **Landgerichte** entweder aufgrund ausschließlicher Zuweisung durch AktG, GmbHG, GenG oder streitwertmäßig zuständig. Um Verzögerungen zu vermeiden, ist es in Handelssachen ratsam, die Anträge an die **Kammer für Handelssachen** zu richten. Die **Entziehung der Geschäftsführungs- und Vertretungsbefugnis** durch einstweilige Verfügung ist zulässig (BGHZ 33, 105, 107 = WM 60, 1005); ebenso ein zeitweises **Vertretungsverbot** (BGHZ 86, 177, 183 = NJW 83, 938; Frankf NJW-RR 99, 257). Auch können diese Befugnisse auf einen Nichtgesellschafter übertragen werden (BGHZ 33, 105, 108 = WM 60, 1005). Als Gegenstand einstweiliger Verfügungen kommen weiter in Betracht: **Verbot des Betretens der Geschäftsräume**, **Einsichtnahme** in Geschäftsbücher, **Unterlassen der Wettbewerbstätigkeit** eines Gesellschafters (Zweibr NJW-RR 90, 482) sowie die **vorläufige Aufrechterhaltung der Mitgliedschaftsrechte** bei Streit über die Wirksamkeit eines Ausschlusses (Ddorf NJW-RR 88, 1271). Der Erlass einer einstweiligen Verfügung hinsichtlich der **Untersagung eines bestimmten Abstimmungsverhaltens des Gesellschafters** kommt nur dann in Betracht, wenn anderenfalls wirksamer Rechtsschutz versagt bliebe, wobei als Kriterien die besondere Schutzbedürftigkeit des Antragstellers und die Eindeutigkeit der Rechtslage angeführt werden (Hambg NJW 92, 186; München NZG 99, 407; ZIP 06, 2334, 2335; Ddorf NZG 05, 633). Ergänzend hat in jedem Falle eine Prüfung stattzufinden, ob die begehrte einstweilige Verfügung nicht am **Gebot des geringst möglichen Eingriffs** scheitert (Stuttg GmbH-Rdsch 97, 312, 313). Dies führt dazu, dass ein bestimmtes Abstimmungsverhalten in der Hauptversammlung Mitaktionären im Wege der einstweiligen Verfügung nicht untersagt werden kann, wenn sich der Antragsteller mit wirksamen Mitteln gegen einen **Vollzug des befürchteten Beschlusses** wehren kann (München ZIP 06, 2334, 2336). Bedarf es zum Vollzug der **Eintragung in das Handelsregister**, so kann mittels einstweiliger Verfügung dem Vorstand einer Aktiengesellschaft die **Anmeldung** des Beschlusses **untersagt** oder die Rücknahme eines bereits gestellten Eintragungsantrags geboten werden mit der Folge, dass eine Eintragung gem § 16 II HGB vorläufig unterbunden wird (München ZIP 06, 2334, 2336). Der Ausschluss eines Gesellschafters ist dagegen unzulässig, weil eine derartige Maßnahme im Hauptsacheverfahren nicht mehr rückgängig gemacht werden könnte (Schuschke/Walker/*Schuschke* Vor § 935 Rn 72). So weit die Verfahrenzuständigkeit des **Registergerichts** reicht, sind einstweilige Verfügungen unzulässig (Zö/*Vollkommer* Rn 8). 15

X. Herausgabeansprüche. Eine einstweilige Verfügung auf Herausgabe an den Sequester (§ 938 Rz 6) ist nicht schon dann gerechtfertigt, wenn der Nutzungsberechtigte die Sache nach Beendigung des Nutzungsverhältnisses iRd bestimmungsgemäßen Gebrauches weiter benutzt, weil durch den drohenden Verschleiß die Sachsubstanz nicht so nachhaltig beeinträchtigt wird, dass der Herausgabeanspruch wirtschaftlich ausgehöhlt wird (Ddorf MDR 95, 635; Dresd MDR 98, 305; Brandbg MDR 98, 305; aA Karlsr WM 94, 1983, 1986). Erst die bei **übermäßigem Gebrauch** drohende Verschlechterung der Sache stellt einen Verfügungsgrund dar. Bei **drohender Weiterveräußerung** der Sache kommt, je nach Art des Gegenstandes, eine Herausgabe an den Sequester in Betracht (vgl BGHZ 171, 261, 269 Tz 24 = NJW 07, 2485). 16

XI. Insolvenzrecht. Der anfechtungsrechtliche **Anspruch auf Rückgewähr in Natur** (§§ 129 ff InsO) kann durch einstweilige Verfügung gesichert werden (RGZ 67, 41; HK-InsO/*Kreft* § 129 Rn 108). Der durch ein eingetragenes richterliches Verfügungsverbot gesicherte Anfechtungsgläubiger kann von dem Gläubiger einer später in das Grundbuch eingetragenen Zwangshypothek verlangen, mit seinem Recht hinter einer eigenen Zwangshypothek des Verbotsgeschützten zurückzutreten (vgl BGHZ 172, 360, 367 Tz 17 = NJW 08, 376). Der Insolvenzverwalter kann vom Steuerberater des Schuldners bspw die **Herausgabe von Kontenblättern** (LG Cottbus ZInsO 02, 635) oder von Steuerdaten (LG Berlin ZIP 06, 962) verlangen. 17

XII. Mietrecht. 1. Ansprüche des Mieters. Der Mieter kann im Wege der Regelungsverfügung die vorläufige **ordnungsgemäße Versorgung der Wohnräume mit Energie** verlangen, wenn der Vermieter dies unterbun- 18 den hat (Köln ZMR 94, 325; NJW-RR 05, 99; Kobl OLGR 01, 2; Celle NJW-RR 05, 1383). Gleiches gilt für die Wasserversorgung (AG Wuppertal NJW-RR 89, 251; AG Leipzig NZM 98, 716). In der zielgerichteten Unterbrechung der Stromversorgung für einen Geschäftsbetrieb kann ein rechtswidriger Eingriff in den eingerichteten und ausgeübten Gewerbebetrieb liegen, der dem Vermieter auch nach Beendigung des Mietverhältnisses mit einer Unterlassungsverfügung verboten werden kann (Rostock MDR 07, 1249, 1250). Grundsätzlich ist aber für die Geschäftsraummiete die Zulässigkeit einer Versorgungssperre durch den Vermieter zu bejahen (vgl BGHZ 180, 300 Tz 16 = NJW 09, 1947). Bei einem Mietvertrag über Geschäftsräume kann ein vereinbarter **Konkurrenzschutz** gesichert werden (Hamm NJW-RR 90, 1236; KG MDR 03, 255). Fehlt eine Konkurrenzschutzklausel, so kann uU der Verfügungsanspruch aus einem vertragsimmanenten Konkurrenzschutz abgeleitet werden (Rostock NZM 06, 295). Die Partei eines **Mietvorvertrages** kann nicht durch einstweilige Verfügung ihren künftigen Besitzüberlassungsanspruch aus dem (Haupt-)Mietvertrag sichern (Celle OLGR 08, 888). Im Falle der **Doppelvermietung** kann dem Vermieter nicht im Wege der einstweiligen Verfügung vorgegeben werden, an welchen Gläubiger er zu leisten hat (Brandbg OLGR 97, 329; Frankf MDR 97, 137; Hamm NJW-RR 04, 521; KG ZMR 07, 614; Kobl ZMR 08, 50).

19 **2. Ansprüche des Vermieters.** Die Unterlassung eines **vertragswidrigen Gebrauchs** kann der Vermieter bei einer damit verbundenen Gefahr für die Mietsache unterbinden (AG Bad Homburg NJW-RR 92, 335). Die Zustimmung zur Kündigung des Mietverhältnisses kann nicht Gegenstand einer einstweiligen Verfügung sein (vgl Hambg MDR 90, 1022). Der Vermieter kann eine vertraglich übernommene **Betriebspflicht** hinsichtlich eines Gewerbebetriebs im Wege der Leistungsverfügung ggü dem Mieter durchsetzen (Ddorf MDR 00, 384 [Einkaufszentrum]; Frankf ZMR 09, 446, 447 [Hotelanlage]; KG GE 11, 1484 [Verkaufsstelle für Modellautos im Oldtimer-Zentrum]). Wird das Mietgrundstück nach Ablauf des Mietvertrages von dem Mieter nicht geräumt, kann ausnahmsweise eine **Regelungsverfügung auf Herausgabe** des Grundstücks gerechtfertigt sein, wenn eine Regelung zur Abwendung wesentlicher Nachteile des Gläubigers unter Berücksichtigung der Schuldnerbelange unabweisbar ist (Ddorf ZMR 06, 446; LG Karlsruhe ZMR 05, 870). Die Einstellung der Mietzinszahlung und die Weigerung des Mieters, die Mieträume herauszugeben, rechtfertigen dagegen ohne weitere Umstände nicht den Erlass einer Räumungsverfügung (Ddorf ZMR 06, 446; ZMR 09, 444, 445) Eine einstweilige Verfügung auf Herausgabe an den Sequester ist auch dann nicht gerechtfertigt, wenn der Mieter die Mietsache nach Beendigung des Mietvertrages iRd bestimmungsgemäßen Gebrauches weiter benutzt, weil durch den drohenden Verschleiß die Sachsubstanz nicht so nachhaltig beeinträchtigt wird, dass der Herausgabeanspruch wirtschaftlich ausgehöhlt wird (vgl Ddorf MDR 95, 635; Dresd MDR 98, 305; Brandbg MDR 98, 305; aA Karlsr WM 94, 1983, 1986). Erst die bei der Gefahr übermäßigen Gebrauchs drohende Verschlechterung der Mietsache begründet einen Verfügungsgrund.

20 **XIII. Presse- und Medienrecht.** Gegenstand einer Leistungsverfügung kann der vorbeugende Unterlassungsanspruch gegen eine **unerlaubte Ehrverletzung** oder eine **unzulässige Bildberichterstattung** aus dem höchstpersönlichen Lebensbereich sein. Die Abgabe einer strafbewehrten Unterlassungserklärung beseitigt auch hier die Wiederholungsgefahr (vgl § 940 Rz 24, Zö/*Vollkommer* Rn 8). Der Anspruch auf **Widerruf** nach erfolgter Veröffentlichung kann nicht im Wege der einstweiligen Verfügung verfolgt werden. Dies folgt aus dem Verbot der Vorwegnahme der Hauptsache sowie aus dem Strafsanktionscharakter des Widerrufs (MüKoZPO/*Drescher* § 935 Rn 84). Zulässig ist aber der **eingeschränkte Widerruf**, nämlich die Erklärung, beanstandete Tatsachenbehauptungen bis zur Entscheidung in der Hauptsache nicht aufrechtzuerhalten, wenn anders die Gefährdung der Rechte des Gläubigers nicht zu beseitigen ist (Stuttg WRP 89, 202; Schuschke/Walker/*Schuschke* Vor § 935 Rn 35; Musielak/*Huber* Rn 22). Die – durch die Vorschriften der Landespressegesetze geregelte – **presserechtliche Gegendarstellung** erfolgt durch einstweilige Verfügung und ist eine Inhaltskonkretisierung des § 938 (MüKoZPO/*Drescher* § 935 Rn 82). Sie setzt keinen Anspruch aus unerlaubter Handlung voraus. Der Verfügungsgrund kann durch **Selbstwiderlegung** (§ 935 Rz 10) entfallen (Brandbg NJW 96, 666). Ein Hauptsacheverfahren findet überwiegend nicht statt (§ 936 Rz 3).

21 **XIV. Vergaberecht.** Im Streit um die Vergabe öffentlicher Aufträge (§§ 97 ff GWB) ist für Aufträge oberhalb der Schwellenwerte des § 2 VgV ein eigenes beschleunigtes gerichtliches Kontrollverfahren vorgesehen (§§ 102 f GWB), das als spezielleres Verfahren den einstweiligen Rechtsschutz nach den §§ 935 ff ausschließt (*Gehrlein* NZBau 01, 483, 484; Schuschke/Walker/*Schuschke* Vor § 935 Rn 113). Unterhalb der Schwellenwerte können Bieter die Unterlassung der beabsichtigten Auftragserteilung an einen Konkurrenten im Wege der einstweiligen Verfügung nach den §§ 935 ff geltend machen (Brandbg BauR 09, 983; aA *Gehrlein* NZBau 01, 483, 484).

XV. Versicherungsrecht. Ein Versicherungsnehmer kann nicht im Wege der einstweiligen Verfügung die Leistungspflicht des Versicherers für eine stationäre Heilbehandlung in »gemischter Anstalt« feststellen lassen (Celle VersR 08, 1638). Eine Leistungsverfügung zugunsten des Versicherungsnehmers in der Krankentagegeldversicherung auf vorläufige Leistung von Krankentagegeld kommt nur in Betracht, wenn der Versicherungsnehmer glaubhaft machen kann, keine Sozialleistungen zu erhalten oder trotz des Erhalts von Sozialleistungen zur Abwendung ganz erheblicher Nachteile auf zusätzliche Leistungen des Versicherers angewiesen zu sein (München VersR 10, 755). 22

XVI. Wechselrecht. Ist zu befürchten, dass ein Wechsel rechtsmissbräuchlich und abredewidrig geltend gemacht werden soll, so kann vor Protest oder Ablauf der Protestfrist, solange noch ein gutgläubiger Erwerb der Wechselforderung durch einen gutgläubigen Dritten in Betracht kommt, im Wege der einstweiligen Verfügung Herausgabe des Wechsels an einen Sequester zur Einziehung verlangt werden (MüKoZPO/*Drescher* § 935 Rn 107; Schuschke/Walker/*Schuschke* Vor § 935 Rn 79). Ist dagegen gutgläubiger Erwerb nicht mehr möglich, fehlt es an einem Verfügungsgrund (Hamm ZIP 88, 1245, 1246). 23

XVII. Wettbewerbsrecht. Materiell-rechtliche Voraussetzung der Unterlassungsverfügung ist, wenn noch keine Verletzungshandlung vorliegt, die **Begehungsgefahr**; nach erfolgter Verletzung die dann zu vermutende **Wiederholungsgefahr** (§ 8 I UWG). Sie entfällt bei Abgabe einer vertragsstrafebewehrten Unterlassungserklärung, wenn eine angemessene Strafhöhe (BGH NJW 83, 941, 942 – Vertragsstrafeversprechen; BGH NJW-RR 06, 1477, 1478 Tz 20) vereinbart oder diese in das Ermessen des Gläubigers oder eines Dritten (vgl hierzu BGH NJW 94, 45, 46 – Vertragsstrafebemessung) gestellt wird (*Teplitzky* Kap 8 Rn 36; *D. Fischer* FS Piper, 205, 216, 217). Eine vorherige **Abmahnung** ist nicht Voraussetzung für den Erlass einer einstweiligen Verfügung; fehlt sie, führt dies bei Anerkenntnis des Schuldners regelmäßig zu Kostennachteilen für den Gläubiger (§ 93, vgl BGHZ [GrS] 164, 1, 8 = NJW 05, 3141 – Unberechtigte Schutzrechtsverwarnung; dies ist auch iRe Kostenentscheidung nach § 91a zu berücksichtigen, Karlsr WRP 90, 640, 641; Hambg NJW-RR 02, 215; Schuschke/Walker/*Kessen* Anh A Rn 2). § 12 I UWG stellt insoweit keine Rechtspflicht zur Abmahnung auf, sondern begründet allenfalls eine Obliegenheit für den Gläubiger im eigenen (Kosten-)Interesse den Gegner abzumahnen (Köhler/Bornkamm/*Köhler* § 12 Rn 1.7). Gemäß § 12 II UWG wird hinsichtlich des Verfügungsgrundes die Dringlichkeit vermutet (*Teplitzky* Kap 54 Rn 18). Diese Vermutung kann widerlegt werden, was insb für die Fallgruppe der **Selbstwiderlegung** (§ 935 Rz 10) gilt. Ist die Dringlichkeitsvermutung widerlegt, muss der Gläubiger den Verfügungsgrund glaubhaft machen (Musielak/*Huber* Rn 25). Das **Rechtsschutzinteresse** fehlt, wenn der Verfügungskläger bei mehreren Gerichten einen Verfügungsantrag stellt und zwar auch dann, wenn der Antrag bei dem zuerst angerufenen Gericht noch vor der Entscheidung des danach angerufenen Gerichts zurückgenommen wird (Hambg WRP 10, 790, 792; Köhler/Bornkamm/*Köhler* § 12 Rn 3.16a). Bei einem rechtsmissbräuchlichen Gerichtsstandswechsel (sog **forum-shopping**: Zurücknahme des Antrags bei demjenigen Gericht, das mündliche Verhandlung anberaumt oder in sonstiger Weise seine negative Einstellung zum Antrag zu erkennen geben hat, und neue Antragstellung bei einem anderen Gericht) soll es an der Dringlichkeit fehlen, weil der Gläubiger durch dieses Verhalten zeige, dass ihm an einer zeitnahen Klärung der Berechtigung seines Ansprüche nicht wirklich gelegen ist (Hambg NJW-RR 07, 763; Musielak/*Huber* Rn 25). Tatsächlich handelt es sich auch hier um eine Frage des (besonderen) Rechtsschutzinteresses (*Teplitzky*, FS Loschelder, 391, 399). Die Anrufung eines anderen Gerichts, nachdem das Erstgericht dem Antragsteller seine ablehnende Einstellung zum gestellten Eilantrag zu erkennen gegeben hat, verletzt das **verfassungsrechtliche Gebot der Waffengleichheit**, insb einer fairen Balance der Prozessrisiken. Dem im Eilverfahren ohnehin vielfältig begünstigten Antragssteller kann aus rechtsstaatlichen Erwägungen nicht die Befugnis zugebilligt werden, nacheinander mehrere Gerichte darauf zu testen, ob nicht doch eines seinem Antrag stattgeben will (*Teplitzky*, GRUR 08, 34, 38, *ders.* FS Loschelder, 391, 399; Köhler/Bornkamm/*Köhler* § 12 Rn 3.16a). 24

XVIII. Wohnungseigentümergemeinschaft. Die Wohnungseigentümer haben nach § 21 Abs 4 WEG einen Anspruch auf eine Verwaltung ihrer Gemeinschaft, die den Grundsätzen ordnungsmäßiger Verwaltung entspricht. Das schließt einen Anspruch auf Abberufung eines untauglichen Verwalters und auf Bestellung eines tauglichen Verwalters ein. Dieser Anspruch kann, wovon auch der Gesetzgeber ausgegangen ist (Begründung der WEG-Novelle 2007, BT-Drucks. 16/887 S. 35 zu Nr 12 b), durch eine einstweilige Verfügung nach § 940 gesichert werden (BGH NJW 11, 3025, 3026 Tz 11). In diesem Rahmen ist die Bestellung eines Notverwalters weiterhin möglich (BGH NJW 11, 3025, 3026 Tz 11). Ist bereits ein Hauptsacheverfahren über den Anspruch nach § 21 Abs 4, 8 WEG anhängig, kann der Antrag auf Erlass einer einstweiligen 24a

Regelung auch in diesem Verfahren gestellt und unter den Voraussetzungen des § 940 eine Regelung angeordnet werden (BGH NJW 11, 3025, 3026 Tz 11).

25 **XIX. Abgabe von Willenserklärungen.** Grundsätzlich kann im Hinblick auf § 894 die Abgabe einer Willenserklärung **nicht** im Wege des vorläufigen Rechtsschutzes verlangt werden (Hambg MDR 90, 1022; Kobl VersR 05, 392; Zweibr OLGR 08, 939). Eine einstweilige Verfügung kommt aber in Betracht, wenn sich die vorgesehene Willenserklärung selbst nur auf eine vorläufige Sicherung oder Regelung bezieht (Stuttg NJW 73, 908) oder einer nachträglichen Überprüfung zugänglich ist (zB Beschlussanfechtung im GesellschaftsR).

§ 940a Räumung von Wohnraum. **Die Räumung von Wohnraum darf durch einstweilige Verfügung nur wegen verbotener Eigenmacht oder bei einer konkreten Gefahr für Leib oder Leben angeordnet werden.**

1 **A. Normzweck.** Es handelt sich um eine **Ausnahmeregelung**, die hinsichtlich der Räumung von Wohnraum den Anwendungsbereich der einstweiligen Verfügung stark einschränkt. Sie räumt dem Gläubiger **wirksamen Rechtsschutz** ein, wenn sich durch längeres Weiterverbleiben in der Wohnung die rechtswidrige Lage weiter verfestigt oder der Gläubiger in anderen Rechtsgütern bedroht wird. Die Bestimmung durchbricht den Grundsatz, dass eine einstweilige Verfügung nicht zur Befriedigung, sondern nur zur Sicherung des Gläubigers führen darf (HK-ZPO/*Kemper* Rn 1). Durch Art 4 Nr 11 des G zur Verbesserung des zivilgerichtlichen Schutzes bei Gewalttaten wurde mit Wirkung zum 1.1.02 dem bisherigen alleinigen Tatbestand der verbotenen Eigenmacht die Fallgruppe einer konkreten Gefahr für Leib oder Leben hinzugefügt.

2 **B. Räumung von Wohnraum.** Der Begriff des Wohnraums ist nicht auf Mietwohnungen beschränkt (so Hamm MDR 80, 856), sondern erfasst – wie bei § 721 – auch andere Nutzungsverhältnisse (Musielak/*Huber* Rn 2; Schuschke/Walker/*Walker* Rn 2; Zö/*Vollkommer* Rn 2). Zu welchem Zweck der Raum errichtet wurde, ist unerheblich. Ausschlaggebend ist die tatsächliche Nutzung als Wohnraum durch den Verfügungsschuldner (Schuschke/Walker/*Walker* Rn 2).

3 **I. Verbotene Eigenmacht.** Das Vorliegen verbotener Eigenmacht (§ 858 BGB) genügt als Verfügungsgrund, ein weiterer wesentlicher Nachteil ist nicht erforderlich (Schuschke/Walker/*Walker* Rn 6; Zö/*Vollkommer* Rn 2; aA LG Frankf NJW 80, 1758).

4 **II. Konkrete Gefahr für Leib und Leben.** Dieser (alternative) Verfügungsgrund dient dem Schutz der Person vor körperlicher Gewalt (Art 2 II GG) und kodifiziert die bisherigen Rechtsprechungsgrundsätze (LG Bochum NJW-RR 90, 896; LG Braunschweig NJW-RR 91, 832). Die Gefahr darf nicht ganz unerheblich sein, Lebensgefahr ist aber nicht Voraussetzung (HK-ZPO/*Kemper* Rn 3).

5 **C. Keine Räumungsfrist.** Bei Anordnung der Räumung kommt im Hinblick auf den Normzweck die Einräumung einer Räumungsfrist nach § 721 nicht in Betracht (LG Hamburg NJW-RR 93, 1233; Musielak/*Huber* Rn 4; Schuschke/Walker/*Walker* Rn 64; Zö/*Vollkommer* Rn 1).

§ 941 Ersuchen um Eintragungen im Grundbuch usw. **Hat auf Grund der einstweiligen Verfügung eine Eintragung in das Grundbuch, das Schiffsregister oder das Schiffsbauregister zu erfolgen, so ist das Gericht befugt, das Grundbuchamt oder die Registerbehörde um die Eintragung zu ersuchen.**

1 **A. Normzweck.** Die Norm ermöglicht es dem Gericht, selbst das Grundbuchamt bzw eine andere Registerbehörde um die Eintragung zu ersuchen. Auch hier steht der **Beschleunigungsgedanke** im Vordergrund, regelmäßig wird aber ein anwaltsseits betriebenes Eintragungsgesuch schneller und für den Anwalt im Hinblick auf die Fristüberprüfung sicherer sein (vgl zu den Gefahren des § 941 *Dötsch* MDR 10, 1093).

2 **B. Zuständigkeit.** Das richterliche Ersuchen hat der **Vorsitzende** zu veranlassen, weil es sich um eine reine **verfahrensbegleitende Maßnahme** handelt. Gelegentlich wird aber das Ersuchen in den Entscheidungstenor aufgenommen, was unschädlich ist (Musielak/*Huber* Rn 1). Ein Ersuchen durch die Geschäftsstelle des Gerichts ist dagegen unzulässig (Schuschke/Walker/*Walker* Rn 2). Ob ein richterliches Ersuchen ergeht,

steht im richterlichen Ermessen (Kobl NJW 80, 948, 949). Wird bereits im Verfügungsgesuch ein richterliches Tätigwerden gem § 941 erbeten, so hat das Gericht, wenn es kein eigenes Ersuchen stellen will, hiervon unverzüglich den Antragsteller zu unterrichten, damit er das Erforderliche selbst veranlassen kann (Zö/*Vollkommer* Rn 1).

C. Wirkung. Der Eingang des Antrags bei dem Grundbuchamt (nicht erst die Eintragung) ist als Vollziehung iSd § 929 II anzusehen (Kobl NJW 80, 948, 949; Celle OLGR 00, 333; Zö/*Vollkommer* Rn 2; Schuschke/Walker/*Walker* Rn 2). In den von § 941 erfassten Fällen kann hiernach eine »Vollziehung« auch ohne unmittelbare Veranlassung durch den Gläubiger stattfinden. Will er diese Wirkung vermeiden, so kann er ausdrücklich beantragen, dass das Gericht von einem Ersuchen absieht und es dem Gläubiger überlässt. Einen solchen Antrag darf das Gericht nicht außer Acht lassen (Kobl NJW 80, 948, 949). 3

D. Rechtsbehelfe. Folgt das Gericht nicht der Anregung des Gläubigers, das Grundbuchamt usw um eine Eintragung zu ersuchen, so steht dem Gläubiger hiergegen kein Rechtsbehelf zu. Lehnt das Grundbuchamt den Eintragungsantrag des Prozessgerichts ab, dann kann sowohl das Gericht als auch der Antragsteller Beschwerde nach § 71 GBO einlegen (Schuschke/Walker/*Walker* Rn 5). 4

§ 942 Zuständigkeit des Amtsgerichts der belegenen Sache.

(1) In dringenden Fällen kann das Amtsgericht, in dessen Bezirk sich der Streitgegenstand befindet, eine einstweilige Verfügung erlassen unter Bestimmung einer Frist, innerhalb der die Ladung des Gegners zur mündlichen Verhandlung über die Rechtmäßigkeit der einstweiligen Verfügung bei dem Gericht der Hauptsache zu beantragen ist.

(2) [1]Die einstweilige Verfügung, auf Grund deren eine Vormerkung oder ein Widerspruch gegen die Richtigkeit des Grundbuchs, des Schiffsregisters oder des Schiffsbauregisters eingetragen werden soll, kann von dem Amtsgericht erlassen werden, in dessen Bezirk das Grundstück belegen ist oder der Heimathafen oder der Heimatort des Schiffes oder der Bauort des Schiffsbauwerks sich befindet, auch wenn der Fall nicht für dringlich erachtet wird; liegt der Heimathafen des Schiffes nicht im Inland, so kann die einstweilige Verfügung vom Amtsgericht in Hamburg erlassen werden. [2]Die Bestimmung der im Absatz 1 bezeichneten Frist hat nur auf Antrag des Gegners zu erfolgen.

(3) Nach fruchtlosem Ablauf der Frist hat das Amtsgericht auf Antrag die erlassene Verfügung aufzuheben.

(4) Die in diesem Paragraphen erwähnten Entscheidungen des Amtsgerichts ergehen durch Beschluss.

A. Normzweck. Durch die Begründung der Notzuständigkeit des Amtsgerichts soll in besonders dringlichen Fällen der **beschleunigte Erlass von einstweiligen Verfügungen** sichergestellt werden. Anders als im Arrestverfahren (§ 919) ist das Amtsgericht neben dem Gericht der Hauptsache nur unter besonderen eingeschränkten Voraussetzungen zuständig. 1

B. Dringende Fälle (Abs 1). Die von § 942 I verlangte **besondere Dringlichkeit** ist von der allgemeinen Dringlichkeit, die für den Verfügungsgrund erforderlich ist, sowie von der gesteigerten Dringlichkeit nach § 937 II und § 944 zu unterscheiden. Sie liegt nur vor, wenn die Anrufung des zuständigen Gerichts der Hauptsache anstelle des Amtsgerichts der belegenen Sache nur mit erheblichen Verzögerungen erfolgen könnte und deshalb der Zweck des einstweiligen Rechtsschutzes ernsthaft gefährdet wäre. Angesichts der modernen Kommunikationsmöglichkeiten kommt dies regelmäßig nur noch in Betracht, wenn das Hauptsachegericht nicht rechtzeitig erreichbar ist. Dies trifft zu, falls nur beim Amtsgericht ein Bereitschaftsdienst eingerichtet ist (Musielak/*Huber* Rn 2; MüKoZPO/*Drescher* Rn 4). Die Dringlichkeit muss glaubhaft gemacht werden. Erlässt das Amtsgericht trotz fehlender Dringlichkeit die einstweilige Verfügung, ist sie gleichwohl wirksam (Zö/*Vollkommer* Rn 1). 2

C. Vormerkung oder Widerspruch (Abs 2). Das Erfordernis der besonderen Dringlichkeit nach § 942 I entfällt für die Fallgruppe des § 942 II, weil bereits nach materiellem Recht (§§ 885, 899 BGB) die Dringlichkeit unterstellt wird und vielfach Zivilrechtsabteilung und Grundbuchamt in dem selben Amtsgebäude untergebracht sind. Entgegen der Kann-Formulierung muss das angerufene Amtsgericht, wenn die sonstigen Voraussetzungen vorliegen, die einstweilige Verfügung erlassen; Ermessen steht dem Amtsgericht nicht zu (Schuschke/Walker/*Walker* Rn 4; MüKoZPO/*Drescher* Rn 7). Örtlich zuständig ist das Amtsgericht, in dessen Bezirk sich das Grundstück befindet. Bei einem Schiff oder Schiffsbauwerk kommt es darauf an, wo 3 der Heimathafen des Schiffes liegt bzw wo der Bauort des Schiffbauwerks sich befindet. Bei Luftfahrzeugen ist das Amtsgericht Braunschweig zuständig (§ 99 III LuftFzRG).

4 **D. Entscheidung.** Sie ergeht stets durch **Beschluss**, selbst wenn ausnahmsweise mündlich verhandelt worden sein sollte (RGZ 147, 129, 132). Wird dem Verfügungsantrag stattgegeben, so hat das Amtsgericht in den Fällen des § 942 I zugleich von Amts wegen – im Tenor (hierzu Musielak/*Huber* Rn 6) – eine **Frist** zu bestimmen, innerhalb der die Ladung des Gegners zur mündlichen Verhandlung über die **Rechtmäßigkeit der Verfügung bei dem Hauptsachegericht** zu beantragen ist. Hinsichtlich der Fallgruppe des § 942 II wird eine Frist nur auf Antrag des Gegners gesetzt.

5 **E. Rechtsbehelfe.** Lehnt das Amtsgericht den Erlass der beantragten Verfügung ab, so steht dem **Antragsteller sofortige Beschwerde** nach § 567 I Nr 2 zu. Wegen des damit verbundenen Zeitverlustes ist die Einlegung der Beschwerde aber unzweckmäßig, schneller wird ein unmittelbarer Verfügungsantrag beim Hauptsachegericht sein (Zö/*Vollkommer* Rn 4). Der **Verfügungsgegner** kann bei Erlass der Verfügung **Widerspruch** einlegen. Hierüber hat das Hauptsachegericht zu befinden (Hamm OLGZ 89, 340). Das Amtsgericht hat das Verfahren nach § 281 auf Antrag (auch des Gegners, AG Düsseldorf MDR 85, 151) an das Hauptsachegericht zu verweisen (Zö/*Vollkommer* Rn 4).
Gegen das im Rechtfertigungsverfahren ergangene Endurteil ist unter den allgemeinen Voraussetzungen Berufung zulässig, gegen ein Versäumnisurteil Einspruch (MüKoZPO/*Drescher* Rn 16; vgl § 925 Rz 6).

6 **F. Rechtfertigungsverfahren.** Das Rechtfertigungsverfahren wird vor dem Hauptsachegericht geführt und folgt den Grundsätzen des Widerspruchsverfahrens (§§ 924, 925). Der Antrag auf Ladung des Gegners wird vom Antragsteller beim Hauptsachegericht gestellt und ist auf Aufrechterhaltung der einstweiligen Verfügung gerichtet. Auch wenn die Frist ausgelaufen ist, kann der Antrag noch gestellt werden, solange die einstweilige Verfügung noch nicht aufgehoben ist (Zö/*Vollkommer* Rn 7).

7 **G. Aufhebung nach Fristsetzung (Abs 3).** Die Aufhebung durch das Amtsgericht erfolgt nicht vAw, sondern **nur auf Antrag**. Die Entscheidung ergeht stets durch Beschl, auch wenn mündlich verhandelt wurde (RGZ 147, 129, 132). Neben dem Antrag nach § 942 III kann auch Antrag gem § 926 auf Fristbestimmung zur Erhebung der Hauptsacheklage und Aufhebung nach § 926 II gestellt werden; zuständig hierfür ist das Hauptsachegericht, nicht das Amtsgericht (Schlesw NJW-RR 97, 829).

8 **H. Kosten/Gebühren. I. Gericht.** Das Verfahren vor dem Amtsgericht und dem Gericht der Hauptsache gelten als ein Rechtsstreit, so dass hier die Gebühren nur einmal entstehen (Vorbem 1.4.1 S 2 KV).

9 **II. Anwalt.** Die Gebühren vor dem AG und dem Gericht der Hauptsache entstehen nur einmal (§ 15 I, II RVG).

§ 943 Gericht der Hauptsache.

(1) Als Gericht der Hauptsache im Sinne der Vorschriften dieses Abschnitts ist das Gericht des ersten Rechtszuges und, wenn die Hauptsache in der Berufungsinstanz anhängig ist, das Berufungsgericht anzusehen.
(2) Das Gericht der Hauptsache ist für die nach § 109 zu treffenden Anordnungen ausschließlich zuständig, wenn die Hauptsache anhängig ist oder anhängig gewesen ist.

1 **A. Normzweck.** Abs 1 ist eine **Definitionsnorm.** Abs 2, der mit der Definitionsnorm in keiner sachlichen Verbindung steht, begründet unter bestimmten Voraussetzungen die Zuständigkeit des Hauptsachegerichts für die Anordnung der Rückgabe einer Sicherheit.

2 **B. Gericht der Hauptsache.** Hauptsache iSd Norm ist der materielle Arrest- oder Verfügungsanspruch, dessen Durchsetzbarkeit im Eilverfahren gesichert werden soll (Schuschke/Walker/*Walker* Rn 1). Gericht der Hauptsache ist das für die Hauptsache örtlich und sachlich zuständige Gericht. Gehört die Hauptsache vor das **Familiengericht**, so ist dieses Gericht auch für das einstweilige Rechtsschutzverfahren zuständig (BGH NJW 80, 191). Gleiches gilt für die **Kammer für Handelssachen** (§ 94 GVG, Musielak/*Huber* Rn 2). Das **Berufungsgericht** ist nur dann zuständig, wenn die Hauptsache in der Berufungsinstanz anhängig ist (Celle OLGR 97, 21, 22). Bei Anhängigkeit der Hauptsache beim **Revisionsgericht** ist nicht dieses, sondern das Gericht des ersten Rechtszuges als Hauptsachegericht anzusehen (BGH WM 76, 134; 1201). Das Revisionsgericht entscheidet, wie § 542 II klarstellt, nicht über Arrest- oder Verfügungsgesuche.

C. Rückgabe einer Sicherheit. § 943 II verdrängt in seinem Anwendungsbereich als Sondervorschrift die allgemeine Zuständigkeitsregelung in § 109, wonach für die dort angesprochene Anordnung das Gericht zuständig ist, das die Bestellung der Sicherheit angeordnet oder zugelassen hat (Schuschke/Walker/*Walker* Rn 2). Daher ist nach § 943 II selbst dann, wenn die Sicherheitsleistung durch das Amtsgericht (§§ 919, 942 I) angeordnet wurde, für die Rückgabeanordnung das Hauptsachegericht zuständig, soweit es mit der Hauptsache befasst ist oder war. Die Veranlassung für eine **Sicherheitsleistung des Gläubigers** entfällt, wenn es keinen Schadensersatzanspruch des Schuldners nach § 945 (mehr) zu sichern gibt. Die Veranlassung für eine **Sicherheitsleistung des Schuldners** entfällt, wenn der Schuldner in der Hauptsache rechtskräftig obsiegt (München BB 75, 764) oder den Gläubiger freiwillig mit Erfüllungswirkung befriedigt hat (Musielak/*Huber* Rn 10). 3

§ 944 Entscheidung des Vorsitzenden bei Dringlichkeit. **In dringenden Fällen kann der Vorsitzende über die in diesem Abschnitt erwähnten Gesuche, sofern deren Erledigung eine mündliche Verhandlung nicht erfordert, anstatt des Gerichts entscheiden.**

A. Normzweck. Die Vorschrift, die für Arrest- sowie Verfügungsverfahren gilt, dient der **Verfahrensbeschleunigung** und soll für bestimmte Ausnahmefälle eine Zeitverzögerung durch die Einberufung des Kollegialgerichts vermeiden (MüKoZPO/*Drescher* Rn 1). 1

B. Anwendungsbereich. § 944 ist nur anwendbar bei Kammerzuständigkeit (§ 348 I 2), nicht wenn der originäre Einzelrichter zuständig ist. (Zö/*Vollkommer* Rn 1). Ein **dringender Fall** iSd § 944 erfordert eine **gesteigerte Dringlichkeit.** Sie ist zu unterscheiden von der allgemeinen Dringlichkeit, die schon der Verfügungsgrund als solcher erfordert und der besonderen Dringlichkeit gem § 937 II Hs 1, die das Gericht zu einer Entscheidung ohne mündliche Verhandlung ermächtigt. Dringlichkeit iSd § 944 liegt daher nur vor, wenn das Zusammentreten des Kollegialgerichts zu einer erheblichen Verzögerung führen würde und hierdurch der Zweck des einstweiligen Rechtschutzes gefährdet wäre (Karlsr NJW-RR 87, 1206; Zö/*Vollkommer* Rn 1; Musielak/*Huber* Rn 1). § 944 ist in erster Linie für die Kammer für Handelssachen (§§ 94, 105 I GVG, hierzu Schlesw OLGR 03, 278) sowie das Landwirtschaftsgericht (§ 2 LwVG) von praktischer Bedeutung. Der Vorsitzende ist auch berechtigt, iRe Dringlichkeitsentscheidung den Antrag auf Erlass einer einstweiligen Verfügung abzulehnen (Karlsr NJW-RR 87, 1206; Hambg OLGR 1996, 92; LG Zweibrücken NJW-RR 86, 151; MüKoZPO/*Drescher* Rn 4; St/J/*Grunsky* Rn 4; Wieczorek/Schütze/*Thümmel* Rn 5; aA Zö/*Vollkommer* Rn 1). 2

C. Rechtsbehelfe. Die Rechtsbehelfe gegen die Entscheidung des Vorsitzenden sind dieselben wie bei der Entscheidung durch das Gericht (Zö/*Vollkommer* Rn 3). Als Beschwerdegericht (§ 567 I Nr 2) entscheidet der vollbesetzte Senat (§ 122 GVG), ein Fall des § 568 S 1 liegt nicht vor (KG ZIP 10, 2047, 2048; vgl BGHZ 156, 320= NJW 04, 856 zu KfH-Vorsitzenden-Entscheidung; Zö/*Vollkommer* Rn 1). 3

§ 945 Schadensersatzpflicht. **Erweist sich die Anordnung eines Arrestes oder einer einstweiligen Verfügung als von Anfang an ungerechtfertigt oder wird die angeordnete Maßregel auf Grund des § 926 Abs. 2 oder des § 942 Abs. 3 aufgehoben, so ist die Partei, welche die Anordnung erwirkt hat, verpflichtet, dem Gegner den Schaden zu ersetzen, der ihm aus der Vollziehung der angeordneten Maßregel oder dadurch entsteht, dass er Sicherheit leistet, um die Vollziehung abzuwenden oder die Aufhebung der Maßregel zu erwirken.**

A. Normzweck. Die Vorschrift beruht, ebenso wie §§ 717 II, III, 302 IV 3, 600 II, 641g und 1065 II 2, auf dem allgemeinen Rechtsgedanken, dass die Vollstreckung aus einem noch nicht endgültigen Titel auf Gefahr des Gläubigers erfolgt (BGHZ 168, 352, 366 Tz 40 = NJW 06, 2767; Schuschke/Walker/*Walker* Rn 2). Sie begründet zum Schutz des Schuldners einen materiell-rechtlichen, **verschuldensunabhängigen Schadensersatzanspruch** (»dulde und liquidiere«, BGHZ 120, 73, 82 = NJW 93, 1077). Im Hinblick auf den Normzweck darf die Schadensersatzpflicht aus § 945 nicht später einsetzen als die strafbewehrte Verbindlichkeit des Unterlassungsgebots für den Schuldner. Sobald dieser das Verbot beachten und im Fall einer Zuwiderhandlung mit der Verhängung von Ordnungsmitteln zu rechnen hat, muss er auch durch § 945 geschützt sein (vgl BGHZ 120, 73, 80 = NJW 93, 1077; 180, 72, 76 Tz 16 = WM 09, 1622) Ob es sich bei der Schadensersatzpflicht aus § 945 um eine Gefährdungshaftung aus unerlaubter Handlung (BGHZ 85, 1

110, 113 = NJW 83, 232; NJW-RR 92, 998, 1001 – Roter mit Genever), Risikohaftung (BGHZ 180, 72, 76 Tz 16 = WM 09, 1622; BGH NJW 90, 2689, 2690), Haftung aus unerlaubter Handlung iwS (Zö/*Vollkommer* Rn 3) oder privatrechtliche Aufopferung (Baur S. 110) handelt, ist streitig, aber ohne praktische Bedeutung (Musielak/*Huber* Rn 1; *Teplitzky* Kap 36 Rn 4).

2 **B. Anwendungsbereich.** § 945 gilt nicht nur für rein zivilprozessuale Anordnungen des einstweiligen Rechtsschutzes einschließlich des presserechtlichen Gegendarstellungsrechts (BGHZ 62, 7, 9 = NJW 74, 642), sondern ist auch auf einstweilige Anordnungen in FamFG-Streitsachen nach § 112 Nr 2 und Nr 3 gem § 119 I 2 entspr anwendbar. Für in FamFG-Sstreitsachen angeordnete Arreste gilt gem § 119 II 2 § 945 gleichfalls in entsprechender Anwendung. Ferner ist § 945 auf einstweilige Anordnungen im echten Streitverfahren der freiwilligen Gerichtsverfahren (etwa Verfahren vor dem Landwirtschaftsgericht (BGHZ 111, 148, 153 = NJW 90, 2386; 120, 261, 263 = NJW 93, 593 jeweils zum früheren WEG-Verfahren; MüKoZPO/*Drescher* Rn 32), auf einstweilige Anordnungen nach § 123 VwGO (BGHZ 120, 73, 83 = NJW 93, 1077) und auf dingliche Arreste nach § 324 AO (BGHZ 63, 277 = NJW 75, 540) **entsprechend anwendbar.**

3 **C. Haftungsvoraussetzung bei von Anfang an ungerechtfertigter Anordnung (Alt 1). I. Beurteilungsmaßstäbe.** Von Anfang an ungerechtfertigt ist die Anordnung einer einstweiligen Rechtschutzmaßnahme, wenn sie **bei richtiger Beurteilung** der tatsächlichen und rechtlichen Gegebenheiten nicht hätte erlassen werden dürfen, weil die Voraussetzungen für ihren Erlass **im Zeitpunkt der Anordnung** objektiv nicht vorlagen (BGH NJW 88, 3268, 3269). Im Hinblick auf den Charakter der Schadensersatzhaftung als Risikohaftung, ist ein Vertrauen auf den Fortbestand der Rechtsprechung nicht ausschlaggebend (BGHZ 54, 76, 81= NJW 70, 1459; BGH Beschl v 22.10.09 – IX ZR 165/07 Tz 3; MüKoZPO/*Drescher* Rn 3, 9; St/J/*Grunsky*, Rn 19; Wieczorek/Schütze/*Thümmel*, Rn 9; Schuschke/Walker/*Walker* Rn 4; *Schilken* 50 Jahre BGH, Festgabe aus der Wissenschaft, Bd. III 593, 604). Eine geänderte Rechtsprechung darf im Schadensersatzprozess nur dann nicht berücksichtigt werden, wenn bereits ein rechtskräftiges Urt in der Hauptsache vorliegt (BGH Beschl v 22.10.09 – IX ZR 165/07 Tz 3; MüKoZPO/Drescher Rn 14; Schuschke/Walker/*Walker* Rn 15; *Ahrens* FS Piper, 31, 34; *Gehrlein* MDR 00, 687). Die Rechtslage ist mithin nicht an Hand der zum Zeitpunkt des Erlasses der einstweiligen Rechtsschutzmaßnahme geltenden höchstrichterlichen Rechtsprechung zu beurteilen. Die vorstehenden Grundsätze gelten nicht nur dann, wenn der Verfügungsanspruch nicht bestanden hat, sondern ebenso, wenn der Verfügungsgrund oder sonstige Zulässigkeitsvoraussetzungen gefehlt haben. Gleiches trifft zu, wenn die gesetzliche Grundlage einer einstweiligen Verfügung vom BVerfG für nichtig erklärt wird (BGHZ 54, 76, 79 = NJW 70, 1459). Wird ein Schutzrecht (Patent), auf dem der Verfügungsanspruch beruhte, für nichtig erklärt, ist gleichfalls eine von Anfang an ungerechtfertigte Anordnung gegeben (BGHZ 165, 311, 316 = NJW-RR 06, 621; aA Zö/*Vollkommer* Rn 8). Eine von Anfang an ungerechtfertigte Anordnung liegt aber auch dann vor, wenn sich diese Voraussetzungen nicht beweisen lassen. Auch in diesem Fall fehlt es an einem durchsetzbaren Anspruch, so dass die einstweilige Rechtsschutzmaßnahme aus objektiver Sicht nicht hätte erlassen werden dürfen und sich ihre Anordnung als von Anfang an ungerechtfertigt »erweist« (BGH NJW 88, 3268, 3269).

Der **Anordnungsgläubiger** (Bekl im Schadensersatzprozess) trägt die **Beweislast** dafür, dass sein Antrag auf Erlass der einstweiligen Rechtsschutzmaßnahme von Anfang an gerechtfertigt war (BGH NJW-RR 92, 988, 1001 – Roter mit Genever; Musielak/*Huber* Rn 3). Diese Beweislastverteilung ergibt sich aus den Besonderheiten des Anspruchs nach § 945, für dessen Beurteilung es maßgebend darauf ankommt, ob die von dem Anordnungsgläubiger in Anspruch genommenen Rechte ex post betrachtet den Erlass der einstweiligen Rechtsschutzmaßnahme rechtfertigen konnten (BGH NJW 1988, 3268, 3269; NJW-RR 92, 988, 1001 – Roter mit Genever). Lagen die Voraussetzungen für den Erlass der Eilmaßnahme im Zeitpunkt der Anordnung vor und sind sie erst später infolge einer Veränderung der Umstände entfallen, soll die gerichtliche Anordnung nicht zu Unrecht ergangen sein (P/O/S § 12 Rn 195). Gleiches gilt, wenn die Maßnahme mangels Darlegung oder Glaubhaftmachung des Anordnungsanspruchs oder Anordnungsgrundes an sich nicht hätte erlassen werden dürfen, die Voraussetzungen insoweit tatsächlich aber gegeben waren (BGH NJW-RR 92, 988, 1001 – Roter mit Genever).

4 **II. Beurteilung der Schadensersatzhaftung durch den Schadensersatzrichter.** Er ist in bestimmtem Umfang an in Rechtskraft erwachsene Vorentscheidungen des Hauptsache- oder Anordnungsverfahren gebunden:

1. Rechtskräftige Entscheidung in der Hauptsache. Bei seiner Beurteilung, ob die Anordnung der einstweiligen Verfügung als von Anfang an ungerechtfertigt iSd § 945 Alt 1 war, ist der Schadensersatzrichter an eine Entscheidung in der Hauptsache im Umfang ihrer Rechtskraft gebunden (BGHZ 122, 172, 175 – Verfügungskosten = NJW 93, 2685; NJW 88, 3268, 3269; NJW-RR 92, 998, 1001 – Roter mit Genever; Karlsr GRUR 84, 156, 157). Diese **Bindungswirkung** beruht auf der materiellen Rechtskraft (§ 322 I) der Hauptsacheentscheidung. Sie erstreckt sich auf die Feststellungen zum **Anordnungsanspruch**, nicht aber auf die zum Anordnungsgrund, auf die es im Hauptsacheverfahren nicht ankommt (*Teplitzky* Kap 36 Rn 15). Gleiches gilt für andere Prozessvoraussetzungen des Anordnungsverfahrens, weil auch diese nicht Gegenstand des Hauptsacheverfahrens sind. Ist das Hauptsacheverfahren ohne eine der Rechtskraft fähige Entscheidung zum Streitgegenstand abgeschlossen worden, ist der Schadensersatzrichter bei der Prüfung des Schadensersatzbegehrens gem § 945 Alt 1 frei. Dies gilt auch für einen Kostenbeschluss gem § 91a, weil nach den übereinstimmenden Erledigungserklärungen der Parteien über die Hauptsache gerade nicht mehr zu entscheiden ist (BGH NJW-RR 92, 998, 1001 – Roter mit Genever). 5

2. Rechtskräftige Entscheidungen des Anordnungsverfahrens. Der Schadensersatzrichter ist ferner an rechtskräftige Entscheidungen des Anordnungsverfahrens gebunden, die – bejahend oder verneinend – über den **Anordnungsgrund** entschieden haben. Gleiches gilt, wenn durch rechtskräftige Entscheidung im Anordnungsverfahren die einstweilige Rechtsschutzmaßnahme wegen Fehlens des Anordnungsanspruchs als von Anfang an unbegründet aufgehoben oder eine solche Aufhebungsentscheidung bestätigt wird (BGHZ 62, 7, 10 = NJW 74, 642, 643; 88, 3268, 3269; 92, 2297, 2298; P/O/S § 12 Rn 199; *G. Fischer* FS Merz, 81, 85 f; aA Karlsr GRUR 84, 156; KG NJW-RR 87, 448; Frankf WRP 04, 1196; MüKoZPO/*Drescher* Rn 16 ff; Musielak/*Huber* Rn 3; Zö/*Vollkommer* Rn 9; *Ahrens* FS Piper, 31, 36). Beschlussverfügungen haben keine Bindungswirkung (BGH NJW 88, 3268, 3269). Gleiches gilt für Versäumnis- oder Verzichtsurteile ohne Begründung (BGH GRUR 1998, 1010, 1011 – WINCAD). 6

D. Haftungsvoraussetzung bei Aufhebung wegen Fristversäumnis (Alt 2). Die Schadensersatzhaftung aus § 945 Alt 2 hat zur Voraussetzung, dass die einstweilige Verfügung durch Endurteil aufgehoben worden ist (§ 926 II, § 942 II). Die in § 945 Alt 2 dem Grunde nach ausgesprochene Schadensersatzverpflichtung des Verfügungsklägers knüpft an die Tatbestandswirkung des die einstweilige Verfügung aufhebenden Endurteils an (BGH NJW-RR 92, 998, 10011001 – Roter mit Genever; *Teplitzky* NJW 84, 860, 862). Über deren Berechtigung hat der Schadensersatzrichter nicht zu befinden (Zö/*Vollkommer* Rn 12). Liegt eine Aufhebungsentscheidung nicht vor, fehlt das die Schadensersatzpflicht begründende Tatbestandsmerkmal. Eine erweiternde Auslegung der Schadensersatzhaftung gem § 945 Alt 2 kommt nicht in Betracht. § 945 Alt 2 begründet eine verschuldensunabhängige Haftung unter zwei ausdrücklich normierten Voraussetzungen: Der Gläubiger muss die **gesetzte Frist versäumt** haben und als Folge dieses Versäumnisses muss die von ihm erwirkte einstweilige Maßregel durch **Urt aufgehoben** sein. Fehlt es an einer dieser Voraussetzungen, kann die Vorschrift des § 945 Alt 2 nicht angewendet werden, denn die strenge Haftungsregelung verbietet eine über den Gesetzeswortlaut hinausreichende ausdehnende Auslegung (BGH NJW-RR 92, 998, 1001 – Roter mit Genever; Karlsr GRUR 84, 156, 158). Sonstige, das Aufhebungsverfahren beendende Maßnahmen werden von § 945 Alt 2 nicht angesprochen. 7

E. Schadensersatzanspruch. I. Beurteilungsgrundsätze. 1. Allgemeine Grundsätze. Auf den Schadensersatzanspruch aus § 945 sind die allgemeinen Vorschriften der §§ 249 ff BGB anwendbar (BGHZ 96, 1, 2 = NJW 86, 180; 122, 172, 179 = NJW 93, 2685; 168, 352, 359 Tz 19 = NJW 06, 2767). Der Schadensersatzanspruch umfasst grds den durch die Vollziehung der einstweiligen Rechtsschutzanordnung adäquat-kausal verursachten, unmittelbaren oder mittelbaren Schaden (**Vollziehungsschaden**). Ist eine durch Urt ergangene Unterlassungsverfügung mit einer Ordnungsmittelandrohung versehen, so kann ein Vollziehungsschaden bereits mit Verkündung des Urteils entstehen, weil der Schuldner die Verbotsverfügung ab diesem Zeitpunkt zu beachten hat (BGHZ 180, 72, 76 Tz 16 = WM 09, 1622; Schuschke/Walker/*Walker* Rn 38; *Teplitzky* Kap 36 Rn 31). Die im Urt enthaltene Strafandrohung gilt als erster Schritt der Vollziehung iSd § 945 (BGHZ 180, 72, 76 Tz 16 = WM 09, 1622). Dem daraus folgenden Risiko für den Gläubiger, sich Schadensersatzansprüchen nach § 945 bereits ab dem Zeitpunkt der Urteilsverkündung auszusetzen, kann dieser auf verschiedene Weise begegnen. Er kann davon absehen, bereits im Erkenntnisverfahren eine Ordnungsmittelandrohung zu beantragen, oder er kann vor der Verkündung der mit der Ordnungsmittelandrohung versehenen Urteilsverfügung dem Schuldner ggü die Erklärung abgeben, dass er für einen bestimmten Zeitraum – etwa bis zur Zustellung der Urteilsverfügung – keine Rechte aus dem Vollstre- 8 ckungstitel herleitet (BGHZ 180, 72, 77 Tz 16 = WM 09, 1622). Hat der Schuldner eine auf Unterlassung gerichtete einstweilige Verfügung erfüllt, ohne dass eine Strafandrohung gem § 890 II ergangen war, kommt ein Vollziehungsschaden (nach Aufhebung der einstweiligen Verfügung) jedoch nicht in Betracht (BGHZ 120, 73 = NJW 93, 1076). **2. Entgangener Gewinn.** Zum ersatzfähigen Schaden gehört auch der infolge des Vollzugs von Verbotsverfügungen entgangene Gewinn des Schuldners (BGHZ 168, 352, 359 Tz 19 = NJW 06, 2767; MüKoZPO/*Drescher* Rn 21; Wieczorek/Schütze/*Thümmel* Rn 22). **3. Vorteilsausgleichung.** Die Regeln zur Vorteilsausgleichung – zB Wertsteigerung der wegen Veräußerungsverbot nicht verkauften Sache – sind anwendbar (BGHZ 77, 151, 155 = NJW 80, 2187; BGH Beschl v 3.2.11 – IX ZR 141/10 Tz 3 nv). **4. Grundsätze zu § 287.** Die Grundsätze zu § 287 sind gleichfalls zu berücksichtigen (BGH NJW 93, 2685, 2688). § 287 erleichtert dem Geschädigten nicht nur die **Beweisführung**, sondern auch die **Darlegung** (BGH NJW 93, 734; NJW 95, 3248, 3250). Stehen Haftungsgrund und Schadenseintritt fest, darf das Gericht von einer **Schätzung des Schadens** nach § 287 nicht schon deshalb absehen, weil der Sachvortrag des Geschädigten eine abschließende Beurteilung seines gesamten Schadens nicht zulässt. Die Schätzung darf nur dann abgelehnt werden, wenn deren Ergebnis mangels greifbarer Anhaltspunkte völlig in der Luft hängen würde (BGH NJW 1995, 3248, 3250; BGH Beschl v 3.2.11 – IX ZR 141/10 Tz 3 nv). **5. Zurechnungszusammenhang.** Hat sich der Verfügungsbeklagte nach Verwirklichung des haftungsbegründenden Tatbestandes rechtsgeschäftlich dazu verpflichtet, den durch die einstweilige Verfügung titulierten Unterlassungsanspruch zu erfüllen, lässt dies den inneren **Zusammenhang zwischen** dem **Vollstreckungsdruck und** dem **Schaden** nicht entfallen. Das Schadensersatzverlangen ist in einem solchen Fall jedenfalls dann nicht treuwidrig, wenn sich der Verfügungsbeklagte Schadensersatzansprüche aus § 945 vorbehalten hat (BGHZ 168, 352, 363 Tz 40 = NJW 06, 2767).

9 **II. Mitverschulden. 1. Materiellrechtliche Grundsätze.** Ein **mitwirkendes Verschulden** des Vollstreckungsschuldners ist zu berücksichtigen (BGHZ 122, 172, 179 = NJW 93, 2685; 90, 2689, 2690; 06, 2557, 2559). Ein Ausschluss oder eine Minderung des Schadensersatzanspruchs aus § 945 kommt namentlich dann in Betracht, wenn ein **schuldhaftes Verhalten des Arrestbeklagten** dem Arrestkläger **Anlass zur Ausbringung des Arrestes** gegeben hat (BGHZ 168, 352, 363 Tz 31 = NJW 06, 2767; 90, 2689, 2690; St/J/*Grunsky* Rn 9; MüKoZPO/*Drescher* Rn 26). Im Falle einer einstweiligen Verfügung gilt Entsprechendes (BGHZ 168, 352, 363 Tz 31 = NJW 06, 2767; 06, 2557, 2559 Tz 27). Der Schadensersatzanspruch kann durch Mitverschulden des Verfügungsbeklagten gemindert sein oder ganz entfallen, wenn er dem Verfügungskläger schuldhaft Anlass gegeben hat, um einstweiligen Rechtsschutz nachzusuchen. Die Übertragung des letzten nennenswerten Vermögensteils eines illiquiden Schuldners auf einen nahen Angehörigen kann aus der Sicht eines Gläubigers einen solchen Anlass darstellen (BGH NJW 06, 2557, 2559 Tz 27). Auch das **Unterlassen einer sich aufdrängenden Verteidigungsmöglichkeit** (bspw Einrede der Verjährung) oder eines aussichtsreichen Rechtsbehelfs (BGH NJW 06, 2557, 2558 Tz 27 [Versäumnisurteil]; München WRP 96, 784 [Widerspruch]) kann ein Mitverschulden begründen. Unter Umständen kommt ein Mitverschulden auch in Betracht, wenn der Anordnungsschuldner die Möglichkeit der Abwendung der Zwangsvollstreckung durch Sicherheitsleistung nicht wahrgenommen hat (BGHZ 120, 261, 271 = NJW 93, 593).

10 **2. Verfahrensrechtliche Grundsätze. a) Prüfung vAw.** Prozessual ist der Einwand des Mitverschuldens keine Einrede, die für ihre Wirksamkeit erst erhoben werden müsste, sondern nach einhelliger Ansicht eine **vAw zu beachtende Einwendung** (BGH NJW 00, 217, 219; WM 10, 993 Tz 13; Palandt/*Grüneberg* § 254 Rn 72; *D. Fischer* DB 10, 2600, 2605). Die Frage des mitwirkenden Verschuldens ist daher vAw auch noch in der Revisionsinstanz zu überprüfen (BGH WM 10, 993 Tz 13). Aus dem Charakter als Rechtsvorschrift (§ 254 BGB) ist ferner abzuleiten, dass es auch nicht erforderlich ist, hierzu Rechtsausführungen zu machen. Es genügt, dass Umstände tatsächlicher Art vorgetragen werden, die in rechtlicher Hinsicht das Mitverschulden begründen (vgl BGHZ 135, 140, 149 = NJW 97, 1857; *D. Fischer* DB 10, 2600, 2605). **b) Darlegungs- und Beweislast.** Die Darlegungs- und Beweislast für den Einwand des Mitverschuldens trägt nach allgemeinen Grundsätzen der Schädiger, der damit seine Ersatzpflicht mindern oder beseitigen will (BGHZ 168, 352, 363 Tz 34 = NJW 06, 2767; *D. Fischer* DB 10, 2600, 2605). Indessen darf dem Schädiger nichts Unmögliches abverlangt werden. Er kann namentlich beanspruchen, dass der Geschädigte an der Beweisführung mitwirkt, soweit es sich um Umstände aus seiner Sphäre handelt (BGHZ 91, 243, 260 = NJW 84, 2216; 168, 352, 363 Tz 34 = NJW 06, 2767; NJW 98, 3706, 3707). Insbesondere ist es bei einem Streit über die Frage, ob er eine andere zumutbare Arbeit hätte finden können, Sache des Geschädigten,

darzulegen, welche Arbeitsmöglichkeiten für ihn zumutbar und durchführbar seien und was er bereits unternommen habe, um einen entsprechende Tätigkeit zu finden.

III. Fehlende Ersatzfähigkeit. Der sog **Anordnungsschaden**, der allein aufgrund der Anordnung der Eilmaßnahme und unabhängig von ihrer Vollziehung eintritt – bspw auf Grund freiwilligen Verzichts auf Veräußerung bei noch nicht zugestelltem Verfügungsverbot (Saarbr NJW-RR 98, 1039) – fällt nicht unter § 945 (BGH NJW 88, 3268, 3269). Dieser Schaden ist nur unter den Voraussetzungen eines verschuldensabhängigen, deliktischen Schadensersatzanspruchs erstattungsfähig (Saarbr NJW-RR 98, 1039; *Gehrlein* MDR 00, 687, 688). Ist der Verfügungsbeklagte ohnehin, etwa aus bußgeldbewehrten Ordnungsvorschriften oder aus sonstigen materiell-rechtlichen Gründen verpflichtet, das mit der einstweiligen Verfügung verbotene Verhalten zu unterlassen, so hat er durch die Unterlassung keinen nach § 945 zu ersetzenden Schaden erlitten (BGHZ 15, 356, 358 = NJW 55, 377; 126, 368, 374 f – Fortsetzungsverbot = NJW 94, 2765; 168, 352, 362 Tz 27 = NJW 06, 2767; 90, 122, 125; NJW-RR 08, 610 Rn 12; *G. Fischer* FS Merz, 81, 88, 90; Wieczorek/Schütze/*Thümmel* Rn 22). Insoweit gelten die Grundsätze des **normativen Schadensbegriffes.** Danach darf ein Geschädigter grds im Wege des Schadensersatzes nicht mehr erhalten als dasjenige, was er nach der materiellen Rechtslage hätte verlangen können. Der Verlust einer tatsächlichen oder rechtlichen Position, auf die er keinen Anspruch hat, ist grds kein erstattungsfähiger Nachteil (vgl BGHZ 125, 27, 34 = NJW 94, 1468; 145, 256, 263 = NJW 01, 146; DB 08, 55, 57 Tz 21). 11

F. Verjährung. Der Schadensersatzanspruch nach § 945 verjährt in **drei Jahren** (§ 195 BGB). Der Beginn der Verjährung setzt die **Kenntnis oder grobfahrlässige Unkenntnis des Schadens** und der **Person des Ersatzpflichtigen** voraus (*Teplitzky* Kap 36 Rn 42). Im Falle der **Antragsrücknahme** beginnt regelmäßig die Frist für die Verjährung des Schadensersatzanspruchs mit der Rücknahme zu laufen (*G. Fischer* FS Merz, 81, 86, 91), weil der Antragsteller, der seinen Antrag zurücknimmt, dadurch zu erkennen gibt, dass er nunmehr selbst den Antrag nicht für gerechtfertigt hält (BGH NJW 03, 2610, 2611). Anderes gilt, wenn die Rücknahme auf einer Verständigung mit dem Gegner beruht. Im Übrigen ist hinsichtlich des Verjährungsbeginns zu berücksichtigen, dass dem Vollstreckungsschuldner die Schadensersatzklage im **Regelfall** erst nach Abschluss des Verfahrens betreffend den Erlass eines Arrests oder einer einstweiligen Verfügung zuzumuten ist (BGHZ 75, 1, 6 = NJW 80, 189; 169, 308, 313 Tz 16 = WM 07, 27). Die **Verjährung** des Schadensersatzanspruchs beginnt **spätestens** dann, falls die einstweilige Verfügung aufgehoben worden ist, wenn der vormalige Antragsgegner im Hauptsacheverfahren ein noch nicht rechtskräftiges Urt zu seinen Gunsten erzielt, das in hohem Maße dafür spricht, dass die einstweilige Verfügung von Anfang an nicht gerechtfertigt war (BGH NJW 03, 2610, 2612; in NJW 06, 2257, 2558 offen gelassen). 12

G. Gerichtliche Geltendmachung. Für Schadensersatzansprüche, die aus § 945 abgeleitet werden, ist der **ordentliche Rechtsweg** gegeben Dies gilt auch dann, wenn die zugrunde liegende einstweilige Anordnung von einem VG gem § 123 VwGO erlassen wurde (BGHZ 78, 127, 129 = NJW 81, 349). Im einstweiligen Rechtsschutzverfahren kann der Schadensersatzanspruch nicht geltend gemacht werden (RGZ 58, 239; MüKoZPO/*Drescher* Rn 28). Dies gilt auch für die Rückzahlung des aufgrund einer Leistungsverfügung erbrachten Geldbetrages (MüKoZPO/*Drescher* Rn 28; Musielak/*Huber* Rn 10; aA ThoPu/*Reichold*, Rn 12; Zö/*Vollkommer* Rn 7, soweit der Betrag der Höhe nach unstr ist). Der Schadensersatz wird grds im Wege der **Leistungsklage** geltend gemacht. Der Schuldner kann seinen Schadensersatzanspruch auch durch **Widerklage** oder im Wege der **Aufrechnung** verfolgen. Der Gläubiger kann sich gegen ein Schadensersatzverlangen des Schuldners mit der **negativen Feststellungsklage** wenden (BGHZ 126, 368, 373 – Fortsetzungsverbot = NJW 94, 2765). 13

Buch 9 Aufgebotsverfahren

§§ 946–1024 *(weggefallen seit 1.9.2009)*

[illegible] … ist (vgl. [illegible]).

Buch 10 Schiedsrichterliches Verfahren

Abschnitt 1 Allgemeine Vorschriften

§ 1025 Anwendungsbereich. **(1) Die Vorschriften dieses Buches sind anzuwenden, wenn der Ort des schiedsrichterlichen Verfahrens im Sinne des § 1043 Abs. 1 in Deutschland liegt.**
(2) Die Bestimmungen der §§ 1032, 1033 und 1050 sind auch dann anzuwenden, wenn der Ort des schiedsrichterlichen Verfahrens im Ausland liegt oder noch nicht bestimmt ist.
(3) Solange der Ort des schiedsrichterlichen Verfahrens noch nicht bestimmt ist, sind die deutschen Gerichte für die Ausübung der in den §§ 1034, 1035, 1037 und 1038 bezeichneten gerichtlichen Aufgaben zuständig, wenn der Beklagte oder der Kläger seinen Sitz oder seinen gewöhnlichen Aufenthalt in Deutschland hat.
(4) Für die Anerkennung und Vollstreckung ausländischer Schiedssprüche gelten die §§ 1061 bis 1065.

A. Grundlagen des schiedsrichterlichen Verfahrens. I. Wesen, Sinn und Zweck der Schiedsgerichtsbarkeit. Schiedsgerichtsbarkeit ist eine auf Rechtsgeschäft beruhende **private Gerichtsbarkeit** über Verfahren 1
aus dem Bereich des Rechtswegs zu den ordentlichen Gerichten (§ 13 GVG). Dem Schiedsgericht wird auf der Basis der Privatautonomie die Entscheidung über zivilrechtliche Rechtsstreitigkeiten an Stelle staatlicher Gerichte übertragen. Auf dieser Basis stellt das 10. Buch der ZPO die Summe aller Normen dar, die die Grundlage für diese private Schiedsgerichtsbarkeit durch Privatpersonen als Schiedsrichter darstellen. Das Schiedsgericht ersetzt also das staatliche Gericht. Nur in ganz engen Ausnahmen unterstützt die staatliche Gerichtsbarkeit die private Schiedsgerichtsbarkeit, so bei der Bestellung der Schiedsrichter (§ 1035), bei einer Unterstützung iRd Beweisaufnahme (§ 1050), bei der Durchsetzung des Schiedsspruchs (§ 1060 ff), schließlich gibt es gewisse staatliche Ergänzungstätigkeit im Rahmen einstweiligen Rechtsschutzes (§§ 1033, 1041 II).
Die entscheidenden **Wesensmerkmale** dieser privaten Schiedsgerichtsbarkeit sind die Freiwilligkeit auf der Basis der Privatautonomie der Parteien, die Gestaltungsfreiheit iRd Verfahrens (zu den Grenzen vgl § 1042), die freie Wahl der Schiedsrichter sowie die Sperrwirkung einer Schiedsvereinbarung zwischen den Parteien für ein staatliches Verfahren (§ 1032 I).
Schiedsgerichtsbarkeit ist danach **Rechtsprechung im materiellen Sinn**. Die Parteien verzichten durch den Abschluss einer Schiedsvereinbarung auf ihr verfassungsrechtliches Recht auf Justizgewährung. Damit ist eine solche Schiedsvereinbarung nach heutiger Auffassung ein Prozessvertrag und nicht eine materiellrechtliche Vereinbarung, wie dies in früherer Zeit vertreten wurde (St/J/*Schlosser* vor § 1025 Rn 2). Die Anerkennung der Schiedsgerichtsbarkeit als einer echten privaten Gerichtsbarkeit (BGH NJW 98, 3027) führt dazu, dass deutsche Schiedsrichter oft sehr verfahrensförmig (iSd ZPO) handeln und als aktive Verfahrensmanager agieren, dass sie sich von den Grundsätzen der Beschleunigung und Konzentration des Verfahrens leiten lassen und dass sie sehr vergleichsfreundlich wirken (*Berger* SchiedsVZ 09, 289, 291 f).

II. Verfassungskonformität. Die Regelung einer privaten Schiedsgerichtsbarkeit an der Stelle der staatli- 2
chen Gerichtsbarkeit iRd ZPO ist ebenso verfassungskonform wie die Möglichkeit der Parteien, eine solche Schiedsvereinbarung auf der Basis der ihnen zukommenden Privatautonomie zu schließen (*Prütting* FS Schlosser 05, 705; St/J/*Schlosser* vor § 1025 Rn 3; Zö/*Geimer* vor § 1025 Rn 4; aA *Hesselbarth*, Schiedsgerichtsbarkeit und Grundgesetz, Diss Jena 2004). Art 92 ff GG sind nicht tangiert, weil sie ausschließlich die staatliche Rechtsprechung determinieren. Auf eine private Schiedsgerichtsbarkeit sind sie nicht anwendbar. Nicht tangiert ist auch der verfassungsrechtlich garantierte Zugang zu Gericht (Art 2 I, 19 IV, 20 III GG), auf den die Parteien im Zivilrecht privatautonom verzichten können. Dieses Ergebnis wird durch die Überlegung unterstützt, dass die Parteien einseitig oder vertraglich auch auf jegliche Anrufung der Gerichte wirksam verzichten können (zum Verzicht nach Rechtshängigkeit vgl § 306) oder über den Gegenstand des Schiedsverfahrens einen Vergleich schließen können (§ 1030).

III. Entstehungsgeschichte. Die Schiedsgerichtsbarkeit ist schon seit dem Römischen Recht eine bekannte 3
und bedeutsame Form privatrechtlicher Konfliktlösung. Insb im Mittelalter waren Schiedsgerichte und weitere außergerichtliche Schlichtungsformen sehr wichtige Streitbeilegungsmechanismen (vgl *Krause*, 1930). Offenbar entspricht die Schiedsgerichtsbarkeit einem gewichtigen praktischen Bedürfnis des Wirtschaftslebens. Die ZPO in der Form der Reichsjustizgesetze des Jahres 1877 hatte die Schiedsgerichtsbarkeit

bereits als 10. Buch enthalten (damals §§ 1025–1048). Die heutige Regelung der deutschen Schiedsgerichtsbarkeit beruht im Wesentlichen auf dem unter der Schirmherrschaft der UNCITRAL entstandenen Modellgesetz über internationale Handelsschiedsgerichtsbarkeit v 21.6.85. Dieses Modellgesetz wurde in den vergangenen 30 Jahren weltweit rezipiert. Dies führte zu einer weithin erwünschten Harmonisierung der nationalen Schiedsverfahrensrechte. Auch der deutsche Gesetzgeber hat den Inhalt des UNCITRAL-Modellgesetzes weitgehend übernommen und die deutsche Schiedsgerichtsbarkeit durch das Schiedsverfahrens-Neuregelungsgesetz v 22.12.97 (BGBl I 3224, in Kraft seit 1.1.98) in der heute bestehenden Form neu geregelt.

4 **IV. Schiedsgerichte außerhalb der ZPO.** Die Regeln der Schiedsgerichtsbarkeit im 10. Buch der ZPO gelten unmittelbar nur für den Bereich der **streitigen Zivilgerichtsbarkeit**. Zu weiteren Abgrenzungen s. §§ 1026, 1030 III.

5 **1. Arbeitsgerichtsbarkeit.** Im Bereich der Arbeitsgerichtsbarkeit sind diese Regelungen durch die §§ 101 ff ArbGG ersetzt, die im Bereich des Arbeitsrechts die Möglichkeiten einer Schiedsgerichtsbarkeit stark einschränken (§ 101 III ArbGG); s.u. § 1030 Rz 6.

6 **2. Bankrecht.** Zu bankrechtlichen Streitigkeiten s.u. § 1030 Rz 7.

7 **3. Beschlussmängelstreitigkeiten.** Zu Beschlussmängelstreitigkeiten bei AG und GmbH s.u. § 1030 Rz 8.

8 **4. Freiwillige Gerichtsbarkeit.** In der Freiwilligen Gerichtsbarkeit waren Schiedsvereinbarungen schon immer nur in sehr engen Grenzen zulässig, soweit sie sich auf privatrechtliche Streitsachen bezogen. Daran hat das neue FamFG (in Kraft seit 1.9.09) nichts geändert, obgleich es nunmehr dem GVG untersteht.

9 **5. Insolvenzrecht.** Das staatliche Insolvenzverfahren nach der InsO ist ein zwingendes Verfahren, das durch ein privates Schiedsgericht nicht ersetzt werden kann. Soweit im Verbraucherinsolvenzverfahren der Versuch einer außergerichtlichen Einigung vorgesehen ist (§ 305 I Nr 1), ist dies ebenso wenig ein schiedsgerichtliches Verfahren wie das Insolvenzplanverfahren (§§ 217 ff InsO). Ist über einen Schuldner das Insolvenzverfahren eröffnet worden, so ist der vom Gericht eingesetzte Insolvenzverwalter an Schiedsvereinbarungen im Grundsatz gebunden, die noch der Schuldner vor Insolvenzeröffnung getroffen hatte (BGH NZI 09, 309, 310; BGH NJW 79, 2567; *Berger* ZInsO 09, 1033). Der Insolvenzverwalter muss also grds die Rechtslage übernehmen, die bei Eröffnung des Verfahrens besteht. **Nach** Eröffnung eines Insolvenzverfahrens kann der Schuldner keine Schiedsvereinbarung mehr schließen. Dagegen ist nunmehr der Verwalter berechtigt, eine Schiedsvereinbarung abzuschließen (§§ 80 I, 160 II Nr 3 InsO).
Die Bindung des Verwalters an die Rechtslage bei Eröffnung des Insolvenzverfahrens gilt nicht für Fragen der Insolvenzanfechtung (BGHZ 24, 18), weil der Schuldner zu keinem Zeitpunkt Inhaber der Forderung aus der Anfechtung war und niemals dispositionsbefugt über Anfechtungsansprüche ist. Sie gilt auch nicht, soweit sie das Wahlrecht des Insolvenzverwalters nach § 103 InsO vereiteln würde (BGH ZIP 11, 1477; *Prütting* EWiR 11, 545 und FS Görg 2010, S. 373). Umgekehrt kann der Verwalter im schiedsgerichtlichen Verfahren die Anfechtbarkeit nicht anwenden (BGH ZInsO 08, 269 = KTS 09, 238). Wird das Insolvenzverfahren zu einem Zeitpunkt eröffnet, zu dem ein Schiedsverfahren läuft, so wird dieses schiedsgerichtliche Verfahren nicht durch die Insolvenz unterbrochen. § 240 ist nicht analog anwendbar. Ein während des Insolvenzverfahrens ergangener Schiedsspruch, der auf Leistung gerichtet ist, kann (wegen § 181 InsO) als bloße Feststellung zur Insolvenztabelle auszulegen sein (BGH NZI 09, 309; *Berger* ZInsO 09, 1033). Will der Insolvenzverwalter einen Rechtsstreit mit erheblichem Streitwert durch Schiedsvereinbarung lösen, so bedarf er der Zustimmung des Gläubigerausschusses (§ 160 II Nr 3 InsO).

10 **6. Kartellrecht.** Die früheren Einschränkungen der Schiedsgerichtsbarkeit im deutschen Kartellrecht sind entfallen (vgl § 91 GWB aF). Die im Bereich des europäischen Kartellrechts existierende Schiedsgerichtsbarkeit ist wohl kein echter Fall von Schiedsgerichtsbarkeit (Blechmann/Böckstiegel/*Hermanns* S. 33 ff).

11 **7. Öffentliches Recht.** Öffentlichrechtliche Schiedsgerichtsbarkeit ist sowohl im Bereich verwaltungsrechtlicher Schiedsgerichte als auch insb im Bereich der völkerrechtlichen Schiedsgerichtsbarkeit möglich und anerkannt. Sie ist freilich von den Regeln der ZPO strikt zu trennen (*Lachmann* Rn 14 ff).

12 **8. Politische Parteien.** Schiedsinstitutionen der politischen Parteien sind idR keine Schiedsgerichte iSd 10. Buchs der ZPO (Köln NJW 92, 122; Frankf NJW 70, 2250).

9. Religionsgemeinschaften. Ebenfalls abzutrennen von der Schiedsgerichtsbarkeit der ZPO ist die Einrichtung von Schiedsgerichten durch Religionsgemeinschaften zur Lösung von Streitigkeiten zwischen ihren Organen (BGH NJW 00, 1555; *Lachmann* Rn 13). 13

10. Verbands- und Vereinsrecht. Bei den Verbands- und Vereinsschiedsgerichten muss man unterscheiden, ebenso va im Bereich der Sportschiedsgerichtsbarkeit. Es gibt dort häufig sog Verbands- und Vereinsgerichte, die nicht als echte Schiedsgerichte anzusehen sind, sondern die nur als verbands- oder vereinsinterne Organe angesiedelt sind. Es gibt aber auch (manchmal als letzte Instanz) echte Schiedsgerichte, die unter Ausschluss der staatlichen Gerichtsbarkeit entscheiden. Entscheidend ist, ob die konkrete Verfahrensordnung auf die Anrufung staatlicher Gerichte verzichtet (BGH NJW 04, 2226). 14

11. Wohnraummiete. Zur Schiedsgerichtsbarkeit im Bereich der Wohnraummiete s. § 1030 II. 15

V. Abgrenzungen zu anderen Streitschlichtungsformen. Die private Schiedsgerichtsbarkeit steht auf der Grenze zwischen streitiger Zivilgerichtsbarkeit und den vielfältigen Form außergerichtlicher Streitbeilegung. Alle anderen Formen dieser außergerichtlichen Streitbeilegung kennen keinen Verfahrensabschluss durch autoritative Entscheidungen. Insofern gehört die Schiedsgerichtsbarkeit im materiellen Sinn zur **echten Gerichtsbarkeit.** Andererseits sind private Schiedsgerichte kein Teil der staatlichen Gerichtsbarkeit und gehören damit zum Bereich der **außergerichtlichen** Streitbeilegung. Alle übrigen Verfahren außergerichtlicher Streitbeilegung sind in ihrer Wirkung und Bedeutung der Schiedsgerichtsbarkeit eher vorgelagert (Haft/Schlieffen/*Prütting* § 21 Rn 2 ff). Private Organisationen wie die DIS haben auf diese unterschiedlichen Aspekte außergerichtlicher Streitbeilegung dadurch reagiert, dass sie neben (privaten) Schiedsgerichtsordnungen auch weitere Regelwerke geschaffen haben, zB die DIS-Mediationsordnung (dazu *Breidenbach/Peres* SchiedsVZ 10, 125), die DIS-Schiedsgutachtenordnung (dazu *Stubbe* SchiedsVZ 10, 130) sowie die DIS-Konfliktmanagementordnung (dazu *Scherer* SchiedsVZ 10, 122). Abzutrennen von der Schiedsgerichtsbarkeit ist im Einzelnen insb Folgendes. 16

1. Mediation. Echte Mediation ist der Versuch der Streitparteien, mit Hilfe eines neutralen Dritten (des Mediators) zu einer einvernehmlichen Lösung des Konflikts zu gelangen, ohne dass der Mediator autoritative Vorgaben macht, Druck auf die Parteien ausübt oder gar eine eigene Entscheidung vorschlägt oder trifft. Mediation ist also ein freiwilliges Verfahren zur außergerichtlichen Vermeidung oder Regulierung von Konflikten unter Hinzuziehung eines neutralen Dritten, bei dem die Beteiligten letztlich eine selbst bestimmte und von ihnen selbst akzeptierte Problemlösung finden (umfassend *Haft/Schlieffen*). Der Gesetzgeber hat soeben ein MediationsG beschlossen, das neben Begriff, Verfahren und Vertraulichkeit auch die Aus- und Fortbildung näher konkretisiert. 17

2. Schlichtung. Bei den vielfältigen Formen von Schlichtungsverfahren versucht regelmäßig ein neutraler Dritter mit Autorität, den Streitparteien ein eigenes Schlichtungs- oder Vergleichsergebnis zur Annahme vorzulegen. Solche Schlichtungseinrichtungen gibt es im deutschen Recht in vielfältiger Weise (Gütestellen, Schiedsstellen, Schlichtungskommissionen, Gutachterstellen). Regelmäßig sind solche Schlichtungseinrichtungen freiwillig. Allerdings hat der Gesetzgeber auch obligatorische Formen von Streitschlichtung eingeführt (vgl § 15a EGZPO). Zu den Einzelheiten vgl *Prütting* Streitschlichtung. 18

3. Schiedsgutachten. Abzugrenzen von der echten Schiedsgerichtsbarkeit ist auch das Schiedsgutachten, das auf einem Schiedsgutachtenvertrag beruht. Dabei wird durch einen Dritten (Gutachter) ein einzelnes Element der Entscheidung verbindlich durch das Schiedsgutachten geklärt. Im Einzelnen gibt es unterschiedliche Formen. Das klassische Schiedsgutachten ist iSd §§ 317 ff BGB verbindlich (umfassend *Greger/Stubbe* S. 35 ff). Die Feststellung eines Anspruchselements gibt es auch bei Gutachterstellen sowie im selbständigen Beweisverfahren (§ 485). 19

B. Normzweck. § 1025 und der gesamte 1. Abschnitt (§§ 1025–1028) sind dem Anwendungsbereich und Umfang schiedsrichterlicher Tätigkeit gewidmet. Das Gesetz folgt damit der Systematik des Modellgesetzes. Dabei setzen die Normen des 1. Abschnitts die Existenz und die Zulässigkeit einer privaten Schiedsgerichtsbarkeit voraus. 20

Diese beruht in ihrer großen praktischen Bedeutung letztlich darauf, dass sie ggü staatlicher Gerichtsbarkeit wichtige **Vorteile** aufweist. Hingewiesen wird insb auf die Möglichkeiten der Parteien, sich das Schiedsgericht nach den konkreten Wünschen und Bedürfnissen zusammenzustellen. So können von den Parteien sowohl die Zahl der Schiedsrichter als auch ihre Erfahrung und ihre Fachkompetenz zum Auswahlkriterium gemacht werden. Auch die Organisation des Schiedsgerichts und die Bestimmung seines Verfahrens unterliegen der freien Vereinbarung der Parteien. Ein weiterer zentraler Aspekt ist die Vertraulichkeit. Ein Schiedsverfahren ist parteiöffentlich, sein Verfahren und sein Ergebnis unterliegen aber ggü der allgemeinen Öffentlichkeit einer strikten Geheimhaltung. Meist wird ferner die kürzere Verfahrensdauer als Vorteil genannt. Dies gilt freilich nur, soweit man das schiedsgerichtliche Verfahren mit einem staatlichen Zivilprozess über drei Instanzen vergleicht. Ähnliches gilt für die Verfahrenskosten. Auch hier ergibt sich ein deutlicher Vorteil der Schiedsgerichtsbarkeit nur, wenn man ein staatliches Verfahren mit Ausnutzung aller Rechtsmittel vergleicht. Besonders wichtig sind die Vorteile der Schiedsgerichtsbarkeit im Rahmen grenzüberschreitender Streitigkeiten. Hier können bei politischen oder kulturellen Barrieren oftmals allein Schiedsgerichte einen Rechtsschutz gewähren. Freilich weist die Schiedsgerichtsbarkeit auch **Gefahren** auf. So ist zu beobachten, dass Schiedsrichter nicht selten Befangenheitsprobleme erkennen lassen, auch der Zeit- und Kostenfaktor kann zu erheblichen Nachteilen führen. Die häufige Kritik in neuerer Zeit, Schiedsverfahren seien zu lang und zu teuer, hat die ICC in Paris bewogen, in ihrer Schiedsordnung ab 1.1.12 eine Beschleunigung durch Einführung eines Eilschiedsrichters zu erzielen.

Der spezielle Normzweck von § 1025 beruht darauf, dass die Norm sowohl den Anwendungsbereich des deutschen Rechts wie die Fragen der internationalen Schiedsgerichtsbarkeit und ihrer (beschränkten) Anknüpfung im deutschen Recht klärt. Schließlich gibt Abs 4 einen Hinweis auf die Anerkennung und Vollstreckung ausländischer Schiedssprüche. Im Einzelnen sind daher die Absätze der Norm im Hinblick auf Bedeutung und Anwendungsumfang strikt zu trennen.

21 **C. Anwendungsbereich. I. Anwendbarkeit bei inländischem Schiedsort (Abs 1).** § 1043 stellt es den Parteien eines schiedsgerichtlichen Verfahrens frei, den Ort dieses Verfahrens zu wählen. Daran knüpft Abs 1 das Territorialitätsprinzip an. Das deutsche Schiedsverfahrensrecht gilt, soweit der Schiedsort in Deutschland gelegen ist. Tatbestandsvoraussetzung ist insoweit lediglich das Bestehen eines echten schiedsgerichtlichen Verfahrens sowie die Lage des Schiedsorts in Deutschland. Rechtsfolge ist zunächst die Anwendung des 10. Buchs der ZPO. Dies schließt zwar eine Vereinbarung ausländischer Normen als Ganzes aus, lässt aber dennoch die Möglichkeit offen, im Einzelnen sowohl für das Verfahren wie in der Sache eine privatautonome Rechtswahl zu treffen. Das Schiedsgericht wird diese Rechtswahl iRv § 1042 III, IV beachten. Der staatliche Richter wird freilich iRe Aufhebungsverfahrens oder einer Vollstreckbarerklärung (§§ 1059 ff) deutsches Recht zu Grunde legen.

22 **II. Ausländischer oder noch nicht bestimmter Schiedsort (Abs 2 und 3).** Während Abs 1 nach der rein örtlichen Abgrenzung darauf abstellt, dass Ort des schiedsgerichtlichen Verfahrens ein Ort im Geltungsbereich der ZPO ist, gehen die Abs 2 und 3 davon aus, dass der Ort des Schiedsgerichts im Ausland liegt oder noch nicht bestimmt ist. In beiden Fällen ermöglicht Abs 2 die Anwendung einzelner Normen, die eine Schnittstelle zum staatlichen Verfahren darstellen. So gibt § 1032 dem Beklagten generell die Möglichkeit, vor einem staatlichen Gericht die Einrede der Schiedsgerichtsbarkeit zu erheben und Abs 2 erweitert dies auf den Fall, dass das schiedsgerichtliche Verfahren im Ausland stattfindet. § 1033 ermöglicht dem staatlichen Gericht einstweilige Maßnahmen selbst dann, wenn bzgl des Streitgegenstandes eine Schiedsvereinbarung vorliegt und das schiedsgerichtliche Verfahren sogar bereits in Gang gesetzt ist. Auch hier kann also ein deutsches staatliches Gericht einstweilige gerichtliche Maßnahmen erlassen, wenn das schiedsgerichtliche Verfahren im Ausland begonnen hat. Schließlich ermöglicht die Anwendung von § 1050, dass unabhängig vom Schiedsort das staatliche Gericht die dort zulässigen unterstützenden Maßnahmen, insb eine Beweisaufnahme durchzuführen.

Die Regelung des Abs 3 setzt zwingend voraus, dass der Ort für ein schiedsgerichtliches Verfahren noch nicht bestimmt ist und damit auch das schiedsgerichtliche Verfahren selbst noch nicht in Gang gebracht worden ist. Durch die Möglichkeit, im Rahmen der Anwendung der §§ 1034–1038 (ohne § 1036) Maßnahmen des staatlichen Gerichts in Gang zu bringen, ohne dass der Schiedsort und die Konstituierung des Schiedsverfahrens geklärt sind, verhindert die Norm eine Rechtsschutzlücke. Das deutsche staatliche Gericht kann die Zusammensetzung des Schiedsgerichts, die Bestellung der Schiedsrichter und mögliche Fragen einer Ablehnung bzw einer Untätigkeit nach den deutschen Normen selbst dann ergreifen, wenn künftig ein ausländischer Schiedsort in Betracht kommen wird. In allen Fällen muss freilich eine Partei des Schiedsverfahrens ihren Sitz oder gewöhnlichen Aufenthalt in Deutschland haben.

23 **III. Anerkennung und Vollstreckung ausländischer Schiedssprüche.** Entsprechend den Regelungen des § 1025 werden Schiedsverfahren und ebenso Schiedssprüche danach eingeteilt, ob es sich um inländische

oder ausländische Schiedsverfahren und Schiedssprüche handelt. Dabei zeigt die Norm, dass rein örtlich nach dem jeweiligen Ort des Schiedsverfahrens abzugrenzen ist. Jeder Schiedsspruch, der an einem Ort außerhalb Deutschlands ergeht (selbst wenn deutsches Verfahrensrecht angewendet worden wäre), ist ein ausländischer Schiedsspruch. Dessen Anerkennung und Vollstreckung bemisst sich zwingend nach den §§ 1061 ff (zu den Einzelheiten s. dort).

D. Internationale Zuständigkeit. § 1043 regelt den Ort des schiedsgerichtlichen Verfahrens und damit faktisch die örtliche Zuständigkeit. Durch die Anknüpfung an grenzüberschreitende Sachverhalte ergänzt § 1025 diese Regelung durch eine eigenständige Festlegung der internationalen Zuständigkeit, die freilich an § 1043 anknüpft. Zu den Einzelheiten insb iRd einstweiligen Rechtsschutzes s. § 1033. Zur Anknüpfung an den Wohnsitz im Rahmen grenzüberschreitender Verfahren s. § 13 in Verbindung mit §§ 7–11 BGB. Zur Festlegung bei juristischen Personen und Gemeinschaften vgl MüKoZPO/*Münch* § 1025 Rn 26. 24

E. Kosten/Gebühren. I. Gericht. Die Gerichtsgebühren richten sich nach den Nr 1600–1629 KV. 25

II. Anwalt. 1. Überblick. Schiedsrichterliche Verfahren nach Buch 10 der ZPO sind **außergerichtliche Tätigkeiten**, da es sich bei den Schiedsgerichten nicht um staatliche Gerichte handelt. Einschlägig wären daher an sich die Gebühren nach Teil 2 VV RVG. Das Gesetz enthält jedoch in § 36 I Nr 1 RVG eine gesonderte Regelung, die die Gebühren nach Teil 2 VV RVG ausschließt (Vorbem 2 I VV RVG) und auf die Vorschriften nach Teil 3 Abschnitt 1 und 2 VV RVG verweist. 26

2. Erstinstanzliche Verfahren. Erstinstanzlich erhalten die beteiligten Anwälte zunächst einmal eine **1,3-Verfahrensgebühr** nach Nr 3100 VV RVG, die sich im Falle der vorzeitigen Erledigung (Nr 3101 Nr 1 VV RVG) oder in den Fällen der Nr 3101 Nr 2 VV RVG auf 0,8 ermäßigt. Bei **mehreren Auftraggebern** erhöht sich die Verfahrensgebühr um 0,3 je weiteren Auftraggeber (Nr 1008 VV RVG). 27
Daneben entsteht die **1,2-Terminsgebühr** nach Nr 3104 VV RVG in den Fällen der Vorbem 3 III VV RVG auch dann, wenn im Einverständnis der Parteien schriftlich entschieden wird (Anm I zu Nr 3104 VV RVG), bzw wenn der Schiedsspruch ohne mündliche Verhandlung erlassen wird (§ 36 II RVG).
Kommt es zu einer Einigung der Parteien, entsteht eine **Einigungsgebühr** nach Nr 1000 VV RVG, deren Höhe sich auf 1,5 beläuft. Das schiedsrichterliche Verfahren und das Verfahren vor den Schiedsgerichten ist kein gerichtliches Verfahren iSd Nr 1003, 1004 VV RVG, so dass es stets bei dem Gebührensatz von 1,5 verbleibt.

3. Zweiter Rechtszug. Im zweiten Rechtszug erhält der Anwalt die Gebühren nach Teil 3 Abschnitt 2 VV RVG. Er erhält also zunächst eine **1,6-Verfahrensgebühr** nach Nr 3200 VV RVG, die sich im Falle der vorzeitigen Beendigung (Nr 3201 Nr 1 VV RVG) oder unter der Voraussetzung der Nr 3201 Nr 2 VV RVG auf 1,1 reduziert. Bei **mehreren Auftraggebern** erhöht sich die Verfahrensgebühr um 0,3 je weiterem Auftraggeber (Nr 1008 VV RVG). 28
Auch hier entsteht eine **Terminsgebühr**, deren Höhe sich nach Nr 3202 VV RVG richtet (1,2). Möglich ist eine Reduzierung nach Nr 3203 VV RVG auf 0,5.
Des Weiteren kann der Anwalt auch eine **Einigungsgebühr** (Nr 1000 VV RVG) verdienen, deren Höhe sich auf 1,5 beläuft.

4. Dritter Rechtszug. In einem **dritten Rechtszug** sind, da § 36 I RVG auf den gesamten Abschnitt 2 in Teil 3 VV RVG verweist, die Vorschriften eines Revisionsverfahrens anzuwenden. 29
Der Anwalt erhält eine **Verfahrensgebühr** nach Nr 3206 VV RVG iHv 1,6, die sich bei vorzeitiger Erledigung (Nr 3207, 3201 Nr 1 VV RVG) sowie unter den Voraussetzungen der Nr 3207, 3201 Nr 2 VV RVG auf 1,1 reduziert. Bei **mehreren Auftraggebern** erhöht sich die Verfahrensgebühr um 0,3 je weiteren Auftraggeber (Nr 1008 VV RVG)
Hinzu kommen kann wiederum eine **Terminsgebühr**, deren Höhe sich auf 1,5 beläuft, Nr 3210 VV RVG. Möglich ist die Reduzierung nach Nr 3211 VV RVG auf 0,8.
Auch im dritten Rechtszug kann eine **Einigungsgebühr** nach Nr 1000 VV RVG verdient werden, deren Höhe sich wiederum mangels gerichtlicher Anhängigkeit auf 1,5 beläuft.

5. Einzeltätigkeiten. Ist der Rechtsanwalt in Verfahren über die Vollstreckbarerklärung von Schiedssprüchen und Anwaltsvergleichen ausschließlich mit 30

- der Bestellung eines Schiedsrichters (§§ 1034 II, 1035) oder Ersatzschiedsrichters (§ 1039),
- der Ablehnung eines Schiedsrichters (§ 1037 III) oder der Beendigung des Schiedsrichteramts (§ 1038 I 2),

– der Unterstützung bei der Beweisaufnahme oder
– der Vornahme sonstiger richterlicher Handlungen nach § 1050

beauftragt, so handelt es sich ebenfalls um Einzeltätigkeiten, die nicht von § 36 RVG erfasst sind und auch nicht analog § 36 RVG iVm Nr 3403 VV RVG vergütet werden. Es gelten vielmehr die Nr 3327, 3337, 3332 VV RVG. Diese Gebühren erhält der Rechtsanwalt auch hier nur bei einem sich auf die vorgenannten Verfahren beschränkenden **Einzelauftrag**. Ist der Anwalt zugleich mit der Vertretung im schiedsrichterlichen Verfahren beauftragt, so erhält er dafür die Verfahrensgebühren nach Teil 3 Abschnitt 1 und 2 VV RVG (§ 36 I Nr 1 RVG), die gem § 16 Nr 11 RVG auch die Tätigkeit in den vorgenannten Verfahren abdecken. Der Anwalt erhält zunächst eine 0,75-Verfahrensgebühr, die sich im Falle einer vorzeitigen Beendigung des Auftrags nach Nr 3337 VV RVG auf 0,5 ermäßigt. Gleiches gilt, soweit lediglich beantragt ist, eine Einigung der Parteien zu Protokoll zu nehmen. Soweit der Anwalt **mehrere Auftraggeber** vertritt, erhöht sich die Verfahrensgebühren der Nr 3327 VV RVG gem Nr 1008 VV RVG um 0,3 je weiteren Auftraggeber.
Nimmt der Rechtsanwalt an einem Termin vor dem Schiedsgericht oder an einem gerichtlichen Termin im Falle des § 1050 teil, oder kommt es zu außergerichtlichen Verhandlungen oder Besprechungen iSd Vorbem 3 III, 3. Var VV RVG, erhält der Anwalt eine 0,5-Terminsgebühr nach Nr 3332 VV RVG. Gleiches gilt, wenn das Schiedsgericht im Verfahren nach § 495a (Verfahren nach billigem Ermessen) entscheidet. Aufgrund der Vorbem 3.3.6 VV RVG ist Teil 3 Abschnitt 1 VV RVG, somit auch Nr 3104 VV RVG, anzuwenden. Zwar ist danach ein Gebührensatz von 1,2 vorgesehen; insoweit geht Nr 3332 VV RVG jedoch vor.
Darüber hinaus kann der Anwalt eine Einigungsgebühr nach Nr 1000 VV RVG verdienen, wenn er an einer Einigung mitwirkt. Da Anhängigkeit besteht, beläuft sich der Gebührensatz auf 1,0 (Nr 1003 VV RVG).

31 **6. Sonstige Tätigkeiten.** Für sonstige Tätigkeiten, etwa Terminsvertreter, Verkehrsanwalt, Einzeltätigkeiten, dürften die Nr 3400 ff VV RVG analog anzuwenden sein, auch wenn § 36 RVG nicht ausdrücklich auf Teil 3 Abschnitt 4 VV RVG verweist. Es ist davon auszugehen, dass der Gesetzgeber diese Fälle übersehen hat.

§ 1026 Umfang gerichtlicher Tätigkeit. **Ein Gericht darf in den in den §§ 1025 bis 1061 geregelten Angelegenheiten nur tätig werden, soweit dieses Buch es vorsieht.**

1 **A. Normzweck.** Rein deklaratorisch schränkt die Norm den Umfang der gerichtlichen Tätigkeit auf denjenigen Bereich ein, der vom Gesetz ausdrücklich vorgesehen ist. Die Norm dient damit va der Rechtssicherheit.

2 **B. Terminologie.** Das Gesetz spricht vom Gericht und meint damit hier und in allen Fällen des 10. Buchs ein staatliches Gericht. Soweit das Gesetz ein Schiedsgericht ansprechen will, wird in jedem Falle von einem Schiedsgericht gesprochen (zB §§ 1034, 1040).

3 **C. Norminhalt.** Die Norm stellt klar, dass ein staatliches Gericht iRe schiedsgerichtlichen Verfahrens nur tätig werden darf, wenn dies das 10. Buch der ZPO ausdrücklich vorsieht. Im Einzelnen kommen als Normen in Betracht, in denen das staatliche Gericht eine Hilfsfunktion für das Schiedsgericht darstellt: §§ 1033, 1035, 1038, 1050. Eine Kontrollfunktion übt das staatliche Gericht aus in den Fällen des § 1032 II, 1034 II, 1035 IV, 1037 III, 1040 III, 1041, 1059 ff.

§ 1027 Verlust des Rügerechts. **[1]Ist einer Bestimmung dieses Buches, von der die Parteien abweichen können, oder einem vereinbarten Erfordernis des schiedsrichterlichen Verfahrens nicht entsprochen worden, so kann eine Partei, die den Mangel nicht unverzüglich oder innerhalb einer dafür vorgesehenen Frist rügt, diesen später nicht mehr geltend machen. [2]Dies gilt nicht, wenn der Partei der Mangel nicht bekannt war.**

1 **A. Normzweck.** Nach früherem Recht bestand eine gewisse Unsicherheit, welche Folgen eine verspätete Rüge von Verfahrensfehlern hatte. Die Norm schafft insoweit Rechtsklarheit über den Verlust des Rügerechts. Spezielle Regelungen für die Form enthält § 1031 VI, für die Entscheidung über die eigene Zuständigkeit § 1040 II. Mit § 1027 ist keine über den Gesetzestext hinausgehende allgemeine Präklusionsnorm geschaffen worden. Letztlich dient die Norm der Beschleunigung und Konzentration des Verfahrens.

B. Anwendungsbereich. Die Norm greift nur bei denjenigen Verfahrensregelungen ein, die von den Parteien vereinbart waren oder die im 10. Buch der ZPO als disponible Normen enthalten sind. 2

C. Voraussetzungen. Zunächst muss eine Abweichung von einer soeben genannten Verfahrensregel vorliegen. Sodann ist das Fehlen einer Rüge innerhalb einer von den Parteien besonders vereinbarten Frist zu prüfen. Gibt es insoweit keine Vereinbarung, so muss die Rüge unverzüglich erfolgen. Dies bedeutet eine Rüge entweder in der nächsten mündlichen Verhandlung oder (soweit ein weiterer Termin nicht festgesetzt ist) in einem Schriftsatz, der dem mündlichen Termin unmittelbar folgt. Der Gedanke des § 121 I 1 BGB gilt auch hier, so dass in allen Fällen entscheidend ein schuldhaftes Zögern ist. Daher schließt S 2 den Verlust des Rügerechts aus, wenn ein Mangel der Partei nicht bekannt war. 3

D. Wirkung. Der Verfahrensverstoß, den die Partei verspätet rügt, kann nunmehr weder im weiteren Verlauf des schiedsgerichtlichen Verfahrens noch im Aufhebungs- oder Vollstreckbarerklärungsverfahren geltend gemacht werden (Zö/*Geimer* § 1027 Rn 3). 4

§ 1028 Empfang schriftlicher Mitteilungen bei unbekanntem Aufenthalt. (1) Ist der Aufenthalt einer Partei oder einer zur Entgegennahme berechtigten Person unbekannt, gelten, sofern die Parteien nichts anderes vereinbart haben, schriftliche Mitteilungen an dem Tag als empfangen, an dem sie bei ordnungsgemäßer Übermittlung durch Einschreiben gegen Rückschein oder auf eine andere Weise, welche den Zugang an der letztbekannten Postanschrift oder Niederlassung oder dem letztbekannten gewöhnlichen Aufenthalt des Adressaten belegt, dort hätten empfangen werden können.
(2) Absatz 1 ist auf Mitteilungen in gerichtlichen Verfahren nicht anzuwenden.

A. Normzweck. Die Norm ermöglicht eine Zustellung auch bei unbekanntem Aufenthalt einer Partei oder deren zur Entgegennahme berechtigtem Vertreter. Die Norm dient damit der Konzentration und Vereinfachung des Verfahrens. 1

B. Norminhalt. Die Norm erfasst nur das schiedsgerichtliche Verfahren selbst. Sie will diejenigen Fälle regeln, in denen der Aufenthalt einer Partei oder der zur Entgegennahme berechtigten Person unbekannt ist. Unter unbekanntem Aufenthalt ist zu verstehen, dass keine Informationen über eine Zustellungsadresse vorliegen und dass solche auch nicht mit zumutbaren Recherchen zu ermitteln sind (eine Ermittlungspflicht verneint Dresd SchiedsVZ 06, 166). Übermittelt werden kann die jeweilige Mitteilung sowohl an die Postanschrift als auch an eine Niederlassung oder den Ort des gewöhnlichen Aufenthalts. Der Nachweis der Übermittlung muss entweder dadurch erfolgen, dass im Falle eines Einschreibens mit Rückschein dieser Rückschein vorliegt oder auf eine andere Weise, die den Zugang an die letztbekannte Adresse belegt. Dabei meint der Gesetzestext mit dem Zugang in Wahrheit den Versuch des Zugangs. Andere denkbare Formen neben dem Einschreiben mit Rückschein sind eine Übermittlung durch Boten oder eine iRd Parteizustellung erfolgte Übermittlung durch den Gerichtsvollzieher. 2

C. Verfahren vor staatlichen Gerichten. Entsprechend der ausdrücklichen Einschränkung in Abs 2 bleibt die Zugangsfiktion auf das schiedsgerichtliche Verfahren beschränkt. In einem gerichtlichen Verfahren vor den staatlichen Gerichten ist die Norm nicht anzuwenden. 3

Abschnitt 2 Schiedsvereinbarung

§ 1029 Begriffsbestimmung. (1) Schiedsvereinbarung ist eine Vereinbarung der Parteien, alle oder einzelne Streitigkeiten, die zwischen ihnen in Bezug auf ein bestimmtes Rechtsverhältnis vertraglicher oder nichtvertraglicher Art entstanden sind oder künftig entstehen, der Entscheidung durch ein Schiedsgericht zu unterwerfen.
(2) Eine Schiedsvereinbarung kann in Form einer selbständigen Vereinbarung (Schiedsabrede) oder in Form einer Klausel in einem Vertrag (Schiedsklausel) geschlossen werden.

A. Normzweck. Die Norm enthält eine **Legaldefinition** des Begriffs der Schiedsvereinbarung. Zugleich legt sie die Begrifflichkeiten der verschiedenen in der Praxis verwendeten Bezeichnungen für Schiedsverein- 1 barungen fest. Darüber hinaus sind in diesen Definitionsversuchen aber zugleich auch die zentralen Anforderungen enthalten, die an eine wirksame Schiedsvereinbarung zu stellen sind.

2 **B. Parteivereinbarung. I. Zustandekommen der Vereinbarung.** Dem Begriff der Schiedsvereinbarung ist zu entnehmen, dass es sich um eine dem gemeinsamen Parteiwillen unterliegende Vereinbarung handeln muss, bestimmte Streitigkeiten der Entscheidung durch ein Schiedsgericht zu unterwerfen. Es gelten damit für das Zustandekommen die allgemeinen Regeln über den **Vertragsschluss** (§§ 145 ff BGB). Diese vertraglichen Regelungen werden durch besondere prozessuale Schiedsgerichtsnormen ergänzt (zum Inhalt § 1030, zur Form § 1031). Entscheidend ist also letztlich der übereinstimmende inhaltliche Wille von Angebot und Annahme. Das Vorliegen eines Dissenses hindert die Schiedsvereinbarung. Darüber hinaus müssen die wesentlichen Vertragsbestandteile vom Bindungswillen der Parteien getragen sein.
Der wirksame Vertragsschluss setzt die allgemeinen Grundlagen zur Wirksamkeit von Vertragsvereinbarungen voraus (insb Partei- und Prozessfähigkeit der am Streitverhältnis Beteiligten).

3 **II. Arten der Schiedsvereinbarungen. 1. Abrede und Klausel.** Das Gesetz hält die Schiedsvereinbarung (= Schiedsvertrag) für den Oberbegriff und trennt danach, ob diese Vereinbarung ein selbständiges Vertragswerk darstellt (dann Schiedsabrede) oder ob die Vereinbarung Teil eines Vertrages, des sog Hauptvertrags, ist (dann Schiedsklausel). Zur Form dieser Vereinbarung s. § 1031. Zur Bestimmtheit s.u. Rz 9. In der Praxis sind Schiedsklauseln die Regel.

4 **2. Das vereinbarte Schiedsgericht.** Die Parteivereinbarung muss sich auf die Entscheidung des Rechtsstreits durch ein Schiedsgericht beziehen. Dabei sind insb die Gelegenheitsschiedsgerichte (ad hoc-Schiedsgericht) von den institutionellen Schiedsgerichten (= ständiges Schiedsgericht) zu trennen. Vereinbaren die Parteien ein solches ständiges Schiedsgericht, das bei einer bestimmten Institution auf Dauer eingerichtet ist, so unterwerfen sie sich zugleich der dort regelmäßig vorhandenen Schiedsgerichtsordnung. Vereinbaren die Parteien eine Situation, bei der im Einzelfall das Schiedsgericht für die konkrete Streitigkeit gebildet wird, sind sie frei, ob sie als Schiedsordnung dennoch die vorhandene Ordnung einer bestimmten Institution wählen oder nicht (§§ 1042 ff).

5 **3. Vertrag oder einseitige Klausel.** § 1029 geht von einer vertraglichen, also einer zweiseitigen Vereinbarung aus. Demgegenüber ergibt sich aus § 1066, dass Schiedsgerichte auch durch einseitige Klauseln eingerichtet werden können. Das Gesetz nennt insb Schiedsgerichte auf Grund letztwilliger Verfügungen. In Betracht kommen ferner Satzungen von Vereinen, Verbänden und vergleichbaren Vereinigungen (zu Einzelheiten s.u. § 1066 Rz 2).

6 **4. Nationale Schiedsvereinbarung und Auslandsbezug.** Zu trennen sind schließlich rein nationale Schiedsvereinbarungen, bei denen Parteien und Schiedsgericht in Deutschland ihren Sitz haben, von Schiedsvereinbarungen mit Auslandsbezug. Im Falle des Auslandsbezugs ist zunächst die internationale Zuständigkeit des Schiedsgerichts zu klären (s.o. § 1025 Rz 23). Sodann ist kollisionsrechtlich zu unterscheiden, welches Recht auf den Hauptvertrag anwendbar ist, welches Recht das Schiedsverfahren bestimmt und nach welchem Recht sich die Wirksamkeit der Schiedsvereinbarung entscheidet. Während das auf den Hauptvertrag anwendbare Recht zunächst der Rechtswahl der Parteien offen steht, ist für das Schiedsverfahren das Territorialitätsprinzip des § 1025 maßgeblich (s.o. § 1025 Rz 21, 22). Schließlich wird die Wirksamkeit der Schiedsvereinbarung in aller Regel derjenigen Rechtsordnung unterstellt, die für das Schiedsverfahren gilt (St/J/*Schlosser* § 1029 Rn 41). In der Praxis werden Schiedsverfahren auf der Grundlage bilateraler oder multilateraler Investitionsschutzabkommen immer wichtiger. Zur Anerkennung und Vollstreckung von Schiedssprüchen, die auf der Grundlage solcher Abkommen oder in einem ICSID-Schiedsverfahren ergangen sind, s.u. § 1061 Rz 10 ff.

7 **III. Rechtsnatur.** Bei der Einordnung einer Schiedsvereinbarung ist zwischen materiellrechtlichem Rechtsgeschäft und Prozessvertrag zu unterscheiden. Die Einordnung erfolgt danach, wo die Vereinbarung ihre Hauptwirkungen hat. Der Kern einer Schiedsvereinbarung ist die Durchführung des schiedsgerichtlichen Verfahrens. Dieses ist nach heute anerkannter Auffassung ein echter Rechtsprechungsakt und kein materiellrechtlicher Gestaltungsakt. Die beiden Hauptwirkungen der Schiedsvereinbarung sind damit die Einrede der Schiedsgerichtsbarkeit im staatlichen Verfahren (§ 1032 I) sowie der Schiedsspruch als Konsequenz eines schiedsgerichtlichen Verfahrens mit seiner Wirkung eines rechtskräftigen gerichtlichen Urteils (§ 1055). Daraus ergibt sich, dass die Schiedsvereinbarung als reine Prozessvereinbarung und **echter Pro-**

zessvertrag zu qualifizieren ist (hM in der Lit *Wagner* S. 578 ff mwN; die Rspr hat lange Zeit abw entschieden, vgl BGHZ 40, 320; BGHZ 53, 315; nunmehr iSe Prozessvertrags BGH NJW 87, 651).
Als Konsequenz aus der Rechtsnatur der Schiedsvereinbarung als ein Prozessvertrag sind die Regeln über die Prozesshandlungen heranzuziehen (Einl Rz 48 ff). Es müssen also die **Prozesshandlungsvoraussetzungen** (Parteifähigkeit, Prozessfähigkeit, Postulationsfähigkeit) vorliegen, nicht die Regeln über Rechts- und Geschäftsfähigkeit, die Vereinbarungen sind **nach prozessualen Grundsätzen auszulegen**, die Schiedsvereinbarung kann nicht unter einer **Bedingung** geschlossen werden (Ausnahme: über den Eintritt der Bedingung besteht Klarheit für das Gericht), die **Anfechtung** der Schiedsvereinbarung ist nach Einlassung zur Hauptsache vor dem Schiedsgericht ausgeschlossen (sehr streitig; wie hier *Schwab/Walter* Kap 8 Rn 9; ferner s.u. Rz 12).

C. Inhalt der Vereinbarung. I. Der notwendige Inhalt. 1. Rechtsstreitigkeit. Bezugspunkte einer **8**
Schiedsvereinbarung sind nach dem Gesetzeswortlaut eine einzelne oder alle Streitigkeiten zwischen den Vertragsparteien. Dabei kann der Begriff der Streitigkeit jede Auseinandersetzung betreffen, die Parteien einem gerichtlichen Verfahren unterstellen. Ein Streit ist bereits dann zu bejahen, wenn die Parteien einen vollstreckbaren Schiedsspruch erlangen wollen, selbst wenn durch außergerichtliche Vereinbarung der eigentliche Streit bereits bereinigt ist. In jedem Falle muss der Streit aber eine rechtliche Komponente aufweisen. Ohne Bedeutung ist es, ob das Rechtsverhältnis der Streitparteien vertraglicher oder nicht vertraglicher Natur ist; ebenso ohne Bedeutung ist es, ob der Streit bereits entstanden ist oder ob ein Streit in einer Rechtsfrage künftig entstehen könnte.

2. Bestimmtheit des Streitverhältnisses. Die Schiedsvereinbarung muss notwendigerweise diese einzelne **9**
oder alle Streitigkeiten zwischen den Vertragsparteien aus einem bestimmten Rechtsverhältnis in Bezug nehmen. Daraus ergibt sich, dass das konkret in Bezug genommene Streitverhältnis durch die Vereinbarung genau bestimmt werden muss. So muss im Falle eines Rechtsstreits vor staatlichen Gerichten und der Erhebung der Einrede der Schiedsvereinbarung (§ 1032 I) das staatliche Gericht durch Vergleich des Streitgegenstandes mit der Schiedsvereinbarung exakt feststellen können, ob der Streitgegenstand identisch mit dem Gegenstand der Schiedsvereinbarung ist. Für unzulässig angesehen werden deshalb Schiedsklauseln, die ohne jede Differenzierung für alle denkbaren Streitfragen zwischen den Parteien gegeben sein sollen (Musielak/*Voit* § 1029 Rn 16). Ebenfalls unzulässig wäre eine Klausel über »alle Streitigkeiten aus künftigen Lieferungen« (MüKoZPO/*Münch* § 1029 Rn 33). Werden dagegen die Streitigkeiten an alle Rechtsfragen aus einem bestimmten Vertrag angeknüpft oder werden sie an ein bestimmtes Gesellschaftsverhältnis gebunden oder werden Streitigkeiten aus mehreren, völlig gleichgelagerten Verträgen einer Schiedsklausel unterworfen, so ist diese wirksam.

3. Übertragung auf ein Schiedsgericht. Weiterer entscheidender Aspekt einer Schiedsvereinbarung ist die **10**
vertragliche Festlegung, dass die einzelne genannte Streitigkeit oder die zulässigerweise in Bezug genommenen vielen Streitigkeiten der Entscheidung durch ein Schiedsgericht unterworfen werden. Mit dieser Unterwerfung muss gemeint und gewollt sein, dass das Schiedsgericht den Rechtsstreit vollständig und unter Ausschluss der staatlichen Gerichtsbarkeit entscheidet. Daher liegt keine wirksame Schiedsvereinbarung iSv § 1029 vor, wenn sich die Vereinbarung nur auf ein bestimmtes Vertragselement bezieht (dann Schiedsgutachten, s.o. § 1025 Rz 19) oder wenn die Vereinbarung den Streit einer Institution zur Entscheidung überweist, die nur in einem vorgeschalteten Verfahren den Rechtstreit entscheiden soll und gegen deren Entscheidung die Anrufung der staatlichen Gerichte möglich ist (dann Schlichtungseinrichtung, s.o. § 1025 Rz 18).
Unabhängig vom Kriterium der Übertragung eines Rechtsstreits an das Schiedsgericht unter Ausschluss der staatlichen Gerichtsbarkeit benötigen Schiedsgerichte zu ihrer wirksamen Installierung weitere Voraussetzungen (§§ 1034 ff). Die Übertragung eines Rechtsstreits an ein Gremium unter Ausschluss des Rechtswegs zu den staatlichen Gerichten lässt also nicht ohne weiteres und in jedem Falle eine wirksame Schiedsabrede bejahen. Zu Recht hat der BGH in Fällen, in denen ein durch die Mitgliederversammlung eines Vereins bestelltes Gremium über den Ausschluss aus dem Verein entscheidet und die Entscheidung durch dieses Gremium selbst vollzogen werden sollte, nicht als echtes unabhängiges Schiedsgericht angesehen, obwohl die Vereinssatzung den Rechtsweg ausschloss (BGH NJW 04, 2226). Im Ergebnis bedeutet dies, dass der notwendige Inhalt einer wirksamen Schiedsvereinbarung oder einer einseitigen Schiedsklausel (§ 1066) nicht zwingend zu einem echten Schiedsgericht führt, wenn die Merkmale für dessen Einordnung als Gericht im materiellen Sinn nicht gegeben sind.

11 **II. Drittbeteiligung.** Grundsätzlich ist eine Schiedsvereinbarung in ihren Wirkungen auf die Vertragsbeteiligten beschränkt. Eine Bindung oder Einbeziehung Dritter ist nicht möglich. Davon zu trennen ist die Frage, wie viele Beteiligte als Vertragsparteien auftreten. Insofern lassen sich Zweiparteienabreden von Mehrparteienabreden trennen. Ein daraus entstehendes Mehrparteienschiedsverfahren kann sicherlich alle Formen der Streitgenossenschaft erfassen, es kann darüber hinaus auch andere Formen der Drittbeteiligung beinhalten, die die ZPO iRd Streitverkündung sowie der Hauptintervention erfassen will. Freilich ist das schiedsgerichtliche Verfahren letztlich dem Zivilprozess nachgebildet und muss deshalb in eine Rollenverteilung nach Klägerseite und Beklagtenseite einteilbar sein. Daher sind nach deutschem Recht Mehrparteienschiedsgerichte, die den Grundgedanken des Zweiparteienprozesses durchbrechen, nicht zulässig.
Dagegen sind Drittbeteiligungen im Wege der Rechtsnachfolge zulässig und möglich. Dies gilt insb für die Fälle der Gesamtrechtsnachfolge. Möglich ist aber auch eine Einbeziehung Dritter im Wege der Einzelrechtsnachfolge (MüKoZPO/*Münch* § 1029 Rn 45 ff.).
Zulässig sind schließlich Fälle der Erstreckung der Schiedsklausel auf Dritte durch Formen der Prozessstandschaft. So ist insb der Insolvenzverwalter als Partei kraft Amtes an die Schiedsvereinbarungen des Schuldners gebunden (s.o. § 1025 Rz 9). Zu Fragen der Drittbeteiligung insb Böckstiegel/*Berger*/*Bredow*.

12 **III. Wirksamkeit.** Bei der Bestimmung des Inhalts einer Schiedsvereinbarung ist schließlich zu beachten, inwieweit vorhandene oder fehlende Merkmale die Wirksamkeit beeinflussen. Hierher gehört die Frage, ob die Schiedsvereinbarung einen schiedsfähigen Gegenstand beinhaltet (§ 1030 I). Zu beachten sind weiterhin die subjektive Schiedsfähigkeit sowie die allgemeinen Wirksamkeitsvoraussetzungen eines Vertragsschlusses. Im Rahmen der Form ist § 1031 zu beachten. Ferner darf der Schiedsvereinbarung nichts entgegenstehen, was zu ihrer Unwirksamkeit führen kann. Trotz Einordnung als Prozessvertrag sind hierbei etwa die §§ 134, 138 BGB zu beachten (vgl § 1034 II). Dagegen sind die Anfechtung wegen Willensmängel, wegen Drohung oder Täuschung nach Beginn des Schiedsverfahrens ausgeschlossen. Ausgeschlossen ist insb eine Anfechtung wegen Fehlvorstellungen über einen Schiedsrichter, die iRd Ablehnung des Schiedsrichters geltend zu machen sind (§ 1036).

13 **D. Rechtswirkung. I. Mitwirkungspflichten.** Die wirksame Schiedsvereinbarung verpflichtet beide Parteien zur Mitwirkung und zur Förderung des Vertragszwecks, bei Streitigkeiten also ein Schiedsverfahren in Gang zu bringen und einen Schiedsspruch herbeizuführen.

14 **II. Einrede der Schiedsgerichtsbarkeit.** Weitere zentrale Wirkung der Schiedsvereinbarung ist nach § 1032 die Einrede der Schiedsvereinbarung vor dem staatlichen Gericht und damit nach dem Willen des Beklagten der Ausschluss eines staatlichen Gerichtsverfahrens.

15 **III. Inhaltskontrolle.** Schiedsklauseln können unstr auch in Allgemeinen Geschäftsbedingungen enthalten sein. Insofern stellt sich in besonderer Weise die Frage der Inhaltskontrolle. Im Grundsatz gelten hier § 305b BGB (Vorrang der Individualabrede), § 305c BGB (überraschende Klausel) sowie § 307 BGB (Inhaltskontrolle). In den Einzelheiten war hier in der Vergangenheit vieles streitig (St/J/*Schlosser* § 1029 Rn 26). Zu den Formerfordernissen bei Schiedsklauseln in Allgemeinen Geschäftsbedingungen s. § 1031 III.

16 **IV. Komplexe Klauseln.** Eine Schiedsvereinbarung kann Teil einer komplexen Klausel mit unterschiedlichen Verfahrensabschnitten sein. So kann eine Mediationsvereinbarung mit einem schiedsgerichtlichen Annex versehen werden (MedArb-Klauseln), dessen Ziel es ist, letztlich nach mediativer Streitbeilegung zwischen den Parteien einen vollstreckbaren Titel im Wege eines Schiedsspruchs mit vereinbartem Wortlaut zu erhalten (§ 1053). Eine solche Vereinbarung ist zulässig und scheitert nicht an der Voraussetzung, dass der Schiedsvereinbarung eine Streitigkeit zu Grunde liegen muss. Demgegenüber zeigt die Überlegung zur Einleitung eines Mahnverfahrens oder einer Klage über eine materiell unstreitige Zahlungsverpflichtung des säumigen Schuldners, dass im Zivilprozess und damit erst recht im Schiedsverfahren die Frage des Streits zwischen den Parteien nicht iSe aktuellen Streits im materiellen Sinn zu deuten ist, sondern allein iSd berechtigten Wunsches des Klägers auf Titulierung seiner Forderung. Eine solche Titulierung kann unterschiedliche Gründe haben (etwa Streit der Parteien, drohende Verjährung einer unstreitigen Forderung, unsichere Rechtslage oder Wunsch nach einer Präzedenzentscheidung), jedenfalls ist der materiell verstandene Streit zwischen den Parteien kein konstituierendes Wesensmerkmal.
Ebenfalls zulässig sind sog Eskalationsklauseln, die der echten Schiedsvereinbarung eine Vereinbarung über eine interne Verhandlungslösung oder ein Mediationsverfahren vorschalten (*Berger* FS Schlosser 05, 19).

Umfassend nunmehr zur Abgrenzung zulässiger Schiedsklauseln von missbräuchlichen Fallgestaltungen bei Höttler.

E. Beendigung. Als Prozessvertrag unterliegt eine Schiedsvereinbarung nicht den Regeln über den Widerruf, wie er iÜ auf Prozesshandlungen anwendbar ist. Unproblematisch möglich ist demgegenüber ein **Aufhebungsvertrag** durch die Parteien. Freilich bedarf ein solcher Vertrag des erkennbaren Willens beider Seiten, die Schiedsvereinbarung aufzuheben. Ein längeres Nichtbetreiben des Schiedsverfahrens kann noch nicht als Aufhebung angesehen werden. Möglich ist nach allgemeinen Regeln eine **Kündigung** der Schiedsvereinbarung aus wichtigem Grund. Kündigungsgrund kann insb ein Moment sein, das im materiellen Recht zur Anfechtung führen würde. Jede Vertragsverletzung in diesem Zusammenhang kann einen Kündigungsgrund darstellen. Schließlich erscheint es möglich, eine Kündigung aus wichtigem Grund zu bejahen, wenn eine Änderung der Geschäftsgrundlage vorliegt (St/J/*Schlosser* § 1029 Rn 38). Dass darüber hinaus eine Schiedsvereinbarung durch **Zweckerfüllung** (der mit der Vereinbarung erstrebte Schiedsspruch ist erlassen) oder wegen **Zweckvereitelung** (Unmöglichkeit) außer Kraft tritt, ist heute anerkannt (BGHZ 125, 7). Dagegen wird durch den **Wegfall des Hauptvertrages** nicht automatisch auch die Schiedsvereinbarung außer Kraft gesetzt (BGHZ 40, 320; BGH MDR 84, 649). Vielmehr kann ein Schiedsverfahren auch über Rechtsfragen des nunmehr weggefallenen Hauptvertrages geführt werden. Entscheidend dürfte hier die Auslegung im Einzelfall sein. 17

§ 1030 Schiedsfähigkeit. **(1) [1]Jeder vermögensrechtliche Anspruch kann Gegenstand einer Schiedsvereinbarung sein. [2]Eine Schiedsvereinbarung über nichtvermögensrechtliche Ansprüche hat insoweit rechtliche Wirkung, als die Parteien berechtigt sind, über den Gegenstand des Streites einen Vergleich zu schließen.**

(2) [1]Eine Schiedsvereinbarung über Rechtsstreitigkeiten, die den Bestand eines Mietverhältnisses über Wohnraum im Inland betreffen, ist unwirksam. [2]Dies gilt nicht, soweit es sich um Wohnraum der in § 549 Abs. 2 Nr. 1 bis 3 des Bürgerlichen Gesetzbuchs bestimmten Art handelt.

(3) Gesetzliche Vorschriften außerhalb dieses Buches, nach denen Streitigkeiten einem schiedsrichterlichen Verfahren nicht oder nur unter bestimmten Voraussetzungen unterworfen werden dürfen, bleiben unberührt.

A. Normzweck. Die Norm legt die objektive Schiedsfähigkeit fest, also den Umfang der Streitigkeiten, bei denen schiedsgerichtliche Verfahren zulässig sind. Damit dient die Norm in erster Linie der Rechtsklarheit. Darüber hinaus führen die Trennung von vermögensrechtlichen und nichtvermögensrechtlichen Ansprüchen und die generelle Zulassung vermögensrechtlicher Ansprüche als Gegenstand einer Schiedsvereinbarung zu einer Vereinfachung und Ausweitung der Schiedsgerichtsbarkeit. Letzteres ist insb im Hinblick auf internationale Schiedsverfahren erfolgt. 1

Die Ausweitung der Schiedsfähigkeit nach heutigem Recht hat zu Spekulationen Anlass gegeben, ob hier möglicherweise ein Eingriff in Art 92 GG vorliegt (Musielak/*Voit* § 1030 Rn 1 mwN). Dem kann nicht gefolgt werden. Zunächst ist darauf hinzuweisen, dass vermögensrechtliche Streitigkeiten, die nach früherem Recht nicht schiedsfähig waren, in der Praxis so gut wie nicht vorkamen. Darüber hinaus ist Art 92 GG verkannt, wenn dem Gesetzgeber eine Erweiterung der vermögensrechtlichen Ansprüche iRd Schiedsgerichtsbarkeit verwehrt würde. Auch in Fällen, in denen der Schiedspartei die Berechtigung fehlt, über den Gegenstand einen Vergleich zu schließen, ist es ihr nicht verwehrt, eine Klage vollständig zu unterlassen und ihr Recht nicht geltend zu machen. Das gilt selbst für höchstpersönliche Rechte. Es erscheint daher auch zulässig, ein vermögensrechtliches Recht iRe schiedsgerichtlichen Verfahrens geltend zu machen. Letztlich kann man die Frage einer Vergleichsbefugnis in der Schiedsgerichtsbarkeit nicht nach materiellrechtlichen Merkmalen abgrenzen, sondern es geht darum, dass der Staat ein berechtigtes Interesse daran hat, ein verfahrensrechtlich begründetes Interesse an einem Rechtsprechungsmonopol durchzusetzen. Dies zeigt sich zB an § 101 ArbGG und § 1030 II. Der Spielraum des Gesetzgebers zur Erweiterung der objektiven Schiedsfähigkeit ist also weitaus größer als von der Kritik angenommen.

B. Objektive und subjektive Schiedsfähigkeit. Den zulässigen Gegenstand eine Schiedsvereinbarung bezeichnet man regelmäßig auch als die »objektive Schiedsfähigkeit«. Dem lässt sich die vom Gesetzgeber nicht näher behandelte »subjektive Schiedsfähigkeit« gegenüberstellen (*Kornmeier* ZZP 94, 27, 45). Damit ist gemeint, dass gerade die jeweiligen Parteien des Schiedsverfahrens berechtigt sein müssen, über den 2

Gegenstand des Streits einen Vergleich zu schließen. Die subjektive Schiedsfähigkeit ist also vom Gesetzgeber ggü dem früheren Recht insoweit stark eingeschränkt worden, als sie bei vermögensrechtlichen Ansprüchen nach Abs 1 S 1 keine Rolle mehr spielt.

3 **C. Vermögensrechtliche Ansprüche (Abs 1 S 1).** Schiedsfähig sind alle vermögensrechtlichen Ansprüche jeglicher Art. Vermögensrechtlich ist ein Anspruch dann, wenn er auf Zahlung von **Geld** oder Leistung **geldwerter Gegenstände** im weitesten Sinn gerichtet ist. Die Natur des dabei zu Grunde liegenden **Rechtsverhältnisses** ist ohne Bedeutung (BGHZ 14, 72). Ohne Bedeutung ist ferner **die Klageart**. Ein vermögensrechtlicher Anspruch kann im Wege einer Leistungsklage, einer Feststellungsklage oder einer Gestaltungsklage geltend gemacht werden. Vermögensrechtlich ist daher auch der Antrag auf Feststellung der Wirksamkeit eines entgeltlichen Vertrags, der Antrag auf Feststellung der Echtheit einer vermögensrechtlich relevanten Urkunde, die Schadensersatzklage im Bereich des gewerblichen Rechtsschutzes, die Anfechtung eines Hauptversammlungsbeschlusses einer AG, die Anmeldung einer Gesellschaft, der Ausschluss eines Gesellschafters, die Unterlassungsklage, die sich auf vermögensrechtliche Gegenstände bezieht, die Duldungsklage bei Grundpfandrechten, die Vollstreckungsgegenklage nach § 767, die Drittwiderspruchsklage nach § 771, die Abänderungsklage nach § 323, ein Streit über die Erbenstellung oder über Erbeinsetzungen, Streitigkeiten über die Aufhebung von Güterständen, Kartellstreitigkeiten, Patentstreitigkeiten (aA Musielak/*Voit* § 1030 Rn 3). Ohne Bedeutung ist dabei der zivilrechtliche oder öffentlichrechtliche Charakter des zu Grunde liegenden Anspruchs, wenn dieser vermögensrechtlicher Natur ist. Ohne Bedeutung ist es ferner, wenn der Streitgegenstand durch zwingendes Recht geprägt ist oder dritte Personen tangiert. So ist es anerkannt, dass es der objektiven Schiedsfähigkeit nicht entgegensteht, wenn das zu Grunde liegende Rechtsverhältnis möglicherweise nach den §§ 134, 138 BGB nichtig ist (St/J/*Schlosser* § 1030 Rn 2). Ebenfalls schiedsfähig sind Unterhaltsansprüche, Streitigkeiten über Aussonderung, Absonderung und Insolvenzanfechtung (s. § 1025 Rz 9).

Ebenfalls schiedsfähig sind Rechtsverhältnisse, die iRv zwingendem Recht dem Schutz einer bestimmten schwächeren Partei zu dienen bestimmt sind. So sind Schiedsvereinbarungen möglich bei Haustürgeschäften, bei Verbraucherkreditgeschäften und bei Reiseverträgen (St/J/*Schlosser* § 1030 Rn 4).

In allen genannten vermögensrechtlichen Streitigkeiten ist nach Abs 1 S 1 eine Schiedsvereinbarung zulässig, ohne dass es auf die Prüfung ankäme, ob die Parteien berechtigt sind, über den Gegenstand des Streits einen Vergleich zu schließen. Der Gesetzgeber hat also bei vermögensrechtlichen Ansprüchen bewusst über den Bereich der Vergleichsmöglichkeit hinaus die objektive Schiedsfähigkeit zugelassen.

4 **D. Nichtvermögensrechtliche Ansprüche (Abs 1 S 2).** Auch für nichtvermögensrechtliche Ansprüche ist die objektive Schiedsfähigkeit insoweit gegeben, als die Parteien berechtigt sind, über den Gegenstand des Streits einen Vergleich zu schließen. Nicht vermögensrechtlich sind alle diejenigen rechtlichen Positionen, deren Gegenstand und Inhalt letztlich nicht auf die Feststellung oder Durchsetzung geldwerter Ansprüche gerichtet ist. Nichtvermögensrechtlicher Natur sind daher Ehesachen, Familiensachen, Kindschaftssachen, Ansprüche zur Durchsetzung des allgemeinen Persönlichkeitsrechts oder des Namensrechts, Rechtshandlungen gegen die angegriffene Ehre, Ausschluss aus einem Idealverein, wenn dadurch im Wesentlichen ideelle Interessen betroffen sind, Anspruch auf Gegendarstellung nach dem Presserecht, Anspruch aus dem Recht am eigenen Bild.

In allen diesen Fällen ist zusätzlich zum nichtvermögensrechtlichen Gegenstand die Vergleichsfähigkeit zu prüfen. Diese dürfte in den Bereichen der verschiedenen Persönlichkeitsrechtsverletzungen und der Streitigkeiten über den Vereinsausschluss allgemein gegeben sein. Dagegen war im Bereich der gesamten Ehe-, Familien- und Kindschaftssachen schon bisher die Vergleichsfähigkeit stark eingeschränkt. Seit 1.9.09 sind alle diese Angelegenheiten im FamFG zusammengefasst und damit auch äußerlich dem Bereich der Freiwilligen Gerichtsbarkeit zugeordnet. Eine Schiedsfähigkeit dürfte daher in diesem Bereich (außerhalb der vermögensrechtlichen Ansprüche) ausscheiden.

5 **E. Ausgeschlossene Streitigkeiten. I. Mietstreitigkeiten (Abs 2).** Der Ausschluss der Schiedsfähigkeit in Abs 2 bezieht sich ausschließlich auf Mietverhältnisse über Wohnraum, wobei es ohne Bedeutung ist, ob es sich um einen Hauptmietvertrag oder einen Untermietvertrag handelt. Ausgenommen ist nach dem Gesetzestext der Fall des § 549 II (Wohnraum zum vorübergehenden Gebrauch, Wohnraum in einer vom Vermieter tw selbst bewohnten Wohnung, Wohnraum, der durch eine juristische Person des öffentlichen Rechts oder einen anerkannten privaten Träger der Wohlfahrtspflege angemietet wurde).

Im Rahmen von Mietverhältnissen, bei denen Wohnraummiete mit gewerblichen Zwecken vermischt ist, muss der jeweilige Mietvertrag in zwei selbständige Vereinbarungen aufteilbar sein, die nach dem Willen der Vertragspartner ein unterschiedliches rechtliches Schicksal haben können. In solchen Fällen kann außerhalb der Wohnraummiete eine Schiedsklausel vereinbart werden. Wird ein Wohnraum nicht auf Grund eines Mietvertrags überlassen, sondern als Nebenleistung iRe Dienst- oder Arbeitsverhältnisses (Werkswohnung), so gilt Abs 2 nicht.

II. Sondervorschriften (Abs 3). Die Regelung des Abs 3, wonach gesetzliche Sondervorschriften außerhalb der ZPO zu Fragen des Schiedsverfahrens unberührt bleiben, versteht sich an sich von selbst. Typischerweise betroffen ist hier § 101 ArbGG, der für den gesamten Bereich des Arbeitsrechts das Schiedsverfahren der ZPO ausschließt und in sehr engen Teilbereichen ein eigenes arbeitsrechtliches schiedsgerichtliches Verfahren normiert (Schiedsgerichte für Tarifverträge, Bühnenschiedsgerichte, Schiedsgerichte nach dem Seemannsgesetz); s.o. § 1025 Rz 5. 6

III. Weitere Ausschlusstatbestände. Nicht schiedsfähig sind Vereinbarungen über künftige Rechtsstreitigkeiten aus **Wertpapierdienstleistungen**, soweit nicht beide Vertragsteile Kaufleute oder juristische Personen des öffentlichen Rechts sind (§ 37h WpHG; BGHZ 184, 365). Nicht schiedsfähig sind ferner ungenehmigte Schiedsvereinbarungen eines **Vormunds** (§ 1822 Nr 12 BGB), eines Betreuers oder eines Pflegers (§ 1915 I BGB). Unzulässig sind ferner Schiedsgerichte in **Banksachen**, soweit sie ihren Sitz an einem anderen Ort als dem der inländischen Zweigstelle eines ausländischen Unternehmens haben (§ 53 III KWG). 7

IV. Beschlussmängelstreitigkeiten. Besonders zweifelhaft und umstr war seit jeher die Schiedsfähigkeit von Beschlussmängelstreitigkeiten bei AG und GmbH iRv §§ 241 ff AktG. Das hängt mit der Rechtskraftwirkung der §§ 248, 249 AktG zusammen, die im Gegensatz zu § 1055 steht. Ursprünglich hatte der BGH diese Streitigkeiten für nicht schiedsfähig angesehen (BGH NJW 66, 2055; NJW 79, 2567). In neuerer Zeit wurde diese ablehnende Auffassung erheblich aufgelockert (BGH NJW 96, 1753). Diese Rspr hat der BGH jüngst für Beschlussmängelstreitigkeiten im Recht der GmbH noch einmal bekräftigt und verdeutlicht. Danach können Streitigkeiten über die Wirksamkeit von GmbH-Gesellschafterbeschlüssen durch Schiedsgerichte entschieden werden, wenn die Schiedsvereinbarung Vorsorge für gleichwertigen Rechtsschutz trifft (BGHZ 180, 221 = NJW 09, 1962; dazu *Wolff* NJW 09, 2021; *Werner* MDR 09, 842; *Nietsch* ZIP 09, 2269; *Berger* SchiedsVZ 09, 295; *Borris* NZG 10, 481; *Albrecht* NZG 10, 486; *Nolting* SchiedsVZ 11, 319; *Kröll* NJW 11, 1265; *Habersack* JZ 09, 797; *Münch* ZZP 123, 3). 8

F. Auslandsbezug. § 1030 gilt für Schiedsgerichte mit einem Schiedsort in Deutschland. Die Schiedsfähigkeit wird damit zugleich nach deutschem Recht entschieden. Vor deutschen Schiedsgerichten ist also die Frage der Schiedsfähigkeit nach ausländischem Recht ohne Bedeutung. Umgekehrt gilt § 1030 nicht für Schiedsvereinbarungen über ein Schiedsgericht mit Sitz im Ausland. Im Falle eines Antrags auf gerichtliche Aufhebung eines Schiedsspruchs vgl aber § 1059 II Nr 2a. 9

§ 1031 Form der Schiedsvereinbarung.

(1) Die Schiedsvereinbarung muss entweder in einem von den Parteien unterzeichneten Dokument oder in zwischen ihnen gewechselten Schreiben, Fernkopien, Telegrammen oder anderen Formen der Nachrichtenübermittlung, die einen Nachweis der Vereinbarung sicherstellen, enthalten sein.

(2) Die Form des Absatzes 1 gilt auch dann als erfüllt, wenn die Schiedsvereinbarung in einem von der einen Partei der anderen Partei oder von einem Dritten beiden Parteien übermittelten Dokument enthalten ist und der Inhalt des Dokuments im Falle eines nicht rechtzeitig erfolgten Widerspruchs nach der Verkehrssitte als Vertragsinhalt angesehen wird.

(3) Nimmt ein den Formerfordernissen des Absatzes 1 oder 2 entsprechender Vertrag auf ein Dokument Bezug, das eine Schiedsklausel enthält, so begründet dies eine Schiedsvereinbarung, wenn die Bezugnahme dergestalt ist, dass sie diese Klausel zu einem Bestandteil des Vertrages macht.

(4) Eine Schiedsvereinbarung wird auch durch die Begebung eines Konnossements begründet, in dem ausdrücklich auf die in einem Chartervertrag enthaltene Schiedsklausel Bezug genommen wird.

(5) [1]Schiedsvereinbarungen, an denen ein Verbraucher beteiligt ist, müssen in einer von den Parteien eigenhändig unterzeichneten Urkunde enthalten sein. [2]Die schriftliche Form nach Satz 1 kann durch die elektronische Form nach § 126a des Bürgerlichen Gesetzbuchs ersetzt werden. [3]3Andere Vereinba-

rungen als solche, die sich auf das schiedsrichterliche Verfahren beziehen, darf die Urkunde oder das elektronische Dokument nicht enthalten; dies gilt nicht bei notarieller Beurkundung.
(6) Der Mangel der Form wird durch die Einlassung auf die schiedsgerichtliche Verhandlung zur Hauptsache geheilt.

1 **A. Normzweck.** Die gesetzliche Formvorschrift des § 1031 dient wie alle Formerfordernisse insb der Rechtssicherheit. Im Einzelnen ist insb im Falle der Beteiligung eines Verbrauchers eine besonders deutliche **Warnfunktion** vorgesehen (Abs 5). Darüber hinaus bietet die gesamte Norm auch eine gewisse **Beweisfunktion.** Soweit iRv Abs 5 bei Verbraucherbeteiligung eine notarielle Beurkundung vorgenommen wird, kann durch die Form schließlich auch eine **Aufklärungsfunktion** erreicht werden.
In ihrer heutigen Form enthält die Formvorschrift zwei große Bereiche. Der Gesetzgeber trennt in erster Linie danach, ob eine Schiedsvereinbarung unter Verbraucherbeteiligung vorliegt oder nicht. Im Falle der Verbraucherbeteiligung wird durch strikte Formvorschriften insb der Schutz des Verbrauchers iRd genannten Warnfunktion angestrebt. Im Geschäftsverkehr ohne Verbraucherbeteiligung wird dagegen die normale Schriftform auf vielfältige Weise aufgelockert (Abs 1–4). Diese vielfältigen Erleichterungen einer Schriftform führen letztlich dazu, dass nur noch die Beweisfunktion angestrebt wird. Ausgeschlossen ist durch diese Formerfordernisse allein eine rein mündliche Vereinbarung.

2 **B. Anwendungsbereich.** Die gesamte Norm bezieht sich ausschließlich auf Schiedsvereinbarungen. Durch diese Festlegung sind vom Anwendungsbereich zunächst die **außervertraglichen Schiedsgerichte** nach § 1066 ausgeschlossen. Ebenso von dem Formerfordernis nicht betroffen sind alle Vereinbarungen, die nicht echte Schiedsvereinbarungen darstellen. Nicht anwendbar ist § 1031 also auf **Schiedsgutachten**, auf **Mediations- und Schlichtungsvereinbarungen.**
Mit der Bezugnahme auf Schiedsvereinbarungen ist immer nur der positive Abschluss der Vereinbarung gemeint. Dagegen ist § 1031 nicht auf den **Aufhebungsvertrag** iRv Schiedsvereinbarungen anzuwenden. Da die Aufhebung einer Schiedsvereinbarung den Rechtsweg zu den staatlichen Gerichten eröffnet, ist insoweit eine besondere Warn- oder Beweisfunktion nicht erforderlich.
Mit der Schiedsvereinbarung ist schließlich nur die Grundlagenvereinbarung im engeren Sinn des § 1029 gemeint. Spezielle Vereinbarungen über das Schiedsverfahren, etwa die Erarbeitung einer Verfahrensordnung, sind vom § 1031 nicht betroffen.
Bei Erteilung einer Vollmacht zum Abschluss einer Schiedsvereinbarung gilt § 167 II BGB, so dass diese Vollmacht nach dem Gesetzeswortlaut nicht formbedürftig ist. Allerdings wird § 167 BGB teleologisch reduziert, so dass er nicht anzuwenden ist, wenn die Vollmacht unwiderruflich ist.

3 **C. Form im geschäftlichen Verkehr. I. Der Begriff des Geschäftsverkehrs.** Die Abs 1–4 sind im Geschäftsverkehr anzuwenden. Ihr genauer Anwendungsbereich ist im Normtext nicht genannt. Er ergibt sich vielmehr nur aus einem Vergleich mit Abs 5. Dort sind Schiedsvereinbarungen betroffen, an denen ein Verbraucher beteiligt ist. Daraus lässt sich im Rückschluss erkennen, dass sich die Schiedsvereinbarungen in Abs 1–4 auf alle Bereiche des geschäftlichen oder gewerblichen Verkehrs (weit über den Begriff des Handelsgeschäfts hinaus) beziehen. Alleiniges Kriterium ist die Nichtbeteiligung eines Verbrauchers iSv § 13 BGB.

4 **II. Schriftform.** Abs 1 nimmt in seiner 1. Alt auf den Normalfall der Schriftform Bezug, also auf die Regelung des § 126 BGB. Diese erfordert die eigenhändige Namensunterschrift unter einen schriftlich fixierten Text. Im Falle zweiseitiger Vereinbarungen wie bei einem Schiedsvertrag müssen damit beide Parteien auf derselben Urkunde unterschreiben. Allerdings lässt bereits § 126 BGB eine Ausnahme von dieser gemeinschaftlichen Unterzeichnung der Parteien unter derselben Urkunde zu. Nach § 126 II 2 BGB kann bei mehreren gleichlautenden Urkunden jeweils die Unterschrift einer Partei, die für die andere Partei bestimmt ist, als Unterzeichnung genügen. Entscheidend ist insoweit aber die Identität der mehreren unterzeichneten Urkunden. Ein normaler Briefwechsel genügt für die gesetzliche Schriftform des § 126 II BGB nicht.

5 **III. Schriftwechsel (Abs 1).** Von diesem Grundsatz der gesetzlichen Schriftform macht die 2. Alt von Abs 1 eine wichtige Ausnahme. Mit dem Hinweis auf gewechselte Schreiben, Fernkopien, Telegrammen oder andere Formen der Nachrichtenübermittlung wird jede Form des Nachrichtenwechsels für zulässig erklärt. Durch diese deutlich eingeschränkte Schriftform der 2. Alt ist sowohl die Einhaltung der Former-

fordernisse von § 126 BGB als auch die Form des § 126a BGB aufgehoben. Als Nachrichtenwechsel genügen auch elektronische Übermittlungen wie insb der wechselseitige Zugang von Emails.

IV. Unwidersprochen gebliebenes Dokument (Abs 2). Eine weitere typische Auflockerung des Formerfordernisses, das aus dem kaufmännischen Bereich bekannt ist, bringt Abs 2. Danach kommt eine Schiedsvereinbarung insb durch ein von der Gegenseite unwidersprochen hingenommenes kaufmännisches Bestätigungsschreiben zustande. Ob im Einzelfall eine solche Schiedsvereinbarung in einem Dokument, das der anderen Seite übermittelt wird, durch Schweigen zur echten Vereinbarung wird, beurteilt sich nach dem materiellen Recht. Entscheidend sind dabei die Verkehrssitte und darüber hinaus einschlägige Handelsbräuche. 6

V. Verweisung auf ein anderes Schriftstück (Abs 3). Abs 3 enthält den im internationalen Rechtsverkehr viel beachteten Fall der Einbeziehung einer Schiedsvereinbarung, die in einem anderen Text vorformuliert ist, und die durch Bezugnahme auf diesen Text zum Vertragsinhalt wird. Freilich muss die Bezugnahme so gestaltet sein, dass sie die Schiedsklausel zu einem echten Bestandteil des Vertrages macht. In der Praxis ist dies typischerweise der Fall der Einbeziehung Allgemeiner Geschäftsbedingungen mit einer Schiedsklausel in den jeweiligen konkreten Vertrag. Dabei ist die in Bezug genommene Klausel auf ihre spezielle Wirksamkeit gesondert zu prüfen. 7

VI. Konnossement (Abs 4). Wird ein Konnossement (§§ 642 ff HGB) begeben, in dem ausdrücklich auf die in einem Chartervertrag zwischen dem Verfrachter und dem Befrachter enthaltene Schiedsklausel Bezug genommen wird, so kann dadurch ebenfalls eine Schiedsvereinbarung zustande kommen. 8

D. Form bei Verbraucherbeteiligung (Abs 5). Ist iRe Schiedsvertrags eine Partei als Verbraucher iSd § 13 BGB anzusehen, so gilt für die Form Abs 5. Dieser grenzt aus Gründen des Verbraucherschutzes die Formvorschriften von den jeweiligen Formerleichterungen des geschäftlichen Verkehrs deutlich ab. Verbraucher ist dabei jede natürliche Person, die das der Schiedsvereinbarung zu Grunde liegende Rechtsgeschäft zu einem Zweck abschließt, der weder ihrer gewerblichen noch ihrer selbständigen beruflichen Tätigkeit zugerechnet werden kann. In diesem Fall verlangt Abs 5 S 1 die Einhaltung der strengen Schriftform gem § 126 BGB. Er lässt allerdings die elektronische Form des § 126a BGB als Ersatzform zu. Als zusätzliche Erschwerung, um die Warnfunktion für den Verbraucher hervorzuheben, verlangt Abs 5 S 3, dass die Urkunde oder das elektronische Dokument die Schiedsvereinbarung in vollständiger Form enthält und dass andere Vereinbarungen in diesem Dokument nicht enthalten sein dürfen. Die Urkunde über eine Schiedsvereinbarung muss also räumlich vom Hauptvertrag getrennt sein. Ersetzt werden diese Regeln über die Schriftform durch notarielle Beurkundung (§ 128 BGB). Bei Auslandsbezug bemessen sich im Kollisionsfall das Zustandekommen und die Wirksamkeit einer Schiedsvereinbarung nach den Regeln des deutschen internationalen Privatrechts (BGH ZIP 11, 2325; NJW-RR 11, 1287). Daher müssen Schiedsklauseln in Verträgen ausländischer Broker mit inländischen Verbrauchern die Form des § 1031 V einhalten (BGH WM 10, 2025). Bei Verstoß gegen Abs 5 ist das staatliche Gericht selbst dann zuständig, wenn sich der verklagte Verbraucher auf die Schiedsabrede beruft (BGH NJW 11, 2976 = SchiedsVZ 11, 227). 9

E. Formverstoß und Heilung. Wird eine Schiedsvereinbarung nach den Regeln des § 1031 nicht formgültig abgeschlossen, so ist sie nach dem Rechtsgedanken des § 125 BGB nichtig (BGH NJW 11, 2976). Auf diese Nichtigkeit kann sich jede Partei berufen. Im Falle der Verbraucherbeteiligung nach Abs 5 kann sich auf einen Formfehler auch der andere Vertragspartner berufen, selbst wenn er Unternehmer ist (BGH NJW 11, 2976). 10

Allerdings wird ein Formverstoß nach Abs 6 durch Einlassung auf die schiedsrichterliche Verhandlung zur Hauptsache geheilt. Diese Heilung tritt auch dann ein, wenn der Mangel der Form für diejenige Partei nicht gekannt war, die sich auf das Schiedsverfahren eingelassen hat (BGHZ 48, 35; BGHZ 36, 273). Die Einlassung selbst ist formlos möglich, also insb durch mündliche Verhandlung zur Hauptsache. Allerdings muss die Einlassung ohne einen Vorbehalt erfolgen (Oldbg MDR 51, 690). Da vor dem Schiedsgericht kein Anwaltszwang besteht, kommt die Einlassung auch durch die Partei selbst in Betracht.

Die Heilung setzt in jedem Falle voraus, dass eine von beiden Seiten gewollte und wirksame Schiedsvereinbarung vorliegt, der es lediglich an der Form mangelt. Andere Fehler der Schiedsvereinbarung oder die fehlende vertragliche Übereinstimmung wird durch Abs 6 nicht geheilt (beachte insoweit § 1040).

§ 1032 Schiedsvereinbarung und Klage vor Gericht. **(1) Wird vor einem Gericht Klage in einer Angelegenheit erhoben, die Gegenstand einer Schiedsvereinbarung ist, so hat das Gericht die Klage als unzulässig abzuweisen, sofern der Beklagte dies vor Beginn der mündlichen Verhandlung zur Hauptsache rügt, es sei denn, das Gericht stellt fest, dass die Schiedsvereinbarung nichtig, unwirksam oder undurchführbar ist.**

(2) Bei Gericht kann bis zur Bildung des Schiedsgerichts Antrag auf Feststellung der Zulässigkeit oder Unzulässigkeit eines schiedsrichterlichen Verfahrens gestellt werden.

(3) Ist ein Verfahren im Sinne des Absatzes 1 oder 2 anhängig, kann ein schiedsrichterliches Verfahren gleichwohl eingeleitet oder fortgesetzt werden und ein Schiedsspruch ergehen.

1 **A. Systematik und Normzweck.** Die Norm enthält die zentrale Wirkung einer Schiedsvereinbarung. Sie gibt dem Beklagten vor einem staatlichen Gericht die Möglichkeit, durch Einrede die Schiedsvereinbarung zur Geltung zu bringen und das staatliche Verfahren durch Klageabweisung als unzulässig zu beenden. Damit sichert die Norm die Ausschließlichkeitswirkung des Schiedsverfahrens ggü dem staatlichen Verfahren. Zugleich wird durch diese Norm die Einrede der Schiedsvereinbarung als eine Rüge zur Zulässigkeit der Klage in das System der allgemeinen Prozessvoraussetzungen eingereiht (s. Einl Rz 7, 11). Im Rahmen der Zulässigkeitsvoraussetzungen lassen sich die echten Prozessvoraussetzungen und die Sachurteilsvoraussetzungen von den verzichtbaren Rügen, die die Zulässigkeit der Klage betreffen, abtrennen (vgl § 282 III). Die Einrede des Schiedsvertrags ist der wohl wichtigste Fall einer solchen verzichtbaren Rüge. Im Hinblick auf die Parteiautonomie als Basis für die Vereinbarung einer Schiedsabrede wird diese zwar nicht vAw berücksichtigt. Die Einrede durch die Partei führt aber selbst dann zur Unzulässigkeit der Klage vor dem staatlichen Gericht, wenn ein Schiedsverfahren nicht oder noch nicht in Gang gebracht ist.
Zusammen mit § 1055 (Wirkung des Schiedsspruchs als rechtskräftiges Urt) stellt § 1032 die Hauptwirkung einer Schiedsvereinbarung dar und führt somit zur Einordnung dieser Vereinbarung als Prozessvertrag (s. § 1029 Rz 7).

2 **B. Die Einrede des Schiedsvertrags (Abs 1). I. Die Erhebung der Rüge.** Der Bekl muss sich im Verfahren vor dem staatlichen Gericht auf das Bestehen einer Schiedsvereinbarung bzgl des rechtshängigen Streitgegenstands berufen. Es gibt also weder eine Beachtung der Schiedsvereinbarung vAw durch das staatliche Gericht noch eine der staatlichen Rechtshängigkeit ähnliche »Schiedshängigkeit«, sofern bereits Klage vor einem Schiedsgericht erhoben worden war (BGHZ 41, 107; BGH NJW 58, 950). Die Erhebung der Einrede bedarf keiner besonderen Form (BGH NJW-RR 09, 790). Es müssen die für Prozesshandlungen üblichen Voraussetzungen vor dem staatlichen Gericht gewahrt sein. Vor dem LG und höheren Gerichten bedeutet dies Anwaltszwang. Im Übrigen müssen die Prozesshandlungsvoraussetzungen vorliegen. Die Erhebung der Einrede setzt keine zwingende Formulierung voraus. Der Bekl muss allerdings seinen Willen eindeutig zum Ausdruck bringen, dass er das Verfahren nicht vor dem angerufenen staatlichen Gericht, sondern vor dem vereinbarten Schiedsgericht entschieden haben will (BGH NJW-RR 09, 790). Gegenüber der Einrede der Schiedsvereinbarung ist im Einzelfall durch den Kl der Arglisteinwand bzw der Einwand des Rechtsmissbrauchs (§ 242 BGB) möglich. Diesen Fall wird man insb annehmen können, wenn der Bekl bereits vor Erhebung der Einrede der Schiedsvereinbarung in einem vorprozessualen Schriftsatz oder in einem bereits laufenden schiedsrichterlichen Verfahren die Zuständigkeit des staatlichen Gerichts behauptet hatte (vgl zum umgekehrten Fall BGH MDR 09, 883). Dagegen stellt es keinen Missbrauch der Berufung auf die Schiedsvereinbarung dar, wenn der Bekl in materiellrechtlicher Hinsicht die Forderungen des Klägers nicht bestreitet (Ddorf MDR 77, 767; aA St/J/*Schlosser* § 1032 Rn 8; ausf *Illmer*) oder wenn der Bekl zunächst einem selbständigen Beweisverfahren zustimmt, dann im Hauptsacheverfahren aber die Einrede erhebt (Brandbg MDR 11, 941). Auch eine Schiedsklausel in einem Sozietätsvertrag ermöglicht die Einrede, selbst wenn der vorgesehene Abschluss eines gesonderten Schiedsvertrags unterblieben ist (KG NJW 11, 2978).

3 **II. Der Zeitpunkt.** Das Gesetz verlangt die Erhebung der Einrede vor dem staatlichen Gericht, die der Beklagte vor Beginn der mündlichen Verhandlung zur Hauptsache vorbringen muss. Nicht verlangt wird vom Gesetz also die Erhebung der Einrede bereits im Schriftsatz der Klageerwiderung. Dies gilt auch dann nicht, wenn dem Beklagten eine richterliche Frist gesetzt worden war. Die Norm ist ähnl wie die rügelose Einlassung iRd Zuständigkeit gem § 39 gefasst. Bei einem Streit über die Einrede kann das staatliche Gericht eine abgesonderte Verhandlung über die Zulässigkeit der Klage nach § 280 anordnen.

Ist der Kl in der mündlichen Verhandlung nicht erschienen und beantragt der Beklagte an Stelle der Rüge ein Versäumnisurteil nach § 330, so hat er damit zwar einen Sachantrag gestellt. Wegen des Fehlens des Klägers ist darin aber noch kein Verhandeln zur Hauptsache iSv § 1032 I zu sehen. Legt also der Kl gegen dieses Versäumnisurteil Einspruch ein, so ist der Beklagte im Einspruchstermin nicht gehindert, die Einrede der Schiedsvereinbarung zu erheben.

III. Voraussetzungen der Einrede. Die wirksame Erhebung der Einrede durch den Beklagten setzt voraus, 4
dass eine wirksame Schiedsvereinbarung über den rechtshängigen Streitgegenstand geschlossen wurde. Als Einrede kommt neben der Berufung auf eine Schiedsvereinbarung auch die Berufung auf ein einseitiges privatrechtliches Rechtsgeschäft iSv § 1066 in Betracht. In jedem Falle muss die Schiedsabrede, auf die die Einrede gestützt wird, gültig zustande gekommen sein. Sie muss also einen objektiv schiedsfähigen Gegenstand in Bezug nehmen (§ 1030), sie muss die Formerfordernisse wahren (§ 1031) und sie muss den allgemeinen Anforderungen an Schiedsvereinbarungen gem § 1029 genügen. Sämtliche Wirksamkeitsvoraussetzungen der Schiedsvereinbarung müssen im Zeitpunkt der Geltendmachung der Einrede vorliegen.
Soweit vor dem angerufenen Schiedsgericht Streit über das Bestehen und die Gültigkeit der Schiedsvereinbarung entsteht, entscheidet das Schiedsgericht hierüber (§ 1040 I). Allerdings ist ein staatliches Gericht an die Auffassung des Schiedsgerichts nicht gebunden. Eine Kompetenz-Kompetenz des Schiedsgerichts ist nicht anzuerkennen.
Hat eine gültig geschlossene Schiedsvereinbarung ihre Wirksamkeit verloren, weil sie etwa durch Aufhebungsvertrag, durch wirksame Kündigung oder durch Wegfall der Wirksamkeit in Folge Zweckerfüllung oder Unmöglichkeit der Zweckerreichung erloschen ist, so kann die Einrede nach § 1032 I nicht mehr erhoben werden. Ebenfalls nicht möglich ist die Einrede, wenn ein Schiedsverfahren undurchführbar ist. Eine Undurchführbarkeit liegt freilich noch nicht vor, wenn die Parteien irrtümlich ein nicht existierendes institutionelles Schiedsgericht vereinbaren. Hier ist vielmehr zunächst die ergänzende Vertragsauslegung heranzuziehen (BGH DZWiR 11, 520 = NJW 11, 2977). Liegt allerdings aus dem abgeschlossenen schiedsgerichtlichen Verfahren ein wirksamer Schiedsspruch vor, so ist die Rechtskraft dieses Schiedsspruchs zu beachten (vgl § 1055 Rz 4).

IV. Wirkung. Auf der Basis der zulässigerweise erhobenen Einrede der Schiedsvereinbarung ist das staatli- 5
che Gericht gezwungen, die rechtshängige Klage durch Prozessurteil abzuweisen. Eine Aussetzung des staatlichen Verfahrens bis zur Erledigung des schiedsrichterlichen Verfahrens ist nicht zu lässig. Kommt das staatliche Gericht iRe abgesonderten Verhandlung nach § 280 zu dem Ergebnis, dass eine wirksame Schiedsvereinbarung nicht besteht oder die Vereinbarung unwirksam ist, so kann es die Zulässigkeit der Klage vor dem staatlichen Gericht durch Zwischenurteil feststellen.
Das die Klage als unzulässig abweisende Prozessurteil vor dem staatlichen Gericht stellt zunächst rechtskräftig die Unzulässigkeit dieser Klage wegen der fehlenden Zuständigkeit der staatlichen Gerichtsbarkeit fest. Darüber hinaus müssen auch die tragenden Gründe dieser Feststellung in Rechtskraft erwachsen, dass nämlich eine wirksame Schiedsvereinbarung besteht (zweifelnd St/J/*Schlosser* § 1032 Rn 19). Wer dem Prozessurteil vor dem staatlichen Gericht die Rechtskraftbindung ggü der feststellenden Schiedsvereinbarung abspricht, müsste bei späterer Berufung auf die Unwirksamkeit der Schiedsvereinbarung den Einwand der unzulässigen Rechtsausübung zulassen (so nunmehr BGH MDR 09, 883).

C. Gerichtliche Klärung (Abs 2). Ist zwischen den Streitparteien ein Schiedsgericht noch nicht gebildet, 6
wird aber im Verhalten der einen oder der anderen Partei die Zulässigkeit oder die Unzulässigkeit eines schiedsrichterlichen Verfahrens behauptet, so kann nach Abs 2 vor dem staatlichen Gericht ein Antrag auf Feststellung der Zulässigkeit oder der Unzulässigkeit des schiedsrichterlichen Verfahrens gestellt werden. Diese Verfahrensmöglichkeit ist gem § 1025 II selbst dann eröffnet, wenn der mögliche Schiedsort für das streitige schiedsgerichtliche Verfahren im Ausland läge. Mit dem von Abs 2 angesprochenen Zeitpunkt bis zur Bildung des Schiedsgerichts wird man diejenige Situation anzunehmen haben, in der sämtliche Schiedsrichter bestellt worden sind.
Abs 2 greift nicht ein, wenn ein Schiedsgericht bereits gebildet worden ist. Will eine Partei in diesem Zeitpunkt die Unzulässigkeit des schiedsrichterlichen Verfahrens geltend machen, so muss sie dies gem § 1040 II durch Rüge vor dem Schiedsgericht tun.
Für das Verfahren nach Abs 2 ist gem § 1062 I Nr 2 das OLG zuständig, das iRd Schiedsvereinbarung bezeichnet wurde oder in dessen Bezirk der Ort des Schiedsverfahrens liegt. Dies entscheidet durch Beschl (§ 1063). Gegen die Entscheidung des OLG ist in engen Grenzen die Rechtsbeschwerde statthaft (§ 1065).

Insgesamt gibt es also drei verschiedene Möglichkeiten, das Problem zu klären, ob für einen Rechtsstreit ein Schiedsgericht oder ein staatliches Gericht zuständig ist. Erstens kann der Bekl im Hauptsacheverfahren vor dem staatlichen Gericht die Schiedseinrede nach Abs 1 erheben. Zweitens kann im Schiedsverfahren der Schiedsbeklagte die Rüge der Unzuständigkeit nach § 1040 I erheben. Drittens kann vor dem staatlichen Gericht der Antrag auf Feststellung der Zulässigkeit des schiedsrichterlichen Verfahrens gem Abs 2 gestellt werden. Wird dieser Feststellungsantrag zu einem Zeitpunkt gestellt, in dem bereits ein Hauptsacheverfahren vor einem staatlichen Gericht anhängig ist, fehlt für das Feststellungsverfahren das Rechtsschutzbedürfnis (München SchiedsVZ 11, 340; *Mann/Lumpp* SchiedsVZ 11, 323).

7 **D. Parallele Verfahren (Abs 3).** Abs 3 stellt klar, dass bei einem vor dem staatlichen Gericht anhängigen Verfahren iSv § 1032 I oder II dennoch parallel ein schiedsrichterliches Verfahren eingeleitet oder fortgesetzt werden kann und ein Schiedsspruch ergehen kann. Damit wird dem Versuch entgegengewirkt, durch Verfahren vor staatlichen Gerichten zur Klärung der Zulässigkeit den Prozess vor dem Schiedsgericht letztlich zu verschleppen. Das angerufene Schiedsgericht hat in diesem Fall die Möglichkeit zu entscheiden, ob es sein Verfahren aussetzen (BGH ZIP 11, 1477 Rn 11; Saarbr KTS 61, 108) oder trotz des Streits vor dem staatlichen Gericht fortsetzen will und den Schiedsspruch erlassen möchte. Soweit ein Schiedsverfahren neben dem staatlichen Verfahren begonnen oder fortgeführt wird, steht dieses Verfahren freilich unter dem Risiko, dass das staatliche Gericht letztlich das Schiedsverfahren für unzulässig erklärt. Ein denn erlassener Schiedsspruch kann nach § 1059 II Nr 2b aufgehoben werden.

8 **E. Kosten/Gebühren. I. Gericht.** Für ein Verfahren nach Abs 2 wird eine 2,0 Gebühr nach Nr 1621 KV erhoben. Wird der Antrag zurückgenommen, ermäßigt sich die Gebühr nach Nr 1627 KV auf 1,0.

9 **II. Anwalt.** Mangels spezieller Regelungen – im Gegensatz zur BRAGO – gelten die Gebühren eines gewöhnlichen erstinstanzlichen Verfahrens – also die Gebühren nach Nr 3100 ff VV RVG (Vorbem 3.1 I VV RVG).

§ 1033 Schiedsvereinbarung und einstweilige gerichtliche Maßnahmen.

Eine Schiedsvereinbarung schließt nicht aus, dass ein Gericht vor oder nach Beginn des schiedsrichterlichen Verfahrens auf Antrag einer Partei eine vorläufige oder sichernde Maßnahme in Bezug auf den Streitgegenstand des schiedsrichterlichen Verfahrens anordnet.

1 **A. Normzweck.** Die Norm kennzeichnet eine Nahtstelle zwischen dem staatlichen Verfahren und dem Schiedsverfahren. Sie klärt die berühmte Streitfrage des früheren Rechts, ob und inwieweit ein staatliches Gericht einstweiligen Rechtsschutz gewähren konnte (umfassend zum früheren Recht Jeong-Ha). Heute wird durch die Norm klargestellt, dass das staatliche Gericht die Kompetenz zu Maßnahmen des einstweiligen Rechtsschutzes hat. Diese Klarstellung muss vor dem Hintergrund gesehen werden, dass § 1041 auch dem Schiedsgericht die Kompetenz einräumt, einstweiligen Rechtsschutz zu gewähren. Letztlich steht hinter der Norm also der Gedanke der Gewährung von effektivem Rechtsschutz, um in Eilfällen vorläufige oder sichernde Maßnahmen erreichen zu können.

2 **B. Vorläufige oder sichernde Maßnahmen.** Mit dem gesetzlichen Wortlaut der vorläufigen oder sichernden Maßnahmen will das Gesetz all diejenigen Maßnahmen in Bezug nehmen, die den Charakter einer bloßen vorläufigen Sicherungswirkung haben. Dazu zählen in erster Linie der Arrest (§§ 916 ff) und die einstweilige Verfügung (§§ 935 ff). Darüber hinaus kommt auch das selbständige Beweisverfahren in Betracht (§§ 485 ff). Soweit Gegenstand einer Schiedsvereinbarung sog Familienstreitsachen iSv § 112 FamFG sind (Unterhaltssachen, Güterrechtssachen, sonstige Familiensachen nach § 266 I FamFG), kommen auch Maßnahmen des einstweiligen Rechtsschutzes nach dem FamFG in Betracht (§ 119, 246 ff FamFG).

3 **C. Voraussetzungen.** Die **Zuständigkeit** des staatlichen Gerichts richtet sich nach den allgemeinen Vorschriften (§ 919, 937, 486). Funktionell ist danach sowohl das Gericht der Hauptsache als auch das Amtsgericht zuständig, in dessen Bezirk sich der Gegenstand oder die Person befinden. Sachliche und örtliche Zuständigkeit bestimmen sich nach allgemeinen Regeln, wobei als Ort der Hauptsache derjenige Ort anzusehen ist, der als Schiedsort vereinbart ist. Weiterhin ist ein ordnungsgemäßer **Antrag** beim zuständigen staatlichen Gericht erforderlich. Dagegen ist der Stand des parallelen Schiedsverfahrens ohne Bedeutung.

D. Verfahren. Das Verfahren des einstweiligen Rechtsschutzes richtet sich nach den allgemeinen Normen der §§ 916 ff. Soweit das staatliche Gericht vor der Einleitung eines schiedsgerichtlichen Verfahrens eine Maßnahme des einstweiligen Rechtsschutzes erlässt und sodann Klageerhebung nach § 926 I anordnet, ist diese Klage regelmäßig vor dem Schiedsgericht zu erheben (Schwab/Walter Kap 7 Rn 13). 4
Soweit die Parteien konkurrierende Anträge vor dem staatlichen Gericht nach § 1033 und dem Schiedsgericht nach § 1041 beantragen, besteht die Gefahr von sich widersprechenden Entscheidungen. Teilweise wird die Auffassung vertreten, diese Gefahr sei dadurch zu vermeiden, dass das staatliche Gericht vor dem Erlass einer Maßnahme eine strenge Prüfung des Rechtsschutzbedürfnisses vornimmt (vgl Musielak/*Voit* § 1033 Rn. 5). Dem ist entgegenzuhalten, dass schiedsrichterliche Anordnungen einer Vollziehbarerklärung bedürfen und ein solcher Antrag nur zulässig ist, wenn nicht bereits ein Antrag auf einstweilige Maßnahmen beim staatlichen Gericht gestellt wurde.

E. Auslandsbezug. Im europäischen Rechtsraum stellt sich die schwierige Frage, ob Anordnungen, durch die ein Gericht eines europäischen Staates das Führen eines Verfahrens in einem anderen Mitgliedsstaat mit der Begründung verbietet, es verstoße gegen eine Schiedsvereinbarung (sog anti-suit-injunction) mit der EuGVO (bzw dem Lugano-ÜE) vereinbar sind. Dies ist va deshalb zweifelhaft, weil Art 1 II d EuGVO die Schiedsgerichtsbarkeit aus dem sachlichen Anwendungsbereich der EuGVO generell ausschließt. Dennoch hat der EuGH mit Urt v 10.2.09 nunmehr entschieden, dass solche Anordnungen mit der VO unvereinbar sind (EuGH NJW 09, 1655 = IPRax 09, 336; dazu *Illmer* IPRax 09, 312; *Lehmann* NJW 09, 1645). 5
Nach Auffassung des BGH werden einstweilige Maßnahmen, die nicht der Durchführung des Schiedsverfahrens oder der Vollstreckung des Schiedsspruchs dienen, vom Ausschluss des Art 1 II d EuGVO nicht erfasst (BGH MDR 09, 645).

Abschnitt 3 Bildung des Schiedsgerichts

§ 1034 Zusammensetzung des Schiedsgerichts.

(1) [1]**Die Parteien können die Anzahl der Schiedsrichter vereinbaren.** [2]**Fehlt eine solche Vereinbarung, so ist die Zahl der Schiedsrichter drei.**
(2) [1]**Gibt die Schiedsvereinbarung einer Partei bei der Zusammensetzung des Schiedsgerichts ein Übergewicht, das die andere Partei benachteiligt, so kann diese Partei bei Gericht beantragen, den oder die Schiedsrichter abweichend von der erfolgten Ernennung oder der vereinbarten Ernennungsregelung zu bestellen.** [2]**Der Antrag ist spätestens bis zum Ablauf von zwei Wochen, nachdem der Partei die Zusammensetzung des Schiedsgerichts bekannt geworden ist, zu stellen.** [3]**§ 1032 Abs. 3 gilt entsprechend.**

A. Normzweck. §§ 1034–1039 regeln die Fragen der Bildung des Schiedsgerichts. Dabei ist die in der Norm geregelte Zusammensetzung des Schiedsgerichts der zentrale Ausgangspunkt. Während im staatlichen Gerichtsverfahren der allgemein und abstrakt vorher bestimmte gesetzliche Richter den Rechtsstreit entscheidet, ist es gerade das Kennzeichen der Schiedsgerichtsbarkeit, dass ad hoc und im Hinblick auf den speziellen Streit ein Schiedsgericht besetzt werden kann. Daher bedarf es sichernder gesetzlicher Maßnahmen, dass die Neutralität des Schiedsgerichts und die Gleichbehandlung der Parteien gewahrt werden. Parteivereinbarungen müssen deshalb dort ihre Grenzen finden, wo einer Partei ein Übergewicht bei der Besetzung des Schiedsgerichts zukommt. 1

B. Die Regelung über die Zusammensetzung des Schiedsgerichts (Abs 1). Das Gesetz geht davon aus, dass die Parteien die Anzahl der Schiedsrichter vereinbaren. Als gesetzlichen Normalfall und für den Fall einer fehlenden Vereinbarung gibt das Gesetz ein Schiedsgericht vor, das aus drei Schiedsrichtern besteht. Soweit die Parteien Vereinbarungen treffen, bedürfen diese nicht der Form des § 1032. Eine Vereinbarung ist nicht nur durch gesonderte Abrede möglich, sondern auch durch Verweis auf eine bestimmte institutionelle Schiedsordnung. Die Vereinbarung der Parteien über die Besetzung des Schiedsgerichts kann auch nachträglich erfolgen. Ist die Zahl der Schiedsrichter durch Vereinbarung oder durch Gesetz festgelegt, so richtet sich das Verfahren der Bestellung nach § 1035. Eine Ablehnung eines Schiedsrichters ist nach § 1036 möglich. Auch die Bestellung eines Ersatzschiedsrichters in besonderen Fällen ist nach § 1039 vorgesehen. 2

C. Das Übergewicht einer Partei (Abs 2). I. Grundgedanke. Abs 2 gibt als spezielle Norm ggü einer Inhaltskontrolle nach § 307 BGB oder der Norm des § 138 BGB einer Partei die Möglichkeit, das Überge- 3 wicht der Gegenpartei bei Bestellung des Schiedsgerichts durch Antrag zum staatlichen Gericht ausgleichen zu lassen.

4 **II. Übergewicht.** Der Begriff des Übergewichts in Abs 2 wird dadurch konkretisiert, dass die andere Partei bei der Zusammensetzung des Schiedsgerichts benachteiligt wird. Es geht also um Vereinbarungen, die eine solche Benachteiligung unmittelbar oder mittelbar enthalten. Abweichend von der vertraglich vereinbarten Ernennung von Schiedsrichtern wäre damit nach Abs 2 zu entscheiden, wenn im Einzelfall eine Partei eine größere Zahl von Schiedsrichtern bestellen könnte als die andere, wenn im Falle eines Einmann-Schiedsgerichts eine Partei einen besonderen Einfluss auf die Ernennung dieses Schiedsrichters hätte oder wenn im Falle eines Dreier-Schiedsgerichts ein größerer Einfluss einer Seite auf den dritten Schiedsrichter bestünde. Erst recht wäre es Anlass zu einer abweichenden staatlichen Entscheidung, wenn eine Partei den Einzelschiedsrichter oder das gesamte Schiedsgericht allein ernennen könnte. Auch die Bestellung einer Partei, ihres gesetzlichen Vertreters oder eines Mitglieds ihres Vertretungsorgans als Schiedsrichter in eigener Sache gehört hierher. Zu beanstanden wäre es weiterhin, wenn ein Vereins- oder Verbandsgericht nur mit Mitgliedern des Vereins besetzt wäre, jedoch einen Streit zwischen Vereinsmitgliedern und Nichtmitgliedern zu entscheiden hätte (BGHZ 51, 255). Unzulässig ist es weiterhin, die Schiedsrichter durch den Vorstand eines Vereins ernennen zu lassen, wenn nur eine Partei des Schiedsverfahrens Vereinsmitglied ist (München KTS 83, 166; bedenklich daher Hambg BB 70, 53; MDR 75, 409; abw auch *Bülow* NJW 70, 585).

5 **III. Mehrparteienschiedsgericht.** Liegt eine zulässige Schiedsvereinbarung über eine Mehrparteienschiedsgerichtsbarkeit vor und ist darin die Zahl der Schiedsrichter nicht festgelegt, so gilt § 1034 I 2. Die danach von den Parteien gem § 1035 III 2 zu bestellenden beiden Schiedsrichter werden in diesem Fall gem § 1034 II beide vom staatlichen Gericht bestellt (KG NJW 08, 2719).

6 **D. Verfahren vor dem staatlichen Gericht.** In den Fällen des Abs 2 muss die benachteiligte Partei einen Antrag an das zuständige OLG bis zum Ablauf von zwei Wochen stellen, nachdem dieser Partei die Zusammensetzung des Schiedsgerichts bekannt geworden ist. Durch Bezugnahme auf § 1032 III hat das Gesetz klargestellt, dass auch hier das Verfahren vor dem staatlichen Gericht und das Schiedsverfahren nebeneinander laufen können. In dem Verfahren vor dem staatlichen Gericht (§ 1062) entscheidet das Gericht durch Beschl nach den Regeln des § 1063. Ein Rechtsmittel hiergegen kommt nicht in Betracht (§ 1065 I 2).

§ 1035 Bestellung der Schiedsrichter. **(1) Die Parteien können das Verfahren zur Bestellung des Schiedsrichters oder der Schiedsrichter vereinbaren.**

(2) Sofern die Parteien nichts anderes vereinbart haben, ist eine Partei an die durch sie erfolgte Bestellung eines Schiedsrichters gebunden, sobald die andere Partei die Mitteilung über die Bestellung empfangen hat.

(3) [1]Fehlt eine Vereinbarung der Parteien über die Bestellung der Schiedsrichter, wird ein Einzelschiedsrichter, wenn die Parteien sich über seine Bestellung nicht einigen können, auf Antrag einer Partei durch das Gericht bestellt. [2]In schiedsrichterlichen Verfahren mit drei Schiedsrichtern bestellt jede Partei einen Schiedsrichter; diese beiden Schiedsrichter bestellen den dritten Schiedsrichter, der als Vorsitzender des Schiedsgerichts tätig wird. [3]Hat eine Partei den Schiedsrichter nicht innerhalb eines Monats nach Empfang einer entsprechenden Aufforderung durch die andere Partei bestellt oder können sich die beiden Schiedsrichter nicht binnen eines Monats nach ihrer Bestellung über den dritten Schiedsrichter einigen, so ist der Schiedsrichter auf Antrag einer Partei durch das Gericht zu bestellen.

(4) Haben die Parteien ein Verfahren für die Bestellung vereinbart und handelt eine Partei nicht entsprechend diesem Verfahren oder können die Parteien oder die beiden Schiedsrichter eine Einigung entsprechend diesem Verfahren nicht erzielen oder erfüllt ein Dritter eine ihm nach diesem Verfahren übertragene Aufgabe nicht, so kann jede Partei bei Gericht die Anordnung der erforderlichen Maßnahmen beantragen, sofern das vereinbarte Bestellungsverfahren zur Sicherung der Bestellung nichts anderes vorsieht.

(5) [1]Das Gericht hat bei der Bestellung eines Schiedsrichters alle nach der Parteivereinbarung für den Schiedsrichter vorgeschriebenen Voraussetzungen zu berücksichtigen und allen Gesichtspunkten Rechnung zu tragen, die die Bestellung eines unabhängigen und unparteiischen Schiedsrichters sicherstellen. [2]Bei der Bestellung eines Einzelschiedsrichters oder eines dritten Schiedsrichters hat das Gericht auch die Zweckmäßigkeit der Bestellung eines Schiedsrichters mit einer anderen Staatsangehörigkeit als derjenigen der Parteien in Erwägung zu ziehen.

A. Normzweck. Die Norm baut auf § 1034 auf und regelt die wichtige Frage der Bestellung des einzelnen Schiedsrichters oder aller Schiedsrichter. Dabei sieht das Gesetz wiederum die Möglichkeit vor, dass die Parteien die Bestellung vereinbaren. Es wird aber auch ausf geregelt, wie im Einzelnen vorzugehen ist, wenn eine Parteivereinbarung fehlt. Die Norm ist also einerseits technischer Natur, andererseits ist die zügige Durchführung der Schiedsrichterbestellung die zentrale Voraussetzung für ein zeitnahes Schiedsverfahren. Letztlich dient die Norm also der Rechtssicherheit sowie der Beschleunigung und Konzentration des Verfahrens. 1

B. Die Person des Schiedsrichters. Das Wesen eines Schiedsverfahrens als echtes privates Streitverfahren ohne Rechtsmittelmöglichkeiten bringt es zwangsläufig mit sich, dass die Auswahl und Bestellung der Schiedsrichter ein absolut zentraler Aspekt des schiedsgerichtlichen Verfahrens ist. Andererseits stellt das Gesetz nur wenige zwingende Anforderungen an das Amt eines Schiedsrichters auf (§ 1036 I). Überwiegend wird verlangt, dass ein Schiedsrichter eine **natürliche Person** ist. Unzweifelhaft muss er **unbeschränkt geschäftsfähig** sein. Dagegen muss der Schiedsrichter nicht Volljurist sein. Zum Schiedsrichter können auch Personen gewählt werden, die über keinerlei juristische Kenntnisse verfügen. Schließlich muss ein Schiedsrichter **unparteilich und unabhängig** iSv § 1036 sein. Weitere Voraussetzungen können die Parteien vereinbaren. Aus § 1034 II ergibt sich, dass eine Parteivereinbarung bei der Zusammensetzung des Schiedsgerichts nicht zu einer Benachteiligung für eine Partei führen darf. Zu den Einzelheiten der Rechtsstellung und der Rechtsgrundlagen des Schiedsrichters *Prütting* AnwBl 12, 28; zur Abgrenzung von Schiedsrichter und Mediator *Prütting* AnwBl 12, 30. Wird ein Rechtsanwalt zum Schiedsrichter bestellt, so unterliegt er nicht seinem anwaltlichen Berufsrecht (*Prütting* AnwBl 12, 31). Vielmehr ist die Schiedsrichtertätigkeit ein Zweitberuf, wie auch § 2 Abs 3 Nr 2 RDG und § 18 BORA (e contrario) zeigen. 2

C. Vereinbarungen über die Schiedsrichterbestellung. I. Gestaltungsfreiheit und Form. Das Gesetz geht vom Vorrang einer der Privatautonomie unterliegenden Parteivereinbarung über die Bestellung der Schiedsrichter aus. Die Vereinbarung bedarf nicht der Form des § 1031. Die Parteien sind frei, eine Vereinbarung unmittelbar im Rahmen der Schiedsvereinbarung oder später zu treffen. Auf der Basis des § 1034 I, wonach die Parteien die Anzahl der Schiedsrichter vereinbaren können, steht dem Parteiwillen jede Form der Schiedsrichterernennung offen. So ist es möglich, die Person des Schiedsrichters bereits in der Schiedsvereinbarung namentlich festzulegen. Auch die Festlegung einer Person durch ihre konkrete Funktion ist möglich. Wird eine juristische Person oder eine Behörde als Schiedsrichter vereinbart, so ist der Behördenleiter oder das Organ als benannt anzunehmen. Soweit die Parteien bei ihrer Vereinbarung die Personen der Schiedsrichter noch nicht konkret bestimmen, können sie ebenfalls vereinbaren, dass diese später benannt werden sollen, wenn das Schiedsgericht tätig werden muss. In diesen Fällen wird von den Parteien regelmäßig ein Verfahren vereinbart, das der Gesetzgeber in Abs 3 S 2 vorgesehen hat. Jede Partei ernennt einen einzelnen Schiedsrichter und die beiden Schiedsrichter einigen sich auf einen Vorsitzenden. Bei anderen Formen der Vereinbarung ist die Gefahr eines Übergewichts einer Seite gem § 1034 II zu beachten. 3

II. Bindung. Soweit eine Partei nach den vereinbarten Regelungen ihren Schiedsrichter bestellt hat, ist sie an diese Bestellung gebunden, wenn die andere Partei die Mitteilung über die Bestellung empfangen hat (Abs 2). Damit ist eine Selbstbindung der Partei klargestellt. Allerdings können die Parteien auch insoweit etwas Abweichendes vereinbaren. Abs 2 gilt auch im Falle eines Einmann-Schiedsgerichts. Die Mitteilung über die Bestellung an die Gegenseite ist iÜ rein deklaratorischer Natur und formlos möglich. 4
Ab dem Zeitpunkt der Bindung ist weder ein Widerruf noch eine Anfechtung der Ernennung möglich. Stets muss die Ernennung von der Partei ausgehen. Eine Mitteilung durch den Schiedsrichter genügt nicht.

III. Formen der Ernennung. Der im Gesetz nicht genannte Oberbegriff zur Festlegung von Schiedsrichtern ist die Ernennung. Diese kann in Form der Bestimmung in der Schiedsvereinbarung erfolgen oder in der Form der (späteren) Benennung durch die Parteien zu Beginn des Schiedsverfahrens. Möglich ist schließlich auch die Benennung der Schiedsrichter durch dritte Personen. In der Praxis kommen hier insb institutionelle Schiedseinrichtungen in Betracht. Im Falle von Mehrparteien-Schiedsgerichten können sich Schwierigkeiten bei der Schiedsrichterbenennung durch jede Seite ergeben. Hier werden die von beiden Parteiseiten zu benennenden Schiedsrichter nach den Regeln des § 1034 II vom staatlichen Gericht bestellt (KG NJW 08, 2719). 5

D. Fehlende Vereinbarungen. Soweit die Parteien eine Vereinbarung über die Bestellung der Schiedsrichter nicht getroffen haben, stellt sich zunächst die Frage nach der Zusammensetzung des Schiedsgerichts 6

(§ 1034). Ist die Zusammensetzung idS vereinbart, dass entweder ein Einzelschiedsrichter oder ein Dreier-Schiedsgericht gewollt ist, so gibt das Gesetz in Abs 3 Verfahrensregeln zur Bestellung vor. Ist auch die Zahl und die Zusammensetzung des Schiedsgerichts von den Parteien nicht vereinbart, so ist zunächst von § 1034 I 2 auszugehen. Es ist dann also ein Dreier-Schiedsgericht zu bestellen.

Im Falle der Vereinbarung eines Einzelschiedsrichters und einer fehlenden Bestellungsvereinbarung müssen die Parteien vorrangig versuchen, sich über die konkrete Person dieses Schiedsrichters zu einigen. Ist eine Einigung nicht zu erzielen, so bestellt auf Antrag einer Partei das Gericht den Einzelschiedsrichter. Die Zuständigkeit ergibt sich aus § 1062 I Nr 1. Das Gericht entscheidet die Bestellung durch Beschl ohne Anfechtungsmöglichkeit. In der Bestellung der Person des Schiedsrichters ist das Gericht frei. Es muss lediglich die allgemeinen Voraussetzungen für Schiedsrichter (s.o. Rz 2) beachten.

Im gesetzlichen Normalfall des **Dreier-Schiedsgerichts gibt Abs 3 S 2 das Verfahren der Bestellung** vor. In diesem Falle bestellen die beiden Parteien je einen Schiedsrichter. Diese beiden Schiedsrichter bestellen sodann den dritten Schiedsrichter, den das Gesetz zwingend als Vorsitzenden des Schiedsgerichts bezeichnet. Bei der Parteibestellung ist die Monatsfrist zu beachten, ebenso bei der Bestellung des dritten Schiedsrichters. Ist diese Frist im Falle der Parteibenennung verstrichen oder können sich die beiden Schiedsrichter innerhalb der Monatsfrist nicht auf eine dritte Person einigen, so erfolgt die Bestellung des Schiedsrichters auf Antrag einer Partei durch das Gericht. Zur Bestellung im Streitfall ist **ausschließlich** das staatliche Gericht berufen. Die Übertragung der Bestellung an eine dritte Person kommt nicht in Betracht (München MDR 09, 1354).

7 **E. Verfahren.** Die Abs 1 und 2 gehen von einer Bestellung der Schiedsrichter nach der Vereinbarung der Parteien aus. Die Regelung des Abs 3 bezieht sich auf Fälle, in denen zwar eine Vereinbarung über die Bestellung nicht getroffen ist, aber die Durchführung nach den in Abs 3 vorgesehenen gesetzlichen Bestellungsregelungen abläuft. Gibt es bei der Bestellung nach Abs 3 Schwierigkeiten, so ist jeweils eine Bestellung der Schiedsrichter durch das Gericht vorgesehen. Im Gegensatz zu Abs 3 regelt **Abs 4** denjenigen Fall, in dem die Parteien zwar die Schiedsrichterbestellung vereinbart haben, die konkrete Bestellung aber scheitert, weil die zur Bestellung vorgesehene Partei oder die dritte Person eine Mitwirkung verweigert oder weil zwischen den Parteien Einzelheiten der Schiedsrichterbestellung streitig sind oder letztlich eine inhaltlich erforderliche Einigung nicht erzielt wird. In allen diesen Fällen kann wiederum auf Antrag jeder Partei das zuständige Gericht die erforderlichen Anordnungen treffen. Zuständig ist auch hier das örtlich zuständige OLG (§ 1062 I Nr 1). Die Entscheidung ergeht durch Beschl (§ 1063). Sie ist nicht anfechtbar (§ 1065 I). Das OLG weist den Antrag auf Bestellung zurück, wenn die zugrunde liegende Schiedsvereinbarung offenkundig unwirksam ist (BGH NJW-RR 10, 425).

Soweit das Gericht einen oder mehrere Schiedsrichter benennt, macht **Abs 5** gewisse Vorgaben. Insb muss auch das Gericht die von den Parteien im Rahmen ihrer Vereinbarung ursprünglich gewünschten Voraussetzungen für die Schiedsrichter beachten. Das weitere Erfordernis, dass auch das Gericht die Bestellung eines unabhängigen und unparteiischen Schiedsrichters sicherstellen muss, ist eine blanke Selbstverständlichkeit. Im Falle der Bestellung eines Schiedsrichters mit einer anderen Staatsangehörigkeit als derjenigen der Parteien muss das Gericht nach Abs 5 S 3 die Zweckmäßigkeit einer solchen Bestellung ausdrücklich prüfen. Die Norm will nicht eine nationale Voreingenommenheit im Gesetz festschreiben, sondern sie verlangt vom Gericht die Prüfung, ob ein solcher Schiedsrichter mit der Sprache, der Rechtsordnung und der Rechtskultur des Landes der Schiedsparteien ausreichend vertraut ist.

8 **F. Schiedsrichtervertrag. I. Wesen und Rechtsnatur.** Von der Schiedsvereinbarung (= Schiedsvertrag) als Vertrag zwischen den Streitparteien gem § 1029 abzutrennen ist der Schiedsrichtervertrag. Dieser Vertrag wird zwischen den Parteien und dem Schiedsrichter geschlossen. Es handelt sich um einen auf der Basis des Privatrechts geschlossenen Geschäftsbesorgungsvertrags iSe Dienstvertrages (§§ 675, 611 BGB). Zum konkreten Pflichtenkatalog eines solchen Schiedsrichtervertrags vgl BGH NJW 86, 3077. Vertragsparteien sind auf der einen Seite alle Parteien des Schiedsvertrags gemeinsam und auf der anderen Seite jeweils der einzelne Schiedsrichter. Diese Parteistellung ist unabhängig davon, wer den Schiedsrichter ernannt hat (BGHZ 42, 315). Schiedsvertrag und Schiedsrichtervertrag sind in ihrem Zustandekommen und in ihrer Wirksamkeit unabhängig. Allerdings kann der Schiedsrichtervertrag aus wichtigem Grund gekündigt werden, wenn der Schiedsvertrag beendet oder entfallen ist. Der Schiedsrichtervertrag bedarf keiner Form, insb ist § 1031 nicht auf ihn anwendbar. Als materiellrechtlicher Vertrag unterliegt der Schiedsrichtervertrag allen Nichtigkeits- und Anfechtungsgründen des BGB. Eine Anfechtung wegen des Irrtums über verkehrswesentliche

Eigenschaften des Schiedsrichters iSv § 119 II BGB ist allerdings ausgeschlossen. Insoweit ist § 1036 die speziellere Norm.

II. Pflichten. Die Pflichten des Schiedsrichters ergeben sich aus dem konkreten Schiedsverfahren. Er muss dieses Schiedsverfahren beginnen, betreiben und an ihm nach besten Kräften mitwirken. Er muss die Regeln eines rechtsstaatlichen Verfahrens einhalten und das Verfahren einer zügigen Erledigung zuführen. Die Verpflichtung des Schiedsrichters, auf mögliche Ablehnungsgründe hinzuweisen (§ 1036 I) ist Teil dieser vertraglichen Verpflichtung. Ihre Verletzung kann Schadensersatzansprüche auslösen (§ 280 BGB). 9

III. Haftung. Nach heute anerkannter Auffassung ist die streitentscheidende Tätigkeit des Schiedsrichters Rechtsprechung im materiellen Sinn. Daher wird ihm für diesen Bereich heute nahezu allgemein das Haftungsprivileg des § 839 II BGB zuerkannt. Soweit der Schiedsrichter seine vertraglichen Pflichten in anderer Weise als durch die streitentscheidende Tätigkeit verletzt (zB fehlende Offenlegung von Ablehnungsgründen nach § 1036 I), haftet er ohne jede Privilegierung nach § 280 BGB. 10

IV. Vergütung. Eine Vergütung des Schiedsrichters. wird zwischen den Vertragsparteien vereinbart. Eine Vergütung entsteht allerdings auch ohne Vereinbarung gem § 612 BGB, da eine schiedsrichterliche Tätigkeit nur gegen eine Vergütung zu erwarten ist. Die Höhe der Vergütung unterliegt ebenfalls freier Vereinbarung. Nicht selten werden Vereinbarungen unter Bezugnahme auf Verfahrensordnungen von Institutionen geregelt. Ist die Höhe der Vergütung nicht bestimmt, so richtet sie sich gem § 612 II BGB nach der üblichen Vergütung. Als üblich anzusehen ist eine Vergütung, wie sie Rechtsanwälte nach der RVG erhalten. 11

V. Beendigung. Der Schiedsrichtervertrag endet mit der Beendigung des Schiedsverfahrens (§ 1056 III). Wegen § 613 BGB endet der Schiedsrichtervertrag auch mit dem Tod des Schiedsrichters oder dem Wegfall seiner Geschäftsfähigkeit. Dagegen löst der Tod einer Partei den Schiedsrichtervertrag nicht auf. Ebenso wenig endet der Schiedsrichtervertrag durch die Eröffnung des Insolvenzverfahrens über eine Partei. Darüber hinaus ist die Kündigung des Schiedsrichtervertrages aus wichtigem Grunde stets zulässig (§ 626 BGB). Den Parteien wird darüber hinaus auch die Möglichkeit einer Kündigung ohne wichtigen Grund zugestanden, nicht jedoch dem Schiedsrichter. 12

G. Kosten/Gebühren. I. Gericht. Im gerichtlichen Verfahren wird eine 0,5 Gebühr nach Nr 1623 KV erhoben. 13

II. Anwalt. Das Verfahren zählt nach § 16 Nr 8 RVG zum Rechtszug. Als Einzeltätigkeit erhält der Anwalt erhält eine Verfahrensgebühr nach Nr 3327 VV RVG und unter den Voraussetzungen der Vorbem 3 III VV RVG eine Terminsgebühr nach Nr 3332 VV RVG. 14

§ 1036 Ablehnung eines Schiedsrichters.

(1) [1]Eine Person, der ein Schiedsrichteramt angetragen wird, hat alle Umstände offen zu legen, die Zweifel an ihrer Unparteilichkeit oder Unabhängigkeit wecken können. [2]Ein Schiedsrichter ist auch nach seiner Bestellung bis zum Ende des schiedsrichterlichen Verfahrens verpflichtet, solche Umstände den Parteien unverzüglich offen zu legen, wenn er sie ihnen nicht schon vorher mitgeteilt hat.
(2) [1]Ein Schiedsrichter kann nur abgelehnt werden, wenn Umstände vorliegen, die berechtigte Zweifel an seiner Unparteilichkeit oder Unabhängigkeit aufkommen lassen, oder wenn er die zwischen den Parteien vereinbarten Voraussetzungen nicht erfüllt. [2]Eine Partei kann einen Schiedsrichter, den sie bestellt oder an dessen Bestellung sie mitgewirkt hat, nur aus Gründen ablehnen, die ihr erst nach der Bestellung bekannt geworden sind.

A. Normzweck. Die Norm macht noch einmal deutlich, dass die Unparteilichkeit und die Unabhängigkeit der Schiedsrichter die absolut zentrale Grundlage jedes schiedsgerichtlichen Verfahrens darstellt. Insofern knüpft die Norm an die Regelungen der §§ 1034 II, 1035 V an. Die Verpflichtung zur Wahrung der Unparteilichkeit und der Neutralität wird sowohl dem Schiedsrichter selbst im Wege der Pflicht zur Offenlegung auferlegt als auch den Parteien iRd Möglichkeiten der Ablehnung des Schiedsrichters angetragen. Die Norm ist damit letztlich die grundlegende Absicherung für die **Integrität und Rechtsstaatlichkeit eines schiedsgerichtlichen Verfahrens** (grdl vgl Kornblum). 1

B. Pflichten des Schiedsrichters. Die zentrale Bedeutung der Unparteilichkeit und der Unabhängigkeit des Schiedsrichters. hat den Gesetzgeber veranlasst, dem Schiedsrichter selbst konkrete Pflichten zur Prüfung 2 und zur Offenlegung von Umständen aufzuerlegen, die Zweifel an seiner Unparteilichkeit oder Unabhängigkeit auftreten lassen können. Eine solche Prüfung und Offenlegung setzt voraus, dass dem Schiedsrichter im Einzelnen deutlich ist, welche Umstände solche Zweifel auslösen können (s.u. Rz 5). Wie Abs 1 S 2 zeigt, besteht die Prüfungspflicht eines Schiedsrichters und seine Offenbarungspflicht bei Vorliegen solcher Umstände sowohl vor Beginn der Übernahme des Schiedsrichteramtes als auch nach seiner Bestellung bis zum Ende des schiedsrichterlichen Verfahrens fort. Das Gesetz enthält freilich keinen zwingenden Ausschluss vom Schiedsrichteramt analog § 41. Vielmehr wird auf der Basis der Offenlegung von Bedenken durch den Schiedsrichter den Parteien ein Ablehnungsrecht gegeben. Darin zeigt sich eine gewisse Sonderstellung des Schiedsverfahrens ggü der staatlichen Justiz. Verletzt der Schiedsrichter seine Offenlegungspflicht, so kann dies zu einer Haftung auf Schadensersatz nach § 280 BGB oder nach den Regeln der culpa in contrahendo (§§ 311 II, 241 II BGB) führen. Dagegen kann die Verletzung einer solchen Offenbarungspflicht im Aufhebungsverfahren oder im Vollstreckbarerklärungsverfahren nicht mehr geltend gemacht werden (BGH NJW 99, 2370). Die Offenbarungspflicht des Schiedsrichters bezieht sich nur auf Umstände, von denen er annehmen muss, sie könnten bei vernünftiger Betrachtung Zweifel an seiner Unparteilichkeit erwecken (KG SchiedsVZ 10, 225).

Soweit ein Schiedsrichter seine Pflichten nach Abs 1 verletzt, kann er sich nicht auf ein Haftungsprivileg analog § 839 BGB berufen.

3 **C. Ablehnung eines Schiedsrichters durch die Partei.** Abs 2 gibt den Parteien ein Recht, den Schiedsrichter abzulehnen, wenn berechtigte Zweifel an seiner Unparteilichkeit oder Unabhängigkeit bestehen. Erweitert wird dieses Recht auf den Fall, dass der Schiedsrichter die zwischen den Parteien vereinbarten Voraussetzungen nicht erfüllt. Einen Ausschluss des Schiedsrichters kraft Gesetzes kennt die rechtliche Regelung nicht. Die Rechtspraxis geht in zwei Fällen davon aus, dass dennoch ein Ausschluss des Schiedsrichters kraft Gesetzes gegeben ist, nämlich wenn er in eigener Sache tätig wird (Schwab/Walter Kap 9 Rn 5) oder wenn er geschäftsunfähig ist (BGH NJW 86, 3079). Praktisch ist in solchen Fällen nach § 1038 zu verfahren. Sein Amt endet dann kraft Gesetzes.

Als Gründe für eine Richterablehnung nennt das Gesetz die berechtigten Zweifel an der Unparteilichkeit und Unabhängigkeit und lässt damit einzelne Ablehnungsgründe offen. Insb wird kein Bezug zu den §§ 41, 42 hergestellt. Es ist freilich anerkannt, dass das Vorliegen von Gründen nach den §§ 41, 42 einen wichtigen Anhaltspunkt für die Schiedsrichterablehnung geben kann (zu Einzelheiten s.u. Rz 5).

4 **D. Einschränkung der Schiedsrichterablehnung.** Anders als bei staatlichen Gerichten ist beim Schiedsgericht zu bedenken, dass die Schiedsrichter von den Parteien selbst bestellt worden sind. Daher enthält Abs 2 S 2 eine Einschränkung des Ablehnungsrechts für diejenige Partei, die einen Schiedsrichter ablehnen will, den sie selbst bestellt hat oder an dessen Bestellung sie mitgewirkt hat. Als Ablehnungsgründe kommen hier nur solche Umstände in Betracht, die der ablehnenden Partei erst nach der Bestellung bekannt geworden sind. Soweit eine Partei Gründe geltend machen will, die vor der Bestellung zum Schiedsrichter lagen, die ihr allerdings nicht bekannt waren, kommt eine Ablehnung dennoch in Betracht. Auch eine grob fahrlässige Unkenntnis solcher Ablehnungsgründe schließt das Ablehnungsrecht nicht aus. Es geht also allein um die Präklusion bekannter Gründe, nicht um eine Sanktion.

5 **E. Gründe der Ablehnung.** Das Gesetz kennt keinen Ausschluss des Schiedsrichters. kraft Gesetzes (s.o. Rz 2). Als Gründe für eine Ablehnung können auch die §§ 41, 42 nicht unmittelbar herangezogen werden. Soweit die Rechtspraxis einen Ausschluss des Schiedsrichters bei Tätigwerden in eigener Sache oder bei Geschäftsunfähigkeit anerkennt, müssen diese Gründe selbstverständlich auch als Ablehnungsgründe ausreichen. Über den Fall des § 41 Nr 1 hinaus wird man aber auch die Fälle des § 41 Nr 2, 2a, 3 und 4 als Ablehnungsgründe im Normalfall annehmen können. Dagegen müssen die Fälle von § 41 Nr 5 und Nr 6 (soweit sie überhaupt möglich sein können) nicht zu einer Ablehnung führen. Darüber hinaus können besonders enge private oder geschäftliche Kontakte zwischen einer Partei und dem Schiedsrichter im Einzelfall berechtigte Zweifel aufkommen lassen. Solche Zweifel müssen objektiv geeignet sein, Misstrauen gegen die Unparteilichkeit und Unabhängigkeit eines Schiedsrichters zu rechtfertigen. Der Maßstab ist mit den Regeln über die Besorgnis der Befangenheit iSv § 42 identisch.

Ablehnungsgrund kann im **Einzelfall** eine besondere wirtschaftliche Interessenverflechtung sein. Gleiches gilt für den Fall, dass ein Schiedsrichter am Ausgang des Verfahrens ein erhebliches Eigeninteresse hat, weil ihm wirtschaftliche Vorteile oder Nachteile durch einen bestimmten Verfahrensausgang zufließen können. Ablehnungsgrund kann auch eine dauerhafte vertragliche Beziehung zu einer Partei sein. Im Einzelfall problematisch können besondere persönliche Kontakte sein, die über ein kollegiales Verhältnis hinausgehen. Bedenken kann auch eine nachweisbare Voreingenommenheit in Bezug auf den Gegenstand des Schiedsverfahrens sein. Dies kann sich in einem anderen öffentlichen Verfahren oder in einer veröffentlichten Auffassung äußern. Im Übrigen werden Verfahrensfehler oder rechtliche Auffassungen im Allgemeinen nicht zu einem Ablehnungsgrund führen können. Auch Verzögerungen des Verfahrens gehören nicht hierher (vgl § 1038). Vorschläge des Schiedsrichters an die Parteien (zB Vergleichsvorschläge), die Äußerungen von Rechtsansichten oder die vorläufige Auffassung zu tatsächlichen Ereignissen und jedes weitere Verhalten, das bei einem staatlichen Richter unter § 139 zu subsumieren wäre, können nicht als Ablehnungsgrund ausreichen. Unterlässt ein Schiedsrichter Hinweise auf Umstände, die für die Frage der Besorgnis der Befangenheit ohne Relevanz sind, kann darin kein Ablehnungsgrund liegen (Frankf SchiedsVZ 11, 342). Bei der Abwägung im Einzelfall ist immer auch zu berücksichtigen, dass Schiedsrichter von den Parteien nach der Zweckmäßigkeit für das konkrete Schiedsverfahren ausgewählt werden können. Der Maßstab der Schiedsrichterablehnung kann daher nicht vollkommen identisch mit dem Maßstab der Ablehnung des staatlichen Richters sein. So wird man in jedem Einzelfall die Frage nach den berechtigten Zweifeln iSv Abs 2 unter besonderer Berücksichtigung des konkreten schiedsgerichtlichen Verfahrens zu bewerten haben.

§ 1037 Ablehnungsverfahren. (1) Die Parteien können vorbehaltlich des Absatzes 3 ein Verfahren für die Ablehnung eines Schiedsrichters vereinbaren.
(2) [1]Fehlt eine solche Vereinbarung, so hat die Partei, die einen Schiedsrichter ablehnen will, innerhalb von zwei Wochen, nachdem ihr die Zusammensetzung des Schiedsgerichts oder ein Umstand im Sinne des § 1036 Abs. 2 bekannt geworden ist, dem Schiedsgericht schriftlich die Ablehnungsgründe darzulegen. [2]Tritt der abgelehnte Schiedsrichter von seinem Amt nicht zurück oder stimmt die andere Partei der Ablehnung nicht zu, so entscheidet das Schiedsgericht über die Ablehnung.
(3) [1]Bleibt die Ablehnung nach dem von den Parteien vereinbarten Verfahren oder nach dem in Absatz 2 vorgesehenen Verfahren erfolglos, so kann die ablehnende Partei innerhalb eines Monats, nachdem sie von der Entscheidung, mit der die Ablehnung verweigert wurde, Kenntnis erlangt hat, bei Gericht eine Entscheidung über die Ablehnung beantragen; die Parteien können eine andere Frist vereinbaren. [2]Während ein solcher Antrag anhängig ist, kann das Schiedsgericht einschließlich des abgelehnten Schiedsrichters das schiedsrichterliche Verfahren fortsetzen und einen Schiedsspruch erlassen.

A. Normzweck. Entsprechend der grundsätzlichen Regelung in § 1036 kennt das Gesetz keinen Ausschluss des Schiedsrichters. kraft Gesetzes. § 1037 enthält daher ein Ablehnungsverfahren, mit dem die Regelung in § 1036 umgesetzt wird. Auch bei diesem Ablehnungsverfahren wird allerdings vom Gesetzgeber zunächst auf eine Parteivereinbarung abgestellt. Zugleich wird aber in Abs 2 ein Verfahren bei fehlender Vereinbarung vorgesehen und Abs 3 eröffnet in jedem Falle zwingend den Weg zu den staatlichen Gerichten. Insgesamt nimmt die Norm also auf die Besonderheiten des schiedsrichterlichen Verfahrens Rücksicht. Im Grundsatz ist sie aber eine wichtige Regelung zur Absicherung des zentralen Gebotes der Unparteilichkeit und Unabhängigkeit des Schiedsrichters. 1

B. Die Parteivereinbarung (Abs 1). Wie alle Vereinbarungen der Parteien über das Verfahren bedarf auch eine Vereinbarung über das Ablehnungsverfahren nach Abs 1 keiner besonderen Form. Insb gilt nicht § 1031. Im Einzelnen können die Parteien freilich für das Verfahren selbst bestimmte Formen und va Fristen und Präklusionsmöglichkeiten festlegen. Weiterhin kann von den Parteien vereinbart werden, wer über einen Ablehnungsantrag entscheidet. Dies könnte im Einzelfall auch ein Dritter sein. Ausgeschlossen ist eine Vereinbarung über die Regelung in Abs 3. Die Parteien können also für diesen Fall den Weg zum staatlichen Gericht nicht gänzlich ausschließen (Musielak/*Voit* § 1037 Rn 2). 2

C. Gesetzliches Verfahren (Abs 2). Haben die Parteien über das Verfahren der Schiedsrichterablehnung keine Vereinbarung getroffen, so gilt Abs. 2. Danach muss dem Schiedsgericht ein **schriftlicher Antrag** eingereicht werden, in dem die Ablehnungsgründe darzulegen sind. Dieser Antrag muss innerhalb einer **Frist** von zwei Wochen eingehen, nachdem die Zusammensetzung des Schiedsgerichts oder ein Umstand bekannt geworden ist, der zur Ablehnung führen könnte. Ein Verlust des Ablehnungsrechts durch rügelose Einlassung ist nicht vorgesehen. Wird die Frist des Abs 2 versäumt, so ist der Antrag nicht mehr möglich. Der geltend gemachte Ablehnungsgrund wäre auch in einem neuen Antrag präkludiert. Beantragt in einem 3

solchen Fall die erfolglose Partei nach Abs 3 fristgerecht eine Ablehnung beim staatlichen Gericht, so ist die Berufung auf den präkludierten Ablehnungsgrund nach dem Gesetzeswortlaut nicht ausgeschlossen. Nach Sinn und Zweck der Norm wird man aber den Ausschluss durch Fristversäumung auch im staatlichen Verfahren beachten müssen (Zö/*Geimer* § 1037 Rn 6).
Im Einzelnen sieht das Verfahren vor, dass zunächst der abgelehnte Schiedsrichter entscheiden muss, ob er selbst von seinem Amt zurücktritt. Sodann kommt in Betracht, dass die andere Partei der Ablehnung zustimmt. Eine solche Übereinstimmung beider Parteien führt analog § 1038 I 1 zu einer Beendigung des Amtes. Erst wenn der Antrag weder durch Rücktritt des Schiedsrichters noch durch Zustimmung der anderen Partei erledigt ist, muss das Schiedsgericht insgesamt und unter Einschluss des abgelehnten Richters über den Antrag entscheiden. Diese auffallende Abweichung von § 45 I ist den Besonderheiten des schiedsgerichtlichen Verfahrens geschuldet und kann ohne Probleme hingenommen werden, weil letztlich der Weg nach Abs 3 zu den staatlichen Gerichten offen steht.
Ist das Schiedsverfahren beendet und will eine Partei den Ablehnungsgrund noch geltend machen, obgleich weder das Verfahren nach Abs 2 noch nach Abs 3 während des laufenden Schiedsverfahrens eingeschlagen wurde, so ist auch ein Geltendmachen im Aufhebungs- oder Vollstreckbarerklärungsverfahren ausgeschlossen (*Kröll* ZZP 116, 195, 211; Musielak/*Voit* § 1037 Rn 6; ebenso zum früheren Recht BGH NJW 99, 2370).

4 **D. Entscheidung durch das staatliche Gericht (Abs 3).** Soweit der Versuch einer Partei, einen Schiedsrichter nach § 1036 abzulehnen, iRd vereinbarten Verfahrens oder iRd nach Abs 2 gesetzlich vorgesehenen Verfahrens erfolglos bleibt und die Umstände für die Richterablehnung nicht aus anderen Gründen präkludiert sind, kann die Partei nach Abs 3 innerhalb eines Monats beim staatlichen Gericht eine Entscheidung über die Ablehnung beantragen. Die Eröffnung des Zugangs zum staatlichen Gericht kann nicht ausgeschlossen werden. Möglich ist allerdings eine Vereinbarung abweichender Fristen von der gesetzlichen Monatsfrist. Zuständig ist das örtlich zuständige OLG (§ 1062 I Nr 1). Das Gericht entscheidet durch Beschl (§ 1063). Eine Anfechtung der Entscheidung ist ausgeschlossen (§ 1065 I 2).
Der Antrag der Partei ist ein Gestaltungsantrag, nicht ein Feststellungsantrag. Die Partei muss daher formulieren, dass das Amt des Schiedsrichters wegen der Ablehnung durch den Beschl beendet wird. Der Antrag lautet nicht auf Feststellung des Ablehnungsrechts (*Kröll* ZZP 116, 195, 204).
Zur Vermeidung von Verzögerungen kann das Schiedsgericht trotz eines laufenden Verfahrens der Ablehnung vor dem staatlichen Gericht seine Tätigkeit fortsetzen und sogar einen Schiedsspruch erlassen. Dieser Schiedsspruch führt nicht zur Erledigung des Verfahrens nach Abs 3. Entscheidet das staatliche Gericht nach Erlass des Schiedsspruchs, dass das Amt eines Schiedsrichters wegen der Ablehnung beendet ist, kann der Schiedsspruch im Aufhebungsverfahren nach § 1059 II Nr 1d, Nr 2b vom staatlichen Gericht aufgehoben werden.

5 **E. Kosten/Gebühren. I. Gericht.** Erhoben wird eine 0,5 Verfahrensgebühr nach Nr 1624 KV. Der Wert ist nach § 3 ZPO auf einen Teil der Hauptsache zu schätzen (München OLGR 07, 189 = SchiedsVZ 07, 280 – hier 1/3).

6 **II. Anwalt.** Das Verfahren zählt nach § 16 Nr 8 RVG zum Rechtszug. Als Einzeltätigkeit erhält der Anwalt eine Verfahrensgebühr nach Nr 3327 VV RVG und unter den Voraussetzungen der Vorbem 3 III VV RVG eine Terminsgebühr nach Nr 3332 VV RVG.

§ 1038 Untätigkeit oder Unmöglichkeit der Aufgabenerfüllung.

(1) [1]Ist ein Schiedsrichter rechtlich oder tatsächlich außerstande, seine Aufgaben zu erfüllen, oder kommt er aus anderen Gründen seinen Aufgaben in angemessener Frist nicht nach, so endet sein Amt, wenn er zurücktritt oder wenn die Parteien die Beendigung seines Amtes vereinbaren. [2]Tritt der Schiedsrichter von seinem Amt nicht zurück oder können sich die Parteien über dessen Beendigung nicht einigen, kann jede Partei bei Gericht eine Entscheidung über die Beendigung des Amtes beantragen.
(2) Tritt ein Schiedsrichter in den Fällen des Absatzes 1 oder des § 1037 Abs. 2 zurück oder stimmt eine Partei der Beendigung des Schiedsrichteramtes zu, so bedeutet dies nicht die Anerkennung der in Absatz 1 oder § 1036 Abs. 2 genannten Rücktrittsgründe.

1 **A. Normzweck.** Die Norm ergänzt § 1037 und regelt weitere Gründe für eine Beendigung des Schiedsrichteramtes außerhalb der Ablehnung des Schiedsrichters. Unausgesprochen liegt auch dieser Norm zu Grunde, dass es eine Beendigung des Schiedsrichteramtes kraft Gesetzes nicht gibt. Vielmehr bedarf es in

allen Fällen einer Initiative der Beteiligten. Im konkreten Falle wie im Fall des § 1037 muss die Beendigung des Schiedsrichteramtes letztlich durch einen Rücktritt, durch eine Vereinbarung der Parteien oder durch eine Entscheidung des staatlichen Gerichts ins Werk gesetzt werden. Die Norm ist also wiederum Teil der im schiedsgerichtlichen Verfahren zentralen Privatautonomie und sie dient zugleich der Rechtssicherheit und Rechtsklarheit. Letztlich kann die Erweiterung der Rücktrittsgründe für den Schiedsrichter auch dessen Schutz dienen.

B. Beendigungsgründe für das Schiedsrichteramt. Insgesamt kennt das Gesetz 5 verschiedene Beendigungsgründe für das einmal wirksam angetretene Schiedsrichteramt. Zunächst endet das Schiedsrichteramt mit der Beendigung des Schiedsrichtervertrages (s.o. § 1035 Rz 8). Beendet wird das Schiedsrichteramt ferner durch eine erfolgreiche Ablehnung (§ 1037 II). Weiterhin sieht § 1038 aus den hier genannten Gründen den Rücktritt vor (Abs 1). In gleicher Weise kommt aus diesen Gründen die Beendigung des Amtes durch Parteivereinbarung in Betracht (Abs 1). Schließlich ergibt sich eine Beendigung des Schiedsrichteramtes durch gerichtliche Entscheidung (§§ 1037 II 2, 1037 III, 1038 I 2). 2

C. Rücktritt vom Schiedsrichteramt. Ein Schiedsrichter kann jederzeit von seinem Schiedsrichteramt zurücktreten, wenn er sich aus irgendeinem Grunde außerstande sieht, seine Aufgaben zu erfüllen. Diese Regelung und der ergänzende Hinweis in § 1039 I auf einen Rücktritt aus anderen Gründen zeigt, dass der Rücktritt vom Schiedsrichteramt zu unterscheiden ist von der Beendigung des Schiedsrichtervertrages (s.o. Rz 2 und § 1035 Rz 8). Während dem Schiedsrichter eine Beendigung des Schiedsrichtervertrages durch Kündigung nur aus wichtigem Grund möglich ist, ist sein Rücktritt ohne wichtigen Grund zulässig. Freilich führt ein solcher Rücktritt zu Schadensersatzansprüchen ggü den Parteien. Dem Rücktritt steht eine Vereinbarung der Parteien gleich, dass das Amt des Schiedsrichters beendet werden soll. Aus den gleichen Gründen kann schließlich von jeder Partei beim Gericht eine Entscheidung über die Beendigung des Amtes beantragt werden. 3

Als Rücktrittsgrund ist zunächst genannt, dass der Schiedsrichter **rechtlich außerstande** ist, seine Aufgaben zu erfüllen. Dies ist anzunehmen, wenn der Schiedsrichter seine Geschäftsfähigkeit verliert, wenn er eine Qualifikation verliert, die nach der Parteivereinbarung für das Schiedsrichteramt erforderlich ist (zB Verlust der Zulassung zur Rechtsanwaltschaft) oder wenn rechtliche Umstände eintreten, die für den Schiedsrichter einen Fall iSd § 41 Nr 1–4 auslösen.

Tatsächlich außerstande zur Erfüllung seiner Aufgaben ist ein Schiedsrichter, der durch erhebliche Krankheit von längerer Dauer oder durch längere Abwesenheit an seiner Tätigkeit gehindert wird. Dem gleich steht das Antreten einer Haftstrafe. Auch eine völlige berufliche Überlastung oder die Feststellung, dass der Schiedsrichter den fachlichen Anforderungen, die das konkrete Schiedsgericht an ihn stellt, nicht gewachsen ist, gehört hierher.

Schließlich nennt es das Gesetz als Rücktrittsgrund, wenn der Schiedsrichter seine Aufgaben nicht in **angemessener Frist** nachkommt. Allerdings muss die Angemessenheit der Frist insb unter Berücksichtigung der Komplexität des Rechtsstreits und der Beteiligung der Streitparteien abgewogen werden. Eine unangemessene Verzögerung liegt nicht vor, wenn die Parteien um erhebliche Fristverlängerungen oder mehrfache Terminsverschiebungen bitten oder wenn eine Partei den verlangten Vorschuss nicht leistet.

D. Verfahren. Den Rücktritt kann der Schiedsrichter formlos erklären. Ebenfalls formlos möglich ist eine Vereinbarung der Parteien über die Beendigung. Insb gilt in diesen Fällen nicht § 1031. Soweit eine solche privatautonome Beendigung nicht vorliegt (Abs 1 S 2), kann jede Partei einen Antrag an das staatliche Gericht stellen. Die Zuständigkeit des angerufenen OLG richtet sich nach § 1062 I Nr 1. Die Entscheidung über den Antrag ergeht durch Beschl (§ 1063). Die Entscheidung ist nicht anfechtbar (§ 1065 I 2). 4

E. Die Anerkennung eines Rücktrittsgrundes. Das Gesetz möchte durch einen nach den §§ 1037, 1038 erfolgten Rücktritt des Schiedsrichters oder eine Parteivereinbarung über die Beendigung des Schiedsrichteramtes nicht zugleich konkludent das Vorliegen der jeweiligen Rücktrittsgründe präjudizieren. Da ein solches Verständnis einer konkludenten Anerkennung des jeweiligen Rücktrittsgrundes nahe liegt, hat Abs 2 festgelegt, dass der Rücktritt oder die Zustimmung einer Partei zur Beendigung eine solche Anerkennung nicht bedeutet. Damit wird erreicht, dass der Streit um Rücktrittsgründe und die Fragen eventueller Pflichtverletzungen nicht iRd Beendigung des Schiedsverfahrens geklärt werden müssen. Vielmehr werden solche Fragen in einem späteren Honorarprozess oder iRe Schadensersatzprozesses abzuklären sein. 5

6 **F. Kosten/Gebühren. I. Gericht.** Erhoben wird im Verfahren nach Abs 1 S 2 eine 0,5 Verfahrensgebühr nach Nr 1624 KV.

7 **II. Anwalt.** Das Verfahren zählt nach § 16 Nr 8 RVG zum Rechtszug. Als Einzeltätigkeit erhält der Anwalt eine Verfahrensgebühr nach Nr 3327 VV RVG und unter den Voraussetzungen der Vorbem 3 III VV RVG eine Terminsgebühr nach Nr 3332 VV RVG.

§ 1039 Bestellung eines Ersatzschiedsrichters. **(1) [1]Endet das Amt eines Schiedsrichters nach den §§ 1037, 1038 oder wegen seines Rücktritts vom Amt aus einem anderen Grund oder wegen der Aufhebung seines Amtes durch Vereinbarung der Parteien, so ist ein Ersatzschiedsrichter zu bestellen. [2]Die Bestellung erfolgt nach den Regeln, die auf die Bestellung des zu ersetzenden Schiedsrichters anzuwenden waren.**
(2) Die Parteien können eine abweichende Vereinbarung treffen.

1 **A. Normzweck.** Endet das Amt eines Schiedsrichters., ohne dass das schiedsgerichtliche Verfahren durch Schiedsspruch seinen normalen Abschluss gefunden hat, so gibt die Norm eine Möglichkeit, durch Bestellung eines Ersatzschiedsrichters. die ursprüngliche Schiedsvereinbarung und das auf ihr beruhende Schiedsverfahren weiterzuführen. Die Norm dient also der Kontinuität und der Rechtssicherheit.

2 **B. Ersatzschiedsrichter oder andere Ersatzlösung kraft Parteivereinbarung.** In allen Fällen eines vorzeitigen Endes des Schiedsrichteramtes außerhalb von § 1056 III sieht die Norm eine Ersatzregelung vor. Diese Ersatzregelung nimmt zunächst wiederum auf die Möglichkeit einer freien Parteivereinbarung Bezug (Abs 2). Eine solche von den Parteien vereinbarte Ersatzregelung kann sowohl generell iRd Schiedsvereinbarung enthalten sein als auch nachträglich von den Parteien vereinbart werden. Eine solche Parteivereinbarung muss nicht notwendigerweise zur Bestellung eines Ersatzschiedsrichters führen. Die Vereinbarung kann auch ein Entfallen der ursprünglichen Schiedsvereinbarung und damit eine Eröffnung des Rechtswegs zu den staatlichen Gerichten enthalten. Eine Regelung der Parteien kann sich auch im Wege der ergänzenden Vertragsauslegung dadurch ergeben, dass die Parteien einer bestimmten Person des Schiedsrichters eine ausschlaggebende Bedeutung für die Entscheidung des Rechtsstreits durch ein Schiedsgericht zugemessen haben.

3 **C. Gesetzliche Regelung zur Bestellung eines Ersatzschiedsrichters.** Liegt eine Parteivereinbarung nicht vor, so ist ein Ersatzschiedsrichter nach denjenigen Regeln zu bestellen, die auf die Bestellung des weggefallen und nunmehr zu ersetzenden Schiedsrichters anzuwenden waren (§ 1035). Auch hierbei ist wiederum der Grundsatz des § 1034 II anzuwenden. Es darf also nicht durch ein Übergewicht einer Partei eine Benachteiligung der anderen Partei entstehen.

4 **D. Kosten/Gebühren. I. Gericht.** Im gerichtlichen Verfahren wird nach Nr 1623 KV eine 0,5 Gebühr erhoben.

5 **II. Anwalt.** Das Verfahren zählt nach § 16 Nr 8 RVG zum Rechtszug. Als Einzeltätigkeit erhält der Anwalt eine Verfahrensgebühr nach Nr 3327 VV RVG und unter den Voraussetzungen der Vorbem 3 III VV RVG eine Terminsgebühr nach Nr 3332 VV RVG.

Abschnitt 4 Zuständigkeit des Schiedsgerichts

§ 1040 Befugnis des Schiedsgerichts zur Entscheidung über die eigene Zuständigkeit. **(1) [1]Das Schiedsgericht kann über die eigene Zuständigkeit und im Zusammenhang hiermit über das Bestehen oder die Gültigkeit der Schiedsvereinbarung entscheiden. [2]Hierbei ist eine Schiedsklausel als eine von den übrigen Vertragsbestimmungen unabhängige Vereinbarung zu behandeln.**
(2) [1]Die Rüge der Unzuständigkeit des Schiedsgerichts ist spätestens mit der Klagebeantwortung vorzubringen. [2]Von der Erhebung einer solchen Rüge ist eine Partei nicht dadurch ausgeschlossen, dass sie einen Schiedsrichter bestellt oder an der Bestellung eines Schiedsrichters mitgewirkt hat. [3]Die Rüge, das Schiedsgericht überschreite seine Befugnisse, ist zu erheben, sobald die Angelegenheit, von der dies

behauptet wird, im schiedsrichterlichen Verfahren zur Erörterung kommt. [4]Das Schiedsgericht kann in beiden Fällen eine spätere Rüge zulassen, wenn die Partei die Verspätung genügend entschuldigt.
(3) [1]Hält das Schiedsgericht sich für zuständig, so entscheidet es über eine Rüge nach Absatz 2 in der Regel durch Zwischenentscheid. [2]In diesem Fall kann jede Partei innerhalb eines Monats nach schriftlicher Mitteilung des Entscheids eine gerichtliche Entscheidung beantragen. [3]Während ein solcher Antrag anhängig ist, kann das Schiedsgericht das schiedsrichterliche Verfahren fortsetzen und einen Schiedsspruch erlassen.

A. Systematischer Zusammenhang und Normzweck. Vor der Durchführung des Schiedsverfahrens 1
(§ 1042) muss das Schiedsgericht über seine eigene Zuständigkeit und damit zugleich über die zentralen Grundlagen für sein Handeln, also die Gültigkeit einer bestehenden Schiedsvereinbarung, entscheiden. Diese Aussage in Abs 1 ist an sich eine gewisse Selbstverständlichkeit. Davon abzutrennen ist die Regelung in Abs 2, die sich an die Parteien des Schiedsgerichts wendet, um ihnen die Möglichkeit zu geben, Bedenken gegen die Zuständigkeit des Schiedsgerichts durch Rüge geltend zu machen.
Die **Kernaussage der Norm** und die eigentlich entscheidende Regelung finden sich allerdings in Abs 3. Dort wird klargestellt, dass bei Zweifeln über die Wirksamkeit der Schiedsvereinbarung und die Zuständigkeit des Schiedsgerichts das staatliche Gericht in jedem Fall das letzte Wort hat. § 1040 III entscheidet damit zugleich die Frage der **Kompetenz-Kompetenz**. Diese Regelung ist vor dem Hintergrund bemerkenswert, dass vor 1998 die Rechtsprechung stets behauptet hatte, dem Schiedsgericht komme eine Kompetenz-Kompetenz für den Fall zu, dass die Parteien eine entsprechende Vereinbarung treffen. Diese Vereinbarung sei der Sache nach eine zweite Schiedsabrede zur Frage der Gültigkeit des Schiedsvertrags (BGH BB 55, 552; BGH NJW 77, 1397; BGH NJW-RR 88, 1526; BGH NJW 91, 2215; *Habscheid* KTS 55, 37 und KTS 64, 152; aA aber stets die ganz hM in der Lit, vgl Schwab Schiedsgerichtsbarkeit, 3. Aufl 1979 Kap 6 III mwN).
Vor dem Hintergrund der Diskussion um die Kompetenz-Kompetenz ist die Norm va der Rechtsklarheit und Rechtssicherheit geschuldet. Sie beendet eine langjährige Kontroverse und macht an einer zentralen Stelle deutlich, dass trotz aller Parteiautonomie die Schiedsgerichtsbarkeit nicht vollständig von einer Fundamentalkontrolle durch das staatliche Gericht abgekoppelt werden kann.

B. Die vorläufige Kompetenz-Kompetenz des Schiedsgerichts (Abs 1 S 1). Die Feststellung von Abs 1 2
S 1, wonach das Schiedsgericht über seine eigene Zuständigkeit und über das Bestehen und die Gültigkeit der Schiedsvereinbarung entscheiden kann, ist eine Selbstverständlichkeit. Jede Sachentscheidung des Schiedsgerichts enthält nämlich inzident die Behauptung, dass das Schiedsgericht für diese Entscheidung zuständig war und dass dem Verfahren eine gültige Schiedsvereinbarung zu Grunde lag. Insofern ist S 1 rein deklaratorischer Natur. Er spricht dem Schiedsgericht die vorläufige Kompetenz zu, innerhalb des Schiedsverfahrens darüber zu entscheiden, ob es zur Streitentscheidung berufen ist (vorläufige Kompetenz-Kompetenz). Freilich ist Abs 1 S 1 vor dem Hintergrund von Abs 3 S 2 zu lesen, der deutlich macht, dass diese Kompetenz-Kompetenz in der Tat nur vorläufig ist (BGH SchiedsVZ 05, 95, 96). Nach neuem Recht ist es ausgeschlossen, dass die Parteien dem Schiedsgericht eine abschließende Kompetenz-Kompetenz einräumen (St/J/*Schlosser* § 1040 Rn 2). Vgl auch § 1059 Rz 28.
Bei Zweifeln über die Gültigkeit der Schiedsvereinbarung oder die Zuständigkeit eines Schiedsgerichts kann nach § 1032 II bereits vorab eine Entscheidung des staatlichen Gerichts beantragt werden, solange das Schiedsgericht noch nicht gebildet worden ist und damit noch nicht nach § 1040 I agieren kann. Die zeitliche Begrenzung von § 1032 II zeigt, dass ab Bildung des Schiedsgerichts diesem das Erstentscheidungsrecht über die Kompetenzfrage zusteht.

C. Die Unabhängigkeit der Schiedsklausel vom Hauptvertrag (Abs 1 S 2). Abs 1 S 2 enthält den Grund- 3
satz, dass der Schiedsvertrag vom Hauptvertrag unabhängig ist. Dies gilt nicht nur, soweit beide Verträge in Form einer jeweils selbständigen Vereinbarung geschlossen sind (Schiedsabrede iSv § 1029 II), sondern auch ausdrücklich für den Fall, dass die Schiedsklausel äußerlich Teil des Hauptvertrags ist. Gerade im letzteren Fall soll das Schiedsgericht also auf der Basis einer wirksamen Schiedsklausel zur Entscheidung berufen sein, wenn der Hauptvertrag selbst unwirksam ist (*Schlosser* FS Böckstiegel 01, 681, 697, 704). Im Einzelnen bedeutet dies, dass weder die Bewertung des Hauptvertrags als gesetzwidrig oder sittenwidrig (§§ 134, 138 BGB) noch ein Formmangel des Hauptvertrags und ebenso wenig Willensmängel im Zusammenhang mit dem Hauptvertrag dazu führen, dass die Schiedsklausel als unwirksam einzustufen ist. Diese Auffassung hatte die Rspr auch schon vor 1998 vertreten (BGHZ 53, 308; BGH NJW 79, 2567; BGH NJW

91, 2215). Ausnahmen von diesem Grundsatz sind nur dort anzuerkennen, wo die Parteien die Wirksamkeit der Schiedsklausel bewusst von der Wirksamkeit des Hauptvertrags abhängig machen oder wo Hauptvertrag und Schiedsvertrag iRe offenen Dissenses (§ 154 BGB) gemeinsam als noch nicht geschlossen gelten müssen (St/J/*Schlosser* § 1040 Rn 4).

4 **D. Die Rüge der Unzuständigkeit (Abs 2).** Abs 2 gibt den Parteien die Möglichkeit, Bedenken gegen die Zuständigkeit des Schiedsgerichts durch Rüge geltend zu machen. Dabei werden für die Rüge der Unzuständigkeit zeitliche Limitierungen eingefügt. Insofern ist die Norm ggü § 1027 spezieller. Macht der Schiedsbeklagte mit seiner Klagebeantwortung Ausführungen zur Sache, ohne sich zur Zuständigkeit zu äußern, wird er mit dieser Rüge präkludiert. Dagegen stellt der Normwortlaut klar, dass die Bestellung eines Schiedsrichters oder die Mitwirkung an der Bestellung noch keine Präklusionsfolgen hat.
Gegenüber der generellen Rüge der Unzuständigkeit des Schiedsgerichts ist die Rüge, wonach das Schiedsgericht seine Befugnisse überschreite, als Sonderfall abzutrennen. Das Vorbringen dieser Rüge verlangt das Gesetz erst, wenn die Angelegenheit zur Erörterung kommt, von der dies behauptet wird. Allerdings sieht das Gesetz ausdrücklich eine Entschuldigungsmöglichkeit der Partei bei Verspätung vor. Der Gesetzestext scheint nach seinem Wortlaut (»kann«) dem Schiedsgericht ein Ermessen einzuräumen, ob es eine genügend entschuldigte spätere Rüge zulassen will. Ein solches Ermessen ist auch unter Berücksichtigung der Tatsache, dass Abs 3 noch eine Möglichkeit eröffnet, das staatliche Gericht anzurufen, nicht anzuerkennen. Abs 2 S 4 ist vielmehr in der Weise auszulegen, dass das Schiedsgericht die Rechtsmacht hat, die spätere Rüge zuzulassen. Ein echtes Ermessen ist darin nicht zu sehen (aA Musielak/*Voit* § 1040 Rn 7).
Soweit das Schiedsgericht auf die Rüge seine Unzuständigkeit für gegeben hält, weist es die Schiedsklage als unzulässig ab. Diese Entscheidung ist nicht anfechtbar. Allerdings eröffnet die Abweisung der Schiedsklage als unzulässig den Zugang zu den staatlichen Gerichten. Hält sich das Schiedsgericht dagegen für zuständig, so entscheidet es über die Rüge durch einen Zwischenentscheid (Abs 3 S 1). Dieser Zwischenentscheid ist nach § 1062 I Nr 2 vor dem zuständigen OLG anfechtbar.

5 **E. Die Entscheidung über die Zuständigkeit (Abs 3).** Nach Abs 3 S 2 kann jede Partei innerhalb eines Monats nach der schriftlichen Mitteilung des Zwischenentscheids eine gerichtliche Entscheidung beantragen. Vorausgegangen muss also eine Rüge der Unzuständigkeit durch eine Partei sein, ferner eine Entscheidung des Schiedsgerichts idS, dass sich dieses für zuständig hält und sodann die Entscheidung nach Abs 3 S 1 durch einen Zwischenentscheid. Der Angriff auf diesen Zwischenentscheid kann nach allg Meinung nicht durch Parteivereinbarung ausgeschlossen werden. Damit zeigt diese Möglichkeit des Antrags auf gerichtliche Entscheidung, dass die letzte Kompetenz zur Überprüfung des Vorliegens oder der Wirksamkeit einer Schiedsvereinbarung beim staatlichen Gericht liegt. Darin liegt die berühmte Kompetenz-Kompetenz (s.o. Rz 1).
Auf die Anrufung des staatlichen Gerichts entscheidet nach § 1062 I Nr 2 das örtlich zuständige OLG. Die Entscheidung ergeht durch Beschl (§ 1063). Gegen die Entscheidung ist gem § 1065 I die Rechtsbeschwerde statthaft.

6 **F. Kosten/Gebühren. I. Gericht.** Im Verfahren nach § 3 II 2 RVG entsteht nach Nr 1622 KV eine Verfahrensgebühr iHv 2,0. Wird der Antrag zurückgenommen, ermäßigt sich die Gebühr nach Nr 1627 KV auf 1,0.

7 **II. Anwalt.** Mangels spezieller Regelungen – im Gegensatz zur BRAGO – gelten die Gebühren eines gewöhnlichen erstinstanzlichen Verfahrens – also die Gebühren nach Nr 3100 ff VV RVG (Vorbem 3.1 I VV RVG).

§ 1041 Maßnahmen des einstweiligen Rechtsschutzes.

(1) [1]Haben die Parteien nichts anderes vereinbart, so kann das Schiedsgericht auf Antrag einer Partei vorläufige oder sichernde Maßnahmen anordnen, die es in Bezug auf den Streitgegenstand für erforderlich hält. [2]Das Schiedsgericht kann von jeder Partei im Zusammenhang mit einer solchen Maßnahme angemessene Sicherheit verlangen.

(2) [1]Das Gericht kann auf Antrag einer Partei die Vollziehung einer Maßnahme nach Absatz 1 zulassen, sofern nicht schon eine entsprechende Maßnahme des einstweiligen Rechtsschutzes bei einem Gericht beantragt worden ist. [2]Es kann die Anordnung abweichend fassen, wenn dies zur Vollziehung der Maßnahme notwendig ist.

(3) Auf Antrag kann das Gericht den Beschluss nach Absatz 2 aufheben oder ändern.

(4) [1]Erweist sich die Anordnung einer Maßnahme nach Absatz 1 als von Anfang an ungerechtfertigt, so ist die Partei, welche ihre Vollziehung erwirkt hat, verpflichtet, dem Gegner den Schaden zu ersetzen, der ihm aus der Vollziehung der Maßnahme oder dadurch entsteht, dass er Sicherheit leistet, um die Vollziehung abzuwenden. [2]Der Anspruch kann im anhängigen schiedsrichterlichen Verfahren geltend gemacht werden.

A. Normzweck. Die Norm steht in engem Zusammenhang mit § 1033. Dort ist dem staatlichen Gericht die Möglichkeit eingeräumt, sowohl vor als auch nach Beginn des schiedsrichterlichen Verfahrens auf Antrag einer Partei einstweilige gerichtliche Maßnahmen in Bezug auf den Streitgegenstand anzuordnen. Parallel hierzu kann nach der Bestellung des Schiedsgerichts auch dieses auf Antrag einer Partei einstweilige Maßnahmen anordnen. Es ergibt sich also nach der Konstituierung des Schiedsgerichts eine Überschneidungsmöglichkeit einstweiliger Maßnahmen zwischen staatlichem Gericht und Schiedsgericht. Der Gesetzgeber hat dies hingenommen, weil die Vollziehung einstweiliger Maßnahmen durch das Schiedsgericht gem Abs 2 vom staatlichen Gericht vorzunehmen ist, so dass das Schiedsgericht letztlich sich überschneidende Maßnahmen aufeinander abstimmen kann. Angesichts der Vielfalt der Möglichkeiten der Parteien eines schiedsrichterlichen Verfahrens, einstweilige Maßnahmen sowohl über § 1033 wie über § 1041 zu beantragen, kommt der Norm ein hoher Schutzzweck für die Parteien zu. 1

B. Vorläufige oder sichernde Maßnahmen. Wie in § 1033 will der Gesetzeswortlaut mit der Formulierung einer vorläufigen oder sichernden Maßnahme jede gerichtliche Möglichkeit in Bezug nehmen, die den Charakter einer bloß vorläufigen Sicherungswirkung hat. Im Vordergrund stehen der Arrest (§§ 916 ff) und die einstweilige Verfügung (§§ 935 ff). Zu weiteren Einzelheiten s.o. § 1033 Rz 2. Wie bei § 1033 ist es anerkannt, dass iRd einstweiligen Verfügung neben der Sicherungsverfügung (§ 935) und der Regelungsverfügung (§ 940) auch eine Leistungs- oder Befriedigungsverfügung in Betracht kommen kann. Angesichts der Weite der Möglichkeiten, eine einstweilige Verfügung nach dem freien Ermessen des Gerichts inhaltlich zu bestimmen (§ 938), ist das Fehlen einer Einschränkung möglicher Maßnahmen im Gesetzestext ohne größere praktische Bedeutung. Zu einzelnen Möglichkeiten von Maßnahmen des einstweiligen Rechtsschutzes s. St/J/*Schlosser* § 1041 Rn 3 ff. 2

C. Zuständigkeit des Schiedsgerichts. I. Parteivereinbarung. Nach Abs 1 S 1 sind zunächst die Parteivereinbarungen zu berücksichtigen. Diese können einen Ausschluss einstweiliger Maßnahmen durch das Schiedsgericht vorsehen, sie können aber auch mögliche konkrete Maßnahmen des einstweiligen Rechtsschutzes festlegen. 3

II. Voraussetzungen. Soweit Parteilvereinbarungen nicht gegeben sind, kann das Schiedsgericht einstweiligen Rechtsschutz gewähren (Abs 1 S 1). Dies setzt zunächst einen **Antrag** einer Partei voraus. Der Antrag wird nicht dadurch unzulässig, dass bereits einstweiliger Rechtsschutz gem § 1033 vor dem staatlichen Gericht beantragt ist. In dem Antrag kann die konkrete vorläufige Maßnahme genau bezeichnet sein. Es ist aber auch zulässig, unter Darlegung des vorläufigen Rechtsschutzziels die Wahl der einstweiligen Maßnahme dem Schiedsgericht zu überlassen. Weitere zwingende Voraussetzung ist es schließlich, dass das Schiedsgericht die Maßnahme in Bezug auf den Streitgegenstand für **erforderlich** hält. Damit ist letztlich wie in § 920 II neben dem Arrest- oder Verfügungsanspruch auch ein »Arrest- oder Verfügungsgrund« erforderlich (s.u. Rz 6). 4

III. Sicherheit. Das Gesetz betont ausdrücklich, dass das Schiedsgericht im Zusammenhang mit solchen einstweiligen Maßnahmen in jeder Hinsicht Sicherheitsleistung anordnen kann. Allerdings ist die Anordnung einer Sicherheitsleistung ihrerseits eine vorläufige Maßnahme, so dass Abs 1 S 2 im Wesentlichen deklaratorische Bedeutung hat. Angesichts der gesetzlichen Formulierung kann eine Sicherheit sowohl vom Antragsteller (Vorbedingung einer Maßnahme) wie auch vom Antragsgegner (Abwendung einer Maßnahme) verlangt werden. 5

D. Verfahren. I. Antrag. Der nach Abs 1 erforderliche Antrag wendet sich an das Schiedsgericht. Der Antrag ist weder vom zeitlichen Stand des schiedsgerichtlichen Verfahrens abhängig noch von beantragten, erlassenen oder abgelehnten Maßnahmen des staatlichen Gerichts nach § 1033. Der Antrag muss Anspruch und Grund der erbetenen Maßnahme darlegen. Die Voraussetzungen des Antrags müssen in Analogie zu § 920 glaubhaft gemacht werden. Auch bei der Entscheidung über Maßnahmen nach § 1041 ist vom Schiedsgericht rechtliches Gehör zu gewähren (§ 1042 I). 6

7 **II. Vollziehung durch das staatliche Gericht (Abs 2).** Hat das Schiedsgericht eine Maßnahme angeordnet, so ist jede Partei befugt, die Zulassung der Vollziehung dieser Maßnahme beim staatlichen Gericht zu beantragen. Eine Vollziehung ist nicht erforderlich, wenn der durch die Anordnung Belastete dieser freiwillig nachkommt. Im Rahmen der Vollziehung durch das staatliche Gericht hat dieses große Freiheiten. Das staatliche Gericht kann zunächst prüfen, ob bereits eine entsprechende Maßnahme des einstweiligen Rechtsschutzes beim staatlichen Gericht beantragt worden ist. In diesem Falle käme eine Vollziehung nicht mehr in Betracht. Soweit eine beantragte Anordnung vom staatlichen Gericht abgelehnt wurde oder in anderer Weise erlassen wurde, kann das staatliche Gericht nunmehr prüfen, ob die Anordnung im Hinblick auf die bisherigen Maßnahmen abw zu fassen ist und inwieweit eine Vollziehung der Maßnahme notwendig ist (Abs 2 S 2). Die gesetzliche Regelung zeigt, dass letztlich auch hier dem staatlichen Gericht die Kompetenz zukommt, über Erforderlichkeit, Umfang und Inhalt der zu vollziehenden Maßnahmen zu entscheiden.

8 **III. Änderung oder Aufhebung des Beschlusses (Abs 3).** Die sich bereits aus Abs 2 S 1 und S 2 für das staatliche Gericht ergebende Kompetenz, die Notwendigkeit der Maßnahme im Hinblick auf die Vollziehung zu überprüfen und evtl die Anordnung der Maßnahme abw zu fassen, wird in Abs 3 noch einmal idS deutlich erweitert, dass das staatliche Gericht auf Antrag einer Partei seinen eigenen Beschl nach Abs 2 wiederum abändern oder aufheben kann. Auf Antrag ergibt sich also für das staatliche Gericht jederzeit die Möglichkeit, alle Voraussetzungen zur Vollziehung von Anordnungen jederzeit erneut zu überprüfen und in Frage zu stellen. Diese Kompetenz beinhaltet letztlich die weitere Berechtigung des staatlichen Gerichts, bereits die ursprüngliche Anordnung des Schiedsgerichts in Frage zu stellen. Das staatliche Gericht ist also berechtigt, die ursprüngliche Entscheidung des Schiedsgerichts nach Abs 1 inzident zu überprüfen. Es kann über die völlige Aufhebung der Vollziehung die ursprüngliche Anordnung des Schiedsgerichts weitgehend obsolet machen. Daher stellt es keine ernst zu nehmende Einschränkung der Kompetenz des staatlichen Gerichtes dar, dass es im Zusammenhang mit Abs 3 schiedsgerichtliche Maßnahmen iÜ nur ändern kann und nicht völlig neuartige Maßnahmen erlassen kann.

9 **IV. Schadensersatz (Abs 4).** Abs 4 ordnet eine Schadensersatzpflicht an, die inhaltlich der Regelung des § 945 entspricht. Nach der ausdrücklichen Anordnung von Abs 4 S 2 kann dieser Schadensersatzanspruch im anhängigen schiedsrichterlichen Verfahren geltend gemacht werden.

10 **D. Kosten/Gebühren. I. Gericht.** Es entsteht eine Verfahrensgebühr nach Nr 1626 KV iHv 2,0. Die Gebühr wird im Verfahren über die Zulassung der Vollziehung und im Verfahren über die Aufhebung oder Änderung einer Entscheidung jeweils gesondert erhoben (Anm zu Nr 1626 KV). Wird der Antrag zurückgenommen, ermäßigt sich die Gebühr nach Nr 1627 KV auf 1,0. Der Wert ist auf einen Bruchteil der Hauptsache zu schätzen (§ 53 I Nr 3 GKG iVm § 3 ZPO).

11 **II. Anwalt.** Das Anordnungsverfahren nach Abs 1 zählt noch mit zum Schiedsverfahren (arg e § 17 Nr 4 RVG). Das Zulassungsverfahren nach Abs 2 ist dagegen eine gesonderte Angelegenheit (§ 17 Nr 6 RVG). Zulassungsverfahren und eventuelle Verfahren auf Aufhebung oder Abänderung sind dagegen wiederum dieselbe Angelegenheit (§ 16 Nr 5 RVG). Als Einzeltätigkeit erhält der Anwalt eine Verfahrensgebühr nach Nr 3327 VV RVG und unter den Voraussetzungen der Vorbem 3 III VV RVG eine Terminsgebühr nach Nr 3332 VV RVG.

Abschnitt 5 Durchführung des schiedsrichterlichen Verfahrens

§ 1042 Allgemeine Verfahrensregeln.

(1) **[1]Die Parteien sind gleich zu behandeln. [2]Jeder Partei ist rechtliches Gehör zu gewähren.**
(2) Rechtsanwälte dürfen als Bevollmächtigte nicht ausgeschlossen werden.
(3) Im Übrigen können die Parteien vorbehaltlich der zwingenden Vorschriften dieses Buches das Verfahren selbst oder durch Bezugnahme auf eine schiedsrichterliche Verfahrensordnung regeln.
(4) [1]Soweit eine Vereinbarung der Parteien nicht vorliegt und dieses Buch keine Regelung enthält, werden die Verfahrensregeln vom Schiedsgericht nach freiem Ermessen bestimmt. [2]Das Schiedsgericht ist berechtigt, über die Zulässigkeit einer Beweiserhebung zu entscheiden, diese durchzuführen und das Ergebnis frei zu würdigen.

A. Normzweck und Regelungsinhalt. I. Systematischer Zusammenhang. § 1042 ist die zentrale Vorschrift des 5. Abschnitts des 10. Buchs über die Durchführung eines Schiedsverfahrens. Im Gegensatz zum früheren Recht enthalten die Norm und der gesamte Abschnitt relativ ausführliche Hinweise auf die einzelnen Verfahrensgrundlagen und Verfahrensregelungen. 1

II. Normzweck. Der Grundsatz des schiedsrichterlichen Verfahrens bleibt trotz der einzelnen Regelungen die Parteiautonomie (Abs 3). Zweck der Norm ist es insoweit, im Rahmen dieser Parteiautonomie einige wenige zwingend angeordnete Grundregeln zu verdeutlichen, die die Freiheit der Parteien einschränken. 2

B. Prüfungsreihenfolge beim Verfahren. Für die Frage, in welcher Reihenfolge Verfahrensregeln heranzuziehen sind, gilt daher folgende zwingende Regelung: zunächst sind die zwingenden Normen des 10. Buchs der ZPO und insb des § 1042 zu beachten (Gleichbehandlung, rechtliches Gehör, anwaltliche Vertretung, freie Beweiswürdigung). An zweiter Stelle ist sodann nach dem Parteiwillen zu fragen, inwieweit die Parteien selbst das Verfahren geregelt haben. An dritter Stelle und eng mit dem Parteiwillen verknüpft ist nach einer Bezugnahme auf eine schiedsrichterliche Verfahrensordnung zu forschen. Eine solche Bezugnahme ist im Bereich des nationalen Schiedsverfahrens häufig. Nicht selten wird auf die Schiedsgerichtsordnung der DIS verwiesen. Soweit weder zwingende Normen noch der Parteiwille oder eine Bezugnahme vorhanden sind, gilt für das Verfahren ein freies Ermessen des Schiedsgerichts unter Beachtung dispositiver Normen des 10. Buchs. Im Bereich des freien Ermessens der Schiedsrichter können auch Regelungen aller anderen Bücher der ZPO herangezogen werden (s.u. Rz 10 ff). 3

C. Parteiwille und Bezugnahme. Wie Abs 3 verdeutlicht, ist der Parteiwille der oberste Grundsatz des schiedsgerichtlichen Verfahrens, soweit dem nicht zwingende Vorschriften des 10. Buches entgegenstehen. Das Schiedsgericht ist an Parteivereinbarungen über das Verfahren gebunden. Eine Parteiregelung über das Verfahren ist dogmatisch von der Schiedsvereinbarung iSd § 1029 zu trennen. Deshalb können Parteivereinbarungen über das Verfahren auch ohne die Form des § 1031 niedergelegt werden. In der Praxis werden die Schiedsvereinbarung und Vereinbarungen über das Verfahren aber häufig miteinander verbunden. Diese Grundsätze gelten auch, soweit der Parteiwille durch eine Bezugnahme auf eine Verfahrensordnung einer institutionellen Schiedsgerichtsorganisation folgt. Gibt es von einer in Bezug genommenen Verfahrensordnung verschiedene Fassungen, so ist im Zweifel diejenige Fassung vereinbart, die zum Zeitpunkt des Abschlusses der Schiedsvereinbarung in Kraft ist. Die Wirksamkeit einzelner Vereinbarungen über das Verfahren und die Wirksamkeit der Schiedsvereinbarung sind getrennt zu prüfen. 4

D. Gleichbehandlung. Abs 1 S 1 enthält den auch verfassungsrechtlich zwingenden Grundsatz der Gleichbehandlung der Parteien. Damit ist auch im schiedsgerichtlichen Verfahren der verfassungsrechtlich garantierte Grundsatz der Waffengleichheit und der prozessualen Chancengleichheit der Parteien zwingend zu beachten. Im Einzelnen müssen deshalb den Parteien gleiche Fristen und gleiche Verfahrensregeln gewährt werden. Auch für einen gleichmäßigen Informationsstand der Parteien muss das Schiedsgericht Sorge tragen. 5

E. Rechtliches Gehör. Der gem Art 103 I GG verfassungsrechtlich garantierte Grundsatz des rechtlichen Gehörs ist zwingend auch im gesamten schiedsgerichtlichen Verfahren zu beachten. Es handelt sich um das zentrale prozessuale Grundrecht beider Parteien. Das BVerfG hat das rechtliche Gehör als das prozessuale Urrecht des Menschen bezeichnet. Es ist für jedes gerichtliche Verfahren konstitutiv und unabdingbar (BVerfGE 55, 1, 6). Im Einzelnen enthält das rechtliche Gehör das Recht der Parteien auf **Orientierung** (also auf Benachrichtigung vom Verfahren, auf Mitteilung von Äußerungen anderer Beteiligter sowie auf Akteneinsicht). In einem zweiten Schritt gibt der Grundsatz des rechtlichen Gehörs ein Recht der Parteien auf **Äußerung** in mündlicher und schriftlicher Form. Im dritten Schritt wird durch das rechtliche Gehör das Schiedsgericht verpflichtet, das Parteivorbringen **zur Kenntnis zu nehmen und in Erwägung zu ziehen**. Ein Verzicht auf rechtliches Gehör durch eine Partei ist nicht wirksam. Die Verletzung des rechtlichen Gehörs durch das Schiedsgericht führt zur Aufhebung des Schiedsspruchs gem § 1059 II Nr 1b. In besonders krassen Fällen kann auch § 1059 II Nr 2b vorliegen. 6

F. Gewährleistung anwaltlicher Vertretung. Nach Abs 2 darf für keine Partei ein Rechtsanwalt als Prozessbevollmächtigter ausgeschlossen werden. Eine abweichende Parteivereinbarung wäre unwirksam. Bei Verstoß gegen diesen Grundsatz ist § 1059 II Nr 1b, c gegeben. Diese zwingende Regelung stimmt mit § 3 BRAO überein, wonach der Rechtsanwalt der unabhängige Berater und Vertreter einer Partei in allen Rechtsangelegenheiten ist und sein Recht, auch vor Schiedsgerichten aufzutreten, nur durch ein Bundesge- 7 setz beschränkt werden kann. Konsequenterweise sieht auch § 3 III BRAO vor, dass jedermann das Recht habe, sich in allen Rechtsangelegenheiten durch einen Rechtsanwalt seiner Wahl beraten zu lassen und sich vor Schiedsgerichten vertreten zu lassen. Allerdings besteht in einem schiedsgerichtlichen Verfahren kein Anwaltszwang, falls nicht die Parteien etwas anderes vereinbaren. Anwaltliche Beratung und Vertretung ist also der Freiheit der Partei unterworfen.

8 **G. Beweis und freie Beweiswürdigung. I. Grundlagen.** Gemäß Abs 4 S 2 ist dem Schiedsgericht iRd Beweiserhebung eine gewisse Entscheidungsfreiheit eingeräumt. Das Schiedsgericht ist also frei, eine Beweisaufnahme anzuordnen und durchzuführen und dabei einen konkreten Beweisbeschluss zu formulieren. Das Schiedsgericht ist auch nicht an die Regelungen über die Unmittelbarkeit der Beweisaufnahme (§ 355) gebunden. Ebenso wenig ist das Schiedsgericht auf die Beweismittel der ZPO beschränkt. Es kann nach den Grundprinzipien des Freibeweises jeden beweisrechtlich relevanten Vorgang beachten und würdigen. Dabei kann das Schiedsgericht auch eigene Kenntnisse und private Sachkunde verwerten. Das im staatlichen Gerichtsverfahren geltende Verbot der Verwertung des privaten Wissens des Richters gilt für das Schiedsgericht nicht. Soweit die Parteien ein Geständnis machen, kann dies das Gericht im Rahmen seiner freien Beweiswürdigung bewerten. Die Bindungswirkung der §§ 288, 290 gilt nicht. Auch bei Art und Umfang der Beweisaufnahme ist das Schiedsgericht frei. Es kann den Ort der Beweisaufnahme und das Verfahren im Einzelnen bestimmen.

9 **II. Freie Beweiswürdigung.** Dem Schiedsgericht steht in gleicher Weise wie dem staatlichen Gericht der Grundsatz der freien Beweiswürdigung zur Seite (Abs 4 S 2). Dieser Grundsatz bedeutet, dass es keine Bindungen des Schiedsgerichts an gesetzliche Beweisregeln gibt und dass entscheidend für die schiedsgerichtliche Entscheidung die richterliche Würdigung ist. Bei der Würdigung der gesamten Verhandlung und Beweisaufnahme ist das Schiedsgericht an Denkgesetze, an grundlegende Erfahrungsgesetze und an Naturgesetze gebunden. Entscheidend ist wie beim staatlichen Richter gem § 286 die Überzeugung des Gerichts. Dabei ist der Inhalt der Überzeugung das Für-Wahr-Erachten durch das Gericht. Auch das Schiedsgericht darf und muss sich also in zweifelhaften Fällen mit einem für das praktische Leben brauchbaren Grad von Überzeugungskraft begnügen, der den Zweifeln Schweigen gebietet, ohne sie völlig auszuschließen (BGHZ 53, 245, 256). Dieser Grundsatz der freien Beweiswürdigung ist entgegen dem missverständlichen Wortlaut des Abs 4 S 2 für das Schiedsgericht nicht eine freie Wahlmöglichkeit, sondern die Anwendung des Grundgedankens der freien Beweiswürdigung ist zwingend. Zwar wäre es denkbar, dass die Parteien einzelne bindende Beweisregeln aufstellen. Eine Vereinbarung, wonach die freie Beweiswürdigung insgesamt ausgeschlossen ist, wäre jedoch unwirksam und würde zur Aufhebung des Schiedsspruches gem § 1059 II Nr 2b führen.

10 **H. Weitere Verfahrensfragen.** Bei einem dem deutschen Recht folgenden Schiedsverfahren stellen sich im Grundsatz vergleichbare Fragen, wie sie auch in der ZPO für das staatliche Gerichtsverfahren geregelt sind. Daher können Verfahrensfragen des Schiedsgerichts vor dem Hintergrund des 1. und 2. Buchs der ZPO diskutiert werden.

11 **I. Zuständigkeit (§§ 1–40).** Fragen der örtlichen, sachlichen und funktionellen Zuständigkeit stellen sich vor dem vereinbarten Schiedsgericht nicht. Dennoch muss grds auch das Schiedsgericht seine eigene Zuständigkeit prüfen (vgl § 1040).

12 **II. Ausschließung und Ablehnung von Richtern (§§ 41–49).** Es gelten die speziellen Regeln der §§ 1036–1039.

13 **III. Partei- und Vertretungsfragen (§§ 50–90).** Die Grundgedanken der Parteistellung, der Parteifähigkeit, der Prozessfähigkeit, der Streitgenossenschaft, der Beteiligung Dritter und der Vertretungsfragen gelten in gleicher Weise auch im schiedsgerichtlichen Verfahren. Allerdings ist bei der Einbeziehung Dritter die jeweilige Schiedsvereinbarung zu beachten. Zwar kann ein Dritter durch Streitverkündung auch dann in das Verfahren einbezogen werden, wenn er nicht der Schiedsabrede unterworfen ist. Seine Beteiligung setzt allerdings die Zustimmung des Schiedsgerichts und der Schiedsparteien voraus. Soweit eine Beteiligung nicht in Betracht kommt, kann auch die Interventionswirkung des § 68 nicht eintreten. Ebenso setzt umgekehrt die Nebenintervention eines Dritten die Zustimmung aller am Schiedsverfahren Beteiligten voraus.

14 **IV. Kosten, Sicherheit (§§ 91–113).** Es gilt die spezielle Norm des § 1057. Im Übrigen sind Kostenfragen und eine Leistung von Sicherheit von den Parteivereinbarungen abhängig.

V. Prozesskostenhilfe (§§ 114–127a). Die Gewährung von Prozesskostenhilfe iRe Schiedsverfahrens ist ausgeschlossen. 15

VI. Mündliche Verhandlung (§§ 128–158). Zu beachten ist § 1047, wonach die Abhaltung einer mündlichen Verhandlung nicht zwingend ist, aber der Parteivereinbarung offen steht. Die Einzelheiten der Vorbereitung der mündlichen Verhandlung sind nicht entsprechend anwendbar. Dagegen gelten die Grundsätze der Wahrheitspflicht (§ 138) und der Aufklärungspflicht des Schiedsgerichts (§ 139). Gerichtliche Anordnungen nach den §§ 141 ff kommen vor dem Schiedsgericht nicht in Betracht soweit nicht alle Verfahrensbeteiligten zustimmen. 16

VII. Protokoll (§§ 159–165). Die Regelungen gelten im schiedsgerichtlichen Verfahren nicht. Allerdings muss man auch vom Schiedsgericht die Beachtung von Mindestanforderungen einer Protokollierung verlangen. Diese können sich an die Grundlagen des § 160 anlehnen. 17

VIII. Zustellung (§§ 166–213a). Förmliche und zwingende Zustellungsregeln existieren im Schiedsverfahren nicht. Zu beachten ist lediglich § 1028. Soweit mit der Zustellung zugleich rechtliches Gehör zu gewähren ist, liegt es allerdings nahe, dass das Schiedsgericht einen Zustellungsnachweis in Händen hält. Daher enthalten institutionelle Schiedsordnungen regelmäßig Regelungen über die Zustellung. 18

IX. Ladung, Termine, Fristen (§§ 214–229). Grundsätzlich ist eine Ladung der Parteien bereits aus dem Grundsatz des rechtlichen Gehörs erforderlich (vgl § 1047 II). Förmliche Regelungen der Ladung sowie weitere zwingende Regelungen über Fristen und Termine gibt es nicht. 19

X. Versäumung, Wiedereinsetzung (§§ 230–238). Die Regelungen sind nicht anwendbar, da es im schiedsgerichtlichen Verfahren keine Notfristen und keine Rechtsmittelfristen gibt. 20

XI. Unterbrechung, Aussetzung, Ruhen (§§ 239–252). Die Regelungen sind nicht anwendbar. Das Schiedsgericht kann nach seinem Ermessen allerdings jederzeit ein Ruhen des Verfahrens anordnen. Nach dem Grundgedanken des § 251 ist dies insb bei übereinstimmendem Parteiantrag möglich. 21

XII. Klage, Rechtshängigkeit (§§ 253–271). Die Grundsätze zur Klage gelten iRd § 1046. Eine Rechtshängigkeit im technischen Sinn gibt es vor Schiedsgerichten nicht. Eine objektive Klagehäufung sowie eine Klageänderung sind ohne die einzelnen Voraussetzungen der ZPO zulässig. Streitig, aber wohl zu bejahen ist die Anwendung von § 265. Eine Klagerücknahme ist grds zulässig. 22

XIII. Verfahren erster Instanz (§§ 272–283, §§ 295–299a). Die technischen Verfahrensabläufe der §§ 272 ff gelten nicht im Schiedsverfahren, die hinter diesen Normen stehenden Grundsätze der Prozessbeschleunigung durch die Parteien (§ 282) und durch das Gericht (insb § 272 I, III, § 273) sowie die Grundgedanken der möglichst effizienten und prozessökonomischen Gestaltung des Verfahrens gelten im Schiedsverfahren in gleicher Weise. Zur Anwendung von § 278 vgl § 1053 Rz 4. Anstelle von § 295 ist § 1027 und anstelle von § 296 sind die §§ 1046, 1048 zu beachten und anzuwenden. § 299 I gilt auch im Schiedsverfahren, nicht aber § 299 II. Eine Akteneinsicht für Dritte kann also nur bei übereinstimmender Einwilligung beider Parteien in Betracht kommen. 23

XIV. Beweis (§§ 284–294, §§ 355–494a). Zum Beweisrecht im Schiedsverfahren s.o. Rz 8. 24

XV. Urteil, Rechtskraft (§§ 300–329). An die Stelle der Regelungen über Urt und Rechtskraft treten die besonderen Regeln über den Schiedsspruch sowie die Beendigung des Schiedsverfahrens gem den §§ 1051 ff. Im Einzelnen ist neben dem vollständigen und abschließenden Schiedsspruch gem § 1054 auch ein Teilschiedsspruch analog § 301 sowie ein Vorbehaltsschiedsspruch analog § 302 zulässig. Anzuwenden ist ferner § 308 für das Schiedsgericht. Die §§ 319–321 sind durch § 1058 ersetzt. 25

XVI. Versäumnisverfahren (§§ 330–347). Die Regelungen über das Versäumnisverfahren sind nicht anwendbar, sie werden durch § 1048 ersetzt. Vgl auch § 1063 Rz 13. 26

XVII. Einzelrichter (§§ 348-354). Die Regelungen über den Einzelrichter gelten nicht im schiedsrichterlichen Verfahren. 26a

XVIII. Amtsgerichtliches Verfahren (§§ 495-510b). Die Sonderregeln für das amtsgerichtliche Verfahren gelten nicht in schiedsrichterlichen Verfahren. 26b

27 **XIX. Rechtsmittel, Wiederaufnahme (§§ 511–591).** Diese Regelungen sind nicht anwendbar. Rechtsmittel sind im schiedsgerichtlichen Verfahren grds nicht vorgesehen. Die Regeln über die Wiederaufnahme des Verfahrens sind durch das Aufhebungsverfahren gem § 1059 ersetzt.

28 **XX. Besondere Verfahrensarten (§§ 592–1024).** Diese Regelungen sind nicht anwendbar.

§ 1043 Ort des schiedsrichterlichen Verfahrens.

(1) [1]Die Parteien können eine Vereinbarung über den Ort des schiedsrichterlichen Verfahrens treffen. [2]Fehlt eine solche Vereinbarung, so wird der Ort des schiedsrichterlichen Verfahrens vom Schiedsgericht bestimmt. [3]Dabei sind die Umstände des Falles einschließlich der Eignung des Ortes für die Parteien zu berücksichtigen.

(2) Haben die Parteien nichts anderes vereinbart, so kann das Schiedsgericht ungeachtet des Absatzes 1 an jedem ihm geeignet erscheinenden Ort zu einer mündlichen Verhandlung, zur Vernehmung von Zeugen, Sachverständigen oder der Parteien, zur Beratung zwischen seinen Mitgliedern, zur Besichtigung von Sachen oder zur Einsichtnahme in Dokumente zusammentreten.

1 **A. Normzweck.** Die Festlegung des Schiedsortes ist zunächst ein eher technischer Vorgang, der zur Disposition der Parteien steht. Fehlt eine Parteivereinbarung, wird der Schiedsort durch das Schiedsgericht bestimmt. Wie sich aus Abs 2 ergibt, ist unabhängig vom Schiedsort im Einzelnen der Ort einer bestimmten vorzunehmenden Handlung vom Schiedsgericht nach freier Geeignetheit zu bestimmen (Ort der konkreten Gerichtshandlung; s.u. Rz 5). Dies spricht zunächst dafür, § 1043 denjenigen Bestimmungen zuzuordnen, die eine gewisse Rechtsklarheit und Rechtssicherheit bedeuten.
Allerdings darf nicht verkannt werden, dass die zentrale Bedeutung des Schiedsortes in der Festlegung der örtlichen und internationalen Zuständigkeit besteht (§ 1025 Rz 23), ferner in der Festlegung des Anwendungsbereichs des deutschen Rechts (§ 1025 I) und damit va kollisionsrechtliche Bedeutung hat.

2 **B. Schiedsort. I. Parteivereinbarung.** Auch der Schiedsort kann in erster Linie durch Parteivereinbarung festgelegt werden. Dies ist wie bei allen Verfahrensfragen formlos möglich. Die Vereinbarung der Parteien kann losgelöst von einzelnen Sachgründen erfolgen. Die Gerechtigkeitserwägungen der örtlichen Zuständigkeit iSd §§ 12 ff gelten hier nicht. Die Parteibestimmung kann durch Bezugnahme auf eine institutionelle Schiedsordnung erfolgen, soweit diese einen Ort festschreibt. Die Bedeutung des Schiedsortes für das gesamte Verfahren erfordert es, eine Festlegung des Schiedsortes verbindlich zu machen. Eine Abänderung des Schiedsortes durch den Parteiwillen kann es jedenfalls nach dem Beginn des schiedsrichterlichen Verfahrens (§ 1044) nicht geben (MüKoZPO/*Münch* § 1043 Rn 11).

3 **II. Bedeutung.** Der Schiedsort hat eine rein virtuelle Bedeutung im Hinblick auf die Festlegung der Zuständigkeit und des anzuwendenden Rechts. Wie Abs 2 zeigt, kann die faktische Handhabung des jeweiligen Handlungsortes davon in jeder Hinsicht abweichen. Im Einzelnen wird durch den Schiedsort zunächst die örtliche Zuständigkeit des Schiedsgerichts (im Falle eines institutionellen Schiedsgerichts) festgelegt. Weiterhin wird dadurch zugleich die Zuständigkeit des für das staatliche Gerichtsverfahren berufenen OLG festgelegt (§ 1062 I). Im Hinblick auf die Bedeutung der örtlichen Zuständigkeit als doppelfunktional wird ferner durch den Schiedsort die internationale Zuständigkeit festgelegt. Damit ist im Hinblick auf das Schiedsverfahren zugleich die Festlegung erfolgt, ob deutsches Schiedsverfahrensrecht anzuwenden ist (§ 1025 I) oder ob ein ausländisches Schiedsverfahren vorliegt. Als weitere Folgewirkung entscheidet der Schiedsort damit, ob ein inländischer Schiedsspruch (§ 1060) oder ein ausländischer Schiedsspruch (§ 1061) vorliegt. Diese Trennung hat weiterhin Konsequenzen für Art und Umfang der Anerkennung und Vollstreckung des Schiedsspruchs.

4 **III. Bestimmung durch das Gericht.** Soweit der Schiedsort nicht durch Parteivereinbarung festgelegt ist, bedarf es einer verbindlichen und exakten Festlegung des Schiedsorts durch das Schiedsgericht. Wie unter Rz 3 dargelegt, ist diese Festlegung eine rechtlich bedeutsame Grundlagenentscheidung, für die tatsächlichen konkreten Handlungen ist sie wegen Abs 2 ohne Bedeutung. Mit dem Ort ist dabei eine konkrete politische Gemeinde gemeint. Ihre genaue Abgrenzung von anderen Gemeinden innerhalb desselben OLG-Bezirks ist allerdings rechtlich ohne Bedeutung. Das Schiedsgericht muss nach seiner Konstituierung zwingend den Schiedsort bestimmen (§ 1025 III). Die dabei nach Abs 1 S 3 zu beachtenden Umstände des Falles sind angesichts der nur virtuellen Bedeutung des Schiedsortes eine sehr begrenzte Entscheidungshilfe.

Soweit der Schiedsort zugleich der Ort der einzelnen Gerichtshandlungen ist, liegt es nahe, dass das Schiedsgericht die Erreichbarkeit des Ortes und seine Infrastruktur vorrangig berücksichtigt.

C. Ort der konkreten Gerichtshandlung. Abs 2 macht deutlich, dass der einzelne Ort der jeweiligen Gerichtshandlung vom abstrakten Schiedsort des Abs 1 in jeder Hinsicht abweichen kann. Der Ort der einzelnen Gerichtshandlung und damit der faktische Schiedsort ist also ganz nach Zweckmäßigkeit für die tatsächliche Durchführung des Verfahrens vom Schiedsgericht zu bestimmen. Zwar gelten auch hier vorrangig die Möglichkeiten der Parteien, eine Vereinbarung zu treffen, eine solche dürfte aber wenig zweckmäßig sein. Die dem Schiedsgericht nach Abs 2 gegebenen Freiheiten sprechen dafür, soweit wie möglich nach Praktikabilität die einzelnen Verfahrenshandlungen örtlich aufzuteilen. Auf diese Weise kann den Wünschen von Zeugen und Sachverständigen sowie der Parteien ebenso Rechnung getragen werden wie bei interner Beratung des Schiedsgerichts den Schiedsrichtern. Letztlich erlaubt Abs 2 jegliche örtliche Bestimmung nach Zweckmäßigkeit. 5

§ 1044 Beginn des schiedsrichterlichen Verfahrens.

[1]Haben die Parteien nichts anderes vereinbart, so beginnt das schiedsrichterliche Verfahren über eine bestimmte Streitigkeit mit dem Tag, an dem der Beklagte den Antrag, die Streitigkeit einem Schiedsgericht vorzulegen, empfangen hat. [2]Der Antrag muss die Bezeichnung der Parteien, die Angabe des Streitgegenstandes und einen Hinweis auf die Schiedsvereinbarung enthalten.

A. Normzweck. Die Norm regelt analog zur Rechtshängigkeit des staatlichen Verfahrens den Beginn des schiedsrichterlichen Verfahrens und wirkt sich daher auf typische Konsequenzen der Rechtshängigkeit wie insb die Hemmung der Verjährung aus. 1

B. Verfahrensbeginn (S 1). Ein schiedsgerichtliches Verfahren muss sich anders als das staatliche Verfahren zwangsläufig in mehreren Teilakten entwickeln. Zunächst ist es erforderlich, dass der künftige Schiedskläger dem Schiedsbeklagten einen Antrag vorlegt, eine bestimmte Streitigkeit durch ein Schiedsgericht entscheiden zu lassen (§ 1044 S 1). Diesem ersten Stritt folgt die Konstituierung des Schiedsgerichts nach den §§ 1034 ff. Nunmehr reicht der Schiedskläger seine Klage dem Schiedsgericht ein (§ 1046 I). Diese Klage ist dem Schiedsbeklagten zuzustellen, ohne dass im Einzelnen förmliche Zustellungsregeln existieren würden. Insoweit gilt § 1042 III, IV iVm den vereinbarten Zustellungsregeln. Das Gesetz hat den Verfahrensbeginn in erster Linie der Vereinbarung der Parteien unterstellt. Mangels anderer Vereinbarung ist sodann festgelegt, dass bereits der vom Schiedsbeklagten empfangene Antrag auf Durchführung eines schiedsgerichtlichen Verfahrens als Beginn anzusehen ist. Dieser sehr frühe Zeitpunkt für den Beginn des schiedsrichterlichen Verfahrens ist vor dem Hintergrund zu sehen, dass die weiteren Schritte und insb die Konstituierung des Schiedsgerichts im Einzelfalle längere Zeit in Anspruch nehmen können. 2

C. Inhalt des Antrags. Ein wenig überraschend wird in S 2 der genaue Inhalt des Antrags des Schiedsklägers auf Durchführung einer Streitigkeit vor dem Schiedsgericht festgelegt. Dies zeigt, dass dieser Antrag **nicht identisch mit der Schiedsklage** des § 1046 ist. Dem entsprechend verlangt S 2 nur die Bezeichnung der Parteien und die Angabe des Streitgegenstandes sowie den Hinweis auf die Schiedsvereinbarung, auf deren Basis die Streitigkeit abgewickelt werden soll. Nicht verlangt wird in S 2 also ein konkreter Antrag. Auch die genaue Bezeichnung des geltend gemachten Anspruchs sowie die einzelnen Tatsachen, auf die sich dieser Anspruch stützt, müssen in dem Antrag noch dargelegt werden. Die Angeben zum Streitgegenstand müssen allerdings so konkret und ausreichend sein, um ihren eindeutigen Bezug zur Schiedsvereinbarung feststellen zu können. 3

D. Konsequenzen des Verfahrensbeginns. Mit dem Zeitpunkt des Beginns des schiedsrichterlichen Verfahrens wird die **Verjährung** geltend gemachter Ansprüche gehemmt (§ 204 I Nr 11 BGB). Entscheidend sind dabei der Zugang des Antrags an den Beklagten und die ausreichenden Angaben nach S 2, damit der Schiedsbeklagte den konkreten Umfang des Rechtsstreits erkennen kann. 4

Soweit das **materielle Recht** im Falle einer Klage vor staatlichen Gerichten bestimmte Rechtsfolgen an den Eintritt der Rechtshängigkeit knüpft, treten alle diese Wirkungen auch bei einem dem Beklagten zugegangenen Antrag nach § 1044 ein. Dies gilt im Einzelnen neben der genannten Verjährung für den Verzug des Schuldners (§ 286 I 2 BGB), für die Entstehung von Prozesszinsen (§ 291 BGB), für die Haftung im Falle einer Herausgabepflicht (§ 292 BGB), für die Erhaltung von Besitzansprüchen (§ 864 BGB), für die Hemmung der Ersitzung (§§ 939, 941 BGB) sowie für Ansprüche aus dem Eigentümer-Besitzer-Verhältnis (§§ 987, 989, 994 II BGB).

Prozessuale Wirkungen des Beginns des schiedsrichterlichen Verfahrens, wie sie bei der Rechtshängigkeit vor staatlichen Gerichten § 261 III vorsieht, dürften in der Praxis kaum in Betracht kommen. Für eine Parallele zwischen staatlichem Gericht und Schiedsgericht gilt insoweit § 1032. Sollte im Einzelfall ein schiedsgerichtliches Verfahren begonnen haben und würde eine Partei auf der Basis derselben Schiedsvereinbarung ein zweites schiedsgerichtliches Verfahren beantragen, wird man § 261 III Nr 1 analog anwenden können. Dieses zweite Verfahren wäre danach unzulässig.

§ 1045 Verfahrenssprache. (1) [1]**Die Parteien können die Sprache oder die Sprachen, die im schiedsrichterlichen Verfahren zu verwenden sind, vereinbaren.** [2]**Fehlt eine solche Vereinbarung, so bestimmt hierüber das Schiedsgericht.** [3]**Die Vereinbarung der Parteien oder die Bestimmung des Schiedsgerichts ist, sofern darin nichts anderes vorgesehen wird, für schriftliche Erklärungen einer Partei, mündliche Verhandlungen, Schiedssprüche, sonstige Entscheidungen und andere Mitteilungen des Schiedsgerichts maßgebend.**

(2) Das Schiedsgericht kann anordnen, dass schriftliche Beweismittel mit einer Übersetzung in die Sprache oder die Sprachen versehen sein müssen, die zwischen den Parteien vereinbart oder vom Schiedsgericht bestimmt worden sind.

1 **A. Normzweck.** Die Regelung mag bei erstem Zusehen als eine weithin technische Norm erscheinen, die selbstverständlich wirkt. Dieser Eindruck täuscht. In Wahrheit ist die Bedeutung der Sprache als das zentrale Kommunikationsmittel in jeder streitigen Auseinandersetzung vor Gerichten kaum hoch genug einzuschätzen. Auch nach ihrem Inhalt ist die Norm keineswegs selbstverständlich. Denn sie gewährt im Gegensatz zu § 184 GVG (der nur für staatliche Gerichte gilt) ein hohes Maß an Flexibilität, das sowohl von den Parteien wie vom Gericht ausgefüllt werden kann.

2 **B. Festlegung der Verfahrenssprache. I. Verfahren der Festlegung.** Abs 1 S 3 macht zunächst deutlich, dass es bei der Festlegung der Verfahrenssprache darum geht, die Maßgeblichkeit der vereinbarten Sprache für alle Partei- und Gerichtshandlungen gleichermaßen zu bestimmen, sofern nicht ausnahmsweise etwas anderes vorgesehen ist. Wie auch sonst im Verfahren wird zunächst den Parteien die Kompetenz gegeben, die Verfahrenssprache zu vereinbaren. Eine solche Vereinbarung ist, wie alle Verfahrensregelungen, formfrei. Soweit eine Parteivereinbarung fehlt, legt das Schiedsgericht die Verfahrenssprache fest. Diese Festlegung ist an sich eine Angelegenheit des gesamten Spruchkörpers. Nach § 1052 III kann allerdings das Schiedsgericht die Festlegung dem Vorsitzenden übertragen. Abs 1 S 1 macht deutlich, dass die Festlegung nicht zwingend für eine bestimmte Sprache getroffen werden muss, sondern dass auch als Verfahrenssprache mehrere Sprachen zugleich festgelegt werden können. In diesem Falle ist im Zweifel davon auszugehen, dass es zwischen diesen mehreren Verfahrenssprachen nicht permanenter Übersetzung bedarf, sondern dass eine alternative Verwendung der Sprachen zulässig ist.

3 **II. Art der Sprache.** § 1045 gibt keinerlei Hinweis, welche Sprache oder welche Sprachen die Parteien oder das Schiedsgericht auswählen sollten und können. Es liegt nahe, dass als Kriterium für die Sprachwahl entweder die Landessprache am Schiedsort oder die Muttersprache der Schiedsparteien gewählt wird. Allerdings scheint es das Fehlen von Ermessenserwägungen bei der Sprachwahl zu ermöglichen, dass die Parteien oder das Schiedsgericht auch eine davon vollkommen abweichende Sprache wählen. Dies erscheint nicht unproblematisch. Zu beachten ist in jedem Falle die Wahrung des rechtlichen Gehörs (§ 1042 I 2) sowie der allgemeine Grundsatz des fairen Verfahrens und der Waffengleichheit. In Heranziehung des Rechtsgedankens aus § 1034 II muss deshalb bei einer Vereinbarung oder Festlegung der Verfahrenssprache vermieden werden, dass eine Streitpartei ein Übergewicht erhält, das die andere Partei benachteiligt. Es muss daher vermieden werden, eine Sprache zu wählen, die nur einer der beiden Parteien zu Gebote steht. Gibt es zwischen den beiden Streitparteien keine Sprache, die beiden Seiten geläufig ist, so wird man die Wahl der Sprache für zulässig halten dürfen, in der der streitig gewordene Vertrag abgefasst ist. Es ist in diesem Falle allerdings erforderlich, dass die zur Entscheidung berufenen Schiedsrichter die Sprachen beider Parteien verstehen. Versteht einer der Schiedsrichter nur die Sprache einer der beiden Parteien, so bedarf es in jedem Falle seines Einverständnisses zur Sprachwahl. Bei großen Sprachschwierigkeiten zwischen den Parteien wird es sich empfehlen, dass das Schiedsgericht beide Muttersprachen der Parteien

nebeneinander erlaubt und für ausreichende organisatorische Grundlagen sorgt, dass Übersetzungen möglich sind. Als Alternative bietet sich eine neutrale dritte weltweit anerkannte Sprache an, die für keine der Parteien Muttersprache ist. Soweit irgend möglich sollte die Frage der Verfahrenssprache zwischen Schiedsgericht und beiden Schiedsparteien einvernehmlich geregelt werden.

C. Übersetzungen (Abs 2). Schriftliche Beweismittel fallen nicht unter die Regelung nach Abs 1 und sind damit nicht der Verfahrenssprache des Schiedsverfahrens unterworfen. Sie sind also in ihrer Originalsprache vorzulegen und zu verwerten. Daraus ergibt sich nach Abs 2, dass das Schiedsgericht in diesem Fall eine Übersetzung in die Verfahrenssprache anordnen kann. 4

§ 1046 Klage und Klagebeantwortung. **(1) [1]Innerhalb der von den Parteien vereinbarten oder vom Schiedsgericht bestimmten Frist hat der Kläger seinen Anspruch und die Tatsachen, auf die sich dieser Anspruch stützt, darzulegen und der Beklagte hierzu Stellung zu nehmen. [2]Die Parteien können dabei alle ihnen erheblich erscheinenden Dokumente vorlegen oder andere Beweismittel bezeichnen, derer sie sich bedienen wollen.**

(2) Haben die Parteien nichts anderes vereinbart, so kann jede Partei im Laufe des schiedsrichterlichen Verfahrens ihre Klage oder ihre Angriffs- und Verteidigungsmittel ändern oder ergänzen, es sei denn, das Schiedsgericht lässt dies wegen Verspätung, die nicht genügend entschuldigt wird, nicht zu.

(3) Die Absätze 1 und 2 gelten für die Widerklage entsprechend.

A. Normzweck. Die Norm knüpft an § 1044 an und muss zwangsläufig berücksichtigen, dass sich ein schiedsrichterliches Verfahren anders als das staatliche Verfahren in mehreren Teilakten entwickelt. Daher kann der Antrag nach § 1044, durch den das schiedsrichterliche Verfahren beginnt, zwangsläufig noch keine vollständige Klageschrift darstellen. Da allerdings auch das schiedsrichterliche Verfahren materiell eine Streitentscheidung ist und der Schiedsspruch einem rechtskräftigen gerichtlichen Urt gleichsteht (§ 1055), bedarf es über den Antrag nach § 1044 hinaus noch einer eigenständigen Klageschrift. Durch die Norm werden ferner weitere Verfahrensfragen wie die Möglichkeiten der Klageänderung, der Zurückweisung verspäteter Angriffs- und Verteidigungsmittel sowie die Regeln zur Widerklage ergänzend behandelt. Damit ist die Norm letztlich eine Ergänzung zu § 1042. 1

B. Schiedsklage. Abs 1 knüpft an die Erfordernisse an, die § 253 für die Klage vor dem staatlichen Gericht an den Kl stellt. Im Zusammenhang mit den §§ 1042, 1044 müssen also das Schiedsgericht und die Parteien genau bezeichnet werden, es müssen Angaben zum Streitgegenstand erfolgen und es muss der genaue Anspruch bezeichnet werden. Nicht erforderlich sind alle diese Angaben, soweit sie bereits im Antrag nach § 1044 enthalten sind. Anders als § 253 verlangt die Norm allerdings nicht zwingend einen bestimmten **Antrag**. Diesen sprachlichen Unterschied wird man zurückhaltend interpretieren müssen. Sicherlich sind im Bereich des bestimmten Antrags die Anforderungen von § 1046 I geringer als von § 253. Dennoch muss auch im schiedsgerichtlichen Verfahren letztlich eindeutig geklärt sein, was das Klagebegehren des Klägers ist. Aus den Angaben zum Anspruch müssen also jedenfalls iRe Auslegung die genauen Anspruchsinhalte deutlich werden. Das gilt sowohl für den Grund des Anspruchs wie für das Anspruchsziel, die Höhe des Anspruchs und die Rechtsschutzform. Auch vor einem Schiedsgericht kann eine Leistungsklage, eine Feststellungsklage oder eine Gestaltungsklage erhoben werden. Es muss deutlich werden, welchen Rechtsschutz der Kl begehrt. In der Praxis wird stets ein bestimmter Klageantrag gestellt. 2

Die Vereinbarung einer Frist zur Einreichung der Klage ist nicht zwingend erforderlich, sie kann aber durch Parteivereinbarung oder bei Fehlen einer Parteivereinbarung vom Schiedsgericht festgelegt werden. Die Möglichkeit nach Abs 1 S 2, der Klage oder weiteren Schriftsätzen alle erheblichen Dokumente beizufügen und Beweismittel zu bezeichnen, versteht sich von selbst.

Die Darlegungen in der Klage müssen wie vor dem staatlichen Gericht nicht zwingend Rechtsausführungen enthalten. Es genügt eine genaue Bezeichnung des geltend gemachten Anspruchs nach seiner tatsächlichen Seite. Die Einzelheiten zum geltend gemachten Anspruch müssen iRd Klageschrift nicht schlüssig sein. Es genügt zunächst, dass der Anspruch ausreichend individualisiert ist.

Geht beim Schiedsgericht eine Klage nicht ein oder geht bei erfolgter Fristsetzung eine Klage nicht innerhalb der gesetzten Frist ein, so wird das Verfahren nach § 1048 I, 1056 II durch das Schiedsgericht beendet.

C. Verhalten des Beklagten. Nach allg Regeln wird das Schiedsgericht den Beklagten zu einer Klageerwiderung veranlassen. Nach Abs 1 S 1 kann durch Parteivereinbarung oder vom Schiedsgericht auch hierfür 3 eine Frist gesetzt werden. Die Beifügung aller erheblichen Dokumente und die Bezeichnung der Beweismittel nach Abs 1 S 2 gelten auch für die Klageerwiderung. Zwischen der Terminologie des § 1046 (Klagebeantwortung) und der allgemeinen Klageerwiderung iSv § 277 besteht kein Unterschied. Wird eine Klageerwiderung vom Beklagten nicht eingereicht, so liegt trotz dieser Säumnis nach § 1048 II kein Fall vor, in dem eine Säumnisentscheidung des Schiedsgerichts ergehen kann. Vielmehr hat das Schiedsgericht zwingend das Verfahren fortzusetzen, ohne die Säumnis als Geständnisfiktion zu behandeln.

4 **D. Klageänderung und weitere Änderungen.** Abs 2 erlaubt generell eine Klageänderung sowie eine Änderung vorgebrachter Angriffs- und Verteidigungsmittel. Zwar steht diese Möglichkeit unter dem Vorbehalt einer abweichenden Parteivereinbarung. Ferner kann eine Klageänderung oder eine Änderung von anderem Vorbringen ausgeschlossen sein, wenn das Schiedsgericht dies wegen Verspätung nicht zulässt. Nicht anwendbar sind aber die Voraussetzungen der §§ 263, 267. Eine Klageänderung setzt also nicht die Zustimmung des Beklagten oder die Erklärung der Sachdienlichkeit durch das Gericht voraus. Zu beachten ist freilich, dass eine Klageänderung oder eine sonstige Änderung im Sachvortrag von der Schiedsvereinbarung umfasst sein muss. Im Einzelnen bedeutet dies, dass der Streitgegenstand der nunmehr geänderten Klage seinerseits objektiv schiedsfähig sein muss und dass er inhaltlich von der Schiedsvereinbarung mit abgedeckt sein muss. Soweit allerdings der Beklagte sich iRe mündlichen Verhandlung zur Hauptsache auf den neuen Streitgegenstand einlässt, ist damit unter Nichtbeachtung der Form die Erweiterung einer Schiedsvereinbarung nach § 1031 abgeschlossen. Der Mangel der Form wird in diesem Falle nach § 1031 VI durch die Einlassung zur Hauptsache geheilt.

5 **E. Verspätung und Zurückweisung.** Das Schiedsgericht kann Angriffs- und Verteidigungsmittel nach Abs 2 wegen Verspätung zurückweisen. Ebenso wie bei § 296 vor dem staatlichen Gericht setzt dies allerdings voraus, dass das Gericht zwingende Verfahrensregeln eingehalten hat (§ 1042 I) und ausreichende Fristen gesetzt hat. Werden Angriffs- oder Verteidigungsmittel nach Fristablauf vorgebracht, so kann die Verspätung durch die Partei genügend entschuldigt sein. Auch hier gelten die Regeln zur Entschuldigung von Verspätungen iSv § 296 entsprechend. Abweichend zu § 296 ist für die Frage der Entschuldigung und der verspäteten Zulassung das Problem der Verzögerung des Rechtsstreits ohne Bedeutung. In einem umgekehrten Sinne lässt sich aber sagen, dass bei offenkundig fehlender Verzögerung des Rechtsstreits eine nachträgliche Zulassung durch das Gericht im Hinblick auf die Wahrung des rechtlichen Gehörs zwingend erforderlich ist (Zö/*Geimer* § 1046 Rn 4; Musielak/*Voit* § 1046 Rn 10).

6 **F. Widerklage.** Abs 3 stellt die Widerklage iRd Norm der Klage gleich und erklärt die Regelungen der Abs 1 und 2 für entsprechend anwendbar. Daraus ist zu entnehmen, dass im schiedsgerichtlichen Verfahren eine Widerklage wie im staatlichen Verfahren generell zulässig ist und nach den Bedingungen der Klage zu behandeln ist. Dabei muss nach allgemeinen Voraussetzungen das Schiedsgericht auch für die konkret erhobene Widerklage zuständig sein und die objektive Schiedsfähigkeit des widerklagend geltend gemachten Anspruchs gegeben sein. Schließlich muss sich die Schiedsvereinbarung auch auf den Gegenstand der Widerklage beziehen.

Auch für Zulässigkeit und Umfang von Widerklagen können die Parteien Abweichendes vereinbaren. Wie im staatlichen Verfahren ist eine Widerklage nicht als Angriffs- oder Verteidigungsmittel anzusehen und kann daher nicht nach Abs 2 wegen Verspätung zurückgewiesen werden. Die Widerklage ist ebenso wie die Klage der Angriff selbst. Das Schiedsgericht kann über Klage und Widerklage durch einen einheitlichen Schiedsspruch entscheiden. Analog § 301 ist es aber auch zulässig, dass das Schiedsgericht über Klage und Widerklage durch Teilschiedssprüche entscheidet.

§ 1047 Mündliche Verhandlung und schriftliches Verfahren.

(1) [1]Vorbehaltlich einer Vereinbarung der Parteien entscheidet das Schiedsgericht, ob mündlich verhandelt werden soll oder ob das Verfahren auf der Grundlage von Dokumenten und anderen Unterlagen durchzuführen ist. [2]Haben die Parteien die mündliche Verhandlung nicht ausgeschlossen, hat das Schiedsgericht eine solche Verhandlung in einem geeigneten Abschnitt des Verfahrens durchzuführen, wenn eine Partei es beantragt.

(2) Die Parteien sind von jeder Verhandlung und jedem Zusammentreffen des Schiedsgerichts zu Zwecken der Beweisaufnahme rechtzeitig in Kenntnis zu setzen.

(3) Alle Schriftsätze, Dokumente und sonstigen Mitteilungen, die dem Schiedsgericht von einer Partei vorgelegt werden, sind der anderen Partei, Gutachten und andere schriftliche Beweismittel, auf die sich das Schiedsgericht bei seiner Entscheidung stützen kann, sind beiden Parteien zur Kenntnis zu bringen.

A. Normzweck. Die Norm strukturiert das Verfahren unter Heranziehung mündlicher und schriftlicher Elemente. Insb betont die Norm die Verpflichtung des Schiedsgerichts, die Parteien von allen wichtigen Vorgängen in Kenntnis zu setzen. Damit wird der Grundsatz des rechtlichen Gehörs (§ 1042 I 2) für den normalen Verfahrensgang unterstrichen und konkretisiert. 1

B. Die mündliche Verhandlung. Während im staatlichen Prozess § 128 I die Mündlichkeit zwingend vorschreibt und als ein zentrales Strukturprinzip des Prozesses vorsieht, geht § 1047 I einen anderen Weg. Wie stets in der Schiedsgerichtsbarkeit wird zunächst der möglichen Vereinbarung der Parteien freie Entfaltung eingeräumt. Soweit eine solche Parteivereinbarung nicht vorliegt, erhält das Schiedsgericht freies Ermessen darüber, ob es mündlich verhandeln will oder ob das Verfahren auf schriftlicher Grundlage durchgeführt wird. Wie sich aus Abs 1 S 2 ergibt, kann das Schiedsgericht dabei insb das Verfahren in einzelne Abschnitte aufteilen und je nach der Eignung des Abschnitts zwischen Mündlichkeit und Schriftlichkeit wechseln. Auch dabei ist zunächst der Wunsch der Parteien zu beachten. 2

Soweit das Gericht eine mündliche Verhandlung anordnet, ist diese allerdings immer nur parteiöffentlich, nicht öffentlich für Dritte.

Auch wenn es das Gesetz an dieser Stelle nicht betont, so kann das Schiedsgericht unzweifelhaft iRd mündlichen und der schriftlichen Elemente des Verfahrens alle modernen elektronischen Kommunikationsmittel einsetzen. In Betracht kommt also eine mündliche Verhandlung als Videokonferenz nach § 128a. Ferner können Dokumente elektronisch abgefasst und übermittelt werden (vgl §§ 130a, 130b).

Soweit das Schiedsgericht ein schriftliches Verfahren anordnet, sind alle eingereichten Schriftsätze und Dokumente ohne weitere Bezugnahme Gegenstand des Verfahrens. Da das strikte Mündlichkeitsprinzip des § 128 I nicht gilt, bedarf es keiner Bezugnahme wie im staatlichen Verfahren (§§ 137 III, 297).

C. Rechtliches Gehör. Nach der zwingenden Vorschrift des § 1042 I 2 ist den Parteien rechtliches Gehör zu gewähren. Die Regelungen in Abs 2 und Abs 3 konkretisieren dies für die mündliche Verhandlung und für alle schriftlichen Verfahrensteile. Sie regeln insoweit eine Selbstverständlichkeit. Die umfassende Information der Parteien unterliegt nicht der Parteidisposition. Über die Information hinaus muss das Schiedsgericht den Parteien stets Gelegenheit geben, zu den übermittelten Informationen Stellung zu nehmen. 3

§ 1048 Säumnis einer Partei.

(1) Versäumt es der Kläger, seine Klage nach § 1046 Abs. 1 einzureichen, so beendet das Schiedsgericht das Verfahren.

(2) Versäumt es der Beklagte, die Klage nach § 1046 Abs. 1 zu beantworten, so setzt das Schiedsgericht das Verfahren fort, ohne die Säumnis als solche als Zugeständnis der Behauptungen des Klägers zu behandeln.

(3) Versäumt es eine Partei, zu einer mündlichen Verhandlung zu erscheinen oder innerhalb einer festgelegten Frist ein Dokument zum Beweis vorzulegen, so kann das Schiedsgericht das Verfahren fortsetzen und den Schiedsspruch nach den vorliegenden Erkenntnissen erlassen.

(4) [1]Wird die Säumnis nach Überzeugung des Schiedsgerichts genügend entschuldigt, bleibt sie außer Betracht. [2]Im Übrigen können die Parteien über die Folgen der Säumnis etwas anderes vereinbaren.

A. Normzweck. Das in erster Linie auf Sanktion ausgerichtete Säumnisverfahren im staatlichen Prozess (§§ 330–347) passt auf ein schiedsgerichtliches Verfahren nicht. Deshalb regelt die Norm abw von den §§ 330 ff alle Fälle einer möglichen Säumnis isoliert. Auch hierbei hat freilich eine Parteivereinbarung Vorrang (Abs 4 S 2). Insgesamt zeigt die Regelung, dass dem Schiedsgericht möglichst weitgehender Spielraum gegeben wird, zu einem inhaltlichen Schiedsspruch zu gelangen. Die Norm dient damit letztlich der Effektivität des schiedsrichterlichen Verfahrens. 1

B. Säumnis des Klägers (Abs 1). Abweichend vom staatlichen Prozess und wegen des Fehlens einer zwingenden Mündlichkeit (§ 1047) ist aus der Sicht des Klägers die Einreichend der Klage innerhalb der vom Schiedsgericht bestimmten Frist (§ 1046) ein absolut zentrales Element des schiedsrichterlichen Verfahrens. Das Gesetz knüpft deshalb an die Versäumung der Einreichung der Klage eine Säumniswirkung. § 1048 weicht also schon in den Voraussetzungen von der Säumnisregelung der §§ 330 ff ab. Im Einzelnen bedeutet die Nichteinreichung der Klage, dass der Kl die nach § 1046 I gesetzte Frist versäumt. Reicht er also seine Klageschrift nach Fristablauf ein, ist dennoch nach § 1048 Abs 1 zu verfahren. Freilich kann die Säumnis nach Abs 4 S 1 entschuldigt werden. Auch eine nachträgliche Vereinbarung der Parteien bzgl der versäumten Frist kann in Betracht kommen (Abs 4 S 2). Die vom Gesetz vorgesehene Verfahrensbeendigung hin- 2 dert den Kl nicht, später ein erneutes Verfahren in Gang zu bringen. Die Beendigung eines schiedsrichterlichen Verfahrens hat allerdings erhebliche Folgen bzgl vergeblich aufgewendeter Kosten, so dass die Konsequenz in der Praxis regelmäßig vermieden wird.

3 **C. Säumnis des Beklagten (Abs 2).** Analog zur Säumnis in Abs 1 regelt Abs 2 den Fall, dass der Beklagte entgegen § 1046 I es versäumt, zur Klage Stellung zu nehmen. Auch hier knüpft die Säumnis also nicht an die Versäumnis eines Termins an, sondern an die Versäumung einer Mitwirkungspflicht und einer vom Schiedsgericht gesetzten Frist. In bewusster und erkennbarer Abweichung von § 331 betont hier Abs 2, dass eine solche Säumnis nicht als Zugeständnis von Behauptungen des Klägers zu behandeln ist. Vielmehr fordert die Norm das Schiedsgericht auf, das Verfahren fortzusetzen und dabei alle ihm vorliegenden relevanten Äußerungen zu prüfen. Das Schiedsgericht muss also in einem solchen Fall die Behauptungen des Klägers sorgfältig prüfen und zugleich die Tatsache frei würdigen, dass der Beklagte sich hierzu nicht geäußert hat.

Reicht der Beklagte seine Stellungnahme nach Fristablauf ein, nimmt er dann aber inhaltlich ausreichend Stellung, so hat das Schiedsgericht diese Stellungnahme zu würdigen und in seine Entscheidung vollständig mit einzubeziehen. Denn weder § 1046 noch § 1048 II enthalten für den Beklagten irgendeine Sanktion.

4 **D. Säumnis in der mündlichen Verhandlung (Abs 3).** Das eigentliche Versäumnisverfahren der §§ 330 ff wird im schiedsgerichtlichen Verfahren in Abs 3 aufgenommen. Hier ist Voraussetzung, dass eine der beiden Parteien (oder beide Parteien) eine mündliche Verhandlung durch Nichterscheinen versäumen. Die Konsequenzen eines solchen Fehlens in der mündlichen Verhandlung sind abw vom staatlichen Verfahren ausschließlich die Fortsetzung des Verfahrens durch das Schiedsgericht unter vollständiger Würdigung aller dem Schiedsgericht vorliegenden Erkenntnisse. Im Einzelnen bedeutet dies, dass das Schiedsgericht prüfen muss, inwieweit es entscheidungserhebliches Tatsachenvorbringen bereits vorliegen hat und inwieweit dieses streitig ist. Soweit erforderlich, muss also bei Säumnissen das Schiedsgericht weitere mündliche oder schriftliche Verfahrensabschnitte anberaumen und insb erforderliche Beweiserhebungen durchführen. Das Gesetz sieht weder Sanktionen durch Entscheidung noch Zugeständnisse durch Säumnis vor. Erlaubt ist dem Schiedsgericht aber die freie Würdigung einer Säumnis. So kann die Säumnis des Klägers vom Schiedsgericht ebenso als bedeutungslos angesehen werden wie als eine konkludente Klagerücknahme oder ein Klageverzicht. Die Säumnis des Beklagten kann das Gericht ebenfalls als bedeutungslos ansehen oder auch als einen Hinweis darauf, dass der Beklagte sich nicht durchgreifend verteidigen will. Entscheidend für diese Bewertungen dürften die dem Schiedsgericht vorliegenden schriftlichen Stellungnahmen sowie das vorprozessuale Verhalten der Parteien sein.

5 **E. Säumnis bei Vorlagefristen (Abs 3).** In gleicher Weise wie die Säumnis einer Partei in der mündlichen Verhandlung bewertet es das Gesetz, wenn iRd Verfahrens vom Schiedsgericht eine Frist festgelegt wird, innerhalb derer ein bestimmtes Dokument zum Beweis dem Gericht vorzulegen ist. Auch die Versäumung dieser Frist führt nicht zu echten Sanktionsfolgen, sondern allein zur Befugnis des Gerichts, das Verfahren fortzusetzen. Eine Fortsetzung des Verfahrens sowie der Erlass eines Schiedsspruchs nach den vorliegenden Erkenntnissen bedeutet faktisch, dass das Gericht das vorzulegende Dokument unberücksichtigt lassen darf. Wird nach Fristablauf das Dokument dem Gericht doch noch vorgelegt, so muss sein Inhalt Berücksichtigung finden. Es gilt insoweit Vergleichbares wie bei der verspäteten Einreichung der Stellungnahme des Beklagten nach Abs 2.

6 **F. Entschuldigung der Säumnis (Abs 4).** Alle in § 1048 genannten Säumnisfolgen treten nicht ein, wenn nach Abs 4 S 1 die Säumnis von der säumigen Partei genügend entschuldigt wird. Auch hier zeigen sich ein großer Spielraum des Schiedsgerichts und der Versuch des Gesetzes, das Schiedsverfahren in jedem Falle zu fördern und zum Abschluss zu bringen. Einzelne Entschuldigungsgründe nennt das Gesetz nicht. Nach dem Rechtsgedanken des § 296 wird man aber fehlendes Verschulden ebenso als Entschuldigungsgrund ansehen müssen wie eine Nachholung versäumter Handlungen, ohne dass es zu einer Verzögerung des Verfahrens gekommen wäre. Angesichts der weitgehenden Sanktionslosigkeit von Säumnissen wird das Schiedsgericht im Zweifel eine Entschuldigung und Nachholung der versäumten Handlung akzeptieren.

Wird vom Schiedsgericht eine Entschuldigung akzeptiert, so wird im Falle des Abs 1 die Klage berücksichtigt und das Verfahren nicht beendet. Im Falle des Abs 2 wird die Stellungnahme des Beklagten berücksichtigt. Im Falle des Abs 3 wird das Schiedsgericht eine versäumte mündliche Verhandlung wiederholen. Soweit ein Dokument verspätet vorgelegt ist, wird es dies nunmehr beachten. Alle diese Fälle setzen freilich voraus, dass die Entschuldigung und die Nachholung der versäumten Handlung noch vor Erlass des Schiedsspruchs erfolgen. Wird also ein Beendigungsbeschluss nach Abs 1 vom Schiedsgericht gefasst und erfolgt eine Entschuldigung erst danach, so ist dies nach § 1056 für alle Beteiligten verbindlich. Ein abweichendes Verhalten, also eine Aufhebung des Beendigungsbeschlusses und Fortsetzung des Verfahrens würde voraussetzen, dass alle am Schiedsverfahren Beteiligten im Einverständnis handeln. Dieses Einverständnis muss dazu führen, dass das Schiedsgericht seinen Beendigungsbeschluss aufheben kann (Musielak/*Voit* § 1048 Rn 8; aA MüKoZPO/*Münch* § 1048 Rn 23). Ist allerdings in der Sache ein Schiedsspruch ergangen, kann das Schiedsgericht diesen nicht mehr aufheben. In diesen Fällen bleibt nur der Aufhebungsantrag an das staatliche Gericht.

§ 1049 Vom Schiedsgericht bestellter Sachverständiger. **(1) [1]Haben die Parteien nichts anderes vereinbart, so kann das Schiedsgericht einen oder mehrere Sachverständige zur Erstattung eines Gutachtens über bestimmte vom Schiedsgericht festzulegende Fragen bestellen. [2]Es kann ferner eine Partei auffordern, dem Sachverständigen jede sachdienliche Auskunft zu erteilen oder alle für das Verfahren erheblichen Dokumente oder Sachen zur Besichtigung vorzulegen oder zugänglich zu machen.**
(2) [1]Haben die Parteien nichts anderes vereinbart, so hat der Sachverständige, wenn eine Partei dies beantragt oder das Schiedsgericht es für erforderlich hält, nach Erstattung seines schriftlichen oder mündlichen Gutachtens an einer mündlichen Verhandlung teilzunehmen. [2]Bei der Verhandlung können die Parteien dem Sachverständigen Fragen stellen und eigene Sachverständige zu den streitigen Fragen aussagen lassen.
(3) Auf den vom Schiedsgericht bestellten Sachverständigen sind die §§ 1036, 1037 Abs. 1 und 2 entsprechend anzuwenden.

A. Normzweck. Durch die Regelung spezieller Fragen zum Sachverständigenbeweis hebt das Gesetz dieses Beweismittel in bemerkenswerter Weise hervor. Angesichts des weiten Spielraums, den ein Schiedsgericht bei Beweisfragen hat (§ 1042 IV 2), wären die Regelungen dieser Norm überwiegend nicht zwingend erforderlich gewesen. Durch die Festlegung und die Hervorhebung einzelner Aspekte wird freilich verstärkt Rechtssicherheit erzielt. 1

B. Grundlagen des Beweisrechts. Die Grundlagen des Beweisrechts im schiedsrichterlichen Verfahren sind in § 1042 IV 2 festgelegt. Danach ist das Schiedsgericht im Wesentlichen frei, ob und wie es eine Beweisaufnahme anordnet und durchführt und welche konkreten Beweisbeschlüsse es formuliert. Das Schiedsgericht ist ferner nicht an Regeln über die Unmittelbarkeit der Beweisaufnahme gebunden und es ist nicht auf die Beweismittel der ZPO beschränkt. Nach den Grundprinzipien des Freibeweises kann das Schiedsgericht jeden relevanten Vorgang beweisrechtlich heranziehen, beachten und würdigen. Entgegen dem Wortlaut von § 1042 IV 2 (»ist berechtigt«) ist das Schiedsgericht an den Grundsatz der freien Beweiswürdigung zwingend gebunden. 2

Von diesen Grundsätzen weicht § 1049 insofern ab, als er den Sachverständigenbeweis zunächst der Parteivereinbarung unterstellt. Den Parteien ist es also möglich, aus Kostengründen oder aus anderen Erwägungen heraus eine Vereinbarung zu treffen, wonach der Sachverständigenbeweis ausgeschlossen ist. Auch eine nur beschränkte Heranziehung eines Sachverständigen können die Parteien vereinbaren. Von den Besonderheiten einer Parteivereinbarung abgesehen regelt § 1049 den Sachverständigenbeweis in Übereinstimmung mit den allg Regeln zum Beweisrecht und zum schiedsrichterlichen Verfahren. Für den Gegenstand und das Wesen des Sachverständigenbeweises sind also die §§ 402 ff heranzuziehen. Für eine Abgrenzung von Zeuge und Sachverständigem gelten ebenfalls die Regeln der §§ 373, 402. Soweit das Schiedsgericht oder eine Partei mit Zustimmung des Schiedsgerichts iRv Beweisvorgängen Unterstützung durch das staatliche Gericht benötigt, kann dies nach § 1050 beim staatlichen Gericht beantragt werden. Auch in einem solchen Fall gelten die gesetzlichen Regeln über die Beweisaufnahme der ZPO (§ 1050 S 2).

C. Der gerichtliche Sachverständige. I. Zuziehung. Nach Abs 1 S 1 kann das Gericht nach seinem freien Ermessen einen oder mehrere Sachverständige zur Erstattung eines Gutachtens bestellen. Das Schiedsgericht ist befugt, die vom Sachverständigen zu bearbeitenden Fragen festzulegen. Diese Freiheit des Schiedsgerichts ist sowohl aus der Sicht der §§ 144, 402 ff wie aus der Sicht von §§ 1042 IV 2, 1049 eine Selbstverständlichkeit. Allerdings steht die Zuziehung des Sachverständigen unter dem Vorbehalt einer 3 abweichenden Vereinbarung durch die Parteien. Das Schiedsgericht kann nach seinem Ermessen und nach seiner Einschätzung des Bedarfs an Sachkunde den oder die Sachverständigen frei auswählen. Es wird dabei die persönliche und fachliche Eignung sowie die Unparteilichkeit des Sachverständigen berücksichtigen. Angesichts der fehlenden staatlichen Verpflichtung setzt die Tätigkeit des Sachverständigen voraus, dass mit ihm ein privatrechtlicher Vertrag zustande gekommen ist. Diesen Vertrag schließt das Schiedsgericht im Namen und mit Vollmacht der Schiedsparteien. Die Übernahme eines Gutachtens als Sachverständiger ist im Regelfall ein Werkvertrag (§ 631 BGB).

4 **II. Gegenstand des Gutachtens.** Die Heranziehung eines Sachverständigen durch das Schiedsgericht ist zu jeder Frage denkbar, die auch in einem staatlichen Verfahren für ein Sachverständigengutachten offen stünde. Das Schiedsgericht kann den Sachverständigen also zur Klärung tatsächlicher wie rechtlicher Fragen beauftragen. Dies betrifft insb Rechtsfragen des § 293. Aber auch darüber hinaus kann sich ein Schiedsgericht durch Sachverständige rechtlich beraten lassen. Hierin zeigt sich der weitergehende Spielraum des Schiedsgerichts ggü einem staatlichen Gericht.

5 **III. Anleitung des Sachverständigen.** Im Verfahren vor dem staatlichen Gericht wird das Gericht durch § 404a verpflichtet, die Tätigkeit des Sachverständigen zu leiten und ihm für Art und Umfang seiner Tätigkeit Weisungen zu erteilen. Darüber ist im schiedsrichterlichen Verfahren im Einzelnen nichts gesagt. Die Weite der Befugnis des Schiedsgerichts bei der Beweisaufnahme lässt es aber nicht zweifelhaft sein, dass § 404a analog anwendbar ist. Die Besonderheiten des Sachverständigenbeweises können es im Einzelnen sogar zwingend erforderlich machen, von den Befugnissen nach § 404a Gebrauch zu machen. Darüber hinaus gibt Abs 1 S 2 dem Schiedsgericht die Befugnis, die Parteien zu jeder Form von sachdienlichen Auskünften und zur Vorlage aller erheblichen Dokumente und Sachen aufzufordern. Kommt eine Partei dieser Aufforderung nicht nach, so enthält das Gesetz keine Sanktion. Dies bedeutet, dass das Gericht eine verweigerte Mitwirkung der Partei frei zu würdigen hat.

6 **IV. Gehör der Parteien.** Ähnlich wie § 411 III kann das Schiedsgericht auf Antrag einer Partei oder vAw zunächst die Erstattung eines schriftlichen Gutachtens und sodann nach Bedarf ein mündliches Gutachten sowie eine Teilnahme an der mündlichen Verhandlung anordnen. Im Rahmen dieser mündlichen Verhandlung können die Parteien den Sachverständigen befragen und ihrerseits private Sachverständige hinzuziehen. Weigert sich ein Sachverständiger, an der mündlichen Verhandlung teilzunehmen, sein Gutachten zu erläutern und die an ihn gestellten Fragen zu beantworten, so ist dies eine Nichterfüllung seines Sachverständigenauftrags und führt zur Unverwertbarkeit des Sachverständigengutachtens.

7 **V. Ablehnung des Sachverständigen.** Nach Abs 3 gelten für die Frage einer Ablehnung des Sachverständigen die Regeln über die Ablehnung eines Schiedsrichters (§§ 1036, 1037 I und II) entsprechend. Die Parallele von Richter- und Sachverständigenablehnung findet sich auch beim staatlichen Gericht in § 406 I. Darüber hinaus muss ein Sachverständiger nach § 1036 I vorhandene Ablehnungsgründe ebenso wie ein Schiedsrichter offenbaren.

8 **VI. Haftung.** Grundlage der Tätigkeit des Sachverständigen ist ein privatrechtlicher Vertrag, idR ein Werkvertrag. Seine Haftung für Vertragsverletzungen kann sich daher nur aus dem Vertragsverhältnis selbst ergeben. Es gelten also im Einzelnen für die Haftung § 280 und als Haftungsmaßstab § 276. Unabhängig davon hat die Rspr nach früherem Recht die Haftung des Sachverständigen auf grobe Fahrlässigkeit beschränkt (BGHZ 42, 313, 316).

9 **D. Parteisachverständiger.** Das Gesetz erwähnt in Abs 2 S 2 ausdrücklich die Möglichkeit, dass die Parteien eigene Sachverständige zuziehen und zu den streitigen Fragen aussagen lassen. Diese Möglichkeit des von der Partei gestellten Sachverständigen steht im Gegensatz zum gerichtlichen Verfahren, wo der Begriff des Sachverständigen ohne gerichtliche Bestellung nicht verwendet werden kann. Hier zeigt sich wiederum eine gewisse Auflockerung des schiedsrichterlichen Verfahrens und va der Freiheit von Schiedsgericht und Schiedsparteien bei der Beweisaufnahme. Auch eine Konzession ggü dem angelsächsischen Rechtskreis wird in dieser Norm gesehen. Letztlich führt die Akzeptanz eines Parteisachverständigen lediglich dazu, die freie Beweiswürdigung des Gerichts auf dessen Aussagen zu erweitern.

§ 1050 Gerichtliche Unterstützung bei der Beweisaufnahme und sonstige richterliche Handlungen. **[1]Das Schiedsgericht oder eine Partei mit Zustimmung des Schiedsgerichts kann bei Gericht Unterstützung bei der Beweisaufnahme oder die Vornahme sonstiger richterlicher Handlungen, zu denen das Schiedsgericht nicht befugt ist, beantragen. [2]Das Gericht erledigt den Antrag, sofern es ihn nicht für unzulässig hält, nach seinen für die Beweisaufnahme oder die sonstige richterliche Handlung geltenden Verfahrensvorschriften. [3]Die Schiedsrichter sind berechtigt, an einer gerichtlichen Beweisaufnahme teilzunehmen und Fragen zu stellen.**

A. Normzweck. Die Norm ist Teil der gerichtlichen Rechtshilfe. Diese Rechtshilfe ist ggü dem Schiedsgericht erforderlich, weil es keine eigene Zwangsgewalt besitzt. Dadurch wird iRd Beweisaufnahme und ebenso bei Ladungen und ähnlichen Teilen des Amtsbetriebs, va über die Grenze hinweg, der Handlungsbereich des Schiedsgerichts eingeengt. Das staatliche Gericht ist hier also rein unterstützend tätig. 1

B. Die gerichtliche Mitwirkung. Der Normtext geht davon aus, dass eine Unterstützung durch das staatliche Gericht nur dort in Betracht kommt, wo das private Schiedsgericht diese Tätigkeit nicht selbst vornehmen kann. Im Wesentlichen kommen dabei folgende Fälle in Betracht. Im Rahmen der Beweiserhebung kann nur das staatliche Gericht Zwangsmaßnahmen gegen Zeugen (§§ 380, 390) oder gegen Sachverständige (§ 409) ergreifen. Gleiches gilt für die Beeidigung von Zeugen oder einer Partei, falls das Schiedsgericht zu einer solchen Maßnahme greifen möchte (§ 452). Bedeutsam kann auch eine Unterstützung in der Form sein, dass eine Beweisaufnahme im Ausland erforderlich wird (§ 363). Ferner kann die Abnahme von eidesstattlichen Versicherungen in vielfältiger Weise bedeutsam werden und müsste dann vom staatlichen Gericht durchgeführt werden. Hierher gehört auch das Einholen von Auskünften bei Behörden (§§ 273 II Nr 2, 358a Nr 2). Im Einzelnen kann schließlich eine Zustellung, insb eine Zustellung ins Ausland (§ 199), durch ein staatliches Gericht erforderlich werden. Denkbar sind in Sonderfällen noch weitere Hilfestellungen. So wird in der Lit erwogen, im Falle einer Vorlage an das BVerfG nach Art 100 GG oder einer Vorlage an den EuGH nach Art 234 EG, zu denen ein Schiedsgericht unzweifelhaft nicht berufen ist, über § 1050 und damit über ein staatliches Gericht zu ermöglichen und durchzuführen. Dieses Vorgehen erscheint allerdings sehr zweifelhaft. Ein Schiedsgericht ist nicht an Vorlagepflichten gebunden und es ist auch nicht gezwungen, sich bei Fragen der Verfassungswidrigkeit oder Europarechtswidrigkeit der Entscheidung zu enthalten. 2

C. Verfahren. Erforderlich ist zunächst ein **Antrag** des Schiedsgerichts oder einer Partei mit Zustimmung des Schiedsgerichts. Dieser Antrag muss sich an das **zuständige Amtsgericht** nach § 1062 IV richten. Örtlich zuständig ist dabei dasjenige Amtsgericht, in dessen Bezirk die richterliche Handlung vorzunehmen ist. Auf diesen Antrag hin prüft das staatliche Gericht neben seiner eigenen Zuständigkeit, ob das Schiedsgericht die Maßnahme nicht selbst durchführen könnte. In diesem Falle wäre der Antrag nicht zulässig. Darüber hinaus prüft das staatliche Gericht die Grundlage für die erbetene Unterstützung, also das Vorliegen einer wirksamen Schiedsvereinbarung. Schließlich muss das Gericht prüfen, ob die Maßnahme inhaltlich zulässig ist. Die beantragte Maßnahme ist also am geltenden Prozessrecht zu messen. 3

Das staatliche Gericht entscheidet über den Antrag durch Beschl. Wird die Maßnahme durchgeführt, so sind die Schiedsrichter nach S 3 berechtigt, teilzunehmen und Fragen zu stellen, so weit es sich um eine gerichtliche Beweisaufnahme handelt.

Im Falle einer Beweisaufnahme leitet das staatliche Gericht das Protokoll über die Beweisaufnahme an das Schiedsgericht. Die Bewertung der Unterstützungshandlung und insb die freie Beweiswürdigung einer evtl durchgeführten Beweisaufnahme obliegt allein dem Schiedsgericht.

Wird die beantragte gerichtliche Handlung durch Beschl des staatlichen Gerichts abgelehnt, so ist fraglich, ob dieser Beschl anfechtbar ist. § 1065 I iVm § 1062 I regelt diese Frage nicht, weil § 1062 IV insofern keine Regelung erfahren hat. Man wird eine sofortige Beschwerde gem § 567 I Nr 2 wohl als zulässig ansehen müssen.

D. Kosten/Gebühren. I. Gericht. Im gerichtlichen Verfahren entsteht eine 0,5 Verfahrensgebühr nach Nr 1625 KV. 4

II. Anwalt. Das Verfahren zählt nach § 16 Nr 8 RVG zum Rechtszug. Als Einzeltätigkeit erhält der Anwalt eine Verfahrensgebühr nach Nr 3327 VV RVG und unter den Voraussetzungen der Vorbem 3 III VV RVG eine Terminsgebühr nach Nr 3332 VV RVG. 5

Abschnitt 6 Schiedsspruch und Beendigung des Verfahrens

§ 1051 Anwendbares Recht. **(1) [1]Das Schiedsgericht hat die Streitigkeit in Übereinstimmung mit den Rechtsvorschriften zu entscheiden, die von den Parteien als auf den Inhalt des Rechtsstreits anwendbar bezeichnet worden sind. [2]Die Bezeichnung des Rechts oder der Rechtsordnung eines bestimmten Staates ist, sofern die Parteien nicht ausdrücklich etwas anderes vereinbart haben, als unmittelbare Verweisung auf die Sachvorschriften dieses Staates und nicht auf sein Kollisionsrecht zu verstehen.**

(2) Haben die Parteien die anzuwendenden Rechtsvorschriften nicht bestimmt, so hat das Schiedsgericht das Recht des Staates anzuwenden, mit dem der Gegenstand des Verfahrens die engsten Verbindungen aufweist.

(3) [1]Das Schiedsgericht hat nur dann nach Billigkeit zu entscheiden, wenn die Parteien es ausdrücklich dazu ermächtigt haben. [2]Die Ermächtigung kann bis zur Entscheidung des Schiedsgerichts erteilt werden.

(4) In allen Fällen hat das Schiedsgericht in Übereinstimmung mit den Bestimmungen des Vertrages zu entscheiden und dabei bestehende Handelsbräuche zu berücksichtigen.

1 **A. Normzweck.** Die Norm statuiert ein eigenes Kollisionsrecht für das Schiedsgericht. Sie ist gem § 1025 I nur dann anzuwenden, wenn der Ort des schiedsrichterlichen Verfahrens in Deutschland liegt. Die Norm überwindet verschiedene Schwierigkeiten, die das Recht vor 1998 noch enthalten hatte. Vor allem aber stellt die Norm klar, dass und unter welchen Bedingungen das Schiedsgericht nach Billigkeit entscheiden kann. Diese Möglichkeit der Lockerung der Abhängigkeit eines Schiedsgerichts vom zwingenden materiellen Recht ist eine der wesentlichen Besonderheiten des schiedsgerichtlichen Verfahrens. Ähnlich wird im Vorfeld zu streitigen Entscheidungen nicht selten auch im Bereich der Mediation betont, dass eine der großen Vorzüge einer solchen außergerichtlichen Streitbeilegung die Möglichkeit ist, sich vom strikten Recht zu lösen.

Insgesamt ist die Norm also eine zentrale Regelung des Kollisionsrechts und der jeweiligen Rechtsanwendung überhaupt. Die Norm dient damit der Rechtsklarheit und schafft nach dem Willen der Parteien zugleich Flexibilität.

2 **B. Grundlagen und Systematik. I. Fragestellung.** Bei der Frage des anwendbaren Rechts ist zunächst zu unterscheiden, welchem Recht die zu Grunde liegende Schiedsvereinbarung untersteht, welches Verfahrensrecht das Schiedsgericht anwendet und schließlich welches Recht der inhaltlichen Entscheidung zu Grunde liegt, wobei hier noch einmal Kollisionsrecht und Sachrecht zu trennen sind. Zu weitergehenden Fragen bei Auslandsbezug vgl § 1029 Rz 6.

3 **II. Das anwendbare Verfahrensrecht.** Nach §§ 1043, 1025 I wendet das Schiedsgericht zwingend deutschen Verfahrensrecht an, wenn es sich um ein inländisches Schiedsverfahren handelt. Die Bestimmung des Ortes des Schiedsverfahrens ist also ausschlaggebend für das anwendbare Verfahrensrecht. Zu den Einzelheiten s.o. § 1025 Rz 21 f und § 1043 Rz 3.

4 **III. Das Recht der Schiedsvereinbarung.** Denkbar wäre es im Einzelfall, zwischen dem anwendbaren Verfahrensrecht und dem der Schiedsvereinbarung zu Grunde liegenden Recht eine Aufspaltung vorzunehmen. Allerdings wird es wohl regelmäßig dem Willen der Parteien entsprechen, dass das auf die Schiedsvereinbarung anwendbare Recht auch das Recht des Schiedsverfahrens ist (Zö/*Geimer* § 1025 Rn 9). Ist eine Rechtswahl für die Schiedsvereinbarung nicht getroffen, so sollte der Ort des Schiedsgerichts (§ 1043) maßgeblich sein. Ungelöst bleibt dann nur der Fall, dass der Schiedsort noch nicht bestimmt ist. Für diesen Fall ist § 1025 III anzuwenden, der eine Rechtsschutzlücke verhindert.

5 **IV. Das anwendbare Sachrecht.** Die Frage nach dem vom Schiedsgericht anzuwendenden Sachrecht ist in § 1051 geregelt. Nach dieser Norm ist in erster Linie zu trennen, ob das Gericht das anzuwendende Recht aus dem Parteiwillen zu entnehmen hat oder ob eine Entscheidung des Schiedsgerichts auf der Basis erforderlich ist, dass eine Parteivereinbarung über das anzuwendende Recht nicht existiert. Schließlich enthält § 1051 die Möglichkeit, dass eine Entscheidung des Schiedsgerichts nach Billigkeit ergeht (Abs 3).

6 **C. Entscheidungsmaßstab nach dem Parteiwillen.** Die Parteien haben grds die Kompetenz, das auf die Entscheidung des Schiedsgerichts anwendbare Recht oder die anwendbare Rechtsordnung zu vereinbaren.

Sie können dabei eine Gesamtrechtsordnung vereinbaren, sie können aber auch Vorschriften aus verschiedenen einzelnen Rechtsordnungen wählen und zusammenstellen. Möglich ist es den Parteien ferner, auf internationaler Ebene erarbeitete Regelwerke zu wählen. Schließlich können die Parteien durch die Wahl der Schiedsordnung eines institutionellen Schiedsgerichts zugleich die Rechtswahl vornehmen. Theoretisch können die Parteien sogar selbst Rechtsregeln aufstellen und diese selbst gebildeten Regeln als Entscheidungsmaßstab dem Schiedsgericht vorgeben. Streitig ist, ob die Parteien die Schiedsrichter ermächtigen können, eine Rechtswahl zu treffen. Man wird auch dies zulassen müssen (Zö/*Geimer* § 1051 Rn 3; aA MüKoZPO/*Münch* § 1051 Rn 15).

Die Wahl des anwendbaren Rechts durch den Parteiwillen ist formlos möglich. Haben die Parteien sich in einer der genannten Formen auf das anwendbare Recht geeinigt, so ist darin im Zweifel unmittelbar eine Vereinbarung des anzuwendenden Sachrechts zu sehen, nicht des jeweiligen Kollisionsrechts (Abs 1 S 2). Eine Rechtswahl der Parteien verlangt **keine Auslandsberührung** des Falles. Die Rechtswahl kann sich auf das gesamte anzuwendende Recht beziehen. Neben der Wahl des Vertragsrechts kann also auch bei außervertraglichen Streitigkeiten eine Rechtswahl frei erfolgen. Besonders umstr ist die Frage, ob sich aus dem EGBGB Grenzen für eine Rechtswahl ergeben. Naheliegend ist es, insb aus Art 27, 34 EGBGB Sonderanknüpfungen für zwingende Rechtsregeln zu entnehmen (Zö/*Geimer* § 1051 Rn 4; St/J/*Schlosser* § 1051 Rn 5; Lachmann Rn 940; MüKoZPO/*Münch* § 1051 Rn 10; aA Musielak/*Voit* § 1051 Rn 3 mwN).

D. Entscheidungsmaßstab ohne Parteivereinbarung. Haben die Parteien eine Vereinbarung über das 7
anzuwendende Recht nicht getroffen und lässt sich ein Parteiwille auch nicht mittelbar aus der Wahl einer bestimmten institutionellen Verfahrensordnung oder aus der Rechtswahl im Zusammenhang mit dem Hauptvertrag entnehmen, so muss nach Abs 2 das Schiedsgericht das Recht desjenigen Staates anwenden, mit dem der Gegenstand des Verfahrens die engsten Verbindungen aufweist. Diese Kollisionsregel tritt an die Stelle des EGBGB. Es handelt sich um eine alle anderen Entscheidungsmaßstäbe ausschließende Kollisionsregel. Das Schiedsgericht darf also nicht ein ihm genehmes neutralen Recht wählen. Es darf auch nicht ein Recht wählen, das im Hinblick auf den Rechtsstreit in Gesetzgebung und Rspr besonders gut entwickelt ist. Für die Entscheidung über die engste Verbindung können die Anknüpfungspunkte aus Art 28 EGBGB herangezogen werden. Danach hat etwa ein Vertrag die engsten Verbindungen zu demjenigen Staat, in dem die Partei, die die charakteristische Leistung zu erbringen hat, im Zeitpunkt des Vertragsschlusses ihren gewöhnlichen Aufenthalt oder ihre Hauptverwaltung hatte. Ist Gegenstand des Rechtsstreits ein dingliches Recht an einem Grundstück, so wird es nahe liegen, die engste Verbindung zu dem Staat zu sehen, in dem das Grundstück belegen ist.

Soweit nach dieser Einschätzung der engsten Verbindung eine bestimmte Rechtsordnung heranzuziehen ist, ist (ebenso wie im Falle des Abs 1 S 2) sogleich das Sachrecht dieser Rechtsordnung anzuwenden, nicht ihr Kollisionsrecht.

E. Billigkeitsentscheidung. Abs 3 lässt eine Entscheidung nach Billigkeit durch das Schiedsgericht nur 8
dann zu, wenn die Parteien dies ausdrücklich vorgesehen haben. Allerdings muss die Ermächtigung der Parteien zur Entscheidung nach Billigkeit nicht schon in der Schiedsvereinbarung getroffen sein. Sie kann auch zeitlich später bis zur Entscheidung des Schiedsgerichts noch erteilt werden. Die Vereinbarung der Parteien kann formlos getroffen werden. Allerdings bedarf es einer ausdrücklichen Ermächtigung an das Gericht. Eine Billigkeitsentscheidung durch konkludente oder stillschweigende Ermächtigung ist ausgeschlossen. Diese bewusst einschränkende gesetzgeberische Formulierung ist verständlich, da eine Entscheidung nach Billigkeit eine gravierende Abweichung von einem typischen Richterspruch nach Rechtsregeln darstellt. Die Entscheidung der Parteien für eine Billigkeitsrechtsprechung des Schiedsgerichts ist also ihrerseits begründungsbedürftig.

F. Einschränkungen des Parteiwillens (Abs 4). Unabhängig von der Rechtswahl durch die Parteien und 9
insb auch im Falle der Wahl einer Billigkeitsentscheidung durch die Parteien stellt Abs 4 klar, dass das Schiedsgericht von der Beachtung zu Grunde liegender vertraglicher Abmachungen und der Maßgeblichkeit von Handelsbräuchen nicht entbunden werden kann. Darüber hinaus ist es an sich eine Selbstverständlichkeit, dass auch das Schiedsgericht in Übereinstimmung mit den Bestimmungen des Schiedsvertrages zu entscheiden hat. Meist wird diese Vorschrift so verstanden, dass die Schiedsrichter das anwendbare Recht möglichst iSd Privatautonomie und der Maßgeblichkeit von Handelsbräuchen interpretieren sollten (St/J/*Schlosser* § 1051 Rn 10).

§ 1052 Entscheidung durch ein Schiedsrichterkollegium. **(1) Haben die Parteien nichts anderes vereinbart, so ist in schiedsrichterlichen Verfahren mit mehr als einem Schiedsrichter jede Entscheidung des Schiedsgerichts mit Mehrheit der Stimmen aller Mitglieder zu treffen.**
(2) [1]Verweigert ein Schiedsrichter die Teilnahme an einer Abstimmung, können die übrigen Schiedsrichter ohne ihn entscheiden, sofern die Parteien nichts anderes vereinbart haben. [2]Die Absicht, ohne den verweigernden Schiedsrichter über den Schiedsspruch abzustimmen, ist den Parteien vorher mitzuteilen. [3]Bei anderen Entscheidungen sind die Parteien von der Abstimmungsverweigerung nachträglich in Kenntnis zu setzen.
(3) Über einzelne Verfahrensfragen kann der vorsitzende Schiedsrichter allein entscheiden, wenn die Parteien oder die anderen Mitglieder des Schiedsgerichts ihn dazu ermächtigt haben.

1 **A. Normzweck.** Die Norm wendet sich ausschließlich an Schiedsgerichte, die mit mehr als einem Schiedsrichter besetzt sind. Sie regelt die Art und Weise der Entscheidungsfindung und hat damit für das schiedsrichterliche Entscheidungsverhalten eine Funktion iSd Rechtsklarheit. Darüber hinaus regelt die Norm Fragen, wenn ein Schiedsrichter die Teilnahme an einer Entscheidung verweigert. Insofern dient die Norm der Beschleunigung und Konzentration des schiedsrichterlichen Verfahrens.

2 **B. Entscheidung des Schiedsgerichts (Abs 1).** Bei einem Richterkollegium ist unabhängig von der Zahl der Mitglieder des Schiedsgerichts jede Entscheidung mit Mehrheit der Stimmen aller Mitglieder zu treffen. Das Gesetz verlangt also jeweils eine absolute Mehrheit und lässt eine relative Mehrheit der anwesenden Schiedsrichter nicht ausreichen. Allerdings ist eine physische Anwesenheit der Schiedsrichter nicht erforderlich. Eine Beratung und Abstimmung der Schiedsrichter kann auch schriftlich, telefonisch oder durch Videokonferenz erfolgen, sofern die Schiedsrichter damit einverstanden sind. Zulässig dürfte sogar die Entscheidung im Umlaufverfahren auf der Basis eines Entwurfs eines Schiedsspruchs sein. Beratung und Abstimmung des Schiedsgerichts unterliegen ebenfalls der Parteivereinbarung, wobei einer solchen Vereinbarung Grenzen gezogen sind. So darf eine Vereinbarung grds nicht ein Übergewicht einer Partei entstehen lassen oder gegen das Verbot der Neutralität des Schiedsgerichts verstoßen. Möglich ist eine Parteivereinbarung in der Weise, dass Einstimmigkeit der Entscheidung verlangt wird. Möglich ist ebenfalls eine Vereinbarung, dass bei Stimmengleichheit im Schiedsgericht ein Stichentscheid durch die Stimme des Vorsitzenden vorgesehen wird.
Die Schiedsrichter sind zur Wahrung des Beratungsgeheimnisses im Schiedsgericht verpflichtet, soweit im Schiedsvertrag nichts Abweichendes vereinbart ist (*Prütting* FS Schwab 90, 409; *ders* FS Böckstiegel 01, 629, 632).

3 **C. Obstruktion (Abs 2).** Verweigert ein Schiedsrichter die Teilnahme an einer Abstimmung, so gilt wiederum die in der Parteivereinbarung getroffene Regelung. Fehlt es insoweit an einer Regelung, so können die übrigen Schiedsrichter ohne den sich verweigernden Schiedsrichter entscheiden. Allerdings muss diese Absicht, ohne den verweigernden Schiedsrichter über den Schiedsspruch abzustimmen, den Parteien vorher mitgeteilt werden. Soweit als Entscheidung nicht der Schiedsspruch ansteht, sondern eine andere Entscheidung zu treffen ist, genügt ein nachträgliches In-Kenntnissetzen. Für die von Abs 1 verlangte absolute Mehrheit der Schiedsrichter ist in diesem Falle der die Teilnahme verweigernde Schiedsrichter nicht mitzuzählen. Das kann freilich zu der Konsequenz führen, dass zwischen den verbliebenen Schiedsrichtern ein Stimmengleichstand entsteht. In diesem Falle ist nach der Parteivereinbarung zu verfahren, wenn diese zB vorsieht, dass bei Stimmengleichheit dem Obmann ein Stichentscheid zusteht. Gibt es für den Fall der Stimmengleichheit keine Parteiregelung, so wird weithin die Auffassung vertreten, dass das Schiedsverfahren durch einen Beschl nach § 1056 Abs 2 Nr 3 zu beenden ist, die Fortsetzung des Verfahrens in diesem Falle also aus einem anderen Grund unmöglich geworden ist (St/J/*Schlosser* § 1052 Rn 4; Musielak/*Voit* § 1052 Rn 9; Schwab/Walter Kap 8 Rn 14). Dies überzeugt nicht. Ergibt sich für die mit der Schiedsklage geltend gemachten Ansprüche keine Mehrheit der Schiedsrichter, so ist die Klage abzuweisen.

4 **D. Entscheidung durch den Vorsitzenden (Abs 3).** Das Gesetz ermöglicht in Abs 3, dass der vorsitzende Schiedsrichter über einzelne Verfahrensfragen allein entscheiden kann, wenn die Parteien oder die übrigen Mitglieder des Schiedsgerichts ihn dazu ermächtigt haben. Gemeint sind hier diejenigen Fragen von verfahrensrechtlicher Bedeutung, die nicht über das Verfahren hinaus ausstrahlen. So kann etwa der Vorsitzende die typischen Fragen des Amtsbetriebs übertragen erhalten (Entscheidung über Mündlichkeit oder Schriftlichkeit des Verfahrens, Entscheidung über den einzelnen Handlungsort nach § 1043 II, Entscheidung über

die Abläufe einer Beweisaufnahme, Hinzuziehung eines Sachverständigen). Über reine Verfahrensfragen hinaus geht die Festlegung des Schiedsortes nach § 1043 I, so dass bei dieser Entscheidung wegen der grundsätzlichen Bedeutung für das anwendbare Verfahrensrecht stets eine Entscheidung durch das Kollegium erforderlich ist.

§ 1053 Vergleich. (1) [1]**Vergleichen sich die Parteien während des schiedsrichterlichen Verfahrens über die Streitigkeit, so beendet das Schiedsgericht das Verfahren.** [2]**Auf Antrag der Parteien hält es den Vergleich in der Form eines Schiedsspruchs mit vereinbartem Wortlaut fest, sofern der Inhalt des Vergleichs nicht gegen die öffentliche Ordnung (ordre public) verstößt.**
(2) [1]**Ein Schiedsspruch mit vereinbartem Wortlaut ist gemäß § 1054 zu erlassen und muss angeben, dass es sich um einen Schiedsspruch handelt.** [2]**Ein solcher Schiedsspruch hat dieselbe Wirkung wie jeder andere Schiedsspruch zur Sache.**
(3) Soweit die Wirksamkeit von Erklärungen eine notarielle Beurkundung erfordert, wird diese bei einem Schiedsspruch mit vereinbartem Wortlaut durch die Aufnahme der Erklärungen der Parteien in den Schiedsspruch ersetzt.
(4) [1]**Mit Zustimmung der Parteien kann ein Schiedsspruch mit vereinbartem Wortlaut auch von einem Notar, der seinen Amtssitz im Bezirk des nach § 1062 Abs. 1, 2 für die Vollstreckbarerklärung zuständigen Gerichts hat, für vollstreckbar erklärt werden.** [2]**Der Notar lehnt die Vollstreckbarerklärung ab, wenn die Voraussetzungen des Absatzes 1 Satz 2 nicht vorliegen.**

A. Systematik und Normzweck. I. Formen der Beendigung. Ähnlich wie im staatlichen Gerichtsverfahren gibt es sehr unterschiedliche Möglichkeiten, wie ein schiedsrichterliches Verfahren beendet werden kann. Der dem Urt vergleichbare normale Abschluss ist der Schiedsspruch (§§ 1054, 1055, 1056 I). Daneben steht als eine gütliche Streitbeilegung die Möglichkeit des Vergleichs, den das Schiedsgericht als einen Schiedsspruch mit vereinbartem Wortlaut niederlegen kann (§§ 1053, 1054 II). Als dritte Beendigungsform sieht das Gesetz die Möglichkeit vor, die Beendigung des schiedsrichterlichen Verfahrens durch Beschl festzustellen (§1056 II). Dieser Form der Beendigung durch Beschl kann sowohl eine Säumnis des Klägers als auch eine Rücknahme der Schiedsklage oder ein anderer Anlass zu Grunde liegen. Ein solcher im Gesetz nicht genannter anderer Grund könnte etwa ein außergerichtlicher Vergleich oder eine Erledigung der Hauptsache sein. Schließlich muss es auch ohne eine Erwähnung im Gesetz kraft der im schiedsrichterlichen Verfahren herrschenden Parteiautonomie die Möglichkeit geben, dass die Parteien eine Beendigung des Verfahrens vereinbaren, ohne dass dem ein Beschl des Schiedsgerichts zu Grunde liegt. 1

II. Schiedsvergleich oder Schiedsspruch. Die Neuregelung des § 1053 löst ein berühmtes Problem der früheren Rechtslage vor 1998. Damals enthielt das Gesetz in § 1044a aF den sog Schiedsvergleich, der einem gerichtlichen Vergleich im Wesentlichen gleichgestellt war und deshalb ein Vollstreckungstitel sein konnte. Dies schuf verschiedene Probleme, insb war die Vollstreckbarkeit in der internationalen Schiedsgerichtsbarkeit weitgehend ausgeschlossen. Die heutige Norm sieht zwar materiell in gleicher Weise die Möglichkeit eines Vergleichs vor, wie er in § 779 BGB auch als Vergleichsvertrag geregelt ist. Darüber hinaus wird in Abs 1 S 1 der Grundgedanke eines Verfahrensvergleichs als Form der Verfahrensbeendigung weiterhin aufrechterhalten. Zur Überwindung von Schwierigkeiten im internationalen Schiedsverfahrensrecht kann aber das Schiedsgericht auf Antrag der Parteien den Vergleich nach Abs 1 S 2, Abs 2 als einen Schiedsspruch mit vereinbartem Wortlaut festhalten. Damit sind die Möglichkeiten zur Verfahrensbeendigung durch Prozessvergleich und die Form des auch über die Grenze hinweg vollstreckbaren Schiedsspruchs kombiniert. 2

III. Normzweck. Die gütliche Streitbeilegung ist im schiedsrichterlichen Verfahren ebenso ein zentrales Anliegen des Gerichts wie im staatlichen Verfahren. Gütliche Streitbeilegung hat vielerlei Vorteile. Sie wird deshalb im staatlichen Verfahren dem Richter ganz besonders ans Herz gelegt (§ 278 I). Obgleich das 10. Buch der ZPO eine solche Norm nicht enthält, gilt der Rechtsgedanke des § 278 I unzweifelhaft auch hier. Die Norm bekräftigt daher das Grundanliegen von Schiedsgerichtsbarkeit. Auch hier soll und muss es das besondere Anliegen der Schiedsrichter sein, die Streitentscheidung immer nur als ultima ratio anzusehen. Verfassungsrechtliche Bedenken gegen diese Neuregelung der Norm bestehen nicht (aA im Hinblick auf Gegenstände, die nicht der Vergleichsbefugnis der Parteien unterliegen, Musielak/*Voit* § 1053 Rn 1). 3

B. Gütliche Streitbeilegung. I. Verhalten des Gerichts. Nach § 278 ist ein staatliches Gericht gehalten, in verschiedenen Formen auf eine gütliche Streitbeilegung hinzuwirken. Zu unterscheiden sind im Wesentli- 4 chen drei verschiedene Wege. Zunächst muss nach § 278 I das Gericht in jeder Lage des Verfahrens auf eine gütliche Beilegung des Rechtsstreits bedacht sein. Sodann muss nach § 278 II – V das Gericht zwingend eine Güteverhandlung anordnen. Schließlich gibt es nach § 278 VI besondere Möglichkeiten, einen Vergleich zu schließen.

Im schiedsgerichtlichen Verfahren ist grds der Parteiwille vorrangig, so dass den Parteien jede Möglichkeit offen steht, das Verfahren nach ihrem Willen auszugestalten (§ 1042 III). § 278 ist allerdings nicht speziell in das schiedsrichterliche Verfahren inkorporiert worden. Nach seinen Grundgedanken gilt § 278 I aber auch hier als allgemeines Grundprinzip. Dagegen ist eine zwingende Güteverhandlung nach § 278 II – V im schiedsrichterlichen Verfahren wegen seines eingeschränkten Mündlichkeitsprinzips von vornherein nicht anzuwenden. Die speziellen Regelungen eines gerichtlichen Vergleichs im staatlichen Verfahren treten hinter der spezielleren Norm des § 1053 zurück. Dies gilt auch für die besondere Form des Vergleichs gem § 278 VI, der auf das staatliche Gericht zugeschnitten ist und vor Schiedsgerichten die Zustimmung beider Parteien voraussetzen würde.

5 **II. Schlichtung und Mediation.** Abzutrennen von der Regelung des § 1053 sind alle diejenigen Streitbeilegungsformen, die kein echtes schiedsgerichtliches Verfahren darstellen. Wird also iRe Mediation oder iRe außergerichtlichen Schlichtungsverfahrens ein Vergleich geschlossen, so ist **§ 1053 nicht anwendbar**. Ebenfalls nur in sehr seltenen Fällen anwendbar ist § 794 I Nr 1. Diese Norm kommt neben dem normalen streitigen Gerichtsverfahren nur in Betracht, wenn der Vergleich vor einer durch die Justizverwaltung eingerichteten oder anerkannten Gütestelle abgeschlossen wird. Daraus ergibt sich für außergerichtliche Schlichtungsverfahren und Mediationen das Problem, für eine erzielte Einigung einen Vollstreckungstitel zu schaffen. Neben Möglichkeiten wie dem Anwaltsvergleich (§ 796a) und der Schaffung einer vollstreckbaren Urkunde beim Notar (§ 794 I Nr 5) wird hier in der Praxis immer wieder der Weg gewählt, die Mediation oder das Schlichtungsverfahren mit einer zusätzlichen Schiedsklausel in der Form zu verbinden, dass es dem Schlichter oder dem Mediator erlaubt ist, sich anschließend zum Schiedsrichter zu bestellen und die Einigung als Schiedsspruch mit vereinbartem Wortlaut zu erlassen. Dieses Vorgehen ist nicht unumstritten, wird aber in der Praxis akzeptiert (ausf dazu Haft/Schlieffen/*Lörcher* § 45 Rn 27 ff).

6 **C. Vergleich.** Abs 1 stellt zunächst klar, dass die Parteien sich nach altem wie nach neuem Recht jederzeit vergleichen können. Ein solcher Vergleich stellt zunächst einen Vertrag nach § 779 BGB dar. Sein Inhalt ist ein gegenseitiges Nachgeben der Parteien über eine bestehende Unklarheit oder Streitigkeit. Mit dem Vergleichsergebnis wird eine strenge Feststellungswirkung verbunden. Es wird also nicht eine neue Verbindlichkeit geschaffen (Novation), sondern der genaue Umfang des schon bisher bestehenden Anspruchs wird von den Parteien festgestellt. Dieser Vergleichsschluss bewegt sich zunächst rein im materiellen Recht. §§ 1053 I 1, 1056 II Nr 2 bewirken allerdings, dass dieser Vergleichsschluss das Schiedsgericht ermächtigt und verpflichtet, das Schiedsverfahren durch Beschl zu beenden. Mit dieser Beendigung sind allerdings keinerlei weitere prozessuale Wirkungen wie etwa Eintritt einer Rechtskraft oder Vollstreckbarkeit verbunden. Solche prozessualen Wirkungen können nur durch einen Schiedsspruch erzielt werden. Das schiedsrichterliche Verfahren kennt also einen **Prozessvergleich nicht**. Der Schiedsvergleich nach neuem Recht hat daher auch **keine Doppelnatur**, sondern er ist ein rein materiellrechtlicher Vertrag. Eine Kostenregelung kann in diesem Vergleich getroffen werden. Wird eine Kostenregelung nicht getroffen, so wird allgemein und zu Recht angenommen, dass die Kosten nach dem Rechtsgedanken des § 98 als gegeneinander aufgehoben anzusehen sind, so dass jede Partei ihre außergerichtlichen Kosten selbst trägt und die Kosten des Schiedsgerichts halbiert werden.

7 **D. Schiedsspruch mit vereinbartem Wortlaut. I. Sinn und Zweck.** Wie dargestellt kennt das neue Schiedsverfahrensrecht keinen Prozessvergleich. Ein Vergleichsschluss, der lediglich dem materiellen Recht unterliegt, kann daher keine prozessualen Wirkungen auslösen, also insb nicht als Vollstreckungstitel dienen. Daher sieht das neue Recht nunmehr ausdrücklich vor, dass die Parteien beim Schiedsgericht beantragen können, den Vergleich in der Form eines Schiedsspruchs mit vereinbartem Wortlaut zu erlassen (§§ 1053 I 2, II, III, 1054 II). Im Einzelnen dazu *Bredow* Schieds VZ 10, 295.

8 **II. Voraussetzungen.** Der Schiedsspruch mit vereinbartem Wortlaut setzt zunächst einen Antrag der Parteien voraus. Der Antrag ist formlos möglich und kann von jeder Partei einzeln gestellt werden. Der Antrag richtet sich ausschließlich an das Schiedsgericht. Er ist (wie der Schiedsspruch mit vereinbartem Wortlaut selbst) Prozesshandlung. Dem Antrag muss ein Vergleichsschluss der Parteien zu Grunde liegen, den das

Schiedsgericht in seinen Schiedsspruch integriert. Der Inhalt des Vergleichs und damit der Inhalt des Schiedsspruchs dürfen nicht gegen die öffentliche Ordnung verstoßen. Der Schiedsspruch bedarf keiner Begründung (§ 1054 II).

III. Verfahren. Liegen dem Schiedsgericht Anträge oder Zustimmungserklärungen zu einem Schiedsspruch mit vereinbartem Inhalt von allen Schiedsparteien vor, so erlässt es den Schiedsspruch in der Form des § 1054 nach den allgemeinen Regeln. Es beachtet insb die Form des § 1054. Zugleich kann das Schiedsgericht einen Beschl nach § 1056 II Nr 2 erlassen, in dem es die Beendigung des Verfahrens feststellt. Dies ist aber nicht zwingend erforderlich. 9

IV. Wirkungen. Gemäß Abs 2 S 2 hat der Schiedsspruch mit vereinbartem Inhalt dieselbe Wirkung wie jeder andere Schiedsspruch. Er steht also gem § 1055 einem rechtskräftigen Urt gleich. Damit kommen diesem Schiedsspruch ebenfalls die Wirkungen der Rechtskraft zu (§ 1055 Rz 3 f). Ferner ist der Schiedsspruch ein Vollstreckungstitel, wenn er für vollstreckbar erklärt wurde (§§ 794 I Nr 4a, 1060, 1061). 10
Nach Abs 3 ersetzt der Schiedsspruch mit vereinbartem Wortlaut für die in ihm enthaltenen Erklärungen auch die jeweils erforderliche notarielle Beurkundung. Diese Regelung tritt an die Stelle von § 127a BGB.

V. Vollstreckbarerklärung (Abs 4). Außer durch das zuständige Gericht (§§ 1060, 1061) kann der Schiedsspruch mit vereinbartem Wortlaut auch von einem Notar für vollstreckbar erklärt werden, wenn die Parteien zustimmen. In diesem Falle muss der Notar prüfen, ob der Inhalt des Vergleichs nicht gegen die öffentliche Ordnung verstößt. 11

§ 1054 Form und Inhalt des Schiedsspruchs.

(1) [1]Der Schiedsspruch ist schriftlich zu erlassen und durch den Schiedsrichter oder die Schiedsrichter zu unterschreiben. [2]In schiedsrichterlichen Verfahren mit mehr als einem Schiedsrichter genügen die Unterschriften der Mehrheit aller Mitglieder des Schiedsgerichts, sofern der Grund für eine fehlende Unterschrift angegeben wird.
(2) Der Schiedsspruch ist zu begründen, es sei denn, die Parteien haben vereinbart, dass keine Begründung gegeben werden muss, oder es handelt sich um einen Schiedsspruch mit vereinbartem Wortlaut im Sinne des § 1053.
(3) [1]Im Schiedsspruch sind der Tag, an dem er erlassen wurde, und der nach § 1043 Abs. 1 bestimmte Ort des schiedsrichterlichen Verfahrens anzugeben. [2]Der Schiedsspruch gilt als an diesem Tag und diesem Ort erlassen.
(4) Jeder Partei ist ein von den Schiedsrichtern unterschriebener Schiedsspruch zu übermitteln.

A. Normzweck. Die Norm tritt an die Stelle der §§ 311–315, in denen die förmlichen Anforderungen an das staatliche Urt geregelt sind. Auch der Schiedsspruch enthält durchaus vergleichbare zwingende Förmlichkeiten, die die Norm zusammenfasst. Sie dient also der Rechtsklarheit und Rechtssicherheit. 1

B. Arten der Schiedssprüche. Das Gesetz spricht in § 1054 und an anderer Stelle nur allgemein vom Schiedsspruch. Durch die Gleichstellung mit einem rechtskräftigen gerichtlichen Urt (§ 1055) wird aber deutlich, dass die Trennung unterschiedlicher Arten von Urteilen auch bei Schiedssprüchen von Bedeutung sein kann. So kann man iRd Endentscheidungen den vollständigen Schiedsspruch vom Teil-Schiedsspruch trennen. Nach der Art der Rechtsschutzform kann man Leistungsschiedssprüche von feststellenden Schiedssprüchen und gestaltenden Schiedssprüchen trennen, nach Art und Umfang der Erledigung kann man die Schiedssprüche ebenso wie Prozessurteile und Sachurteile aufspalten. Das Gesetz selbst sieht ausdrücklich eine Trennung des normalen Schiedsspruchs mit streitigem Inhalt und des Schiedsspruchs mit vereinbartem Wortlaut gem § 1053 vor. Denkbar wäre es ferner, analog zu den End-, Zwischen- und Vorbehaltsurteilen auch die Schiedssprüche in dieser Weise aufzuteilen. Dabei ist freilich anerkannt, dass der Zwischenentscheid nach § 1040 III keinen rechtskräftigen Schiedsspruch darstellt. Auch sonstige Aussagen des Schiedsgerichts über einzelne Aspekte der Zulässigkeit oder des Verfahrens können nicht als rechtskräftige Schiedssprüche anerkannt werden, selbst wenn sie in der Form des § 1054 ergehen. Schließlich kann auch im Falle einer Aufrechnung ein Schiedsspruch mit dem Vorbehalt dieser Aufrechnung nicht dem § 302 gleichgestellt werden. Es gilt also nicht § 302 III. Teilweise wird analog § 304 ein Zwischenschiedsspruch über den Grund anerkannt. Auch hier gilt aber Gleiches wie beim Vorbehaltsurteil. Im Einzelnen zur Definition und zu den Arten von Schiedssprüchen *Schmidt*, Die Typologie von Schiedssprüchen, Diss jur Köln 11. 2

3 **C. Form.** Der Schiedsspruch muss schriftlich abgefasst sein. Er muss ein Ergebnis ausweisen, das ggf vollstreckbar ist (Tenor). Er bedarf nach Abs 2 einer Begründung, die allerdings Tatbestand und Entscheidungsgründe, also Tatsachenbereich und Rechtsbereich nicht zwingend trennen muss, und er bedarf schließlich der Angaben von Tag, Ort und Unterschrift der Schiedsrichter.

Schriftform bedeutet in diesem Zusammenhang wie in § 126 BGB die Ausstellung einer Urkunde aus Papier, ein schriftlich lesbarer Text in derjenigen Sprache, die die Verfahrenssprache ist (§ 1045). Schließlich ist eine höchstpersönliche und handschriftliche Unterschrift erforderlich, wie dies auch § 315 für den staatlichen Richter verlangt.

4 **D. Begründung (Abs 2).** Abs 2 schreibt vor, dass der Schiedsspruch zu begründen ist. Davon können die Parteien durch Vereinbarung dispensieren. Eine Begründung ist auch entbehrlich, wenn es sich um einen Schiedsspruch mit vereinbartem Wortlaut handelt. Es ist anerkannt, dass die Begründung eines Schiedsspruchs nicht den strengen Anforderungen der Urteilsbegründungen folgen muss. Dennoch muss durch die Begründung deutlich werden, auf Grund welcher Sachverhaltsbasis das Schiedsgericht welche Entscheidung getroffen hat. Da ein Schiedsspruch im Normalfall nicht mit Rechtsmitteln angreifbar ist, dient die Begründung nicht der Kontrolle durch ein höheres Gericht, sondern allein der Information und dem Interesse der Parteien. Zur Angreifbarkeit eines Schiedsspruchs muss es freilich führen, wenn er offenkundig widersprüchlich ist. Im Übrigen genügen Mindestanforderungen an eine verständliche Begründung (BGHZ 96, 47).

5 **E. Mitteilung des Schiedsspruchs (Abs 4).** Das Gesetz sieht keine förmliche Zustellung des Schiedsspruchs vor. Es genügt eine Übersendung an beide Parteien, wobei das Schiedsgericht sinnvoller Weise Maßnahmen ergreifen sollte, um den Zugang letztlich nachzuweisen. Insofern empfiehlt sich ein Einschreiben mit Rückschein. Die jeweils den Parteien übersandten Schiedssprüche müssen iSv Abs 1 unterschrieben sein. Hat die Partei einen Prozessbevollmächtigten, so gilt nicht § 172. Das Schiedsgericht kann also wählen, ob es den Schiedsspruch an die Partei oder ihren Prozessbevollmächtigten übermittelt.

6 **F. Bindung und Änderbarkeit.** Ist ein Schiedsspruch von den Schiedsrichtern unterzeichnet, so tritt eine Bindung des Schiedsgerichts in der Weise ein, dass der Schiedsspruch nicht mehr abgeändert werden kann. Davon ausgenommen sind blanke Berichtigungen (§ 1058 IV). Ferner ist davon ausgenommen die Möglichkeit, dass das Schiedsgericht durch ein einstimmiges Votum eine Änderung des Schiedsspruchs beschließt (St/J/*Schlosser* § 1054 Rn 20). Das Schiedsverfahren insgesamt endet allerdings erst, wenn der Schiedsspruch in der vereinbarten Form ergangen ist (Musielak/*Voit* § 1054 Rn 10). Soweit von den Parteien eine Rechtsmittelmöglichkeit nicht vereinbart ist, wird der den Parteien übermittelte Schiedsspruch rechtskräftig. Eine Wiederaufnahme des Verfahrens oder eine Abänderungsklage, die sich gegen einen rechtskräftigen Schiedsspruch richtet, kennt das Gesetz nicht. Davon abzutrennen ist die Frage, dass die weite Parteiautonomie in einem schiedsrichterlichen Verfahren jederzeit eine übereinstimmende Vereinbarung ermöglicht, durch die ein neues Verfahren die streitige Frage wieder aufgreift.

§ 1055 Wirkungen des Schiedsspruchs. **Der Schiedsspruch hat unter den Parteien die Wirkungen eines rechtskräftigen gerichtlichen Urteils.**

1 **A. Normzweck.** Der Gesetzgeber stellt mit dieser Norm den Schiedsspruch (der kein Hoheitsakt ist) einem rechtskräftigen gerichtlichen Urt gleich. Diese Gleichstellung dient der Rechtsklarheit und der Rechtssicherheit. Die Parteien können dadurch sicher sein, ähnl wie vor einem staatlichen Gericht eine abschließende Entscheidung zu erhalten, die vollstreckbar ist. Allerdings wirft die vollständige Gleichstellung schwierige Fragen zum Umfang der materiellen Rechtskraft auf. Dies muss die Auslegung des Gesetzes freilich hinnehmen, wenn man mit dem Gesetzgeber eine volle Gleichstellung bejaht. Als Grundlage der Gleichstellung wird ein antezipiertes Legalanerkenntnis geltend gemacht (*Spohnheimer*, Gestaltungsfreiheit bei antezipiertem Legalanerkenntnis des Schiedsspruchs, 2010).

2 **B. Norminhalt und Voraussetzungen.** Die Norm geht von einem Schiedsspruch aus und meint dabei sowohl den einem Endurteil gleichstehenden normalen Schiedsspruch iSd § 1054 wie auch den Schiedsspruch mit vereinbartem Wortlaut (§ 1053). **Nicht hierher gehört** der reine Vergleich iSv § 1053 I, der Beendigungsbeschluss nach § 1056 II sowie der Zwischenentscheid nach § 1040 III. Auch alle übrigen Äußerungen des Schiedsgerichts zu einzelnen Streitpunkten oder zu einzelnen Zulässigkeitsfragen oder zu

einzelnen Verfahrensabschnitten, in welcher Form sie auch immer erlassen sind, gehören nicht hierher. Ein echter Schiedsspruch iSv § 1055 ist aber der Teilschiedsspruch iSd § 301, ferner der Schiedsspruch, der die Klage als unzulässig insgesamt abweist (analog zu einem Prozessurteil).

C. Formelle Rechtskraft. Formelle Rechtskraft eines Schiedsspruchs bedeutet wie iSv § 705, dass zulässige Rechtsmittel oder ein zulässiger Einspruch gegen den Schiedsspruch nicht mehr möglich sind. Dies ist bei Schiedssprüchen die absolute Regel. Die formelle Rechtskraft des Schiedsspruchs tritt also nahezu immer mit der Erfüllung der formellen Voraussetzungen des § 1054 ein, soweit die Parteien nichts anderes vereinbaren. Der formellen Rechtskraft steht es nicht entgegen, dass gegen den Schiedsspruch Aufhebungsklage nach § 1059 erhoben werden kann. Dieser Rechtsbehelf richtet sich bewusst gegen den formell rechtskräftigen Schiedsspruch und ist daher eher einer Wiederaufnahmeklage vergleichbar. 3

D. Materielle Rechtskraft. I. Wirkung. Materielle Rechtskraft iSv § 322 bedeutet Maßgeblichkeit der Entscheidung zwischen den Parteien. Stoßrichtung der materiellen Rechtskraft ist damit ein künftiges Verfahren über denselben Streitgegenstand, das durch die Rechtskraft verhindert werden soll. Die hL versteht die Rechtskraft als ne bis in idem und macht daher das Fehlen der materiellen Rechtskraft zu einer Sachurteilsvoraussetzung. Ob die ne bis in idem-Lehre auch in der Schiedsgerichtsbarkeit gilt, ist umstr (dafür mit Einschränkungen Schwab/Walter Kap 21 Rn 7, 9; aA St/J/*Schlosser* § 1055 Rn 6). Die praktischen Unterschiede zwischen den Meinungen dürften gering sein. Entscheidend ist vielmehr, dass dem Schiedsspruch auch eine materielle Rechtskraftwirkung grds zuerkannt wird. Dies schafft für die siegreiche Partei Rechtssicherheit, dass sie nicht noch einmal mit einem abweichenden Ergebnis und einer darauf aufbauenden Klage konfrontiert wird. Letztlich wird man heute auch für den Schiedsspruch die ne bis in idem-Lehre vertreten können. 4

II. Subjektive Grenzen. Die materielle Rechtskraft wirkt gem § 325 I nur für und gegen die Parteien des Rechtsstreits. Zuzulassen sind freilich auch die Erstreckung der Rechtskraft auf Rechtsnachfolger, Nacherben und Erben bei Testamentsvollstreckung iSd §§ 325–327. Eine weitergehende Rechtskrafterstreckung auf Dritte, wie sie etwa die Lehre von der Drittwirkung der Rechtskraft vertreten hat, ist nicht anzuerkennen. 5

III. Objektive Grenzen. Die Rechtskraft eines Schiedsspruchs erfasst nur den Tenor der Entscheidung, nicht isolierte tatsächliche oder rechtliche Gründe. Die Rechtskraft bezieht sich dabei jeweils auf den identischen Streitgegenstand oder sein kontradiktorisches Gegenteil. Soweit der rechtskräftige Inhalt des Schiedsspruchs ein präjudizielles Rechtsverhältnis für einen weitergehenden Anspruch darstellt, führt die Rechtskraft zur Bindung an den Schiedsspruch. 6

IV. Zeitliche Grenzen. Die zeitliche Grenze der Rechtskraft ist im staatlichen Gerichtsverfahren der Schluss der letzten mündlichen Verhandlung. Einen vergleichbaren Zeitpunkt kennt das Schiedsgericht nicht. Daher wird man in zeitlicher Hinsicht die jeweils letzte Möglichkeit der Parteien, sich schriftlich oder mündlich zu äußern, als zeitliche Grenze ansehen müssen. Die Präklusionsregelung des § 767 II gilt insoweit analog. 7

E. Wiederaufnahme. Eine Wiederaufnahme des Verfahrens, wie sie das staatliche Gericht gegen rechtskräftige Urteile kennt (§ 578), kennt das schiedsgerichtliche Verfahren nicht. Allerdings gibt es den Aufhebungsantrag gem § 1059, der gem § 1059 III innerhalb von drei Monaten ab Empfang des Schiedsspruchs beim Gericht eingereicht werden muss. Zu den Einzelheiten s.u. § 1059. 8

F. Vollstreckbarkeit. Der Schiedsspruch kann je nach der Einteilung als inländischer Schiedsspruch gem § 1060 oder als ausländischer Schiedsspruch gem § 1061 für vollstreckbar erklärt werden. Mit dieser Vollstreckbarerklärung ist der Schiedsspruch ein vollwertiger Vollstreckungstitel (§ 794 I Nr 4a). 9

§ 1056 Beendigung des schiedsrichterlichen Verfahrens.

(1) Das schiedsrichterliche Verfahren wird mit dem endgültigen Schiedsspruch oder mit einem Beschluss des Schiedsgerichts nach Absatz 2 beendet.

(2) Das Schiedsgericht stellt durch Beschluss die Beendigung des schiedsrichterlichen Verfahrens fest, wenn

1. der Kläger

a) es versäumt, seine Klage nach § 1046 Abs. 1 einzureichen und kein Fall des § 1048 Abs. 4 vorliegt, oder

b) seine Klage zurücknimmt, es sei denn, dass der Beklagte dem widerspricht und das Schiedsgericht ein berechtigtes Interesse des Beklagten an der endgültigen Beilegung der Streitigkeit anerkennt; oder

2. die Parteien die Beendigung des Verfahrens vereinbaren; oder

3. die Parteien das schiedsrichterliche Verfahren trotz Aufforderung des Schiedsgerichts nicht weiter betreiben oder die Fortsetzung des Verfahrens aus einem anderen Grund unmöglich geworden ist.

(3) Vorbehaltlich des § 1057 Abs. 2 und der §§ 1058, 1059 Abs. 4 endet das Amt des Schiedsgerichts mit der Beendigung des schiedsrichterlichen Verfahrens.

1 **A. Normzweck.** Die Norm gibt wichtige technische Regelungen für die verschiedenen Möglichkeiten einer Beendigung des schiedsgerichtlichen Verfahrens sowie des Schiedsrichteramtes. Dabei stehen sich in den ersten beiden Absätzen die Möglichkeit eines Schiedsspruchs und eines Beschlusses ggü. In der Form des Beschlusses kann das Verfahren auf ganz unterschiedliche Weise beendet werden. Hier sind nahezu alle Möglichkeiten eines Verfahrensendes im staatlichen Gerichtsverfahren versammelt, die nicht den Schiedsspruch betreffen. Trotz ihrer auch rechtstechnischen Ausrichtung dient die Norm damit insb der Rechtssicherheit und der Rechtsklarheit.

2 **B. Beendigungsformen.** Die Norm geht von dem Grundsatz des staatlichen Gerichtsverfahrens aus, wonach ein Verfahren entweder durch ein Endurteil (hier Schiedsspruch) oder in sonstiger Weise (meist durch Beschl) zu Ende gehen kann. Abs 1 geht ebenfalls von einem endgültigen Schiedsspruch aus und verweist sodann auf die Möglichkeiten des Beschlusses nach Abs 2, der alle Formen der Versäumung, der Antragsrücknahme, des Vergleichs oder der Erledigung der Hauptsache beinhaltet.

3 **C. Der Schiedsspruch (Abs 1).** Als normalen Abschluss sieht das Gesetz den endgültigen Schiedsspruch an (§§ 1054, 1055, 1056 I). Dieser muss also den formellen Voraussetzungen des § 1054 genügen und er muss insgesamt oder tw das Verfahren endgültig abschließen. Der Schiedsspruch wird mit der Übermittlung an die Parteien formell rechtskräftig, soweit nicht durch Parteiwillen etwas anderes vorgesehen ist.

4 **D. Beendigungsbeschluss (Abs 2).** Das Gesetz sieht nach Abs 2 einen Beschl vor, der in all denjenigen Situationen das Verfahrensende des schiedsrichterlichen Verfahrens feststellt, die nicht einen Abschluss durch Schiedsspruch darstellen. Im Einzelnen gilt, dass eine fehlende oder nach Fristablauf eingereichte Klageschrift **gem Nr 1a** den Beendigungsbeschluss auslöst (§§ 1046 I, 1048 I), ebenso wenn der Kl seine Klage zurücknimmt, falls nicht ausnahmsweise der Beklagte dem widerspricht und das Schiedsgericht ein berechtigtes Interesse des Beklagten an einer endgültigen Beilegung des Streits erkennt (**Nr 1b**). Weiterhin können die Parteien die Beendigung des Verfahrens **gem Nr 2** vereinbaren. Dies liegt insb nahe, wenn ein schiedsrichterlicher Vergleich nach § 1053 I geschlossen wurde, wenn ein außergerichtlicher Vergleich zustande gekommen ist oder wenn die Parteien übereinstimmend die Hauptsache als erledigt ansehen. Schließlich sieht **Nr 3** vor, dass das Verfahren durch Beschl beendet werden kann, wenn es die Parteien trotz Aufforderung des Schiedsgerichts nicht weiter betreiben oder wenn ein anderer Grund vorliegt, der das Verfahren unmöglich macht. Im Einzelnen dazu *Gerstenmaier* SchiedsVZ 10, 281; *Haas* SchiedsVZ 10, 286.

5 **E. Amtsende der Schiedsrichter.** Grundsätzlich ist mit dem Verfahrensende nach Abs 1 und Abs 2 auch das Amt des Schiedsgerichts beendet (Abs 3). Allerdings lässt das Gesetz eine Verlängerung des Schiedsrichteramtes über die Beendigung des Verfahrens hinaus zu im Falle der Kostenfestsetzung (§ 1057 II), im Falle einer Berichtigung, Auslegung und Ergänzung des Schiedsspruchs (§ 1058) sowie im Falle der Aufhebung des Schiedsspruchs, wenn das staatliche Gericht die Sache in das Schiedsverfahren zurückverweist (§ 1059 IV).

§ 1057 Entscheidung über die Kosten.

(1) [1]Sofern die Parteien nichts anderes vereinbart haben, hat das Schiedsgericht in einem Schiedsspruch darüber zu entscheiden, zu welchem Anteil die Parteien die Kosten des schiedsrichterlichen Verfahrens einschließlich der den Parteien erwachsenen und zur zweckentsprechenden Rechtsverfolgung notwendigen Kosten zu tragen haben. [2]Hierbei entscheidet das Schiedsgericht nach pflichtgemäßem Ermessen unter Berücksichtigung der Umstände des Einzelfalles, insbesondere des Ausgangs des Verfahrens.

(2) [1]Soweit die Kosten des schiedsrichterlichen Verfahrens feststehen, hat das Schiedsgericht auch darüber zu entscheiden, in welcher Höhe die Parteien diese zu tragen haben. [2]Ist die Festsetzung der Kosten unterblieben oder erst nach Beendigung des schiedsrichterlichen Verfahrens möglich, wird hierüber in einem gesonderten Schiedsspruch entschieden.

A. Normzweck. Die Norm bekräftigt den Grundsatz, wonach Gerichte neben der Hauptsache immer auch über die Kosten entscheiden. Die Kostenentscheidung gem Abs 1 folgt dabei den Vorschriften der §§ 91 ff, ohne deren starre Grundsätze zu übernehmen. Bei aller Flexibilität stellt das Schiedsgericht letztlich idR aber doch auf den Ausgang des Verfahrens ab. Zusätzlich kann das Schiedsgericht nach Abs 2 auch über die Höhe der Kosten entscheiden. Wie im Kostenrecht allgemein, so schafft auch die Norm des § 1057 durch eine klare Grundregel eine Kostengerechtigkeit und damit eine Kalkulierbarkeit des Gesamtrisikos für die Parteien. 1

B. Die Aufteilung der Kosten (Abs 1). Wie allgemein im schiedsrichterlichen Verfahren können die Parteien eine Vereinbarung darüber treffen, ob das Schiedsgericht über die Kosten entscheiden soll. In der Praxis ist allerdings eine Kostenentscheidung durch das Schiedsgericht nach Abs 1 die Regel. Als Maßstab für die Aufteilung der Kosten nennt das Gesetz eine Entscheidung nach pflichtgemäßem Ermessen unter Berücksichtigung der Umstände des Einzelfalls. Dabei wird dann freilich der Ausgang des Verfahrens dennoch die zentrale Rolle spielen. Bei den Kosten der Parteien sind wie im staatlichen Verfahren nur diejenigen Kosten zu verteilen, die den Parteien tatsächlich erwachsen sind und die zu einer zweckentsprechenden Rechtsverfolgung notwendig waren. 2

Die Entscheidung über die Kosten wird regelmäßig in den Schiedsspruch mit aufgenommen. Wenn das Schiedsgericht eine Kostenentscheidung versäumt hat, kann ein Ergänzungsschiedsspruch ergehen. Dies gilt auch für einen Schiedsspruch mit vereinbartem Wortlaut, weil regelmäßig der diesem Schiedsspruch zu Grunde liegende Vergleich ebenfalls eine analoge Kostenregelung enthält.

C. Kostenfestsetzung und Höhe der Kosten (Abs 2). Abs 2 sieht vor, dass das Schiedsgericht auch über die Höhe der von den Parteien zu tragende Kosten entscheiden kann. Davon abzutrennen ist eine Entscheidung über die Höhe des eigenen Honorars des Schiedsgerichts. Das Schiedsgericht hat keine Kompetenz, darüber zu entscheiden. Vielmehr ist das **Honorar der Schiedsrichter** eine Frage der Vereinbarung im Schiedsrichtervertrag (s.o. § 1035 Rz 11). Ein Streit um das Honorar der Schiedsrichter müsste also vor einem **staatlichen Gericht** geklärt werden. Ebenso wenig hat das Schiedsgericht die Kompetenz, über die Höhe des Honorars eines Prozessbevollmächtigten oder über die Entschädigung von Zeugen und Sachverständigen zu entscheiden. 3

Soweit das Schiedsgericht über die Höhe der Kosten der Parteien entscheidet, erfolgt auch dies im Schiedsspruch selbst. Nur bei Unterbleiben einer Kostenentscheidung kann auch hier das Schiedsgericht nach Abs 2 S 2 durch einen Ergänzungsschiedsspruch entscheiden.

§ 1058 Berichtigung, Auslegung und Ergänzung des Schiedsspruchs.

(1) Jede Partei kann beim Schiedsgericht beantragen,

1. Rechen-, Schreib- und Druckfehler oder Fehler ähnlicher Art im Schiedsspruch zu berichtigen;
2. bestimmte Teile des Schiedsspruchs auszulegen;
3. einen ergänzenden Schiedsspruch über solche Ansprüche zu erlassen, die im schiedsrichterlichen Verfahren zwar geltend gemacht, im Schiedsspruch aber nicht behandelt worden sind.

(2) Sofern die Parteien keine andere Frist vereinbart haben, ist der Antrag innerhalb eines Monats nach Empfang des Schiedsspruchs zu stellen.

(3) Das Schiedsgericht soll über die Berichtigung oder Auslegung des Schiedsspruchs innerhalb eines Monats und über die Ergänzung des Schiedsspruchs innerhalb von zwei Monaten entscheiden.

(4) Eine Berichtigung des Schiedsspruchs kann das Schiedsgericht auch ohne Antrag vornehmen.

(5) § 1054 ist auf die Berichtigung, Auslegung oder Ergänzung des Schiedsspruchs anzuwenden.

A. Normzweck. Die Norm regelt eine wichtige Ergänzung für Endentscheidungen. Sie folgt damit dem Vorbild der §§ 319–321. Als spezielle Norm enthält sie die Möglichkeit, dass das Schiedsgericht sowohl eine Berichtigung wie eine Auslegung und eine Ergänzung des Schiedsspruchs in der Form eines weiteren Schiedsspruchs (Abs 5) vornimmt. Damit wird insb ein einfaches und schnelles Verfahren geschaffen, um 1

Schreibfehler, Rechenfehler und andere Unrichtigkeiten zu verbessern, ferner unklare oder offen gebliebene Entscheidungsbereiche durch Ergänzung zu korrigieren. Die Norm ist also wichtig, um den Bereich des Schiedsspruchs abzurunden und von unnötigen Belastungen, die ihrerseits zum Streit führen können, zu befreien.

2 **B. Berichtigung (Abs 1 Nr 1).** Auf Antrag der Parteien oder gem Abs 4 auch ohne Antrag der Parteien kann das Schiedsgericht Rechenfehler, Schreibfehler, Druckfehler und ähnliche Fehler im Schiedsspruch berichtigen. Bei der Beurteilung der einer Berichtigung offen stehenden Fehler kann man auf § 319 zurückgreifen, der von offenbaren Unrichtigkeiten spricht und damit Fehler meint, die bei der Verlautbarung des Willens, nicht bei der Willensbildung unterlaufen sind. Zwar verlangt § 1058 nicht offenbare Fehler, er zielt aber mit den Fehlern ähnlicher Art ebenfalls auf leichte Erkennbarkeit.

3 **C. Auslegung (Abs 1 Nr 2).** In Abweichung zu staatlichen Gerichten räumt das Gesetz dem Schiedsgericht die Kompetenz ein, den Schiedsspruch auszulegen. Da das Schiedsgericht an seinen eigenen Schiedsspruch gebunden ist, kann es bei der Auslegung nur darum gehen, eine Klarstellung von im Schiedsspruch an sich enthaltenen Äußerungen vorzunehmen. Ein wichtiges Beispiel in der Praxis hierfür kann es sein, wenn das Schiedsgericht ein bestimmtes Ergebnis ausspricht, ohne die Einzelheiten so zu formulieren, dass das Ergebnis vollstreckbar wäre. In einem solchen Falle kann ein vollstreckungsfähiger Ausspruch als Konkretisierung des Schiedsspruchs in Betracht kommen.

4 **D. Ergänzung (Abs 1 Nr 3).** Eine Ergänzung des Schiedsspruchs kommt wie bei § 321 immer dann in Betracht, wenn das Schiedsgericht es versäumt hat, einen Anspruch zu entscheiden, der im schiedsrichterlichen Verfahren geltend gemacht wurde, der im Schiedsspruch aber nicht behandelt ist. Der Ergänzungsschiedsspruch realisiert insoweit die Bindung des Schiedsgerichts an die Anträge der Parteien, wie sie in § 308 allgemein formuliert ist.

5 **E. Verfahren.** Abgesehen von der Berichtigung nach Abs 4 kann ein Ergänzungsschiedsspruch zur Auslegung oder Ergänzung nur auf Antrag einer Partei erfolgen. Der Antrag muss innerhalb der Monatsfrist des Abs 2 erfolgen. Dem Schiedsgericht selbst ist für die Entscheidung nach Abs 3 im Falle der Ergänzung eine Zweimonatsfrist auferlegt, sonst eine Einmonatsfrist. Eine Überschreitung dieser Frist ist freilich sanktionslos.

In allen Fällen des § 1058 muss das Schiedsgericht vor seiner Entscheidung dem Antragsgegner **rechtliches Gehör** gewähren. Lediglich bei der Korrektur offenbarer Unrichtigkeiten wird eine Nichtgewährung rechtlichen Gehörs folgenlos sein.

Nach der Form muss das Schiedsgericht gem Abs 5 in allen Fällen des § 1058 die Form des § 1054 beachten, also in förmlicher Hinsicht einen neuen Schiedsspruch erlassen. Dies ist im Falle des Ergänzungsschiedsspruches wenig problematisch. Im Fall der Berichtigung nach Abs 1 Nr 1 wird es sich freilich nur der Form nach um eine Entscheidung iSd § 1054 handeln, inhaltlich ist dies sicherlich kein neuer Schiedsspruch. Es ist inhaltlich der ursprüngliche Schiedsspruch in der berichtigten Form. Im Falle der Auslegung muss ebenso wie bei der Ergänzung dagegen ein echter Schiedsspruch erlassen werden.

6 **F. Kosten/Gebühren. I. Gericht.** Das Verfahren ist gebührenfrei.

7 **II. Anwalt.** Die Tätigkeit gehört mit zum Rechtszug (§ 19 I 2 Nr 6).

Abschnitt 7 Rechtsbehelf gegen den Schiedsspruch

§ 1059 Aufhebungsantrag. **(1) Gegen einen Schiedsspruch kann nur der Antrag auf gerichtliche Aufhebung nach den Absätzen 2 und 3 gestellt werden.**

(2) Ein Schiedsspruch kann nur aufgehoben werden,

1. wenn der Antragsteller begründet geltend macht, dass

a) eine der Parteien, die eine Schiedsvereinbarung nach den §§ 1029, 1031 geschlossen haben, nach dem Recht, das für sie persönlich maßgebend ist, hierzu nicht fähig war, oder dass die Schiedsvereinbarung nach dem Recht, dem die Parteien sie unterstellt haben oder, falls die Parteien hierüber nichts bestimmt haben, nach deutschem Recht ungültig ist oder

b) er von der Bestellung eines Schiedsrichters oder von dem schiedsrichterlichen Verfahren nicht gehörig in Kenntnis gesetzt worden ist oder dass er aus einem anderen Grund seine Angriffs- oder Verteidigungsmittel nicht hat geltend machen können oder

c) der Schiedsspruch eine Streitigkeit betrifft, die in der Schiedsabrede nicht erwähnt ist oder nicht unter die Bestimmungen der Schiedsklausel fällt, oder dass er Entscheidungen enthält, welche die Grenzen der Schiedsvereinbarung überschreiten; kann jedoch der Teil des Schiedsspruchs, der sich auf Streitpunkte bezieht, die dem schiedsrichterlichen Verfahren unterworfen waren, von dem Teil, der Streitpunkte betrifft, die ihm nicht unterworfen waren, getrennt werden, so kann nur der letztgenannte Teil des Schiedsspruchs aufgehoben werden; oder

d) die Bildung des Schiedsgerichts oder das schiedsrichterliche Verfahren einer Bestimmung dieses Buches oder einer zulässigen Vereinbarung der Parteien nicht entsprochen hat und anzunehmen ist, dass sich dies auf den Schiedsspruch ausgewirkt hat; oder

2. wenn das Gericht feststellt, dass

a) der Gegenstand des Streites nach deutschem Recht nicht schiedsfähig ist oder

b) die Anerkennung oder Vollstreckung des Schiedsspruchs zu einem Ergebnis führt, das der öffentlichen Ordnung (ordre public) widerspricht.

(3) [1]Sofern die Parteien nichts anderes vereinbaren, muss der Aufhebungsantrag innerhalb einer Frist von drei Monaten bei Gericht eingereicht werden. [2]Die Frist beginnt mit dem Tag, an dem der Antragsteller den Schiedsspruch empfangen hat. [3]Ist ein Antrag nach § 1058 gestellt worden, verlängert sich die Frist um höchstens einen Monat nach Empfang der Entscheidung über diesen Antrag. [4]Der Antrag auf Aufhebung des Schiedsspruchs kann nicht mehr gestellt werden, wenn der Schiedsspruch von einem deutschen Gericht für vollstreckbar erklärt worden ist.

(4) Ist die Aufhebung beantragt worden, so kann das Gericht in geeigneten Fällen auf Antrag einer Partei unter Aufhebung des Schiedsspruchs die Sache an das Schiedsgericht zurückverweisen.

(5) Die Aufhebung des Schiedsspruchs hat im Zweifel zur Folge, dass wegen des Streitgegenstandes die Schiedsvereinbarung wiederauflebt.

Inhaltsübersicht

	Rz
A. Rechtsquelle	1
B. Grundlagen	2
I. Schiedsort in Deutschland	2
II. Prozessvoraussetzung: Echter Schiedsspruch	4
III. Aufhebung eines Zwischenentscheid nach § 1040 III	5
IV. Ordnungsgemäße Prozessvollmacht	6
V. Abschließender Katalog	7
VI. Darlegungszwang für jeden Aufhebungsgrund	10
VII. Verzicht auf Aufhebungsgründe	10b
VIII. Verbot einer *révision au fond*	11
IX. Auslegungsbefugnis	12
X. Vollaufhebung/Teilaufhebung	13
XI. Kostenentscheidung des Schiedsgerichts	14
XII. Schiedsgericht verneint zu Unrecht seine Zuständigkeit	15
XIII. Aufhebungsklage nicht durch SchiedsO ausgeschlossen	17
C. Die geltend zu machenden Aufhebungsgründe (§ 1059 II 1)	18
I. Unwirksamkeit der Schiedsvereinbarung (§ 1059 II 1 a)	18
1. Auslegung der Schiedsvereinbarung	20
2. Formverstöße	22
3. Materielle Unwirksamkeit	23
4. Schiedsvereinbarung über ein nichtiges Rechtsgeschäft	25
5. Folge: Unzuständigkeit des Schiedsgerichts	26
6. Schiedsgericht nur teilzuständig	27
7. Keine Kompetenz-Kompetenz des Schiedsgerichts	28
II. Abs 2 S 1 b	29
1. Fehler bei der Ingangsetzung des Schiedsverfahrens (§ 1059 II 1 b)	29
2. Keine Schutzvorschrift für die säumige Partei	30
III. Streitgegenstand nicht von Schiedsvereinbarung erfasst (§ 1059 II 1 c)	31
IV. Fehler bei der Bildung des Schiedsgerichts oder Verstoß gegen Verfahrensregeln (§ 1059 II 1 d)	32
1. Befangenheit des Schiedsrichters	33
2. Zugängliche Informationsquellen sind zu nutzen	34
3. Kausalität erforderlich	35
4. Verfahrensfehler	36a
V. Verlust des Rügerechts (§ 1059 II 1 a–d)	37
D. Die von Amts wegen zu berücksichtigenden Aufhebungsgründe (§ 1059 II 2)	38
I. Nationaler/Internationaler ordre public	39
II. Nationaler ordre public	40

		Rz
III.	Gemeinschaftsrechtlicher ordre public	42
IV.	Schiedsort Deutschland = nationaler *op*	44
V.	Verfahrensrechtlicher ordre public	46
	1. Ordnungsgemäße Vertretung	47
	2. Restitutionsgründe	48
	3. Ermessensfehler	49
	4. Handeln auf eigenes Risiko	51
VI.	Materiell-rechtlicher *op*	52
	1. Recht eines Drittstaats	54
	2. BGB-Recht	55
	3. Insolvenzanfechtung	56
VII.	Kontrolldichte bei vom Schiedsgericht anzuwendenden *op*-Recht	57
VIII.	Vollaufhebung/Teilaufhebung	58
E.	Frist für Aufhebungsantrag (§ 1059 III)	59
I.	Parteivereinbarung über Anfechtungsfrist	59
II.	Regel: 3 Monate ab Empfang des Schiedsspruchs	60
III.	Ein Monat ab Zwischenbescheid (§ 1040 III)	61
IV.	Parallelverfahren nach §§ 1059, 1060	61a
V.	Kein Aufhebungsverfahren nach Vollstreckbarerklärung	62
F.	In geeigneten Fällen Zurückverweisung ans Schiedsgericht (§ 1059 IV)	63
G.	Regel: Trotz Aufhebung des Schiedsspruchs Fortbestehen der Schiedsvereinbarung (§ 1059 V)	64
H.	Kosten/Gebühren	65
I.	Gerichtskosten	65
II.	Rechtsanwalt	66

1 **A. Rechtsquelle.** § 1059 ist eine beinahe wörtliche Übernahme von Art 34 UNCITRAL-MG, der seinerseits weitgehend auf Art V UNÜ zurückgeht. Hierauf beruht die für den deutschen Juristen ungewohnte Struktur mit sich mehrfach überschneidenden Detailregelungen. Für eine vertiefende Auslegung von Einzelregelungen innerhalb von § 1059 kann auf die Kommentierungen des UNICTRAL-MG und des UNÜ zurückgegriffen werden.

2 **B. Grundlagen. I. Schiedsort in Deutschland.** Nur ein Schiedsspruch, bei dem das Schiedsgericht seinen Sitz in Deutschland hatte (§ 1025 I), kann von einem deutschen Gericht in einem förmlichen Verfahren nach § 1059 aufgehoben werden. Ist der Aufhebungsbeschluss rechtskräftig, ist damit die Urteilswirkung des Schiedsspruchs aus § 1055 beseitigt. Aufhebungsgründe aus § 1059 können auch vom Vollstreckungsschuldner im Verfahren über die Vollstreckbarerklärung des Schiedsspruchs nach § 1060 vorgebracht werden, soweit sie nicht bereits nach § 1059 III verfristet sind oder vom Gericht vAw zu berücksichtigen sind. Ist ein Schiedsspruch rechtskräftig aufgehoben, so hat dies im Regelfall weltweite Wirkung.

3 Schiedssprüche, bei denen das **Schiedsgericht** seinen **Sitz** (§ 1043) **im Ausland** hatte, können von einem deutschen Gericht nie aufgehoben werden. Das Gericht kann lediglich in dem vom Schiedsgläubiger nach § 1061 zu betreibenden Anerkennungs- und Vollstreckungsverfahren die Vollstreckbarerklärung ablehnen.

4 **II. Prozessvoraussetzung: Echter Schiedsspruch.** Aufhebungsverfahren nach § 1059 können nur gegen echte Schiedssprüche in Gang gesetzt werden, die auf der Grundlage einer echten Schiedsvereinbarung (§§ 1029 ff) ergangen sind. Ob dies der Fall ist, ist eine vom Gericht vAw zu prüfende Prozessvoraussetzung (BGHZ 159, 207, 210 f). Entscheidungen, die von **Vereins- oder Verbandsgerichten** erlassen werden, gehören nicht zu den Schiedssprüchen iSd §§ 1025 ff und können daher nicht durch die staatlichen Gerichte nach § 1059 kontrolliert und ggf aufgehoben werden. Derartige Entscheidungen sind lediglich mit einer Klage nach § 253 ff überprüfbar (BGHZ 159, 207, 211).

5 **III. Aufhebung eines Zwischenentscheid nach § 1040 III.** Hat das Schiedsgericht bereits über die Wirksamkeit einer Schiedsvereinbarung durch Zwischenentscheid nach § 1040 III (§ 1040 Rz 5) entschieden und sich für zuständig erklärt, so kann diese Entscheidung selbstständig im Aufhebungsverfahren gerichtlich überprüft werden (§ 1040 III 2 iVm § 1059 II 1a). Allerdings beträgt die **Antragsfrist** hierfür lediglich einen Monat ab Empfang der schriftlich abgefassten Entscheidung des Schiedsgerichts. Die Monatsfrist des § 1040 III S 2 verkürzt damit erheblich die dreimonatige Regelfrist des § 1059 III für den Aufhebungsantrag. Unterlässt es der Antragsteller, den Zwischenentscheid fristgerecht gerichtlich überprüfen zu lassen und greift erst den Endschiedsspruch mit dem Aufhebungsantrag an, so kann die Rüge, die Schiedsvereinbarung sei ungültig, im Aufhebungsverfahren nicht mehr geltend gemacht werden, wenn die Frist von einem Monat nach Übermittlung des Zwischenentscheids durch das Schiedsgericht (§ 1040 III 2) für eine gerichtliche Überprüfung der Entscheidung bereits abgelaufen ist (BGH SchiedsVZ 03, 133, 134; BGH NJW 09,

1747, 1749 Rn 32). Es ist der Zweck von § 1040, frühzeitig im Schiedsverfahren eine endgültige Entscheidung darüber herbeizuführen, ob die Schiedsvereinbarung wirksam ist (BGH SchiedsVZ 03, 133, 134).

IV. Ordnungsgemäße Prozessvollmacht. Das Verfahren nach §§ 1059, 1062 I 4 vor dem OLG ist ein Anwaltsprozess nach § 78, sobald das Gericht die mündliche Verhandlung angeordnet hat (s. § 1063 Rz 5). Der beauftragte Rechtsanwalt muss seine ordnungsgemäße Bevollmächtigung durch die Vorlage einer Prozessvollmacht im Original nachweisen (BGH NJW-RR 02, 933). Eine Telekopie reicht nicht aus (BGHZ 166, 278, 280 Rn 10). Ohne ordnungsgemäßen Nachweis ist der Aufhebungsantrag »als derzeit unbegründet abzuweisen«. Die Aufhebungsgründe werden durch den lediglich prozessualen Mangel nicht berührt. Dem Antragsteller muss daher die Möglichkeit erhalten bleiben, erneut und diesmal ordnungsgemäß ein Verfahren nach § 1059 einzuleiten. 6

V. Abschließender Katalog. Der Katalog der Aufhebungsgründe in § 1059 II ist abschließend. Weitere Aufhebungsgründe, die nicht in § 1059 II aufgeführt sind, gibt es nicht (BGHZ 151, 79, 83 = NJW 02, 3031). 7

An erster Stelle stehen die **vom Antragsteller geltend zu machenden Aufhebungsgründe** (§ 1059 II 1). Erst dann folgen die von Amtswegen und damit in jedem Fall zu berücksichtigenden Aufhebungsgründe (§ 1059 II 2). **Aufhebungsgründe nach § 1059 II 1** sind **befristet** und müssen, sofern die Parteien nicht anderes vereinbart haben, innerhalb einer Frist von drei Monaten seit Empfang des Schiedsspruchs bei dem zuständigen OLG geltend gemacht werden (§ 1059 II f iVm § 1062 I 4). Aufhebungsgründe aus § 1059 II 1, die nicht fristgerecht vor dem OLG vorgebracht worden sind, sind verloren. Diese können auch nicht mehr in das Rechtsbeschwerdeverfahren vor dem BGH nach § 1065 eingeführt werden (BGHZ 142, 2004, 2006 f). Sie sind auch verloren, wenn sie nach Ablauf der Drei-Monatsfrist erstmals als Verteidigung im Verfahren auf Vollstreckbarerklärung des Schiedsspruchs nach § 1060 verwendet werden sollen (§ 1060 II 4). 8

Dagegen stehen die **vAw zu berücksichtigenden Aufhebungsgründe** aus § 1059 II 2 zeitlich **unbefristet** zur Verfügung. Das gilt sowohl für Aufhebungsverfahren nach § 1059 als auch für das Verfahren auf Vollstreckbarerklärung nach § 1060 (BGHZ 145, 376, 380). 9

VI. Darlegungszwang für jeden Aufhebungsgrund. Der Antragsteller hat die Aufhebungsgründe aus dem Katalog von § 1059 II 1, auf die er den Aufhebungsantrag stützen möchte, »begründet« geltend zu machen (BGHZ 142, 204, 206 f). Er hat daher jeden einzelnen Aufhebungsgrund, der nach seiner Auffassung vorhanden ist, dem Gericht substanziiert darzulegen. Für die Aufhebungsgründe aus dem Katalog von § 1059 II 1 gilt die **Dispositionsmaxime**. Der Antragsteller kann, aber muss nicht sämtliche nach seiner Auffassung bestehenden Gründe geltend machen. Ist der **Schiedsspruch teilbar**, kann er sich darauf beschränken, lediglich einen Teil des Schiedsspruchs anzugreifen. Haben die Parteien etwa in der Schiedsvereinbarung nach altem englischen Brauch verabredet, dass sie unabhängig vom Ergebnis des Schiedsverfahrens dessen Kosten je zur Hälfte tragen (s. § 1057) und hat das Schiedsgericht gleichwohl der unterlegenen Partei die gesamten Kosten auferlegt, kann diese mit der Rüge aus § 1059 II 1 d das schiedsrichterliche Verfahren habe nicht einer Vereinbarung der Parteien entsprochen, lediglich den Kostenausspruch angreifen. 10

VII. Verzicht auf Aufhebungsgründe. Auf einzelne Aufhebungsgründe aus dem Katalog von § 1059 II 1 kann eine Partei auch vor Erlass des Schiedsspruchs verzichten (str.). Ein so beschränkter vorheriger Verzicht berührt keine öffentlichen Interessen, sondern ist nach den Grundsätzen der Vertragsfreiheit wirksam 10b

Unwirksam ist dagegen ein vorheriger Verzicht auf den gesamten Aufhebungskatalog von § 1059 II 1. Ein umfassender Verzicht vor Erlass des Schiedsspruchs beseitigt die Möglichkeit für den Richter, eine angemessene Kontrolle durchführen zu können und berührt damit öffentliche Interessen. 10c

VIII. Verbot einer *révision au fond*. Das OLG darf im Aufhebungsverfahren nur prüfen, ob ein Aufhebungsgrund nach § 1059 II vorliegt, den der Antragsteller fristgerecht geltend gemacht hat, § 1059 III oder ob ein vAw zu prüfender Aufhebungsgrund nach § 1059 II 2 vorliegt. Es darf dagegen nicht untersuchen, ob das Schiedsgericht den Streit »richtig« entschieden hat und ob es dessen rechtlichen Ansatz teilt (BGH SchiedsVZ 08, 40, 42 Rn 18). Das gilt sowohl für die Anwendung von Verfahrensrecht, wenn etwa das Schiedsgericht eine Tatsachenbehauptung für nicht bewiesen hält oder einen Zeugen nicht gehört hat, weil es den in dessen Wissen gestellten Sachvortrag für unerheblich gehalten hat. Das gilt jedoch auch für dessen materiell-rechtliche Entscheidung, zB das Schiedsgericht »irrt« sich beim anwendbaren Recht, indem es etwa eine Bestimmung des deutschen Rechts nicht in Übereinstimmung mit der höchstrichterlichen Rechtsprechung anwendet oder statt einem ausländischen Recht, das die Parteien gewählt haben, Art 27 EGBGB, irrtümlich deutsches Recht anwendet (§ 1051 Rz 3). 11

12 **IX. Auslegungsbefugnis.** Das Gericht hat im Aufhebungsverfahren den Schiedsspruch auszulegen und rechtlich einzuordnen (BGH SchiedsVZ 08, 40, 42 Rn 14). Für die Auslegung gilt kein strengerer Maßstab als für staatliche Urteile (BGH NJW 09, 1747 f Rn 9). Ist Gegenstand des Schiedsverfahrens eine **Insolvenzforderung**, ist im Wege der Auslegung an Hand der Gesamtumstände zu prüfen, ob ein auf Zahlung gerichtetes Urt als Feststellung zur Insolvenztabelle, §§ 174 ff InsO, auszulegen ist, wenn die Entscheidungsgründe ergeben, dass die geltend gemachte Forderung nur ein Recht auf insolvenzmäßige Befriedigung verschaffen sollte und es sich nicht um eine Masseforderung handeln kann (BGH NJW 09, 1747 Rn 7 f).

13 **X. Vollaufhebung/Teilaufhebung.** Der Schiedsspruch ist insgesamt aufzuheben, wenn ein nach § 1059 II, III durchgreifender Aufhebungsgrund den gesamten Schiedsspruch betrifft. Das ist zB der Fall, wenn das Gericht nach § 1059 II 1 a feststellt, dass die Schiedsvereinbarung unwirksam ist, die dem Schiedsverfahren zugrunde liegt. Betrifft der Aufhebungsgrund dagegen nur einen Teil des Schiedsspruchs, so ist nur dieser Teil aufzuheben. Ist der bestehenbleibende Teil teilurteilsfähig, ist der Rest für vollstreckbar zu erklären (BGH NJW 09, 1747, 1749 Rn 30).

14 **XI. Kostenentscheidung des Schiedsgerichts.** Hebt das Gericht den Schiedsspruch in der Hauptsache auf, wird die Entscheidung des Schiedsgerichts über die Kosten nach § 1057 hinfällig. Auch bei einer nur teilweisen Aufhebung des Schiedsspruchs muss das Gericht die gesamte Kostenentscheidung des Schiedsgerichts aufheben (BGH NJW 09, 1747, 1750 Rn 37). Denn die Teilaufhebung ändert die sachliche Grundlage nach § 1057 I 2, auf der das Schiedsgericht über die Kosten entschieden hat. Wegen des Verbots der *révision au fond* kann das Gericht nicht an Stelle des Schiedsgerichts eine neue Kostenentscheidung erlassen (BGH NJW 09, 1750 Rn 37). Es hat nach § 1059 IV auf Antrag einer Partei die Sache zur erneuten Kostenentscheidung an das Schiedsgericht zurückzuverweisen.

15 **XII. Schiedsgericht verneint zu Unrecht seine Zuständigkeit.** Verneint das Schiedsgericht seine Zuständigkeit, weil es die Schiedsvereinbarung für unwirksam hält, beendet es das Schiedsverfahren durch Prozessschiedsspruch. Ein derartiger Schiedsspruch kann mit dem Aufhebungsantrag nach § 1059 angegriffen werden, wenn der Antragsteller die Schiedsvereinbarung für wirksam hält (BGHZ 151, 79, 81 = NJW 02, 3031). Sofern keine von Amtswegen zu berücksichtigenden Aufhebungsgründe aus § 1059 II 2 vorliegen, darf das Gericht jedoch einen Prozessschiedsspruch, mit dem das Schiedsgericht sich für unzuständig erklärt hat, nur dann aufheben, wenn der Antragsteller einen der Aufhebungsgründe aus dem Katalog von § 1059 II 1 begründet geltend gemacht hat (BGHZ 151, 79, 82 ff = NJW 02, 3031).

16 Auch für den die Zuständigkeit verneinenden Prozessschiedsspruch gilt das grundsätzliche Verbot einer *révision au fond* für den staatlichen Richter. Beruht die Entscheidung des Schiedsgerichts lediglich auf einem einfachen Rechtsanwendungsfehler, liegt kein Aufhebungsgrund nach § 1059 II 1 vor. Der BGH begründet dies damit, dass der Schiedskläger hierdurch nicht rechtschutzlos gestellt sei, weil ihm der Weg zum staatlichen Gericht offen stehe und der Rechtstreit damit vor den gesetzlichen Richter gebracht werden könne (BGHZ 151, 79, 83). Das ist aber nur dann richtig, wenn die Schiedsvereinbarung ausschließlich zwischen deutschen Parteien abgeschlossen worden ist. Die **Lösung des BGH** ist dagegen **unbefriedigend**, wenn es sich um ein **internationales Schiedsverfahren** handelt und der Schiedsbeklagte eine nicht-deutsche Partei ist, oder wenn Deutschland lediglich als neutraler Sitz des Schiedsgerichts zwischen ausschließlich nicht-deutschen Parteien gewählt worden ist. Denn nach den allgemeinen Regeln des deutschen IZPR ist das Gericht am Sitz des Beklagten international zuständig, es sei denn, es besteht eine internationale Sonderzuständigkeit der deutschen Gerichte analog §§ 21 ff oder auf der Grundlage der EuGVO. Österreich hat 2006 bei der Übernahme des UNCITRAL-MG als neues österreichisches Schiedsverfahrensrecht aus der BGH-Entscheidung gelernt und in § 611 II (1) öZPO einen gesonderten Aufhebungsgrund eingeführt; dieser ist anwendbar, wenn das Schiedsgericht sich zu Unrecht für unzuständig erklärt hat, weil es die Schiedsklausel für unwirksam hält. Auch die Schweiz ermöglicht für internationale Schiedsverfahren nach Art 190 II (b) schwIPRG die Aufhebungsklage vor dem Bundesgericht in Lausanne, wenn sich das Schiedsgericht zu Unrecht für unzuständig erklärt hat. Bei der nächsten Novellierung der §§ 1025 ff sollte der Gesetzgeber die Lücke schließen, § 1059 II 1 a ergänzen und als eigenen Aufhebungsgrund vorsehen, dass sich das Schiedsgericht zu Unrecht für unzuständig erklärt hat.

17 **XIII. Aufhebungsklage nicht durch SchiedsO ausgeschlossen.** Häufig benutzte Schiedsordnungen der institutionellen internationalen Schiedsgerichtsbarkeit schließen die Überprüfung von Schiedssprüchen durch die Gerichte in jeder Form aus (vgl Art 28 VI ICC-SchiedsO; Art 26.9 LCIA-arbitration rules). Der

hierdurch angeordnete Verzicht einer Partei auf richterliche Kontrolle des Schiedsspruchs ist unwirksam (so bereits BGHZ 96, 40, 43). §§ 1059–1061 sichern ein Mindestmaß der richterlichen Kontrolle über die private Schiedsgerichtsbarkeit, die zur Wahrung rechtsstaatlicher Verhältnisse erforderlich ist. Die Bestimmungen gehören daher zum verfahrensrechtlichen ordre public.

C. Die geltend zu machenden Aufhebungsgründe (§ 1059 II 1). I. Unwirksamkeit der Schiedsvereinbarung (§ 1059 II 1 a). Eine Schiedsvereinbarung kann aus zahlreichen formellen und materiellen Gründen unwirksam sein. Ist die Schiedsvereinbarung in Deutschland abgeschlossen, gelten ohne weiteres die Formvorschriften des § 1031. Soweit eine deutsche Partei an einer Schiedsvereinbarung beteiligt ist, gilt für deren **Rechts- und Geschäftsfähigkeit** deutsches Recht, bei einer natürlichen ausländischen Person das nach Art 7 EGBGB anwendbare Recht ihres Staates (s. PWW/*Mörsdorf-Schulte* Art 7 EGBGB), für juristische Personen das auf diese anwendbare internationale Gesellschaftsrecht (s. PWW/*Brödermann/Wegen* vor Art 27 ff Rn 25 bei II. und III.). 18

Einige **Staaten** (früher regelmäßig die Staaten des COMECON) und diesen Staaten unmittelbar gehörende Staatsunternehmen schließen zunächst die international üblichen Schiedsverträge ab, um sodann im Schiedsverfahren und später im Aufhebungs- oder Vollstreckungsverfahren einzuwenden, sie seien nach ihrem Heimatrecht hierzu nicht fähig gewesen. Der Einwand ist regelmäßig rechtsmissbräuchlich. Nach dem *Europäischen Übereinkommen über die Handelsschiedsgerichtsbarkeit* von 1961 (BGBl 1964 II, 426) haben die Staaten und deren Unternehmen die Fähigkeit, wirksam Schiedsvereinbarungen zu schließen, es sei denn, sie hätten bei der Unterzeichnung, Ratifizierung oder Beitritt einen Vorbehalt erklärt, was kein Staat, der am internationalen Handels- und Wirtschaftsverkehr teilnehmen wollte, getan hat. Art II des Europäischen Übereinkommens gilt heute als Völkergewohnheitsrecht auch für die Staaten und deren Staatsunternehmen, die dem Abkommen nicht beigetreten sind. Jeder Staat und jedes Staatsunternehmen, der oder das im internationalen Wirtschaftsverkehr eine Schiedsvereinbarung durch ordnungsgemäß bestellte Vertreter unterzeichnet hat, ist hieran gebunden und kann sich nicht auf entgegenstehendes formelles Heimatrecht berufen. 19

1. Auslegung der Schiedsvereinbarung. Um feststellen zu können, ob eine Schiedsvereinbarung wirksam oder unwirksam ist, muss das Gericht sie ggf auslegen. Hierbei hat es die allgemeinen Auslegungsregeln, Denkgesetze und Erfahrungssätze einzuhalten und es hat alle für die Auslegung erheblichen Umstände umfassend zu würdigen. Dazu gehören auch die Verhandlungen, die zum Abschluss der Schiedsvereinbarung geführt haben (BGH SchiedsVZ 09, 122, 125 Rn 25); ebenso das spätere Verhalten der Beteiligten, das für deren tatsächlichen Willen und Verständnis von wesentlicher Bedeutung ist (BGH SchiedsVZ 09, 125 Rn 27). 20

Eine Schiedsvereinbarung ist, wenn irgend möglich geltungserhaltend auszulegen. Daher gilt der Grundsatz der weiten Auslegung (stRspr seit BGH WM 71, 308, 309). Der übereinstimmende Wille der Parteien bei Abschluss der Schiedsvereinbarung, eine Streitigkeit dem staatlichen Gericht zu entziehen und einem Schiedsgericht zuzuweisen, ist zu respektieren. Das gilt selbst dann, wenn der Wille möglicherweise nur unvollkommen oder fehlerhaft ausgedrückt worden ist. 21

2. Formverstöße. Handelt es sich um eine **Schiedsklausel** als Bestandteil eines Vertrags (§ 1029 Rz 12) und ist streitig, ob der Vertrag wirksam ist, ist zu beachten, dass die Schiedsklausel eine eigenständige Vereinbarung ist, die unabhängig von den übrigen Vereinbarungen ist. Eine **ausländische Schiedsvereinbarung** ist nur dann formunwirksam, wenn sie weder den Anforderungen von § 1031, noch denen von Art II UNÜ oder den Formvorschriften eines gem Art VII UNÜ anwendbaren multilateralen oder bilateralen Staatsvertrags entspricht. 22

3. Materielle Unwirksamkeit. Eine Schiedsvereinbarung ist aus materiellen Gründen unwirksam, wenn sie sich auf einen Gegenstand bezieht, der nicht schiedsfähig ist. Alle vermögensrechtlichen Ansprüche sind jedoch schiedsfähig, § 1030 I. Der BGH hat jetzt die Schiedsfähigkeit von Beschlussmängelstreitigkeiten im Gesellschaftsrecht ausdrücklich anerkannt (BGHZ 180, 221 ff – Schiedsfähigkeit II, für die GmbH, s. § 1066 Rz 9 ff). 23

In Deutschland dürfte es kaum Schiedsvereinbarungen geben, die unwirksam sind, weil sie einen nicht vermögensrechtlichen Gegenstand haben, der dem **Rechtsprechungsmonopol** des Staates unterliegt (s. § 1030 Rz 9). Ein klassisches Beispiel für dessen Rechtsprechungsmonopol ist die ausschließliche Befugnis, eine Ehe zu scheiden. Eine Schiedsvereinbarung unter Eheleuten, die diese Kompetenz einem Schiedsgericht zuweist, wäre nichtig. 24

25 **4. Schiedsvereinbarung über ein nichtiges Rechtsgeschäft.** Eine Schiedsvereinbarung, die sich ausdrücklich auf ein nichtiges Rechtsgeschäft bezieht, ist selbst nichtig. Das gilt zB für Schiedsvereinbarungen über unzweideutig verbotene Kartellabsprachen nach §§ 1, 19–21 GWB. Bei einer unmittelbaren Verbindung zwischen nichtigem Rechtsgeschäft und Schiedsvereinbarung verstößt auch die Schiedsvereinbarung gegen den ordre public iSv § 1059 II 2 b. In der internationalen Schiedsbarkeit wird neuerdings über Schiedsverfahren zur Kaschierung von **Geldwäsche** berichtet. Es handelt sich dann um eine lediglich fingierte Streitigkeit, um mit Hilfe eines Schiedsspruchs und dessen Vollstreckung in ein Schwarzgeldkonto Geld in den legalen Geldkreislauf zu schleusen. Das Gericht hat bei einem Verdacht auf Missbrauch des Schiedsverfahrens zu Zwecken der Geldwäsche ggf die zuständigen Behörden zu unterrichten.

26 **5. Folge: Unzuständigkeit des Schiedsgerichts.** Ist die Schiedsvereinbarung unwirksam, so ist das Schiedsgericht für die Entscheidung des Streits zwischen den Parteien nicht zuständig (§ 1040 Rz 3). Ein gleichwohl ergangener Schiedsspruch, in dem das Schiedsgericht seine Zuständigkeit zu Unrecht bejaht hat, unterliegt der Aufhebung durch das Gericht (§ 1059 II 1 a 2. Fall). Nicht erforderlich ist, dass das Schiedsgericht sich ausdrücklich im angefochtenen Schiedsspruch für zuständig erklärt hat. Denn mit einer Entscheidung zur Sache hat das Schiedsgericht stillschweigend seine Zuständigkeit auf Grund einer von ihm als wirksam angesehenen Schiedsvereinbarung bejaht.

27 **6. Schiedsgericht nur teilzuständig.** Bei einer schiedsfähigen Streitigkeit muss die Schiedsvereinbarung das Schiedsgericht berechtigen, über den gesamten Anspruch selbstständig und abschließend zu entscheiden. Es muss ausgeschlossen sein, dass für einen Teil der zu entscheidenden Rechtsfragen das staatliche Gericht zuständig bleibt. Eine Schiedsvereinbarung, die nicht in vollem Umfang die Entscheidungsbefugnis vom staatlichen Gericht auf das Schiedsgericht verlagert, ist daher unwirksam (BGH SchiedsVZ 08, 40, 41 Rn 12).

28 **7. Keine Kompetenz-Kompetenz des Schiedsgerichts.** Nach dem ab 1998 geltenden Schiedsverfahrensrecht kann das Schiedsgericht zunächst nur vorläufig in einem Zwischenschiedsspruch nach § 1040 III oder im Endschiedsspruch nach § 1054 zu Gunsten seiner eigenen Zuständigkeit entscheiden. Wird der Schiedsspruch fristgerecht, § 1059 III, im Aufhebungsverfahren oder im Verfahren auf Vollstreckbarerklärung nach § 1060 II angegriffen, entscheidet das Gericht endgültig über die Zuständigkeit. Das Schiedsgericht hat damit die sog Kompetenz-Kompetenz verloren (s. § 1040 Rz 2).

29 **II. Abs 2 S 1 b. 1. Fehler bei der Ingangsetzung des Schiedsverfahrens (§ 1059 II 1 b).** Nach § 1059 II 1 b kann das Gericht einen Schiedsspruch aufheben, wenn eine Partei nachweist, dass sie von der Bestellung des Schiedsgerichts nicht gehörig in Kenntnis gesetzt worden ist oder aus einem anderen Grund ihre Angriffs- und Verteidigungsmittel nicht hat geltend machen können. Die Vorschrift sichert damit die Beteiligung der Parteien an der Bildung des Schiedsgerichts und einen Mindeststandard beim rechtlichen Gehör. Die Bestimmung ist jedoch kein absoluter Aufhebungsgrund. Bei einer Verletzung ist der Schiedsspruch nach § 1059 II 1 b iVm § 1059 II 2 b, Art 103 I GG nur dann aufzuheben, wenn der **Verstoß kausal** war. Hierzu reicht jedoch aus, wenn der Schiedsspruch auf dem geltend gemachten Verstoß beruhen kann (BGH SchiedsVZ 09, 126, 127 Rn 7 zum gleichlautenden Art V 1 b) UNÜ.

30 **2. Keine Schutzvorschrift für die säumige Partei.** § 1059 II 1 b ist keine Schutzvorschrift für die säumige Partei. Die Partei, die ordnungsgemäß über die Ingangsetzung des Schiedsverfahrens und die Bildung des Schiedsgerichts unterrichtet worden ist, sich jedoch weder an der Bestellung des Schiedsgerichts noch am Schiedsverfahren beteiligt, weil sie die Schiedsvereinbarung für unwirksam hält, handelt auf eigenes Risiko (vgl BGH NJW 09, 1747, 1749 f Rn 35). Stellt das Gericht im Aufhebungs- oder Vollstreckungsverfahren die Wirksamkeit der Schiedsvereinbarung fest, kann sich die säumige Partei nicht auf § 1059 II 1 b berufen.

31 **III. Streitgegenstand nicht von Schiedsvereinbarung erfasst (§ 1059 II 1 c).** Aufzuheben ist auch ein Schiedsspruch, dessen Streitgegenstand trotz weiter Auslegung (s. § 1029 Rz 7) nicht von der Schiedsvereinbarung erfasst ist und damit in die Zuständigkeit der staatlichen Gerichte fällt. Mindestens tw ist ein Schiedsspruch aufzuheben, wenn das Schiedsgericht eine nicht schiedsbefangene Gegenforderung trotz rechtzeitigem Widerspruch des Schiedsklägers zur **Aufrechnung** verwendet hat (vgl BGH NJW-RR 08, 558, 559 f Rn 13, 17). Das gleiche gilt für eine Entscheidung über eine **Widerklage** außerhalb der Schiedsvereinbarung. Jedoch wird auch bei Aufrechnung und Widerklage die fehlende Schiedsvereinbarung nach § 1031 VI durch Einlassung auf die Aufrechnung oder Widerklage ersetzt.

IV. Fehler bei der Bildung des Schiedsgerichts oder Verstoß gegen Verfahrensregeln (§ 1059 II 1 d). 32
§ 1059 II 1 d überschneidet sich tw mit § 1059 II 1 b.

1. Befangenheit des Schiedsrichters. Der Hauptfehler bei der Bildung des Schiedsgerichts ist die Befangenheit eines Schiedsrichters, die zu dessen Ablehnung nach § 1036 II berechtigt. Die Ablehnung muss jedoch nach § 1037 II innerhalb einer Frist von zwei Wochen geltend gemacht werden, nachdem die hierzu berechtigte Partei von den Ablehnungsgründen Kenntnis erhalten hat (s. § 1037 Rz 3). Unterbleibt die fristgerechte Ablehnung, sind die Ablehnungsgründe für einen Aufhebungsantrag nach § 1059 II 1 b und d verloren. 33

2. Zugängliche Informationsquellen sind zu nutzen. Das schweizerische Bundesgericht hat in einem Urt von 2008 (4A 506/2007, abrufbar über www.bger.ch) entschieden, dass sich eine Partei auf Ablehnungsgründe nicht berufen kann, die sie bei der Anwendung der in einem Schiedsverfahren erforderlichen Sorgfalt bei der Konstituierung des Schiedsgerichts aus allgemein öffentlich zugänglichen Informationsquellen hätte entnehmen können. Der Gedanke ist richtig und auch für das deutsche Schiedsverfahrensrecht zu übernehmen. Eine Partei ist daher verpflichtet, die auf der Website des Schiedsrichters allgemein zugänglichen Informationen auf mögliche Befangenheitsgründe zu überprüfen. Das gleiche gilt für sonstige ohne weiteres und leicht zugängliche öffentliche Informationen zB über »Google«. 34

3. Kausalität erforderlich. Die fehlende Unparteilichkeit oder Unabhängigkeit ist nur dann ein Aufhebungsgrund, wenn sich der Fehler auf den Schiedsspruch ausgewirkt haben kann (vgl BGH SchiedsVZ 09, 126, 127 Rn 7 allgemein zur Kausalität von Verfahrensfehlern). Das ist von vornherein nicht der Fall, wenn es sich um den Schiedsspruch eines Dreier-Schiedsgerichts handelt, der einstimmig ergangen ist. Nach § 1052 I entscheidet das Schiedsgericht mit Mehrheit, sofern die Parteien nichts anderes vereinbart haben (s. § 1052 Rz 4). Die Stimme des befangenen Schiedsrichters ist damit nicht kausal für das Ergebnis. Handelt es sich lediglich um eine Mehrheitsentscheidung und gehört der befangene Schiedsrichter zur Mehrheit, ist der Schiedsspruch jedoch aufzuheben. Das gleiche gilt für einen vom befangenen Einzelschiedsrichter erlassenen Schiedsspruch. 35

Hat eine hiervon betroffene Partei, die ihre eigenen Interessen sorgfältig wahrnimmt, von den Ablehnungsgründen erst nach Ablauf der Drei-Monatsfrist aus § 1059 III erfahren, ist der Schiedsspruch aufzuheben, wenn der Befangenheitsgrund so schwer wiegt, dass er den ordre public nach § 1059 II 2 b verletzt (s. Rz 58). Das ist etwa bei einem bestochenen und damit korrupten Schiedsrichter der Fall, ebenso, wenn der Schiedsrichter eigene erhebliche wirtschaftliche Interessen am Ausgang des Schiedsverfahrens nicht aufgedeckt hat. 36

4. Verfahrensfehler. Aus § 1027 folgt, dass nur solche Verfahrensfehler nach § 1059 II 1 d zur Aufhebung des Schiedsspruchs führen können, die der Partei bei Erlass des Schiedsspruchs nicht bekannt waren und nicht bekannt sein mussten und die sie deswegen nicht ggü dem Schiedsgericht rügen konnte. Das gilt zB für den Schiedsspruch ohne Begründung, § 1059 II, oder eine Billigkeitsentscheidung entgegen § 1051 III. Hat die Partei im Schiedsverfahren den Mangel rechtzeitig gerügt, das Schiedsgericht den Fehler aber nicht beseitigt, ist der Schiedsspruch aufzuheben, wenn er sich auf den Schiedsspruch ausgewirkt haben kann (BGH SchiedsVZ 09, 126, 127 Rn 7). 36a

Wird ein Verstoß des Schiedsgerichts gegen eine Parteivereinbarung über das Verfahren, § 1042 III, gerügt, hat das Gericht nach den allgemeinen Regeln, §§ 145 ff BGB, zu prüfen, ob eine Vereinbarung wirksam abgeschlossen ist, und deren Inhalt zu bestimmen, §§ 133, 157 BGB. Ein Verstoß führt nur dann zur Aufhebung, wenn das Schiedsgericht von der Vereinbarung Kenntnis erhalten hatte bzw Kenntnis haben musste, gegen sie verstoßen hat und der Verstoß sich auf den Schiedsspruch ausgewirkt haben kann. 36b

Haben die Parteien dem Schiedsgericht die Entscheidung über einen Streit aus einer Verfahrensvereinbarung zugewiesen, muss der Richter das Verbot einer *révision au fond* (§ 1059 Rz 11) beachten. Der Schiedsspruch ist dann nur aufzuheben, wenn er gegen den ordre public, § 1059 II 2 b), verstößt. 36c

V. Verlust des Rügerechts (§ 1059 II 1 a–d). § 1027 verlangt, dass die hiervon betroffene Partei einen Mangel des Schiedsverfahrens, von dem sie Kenntnis hat, unverzüglich oder innerhalb der dafür vorgesehenen Frist während des Schiedsverfahrens rügt (s. § 1027 Rz 3). Die Vorschrift bezieht sich auf den gesamten Katalog der Aufhebungsgründe in § 1059 II 1. Es handelt sich um eine Voraussetzung für den geltend gemachten Anspruch auf Aufhebung des Schiedsspruchs, deren Vorliegen vom Gericht v.A.w. zu prüfen ist. 37

§ 1027 gilt auch für einen bereits während des Schiedsverfahrens erkannten Verstoß des Schiedsgerichts gegen das rechtliche Gehör. Hat die Partei den ihr bekannten Verstoß nicht ggü dem Schiedsgericht gerügt, obgleich ihr dies möglich war, ist der Fehler für das Aufhebungsverfahren verloren und kann nicht mehr geltend gemacht werden (Zö/*Geimer* § 1027 Rn 3). Die prozessuale Fairness gebietet, dem Schiedsgericht Gelegenheit zu geben, einen prozessualen Fehler selbst zu beseitigen. Nur wenn dies unterbleibt, entscheidet hierüber das staatliche Gericht. Es entscheidet auch darüber, ob das Schiedsgericht den Fehler tatsächlich behoben hat.

38 **D. Die von Amts wegen zu berücksichtigenden Aufhebungsgründe (§ 1059 II 2).** § 1059 II 2 enthält nur zwei vAw zu berücksichtigende Aufhebungsgründe: (1) die fehlende Schiedsfähigkeit des Streitgegenstandes (§ 1059 II 2 a) und (2) den Verstoß gegen die (deutsche) öffentliche Ordnung, *ordre public – op* (§ 1059 II 2 b). Da gem § 1030 I jeder vermögensrechtliche Anspruch Gegenstand einer Schiedsvereinbarung sein kann, sind Schiedssprüche über einen nicht schiedsfähigen Streitgegenstand eines Schiedsgerichts mit Sitz in Deutschland eher selten. Dagegen sind Aufhebungsverfahren, die auf behaupteten *ordre public*-Verstößen des Schiedsgerichts beruhen, zahlreich. Der Vorwurf ist indes häufig unberechtigt und wird lediglich dazu benutzt, um mit seiner Hilfe zu versuchen, das für den staatlichen Richter bestehende Verbot einer einfachen Inhaltskontrolle des Schiedsspruchs zu umgehen (Verbot einer *révision au fond*) (BGHZ 142, 204, 205).

39 **I. Nationaler/Internationaler ordre public.** Der BGH unterscheidet zwischen einem engeren nationalen – inländischen – ordre public – und einem großzügigeren ordre public international – *opi* – (BGH NJW 07, 772, 774 Rn 28). Er meint jedoch zu Recht, die Abweichungen zwischen beiden seien allenfalls geringfügig (BGH EuZW 08, 768).

40 **II. Nationaler ordre public.** Der Begriff der (deutschen) öffentlichen Ordnung aus § 1059 II 2 b ist inhaltlich deckungsgleich mit dem Begriff der »wesentlichen Grundsätze des deutschen Rechts« aus § 328 I 4. Dessen Kommentierung ist daher mit heranzuziehen.

41 Ein Schiedsspruch ist mit dem nationalen ordre public unvereinbar, wenn er eine Norm verletzt, die die Grundlagen des staatlichen oder wirtschaftlichen Lebens regelt, oder wenn er zu deutschen Gerechtigkeitsvorstellungen in einem untragbaren Widerspruch steht. Er muss demnach mit den elementaren Grundlagen der deutschen Rechtsordnung unvereinbar sein. Das ist nur dann der Fall, wenn er gegen eine nicht abdingbare Norm verstößt, die Ausdruck einer für die Rechtsordnung grundlegenden Wertentscheidung des Gesetzgebers ist (BGH SchiedsVZ 09, 66 Rn. 5). Dabei ist nicht jeder Verstoß gegen zwingende Vorschriften des deutschen Rechts zugleich ein Verstoß gegen den *op*. Verletzt sein muss eine nicht abdingbare Norm, die Ausdruck einer für die Rechtsordnung grundlegenden Wertentscheidung des Gesetzgebers ist (BGH NJW 09, 1215, 1216 Rn 6).

42 **III. Gemeinschaftsrechtlicher ordre public.** Normen, die zum gemeinschaftsrechtlichen ordre public gehören, wie zB Art 81, 82 EGV, sind von den Gerichten vAw anzuwenden (EuGH, Slg 06, I-6653 Rn 31 – Manfredi). Sie sind daher wie Normen zu behandeln, die zum nationalen ordre public gehören, wie etwa die zwingenden Verbotsnormen der §§ 1, 19–21 GWB.

43 Das gilt auch für zwingende Normen des gemeinschaftsrechtlichen Verbraucherschutzes. Das Gericht hat daher im Aufhebungsverfahren über einen Schiedsspruch gegen einen Verbraucher vAw zu prüfen, ob die Schiedsklausel als missbräuchliche Klausel gem Art 6 I Richtlinien 93/13 nichtig ist (EuGH 6.10.09 – C-40/08 – Rn 30 ff, 51 ff, Asturcom Telecomunicaciones, www.curia.europa zum Verfahren über die Vollstreckbarerklärung).

44 **IV. Schiedsort Deutschland = nationaler *op*.** Der BGH wendet nur den nationalen *op* an, wenn es sich um einen inländischen Schiedsspruch handelt. Das gilt unabhängig davon, ob ausländische Parteien an dem Schiedsverfahren beteiligt waren oder ob ein ausländischer Schiedsrichter den Schiedsspruch erlassen hatte. Er begründet dies mit den Geboten der Rechtssicherheit und Rechtsklarheit (BGH NJW 09, 1749 Rn 27).

45 Die Auffassung des BGH entspricht insoweit nicht einem internationalen Standard wie er durch Art 176 I schwIPRG definiert worden ist. Nach der schweizerischen und vorzuziehenden Auffassung ist ein Schiedsverfahren international, wenn an ihm mindestens eine Partei beteiligt ist, die ihren allgemeinen Gerichtsstand nicht in der Schweiz hat. Als Folge prüft das schweizerische Bundesgericht im Aufhebungsverfahren nach Art 190 II (e) schwIPRG nur, ob der Schiedsspruch mit dem schweizerischen *ordre public international* vereinbar ist. Es war das erklärte Ziel der Reform des Schiedsverfahrensrechts von 1997, den Schieds-

platz Deutschland zu stärken und für ausländische Parteien attraktiver zu gestalten (BTDrs 13/5274, 1). Deutschland sollte gerade als neutraler Schiedsplatz für Schiedsverfahren ausschließlich zwischen ausländischen Parteien zur Verfügung stehen, etwa bei einer Streitigkeit zwischen einer tschechischen und russischen Partei. Hier werden deutsche rechtspolitische Interessen, die durch den nationalen *op* geschützt werden sollen, schlechterdings nicht berührt. Der BGH sollte sich daher dazu durchringen, in einem Aufhebungsverfahren über einen Schiedsspruch aus einem internationalen Schiedsverfahren den Maßstab des *opi* statt des nationalen *op* anzuwenden. Bereits durch die Verwendung des Begriffs *»ordre public international«* statt *»ordre public interne«* fühlt sich die ausländische Partei von dem deutschen Gericht besser verstanden und besser aufgehoben.

V. Verfahrensrechtlicher ordre public. Verletzt das Schiedsgericht im Schiedsverfahren die zentralen Verfahrensgrundrechte einer Partei, ist stets der verfahrensrechtliche ordre public verletzt. Hierzu gehören insb das Recht der Parteien auf ein faires Verfahren (BVerfG NJW 04, 2149, 2150 Nr 2), auf Gleichbehandlung und auf rechtliches Gehör gem § 1042 I (s. § 1042 Rz 6). Das Schiedsgericht hat im gleichen Umfang und unter den gleichen Voraussetzungen wie der staatliche Richter den Parteien rechtliches Gehör zu gewähren (stRspr seit BGH NJW 92, 2299). Voraussetzung für eine Aufhebung des Schiedsspruchs wegen eines Verstoßes gegen ein Verfahrensgrundrecht ist jedoch stets, dass der Schiedsspruch auf dem Verstoß beruht. Ist ein Beruhen auszuschließen, scheidet eine Aufhebung aus (BGH SchiedsVZ 08, 40, 42 bei Rn 22 zu einem angeblichen Gehörsverstoß). **46**

1. Ordnungsgemäße Vertretung. Zum verfahrensrechtlichen *op* gehört das Gebot der ordnungsgemäßen Vertretung im Schiedsverfahren (BGH NJW 09, 1747, 1748 Rn 14). Fällt zB der Schuldner während des Schiedsverfahrens in die **Insolvenz**, wird die streitige Forderung nach § 87 InsO zur Insolvenzforderung. Das Schiedsgericht hat deshalb den Insolvenzverwalter am Schiedsverfahren als Partei zu beteiligen. Der Gemeinschuldner ist nicht mehr prozessführungsbefugt (BGH NJW 09, 1747, 1748 Rn 14). Erscheint der Insolvenzverwalter nicht an Stelle des ursprünglichen Schiedsbeklagten im Rubrum des Schiedsspruchs, muss sich durch Auslegung der Begründung ergeben, dass der Schiedsspruch gegen den Insolvenzverwalter als Partei ergangen ist (BGH NJW 09, 1747, 1748 Rn 14). **47**

2. Restitutionsgründe. Zum verfahrensrechtlichen *op* gehört auch die Geltendmachung von Restitutionsgründen iSv §§ 580 ff, sofern das Schiedsurteil oder der Schiedsspruch mit vereinbartem Wortlaut auf dem geltend gemachten Restitutionsgrund, etwa einem Verfahrensbetrug, § 580 Nr 4, beruht (BGH 145, 376, 380 f). Restitutionsgründe, für die die formellen Voraussetzungen von § 581 gelten, sind jedoch nur dann im Aufhebungsverfahren nach § 1059 II 2 b zu berücksichtigen, wenn deswegen der Täter rechtskräftig verurteilt worden ist oder wenn festgestellt worden ist, dass ein Strafverfahren aus anderen Gründen als wegen Mangels an Beweisen nicht eingeleitet oder durchgeführt werden konnte (BGHZ 145, 376, 381). **48**

3. Ermessensfehler. Das allgemeine Verfahrensermessen des Schiedsgerichts aus § 1042 IV gehört im Regelfall nicht zum verfahrensrechtlichen ordre public. Ein einfacher Ermessensfehlgebrauch oder auch Nichtgebrauch des Verfahrensermessens durch das Schiedsgericht ist daher kein Aufhebungsgrund. Hierzu gehört auch der Rückgriff des Schiedsgerichts auf die Vorschriften in den ersten beiden Büchern der ZPO für die staatlichen Gerichte. Wendet das Schiedsgericht eine Vorschrift aus den ersten beiden Büchern der ZPO analog im Schiedsverfahren an – etwa § 148 – und unterläuft ihm hierbei ein Anwendungs- oder Ermessensfehler, so ist dies ein einfacher Rechtsanwendungsfehler, aber kein Verstoß gegen den verfahrensrechtlichen ordre public (möglicherweise missverständlich BGH SchiedsVZ 08, 40, 43 bei Rn 25 zur analogen Anwendung von § 148 im Schiedsverfahren). Ebensowenig ist der *op* verletzt, wenn es zB nicht von der »Regel« nach § 1040 III Gebrauch macht, über die Rüge seiner Unzuständigkeit durch Zwischenbescheid zu entscheiden (s. § 1040 Rz 5), sondern erst im endgültigen Schiedsspruch nach § 1054 seine Zuständigkeit bejaht hat. Denn der staatliche Richter hat über § 1059 II 1 a und c oder im Verfahren auf Vollstreckbarerklärung über § 1060 II stets das letzte Wort darüber, ob das Schiedsgericht für die Entscheidung des Streits zwischen den Parteien zuständig war (BGH NJW 07, 772, 775 Rn 29 [insoweit nicht in BGHZ 166, 278]). **49**

Die Grenze zur Verletzung des *op* ist jedoch dann überschritten, wenn das Schiedsgericht sein Verfahrensermessen missbraucht und hierdurch der Anspruch der Parteien auf ein faires Verfahren verletzt hat. **50**

4. Handeln auf eigenes Risiko. Der verfahrensrechtliche *op* ist nicht verletzt, wenn eine Partei im Schiedsverfahren auf eigenes Risiko handelt. Hält sie zB eine wirksame Schiedsvereinbarung für unwirksam und **51**

beteiligt sie sich deswegen nicht am Schiedsverfahren, verletzt der gegen sie ergangene Schiedsspruch nicht ihren Anspruch auf rechtliches Gehör (BGH NJW 09, 1747, 1749 f Rn 35).

52 **VI. Materiell-rechtlicher *op*.** Bestandteil des nationalen materiell-rechtlichen *op* sind alle gesetzlichen Verbote, die bei einem Verstoß zur Nichtigkeit des Rechtsgeschäfts nach §§ 134, 138 BGB führen. Hierzu gehören ohne weiteres die Verbotsnormen des deutschen Kartellrechts §§ 1, 19-21 GWB und des gemeinschaftsrechtlichen Kartellrechts aus Art 81, 82 EGV (vgl EuGH, Slg 06, I – 6653 Rn 31 – Manfredi). Ein Schiedsspruch, dessen Inhalt mit derartigen Verbotsnormen unvereinbar ist, ist nach § 1059 II 2b aufzuheben.

53 Zum materiellen *op* gehört auch **§ 87 InsO**, der die gleichmäßige und gemeinschaftliche Befriedigung aller Insolvenzgläubiger sicherstellen soll. Das Anmelde- und Feststellungsverfahren nach §§ 174 ff InsO ist zwingende Rechtsfolge von § 87 InsO. Daher verstößt ein Schiedsspruch über eine Insolvenzforderung, die nicht zuvor nach Grund und Betrag zur Insolvenztabelle gem §§ 87, 174, 181 InsO angemeldet wurde gegen den *op* und ist deshalb aufzuheben (BGH NJW 09, 1747, 1748 Rn 21–23).

54 **1. Recht eines Drittstaats.** Materielles zwingendes Recht einer Partei aus einem Drittstaat, das beansprucht auch dann angewendet zu werden, wenn die Parteien deutsches Recht oder ein neutrales wie das schweizerische vereinbart haben, gehört nur dann zum materiellen *op* wenn es nach deutscher Auffassung mit dessen Grundsätzen übereinstimmt, das gilt zB für das Verbot von Menschenhandel, Korruption oder Geldwäsche, nicht aber für das in vielen Ländern, insb der arabischen Welt, bestehende Verbot, örtliche Handelsvertreter als Berater bei Verträgen mit der jeweiligen Regierung dazwischen zu schalten. Kennt das deutsche Recht oder vom Schiedsgericht nach Art 27 EGBGB angewandte Recht kein derartiges Verbot, verstößt der Schiedsspruch nicht gegen den *op*, wenn das Schiedsgericht zwingendes materielles Recht eines Drittstaats nicht angewendet hat.

55 **2. BGB-Recht.** Der BGH hat gleichsam nebenher entschieden, dass **§ 307 I BGB** nicht zu den Normen des deutschen Rechts gehört, die durch den *op* geschützt werden (BGH NJW 09, 1215, 1216 Rn 5). Das ist zu begrüßen. Das deutsche AGB-Recht, insb aber dessen Inkorporierung in das BGB durch das Schuldrechtreformgesetz von 2001, gilt als überzogen, soweit es sich um den reinen Wirtschaftsverkehr handelt, also nicht um Rechtsbeziehungen mit Verbrauchern (statt aller: PWW/*Berger* § 307 Rn 33 ff). Schiedssprüche betreffen nahezu ausschließlich Streitigkeiten aus reinen Wirtschaftsbeziehungen. Verbraucher sind nur selten an Schiedsverfahren beteiligt. Ist dies ausnahmsweise doch der Fall, kann – ausschließlich zum Schutz des Verbrauchers – der Kernbereich des AGB-Rechts innerhalb des BGB zum ordre public gehören.

56 **3. Insolvenzanfechtung.** Der materiell-rechtliche *op* ist auch nicht verletzt, wenn der Schiedsspruch den Schuldner/Drittschuldner zur Zahlung einer Forderung verurteilt, die möglicherweise der Insolvenzanfechtung unterliegt (BGH NJW-RR 08, 558, 560 Rn 13). Denn Ansprüche aus einer Insolvenzanfechtung werden von der Schiedsvereinbarung nicht erfasst (BGH NJW-RR 08, 560 Rn 17). Der Insolvenzverwalter kann die Insolvenzanfechtung ggü dem Drittschuldner vor den staatlichen Gerichten durchsetzen.

57 **VII. Kontrolldichte bei vom Schiedsgericht anzuwendenden *op*-Recht.** Das Gericht hat vAw zu prüfen, ob das Schiedsgericht anzuwendendes Recht, das zum formellen und/oder materiellen ordre public gehört, auch tatsächlich angewendet hat. Ausschlaggebend ist dabei, ob der Schiedsspruch selbst mit dem *op* vereinbar ist, nur dann ist er anzuerkennen. Ist das nicht der Fall, ist er aufzuheben (stRspr seit BGH NJW 69, 978, 979 – Fruchtsäfte). Hat das Schiedsgericht etwa zutr einen Verstoß gegen zwingendes Kartellrecht festgestellt, aber möglicherweise einen zu geringen Schadenersatz aus § 33 III GWB zuerkannt, weil ihm bei der Ermittlung und/oder Feststellung des Schadens nach § 286, 287 BGB Fehler unterlaufen sind, greift jedoch insoweit das Verbot einer *révision au fond* wieder ein.

58 **VIII. Vollaufhebung/Teilaufhebung.** Verstößt bereits der Tenor des Schiedsspruchs gegen den *op*, ist der Schiedsspruch in jedem Fall in vollem Umfang aufzuheben. Das ist etwa der Fall, wenn in einem Schiedsspruch mit vereinbartem Wortlaut entgegen § 1053 I 2 eine nach § 1 GWB verbotene wettbewerbsbeschränkende Vereinbarung vom Schiedsgericht festgehalten worden ist. Verstößt der Inhalt des Schiedsspruchs dagegen nur tw gegen den *op* und lässt sich der unwirksame vom wirksamen Teil trennen, darf das Gericht von Amtswegen nur den unwirksamen Teil aufheben, wie § 1059 II 1 c Hs 2 zeigt. Beschränkt sich der *op*-Verstoß auf einen abtrennbaren Teil des Schiedsspruchs und liegen hinsichtlich des Restes Aufhebungsgründe aus § 1059 II 1 vor, die von dem Antragsteller jedoch nicht im Aufhebungsverfahren geltend gemacht worden sind, darf das Gericht nicht von Amtswegen auch den restlichen Teil aus § 1059 II 1 aufhe-

ben. Es hat dann bei einer Teilaufhebung zu verbleiben. Denn auch bei einem *op*-Verstoß des Schiedsspruchs sind rechtlich zulässige Wahlmöglichkeiten des Antragstellers im Aufhebungsverfahren zu beachten. Er kann daher beantragen, den Schiedsspruch nur tw und insoweit aufzuheben, wie sein Inhalt gegen den *op* verstößt (vgl BGHZ 145, 376, 383 für den *op*-Einwand im Vollstreckungsverfahren).

E. Frist für Aufhebungsantrag (§ 1059 III). I. Parteivereinbarung über Anfechtungsfrist. Die Parteien können die Frist, innerhalb derer ein Aufhebungsantrag bei dem zuständigen OLG (§ 1062 I 4) gestellt werden muss, frei vereinbaren. Sie können die Regelfrist von drei Monaten (§ 1059 III 1) abkürzen oder verlängern. Die Parteivereinbarung kann noch nach Übermittlung des Schiedsspruchs an die Parteien durch das Schiedsgericht (§ 1054 IV) erfolgen. 59

II. Regel: 3 Monate ab Empfang des Schiedsspruchs. Die Regelfrist für einen Aufhebungsantrag beträgt drei Monate ab Empfang des Schiedsspruchs durch den Antragsteller, sofern die Parteien die Antragsfrist nicht durch eine Vereinbarung abgeändert haben (§ 1059 III 1). Fristbeginn ist der Tag, an dem der Antragsteller den Schiedsspruch empfangen hat (§ 1059 III 2). Da das Schiedsgericht den Parteien den Schiedsspruch lediglich zu »übermitteln« hat (§ 1054 IV), ist keine förmliche Zustellung (§§ 166 ff) erforderlich. Ein formloser Zugang genügt (hM, jedoch offen gelassen in BGH NJW 01, 3787, 3788). In der Praxis geschieht dies entweder durch Einschreiben gegen Rückschein oder durch Übersendung durch Kurier (etwa an eine Partei im Ausland). Der Schiedsspruch muss der Partei selbst und nicht etwa ihrem Verfahrensbevollmächtigten übermittelt worden sein. Sendet das Schiedsgericht den für den Antragsteller bestimmten Schiedsspruch an den Verfahrensbevollmächtigten, so beginnt der Lauf der 3-Monatsfrist mit dem Tag, an dem der Antragsteller den Schiedsspruch von seinem Verfahrensbevollmächtigten empfangen hat. 60
57.1 Die Drei-Monatsfrist hält auch bei Schiedsverfahren mit Verbrauchern einer Kontrolle am Maßstab des Gemeinschaftsrechts stand (EuGH 6.10.09 – C-40/08, www.curia.europa.eu, Rn 41 ff zur Anfechtungsfrist von zwei Monaten nach spanischem Recht – Asturcom Telecomunicaciones).

III. Ein Monat ab Zwischenbescheid (§ 1040 III). Hat das Schiedsgericht bereits durch Zwischenentscheid nach § 1040 III seine Zuständigkeit bejaht, so beträgt die Antragsfrist für dessen Aufhebung lediglich einen Monat ab Übermittlung des schriftlich abgefassten Entscheids an den Antragsteller, § 1040 III 2 (BGH SchiedsVZ 03, 133, 134; s. § 1040 Rz 5). 61

IV. Parallelverfahren nach §§ 1059, 1060. Die Verfahren nach § 1059 und nach § 1060 werden häufig unabhängig voneinander von der jeweils anderen Partei eingeleitet. Für beide Verfahren ist das gleiche OLG zuständig, § 1062 I 4. Es dient der Prozessökonomie, wenn das OLG die Verfahren miteinander verbindet, so dass nur eine Entscheidung ergeht. Bleiben beide Verfahren getrennt, sollte das OLG zuerst über das Verfahren nach § 1059 entscheiden. Gibt es dem Aufhebungsantrag statt und wird die Entscheidung rechtskräftig, ist der Schiedsspruch mit weltweiter Wirkung beseitigt, Art. V 1 e) UNÜ. Der Antrag auf Vollstreckbarerklärung nach § 1060 ist dann abzuweisen. Bleibt das Aufhebungsverfahren erfolglos, ist über den Antrag auf Vollstreckbarerklärung zu entscheiden. 61a

V. Kein Aufhebungsverfahren nach Vollstreckbarerklärung. Ist der Schiedsspruch rechtskräftig für vollstreckbar erklärt worden, kann ein Antrag auf Aufhebung des Schiedsspruchs nicht mehr gestellt werden, § 1059 III 4 (BGH NJW-RR 06, 995, 996 Rn 11). Das gilt auch für einen behaupteten *op*-Verstoß nach § 1059 II 2 b). Da der *op*-Verstoß als vAw zu prüfender Aufhebungsgrund immer im Verfahren auf Vollstreckbarerklärung nach § 1060 zu berücksichtigen ist, steht mit der rechtskräftigen Vollstreckbarerklärung endgültig fest, dass der Schiedsspruch nicht gegen den *op* verstößt (BGH NJW-RR 06, 995, 996 Rn 11). Die Vollstreckbarerklärung schützt den Gläubiger auch gegen später vorgebrachte angebliche *op*-Verstöße. 62

F. In geeigneten Fällen Zurückverweisung ans Schiedsgericht (§ 1059 IV). Hat das Gericht den Schiedsspruch aufgehoben, kann es auf Antrag einer Partei die Streitigkeit an das Schiedsgericht zur erneuten Entscheidung zurückverweisen. Das Gericht hat ein eigenes Ermessen, ob es dem Antrag folgt. Es hat hierzu die andere(n) Partei(en) zu hören. Es sollte zurückverweisen, sofern keine wichtigen Gründe dagegen sprechen. Widerspricht die andere Partei, ist die Sache zur Zurückverweisung ungeeignet, wenn aus objektiver Sicht der anderen Partei das Vertrauen in die Amtsführung des Schiedsgerichts fehlt. Dann ist eine der Grundbedingungen der privaten Schiedsgerichtsbarkeit weggefallen. Das ist zB bei einem Verstoß des Schiedsgerichts gegen das rechtliche Gehör so (str). 63

64 **G. Regel: Trotz Aufhebung des Schiedsspruchs Fortbestehen der Schiedsvereinbarung (§ 1059 V).** Durch Auslegung ist zu ermitteln, ob die Schiedsvereinbarung fortbesteht, wenn der Schiedsspruch in vollem Umfang vom Gericht aufgehoben wird. Nach § 1059 V ist das »im Zweifel« der Fall. Es ist, um jeden Zweifel von vorneherein auszuschließen, empfehlenswert sich einer der üblichen **Musterschiedsklauseln** zu bedienen, die *alle* Streitigkeiten aus oder im Zusammenhang mit einem Vertrag der ad hoc- oder institutionellen Schiedsgerichtsbarkeit zuweist. Aus einer derartigen Musterschiedsklausel ergibt sich unzweideutig, dass die staatlichen Gerichte auch bei weiteren Streitigkeiten, ua als Folge der Aufhebung des Schiedsspruchs, ausgeschlossen bleiben sollen.

65 **H. Kosten/Gebühren. I. Gerichtskosten.** KV 1620.

66 **II. Rechtsanwalt.** VV 3100 ff.

Abschnitt 8 Voraussetzungen der Anerkennung und Vollstreckung von Schiedssprüchen

§ 1060 Inländische Schiedssprüche. **(1) Die Zwangsvollstreckung findet statt, wenn der Schiedsspruch für vollstreckbar erklärt ist.**

(2) [1]Der Antrag auf Vollstreckbarerklärung ist unter Aufhebung des Schiedsspruchs abzulehnen, wenn einer der in § 1059 Abs. 2 bezeichneten Aufhebungsgründe vorliegt. [2]Aufhebungsgründe sind nicht zu berücksichtigen, soweit im Zeitpunkt der Zustellung des Antrags auf Vollstreckbarerklärung ein auf sie gestützter Aufhebungsantrag rechtskräftig abgewiesen ist. [3]Aufhebungsgründe nach § 1059 Abs. 2 Nr. 1 sind auch dann nicht zu berücksichtigen, wenn die in § 1059 Abs. 3 bestimmten Fristen abgelaufen sind, ohne dass der Antragsgegner einen Antrag auf Aufhebung des Schiedsspruchs gestellt hat.

1 **A. Rechtsquelle.** § 1060 I hat im UNCITRAL-MG keine Entsprechung. § 1060 II ist an Art 34 III UNCITRAL-MG angelehnt.

2 **B. Zweck der Vollstreckbarerklärung.** Erfüllt die im Schiedsverfahren unterlegene Partei den gegen sie ergangenen Schiedsspruch nicht freiwillig, kann sein Inhalt mit Hilfe der staatlichen Organe vollstreckt werden, § 794 I 4a. Hierfür ist jedoch erforderlich, dass er durch das Gericht im Verfahren nach § 1060 für vollstreckbar erklärt worden ist. Der Schiedsspruch als solcher ist kein Vollstreckungstitel, obwohl ihm § 1055 die Wirkungen eines rechtskräftigen gerichtlichen Urteils zuerkennt. Das ergibt sich aus § 704 iVm § 794 Nr 4a. Im Verfahren auf Vollstreckbarerklärung kann der Antragsgegner die Einwendungen aus § 1059 geltend machen, soweit er damit nicht bereits wegen Fristablauf oder aus anderen Gründen ausgeschlossen ist.

3 **C. Auslegung des Schiedsspruchs.** Das OLG kann in Verfahren auf Vollstreckbarerklärung den Schiedsspruch auslegen und rechtlich einordnen (BGH SchiedsVZ 08, 40, 42 Rn 14).

4 **D. Formelle Voraussetzungen. I. Antragsberechtigt: Die siegreiche Partei.** Ein Antrag auf Vollstreckbarerklärung eines Schiedsspruchs kann nur von einer Partei gestellt werden, die im Schiedsverfahren mindestens tw gesiegt hat (BGH NJW-RR 07, 1366 Rn 7).

5 **II. Ordnungsgemäße Prozessvollmacht.** Das Verfahren nach §§ 1060, 1062 I 4 vor dem OLG ist ein Anwaltsprozess nach § 78, sobald das Gericht die mündliche Verhandlung angeordnet hat. Das folgt aus § 1063 IV. Der beauftragte Rechtsanwalt muss seine ordnungsgemäße Bevollmächtigung durch die Vorlage einer Prozessvollmacht im Original nachweisen (BGH NJW-RR 02, 933). Eine Telekopie reicht nicht aus (BGHZ 166, 278, 280 Rn 10). Ohne ordnungsgemäßen Nachweis ist der Antrag auf Anerkennung und Vollstreckbarerklärung »als derzeit unbegründet abzuweisen«. Die abstrakte Vollstreckungsfähigkeit des Schiedsspruchs wird durch den lediglich prozessualen Mangel nicht berührt. Dem Antragsteller muss daher die Möglichkeit erhalten bleiben, erneut und diesmal ordnungsgemäß ein Verfahren nach § 1060 einzuleiten.

6 **III. Wirksamer Schiedsspruch.** Nur ein wirksamer Schiedsspruch kann im Verfahren nach § 1060 für vollstreckbar erklärt werden. Erfüllt ein Schiedsspruch nicht die inhaltlichen Voraussetzungen, die an einen Schiedsspruch nach § 1054 zu stellen sind (s. § 1054 Rz 3), so ist ein Antrag auf Vollstreckbarerklärung

unzulässig. Das ist zB der Fall, wenn das Schiedsgericht trotz wirksamer Schiedsvereinbarung den Streit nicht vollständig selbst entschieden hat und damit seine Kompetenz nicht ausgeschöpft hat, sondern die Entscheidung tw dem staatlichen Gericht überlässt (BGH SchiedsVZ 08, 40, 41, Rn 13).

IV. Endgültiger Schiedsspruch. Vollstreckbar ist nur ein endgültiger Schiedsspruch. Liegt dem Schiedsspruch eine Schiedsvereinbarung zugrunde, die es den Parteien in gleicher Weise ermöglicht, innerhalb einer bestimmten Frist nach Erlass des Schiedsspruchs das staatliche Gericht anzurufen, um den Streit erneut durch das Gericht entscheiden zu lassen, so liegt ein endgültiger und damit wirksamer Schiedsspruch nur vor, wenn keine der Parteien innerhalb der vereinbarten Frist das Gericht angerufen hat (BGHZ 171, 245, 249 Rn 18). Die Bindung der Parteien an den Schiedsspruch beruht auf deren vertraglichem Willen. Der Grundsatz der Vertragsfreiheit ermöglicht ihnen, die Bindungswirkung an Bedingungen zu knüpfen. Sie können daher als auflösende Bedingung vereinbaren, dass der Schiedsspruch dann wirkungslos wird, wenn eine der Parteien innerhalb einer bestimmten Frist das staatliche Gericht anruft (BGHZ 171, 245, 249 Rn 18). 7

V. Schiedssprüche mit vereinbartem Wortlaut (§ 1053 I 2). Diese haben die gleiche Wirkung wie jeder andere Schiedsspruch zur Sache. Sie sind daher ebenfalls im Verfahren nach § 1060 für vollstreckbar zu erklären (BGHZ 145, 376, 379; NJW-RR 07, 1366 Rn 7). 8

VI. Teilschiedsspruch. Für vollstreckbar erklärt werden kann auch ein Teilschiedsspruch (s. § 1054 Rz 2), mit dem das Schiedsgericht endgültig eine Sachentscheidung über einen Teil des Streitgegenstandes getroffen hat (BGH WM 07, 1050, 1051 Rn 6). Als Teilschiedsspruch gilt auch eine **Kostenentscheidung** in einem **Zwischenschiedsspruch**, wenn das Schiedsgericht hierin endgültig über die Kosten des betreffenden Verfahrensabschnitts entschieden hat (BGH WM 07, 1051 Rn 6). 9

VII. Kostenschiedsspruch nach § 1057 II 2. Hat das Schiedsgericht über die Kosten des Schiedsverfahrens in einem gesonderten Schiedsspruch nach § 1057 II 2 entschieden, ist dieser Schiedsspruch für vollstreckbar zu erklären. Für das Verfahren gelten insoweit keine Besonderheiten. 10

VIII. Schiedsspruch mit nicht vollstreckbarem Inhalt. Für die Vollstreckbarerklärung kommt es nicht darauf an, ob der Schiedsspruch einen vollstreckbaren Inhalt hat. Auch ein Schiedsspruch mit nicht vollstreckbarem Inhalt ist für vollstreckbar zu erklären. Hieran besteht ein rechtlich anzuerkennendes Interesse des Antragstellers. Denn die Vollstreckbarerklärung ermöglicht nicht nur die Zwangsvollstreckung. Sie sichert den Schiedsspruch auch gegen die spätere Geltendmachung von Aufhebungsgründen, § 1060 II 3 (BGH NJW-RR 06, 995, 996 Rn 10 f). Handelt es sich um einen **Schiedsspruch über** eine **Insolvenzforderung**, ist der Schiedsspruch mit der Maßgabe für vollstreckbar zu erklären, dass die ausgeurteilte Forderung zur Insolvenztabelle festgestellt wird. Die Feststellung zur Insolvenztabelle wirkt *eo ipso* und bedarf keiner Vollstreckung mehr (BGH NJW 09, 1747, 1748 Rn 18). 11

IX. Vollstreckbarerklärung für und gegen Rechtsnachfolger. Im Verfahren nach § 1060 ist die Vollstreckbarerklärung unmittelbar für und gegen den Rechtsnachfolger zulässig. Es gilt der Grundgedanke des § 727. Jedoch ist bei nicht offenkundiger Rechtsnachfolge der dort geforderte Nachweis durch öffentliche oder öffentlich beglaubigte Urkunden nicht notwendig (BGH NJW-RR 07, 1366 f Rn 12). Denn es entscheidet ein OLG, § 1062 I 4, das den Antragsgegner zwingend anzuhören hat, § 1063 I. Der Antragsgegner hat so Gelegenheit, die Rechtsnachfolge zu bestreiten. Dann muss das Gericht ggf eine Beweisaufnahme durchführen. Das Verfahren nach § 1060 erfüllt damit zugleich die Rechtsschutzfunktion der Klauselklage nach § 731 (BGH NJW-RR 07, 1366 f Rn 12). 12

E. Einwendungen gegen die Vollstreckbarerklärung. Ein ordnungsgemäß ergangener Schiedsspruch ist nur dann für vollstreckbar zu erklären, wenn (I) fristgebundene Aufhebungsgründe aus § 1059 II 1 entweder nicht fristgerecht geltend gemacht worden sind oder rechtskräftig abgewiesen worden sind und (II) keiner der vAw zu berücksichtigenden Aufhebungsgründe nach § 1059 II 2 vorliegt. Hat das Schiedsgericht zB in einem Zwischenschiedsspruch nach § 1040 III seine Zuständigkeit bejaht und hat der Antragsgegner hiergegen nicht innerhalb der Monatsfrist nach § 1040 III 2 die gerichtliche Entscheidung beantragt, ist er im Verfahren auf Vollstreckbarerklärung des endgültigen Schiedsspruchs mit der Zuständigkeitsrüge ausgeschlossen (BGH NJW 09, 1747, 1749 Rn 32). 13

14 **I. Prüfung von Amts wegen.** Der Richter muss im Verfahren auf Vollstreckbarerklärung vAw prüfen, ob ein Aufhebungsgrund aus § 1059 II 2b vorliegt, va ein Verstoß gegen den ordre public (s. § 1059 Rz 39ff). Dabei ist auch vAw zu prüfen, ob ein Verstoß gegen den gemeinschaftsrechtlichen ordre public vorliegt (s. § 1059 Rz 42f). Ist dies der Fall, ist die Vollstreckbarerklärung abzulehnen und der Schiedsspruch aufzuheben, soweit er mit dem *op* unvereinbar ist.

14a Ist ein Aufhebungsantrag jedoch nach § 1059 rechtskräftig abgewiesen, darf das OLG nicht erneut oder sogar erstmals prüfen, ob ein zu berücksichtigender Aufhebungsgrund aus § 1059 II 2 b) vorliegt.

15 **II. Parteidisposition.** Beruht der Schiedsspruch auf einem *ordre public*-Verstoß des Schiedsgerichts, kann der Antragssteller lediglich die tw Aufhebung des Schiedsspruchs beantragen, wenn mit der Teilaufhebung der *ordre public*-Verstoß vollständig beseitigt ist. Insoweit ist sein rechtliches Interesse an der teilweisen Aufrechterhaltung des Schiedsspruchs anzuerkennen. Das hat der BGH am Beispiel eines Schiedsspruchs mit vereinbartem Wortlaut über einen Unternehmenskauf entschieden. Der Vergleich der Parteien über den Kaufpreis beruhte auf vom Verkäufer vorgelegten gefälschten Bilanzen und damit auf einer vorsätzlichen sittenwidrigen Schädigung nach § 826 BGB (BGHZ 145, 376, 382 = NJW 01, 373). Der Käufer wollte das Unternehmen behalten. Der Schiedsspruch war im vom Verkäufer betriebenen Vollstreckungsverfahren nur insoweit aufzuheben und die Vollstreckbarerklärung nur insoweit abzulehnen, als der Kaufpreis auf der Grundlage der gefälschten Bilanzen überhöht war.

16 **III. Fristgebundene Einwendungen.** Der Antragsgegner kann im Verfahren auf Vollstreckbarerklärung die fristgebundenen Einwendungen aus § 1059 II 1 geltend machen (§ 1059 Rz 8ff). Ist jedoch die Frist aus § 1059 III bereits abgelaufen, ohne dass der Antragsgegner rechtzeitig einen eigenen Aufhebungsantrag nach § 1059 I gestellt hat, ist er mit diesen Einwendungen in dem vom Antragsteller betriebenen Verfahren auf Vollstreckbarerklärung ausgeschlossen, § 1060 II 3. Ebenso sind solche Einwendungen verloren, die bereits vom Gericht in einem vom Antragsgegner betriebenen Aufhebungsverfahren nach § 1059 rechtskräftig abgewiesen worden sind, bevor ihm der Antrag auf Vollstreckbarerklärung zugestellt worden ist, § 1060 II 2.

17 **IV. Zwischenentscheid nach § 1040 III.** Hat das Schiedsgericht bereits über die Wirksamkeit einer Schiedsvereinbarung durch Zwischenentscheid nach § 1040 III entschieden und sich für zuständig erklärt, so kann die Rüge, die Schiedsvereinbarung sei ungültig, im Verfahren auf Vollstreckbarerklärung nicht mehr geltend gemacht werden, wenn die Frist von einem Monat nach Übermittlung des Zwischenentscheids durch das Schiedsgericht (§ 1040 III 2) für eine gerichtliche Überprüfung der Entscheidung bereits abgelaufen ist (BGH SchiedsVZ 03, 133, 134). Es ist der Zweck von § 1040, frühzeitig im Schiedsverfahren eine endgültige und damit rechtskräftige Entscheidung darüber herbeizuführen, ob die Schiedsvereinbarung wirksam ist (BGH SchiedsVZ 03, 133, 134).

18 **V. Verbot einer *révision au fond*.** Werden im Verfahren auf Vollstreckbarerklärung vom Antragsgegner gegen den Schiedsspruch Aufhebungsgründe nach § 1059 II 1 geltend gemacht, gilt auch wie im Aufhebungsverfahren das uneingeschränkte Verbot einer *révision au fond* (s. § 1059 Rz 11).

18a **VI. Parallelverfahren nach §§ 1060, 1059.** Haben die Parteien getrennt ein Aufhebungsverfahren nach § 1059 und ein Verfahren auf Vollstreckbarerklärung nach § 1060 eingeleitet und hat das OLG beide Verfahren nicht miteinander verbunden, hat der Gläubiger ein Rechtsschutzinteresse am Verfahren nach § 1060, solange der Schiedsspruch nicht im Verfahren nach § 1059 rechtskräftig aufgehoben ist.

19 **VII. Gegenansprüche außerhalb der Schiedsvereinbarung.** Der Antragsgegner kann bereits im Verfahren auf Vollstreckbarerklärung des Schiedsspruchs auch solche Gegenansprüche geltend machen, die nicht unter die Schiedsvereinbarung fallen und die er deswegen nicht im Schiedsverfahren vorbringen konnte. Das folgt aus den Geboten der Prozessökonomie und der Verfahrenskonzentration. Er braucht daher nicht zu warten, bis er den Beschl über die Vollstreckbarerklärung nach §§ 1060 I, 1063 I mit der Vollstreckungsgegenklage aus § 767 angreifen kann (BGH NJW-RR 08, 558, 560 Rn 18). Das gilt zB für die **Aufrechnung** mit einer Gegenforderung außerhalb der Schiedsvereinbarung. Zulässig sind auch sachlich-rechtliche Einwendungen, die der Antragsgegner bereits im Schiedsverfahren geltend gemacht hatte, jedoch nach Auffassung des Schiedsgerichts nicht unter eine Schiedsvereinbarung fallen (BGH SchiedsVZ 10, 275 Tz 3 ff; SchiedsVZ 10, 330 Tz 8 ff).

Ebenso werden Ansprüche aus einer **Insolvenzanfechtung** nach §§ 129 ff InsO nicht von einer vom Gläubiger noch mit dem Schuldner getroffenen Schiedsvereinbarung erfasst. Der Insolvenzverwalter, der im Schiedsverfahren an die Stelle des Schuldners getreten ist, kann daher im Schiedsverfahren dem Anspruch des Gläubigers nicht die Insolvenzanfechtung entgegen setzen. Er kann jedoch im Verfahren auf Vollstreckbarerklärung des Schiedsspruchs die Einrede der Insolvenzanfechtung erheben (BGH NJW-RR 08, 558, 560 Rn 17 f). 20

VIII. Ausschluss von Einwendungen. Ist im Aufhebungsverfahren nach § 1059 ein geltend gemachter Aufhebungsgrund rechtskräftig zurückgewiesen worden, ist der Antragsgegner im Verfahren auf Vollstreckbarerklärung nach § 1060 mit dem gleichen Einwand ausgeschlossen, § 1060 II 2. Das gilt auch für behauptete Verstöße gegen den *ordre public* (BGH NJW-RR 06, 995, 996 Rn 11). 21

F. Keine Vollstreckbarerklärung. Eine Vollstreckbarerklärung ist nicht möglich für **Zwischenschiedssprüche** über die Zuständigkeit des Schiedsgerichts nach § 1040 III oder über andere prozessuale Streitpunkte. Diese binden lediglich das Schiedsgericht, enthalten aber keine endgültige Sachentscheidung über den Streitgegenstand (BGH WM 07, 1050 Rn 5). Hiervon ausgenommen ist die **Kostenentscheidung im Zwischenschiedsspruch**, wenn das Schiedsgericht damit endgültig über die Kosten des betreffenden Verfahrensabschnitts entschieden hat. Die Kostenentscheidung gilt insoweit als endgültiger Schiedsspruch (BGH WM 07, 1051 Rn 6). 22

G. Kosten/Gebühren. I. Gericht. KV 1620. 23

II. Rechtsanwalt. VV 3100 ff. 24

§ 1061 Ausländische Schiedssprüche.

(1) [1]Die Anerkennung und Vollstreckung ausländischer Schiedssprüche richtet sich nach dem Übereinkommen vom 10. Juni 1958 über die Anerkennung und Vollstreckung ausländischer Schiedssprüche (BGBl. 1961 II S. 121). [2]Die Vorschriften in anderen Staatsverträgen über die Anerkennung und Vollstreckung von Schiedssprüchen bleiben unberührt.
(2) Ist die Vollstreckbarerklärung abzulehnen, stellt das Gericht fest, dass der Schiedsspruch im Inland nicht anzuerkennen ist.
(3) Wird der Schiedsspruch, nachdem er für vollstreckbar erklärt worden ist, im Ausland aufgehoben, so kann die Aufhebung der Vollstreckbarerklärung beantragt werden.

A. Rechtsquelle. Für die Anerkennung und Vollstreckung ausländischer Schiedssprüche oder deren Ablehnung durch die deutschen Gerichte hat der Gesetzgeber nicht auf die dafür vorgesehenen Art 35, 36 UNCITRAL-MG zurückgegriffen. Er hat stattdessen mit § 1061 I auf das UNÜ als Ganzes verwiesen. Für das Anerkennungs- und Vollstreckungsverfahren sind jedoch lediglich dessen Art II–VII UNÜ von Bedeutung (s. Anh zu § 1061). 1

UNCITRAL unterhält das elektronische Informationssystem *CLOUT* (www.uncitral.org/uncitral/en/case_law.html), in dem in englischer Sprache die Gerichtsentscheidungen aller UNCITRAL-Mitgliedstaaten zum UNCITRAL-MG und damit inzident auch zu den wesentlichen Bestimmungen des UNÜ gesammelt und veröffentlicht werden. Zur Sicherung des wünschenswerten Entscheidungsgleichklangs bei der Anerkennung und Vollstreckbarerklärung ausländischer Schiedssprüche sollten daher insb die Gerichte von diesem nützlichen Arbeitsmittel Gebrauch machen. 2

B. Grundsatz. Jeder im Ausland auf der Grundlage und unter den Voraussetzungen des UNÜ ergangene Schiedsspruch kann in Deutschland anerkannt und für vollstreckbar erklärt werden. Das ist einer der großen Vorzüge der internationalen Schiedsgerichtsbarkeit im Vergleich zu den häufig schwierigen Anerkennung und Vollstreckbarerklärung von Urteilen ausländischer Gerichte außerhalb der EU (s. § 722). Die deutschen Gerichte können die Anerkennung und Vollstreckbarerklärung nur aus den in Art V UNÜ aufgeführten Gründen verweigern. Das gleiche gilt, soweit sachlich-rechtliche Einwendungen gegen den im Schiedsspruch zuerkannten Anspruch durchgreifen, die analog § 767 II erst nach Erlass des Schiedsspruchs entstanden sind und nicht ihrerseits einer Schiedsvereinbarung unterliegen (BGH SchiedsVZ 10, 330, Tz 87 ff). 3

C. Prozessvoraussetzungen. I. Ordnungsgemäße Prozessvollmacht. Das Verfahren nach §§ 1061, 1062 I 4 vor dem OLG ist ein Anwaltsprozess nach § 78, sobald das Gericht die mündliche Verhandlung angeord- 4 net hat. Das folgt aus § 1063 IV. Der beauftragte Rechtsanwalt muss seine ordnungsgemäße Bevollmächtigung durch die Vorlage einer Prozessvollmacht im Original nachweisen (BGH NJW-RR 02, 933). Eine Telekopie reicht nicht aus (BGHZ 166, 278, 280 Rn 10). Ohne ordnungsgemäßen Nachweis ist der Antrag auf Anerkennung und Vollstreckbarerklärung »als derzeit unbegründet« abzuweisen. Die abstrakte Vollstreckungsfähigkeit des ausländischen Schiedsspruchs auf der Grundlage des UNÜ wird durch den lediglich prozessualen Mangel nicht berührt. Dem Antragsteller muss daher die Möglichkeit erhalten bleiben, erneut und diesmal ordnungsgemäß ein Verfahren nach § 1061 einzuleiten.

5 **II. Vorlage des Schiedsspruchs.** Art IV 1 UNÜ verlangt, Schiedsspruch und Schiedsvereinbarung im Original oder in ordnungsgemäß beglaubigten Kopien vorzulegen. Ist der Schiedsspruch in einer Fremdsprache abgefasst, ist nach Art IV 2 UNÜ zusätzlich eine amtliche Übersetzung in die Gerichtssprache beizufügen.

6 § 1064 III enthält jedoch mit dem Verweis auf § 1064 I für die Vorlagepflicht ausländischer Schiedssprüche eine eigenständige Regelung. Sie ist weniger streng als Art IV UNÜ. Danach ist lediglich der Schiedsspruch im Original oder in beglaubigter Kopie vorzulegen, wobei der bevollmächtigte Rechtsanwalt die Beglaubigung vornehmen kann. **Nicht erforderlich** ist die Vorlage der Schiedsvereinbarung oder einer Übersetzung des Schiedsspruchs. Nach dem Günstigkeitsprinzip hat der Richter im Verfahren auf Anerkennung und Vollstreckung eines ausländischen Schiedsspruchs § 1064 und nicht Art IV UNÜ anzuwenden (BGH NJW-RR 04, 1504 f lit bb).

7 **III. Vorlage der bestrittenen Schiedsvereinbarung.** Bestreitet der Antragsgegner den Abschluss oder den Inhalt der Schiedsvereinbarung, ist es Aufgabe des Antragstellers, deren Original oder ordnungsgemäß beglaubigte Abschrift einschließlich einer ordnungsgemäß beglaubigten Übersetzung in die deutsche Sprache vorzulegen. Art IV 1 b und Art IV 2 UNÜ sind insoweit als Regeln über die Darlegungs- und Beweislast anzusehen. Es ist dann Aufgabe des OLG, den bestrittenen Sachverhalt nach § 286 aufzuklären, sofern sich die Wirksamkeit der Schiedsvereinbarung nicht nach dem Günstigkeitsgrundsatz aus Art VII UNÜ wegen einer unterlassenen rechtzeitigen Rüge der Unzuständigkeit des Schiedsgerichts entsprechend § 1031 VI durch rügelose Einlassung zur Hauptsache (s. § 1031 Rz 10) oder aus § 1040 II ergibt (s. § 1040 Rz 4).

8 **IV. Kein Wahlrecht des Gläubigers mit § 722.** Der Schiedsspruch kann bereits im Erlassstaat durch ein Gerichtsurteil für vollstreckbar erklärt worden sein. Kennt dessen Recht die *doctrine of merger*, geht der Schiedsspruch dabei im Bestätigungsurteil auf (zB in einigen Gliedstaaten der USA). Der Anspruch aus dem Urt ersetzt dann den Anspruch aus dem Schiedsspruch. Die Vollstreckung gegen den Schuldner im Erlassstaat erfolgt nur noch aus dem Urt, nicht mehr aus dem Schiedsspruch.

9 In Deutschland konnte der Gläubiger bisher wählen, ob er die Anerkennung und Vollstreckung aus dem ausländischen Schiedsspruch über das UNÜ betreiben oder aber das ausländische Gerichtsurteil über §§ 722 f für vollstreckbar erklären lassen wollte (BGH NJW 84, 2765 f; NJW 84, 2763 f). Der BGH hat jetzt die Wahlmöglichkeit beendet und das Verfahren auf die Anerkennung und Vollstreckung eines ausländischen Schiedsspruchs nach § 1061 und damit über das UNÜ beschränkt (BGH 2.7.09 – IX ZR 152/06 juris). Nur das Verfahren nach § 1061 gewährleistet die sachgerechte Kontrolle des Schiedsspruchs an Hand von Art V UNÜ vor dem besonders kompetenten OLG als Eingangsgericht, während AG oder LG Eingangsinstanz für die Vollstreckbarerklärung ausländischer Urteile sind (s. § 722).

10 **D. Vollstreckbarerklärung durch Gericht. I. Schiedssprüche auf der Grundlage des UNÜ.** Das Gericht hat den ausländischen Schiedsspruch der privaten Schiedsgerichtsbarkeit anzuerkennen und für vollstreckbar zu erklären, wenn keine Versagungsgründe aus Art V UNÜ entgegenstehen.

11 Auf der Grundlage des UNÜ haben die Gerichte auch Schiedssprüche von Schiedsgerichten für vollstreckbar zu erklären, die auf der Grundlage bilateraler oder multilateraler **Investitionsschutzabkommen** oder in einem ICSID-Schiedsverfahren ergangen sind. Derartige völkerrechtliche Abkommen enthalten regelmäßig eine Schiedsklausel zu Gunsten ausländischer Investoren für Streitigkeiten zwischen dem Gaststaat und dem Investor über die vom Gaststaat geschuldete Entschädigung bei Enteignung und enteignungsgleichem Eingriff. Allein Deutschland hat 133 bilaterale Investitionsschutzabkommen mit fremden Staaten abgeschlossen (s. BGBl II 2009, Fundstellennachweis B, Sachgebiet VI 10, S. 886 f) und ist Mitglied des ICSID Übereinkommens von 1965 (BGBl 69 II, 369). Derartige Schiedssprüche, die damit einen engen Bezug zum Völkerrecht aufweisen, werden jedoch wie private Schiedssprüche aus der internationalen Wirtschaftsschiedsgerichtsbarkeit anerkannt und für vollstreckbar erklärt (Beispiel: KG SchiedsVZ 04, 109, Vollstreckbarerklärung eines Stockholmer Schiedsspruchs auf der Grundlage des deutsch-russischen [sowjetischen]

Abkommens von 1989). Jedoch gibt es bei der anschließenden Vollstreckung aus dem Schiedsspruch gegen in Deutschland gelegenes Vermögen des ausländischen Staates häufig Schwierigkeiten, weil sich der Staat erfolgreich auf die aus dem Völkerrecht stammende Vollstreckungsimmunität beruft, die Bestandteil der allgemeinen Staatenimmunität ist (BGH NJW-RR 06, 425; BGH WM 10, 84 Tz 16 ff).

II. Schiedssprüche auf der Grundlage statutarischer Schiedsklauseln. Auch Schiedssprüche eines auslän- 12
dischen Schiedsgerichts, die auf statutarischen Schiedsklauseln beruhen (s. § 1066 Rz 2 ff) können anerkannt und für vollstreckbar erklärt werden. Zwar fallen statutarische Schiedsklauseln nicht unter Art II UNÜ. § 1066 verweist jedoch insgesamt auf das 10. Buch. Hierdurch erfolgt die Gleichstellung von Schiedsverfahren auf Grund von statutarischen Schiedsklauseln mit solchen, die auf einer Schiedsvereinbarung nach § 1029 ff beruhen. Über Art VII UNÜ ist daher § 1066 auch für den ausländischen Schiedsspruch auf der Grundlage einer statutarischen Schiedsklausel anwendbar.

III. Auslegungsbefugnis. Das OLG kann im Anerkennungsverfahren den ausländischen Schiedsspruch 13
auslegen und rechtlich einordnen (vgl BGH SchiedsVZ 08, 40, 42 Rn 14 für den inländischen Schiedsspruch).

IV. Anerkennungsfreundliches Recht. 1. Deutsches Recht günstiger. Ist das deutsche Recht für die Voll- 14
streckbarerklärung eines inländischen Schiedsspruchs günstiger als das Recht des UNÜ, so kann sich die Partei, die die Anerkennung und Vollstreckbarerklärung eines Schiedsspruchs begehrt, über Art VII 1 UNÜ hierauf stützen. Das Gericht hat jedoch vAw auf das anerkennungsfreundliche innerstaatliche Recht zurückzugreifen. Denn es hat das Recht, hierzu gehört das nationale Recht ebenso wie völkerrechtliche Verträge, vAw zu beachten (BGH NJW 04, 1405 Nr. 2 b aa). Daher dürfen ausländische Schiedssprüche nicht schlechter behandelt werden als inländische (BGH SchiedsVZ 10, 332, Tz 6 ff).

So ist unter Art II UNÜ strittig, ob das dort angeordnete Erfordernis der Schriftform für die Schiedsverein- 15
barung erfüllt ist, wenn die **Schiedsklausel** lediglich **Bestandteil von AGB** ist, die in den Vertrag einbezogen sind. Nach § 1031 II und III ist das für eine Schiedsklausel, die deutschem Recht unterliegt, unzweideutig der Fall. Das Gericht hat daher an Stelle von Art II UNÜ § 1031 anzuwenden, ohne dass sich der Antragsteller hierauf berufen muss (BGH SchiedsVZ 10, 332 Tz 6 ff).

2. Völkerrechtlicher Vertrag günstiger. Das Gericht hat nach § 1061 I 2 vAw auch anerkennungsfreundli- 16
ches Recht aus zwei- oder mehrseitigen völkerrechtlichen Verträgen anzuwenden (BGH NJW 07, 772, 774 Rn 19 [insoweit nicht in BGHZ 166, 278]). Das ergibt sich über den Verweis in § 1061 I S 1 aus Art VII 1 UNÜ, der jedoch auch ohne den Verweis für das Gericht unmittelbar anwendbares Recht ist, weil Deutschland Signatarstaat des UNÜ ist (s. Anhang nach § 1061). § 1061 I 2 wiederholt daher lediglich die Selbstverständlichkeit, dass die Vorschriften in anderen Staatsverträgen über die Anerkennung und Vollstreckung von Schiedssprüchen unberührt bleiben. Die Partei, die die Anerkennung und Vollstreckbarerklärung eines ausländischen Schiedsspruchs begehrt, braucht sich daher nicht auf das ihr günstigere Völkerrecht zu berufen (BGH NJW 07, 772, 774 bei Rn 19 [insoweit nicht in BGHZ 166, 278]).

V. Gesonderter Kostenschiedsspruch. Hat das ausländische Schiedsgericht über die Kosten des Schieds- 17
verfahrens in einem gesonderten Schiedsspruch entschieden, ist auch dieser Schiedsspruch für vollstreckbar zu erklären. Für das Verfahren gelten insoweit keine Besonderheiten.

VI. Teilschiedsspruch. Für vollstreckbar erklärt werden kann auch ein Teilschiedsspruch, mit dem das 18
Schiedsgericht über einen abtrennbaren Teil des Streitgegenstands endgültig und wirksam entschieden hat zB bei einer Klage auf Zahlung von Schadensersatz und Unterlassung nur über den Zahlungsanspruch. Auch ein ausländischer Schiedsspruch über den **Grund** kann anerkannt und für vollstreckbar erklärt werden. Der Gläubiger hat hieran ein schützenswertes Rechtsinteresse. Denn es kann bereits im Verfahren nach § 1061 rechtskräftig geklärt werden, dass der Grund des Anspruchs und damit der hierauf bezogene Schiedsspruchs nicht an Einwendungen aus Art V UNÜ scheitert. Das kann den Abschluss eines Vergleichs mit dem Schuldner fördern, der in Deutschland über vollstreckungsfähiges Vermögen verfügt und damit die Fortsetzung des Schiedsverfahrens über die Höhe des Anspruchs überflüssig machen.

VII. Keine Anerkennung von Zwischenschiedssprüchen. Eine Vollstreckbarerklärung ist nicht möglich 19
für Zwischenschiedssprüche über die Zuständigkeit des Schiedsgerichts (vgl Art II UNÜ oder § 1040 III) oder über andere prozessuale Streitpunkte. Diese binden lediglich das Schiedsgericht, enthalten aber keine endgültige Sachentscheidung über den Streitgegenstand (vgl BGH WM 07, 1050 Rn 5 zum inländischen

Schiedsverfahren). Hiervon ausgenommen ist die **Kostenentscheidung im Zwischenschiedsspruch**, wenn das Schiedsgericht damit endgültig über die Kosten des betreffenden Verfahrensabschnitts entschieden hat. Die Kostenentscheidung gilt insoweit als endgültiger Schiedsspruch (vgl BGH WM 07, 1051 Rn 6).

20 **E. Gründe, die Anerkennung zu verweigern.** Der Katalog in Art V UNÜ enthält abschließend die Gründe, die es rechtfertigen, die Anerkennung und Vollstreckbarerklärung eines ausländischen Schiedsspruchs abzulehnen. Diese sind im Wesentlichen mit dem Katalog der Aufhebungsgründe in § 1059 identisch. Es ist daher zunächst auf die Kommentierung zu § 1059 zu verweisen (s. § 1059 Rz 7 ff). Art V 1 UNÜ entspricht im Wesentlichen § 1059 II 1 und enthält die Gründe, die der Antragsgegner geltend machen muss, um die Vollstreckbarerklärung zu verhindern. Art V 2 UNÜ, der im wesentlichen § 1059 II 2 entspricht, ermöglicht dagegen dem Gericht auch vAw die Anerkennung des Schiedsspruchs zu verweigern. Das ist regelmäßig dann der Fall, wenn die Vollstreckbarerklärung des Schiedsspruchs gegen den deutschen *ordre public international – opi* – verstoßen würde, Art V 2 b UNÜ.

21 **I. Die geltend zu machenden Einwände (Art V 1 UNÜ). 1. Darlegungszwang für Einwendungen.** Der Antragsgegner hat die Einwendungen aus dem Katalog von Art V 1 UNÜ, mit denen er die Anerkennung und Vollstreckbarerklärung verhindern möchte, »begründet« geltend zu machen (vgl BGHZ 142, 204, 206 f zu § 1059 II 1). Er hat daher jede einzelne Einwendung, die nach seiner Auffassung vorhanden ist, dem Gericht substanziiert darzulegen und zu beweisen.

22 **2. Fehlerhafte Schiedsvereinbarung.** Zu den wichtigsten Einwendungen zählt die fehlerhafte Schiedsvereinbarung, Art V 1a UNÜ. Die Wirksamkeit der Schiedsvereinbarung richtet sich regelmäßig nach dem anwendbaren Recht, unter dem sie abgeschlossen worden ist. Ist die Schiedsvereinbarung jedoch gemessen am Maßstab von § 1031 wirksam zustande gekommen, muss sie der Richter im Verfahren nach § 1061 als wirksam behandeln, auch dann, wenn sie nach dem Recht im Ursprungsland als unwirksam gilt. Das verlangt der vAw anzuwendende Grundsatz der Meistbegünstigung aus Art VII UNÜ (BGH SchiedsVZ 10, 332, Tz 12).

23 Zu beachten sind jedoch mögliche Beschränkungen der **subjektiven Schiedsfähigkeit**. So sind nach § 37 h WpHG Schiedsvereinbarungen mit Verbrauchern über künftige Rechtsstreitigkeiten aus Wertpapierdienstleistungen oder Finanztermingeschäften unwirksam. Das gilt auch, wenn die Schiedsvereinbarung ausländischem Recht unterliegt (BGHZ 184, 365, Tz 21). Art V 1 a) UNÜ erlaubt den Rückgriff auf das für den Verbraucher maßgebliche deutsche Recht (BGH SchiedsVZ 11, 46, Tz 22).

24 Einige **Staaten** (früher regelmäßig die Staaten des COMECON) und diesen Staaten unmittelbar gehörende Staatsunternehmen schließen zunächst die international üblichen Schiedsverträge ab, um sodann im Schiedsverfahren und später im Aufhebungs- oder Vollstreckungsverfahren einzuwenden, sie seien nach ihrem Heimatrecht hierzu nicht fähig gewesen. Der Einwand ist regelmäßig rechtsmissbräuchlich. Nach dem *Europäischen Übereinkommen über die Handelsschiedsgerichtsbarkeit* von 1961 (BGBl 1964 II, 426) haben die Staaten und deren Unternehmen die Fähigkeit, wirksam Schiedsvereinbarungen zu schließen, es sei denn, sie hätten bei der Unterzeichnung, Ratifizierung oder Beitritt einen Vorbehalt erklärt, was kein Staat, der am internationalen Handels- und Wirtschaftsverkehr teilnehmen wollte, getan hat. Art II des Europäischen Übereinkommens gilt heute als Völkergewohnheitsrecht auch für die Staaten und deren Staatsunternehmen, die dem Abkommen nicht beigetreten sind. Jeder Staat und jedes Staatsunternehmen, der oder das im internationalen Wirtschaftsverkehr eine Schiedsvereinbarung durch ordnungsgemäß bestellte Vertreter unterzeichnet hat, ist hieran gebunden und kann sich nicht auf entgegenstehendes formelles Heimatrecht berufen.

25 **3. Fehler bei der Ingangsetzung des Schiedsverfahrens.** Nach Art V 1 b UNÜ kann das Gericht einen Schiedsspruch aufheben, wenn eine Partei nachweist, dass sie von der Bestellung des Schiedsgerichts nicht gehörig in Kenntnis gesetzt worden ist oder aus einem anderen Grund ihre Angriffs- und Verteidigungsmittel nicht hat geltend machen können. Die Vorschrift sichert damit die Beteiligung der Parteien an der Bildung des Schiedsgerichts und einen Mindeststandard beim rechtlichen Gehör. Die Bestimmung ist jedoch kein absoluter Aufhebungsgrund. Bei einer Verletzung ist der Schiedsspruch nur dann aufzuheben, wenn der Verstoß kausal war. Hierzu reicht jedoch aus, wenn der Schiedsspruch auf dem geltend gemachten Verstoß beruhen kann (BGH SchiedsVZ 09, 126, 127 Rn 7).

26 **4. Fehler bei der Bildung des Schiedsgerichts.** Art V 1 d UNÜ überschneidet sich tw mit Art V 1 b UNÜ. Der Hauptfehler bei der Bildung des Schiedsgerichts ist die Befangenheit eines Schiedsrichters, die zu des-

sen Ablehnung berechtigt (vgl Art 12 II – UNCITRAL ML). Die Ablehnung muss jedoch regelmäßig innerhalb einer bestimmten Frist geltend gemacht werden, nachdem die hierzu berechtigte Partei von den Ablehnungsgründen Kenntnis erhalten hat (vgl Art 13 II UNCITRAL ML: 15 Tage; § 1037 II: 2 Wochen). Unterbleibt die fristgerechte Ablehnung, sind die Ablehnungsgründe als Einwand im Verfahren nach § 1061 verloren.

Hat die Partei ohne ihr eigenes Verschulden von den Ablehnungsgründen erst nach Erlass des Schiedsspruchs erfahren, ist die fehlende Unparteilichkeit oder Unabhängigkeit nur dann ein Aufhebungsgrund, wenn sich der Fehler auf den Schiedsspruch ausgewirkt haben kann (vgl BGH SchiedsVZ 09, 126, 127 Rn 7 allgemein zur Kausalität von Verfahrensfehlern). Das ist von vornherein nicht der Fall, wenn es sich um den Schiedsspruch eines Dreier-Schiedsgerichts handelt, der einstimmig ergangen ist. Das Schiedsgericht entscheidet regelmäßig mit Mehrheit, sofern die Parteien nichts anderes vereinbart haben (vgl Art 29 UNCITRAL-ML). Die Stimme des befangenen Schiedsrichters ist damit nicht kausal für das Ergebnis. Handelt es sich um eine Mehrheitsentscheidung und gehört der befangene Schiedsrichter zur Mehrheit, ist der Schiedsspruch jedoch aufzuheben, wenn der Befangenheitsgrund so schwer wiegt, dass er den ordre public nach Art V 2 b verletzt. Das ist etwa bei einem bestochenen und damit korrupten Schiedsrichter der Fall, ebenso, wenn der Schiedsrichter eigene erhebliche wirtschaftliche Interessen am Ausgang des Schiedsverfahrens nicht aufgedeckt hat. Das gleiche gilt für einen vom befangenen Einzelschiedsrichter erlassenen Schiedsspruch. 27

5. Unverbindlicher Schiedsspruch. Nach Art V 1 e Alt 1 UNÜ muss der ausländische Schiedsspruch zwischen den Parteien verbindlich sein, um im Inland anerkannt und für vollstreckbar erklärt werden zu können. Die Möglichkeit für die unterlegene Partei, den Schiedsspruch im Ursprungsstaat noch mit der Aufhebungsklage anzugreifen, von der sie jedoch keinen Gebrauch gemacht hat, steht jedoch seiner Verbindlichkeit für die Parteien nicht entgegen (BGH NJW 07, 772, 774 Rn 23 [insoweit nicht in BGHZ 166, 278]). 28

6. Aufgehobener Schiedsspruch (Art V 1 e UNÜ). Der deutsche Richter darf die Anerkennung und Vollstreckung eines ausländischen Schiedsspruchs versagen, wenn dieser im Erlassstaat rechtskräftig aufgehoben worden ist. Da zahlreiche Staaten, auch solche, in denen Schiedsverfahren stattfinden, nicht über geordnete rechtsstaatliche Verhältnisse verfügen, steht dem Richter ein pflichtgebundenes Ermessen zu, ob er die Aufhebungsentscheidung im Erlassstaat anerkennt. Das folgt zunächst aus dem Wortlaut von Art V (1) UNÜ »*Die Anerkennung ... darf ... versagt werden*«. Das »*may*« im englischen Ursprungstext drückt das Ermessen stärker aus als das deutsche »*darf*«. Der Richter muss am Maßstab von § 328 prüfen, ob die Aufhebungsentscheidung des ausländischen Gerichts innerhalb des Verfahrens nach § 1061 anzuerkennen ist, insb, ob sie mit dem *ordre public* aus § 328 I 4 vereinbar ist. Ist der Schiedsspruch im Erlassstaat zB gegen ein Staatsunternehmen ergangen, kann das Gericht im Aufhebungsverfahren das Staatsunternehmen etwa begünstigen, indem es dem ausländischen Gläubiger das rechtliche Gehör verweigert. Will der Gläubiger/Antragsteller aus dem aufgehobenen Schiedsspruch in Deutschland gegen das Staatsunternehmen vollstrecken, muss dieses im Verfahren nach § 1061 lediglich beweisen, dass der Schiedsspruch im Erlassstaat aufgehoben ist (BGH NJW 08, 2718, Rn 7). Dann ist es Sache des Antragstellers, den *ordre public*-Verstoß im Aufhebungsverfahren substanziiert dazulegen und zu beweisen (BGH NJW 08, 2718 Rn 9 f). Gelingt ihm dies, ist der Schiedsspruch in Deutschland für vollstreckbar zu erklären, obgleich er im Erlassstaat aufgehoben worden ist. 29

Besonders die Gerichte einiger früherer COMECON-Staaten, neigen noch heute dazu, in ihrem Land Schiedssprüche gegen den Staat oder Staatsunternehmen mit fadenscheinigen Begründungen aufzuheben, die mit Mehrheit gegen die Stimme des vom Staat benannten Schiedsrichters ergangen sind. Der österreichische Oberste Gerichtshof hat daher in einem Urt aus dem Jahr 2005 (JBl 05, 661) grds entschieden, dass die Aufhebung des Schiedsspruchs im Erlassstaat nicht dessen Fähigkeit beseitigt, in Österreich anerkannt und für vollstreckbar erklärt werden. Es sei allein Sache des (österreichischen) Gerichts im Anerkennungsverfahren, autonom darüber zu entscheiden, ob ein ausländischer Schiedsspruch in Österreich anerkannt und für vollstreckbar erklärt werden könne. Wenn die Aufhebung eines Schiedsspruchs im Erlassstaat automatisch bedeute, dass dieser nicht in einem Drittstaat für vollstreckbar erklärt werden könne, sei dies das Ende der unabhängigen internationalen Schiedsgerichtsbarkeit. Der BGH sollte sich dieser modernen Entscheidung des österreichischen Obersten Gerichtshofs anschließen. 30

7. Verbot einer *révision au fond*. Das OLG darf im Verfahren nach § 1061 nur prüfen, ob ein Aufhebungsgrund nach Art V 1 UNÜ vorliegt, den der Antragsteller begründet geltend gemacht hat oder ob ein vAw 31 zu berücksichtigender Aufhebungsgrund nach Art V 2 UNÜ vorliegt. Es darf dagegen nicht untersuchen, ob das Schiedsgericht den Streit »richtig« entschieden hat und ob es dessen rechtlichen Ansatz teilt (vgl BGH SchiedsVZ 08, 40, 42 Rn 18 zu § 1060). Das gilt sowohl für die Anwendung von Verfahrensrecht, wenn etwa das Schiedsgericht eine Tatsachenbehauptung für nicht bewiesen hält oder einen Zeugen nicht gehört hat, weil es den in dessen Wissen gestellten Sachvortrag für unerheblich gehalten hat (vgl Art 19 II UNCITRAL-MG). Das gilt jedoch auch für die materiell-rechtliche Entscheidung, zB das Schiedsgericht »irrt« sich beim anwendbaren Recht, indem es etwa eine Bestimmung des fremden Rechts nicht in Übereinstimmung mit der dortigen höchstrichterlichen Rechtsprechung angewendet hat oder das anwendbare Recht fehlerhaft ermittelt hat. Vom Verbot der révision au fond ausgenommen ist lediglich ein Verstoß des Schiedsgerichts gegen den *opi*.

32 **8. Keine Präklusion von unterlassenen Einwendungen im Erlassstaat.** Nach der Rechtsprechung des BGH zum alten Schiedsverfahrensrecht von vor 1998 waren Einwendungen gegen einen ausländischen Schiedsspruch für das inländische Vollstreckbarerklärungsverfahren verloren, die im Erlassstaat mit einem fristgebundenen Rechtsbehelf hätten geltend gemacht werden können, aber dort nicht geltend gemacht worden sind (BGH NJW 92, 2299; NJW-RR 01, 1059, 1060). Der BGH hat jetzt zum größten Teil die frühere Rechtsprechung aufgegeben. Der Antragsgegner kann die Unzuständigkeit des Schiedsgerichts im Verfahren nach § 1061 auch dann geltend machen, wenn er im Erlassstaat den Schiedsspruch deswegen nicht angegriffen hatte (BGH ZIP 11, 302, Tz 4 ff).

Einwendungen, die bei einem deutschen Schiedsspruch nach §§ 1059 III, 1060 II S 3 nur fristgebunden geltend gemacht werden können, sind im Vollstreckungsverfahren eines ausländischen Schiedsspruchs nicht präkludiert. §§ 1059 III, 1060 II S 3 sind auf ausländische Schiedssprüche nicht entsprechend anwendbar (BGH ZIP 11, 302, Tz 15 ff).

33 Die Aufgabe der früheren Rechtsprechung ist zu begrüßen. Internationale Schiedsverfahren finden häufig in einem neutralen Drittland statt (vgl den Sachverhalt in BGH NJW-RR 08, 1083). Dort wird der Schiedsspruch regelmäßig nicht für vollstreckbar erklärt, weil es dort an Vermögen der unterlegenen Partei fehlt. Im Schiedsverfahren lassen sich die Parteien überwiegend durch Anwälte aus ihren Heimatstaaten vertreten. Sie sind nicht genötigt, sich hierbei Anwälten zu bedienen, die im Land des Schiedsverfahrens zugelassen sind, vgl nur Art 18 UNCITRAL-ML. Wirtschaftliche Erwägungen können geradezu ausschließen, Anwälte aus dem Land des Schiedsverfahrens hinzuzuziehen. So kostet im Schiedsplatz London ein in der internationalen Schiedsgerichtsbarkeit erfahrener *barrister* nicht unter 800,– € die Stunde und ist damit ungefähr doppelt so teuer wie ein vergleichbarer deutscher spezialisierter Anwalt (Stand: Frühjahr 2011). Will die unterlegene Partei den Schiedsspruch vor dem Gericht mit einem dort zulässigen Rechtsbehelf angreifen, muss sie sich eines dort zugelassenen Anwalts zu den dort üblichen Honorarsätzen bedienen. Es sind daher vernünftige wirtschaftliche Erwägungen, wenn es eine Partei im Erlassstaat unterlässt, den Schiedsspruch vor dem dortigen Gericht anzugreifen. Dann darf ihr das Unterlassen nicht im Verfahren nach § 1061 zum Nachteil gereichen.

34 Die **Ausnahme** ist die **Mitwirkung eines befangenen Schiedsrichters** am Schiedsverfahren. Es ist mit den Grundsätzen des internationalen Schiedsverfahrensrechts, sowie es im UNCITRAL-MG niedergelegt ist, unvereinbar, wenn ein befangener Schiedsrichter am Schiedsverfahren bis zum Erlass des Schiedsspruchs mitwirken kann, weil die Ablehnungsgründe erst im Verfahren auf Anerkennung- und Vollstreckbarerklärung eines ausländischen Schiedsspruchs vorgebracht zu werden brauchen, vgl nur die 15-Tage-Frist für die Geltendmachung der Ablehnungsgründe nach Art 13 II UNCITRAL-MG. Ist der Sitz des Schiedsgerichts in einem Rechtsstaat, sind dort Ablehnungsgründe verloren, die innerhalb einer bestimmten Frist bei Gericht vorgebracht werden müssen aber nicht vorgebracht worden sind. Sie sollten daher auch weiterhin im Verfahren nach § 1061 nicht mehr vorgebracht werden können. Das gilt wiederum nicht, wenn es im Erlassstaat keine unabhängigen Gerichte gibt, zB in Russland.

35 **9. Zulässige Einwendungen.** Sachlich-rechtliche Einwendungen gegen den titulierten Anspruch sind im Anerkennungsverfahren zulässig, wenn (1.) die Einwendungen nicht unter die Schiedsvereinbarung fallen, auf deren Grundlage der Schiedsspruch ergangen ist, oder (2.) die Einwendungen bereits im Schiedsverfahren geltend gemacht worden sind, sie nach Auffassung des Schiedsgerichts jedoch nicht unter die Schiedsvereinbarung fallen (BGH SchiedsVZ 10, 330, Tz 8 f). Fallen sachlich-rechtliche Einwendungen dagegen unter eine Schiedsvereinbarung, darf das staatliche Gericht im Verfahren nach § 1061 nicht über sie entscheiden. Das gilt selbst dann, wenn die Einwendungen erst nach Erlass des Schiedsspruchs entstanden sind.

10. Einwand der unzulässigen Rechtsausübung. Wendet sich der Antragsgegner mit auf Art V 1 UNÜ gestützten Gründen gegen die Anerkennung und Vollstreckbarerklärung des ausländischen Schiedsspruchs, so kann sich der Antragsteller hiergegen mit dem Einwand der unzulässigen Rechtsausübung verteidigen, wenn die strengen Voraussetzungen für einen Rechtsmissbrauch nach deutschem Recht erfüllt sind (BGH NJW-RR 08, 1083 Rn 12). Hat es der Antragsgegner unterlassen, im Erlassstaat den Schiedsspruch mit dem nur dort möglichen Aufhebungsverfahren zu bekämpfen, so verhält er sich jedoch nicht rechtsmissbräuchlich, wenn er sich auf sonstige Gründe aus dem Katalog von Art V 1 und 2 UNÜ beruft, die der Anerkennung und Vollstreckbarerklärung entgegenstehen können. Denn für den Verzicht auf das Aufhebungsverfahren kann es legitime Gründe geben, etwa den, dass dem Antragsgegner im Erlassstaat keine Vollstreckung des Schiedsspruchsspruchs droht, weil er dort kein Vermögen hat (BGH NJW-RR 08, 1084 Rn 16). Der Verzicht auf das Aufhebungsverfahren im Erlassstaat schafft daher für sich allein keinen Vertrauenstatbestand für den Antragsteller, der Antragsgegner werde sich nicht mit Gründen aus Art V 1 und 2 UNÜ gegen die Anerkennung und Vollstreckbarerklärung des Schiedsspruchs verteidigen (BGH NJW-RR 08, 1084 Rn 17). 36

II. Die von Amts wegen zu berücksichtigenden Einwände (Art V 2 UNÜ). 1. Fehlende Schiedsfähigkeit. Nach Art V 2 a kann die Anerkennung und Vollstreckbarerklärung eines ausländischen Schiedsspruchs versagt werden, wenn der Streitgegenstand nach dem Recht des Anerkennungsstaats nicht schiedsfähig war. Das entspricht der Regelung in § 1059 II 2 b) (s. § 1059 Rz 38) und ist für die internationale Schiedsgerichtsbarkeit ohne praktische Bedeutung, weil nach § 1030 I jeder vermögensrechtliche Anspruch schiedsfähig ist (s. § 1030 Rz 3). 37

2. Verstoß gegen den ordre public. Nach Art V 2 b UNÜ braucht ein ausländischer Schiedsspruch im Inland nicht anerkannt und für vollstreckbar erklärt zu werden, der der öffentlichen Ordnung iSd *ordre public* (s. § 1059 Rz 39 ff) widerspricht. Dabei unterliegt ein ausländischer Schiedsspruch, der im Inland anerkannt und für vollstreckbar erklärt werden soll, von vornherein nur dem weniger strengen Regime des *ordre public international – opi*. Der *opi* ist nur dann verletzt, wenn des schiedsgerichtliche Verfahren an einem schwerwiegenden Mangel gelitten hat, der die Grundlagen staatlichen und wirtlichen Lebens berührt (BGH NJW 07, 772, 774 f Rn 28 [insoweit nicht in BGHZ 166, 278]). Die beste Definition des *opi* stammt vom schweizerischen Bundesgericht. Danach ist der opi dann verletzt, wenn der Schiedsspruch unvereinbar mit den rechtlichen und moralischen Prinzipien ist, auf denen ein Rechtsstaat beruht (BGE 128 III 234, 243; BGE 128 III 191, 194). Hierzu gehören die Grundsätze von *pacta sunt servanda*, Treu und Glauben, Verbot des Rechtsmissbrauchs, Schutz vor Korruption, Zwangsarbeit, Menschenhandel und schwerwiegende Straftaten wie Betrug, Raub und Erpressung. 38

3. Verfahrensrechtlicher *opi*. Das ausländische Schiedsgericht hat den verfahrensrechtlichen *opi* verletzt, wenn es nach deutscher Auffassung ein zentrales Verfahrensgrundrecht einer Partei missachtet hat und der Schiedsspruch hierauf beruht. Insoweit besteht Deckungsgleichheit mit dem nationalen verfahrensrechtlichen ordre public (s. § 1059 Rz 45). Ist der nationale verfahrensrechtliche ordre public nicht verletzt, wenn das Schiedsverfahren in Deutschland stattgefunden hätte, liegt erst recht kein Verstoß gegen den verfahrensrechtlichen *opi* vor (vgl BGH NJW 07, 772, 775 Rn 32). 39

Das UNÜ von 1959 und das UNCITRAL-MG von 1985 betrafen originär die internationale Handels- und Wirtschaftsschiedsgerichtsbarkeit. Das ergibt sich ua aus der Überschrift »*UNCITRAL MODEL LAW ON INTERNATIONAL COMMERCIAL ARBITRATION*«. Beide bezogen sich daher zunächst nur auf Schiedsverfahren aus dem Wirtschaftsverkehr zwischen Kaufleuten oder zwischen Unternehmen. Im Verkehr zwischen Unternehmen und **Verbrauchern** unterliegt die Wirksamkeit einer Schiedsvereinbarung jedoch einer strengeren Kontrolle am Maßstab des ordre public als im reinen Wirtschaftsverkehr. Die Formvorschrift aus § 1031 V gehört insoweit zum opi. Ein Verstoß hiergegen macht die Schiedsvereinbarung mit Verbrauchern unwirksam, selbst dann, wenn sie nach dem Recht im Erlassstaat wirksam wäre (BGH SchiedsVZ 11, 46, Tz 35). 40

4. Gemeinschaftsrechtlicher ordre public. Normen, die zum gemeinschaftsrechtlichen ordre public gehören, wie zB Art 81, 82 EGV, sind von den Gerichten vAw anzuwenden (EuGH, Slg 06, I-6653 Rn 31 – Manfredi). Handelt es sich um die Vollstreckbarerklärung eines ausländischen Schiedsspruchs, sind sie daher wie Normen zu behandeln, die zum *opi* gehören. 41

F. Aussetzung des Verfahrens. Nach Art VI UNÜ kann das Gericht das Verfahren auf Anerkennung und Vollstreckbarerklärung eines ausländischen Schiedsspruchs auf Antrag des Antragsgegners aussetzen, wenn 42 im Erlassstaat beantragt worden ist, den Schiedsspruch aufzuheben oder ihn in seinen Wirkungen zu hemmen. Setzt es aus, kann es auf Antrag des Antragstellers dem Antragsgegner auferlegen, angemessene Sicherheit zu leisten.

Anhang nach § 1061: UNÜ

UN-Übereinkommen über die Anerkennung und Vollstreckung ausländischer Schiedssprüche

vom 10.6.1958 – UNÜ

Das UNÜ von 1958 (BGBl 1961 II, 121) ist seit dem 28.9.61 innerhalb Deutschlands geltendes Völkerrecht (BGBl 1961 II, 102). Nachfolgend werden die Art II–VII UNÜ wiedergegeben. Art I und VIII–XVI UNÜ sind nicht abgedruckt. Diese Bestimmungen sind für die Praxis der Anerkennungsverfahren ausländischer Schiedssprüche von geringer Bedeutung.

Artikel II **(1) Jeder Vertragsstaat erkennt eine schriftliche Vereinbarung an, durch die sich die Parteien verpflichten, alle oder einzelne Streitigkeiten, die zwischen ihnen aus einem bestimmten Rechtsverhältnis, sei es vertraglicher oder nichtvertraglicher Art, bereits entstanden sind oder etwa künftig entstehen, einem schiedsrichterlichen Verfahren zu unterwerfen, sofern der Gegenstand des Streites auf schiedsrichterlichem Wege geregelt werden kann.**
(2) Unter einer »schriftlichen Vereinbarung« ist eine Schiedsklausel in einem Vertrag oder eine Schiedsabrede zu verstehen, sofern der Vertrag oder die Schiedsabrede von den Parteien unterzeichnet oder in Briefen oder Telegrammen enthalten ist, die sie gewechselt haben.
(3) Wird ein Gericht eines Vertragsstaates wegen eines Streitgegenstandes angerufen, hinsichtlich dessen die Parteien eine Vereinbarung im Sinne dieses Artikels getroffen haben, so hat das Gericht auf Antrag einer der Parteien sie auf das schiedsrichterliche Verfahren zu verweisen, sofern es nicht feststellt, daß die Vereinbarung hinfällig, unwirksam oder nicht erfüllbar ist.

Artikel III **Jeder Vertragsstaat erkennt Schiedssprüche als wirksam an und läßt sie nach den Verfahrensvorschriften des Hoheitsgebietes, in dem der Schiedsspruch geltend gemacht wird, zur Vollstreckung zu, sofern die in den folgenden Artikeln festgelegten Voraussetzungen gegeben sind. Die Anerkennung oder Vollstreckung von Schiedssprüchen, auf die dieses Übereinkommen anzuwenden ist, darf weder wesentlich strengeren Verfahrensvorschriften noch wesentlich höheren Kosten unterliegen als die Anerkennung oder Vollstreckung inländischer Schiedssprüche.**

Artikel IV **(1) Zur Anerkennung und Vollstreckung, die im vorangehenden Artikel erwähnt wird, ist erforderlich, daß die Partei, welche die Anerkennung und Vollstreckung nachsucht, zugleich mit ihrem Antrag vorlegt:**
a) die gehörig legalisierte (beglaubigte) Urschrift des Schiedsspruches oder eine Abschrift, deren Übereinstimmung mit einer solchen Urschrift ordnungsgemäß beglaubigt ist;
b) die Urschrift der Vereinbarung iSd Artikels II oder eine Abschrift, deren Übereinstimmung mit einer solchen Urschrift ordnungsgemäß beglaubigt ist.
(2) Ist der Schiedsspruch oder die Vereinbarung nicht in einer amtlichen Sprache des Landes abgefaßt, in dem der Schiedsspruch geltend gemacht wird, so hat die Partei, die um seine Anerkennung und Vollstreckung nachsucht, eine Übersetzung der erwähnten Urkunden in diese Sprache beizubringen. Die Übersetzung muß von einem amtlichen oder beeidigten Übersetzer oder von einem diplomatischen oder konsularischen Vertreter beglaubigt sein.

Artikel V **(1) Die Anerkennung und Vollstreckung des Schiedsspruches darf auf Antrag der Partei, gegen die er geltend gemacht wird, nur versagt werden, wenn diese Partei der zuständigen Behörde des Landes, in dem die Anerkennung und Vollstreckung nachgesucht wird, den Beweis erbringt,**

a) daß die Parteien, die eine Vereinbarung iSd Artikels II geschlossen haben, nach dem Recht, das für sie persönlich maßgebend ist, in irgendeiner Hinsicht hierzu nicht fähig waren, oder daß die Vereinbarung nach dem Recht, dem die Parteien sie unterstellt haben, oder, falls die Parteien hierüber nichts bestimmt haben, nach dem Recht des Landes, in dem der Schiedsspruch ergangen ist, ungültig ist, oder
b) daß die Partei, gegen die der Schiedsspruch geltend gemacht wird, von der Bestellung des Schiedsrichters oder von dem schiedsrichterlichen Verfahren nicht gehörig in Kenntnis gesetzt worden ist oder daß sie aus einem anderen Grund ihre Angriffs- oder Verteidigungsmittel nicht hat geltend machen können, oder
c) daß der Schiedsspruch eine Streitigkeit betrifft, die in der Schiedsabrede nicht erwähnt ist oder nicht unter die Bestimmungen der Schiedsklausel fällt, oder daß er Entscheidungen enthält, welche die Grenzen der Schiedsabrede oder der Schiedsklausel überschreiten; kann jedoch der Teil des Schiedsspruches, der sich auf Streitpunkte bezieht, die dem schiedsrichterlichen Verfahren unterworfen waren, von dem Teil, der Streitpunkte betrifft, die ihm nicht unterworfen waren, getrennt werden, so kann der erstgenannte Teil des Schiedsspruches anerkannt und vollstreckt werden, oder
d) daß die Bildung des Schiedsgerichtes oder das schiedsrichterliche Verfahren der Vereinbarung der Parteien oder mangels einer solchen Vereinbarung, dem Recht des Landes, in dem das schiedsrichterliche Verfahren stattfand, nicht entsprochen hat, oder
e) daß der Schiedsspruch für die Parteien noch nicht verbindlich geworden ist oder daß er von einer zuständigen Behörde des Landes, in dem oder nach dessen Recht er ergangen ist, aufgehoben oder in seinen Wirkungen einstweilen gehemmt worden ist.

(2) Die Anerkennung und Vollstreckung eines Schiedsspruches darf auch versagt werden, wenn die zuständige Behörde des Landes, in dem die Anerkennung und Vollstreckung nachgesucht wird, feststellt,
a) daß der Gegenstand des Streites nach dem Recht dieses Landes nicht auf schiedsrichterlichem Wege geregelt werden kann, oder
b) daß die Anerkennung oder Vollstreckung des Schiedsspruches der öffentlichen Ordnung dieses Landes widersprechen würde.

Artikel VI Ist bei der Behörde, die iSd Artikels V Absatz 1 Buchstabe e zuständig ist, ein Antrag gestellt worden, den Schiedsspruch aufzuheben oder ihn in seinen Wirkungen einstweilen zu hemmen, so kann die Behörde, vor welcher der Schiedsspruch geltend gemacht wird, sofern sie es für angebracht hält, die Entscheidung über den Antrag, die Vollstreckung zuzulassen, aussetzen; sie kann aber auch auf Antrag der Partei, welche die Vollstreckung des Schiedsspruches begehrt, der anderen Partei auferlegen, angemessene Sicherheit zu leisten.

Artikel VII (1) Die Bestimmungen dieses Übereinkommens lassen die Gültigkeit mehrseitiger oder zweiseitiger Verträge, welche die Vertragsstaaten über die Anerkennung und Vollstreckung von Schiedssprüchen geschlossen haben, unberührt und nehmen keiner beteiligten Partei das Recht, sich auf einen Schiedsspruch nach Maßgabe des innerstaatlichen Rechts oder der Verträge des Landes, in dem er geltend gemacht wird, zu berufen.

(2) Das Genfer Protokoll über die Schiedsklauseln von 1923 und das Genfer Abkommen zur Vollstreckung ausländischer Schiedssprüche von 1927 treten zwischen den Vertragsstaaten in dem Zeitpunkt und in dem Ausmaß außer Kraft, in dem dieses Übereinkommen für sie verbindlich wird.

Abschnitt 9 Gerichtliches Verfahren

§ 1062 Zuständigkeit. (1) Das Oberlandesgericht, das in der Schiedsvereinbarung bezeichnet ist oder, wenn eine solche Bezeichnung fehlt, in dessen Bezirk der Ort des schiedsrichterlichen Verfahrens liegt, ist zuständig für Entscheidungen über Anträge betreffend
1. die Bestellung eines Schiedsrichters (§§ 1034, 1035), die Ablehnung eines Schiedsrichters (§ 1037) oder die Beendigung des Schiedsrichteramtes (§ 1038);

2. die Feststellung der Zulässigkeit oder Unzulässigkeit eines schiedsrichterlichen Verfahrens (§ 1032) oder die Entscheidung eines Schiedsgerichts, in der dieses seine Zuständigkeit in einem Zwischenentscheid bejaht hat (§ 1040);
3. die Vollziehung, Aufhebung oder Änderung der Anordnung vorläufiger oder sichernder Maßnahmen des Schiedsgerichts (§ 1041);
4. die Aufhebung (§ 1059) oder die Vollstreckbarerklärung des Schiedsspruchs (§§ 1060 ff.) oder die Aufhebung der Vollstreckbarerklärung (§ 1061).

(2) Besteht in den Fällen des Absatzes 1 Nr. 2 erste Alternative, Nr. 3 oder Nr. 4 kein deutscher Schiedsort, so ist für die Entscheidungen das Oberlandesgericht zuständig, in dessen Bezirk der Antragsgegner seinen Sitz oder gewöhnlichen Aufenthalt hat oder sich Vermögen des Antragsgegners oder der mit der Schiedsklage in Anspruch genommene oder von der Maßnahme betroffene Gegenstand befindet, hilfsweise das Kammergericht.

(3) In den Fällen des § 1025 Abs. 3 ist für die Entscheidung das Oberlandesgericht zuständig, in dessen Bezirk der Kläger oder der Beklagte seinen Sitz oder seinen gewöhnlichen Aufenthalt hat.

(4) Für die Unterstützung bei der Beweisaufnahme und sonstige richterliche Handlungen (§ 1050) ist das Amtsgericht zuständig, in dessen Bezirk die richterliche Handlung vorzunehmen ist.

(5) [1]Sind in einem Land mehrere Oberlandesgerichte errichtet, so kann die Zuständigkeit von der Landesregierung durch Rechtsverordnung einem Oberlandesgericht oder dem obersten Landesgericht übertragen werden; die Landesregierung kann die Ermächtigung durch Rechtsverordnung auf die Landesjustizverwaltung übertragen. [2]Mehrere Länder können die Zuständigkeit eines Oberlandesgerichts über die Ländergrenzen hinaus vereinbaren.

1 **A. Rechtsquelle.** Die Bestimmung ist eine eigenständige deutsche Regelung ohne Entsprechung im UNCITRAL-MG.

2 **B. Grundsatz.** Nach § 1026 dürfen die Gerichte in Angelegenheiten der Schiedsgerichtsbarkeit nur dann und insoweit tätig werden, als dies nach dem 10. Buch zulässig ist. § 1062 teilt die Zuständigkeit in Schiedssachen zwischen den Amtsgerichten und den OLG auf. § 1062 berücksichtigt jedoch nicht die Zuständigkeit der Amts- und Landgerichte beim Einwand der Schiedsvereinbarung gegen eine Klage vor Gericht iRv § 1032 I.

3 **C. Zuständigkeit der Amtsgerichte bei § 1050.** Nach § 1062 IV sind die Amtsgerichte ausschließlich zuständig, soweit es um die gerichtliche Unterstützung bei der Beweisaufnahme oder sonstigen richterlichen Handlungen gem § 1050 geht.

4 **I. Örtliche Zuständigkeit. 1. Schiedsort in Deutschland.** Im Einzelfall ist das Amtsgericht örtlich zuständig, in dessen Bezirk die richterliche Handlung vorzunehmen ist. Bei Schiedsverfahren, die in Deutschland stattfinden, ist das regelmäßig der Schiedsort, § 1043.

5 **2. Schiedsort im Ausland.** Gemäß § 1025 II haben die deutschen Gerichte auch Schiedsverfahren mit Sitz im Ausland nach § 1050 zu unterstützen, ebenso solche Schiedsverfahren, bei denen der Schiedsort noch nicht bestimmt ist. Örtlich zuständig ist dann das Amtsgericht, in dessen Bezirk die richterliche Handlung vorzunehmen ist. Hat das Amtsgericht ein Schiedsgericht mit Sitz im Ausland bei der Beweisaufnahme zu unterstützen, etwa weil ein Zeuge sich verweigert, vor dem Schiedsgericht zu erscheinen, ist das Amtsgericht für den Wohnsitz des Zeugen örtlich zuständig.

6 **3. Entscheidungen nach § 1050 und Rechtsmittel.** Das Amtsgericht entscheidet über eine beantragte gerichtliche Unterstützung nach § 1050 durch Beschl ohne mündliche Verhandlung, § 1063 I. Im Übrigen richtet sich das Verfahren nach § 1050. Zulässiges Rechtsmittel gegen die Entscheidung nach § 1050 ist die sofortige Beschwerde unter den Voraussetzungen von § 567.

7 **D. Zuständigkeit von Amtsgericht und Landgericht bei § 1032 I.** Wird einer Klage vor dem Amtsgericht oder LG der Einwand einer Schiedsvereinbarung nach §§ 1029 ff entgegengesetzt, hat das jeweilige Gericht nach § 1032 I über deren Wirksamkeit zu entscheiden und ggf die Klage als unzulässig abzuweisen (s. § 1032 Rz 6). Gegen die Entscheidung gibt es die nach der Klageart zulässigen **Rechtsmittel**.

E. Zuständigkeit der OLG (§ 1062 I). Die wesentlichen richterlichen Tätigkeiten im Zusammenhang mit Schiedsverfahren fallen nach § 1062 I in die erstinstanzliche Zuständigkeit der OLG. Das gilt für richterliche Entscheidungen 8

- über die Bestellung oder Ablehnung eines Schiedsrichters oder die Beendigung des Schiedsrichteramts, § 1062 I 1 iVm §§ 1035 – 1039;
- im Feststellungsverfahren nach § 1062 II 2 über die Zulässigkeit oder Unzulässigkeit des Schiedsverfahrens iVm § 1032 II;
- über den Zwischenentscheid des Schiedsgerichts, mit dem dieses seine Zuständigkeit bejaht hat, § 1062 II 2 iVm § 1040 II;
- über vom Schiedsgericht angeordnete vorläufige sichernde Maßnahmen, soweit es um deren Vollziehung, Aufhebung oder Änderung geht, § 1062 I 3 iVm § 1041;
- über die Aufhebung oder Vollstreckbarerklärung inländischer Schiedssprüche, § 1062 I 4 iVm §§ 1059, 1960;
- und über die Vollstreckbarerklärung und deren Aufhebung für ausländische Schiedssprüche, § 1062 I 4 iVm § 1061.

F. Örtliche Zuständigkeit. I. Feststehender Schiedsort in Deutschland. § 1062 regelt nicht ausdrücklich die Zuständigkeit der OLG, wenn der Schiedsort feststeht und in Deutschland liegt. Zuständig ist dann das OLG, in dessen Bezirk das Schiedsgericht seinen Sitz hat. Das ergibt sich im Wege des Umkehrschlusses über die Regelungen in § 1062 II, III, für den Schiedsort außerhalb Deutschlands. In einem Bundesland mit mehreren OLG kann durch Rechtsverordnung des Landes die Zuständigkeit einem OLG übertragen werden. Das ist nur für Bayern geschehen. Allein zuständig ist dort das OLG München (GVBl 04, 471). 9

II. Noch nicht feststehender Schiedsort in Deutschland. Steht der Schiedsort noch nicht fest, ist das OLG zuständig, in dessen Bezirk der Antragsgegner seinen Sitz oder gewöhnlichen Aufenthaltsort hat, für Bayern das OLG München. Hilfsweise ist das Kammergericht zuständig; das ergibt sich aus § 1062 II analog. 10

III. Schiedsort außerhalb Deutschlands. Zuständig ist das OLG, in dessen Bezirk der Antragsgegner seinen Sitz oder gewöhnlichen Aufenthaltsort hat, für Bayern das OLG München. § 1062 II, III, V. Hilfsweise ist das Kammergericht zuständig. 11

§ 1063 Allgemeine Vorschriften.

(1) [1]Das Gericht entscheidet durch Beschluss. [2]Vor der Entscheidung ist der Gegner zu hören.
(2) Das Gericht hat die mündliche Verhandlung anzuordnen, wenn die Aufhebung des Schiedsspruchs beantragt wird oder wenn bei einem Antrag auf Anerkennung oder Vollstreckbarerklärung des Schiedsspruchs Aufhebungsgründe nach § 1059 Abs. 2 in Betracht kommen.
(3) [1]Der Vorsitzende des Zivilsenats kann ohne vorherige Anhörung des Gegners anordnen, dass der Antragsteller bis zur Entscheidung über den Antrag die Zwangsvollstreckung aus dem Schiedsspruch betreiben oder die vorläufige oder sichernde Maßnahme des Schiedsgerichts nach § 1041 vollziehen darf. [2]Die Zwangsvollstreckung aus dem Schiedsspruch darf nicht über Maßnahmen zur Sicherung hinausgehen. [3]Der Antragsgegner ist befugt, die Zwangsvollstreckung durch Leistung einer Sicherheit in Höhe des Betrages, wegen dessen der Antragsteller vollstrecken kann, abzuwenden.
(4) Solange eine mündliche Verhandlung nicht angeordnet ist, können zu Protokoll der Geschäftsstelle Anträge gestellt und Erklärungen abgegeben werden.

A. Rechtsquelle. Die Bestimmung ist eine eigenständige deutsche Regelung ohne Entsprechung im UNCITRAL-MG. 1

B. Normzweck. Die Vorschrift regelt die Verfahrensgrundsätze, die für die Gerichte gelten, soweit sie in Schiedsgerichtssachen tätig werden. Das sind im Wesentlichen die OLG (§ 1062 I – III) und die Amtsgerichte (§ 1062 IV). Soweit § 1063 keine Sonderregelung für das vom Gericht einzuhaltende Verfahren enthält, gelten die allgemeinen Bestimmungen für Gerichtsverfahren (BGH NJW 01, 3787). Das gleiche gilt, soweit Amts- oder LG im ordentlichen Klageverfahren als Gerichte 1. Instanz über die Einrede der Schiedsvereinbarung nach § 1032 I zu entscheiden haben. 2

C. Grundsätze des Verfahrens. I. Abgemilderter Anwaltszwang (§ 1063 IV). Solange das Gericht keine mündliche Verhandlung angeordnet hat, können die Parteien selbst zu Protokoll der Geschäftsstelle Anträge stellen oder Erklärungen abgeben. Mit der Anordnung der mündlichen Verhandlung wird ein Ver- 3 fahren zum Anwaltsprozess, § 78, für den eine ordnungsgemäße Prozessvollmacht nach § 80 erforderlich ist. Ausländischen Parteien bereitet es gelegentlich Schwierigkeiten durch den sie vertretenden Rechtsanwalt eine ordnungsgemäße Vollmacht im Original vorzulegen. Eine Telekopie reicht zum Nachweis der Vollmacht nicht aus (BGHZ 166, 278, 280 Rn 10).

4 **II. Rechtliches Gehör.** Das Gericht hat den Parteien vor seiner Entscheidung umfassend rechtliches Gehör zu gewähren und deren Verfahrensgrundrechte zu beachten. § 1063 I 2, der lediglich die Anhörung des Gegners vorschreibt, ist insoweit entweder zu knapp geraten oder überflüssig.

5 **III. Mündliche Verhandlung (§ 1063 II).** In Aufhebungsverfahren (§ 1059) ist eine mündliche Verhandlung vor dem Gericht obligatorisch. Dagegen hat das Gericht in Verfahren auf Vollstreckbarerklärung eines inländischen Schiedsspruchs (§ 1060) in bestimmtem Umfang ein Ermessen, ob es die mündliche Verhandlung anordnet. Es hat die mündliche Verhandlung anzuordnen, wenn Aufhebungsgründe nach § 1059 II in Betracht kommen (BGHZ 142, 204, 207). Das setzt jedoch voraus, dass diese fristgerecht vorgebracht worden sind und der hierauf bezogene Sachvortrag erheblich ist. Liegt klar zutage, dass ein Aufhebungsgrund fehlt, braucht es keine mündliche Verhandlung anzuordnen (BGHZ 142, 204, 207). Ist streitig, ob das Verfahren vor dem Gericht zulässig ist, kann es hierüber eine abgesonderte Verhandlung anordnen (BGH NJW 01, 3787).

6 Im Verfahren auf Anerkennung und Vollstreckung eines ausländischen Schiedsspruchs (§ 1061) hat das Gericht die mündliche Verhandlung anzuordnen, wenn erhebliche Gründe vorgebracht sind, die dazu führen können, dass der Schiedsspruch im Inland nicht anzuerkennen ist, § 1063 II analog. Im Verfahren nach § 1061 sollte das Gericht jedoch dem Antrag einer Partei auf mündliche Verhandlung immer stattgeben. Das dient nicht nur dem Ansehen des Schiedsplatzes Deutschlands, sondern auch dem Ansehen der deutschen Gerichtsbarkeit: *»to have one's day in Court«*.

7 Solange das Gericht keine mündliche Verhandlung angeordnet hat, können zu Protokoll der Geschäftsstelle Anträge gestellt und Erklärungen abgegeben werden, § 1063 IV.

8 **IV. Entscheidung durch Beschluss.** Das Gericht hat in allen Sachen, in denen es gem § 1062 I zuständig ist, durch Beschl zu entscheiden, § 1063 I.

9 **V. Begründungszwang.** Beschlüsse, gegen die gem § 1065 iVm § 1062 I Nr 2 und 4 die Rechtsbeschwerde zulässig ist, sind so zu begründen, dass dem BGH eine eigene rechtliche Beurteilung möglich ist. Das Gericht muss sie daher mit den hierfür erforderlichen tatsächlichen Feststellungen versehen (BGHZ 142, 204, 205 f). Ein gesonderter Tatbestand ist jedoch nicht erforderlich. Es genügt, wenn sich der Sach- und Streitstand in einem für die Beurteilung der aufgeworfenen Rechtsfragen ausreichenden Umfang aus der Begründung entnehmen lässt. In einfachen Fällen reicht auch eine Bezugnahme auf den Schiedsspruch aus, wenn dieser die maßgeblichen Feststellungen für die rechtliche Würdigung durch den BGH enthält (BGHZ 142, 204, 205).

10 **D. Sicherheitsmaßnahmen zu Gunsten des Schiedsgläubigers (§ 1063 III).** In den Verfahren nach §§ 1060, 1061 kann das Gericht zu Gunsten des Antragsstellers anordnen, dass er aus dem Schiedsspruch vorläufig die Sicherungsvollstreckung betreiben oder sichernde Maßnahmen des Schiedsgerichts nach § 1041 (s. § 1041 Rz 5) vollziehen darf. Es braucht vor der Entscheidung hierüber den Antragsgegner nicht zu hören. Der Antragsgegner kann die Sicherungsvollstreckung durch eigene Sicherheitsleistung abwenden.

11 **Kosten/Gebühren.** Für den Antrag nach § 1063 III: **Gericht:** KV1626, **Rechtsanwalt:** VV 3100.

12 **E. Zwischenstreit über die Zulässigkeit des gerichtlichen Verfahrens.** In allen Fällen, in denen eine Partei ein gerichtliches Verfahren mit der Zuständigkeitsregelung nach § 1062 einleitet, kann streitig sein, ob das gewählte Verfahren zulässig ist, etwa wenn der Antragsgegner geltend macht, der Antrag an das zuständige OLG sei nicht ordnungsgemäß von einem Rechtsanwalt unterschrieben (§ 78 iVm § 130 Nr 6) oder ein Aufhebungsantrag sei nicht fristgerecht innerhalb der Drei-Monatsfrist (§ 1059 III) bei Gericht eingegangen. Über den Zwischenstreit analog § 280 kann das Gericht durch gesonderten Beschl vorab entscheiden, wenn es das Verfahren für zulässig hält. Dieser »Zwischenbeschluss« ist selbstständig mit der Rechtsbeschwerde anfechtbar, wenn der Beschl das Gericht in der Hauptsache mit der Rechtsbeschwerde nach § 1065 I angefochten werden kann (BGH NJW 01, 3787). Hält das Gericht dagegen das gewählte Verfahren für unzulässig, entscheidet es endgültig durch Beschl. Ein derartiger Beschl ist selbstverständlich unter den Voraussetzungen von § 1065 mit der Rechtsbeschwerde anfechtbar.

F. Kein Versäumnisverfahren. In den Verfahren auf Vollstreckbarerklärung eines Schiedsspruchs nach §§ 1060, 1061 gibt es kein Versäumnisverfahren nach §§ 330 ff (BGHZ 159, 207, 209 f; 166, 278, 281 Rn 13). Das gilt auch für das Aufhebungsverfahren nach § 1059. Obgleich das Gericht in diesen Fällen eine mündliche Verhandlung gem § 1063 II anzuordnen hat, entscheidet es immer durch Beschl nach § 1063 I, nie durch Urt. Aufhebungsgründe nach § 1059 II 1 können fristgerecht (§ 1059 III oder § 1060 II 3) nur schriftlich begründet geltend gemacht werden. Die mündliche Verhandlung hierüber nach § 1063 II erfolgt regelmäßig erst nach Ablauf der Frist für die Geltendmachung. Gegen den Beschl des OLG ist nur die Rechtsbeschwerde zum BGH statthaft, § 1065 I iVm § 574, nie die Revision oder Nichtzulassungsbeschwerde nach §§ 542 ff. In diese Systematik fügt sich das Versäumnisverfahren insb wegen des »Zweiten Versäumnisurteils« und der dagegen statthaften Berufung nach § 514 II nicht ein (BGH 166, 278, 282 Rn 14). 13

G. Kostenentscheidung des Gerichts. Die Kostenentscheidung des Gerichts in den Verfahren nach §§ 1059–1061 folgt den allgemeinen Regeln der §§ 91 ff. Hat der Antragsgegner in diesen Verfahren den jeweiligen Antrag unter Verwahrung gegen die Kostenlast sofort anerkannt und hat das OLG dem Antrag stattgegeben, aber zugleich dem Antragsteller nach § 93 die Prozesskosten auferlegt, kann der Antragsteller die Kostenentscheidung nicht mit der Rechtsbeschwerde nach § 1065 angreifen. § 99 I ist auf die revisionsähnlich ausgestaltete Rechtsbeschwerde anwendbar (BGH NJW-RR 08, 664 Rn 3 f). 14

§ 1064 Besonderheiten bei der Vollstreckbarerklärung von Schiedssprüchen.

(1) [1]**Mit dem Antrag auf Vollstreckbarerklärung eines Schiedsspruchs ist der Schiedsspruch oder eine beglaubigte Abschrift des Schiedsspruchs vorzulegen.** [2]**Die Beglaubigung kann auch von dem für das gerichtliche Verfahren bevollmächtigten Rechtsanwalt vorgenommen werden.**

(2) Der Beschluss, durch den ein Schiedsspruch für vollstreckbar erklärt wird, ist für vorläufig vollstreckbar zu erklären.

(3) Auf ausländische Schiedssprüche sind die Absätze 1 und 2 anzuwenden, soweit Staatsverträge nicht ein anderes bestimmen.

A. Rechtsquelle. § 1064 I ist an Art 35 II UNCITRAL-MG bzw an Art IV UNÜ angelehnt aber insb weniger streng als Art IV UNÜ. Das gilt va für die Anerkennung und Vollstreckbarerklärung ausländischer Schiedssprüche (s. § 1061 Rz 5 f). 1

B. Vorlagepflichten. Die Vorlagepflichten für die Vollstreckbarerklärung inländischer und ausländischer Schiedssprüche sind identisch. Das folgt aus § 1064 III. Über Art VII UNÜ ist im Verfahren über die Anerkennung und Vollstreckung ausländischer Schiedssprüche § 1064 als günstigeres deutsches Recht und nicht Art IV UNÜ anzuwenden. Mit dem Antrag vorzulegen ist lediglich der Schiedsspruch im Original oder in beglaubigter Abschrift, die auch der verfahrensbevollmächtigte Rechtsanwalt anfertigen kann. 2

C. Vollstreckbarerklärung = Vollstreckungstitel. Hat das Gericht den Schiedsspruch in Verfahren nach §§ 1060, 1061 für vollstreckbar erklärt, ist gem § 794 I 4 a Vollstreckungstitel ausschließlich die Vollstreckbarerklärung des Schiedsspruchs, nicht aber der Schiedsspruch selbst (BGHR ZPO § 1064 – Vollstreckbarerklärung). 3

§ 1065 Rechtsmittel.

(1) [1]**Gegen die in § 1062 Abs. 1 Nr. 2 und 4 genannten Entscheidungen findet die Rechtsbeschwerde statt.** [2]**Im Übrigen sind die Entscheidungen in den in § 1062 Abs. 1 bezeichneten Verfahren unanfechtbar.**

(2) [1]**Die Rechtsbeschwerde kann auch darauf gestützt werden, dass die Entscheidung auf einer Verletzung eines Staatsvertrages beruht.** [2]**Die §§ 707, 717 sind entsprechend anzuwenden.**

A. Rechtsquelle. § 1065 hat keine Entsprechung im UNCITRAL-MG. 1

B. Rechtsbeschwerde. I. Voraussetzungen der Rechtsbeschwerde. Für die Form, Statthaftigkeit und Zulässigkeit einer Rechtsbeschwerde in Schiedssachen gelten die allgemeinen Voraussetzungen der §§ 574 ff. 2

II. Rechtsbeschwerdegericht. Rechtsbeschwerdegericht ist der BGH, § 133 GVG. Die Rechtsbeschwerde ist ausschließlich beim BGH einzulegen, § 1065 I iVm § 575 I. 3

4 **III. Vertretung nur durch beim BGH zugelassene Rechtsanwälte.** Die Parteien können sich im Rechtsbeschwerdeverfahren nach § 1065 nur durch beim BGH zugelassene Rechtsanwälte vertreten lassen, § 78 I 3.

5 **IV. Statthaftigkeit.** Rechtsbeschwerden sind statthaft, soweit dies ein Gesetz ausdrücklich bestimmt (§ 574 I 1). In Schiedssachen sind nach § 1065 I iVm § 1062 I 2statthaft Rechtsbeschwerden gegen Entscheidungen der OLG über die Zulässigkeit oder Unzulässigkeit eines schiedsrichterlichen Verfahrens nach § 1032 II, und gegen Zwischenentscheidungen von Schiedsgerichten nach § 1040 III, mit denen diese ihre Zuständigkeit bejaht haben. Weiter sind nach § 1065 I iVm § 1062 I 4 statthaft Rechtsbeschwerden gegen Entscheidungen der OLG über die Aufhebung eines Schiedsspruchs nach § 1059, auch iRe Antrags auf dessen Vollstreckbarerklärung nach § 1060 II, die Vollstreckbarerklärung eines inländischen Schiedsspruchs nach § 1060, die Anerkennung und Vollstreckung eines ausländischen Schiedsspruchs nach § 1061 sowie die Aufhebung der Vollstreckbarerklärung eines ausländischen Schiedsspruchs, wenn dieser in seinem Ursprungsland aufgehoben worden ist nach § 1061 III.

6 Hat das OLG in einem Verfahren nach § 1062 I vorab durch »**Zwischenbeschluss**« entschieden, das ein bei ihm eingeleitetes Verfahren zulässig ist, so ist dieser Beschl selbstständig mit der Rechtsbeschwerde anfechtbar. Die Zulässigkeitsfrage kann dann vorab vom BGH geklärt werden. Hierdurch wird verhindert, dass sich das Verfahren zur Hauptsache vor dem OLG erst später als unzulässig erweist (BGH NJW 01, 3787).

7 Nicht statthaft sind dagegen Rechtsbeschwerden gegen Entscheidungen der OLG in Verfahren nach § 1062 I 1 und 3. Hat in einem derartigen Verfahren das OLG als Vorfrage geprüft, ob eine wirksame Schiedsvereinbarung vorliegt, führt das nicht zur Statthaftigkeit der Rechtsbeschwerde (BGH WM 09, 1582 Rn 7 ff).

8 **V. Beschwer.** Statthaft ist die Rechtsbeschwerde für jeden Verfahrensbeteiligten, der durch die gerichtliche Entscheidung beschwert ist: für den Antragsteller, wenn das OLG seinen Antrag abgelehnt hat, und für den Antragsgegner, wenn es dem Antrag stattgegeben hat. Hat das Gericht einem Antrag nur tw stattgegeben, etwa indem es einen Schiedsspruch im Aufhebungsverfahren nur tw aufgehoben hat (§ 1059 II 1 c), so ist jede Partei beschwert. Dann ist die Rechtsbeschwerde für den Antragsteller des Aufhebungsverfahrens statthaft, soweit der Schiedsspruch bestehen geblieben ist, und für den Antragsgegner, soweit das OLG dem Aufhebungsantrag stattgegeben hat.

9 **VI. Zulässigkeit.** Die statthafte Rechtsbeschwerde in Schiedssachen muss auch zulässig sein. Die Zulässigkeit richtet sich nach § 574 II. Hierfür muss die Rechtsbeschwerde entweder grundsätzliche Bedeutung haben, der Rechtsfortbildung dienen und/oder die Sicherung einer einheitlichen Rechtsprechung erfordert eine Entscheidung des BGH (BGH SchiedsVZ 08, 40, 41 Rn. 5; s. § 574 Rz 7 ff). Sie ist immer zulässig, wenn das OLG in seinem Beschl von der Rechtsprechung des EuGH abweicht (BGH NJW-RR 09, 999 Rn 5).

10 **C. Darlegungspflicht der Zulassungsgründe.** Der Beschwerdeführer muss die Zulassungsgründe innerhalb der Begründungsfrist nach § 575 I substanziiert darlegen. Geschieht dies, ist die Rechtsbeschwerde durch den BGH zuzulassen, wenn mindestens einer von ihnen entscheidungserheblich ist (BGH NJW-RR 04, 1504 Nr. 2).

11 Verletzt die Entscheidung des OLG Verfahrensgrundrechte des Beschwerdeführers oder den ordre public, so ist die Rechtsbeschwerde stets unter dem Gesichtspunkt der Grundsätzlichkeit oder der Sicherung einer einheitlichen Rechtsprechung zuzulassen (BGH NJW-RR 04, 1504 Nr. 2 a).

12 **D. Präklusion von Zulassungsgründen.** Fristgebundene Aufhebungsgründe aus § 1059 II 1 müssen erstmals vor dem OLG im Aufhebungsverfahren nach § 1059 oder als Einwand im Verfahren auf Vollstreckbarerklärung eines Schiedsspruchs nach § 1060 vorgetragen werden. Ist dies unterblieben, können sie nicht mehr im Rechtsbeschwerdeverfahren geltend gemacht werden (BGHZ 142, 204, 206 f).

12a Aufhebungsgründe aus § 1059 II 2, die in den Verfahren nach §§ 1059-1061 dem OLG vorgetragen, von diesem aber verneint worden sind, dienen nicht mehr als Zulassungsgründe für die Rechtsbeschwerde. Das gilt insb für die Rüge, das Schiedsgericht habe das rechtliche Gehör verletzt. Denn das OLG hat dann ausreichend rechtliches Gehör gewährt (vgl BGH NJW 03, 3205, 3206).

13 **E. Neuer Tatsachenvortrag.** Neue Tatsachen, die nicht Gegenstand des Verfahrens vor dem OLG nach §§ 1062 ff waren, können nicht in das Rechtsbeschwerdeverfahren vor dem BGH eingeführt werden. Hiervon ausgenommen sind unstreitige Tatsachen, die die Rechtslage erst nach dem angefochtenen Beschl des OLG verändert haben. Dazu gehört zB die Aufhebung einer Gerichtsentscheidung im Erlassstaat durch ein

dortiges höherrangiges Gericht, nachdem das dortige Gericht I. Instanz den Schiedsspruch zunächst aufgehoben hatte (BGH NJW 01, 1730 f lit b). Für das Rechtsbeschwerdeverfahren ist dann von einem verbindlichen Schiedsspruch nach Art V 1 e UNÜ auszugehen.

F. Überprüfung durch den BGH. Innerhalb der Zulassungsgründe überprüft der BGH lediglich iRv §§ 576, 577, ob dem OLG bei seiner Entscheidung ein Rechtsfehler unterlaufen ist. Im Rahmen seiner Überprüfung kann er den Schiedsspruch, der der Rechtsbeschwerde zugrunde liegt, eigenständig auslegen und rechtlich einordnen (BGH NJW 09, 1747, 1748 Rn 17). Er ist hierbei nicht an das Auslegungsergebnis des OLG gebunden. 14

Die Auslegung der Schiedsvereinbarung obliegt in den Verfahren nach §§ 1059 – 1061 zunächst dem OLG als Tatrichter. Revisionsrechtlich kann der BGH das Auslegungsergebnis nur eingeschränkt darauf überprüfen, ob der Tatrichter die allgemeinen Auslegungsregeln, Denkgesetze und Erfahrungssätze eingehalten hat. Ebenso, ob er die für die Auslegung erheblichen Umstände umfassend gewürdigt hat. Zu den wesentlichen Umständen gehören die Verhandlungen, die zur endgültigen Fassung der Schiedsvereinbarung geführt haben (BGH SchiedsVZ 09, 122, 125 Rn 25). Hierzu gehört auch das spätere Verhalten der Beteiligten, das von wesentlicher Bedeutung ihres tatsächlichen Willens und Verständnisses ist (BGH SchiedsVZ 09, 125 Rn 27). Hat das OLG nicht alle Umstände umfassend gewürdigt, ist der BGH nicht an dessen Auslegungsergebnis gebunden. 15

G. Erfolg der Rechtsbeschwerde. Nach ihrer Zulassung durch den BGH ist die Rechtsbeschwerde nur erfolgreich, wenn der angegriffene Beschl des OLG auf einer Rechtsverletzung iSv § 546 iVm §§ 576 f beruht oder nach § 1065 II die Bestimmung eines Staatsvertrags verletzt ist, den die Bundesrepublik Deutschland abgeschlossen hat (BGH NJW 01, 1730). 16

H. Nicht statthafte Rechtsbeschwerden. Nach § 1065 I 2 iVm § 1062 I 2, 3 sind unanfechtbar die gerichtlichen Entscheidungen der OLG über die Schiedsrichterbestellung (§§ 1034, 1035), Schiedsrichterablehnung (§ 1037) und Beendigung des Schiedsrichteramts (§ 1038) sowie Entscheidungen im Zusammenhang mit der Anordnung von vorläufigen oder sichernden Maßnahmen durch das Schiedsgericht (§ 1041 II, III). 17

I. Keine isolierte Rechtsbeschwerde gegen Kostenentscheidung. Die Rechtsbeschwerde nach § 1065 ist revisionsähnlich ausgestaltet. Es gilt § 99 I. Danach kann die Kostenentscheidung des OLG nicht isoliert angegriffen werden (s. § 99 Rz 2). Das gilt auch, wenn der Antragsgegner einen Antrag nach §§ 1059–1061 sofort unter Verwahrung gegen die Kostenlast anerkannt hat und das OLG daher dem Antragsteller die Prozesskosten nach § 93 auferlegt hat. Bei einem Anerkenntnis ist keine sofortige Beschwerde nach § 99 II möglich, weil das OLG in den Verfahren nach § 1059–1061 als Gericht erster Instanz entscheidet (BGH NJW-RR 08, 664 Rn 3 f). 18

J. Kosten/Gebühren. I. Gerichtskosten. KV 1628, 1629. 19

II. Rechtsanwalt. VV Vorbemerkung 3.1 (2) iVm VV 3100. 20

Abschnitt 10 Außervertragliche Schiedsgerichte

§ 1066 Entsprechende Anwendung der Vorschriften des Buches 10.

Für Schiedsgerichte, die in gesetzlich statthafter Weise durch letztwillige oder andere nicht auf Vereinbarung beruhende Verfügungen angeordnet werden, gelten die Vorschriften dieses Buches entsprechend.

A. Rechtsquelle. § 1066 hat keine Entsprechung im UNCITRAL-MG, dessen ausschließlicher Gegenstand die Handelsschiedsgerichtsbarkeit ist (Art 1 I UNCITRAL-MG). 1

B. Regelungsbereich und Normzweck. § 1066 erfasst alle Vereinbarungen oder Klauseln, die nicht unter den herkömmlichen Begriff der Schiedsvereinbarung nach § 1029 ff »passen«, jedoch gleichwohl die Entscheidung über Streitigkeiten einem Schiedsgericht unter Ausschluss der staatlichen Gerichte zuweisen. Dazu gehören in erster Linie die sogenannten **statutarischen Schiedsklauseln** in den Gesellschaftsverträgen der Handelsgesellschaften wie oHG, KG, GmbH, GmbH&Co KG, soweit diese personalistisch strukturiert sind. Seitdem der BGH die Rechtsfähigkeit von Personengesellschaften anerkannt hat (BGHZ 146, 341), gehören hierzu auch die Schiedsklauseln in deren Gesellschaftsverträgen, soweit diese trotz ihrer 2

Rechtsform nicht kapitalistisch mit einer unbestimmten Vielzahl von Gesellschaftern organisiert sind. Ob statutarische Schiedsvereinbarungen auch bei der »kleinen« personalistisch strukturierten AG in einer ergänzenden Bestimmung der Satzung nach § 23 V AktG zulässig sind, ist strittig. Hierzu gibt es noch keine Rechtsprechung des BGH. **Statutarische Schiedsklauseln** sind **unzulässig** bei der börsennotierten AG (Verbot aus § 23 V AktG) sowie bei allen nicht mehr personalistisch, sondern kapitalistisch strukturierten Gesellschaften jeder Rechtsform.

Unter § 1066 fallen auch die durch **letztwillige Verfügung** in Form eines wirksamen **Testaments** des Erblassers (s. PWW/*Tschichoflos* § 1937 Rn 1 ff) eingesetzten Schiedsgerichte. Dagegen gehört eine zwischen den Parteien eines Erbvertrags vereinbarte Schiedsklausel zu den vertraglich vereinbarten Schiedsverträgen nach §§ 1029 ff.

3 Für die Bildung des Schiedsgerichts, die Durchführung des Schiedsverfahrens, den Schiedsspruch und dessen Vollstreckbarkeit bzw Aufhebung gelten die **allgemeinen Regeln** des 10. Buchs ohne jede Einschränkung.

4 **C. Wirksamkeitsvoraussetzung.** Ein durch Statut oder Testament eingesetztes Schiedsgericht wird nur dann als ein echtes Schiedsgericht nach § 1066 iVm §§ 1025 ff anerkannt, wenn es sich um eine wirklich unabhängige und unparteiliche Einrichtung handelt (BGHZ 159, 207, 212 f). Die Bildung und Zusammensetzung des Schiedsgerichts muss den Anforderungen der §§ 1034 – 1039 entsprechen. Jede Partei muß gleichberechtigt an der Bestellung der Schiedsrichter mitwirken können. Für die Durchführung des Schiedsverfahrens muss gewährleistet sein, dass das Schiedsgericht allen Parteien als neutraler Dritter ggü steht, es das Verfahren fair und unparteiisch durchführt und jeder Partei ausreichend rechtliches Gehör gewährt, § 1042. Schließlich muss es ausschließlich nach geltendem Recht entscheiden können, § 1051 I und II, soweit es nicht ausdrücklich zu einer Entscheidung nach Billigkeit ermächtigt ist, § 1051 III (BGHZ 159, 207, 213 f).

4a An diesen Voraussetzungen fehlt es häufig, wenn in Satzungen von **Vereinen** oder **Parteien** ein „Schiedsgericht" eingesetzt wird, um über Streitigkeiten zwischen einem Mitglied und Verein/Partei oder nur zwischen deren Mitgliedern zu entscheiden (BGHZ 159, 207, 210 ff). Die gerichtliche Kontrolle derartiger Entscheidungen erfolgt über die Klage nach § 253 ff (BGHZ 159, 207, 211). § 1066 ZPO gilt nur für ein „echtes" in einer Vereins- oder Parteivereinbarung vorgesehenes Schiedsgericht. Ob dies der Fall ist, hat das Gericht als Prozessvoraussetzung in den Verfahren nach §§ 1066, 1059, 1060 vAw zu prüfen (BGHZ 159, 207, 210).

5 **D. Statutarische Schiedsklauseln. I. Zulässigkeit.** Zulässig sind statutarische Schiedsklauseln in den Satzungen aller personalistisch strukturierten Gesellschaften oder Verbänden. Das gilt va für BGB-Gesellschaft, OHG, GmbH und GmbH&Co KG mit einem überschaubaren Anteil von Gesellschaftern (BGHZ 180, 221 für die GmbH Schiedsfähigkeit II). Unzulässig sind sie bei der börsennotierten AG schon wegen des Verbots aus § 23 V AktG. Bei der personalistisch strukturierten nicht börsennotierten kleinen AG ist eine Schiedsvereinbarung nach moderner Auffassung jedoch zulässig (Schmidt/Lutter/*Schwab* § 246 Rn 33). Sie muss dann in einer gesonderten Vereinbarung außerhalb der Satzung vorliegen. Eine Entscheidung des BGH zur kleinen AG steht jedoch noch aus. Unzulässig sind statutarische Schiedsklauseln auch bei kapitalistisch strukturierten Gesellschaften jeder Rechtsform, die auf eine Vielzahl von Gesellschaftern angelegt sind zB Kapitalanlagenfonds jeder Art.

6 Sind an der Gesellschaft Verbraucher beteiligt, muss eine statutarische Schiedsklausel die Formvorschrift von § 1031 V einhalten (s. § 1031 Rz 9). Ihr Inhalt darf nicht missbräuchlich iSv Art 6 I EGRiLi 93/13 sein. Diese Prüfung hat vAw zu erfolgen (EuGH 6.10.09 – C-40/08, Rn 32 Asturcom Telecomunicaciones, www.curia.europa.eu).

7 **II. Beteiligte.** Es ist das Kennzeichen einer statutarischen Schiedsklausel in einem Gesellschaftsvertrag, dass diese neben den Gesellschaftern, die den Gesellschaftsvertrag abgeschlossen haben, auch die hierdurch erst geschaffene Gesellschaft bindet. Das gleiche gilt entsprechend für statutarische Schiedsklauseln in den Satzungen von Vereinen, Genossenschaften oder Verbänden, die jeweils erst durch die Satzung entstehen, hieran aber nicht selbst beteiligt sind.

8 **III. Statutarische Schiedsklauseln über Beschlussmängelstreitigkeiten.** Zulässig sind statutarische Schiedsklauseln, die eine Entscheidung des Schiedsgerichts auch für Beschlussmängelstreitigkeiten nach §§ 241 ff AktG analog vorsehen (BGHZ 180, 221 Rn 11 ff).

1. Beschlussmängelstreitigkeit = Mehrparteienstreitigkeit. Beschlussmängelstreitigkeiten sind ihrer Natur nach Mehrparteienstreitigkeiten mit besonderen Anforderungen zB bei der Bildung des Schiedsgerichts. Die meisten gegenwärtig in der Praxis verwendeten statutarischen Schiedsklauseln in Gesellschaftsverträgen oder Satzungen sind immer noch ausschließlich am Zwei-Parteien Schiedsverfahren orientiert. Sie entsprechen damit nicht den Anforderungen der Mehrparteienschiedsgerichtsbarkeit und sind schon deswegen unwirksam, soweit der Streitgegenstand eine echte Mehrparteienstreitigkeit ist. 9

2. Besondere Anforderungen. Um wirksam zu sein, muss die Schiedsklausel für Beschlussmängelstreitigkeiten besondere Anforderungen erfüllen: (1) Alle Gesellschafter müssen der Schiedsklausel in der Satzung zugestimmt haben. (2) Ist die Schiedsvereinbarung nicht in der Satzung enthalten, sondern von ihr getrennt, muss neben allen Gesellschaftern auch die Gesellschaft hieran beteiligt sein. (3) Alle Gesellschafter müssen an der Auswahl und Bestellung der Schiedsrichter mitwirken können, es sei denn, eine neutrale Stelle bestimmt die Schiedsrichter. Dabei gilt für eine Parteiseite das Mehrheitsprinzip. (4) Mehrere Beschlussmängelstreitigkeiten über denselben Streitgegenstand müssen bei einem Schiedsgericht konzentriert sein. (5) Der Schiedsspruch muss für alle Gesellschafter und die Gesellschaft verbindlich sein. Erfüllt die Schiedsklausel nicht sämtliche Anforderungen, ist sie in Bezug auf Beschlussmängelstreitigkeiten nichtig (BGHZ 180, 221 Rn 19 ff). Die Anforderungen gelten entsprechend, wenn die Satzung eines Vereins oder sonstigen Verbands Entscheidungen über Beschlussmängelstreitigkeiten einem Schiedsgericht zuweist. 10

Es ist schwierig, eine statutarische Schiedsklausel, die sämtliche Anforderungen erfüllt, selbst richtig zu formulieren. Es besteht die große Gefahr, dass dabei eine pathologische und damit unwirksame Klausel (s. § 1029 Rz 12) herauskommt. Die *Deutsche Institution für Schiedsgerichtsbarkeit – DIS* hat deswegen 2009 eine **DIS Musterklausel für Gesellschafterstreitigkeiten** erarbeitet, die die Anforderungen des BGH erfüllt (abrufbar unter www.dis-arb.de), die ohne weiteres als statutarische Schiedsklausel in einen Gesellschaftsvertrag übernommen werden kann. Zugleich hat die DIS *Ergänzende Regeln für gesellschaftsrechtliche Streitigkeiten –ERGeS* erlassen, auf die die DIS Musterklausel Bezug nimmt. Das ist nach § 1031 III zulässig. Es ist für die Praxis dringend zu empfehlen, sich in Gesellschaftsverträgen oder Satzungen der DIS Musterklausel zu bedienen. 11

IV. Änderung einer fehlerhaften statutarischen Schiedsklausel. Entspricht eine vorhandene statutarische Schiedsklausel nicht den Anforderungen der Mehrparteienschiedsgerichtsbarkeit oder eine Klausel über Beschlussmängelstreitigkeiten nicht der jüngsten Rechtsprechung (BGHZ 180, 221 ff), kann sie mit den in der Satzung vorgesehenen Mehrheiten geändert werden und etwa durch die DIS-Musterklausel für Gesellschafterstreitigkeiten ersetzt werden. Der von der Rechtsprechung in den Vordergrund gestellte Minderheitenschutz (vgl BGHZ 144, 146, 149 f) wird hierdurch nicht berührt, weil die Gründungsgesellschafter und die später beigetretenen Gesellschafter oder Verbandsmitglieder selbst durch die fehlerhafte Schiedsklausel genügend deutlich zum Ausdruck gebracht haben, dass Streitigkeiten vor einem Schiedsgericht und nicht vor den staatlichen Gerichten ausgetragen werden sollen. Daher werden schützenswerte Rechte einer Minderheit, die der Satzungsänderung nicht zugestimmt hat, nicht berührt, wenn die statutarische Schiedsklausel durch satzungsgemäßen Mehrheitsbeschluss abgeändert wird, um deren Wirksamkeit herbeizuführen (str). Es gibt hierzu noch keine Entscheidung des BGH. 12

V. Einführung einer statutarischen Schiedsklausel durch Satzungsänderung. Enthält die Satzung keine Schiedsklausel, kann sie nachträglich durch Satzungsänderung eingeführt werden. Dies ist auch durch Mehrheitsbeschluss möglich, wenn das Mitglied, das der Satzungsänderung nicht zugestimmt hat, aus der Gesellschaft oder dem Verein austreten kann, ohne dass hierdurch dessen wirtschaftliche oder soziale Belange wesentlich berührt werden (BGHZ 144, 146, 149 f). Anders ist es dagegen, wenn die Mitgliedschaft mit wesentlichen wirtschaftlichen oder sozialen Interessen verbunden ist, die durch einen Austritt berührt würden. Dann ist die nur mit Mehrheit eingeführte statutarische Schiedsklausel unwirksam (BGHZ 144, 146, 149f für die Mitgliedschaft eines Tierzüchters in einem Tierzuchtverein). Die Mitgliedschaft in einer Gesellschaft, deren Zweck es ist, ein Wirtschaftsunternehmen zu betreiben ist für den Gesellschafter stets mit der Wahrnehmung wesentlicher wirtschaftlicher Interessen verbunden, die bei seinem Ausscheiden aus der Gesellschaft berührt würden. Hier muss daher die nachträgliche Einführung einer Schiedsklausel durch Änderung des Gesellschaftsvertrags oder der Satzung einstimmig erfolgen, wenn sie wirksam sein soll. 13

VI. Schiedsverfahren auf der Grundlage fehlerhafter statutarischer Schiedsklauseln. Beachten der oder die Schiedskläger und das Schiedsgericht bei der Einleitung und Durchführung des Schiedsverfahrens über 14 eine Beschlussmängelstreitigkeit sämtliche Anforderungen an das Verfahren, die der BGH in *Schiedsfähigkeit II* (BGHZ 180, 221) aufgestellt hat, ist ein auf diese Weise ergangener Schiedsspruch aufhebungsfest (aA: OLG Frankfurt SchiedsVZ 10, 334). Voraussetzung hierfür ist eine formwirksam abgeschlossene Schiedsvereinbarung, die den Anforderungen von § 1031 ZPO erfüllt. Sie muss auch Streitigkeiten über Beschlussmängel erfassen. Die Anforderungen von *Schiedsfähigkeit II* dienen dem vorbeugenden Rechtsschutz der Minderheitsgesellschafter. Sie haben damit va einen verfahrensrechtlichen Bezug. Der Rechtsschutz vor einem Schiedsgericht gleicht dem Rechtsschutz vor dem staatlichen Gericht (BGHZ 160, 127, 133 f; 180, 221, Tz 13). Die Einhaltung und Beachtung von Verfahrensrechten durch das Schiedsgericht wird über die nachträgliche Kontrollmöglichkeit des Schiedsspruchs durch §§ 1059, 1060 gewährleistet. Insoweit ist § 1066 teleologisch zu reduzieren. Ein derartiger Schiedsspruch, der in einem ordnungsgemäßen Schiedsverfahren ergangen ist, sollte nicht allein deswegen nachträglich im Anfechtungsverfahren durch das Gericht zu Fall gebracht werden, weil die formwirksame statutarische Schiedsklausel in Bezug auf Beschlussmängelstreitigkeiten im Licht von *Schiedsfähigkeit II* unvollkommen war.

15 Der Schiedskläger muss neben der beklagten Gesellschaft zeitgleich sämtlichen Gesellschaftern die Schiedsklage mit der Aufforderung zustellen, sich fristgerecht auf der Seite des Klägers oder der Gesellschaft am Schiedsverfahren zu beteiligen und auf der Kläger- oder Beklagtenseite an der fristgerechten Bildung des Schiedsgerichts mitzuwirken. Ferner hat er die Gesellschafter darauf hinzuweisen, dass sie später jederzeit dem Schiedsverfahren als Nebenintervenienten beitreten können. Ist das Schiedsgericht ordnungsgemäß gebildet, hat der Kl oder das Schiedsgericht sämtliche Gesellschafter fortlaufend über den Ablauf des Schiedsverfahrens durch vollständige Übersendung von Kopien der Schriftsätze, sowie Verfügungen oder Schreiben des Schiedsgerichts zu unterrichten. Das Schiedsgericht hat den Schiedsspruch auch den Gesellschaftern zuzustellen, die dem Schiedsverfahren ferngeblieben sind.

16 **E. Schiedsklausel in letztwilliger Verfügung. I. Zulässigkeit, Form.** Der Erblasser kann in einer letztwilligen Verfügung nach §§ 2064 BGB bestimmen, dass alle Streitigkeiten aus oder im Zusammenhang mit der letztwilligen Verfügung durch ein Schiedsgericht entschieden werden sollen. Die Zulässigkeit ergibt sich unmittelbar aus § 1066. Dem Schiedsgericht kann auch die Entscheidung über die Wirksamkeit der letztwilligen Verfügung übertragen werden. § 2065 BGB steht insoweit nicht entgegen.

17 Die Form der Schiedsklausel richtet sich nach § 2064 BGB, wie sich aus § 1066 iVm 1030 III ergibt.

18 **II. Reichweite der Schiedsklausel.** Das Schiedsgericht leitet seine Stellung ausschließlich aus der Rechtsstellung des Erblassers ab. Seine Befugnisse zur Streitentscheidung sind daher begrenzt durch die Befugnisse des Erblassers. Was der Erblasser von Gesetzes wegen nicht anordnen kann, darf das Schiedsgericht nicht entscheiden.

19 Das Schiedsgericht hat den gleichen Rang wie ein nach § 1029 eingesetztes Schiedsgericht. Seine Entscheidung ist daher gleichwertig mit der eines staatlichen Gerichts. Es kann daher auch über die Entlassung eines Testamentsvollstreckers nach § 2227 BGB entscheiden (str). Das folgt schon daraus, dass der Erblasser jederzeit die Einsetzung eines Testamentvollstreckers widerrufen kann, § 2253 ff BGB. Das Schiedsgericht nimmt daher mit einer Entlassung des Testamentsvollstreckers eine Befugnis des Erblassers wahr. § 2227 BGB hat keine andere Bedeutung als § 246 III AktG und begründet kein Rechtsprechungsmonopol für die staatlichen Gerichte (vgl BGHZ 132, 278, 283).

Buch 11 Justizielle Zusammenarbeit in der Europäischen Union

Bemerkungen vor §§ 1067 ff ZPO

A. Europäische Rechtsentwicklung. Das mit Wirkung vom 1.1.04 in die ZPO eingefügte 11. Buch enthält die vom deutschen Gesetzgeber für notwendig erachteten Umsetzungs- und Begleitvorschriften zu den von der EU erlassenen Rechtsakten im Bereich der justiziellen Zusammenarbeit (heute Art 67 IV und 81 AEUV). Die vielfältigen Aktivitäten der EU machen diesen Bereich sehr dynamisch; er unterliegt ständigen Veränderungen. Schon 2000 wurde die VO (EG) Nr 1348/2000 über die Zustellung gerichtlicher und außergerichtlicher Schriftstücke in Zivil- und Handelssachen erlassen; diese Verordnung ist jedoch mit Wirkung v 13.11.08 ersetzt worden durch die gleichnamige VO (EG) Nr 1393/2007 (EuZVO, im Anhang nach § 1071 abgedruckt und erläutert). Die RL 2003/8/EG zur Verbesserung des Zugangs zum Recht bei Streitsachen mit grenzüberschreitendem Bezug durch Festlegung gemeinsamer Mindestvorschriften für die Prozesskostenhilfe wurde vom deutschen Gesetzgeber in §§ 1076–1078 umgesetzt. Seit 2004 gilt die VO (EG) Nr 1206/2001 über die Zusammenarbeit zwischen den Gerichten der Mitgliedstaaten auf dem Gebiet der Beweisaufnahme in Zivil- und Handelssachen (EuBVO, s. Anhang nach § 1075). Die VO (EG) Nr 805/2004 über einen Europäischen Vollstreckungstitel für unbestrittene Forderungen (EuVTVO) markiert einen Meilenstein in der Entwicklung des europäischen Zivilprozessrechts, weil sie erstmals für eine bestimmte Gruppe von Vollstreckungstiteln das Exequaturverfahren im Vollstreckungsstaat abschafft und so den »freien Verkehr von Entscheidungen« (Art 1 EuVTVO) ermöglicht. Sie wird durch §§ 1079–1086 ZPO begleitet und nach diesen Vorschriften erläutert. Zu dieser Strategie gehören außerdem die VO (EG) Nr 1896/2006 zur Einführung eines Europäischen Mahnverfahrens (EuMVVO, s. Anhang nach § 1096) und die VO (EG) Nr 861/2007 zur Einführung eines europäischen Verfahrens für geringfügige Forderungen (EuGFVO, s. Anhang nach § 1109). In Unterhaltssachen gilt seit 2011 die VO (EG) Nr 4/2009 über die Zuständigkeit, das anwendbare Recht, die Anerkennung und Vollstreckung von Entscheidungen und die Zusammenarbeit in Unterhaltssachen (EuUntVO, ABl 2008 L 7, 1). Die EU-Kommission strebt außerdem mittelfristig an, das Exequaturverfahren in Zivil- und Handelssachen weitgehend abzuschaffen, s. Verordnungsvorschlag v 14.12.10, COM (2010) 748 endg.; dazu zB *Hess* IPRax 11, 125; *Kieninger* VuR 11, 243. 1

B. Räumlicher Geltungsbereich. Die Normen zur justiziellen Zusammenarbeit gelten in allen Mitgliedstaaten der EU mit Ausnahme von Dänemark. Großbritannien und Irland haben sich gem des einschlägigen »Protokolls über die Position des Vereinigten Königreichs und Irlands« (vgl seinerzeit Art 69 EGV) freiwillig an der Annahme und Anwendung der genannten Rechtsakte beteiligt, Dänemark dagegen nicht. Dänemark gilt daher nicht als »Mitgliedstaat« iSd folgenden Normen. Zur EuZVO ist jedoch 2006 zwischen Dänemark und der EU ein völkerrechtliches Abkommen geschlossen worden, aufgrund dessen sich die Geltung der EuZVO doch auf Dänemark erstreckt. Dies wurde vom Königreich Dänemark auch im Hinblick auf die neue Fassung der EuZVO bestätigt, s. dazu und generell hilfreich den von der EU-Kommission verfassten »Europäischen Gerichtsatlas« (s.u. Rz 5). 2

C. Deutsche Gesetzgebung. Der deutsche Gesetzgeber geht mit diesen Vorschriften bisher so um, dass er jeweils spezielle Begleitnormen im 11. Buch erlässt. Die genannten EU-Verordnungen sind jedoch aus sich heraus anwendbar und bedürfen keinerlei Umsetzung durch die Mitgliedstaaten. Eine Wiederholung der in einer EU-Verordnung enthaltenen Normen im nationalen Recht ist auch europarechtlich unzulässig, da dies Unsicherheit über die Rechtsnatur der fraglichen Vorschriften und über ihr Inkrafttreten auslösen kann und damit die einheitliche Anwendung der Verordnung in der gesamten Gemeinschaft gefährdet (EuGHE 1973, 101, 113). Bedarf für Umsetzungs- oder Begleitnormen besteht also nur dort, wo die Verordnung den Mitgliedstaaten bestimmte Optionen oder Spielräume lässt. Diese Spezialfälle wären aber innerhalb des allgemeinen Verfahrensrechts besser aufgehoben gewesen. 3

D. Europäisches Prozessrecht und Fair-Trial-Prinzip. Die im Folgenden behandelten Rechtsakte der EU sind von dem Wunsch nach Beschleunigung und Effektivierung der einschlägigen Zivilprozesse in den Mitgliedstaaten geprägt. Dieses legitime Ziel darf aber nicht auf Kosten der in der Union geltenden Menschenrechte erreicht werden. Insbesondere garantieren Art 47 II EU-Grundrechtscharta sowie Art 6 I 1 EMRK jeder Person ein faires Verfahren auch im Zivilprozess. Dasselbe ergibt sich als »allgemeines Prozessgrundrecht« auch aus Art 1, 2 und 20 GG (BVerfGE 109, 38, 60), soweit diese Vorschriften im europarechtlichen Kontext noch beachtlich sind. Diese rechtsstaatlichen Grundsätze müssen durch Wissenschaft und Praxis 4 bei der Anwendung und Auslegung der verhältnismäßig jungen Normen im Bereich der europäischen justiziellen Zusammenarbeit erst noch konkretisiert werden.

5 **E. Europäischer Gerichtsatlas.** Die Unübersichtlichkeit der im Folgenden erörterten Instrumente wird etwas gelindert durch den von der EU-Kommission unterhaltenen »Europäischen Gerichtsatlas«; einzusehen unter http://ec.europa.eu/justice_home/judicialatlascivil/html/index_de.htm. Er enthält für die verschiedenen Regelungswerke der justiziellen Zusammenarbeit eine Fundgrube von auf die einzelnen Mitgliedstaaten bezogenen Informationen.

Abschnitt 1 Zustellung nach der Verordnung (EG) Nr. 1393/2007

§ 1067 Zustellung durch diplomatische oder konsularische Vertretungen. Eine Zustellung nach Artikel 13 der Verordnung (EG) Nr. 1393/2007 des Europäischen Parlaments und des Rates vom 13. November 2007 über die Zustellung gerichtlicher und außergerichtlicher Schriftstücke in Zivil- oder Handelssachen in den Mitgliedstaaten und zur Aufhebung der Verordnung (EG) Nr. 1348/2000 (ABl. EU Nr. L 324 S. 79), die in der Bundesrepublik Deutschland bewirkt werden soll, ist nur zulässig, wenn der Adressat des zuzustellenden Schriftstücks Staatsangehöriger des Übermittlungsstaats ist.

1 Die VO Nr 1393/2007 (EuZVO) ist im Anhang nach § 1071 abgedruckt und erläutert. Der Gesetzgeber macht in § 1067 von der Möglichkeit des Art 13 II EuZVO Gebrauch und erlaubt die Zustellung durch diplomatische und konsularische Vertretungen der anderen Mitgliedstaaten in Deutschland nur an die Staatsangehörigen jenes Mitgliedstaates. Ist der Adressat Angehöriger eines anderen Mitgliedstaats, aber auch deutscher Staatsangehöriger, so ist diese Form der Zustellung aufgrund des Schutzzwecks der Vorschrift unzulässig (Wieczorek/*Schütze* Rn 7).

2 Eine Zustellung gem § 1067 ist nur an natürliche Personen möglich (BTDrs 14/5910, 6; aA MüKoZPO/*Rauscher* Rn 8: Juristische Person sei »Staatsangehöriger« des Staates, nach dessen Recht sie gegründet ist).

§ 1068 Zustellung durch die Post. (1) Zum Nachweis der Zustellung nach Artikel 14 der Verordnung (EG) Nr. 1393/2007 genügt der Rückschein oder der gleichwertige Beleg.

(2) Ein Schriftstück, dessen Zustellung eine deutsche Empfangsstelle im Rahmen von Artikel 7 Abs. 1 der Verordnung (EG) Nr. 1393/2007 zu bewirken oder zu veranlassen hat, kann ebenfalls durch Einschreiben mit Rückschein zugestellt werden.

1 Abs 1 betrifft die Direktzustellung ins Ausland durch die Post und wiederholt Art 14 EuZVO. Die Bescheinigung der Niederlegung der Sendung bei der Post ist kein gleichwertiger Beleg (str, s. Art 14 EuZVO Rz 4).

2 Abs 2 bezieht sich auf eine Zustellung gem Art 7 I EuZVO, dh in Deutschland durch eine deutsche Empfangsstelle (§ 1069 II) auf Bitten einer ausländischen Übermittlungsstelle. Diese Zustellung erfolgt nach deutschem Recht, dh auch nach § 175, sofern nicht die Übermittlungsstelle eine andere mit deutschem Recht zu vereinbarende Zustellungsart wünscht (Art 7 I EuZVO). Letzteres wird oft der Fall sein, da die ausländische Stelle – etwa das ausländische Prozessgericht – ja selbst die Möglichkeit hat, per Einschreiben mit Rückschein zuzustellen (Art 14 EuZVO).

§ 1069 Zuständigkeiten. (1) Für Zustellungen im Ausland sind als deutsche Übermittlungsstelle im Sinne von Artikel 2 Abs. 1 der Verordnung (EG) Nr. 1393/2007 zuständig:

1. für gerichtliche Schriftstücke das die Zustellung betreibende Gericht und

2. für außergerichtliche Schriftstücke dasjenige Amtsgericht, in dessen Bezirk die Person, welche die Zustellung betreibt, ihren Wohnsitz oder gewöhnlichen Aufenthalt hat; bei notariellen Urkunden auch dasjenige Amtsgericht, in dessen Bezirk der beurkundende Notar seinen Amtssitz hat; bei juristischen Personen tritt an die Stelle des Wohnsitzes oder des gewöhnlichen Aufenthalts der Sitz; die Landesregierungen können die Aufgaben der Übermittlungsstelle einem Amtsgericht für die Bezirke mehrerer Amtsgerichte durch Rechtsverordnung zuweisen.

(2) [1]Für Zustellungen in der Bundesrepublik Deutschland ist als deutsche Empfangsstelle im Sinne von Artikel 2 Abs. 2 der Verordnung (EG) Nr. 1393/2007 dasjenige Amtsgericht zuständig, in dessen Bezirk

das Schriftstück zugestellt werden soll. [2]Die Landesregierungen können die Aufgaben der Empfangsstelle einem Amtsgericht für die Bezirke mehrerer Amtsgerichte durch Rechtsverordnung zuweisen.
(3) [1]Die Landesregierungen bestimmen durch Rechtsverordnung die Stelle, die in dem jeweiligen Land als deutsche Zentralstelle im Sinne von Artikel 3 Satz 1 der Verordnung (EG) Nr. 1393/2007 zuständig ist. [2]Die Aufgaben der Zentralstelle können in jedem Land nur einer Stelle zugewiesen werden.
(4) Die Landesregierungen können die Befugnis zum Erlass einer Rechtsverordnung nach Absatz 1 Nr. 2, Absatz 2 Satz 2 und Absatz 3 Satz 1 einer obersten Landesbehörde übertragen.

A. Verfahren bei Zustellungen nach EuZVO. Die Zustellung gerichtlicher Schriftstücke ist in Art 4 ff EuZVO geregelt; für außergerichtliche Schriftstücke gilt Art 16 EuZVO. Das Prozessgericht kann eine Zustellung über die im jeweiligen Mitgliedstaat benannten Empfangsstellen vornehmen (Art 4 ff EuZVO), und zwar unter Verwendung der von der EuZVO vorgesehen Formblätter. Außerdem ist die direkte Zustellung durch Einschreiben mit Rückschein an den Empfänger zulässig (Art 14 EuZVO) sowie in Ausnahmefällen der Weg über diplomatische oder konsularische Vertretungen (Art 12, 13 EuZVO). Es sind ggf Übersetzungen anzufertigen, s. Art 8 EuZVO. 1

B. Deutsche Übermittlungs- und Empfangsstellen. Die deutschen Übermittlungs- und Empfangsstellen lassen sich dem europäischen Gerichtsatlas unter Angabe der jeweiligen Postleitzahl entnehmen unter http://ec.europa.eu/justice_home/judicialatlascivil/html/ds_information_de.htm. 2

C. Deutsche Zentralstellen. Die Zentralstellen erteilen zum Verfahren nach EuZVO Auskünfte und Unterstützung (Art 3 EuZVO). In Deutschland sind dies die Landesjustizministerien in Bayern, Brandenburg, Mecklenburg-Vorpommern, Niedersachsen, Rheinland-Pfalz, Saarland, Sachsen-Anhalt, Schleswig-Holstein und Thüringen sowie die Senatsverwaltung für Justiz in Berlin. In anderen Ländern wurden Gerichte mit dieser Aufgabe betraut, nämlich AG Freiburg für Baden-Württemberg; LG Bremen; AG Hamburg sowie für Hessen das OLG Frankfurt/Main, für Nordrhein-Westfalen das OLG Düsseldorf und für Sachsen das OLG Dresden. 3

§§ 1070 und 1071 *(weggefallen seit 13.11.08)*

Anhang nach § 1071: EuZVO

Verordnung (EG) Nr 1393/2007 des Europäischen Parlaments und des Rates

vom 13.11.2007 über die Zustellung gerichtlicher und außergerichtlicher Schriftstücke in Zivil- oder Handelssachen in den Mitgliedstaaten (»Zustellung von Schriftstücken«) und zur Aufhebung der Verordnung (EG) Nr 1348/2000 des Rates (ABl EG 2007, L 324, 79)

DAS EUROPÄISCHE PARLAMENT UND DER RAT DER EUROPÄISCHEN UNION –
gestützt auf den Vertrag zur Gründung der Europäischen Gemeinschaft, insbesondere auf Artikel 61 Buchstabe c und Artikel 67 Absatz 5 zweiter Gedankenstrich,
auf Vorschlag der Kommission,
nach Stellungnahme des Europäischen Wirtschafts- und Sozialausschusses,
gemäß dem Verfahren des Artikels 251 des Vertrags,
in Erwägung nachstehender Gründe:
(1) Die Union hat sich zum Ziel gesetzt, einen Raum der Freiheit, der Sicherheit und des Rechts, in dem der freie Personenverkehr gewährleistet ist, zu erhalten und weiterzuentwickeln. Zum schrittweisen Aufbau dieses Raums erlässt die Gemeinschaft unter anderem im Bereich der justiziellen Zusammenarbeit in Zivilsachen die für das reibungslose Funktionieren des Binnenmarkts erforderlichen Maßnahmen.
(2) Für das reibungslose Funktionieren des Binnenmarkts muss die Übermittlung gerichtlicher und außergerichtlicher Schriftstücke in Zivil- oder Handelssachen, die in einem anderen Mitgliedstaat zugestellt werden sollen, zwischen den Mitgliedstaaten verbessert und beschleunigt werden.
(3) Der Rat hat mit Rechtsakt vom 26. Mai 1997 ein Übereinkommen über die Zustellung gerichtlicher und außergerichtlicher Schriftstücke in Zivil- oder Handelssachen in den Mitgliedstaaten der Europäischen

Union erstellt und das Übereinkommen den Mitgliedstaaten zur Annahme gemäß ihren verfassungsrechtlichen Vorschriften empfohlen. Dieses Übereinkommen ist nicht in Kraft getreten. Die bei der Aushandlung dieses Übereinkommens erzielten Ergebnisse sind zu wahren.
(4) Am 29. Mai 2000 hat der Rat die Verordnung (EG) Nr 1348/2000 über die Zustellung gerichtlicher und außergerichtlicher Schriftstücke in Zivil- oder Handelssachen in den Mitgliedstaaten angenommen. Der wesentliche Inhalt des Übereinkommens hat in jene Verordnung Eingang gefunden.
(5) Am 1. Oktober 2004 hat die Kommission einen Bericht über die Anwendung der Verordnung (EG) Nr 1348/2000 angenommen. Diesem Bericht zufolge hat sich die Übermittlung und Zustellung von Schriftstücken in den Mitgliedstaaten seit Anwendung der Verordnung (EG) Nr 1348/2000 im Allgemeinen verbessert und beschleunigt, doch werden bestimmte Vorschriften nicht gänzlich zufriedenstellend angewandt.
(6) Die Wirksamkeit und Schnelligkeit der gerichtlichen Verfahren in Zivilsachen setzt voraus, dass die Übermittlung gerichtlicher und außergerichtlicher Schriftstücke unmittelbar und auf schnellstmöglichem Wege zwischen den von den Mitgliedstaaten benannten örtlichen Stellen erfolgt. Die Mitgliedstaaten dürfen erklären, dass sie nur eine Übermittlungs- oder Empfangsstelle oder eine Stelle, die beide Funktionen zugleich wahrnimmt, für einen Zeitraum von fünf Jahren benennen wollen. Diese Benennung kann jedoch alle fünf Jahre erneuert werden.
(7) Eine schnelle Übermittlung erfordert den Einsatz aller geeigneten Mittel, wobei bestimmte Anforderungen an die Lesbarkeit und die Originaltreue des empfangenen Schriftstücks zu beachten sind. Zur Sicherstellung der Übermittlung muss das zu übermittelnde Schriftstück mit einem Formblatt versehen sein, das in der Amtssprache oder einer der Amtssprachen des Ortes auszufüllen ist, an dem die Zustellung erfolgen soll, oder in einer anderen vom Empfängerstaat anerkannten Sprache.
(8) Diese Verordnung sollte nicht für die Zustellung eines Schriftstücks an den Bevollmächtigten einer Partei in dem Mitgliedstaat gelten, in dem das Verfahren anhängig ist, unabhängig davon, wo die Partei ihren Wohnsitz hat.
(9) Die Zustellung eines Schriftstücks sollte so bald wie möglich, in jedem Fall aber innerhalb eines Monats nach Eingang bei der Empfangsstelle erfolgen.
(10) Um die Wirksamkeit dieser Verordnung zu gewährleisten, sollte die Möglichkeit, die Zustellung von Schriftstücken zu verweigern, auf Ausnahmefälle beschränkt werden.
(11) Um die Übermittlung und Zustellung von Schriftstücken zwischen den Mitgliedstaaten zu erleichtern, sollten die in den Anhängen dieser Verordnung enthaltenen Formblätter verwendet werden.
(12) Die Empfangsstelle sollte den Zustellungsempfänger schriftlich unter Verwendung des Formblatts darüber belehren, dass er die Annahme des Schriftstücks bei der Zustellung oder dadurch verweigern darf, dass er das Schriftstück binnen einer Woche an die Empfangsstelle zurücksendet, wenn es nicht in einer Sprache, die er versteht, oder in der Amtssprache oder einer der Amtssprachen des Zustellungsortes abgefasst ist. Diese Regel sollte auch für später erfolgende Zustellungen gelten, wenn der Empfänger sein Verweigerungsrecht ausgeübt hat. Diese Verweigerungsregeln sollten auch für die Zustellung durch die diplomatischen oder konsularischen Vertretungen, die Zustellung durch Postdienste oder die unmittelbare Zustellung gelten. Die Zustellung eines Schriftstücks, dessen Annahme verweigert wurde, an den Zustellungsempfänger sollte durch die Zustellung einer Übersetzung des zuzustellenden Schriftstücks an den Zustellungsempfänger bewirkt werden können.
(13) Auf eine schnelle Übermittlung muss auch eine schnelle Zustellung des Schriftstücks in den Tagen nach seinem Eingang folgen. Konnte das Schriftstück nach Ablauf eines Monats nicht zugestellt werden, so setzt die Empfangsstelle die Übermittlungsstelle davon in Kenntnis. Der Ablauf dieser Frist bedeutet nicht, dass der Antrag an die Übermittlungsstelle zurückgesandt werden muss, wenn feststeht, dass die Zustellung innerhalb einer angemessenen Frist möglich ist.
(14) Die Empfangsstelle sollte auch in den Fällen weiterhin alle für die Zustellung des Schriftstücks erforderlichen Schritte unternehmen, in denen es nicht möglich war, die Zustellung des Schriftstücks innerhalb eines Monats zu bewirken, beispielsweise weil der Beklagte urlaubsbedingt nicht zuhause war oder sich aus dienstlichen Gründen nicht in seinem Büro aufhielt. Die Übermittlungsstelle sollte jedoch zur Vermeidung einer unbefristeten Pflicht der Empfangsstelle, Schritte zur Zustellung des Schriftstücks zu unternehmen, in dem Formblatt eine Frist festlegen können, nach deren Ablauf die Zustellung nicht mehr erforderlich ist.
(15) Aufgrund der verfahrensrechtlichen Unterschiede zwischen den Mitgliedstaaten bestimmt sich der Zustellungszeitpunkt in den einzelnen Mitgliedstaaten nach unterschiedlichen Kriterien. Unter diesen Umständen und in Anbetracht der möglicherweise daraus entstehenden Schwierigkeiten sollte diese Ver-

ordnung deshalb eine Regelung vorsehen, nach der sich der Zustellungszeitpunkt nach dem Recht des Empfangsmitgliedstaats bestimmt. Muss jedoch nach dem Recht eines Mitgliedstaats ein Schriftstück innerhalb einer bestimmten Frist zugestellt werden, so sollte im Verhältnis zum Antragsteller als Datum der Zustellung das Datum gelten, das sich aus dem Recht dieses Mitgliedstaats ergibt. Diese Regelung des doppelten Datums besteht nur in einer begrenzten Zahl von Mitgliedstaaten. Diejenigen Mitgliedstaaten, die diese Regelung anwenden, sollten dies der Kommission mitteilen, die diese Information im Amtsblatt der Europäischen Union veröffentlichen und über das Europäische Justizielle Netz für Zivil- und Handelssachen, das durch die Entscheidung 2001/470/EG des Rates eingerichtet worden ist, zugänglich machen sollte.

(16) Um den Zugang zum Recht zu erleichtern, sollten die Kosten, die dadurch entstehen, dass bei der Zustellung eine Amtsperson oder eine andere nach dem Recht des Empfangsmitgliedstaats zuständige Person mitwirkt, einer von diesem Mitgliedstaat nach den Grundsätzen der Verhältnismäßigkeit und der Nichtdiskriminierung im Voraus festgesetzten einheitlichen Festgebühr entsprechen. Das Erfordernis einer einheitlichen Festgebühr sollte nicht die Möglichkeit ausschließen, dass die Mitgliedstaaten unterschiedliche Festgebühren für unterschiedliche Arten der Zustellung festlegen, sofern sie diese Grundsätze beachten.

(17) Es sollte jedem Mitgliedstaat freistehen, Personen, die ihren Wohnsitz in einem anderen Mitgliedstaat haben, Schriftstücke unmittelbar durch Postdienste per Einschreiben mit Rückschein oder gleichwertigem Beleg zustellen zu lassen.

(18) Jeder an einem gerichtlichen Verfahren Beteiligte sollte Schriftstücke unmittelbar durch Amtspersonen, Beamte oder sonstige zuständige Personen des Empfangsmitgliedstaats zustellen lassen können, wenn eine solche unmittelbare Zustellung nach dem Recht dieses Mitgliedstaats zulässig ist.

(19) Die Kommission sollte ein Handbuch mit Informationen zur ordnungsgemäßen Anwendung dieser Verordnung erstellen, das über das Europäische Justizielle Netz für die Zusammenarbeit in Zivil- und Handelssachen zugänglich gemacht werden sollte. Die Kommission und die Mitgliedstaaten sollten ihr Möglichstes tun, um sicherzustellen, dass diese Informationen aktuell und vollständig sind, insbesondere hinsichtlich der Kontaktinformationen zu den Empfangs- und den Übermittlungsstellen.

(20) Die Berechnung der in dieser Verordnung vorgesehenen Fristen und Termine sollte nach Maßgabe der Verordnung (EWG, Euratom) Nr 1182/71 des Rates vom 3. Juni 1971 zur Festlegung der Regeln für die Fristen, Daten und Termine erfolgen.

(21) Die zur Durchführung dieser Verordnung erforderlichen Maßnahmen sollten gemäß dem Beschluss 1999/468/EG des Rates vom 28. Juni 1999 zur Festlegung der Modalitäten für die Ausübung der der Kommission übertragenen Durchführungsbefugnisse erlassen werden.

(22) Der Kommission sollte insbesondere die Befugnis zur Aktualisierung oder technischen Anpassung der Formblätter in den Anhängen übertragen werden. Da es sich bei diesen Maßnahmen um Maßnahmen von allgemeiner Tragweite zur Änderung bzw. Streichung nicht wesentlicher Bestimmungen dieser Verordnung handelt, müssen sie nach Artikel 5a des Beschlusses 1999/468/EG im Regelungsverfahren mit Kontrolle erlassen werden.

(23) In den Beziehungen zwischen den Mitgliedstaaten, die Vertragsparteien der von den Mitgliedstaaten geschlossenen bilateralen oder multilateralen Übereinkünfte oder Vereinbarungen sind, insbesondere des Protokolls zum Brüsseler Übereinkommen vom 27. September 1968 und des Haager Übereinkommens vom 15. November 1965, hat diese Verordnung in ihrem Anwendungsbereich Vorrang vor den Bestimmungen der Übereinkünfte oder Vereinbarungen mit demselben Anwendungsbereich. Es steht den Mitgliedstaaten frei, Übereinkünfte oder Vereinbarungen zur Beschleunigung oder Vereinfachung der Übermittlung von Schriftstücken beizubehalten oder zu schließen, sofern diese Übereinkünfte oder Vereinbarungen mit dieser Verordnung vereinbar sind.

(24) Die nach dieser Verordnung übermittelten Daten sollten angemessen geschützt werden. Diese Frage wird durch die Richtlinie 95/46/EG des Europäischen Parlaments und des Rates vom 24. Oktober 1995 zum Schutz natürlicher Personen bei der Verarbeitung personenbezogener Daten und zum freien Datenverkehr und die Richtlinie 2002/58/EG des Europäischen Parlaments und des Rates vom 12. Juli 2002 über die Verarbeitung personenbezogener Daten und den Schutz der Privatsphäre im Bereich der Telekommunikation (Datenschutzrichtlinie für elektronische Kommunikation) geregelt.

(25) Spätestens am 1. Juni 2011 und danach alle fünf Jahre sollte die Kommission die Anwendung der Verordnung prüfen und gegebenenfalls erforderliche Änderungen vorschlagen.

(26) Da die Ziele dieser Verordnung auf Ebene der Mitgliedstaaten nicht ausreichend erreicht werden können und daher wegen ihres Umfangs und ihrer Wirkungen besser auf Gemeinschaftsebene zu verwirklichen sind, kann die Gemeinschaft im Einklang mit dem in Artikel 5 des Vertrags niedergelegten Subsidiaritätsprinzip tätig werden. Entsprechend dem in demselben Artikel genannten Grundsatz der Verhältnismäßigkeit geht diese Verordnung nicht über das zur Erreichung dieser Ziele erforderliche Maß hinaus.
(27) Im Interesse einer besseren Übersicht und Verständlichkeit sollte die Verordnung (EG) Nr 1348/2000 aufgehoben und durch die vorliegende Verordnung ersetzt werden.
(28) Gemäß Artikel 3 des dem Vertrag über die Europäische Union und dem Vertrag zur Gründung der Europäischen Gemeinschaft beigefügten Protokolls über die Position des Vereinigten Königreichs und Irlands beteiligen sich das Vereinigte Königreich und Irland an der Annahme und Anwendung dieser Verordnung.
(29) Gemäß den Artikeln 1 und 2 des dem Vertrag über die Europäische Union und dem Vertrag zur Gründung der Europäischen Gemeinschaft beigefügten Protokolls über die Position Dänemarks beteiligt sich Dänemark nicht an der Annahme dieser Verordnung, die für Dänemark nicht bindend oder anwendbar ist –
HABEN FOLGENDE VERORDNUNG ERLASSEN:

KAPITEL I ALLGEMEINE BESTIMMUNGEN

Artikel 1 Anwendungsbereich. **(1) Diese Verordnung ist in Zivil- oder Handelssachen anzuwenden, in denen ein gerichtliches oder außergerichtliches Schriftstück von einem in einen anderen Mitgliedstaat zum Zwecke der Zustellung zu übermitteln ist. Sie erfasst insbesondere nicht Steuer- und Zollsachen, verwaltungsrechtliche Angelegenheiten sowie die Haftung des Staates für Handlungen oder Unterlassungen im Rahmen der Ausübung hoheitlicher Rechte (»acta iure imperii«).**
(2) Diese Verordnung findet keine Anwendung, wenn die Anschrift des Empfängers des Schriftstücks unbekannt ist.
(3) Im Sinne dieser Verordnung bezeichnet der Begriff »Mitgliedstaat« alle Mitgliedstaaten mit Ausnahme Dänemarks.

1 **A. Sachlicher Anwendungsbereich. I. Begriff der Zivil- oder Handelssache.** Er entspricht demjenigen des Art 1 I EuGVO. Der Ausnahmekatalog des Art 1 II EuGVO greift hier aber nicht. Gegenüber der EuGVO wurde zusätzlich klargestellt, dass auch Staatshaftungssachen bzgl *acta iure imperii* vom Anwendungsbereich der Verordnung ausgeschlossen sind. Der Begriff entstammt der völkerrechtlichen Diskussion um Staatenimmunität und bezeichnet ein staatliches Handeln hoheitlich-obrigkeitlicher Natur, ohne dass es auf das Ziel oder den Zweck des Handelns ankäme (BVerfGE 16, 27, 61). Den Gegensatz dazu bildet bloß geschäftliches Handeln des Staates (*acta iure gestionis*) ohne Ausübung hoheitlicher Befugnisse, zB Reparatur der Heizung eines Botschaftsgebäudes (BVerfG aaO) oder die Ausgabe von Staatsanleihen durch die staatliche Zentralbank (Herdegen § 37 Rn 6).

2 **II. Schriftstück.** Gerichtliche Schriftstücke dienen der Einleitung eines gerichtlichen Verfahrens oder der Durchführung desselben. Außergerichtliche Schriftstücke sind solche, die sich nicht auf ein Gerichtsverfahren beziehen, aber dennoch zugestellt werden sollen, s.u. bei Art 16.

3 **III. Übermittlung von einem Mitgliedstaat in einen anderen.** Die EuZVO ist nicht anwendbar, wenn **im Inland** zugestellt wird (etwa an einen bereits benannten inländischen Prozessbevollmächtigten der ausländischen Partei, s. Erwägungsgrund 8). Sie regelt auch nicht die Frage, wann eine Zustellung im Inland zulässig ist. Das ist Sache der *lex fori.* In Deutschland ist zB die Zustellung an eine nach nach dem Recht eines anderen EG-Mitgliedstaates gegründete Gesellschaft mit Sitz im Inland nach den nationalen Vorschriften möglich; ebenso die Zustellung gem § 177 (*Strasser* ZIP 08, 2111 ff). Die in manchen EU-Mitgliedstaaten früher praktizierte *remise au parquet* (Inlandszustellung an ausländische Prozesspartei etwa durch Übergabe an die Staatsanwaltschaft) ist mit der EuZVO kaum vereinbar (Musielak/*Stadler* Art 1 EuZVO mwN; vgl aber zur weitgehenden Abschaffung derartiger Regeln *Kondring* RIW 07, 330 ff). Ein einschlägiges Vorlageverfahren ist beim EuGH unter C-325/11 anhängig.

Ein deutsches Gericht, das an eine Anschrift im **EU-Ausland** zustellen soll, muss dies gem EuZVO tun; die Anwendung von § 184 ist nicht möglich (BGH NJW 11, 1885). Bei **unbekannter Anschrift** des Empfängers gilt die EuZVO nicht (Art 1 II), so dass nach § 185 vorgegangen werden kann. 4

B. Räumlicher Anwendungsbereich. Abs 3 der Vorschrift ist gegenstandslos geworden durch die Erklärung des Königreichs Dänemarks v 20.11.07 (in Ausführung des völkerrechtlichen Abkommens zwischen Dänemark und der EG v 27.4.06), wonach Dänemark die EuZVO auch in der vorliegenden Neufassung anwenden wird. Daher ist **auch Dänemark** als »Mitgliedstaat« iSd EuZVO anzusehen. 5

Artikel 2 Übermittlungs- und Empfangsstellen. (1) Jeder Mitgliedstaat benennt die Amtspersonen, Behörden oder sonstigen Personen, die für die Übermittlung gerichtlicher und außergerichtlicher Schriftstücke, die in einem anderen Mitgliedstaat zuzustellen sind, zuständig sind, im Folgenden »Übermittlungsstellen« genannt.
(2) Jeder Mitgliedstaat benennt die Amtspersonen, Behörden oder sonstigen Personen, die für die Entgegennahme gerichtlicher und außergerichtlicher Schriftstücke aus einem anderen Mitgliedstaat zuständig sind, im Folgenden »Empfangsstellen« genannt.
(3) Die Mitgliedstaaten können entweder eine Übermittlungsstelle und eine Empfangsstelle oder eine Stelle für beide Aufgaben benennen. Bundesstaaten, Staaten mit mehreren Rechtssystemen oder Staaten mit autonomen Gebietskörperschaften können mehrere derartige Stellen benennen. Diese Benennung ist für einen Zeitraum von fünf Jahren gültig und kann alle fünf Jahre erneuert werden.
(4) Jeder Mitgliedstaat teilt der Kommission folgende Angaben mit:
a) die Namen und Anschriften der Empfangsstellen nach den Absätzen 2 und 3,
b) den Bereich, für den diese örtlich zuständig sind,
c) die ihnen zur Verfügung stehenden Möglichkeiten für den Empfang von Schriftstücken und
d) die Sprachen, in denen das Formblatt in Anhang I ausgefüllt werden darf
Die Mitgliedstaaten teilen der Kommission jede Änderung dieser Angaben mit.

Für Deutschland gelten § 1069 I und II. Die Übermittlungs- und Empfangsstellen der anderen Mitgliedstaaten verzeichnet der europäische Gerichtsatlas unter http://ec.europa.eu/justice_home/judicialatlascivil/html/ds_information_de.htm. 1

Artikel 3 Zentralstelle. Jeder Mitgliedstaat benennt eine Zentralstelle, die
a) den Übermittlungsstellen Auskünfte erteilt;
b) nach Lösungswegen sucht, wenn bei der Übermittlung von Schriftstücken zum Zwecke der Zustellung Schwierigkeiten auftreten;
c) in Ausnahmefällen auf Ersuchen einer Übermittlungsstelle einen Zustellungsantrag an die zuständige Empfangsstelle weiterleitet.
Bundesstaaten, Staaten mit mehreren Rechtssystemen oder Staaten mit autonomen Gebietskörperschaften können mehrere Zentralstellen benennen.

Für Deutschland gilt § 1069 III (Liste der Zentralstellen s. dort). Die Zentralstellen der anderen Mitgliedstaaten verzeichnet der europäische Gerichtsatlas (s.o.). 1

KAPITEL II GERICHTLICHE SCHRIFTSTÜCKE

Abschnitt 1 Übermittlung und Zustellung von gerichtlichen Schriftstücken

Artikel 4 Übermittlung von Schriftstücken. (1) Gerichtliche Schriftstücke sind zwischen den nach Artikel 2 benannten Stellen unmittelbar und so schnell wie möglich zu übermitteln.
(2) Die Übermittlung von Schriftstücken, Anträgen, Zeugnissen, Empfangsbestätigungen, Bescheinigungen und sonstigen Dokumenten zwischen den Übermittlungs- und Empfangsstellen kann auf jedem geeigneten Übermittlungsweg erfolgen, sofern das empfangene Dokument mit dem versandten Dokument inhaltlich genau übereinstimmt und alle darin enthaltenen Angaben mühelos lesbar sind.
(3) Dem zu übermittelnden Schriftstück ist ein Antrag beizufügen, der nach dem Formblatt in Anhang I erstellt wird. Das Formblatt ist in der Amtssprache des Empfangsmitgliedstaats oder, wenn

es in diesem Mitgliedstaat mehrere Amtssprachen gibt, der Amtssprache oder einer der Amtssprachen des Ortes, an dem die Zustellung erfolgen soll, oder in einer sonstigen Sprache, die der Empfangsmitgliedstaat zugelassen hat, auszufüllen. Jeder Mitgliedstaat gibt die Amtssprache oder die Amtssprachen der Organe der Europäischen Union an, die er außer seiner oder seinen eigenen Amtssprache(n) für die Ausfüllung des Formblatts zulässt.
(4) Die Schriftstücke sowie alle Dokumente, die übermittelt werden, bedürfen weder der Beglaubigung noch einer anderen gleichwertigen Formalität.
(5) Wünscht die Übermittlungsstelle die Rücksendung einer Abschrift des Schriftstücks zusammen mit der Bescheinigung nach Artikel 10, so übermittelt sie das betreffende Schriftstück in zweifacher Ausfertigung.

1 Beim Ausfüllen des Formblatts gem Anhang I ist die richtige Sprachfassung zu wählen, wobei der europäische Gerichtsatlas (s.o.) eine Übersetzungshilfe anbietet. Dort lässt sich auch die richtige Empfangsstelle ermitteln, ggf bezogen auf die Adresse des Zustellungsempfängers.

2 Die Bundesregierung hat der Kommission ungeachtet des § 184 GVG mitgeteilt, dass das Formblatt gem Anhang I EuZVO für eine Zustellung in Deutschland auch in englischer Sprache ausgefüllt werden kann.

Artikel 5 Übersetzung der Schriftstücke. **(1) Der Antragsteller wird von der Übermittlungsstelle, der er das Schriftstück zum Zweck der Übermittlung übergibt, davon in Kenntnis gesetzt, dass der Empfänger die Annahme des Schriftstücks verweigern darf, wenn es nicht in einer der in Artikel 8 genannten Sprachen abgefasst ist.**
(2) Der Antragsteller trägt etwaige vor der Übermittlung des Schriftstücks anfallende Übersetzungskosten unbeschadet einer etwaigen späteren Kostenentscheidung des zuständigen Gerichts oder der zuständigen Behörde.

1 Die Vorschrift schweigt zur notwendigen Qualität der Übersetzung. Weil aber die Zustellung der zuverlässigen Information des Betroffenen über das jeweilige Verfahren dient, reicht eine bloße Zusammenfassung oder gar eine maschinelle «Übersetzung» nicht aus. Die Übersetzung muss den Inhalt des Schriftstücks in im Wesentlichen korrekter Sprache vollständig wiedergeben (zu Anlagen s. Art 8 Rz 8). Zumindest muss erkennbar sein, um was es sachlich geht und was der Adressat tun kann, um seine Rechte zu wahren (so noch zum HZÜ Nürnbg IPRax 06, 38, 40).

Artikel 6 Entgegennahme der Schriftstücke durch die Empfangsstelle. **(1) Nach Erhalt des Schriftstücks übersendet die Empfangsstelle der Übermittlungsstelle auf schnellstmöglichem Wege und so bald wie möglich, auf jeden Fall aber innerhalb von sieben Tagen nach Erhalt des Schriftstücks, eine Empfangsbestätigung unter Verwendung des Formblatts in Anhang I.**
(2) Kann der Zustellungsantrag aufgrund der übermittelten Angaben oder Dokumente nicht erledigt werden, so nimmt die Empfangsstelle auf schnellstmöglichem Wege Verbindung zu der Übermittlungsstelle auf, um die fehlenden Angaben oder Schriftstücke zu beschaffen.
(3) Fällt der Zustellungsantrag offenkundig nicht in den Anwendungsbereich dieser Verordnung oder ist die Zustellung wegen Nichtbeachtung der erforderlichen Formvorschriften nicht möglich, sind der Zustellungsantrag und die übermittelten Schriftstücke sofort nach Erhalt unter Verwendung des Formblatts in Anhang I an die Übermittlungsstelle zurückzusenden.
(4) Eine Empfangsstelle, die ein Schriftstück erhält, für dessen Zustellung sie örtlich nicht zuständig ist, leitet dieses Schriftstück zusammen mit dem Zustellungsantrag an die örtlich zuständige Empfangsstelle in demselben Mitgliedstaat weiter, sofern der Antrag den Voraussetzungen in Artikel 4 Absatz 3 entspricht; sie setzt die Übermittlungsstelle unter Verwendung des Formblatts in Anhang I davon in Kenntnis. Die örtlich zuständige Empfangsstelle teilt der Übermittlungsstelle gemäß Absatz 1 den Eingang des Schriftstücks mit.

1 In Zweifelsfällen hinsichtlich Abs 3 und 4 ist die Zentralstelle einzuschalten (für Deutschland s. § 1069 Rz 3).

Artikel 7 Zustellung der Schriftstücke. **(1) Die Zustellung des Schriftstücks wird von der Empfangsstelle bewirkt oder veranlasst, und zwar entweder nach dem Recht des Empfangsmitgliedstaats oder in einem von der Übermittlungsstelle gewünschten besonderen Verfahren, sofern dieses Verfahren mit dem Recht des Empfangsmitgliedstaats vereinbar ist.**

(2) Die Empfangsstelle unternimmt alle erforderlichen Schritte, um die Zustellung des Schriftstücks so rasch wie möglich, in jedem Fall jedoch binnen einem Monat nach Eingang auszuführen. Konnte die Zustellung nicht binnen einem Monat nach Eingang vorgenommen werden, verfährt die Empfangsstelle wie folgt:

a) Sie teilt dies der Übermittlungsstelle unverzüglich unter Verwendung der Bescheinigung mit, die in dem Formblatt in Anhang I vorgesehen und gemäß Artikel 10 Absatz 2 auszufüllen ist, und

b) sie unternimmt weiterhin, sofern die Übermittlungsstelle nichts anderes angibt, alle für die Zustellung des Schriftstücks erforderlichen Schritte, falls die Zustellung innerhalb einer angemessenen Frist möglich scheint.

A. Wahl der Zustellungsart durch Empfangsstelle. Die deutsche Empfangsstelle (AG gem § 1069 II) kann die Zustellung durch Einschreiben mit Rückschein vornehmen (§ 1068 II). Allerdings wird die Ansicht vertreten, dass bereits die Wahl des Verfahrens gem Art 4 ff den Wunsch nach einer anderen Zustellungsverfahren impliziere, weil das ausländische Gericht die Postzustellung gem Art 14 auch selbst hätte vornehmen können (Zö/*Geimer* Rn 1). Zur Klarstellung sollte daher in ausgehenden Zustellungsanträgen vermerkt werden, ob eine Postzustellung oder eine andere Form der Zustellung gewünscht ist. 1

B. Verfahren bei fehlgeschlagener Zustellung. Kann die Zustellung nicht durchgeführt werden, so teilt die Empfangsstelle dies der Übermittlungsstelle mit (Abs 2a), ggf sind weitere aussichtsreiche Versuche zu unternehmen (Abs 2b), wenn etwa eine neue Adresse des Empfängers bekannt wird. Ist der Aufenthalt des Empfängers unbekannt, so führt die Empfangsstelle keine öffentliche Zustellung nach ihrem Recht durch, weil Art 1 II diese Fälle aus dem Anwendungsbereich der EuZVO ausschließt (aA Zö/*Geimer* Rn 2). Es ist dann Sache des Prozessgerichts, die öffentliche Zustellung zu betreiben (s. Erklärung der Bundesregierung zu Art 19 II, s. Art 19 Rz 1). 2

Artikel 8 Verweigerung der Annahme eines Schriftstücks. **(1) Die Empfangsstelle setzt den Empfänger unter Verwendung des Formblatts in Anhang II davon in Kenntnis, dass er die Annahme des zuzustellenden Schriftstücks bei der Zustellung verweigern oder das Schriftstück der Empfangsstelle binnen einer Woche zurücksenden darf, wenn das Schriftstück nicht in einer der folgenden Sprachen abgefasst oder keine Übersetzung in einer der folgenden Sprachen beigefügt ist:**

a) einer Sprache, die der Empfänger versteht,

oder

b) der Amtssprache des Empfangsmitgliedstaats oder, wenn es im Empfangsmitgliedstaat mehrere Amtssprachen gibt, der Amtssprache oder einer der Amtssprachen des Ortes, an dem die Zustellung erfolgen soll.

(2) Wird der Empfangsstelle mitgeteilt, dass der Empfänger die Annahme des Schriftstücks gemäß Absatz 1 verweigert hat, so setzt sie die Übermittlungsstelle unter Verwendung der Bescheinigung nach Artikel 10 unverzüglich davon in Kenntnis und sendet den Antrag sowie die Schriftstücke, um deren Übersetzung ersucht wird, zurück.

(3) Hat der Empfänger die Annahme des Schriftstücks gemäß Absatz 1 verweigert, kann die Zustellung dadurch bewirkt werden, dass dem Empfänger im Einklang mit dieser Verordnung das Dokument zusammen mit einer Übersetzung des Schriftstücks in eine der in Absatz 1 vorgesehenen Sprachen zugestellt wird. In diesem Fall ist das Datum der Zustellung des Schriftstücks das Datum, an dem die Zustellung des Dokuments zusammen mit der Übersetzung nach dem Recht des Empfangsmitgliedstaats bewirkt wird. Muss jedoch nach dem Recht eines Mitgliedstaats ein Schriftstück innerhalb einer bestimmten Frist zugestellt werden, so ist im Verhältnis zum Antragsteller als Datum der Zustellung der nach Artikel 9 Absatz 2 ermittelte Tag maßgeblich, an dem das erste Schriftstück zugestellt worden ist.

(4) Die Absätze 1, 2 und 3 gelten auch für die Übermittlung und Zustellung gerichtlicher Schriftstücke nach Abschnitt 2.

(5) Für die Zwecke von Absatz 1 gilt Folgendes: Erfolgt die Zustellung gem Artikel 13 durch diplomatische oder konsularische Vertretungen bzw. gem Artikel 14 durch eine Behörde oder Person, so setzen die diplomatischen oder konsularischen Vertretungen bzw. die zustellende Behörde oder Person den Empfänger davon in Kenntnis, dass er die Annahme des Schriftstücks verweigern darf und dass Schriftstücke, deren Annahme verweigert wurden, diesen Vertretungen bzw. dieser Behörde oder Person zu übermitteln sind.

1 **A. Sprachenproblematik im europäischen Justizraum.** Der Grundsatz des *fair trial* erfordert, dass der Zustellungsempfänger den Inhalt des zugestellten gerichtlichen Schriftstücks auch verstehen kann. Im nationalen Rahmen wird dies meist dadurch gelöst, dass eine Amts- oder Gerichtssprache bestimmt wird, deren Kenntnis allen Beteiligten zugemutet wird, vgl § 184 GVG. Da die EU keine einheitliche Amtssprache hat, war dieser Weg in der EuZVO nicht gangbar. Vielmehr akzeptiert die EU alle Amtssprachen der Mitgliedstaaten. Daher wäre es nur konsequent gewesen, bei einer Zustellung in einem anderen Mitgliedstaat grds die Übersetzung der zuzustellenden Schriftstücke in die dortige Amtssprache zu verlangen. Das tut die EuZVO aber nicht, sondern sie überlässt es dem Empfänger, sich durch Verweigerung der Annahme des Schriftstücks zu wehren, wenn dieses den in Abs 1 genannten Anforderungen nicht genügt. Außerdem rückt die Vorschrift vom Prinzip der einheitlichen Gerichtssprache ab, indem sie auch die Verwendung sonstiger Sprachen gestattet, die der Empfänger versteht.

2 **B. Anwendungsbereich.** Gemäß Abs 4 gelten die vorstehenden Regeln auch für Zustellungen nach Art 12 ff, insb für die direkte Postzustellung gerichtlicher Schriftstücke (Art 14). Für die Zustellung außergerichtlicher Schriftstücke (Art 16) gelten die Übersetzungsregeln jedoch nicht, da insoweit auch kein *fair trial* zu wahren ist.

3 **C. Recht zur Verweigerung der Annahme. I. Belehrung.** Der Empfänger des gerichtlichen Schriftstücks ist mittels Formblatt gem Anhang II der EuZVO über sein Annahmeverweigerungsrecht zu informieren. Dabei ist die Amtssprache des Empfangsstaats oder eine sonstige vom Empfangsstaat zugelassene Sprache zu wählen (analog Art 4 III). Fehlt die Belehrung oder ist sie nicht in der richtigen Sprache abgefasst, so wird nach dem Zweck der Vorschrift die in Abs 1 genannte Wochenfrist auch nicht in Lauf gesetzt.

4 **II. Zugelassene Sprachen. 1. Amtssprache des Empfangsstaates.** Das zuzustellende Schriftstück kann in die Amtssprache des Empfangsstaats übersetzt werden (Abs 1b). Dies ist zur Vermeidung von Streitigkeiten auch empfehlenswert.

5 **2. Sonstige Sprachen. a) Keine Beschränkung auf Amtssprachen.** Die daneben gegebene Möglichkeit der Verwendung einer vom Empfänger verstandene Sprache (Abs 1a) wirft bisher ungeklärte Probleme auf und kann zu weiterer Unübersichtlichkeit im europäischen Justizraum führen. Zunächst erweitert diese Vorschrift den Kreis der möglichen Sprachen erheblich und bezieht auch außereuropäische Sprachen mit ein sowie vielfältige Minderheiten- und Regionalsprachen wie zB das Niederdeutsche.

6 **b) Sprachverständnis beim Empfänger.** Außerdem ist zu klären, welches Sprachniveau beim Empfänger für die Anwendung von Abs 1 a ausreicht. Dabei kommen objektivierende oder subjektive Betrachtungsweisen in Betracht. Im Sinne einer objektiven Lesart wird vertreten, dass die Kenntnis der Amtssprache desjenigen Staates zu unterstellen sei, dem der Empfänger angehört (*Lindacher* ZZP 114, 179, 187), dh etwa Deutsch bei deutschen Staatsangehörigen. Dagegen spricht aber, dass Staatsangehörigkeitsnormen, die sich oft auf Blutsbande oder den Geburtsort beziehen, keinerlei Rücksicht auf die geographische und soziale Einbeziehung in einen bestimmten sprachlichen Kontext nehmen. Im Interesse des *fair trial* muss daher ein tatsächliches Sprachverständnis beim Empfänger gefordert werden (BGH NJW 07, 775, 778), und zwar auf einem Niveau, welches das Verständnis rechtlich bedeutsamer Schriftstücke ermöglicht (EuGH NJW 08, 1721, 1726). Dies ist zB dann gegeben, wenn der Empfänger in jener Sprache bereits Geschäftskorrespondenz geführt hat (LG Bonn 30.11.10 – 10 O 502/09). Bei juristischen Personen als Zustellungsempfängern kommt dagegen eher eine objektive Betrachtungsweise in Betracht, die auf die Sprache am Satzungssitz oder am tatsächlichen Sitz verweist (*Lindacher* aaO; *Sujecki* EuZW 07, 363, 365). Da diese Orte – anders als idR die Staatsangehörigkeit einer natürlichen Person – freiwillig gewählt sind, ist es auch nicht unfair, die damit verbundenen Sprachen zu verwenden. Auch tatsächliche Sprachkenntnisse der gesetzlichen Vertreter sind ausreichend (*Schütze* RIW 06, 352, 353; weitergehend Musielak/*Stadler* Rn 1: Sprachkenntnisse sonsti-

ger Mitarbeiter; Wieczorek/*Schütze* § 1070 Rn 6: Bei international tätigen Unternehmen könne Kenntnis der englischen Sprache unterstellt werden).

c) Vereinbarung einer bestimmten Sprache inter partes. Die Voraussetzungen des Abs 1 stehen nicht zur Disposition der Parteien. Etwaige Vereinbarungen über zu verwendende Sprachen sind daher nur Anhaltspunkte bei der Ermittlung des tatsächlichen Sprachverständnisses (EuGH NJW 08, 1721, 1726). Trotzdem hat der EuGH obiter dicta die Ansicht vertreten, dass ein Empfänger kein Annahmeverweigerungsrecht habe, wenn er in Ausübung seiner gewerblichen Tätigkeit eine solche Vereinbarung geschlossen hat, die fraglichen Dokumente unter diese Vereinbarung fallen und in der vereinbarten Sprache abgefasst sind (EuGH aaO). 7

III. Zu übersetzende Dokumente. Wenn ein zuzustellendes Schriftstück aus mehreren Teildokumenten besteht, so reicht es aus, wenn das Hauptdokument (zB Klagschrift) in eine gem Abs 1 zulässige Sprache übersetzt wird, nicht dagegen die Anlagen (EuGH NJW 08, 1721, 1725). Dies gilt jedenfalls dann, wenn sich aus dem Hauptdokument der wesentliche Gegenstand des Verfahrens erschließt, dh die geltend gemachten Rechtsfolgen sowie die behaupteten tatsächlichen Vorgänge. 8

IV. Annahmeverweigerung oder Rücksendung. Bei Verstoß gegen die sprachbezogenen Regeln (nicht aber aus anderen Gründen, vgl zur alten EuZVO BGH NJW 11, 3103, 3104) darf die Annahme des Schriftstücks verweigert werden (auch durch Erklärung ggü der Übermittlungsstelle, Frankf NJW-RR 09, 71, 72). Auch die Einsichtnahme in das Schriftstück ist zulässig; daher gewährt Abs 1 eine Rücksendungsmöglichkeit an die Empfangsstelle binnen einer Woche. Diese Frist beginnt mit dem Empfang des zuzustellenden Schriftstücks einschließlich Belehrung. Sie wird durch rechtzeitige Absendung gewahrt. Mangels europarechtlicher Regelung sind §§ 233 ff anwendbar (Ddorf IPRax 06, 270, 271). 9

V. Folgen der Annahmeverweigerung. 1. Nachträgliche Übersetzung. Wird die Annahme verweigert oder das Schriftstück vom Empfänger zurückgesandt, so kann der Fehler gegen die sprachbezogenen Regeln durch eine erneute Zustellung mit ordnungsgemäßer Übersetzung geheilt werden (Abs 3; ebenso bereits zu Art 8 EuZVO aF EuGH NJW 08, 491). Die Heilung wirkt *ex nunc* (Abs 3 S 2), wobei jedoch schon mit dem ersten Zustellungsversuch Verjährungs- oder andere Fristen nach nationalem Recht gewahrt werden (Abs 3 S 3). 10

2. Streit über Berechtigung der Annahmeverweigerung. Wird der angebliche sprachbezogene Mangel nicht gem Abs 3 geheilt, so entscheidet das mit dem Rechtsstreit befasste Gericht über die Frage, ob die Annahmeverweigerung oder Rücksendung gem Abs 1 berechtigt war, ggf später bei Prüfung des Art 34 Nr 2 EuGVO. Dabei gibt es keine Vermutung über Kenntnis oder Nicht-Kenntnis bestimmter Sprachen beim Empfänger (aA Ddorf IPRax 06, 270, 271: Vermutung fehlender Kenntnis der deutschen Sprache bei Zustellung ins Ausland), sondern die Beweislast für die fraglichen Sprachkenntnisse trifft diejenige Partei, die sich auf die wirksame Zustellung beruft (vgl Saarbr 9.2.10 – 4 U 449/09; Frankf NJW-RR 09, 71, 72). 11

Artikel 9 Datum der Zustellung.

(1) Unbeschadet des Artikels 8 ist für das Datum der nach Artikel 7 erfolgten Zustellung eines Schriftstücks das Recht des Empfangsmitgliedstaats maßgeblich.
(2) Muss jedoch nach dem Recht eines Mitgliedstaats ein Schriftstück innerhalb einer bestimmten Frist zugestellt werden, so ist im Verhältnis zum Antragsteller als Datum der Zustellung der Tag maßgeblich, der sich aus dem Recht dieses Mitgliedstaats ergibt.
(3) Die Absätze 1 und 2 gelten auch für die Übermittlung und Zustellung gerichtlicher Schriftstücke nach Abschnitt 2.

Die Vorschrift versucht, die Interessen beider Parteien zu berücksichtigen, indem sie für vom Antragsteller zu wahrende Fristen (insb Verjährung) das Recht desjenigen Mitgliedstaates zur Ermittlung des Zustellungsdatums beruft, aus dem heraus die Zustellung betrieben wird (Abs 2). Aus deutscher Sicht kommt insb die Anwendung des § 167 in Betracht (s. § 167 ZPORz 13). Im Übrigen gilt aber das Recht des Empfangsstaates für die Ermittlung des Zustellungsdatums (Abs 1). 1

Artikel 10 Bescheinigung über die Zustellung und Abschrift des zugestellten Schriftstücks. **(1) Nach Erledigung der für die Zustellung des Schriftstücks vorzunehmenden Schritte wird nach dem Formblatt in Anhang I eine entsprechende Bescheinigung ausgestellt, die der Übermittlungsstelle übersandt wird. Bei Anwendung von Artikel 4 Absatz 5 wird der Bescheinigung eine Abschrift des zugestellten Schriftstücks beigefügt.**

(2) Die Bescheinigung ist in der Amtssprache oder in einer der Amtssprachen des Übermittlungsmitgliedstaats oder in einer sonstigen Sprache, die der Übermittlungsmitgliedstaat zugelassen hat, auszustellen. Jeder Mitgliedstaat gibt die Amtssprache oder die Amtssprachen der Organe der Europäischen Union an, die er außer seiner oder seinen eigenen Amtssprache(n) für die Ausfüllung des Formblatts zulässt.

1 Die deutsche Bundesregierung hat trotz § 184 GVG für das Ausfüllen des Formblatts auch die englische Sprache zugelassen.

Artikel 11 Kosten der Zustellung. **(1) Für die Zustellung gerichtlicher Schriftstücke aus einem anderen Mitgliedstaat darf keine Zahlung oder Erstattung von Gebühren und Auslagen für die Tätigkeit des Empfangsmitgliedstaats verlangt werden.**

(2) Der Antragsteller hat jedoch die Auslagen zu zahlen oder zu erstatten, die dadurch entstehen,

a) dass bei der Zustellung eine Amtsperson oder eine andere nach dem Recht des Empfangsmitgliedstaats zuständige Person mitwirkt;

b) dass ein besonderes Verfahren der Zustellung gewählt wird.

Auslagen, die dadurch entstehen, dass bei der Zustellung eine Amtsperson oder eine andere nach dem Recht des Empfangsmitgliedstaats zuständige Person mitwirkt, müssen einer von diesem Mitgliedstaat nach den Grundsätzen der Verhältnismäßigkeit und der Nichtdiskriminierung im Voraus festgesetzten einheitlichen Festgebühr entsprechen. Die Mitgliedstaaten teilen der Kommission die jeweiligen Festgebühren mit.

1 Abs 2 nimmt darauf Rücksicht, dass Zustellungen ggf durch selbständige Gerichtsvollzieher uä durchgeführt werden. Die von den Mitgliedstaaten festgesetzten Gebühren sind im europäischen Gerichtsatlas (s.o.) abfragbar.

Abschnitt 2 Andere Arten der Übermittlung und Zustellung gerichtlicher Schriftstücke

Artikel 12 Übermittlung auf konsularischem oder diplomatischem Weg. **Jedem Mitgliedstaat steht es in Ausnahmefällen frei, den nach Artikel 2 oder Artikel 3 benannten Stellen eines anderen Mitgliedstaats gerichtliche Schriftstücke zum Zweck der Zustellung auf konsularischem oder diplomatischem Weg zu übermitteln.**

Artikel 13 Zustellung von Schriftstücken durch die diplomatischen oder konsularischen Vertretungen. **(1) Jedem Mitgliedstaat steht es frei, Personen, die ihren Wohnsitz in einem anderen Mitgliedstaat haben, gerichtliche Schriftstücke unmittelbar durch seine diplomatischen oder konsularischen Vertretungen ohne Anwendung von Zwang zustellen zu lassen.**

(2) Jeder Mitgliedstaat kann nach Artikel 23 Absatz 1 mitteilen, dass er eine solche Zustellung in seinem Hoheitsgebiet nicht zulässt, außer wenn das Schriftstück einem Staatsangehörigen des Übermittlungsmitgliedstaats zuzustellen ist.

1 Eine Zustellung gem Art 13 ist in Deutschland nur an Staatsangehörige des Übermittlungsstaates möglich (§ 1067, s. dort). Die Mitteilungen der anderen Mitgliedstaaten entnehme man dem europäischen Gerichtsatlas unter http://ec.europa.eu/justice_home/judicialatlascivil/html/index_de.htm.

Artikel 14 Zustellung durch Postdienste. **Jedem Mitgliedstaat steht es frei, Personen, die ihren Wohnsitz in einem anderen Mitgliedstaat haben, gerichtliche Schriftstücke unmittelbar durch Postdienste per Einschreiben mit Rückschein oder gleichwertigem Beleg zustellen zu lassen.**

A. Bedeutung und Verhältnis zu anderen Zustellungsformen. Die direkte Zustellung per Post ist nunmehr in alle Mitgliedstaaten unterschiedslos zulässig, was für die Praxis einen großen Fortschritt darstellt. Alle Zustellungsarten der EuZVO sind gleichwertig (EuGH NJW 06, 975, 976). Die Übermittlungsstellen haben die freie Wahl unter ihnen. Werden mehrere Zustellungsformen kumulativ gewählt, so ist die zuerst erfolgreiche maßgebend (EuGH aaO). 1

B. Anwendungsbereich. Die Vorschrift gilt nur für Zustellungen durch Übermittlungsstellen iSd Art 2, nicht für die Zustellung im Parteibetrieb gem Art 15 (MüKoZPO/*Rauscher* § 1068 Rn 9; Zö/*Geimer* Rn 4; aA *Hess* NJW 04, 3301, 3302 zur EuZVO aF). Andernfalls wäre die in Art 15 angeordnete Rücksichtnahme auf das Recht des Empfangsstaats weitgehend sinnlos (*Hausmann* ELF 07, 1, 14). Für die Anwendbarkeit des Art 14 ist daher entscheidend, ob der ausländische Absender in seinem Staat als Übermittlungsstelle iSd Art 2 benannt ist, wie zB in Schottland die *accredited solicitors.* 2

C. Belehrung und Übersetzungserfordernisse. Wegen Art 8 IV gelten auch hier die Regeln des Art 8 I – III. 3

D. Rückschein oder gleichwertiger Beleg. Die Zustellung wird durch den vom Empfänger oder dessen Vertreter unterschriebenen Rückschein nachgewiesen. Ein gleichwertiger Beleg ist nur ein solcher, aus dem der tatsächliche Empfang des Schriftstücks hervorgeht, nicht dagegen ein Postvermerk über die bloße Möglichkeit zur Abholung der Sendung (Stuttg 31.3.10 – 5 W 62/09; aA Zö/*Geimer* Rn 3; LG Trier NJW-RR 03, 287). Insofern kommt es auch nicht auf das Recht im Empfangsstaat an (so aber *van Wijngaarden-Maack* IPRax 04, 212, 214 zur EuZVO aF). Vielmehr muss Art 14 autonom ausgelegt werden: Da Art 8 I zur Belehrung des Empfängers über seine Rechte verpflichtet, ist ein tatsächlicher Zugang des Schriftstücks erforderlich. Hätte der Verordnungsgeber auch die Nichtabholung als Zustellung einstufen wollen, so hätte er dies wie in Art 14 Id EuVTVO regeln können, einschließlich der dort verwendeten Voraussetzungen (insb Hinweis auf gerichtlichen oder fristbezogenen Charakter der Sendung). Die Nichtabholung von Sendungen ist auch nicht generell treuwidrig, sondern allenfalls nach Empfang eines Hinweises mit dem Inhalt des Art 14 Id EuVTVO (Stuttg 31.3.10 – 5 W 62/09). 4

Artikel 15 Unmittelbare Zustellung. **Jeder an einem gerichtlichen Verfahren Beteiligte kann gerichtliche Schriftstücke unmittelbar durch Amtspersonen, Beamte oder sonstige zuständige Personen des Empfangsmitgliedstaats zustellen lassen, wenn eine solche unmittelbare Zustellung nach dem Recht dieses Mitgliedstaats zulässig ist.**

Die Vorschrift ermöglicht Zustellungen im Parteibetrieb, wenn diese sowohl nach dem Verfahrensrecht des Prozessgerichts als auch des Empfangsstaates zulässig sind (Rauscher/*Heiderhoff* Rn 1). Für Deutschland kommt dies zB bei einer einstweiligen Verfügung oder bei der Zustellung eines Vollstreckungstitels in Betracht (vgl *Hess* IPRax 08, 477, 478; s.a. § 166 ZPO Rz 2 und § 191 ZPO Rz 2). Die Zustellung einer **Klageschrift** im Parteibetrieb ist aber nach deutschem Prozessrecht nicht vorgesehen (s. § 271 ZPO Rz 2) und deswegen weder aus noch nach Deutschland zulässig (*Vollkommer/Huber* NJW 09, 1105, 1109). Die Gegenansicht (*Sujecki* EuZW 10, 448, 449) will hier nur auf das Recht des Empfangsstaates abstellen und verkennt dabei die Bindung des Prozessgerichts an das Verfahrensrecht der *lex fori.*). 1

In Deutschland erfolgt die Zustellung durch den Gerichtsvollzieher (§ 192), an den sich die betreibende Partei unmittelbar zu wenden hat. Die Übermittlungs- und Empfangsstellen gem Art 2 und 3 sind nicht einzuschalten. 2

KAPITEL III AUßERGERICHTLICHE SCHRIFTSTÜCKE

Artikel 16 Übermittlung. **Außergerichtliche Schriftstücke können zum Zweck der Zustellung in einem anderen Mitgliedstaat nach Maßgabe dieser Verordnung übermittelt werden.**

Schriftstücke, die sich nicht auf ein gerichtliches Verfahren beziehen, können über die gem Art 2 zuständigen Übermittlungs- und Empfangsstellen zugestellt werden, dh über die Amtsgerichte gem § 1069 I Nr 2 (Übermittlung) und § 1069 II (Empfang). Dies gilt mindestens für notarielle Urkunden (EuGH NJW 09, 2513), aber auch für privatschriftliche Urkunden (*Halfmeier* LMK 09, 288747 aA Musielak/*Stadler* Rn 1 Rn 72). Die Einschaltung eines Gerichtsvollziehers ist bei einer solchen Zustellung trotz § 132 BGB nicht 1 nötig, weil das von BGHZ 67, 271, 277 geforderte Zustellungsverfahren durch die Einhaltung des hier und in § 1069 vorgesehenen Weges gewährleistet ist (aA Zö/*Geimer* Rn 1).

2 Die Vorschriften der Art 4–15 gelten nicht für außergerichtliche Schriftstücke.

KAPITEL IV SCHLUSSBESTIMMUNGEN

Artikel 17 Durchführungsbestimmungen. **Die Maßnahmen zur Änderung nicht wesentlicher Elemente dieser Verordnung wie die Aktualisierung oder technische Anpassung der Formblätter in den Anhängen I und II werden nach dem Regelungsverfahren mit Kontrolle gemäß Artikel 18 Absatz 2 erlassen.**

Artikel 18 Ausschuss. **(1) Die Kommission wird von einem Ausschuss unterstützt.**

(2) Wird auf diesen Absatz Bezug genommen, so gelten Artikel 5a Absätze 1 bis 4 und Artikel 7 des Beschlusses 1999/468/EG unter Beachtung von dessen Artikel 8.

Artikel 19 Nichteinlassung des Beklagten. **(1) War ein verfahrenseinleitendes Schriftstück oder ein gleichwertiges Schriftstück nach dieser Verordnung zum Zweck der Zustellung in einen anderen Mitgliedstaat zu übermitteln und hat sich der Beklagte nicht auf das Verfahren eingelassen, so hat das Gericht das Verfahren auszusetzen, bis festgestellt ist,**

a) dass das Schriftstück in einem Verfahren zugestellt worden ist, das das Recht des Empfangsmitgliedstaats für die Zustellung der in seinem Hoheitsgebiet ausgestellten Schriftstücke an dort befindliche Personen vorschreibt, oder

b) dass das Schriftstück tatsächlich entweder dem Beklagten persönlich ausgehändigt oder nach einem anderen in dieser Verordnung vorgesehenen Verfahren in seiner Wohnung abgegeben worden ist,

und dass in jedem dieser Fälle das Schriftstück so rechtzeitig zugestellt oder ausgehändigt bzw. abgegeben worden ist, dass der Beklagte sich hätte verteidigen können.

(2) Jeder Mitgliedstaat kann nach Artikel 23 Absatz 1 mitteilen, dass seine Gerichte ungeachtet des Absatzes 1 den Rechtsstreit entscheiden können, auch wenn keine Bescheinigung über die Zustellung oder die Aushändigung bzw. Abgabe eingegangen ist, sofern folgende Voraussetzungen gegeben sind:

a) Das Schriftstück ist nach einem in dieser Verordnung vorgesehenen Verfahren übermittelt worden.

b) Seit der Absendung des Schriftstücks ist eine Frist von mindestens sechs Monaten verstrichen, die das Gericht nach den Umständen des Falles als angemessen erachtet.

c) Trotz aller zumutbaren Schritte bei den zuständigen Behörden oder Stellen des Empfangsmitgliedstaats war eine Bescheinigung nicht zu erlangen.

(3) Unbeschadet der Absätze 1 und 2 kann das Gericht in dringenden Fällen einstweilige Maßnahmen oder Sicherungsmaßnahmen anordnen.

(4) War ein verfahrenseinleitendes Schriftstück oder ein gleichwertiges Schriftstück nach dieser Verordnung zum Zweck der Zustellung in einen anderen Mitgliedstaat zu übermitteln und ist eine Entscheidung gegen einen Beklagten ergangen, der sich nicht auf das Verfahren eingelassen hat, so kann ihm das Gericht in Bezug auf Rechtsmittelfristen die Wiedereinsetzung in den vorigen Stand bewilligen, sofern

a) der Beklagte ohne sein Verschulden nicht so rechtzeitig Kenntnis von dem Schriftstück erlangt hat, dass er sich hätte verteidigen können, und nicht so rechtzeitig Kenntnis von der Entscheidung erlangt hat, dass er sie hätte anfechten können, und

b) die Verteidigung des Beklagten nicht von vornherein aussichtslos scheint.

Ein Antrag auf Wiedereinsetzung in den vorigen Stand kann nur innerhalb einer angemessenen Frist, nachdem der Beklagte von der Entscheidung Kenntnis erhalten hat, gestellt werden. Jeder Mitgliedstaat kann nach Artikel 23 Absatz 1 erklären, dass dieser Antrag nach Ablauf einer in seiner Mitteilung anzugebenden Frist unzulässig ist; diese Frist muss jedoch mindestens ein Jahr ab Erlass der Entscheidung betragen.

(5) Absatz 4 gilt nicht für Entscheidungen, die den Personenstand betreffen.

1 Der Stand der Erklärungen der Mitgliedstaaten zu Art 19 II und 19 IV ist im europäischen Gerichtsatlas wiedergegeben (s.o.). Die Bundesregierung hat zu Art 19 II (Fehlen der Zustellungsbescheinigung) erklärt, dass die öffentliche Zustellung in der Bundesrepublik Deutschland notwendig ist, damit deutsche Gerichte

den Rechtsstreit entscheiden können. Zu Art 19 IV nennt die Bundesregierung die Frist von einem Jahr nach Ablauf der versäumten Frist (wie § 234 III).

Artikel 20 Verhältnis zu von den Mitgliedstaaten geschlossenen Übereinkünften oder Vereinbarungen. **(1) Die Verordnung hat in ihrem Anwendungsbereich Vorrang vor den Bestimmungen, die in den von den Mitgliedstaaten geschlossenen bilateralen oder multilateralen Übereinkünften oder Vereinbarungen enthalten sind, insbesondere vor Artikel IV des Protokolls zum Brüsseler Übereinkommen von 1968 und vor dem Haager Übereinkommen vom 15. November 1965.**

(2) Die Verordnung hindert einzelne Mitgliedstaaten nicht daran, Übereinkünfte oder Vereinbarungen zur weiteren Beschleunigung oder Vereinfachung der Übermittlung von Schriftstücken beizubehalten oder zu schließen, sofern sie mit dieser Verordnung vereinbar sind.

(3) Die Mitgliedstaaten übermitteln der Kommission:

a) eine Abschrift der zwischen den Mitgliedstaaten geschlossenen Übereinkünfte oder Vereinbarungen nach Absatz 2 sowie Entwürfe dieser von ihnen geplanten Übereinkünfte oder Vereinbarungen sowie

b) jede Kündigung oder Änderung dieser Übereinkünfte oder Vereinbarungen.

Die deutsche Bundesregierung hat der Kommission keine völkerrechtlichen Verträge mitgeteilt, die gem Abs 2 fortgelten sollen. 1

Artikel 21 Prozesskostenhilfe. **Artikel 23 des Abkommens über den Zivilprozess vom 17. Juli 1905, Artikel 24 des Übereinkommens über den Zivilprozess vom 1. März 1954 und Artikel 13 des Abkommens über die Erleichterung des internationalen Zugangs zu den Gerichten vom 25. Oktober 1980 bleiben im Verhältnis zwischen den Mitgliedstaaten, die Vertragspartei dieser Übereinkünfte sind, von dieser Verordnung unberührt.**

Artikel 22 Datenschutz. **(1) Die Empfangsstelle darf die nach dieser Verordnung übermittelten Informationen — einschließlich personenbezogener Daten — nur zu dem Zweck verwenden, zu dem sie übermittelt wurden.**

(2) Die Empfangsstelle stellt die Vertraulichkeit derartiger Informationen nach Maßgabe ihres nationalen Rechts sicher.

(3) Die Absätze 1 und 2 berühren nicht das Auskunftsrecht von Betroffenen über die Verwendung der nach dieser Verordnung übermittelten Informationen, das ihnen nach dem einschlägigen nationalen Recht zusteht.

(4) Die Richtlinien 95/46/EG und 2002/58/EG bleiben von dieser Verordnung unberührt.

Artikel 23 Mitteilung und Veröffentlichung. **(1) Die Mitgliedstaaten teilen der Kommission die Angaben nach den Artikeln 2, 3, 4, 10, 11, 13, 15 und 19 mit. Die Mitgliedstaaten teilen der Kommission mit, ob nach ihrem innerstaatlichen Recht ein Dokument gemäß Artikel 8 Absatz 3 und Artikel 9 Absatz 2 innerhalb einer bestimmten Frist zugestellt werden muss.**

(2) Die Kommission veröffentlicht die gemäß Absatz 1 mitgeteilten Angaben im Amtsblatt der Europäischen Union, mit Ausnahme der Anschriften und sonstigen Kontaktdaten der Stellen und der Zentralstellen und ihrer geografischen Zuständigkeitsgebiete.

(3) Die Kommission sorgt für die Erstellung und regelmäßige Aktualisierung eines Handbuchs, das die Angaben nach Absatz 1 enthält und in elektronischer Form bereitgestellt wird, insbesondere über das Europäische Justizielle Netz für Zivil- und Handelssachen.

Artikel 24 Überprüfung. **Die Kommission legt dem Europäischen Parlament, dem Rat und dem Europäischen Wirtschafts- und Sozialausschuss spätestens am 1. Juni 2011 und danach alle fünf Jahre einen Bericht über die Anwendung dieser Verordnung vor, wobei sie insbesondere auf die Effizienz der nach Artikel 2 bezeichneten Stellen und die praktische Anwendung des Artikels 3 Buchstabe c und des Artikels 9 achtet. Diesem Bericht werden erforderlichenfalls Vorschläge zur Anpassung dieser Verordnung an die Entwicklung der Zustellungssysteme beigefügt.**

Artikel 25 Aufhebung der Verordnung (EG) Nr 1348/2000. **(1) Die Verordnung (EG) Nr 1348/2000 wird mit Beginn der Geltung dieser Verordnung aufgehoben.**
(2) Jede Bezugnahme auf die aufgehobene Verordnung gilt als Bezugnahme auf die vorliegende Verordnung nach Maßgabe der Entsprechungstabelle in Anhang III.

Artikel 26 Inkrafttreten. **Diese Verordnung tritt am zwanzigsten Tag nach ihrer Veröffentlichung im Amtsblatt der Europäischen Union in Kraft. Sie gilt ab dem 13. November 2008 mit Ausnahme des Artikels 23, der ab dem 13. August 2008 gilt.**
Diese Verordnung ist in allen ihren Teilen verbindlich und gilt gem dem Vertrag zur Gründung der Europäischen Gemeinschaft unmittelbar in den Mitgliedstaaten.

1 Vom Abdruck der Anhänge wurde abgesehen, sie sind im europäischen Gerichtsatlas unter http://ec.europa.eu/justice_home/judicialatlascivil/html/ds_fillingforms_de_de.htm zu finden.

Abschnitt 2 Beweisaufnahme nach der Verordnung (EG) Nr. 1206/2001

§ 1072 Beweisaufnahme in den Mitgliedstaaten der Europäischen Union. **Soll die Beweisaufnahme nach der Verordnung (EG) Nr. 1206/2001 des Rates vom 28. Mai 2001 über die Zusammenarbeit zwischen den Gerichten der Mitgliedstaaten auf dem Gebiet der Beweisaufnahme in Zivil- oder Handelssachen (ABl. EG Nr. L 174 S. 1) erfolgen, so kann das Gericht**
1. unmittelbar das zuständige Gericht eines anderen Mitgliedstaats um Aufnahme des Beweises ersuchen oder
2. unter den Voraussetzungen des Artikels 17 der Verordnung (EG) Nr. 1206/2001 eine unmittelbare Beweisaufnahme in einem anderen Mitgliedstaat beantragen.

1 Die Verordnung (EG) Nr 1206/2001 ist im Anhang nach § 1075 abgedruckt und erläutert; § 1072 wiederholt nur den Inhalt des Art 1 I EuBVO.

§ 1073 Teilnahmerechte. **(1) [1]Das ersuchende deutsche Gericht oder ein von diesem beauftragtes Mitglied darf im Geltungsbereich der Verordnung (EG) Nr. [2]1206/2001 bei der Erledigung des Ersuchens auf Beweisaufnahme durch das ersuchte ausländische Gericht anwesend und beteiligt sein. [3]Parteien, deren Vertreter sowie Sachverständige können sich hierbei in dem Umfang beteiligen, in dem sie in dem betreffenden Verfahren an einer inländischen Beweisaufnahme beteiligt werden dürfen.**
(2) Eine unmittelbare Beweisaufnahme im Ausland nach Artikel 17 Abs. 3 der Verordnung (EG) Nr. 1206/2001 dürfen Mitglieder des Gerichts sowie von diesem beauftragte Sachverständige durchführen.

1 Abs 1 S 1 stellt aus deutscher Sicht klar, dass die Mitglieder des ersuchenden Gerichts bei der Beweisaufnahme vor dem ersuchten Gericht im Ausland anwesend sein dürfen (Art 12 EuBVO). Dasselbe gilt gem Abs 1 S 2 für Parteien, ihre Vertreter und Sachverständige iRd deutschen Verfahrensrechts (Art 11 EuBVO). Mögliche Beschränkungen der Parteiöffentlichkeit nach deutschem Recht sind also zu beachten. Die Beweisaufnahme vor dem ersuchten Gericht findet iÜ aber nach dortigem Recht statt, wenn auch das ersuchende Gericht bestimmte eigene Formen beantragen kann (s. Art 10 III EuBVO).

2 Abs 2 bezieht sich auf die in der Praxis bisher seltene unmittelbare Beweisaufnahme im Ausland ohne Beteiligung eines dortigen Gerichts. Der deutsche Gesetzgeber geht hier anscheinend davon aus, dass auch die Tätigkeit eines Sachverständigen als »unmittelbare Beweisaufnahme« iSv Art 17 EuBVO zu betrachten ist, was sich aber aus der Verordnung nicht zwingend ergibt (s. Art 1 EuBVO Rz 4).

§ 1074 Zuständigkeiten nach der Verordnung (EG) Nr. 1206/2001. **(1) Für Beweisaufnahmen in der Bundesrepublik Deutschland ist als ersuchtes Gericht im Sinne von Artikel 2 Abs. 1 der Verordnung (EG) Nr. 1206/2001 dasjenige Amtsgericht zuständig, in dessen Bezirk die Verfahrenshandlung durchgeführt werden soll.**

(2) Die Landesregierungen können die Aufgaben des ersuchten Gerichts einem Amtsgericht für die Bezirke mehrerer Amtsgerichte durch Rechtsverordnung zuweisen.

(3) [1]Die Landesregierungen bestimmen durch Rechtsverordnung die Stelle, die in dem jeweiligen Land

1. als deutsche Zentralstelle im Sinne von Artikel 3 Abs. 1 der Verordnung (EG) Nr. 1206/2001 zuständig ist,

2. als zuständige Stelle Ersuchen auf unmittelbare Beweisaufnahme im Sinne von Artikel 17 Abs. 1 der Verordnung (EG) Nr. 1206/2001 entgegennimmt.

[2]Die Aufgaben nach den Nummern 1 und 2 können in jedem Land nur jeweils einer Stelle zugewiesen werden.

(4) Die Landesregierungen können die Befugnis zum Erlass einer Rechtsverordnung nach den Absätzen 2 und 3 Satz 1 einer obersten Landesbehörde übertragen.

Die als »ersuchtes Gericht« gem Abs 1 und 2 zuständigen deutschen Amtsgerichte lassen sich unter Angabe 1 der Postleitzahl über den europäischen Gerichtsatlas unter http://ec.europa.eu/justice_home/judicialatlascivil/html/te_information_de.htm ermitteln. Die deutschen Zentralstellen gem Abs 3 S 1 Nr 1 entsprechen den bei § 1069 ZPO Rz 3 genannten. Dies sind auch die gem Abs 3 S 1 Nr 2 zuständigen Stellen für die Entgegennahme von Ersuchen auf unmittelbare Beweisaufnahme, mit Ausnahme von Bayern, wo hierfür das OLG München zuständig ist.

§ 1075 Sprache eingehender Ersuchen. **Aus dem Ausland eingehende Ersuchen auf Beweisaufnahme sowie Mitteilungen nach der Verordnung (EG) Nr. 1206/2001 müssen in deutscher Sprache abgefasst oder von einer Übersetzung in die deutsche Sprache begleitet sein.**

Im Einklang mit § 184 GVG ist hier nur die deutsche Sprache zugelassen. 1

Anhang nach § 1075: EuBVO

Verordnung (EG) Nr 1206/2001 des Rates

vom 28.5.2001 über die Zusammenarbeit zwischen den Gerichten der Mitgliedstaaten auf dem Gebiet der Beweisaufnahme in Zivil- oder Handelssachen (ABl EG 2001, L 174, 1)

DER RAT DER EUROPÄISCHEN UNION -
gestützt auf den Vertrag zur Gründung der Europäischen Gemeinschaft, insb auf Artikel 61 Buchstabe c) und Artikel 67 Absatz 1,
auf Initiative der Bundesrepublik Deutschland,
nach Stellungnahme des Europäischen Parlaments,
nach Stellungnahme des Wirtschafts- und Sozialausschusses,
in Erwägung nachstehender Gründe:

(1) Die Union hat sich zum Ziel gesetzt, einen Raum der Freiheit, der Sicherheit und des Rechts, in dem die Freizügigkeit gewährleistet ist, zu erhalten und weiterzuentwickeln. Zum schrittweisen Aufbau dieses Raums erlässt die Gemeinschaft unter anderem im Bereich der justiziellen Zusammenarbeit in Zivilsachen die für das reibungslose Funktionieren des Binnenmarkts erforderlichen Maßnahmen.

(2) Für das reibungslose Funktionieren des Binnenmarkts sollte die Zusammenarbeit zwischen den Gerichten auf dem Gebiet der Beweisaufnahme verbessert, insbesondere vereinfacht und beschleunigt werden.

(3) Der Europäische Rat hat auf seiner Tagung vom 15. und 16. Oktober 1999 in Tampere daran erinnert, dass neue verfahrensrechtliche Vorschriften für grenzüberschreitende Fälle, insbsondere eim Bereich der Beweisaufnahme, auszuarbeiten sind.

(4) Dieser Bereich fällt unter Artikel 65 des Vertrags.

(5) Da die Ziele dieser Verordnung – die Verbesserung der Zusammenarbeit zwischen den Gerichten auf dem Gebiet der Beweisaufnahme in Zivil- oder Handelssachen – auf der Ebene der Mitgliedstaaten nicht ausreichend erreicht werden können und daher besser auf Gemeinschaftsebene erreicht werden können, kann die Gemeinschaft diese Maßnahmen im Einklang mit dem in Artikel 5 des Vertrags niedergelegten Grundsatz der

Subsidiarität annehmen. Entsprechend dem in demselben Artikel niedergelegten Verhältnismäßigkeitsprinzip geht diese Verordnung nicht über das für die Erreichung dieser Ziele erforderliche Maß hinaus.

(6) Bislang gibt es auf dem Gebiet der Beweisaufnahme keine alle Mitgliedstaaten bindende Übereinkunft. Das Haager Übereinkommen vom 18. März 1970 über die Beweisaufnahme im Ausland in Zivil- oder Handelssachen gilt nur zwischen elf Mitgliedstaaten der Europäischen Union.

(7) Da es für eine Entscheidung in einem bei einem Gericht eines Mitgliedstaats anhängigen zivil- oder handelsrechtlichen Verfahren oft erforderlich ist, in einem anderen Mitgliedstaat Beweis erheben zu lassen, darf sich die Tätigkeit der Gemeinschaft nicht auf den unter die Verordnung (EG) Nr 1348/2000 des Rates vom 29. Mai 2000 über die Zustellung gerichtlicher und außergerichtlicher Schriftstücke in Zivil- oder Handelssachen in den Mitgliedstaaten fallenden Bereich der Übermittlung gerichtlicher und außergerichtlicher Schriftstücke in Zivil- und Handelssachen beschränken. Daher muss die Zusammenarbeit der Gerichte der Mitgliedstaaten auf dem Gebiet der Beweisaufnahme weiter verbessert werden.

(8) Eine effiziente Abwicklung gerichtlicher Verfahren in Zivil- oder Handelssachen setzt voraus, dass die Übermittlung der Ersuchen um Beweisaufnahme und deren Erledigung direkt und auf schnellstmöglichem Wege zwischen den Gerichten der Mitgliedstaaten erfolgt.

(9) Eine schnelle Übermittlung der Ersuchen um Beweisaufnahme erfordert den Einsatz aller geeigneten Mittel, wobei bestimmte Bedingungen hinsichtlich der Lesbarkeit und der Zuverlässigkeit des eingegangenen Dokuments zu beachten sind. Damit ein Höchstmaß an Klarheit und Rechtssicherheit gewährleistet ist, müssen die Ersuchen um Beweisaufnahme anhand eines Formblatts übermittelt werden, das in der Sprache des Mitgliedstaats des ersuchten Gerichts oder in einer anderen von diesem Staat anerkannten Sprache auszufüllen ist. Aus denselben Gründen empfiehlt es sich, auch für die weitere Kommunikation zwischen den betreffenden Gerichten nach Möglichkeit Formblätter zu verwenden.

(10) Ein Ersuchen um Beweisaufnahme sollte rasch erledigt werden. Kann das Ersuchen innerhalb von 90 Tagen nach Eingang bei dem ersuchten Gericht nicht erledigt werden, so sollte dieses das ersuchende Gericht hiervon unter Angabe der Gründe, die einer zügigen Erledigung des Ersuchens entgegenstehen, in Kenntnis zu setzen.

(11) Um die Wirksamkeit dieser Verordnung zu gewährleisten, ist die Möglichkeit, die Erledigung eines Ersuchens um Beweisaufnahme abzulehnen, auf eng begrenzte Ausnahmefälle zu beschränken.

(12) Das ersuchte Gericht sollte das Ersuchen nach Maßgabe des Rechts seines Mitgliedstaats erledigen.

(13) Die Parteien und gegebenenfalls ihre Vertreter sollten der Beweisaufnahme beiwohnen können, wenn dies im Recht des Mitgliedstaats des ersuchenden Gerichts vorgesehen ist, damit sie die Verhandlungen wie im Falle einer Beweisaufnahme im Mitgliedstaat des ersuchenden Gerichts verfolgen können. Sie sollten auch das Recht haben, die Beteiligung an den Verhandlungen zu beantragen, damit sie an der Beweisaufnahme aktiver mitwirken können. Die Bedingungen jedoch, unter denen sie teilnehmen dürfen, sollten vom ersuchten Gericht nach Maßgabe des Rechts seines Mitgliedstaats festgelegt werden.

(14) Die Beauftragten des ersuchenden Gerichts sollten der Beweisaufnahme beiwohnen können, wenn dies mit dem Recht des Mitgliedstaats des ersuchenden Gerichts vereinbar ist, damit eine bessere Beweiswürdigung erfolgen kann. Sie sollten ebenfalls das Recht haben, die Beteiligung an den Verhandlungen zu beantragen – wobei die vom ersuchten Gericht nach Maßgabe des Rechts seines Mitgliedstaats festgelegten Bedingungen zu beachten sind –, damit sie an der Beweisaufnahme aktiver mitwirken können.

(15) Damit die Beweisaufnahme erleichtert wird, sollte es einem Gericht in einem Mitgliedstaat möglich sein, nach seinem Recht in einem anderen Mitgliedstaat mit dessen Zustimmung unmittelbar Beweis zu erheben, wobei die von der Zentralstelle oder der zuständigen Behörde des ersuchten Mitgliedstaats festgelegten Bedingungen zu beachten sind.

(16) Für die Erledigung des Ersuchens nach Artikel 10 sollte keine Erstattung von Gebühren und Auslagen verlangt werden dürfen. Falls jedoch das ersuchte Gericht die Erstattung verlangt, sollten die Aufwendungen für Sachverständige und Dolmetscher sowie die aus der Anwendung von Artikel 10 Absätze 3 und 4 entstehenden Auslagen nicht von jenem Gericht getragen werden. In einem solchen Fall hat das ersuchende Gericht die erforderlichen Maßnahmen zu ergreifen, um die unverzügliche Erstattung sicherzustellen. Wird die Stellungnahme eines Sachverständigen verlangt, kann das ersuchte Gericht vor der Erledigung des Ersuchens das ersuchende Gericht um eine angemessene Kaution oder einen angemessenen Vorschuss für die Sachverständigenkosten bitten.

(17) Diese Verordnung sollte in ihrem Anwendungsbereich Vorrang vor den Bestimmungen zwischen den Mitgliedstaaten geschlossener internationaler Übereinkommen haben. Es sollte den Mitgliedstaaten freiste-

hen, untereinander Übereinkünfte oder Vereinbarungen zur weiteren Vereinfachung der Zusammenarbeit auf dem Gebiet der Beweisaufnahme zu treffen, sofern diese Übereinkünfte oder Vereinbarungen mit dieser Verordnung vereinbar sind.
(18) Die nach dieser Verordnung übermittelten Daten müssen geschützt werden. Da die Richtlinie 95/46/EG des Europäischen Parlaments und des Rates vom 24. Oktober 1995 zum Schutz natürlicher Personen bei der Verarbeitung personenbezogener Daten und zum freien Datenverkehr und die Richtlinie 97/66/EG des Europäischen Parlaments und des Rates vom 15. Dezember 1997 über die Verarbeitung personenbezogener Daten und den Schutz der Privatsphäre im Bereich der Telekommunikation Anwendung finden, sind entsprechende spezielle Bestimmungen in dieser Verordnung über Datenschutz nicht erforderlich.
(19) Die zur Durchführung dieser Verordnung erforderlichen Maßnahmen sollten gemäß dem Beschluss 99/468/EG des Rates vom 28. Juni 1999 zur Festlegung der Modalitäten für die Ausübung der der Kommission übertragenen Durchführungsbefugnisse erlassen werden.
(20) Um eine einwandfreie Anwendung dieser Verordnung sicherzustellen, sollte die Kommission deren Durchführung prüfen und gegebenenfalls die notwendigen Änderungen vorschlagen.
(21) Das Vereinigte Königreich und Irland haben gem Artikel 3 des dem Vertrag über die Europäische Union und dem Vertrag zur Gründung der Europäischen Gemeinschaft beigefügten Protokolls über die Position des Vereinigten Königreichs und Irlands mitgeteilt, dass sie sich an der Annahme und Anwendung dieser Verordnung beteiligen möchten.
(22) Dänemark beteiligt sich gemäß den Artikeln 1 und 2 des dem Vertrag über die Europäische Union und dem Vertrag zur Gründung der Europäischen Gemeinschaft beigefügten Protokolls über die Position Dänemarks nicht an der Annahme dieser Verordnung, die daher für Dänemark nicht bindend und Dänemark gegenüber nicht anwendbar ist –
HAT FOLGENDE VERORDNUNG ERLASSEN:

KAPITEL I ALLGEMEINE BESTIMMUNGEN

Artikel 1 Anwendungsbereich. **(1) Diese Verordnung ist in Zivil- oder Handelssachen anzuwenden, wenn das Gericht eines Mitgliedstaats nach seinen innerstaatlichen Rechtsvorschriften**
a) das zuständige Gericht eines anderen Mitgliedstaats um Beweisaufnahme ersucht, oder
b) darum ersucht, in einem anderen Mitgliedstaat unmittelbar Beweis erheben zu dürfen.
(2) Um Beweisaufnahme darf nicht ersucht werden, wenn die Beweise nicht zur Verwendung in einem bereits eingeleiteten oder zu eröffnenden gerichtlichen Verfahren bestimmt sind.
(3) Im Sinne dieser Verordnung bezeichnet der Ausdruck »Mitgliedstaat« die Mitgliedstaaten mit Ausnahme Dänemarks.

A. Sachlicher Anwendungsbereich. I. Begriff der Zivil- oder Handelssache. Er entspricht demjenigen 1
des Art 1 I EuGVO (s. dort Rz 8). Der Ausnahmekatalog des Art 1 II EuGVO greift hier aber nicht, so dass zB auch Ehe- und Statussachen abgedeckt werden.

II. Gericht eines Mitgliedstaats. Der Begriff des Gerichts wird vom EuGH anhand folgender Kriterien 2
bestimmt: »Gesetzliche Grundlage der Einrichtung, ständiger Charakter, obligatorische Gerichtsbarkeit, streitiges Verfahren, Anwendung von Rechtsnormen durch die Einrichtung sowie deren Unabhängigkeit« (EuGHE 2006, I-3561, Rn 12). Demnach ist eine Verwaltungsbehörde mangels Unabhängigkeit kein Gericht iSd vorliegenden Vorschriften. Auch ein Schiedsgericht ist kein Gericht idS, da es weder eine staatliche Einrichtung ist (»eines Mitgliedstaats«) noch obligatorische Gerichtsbarkeit ausübt (MüKoZPO/*Rauscher* Rn 3 vor §§ 1072-1075; aA *Knöfel* RIW 07, 832, 836 ff). Ein Schiedsgericht kann daher nicht selbst auf die EuBVO zurückgreifen, sondern allenfalls ein staatliches Gericht um Unterstützung bei der Beweisaufnahme bitten, etwa gem § 1050 (s. Wieczorek/*Schütze* § 1072 Rn 4).

III. Beweisaufnahme. Der Begriff der Beweisaufnahme ist weit auszulegen und umfasst »möglichst viele 3
Maßnahmen der justiziellen Informationsbeschaffung« (GA *Kokott*, Schlussantrag EuGHE 2007, I-7929, Rn 43), auch die Entnahme von Blutproben in Familiensachen (*Knöfel* EuZW 08, 267, 268 mwN). Aufgrund dieses weiten Begriffs sind auch Beweissicherungsmaßnahmen umfasst (MüKoZPO/*Rauscher* Rn 3 vor §§1072–1075; *Heinze* IPRax 08, 480). Die Zuständigkeit für selbständige Beweisverfahren ist im Hinblick auf Art 31 EuGVO umstr, s. *Mankowski* JZ 05, 1144, 1149; *Hess/Zhou* IPRax 07, 183, 189.

4 **IV. Formlose Beweismittelbeschaffung aus dem Ausland.** Die EuBVO regelt nur das »wie« einer Beweisaufnahme im Ausland, aber nicht, »ob« eine solche überhaupt vorliegt. Letzteres ist nach *lex fori* zu entscheiden (Rauscher/*v. Hein* Rn 18 f, der aber für Art 17 eine autonome Auslegung fordert). Einem nach nationalem Recht zulässigen »Beweismittelimport« ohne Beachtung des Verfahrens der EuBVO steht diese daher nicht im Wege (vgl aber das beim EuGH anhängige Vorlageverfahren C-170/11 zur Ladung ausländischer Zeugen). Insbesondere ist die schriftliche Befragung eines im Ausland befindlichen Zeugen kein Eingriff in fremde Souveränität, wenn sie ohne Zwang geschieht (*Schack* IZVR Rn 796; aA noch das obiter dictum in BGH NJW 84, 2039; Musielak/*Stadler* § 363 Rn 10). Daher bedarf es für eine solche freiwillige schriftliche Zeugenaussage nicht der Anwendung der EuBVO (Rauscher/*v. Hein* Rn 21). Dasselbe gilt für andere Kommunikationsmittel, so dass auch bei einer freiwilligen **Videoübertragung** einer Zeugenaussage aus dem Ausland die EuBVO nicht angewandt werden muss (s. britisches House of Lords RIW 06, 301 mit zustimmender Anm *Knöfel* 303; aA Rauscher/*v. Hein* Rn 22; Musielak/*Stadler* § 128a Rn 8). Auch die informatorische Tätigkeit eines **Sachverständigen** auf ausländischem Territorium ist keine Souveränitätsverletzung, wenn dieser keinen Zwang anwendet; daher ist auch sie ohne Rücksicht auf die EuBVO möglich (*Schack* IZVR Rn 790; aA MüKoZPO/*Rauscher* § 1072 Rn 10; ein entsprechendes Vorlageverfahren ist beim EuGH unter C-332/11 anhängig).

5 **B. Räumlicher Anwendungsbereich.** Im Unterschied zur EuZVO ist Dänemark hier nicht über ein völkerrechtliches Abkommen beteiligt; somit kann die EuBVO in Bezug auf Dänemark nicht angewendet werden.

6 **C. Verwendung erlangter Beweise.** Die EuBVO regelt die Verwendungsmöglichkeiten der durch sie erlangten Ergebnisse nicht. Daher ist diesbzgl das nationale Prozessrecht anzuwenden (so zumindest für das Strafverfahren Rauscher/*v. Hein* Rn 56). Das gilt auch für die Frage, ob in einem weiteren Verfahren auf das Beweisergebnis des ersten Prozesses zurückgegriffen werden darf (Zö/*Geimer* Rn 12; aA *Knöfel* EuZW 08, 267, 268 unter Verweis auf englische Rspr).

Artikel 2 Unmittelbarer Geschäftsverkehr zwischen den Gerichten. (1) Ersuchen nach Artikel 1 Absatz 1 Buchstabe a) (nachstehend »Ersuchen« genannt) sind von dem Gericht, bei dem das Verfahren eingeleitet wurde oder eröffnet werden soll (nachstehend »ersuchendes Gericht« genannt), unmittelbar dem zuständigen Gericht eines anderen Mitgliedstaats (nachstehend »ersuchtes Gericht« genannt) zur Durchführung der Beweisaufnahme zu übersenden.
(2) Jeder Mitgliedstaat erstellt eine Liste der für die Durchführung von Beweisaufnahmen nach dieser Verordnung zuständigen Gerichte. In dieser Liste ist auch der örtliche Zuständigkeitsbereich und ggf die besondere fachliche Zuständigkeit dieser Gerichte anzugeben.

1 Für Deutschland gilt § 1074 I und II (s. dort). Für die anderen Mitgliedstaaten lassen sich die zuständigen Gerichte aus dem europäischen Gerichtsatlas unter http://ec.europa.eu/justice_home/judicialatlascivil/html/te_information_de.htm entnehmen.

Artikel 3 Zentralstelle. (1) Jeder Mitgliedstaat bestimmt eine Zentralstelle, die
a) den Gerichten Auskünfte erteilt;
b) nach Lösungswegen sucht, wenn bei einem Ersuchen Schwierigkeiten auftreten;
c) in Ausnahmefällen auf Ersuchen eines ersuchenden Gerichts ein Ersuchen an das zuständige Gericht weiterleitet;
(2) Bundesstaaten, Staaten mit mehreren Rechtssystemen oder Staaten mit autonomen Gebietskörperschaften können mehrere Zentralstellen bestimmen.
(3) Jeder Mitgliedstaat benennt ferner die in Absatz 1 genannte Zentralstelle oder eine oder mehrere zuständige Behörden als verantwortliche Stellen für Entscheidungen über Ersuchen nach Artikel 17.

1 Für Deutschland gilt § 1074 III (s. dort). Für die anderen Mitgliedstaaten entnehme man die Zentralstellen und die für Ersuchen nach Art 17 zuständigen Stellen dem europäischen Gerichtsatlas (s.o.).

KAPITEL II ÜBERMITTLUNG UND ERLEDIGUNG DER ERSUCHEN

Abschnitt 1 Übermittlung des Ersuchens

Artikel 4 Form und Inhalt des Ersuchens. (1) Das Ersuchen wird unter Verwendung des im Anhang enthaltenen Formblattes A oder ggf des Formblattes I gestellt. Es enthält folgende Angaben:
a) das ersuchende und ggf das ersuchte Gericht;
b) den Namen und die Anschrift der Parteien und ggf ihrer Vertreter
c) die Art und den Gegenstand der Rechtssache sowie eine gedrängte Darstellung des Sachverhalts;
d) die Bezeichnung der durchzuführenden Beweisaufnahme;
e) bei einem Ersuchen um Vernehmung einer Person:
- **Name und Anschrift der zu vernehmenden Personen;**
- **die Fragen, welche an die zu vernehmenden Personen gerichtet werden sollen, oder den Sachverhalt, über den sie vernommen werden sollen;**
- **ggf einen Hinweis auf ein nach dem Recht des Mitgliedstaats des ersuchenden Gerichts bestehendes Zeugnisverweigerungsrecht;**
- **ggf den Antrag, die Vernehmung unter Eid oder eidesstattlicher Versicherung durchzuführen, und ggf die dabei zu verwendende Formel;**
- **ggf alle anderen Informationen, die das ersuchende Gericht für erforderlich hält;**

f) bei einem Ersuchen um eine sonstige Beweisaufnahme die Urkunden oder die anderen Gegenstände, die geprüft werden sollen;
g) ggf Anträge nach Artikel 10 Absätze 3 und 4, Artikel 11 und Artikel 12 und für die Anwendung dieser Bestimmungen erforderliche Erläuterungen.
(2) Die Ersuchen sowie alle dem Ersuchen beigefügten Unterlagen bedürfen weder der Beglaubigung noch einer anderen gleichwertigen Formalität.
(3) Schriftstücke, deren Beifügung das ersuchende Gericht für die Erledigung des Ersuchens für notwendig hält, sind mit einer Übersetzung in die Sprache zu versehen, in der das Ersuchen abgefasst wurde.

Auf ein unvollständiges Ersuchen reagiert das ersuchte Gericht gem Art 7 und 8. 1

Artikel 5 Sprachen. Das Ersuchen und die aufgrund dieser Verordnung gemachten Mitteilungen sind in der Amtssprache des ersuchten Mitgliedstaats oder, wenn es in diesem Mitgliedstaat mehrere Amtssprachen gibt, in der Amtssprache oder einer der Amtssprachen des Ortes, an dem die beantragte Beweisaufnahme durchgeführt werden soll, oder in einer anderen Sprache, die der ersuchte Mitgliedstaat zugelassen hat, abzufassen. Jeder Mitgliedstaat hat die Amtssprache bzw. die Amtssprachen der Organe der Europäischen Gemeinschaft anzugeben, die er außer seiner bzw. seinen eigenen für die Ausfüllung des Formblatts zulässt.

Für in Deutschland eingehende Ersuchen kann nur die deutsche Sprache verwendet werden. Die in den anderen Staaten zugelassenen Sprachen ergeben sich aus dem Europäischen Gerichtsatlas (vor §§ 1067 ff Rz 5). 1

Artikel 6 Übermittlung der Ersuchen und der sonstigen Mitteilungen. Ersuchen und Mitteilungen nach dieser Verordnung werden auf dem schnellstmöglichen Wege übermittelt, mit dem der ersuchte Mitgliedstaat sich einverstanden erklärt hat. Die Übermittlung kann auf jedem geeigneten Übermittlungsweg erfolgen, sofern das empfangene Dokument mit dem versandten Dokument inhaltlich genau übereinstimmt und alle darin enthaltenen Angaben lesbar sind.

Die möglichen Übermittlungswege sind im Europäischen Gerichtsatlas vermerkt (s.o.), für eine Übermittlung nach Deutschland ist zB auch Telefax zugelassen. 1

Abschnitt 2 Entgegennahme des Ersuchens

Artikel 7 Entgegennahme des Ersuchens. (1) Das ersuchte zuständige Gericht übersendet dem ersuchenden Gericht innerhalb von sieben Tagen nach Eingang des Ersuchens eine Empfangsbestätigung unter Verwendung des Formblatts B im Anhang; entspricht das Ersuchen nicht den Bedingungen der Artikel 5 und 6, so bringt das ersuchte Gericht einen entsprechenden Vermerk in der Empfangsbestätigung an.

(2) Fällt die Erledigung eines unter Verwendung des Formblatts A im Anhang gestellten Ersuchens, das die Bedingungen nach Artikel 5 erfüllt, nicht in die Zuständigkeit des Gerichts, an das es übermittelt wurde, so leitet dieses das Ersuchen an das zuständige Gericht seines Mitgliedstaats weiter und unterrichtet das ersuchende Gericht unter Verwendung des Formblatts A im Anhang hiervon.

1 Hält sich das ersuchte Gericht für nicht zuständig, so leitet es das Ersuchen innerhalb des eigenen Staates weiter (Abs 2). Das Gericht, an welches verwiesen wird, ist an diese Entscheidung aber nicht gebunden und kann selbst zurück- oder weiterverweisen (MüKoZPO/*Rauscher* § 1072 Rn 24). In Streitfällen entscheidet die Zentralstelle gem Art 3 I. In der Bundesrepublik Deutschland und in anderen Bundesstaaten mit mehreren Zentralstellen entscheidet zweckmäßigerweise diejenige Zentralstelle, in deren Gebiet das zuerst ersuchte Gericht liegt.

Artikel 8 Unvollständiges Ersuchen. (1) Kann ein Ersuchen nicht erledigt werden, weil es nicht alle erforderlichen Angaben gemäß Artikel 4 enthält, so setzt das ersuchte Gericht unverzüglich, spätestens aber innerhalb von 30 Tagen nach Eingang des Ersuchens das ersuchende Gericht unter Verwendung des Formblatts C im Anhang davon in Kenntnis und ersucht es, ihm die fehlenden Angaben, die in möglichst genauer Weise zu bezeichnen sind, zu übermitteln.

(2) Kann ein Ersuchen nicht erledigt werden, weil eine Kaution oder ein Vorschuss nach Artikel 18 Absatz 3 erforderlich ist, teilt das ersuchte Gericht dem ersuchenden Gericht dies unverzüglich, spätestens 30 Tage nach Eingang des Ersuchens unter Verwendung des Formblatts C im Anhang mit; es teilt dem ersuchenden Gericht ferner mit, wie die Kaution oder der Vorschuss geleistet werden sollten. Das ersuchte Gericht bestätigt den Eingang der Kaution oder des Vorschusses unverzüglich, spätestens innerhalb von 10 Tagen nach Erhalt der Kaution oder des Vorschusses unter Verwendung des Formblatts D.

1 Eine Überschreitung der hier genannten Fristen hat keine Auswirkungen auf das Beweisersuchen als solches; etwaige Mängel des Ersuchens werden auch nicht durch Fristablauf geheilt (MüKoZPO/*Rauscher* § 1072 Rn 25).

Artikel 9 Vervollständigung des Ersuchens. (1) Hat das ersuchte Gericht gemäß Artikel 7 Absatz 1 auf der Empfangsbestätigung vermerkt, dass das Ersuchen nicht die Bedingungen der Artikel 5 und Artikel 6 erfüllt, oder hat es das ersuchende Gericht gemäß Artikel 8 davon unterrichtet, dass das Ersuchen nicht erledigt werden kann, weil es nicht alle erforderlichen Angaben nach Artikel 4 enthält, beginnt die Frist nach Artikel 10 Absatz 1 erst mit dem Eingang des ordnungsgemäß ausgefüllten Ersuchens beim ersuchten Gericht zu laufen.

(2) Sofern das ersuchte Gericht gemäß Artikel 18 Absatz 3 um eine Kaution oder einen Vorschuss gebeten hat, beginnt diese Frist erst mit der Hinterlegung der Kaution oder dem Eingang des Vorschusses.

1 Da nur ein vollständiges Ersuchen die Pflicht zur Erledigung auslöst, beginnt auch die in Art 10 I genannte Erledigungsfrist erst mit Eingang des vollständigen Ersuchens.

Abschnitt 3 Beweisaufnahme durch das ersuchte Gericht

Artikel 10 Allgemeine Bestimmungen über die Erledigung des Ersuchens. (1) Das ersuchte Gericht erledigt das Ersuchen unverzüglich, spätestens aber innerhalb von 90 Tagen nach Eingang des Ersuchens.

(2) Das ersuchte Gericht erledigt das Ersuchen nach Maßgabe des Rechts seines Mitgliedstaats.

(3) Das ersuchende Gericht kann unter Verwendung des Formblatts A im Anhang beantragen, dass das Ersuchen nach einer besonderen Form erledigt wird, die das Recht seines Mitgliedstaats vorsieht. Das ersuchte Gericht entspricht einem solchen Antrag, es sei denn, dass diese Form mit dem Recht des Mitgliedstaats des ersuchten Gerichts unvereinbar oder wegen erheblicher tatsächlicher Schwierigkeiten unmöglich ist. Entspricht das ersuchte Gericht aus einem der oben genannten Gründe nicht dem Antrag, so unterrichtet es das ersuchende Gericht unter Verwendung des Formblatts E im Anhang hiervon.

(4) Das ersuchende Gericht kann das ersuchte Gericht bitten, die Beweisaufnahme unter Verwendung von Kommunikationstechnologien, insbesondere im Wege der Videokonferenz und der Telekonferenz, durchzuführen. Das ersuchte Gericht entspricht einem solchen Antrag, es sei denn, dass dies mit dem Recht des Mitgliedstaats des ersuchten Gerichts unvereinbar oder wegen erheblicher tatsächlicher Schwierigkeiten unmöglich ist. Entspricht das ersuchte Gericht aus einem dieser Gründe dem Antrag nicht, so unterrichtet es das ersuchende Gericht unter Verwendung des Formblatts E im Anhang hiervon. Hat das ersuchende oder das ersuchte Gericht keinen Zugang zu den oben genannten technischen Mitteln, können diese von den Gerichten im gegenseitigen Einvernehmen zur Verfügung gestellt werden.

A. 90-Tages-Frist. Eine Überschreitung der in Abs 1 bestimmten Frist muss dem ersuchenden Gericht angezeigt werden (Art 15), bleibt aber ansonsten in diesem Verfahren folgenlos. Sie mag jedoch für Rechtsbehelfe in anderen Verfahren relevant werden, etwa als Begründung einer Staatshaftung (dazu Rauscher/*v. Hein* Rn 2). 1

B. Anzuwendendes Beweisrecht. Die Beweisaufnahme durch das ersuchte Gericht findet gem dortigem Prozessrecht statt (Abs 2). Aus deutscher Sicht genügt aber die Einhaltung der deutschen Vorschriften, so dass die Beweisaufnahme schon dann ordnungsgemäß ist, wenn sie entweder deutschem Recht oder dem Recht am Ort des ersuchten Gerichts genügt (s. § 369). 2

C. Besondere Form des Rechts des ersuchenden Gerichts. Falls das ersuchende ausländische Gericht eine besondere Form der Beweisaufnahme wünscht, ist diesem Wunsch zu entsprechen, sofern diese Form nicht mit inländischem Recht unvereinbar ist (Abs 3). Es handelt sich hier um einen eng auszulegenden *ordre public*-Vorbehalt. Wenn er eingreift, hat das ersuchte Gericht das Ersuchen trotzdem zu erledigen, und zwar in modifizierter und mit dem eigenen Recht vereinbarer Form (GA *Kokott*, Schlussantrag EuGHE 2007 I-7929 Rn 96 ff, 111). Mit deutschem Recht unvereinbar wäre zB die zwingende Vereidigung eines Zeugen (MüKoZPO/*Rauscher* § 1074 Rn 35). Dagegen ist ein Kreuzverhör im Stile des *Common Law* auf Ersuchen des ausländischen Gerichts auch in Deutschland zulässig, soweit es die Grundrechte des Zeugen nicht verletzt (Rauscher/*v. Hein* Rn 20 ff mwN). 3

D. Video- oder Telefonkonferenzen. Wird um eine Video- oder Telefonkonferenz ersucht, so ist diese bei Zustimmung der Parteien in Deutschland gem § 128a möglich. 4

Artikel 11 Erledigung in Anwesenheit und unter Beteiligung der Parteien.

(1) Sofern im Recht des Mitgliedstaats des ersuchenden Gerichts vorgesehen, haben die Parteien und ggf ihre Vertreter das Recht, bei der Beweisaufnahme durch das ersuchte Gericht zugegen zu sein.

(2) Das ersuchende Gericht teilt in seinem Ersuchen unter Verwendung des Formblatts A im Anhang dem ersuchten Gericht mit, dass die Parteien und ggf ihre Vertreter zugegen sein werden und dass ggf ihre Beteiligung beantragt wird. Diese Mitteilung kann auch zu jedem anderen geeigneten Zeitpunkt erfolgen.

(3) Wird die Beteiligung der Parteien und ggf ihrer Vertreter an der Durchführung der Beweisaufnahme beantragt, so legt das ersuchte Gericht nach Artikel 10 die Bedingungen für ihre Teilnahme fest.

(4) Das ersuchte Gericht teilt den Parteien und ggf ihren Vertretern unter Verwendung des Formblatts F im Anhang Ort und Zeitpunkt der Verhandlung und ggf die Bedingungen mit, unter denen sie teilnehmen können.

(5) Die Absätze 1 bis 4 lassen die Möglichkeit des ersuchten Gerichts unberührt, die Parteien und ggf ihre Vertreter zu bitten, der Beweisaufnahme beizuwohnen oder sich daran zu beteiligen, wenn das Recht des Mitgliedstaats des ersuchenden Gerichts dies vorsieht.

1 Abs 1 wird aus deutscher Sicht konkretisiert durch § 1073 I 2. Da die Beweisaufnahme nach den Regeln des ersuchten Gerichts stattfindet, kann das ersuchte Gericht die »Bedingungen der Teilnahme« der Parteien und ihrer Vertreter festlegen, etwa im Hinblick auf das Frage- oder Rederecht (Abs 3). Zu diesen Bedingungen kann im Extremfall auch ein Ausschluss gem dem Recht des ersuchten Gerichts gehören, zB zum Schutz der Menschenwürde oder Intimsphäre (Zö/*Geimer* Rn 3). Der in Abs 3 enthaltene Verweis auf Art 10 ist auch als sinngemäßer Verweis auf den in Art 10 III enthaltenen *ordre public*-Vorbehalt zu betrachten.

Artikel 12 Erledigung in Anwesenheit und unter Beteiligung von Beauftragten des ersuchenden Gerichts. **(1) Sofern mit dem Recht des Mitgliedstaats des ersuchenden Gerichts vereinbar, haben die Beauftragten des ersuchenden Gerichts das Recht, bei der Beweisaufnahme durch das ersuchte Gericht zugegen zu sein.**
(2) Der Begriff »Beauftragte« im Sinne dieses Artikels umfasst vom ersuchenden Gericht nach Maßgabe des Rechts seines Mitgliedstaats bestimmte Gerichtsangehörige. Das ersuchende Gericht kann nach Maßgabe des Rechts seines Mitgliedstaats auch andere Personen wie etwa Sachverständige bestimmen.
(3) Das ersuchende Gericht teilt in seinem Ersuchen unter Verwendung des Formblatts A im Anhang dem ersuchten Gericht mit, dass seine Beauftragten zugegen sein werden und ggf, dass ihre Beteiligung beantragt wird. Diese Mitteilung kann auch zu jedem anderen geeigneten Zeitpunkt erfolgen.
(4) Wird die Beteiligung der Beauftragten des ersuchenden Gerichts an der Beweisaufnahme beantragt, legt das ersuchte Gericht nach Artikel 10 die Bedingungen für ihre Teilnahme fest.
(5) Das ersuchte Gericht teilt dem ersuchenden Gericht unter Verwendung des Formblatts F im Anhang Ort und Zeitpunkt der Verhandlung und ggf die Bedingungen mit, unter denen die Beauftragten daran teilnehmen können.

1 Abs 1 und 2 werden aus deutscher Sicht konkretisiert durch § 1073 I 1.

Artikel 13 Zwangsmaßnahmen. **Soweit erforderlich, wendet das ersuchte Gericht bei der Erledigung des Ersuchens geeignete Zwangsmaßnahmen in den Fällen und in dem Umfang an, wie sie das Recht des Mitgliedstaats des ersuchten Gerichts für die Erledigung eines zum gleichen Zweck gestellten Ersuchens inländischer Behörden oder einer beteiligten Partei vorsieht.**

1 Das ersuchte Gericht kann Zwangsmaßnahmen nur gem seinem eigenen Recht anwenden. Daher kommt bei besonders beantragten Beweisformen (Art 10 III), die das Recht des ersuchten Gerichts nicht kennt, die Anwendung von Zwang jedenfalls dann nicht in Betracht, wenn die fragliche Beweiserhebungsform sich unmittelbar auf die Mitwirkungspflichten des Zeugen bezieht, etwa bei zwingender Vereidigung (Rauscher/*v. Hein* Rn 10).

2 Die Vorschrift betrifft nur die Durchführung von Rechtshilfeersuchen und greift nicht in das Prozessrecht der Mitgliedstaaten ein. Die Verpflichtung zur Duldung einer **Abstammungsuntersuchung** ergibt sich daher in Verfahren vor deutschen Gerichten aus dem deutschem Recht; eine Zwangsanwendung im Ausland ist jedoch nur nach dortigem Recht möglich (vgl Bremen NJW-RR 09, 876; *J. Kieninger* FPR 11, 376).

Artikel 14 Ablehnung der Erledigung. **(1) Ein Ersuchen um Vernehmung einer Person wird nicht erledigt, wenn sich die betreffende Person auf ein Recht zur Aussageverweigerung oder auf ein Aussageverbot beruft,**
a) das nach dem Recht des Mitgliedstaats des ersuchten Gerichts vorgesehen ist oder
b) das nach dem Recht des Mitgliedstaats des ersuchenden Gerichts vorgesehen und im Ersuchen bezeichnet oder erforderlichenfalls auf Verlangen des ersuchten Gerichts von dem ersuchenden Gericht bestätigt worden ist.
(2) Die Erledigung eines Ersuchens kann über die in Absatz 1 genannten Gründe hinaus nur insoweit abgelehnt werden, als
a) das Ersuchen nicht in den Anwendungsbereich dieser Verordnung nach Artikel 1 fällt oder
b) die Erledigung des Ersuchens nach dem Recht des Mitgliedstaats des ersuchten Gerichts nicht in den Bereich der Gerichtsgewalt fällt oder

c) das ersuchende Gericht der Aufforderung des ersuchten Gerichts auf Ergänzung des Ersuchens gemäß Artikel 8 nicht innerhalb von 30 Tagen, nachdem das ersuchte Gericht das ersuchende Gericht um Ergänzung des Ersuchens gebeten hat, nachkommt oder

d) eine Kaution oder ein Vorschuss, die gemäß Artikel 18 Absatz 3 verlangt wurden, nicht innerhalb von 60 Tagen nach dem entsprechenden Verlangen des ersuchenden Gerichts hinterlegt bzw. einbezahlt werden.

(3) Die Erledigung darf durch das ersuchte Gericht nicht allein aus dem Grund abgelehnt werden, dass nach dem Recht seines Mitgliedstaats ein Gericht dieses Mitgliedstaats eine ausschließliche Zuständigkeit für die Sache in Anspruch nimmt oder das Recht jenes Mitgliedstaats ein Verfahren nicht kennt, das dem entspricht, für welches das Ersuchen gestellt wird.

(4) Wird die Erledigung des Ersuchens aus einem der in Absatz 2 genannten Gründe abgelehnt, so setzt das ersuchte Gericht unter Verwendung des Formblatts H im Anhang das ersuchende Gericht innerhalb von 60 Tagen nach Eingang des Ersuchens bei dem ersuchten Gericht davon in Kenntnis.

A. Aussageverweigerungsrechte. Zugunsten des Betroffenen kumuliert Abs 1 die Aussageverweigerungsrechte beider Staaten; dazu gehören auch die Regeln über die Entbindung von einer Verschwiegenheitspflicht (MüKoZPO/*Rauscher* § 1074 Rn 36). 1

B. Fehlende Gerichtsgewalt. Ein Ablehnungsgrund gem Abs 2b liegt vor, wenn die Beweiserhebung gegen völkerrechtlich begründete Immunitätsvorschriften verstieße, zB gegen §§ 18ff GVG. Die Behauptung, dass das Verfahren vor dem ersuchenden Gericht als solches völkerrechtswidrig sei, kann eine Ablehnung einer für sich genommen zulässigen Beweiserhebung dagegen nicht begründen (aA MüKoZPO/*Rauscher* § 1074 Rn 26). Ebenfalls nicht hierher gehört die Frage, ob die Beweiserhebung Sache der Parteien oder des Gerichts ist (GA *Kokott*, Schlussantrag EuGHE 2007 I-7929 Rn 100 ff). 2

C. Keine sonstigen Ablehnungsgründe. Das ersuchte Gericht darf die Erledigung nur aus den in der Vorschrift genannten Gründen ablehnen. Insbesondere darf von dem ersuchenden Gericht nur dann ein **Kostenvorschuss** verlangt werden, wenn dies ausdrücklich vorgesehen ist, dh gem Abs 2d iVm Art 18 III nur für die Kosten eines Sachverständigen. Für die Entschädigung oder Auslagen eines Zeugen darf von dem ersuchten Gericht ggü dem ersuchenden Gericht kein Kostenvorschuss verlangt werden (EuGH NJW 11, 2493). 3

Artikel 15 Mitteilung über Verzögerungen.

Ist das ersuchte Gericht nicht in der Lage, das Ersuchen innerhalb von 90 Tagen nach Eingang zu erledigen, setzt es das ersuchende Gericht unter Verwendung des Formblatts G im Anhang hiervon in Kenntnis. Dabei sind die Gründe für die Verzögerung anzugeben sowie der Zeitraum, der nach Einschätzung des ersuchten Gerichts für die Erledigung des Ersuchens voraussichtlich benötigt wird.

Artikel 16 Verfahren nach Erledigung des Ersuchens.

Das ersuchte Gericht übermittelt dem ersuchenden Gericht unverzüglich die Schriftstücke, aus denen sich die Erledigung des Ersuchens ergibt, und sendet ggf die Schriftstücke, die ihm von dem ersuchenden Gericht zugegangen sind, zurück. Den Schriftstücken ist eine Erledigungsbestätigung unter Verwendung des Formblatts H im Anhang beizufügen.

Abschnitt 4 Unmittelbare Beweisaufnahme durch das ersuchende Gericht

Artikel 17

(1) Beauftragt ein Gericht eine unmittelbare Beweisaufnahme in einem anderen Mitgliedstaat, so übermittelt es der nach Artikel 3 Absatz 3 bestimmten Zentralstelle oder zuständigen Behörde in diesem Staat unter Verwendung des Formblatts I im Anhang ein entsprechendes Ersuchen.

(2) Die unmittelbare Beweisaufnahme ist nur statthaft, wenn sie auf freiwilliger Grundlage und ohne Zwangsmaßnahmen erfolgen kann. Macht die unmittelbare Beweisaufnahme die Vernehmung einer Person erforderlich, so teilt das ersuchende Gericht dieser Person mit, dass die Vernehmung auf freiwilliger Grundlage erfolgt.

(3) Die Beweisaufnahme wird von einem nach Maßgabe des Rechts des Mitgliedstaats des ersuchenden Gerichts bestimmten Gerichtsangehörigen oder von einer anderen Person wie etwa einem Sachverständigen durchgeführt.

(4) Die genannte Zentralstelle oder die zuständige Behörde des ersuchten Mitgliedstaats teilt dem ersuchenden Gericht unter Verwendung des Formblatts J im Anhang innerhalb von 30 Tagen nach Eingang des Ersuchens mit, ob dem Ersuchen stattgegeben werden kann und, soweit erforderlich, unter welchen Bedingungen nach Maßgabe des Rechts ihres Mitgliedstaats die betreffende Handlung vorzunehmen ist. Die Zentralstelle oder die zuständige Behörde kann insbesondere ein Gericht ihres Mitgliedstaats bestimmen, das an der Beweisaufnahme teilnimmt, um sicherzustellen, dass dieser Artikel ordnungsgemäß angewandt wird und die festgelegten Bedingungen eingehalten werden. Die Zentralstelle oder die zuständige Behörde fördert den Einsatz von Kommunikationstechnologie, wie Video- und Telekonferenzen.

(5) Die Zentralstelle oder die zuständige Stelle kann die unmittelbare Beweisaufnahme nur insoweit ablehnen, als

a) das Ersuchen nicht in den Anwendungsbereich dieser Verordnung nach Artikel 1 fällt,

b) das Ersuchen nicht alle nach Artikel 4 erforderlichen Angaben enthält oder

c) die beantragte unmittelbare Beweisaufnahme wesentlichen Rechtsgrundsätzen ihres Mitgliedstaats zuwiderläuft.

(6) Unbeschadet der nach Absatz 4 festgelegten Bedingungen erledigt das ersuchende Gericht das Ersuchen nach Maßgabe des Rechts seines Mitgliedstaats.

1 **A. Genehmigung der unmittelbaren Beweisaufnahme.** Die unmittelbare Beweisaufnahme durch das Prozessgericht in einem anderen Mitgliedstaat wird als Eingriff in dessen Souveränität betrachtet und bedarf deswegen der Genehmigung durch den betroffenen Staat. Allerdings zwingt die Vorschrift die Mitgliedstaaten zur Genehmigung, wenn nicht einer der in Abs 5 genannten Ablehnungsgründe vorliegt. Angesichts der Beschränkung auf Fälle, in denen die Beweisperson freiwillig mitwirkt, erscheint jedoch das Genehmigungserfordernis rechtspolitisch fragwürdig (*Knöfel* EuZW 08, 267, 269).

2 **B. Genehmigungsbedürftige Vorgänge.** Art 17 setzt voraus, dass die beabsichtigte Maßnahme überhaupt als »unmittelbare Beweisaufnahme in einem anderen Mitgliedstaat« anzusehen ist. Dies ist bei bloßem Beweismittelimport durch das Prozessgericht nicht der Fall, wenn kein Zwang ausgeübt und damit auch die Souveränität des anderen Staates nicht berührt ist (im Einzelnen str, s.o. Art 1 Rz 4). Allerdings wird mit gewichtigen Gründen darauf hingewiesen, dass die Frage der Anwendung des Art 17 und des mit ihm verbundenen Genehmigungserfordernisses europarechtlich autonom zu beantworten sei, um die Vorschrift nicht auszuhöhlen (Rauscher/*v. Hein* Art 1 Rn 19).

3 **C. Bedingungen und Ablehnungsgründe.** Ein Ersuchen um unmittelbare Beweisaufnahme kann nur aus den in Abs 5 genannten Gründen abgelehnt werden. Von diesen Gründen stellt Art 5 c einen Vorbehalt zugunsten des *ordre public* im Staat des ersuchten Gerichts dar. Auch die gem Abs 4 möglichen »Bedingungen« der Durchführung der unmittelbaren Beweisaufnahme dürfen nur der Sicherung dieses *ordre public* dienen (Rauscher/*v. Hein* Rn 10). Allerdings wird dieser *ordre public* nur in Ausnahmefällen betroffen sein, da die Beweisaufnahme ja nur unter freiwilliger Mitwirkung der Betroffenen und ohne Zwangsmaßnahmen stattfindet (Art 17 II 1). Ein Verstoß gegen den *ordre public* kommt in Betracht bei Verstoß gegen Schweigepflichten, welche vorrangig im Interesse der Allgemeinheit bestehen (weitergehend MüKoZPO/*Rauscher* § 1074 Rn 60: Auch jegliche Verletzung von Interessen einzelner Dritter ausreichend). Auch nicht disponible Schutzpositionen wie die Menschenwürde gehören zum *ordre public,* wobei allerdings nicht jede uns fremdartige Vorgehensweise sogleich eine Verletzung impliziert: Der freiwillige Lügendetektor-Test ist daher nicht notwendig als *ordre public*-Verstoß zu qualifizieren (so aber *Rauscher* aaO). Für die europarechtliche Kontrolle der Anwendung des *ordre public*-Vorbehalts gelten die vom EuGH zu Art 34 EuGVO (s. Art 34 EuGVO Rz 2) entwickelten Grundsätze.

4 **D. Rechtsbehelf.** Die Entscheidung einer deutschen zuständigen Behörde gem Abs 4 und 5 ist Justizverwaltungsakt iSv § 23 EGGVG und kann dementsprechend von den Betroffenen (zB Partei oder Zeuge) angefochten werden.

Abschnitt 5 Kosten

Artikel 18 **(1) Für die Erledigung des Ersuchens nach Artikel 10 darf die Erstattung von Gebühren oder Auslagen nicht verlangt werden.**
(2) Falls jedoch das ersuchte Gericht dies verlangt, stellt das ersuchende Gericht unverzüglich die Erstattung folgender Beträge sicher:
– der Aufwendungen für Sachverständige und Dolmetscher und
– der Auslagen, die durch die Anwendung von Artikel 10 Absätze 3 und 4 entstanden sind.
Die Pflicht der Parteien, diese Aufwendungen und Auslagen zu tragen, unterliegt dem Recht des Mitgliedstaats des ersuchenden Gerichts.
(3) Wird die Stellungnahme eines Sachverständigen verlangt, kann das ersuchte Gericht vor der Erledigung des Ersuchens das ersuchende Gericht um eine angemessene Kaution oder einen angemessenen Vorschuss für die Sachverständigenkosten bitten. In allen übrigen Fällen darf die Erledigung eines Ersuchens nicht von einer Kaution oder einem Vorschuss abhängig gemacht werden. Die Kaution oder der Vorschuss wird von den Parteien hinterlegt bzw. einbezahlt, falls dies im Recht des Mitgliedstaats des ersuchenden Gerichts vorgesehen ist.

A. Zweck und Anwendungsbereich. Die Vorschrift regelt die Erstattung von Kosten nur **im Verhältnis zwischen ersuchendem Gericht und ersuchten Gericht**. Zu der Frage, ob und welche Partei letztlich bestimmte Kosten zu tragen hat, äußert sich die Vorschrift nicht; insoweit gelten die nationalen Verfahrensrechte. 1

B. Abschließender Charakter der Vorschrift. Die Verordnung geht von dem Grundsatz aus, dass im Interesse der Vereinfachung grenzüberschreitender Beweisaufnahme zwischen den Gerichten **grds keine Kostenvorschüsse oder Kostenerstattungen** fließen sollen (Abs 1). Nur für bestimmte besonders kostenträchtige Vorgänge wie Sachverständigengutachten, Dolmetscher oder besondere Formen der Beweiserhebung (Art 10 III u IV) sollen die Kosten durch das ersuchende Gericht erstattet werden (Abs 2). Diese Ausnahmen sind aber abschließend. Alle sonstigen Kosten des ersuchten Gerichts, zB Entschädigungen für Zeugen, müsssen von dem ersuchenden Gericht nicht erstattet werden (EuGH NJW 11, 2493). 2

KAPITEL III SCHLUSSBESTIMMUNGEN

Artikel 19 Durchführungsbestimmungen. **(1) Die Kommission sorgt für die Erstellung und regelmäßige Aktualisierung eines Handbuchs, das auch in elektronischer Form bereit gestellt wird und die von den Mitgliedstaaten nach Artikel 22 mitgeteilten Angaben sowie die in Kraft befindlichen Übereinkünfte oder Vereinbarungen nach Artikel 21 enthält.**
(2) Die Aktualisierung oder technische Anpassung der im Anhang wiedergegebenen Formblätter erfolgt nach dem Beratungsverfahren gemäß Artikel 20 Absatz 2.

Artikel 20 Ausschuss. **(1) Die Kommission wird von einem Ausschuss unterstützt.**
(2) Wird auf diesen Absatz Bezug genommen, so gelten die Artikel 3 und 7 des Beschlusses 1999/468/EG.
(3) Der Ausschuss gibt sich eine Geschäftsordnung.

Artikel 21 Verhältnis zu bestehenden oder künftigen Übereinkünften oder Vereinbarungen zwischen Mitgliedstaaten. **(1) In den Beziehungen zwischen den Mitgliedstaaten, die Vertragsparteien einschlägiger, von den Mitgliedstaaten geschlossener bilateraler oder multilateraler Übereinkünfte oder Vereinbarungen sind, insb des Haager Übereinkommens vom 1. März 1954 über den Zivilprozess und des Haager Übereinkommens vom 18. März 1970 über die Beweisaufnahme im Ausland in Zivil- oder Handelssachen, hat diese Verordnung in ihrem Anwendungsbereich Vorrang vor den Bestimmungen, die in den genannten Übereinkünften oder Vereinbarungen enthalten sind.**
(2) Diese Verordnung hindert die Mitgliedstaaten nicht daran, dass zwei oder mehr von ihnen untereinander Übereinkünfte oder Vereinbarungen zur weiteren Vereinfachung der Beweisaufnahme schließen oder beibehalten, sofern sie mit dieser Verordnung vereinbar sind.

(3) Die Mitgliedstaaten übermitteln der Kommission
a) zum 1. Juli 2003 eine Abschrift der zwischen den Mitgliedstaaten beibehaltenen angeführten Übereinkünfte oder Vereinbarungen nach Absatz 2,
b) eine Abschrift der zwischen den Mitgliedstaaten geschlossenen Übereinkünfte oder Vereinbarungen nach Absatz 2 und den Entwurf von ihnen geplanter Übereinkünfte oder Vereinbarungen sowie
c) jede Kündigung oder Änderung dieser Übereinkünfte oder Vereinbarungen.

1 **A. Verhältnis zum HBÜ.** Soweit die EuBVO anwendbar ist, darf nicht auf das in Abs 1 genannte HBÜ zurückgegriffen werden, auch nicht auf Wunsch der Parteien (*Knöfel* EuZW 08, 267, 269).

2 **B. Sonstige Übereinkommen (Abs 2 und 3).** Die Bundesrepublik Deutschland hat der Kommission bisher keine solchen Vereinbarungen mitgeteilt.

Artikel 22 Mitteilungen. (1) Jeder Mitgliedstaat teilt der Kommission bis zum 1. Juli 2003 Folgendes mit:
1. die Liste nach Artikel 2 Absatz 2 sowie eine Angabe des örtlichen und ggf fachlichen Zuständigkeitsbereichs der Gerichte;
2. den Namen und die Anschrift der Zentralstellen und zuständigen Behörden nach Artikel 3 unter Angabe ihres örtlichen Zuständigkeitsbereichs;
3. die technischen Mittel, über die die in der Liste nach Artikel 2 Absatz 2 aufgeführten Gerichte für die Entgegennahme von Ersuchen verfügen;
4. die Sprachen, die für die Ersuchen nach Artikel 5 zugelassen sind.
Die Mitgliedstaaten teilen der Kommission alle späteren Änderungen dieser Angaben mit.

Artikel 23 Überprüfung. Bis zum 1. Januar 2007 und danach alle fünf Jahre legt die Kommission dem Europäischen Parlament, dem Rat und dem Wirtschafts- und Sozialausschuss einen Bericht über die Anwendung dieser Verordnung vor, wobei sie insb auf die praktische Anwendung des Artikels 3 Absatz 1 Buchstabe c) und Absatz 3 und der Artikel 17 und 18 achtet.

1 Der erste dieser Anwendungsberichte wurde von der Kommission am 5.12.07 als KOM (2007) 769 endgültig vorgelegt.

Artikel 24 Inkrafttreten. (1) Diese Verordnung tritt am 1. Juli 2001 in Kraft.
(2) Diese Verordnung gilt ab dem 1. Januar 2004, mit Ausnahme der Artikel 19, 21 und 22, die ab dem 1. Juli 2001 gelten.
Diese Verordnung ist in allen ihren Teilen verbindlich und gilt gem dem Vertrag zur Gründung der Europäischen Gemeinschaft unmittelbar in den Mitgliedstaaten.

Abschnitt 3 Prozesskostenhilfe nach der Richtlinie 2003/8/EG

§ 1076 Anwendbare Vorschriften. Für die grenzüberschreitende Prozesskostenhilfe innerhalb der Europäischen Union nach der Richtlinie 2003/8/EG des Rates vom 27. Januar 2003 zur Verbesserung des Zugangs zum Recht bei Streitsachen mit grenzüberschreitendem Bezug durch Festlegung gemeinsamer Mindestvorschriften für die Prozesskostenhilfe in derartigen Streitsachen (ABl. EG Nr. L 26 S. 41, ABl. EU Nr. L 32 S. 15) gelten die §§ 114 bis 127a, soweit nachfolgend nichts Abweichendes bestimmt ist.

1 **A. Umsetzung der Richtlinie 2003/8/EG.** Der Gesetzgeber hat darauf verzichtet, die Richtlinie 2003/8/EG durch eine besondere Regelung umzusetzen. Stattdessen verweist § 1076 auf die allgemeinen Regeln zur Prozesskostenhilfe, mit gewissen Ergänzungen in §§ 1077 und 1078. Nach Ansicht der Bundesregierung ist dieses Verfahren mit der Richtlinie vereinbar (BTDrs 15/3281, 10). Problematisch ist aber, wie sich die in § 114 S 1 verlangte Prüfung der Erfolgsaussichten zu Art 6 I der Richtlinie verhält, welcher eine Ablehnung des PKH-Antrags nur bei »offensichtlich unbegründeten Verfahren« vorsieht (krit dazu *Büttner* AnwBl 07, 477, 482). Jedoch erlaubt Art 6 II der Richtlinie eine solche Prüfung der Erfolgsaussichten, wenn vorprozes-

suale Rechtsberatung angeboten wird und iÜ der Zugang zum Recht gewährleistet ist. Dies soll in Deutschland wegen der Möglichkeit der Beratungshilfe (§ 10 BerHG für grenzüberschreitende Fälle innerhalb der EU) gegeben sein (Zö/*Geimer* Rn 10). Mit Rücksicht auf das Gebot der richtlinienkonformen Auslegung und angesichts des Richtlinienzwecks – nämlich den Zugang zum Recht in grenzüberschreitenden Angelegenheiten zu verbessern – dürfen jedenfalls an die Prüfung der Erfolgsaussichten iSv § 114 S 1 keine allzu strengen Anforderungen gestellt werden und es ist ggf zu prüfen, ob der Zugang zum Recht auch ohne PKH gewährleistet ist (s. § 1078 Rz 2).

B. Sachlicher Anwendungsbereich. Da § 1076 die Richtlinie 2003/8/EG umsetzt, gilt die Vorschrift nur im sachlichen Anwendungsbereich der Richtlinie gem ihrem Art 1 II, dh in Zivil- und Handelssachen, nicht aber in Steuer- und Zollsachen oder in verwaltungsrechtlichen Angelegenheiten. Der Ausnahmekatalog des Art 1 II EuGVO findet keine Anwendung. Zu den Zivilsachen gehören auch privatrechtliche Patentstreitigkeiten sowie arbeitsrechtliche Fälle (*Jastrow* MDR 04, 75, 76). 2

C. Persönlicher Anwendungsbereich. Die Richtlinie 2003/8/EG betrifft gem ihrem Art 3 I nur **natürliche Personen**. Aber auch **juristische Personen** haben nach der Rspr des EuGH zumindest im Grundsatz und abhängig von den konkreten Umständen ein Recht auf Prozesskostenhilfe; dieses soll sich aus dem in Art 47 EU-Grundrechtscharta verankerten Grundsatz des effektiven Rechtsschutzes ergeben (EuGH 22.12.10 Rs C-279/09, ZIP 11, 143). 3

D. Räumlicher Anwendungsbereich. Gemäß Art 1 III der Richtlinie 2003/8/EG ist Dänemark nicht Mitgliedstaat iSd Richtlinie. Somit sind auch §§ 1076–1078 im Verhältnis zu Dänemark nicht anwendbar. 4

§ 1077 Ausgehende Ersuchen. (1) [1]**Für die Entgegennahme und Übermittlung von Anträgen natürlicher Personen auf grenzüberschreitende Prozesskostenhilfe ist das Amtsgericht zuständig, in dessen Bezirk der Antragsteller seinen Wohnsitz oder gewöhnlichen Aufenthalt hat (Übermittlungsstelle).** [2]**Die Landesregierungen können die Aufgaben der Übermittlungsstelle einem Amtsgericht für die Bezirke mehrerer Amtsgerichte durch Rechtsverordnung zuweisen.** [3]**Sie können die Ermächtigung durch Rechtsverordnung auf die Landesjustizverwaltungen übertragen.** [4]**§ 21 Satz 1 des Auslandsunterhaltsgesetzes bleibt unberührt.**

(2) [1]**Das Bundesministerium der Justiz wird ermächtigt, durch Rechtsverordnung mit Zustimmung des Bundesrates die in Artikel 16 Abs. 1 der Richtlinie 2003/8/EG vorgesehenen Standardformulare für Anträge auf grenzüberschreitende Prozesskostenhilfe und für deren Übermittlung einzuführen.** [2]**Soweit Standardformulare für Anträge auf grenzüberschreitende Prozesskostenhilfe und für deren Übermittlung eingeführt sind, müssen sich der Antragsteller und die Übermittlungsstelle ihrer bedienen.**

(3) [1]**Die Übermittlungsstelle kann die Übermittlung durch Beschluss vollständig oder teilweise ablehnen, wenn der Antrag offensichtlich unbegründet ist oder offensichtlich nicht in den Anwendungsbereich der Richtlinie 2003/8/EG fällt.** [2]**Sie kann von Amts wegen Übersetzungen von dem Antrag beigefügten fremdsprachigen Anlagen fertigen, soweit dies zur Vorbereitung einer Entscheidung nach Satz 1 erforderlich ist.** [3]**Gegen die ablehnende Entscheidung findet die sofortige Beschwerde nach Maßgabe des § 127 Abs. 2 Satz 2 und 3 statt.**

(4) [1]**Die Übermittlungsstelle fertigt von Amts wegen Übersetzungen der Eintragungen im Standardformular für Anträge auf Prozesskostenhilfe sowie der beizufügenden Anlagen**

a) in eine der Amtssprachen des Mitgliedstaats der zuständigen Empfangsstelle, die zugleich einer der Amtssprachen der Europäischen Union entspricht, oder

b) in eine andere von diesem Mitgliedstaat zugelassene Sprache.

[2]**Die Übermittlungsstelle prüft die Vollständigkeit des Antrags und wirkt darauf hin, dass Anlagen, die nach ihrer Kenntnis zur Entscheidung über den Antrag erforderlich sind, beigefügt werden.**

(5) [1]**Die Übermittlungsstelle übersendet den Antrag und die beizufügenden Anlagen ohne Legalisation oder gleichwertige Förmlichkeiten an die zuständige Empfangsstelle des Mitgliedstaats des Gerichtsstands oder des Vollstreckungsmitgliedstaats.** [2]**Die Übermittlung erfolgt innerhalb von 14 Tagen nach Vorliegen der gemäß Absatz 4 zu fertigenden Übersetzungen.**

(6) [1]**Hat die zuständige Stelle des anderen Mitgliedstaats das Ersuchen um Prozesskostenhilfe auf Grund der persönlichen und wirtschaftlichen Verhältnisse des Antragstellers abgelehnt oder eine Ablehnung angekündigt, so stellt die Übermittlungsstelle auf Antrag eine Bescheinigung der Bedürftigkeit aus, wenn der Antragsteller in einem entsprechenden deutschen Verfahren nach § 115 Abs. 1**

und 2 [jetzt] § 115 Abs. 1 bis 3 als bedürftig anzusehen wäre. [2]Absatz 4 Satz 1 gilt für die Übersetzung der Bescheinigung entsprechend. [3]Die Übermittlungsstelle übersendet der Empfangsstelle des anderen Mitgliedstaats die Bescheinigung der Bedürftigkeit zwecks Ergänzung des ursprünglichen Ersuchens um grenzüberschreitende Prozesskostenhilfe.

1 **A. Übermittlungsstellen.** Die deutschen Übermittlungsstellen (Amtsgerichte, ggf konzentrierte Zuständigkeit gem Abs 1 S 2 sowie in Unterhaltssachen gem § 21 I AUG) können dem europäischen Gerichtsatlas unter http://ec.europa.eu/justice_home/judicialatlascivil/html/la_transmittingautho_de.jsp unter Angabe der Postleitzahl entnommen werden. Bei den Amtsgerichten ist funktional der Rechtspfleger zuständig (§ 20 Nr 6 RPflG).

2 **B. Formulare und Übersetzungen.** Im Europäischen Gerichtsatlas sind auch die in der Vorschrift genannten Formulare (Übermittlungsantrag und eigentlicher PKH-Antrag) abrufbar. Die Formulare sind vom Antragsteller in deutscher Sprache auszufüllen. Der zu übermittelnde PKH-Antrag wird dann ggf samt Anlagen von der Übermittlungsstelle in die im Empfangsmitgliedstaat vorgeschriebene Sprache (ermittelbar über den Europäischen Gerichtsatlas) übersetzt. Die Übersetzung erfolgt vAw auf Kosten der Übermittlungsstelle. Allerdings sind dem Antragsteller die Übersetzungskosten aufzuerlegen, wenn der PKH-Antrag im Empfangsmitgliedstaat scheitert (§ 28 III GKG, vgl Art 13 VI der Richtlinie).

3 **C. Ablehnung durch Übermittlungsstelle.** Die Übermittlungsstelle kann die Übermittlung in den Fällen des Abs 3 durch Beschl ablehnen, zB bei erheblichen formalen Mängeln des Antrags und unvollständigen Angaben (Hamm 3.2.10 – 5 WF 11/10).

4 **D. Bedürftigkeitsbescheinigung.** Abs 6 ermöglicht die Ausstellung einer Bedürftigkeitsbescheinigung nach den Maßstäben des deutschen Rechts um in Fällen zu helfen, in denen der Antragsteller aufgrund der im Forumstaat gegebenen Verhältnisse dort nicht als bedürftig erscheint, angesichts der in Deutschland ggf höheren Lebenshaltungskosten aber trotzdem die Prozesskosten nicht tragen kann (Art 5 IV der Richtlinie und § 1078 III für den spiegelbildlichen Fall).

§ 1078 Eingehende Ersuchen. **(1) [1]Für eingehende Ersuchen um grenzüberschreitende Prozesskostenhilfe ist das Prozessgericht oder das Vollstreckungsgericht zuständig. [2]Die Anträge müssen in deutscher Sprache ausgefüllt und die Anlagen von einer Übersetzung in die deutsche Sprache begleitet sein. [3]Eine Legalisation oder gleichwertige Förmlichkeiten dürfen nicht verlangt werden.**

(2) [1]Das Gericht entscheidet über das Ersuchen nach Maßgabe der §§ 114 bis 116. [2]Es übersendet der übermittelnden Stelle eine Abschrift seiner Entscheidung.

(3) Der Antragsteller erhält auch dann grenzüberschreitende Prozesskostenhilfe, wenn er nachweist, dass er wegen unterschiedlich hoher Lebenshaltungskosten im Mitgliedstaat seines Wohnsitzes oder gewöhnlichen Aufenthalts einerseits und im Geltungsbereich dieses Gesetzes andererseits die Kosten der Prozessführung nicht, nur zum Teil oder nur in Raten aufbringen kann.

(4) [1]Wurde grenzüberschreitende Prozesskostenhilfe bewilligt, so gilt für jeden weiteren Rechtszug, der von dem Antragsteller oder dem Gegner eingeleitet wird, ein neuerliches Ersuchen um grenzüberschreitende Prozesskostenhilfe als gestellt. [2]Das Gericht hat dahin zu wirken, dass der Antragsteller die Voraussetzungen für die Bewilligung der grenzüberschreitenden Prozesskostenhilfe für den jeweiligen Rechtszug darlegt.

1 **A. Antrag und Formulare.** Neben den im Europäischen Gerichtsatlas abrufbaren Formularen kann ein Antragsteller, der sich nicht der Übermittlungsstellen seines Wohnsitzstaates bedient, auch die gem § 117 III, IV vorgesehenen Formulare der PKHVV verwenden (MüKoZPO/*Rauscher* Rn 7), weil die EU-Standardformulare die Antragstellung nur erleichtern sollen (Art 16 I der Richtlinie). Ein formloser Antrag ist nicht zulässig.

2 **B. Entscheidung nach deutschem Recht und richtlinienkonforme Auslegung.** Durch die Verweisung auf §§ 114–116 gelten für die Entscheidung über die Gewährung von PKH grds die inländischen Regeln. Deren Freibeträge gelten auch dann, wenn die Lebenshaltungskosten im Wohnsitzstaat des Antragstellers niedriger als in Deutschland sind (BGH NJW-RR 08, 1453).

Aufgrund des Gebots der richtlinienkonformen Auslegung ist Art 6 der Richtlinie zu beachten: Soll ein Antrag, der nicht schon offensichtlich unbegründet iSV Art 6 I der Richtlinie ist, trotzdem wegen mangelnder Erfolgsaussichten abgelehnt werden, so ist zusätzlich zu prüfen, ob auch ohne PKH der Zugang zum Recht gewährleistet ist (Art 6 II der Richtlinie). Letzteres mag im Einzelfall zB aufgrund der Zulassung von Erfolgshonorarvereinbarungen (§ 4a RVG) gegeben sein, wobei aber zu berücksichtigen ist, dass die Richtlinie prinzipiell den Zugang zum Recht durch staatliche Hilfen verwirklichen möchte und nicht durch eine Verweisung auf die unternehmerische Tätigkeit von Rechtsanwälten. 2a

C. Besondere Bedürftigkeit gem Abs 3. Ist der Antragsteller nicht gem §§ 114 f bedürftig, so bleibt ihm noch die Möglichkeit des Beweises einer Bedürftigkeit gem Abs 3. Diese liegt vor, wenn die Lebenshaltungskosten im Wohnsitzstaat des Antragstellers so viel höher sind als in Deutschland, dass ihm die Kostentragung bzgl des Prozesses in Deutschland nicht zuzumuten ist (Art 5 IV der Richtlinie). Der Antragsteller kann diesen Nachweis entweder durch Beibringung geeigneter Daten und Unterlagen führen oder durch eine Bescheinigung seines Wohnsitzstaates in spiegelbildlicher Anwendung des § 1077 VI (für Indizwirkung einer solchen Bescheinigung MüKoZPO/*Rauscher* Rn 14). 3

Abschnitt 4 Europäische Vollstreckungstitel nach der Verordnung (EG) Nr. 805/2004

Titel 1 Bestätigung inländischer Titel als Europäische Vollstreckungstitel

§ 1079 Zuständigkeit. Für die Ausstellung der Bestätigungen nach
1. Artikel 9 Abs. 1, Artikel 24 Abs. 1, Artikel 25 Abs. 1 und
2. Artikel 6 Abs. 2 und 3
der Verordnung (EG) Nr. 805/2004 des Europäischen Parlaments und des Rates vom 21. April 2004 zur Einführung eines Europäischen Vollstreckungstitels für unbestrittene Forderungen (ABl. EU Nr. L 143 S. 15) sind die Gerichte, Behörden oder Notare zuständig, denen die Erteilung einer vollstreckbaren Ausfertigung des Titels obliegt.

Die Zuständigkeit für die Bestätigung eines Urteils als Europäischer Vollstreckungstitel ergibt sich in Deutschland aus § 724 II. Funktionell zuständig ist jedoch der Rechtspfleger (§ 20 Nr 11 RPflG). Für die Bestätigung einer notariellen Urkunde als Europäischer Vollstreckungstitel ist der die Urkunde verwahrende Notar zuständig (§ 797 II). Die sachlichen und formellen Voraussetzungen derartiger Bestätigungen ergeben sich aus der Verordnung Nr 805/2004 selbst; sie ist im Anhang nach § 1086 wiedergegeben und kommentiert. 1

§ 1080 Entscheidung. (1) [1]Bestätigungen nach Artikel 9 Abs. 1, Artikel 24 Abs. 1, Artikel 25 Abs. 1 und Artikel 6 Abs. 3 der Verordnung (EG) Nr. 805/2004 sind ohne Anhörung des Schuldners auszustellen. [2]Eine Ausfertigung der Bestätigung ist dem Schuldner von Amts wegen zuzustellen.
(2) Wird der Antrag auf Ausstellung einer Bestätigung zurückgewiesen, so sind die Vorschriften über die Anfechtung der Entscheidung über die Erteilung einer Vollstreckungsklausel entsprechend anzuwenden.

A. Bestätigung ohne vorherige Anhörung des Schuldners (Abs 1 S 1). Die Vorschrift ist mit der Verordnung konform, da diese in ihrem Art 10 nur eine nachträgliche Kontrollmöglichkeit durch den Schuldner vorsieht (Berichtigungs- oder Widerrufsantrag, s. § 1081). Sein rechtliches Gehör wird bereits im Erkenntnisverfahren sichergestellt, vgl Art 12 ff der Verordnung. 1

B. Zustellung der Bestätigung an den Schuldner (Abs 1 S 2). Die Zustellung erfolgt abhängig vom Sitz des Schuldners entweder nach §§ 166 ff oder bei Sitz im EU-Ausland gem EuZVO. Die Zustellung der Bestätigungsentscheidung ist zwar nach deutschem Recht zwingend, ist aber keine nachzuweisende Voraussetzung der Vollstreckung aus dem Europäischen Vollstreckungstitel (s. Art 20 EuVTVO Rz 2). 2

3 **C. Rechtsbehelf bei Zurückweisung des Bestätigungsantrags (Abs 2).** Die EuVTVO regelt nur die Rechtsbehelfe des Schuldners gegen die Bestätigungsentscheidung (Art 10), nicht aber jene des Gläubigers im Falle der Zurückweisung des Bestätigungsantrags. Der Verweis in Abs 2 auf die Vorschriften über die Klauselerteilung ist daher bei gerichtlichen Entscheidungen und Vergleichen als Verweis auf die sofortige Beschwerde des § 11 I RPflG iVm § 567 zu verstehen (Stuttg IPRax 09, 342; Ddorf RPfl 10, 604; Schuschke/Walker/*Jennissen* Rn 4; aA ThoPu/*Hüßtege* Rn 3: Klauselerinnerung); bei Notaren gilt § 54 BeurkG (MüKoZPO/*Adolphsen* § 1080 Rn 61). Eine Klage des Gläubigers auf Klauselerteilung gem § 731 passt nicht, weil der Europäische Vollstreckungstitel für bedingte oder gegen Rechtsnachfolger gerichtete Titel ohnehin nicht vorgesehen ist (Schuschke/Walker/*Jennissen* Rn 5).

§ 1081 Berichtigung und Widerruf. (1) [1]**Ein Antrag nach Artikel 10 Abs. 1 der Verordnung (EG) Nr. 805/2004 auf Berichtigung oder Widerruf einer gerichtlichen Bestätigung ist bei dem Gericht zu stellen, das die Bestätigung ausgestellt hat.** [2]**Über den Antrag entscheidet dieses Gericht.** [3]**Ein Antrag auf Berichtigung oder Widerruf einer notariellen oder behördlichen Bestätigung ist an die Stelle zu richten, die die Bestätigung ausgestellt hat.** [4]**Die Notare oder Behörden leiten den Antrag unverzüglich dem Amtsgericht, in dessen Bezirk sie ihren Sitz haben, zur Entscheidung zu.**
(2) [1]**Der Antrag auf Widerruf durch den Schuldner ist nur binnen einer Frist von einem Monat zulässig.** [2]**Ist die Bestätigung im Ausland zuzustellen, beträgt die Frist zwei Monate.** [3]**Sie ist eine Notfrist und beginnt mit der Zustellung der Bestätigung, jedoch frühestens mit der Zustellung des Titels, auf den sich die Bestätigung bezieht.** [4]**In dem Antrag auf Widerruf sind die Gründe darzulegen, weshalb die Bestätigung eindeutig zu Unrecht erteilt worden ist.**
(3) **§ 319 Abs. 2 und 3 ist auf die Berichtigung und den Widerruf entsprechend anzuwenden.**

1 **A. Normzweck.** Die Vorschrift regelt die deutschen Zuständigkeiten für die in Art 10 I EuVTVO vorgesehenen Rechtsbehelfe.

2 **B. Antragsfrist (Abs 2).** Die in Abs 2 enthaltene Frist für den Antrag auf Widerruf findet in der Verordnung keine Stütze. Auch die in Art 10 II EuVTVO enthaltene Verweisung auf das Verfahrensrecht des Ursprungsstaates erlaubt es dem nationalen Gesetzgeber nicht, eine solche Frist zu erfinden; andernfalls käme es zu einer zu starken Zersplitterung der Regeln zu Art 10 EuVTVO. § 1081 II ist daher europarechtswidrig und unanwendbar (ThoPu/*Hüßtege* Rn 6; *Leible/Lehmann* NotBZ 04, 453, 460; aA MüKoZPO/*Adolphsen* Rn 8; Schuschke/Walker/*Jennissen* Rn 2: Frist sei im Interesse der Rechtssicherheit zulässig).

3 **C. Rechtsmittel.** Widerruft der Rechtspfleger die Bestätigung, so ist aufgrund des Verweises in Abs 3 die sofortige Beschwerde statthaft (Stuttg NJW-RR 09, 934, 935). Gegen die Entscheidung des Rechtspflegers, die Bestätigung nicht zu widerrufen, findet trotz des Verweises auf § 319 III wegen § 11 II RPflG die Rechtspflegererinnerung statt (Zweibr Rpfleger 09, 222). Bestätigt der Richter daraufhin die Entscheidung des Rechtspflegers, so gibt es wegen § 319 III kein weiteres Rechtsmittel; wird jedoch auf die Erinnerung hin vom Richter der Widerruf der Bestätigung ausgesprochen, so ist dagegen die sofortige Beschwerde möglich (Nürnbg IPRax 11, 393, 394).

Titel 2 Zwangsvollstreckung aus Europäischen Vollstreckungstiteln im Inland

§ 1082 Vollstreckungstitel. Aus einem Titel, der in einem anderen Mitgliedstaat der Europäischen Union nach der Verordnung (EG) Nr. 805/2004 als Europäischer Vollstreckungstitel bestätigt worden ist, findet die Zwangsvollstreckung im Inland statt, ohne dass es einer Vollstreckungsklausel bedarf.

1 **A. Normzweck.** Die Vorschrift regelt nur die Vollstreckung aus Europäischen Vollstreckungstiteln, die aus anderen Mitgliedstaaten stammen. Stammt der Europäische Vollstreckungstitel aus Deutschland, so kann aus ihm nicht in Deutschland vollstreckt werden, weil die EuVTVO diesen Fall nicht betrifft. Vollstreckungstitel ist dann allein die zugrunde liegende Entscheidung und es gelten die Vorschriften in §§ 704 ff.

B. Keine Klauselerteilung. Liegt ein Europäischer Vollstreckungstitel aus einem anderen Mitgliedstaat vor, so entfällt die Klauselerteilung. Der Vollstreckungsgläubiger hat dem Vollstreckungsorgan nur die in Art 20 II EuVTVO bezeichneten Unterlagen vorzulegen. Eine Zustellung des Europäischen Vollstreckungstitels an den Schuldner ist zwar sinnvoll und nach deutschem Recht vorgeschrieben (§ 1080 I 2), wird aber von der EuVTVO nicht verlangt. Der Nachweis einer solchen Zustellung darf daher bei einem in Deutschland zu vollstreckenden ausländischen Europäischen Vollstreckungstitel nicht verlangt werden (ThoPu/*Hüßtege* Rn 1). 2

C. Auslegung des Titels. Soll ein Europäischer Vollstreckungstitel in Deutschland vollstreckt werden, so gilt für das Vollstreckungsverfahren das deutsche Recht (Art 20 I EuVTVO Rz 1). Daher ist die Zwangsvollstreckung auch nur gegen die im Titel bezeichnete Person zulässig; insoweit gelten die üblichen Auslegungsgrundsätze des deutschen Vollstreckungsrechts (BGH NJW 10, 2137). 3

§ 1083 Übersetzung.

Hat der Gläubiger nach Artikel 20 Abs. 2 Buchstabe c der Verordnung (EG) Nr. 805/2004 eine Übersetzung vorzulegen, so ist diese in deutscher Sprache zu verfassen und von einer hierzu in einem der Mitgliedstaaten der Europäischen Union befugten Person zu beglaubigen.

Die Vorschrift lässt offen, wann eine Übersetzung des Europäischen Vollstreckungstitels in die deutsche Sprache notwendig ist; dies ergibt sich auch nicht aus Art 20 IIc EuVTVO (»gegebenenfalls«). Angesichts von § 184 GVG und zur Sicherung ordnungsgemäßer Tätigkeit der Vollstreckungsorgane ist aber stets eine Übersetzung in die deutsche Sprache zu fordern (Rauscher/*Pabst* Art 20 EuVTVO Rn 13). Die Gegenansicht verlässt sich auf das einheitlich gestaltete Formular und verlangt im Interesse der Effizienz eine Übersetzung nur, wenn das Formular durch besondere Zusätze oder Anmerkungen ergänzt wird (MüKoZPO/*Adolphsen* Rn 1; Schuschke/Walker/*Jennissen* Rn 1; ThoPu/*Hüßtege* Rn 1). 1

§ 1084 Anträge nach den Artikeln 21 und 23 der Verordnung (EG) Nr. 805/2004.

(1) [1]Für Anträge auf Verweigerung, Aussetzung oder Beschränkung der Zwangsvollstreckung nach den Artikeln 21 und 23 der Verordnung (EG) Nr. 805/2004 ist das Amtsgericht als Vollstreckungsgericht zuständig. [2]Die Vorschriften des Buches 8 über die örtliche Zuständigkeit des Vollstreckungsgerichts sind entsprechend anzuwenden. [3]Die Zuständigkeit nach den Sätzen 1 und 2 ist ausschließlich.
(2) [1]Die Entscheidung über den Antrag nach Artikel 21 der Verordnung (EG) Nr. 805/2004 ergeht durch Beschluss. [2]Auf die Einstellung der Zwangsvollstreckung und die Aufhebung der bereits getroffenen Vollstreckungsmaßregeln sind § 769 Abs. 1 und 3 sowie § 770 entsprechend anzuwenden. [3]Die Aufhebung einer Vollstreckungsmaßregel ist auch ohne Sicherheitsleistung zulässig.
(3) [1]Über den Antrag auf Aussetzung oder Beschränkung der Vollstreckung nach Artikel 23 der Verordnung (EG) Nr. 805/2004 wird durch einstweilige Anordnung entschieden. [2]Die Entscheidung ist unanfechtbar.

A. Normzweck. Die EuVTVO geht von dem Prinzip aus, dass der Europäische Vollstreckungstitel nur in seinem Ursprungsmitgliedstaat mit Rechtsbehelfen anzugreifen ist. In den Fällen der Art 21 und 23 EuVTVO kann jedoch auch im Vollstreckungsstaat gegen die Zwangsvollstreckung aus dem Europäischen Vollstreckungstitel vorgegangen werden; § 1084 regelt hier das Verfahren, wenn die Vollstreckung in Deutschland stattfinden soll. Die sachlichen Voraussetzungen der in Abs 1 S 1 genannten Rechtsbehelfe sind der EuVTVO zu entnehmen; es geht in Art 21 I EuVTVO um entgegenstehende frühere Entscheidungen und in Art 23 um einstweilige Maßnahmen für den Fall, dass im Ursprungsmitgliedstaat ein Rechtsbehelf eingelegt ist. 1

B. Verfahren. Der Richter am Amtsgericht ist funktionell zuständig (BTDrs 15/5222, 15). Der Beschl gem Abs 2 S 1 kann mit der sofortigen Beschwerde angegriffen werden (§ 793). Die Entscheidung über eine einstweilige Anordnung nach Abs 3 ist gem Abs 3 S 2 unanfechtbar; dies gilt aber wegen des Verweises auf §§ 769, 770 auch für Entscheidungen zu Abs 2 S 2 (ThoPu/*Hüßtege* Rn 3). Wegen der jederzeitigen Abänderungs- oder Aufhebungsmöglichkeit einer einstweiligen Anordnung ist eine Entscheidung gem Abs 3 auch ohne vorherige Anhörung des Gläubigers möglich; sie kann nachgeholt werden und die Entscheidung kann daraufhin aufgehoben oder abgeändert werden (Schuschke/Walker/*Jenissen* Rn 10). 2

§ 1085 Einstellung der Zwangsvollstreckung. Die Zwangsvollstreckung ist entsprechend den §§ 775 und 776 auch dann einzustellen oder zu beschränken, wenn die Ausfertigung einer Bestätigung über die Nichtvollstreckbarkeit oder über die Beschränkung der Vollstreckbarkeit nach Artikel 6 Abs. 2 der Verordnung (EG) Nr. 805/2004 vorgelegt wird.

1 **A. Normzweck.** Neben den in Art 21 u 23 EuVTVO vorgesehen Rechtsbehelfen sind im Vollstreckungsmitgliedstaat auch die nach nationalem Prozessrecht vorgesehenen Rechtsbehelfe zulässig, sofern diese nicht eine Überprüfung in der Sache vorsehen, was Art 21 II EuVTVO verbietet. In Deutschland sind neben § 766 auch §§ 775f anwendbar. Die Vorschrift stellt klar, dass die Vorlage einer gem Art 6 II EuVTVO erwirkten Bestätigung über die Nichtvollstreckbarkeit oder über Beschränkungen der Vollstreckbarkeit zu einer Einstellung gem § 775 Nr 1 oder 2 führt. Allerdings hängt es vom Einzelfall ab, welche dieser Vorschriften am besten zu der vom ausländischen Gericht bestätigten Rechtslage passt und ob eine Aufhebung von Vollstreckungsmaßregeln gem § 776 anzuordnen ist (Schuschke/Walker/*Jennissen* Rn 2).

2 **B. Anwendung von § 775 im Übrigen.** Die Vorschrift des § 1085 impliziert (»auch dann ...«) mit Recht, dass § 775 iÜ anwendbar ist, dh auch hinsichtlich § 775 Nr 3–5. Die Anwendung dieser Vorschriften ist mit Art 21 II EuVTVO vereinbar, auch wenn sie den sachlichen Inhalt des Titels betreffen, nämlich zB in § 775 Nr 4 und 5 das Erlöschen der titulierten Forderung. Sie sind aber derartig formalisiert, dass eine Beurteilung durch das Vollstreckungsorgan ohne weiteres möglich ist, ohne dass eine von Art 21 II EuVTVO untersagte inhaltliche Prüfung des Europäischen Vollstreckungstitels notwendig wäre. Wird allerdings in den Fällen des § 775 Nr 4 oder 5 die Zwangsvollstreckung auf Antrag des Gläubigers fortgesetzt, so entsteht ein sachlicher Streit über das Bestehen der Forderung, der im Ursprungsmitgliedstaat auszutragen ist (s. § 1086 Rz 4).

§ 1086 Vollstreckungsabwehrklage. (1) [1]**Für Klagen nach § 767 ist das Gericht ausschließlich örtlich zuständig, in dessen Bezirk der Schuldner seinen Wohnsitz hat, oder, wenn er im Inland keinen Wohnsitz hat, das Gericht, in dessen Bezirk die Zwangsvollstreckung stattfinden soll oder stattgefunden hat.** [2]**Der Sitz von Gesellschaften oder juristischen Personen steht dem Wohnsitz gleich.**
(2) § 767 Abs. 2 ist entsprechend auf gerichtliche Vergleiche und öffentliche Urkunden anzuwenden.

1 **A. Normzweck und Anwendungsbereich.** Abs 1 der Vorschrift regelt zunächst nur die **örtliche Zuständigkeit** für eine gegen den Europäischen Vollstreckungstitel gerichtete **Vollstreckungsgegenklage**. Die Vorschrift zeigt aber zugleich, dass der deutsche Gesetzgeber von der Zulässigkeit einer solchen Klage ausgeht (BTDrs 15/5222, 15), obwohl Art 21 II EuVTVO eine sachliche Überprüfung des Titels im Vollstreckungsmitgliedstaat verbietet. Abs 2 der Vorschrift erstreckt – abw vom deutschen Recht – die Präklusionsvorschrift des § 767 II auf Vergleiche und öffentliche Urkunden, um bei diesen Titeln eine sachliche Überprüfung zumindest in solchen Fällen auszuschließen, in denen die betreffende Einwendung bereits im Bestätigungsverfahren hätte berücksichtigt werden können.

2 Die Zulässigkeit **sonstiger Rechtsbehelfe gegen die Vollstreckung** aus dem Europäischen Vollstreckungstitel wird von § 1086 nicht geregelt. Es gilt zunächst § 1085, der die §§ 775 u 776 für anwendbar erklärt. Ein zB auf § 826 BGB gestützter Anspruch auf Herausgabe des Titels bei Titelerschleichung oder **sittenwidriger Titelausnutzung** kommt jedoch nicht in Betracht, weil er die Unrichtigkeit des Titels voraussetzt, welche wiederum wegen Art 21 II EuVTVO nur im Ursprungsmitgliedstaat überprüft werden darf (*M. Stürner* GPR 10, 43, 47 mwN; aA Schuschke/Walker/*Jennissen* Rn 6). Dasselbe gilt auch für Einwände bzgl der Anwendungsvoraussetzungen der EuVTVO, die gem Art 10 Ib EuVTVO beim Ursprungsgericht zu erheben sind (Rauscher/*Pabst* Art 5 EuVTVO Rn 25; aA *M. Stürner* GPR 10, 43, 49 mwN).

3 **B. Internationale Zuständigkeit.** Die Vorschrift geht davon aus, dass für eine Vollstreckungsgegenklage gegen einen aus einem anderen Mitgliedstaat stammenden Europäischen Vollstreckungstitel eine internationale Zuständigkeit deutscher Gerichte gem Art 22 Nr 5 bestehe (ThoPu/*Hüßtege* Rn 2; Zö/*Geimer* Rn 4). Das ist unzutreffend, denn diese Norm dient nur der Überwachung der Tätigkeit der Vollstreckungsbehörden im Vollstreckungsmitgliedstaat (EuGHE 1992, 2149, 2182; anders noch das *obiter dictum* in EuGHE 1985, 2267, 2278). Die Vollstreckungsgegenklage des § 767 greift aber den Titel als solchen an und fällt daher nicht unter Art 22 Nr 5 EuGVO (Bach 208; *Hess* IPRax 04, 493, 494; Nelle 373 ff; aA Art 22 EuGVO Rz 10).

C. Unvereinbarkeit mit Art 21 II EuVTVO. Darüber hinaus ist umstr, ob die vom Gesetzgeber hier beabsichtigte Zulassung der Vollstreckungsgegenklage gegen einen Europäischen Vollstreckungstitel mit Art 21 II EuVTVO vereinbar ist. Nach richtiger Ansicht ist dies nicht der Fall, weil die Vollstreckungsgegenklage den Titel in der Sache selbst angreift, wenn etwa das Erlöschen des titulierten Anspruchs behauptet wird. Daher ist § 1086 als **europarechtswidrige Vorschrift** nicht anzuwenden (Bach aaO, 203 ff; *Hess* IPRax 04, 493, 494; Leible/Freitag 122; *Halfmeier* IPRax 07, 381, 387). Die Gegenansicht (Rauscher/*Pabst* Art 20 EuVTVO Rn 36; Wieczorek/*Schütze* Rn 1; Zö/*Geimer* Rn 1; ThoPu/*Hüßtege* Rn 1) wird vornehmlich darauf gestützt, dass die Vollstreckungsgegenklage wegen § 767 II nur solche Einwendungen betreffe, die nach der Bestätigung als Europäischer Vollstreckungstitel entstanden seien und daher vom Ursprungsgericht noch nicht berücksichtigt werden konnten (BTDrs 15/5222, 15). Dagegen spricht aber, dass gerade der Zeitpunkt des Entstehens einer Einwendung oft problematisch oder umstr ist (zB bei Aufrechnung). In klaren Fällen der Befriedigung des Gläubigers helfen § 775 Nr 4 oder 5. 4

Für **Vergleiche und öffentliche Urkunden**, die als Europäischer Vollstreckungstitel bestätigt sind, verbieten Art 24 II und 25 II EuVTVO jegliche Überprüfung der Vollstreckbarkeit im Vollsteckungsmitgliedstaat. Somit ist bei diesen Titeln die Vorschrift des § 1086 schon unter diesem Aspekt europarechtswidrig. 5

D. Präklusion bei Vergleichen und öffentlichen Urkunden (Abs 2). Hält man § 1086 für europarechtskonform, so ist bei der Vollstreckungsgegenklage gegen einen auf einem Vergleich oder einer öffentlichen Urkunde beruhenden Europäischen Vollstreckungstitel die Präklusionsvorschrift des § 1086 II iVm § 767 II zu beachten. Der fragliche Zeitpunkt soll die »Errichtung des Titels« sein (ThoPu/*Hüßtege* Rn 3), was aber als Zeitpunkt der Bestätigungsentscheidung gem Art 6 EuVTVO zu verstehen ist, weil mindestens bis zu diesem Zeitpunkt Einwände im Ursprungsstaat vorgebracht werden können. 6

Die Vorschrift des § 1086 II weicht vom sonstigen deutschen Recht ab, welches keine derartige Präklusion für eine Vollstreckungsgegenklage gegen Vergleiche oder vollstreckbare Urkunden kennt. Diese Abweichung wird tw selbst für europarechts- oder gar verfassungswidrig gehalten, weil sie den Gläubiger eines Europäischen Vollstreckungstitels besser stellt als den Gläubiger eines vergleichbaren inländischen Titels (Schuschke/Walker/*Jennissen* Rn 4). Die Vorschrift verstößt aber ohnehin gegen Art 24 II und 25 II EuVTVO. 7

E. Entsprechende Anwendbarkeit auf Europäischen Zahlungsbefehl und Verfahren für geringfügige Forderungen. Der deutsche Gesetzgeber verweist in §§ 1096 II 2 und 1109 II bzgl der Vollstreckungsgegenklage gegen einen Europäischen Zahlungsbefehl und gegen ein im Small-Claims-Verfahren ergangenes Urt auf § 1086. Auch in diesen Fällen gelten aber die oben bei Rz 4 erörterten Bedenken zur Europarechtswidrigkeit der Vorschrift, weil auch diese Regelungen eine sachliche Überprüfung des Titels im Vollstreckungsmitgliedstaat verbieten (*Hess/Bittmann* IPRax 08, 310). 8

Anhang nach § 1086: EuVTVO

Verordnung (EG) Nr 805/2004 des Europäischen Parlaments und des Rates

vom 21.4.2004 zur Einführung eines europäischen Vollstreckungstitels für unbestrittene Forderungen

DAS EUROPÄISCHE PARLAMENT UND DER RAT DER EUROPÄISCHEN UNION -
gestützt auf den Vertrag zur Gründung der Europäischen Gemeinschaft, insb auf Artikel 61 Buchstabe c) und Artikel 67 Absatz 5 zweiter Gedankenstrich,
auf Vorschlag der Kommission,
nach Stellungnahme des Europäischen Wirtschafts- und Sozialausschusses,
gemäß dem Verfahren des Artikels 251 des Vertrags,
in Erwägung nachstehender Gründe:

(1) Die Gemeinschaft hat sich zum Ziel gesetzt, einen Raum der Freiheit, der Sicherheit und des Rechts, in dem der freie Personenverkehr gewährleistet ist, zu erhalten und weiterzuentwickeln. Dazu erlässt die Gemeinschaft unter anderem im Bereich der justiziellen Zusammenarbeit in Zivilsachen die für das reibungslose Funktionieren des Binnenmarkts erforderlichen Maßnahmen.

(2) Am 3. Dezember 1998 nahm der Rat den Aktionsplan des Rates und der Kommission zur bestmöglichen Umsetzung der Bestimmungen des Amsterdamer Vertrags über den Aufbau eines Raums der Freiheit, der Sicherheit und des Rechts an (Wiener Aktionsplan).
(3) Auf seiner Tagung vom 15. und 16. Oktober 1999 in Tampere bekräftigte der Europäische Rat den Grundsatz der gegenseitigen Anerkennung gerichtlicher Entscheidungen als Eckpfeiler für die Schaffung eines echten europäischen Rechtsraums.
(4) Am 30. November 2000 verabschiedete der Rat ein Programm über Maßnahmen zur Umsetzung des Grundsatzes der gegenseitigen Anerkennung gerichtlicher Entscheidungen in Zivil- und Handelssachen. Dieses Programm sieht in seiner ersten Phase die Abschaffung des Vollstreckbarerklärungsverfahrens, d.h. die Einführung eines Europäischen Vollstreckungstitels für unbestrittene Forderungen vor.
(5) Der Begriff »unbestrittene Forderung« sollte alle Situationen erfassen, in denen der Schuldner Art oder Höhe einer Geldforderung nachweislich nicht bestritten hat und der Gläubiger gegen den Schuldner entweder eine gerichtliche Entscheidung oder einen vollstreckbaren Titel, der die ausdrückliche Zustimmung des Schuldners erfordert, wie einen gerichtlichen Vergleich oder eine öffentliche Urkunde, erwirkt hat.
(6) Ein fehlender Widerspruch seitens des Schuldners im Sinne von Artikel 3 Absatz 1 Buchstabe b) liegt auch dann vor, wenn dieser nicht zur Gerichtsverhandlung erscheint oder einer Aufforderung des Gerichts, schriftlich mitzuteilen, ob er sich zu verteidigen beabsichtigt, nicht nachkommt.
(7) Diese Verordnung sollte auch für Entscheidungen, gerichtliche Vergleiche und öffentliche Urkunden über unbestrittene Forderungen und solche Entscheidungen gelten, die nach Anfechtung von als Europäischer Vollstreckungstitel bestätigten Entscheidungen, gerichtlichen Vergleichen und öffentlichen Urkunden ergangen sind.
(8) Der Europäische Rat hat in seinen Schlussfolgerungen von Tampere die Auffassung vertreten, dass der Zugang zur Vollstreckung einer Entscheidung in einem anderen Mitgliedstaat als dem, in dem die Entscheidung ergangen ist, durch den Verzicht auf die dort als Voraussetzung einer Vollstreckung erforderlichen Zwischenmaßnahmen beschleunigt und vereinfacht werden sollte. Eine Entscheidung, die vom Gericht des Ursprungsmitgliedstaats als Europäischer Vollstreckungstitel bestätigt worden ist, sollte im Hinblick auf die Vollstreckung so behandelt werden, als wäre sie im Vollstreckungsmitgliedstaat ergangen. So erfolgt beispielsweise im Vereinigten Königreich die Registrierung einer bestätigten ausländischen Entscheidung nach den gleichen Vorschriften wie die Registrierung einer Entscheidung aus einem anderen Teil des Vereinigten Königreichs und darf nicht mit einer inhaltlichen Überprüfung der ausländischen Entscheidung verbunden sein. Die Umstände der Vollstreckung dieser Entscheidung sollten sich weiterhin nach innerstaatlichem Recht richten.
(9) Dieses Verfahren sollte gegenüber dem Vollstreckbarerklärungsverfahren der Verordnung (EG) Nr 44/2001 des Rates vom 22. Dezember 2000 über die gerichtliche Zuständigkeit und die Anerkennung und Vollstreckung von Entscheidungen in Zivil- und Handelssachen einen erheblichen Vorteil bieten, der darin besteht, dass auf die Zustimmung des Gerichts eines zweiten Mitgliedstaats mit den daraus entstehenden Verzögerungen und Kosten verzichtet werden kann.
(10) Auf die Nachprüfung einer gerichtlichen Entscheidung, die in einem anderen Mitgliedstaat über eine unbestrittene Forderung in einem Verfahren ergangen ist, auf das sich der Schuldner nicht eingelassen hat, kann nur dann verzichtet werden, wenn eine hinreichende Gewähr besteht, dass die Verteidigungsrechte beachtet worden sind.
(11) Diese Verordnung soll der Förderung der Grundrechte dienen und berücksichtigt die Grundsätze, die insb mit der Charta der Grundrechte der Europäischen Union anerkannt wurden. Sie zielt insb darauf ab, die uneingeschränkte Wahrung des Rechts auf ein faires Verfahren, wie es in Artikel 47 der Charta verankert ist, zu gewährleisten.
(12) Für das gerichtliche Verfahren sollten Mindestvorschriften festgelegt werden, um sicherzustellen, dass der Schuldner so rechtzeitig und in einer Weise über das gegen ihn eingeleitete Verfahren, die Notwendigkeit seiner aktiven Teilnahme am Verfahren, wenn er die Forderung bestreiten will, und über die Folgen seiner Nichtteilnahme unterrichtet wird, dass er Vorkehrungen für seine Verteidigung treffen kann.
(13) Wegen der Unterschiede im Zivilprozessrecht der Mitgliedstaaten, insb bei den Zustellungsvorschriften, müssen die Mindestvorschriften präzise und detailliert definiert sein. So kann insb eine Zustellungsform, die auf einer juristischen Fiktion beruht, im Hinblick auf die Einhaltung der Mindestvorschriften nicht als ausreichend für die Bestätigung einer Entscheidung als Europäischer Vollstreckungstitel angesehen werden.

(14) Alle in den Artikeln 13 und 14 aufgeführten Zustellungsformen sind entweder durch eine absolute Gewissheit (Artikel 13) oder ein hohes Maß an Wahrscheinlichkeit (Artikel 14) dafür gekennzeichnet, dass das zugestellte Schriftstück dem Empfänger zugegangen ist. In der zweiten Kategorie sollte eine Entscheidung nur dann als Europäischer Vollstreckungstitel bestätigt werden, wenn der Ursprungsmitgliedstaat über einen geeigneten Mechanismus verfügt, der es dem Schuldner unter bestimmten Voraussetzungen ermöglicht, eine vollständige Überprüfung der Entscheidung gemäß Artikel 19 zu verlangen, und zwar dann, wenn das Schriftstück dem Empfänger trotz Einhaltung des Artikels 14 ausnahmsweise nicht zugegangen ist.
(15) Die persönliche Zustellung an bestimmte andere Personen als den Schuldner selbst gemäß Artikel 14 Absatz 1 Buchstaben a) und b) sollte die Anforderungen der genannten Vorschriften nur dann erfüllen, wenn diese Personen das betreffende Schriftstück auch tatsächlich erhalten haben.
(16) Artikel 15 sollte auf Situationen Anwendung finden, in denen der Schuldner sich nicht selbst vor Gericht vertreten kann, etwa weil er eine juristische Person ist, und in denen er durch eine gesetzlich bestimmte Person vertreten wird, sowie auf Situationen, in denen der Schuldner eine andere Person, insbesondere einen Rechtsanwalt, ermächtigt hat, ihn in dem betreffenden gerichtlichen Verfahren zu vertreten.
(17) Die für die Nachprüfung der Einhaltung der prozessualen Mindestvorschriften zuständigen Gerichte sollten gegebenenfalls eine einheitliche Bestätigung als Europäischer Vollstreckungstitel ausstellen, aus der die Nachprüfung und deren Ergebnis hervorgeht.
(18) Gegenseitiges Vertrauen in die ordnungsgemäße Rechtspflege in den Mitgliedstaaten rechtfertigt es, dass das Gericht nur eines Mitgliedstaats beurteilt, ob alle Voraussetzungen für die Bestätigung der Entscheidung als Europäischer Vollstreckungstitel vorliegen, so dass die Vollstreckung der Entscheidung in allen anderen Mitgliedstaaten möglich ist, ohne dass im Vollstreckungsmitgliedstaat zusätzlich von einem Gericht nachgeprüft werden muss, ob die prozessualen Mindestvorschriften eingehalten worden sind.
(19) Diese Verordnung begründet keine Verpflichtung für die Mitgliedstaaten, ihr innerstaatliches Recht an die prozessualen Mindestvorschriften in dieser Verordnung anzupassen. Entscheidungen werden in anderen Mitgliedstaaten jedoch nur dann effizienter und schneller vollstreckt, wenn diese Mindestvorschriften beachtet werden, so dass hier ein entsprechender Anreiz für die Mitgliedstaaten besteht, ihr Recht dieser Verordnung anzupassen.
(20) Dem Gläubiger sollte es frei stehen, eine Bestätigung als Europäischer Vollstreckungstitel für unbestrittene Forderungen zu beantragen oder sich für das Anerkennungs- und Vollstreckungsverfahren nach der Verordnung (EG) Nr 44/2001 oder für andere Gemeinschaftsrechtsakte zu entscheiden.
(21) Ist ein Schriftstück zum Zwecke der Zustellung von einem Mitgliedstaat in einen anderen Mitgliedstaat zu versenden, so sollte diese Verordnung, insbesondere die darin enthaltenen Zustellungsvorschriften, zusammen mit der Verordnung (EG) Nr 1348/2000 des Rates vom 29. Mai 2000 über die Zustellung gerichtlicher und außergerichtlicher Schriftstücke in Zivil- oder Handelssachen in den Mitgliedstaaten, und insbesondere mit deren Artikel 14 in Verbindung mit den Erklärungen der Mitgliedstaaten nach deren Artikel 23, gelten.
(22) Da die Ziele der beabsichtigten Maßnahmen auf Ebene der Mitgliedstaaten nicht ausreichend erreicht werden können und daher wegen ihres Umfangs und ihrer Wirkungen besser auf Gemeinschaftsebene zu erreichen sind, kann die Gemeinschaft im Einklang mit dem in Artikel 5 des Vertrags niedergelegten Subsidiaritätsprinzip tätig werden. Entsprechend dem in demselben Artikel genannten Verhältnismäßigkeitsprinzip geht diese Verordnung nicht über das zur Erreichung dieser Ziele erforderliche Maß hinaus.
(23) Die zur Durchführung dieser Verordnung erforderlichen Maßnahmen sollten gem dem Beschluss 1999/468/EG des Rates vom 28. Juni 1999 zur Festlegung der Modalitäten für die Ausübung der der Kommission übertragenen Durchführungsbefugnisse erlassen werden.
(24) Gemäß Artikel 3 des dem Vertrag über die Europäische Union und dem Vertrag zur Gründung der Europäischen Gemeinschaft beigefügten Protokolls über die Position des Vereinigten Königreichs und Irlands haben diese Mitgliedstaaten mitgeteilt, dass sie sich an der Annahme und Anwendung dieser Verordnung beteiligen möchten.
(25) Dänemark beteiligt sich gem den Artikeln 1 und 2 des dem Vertrag über die Europäische Union und dem Vertrag zur Gründung der Europäischen Gemeinschaft beigefügten Protokolls über die Position Dänemarks nicht an der Annahme dieser Verordnung, die für Dänemark somit nicht bindend oder anwendbar ist.

(26) Gemäß Artikel 67 Absatz 5 zweiter Gedankenstrich des Vertrags ist für die in dieser Verordnung geregelten Maßnahmen ab dem 1. Februar 2003 das Mitentscheidungsverfahren anzuwenden –
HABEN FOLGENDE VERORDNUNG ERLASSEN:

KAPITEL I GEGENSTAND, ANWENDUNGSBEREICH UND BEGRIFFSBESTIMMUNGEN

Artikel 1 Gegenstand. Mit dieser Verordnung wird ein Europäischer Vollstreckungstitel für unbestrittene Forderungen eingeführt, um durch die Festlegung von Mindestvorschriften den freien Verkehr von Entscheidungen, gerichtlichen Vergleichen und öffentlichen Urkunden in allen Mitgliedstaaten zu ermöglichen, ohne dass im Vollstreckungsmitgliedstaat ein Zwischenverfahren vor der Anerkennung und Vollstreckung angestrengt werden muss.

1 **A. Normzweck.** Mit der EuVTVO wurde eine neue Ära im EU-Zivilprozessrecht eingeleitet, nämlich der in dieser Vorschrift genannte »freie Verkehr von Entscheidungen« und anderen Vollstreckungstiteln ohne Exequaturverfahren im Vollstreckungsstaat, wie es noch Art 38 ff EuGVO vorsehen. Die Abschaffung des Exequaturverfahrens beschränkt sich aber zunächst auf den Anwendungsbereich der Verordnung, insb auf »unbestrittene Forderungen« iSv Art 3. In späteren Verordnungen wurde der »freie Verkehr von Entscheidungen« auch auf andere Titel ausgeweitet (s. vor §§ 1067 ff).

2 **B. Vereinbarkeit der Verordnung mit dem Grundgesetz für die Bundesrepublik Deutschland.** Die Abschaffung des Exequaturverfahrens in Deutschland führt zu einer unmittelbaren Instrumentalisierung des staatlichen Gewaltmonopols zur Durchsetzung von Vollstreckungstiteln, die von einem fremden Souverän geschaffen wurden. Dies bedarf einer besonderen verfassungsrechtlichen Grundlage, die man in Art 23 I GG iVm Art 67 IV und 81 AEUV erblicken mag. Angesichts möglicher Rechtsschutzdefizite im EU-Ausland wird aber mit guten Gründen bezweifelt, ob die Abschaffung des Exequaturverfahrens und damit der Verzicht auf jegliche inhaltliche Prüfungsmöglichkeit durch deutsche Gerichte mit Art 19 IV GG vereinbar ist (*Stadler* IPRax 04, 2, 9 mwN). Angesichts der Rechtsprechung des BVerfG müsste eine auf diese Überlegung gestützte Verfassungsbeschwerde aber darlegen, dass und warum im Einzelfall durch die Anwendung der EuVTVO der »vom Grundgesetz als unabdingbar gebotene Grundrechtsschutz« (BVerfG NJW 87, 577, 582) nicht gewährleistet ist.

Artikel 2 Anwendungsbereich. (1) Diese Verordnung ist in Zivil- und Handelssachen anzuwenden, ohne dass es auf die Art der Gerichtsbarkeit ankommt. Sie erfasst insbesondere nicht Steuer- und Zollsachen, verwaltungsrechtliche Angelegenheiten sowie die Haftung des Staates für Handlungen oder Unterlassungen im Rahmen der Ausübung hoheitlicher Rechte (»acta jure imperii«).
(2) Diese Verordnung ist nicht anzuwenden auf
a) den Personenstand, die Rechts- und Handlungsfähigkeit sowie die gesetzliche Vertretung von natürlichen Personen, die ehelichen Güterstände, das Gebiet des Erbrechts einschließlich des Testamentsrechts;
b) Konkurse, Vergleiche und ähnliche Verfahren;
c) die soziale Sicherheit;
d) die Schiedsgerichtsbarkeit.
(3) In dieser Verordnung bedeutet der Begriff »Mitgliedstaaten« die Mitgliedstaaten mit Ausnahme Dänemarks.

1 **A. Sachlicher Anwendungsbereich.** Er entspricht dem des Art 1 I EuGVO (s. Art 1 EuGVO Rz 8). Zusätzlich klargestellt ist der Ausschluss von Staatshaftungssachen, in denen es um *acta iure imperii* geht (dazu oben Anhang nach § 1071, Art 1 EuZVO Rz 1). Der Beschl über ein an die Staatskasse zu zahlendes **Ordnungsgeld** ist nach Ansicht der Rechtsprechung eine Zivil- und Handelssache iSd Vorschrift, wenn dieses Ordnungsgeld zur Durchsetzung eines zivilrechtlichen Unterlassungsanspruchs dient (BGH NJW 10, 1883, 1884 f; ebenso zur EuGVO EuGH NJW 11, 3568).

2 In **Unterhaltssachen** wird die EuVTVO allerdings ab 18.6.11 weitgehend verdrängt durch die Verordnung Nr 4/2009 des Rates v 14.12.08 über die Zuständigkeit, das anwendbare Recht, die Anerkennung und Vollstreckung von Entscheidungen und die Zusammenarbeit in Unterhaltssachen (**EuUntVO**). Gemäß Art 68

II EuUntVO ist die EuVTVO dann nur noch anwendbar auf Vollstreckungstitel über Unterhaltspflichten, die in einem EU-Mitgliedstaat ausgestellt werden, der nicht an das Haager Protokoll v 23.11.2007 über das auf Unterhaltsverpflichtungen anzuwendende Recht (ABl 2009 L 331, 19) gebunden ist. An das Protokoll gebunden sind kraft Unionsrecht alle EU-Mitgliedstaaten bis auf Dänemark und Großbritannien (ABl 2009 L 331, 17, 18). Da die EuVTVO aber für Dänemark ohnehin nicht gilt (Abs 3) können ab 18.6.11 Unterhaltstitel nur noch in Großbritannien gem EuVTVO bestätigt werden.

Der Ausschluss der Anwendung der EuVTVO auf die **ehelichen Güterstände** (Abs 2b) sperrt auch darauf 3
bezogene vertragliche Ansprüche aus einer Vereinbarung über Zugewinnausgleich (KG NJW-RR 10, 1377).

Sonstige zivilrechtliche Ansprüche wie zB Ersatz des Verzugsschadens können aber auch dann als Europäi- 4
scher Vollstreckungstitel bestätigt werden, wenn sie auf einem Hauptanspruch beruhen, der unter die gem Abs 1 oder 2 ausgeschlossenen Sachgebiete fällt (KG 24.6.10 – 3 WF 49/10; aA noch KG NJW-RR 10, 1377).

B. Räumlicher Anwendungsbereich. Die Verordnung gilt nicht mit Bezug auf Dänemark; anders als bei 5
EuGVO und EuZVO gilt hier auch kein völkerrechtliches Abkommen. Für Titel aus Dänemark und für eine Vollstreckung deutscher Titel in Dänemark bleibt daher nur der Weg über Art 38 ff EuGVO. Ein inländischer Titel gegen einen dänischen Schuldner kann jedoch ohne weiteres als Europäischer Vollstreckungstitel bestätigt werden (wenn zB die Vollstreckung in Schweden geplant ist), denn die EuVTVO gilt ohne Rücksicht auf den Wohnsitz der Parteien für alle unter Art 3 fallende Vollstreckungstitel. Selbst in einer zunächst rein inländisch erscheinenden Sache (»Meier klagt gegen Müller in Buxtehude«, so Zö/*Geimer* Art 1 Rn 3) kann die Bestätigung gem Art 6 vorgenommen werden, was zB wegen im EU-Ausland belegenen Vermögens des Schuldners zweckmäßig sein kann. In solchen Fällen ist es aber sinnvoll, das Gericht frühzeitig auf diese Absicht hinzuweisen, um die Erfüllung der verfahrensrechtlichen Anforderungen der Art 12 ff sicherzustellen (vgl *Giebel* IPRax 11, 529, 530).

Artikel 3 Vollstreckungstitel, die als Europäischer Vollstreckungstitel bestätigt werden.

(1) Diese Verordnung gilt für Entscheidungen, gerichtliche Vergleiche und öffentliche Urkunden über unbestrittene Forderungen. Eine Forderung gilt als »unbestritten«, wenn

a) der Schuldner ihr im gerichtlichen Verfahren ausdrücklich durch Anerkenntnis oder durch einen von einem Gericht gebilligten oder vor einem Gericht im Laufe eines Verfahrens geschlossenen Vergleich zugestimmt hat oder

b) der Schuldner ihr im gerichtlichen Verfahren zu keiner Zeit nach den maßgeblichen Verfahrensvorschriften des Rechts des Ursprungsmitgliedstaats widersprochen hat oder

c) der Schuldner zu einer Gerichtsverhandlung über die Forderung nicht erschienen oder dabei nicht vertreten worden ist, nachdem er zuvor im gerichtlichen Verfahren der Forderung widersprochen hatte, sofern ein solches Verhalten nach dem Recht des Ursprungsmitgliedstaats als stillschweigendes Zugeständnis der Forderung oder des vom Gläubiger behaupteten Sachverhalts anzusehen ist oder

d) der Schuldner die Forderung ausdrücklich in einer öffentlichen Urkunde anerkannt hat.

(2) Diese Verordnung gilt auch für Entscheidungen, die nach Anfechtung von als Europäischer Vollstreckungstitel bestätigten Entscheidungen, gerichtlichen Vergleichen oder öffentlichen Urkunden ergangen sind.

A. Unbestrittene Forderung (Abs 1). I. Anerkenntnis oder Vergleich vor Gericht (Abs 1a). Eine Forde- 1
rung ist unbestritten iSd Abs 1, wenn über sie ein Anerkenntnisurteil (§ 307) ergangen ist oder ein Prozessvergleich oder gerichtlich gebilligter Vergleich geschlossen wurde. Letzteres sind in Deutschland alle Fälle des § 794 I Nr 1 einschließlich der Vergleiche vor einer dort genannten Gütestelle, weil der Begriff des »Gerichts« hier sämtliche staatlich organisierte Streitbeilegung umfasst. Auch der gem § 278 VI zustande gekommene Vergleich fällt unter die Vorschrift des Abs 1a. Die in der Vorschrift genannte »Billigung« durch das Gericht setzt keine inhaltliche Prüfung des Vergleichs voraus, sondern umfasst auch die bloße Protokollierung des Vergleichs durch das Gericht (Rauscher/*Pabst* Rn 11). Beim Anwaltsvergleich ist ein Beschl des Gerichts gem § 796b erforderlich und ausreichend (*Wagner* IPRax 05, 189, 192).

Außergerichtlich geschlossene Vergleichsverträge müssen die Anforderungen einer öffentlichen Urkunde 2
gem Art 4 Nr 3 erfüllen, um als Europäischer Vollstreckungstitel bestätigt zu werden.

3 **II. Kein Widerspruch des Schuldners im Verfahren (Abs 1b).** Abs 1b betrifft den Fall des passiv bleibenden Schuldners. Die Vorschriften der Art 13 ff sichern ihm die Möglichkeit des rechtlichen Gehörs. Äußert er sich im anhängigen Verfahren gar nicht, so wird die Forderung als »unbestritten« iSd Verordnung betrachtet und die daraufhin ergehende Entscheidung kann als Europäischer Vollstreckungstitel bestätigt werden. Das Bestreiten der Forderung in vorprozessualer Korrespondenz oder sonstige Äußerungen außerhalb des Verfahrens sind nicht ausreichend, denn die Vorschrift verlangt ein Widersprechen »im gerichtlichen Verfahren«. Auch die bloße Zuständigkeitsrüge gilt nicht als Widersprechen iSd Vorschrift. Jegliche sachbezogene Reaktion auf die Forderung, zB die Zuständigkeitsrüge mit hilfsweiser Einlassung zur Sache (Rauscher/*Pabst* Rn 23), ist dagegen ein Widersprechen iSd Vorschrift. Auch der Widerspruch gegen einen Mahnbescheid und der Einspruch gegen einen Vollstreckungsbescheid sind ein solches Widersprechen, so dass in diesen Fällen nur noch der Weg des Abs 1c bei Säumnis im folgenden Verfahren eröffnet ist, um zu einem Europäischen Vollstreckungstitel zu gelangen.

4 Aus deutscher Sicht gehören zu Abs 1b insb das **Versäumnisurteil** gem § 331 III sowie das Versäumnisurteil gem § 331 I, wenn ein früher erster Termin angeordnet wird und der Beklagte sich nicht im dargestellten Sinne äußert oder gar nicht erscheint. Hat der Beklagte aber Klagabweisungsantrag gestellt, so ist dies regelmäßig als Widerspruch iSv Abs 1b zu werten, es sei denn, dass der Antrag ausdrücklich nur als Zuständigkeitsrüge zu verstehen ist.

5 **III. Säumnis des Schuldners nach Widerspruch (Abs 1c).** Falls der Beklagte sich in einer Weise äußert, die als Widerspruch iSd Vorschrift zu werten ist (s.o. Rz 3), so eröffnet Abs 1c trotzdem die Möglichkeit, eine Forderung als »unbestritten« anzusehen, wenn später eine Säumnisentscheidung aufgrund fehlender Teilnahme (einschließlich mangelnder Postulationsfähigkeit) an einer mündlichen Verhandlung ergeht und das Recht des Forumstaates dieses Fernbleiben als Zugeständnis iSd Vorschrift wertet.

6 Auf die Frage des Verschuldens der Säumnis kommt es nicht an; jedoch hat der Beklagte bei unverschuldeter Säumnis mindestens die Möglichkeit, gem Art 19 Ib eine Überprüfung der Entscheidung herbeizuführen. In Deutschland muss auf Art 19 Ib aber nicht zurückgegriffen werden, weil § 338 ohnehin den Einspruch gegen ein Versäumnisurteil ermöglicht, ohne dass es auf die Frage des Verschuldens ankäme.

Wegen der **Geständnisfiktion** des § 331 I 1 ist ein deutsches **Versäumnisurteil** stets eine taugliche Grundlage für einen Europäischen Vollstreckungstitel. Ein zweites Versäumnisurteil gem § 345 kann dagegen nicht als solcher bestätigt werden, weil es keinen vollstreckbaren Inhalt hat. Stattdessen ist in diesem Fall das erste Versäumnisurteil vollstreckbar und auf Antrag auch als Europäischer Vollstreckungstitel zu bestätigen. Auch die Säumnis eines Berufungs- oder Revisionsklägers führt nur zum Verlust des Rechtsmittels und nicht zum Zugeständnis bestimmter Tatsachen oder Forderungen; eine entsprechende Entscheidung des Berufungs- oder Revisionsgerichts kann daher nicht als Europäischer Vollstreckungstitel bestätigt werden (vgl *Wagner* IPRax 05, 189, 193).

7 Die **Entscheidung nach Aktenlage** (§ 331a) enthält anders als das Versäumnisurteil keine Geständnisfiktion und kann daher nicht als Europäischer Vollstreckungstitel bestätigt werden.

8 **IV. Anerkennung in öffentlicher Urkunde (Abs 1d).** Der Begriff der öffentlichen Urkunde wird in Art 4 Nr 3 näher definiert. Die Anerkennung der Forderung in einer solchen Urkunde muss »ausdrücklich« erfolgen, dh darf nicht etwa erst durch Interpretation der Urkunde ermittelbar sein. Auch die Anerkennung in einem Formblatt kann »ausdrücklich« idS sein, wenn das Formblatt ausreichend klar gestaltet ist. Die Frage der materiell-rechtlichen Wirksamkeit einer solchen Anerkennung (etwa im Hinblick auf das Recht der Allgemeinen Geschäftsbedingungen) ist im Bestätigungsverfahren gem Art 6 Ia zu überprüfen.

9 **B. Zeitpunkt der Prüfung der Voraussetzungen des Abs 1.** Ist über das Vorliegen der in Abs 1 genannten Voraussetzungen zu entscheiden, so ist der Zeitpunkt dieser Entscheidung maßgeblich. Ist nach Erlass eines Versäumnisurteils ein sachlich begründeter und nach *lex fori* wirksamer Rechtsbehelf eingelegt worden, so ist die Forderung nicht mehr unbestritten (vgl *Pichler* GPR 08, 99 ff zu OLG Wien 14.6.07). Aus Sicht des Klägers ist es daher empfehlenswert, den Antrag auf Bestätigung als Europäischer Vollstreckungstitel schon gleichzeitig mit dem Antrag auf Erlass eines Versäumnisurteils zu stellen (*Pichler* aaO).

10 **C. Rechtsmittelentscheidungen (Abs 2).** Auch die Entscheidung über ein Rechtsmittel kann im Grundsatz als Europäischer Vollstreckungstitel bestätigt werden, sofern ausnahmsweise die Forderung auch im Rechtsmittelverfahren unbestritten iSd Verordnung bleibt (Rauscher/*Pabst* Rn 49; aA ThoPu/*Hüßtege* Rn 2; Zö/*Geimer* Rn 11; *Wagner* IPRax 05, 189, 193; Schuschke/Walker/*Jennissen* Art 6 Rn 12: Es reiche aus, wenn die

erstinstanzliche Entscheidung in den Anwendungsbereich der Verordnung fällt). Letzteres ergibt sich aus dem auf unbestrittene Forderungen und passiv bleibende Schuldner beschränkten Verordnungszweck. Wird der Schuldner erst in 2. Instanz in der Sache aktiv, so ist es Sache des anwendbaren Prozessrechts, auf diese Verspätung etwa durch Präklusionsnormen oder sonstige Sanktionen zu reagieren. Der Anwendungsbereich der Verordnung ist aber in dem Moment verlassen, in dem über die Sache streitig verhandelt wird. Dafür spricht auch Art 12 II, der für die Beurteilung der Passivität des Schuldners (Art 3 Ib oder Ic) auf den Zeitpunkt der Entscheidung über das Rechtsmittel abstellt.

Artikel 4 Begriffsbestimmungen. Im Sinne dieser Verordnung gelten folgende Begriffsbestimmungen:

1. »Entscheidung«: jede von einem Gericht eines Mitgliedstaats erlassene Entscheidung ohne Rücksicht auf ihre Bezeichnung wie Urteil, Beschluss, Zahlungsbefehl oder Vollstreckungsbescheid, einschließlich des Kostenfestsetzungsbeschlusses eines Gerichtsbediensteten.

2. »Forderung«: eine Forderung auf Zahlung einer bestimmten Geldsumme, die fällig ist oder deren Fälligkeitsdatum in der Entscheidung, dem gerichtlichen Vergleich oder der öffentlichen Urkunde angegeben ist.

3. »Öffentliche Urkunde«:

a) ein Schriftstück, das als öffentliche Urkunde aufgenommen oder registriert worden ist, wobei die Beurkundung
- **sich auf die Unterschrift und den Inhalt der Urkunde bezieht und**
- **von einer Behörde oder einer anderen von dem Ursprungsmitgliedstaat hierzu ermächtigten Stelle vorgenommen worden ist;**

oder

b) eine vor einer Verwaltungsbehörde geschlossene oder von ihr beurkundete Unterhaltsvereinbarung oder -verpflichtung.

4. »Ursprungsmitgliedstaat«: der Mitgliedstaat, in dem eine Entscheidung ergangen ist, ein gerichtlicher Vergleich gebilligt oder geschlossen oder eine öffentliche Urkunde ausgestellt wurde und in dem diese als Europäischer Vollstreckungstitel zu bestätigen sind.

5. »Vollstreckungsmitgliedstaat«: der Mitgliedstaat, in dem die Vollstreckung der/des als Europäischer Vollstreckungstitel bestätigten Entscheidung, gerichtlichen Vergleichs oder öffentlichen Urkunde betrieben wird.

6. »Ursprungsgericht«: das Gericht, das mit dem Verfahren zum Zeitpunkt der Erfüllung der Voraussetzungen nach Artikel 3 Absatz 1 Buchstaben a), b), und c) befasst war.

7. Bei den summarischen Mahnverfahren in Schweden (betalningsföreläggande) umfasst der Begriff »Gericht« auch die schwedische kronofogdemyndighet (Amt für Beitreibung).

A. Entscheidung eines Gerichts. Der Begriff des Gerichts ist europäisch-autonom auszulegen und umfasst jedes staatliche Organ unabhängiger Rechtsprechung (EuGHE 2004 I, 9686). Auf die Beteiligung eines Richters kommt es nicht an. Auch der deutsche Vollstreckungsbescheid kann als Europäischer Vollstreckungstitel bestätigt werden, sofern die übrigen Voraussetzungen vorliegen. Allerdings steht in Mahnsachen nunmehr auch das Europäische Mahnverfahren (s.u. §§ 1087 ff) zur Verfügung, das zu einem Europäischen Zahlungsbefehl führt, der ebenfalls ohne Exequaturverfahren vollstreckbar ist. Zu Kostenfestsetzungsbeschlüssen stellt Nr 1 nur klar, dass eine richterliche Beteiligung nicht erforderlich ist, klärt aber nicht die Voraussetzungen der Bestätigung eines Kostenfestsetzungsbeschlusses als Europäischer Vollstreckungstitel (dazu unten bei Art 7). 1

B. Forderung. I. Begriff. Die EuVTVO umfasst nicht nur Entscheidungen über **Zahlungsansprüche privater Gläubiger**, sondern auch Ordnungsgeldbeschlüsse (BGH NJW 10, 1883, dazu oben Art 2 EuVTVO Rz 1). 2

Die **Höhe der zu zahlenden Summe** muss explizit angegeben werden oder sich zumindest aus dem Titel selbst berechnen lassen, zB bei einer Zinsforderung (Rauscher/*Pabst* Rn 10). Die bloße Angabe »gesetzlicher Zinsen« reicht daher nicht aus. Ein dynamisierter Unterhaltstitel, der nur den Prozentsatz eines bestimmten Regelbetrags nennt, ist ebenfalls nicht bestimmt genug, kann aber gem § 790 beziffert und anschließend als Europäischer Vollstreckungstitel bestätigt werden. 3

4 **II. Fälligkeit.** Die Forderung muss entweder bereits fällig sein oder das zukünftige Fälligkeitsdatum muss tituliert sein, etwa bei wiederkehrenden Leistungen. Lautet der Titel auf Zahlung Zug um Zug gegen eine andere Leistung, so ist die EuVTVO nicht anwendbar, auch wenn die Zug-um-Zug-Verurteilung in der deutschen Begrifflichkeit nicht die Fälligkeit der Zahlung betrifft. Jedoch ist der Begriff der Fälligkeit hier autonom auszulegen und meint einen unbeschränkt durchsetzbaren Zahlungstitel, der bei Zug-um-Zug-Verurteilung gerade nicht vorliegt (*Wagner* IPRax 05, 189, 193; Zö/*Geimer* Rn 2; aA MüKoZPO/*Adolphsen* § 1080 Rn 59: Zug-um-Zug-Verurteilung falle unter EuVTVO, allerdings sei im Bestätigungsverfahren die Leistung des Gläubigers nachzuweisen).

5 **C. Öffentliche Urkunde.** Die Verordnung verlangt Beurkundung ähnl dem deutschen Sinne, dh nicht bloße Unterschriftsbeglaubigung, sondern inhaltliche Beurkundung durch die jeweils ermächtigte Stelle. In Deutschland kommen insb Notare in Betracht sowie hinsichtlich der Nr 3b genannten Unterhaltssachen die Jugendämter gem § 59 SGB VIII.

KAPITEL II DER EUROPÄISCHE VOLLSTRECKUNGSTITEL

Artikel 5 Abschaffung des Vollstreckbarerklärungsverfahrens.

Eine Entscheidung, die im Ursprungsmitgliedstaat als Europäischer Vollstreckungstitel bestätigt worden ist, wird in den anderen Mitgliedstaaten anerkannt und vollstreckt, ohne dass es einer Vollstreckbarerklärung bedarf und ohne dass die Anerkennung angefochten werden kann.

1 **A. Normzweck.** Die Vorschrift beschreibt den mit der EuVTVO eingeleiteten Systemwechsel im europäischen Zivilprozessrecht, mit dem das Exequaturverfahren im Anwendungsbereich dieser (und späterer, vgl EuMVVO und EuGFVO) Verordnung abgeschafft und eine unmittelbare Vollstreckung in den Mitgliedstaaten ermöglicht wird. Sachlich ist damit auch der Verzicht auf eine *ordre-public*-Kontrolle im Vollstreckungsstaat verbunden. Die Sicherung verfahrensrechtlicher Standards soll durch die vom Ursprungsmitgliedstaat zu beachtenden Mindestvorschriften (Art 12 ff) gewährleistet werden. Im Übrigen sollen die Mitgliedstaaten ein gehöriges Maß an »**Vertrauen in die ordnungsgemäße Rechtspflege**« (Erwägungsgrund 18) des jeweils anderen Mitgliedstaates aufbringen, wobei zweifelhaft erscheint, ob dies beim gegenwärtigen Stand der Integration und der Entwicklung in den Mitgliedstaaten bereits uneingeschränkt gerechtfertigt ist (krit dazu *Sujecki* ZEuP 08, 458, 477: »zu weiter Schritt«; Bedenken bzgl des Verbraucherschutzes bei *Mankowski* VuR 10, 16).

2 **B. Keine zusätzliche Anerkennungswirkung.** Neben der in der Verordnung ausf geregelten Vollstreckbarkeit postuliert Art 5 scheinbar auch eine Anerkennungswirkung der als Europäischer Vollstreckungstitel bestätigten Entscheidung. Im Widerspruch dazu beschränkt jedoch Art 11 die Wirkungen der Bestätigung nur auf die Vollstreckbarkeit der Entscheidung. Dieses Problem ist angesichts des nur auf erleichterte Vollstreckung zielenden und damit beschränkten Verordnungszwecks so zu lösen, dass der Begriff der Anerkennung in Art 5 nur als Voraussetzung der Vollstreckbarkeit gemeint ist und eine Anerkennung der Entscheidung in anderen Verfahren somit nicht präjudiziert (ThoPu/*Hüßtege* Art 11 Rn 1; *Freitag* FS Kropholler 759, 765). In einem solchen anderen Verfahren gelten daher die allgemeinen Regeln zur Anerkennung von Entscheidungen gem Art 33 ff EuGVO (*Coester-Waltjen* FS Beys 183, 193). Die Gegenansicht betrachtet Anerkennung und Vollstreckung als notwendig verbunden und hält Art 33 ff EuGVO insoweit von der EuVTVO für verdrängt (Zö/*Geimer* Rn 2; Schuschke/Walker/*Jennissen* Rn 3). Gegen eine solche Verdrängung spricht aber, dass die EuVTVO dem Problem der Anerkennung mit Ausnahme der knappen Erwähnung in Art 5 keinerlei Aufmerksamkeit widmet. Gänzlich im Vordergrund – auch in den Erwägungsgründen – steht nur die Abschaffung des Exequaturverfahrens und nicht eine darüber hinausgehende allgemeine Anerkennungswirkung des Europäischen Vollstreckungstitels; diese sollte ihm daher auch nicht zuerkannt werden.

Artikel 6 Voraussetzungen für die Bestätigung als Europäischer Vollstreckungstitel.

(1) Eine in einem Mitgliedstaat über eine unbestrittene Forderung ergangene Entscheidung wird auf jederzeitigen Antrag an das Ursprungsgericht als Europäischer Vollstreckungstitel bestätigt, wenn

a) die Entscheidung im Ursprungsmitgliedstaat vollstreckbar ist, und
b) die Entscheidung nicht im Widerspruch zu den Zuständigkeitsregeln in Kapitel II Abschnitte 3 und 6 der Verordnung (EG) Nr 44/2001 steht, und
c) das gerichtliche Verfahren im Ursprungsmitgliedstaat im Fall einer unbestrittenen Forderung iSv Artikel 3 Absatz 1 Buchstabe b) oder c) den Voraussetzungen des Kapitels III entsprochen hat, und
d) die Entscheidung in dem Mitgliedstaat ergangen ist, in dem der Schuldner seinen Wohnsitz iSv Artikel 59 der Verordnung (EG) Nr 44/2001 hat, sofern
– die Forderung unbestritten iSv Artikel 3 Absatz 1 Buchstabe b) oder c) ist,
– sie einen Vertrag betrifft, den eine Person, der Verbraucher, zu einem Zweck geschlossen hat, der nicht der beruflichen oder gewerblichen Tätigkeit dieser Person zugerechnet werden kann und
– der Schuldner der Verbraucher ist.

(2) Ist eine als Europäischer Vollstreckungstitel bestätigte Entscheidung nicht mehr vollstreckbar oder wurde ihre Vollstreckbarkeit ausgesetzt oder eingeschränkt, so wird auf jederzeitigen Antrag an das Ursprungsgericht unter Verwendung des Formblatts in Anhang IV eine Bestätigung der Nichtvollstreckbarkeit bzw. der Beschränkung der Vollstreckbarkeit ausgestellt.

(3) Ist nach Anfechtung einer Entscheidung, die als Europäischer Vollstreckungstitel gem Absatz 1 bestätigt worden ist, eine Entscheidung ergangen, so wird auf jederzeitigen Antrag unter Verwendung des Formblatts in Anhang V eine Ersatzbestätigung ausgestellt, wenn diese Entscheidung im Ursprungsmitgliedstaat vollstreckbar ist; Artikel 12 Absatz 2 bleibt davon unberührt.

A. Normzweck. Die Bestätigung einer Entscheidung (zu Vergleichen und öffentlichen Urkunden s. Art 24 f) als Europäischer Vollstreckungstitel ist Sache desselben Gerichts, das die Entscheidung getroffen hat (»Ursprungsgericht«). Es hat dabei die in Abs 1 genannten Voraussetzungen zu beachten. Außerdem kommt in Spezialfällen die Erteilung einer Nichtvollstreckbarkeitsbescheinigung (Abs 2) oder einer Ersatzbestätigung (Abs 3) in Betracht. 1

B. Voraussetzungen der Bestätigung. I. Vollstreckbarkeit (Abs 1a). Rechtskraft der Entscheidung ist nicht erforderlich. Frage 7 des Formblatts in Anhang I, die nach Rechtsmitteln fragt, ist daher irreführend. Sie ist mit »nein« zu beantworten, wenn kein Rechtsmittel existiert oder ein solches zB wegen Fristablaufs unzulässig ist. Die vorläufige Vollstreckbarkeit gem dem Prozessrecht des Ursprungsgerichts reicht für die Bestätigung aus. 2

II. Zuständigkeitsregeln (Abs 1b). Die Vorschrift verweist hier nur auf die besonderen Zuständigkeitsvorschriften der EuGVO für Versicherungssachen (Art 8–14 EuGVO) und auf die Regeln zur ausschließlichen Zuständigkeit in Art 22 EuGVO. Ist das entscheidende Gericht nicht nach diesen Vorschriften international zuständig, so darf auch keine Bestätigung als Europäischer Vollstreckungstitel ergehen. Insbesondere kann auch bei einem Anerkenntnisurteil nicht über die gem Art 22 EuGVO bestehenden ausschließlichen Zuständigkeitsregeln disponiert werden (s. Art 23 V EuGVO und Art 24 S 2 EuGVO). 3

III. Verfahrensrechtliche Mindeststandards (Abs 1c). In Säumnissachen (Art 3 Abs 1b oder 1c) ist die Einhaltung der verfahrensrechtlichen Mindeststandards (Art 12 ff) ein Kernelement der EuVTVO, das den freien Verkehr der Entscheidungen erst rechtfertigt (Art 1). Daher darf von ihnen auch nicht abgewichen werden (aA *H. Roth* IPRax 08, 235, 237: Teleologische Restriktion ggf möglich). Die Belehrung gem § 338 S 2 ist für eine Bestätigung des Versäumnisurteils als EuVT nicht erforderlich; sie dient vielmehr der Heilung etwaiger Verfahrensmängel gem Art 18 EuVTVO (BGH NJW 11, 522). 4

IV. Verbraucherschutz (Abs 1d). Die EuVTVO kann auch auf Verbrauchersachen angewandt werden, allerdings in Säumnissachen zum Schutze des Verbrauchers nur dann, wenn die Entscheidung im Wohnsitzstaat des Verbrauchers ergeht. Ein Anerkenntnisurteil kann dagegen auch in einem anderen Staat als Europäischer Vollstreckungstitel bestätigt werden (*Wagner* IPRax 05, 189, 194), sofern denn eine Zuständigkeit gegeben ist. Nach dem Wortlaut der Vorschrift ist kein unternehmerisches Handeln auf der Seite einer Vertragspartei notwendig; somit ist Abs 1d auch auf beiderseitig nicht-unternehmerische Geschäfte anwendbar (aA *Mankowski* VuR 10, 16, 21; wohl auch KG 24.6.10 – 3 WF 49/10). Die sachlichen und situativen Voraussetzungen des Art 15 EuGVO gelten hier nicht (*Mankowski* aaO, 22). 5

C. Nichtvollstreckbarkeitsbescheinigung (Abs 2). Der Schuldner kann in den genannten Fällen durch Antrag an das Ursprungsgericht (in Deutschland s. § 1079 Nr 2) eine Nichtvollstreckbarkeitsbescheinigung 6 erwirken, um die Zwangsvollstreckung aus dem Europäischen Vollstreckungstitel zeitweilig oder dauernd zu verhindern. Wird in Deutschland vollstreckt, so wirkt diese Bescheinigung als Entscheidung iSv § 775 Nr 1 oder 2.

7 **D. Ersatzbestätigung (Abs 3).** Abs 3 betrifft den Fall, dass eine bereits gem Art 6 I bestätigte Entscheidung in einem Rechtsmittelverfahren überprüft und bestätigt wird. In diesem Fall wird auf Antrag die hier angesprochene Ersatzbestätigung erteilt, allerdings nur, wenn weiterhin alle Bestätigungsvoraussetzungen für einen Europäischen Vollstreckungstitel vorliegen, insb die Forderung weiterhin »unbestritten« ist. Wird im Rechtsmittelverfahren dagegen streitig verhandelt, so ist eine solche Bestätigung nicht mehr möglich (str, vgl Art 3 Rz 10).

Artikel 7 Kosten in Verbindung mit dem gerichtlichen Verfahren.

Umfasst eine Entscheidung eine vollstreckbare Entscheidung über die Höhe der mit dem gerichtlichen Verfahren verbundenen Kosten, einschließlich Zinsen, wird sie auch hinsichtlich dieser Kosten als Europäischer Vollstreckungstitel bestätigt, es sei denn, der Schuldner hat im gerichtlichen Verfahren nach den Rechtsvorschriften des Ursprungsmitgliedstaats der Verpflichtung zum Kostenersatz ausdrücklich widersprochen.

1 **A. Kostenentscheidung mit Sachentscheidung verbunden.** Der Wortlaut der Vorschrift betrifft zunächst nur den Fall, dass Sach- und bezifferte Kostenentscheidung miteinander verbunden werden, wie dies zT in ausländischen Rechten der Fall ist. Dann ist die EuVTVO unproblematisch anwendbar und es gelten die allgemeinen Bestätigungsvoraussetzungen des Art 6. Hat der Schuldner im Verfahren ausnahmsweise nur der Kostenentscheidung widersprochen, so kann nur die unbestritten gebliebene Sachentscheidung als Europäischer Vollstreckungstitel bestätigt werden.

2 **B. Eigenständige Kostenentscheidung.** Wird aber, wie in Deutschland, die Höhe der Kosten in einer eigenständigen Entscheidung (Kostenfestsetzungsbeschluss) festgelegt, so gilt folgendes: Die Kostenentscheidung ist jedenfalls dann nicht unbestritten (und somit nicht bestätigungsfähig gem Art 6), wenn der Schuldner im Kostenfestsetzungsverfahren Einwände gegen die Höhe der Kosten erhoben hat. Darüber hinaus ist aber problematisch, ob die Bestätigung der Kostenentscheidung »isoliert« zu betrachten ist (dafür wohl Ddorf 17.3.10 – 24 W17/10; Stuttg NJW-RR 07, 1583, 1584; *H. Roth* IPRax 08, 235ff; *Bittmann* IPRax 11, 361, 363; offen gelassen durch Nürnbg IPRax 11, 393, 394), oder ob sie nur dann als Europäischer Vollstreckungstitel bestätigt werden kann, wenn dies auch für die Sachentscheidung der Fall ist (*Wagner* IPRax 05, 189, 196; Schuschke/Walker/*Jennissen* Rn 3). Letztere Auffassung verdient den Vorzug, weil Art 7 die Bestätigung der Kostenentschädigung als Europäischer Vollstreckungstitel in den Kontext der unter die VO fallenden Sachentscheidung stellt. Die bloß technische Trennung von Sach- und Kostenentscheidung im deutschen Prozessrecht sollte an diesem Zusammenhang nichts ändern. Ansonsten käme man jedenfalls hinsichtlich der Kostenentscheidung zu einem erheblich erweiterten Anwendungsbereich der Verordnung (zB auch für die Fälle des Art 2 II oder bei nicht auf Zahlung gerichteten Hauptforderungen), was vom Verordnungsgeber kaum gewollt sein dürfte. Im Ergebnis ist daher zu fordern, dass eine eigenständige Kostenentscheidung nur dann als Europäischer Vollstreckungstitel bestätigt werden kann, wenn dies auch für die Sachentscheidung möglich ist.

Artikel 8 Teilbarkeit der Bestätigung als Europäischer Vollstreckungstitel.

Wenn die Entscheidung die Voraussetzungen dieser Verordnung nur in Teilen erfüllt, so wird die Bestätigung als Europäischer Vollstreckungstitel nur für diese Teile ausgestellt.

1 Die tw Erfüllung der Voraussetzung kann sich zB aus Titeln ergeben, die neben Geldforderungen auch andere Ansprüche enthalten oder die nur tw in den Anwendungsbereich gem Art 2 fallen. Die Vorschrift ist vAw zu beachten, dh wenn die beantragte Bestätigung nur tw berechtigt ist, wird die Bestätigung auf diesen Teil beschränkt und iÜ abgelehnt.

Artikel 9 Ausstellung der Bestätigung als Europäischer Vollstreckungstitel.

(1) Die Bestätigung als Europäischer Vollstreckungstitel wird unter Verwendung des Formblatts in Anhang I ausgestellt.

(2) Die Bestätigung als Europäischer Vollstreckungstitel wird in der Sprache ausgestellt, in der die Entscheidung abgefasst ist.

Die Bestätigung ergeht auf dem vorgesehenen Formblatt und ohne Anhörung des Schuldners, dessen rechtliches Gehör in den Säumnisfällen gem Art 12 ff sichergestellt sein soll. 1

Artikel 10 Berichtigung oder Widerruf der Bestätigung als Europäischer Vollstreckungstitel.

(1) Die Bestätigung als Europäischer Vollstreckungstitel wird auf Antrag an das Ursprungsgericht
a) berichtigt, wenn die Entscheidung und die Bestätigung aufgrund eines materiellen Fehlers voneinander abweichen;
b) widerrufen, wenn sie hinsichtlich der in dieser Verordnung festgelegten Voraussetzungen eindeutig zu Unrecht erteilt wurde.
(2) Für die Berichtigung oder den Widerruf der Bestätigung als Europäischer Vollstreckungstitel ist das Recht des Ursprungsmitgliedstaats maßgebend.
(3) Die Berichtigung oder der Widerruf der Bestätigung als Europäischer Vollstreckungstitel können unter Verwendung des Formblatts in Anhang VI beantragt werden.
(4) Gegen die Ausstellung einer Bestätigung als Europäischer Vollstreckungstitel ist kein Rechtsbehelf möglich.

A. Normzweck. Da die Bestätigung ohne Anhörung des Schuldners ergeht, gibt ihm die Vorschrift nachträgliche Mittel in die Hand, mit der er – ebenso ggf der Gläubiger – sich gegen eine angeblich fehlerhafte Bestätigungsentscheidung zur Wehr setzen kann. Diese Rechtsbehelfe sind stets im Ursprungsmitgliedstaat einzulegen, weil das System der EuVTVO keine nachträgliche Kontrolle im Vollstreckungsstaat kennt. Abs 4 ist so zu verstehen, dass über die in der Vorschrift genannten Rechtsbehelfe keine weiteren – etwa des nationalen Prozessrechts – zulässig sind. Der in Abs 2 enthaltene Verweis auf das nationale Recht des Ursprungsmitgliedstaats bezieht sich nur auf Verfahrensvorschriften. Sie sind in Deutschland in § 1081 geregelt. 1

B. Berichtigung. Sowohl Gläubiger wie auch Schuldner können beim Ursprungsgericht des Europäischen Vollstreckungstitels die Korrektur von Fehlern beantragen. Der Begriff des »materiellen Fehlers« ist irrelevant; vielmehr ist jede Abweichung zwischen dem ursprünglichen Titel und ihrer Bestätigung als Europäischer Vollstreckungstitel berichtigungsfähig (*M. Stürner* GPR 10, 43, 45 mwN). In Betracht kommen va Schreib- oder Rechenfehler, zB bei falscher Übertragung der Angaben aus der zu bestätigenden Entscheidung (*Wagner* IPRax 05, 189, 197). In Deutschland gelten § 319 II und III entsprechend, s. § 1081 III. Der Berichtigungsantrag ist jederzeit möglich, eine Frist gibt es nicht. 2

C. Widerruf bei Bestätigung zu Unrecht. Dagegen betrifft der Antrag auf Widerruf des Europäischen Vollstreckungstitels dessen sachliche Voraussetzungen, dh insb den Anwendungsbereich der VO (Art 2 ff) und die Bestätigungsvoraussetzungen des Art 6 einschließlich der Einhaltung der in Art 12 ff normierten verfahrensrechtlichen Mindeststandards. Die Vorschrift ordnet den Widerruf nur für den Fall an, dass diese Vorschriften »eindeutig« verletzt sind (Abs 1b), wobei aber fraglich ist, was mit dieser Hürde gemeint sein soll. Damit kann kaum ein besonders schwerer Rechtsverstoß gemeint sein, da dies eine weitgehende Entwertung der genannten Vorschriften bedeuten würde. Daher ist »eindeutig zu Unrecht« in Abs 1b schlichtweg als »zu Unrecht« zu lesen (MüKoZPO/*Adolphsen* § 1081 Rn 5; *M. Stürner* GPR 10, 43, 46 mwN), was auch den Verstoß gegen Zuständigkeitsvorschriften umfasst (vgl zum Verbraucherschutz *Rott* EuZW 05, 167, 168). Allenfalls mag man das »eindeutig« im Sinne einer Beweislastregel zu Lasten des Schuldners verstehen (so Zö/*Geimer* Rn 6). 3

Die EuVTVO sieht **keine Frist** für den Widerruf vor; im Interesse einer einheitlichen Handhabung darf daher auch das nationale Prozessrecht eine solche Frist nicht vorsehen. Die in § 1081 II 1 enthaltene Monatsfrist ist daher gemeinschaftsrechtswidrig und somit unanwendbar (ThoPu/*Hüßtege* § 1081 Rn 6; aA MüKoZPO/*Adolphsen:* zulässige Ausgestaltung des Verfahrens). 4

D. Rechtsbehelfe. Aus Abs 4 ergibt sich zunächst, dass die **Bestätigung** als EuVT ausschließlich mit den dort genannten Rechtsbehelfen angegriffen werden kann. Über Rechtsbehelfe des Gläubigers gegen die **Nichtbestätigung** schweigt die Vorschrift; insoweit gilt das nationale Prozessrecht (in Deutschland 5

§ 1080 II). Zu Rechtsmitteln gegen den **Widerruf** der Bestätigung oder gegen die Ablehnung eines solchen Widerrufs s. § 1081 Rz 3.

6 **E. Zustellung der Bestätigung an den Schuldner.** Die Vorschrift schweigt über die Zustellung der Bestätigung an den Schuldner. Weil aber die in der Vorschrift genannten Rechtsbehelfe eine Kenntnisnahme der Bestätigung voraussetzen, ist sie dem Schuldner nach allgemeinen Regeln – dh ggf nach EuZVO– zuzustellen (für Deutschland in § 1080 I geregelt).

Artikel 11 Wirkung der Bestätigung als Europäischer Vollstreckungstitel. Die Bestätigung als Europäischer Vollstreckungstitel entfaltet Wirkung nur im Rahmen der Vollstreckbarkeit der Entscheidung.

1 Die Vorschrift soll zunächst klarstellen, dass die Bestätigung eines Titels als Europäischer Vollstreckungstitel der Entscheidung keine Wirkungen verleiht, die sie im Ursprungsmitgliedstaat nicht hat (Schuschke/Walker/*Jennissen* Rn 1). Darüber hinaus zeigt die Vorschrift aber auch, dass die Bestätigung als Europäischer Vollstreckungstitel keine notwendige Anerkennung der betreffenden Entscheidung impliziert, dh dass für die Anerkennung der Entscheidung im Rahmen anderer Verfahren die normalen Regeln der Art 33 ff EuGVO gelten (str, wie hier ThoPu/*Hüßtege* Rn 1; zur Gegenansicht s. Art 5 Rz 2).

KAPITEL III MINDESTVORSCHRIFTEN FÜR VERFAHREN ÜBER UNBESTRITTENE FORDERUNGEN

Artikel 12 Anwendungsbereich der Mindestvorschriften. (1) Eine Entscheidung über eine unbestrittene Forderung iSv Artikel 3 Absatz 1 Buchstabe b) oder c) kann nur dann als Europäischer Vollstreckungstitel bestätigt werden, wenn das gerichtliche Verfahren im Ursprungsmitgliedstaat den verfahrensrechtlichen Erfordernissen nach diesem Kapitel genügt hat.
(2) Dieselben Erfordernisse gelten auch für die Ausstellung der Bestätigung als Europäischer Vollstreckungstitel oder einer Ersatzbestätigung iSd Artikels 6 Absatz 3 für eine Entscheidung, die nach Anfechtung einer Entscheidung ergangen ist, wenn zum Zeitpunkt dieser Entscheidung die Bedingungen nach Artikel 3 Absatz 1 Buchstabe b) oder c) erfüllt sind.

1 Die folgenden Mindestandards sollen in Säumnisfällen (Art 3 Ib oder Ic) sicherstellen, dass der Schuldner angemessen über das Verfahren informiert wurde und dass ein *fair trial* gewährleistet ist. Art 12 ff verändern nicht das anwendbare Zustellungsrecht – sei es nationaler Herkunft oder das der ggf anwendbaren EuZVO – sondern enthalten nur **Beurteilungsnormen**, die bei der Prüfung einer Bestätigung einer Säumnisentscheidung als Europäischer Vollstreckungstitel (Art 6 I) heranzuziehen sind. Nur wenn die Mindeststandards erfüllt sind, darf eine solche Bestätigung vorgenommen werden (Art 6 Ic). Angesichts der möglichen **Diskrepanz** zwischen Zustellungsrecht oder -praxis einerseits und Art 12 ff andererseits muß der Gläubiger im eigenen Interesse darauf hinwirken, dass das Gericht bzw der Rechtspfleger konform mit Art 12 ff vorgeht und insb die dort vorgesehenen Belehrungen auch erteilt werden (vgl *Giebel* IPRax 11, 530, 532f).

Artikel 13 Zustellung mit Nachweis des Empfangs durch den Schuldner. (1) Das verfahrenseinleitende Schriftstück oder ein gleichwertiges Schriftstück kann dem Schuldner wie folgt zugestellt worden sein:
a) durch persönliche Zustellung, bei der der Schuldner eine Empfangsbestätigung unter Angabe des Empfangsdatums unterzeichnet, oder
b) durch persönliche Zustellung, bei der die zuständige Person, die die Zustellung vorgenommen hat, ein Dokument unterzeichnet, in dem angegeben ist, dass der Schuldner das Schriftstück erhalten hat oder dessen Annahme unberechtigt verweigert hat und an welchem Datum die Zustellung erfolgt ist, oder
c) durch postalische Zustellung, bei der der Schuldner die Empfangsbestätigung unter Angabe des Empfangsdatums unterzeichnet und zurückschickt, oder
d) durch elektronische Zustellung wie beispielsweise per Fax oder E-Mail, bei der der Schuldner eine Empfangsbestätigung unter Angabe des Empfangsdatums unterzeichnet und zurückschickt.

(2) Eine Ladung zu einer Gerichtsverhandlung kann dem Schuldner gem Abs 1 zugestellt oder mündlich in einer vorausgehenden Verhandlung über dieselbe Forderung bekannt gemacht worden sein, wobei dies im Protokoll dieser Verhandlung festgehalten sein muss.

A. Normzweck. Die EuVTVO unterscheidet strikt zwischen der hier geregelten tatsächlichen Zustellung des verfahrenseinleitenden Schriftstücks an den Empfänger und den in Art 14 enumerativ aufgezählten ausreichenden Formen der Ersatzzustellung. Sonstige Formen der Zustellung oder Ersatzzustellung – zB die öffentliche Zustellung oder eine *remise au parquet* – sind für eine Bestätigung als Europäischer Vollstreckungstitel nicht ausreichend (KG 27.6.11 – 12 W 30/11). Damit soll sichergestellt werden, dass der mit dem Europäischen Vollstreckungstitel verbundene Wegfall des Exequaturverfahrens nur in solchen Säumnisfällen zum Zuge kommt, in denen der Schuldner entweder tatsächlich (Art 13) oder doch mit hinreichender Aussicht (Art 14) über das Verfahren informiert wurde. 1

B. Zustellungsformen. I. Erfolgreiche persönliche Zustellung. Im Falle des Abs 1a muss der Schuldner persönlich das verfahrenseinleitende Schriftstück erhalten und die Empfangsbestätigung unterzeichnet haben. Die Postzustellung fällt aber unter Abs 1c. 2

II. Annahmeverweigerung bei persönlicher Zustellung. Verweigert der Empfänger die Annahme, so reicht es nach Abs 1b aus, wenn der Zustellende dies durch Unterschrift dokumentiert. Die EuVTVO sagt zu der Frage, wann eine Annahmverweigerung unberechtigt ist, nichts aus. Das Recht zur Annahmverweigerung kann sich aber aus anderen Vorschriften ergeben, insb aus Art 8 EuZVO hinsichtlich der Sprachenproblematik (s. dort). Ob die Voraussetzungen dieser Norm oder andere Annahmeverweigerungsrechte vorliegen, kann aber die Zustellperson kaum prüfen. Sie sollte daher nur die Annahmverweigerung vermerken und das Schriftstück am Zustellort zurücklassen. Letzteres ist in der Vorschrift nicht geregelt, ist aber im Interesse eines *fair trial* sinnvoll (MüKoZPO/*Adolphsen* § 1080 Rn 20; aA Zö/*Geimer* Rn 6). 3

III. Postzustellung mit Rückschein. Mit Abs 1c ist die Zustellung durch Einschreiben mit Rückschein gemeint, während eine Postsendung als Übergabe- oder Einwurfeinschreiben nicht ausreicht. 4

IV. Elektronische Zustellung. Problematisch ist, wie bei der elektronischen Zustellung iSv Abs 1d die Empfangsbestätigung »unterzeichnet« werden soll. Bei Telefax mag das Faksimile der Unterschrift ausreichen, während bei E-Mail angesichts der damit verbundenen Manipulationsmöglichkeiten eine – bisher kaum verbreitete – digitale Signatur gefordert wird (Rauscher/*Pabst* Rn 19). Ersatzweise kommt auch eine E-Mail mit ausdruckbarer schriftlicher Empfangsbestätigung in Betracht, die dann auf traditionellem Wege zurückgeschickt werden kann. Generell sollte die Zustellung per E-Mail eher zusätzlich zu sonstigen Zustellungsformen unternommen werden. 5

C. Ladung zum Termin. Die Zustellungsformen der Art 13 und 14 gelten auch für eine Terminsladung, soweit diese getrennt von dem verfahrenseinleitenden Schriftstück erfolgt (Ddorf IPRax 09, 342). Die Option der Protokollierung der Ladung im vorherigen Termin setzt voraus, dass der Schuldner in diesem vorherigen Termin anwesend war (ThoPu/*Hüßtege* Rn 3). 6

Artikel 14 Zustellung ohne Nachweis des Empfangs durch den Schuldner.

(1) Das verfahrenseinleitende Schriftstück oder ein gleichwertiges Schriftstück sowie eine Ladung zu einer Gerichtsverhandlung kann dem Schuldner auch in einer der folgenden Formen zugestellt worden sein:

a) persönliche Zustellung unter der Privatanschrift des Schuldners an eine in derselben Wohnung wie der Schuldner lebende Person oder an eine dort beschäftigte Person;

b) wenn der Schuldner Selbstständiger oder eine juristische Person ist, persönliche Zustellung in den Geschäftsräumen des Schuldners an eine Person, die vom Schuldner beschäftigt wird;

c) Hinterlegung des Schriftstücks im Briefkasten des Schuldners;

d) Hinterlegung des Schriftstücks beim Postamt oder bei den zuständigen Behörden mit entsprechender schriftlicher Benachrichtigung im Briefkasten des Schuldners, sofern in der schriftlichen Benachrichtigung das Schriftstück eindeutig als gerichtliches Schriftstück bezeichnet oder darauf hingewiesen wird, dass die Zustellung durch die Benachrichtigung als erfolgt gilt und damit Fristen zu laufen beginnen;

e) postalisch ohne Nachweis gemäß Absatz 3, wenn der Schuldner seine Anschrift im Ursprungsmitgliedstaat hat;

f) elektronisch, mit automatisch erstellter Sendebestätigung, sofern sich der Schuldner vorab ausdrücklich mit dieser Art der Zustellung einverstanden erklärt hat.

(2) Für die Zwecke dieser Verordnung ist eine Zustellung gemäß Absatz 1 nicht zulässig, wenn die Anschrift des Schuldners nicht mit Sicherheit ermittelt werden kann.

(3) Die Zustellung nach Absatz 1 Buchstaben a) bis d) wird bescheinigt durch

a) ein von der zuständigen Person, die die Zustellung vorgenommen hat, unterzeichnetes Schriftstück mit den folgenden Angaben:

i) die gewählte Form der Zustellung und

ii) das Datum der Zustellung sowie,

iii) falls das Schriftstück einer anderen Person als dem Schuldner zugestellt wurde, der Name dieser Person und die Angabe ihres Verhältnisses zum Schuldner,

oder

b) eine Empfangsbestätigung der Person, der das Schriftstück zugestellt wurde, für die Zwecke von Absatz 1 Buchstaben a) und b).

1 **A. Normzweck.** Die Vorschrift behandelt eine Reihe von Möglichkeiten der Ersatzzustellung, in denen eine hinreichende Aussicht besteht, dass der Empfänger tatsächlich das betreffende Schriftstück erhält. Diese Möglichkeiten der Zustellung stehen gleichwertig neben jenen des Art 13; es muss keine Reihenfolge eingehalten werden (*Wagner* IPRax 05, 189, 195). Gleichzeitig regelt Art 14 aber abschließend die Möglichkeiten der Ersatzzustellung, die eine spätere Bestätigung der Säumnisentscheidung als Europäischer Vollstreckungstitel erlauben. Sonstige Formen des nationalen Rechts, zB die *remise au parquet* oder in Deutschland die öffentliche Zustellung nach §§ 185 ff genügen nicht den Voraussetzungen für eine Bestätigung der späteren Entscheidung als Europäischer Vollstreckungstitel (Erwägungsgrund 13). Daher ist eine ordnungsgemäße Zustellung an den Schuldner nach den vorliegenden Vorschriften nicht möglich, wenn weder seine Anschrift noch die Anschrift eines Vertreters (Art 15) bekannt ist (Abs 2). Der Weg zum Europäischen Vollstreckungstitel ist dann versperrt und es muss ggf später ein Verfahren der Vollstreckbarerklärung gem Art 38 ff EuGVO durchgeführt werden.

2 **B. Formen der Ersatzzustellung. I. Zustellung an Person in der Wohnung.** Abs 1a setzt voraus, dass diese Person in der Wohnung des Schuldners lebt oder dort beschäftigt (Hausangestellter) ist. Die Person muss alt und verständig genug sein, um von einer Weiterleitung an den Schuldner ausgehen zu können (MüKoZPO/*Adolphsen* § 1080 Rn 23: mindestens 14 Jahre alte Person). Dieser Person muss das Schriftstück tatsächlich übergeben werden und es ist eine Empfangsbestätigung gem Abs 3a oder b zu fertigen. Verweigert die Person die Annahme, so ist nach Abs 1c oder 1d vorzugehen, weil Art 13 Ib sich nur auf die Annahmverweigerung des Schuldners bezieht.

3 **II. Zustellung in Geschäftsräumen an dort Beschäftigte.** Eine Zustellung gem Abs 1b ist auch dann möglich, wenn sich das zuzustellende Schriftstück nicht auf geschäftliche Aktivitäten des Schuldners bezieht (Rauscher/*Pabst* Rn 14; Zö/*Geimer* Rn 8), weil es hier nur auf die tatsächliche Möglichkeit und Wahrscheinlichkeit der Kenntnisnahme ankommt. Es ist eine Empfangsbestätigung gem Abs 3a oder b erforderlich.

4 **III. Hinterlegung im Briefkasten.** Gemeint ist in Abs 1c der Briefkasten an der Wohnung oder am Geschäftslokal des Schuldners. Die Hinterlegung wird gem Abs 3a bescheinigt. Hinterlegung im Briefkasten ist nach dem Verordnungstext ohne Rücksicht auf vorherige Versuche der persönlichen Zustellung möglich.

5 **IV. Hinterlegung bei Postamt oder Behörde.** Die Zustellung nach Abs 1d setzt den Einwurf einer besonders gekennzeichneten Benachrichtigung in den Briefkasten des Empfängers voraus. Ein »Postamt« ist in Deutschland nach allgemeinem Sprachgebrauch eine Filiale der Deutschen Post AG, nicht aber eine solche eines privaten Kurierdienstes (aA MükoZPO/*Adolphsen* § 1080 Rn 26). Entgegen dem Wortlaut der Norm wird tw gefordert, dass die Benachrichtigung beide Alternativen des Abs 1d (gerichtliches Schriftstück und Hinweis auf Fristlauf) kumulativ zu erfüllen hat (*Rauscher* GPR 03-04, 286, 290).

6 **V. Postsendung ohne Empfangsnachweis.** Zur Vereinfachung der Zustellung lässt Abs 1e bei Zustellung im Inland, dh in demselben Staat, in dem sich auch das Ursprungsgericht befindet, auch die postalische Zustellung ohne jeglichen Nachweis (dh durch einfachen Brief) zu. Ein deutsches Gericht kann davon aber keinen Gebrauch machen, weil die dann anwendbaren §§ 166 ff eine solche Zustellungsform nicht vorsehen.

VI. Elektronische Zustellung mit Sendebestätigung. Aufgrund der Manipulationsmöglichkeiten bei elektronischen Sendebestätigungen ist eine solche Zustellung nur dann zulässig, wenn der Schuldner ihr vorher zugestimmt hat. In AGB kann eine solche Zustimmung nicht wirksam enthalten sein, da es sich – in Ermangelung einschlägiger Gebräuche in der konkreten Branche – derzeit noch um eine überraschende Klausel (§ 305c I BGB, soweit deutsches Recht anwendbar) handeln wird. Ist die Zustimmung aber erteilt, so kann die Sendebestätigung durch ein Faxgerät oder durch ein E-Mail-Programm hergestellt werden. 7

C. Überprüfung der tatsächlichen Zustellung. Wird gem Art 14 zugestellt, so hat der Schuldner stets die Überprüfungsmöglichkeit gem Art 19 (s. dort), wenn er das Schriftstück tatsächlich nicht rechtzeitig erhält. 8

Artikel 15 Zustellung an die Vertreter des Schuldners.

Die Zustellung gemäß Artikel 13 oder Artikel 14 kann auch an den Vertreter des Schuldners bewirkt worden sein.

In Betracht kommen gesetzliche und gewillkürte Vertreter des Schuldners einschließlich seines Prozessbevollmächtigten (Erwägungsgrund 16). Bei der Einhaltung der Zustellungsformen der Art 13 und 14 tritt dann der Vertreter an die Stelle des Schuldners (Rauscher/*Pabst* Rn 3). 1

Artikel 16 Ordnungsgemäße Unterrichtung des Schuldners über die Forderung.

Um sicherzustellen, dass der Schuldner ordnungsgemäß über die Forderung unterrichtet worden ist, muss das verfahrenseinleitende Schriftstück oder das gleichwertige Schriftstück folgende Angaben enthalten haben:

a) den Namen und die Anschrift der Parteien;
b) die Höhe der Forderung;
c) wenn Zinsen gefordert werden, den Zinssatz und den Zeitraum, für den Zinsen gefordert werden, es sei denn, die Rechtsvorschriften des Ursprungsmitgliedstaats sehen vor, dass auf die Hauptforderung automatisch ein gesetzlicher Zinssatz angerechnet wird;
d) die Bezeichnung des Forderungsgrundes.

Im Interesse eines *fair trial* ist nicht nur die Zustellung des verfahrenseinleitenden Schriftstücks (Art 13-15) notwendig, sondern es muss auch bestimmte Mindestinhalte aufweisen, damit später eine Bestätigung der Säumnisentscheidung als Europäischer Vollstreckungstitel möglich ist. Ein unbezifferter Klagantrag erfüllt diese Voraussetzungen nicht (Art 16b), es muss jedenfalls ein Mindest- oder Höchstbetrag der Forderung angegeben werden. Der Forderungsgrund muss nur stichwortartig angegeben werden. Die im deutschen Recht für den Mahnbescheid (§ 690 I Nr 3) vorgesehenen Angaben sind ausreichend (*Wagner* IPRax 05, 189, 195), weil es nicht um eine vollständige Überprüfung der Berechtigung der Forderung geht, sondern nur darum, die Forderung sachlich einordnen und von anderen Ansprüchen abgrenzen zu können. 1

Artikel 17 Ordnungsgemäße Unterrichtung des Schuldners über die Verfahrensschritte zum Bestreiten der Forderung.

In dem verfahrenseinleitenden Schriftstück, einem gleichwertigen Schriftstück oder einer Ladung zu einer Gerichtsverhandlung oder in einer zusammen mit diesem Schriftstück oder dieser Ladung zugestellten Belehrung muss deutlich auf Folgendes hingewiesen worden sein:

a) auf die verfahrensrechtlichen Erfordernisse für das Bestreiten der Forderung; dazu gehören insbesondere die Frist, innerhalb deren die Forderung schriftlich bestritten werden kann bzw. ggf der Termin der Gerichtsverhandlung, die Bezeichnung und die Anschrift der Stelle, an die die Antwort zu richten bzw. vor der ggf zu erscheinen ist, sowie die Information darüber, ob die Vertretung durch einen Rechtsanwalt vorgeschrieben ist;
b) auf die Konsequenzen des Nichtbestreitens oder des Nichterscheinens, insbesondere die etwaige Möglichkeit einer Entscheidung oder ihrer Vollstreckung gegen den Schuldner und der Verpflichtung zum Kostenersatz.

Die Vorschrift verlangt eine **Belehrung** des Schuldners über das Verfahren (a) und über die Konsequenzen der Säumnis (b). Die nach heutigem deutschem Recht vorgesehenen Belehrungen (insb §§ 215, 276) sind insoweit ausreichend (Schuschke/Walker/*Jennissen* Rn 5), weil dem Schuldner nur die Bedeutung des Verfahrens und einer etwaigen Säumnis vor Augen geführt werden soll. Soll allerdings ein Kostenfestsetzungs- 1 beschluss als EuVT bestätigt werden, so fordert Art 17 die vorherige Zustellung des Kostenfestsetzungsantrags an den Schuldner einschließlich entsprechender Belehrung (Nürnbg IPRax 11, 393, 394).

Artikel 18 Heilung der Nichteinhaltung von Mindestvorschriften. (1) Genügte das Verfahren im Ursprungsmitgliedstaat nicht den in den Artikeln 13 bis 17 festgelegten verfahrensrechtlichen Erfordernissen, so sind eine Heilung der Verfahrensmängel und eine Bestätigung der Entscheidung als Europäischer Vollstreckungstitel möglich, wenn

a) die Entscheidung dem Schuldner unter Einhaltung der verfahrensrechtlichen Erfordernisse nach Artikel 13 oder Artikel 14 zugestellt worden ist, und

b) der Schuldner die Möglichkeit hatte, einen eine uneingeschränkte Überprüfung umfassenden Rechtsbehelf gegen die Entscheidung einzulegen, und er in oder zusammen mit der Entscheidung ordnungsgemäß über die verfahrensrechtlichen Erfordernisse für die Einlegung eines solchen Rechtsbehelfs, einschließlich der Bezeichnung und der Anschrift der Stelle, bei der der Rechtsbehelf einzulegen ist, und ggf der Frist unterrichtet wurde, und

c) der Schuldner es versäumt hat, einen Rechtsbehelf gegen die Entscheidung gem den einschlägigen verfahrensrechtlichen Erfordernissen einzulegen.

(2) Genügte das Verfahren im Ursprungsmitgliedstaat nicht den verfahrensrechtlichen Erfordernissen nach Artikel 13 oder Artikel 14, so ist eine Heilung dieser Verfahrensmängel möglich, wenn durch das Verhalten des Schuldners im gerichtlichen Verfahren nachgewiesen ist, dass er das zuzustellende Schriftstück so rechtzeitig persönlich bekommen hat, dass er Vorkehrungen für seine Verteidigung treffen konnte.

1 **A. Heilung durch Zustellung der Entscheidung.** Abs 1 sieht eine Heilung von Verfahrensmängeln (zB Zustellung oder Inhalt des verfahrenseinleitenden Schriftstücks) vor, wenn die als Europäischer Vollstreckungstitel zu bestätigende Entscheidung dem Schuldner gem Art 13 oder 14 zugestellt wird (Abs 1a). Außerdem ist eine Rechtsbehelfsbelehrung (Abs 1b) erforderlich, die bei einem deutschen Versäumnisurteil gem § 338 S 2 vorgesehen ist. Wird daraufhin kein Einspruch eingelegt, so sind etwaige Verfahrensmängel geheilt und das Versäumnisurteil kann nach Ablauf der Einspruchsfrist als Europäischer Vollstreckungstitel bestätigt werden. Ohne eine Belehrung nach Abs 1b kommt eine Heilung vorheriger Verfahrensmängel nicht in Betracht (BGH NJW 10, 1883, 1886; aA *H. Roth* IPRax 08, 235, 237). Wird die Kostengrundentscheidung in einer einstweiligen Verfügung getroffen, so kommt kommt eine Heilung gem Abs 1 nur in Betracht, wenn der Schuldner über den Rechtsbehelf nach § 924 belehrt wurde (Nürnbg IPRax 11, 393; aA *Bittmann* IPRax 11, 361, 364).

2 **B. Heilung bei tatsächlichem Zugang.** Gemäß Abs 2 können Verstöße gegen Art 13 oder 14 geheilt werden, wenn sich aus dem Prozessverhalten des Schuldners der tatsächliche Zugang des jeweiligen Schriftstücks ergibt, zB bei einer schriftlichen Stellungnahme zu in dem Schriftstück enthaltenen Äußerungen. Ein sonstiger, dh nicht auf das konkrete Prozessverhalten bezogener Nachweis des tatsächlichen Zugangs führt aber nicht zur Heilung des Zustellungsmangels (Schuschke/Walker/*Jennissen* Rn 2). Verstöße gegen Art 16 und 17 können nur gem Abs 1 geheilt werden.

Artikel 19 Mindestvorschriften für eine Überprüfung in Ausnahmefällen. (1) Ergänzend zu den Artikeln 13 bis 18 kann eine Entscheidung nur dann als Europäischer Vollstreckungstitel bestätigt werden, wenn der Schuldner nach dem Recht des Ursprungsmitgliedstaats berechtigt ist, eine Überprüfung der Entscheidung zu beantragen, falls

a) i) das verfahrenseinleitende oder ein gleichwertiges Schriftstück oder ggf die Ladung zu einer Gerichtsverhandlung in einer der in Artikel 14 genannten Formen zugestellt wurden, und

ii) die Zustellung ohne Verschulden des Schuldners nicht so rechtzeitig erfolgt ist, dass er Vorkehrungen für seine Verteidigung hätte treffen können,
oder

b) der Schuldner aufgrund höherer Gewalt oder aufgrund außergewöhnlicher Umstände ohne eigenes Verschulden der Forderung nicht widersprechen konnte,

wobei in beiden Fällen jeweils vorausgesetzt wird, dass er unverzüglich tätig wird.

(2) Dieser Artikel berührt nicht die Möglichkeit der Mitgliedstaaten, eine Überprüfung der Entscheidung unter großzügigeren Bedingungen als nach Absatz 1 zu ermöglichen.

A. Normzweck. Weil die in Art 14 geregelten Formen der Ersatzzustellung die tatsächliche Kenntnisnahme des verfahrenseinleitenden oder sonstigen zuzustellenden Schriftstücks zwar wahrscheinlich machen, aber nicht garantieren, gehört auch eine Überprüfungsmöglichkeit der Entscheidung zu den Mindeststandards, welche für die Bestätigung dieser Entscheidung als Europäischer Vollstreckungstitel gelten. Die Mitgliedstaaten können dem Schuldner auch großzügigere Überprüfungsmöglichkeiten einräumen (Abs 2). 1

B. Umsetzung in den Mitgliedstaaten. Da in Deutschland der Einspruch gegen ein Versäumnisurteil ohne Rücksicht auf ein Verschulden der säumigen Partei zulässig und bei Ablauf der Einspruchsfrist ggf auch die Wiedereinsetzung in den vorigen Stand möglich ist, sind die Mindestanforderungen des Abs 1 deutlich übertroffen. Die nach dem Prozessrecht der anderen Mitgliedstaaten gegebenen Überprüfungsmöglichkeiten entnehme man dem Europäischen Gerichtsatlas (s. vor §§ 1067 ff Rz 5). 2

KAPITEL IV VOLLSTRECKUNG

Artikel 20 Vollstreckungsverfahren. (1) Unbeschadet der Bestimmungen dieses Kapitels gilt für das Vollstreckungsverfahren das Recht des Vollstreckungsmitgliedstaats. Eine als Europäischer Vollstreckungstitel bestätigte Entscheidung wird unter den gleichen Bedingungen vollstreckt wie eine im Vollstreckungsmitgliedstaat ergangene Entscheidung.

(2) Der Gläubiger ist verpflichtet, den zuständigen Vollstreckungsbehörden des Vollstreckungsmitgliedstaats Folgendes zu übermitteln:

a) eine Ausfertigung der Entscheidung, die die für ihre Beweiskraft erforderlichen Voraussetzungen erfüllt, und

b) eine Ausfertigung der Bestätigung als Europäischer Vollstreckungstitel, die die für ihre Beweiskraft erforderlichen Voraussetzungen erfüllt, und

c) ggf eine Transkription der Bestätigung als Europäischer Vollstreckungstitel oder eine Übersetzung dieser Bestätigung in die Amtssprache des Vollstreckungsmitgliedstaats oder – falls es in diesem Mitgliedstaat mehrere Amtssprachen gibt – nach Maßgabe der Rechtsvorschriften dieses Mitgliedstaats in die Verfahrenssprache oder eine der Verfahrenssprachen des Ortes, an dem die Vollstreckung betrieben wird, oder in eine sonstige Sprache, die der Vollstreckungsmitgliedstaat zulässt. Jeder Mitgliedstaat kann angeben, welche Amtssprache oder Amtssprachen der Organe der Europäischen Gemeinschaft er neben seiner oder seinen eigenen für die Ausstellung der Bestätigung zulässt. Die Übersetzung ist von einer hierzu in einem der Mitgliedstaaten befugten Person zu beglaubigen.

(3) Der Partei, die in einem Mitgliedstaat eine Entscheidung vollstrecken will, die in einem anderen Mitgliedstaat als Europäischer Vollstreckungstitel bestätigt wurde, darf wegen ihrer Eigenschaft als Ausländer oder wegen Fehlens eines inländischen Wohnsitzes oder Aufenthaltsorts eine Sicherheitsleistung oder Hinterlegung, unter welcher Bezeichnung es auch sei, nicht auferlegt werden.

A. Normzweck. Der in Art 1 angestrebte freie Verkehr der Entscheidungen wird dadurch realisiert, dass Europäische Vollstreckungstitel wie nationale Titel behandelt werden (Abs 1). Das Vollstreckungsverfahren richtet sich nach dem Verfahrensrecht des Vollstreckungsstaates. Daher sind im Grundsatz auch die nach dem Recht des Vollstreckungsstaates vorgesehenen Rechtsbehelfe statthaft, sofern mit ihnen nicht eine gem Art 21 II untersagte Überprüfung »in der Sache selbst« verbunden ist (zur Lage in Deutschland s. § 1085 f). Eine Diskriminierung des Vollstreckungsgläubigers aufgrund seiner Herkunft ist unzulässig (Abs 3), wobei dieses Verbot auch Personen aus Drittstaaten schützt, die Gläubiger eines Europäischen Vollstreckungstitels sind (Schuschke/Walker/*Jennissen* Rn 5). 1

B. Vorzulegende Unterlagen. Dem Vollstreckungsorgan im Vollstreckungsstaat ist der Titel selbst und seine Bestätigung als Europäischer Vollstreckungstitel vorzulegen, und zwar jeweils in Originalausfertigung (Abs 2a und b). Hinsichtlich der Bestätigung als Europäischer Vollstreckungstitel ist gem Abs 2c ggf eine Transkription aus einer anderen Schrift und ggf eine Übersetzung in die im Vollstreckungsstaat erlaubte Sprache vorzulegen; für Vollstreckung in Deutschland s. § 1083 (deutsche Sprache). Die in den anderen Mitgliedstaaten erlaubten Sprachen lassen sich dem Europäischen Gerichtsatlas entnehmen (vor §§ 1067 ff Rz 5). Ein Nachweis der Zustellung der Bestätigungsentscheidung ist nicht erforderlich, da die EuVTVO hierzu schweigt. 2

3 **C. Auslegung des Titels.** Die in Abs 1 angeordnete Geltung des Verfahrensrechts desjenigen Mitgliedstaates, in dem die Vollstreckung stattfinden soll, erstreckt sich auch auf die Auslegung des Inhalts des Titels, zB hinsichtlich der Person des Schuldners (BGH NJW 10, 2137).

Artikel 21 Verweigerung der Vollstreckung. (1) Auf Antrag des Schuldners wird die Vollstreckung vom zuständigen Gericht im Vollstreckungsmitgliedstaat verweigert, wenn die als Europäischer Vollstreckungstitel bestätigte Entscheidung mit einer früheren Entscheidung unvereinbar ist, die in einem Mitgliedstaat oder einem Drittland ergangen ist, sofern
a) die frühere Entscheidung zwischen denselben Parteien wegen desselben Streitgegenstands ergangen ist und
b) die frühere Entscheidung im Vollstreckungsmitgliedstaat ergangen ist oder die notwendigen Voraussetzungen für ihre Anerkennung im Vollstreckungsmitgliedstaat erfüllt und
c) die Unvereinbarkeit im gerichtlichen Verfahren des Ursprungsmitgliedstaats nicht geltend gemacht worden ist und nicht geltend gemacht werden konnte.
(2) Weder die Entscheidung noch ihre Bestätigung als Europäischer Vollstreckungstitel dürfen im Vollstreckungsmitgliedstaat in der Sache selbst nachgeprüft werden.

1 **A. Normzweck.** Der freie Verkehr des einmal ausgestellten Europäischen Vollstreckungstitels verbietet eine sachliche Überprüfung im Vollstreckungsmitgliedstaat (Abs 2). Der Schuldner ist hier auf die im Ursprungsstaat möglichen Rechtsbehelfe gegen die zugrunde liegende Entscheidung (nach dortigem Prozessrecht) sowie auf den beim Ursprungsgericht zu stellenden Antrag auf Widerruf der Bestätigung (Art 10 Ib) verwiesen. Darüber hinaus regelt Abs 1 hier einen Sonderfall, in dem ausnahmsweise die Vollstreckung aus dem Europäischen Vollstreckungstitel verweigert werden darf. Im Übrigen sind die im Recht des Vollstreckungsstaates vorgesehenen Rechtsbehelfe anwendbar, soweit sie keine sachliche Überprüfung des Titels enthalten, die gegen Art 21 II verstieße.

2 **B. Unvereinbarkeit mit früherer Entscheidung.** Wenn alle in Abs 1 genannten Voraussetzungen erfüllt sind, kann das im Vollstreckungsstaat zuständige Gericht (für Deutschland s. § 1084) auf Antrag die Vollstreckung aus dem Europäischen Vollstreckungstitel verweigern. Die zeitlich frühere und entgegenstehende Entscheidung in derselben Sache muss im Vollstreckungsmitgliedstaat ergangen oder anzuerkennen sein, dh gem Art 33 ff EuGVO oder – bei einer Entscheidung aus einem Drittstaat – gem dem autonomen Anerkennungsrecht des Vollstreckungsmitgliedstaates. Mit der Formulierung des Abs 1c soll gemeint sein, dass der Schuldner versuchen muss, die Titelkollision – oder bei laufendem Parallelverfahren den Einwand der entgegenstehenden Rechtshängigkeit – bereits im Ursprungsverfahren geltend zu machen und sich später nur dann darauf berufen darf, wenn eine solche Geltendmachung ausnahmsweise unmöglich war (MüKoZPO/*Adolphsen* § 1084 Rn 2).

Artikel 22 Vereinbarungen mit Drittländern. Diese Verordnung lässt Vereinbarungen unberührt, durch die sich die Mitgliedstaaten vor Inkrafttreten der Verordnung (EG) Nr 44/2001 im Einklang mit Artikel 59 des Brüsseler Übereinkommens über die gerichtliche Zuständigkeit und die Vollstreckung gerichtlicher Entscheidungen in Zivil- und Handelssachen verpflichtet haben, Entscheidungen insb der Gerichte eines anderen Vertragsstaats des genannten Übereinkommens gegen Beklagte, die ihren Wohnsitz oder gewöhnlichen Aufenthalt im Hoheitsgebiet eines Drittlands haben, nicht anzuerkennen, wenn die Entscheidungen in den Fällen des Artikels 4 des genannten Übereinkommens nur in einem der in Artikel 3 Absatz 2 des genannten Übereinkommens angeführten Gerichtsstände ergehen können.

1 Derartige Vereinbarungen hat Deutschland nicht abgeschlossen. Die Vorschrift entspricht Art 72 EuGVO und soll im Wesentlichen einem britisch-kanadischen Abkommen Rechnung tragen; mithin wird die Vorschrift wohl allenfalls bei einer Vollstreckung in Großbritannien relevant werden (*Wagner* IPRax 05, 189, 198).

Artikel 23 Aussetzung oder Beschränkung der Vollstreckung. Hat der Schuldner
– einen Rechtsbehelf gegen eine als Europäischer Vollstreckungstitel bestätigte Entscheidung eingelegt, wozu auch ein Antrag auf Überprüfung iSd Artikels 19 gehört, oder

– die Berichtigung oder den Widerruf einer Bestätigung als Europäischer Vollstreckungstitel gemäß Artikel 10 beantragt,

so kann das zuständige Gericht oder die befugte Stelle im Vollstreckungsmitgliedstaat auf Antrag des Schuldners

a) das Vollstreckungsverfahren auf Sicherungsmaßnahmen beschränken oder

b) die Vollstreckung von der Leistung einer von dem Gericht oder der befugten Stelle zu bestimmenden Sicherheit abhängig machen oder

c) unter außergewöhnlichen Umständen das Vollstreckungsverfahren aussetzen.

A. Normzweck. Die Vorschrift ist im Zusammenhang mit Art 21 II zu lesen, welcher den Schuldner hinsichtlich möglicher Einwände auf die im Ursprungsstaat möglichen Rechtsbehelfe verweist. Legt dieser aber einen dort möglichen Rechtsbehelf ein, so hat er im Vollstreckungsstaat über Art 23 die Möglichkeit, die Vollstreckung zu beschränken, von einer Sicherheitsleistung abhängig zu machen oder aussetzen zu lassen. 1

B. Voraussetzungen. Es kommt jeder nach dem Recht des Ursprungsstaates sowie nach der EuVTVO mögliche Rechtsbehelf im Ursprungsstaat in Betracht, auch außerordentliche Rechtsbehelfe wie etwa eine Verfassungsbeschwerde oder ein Wiederaufnahmeantrag (Schuschke/Walker/*Jennissen* Rn 2; aA Zö/*Geimer* Rn 2). Auch die Individualbeschwerde zum EGMR gem Art 34 EMRK ist ein Rechtsbehelf iSd Vorschrift (Rauscher/*Pabst* Rn 13; MüKoZPO/*Adolphsen* § 1084 Rn 8; aA *Wagner* IPRax 05, 189, 198; Zö/*Geimer* aaO), weil die Vorschrift weder zwischen staatlichen und überstaatlichen Einrichtungen differenziert noch auf »ordentliche Rechtsbehelfe« (Art 37 I EuGVO) beschränkt ist. 2

C. Rechtsfolge. Das zuständige Gericht im Vollstreckungsstaat (in Deutschland s. § 1084) entscheidet nach seinem Ermessen, ob und welche der in der Vorschrift unter a–c genannten Rechtsfolgen es anordnet. Kriterien der Ermessenentscheidung sind sowohl eine Prognose der Erfolgsaussichten des eingelegten Rechtsbehelfs wie auch der dem Schuldner durch die Vollstreckung drohende Schaden (Schuschke/Walker/*Jennissen* Rn 3). 3

KAPITEL V GERICHTLICHE VERGLEICHE UND ÖFFENTLICHE URKUNDEN

Artikel 24 Gerichtliche Vergleiche. (1) Ein Vergleich über eine Forderung iSv Artikel 4 Nummer 2, der von einem Gericht gebilligt oder vor einem Gericht im Laufe eines Verfahrens geschlossen wurde, und der in dem Mitgliedstaat, in dem er gebilligt oder geschlossen wurde, vollstreckbar ist, wird auf Antrag an das Gericht, das ihn gebilligt hat oder vor dem er geschlossen wurde, unter Verwendung des Formblatts in Anhang II als Europäischer Vollstreckungstitel bestätigt.

(2) Ein Vergleich, der im Ursprungsmitgliedstaat als Europäischer Vollstreckungstitel bestätigt worden ist, wird in den anderen Mitgliedstaaten vollstreckt, ohne dass es einer Vollstreckbarerklärung bedarf und ohne dass seine Vollstreckbarkeit angefochten werden kann.

(3) Die Bestimmungen von Kapitel II (mit Ausnahme von Artikel 5, Artikel 6 Absatz 1 und Artikel 9 Absatz 1) sowie von Kapitel IV (mit Ausnahme von Artikel 21 Absatz 1 und Artikel 22) finden entsprechende Anwendung.

Zum Begriff des gerichtlichen Vergleichs s. Art 3 Rz 1. Ein solcher Vergleich kann vom Ursprungsgericht als Europäischer Vollstreckungstitel bestätigt werden, wenn er im Ursprungsstaat nach dortigem Prozessrecht vollstreckbar ist. Für die Bestätigung in Deutschland gelten §§ 1079 ff. Im Übrigen sind die in Abs 3 genannten Vorschriften entsprechend anwendbar. Die prozessualen Mindeststandards der Art 12 ff sind hier irrelevant, weil für sie bei einer gütlichen Einigung kein Bedarf besteht. 1

Artikel 25 Öffentliche Urkunden. (1) Eine öffentliche Urkunde über eine Forderung iSv Artikel 4 Absatz 2, die in einem Mitgliedstaat vollstreckbar ist, wird auf Antrag an die vom Ursprungsmitgliedstaat bestimmte Stelle unter Verwendung des Formblatts in Anhang III als Europäischer Vollstreckungstitel bestätigt.

(2) Eine öffentliche Urkunde, die im Ursprungsmitgliedstaat als Europäischer Vollstreckungstitel bestätigt worden ist, wird in den anderen Mitgliedstaaten vollstreckt, ohne dass es einer Vollstreckbarerklärung bedarf und ohne dass ihre Vollstreckbarkeit angefochten werden kann.

(3) Die Bestimmungen von Kapitel II (mit Ausnahme von Artikel 5, Artikel 6 Absatz 1 und Artikel 9 Absatz 1) sowie von Kapitel IV (mit Ausnahme von Artikel 21 Absatz 1 und Artikel 22) finden entsprechende Anwendung.

1 Zum Begriff der öffentlichen Urkunde s. Art 4 Rz 5. Die öffentliche Urkunde wird, wenn sie im Ursprungsstaat vollstreckbar ist, von der beurkundenden Stelle als Europäischer Vollstreckungstitel bestätigt. In Deutschland gelten §§ 1079 ff.

KAPITEL VI ÜBERGANGSBESTIMMUNG

Artikel 26 Übergangsbestimmung. Diese Verordnung gilt nur für nach ihrem Inkrafttreten ergangene Entscheidungen, gerichtlich gebilligte oder geschlossene Vergleiche und aufgenommene oder registrierte öffentliche Urkunden.

1 Es können nur solche Titel als Europäische Vollstreckungstitel bestätigt werden, die seit dem 21.1.05 entstanden sind (Art 33 S 1).

KAPITEL VII VERHÄLTNIS ZU ANDEREN RECHTSAKTEN DER GEMEINSCHAFT

Artikel 27 Verhältnis zur Verordnung (EG) Nr 44/2001. Diese Verordnung berührt nicht die Möglichkeit, die Anerkennung und Vollstreckung einer Entscheidung über eine unbestrittene Forderung, eines gerichtlichen Vergleichs oder einer öffentlichen Urkunde gem der Verordnung (EG) Nr 44/2001 zu betreiben.

1 Ist der Anwendungsbereich der EuVTVO eröffnet, so hat der Gläubiger zunächst die freie Wahl, ob er nach EuVTVO oder nach EuGVO vorgeht. In den meisten Fällen wird das Verfahren gem EuVTVO aus Gläubigersicht zweckmäßiger sein, da es dem Schuldner weniger Verteidigungsmöglichkeiten bietet. Ist bereits vor Erhebung der Klage absehbar, dass der Schuldner sich nicht verteidigen wird, so kommt außerdem das Europäischen Mahnverfahren (EuMVVO) in Betracht.

2 Liegt dem Gläubiger aber bereits eine Bestätigung als Europäischer Vollstreckungstitel vor, so ist nach Ansicht des BGH eine Vollstreckbarerklärung gem EuGVO mangels **Rechtsschutzinteresses** im Regelfall nicht mehr möglich (BGH NJW-RR 10, 571; krit *Hau* GPR 10, 246, 254). Der BGH hat hier offen gelassen, ob eine **gleichzeitige Einleitung der Verfahren nach EuGVO und EuVTVO** zulässig ist. Dies sollte jedoch angesichts des insoweit klaren Wortlauts der Vorschrift möglich sein (vgl *Mansel/Thorn/Wagner* IPRax 11, 1, 21 mwN). Oft kommt es nämlich für den Gläubiger auf eine zügige Vollstreckung an, und es ist nicht von vorneherein klar, welches Verfahren schneller ist. Außerdem verschafft das Verfahren nach EuVTVO dem Gläubiger eine umfangreichere Vollstreckungsmöglichkeit, nämlich in der (fast) gesamten EU, während sich das Verfahren nach EuGVO nur auf einen konkreten Vollstreckungsstaat beschränkt.

Artikel 28 Verhältnis zur Verordnung (EG) Nr 1348/2000. Diese Verordnung lässt die Anwendung der Verordnung (EG) Nr 1348/2000 unberührt.

1 Die hier genannte Verordnung ist inzwischen durch die neue EuZVO (VO 1393/2007, abgedruckt nach § 1071) ersetzt worden.

KAPITEL VIII ALLGEMEINE UND SCHLUSSBESTIMMUNGEN

Artikel 29 Informationen über Vollstreckungsverfahren und -behörden. Die Mitgliedstaaten arbeiten zusammen, um der Öffentlichkeit und den Fachkreisen folgende Informationen zur Verfügung zu stellen:
a) Informationen über die Vollstreckungsverfahren und -methoden in den Mitgliedstaaten und
b) Informationen über die zuständigen Vollstreckungsbehörden in den Mitgliedstaaten,

insbesondere über das mit der Entscheidung 2001/470/EG des Rates eingerichtete Europäische Justizielle Netz für Zivil- und Handelssachen.

Artikel 30 Angaben zu den Rechtsbehelfen, Sprachen und Stellen. **(1) Die Mitgliedstaaten teilen der Kommission Folgendes mit:**
a) das in Artikel 10 Absatz 2 genannte Berichtigungs- und Widerrufsverfahren sowie das in Artikel 19 Absatz 1 genannte Überprüfungsverfahren;
b) die gem Artikel 20 Absatz 2 Buchstabe c) zugelassenen Sprachen;
c) die Listen der in Artikel 25 genannten Stellen;
sowie alle nachfolgenden Änderungen.
(2) Die Kommission macht die nach Absatz 1 mitgeteilten Informationen durch Veröffentlichung im Amtsblatt der Europäischen Union und durch andere geeignete Mittel öffentlich zugänglich.

Diese und andere Informationen sind abrufbar im Europäischen Gerichtsatlas (vor §§ 1067 ff Rz 5). 1

Artikel 31 Änderungen der Anhänge. **Änderungen der Formblätter in den Anhängen werden gem dem in Artikel 32 Absatz 2 genannten Beratungsverfahren beschlossen.**

Artikel 32 Ausschuss. **(1) Die Kommission wird von dem in Artikel 75 der Verordnung (EG) Nr 44/2001 vorgesehenen Ausschuss unterstützt.**
(2) Wird auf diesen Absatz Bezug genommen, so gelten die Artikel 3 und 7 des Beschlusses 1999/468/EG unter Beachtung von dessen Artikel 8.
(3) Der Ausschuss gibt sich eine Geschäftsordnung.

Artikel 33 Inkrafttreten. **Diese Verordnung tritt am 21. Januar 2005 in Kraft.**
Sie gilt ab dem 21. Oktober 2005 mit Ausnahme der Artikel 30, 31 und 32, die ab dem 21. Januar 2005 gelten.
Diese Verordnung ist in allen ihren Teilen verbindlich und gilt gemäß dem Vertrag zur Gründung der Europäischen Gemeinschaft unmittelbar in den Mitgliedstaaten.

Vom Abdruck der Formblätter wurde abgesehen; sie sind im Europäischen Gerichtsatlas (vor §§ 1067 ff Rz 5) erhältlich. 1

Abschnitt 5 Europäisches Mahnverfahren nach der Verordnung (EG) Nr. 1896/2006

Titel 1 Allgemeine Vorschriften

§ 1087 Zuständigkeit. **Für die Bearbeitung von Anträgen auf Erlass und Überprüfung sowie die Vollstreckbarerklärung eines Europäischen Zahlungsbefehls nach der Verordnung (EG) Nr. 1896/2006 des Europäischen Parlaments und des Rates vom 12. Dezember 2006 zur Einführung eines Europäischen Mahnverfahrens (ABl. EU Nr. L 399 S. 1) ist das Amtsgericht Wedding in Berlin ausschließlich zuständig.**

Die VO Nr 1896/2006 (EuMVVO) ist im Anhang nach § 1096 abgedruckt und kommentiert (zu Praxiserfahrungen *Einhaus* EuZW 11, 865). In Deutschland ist die Zuständigkeit für die Durchführung des Europäischen Mahnverfahrens einschließlich der Entscheidung über einen Überprüfungsantrag (Art 20 EuMVVO) beim **AG Wedding** konzentriert. Dort ist der Rechtspfleger funktionell zuständig, jedoch mit Ausnahme des dem Richter vorbehaltenen Überprüfungsverfahrens (§ 20 Nr 7 RPflG). Gegen Entscheidungen des Rechtspflegers ist die sofortige Beschwerde statthaft. 1

In **Arbeitssachen** gilt die Konzentration auf das AG Wedding gem § 46b II ArbGG nicht. Statt dessen gelten dort die allgemeinen Zuständigkeitsregeln für das Urteilsverfahren. 2

§ 1088 Maschinelle Bearbeitung. (1) [1]Der Antrag auf Erlass des Europäischen Zahlungsbefehls und der Einspruch können in einer nur maschinell lesbaren Form bei Gericht eingereicht werden, wenn diese dem Gericht für seine maschinelle Bearbeitung geeignet erscheint. [2]§ 130a Abs. 3 gilt entsprechend.
(2) Der Senat des Landes Berlin bestimmt durch Rechtsverordnung, die nicht der Zustimmung des Bundesrates bedarf, den Zeitpunkt, in dem beim Amtsgericht Wedding die maschinelle Bearbeitung der Mahnverfahren eingeführt wird; er kann die Ermächtigung durch Rechtsverordnung auf die Senatsverwaltung für Justiz des Landes Berlin übertragen.

1 Bisher ist das nach dieser Vorschrift vorgesehene maschinelle System am AG Wedding noch nicht errichtet; die Anträge können daher nur in Papierform eingereicht werden. Formulare sind erhältlich über www.berlin.de/sen/justiz/gerichte/ag/wedd/eumav.html.

§ 1089 Zustellung. (1) [1]Ist der Europäische Zahlungsbefehl im Inland zuzustellen, gelten die Vorschriften über das Verfahren bei Zustellungen von Amts wegen entsprechend. [2]Die §§ 185 bis 188 sind nicht anzuwenden.
(2) Ist der Europäische Zahlungsbefehl in einem anderen Mitgliedstaat der Europäischen Union zuzustellen, gelten die Vorschriften der Verordnung (EG) Nr. 1393/2007 sowie für die Durchführung § 1068 Abs. 1 und § 1069 Abs. 1 entsprechend.

1 Die öffentliche Zustellung des Europäischen Zahlungsbefehls wird in Abs 1 S 2 ausgeschlossen, weil sie im Europäischen Mahnverfahren nicht statthaft ist (Art 14 II EuMVVO). Die in Abs 2 genannte VO Nr 1393/2007 (EuZVO) ist im Anhang nach § 1071 kommentiert.

Titel 2 Einspruch gegen den Europäischen Zahlungsbefehl

§ 1090 Verfahren nach Einspruch. (1) [1]Im Fall des Artikels 17 Abs. 1 der Verordnung (EG) Nr. 1896/2006 fordert das Gericht den Antragsteller mit der Mitteilung nach Artikel 17 Abs. 3 der Verordnung (EG) Nr. 1896/2006 auf, das Gericht zu bezeichnen, das für die Durchführung des streitigen Verfahrens zuständig ist. [2]Das Gericht setzt dem Antragsteller hierfür eine nach den Umständen angemessene Frist und weist ihn darauf hin, dass dem für die Durchführung des streitigen Verfahrens bezeichneten Gericht die Prüfung seiner Zuständigkeit vorbehalten bleibt. [3]Die Aufforderung ist dem Antragsgegner mitzuteilen.
(2) [1]Nach Eingang der Mitteilung des Antragstellers nach Absatz 1 Satz 1 gibt das Gericht, das den Europäischen Zahlungsbefehl erlassen hat, das Verfahren von Amts wegen an das vom Antragsteller bezeichnete Gericht ab. [2]§ 696 Abs. 1 Satz 3 bis 5, Abs. 2, 4 und 5 sowie § 698 gelten entsprechend.
(3) Die Streitsache gilt als mit Zustellung des Europäischen Zahlungsbefehls rechtshängig geworden, wenn sie nach Übersendung der Aufforderung nach Absatz 1 Satz 1 und unter Berücksichtigung der Frist nach Absatz 1 Satz 2 alsbald abgegeben wird.

1 Die Vorschrift behandelt die Überleitung aus dem Europäischen Mahnverfahren in den ordentlichen Zivilprozess nach Einspruch des Antragsgegners (Art 17 EuMVVO). Der Antragsteller kann auf diese Überleitung in das streitige Verfahren aber auch verzichten; das Verfahren wird dann eingestellt (Art 17 I EuMVVO). In Arbeitssachen gilt außerdem § 46b III ArbGG.

§ 1091 Einleitung des Streitverfahrens. § 697 Abs. 1 bis 3 gilt entsprechend.

1 Mangels Regelung in der EuMVVO hat der Gesetzgeber eine Rücknahme des Einspruchs nicht vorgesehen; der Antragsgegner kann aber den Anspruch jederzeit anerkennen und so das Verfahren kostensparend beenden (BTDrs 16/8839, 24).

Titel 3 Überprüfung des Europäischen Zahlungsbefehls in Ausnahmefällen

§ 1092 Verfahren. **(1) [1]Die Entscheidung über einen Antrag auf Überprüfung des Europäischen Zahlungsbefehls nach Artikel 20 Abs. 1 oder Abs. 2 der Verordnung (EG) Nr. 1896/2006 ergeht durch Beschluss. [2]Der Beschluss ist unanfechtbar.**
(2) Der Antragsgegner hat die Tatsachen, die eine Aufhebung des Europäischen Zahlungsbefehls begründen, glaubhaft zu machen.
(3) Erklärt das Gericht den Europäischen Zahlungsbefehl für nichtig, endet das Verfahren nach der Verordnung (EG) Nr. 1896/2006.
(4) Eine Wiedereinsetzung in die Frist nach Artikel 16 Abs. 2 der Verordnung (EG) Nr. 1896/2006 findet nicht statt.

A. Voraussetzungen. Der gem Art 20 EuMVVO mögliche Überprüfungsantrag betrifft ua die unverschuldete Überschreitung der Einspruchsfrist; daher ist ein Wiedereinsetzungsantrag nach deutschem Recht unnötig (Abs 4). Zu den Voraussetzungen des Überprüfungsantrags s. Art 20 EuMVVO Rz 2 f. 1

B. Rechtsfolgen. Ist der Antrag auf Überprüfung erfolgreich, so endet das Verfahren mit der Nichtigerklärung des Europäischen Zahlungsbefehls (Abs 3 und Art 20 III 2 EuMVVO; aA *Preuß* ZZP 122, 3, 17: Verfahren bleibt anhängig und Gericht entscheidet erneut über den Erlass des Europäischen Zahlungsbefehls). 2

Titel 4 Zwangsvollstreckung aus dem Europäischen Zahlungsbefehl

§ 1093 Vollstreckungsklausel. **Aus einem nach der Verordnung (EG) Nr. 1896/2006 erlassenen und für vollstreckbar erklärten Europäischen Zahlungsbefehl findet die Zwangsvollstreckung im Inland statt, ohne dass es einer Vollstreckungsklausel bedarf.**

Die Vorschrift betrifft sämtliche Europäische Zahlungsbefehle, dh auch die in Deutschland ergangenen. Im Unterschied zum Europäischen Vollstreckungstitel (s. § 1082 Rz 1) ist der für vollstreckbar erklärte Europäische Zahlungsbefehl sowohl in seinem Ursprungsstaat wie auch in anderen Mitgliedstaaten ohne weiteres vollstreckbar. Dem Vollstreckungsorgan sind die in Art 21 II EuMVVO genannten Unterlagen vorzulegen. Ein Nachweis der Zustellung des Europäischen Zahlungsbefehls ist nicht erforderlich (missverständlich daher der Verweis auf § 750 in BTDrs 16/8839, 25), da die EuMVVO dies nicht vorsieht und die Zustellung bereits Voraussetzung für die Vollstreckbarerklärung des Europäischen Zahlungsbefehls ist (s. Art 18 EuMVVO Rz 1). 1

§ 1094 Übersetzung. **Hat der Gläubiger nach Artikel 21 Abs. 2 Buchstabe b der Verordnung (EG) Nr. 1896/2006 eine Übersetzung vorzulegen, so ist diese in deutscher Sprache zu verfassen und von einer in einem der Mitgliedstaaten der Europäischen Union hierzu befugten Person zu beglaubigen.**

Nach der Regierungsbegründung soll eine Übersetzung des Europäischen Zahlungsbefehls in die deutsche Sprache wegen der einheitlich gestalteten und codierten Formulare nur dann notwendig sein, wenn die fraglichen Formblätter im konkreten Fall durch individuelle Angaben ergänzt werden (BTDrs 16/8839, 25; Zö/*Geimer* Rn 1). Dem steht aber § 184 GVG und die Sicherung der ordnungsgemäßen Tätigkeit der Vollstreckungsorgane entgegen, so dass grds eine Übersetzung verlangt werden sollte (s. § 1083 Rz 1). 1

§ 1095 Vollstreckungsschutz und Vollstreckungsabwehrklage gegen den im Inland erlassenen Europäischen Zahlungsbefehl. **(1) [1]Wird die Überprüfung eines im Inland erlassenen Europäischen Zahlungsbefehls nach Artikel 20 der Verordnung (EG) Nr. 1896/2006 beantragt, gilt § 707 entsprechend. [2]Für die Entscheidung über den Antrag nach § 707 ist das Gericht zuständig, das über den Antrag nach Artikel 20 der Verordnung (EG) Nr. 1896/2006 entscheidet.**

(2) Einwendungen, die den Anspruch selbst betreffen, sind nur insoweit zulässig, als die Gründe, auf denen sie beruhen, nach Zustellung des Europäischen Zahlungsbefehls entstanden sind und durch Einspruch nach Artikel 16 der Verordnung (EG) Nr. 1896/2006 nicht mehr geltend gemacht werden können.

1 **A. Normzweck.** Die Vorschrift betrifft nur Rechtsbehelfe gegen in Deutschland (dh vom AG Wedding, § 1087) erlassene Europäische Zahlungsbefehle. Als Rechtsbehelfe stehen sowohl das Überprüfungsverfahren gem Art 20 EuMVVO wie auch die nach deutschem Recht zulässigen Rechtsbehelfe einschließlich der Vollstreckungsgegenklage (§ 767) zur Verfügung. Letztere ist im Hinblick auf in Deutschland erlassene Europäische Zahlungsbefehle unproblematisch, weil das in Art 22 III enthaltene Verbot der sachlichen Nachprüfung nur verhindern soll, dass die in einem anderen Mitgliedstaat ergangenen Europäische Zahlungsbefehle in der Sache überprüft werden. Auch eine Klage auf Herausgabe des Titels ist unter den Voraussetzungen des deutschen Prozessrechts zulässig (*Preuß* ZZP 122, 3, 24).

2 **B. Verweis auf § 707.** Wegen der Vergleichbarkeit des Überprüfungsantrags gem Art 20 EuMVVO mit einem Wiedereinsetzungsantrag des deutschen Rechts ermöglicht Abs 1 S 1 einen Antrag auf Vollstreckungsschutz gem § 707. Darin liegt kein sachlicher Unterschied zu Art 23 EuMVVO, aber der Gesetzgeber hält Art 23 EuMVVO nur bei Auseinanderfallen von Ursprungs- und Vollstreckungsmitgliedstaat für anwendbar (BTDrs 16/8839, 25). Zuständig für den Antrag auf Vollstreckungsschutz ist das in der Sache überprüfende Gericht, dh wegen § 1087 das AG Wedding.

3 **C. Präklusionsregel für die Vollstreckungsgegenklage (Abs 2).** In Anlehnung an § 796 II wird hier eine Sonderregel zu § 767 II geschaffen, die den Antragsgegner zwingen soll, seine Rechte möglichst durch Einspruch gegen den Europäischen Zahlungsbefehl geltend zu machen und nicht durch eine spätere Vollstreckungsgegenklage. Der Einwand der Zahlung durch den Schuldner nach Zustellung des Europäischen Zahlungsbefehls soll aber auch dann möglich sein, wenn kein Einspruch eingelegt wurde (BTDrs 16/8839, 25). Geht es dagegen um die Ausübung eines Gestaltungsrechts, so soll die Vollstreckungsgegenklage nur zulässig sein, wenn der dieses Recht begründende Lebenssachverhalt zeitlich nach Ablauf der Einspruchsfrist liegt (*Preuß* ZZP 122, 3, 21).

§ 1096 Anträge nach den Artikeln 22 und 23 der Verordnung (EG) Nr. 1896/2006; Vollstreckungsabwehrklage.

(1) [1]Für Anträge auf Verweigerung der Zwangsvollstreckung nach Artikel 22 Abs. 1 der Verordnung (EG) Nr. 1896/2006 gilt § 1084 Abs. 1 und 2 entsprechend. [2]Für Anträge auf Aussetzung oder Beschränkung der Zwangsvollstreckung nach Artikel 23 der Verordnung (EG) Nr. 1896/2006 ist § 1084 Abs. 1 und 3 entsprechend anzuwenden.

(2) [1]Für Anträge auf Verweigerung der Zwangsvollstreckung nach Artikel 22 Abs. 2 der Verordnung (EG) Nr. 1896/2006 gilt § 1086 Abs. 1 entsprechend. [2]Für Klagen nach § 767 sind § 1086 Abs. 1 und § 1095 Abs. 2 entsprechend anzuwenden.

1 **A. Normzweck.** Die Vorschrift betrifft in Deutschland mögliche Rechtsbehelfe gegen einen aus einem anderen Mitgliedstaat stammenden Europäischen Zahlungsbefehl Der Gesetzgeber verweist hier auf die zum Europäischen Vollstreckungstitel bereits eingeführten Regelungen.

2 **B. Zuständigkeiten.** Der in Abs 1 S 1 genannte Antrag gem Art 22 I EuMVVO betrifft eine angebliche Titelkollision und ist wegen des Verweises auf § 1084 I, II vom Richter am Amtsgericht als Vollstreckungsgericht zu bearbeiten. Dasselbe gilt auch für den in Abs 1 S 2 genannten Antrag auf Vollstreckungsschutz gem Art 23 EuMVVO, nur dass über diesen durch einstweilige Anordnung entschieden wird (§ 1084 III). Dagegen entspricht der in Abs 2 S 1 genannte Antrag gem Art 22 II EuMVVO sachlich eher der Vollstreckungsgegenklage, so dass auf § 1086 I verwiesen wird.

3 **C. Zulassung der Vollstreckungsgegenklage.** Allerdings ist Art 22 II EuMVVO auf Fälle der Zahlung beschränkt. Für sonstige Fälle des Erlöschens der Forderung (zB durch Aufrechnung) stellt § 1096 II 2 die Vollstreckungsgegenklage zur Verfügung. Ebenso wie bei § 1086 I selbst (s. § 1086 Rz 4) bedeutet aber die Zulassung der Vollstreckungsgegenklage im Inland gegen einen aus einem anderen Mitgliedstaat stammenden Europäischen Zahlungsbefehl eine Nachprüfung des Titels in der Sache selbst, die in Art 22 III EuMVVO ausdrücklich verboten wird. Daher ist § 1096 II 2 als gemeinschaftsrechtswidrige Vorschrift nicht

anzuwenden (*Hess/Bittmann* IPRax 08, 305, 311; aA *Gsell* EuZW 11, 87 mwN; vermittelnd *Preuß* ZZP 122, 3, 34, die nur einen »besonderen Rechtsbehelf« und nicht die Vollstreckungsgegenklage gem § 767 zulassen will).

Anhang nach § 1096: EuMVVO

Verordnung (EG) Nr 1896/2006 des Europäischen Parlaments und des Rates

vom 12.12.2006 zur Einführung eines Europäischen Mahnverfahrens

DAS EUROPÄISCHE PARLAMENT UND DER RAT DER EUROPÄISCHEN UNION –
gestützt auf den Vertrag zur Gründung der Europäischen Gemeinschaft, insbesondere auf Artikel 61 Buchstabe c,
auf Vorschlag der Kommission,
nach Stellungnahme des Europäischen Wirtschafts- und Sozialausschusses,
gemäß dem Verfahren des Artikels 251 des Vertrages,
in Erwägung nachstehender Gründe:

(1) Die Gemeinschaft hat sich zum Ziel gesetzt, einen Raum der Freiheit, der Sicherheit und des Rechts, in dem der freie Personenverkehr gewährleistet ist, zu erhalten und weiterzuentwickeln. Zur schrittweisen Schaffung eines solchen Raums erlässt die Gemeinschaft unter anderem im Bereich der justiziellen Zusammenarbeit in Zivilsachen mit grenzüberschreitendem Bezug die für das reibungslose Funktionieren des Binnenmarkts erforderlichen Maßnahmen.

(2) Gemäß Artikel 65 Buchstabe c des Vertrags schließen diese Maßnahmen die Beseitigung der Hindernisse für eine reibungslose Abwicklung von Zivilverfahren ein, erforderlichenfalls durch Förderung der Vereinbarkeit der in den Mitgliedstaaten geltenden zivilrechtlichen Verfahrensvorschriften.

(3) Auf seiner Tagung am 15. und 16. Oktober 1999 in Tampere forderte der Europäische Rat den Rat und die Kommission auf, neue Vorschriften zu jenen Aspekten auszuarbeiten, die unabdingbar für eine reibungslose justizielle Zusammenarbeit und einen verbesserten Zugang zum Recht sind, und nannte in diesem Zusammenhang ausdrücklich auch das Mahnverfahren.

(4) Am 30. November 2000 verabschiedete der Rat ein gemeinsames Programm der Kommission und des Rates über Maßnahmen zur Umsetzung des Grundsatzes der gegenseitigen Anerkennung gerichtlicher Entscheidungen in Zivil- und Handelssachen. Darin wird die Schaffung eines besonderen, gemeinschaftsweit einheitlichen oder harmonisierten Verfahrens zur Erwirkung einer gerichtlichen Entscheidung in speziellen Bereichen, darunter die Beitreibung unbestrittener Forderungen, in Erwägung gezogen. Dies wurde durch das vom Europäischen Rat am 5. November 2004 angenommene Haager Programm, in dem eine zügige Durchführung der Arbeiten am Europäischen Zahlungsbefehl gefordert wird, weiter vorangebracht.

(5) Am 20. Dezember 2002 nahm die Kommission ein Grünbuch über ein Europäisches Mahnverfahren und über Maßnahmen zur einfacheren und schnelleren Beilegung von Streitigkeiten mit geringem Streitwert an. Mit dem Grünbuch wurde eine Anhörung zu den möglichen Zielen und Merkmalen eines einheitlichen oder harmonisierten Europäischen Mahnverfahrens zur Beitreibung unbestrittener Forderungen eingeleitet.

(6) Für die Wirtschaftsbeteiligten der Europäischen Union ist die rasche und effiziente Beitreibung ausstehender Forderungen, die nicht Gegenstand eines Rechtsstreits sind, von größter Bedeutung, da Zahlungsverzug eine der Hauptursachen für Zahlungsunfähigkeit ist, die vor allem die Existenz von kleinen und mittleren Unternehmen bedroht und für den Verlust zahlreicher Arbeitsplätze verantwortlich ist.

(7) Alle Mitgliedstaaten versuchen, dem Problem der Beitreibung unzähliger unbestrittener Forderungen beizukommen, die meisten Mitgliedstaaten im Wege eines vereinfachten Mahnverfahrens, doch gibt es bei der inhaltlichen Ausgestaltung der einzelstaatlichen Vorschriften und der Effizienz der Verfahren erhebliche Unterschiede. Überdies sind die derzeitigen Verfahren in grenzüberschreitenden Rechtssachen häufig entweder unzulässig oder praktisch undurchführbar.

(8) Der daraus resultierende erschwerte Zugang zu einer effizienten Rechtsprechung bei grenzüberschreitenden Rechtssachen und die Verfälschung des Wettbewerbs im Binnenmarkt aufgrund des unterschiedlichen Funktionierens der verfahrensrechtlichen Instrumente, die den Gläubigern in den einzelnen Mitglied-

staaten zur Verfügung stehen, machen eine Gemeinschaftsregelung erforderlich, die für Gläubiger und Schuldner in der gesamten Europäischen Union gleiche Bedingungen gewährleistet.
(9) Diese Verordnung hat Folgendes zum Ziel: die Vereinfachung und Beschleunigung grenzüberschreitender Verfahren im Zusammenhang mit unbestrittenen Geldforderungen und die Verringerung der Verfahrenskosten durch Einführung eines Europäischen Mahnverfahrens sowie die Ermöglichung des freien Verkehrs Europäischer Zahlungsbefehle in den Mitgliedstaaten durch Festlegung von Mindestvorschriften, bei deren Einhaltung die Zwischenverfahren im Vollstreckungsmitgliedstaat, die bisher für die Anerkennung und Vollstreckung erforderlich waren, entfallen.
(10) Das durch diese Verordnung geschaffene Verfahren sollte eine zusätzliche und fakultative Alternative für den Antragsteller darstellen, dem es nach wie vor freisteht, sich für die im nationalen Recht vorgesehenen Verfahren zu entscheiden. Durch diese Verordnung sollen mithin die nach nationalem Recht vorgesehenen Mechanismen zur Beitreibung unbestrittener Forderungen weder ersetzt noch harmonisiert werden.
(11) Der Schriftverkehr zwischen dem Gericht und den Parteien sollte soweit wie möglich mit Hilfe von Formblättern abgewickelt werden, um die Abwicklung der Verfahren zu erleichtern und eine automatisierte Verarbeitung der Daten zu ermöglichen.
(12) Bei der Entscheidung darüber, welche Gerichte dafür zuständig sind, einen Europäischen Zahlungsbefehl zu erlassen, sollten die Mitgliedstaaten dem Erfordernis, den Zugang der Bürger zur Justiz zu gewährleisten, gebührend Rechnung tragen.
(13) Der Antragsteller sollte verpflichtet sein, in dem Antrag auf Erlass eines Europäischen Zahlungsbefehls Angaben zu machen, aus denen die geltend gemachte Forderung und ihre Begründung klar zu entnehmen sind, damit der Antragsgegner anhand fundierter Informationen entscheiden kann, ob er Einspruch einlegen oder die Forderung nicht bestreiten will.
(14) Dabei muss der Antragsteller auch eine Bezeichnung der Beweise, der zum Nachweis der Forderung herangezogen wird, beifügen. Zu diesem Zweck sollte in dem Antragsformular eine möglichst erschöpfende Liste der Arten von Beweisen enthalten sein, die üblicherweise zur Geltendmachung von Geldforderungen angeboten werden.
(15) Die Einreichung eines Antrags auf Erlass eines Europäischen Zahlungsbefehls sollte mit der Entrichtung der gegebenenfalls fälligen Gerichtsgebühren verbunden sein.
(16) Das Gericht sollte den Antrag, einschließlich der Frage der gerichtlichen Zuständigkeit und der Bezeichnung der Beweise, auf der Grundlage der im Antragsformular enthaltenen Angaben prüfen. Dies ermöglicht es dem Gericht, schlüssig zu prüfen, ob die Forderung begründet ist, und unter anderem offensichtlich unbegründete Forderungen oder unzulässige Anträge auszuschließen. Die Prüfung muss nicht von einem Richter durchgeführt werden.
(17) Gegen die Zurückweisung des Antrags kann kein Rechtsmittel eingelegt werden. Dies schließt allerdings eine mögliche Überprüfung der zurückweisenden Entscheidung in derselben Instanz im Einklang mit dem nationalen Recht nicht aus.
(18) Der Europäische Zahlungsbefehl sollte den Antragsgegner darüber aufklären, dass er entweder den zuerkannten Betrag an den Antragsteller zu zahlen hat oder, wenn er die Forderung bestreiten will, innerhalb von 30 Tagen eine Einspruchsschrift versenden muss. Neben der vollen Aufklärung über die vom Antragsteller geltend gemachte Forderung sollte der Antragsgegner auf die rechtliche Bedeutung des Europäischen Zahlungsbefehls und die Folgen eines Verzichts auf Einspruch hingewiesen werden.
(19) Wegen der Unterschiede im Zivilprozessrecht der Mitgliedstaaten, insbesondere bei den Zustellungsvorschriften, ist es notwendig, die im Rahmen des Europäischen Mahnverfahrens anzuwendenden Mindestvorschriften präzise und detailliert zu definieren. So sollte insbesondere eine Zustellungsform, die auf einer juristischen Fiktion beruht, im Hinblick auf die Einhaltung der Mindestvorschriften nicht als ausreichend für die Zustellung eines Europäischen Zahlungsbefehls angesehen werden.
(20) Alle in den Artikeln 13 und 14 aufgeführten Zustellungsformen gewähren entweder eine absolute Gewissheit (Artikel 13) oder ein hohes Maß an Wahrscheinlichkeit (Artikel 14) dafür, dass das zugestellte Schriftstück dem Empfänger zugegangen ist.
(21) Die persönliche Zustellung an bestimmte andere Personen als den Antragsgegner selbst gemäß Artikel 14 Absatz 1 Buchstaben a und b sollte die Anforderungen der genannten Vorschriften nur dann erfüllen, wenn diese Personen den Europäischen Zahlungsbefehl auch tatsächlich erhalten haben.
(22) Artikel 15 sollte auf Situationen Anwendung finden, in denen der Antragsgegner sich nicht selbst vor Gericht vertreten kann, etwa weil er eine juristische Person ist, und in denen er durch einen gesetzlichen

Vertreter vertreten wird, sowie auf Situationen, in denen der Antragsgegner eine andere Person, insbesondere einen Rechtsanwalt, ermächtigt hat, ihn in dem betreffenden gerichtlichen Verfahren zu vertreten.

(23) Der Antragsgegner kann seinen Einspruch unter Verwendung des in dieser Verordnung enthaltenen Formblatts einreichen. Die Gerichte sollten allerdings auch einen in anderer Form eingereichten schriftlichen Einspruch berücksichtigen, sofern dieser klar erklärt ist.

(24) Ein fristgerecht eingereichter Einspruch sollte das Europäische Mahnverfahren beenden und zur automatischen Überleitung der Sache in einen ordentlichen Zivilprozess führen, es sei denn, der Antragsteller hat ausdrücklich erklärt, dass das Verfahren in diesem Fall beendet sein soll. Für die Zwecke dieser Verordnung sollte der Begriff »ordentlicher Zivilprozess« nicht notwendigerweise im Sinne des nationalen Rechts ausgelegt werden.

(25) Nach Ablauf der Frist für die Einreichung des Einspruchs sollte der Antragsgegner in bestimmten Ausnahmefällen berechtigt sein, eine Überprüfung des Europäischen Zahlungsbefehls zu beantragen. Die Überprüfung in Ausnahmefällen sollte nicht bedeuten, dass der Antragsgegner eine zweite Möglichkeit hat, Einspruch gegen die Forderung einzulegen. Während des Überprüfungsverfahrens sollte die Frage, ob die Forderung begründet ist, nur im Rahmen der sich aus den vom Antragsgegner angeführten außergewöhnlichen Umständen ergebenden Begründungen geprüft werden. Zu den anderen außergewöhnlichen Umständen könnte auch der Fall zählen, dass der Europäische Zahlungsbefehl auf falschen Angaben im Antragsformular beruht.

(26) Gerichtsgebühren nach Artikel 25 sollten beispielsweise keine Anwaltshonorare oder Zustellungskosten einer außergerichtlichen Stelle enthalten.

(27) Ein Europäischer Zahlungsbefehl, der in einem Mitgliedstaat ausgestellt wurde und der vollstreckbar geworden ist, sollte für die Zwecke der Vollstreckung so behandelt werden, als ob er in dem Mitgliedstaat ausgestellt worden wäre, in dem die Vollstreckung betrieben wird. Gegenseitiges Vertrauen in die ordnungsgemäße Rechtspflege in den Mitgliedstaaten rechtfertigt es, dass das Gericht nur eines Mitgliedstaats beurteilt, ob alle Voraussetzungen für den Erlass eines Europäischen Zahlungsbefehls vorliegen und der Zahlungsbefehl in allen anderen Mitgliedstaaten vollstreckbar ist, ohne dass im Vollstreckungsmitgliedstaat zusätzlich von einem Gericht geprüft werden muss, ob die prozessualen Mindestvorschriften eingehalten worden sind. Unbeschadet der in dieser Verordnung enthaltenen Vorschriften, insbesondere der in Artikel 22 Absätze 1 und 2 und in Artikel 23 enthaltenen Mindestvorschriften, sollte das Verfahren der Vollstreckung des Europäischen Zahlungsbefehls nach wie vor im nationalen Recht geregelt bleiben.

(28) Die Berechnung der Fristen sollte nach Maßgabe der Verordnung (EWG, Euratom) Nr 1182/71 des Rates vom 3. Juni 1971 zur Festlegung der Regeln für die Fristen, Daten und Termine erfolgen. Der Antragsgegner sollte darüber unterrichtet sowie darauf hingewiesen werden, dass dabei die gesetzlichen Feiertage in dem Mitgliedstaat des Gerichts, das den Europäischen Zahlungsbefehl erlässt, berücksichtigt werden.

(29) Da die Ziele dieser Verordnung, nämlich die Schaffung eines einheitlichen, zeitsparenden und effizienten Instruments zur Beitreibung unbestrittener Geldforderungen in der Europäischen Union, auf Ebene der Mitgliedstaaten nicht ausreichend verwirklicht werden können und wegen ihres Umfangs und ihrer Wirkung daher besser auf Gemeinschaftsebene zu verwirklichen sind, kann die Gemeinschaft im Einklang mit dem in Artikel 5 des Vertrags niedergelegten Subsidiaritätsprinzip tätig werden. Entsprechend dem in demselben Artikel genannten Grundsatz der Verhältnismäßigkeit geht diese Verordnung nicht über das für die Erreichung dieser Ziele erforderliche Maß hinaus.

(30) Die zur Durchführung dieser Verordnung erforderlichen Maßnahmen sind nach Maßgabe des Beschlusses 1999/468/EG des Rates vom 28. Juni 1999 zur Festlegung der Modalitäten für die Ausübung der der Kommission übertragenen Durchführungsbefugnisse zu erlassen.

(31) Das Vereinigte Königreich und Irland haben gemäß Artikel 3 des dem Vertrag über die Europäische Union und dem Vertrag zur Gründung der Europäischen Gemeinschaft beigefügten Protokolls über die Position des Vereinigten Königreichs und Irlands mitgeteilt, dass sie sich an der Annahme und Anwendung der vorliegenden Verordnung beteiligen möchten.

(32) Gemäß den Artikeln 1 und 2 des dem Vertrag über die Europäische Union und dem Vertrag zur Gründung der Europäischen Gemeinschaft beigefügten Protokolls über die Position Dänemarks beteiligt sich Dänemark nicht an der Annahme dieses Beschlusses, der für Dänemark nicht bindend und nicht auf Dänemark anwendbar ist –

HABEN FOLGENDE VERORDNUNG ERLASSEN:

Artikel 1 Gegenstand. **(1) Diese Verordnung hat Folgendes zum Ziel:**

a) Vereinfachung und Beschleunigung der grenzüberschreitenden Verfahren im Zusammenhang mit unbestrittenen Geldforderungen und Verringerung der Verfahrenskosten durch Einführung eines Europäischen Mahnverfahrens,

und

b) Ermöglichung des freien Verkehrs Europäischer Zahlungsbefehle in den Mitgliedstaaten durch Festlegung von Mindestvorschriften, bei deren Einhaltung die Zwischenverfahren im Vollstreckungsmitgliedstaat, die bisher für die Anerkennung und Vollstreckung erforderlich waren, entfallen.

(2) Diese Verordnung stellt es dem Antragsteller frei, eine Forderung im Sinne von Artikel 4 im Wege eines anderen Verfahrens nach dem Recht eines Mitgliedstaats oder nach Gemeinschaftsrecht durchzusetzen.

1 **A. Normzweck.** Nach der EuVTVO ist die EuMVVO ein weiterer Schritt auf dem Weg zum freien Verkehr der Vollstreckungstitel innerhalb der EU. Im Unterschied zur EuVTVO beschränkt sie sich aber nicht auf die Bestätigung eines Titels, der aufgrund eines nationalen Verfahrens geschaffen wird. Stattdessen schafft die EuMVVO ein eigenes europarechtlich determiniertes Mahnverfahren, das als fakultative zweite Spur neben die im mitgliedstaatlichen Prozessrecht vorgesehenen Verfahren tritt.

2 **B. Wahlmöglichkeiten des Gläubigers.** Aus Gläubigersicht ist der mit der EuMVVO erreichbare »Europäische Zahlungsbefehl« vorteilhaft, da er ohne Exequaturverfahren in den Mitgliedstaaten (mit Ausnahme Dänemarks, s. Art 2 Rz 4) vollstreckt werden kann. Der Gläubiger kann – sofern der Anwendungsbereich der EuMVVO gegeben ist (Art 2) – wahlweise das Verfahren nach EuMVVO wählen oder sich anderer Verfahren bedienen (Art 1 II). Die aus den mitgliedstaatlichen Verfahren erwachsenden Titel haben aber den Nachteil, dass sie in den anderen Mitgliedstaaten nur vollstreckbar sind, wenn zuvor noch die Vollstreckbarerklärung gem Art 38 ff EuGVO oder eine Bestätigung als Europäischer Vollstreckungstitel (Art 6 EuVTVO) vorgenommen wird. Darüber hinaus erleichtert die EuMVVO die Rechtsdurchsetzung, weil ein einheitliches Verfahren zur Verfügung steht, ohne dass man sich zunächst mit den Besonderheiten der nationalen Verfahrensordnungen beschäftigen müsste. Legt der Schuldner aber Einspruch ein, so endet das europäische Verfahren und es beginnt ggf ein ordentliches Verfahren nach mitgliedstaatlichem Prozessrecht (Art 17).

Artikel 2 Anwendungsbereich. **(1) Diese Verordnung ist in grenzüberschreitenden Rechtssachen in Zivil- und Handelssachen anzuwenden, ohne dass es auf die Art der Gerichtsbarkeit ankommt. Sie erfasst insbesondere nicht Steuer- und Zollsachen, verwaltungsrechtliche Angelegenheiten sowie die Haftung des Staates für Handlungen oder Unterlassungen im Rahmen der Ausübung hoheitlicher Rechte (»acta jure imperii«).**

(2) Diese Verordnung ist nicht anzuwenden auf

a) die ehelichen Güterstände, das Gebiet des Erbrechts einschließlich des Testamentsrechts,

b) Konkurse, Verfahren im Zusammenhang mit dem Abwickeln zahlungsunfähiger Unternehmen oder anderer juristischer Personen, gerichtliche Vergleiche, Vergleiche und ähnliche Verfahren,

c) die soziale Sicherheit,

d) Ansprüche aus außervertraglichen Schuldverhältnissen, soweit

i) diese nicht Gegenstand einer Vereinbarung zwischen den Parteien oder eines Schuldanerkenntnisses sind,

oder

ii) diese sich nicht auf bezifferte Schuldbeträge beziehen, die sich aus gemeinsamem Eigentum an unbeweglichen Sachen ergeben.

(3) In dieser Verordnung bedeutet der Begriff »Mitgliedstaat« die Mitgliedstaaten mit Ausnahme Dänemarks.

1 **A. Sachlicher Anwendungsbereich.** Der Begriff der grenzüberschreitenden Rechtssache ist in Art 3 definiert. Sachlich entsprechen Art 2 I und Art 2 II a–c dem Art 1 I EuGVO. Dies gilt auch für die Abgrenzung zum Insolvenzverfahren in Art 2 IIb (dazu *Niesert/Stöckel* NZI 10, 638). Außerdem ist klargestellt, dass Staatshaftungssachen, in denen es um *acta iure imperii* geht, ausgeschlossen sind (vgl Anhang nach § 1071, Art 1 EuZVO Rz 1).

Abs 2d nimmt **außervertragliche Schuldverhältnisse** aus dem Anwendungsbereich heraus, da die EuMVVO vorrangig die Durchsetzung vertraglicher Ansprüche aus unternehmerischer Tätigkeit im Blick hat (Erwägungsgrund 6). Der Begriff des außervertraglichen Schuldverhältnisses ist wie in der Rom II-VO Nr 864/2007 zu verstehen, dh er umfasst Delikt, Gefährdungshaftung, Bereicherung, Geschäftsführung ohne Auftrag und auch Ansprüche aus *culpa in contrahendo* (Musielak/*Voit* Rn 6 vor §§ 1087 ff; aA *Sujecki* NJW 07, 1622, 1623). Wird in einer solchen Sache aber später oder zusätzlich ein Vertrag geschlossen, so ist die EuMVVO insoweit gem Abs 2d i) anwendbar. 2

Die Formulierung in **Abs 2d ii) leidet unter Unklarheiten bei der Übersetzung:** Die deutsche Fassung spricht von »unbeweglichen Sachen«, während die englische Fassung allgemein »property« nennt, die französische Fassung »biens« (Vermögensgegenstände, so auch die deutsche Fassung des Formblatts A) und die niederländische »goederen« (vgl Kormann 60; *Sujecki* NJW 07, 1622, 1623). Es sind wohl mindestens alle körperlichen Sachen gemeint. 3

B. Räumlicher Anwendungsbereich. Gemäß Abs 3 gilt die VO nicht für Dänemark, dh dort kann ein Europäischer Zahlungsbefehl weder erwirkt noch aus sich heraus vollstreckt werden. Weil Dänemark gem Abs 3 kein Mitgliedstaat iSd EuMVVO ist, reicht der Sitz einer der Parteien in Dänemark auch nicht aus, um eine grenzüberschreitende Rechtssache iSv Art 3 I zu begründen. 4

Artikel 3 Grenzüberschreitende Rechtssachen. (1) Eine grenzüberschreitende Rechtssache im Sinne dieser Verordnung liegt vor, wenn mindestens eine der Parteien ihren Wohnsitz oder gewöhnlichen Aufenthalt in einem anderen Mitgliedstaat als dem des befassten Gerichts hat.

(2) Der Wohnsitz wird nach den Artikeln 59 und 60 der Verordnung (EG) Nr 44/2001 des Rates vom 22. Dezember 2000 über die gerichtliche Zuständigkeit und die Anerkennung und Vollstreckung von Entscheidungen in Zivil- und Handelssachen bestimmt.

(3) Der maßgebliche Augenblick zur Feststellung, ob eine grenzüberschreitende Rechtssache vorliegt, ist der Zeitpunkt, zu dem der Antrag auf Erlass eines Europäischen Zahlungsbefehls nach dieser Verordnung eingereicht wird.

Eine grenzüberschreitende Rechtssache iSv Abs 1 liegt nicht vor, wenn eine der Parteien aus dem Forumstaat kommt und die andere Partei aus einem Drittstaat (oder aus Dänemark wegen Art 2 III); für diese Fälle ist die EuMVVO nicht gedacht. Notwendig und hinreichend ist dagegen, dass mindestens eine der Parteien ihren Sitz (Abs 2) in einem Mitgliedstaat hat, der nicht gleichzeitig Forumstaat ist. Auf die geltend gemachte Forderung kommt es nicht an, daher kann auch eine abgetretene Forderung im Wege der EuMVVO geltend gemacht werden, wenn der Zessionar seinen Sitz in einem anderen Mitgliedstaat als dem Forumstaat hat (Hess EuZPR, 562). 1

Artikel 4 Europäisches Mahnverfahren. Das Europäische Mahnverfahren gilt für die Beitreibung bezifferter Geldforderungen, die zum Zeitpunkt der Einreichung des Antrags auf Erlass eines Europäischen Zahlungsbefehls fällig sind.

Ebenso wie in Art 4 Nr 2 EuVTVO (s. Art 4 EuVTVO Rz 4) ist der Begriff der **Fälligkeit** hier autonom auszulegen und meint Durchsetzbarkeit der Forderung, dh sie darf nicht oder nicht mehr von einer Gegenleistung abhängig sein (Zö/*Geimer* Art 1 EuMVVO Rn 8). Andernfalls würde man zB dem Verkäufer, der noch nicht geliefert hat, den Weg des Mahnverfahrens eröffnen, ohne dass dafür ein Grund ersichtlich wäre (für eine Klarstellung im Verordnungstext daher *Stadler* ZZP 123, 111, 113). Eine Zug-um-Zug-Verurteilung kommt nicht in Betracht; in solchen Fällen ist das Verfahren nach EuMVVO nicht statthaft (Kormann 64). Auf den materiell-rechtlichen Fälligkeitsbegriff des deutschen Rechts oder einer sonstigen *lex causae* kommt es jedenfalls nicht an (aA ThoPu/*Hüßtege* Rn 2). 1

Artikel 5 Begriffsbestimmungen. Im Sinne dieser Verordnung bezeichnet der Ausdruck

1. »Ursprungsmitgliedstaat« den Mitgliedstaat, in dem ein Europäischer Zahlungsbefehl erlassen wird,

2. »Vollstreckungsmitgliedstaat« den Mitgliedstaat, in dem die Vollstreckung eines Europäischen Zahlungsbefehls betrieben wird,

3. »Gericht« alle Behörden der Mitgliedstaaten, die für einen Europäischen Zahlungsbefehl oder jede andere damit zusammenhängende Angelegenheit zuständig sind,
4. »Ursprungsgericht« das Gericht, das einen Europäischen Zahlungsbefehl erlässt.

1 Die in den einzelnen Mitgliedstaaten zuständigen Gerichte oder sonstigen Behörden lassen sich dem Europäischen Gerichtsatlas (vor §§ 1067 ff Rz 5) entnehmen.

Artikel 6 Zuständigkeit. (1) Für die Zwecke der Anwendung dieser Verordnung wird die Zuständigkeit nach den hierfür geltenden Vorschriften des Gemeinschaftsrechts bestimmt, insb der Verordnung (EG) Nr 44/2001.
(2) Betrifft die Forderung jedoch einen Vertrag, den eine Person, der Verbraucher, zu einem Zweck geschlossen hat, der nicht der beruflichen oder gewerblichen Tätigkeit dieser Person zugerechnet werden kann, und ist der Verbraucher Antragsgegner, so sind nur die Gerichte des Mitgliedstaats zuständig, in welchem der Antragsgegner seinen Wohnsitz im Sinne des Artikels 59 der Verordnung (EG) Nr 44/2001 hat.

1 **A. Internationale Zuständigkeit.** Abs 1 betrifft nur die internationale Zuständigkeit und erklärt für diese die EuGVO anwendbar, wobei Abs 2 eine Sonderregelung zum Verbraucherschutz enthält. Dagegen gelten für die örtliche Zuständigkeit die mitgliedstaatlichen Regelungen (in Deutschland AG Wedding gem § 1087).

2 **B. Forderung gegen Verbraucher.** Abweichend von Art 15 ff EuGVO sind in den Fällen des Abs 2 (Verbraucher als Schuldner) nur die Gerichte im Wohnsitzstaat des Verbrauchers für die Durchführung des Europäischen Mahnverfahrens zuständig. Allerdings wird der Begriff des Verbrauchervertrags aus Art 15 EuGVO hier nicht übernommen (auch wenn Formblatt A diesem Begriff verwendet), sondern Abs 2 ist weiter gefasst. Ebenso wie in Art 6 Id EuVTVO ist kein unternehmerisches Handeln einer Vertragspartei vorausgesetzt; somit fällt unter Abs 2 auch das beiderseitig nicht-unternehmerische Geschäft. Im **Verhältnis zur EuGVO** ist Abs 2 *lex specialis*, dh die ausschließliche Zuständigkeit des Gerichts am Wohnsitz des Schuldners besteht ohne Rücksicht auf etwaige Gerichtsstandsvereinbarungen (Art 23 EuGVO) oder sonstige Zuständigkeitsregeln der EuGVO (zB Art 22 EuGVO). Dies liegt in der besonderen Schutzbedürftigkeit des Verbrauchers beim Mahnverfahren begründet. Will der Gläubiger sich zB auf eine Gerichtsstandsvereinbarung stützen, so steht es ihm frei, einen regulären Prozess anzustrengen, in dem dann die Zuständigkeitsregeln der EuGVO gelten (*Heinig* GPR 10, 36, 37 f mwN). Außerdem käme eine Klage gem EuGFVO in Betracht, weil auch dort die allgemeinen Zuständigkeitsregeln gelten (s. Art 4 EuGFVO Rn 3).

Artikel 7 Antrag auf Erlass eines Europäischen Zahlungsbefehls. (1) Der Antrag auf Erlass eines Europäischen Zahlungsbefehls ist unter Verwendung des Formblatts A gemäß Anhang I zu stellen.
(2) Der Antrag muss Folgendes beinhalten:
a) die Namen und Anschriften der Verfahrensbeteiligten und ggf ihrer Vertreter sowie des Gerichts, bei dem der Antrag eingereicht wird;
b) die Höhe der Forderung einschließlich der Hauptforderung und ggf der Zinsen, Vertragsstrafen und Kosten;
c) bei Geltendmachung von Zinsen der Zinssatz und der Zeitraum, für den Zinsen verlangt werden, es sei denn, gesetzliche Zinsen werden nach dem Recht des Ursprungsmitgliedstaats automatisch zur Hauptforderung hinzugerechnet;
d) den Streitgegenstand einschließlich einer Beschreibung des Sachverhalts, der der Hauptforderung und ggf der Zinsforderung zugrunde liegt;
e) eine Bezeichnung der Beweise, die zur Begründung der Forderung herangezogen werden;
f) die Gründe für die Zuständigkeit,
und
g) den grenzüberschreitenden Charakter der Rechtssache iSv Artikel 3.
(3) In dem Antrag hat der Antragsteller zu erklären, dass er die Angaben nach bestem Wissen und Gewissen gemacht hat, und anerkannt, dass jede vorsätzliche falsche Auskunft angemessene Sanktionen nach dem Recht des Ursprungsmitgliedstaats nach sich ziehen kann.

(4) Der Antragsteller kann in einer Anlage zu dem Antrag dem Gericht ggü erklären, dass er die Überleitung in ein ordentliches Verfahren iSd Artikels 17 für den Fall ablehnt, dass der Antragsgegner Einspruch einlegt. Dies hindert den Antragsteller nicht daran, das Gericht zu einem späteren Zeitpunkt, in jedem Fall aber vor Erlass des Zahlungsbefehls, hierüber zu informieren.
(5) Die Einreichung des Antrags erfolgt in Papierform oder durch andere – auch elektronische – Kommunikationsmittel, die im Ursprungsmitgliedstaat zulässig sind und dem Ursprungsgericht zur Verfügung stehen.
(6) Der Antrag ist vom Antragsteller oder ggf von seinem Vertreter zu unterzeichnen. Wird der Antrag gemäß Absatz 5 auf elektronischem Weg eingereicht, so ist er nach Artikel 2 Nummer 2 der Richtlinie 1999/93/EG des Europäischen Parlaments und des Rates vom 13. Dezember 1999 über gemeinschaftliche Rahmenbedingungen für elektronische Signaturen zu unterzeichnen. Diese Signatur wird im Ursprungsmitgliedstaat anerkannt, ohne dass weitere Bedingungen festgelegt werden können.
Eine solche elektronische Signatur ist jedoch nicht erforderlich, wenn und insoweit es bei den Gerichten des Ursprungsmitgliedstaats ein alternatives elektronisches Kommunikationssystem gibt, das einer bestimmten Gruppe von vorab registrierten und authentifizierten Nutzern zur Verfügung steht und die sichere Identifizierung dieser Nutzer ermöglicht. Die Mitgliedstaaten unterrichten die Kommission über derartige Kommunikationssysteme.

A. Form des Antrags. Es herrscht Formularzwang; für die elektronische Übermittlung gelten die in Abs 5 u 6 vorgesehenen Formen. Über mögliche elektronische Übermittlungsformen unterrichtet der Europäische Gerichtsatlas (vor §§ 1067 ff Rz 5). Für Deutschland gilt insoweit § 1088. Für den Antrag ist das auf den jeweiligen Forumstaat passende Formblatt, dh die richtige Sprachfassung auszuwählen, die ebenfalls im Europäischen Gerichtsatlas abrufbar ist. Durch die Standardisierung der Formblätter und die Codierung der Angaben lässt sich das Formblatt meist auch ohne nähere Sprachkenntnisse ausfüllen, indem man sich an dem heimischen Formblatt orientiert. 1

B. Inhalt. Der Streitgegenstand und die Zuständigkeitsgründe sind in der im Formblatt A vorgesehenen codierten Form zu bezeichnen; ebenso die Beweismittel, die nur bezeichnet, aber nicht beigefügt werden müssen (ThoPu/*Hüßtege* Rn 3). Die Erklärungen gem Abs 3 (zwingend) und Abs 4 (nach Wahl des Antragstellers) sind ebenfalls im Formblatt enthalten. Anders als im deutschen Recht ist die Angabe des im ordentlichen Verfahren zuständigen Gerichts nicht vorgesehen. 2

C. Mängel des Formulars. Sinnvoll wäre es, in das Formular eine Erklärung ähnl § 690 I Nr 4 mit aufzunehmen, dh über das Fehlen oder die Erbringung einer vertraglich geschuldeten Gegenleistung, damit die Fälligkeit der geltend gemachten Forderung iSv Art 4 überprüft werden könnte (Kormann 62 ff). 3

Artikel 8 Prüfung des Antrags. **Das mit einem Antrag auf Erlass eines Europäischen Zahlungsbefehls befasste Gericht prüft so bald wie möglich anhand des Antragsformulars, ob die in den Artikeln 2, 3, 4, 6 und 7 genannten Voraussetzungen erfüllt sind und ob die Forderung begründet erscheint. Diese Prüfung kann im Rahmen eines automatisierten Verfahrens erfolgen.**

A. Inhaltliche Prüfung des Antrags durch das Gericht. Bisher ist völlig ungeklärt, welche Art von inhaltlicher Prüfung durch das mit dem Antrag befasste Gericht vorzunehmen ist. Aus Erwägungsgrund 16 (»schlüssig zu prüfen, ob die Forderung begründet ist«) wird die Verpflichtung des Gerichts zu einer Schlüssigkeitsprüfung abgeleitet (Zö/*Geimer* Rn 1; *Hess/Bittmann* IPRax 08, 305, 307; aA Kormann 100 f). Dieser Begriff ist aber irreführend, da er aus deutscher Sicht eine spezifische Bedeutung hat, die hier angesichts der spärlichen und codierten Angaben in Formblatt A nicht recht passt. Die Prüfung muss aber zumindest so genau sein, dass sie in der Lage ist, offensichtlich unbegründete Anträge auszusortieren (*Sujecki* NJW 07, 1622, 1624; ThoPu/*Hüßtege* Rn 2). Ein solcher Antrag ist gem Art 11 Ib abzulehnen. Zumindest ist eine »summarische Prüfung der Formalanforderungen« (*Preuß* ZZP 122, 3, 8) vorzunehmen. 1

B. Automatisiertes Verfahren (S 2). Wie die inhaltliche Prüfung in einem automatisierten Verfahren stattfinden soll, dh wohl ohne Beteiligung eines Menschen, ist bisher nicht ersichtlich; ein Algorithmus zur Aussonderung offensichtlich unbegründeter Anträge ist bisher nicht entwickelt. 2

Artikel 9 Vervollständigung und Berichtigung des Antrags. (1) Das Gericht räumt dem Antragsteller die Möglichkeit ein, den Antrag zu vervollständigen oder zu berichtigen, wenn die in Artikel 7 genannten Voraussetzungen nicht erfüllt sind und die Forderung nicht offensichtlich unbegründet oder der Antrag unzulässig ist. Das Gericht verwendet dazu das Formblatt B gemäß Anhang II.
(2) Fordert das Gericht den Antragsteller auf, den Antrag zu vervollständigen oder zu berichtigen, so legt es dafür eine Frist fest, die ihm den Umständen nach angemessen erscheint. Das Gericht kann diese Frist nach eigenem Ermessen verlängern.

1 Bei unzulässigen oder offensichtlich unbegründeten Anträgen ist keine Möglichkeit der Vervollständigung oder Berichtigung einzuräumen, sondern sogleich gem Art 11 abzulehnen (Abs 1). Dasselbe gilt nach fruchtlosem Ablauf der gem Abs 2 gesetzten Frist (Art 11 Ic).

Artikel 10 Änderung des Antrags. (1) Sind die in Artikel 8 genannten Voraussetzungen nur für einen Teil der Forderung erfüllt, so unterrichtet das Gericht den Antragsteller hiervon unter Verwendung des Formblatts C gemäß Anhang III. Der Antragsteller wird aufgefordert, den Europäischen Zahlungsbefehl über den von dem Gericht angegebenen Betrag anzunehmen oder abzulehnen; er wird zugleich über die Folgen seiner Entscheidung belehrt. Die Antwort des Antragstellers erfolgt durch Rücksendung des von dem Gericht übermittelten Formblatts C innerhalb der von dem Gericht gemäß Artikel 9 Absatz 2 festgelegten Frist.
(2) Nimmt der Antragsteller den Vorschlag des Gerichts an, so erlässt das Gericht gemäß Artikel 12 einen Europäischen Zahlungsbefehl für den Teil der Forderung, dem der Antragsteller zugestimmt hat. Die Folgen hinsichtlich des verbleibenden Teils der ursprünglichen Forderung unterliegen nationalem Recht.
(3) Antwortet der Antragsteller nicht innerhalb der von dem Gericht festgelegten Frist oder lehnt er den Vorschlag des Gerichts ab, so weist das Gericht den Antrag auf Erlass eines Europäischen Zahlungsbefehls insgesamt zurück.

1 Die Vorschrift ermöglicht die Teilung des Antrags in einen statthaften Teil, für den dann der Europäische Zahlungsbefehl erlassen wird, und einen nicht statthaften Teil, für dessen Durchsetzung ggf ein anderes Verfahren in Betracht kommt. Eine derartige Teilung wird aber nur mit Zustimmung des Antragstellers vorgenommen (Abs 2); bei Schweigen oder ausdrücklicher Ablehnung durch den Antragsteller wird gar kein Europäischer Zahlungsbefehl erlassen (Abs 3).

Artikel 11 Zurückweisung des Antrags. (1) Das Gericht weist den Antrag zurück,
a) wenn die in den Artikeln 2, 3, 4, 6 und 7 genannten Voraussetzungen nicht erfüllt sind,
oder
b) wenn die Forderung offensichtlich unbegründet ist,
oder
c) wenn der Antragsteller nicht innerhalb der von dem Gericht gemäß Artikel 9 Absatz 2 gesetzten Frist seine Antwort übermittelt,
oder
d) wenn der Antragsteller gemäß Artikel 10 nicht innerhalb der von dem Gericht gesetzten Frist antwortet oder den Vorschlag des Gerichts ablehnt.
Der Antragsteller wird anhand des Formblatts D gemäß Anhang IV von den Gründen der Zurückweisung in Kenntnis gesetzt.
(2) Gegen die Zurückweisung des Antrags kann kein Rechtsmittel eingelegt werden.
(3) Die Zurückweisung des Antrags hindert den Antragsteller nicht, die Forderung mittels eines neuen Antrags auf Erlass eines Europäischen Zahlungsbefehls oder eines anderen Verfahrens nach dem Recht eines Mitgliedstaats geltend zu machen.

1 Ein Rechtsbehelf gegen die den Antrag zurückweisende Entscheidung ist nicht vorgesehen und auch unnötig, da der Antrag jederzeit wiederholt werden kann, ggf in verbesserter Form. Die Zurückweisung des Antrags hat auch keinerlei Rechtskraftwirkung, was in Abs 3 klargestellt wird.

Artikel 12 Erlass eines Europäischen Zahlungsbefehls. **(1) Sind die in Artikel 8 genannten Voraussetzungen erfüllt, so erlässt das Gericht so bald wie möglich und in der Regel binnen 30 Tagen nach Einreichung eines entsprechenden Antrags einen Europäischen Zahlungsbefehl unter Verwendung des Formblatts E gemäß Anhang V. Bei der Berechnung der 30-tägigen Frist wird die Zeit, die der Antragsteller zur Vervollständigung, Berichtigung oder Änderung des Antrags benötigt, nicht berücksichtigt.**

(2) Der Europäische Zahlungsbefehl wird zusammen mit einer Abschrift des Antragsformulars ausgestellt. Er enthält nicht die vom Antragsteller in den Anlagen 1 und 2 des Formblatts A gemachten Angaben.

(3) In dem Europäischen Zahlungsbefehl wird der Antragsgegner davon in Kenntnis gesetzt, dass er

a) entweder den im Zahlungsbefehl aufgeführten Betrag an den Antragsteller zahlen kann, oder

b) gegen den Europäischen Zahlungsbefehl bei dem Ursprungsgericht Einspruch einlegen kann, indem er innerhalb von 30 Tagen ab dem Zeitpunkt der Zustellung des Zahlungsbefehls an ihn seinen Einspruch versendet.

(4) In dem Europäischen Zahlungsbefehl wird der Antragsgegner davon unterrichtet, dass

a) der Zahlungsbefehl ausschließlich auf der Grundlage der Angaben des Antragstellers erlassen und vom Gericht nicht nachgeprüft wurde,

b) der Zahlungsbefehl vollstreckbar wird, wenn nicht bei dem Gericht nach Artikel 16 Einspruch eingelegt wird,

c) im Falle eines Einspruchs das Verfahren von den zuständigen Gerichten des Ursprungsmitgliedstaats gemäß den Regeln eines ordentlichen Zivilprozesses weitergeführt wird, es sei denn, der Antragsteller hat ausdrücklich beantragt, das Verfahren in diesem Fall zu beenden.

(5) Das Gericht stellt sicher, dass der Zahlungsbefehl dem Antragsgegner gemäß den nationalen Rechtsvorschriften in einer Weise zugestellt wird, die den Mindestvorschriften der Artikel 13, 14 und 15 genügen muss.

A. Einstufiges System des Europäischen Mahnverfahrens. Im Unterschied zum deutschen zweistufigen Mahnverfahren (§§ 688 ff) ist das Europäische Mahnverfahren einstufig ausgestaltet, dh es wird der Europäische Zahlungsbefehl zugestellt (Art 12 ff) und dieser wird später mangels Einspruch (Art 16 f) für vollstreckbar erklärt (Art 18). Es gibt also für den Schuldner nur eine Einspruchsmöglichkeit. Nach Erklärung der Vollstreckbarkeit ist ein Rechtsbehelf nur noch in Ausnahmefällen (Art 20) möglich. 1

B. 30-Tages-Frist. Die in Art 12 I genannte Frist für den Erlass des Europäischen Zahlungsbefehls soll vom Gericht zwar eingehalten werden, aber die Verordnung knüpft an eine Überschreitung keinerlei Sanktionen. Die Fristüberschreitung kann aber bei der Prüfung von Staatshaftungsansprüchen ggf relevant werden. 2

C. Zustellung des Europäischen Zahlungsbefehls. Der Europäische Zahlungsbefehl ist dem Antragsgegner einschließlich einer Abschrift des Antrags zuzustellen (Abs 5); erst die Zustellung setzt die Einspruchsfrist in Lauf (Art 16 II). Die Zustellung erfolgt nach allgemeinen Regeln, dh nach den nationalen Zustellungsvorschriften des Forumstaates und bei Auslandszustellung ggf nach EuZVO (*Röthel/Sparmann* WM 07, 1101, 1107). Allerdings stellen Art 13–14 EuMVVO zum Schutz des Antragsgegners ebenso wie Art 13–14 EuVTVO bestimmte Mindestanforderungen auf, deren Einhaltung vom Gericht zu gewährleisten ist. Können diese Mindestanforderungen nicht erfüllt werden – etwa wegen unbekannter Anschrift des Antragsgegners (Art 14 II) – so scheitert daran das Europäische Mahnverfahren und der Europäische Zahlungsbefehl darf nicht für vollstreckbar erklärt werden. 3

D. Sprache des Europäischen Zahlungsbefehls. Ist der Europäische Zahlungsbefehl in einem anderen Mitgliedstaat zuzustellen, so gelten für die zu verwendende Sprache Art 5 und 8 EuZVO (vgl § 1089 II). 4

Artikel 13 Zustellung mit Nachweis des Empfangs durch den Antragsgegner. **Der Europäische Zahlungsbefehl kann nach dem Recht des Staats, in dem die Zustellung erfolgen soll, dem Antragsgegner in einer der folgenden Formen zugestellt werden:**

a) durch persönliche Zustellung, bei der der Antragsgegner eine Empfangsbestätigung unter Angabe des Empfangsdatums unterzeichnet,

b) durch persönliche Zustellung, bei der die zuständige Person, die die Zustellung vorgenommen hat, ein Dokument unterzeichnet, in dem angegeben ist, dass der Antragsgegner das Schriftstück erhalten hat oder dessen Annahme unberechtigt verweigert hat und an welchem Datum die Zustellung erfolgt ist,

c) durch postalische Zustellung, bei der der Antragsgegner die Empfangsbestätigung unter Angabe des Empfangsdatums unterzeichnet und zurückschickt,

d) durch elektronische Zustellung wie beispielsweise per Fax oder E-Mail, bei der der Antragsgegner eine Empfangsbestätigung unter Angabe des Empfangsdatums unterzeichnet und zurückschickt.

1 Die hier geregelten Anforderungen an die persönliche Zustellung des Europäischen Zahlungsbefehls sind wortgleich mit Art 13 I EuVTVO (s. Erläuterungen zu jener Vorschrift).

Artikel 14 Zustellung ohne Nachweis des Empfangs durch den Antragsgegner.

(1) Der Europäische Zahlungsbefehl kann nach dem Recht des Staats, in dem die Zustellung erfolgen soll, dem Antragsgegner auch in einer der folgenden Formen zugestellt werden:

a) persönliche Zustellung unter der Privatanschrift des Antragsgegners an eine in derselben Wohnung wie der Antragsgegner lebende Person oder an eine dort beschäftigte Person;

b) wenn der Antragsgegner Selbstständiger oder eine juristische Person ist, persönliche Zustellung in den Geschäftsräumen des Antragsgegners an eine Person, die vom Antragsgegner beschäftigt wird;

c) Hinterlegung des Zahlungsbefehls im Briefkasten des Antragsgegners;

d) Hinterlegung des Zahlungsbefehls beim Postamt oder bei den zuständigen Behörden mit entsprechender schriftlicher Benachrichtigung im Briefkasten des Antragsgegners, sofern in der schriftlichen Benachrichtigung das Schriftstück eindeutig als gerichtliches Schriftstück bezeichnet oder darauf hingewiesen wird, dass die Zustellung durch die Benachrichtigung als erfolgt gilt und damit Fristen zu laufen beginnen;

e) postalisch ohne Nachweis gemäß Absatz 3, wenn der Antragsgegner seine Anschrift im Ursprungsmitgliedstaat hat;

f) elektronisch, mit automatisch erstellter Sendebestätigung, sofern sich der Antragsgegner vorab ausdrücklich mit dieser Art der Zustellung einverstanden erklärt hat.

(2) Für die Zwecke dieser Verordnung ist eine Zustellung nach Absatz 1 nicht zulässig, wenn die Anschrift des Antragsgegners nicht mit Sicherheit ermittelt werden kann.

(3) Die Zustellung nach Absatz 1 Buchstaben a, b, c und d wird bescheinigt durch

a) ein von der zuständigen Person, die die Zustellung vorgenommen hat, unterzeichnetes Schriftstück mit den folgenden Angaben:

i) die gewählte Form der Zustellung,
und

ii) das Datum der Zustellung sowie,
und

iii) falls der Zahlungsbefehl einer anderen Person als dem Antragsgegner zugestellt wurde, der Name dieser Person und die Angabe ihres Verhältnisses zum Antragsgegner,
oder

b) eine Empfangsbestätigung der Person, der der Zahlungsbefehl zugestellt wurde, für die Zwecke von Absatz 1 Buchstaben a und b.

1 Wegen der Wortgleichheit mit Art 14 EuVTVO gelten die dortigen Erläuterungen.

Artikel 15 Zustellung an einen Vertreter.

Die Zustellung nach den Artikeln 13 oder 14 kann auch an den Vertreter des Antragsgegners bewirkt werden.

1 Auch hier kann auf den gleichlautenden Art 15 EuVTVO verwiesen werden.

Artikel 16 Einspruch gegen den Europäischen Zahlungsbefehl. **(1) Der Antragsgegner kann beim Ursprungsgericht Einspruch gegen den Europäischen Zahlungsbefehl unter Verwendung des Formblatts F gemäß Anhang VI einlegen, das dem Antragsgegner zusammen mit dem Europäischen Zahlungsbefehl zugestellt wird.**

(2) Der Einspruch muss innerhalb von 30 Tagen ab dem Tag der Zustellung des Zahlungsbefehls an den Antragsgegner versandt werden.

(3) Der Antragsgegner gibt in dem Einspruch an, dass er die Forderung bestreitet, ohne dass er dafür eine Begründung liefern muss.

(4) Der Einspruch ist in Papierform oder durch andere – auch elektronische – Kommunikationsmittel, die im Ursprungsmitgliedstaat zulässig sind und dem Ursprungsgericht zur Verfügung stehen, einzulegen.

(5) Der Einspruch ist vom Antragsgegner oder ggf von seinem Vertreter zu unterzeichnen. Wird der Einspruch gemäß Absatz 4 auf elektronischem Weg eingelegt, so ist er nach Artikel 2 Nummer 2 der Richtlinie 1999/93/EG zu unterzeichnen. Diese Signatur wird im Ursprungsmitgliedstaat anerkannt, ohne dass weitere Bedingungen festgelegt werden können. Eine solche elektronische Signatur ist jedoch nicht erforderlich, wenn und insoweit es bei den Gerichten des Ursprungsmitgliedstaats ein alternatives elektronisches Kommunikationssystem gibt, das einer bestimmten Gruppe von vorab registrierten und authentifizierten Nutzern zur Verfügung steht und die sichere Identifizierung dieser Nutzer ermöglicht. Die Mitgliedstaaten unterrichten die Kommission über derartige Kommunikationssysteme.

A. Form und Inhalt des Einspruchs. Der Antragsgegner kann das in Abs 1 genannte Formblatt benutzen, 1
aber auch eine sonstige »Papierform« (Abs 4) ist ausreichend, dh auch ein formloses Schreiben ist wirksamer Einspruch, wenn aus ihm das Bestreiten der Forderung hervorgeht (Erwägungsgrund 23). Ein Einspruch mittels der in Abs 4 und 5 angesprochenen elektronischen Kommunikationsmittel bedarf entweder der – bisher kaum verbreiteten – elektronischen Signatur oder der Nutzung eines speziellen Kommunikationssystems, wenn ein solches von den Gerichten des Ursprungsmitgliedstaates vorgehalten wird (Abs 5 S 4). Eine Begründung des Einspruchs ist nicht erforderlich (Abs 3), aber in jedem Fall unschädlich.

B. Einspruchsfrist. Die Einspruchsfrist von 30 Tagen beginnt mit dem Tag der ordnungsgemäßen Zustel- 2
lung an den Antragsgegner (Abs 2). Dieser Tag ist ggf gem Art 9 I EuZVO nach dem Recht des Empfangsmitgliedstaats zu ermitteln. Sind die Mindestvoraussetzungen der Art 13-14 hinsichtlich der Zustellung nicht eingehalten, so beginnt die Einspruchsfrist nicht zu laufen und der Europäische Zahlungsbefehl darf auch nicht für vollstreckbar erklärt werden (Art 18 I 2). Zur Fristwahrung genügt die rechtzeitige Absendung des Einspruchs; der Eingang bei Gericht ist irrelevant (Abs 2). Versäumt der Antragsgegner unverschuldet die Frist, so ist ein Überprüfungsantrag gem Art 20 I möglich.

Artikel 17 Wirkungen der Einlegung eines Einspruchs. **(1) Wird innerhalb der in Artikel 16 Absatz 2 genannten Frist Einspruch eingelegt, so wird das Verfahren vor den zuständigen Gerichten des Ursprungsmitgliedstaats gem den Regeln eines ordentlichen Zivilprozesses weitergeführt, es sei denn, der Antragsteller hat ausdrücklich beantragt, das Verfahren in einem solchen Fall zu beenden. Hat der Antragsteller seine Forderung im Wege des Europäischen Mahnverfahrens geltend gemacht, so wird seine Stellung in nachfolgenden ordentlichen Zivilprozessen durch keine Maßnahme nach nationalem Recht präjudiziert.**

(2) Die Überleitung in ein ordentliches Zivilverfahren im Sinne des Absatzes 1 erfolgt nach dem Recht des Ursprungsmitgliedstaats.

(3) Dem Antragsteller wird mitgeteilt, ob der Antragsgegner Einspruch eingelegt hat und ob das Verfahren als ordentlicher Zivilprozess weitergeführt wird.

Der rechtzeitig eingelegte Einspruch bewirkt in jedem Falle die Überleitung in den ordentlichen Zivilpro- 1
zess, auch dann, wenn die Zustellung mangelhaft iSd Art 13–14 war. Für das Verfahren nach Einspruch gilt in Deutschland § 1090. In Arbeitssachen gilt außerdem § 46b III ArbGG.

Artikel 18 Vollstreckbarkeit. **(1) Wurde innerhalb der Frist des Artikels 16 Absatz 2 unter Berücksichtigung eines angemessenen Zeitraums für die Übermittlung kein Einspruch beim Ursprungsgericht eingelegt, so erklärt das Gericht den Europäischen Zahlungsbefehl unter Verwen-**

dung des Formblatts G gemäß Anhang VII unverzüglich für vollstreckbar. Das Ursprungsgericht überprüft das Zustellungsdatum des Europäischen Zahlungsbefehls.
(2) Unbeschadet des Absatzes 1 richten sich die Voraussetzungen der Zwangsvollstreckung für die Vollstreckbarkeit nach den Rechtsvorschriften des Ursprungsmitgliedstaats.
(3) Das Gericht übersendet dem Antragsteller den vollstreckbaren Europäischen Zahlungsbefehl.

1 **A. Voraussetzungen der Vollstreckbarerklärung.** Die Erklärung der Vollstreckbarkeit des Europäischen Zahlungsbefehls setzt voraus, dass dieser ordnungsgemäß (Art 13–14) zugestellt wurde und dass innerhalb der Einspruchsfrist kein Einspruch abgesandt (Art 16 II) wurde. Letzteres setzt wegen der Postlaufzeit ein gewisses Zuwarten des Gerichts nach Fristablauf voraus (MüKoZPO/*Rauscher* Anh I zu Buch 11 Rn 24). Der Wortlaut des Art 18 I 2 verpflichtet das Gericht nur zur Überprüfung des Zustellungsdatums; zugleich ist aber wegen Art 12 V auch die Ordnungsmäßigkeit der Zustellung vAw zu prüfen (aA *Röthel/Sparmann* WM 07, 1101, 1107).

2 **B. Wirkung der Vollstreckbarerklärung.** Die Vollstreckbarerklärung ermöglicht die Zwangsvollstreckung des Europäischen Zahlungsbefehls in den Mitgliedstaaten (ausgenommen Dänemark) ohne Exequaturverfahren (Art 19). Außerdem erwächst der für vollstreckbar erklärte Europäische Zahlungsbefehl nach Ablauf der Rechtsbehelfsfrist (Art 20) in Rechtskraft, um eine endgültige Streitbeilegung sicherzustellen (*Hess/Bittmann* IPRax 08, 305, 310; Kormann 158 ff).

3 **C. Rechtsbehelfe.** Der Antragsgegner kann gem Art 20 Überprüfung der Vollstreckbarerklärung verlangen. Der Antragsteller ist bei einer Ablehnung der Vollstreckbarerklärung mangels Regelung in der Verordnung auf nationale Rechtsbehelfe verwiesen; in Deutschland kommt die sofortige Beschwerde in Betracht (s. § 1087 ZPO Rz 1).

Artikel 19 Abschaffung des Exequaturverfahrens. Der im Ursprungsmitgliedstaat vollstreckbar gewordene Europäische Zahlungsbefehl wird in den anderen Mitgliedstaaten anerkannt und vollstreckt, ohne dass es einer Vollstreckbarerklärung bedarf und ohne dass seine Anerkennung angefochten werden kann.

1 Die Vorschrift sichert zunächst den bereits in Art 1 Ib genannten freien Verkehr der Europäischen Zahlungsbefehle, in dem sie ein mitgliedstaatliches Exequaturverfahren untersagt. Darüber hinaus äußert sie sich aber auch zur Anerkennung der Entscheidung in den anderen Mitgliedstaaten, die nicht notwendig mit einem Vollstreckungsverfahren zusammenhängt und auch in sonstigen Verfahren relevant werden kann. Im Unterschied zur EuVTVO (str, s. Art 5 EuVTVO Rz 2) enthält die EuMVVO auch keine Beschränkung ihrer Wirkungen auf das Vollstreckungsverfahren. Daher bewirkt die Vollstreckbarerklärung des Europäischen Zahlungsbefehls auch die automatische **Anerkennung** seiner Wirkungen (einschließlich Rechtskraftwirkung, s. Art 18 Rz 2) in den übrigen Mitgliedstaaten (ausgenommen Dänemark) unter Verdrängung der Art 33 ff EuGVO (ThoPu/*Hüßtege* Rn 1; aA *Freitag* FS Kropholler 759, 766). Dafür spricht auch, dass es sich hier im Unterschied zur EuVTVO um ein genuin europäisches Verfahren handelt, dessen Ergebnis im Interesse der Rechtssicherheit in den Mitgliedstaaten ohne weiteres anzuerkennen ist, während die EuVTVO sich darauf beschränkt, das Ergebnis eines national geregelten Verfahrens mit einer erleichterten Vollstreckbarkeit auszustatten.

Artikel 20 Überprüfung in Ausnahmefällen. (1) Nach Ablauf der in Artikel 16 Absatz 2 genannten Frist ist der Antragsgegner berechtigt, bei dem zuständigen Gericht des Ursprungsmitgliedstaats eine Überprüfung des Europäischen Zahlungsbefehls zu beantragen, falls
a) i) der Zahlungsbefehl in einer der in Artikel 14 genannten Formen zugestellt wurde, und
ii) die Zustellung ohne Verschulden des Antragsgegners nicht so rechtzeitig erfolgt ist, dass er Vorkehrungen für seine Verteidigung hätte treffen können, oder
b) der Antragsgegner aufgrund höherer Gewalt oder aufgrund außergewöhnlicher Umstände ohne eigenes Verschulden keinen Einspruch gegen die Forderung einlegen konnte,
wobei in beiden Fällen vorausgesetzt wird, dass er unverzüglich tätig wird.

(2) Ferner ist der Antragsgegner nach Ablauf der in Artikel 16 Absatz 2 genannten Frist berechtigt, bei dem zuständigen Gericht des Ursprungsmitgliedstaats eine Überprüfung des Europäischen Zahlungsbefehls zu beantragen, falls der Europäische Zahlungsbefehl gemessen an den in dieser Verordnung festgelegten Voraussetzungen oder aufgrund von anderen außergewöhnlichen Umständen offensichtlich zu Unrecht erlassen worden ist.

(3) Weist das Gericht den Antrag des Antragsgegners mit der Begründung zurück, dass keine der Voraussetzungen für die Überprüfung nach den Absätzen 1 und 2 gegeben ist, bleibt der Europäische Zahlungsbefehl in Kraft.

Entscheidet das Gericht, dass die Überprüfung aus einem der in den Absätzen 1 und 2 genannten Gründe gerechtfertigt ist, wird der Europäische Zahlungsbefehl für nichtig erklärt.

A. Normzweck. Obwohl das Europäische Mahnverfahren einstufig ausgestaltet ist, soll diese Vorschrift dem Antragsgegner in besonders begründeten Fällen auch nach der Vollstreckbarerklärung des Europäischen Zahlungsbefehls noch eine Möglichkeit geben, dessen Berechtigung überprüfen zu lassen. Diese Ausnahmefälle sind die unverschuldete Nichteinhaltung der Einspruchsfrist gestellt werden (Abs 1) oder ein »offensichtlich zu Unrecht« erlassener Europäischer Zahlungsbefehl (Abs 2). 1

B. Nichteinhaltung der Einspruchsfrist. Der in Abs 1 beschriebene Rechtsbehelf ähnelt strukturell der Wiedereinsetzung in den vorigen Stand (MüKoZPO/*Rauscher* Anh I zu Buch 11 Rn 26). Dabei ist in Abs 1a ii) auf die (verspätete) Kenntnisnahme durch den Antragsgegner abzustellen und nicht auf den Zeitpunkt der Zustellung, wie der Wortlaut suggeriert (*Hess/Bittmann* IPRax 08, 305, 309). In Betracht kommen zB Fälle der Hinterlegung im Briefkasten bei längerer Abwesenheit des Antragsgegners (*Röthel/Sparmann* WM 07, 1101, 1104) oder andere Verzögerungen, wobei aber den Antragsgegner kein Verschulden treffen darf. 2

C. Offensichtlich zu Unrecht erlassener Zahlungsbefehl. Darüber hinaus stellt Abs 2 einen weiteren Rechtsbehelf für »außergewöhnliche Umstände« zur Verfügung. Dessen Voraussetzungen sind aber eng auszulegen, um ihn nicht zu einer generellen zweiten Einspruchsmöglichkeit werden zu lassen, die nicht zu dem einstufigen Verfahren der EuMVVO passt. Der Verordnungsgeber dachte hier insb an Fälle des Prozessbetrugs durch falsche Angaben im Antragsformular (Erwägungsgrund 25; *McGuire* GPR 07, 303, 305). Hierher gehört aber auch die zum deutschen Mahnverfahren entwickelte Rechtsprechung, wonach die Nutzung des Mahnverfahrens missbräuchlich und sittenwidrig ist, wenn die Forderung aus Rechtsgründen offensichtlich nicht besteht (BGHZ 101, 380). Auch in derartigen Missbrauchsfällen ist der Europäische Zahlungsbefehl offensichtlich zu Unrecht erlassen worden (*Preuß* ZZP 122, 3, 17; Musielak/*Voit* Rn 35 vor §§ 1087ff; Zö/*Geimer* § 1092 Rn 3; aA *Freitag* IPRax 07, 509, 511). 3

D. Verfahren. Das Überprüfungsverfahren ist für deutsche Gerichte in § 1092 geregelt. 4

Artikel 21 Vollstreckung.

(1) Unbeschadet der Bestimmungen dieser Verordnung gilt für das Vollstreckungsverfahren das Recht des Vollstreckungsmitgliedstaats.

Ein vollstreckbar gewordener Europäischer Zahlungsbefehl wird unter den gleichen Bedingungen vollstreckt wie eine im Vollstreckungsmitgliedstaat vollstreckbar gewordene Entscheidung.

(2) Zur Vollstreckung in einem anderen Mitgliedstaat legt der Antragsteller den zuständigen Vollstreckungsbehörden dieses Mitgliedstaats folgende Dokumente vor:

a) eine Ausfertigung des von dem Ursprungsgericht für vollstreckbar erklärten Europäischen Zahlungsbefehls, die die für seine Beweiskraft erforderlichen Voraussetzungen erfüllt,

und

b) ggf eine Übersetzung des Europäischen Zahlungsbefehls in die Amtssprache des Vollstreckungsmitgliedstaats oder – falls es in diesem Mitgliedstaat mehrere Amtssprachen gibt – nach Maßgabe der Rechtsvorschriften dieses Mitgliedstaats in die Verfahrenssprache oder eine der Verfahrenssprachen des Ortes, an dem die Vollstreckung betrieben wird, oder in eine sonstige Sprache, die der Vollstreckungsmitgliedstaat zulässt. Jeder Mitgliedstaat kann angeben, welche Amtssprache oder Amtssprachen der Organe der Europäischen Union er neben seiner oder seinen eigenen für den Europäischen Zahlungsbefehl zulässt. Die Übersetzung ist von einer hierzu in einem der Mitgliedstaaten befugten Person zu beglaubigen.

(3) Einem Antragsteller, der in einem Mitgliedstaat die Vollstreckung eines in einem anderen Mitgliedstaat erlassenen Europäischen Zahlungsbefehls beantragt, darf wegen seiner Eigenschaft als Ausländer oder wegen Fehlens eines inländischen Wohnsitzes oder Aufenthaltsorts im Vollstreckungsmitgliedstaat eine Sicherheitsleistung oder Hinterlegung, unter welcher Bezeichnung es auch sei, nicht auferlegt werden.

1 **A. Normzweck.** Die Vorschrift bezweckt in Abs 1 den freien Verkehr der für vollstreckbar erklärten Europäischen Zahlungsbefehle. Für die Vollstreckung gilt das Recht des Vollstreckungsmitgliedstaates (für Deutschland vgl § 1093 ff) einschließlich der dort vorgesehenen Rechtsbehelfe, sofern diese nicht eine gem Art 22 III verbotene Überprüfung des Europäischen Zahlungsbefehls in der Sache selbst beinhalten (vgl aber § 1096 II 2). Eine Diskriminierung des Vollstreckungsgläubigers wegen seiner Herkunft – auch aus einem Drittstaat – ist gem Abs 3 unzulässig (s. Art 20 EuVTVO Rz 1).

2 **B. Vorzulegende Unterlagen.** Es ist das Original einer Ausfertigung des für vollstreckbar erklärten Europäischen Zahlungsbefehls vorzulegen, ggf mit Übersetzung in die im Vollstreckungsmitgliedstaat zugelassene Sprache (für Deutschland in die deutsche Sprache, § 1094). Ein Nachweis der Zustellung ist nicht erforderlich.

Artikel 22 Verweigerung der Vollstreckung.

(1) Auf Antrag des Antragsgegners wird die Vollstreckung vom zuständigen Gericht im Vollstreckungsmitgliedstaat verweigert, wenn der Europäische Zahlungsbefehl mit einer früheren Entscheidung oder einem früheren Zahlungsbefehl unvereinbar ist, die bzw. der in einem Mitgliedstaat oder einem Drittland ergangen ist, sofern

a) die frühere Entscheidung oder der frühere Zahlungsbefehl zwischen denselben Parteien wegen desselben Streitgegenstands ergangen ist,

und

b) die frühere Entscheidung oder der frühere Zahlungsbefehl die notwendigen Voraussetzungen für die Anerkennung im Vollstreckungsmitgliedstaat erfüllt,

und

c) die Unvereinbarkeit im gerichtlichen Verfahren des Ursprungsmitgliedstaats nicht geltend gemacht werden konnte.

(2) Auf Antrag wird die Vollstreckung ebenfalls verweigert, sofern und insoweit der Antragsgegner den Betrag, der dem Antragsteller in einem Europäischen Zahlungsbefehl zuerkannt worden ist, an diesen entrichtet hat.

(3) Ein Europäischer Zahlungsbefehl darf im Vollstreckungsmitgliedstaat in der Sache selbst nicht nachgeprüft werden.

1 **A. Normzweck.** Der freie Verkehr des vollstreckbaren Europäischen Zahlungsbefehls verbietet eine sachliche Überprüfung im Vollstreckungsmitgliedstaat (Abs 3). Die Vorschrift regelt aber zwei Sonderfälle, in welchen das im Vollstreckungsstaat zuständige Gericht die Vollstreckung verweigern darf.

2 **B. Titelkollision (Abs 1).** Es gelten sinngemäß die Ausführungen zu Art 21 EuVTVO Rz 2. Zahlungsbefehle iSd Vorschrift sind nicht nur der Europäischer Zahlungsbefehl, sondern auch vergleichbare Titel, die einem summarischen Verfahren entstammen (dazu *Freitag* IPRax 07, 509, 511 ff).

3 **C. Befriedigung des Gläubigers (Abs 2).** Die Vorschrift erlaubt eine Verweigerung der Vollstreckung, wenn der Schuldner die Zahlung an den Gläubiger nachweist. Um das Einspruchsverfahren nicht zu entwerten wird Abs 2 zT einschränkend dahingehend ausgelegt, dass nur eine zeitlich nach Zustellung des Europäischen Zahlungsbefehls liegende Zahlung geltend gemacht werden könne (*Freitag* IPRax 07, 509, 513; ThoPu/*Hüßtege* Rn 6). Dagegen spricht aber, dass auch der vor Zustellung des Zahlungsbefehls zahlende Schuldner die Sache mit Recht für erledigt halten kann und sich der Notwendigkeit eines Einspruchs nicht bewusst sein muss; daher sollte auch er den Antrag gem Art 22 II stellen können, wenn der Gläubiger trotz Zahlung noch die Vollstreckung betreibt (*Preuß* ZZP 122, 3, 27).

4 **D. Verfahren in Deutschland.** Für Fälle der Titelkollision (Abs 1) gilt § 1096 I 1 iVm § 1084 I, II. Für den Erfüllungseinwand entspricht das Verfahren gem §§ 1096 II 1, 1086 I dem der Vollstreckungsgegenklage.

Artikel 23 Aussetzung oder Beschränkung der Vollstreckung. Hat der Antragsgegner eine Überprüfung nach Artikel 20 beantragt, so kann das zuständige Gericht im Vollstreckungsmitgliedstaat auf Antrag des Antragsgegners
a) das Vollstreckungsverfahren auf Sicherungsmaßnahmen beschränken,
oder
b) die Vollstreckung von der Leistung einer von dem Gericht zu bestimmenden Sicherheit abhängig machen,
oder
c) unter außergewöhnlichen Umständen das Vollstreckungsverfahren aussetzen.

A. Normzweck. Die Vorschrift soll zu Gunsten des Schuldners Aufschub oder Beschränkung der Vollstreckung ermöglichen, wenn im Ursprungsmitgliedstaat ein Überprüfungsantrag gem Art 20 gegen den Europäischen Zahlungsbefehl anhängig ist. Die Auswahl aus den in a – c genannten Maßnahmen trifft das im Vollstreckungsmitgliedstaat angerufene Gericht nach seinem Ermessen. Kriterien dieser Entscheidung sind die Erfolgsaussichten des Überprüfungsantrags und der durch die Vollstreckung drohenden Schaden für den Schuldner (ThoPu/*Hüßtege* Rn 3). 1

B. Verfahren in Deutschland. Es gilt § 1096 I 2 iVm § 1084 I, III. 2

Artikel 24 Rechtliche Vertretung. Die Vertretung durch einen Rechtsanwalt oder sonstigen Rechtsbeistand ist nicht zwingend
a) für den Antragsteller im Hinblick auf die Beantragung eines Europäischen Zahlungsbefehls,
b) für den Antragsgegner bei Einlegung des Einspruchs gegen einen Europäischen Zahlungsbefehl.

Ein Anwaltszwang kann sich erst nach Überleitung in einen ordentlichen Zivilprozess aus den dann anwendbaren nationalen Vorschriften ergeben, zB in Deutschland aus § 78 I 1. 1

Artikel 25 Gerichtsgebühren. (1) Die Gerichtsgebühren eines Europäischen Mahnverfahrens und eines ordentlichen Zivilprozesses, der sich an die Einlegung eines Einspruchs gegen den Europäischen Zahlungsbefehl in einem Mitgliedstaat anschließt, dürfen insgesamt nicht höher sein als die Gerichtsgebühren eines ordentlichen Zivilprozesses ohne vorausgehendes Europäisches Mahnverfahren in diesem Mitgliedstaat.
(2) Für die Zwecke dieser Verordnung umfassen die Gerichtsgebühren die dem Gericht zu entrichtenden Gebühren und Abgaben, deren Höhe nach dem nationalen Recht festgelegt wird.

Abs 1 soll die Attraktivität des Europäischen Mahnverfahrens sichern, indem dieser Weg auch bei Überleitung in ein ordentliches Verfahren hinsichtlich der Gerichtsgebühren nicht teurer wird als ein unmittelbar begonnenes ordentliches Verfahren. Dies wird in Deutschland durch die Anrechnung der Kosten des Europäischen Mahnverfahrens auf die Kosten des ordentlichen Verfahrens erreicht (KV 1210). Für Anwaltskosten gilt die Vorschrift nicht (Erwägungsgrund 26). 1

Artikel 26 Verhältnis zum nationalen Prozessrecht. Sämtliche verfahrensrechtlichen Fragen, die in dieser Verordnung nicht ausdrücklich geregelt sind, richten sich nach den nationalen Rechtsvorschriften.

Die Vorschrift beruft zur ausnahmsweisen Lückenfüllung die *lex fori*, was aber nichts an der Notwendigkeit europarechtlich-autonomer Auslegung der in der Verordnung verwendeten Begriffe ändert. 1

Artikel 27 Verhältnis zur Verordnung (EG) Nr 1348/2000. Diese Verordnung berührt nicht die Anwendung der Verordnung (EG) Nr 1348/2000 des Rates vom 29. Mai 2000 über die Zustellung gerichtlicher und außergerichtlicher Schriftstücke in Zivil- und Handelssachen in den Mitgliedstaaten.

Inzwischen gilt statt der genannten VO die VO 1393/2007 (EuZVO), abgedruckt im Anhang nach § 1071. 1

Artikel 28 Informationen zu den Zustellungskosten und zur Vollstreckung. Die Mitgliedstaaten arbeiten zusammen, um der Öffentlichkeit und den Fachkreisen folgende Informationen zur Verfügung zu stellen:

a) Informationen zu den Zustellungskosten,

und

b) Information darüber, welche Behörden im Zusammenhang mit der Vollstreckung für die Anwendung der Artikel 21, 22 und 23 zuständig sind,

insb über das mit der Entscheidung 2001/470/EG des Rates eingerichtete Europäische Justizielle Netz für Zivil- und Handelssachen.

Artikel 29 Angaben zu den zuständigen Gerichten, den Überprüfungsverfahren, den Kommunikationsmitteln und den Sprachen. (1) Die Mitgliedstaaten teilen der Kommission bis zum 12. Juni 2008 Folgendes mit:

a) die Gerichte, die dafür zuständig sind, einen Europäischen Zahlungsbefehl zu erlassen;

b) Informationen über das Überprüfungsverfahren und die für die Anwendung des Artikels 20 zuständigen Gerichte;

c) die Kommunikationsmittel, die im Hinblick auf das Europäische Mahnverfahren zulässig sind und den Gerichten zur Verfügung stehen;

d) die nach Artikel 21 Absatz 2 Buchstabe b zulässigen Sprachen.

Die Mitgliedstaaten unterrichten die Kommission über alle späteren Änderungen dieser Angaben.

(2) Die Kommission macht die nach Absatz 1 mitgeteilten Angaben durch Veröffentlichung im Amtsblatt der Europäischen Union und durch andere geeignete Mittel öffentlich zugänglich.

Artikel 30 Änderung der Anhänge. Die Formblätter in den Anhängen werden nach dem in Artikel 31 Absatz 2 vorgesehenen Verfahren aktualisiert oder in technischer Hinsicht angepasst; solche Änderungen müssen den Vorschriften dieser Verordnung vollständig entsprechen.

1 Die in Art 28–30 genannten Informationen und Formblätter sind dem Europäischen Gerichtsatlas (s. vor §§ 1067 ff Rz 5) zu entnehmen.

Artikel 31 Ausschuss. (1) Die Kommission wird von dem nach Artikel 75 der Verordnung (EG) Nr 44/2001 eingesetzten Ausschuss unterstützt.

(2) Wird auf diesen Absatz Bezug genommen, so gelten Artikel 5a Absätze 1 bis 4 und Artikel 7 des Beschlusses 1999/468/EG, unter Beachtung von dessen Artikel 8.

(3) Der Ausschuss gibt sich eine Geschäftsordnung.

Artikel 32 Überprüfung. Die Kommission legt dem Europäischen Parlament, dem Rat und dem Europäischen Wirtschafts- und Sozialausschuss bis zum 12. Dezember 2013 einen detaillierten Bericht über die Überprüfung des Funktionierens des Europäischen Mahnverfahrens vor. Dieser Bericht enthält eine Bewertung des Funktionierens des Verfahrens und eine erweiterte Folgenabschätzung für jeden Mitgliedstaat.

Zu diesem Zweck und damit gewährleistet ist, dass die vorbildliche Praxis in der Europäischen Union gebührend berücksichtigt wird und die Grundsätze der besseren Rechtsetzung zum Tragen kommen, stellen die Mitgliedstaaten der Kommission Angaben zum grenzüberschreitenden Funktionieren des Europäischen Zahlungsbefehls zur Verfügung. Diese Angaben beziehen sich auf die Gerichtsgebühren, die Schnelligkeit des Verfahrens, die Effizienz, die Benutzerfreundlichkeit und die internen Mahnverfahren der Mitgliedstaaten.

Dem Bericht der Kommission werden ggf Vorschläge zur Anpassung der Verordnung beigefügt.

Artikel 33 Inkrafttreten. Diese Verordnung tritt am Tag nach ihrer Veröffentlichung im Amtsblatt der Europäischen Union in Kraft.

Sie gilt ab dem 12. Dezember 2008 mit Ausnahme der Artikel 28, 29, 30 und 31, die ab dem 12. Juni 2008 gelten.

Diese Verordnung ist in allen ihren Teilen verbindlich und gilt gem dem Vertrag zur Gründung der Europäischen Gemeinschaft unmittelbar in den Mitgliedstaaten.

Abschnitt 6 Europäisches Verfahren für geringfügige Forderungen nach der Verordnung (EG) Nr. 861/2007

Titel 1 Erkenntnisverfahren

§ 1097 Einleitung und Durchführung des Verfahrens. **(1) Die Formblätter gemäß der Verordnung (EG) Nr. 861/2007 des Europäischen Parlaments und des Rates vom 11. Juli 2007 zur Einführung eines europäischen Verfahrens für geringfügige Forderungen (ABl. EU Nr. L 199 S. 1) und andere Anträge oder Erklärungen können als Schriftsatz, als Telekopie oder nach Maßgabe des § 130a als elektronisches Dokument bei Gericht eingereicht werden.**
(2) Im Fall des Artikels 4 Abs. 3 der Verordnung (EG) Nr. 861/2007 wird das Verfahren über die Klage ohne Anwendung der Vorschriften der Verordnung (EG) Nr. 861/2007 fortgeführt.

Zur Einleitung des Small-Claims-Verfahrens ist die Verwendung des Klageformblatts A zwingend notwendig (Art 4 I 1 EuGFVO). Die Klagerwiderung unterliegt dagegen keinem Formularzwang; die Verwendung des dafür vorgesehenen »Antwortformblatts C« ist fakultativ. 1

§ 1098 Annahmeverweigerung auf Grund der verwendeten Sprache. **[1]Die Frist zur Erklärung der Annahmeverweigerung nach Artikel 6 Abs. 3 der Verordnung (EG) Nr. 861/2007 beträgt eine Woche. [2]Sie ist eine Notfrist und beginnt mit der Zustellung des Schriftstücks. [3]Der Empfänger ist über die Folgen einer Versäumung der Frist zu belehren.**

Diese Frist ist in Art 6 EuGFVO zwar nicht vorgesehen, aber Erwägungsgrund 19 der Verordnung zeigt, dass der Verordnungsgeber von ihrer Geltung ausging. Die Frist entspricht dem Art 8 I EuZVO. Allerdings ist gem jener Vorschrift auch eine Belehrung über das Annahmeverweigerungsrecht als solches notwendig. 1

§ 1099 Widerklage. **(1) Eine Widerklage, die nicht den Vorschriften der Verordnung (EG) Nr. 861/2007 entspricht, ist außer im Fall des Artikels 5 Abs. 7 Satz 1 der Verordnung (EG) Nr. 861/2007 als unzulässig abzuweisen.**
(2) [1]Im Fall des Artikels 5 Abs. 7 Satz 1 der Verordnung (EG) Nr. 861/2007 wird das Verfahren über die Klage und die Widerklage ohne Anwendung der Vorschriften der Verordnung (EG) Nr. 861/2007 fortgeführt. [2]Das Verfahren wird in der Lage übernommen, in der es sich zur Zeit der Erhebung der Widerklage befunden hat.

Art 5 VII EuGFVO verbietet eine Widerklage, die nicht in den sachlichen Anwendungsbereich der Verordnung fällt (Abs 1). Ist dieser Anwendungsbereich gegeben, aber bzgl der Widerklage die Wertgrenze des Art 2 I EuGFVO überschritten, so wird das Verfahren als normaler Zivilprozess fortgeführt (Abs 2). Die Vorschrift gilt nicht für eine Aufrechnung, die auch im Small-Claims-Verfahren ohne Rücksicht auf den Anwendungsbereich der Verordnung nach allgemeinen Regeln zulässig ist. 1

§ 1100 Mündliche Verhandlung. **(1) [1]Das Gericht kann den Parteien sowie ihren Bevollmächtigten und Beiständen gestatten, sich während einer Verhandlung an einem anderen Ort aufzuhalten und dort Verfahrenshandlungen vorzunehmen. [2]§ 128a Abs. 1 Satz 2 und Abs. 3 bleibt unberührt.**
(2) Die Bestimmung eines frühen ersten Termins zur mündlichen Verhandlung (§ 275) ist ausgeschlossen.

Abs 1 ermöglicht gem Art 8 EuGFVO den Einsatz einer Videokonferenz auch ohne Zustimmung der Parteien (BTDrs 16/8839, 27). Abs 2 hat deklaratorischen Charakter und verdeutlicht nur die grds schriftliche Durchführung des Small-Claims-Verfahrens. Für die Anberaumung einer mündlichen Verhandlung gilt Art 5 I EuGFVO. 1

§ 1101 Beweisaufnahme. (1) Das Gericht kann die Beweise in der ihm geeignet erscheinenden Art aufnehmen, soweit Artikel 9 Abs. 2 und 3 der Verordnung (EG) Nr. 861/2007 nichts anderes bestimmt.

(2) [1]Das Gericht kann einem Zeugen, Sachverständigen oder einer Partei gestatten, sich während einer Vernehmung an einem anderen Ort aufzuhalten. [2]§ 128a Abs. 2 Satz 2, 3 und Abs. 3 bleibt unberührt.

1 Die Vorschrift weist auf das nach Art 9 I EuGFVO geltende Freibeweisverfahren hin sowie auf die in Art 9 II, III EuGFVO angeordneten Effizienzerwägungen hinsichtlich der Wahl der Beweismittel.

§ 1102 Urteil. [1]Urteile bedürfen keiner Verkündung. [2]Die Verkündung eines Urteils wird durch die Zustellung ersetzt.

1 **A. Verkündung.** Art 7 II EuGFVO sieht eine Verkündung des Urteils unter **Verstoß gegen Art 6 I EMRK** (vgl zu dessen Anforderungen an die Öffentlichkeit des Urteils EGMR NJW 09, 2873) **sowie Art 47 II EU-Grundrechtecharta** nicht vor (s. Art 7 EuGFVO Rz 2). Da aber § 1102 die Verkündung auch nicht verbietet (BTDrs 16/8839, 28), kann und **muss** ein deutsches Gericht angesichts der genannten Prozessgrundrechte seine Urteile im Small-Claims-Verfahren trotzdem **verkünden** (HK-ZV/*Netzer* Art 7 EuGFVO Rn 9).

2 **B. Rechtsmittel.** Für Rechtsmittel gegen ein Small-Claims-Urteil gelten die allgemeinen Regeln, dh §§ 511 ff. Die Regeln der EuGFVO sind mit Ausnahme des die Kosten betreffenden Art 16 EuGFVO im Rechtsmittelverfahren nicht anzuwenden (Art 17 I EuGFVO). Wird aber die Berufung gegen ein gem EuGFVO ergangenes Urt zurückgewiesen, so ist das erstinstanzliche Urt weiterhin als EuGFVO-Titel vollstreckbar.

§ 1103 Säumnis. [1]Äußert sich eine Partei binnen der für sie geltenden Frist nicht oder erscheint sie nicht zur mündlichen Verhandlung, kann das Gericht eine Entscheidung nach Lage der Akten erlassen. [2]§ 251a ist nicht anzuwenden.

1 Die Vorschrift entspricht Art 7 III EuGFVO. Es handelt sich um eine Entscheidung nach Aktenlage, weil die EuGFVO im Gegensatz zu § 331 I 1 keine Geständnisfiktion kennt (BTDrs 16/8839, 28).

§ 1104 Abhilfe bei unverschuldeter Säumnis des Beklagten. (1) [1]Liegen die Voraussetzungen des Artikels 18 Abs. 1 der Verordnung (EG) Nr. 861/2007 vor, wird das Verfahren fortgeführt; es wird in die Lage zurückversetzt, in der es sich vor Erlass des Urteils befand. [2]Auf Antrag stellt das Gericht die Nichtigkeit des Urteils durch Beschluss fest.

(2) Der Beklagte hat die tatsächlichen Voraussetzungen des Artikels 18 Abs. 1 der Verordnung (EG) Nr. 861/2007 glaubhaft zu machen.

1 Die Vorschrift stellt für den in Art 18 EuGFVO vorgesehenen Überprüfungsantrag klar, dass das Verfahren bei erfolgreichem Antrag fortgeführt wird. Bei erfolgreichem Antrag tritt die Nichtigkeit des Urteils gem Art 18 II 2 EuGFVO ipso iure ein; der gem § 1104 I 2 mögliche Beschl hat nur klarstellende Bedeutung.

Titel 2 Zwangsvollstreckung

§ 1105 Zwangsvollstreckung inländischer Titel. (1) [1]Urteile sind für vorläufig vollstreckbar ohne Sicherheitsleistung zu erklären. [2]Die §§ 712 und 719 Abs. 1 Satz 1 in Verbindung mit § 707 sind nicht anzuwenden.

(2) [1]Für Anträge auf Beschränkung der Zwangsvollstreckung nach Artikel 15 Abs. 2 in Verbindung mit Artikel 23 der Verordnung (EG) Nr. 861/2007 ist das Gericht der Hauptsache zuständig. [2]Die Entscheidung ergeht im Wege einstweiliger Anordnung. Sie ist unanfechtbar. [3]Die tatsächlichen Voraussetzungen des Artikels 23 der Verordnung (EG) Nr. 861/2007 sind glaubhaft zu machen.

1 **A. Normzweck.** Die Vorschrift betrifft die Zwangsvollstreckung aus in Deutschland entstandenen Small-Claims-Urteilen. Sie sind wegen Art 15 I EuGFVO stets ohne Sicherheitsleistung vorläufig vollstreckbar;

eine Abwendungsbefugnis nach den allgemeinen Regeln der §§ 708 ff kommt nicht in Betracht. Ein Vollstreckungsschutz kann nur nach Art 15 II und 23 EuGFVO gewährt werden.

B. Vollstreckungsschutzantrag (Abs 2). Die Voraussetzungen dieses Antrags ergeben sich aus Art 23 EuGFVO, dh es muss ein Rechtsmittel eingelegt oder die Überprüfung gem Art 18 EuGFVO (s. § 1104) beantragt sein. Kommt das Gericht in diesem Verfahren zu dem Ergebnis, dass eine Sicherheitsleistung anzuordnen ist (Art 23b EuGFVO), so kann diese gem § 709 S 2 bestimmt werden (BTDrs 16/8839, 29). 2

§ 1106 Bestätigung inländischer Titel. (1) Für die Ausstellung der Bestätigung nach Artikel 20 Abs. 2 der Verordnung (EG) Nr. 861/2007 ist das Gericht zuständig, dem die Erteilung einer vollstreckbaren Ausfertigung des Titels obliegt.
(2) [1]Vor Ausfertigung der Bestätigung ist der Schuldner anzuhören. [2]Wird der Antrag auf Ausstellung einer Bestätigung zurückgewiesen, so sind die Vorschriften über die Anfechtung der Entscheidung über die Erteilung einer Vollstreckungsklausel entsprechend anzuwenden.

A. Normzweck und Zuständigkeit. Die in Abs 1 genannte Bestätigung ist für die Vollstreckung eines Small-Claims-Urteils in einem anderen Mitgliedstaat unerlässlich (Art 20 II und 21 IIb EuGFVO). Sie ersetzt insoweit die Klauselerteilung; daher verweist Abs 1 für die Zuständigkeit auf das gem § 724 zuständige Gericht. Funktionell zuständig ist jedoch der Rechtspfleger (§ 20 Nr 11 RPflG). 1

B. Anhörung des Schuldners. Die in Abs 2 S 1 angeordnete Anhörung des Schuldners ist in der EuGFVO nicht vorgesehen; sie soll der Wahrung des rechtlichen Gehörs des Schuldners dienen, dem hier anders als bei der Bestätigung einer Entscheidung als Europäischer Vollstreckungstitel kein Rechtsbehelf gegen die Bestätigung zusteht (BTDrs 16/8839, 29). Dagegen wird jedoch eingewandt, dass es sich hier nur um die Bestätigung einer Entscheidung nach einem kontradiktorischen Verfahren handelt, in dem bereits rechtliches Gehör gewährt wurde; somit verstoße § 1106 II 1 gegen das Effektivitätsgebot des Gemeinschaftsrechts; außerdem sehe auch § 724 keine Anhörung des Schuldners vor (*Hess/Bittmann* IPRax 08, 305, 313). 2

C. Rechtsbehelfe. Für eine Anhörung spricht aber, dass der Schuldner sich gegen die Bestätigung nicht nachträglich wehren kann: Einen der Klauselerinnerung vergleichbaren Rechtsbehelf kennt die EuGFVO nicht. Dem Schuldner verbleibt allenfalls der Vollstreckungsschutzantrag des Art 23 EuGFVO. Der Gläubiger kann gem § 1106 II 2 bei Zurückweisung des Antrags die sofortige Beschwerde einlegen (§ 567 I Nr 1 iVm § 11 I RPflG). 3

§ 1107 Ausländische Vollstreckungstitel. Aus einem Titel, der in einem Mitgliedstaat der Europäischen Union nach der Verordnung (EG) Nr. 861/2007 ergangen ist, findet die Zwangsvollstreckung im Inland statt, ohne dass es einer Vollstreckungsklausel bedarf.

Dem Vollstreckungsorgan sind die in Art 21 II EuGFVO genannten Unterlagen vorzulegen. Die Bestätigung gem Art 20 II EuGFVO ersetzt dabei die Vollstreckungsklausel. Ein Zustellungsnachweis ist nicht erforderlich (missverständlich daher der Verweis auf § 750 in BTDrs 16/8839, 30), da Art 21 II EuGFVO dies nicht verlangt. 1

§ 1108 Übersetzung. Hat der Gläubiger nach Artikel 21 Abs. 2 Buchstabe b der Verordnung (EG) Nr. 861/2007 eine Übersetzung vorzulegen, so ist diese in deutscher Sprache zu verfassen und von einer in einem der Mitgliedstaaten der Europäischen Union hierzu befugten Person zu erstellen.

Nach der Regierungsbegründung soll eine Übersetzung der Bestätigung des in einem anderen Mitgliedstaat ergangenen Small-Claims-Urteils in die deutsche Sprache wegen der einheitlich gestalteten Formulare nur dann notwendig sein, wenn das Formblatt D durch individuelle Angaben ergänzt wurde (BTDrs 16/8839, 30). Dem steht aber § 184 GVG und die Sicherung der ordnungsgemäßen Tätigkeit der Vollstreckungsorgane entgegen, so dass grds eine Übersetzung verlangt werden sollte (s. § 1083 Rz 1). 1

§ 1109 Anträge nach den Artikeln 22 und 23 der Verordnung (EG) Nr. 861/2007; Vollstreckungsabwehrklage. (1) [1]**Auf Anträge nach Artikel 22 der Verordnung (EG) Nr. 861/2007 ist § 1084 Abs. 1 und 2 entsprechend anzuwenden.** [2]**Auf Anträge nach Artikel 23 der Verordnung (EG) Nr. 861/2007 ist § 1084 Abs. 1 und 3 entsprechend anzuwenden.**
(2) **§ 1086 gilt entsprechend.**

1 **A. Normzweck.** Die Vorschrift betrifft in Deutschland mögliche Rechtsbehelfe gegen ein aus einem anderen Mitgliedstaat stammendes Small-Claims-Urteil. Der Gesetzgeber verweist hier auf die zum Europäischen Vollstreckungstitel bereits eingeführten Regelungen.

2 **B. Zuständigkeiten.** Der in Abs 1 S 1 genannte Antrag gem Art 22 I EuGFVO betrifft eine angebliche Titelkollision und ist wegen des Verweises auf § 1084 I, II vom Richter am Amtsgericht als Vollstreckungsgericht zu bearbeiten. Dasselbe gilt auch für den in Abs 1 S 2 genannten Antrag auf Vollstreckungsschutz gem Art 23 EuGFVO, nur dass über diesen durch einstweilige Anordnung entschieden wird (§ 1084 III).

3 **C. Zulassung der Vollstreckungsgegenklage.** Ebenso wie zum Europäischen Zahlungsbefehl in § 1096 II 2 stellt der Gesetzgeber auch hier in § 1109 II die Vollstreckungsgegenklage zur Verfügung. Wie bei § 1086 selbst (s. dort Rz 4) bedeutet aber die Zulassung der Vollstreckungsgegenklage im Inland gegen ein aus einem anderen Mitgliedstaat stammendes Small-Claims-Urteil eine Nachprüfung des Titels in der Sache selbst, die in Art 22 II EuGFVO ausdrücklich verboten wird. Daher ist auch § 1109 II als **europarechtswidrige** Vorschrift nicht anzuwenden (*Hess/Bittmann* IPRax 08, 305, 311 und 313; aA *Gsell* EuZW 11, 87 mwN; Kropholler/v. Hein Art 21 EuGFVO Rn 1).

Anhang nach § 1109: EuGFVO

Verordnung (EG) Nr 861/2007 des Europäischen Parlaments und des Rates

vom 11.7.2007 zur Einführung eines europäischen Verfahrens für geringfügige Forderungen

DAS EUROPÄISCHE PARLAMENT UND DER RAT DER EUROPÄISCHEN UNION –
gestützt auf den Vertrag zur Gründung der Europäischen Gemeinschaft, insbesondere auf Artikel 61 Buchstabe c und Artikel 67,
auf Vorschlag der Kommission,
nach Stellungnahme des Europäischen Wirtschafts- und Sozialausschusses,
gemäß dem Verfahren des Artikels 251 des Vertrags,
in Erwägung nachstehender Gründe:
(1) Die Gemeinschaft hat sich zum Ziel gesetzt, einen Raum der Freiheit, der Sicherheit und des Rechts, in dem der freie Personenverkehr gewährleistet ist, zu erhalten und weiterzuentwickeln. Zur schrittweisen Schaffung eines solchen Raums erlässt die Gemeinschaft unter anderem im Bereich der justiziellen Zusammenarbeit in Zivilsachen mit grenzüberschreitendem Bezug die für das reibungslose Funktionieren des Binnenmarkts erforderlichen Maßnahmen.
(2) Gemäß Artikel 65 Buchstabe c des Vertrags schließen diese Maßnahmen die Beseitigung der Hindernisse für eine reibungslose Abwicklung von Zivilverfahren ein, erforderlichenfalls durch Förderung der Vereinbarkeit der in den Mitgliedstaaten geltenden zivilrechtlichen Verfahrensvorschriften.
(3) Bisher hat die Gemeinschaft in diesem Bereich unter anderem bereits folgende Maßnahmen erlassen: Verordnung (EG) Nr 1348/2000 des Rates vom 29. Mai 2000 über die Zustellung gerichtlicher und außergerichtlicher Schriftstücke in Zivil- oder Handelssachen in den Mitgliedstaaten, Verordnung (EG) Nr 44/2001 des Rates vom 22. Dezember 2000 über die gerichtliche Zuständigkeit und die Anerkennung und Vollstreckung von Entscheidungen in Zivil- und Handelssachen, Entscheidung 2001/470/EG des Rates vom 28. Mai 2001 über die Einrichtung eines Europäischen Justiziellen Netzes für Zivil- und Handelssachen, Verordnung (EG) Nr 805/2004 des Europäischen Parlaments und des Rates vom 21. April 2004 zur Einführung eines europäischen Vollstreckungstitels für unbestrittene Forderungen und Verordnung (EG) Nr 1896/2006 des Europäischen Parlaments und des Rates vom 12. Dezember 2006 zur Einführung eines Europäischen Mahnverfahrens.

(4) Der Europäische Rat forderte auf seiner Tagung vom 15. und 16. Oktober 1999 in Tampere den Rat und die Kommission auf, gemeinsame Verfahrensregeln für vereinfachte und beschleunigte grenzüberschreitende Gerichtsverfahren bei verbraucher- und handelsrechtlichen Ansprüchen mit geringem Streitwert zu verabschieden.

(5) Am 30. November 2000 verabschiedete der Rat ein gemeinsames Programm der Kommission und des Rates über Maßnahmen zur Umsetzung des Grundsatzes der gegenseitigen Anerkennung gerichtlicher Entscheidungen in Zivil- und Handelssachen. In dem Programm wird auf die Vereinfachung und Beschleunigung der Beilegung grenzüberschreitender Streitigkeiten Bezug genommen. Dies wurde durch das vom Europäischen Rat am 5. November 2004 angenommene Haager Programm, in dem eine aktive Durchführung der Arbeiten zu geringfügigen Forderungen gefordert wird, weiter vorangebracht.

(6) Am 20. Dezember 2002 nahm die Kommission ein Grünbuch über ein Europäisches Mahnverfahren und über Maßnahmen zur einfacheren und schnelleren Beilegung von Streitigkeiten mit geringem Streitwert an. Mit dem Grünbuch wurde eine Konsultation über Maßnahmen zur Vereinfachung und Beschleunigung von Streitigkeiten mit geringem Streitwert eingeleitet.

(7) Viele Mitgliedstaaten haben vereinfachte zivilrechtliche Verfahren für Bagatellsachen eingeführt, da der Zeit-/Kostenaufwand und die Schwierigkeiten, die mit der Rechtsverfolgung verbunden sind, nicht unbedingt proportional zum Wert der Forderung abnehmen. Die Hindernisse für ein schnelles Urteil mit geringen Kosten verschärfen sich in grenzüberschreitenden Fällen. Es ist daher erforderlich, ein europäisches Verfahren für geringfügige Forderungen einzuführen. Ziel eines solchen europäischen Verfahrens sollte der erleichterte Zugang zur Justiz sein. Die Verzerrung des Wettbewerbs im Binnenmarkt aufgrund des unterschiedlichen Funktionierens der verfahrensrechtlichen Instrumente, die den Gläubigern in den einzelnen Mitgliedstaaten zur Verfügung stehen, machen eine Gemeinschaftsregelung erforderlich, die für Gläubiger und Schuldner in der gesamten Europäischen Union gleiche Bedingungen gewährleistet. Bei der Festsetzung der Kosten für die Behandlung von Klagen im Rahmen des europäischen Verfahrens für geringfügige Forderungen sollten die Grundsätze der Einfachheit, der Schnelligkeit und der Verhältnismäßigkeit berücksichtigt werden müssen. Zweckdienlicherweise sollten die Einzelheiten zu den zu erhebenden Gebühren veröffentlicht werden und die Modalitäten zur Festsetzung dieser Gebühren transparent sein.

(8) Mit dem europäischen Verfahren für geringfügige Forderungen sollten Streitigkeiten mit geringem Streitwert in grenzüberschreitenden Fällen vereinfacht und beschleunigt und die Kosten verringert werden, indem ein fakultatives Instrument zusätzlich zu den Möglichkeiten geboten wird, die nach dem Recht der Mitgliedstaaten bestehen und unberührt bleiben. Mit dieser Verordnung sollte es außerdem einfacher werden, die Anerkennung und Vollstreckung eines Urteils zu erwirken, das im europäischen Verfahren für geringfügige Forderungen in einem anderen Mitgliedstaat ergangen ist.

(9) Diese Verordnung soll der Förderung der Grundrechte dienen und berücksichtigt insbesondere die Grundsätze, die mit der Charta der Grundrechte der Europäischen Union anerkannt wurden. Das Gericht sollte das Recht auf ein faires Verfahren sowie den Grundsatz des kontradiktorischen Verfahrens wahren, insbesondere wenn es über das Erfordernis einer mündlichen Verhandlung und über die Erhebung von Beweisen und den Umfang der Beweisaufnahme entscheidet.

(10) Zur Vereinfachung der Berechnung des Streitwertes sollten dabei Zinsen, Ausgaben und Auslagen unberücksichtigt bleiben. Dies sollte weder die Befugnis des Gerichts, diese in seinem Urteil zuzusprechen, noch die nationalen Zinsberechnungsvorschriften berühren.

(11) Zur Erleichterung der Einleitung des europäischen Verfahrens für geringfügige Forderungen sollte der Kläger ein Klageformblatt ausfüllen und beim zuständigen Gericht einreichen. Das Klageformblatt sollte nur bei einem zuständigen Gericht eingereicht werden.

(12) Dem Klageformblatt sollten gegebenenfalls zweckdienliche Beweisunterlagen beigefügt werden. Dies steht der Einreichung weiterer Beweisstücke durch den Kläger während des Verfahrens jedoch nicht entgegen. Der gleiche Grundsatz sollte für die Antwort des Beklagten gelten.

(13) Die Begriffe »offensichtlich unbegründet« im Zusammenhang mit der Zurückweisung einer Forderung und »unzulässig« im Zusammenhang mit der Abweisung einer Klage sollten nach Maßgabe des nationalen Rechts bestimmt werden.

(14) Das europäische Verfahren für geringfügige Forderungen sollte schriftlich durchgeführt werden, sofern nicht das Gericht eine mündliche Verhandlung für erforderlich hält oder eine der Parteien einen entsprechenden Antrag stellt. Das Gericht kann einen solchen Antrag ablehnen. Diese Ablehnung kann nicht separat angefochten werden

(15) Die Parteien sollten nicht verpflichtet sein, sich durch einen Rechtsanwalt oder sonstigen Rechtsbeistand vertreten zu lassen.
(16) Der Begriff der »Widerklage« sollte im Sinne des Artikels 6 Absatz 3 der Verordnung (EG) Nr 44/2001 als Widerklage verstanden werden, die auf denselben Vertrag oder Sachverhalt wie die Klage selbst gestützt wird. Die Artikel 2 und 4 sowie Artikel 5 Absätze 3, 4 und 5 sollten entsprechend für Widerklagen gelten.
(17) Macht der Beklagte während des Verfahrens ein Recht auf Aufrechnung geltend, so sollte diese Forderung nicht als Widerklage im Sinne dieser Verordnung gelten. Daher sollte der Beklagte nicht verpflichtet sein, das in Anhang I vorgegebene Klageformblatt A für die Inanspruchnahme eines solchen Rechts zu verwenden.
(18) Der Empfangsmitgliedstaat für die Zwecke der Anwendung des Artikels 6 sollte der Mitgliedstaat sein, in dem die Zustellung oder in den die Versendung eines Schriftstücks erfolgt. Damit die Kosten verringert und die Fristen verkürzt werden, sollten Unterlagen den Parteien vorzugsweise durch Postdienste mit Empfangsbestätigung zugestellt werden, aus der das Datum des Empfangs hervorgeht.
(19) Eine Partei kann die Annahme eines Schriftstücks zum Zeitpunkt der Zustellung oder durch Rücksendung innerhalb einer Woche verweigern, wenn dieses nicht in einer Sprache abgefasst ist, die die Partei versteht oder die Amtssprache des Empfangsmitgliedstaates ist, (wenn es in diesem Mitgliedstaat mehrere Amtssprachen gibt, der Amtssprache oder einer der Amtssprachen des Ortes, an dem die Zustellung erfolgen soll oder an den das Schriftstück gesandt werden soll) und ihm auch keine Übersetzung in diese Sprache beiliegt.
(20) Bei der mündlichen Verhandlung und der Beweisaufnahme sollten die Mitgliedstaaten vorbehaltlich der nationalen Rechtsvorschriften des Mitgliedstaats, in dem das Gericht seinen Sitz hat ist, den Einsatz moderner Kommunikationsmittel fördern. Das Gericht sollte sich für die einfachste und kostengünstigste Art und Weise der Beweisaufnahme entscheiden.
(21) Die praktische Hilfestellung, die die Parteien beim Ausfüllen der Formblätter erhalten sollen, sollte Informationen zur technischen Verfügbarkeit und zum Ausfüllen der Formblätter umfassen.
(22) Informationen zu Verfahrensfragen können auch vom Gerichtspersonal nach Maßgabe des einzelstaatlichen Rechts erteilt werden.
(23) Angesichts des Ziels dieser Verordnung, Streitigkeiten mit geringem Streitwert in grenzüberschreitenden Rechtssachen zu vereinfachen und zu beschleunigen, sollte das Gericht auch in den Fällen, in denen diese Verordnung keine Frist für einen bestimmten Verfahrensabschnitt vorsieht, so schnell wie möglich tätig werden.
(24) Die Berechnung der in dieser Verordnung vorgesehenen Fristen sollte nach Maßgabe der Verordnung (EWG, Euratom) Nr 1182/71 des Rates vom 3. Juni 1971 zur Festlegung der Regeln für die Fristen, Daten und Termine erfolgen.
(25) Zur schnelleren Durchsetzung geringfügiger Forderungen sollte das Urteil ohne Rücksicht auf seine Anfechtbarkeit und ohne Sicherheitsleistung vollstreckbar sein, sofern in dieser Verordnung nichts anderes bestimmt ist.
(26) Immer wenn in dieser Verordnung auf Rechtsmittel Bezug genommen wird, sollten alle nach dem einzelstaatlichen Recht möglichen Rechtsmittel umfasst sein.
(27) Dem Gericht muss eine Person angehören, die nach nationalem Recht dazu ermächtigt ist, als Richter tätig zu sein.
(28) Wenn das Gericht eine Frist setzt, sollte es die betroffene Partei über die Folgen der Nichtbeachtung dieser Frist informieren.
(29) Die unterlegene Partei sollte die Kosten des Verfahrens tragen. Die Kosten des Verfahrens sollten nach einzelstaatlichem Recht festgesetzt werden. Angesichts der Ziele der Einfachheit und der Kosteneffizienz sollte das Gericht anordnen, dass eine unterlegene Partei lediglich die Kosten des Verfahrens tragen muss, einschließlich beispielsweise sämtlicher Kosten, die aufgrund der Tatsache anfallen, dass sich die Gegenpartei durch einen Rechtsanwalt oder sonstigen Rechtsbeistand hat vertreten lassen, oder sämtlicher Kosten für die Zustellung oder Übersetzung von Dokumenten, die im Verhältnis zum Streitwert stehen oder die notwendig waren.
(30) Um die Anerkennung und Vollstreckung zu erleichtern, sollte ein im europäischen Verfahren für geringfügige Forderungen ergangenes Urteil in einem anderen Mitgliedstaat anerkannt werden und vollstreckbar sein, ohne dass es einer Vollstreckbarerklärung bedarf und ohne dass die Anerkennung angefochten werden kann.

(31) Es sollte Mindeststandards für die Überprüfung eines Urteils in den Fällen geben, in denen der Beklagte nicht imstande war, die Forderung zu bestreiten.
(32) Im Hinblick auf die Ziele der Einfachheit und Kosteneffizienz sollte die Partei, die ein Urteil vollstrecken lassen will, in dem Vollstreckungsmitgliedstaat – außer bei den Stellen, die gemäß dem einzelstaatlichen Recht dieses Mitgliedstaats für das Vollstreckungsverfahren zuständig sind – keine Postanschrift nachweisen und auch keinen bevollmächtigten Vertreter haben müssen.
(33) Kapitel III dieser Verordnung sollte auch auf die Kostenfestsetzungsbeschlüsse durch Gerichtsbedienstete aufgrund eines im Verfahren nach dieser Verordnung ergangenen Urteils Anwendung finden.
(34) Die zur Durchführung dieser Verordnung erforderlichen Maßnahmen sollten gemäß dem Beschluss 1999/468/EG des Rates vom 28. Juni 1999 zur Festlegung der Modalitäten für die Ausübung der der Kommission übertragenen Durchführungsbefugnisse erlassen werden.
(35) Insbesondere sollte die Kommission die Befugnis erhalten, die zur Durchführung dieser Verordnung erforderlichen Maßnahmen im Zusammenhang mit Aktualisierungen oder technischen Änderungen der in den Anhängen vorgegebenen Formblätter zu erlassen. Da es sich hierbei um Maßnahmen von allgemeiner Tragweite handelt, die eine Änderung bzw. Streichung von nicht wesentlichen Bestimmungen und eine Hinzufügung neuer nicht wesentlicher Bestimmungen der vorliegenden Verordnung bewirken, sind diese Maßnahmen gemäß dem Regelungsverfahren mit Kontrolle des Artikels 5a des Beschlusses 1999/468/EG zu erlassen.
(36) Da die Ziele dieser Verordnung, nämlich die Schaffung eines Verfahrens zur Vereinfachung und Beschleunigung von Streitigkeiten mit geringem Streitwert in grenzüberschreitenden Rechtssachen und die Reduzierung der Kosten, auf Ebene der Mitgliedstaaten nicht ausreichend verwirklicht werden können und daher wegen ihres Umfangs und ihrer Wirkung besser auf Gemeinschaftsebene zu verwirklichen sind, kann die Gemeinschaft im Einklang mit dem in Artikel 5 des Vertrags niedergelegten Subsidiaritätsprinzip tätig werden. Entsprechend dem in demselben Artikel genannten Grundsatz der Verhältnismäßigkeit geht diese Verordnung nicht über das zur Erreichung dieser Ziele erforderliche Maß hinaus.
(37) Das Vereinigte Königreich und Irland haben gemäß Artikel 3 des dem Vertrag über die Europäische Union und dem Vertrag zur Gründung der Europäischen Gemeinschaft beigefügten Protokolls über die Position des Vereinigten Königreichs und Irlands mitgeteilt, dass sie sich an der Annahme und Anwendung dieser Verordnung beteiligen möchten.
(38) Gemäß den Artikeln 1 und 2 des dem Vertrag über die Europäische Union und dem Vertrag zur Gründung der Europäischen Gemeinschaft beigefügten Protokolls über die Position Dänemarks beteiligt sich Dänemark nicht an der Annahme dieser Verordnung, die für Dänemark nicht bindend und nicht auf Dänemark anwendbar ist –
HABEN FOLGENDE VERORDNUNG ERLASSEN:

KAPITEL I GEGENSTAND UND ANWENDUNGSBEREICH

Artikel 1 Gegenstand. Mit dieser Verordnung wird ein europäisches Verfahren für geringfügige Forderungen eingeführt, damit Streitigkeiten in grenzüberschreitenden Rechtssachen mit geringem Streitwert einfacher und schneller beigelegt und die Kosten hierfür reduziert werden können. Das europäische Verfahren für geringfügige Forderungen steht den Rechtssuchenden als eine Alternative zu den in den Mitgliedstaaten bestehenden innerstaatlichen Verfahren zur Verfügung. Mit dieser Verordnung wird außerdem die Notwendigkeit von Zwischenverfahren zur Anerkennung und Vollstreckung der in anderen Mitgliedstaaten im Verfahren für geringfügige Forderungen ergangenen Urteile beseitigt.

A. Normzweck. Mit der EuGFVO wird die Strategie des »freien Verkehrs der Entscheidungen« in der EU fortgesetzt. Ebenso wie bei der EuMVVO ist hier ein eigenständiges europarechtlich determiniertes Verfahren geschaffen worden, das in einen Titel mündet, der in allen Mitgliedstaaten (ausgenommen Dänemark) anzuerkennen und ohne weiteres zu vollstrecken ist. Im Unterschied zur EuMVVO betrifft die EuGFVO aber streitige Verfahren, so dass hier möglicherweise ein – bisher auf geringfügige Forderungen beschränkter – europäischer Zivilprozess *in statu nascendi* zu beobachten ist. 1

B. Wahlmöglichkeit des Klägers. Das Verfahren gem EuGFVO ist freiwillig; der Kl kann sich alternativ auch der bestehenden nationalen Verfahren bedienen. Der Beklagte kann sich gegen ein Verfahren nach der EuGFVO allenfalls durch vorherige negative Feststellungsklage wehren. 2

Artikel 2 Anwendungsbereich. **(1) Diese Verordnung gilt für grenzüberschreitende Rechtssachen in Zivil- und Handelssachen, ohne dass es auf die Art der Gerichtsbarkeit ankommt, wenn der Streitwert der Klage ohne Zinsen, Kosten und Auslagen zum Zeitpunkt des Eingangs beim zuständigen Gericht 2000 EUR nicht überschreitet. Sie erfasst insb nicht Steuer- und Zollsachen, verwaltungsrechtliche Angelegenheiten sowie die Haftung des Staates für Handlungen oder Unterlassungen im Rahmen der Ausübung hoheitlicher Rechte (»acta iure imperii«).**

(2) Diese Verordnung ist nicht anzuwenden auf:

a) den Personenstand, die Rechts- und Handlungsfähigkeit sowie die gesetzliche Vertretung von natürlichen Personen,

b) die ehelichen Güterstände, das Unterhaltsrecht und das Gebiet des Erbrechts einschließlich des Testamentsrechts,

c) Konkurse, Verfahren im Zusammenhang mit der Abwicklung zahlungsunfähiger Unternehmen oder anderer juristischer Personen, gerichtliche Vergleiche, Vergleiche und ähnliche Verfahren,

d) die soziale Sicherheit,

e) die Schiedsgerichtsbarkeit,

f) das Arbeitsrecht,

g) die Miete oder Pacht unbeweglicher Sachen, mit Ausnahme von Klagen wegen Geldforderungen, oder

h) die Verletzung der Privatsphäre oder der Persönlichkeitsrechte, einschließlich der Verletzung der Ehre.

(3) In dieser Verordnung bedeutet der Begriff »Mitgliedstaat« die Mitgliedstaaten mit Ausnahme Dänemarks.

1 **A. Sachlicher Anwendungsbereich.** Der Begriff der Zivil- und Handelssache entspricht Art 1 EuGVO; ebenso im Wesentlichen die Ausschlüsse des Abs 2 a–e. Zum Ausschluss bestimmter Staatshaftungssachen s.o. Art 1 EuZVO Rz 1. Abweichend von der EuGVO sind auch die in Abs 2 f-h genannten Bereiche ausgeschlossen. Das Verfahren ist nicht auf Zahlungsansprüche beschränkt, sondern kann auch sonstige Ansprüche betreffen, solange die Streitwertgrenze des Abs 1 eingehalten wird (vgl Art 5 V; Brokamp 11).

2 **B. Streitwert bis 2000 Euro.** Entscheidend ist der Streitwert des Anspruchs ohne Berücksichtigung von Nebenforderungen. Die Bestimmung des Streitwerts ist aber europarechtlich-autonom vorzunehmen, damit eine einheitliche Anwendung der Verordnung in den Mitgliedstaaten sichergestellt wird (aA *Hau* JuS 08, 1056, 1057; Leible/Freitag 105: Streitwertbestimmung nach *lex fori*). Eine Teilklage in Höhe von bis zu 2000 Euro aus einer höheren Forderung ist zulässig und öffnet den Weg in die EuGFVO (Brokamp 14; aA MüKoZPO/*Rauscher* Anhang II zu Buch 11 Rn 12).

3 **C. Räumlicher Anwendungsbereich.** Weil die Verordnung nicht in Dänemark gilt, kann dort kein solches Verfahren durchgeführt werden und ein entsprechendes Urt kann in Dänemark nicht aus sich heraus vollstreckt werden (ggf wäre der Weg über Art 38 ff EuGVO einzuschlagen).

Artikel 3 Grenzüberschreitende Rechtssachen. **(1) Eine grenzüberschreitende Rechtssache im Sinne dieser Verordnung liegt vor, wenn mindestens eine der Parteien ihren Wohnsitz oder gewöhnlichen Aufenthalt in einem anderen Mitgliedstaat als dem des angerufenen Gerichts hat.**

(2) Der Wohnsitz bestimmt sich nach den Artikeln 59 und 60 der Verordnung (EG) Nr 44/2001.

(3) Maßgeblicher Augenblick zur Feststellung, ob eine grenzüberschreitende Rechtssache vorliegt, ist der Zeitpunkt, zu dem das Klageformblatt beim zuständigen Gericht eingeht.

1 Der Begriff der grenzüberschreitenden Rechtssache entspricht demjenigen des Art 3 EuMVVO (s. Anhang nach § 1096).

KAPITEL II DAS EUROPÄISCHE VERFAHREN FÜR GERINGFÜGIGE FORDERUNGEN

Artikel 4 Einleitung des Verfahrens. (1) Der Kläger leitet das europäische Verfahren für geringfügige Forderungen ein, indem er das in Anhang I vorgegebene Klageformblatt A ausgefüllt direkt beim zuständigen Gericht einreicht oder diesem auf dem Postweg übersendet oder auf anderem Wege übermittelt, der in dem Mitgliedstaat, in dem das Verfahren eingeleitet wird, zulässig ist, beispielsweise per Fax oder e-Mail. Das Klageformblatt muss eine Beschreibung der Beweise zur Begründung der Forderung enthalten; ggf können ihm als Beweismittel geeignete Unterlagen beigefügt werden.
(2) Die Mitgliedstaaten teilen der Kommission mit, welche Übermittlungsarten sie zulassen. Diese Mitteilung wird von der Kommission bekannt gemacht.
(3) Fällt die erhobene Klage nicht in den Anwendungsbereich dieser Verordnung, so unterrichtet das Gericht den Kläger darüber. Nimmt der Kläger die Klage daraufhin nicht zurück, so verfährt das Gericht mit ihr nach Maßgabe des Verfahrensrechts des Mitgliedstaats, in dem das Verfahren durchgeführt wird.
(4) Sind die Angaben des Klägers nach Ansicht des Gerichts unzureichend oder nicht klar genug, oder ist das Klageformblatt nicht ordnungsgemäß ausgefüllt und ist die Klage nicht offensichtlich unbegründet oder nicht offensichtlich unzulässig, so gibt das Gericht dem Kläger Gelegenheit, das Klageformblatt zu vervollständigen oder zu berichtigen oder ergänzende Angaben zu machen oder Unterlagen vorzulegen oder die Klage zurückzunehmen, und setzt hierfür eine Frist fest. Das Gericht verwendet dafür das in Anhang II vorgegebene Formblatt B. Ist die Klage offensichtlich unbegründet oder offensichtlich unzulässig oder versäumt es der Kläger, das Klageformblatt fristgerecht zu vervollständigen oder zu berichtigen, so wird die Klage zurück- bzw. abgewiesen.
(5) Die Mitgliedstaaten sorgen dafür, dass das Klageformblatt bei allen Gerichten, in denen das europäische Verfahren für geringfügige Forderungen eingeleitet werden kann, erhältlich ist.

A. Formzwang. Das Klageformblatt A ist zwingend zu benutzen. Telefax oder elektronische Einreichung sind in Deutschland möglich (§ 1097 I). Zweckmäßigerweise sollte in Ziff 7.3 des Formblatts auch die Erstattung der Verfahrenskosten unter Angabe von Anwaltskosten usw beantragt werden (Leible/Freitag 106). 1

B. Prüfung der Klage. Das Gericht hat die Klage gem Abs 3 und 4 zu überprüfen, bevor sie dem Beklagten zugestellt wird. Fällt eine in Deutschland erhobene Klage nicht in den Anwendungsbereich der EuGFVO und nimmt der Kl diese nach Hinweis (Abs 3) nicht zurück, so wird stattdessen ein normaler Zivilprozess eingeleitet (§ 1097 II). Die Klage ist gem Abs 4 Satz 3 ohne Zustellung an den Beklagten abzuweisen, wenn sie auch ohne Äußerung des Bekl als unbegründet abzuweisen ist und der Kl der Aufforderung zur Vervollständigung nicht oder nur unzureichend nachgekommen ist (AG Geldern 9.2.11 – 4 C 4/11). 2

C. Zuständigkeit. Da die Verordnung keine Zuständigkeitsregeln enthält, gelten für die internationale und örtliche Zuständigkeit die Regeln der EuGVO, sofern diese anwendbar ist; ersatzweise gilt das autonome Zuständigkeitsrecht der *lex fori* (*Hau* JuS 08, 1056, 1058; Kropholler/*v. Hein* Rn 1 ff). Für die sachliche und funktionelle Zuständigkeit gilt das Recht des Forumstaates (*Hess/Bittmann* IPRax 08, 305, 311), wobei Erwägungsgrund 27 verlangt, dass zumindest ein Mitglied des Gerichts die Befähigung zum Richteramt haben muss. 3

Artikel 5 Durchführung des Verfahrens. (1) Das europäische Verfahren für geringfügige Forderungen wird schriftlich durchgeführt. Das Gericht hält eine mündliche Verhandlung ab, wenn es diese für erforderlich hält oder wenn eine der Parteien einen entsprechenden Antrag stellt. Das Gericht kann einen solchen Antrag ablehnen, wenn es der Auffassung ist, dass in Anbetracht der Umstände des Falles ein faires Verfahren offensichtlich auch ohne mündliche Verhandlung sichergestellt werden kann. Die Ablehnung ist schriftlich zu begründen. Gegen die Abweisung des Antrags ist kein gesondertes Rechtsmittel zulässig.
(2) Nach Eingang des ordnungsgemäß ausgefüllten Klageformblatts füllt das Gericht Teil I des in Anhang III vorgegebenen Standardantwortformblatts C aus. Es stellt dem Beklagten gemäß Artikel 13 eine Kopie des Klageformblatts und ggf der Beweisunterlagen zusammen mit dem entsprechend ausge-

füllten Antwortformblatt zu. Diese Unterlagen sind innerhalb von 14 Tagen nach Eingang des ordnungsgemäß ausgefüllten Klageformblatts abzusenden.
(3) Der Beklagte hat innerhalb von 30 Tagen nach Zustellung des Klageformblatts und des Antwortformblatts zu antworten, indem er Teil II des Formblatts C ausfüllt und es ggf mit als Beweismittel geeigneten Unterlagen an das Gericht zurücksendet oder indem er auf andere geeignete Weise ohne Verwendung des Antwortformblatts antwortet.
(4) Innerhalb von 14 Tagen nach Eingang der Antwort des Beklagten ist eine Kopie der Antwort ggf zusammen mit etwaigen als Beweismittel geeigneten Unterlagen an den Kläger abzusenden.
(5) Macht der Beklagte in seiner Antwort geltend, dass der Wert einer nicht lediglich auf eine Geldzahlung gerichteten Klage die in Artikel 2 Absatz 1 festgesetzten Wertgrenze übersteigt, so entscheidet das Gericht innerhalb von 30 Tagen nach Absendung der Antwort an den Kläger, ob die Forderung in den Anwendungsbereich dieser Verordnung fällt. Gegen diese Entscheidung ist ein gesondertes Rechtsmittel nicht zulässig.
(6) Etwaige Widerklagen, die mittels Formblatt A zu erheben sind, sowie etwaige Beweisunterlagen werden dem Kläger gemäß Artikel 13 zugestellt. Die Unterlagen sind innerhalb von 14 Tagen nach deren Eingang bei Gericht abzusenden. Der Kläger hat auf eine etwaige Widerklage innerhalb von 30 Tagen nach Zustellung zu antworten.
(7) Überschreitet die Widerklage die in Artikel 2 Absatz 1 festgesetzte Wertgrenze, so werden die Klage und die Widerklage nicht nach dem europäischen Verfahren für geringfügige Forderungen, sondern nach Maßgabe des Verfahrensrechts des Mitgliedstaats, in dem das Verfahren durchgeführt wird, behandelt.
Artikel 2 und Artikel 4 sowie die Absätze 3, 4 und 5 des vorliegenden Artikels gelten entsprechend für Widerklagen.

1 **A. Grundsatz des schriftlichen Verfahrens.** Grundsätzlich soll das Small-Claims-Verfahren aus Effizienzgründen schriftlich geführt werden (Erwägungsgrund 14), wenn der Richter nicht eine mündliche Verhandlung für erforderlich hält. Auch eine Partei kann die mündliche Verhandlung beantragen. Diesem Antrag ist idR zu folgen (Musielak/*Voit* Rn 22 vor §§ 1097 ff), denn Abs 1 erlaubt die Ablehnung nur dann, wenn ein *fair trial* »offensichtlich« auch ohne mündliche Verhandlung gewährleistet ist. Auch hier mögen Effizienzüberlegungen eine Rolle spielen (*Jahn* NJW 07, 2890, 2892), aber zumindest wenn eine Zeugen- oder Parteivernehmung notwendig ist, ist die mündliche Verhandlung jedenfalls nicht »offensichtlich« unnötig.

2 **B. Klagerwiderung.** Für die Stellungnahme des Beklagten kann das in Abs 2 genannte Formblatt C verwendet werden, es kann aber auch ein frei gestalteter Schriftsatz eingereicht werden (Abs 3). Letzteres ist unbedingt empfehlenswert, weil das Formblatt C zB auf die Beweislastverteilung keinerlei Rücksicht nimmt und den falschen Anschein erweckt, als müsse der Beklagte jegliches Bestreiten der Forderung auch beweisen. Auch hier kann und sollte die Erstattung der Verfahrenskosten beantragt werden (Ziff 4 des Formblatts C). Die Frist des Abs 3 ist bei rechtzeitiger Absendung der Klagerwiderung gewahrt (MüKoZPO/*Rauscher* Anhang II zu Buch 11 Rn 18; aA Musielak/*Voit* Rn 19 vor §§ 1097 ff).

3 **C. Säumnis des Beklagten.** Äußert sich der Beklagte nicht innerhalb der Frist des Abs 3, so entscheidet das Gericht nach Lage der Akten (Art 7 III).

4 **D. Widerklage.** Das Verfahren wird gem Abs 7 als Small-Claims-Verfahren fortgesetzt, wenn auch der Streitwert der Widerklage 2000 Euro nicht überschreitet (Abs 7); bei einer höherwertigen Widerklage wird das Verfahren als ordentlicher Zivilprozess nach *lex fori* fortgesetzt (in Deutschland gem § 1099 II). Auch die Widerklage muss in den Anwendungsbereich des Art 4 fallen, andernfalls ist sie unzulässig (Abs 7 S 2; vgl § 1099 I).

5 **E. Verteidigung durch Aufrechnung.** Der Beklagte kann sich auch durch Aufrechnung verteidigen, ohne dass die Gegenforderung in den Anwendungsbereich der EuGFVO fallen müsste (Musielak/*Voit* Rn 21) und ohne dass er das Formblatt A benutzen müsste (Erwägungsgrund 17).

Artikel 6 Sprachen. (1) Das Klageformblatt, die Antwort, etwaige Widerklagen, die etwaige Antwort auf eine Widerklage und eine etwaige Beschreibung etwaiger Beweisunterlagen sind in der Sprache oder einer der Sprachen des Gerichts vorzulegen.
(2) Werden dem Gericht weitere Unterlagen nicht in der Verfahrenssprache vorgelegt, so kann das Gericht eine Übersetzung der betreffenden Unterlagen nur dann anfordern, wenn die Übersetzung für den Erlass des Urteils erforderlich erscheint.
(3) Hat eine Partei die Annahme eines Schriftstücks abgelehnt, weil es nicht in
a) der Amtssprache des Empfangsmitgliedstaats oder – wenn es in diesem Mitgliedstaat mehrere Amtssprachen gibt – der Amtssprache oder einer der Amtssprachen des Ortes, an dem die Zustellung erfolgen soll oder an den das Schriftstück gesandt werden soll, oder
b) einer Sprache, die der Empfänger versteht,
abgefasst ist, so setzt das Gericht die andere Partei davon in Kenntnis, damit diese eine Übersetzung des Schriftstücks vorlegt.

A. Normzweck. Die Vorschrift stellt in Abs 1 nur fest, dass die wesentliche Korrespondenz mit dem Gericht in der dortigen Amtssprache zu erfolgen hat (Abs 1). Abs 2 beschränkt die Notwendigkeit von Übersetzungen sonstiger Unterlagen (etwa Urkunden) auf das »Erforderliche«. Das Gericht hat hier ein gewisses Ermessen, wobei aber der Verzicht auf eine Übersetzung nur dann in Betracht kommt, wenn sowohl Gericht wie auch die Parteien der fremden Sprache ausreichend mächtig sind. 1

B. Annahmeverweigerung (Abs 3). Für die Zustellung von Schriftstücken etabliert die EuGFVO tw ein eigenes Regime (vgl Art 13), welches aber in der Sprachenfrage dem Art 8 EuZVO nachgebildet ist. Daher wirft Art 6 III die zu Art 8 EuZVO erörterten Probleme hinsichtlich der Sprachkenntnisse des Empfängers auf (s. Art 8 EuZVO Rz 5 ff). Erwägungsgrund 19 zeigt, dass die Vorschriften der EuZVO ergänzend heranzuziehen sind, insb die einwöchige Frist für die Annahmeverweigerung (Art 8 I EuZVO) und auch die Pflicht zur Belehrung des Empfängers über sein Annahmeverweigerungsrecht (s. Art 8 EuZVO Rz 3). Im Interesse der Rechtssicherheit ist bei einer Zustellung ins Ausland eine Übersetzung in die dortige Amtssprache zu empfehlen, da dann kein Annahmeverweigerungsrecht besteht. 2

Artikel 7 Abschluss des Verfahrens. (1) Innerhalb von 30 Tagen, nachdem die Antworten des Beklagten oder des Klägers unter Einhaltung der Frist des Artikels 5 Absatz 3 oder Absatz 6 eingegangen sind, erlässt das Gericht ein Urteil oder verfährt wie folgt:
a) Es fordert die Parteien innerhalb einer bestimmten Frist, die 30 Tage nicht überschreiten darf, zu weiteren die Klage betreffenden Angaben auf,
b) es führt eine Beweisaufnahme nach Artikel 9 durch,
c) es lädt die Parteien zu einer mündlichen Verhandlung vor, die innerhalb von 30 Tagen nach der Vorladung stattzufinden hat.
(2) Das Gericht erlässt sein Urteil entweder innerhalb von 30 Tagen nach einer etwaigen mündlichen Verhandlung oder nach Vorliegen sämtlicher Entscheidungsgrundlagen. Das Urteil wird den Parteien gem Artikel 13 zugestellt.
(3) Ist bei dem Gericht innerhalb der in Artikel 5 Absatz 3 oder Absatz 6 gesetzten Frist keine Antwort der betreffenden Partei eingegangen, so erlässt das Gericht zu der Klage oder der Widerklage ein Urteil.

A. 30-Tages-Fristen. Die Vorschrift enthält zwei 30-Tages-Fristen: Abs 1 verpflichtet das Gericht innerhalb dieser Frist zum Tätigwerden gem Abs 1 a, b oder c. Nach Durchführung dieser Alternativen sind erneut 30 Tage Zeit, um ein Urt zu fällen (Abs 2). Diese Fristen können gem Art 14 II, III vom Gericht verlängert werden. An die Überschreitung der Fristen ist in der EuGFVO keine Sanktion geknüpft; eine solche mag sich allenfalls unter dem Gesichtspunkt der Staatshaftung ergeben. 1

B. Urteil. Das Gericht entscheidet in Form eines Urteils, welches zwar den Parteien zugestellt, aber nicht in öffentlicher Sitzung verkündet werden muss (vgl für Deutschland § 1102). Das verstößt gegen Art 6 I 2 EMRK, der ausdrücklich die öffentliche Verkündung eines Urteils verlangt, soweit nicht der Jugendschutz oder andere besondere Interessen vorrangig sind (vgl EGMR NJW 09, 2873). Auch Art 47 II EU-Grundrechtecharta verlangt die Öffentlichkeit des Verfahrens, dh im schriftlichen Verfahren mindestens die 2 öffentliche Urteilsverkündung. Bloße Effizienzgründe rechtfertigen nicht den Verzicht auf die Öffentlichkeit als konstitutives Element eines *fair trial* (vgl Musielak/*Voit* Rn 25; *Hau* JuS 08, 1056, 1058).

3 **C. Säumnisentscheidung (Abs 3).** Äußert sich der Beklagte oder Widerbeklagte nicht, so ist nach Lage der Akten zu entscheiden. Eine Geständnisfiktion wie in § 331 I enthält Art 7 III EuGFVO nicht (*Hess/Bittmann* IPRax 08, 305, 312).

Artikel 8 Mündliche Verhandlung. Das Gericht kann eine mündliche Verhandlung über Video-Konferenz oder unter Zuhilfenahme anderer Mittel der Kommunikationstechnologie abhalten, wenn die entsprechenden technischen Mittel verfügbar sind.

1 Die Parteien können der Durchführung einer Videokonferenz anders als im deutschen Verfahrensrecht (§ 128a) nicht widersprechen (BTDrs 16/8839, 27), vgl für Deutschland § 1100 I.

Artikel 9 Beweisaufnahme. (1) Das Gericht bestimmt die Beweismittel und den Umfang der Beweisaufnahme, die im Rahmen der für die Zulässigkeit von Beweisen geltenden Bestimmungen für sein Urteil erforderlich sind. Es kann die Beweisaufnahme mittels schriftlicher Aussagen von Zeugen oder Sachverständigen oder schriftlicher Parteivernehmung zulassen. Des Weiteren kann es die Beweisaufnahme über Video-Konferenz oder mit anderen Mitteln der Kommunikationstechnologie zulassen, wenn die entsprechenden technischen Mittel verfügbar sind.
(2) Das Gericht kann Sachverständigenbeweise oder mündliche Aussagen nur dann zulassen, wenn dies für sein Urteil erforderlich ist. Dabei trägt es den Kosten Rechnung.
(3) Das Gericht wählt das einfachste und am wenigsten aufwändige Beweismittel.

1 **A. Freibeweisverfahren.** Eine Bindung an bestimmte Beweismittel, Beweiserhebungsformen oder Beweiswürdigungsregeln besteht nicht. Bei grenzüberschreitenden Beweisaufnahmen sind allerdings die Regeln der EuBVO einzuhalten (Rauscher/*Varga* Rn 4).

2 **B. Effizienzgesichtspunkte.** Die in Abs 2 angesprochene Erforderlichkeit der Beweiserhebung ist rein deklaratorisch zu verstehen, da das Gericht ohnehin nur über entscheidungsrelevante Tatsachen Beweis erheben soll. Darüber hinaus werden Abs 2 und 3 aber als Ausprägung wirtschaftlicher Erwägungen verstanden (*Jahn* NJW 07, 2890, 2892f), wofür der Hinweis auf die Kosten der Beweiserhebung spricht. Die Durchführung einer kostenintensiven Beweisaufnahme soll nur mangels anderer Möglichkeiten erfolgen (*Jahn* aaO). Eine Art ökonomische Grenze zulässiger Beweiserhebungskosten ist mit der Vorschrift jedoch nicht gemeint; dies wäre auch im Hinblick auf die Gewährleistung eines fairen Verfahrens kaum möglich (ähnl Musielak/*Voit* Rn 23f).

Artikel 10 Vertretung der Parteien. Die Vertretung durch einen Rechtsanwalt oder einen sonstigen Rechtsbeistand ist nicht verpflichtend.

1 Unabhängig vom nationalen Recht der Mitgliedstaaten ist im Verfahren nach der EuGFVO eine anwaltliche Vertretung nie erforderlich (MüKoZPO/*Rauscher* Anhang II zu Buch 11 Rn 25). Sie ist aber stets zulässig und angesichts der schwer verständlichen Formblätter auch empfehlenswert.

Artikel 11 Hilfestellung für die Parteien. Die Mitgliedstaaten gewährleisten, dass die Parteien beim Ausfüllen der Formblätter praktische Hilfestellung erhalten können.

1 Diese Hilfestellung ist ggf von den nationalen Gerichten oder sonstigen öffentlichen Institutionen zu leisten, zB durch Ausfüllen der Formblätter zu Protokoll der Geschäftsstelle des Gerichts (MüKoZPO/*Rauscher* aaO). Im Übrigen handelt es sich eher um einen Programmsatz, der auch durch die Bereitstellung von Beratungs- und Prozesskostenhilfe realisiert wird.

Artikel 12 Aufgaben des Gerichts. (1) Das Gericht verpflichtet die Parteien nicht zu einer rechtlichen Würdigung der Klage.
(2) Das Gericht unterrichtet die Parteien erforderlichenfalls über Verfahrensfragen.
(3) Soweit angemessen, bemüht sich das Gericht um eine gütliche Einigung der Parteien.

Die Vorschrift des **Abs 1** enthält den Grundsatz ***iura novit curia*** und ist daher für den deutschen Leser unspektakulär. Für andere Mitgliedstaaten mag dies aber Konsequenzen haben zB hinsichtlich der daraus folgenden amtswegigen Ermittlung des anwendbaren Rechts (vgl Kropholler/*v. Hein* Rn 1). 1

Die Konkretisierung der in **Abs 2** postulierten **Unterrichtungspflicht** ist Sache der *lex fori* (Erwägungsgrund 22) und ist in Deutschland durch § 139 gewährleistet. 2

Artikel 13 Zustellung von Unterlagen. (1) Unterlagen werden durch Postdienste mit Empfangsbestätigung zugestellt, aus der das Datum des Empfangs hervorgeht.
(2) Ist eine Zustellung gem Absatz 1 nicht möglich, so kann die Zustellung auf eine der Arten bewirkt werden, die in den Artikeln 13 und 14 der Verordnung (EG) Nr 805/2004 festgelegt sind.

Die Vorschrift ist ggü der EuZVO *lex specialis* und ordnet im Interesse zügiger Verfahrensdurchführung die Zustellung mit der Post an. Die Voraussetzungen einer gem Abs 1 wirksamen Zustellung entsprechen denen des Art 14 EuZVO. Ersatzweise kann auch eine Zustellung nach den in Art 13 f EuVTVO enthaltenen Regeln durchgeführt werden (Abs 2). Damit werden die in Art 13 f EuVTVO noch als Mindeststandards gedachten Regeln hier zu einem einheitlichen Zustellungsrecht (*Hess/Bittmann* IPRax 08, 305, 312). Wegen Art 14 II EuVTVO ist eine öffentliche Zustellung im Small-Claims-Verfahren ausgeschlossen. 1

Artikel 14 Fristen. (1) Setzt das Gericht eine Frist fest, so ist die betroffene Partei über die Folgen der Nichteinhaltung dieser Frist zu informieren.
(2) Das Gericht kann die Fristen nach Artikel 4 Absatz 4, Artikel 5 Absätze 3 und 6 und Artikel 7 Absatz 1 ausnahmsweise verlängern, wenn dies notwendig ist, um die Rechte der Parteien zu wahren.
(3) Kann das Gericht die Fristen nach Artikel 5 Absätze 2 bis 6 sowie Artikel 7 ausnahmsweise nicht einhalten, veranlasst es so bald wie möglich die nach diesen Vorschriften erforderlichen Verfahrensschritte.

Für die Berechnung von Fristen gilt EWG-VO Nr 1182/71 (Erwägungsgrund 24). 1

Artikel 15 Vollstreckbarkeit des Urteils. (1) Das Urteil ist ungeachtet eines möglichen Rechtsmittels vollstreckbar. Es darf keine Sicherheitsleistung verlangt werden.
(2) Artikel 23 ist auch anzuwenden, wenn das Urteil in dem Mitgliedstaat zu vollstrecken ist, in dem es ergangen ist.

Das Urt ist gem Abs 1 ohne Sicherheitsleistung vorläufig vollstreckbar; daran können nationale Regeln nichts ändern; konsequent ist daher der Ausschluss einer Abwendungsbefugnis des Schuldners in § 1105 I. Stattdessen steht dem Schuldner der einheitliche Vollstreckungsschutzantrag des Art 23 zur Verfügung. 1

Artikel 16 Kosten. Die unterlegene Partei trägt die Kosten des Verfahrens. Das Gericht spricht der obsiegenden Partei jedoch keine Erstattung für Kosten zu, soweit sie nicht notwendig waren oder in keinem Verhältnis zu der Klage stehen.

A. Anwaltskosten. Die Vorschrift übernimmt die in Europa weitgehend anerkannte »loser pays«-Regel. Die konkrete Kostenfestsetzung ist aber nach dem Recht des Forumstaats vorzunehmen (Erwägungsgrund 29). Bezüglich der Rechtsanwaltskosten enthält die Vorschrift keine Abweichung vom deutschen System (*Jahn* NJW 07, 2890, 2893), weil die Zuhilfenahme eines Rechtsanwalts regelmäßig und gerade in grenzüberschreitenden Fällen »notwendig« ist (Hess EuZPR, 580 Fn 359). Die Verhältnismäßigkeit dieser Kosten zur Höhe der Klagforderung wird in Deutschland durch das am Streitwert orientierte Gebührensystem gewährleistet. 1

2 **B. Beweiserhebungskosten.** Kosten der Beweiserhebung sind nicht schon deshalb unverhältnismäßig iSd Vorschrift, weil sie die Höhe der Klagforderung überschreiten (so aber *Jahn* aaO). Andernfalls wäre jede Beweiserhebung, die zB mit Reisekosten von über 2000 € verbunden wäre, schon unverhältnismäßig, was eine untragbare Verschlechterung der Situation der beweisbelasteten Partei zur Folge hätte. Die Grenze der Unverhältnismäßigkeit iSv S 2 (»in keinem Verhältnis«) beginnt erst dort, wo die Beweiskosten ein Vielfaches der Klagforderung betragen (aA *Wedel* JurBüro 10, 286: Grenze bei 150% des Streitwerts).

Artikel 17 Rechtsmittel. (1) Die Mitgliedstaaten teilen der Kommission mit, ob ihr Verfahrensrecht ein Rechtsmittel gegen ein im europäischen Verfahren für geringfügige Forderungen ergangenes Urteil zulässt und innerhalb welcher Frist das Rechtsmittel einzulegen ist. Diese Mitteilung wird von der Kommission bekannt gemacht.
(2) Artikel 16 gilt auch für das Rechtsmittelverfahren.

1 Ein Urt im Small-Claims-Verfahren kann mit den nach *lex fori* vorgesehenen Rechtsmitteln angegriffen werden. Im Rechtsmittelverfahren kommt dann – mit Ausnahme von Art 16 – die EuGFVO nicht mehr zur Anwendung, sondern die nationalen Vorschriften (s. § 1102). Die Mitteilungen gem Abs 1 sind im Europäischen Gerichtsatlas (vor §§ 1067 ff Rz 5) wiedergegeben.

Artikel 18 Mindeststandards für die Überprüfung des Urteils. (1) Der Beklagte ist berechtigt, beim zuständigen Gericht des Mitgliedstaats, in dem das Urteil im europäischen Verfahren für geringfügige Forderungen ergangen ist, eine Überprüfung des Urteils zu beantragen, sofern
a) i) ihm das Klageformblatt oder die Ladung zur Verhandlung ohne persönliche Empfangsbestätigung gemäß Artikel 14 der Verordnung (EG) Nr 805/2004 zugestellt wurde und
ii) die Zustellung ohne sein Verschulden nicht so rechtzeitig erfolgt ist, dass er Vorkehrungen für seine Verteidigung hätte treffen können,
oder
b) der Beklagte aufgrund höherer Gewalt oder aufgrund außergewöhnlicher Umstände ohne eigenes Verschulden daran gehindert war, das Bestehen der Forderung zu bestreiten,
wobei in beiden Fällen vorausgesetzt wird, dass er unverzüglich tätig wird.
(2) Lehnt das Gericht die Überprüfung mit der Begründung ab, dass keiner der in Absatz 1 genannten Gründe zutrifft, so bleibt das Urteil in Kraft.
Entscheidet das Gericht, dass die Überprüfung aus einem der in Absatz 1 genannten Gründe gerechtfertigt ist, so ist das im europäischen Verfahren für geringfügige Forderungen ergangene Urteil nichtig.

1 Eine erfolgreiche Überprüfung des im Small-Claims-Verfahren ergangenen Urteils, dh wenn der Beklagte ohne Verschulden an einer rechtzeitigen Klagerwiderung gehindert war, führt zur Nichtigkeit des Urteils. Die Vorschrift entspricht inhaltlich Art 20 I EuMVVO (s. Art 20 EuMVVO Rz 2).

Artikel 19 Anwendbares Verfahrensrecht. Sofern diese Verordnung nichts anderes bestimmt, gilt für das europäische Verfahren für geringfügige Forderungen das Verfahrensrecht des Mitgliedstaats, in dem das Verfahren durchgeführt wird.

1 Die Vorschrift beruft zur Lückenfüllung die *lex fori,* was aber nichts an der Notwendigkeit europarechtlich-autonomer Auslegung der in der Verordnung verwendeten Begriffe ändert.

KAPITEL III ANERKENNUNG UND VOLLSTRECKUNG IN EINEM ANDEREN MITGLIEDSTAAT

Artikel 20 Anerkennung und Vollstreckung. (1) Ein im europäischen Verfahren für geringfügige Forderungen ergangenes Urteil wird in einem anderen Mitgliedstaat anerkannt und vollstreckt, ohne dass es einer Vollstreckbarerklärung bedarf und ohne dass die Anerkennung angefochten werden kann.
(2) Auf Antrag einer Partei fertigt das Gericht eine Bestätigung unter Verwendung des in Anhang IV vorgegebenen Formblatts D zu einem im europäischen Verfahren für geringfügige Forderungen ergangenen Urteil ohne zusätzliche Kosten aus.

A. Vollstreckbarkeit. Das im Small-Claims-Verfahren ergangene Urt kann ohne Exequaturverfahren oder sonstige Zwischenschritte (dh auch ohne Klauselerteilungsverfahren, § 1107) in den Mitgliedstaaten (ausgenommen Dänemark) vollstreckt werden. Die in Abs 2 genannte Bestätigung auf Formblatt D dient zu diesem Zwecke als vollstreckbare Ausfertigung des Urteils. 1

B. Anerkennungswirkung. Ebenso wie beim Europäischen Zahlungsbefehl (s. Art 19 EuMVVO Rz 1) sind die Wirkungen eines im Small-Claims-Verfahren ergangenen Urteils ohne weitere Zwischenschritte, dh unter Verdrängung der Art 33 ff EuGVO, in allen Mitgliedstaaten (mit Ausnahme von Dänemark) anzuerkennen (aA *Freitag* FS Kropholler 759, 766). Dies ergibt sich aus dem klaren Wortlaut des Abs 1. 2

Artikel 21 Vollstreckungsverfahren.

(1) Unbeschadet der Bestimmungen dieses Kapitels gilt für das Vollstreckungsverfahren das Recht des Vollstreckungsmitgliedstaats. Jedes im europäischen Verfahren für geringfügige Forderungen ergangene Urteil wird unter den gleichen Bedingungen vollstreckt wie ein im Vollstreckungsmitgliedstaat ergangenes Urteil.

(2) Die Partei, die die Vollstreckung beantragt, muss Folgendes vorlegen:

a) eine Ausfertigung des Urteils, die die Voraussetzungen für den Nachweis seiner Echtheit erfüllt; und

b) eine Ausfertigung der Bestätigung iSd Artikels 20 Absatz 2 sowie, falls erforderlich, eine Übersetzung davon in die Amtssprache des Vollstreckungsmitgliedstaats oder – falls es in diesem Mitgliedstaat mehrere Amtssprachen gibt – nach Maßgabe der Rechtsvorschriften dieses Mitgliedstaats in die Verfahrenssprache oder eine der Verfahrenssprachen des Ortes, an dem die Vollstreckung betrieben wird, oder in eine sonstige Sprache, die der Vollstreckungsmitgliedstaat zulässt. Jeder Mitgliedstaat kann angeben, welche Amtssprache oder Amtssprachen der Organe der Europäischen Union er neben seiner oder seinen eigenen für das europäische Verfahren für geringfügige Forderungen zulässt. Der Inhalt des Formblatts D ist von einer Person zu übersetzen, die zur Anfertigung von Übersetzungen in einem der Mitgliedstaaten befugt ist.

(3) Für die Vollstreckung eines Urteils, das in dem europäischen Verfahren für geringfügige Forderungen in einem anderen Mitgliedstaat erlassen worden ist, darf von der Partei, die die Vollstreckung beantragt, nicht verlangt werden, dass sie im Vollstreckungsstaat über

a) einen bevollmächtigten Vertreter oder

b) eine Postanschrift

außer bei den Vollstreckungsagenten verfügt.

(4) Von einer Partei, die in einem Mitgliedstaat die Vollstreckung eines im europäischen Verfahren für geringfügige Forderungen in einem anderen Mitgliedstaat ergangenen Urteils beantragt, darf weder wegen ihrer Eigenschaft als Ausländer noch wegen Fehlens eines inländischen Wohnsitzes oder Aufenthaltsorts im Vollstreckungsmitgliedstaat eine Sicherheitsleistung oder Hinterlegung, unter welcher Bezeichnung auch immer, verlangt werden.

A. Normzweck. Die Vorschrift bezweckt in Abs 1 den freien Verkehr der im Small-Claims-Verfahren ergangenen Urteile. Für die Vollstreckung gilt das Recht des Vollstreckungsmitgliedstaates (für Deutschland vgl §§ 1107 ff) einschließlich der dort vorgesehenen Rechtsbehelfe, sofern diese nicht eine gem Art 22 II verbotene Überprüfung des Small-Claims-Urteils in der Sache selbst beinhalten (vgl aber § 1109 II). Eine Diskriminierung des Vollstreckungsgläubigers wegen seiner Herkunft – auch aus einem Drittstaat – ist gem Abs 3 unzulässig (s. Art 20 EuVTVO Rz 1). 1

B. Vorzulegende Unterlagen. Es ist eine Urteilsausfertigung sowie eine Ausfertigung der Bestätigung gem Art 20 II (Formblatt D) vorzulegen, letztere ggf mit Übersetzung in die im Vollstreckungsmitgliedstaat zugelassene Sprache (für Deutschland in die deutsche Sprache, § 1108). Ein Nachweis der Zustellung ist nicht erforderlich. 2

Artikel 22 Ablehnung der Vollstreckung.

(1) Auf Antrag der Person, gegen die die Vollstreckung gerichtet ist, wird die Vollstreckung vom zuständigen Gericht im Vollstreckungsmitgliedstaat abgelehnt, wenn das im europäischen Verfahren für geringfügige Forderungen ergangene Urteil mit einem früheren in einem Mitgliedstaat oder einem Drittland ergangenen Urteil unvereinbar ist, sofern

a) das frühere Urteil zwischen denselben Parteien wegen desselben Streitgegenstandes ergangen ist,

b) das frühere Urteil im Vollstreckungsmitgliedstaat ergangen ist oder die Voraussetzungen für die Anerkennung im Vollstreckungsmitgliedstaat erfüllt und
c) die Unvereinbarkeit im gerichtlichen Verfahren des Mitgliedstaats, in dem das Urteil im europäischen Verfahren für geringfügige Forderungen ergangen ist, nicht geltend gemacht wurde und nicht geltend gemacht werden konnte.
(2) Keinesfalls darf ein im europäischen Verfahren für geringfügige Forderungen ergangenes Urteil im Vollstreckungsmitgliedstaat in der Sache selbst nachgeprüft werden.

1 **A. Normzweck.** Der freie Verkehr des im Small-Claims-Verfahren ergangenen Urteils verbietet eine sachliche Überprüfung im Vollstreckungsmitgliedstaat (Abs 2). Die Vorschrift regelt aber in Abs 1 einen Sonderfall, in welchem das im Vollstreckungsstaat zuständige Gericht die Vollstreckung verweigern darf. Im Unterschied zu Art 22 II EuMVVO kann hier aber nicht der Einwand nachträglicher Erfüllung geltend gemacht werden (krit *Hess/Bittmann* IPRax 08, 305, 313: »nicht nachzuvollziehen«); für ihn verbleiben die vollstreckungsrechtlichen Rechtsbehelfe des nationalen Rechts, etwa § 775 Nr 4 und 5.

2 **B. Titelkollision (Abs 1).** Es gelten sinngemäß die Ausführungen zu Art 21 EuVTVO Rz 2.

3 **C. Verfahren in Deutschland.** Für die Fälle der Titelkollision gelten §§ 1109 I 1 und 1084 I, II.

Artikel 23 Aussetzung oder Beschränkung der Vollstreckung. Hat eine Partei ein im europäischen Verfahren für geringfügige Forderungen ergangenes Urteil angefochten oder ist eine solche Anfechtung noch möglich oder hat eine Partei eine Überprüfung nach Artikel 18 beantragt, so kann das zuständige Gericht oder die zuständige Behörde im Vollstreckungsmitgliedstaat auf Antrag der Partei, gegen die sich die Vollstreckung richtet,
a) das Vollstreckungsverfahren auf Sicherungsmaßnahmen beschränken,
b) die Vollstreckung von der Leistung einer von dem Gericht zu bestimmenden Sicherheit abhängig machen oder
c) unter außergewöhnlichen Umständen das Vollstreckungsverfahren aussetzen.

1 **A. Normzweck.** Die Vorschrift soll zu Gunsten des Schuldners Aufschub oder Beschränkung der Vollstreckung ermöglichen, wenn im Ursprungsmitgliedstaat ein Überprüfungsantrag gem Art 18 oder ein ordentlicher Rechtsbehelf gegen das Small-Claims-Urteil anhängig ist. Die Auswahl der in a –c genannten Maßnahmen trifft das im Vollstreckungsmitgliedstaat angerufene Gericht nach seinem Ermessen. Kriterien dieser Entscheidung sind die Erfolgsaussichten des Überprüfungsantrags und der durch die Vollstreckung drohenden Schaden für den Schuldner.

2 **B. Verfahren in Deutschland.** Es gelten §§ 1109 I 2 und 1084 I, III.

KAPITEL IV SCHLUSSBESTIMMUNGEN

Artikel 24 Information. Die Mitgliedstaaten arbeiten insbesondere im Rahmen des gemäß der Entscheidung 2001/470/EG eingerichteten Europäischen Justiziellen Netzes für Zivil- und Handelssachen zusammen, um die Öffentlichkeit und die Fachwelt über das europäische Verfahren für geringfügige Forderungen, einschließlich der Kosten, zu informieren.

Artikel 25 Angaben zu den zuständigen Gerichten, den Kommunikationsmitteln und den Rechtsmitteln. (1) Die Mitgliedstaaten teilen der Kommission bis zum 1. Januar 2008 mit,
a) welche Gerichte dafür zuständig sind, ein Urteil im europäischen Verfahren für geringfügige Forderungen zu erlassen;
b) welche Kommunikationsmittel für die Zwecke des europäischen Verfahrens für geringfügige Forderungen zulässig sind und den Gerichten nach Artikel 4 Absatz 1 zur Verfügung stehen;
c) ob nach ihrem Verfahrensrecht Rechtsmittel iSd Artikels 17 eingelegt werden können, und bei welchem Gericht sie eingelegt werden können;
d) welche Sprachen nach Artikel 21 Absatz 2 Buchstabe b zugelassen sind; und

e) welche Behörden für die Vollstreckung zuständig sind und welche Behörden für die Zwecke der Anwendung des Artikels 23 zuständig sind.

Die Mitgliedstaaten unterrichten die Kommission über alle späteren Änderungen dieser Angaben.

(2) Die Kommission macht die nach Absatz 1 mitgeteilten Angaben durch Veröffentlichung im Amtsblatt der Europäischen Union und durch alle anderen geeigneten Mittel öffentlich zugänglich.

Die in Art 24 und 25 genannten Informationen sowie die Formblätter sind dem Europäischen Gerichtsatlas (s. vor §§ 1067 ff Rz 5) zu entnehmen. 1

Artikel 26 Durchführungsmaßnahmen. Die Maßnahmen zur Änderung nicht wesentlicher Bestimmungen dieser Verordnung, einschließlich durch Hinzufügung neuer nicht wesentlicher Bestimmungen, die eine Aktualisierung oder eine technische Änderung der Formblätter in den Anhängen bewirken, werden nach dem in Artikel 27 Absatz 2 genannten Regelungsverfahren mit Kontrolle erlassen.

Artikel 27 Ausschuss. (1) Die Kommission wird von einem Ausschuss unterstützt.

(2) Wird auf diesen Absatz Bezug genommen, so gelten Artikel 5a Absätze 1 bis 4 und Artikel 7 des Beschlusses 1999/468/EG unter Beachtung von dessen Artikel 8.

Artikel 28 Überprüfung. Die Kommission legt dem Europäischen Parlament, dem Rat und dem Europäischen Wirtschafts- und Sozialausschuss bis zum 1. Januar 2014 einen detaillierten Bericht über die Überprüfung des Funktionierens des europäischen Verfahrens für geringfügige Forderungen, einschließlich der Wertgrenze einer Klage gemäß Artikel 2 Absatz 1, vor. Dieser Bericht enthält eine Bewertung des Funktionierens des Verfahrens und eine erweiterte Folgenabschätzung für jeden Mitgliedstaat. Zu diesem Zweck, und damit gewährleistet ist, dass die vorbildliche Praxis in der Europäischen Union gebührend berücksichtigt wird und die Grundsätze der besseren Rechtsetzung zum Tragen kommen, stellen die Mitgliedstaaten der Kommission Angaben zum grenzüberschreitenden Funktionieren des europäischen Verfahrens für geringfügige Forderungen zur Verfügung. Diese Angaben beziehen sich auf die Gerichtsgebühren, die Schnelligkeit des Verfahrens, die Effizienz, die Benutzerfreundlichkeit und die internen Verfahren für geringfügige Forderungen der Mitgliedstaaten. Dem Bericht der Kommission werden ggf Vorschläge zur Anpassung der Verordnung beigefügt.

Artikel 29 Inkrafttreten. Diese Verordnung tritt am Tag nach ihrer Veröffentlichung im Amtsblatt der Europäischen Union in Kraft.

Sie gilt ab dem 1. Januar 2009, mit Ausnahme des Artikels 25, der ab dem 1. Januar 2008 gilt.

Diese Verordnung ist in allen ihren Teilen verbindlich und gilt gemäß dem Vertrag zur Gründung der Europäischen Gemeinschaft unmittelbar in den Mitgliedstaaten.

Gesetz betreffend die Einführung der Zivilprozessordnung (EGZPO)

Gesetz vom 30.1.1877 (RGBl I, 244), zuletzt geändert durch Artikel 3 des Gesetzes vom 21. Oktober 2011 (BGBl. I S. 2082)

§ 1 *[aufgehoben]*

§ 2 *[aufgehoben]*

§ 3 [Geltungsbereich der ZPO]. (1) Die Zivilprozessordnung findet auf alle bürgerlichen Rechtsstreitigkeiten Anwendung, welche vor die ordentlichen Gerichte gehören.
(2) Insoweit die Gerichtsbarkeit in bürgerlichen Rechtsstreitigkeiten, für welche besondere Gerichte zugelassen sind, durch die Landesgesetzgebung den ordentlichen Gerichten übertragen wird, kann dieselbe ein abweichendes Verfahren gestatten.

Abs 1 bestimmt den Geltungsbereich der ZPO. Sie findet auf alle bürgerlichen Rechtsstreitigkeiten Anwendung, für die der ordentliche Rechtsweg nach § 13 GVG eröffnet ist. Zum Begriff der bürgerlichen Rechtsstreitigkeit s. § 13 GVG Rz 13. Landesrechtliche Vorschriften sind iRd engen Ausnahmen der §§ 3 II, 15 zulässig. 1

Überträgt der Landesgesetzgeber bürgerliche Rechtsstreitigkeiten, für welche besondere Gerichte zugelassen sind, den ordentlichen Gerichten, kann er das Verfahren abw von der ZPO regeln (Abs 2). Als Sondergerichte sind Schifffahrtsgerichte zugelassen (§ 14 GVG). Subsidiär gilt auch in diesem Fall die ZPO. 2

§ 4 [Kein Ausschluss des Rechtsweges]. Für bürgerliche Rechtsstreitigkeiten, für welche nach dem Gegenstand oder der Art des Anspruchs der Rechtsweg zulässig ist, darf aus dem Grunde, weil als Partei der Fiskus, eine Gemeinde oder eine andere öffentliche Korporation beteiligt ist, der Rechtsweg durch die Landesgesetzgebung nicht ausgeschlossen werden.

§ 4 untersagt dem Landesgesetzgeber, den ordentlichen Rechtsweg bei Zivilprozessen des Fiskus, der Gemeinden oder öffentlichen Körperschaften auszuschließen, wenn bei einer gleichartigen Streitigkeit unter Privaten der ordentliche Rechtsweg eröffnet wäre (BGHZ 31, 115, 117). Dies bedeutet eine Einschränkung von § 14 GVG. Nicht von § 4 erfasst sind bloße Vorverfahren bei Verwaltungsbehörden, wenn die Verwaltungsentscheidung für die Zivilgerichte unverbindlich ist und der Rechtsweg zu den ordentlichen Gerichten anschließend offen steht (vgl BVerfGE 8, 240, 246). 1

§ 5 *[gegenstandslos]*

§ 6 *[gegenstandslos]*

§ 7 [Oberstes Landesgericht; Zuständigkeit im Rechtsmittelverfahren]. (1) [1]Ist in einem Land auf Grund des § 8 des Einführungsgesetzes zum Gerichtsverfassungsgesetz für bürgerliche Rechtsstreitigkeiten ein oberstes Landesgericht eingerichtet, so entscheidet das Berufungsgericht, wenn es die Revision zulässt, oder das Gericht, das die Rechtsbeschwerde zulässt, gleichzeitig über die Zuständigkeit für die Verhandlung und Entscheidung über das Rechtsmittel. [2]Die Entscheidung ist für das oberste Landesgericht und den Bundesgerichtshof bindend.
(2) [1]Die Nichtzulassungsbeschwerde, der Antrag auf Zulassung der Sprungrevision oder die Rechtsbeschwerde im Falle des § 574 Abs. 1 Nr. 1 der Zivilprozessordnung ist bei dem Bundesgerichtshof einzureichen. [2]Betreffen die Gründe für die Zulassung der Revision oder der Rechtsbeschwerde im Wesentlichen Rechtsnormen, die in den Landesgesetzen enthalten sind, so erklärt sich der Bundesgerichtshof durch Beschluss zur Entscheidung über die Beschwerde oder den Antrag für unzuständig und übersendet dem obersten Landesgericht die Prozessakten. [3]Das oberste Landesgericht ist an die Entscheidung

des Bundesgerichtshofes über die Zuständigkeit gebunden. [4]Es gibt Gelegenheit zu einer Änderung oder Ergänzung der Begründung der Beschwerde oder des Antrags.

1 Die Vorschrift ist gegenstandslos, seitdem das BayObLG, das einzige ehemals eingerichtete oberste Landesgericht, mit Wirkung zum 1.7.06 aufgelöst worden ist.

§ 8 *[aufgehoben]*

§ 9 [Bestimmung des zuständigen Gerichts]. Das oberste Landesgericht für bürgerliche Rechtsstreitigkeiten bestimmt das zuständige Gericht auch dann, wenn nach § 36 Abs. 2 der Zivilprozessordnung ein in seinem Bezirk gelegenes Oberlandesgericht zu entscheiden hätte.

1 Da kein oberstes Landesgericht besteht (s. § 7 Rz 1), hat § 9 derzeit keinen Anwendungsbereich.

§ 10 *[gegenstandslos]*

§ 11 *[aufgehoben]*

§ 12 [Gesetz im Sinne der ZPO]. Gesetz im Sinne der Zivilprozessordnung und dieses Gesetzes ist jede Rechtsnorm.

1 Nach der Legaldefinition in § 12 ist mit dem Begriff »Gesetz« in der ZPO und der EGZPO jede Rechtsnorm gemeint, also sowohl Gesetze des Landes- oder Bundesgesetzgebers im formellen Sinn als auch Gesetze im materiellen Sinn. Vergleiche die wortgleiche Definition in Art 2 EGBGB für das BGB und EGBGB (s. hierzu PWW/*Mörsdorf-Schulte* Art 2 EGBGB Rn 1).

§ 13 *[aufgehoben]*

§ 14 [Verhältnis zu den Landesgesetzen]. (1) **Die prozessrechtlichen Vorschriften der Landesgesetze treten für alle bürgerlichen Rechtsstreitigkeiten, deren Entscheidung in Gemäßheit des § 3 nach den Vorschriften der Zivilprozessordnung zu erfolgen hat, außer Kraft, soweit nicht in der Zivilprozessordnung auf sie verwiesen oder soweit nicht bestimmt ist, dass sie nicht berührt werden.**
(2) *[gegenstandslos]*

1 Innerhalb ihres Geltungsbereichs (§ 3 Rz 1) gilt allein die ZPO. Landesgesetzliche prozessuale Vorschriften treten außer Kraft, soweit die ZPO nicht auf sie verweist (wie zB in §§ 418 II, III, 801, 871 ZPO) oder ihre Fortgeltung bundesrechtlich angeordnet ist (wie in § 14). Mehrere solcher Verweisungsnormen (§ 11 EGZPO, §§ 1006 III, 1009 III, 1023 und 1024 ZPO) wurden zum 1.9.09 durch das Gesetz zur Reform des Verfahrens in Familiensachen und in den Angelegenheiten der freiwilligen Gerichtsbarkeit (FGG-RG v 17.12.08; I, 2586) aufgehoben.

2 Mit der Einführung der ZPO sind insb diejenigen landesgesetzlichen Vorschriften außer Kraft getreten, die eine Bindung des Zivilrichters an strafgerichtliche Urteile vorsahen (Abs 2 Nr 1). Der Zivilrichter ist an strafgerichtliche Urteile nicht gebunden (BGH NJW 83, 230, 231). Grundsätzlich muss er sich eine eigene Überzeugung bilden. Dabei hat er sich aber mit dem im Strafurteil getroffenen Feststellungen gründlich zu befassen, sofern sie für die eigene Beweiswürdigung relevant sind (KG Berlin MDR 10, 265, 266.). Die Verwertung einzelner Beweisergebnisse des Strafverfahrens ist dabei zulässig. So können während des Strafprozesses erstellte Protokolle über Zeugenvernehmungen im Wege des Urkundenbeweises in den Zivilprozess eingeführt werden. Die Parteien haben aber das Recht, anstelle des Urkundenbeweises unmittelbare Zeugenbeweise anzutreten (BAG NJW 99, 81, 82). Gleiches gilt für im Strafverfahren eingeholte Sachverständigengutachten (Zö/*Heßler* § 14 Rn 2). Ausnahmsweise entfaltet das Strafurteil im Zivilprozess Bindungswirkung, wenn das Urt Tatbestandsvoraussetzung ist (zB § 581 ZPO).

§ 15 [Landesrechtliche Vorbehalte]. **(1) Unberührt bleiben:**

1. **die landesgesetzlichen Vorschriften über die Einstellung des Verfahrens für den Fall, dass ein Kompetenzkonflikt zwischen den Gerichten und den Verwaltungsbehörden oder Verwaltungsgerichten entsteht;**
2. **die landesgesetzlichen Vorschriften über das Verfahren bei Streitigkeiten, welche die Zwangsenteignung und die Entschädigung wegen derselben betreffen;**
3. **die landesgesetzlichen Vorschriften über die Zwangsvollstreckung wegen Geldforderungen gegen einen Gemeindeverband oder eine Gemeinde, soweit nicht dingliche Rechte verfolgt werden;**
4. **die landesgesetzlichen Vorschriften, nach welchen auf die Zwangsvollstreckung gegen einen Rechtsnachfolger des Schuldners, soweit sie in das zu einem Lehen, mit Einschluss eines allodifizierten Lehens, zu einem Stammgute, Familienfideikommiss oder Anerbengute gehörende Vermögen stattfinden soll, die Vorschriften über die Zwangsvollstreckung gegen einen Erben des Schuldners entsprechende Anwendung finden.**

(2)
(weggefallen)

§ 15 enthält eine Ausnahmeregelung iSd § 14 I aE. Innerhalb der engen Vorbehalte der Norm bleiben landesgesetzliche Vorschriften unberührt. In diesen Bereichen können die Landesgesetzgeber auch neue Verfahrensvorschriften treffen (vgl BGH NJW 80, 583). 1

Der landesrechtliche Vorbehalt in **Nr 1** (Kompetenzkonflikte) hat wegen der §§ 17, 17a, 17b GVG keine praktische Bedeutung mehr. **Nr 2** sieht einen Vorbehalt für landesrechtliche Enteignungs- und Entschädigungsverfahren vor (vgl auch den Vorbehalt in Art 109 EGBGB für die materiell-rechtlichen Enteignungsvorschriften der Länder). Die Landesgesetze müssen stets den grundgesetzlichen Vorgaben (insb Art 14 III, 19 IV GG) entsprechen. Zwangsvollstreckungen wegen Geldforderungen gegen eine Gemeinde oder einen Gemeindeverband können verfahrensrechtlich gem **Nr 3** durch die Länder geregelt werden, soweit nicht dingliche Rechte verfolgt werden. Von dieser Kompetenz wird idR in den Gemeinde- und Landkreisordnungen Gebrauch gemacht. Die Vorschrift gilt auch bei der Zwangsvollstreckung wegen Geldforderungen aus arbeitsgerichtlichen Titeln (BGH WM 10, 769 ff). Die Zwangsvollstreckung gegen andere juristische Personen des öffentlichen Rechts (Bund, Länder, Körperschaften, Anstalten und Stiftungen des öffentlichen Rechts) ist in § 882a ZPO geregelt. Keine praktische Relevanz hat heute der Vorbehalt in **Nr 4** hinsichtlich Vorschriften über die Zwangsvollstreckung gegen die Rechtsnachfolger bestimmter Sondervermögen. 2

§ 15a [Einigungsversuch vor Gütestelle]. **(1) [1]Durch Landesgesetz kann bestimmt werden, dass die Erhebung der Klage erst zulässig ist, nachdem von einer durch die Landesjustizverwaltung eingerichteten oder anerkannten Gütestelle versucht worden ist, die Streitigkeit einvernehmlich beizulegen**

1. **in vermögensrechtlichen Streitigkeiten vor dem Amtsgericht über Ansprüche, deren Gegenstand an Geld oder Geldeswert die Summe von 750 Euro nicht übersteigt,**
2. **in Streitigkeiten über Ansprüche aus dem Nachbarrecht nach den §§ 910, 911, 923 des Bürgerlichen Gesetzbuchs und nach § 906 des Bürgerlichen Gesetzbuchs sowie nach den landesgesetzlichen Vorschriften im Sinne des Artikels 124 des Einführungsgesetzes zum Bürgerlichen Gesetzbuche, sofern es sich nicht um Einwirkungen von einem gewerblichen Betrieb handelt,**
3. **in Streitigkeiten über Ansprüche wegen Verletzung der persönlichen Ehre, die nicht in Presse oder Rundfunk begangen worden sind,**
4. **in Streitigkeiten über Ansprüche nach Abschnitt 3 des Allgemeinen Gleichbehandlungsgesetzes.**

[2]Der Kläger hat eine von der Gütestelle ausgestellte Bescheinigung über einen erfolglosen Einigungsversuch mit der Klage einzureichen. [3]Diese Bescheinigung ist ihm auf Antrag auch auszustellen, wenn binnen einer Frist von drei Monaten das von ihm beantragte Einigungsverfahren nicht durchgeführt worden ist.

(2) [1]Absatz 1 findet keine Anwendung auf

1. **Klagen nach den §§ 323, 323a, 324, 328 der Zivilprozessordnung, Widerklagen und Klagen, die binnen einer gesetzlichen oder gerichtlich angeordneten Frist zu erheben sind,**
2. **(weggefallen)**
3. **Wiederaufnahmeverfahren,**

4. Ansprüche, die im Urkunden- oder Wechselprozess geltend gemacht werden,
5. die Durchführung des streitigen Verfahrens, wenn ein Anspruch im Mahnverfahren geltend gemacht worden ist,
6. Klagen wegen vollstreckungsrechtlicher Maßnahmen, insbesondere nach dem Achten Buch der Zivilprozessordnung.

[2]Das Gleiche gilt, wenn die Parteien nicht in demselben Land wohnen oder ihren Sitz oder eine Niederlassung haben.

(3) [1]Das Erfordernis eines Einigungsversuchs vor einer von der Landesjustizverwaltung eingerichteten oder anerkannten Gütestelle entfällt, wenn die Parteien einvernehmlich einen Einigungsversuch vor einer sonstigen Gütestelle, die Streitbeilegungen betreibt, unternommen haben. [2]Das Einvernehmen nach Satz 1 wird unwiderleglich vermutet, wenn der Verbraucher eine branchengebundene Gütestelle, eine Gütestelle der Industrie- und Handelskammer, der Handwerkskammer oder der Innung angerufen hat. [3]Absatz 1 Satz 2 gilt entsprechend.

(4) Zu den Kosten des Rechtsstreits im Sinne des § 91 Abs. 1, 2 der Zivilprozessordnung gehören die Kosten der Gütestelle, die durch das Einigungsverfahren nach Absatz 1 entstanden sind.

(5) Das Nähere regelt das Landesrecht; es kann auch den Anwendungsbereich des Absatzes 1 einschränken, die Ausschlussgründe des Absatzes 2 erweitern und bestimmen, dass die Gütestelle ihre Tätigkeit von der Einzahlung eines angemessenen Kostenvorschusses abhängig machen und gegen eine im Gütetermin nicht erschienene Partei ein Ordnungsgeld festsetzen darf.

(6) [1]Gütestellen im Sinne dieser Bestimmung können auch durch Landesrecht anerkannt werden. [2]Die vor diesen Gütestellen geschlossenen Vergleiche gelten als Vergleiche im Sinne des § 794 Abs. 1 Nr. 1 der Zivilprozessordnung.

1 **A. Normzweck.** Die Landesgesetzgeber können gem § 15a I bestimmen, dass bei bestimmten Streitigkeiten vor Klageerhebung ein obligatorisches Güteverfahren vor einer durch die Landesjustizverwaltung eingerichteten oder anerkannten Gütestelle durchgeführt werden muss. Bezweckt ist eine Entlastung der Justiz. Ferner dient die Vorschrift der Förderung der einvernehmlichen Beilegung von Streitfällen, die hierfür besonders geeignet erscheinen, weil durch ein Güteverfahren eine Lösung schneller und kostengünstiger herbeigeführt und der Rechtsfrieden besser wiederhergestellt werden kann (BTDrs 14/980, 5). Eine Reihe von Bundesländern hat zT befristete Schlichtungsgesetze erlassen (abgedr im Schönfelder Ergbd Nr 104 ff).

2 **B. Anwendungsbereich. I. Systematik.** Der sachliche Anwendungsbereich der Öffnungsklausel wird zunächst in Abs 1 S 1 positiv umschrieben, indem diejenigen Streitigkeiten aufgelistet werden, bei denen die Landesgesetzgeber obligatorische Güteverfahren vorsehen dürfen (s. allg zu § 15a *Deckenbrock/Jordans* MDR 09, 1202 ff). Abs 2 nimmt anschließend bestimmte Verfahrensarten vom Geltungsbereich aus. Den Ländern steht es frei, im Rahmen dieser Vorgaben, von der Ermächtigung ganz oder tw Gebrauch zu machen (vgl Abs 5).

3 **II. Katalog umfasster Streitigkeiten (Abs 1 S 1). 1. Vermögensrechtliche Streitigkeiten bis 750 €.** Ein obligatorisches Güteverfahren kann eingeführt werden in vermögensrechtlichen Streitigkeiten vor dem Amtsgericht bei Streitwerten bis einschließlich 750 € (Nr 1). In diesen Fällen steht die wirtschaftliche Bedeutung der Sache in keinem angemessenen Verhältnis zum Kosten- und Zeitaufwand eines gerichtlichen Verfahrens (BTDrs 14/980, 6). Die Bemessung des Gegenstandswerts richtet sich nach §§ 3 ff ZPO. Steht der Kl der Durchführung eines Güteverfahrens skeptisch ggü, kann er durch Einleitung eines Mahnverfahrens ein obligatorisches Güteverfahren umgehen (s.a. Rz 7). Vermögensrechtliche Ansprüche sind solche, die selbst eine vermögenswerte Leistung zum Gegenstand haben, ohne dass es darauf ankommt, ob sie einem vermögensrechtlichen Rechtsverhältnis entstammen (BGHZ 14, 71, 74).

4 **2. Nachbarrechtliche Streitigkeiten.** Vom Anwendungsbereich erfasst sind ferner bestimmte nachbarrechtliche Streitigkeiten (Nr 2). Eine konsensuale Streitbeilegung iRe Schlichtungsverfahrens ist hier besser geeignet als ein gerichtliches Verfahren, die nachbarlichen Sozialbeziehungen wiederherzustellen. Ansprüche nach § 906 BGB und nach landesgesetzlichen Vorschriften iSd Art 124 EGBGB sind nur dann vom Anwendungsbereich umfasst, wenn ihnen nicht Einwirkungen von einem gewerblichen Betrieb zugrunde liegen (vgl BGH NJW 05, 501, 503). In diesen Fällen fehlt es regelmäßig an einer persönlich geprägten nachbarschaftlichen Beziehung, so dass die Rechtfertigung für ein obligatorisches Güteverfahren entfällt. Überdies sind häufig Sachverständigengutachten einzuholen und schwierige Rechtsfragen zu klären (BTDrs

14/980, 6). Auf den Streitwert kommt es bei Nr 2 nicht an. Erfasst sind nicht nur nachbarrechtliche Beseitigungs- und Unterlassungsansprüche aus § 910 BGB, sondern auch alle vermögensrechtlichen Schadensersatzansprüche, soweit sie in § 910 ihre Grundlage haben (BVerfG Beschl v 25.2.09 – BvR 3598/08, Rn 14 – juris; Frankf aM NJOZ 08, 1996, 1998; zum Umfang des ersatzfähigen Schadens vgl auch AG Nürnberg MDR 02, 1189). Auch Beseitigungsansprüche aus § 1004 BGB und Ansprüche aus unerlaubter Handlung fallen unter diese Norm, wenn sie mit einer nachbarrechtlichen Streitigkeit in engem Zusammenhang stehen (Köln Beschl v 18.1.06 – 2 U 113/05, Rn 4 – juris).

3. Streitigkeiten wegen Ehrverletzungen. Die Öffnungsklausel betrifft ferner Streitigkeiten wegen Ehrver- 5
letzungen, soweit diese nicht in der Presse oder im Rundfunk begangen worden sind (Nr 3). Unbeachtlich ist, auf welche zivilrechtliche Anspruchsgrundlage der Anspruch gestützt wird und welchen Inhalt er hat. Auch der Streitwert ist unmaßgeblich. Die Anordnung eines Schlichtungsverfahrens ist gerechtfertigt, weil es sich in aller Regel um in tatsächlicher und rechtlicher Hinsicht einfach gelagerte Konflikte handelt, solange die Ehrverletzung keine weite Verbreitung gefunden hat (BTDrs 14/980, 6). Ausgenommen sind daher – ungeachtet des engeren Wortlauts – in den Medien (einschließlich Internet) begangene Ehrverletzungen.

4. Streitigkeiten wegen Verstößen gegen das Benachteiligungsverbot. Die Ermächtigung, ein obligatori- 6
sches Güteverfahren einzuführen, wurde durch Gesetz vom 14.8.06 (G zur Umsetzung der Europäischen Richtlinie zur Verwirklichung des Grundsatzes der Gleichbehandlung, BGBl I 06, 866) in jüngerer Zeit auf Ansprüche wegen Verletzung des zivilrechtlichen Benachteiligungsverbots (§ 21 AGG) erstreckt (Nr 4).

III. Ausnahmetatbestände (Abs 2). 1. Ausgenommene Verfahrensarten. Abs 2 S 1 nimmt verschiedene 7
Verfahrensarten vom obligatorischen Schlichtungsverfahren aus, da sie sich hierfür sachlich nicht eignen: **Nr 1** schließt vom Anwendungsbereich der Öffnungsklausel die Abänderungsklagen nach §§ 323, 323a ZPO, die Nachforderungsklage nach § 324 ZPO und die Anerkennungsverfahren nach § 328 ZPO aus, bei denen es um die klageweise Anpassung bestehender Titel an veränderte Umstände bzw die Anerkennung ausländischer Urteile geht. Ausgenommen werden ferner Widerklagen, weil sie in bereits laufenden Gerichtsverfahren erhoben werden. Bei Klagen, die innerhalb gesetzlicher oder gerichtlich angeordneter Fristen erhoben werden müssen, scheiden vorgeschaltete Schlichtungsverfahren bereits wegen der Kollision mit den Klagefristen aus. Gemäß **Nr 3** kann auch für Wiederaufnahmeverfahren nach den §§ 578 ff ZPO kein obligatorisches Schlichtungsverfahren eingeführt werden. Sie eignen sich hierfür nicht, weil bereits ein rechtskräftiger Titel vorliegt. Ferner ist der Urkunden- und Wechselprozess nach §§ 592 ff ZPO aus dem sachlichen Anwendungsbereich der Norm ausgenommen (**Nr 4**). Die Effizienz dieser Verfahren soll nicht durch vorgeschaltete Schlichtungsverfahren beeinträchtigt werden (BTDrs 14/980, 7). Der Scheckprozess (§ 605a ZPO) wird ebenfalls erfasst. Auch bei Mahnverfahren können die Parteien gem **Nr 5** ohne vorherige Durchführung eines Schlichtungsversuchs das streitige Verfahren beantragen. Dadurch wird gewährleistet, dass auch bei den in Abs 1 genannten Streitigkeiten unbestrittene Forderungen rasch tituliert werden können. Durch Einleitung eines Mahnverfahrens lässt sich daher ein sonst erforderliches Güteverfahren mitunter vermeiden. Die Ausnahme in Nr 5 greift jedoch nur, wenn das Mahnverfahren nach § 688 ZPO überhaupt zulässig war (AG Rosenheim NJW 01, 2030). Schließlich werden durch **Nr 6** auch Klagen wegen vollstreckungsrechtlicher Maßnahmen vom Anwendungsbereich der Öffnungsklausel ausgenommen.

2. Ausnahme bei räumlicher Distanz. Die Landesgesetzgeber dürfen obligatorische Güteverfahren nur für 8
Streitigkeiten zwischen Parteien einführen, die in demselben Bundesland wohnen oder dort ihren Sitz (§ 17 ZPO) oder eine Niederlassung (§ 21 ZPO) haben. Hierdurch soll der Kosten- und Zeitaufwand, an dem Güteverfahren teilzunehmen, den Parteien zumutbar bleiben (vgl BTDrs 14/980, 7). Der Begriff des »Wohnens« umfasst sowohl den Wohnsitz (§ 13 ZPO) als auch den tatsächlichen Aufenthalt. Bei mehr als zwei Parteien muss bereits dann kein Güteverfahren durchgeführt werden, wenn eine der Parteien in einem anderen Bundesland wohnt (LG Essen MDR 05, 351). Maßgeblich ist der Zeitpunkt des Eintritts der Rechtshängigkeit. Ist der Aufenthalt einer Partei unbekannt, ist sie so zu behandeln, als wohnte sie in einem anderen Bundesland (B/L/A/H § 15a Rn 15; MüKoZPO/*Gruber* § 15a Rn 30).

C. Schlichtungsversuch als besondere Prozessvoraussetzung. Sehen Schlichtungsgesetze der Länder ein 9
obligatorisches Güteverfahren vor, muss das Schlichtungsverfahren der Klageerhebung zwingend vorausgehen. Wird ohne vorherigen Einigungsversuch vor den Gerichten des Landes Klage erhoben, ist sie als unzulässig abzuweisen (BGH NJW 05, 437). Auch in der Berufungsinstanz ist ein erstinstanzliches Urt aufzuheben

und die Klage als unzulässig abzuweisen, wenn das erforderliche außergerichtliche Güteverfahren nicht vor Klageerhebung durchgeführt wurde (LG Kiel SchlHA 09, 229, 230; Frankf Urt v 6.3.08 – 4 U 41/07, Rn. 22 – juris; Saarbr NJW 07, 1292, 1293; *Rimmelspacher/Arnold* NJW 06, 17 ff.; aA LG Marburg NJW 05, 2866, 2867). Das Scheitern des vorprozessualen Schlichtungsversuchs weist der Kl durch eine Bescheinigung nach, die die Gütestelle über den erfolglosen Einigungsversuch ausstellt. Er hat diese Bescheinigung zusammen mit der Klageschrift bei Gericht einzureichen (Abs 1 S 2). Das Gericht ist insofern an die vorgelegte Bescheinigung gebunden (BGH NJW-RR 10, 357 f.). Damit unzumutbare Verzögerungen vermieden werden, stellt die Gütestelle dem Kl auf Antrag eine solche Erfolglosigkeitsbescheinigung auch dann aus, wenn das von ihm beantragte Einigungsverfahren nicht innerhalb von drei Monaten durchgeführt worden sein sollte (Abs 1 S 3). In diesem Fall ist die Klage auch ohne die Durchführung des Güteverfahrens zulässig.

10 Ist ein vorprozessualer Schlichtungsversuch gescheitert, muss bei einer nachträglichen Änderung der Klageanträge kein erneutes außergerichtliches Schlichtungsverfahren durchgeführt werden (BGH NJW-RR 05, 501, 503). Dies gilt auch für den Fall des Parteiwechsels auf der Klägerseite (BGH WuM 10, 515 f.). Zulässig ist eine Klage auch dann, wenn vor Klageerhebung kein Schlichtungsverfahren durchgeführt worden war und die Klage nach Erweiterung des Klageantrags nicht mehr in den Anwendungsbereich der obligatorischen Schlichtung fällt (LG Kassel NJW 02, 2256), solange durch die Klageerweiterung nicht in rechtsmissbräuchlicher Weise die besondere Prozessvoraussetzung des Güteverfahrens umgangen werden sollte (*Bitter* NJW 05, 1235, 1236 f).

Das Schlichtungserfordernis entfällt nicht dadurch, dass ein schlichtungsbedürftiger Antrag mit einem nicht schlichtungsbedürftigen Antrag verbunden wird. Die Klage ist in diesen Fällen hinsichtlich des schlichtungsbedürftigen Antrags als unzulässig abzuweisen, wenn kein Schlichtungsverfahren durchgeführt wurde (BGH NJW-RR 09, 1239 f). Eine nachträgliche subjektive Klagehäufung ist nicht anders zu beurteilen (BGH MDR 10, 1143 f.).

Ein Schlichtungsverfahren ist nicht durchzuführen, wenn ein Insolvenzgläubiger die Feststellung einer Forderung zur Insolvenztabelle betreibt (BGH DZWIR 10, 476).

11 **D. Regelungen zum Güteverfahren. I. Einigungsversuch vor sonstiger Gütestelle (Abs 3).** Der Einigungsversuch vor einer von der Landesjustizverwaltung eingerichteten oder anerkannten Gütestelle ist entbehrlich, wenn die Parteien bereits einvernehmlich einen Schlichtungsversuch vor einer sonstigen Gütestelle unternommen haben (Abs 3 S 1). Sonstige Gütestellen iSd Abs 3 sind allerdings nur solche, die sich dauerhaft mit Streitschlichtungen befassen (BTDrs 14/980, 7). In Betracht kommen bspw Schlichtungsstellen, die von der Verbraucherberatung oder von einzelnen Branchen eingerichtet worden sind, wie der Ombudsmann der Banken, die Schlichtungsstellen der Industrie- und Handelskammer, Handwerkskammern oder Ärztekammern. Auch Rechtsanwälte und Notare, die als Schlichter tätig sind, können sonstige Gütestelle sein (BTDrs 14/980, 7 f). Der Einigungsversuch vor der sonstigen Gütestelle muss einvernehmlich von den Parteien unternommen worden sein. Dabei wird das Einvernehmen des Unternehmers unwiderleglich vermutet, wenn der Verbraucher eine Gütestelle der Industrie- und Handelskammer, der Handwerkskammer oder der Innung angerufen hat (Abs 3 S 2). Den vorgenommenen Einigungsversuch vor einer sonstigen Gütestelle hat der Kl ebenfalls durch eine Erfolglosigkeitsbescheinigung nachzuweisen (Abs 3 S 3 iVm Abs 1 S 2).

12 **II. Kosten (Abs 4).** Abs 4 stellt klar, dass die Kosten der Gütestelle zu den Kosten des Rechtsstreits iSd § 91 I, II ZPO gehören. Welche Kosten (Gebühren und Auslagen) bei der Gütestelle für die Durchführung des Schlichtungsverfahrens entstehen, bestimmen die Länder (vgl Abs 5). Auch die Anwaltskosten, die für die Durchführung des obligatorischen Güteverfahrens anfallen, sind als notwendige Vorbereitungskosten über § 91 I 1 ZPO regelmäßig erstattungsfähig (Köln NJW-RR 10, 431 f). Dies gilt nicht, wenn im Einzelfall die Inanspruchnahme eines Rechtsanwalts für das obligatorische Güteverfahren nicht erforderlich war (BayObLG NJW-RR 05, 724; Karlsr OLGR Karlsr 08, 761). Für die Tätigkeit eines Rechtsanwalts fällt bei der Durchführung eines Schlichtungsverfahrens eine Geschäftsgebühr von 1,5 (VV 2303) und bei einer Einigung zusätzlich eine Einigungsgebühr von 1,5 (VV 1000) an. Die Geschäftsgebühr ist zur Hälfte, jedoch höchstens zu 0,75 auf die Verfahrensgebühren eines späteren gerichtlichen Verfahrens anzurechnen (Vorbem 3 VV).

13 **III. Verfahrensregelungen durch Landesrecht (Abs 5).** Die Einzelheiten des obligatorischen Güteverfahrens, einschl der Einrichtung der Gütestellen, ihrer Besetzung, der Verfahrensregeln und Verfahrenskosten, regelt der Landesgesetzgeber (BGH NJW 10, 222-224). Insbesondere dürfen die Länder den Anwendungs-

bereich des Abs 1 einschränken und die Ausschlussgründe des Abs 2 erweitern (§ 11 GüSchlG NRW, Köln NJW 10, 1676 ff). Abs 5 gestattet ausdrücklich, dass die Gütestellen ihre Tätigkeit von der Einzahlung eines angemessenen Kostenvorschusses abhängig machen und gegen eine im Gütetermin säumige Partei ein Ordnungsgeld festsetzen dürfen.

IV. Anerkennung von Gütestellen durch Landesrecht (Abs 6 S 1). Gütestellen iSd § 15a sind nicht nur solche, die die Landesjustizverwaltung eingerichtet oder anerkannt hat, sondern auch Schlichtungsstellen, die unmittelbar durch Landesrecht anerkannt worden sind. 14

V. Vollstreckungstitel (Abs 6 S 2). Der Vergleich, mit dem eine Streitigkeit vor einer Gütestelle iSd Abs 1 S 1 beigelegt wird, ist Vollstreckungstitel (§ 794 I Nr 1 ZPO). Für die durch Landesrecht anerkannten Gütestellen (Abs 6 S 1) ergibt sich dies aus Abs 6 S 2 iVm § 794 I Nr 1 ZPO. Keine Vollstreckungstitelqualität haben demgegenüber Vergleiche, die vor sonstigen Gütestellen iSd Abs 3 geschlossen werden. 15

E. Verjährungshemmung. Verjährungshemmung tritt durch die Veranlassung der Bekanntgabe eines Güteantrags ein, der bei einer durch die Landesjustizverwaltung eingerichteten oder anerkannten Gütestelle iSd Abs 1 oder – im Falle eines einvernehmlichen Einigungsversuchs – bei einer sonstigen Gütestelle iSd Abs 3 eingereicht worden ist (§ 204 I Nr 4 Hs 1 BGB). Wird die Bekanntgabe demnächst nach der Einreichung des Antrags veranlasst, so tritt die Hemmung der Verjährung bereits mit der Einreichung des Antrags bei der Gütestelle ein (§ 204 I Nr 4 Hs 2 BGB). Zur Bestimmung des Begriffs „demnächst" kann auf die zu § 167 ZPO entwickelten Grundsätze zurückgegriffen werden (BGH NJW 10, 222, 223). 16

§ 16 *[aufgehoben]*

§ 17 *[aufgehoben]*

§ 18 *[gegenstandslos]*

§ 19 [Begriff der Rechtskraft].

(1) Rechtskräftig im Sinne dieses Gesetzes sind Endurteile, welche mit einem ordentlichen Rechtsmittel nicht mehr angefochten werden können.

(2) Als ordentliche Rechtsmittel im Sinne des vorstehenden Absatzes sind diejenigen Rechtsmittel anzusehen, welche an eine von dem Tage der Verkündung oder Zustellung des Urteils laufende Notfrist gebunden sind.

Die Legaldefinition des Begriffs der Rechtskraft bezog sich auf die Begrifflichkeit von Übergangsvorschriften in der EGZPO, die bei Inkrafttreten der ZPO anhängige Verfahren betrafen und heute gegenstandslos sind. Die Norm spiegelt darüber hinaus das Verständnis des Gesetzgebers von der formellen Rechtskraft wider und erlangt insoweit noch heute Bedeutung (*Tiedemann* ZZP 93 (80) 23, 27 f). 1

§ 20 Übergangsvorschriften zum Sechsten Gesetz zur Änderung der Pfändungsfreigrenzen.

(1) [1]Eine vor dem Inkrafttreten des Sechsten Gesetzes zur Änderung der Pfändungsfreigrenzen vom 1. April 1992 (BGBl. I S. 745) am 1. Juli 1992 ausgebrachte Pfändung, die nach den Pfändungsfreigrenzen des bis zu diesem Zeitpunkt geltenden Rechts bemessen worden ist, richtet sich hinsichtlich der Leistungen, die nach dem 1. Juli 1992 fällig werden, nach den seit diesem Zeitpunkt geltenden Vorschriften. [2]Auf Antrag des Gläubigers, des Schuldners oder des Drittschuldners hat das Vollstreckungsgericht den Pfändungsbeschluss entsprechend zu berichtigen. [3]Der Drittschuldner kann nach dem Inhalt des früheren Pfändungsbeschlusses mit befreiender Wirkung leisten, bis ihm der Berichtigungsbeschluss zugestellt wird.

(2) [1]Soweit die Wirksamkeit einer Verfügung über Arbeitseinkommen davon abhängt, dass die Forderung der Pfändung unterworfen ist, sind die Vorschriften des Artikels 1 des Sechsten Gesetzes zur Änderung der Pfändungsfreigrenzen vom 1. April 1992 (BGBl. I S. 745) auch dann anzuwenden, wenn die Verfügung vor dem 1. Juli 1992 erfolgt ist. [2]Der Schuldner der Forderung kann nach Maßgabe der bis zu diesem Zeitpunkt geltenden Vorschriften so lange mit befreiender Wirkung leisten, bis ihm eine entgegenstehende vollstreckbare gerichtliche Entscheidung zugestellt wird oder eine Verzichtserklärung desjenigen zugeht, an den der Schuldner auf Grund dieses Gesetzes weniger als bisher zu leisten hat.

(3) Die Absätze 1 und 2 gelten entsprechend, wenn sich die unpfändbaren Beträge zum 1. Juli des jeweiligen Jahres ändern.

1 § 20 trifft eine Übergangsregelung für Pfändungen, die am 1.7.92, dem Tag des Inkrafttretens der neuen Pfändungsfreigrenzen, bestanden. Es ist vorgesehen, dass auf Leistungen, die nach diesem Stichtag fällig werden, die neuen Vorschriften Anwendung finden. Entsprechendes gilt nach Abs 3 auch für die neuen Pfändungsfreigrenzen, die nach § 850c IIa ZPO bekannt gegeben werden. Die Berichtigung des Pfändungsbeschlusses erfolgt auf Antrag durch das Vollstreckungsgericht. Der Drittschuldner kann bis zur Zustellung des Berichtigungsbeschlusses nach Maßgabe des früheren Pfändungsbeschlusses mit befreiender Wirkung leisten. Abs 2 trifft eine Übergangsregelung für Verfügungen über Arbeitseinkommen. Abs 3 wurde durch das Gesetz zur Reform des Kontopfändungsschutzes (BGBl I, 1707) mit Wirkung vom 1.7.10 eingefügt.

§ 21 Übergangsvorschriften zum Siebten Gesetz zur Änderung der Pfändungsfreigrenzen. **(1) [1]Für eine vor dem 1. Januar 2002 ausgebrachte Pfändung sind hinsichtlich der nach diesem Zeitpunkt fälligen Leistungen die Vorschriften des § 850a Nr. 4, § 850b Abs. 1 Nr. 4, § 850c und § 850f Abs. 3 der Zivilprozessordnung in der ab diesem Zeitpunkt geltenden Fassung anzuwenden. [2]Auf Antrag des Gläubigers, des Schuldners oder des Drittschuldners hat das Vollstreckungsgericht den Pfändungsbeschluss entsprechend zu berichtigen. [3]Der Drittschuldner kann nach dem Inhalt des früheren Pfändungsbeschlusses mit befreiender Wirkung leisten, bis ihm der Berichtigungsbeschluss zugestellt wird.**

(2) [1]Soweit die Wirksamkeit einer Verfügung über Arbeitseinkommen davon abhängt, dass die Forderung der Pfändung unterworfen ist, sind die Vorschriften des § 850a Nr. 4, § 850b Abs. 1 Nr. 4, § 850c und § 850f Abs. 3 der Zivilprozessordnung in der ab dem 1. Januar 2002 geltenden Fassung hinsichtlich der Leistungen, die nach diesem Zeitpunkt fällig werden, auch anzuwenden, wenn die Verfügung vor diesem Zeitpunkt erfolgt ist. [2]Der Drittschuldner kann nach den bis zum 1. Januar 2002 geltenden Vorschriften so lange mit befreiender Wirkung leisten, bis ihm eine entgegenstehende vollstreckbare gerichtliche Entscheidung zugestellt wird oder eine Verzichtserklärung desjenigen zugeht, an den der Schuldner nach den ab diesem Zeitpunkt geltenden Vorschriften weniger zu leisten hat.

1 Die Übergangsvorschriften in § 21 betreffen Pfändungen, die vor dem 1.1.02 ausgebracht worden sind. Abs 1 S 1 sieht vor, dass für Leistungen, die nach dem 1.1.02 fällig werden, die neuen Pfändungsfreigrenzen gelten. Die Berichtigung des Pfändungsbeschlusses erfolgt auf Antrag durch das Vollstreckungsgericht. Der Drittschuldner kann bis zur Zustellung des Berichtigungsbeschlusses nach Maßgabe des früheren Pfändungsbeschlusses mit befreiender Wirkung leisten. Eine Übergangsregelung für Verfügungen über Arbeitseinkommen enthält Abs 2.

§ 22 Überleitungsvorschriften zum Zweiten Gesetz zur Änderung zwangsvollstreckungsrechtlicher Vorschriften (2. Zwangsvollstreckungsnovelle). **(1) [1]§ 708 Nr. 11 der Zivilprozessordnung ist in seiner bis zum 1. Januar 1999 geltenden Fassung (Inkrafttreten der 2. Zwangsvollstreckungsnovelle vom 17. Dezember 1997 (BGBl. I S. 3039, 1998 I S. 583), die durch Artikel 8 des Gesetzes vom 19. Dezember 1998 (BGBl. I S. 3836) geändert worden ist) anzuwenden, wenn die mündliche Verhandlung, auf die das Urteil ergeht, vor dem 1. Januar 1999 geschlossen worden ist. [2]Im schriftlichen Verfahren tritt an die Stelle des Schlusses der mündlichen Verhandlung der Zeitpunkt, bis zu dem Schriftsätze eingereicht werden können.**

(2) § 765a Abs. 3 der Zivilprozessordnung in der Fassung des Artikels 1 Nr. 9 Buchstabe c der 2. Zwangsvollstreckungsnovelle gilt nicht, wenn die Räumung binnen einem Monat seit Inkrafttreten der 2. Zwangsvollstreckungsnovelle am 1. Januar 1999 stattfinden soll.

(3) § 788 Abs. 1 Satz 3 der Zivilprozessordnung in der Fassung des Artikels 1 Nr. 11 Buchstabe a der 2. Zwangsvollstreckungsnovelle gilt nur für Kosten, die nach Inkrafttreten der 2. Zwangsvollstreckungsnovelle am 1. Januar 1999 entstehen.

(4) § 794 Abs. 1 Nr. 5 der Zivilprozessordnung ist in seiner bis zum 1. Januar 1999 geltenden Fassung anzuwenden, wenn die Urkunde vor dem Inkrafttreten der 2. Zwangsvollstreckungsnovelle am 1. Januar 1999 errichtet wurde.

(5) § 807 Abs. 1 Nr. 3 und 4 der Zivilprozessordnung in der Fassung des Artikels 1 Nr. 14 Buchstabe a der 2. Zwangsvollstreckungsnovelle gilt nicht für die Verfahren, in denen der Gerichtsvollzieher die Vollstreckung vor dem Inkrafttreten der 2. Zwangsvollstreckungsnovelle am 1. Januar 1999 versucht hatte.

(6) § 833 Abs. 2 der Zivilprozessordnung in der Fassung des Artikels 1 Nr. 23 Buchstabe a der 2. Zwangsvollstreckungsnovelle gilt nicht für Arbeits- oder Dienstverhältnisse, die vor dem Inkrafttreten der 2. Zwangsvollstreckungsnovelle am 1. Januar 1999 beendet waren.

(7) § 866 Abs. 3 Satz 1 und § 867 Abs. 2 der Zivilprozessordnung in der Fassung des Artikels 1 Nr. 26 und 27 Buchstabe a der 2. Zwangsvollstreckungsnovelle gelten nicht für Eintragungen, die vor dem Inkrafttreten der 2. Zwangsvollstreckungsnovelle am 1. Januar 1999 beantragt worden sind.

(8) Die Frist des § 885 Abs. 4 Satz 1 der Zivilprozessordnung in der Fassung des Artikels 1 Nr. 28 Buchstabe b der 2. Zwangsvollstreckungsnovelle beginnt nicht vor dem Tage des Inkrafttretens der 2. Zwangsvollstreckungsnovelle am 1. Januar 1999.

(9) Auf Anträge auf Bestimmung eines Termins zur Abnahme der eidesstattlichen Versicherung, die vor dem 1. Januar 1999 gestellt worden sind, finden die §§ 807, 899, 900 der Zivilprozessordnung und § 20 Nr. 17 des Rechtspflegergesetzes in der jeweils bis zum 1. Januar 1999 geltenden Fassung Anwendung.

Die Überleitungsvorschriften zur 2. Zwangsvollstreckungsnovelle haben inzwischen so gut wie keine praktische Bedeutung mehr. 1

§ 23 *[gegenstandslos]*

§ 24 [Übergangsvorschrift zum Mietrechtsreformgesetz]. Auf einen Räumungsrechtsstreit, der vor dem 1. September 2001 rechtshängig geworden ist, finden § 93b Abs. 1 und 2, § 721 Abs. 7 sowie § 794a Abs. 5 der Zivilprozessordnung in der bis zu diesem Zeitpunkt geltenden Fassung Anwendung.

Die Überleitungsvorschrift des § 24 macht bei Räumungsklagen die Geltung der neuen Kostenverteilungs- und Vollstreckungsschutzregelungen davon abhängig, ob der Rechtsstreit vor oder nach dem 1.9.01 rechtshängig geworden ist. 1

§ 24a *[aufgehoben]*

§ 25 *[aufgehoben]*

§ 26 [Übergangsvorschriften zum Zivilprozessreformgesetz]. Für das Gesetz zur Reform des Zivilprozesses vom 27. Juli 2001 gelten folgende Übergangsvorschriften:

1. ***[aufgehoben]***
2. **[1]Für am 1. Januar 2002 anhängige Verfahren finden die §§ 23, 105 Abs. 3 des Gerichtsverfassungsgesetzes und § 92 Abs. 2, §§ 128, 269 Abs. 3, §§ 278, 313 a, 495 a der Zivilprozessordnung sowie die Vorschriften über das Verfahren im ersten Rechtszug vor dem Einzelrichter in der am 31. Dezember 2001 geltenden Fassung weiter Anwendung. [2]Für das Ordnungsgeld gilt § 178 des Gerichtsverfassungsgesetzes in der am 31. Dezember 2001 geltenden Fassung, wenn der Beschluss, der es festsetzt, vor dem 1. Januar 2002 verkündet oder, soweit eine Verkündung nicht stattgefunden hat, der Geschäftsstelle übergeben worden ist.**
3. **[1]Das Bundesministerium der Justiz gibt die nach § 115 Abs. 3 Nr. 2 Satz 1 vom Einkommen abzusetzenden Beträge für die Zeit vom 1. Januar 2002 bis zum 30. Juni 2002 neu bekannt. [2]Die Prozesskostenhilfebekanntmachung 2001 ist insoweit nicht mehr anzuwenden.**
4. **Ist die Prozesskostenhilfe vor dem 1. Januar 2002 bewilligt worden, gilt § 115 Abs. 1 Satz 4 der Zivilprozessordnung für den Rechtszug in der im Zeitpunkt der Bewilligung geltenden Fassung weiter.**
5. **[1]Für die Berufung gelten die am 31. Dezember 2001 geltenden Vorschriften weiter, wenn die mündliche Verhandlung, auf die das anzufechtende Urteil ergeht, vor dem 1. Januar 2002 geschlossen worden ist. [2]In schriftlichen Verfahren tritt an die Stelle des Schlusses der mündlichen Verhandlung der Zeitpunkt, bis zu dem Schriftsätze eingereicht werden können.**

6. **§ 541 der Zivilprozessordnung in der am 31. Dezember 2001 geltenden Fassung ist nur noch anzuwenden, soweit nach Nummer 5 Satz 1 über die Berufung nach den bisherigen Vorschriften zu entscheiden ist, am 1. Januar 2002 Rechtsfragen zur Vorabentscheidung dem übergeordneten Oberlandesgericht oder dem Bundesgerichtshof vorliegen oder nach diesem Zeitpunkt noch vorzulegen sind.**
7. **[1]Für die Revision gelten die am 31. Dezember 2001 geltenden Vorschriften weiter, wenn die mündliche Verhandlung auf die das anzufechtende Urteil ergeht, vor dem 1. Januar 2002 geschlossen worden ist. [2]In schriftlichen Verfahren tritt an die Stelle des Schlusses der mündlichen Verhandlung der Zeitpunkt, bis zu dem Schriftsätze eingereicht werden können.**
8. **[1]§ 544 der Zivilprozessordnung in der Fassung des Gesetzes zur Reform des Zivilprozesses vom 27. Juli 2001 (BGBl. I S. 1887) ist bis einschließlich 31. Dezember 2014 mit der Maßgabe anzuwenden, dass die Beschwerde gegen die Nichtzulassung der Revision durch das Berufungsgericht nur zulässig ist, wenn der Wert der mit der Revision geltend zu machenden Beschwer zwanzigtausend Euro übersteigt. [2]Dies gilt nicht, wenn das Berufungsgericht die Berufung verworfen hat.**
9. **(weggefallen)**
10. **Für Beschwerden und für die Erinnerung finden die am 31. Dezember 2001 geltenden Vorschriften weiter Anwendung, wenn die anzufechtende Entscheidung vor dem 1. Januar 2002 verkündet oder, soweit eine Verkündung nicht stattgefunden hat, der Geschäftsstelle übergeben worden ist.**
11. **Soweit nach den Nummern 2 bis 5, 7 und 9 in der vor dem 1. Januar 2002 geltenden Fassung Vorschriften weiter anzuwenden sind, die auf Geldbeträge in Deutscher Mark Bezug nehmen, sind diese Vorschriften vom 1. Januar 2002 an mit der Maßgabe anzuwenden, dass die Beträge nach dem Umrechnungskurs 1 Euro = 1,95583 Deutsche Mark und den Rundungsregeln der Verordnung (EG) Nr. 1103/97 des Rates vom 17. Juni 1997 über bestimmte Vorschriften im Zusammenhang mit der Einführung des Euro (ABl. EG Nr. L 162 S. 1) in die Euro-Einheit umgerechnet werden.**

1 **A. Normzweck.** Das Gesetz zur Reform des Zivilprozesses vom 27.7.01 (ZPO-Reformgesetz 2002), das im Wesentlichen am 1.1.02 in Kraft trat, änderte die Rechtslage nicht unerheblich. § 26 enthält die maßgeblichen Übergangsregelungen, die die Fortgeltung einzelner Vorschriften für bestimmte am 1.1.02 anhängige Verfahren anordnen. Im Übrigen gilt das neue Recht auch für damals schon laufende Verfahren.

2 **B. Übergangsregelungen. I. Anhängige Verfahren (Nr 2).** Nr 2 nennt einzelne Vorschriften der ZPO und des GVG, die in ihrer alten Fassung für am 1.1.02 anhängige Verfahren weiter Anwendung finden sollen (S 1). Satz 2 enthält eine Sondervorschrift für Ordnungsgelder. Danach gilt das alte Recht für Beschlüsse, die vor dem 1.1.02 verkündet bzw der Geschäftsstelle übergeben worden sind.

3 **II. Prozesskostenhilfe (Nr 3, 4).** Nr 3 und 4 treffen Übergangsregelungen für die Prozesskostenhilfe.

4 **III. Rechtsmittel (Nr 5, 7, 10).** Gemäß Nr 5 (Berufung), Nr 7 (Revision) und Nr 10 (Beschwerden und Erinnerungen) gilt das alte Recht weiterhin für alle Rechtsmittelverfahren, bei denen vor dem 1.1.02 die mündliche Verhandlung geschlossen (Berufung, Revision) bzw die anzufechtende Entscheidung verkündet (Beschwerde, Erinnerung) worden ist. Für den Zeitpunkt des Verhandlungsschlusses ist die Einräumung eines Schriftsatzrechts nach § 283 ZPO (BGH NJW 03, 434, 435) sowie einer Erklärungsfrist nach gerichtlichem Hinweis gem § 139 ZPO (BGH NJW-RR 03, 1649, 1650) ohne Bedeutung. Nur in schriftlichen Verfahren wird auf den Zeitpunkt, bis zu dem Schriftsätze eingereicht werden können, abgestellt (Nr 5 S 2, Nr 7 S 2).

5 **IV. Rechtsentscheid in Wohnraummietsachen (Nr 6).** Nr 6 enthält Übergangsregelungen für den nach neuem Recht nicht mehr vorgesehenen Rechtsentscheid in Wohnraummietsachen nach § 541 ZPO aF.

6 **V. Mindestbeschwer bei Nichtzulassungsbeschwerde (Nr 8).** Mit dem ZPO-Reformgesetz 2002 führte der Gesetzgeber in § 544 ZPO das Rechtsinstitut der Nichtzulassungsbeschwerde gegen die Nichtzulassung der Revision durch das Berufungsgericht ein. Nr 8 macht die Zulässigkeit dieses Rechtsbehelfs davon abhängig, dass der Beschwerdewert 20.000 € übersteigt. Der Anwendungszeitraum der Vorschrift wurde mit Wirkung vom 27.10.11 durch Gesetz vom 21.10.11 (BGBl I S 2082) erneut verlängert und bis zum 31.12.14 ausgedehnt. Die Vorschrift soll einer Überlastung des BGH vorbeugen (BTDrs 14/4722, 126). Auf den Beschwerdewert kommt es nicht an, wenn das Berufungsgericht die Berufung verworfen hat (S 2) oder die Berufung objektiv willkürlich als unbegründet zurückgewiesen wird, obwohl die Entscheidung ausschließlich auf

Erwägungen beruht, die zu einer Verwerfung des Rechtsmittels als unzulässig hätten führen müssen (BGH NJW-RR 11, 1289). Die Verwerfung eines Einspruchs ist mit der Verwerfung einer Berufung nicht gleichzustellen (BGH MDR 11, 1251).
Für die Bestimmung des Mindestwertes gelten die §§ 3 ff ZPO (vgl BGH ZfBR 10, 64; BGH NJW-RR 06, 1097, 1098). Es ist auf den Wert der Abänderung des angefochtenen Urteils abzustellen, die mit dem beabsichtigten Rechtsmittelantrag erstrebt wird (BGH VersR 09, 562; NJW-RR 06, 1097, 1098; BGH AfP 03, 261, 262). Im Falle eines Gesamtschuldverhältnisses entspricht der Beschwerdewert höchstens dem einfachen Verurteilungsbetrag (BGH NJW-RR 04, 638, 639). Das Revisionsgericht wird durch eine Festsetzung des Revisionswertes durch das Berufungsgericht nicht gebunden (BGH NJW-RR 05, 224). Wenn bei einer Revision, mit welcher ein 20.000 € übersteigender Wert der Beschwer geltend gemacht werden soll, ein Zulassungsgrund nur für einen Teil des Streitstoffs gegeben ist, ist die Revision hierauf beschränkt zuzulassen, auch wenn der verbleibende Wert der Beschwer unter 20.000 € liegt (BGH NJW-RR 06, 717; BGH NJW 09, 1423, 1424). Für die Bestimmung des Beschwerdewerts sind allerdings solche Teile des Streitstoffs außer Acht zu lassen, die abtrennbar sind und für die ein Zulassungsgrund nach §§ 544 II 3, 543 II ZPO nicht dargetan ist (BGH NJW-RR 06, 1097, 1098). Ergeben Klage und Hilfswiderklage nur zusammengerechnet den Beschwerdewert von 20.000 €, ist daher die Nichtzulassungsbeschwerde nur statthaft, wenn sowohl für die Klage als auch die Hilfswiderklage ein Zulassungsgrund vorgetragen ist. Die lediglich prozessuale Verknüpfung reicht nicht aus (BGHReport 09, 1023 f). Der Wert eines Auskunftsanspruchs bemisst sich nach dem Zeit- und Kostenaufwand, den die Erfüllung des titulierten Anspruchs erfordert (BGH NJW-RR 10, 786). Zur weiteren Bestimmung des Werts eines Auskunftsanspruchs s. BGH FuR 06, 213; GRUR 10, 1035, 1036.
Bei der Abberufung eines Geschäftsführers richtet sich der Beschwerdewert nach dem Interesse des Beklagten, den Geschäftsführer in der Leitungsfunktion zu belassen, nicht nach dem Gehalt des Geschäftsführers oder dem Wert des dem Kompetenzkonflikt zugrunde liegenden Geschäfts (BGH NZG 11, 911).
Bei gesellschaftsrechtlichen Anfechtungs- und Nichtigkeitsklagen richtet sich die Wertbemessung der Beschwer nach den Grundsätzen des § 247 Abs 1 AktG, wonach es auf die Bedeutung der Sache für die Parteien ankommt (BGH NZG 11, 997).
Nr 9 (aufgehoben): Ungeacht des in Kraft getretenen FamFG am 1.9.09 gilt für Altverfahren bis zum 31.12.2019, dass Rechtsmittel zum BGH nur bei Zulassung durch das Berufungsgericht statthaft sind, Art 111 Abs 1 S 1 FGG-RG. § 26 Nr 9 EGZPO zuletzt geändert durch Art 9 Abs 3 des Gesetzes zur Modernisierung von Verfahren im anwaltlichen und notariellen Berufsrecht, zur Errichtung einer Schlichtungsstelle der Rechtsanwaltschaft sowie zur Änderung sonstiger Vorschriften vom 30.7.09 (BGBl I 2009, 2449 (v. 4.8.09), *Schürmann*, FPR 10, 85 f.).

VI. Währungsumrechnung (Nr 11). Nr 11 betrifft schließlich die Währungsumrechnung von Deutscher Mark in Euro für die Übergangsvorschriften der Nr 2–5, 7 und 9. 7

§ 27 [Übergangsvorschrift zum Gesetz zur Einführung des Euro in Rechtspflegegesetzen und in Gesetzen des Straf- und Ordnungswidrigkeitenrechts, zur Änderung der Mahnvordruckverordnungen sowie zur Änderung weiterer Gesetze].

Auf vereinfachte Verfahren über den Unterhalt Minderjähriger (§§ 645 bis 660 der Zivilprozessordnung), in denen der Antrag auf Festsetzung von Unterhalt vor dem 1. Januar 2002 eingereicht wurde, finden die Vorschriften über das vereinfachte Verfahren über den Unterhalt Minderjähriger in der am 31. Dezember 2001 geltenden Fassung weiter Anwendung.

§ 27 enthält eine Überleitungsregelung für vereinfachte Verfahren über den Unterhalt Minderjähriger (§§ 645–660 ZPO aF; aufgehoben zum 1.9.09 durch Art 29 G v 17.12.08, I 2586), bei denen der Antrag auf Unterhaltsfestsetzung vor dem 1.1.02 bei Gericht einging. Auf sie findet das alte Recht Anwendung. 1

§ 28 [Übergangsvorschrift zum Gesetz zur Modernisierung des Schuldrechts].

(1) Das Mahnverfahren findet nicht statt für Ansprüche eines Unternehmers aus einem Vertrag, für den das Verbraucherkreditgesetz gilt, wenn der nach dem Verbraucherkreditgesetz anzugebende effektive oder anfängliche effektive Jahreszins den bei Vertragsschluss geltenden Basiszinssatz nach § 247 des Bürgerlichen Gesetzbuchs um mehr als zwölf Prozentpunkte übersteigt.

(2) § 690 Abs. 1 Nr. 3 der Zivilprozessordnung findet auf Verträge, für die das Verbraucherkreditgesetz gilt, mit der Maßgabe Anwendung, dass an die Stelle der Angabe des nach den §§ 492, 502 des Bürgerlichen Gesetzbuchs anzugebenden effektiven oder anfänglichen effektiven Jahreszinses die Angabe des nach dem Verbraucherkreditgesetz anzugebenden effektiven oder anfänglichen effektiven Jahreszinses tritt.

1 Nach Art 229 § 5 EGBGB findet auf vor dem 1.1.02 abgeschlossene Verbraucherkreditverträge das VerbrKrG weiterhin Anwendung. § 28 ordnet insoweit für Mahnverfahren an, dass für solche Altverträge die früheren Fassungen der §§ 688, 690 ZPO gelten sollen.

§ 29 [Übergangsvorschriften zum 1. Justizmodernisierungsgesetz]. **Für das 1. Justizmodernisierungsgesetz vom 24. August 2004 (BGBl. I S. 2198) gelten folgende Übergangsvorschriften:**

1. Auf Verfahren, die am 1. September 2004 anhängig sind, findet § 91a der Zivilprozessordnung in der vor dem 1. September 2004 geltenden Fassung Anwendung.

2. § 91 in der seit dem 1. September 2004 geltenden Fassung ist auch auf Verfahren anzuwenden, die zu diesem Zeitpunkt anhängig oder rechtskräftig abgeschlossen worden sind; einer Kostenrückfestsetzung steht nicht entgegen, dass sie vor dem 1. September 2004 abgelehnt worden ist. Haben die Parteien etwas anderes vereinbart, bleibt es dabei.

3. Auf Verfahren, die am 1. September 2004 anhängig sind, findet § 411a der Zivilprozessordnung keine Anwendung.

1 § 29 regelt, inwieweit die durch das 1. JuMoG vorgenommenen Gesetzesänderungen für laufende Verfahren gelten. Eine Ausnahme wird für § 91a ZPO gemacht. Hier gilt die frühere Fassung für die am 1.9.04 anhängigen Verfahren fort (Nr 1), (BGH NJW-RR 10, 1135, 1136). § 91 ZPO nF gilt demgegenüber auch für die zu diesem Zeitpunkt anhängigen oder rechtskräftig abgeschlossenen Verfahren, sofern die Parteien nichts anderes vereinbart haben (Nr 2). § 411a ZPO (Verwertung von Sachverständigengutachten aus anderen Verfahren) findet auf am 1.9.04 anhängige Verfahren keine Anwendung (Nr 3).

§ 30 [Übergangsvorschrift zum Justizkommunikationsgesetz]. **[1]Für Artikel 1 Nr. 2a und 3a des Justizkommunikationsgesetzes vom 22. März 2005 (BGBl. I S. 837) gilt folgende Übergangsvorschrift:**

[2]Ist einer Partei vor dem Inkrafttreten dieses Gesetzes für einen Rechtszug Prozesskostenhilfe bewilligt worden, so ist für diesen Rechtszug insoweit das bisherige Recht anzuwenden. [3]Maßgebend ist das Datum des Bewilligungsbeschlusses. [4]Eine Maßnahme der Zwangsvollstreckung gilt als besonderer Rechtszug.

1 Das für den Antragsteller günstigere alte Recht findet Anwendung, wenn vor dem 1.4.05 für einen Rechtszug Prozesskostenhilfe bewilligt worden ist.

§ 31 [Übergangsvorschrift zum Gesetz zur Einführung von Kapitalanleger-Musterverfahren]. **[1]Für das Gesetz zur Einführung von Kapitalanleger-Musterverfahren vom 16. August 2005 (BGBl. I S. 2437) gilt folgende Übergangsvorschrift:**

[2]Auf Verfahren, die nach dem 31. Oktober 2005 anhängig werden, findet § 32b der Zivilprozessordnung keine Anwendung, wenn zu diesem Zeitpunkt bereits bei einem anderen Gericht mindestens zehn Verfahren anhängig sind, in denen die Voraussetzungen für ein Musterverfahren ebenso wie bei dem neu anhängig werdenden Verfahren vorliegen. [3]In den Verfahren nach Satz 1 richtet sich die Zuständigkeit der Gerichte nach den bisher geltenden Vorschriften.

1 Der ausschließliche Gerichtsstand des § 32b ZPO findet gem § 31 keine Anwendung, wenn am 31.10.05 bereits 10 oder mehr Verfahren bei einem anderen Gericht anhängig waren, in denen die Voraussetzungen für ein Musterverfahren wie bei dem neu anhängig werdenden Verfahren vorliegen.

§ 32 Überleitungsvorschriften zum Gesetz zur Entlastung der Rechtspflege. **(1) [1]Wenn vor dem Inkrafttreten des Gesetzes zur Entlastung der Rechtspflege vom 11. Januar 1993 (BGBl. I S. 50) am 1. März 1993 die mündliche Verhandlung, auf die das anzufechtende Urteil ergeht, geschlossen worden ist, gelten für die Zulässigkeit der Berufungen die bis dahin geltenden Vorschriften. [2]Im schriftlichen Verfahren tritt an die Stelle des Schlusses der mündlichen Verhandlung in den Fällen des § 128 Abs. 2 der Zivilprozessordnung der Zeitpunkt, bis zu dem Schriftsätze eingereicht werden können, im Übrigen der Zeitpunkt, zu dem die Geschäftsstelle zum Zwecke der Zustellung die anzufechtende Entscheidung an die Parteien hinausgegeben hat.**

(2) Für anhängige Verfahren in der Zivilgerichtsbarkeit gelten die Vorschriften über das Verfahren vor dem Einzelrichter, die §§ 9, 29a Abs. 1, § 128 Abs. 3 Satz 1 und § 495a Abs. 1 Satz 1 der Zivilprozessordnung, § 23 Nr. 1 und 2 Buchstabe a und § 23b Abs. 3 Satz 2 des Gerichtsverfassungsgesetzes in der bis zum 1. März 1993 geltenden Fassung.

Die Überleitungsvorschrift ist inzwischen weitgehend gegenstandslos geworden. 1

§ 33 Überleitungsvorschriften zum Schiedsverfahrens-Neuregelungsgesetz. **(1) Die Wirksamkeit von Schiedsvereinbarungen, die vor dem Inkrafttreten des Schiedsverfahrens-Neuregelungsgesetzes vom 22. Dezember 1997 (BGBl. I S. 3224) am 1. Januar 1998 geschlossen worden sind, beurteilt sich nach dem bis zu diesem Zeitpunkt geltenden Recht.**

(2) Für schiedsrichterliche Verfahren, die am 1. Januar 1998 noch nicht beendet waren, ist das bis zu diesem Zeitpunkt geltende Recht mit der Maßgabe anzuwenden, dass an die Stelle des schiedsrichterlichen Vergleichs der Schiedsspruch mit vereinbartem Wortlaut tritt. Die Parteien können jedoch die Anwendung des neuen Rechts vereinbaren.

(3) Für gerichtliche Verfahren, die bis zum 1. Januar 1998 anhängig geworden sind, ist das bis zu diesem Zeitpunkt geltende Recht weiter anzuwenden.

(4) Aus für vollstreckbar erklärten schiedsrichterlichen Vergleichen, die vor dem 1. Januar 1998 geschlossen worden sind, findet die Zwangsvollstreckung statt, sofern die Entscheidung über die Vollstreckbarkeit rechtskräftig oder für vorläufig vollstreckbar erklärt worden ist. Für die Entscheidung über die Vollstreckbarkeit gilt das bis zum Inkrafttreten des Schiedsverfahrens-Neuregelungsgesetzes vom 22. Dezember 1997 (BGBl. I S. 3224) geltende Recht.

A. Normzweck. § 33 enthält Überleitungsvorschriften zum Schiedsverfahrens-Neuregelungsgesetz vom 22.12.97, das am 1.1.98 in Kraft getreten ist (BGBl I 97, 3224; SchiedsVfG). Die Norm regelt, in welchem Umfang das zuvor geltende Schiedsverfahrensrecht weiterhin Anwendung findet. Die Überleitungsvorschriften waren zunächst in Art 4 § 1 SchiedsVfG enthalten. Mit Gesetz vom 19.4.06 (1. G über die Bereinigung von Bundesrecht im Zuständigkeitsbereich des Bundesministeriums der Justiz, BGBl I 06, 866) wurden die Überleitungsvorschriften in die EGZPO überführt. 1

B. Bestandsschutz für Schiedsvereinbarungen (Abs 1). Die Wirksamkeit von Schiedsvereinbarungen, die vor dem 1.1.98 geschlossen wurden, beurteilt sich nach dem bis dahin geltenden Schiedsverfahrensrecht. Dies ist va in Bezug auf die frühere Formvorschrift des § 1027 II ZPO aF von Bedeutung, nach der Vollkaufleute eine wirksame Schiedsvereinbarung auch formlos schließen konnten. Abs 1 garantiert den nach altem Recht wirksam geschlossenen Schiedsvereinbarungen Bestandsschutz (BTDrs 13/5274, 71; *Berger* DZWIR 98, 45, 54). Umgekehrt können sich Parteien bei einer unwirksamen Altvereinbarung nicht darauf berufen, dass die Schiedsvereinbarung nach neuem Recht wirksam gewesen wäre. Die Frage der Wirksamkeit wird insgesamt dem alten Recht unterstellt, wenn die Schiedsvereinbarung vor dem 1.1.98 geschlossen worden ist. 2

C. Schiedsverfahren (Abs 2). Die Übergangsregelung in Abs 2 S 1 hat im Laufe der Zeit ihre praktische Bedeutung weitgehend verloren. Aus Gründen des Vertrauensschutzes und der Verfahrensökonomie (BTDrs 13/5274, 71) sah der Gesetzgeber vor, dass für Schiedsverfahren, die vor dem 1.1.98 begonnen hatten und bis dahin noch nicht beendet waren, das alte Recht fortgelten sollte. Eine Ausnahme wurde nur insoweit gemacht, dass ab dem 1.1.98 Schiedsverfahren nicht mehr durch einen schiedsrichterlichen Vergleich beendet werden können. An die Stelle des Schiedsvergleichs tritt nach dem neuen Schiedsverfahrensrecht der Schiedsspruch mit vereinbartem Wortlaut, der zum Vorteil der Parteien über das New Yorker 3

Übereinkommen von 1958 international vollstreckbar ist. Selbstverständlich wurde den Parteien freigestellt, insgesamt die Anwendbarkeit des neuen Schiedsverfahrensrechts zu vereinbaren (Abs 2 S 2).

4 **D. Gerichtsverfahren (Abs 3).** Gegenstandslos wird auch die Regelung in Abs 3 geworden sein, nach der Gerichtsverfahren, die bis zum 1.1.98 anhängig geworden sind, nach dem alten Recht fortgeführt werden sollen. Alle später eingeleiteten Gerichtsverfahren folgen dem neuen Recht. Dies betrifft va Feststellungsanträge nach § 1032 II ZPO (BayObLGZ 01, 311, 313; 2000, 57; Hamm AuR 03, 379), Ersatzbestellungen nach § 1035 III, IV ZPO (BayObLGZ 00, 187), Aufhebungsanträge nach § 1059 ZPO und Anträge auf Vollstreckbarerklärung von Schiedssprüchen nach §§ 1060, 1061 ZPO (BayObLG NJW-RR 99, 644, 645; Hambg SchiedsVZ 03, 284, 285).

5 **E. Vollstreckung aus Schiedsvergleichen (Abs 4).** Nach dem früheren Schiedsverfahrensrecht konnte ein Schiedsverfahren durch schiedsrichterlichen Vergleich beendet werden (§ 1044a ZPO aF). Wurden solche Schiedsvergleiche vor dem Inkrafttreten des SchiedsVfG für vollstreckbar erklärt, findet aus ihnen weiterhin die Zwangsvollstreckung statt, obwohl sie in § 794 I Nr 4a ZPO nicht mehr erwähnt sind. Soweit ein Schiedsvergleich zum 1.1.98 noch nicht für vollstreckbar erklärt worden war, gilt für die Entscheidung über die Vollstreckbarkeit das alte Schiedsverfahrensrecht fort. Dies ist nunmehr in Abs 4 S 2 ausdrücklich geregelt (vgl BTDrs 16/47, 60). Auf diese Weise wird sichergestellt, dass aus Schiedsvergleichen, die nach altem Recht wirksam geschlossenen worden sind, auch zukünftig vollstreckt werden kann.

§ 34 Überleitungsvorschriften zum Gesetz zur Vereinfachung und Beschleunigung gerichtlicher Verfahren.

In ihrer bis zum Inkrafttreten des Gesetzes zur Vereinfachung und Beschleunigung gerichtlicher Verfahren vom 3. Dezember 1976 (BGBl. I S. 3281) geltenden Fassung sind weiter anzuwenden:

1. **Vorschriften über die Aufforderung an den Beklagten, es dem Gericht anzuzeigen, wenn er sich gegen die Klage verteidigen wolle, über die Fristen zur schriftlichen Klageerwiderung, zur schriftlichen Berufungserwiderung und zur schriftlichen Stellungnahme auf diese, über die Begründung des Einspruchs gegen ein Versäumnisurteil sowie über die Folgen einer Verletzung dieser Vorschriften durch die Parteien, wenn vor dem 1. Juli 1977 die Klage oder das Versäumnisurteil zugestellt oder die Berufung eingelegt wurde;**
2. **sonstige Vorschriften über die Nichtzulassung nicht rechtzeitig vorgebrachter Angriffs- und Verteidigungsmittel, wenn das Angriffs- oder Verteidigungsmittel in einer vor dem 1. Juli 1977 abgehaltenen mündlichen Verhandlung vorgebracht wurde;**
3. **Vorschriften über die Nichtzulassung neuer Angriffs- und Verteidigungsmittel im Berufungsrechtszug, die bereits in der ersten Instanz vorzubringen waren, wenn die mündliche Verhandlung im ersten Rechtszug vor dem 1. Juli 1977 geschlossen wurde;**
4. **Vorschriften über das Urteil, wenn der Termin, in dem die mündliche Verhandlung geschlossen wurde, vor dem 1. Juli 1977 stattgefunden hat;**
5. **Vorschriften über die Zustellung und Ausfertigung der Urteile, wenn das Urteil vor dem 1. Juli 1977 verkündet worden ist oder, wenn es ohne mündliche Verhandlung ergangen ist, der Geschäftsstelle übergeben wurde;**
6. **Vorschriften über die Fristen zur Einlegung von Rechtsmitteln und des Einspruchs, wenn die anzufechtende Entscheidung vor dem 1. Juli 1977 verkündet oder statt einer Verkündung zugestellt worden ist;**
7. **Vorschriften über das Mahnverfahren, wenn der Mahnantrag vor dem 1. Juli 1977 gestellt wurde.**

1 Aufgrund Zeitablaufs ist § 34 gegenstandslos geworden.

§ 35 [Übergangsvorschrift zum 2. Justizmodernisierungsgesetz].

Auf Verfahren, die vor dem 31. Dezember 2006 rechtskräftig abgeschlossen worden sind, ist § 580 Nr. 8 der Zivilprozessordnung nicht anzuwenden.

1 Der neu eingefügte § 580 Nr 8 ZPO, der eine Restitutionsklage zulässt, wenn das Urt auf einer vom Europäischen Gerichtshof für Menschenrechte festgestellten Verletzung der EMRK beruht, gilt nicht für vor dem 31.12.06 rechtskräftig abgeschlossene Verfahren (vgl LAG Düsseldorf EuGRZ 11, 417, 420).

§ 36 [Übergangsvorschriften zum Gesetz zur Änderung des Unterhaltsrechts]. [1]**Für das Gesetz zur Änderung des Unterhaltsrechts vom 21. Dezember 2007 (BGBl. I S. 3189) gelten folgende Übergangsvorschriften:**

1. Ist über den Unterhaltsanspruch vor dem 1. Januar 2008 rechtskräftig entschieden, ein vollstreckbarer Titel errichtet oder eine Unterhaltsvereinbarung getroffen worden, sind Umstände, die vor diesem Tag entstanden und durch das Gesetz zur Änderung des Unterhaltsrechts erheblich geworden sind, nur zu berücksichtigen, soweit eine wesentliche Änderung der Unterhaltsverpflichtung eintritt und die Änderung dem anderen Teil unter Berücksichtigung seines Vertrauens in die getroffene Regelung zumutbar ist.

2. Die in Nummer 1 genannten Umstände können bei der erstmaligen Änderung eines vollstreckbaren Unterhaltstitels nach dem 1. Januar 2008 ohne die Beschränkungen des § 323 Abs. 2 und des § 767 Abs. 2 der Zivilprozessordnung geltend gemacht werden.

3. [1]Ist einem Kind der Unterhalt aufgrund eines vollstreckbaren Titels oder einer Unterhaltsvereinbarung als Prozentsatz des jeweiligen Regelbetrags nach der Regelbetrag-Verordnung zu leisten, gilt der Titel oder die Unterhaltsvereinbarung fort. [2]An die Stelle des Regelbetrags tritt der Mindestunterhalt. [3]An die Stelle des bisherigen Prozentsatzes tritt ein neuer Prozentsatz. [4]Hierbei gilt:

a) Sieht der Titel oder die Vereinbarung die Anrechnung des hälftigen oder eines Teils des hälftigen Kindergelds vor, ergibt sich der neue Prozentsatz, indem dem bisher zu zahlenden Unterhaltsbetrag das hälftige Kindergeld hinzugerechnet wird und der sich so ergebende Betrag in Verhältnis zu dem bei Inkrafttreten des Gesetzes zur Änderung des Unterhaltsrechts geltenden Mindestunterhalt gesetzt wird; der zukünftig zu zahlende Unterhaltsbetrag ergibt sich, indem der neue Prozentsatz mit dem Mindestunterhalt vervielfältigt und von dem Ergebnis das hälftige Kindergeld abgezogen wird.

b) Sieht der Titel oder die Vereinbarung die Hinzurechnung des hälftigen Kindergelds vor, ergibt sich der neue Prozentsatz, indem vom bisher zu zahlenden Unterhaltsbetrag das hälftige Kindergeld abgezogen wird und der sich so ergebende Betrag in Verhältnis zu dem bei Inkrafttreten des Gesetzes zur Änderung des Unterhaltsrechts geltenden Mindestunterhalt gesetzt wird; der zukünftig zu zahlende Unterhaltsbetrag ergibt sich, indem der neue Prozentsatz mit dem Mindestunterhalt vervielfältigt und dem Ergebnis das hälftige Kindergeld hinzugerechnet wird.

c) Sieht der Titel oder die Vereinbarung die Anrechnung des vollen Kindergelds vor, ist Buchstabe a anzuwenden, wobei an die Stelle des hälftigen Kindergelds das volle Kindergeld tritt.

d) Sieht der Titel oder die Vereinbarung weder eine Anrechnung noch eine Hinzurechnung des Kindergelds oder eines Teils des Kindergelds vor, ist Buchstabe a anzuwenden.

[5]Der sich ergebende Prozentsatz ist auf eine Dezimalstelle zu begrenzen. [6]Die Nummern 1 und 2 bleiben unberührt.

4. Der Mindestunterhalt minderjähriger Kinder im Sinne des § 1612a Abs. 1 des Bürgerlichen Gesetzbuchs beträgt

a) für die Zeit bis zur Vollendung des sechsten Lebensjahrs (erste Altersstufe) 279 Euro,

b) für die Zeit vom siebten bis zur Vollendung des zwölften Lebensjahrs (zweite Altersstufe) 322 Euro,

c) für die Zeit vom 13. Lebensjahr an (dritte Altersstufe) 365 Euro

jeweils bis zu dem Zeitpunkt, in dem der Mindestunterhalt nach Maßgabe des § 1612a Abs. 1 des Bürgerlichen Gesetzbuchs den hier festgelegten Betrag übersteigt.

5. [1]In einem Verfahren nach § 621 Abs. 1 Nr. 4, 5 oder Nr. 11 der Zivilprozessordnung können die in Nummer 1 genannten Umstände noch in der Revisionsinstanz vorgebracht werden. [2]Das Revisionsgericht kann die Sache an das Berufungsgericht zurückverweisen, wenn bezüglich der neuen Tatsachen eine Beweisaufnahme erforderlich wird.

6. In den in Nummer 5 genannten Verfahren ist eine vor dem 1. Januar 2008 geschlossene mündliche Verhandlung auf Antrag wieder zu eröffnen.

7. Unterhaltsleistungen, die vor dem 1. Januar 2008 fällig geworden sind oder den Unterhalt für Ehegatten betreffen, die nach dem bis zum 30. Juni 1977 geltenden Recht geschieden worden sind, bleiben unberührt.

1 **A. Normzweck.** Die neuen durch das Gesetz zur Änderung des Unterhaltsrechts v 21.12.07 (BGBl I 07, 3189) eingeführten unterhaltsrechtlichen Bestimmungen gelten für alle Unterhaltsansprüche, die ab dem 1.1.08, dem Tag des Inkrafttretens des Gesetzes, entstehen. Die Übergangsvorschriften betreffen Unterhaltsansprüche, die zuvor entstanden sind. Für vor dem 1.1.08 fällig gewordene Unterhaltsleistungen ist das alte Recht maßgebend (Nr 7). Gleiches gilt für Unterhaltsleistungen unter Ehegatten, die nach dem bis zum 30.6.77 geltenden Recht geschieden wurden (Nr 7). Der Gesetzgeber strebt iÜ eine schnellstmögliche und umfassende Anwendung des neuen Rechts auf bestehende Unterhaltsansprüche an (BTDrs 16/1830, 32). Soweit zum 1.1.08 bereits ein Titel oder eine Unterhaltsvereinbarung vorliegt, können sie nach Maßgabe der Nr 1–3 an die neue Rechtslage angepasst werden (Köln NJW 09, 3169, 3171). Dies gilt aber nur für Abänderungen solcher Unterhaltstitel und -vereinbarungen, deren Grundlage sich durch das Unterhaltsänderungsgesetz vom 21.12.07 geändert hat (BGH NJW 10, 2349, 2352; BGH NJW 11, 2512, 2513; Frankf Beschl v 27.1.11 – 4 WF 201/10, Rn 5 – juris).

2 **B. Anpassung von Titeln und Unterhaltsvereinbarungen. I. Anpassungsvoraussetzungen (Nr 1).** Der Gesetzgeber sieht in Nr 1 eine Anpassungsmöglichkeit von rechtskräftigen Entscheidungen, anderen vollstreckbaren Titeln, Prozessvergleichen und nicht titulierten Unterhaltsvereinbarungen an die neue Rechtslage vor (Saarbr NJW-RR 10, 724, 725). Die Abänderlichkeit eines bestehenden Titels stellt nicht die Ausnahme, sondern die Regel dar (BGH NJW 10, 2953 f.). Er macht die Anpassung davon abhängig, dass eine wesentliche Änderung der Unterhaltsverpflichtung eintritt und die Anpassung dem anderen Teil unter Berücksichtigung seines Vertrauens in die bestehende Regelung zumutbar ist. § 36 Nr.1 EGZPO beinhaltet keine eigene Abänderungsmöglichkeit, sondern macht deutlich, dass die Gesetzesänderung ein Fall des § 323 Abs 1 ZPO (aF) ist (BGH FamRZ 10, 1884 ff; BGH NJW 10, 365, 366). § 36 Nr 1 EGZPO dient auch als mögliche Grundlage für ein Verlangen des Erben nach Begrenzung oder Befristung des Unterhaltsanspruchs, wenn der Erblasser und sein Ehegatte einen unbefristeten Anspruch auf nachehelichen Unterhalt vereinbart haben (Kobl NJW-RR 10, 303, 304).

3 **1. Wesentliche Änderung.** Zur Bestimmung der Wesentlichkeit der Änderung sind alle Umstände des Einzelfalls in einer Gesamtschau zu berücksichtigen. In die Betrachtung einzustellen sind Änderungen der tatsächlichen Verhältnisse, aber auch Änderungen der Rechtslage (Schlesw NJW-RR 09, 1089; BTDrs 16/1830, 33). Bei § 323 I ZPO nimmt die Rechtsprechung regelmäßig eine wesentliche Änderung bei Abweichungen der Unterhaltshöhe von etwa 10 % an (*Borth* FamRZ 08, 106, 107). Hieran wird man sich auch für Nr 1 orientieren können.

4 **2. Zumutbarkeit der Änderung.** Das weitere Kriterium der Zumutbarkeit einer Änderung erlaubt eine flexible, an der Einzelfallgerechtigkeit orientierte Anpassung bestehender Unterhaltstitel und -vereinbarungen an die neue Rechtslage. Eine Abänderung muss dem anderen Teil zumutbar sein, womit bei einer Ausdehnung der Unterhaltsverpflichtung der Verpflichtete, bei ihrer Einschränkung der Berechtigte gemeint ist. Besonderes Gewicht soll dem Vertrauen auf den Fortbestand der bestehenden Regelung dann zukommen, wenn die Unterhaltsvereinbarung Bestandteil einer umfassenderen Regelung ist, die etwa das Güterrecht, den Hausrat, die Wohnung oder den Versorgungsausgleich einschließt (Einzelheiten bei *Borth* FamRZ 08, 105, 108 ff). Umstände, die bei der Abwägung, ob eine Änderung zumutbar ist, berücksichtigt werden, sind zB Krankheit (Karlsr NJW 09, 525, 526), Dauer der Ehe, Kinderbetreuung und Erwerbsaussichten (Celle NJW-RR 09, 302).

5 **II. Keine Präklusion (Nr 2).** Nr 2 stellt sicher, dass einer Anpassung der Unterhaltstitel an das neue Recht nicht die Präklusionsvorschriften der §§ 323 II, § 767 II ZPO entgegenstehen. Sie gelten nicht, soweit die nach Nr 1 relevanten Umstände erstmalig in einer Abänderungsklage oder einer Vollstreckungsgegenklage geltend gemacht werden, um den Unterhaltstitel an die neue Rechtslage anzupassen. Der Gesetzeswortlaut stellt zugleich klar, dass die Präklusionsvorschriften der §§ 323 II, § 767 II ZPO bei späteren Verfahren wieder unbeschränkt gelten und auch bei einer erstmaligen Anpassung Anwendung finden, soweit es sich nicht um die in Nr 1 genannten Umstände handelt.

6 **C. Dynamisierte Titel und Unterhaltsvereinbarungen.** Nr 3 trifft besondere Regelungen für dynamisierte Titel und Unterhaltsvereinbarungen. Sie gelten fort und werden ohne gesondertes Verfahren an das neue Recht angepasst. Dabei bleibt die Höhe der Unterhaltsbeträge unberührt. Nur die Bezugsgröße für die Dynamisierung wird ausgetauscht: An die Stelle des Regelbetrags tritt der Mindestunterhalt (S 2). Der bisherige Prozentsatz weicht einem neuen Prozentsatz (S 3), der nach Maßgabe der Bestimmungen der S 4, 5

berechnet wird (im Einzelnen hierzu *Vossenkämper* FamRZ 08, 201 ff; *Borth* FamRZ 08, 105, 110 ff). Die Umrechnung ist für jede Altersstufe gesondert vorzunehmen, aber jeweils nur einmal. Nur dadurch bleibt die gleiche Höhe des Unterhaltsbetrags gewahrt (Dresd OLGR Dresd Ost 38/10). Einer Änderung oder Umschreibung des Titels oder der Unterhaltsvereinbarung bedarf es nicht. Zu beachten gilt, dass eine Umstellung nach Nr 3 keine betragsmäßige Anpassung an das neue Recht bewirkt. Eine solche richtet sich nach Nr 1 und 2 (Nr 3 S 6).

D. Mindestunterhalt. Nr 4 bestimmt die Höhe des Mindestunterhalts minderjähriger Kinder iSd § 1612a BGB. Die in Nr 4 festgelegten Beträge gelten nur bis zu dem Zeitpunkt, in dem der nach § 1612a BGB bestimmte Mindestunterhalt diese Beträge übersteigt (dazu BGH NJW 08, 2337). 7

E. Berücksichtigung neuer Tatsachen im Revisionsverfahren. Im Interesse der Prozessökonomie sollen Nr 5 und 6 gewährleisten, dass neue Tatsachen, die erst durch die Gesetzesänderung Bedeutung erlangen, noch im Revisionsverfahren vorgebracht werden können (BTDrs 16/1830, 35). Sind die neuen Tatsachen streitig, verweist das Revisionsgericht die Sache an das Berufungsgericht zurück. Eine bereits geschlossene mündliche Verhandlung ist auf Antrag wieder zu eröffnen. 8

§ 37 Übergangsvorschrift zum Risikobegrenzungsgesetz.

§ 799a der Zivilprozessordnung ist nicht anzuwenden, wenn die Vollstreckung aus der Urkunde vor dem 19. August 2008 für unzulässig erklärt worden ist.

Mit § 799a ZPO wurde eine verschuldensunabhängige Haftung für den Fall eingeführt, dass die Vollstreckung aus einer Urkunde betrieben und die Vollstreckung für unzulässig erklärt wird. Aus Gründen des Vertrauensschutzes bestimmt § 37, dass die Haftungsnorm des § 799a ZPO nur dann anzuwenden ist, wenn die Vollstreckung nach dem 19.9.08, dem Tag des Inkrafttretens des § 799a ZPO, für unzulässig erklärt worden ist. 1

§ 37a Übergangsbestimmung zur Prozesskostenhilfe.

Führt die Änderung der nach § 115 Absatz 1 Satz 3 der Zivilprozessordnung maßgebenden Beträge durch Artikel 6 des Gesetzes zur Ermittlung von Regelbedarfen und zur Änderung des Zweiten und Zwölften Buches Sozialgesetzbuch vom 24. März 2011 (BGBl. I S. 453) dazu, dass keine Monatsrate zu zahlen ist, so ist dies auf Antrag bereits ab dem 1. Januar 2011 zu berücksichtigen.

Durch Gesetz vom 24.3.11 (BGB l S 453) und mit Wirkung vom 30.3.11 wurde diese Norm eingefügt. Hierbei handelt es sich um eine Übergangsbestimmung für die Zeit zwischen dem 1.1.11 und dem Inkrafttreten der neuen Freibetragsregeln. 1

§ 38 Informationspflicht aus Anlass des Gesetzes zur Reform des Kontopfändungsschutzes.

[1]Die Kreditinstitute haben die Inhaber der bei ihnen geführten Konten darüber zu unterrichten, dass Pfändungsschutz für Kontoguthaben und Verrechnungsschutz für Sozialleistungen und Kindergeld ab dem 1. Januar 2012 nur für Pfändungsschutzkonten nach § 850k der Zivilprozessordnung in der Fassung des Gesetzes zur Reform des Kontopfändungsschutzes vom 7. Juli 2009 (BGBl. I S. 1707) gewährt wird. [2]Die Unterrichtung hat in Textform spätestens bis zum 30. November 2011 zu erfolgen.

Die Vorschrift, die durch Art 2 des Gesetzes zur Reform des Kontopfändungsschutzes v 7.7.09 eingefügt wurde, tritt am 1.7.10 in Kraft. 1

§ 38a [Übergangsvorschrift zum Gesetz zur Änderung des § 522 der Zivilprozessordnung].

(1) Für Zurückweisungsbeschlüsse, die vor dem 27. Oktober 2011 erlassen wurden, ist § 522 Absatz 3 in der vor dem 27. Oktober 2011 geltenden Fassung weiter anzuwenden.
(2) Auf Urteile, bei denen die Frist des § 586 Absatz 2 Satz 2 der Zivilprozessordnung am 27.Oktober 2011 abgelaufen ist, ist § 586 Absatz 4 der Zivilprozessordnung nicht anzuwenden.

Diese Norm wurde mit Wirkung vom 27.10.11 und durch Gesetz vom 21.10.11 (BGB I S 2082) eingefügt. 1

2 In Abs 1 wird auf § 522 Abs 3 der Zivilprozessordnung verwiesen. Abs 1 stellt klar, dass Zurückweisungsbeschl, die vor dem 27.11.11 erlassen wurden, nicht anfechtbar sind. Insoweit bleibt es bei der vor dem 27.10.11 geltenden Rechtslage.

3 Gemäß § 586 Abs 2 ZPO sind Klagen nach Ablauf von 5 Jahren (von dem Tag der Rechtskraft des Urt. an gerechnet) unstatthaft. Abs 2 stellt klar, dass dies auch für Restitutionsklagen nach § 580 Nr 8 ZPO gilt, wenn die Frist des § 586 Abs 2 ZPO am 27.10.11 bereits abgelaufen war.

§ 39 [Übergangsvorschriften zum Gesetz zur Reform der Sachaufklärung in der Zwangsvollstreckung]. Für das Gesetz zur Reform der Sachaufklärung in der Zwangsvollstreckung vom 29. Juli 2009 (BGBl. I S. 2258) gelten folgende Übergangsvorschriften:

1. Für Vollstreckungsaufträge, die vor dem 1. Januar 2013 beim Gerichtsvollzieher eingegangen sind, sind anstelle der §§ 754, 755, 758a Abs. 2, von § 788 Abs. 4, der §§ 802a bis 802l, 807, 836 Abs. 3, der §§ 851b, 882b bis 882h, 883 Abs. 2 und von § 933 Satz 1 der Zivilprozessordnung die §§ 754, 806b, 807, 813a, 813b, 836 Abs. 3, der § 845 Abs. 1 Satz 3, die §§ 851b, 883 Abs. 2 und 4, der § 888 Abs. 1 Satz 3, die §§ 899 bis 915h und § 933 Satz 1 der Zivilprozessordnung in der bis zum 31. Dezember 2012 geltenden Fassung weiter anzuwenden.

2. Für Vollstreckungsaufträge, die vor dem 1. Januar 2013 beim Vollziehungsbeamten eingegangen sind, sind die §§ 6 und 7 der Justizbeitreibungsordnungen und die darin genannten Bestimmungen der Zivilprozessordnung in der bis zum 31. Dezember 2012 geltenden Fassung weiter anzuwenden.

3. § 16 Abs. 3 des Verwaltungs-Vollstreckungsgesetzes, § 15 Satz 1 des Ausführungsgesetzes zum deutsch-österreichischen Konkursvertrag, § 98 Abs. 3 der Insolvenzordnung, § 463b Abs. 3 der Strafprozessordnung, § 35 Abs. 3, § 89 Abs. 3, § 91 Abs. 2 und § 94 des Gesetzes über das Verfahren in Familiensachen und in den Angelegenheiten der freiwilligen Gerichtsbarkeit, § 90 Abs. 3 des Gesetzes über Ordnungswidrigkeiten, §§ 284, 326 Abs. 3, § 334 Abs. 3 der Abgabenordnung und § 25 Abs. 4 des Straßenverkehrsgesetzes sowie die darin genannten Bestimmungen der Zivilprozessordnung sind in der bis zum 31. Dezember 2012 geltenden Fassung weiter anzuwenden, wenn die Auskunftserteilung oder die Haft vor dem 1. Januar 2013 angeordnet worden ist.

4. Im Rahmen des § 802d Abs. 1 Satz 1 der Zivilprozessordnung und des § 284 Abs. 4 Satz 1 der Abgabenordnung steht die Abgabe einer eidesstattlichen Versicherung nach § 807 der Zivilprozessordnung oder nach § 284 der Abgabenordnung in der bis zum 31. Dezember 2012 geltenden Fassung der Abgabe einer Vermögensauskunft nach § 802c der Zivilprozessordnung oder nach § 284 der Abgabenordnung in der ab dem 1. Januar 2013 geltenden Fassung gleich. Kann ein Gläubiger aus diesem Grund keine Vermögensauskunft verlangen, ist er nach Maßgabe des § 299 Abs. 1 der Zivilprozessordnung dazu befugt, das beim Vollstreckungsgericht verwahrte Vermögensverzeichnis einzusehen, das der eidesstattlichen Versicherung zu Grunde liegt, und sich aus ihm Abschriften erteilen zu lassen. Insoweit sind die bis zum 31. Dezember 2012 geltenden Vorschriften des Gerichtskostengesetzes über die Erteilung einer Ablichtung oder eines Ausdrucks des mit eidesstattlicher Versicherung abgegebenen Vermögensverzeichnisses oder dem Antrag auf Gewährung der Einsicht in dieses Vermögensverzeichnis weiter anzuwenden.

5. Das Schuldnerverzeichnis nach § 915 der Zivilprozessordnung in der bis zum 31. Dezember 2012 geltenden Fassung wird hinsichtlich der Eintragungen fortgeführt, die vor dem 1. Januar 2013 vorzunehmen waren oder die nach den Nummern 1 bis 3 nach dem 31. Dezember 2012 vorzunehmen sind. Die §§ 915 bis 915h der Zivilprozessordnung in der bis zum 31. Dezember 2012 geltenden Fassung sind insoweit weiter anzuwenden. Unbeschadet des § 915a Abs. 2 der Zivilprozessordnung in der bis zum 31. Dezember 2012 geltenden Fassung ist eine Eintragung in dem nach Satz 1 fortgeführten Schuldnerverzeichnis vorzeitig zu löschen, wenn der Schuldner in das Schuldnerverzeichnis nach § 882b der Zivilprozessordnung in der ab dem 1. Januar 2013 geltenden Fassung eingetragen wird.

6. Soweit eine gesetzliche Bestimmung die Eintragung in das Schuldnerverzeichnis nach § 882b der Zivilprozessordnung in der ab dem 1. Januar 2013 geltenden Fassung voraussetzt, steht dem die Eintragung in das nach Nummer 5 fortgeführte Schuldnerverzeichnis gleich.

1 § 39 tritt erst am 1.1.13 in Kraft und wurde durch Art 5 des Gesetzes zur Reform der Sachaufklärung in der Zwangsvollstreckung v 29.7.09 (BGBl I, 2258) eingefügt.

Gerichtsverfassungsgesetz (GVG)

in der Fassung der Bekanntmachung vom 9.5.1975 (BGBl 75, 1077 ff), zuletzt geändert durch Gesetz vom 7.12.2011 (BGBl I, 2582)

Bemerkungen vor §§ 1 ff GVG

A. Anwendungsbereich. Das GVG, dessen Entstehung unter der Verfassung des Deutschen Reiches von 1871 im Zusammenhang mit der Schaffung einheitlicher Verfahrensordnungen zu sehen ist, enthält zunächst Teilregelungen zur **Gerichtsverfassung** unmittelbar nur für die deutsche **ordentliche Gerichtsbarkeit** (Art 2 EGGVG, zum Begriff § 12 GVG), also Zivil- und Strafgerichte und damit nur für einen Teil der in verschiedene Rechtszweige gegliederten deutschen Gerichtsbarkeit (Art 95 I GG). Seit dem Inkrafttreten des **FGG-RG** zum 1.9.09 (BGBl I 08, 2586) ist die bis dahin geltende Einschränkung auf die »streitige« ordentliche Gerichtsbarkeit entfallen; seither gilt das GVG unmittelbar auch in Familiensachen und in Angelegenheiten der freiwilligen Gerichtsbarkeit. Die Prozessordnungen für die Verwaltungs-, Finanz-, Sozial- und die Arbeitsgerichte sehen neben speziellen Verweisen (vgl etwa §§ 4, 55, 83 oder 149 II VwGO) zumindest eine allg subsidiäre Geltung des GVG vor (vgl etwa § 173 S 1 VwGO). Die Tätigkeit der internationalen Gerichte unterliegt eigenen Regeln (dazu MüKoZPO/*Wolf* Einl GVG Rn 5 ff). 1

B. Ergänzende Vorschriften. Die Bestimmungen des GVG sind auch inhaltlich nicht abschließend. Sie werden durch andere Gesetze, etwa die **Richtergesetze** des Bundes (DRiG) und der Länder oder die erwähnten **Prozessordnungen** ergänzt. Darin finden sich zB Vorschriften über den Ausschluss oder die Ablehnung von Richtern (vgl §§ 41 bis 48 ZPO, 54 VwGO, 22 ff StPO) für bestimmte Verfahren. Neben den verfassungsrechtlich verankerten **Justizgrundrechten** (Art 101 ff GG), deren Verletzung vom Grundrechtsinhaber im Wege der Verfassungsbeschwerde erfolgreich gerügt werden kann (§ 90 I BVerfGG), enthält der oft zusammenfassend als **Grundsatz des fairen Gerichtsverfahrens** bezeichnete, in Deutschland innerstaatlich unmittelbar geltende **Art 6 I EMRK** (BGBl II 1952, 685, 953 und BGBl II 1954, 14) weitere verfahrensrechtliche Gewährleistungen für die Beteiligten im Gerichtsverfahren. Ihm ist ein Anspruch auf Rechtsschutz durch ein unabhängiges und unparteiisches Gericht in einem gerechten Verfahren (*fair trial*) innerhalb angemessener Frist zu entnehmen. Hieraus kann sich bspw über das nationale Prozessrecht hinaus ein Erfordernis mündlicher Verhandlung ergeben (BVerwGE 110, 203; BauR 08, 1124) oder iVm Art 13 EMRK auch eine Verpflichtung des Gesetzgebers zur Schaffung einer Rechtsbehelfsmöglichkeit bei im Einzelfall **überlanger Verfahrensdauer** (EGMR NJW 06, 2389 u 07, 1259). Zur Schließung der nach der Rspr des EGMR (grdl NJW 01, 2694) diesen Anforderungen der EMRK widersprechenden Lücke im deutschen Rechtsschutzsystem (vgl dazu iE die Anmerkungen in der Voraufl, Rz 2 Vorb zu § 1 GVG) hat der deutsche Bundestag am 24.11.11 das „Gesetz über den Rechtsschutz bei überlangen Gerichtsverfahren und strafrechtlichen Ermittlungsverfahren" beschlossen, das am 3.12.11 kurz vor Ablauf der zeitlichen Vorgabe des EGMR in Kraft getreten ist (BGBl I 2011, 2302). Das Gesetz enthält in seinem Art 1 eine Ergänzung des GVG um einen 17. Titel (§§ 198 bis 201). Gegenstand ist die Einführung eines Entschädigungsanspruchs (§ 198 I GVG) bei „überlangen" Verfahren wegen der Verletzung des Rechts der Verfahrensbeteiligten auf „angemessene" Verfahrensdauer. Ach auf diese Vorschriften wird in den einzelnen Prozessordnungen gesondert verwiesen (zB §§ 41 Nr 7 ZPO, 173 S 2 VwGO, 155 FGO, 202 SGG, 9 ArbGG). Für das BVerfG wurden eigene Regelungen getroffen (§§ 97a bis 97e BVerfGG). Das Gesetz gilt ausdrücklich auch für bei seinem Inkrafttreten bereits anhängige Verfahren (vgl Art 23). Die im Gesetzgebungsverfahren zwischen BT und BR bis zuletzt umstrittene Regelung in § 201 I 4 GVG, wonach die Gerichtspräsidenten und ihre ständigen Vertreter bei Entscheidungen über den Entschädigungsanspruch nicht mitwirken durften, wurde mit Wirkung vom 1.1.12 wieder gestrichen (BGBl I 2554, 2555). Gleichzeitig wurde klargestellt, dass ein Privatkläger iS des Strafprozessrechts, kein Verfahrensbeteiligter nach § 198 VI Nr 2 GVG ist (§ 199 IV GVG). Der „Erfolg" des Gesetzes, wie auch immer man diesen definieren möchte, bleibt abzuwarten. Die bewusst allg gehaltene Begrifflichkeit in § 198 I GVG bedarf zumindest einer Konkretisierung durch die Rspr. 2

Erster Titel Gerichtsbarkeit

§ 1 [Richterliche Unabhängigkeit]. Die richterliche Gewalt wird durch unabhängige, nur dem Gesetz unterworfene Gerichte ausgeübt.

1 **A. Sachliche richterliche Unabhängigkeit als Aspekt der Gewaltenteilung. I. Rechtsprechung.** Die staatlichen Gerichte sind Organe der nach dem im GG als »unabänderlich« angelegten System einer **Dreiteilung der staatlichen Gewalt** (Art 20 II 2, 79 III GG) von der Legislative und der Exekutive unabhängigen und gleichberechtigt neben diesen stehenden Rspr (Art 92 ff GG). Die „dritte" Gewalt wird durch die Gerichte der verschiedenen gleichwertigen Gerichtsbarkeiten ausgeübt (Art 92, 95 I GG). Die Gerichte sind intern hinsichtlich der Wahrnehmung dieser Aufgabe (Rechtspflege) organisatorisch regelmäßig in Abteilungen und ggf Spruchkörper gegliedert.

2 **II. Weisungsfreiheit der Richterinnen und Richter. 1. Bedeutung für den Rechtsstaat.** Die **sachliche Unabhängigkeit** der Richter ist ein zentrales Element des funktionierenden Rechtsstaats und gilt für alle Fachgerichtsbarkeiten. So wird bspw die in ihrer Anfangszeit oft nicht gewollte Unabhängigkeit der Richter in der allg Verwaltungsgerichtsbarkeit speziell von Verwaltungsbehörden von § 1 VwGO ausdrücklich hervorgehoben (entspr für die Sozial- und Finanzgerichte als besondere Verwaltungsgerichte §§ 1 SGG, 1 FGO). Die **Unabhängigkeit** der Richter ist mit der Aufklärung als Gegenentwurf zu einer damals von Monarchen bestimmten absolutistischen Kabinettsjustiz ins Blickfeld geraten. Sie soll sicherstellen, dass die Entscheidungen der Gerichte vom gesetzlichen Richter (§ 16 S 2 GVG) nach Recht und Gesetz (Art 20 III GG) und insb frei von sachfremden Einflussnahmen aus dem Bereich der Exekutive (krit hierzu *Hochschild* ZRP 11, 65, der für eine weitgehende Selbstverwaltung im Bereich der Justiz plädiert) oder aus dem damit heute vielfach »verzahnten« politischen Raum getroffen werden. Damit in unmittelbarem Zusammenhang steht die in den 16 Bundesländern unterschiedlich beantwortete Frage, in welchem Umfang die Richterschaft bei der Besetzung von Richterstellen beteiligt werden soll. Ein wesentliches Problem liegt ferner in der notwendigen Handhabung der eigenen inneren Unabhängigkeit durch die Richterinnen und Richter etwa mit Blick auf „Beförderungsprognosen", Vorprägungen der eigenen Persönlichkeit durch Herkunft und Sozialisation oder in öffentlichem Druck, etwa durch tendenziöse **Medienberichte** zu laufenden Gerichtsverfahren (dazu *Papier* NJW 01, 1089) oder die heute oftmals publikumswirksame Strafverfahren, etwa den sog Kachelmannprozess, und die daran beteiligten Richterinnen und Richter „begleitenden" Internetforen. Die Notwendigkeit, sich von derartigen „Beeinflussungen" so weit als möglich innerlich frei zu machen, stellt Anforderungen an die Persönlichkeit der Richterinnen und Richter. Diese „innere" Unabhängigkeit kann keine Verfassung sicherstellen.

3 **2. Einflussnahmen von außen.** § 1 GVG spricht von den Gerichten, gewährleistet insofern deren Unabhängigkeit als Institution, meint aber insb die bei ihrer Tätigkeit nach Art 20 III GG (§ 25 DRiG) nur Recht und Gesetz unterworfenen Richter. Ihnen ist nach Art 92 GG die Recht sprechende Gewalt „anvertraut" und deren durch Art 97 I GG und die entspr Bestimmungen in den Landesverfassungen garantierte **sachliche Unabhängigkeit** (»Weisungsfreiheit«) wird in § 1 GVG hervorgehoben. § 1 DRiG nennt neben den durch Urkunde ernannten Berufsrichtern (§ 17 I DRiG) auch die vom Grundgesetz insoweit ebenfalls erfassten **ehrenamtlichen Richter**, die sachlich in gleichem Maße unabhängig sind wie Berufsrichter (§ 45 I 1 DRiG).

4 **3. Versuche mittelbarer Beeinflussung.** Die richterliche Unabhängigkeit verbietet nicht nur ausdrücklich Anordnungen in diesem Bereich, sondern auch mittelbare Versuche einer Beeinflussung, wie Anregungen, Empfehlungen und »gut gemeinte Ratschläge« für künftiges Verhalten (BGH NJW-RR 11, 700 u BGHZ 46, 147 zur Geschäftsverteilung) oder auch die Ausübung »psychologischen Drucks« durch dienstliche Beurteilungen (BGH/DiG NJW 78, 2509, zur disziplinarrechtlichen Verantwortlichkeit eines Ministerialbeamten, der in »justizlenkenden Sonderbriefen« Strafrichter bei bestimmten Delikten zur Verhängung härterer Strafen aufgefordert hatte BGH DRiZ 63, 351). Die Problematik verdeutlichen mag ein Hinweis auf die Unzulässigkeit einer »konkreten Urteilsschelte« durch staatliche Organe einerseits und andererseits insoweit nicht zu beanstandende negative Meinungsäußerungen von Politikern (vgl dazu die Bsp bei Schilken Rn 466). Da die betreffenden Funktionsträger meist doppelfunktional agieren, lässt sich hier keine scharfe Trennlinie ziehen (vgl die Bsp zulässiger Urteilskritiken bei Kissel/Mayer § 1 Rn 103).

4. Rechtskräftige Entscheidungen. Die Bindung nur an Recht und Gesetz befreit ein Gericht bei identischen Beteiligten nicht von der Pflicht zur Beachtung **rechtskräftiger Entscheidungen** anderer Gerichte. Die Reichweite der Rechtskraft wird durch den Streitgegenstand und dieser wiederum durch die Klage bestimmt. Die materielle Rechtskraft erstreckt sich allg nicht auf Vorfragen, sofern sie nicht gesondert Gegenstand von Zwischenentscheidungen waren. Hat bspw ein VG im Urt die Wirksamkeit und Rechtmäßigkeit eines bestimmten **VAes** bejaht (§ 113 I 1 VwGO), so bindet dies vorbehaltlich einer grundlegenden Änderung entscheidungserheblicher Umstände auch den Zivilrichter bei seiner Entscheidung zu dieser Frage (vgl auch Rz 19, 20 zu § 13; zur umgekehrten Verbindlichkeit zivilgerichtlicher Erkenntnisse für die VGe im öffentlichen Baunachbarstreit allg Bitz/Schwarz/Seiler-Dürr/Dürr Kap XI Rn 68 ff). 5

III. Unvereinbarkeiten. 1. Verhältnis zur staatlichen Exekutive. a) Grundsatz. Das dem **Gewaltenteilungsgrundsatz** und dem § 1 GVG zugrunde liegende Verständnis einer hinreichenden organisatorischen und va auch personellen Trennung der Gerichte als Rechtsprechungsorgane von der staatlichen Exekutive, den Verwaltungsbehörden (dazu BVerfG NJW 81, 912), hat Auswirkungen für die einzelnen Richter. Das findet Niederschlag in § 4 I DRiG, wonach ein Richter nicht **zur gleichen Zeit** Aufgaben der gesetzgebenden oder der vollziehenden Gewalt wahrnehmen darf (dazu *Staats* DRiZ 01, 103 ff). Die **Unvereinbarkeitsregelung**, die zugleich eine Einschränkung von Grundrechten des Richters enthält, erfasst wegen der darin liegenden Zuordnung zur Exekutive unabhängig von der Art der verwaltenden Tätigkeit – kommunale Selbstverwaltung oder mittelbare Staatsverwaltung – auch die gleichzeitige Mitgliedschaft in nach jew Landesrecht mit der Wahrnehmung von Verwaltungsaufgaben betrauten kommunalen Gremien (BVerwG DVBl 00, 1138; VG Cottbus JMBL BB 08, 143, Kreistagsvorsitz/Kreistagsausschuss in Bbg). In § 4 I DRiG wird nach hA allerdings seit jeher vorbehaltlich abw Regelung im einschlägigen Kommunalverfassungsrecht des Landes keine Einschränkung des allg gebilligten Rechts auf Mitwirkung in Kommunalparlamenten in Form einer Mitgliedschaft in Stadt- und **Gemeinderäten** gesehen, die neben Verwaltungsaufgaben auch Normsetzungsbefugnisse auf Ortsebene wahrnehmen (dazu BVerwG DVBl 90, 158, Schmidt-Räntsch § 4 Rn 7, 19, speziell für die Verwaltungsgerichtsbarkeit indes weiter gehend § 54 III VwGO). In Rspr und Lit ist auch dies nicht unumstritten (BVerwGE 25, 210, 41, 195, jew offen gelassen). Die Problematik zeigt sich insb bei der Bewertung sog »Annexe« zu derartigen Betätigungen in Kommunalparlamenten. So stellt sich jedenfalls die Wahrnehmung des Vorsitzes im Aufsichtsrat eines als private Kapitalgesellschaft geführten **kommunalen Versorgungsunternehmens** als Ausübung vollziehender Gewalt im Bereich kommunaler Daseinsvorsorge dar, die gegen § 4 I DRiG verstößt (OVG Münster Urt v 8.12.06 – 1 A 3842/05). Auch die Tätigkeit im Vwrat einer öffentlichen **Sparkasse** fällt unter die Ausübung vollziehender Gewalt und ist nach § 4 I DRiG unzulässig (BVerwGE 41, 195). Mit dem Eintritt eines Richters in die **Regierung** des Bundes oder eines Landes endet das Recht zur Wahrnehmung des Richteramts (§ 36 II DRiG). 6

b) Ausnahmen. Gesetzlich ausdrücklich zugelassene Ausn von der Unvereinbarkeitsregel und damit letztlich dem Gewaltenteilungsgrundsatz in diesem Bereich finden sich in § 4 II DRiG. Dort sind neben der **Gerichtsverwaltung** einschl der sog **Justizverwaltung** (Nr 1, dazu vor §§ 21a ff Rz 11, Schmidt-Räntsch § 25 Rn 11), für die § 42 DRiG sogar eine grds Verpflichtung zur Übernahme von Tätigkeiten begründet, konkreten gesetzlichen Aufgabenzuweisungen (Nr 2), Forschung und Lehre an einer wissenschaftlichen Hochschule, öffentlichen Unterrichtsanstalt oder amtlichen Unterrichtseinrichtung (Nr 3) insb die Mitwirkungen bei Prüfungen (Nr 4) und die Leitung personalvertretungsrechtlicher Einigungsstellen (Nr 5) genannt. In diesem Bereich gelten nach § 46 DRiG und entspr landesrechtlichen Bestimmungen die beamtenrechtlichen Vorschriften über die Anzeige bzw die Genehmigungspflicht von Nebentätigkeiten entspr. Sie sollen dem Dienstherrn eine Überprüfung des Vorliegens der Voraussetzungen ermöglichen. Das Verbot einer gleichzeitigen Aufgabenwahrnehmung lässt die in der Praxis häufigen **Abordnungen** von Richtern in die Verwaltung zu. Während der Dauer der Abordnung darf aber keine Recht sprechende Tätigkeit ausgeübt werden. Bei der Verwendung von Beamten als **Richter kraft Auftrags** gelten die §§ 14, 15 DRiG. Der § 14 DRiG, wonach ein Beamter zum Richter kraft Auftrags ernannt werden kann, wenn er später als Richter auf Lebenszeit verwendet werden soll, macht deutlich, dass diese Ernennung auf eine Beendigung des Beamtenverhältnisses und damit der Tätigkeit iRd vollziehenden Gewalt gerichtet ist und dass durch sie ein neues, vom Beamtenverhältnis zu unterscheidendes Dienstverhältnis begründet wird (BVerwG PersR 93, 268; OVG Magdeburg, Beschl v 16.6.10 – 1 M 79/10). Für die Dauer des Richteramts ruhen Rechte und Pflichten aus dem **Beamtenverhältnis** mit Ausnahme der nachwirkenden Pflicht zur Amtsverschwiegenheit und des Verbots der Annahme von Geschenken (§ 15 I 3 DRiG). Die bisherige Beschäftigungsbehörde ist 7 rechtlich durch die Ernennung lediglich in gleicher Weise betroffen wie bei sonstigen Fällen eines Ausscheidens aus dem Dienst, das sie nicht beeinflussen kann.

8 **c) Sonstige Nebentätigkeiten.** Eine **Nebentätigkeit** von Richtern im nicht staatlichen Bereich wird von § 4 I DRiG grds nicht ausgeschlossen; sie unterliegt allein dem Nebentätigkeitsrecht, das im DRiG nur in Ansätzen geregelt ist. Dort finden sich Sonderbestimmungen für eine Betätigung als Schiedsrichter oder Schlichter (§ 40 DRiG), insb als Vorsitzender von **Einigungsstellen** iS § 76 BetrVG (dazu BVerwG DVBl 84, 49) und ein Verbot der Erstattung außerdienstlicher Rechtsgutachten (§ 41 I DRiG) mit Ausnahmeregelung für Hochschullehrer (§ 41 II DRiG). Ansonsten gilt auch hier über die Verweisung in § 46 DRiG und entspr landesrechtlichen Bestimmungen das Nebentätigkeitsrecht für Beamte. Der einschlägige § 40 BeamStG enthält bundesrechtliche Mindestanforderungen und sieht im Wesentlichen nur noch eine Anzeigepflicht vor. Die Ausgestaltung des Nebentätigkeitsrechts iÜ fällt in die Kompetenz der Landesgesetzgeber. Ihnen steht dabei ein weiter Gestaltungsspielraum zu, der auch die Beibehaltung einer gds Genehmigungspflicht umfasst (OVG Koblenz ZBR 11, 386; zum Überblick *Schnelle/Hopkins* NVwZ 10, 1333).

9 **2. Verhältnis zur Legislative.** Der § 36 II DRiG stellt die **Inkompatibilität** von Richteramt und Mitgliedschaft in gesetzgebenden Körperschaften von Bund und Ländern klar. Das Recht zur Wahrnehmung des Richteramts endet kraft Gesetzes mit der Annahme der Wahl. Wird umgekehrt ein **Abgeordneter** in das Richteramt berufen, so ist er nach § 21 II Nr 2 DRiG zu entlassen, wenn er das Mandat nicht binnen einer von der obersten Dienstbehörde zu setzenden Frist niederlegt. Dem sich um eine Mitgliedschaft im Bundes- oder einem Landtag bewerbenden Richter eröffnet § 36 I DRiG die Möglichkeit, seine Beurlaubung zu beantragen, um ihm eine ordnungsgem Wahlvorbereitung zu ermöglichen. Die organisatorische **Mitwirkung bei Wahlen** beinhaltet noch keine der staatlichen Exekutive zuzurechnende Verwaltungstätigkeit; sie fällt daher nicht unter das Verbot des § 4 I DRiG und rechtfertigt nicht die Ablehnung der Mitwirkung in Wahlvorständen. Das gilt auch für Wahlen zum europäischen Parlament (BVerwG DVBl 02, 1049).

10 **B. Grenzen sachlicher Unabhängigkeit. I. Kernbereich Recht sprechender Tätigkeit. 1. Allgemeine Dienstaufsicht.** Richterliche Unabhängigkeit bedeutet nicht grenzenlose Freiheit. Sie ist kein Grundrecht und kein »Standesprivileg«, sondern dient nach der stRspr des BGH der Erfüllung der **Justizgewährungspflicht des Staates** durch den Gewalten teilenden Rechtsstaat. Auch Richter unterliegen – mit Ausn der Richter des Bundesverfassungsgerichts – vor dem Hintergrund einer **Dienstaufsicht**, allerdings mit der wichtigen Einschränkung, dass die richterliche Unabhängigkeit nicht beeinträchtigt werden darf (§§ 25, 26 I DRiG). Im Kernbereich richterlicher Tätigkeit haben sich Dienstvorgesetzte grds jeglicher Einflussnahme zu enthalten (BGH NJW-RR, 11, 700, BGHZ 176, 162 und 93, 238). Die zumeist zunächst durch ihrerseits als weisungsgebundene Exekutivorgane tätig werdende Gerichtspräsidenten, im weiteren regelmäßig durch die Justizministerien ausgeübte Dienstaufsicht (dazu Schmidt-Räntsch § 26 Rn 10 ff, Zö/*Gummer* Einl GVG Rn 11, 12, § 38 VwGO speziell für die Verwaltungsgerichte, dazu BGH DRiZ 02, 14) umfasst grds auch die Befugnis zur Überwachung einer ordnungsgem Führung der Dienstgeschäfte. Die Übertragung entspr Befugnisse auf einen Richter iRd Geschäftsverteilung für die Verwaltungsabteilung des Gerichts ist nicht zulässig (BGH Urt v 12.5.11 – RiZ (R) 4/09). Nach der Rspr des BGH (grdl bereits DRiZ 64, 375) ist im Zusammenhang mit Dienstaufsichtsmaßnahmen ein der Dienstaufsicht gds nicht zugänglicher **Kernbereich richterlicher Tätigkeit** von einem davon »entrückten« Bereich »äußerer Ordnung« des Geschäftsablaufs und des Verfahrensgangs abzugrenzen, in dem solche Maßnahmen zulässig sind (BGH DRiZ 87, 57; NJW 08, 1448). Eine Verletzung der richterlichen Unabhängigkeit durch Maßnahmen der Dienstaufsicht kommt immer dann in Betracht, wenn sie bestimmt oder geeignet sind, die Rechtsfindung auch nur mittelbar zu beeinflussen. Zum geschützten Kernbereich der der Dienstaufsicht grds entzogenen sachlichen richterlichen Unabhängigkeit gehören neben der eigentlichen Rechtsfindung die dieser dienenden **Verfahrenshandlungen**, wie etwa die **Verhandlungsführung** (BGH NJW 06, 1674) oder auch Erklärungen des Richters in einem **Ablehnungsverfahren** (BGH Urt v 12.5.11 – RiZ (R) 4/09, zum Vorwurf „unbegründeter" Selbstablehnung). Die Übergänge sind fließend und die Unterscheidung lässt sich nicht allein an den Merkmalen der jeweiligen Betätigung festmachen, zB wenn es um die Beanstandung von Äußerungen des Richters in der mündlichen Verhandlung ggü den Beteiligten (dazu BGH NJW 06, 1674) oder allg um Umgangsformen oder das nicht zum Kernbereich der Unabhängigkeit zu rechnende Tragen der Amtstracht geht. Andererseits sollen »offensichtliche Fehlgriffe im Kernbereich« wiederum in den im Wege der Dienstaufsicht beanstandungsfähigen Bereich der äußeren Ordnung zu verlagern sein (zum Meinungsstand etwa Kissel/Mayer § 1 Rn 59). Das ist nachvollziehbar bei verbalen Entgleisungen des Richters in der mündlichen

Verhandlung, etwa wenn sie den Achtungsanspruch und die Personenwürde eines Beteiligten verletzen und ihn als bloßes Objekt des staatlichen Gerichtsverfahrens erscheinen lassen (BVerwGE 24, 264) oder bei einem entspr »**verbalen Exzess**« in der schriftlichen **Begründung einer Entscheidung**. Nicht erforderlich ist, dass – was allerdings regelmäßig der Fall sein wird – die Äußerung den obj Tatbestand der Beleidigung (§ 185 StGB) erfüllt (OVG Koblenz NVwZ-RR 05, 2). Hierbei kann es sich jedoch allenfalls um Ausnahmefälle handeln. Im Zweifel ist auch bei »pointierten Äußerungen«, die sich noch als »tatsachenadäquate Wertung« des prozessualen Verhaltens eines Beteiligten qualifizieren lassen (BGHZ 70, 1, »dummdreiste Lüge«), die richterliche Unabhängigkeit zu respektieren (BGH DRiZ 91, 410 mwN, Frankf DRiZ 09, 191). Besonderheiten bestehen im Bereich einer vom Dienstherrn vermuteten oder angenommenen **Dienstunfähigkeit** des Richters aufgrund seiner psychischen Disposition. Hier ist es nicht zu vermeiden und nicht als Überschreitung der Grenze zur unzulässigen Einwirkung in den Bereich richterlicher Unabhängigkeit zu werten, wenn diejenigen Verhaltensauffälligkeiten nicht nur im Bereich der „äußeren Ordnung" oder von offenkundigen „Fehlgriffen", sondern auch in der Verfahrensgestaltung, dem Umgang mit den Beteiligten oder im Gang der Entscheidungsfindung benannt werden, aus denen sich eine Dienstunfähigkeit ergeben könnte. Äußerungen die für die Klärung der Dienstunfähigkeit nicht geeignet bzw nicht geboten sind, wie etwa entspr Verlautbarungen in der Presse, und die ohne den notwendigen Zusammenhang den Kernbereich richterlicher Tätigkeit betreffen, sind dagegen unzulässig (BGH Urt v 12.5.11 – RiZ (R) 4/09).

2. Begrenzung der Dienstaufsicht durch die Unabhängigkeit. Unzulässig ist es, einen Richter zur dienst- 11
lichen Äußerung hinsichtlich einer von ihm getroffenen richterlichen Entscheidung aufzufordern und so bei dem Betroffenen einen »Rechtfertigungsdruck« zu erzeugen (BGHZ 100, 271). Die bei einer richterlichen Entscheidung gewählten **Ausdrucksformen**, ggf auch eine Versform, stehen in untrennbarem Zusammenhang mit der Begründung als solcher. Anderes gilt dagegen hinsichtlich der nicht mehr dem Kernbereich zuzuordnenden Pflicht, eine Entscheidung überhaupt und innerhalb gesetzlich vorgeschriebener **Frist** zu erlassen (§ 116 II VwGO) oder zu begründen (§ 315 II ZPO). Daher kann der Vorhalt unangemessen langer Fristen bei der **Absetzung von Entscheidungen** iRd Dienstaufsicht zulässig sein (BGH DRiZ 95, 352).

3. Verfahrensgestaltende richterliche Maßnahmen. Der geschützte Kernbereich der sachlichen richterli- 12
chen Unabhängigkeit betrifft zwar im Ansatz nur die eigentliche Rechtsfindung. Zur Gewährleistung eines wirksamen Schutzes ist es aber notwendig, sämtliche mittelbar der Rechtsfindung dienenden, vorbereitenden und nachfolgenden Sach- und Verfahrensentscheidungen in den Schutzbereich der Unabhängigkeitsgarantie einzubeziehen (BGH DRiZ 91, 20). Daher sind zB Einflussnahmen auf die **Terminierung** einer bestimmten Sache in jeder Form, also direkt, indirekt oder auch nur in Gestalt psychischen Drucks unzulässig (BGH NJW-RR 02, 574; NJW 08, 1448). Nach der zur früheren Fassung des § 159 I 2 ZPO, der regelmäßig die Hinzuziehung von **Protokollführern** bei mündlichen Verhandlungen vorsah, ergangenen Rspr umfasste die richterliche Unabhängigkeit neben der Festlegung des über die Anforderungen des § 160 ZPO hinausgehenden Protokollinhalts auch die Befugnis zu der Entscheidung, ob ein Sitzungsprotokoll vom Urkundsbeamten aufgenommen oder (vorab) auf Tonträger festgehalten werden soll, hingegen nicht die der Justizverwaltung obliegende Befugnis zur Auswahl eines bestimmten Protokollführers, einer »Stenotypistin« statt des Urkundsbeamten oder der zur Verfügung stehenden Sitzungsräume (BGH NJW 88, 417, 78, 2509). Danach konnte die kurzfristige Aufhebung eines Termins wegen Verweigerung eines Protokollführers auch nur bei »offensichtlichen Fehlgriffen« Grundlage eines dienstaufsichtlichen Vorhalts nach § 26 II DRiG sein (DienstG Düsseldorf DRiZ 99, 59; krit dazu *Walther* BDVR-Rundschreiben 99, 74). Ob nach der Änderung des § 159 I 2 ZPO im Jahre 2004, der nunmehr die Hinzuziehung eines Protokollführers nur noch in Ausnahmefällen, insb bei besonderer Schwierigkeit, vorsieht, noch dieselbe Betrachtung geboten ist (so wohl BGH DRiZ 11, 66, dazu § 159 ZPO Rz 5), erscheint fraglich. Auch von einem Richter kann grds die Benutzung moderner Bürotechnik erwartet werden.

4. Elektronische Datenverarbeitung. Die Ablehnung, einem mit der Bearbeitung von elektronischen Ein- 12a
gaben zum seit 1.1.07 gem § 8 I HGB in elektronischer Form geführten **Handelsregister** betrauten Richter diese in ausgedruckter Form zur Bearbeitung vorzulegen, bzw ein Verweis auf die eigene Fertigung von Ausdrucken, verletzt nach Ansicht des BGH (DRiZ 11, 66) nicht die richterliche Unabhängigkeit. Danach besteht kein Anspruch des Richters ggü der Justizverwaltung auf eine über das generell gesetzlich vorgesehene Maß hinausgehende Gestaltung seiner **Arbeitsgrundlagen** (zust *Haberland* DRiZ 11, 102; *Hullen* CR 11, 91; *Köbler* FA 2011, 72). Derartige Erkenntnisse sind bedeutsam mit Blick auf eine künftige Umstellung

auf eine **elektronische Führung von Gerichtsakten** (sog E-Justice). Sie muss indes nicht nur diese Fragen, sondern insb die Stellung der Bürgerinnen und Bürger als Beteiligte eines elektronisch geführten Verfahrens berücksichtigen. Auch in dem Bereich gibt ist unterschiedliche individuelle Ausgangslagen, die sich nicht allein mit dem Verweis auf eine „Technikfeindlichkeit" beschreiben lassen und bezogen auf Menschen mit Behinderungen besondere Anforderungen an eine barrierefreie Möglichkeit zur Verfahrensteilnahme stellen (vgl etwa § 191a GVG). Die Vorinstanzen (Hamm Beschl v 20.10.10 – 1 DGH 2/08, DG Düsseldorf BDVR-Rundschreiben 09, 68) im vom BGH zum Handelsregister entschiedenen Fall hatten eine Verletzung der richterlichen Unabhängigkeit festgestellt und ua darauf verwiesen, dass die Zulässigkeit der Bereitstellung neuer technischer Arbeitsmittel keine Verpflichtung des Richters begründe, diese auch anzuwenden. Dies lässt sich so nicht aufrechterhalten. Nach Ansicht des BGH verletzt auch die Billigung und Duldung der Administration eines **EDV-Netzes der Justiz** durch eine nicht den Gerichten selbst, sondern einer Finanzbehörde des Landes unterstellte Datenverarbeitungszentrale (DZ), deren Administratoren gds auch Zugriff auf alle Dokumentendateien und entspr Möglichkeiten zur Kenntnisnahme und Verarbeitung haben, wegen der zur Dienstaufsicht gehörenden Beobachtungs- und Kontrollfunktion noch nicht die Unabhängigkeit der Richter. Da aber zu den vom Schutzbereich umfassten, die Sachentscheidung vorbereitenden Maßnahmen (Rz 12) auch in das EDV-Netz eingestellte Voten, Notizen oder Beratungsvermerke gehören, beeinträchtigen – wie bei den dienstlichen Telefonanlagen – indes Maßnahmen der Dienstaufsicht in dem Bereich die richterliche Unabhängigkeit dann, wenn sie den Richter veranlassen können, seinen Dienstcomputer und das EDV-Netz in diesem Zusammenhang nicht in dem von ihm als sachgerecht erachteten Umfang zu benutzen. Die bloße technische Eignung des EDV-Netzes oder vergleichbarer Einrichtungen zu einer inhaltlichen Kontrolle richterlicher Tätigkeit ist nach dem BGH dafür aber noch nicht ausreichend, solange die Richter „vernünftigerweise" keine Veranlassung zu der Annahme haben, dass diese von dienstvorgesetzten Stellen oder Dritten genutzt werden. In dem (teil-)rechtskräftigen Urt der Vorinstanz (Frankf Urt v 20.4.10 – DGH 4/08) wurden besondere Vorkehrungen zum Schutz der richterlichen Unabhängigkeit gefordert. Eine Überlassung der Verwaltung des EDV-Netzes an die DZ wurde als unzulässig angesehen, solange die Art der Behandlung von Dokumenten des richterlichen Entscheidungsprozesses durch die DZ nicht durch Verwaltungsvorschriften vom Justizministerium konkret festgelegt und ihre Einhaltung durch das Justizministerium im gleichberechtigten Zusammenwirken mit gewählten Vertretern der Richter überprüft werden könne. Werden derartige verfahrensmäßigen Vorkehrungen in bestimmten Verfahren von den betroffenen Richtern nicht als ausreichend erachtet, bleibt in diesen Fällen bei der Fertigung von Voten oder Entscheidungsentwürfen nur eine Rückkehr zum netzunabhängigen „stand-alone-PC" oder Laptop.

13 **II. Dienstaufsicht und Erledigung der Dienstgeschäfte. 1. Geschäftsprüfung und Berichtspflichten.** Im Zusammenhang mit den – vorbehaltlich weiter gehender disziplinarer Ahndungsmöglichkeiten – in § 26 II DRiG vorgesehenen Maßnahmen des Vorhalts und der Ermahnung spricht der Gesetzgeber insb die »**unverzögerte Erledigung der Amtsgeschäfte**« an. Die Dienstaufsicht über Richter (zur Frage der Übertragbarkeit dienstaufsichtlicher Befugnisse auf oberste Landesbehörden BGH DRiZ 02, 14, BVerfGE 38, 139) als Pflicht verstanden (dazu BGH DRiZ 91, 20) erfordert daher auch ggü Richtern eine Beobachtung von Geschäftsabläufen in regelmäßigen Zeitabständen oder aus besonderem Anlass. Die Dienstaufsicht führenden Stellen dürfen iR dieser heute durch EDV-Einsatz wesentlich erleichterten »Beobachtungsfunktion« nach der Rspr die betroffenen Richter auch um einen Bericht über die Bearbeitung der ihnen übertragenen Verfahren bitten (BGHZ 112, 189, DRiZ 78, 185). Derartige »Abfragen«, die keiner vorherigen Ankündigung bedürfen, sollen Klarheit darüber verschaffen, ob bei Missständen im Einzelfall organisatorische Entlastungsmaßnahmen oder aber gezielte dienstaufsichtliche Maßnahmen geboten sind. Bei letzteren ist wiederum die richterliche Unabhängigkeit zu beachten (§ 26 I DRiG). Daraus wird gefolgert, dass durch die genannte **Berichtspflicht** über »Arbeitsreste«, deren Anwendung anders als die in § 26 II DRiG genannten Maßnahmen grds noch keine Bewertung enthält, weder ein unzulässiger Einfluss auf die Entscheidung des Richters über die Reihenfolge der Bearbeitung seiner Dienstgeschäfte genommen oder auch kein »unzulässiger Erledigungsdruck« ausgeübt werden darf (BGH Urt v 3.11.04 – RiZ (R) 5/03, NJW 88, 419; MDR 87, 319). Deswegen stellt ein Vorhalt (§ 26 II DRiG) von Rückständen als solcher auch noch keine Beeinträchtigung der richterlichen Unabhängigkeit dar; etwas anderes gilt erst, wenn dem Richter durch solche »Abfragen« indirekt ein bestimmtes Erledigungspensum abverlangt wird, das sich sachgerecht nicht mehr bewältigen lässt (BGH Urt v 3.12.09 – RiZ (R) 1/09, DRiZ 07, 143, NJW 06, 692) oder wenn der Dienstvorgesetzte bemängelt, dass der Richter seiner Aufforderung zur Abhaltung mehr als eines Sitzungs-

tages pro Woche nicht nachgekommen sei (BGH NJW 88, 421). Die Befugnisse der Dienstaufsicht (§ 26 I DRiG) werden auch nicht überschritten, wenn der Richter im Vorfeld einer regelmäßigen »Dienstnachschau« neben einer Meldung sog »überjähriger« Verfahren um eine kurze Angabe der Gründe für die bisherige Nichterledigung gebeten wird (zur sog »**Vorberichtspflicht**« BGH DRiZ 91, 20). Dies dürfte im Zusammenhang mit der eingangs erwähnten Einführung von Schadensersatzansprüchen bei „überlanger" Verfahrensdauer (§ 198 I GVG, ob Rz 2 Vor § 1) gesteigerte Bedeutung erlangen. IR einer solchen **Geschäftsprüfung** des richterlichen Dienstes unter Vorlage von Akten anhängiger Verfahren (zu Zulässigkeit und Grenzen BGH DRiZ 87, 57), hat die Dienstaufsicht führende Stelle allerdings genau darauf zu achten, dass der Richter in seiner zum Kernbereich der richterlichen Unabhängigkeit gehörenden **Sitzungsvorbereitung**, insb beim vorbereitenden Studium der Prozessakten, nicht behindert wird.

2. Wirtschaftliche Betrachtungen. Die Tätigkeit des Richters ist bei der gebotenen Beachtung seiner sachlichen Unabhängigkeit (§ 1 GVG) allenfalls in sehr eingeschränktem Maße und am Maßstab des Art 97 I GG sicher nicht in inhaltlicher Hinsicht den heute in allen Bereichen des öffentlichen Dienstes »zeitmodernen« **betriebswirtschaftlichen Betrachtungen** und den ursprünglich zur Effizienzsteigerung der Kommunalverwaltung entwickelten, an Kosten-Nutzen-Maßstäben orientierten »**Steuerungsmodellen**« zugänglich (vgl hierzu etwa *Papier*, Die richterliche Unabhängigkeit und ihre Schranken, Festvortrag, im Internet unter: www.hefam.de/koll/pap200402.html). Ebenso wenig wie dem Richter im Wege einer Dienstaufsicht bestimmte Erledigungszahlen vorgegeben werden können, ist eine auf den Inhalt seiner Entscheidungen bezogene Anweisung zulässig, der Quantität des Arbeitsergebnisses auf Kosten einer von ihm persönlich angestrebten Qualität seiner Entscheidungen den Vorzug einzuräumen. Das gilt auch angesichts nach Meinung der Dienstaufsicht im Einzelfall feststellbarer Neigung zu übertriebener »Verwissenschaftlichung« von Entscheidungsinhalten. 14

3. Dienstliche Beurteilungen. Zulässig ist es dagegen, iR **dienstlicher Beurteilungen**, die als solche ebenso wie der Erlass sog Beurteilungsrichtlinien verfassungsrechtlich (Art 97 GG) unbedenklich sind (BGH DRiZ 02, 14), eine vergleichende Betrachtung von Erledigungszahlen anzustellen, sofern die zugrunde liegenden Verfahren bei den Betroffenen in sachlicher Hinsicht tatsächlich vergleichbar sind. Dasselbe gilt auch hinsichtlich einer ggf fehlenden Bereitschaft zur Verwendung technischer Hilfsmittel (BGH NJW 78, 2509). Allg können auch dienstliche Burteilungen eine unzulässige Beeinträchtigung richterlicher Unabhängigkeit beinhalten, sofern sie über die den Zweck solcher Beurteilung bildende Bewertung der richterlichen Amtsführung und spezifisch richterlicher Fähigkeiten hinaus eine direkte oder indirekte Weisung in Form eines psychologischen Drucks enthalten, wie der Beurteilte künftig verfahren und entscheiden soll (BGH NJW-RR 03, 492; NJW 02, 359). So kann eine pauschalierend negative Beurteilung der **Verhandlungsführung** auf eine »Weisung« hinauslaufen, die Verhandlungen künftig anders iSd Beurteilers zu gestalten, und insofern seine richterliche Unabhängigkeit beeinträchtigen (BGH NJW 10, 302). Entpr gilt für die Aufforderung zu einer »strafferen« Verhandlungsführung (BGH DRiZ 95, 352) oder für die Bemerkung, dass ein „verstärkter Einsatz des Mündlichkeitsprinzips" ggü einem schriftlichen Umgang mit Verfahrensbeteiligten aus Sicht des Beurteilers „wünschenswert" erscheine (OVG Berlin NVwZ-RR 04, 627). Als Ausfluss der Unabhängigkeit obliegt es allein dem Prozessgericht, wie es die Verhandlung gestaltet, ob es einen **Vergleichsvorschlag** macht, in welchem Umfang es seine Rechtsmeinung offenbart und – bezogen auf seine Entscheidung – ob es von einer höchstrichterlichen Rspr abweicht. 15

III. Rechtsschutzmöglichkeiten. Für die Geltendmachung von Verletzungen der Unabhängigkeit durch Maßnahmen der Dienstaufsicht durch den Richter gilt die Sonderzuweisung an die **Richterdienstgerichte** (§ 26 III DRiG). Diese haben aber nur darüber zu entscheiden, ob die Maßnahme der Dienstaufsicht, wozu auch dienstliche Beurteilungen und dazu abgegebene verhaltenskritische Stellungnahmen übergeordneter Dienstaufsichtsbehörden gehören (zB § 38 II VwGO), im konkreten Fall die richterliche Unabhängigkeit beeinträchtigt (BGH DRiZ 02, 14 u 11, 66). Die Zulässigkeit des Antrags erfordert, dass der Richter nachvollziehbar darlegt, dass eine Maßnahme der Dienstaufsicht vorliegt und dass diese seine richterliche Unabhängigkeit beeinträchtigt (BGH NJW-RR 11, 700). Eine allg Rechtskontrolle der Maßnahme in Bezug auf sonstige Rechtspositionen der Richter obliegt hingegen nur den Verwaltungsgerichten (BGH DRiZ 07, 143; NJW 06, 692, ZBR 02, 215). Daher ist der Rechtsweg zu den Verwaltungsgerichten, nicht zum Richterdienstgericht eröffnet, wenn sich der Richter gegen die Anordnung **ärztlicher Untersuchung** zur Ausräumung von Zweifeln an seiner Dienstfähigkeit unter Bezugnahme auf seine individuelle Rechtssphäre wendet und zwar auch dann, wenn die Untersuchung der Klärung einer Vorfrage mit Blick auf eine vorzeitige 16

Zurruhesetzung nach § 78 Nr 1d DRiG dient (BVerwG DÖD 10, 49; aA Schmidt-Räntsch § 78 Rn 17). Wegen der unterschiedlichen Streitgegenstände können beide Rechtsbehelfe gleichzeitig angebracht werden (BVerwGE 67, 222 »Robenstreit«). Maßnahmen der Dienstaufsicht unterliegen auch dann der Nachprüfung im Verfahren nach § 26 III DRiG, wenn sie eine nichtrichterliche dienstliche Tätigkeit oder ein außerdienstliches Verhalten (§ 39 DRiG) betreffen (BGH DRiZ Urt v 12.5.11 – RiZ (R) 4/09 –; 84, 282; 02, 14). Der Begriff der »Maßnahme« ist iSe wirkungsvollen Schutzes der Unabhängigkeit weit zu fassen. Daher genügt jede, ggf auch nur eine mittelbare, Einflussnahme der die Dienstaufsicht führenden Stelle, bei der sich ein konkreter Bezug zur Tätigkeit des Richters feststellen lässt (BGHZ 93, 238; 113, 36; 176, 162; DRiZ 11, 66). Das schließt bspw die Billigung und den Einbau von **Telefonanlagen** mit automatischer Gesprächsdatenerfassung ein, die der Kontrolle der Richter dienen (dazu iE BGH NJW 95, 731) oder auch eine Verweigerung, dem Richter Eingaben zum elektronischen **Handelsregister** (§ 8 I HGB) in ausgedruckter Form zur Verfügung zu stellen, mit der Folge, dass er die Bearbeitung der Anträge am PC vornehmen oder die gewünschten Ausdrucke selbst herstellen muss (vgl dazu Rz 12a). Eine aus Sicht des Richters unzureichende Ausstattung der Justiz durch den **Haushaltsgesetzgeber** stellt allerdings keine »Maßnahme der Dienstaufsicht« dar und kann daher nicht Gegenstand eines Prüfungsantrags iSd § 26 III DRiG sein (BGH DVBl 05, 310). Der das staatliche Organisationsermessen beschränkende Grundsatz, wonach dieser alle ihm zumutbaren Maßnahmen zu treffen hat, um einer Überlastung von Gerichten vorzubeugen und ggf rechtzeitig Abhilfe zu schaffen, begründet kein subjektives Recht eines Richters auf verbesserte personelle Ausstattung »seines« Gerichts (VG Saarlouis DRiZ 04, 80). Er hat generell keinen Anspruch gegen die Justizverwaltung auf Bereitstellung der nach seiner individuellen Einschätzung zur Ausschöpfung seiner richterlichen Unabhängigkeit erforderlichen sachlichen, institutionellen oder personellen Ausstattung (BGH NJW 05, 905), sondern lediglich einen Anspruch auf ermessensfehlerfreie Berücksichtigung bei der Zuteilung vorhandener Mittel (BGH NJW 03, 282).

17 **C. Sachliche Unabhängigkeit und Gerichtsorganisation. I. Verhaltenspflichten zur Wahrung der Unabhängigkeit.** Das in dem Zusammenhang anzusprechende verfassungsrechtlich verankerte **Prinzip des gesetzlichen Richters** (Art 101 I 2 GG, iE dazu unten § 16 I GVG) hat in Deutschland historische Hintergründe und wird in anderen zweifellos ebenfalls demokratisch organisierten Staaten und bei internationalen Gerichten oft als Misstrauen ggü den Richtern in Deutschland missverstanden. Die Gewährleistung soll letztlich das Vertrauen der Verfahrensbeteiligten in die Sachlichkeit und Unparteilichkeit der Richterinnen und Richter entspr dem Richtereid (§ 38 I DRiG) stärken. Gerade diese Außenwirkung ist Grundlage der in § 39 DRiG geregelten allg **Verhaltenspflichten** innerhalb und außerhalb des Amtes. Das hieraus abgeleitete **Mäßigungsgebot** speziell auch außerhalb der Amtsausübung hindert den Richter nicht, sich politisch zu betätigen oder sich in wissenschaftlichen Diskussionen mit seiner Meinung einzubringen, und zwar auch zu Rechtsfragen. Dies muss aber in sachlicher Form geschehen und nicht durch Polemik und rein abfällige Bemerkungen, die geeignet sind, Zweifel an seiner Unparteilichkeit bei der Amtsausübung zu begründen oder das Ansehen des Gerichts zu beeinträchtigen. Dies gilt erst Recht für die Abfassung gerichtlicher Entscheidungen, die nicht losgelöst vom Fall zur »Bühne« für die Darstellung eigener politischer Anschauungen gemacht werden dürfen.

18 **II. Die Verteilung der Geschäfte durch das Präsidium. 1. Grundsätze.** Das Prinzip des gesetzlichen Richters wird einfachgesetzlich ua durch den sog Stetigkeitsgrundsatz (Jährlichkeitsprinzip) des § 21e I GVG ausgestaltet (vgl zu der fehlenden subjektiven Rechtsbetroffenheit einzelner Richter bei **Änderungen der Geschäftsverteilung** unter Verstoß hiergegen OVG Koblenz DVBl 08, 266). Die gerichtliche Selbstverwaltung (§§ 21a ff GVG) gehört ebenfalls zur Rspr im Verständnis des GVG, nicht zur Gerichtsverwaltung (BGH MDR 67, 211) und nimmt daher an der Gewährleistung des Art 97 I GG teil (dazu auch vor §§ 21a ff Rz 10). In besonderen Konstellationen können sich daher Verletzungen der richterlichen Unabhängigkeit auch aus den in aller Regel nur als sog Umsetzungen insoweit keinen Bedenken unterliegenden Entscheidungen eines Gerichtspräsidiums über die **Geschäftsverteilung innerhalb eines Gerichts** (§ 21e GVG, § 4 VwGO, zum str Rechtssatzcharakter des für die Beteiligten vorab den zuständigen Richter bestimmenden Geschäftsverteilungsplans bejahend etwa R/S/G § 22 V 2 d; ebenso Kopp/Schenke § 4 Rn 9 mzN auch zur Gegenansicht; Bader ua/*Funke-Kaiser* § 4 Rn 21) ergeben (hierzu allg *Kornblum* FS Schiedermair, 331, 346 sowie NJW 77, 666). Dabei handelt es sich um Ermessensentscheidungen, bei denen grds neben anderen sachlichen Gesichtspunkten auch einer aus gesundheitlichen Umständen, spezifischer Sachkunde, Routinevorteilen oder individuellen Fähigkeiten bei der Bearbeitung von Rechtsstreitigkeiten resultierenden unter-

schiedlichen Leistungsfähigkeit der einzelnen Richter Rechnung getragen werden darf. Der Richter hat keinen Anspruch darauf, ein bestimmtes Arbeitsgebiet zugeteilt zu bekommen, einem bestimmten Spruchkörper zugeordnet zu werden oder von Umbesetzungsmaßnahmen verschont zu bleiben (VGH München Beschl v 20.1.00–20 ZB 99, 3394). Die Bitte des Dienstvorgesetzten an das Präsidium, einen Richter wegen anderweitiger Verpflichtungen, etwa iRd Referendarausbildung, bei der Geschäftsverteilung »nachhaltig« in seinem Dezernat zu entlasten, beeinträchtigt die richterliche Unabhängigkeit der Präsidiumsmitglieder und stellt eine unzulässige Maßnahme der Dienstaufsicht dar (BGH NJW 91, 423).

2. Konflikte mit der (persönlichen) richterlichen Unabhängigkeit. Entscheidungen der Präsidien zur Geschäftsverteilung können mit der **sachlichen** Unabhängigkeit in Konflikt treten, wenn der davon betroffene Richter erkennbar für eine »unerwünschte« Entscheidung diszipliniert oder an der Fortsetzung seiner Rspr zu einer bestimmten Rechtsfrage gehindert werden soll (OVG Koblenz DVBl 08, 266, dort konkret verneint). Eine Verletzung seiner **persönlichen** Unabhängigkeit (s. dazu iE unten E.) liegt dagegen vor, wenn es sich im Ergebnis um eine »Umsetzung zur Untätigkeit« handelt, weil die Maßnahme dazu führt, dass die Mitwirkung des Betroffenen an der Rspr des Gerichts absehbar künftig so gering ist, dass von einer Recht sprechenden Tätigkeit nicht mehr ausgegangen werden kann. Die Geschäftszuweisung stellt dann eine faktische Amtsenthebung dar (BVerfG DVBl 64, 393, zu dienst- und ggf disziplinarrechtlich eröffneten Möglichkeiten etwa *Schorn* DRiZ 64, 238). Es steht den Präsidien nicht zu, einen von den Mitgliedern als »untragbar« oder ungeeignet erachteten Richter auf diese Weise von der Rspr fernzuhalten. 19

3. Geschäftsverteilung und Willkürverbot. Die genannten Fälle faktischer »Kaltstellung« werden unter dem Aspekt eines Verstoßes gegen das verfassungsrechtliche **Willkürverbot** (Art 3 I GG) diskutiert, wonach die anderweitige Zuweisung im Geschäftsverteilungsplan nicht aus sachfremden Erwägungen heraus geschehen darf bzw die beschlossene Maßnahme durch sachliche Erwägungen zu rechtfertigen sein muss. Dies eröffnet den Präsidien einen weiten Spielraum, zB wenn die übrigen Mitglieder eines Spruchkörpers erklären, dass eine vertrauensvolle Zusammenarbeit mit dem betroffenen Richter aufgrund seines Verhaltens oder konkreter Äußerungen in der Verhandlung ggü Beteiligten dauerhaft unmöglich erscheine (dazu OVG Koblenz NJW-RR 08, 579). 20

III. Rechtsschutz gegenüber Präsidiumsentscheidungen. Wegen einer Verletzung seiner Unabhängigkeit, nicht indes wegen eines allg Verstoßes gegen die allein die Verfahrensbeteiligten begünstigende Gewährleistung des gesetzlichen Richters (Art 101 I 2 GG; § 16 S 2 GVG), kann der Richter Eilrechtsschutz im Verwaltungsrechtsweg nach Maßgabe des § 123 VwGO erlangen (ua dazu OVG Hamburg DRiZ 87, 58; VGH München NJW 94, 2308, betr die Anfechtung einer Reihendienstregelung nach § 22b II GVG). Deswegen kann sich der Richter gegen eine ihn betreffende Änderung der Geschäftsverteilung im Laufe des Geschäftsjahres nicht darauf berufen, dass die in § 21e III GVG genannten Voraussetzungen für eine Ausn vom Jährlichkeitsprinzip nicht vorgelegen hätten (OVG Koblenz NJW-RR 08, 579; OVG Hamburg NJW 87, 1215). Festlegungen iRd Aufstellung des **Geschäftsverteilungsplans** können Eingriffe in die richterliche Unabhängigkeit iE allerdings nur begründen, wenn besondere Umstände hinzukommen (BVerfG NJW 08, 909). Der Antrag ist gegen das Präsidium, das den Organisationsakt erlassen hat, zu richten (OVG Koblenz NJW-RR 08, 579 unter Bezugnahme auf § 61 Nr 2 VwGO; VGH Kassel DRiZ 84, 62; Zö/*Gummer* Rn 56a zu § 21e; str, aA OVG Hamburg NJW 87, 1215; OVG Münster DÖD 81, 46; Kissel/Mayer Rn 10; B/L/A/H Rn 31 zu § 21e). In der Hauptsache ist die Feststellungsklage statthaft (BVerfG DRiZ 91, 100). Die Anrufung der **Richterdienstgerichte** ist hingegen nicht zulässig, da sich Präsidiumsbeschlüsse nicht als Maßnahmen der Dienstaufsicht iS § 26 III DRiG qualifizieren lassen (BGH NJW 91, 425). 21

D. Abgrenzung Rechtsprechung und Verwaltungstätigkeit. I. Gerichtsverwaltung, Nebentätigkeiten in der Rechtspflege. Die genannten Vorschriften und Garantien sachlicher richterlicher Unabhängigkeit (Weisungsfreiheit) erfassen nur den Bereich der Rspr, nicht hingegen eine Tätigkeit von Richtern iRd internen **Gerichts-** und der durch Außenwirkung gekennzeichneten **Justizverwaltung**. Auch die Justizverwaltung fällt begrifflich unter den Ausnahmetatbestand in § 4 II Nr 1 DRiG (zum historischen Hintergrund etwa Zö/*Gummer* Einl GVG Rn 10). Hier sind Richter wie andere Angehörige des öffentlichen Dienstes in die Hierarchie der staatlichen Organisation eingebunden, weisungsabhängig und daher notwendig nicht sachlich unabhängig. Die Heranziehung zu solchen Tätigkeiten im Nebenamt oder als Nebenbeschäftigung, zu denen beispielsweise – auch bei Vorsitzenden Richtern – die Ausbildung dem Gericht **zugewiesener Referendare** (BGH NJW 91, 426) oder die Betreuung von Studienpraktikanten gehört, im Wege der Ver- 22 pflichtung zur Übernahme nach § 42 DRiG (hierzu begrifflich BGH DVBl 87, 412) darf indes nicht zu einer substanziellen Beeinträchtigung des Richters in der Wahrnehmung seiner Rechtsprechungstätigkeit führen. Ist das der Fall, wird er durch die Verpflichtung zu solchen Tätigkeiten in seiner Unabhängigkeit verletzt und kann dies im Prüfungsverfahren dienstgerichtlich geltend machen (§ 78 IVd DRiG). Bei der verpflichtenden Heranziehung der einzelnen Richterinnen und Richter eines Gerichts auf der Grundlage des § 42 DRiG ist zumindest bei »unliebsamen« Tätigkeiten auf eine ausgewogene Verteilung der zusätzlichen Belastungen zu achten, zumal eine Entlastung im Hauptamt nicht vorgeschrieben ist. Aufgrund der Fürsorgepflicht des Dienstherrn (§§ 46 DRiG, 45 BeamtStG) erstreckt sich die Pflicht der Richter zur Übernahme (§ 42 DRiG) nur auf Tätigkeiten, die der individuellen Vor- und der Berufsausbildung entsprechen, also nicht auf solche, die – wie heute zB regelmäßig im EDV-Bereich – im Einzelfall nicht vorhandene Spezialkenntnisse erfordern. Eine Nebentätigkeit in der Rechtspflege iS § 42 DRiG bildet zB die Heranziehung von Verwaltungsrichtern in den Kammern und Senaten für **Baulandsachen** (§§ 220 I, 229 I BauGB) oder bei den **Richterdienstgerichten**. Nicht zur Rechtspflege gehört die Wahrnehmung Aufgaben in **Prüfungsangelegenheiten** und amtlichen Unterrichtseinrichtungen (§ 4 II DRiG). Die Heranziehung als Mitglied in Prüfungskommissionen, als Leiter einer Arbeitsgemeinschaft iRd **allg Referendarausbildung** oder als Aufsicht bei Prüfungsarbeiten (dazu DGH Celle DRiZ 97, 63) setzt daher die Zustimmung des Betroffenen voraus (Schmidt-Räntsch § 42 Rn 7). Freiwillig dürfen Richter grds alle nach Maßgabe des § 4 DRiG mit dem Richteramt zu vereinbarenden **Nebentätigkeiten** ausüben (dazu Rz 6, 7). Keine Nebentätigkeiten nach § 42 DRiG sind unmittelbar mit dem Hauptamt verbundene Tätigkeiten wie etwa ein **Bereitschaftsdienst.** Über dessen Einrichtung und Einteilung entscheidet nach § 21e I GVG das Präsidium; hält dieses die Einrichtung nicht für veranlasst, erlangen dennoch vom Präsidenten in Form einer »Hausverfügung« veröffentlichten Listen für eine Rufbereitschaft von Richtern an Wochenenden daher keine Verbindlichkeit (BGH DVBl 87, 412).

23 **II. Mitwirkung in Gremien richterlicher Selbstverwaltung.** Nicht zur Gerichtsverwaltung in diesem Verständnis gehört die Betätigung in **Präsidial- oder Richterräten**, bei denen sich die Weisungsfreiheit bereits aus der jeweiligen Aufgabenstellung ergibt.

24 **E. Persönliche Unabhängigkeit der Richterinnen und Richter. I. Grundlagen.** Die von § 1 GVG nicht umfasste **persönliche Unabhängigkeit** (»Unabsetzbarkeit«) der Richter, die sie allg vor Eingriffen in ihre dienstliche Stellung als solche schützt, hat ebenfalls Verfassungsrang und gilt daher für die Richter aller Gerichtsbarkeiten gleichermaßen. Beide Aspekte der richterlichen Unabhängigkeit lassen sich nicht »trennscharf« voneinander abgrenzen.

25 **II. Anwendungsbereich.** Der einschlägige Art 97 II 1 GG schützt, anders als bei der für alle Richter geltenden sachlichen Unabhängigkeit, nur die persönliche Rechtsstellung der hauptamtlichen und planmäßigen Richter auf Lebenszeit in Bezug auf vorzeitige Amtsenthebungen, Absetzungen und Versetzungen gegen ihren Willen. Solche Maßnahmen sind danach, insb hinsichtlich des einzuhaltenden Verfahrens, sowohl einem speziellen Gesetzesvorbehalt als auch einem eigenen Richtervorbehalt unterworfen. Für Richter auf Probe (§ 12 DRiG) und für Richter kraft Auftrags (§§ 14–16 DRiG) gelten Einschränkungen. Die Einzelheiten sind in den Regelungen der §§ 25 ff DRiG zu finden, insb was die engen Voraussetzungen für Versetzungen (§§ 30, 31 DRiG) oder für die Übertragung eines anderen Richteramts aus Gründen einer Änderung der Gerichtsorganisation (§ 32 DRiG) betrifft. Abordnungen sind von der Zustimmung abhängig (§ 37 DRiG).

25a **III. Sicherung sachlicher durch persönliche Unabhängigkeit. 1. Grundsatz.** Gericht iSd GG ist ein Gremium nach der stRspr des BVerfG nur dann, wenn seine berufsrichterlichen Mitglieder gds hauptamtlich und planmäßig endgültig angestellt sind (so schon BVerfG NJW 56, 137). Die Verfassung geht daher davon aus, dass insb der Einsatz von Richtern auf Probe (§ 12 DRiG) in den Grenzen erfolgt, die sich aus der Notwendigkeit, Nachwuchs heranzubilden, oder aus anderen zwingenden Gründen ergeben (BVerfG NVwZ 07, 693). Dies folgt aus der durch Art 97 I GG geschützten sachlichen richterlichen Unabhängigkeit, die ihrerseits durch die den hauptamtlich und planmäßig angestellten Richtern in Art 97 II GG garantierte **persönliche Unabhängigkeit** ergänzt und letztlich durch sie gesichert wird. Sie können danach ua vor Ablauf ihrer Amtszeit gegen ihren Willen nur kraft richterlicher Entscheidung und nur aus gesetzlich bestimmten Gründen entlassen oder dauernd oder zeitweise ihres Amtes enthoben oder an eine andere Stelle oder in den Ruhestand versetzt werden. Die Verwendung von Richtern auf Probe ohne diese Garantie der persönlichen Unabhängigkeit (vgl Art 97 I 1 GG, § 13 DRiG), die allg die Amtsbezeichnung Richter führen und zB auch bei der Staatsanwaltschaft Verwendung finden können (§ 19a Abs. 3 DRiG, dazu zB BGH NStZ-RR 07, 88), muss daher die Ausnahme bleiben. Die Verwendung der **Richter auf Probe** ist auf deren Erprobung auszurichten. Sie sind insb keine Personalreserve, mit der Defizite in der Personalplanung bei unzureichend mit Planstellen ausgestatteten Gerichten „gestopft" werden dürfen (VG Dresden BDVR-Rundschreiben 99, 138).

2. Wirtschaftliche Existenzsicherung. Die persönliche Unabhängigkeit ist untrennbar mit der Gewährung einer gesicherten wirtschaftlichen Existenzgrundlage über die entspr **Besoldung** verbunden. Nach Art 97 II und 92 GG müssen Berufsrichter grds hauptamtlich und planmäßig endgültig angestellt sein (BVerfG NJW 62, 1495; zuvor Rz 25). IRd Neuordnung der Besoldung im öffentlichen Dienst wurde in allen Bundesländern die Möglichkeit der Integration zusätzlicher **finanzieller Leistungsanreize** nicht nur für Beamte, sondern auch für Richter diskutiert. Solche sind mit der richterlichen Unabhängigkeit, und zwar zunächst unter dem Aspekt **sachlicher** Unabhängigkeit generell nicht zu vereinbaren. Ganz besonders, soweit es auch bei dieser Diskussion letztlich um eine Prämierung von »Erledigungszahlen« geht, ist eine Vereinbarkeit mit Art 97 I GG nicht vorstellbar. Eine der Überprüfung an diesem Maßstab Stand haltende abstrakte Formulierung von »Zulagetatbeständen« wurde vielfach versucht; sie ist indes auch Befürwortern solcher Differenzierungen bei der Besoldung, etwa bei Übernahme von Dauervertretungen oder von Aufgaben in der Gerichtsverwaltung, nicht gelungen und muss letztlich aus der Natur der Sache heraus wegen der Unzulässigkeit der Quantifizierung richterlicher Arbeit als solcher scheitern. Abgesehen von der sich aufdrängenden Problematik, wer zB am Ende eines Geschäftsjahres nach welchen Kriterien über die Verteilung derartiger Sondergratifikationen entscheiden sollte, ist darüber hinaus auch in diesem Bereich die quasi natürlich vorgegebene unterschiedliche Leistungsfähigkeit im richterlichen Bereich, sei es hinsichtlich der Erledigungszahlen, sei es mit Blick auf die inhaltliche Qualität, hinzunehmen. Wo die Unabhängigkeit von einzelnen Richtern eklatant auf Kosten der Kolleginnen und Kollegen idS missbraucht wird, lassen sich andere Mechanismen nutzbar machen. 26

3. Dienstzeiten. Der Aspekt der **persönlichen Unabhängigkeit** umfasst nach st Rpr die Freistellung von der Pflicht zur **Einhaltung fester Dienststunden.** Die Erfüllung richterlicher Aufgaben und ihre zeitliche Einteilung fallen unter die Unabhängigkeit. Soweit seine Anwesenheit in der Dienststelle nicht durch bestimmte Tätigkeiten wie Beratungen, Sitzungen oder Entscheidungen in Eilsachen geboten ist, muss der Richter seine Dienstgeschäfte daher nicht innerhalb bestimmter Dienstzeiten und gds nicht in der Dienststelle erledigen (BVerwG DVBl 88, 350). Letzteres gilt allerdings dann nicht, wenn die Bearbeitung der dem Richter übertragenen Dienstgeschäfte nach speziellen **gesetzlichen** Vorgaben eine Anwesenheit an seinem computergestützten Arbeitsplatz verlangt (BGH DRiZ 11, 66, elektronisches Handelsregister; dazu ie Rz 12a). Insoweit gibt es keinen generellen Anspruch auf Arbeit ausschließlich im „Home-Office". Nach Art. 114 II 1 GG genießen auch die Beamten des **Bundesrechnungshofs** richterliche Unabhängigkeit (dazu BGH DRiZ 91, 61). Auch dabei handelt es sich nicht um ein subjektives Recht oder Privileg des Richters, auf das er verzichten könnte, sondern vielmehr um eine sachlich gebotene Vorkehrung gegen vermeidbare Einflussnahme der Verwaltung auf die Rspr (BVerwG NVwZ 06, 1074). Dies entbindet allerdings nicht von der pünktlichen Wahrnehmung von anberaumten Terminen und verlangt zumindest grds auch eine Erreichbarkeit aus dienstlichen Anlässen. Die richterliche Unabhängigkeit umfasst auch kein Selbstbestimmungsrecht hinsichtlich der Beurlaubung (BGH DRiZ 83, 146). Die aus seiner Unabhängigkeit abzuleitende Befugnis des Richters, unabhängig von der für Beamte geltenden Arbeitszeitregelung über Ort und Zeit seiner richterlichen Tätigkeit iRd dienstlichen Notwendigkeiten selbst zu entscheiden, lässt sich nicht auf den Fall der **Beurlaubung** erstrecken, durch die der Richter von seiner Dienstleistungspflicht vorübergehend entbunden wird (VGH Mannheim NJW 91, 2437). Andererseits verbietet die persönliche richterliche Unabhängigkeit Maßnahmen des Dienstherrn, die den Zugang eines Richters zu seinem **Dienstzimmer** außerhalb üblicher Bürozeiten beschränken, sofern sich die Zugangshindernisse nicht ausnahmsweise als notwendig zur Sicherstellung eines geregelten und »finanzierbaren« Dienstbetriebs rechtfertigen lassen (BGH DRiZ 03, 88). 27

IV. Stellung der Rechtspfleger. Für Rechtspfleger, die als Beamte im Justizdienst ihnen durch Gesetz übertragene Aufgaben iRd Rechtspflege wahrnehmen (§ 1 RPflG), enthält § 9 RPflG eine eigene Gewährleistung sachlicher **Unabhängigkeit** (Selbständigkeit). Der Rechtspfleger ist zwar im verfassungsrechtlichen Sinne (Art 92, 97 Abs. 1 GG) kein Richter. Er ist aber nach § 9 RpflG in seiner Amtsausübung in gleicher Weise 28 sachlich unabhängig und nur an Recht und Gesetz gebunden. Die an ihn iR seiner Zuständigkeit bei der Rechtsanwendung und Gesetzesauslegung anzulegenden Sorgfaltsmaßstäbe bei Amtshaftungsansprüchen müssen dem ebenfalls Rechnung tragen (BGH NJW 07, 224; zum eingeschränkten Verständnis in Zusammenhang mit den Anforderungen an den gesetzlichen Richter allerdings BGH ZZP 123, 363, Rz 19 zu § 16). Die Nichtanwendbarkeit **arbeitszeitrechtlicher Regelungen** auf den Richter als Ausfluss seiner persönlichen Unabhängigkeit gilt für die Rechtspfleger nicht (BVerwG NVwZ 06, 1074). Die unterschiedlichen Regelungen sind verfassungsrechtlich nicht zu beanstanden (BVerwG DokBer B 91, 170).

§§ 2–9 *(weggefallen)*

§ 10 [Referendare]. [1]**Unter Aufsicht des Richters können Referendare Rechtshilfeersuchen erledigen und außer in Strafsachen Verfahrensbeteiligte anhören, Beweise erheben und die mündliche Verhandlung leiten.** [2]**Referendare sind nicht befugt, eine Beeidigung anzuordnen oder einen Eid abzunehmen.**

1 **A. Sinn und Zweck. I. Anwendungsbereich.** Die Vorschrift gilt nur für Referendare im juristischen Vorbereitungsdienst (§ 5b DRiG), wobei es nicht auf das Bestehen eines Beamtenverhältnisses ankommt. Sie soll den in der praktischen Ausbildung insb bei den Gerichten befindlichen Referendaren bereits frühzeitig ein Erlernen richterlicher Tätigkeiten in dem im Tatbestand abschließend beschriebenen Rahmen ermöglichen (vgl allg zu dem Thema *Eckert* JuS 01, 1003). § 10 GVG gilt über allg Verweisungen (zB §§ 173 VwGO, 9 II ArbGG) auch für andere Gerichtsbarkeiten. Eine Mindestausbildungszeit ist nicht mehr erforderlich. Nimmt der Referendar sonstige richterliche Aufgaben wahr, führt dies zur **Unwirksamkeit** (Meyer-Goßner § 10 Rn 6 unter Verweis auf BGH in BGHSt 10, 142 und 12, 92; Musielak/*Wittschier* GVG § 10 Rn 13). Die in § 10 S 2 GVG genannten Einschränkungen für den Bereich der Strafrechtspflege gelten auch in Jugendstraf- und Bußgeldsachen (OwiG).

2 **II. Ausbildungsziele.** Entspr den einschlägigen Landesgesetzen sollen die Referendare im Vorbereitungsdienst nicht nur mit den praktischen Aufgaben und Arbeitsweisen in der Rechtspflege vertraut gemacht werden, sondern sie sollen auch zu selbständigem Arbeiten, Entschlussbereitschaft und Verantwortungsbewusstsein herangebildet werden (vgl zB § 23 I und II JAG Saar). Der Erreichung dieser Ausbildungsziele dient § 10 GVG in besonderem Maß. Eine wesentliche Ergänzung der Referendarausbildung stellt die Möglichkeit zur Teilnahme an Beratungen und Abstimmungen dar (§ 193 I GVG); sie setzt aber die Zuweisung an das konkrete Gericht voraus.

3 **B. Leitung einer mündlichen Verhandlung.** Die Leitung einer mündlichen Verhandlung durch den Referendar muss ebenso wie die Aufsichtsführung im Protokoll zum Ausdruck kommen. Die Befugnis zur Verhandlungsleitung gilt wegen § 28 II 2 DRiG nicht für Sitzungen von **Kollegialgerichten** (str aA Musielak/*Wittschier* GVG § 10 Rn 10 und MüKoZPO/*Wolf* § 10 GVG Rn 10), umfasst keine Entscheidungen über einen Ausschluss der **Öffentlichkeit** (§§ 169 ff GVG) oder Maßnahmen der **Sitzungspolizei** (§§ 176 ff GVG; eb Kissel/Mayer § 10 Rn 16; aA MüKoZPO/*Wolf* § 10 GVG Rn 9 mit Ausn rechtsmittelfähiger Entscheidungen nach § 181 GVG) und lässt sich nicht auf die **Verkündung** von Urteilen ausdehnen.

4 **C. Erledigung von Rechtshilfeersuchen.** Nach hM umfasst der Begriff der »Erledigung« nicht die Stellung eines (eigenen) Rechtshilfeersuchens an andere Gerichte und nicht die Ablehnung eines Rechtshilfeersuchens (§ 158 II 1 GVG). Neben den eigentlichen **Rechtshilfeersuchen** iS der §§ 156 ff GVG können Referendaren auch alle Amtshilfeersuchen zwischen Gerichten und Behörden, und von der Staatsanwaltschaft beantragte richterliche Untersuchungshandlungen nach § 162 StPO übertragen werden (zur weiten Auslegung des Merkmals in § 10 S 1 GVG bereits Celle NJW 67, 993).

5 **D. Vernehmung von Zeugen.** Nach einer Zeugenvernehmung durch den Referendar (dazu *Pfeiffer/Buchinger* JA 05, 138) bleibt nicht nur eine etwaige **Beeidigung** der Aussage, sondern bereits deren Anordnung wegen des ausdrücklichen Verbots (§ 10 S 2 GVG) dem Richter vorbehalten.

6 **E. Aufsicht durch den Richter. I. Verantwortlichkeit des Richters.** Die Ausbildung muss zwingend »unter Aufsicht des Richters« erfolgen. Dieser bleibt mit Blick auf das Prinzip des gesetzlichen Richters (Art 101 I 2 GG, § 16 S 2 GVG) und das sog Richtermonopol (Art 92 I GG) allein verantwortlich für die korrekte Erfüllung der dem Referendar übertragenen richterlichen Aufgabe. Die Tätigkeit des Referendars im Aufgabenbereich des § 10 GVG ist daher durchgehend von dem zuständigen Richter zu beaufsichtigen.

Fehler sind ggf sofort zu korrigieren. Das gilt insb für die Vernehmung von Zeugen (KG Berlin NJW 74, 2094). Eine nachträgliche Kontrolle von Niederschriften durch den Richter genügt nicht. Die Anforderungen an die Beaufsichtigung der Referendare sind nach hM daher trotz vergleichbaren Wortlauts strenger als im Bereich der Wahrnehmung von Aufgaben eines Staatsanwalts (vgl § 142 III GVG).

II. Folgen der Verletzung von Aufsichtspflichten. Streitig ist, ob bei einer Verletzung der **Aufsichtspflichten des Richters** die Handlungen des Referendars generell unwirksam (so ThoPu/*Hüßtege* ZPO/GVG § 10 Rn 3) oder lediglich für die Beteiligten anfechtbar sind (dazu Kissel/Mayer § 10 Rn 18). Insoweit ist eine Differenzierung nach der Schwere und Erkennbarkeit für die Verfahrensbeteiligten vorzunehmen. Leitet bspw ein Referendar – im Extremfall – alleine, dh ohne richterliche Aufsicht, eine mündliche Verhandlung, ist von einer Unwirksamkeit der in diesen Verfahrensabschnitt fallenden Handlungen des Gerichts und der Beteiligten auszugehen. Unterlässt der beaufsichtigende Richter in einer Verhandlung, deren Leitung dem Referendar übertragen worden ist, bewusst oder versehentlich die Korrektur eines einfachen Verstoßes gegen die Prozessordnung, etwa hinsichtlich eines Protokollierungserfordernisses, so führt dies lediglich zur Anfechtbarkeit, allerdings mit Rügeerfordernissen. 7

F. Übertragung anderer Aufgaben an Referendare. Nach dem § 2 V RPflG können Referendare mit einer Wahrnehmung der Geschäfte eines **Rechtspflegers** beauftragt werden und zwar ohne die für den richterlichen Bereich vorgeschriebene Beaufsichtigung. Referendare dürfen ferner in der Ausbildung auch als Verteidiger in Strafsachen tätig werden (§§ 139, 142 II StPO) und einen RA vertreten (§§ 53 IV 2, 59 I 3 BRAO), wobei allerdings zT zuvor absolvierte Mindestausbildungszeiten zu beachten sind. Schließlich besteht über § 153 V GVG die Möglichkeit, ihnen insb bei Sitzungen die **Aufgaben eines Urkundsbeamten** der Geschäftsstelle zu übertragen, wenn dies im jeweiligen **Landesrecht** vorgesehen ist (BGH NStZ 84, 327); dies ist insb im Strafprozess von Bedeutung, für den § 226 I StPO für den Regelfall eine ununterbrochene Anwesenheit des Urkundsbeamten in der Hauptverhandlung vorschreibt (vgl dazu Dresd StV 04, 368). 8

§ 11 *(weggefallen)*

§ 12 [Ordentliche Gerichtsbarkeit]. **Die ordentliche Gerichtsbarkeit wird durch Amtsgerichte, Landgerichte, Oberlandesgerichte und durch den Bundesgerichtshof (den obersten Gerichtshof des Bundes für das Gebiet der ordentlichen Gerichtsbarkeit) ausgeübt.**

Die Vorschrift dient der Vereinheitlichung der **Gerichtsbezeichnungen** und nennt (organisatorisch und funktional) abschließend die Gerichte, welche die ordentliche Gerichtsbarkeit, für die das GVG unmittelbar gilt (§ 2 EGGVG), in Deutschland ausüben. **AG, LG und OLG** sind die Gerichte der Länder (Art 92 GG) für die ordentliche Gerichtsbarkeit. Grds muss in jedem Bundesland mindestens eines dieser Gerichte bestehen (**obligatorische Gerichte**) und die entspr Bezeichnung, wenn auch mit Zusätzen, tragen. Für den Bereich des Bundeslandes Berlin tritt traditionell das **Kammergericht** (KG) an die Stelle des OLG. Ansonsten bleibt es bei der Organisationshoheit der Länder (Art 92, 70, 30 GG), etwa hinsichtlich der Errichtung oder der Anzahl ihrer Gerichte. Spätestens mit dem Inkrafttreten des GVG am 1.10.1879 bzw der anderen ReichsjustizG fand auch der in Art 14 der Deutschen Bundesakte vom Juni 1815 festgeschriebene „privilegierte Gerichtsstand" des vormaligen und mediatisierten Reichsadels auch für den Bereich des Strafrechts (damals sog „peinliche Gerechtigkeitspflege") sein Ende (dazu München Beschl v 26.4.11 – 4 VAs 59/10). 1

Nach Streichung der Einschränkung auf die »streitige« ordentliche Gerichtsbarkeit mit Inkrafttreten des **FGG-RG** zum 1.9.09 (BGBl I 08, 2586) in § 12 GVG (entspr § 2 EGGVG) findet das GVG nunmehr auch in Familiensachen und in Angelegenheiten der freiwilligen Gerichtsbarkeit unmittelbar Anwendung. Sie ist an die Stelle bis dahin geltender zahlreicher Verweisungen im FGG auf einzelne Regelungen auch des GVG getreten. Das FGG in seiner bisherigen Fassung stellte keine in sich geschlossene Verfahrensordnung dar, sondern ein lückenhaftes Rahmengesetz aus dem 19. Jahrhundert. Diese aus Sicht des Bundesgesetzgebers für die Bürgerinnen und Bürger insb im Verhältnis zur ZPO »wenig transparente Gesetzeslage« sollte durch das Reformgesetz bereinigt und auf den Standard eines modernen Prozessrechts gebracht werden (BTDrs 16/6308, 1).Von der durch § 8 EGGVG eröffneten Möglichkeit für Bundesländer mit mehreren Oberlandesgerichten, ein **Oberstes Landesgericht** einzurichten, wird derzeit kein Gebrauch gemacht. Bayern hat sein durch Art 10, 11 AGGVG eingerichtetes BayObLG zum 1.1.05 aufgelöst (vgl BayObLGAuflG vom 25.10.04, 2

BayGVOBl 04, 400). Der Vorgang ist in der Literatur krit begleitet worden (vgl die Nachw bei Kissel/Mayer § 8 EGGVG Rn 11 mit Fn 23, etwa *Böhringer/Hintzen* Rpfleger 04, 189). Der **BGH** ist als Bundesgericht für den Bereich der ordentlichen Gerichtsbarkeit unmittelbar in Art 95 I GG verankert.

§ 13 [Zuständigkeiten der ordentlichen Gerichte]. Vor die ordentlichen Gerichte gehören die bürgerlichen Rechtsstreitigkeiten, die Familiensachen und die Angelegenheiten der freiwilligen Gerichtsbarkeit (Zivilsachen) sowie die Strafsachen, für die nicht entweder die Zuständigkeit von Verwaltungsbehörden oder Verwaltungsgerichten begründet ist oder auf Grund von Vorschriften des Bundesrechts besondere Gerichte bestellt oder zugelassen sind.

1 **A. Bedeutung der Vorschrift.** Der § 13 GVG hat nicht mehr die ursprüngliche Bedeutung der Eröffnung eines Zugangs zu »ordentlichen« (unabhängigen) Gerichten. Er ist heute unter Geltung der Rechtsweggarantie (Art 19 IV GG) Teil eines Abgrenzungskatalogs für die Rechtswege zu verschiedenen gleichwertigen Gerichtsbarkeiten (Art 95 I GG). Seit der Neufassung auch des § 13 GVG durch das **FGG-RG** zum 1.9.09 (vgl oben zu § 12 GVG) werden Familiensachen und Angelegenheiten der freiwilligen Gerichtsbarkeit ausdrücklich neben bürgerlichen Rechtsstreitigkeiten vom Begriff der Zivilsachen erfasst. In der Begründung zum Gesetzentwurf der BReg (BTDrs 16/6308 v 7.9.07) wird hervorgehoben, dass mit dieser begrifflichen Erweiterung keine Abkehr vom bisherigen Verständnis verbunden sei, wonach die in Baden-Württemberg unter Berücksichtigung des Art 138 GG Notaren im Landesdienst übertragenen Aufgaben im Bereich der freiwilligen Gerichtsbarkeit nicht unter den Vorbehalt des Art 92 GG fallen. Die Zulässigkeit des vom Rechtsbehelfsführer gewählten Rechtswegs ist unverzichtbare **Prozessvoraussetzung** und durch das angegangene Gericht vAw, seit 1991 allerdings im Wesentlichen erstinstanzlich sowie allg unter Beachtung der sich aus §§ 17, 17a GVG ergebenden Bindungen, zu prüfen. Maßgeblich ist dabei der von ihm bestimmte Streitgegenstand, konkret die »wahre Natur« des im Sachvortrag geltend gemachten Anspruchs. Eine Überprüfung kann von den Beteiligten nicht »abbedungen« werden (VGH Mannheim NVwZ-RR 08, 581; Kopp/Schenke § 40 Rn 2) und eine nicht bestehende Rechtswegzuständigkeit lässt sich daher auch nicht durch Vereinbarung begründen (LAG Trier Beschl v 20.3.07–2 Ta 52/07 – Schiedsgerichtsvereinbarung). Keine bürgerlich-rechtliche Streitigkeit iS § 13 GVG liegt vor bei rein kirchenrechtlichen Angelegenheiten, die dem **Selbstbestimmungsrecht der Kirchen** (Art 140 GG, 137 WRV) unterliegen und für die ein Rechtsweg zu staatlichen Gerichten nicht eröffnet ist (BVerwG NVwZ 03, 1383; BAG ZMV 05, 152; BVerfG NJW 99, 349 und 350), sofern nicht ausnahmsweise eine besondere kirchenrechtliche Rechtswegzulassung aufgrund gesetzlicher Ermächtigung vorliegt (§§ 135 S 2 BRRG, 63 III 2 BeamtStG; BVerwGE 95, 379; KuR 09, 282; KirchE 47, 245), wie zB für vermögensrechtliche Ansprüche in dem § 43 III des Kirchlichen Gesetzes über das Dienstverhältnis der Pfarrer der Evangelischen Landeskirche in Württemberg (Württembergisches Pfarrergesetz – WPfarrG; VGH Mannheim KuR 11, 142, Dienstwohnungsausgleich; Beschl v 9.11.10 – 4 S 2257/09, Besoldung).

2 **B. Systematik der Rechtswegzuweisungen.** Die abstrakt eindeutige Zuweisung aller Rechtsstreitigkeiten zu einem der durch zT wesentlich unterschiedliche Verfahrensordnungen gekennzeichneten Rechtswege wird gesetzestechnisch dadurch erzielt, dass der Gesetzgeber neben notwendig lückenhafte enumerative Kataloge von Spezialzuständigkeiten für Arbeits-, Finanz- und Sozialgerichte in den jeweiligen Prozessordnungen (§§ 2, 2a ArbGG; § 33 FGO; § 51 SGG) und eine Vielzahl fachgebietsbezogener Einzelzuweisungen (zB § 126 BRRG) in den §§ 40 I VwGO und 13 GVG – neben Strafsachen – sowohl für alle öffentlich-rechtlichen mit Ausn der verfassungsrechtlichen, als auch für sämtliche bürgerlichen Rechtsstreitigkeiten allg Auffanggeneralklauseln mit entspr Vorbehalten für abdrängende gesetzliche Zuweisungen normiert hat. Angesichts der weiten, tw historisch mit Vorverständnis belasteten Begrifflichkeiten bleibt die systematische Eindeutigkeit der Zuweisungen insgesamt oft rein theoretisch. Die Arbeitsgerichtsbarkeit bildet einen besonderen Rechtsweg für bürgerliche Streitigkeiten, Finanz- und Sozialgerichte stellen besondere Rechtswege im Bereich des öffentlichen Rechts dar.

3 **C. Generelle Sonderzuweisungen. § 40 II VwGO** enthält eine wichtige vom Gds abweichende Zuweisung an die ordentliche Gerichtsbarkeit für die dort aufgeführten vermögensrechtlichen und Schadensersatzansprüche, etwa aus Aufopferung für das Allgemeinwohl. Für Streitigkeiten um die Entschädigung bei förmlichen Enteignungen ergibt sich das bereits aus Art 14 III 4 GG. Durch das Gesetz zur Bereinigung des Rechtsmittelrechts (BGBl I 01, 3987) wurden allerdings Streitigkeiten um einen vermögensrechtlichen Aus-

gleich bei ausgleichspflichtigen **Eigentumsinhaltsbestimmungen** (Art 14 I 2 GG) zur Ausräumung von bis dahin bestehenden Meinungsverschiedenheiten in der höchstrichterlichen Rspr (dazu BVerfG NJW 99, 2877) von der Zuweisung in § 40 II VwGO ausdrücklich ausgenommen (dazu unter Rz 9). Für die **Baulandumlegung** nach den §§ 45 ff BauGB, die nach dem Verständnis der Rspr keine Enteignung darstellt, existiert eine Sonderzuweisung in § 217 BauGB. Die **flurbereinigungsrechtliche Abfindung** nach § 140 FlurbG ist nicht dem Bereich der Enteignung nach Art 14 III GG zuzuordnen (BVerwGE 80, 340). Die Anwendung der Ausn für Schadensersatzansprüche zugunsten des Verwaltungsrechtswegs in § 40 II 1 VwGO bei **öffentlich-rechtlichen Verträgen** setzt voraus, dass der konkret geltend gemachte Schadensersatzanspruch in sachlichem Zusammenhang mit Anbahnung, Abschluss oder Abwicklung eines solchen Vertrages steht (BVerwG NVwZ 03, 1383). Dagegen sind für Ansprüche aus Verschulden bei der Anbahnung oder dem Abschluss eines öffentlich-rechtlichen Vertrages (culpa in contrahendo) aus Gründen, die typischerweise auch Gegenstand eines Amtshaftungsanspruchs sein können, grds die ordentlichen Gerichte zuständig (BVerwG DVBl 02, 1555; BGH NJW 86, 1109, vgl auch Rz 16 zu § 17).

D. Rückgriff auf allgemeine Maßstäbe. I. Grundsätze. Die kasuistische Rspr zu dieser Thematik lässt sich kaum überblicken. Da hinsichtlich der richtigen Einordnung bestimmter Streitigkeiten auch die **obersten Gerichtshöfe des Bundes** bisweilen unterschiedlicher Auffassung sind, hat sich deren **gemeinsamer Senat** (GmS, § 1 I RsprEinhG) in der Vergangenheit in mehreren Entscheidungen, insb auf dem Gebiet des medizinischen **Gesundheitsrechts bzw Kassenrechts**, mit diesen Abgrenzungsfragen beschäftigt. So wurden zB Rechtsstreitigkeiten zwischen Ersatzkassen und der AOK auf dem Gebiet der **Mitgliederwerbung** – entgegen der Ansicht des vorlegenden BGH – nicht als bürgerliche Streitigkeit sondern wegen der die gegenseitigen Rechte und Pflichten bestimmenden gemeinsamen Aufgabenstellung der Kassen im Bereich der gesundheitlichen Daseinsvorsorge als öffentlich-rechtlich, konkret als Angelegenheit der Sozialversicherung (§ 51 I SGG) eingestuft und der Rechtsweg zu der öffentlich-rechtlichen Sondergerichtsbarkeit der Sozialgerichte bejaht (GmS-OGB NJW 90, 1527). Dagegen wurden **Vergütungsstreitigkeiten** zwischen nichtärztlichen Leistungserbringern, zwischen Leistungserbringern von orthopädischen **Heil- und Hilfsmitteln** bzw zwischen Anbietern des Fachhandels und gesetzlichen Krankenversicherungsträgern über die Zulässigkeit einer Wiederverwendung von Hilfsmitteln als bürgerliche Streitigkeiten beurteilt (GmS-OGB NJW 86, 2359, 88, 2295 und 2297). Bei Fehlen einer speziellen gesetzgeberischen Klärung der Rechtwegfrage im Abgrenzungsbereich der §§ 40 I VwGO, 13 GVG ist ein Rückgriff auf die den Generalklauseln zugrunde liegende allg abstrakte Begrifflichkeit erforderlich, die an materiell-inhaltliche Zuordnungskriterien anknüpft. Konkretisierungsversuche führen dabei idR zu einer übergeordneten Ebene begrifflicher Abstraktion, wobei sich gesichert lediglich bestimmte Beurteilungskriterien als unmaßgeblich für die Differenzierung ausscheiden lassen. Ob eine Streitigkeit öffentlich-rechtlich oder bürgerlich-rechtlich ist, richtet sich nach der **»wahren Natur des Rechtsverhältnisses«** des geltend gemachten Anspruchs (etwa BVerwGE 87, 115; VersR 76, 466; grdl GmS-OGB in BGHZ 102, 280; NJW 74, 2087, 86, 2359; BGH NJW 79, 2615; NVwZ 09, 928). Der »Charakter« des zugrunde liegenden Rechtsverhältnisses bemisst sich nach dem »erkennbaren Ziel des Rechtsschutzbegehrens und des zu seiner Begründung vorgetragenen Sachverhalts«. Maßgeblich ist allein die »tatsächliche Natur« des Rechtsverhältnisses, nicht die Einordnung des geltend gemachten Anspruchs durch den Rechtsbehelfsführer (BGHZ 162, 78; WM 08, 2153). Insgesamt ist entscheidend darauf abzustellen, ob der zur Begründung des Rechtsbehelfs vorgetragene Sachverhalt für die aus ihm hergeleitete Rechtsfolge von Rechtssätzen des Zivil- oder des öffentlichen Rechts geprägt wird (BGHZ 89, 250, 103, 255). 4

II. Zuordnungsverhältnisse. Bei Vorliegen eines typisch hoheitlichen Über-/Unterordnungsverhältnisses zwischen den Beteiligten ist von einer öffentlich-rechtlichen Streitigkeit auszugehen. Das gilt aber nicht im Umkehrschluss: Weil auch das Institut des **Vertrages** dem öffentlichen Recht als Handlungsform keineswegs fremd ist (§§ 54 ff VwVfG), kommt dem Kriterium des Bestehens eines rechtlich gleichrangigen Verhältnisses zwischen den Beteiligten als Einordnungshilfe nur Indizcharakter zu. Hier bedarf es einer Abgrenzung im Einzelfall. Die Rechtsnatur eines Vertrages richtet sich allg danach, ob »der Vertragsgegenstand« dem öffentlichen oder dem bürgerlichen Recht zuzuordnen ist (GmS-OGB NJW 86, 2359; BSGE 35, 47, vgl dazu Rz 18). Typisch für den öffentlich-rechtlichen Charakter eines Vertrages zwischen einem Träger öffentlicher Verwaltung und einem Privaten ist, dass die Vereinbarung an die Stelle einer sonst möglichen einseitig hoheitlichen Regelung durch VA tritt (§ 54 S 2 VwVfG; § 53 I 2 SGB X; Magdeburg NVwZ 01, 354). Gleichordnungsverhältnisse sind allg öffentlich-rechtlich zu beurteilen, wenn die das Rechtsver- 5 hältnis beherrschenden Rechtsnormen nicht für jedermann gelten, sondern Sonderrecht des Staates oder sonstiger Träger öffentlicher Aufgaben sind, das sich zumindest auf einer Seite nur an Hoheitsträger wendet. Dass die öffentliche Hand im Gleichordnungsverhältnis zugleich eine öffentliche Aufgabe wahrnimmt, rechtfertigt allein keine Zuordnung zum öffentlichen Recht (BVerwG NJW 07, 2275).

6 **III. Erfüllung öffentlicher Aufgaben als Indiz. 1. Grundsätze.** Maßgeblich für den Charakter des Rechtsverhältnisses ist grds auch nicht das Ziel, wenngleich dieses ein wichtiges Indiz darstellt, sondern die **Rechtsform staatlichen Handelns** im Außenverhältnis zum Bürger; ist diese privatrechtlich, so ist es auch die betreffende Streitigkeit. Deswegen liegt – umgekehrt – eine öffentlich-rechtliche Streitigkeit immer vor, wenn eine Behörde einen VA erlässt, obwohl inhaltlich eine originär zivilrechtliche Rechtsbeziehung zu regeln ist (OVG Lüneburg NVwZ-RR 08, 850; BVerwG DVBl 70, 735, OVG Münster NVwZ-RR 10, 587, unten Rz 14). In diesen Fällen kommt regelmäßig in der Sache dem Fehlen der Befugnis zu einseitig hoheitlicher Regelung entscheidende Bedeutung zu (BVerwGE 30, 211). Eine Befugnis zur hoheitlichen Geltendmachung zivilrechtlicher Forderungen kann sich allerdings im Einzelfall aus einem ausdrücklichen Vorbehalt, etwa in einem Bewilligungsbescheid, ergeben (OVG Magdeburg NVwZ 02, 108). Es kommt also im Ergebnis für den Rechtsweg nicht darauf an, wie der Staat hätte handeln müssen, sondern in welcher Rechtsform er tatsächlich gehandelt hat. Von einem öffentlich-rechtlichen Rechtsverhältnis ist daher auszugehen, wenn ein Träger öffentlicher Gewalt aufgrund eines ihm eingeräumten oder auferlegten Sonderrechts gehandelt hat (BSG Breith 10, 882). Ein Folgenbeseitigungs- oder Abwehranspruch wegen Eigentumsstörung (§ 1004 BGB) teilt grds die Rechtsnatur des Handelns, das die beanstandete Beeinträchtigung verursacht hat (BGH NJW 97, 744; OVG Bln/Bbg NVwZ-RR 11, 263) und ist daher im Verwaltungsrechtsweg geltend zu machen, wenn der zu beseitigende Zustand auf Normen des öffentlichen Rechts beruht (Frankf Beschl v 18.4.05 – 1 W 29/05).

7 **2. Private in hoheitlicher Funktion.** Ein Rechtsverhältnis kann auch dann öffentlich-rechtlichen Charakter haben, wenn an ihm ausschl Personen des Privatrechts beteiligt sind. Dies gilt speziell für die Fälle der sog **Beliehenen**, denen förmlich die eigenverantwortliche Wahrnehmung öffentlicher Aufgaben mit Mitteln des öffentlichen Rechts übertragen wurde, zB Schornsteinfeger und öffentlich bestellte Prüf- oder Vermessungsingenieure, die auch zur hoheitlichen Geltendmachung ihrer Vergütung befugt sein können. Dabei sind stets die jeweiligen landesrechtlichen Vorschriften in den Blick zu nehmen. So stellen etwa Schornsteinfegergebühren keine privaten Entgelte dar, für deren Geltendmachung der Zivilrechtsweg eröffnet wäre (BVerwG NVwZ-RR 90, 440, anders für die Vergütung eines Vermessungsingenieurs Dresd NJW-RR 00, 1042). Auch ohne förmliche Bestellung können Private in einer der Behörde zurechenbaren Weise hoheitliche Aufgaben wahrnehmen, zB als sog **Verwaltungshelfer** oder bei **Beauftragung** auf privatrechtlicher Grundlage zur Erfüllung hoheitlicher Aufgaben, etwa bei Beauftragung eines privaten Abschleppunternehmens durch die Polizei (BGH NJW 93, 1258). Für die Geltendmachung von Amtshaftungsansprüchen gilt allerdings ohnehin § 40 II VwGO. Auch juristische Personen des Privatrechts können durch Gesetz oder VA oder durch öffentlich-rechtlichen Vertrag mit der Wahrnehmung einzelner hoheitlicher Aufgaben, etwa im Bereich **rettungsdienstlicher Notfallversorgung**, betraut werden (BGH MDR 10, 278, NJW 03, 1184). Demggü ist das Verhältnis zwischen der Hausbank, die im eigenen Namen Förderbeträge iRd staatlichen regionalen Wirtschaftsförderungsprogramms an Private auszahlt (sog **Bankenverfahren**), und dem Zuwendungsempfänger zivilrechtlicher Natur, wenn das Kreditinstitut eine juristische Person des Privatrechts ist und eine entspr besondere Betrauung – wie regelmäßig – nicht erfolgt ist (BGH NJW 00, 1042). Da auch ein öffentlich-rechtlich organisiertes Kreditinstitut bei der Hingabe solcher Zuwendungen in aller Regel nicht von einem Sonderrecht Gebrauch macht, das ihm als Träger hoheitlicher Befugnisse zustünde und die Zuschussgewährung auch hier wie bei jeder anderen Hausbank auf der Grundlage der allg Regeln des bürgerlichen Rechts erfolgt, ist auch in dem Fall der ordentliche Rechtsweg eröffnet, wenn das Kreditinstitut aus eigenem Recht Rückzahlungsansprüche gegen die privaten Empfänger geltend macht (BVerwG NJW 06, 2568; Nürnb MDR 10, 1015, dort Schuldbeitritt). Für Streitigkeiten ausschl zwischen Privatrechtssubjekten, die nicht mit hoheitlichen Befugnissen beliehen sind, der Verwaltungsrechtsweg nicht eröffnet, wenn die Privatrechtsordnung im konkreten Fall durch öffentlich-rechtliche Bindungen überlagert wird (OVG Münster DVBl 10, 1324, „Familien-Baulandbonus“).

8 **IV. Beispiele zu bisher streitigen Fällen einer Rechtswegabgrenzung aus der aktuelleren Rechtsprechung. 1. Theorie und Praxis.** Die Schwierigkeit der Abgrenzung im Einzelfall und die bei der Handhabung der Vorschriften auftretenden Interpretationsprobleme verdeutlichen die umfangreichen Kataloge zu

bestimmten Rechtsbereichen in der Literatur (vgl Zö/*Gummer* § 13 GVG Rn 69; Kissel/Mayer § 13 Rn 301–503). Sie zeigen allerdings auch, dass insoweit – wie vom Gesetzgeber intendiert – inzwischen die va im Interesse der Rechtsuchenden gebotene Klärung in vielen Bereichen bis ins *détail* durch die Rspr erfolgt ist. Sie kann freilich wegen der Vielfältigkeit der denkbaren Lebenssachverhalte jenseits aller Theorie nie abschließend sein.

2. Öffentlich-rechtliche Streitigkeiten. a) Allgemeine Verwaltungsgerichtsbarkeit. Auch für öffentlich-rechtliche Streitigkeiten nicht verfassungsrechtlicher Art (§ 40 I VwGO) stellt sich zunächst die Frage einer speziellen anderweitigen („adrängenden") Sonderzuweisung. So begründet der § 112a BRAO zB für den Streit um eine **Zulassung zur Rechtsanwaltschaft** (§§ 6 ff BRAO) als verwaltungsrechtlicher Anwaltssache die ausschließliche Zuständigkeit der **Anwaltsgerichtsbarkeit** (vgl zur Zuständigkeitsabgrenzung nach § 112a BRAO ferner BGH NJW 11, 2303 betr Nichtweitergabe von Akteninhalten an Dritte durch eine Rechtsanwaltskammer). Positive („aufdrängende") Zuweisungen zur Verwaltungsgerichtsbarkeit finden sich sei jeher im Beamtenrecht. Die **beamtenrechtlichen** Vorschriften betr **Schadensersatzansprüche** des Dienstherrn gegen den Beamten enthalten abschließende Regelungen, lassen daher einen Rückgriff auf allg Bestimmungen des Deliktsrechts nicht zu und sind gem § 126 BRRG bzw § 54 BeamtStG im Verwaltungsrechtsweg zu entscheiden (BGH NVwZ 09, 928; BVerwG NVwZ 99, 77; 96, 182; OVG Koblenz NVwZ-RR 05, 477; Hamm Beschl v 17.6.10 – 6 W 18/10). Diese Zuweisung kann im Einzelfall auch nur die anwendbare Prozessordnung bedingen. So betrifft die Geltendmachung eines Anspruchs auf Freizeitausgleich für eine **Personalratstätigkeit** (§ 46 II 1 BPersVG) nicht die Rechtsstellung der Personalvertretung bzw eines einzelnen Mitglieds, sondern die Folgen für die dienstrechtliche Stellung des Personalratsmitglieds und insoweit einen Anspruch aus dem Beamtenverhältnis. Er ist vor den Verwaltungsgerichten nach den Vorschriften der VwGO und nicht im personalvertretungsrechtlichen Beschlussverfahren geltend zu machen (OVG Koblenz PersV 11, 316). Für Abwehransprüche gegen Äußerungen eines **Sektenbeauftragten einer Kirche** ist der Verwaltungsrechtsweg gegeben (BGH DÖV 02, 86), da die Verfassung in Art 140 GG, 137 WRV den Kirchen eine ggü den Bürgern und anderen Religionsgemeinschaften herausgehobene Stellung zuerkennt (BVerwG NJW 84, 989, VGH München DÖV 10, 787). Unterlassung und Widerruf herabsetzender **Äußerungen eines Amtsträgers**, die in dienstlicher Eigenschaft abgegeben werden, sind ebenfalls vor den Verwaltungsgerichten geltend zu machen (BGH NJW 78, 1860; BVerwG NJW 88, 2399). In diesen Fällen richtet sich der Anspruch auf Richtigstellung, Widerruf oder (künftige) Unterlassung grds gegen die Kirche bzw gegen die jew Behörde, solange der konkret Handelnde seinen dienstlichen Auftrag nicht so deutlich verlassen hat, dass ihr die Erklärung schlechterdings nicht mehr zugerechnet werden kann (VGH München DÖV 10, 787). Die Feststellung des dienstlichen Charakters im Gegensatz zur privaten Äußerung kann im Einzelfall Schwierigkeiten bereiten (VGH München Beschl v 13.10.09 – 4 C 09.2145, zu einem »Bürgerinformationsbrief« eines kommunalen Amtsträgers). Umfasst werden zB auch negative Verlautbarungen einer Bewilligungsbehörde zur Zuverlässigkeit eines Unternehmensberaters (VGH Kassel MDR 96, 323) oder Äußerungen iR eines Anhörungsverfahrens im Maßregelvollzug (Brandbg Beschl v 26.11.08 – 11 W 60/08). Entspr gilt zB für Streitigkeiten im Aufsichtsrat einer kommunalen Gesellschaft zwischen Mandatsträgern über die angebliche Verletzung von Verschwiegenheitspflichten (München Beschl v 26.1.05 – 8 W 602/05). Dieselben Grundsätze finden Anwendung auf Erklärungen berufsständischer **Selbstverwaltungskörperschaften** (Kammern), wenn sie in Erfüllung der öffentlichen Aufgabe erfolgen, wie zB bei einer Beanstandung standeswidrigen Verhaltens von Mitgliedern (BayObLG BayVBl 82, 218), soweit nicht besondere Zuweisungen an Berufsgerichte einschlägig sind (zB § 223 BRAO). Das Gesagte gilt – was den Rechtsweg angeht – auch für Bemerkungen eines Richters in einer **dienstlichen Äußerung** zu einem Ablehnungsgesuch eines Verfahrensbeteiligten (OVG Münster NJW 88, 2636). Dagegen ist der Rechtsweg zu den Zivilgerichten eröffnet, wenn die beanstandeten Äußerungen nicht in amtlicher Eigenschaft, sondern nur gelegentlich einer nach dem öffentlichen Recht zu beurteilenden Tätigkeit gemacht werden, wenn sie also allein Ausdruck einer persönlichen Meinung oder Einstellung sind (VGH Mannheim VBlBW 02, 251), wobei die Übergänge sicher fließend sind (Frankf NVwZ-RR 99, 814). Für Streitigkeiten über die Kosten, die für die **Verlegung einer Telekommunikationslinie** wegen einer im Straßenraum neu herzustellenden »besonderen Anlage« entstehen (§ 75 II TKG 2004), ist der Verwaltungsrechtsweg gegeben (vgl auch BGHZ 162, 78). Entspr gilt für das auf die Rückgängigmachung eines **Überbaus** bei Herstellung einer **öffentlichen Straße** gerichtete Begehren des Grundstückseigentümers und bzgl dessen Geltendmachung von Kostenerstattungsansprüchen für Maßnahmen des passiven Schallschutzes gegen den Träger der Straßenbaulast (OVG Münster Beschl v 2.4.2009 – 11 E 469/08). Der Anspruch auf Entschädigung für Schall- 9 schutzmaßnahmen gem §§ 42 I BImSchG, 40 II 1 Hs 2 VwGO ist als öffentlich-rechtlicher Ausgleichsanspruch des einer Verkehrsanlage benachbarten Lärmbetroffenen im Verwaltungsrechtsweg zu verfolgen (OVG Schleswig NordÖR 10, 313). Ob durch einen rechtswidrigen Eingriff in das Eigentum ein privatrechtlicher oder ein öffentlich-rechtlicher Beseitigungsanspruch begründet wird, richtet sich generell nach der Rechtsqualität des Eingriffs. Der Verwaltungsrechtsweg ist auch eröffnet für Streitigkeiten über die **Streichung** aus der bei der Justizverwaltung geführten Liste beeidigter **Dolmetscher und Übersetzer** (BGH NJW 07, 3070). Die Wirkungen der Streichung beschränken sich wegen der Bezugnahmen auf den § 189 II GVG in den übrigen Prozessordnungen (§ 55 VwGO; 52 I FGO; 61 I SGG) nicht auf den in der Spezialzuweisung des § 23 I EGGVG für **JustizVAe** abschließend beschriebenen Bereich bürgerlichen Rechts. Auch für Klagen betr die Anordnung zur Aufnahme von Unterlagen für **erkennungsdienstliche Zwecke** (§ 81b 2. Alt StPO) sind die Verwaltungsgerichte zuständig, da die Maßnahme dem materiellen Polizeirecht zuzuordnen ist (grdl BVerwGE 66, 192; NJW 06, 1225). Anders als § 81b 1. Alt StPO, der nach der Formulierung der Strafverfolgung dient, soll die Ermächtigung in § 81b 2. Alt StPO der zukünftigen Durchführung der Strafverfolgung in Bezug auf mögliche spätere oder nachträglich bekannt werdende Straftaten zugute kommen. Es handelt sich um die Ermächtigung zu Maßnahmen der Strafverfolgungsvorsorge, die außerhalb konkreter Strafverfahren erfolgen und auf die von daher die §§ 23 ff. EGGVG nicht anzuwenden sind (BVerwG NVwZ-RR 11, 710). Erfolgt die Maßnahme doppelfunktional, also auch für Zwecke der Strafverfolgung (§ 81b 1. Alt StPO), so handelt es sich in Ansehung des § 17 II 1 GVG um zwei verschiedene Streitgegenstände (OVG Schlesw NordÖR 07, 196). Für die Entnahme von Körperzellen iR der DNA-Feststellung bei Gefahr im Verzug enthält § 81g III 1 StPO eine Sonderregelung. Allgemein stellt sich bei sog **doppelfunktionalen polizeilichen Maßnahmen**, die sich nicht ohne weiteres als Anordnung bzw Maßnahme zur Gefahrenabwehr nach allgemeinem Polizei- und Ordnungsrecht oder als solche der Strafverfolgung einordnen lassen, weil beide Rechtmaterien – Landespolizeigesetze bzw die StPO – entspr Handlungsbefugnisse einräumen, die Frage der Zuordnung von Rechtsbehelfsmöglichkeiten entweder zum ordentlichen Rechtsweg (§ 23 EGGVG bzw Spezialnormen der StPO) oder zum Verwaltungsrechtsweg (§ 40 I VwGO). Dabei geht es regelmäßig um die Befugnis nachträglicher Feststellung der Rechtmäßigkeit bzw Rechtswidrigkeit einer konkreten (abgeschlossenen) Kontroll- oder Untersuchungsmaßnahme. Nach der Rspr hat der Betroffene auch vor dem Hintergrund des Art 19 IV GG kein »Wahlrecht« hinsichtlich des Rechtswegs. Vielmehr ist nach der sog Schwerpunkttheorie anhand des Grunds und des Ziels sowie ggf des Schwerpunkts der Maßnahmen bereits für die Rechtswegfrage eine Zuordnung vorzunehmen, ob sie sich im Einzelfall eine solche der Gefahrenabwehr oder der Strafverfolgung darstellte (stRspr im Anschluss an BVerwG NJW 75, 893; VGH München BayVBl 10, 220, Durchsuchung, Blutentnahme, OVG Koblenz NJW 94, 2108 Vernichtung erkennungsdienstlicher Unterlagen; VGH Mannheim DÖV 89, 171). Für bestimmte Maßnahmen der Polizei kann allerdings das Landesrecht eine abdrängende Sonderzuweisung zur ordentlichen Gerichtsbarkeit enthalten (vgl für Wohnungsdurchsuchungen § 24 I 3 BbgPolG, dazu BGH Beschl v 1.3.11 – StB 28/10). Die Anordnung des Gerichtspräsidenten ggü der Presse, Beteiligte eines Strafverfahrens nur „verpixelt" abzubilden, ergeht in Ausübung seines **Hausrechts als Behördenleiter**, ist als VA zu qualifizieren und auf dem Verwaltungsrechtsweg anfechtbar (BVerfG Beschl v 29.9.11 – 1 BvR 2377/11). Für Rechtsstreitigkeiten in Angelegenheiten der **Landesblindenhilfe** sind vorbehaltlich besonderer landesrechtlicher Zuweisungsvorschriften an die Sozialgerichtsbarkeit (§ 51 I Nr 10 SGG) die allg Verwaltungsgerichte zuständig (LSG BW Beschl v 30.6.11 – L 1 SV 1562/10 B). Auch wenn iRe Entscheidung nach § 61 I 2 AufenthG, ob einem nach negativem Abschluss seines Asylverfahrens geduldeten **Ausländer** eine **dezentrale Wohnsitznahme** gestattet wird, sozialhilferechtliche Erwägungen ausschlaggebend sein können, bleibt es bei dem Charakter einer ausländerrechtlichen Entscheidung, die im Verwaltungsrechtsweg zu erstreiten ist (OVG Greifswald Beschl v 1.6.11 – 2 O 28/11). Für Streitigkeiten über den **Erlass von Gerichtskosten** aus dem Bereich der Fachgerichtsbarkeiten bleibt es auch nach Einführung des § 30a EGGVG im April 2006 (BGBl I 2006, 866) bei der allgemeinen Zuständigkeit der Verwaltungsgerichte (zur früheren Rechtslage OVG Bln NVwZ 83, 681). Diese Vorschrift enthält insoweit nur eine abdrängende Sonderzuweisung für die Anfechtung von VAen auf dem Gebiet des Kostenrechts für den Bereich der ordentlichen Gerichtsbarkeit (OVG Bln/Bbg NVwZ-RR 11, 342).

10 **b) Streitigkeiten verfassungsrechtlicher Art.** Die Einordnung als in § 40 I VwGO von der Zuweisung an die Verwaltungsgerichte ausgenommene **verfassungsrechtliche Streitigkeit** ist nicht allein nach formalen, an die Stellung der Beteiligten anknüpfenden Gesichtspunkten vorzunehmen. In der Rspr wird allerdings überwiegend am Kriterium der sog „doppelten Verfassungsunmittelbarkeit" festgehalten, das für die

Annahme einer verfassungsrechtlichen Streitigkeit in personeller Hinsicht erfordert, dass beide Streitsubjekte Verfassungsorgane, Teile davon oder sonst mittelbar am Verfassungsleben beteiligte Stellen oder Personen sind. Mit dieser Begründung wurde zB für die Klage eines Privatklägers auf Aufhebung der parlamentarischen Immunität einer Abgeordneten des BT (Art 46 II GG) und ehemaligen Bundesministerin wegen deren Einlassungen im Zusammenhang mit den Ärzteprotesten Ende 2006 eine verfassungsrechtliche Streitigkeit verneint und daher der Verwaltungsrechtsweg bejaht (OVG Bln/Bbg Urt v 26.9.11 – 3a B 5.11, iE unter Verneinung der Antragsberechtigung eines Privatklägers). Auch bei einer Streitigkeit zwischen einem Bürger und einem am Verfassungsleben teilhabenden Organ ist indes zu fragen, ob dieses in spezifisch verfassungsrechtlicher Funktion in Anspruch genommen wird, ob mithin ein zentraler Bereich der dem Organ von Verfassungs wegen zukommenden Betätigung berührt ist. Das ist zB der Fall, wenn sich ein Privater gegen die Einsetzung eines **parlamentarischen Untersuchungsausschusses,** einschl seiner Benennung, oder gegen die Festlegung des Untersuchungsauftrags durch den Landtag zur Wehr setzt (OVG Saarlouis AS 30, 99). Bei der späteren Wahrnehmung der ihm iR dieses Untersuchungsauftrags übertragenen Aufklärung bestimmter Sachverhalte wird der Untersuchungsausschuss hingegen mit den entspr Konsequenzen auch für das Prozessrecht (§ 61 Nr 3 VwGO) ggü dem Bürger nicht in spezifisch verfassungsrechtlicher Funktion, sondern wie eine Behörde tätig. Von daher bleibt es bei Streitigkeiten um Rechte eines Betroffenen im Untersuchungsverfahren bei der Zuständigkeit der Verwaltungsgerichte (OVG Saarlouis Beschl v 5.11.02 – 1 W 29/02 u NVwZ-RR 03, 253, NVwZ 10, 1315, betr den Antrag eines Bürgers auf Erlass einer einstweiligen Anordnung mit dem Ziel, einen Beweisbeschluss des Ausschusses außer Vollzug zu setzen). Aufgrund von Verweisungsvorschriften (etwa Art 44 II 1 GG, Art 79 IV SVerf) kann sich in dem Zusammenhang eine Zuständigkeit der ordentlichen Gerichte für Maßnahmen iRd Beweiserhebung eines parlamentarischen Untersuchungsausschusses aA allg oder insoweit ergeben, als einschlägige strafprozessuale Vorschriften den Strafverfolgungsbehörden die Zuziehung des Richters gebieten (OVG Münster NJW 91, 584, BGH DVBl 10, 1311). Das BVerwG hat einem Untersuchungsausschuss des Niedersächsischen Landtags auch hinsichtlich der von diesem erstrebten Vorlage von Unterlagen durch das Bundeskanzleramt über Vorgänge im Zusammenhang mit der Schachtanlage Asse II die Stellung einer Behörde iSv Art 35 I GG beigemessen und, obgleich das Begehren auf Gewährung von Amtshilfe in der Verfassung selbst begründet ist, darauf abgestellt, dass die Beweiserhebung auch in diesem Fall nicht das verfassungsrechtliche Grundverhältnis zwischen Bund und Land betrifft, sondern sich nach den Regelungen des einfachen Rechts bestimmt. Die Beweiserhebung durch den Untersuchungsausschuss stelle sich als materielle Verwaltungstätigkeit dar, so dass mangels einer anderweitigen ausdrücklichen Zuweisung iS von § 40 I 2 Hs 2 VwGO der Verwaltungsrechtsweg bejaht wurde (BVerwG Beschl v 10.8.11 – 6 A 1.11, auch zur Abgrenzung vom verfassungsrechtlichen Bund-Länder-Streit).

c) **Sozialgerichtsbarkeit.** Der § 51 SGG enthält eine ggü der Generalklausel des § 40 VwGO umfangreiche enumerative Sonderzuweisung für die Sozialgerichte als besondere Verwaltungsgerichte für die dort genannten Streitigkeiten mit spezialgesetzlicher Ergänzungsmöglichkeit (§ 51 I Nr 10 SGG). Rechtsbeziehungen der **Krankenkassen** und ihrer Verbände zu Ärzten, Zahnärzten, Psychotherapeuten, Apotheken und sonstigen **Leistungserbringern** und ihren Verbänden sind seit der Neufassung des § 69 S 1 SGB V durch das Gesetz zur Reform der gesetzlichen Krankenversicherung (GKVRefG 2000) v 22.12.99 (BGBl I 99, 2626) ausschl dem öffentlichen Recht zugeordnet und fallen nach § 51 I SGG in die Zuständigkeit der Sozialgerichte (BSGE 89, 24); das gilt auch für die bei Belieferung der Versicherten mit den vertragsärztlich verordneten Arzneimitteln zwischen Apotheker und der Krankenkasse abgeschlossenen Kaufverträge (BSGE 94, 213) sowie umgekehrt für Klagen auf Rückzahlung an einen Apotheker entrichteter Vergütung wegen **Abrechnung gefälschter Arzneimittelverordnungen** (BSG Breith 08, 159). Entscheidend ist in dem Zusammenhang – auch soweit Dritte betroffen sind – allein, ob es sich um »Angelegenheiten der gesetzlichen Krankenversicherung« handelt, nicht hingegen, ob die Streitigkeit öffentlich- oder privatrechtlicher Natur ist (BGH GRUR 04, 444, 07, 535). Von einer **Angelegenheit der gesetzlichen Krankenversicherung** (§ 51 I Nr 2, II 1 SGG) ist immer auszugehen, wenn durch den Gegenstand des Streits Maßnahmen betroffen sind, die unmittelbar der Erfüllung der den Krankenkassen nach dem SGB V obliegenden öffentlich-rechtlichen Aufgaben dienen (BGH GRUR 03, 549). Nach dieser Zuweisung entscheiden die Gerichte der Sozialgerichtsbarkeit daher allg über Angelegenheiten der gesetzlichen Krankenversicherung auch dann, wenn die Streitigkeiten deren privatrechtliche Ansprüche betreffen und jeweils auch insoweit, als Dritte betroffen sind. Damit sind die Angelegenheiten der gesetzlichen Krankenversicherung nach dem SGB V umfassend zugewiesen, Das gilt zB auch für die Rechtsbeziehungen verschiedener Leistungserbringer 11 untereinander, wie zB Auskunfts- und Schadensersatzansprüche von Vertragsärzten mit Blick auf ambulante Tätigkeiten eines Krankenhauses (BSG MedR 11, 677). Wie bereits einleitend ausgeführt (vgl Rz 4), gehört dazu grds auch die **Mitgliederwerbung** durch die Kassen (BGH GRUR 98, 744). Etwas anderes gilt indes ausn, wenn eine nach § 8 III Nr 2 bis 4 UWG klagebefugte Einrichtung sich gegen eine solche Maßnahme wendet und der wettbewerbsrechtliche Anspruch nicht auf eine Verletzung des SGB V, sondern ausschl auf wettbewerbsrechtliche Vorschriften gestützt wird (BGH VersR 07, 1246, Celle WRP 10, 1548). Nicht rein wettbewerbsrechtlich zu beurteilen ist aber eine Klage, mit der einem Krankenhausbetreiber Durchführung und Abrechnung radiologisch-diagnostischer Untersuchungen als ambulante Leistungen bei Krankheiten außerhalb des Katalogs nach § 116b III SGB V untersagt werden sollen, da darin ein Eingriff in den grds den niedergelassenen Ärzten zugewiesenen Bereich iR der Erfüllung des öffentlich-rechtlichen Versorgungsauftrags der Krankenkassen liegt (Schlesw KHR 10, 177, bestätigt durch BGH Beschl v 17.8.2011 – I ZB 7/11). Streitigkeiten um **Auskunftsrechte** einer **Kartellbehörde** ggü gesetzlichen Krankenkassen, die geeignet sind, deren Recht auf Selbstverwaltung einzuschränken, wie etwa ein Auskunftsbeschluss des Bundeskartellamts wegen angeblich abgestimmter Erhebung von Zusatzbeiträgen der Kassen betreffen das Rechtsverhältnis der Kasse als Träger der Sozialversicherung zur Staatsverwaltung; auch hierfür ist gem § 51 I Nr 2 SGG der Rechtsweg zu den Sozialgerichten eröffnet (BSG GesR 11, 38). In die **Zuständigkeit der Zivilgerichte** (§ 13 GVG) fallen nach diesen Maßstäben dagegen der Streit um die wettbewerbsrechtliche Zulässigkeit eines durch einen Apotheker ggü dem Kunden rezeptbezogen gewährten Bonus (BGH NJW 08, 1389), das Unterlassungsbegehren der kassenärztlichen Vereinigung gegen die Presseerklärung einer Krankenkasse (BGH NJW 03, 1192), Streitigkeiten aus einer Rahmenvereinbarung über die Belieferung von Patienten mit Arzneimitteln zwischen einem Verein von Apothekern und Trägern der Sozialhilfe, die Krankenhilfe zu gewähren haben (BGH NJW 00, 872) und Auseinandersetzungen um das der Verkaufsförderung dienende »Bonous-Modell« des Internetversandhandels des **Arzneimittelanbieters** Doc Morris (Hambg APR 09, 32). Dagegen setzt eine Angelegenheit der gesetzlichen Krankenversicherung für die Eröffnung des Rechtswegs zu den **Sozialgerichten** (§ 51 SGG) nicht voraus, dass an der Streitigkeit zumindest eine der Parteien als Leistungsträger oder Leistungserbringer der gesetzlichen Krankenversicherung beteiligt ist, sondern sie ist auch gegeben, wenn eine Partei gleichsam als Repräsentant von Leistungserbringern, etwa die Bundesvereinigung Deutscher Apothekerverbände, in Anspruch genommen wird, wie bei der Klage eines Arzneimittelherstellers in Zusammenhang mit der sog *aut-idem-Regelung* des § 129 I SGB V (BGH NJW-RR 04, 1119). Die **Sozialgerichte** sind auch zuständig für die Klage eines **privaten Pflegedienstes** gegen einen Krankenhausbetreiber in Zusammenhang mit der Behandlung bei der Vermittlung von Patienten in die häusliche Pflege (Ddorf NJW-RR 07, 501). Gleiches gilt für die Geltendmachung eines Erstattungsanspruchs eines privaten Krankenversicherers gegen eine gesetzliche **Unfallversicherung** aus Anlass eines Arbeitsunfalls (Karlsr VersR 11, 945, str vgl dazu LG München VersR 09, 625) und für Klagen auf Zahlung der **Arbeitgeberzuschüsse zur Kranken- und Pflegeversicherung** sowie auf deren Rückzahlung wegen Nichtvorliegens der Voraussetzungen des § 257 SGB V (BAG NZA 08, 1313). War ein **Schadensersatzanspruch** auf einen **Sozialhilfeträger** übergegangen, weil dieser aufgrund des Schadensereignisses Sozialleistungen zu erbringen hatte, und hat der Schädiger trotz des **Anspruchsübergangs** an den Geschädigten gezahlt, so ist für den Anspruch auf Erstattung dieser Leistung ggü dem Geschädigten der Sozialrechtsweg eröffnet (BSG Breith 10, 882). Umstritten ist die Rechtswegzuständigkeit für Streitigkeiten um Entscheidungen der **Vergabekammern** wegen **Arzneimittel-Rabattverträgen** nach § 130a SGB V, für die tw wegen »Sachzusammenhangs« der Sozialrechtsweg (BSG NZ Bau 08, 527; dazu auch Rostock ZfBR 08, 828, zu Hilfsmitteln nach § 127 SGB V, mit Vorlage entspr § 124 GWB an den BGH), tw der Zivilrechtsweg als eröffnet angesehen wird (Ddorf VergabeR 08, 73). Eine von den Sozialgerichten zu entscheidende Streitigkeit in Angelegenheiten der gesetzlichen Rentenversicherung (§ 51 I Nr 1 SGG) liegt vor, wenn der Betreiber einer **Rehabilitationseinrichtung** ggü einem Rentenversicherungsträger (BfA) den bisher von diesem verweigerten Abschluss eines Versorgungsvertrags entspr § 111 SGB V (Krankenversicherung) erstrebt, und zwar unabhängig davon, wie der intendierte **Versorgungsvertrag** selbst rechtlich einzuordnen wäre (BSG SozR 4-1500 § 51 Nr 5). Auch für Streitigkeiten über die Vereinbarkeit einer zwischen Krankenkassen und ihren Vertragspartnern iR **integrierter Versorgung** vereinbarter Vergütungen (§ 140c SGB V) mit berufsrechtlichen Vorschriften der Ärzte sind die Sozialgerichte zuständig (BGH GRUR 09, 700). Ein von einem Träger öffentlicher Verwaltung ausgesprochenes **Hausverbot** hat, auch wenn es im Einzelfall nicht durch VA ausgesprochen wurde (dazu Rz 6), regelmäßig öffentlich-rechtlichen Charakter, wenn es zur Sicherung des Widmungszwecks der Verwaltungseinrichtung bzw zur Aufrechterhaltung der Funktionsfähigkeit der staatlichen Aufgabenwahrnehmung und nicht ausnahmsweise nur aus fiskalischen Interessen heraus verhängt wird. Wird einem Empfänger von Leistungen zur Sicherung des Lebensunterhalts von der zuständigen ARGE (§ 44b SGB II) wegen aggressiven und beleidigenden Auftretens ggü Bediensteten ein solches Hausverbot erteilt, so ist nach Ansicht des BSG wegen des engen Sachzusammenhangs zur konkreten Verwaltungstätigkeit aufgrund der Sonderzuweisung in § 52 I Nr 4 SGG für Angelegenheiten der Grundsicherung für Arbeitssuchende der Rechtsweg zu den besonderen Verwaltungsgerichten (§ 1 SGG) der Sozialgerichtsbarkeit eröffnet (BSG DVP 11, 393, entgegen den Vorinstanzen, krit Jutzi LKRZ 09, 16). Unter Bezugnahme auf den zugrunde liegenden Gedanken thematischer Sachnähe hat das rheinland-pfälzische LSG ein von einer Kassenzahnärztlichen Vereinigung gegen eines ihrer Mitglieder verhängtes Hausverbot als „Angelegenheit der gesetzlichen Krankenversicherung" iS § 51 I Nr 2 SGG angesehen und für auch für dessen Anfechtung den Rechtsweg zu den Sozialgerichten bejaht (LSG Mainz NZS 10, 237, anders noch LKRZ 09, 20). Es ist zu bezweifeln, dass die Gerichte der allg Verwaltungsgerichtsbarkeit dieser sachaufgabenbezogen differenzierenden Sichtweise folgen werden (ausdrücklich abl bereits VG Berlin NVwZ-RR 10, 783; VG Neustadt/Weinstraße LKRZ 10, 178; OVG Münster NJW 11, 2379 Jobcenter; s.a. FG Münster StE 10, 664, Hausverbot durch einen Finanzamtsvorsteher). Für **Einsichtsbegehren** eines **Insolvenzverwalters** in Akten eines Sozialversicherungsträgers bzgl vom Schuldner an ihn geleisteter Zahlungen (Beitragskonto), die über den in die Zuständigkeit der Verwaltungsgerichte fallenden allg Auskunftsanspruch nach § 1 IFG hinausgehen, wird von der sozialgerichtlichen Rspr entspr §§ 25 I SGB X, 51 I SGG die Zuständigkeit der Sozialgerichte angenommen (LSG NRW, Beschl v 26.4.10 – L 16 B 9/09 SV, vgl aber zu Akteneinsichtsverlangen gegen ein Finanzamt Rz 12).

d) Finanzgerichtsbarkeit. Für die in § 33 FGO genannten öffentlich-rechtlichen Streitigkeiten, va in **Abgabenangelegenheiten** eröffnet diese Vorschrift den besonderen Rechtsweg zu den Finanzgerichten. Auch dabei handelt es sich iS von § 40 I 1 VwGO um eine anderweitige Sonderzuweisung. Speziell für die finanzgerichtliche **Klage auf Feststellung** des Bestehens oder Nichtbestehens eines Rechtsverhältnisses (§ 41 FGO) hat der BFH erneut klargestellt, dass es sich dabei um ein eigenes abgabenrechtliches Verhältnis des jeweiligen Kl zum Finanzamt handeln muss, da nur hierfür nach § 33 FGO der Finanzrechtsweg eröffnet ist. Ein Feststellungsbegehren, das allein die privatrechtlichen Beziehungen eines Kl zu seinen Vertragspartnern und/oder ausschließlich deren abgabenrechtliche Verhältnisse betrifft, wird davon nicht erfasst (BFHE 233, 304; HFR 11, 1217). Sowohl gegen einen Duldungsbescheid der **Finanzbehörde**, mit welchem diese einen **anfechtungsrechtlichen Rückgewähranspruch** nach dem AnfG geltend macht, als auch gegen einen erst **drohenden Duldungsbescheid** dieses Inhalts ist für den Anfechtungsgegner ausschl der Rechtsweg zu den Finanzgerichten (§ 33 FGO) gegeben. Diese haben als Vorfrage zu klären, ob die Voraussetzungen des zivilrechtlichen Rückgewähranspruchs vorliegen. Seit der Einfügung § 191 I 2 AO durch das Steuerbereinigungsgesetz vom 22.12.99 (BGBl I, 2601), der vor dem Hintergrund bis dahin abw Rspr des BGH gerade der Entlastung der Zivilgerichte dienen sollte, liegt eine Rechtswegzuweisung des Gesetzgebers vor. Das Klagebegehren ist im Wege der vorbeugenden Unterlassungsklage vor den Finanzgerichten geltend zu machen (BGH ZIP 06, 1603, FamRZ 06, 1836). Bei **Rückforderungen gegen den Steuerfiskus** ist zwischen zivilrechtlichen Bereicherungsansprüchen (§ 812 I BGB) und öffentlich-rechtlichen Erstattungsansprüchen gem § 37 II AO, die aus dem Steuerschuldverhältnis resultieren, zu unterscheiden. Für diese ist gem § 33 I Nr 1, II FGO der Finanzrechtsweg eröffnet. Der Erstattungsanspruch setzt voraus, dass eine Steuer ohne rechtlichen Grund gezahlt worden ist, und steht demjenigen zu, auf dessen Rechnung die Zahlung bewirkt worden ist (§ 37 II 1 AO). Wer nicht Beteiligter eines Steuerrechtsverhältnisses ist und mit seiner Zahlung keine eigene Steuerpflicht erfüllen will, kann nicht Inhaber eines öffentlich-rechtlichen Erstattungsanspruches nach § 37 II AO, sondern nur eines zivilrechtlichen Bereicherungsanspruches sein (BFH UR 83, 210). Verlangt ein Unternehmer die Auszahlung eines vermeintlichen Guthabens auf seinem **Umsatzsteuerverrechnungskonto** wegen überzahlter Mehrwertsteuer, weil er eine Belastung des Kontos für unberechtigt hält, so handelt es sich auch dann um eine abgabenrechtliche Angelegenheit (§ 33 I FGO), wenn diese Belastung auf die eine Rückzahlung an den Insolvenzverwalter nach Anfechtung zurückgeht (Frankf MDR 09, 1243). Str war, ob zu „Abgabenangelegenheiten" iS § 33 I Nr 1, II 1 FGO auch ein **Einsichtsverlangen des Insolvenzverwalters** in Vollstreckungsakten des Finanzamts zur Prüfung von Insolvenzanfechtungsmöglichkeiten bzw zur Bezifferung eines Anfechtungsanspruchs gehört (dazu FG Saar ZInsO 10, 484, aA für Einsichsbegehren nach Abschluss des Vollstreckungsverfahrens FG MV DStRE 11, 185, unter Verweis auf BGH WM 09, 1942; OVG Münster ZInsO 09, 2401). Der BFH hat entschieden, dass ein Auskunftsanspruch und damit ein Akteneinsichtsrecht des Insolvenzverwalters voraussetzt, dass das Anfechtungsrecht 12 nach der InsO dem Grunde nach feststeht; bei dem Auskunftsbegehren handelt es sich danach um einen zivilrechtlichen Anspruch, der sich aus einem durch Anfechtung nach der InsO begründeten Rückgewährschuldverhältnis ergibt. Aufgrund des zivilrechtlichen Charakters dieses Anspruchs ist insoweit der Rechtsweg zu den Finanzgerichten nicht eröffnet (BFH ZInsO 10, 1705). Im Streit um das Einsichtsrecht des Insolvenzverwalters in die beim Finanzamt über den Schuldner geführten Vollstreckungsakten hat der BFH nun entschieden, dass es sich zumindest in den Fällen, in denen der Insolvenzverwalter ein allgemeines Einsichtsrecht nach dem InFG geltend macht, um eine Streitigkeit handelt, für die nach § 33 I FGO der Finanzrechtsweg eröffnet ist, weil sich das Einsichtsverlangen dann auch auf die Steuererhebung, nicht nur auf die Vollstreckung, beziehe (BFG ZIP 11, 883, wonach in der Sache im Finanzverwaltungsverfahren indes allenfalls ein Anspruch auf fehlerfreie Ermessensentscheidung über einen Antrag auf Akteneinsicht besteht; krit insb auch unter Hinweis auf die von verschiedenen Verwaltungsgerichten bejahte Eröffnung des Verwaltungsrechtswegs bei einer Berufung auf das InFG *Nöckler* jurisPR-SteuerR 28/2011 Anm 4). Die va von der Formulierung des Einsichtsbegehrens im Einzelfall abhängige Differenzierung in der Rechtswegfrage erscheint unbefriedigend. **Berufsrechtliche Streitigkeiten** nach dem StBerG iS § 33 I Nr 3 FGO betr im Wesentlichen Möglichkeiten und Grenzen der Hilfeleistung in Steuersachen und statusrechtliche Fragen der Berufsangehörigen; dagegen betr Entgeltansprüche aus einem zwischen StBer und dem Mandanten geschlossenen DienstV bürgerliche Rechtsstreitigkeiten (FG Bln/Bbg EFG 10, 1625).

13 **2. Bürgerliche Rechtsstreitigkeiten. a) Zivilsachen.** Die Programmgestaltung der durch Gesetz geschaffenen öffentlich-rechtlichen **Rundfunkanstalten** wird privatrechtlich qualifiziert (BGHZ 66, 182; BVerwG NJW 94, 2500); für Ansprüche auf Gegendarstellung gibt es regelmäßig Sonderzuweisungen für den Zivilrechtsweg (§ 9 VI 1 ZDF-StaatsV). Die Entscheidungen der nach kaufmännischen Regeln agierenden **Bundesanstalt für Immobilienaufgaben**, Immobilien aus Bundesvermögen an einen von mehreren Interessenten zu veräußern, erfolgt ausschl nach marktwirtschaftlichen Kriterien und daher zivilrechtlich (OVG Berlin DVBl 91, 584; OVG Greifswald NordÖR 07, 362); auch der von staatlichen Stellen zu beachtende Gleichbehandlungsgrundsatz erfordert insoweit keinen öffentlich-rechtlichen Primärrechtsschutz (BVerfG NJW 06, 3701, OVG Münster DVBl 10, 989). Streitigkeiten zwischen einem **privaten Pflegeversicherungsunternehmen** und einem Pflegeheim, in dem der Versicherte untergebracht ist, über durch die Art der Unterbringung verursachte Kosten fallen gem § 13 GVG in die Zuständigkeit der Zivilgerichte; sie werden von der ausdrücklich an Streitfragen nach dem SGB XI anknüpfenden allg Rechtswegzuweisung von Angelegenheiten der sozialen und privaten Pflegeversicherung in § 51 I Nr 2, II 3 SGG (BVerwG NVwZ-RR 02, 607; NZS 05, 317 zur gesonderten Berechnung von Investitionsaufwendungen eines Pflegeheims ggü Heimbewohnern) nicht erfasst (BSG NZS 07, 34). Der Verweis in dieser Entscheidung auf die Anspruchsgrundlagen aus §§ 823, 812 BGB allein erscheint indes wenig überzeugend. Nach der zuvor erwähnten Entscheidung zur Rückforderung ggü Apothekern (vgl Rz 11) kann es sich auch dann um einen Anspruch aus öffentlich-rechtlichen Beziehungen handeln, wenn er mit solchen bürgerlich-rechtlichen Gesichtspunkten begründet wird (BSG SozR 4-1720 § 17a Nr 3). Für Streitigkeiten über die **Vergabe öffentlicher Aufträge unterhalb der Schwellenwerte** der Vergabeverordnung (§ 2 VgV, zur Wertbestimmung Naumbg ZfBR 08, 86), die nicht von der auf »überschwellige« Verfahren beschränkten besonderen Zuweisung in § 104 II 1 GWB erfasst werden (zur verfassungsrechtlichen Zulässigkeit der Differenzierung BVerfG NJW 06, 3701), ist nach § 13 GVG, Art 19 IV 2 GG (ebenfalls) der ordentliche Rechtsweg gegeben (ausf BVerwG NJW 07, 2275; Naumbg ZfBR 08, 86; Oldbg IBR 08, 587; Hamm VergabeR 08, 682; Ddorf NZBau 10, 328), weil das mit der Zuschlagserteilung zustande kommende Rechtsverhältnis zwischen Auftraggeber und Bieter privatrechtlicher Natur ist; auch insofern rechtfertigt die von den Zivilgerichten bei der Sachentscheidung zu beachtende Bindung an Art 3 I GG (§ 823 II BGB) oder gemeinschaftsrechtliche Vorgaben wie das Diskriminierungsverbot bei der Auftragsvergabe an einen Bieter keine Einordnung als öffentlich-rechtliche Streitigkeit. Da das Vergabeverfahren ohne Zwischenentscheidung auf die Erteilung des Zuschlags zielt, lässt es sich insb nicht als zweistufiges Rechtsverhältnis (dazu auch Rz 18) mit einer auf der ersten Stufe dem öffentlichen Recht zuzuordnenden Vergabeentscheidung aufspalten (BVerwG NJW 07, 2275; OVG Lüneburg IBR 06, 512; anders noch OVG Koblenz ZfBR 05, 590; OVG Bautzen ZfBR 06, 511; OVG Münster NVwZ 06, 1083). Die Zuweisung unterschwelliger Vergabeverfahren ist Gegenstand von Diskussionen im Gesetzgebungsverfahren, wo ua die Begründung einer Spezialzuständigkeit der Verwaltungsgerichtsbarkeit gefordert wird. Zu einer bundeseinheitlichen Regelung für den Rechtsschutz unterhalb der Schwellenwerte ist Bundesregierung gegenwärtig nicht bereit (krit dazu Leinemann Rn 3, 4). Ein außerhalb eines Enteignungsverfahrens zur **Vermeidung der Enteignung** geschlossener Grundstücksübertragungsvertrag begrün-

det grds nur privatrechtliche Beziehungen zwischen den Beteiligten, sodass insb auch kein öffentlich-rechtlicher Rückenteignungsanspruch, sondern nur ein vor den ordentlichen Gerichten geltend zu machender privatvertraglicher Rückgewähranspruch in Betracht kommt (VGH München Beschl v 11.9.07–4 C 07.589; BayObLG BayVBl 90, 633, BGHZ 84, 1). Der Streit darüber, ob einer Behörde, die **Zahlungen nach dem UVG** geleistet hat, infolge von Verletzungen der Anzeigepflichten einer Mutter und dementspr zu Unrecht erfolgter Leistungen ein Anspruch aus unerlaubter Handlung (§ 823 II BGB) zusteht, ist eine bürgerliche Rechtsstreitigkeit (§ 13 GVG) unabhängig davon, dass das verletzte Schutzgesetz (§ 6 UVG) dem öffentlichen Recht zuzuordnen ist. Daher ist auch der im Verfahren nach §§ 179 ff InsO isoliert auszutragende Streit um die rechtliche Einordnung der vom Leistungsträger angemeldeten Forderung als eine solche aus vorsätzlich begangener unerlaubter Handlung vor den Zivilgerichten zu führen, welche die öffentlich-rechtliche Vorfrage eines vorsätzlichen Verstoßes gegen die Anzeigepflicht selbstständig zu beantworten haben (BGH FamRZ 11, 476). Für **insolvenzrechtliche Anfechtungsklagen gegen Sozialversicherungsträger** ist nach st Rspr des BGH wegen der Maßgeblichkeit der InsO für das Bestehen des Rückgewähranspruchs gem § 13 GVG der Rechtsweg zu den ordentlichen Gerichten eröffnet (so zuletzt BGH NJW 11, 1365 ua in Auseinandersetzung mit GmS-OBG NJW 11, 1211, zum Verhältnis zur Arbeitsgerichtsbarkeit, dazu unten Rz 14; eb LSG RhPf InsO 03, 195). Danach ist der vom Insolvenzverwalter materiell und prozessual zwar mit Wirkung für die Masse, aber im eigenen Namen und mit eigenem Recht geltend gemachte Rückgewähranspruch ein bürgerlich-rechtlicher Anspruch, der die materiellen Ordnungsvorstellungen des Insolvenzrechts ggü sämtlichen Gläubigern nach Maßgabe der §§ 129 ff InsO durchsetzt und die außerhalb der Insolvenz geltenden allgemeinen Regelungen etwa im Sozialversicherungs-, Steuer- oder Abgabenrecht verdrängt. Die abw Sichtweise im Verhältnis zur Arbeitsgerichtsbarkeit sei gerechtfertigt, um Schutzbestimmungen des Arbeitsgerichtsgesetzes zugunsten der Arbeitnehmer auch für Insolvenzanfechtungsklagen gegen Arbeitnehmer Geltung zu verschaffen. Die Möglichkeit gegen die **Kostenberechnungen eines Notars** (§ 154 KostO) gem § 156 I 1 KostO die Entscheidung des Landgerichts, in dessen Bezirk der Notar den Amtssitz hat, zu beantragen gilt wegen des Sachzusammenhangs nicht nur für die Kostenberechnung, sondern auch für Einwendungen, die sich dagegen richten, dass der Notar den Rechnungsempfänger überhaupt als zahlungspflichtig ansieht (VGH München, Beschl v 1.12.10–21 ZB 10.881, Gebührenerlass).

14 **b) Arbeitsgerichte.** Der sich iR der Übertragung eines **öffentlichen Amtes**, das sowohl Beamten wie Angestellten übertragen werden kann, grds auch für Nichtbeamte aus Art 33 II GG ergebende **Bewerbungsverfahrensanspruch** (dazu BAG NZA 09, 901, ZBR 04, 271, NJW 02, 1220 <Funktionsvorbehalt Art 33 IV GG>) eines unterlegenen Angestellten ist auch dann vor dem ArbG, nicht vor den Verwaltungsgerichten, geltend zu machen, wenn der ausgewählte Konkurrent ein Beamter ist (OVG Münster NZA-RR 10, 433, OVG Koblenz NZA-RR 98, 274, BAG NZA 03, 1036 <Frauenförderung>). Etwas anderes gilt nur dann, wenn sich der öffentliche Arbeitgeber ggü dem Angestellten auf eine (vermeintliche) hoheitliche Befugnis beruft und die Entscheidung über seine Nichtauswahl in der Handlungsform eines VA begründet (OVG Münster NVwZ-RR 10, 587, allg oben Rz 6). Bei der für die Zuständigkeit der Zivil- bzw der Arbeitsgerichte (§ 13 GVG bzw § 2 ArbGG) bedeutsamen Abgrenzung von selbständigen **Handelsvertretern** (§ 84 I HGB) und Unselbständigen iSv §§ 84 II HGB, 5 I, III 1 ArbGG bzw sog Einfirmenvertretern (§ 92a I HGB; zum faktischen Einfirmenvertreter Hamm Beschl v 4.2.10–18 W 24/09, Frankf Beschl v 8.1.10–22 W 55/09 und v 21.4.11–3 U 216/10) ist weder allein auf die von den Parteien vorgenommene Einordnung des Vertrags oder die dabei gewählte Bezeichnung noch isoliert auf die tatsächliche Durchführung des Vertrags, sondern auf das Gesamtbild der Verhältnisse unter Würdigung sowohl der Vertragsgestaltung als auch der tatsächlichen Handhabung des Vertrags abzustellen (BGH GWR 09, 464, NJW 98, 2057, allg *Krahm* jurisPR-HaGesR 1/2010 Anm 1). Im Falle insoweit streitigen Vorbringens der Beteiligten ist eine Beweisaufnahme zur Klärung der Rechtswegfrage angezeigt, sofern es sich im Einzelfall nicht um sog doppelrelevante Tatsachen iSd Rspr des BAG (sic-non Fälle, dazu iE § 17 Rz 14) handelt, die gleichzeitig notwendige Tatbestandsmerkmale des materiell verfolgten Anspruchs selbst sind (BGH WM 10, 281; LG Magdeburg Beschl v 24.2.11–5 O 884/10). Bei solchen doppelrelevanten Tatsachen ist dagg für die Zuständigkeit die Richtigkeit des Klagevortrags zu unterstellen (BGH GWR 09, 464). Damit riskiert der Kl allerdings die endgültige Verneinung des geltend gemachten Anspruchs durch Sachurteil. Keine solche doppelrelevante Tatsache, über die im Streitfall entspr kein Beweis erhoben werden muss, ist hingegen die Arbeitnehmereigenschaft eines Handelsvertreters, wenn seine Provisionsansprüche im Streit stehen. Insoweit handelt es sich nicht um ein notwendiges Tatbestandsmerkmal für die Bejahung des Anspruchs. Daher hat der Kl hier ggf die für die Begründung der Rechtswegzuständigkeit maßgeblichen Tatsachen zu beweisen (BAG GWR 09,

469). Nach neuerer Ansicht des BAG bleibt es bei einer im Rechtsweg vor den ArbG zu entscheidenden, weil im Arbeitsverhältnis wurzelnden Streitigkeit (§ 2 I Nr 3a od 4a ArbGG), wenn der **Insolvenzverwalter** des Arbeitgebers vom Arbeitnehmer die Rückzahlung vor Eröffnung des **Insolvenzverfahrens** gezahlter Vergütung wegen Anfechtbarkeit der Erfüllungshandlung (§§ 129 ff InsO) begehrt (BAG NZA 08, 549) und zwar auch bei Beendigung des Arbeitsverhältnisses vor Insolvenzeröffnung. Dagegen vertrat der BGH wie bei früheren Abgrenzungen der Rechtswege zu den Finanz- (BGHZ 114, 315) und den Sozialgerichten die Auffassung, dass anfechtungsrechtliche Rückgewähransprüche von den Ansprüchen aus dem zugrunde liegenden Rechtsverhältnis wesensverschieden sind, eigenen vorrangigen Regeln folgen und dass der **Anfechtungsstreit** vorbehaltlich besonderer Zuweisungen (etwa § 191 I 2 AO; dazu Rz 11) gem § 13 GVG als bürgerlich-rechtliche Streitigkeit vor die ordentlichen Gerichte gehören (BGH NJW 09, 1968; Rostock NZI 09, 247). Die Rechtsfrage wurde dem GmS-OGB vorgelegt (§§ 2 I, 11 RsprEinhG; vgl ZIP 09, 825 = NZA 09, 571). Das BAG (BAG ZIP 09, 1687) hat an seiner Ansicht festgehalten und auf eine Rechtswegspaltung verwiesen, da für Feststellungsklagen des Arbeitnehmers gegen den Insolvenzverwalter, dass keine Rückzahlungsverpflichtung bestehe, der Rechtsweg zu den Arbeitsgerichten eröffnet sei (BAG ZIP 09, 831; abl dazu Henssen jurisPR-ArbR 11/2010 Anm 6). Der GmS-OBG hat nun entschieden, dass für derartige Klagen des Insolvenzverwalters gegen den Arbeitnehmer des Schuldners auf Rückgewähr der Vergütung nach § 143 I InsO der Rechtsweg zu den Gerichten für Arbeitssachen gegeben ist, weil es sich um eine bürgerlich-rechtliche Streitigkeit aus dem Arbeitsverhältnis iS § 2 I Nr. 3a ArbGG handele (GmS-OBG NJW 11, 1211; ebenso nun BGH ZInsO 11, 1368). Für insolvenzrechtliche Anfechtungsklagen des Verwalters gegen Träger der Sozialversicherung verweist der BGH indes weiter auf die Eigenständigkeit des Anspruchs nach der InsO (vgl oben Rz 13). Die vorrangige Zuständigkeit der Arbeitsgerichte für bürgerliche Streitigkeiten nach § 2 I Nr 2 ArbGG um das **Betätigungsrecht der Koalitionen** erfasst Meinungsverschiedenheiten hinsichtlich der Befugnisse der Gewerkschaften zur **Werbung und Betreuung von Mitgliedern** in einem Betrieb (BAG NJW 79, 1844), konkret auch durch **E-Mailing** (Frankf NZA 07, 710). Ob ein **Franchisenehmer** selbständiger Unternehmer oder Arbeitnehmer bzw arbeitnehmerähnliche Person ist, ist nach den Umständen des Einzelfalls zu beurteilen (dazu Ddorf OLGR 09, 216; Saarbr Beschl v 11.4.11 – 5 W 71/11). Streitigkeiten über die Pflicht eines Arbeitgebers, die **Kosten** der **Vertretung der Schwerbehinderten** zu tragen (§ 96 VIII SGB X), sind entspr § 2a I Nr 3a, II ArbGG im arbeitsgerichtlichen Beschlussverfahren zu entscheiden, auch wenn es sich um eine Stelle des öffentlichens Dienstes handelt, in der Personalvertretungsrecht gilt (BAG NJW 10, 1769). Für Fragen der dem Bereich der Arbeitsförderung zuzurechnenden **Arbeitsvermittlung** (zum Begriff BSGE 31, 235, 242), die durch öffentlich-rechtliche Normen bestimmt wird, sind dagegen nicht die Arbeits-, sondern gem § 51 I Nr 4 SGG ausschl die Sozialgerichte zuständig, auch wenn die Vermittlung im Auftrag der BfA durch Privatrechtssubjekte erfolgt (BAG NZA 10, 472 <Gesamthafenbetriebsverein Bremen>). Nach Ansicht des OLG Düsseldorf erfasst der § 2 I Nr 4a ArbGG, wonach die Gerichte für Arbeitssachen ausschließlich zuständig sind für bürgerliche Rechtsstreitigkeiten zwischen Arbeitnehmern und Arbeitgebern, die mit dem Arbeitsverhältnis in rechtlichem oder unmittelbar wirtschaftlichem Zusammenhang stehen, auch den Streit um Ansprüche, bei denen dieser Zusammenhang nur mit einem erst künftig beabsichtigten Arbeitsverhältnis besteht (Ddorf MDR 11, 1301, Darlehen Pilotenausbildung).

15 **3. Strafgerichtsbarkeit (Strafsachen).** Abgrenzungsprobleme können sich hier im Zuständigkeitsbereich der Strafvollstreckungskammern (§§ 13 GVG; 109, 110 StVollzG) stellen, bspw bei dem Verlangen des Insassen einer JVA auf Entfernung von Kruzifixen in der Anstalt (VGH München Beschl v 29.6.00 – 5 C 99.1556). Die Strafvollstreckungskammern sind auch zuständig für Klagen von Gefangenen auf Widerruf bzw Unterlassung von Äußerungen durch die Anstaltsleitung (OVG Mannheim VBlBW 04, 31). Rechtsstreitigkeiten um die Bewilligung der Auslieferung eines strafrechtlich Verfolgten iS des G für die internationale Rechtshilfe in Strafsachen sind durch § 13 I 1 IRG, der insoweit eine abdrängende Sonderzuweisung iS § 40 I 1 Hs 2 VwGO darstellt, ausdrücklich und umfassend den ordentlichen Gerichten zugewiesen. Diese Rechtswegzuweisung im klassischen **Auslieferungsrecht** begründet vorbehaltlich der Sonderfälle der §§ 21, 22 und 39 II IRG, in denen die AGe zuständig sind, für gerichtliche Entscheidungen eine ausschl Zuständigkeit des OLG (BVerwG BayVBl 10, 572). Daran hat sich durch das G zur Umsetzung des Rahmenbeschlusses über den Europäischen Haftbefehl und die Übergabeverfahren zwischen den Mitgliedstaaten der EU (Europäisches Haftbefehlsgesetz – EuHbG, BGBl I 2006, 1721) nichts geändert.

16 *(nicht besetzt)*

E. Überschneidungen der Rechtswegzuständigkeit. I. Grundsatz. Bereits die Existenz des § 17 II 1 GVG zeigt, dass es bei den fallbezogen maßgeblichen »rechtlichen Gesichtpunkten« im Einzelfall zu Überschneidungen kommen kann. Deswegen ist in der verwaltungsgerichtlichen Rspr anerkannt, dass es für das Vorliegen einer öffentlich-rechtlichen Streitigkeit ausreicht, wenn für das auf einen einheitlichen prozessualen Anspruch gerichtete Rechtsschutzbegehren eine Anspruchsgrundlage in Betracht kommt, die im Verwaltungsrechtsweg zu verfolgen ist (etwa BVerwG NVwZ 93, 358); gleiches gilt für den ordentlichen Rechtsweg, wobei der Gesetzgeber die darin liegende »Wahlmöglichkeit« grds in Kauf nimmt (vgl Rz 14 zu § 17). Daher ist eine Rechtswegverweisung (§ 17a II GVG Rz 7) durch das Zivilgericht an nur dann zulässig, wenn der Rechtsweg zu den ordentlichen Gerichten für den geltend gemachten Klageanspruch mit allen in Betracht kommenden Klagegründen nicht gegeben ist (zu Ausn vgl § 17 Rz 14 sowie BGH NuR 89, 147). Insofern reicht die ernstzunehmende Geltendmachung. Das Bestehen des sachlichen Anspruchs ist eine Frage der Begründetheit. 17

II. Schwerpunktbildung. 1. Gestufte Rechtsverhältnisse (»Zwei-Stufen-Theorie«). Sie bezeichnen neben dem rein fiskalischen Handeln einen wesentlichen Bereich der Beteiligung staatlicher Stellen und Institutionen am Rechtsverkehr auf privatrechtlicher Grundlage, und zwar auf einer zweiten Stufe der Abwicklung, nicht selten, wenn auch nicht zwingend etwa bei Vergabe von **Subventionen** (BGHZ 40, 206). Häufig zweistufig ausgestaltet sind auch die Rechtsbeziehungen bei der **Überlassung öffentlicher Einrichtungen** zur Benutzung durch Private, insb auch **politische Parteien**, oder bei der Vergabe von mehrfach nachgefragten Standplätzen auf gemeindlichen Plätzen und Märkten nach § 69 GewO (OVG Lüneburg NordÖR 08, 231). Hierbei erfolgt die Zulassungsentscheidung idR nach öffentlichem, insb Kommunalrecht, wohingegen das Nutzungsverhältnis als solches durch einen Miet- oder Bewirtschaftungsvertrag häufig privatrechtlich gestaltet ist. Bei Fehlen gesetzlicher Vorgaben ist der Träger öffentlicher Einrichtungen befugt, das Benutzungsverhältnis öffentlich-rechtlich oder privatrechtlich zu regeln. Insofern ist dann eine Zuordnung der Streitigkeit zu einer der beiden Stufen notwendig (VGH München Beschl v 22.9.00–4 ZE 00.2822, Streit um Bierausschank der DVU in der Nibelungenhalle). Bezogen auf die erste Stufe ist aber auch geklärt, dass die Klage auf Zutritt zu der gemeindlichen Einrichtung, die nicht gegen die Gemeinde, sondern gegen eine mit deren Betrieb beauftragte juristische Person des Privatrechts gerichtet ist, der Verwaltungsrechtsweg (§ 40 I VwGO) nicht eröffnet ist, wenn diese nicht gesetzlich mit besonderen hoheitlichen Handlungs- und Entscheidungsbefugnissen ausgestattet ist (BVerwG NVwZ 91, 59). Ob und in welchem Umfang sie bei ihrem (privatrechtlichen) Handeln besonderen öffentlich-rechtlichen Bindungen, etwa mit Blick auf Art 3, 21 GG, unterliegt, ist keine Frage des Rechtswegs, sondern der Sachentscheidung (OVG Lüneburg NordÖR 07, 515). Für Streitigkeiten zwischen einer **politischen Partei**, zumeist der NPD, und einer als Anstalt des öffentlichen Rechts organisierten **Sparkasse** über die **Einrichtung** eines **Kontos** ist dagegen der Verwaltungsrechtsweg gegeben (OVG Saarlouis Beschl v 22.9.08–3 B 328/08; OVG Berlin NJ 08, 232, NJW 04, 3585; OVG Hamburg NordÖR 03, 67; OVG Münster NVwZ-RR 04, 795; anders für die keinem öffentlich-rechtlichen geld- und kreditwirtschaftlichen Versorgungsauftrag unterliegende Bremer Landesbank OVG Bremen NordÖR 11, 198); die Rechtsbeziehungen im Zusammenhang mit der Führung des Kontos sind dann privatrechtlicher Natur. Für ein keiner der beiden »Stufen« zuzuordnendes, außerhalb des eigentlichen Nutzungszwecks und damit der öffentlichen Zweckbindung liegendes Verlangen privater Dritter auf Vornahme organisatorischer Maßnahmen im Zusammenhang mit der Einrichtung ist der Zivilrechtsweg eröffnet, zB beim Verlangen nach Führung einer Liste von Bestattungsrednern durch die Verwaltung eines kommunalen Friedhofs (VGH München NVwZ-RR 04, 392). 18

2. Interpretationsfragen bei vertraglichen Rechtsbeziehungen. Auch in dem Zusammenhang gelten zunächst die allg Grundsätze der Abgrenzung. Im Verhältnis der §§ 13 GVG, 40 I VwGO ist daher – stets vorbehaltlich gesetzlicher Sonderzuweisungen – entscheidend auf die Rechtsnatur des Vertrages abzustellen, dh ob der Vertragsgegenstand dem öffentlichen oder dem privaten Recht zuzuordnen ist (BGH NVwZ 09, 1054). Für den öffentlich-rechtlichen Vertrag zwischen einem Hoheitsträger und Privaten ist typisch, wenn er anstelle einer sonst möglichen Regelung durch VA geschlossen wird (§ 54 S 2 VwVfG, GmS-OGB BGHZ 97, 312). Nicht einheitlich erfolgt auch in der höchstrichterlichen Rspr die Bestimmung der Rechtsnatur vertraglicher Ansprüche unter Rechtswegaspekten bei sog **gemischttypischen Verträgen.** Überwiegend wird nicht mehr auf den geltend gemachten Anspruch und den zugrunde liegenden Vertragsteil, sondern darauf abgestellt, auf welchem Rechtsgebiet der Schwerpunkt der vertraglichen Vereinbarung insgesamt liegt (BVerwGE 22, 138, 92, 56; GmS-OGB in BGHZ 97, 312, BGHZ 56, 365, 76, 16; NJW 85, 1892, 19

87, 773, 92, 1237, 03, 888; BSG SozR § 51 SGG Nr 24). Demggü wird tw isoliert auf das im jeweiligen Rechtsstreit einschlägige Vertragselement abgestellt (BAG NJW 69, 1192; BVerwG DÖV 81, 878; BGH NJW 98, 909; OVG Schlesw NordÖR 02, 309). Lassen sich sowohl der Vertragsschwerpunkt als auch die im konkreten Fall geltend gemachte vertragliche Anspruchsgrundlage demselben Rechtsgebiet zuordnen, kann das letztlich offen bleiben (BGH NVwZ 04, 253). Für die Fälle, dass insoweit eine unterschiedliche Zuordnung vorzunehmen ist, ist die erstgenannte Auffassung einer Gesamtbeurteilung der Vereinbarung in jeden Fall vorzugswürdig (so wohl auch BGH NVwZ 06, 243). Sie vermeidet für die Fälle einer Herleitung unterschiedlicher Ansprüche aus verschiedenen Teilen desselben Vertrags eine Aufspaltung vom Rechtsweg her mit allen ihren Nachteilen. Dem von der Gegenansicht ins Feld geführten Argument größerer Sachnähe einer bestimmten Gerichtsbarkeit kommt auch in dem Zusammenhang keine entscheidende Bedeutung zu. § 17 II 1 GVG zeigt, dass der Gesetzgeber den Gerichten rechtswegübergreifende rechtliche Beurteilungen ohne weiteres zutraut und diese aus guten Gründen auch verlangt. Überwiegen die privatrechtlichen Elemente des Vertrags, so ist der ordentliche Rechtsweg daher nach § 13 GVG auch für Ansprüche eröffnet, die aus einer bei isolierter Betrachtung dem öffentlichen Recht zuzuordnenden Bestimmung des Vertrags hergeleitet werden (OVG Schleswig NJW 04, 1052). Umgekehrt sind die Verwaltungsgerichte auch zur Entscheidung über Ansprüche berufen, die unter Verweis auf eine privatrechtlich einzuordnende Abrede in einem schwerpunktmäßig öffentlich-rechtlich nach den §§ 54 ff VwVfG zu beurteilenden Vertrag geltend gemacht werden. Auch bei einem durch Vertrag begründeten Rechtsverhältnis zwischen zwei Privatrechtssubjekten ist daher eine Zuordnung zum öffentlichen Recht ausnahmsweise denkbar, wenn eine Partei durch Gesetz mit öffentlich-rechtlichen Handlungsbefugnissen ausgestattet und entspr aufgetreten ist, etwa bei der Klage eines privaten Erschließungsträgers auf Zahlung von **Erschließungskosten** (§ 127 BauGB), zu deren Übernahme sich der Grundstückserwerber in dem Kaufvertrag der Gemeinde ggü verpflichtet hat (Rostock NJW 06, 2563). Die Grundsätze gelten auch im Verhältnis bürgerlich-rechtlicher Streitigkeiten (§ 13 GVG) zu den öffentlich-rechtlichen Sondergerichtsbarkeiten. Demnach ist für Streitigkeiten zwischen einer durch Vertrag gem dem bis 31.12.08 gültigen § 37c SGB III eingerichteten **Personalserviceagentur** (PSA) und der BfA bzw deren Regionalagenturen um geschuldete Vergütungen (Fallpauschalen, Vermittlungsprämien) nach Auffassung des OLG Düsseldorf der ordentliche Rechtsweg, nicht der Rechtsweg zu den Sozialgerichten (§ 51 I SGG), eröffnet, da sich die Einschaltung der PSA lediglich als »fiskalisches Hilfsgeschäft« der Arbeitsverwaltung darstelle (OLGR 09, 703; ebenso OVG Schleswig MDR 09, 1129 dort jew konkret zur Geltendmachung durch den Insolvenzverwalter; aA Celle OLGR 09, 111; Stuttg NVwZ-RR 09, 984). Nach der Rspr des BSG lässt sich aus einer gesetzlichen Verpflichtung der Arbeitsverwaltung zur **Arbeitsvermittlung** nicht zwingend auf den öffentlich-rechtlichen Charakter mit Dritten geschlossener Verträge, etwa zur Durchführung von Maßnahmen der beruflichen Bildung, schließen (BSG NZS 99, 56).

20 **F. Öffentlich-rechtliche Vorgaben. I. Grundsatz.** Die Zivilgerichte sind ggf an hoheitliche Entscheidungen speziell in der Form erlassener und nicht aufgehobener **VAe** ungeachtet einer Fehlerhaftigkeit im Einzelfall gebunden (BGH NJW-RR 07, 398). Sie dürfen – mit Ausn der Nichtigkeit (§ 44 VwVfG) – iR ihrer Entscheidungen keine inhaltliche Rechtmäßigkeitskontrolle der Behördenentscheidung oder auch nur eine Vorausbeurteilung der Erfolgsaussicht eines – sofern noch zulässig – auf die Aufhebung durch die Verwaltungsgerichte zielenden Rechtsbehelfs vornehmen. Etwas anderes gilt nur in den Fällen, in denen den ordentlichen Gerichten ausdrücklich auf die Befugnis zur inhaltlichen Kontrolle bestimmter VAe eingeräumt ist, wie etwa bei **JustizVAen** (§ 23 EGGVG), im Bereich der **Baulandsachen** (§ 217 BauGB) oder im **Wettbewerbsrecht** (§ 62 IV GWB), generell aber **nicht** im Bereich des **Amtshaftungsstreits**, etwa wenn der zugrunde liegende VA wegen Versäumnis von Anfechtungsfristen bestandskräftig geworden ist. Gleiches gilt – etwa im Bereich bauordnungsrechtlicher Grenzabstandserfordernisse – hinsichtlich im Einzelfall notwendiger Dispense durch VA von zwingenden öffentlich-rechtlichen Anforderungen; auch hierbei umfasst die Befugnis zur Streitentscheidung durch das Zivilgericht nicht die prognostische Beurteilung der Aussichten eines etwaigen Befreiungs- oder Abweichungsantrags. Gegebenenfalls kommt eine grds im Ermessen des Gerichts stehende Aussetzung des Verfahrens (§ 148 ZPO) in Betracht. Sie erscheint insb geboten, wenn der Rechtsbehelf ergriffen worden ist (BGH NJW-RR 88, 339).

21 **II. Beispiele.** Das Zivilgericht ist an einen wirksamen Bescheid gebunden, mit dem das Finanzamt eine **Insolvenzsteuerforderung** mit einem Vorsteuervergütungsanspruch der Masse verrechnet hat. Die Einwendungen des Insolvenzverwalters gegen die Zulässigkeit der Aufrechnung sind im Wege der Klage zu den Finanzgerichten zu erledigen (BGH NJW-RR 07, 398). Ein bestandskräftiger, tw auf Schätzungen des

Finanzamts beruhender **Steuerbescheid** beweist allerdings für sich genommen nicht die Unrichtigkeit der Steuererklärung des Steuerpflichtigen (BGH WM 06, 779).

§ 13a [Zuständigkeit durch Landesrecht]. Durch Landesrecht können einem Gericht für die Bezirke mehrerer Gerichte Sachen aller Art ganz oder teilweise zugewiesen sowie auswärtige Spruchkörper von Gerichten eingerichtet werden.

Mit der Vorschrift wurde seit der Wiedervereinigung nach den Bestimmungen des EV 1990 für das damalige Beitrittsgebiet geltendes partielles Bundesrecht (sog Maßgaberegelung) durch Art 17.1 des G über die Bereinigung von Bundesrecht im Zuständigkeitsbereich des BMJ (BMJBerG) v 19.4.06 (BGBl 06, 866) in das GVG eingefügt. Sie ermöglicht nunmehr allen Bundesländern durch »Landesrecht«, in dem Falle wegen der Betroffenheit des gesetzlichen Richters (Art 101 I 2 GG) durch förmliches Landesgesetz, gerichtsbezirksübergreifende **Zuständigkeitskonzentrationen** vorzunehmen und auswärtige Spruchkörper von Gerichten in deren Zuständigkeitsbezirk einzurichten. Ziel ist eine Steigerung der Effizienz in der Rspr. Die im GVG ansonsten enthaltenen speziellen Ermächtigungen zum Erlass entspr Regelungen im Verordnungswege zur Bildung auswärtiger Kammern bzw Senate (§§ 78 I 1, 78a II, 93 I 2 und 116 II GVG) sowie zur Konzentration (§§ 22c I 1, 23c, 58, 74c III, 74d und 78a II GVG) bleiben unberührt. Gleiches gilt für die Konzentrationsermächtigung im Bereich des Kostenrechts in § 30a III EGGVG für größere Bundesländer mit mehreren OLG. 1

§ 14 [Besondere Gerichte]. Als besondere Gerichte werden Gerichte der Schifffahrt für die in den Staatsverträgen bezeichneten Angelegenheiten zugelassen.

Mit Blick auf § 16 S 1 GVG verbietet sich die bisweilen anzutreffende Bezeichnung der Schifffahrtsgerichte als »Ausnahmegerichte«. Es handelt sich im Sprachgebrauch des GVG um besondere Gerichte iSv Gerichten für besondere Sachgebiete (Art 101 II GG), die im Bereich der Zuständigkeiten für die ordentliche Gerichtsbarkeit nach § 13 GVG tätig werden, indes nicht zu den insoweit in § 12 GVG bezeichneten Typen von (ordentlichen) Gerichten gehören. Da es sich um eigenständige Gerichte für das betroffene Sachgebiet handelt, ist in dem Zusammenhang indes keine Regelung der sachlichen Zuständigkeit, sondern – solange die Gerichte eingerichtet sind – letztlich eine abdrängende Rechtswegbestimmung im Bereich der ordentlichen Gerichte zu erblicken. 1

§ 15 *(weggefallen)*

§ 16 [Ausnahmegerichte]. [1]Ausnahmegerichte sind unstatthaft. [2]Niemand darf seinem gesetzlichen Richter entzogen werden.

A. Gesetzlicher Richter. I. Verfassungsrechtliche Grundlagen. Die Vorschrift entspricht Art 101 I GG und setzt insgesamt die darin enthaltene **Gewährleistung des gesetzlichen Richters** um. Sie ist als gerichtsverfassungsrechtliche Ausprägung des allg Gleichbehandlungsgrundsatzes (Art 3 I GG, Willkürverbot) anzusehen und gehört zu den im Verletzungsfall mit der Verfassungsbeschwerde reklamierbaren **»Justizgrundrechten«** (Art 93 I Nr 4a GG; § 90 I BVerfGG). Dieses Recht steht nicht nur natürlichen Personen zu, sondern allen im Gerichtsverfahren partei- bzw beteiligtenfähigen Vereinigungen (BVerfGE 3, 359; NJW 91, 217), also insb ggf juristischen Personen des öffentlichen Rechts unabhängig von ihrer Eigenschaft als Grundrechtsträger iÜ. Gesetzlicher Richter ist nicht nur das erkennende Gericht als Spruchkörper, sondern insb auch der einzelne Richter als Person (BVerfGE 17, 294). 1

II. Vorbereitende Maßnahmen der Justizorganisation. Dem Gesetzgeber obliegen allerdings notwendig bspw die »vorentscheidende« Zuweisung von Rechtsstreitigkeiten zu einem bestimmten Rechtsweg, die Festlegung sachlicher und örtlicher Zuständigkeiten (Gerichtsstände, dazu BVerfGE 27, 18) sowie die ansonsten notwendigen Akte der **Justiz- und Gerichtsorganisation** (zB § 3 VwGO) wie etwa die Bestimmung der Anzahl der Gerichte und die Festlegung ihres räumlichen Zuständigkeitsbereichs. Auch eine Befugnis von Stellen der Exekutive zur Festlegung der **Zahl der Spruchkörper** von Gerichten (etwa § 130 I 2 GVG betr BGH) ist mit Art 101 I 2 GG vereinbar, solange die Zuständigkeit der Organe der Rspr (Präsidien) für eine Zuteilung der Richter zu den einzelnen Spruchkörpern unberührt bleibt (BVerfGE 19, 52). 2

3 **III. Geltendmachung der Verletzung.** Die **Nichtbeachtung des Gebots,** das sicherstellen soll, dass dem Rechtssuchenden ein unbefangenes »neutrales« Gericht ggü tritt, kann nach den gerichtlichen Verfahrensordnungen regelmäßig mit der sog Besetzungsrüge als absoluter Revisionsgrund geltend gemacht werden (§§ 547 Nr 1 ZPO; 338 Nr 1 StPO; 138 Nr 1 VwGO; 72 II Nr 3 ArbGG), sofern nicht im Einzelfall Präklusionsregelungen einschlägig sind (etwa § 222b StPO). Das zeigt indes, dass Verstöße gegen die ordnungsgem personelle Besetzung des Gerichts nicht zur Nichtigkeit der richterlichen Maßnahmen und Entscheidungen führen, sondern nur zu deren Anfechtbarkeit. Liegt ein Verstoß gegen den gesetzlichen Richter vor, ist die Entscheidung aufzuheben, und zwar unabhängig von der Frage ihrer inhaltlichen Richtigkeit. Ist eine Geltendmachung unvorschriftsmäßiger Besetzung des Gerichts iRe Rechtsmittelverfahrens nicht möglich, eröffnet § 579 I Nr 1 iVm II ZPO die Möglichkeit einer Nichtigkeitsklage. Die Beteiligten können auf den »gesetzlichen Richter« auch nicht verzichten, wodurch sie gleichzeitig von unangemessenem Druck von Außen freigestellt werden sollen.

4 **IV. Besonderheiten beim Abschluss von gerichtlichen Vergleichen. 1. Grundkonstellation.** Die Anforderungen gelten nicht für die Beendigung eines Rechtsstreits durch gerichtlichen **Vergleich.** Dessen Rechtswirksamkeit wird nicht dadurch berührt, dass er vor einem nicht zuständigen oder nicht ordnungsgem besetzten Gericht abgeschlossen worden ist (grdl BGH NJW 61, 1817; zust Redeker/v. Oertzen § 106 Rn 5). Der Einwand der Verletzung des gesetzlichen Richters kann aber auch im Nachhinein ggü einer Vollstreckung aus dem Vergleich nicht mit Erfolg erhoben werden. Das verdeutlicht der Wortlaut des § 794 I Nr 1 ZPO, der lediglich verlangt, dass der Vergleich »vor einem deutschen Gericht«, also notwendig nicht einmal im durch die Rechtsordnung vorgesehenen Rechtsweg, geschlossen wurde. Das ist konsequent, da – unabhängig von den oftmals wesentlichen gerichtlichen Hinweisen und Ratschlägen iRd Vergleichsgesprächs – der Prozessvergleich in seiner Prozess beendenden Wirkung allein auf den einvernehmlichen Willensbekundungen der Parteien beruht und den die Erklärungen aufnehmenden Richtern lediglich eine beurkundende Funktion zukommt (BGH NJW 86, 1348, Vergleich nach nicht ordnungsgem Übertragung auf einen Einzelrichter; Bader ua/*Kuntze* § 106 Rn 24; Sodan/Ziekow § 106 Rn 36). Daher kommt es insoweit auch nicht entscheidend darauf an, ob den einen Vergleich schließenden Verfahrensbeteiligten die fehlende Zuständigkeit des Richters bekannt war oder nicht.

5 **2. Erleichterter Vergleichsabschluss.** Die genannten Grundsätze gelten auch für die inzwischen in den Prozessordnungen vorgesehenen Erleichterungen des Abschlusses von Prozessvergleichen im **schriftlichen Verfahren** insb durch die Annahme eines gerichtlichen Vergleichsvorschlags (§ 278 VI ZPO). Die dabei vorgegebene Form eines Beschlusses für den gerichtlichen Vorschlag (etwa § 106 S 2 VwGO) oder für die Feststellung des Inhalts des zustande gekommenen Vergleichs (§ 278 VI 2 ZPO) mit entspr Anwendung der Regeln über die Protokollberichtigung (S 3 iVm § 164 ZPO), der allerdings anders als das gerichtliche Protokoll die notarielle Form rechtsgeschäftlicher Erklärungen (§§ 127a, 925 I 3 BGB) nicht ersetzen kann, rechtfertigt es nicht, diese Handlung inhaltlich als eine originär richterliche Streitentscheidung einzustufen. Auch in diesen Fällen bleibt die Verfahrensbeendigung Ausfluss der Dispositionsbefugnis der Parteien über den Streitgegenstand, wobei die Wirksamkeit ihrer Betätigung nicht von der Erfüllung der gerichtsbezogenen Prozessvoraussetzungen abhängig gemacht werden kann.

6 **3. Auseinandersetzungen um die Wirksamkeit von Vergleichen.** Probleme ergeben sich im Zusammenhang mit der Frage, welches Gericht bzw welcher Richter bei einem Streit um die (anfängliche) Unwirksamkeit des Vergleichs, letztlich also um die Frage einer Fortsetzung des Verfahrens in derselben Instanz, zur Entscheidung berufen ist. Beschränken sich die Einwände auf den Verstoß gegen § 16 GVG (Art 101 I GG), so dürfte eine (ablehnende) Entscheidung durch das protokollierende Gericht (Richter) konsequent sein, zumindest wenn die Beteiligten dessen Unzuständigkeit bei Vergleichsabschluss bewusst war (str, vgl etwa Redeker/v. Oertzen § 106 Rn 15, der darauf verweist, dass die Feststellung der Beendigung des Verfahrens durch den Vergleich »Sachurteil« ergehe). Werden daneben anderweitige materielle Einwendungen gegen die (anfängliche) Wirksamkeit des Vergleichs erhoben, etwa Fehler bei der Protokollierung (§§ 160 III Nr 1, 162 I 1 ZPO), bewegt sich das Gericht wie bei der Entscheidung über ohnehin in einem neuen Verfahren geltend zu machende nachträgliche Einwände gegen die Wirksamkeit des Vergleichs, etwa Rücktritt oder Wegfall der Geschäftsgrundlage, allerdings nicht mehr – wie bei der reinen Protokollierung – außerhalb des Bereichs der Streitentscheidung. Das Gebot des gesetzlichen Richters verlangt hier wieder uneingeschränkte Beachtung. Entspr dürfte im Ergebnis gelten, wenn die Verfahrensbeteiligten – wie in der Praxis häufig – den vor dem unerkannt nicht zuständigen Gericht geschlossenen Vergleich auf die Haupt-

sache beschränkt und die Nebenentscheidung über die Kosten dem Gericht vorbehalten haben, da insoweit häufig die Beurteilung der materiellen Prozessaussichten entscheidende Bedeutung erlangt.

B. Notwendige Vorkehrungen vor Einleitung des Verfahrens. I. Die Bedeutung des Geschäftsverteilungsplans. Neben dem nach dem Wortlaut nahe liegenden Verbot, einem zuständigen Richter eine Streitsache willkürlich, dh ohne sachliche Rechtfertigung, »zu entziehen«, liegt die eminente Bedeutung der Gewährleistung des gesetzlichen Richters nach deutschem Verständnis in insoweit notwendigen Vorkehrungen vor dem Anhängigwerden der Streitsachen. Das Gebot fordert insoweit die Existenz allg (abstrakter) Regelungen, die für jeden denkbaren Streitfall im Voraus den (dann) zuständigen Spruchkörper und die insoweit zu seiner Entscheidung berufenen Richter »möglichst eindeutig« festlegen. Das dient insb der Abwehr von Versuchen einer inhaltlichen Beeinflussung der Rspr »von außen« aber auch seitens anderer Stellen im Justizbereich durch auf den Einzelfall bezogene Auswahl von Richtern und damit insgesamt der Verwirklichung des Rechtsstaatsgedankens in Gestalt des sog rechtsstaatlichen Objektivitätsgebots (dazu BVerfGE 17, 294; 22, 254; 25, 336; 30, 149; 48, 246). 7

II. Auslegung von Geschäftsverteilungsplänen. Der inhaltlich auch das (speziellere) Verbot von Ausnahmegerichten (S 1) als besondere Ausprägung umfassende § 16 S 2 GVG (Art 101 I 2 GG) gebietet, dass die Personen der zur Entscheidung im Einzelfall berufenen Richter aufgrund von allg gesetzlichen Regeln der Gerichtsverfassung, spezieller Prozessordnungen und von Geschäftsverteilungsplänen (allg dazu §§ 21a ff GVG; § 4 S 1 VwGO) im Voraus möglichst eindeutig feststehen. Die Vorschrift fordert indes nicht, dass die Anzahl der Richter stets unverändert bleibt (BVerfGE 19, 52 zu Überbesetzungen von Senaten des BFH). Welcher Richter des (zuständigen) Gerichts der »gesetzliche Richter« ist, ist durch den Geschäftsverteilungsplan im Voraus abstrakt-generell, zugleich aber inhaltlich hinreichend bestimmt zu regeln, so dass Manipulationen und damit verbundene sachfremde Einflüsse auf die Rspr nach Möglichkeit ausgeschlossen werden (BGH NJW 09, 1351). Genügt der Geschäftsverteilungsplan diesen Anforderungen nicht, so ist das Gericht, das seine Zuständigkeit daraus ableitet, nicht ordnungsgem besetzt. Die Rechts- und Verfassungsmäßigkeit des Geschäftsverteilungsplans ist im Gegensatz zu seiner Auslegung und Würdigung durch das erkennende Gericht nicht nur auf Willkür, sondern auf jeden Rechtsverstoß hin zu untersuchen (BVerfG NJW 05, 2689). Auslegungszweifel bei Geschäftsverteilungsplänen, bei deren Formulierung vielfach auf allg Begrifflichkeiten zurückgegriffen werden muss, müssen mit herkömmlichen juristischen Methoden ausräumbar sein (BVerfG NJW 95, 2703; Kissel/Mayer § 16 Rn 8a). Bei nicht ausräumbaren **internen Meinungsverschiedenheiten** unter Spruchkörpern eines Gerichts über die **Auslegung des Geschäftsverteilungsplans** hat das erlassende Präsidium verbindlich zu entscheiden (BGH NJW 00, 80). Die prozessualen Regelungen über die Ausräumung negativer Kompetenzkonflikte verschiedener Gerichte desselben Rechtswegs durch das im gemeinsamen Instanzenzug nächsthöhere Gericht (§§ 36 I Nr 6 ZPO, 53 I Nr 5 VwGO, 58 I Nr 4 SGG) sind in diesen Fällen weder unmittelbar noch analog anwendbar (LSG NRW Beschl v 12.4.10 – L 17 SF 51/10 ZG). Das Bestimmungsrecht des Präsidiums findet bei vom Gesetzgeber vorgegebener Verteilung von Geschäften ihre Grenze, also bspw wenn die Zuständigkeit der **Baulandkammern und Baulandsenate** bei LG bzw OLG oder der Kammer für Handelssachen von der allg Spruchkörper dieser Gerichte abzugrenzen ist (zu letzterem KG NJW-RR 08, 1023), da es dabei nicht mehr um Auslegungsfragen geht (vgl dazu auch ZPO § 36 Rz 12). Für diese Fälle besteht nach Ansicht des BGH keine Entscheidungskompetenz des Präsidiums (BGH NJW 78, 1531, ausdrücklich abl LSG NRW Beschl v 12.4.10 – L 17 SF 51/10 ZG)). Seit dem 1.9.09 enthält allerdings § 17a VI GVG eine abschließende Regelung für die Kompetenzkonflikte zwischen streitiger u freiwilliger Gerichtsbarkeit bzw den Familiengerichten. Über die Frage der Anfechtbarkeit hinausgehende Folgeregelungen für die Verletzung des Gebots des gesetzlichen Richters aufgrund der Nichtbeachtung des Geschäftsverteilungsplans finden sich nur vereinzelt, etwa in § 22 GVG für den Bereich der AG (krit dazu etwa Kissel/Mayer § 22d Rn 1 ff). 8

III. Bedeutung von Vertretungsregeln, Richterwechsel. Um Manipulationen weitestgehend auszuschließen, muss der personelle Geschäftsverteilungsplan für den richterlichen Dienst eines Gerichts eindeutige Vertretungsregeln für die Fälle einer Verhinderung und des **Urlaubs** oder bei **Krankheitsfällen** vorsehen. Auch insoweit darf der Geschäftsverteilungsplan nach der Rspr des BVerfG im Einzelfall »keine vermeidbare Freiheit« für eine manipulative oder willkürliche Heranziehung einzelner Richter zur Entscheidung eröffnen (BVerfGE 17, 294). Die Bestimmung der Richterbank kann und muss aber notwendig in das Ermessen der Gerichte gestellt werden, wenn sich dies aus Gründen der geordneten Rechtspflege nicht vermeiden lässt. Speziell bei überbesetzten Spruchkörpern wie auch allg über die Regelungen der Außenver- 9 tretung in Spruchkörpern lässt sich dabei eine gewisse »Steuerungsmöglichkeit« durch die dem Vorsitzenden obliegende **Terminierung** in dem Zusammenhang nicht vermeiden. Das ist im Grundsatz mit Art 101 I 2 GG zu vereinbaren. Auch seine Terminierungspraxis unterliegt indes gleichwohl zumindest einer Willkürkontrolle (vgl BVerfG DVBl 07, 563; DRiZ 08, 56 zur Verletzung des Rechts auf den gesetzlichen Richter durch bewusste Entscheidung während des Urlaubs eines abgelehnten Richters erkennbar zur Vermeidung der Entscheidung über das Ablehnungsgesuch). Allg besteht jedoch weder im Zivil- noch im Verwaltungsprozess ein Gebot, dass die einmal in einer mündlichen Verhandlung und Beweisaufnahme mit einer Sache befasst gewesenen Richter auch bis zur Entscheidung mit dieser Sache befasst bleiben müssen (BVerwG ZOV 11, 123, **Richterwechsel**).

10 **IV. Geschäftsverteilung innerhalb von Spruchkörpern.** Bei mit Berufsrichtern überbesetzten Spruchkörpern oder zur Festlegung eines zur Entscheidung berufenen Einzelrichters (§ 21g III GVG) muss zur Bestimmung des gesetzlichen Richters im Geschäftsverteilungsplan des Gerichts eine abstrakte Regelung des Spruchkörpers hinzutreten welche die Mitwirkung bei den einzelnen ihm vom Präsidium zugeordneten Sachen (vorab) nach allg hinreichend bestimmten Kriterien festlegt (BVerfG NJW 97, 1497). § 21g I GVG schreibt in seiner seit 1999 geltenden Fassung generell für mit »mehreren« Richtern besetzte Spruchkörper eine Geschäftsverteilung innerhalb desselben durch **Beschl aller Berufsrichter** vor (vgl zum Normzweck § 21g Rz 1). Dabei gelten grds die gleichen Anforderungen wie für die Geschäftsverteilung innerhalb des Gerichts (BGH MDR 09, 1054; FamRZ 09, 1044; NJW 00, 371). Die interne Verteilung darf nicht so geregelt werden, dass einzelnen Richtern, etwa im Verlaufe eines Geschäftsjahrs zur Erprobung abgeordneten Richtern, »ausgesuchte« Sachen zugewiesen werden (BGH MDR 09, 1054). Nur so kann eine mit dem Gebot des gesetzlichen Richters (§ 16 S 2 GVG) unvereinbare Auswahl des Richters »von Fall zu Fall« vermieden werden. Die Formulierung einer Ausn bei der Zuweisung von Sachen, mit deren Bearbeitung der bisher zuständige Richter »bereits begonnen« habe, genügt in dieser Allgemeinheit dem Bestimmtheitserfordernis nicht. Den genannten Anforderungen kann zwar nicht entnommen werden, dass derartige abstrakte Zuweisungen von Verfahren zu Spruchkörpern oder Richtern nach Eingang »unabänderlich« sind. Für diese Änderungen gelten aber die gleichen inhaltlichen Anforderungen, insb das Verbot »sachwidriger Gründe« (BVerfG NJW 04, 3482, NVwZ 00, 665). Auf den gesetzlichen Richter können die Verfahrensbeteiligten auch nicht verzichten (BGH NJW 09, 1351). Auch ein ausdrücklich erklärtes Einverständnis mit einer Entscheidung durch einen (bestimmten) **Einzelrichter** (§ 527 IV ZPO) bewirkt allein, dass ein konsentierter Einzelrichter gesetzlicher Richter sein kann, hat aber nicht zur Folge, dass der jeweilige Richter allein deswegen (nunmehr) als der gesetzliche Richter iSv Art 101 I 2 GG, § 16 GVG anzusehen wäre (BGH FamRZ 09, 1044). Das Einverständnis ersetzt daher nicht eine fehlende oder nicht ordnungsgem Zuweisung an den Einzelrichter durch den Spruchkörper.

11 **C. Voraussetzungen für die Feststellung eines Verstoßes.** Eine »Richterentziehung« (§ 16 S 2 GVG) durch **Handlungen der Rechtsprechungsorgane** setzt – anders als bei Einwirkungen von außen – immer eine nach objektiver Betrachtungsweise willkürliche Maßnahme voraus und kann nicht bereits bei einem sog *error in procedendo* (Verfahrensirrtum des Gerichts) angenommen werden (Meyer-Goßner § 16 Rn 6 mwN; Zö/*Gummer* GVG § 16 Rn 2). Willkürlich idS ist das Verhalten nur dann, wenn die ihm zugrunde liegende Auffassung als offenbar unhaltbar eingestuft werden muss (zB BVerfG NJW 05, 2685 zur Handhabung von Zuständigkeiten in Familiensachen), mag sie auch subjektiv auf einem Irrtum beruhen (MüKoZPO/*Wolf* § 16 GVG Rn 24 mit Bsp). Nach diesen Maßstäben ist die von einem Einzelrichter in einem zivilgerichtlichen Beschwerdeverfahren getroffene Entscheidung, in der die Rechtsbeschwerde wegen rechtsgrundsätzlicher Bedeutung zugelassen wurde, im Hinblick auf die fehlerhafte Besetzung des Beschwerdegerichts wegen der Nichtbeachtung des Gebots der Übertragung in § 568 S. 2 ZPO „objektiv willkürlich" und daher vAw aufzuheben (BGH Beschl v 22.11.11 – VIII ZB 81/11; WuM 11, 242; dazu iE § 568 Rz 4)). Der Willkürlichkeit allg gleichzustellen ist es, wenn bei der Entscheidung zur Entscheidungszuständigkeit (Besetzung) Bedeutung und Tragweite der Verfassungsgarantie des Art 101 I 2 GG grdl verkannt wurden (BVerfGE 82, 286).

12 **D. Ausschluss und Ablehnung von Richtern.** Nach stRspr des BVerfG erfordert der materielle Gewährleistungsinhalt des Art 101 I 2 GG (BVerfGE 10, 200; 21, 139; 30, 149; 40, 268; 82, 286 und 89, 28), der dem Rechtsuchenden die Gewähr bieten soll, vor einem unabhängigen und unvoreingenommenen Richter zu stehen, dass der Gesetzgeber Vorsorge trifft, dass die Richterbank im Einzelfall nicht mit Richtern besetzt ist, die dem zu entscheidenden Fall nicht mit der »erforderlichen professionellen Distanz eines Neutralen«

ggü stehen (BVerfG BayVBl 11, 738). Deswegen sind Regelungen geboten, die es ermöglichen, einen Richter, der im Einzelfall nicht die notwendige Gewähr seiner Unparteilichkeit bietet, von der Mitwirkung an dem Verfahren und insb an der Entscheidung auszuschließen (BVerfG NJW 05, 3410 zu §§ 22–24 und 26a StPO; NVwZ 05, 1304; StraFO 06, 235). Als Rechtsuchender ist in dem Zusammenhang auch der Ast in einem der Durchsetzung zivilrechtlicher Ansprüche des Geschädigten einer Straftat dienenden Adhäsionsverfahren nach §§ 403 ff StPO anzusehen (BVerfG NJW 07, 1670). Im bürgerlichen Rechtsstreit wird dem Kl bereits mit Einreichung der Klage durch den § 42 ZPO die Möglichkeit eröffnet, ein Ablehnungsgesuch wegen Besorgnis der Befangenheit zu stellen. Die Feststellung der Verletzung des Justizgrundrechts iRd **Ausschließungs- und Ablehnungsrechts**, also insb bei der Zurückweisung von Befangenheitsanträgen, setzt allerdings ebenfalls eine objektiv willkürliche Handhabung durch das Gericht iS einer »groben Fehlanwendung« voraus. Von einer »willkürlichen Missdeutung« kann nicht mehr ausgegangen werden, wenn sich das Gericht mit der Rechtslage auseinander gesetzt hat und seine Auffassung »nicht jedes sachlichen Grundes entbehrt« (BVerwG NVwZ 08, 1025). Das betrifft auch die Beantwortung der Frage der Zuständigkeit für die Entscheidung über ein Ablehnungsgesuch (BFH Beschl v 14.7.08 – VII B 77/08, zur Bedeutung der richterlichen Zuständigkeit BVerfG NJW 91, 2758 zu § 24 III 2 StPO). Soweit die Rspr für gänzlich untaugliche oder rechtsmissbräuchliche Ablehnungsgesuche die Entscheidung eines abgelehnten Richters in „eigener Sache" zulässt, kommt dies mit Blick auf Art 101 I 2 GG nur ganz ausnahmsweise in Betracht bei offensichtlicher Rechtsmissbräuchlichkeit oder bei reinen Formalentscheidungen über das Ablehnungsgesuch, bei denen sich jedes Eingehen auf die Sache erübrigt (BSG SozR 4-1500 § 60 Nr 6). Das gilt etwa für nach Ergehen einer Sachentscheidung in Reaktion darauf angebrachte Ablehnungsgesuche (BFH/NV 2011, 1664). Jedes nur geringfügige Eingehenmüssen auf den Verfahrensgegenstand schließt hingegen die Mitwirkung des abgelehnten Richters aus. Die Nichtbeachtung rechtfertigt die Annahme objektiv willkürlicher Entziehung des gesetzlichen Richters (OVG Bln/Bbg Beschl v 20.10.11 – 9 N 111.10). Eine Ablehnungsgesuch ist iS § 47 I ZPO erst dann „erledigt", wenn seine Behandlung endgültig abgeschlossen ist. Das Handlungsverbot umfasst nach der Rspr von daher zeitlich auch eine zulässigerweise erhobene Anhörungsrüge (BGH NJW-RR 11, 427, § 47 Rz 2; aA BFH ZSteu 09, R536-R537).

E. Beachtlichkeit rechtskräftiger Entscheidungen/Zurückverweisung. Eine Verletzung des Art 101 I 2 GG liegt auch vor, wenn ein Gericht bei seiner Entscheidung rechtliche Bindungswirkungen bereits zuvor ergangener rechtskräftiger Entscheidungen anderer Gerichte zu demselben Streitgegenstand (§ 322 I ZPO) oder verbindliche Vorgaben von Rechtsmittelgerichten für das konkrete Verfahren nach Zurückverweisung (§ 563 II ZPO) negiert. Sie kommt ferner regelmäßig dann in Betracht, wenn das Revisionsgericht in Strafsachen den § 354 Ia StPO anwendet, obwohl nicht lediglich eine Gesetzesverletzung bei der Zumessung der Rechtsfolgen vorliegt, sondern auch der Schuldspruch des Tatgerichts der Korrektur bedarf (BVerfG NJW 07, 2977). 13

F. Erfüllung von Vorlagepflichten. I. Nationale Gerichte. Auch die Nichtbeachtung gesetzlich angeordneter **Vorlagepflichten ggü Verfassungsgerichten** nach Art 100 I 1 GG oder bei Zweifeln über die innerstaatliche Verbindlichkeit oder Auslegung allgemeiner Regeln des Völkerrechts (Art. 100 II GG, dazu BVerfG WM 11, 2185) bzw ggü gemeinsamen oder großen Senaten, die zur Wahrung einheitlicher Rspr vorgesehen sind (etwa §§ 132 GVG, 11, 12 VwGO), kann im Einzelfall eine Verletzung des gesetzlichen Richters (Art 101 I 2 GG) beinhalten, wenn sie nach den genannten Maßstäben als »willkürlich« einzustufen ist. 14

II. Internationale Gerichte. 1. Grundsatz (»unhaltbare« Nichtvorlage). Entspr gilt für den durch Gemeinschaftsverträge als hoheitliches Rechtspflegeorgan eingerichteten und mit Letztentscheidungsbefugnissen ausgestatteten **Gerichtshof der Europäischen Gemeinschaften** (EuGH), der ebenfalls »gesetzlicher Richter« iSd innerstaatlichen Rechts ist. Nach stRspr des BVerfG stellt es einen Entzug des gesetzlichen Richters dar, wenn ein nationales Gericht seine Pflicht zur Anrufung des EuGH im Wege des Vorabentscheidungsverfahrens nach Art 267 AEUV (vormals Art 234 EG) nicht beachtet (vgl zusammenfassend BVerfG NJW 11, 1131 und 11, 3428; s.a. BVerfGE 73, 339, 366 f, Einfuhrbeschränkungen für Champignonkonserven; 82, 159, 192 ff, Sonderabgaben Agrar, zu Art 177 EWGV). Verstöße sind allerdings auch insoweit am Maßstab des Verfassungsrechts (Art 101 I 2 GG) nur dann zu beanstanden, wenn die Verfahrensweise des nationalen Gerichts im konkreten Fall bei verständiger Würdigung »nicht mehr verständlich erscheint und offensichtlich unhaltbar ist« (BVerfG WM 06, 1724, betr aktienrechtliche Entscheidungen ua des BGH zum Umfang der Berichtspflicht des Vorstands bei Kapitalerhöhung). Auch aus dem Gemeinschaftsrecht ergibt sich insoweit kein Gebot einer lückenlosen Nachprüfung der Vorlagepflicht iS einer über 15 den genannten Willkürmaßstab hinausgehenden »Vollkontrolle« (BVerfG NVwZ-RR 08, 658). Nach diesen Maßstäben ist von einer »offensichtlich unhaltbaren« Verfahrensweise erst bei »grundsätzlicher Verkennung der Vorlagepflicht« auszugehen, wenn ein letztinstanzliches Hauptsachegericht eine Vorlage trotz nach eigener Auffassung bestehender Entscheidungserheblichkeit der gemeinschaftsrechtlichen Frage überhaupt nicht in Erwägung zieht, obwohl es selbst Zweifel hinsichtlich der richtigen Beantwortung der Frage hat. Entspr gilt für den Fall des »bewussten Abweichens ohne Vorlagebereitschaft«, wenn in der Entscheidung des letztinstanzlichen Hauptsachegerichts bewusst von der Rspr des EuGH zu entscheidungserheblichen Fragen abgewichen und insoweit nicht oder nicht erneut vorgelegt wird. Letzteres umfasst auch die Fälle, in denen ein nationales Gericht zu der Überzeugung gelangt, dass der EuGH bei seiner Rspr die eigenen Kompetenzen überschritten habe. Auch dieser Einwand rechtfertigt keine Abweichung; die Geltendmachung derartiger Bedenken ist vielmehr iR neuerlicher Vorlage geltend zu machen (BVerfG NJW 88, 1459 (Direktwirkung der 6. UStRiL)). Allerdings haben die Fachgerichte Gründe anzugeben, die zeigen, ob sie sich hinsichtlich des europäischen Rechts ausreichend kundig gemacht haben, und die dem BVerfG eine Kontrolle am Maßstab des Art 101 I 2 GG ermöglichen (BVerfG NJW 11, 1131; 10, 1268). Mehrere (wiederholende) Vorlagen desselben Gerichts zu einer gleichen oder ähnlichen Rechtsfrage in verschiedenen Verfahren sind verfassungsrechtlich nicht geboten, wenn die in der Parallelsache ergangene Beantwortung des EuGH keinen Raum für „vernünftige Zweifel" lässt (BVerfG NJW 11, 3428).

16 **2. »Unvertretbare« Überschreitung des Beurteilungsrahmens.** Da es sich bei den beiden genannten Fallkonstellationen um eher seltene Extremfälle handeln dürfte, kommt der dritten in der verfassungsgerichtlichen Rspr aufgezeigten Fallkonstellation der »unvertretbaren Überschreitung des Beurteilungsrahmens« bei »unvollständiger Rspr« in der Praxis die wesentliche Bedeutung zu. Sie kennzeichnet die Fälle, in denen Rspr des EuGH für die Beantwortung einer in dem Rechtsstreit entscheidungserheblichen Frage des Gemeinschaftsrechts noch nicht oder nicht hinreichend vorliegt oder eine Fortentwicklung seiner Rspr nicht nur eine »entfernte Möglichkeit« darstellt, und das letztinstanzliche (nationale) Hauptsachegericht den ihm in diesen Fällen einzuräumenden Beurteilungsrahmen »in unvertretbarer Weise überschritten« hat. Das kann insb dann zu bejahen sein, wenn veröffentlichte Gegenauffassungen zu der Meinung des (nationalen) Gerichts »eindeutig vorzuziehen« sind (dazu BVerfGE 82, 159, 195 f; NVwZ 07, 197 (Vergaberecht/DB-Regio/SPNV), NVwZ 08, 780, Flughafenneubau Berlin-Schönefeld; zur Darlegungslast des Betroffenen BVerfG Beschl v 23.10.07–2 BvR 2090/05). Inwieweit beim EuGH seinerseits gerichtsintern dem Art 101 I 2 GG genügende Vorkehrungen für die abstrakte Vorausbestimmung der Entscheidungszuständigkeiten getroffen sind, wird regelmäßig nicht hinterfragt.

17 **3. Besetzung bei Vorlageentscheidungen zum EuGH.** Über die Aussetzung des Verfahrens und die Vorlage an den EuGH nach Art 234 EG ist in der gleichen Besetzung zu entscheiden, in der die Entscheidung zu treffen wäre, für die die Vorlagefragen erheblich sind (BVerwG DÖV 08, 649; BVerfG NVwZ 05, 801 zu Art 100 GG).

18 **G. Ehrenamtliche Richter.** Das Gebot des gesetzlichen Richters gilt nicht nur für die hauptamtlichen Richter, sondern auch und insb dort, wo das Prozessrecht die Mitwirkung von Laienrichtern vorsieht (zur Frage der Mitwirkung etwa BVerfGE 48, 246). Entspr enthalten alle Prozessordnungen spezielle Vorgaben für die Reihenfolge einer Heranziehung von **ehrenamtlichen Richtern**, bspw von Schöffen (§§ 44 ff GVG). Diese muss vor Beginn eines Geschäftsjahres namentlich bestimmt oder festgestellt werden und auch für Verhinderungsfälle abstrakt-generelle Vorkehrungen, regelmäßig in Form sog Hilfslisten, enthalten. Die Regularien der Bestimmung – durch Los, Vorsitzende der Spruchkörper oder die Präsidien – sind unterschiedlich (zB §§ 45 II 1 GVG; 30 VwGO; 39 ArbGG). In den letztgenannten Fällen steht § 21i I GVG einer Entscheidung im sog Umlaufverfahren nicht entgegen (BVerwG DÖV 91, 892). Die Heranziehung kann abstrakt in unterschiedlicher Weise geregelt werden (BVerwG BayVBl 99, 601, NVwZ-RR 00, 646). Sie erfolgt regelmäßig bei der Terminierung bzw Ladung, kann aber zulässiger Weise auch an die zeitliche Reihenfolge der Sitzungen anknüpfen (BVerwG NVwZ 86, 1010). Als unzulässig wird es angesehen, wenn bestimmte Verfahren gerade im Hinblick auf eine turnusmäßige Teilnahme bestimmter ehrenamtlicher Richter terminiert werden (vgl etwa Kopp/Schenke § 30 Rn 2), was im konkreten Fall kaum verifizierbar sein dürfte.

19 **H. Rechtspfleger.** Die Vorschriften über den gesetzlichen Richter (Art 101 I 2 GG, 16 S 2 GVG) sind auf Rechtspfleger, denen ungeachtet der Weisungsfreiheit nach § 9 RPflG (dazu Rz 28 zu § 1) weder unmittel-

bar noch entspr anwendbar (dazu BVerfGE 101, 397, 405). Auch aus den Bestimmungen des RPflG folgt nicht, dass die Verteilung der von den Rechtspflegern zu erledigenden Geschäfte wie bei einer **Geschäftsverteilung** für Richter im Voraus nach abstrakt-generellen Maßstäben vorgegeben sein muss (§ 21e GVG). Deswegen ist auch eine Aufgabenübertragung durch Einzelfallanordnung *ad hoc* zulässig. Rechtspfleger üben im verfassungsrechtlichen Verständnis (Art 20 II 2, 92 GG) insb auch iR des Zwangversteigerungsverfahrens keine rechtsprechende Gewalt im materiellen Verständnis aus (BGH ZZP 123, 363).

In der Rspr werden auch die Fälle als Verletzung der Garantie des gesetzlichen Richters verstanden, in 20 denen im Einzelfall fachlich unqualifizierte und insb in der **Wahrnehmungsfähigkeit** wesentlich gehinderte Richter tätig geworden sind. Letzteres betrifft insoweit maßgebliche geistige Erkrankungen, körperliche Einschränkungen mit Auswirkungen auf die im Fall erforderlichen Wahrnehmungen und den oft bemühten Fall des »Sitzungsschläfers«.

I. Das Verbot von Ausnahmegerichten. I. »Besondere Gerichte«. Das eine besondere Ausprägung des 21 allg Grundsatzes des S 2 darstellende und damit ebenfalls rechtsstaatlich begründete **Verbot von Ausnahmegerichten** fand sich bereits in der Paulskirchenverfassung von 1848 (dazu Kissel/Mayer § 16 Rn 12 mwN), nicht indes in der Reichsverfassung von 1871, was die historische Bedeutung des gleich lautenden § 16 S 1 GVG 1879 unterstreicht. Von den unzulässigen Ausnahmegerichten zu unterscheiden sind die auf der Grundlage von Art 101 II GG durch Gesetz zulässiger Weise aufgrund spezifischer Fachkunde eingerichteten **besonderen Gerichte** für spezielle Sachgebiete (§§ 14 GVG [Schifffahrtsgerichte]; 65 ff PatG [Patentgerichte]).

II. Spezialspruchkörper für besondere Rechtsgebiete. 1. Befugnisse der Präsidien. Das Verbot der will- 22 kürlichen Einrichtung eines Ausnahmegerichts für einen Einzelfall oder für eine überschaubare Zahl von individuell bestimmten Fällen abw von den die rechtsstaatliche Justiz im Verständnis des Grundgesetzes kennzeichnenden allg abstrakten und im Voraus festgelegten Zuständigkeitsregeln (dazu oben Rz 7) richtet sich an den Gesetzgeber sowie an die Exekutive, insb aber auch an die Gerichtspräsidien. Es verbietet die Schaffung von Ausnahmegerichten in Form von »Ausnahmespruchkörpern«. Hieraus kann indes nicht hergeleitet werden, dass Spezialspruchkörper für besondere Sachgebiete unzulässig wären, sofern die Zuständigkeit nach abstrakten Merkmalen aufgrund der jeweiligen Sachmaterie bestimmt wird (BayVerfGH NJW 84, 2813). Solche **Spruchkörper für besondere Sachgebiete** innerhalb eines Gerichts tragen einem Bedürfnis nach besonderer Sachkunde und Erfahrung in bestimmten Rechtsangelegenheiten Rechnung und sind keine »Ausnahmegerichte«. Unzulässig ist insofern nur eine Anknüpfung primär an (bestimmte) Personen oder Personengruppen. Wird durch eine gerichtsinterne Aufteilung der Zuständigkeiten nach Sachgebieten notwendiger Weise eine ganz bestimmte Personengruppe betroffen, so darf das nicht willkürlich erscheinen, sondern muss im Verständnis des Art 3 I GG eine innere Rechtfertigung in der zugeteilten Spezialmaterie finden (BayVerfGH NJW 84, 2813, dort zu der – bejahten – Frage, ob mit Blick auf Art 101 I GG einem bestimmten Spruchkörper alle die bürgerlichen Streitigkeiten zugewiesen werden können, an denen »juristische Personen des öffentlichen Rechts« beteiligt sind). Eine Anknüpfung der Präsidien an abstrakte Merkmale, etwa Eingangszeitpunkte und dgl, lässt es im Ergebnis in bestimmten Fällen sogar zu, ganz konkrete (anhängige) Verfahren bestimmten Spruchkörpern und damit letztlich auch bestimmten Richtern zuzuweisen. Mit dem Gebot des gesetzlichen Richters nach § 16 GVG vereinbar ist bspw die Einrichtung einer »Hilfskammer« – sogar im laufenden Geschäftsjahr – mit Blick auf eine akut aufgetretene Überlastung eines Spruchkörpers (§ 21e III GVG) unter Zuweisung einer bestimmten Anzahl der »ältesten« bei diesem anhängigen Verfahren. Eine solche Maßnahme macht die »Hilfskammer« nicht zu einem »Ausnahmegericht« iSv § 16 S 1 GVG (BAG NZA 99, 107).

2. Unzulässige Anknüpfungspunkte. Eine **Verletzung des Verbots** von Ausnahmegerichten (§ 16 S 1 23 GVG) und damit gleichzeitig die Entziehung des gesetzlichen Richters (S 2) wäre allerdings in der Einrichtung besonderer Spruchkörper in Anknüpfung an bestimmte Personen von Beteiligten zu sehen. Gleiches hätte für den Bereich des Strafrechts zu gelten, wenn nach Begehung einer Tat zur Entscheidung eines konkreten Einzelfalls oder zur Aburteilung bestimmter Personen, etwa politischer Straftäter, ein besonderes Gericht eingesetzt würde (Meyer-Goßner § 16 Rn 1; Saenger § 16 Rn 1; BVerfG NJW 60, 187). Eine Anknüpfung allein an die in dem als Positivliste formulierten besonderen Gleichheitssatz des Art 3 III GG mit Differenzierungsverbot belegten persönlichen Merkmale, etwa der Rasse, der Religion oder des Geschlechts sowie an individuelle politische Anschauungen von Beteiligten, ist ebenfalls nicht zulässig.

24 **3. Ausdrückliche gesetzliche Vorgaben.** Für bestimmte Fälle wird die Bildung spezieller Spruchkörper für konkrete Sachgebiete gesetzlich sogar ausdrücklich vorgeschrieben, etwa in Baulandsachen (§§ 220, 229, 232 BauGB), der Kammern für Handelssachen (§§ 93 ff GVG), der Familiengerichte (§ 23b GVG), der Patent-, Kartell- und Urhebergerichte (§ 143 I PatG, 89 ff GWB, 105 UrhG) und der Gerichte für Kennzeichnungsstreitigkeiten (§ 140 II MarkenG). Aus dem Bereich der ordentlichen Gerichtsbarkeit sind ferner zu nennen die Landwirtschaftsgerichte (§ 2 LwVfG) für die in § 1 LwVfG bezeichneten Streitigkeiten und die bereits im Zusammenhang mit § 14 GVG angesprochenen Schifffahrtsgerichte nach dem BinSchGerG. Bisweilen beschränkt sich der Gesetzgeber auf Soll-Vorgaben und lässt den Präsidien Raum für eine eigene Bewertung, wie dies für den Bereich der allg Verwaltungsgerichtsbarkeit in § 83 AsylVfG für asylrechtliche Streitigkeiten geschehen ist, die in besonderen Spruchkörpern zusammengefasst werden sollen.

§ 17 [Zulässigkeit des Rechtsweges].

(1) [1]**Die Zulässigkeit des beschrittenen Rechtsweges wird durch eine nach Rechtshängigkeit eintretende Veränderung der sie begründenden Umstände nicht berührt.** [2]**Während der Rechtshängigkeit kann die Sache von keiner Partei anderweitig anhängig gemacht werden.**

(2) [1]**Das Gericht des zulässigen Rechtsweges entscheidet den Rechtsstreit unter allen in Betracht kommenden rechtlichen Gesichtspunkten.** [2]**Artikel 14 Abs. 3 Satz 4 und Artikel 34 Satz 3 des Grundgesetzes bleiben unberührt.**

1 **A. Grundsätze der Rechtswegzuständigkeit. I. Prozessrechtsreform 1991.** Seit der zum 1.1.91 in Kraft getretenen Neufassung der §§ 17 und 17a GVG und der Ergänzung des § 17b GVG durch Art 2 des Gesetzes zur Neuregelung des verwaltungsgerichtlichen Verfahrens vom 17.12.90 (BGBl I 2809, 2816) gelten für alle Gerichtsbarkeiten im Grundsatz die gleichen Bestimmungen für die Entscheidung über die Zulässigkeit des Rechtswegs und über die Rechtswegverweisung. Ziele waren der Abbau von Streitigkeiten über den Rechtsweg und die Reduzierung damit verbundener Verzögerungen der Verfahren insb durch sog »Rundverweisungen« und die bis dahin bestehende umfassende Befugnis von Instanzgerichten zur Prüfung der Rechtswegzuständigkeit in jeder Lage des Verfahrens. Die Vorfrage des zulässigen Rechtswegs soll nun in Zweifelsfällen möglichst frühzeitig und verbindlich geklärt werden. Das schließt hingegen eine im Einzelfall notwendige **Beweisaufnahme** zur Klärung der Rechtswegfrage nicht aus (BGH WM 10, 281). Bis zur Novellierung vorhandene Sonderregelungen in den einzelnen Prozessordnungen wurden aufgehoben. Das gilt insb für die bis dahin im Verhältnis der ordentlichen zur Arbeitsgerichtsbarkeit geltenden Sonderbestimmungen (§ 17 GVG aF, 48 ArbGG aF); seither ist dies uneingeschränkt ebenfalls eine Frage eigenständiger Rechtswege (BGH NJW 98, 909; Hauck/Helml § 48 Rn 2). Die nach § 2 EGGVG zunächst nur die ordentliche Gerichtsbarkeit betreffenden §§ 17 bis 17b GVG gelten für die übrigen Gerichtsbarkeiten aufgrund genereller Bezugnahmen (§§ 173 S 1 VwGO; 155 FGO; 202 SGG), tw aber mit besonderen Maßgaben (§ 48 I ArbGG).

2 **II. Grenzen der Anwendbarkeit. 1. Rechtsweginterne Abgrenzungsfragen.** Rechtsweg in diesem Verständnis bedeutet Abgrenzung der Zuständigkeiten der einzelnen, grds gleichwertigen Gerichtsbarkeiten (Art 95 GG). Hierauf beschränkt sich der Anwendungsbereich der Vorschriften. Für sonstige Zuständigkeitszweifel etwa bei rechtsweginternen Abgrenzungsfragen zwischen allg und besonderen Spruchkörpern finden sie keine Anwendung. Allerdings sind die §§ 17–17b GVG nach Ansicht des BGH im Verhältnis von streitiger ordentlicher Gerichtsbarkeit sowohl zu den **Landwirtschaftsgerichten** (grdl BGH AgrarR 00, 232; MDR 02, 1265) als auch im Verfahren nach § 23 EGGVG grds entspr anzuwenden (BGH NJW 03, 2989); in der Rspr ist allerdings nicht abschließend geklärt, ob die §§ 17 ff GVG speziell im Verhältnis zwischen dieser besonderen Zuweisung für die Anfechtung von **JustizVAen** und den sonstigen Zuständigkeiten innerhalb der ordentlichen Gerichtsbarkeit gelten (BGH NJW-RR 05, 142). Bereits die bisherige Rspr ging ferner von einer entspr Geltung der §§ 17 ff GVG im Verhältnis zur **freiwilligen Gerichtsbarkeit** jedenfalls für echte Streitsachen aus (BGH NJW-RR 05, 721; NJW 01, 2181; 95, 2851). Mit dem durch Art 22 des FGG-RG v 17.12.08 (BGBl I 08, 2586, 2694) zum 1.9.09 eingefügten § 17a VI GVG hat der Bundesgesetzgeber die entspr Anwendbarkeit der Bestimmungen betr die Entscheidung über die Zulässigkeit des Rechtswegs (§ 17a I–V GVG) für das interne Verhältnis zwischen str ordentlicher Gerichtsbarkeit, freiwilliger Gerichtsbarkeit und den Familiengerichten klargestellt (iE Rz 1 zu § 17a). Eine vertragliche **Schiedsgerichtsvereinbarung**, die im gerichtlichen Verfahren eingewandt werden kann, eröffnet den Vertragsparteien keinen neuen »Rechtsweg«, so dass sich im Verhältnis zur Schiedsgerichtsbarkeit nicht die Frage der Rechtswegzuständigkeit stellt (LAG Mainz Beschl v 20.3.07–2 Ta 52/07).

2. Verhältnis zur Verfassungsgerichtsbarkeit. Die §§ 17 ff GVG gelten nicht im Verhältnis zu den Verfassungsgerichten (OVG Bln/Bbg Urt v 26.9.11 – 3a B 5.11; OVG Koblenz Beschl v 20.10.00 – 11 C 11303/00; OVG Lüneburg NdsVBl 97, 208). Die Bestimmungen setzen eine konkurrierende Rechtswegzuständigkeit voraus und die Formulierung in § 90 II BVerfGG verdeutlicht, dass es sich insoweit nicht um einen Rechtsweg iS des einfachen Prozessrechts handelt. Insbes ist kein Raum für Rechtswegverweisungen (OVG Lüneburg NdsVBl 97, 208; DVBl 08, 871) und Bindungswirkungen nach § 17a V GVG (VGH München NVwZ 91, 699). 3

B. Anknüpfung an den Streitgegenstand. I. Grundsätze. Maßgebliche Grundlage für die Anwendung der §§ 17 bis 17b GVG ist die **Identität** des vom Kl bestimmten, aus dem Antrag und dem zu dessen Individualisierung dienenden Sachverhalt bestehenden **Streitgegenstands**. Dabei kommt es nicht darauf an, ob der Antrag durch einen oder mehrere materiell-rechtlich Ansprüche begründet wird (VGH München NVwZ-RR 04, 224). Aus einer Veränderung des Streitgegenstands kann sich die Unzulässigkeit eines vorher zulässigen Rechtswegs ergeben (BAG NZA 07, 110; LAG Hamm Beschl v 14.5.07–2 Ta 646/06). Die prozessuale Zulässigkeit einer Klageänderung (§§ 263 ZPO; 91 VwGO) als solche hat nicht zur Folge, dass auf die Prüfung des Vorliegens der Sachentscheidungsvoraussetzungen auch hinsichtlich des Rechtswegs verzichtet werden kann (BAG NZA 01, 341). Die Identität des Streitgegenstands muss auch hinsichtlich der **Parteien** des Rechtsstreits gegeben sein (OVG Schlesw NordÖR 06, 155; VGH München NVwZ-RR 04, 224). 4

II. Verfahren vorläufigen Rechtsschutzes. Erfasst werden grds alle Rechtsschutzformen in den Fachgerichtsbarkeiten, insb auch Verfahren des vorläufigen Rechtsschutzes (zB nach §§ 916 ff ZPO; 80, 80a, 123 VwGO; BGH NJW-RR 05, 142; NJW 01, 2181; Finkelnburg/Dombert/Külpmann Rn 37; zu § 17a GVG Rz 4). Die Bestimmungen gelten grds für alle Verfahrensarten, also neben dem normalen Erkenntnisverfahren insb auch für selbständige **Beweisverfahren** (§ 485 ZPO) und Mahnverfahren (§ 688 ZPO; Kissel § 17 Rn 6; vgl aber zur Relevanz iR § 17 I 2 GVG unten Rz 9), im **Urkunden- und Wechselprozess** (§§ 592 ff ZPO), in **Familiensachen** (§§ 111 ff FamFG; MüKoZPO/*Wolf* § 17 Rn 3) oder – bezogen auf die Verwaltungsgerichtsbarkeit – in **Normenkontrollverfahren** nach § 47 VwGO (OVG Weimar DVBl 03, 879; Sodan/Ziekow § 41/§ 17 Rn 5; zur Gegenansicht Kopp/Schenke § 41 Rn 2c). In der obergerichtlichen Rspr wird allerdings auch die Pflicht zur Vorabentscheidung und Verweisung nach § 17a GVG wegen Fehlens der »Gerichtsbarkeit« iSv § 47 I VwGO verneint, wenn sich aus der Anwendung der im Normenkontrollverfahren angegriffenen Rechtsnorm keine Streitigkeiten ergeben können, für die der Verwaltungsrechtsweg eröffnet ist (OVG Bautzen SächsVBl 10, 92). Umstritten ist die Anwendbarkeit der §§ 17 ff GVG auf **selbständige PKH-Gesuche**, die im Vorfeld eines noch nicht eingeleiteten Rechtsstreits gestellt werden, insb die Verweisungspflicht bei Anbringung des Gesuchs im falschen Rechtsweg (hierzu § 17a GVG Rz 3). 5

C. Rechtswegerhalt. I. Grundsatz. § 17 I 1 GVG regelt die sog ***perpetuatio fori*** unabhängig von nachträglichen Änderungen rechtlicher oder tatsächlicher Umstände. Die einmal begründete Zulässigkeit eines bestimmten Rechtswegs bleibt in Abweichung vom allg Grundsatz des intertemporalen Verfahrensrechts, wonach dessen Änderungen im Zweifel auch bereits anhängige Verfahren erfassen, auch beim Wegfall der dafür ursprünglich maßgeblichen Gründe während der Anhängigkeit des Verfahrens erhalten (zB BPatG GRUR 07, 499 und 907, jew zur Änderung des § 147 III 3 BPatG 06). Entspr perpetuierende Regelungen in Anknüpfung an die Rechtshängigkeit des Verfahrens finden sich in den einzelnen Prozessordnungen für sachliche und örtliche Zuständigkeiten (etwa § 261 III Nr 2 ZPO oder die Verweise in § 83 S 1 VwGO; 70 S 1 FGO; 98 S 1 SGG). Nach diesen Vorschriften sind Beschlüsse entspr § 17a II, III GVG indes nicht anfechtbar. 6

II. Ausnahmen. Etwas anderes kann sich aus einer abw **gesetzlichen Regelung**, speziell in Überleitungsvorschriften bei Änderung der Rechtwegzuständigkeiten, ergeben (BGH NJW 02, 1351). Diese können auch Stichtagsregelungen enthalten (zur Einordnung des Sozialhilferechts in das SGB VGH München Beschl v 26.1.05–12 CE 04.3012). § 17 GVG hat nur **Rechtsweg erhaltende Funktion**; daher kann eine Verweisung nicht (mehr) vorgenommen werden, wenn im Verlaufe eines Rechtsstreits Veränderungen eintreten, die die Zuständigkeit des angerufenen Gerichts erstmals begründen (BGH NJW 92, 1757). 7

D. Verbot doppelter Prozessführung. I. Rechtswegsperre. 1. Grundsatz. § 17 I 2 GVG begründet eine **Rechtswegsperre**. So sollen eine doppelte Prozessführung, insb aber abw Entscheidungen verhindert werden. Die Vorschrift verbietet daher, dieselbe Sache während der **Rechtshängigkeit** (§§ 261 I, 253 I ZPO; 90 I, 81 I VwGO) anderweitig gerichtlich anhängig zu machen. Da eine **Rücknahme** die Rechtshängigkeit der 8

Klage rückwirkend entfallen lässt, wird ein späterer Rechtsbehelf bei Rücknahme des bereits rechtshängigen – sofern die sonstigen Sachentscheidungsvoraussetzungen erfüllt sind – nachträglich zulässig (VGH München NJW 05, 1450). Umstritten ist, ob das Prozesshindernis bereits entfällt, wenn der Kl in dem älteren Verfahren mit ursprünglich identischem Streitgegenstand durch Erledigungserklärung von seinem Sachbegehren Abstand nimmt (so VGH München NJW 05, 1450, entgegen BVerwG NVwZ 99, 404). § 17 I 2 GVG lässt im weiteren Verständnis auch ein »anderweitiges« Anhängigmachen in einem zweiten Verfahren beim selben Gericht nicht zu (LSG NRW Beschl v 27.1.10 – L 12 SO 33/09).

9 **2. Auswirkungen auf den Prozess.** § 17 I 2 GVG begründet ein vAw zu beachtendes Prozesshindernis und damit die Unzulässigkeit der zeitlich später erhobenen Klage. Sie ist von dem insoweit unzulässig angerufenen Gericht durch **Prozessurteil** abzuweisen (BFH ZfZ 07, 71; BGH NJW 98, 231). Ein des ungeachtet ergangenes **Sachurteil** ist ggf im Rechtsmittelverfahren aufzuheben. Im Falle des Rechtskrafteintritts unterliegt die Entscheidung nach Maßgabe des § 580 Nr 7 ZPO der Restitutionsklage. Die noch nicht zur Rechtshängigkeit der Sache führende Einl eines **Mahnverfahrens** (§§ 688 ff ZPO) löst vor der Durchführung des streitigen Verfahrens die Sperre indes noch nicht aus (VGH Kassel UPR 98, 470). Die Sperre gilt auch für Entscheidungen über die Zulässigkeit des Rechtsweges nach § 17a GVG; das Gericht, bei dem das Verfahren zuerst rechtshängig geworden ist, hat daher zunächst auch insoweit über die Zulässigkeit zu entscheiden (LSG BW NZBau 08, 265).

10 **3. Besonderheiten.** In bestimmten Verfahrenskonstellationen geht die **finanzgerichtliche Rspr** davon aus, dass das Prozesshindernisses der »anderweitigen« Rechtshängigkeit nach § 17 I 2 GVG nicht durch Abweisung, sondern durch Verbindung der beiden Sachen auszuräumen ist (BFH DStRE 07, 130 für zwei bei demselben Senat eines FG anhängig gemachte Klagen gegen denselben Steuerbescheid unter Hinweis auf die Rspr des BGH zur mehrfachen Einlegung einer Berufung, BGH NJW-RR 05, 780).

11 **II. Verfassungsgerichte/Gemeinschaftsgerichte.** Aus der Nichtanwendbarkeit der §§ 17 ff GVG im Verhältnis zu den Verfassungsgerichten (oben Rz 3) folgt, dass eine Anhängigkeit der Sache vor einem Verfassungsgericht auch keine Sperre iSv § 17 I 2 GVG auslöst (BVerwGE 50, 124). Dagegen steht die Anhängigkeit derselben Sache vor einem **Gericht der europäischen Gemeinschaften** (EuGH, EuG) der Klage mit demselben Streitgegenstand vor einem nationalen Gericht entgegen (Sodan/Ziekow § 41/§ 17 Rn 28).

12 **III. Nationale Rechtsbehelfe im Ausland.** Entspr Sperrwirkungen ergeben sich auch für **Auslandsklagen** aus Art 27 EuGVO, der ebenfalls auf die Vermeidung von Doppelprozessen zielt. Werden wegen desselben Anspruchs bei Gerichten verschiedener Mitgliedstaaten Klagen zwischen denselben Parteien anhängig gemacht, so sieht Art 27 I EuGVO zunächst eine Aussetzung des späteren Verfahrens bis zur Klärung der Zuständigkeit des zuerst angerufenen Gerichts vor. Hierdurch soll die Abweisung beider Rechtsbehelfe verhindert werden. Sobald die Zuständigkeit des zuerst angerufenen Gerichts feststeht, hat sich das später angerufene Gericht für unzuständig zu erklären (Art 27 II EuGVO).

13 **E. Konzentration von Zuständigkeiten. I. Grundsatz.** § 17 II 1 GVG räumt den Gerichten Rechtsweg überschreitende Entscheidungszuständigkeiten ein, wenn der Streitgegenstand unter unterschiedlichen Rechtswegen zuzuordnenden Gesichtspunkte zu beurteilen ist, der geltend gemachte Anspruch also aus verschiedenen Klagegründen herleitbar ist. Der Rechtsstreit ist von dem angerufenen Gericht unter allen in Betracht kommenden Aspekten zu entscheiden, ggf also auch unter Anwendung gesetzlicher Regelungen, die von der allg oder einer speziellen Rechtswegzuweisung her in die Zuständigkeit einer anderen Gerichtsbarkeit fallen (BVerfG NVwZ 10, 1482 <Castor-Transport, „Nacht im Gleisbett">). Fällt einer der Klagegründe in die Rechtswegzuständigkeit des befassten Gerichts, so ist dieses nunmehr gleichzeitig verpflichtet, den Rechtsstreit idS umfassend zu entscheiden. Leitet der Rechtsbehelfsführer aus einem einheitlichen Lebenssachverhalt mehrere Ansprüche her, die teils dem einen, teils einem anderen Rechtsweg zuzuordnen sind, so bleibt es aufgrund der Konzentration bei der Zuständigkeit des zuerst angerufenen Gerichts (BVerwG Beschl v 10.5.10 – 4 B 18.10 u BRS 65 Nr 237). Konsequenz der Konzentrationswirkung des § 17 II 1 GVG ist ferner, dass eine Verweisung in eine andere Gerichtsbarkeit nur noch dann geboten und sogar zulässig ist, wenn der Rechtsweg zu der befassten Gerichtsbarkeit schlechthin, dh für den Klageanspruch unter allen in Betracht kommenden Klagegründen, unzulässig ist (BGH NVwZ 93, 358; Rostock NVwZ-RR 06, 223; OVG Münster ZInsO 09, 2401). Auf welche rechtlichen Gesichtspunkte der Anspruch mit Erfolg gestützt werden kann, ist keine Frage des Streitgegenstands, sondern erst bei der Begründetheit des Rechtsbehelfs zu entscheiden. Die Konzentration nach § 17 II 1 GVG gilt wegen der bindenden Wirkung einer

Verweisung (§ 17a I GVG) sogar für das unzuständige, insoweit aber für **zuständig erklärte Gericht**. Die Vorschrift erfasst allerdings nur – vom Rechtsweg her betrachtet – gemischte Rechtsverhältnisse und gilt nicht für die Geltendmachung mehrerer selbständiger Ansprüche im Wege objektiver Klagehäufung. Diese erfordert eine gesonderte Prüfung der Zulässigkeit des Rechtswegs und ggf eine Prozesstrennung (§§ 145 ZPO; 93 VwGO). Auch Gründe des Sachzusammenhangs rechtfertigen in diesem Fall keinen »einheitlichen« Rechtsweg (dazu Karlsr Beschl v 21.6.06–15 W 20/06).

II. Einschränkungen. Die durch die Konzentrationsvorgabe eröffneten **Auswahlmöglichkeiten für Rechtsbehelfsführer** werden grds in Kauf genommen. Nach der Rspr sind indes von ihm angeführte, aber **offensichtlich nicht erfüllte Anspruchsgrundlagen** in dem Zusammenhang unbeachtlich. Kann die dem beschrittenen Rechtsweg zuzuordnende Anspruchsgrundlage aufgrund des vorgetragenen Sachverhalts so offensichtlich nicht gegeben sein, dass kein Bedürfnis für eine Abweisung der Klage mit Rechtskraftwirkung erkennbar ist, so steht die Berufung hierauf auch einer Verweisung nicht entgegen (BGH DÖV 90, 1027; BVerwG NVwZ 93, 358; BSG NJW 95, 1575). Dadurch soll verhindert werden, dass der Rechtsbehelfsführer durch »Vorschieben« offensichtlich nicht einschlägiger Anspruchsgrundlagen über die Konzentrationswirkung für sein Anliegen einen ansonsten erkennbar nicht zulässigen Rechtsweg auswählt. Besonderheiten gelten insoweit allerdings in der **arbeitsgerichtlichen Rspr** hinsichtlich der sog »sic-non-Fälle« (BAG NJW 96, 2948 Rz 14 zu § 13), in denen das Vorliegen der Arbeitnehmereigenschaft nicht nur Voraussetzung für den Erfolg des materiellen Begehrens, sondern bereits für die Rechtswegzuständigkeit ist. Daher wird in diesen Fallkonstellationen die bloße Rechtsbehauptung des Kl, er sei Arbeitnehmer, für die Begründung der arbeitsgerichtlichen Rechtswegzuständigkeit als ausreichend angesehen (Karlsr Justiz 04, 354). Erweist sich die Rechtsansicht des Kl hinsichtlich seiner Arbeitnehmereigenschaft vor den Arbeitsgerichten als unzutr, so ist die Klage als unbegründet abzuweisen (LAG Köln NZA-RR 10, 490). Die Rspr betrifft indes nicht die Fälle, in denen sich bereits aufgrund des dann allein maßgebenden Sachvortrags des Kl eine Arbeitnehmereigenschaft verneinen lässt (Celle OLGR 08, 177). Gerade für die sic-non-Fälle ist indes anerkannt, dass für weitere Anträge iR einer Zusammenhangsklage (§ 2 III ArbGG) eine eigene Prüfung vorzunehmen ist, um einen Verstoß gegen den gesetzlichen Richter durch die »vorgeschobene« Arbeitnehmereigenschaft zu verhindern (BAG NJW 03, 3365; grdl BVerfG NZA 99, 1234). 14

III. Aufrechnung mit rechtswegfremden Gegenforderungen. Die erweiterte Entscheidungszuständigkeit umfasst nach überwiegender – aber nicht unbestrittener – Ansicht nicht die Befugnis zur Entscheidung über eine im Wege der **Aufrechnung** geltend gemachte **bestrittene rechtswegfremde** und **nicht rechtskräftig festgestellte Gegenforderung**. Dabei handelt es sich nicht um einen »rechtlichen Gesichtspunkt« des Rechtsstreits iS § 17 II 1 GVG, sondern um die Geltendmachung eines selbständigen Gegenrechts unter Erweiterung des Streitgegenstands (OVG Saarlouis Beschl v 29.7.08–3 E 270/08; VGH München Beschl v 19.2.07–3 CE 06.3022; BAG NJW 08, 1020; BFH BFH/NV 05, 1759; BAG NJW 02, 317; OVG Lüneburg NVwZ 04, 1513; BVerwG NJW 99, 160; Zö/*Gummer* § 17 Rn 10; Musielak/*Wittschier* § 17 Rn 10; anders VGH Kassel DVBl 94, 806, sowie unter Bezugnahme auf die Änderung des § 17 II etwa Kopp/Schenke § 40 Rn 45; Kissel/Mayer § 17 Rn 52 bis 52b für eine fakultative Entscheidungszuständigkeit). Im Falle der Aufrechnung ist daher die Zuweisung der Gegenforderung zu einem anderen Rechtsweg zu berücksichtigen. Die ist allerdings dann nicht unbeachtlich für die Behandlung des Rechtsstreits, wenn hinsichtlich der Gegenforderung bereits ein Verfahren vor dem zuständigen Gericht geführt wird. In diesen Fällen ist Verfahren bis zur Klärung des Bestehens der Gegenforderung in diesem Rechtsstreit auszusetzen (§§ 148 ZPO; 94 VwGO). Bei Spruchreife des Klagebegehrens kann durch **Vorbehaltsurteil** (§ 302 ZPO) entschieden werden; der Aussetzung unterliegt dann nur noch das Nachverfahren über die Aufrechnung (BVerwGE 77, 19; NJW 93, 2255, 99, 160; VGH München Beschl v 27.7.09 – 4 ZB 07.1132). Ist wegen der Gegenforderung noch kein Verfahren anhängig, kann das Verfahren nach Rechtskraft des Vorbehaltsurteils an das zuständige Gericht zur **Durchführung des Nachverfahrens** (§ 302 IV ZPO) verwiesen werden; einer Aussetzung bedarf es dann nicht (BAG NJW 08, 1020). Entspr den vorgenannten Grundsätzen ist auch die für ganz bestimmte Prozesskonstellationen, etwa iRd Inanspruchnahme eines säumigen Unterhaltspflichtigen wegen gezahlten Unterhaltsvorschusses, denkbare, in § 322 II ZPO nicht vorgesehene Aufrechnung des Kl mit einer unbestrittenen Forderung (hier: Steuererstattung) zu berücksichtigen (Jena FamRZ 09, 1340). 15

IV. Verfassungsrechtliche Vorgaben. 1. Vorbehalt für die ordentlichen Gerichte. Mit Blick auf Art 14 III 4 und 34 S 3 GG werden Streitigkeiten über die Höhe der **Enteignungsentschädigung** und den Schadensersatz bzw den Regress bei **Amtshaftung** nicht von der Konzentrationswirkung erfasst (§ 17 II 2 GVG); 16

insoweit bleibt es bei der ausschl Zuweisung zum Zivilrechtsweg. Umgekehrt erfordert die Befassung des Zivilgerichts mit einer Amtshaftungsklage eines Beamten nunmehr auch die Entscheidung der Sache unter dem Gesichtspunkt der Folgenbeseitigung wegen Verletzung der beamtenrechtlichen Fürsorgepflicht. Str ist, ob eine Teilverweisung anderer Gerichte an die ordentlichen Gerichte wegen der Ansprüche iS von § 17 II 2 GVG vorzunehmen oder ob das angegangene, insoweit nicht zuständige Gericht ldgl über alle anderen Anspruchsgrundlagen außerhalb der Amtshaftung bzw Enteignungsentschädigung zu entscheiden hat (zum Meinungsstand BSG Breith 11, 690). Da auch die Klageerhebung vor einem insoweit tw unzuständigen Gericht die Rechtshängigkeit mit zugehörigen Wirkungen, zB die Hemmung der Verjährung (§ 204 I 1 BGB), zur Folge hat, ist auch umstr, ob der Kl während der Anhängigkeit an der gerichtlichen Geltendmachung von Amtshaftungsansprüchen vor den dafür zuständigen Zivilgerichten gehindert ist (§ 17 I 2 GVG). Sinnvoll erscheint das mit Blick auf die nach § 17 II 2 GVG fehlende Entscheidungsbefugnis des angerufenen Gerichts nicht. Die Rechtskraft der die Ansprüche ausklammernden Entscheidung des angegangenen (sonstigen) Gerichts, steht der Geltendmachung jdf nicht (mehr) entgegen. Aus dem Vorbehalt in § 17 II 2 GVG ergibt sich im Falle einer nach aA zulässigen und gebotenen Teilverweisung jdf nicht, dass sonstige Anspruchsgrundlagen mit den verwiesenen Amtshaftungsansprüchen zu den ordentlichen Gerichten mitgezogen werden. Insoweit bleibt es auch danach bei der Zuständigkeit des angerufenen Gerichts.

17 **2. Begründete Zuständigkeiten.** Die verfassungsrechtlichen Vorschriften, insb Art 34 S 3 GG, verbieten indes nur, dass etwa für den Schadensersatz aus Amtspflichtverletzung der ordentliche Rechtsweg von vorneherein ausgeschlossen wird. Art 34 S 3 GG steht allerdings der Eröffnung bspw des Verwaltungsrechtswegs für die Geltendmachung eines Anspruchs aus Amtspflichtverletzung als Folge einer bindenden Verweisung des Rechtsstreits durch das Zivilgericht nicht entgegen (BAG NZA 99, 390; BVerwG VerwRspr 25, 231; anders Sodan/Ziekow § 41/§ 17 Rn 56). Nach Inkrafttreten des § 17a V GVG und der darin enthaltenen Bindung der Instanzgerichte an die **erstinstanzliche** – ausdrücklich oder stillschweigende – Annahme der Rechtswegfrage wird in der jüngeren Rspr nicht ordentlicher Gerichte auch eine Befugnis bzw Pflicht zur Entscheidung über einen Amtshaftungsanspruch angenommen (BSG Breith 11, 690; NVwZ-RR 04, 463; SozR 4-2000 § 132a Nr 2). Geht es im Einzelfall um Pflichtverletzungen im Zusammenhang mit der Anbahnung bzw Abwicklung eines öffentlich-rechtlichen Vertragsverhältnisses, so stehen Ansprüche aus öffentlich-rechtlichen Verträgen wegen Nicht- oder Schlechterfüllung der Annahme einer durch eine Amtspflichtverletzung verursachten Vermögensschädigung entgegen (BGH NJW 93, 1526). Andernfalls würden die besonderen Regeln für die gegenseitigen Leistungen aus öffentlich-rechtlichen Vertragsverhältnissen und die gerichtlichen Zuständigkeiten umgangen. Die Verletzung vertraglicher Pflichten aus öffentlich-rechtlichen Verträgen durch Behörden stellt daher nicht per se eine Amtspflichtverletzung dar (VGH München BayKommPraxis 11, 76).

§ 17a [Entscheidung über den Rechtsweg].

(1) Hat ein Gericht den zu ihm beschrittenen Rechtsweg rechtskräftig für zulässig erklärt, sind andere Gerichte an diese Entscheidung gebunden.

(2) [1]Ist der beschrittene Rechtsweg unzulässig, spricht das Gericht dies nach Anhörung der Parteien von Amts wegen aus und verweist den Rechtsstreit zugleich an das zuständige Gericht des zulässigen Rechtsweges. [2]Sind mehrere Gerichte zuständig, wird an das vom Kläger oder Antragsteller auszuwählende Gericht verwiesen oder, wenn die Wahl unterbleibt, an das vom Gericht bestimmte. [3]Der Beschluss ist für das Gericht, an das der Rechtsstreit verwiesen worden ist, hinsichtlich des Rechtsweges bindend.

(3) [1]Ist der beschrittene Rechtsweg zulässig, kann das Gericht dies vorab aussprechen. [2]Es hat vorab zu entscheiden, wenn eine Partei die Zulässigkeit des Rechtsweges rügt.

(4) [1]Der Beschluss nach den Absätzen 2 und 3 kann ohne mündliche Verhandlung ergehen. [2]Er ist zu begründen. [3]Gegen den Beschluss ist die sofortige Beschwerde nach den Vorschriften der jeweils anzuwendenden Verfahrensordnung gegeben. [4]Den Beteiligten steht die Beschwerde gegen einen Beschluss des oberen Landesgerichts an den obersten Gerichtshof des Bundes nur zu, wenn sie in dem Beschluss zugelassen worden ist. [5]Die Beschwerde ist zuzulassen, wenn die Rechtsfrage grundsätzliche Bedeutung hat oder wenn das Gericht von der Entscheidung eines obersten Gerichtshofes des Bundes oder des Gemeinsamen Senats der obersten Gerichtshöfe des Bundes abweicht. [6]Der oberste Gerichtshof des Bundes ist an die Zulassung der Beschwerde gebunden.

(5) Das Gericht, das über ein Rechtsmittel gegen eine Entscheidung in der Hauptsache entscheidet, prüft nicht, ob der beschrittene Rechtsweg zulässig ist.

(6) Die Absätze 1 bis 5 gelten für die in bürgerlichen Rechtsstreitigkeiten, Familiensachen und Angelegenheiten der freiwilligen Gerichtsbarkeit zuständigen Spruchkörper in ihrem Verhältnis zueinander entsprechend.

A. Bedeutung der Regelung. I. Anliegen des Gesetzgebers. § 17a GVG behandelt die Modalitäten und die vom Gesetzgeber beabsichtigte Bindungswirkung einer **Entscheidung über die Zulässigkeit des Rechtswegs**. Sie verhindert eine Rückverweisung, aber auch eine Weiterverweisung. Die Vorschrift schließt es im Ergebnis sowohl aus, dass sich kein Gericht bezogen auf den Rechtsweg für zuständig hält, als auch, dass mehrere Gerichte verschiedener Rechtswege in der gleichen Sache ihre Zuständigkeit zur Sachentscheidung annehmen. Eine Gesamtschau der Regelungen in § 17a I, II 1, III 2, V GVG verdeutlicht, dass über die für das weitere Verfahren wesentliche Frage des zulässigen Rechtswegs möglichst frühzeitig und verbindlich entschieden und die Sache damit schnell und verlässlich dem gesetzlichen Richter zugeführt werden soll. Für die Verfahrensweise bei örtlicher oder sachlicher Unzuständigkeit finden sich – abgesehen von insoweit fehlenden Rechtsmittelmöglichkeiten – vergleichbare Regelungen in den einzelnen Prozessordnungen (§§ 281 ZPO, 202 SGG), wobei tw die §§ 17–17b ausdrücklich in Bezug genommen werden (§ 83 S 1 VwGO). 1

II. Verbindliche Bejahung der Rechtswegzuständigkeit. Aus § 17a I GVG folgt die Befugnis des angerufenen Gerichts, die als Prozessvoraussetzung zu prüfende Zulässigkeit des zu ihm beschrittenen Rechtswegs mit bindender Wirkung für Gerichte aller Gerichtsbarkeiten zu bejahen. Dies muss nicht explizit durch eine Vorabentscheidung nach § 17a III GVG geschehen, sondern kann auch dadurch erfolgen, dass sich das Gericht in seiner Entscheidung mit nachgeordneten Fragen der Zulässigkeit oder mit der Begründetheit des Rechtsbehelfs befasst, ohne die Rechtswegfrage zu thematisieren. Die Bindungswirkung tritt mit der formellen Rechtskraft (§ 705 ZPO) ein. Bei Hauptsacheentscheidungen gilt ferner die **Prüfungssperre** für das Rechtsmittelgericht (§ 17a V GVG). Keine idS nach § 17a V GVG bindende »Entscheidung in der Hauptsache« liegt bei erstinstanzlicher Abweisung der Klage als unzulässig nur dann vor, wenn die Unzulässigkeit gerade mit der fehlenden Rechtswegzuständigkeit begründet wurde (zur Kombination beider Bindungswirkungen BAG NZA 99, 390). Dem Anliegen des Gesetzgebers nach Vermeidung in der Sache divergierender Gerichtsentscheidungen trägt vor Eintritt der Rechtskraft der Rechtswegfestlegung der § 17 I 2 GVG Rechnung. Insoweit bleibt allerdings § 17a I GVG *lex specialis*; diese Bindungswirkung tritt daher auch ggü einem zuerst mit der Sache befassten Gericht ein, wenn das später angerufene in Unkenntnis der anderweitigen Anhängigkeit des Verfahrens seinen Rechtsweg für zulässig erklärt. Das gebundene Gericht hat den bei ihm anhängigen Rechtsbehelf nunmehr durch Prozessentscheidung abzuweisen. 2

III. Bindungswirkung und Streitgegenstand. 1. Prozesskostenhilfe. Umstr ist die Anwendbarkeit des § 17a GVG auf **selbständige PKH-Anträge**. Nach dem BGH kommt vor **Rechtshängigkeit** bzw Aufforderung zur Stellungnahme zum PKH-Gesuch (§ 118 ZPO) keine Verweisung, sondern nur eine konsentierte Abgabe an ein anderes Gericht in Betracht (BGH Beschl v 10.8.11 – X ARZ 263/11). Ansonsten sind nach einer Ansicht diese Gesuche ggf nicht unter Verweis auf die Rechtwegunzuständigkeit als unzulässig abzulehnen, sondern zu verweisen (so wohl BGH NJW-RR 92, 59; vgl auch BAG NJW 93, 751, OVG Greifswald, NordÖR 10, 328, unter Verweis auf BVerwG NVwZ 02, 992, OVG Bautzen NJW 99, 517 u SächsVBl 10, 99; Dresd OLGR 03, 217; ThoPu/*Hüßtege* § 17 Rn 2; Eyermann § 83 Rn 4 und Sodan/Ziekow § 41/§ 17 Rn 12). wird darauf verwiesen, dass die Beurteilung der Erfolgsaussichten dem zuständigen Gericht vorbehalten bleiben solle. Die Versagung der PKH erwächst allerdings nicht in **Rechtskraft**, so dass der Ast an einer erneuten Antragstellung bei diesem Gericht nicht gehindert wäre (BGH MDR 09, 1295; NJW 04, 1805; BVerfG WM 07, 1170). Eine Verweisung hat wegen der fehlenden Identität des Streitgegenstands keine Bindungswirkung für das Hauptsacheverfahren. Das PKH-Verfahren unterliegt auch insoweit nur dem eingeschränkten Prüfungsmaßstab hinreichender Erfolgsaussicht nach § 114 I 1 ZPO (Karlsr MDR 07, 1390). Das Adressatgericht ist nicht gehindert, die Frage der Rechtswegzuständigkeit im Hauptsacheverfahren erneut zu prüfen und die Sache ggf auch an das im PKH-Verfahren zunächst angegangene Gericht eines anderen Rechtswegs zurückzuverweisen (BGH NJW-RR 92, 59, BAG NJW 93, 751). Daher treffen die den §§ 17 ff GVG zugrunde liegenden Wertungen auf das isolierte PKH-Verfahren nicht zu. Vorzugswürdiger ist deswegen die Gegenansicht, die unter Hinweis auf eine fehlende Rechtshängigkeit des Rechtsstreits eine **Verweisungspflicht** verneint (München Beschl v 26.11.10 – 1 W 2523/10; LAG RPf Beschl v 16.7.09 – 3 Ta 164/09; VGH München Beschl v 23.2.10 – 5 C 09.3081 u v 23.10.08 – 5 C 08.2789; OVG Münster DÖV 3

93, 831; VGH Mannheim NJW 95, 1915; Karlsr MDR 07, 1390; Kopp/Schenke § 41 Rn 2b; Kissel/Mayer Rn 6; B/L/A/H Rn 4; Zö/*Gummer* Rn 12). Gegen die Verweisung steht den Ast die Beschwerde zu (§§ 17a IV 3 GVG, 576 ZPO bzw 146 I VwGO; OVG Lüneburg Beschl v 7.2.00 – 11 O 281/00). Rechtsbehelfe gegen die Ablehnung des PKH-Gesuchs richten sich nicht nach § 17 IV GVG, sondern nach § 127 ZPO. Da die Anwendung des § 17a GVG im isolierten PKH-Verfahren vor dem Hintergrund jedenfalls nicht unvertretbar ist, entfaltet die nicht angefochtene Verweisungsentscheidung jedoch Bindungswirkungen (BGH MDR 09, 1295). Hat ein Gericht in einem Prozesskostenhilfeverfahren die Unzulässigkeit des Rechtswegs ausgesprochen und die Sache an ein anderes Gericht verwiesen, ist es nach Ansicht des BGH dem anderen Gericht verwehrt, die Rechtswegzuständigkeit iRd Entscheidung über das Prozesskostenhilfegesuch abw zu beurteilen (BGH NJW-RR 10, 209). Wird gleichzeitig mit dem PKH-Antrag die Hauptsache anhängig gemacht, ist vor Entscheidung über den PKH-Antrag über die Zulässigkeit des eingeschlagenen Rechtswegs zu entscheiden und ggf das Verfahren insgesamt an das zuständige Gericht des zulässigen Rechtswegs gem § 17a II 1 GVG zu verweisen (Stuttg NJW-RR 11, 1502; LAG Bln AA 11, 144).

4 **2. Vorläufiger Rechtsschutz.** § 17a GVG findet grds auch Anwendung im **Arrest- und einstweiligen Verfügungsverfahren** (BGH NJW 01, 2181; GRUR 03, 549; NJW-RR 05, 142; VersR 07, 1246). Die den Rechtsweg bejahende Entscheidung in diesen Verfahren entfaltet aber ebenfalls keine Bindungswirkung für das anschließende Klageverfahren, da das auf die Erfüllung eines kurzfristigen Sicherungsbedürfnisses zielende Eilverfahren einen anderen Streitgegenstand hat. Daher ist in diesen Fällen eine erneute Entscheidung über den Rechtsweg ggf durch Zwischenentscheidung geboten, die dann einer Überprüfung iRd Beschwerdeverfahrens nach § 17a IV GVG zugeführt werden kann. Nach wie vor nicht abschließend geklärt ist – insb mit Blick auf das Zwischenverfahren nach § 17a IV GVG (OVG Koblenz NVwZ 93, 381) – die umfassende Anwendbarkeit des § 17a GVG in verwaltungsgerichtlichen Eilrechtsschutzverfahren (dazu BVerwG NVwZ 06, 1291, für die entspr Anwendung allerdings BVerwG ZOV 02, 236; VGH München NVwZ-RR 03, 74, VGH Kassel DÖV 07, 262; OVG Lüneburg NVwZ-RR 06, 843; OVG Münster NZA-RR 10, 433, NVwZ 94, 178 jew mwN; VGH Mannheim VwBlBW 02, 345; abl etwa Kopp/Schenke § 41 Rn 2a). Zumindest die Prüfungssperre des § 17a V GVG dürfte im Eilrechtsschutz gelten, wobei auch für die Rechtswegzuständigkeit und einen etwaigen Verfahrensverstoß des Erstgerichts zusätzlich das spezielle Rügeerfordernis des § 146 IV 3 VwGO im Beschwerdeverfahren zu beachten ist (VGH Mannheim NVwZ-RR 08, 581).

5 **3. Problematik »paralleler Sachen«.** Eine strikte Anlegung des Maßstabs des Streitgegenstands hätte zur Folge, dass sich die Bindungswirkung einer Entscheidung über den Rechtsweg nicht auf sog selbständige echte »**Parallelverfahren**« mit identischen Beteiligten, die zeitgleich zum selben Sachverhaltskomplex anhängig sind, erstrecken würde. Trotzdem kann es mit Blick auf die den Regelungen der §§ 17 ff GVG zugrunde liegenden Ziele des Gesetzgebers, insb der Vermeidung divergierender Gerichtsentscheidungen in bestimmten Konstellationen geboten sein, die Bindungswirkung des § 17a I GVG auf sämtliche (anhängigen) Parallelverfahren auszudehnen (VGH München BayVBl 03, 246; abl Kopp/Schenke Anh zu § 41 Rn 8).

6 **B. Vorabentscheidung zur Zulässigkeit des Rechtswegs.** Speziell § 17 III GVG zielt auf die möglichst frühzeitige und für das weitere Verfahren verbindliche Klärung der Zulässigkeit des beschrittenen Rechtswegs. **Ohne Rüge** eines Beteiligten stellt § 17a III 1 GVG eine im Einzelfall veranlasste Vorabentscheidung über den Rechtsweg in das pflichtgem Ermessen des befassten Gerichts. Dessen ordnungsgem Ausübung ist im Rechtsmittelverfahren nicht zu prüfen (BGH NJW-RR 05, 142). **Rügt** ein Beteiligter die Unzuständigkeit, ist zwingend »vorab« weitest möglich unabhängig von der Klärung durch das Verfahren ansonsten aufgeworfener Rechts- und Sachfragen zu entscheiden. Geboten ist insoweit eine förmliche rechtsmittelfähige Entscheidung; bloße Hinweise zur Rechtsauffassung des Gerichts genügen dem nicht (Frankf MDR 09, 1243). Die Rüge stellt eine Prozesshandlung dar, für die ggf Anwaltszwang besteht und Fristen zur Geltendmachung (§ 282 III ZPO) zu beachten sind (Saenger Rn 4; Zö/*Gummer* Rn 6; B/L/A/H Rn 14). Die ordnungsgem Rüge hat insb Bedeutung für die Reichweite der Bindung des Rechtsmittelgerichts nach § 17a V GVG (Köln NJW 95, 3319 dazu unten Rz 14). Da nach § 17a II 1 GVG Verweisungen vAw vorzunehmen sind, erfordert eine solche »Rüge« keinen förmlichen Antrag auf Verweisung. Vielmehr genügt eine schriftsätzliche Geltendmachung der Unzuständigkeit.

7 **C. Verneinung der Rechtswegzuständigkeit. I. Grundsatz.** Kommt das Gericht zu dem Ergebnis, dass der vom Rechtssuchenden beschrittene Rechtsweg nicht eröffnet ist, so ist dies durch Beschl festzustellen;

gleichzeitig ist die Sache an das zuständige Gericht des zulässigen Rechtswegs **zu verweisen** (§ 17a II 1 GVG). Anfallende **Hilfsanträge** sind allg bei ggf anderweitiger Zuständigkeit nach entspr Trennung gesondert zu verweisen (BAG NZA 10, 472). Die nach § 17a IV 1 und 2 GVG notwendige Anhörung kann schriftlich auch unter Fristsetzung entspr § 276 I 2, III ZPO oder mündlich, insb im frühen ersten Termin (§ 275 ZPO), erfolgen. Ein Bestimmungsrecht hat der Rechtsbehelfsführer iRd Rechtswegverweisung nur bei Zuständigkeit mehrerer Gerichte. Bei Nichtgebrauch trifft das Gericht die verbindliche Entscheidung (§ 17a II 2 GVG). In dem Zusammenhang besteht keine Befugnis des angegangenen Gerichts zur Prüfung anderer Sachentscheidungsvoraussetzungen oder zu einer Entscheidung, dass seine Anrufung rechtsmissbräuchlich war, etwa weil sich der Rechtsbehelfsführer durch eine willkürliche Anrufung der Verwaltungsgerichte den Vorteil einer dort im Vergleich zur ordentlichen Gerichtsbarkeit früher, nämlich bereits mit Einreichung bei Gericht, eintretenden Rechtshängigkeit zu nutze machen wollte (dazu und zu möglichen Korrektiven BVerwG NJW 01, 1513). Vor **Rechtshängigkeit** kommt kein Beschl nach § 17a II GVG, sondern regelmäßig nur eine Abgabe der Sache an ein anderes Gericht auf entspr Bitte des Kl in Betracht. Auf Zuständigkeitsfragen kommt es insoweit nicht an. Mit der Abgabe wird vielmehr dem Willen des Klägers Rechnung getragen, dem es zunächst freisteht, welches Gericht er anrufen will (BGH Beschl v 10.8.11 – X ARZ 263/11). Nach **Klagerücknahme** kommt eine Verweisung nicht mehr in Betracht; eine vorherige **Ruhensanordnung** (§ 251 ZPO) steht indes nicht entgegen (OVG Lüneburg NVwZ-RR 10, 660). Die Verweisung ist ferner generell unzulässig, wenn wegen **völkerrechtlicher Immunität** (§§ 18–20 GVG) zumindest eines Beteiligten der Rechtsstreit nicht der deutschen Gerichtsbarkeit unterliegt (VGH Kassel NJW 10, 2680). Eine des ungeachtet vorgenommene Verweisung entfaltet keine Bindungswirkung, was auf die Beschwerde hin deklaratorisch festzustellen ist. Fragen internationaler Zuständigkeit sind im Verfahren über die Bestimmung des (nationalen) Rechtswegs indes nachrangig (VGH München Beschl v 14.3.11 – 5 C 10.2525, Patentabkommen). Ob bei insoweit evidenter Unzuständigkeit ausnahmsweise eine Klageabweisung durch Prozessurt erfolgen kann, erscheint zumindest zweifelhaft. Die – allein in Betracht kommende – innerstaatliche Verweisung bindet das Adressatgericht nicht hinsichtlich der Frage seiner internationalen Zuständigkeit (OVG Bremen NordÖR 01, 22).

II. Reichweite und Grenzen der Bindungswirkung. Der Beschl ist für das Adressatgericht bindend, inso- 8
weit allerdings nur hinsichtlich der **Rechtswegfrage** (§ 17a II 3 GVG), nicht indes bei anderweitiger sachlicher oder örtlicher Zuständigkeit innerhalb seines Rechtswegs (BAG NJW 96, 742). Ist dagegen eine Verweisung zunächst innerhalb desselben Rechtswegs ausschl wegen sachlicher oder örtlicher Unzuständigkeit erfolgt, so ist das Adressatgericht nicht gehindert, die Sache an das zuständige Gericht eines aus seiner Sicht eröffneten anderen Rechtswegs weiter zu verweisen (OVG Bautzen SächsVBl 09, 288). Eine Verweisung vor **Rechtshängigkeit** der Sache, etwa der Zustellung der Klage entfaltet noch keine Bindungswirkung (BAG NJW 06, 1371; dazu Rz 7). Die unter Missachtung der Bindungswirkung vorgenommene **Rückverweisung** bindet aber ihrerseits, wenn sie rechtskräftig wird, da in diesem Fall entweder die Parteien selbst nicht durch Einlegung des zulässigen Rechtsmittels eine Korrektur ermöglicht haben oder der Fehler trotz eines Rechtsmittels ggf im vorgesehenen Instanzenzug nicht korrigiert worden ist (BGH NJW 00, 1343, NJW-RR 02, 713). Das gilt selbst bei Fehlen einer Überprüfungsmöglichkeit im Einzelfall, weil das rückverweisende Gericht ein oberes Landesgericht ist (BGH MDR 11, 253, Rückverweisung durch ein FG). Entspr gilt, wenn ein Gericht zunächst seine Rechtswegzuständigkeit bejaht und später dann mit nicht offensichtlich rechtswidrigen Erwägungen in einem rechtskräftigen Verweisungsbeschluss verneint hat (BGH NJW 01, 3631). Umfasst das Klagebegehren **Eventualansprüche**, so wird zwar der gesamte Rechtsstreit bei Nichteröffnung des Rechtswegs für den Hauptanspruch verwiesen. Die Bindungswirkung gilt allerdings dann nicht für die **Hilfsanträge**, so dass insoweit auch eine Zurückverweisung in Betracht kommt. Die Verweisung ist ferner nicht bindend ggü einem erst nach der Verweisung im Verfahren vor dem Adressatgericht im Wege einer subjektiven Beklagtenhäufung einbezogenen Bekl (VGH München DÖV 10, 787). Die Bindungswirkung ist grds unabhängig von der **inhaltlichen Richtigkeit** und tritt daher auch bei gesetzwidrigen Verweisungen ein (BGH NJW 00, 1343, 02, 2474 und 03, 2990; FamRZ 04, 434). Bei fehlerhafter Verweisung hat das zur Entscheidung bestimmte Gericht grds die eigene Verfahrensordnung anzuwenden. Das betrifft auch etwaige abw Regelungen im Bereich des Rechtsmittelrechts (Sächs LSG Beschl v 23.10.08 – L 7 B 547/08 – AY-ER zu § 80 AsylVfG). Für extreme **Ausnahmefälle** einer krass fehlerhaften Beurteilung verneint die Rspr zur Wahrung einer funktionierenden Rechtspflege eine Bindung des Adressatgerichts mit Blick auf eine Verletzung von Grundrechten, insb des gesetzlichen Richters (Art 101 I GG), wenn die Verweisung nach objektiven Maßstäben sachlich unter keinem Gesichtspunkt nicht mehr zu rechtfertigen ist und daher

schlechterdings willkürlich (Art 3 I GG) erscheint (BGH MDR 11, 253, NJW-RR 08, 1309, 02, 713; NJW 02, 2474, 03, 2990; BAG NZA 03, 683, NJW 96, 413; BVerwG Buchholz 300 § 17a GVG Nr 29 u NVwZ 95, 372; BSG Beschl v 16.4.09 – B 12 SF 2/09 S u v 10.3.10 – B 12 SF 2/10 S, BVerfG NVwZ-RR 02, 389 u NZS 10, 384), etwa wenn ein AG bei einem Geschäftsführer einer GmbH die Arbeitnehmereigenschaft (§ 5 ArbGG) bejaht und seine Vergütungsstreitigkeit mit der Gesellschaft an das ArbG verweist (BAG NZA 06, 1004). Ein Verweisungsbeschluss ist allg obj willkürlich gefasst, wenn das Gericht für jeden Kundigen offensichtlich einschlägige Rechtsnormen nicht prüft und anwendet oder ohne Auseinandersetzung mit der – soweit vorhanden – einschlägigen Rspr und der Kommentarliteratur und ohne eigene Begründung von einem dem Wortlaut nach gegebenen Tatbestandsmerkmal einer Norm abweicht (LAG München NZA-RR 09, 218, BVerfG NJW 03, 502). Die lediglich einfache fehlerhafte Rechtsanwendung (sog *error in procedendo*) des Verweisungsgerichts rechtfertigt diese Annahme nicht (LAG Köln EzA-SD 10 Nr 19, 15-16). Zur Ausräumung der Streitigkeiten über die Bindungswirkung der Verweisung kommt nach Eintritt der Rechtskraft der Rechtswegentscheidung ausnahmsweise eine Bestimmung in entspr Anwendung des ansonsten durch die speziellen Regelungen in § 17a GVG ausgeschlossenen § 36 I Nr 6 ZPO in Betracht (BAG NJW 03, 1068). Solange eine Entscheidung nach § 17a GVG noch mit Rechtsmitteln angefochten werden kann, müssen sich die Parteien indes nicht auf dieses Verfahren verweisen lassen. Rechtsweg übergreifend ist allg bei negativen Kompetenzkonflikten derjenige oberste Gerichtshof des Bundes zuständig, der zuerst mit der entspr Vorlage befasst wird (BGH NJW 01, 3631, auch zur Nichtanwendbarkeit der Entlastungsregelung in § 36 II ZPO, NJW-RR 10, 209; BAG NZA 99, 390; NJW 93, 751; BVerwG Buchholz 300 § 17a GVG Nr 29 u NJW 93, 3087 zu § 53 I Nr 5 VwGO, Beschl v 26.2.09–2 AV 1/09; BFHE 204, 413; BSG Bschl v 16.9.09 – B 12 SF 7/09 S u MDR 89, 189 zu § 58 I Nr 4 SGG). § 36 I Nr 6 ZPO ermöglicht die Entscheidung negativer Kompetenzkonflikte auch in PKH-Verfahren vor Rechtshängigkeit der Hauptsache, sofern das Verfahren durch Mitteilung der Antragsschrift an den Gegner in Gang gesetzt wurde (BGH MDR 09, 1295). Das gilt allg, wenn Zweifel hinsichtlich der Bindungswirkung rechtskräftiger Verweisungsbeschlüsse auftreten und keines der in Frage kommenden Gerichte bereit ist, die Sache zu bearbeiten (BVerwG NVwZ 08, 917; BGH NJW 01, 3631), oder wenn die Verfahrensweise Grund zu der Annahme bietet, dass der bei ihm anhängige Rechtsstreit von einem Gericht nicht der Prozessordnung gem gefördert werden wird (BGH WM 02, 406; FamRZ 04, 434; BAG NJW 06, 1371; BFHE 04, 413). Auch in **Bestimmungsverfahren** ist die Bindungswirkung des § 17 II 3 GVG zu beachten (BVerwG NVwZ 95, 372 u Buchholz 300 § 17 GVG Nr 29).

9 **D. Rechtsschutz gegen Entscheidungen zur Rechtswegfrage. I. Sofortige Beschwerde.** Sowohl die Bejahung des angegangenen Rechtswegs (§ 17a III GVG) als auch die Verweisungsbeschlüsse nach § 17a II GVG sind, anders als Verweisungen bei sachlicher oder örtlicher Unzuständigkeit (§ 281 II 2 ZPO), nach den Vorschriften des jew anzuwendenden Verfahrensrechts mit der sofortigen Beschwerde binnen zwei Wochen anfechtbar (§ 17a IV 3 GVG, etwa §§ 567 ff, 569 I ZPO; §§ 146 ff VwGO; § 78 ArbGG; § 128 FGO und § 172 SGG). Der Beschl ist nach § 329 III ZPO zuzustellen, um die Beschwerdefrist in Lauf zu setzen. Auch im **Beschwerdeverfahren** sind ggf Einschränkungen der Postulationsfähigkeit zu beachten (§§ 569 III iVm 78 ZPO; Saarbr NJW-RR 98, 1612). Beschwerden im Bereich der Verwaltungsgerichtsbarkeit sind nach der Änderung von § 67 VwGO durch das Gesetz zur Neuregelung des Rechtsberatungsgesetzes vom 12.12.07 (BGBl I 2840) nicht mehr vom Vertretungszwang ausgenommen (VGH München Beschl v 12.10.11 – 8 C 11.2234; OVG Bautzen Beschl v 7.6.11 – 4 E 37/11; OVG Greifswald Beschl v 9.9.11 – 2 O 83/11; OVG Münster NVwZ-RR 2010, 39). Das Beschwerdegericht im ordentlichen Rechtsweg ist nach §§ 76, 119 GVG zu bestimmen. Gegenstand des Beschwerdeverfahrens ist allein die Frage der Zulässigkeit des beschrittenen Rechtswegs, nicht hingegen die der Zuständigkeit des Adressatgerichts. Insofern kann der Beschwerdeführer nur die Verletzung seines mit Rechtskraft der Verweisung erlöschenden Bestimmungsrechts gem § 17a II 2 GVG geltend machen (OVG Hamburg NVwZ-RR 01, 203; Musielak/*Wittschier* Rn 14). Bloße Hinweise des Adressatgerichts auf die Bindungswirkung des Verweisungsbeschlusses stellen allenfalls prozessleitende Verfügungen (§§ 146 II VwGO, 172 II SGG) dar und sind nicht beschwerdefähig (BayLSG Beschl v 15.3.2010 – L 1 SF 393/09 B).

10 **II. Weitere Beschwerde. 1. Anwendungsbereich.** § 17a IV 4 GVG eröffnet die Möglichkeit der weiteren Beschwerde gegen Beschlüsse eines »oberen Landesgerichts«, die auf der Grundlage der reformierten ZPO nun als Rechtsbeschwerde entspr § 574 ZPO anzusehen (BGH NJW-RR 03, 277, 05, 142; BGHZ 155, 365, BRS 69 Nr 218) und als solche ebenfalls fristgebunden ist. Sie unterliegt Begründungs- (§ 575 ZPO) und Zulassungserfordernissen (§ 17a IV 4 und § 5 GVG). Seit dem Inkrafttreten der Reform des Zivilprozess-

rechts 2001 und der damit einhergehenden Änderung des Instanzenzuges kann nach der Rspr des BGH ggf das LG als Beschwerdegericht im Streit über den Rechtsweg die Rechtsbeschwerde (bindend) zulassen (BGH NJW 09, 1968). Die Regelungen über die Zulassungsgründe in § 17a IV 5 GVG verdrängen ggf einschlägige allg Vorschriften (BGH WM 03, 353). Die Zulassung wegen grds Bedeutung oder Abweichung von bundesgerichtlichen Entscheidungen obliegt dem entscheidenden Gericht und ist für das Bundesgericht bindend (§ 17a IV 6 GVG, BGH NVwZ 09, 1054). Die **Statthaftigkeit** erfordert aus Sicht des BGH nicht zwingend, dass die Sache auch in der Hauptsache zu der Instanz gelangen könnte. Das betrifft insb die Verfahren des Eilrechtsschutzes (BGH GRUR 09, 700; 03, 549; NJW 07, 1819; VersR 07, 1246; BAG NJW 02, 3725). Demggü gehen das BVerwG (NVwZ 06, 1291) und das BSG (BSG Beschl v 24.1.08 – B 3 SF 1/08 R) davon aus, dass auf der Grundlage der insoweit abw eigenen Prozessordnungen in Verfahren des vorläufigen Rechtsschutzes eine weitere Beschwerde nach § 17a IV 4 GVG gegen Entscheidungen des OVG/VGH bzw des LSG über den Rechtsweg ausgeschlossen ist und dass sich insoweit insb keine Bindungswirkungen aus einer etwaigen Zulassungsentscheidung des obersten Landesgerichts ergeben, weil die Klärung fallübergreifender Probleme mit der Zielsetzung des vorläufigen Rechtsschutzverfahrens nicht vereinbar sei. Für die Eilrechtsschutzverfahren selbst ist eine weitere Beschwerden durch die §§ 155 VwGO bzw 177 SGG, die ansonsten den § 17a IV 4 GVG als Ausnahmefall in Bezug nehmen, ausdrücklich ausgeschlossen. Ob ein Beschwerdeverfahren zur Rechtswegfrage überhaupt mit dem Charakter des auf eine zügige Entscheidung zielenden Eilrechtsschutzverfahrens zu vereinbaren ist, hat das BVerwG wiederholt offen gelassen (zuletzt NVwZ 06, 1291, so Rz 4).

2. Verfassungsrechtliche Anforderungen. Ein Rechtsbehelf gegen die **unterbliebene Zulassung** ist in dem § 17a IV GVG, der auch insoweit eine ggü sonstigen Regelungen der einschlägigen Prozessordnung eine Sonderregelung darstellt, nicht vorgesehen (BSG NZS 98, 206, zu § 160a SGG; BAG NZA 92, 954). Verfassungsrechtliche Bedenken dagegen bestehen nicht (BVerwG NVwZ 94, 782, 05, 1201). Ob für die Fälle des **offensichtlich gesetzwidrigen Verhaltens** des Beschwerdegerichts hier ein Korrektiv geboten und mit Blick auf das Gebot des gesetzlichen Richters (Art 101 I 2 GG) gegen willkürliche objektiv unter keinem Gesichtspunkt mehr vertretbare Entscheidungen doch eine Beschwerdemöglichkeit einzuräumen ist (BVerwG DÖV 06, 174), dürfte ein theoretisches Problem bleiben. 11

E. Bindung der Instanzgerichte. I. Anwendungsbereich. Nach **§ 17a V GVG** sind die Instanzgerichte, die über Rechtsmittel gegen Entscheidungen in der Hauptsache befinden, an eine – auch nur konkludente (dazu BSG NVwZ-RR 04, 463; anders Rostock NJW 06, 2563) – Bejahung des Rechtswegs durch das Ausgangsgericht gebunden (sog Prüfungssperre). Nach dem Zweck der Bestimmung sind selbst Prozessurteile, die auf dem Fehlen sonstiger Voraussetzungen für eine Sachentscheidung beruhen, als **Hauptsacheentscheidungen** anzusehen. § 17a V GVG gilt jedenfalls im Bereich der ordentlichen Gerichtsbarkeit auch in Verfahren des vorläufigen Rechtsschutzes (BGH NJW-RR 05, 142). 12

II. Nichteintritt der Prüfungssperre. 1. Missachtung der Anforderungen. Hat das Erstgericht das Rechtsschutzersuchen unter Missachtung der Pflicht zur Verweisung des Rechtsstreits wegen Nichteröffnung des Rechtswegs (§ 17a II 1 GVG) als unzulässig abgewiesen, liegt bereits keine »Hauptsacheentscheidung« im Verständnis des Gesetzes vor (VGH München NVwZ-RR 04, 224; BGHZ 119, 246; OVG Münster NVwZ 94, 179; VGH Kassel NVwZ-RR 94, 700). Ist die Einschätzung des Vordergerichts zutr, ist auf die Berufung hin die Verweisung durch das Rechtsmittelgericht unter Aufhebung der Ausgangsentscheidung nachzuholen (Frankf Beschl v 21.4.11 – 3 U 216/10; Musielak/*Wittschier* Rn 18); bejaht das Rechtsmittelgericht die Rechtswegzuständigkeit, kommt eine Zurückverweisung in Betracht. Eine Bindungswirkung setzt voraus, dass zumindest konkludent der Rechtsweg bejaht wurde; sie tritt ferner nicht ein, wenn das Ausgangsgericht entgegen dem Grundanliegen des Gesetzgebers die Frage der Rechtswegeröffnung **ausdrücklich offen gelassen** hat (OVG Hamburg DVBl 09, 397). Das Rechtsmittelgericht hat in diesem Fall eine eigene Rechtswegprüfung und bei negativem Ergebnis ggf eine Verweisung an das erstinstanzliche Gericht des zulässigen Rechtswegs vorzunehmen und das ergangene Urt aufzuheben (Frankf MDR 09, 1243; NJW-RR 97, 1564). Gleiches gilt in Eilrechtsschutzverfahren, wenn nach besonderen Fallumständen erstinstanzlich mangels Anhörung des Gegners keine Rügemöglichkeit bestand (Frankf NJW 97, 2391), und zwar auch bei Vorliegen einer sog Schutzschrift (Frankf NZA 07, 710). 13

2. Unsachgemäße Behandlung. Die Bindung des Rechtsmittelgerichts setzt eine ordnungsgem Behandlung der Rechtswegfrage auf der Grundlage des § 17a II und III GVG, insb was das Anhörungsgebot (IV 1) 14 betrifft, voraus (BGH NJW-RR 05, 142). Nur in diesen Fällen ist der Ausschluss der Berufung bzw Revision zu dieser Frage gerechtfertigt. Häufigster Fall der Nichtanwendbarkeit des § 17a V GVG ist das **Übergehen einer** ordnungsgem, insb bei entspr Fristsetzung nach § 282 III 2 ZPO (dazu BGH BayVBl 09, 737) rechtzeitigen **Rüge** (zum Rügeerfordernis allg VGH Mannheim DÖV 05, 165) der Unzulässigkeit des Rechtswegs durch eine Partei, indem nicht rechtsmittelfähig vorab, sondern erst iRd Hauptsacheentscheidung positiv über diese Frage entschieden wurde (§ 17a III 2 GVG, dazu BGHZ 119, 246, 121, 367, und 130, 159; NJW 08, 3572; Celle OLGR 08, 177; BSG Beschl v 3.8.11 – B 11 SF 1/10 R). Andernfalls würde die gesetzlich vorgesehene Überprüfungsmöglichkeit durch eine verfahrensfehlerhafte Behandlung des Rechtsstreits ausgeschlossen (BVerwG NJW 94, 956, BAG NZA 10, 472). Trotz Nichtbeachtung des Vorabentscheidungserfordernisses (§ 17a III 2 GVG) treten das Prüfungshindernis und damit die Bindungswirkung des § 17a V GVG aber ein, wenn der Verfahrensbeteiligte seine Rüge im Rechtsmittelverfahren **ausdrücklich** nicht mehr weiter verfolgt (Hamm OLGR 08, 103; VGH München NJW 97, 1252). Wiederholt der Beteiligte aber seine Rüge ggü dem Berufungsgericht, so hat nunmehr dieses entspr § 17a III 2 GVG vorab über die Rechtswegfrage zu entscheiden und bei Verneinung des eigenen Rechtswegs die Sache unter Aufhebung der erstinstanzlichen Entscheidung an das Gericht des zuständigen Rechtswegs zu verweisen (LAG Nürnbg Beschl v 28.4.10 – 4 Sa 566/09). Etwas anderes gilt, wenn es nicht nur die Zulässigkeit bejaht, sondern darüber hinaus zum Ausdruck bringt, dass es im Falle einer Vorabentscheidung keine Veranlassung zur Zulassung einer Beschwerde dagegen nach Maßgabe des § 17a IV 4 bis 6 GVG gesehen hätte (BGH NJW 99, 651 unter Verweis auf BGHZ 131, 169 und 136, 228). Obwohl dem BGH im Grundsatz nur über die in § 17a IV GVG normierte besondere Rechtsbeschwerde nach Zulassung im Vorabverfahren mit der Rechtswegfrage befasst werden kann, hat er in der Vergangenheit in einzelnen Fällen auch iR eines Revisionsverfahrens die Rechtswegfrage entschieden, wenn sich das Berufungsgericht trotz der Nichtbeachtung des Vorabentscheidungserfordernisses (§ 17a III 2 GVG) durch das erstinstanzliche Gericht zu Unrecht durch § 17a V GVG an der Überprüfung des beschrittenen Rechtswegs gehindert gesehen hatte, um den Parteien auf diesem Weg eine Möglichkeit zur Nachprüfung des erstinstanzlichen Urteils zu ermöglichen (BGHZ 130, 159). Hat das Berufungsgericht die fehlende eigene Bindung erkannt, indes selbst das Erfordernis einer Vorabentscheidung negiert, ist der Rechtsstreit zur Nachholung insoweit zurückzuverweisen (BGHZ 132, 245). Auch in **verwaltungsgerichtlichen Eilrechtsschutzverfahren**, in denen eine weitere Beschwerde zur Klärung der Rechtswegfrage an das BVerwG ausgeschlossen ist (dazu oben Rz 4), ist das Beschwerdegericht nicht gehalten, auf eine Verfahrensrüge des Unterbleibens einer Vorabentscheidung trotz ordnungsgem Rüge durch das VG über die Eröffnung des Rechtswegs (§ 17a III 2 GVG) seinerseits »vorab« zu befinden (etwa OVG Saarlouis Beschl v 22.9.08–3 B 328/08).

15 **3. Sonstige Voraussetzungen.** § 17a V GVG regelt nur die Beziehung der verschiedenen staatlichen Gerichtsbarkeiten zueinander. Er regelt daher nicht das Verhältnis zu den von einer Kirche iR ihrer Selbstbestimmung (Art 140 GG, 137 WRV) errichteten **Kirchengerichten** (BAG ZMV 05, 152; BVerwGE 95, 379; Rz 1 zu § 13). Die Prüfungssperre gilt ferner nicht im Verhältnis zu den Verfassungsgerichten (OVG Bln/Bbg Urt v 26.9.11 – 3a B 5.11, s.o. Rz 3 zu § 17).

16 **F. Erweiterte Anwendbarkeit durch das FGG-RG.** Durch den mit Wirkung zum 1.9.09 eingefügten neuen § 17a VI GVG (vgl Art 22 Nr 3 FGG-RG v 17.12.08, BGBl I 08, 2586, 2694) wurde die entspr Geltung der Regeln zur Entscheidung über den zulässigen Rechtsweg **innerhalb des Zivilrechtswegs** für das interne Verhältnis zwischen str und freiwilliger Gerichtsbarkeit sowie den FamG klargestellt (dazu auch Frankf FamRZ 11, 1238; München FamRZ 11, 1406; Zweibr NJW-RR 11, 584, zum Begriff der sonstigen Familiensache iS § 266 I Nr. 4 FamFG). Erfasst werden Verweisungen zwischen der Prozessabteilung des AG, dem FamG oder der Abteilung für Angelegenheiten der freiwilligen Gerichtsbarkeit. Das gilt insb für die Beschwerdemöglichkeit (§ 17a IV 3 GVG). Da sich der Konfliktlösungsmechanismus nach § 17a GVG gerade insoweit gds von dem nach §§ 281, 36 I ZPO unterscheidet, ist eine Umdeutung eines auf § 281 ZPO gestützten Verweisungsbeschlusses in einen solchen nach §17a GVG nicht möglich (München FamRZ 10, 2090). Wegen der Bindungswirkung (§ 17a II 3 GVG) ist insb kein Raum mehr für ein Bestimmungsverfahren entspr §§ 5 I Nr 4 FamFG, 36 I Nr 6 ZPO (Hamm NJW 10, 2740). Der § 17a VI GVG gilt allerdings grds nicht für die Verfahren, die vAw einzuleiten sind, in denen also der Rechtsweg nicht wie von § 17a I GVG vorausgesetzt, vom Rechtsuchenden »beschritten« wird. Es muss sich also um Streitsachen handeln, über die im Antragsverfahren zu entscheiden ist.

§ 17b [Wirkungen der Verweisung, Kosten]. (1) [1]**Nach Eintritt der Rechtskraft des Verweisungsbeschlusses wird der Rechtsstreit mit Eingang der Akten bei dem im Beschluss bezeichneten Gericht anhängig.** [2]**Die Wirkungen der Rechtshängigkeit bleiben bestehen.**

(2) [1]**Wird ein Rechtsstreit an ein anderes Gericht verwiesen, so werden die Kosten im Verfahren vor dem angegangenen Gericht als Teil der Kosten behandelt, die bei dem Gericht erwachsen, an das der Rechtsstreit verwiesen wurde.** [2]**Dem Kläger sind die entstandenen Mehrkosten auch dann aufzuerlegen, wenn er in der Hauptsache obsiegt.**

(3) **Absatz 2 Satz 2 gilt nicht in Familiensachen und in Angelegenheiten der freiwilligen Gerichtsbarkeit.**

A. Regelungszusammenhang. Die Vorschrift behandelt die **Wirkungen der Verweisung** und die dadurch verursachten zusätzlichen Verfahrenskosten. Der Begriff der **Anhängigkeit** iSd § 17b I 1 GVG kennzeichnet die formelle prozessuale Zuordnung des verwiesenen Rechtsstreits (nunmehr) zum Adressatgericht, mit der dessen Pflicht zur Entscheidung des Rechtsstreits verknüpft ist. Alle bisherigen Prozesshandlungen gelten als vor dem nunmehr befassten Gericht vorgenommen und auch bisherige Maßnahmen des verweisenden Gerichts bleiben vom Übergang unberührt (VGH München Beschl v 29.4.10 – 21 CE 10.252, betr eine zuvor von einem Zivilgericht erlassene einstw Vfg). Auch insoweit ist das Verfahren als Einheit zu betrachten. Maßgebend ist neben dem Kriterium der formellen Rechtskraft (Unanfechtbarkeit) des Verweisungsbeschlusses der faktische Eingang der Akten bei diesem Gericht. Bei Aktenversendung vor Eintritt der Rechtskraft tritt die Anhängigkeit nicht ein. **§ 17 I 2 GVG** verdeutlicht den Grundgedanken der Einheit der Rspr der in verschiedene Gerichtsbarkeiten untergliederten Rspr. Die mit der Erhebung der Klage gleich in welchem Rechtsweg verbundenen rechtlichen Wirkungen bleiben bei der Verweisung bestehen. Das gilt sowohl in materieller Hinsicht, also zB bei Verjährungshemmung (§ 204 I Nr 1 BGB), im Bereicherungsrecht (§§ 818 IV, 819 BGB) oder bei Herausgabeansprüchen (§ 987 BGB), als auch in prozessualer Hinsicht. Letzteres ist insb in den Fällen bedeutsam, in denen die **fristgebundene Rechtsbehelfseinlegung** zu den Rechtsschutzformvoraussetzungen gehört, wie dies bei den häufigsten Klageverfahren vor den Gerichten der allg Verwaltungsgerichtsbarkeit der Fall ist (§ 74 VwGO). Wird ein solches Verfahren nach Fristablauf nach § 17a II 1 GVG von einem Gericht der ordentlichen Gerichtsbarkeit an das zuständige VG verwiesen, ist gem § 17b I 2 GVG auf den uU fristgem Zeitpunkt der Erhebung der Klage vor dem Zivilgericht abzustellen (BVerwG DVBl 93, 562). Das gilt sogar, wenn dem Kl eine ordnungsgem Rechtsmittelbelehrung erteilt worden ist (OVG Koblenz NVwZ-RR 96, 181). Durch Eingang der Klage beim unzuständigen Gericht wird die Frist allerdings nur gewahrt, wenn sie nach Auslegung gerade an dieses Gericht gerichtet war (BVerwG NJW 02, 768). 1

B. Kosten bei Verweisung. I. Grundsatz. § 17b II GVG regelt die von den übrigen Verfahrenskosten abspaltbaren **Mehrkosten** des Verweisungsverfahrens. Insoweit gilt indes nach S 1 zunächst der **Grundsatz der einheitlichen Entscheidung** über die Kosten (Kosteneinheit), der hier für über die Grenzen der Gerichtsbarkeiten hinaus anwendbar erklärt wird. Die durch die Anrufung des vom Rechtsweg her unzuständigen Gerichts entstandenen Mehrkosten werden als Teil der Gesamtkosten des Rechtsstreits behandelt, sind aber nach dem Verursachergedanken dem Rechtsbehelfsführer unabhängig vom sonst maßgeblichen Prozesserfolg aufzuerlegen. Etwas anderes gilt im Verwaltungsprozess ausnahmsweise dann, wenn der Bekl durch eine unzutr Rechtsmittelbelehrung die Rechtsbehelfseinlegung beim unzuständigen Gericht verursacht hat. Mehrkosten idS ist die Differenz zwischen den insgesamt tatsächlich entstandenen Kosten und den Kosten, die bei direkter Anrufung des zuständigen Gerichts entstanden wären. IR der Kostenerhebung ist hinsichtlich der Gerichtskosten § 4 II GKG zu beachten. Bzgl der Rechtsanwaltsvergütung gelten bei Verweisungen allg §§ 20, 21 RVG. Auch diese Grundsätze finden aufgrund entspr Regelungen (§ 281 III 2 ZPO) oder über Bezugnahmen in den Prozessordnungen regelmäßig auch auf Verweisungen wegen örtlicher oder sachlicher Unzuständigkeit Anwendung (§ 83 VwGO). Der durch das FGG-RG mit Wirkung vom 1.9.09 eingefügte neue **§ 17b III GVG** enthält für die Fälle, in denen entweder Verweisungs- oder Adressatgericht ein Familiengericht oder ein Gericht der freiwilligen Gerichtsbarkeit ist, eine von der zwingenden Vorgabe des § 17a II 2 GVG abw Regelung. Nach der Begründung zum Gesetzentwurf sollte das Ermessen des Gerichts bei der Auferlegung von Mehrkosten, die in diesen Fällen durch eine Verweisung an ein anderes Gericht oder gar nur eine andere Abteilung desselben Gerichts entstanden sind, erweitert werden (vgl BTDrs 16/6308 v 7.9.07, 318). 2

3 **II. Rechtsmittel im Verweisungsstreit.** Da das Gericht, an das die Sache in einem insoweit unselbständigen Zwischenverfahren verwiesen wurde, mit der Endentscheidung über die Kosten des Rechtsstreits insgesamt entscheidet, erfolgt im Verweisungsbeschluss selbst weder eine Kostenentscheidung noch eine Festsetzung des Streitwerts (zB FG Bln/Bbg EFG 10, 1625). Die Vorschrift erfasst allerdings nicht die nach § 17a IV GVG eröffneten Rechtsmittelverfahren. Insoweit haben die **Beschwerdegerichte** ggf eine eigene Kostenentscheidung zu treffen, für welche die Kostenregelungen der einschlägigen Verfahrensordnung zugrunde zu legen sind (BSG SozR 4-1500 § 51 Nr 6; BGH NJW 93, 2541; BVerwG NVwZ-RR 11, 710; E 103, 26; BayVBl 10, 572). Der **Streitwert** des Beschwerdeverfahrens beträgt idR ⅕ des Hauptsachwertes (BSG SozR 4-1720 § 17a Nr 3; BGH NJW 97, 1636; 98, 909, ⅓ bis ⅕). Im verwaltungsgerichtlichen Verfahren wird allerdings nach Nr. 5502 der Anl 1 zum GKG bei erfolglosen „sonstigen" Beschwerden eine Festgebühr erhoben; insoweit ist eine Streitwertfestsetzung entbehrlich (BVerwG BayVBl 10, 572; OVG Schleswig NordÖR 10, 989, VGH Kassel NJW 10, 2680). Hinsichtlich der Auferlegung außergerichtlicher Kosten bei erfolgreichen Beschwerden gegen Verweisungen vAw ist vom Erfordernis einer „Gegenpartei" iS des Kostenrechts auszugehen, die sich dem Rechtsmittel, also der Verweisung, widersetzt hat (so OVG Münster NVwZ-RR 10, 587; VGH Mannheim InfAuslR 01, 382, NVwZ-RR 03 159). Ansonsten fehlt eine „unterliegende" Partei (§§ 91 I ZPO, 154 I VwGO).

§ 18 [Exterritoriale].

[1]Die Mitglieder der im Geltungsbereich dieses Gesetzes errichteten diplomatischen Missionen, ihre Familienmitglieder und ihre privaten Hausangestellten sind nach Maßgabe des Wiener Übereinkommens über diplomatische Beziehungen vom 18. April 1961 (Bundesgesetzbl. 1964 II S. 957 ff.) von der deutschen Gerichtsbarkeit befreit. [2]Dies gilt auch, wenn ihr Entsendestaat nicht Vertragspartei dieses Übereinkommens ist; in diesem Falle findet Artikel 2 des Gesetzes vom 6. August 1964 zu dem Wiener Übereinkommen vom 18. April 1961 über diplomatische Beziehungen (Bundesgesetzbl. 1964 II S. 957) entsprechende Anwendung.

1 **A. Grundlagen. I. Einschränkungen deutscher Rechtsprechungshoheit.** Die **deutsche Gerichtsbarkeit** beschränkt sich grds auf deutsches Hoheitsgebiet. Ungeachtet der jeweiligen Staatsangehörigkeit unterliegen alle sich in der BRD aufhaltenden Personen zunächst uneingeschränkt der den deutschen Gerichten übertragenen Rechtsprechungshoheit. Die §§ 18 bis 20 GVG regeln sich insoweit aus dem **Völkerrecht** ergebende personelle und sachbezogene **Ausn**. Die Vorschriften begründen für die erfassten, insoweit Immunität (synonym Exemtion, Exterritorialität) genießenden Personen und Institutionen eine von den (deutschen) Gerichten festzustellende besondere **Verfahrensvoraussetzung** (vgl für das Strafverfahren § 206a StPO) für ihr Tätigwerden in jeglicher Form, auch bereits für eine **Ladung** (zur Unzulässigkeit einer Verweisung des Rechtsstreits Rz 7 zu § 17a). Immunität iSd §§ 18–20 GVG stellt daher ggf ein **Verfahrenshindernis** (BGHZ 19, 341) dar, dessen Nichtvorliegen in jeder Phase des Verfahrens bezogen auf den Zeitpunkt der gerichtlichen Entscheidung vAw zu prüfen ist. Das gilt auch dann, wenn die Immunität in einem unangefochten gebliebenen **Zwischenurteil** (§ 280 ZPO) in der Vorinstanz zu Unrecht verneint wurde (BGH MDR 09, 1239). Von der Rechtskraft (§ 322 I ZPO) eines in einem Vorprozess zwischen identischen Beteiligten ergangenen Sachurteils zu einem anderen (ähnl) Streitgegenstand wird eine darin vorgenommene Verneinung der Immunität als Vorfrage nicht erfasst (BAG NZA 05, 1117). Den Exterritorialen ggü ist die Ausübung inländischer Gerichtsbarkeit daher generell unzulässig, und zwar auch iRe **Vollstreckungsverfahrens**. Genießt etwa der Bekl im Zivilprozess Immunität und verzichten er bzw der Entsendestaat nicht ausnahmsweise darauf (dazu iE Rz 10), so ist die Klage, ggf im Berufungsverfahren, durch **Prozessurteil** als unzulässig abzuweisen. Entspr gilt für **Eilrechtsschutzersuchen**. Da es sich um eine Frage der Zulässigkeit des jeweiligen Rechtsbehelfs handelt, kann das Vorliegen des Verfahrenshindernisses auch Gegenstand einer **Zwischenentscheidung** gem § 280 ZPO sein (BAG NZA 01, 683). Dabei geht es allerdings nicht um eine Frage des Rechtswegs, so dass für eine Anwendung des § 17a GVG von vorneherein kein Raum ist (BAG NZA 05, 1117). Auch die Regeln über die sog **internationale Zuständigkeit** der Gerichte (etwa §§ 27 II ZPO) sind zu unterscheiden; deren Anwendung setzt das Bestehen deutscher Gerichtsbarkeit logisch voraus. Die Verneinung der Immunität und damit die Bejahung der deutschen Gerichtsbarkeit in einem **Urteil** betrifft nach der Rspr des BAG lediglich eine Vorfrage für die Sachentscheidung und nimmt daher nicht an der Bindungswirkung der **rechtskräftigen Entscheidung** (§ 322 I ZPO) teil (BAG NZA 05, 1117). Ob die **Nichtbeachtung** des Fehlens der deutschen Gerichtsbarkeit infolge Immunität die Nichtigkeit (so etwa Kissel/Mayer § 18 Rn 6 mwN; Schwab/Weth/Liebscher § 1 Rn 23;

MüKoZPO/*Wolf* § 18 Rn 5) oder lediglich die Anfechtbarkeit der gerichtlichen Entscheidung zur Folge hat (so Meyer-Goßner § 18 Rn 4 für das Strafverfahren; Zö/*Lückemann* Vor § 18 Rn 3), ist str (offen BGH NJW-RR 03, 1218). Gerichtliche Verfügungen und **Ladungen** bleiben aber insoweit zulässig, als sie der Klärung der im Einzelfall zweifelhaften Frage des Bestehens der deutschen Gerichtsbarkeit dienen, da grds jedes Gericht über das Vorliegen oder Nichtvorliegen des Prozesshindernisses zu befinden hat. Auch diese »Aufklärungsmaßnahmen« sind dann wiederum unzulässig, wenn das Bestehen der Immunität evident ist, also ohne vernünftigen Zweifel feststeht. Die Freistellung von der Gerichtsbarkeit erfasst aber nicht alle mit ihrer Ausübung in Verbindung stehenden Maßnahmen, zB nicht solche zur **Aufrechterhaltung der Ordnung** im Gerichtssaal nach § 177 GVG (MüKoZPO/*Wolf* Vor §§ 18–20 Rn 5).

II. Personenbezogene Immunität. 1. Freigestellter Personenkreis. Das in § 18 GVG seit der Änderung im Jahre 1974 (BGBl I 761) in Bezug genommene, vom Bundesgesetzgeber ohnedies in unmittelbar geltendes innerstaatliches Recht transformierte **Wiener Übereinkommen über diplomatische Beziehungen** vom April 1961 (**WÜD**, BGBl II 64, 957) geht auf eine Resolution der UN-Vollversammlung zurück und basiert nach seiner Präambel auf dem in der UN-Charta zum Ausdruck gebrachten Grundsatz souveräner Gleichheit der Staaten. Das Abk beinhaltet eine bereits aus Gründen der Rechtssicherheit zu begrüßende, allerdings nicht abschließende Verschriftung und Vereinheitlichung früheren Völkergewohnheitsrechts mit vorangestellten Begriffsdefinitionen (Art 1 a–i WÜD). Ergänzend sind die allg Regeln des Völkerrechts (Art 25 GG), insb die Regelungen des Völkergewohnheitsrechts beachtlich (BVerfG NJW 07, 2605; 98, 50). Der durch das Abk begünstige Personenkreis der **Mitglieder diplomatischer Missionen** samt ihrem sog **Gefolge** wird in Einzelheiten beschrieben in einem einschlägigen Rundschreiben des BMI v 17.8.93 (GMBl 93, 591; bei Meyer-Goßner § 18 GVG Rn 11). Der Missionschef (zu den Klassen Art 14 WÜD) bedarf der Akkreditierung, deren Verweigerung der Empfangsstaat nicht zwingend begründen muss (Art 4 WÜD). Hinsichtlich des übrigen Personalbestandes kann der Empfangsstaat eine den Verhältnissen angemessene Begrenzung verlangen (Art 11 WÜD). Die für den Diplomaten einschlägigen Regeln über die Immunität gelten nach Art 37 I WÜD entspr für in seinem Haushalt lebende **Familienangehörige** (KG FamRZ 10, 1589, verneint für die dauerhaft getrennt lebende Ehefrau) und mit näheren Maßgaben für die Mitglieder des Verwaltungs- und des technischen sowie des dienstlichen **Hauspersonals** der Mission, die weder die deutsche Staatsangehörigkeit besitzen noch in der BRD ständig ansässig sind (Art 37 II, III WÜD). Dieser Begriff entspricht dem des gewöhnlichen Aufenthalts im deutschen Recht (Karlsr Justiz 83, 133). Mit der Immunität von der Gerichtsbarkeit des Empfangsstaats soll va die Arbeitsfähigkeit der diplomatischen Mission des Entsendestaates und nicht der Diplomat selbst geschützt werden. Auf individuelle Missbräuche der diplomatischen Vorrechte und Immunitäten ist ausschließlich iRd Diplomatenrechts zu reagieren. Der Empfangsstaat kann den Diplomaten zur unerwünschten Person erklären (Art 9 WÜD). 2

2. Sachbezogene Annexregelungen. Die sachliche Exterritorialität der von diplomatischen Missionen zur Erfüllung ihrer Aufgaben genutzten **Gebäude** war seit jeher im Völkerrecht allg akzeptiert. Entspr genießen insb die **Räumlichkeiten der ausländischen Missionen** samt Einrichtung nach dem Abk besondere Immunität von jeder Durchsuchung, Beschlagnahme, Pfändung oder Vollstreckung (Art 22 Abs 3 WÜD). Auch Ladungen und Zustellungen in den geschützten Räumlichkeiten sind unzulässig. Nach allg Praxis schließen es Unverletzlichkeit und Immunität auch des **Gesandtschaftsgrundstücks** aus, dass Organe des Empfangsstaates dieses ohne Einwilligung des Missionschefs betreten. Durchsuchungen, Beschlagnahmen und Vollstreckungsmaßnahmen auf dem Grundstück sind selbst dann unzulässig, wenn sie der Durchführung gerichtlicher Entscheidungen dienen sollen (BVerfG NJW 63, 435). 3

III. Allgemeine Staatenimmunität. Von der spezifischen diplomatischen Immunität der Mission eines ausländischen Staates ist die von § 18 GVG nicht umfasste sog allg **Staatenimmunität** zu unterscheiden (dazu § 20 Rz 3 ff). Staatenimmunität und diplomatische Immunität stellen unterschiedliche Institute des Völkerrechts mit jew eigenen Regeln dar, so dass von Beschränkungen in einem Bereich nicht auf den anderen geschlossen werden kann (BVerfG NJW 07, 2605). In welchem Umfang ein anderer **Staat** der deutschen Gerichtsbarkeit unterliegt, bestimmt sich mangels konkreter Rechtsvorschriften oder völkerrechtlicher Vereinbarungen nach den gem Art 25 GG national als Bundesrecht geltenden allg Regeln des Völkerrechts. Aus der Souveränität eines fremden Staates folgt der allg anerkannte Grundsatz des Völkerrechts, dass sich die Gerichtsbarkeit eines anderen Staates nicht auf die hoheitliche Tätigkeit eines ausländischen Staates beziehen kann, wobei die Qualifikation als hoheitliche oder nicht hoheitliche Tätigkeit nach dem nationalen Recht zu erfolgen hat (grdl BVerfGE 16, 27, Rz 4 zu § 20). Danach ist der Gerichtsstaat völkerrechtlich nicht schlecht- 4 hin gehindert, aufgrund eines gegen einen fremden Staat gerichteten Titels Zwangsmaßnahmen in dessen im Gerichtsstaat befindliche oder gelegene Vermögensgegenstände zu betreiben (BVerfGE 46, 342; 64, 1).Von Völkerrechts wegen ist daher aber insb die Zwangsvollstreckung gegen einen fremden Staat in Gegenstände dieses Staates, die sich im Hoheitsbereich des Gerichtsstaates befinden oder dort belegen sind, ohne seine Zustimmung unzulässig, soweit diese Gegenstände im Zeitpunkt des Beginns der Vollstreckungsmaßnahme hoheitlichen Zwecken des fremden Staates dienen (BGH NJW-RR 03, 1218 und 06, 425), wie zB die als solche benutzten Grundstücke ausländischer Gesandtschaften (Art 22 ff WÜD). Maßgeblich für die Abgrenzung ist die Rechtsordnung des Gerichtsstaats. Wegen der Schwierigkeiten bei der Beurteilung einer Gefährdung amtlicher Funktion und wegen der latent gegebenen Missbrauchsmöglichkeiten wird der Schutzbereich zugunsten des fremden Staates sehr weit gefasst. Abzustellen ist auf eine abstrakte Gefährdung, nicht hingegen auf die konkrete Gefahr für die Funktionsfähigkeit der diplomatischen Vertretung im Vollstreckungsfall (BVerfG WM 11, 2185, zu Berliner Immobilien der Russischen Förderation).

5 **B. Immunitäten nach dem WÜD. I. Strafverfahren.** Die im WÜD gerichtsfrei gestellten Diplomaten, also der Missionschef und das diplomatische Personal der Mission (Art 1e WÜD), genießen uneingeschränkte Immunität von der **Strafgerichtsbarkeit des Empfangsstaats** (Art 31 I 1 WÜD), die auch **Bußgeldverfahren** umfasst (§ 46 I OWiG). Die Immunität verbietet nicht nur Einl und ggf Fortsetzung eines Strafverfahrens (Nr 193 I RiStBV), sondern bereits polizeiliche, staatsanwaltschaftliche oder richterliche Untersuchungshandlungen. Der begünstigte Personenkreis ist auch von der **Zeugenpflicht** befreit (Art 31 II WÜD); insoweit bedarf schon die Wirksamkeit der Ladung ihrer Zustimmung (BVerwG NJW 89, 678). Für Zustellungen (§ 185 Nr 4 ZPO), Ladungen bzw Vernehmungen sind Sonderregeln zu beachten (zum Strafverfahren Nr 196-198 RiStBV); Vorbehalte hinsichtlich besonderes gravierender Straftaten bestehen nicht. Voraussetzung ist allerdings, dass sich der Betreffende in amtlicher Eigenschaft in Deutschland aufhält. So hat der BGH bspw einen bei der US-amerikanischen Botschaft in Caracas/Venezuela eingesetzten Sergeant der US-amerikanischen Armee und Inhaber eines »Diplomatic Passport«, der im Urlaub nach Amsterdam geflogen war und Betäubungsmittel von den Niederlanden nach Deutschland transportiert hatte, als nicht von der deutschen Gerichtsbarkeit befreit angesehen und ihm auch sonst keine Immunität vor strafrechtlicher Verfolgung wegen dieser Tat zugebilligt (BGH NStZ 04, 402). Einen Sonderfall bildet die dienstlich veranlasste Durchreise des Diplomaten durch das Hoheitsgebiet eines Drittstaats (Art 40 I WÜD).

6 **II. Zivil- und Verwaltungsprozess.** Hinsichtlich der Immunität der Diplomaten von der **Zivilgerichtsbarkeit** (§§ 173 VwGO, 18 GVG) sieht Art 31 I 2 WÜD drei Ausn vor. Das Nichtbestehen der deutschen Gerichtsbarkeit – auch in Ansehung von Vollstreckungsmaßnahmen (Art 31 III WÜD) – umfasst danach in gegenständlicher Hinsicht ausnahmsweise erstens nicht dingliche Klagen, die sich auf privates unbewegliches Vermögen im Empfangsstaat beziehen, wenn nicht der Besitz im Auftrag des Entsendestaats für Zwecke der Mission ausgeübt wird. Die Immunität gilt zweitens nicht für bestimmte Nachlassklagen und zum dritten nicht für die Ausübung statusunabhängiger freiberuflicher oder gewerblicher Tätigkeit des Diplomaten im Empfangsstaat (dazu Art 42 WÜB). Für die **Verwaltungsgerichtsbarkeit** gelten dieselben Grundsätze (Art 31 I 2 WÜD). Die sich insb für den Zivilprozess aus der Immunität ergebende Beschränkung des Justizgewährungsanspruchs des Rechtsstreitgegners rechtfertigt sich aus dem übergeordneten Anliegen der Sicherstellung eines reibungslosen Funktionierens zwischenstaatlicher Diplomatie. Deswegen ist die Immunität des Diplomaten von der Gerichtsbarkeit des Empfangsstaats nicht von der Schwere der gegen den Diplomaten im Einzelfall erhobenen Vorwürfe abhängig (LAG Bln ArbnR 11, 507, angebliche dauerhafte Misshandlung einer Hausangestellten).

7 **III. Andere deutsche Gerichtsbarkeiten.** Für die im Abk nicht erwähnten **Sozial- und Finanzgerichte** ist, sofern sich Anwendungsfälle ergeben, aufgrund der Verweise in den Prozessordnungen auf das GVG von einer entspr Anwendbarkeit auszugehen. Denkbar sind in dem Zusammenhang indes wegen der aktiven Prozessrolle wiederum problemlose Rechtsbehelfe auf Gewährung öffentlicher Sozialleistungen (BVerwG NJW 96, 2744; OVG Münster NJW 92, 2043, damals zum Verwaltungsrechtsweg) oder sonstige eigene Rechtsschutzersuchen eines Diplomaten.

8 **C. Zeitlicher Rahmen. I. Eintritt der Immunität.** Beginn der Immunität. Die diplomatischen Vorrechte und Immunitäten wirken mit Einreise in das Hoheitsgebiet des Empfangsstaats zum Zweck der Aufnahme des Dienstes bzw bei vorherigem Aufenthalt im Empfangsstaat ab dem Zeitpunkt der Notifizierung ihrer Ernennung durch die zuständige Stelle des Empfangsstaats (Art 39 WÜD).

II. Beendigung der Immunität. Entfällt das Verfahrenshindernis der Immunität durch **Verlust des Status,** so wird etwa die Strafverfolgung zulässig sofern nicht – speziell für Handlungen in Wahrnehmung dienstlicher Aufgaben (Art 39 II 2 WÜD) – die Fortdauer ausdrücklich bestimmt ist. Art 43 nennt typische Fälle der Beendigung des Status durch deren Notifizierung oder die Ablehnung durch den Empfangsstaat. Allerdings knüpft das Abk insoweit nicht primär an die Beendigung der dienstlichen Tätigkeit, sondern an die Ausreise an (dazu OVG Münster NVwZ-RR 99, 252). Der Empfangsstaat kann dem Betreffenden aber eine angemessene Frist setzen (Art 39 II 1 WÜD). Entspr gilt für die abgeleitet berechtigten Familienangehörigen im Falle des Versterbens des Stammberechtigten (Art 39 III WÜD). 9

D. Verzicht auf die Immunität. I. Grundsätze. Auf die Immunität kann durch den **Entsendestaat** im Wege ausdrücklich Erklärung verzichtet werden (Art 31 I, II WÜD). Auch der **Berechtigte** selbst kann einen solchen Verzicht erklären und sich so freiwillig der deutschen Gerichtsbarkeit unterwerfen. Der Verzicht kann auch allg erfolgen (Kissel/Mayer § 18 Rn 22). Wegen des Grundsatzes in Art 32 I WÜD ist allerdings die ggf zumindest nachträgliche Zustimmung des Entsendestaates oder eines von ihm insoweit Bevollmächtigten notwendig (Meyer-Goßner § 18 Rn 5; Zö/*Lückemann* Vor § 18 Rn 5; B/L/A/H Einf vor §§ 18–20 Rn 3; MüKoZPO/*Wolf* Vor §§ 18–20 Rn 8). Der iRe **bestimmten gerichtlichen Verfahrens** mögliche Verzicht erfolgt regelmäßig durch prozessuale Willenserklärung oder – insoweit ggf auch konkludent – für bestimmte Maßnahmen der Beweiserhebung. Ein solcher Verzicht wird in der Rspr regelmäßig trotz der von Art 32 II WÜD geforderten Ausdrücklichkeit zB auch in Einlassungen zur Sache oder in einer Stellung von Sachanträgen gesehen. Der verfahrensbezogene Verzicht im Erkenntnisverfahren gilt nur für den jeweiligen Rechtsstreit, dort aber für alle Instanzen, nicht aber automatisch für ein anschließendes Vollstreckungsverfahren (Art 32 IV WÜD, BGH NJW-RR 06, 425 zum Investitionsschutzvertrag BRD/UdSSR), etwa wegen Kosten. 10

II. Sonderfall Eigeninitiative. Die Immunität hat nur die negative Bedeutung eines Schutzes vor Eingriffen idS, dass gegen den ihren Schutz Genießenden die Gerichtsbarkeit nicht in Bewegung gesetzt werden darf, hindert indes nicht die eigene Inanspruchahme der Gerichte des Empfangsstaats durch den Betreffenden als Rechtsbehelfsführer (KG Berlin FamRZ 10, 1589 unter Verweis auf RGZ 111, 149, 150; OVG Münster NJW 92, 2043; BVerwG DVBl 96, 871, insoweit jew zur Geltendmachung von Sozialleistungen). In diesen Fällen bedarf es keines Immunitätsverzichts des Entsendestaates. Deswegen steht die Immunität auch der Anerkennung eines auf Antrag des Diplomaten im Empfangsstaat ergangenen Scheidungsurteils nicht entgegen (BGH MDR 11, 604). Die **Rechtsbehelfseinlegung** durch den Exterritorialen beinhaltet einen verfahrensbezogenen Verzicht auf die Immunität. Ruft die Immunität genießende Person selbst ein Zivilgericht an, so kann sie sich auch ggü einer **Widerklage** nicht darauf berufen, sofern deren Gegenstand einen unmittelbaren Zusammenhang mit dem Klagebegehren aufweist (Art 32 III WÜD). Auch Einwendungen gegen die Klage des Diplomaten, etwa die Aufrechnung im Prozess, bleiben zulässig. In diesem Bereich besteht dann kein Erfordernis eines gesonderten Verzichts für Vollstreckungsmaßnahmen (Art 32 IV WÜD) oder ein Zustimmungsvorbehalt (Art 32 I WÜD). 11

III. Verzicht auf die Staatenimmunität. Auch hinsichtlich der **Staatenimmunität** (vgl Rz 4) ist ein pauschaler Verzicht zulässig und wirksam. Dies hat die Rspr in jüngerer Vergangenheit im Zusammenhang mit entspr Verzichtserklärungen bei argentinischen Staatsanleihen mehrfach beschäftigt. Hinsichtlich der Reichweite von Verzichterklärungen ist auch insoweit zurückhaltende Interpretation geboten. Aus der Staatenpraxis und dem völkerrechtlichen Schrifttum ergibt sich, dass ein allg, in den Anleihebedingungen eines ausländischen Staates enthaltener Immunitätsverzicht zwar geeignet ist, die allg Staatenimmunität im Erkenntnis- und **Vollstreckungsverfahren** aufzuheben. Die Zustimmung zur Vollstreckung auch in solches Vermögen, welches der Aufrechterhaltung des Betriebs der diplomatischen Mission des erklärenden Entsendestaats dient, kann darin von Völkerrechts wegen aber nicht gesehen werden (zu den sog »Argentinien-Anleihen« zuletzt Frankf Beschl v 6.6.08–8 U 201/07). Dies ist eine Folge des im Völkerrechtsverkehr anerkannt hohen Schutzniveaus diplomatischer Belange, das sich in dem WÜD sowie ergänzendem Völkergewohnheitsrecht zeigt (BVerfG NJW 07, 2605; BGH Rpfleger 07, 556). 12

E. Diplomaten von Nichtvertragsstaaten. Für den Fall, dass der **Entsendestaat nicht Vertragspartner** des WÜD ist, befreit § 18 S 2 GVG grds denselben Personenkreis (Rz 2) auch ihrer diplomatischen Missionen von der deutschen Gerichtsbarkeit. Der besondere Hinweis auf die entspr Geltung auf den Art 2 des Zustimmungsgesetzes zum WÜD (BGBl II 64, 957) hebt die Möglichkeit der insoweit ausdrücklich 13 ermächtigten Bundesregierung zur Gewährung weitergehender Befreiungen aber auch zum Erlass von Beschränkungen bei der entspr Anwendung des WÜD auf diesen Personenkreis hervor.

14 **F. Grenzen der Immunität. I. Ordnungsbehördliche Maßnahmen.** Die Immunität beschränkt sich nach dem Wortlaut des § 18 S 1 GVG auf die Gerichtsbarkeit, gilt daher nicht automatisch für eine **ordnungsbehördliche Inanspruchnahme**, etwa beim Abschleppen verbotswidrig abgestellter Fahrzeuge, wenngleich der Art 29 II WÜD in dem Rahmen eine zurückhaltende Vorgehensweise gebietet (Kissel/Mayer § 18 Rn 8). Die Einl und Durchführung eines **Bußgeldverfahrens** bleibt aber unzulässig (§ 46 I OWiG); sie umfasst auch die Erteilung eines **Verwarnungsgeldes** (§ 56 OWiG).

15 **II. Private Selbsthilfemöglichkeiten.** Persönliche Immunität beinhaltet materiell keine Freistellung von der Verpflichtung zur Beachtung der Gesetze und Rechtsvorschriften des Empfangsstaats (Art 41 I 1 WÜD). Sie steht von daher auch der Ausübung von **Notwehr** und **Selbsthilfe** in den in §§ 227 ff BGB geregelten Fällen nicht entgegen (Zö/*Lückemann* Vor § 18 Rn 4), sofern die gesetzlichen Voraussetzungen, etwa für die Selbsthilfe nach § 229 BGB, erfüllt sind (Köln NJW 96, 472; B/L/A/H Einf vor §§ 18–20 Rn 2).

§ 19 [Konsularische Vertreter].

(1) [1]**Die Mitglieder der im Geltungsbereich dieses Gesetzes errichteten konsularischen Vertretungen einschließlich der Wahlkonsularbeamten sind nach Maßgabe des Wiener Übereinkommens über konsularische Beziehungen vom 24. April 1963 (Bundesgesetzbl. 1969 II S. 1585 ff.) von der deutschen Gerichtsbarkeit befreit.** [2]**Dies gilt auch, wenn ihr Entsendestaat nicht Vertragspartei dieses Übereinkommens ist; in diesem Falle findet Artikel 2 des Gesetzes vom 26. August 1969 zu dem Wiener Übereinkommen vom 24. April 1963 über konsularische Beziehungen (Bundesgesetzbl. 1969 II S. 1585) entsprechende Anwendung.**

(2) **Besondere völkerrechtliche Vereinbarungen über die Befreiung der in Absatz 1 genannten Personen von der deutschen Gerichtsbarkeit bleiben unberührt.**

1 **A. Regelungsbereich. I. Grundsatz.** Im Gegensatz zur diplomatischen (s. § 18 GVG) behandelt § 19 GVG die Immunität im Bereich der **konsularischen Vertretungen**. Auch dabei verweist die heutige Fassung des GVG auf eine völkerrechtliche Vereinbarung, konkret das **Wiener Übereinkommen über konsularische Beziehungen** vom 24.4.63 (**WÜK**, BGBl II 69, 1587), das allerdings ebenfalls nicht abschließend ist, sondern schon in der Präambel ergänzend auf die Regeln des Völkergewohnheitsrechts Bezug nimmt und in Art 69 II WÜK die Möglichkeit ergänzender, nach Art 73 WÜK ggf vorrangiger besonderer völkerrechtlicher Vereinbarungen erwähnt (vgl zB den Konsularvertrag zwischen dem Deutschen Reich und der Türkischen Republik vom 28.5.29, RGBl II 30 737 und BGBl II 52, 608). Die Regelungen des WÜK sind unabhängig von dem insoweit deklaratorischen § 19 GVG bereits aufgrund unmittelbaren innerstaatlichen Rechtsanwendungsbefehls (Zustimmungsgesetz v 26.8.69, vgl BGBl II 69, 1585) von den Gerichten zu beachten. Insgesamt bleibt die **konsularische Immunität** hinter der diplomatischen nach dem WÜD sowohl vom privilegierten Personenkreis als auch vom Inhalt her zurück.

2 **II. Persönlicher Anwendungsbereich.** Das Abk begünstigt zunächst die berufsmäßigen **Mitglieder der Vertretungen**, primär wenn sie weder die Staatsangehörigkeit des Empfangsstaates besitzen noch dort dauerhaft ansässig sind (Art 1 Ig, 22, 40–57 WÜK), aber auch wenn sie die letztgenannten Voraussetzung nicht erfüllen, also etwa Deutsche sind (Art 71 WÜK). Die konsularische Immunität erstreckt sich nach dem Abk aber auch – wenngleich naturgem mangels eigener Wahrnehmung konsularischer Aufgaben sehr eingeschränkt – auf Familienangehörige (Art 57, 58 WÜK), auf Konsularbeamte und andere Mitglieder konsularischer Vertretungen auf dienstlich motivierter Durchreise samt der in ihrer Begleitung reisenden Familienangehörigen (Art 54 I, II WÜK) und auf Wahlkonsularbeamte (Art 1 II, 58–68 WÜK). Letztere unterliegen zwar grds der deutschen Gerichtsbarkeit, jedoch sind auch die Verfahren gegen sie in einer möglichst Aufgaben schonenden Weise zu führen (Art 63 WÜK).

3 **III. Sachlicher Annex. Durchsuchungen und Beschlagnahmen** in Räumen der Konsulate (zum Umfang der Unverletzlichkeit Art 31, 55 III, 59 WÜK), insb eines gesondert verwahrten konsularischen Archivs und der dienstlichen Schriftstücke sind vorbehaltlich der ausdrücklichen Zustimmung des Missionschefs zum Schutz des konsularischen Verkehrs ebenfalls unzulässig (Art 1, 33 WÜK). Diese Regeln sind auch in Vollstreckungsverfahren zu beachten, die grds nicht dem besonderen Schutz konsularischer Immunität unterliegen.

B. Inhalte der konsularischen Immunität. I. Amtsimmunität. Die Konsularbeamten und die Angehörigen des Verwaltungs- und des technischen Personals der Konsulate genießen grds nicht die allg Immunität der Diplomaten, sondern nur die **sog Amtsimmunität** (Art 43 WÜK, dazu iE Kissel/Mayer § 19 Rn 4 und 9). Sie gilt sowohl für Strafverfahren als auch vor den Zivilgerichten sowie ggü Verwaltungsbehörden und erfasst alle Handlungen, die von ihnen im Zusammenhang mit der Wahrnehmung ihrer konsularischen Aufgaben, bei Wahlkonsularbeamten nur bei Amtshandlungen (Art 71 WÜK), vorgenommen werden und gilt grds auch für Vollstreckungsverfahren (zur Strafvollstreckung Art 41 WÜK, Rz 5). 4

1. Strafgerichtsbarkeit. Bei Abgrenzungsschwierigkeiten, zumeist im Zusammenhang mit **Straf- und Bußgeldverfahren** wegen **Verkehrsdelikten**, ist im Zweifel dem Grundgedanken der Immunität Vorzug einzuräumen (sog **Zweifelsgrundsatz**, Schlesw VRS 62, 277). Überwiegend wird allerdings für die Annahme des Verfahrenshindernisses gefordert, dass ein enger sachlicher Zusammenhang zwischen dem Gebrauch des Kraftfahrzeugs und der Wahrnehmung einer konsularischen Aufgabe positiv festgestellt wird (Karlsr NJW 04, 3273; Hambg NJW 88, 2191), weil die Durchführung von Fahrten mit dem Kfz als solche keine spezifisch konsularische Aufgabe darstelle (Ddorf NZV 97, 92; BayObLG NJW 92, 641 vgl auch das Rundschreiben des BMI v 17.8.93, GMBl 93, 591, dort zu IV 4., insb auch zur Zulässigkeit unfreiwilliger **Blutprobenentnahmen**, Meyer-Goßner § 19 Rn 3). Stehen die vermuteten Straftaten in einem möglichen Zusammenhang mit der konsularischen Tätigkeit, ist auch die **Telefonüberwachung** unzulässig, was ggf ein Verwertungsverbot hinsichtlich dabei gewonnener Erkenntnisse begründet (BGH NStZ 90, 348, unter ausdrücklicher Offenlassung, ob die generelle Unzulässigkeit der Überwachung von Telefonen in Konsulatsräumen aus dem dafür geltenden besonderen Schutz nach Art 31 WÜK herzuleiten ist). **Festnahmen** oder **Untersuchungshaft** sowie sonstige **Inhaftierungen** mit Ausn der Vollstreckung rechtskräftig verhängter Freiheitsstrafen sind bei Konsularbeamten nur wegen des Verdachts schwerer Straftaten mit Strafandrohung von mindestens 3 Jahren sowie aufgrund einer justizbehördlichen Entscheidung zulässig (Art 41 WÜK). 5

2. Zivilgerichtsbarkeit. Einschränkungen der Amtsimmunität auch der Konsularbeamten und der Konsulatsbediensteten im **Zivilprozess** ergeben sich aus Art 43 II WÜK. Das gilt einerseits für **Vertragsklagen**, wenn der Betreffende beim Vertragsschluss dem Vertragspartner ggü nicht zu erkennen gegeben hatte, dass er im Auftrag seines Entsendestaates handelte, und andererseits für Klagen Dritter wegen im Zusammenhang mit dem Gebrauch eines Land-, Luft- oder Wasserfahrzeugs verursachten **Unfallschäden,** jew einschl ggf erforderlicher Vollstreckungsverfahren. Für Familienmitglieder bedarf es solcher Einschränkungen nicht (Rz 2). Auch die konsularische Immunität ist als Verfahrensvoraussetzung durch das Gericht vAw zu prüfen. Bestehen Zweifel, ist darüber mündlich zu verhandeln (ThoPu/*Hüßtege* § 19 Rn 1). 6

3. Sonstige Gerichtsbarkeiten. Hinsichtlich der im WÜK nicht gesondert erwähnten **anderen** deutschen **Gerichtsbarkeiten** sind die Regeln, soweit Bedarf besteht, entspr zur Anwendung zu bringen. 7

4. Mitwirkung in Verfahren. Die Mitglieder konsularischer Vertretungen können in Verwaltungs- und Gerichtsverfahren als **Zeugen** geladen werden, sind aber weder verpflichtet, Angaben zu Angelegenheiten machen, die im Zusammenhang mit der Wahrnehmung ihrer konsularischen Aufgaben stehen, noch müssen sie insoweit amtlich errichtete **Schriftstücke** vorlegen (Art 44 WÜK, entspr für Honorarkonsularbeamte Art 58 II WÜK). Konsularbeamten steht nach Art 44 I 3 WÜK, der insoweit die Verhängung von Sanktionen wegen Nichtaussagen verbietet, zwar nicht inhaltlich, aber im Ergebnis ein generelles **Aussageverweigerungsrecht** zu. Die Vernehmungen sollen nach Möglichkeit in den Konsulatsräumen durchgeführt werden (Art 44 II WÜK). 8

II. Sonstige Regelungen. Beginn und Verlust der konsularischen Privilegien sind in Art 25–27, 53 WÜK in Anlehnung an die für Diplomaten geltenden Grundsätze geregelt (§ 18 Rz 8, 9). Auf die Immunität kann – wie bei den Diplomaten – auch **verzichtet** werden (Art 45 WÜK). Auch hier ist hinsichtlich Erkenntnis- und Vollstreckungsverfahren ein gesonderter Verzicht erforderlich (Art 45 IV WÜK). Bei eigener Einl von Gerichtsverfahren besteht keine Immunität (Art 45 III WÜK; § 18 Rz 11). 9

§ 20 [Weitere Befreiungen von der deutschen Gerichtsbarkeit]. **(1) Die deutsche Gerichtsbarkeit erstreckt sich auch nicht auf Repräsentanten anderer Staaten und deren Begleitung, die sich auf amtliche Einladung der Bundesrepublik Deutschland im Geltungsbereich dieses Gesetzes aufhalten.**

(2) Im Übrigen erstreckt sich die deutsche Gerichtsbarkeit auch nicht auf andere als die in Absatz 1 und in den §§ 18 und 19 genannten Personen, soweit sie nach den allgemeinen Regeln des Völkerrechts, auf Grund völkerrechtlicher Vereinbarungen oder sonstiger Rechtsvorschriften von ihr befreit sind.

1 **A. Immunität von Staatsgästen.** § 20 GVG gewährt insgesamt weiter gehende persönliche Freistellungen von der deutschen Gerichtsbarkeit auf völkerrechtlicher – sei es völkervertrags- oder völkergewohnheitsrechtlicher – Grundlage (Art 25 GG). Der in seiner heutigen Fassung auch als *lex Honnecker* bezeichnete § 20 I GVG (zum Hintergrund Kissel/Mayer § 20 Rn 39; Meyer-Goßner § 20 Rn 1; BGH NJW 93, 141 zu § 20 II GVG) behandelt zunächst den Sonderfall eines Aufenthaltes von durch die zuständige Stelle des Bundes oder einer zur Vertretung der BRD befugten Stelle, ggf auch eines Bundeslandes (MüKoZPO/*Wolf* § 20 Rn 3) förmlich **eingeladenen Staatsgästen** und ihrer Begleitung. Entscheidender Anknüpfungspunkt ist dabei die (amtliche) Einladung, nicht eine im konkreten Fall mit dem Besuch verfolgte »amtliche Mission« (Zö/*Hüßtege* § 20 Rn 1). Die Stellung als Repräsentant des Fremdstaates muss sich aus dessen Verfassung ergeben. IdR wird es sich um **Staatsoberhäupter** (hierzu allg Rz 3; Art 25 GG) oder um Regierungsmitglieder handeln. Die Personen, die als **Begleitung** des Staatsgastes Immunität genießen, ergeben sich in der Praxis aus der vom Eingeladenen erstellten und vor dem Besuch dem Gastland überreichten Delegationsliste. Da Staatsoberhäupter nach der allg Regel des § 20 II GVG, Art 25 GG bei Besuchen nicht der deutschen Gerichtsbarkeit unterliegen, betrifft die eigenständige Bedeutung des § 20 I GVG wesentlich den Tross der Begleiter. Dabei kann es sich um Angehörige und Berater, Fahrpersonal, Vertreter der Presse oder auch Sicherheitsleute handeln. Relevanz erlangt § 20 I GVG ferner bei **internationalen Konferenzen** und Zusammenkünften, bei denen die Teilnehmer als »Repräsentanten« ihres Landes von der Bundesrepublik eingeladen werden. Gleiches gilt für die militärischen Manövern nach der **KSZE-Vereinbarung** beiwohnenden Beobachter. Die Befreiung schließt nach dem insoweit keine Differenzierungen enthaltenden Wortlaut des § 20 GVG auch Personen ein, die im Einzelfall eine deutsche Staatsangehörigkeit besitzen.

2 **B. Erweiterungen der Immunität durch das allgemeine Völkerrecht. I. Ad-hoc-Diplomatie.** Ein Hauptanwendungsfall des § 20 II GVG sind die sog **Sonderbotschafter**. Insoweit existiert eine von der Staatenpraxis mit Rechtsüberzeugung getragene gewohnheitsrechtliche Regel, wonach es möglich ist, von dem Entsendestaat mit einer besonderen politischen Mission, meist für konkrete Verhandlungsgegenstände, ausgestatteten »ad-hoc-Botschaftern« durch **Einzelabsprache mit dem Empfangsstaat** über diese Aufgabe und über ihren Status Immunität zu verleihen und sie auf diese Weise den völkervertragsrechtlich geschützten Mitgliedern der ständigen Missionen der Staaten gleichzustellen (BGH NJW 84, 2048). Bestimmte Anforderungen an den Inhalt dieser besonderen Aufgabe werden nach den Regeln des Völkerrechts nicht gestellt, weshalb es auch keiner vorherigen detaillierten Beschreibung der Aufgabe der Sondermission bedarf (Ddorf MDR 83, 512).

3 **II. Funktionelle und sachliche Staatenimmunität. 1. Oberhäupter fremder Staaten.** Über die Sonderregelung für Staatsbesuche in § 20 I GVG genießen **Staatsoberhäupter** fremder souveräner Staaten bereits aufgrund ihrer Stellung nach den allg Regeln des Völkerrechts (§ 20 II GVG, Art 25 GG) weitestgehende persönliche Immunität (auch) in Deutschland. Dies folgt aus dem Grundsatz der – nach Amtsverlust auch nachwirkenden – funktionellen Staatenimmunität. **Allg Regeln des Völkerrechts**, die nach Art 25 GG Bestandteil des (deutschen) Bundesrechts sind, liegen vor, wenn sie von der überwiegenden Mehrheit der Staaten, nicht notwendigerweise auch von der Bundesrepublik Deutschland, anerkannt werden (BVerfG NJW 63, 435; zum Nichtbestehen eines allg völkerrechtlichen Grundsatzes sog »**freien Geleits**« für Auslandszeugen BGH NJW 88, 3105). In Zweifelsfällen besteht nach Art 100 II GG eine Vorlagepflicht zum BVerfG. Nach einem idS allg anerkannten völkerrechtlichen Grundsatz ist es nicht zulässig, dass ein Staat über Hoheitsträger eines anderen Staates Gerichtsgewalt ausübt, wenn es um ein Verhalten iR seiner **hoheitlichen Amtsausübung** geht. Der Begriff der Amtshandlung ist völkerrechtlich im weitesten Verständnis aufzufassen. Darunter ist jeder Akt zu verstehen, der dem Staat in Verfolgung seiner politischen Ziele zuzurechnen ist (Köln NStZ 00, 667). Dieses Verfahrenshindernis greift nur in den Ausnahmefällen nicht ein, in denen das konkrete Verhalten eines Staatsoberhaupts unter dem Gesichtspunkt des **Verstoßes gegen Völkerstrafrecht** inkriminiert ist. Auf diesem Gedanken beruhen auch sog internationale Kriegsverbrechertribunale. Nach dem Rechtsverständnis der Vereinten Nationen soll sich für bestimmte **Kriegsverbrechen** und andere Handlungen, die Verbrechen gegen den Frieden oder gegen die Menschlichkeit dar-

stellen, das handelnde Individuum jedenfalls im Grundsatz nicht mehr darauf berufen können, es habe hoheitlich für seinen Staat gehandelt. Hinsichtlich des privaten Verhaltens eines Staatsoberhaupts während seiner Amtszeit lässt sich eine entspr völkerrechtlich allg anerkannte Immunitätsregel nicht feststellen (Kissel/Mayer § 20 Rn 11, insb zum Fall *Pinochet*).

2. Zivilrechtliche Erkenntnis- und Vollstreckungsverfahren. Im **Bereich hoheitlicher Tätigkeit** (*acta iure imperii*) genießen souveräne Staaten vorbehaltlich ausdrücklicher einschr zwischenstaatlicher Vereinbarungen (dazu Rz 6) nach dem Völkergewohnheitsrecht, das gem Art 25 GG auch für deutsche Gerichte verbindlich ist, grds vollständige Immunität (vgl § 18 Rz 4 allg zur sog **Staatenimmunität**). Sie umfasst auch die notwendig für sie handelnden **Organe des Staates** (BVerwG NJW 89, 679, zur Unzulässigkeit der Ladung des indischen Verteidigungsministers im Asylverfahren, BGH NJW 79, 1101), nicht aber selbständige juristische Personen des öffentlichen Rechts (aA MüKoZPO/*Wolf* § 20 Rn 10). Immunität begründet wie in den anderen Fällen der §§ 18–20 GVG ggf ein **Verfahrenshindernis**, dessen Nichtvorliegen in jeder Phase des Verfahrens vAw zu prüfen ist (§ 18 Rz 1). Eine beschränkte sachbezogene Staatsimmunität auf allg völkerrechtlicher Grundlage ist auch iRd **Zwangsvollstreckung** gegen einen fremden Staat zu beachten. Diese gilt allerdings auch hier nicht absolut, sondern beschränkt auf den hoheitlichen Bereich. Ebenso wenig wie es ein generelles völkergewohnheitsrechtliches Verbot der klageweisen Inanspruchnahme eines fremden Staates in Bezug auf seine **nicht hoheitlichen** Betätigungen gibt (BVerfG DÖV 63, 692; NJW 63, 435, Bsp bei MüKoZPO/*Wolf* § 20 Rn 13), ist danach allg die Zwangsvollstreckung in das Vermögen fremder Staaten schon per se völkerrechtswidrig (BVerfG NJW 78, 485). Unzulässig ist ein Zugriff auf solche Vermögensgegenstände auch im Inland, die hoheitlichen Zwecken des fremden Staates dienen (BGH NJW-RR 03, 1218, dazu § 18 Rz 4; LAG Berlin AE 10, 104, Überwachung exterritorialer Einrichtungen mit Kameras), wobei auf den Zeitpunkt des Beginns der Vollstreckungsmaßnahme abzustellen ist (BVerfG DVBl 78, 496) und allein die (völkerrechtswidrige) Verneinung einer Staatsimmunität bereits im Erkenntnisverfahren keine Rechtfertigung für die zwangsweise Durchsetzung begründen kann (BVerfG NJW 83, 2766). Entspr gilt auch für zwangsweise Räumungen von in den sachlichen Schutzbereich der §§ 18, 19 GVG bzw der dort in Bezug genommenen Übereinkommen einbezogenen Räumen. Bei der von dem jew zuständigen deutschen Gericht vorzunehmenden Abgrenzung zwischen hoheitlichem und nicht hoheitlichem Handeln des fremden Staates ist nicht auf Motiv oder Zweck, sondern auf die Natur der Handlung bzw des umstrittenen Rechtsverhältnisses abzustellen; da sich insoweit keine verbindlichen völkerrechtlichen Maßstäbe feststellen lassen, ist die Unterscheidung grds nach den Kriterien des nationalen (deutschen) Rechts vorzunehmen, allerdings unter Beachtung des sog völkerrechtlichen Kernbereichsgedankens zugunsten der Annahme hoheitlicher und damit (national) gerichtsfreier Betätigung im Zweifelsfall (dazu BVerfG DÖV 63, 692, NJW 83, 2766). Der auswärtige Staat darf im **Kernbereich diplomatischer und konsularischer Betätigung** im Inland nicht behindert werden (BAG NZA 02, 1416). Dabei gilt der völkerrechtliche Grundsatz der Nichteinmischung in die Ausübung hoheitlicher Befugnisse ausländischer Staaten. Vor dem Hintergrund ist der Schutzbereich weit zu ziehen und auf die typische abstrakte Gefahr, nicht aber auf eine konkret festzustellende Beeinträchtigung der diplomatischen Tätigkeit abzustellen (BVerfG NJW 78, 485). Daher kommt es auch nicht darauf an, ob der Entsendestaat im Falle einer **Pfändung von Ansprüchen** auf andere Weise, etwa durch finanzielle Zuwendungen, in der Lage wäre, den Betrieb seiner Botschaft aufrecht zu erhalten (BGH NJW-RR 06, 425, Umsatzsteuererstattung). Generell unverletzlich sind daher insb die den diplomatischen und konsularischen Missionen dienenden **Gesandtschaftsgrundstücke** (Art 22 ff WÜD, Art 31 WÜK, dazu BGH NJW-RR 03, 1218, dazu oben § 18 Rz 4). Für die Annahme eines **Immunitätsverzichts** im Einzelfall gelten auch hier strenge Anforderungen; die allg Vermutung spricht dagegen (BGH MDR 09, 1239). 4

3. Arbeitsgerichtliche Bestandsstreitigkeiten. Hier gelten die genannten Maßstäbe entspr (Schwab/Weth/*Liebscher* § 1 Rn 15). Allg Völkerrecht steht der Bejahung deutscher Gerichtsbarkeit hinsichtlich **nicht hoheitlicher** Betätigungen fremder Staaten auch insoweit nicht entgegen (zB BAG NZA 05, 1117, BAGE 87, 144; BB 02, 787). Das gebietet vorbehaltlich besonderer völkervertragsrechtlicher Vorgaben (vgl Rz 6) auch hier grds eine Abgrenzung zum hoheitlichen Handeln, und zwar nach stRspr des BAG auch bei arbeitsvertraglichen Streitigkeiten. Insb existiert kein allg völkerrechtlicher Grundsatz, dass ein Staat, der Staatsangehörige des Gerichtsstaats mit hoheitlichen Aufgaben betraut, sich bereits deswegen nicht auf seine staatliche Immunität berufen kann (Schwab/Weth/*Liebscher* § 1 Rn 17). Ein **Arbeitsverhältnis**, das den AN ggü einen fremden Staat zur Erfüllung von Aufgaben verpflichtet, die als **Betätigung seiner auswärtigen** 5

hoheitlichen Gewalt zu qualifizieren sind, kann allerdings unabhängig von der rechtlichen Qualifizierung des Vertragsabschlusses regelmäßig nicht ohne Verletzung der Immunität des fremden Staates zum Gegenstand eines Bestandsstreits vor einem deutschen ArbG gemacht werden; insoweit ergibt sich ggf aus § 20 II GVG ein Verfahrenshindernis (LAG BW Urt v 27.2.09 – 7 Sa 87/08, türkische Lehrkräfte). Das gilt etwa für Anstellungen als Pressereferent (BAG EzA GVG § 20 Nr 3) oder zur Wahrnehmung originär **konsularischer Aufgaben**, wie die Ausstellung oder Verlängerung von Ausweispapieren oder allg Visumsangelegenheiten, es sei denn, diese würden aufgrund weit reichender Direktiven von dem AN ohne eigenen Handlungs- und Entscheidungsspielraum wahrgenommen, wofür dieser die **Beweislast** trägt (BAG NZA 96, 1229). Bei der Auslegung ist auch hier Zurückhaltung geboten, um eine ungehinderte Erfüllung der Aufgaben von Botschaften und Konsulaten sicherzustellen (BAG NZA 02, 1416). Die Abgrenzung zwischen hoheitlicher und nicht hoheitlicher Staatstätigkeit richtet sich nicht nach deren Motiv oder Zweck. Maßgebend ist vielmehr die Natur der umstrittenen staatlichen Handlung oder des streitigen Rechtsverhältnisses. Die Klage eines Botschaftsangestellten auf Zahlung der im Arbeitsvertrag vereinbarten **Vergütung** berührt nicht den Kernbereich hoheitlicher Betätigung, sondern ledgl fiskalische Interessen (LAG München IPRspr 09 Nr 165). **Nicht hoheitlich** ist zB eine Beschäftigung als Aufzugsmonteur (BAGE 87, 144) oder die dem AN übertragene Aufgabe der Sicherung von Botschafts- oder Konsulargebäuden gegen Eindringlinge durch die Überwachung von Alarmanlagen und Zugangskontrolleinrichtungen, und zwar ungeachtet einer vom ausländischen Staat, konkret den USA, geltend gemachten »besonderen Bedrohungssituation« (BAG NZA 05, 1117). Entspr hat das LAG Berlin/Bbg (Urt v 14.1.09 – 17 Sa 1719/08) die Betätigung eines **Botschaftsfahrers**, der im konkreten Fall mit der eigentlichen diplomatischen Tätigkeit nicht befasst war, sondern lediglich aufgrund einer Vertrauensstellung Kenntnis von botschaftsinternen Vorgängen hatte, als Hilfstätigkeit nicht hoheitlicher Natur bewertet, deren Beurteilung durch eine deutsches Gericht iRe arbeitsrechtlichen Streitigkeit die Immunität des Anstellungsstaats nicht berühre. Das BAG hat diese Auffassung für einen ansonsten nicht in den diplomatischen Funktionszusammenhang eingebundenen Fahrer in der Sache bestätigt (BAG RIW 11, 167, eb IPRspr 2007 Nr 180c), das Urt der Vorinstanz indes aufgehoben und die Sache zur weiteren Aufklärung zurückverwiesen, ob – so der Vortrag des Bekl – der Fahrer im konkreten Fall in Verbindung mit seiner Tätigkeit als Chauffeur auch als Dolmetscher eingesetzt war, weil Anbahnung und Pflege von Gesprächskontakten, ebenso wie eine Beförderung vertraulicher Post, einen funktionalen Zusammenhang mit diplomatischen Zielen der Botschaft begründen könnten. Die idR der örtlichen folgende internationale Zuständigkeit der deutschen Arbeitsgerichte wurde anknüpfend an den Sitz der Botschaft aus Art 18 II EuGVVO abgeleitet, da Art 21 EuGVVO die Vereinbarung eines davon abw **Gerichtsstands** entweder nur im Nachhinein oder zusätzlich zulasse. Die Frage des der gerichtlichen Beurteilung zugrunde zu legenden **(nationalen) Rechts** beantwortet sich ggf nach den Art 27 ff EGBGB (dazu BAG NZA 08, 761, Flugbegleiter).

6 **C. Immunitätsregeln aufgrund speziellen Völkervertragsrechts. I. Grundsatz.** Über die zuvor genannten völkergewohnheitsrechtlichen Grundsätze hinaus gibt es aktuell eine Vielzahl einschlägiger, für die BRD verbindlicher **völkervertraglicher Vereinbarungen**, die über die in §§ 18, 19 GVG genannten Übereinkommen (WÜD/WÜK) hinausgehen bzw diese ergänzen, sei es inhaltlich oder hinsichtlich der jeweiligen Vertragspartner. Nach § 20 II GVG erstreckt sich die deutsche Gerichtsbarkeit insb nicht auf **zwischenstaatliche Organisationen**, soweit sie aufgrund völkerrechtlicher Vereinbarungen davon befreit sind. Da die Handlungen dieser Organisationen keine Maßnahmen »öffentlicher Gewalt« iSv Art 19 IV GG darstellen (BVerfGE 59, 63, 85), kann in der Freistellung keine Verletzung des Justizgewährleistungsanspruchs gesehen werden (BAG IPRax 95, 33; dazu auch EGMR EuGRZ 99, 207 betr Art 6 I EMRK). Die Abk selbst können wiederum Einschränkungen der Immunität oder generelle Verzichtserklärungen für bestimmte Bereiche vorsehen (etwa Art 6 II ESOC-Abk, BGBl II 69, 93, str). Auch insoweit hat § 20 II GVG im Wesentlichen klarstellende Funktion.

7 **II. Beispiele. 1. Europäische Vereinbarung zur Staatenimmunität.** Ausgehend von dem Grundsatz der Staatenimmunität behandelt das **Europäische Übereinkommen über Staatenimmunität** vom 16.5.72, das von der BRD durch Zustimmungsgesetz im Jahre 1990 innerstaatlich in Kraft gesetzt wurde (BGBl II 90, 34, im Folgenden EÜS), eine Vielzahl von Fällen, in denen ein Vertragsstaat im **Erkenntnisverfahren** vor den deutschen Gerichten keine Immunität genießt. Die – gegenseitigen – Bindungen gelten nach der Präambel für die Unterzeichner des Abk aus dem Kreis der Mitgliedstaaten des Europarats. Art 2 EÜS hebt die Möglichkeit eines (ausdrücklichen) Verzichts auf die Immunität auch nach Entstehen der Streitigkeit her-

vor (lit c) und Art 3 I EÜS knüpft entspr Konsequenzen auch an die (bewusste) Einlassung zur »Hauptsache«. Durch das Abk selbst wird die Immunität der **Vertragsstaaten** vorbehaltlich anderweitiger Absprachen ausgeschlossen insb für vertraglich übernommene Verpflichtungen aus nicht zwischenstaatlichen Verträgen, die im Gerichtsstaat zu erfüllen sind (Art 4 EÜS). Für das Arbeitsvertragsrecht wird das konkretisiert in Art 5 EÜS, wobei die Staatsangehörigkeit des AN ein wesentlicher Anknüpfungspunkt ist. Weitere Ausschlüsse der Immunität betreffen wirtschaftliche Beteiligungen (Art 6) und Betätigungen (Art 7 EÜS), Patent- und Urheberrecht (Art 8 EÜS), unbewegliches, insb durch Erbschaft erlangtes Vermögen im Gerichtssaat (Art 9, 10 EÜS), Schadensersatzansprüche (Art 11 EÜS) und Schiedsvereinbarungen (Art 12 EÜS). Diese Regelungen sehen iE wiederum Einschränkungen und Ausn vor, die – nach Beantwortung der Vorfrage einer grds Verbindlichkeit des Abk für den jew betroffenen fremden Staat – sorgfältig zu prüfen sind. Die Vertragsstaaten haben am Ende dieses materiellen Teils des EÜS in dessen Art 15 für alle nicht von Ausschlusstatbeständen erfassten Rechtsstreitigkeiten gegenseitig Immunität zugesichert und iÜ in Art 16-19 EÜS spezielle Regeln für die Durchführung der Verfahren vereinbart. Für die Befolgung der ergangenen gerichtlichen Entscheidung macht Art 20 EÜS Einschränkungen. Die Vorschrift enthält einen Vorbehalt hinsichtlich der Wahrung des *ordre public* (IIa) und insb bzgl der Beachtung der besonderen Vorgaben des Art 16 EÜS iRd Erkenntnisverfahrens (IId). Für den Bereich der **Vollstreckung** setzt das Abk grds auf die Rechtstreue eines verurteilten Vertragsstaats. Nach Art 21 EÜS hat der Betroffene allerdings die Möglichkeit, eine Klärung der Verpflichtung zur Erfüllung gegen den ausländischen Staat ergangener Entscheidungen anhand der Maßstäbe des Art 20 EÜS vor einem Gericht dieses Staates herbeizuführen. Nach dem Zusatzprotokoll (BGBl II 90, 52 ff, ZPEÜS) ist insoweit alternativ die Anrufung eines gem Teil III ZPEÜS für Streitigkeiten nach dem EÜS einzurichtenden Europäischen Gerichts vorgesehen, wobei insoweit eine gesonderte Ratifizierung erforderlich ist, die sich dem Wortlaut des Art 1 des deutschen Zustimmungsgesetzes indes nicht entnehmen lässt (BGBl II 90, 34, dazu auch Kissel/Mayer § 20 Rn 18). Nach dessen Art 2 I ist Gericht iSv Art 21 EÜS für die BRD das LG am Sitz der Bundesregierung. Das EÜS enthält in seinem Teil V (Art 27 ff) wesentliche allg Bestimmungen. Danach schließt die Vereinbarung für die »Vertragsstaaten« nicht automatisch rechtlich selbständige juristische Personen ein, und zwar auch dann nicht, wenn sie öffentliche Aufgaben wahrnehmen (Art 27 I EÜS), wobei ihnen – entspr allg Völkerrecht – allerdings Immunität für den Bereich hoheitlichen Handelns (*acta iure imperii*) zugebilligt wird (Art 27 II EÜS). Das Abk gilt ferner nicht für Verfahren betreffend die soziale Sicherung, Schäden durch Kernenergie und bei Zöllen, Steuern, Abgaben sowie Geldstrafen (Art 28). Die Art 31, 32 EÜS stellen schließlich klar, dass das Übereinkommen Immunitäten und Vorrechte für Handlungen fremder **Streitkräfte** im Gerichtsstaat und – wichtig – Vorrechte und Immunitäten im Zusammenhang mit der Wahrnehmung der Aufgaben der **diplomatischen Missionen** und der **konsularischen Vertretungen** sowie der diesen angehörigen Personen unberührt lässt. Insoweit lässt sich dem EÜS kein Verzicht entnehmen.

2. Sonstiges Völkervertragsrecht. Wesentliche Vereinbarungen über Immunitäten von der deutschen Gerichtsbarkeit betreffen die Organisationen der **Vereinten Nationen** (zB Art 105 UN-Charta) und der **Europäischen Gemeinschaften** (Übersicht etwa bei Kissel/Mayer § 20 Rn 17 oder MüKo ZPO/*Wolf* § 20 Rn 16), etwa die Europäische Weltraumorganisation (**EWO**/ESA, BGBl II 76, 1861, vgl Art XV II des Gründungsabk), die eine zwischenstaatliche Einrichtung mit eigener Rechtspersönlichkeit (dazu VGH Mannheim NVwZ-RR 00, 657) bildenden **Europäischen Schulen** (BGBl II 96, 2558, 03, 459; dazu BGH MDR 09, 1239; BVerwG NJW 93, 1409), die Organisation für die Nutzung meteorologischer Satelliten (EUMETSAT, VGH Kassel, NJW 10, 2680) oder die europäische Polizeibehörde (**EUROPOL**). Mit dem Erlöschen früherer besatzungsrechtlicher Immunitäten im Zuge der deutschen Wiedervereinigung wurden diese durch vertragliche Vereinbarungen mit den **ehemaligen Besatzungsmächten** fortgeschrieben (BGBl II 90, 1254, 1390, 91, 256). Die mit der alten BRD geschlossenen und dementspr ursprünglich territorial nur begrenzt geltenden Vereinbarungen zugunsten der Mitglieder und ihrer Angehörigen sowie des Gefolges der auf deutschem Boden stationierten **NATO-Truppen** (NATO-Truppenstatut/TrStatut v 19.6.51 mit Zusatzabk/ZAbk v 3.8.59, Zustimmungsgesetz BGBl II 61, 1183 ff) wurden nach der Wiedervereinigung grds auf das Gebiet Berlins und der neuen Bundesländer ausgedehnt (BGBl II 94, 3714; Kissel/Mayer § 20 Rn 23). Die geltenden Sonderregelungen betreffen wesentlich den Bereich der Strafrechtspflege. Für die **Zivilgerichtsbarkeit** bestehen Besonderheiten bei der Geltendmachung von Ersatzansprüchen Dritter für Schäden, die in Ausübung des Dienstes durch Truppenangehörige verursacht worden sind; die Entschädigung wird vom Aufnahmestaat, hier also der BRD, gezahlt (Art VII 5b, 6 TrStatut, 41 ZAbk). Art 31 ff ZAbk 8 enthalten ferner eine Reihe von Sonderbestimmungen für das Verfahrens, etwa hinsichtlich der Zustellungen und Ladungen und für die Zwangsvollstreckung.

§ 21 [Erledigung eines Ersuchens eines internationalen Strafgerichtshofes]. Die §§ 18 bis 20 stehen der Erledigung eines Ersuchens um Überstellung und Rechtshilfe eines internationalen Strafgerichtshofes, der durch einen für die Bundesrepublik Deutschland verbindlichen Rechtsakt errichtet wurde, nicht entgegen.

1 **A. Regelungszusammenhang.** Der § 21 GVG enthält eine **Ausn von der Immunität** für den Bereich der internationalen **Rechts- und Amtshilfe.** Die Vorschrift wurde durch das Gesetz zur Ausführung des **Römischen Statuts** (RömStatut) des **Internationalen Strafgerichtshofs** (IStGH) in das GVG eingefügt (BGBl II 00, 1393) und räumt den Ersuchen des IStGH um Überstellung und Rechtshilfe den Vorrang vor den sich aus §§ 18-20 GVG ergebenden Freistellungen von der deutschen Gerichtsbarkeit ein. Gegen seine umfassende Geltung bestehen mit Blick auf insoweit vorrangige allg völkerrechtliche Prinzipien keine durchgreifenden Bedenken, obwohl nicht alle Vertragsstaaten der in §§ 18, 19 GVG in Bezug genommenen Wiener Abk (WÜD/WÜK) das RömStatut zur Errichtung des IStGH unterzeichnet haben.

2 **B. Verhältnis zur nationalen Rechtsprechung.** Das Statut ist nach Ratifizierung durch 60 Staaten im April 2002 in Kraft getreten (Art 126 RömStatut). Der IStGH ist für die in Art 5 ff RömStatut bezeichneten schweren **Kriegsverbrechen**, etwa den Völkermord, zuständig. Der IStGH ist rechtskonstruktiv anders als der Internationale Gerichtshof oder die eigenen Tribunale für Kriegsverbrechen im früheren Jugoslawien bzw in Ruanda kein Organ der UN, sondern ein solches der Vertragsstaaten des RömStatuts, deren Rspr er ergänzt, mit eigener Völkerrechtspersönlichkeit (Art 4 RömStatut). Art 17 RömStatut begründet allerdings einen Vorrang innerstaatlicher Verfolgung vor der (subsidiären) durch den IStGH. Der Bundesgesetzgeber hat insoweit inzwischen ein eigenes **Völkerstrafgesetzbuch** (VStGB) erlassen (BGBl I 02, 2254), das diese Delikte und daneben weitere völkerrechtliche Verbrechen erfasst. Für die innerstaatliche (deutsche) Strafverfolgung behalten die Immunitätsregeln der §§ 18–20 GVG allerdings ihre Geltung, da die Ausn sich nur auf die Rechtshilfe bezieht. Nach dem § 153f II 1 Nr 4 StPO kann die (deutsche) Staatsanwaltschaft von der Verfolgung einer nach §§ 6 bis 14 VStGB strafbaren, im Ausland begangenen Tat (§ 153c I Nr 1 u Nr 2 StPO) absehen, wenn diese vor einem internationalen Gerichtshof verfolgt wird. Der hierdurch begründete Zusammenhang zwischen der deutschen und der internationalen Strafgerichtsbarkeit führt jedoch nicht dazu, dass der IStGH funktional in die nationale Gerichtsbarkeit eingegliedert wäre (dazu BVerfG NStZ 11, 353).

3 **C. Täterkreis.** Die **Zuständigkeit** des IStGH gilt funktionsunabhängig für alle Staatsbürger der Unterzeichnerstaaten und für die Täter der in ihrem Hoheitsgebiet begangenen Verbrechen des sachlichen Zuständigkeitskatalogs.

Zweiter Titel Allgemeine Vorschriften über das Präsidium und die Geschäftsverteilung

Bemerkungen vor §§ 21a ff GVG

1 **A. Regelungszweck. I. Entwicklung.** §§ 21a–21i sind durch das »Gesetz zur Änderung der Bezeichnung der Richter und ehrenamtlichen Richter und der Präsidialverfassung der Gerichte« v 26.5.72 (BGBl I, 841 ff) in das GVG als Zweiter Titel »Allgemeine Vorschriften über das Präsidium und die Geschäftsverteilung« neu gefasst und nach § 21 eingefügt. Zugleich wurde die seit dem In-Kraft-Treten des GVG v 27.1.1877 (RGBl 1877, 41) am 1.10.1879 im Fünften Titel geregelte Geschäftsverteilung bei den Landgerichten, der bis dahin Musterfunktion für das OLG und das Reichsgericht bzw später den BGH zukam, aufgehoben und der frühere Erste Titel »Richteramt«, dessen Regelungen über das Richteramt bereits in das Deutsche Richtergesetz v 8.9.61 (BGBl I, 1665; neu gefasst am 19.4.72, BGBl I, 713) ausgegliedert waren, sowie der Zweite Titel »Gerichtsbarkeit« zu einem neuen einheitlichen Ersten Titel »Gerichtsbarkeit« zusammengefasst. Dieses Reformgesetz abstrahierte das 1879 geschaffene Grundmuster der landgerichtli-

chen Geschäftsverteilung und verselbstständigte es als **Präsidialverfassung** der Gerichte. Auch diese neue Präsidialverfassung des GVG gilt unmittelbar nur für die ordentlichen Gerichte (§ 12, § 2 EGGVG). Sie ist aber aufgrund ihrer Abstraktheit transferfähig für die Fachgerichtsbarkeiten, in die sie durch dynamische Verweisungsnormen, teils mit gewissen Modifikationen, positiv integriert ist: durch § 4 VwGO für die Verwaltungsgerichtsbarkeit, durch § 4 FGO für die Finanzgerichtsbarkeit, durch § 6a ArbGG für die Arbeitsgerichtsbarkeit, durch § 6 SGG für die Sozialgerichtsbarkeit, ferner durch § 68 PatG, §§ 97, 105 BRAO, §§ 102, 107 BNotO, §§ 72, 80 WDO (MüKoZPO/*Zimmermann* vor § 21a GVG Rn 5).

Die **aktuelle** Fassung des Zweiten Titels ist durch das Gesetz zur Stärkung der Unabhängigkeit der Richter und Gerichte v 22.12.99 (BGBl I, 2598) sowie bzgl § 21j durch Art 17 Nr 2 des Ersten Gesetzes zur Bereinigung des Bundesrechts im Zuständigkeitsbereich des BMJ v 19.4.06 (BGBl I, 866) bestimmt. Sie hat die vormals geltende Dreiteilung der Präsidien in große, kleine und Gesamtpräsidien durch eine Fünfteilung in sehr große (10), große (8), mittlere (6), kleine (4 gewählte Mitglieder) und Gesamtpräsidien ersetzt, den Quotenvorbehalt für die wählbaren Vorsitzenden Richter – ein Rudiment des früheren Direktoriums des Landgerichts bzw des Senatoriums des Oberlandesgerichts und des Bundesgerichtshofs – endgültig beseitigt, den Stichentscheid des Vorsitzenden des Präsidiums durch das Prinzip der Stimmenmehrheit in § 21e VII 1 ersetzt und die spruchkörperinterne Geschäftsverteilung in § 21g unter Ausschluss jeglichen Restes eines Verteilungsermessens des Spruchkörpervorsitzenden neu geregelt; im Wesentlichen ist § 21g zu einem spruchkörperinternen Spiegelbild des § 21e geworden (Remus S. 150). Zu den Neuerungen zählt auch die Entscheidung für die fakultative Richteröffentlichkeit der Präsidiumssitzungen gem § 21e VIII. 2

Die Präsidialverfassung dient der **richterlichen Selbstverwaltung**, bei der eine Mitbestimmung der Richterräte nicht stattfindet (BVerwG NJW 87, 1215). Diese Selbstverwaltung der Richter besteht in der personellen und sachlichen **Geschäftsverteilung** unter Ausschluss der Exekutive, nicht aber unter Ausschluss der Legislative oder der rechtsverordnenden Exekutive, die mit dem Vorrang des formellen und materiellen Gesetzes die Selbstverwaltungskompetenz des geschäftsverteilenden Präsidiums und des geschäftsverteilenden Spruchkörperplenums gem Art 20 III GG – nicht: gem Art 97 I GG – bindet (Remus S. 222 ff). 3

Mit dieser abstrakten Form der Präsidialverfassung ist einfach-gesetzlich – möglicherweise aber auch verfassungsgewohnheitsrechtlich (Remus S. 311) – die Trennlinie zwischen der Exekutive und der Judikative gezogen. Die von der Exekutive unabhängige Recht sprechende Gewalt (Art 92, 97 I GG) ist in der Rechtsprechung allein an Gesetz und Recht gebunden, iRd Geschäftsverteilung nach der Präsidialverfassung der §§ 21e und 21g an den Vorbehalt und den Vorrang des Gesetzes aus Art 20 III GG. Wo das materielle und formelle Gesetz gerichtsintern und spruchkörperintern die Zuständigkeit des konkreten Richters nicht bestimmt, ist durch die Präsidialverfassung formell-gesetzlich bestimmt, wer – das Präsidium und das Spruchkörperplenum – was und wie (§§ 21e und 21g) regeln darf und regeln muss, um für den konkret anhängigen Fall den **gesetzlichen Richter** gem Art 101 I 2 GG zu bestimmen, der nicht entzogen werden darf, weil Jedermann aus Art 3 I iVm Art 101 I 2 GG ein **ungeschriebenes Grundrecht** auf seinen gesetzlichen Richter (Remus S. 189) oder zumindest unmittelbar aus Art 101 I 2 GG ein entsprechendes **Verfahrensgrundrecht** (stRspr; BVerfGE 107, 395, 407; hM: Jarass/*Pieroth* Art 101 Rn 11), dessen Verletzung durch willkürliche Maßnahmen eintritt, hat. Dieses Recht auf den gesetzlichen Richter ist unverzichtbar (BGH FamRZ 09, 1044 Tz 17). Im Verhältnis zum zuständigen Einzelrichter ist deshalb das Spruchkörperkollegium auch nicht das „bessere Gericht" (BVerfG K NJW-RR 10, 268 Tz 22).

II. Ziel. Die Neuregelung dient der Stärkung des Grundsatzes der Selbstverwaltung der Gerichte durch die Präsidien als deren zentrales **Organ der richterlichen Geschäftsverteilung** und dadurch der Festigung der Unabhängigkeit der Gerichte (BTDrs VI 557, 15). Kern der Regelung ist die Geschäftsverteilungskompetenz des Präsidiums, das bei jedem ordentlichen Gericht grds durch Wahl und ausnahmsweise kraft Gesetzes bestehen muss, erstmals auch bei allen Amtsgerichten, die nicht Präsidialamtsgerichte, sondern Direktorialamtsgerichte sind. Damit wurde die Fremdherrschaft des Präsidiums des übergeordneten Landgerichts bzw des ausnahmsweise Dienstaufsicht führenden Präsidialamtsgerichts über diese Direktorialamtsgerichte beseitigt (Remus S. 126). 4

III. Regelungsstruktur. §§ 21a–21e regeln die Zusammensetzung des Präsidiums (§ 21a), seine Wahl (§ 21b), die Fälle der Vertretung und des Wechsels (§ 21c), die Determinanten seiner Größe (§ 21d) und in § 21e seine Aufgaben und Befugnisse, ferner in § 21h die Vertretung des Vorsitzenden, in § 21i die Beschlussfähigkeit und in § 21j den Fall der Errichtung eines Gerichts, für das ein Präsidium neu gebildet 5 werden muss. §§ 21f und 21g betreffen den Vorsitz und die Vertretung im Spruchkörper (erweitertes Schöffengericht, Kammer, Senat) und die spruchkörperinterne Geschäftsverteilung.

6 **IV. Sonderregelungen.** Für die neuen Bundesländer geltende Sonderregelungen aus dem Rechtspflege-Anpassungsgesetz vom 26.6.92 (BGBl I, 1147) sind durch das 1. Gesetz über die Bereinigung von Bundesrecht im Zuständigkeitsbereich des BMJ vom 19.4.06 (BGBl I, 866) aufgehoben.

7 **B. Funktionen. I. Gewaltenteilung.** Einfach-gesetzliche und evtl verfassungsgewohnheitsrechtliche Funktion des Zweiten Titels ist es, in den **zwei Stufen** der gerichtsinternen Geschäftsverteilung – durch das Präsidium und das Plenum jedes Spruchkörpers des Gerichts – die **Gewaltenteilungslinie** zwischen Exekutive und Judikative zu gewährleisten (BGH NJW 91, 421, 422; Kissel/Mayer § 21a Rn 2; Remus S. 315 f) und jede Einflussnahme der Exekutive nicht nur auf den einzelnen Fall und seine Entscheidung, sondern bereits auf die richterliche Zuständigkeit im gerichtlichen Internum und im Spruchkörper auszuschließen. Diese Entscheidungen über die Zuständigkeit sollen ausschließlich in der Hand des gesetzlich bestimmten Richterpräsidiums bzw des Spruchkörperplenums liegen, damit der **gesetzliche Richter iSd Art 101 I 2 GG** durch formelles oder materielles Gesetz und jenseits dieser gesetzlichen Zuständigkeitsregelungen **im Internum des Gerichts** durch **generell-abstrakte Regelungen** des Präsidiums oder des Spruchkörperplenums in der Gestalt von Regeln, die wesentliche Merkmale aufweisen, die gesetzliche Vorschriften auszeichnen, **blindlings** und unter Ausschluss jeglicher individueller **Manipulationschance** bis auf die letzte **Stufe des konkreten Richters** bestimmt ist (BVerfGE 95, 322, 328 f). Für **Rechtspfleger** gilt das nicht (BGH FGPrax 10, 100 Tz 14, 22).

8 **II. Zuordnung.** Durch die Präsidialverfassung ist allein den Präsidien die Aufgabe zugewiesen, **alle Richter** des Gerichts auf die Spruchkörper des Gerichts zu verteilen (Richterverteilung). Ferner hat das Präsidium alle dem Gericht insgesamt örtlich und sachlich kraft Gesetzes zugewiesenen Rechtsprechungsaufgaben auf die Spruchkörper zu verteilen (Sachverteilung). **Spruchkörperintern** ist dabei grds nicht das Präsidium, sondern gem § 21g das Plenum des Spruchkörpers zur Richterverteilung und Sachverteilung auf die nach der jeweiligen Verfahrensordnung einzurichtenden und zu besetzenden Spruchkörper – Abteilungen, Einzelrichter, Kammern, Senate – zuständig, etwa durch Bildung von personell bestimmten Sitzgruppen im überbesetzten Spruchkörper und durch die auf die Sitzgruppen bezogene Sachverteilung.

9 Diese richterliche Geschäftsverteilung ist **weder Rechtsprechung** iSd Art 92 GG (BVerwGE 50, 11, 14; BGHZ 112, 197, 201; Kissel/Mayer § 21e Rn 5; Zö/*Lückemann* § 21e GVG Rn 34; Wittreck S. 10; Schilken Rn 371) **noch Gesetzgebung** iSd Art 20 II 2 GG (Remus S. 301 f; aA Bettermann S. 566). Nach der in Art 1 III und Art 20 II GG angelegten Trichotomie der Gewalten des Grundgesetzes ist sie folglich **Teil der Exekutive**. Dabei ist sie Teil der gerichtsinternen Verwaltung, aber weder weisungsabhängige Gerichtsverwaltung noch Justizverwaltung, auch nicht Justizverwaltungsakt iSd § 23 EGGVG (BVerfGE 17, 252, 256), sondern originäre **richterliche Selbstverwaltung**, die den Präsidien und den geschäftsverteilenden Spruchkörpern als Teilbehörden innerhalb der Gerichtsbehörde und unabhängig von der Gerichtsverwaltung und der Justizverwaltung zugewiesen ist (Remus S. 302 ff).

10 Die **Unabhängigkeit** der richterlichen Mitglieder des Präsidiums und des geschäftsverteilenden Spruchkörpers lässt sich deshalb nicht damit begründen, dass die Tätigkeit von Richtern im Präsidium richterliche Tätigkeit sei (aA BGHZ 46, 147, 149; 112, 197, 201; BVerwGE 50, 11, 16; Kissel/Mayer § 21e Rn 20; LR/*Schäfer* § 21e GVG Rn 6). Aus §§ 4, 42 DRiG ergibt sich vielmehr gerade im Gegenschluss, dass nicht jede richterliche Tätigkeit der richterlichen Unabhängigkeit des Art 97 I Hs 1 GG unterfällt. Dass die Tätigkeit der Richter des Präsidiums und des Spruchkörperplenums bei der Geschäftsverteilung gleichwohl in richterlicher Unabhängigkeit stattfindet, ergibt sich deshalb nicht aus Art 97 I Hs 1 bzw Art 20 II 2 GG, sondern allein aus dem Zweck der Präsidialverfassung, die **Gewaltenteilung** zwischen Exekutive und Judikative gerichtsintern auch gerichtsverfassungsrechtlich zu gewährleisten. Deshalb ergibt sich die Unabhängigkeit der geschäftsverteilenden Richter allein aus dem einfach-gesetzlichen System der Präsidialverfassung und insoweit als Inhalt der §§ 21e und 21g, in denen sie **konkludent** als Unabhängigkeitsgarantie mitgeregelt ist (Remus S. 308 ff).

11 **III. Begriffliche Abgrenzung.** Die richterliche Geschäftsverteilung als **richterliche Selbstverwaltung** zur Organisation der Rechtsprechung im gerichtlichen Internum ist deshalb abzugrenzen von der Justizverwaltung und der Gerichtsverwaltung, die begrifflich in Mehrdeutigkeit nebeneinander stehen. **Justiz- und Gerichtsverwaltung** sind daher zunächst im Unterschied zur richterlichen Selbstverwaltung zu verstehen

als der Bereich, der die von den Gerichtsbehörden **weisungsgebunden** zu besorgenden Aufgaben umfasst (Wittreck S. 12). Unter dem auch von §§ 4, 42 DRiG verwendeten Begriff »**Gerichtsverwaltung**« sind danach die in Weisungsgebundenheit auszuführenden Aufgaben zu verstehen, die innergerichtlich der Bereitstellung der personellen und sachlichen Mittel zur Gewährleistung der Ausübung der Rechtsprechungstätigkeit der Richter des Gerichts und daneben auch der Wahrnehmung von Verwaltungsaufgaben iÜ dienen – also etwa Personalverwaltung, Ablaufverwaltung, Infrastrukturverwaltung, Finanz- und Haushaltsverwaltung (Wittreck S. 16 f; Schmidt-Räntsch § 4 Rn 30). Der Begriff »**Justizverwaltung**« umfasst darüber hinausgehend in materieller Hinsicht die den Gerichten mit Außenwirkung ggü den Bürgern zugewiesenen zusätzlichen Entscheidungen, etwa die Legalisationsakte, die Erteilung von Apostillen oder die berufsrechtliche Verwaltung von Rechtsanwälten und Notaren, aber auch die Bescheidung von Dienstaufsichtsbeschwerden (Wittreck S. 13 f). Im institutionellen Sinne wird unter dem Begriff »Justizverwaltung« daneben auch die Gesamtorganisation der verwaltungstätigen Behörden in der Hierarchie vom Justizministerium bis auf die untere staatliche Ebene der Gerichte verstanden, soweit sie eben nicht Rechtsprechung ist (Wittreck S. 15; Schilken Rn 250 und Rn 254; Kissel/Mayer § 1 Rn 26 sowie § 12 Rn 84 ff).

C. Sachliche Abgrenzung. I. Gerichtsorganisation. Der Zweite Titel ist nicht einschlägig, soweit es um 12
die **Errichtung, Änderung oder Aufhebung** von Gerichten geht; für diese besteht der Vorbehalt des formellen, in den Fällen ausdrücklicher formell-gesetzlicher Ermächtigung jedenfalls des materiellen Gesetzes (Rechtsverordnung). Hieran ist die geschäftsverteilende Verwaltung gem Art 20 III GG gebunden, mithin zur eigenen Regelung nicht ermächtigt. Entsprechendes gilt für die Bestimmung des **Gerichtssprengels** iSd örtlichen Zuständigkeit des Gerichts; sind jedoch der Gerichtssprengel und die örtliche Zuständigkeit des Gerichts gesetzlich bestimmt, kann gerichtsintern durch die Geschäftsverteilung die Zuständigkeit der Spruchkörper zB nach dem Wohnsitzprinzip bestimmt werden.

Nicht erfasst von den Kompetenzen des Präsidiums ist die Bestimmung der **Anzahl der Spruchkörper** und 13
damit die gerichtsinterne Gliederung des Gerichts (arg e contrario aus § 21e I), ferner positiv gem § 130 I für den BGH und subsidiär für LG und OLG aus § 7 II bzw § 8 II der Verordnung zur einheitlichen Regelung der Gerichtsverfassung v 20.3.35 (**GVVO**; RGBl I, 403 ff), die diese Aufgabe als weisungsabhängige Justizverwaltungsaufgabe bezeichnen und als Landesrecht fortgegolten haben (VGH München NJW 05, 3737, 3738; Kissel/Mayer § 21e Rn 13 und § 60 Rn 4; MüKoZPO/*Zimmermann* § 21e GVG Rn 5; krit Remus S. 137), bis sie zum 24.4.08 durch Art 21, 210 II 1 des Ersten Gesetzes zur Bereinigung von Bundesrecht im Zuständigkeitsbereich des BMJ v 19.4.06 (BGBl I, 866) aufgehoben wurden. Diverse **AGGVG** der Länder haben diese Regelungen aber aufgegriffen (etwa: § 7 BbgGerNeuOG v 14.6.93; § 5 GOrgG-MV v 10.6.92; § 9 SächsJG v 24.11.00; § 4 AGGVG LSA v 24.8.92; § 3 ThürAGGVG v 12.10.93).

II. Personalhoheit. Nicht erfasst sind schließlich die zum Hausgut der Exekutive zählenden Entscheidun- 14
gen der Personalhoheit, also die Einstellung, Zuweisung, Ernennung oder Beförderung von Richtern bzw deren Abordnung, Versetzung oder Entlassung, ferner die Ausstattung der Gerichte mit den dafür notwendigen **Planstellen**, die der Haushaltsgesetzgeber bewilligt hat; hier zeigt sich die Abhängigkeit der Dritten Gewalt von der Exekutive und der Legislative (Kissel/Mayer § 22 Rn 18), aber auch die primäre Verantwortung dieser Staatsgewalten für die personelle und sachliche Ausstattung der Gerichte (EGMR StV 09, 561 Tz 64; BbgVerfG NVwZ 10, 378 f).

III. Gerichtsverwaltung. Unzuständig ist das Präsidium schließlich auch für die Heranziehung eines Rich- 15
ters des Gerichts für Aufgaben der Gerichtsverwaltung, die nach § 4 II Nr 1 und 2 DRiG nicht zu den Aufgaben der Recht sprechenden Gewalt gehören, aber kraft gesetzlicher Erlaubnis neben der Recht sprechenden Gewalt von dem Richter wahrgenommen werden müssen; soll er dafür ganz oder tw von seinen originären Rechtsprechungsaufgaben freigestellt werden, so ist das Präsidium aber vorher zu hören (§ 21e VI).

IV. Referendarausbildung. Nicht zuständig ist das Präsidium ferner für die Zuweisung von Rechtsreferen- 16
daren zur Ausbildung. Diese Zuweisung ist Gerichtsverwaltung, wenn sie gerichtsintern erfolgt, anderenfalls Justizverwaltung (BGH NJW 91, 423, 424); die Ausbildung des zugewiesenen Referendars ist für den ausbildenden Richter nicht Rechtsprechungstätigkeit, sondern als Nebentätigkeit iSd § 42 DRiG **dienstrechtliche Nebenpflicht** seines Richteramtes (BGH NJW 91, 426, 427; Schmidt-Räntsch § 42 Rn 8, 9).

V. Öffentlichkeitsarbeit. Keine Regelungsbefugnis des Präsidiums besteht auch iRd Öffentlichkeitsarbeit 17
des Gerichts durch **Veröffentlichung von Gerichtsentscheidungen.** Sie ist Gerichtsverwaltung und umfasst als Annex zur richterlichen Amtspflicht für den Richter die Pflicht zur Mitteilung veröffentlichungswürdi-

ger Entscheidungen (BVerwG NJW 97, 2694; *Huff* NJW 04, 403, 405; Schmidt-Räntsch § 42 Rn 8a), weil die Beurteilung der »Veröffentlichungswürdigkeit« wegen der Sachnähe zum richterlichen Erkenntnisprozess ein Nebenprodukt seiner Amtstätigkeit ist, das er ebenso wie die Archivwürdigkeit des Aktenstücks der für die Veröffentlichung zuständigen Gerichtsverwaltung mitzuteilen hat.

18 **VI. Gerichtsinterne Mediation.** Ihre Einordnung als Gerichtverwaltung gem § 4 II DRiG (*Ortloff* NVwZ 04, 385, 389; *Wimmer/Wimmer* NJW 07, 3243, 3244) oder als Rechtsprechung (*Greger* NJW 07, 3258, 3259; krit *Prütting* JZ 08, 847, 850) ist umstr. Gerichtsintern als richterlich, spruchkörper- oder sitzungsgruppenintern vorgenommene »Mediation«, die iRd Güteverhandlung des § 278 II, V 1 ZPO (dazu BGH VersR 10, 547 Tz 11) zum **Pflichtenkreis** des gesetzlich zuständigen Richters gehört (BGHZ 47, 275, 287), unterliegt nicht der Regelung des Präsidiums, denn es verteilt nur die gerichtsinterne Zuständigkeit in Rechtsprechungsangelegenheiten, nicht aber deren verfahrensimmanente Bestandteile (*Prütting* JZ 08, 847, 849). Für den ersuchten Richter des § 278 V 1 ZPO desselben Gerichts muss dessen Präsidium aber regeln, welcher Spruchkörper (§ 21g) bzw welcher Richter für die Bearbeitung solcher Mediationsersuchen zuständig ist (*Greger* NJW 07, 3258, 3259 Fn 7). Da dieser Richter durch Beschl oder Ersuchen des erkennenden Spruchkörpers zum ersuchten und damit zum derivativ zuständigen gesetzlichen Güteverhandlungsrichter wird (BGH NJW 09, 1149 Tz 11; Celle NJW 09, 1219), kann er aber begrifflich eigentlich nicht Mediator sein (*Prütting* JZ 08, 847, 850; auch Greger ZRP 10, 209, 211); er fällt deshalb auch nicht unter die RiL 2008/52/EG v 21.5.08 (ABl L 136 S. 3).

19 Die übrigen **Modellprojekte** der »Gerichtsmediation«, »Richtermediation« oder »gerichtsnahen Mediation« durch Richter des Gerichts, die dem Begriff der Mediation entsprechend nicht der gesetzliche Richter, sondern neutraler Dritter ohne Entscheidungszuständigkeit sein sollen, sind Fälle des § 278 V 2 ZPO, also außergerichtliche, mit der Rechtsprechungstätigkeit des gesetzlichen Richters nicht verbundene Streitschlichtungen durch Dritte (etwa: Rechtsanwälte, Notare, aber auch gesetzlich nicht zuständige Richter des Gerichts), die **nicht Rechtsprechung** und **nicht Aufgabe der rechtsprechenden Gewalt** sind (*Greger* NJW 07, 3258, 3260; *Prütting* JZ 08, 847, 849), auf die sich deshalb eine Prozesskostenhilfebewilligung nicht erstreckt (Dresd FamRZ 07, 489); im Falle des gerichtszugehörigen Richters ist sie wohl richterliche Verwaltungstätigkeit (*Wimmer/Wimmer* NJW 07, 3243, 3244; aA *Prütting* JZ 08, 847, 850). Der von ihm moderierte Vergleich der Parteien wird erst nach § 278 VI ZPO zum gerichtlichen Vergleich und dadurch zum Vollstreckungstitel iSd § 794 I 1 ZPO (vgl § 794 ZPO Rz 22). Insoweit besteht also keine Regelungskompetenz des Präsidiums. In Betracht kommt lediglich die **Freistellung** dieses Richters für Aufgaben der Streitschlichtung durch gerichtsnahe Mediation als Bestandteil der Gerichtsverwaltung, für die das Präsidium nach § 21e VI vorher anzuhören ist.

§ 21a [Präsidium]. (1) Bei jedem Gericht wird ein Präsidium gebildet.
(2) Das Präsidium besteht aus dem Präsidenten oder aufsichtführenden Richter als Vorsitzenden und
1. bei Gerichten mit mindestens achtzig Richterplanstellen aus zehn gewählten Richtern,
2. bei Gerichten mit mindestens vierzig Richterplanstellen aus acht gewählten Richtern,
3. bei Gerichten mit mindestens zwanzig Richterplanstellen aus sechs gewählten Richtern,
4. bei Gerichten mit mindestens acht Richterplanstellen aus vier gewählten Richtern,
5. bei den anderen Gerichten aus den nach § 21b Abs. 1 wählbaren Richtern.

1 **A. Normzweck.** 21a I ordnet an, dass bei **jedem** Gericht ein Präsidium zu bilden ist. Das Präsidium ist nach der Systematik des Zweiten Titels der Urheber der gerichtsinternen Geschäftsverteilung. Das Präsidium ist der Träger der richterlichen Selbstverwaltung, aufgrund seiner konkludent zum Zwecke der Gewaltenteilung mitgeregelten Unabhängigkeit der Präsidumsmitglieder hinsichtlich der Geschäftsverteilungstätigkeit zugleich **Garant der rechtsstaatlichen Gewaltenteilung** zwischen Exekutive und Judikative iSd Art 20 II 2 GG (BGH NJW 91, 421, 422; Remus S. 315) und einfach-gesetzlich legitimiertes **Organ der Bestimmung des gesetzlichen Richters** iSv Art 101 I 2 GG und § 16 S 2. Bei Neuerrichtung eines Gerichts ist es innerhalb von drei Monaten zu bilden, wenn es durch Wahl entsteht (§ 21j II).

2 Jedes Gericht ist auch das kleinste AG mit einer Richterplanstelle, bei dem das Präsidium gem Abs 2 Nr 5 aus diesem Planstelleninhaber besteht (hM, Kissel/Mayer § 21a Rn 9; LR/*Schäfer* § 22b GVG Rn 2; MüKoZPO/*Zimmermann* § 21a GVG Rn 3; Remus S. 132 f; aA Meyer-Goßner § 21a GVG Rn 2; B/L/A/H § 21a GVG Rn 2 mit Blick auf § 22b I, der jedoch die Vertretung dieses einzigen Richters betrifft, den das Ein-Mann-Präsidium in eigener Zuständigkeit nicht regeln kann; Schorn/Stanicki S. 24).

I. Aufgaben. Die Aufgaben des Präsidiums regelt § 21e. Es bestimmt den gesetzlichen Richters iSd Art 101 I 2 GG im Internum des Gerichts, nicht aber im Internum der Spruchkörper, für die § 21g als lex specialis vorgeht. 3

II. Präsidium. Das Präsidium gewährleistet durch seine Geschäftsverteilung die Recht- und Ordnungsmäßigkeit der Rechtsprechung dieses Gerichts (Kissel/Mayer § 21a Rn 8). Es ist damit der Garant der mangelfreien **Organisation der Justizgewährungspflicht** des Art 20 III GG (Kissel/Mayer § 21e Rn 6). Diese Aufgabe der Präsidiumsmitglieder als **Repräsentanten aller Richter** schließt es aus, dass das Präsidium oder das Präsidiumsmitglied mit seiner Entscheidung **eigene** Interessen wahrt (Kissel/Mayer § 21a Rn 7) oder als Interessenvertreter einzelner **Richtergruppen** agiert (Zö/*Lückemann* § 21a GVG Rn 4). Inhabilität bzw Ablehnung oder Selbstablehnung von Präsidiumsmitgliedern ist weder vorgesehen noch möglich (BVerwG MDR 76, 429, 430; Kissel/Mayer § 21e Rn 68; aA Zö/*Lückemann* § 21e GVG Rn 27). Das Präsidium ist weder identisch mit noch abhängig von dem Präsidialrat (§§ 49, 54, 74 DRiG) oder dem Richterrat (§§ 49 ff, 72 DRiG). 4

III. Organqualität. Die Organqualität des Präsidiums ist umstr. Die Bezeichnung als Organ richterlicher Selbstverwaltung mit gesetzlich fixierter Zuständigkeit (Kissel/Mayer § 21a Rn 7; Schilken Rn 364) sagt nichts über seine Organqualität aus. Da der Begriff der Behörde gem § 1 IV VwVfG nicht strikt organisationsrechtlich gemeint ist und nur eine gewisse organisatorische Selbstständigkeit der handelnden Stelle verlangt, genügt es für die Bejahung der **Behördeneigenschaft**, wenn die handelnde Stelle kraft gesetzlicher Regelung gebildet werden muss und selbstständig unter ihrem Namen tätig wird (SBS/*Sachs* § 1 Rn 224f; Erichsen/Ehlers/*Burgi* § 7 Rn 29). Insoweit kann die Behördeneigenschaft des Präsidiums durchaus bejaht werden (OVG Koblenz NJW-RR 08, 59; Zö/*Lückemann* § 21e GVG Rn 56a und 59; Remus S. 303 ff; aA VGH Mannheim DVBl 73, 891, 892; Kissel/Mayer § 21e Rn 10). Die **Klage** eines Richters gegen eine seine Unabhängigkeit berührende Geschäftsverteilung wäre jedenfalls gegen das Präsidium als Vereinigung iSv § 61 Nr 2 VwGO, vertreten durch seinen Vorsitzenden, zu richten (OVG Koblenz NJW-RR 08, 579; aA MüKoZPO/*Zimmermann* § 21a GVG Rn 16). 5

B. Arten des Präsidiums. Die unterschiedliche Belastung mit Justizgewährungspflichten und der dadurch bedingte richterliche Personalbedarf der Gerichte – vom Ein-Mann-Amtsgericht bis zu LGen mit über 300 Richtern – fordert eine **Repräsentanz** der Richterschaft durch unterschiedlich große Präsidien, deren Größe jedoch im Interesse der Überschaubarkeit und Effizienz der Entscheidungsfindung in der Höchstzahl – nach der Regelung des § 21a II Nr 1 zz auf 11 Mitglieder (10 gewählte Richter neben dem gesetzlich vorsitzenden Präsidenten oder Aufsicht führenden Richter) – begrenzt ist (MüKoZPO/*Zimmermann* § 21a GVG Rn 8). 6

I. Differenzierungskriterium. Als Differenzierungskriterium für die Größe der 5 von Abs 2 vorgesehenen Arten von Präsidien dient die Anzahl der **zugelegten Planstellen** des gesamten Gerichts. Die Zulegung der Planstellen ist Aufgabe der Exekutive und kann von dieser nur nach Maßgabe der im Haushaltsgesetz für das Gericht ausgewiesenen Planstellen vollzogen werden. Entscheidend für die Größe des Präsidiums ist die abstrakte Zahl der Planstellen, die zum **Stichtag** des § 21d I dem Gericht zugelegt waren. Alle zugelegten Planstellen zählen, auch die des Präsidenten, des Vizepräsidenten oder der Vorsitzenden Richter, unabhängig davon, ob sie personell besetzt oder unbesetzt sind oder ob ihre Inhaber tatsächlich Aufgaben der Rechtsprechung des Gerichts wahrnehmen. Zugelegte Teilzeitstellen zählen dabei wie Vollzeitstellen (Kissel/Mayer § 21a Rn 13). Nicht entscheidend ist also die Anzahl der im Gericht vorhandenen Richter, wenn sie – als Proberichter oder als abgeordnete Richter – bei dem Gericht keine Planstelle besetzen. 7

II. Gesamtpräsidium. Abs 2 Nr 5 regelt das **Gesamtpräsidium** oder Plenarpräsidium, das aus allen dem Gericht zugewiesenen und nach § 21b I wählbaren Richtern besteht, wenn dem Gericht weniger als 8 Richterplanstellen zugelegt sind. Sind alle 7 Planstellen besetzt und diese Richter wählbar, so besteht das Präsidium aus 7 Richtern einschließlich des Vorsitzenden, sodass es größer als das kleine Präsidium des Abs 2 Nr 4 und ebenso groß wie das mittlere Präsidium des Abs 2 Nr 3 sein kann; gem § 22a besteht es beim AG sogar aus 8 Richtern, weil der gerichtsfremde Aufsicht führende Präsident hinzutritt und diesem Präsidium vorsitzt (vgl dazu Rz 10). 8

III. Gewählte Präsidien. Ab 8 Richterplanstellen besteht das Präsidium aus dem Präsidenten oder Aufsicht führenden Richter des Gerichts als Vorsitzenden und 4 **gewählten** Richtern (Abs 2 Nr 4), ab 20 Richter- 9 planstellen aus dem Vorsitzenden und 6 gewählten Richtern (II Nr 3), ab 40 Richterplanstellen aus dem Vorsitzenden und 8 gewählten Richtern (Abs 2 Nr 2) und ab 80 Richterplanstellen aus dem Vorsitzenden und 10 gewählten Richtern (Abs 2 Nr 1).

10 **IV. Vorsitz.** Den **Vorsitz** führt kraft Gesetzes (als »geborenes Mitglied« des Präsidiums) der Präsident oder der Aufsicht führende Richter (Direktor) des Gerichts. Das gilt in der ordentlichen Gerichtsbarkeit **nicht** für das Amtsgericht mit einem **Gesamtpräsidium** nach Abs 2 Nr 5. Dieses Amtsgericht verfügt zwar über einen die allgemeine Dienstaufsicht führenden Direktor; gem § 22a als lex specialis ist ihm jedoch abw von Abs 2 nicht der Vorsitz über das Gesamtpräsidium zugewiesen, sondern dem Präsidenten des übergeordneten Landgerichts oder dem Aufsicht führenden Präsidenten eines anderen Amtsgerichts. Da diese Vorsitzenden des Präsidiums bei dem Amtsgericht, dessen Gesamtpräsidium sie gem § 22a vorsitzen, kein Richteramt haben und ausüben können, gehören sie diesem Gesamtpräsidium nicht in ihrer Eigenschaft als Richter dieses Gerichts, sondern nur in ihrer janusköpfigen Funktion als **exekutivischer Aufsichtsperson** an. Das ist mit dem durch Art 101 I 2 GG gewährleisteten Prinzip der Bestimmung des gesetzlichen Richters unter Ausschließung exekutivischer Mitwirkung bei der Bestimmung des gesetzlichen Richters unvereinbar und deshalb verfassungswidrig (Remus S. 322 f). Die gerichtsverfassungsrechtlichen Verweisungen der **Fachgerichtsbarkeiten** beziehen sich nur auf die Regelungen des Zweiten Titels, zu denen § 22a nicht gehört, sodass in der Fachgerichtsbarkeit auch bei Gesamtpräsidien ein Vorsitz durch den gerichtsfremden Präsidenten grds nicht vorgesehen ist.

§ 21b [Wahl zum Präsidium].

(1) [1]Wahlberechtigt sind die Richter auf Lebenszeit und die Richter auf Zeit, denen bei dem Gericht ein Richteramt übertragen ist, sowie die bei dem Gericht tätigen Richter auf Probe, die Richter kraft Auftrags und die für eine Dauer von mindestens drei Monaten abgeordneten Richter, die Aufgaben der Rechtsprechung wahrnehmen. [2]Wählbar sind die Richter auf Lebenszeit und die Richter auf Zeit, denen bei dem Gericht ein Richteramt übertragen ist. [3]Nicht wahlberechtigt und nicht wählbar sind Richter, die für mehr als drei Monate an ein anderes Gericht abgeordnet, für mehr als drei Monate beurlaubt oder an eine Verwaltungsbehörde abgeordnet sind.

(2) Jeder Wahlberechtigte wählt höchstens die vorgeschriebene Zahl von Richtern.

(3) [1]Die Wahl ist unmittelbar und geheim. [2]Gewählt ist, wer die meisten Stimmen auf sich vereint. [3]Durch Landesgesetz können andere Wahlverfahren für die Wahl zum Präsidium bestimmt werden; in diesem Fall erlässt die Landesregierung durch Rechtsverordnung die erforderlichen Wahlordnungsvorschriften; sie kann die Ermächtigung hierzu auf die Landesjustizverwaltung übertragen. [4]Bei Stimmengleichheit entscheidet das Los.

(4) [1]Die Mitglieder werden für vier Jahre gewählt. [2]Alle zwei Jahre scheidet die Hälfte aus. [3]Die zum ersten Mal ausscheidenden Mitglieder werden durch das Los bestimmt.

(5) Das Wahlverfahren wird durch eine Rechtsverordnung geregelt, die von der Bundesregierung mit Zustimmung des Bundesrates erlassen wird.

(6) [1]Ist bei der Wahl ein Gesetz verletzt worden, so kann die Wahl von den in Absatz 1 Satz 1 bezeichneten Richtern angefochten werden. [2]Über die Wahlanfechtung entscheidet ein Senat des zuständigen Oberlandesgerichts, bei dem Bundesgerichtshof ein Senat dieses Gerichts. [3]Wird die Anfechtung für begründet erklärt, so kann ein Rechtsmittel gegen eine gerichtliche Entscheidung nicht darauf gestützt werden, das Präsidium sei deswegen nicht ordnungsgemäß zusammengesetzt gewesen. [4]Im Übrigen sind auf das Verfahren die Vorschriften des Gesetzes über das Verfahren in Familiensachen und in den Angelegenheiten der freiwilligen Gerichtsbarkeit entsprechend anzuwenden.

1 **A. Normzweck.** § 21b regelt die Wahl der Präsidiumsmitglieder für die Präsidien nach § 21a II Nr 1–4, die aus gewählten Richtern des Gerichts bestehen.

2 **B. Regelungsgehalt. I. Wahlrecht. Aktiv** wahlberechtigt sind gem Abs 1 S 1 alle Berufsrichter (nicht: ehrenamtliche Richter) des Gerichts, also Richter auf Lebenszeit, Richter auf Zeit, Richter auf Probe, Richter kraft Auftrags oder für die Dauer von mindestens 3 Monaten (nicht: bereits seit 3 Monaten; aA Saenger/*Rathmann* § 21b GVG Rn 2) abgeordneten Richter, die Aufgaben der Rechtsprechung wahrnehmen (Zö/*Lückemann* § 21b GVG Rn 12). Nur die abgeordneten Richter müssen Aufgaben der Rechtsprechung wahrnehmen, um aktiv wahlberechtigt zu sein (Zö/*Lückemann* § 21b GVG Rn 11). Die Wahrnehmung des zuge-

wiesenen Richteramtes in **Teilzeit**beschäftigung oder als Nebenamt oder weiteres Hauptamt neben dem **Professorenamt** steht dem aktiven Wahlrecht nicht entgegen.

Die Wahlberechtigung **entfällt** nach Abs 1 S 3 bei Beurlaubung oder bei Abordnung an ein anderes Gericht für mehr als 3 Monate sowie – ohne zeitliche Grenze – bei Abordnung an eine Verwaltungsbehörde. Der Verlust der aktiven Wahlberechtigung tritt in diesen Fällen unabhängig vom Ablauf der Frist sofort mit Wirksamwerden der personalrechtlichen Entscheidung ein. Bei kürzer bemessenen Fristen tritt der Verlust nicht ein, wohl aber im Falle ihrer Verlängerung, wenn die addierte und nicht unterbrochene Gesamtdauer der Beurlaubung oder Abordnung im Zeitpunkt der Verlängerung die gesetzliche Frist überschreitet. Das gilt auch für das passive Wahlrecht. Als Beurlaubung gilt auch die Freistellungsphase nach § 76e DRiG. 3

Nicht wahlberechtigt sind die Berufsrichter aus der Verwaltungsgerichtsbarkeit, die in den Kammern und Senaten für Baulandsachen mitwirken, weil ihnen durch die Zuweisung nicht ein weiteres Richteramt iSd § 27 II DRiG zugewiesen ist (BGH MDR 77, 916; Zö/*Lückemann* § 21b GVG Rn 9; aA Kissel/Mayer § 21b Rn 6). 4

II. Wählbarkeit. Zum Präsidium **wählbar** sind nur die Richter auf Lebenszeit und die Richter auf Zeit, denen bei dem Gericht ein Richteramt übertragen ist (I 2), sofern sie nicht nach Abs 1 S 3 vom aktiven und passiven Wahlrecht ausgeschlossen sind. **Nicht wählbar** sind mithin die Richter auf Probe, kraft Auftrags oder von einem anderen Gericht abgeordnete Richter. Nicht wählbar sind auch die dem Präsidium **gesetzlich** angehörenden Richter, zu denen der Vizepräsident trotz seines Anwesenheitsrechts nach § 21c nicht gehört (Schorn/Stanicki S. 46; krit Kissel/Mayer § 21b Rn 11). Nicht wählbar sind zudem bereits gewählte Mitglieder des Präsidiums, die im Zeitpunkt der Wahl nicht nach IV ausscheiden. Die nach Abs 4 S 2 ausscheidenden Präsidiumsmitglieder sind jedoch unmittelbar erneut wählbar. 5

III. Stichtag. Stichtag für die Beurteilung der Wahlberechtigung ist der Wahltag bzw der Tag und die Zeit, an dem das Wahlrecht auszuüben ist. § 21d ist insoweit nicht einschlägig (Zö/*Lückemann* § 21b GVG Rn 13). 6

IV. Wahlperiode. Die **Wahlperiode** eines Präsidiums beträgt 4 Jahre (Abs 4 S 1). Bei einem erstmals gewählten Präsidium gem § 21j muss gem Abs 4 S 3 zu dessen Halbzeit nach 2 Jahren die Hälfte ausscheiden, und zwar im Wege der **Losziehung** durch den Wahlvorstand (§ 2 III WahlO; Rz 18), danach umlaufend bei Vollendung der vierjährigen Wahlperiode. Ein Wechsel im Präsidium findet gem Abs 4 S 2 regulär alle 2 Jahre zur Hälfte seiner gewählten Mitglieder statt, nämlich durch Ausscheiden und Neuwahl. 7

Scheidet unabhängig von diesem Turnus ein gewähltes Mitglied gem § 21c II aus, so tritt an seine Stelle der durch die letzte Wahl **Nächstberufene**. Maßgeblich für die Reihenfolge des Nachrückens ist das Ergebnis der **letzten** regulären Wahl nach IV. Der Nachrückende tritt an die Stelle des nach § 21c II ausscheidenden Mitglieds, übernimmt also auch dessen bereits verstrichene Amtsdauer mit der Folge, dass er anstelle des Ausgeschiedenen nach Ablauf der vierjährigen Amtsdauer des Ausgeschiedenen gem Abs 4 S 2 selber ausscheidet, also keine eigene vierjährige Amtsperiode erwirbt (Frankf DRiZ 08, 184). 8

V. Wahlpflicht. Für alle aktiv wahlberechtigten Richter besteht **Wahlpflicht** als richterliche Dienstpflicht (hM; BVerwG DRiZ 75, 375; MüKoZPO/*Zimmermann* § 21b GVG Rn 18). Es besteht also keine Wahlfreiheit. Die Wahl ist unmittelbar, geheim und auf die Höchstzahl der zu wählenden Richter beschränkt (Abs 3 und 2). Gemäß Abs 3 S 2 gilt das Mehrheitsprinzip. 9

Die **Wirkung** der Wahl tritt mit der Feststellung des Wahlergebnisses ein bzw bei Stimmengleichheit im Augenblick der Losziehung (Abs 3 S 2, 4). Eine **Annahme** der Wahl durch den Gewählten kommt ebenso wenig wie eine **Ausschlagung** der Wahl (BVerwG DRiZ 75, 375) oder eine **Niederlegung** des Amtes in Betracht, weil der Gewählte als dienstliche Nebenpflicht seines Richteramtes zur Ausübung des Amtes des Präsidiumsmitglieds, insb auch zur Mitwirkung an den Entscheidungen des Präsidiums verpflichtet ist. Das mag aus dem Wortlaut des Abs 3 S 2 (gewählt ist) folgen (Saenger/*Rathmann* § 21b GVG Rn 4); in Betracht der durch §§ 21a – j im Internum des Gerichts gezogenen Grenzlinie zwischen Exekutive und Judikative, nach der die gerichtsinterne Geschäftsverteilung dem richterlichen Präsidium ausschließlich zugewiesen ist, und der dem Präsidium zugewiesenen Funktion, den gesetzlichen Richter bis auf die letzte Stufe – bis zum konkreten Richter – zu bestimmen, folgt aus der Unabhängigkeit der Geschäftsverteilungstätigkeit des Präsidiumsmitglieds, dass es zur aktiven Mitwirkung im Präsidium ebenso verpflichtet ist wie in seiner Eigenschaft als Richter zur Justizgewährung durch Wahrnehmung des ihm anvertrauten Richteramtes (BVerwG DRiZ 75, 375). Die unentschuldigte Versäumung der aktiven Wahl und auch der Amtstätigkeit im Präsi- 10 dium ist **Dienstvergehen** und zieht Maßnahmen der Dienstaufsicht (§ 26 DRiG) nach sich (Kissel/Mayer § 21b Rn 16).

11 **VI. Anfechtung.** Zur **Wahlanfechtung** sind nach Abs 4 S 1 die nach Abs 1 S 1 aktiv wahlberechtigten Richter befugt. Überwiegend wird die Anfechtungsbefugnis auch den nach I 3 nicht wahlberechtigten Richtern zugesprochen (MüKoZPO/*Zimmermann* § 21b GVG Rn 21).

12 Als **Gesetzesverletzung** für eine Wahlanfechtung genügt ein objektiver Verstoß gegen eine das Wahlverfahren betreffende Rechtsnorm einschließlich der Wahlordnung. Der Anfechtende muss nicht die Verletzung eines eigenen Rechts rügen (BVerwG DRiZ 75, 375). Die Zulässigkeit der Wahlanfechtung erfordert nur die Darlegung der Möglichkeit der konkreten Verletzung einer solchen Rechtsnorm. Der Erfolg der Anfechtung hängt davon ab, dass der Rechtsverstoß für das Wahlergebnis ursächlich gewesen sein kann, wovon bei **schweren Rechtsverletzungen** auszugehen ist (Frankf DRiZ 08, 184, 185).

13 Eine Wahlanfechtung nach Abs 4 kommt auch in Betracht, wenn die Feststellung des **Nächstberufenen** nach § 21c II angegriffen wird (Frankf DRiZ 08, 184, 186).

14 **Entscheidungszuständig** ist ein Senat des OLG für alle Wahlverfahren des OLG und der ihm nachgeordneten Gerichte (LG, AG), bei einer Präsidiumswahl des BGH ein Senat des BGH selbst (Abs 6 S 2). Das Anfechtungsverfahren richtet sich bis zum 31.8.09 nach dem FGG (VI 4), ab dem 1.9.09 nach dem FamFG (Art 1, 22, 112 FGG-RG).

15 **Anfechtungsgegner** ist nicht der Wahlvorstand, sondern das Präsidium (str; BVerwGE 44, 172, 174), vertreten durch seinen Vorsitzenden, und zwar jedenfalls als Vereinigung iSd § 61 Nr 2 VwGO (OVG Koblenz NJW-RR 08, 579; MüKoZPO/*Zimmermann* §21b GVG Rn 21) oder als nichtrechtsfähige Teilbehörde (Remus S. 305).

16 Wenn und soweit die Wahlanfechtung begründet ist, erklärt der erkennende Senat die Wahl **ex nunc** für ungültig. Soweit die Wahl die Zusammensetzung des Präsidiums berührt, sind die von der Anfechtung betroffenen Gewählten nicht mehr berufen. Handlungsfähig bleibt jedoch das von der Anfechtung nicht betroffene Restpräsidium nach Abs 4 S 2, anderenfalls gem § 21i II 1 der Gerichtspräsident als Notpräsidium. Wurde eine Nachwahl gem Abs 4 S 2 **versäumt**, haftet dem Präsidium **insgesamt** ein schwerer Rechtsmangel an, der zur Wiederherstellung der Autorität, Stabilität und Kontinuität des Präsidiums durch eine **Neuwahl** aller Präsidiumsmitglieder unter Anwendung von Abs 4 S 2 und 3 behebbar ist (Frankf DRiZ 08, 184, 186).

17 **Richterliche Entscheidungen**, die ein Richter in judicando auf der Grundlage einer fehlerhaften, nämlich von einem fehlerhaft gewählten Präsidium beschlossenen Geschäftsverteilung erlassen hat, sind wegen dieses Fehlers der richterlichen Geschäftsverteilung und der Entscheidung eines nicht gesetzlich bestimmten Richters **nicht** mit Rechtsmitteln anfechtbar. Abs 6 S 3 heilt den Verstoß gegen den Anspruch auf den gesetzlichen Richter, schließt also ein Rechtsmittel und insoweit auch eine auf Art 3 I iVm 101 I 2 GG gestützte **Verfassungsbeschwerde** aus. Abs 6 S 3 wird deshalb dahin ausgelegt, dass die Wirksamkeit der Beschlussfassungen des fehlerhaft zusammengesetzten Präsidiums vom Erfolg der Wahlanfechtung unberührt und diese Beschlüsse in Kraft bleiben, bis eine wirksame Nachfolgeregelung beschlossen ist (MüKoZPO/*Zimmermann* § 21b GVG Rn 27; Meyer-Goßner § 21b GVG Rn 6).

18 § 21b GVG regelt das Wahlverfahren unvollständig. In Abs 5 ist deshalb die Bundesregierung ermächtigt, mit Zustimmung des Bundesrates eine **Rechtsverordnung** über das Wahlverfahren zu erlassen. Diese lautet:

Wahlordnung für die Präsidien der Gerichte (GerPräsWO)

vom 19.9.1972 (BGBl I, 1821), zuletzt geändert durch Art 209 II Gesetz vom 19.4.2006 (BGBl I, 866)

§ 1 Wahlvorstand. (1) [1]Der Wahlvorstand sorgt für die ordnungsmäßige Durchführung der Wahl der Mitglieder des Präsidiums. [2]Er faßt seine Beschlüsse mit Stimmenmehrheit.
(2) [1]Der Wahlvorstand besteht aus mindestens drei wahlberechtigten Mitgliedern des Gerichts. [2]Das amtierende Präsidium bestellt die erforderliche Zahl von Mitgliedern des Wahlvorstandes spätestens zwei Monate vor Ablauf des Geschäftsjahres, in dem eine Wahl stattfindet. [3]Es bestellt zugleich eine angemessene Zahl von Ersatzmitgliedern und legt fest, in welcher Reihenfolge sie bei Verhinderung oder Ausscheiden von Mitgliedern des Wahlvorstandes nachrücken.
(3) Das amtierende Präsidium gibt die Namen der Mitglieder und der Ersatzmitglieder des Wahlvorstandes unverzüglich durch Aushang bekannt.

§ 2 Wahlverzeichnisse. (1) [1]Der Wahlvorstand erstellt ein Verzeichnis der wahlberechtigten und ein Verzeichnis der wählbaren Mitglieder des Gerichts. [2]Die Verzeichnisse sind bis zum Wahltag auf dem laufenden zu halten.
(2) In das Verzeichnis der wählbaren Mitglieder des Gerichts sind auch die jeweils wegen Ablaufs ihrer Amtszeit oder durch Los ausscheidenden Mitglieder des Präsidiums aufzunehmen, sofern sie noch die Voraussetzungen des § 21b Abs. 1 des Gerichtsverfassungsgesetzes erfüllen.
(3) In den Fällen des § 21b Abs. 4 Satz 3 und des § 21d Abs. 2 und 3 des Gerichtsverfassungsgesetzes nimmt der Wahlvorstand zuvor die Auslosung der ausscheidenden Mitglieder des Präsidiums vor.
(4) [1]Die Auslosung ist für die Richter öffentlich. [2]Zeitpunkt und Ort der Auslosung gibt der Wahlvorstand unverzüglich nach seiner Bestellung durch Aushang bekannt.
(5) [1]Über die Auslosung fertigt der Wahlvorstand eine Niederschrift, die von sämtlichen Mitgliedern des Wahlvorstandes zu unterzeichnen ist. [2]Sie muß das Ergebnis der Auslosung enthalten. [3]Besondere Vorkommnisse bei der Auslosung sind in der Niederschrift zu vermerken.

§ 3 Wahltag, Wahlzeit, Wahlraum. [1]Die Wahl soll mindestens zwei Wochen vor Ablauf des Geschäftsjahres stattfinden. [2]Der Wahlvorstand bestimmt einen Arbeitstag als Wahltag, die Wahlzeit und den Wahlraum. [3]Bei entsprechendem Bedürfnis kann bestimmt werden, daß an zwei aufeinander folgenden Arbeitstagen und in mehreren Wahlräumen gewählt wird. [4]Die Wahlzeit muß sich über mindestens zwei Stunden erstrecken.

§ 4 Wahlbekanntmachungen. (1) [1]Der Wahlvorstand gibt spätestens einen Monat vor dem Wahltag durch Aushang bekannt:
1. das Verzeichnis der wahlberechtigten und das Verzeichnis der wählbaren Mitglieder des Gerichts,
2. das Ergebnis der Auslosung nach § 21b Abs. 4 Satz 3 und § 21d Abs. 2 und 3 des Gerichtsverfassungsgesetzes,
3. den Wahltag, die Wahlzeit und den Wahlraum,
4. die Anzahl der zu wählenden Richter,
5. die Voraussetzungen, unter denen eine Briefwahl stattfinden kann,
6. den Hinweis auf das Einspruchsrecht nach Absatz 3.

[2]Bestehen Zweigstellen oder auswärtige Spruchkörper, so sind die Wahlbekanntmachungen auch dort auszuhängen.
(2) Auf den Wahlbekanntmachungen ist der erste Tag des Aushangs zu vermerken.
(3) [1]Jedes wahlberechtigte Mitglied des Gerichts kann gegen die Richtigkeit der Wahlverzeichnisse binnen einer Woche seit ihrer Bekanntmachung oder der Bekanntmachung einer Änderung schriftlich bei dem Wahlvorstand Einspruch einlegen. [2]Der Wahlvorstand hat über den Einspruch unverzüglich zu entscheiden und bei begründetem Einspruch die Wahlverzeichnisse zu berichtigen. [3]Die Entscheidung des Wahlvorstandes ist dem Mitglied des Gerichts, das den Einspruch eingelegt hat, schriftlich mitzuteilen. [4]Sie muß ihm spätestens am Tage vor der Wahl zugehen.

§ 5 Wahlhandlung. (1) Das Wahlrecht wird durch Abgabe eines Stimmzettels in einem Wahlumschlag ausgeübt.

(2) [1]Auf dem Stimmzettel sind die Anzahl der zu wählenden Richter sowie die Namen der wählbaren Richter in alphabetischer Reihenfolge untereinander aufzuführen. [2]Nicht aufzuführen sind die Namen der Richter, die dem Präsidium angehören und deren Amtszeit noch nicht abläuft.

(3) Der Wähler gibt seine Stimme ab, indem er auf dem Stimmzettel einen oder mehrere Namen von Richtern ankreuzt und den Stimmzettel im verschlossenen Wahlumschlag in die Wahlurne legt.

§ 6 Ordnung im Wahlraum. (1) Die Richter können während der gesamten Wahlzeit im Wahlraum anwesend sein.

(2) [1]Der Wahlvorstand trifft Vorkehrungen, daß der Wähler den Stimmzettel im Wahlraum unbeobachtet kennzeichnet und in den Wahlumschlag legt. [2]Für die Aufnahme der Umschläge ist eine Wahlurne zu verwenden. [3]Vor Beginn der Stimmabgabe hat der Wahlvorstand festzustellen, daß die Wahlurne leer ist, und sie zu verschließen. [4]Sie muß so eingerichtet sein, daß die eingelegten Umschläge nicht entnommen werden können, ohne daß die Urne geöffnet wird.

(3) Solange der Wahlraum zur Stimmabgabe geöffnet ist, müssen mindestens zwei Mitglieder des Wahlvorstandes im Wahlraum anwesend sein.

(4) [1]Stimmzettel und Wahlumschlag werden dem Wähler von dem Wahlvorstand im Wahlraum ausgehändigt. [2]Vor dem Einlegen des Wahlumschlages in die Wahlurne stellt ein Mitglied des Wahlvorstandes fest, ob der Wähler im Wählerverzeichnis eingetragen ist. [3]Die Teilnahme an der Wahl ist im Wählerverzeichnis zu vermerken.

(5) [1]Wird die Wahlhandlung unterbrochen oder wird das Wahlergebnis nicht unmittelbar nach Abschluss der Stimmabgabe festgestellt, so hat der Wahlvorstand für die Zwischenzeit die Wahlurne so zu verschließen und aufzubewahren, daß das Einlegen oder die Entnahme von Stimmzetteln ohne Beschädigung des Verschlusses unmöglich ist. [2]Bei Wiedereröffnung der Wahl oder bei Entnahme der Stimmzettel zur Stimmzählung hat sich der Wahlvorstand davon zu überzeugen, daß der Verschluß unversehrt ist.

(6) [1]Nach Ablauf der Wahlzeit dürfen nur noch diejenigen Wahlberechtigten abstimmen, die sich in diesem Zeitpunkt im Wahlraum befinden. [2]Sodann erklärt der Wahlvorstand die Wahlhandlung für beendet.

§ 7 Briefwahl. (1) [1]Den wahlberechtigten Mitgliedern des Gerichts, die

1. einem auswärtigen Spruchkörper oder einer Zweigstelle des Gerichts angehören oder für nicht mehr als drei Monate an ein anderes Gericht abgeordnet sind,
2. aus sonstigen Gründen an einer Stimmabgabe nach § 5 Abs. 3 verhindert sind und dies dem Wahlvorstand rechtzeitig anzeigen,

leitet der Wahlvorstand einen Stimmzettel und einen Wahlumschlag sowie einen größeren Freiumschlag zu, der die Anschrift des Wahlvorstandes und als Absender die Anschrift des wahlberechtigten Mitglieds des Gerichts sowie den Vermerk »Schriftliche Stimmabgabe zur Wahl des Präsidiums« trägt. [2]Er übersendet außerdem eine vorgedruckte, vom Wähler abzugebende Erklärung, in der dieser dem Wahlvorstand gegenüber versichert, daß er den Stimmzettel persönlich gekennzeichnet hat. [3]Die Absendung ist in der Wählerliste zu vermerken.

(2) In einem besonderen Schreiben ist zugleich anzugeben, bis zu welchem Zeitpunkt spätestens der Stimmzettel bei dem Wahlvorstand eingegangen sein muß.

(3) [1]Der Wähler gibt seine Stimme ab, indem er auf dem Stimmzettel einen oder mehrere Namen von Richtern ankreuzt und den Stimmzettel im verschlossenen Wahlumschlag unter Verwendung des Freiumschlages und Beifügung der von ihm unterzeichneten vorgedruckten Erklärung dem Wahlvorstand übermittelt. [2]Die Stimmabgabe kann vor dem Wahltag erfolgen.

(4) [1]Während der Wahlzeit vermerkt ein Mitglied des Wahlvorstandes die Absender der bei dem Wahlvorstand eingegangenen Briefe im Wählerverzeichnis, entnimmt den Briefen die Wahlumschläge und legt diese ungeöffnet in die Wahlurne. [2]Die vorgedruckten Erklärungen sind zu den Wahlunterlagen zu nehmen. [3]Briefe, die ohne die vorgedruckte Erklärung bei dem Wahlvorstand eingehen, sind mit dem darin enthaltenen Wahlumschlag sowie mit einem entsprechenden Vermerk des Wahlvorstandes zu den Wahlunterlagen zu nehmen. [4]Nach Ablauf der Wahlzeit eingehende Briefe sind unter Vermerk des Eingangszeitpunktes ungeöffnet zu den Wahlunterlagen zu nehmen.

§ 8 Feststellung des Wahlergebnisses. (1) [1]Unverzüglich nach Ablauf der Wahlzeit stellt der Wahlvorstand das Wahlergebnis fest. [2]Die Richter können bei der Feststellung des Wahlergebnisses anwesend sein.

(2) [1]Der Wahlvorstand öffnet die Wahlurne und entnimmt den darin befindlichen Wahlumschlägen die Stimmzettel. [2]Er prüft deren Gültigkeit und zählt sodann die auf jedes wählbare Mitglied des Gerichts entfallenden gültigen Stimmen zusammen.

(3) Ungültig sind Stimmzettel,
1. die nicht in einem Wahlumschlag abgegeben sind,
2. die nicht von dem Wahlvorstand ausgegeben sind,
3. aus denen sich der Wille des Wählers nicht zweifelsfrei ergibt,
4. die einen Zusatz oder Vorbehalt enthalten.

(4) Bei Stimmengleichheit zwischen zwei oder mehreren wählbaren Mitgliedern des Gerichts stellt der Wahlvorstand durch Auslosung fest, wer als gewählt gilt und wer in den Fällen des § 21c Abs. 2 des Gerichtsverfassungsgesetzes als Nächstberufener nachrückt.

§ 9 Wahlniederschrift. (1) Über das Wahlergebnis fertigt der Wahlvorstand eine Niederschrift, die von sämtlichen Mitgliedern des Wahlvorstandes zu unterzeichnen ist. Die Niederschrift muß enthalten:
1. die Zahl der abgegebenen Stimmzettel,
2. die Zahl der gültigen Stimmzettel,
3. die Zahl der ungültigen Stimmzettel,
4. die für die Gültigkeit oder Ungültigkeit zweifelhafter Stimmzettel maßgebenden Gründe,
5. die Angabe, wie viele Stimmen auf jeden der wählbaren Richter entfallen sind,
6. die Namen der gewählten Richter,
7. das Ergebnis einer etwaigen Auslosung nach § 8 Abs. 4.

(2) Besondere Vorkommnisse bei der Wahlhandlung oder der Feststellung des Wahlergebnisses sind in der Niederschrift zu vermerken.

§ 10 Benachrichtigung der gewählten Richter. Der Wahlvorstand benachrichtigt unverzüglich die in das Präsidium gewählten Mitglieder des Gerichts schriftlich von ihrer Wahl.

§ 11 Bekanntgabe des Wahlergebnisses. Der Wahlvorstand gibt das Wahlergebnis unverzüglich durch Aushang bekannt.

§ 12 Berichtigung des Wahlergebnisses. [1]Offenbare Unrichtigkeiten des bekanntgemachten Wahlergebnisses, insb Schreib- und Rechenfehler, kann der Wahlvorstand vAw oder auf Antrag berichtigen. [2]Die Berichtigung ist gleichfalls durch Aushang bekannt zu machen.

§ 13 Aufbewahrung der Wahlunterlagen. Die Wahlunterlagen (Aushänge, Niederschriften, Stimmzettel, verspätet oder ohne vorgedruckte Erklärung eingegangene Wahlbriefe usw.) werden von dem Präsidium mindestens vier Jahre aufbewahrt; die Frist beginnt mit dem auf die Wahl folgenden Geschäftsjahr.

§ 14 Nachwahl. Ist in den Fällen des § 21c Abs. 2 des Gerichtsverfassungsgesetzes eine Nachwahl durchzuführen, weil kein Nächstberufener vorhanden ist, so gelten für die Durchführung der Nachwahl die Vorschriften dieser Verordnung entsprechend.

§ 15 Übergangsvorschrift. Besteht bei einem Gericht bei Inkrafttreten dieser Verordnung kein Präsidium, so nimmt bei der erstmaligen Bestellung des Wahlvorstandes der aufsichtführende Richter die Aufgaben nach § 1 Abs. 2 Satz 2 und 3 und Abs. 3 wahr.

§ 16 Berlin-Klausel. (aufgehoben)

§ 17 Inkrafttreten. Diese Verordnung tritt am 1. Oktober 1972 in Kraft.

§ 21c [Vertretung der Mitglieder des Präsidiums]. **(1) [1]Bei einer Verhinderung des Präsidenten oder Aufsicht führenden Richters tritt sein Vertreter (§ 21h) an seine Stelle. [2]Ist der Präsident oder Aufsicht führende Richter anwesend, so kann sein Vertreter, wenn er nicht selbst gewählt ist, an den Sitzungen des Präsidiums mit beratender Stimme teilnehmen. [3]Die gewählten Mitglieder des Präsidiums werden nicht vertreten.**
(2) Scheidet ein gewähltes Mitglied des Präsidiums aus dem Gericht aus, wird es für mehr als drei Monate an ein anderes Gericht abgeordnet oder für mehr als drei Monate beurlaubt, wird es an eine Verwaltungsbehörde abgeordnet oder wird es kraft Gesetzes Mitglied des Präsidiums, so tritt an seine Stelle der durch die letzte Wahl Nächstberufene.

1 **A. Normzweck.** § 21c regelt die Vertretung des Vorsitzenden des Präsidiums und das Nachrücken beim von der Regel des § 21b IV 2 nicht erfassten Ausscheiden gewählter Mitglieder, um die Entscheidungsfähigkeit des Präsidiums zeitnah zu gewährleisten, den Eintritt der Beschlussunfähigkeit nach § 21i I und einstweilige Entscheidungen des Vorsitzenden nach § 21i II zu verhindern. Die Norm trägt der zentralen Bedeutung der Funktionsfähigkeit des Präsidiums für die Bestimmung des gesetzlichen Richters durch die richterliche Geschäftsverteilung Rechnung.

2 **B. Regelungsgehalt. I. Verhinderung.** Bei **Verhinderung des Präsidenten**/des Aufsicht führenden Richters ordnet Abs 1 S 1 die Vertretung durch den nach § 21h gesetzlich geregelten Vertreter im Präsidium an. Der Vertretungsfall des § 21h S 1 bezieht sich auf die dem Präsidenten durch das GVG zugewiesenen Geschäfte, die **nicht** durch das Präsidium zu verteilen sind. Dazu gehören nicht die Aufgaben seiner Rechtsprechung, die durch den Geschäftsverteilungsplan geregelt sind. Dazu gehören nicht die Gerichtsverwaltungs- und Justizverwaltungsaufgaben, die nicht durch das GVG bestimmt sind oder dem Präsidenten in seiner Funktion als Organ der Justiz- und Gerichtsverwaltung zugewiesen sind. Nach der Stellung des § 21h im Zweiten Titel sind von § 21h erfasst der **Vorsitz** im Präsidium, die Entscheidungen des Vorsitzenden des Präsidiums als Ersatz- oder **Notpräsidium** (Kissel/Mayer § 21h Rn 1) sowie die Entscheidungen nach § 77.

3 Zur Vertretung berufen ist der von der Justizverwaltung bestellte **ständige** Vertreter (Vizepräsident; ständiger Vertreter des Direktors), bei mehreren in der Reihenfolge des Dienstalters, danach des Lebensalters. Ist ein ständiger Vertreter gesetzlich nicht vorgesehen, nicht bestellt oder verhindert, so bestimmt § 21h S 2 den Dienstältesten, unter diesen den Lebensältesten zum Vertreter.

4 Die Vertretung setzt die **Verhinderung** des Vorsitzenden voraus. Verhinderungsgründe sind Abwesenheiten wegen Urlaub, Krankheit oder vorrangiger anderer Dienstgeschäfte (Kissel/Mayer § 21c Rn 1). Der Verhinderungsgrund wird vom Vorsitzenden oder vom Vertreter gem §§ 21c, 21h festgestellt; er kann in einem Sitzungsprotokoll vermerkt werden, aber auch als **Verhinderungsvermerk** iRd Unterzeichnung des Präsidiumsbeschlusses. Formvorschriften bestehen insoweit nicht.

5 Der erstrangige ständige Vertreter gem § 21h **kann** außerhalb des Vertretungsfalles gem Abs 1 S 2 an den Präsidiumssitzungen mit **beratender Stimme** teilnehmen. Ist er selbst gewählt, ist er teilnahme- und mitwirkungspflichtig. Die Regelung gewährleistet, dass auch der nichtgewählte ständige Vertreter über die Art und Weise der Zusammenarbeit im Präsidium informiert und zu einer effizienten Vertretung jederzeit befähigt ist.

6 Für die **gewählten Mitglieder** des Präsidiums findet gem Abs 1 S 3 eine Stellvertretung nicht statt. Deren Verhinderung kann gem § 21i I zur Beschlussunfähigkeit des Präsidiums führen, wenn mehr als die Hälfte der gewählten Mitglieder in der Präsidiumssitzung nicht anwesend sind. §§ 21c I 3 und 21i I betrifft nur die gewählten Mitglieder, also nicht das Gesamtpräsidium nach § 21a II Nr 5.

7 **II. Ausscheiden.** II regelt das **Auswechseln** der gewählten Mitglieder des Präsidiums zur Gewährleistung der von § 21a II vorgegebenen Größe des Präsidiums. Das Ausscheiden aus dem Präsidium ist endgültig. Gründe sind das Ausscheiden aus dem Gericht, das Ausscheiden aus dem Richterdienst, die Abordnung an ein anderes Gericht oder die Beurlaubung für mehr als drei Monate, die Abordnung an eine Verwaltungsbehörde oder der Aufstieg des Gewählten zum gesetzlichen Mitglied des Präsidiums, etwa im Wege der Ernennung zum Direktor oder Präsidenten. Andere Gründe – selbst längere Krankheit, Niederlegung des Amtes oder Verweigerung der Mitwirkung – führen nicht zum Ausscheiden aus dem Präsidium (Kissel/Mayer § 21c Rn 5).

8 Der **Nachrücker** des Ausgeschiedenen ergibt sich aus der vom Wahlvorstand gem § 9 der WahlO (vgl § 21b Rz 18) anzufertigenden Niederschrift, weil nach § 8 IV der WahlO zum Wahlergebnis auch die Feststellung

des oder der Nächstberufenen und ihrer Reihenfolge gehört. Maßgeblich ist die Wahlniederschrift der jeweils **letzten** Wahl, auch wenn sie eine Teilwahl war (BGHZ 112, 330). Die Feststellung, wer in der Liste der Nächstberufenen tatsächlich als Nächstberufener nachrückt, trifft das Präsidium, weil zu beurteilen ist, ob der in Betracht kommende Nachrücker im Zeitpunkt des Nachrückens noch wählbar ist (Kissel/Mayer § 21c Rn 9; Meyer-Goßner § 21c GVG Rn 3). Ist die Liste der Nachrücker erschöpft oder hat der Wahlvorstand unzweckmäßigerweise die Reihenfolge der Nachrückenden nicht erschöpfend, etwa unter Ausschluss der wählbaren Richter, die nicht mindestens eine Stimme erhalten haben (so Zö/*Lückemann* § 21c GVG Rn 7), durch Los bestimmt, muss nachgewählt werden (§ 14 Wahlordnung; das Präsidium darf die Verlosung nicht selbst vornehmen).

Die **Dauer** der Amtszeit des Nachrückers ist durch die Restzeit des Ausgeschiedenen begrenzt (Frankf DRiZ 08, 184). 9

§ 21d [Größe des Präsidiums]. **(1) Für die Größe des Präsidiums ist die Zahl der Richterplanstellen am Ablauf des Tages maßgebend, der dem Tage, an dem das Geschäftsjahr beginnt, um sechs Monate vorhergeht,**

[1]Ist die Zahl der Richterplanstellen bei einem Gericht mit einem Präsidium nach § 21a Abs. 2 Nr. 1 bis 3 unter die jeweils genannte Mindestzahl gefallen, so ist bei der nächsten Wahl, die nach § 21b Abs. 4 stattfindet, die folgende Zahl von Richtern zu wählen:

1. bei einem Gericht mit einem Präsidium nach § 21a Abs. 2 Nr. 1 vier Richter,
2. bei einem Gericht mit einem Präsidium nach § 21a Abs. 2 Nr. 2 drei Richter,
3. bei einem Gericht mit einem Präsidium nach § 21a Abs. 2 Nr. 3 zwei Richter.

[2]Neben den nach § 21b Abs. 4 ausscheidenden Mitgliedern scheidet jeweils ein weiteres Mitglied, das durch das Los bestimmt wird, aus.

(3) [1]Ist die Zahl der Richterplanstellen bei einem Gericht mit einem Präsidium nach § 21a Abs. 2 Nr. 2 bis 4 über die für die bisherige Größe des Präsidiums maßgebende Höchstzahl gestiegen, so ist bei der nächsten Wahl, die nach § 21b Abs. 4 stattfindet, die folgende Zahl von Richtern zu wählen:

1. bei einem Gericht mit einem Präsidium nach § 21a Abs. 2 Nr. 2 sechs Richter,
2. bei einem Gericht mit einem Präsidium nach § 21a Abs. 2 Nr. 3 fünf Richter,
3. bei einem Gericht mit einem Präsidium nach § 21a Abs. 2 Nr. 4 vier Richter.

[2]Hiervon scheidet jeweils ein Mitglied, das durch das Los bestimmt wird, nach zwei Jahren aus.

A. Normzweck. § 21d ergänzt § 21a II hinsichtlich der 4 aus gewählten Richtern bestehenden Präsidien, 1
um das **Repräsentationsprinzip** der 4 gewählten Präsidien (Kissel/Mayer § 21a Rn 12; MüKoZPO/*Zimmermann* § 21a GVG Rn 8) zu wahren. Die Herabstufung der Präsidien ist nach Abs 2 bis auf die Stufe des kleinen Präsidiums nach § 21a II 4 geregelt, während die Heraufstufung des Präsidiums beim kleinen Präsidium gem § 21a II 4 beginnt. Die Herabstufung auf das Gesamtpräsidium oder die Heraufstufung aus dem Gesamtpräsidium des § 21a II 5 ist nicht ausdrücklich geregelt. Die Herabstufung auf das Gesamtpräsidium gem § 21a II 5 erfolgt in dem Augenblick, in dem nach § 21b IV 2 zwei gewählte Mitglieder aus dem kleinen Präsidium ausscheiden und eine Nachwahl nicht stattfindet, weil die Bezugsgröße von acht Richterplanstellen für das kleine gewählte Präsidium zum Stichtag nicht gegeben war; in diesem Augenblick entsteht das Gesamtpräsidium nach § 21a II 5 aus allen nach § 21b I wählbaren Richtern ohne eine Nachwahl. Dieses Gesamtpräsidium kann größer als das kleine oder mittlere Präsidium nach § 21a II 4 bzw 3 sein. Die Heraufstufung eines Gesamtpräsidiums an einem Gericht, das zum Stichtag acht Richterplanstellen besitzt, richtet sich nach § 21b IV.

B. Regelungsgehalt. I. Stichtagsregelung. Die Größe des Präsidiums ist retrospektiv bestimmt durch die 2
Anzahl der Richterplanstellen, die am Ablauf des Tages dem Gericht zugelegt waren, der dem Tag des Beginns des Geschäftsjahres um sechs Monate vorhergeht. Geschäftsjahr ist das Kalenderjahr. Diese Annahme ist bundesrechtlich nicht geregelt, lediglich in Einzelfällen durch AGGVG der Länder (Kissel/Mayer § 21d Rn 9; MüKoZPO/*Zimmermann* § 21d GVG Rn 3). Das Präsidium kann den Beginn des Geschäftsjahres nicht abw bestimmen, denn nach § 21e I 2 ist der Begriff Geschäftsjahr der für das Präsidium selbst vorgegebene zeitliche Rahmen seiner Geschäftsverteilungskompetenz. Beginnt das Geschäftsjahr am 1.1., so ist der Stichtag gem Abs 1 der Ablauf des dem 1.1. um sechs Monate vorhergehenden Tages, also der Ablauf des 30.6.

3 **II. Zeitpunkt der Herab- oder der Heraufstufung.** Die nach der Zahl der Richterplanstellen am Stichtag maßgebliche Herabstufung nach Abs 2 oder Heraufstufung nach Abs 3 tritt jeweils in dem Zeitpunkt ein, in dem die **nächste Wahl** nach § 21b IV vollzogen ist.

4 **III. Methode der Herabstufung.** Die Herabstufung findet nach Abs 2 S 1 Nr 1–3 dadurch statt, dass bei der nächsten Wahl nach § 21b IV die Hälfte der im Präsidium befindlichen gewählten Richter gem § 21b IV 2 und ggf auch gem § 21b IV 3 sowie **zusätzlich** ein weiteres gewähltes Mitglied, das durch **Losziehung** durch den **Wahlvorstand** gem § 2 III WahlO (vgl § 21b Rz 18) bestimmt wird, gem Abs 2 S 2 ausscheidet, und die Neuwahl gem §§ 21b II, 21d II 1–3 nicht die Hälfte der ausscheidenden Richter, sondern einen Richter **weniger** ersetzt. Beispiel: Bei der Herabstufung von § 21a II 1 auf 2 scheiden von zehn gewählten Richtern fünf und zusätzlich ein geloster Richter aus, sodass vier gewählte im Präsidium verbleiben und vier neue hinzugewählt werden.

5 **IV. Heraufstufung.** Bei der **Heraufstufung** nach Abs 3 S 1 Nr 1-3 werden anstelle der ausscheidenden Hälfte der gewählten Richter (§ 21b IV) zusätzlich **zwei weitere** Richter gewählt, also vier statt zwei, fünf statt drei bzw sechs statt vier neue Richter. Von den in dieser Neuwahl insgesamt **neugewählten** Richtern (»hiervon«) scheidet nach zwei Jahren neben der nach § 21b IV 2 nicht ausgeschiedenen Hälfte zusätzlich ein durch **Losziehung** durch den **Wahlvorstand** gem § 2 III WahlO (vgl § 21b Rz 18) bestimmtes Mitglied – also vorzeitig – aus, um mit der Neuwahl dieser Ausgeschiedenen den Rhythmus des § 21b IV 2 im Präsidium neuer Größe wieder herzustellen.

§ 21e [Aufgaben und Befugnisse des Präsidiums, Geschäftsverteilung].

(1) [1]Das Präsidium bestimmt die Besetzung der Spruchkörper, bestellt die Ermittlungsrichter, regelt die Vertretung und verteilt die Geschäfte. [2]Es trifft diese Anordnungen vor dem Beginn des Geschäftsjahres für dessen Dauer. [3]Der Präsident bestimmt, welche richterlichen Aufgaben er wahrnimmt. [4]Jeder Richter kann mehreren Spruchkörpern angehören.

(2) Vor der Geschäftsverteilung ist den Richtern, die nicht Mitglied des Präsidiums sind, Gelegenheit zur Äußerung zu geben.

(3) [1]Die Anordnungen nach Absatz 1 dürfen im Laufe des Geschäftsjahres nur geändert werden, wenn dies wegen Überlastung oder ungenügender Auslastung eines Richters oder Spruchkörpers oder infolge Wechsels oder dauernder Verhinderung einzelner Richter nötig wird. [2]Vor der Änderung ist den Vorsitzenden Richtern, deren Spruchkörper von der Änderung der Geschäftsverteilung berührt wird, Gelegenheit zu einer Äußerung zu geben.

(4) Das Präsidium kann anordnen, dass ein Richter oder Spruchkörper, der in einer Sache tätig geworden ist, für diese nach einer Änderung der Geschäftsverteilung zuständig bleibt.

(5) Soll ein Richter einem anderen Spruchkörper zugeteilt oder soll sein Zuständigkeitsbereich geändert werden, so ist ihm, außer in Eilfällen, vorher Gelegenheit zu einer Äußerung zu geben.

(6) Soll ein Richter für Aufgaben der Justizverwaltung ganz oder teilweise freigestellt werden, so ist das Präsidium vorher zu hören.

(7) Das Präsidium entscheidet mit Stimmenmehrheit. § 21i Abs. 2 gilt entsprechend.

(8) [1]Das Präsidium kann beschließen, dass Richter des Gerichts bei den Beratungen und Abstimmungen des Präsidiums für die gesamte Dauer oder zeitweise zugegen sein können. [2]§ 171b gilt entsprechend.

(9) Der Geschäftsverteilungsplan des Gerichts ist in der von dem Präsidenten oder Aufsicht führenden Richter bestimmten Geschäftsstelle des Gerichts zur Einsichtnahme aufzulegen; einer Veröffentlichung bedarf es nicht.

Inhaltsübersicht

	Rz
A. Normzweck	1
B. Kompetenzen des Präsidiums	3
I. Richterverteilung	9
1. Pflicht	9
2. Mehrere Spruchkörper; Ermessensgrenzen	11
3. Überbesetzung	14
4. Bestimmtheit/NN	15
a) Manipulationsverbot, Bestimmtheit, Ermessen	15
b) NN	16
5. Vertretung	18
II. Geschäftsverteilung	22
1. Begriffliches	22

	Rz
2. Methoden	25
3. Unklarheiten	27
III. Grundsätze der Geschäftsverteilung	30
1. Bestimmtheitsgebot	30
2. Unbestimmte Rechtsbegriffe	31
3. Gestaltungsspielraum	32
4. Stetigheit	33
5. Jährlichkeit	34
IV. Änderungen	35
1. Überlastung	36
2. Wechsel	43
3. Verhinderung	44
4. Unbenannte Änderungsgründe	53
V. Fortdauer der Zuständigkeit	59
VI. Anhörungen	61
VII. Verfahren der Entscheidung des Präsidiums	66
1. Bestimmen, bestellen, regeln oder verteilen	66
2. Beschlussfassung	67
3. Verfahrensgang	71
4. Umlaufverfahren	72
5. Vorsitzführung	75
6. Mehrheitsprinzip	80
7. Verschwiegenheit	81
C. Rechtsnatur des GVP	82
D. Richteröffentlichkeit	88
I. Grundsatz	89
II. Zulassung der Öffentlichkeit	90
E. Veröffentlichung des GVP	92
F. Rechtsschutz	95
I. Verfahrensbeteiligte	95
II. Richter	97
III. Klage	100
IV. Untätigkeit	101
V. Klagegegner	102
G. Dienstaufsicht	103

A. Normzweck. § 21e ist – in der Tradition der §§ 1, 16 S 2 sowie §§ 61–63 GVG von 1879 – das Rückgrat der Präsidialverfassung, weil er die Bestimmung des gesetzlichen Richters iSd Art 101 I 2 GG und die Gewaltenteilung des Art 20 II 2 GG jenseits der formellen und materiellen Gesetze der Legislative und der verordnungsermächtigten Exekutive im gerichtlichen Internum garantiert (Remus S. 65 f). § 21e ist nunmehr – in Befolgung der Plenarentscheidung BVerfGE 95, 322 ff – durch § 21g ergänzt, der in tw spiegelbildlicher Regelung die Bestimmung des gesetzlichen Richters iSd Art 101 I 2 GG auch in das Internum der Spruchkörper des Gerichts durchstellt. Der Geschäftsverteilungsplan des Präsidiums bewirkt im Zusammenwirken mit dem Geschäftsverteilungsplan des gerichtsinternen Spruchkörpers die Bestimmung des konkreten gesetzlichen Richters, auf den gem **Art 3 I iVm 101 I 2 GG jedermann einen grundrechtlichen Anspruch** hat und der gem **Art 101 I 2 GG niemandem entzogen** und **dem auch niemand entzogen werden darf** (Remus S. 173 ff). Art 101 I 2 GG gewährt aber umgekehrt keinen Anspruch des gesetzlich bestimmten Richters auf seinen Fall und seinen Prozess (*Rinck* NJW 64, 1649; Remus S. 172; aA Bettermann S. 557), denn die Norm enthält auch im Zusammenwirken mit der richterlichen Unabhängigkeit **kein Grundrecht** und **kein Standesprivileg des Richters** (BVerfGE 27, 211, 217; BGH NJW 91, 421, 422). Beide in §§ 21e und 21g geregelten Geschäftsverteilungsbeschlüsse (zur Unterscheidung auch Geschäftsverteilungs- und Mitwirkungspläne genannt) sind Grundlage der Bestimmung des gesetzlichen Richters und müssen deshalb jeder für sich alle wesentlichen Merkmale aufweisen, die gesetzliche Vorschriften auszeichnen: 1

Sie bedürfen der **Schriftform** und müssen im Voraus **generell-abstrakt** die Zuständigkeit der Spruchkörper und die Mitwirkung der Richter im überbesetzten Spruchkörper regeln, und zwar bis auf die letzte Regelungsstufe, auf der es um die Person des konkreten Richters geht. Auf beiden Regelungsebenen muss die Bestimmung so präzise sein, dass die bloße Möglichkeit und der Verdacht einer Manipulation der Richterbestimmung ausscheiden. Die Regelungen müssen so bestimmt sein, dass die konkrete einzelne Rechtssache »**blindlings**« nach allgemeinen, vorab festgelegten Merkmalen an den konkret entscheidenden Richter gelangt (BVerfGE 95, 322, 328 f). 2

B. Kompetenzen des Präsidiums. § 21e regelt die Kompetenzen des Präsidiums nicht erschöpfend (MüKoZPO/*Zimmermann* § 21e GVG Rn 1), beschreibt aber die Erstellung des Geschäftsverteilungsplans als Hauptaufgabe des Präsidiums für die Ebene des gerichtlichen Internums, soweit nicht örtliche und sachliche Zuständigkeiten, Funktionen und Besetzungen bereits durch formelles Gesetz oder Rechtsverordnung den Entscheidungsspielraum des Präsidiums begrenzen, weil es hieran nach den rechtsstaatsimmanenten Prinzipien des **Gesetzesvorbehalts** und des **Gesetzesvorrangs** gem Art 20 III gebunden ist. Nach der verfassungsrechtlich mit Art 20 II 2 und 101 I 2 GG bestimmten Funktion des Präsidiums für das Internum der gerichtlichen Rechtsprechung läge es nahe, die Regelungslücken des § 21e auch hinsichtlich der Kompetenzen des Präsidiums durch weite Auslegung im Lichte der Art 20 II, 101 I 2 GG zu schließen. 3

Indessen besteht auch für die richterliche Geschäftsverteilung durch das Präsidium der rechtsstaatliche Vorrang und Vorbehalt des Gesetzes, der die Auslegung des § 21e jedenfalls im Sinne einer **Allzuständigkeit** oder einer **Auffangzuständigkeit** des Präsidiums ausschließt (MüKoZPO/*Zimmermann* § 21e GVG Rn 2 und 3; Kissel/Mayer § 21e Rn 12; Zö/*Lückemann* § 21e GVG Rn 1; Remus S. 136; aA Schorn/Stanicki S. 72; Meyer-Goßner § 21a GVG Rn 1).

4 Die Funktionen als Geschäftsverteilungsorgan weisen das Präsidium als ein von Gesetzes wegen zu errichtendes, mit einem speziellen Auftrag der Richter- und Sachverteilung ausgestattetes **innergerichtliches Organ zur Organisation der** den Richtern anvertrauten **Recht sprechenden Gewalt** (Art 92 GG) aus, dessen Bezeichnung als Rechtspflegeorgan eigener Art (Kissel/Mayer § 21e Rn 2) eher irreführend ist und seine Funktion als Organ der gerichtsinternen Selbstverwaltung in einfach-gesetzlich garantierter richterlicher Unabhängigkeit nicht deutlich genug ausdrückt. Allerdings ist das Präsidium gerichtsintern schlechthin der Justizgewährungsgarant (Kissel/Mayer § 21e Rn 6), dessen Aufgabe die Realisierung der **Justizgewährungspflicht des Staates** (Art 20 III) sowie des **Justizgewährungsanspruchs des Bürgers** (Art 2 I iVm Art 20 III GG) durch den von Art 101 I 2 GG gewährleisteten, manipulations- und ermessensfehlerfrei bestimmten **gesetzlichen Richter** ist. Aufgabe des Präsidiums ist es **nicht, Justiz zu gewähren** (aA Kissel/Mayer § 21e Rn 6), wohl aber, dem gesetzlichen Richter die Erfüllung seiner Justizgewährungspflicht, die ihm nach Art 20 III, 92 GG anvertraut ist, in **angemessener Frist** (EGMR NJW 01, 2694, 2697; BVerfG NJW 01, 214, 215; BGH JZ 07, 686, 687; BbgVerfG NVwZ 10, 378, 379 f) **zu ermöglichen.** Diese Pflicht trifft das Präsidium und jedes seiner Mitglieder, dem deshalb als Gremium und als Mitglied die Nichtausübung seiner Funktion (»Streik«) als pflichtwidrige Vereitelung der richterlichen Justizgewährung untersagt ist (ähnl Kissel/Mayer § 21e Rn 6).

5 Zu den Kompetenzen des Präsidiums gehört die Besetzung der Spruchkörper mit **Berufsrichtern.** In der KfH verteilt es auch die **ehrenamtlichen** Handelsrichter gem § 105 (Kissel/Mayer § 105 Rn 3), weil insoweit – anders als für die **Verwaltungsrichter** in den Spruchkörpern in Baulandsachen gem §§ 220 II, 229 I 2 BauGB (MüKoZPO/*Zimmermann* § 21e GVG Rn 26; Kissel/Mayer § 21e Rn 157) oder für die **Schöffen** in Strafsachen (§§ 45 ff, 77) – gesetzliche und deshalb vorrangige, den Entscheidungsspielraum des Präsidiums ausschließende Verteilungsregeln nicht bestehen. In der Arbeitsgerichtsbarkeit obliegt ihm die Zuweisung der ehrenamtlichen Richter gem §§ 6, 6a Nr 4 ArbGG (BAG Beschl v 16.10.08–7 AZN 427/08 – Tz 7, 9).

6 Zur Entscheidungskompetenz des jeweils zuständigen Präsidiums gehört die Regelung der **Vertretung** iRd Vorgaben des § 21 f. Ferner gehört dazu die verbindliche **Auslegung** des Geschäftsverteilungsplans, die **Abänderung von Eilentscheidungen** (§ 21i II), die Stellung von Anträgen gem § 70 I bzw 117, die Bestellung der Richter der Großen Senate und der Vereinigten Großen Senate gem § 132 VI, Stellungnahmen zu Richterfreistellungen gem Abs 6, die Bestellung der Richter der **Auswärtigen Strafkammern** sowie der **Strafvollstreckungskammern** (§§ 78 II, 78b II) oder die Besetzung des **Richterdienstgerichts** nach §§ 61, 77 DRiG oder der **Notarsenate** nach §§ 102, 107 BNotO.

7 Zu seinen Aufgaben gehört auch die Bestellung der **Bereitschaftsdienstrichter** nach § 22c. Fehlt eine solche Bestellung für die Amtsgerichte eines Landgerichtsbezirks, aber etwa auch für das LG oder das OLG, gehören die Eilfälle, insb aus dem Bereich des gesetzlich angeordneten Richtervorbehalts, die an dienstfreien Tagen oder an Diensttagen außerhalb der gerichtlichen Geschäftszeiten eingehen, zur Gewährleistung der praktischen Wirksamkeit der Grundrechtssicherung (Hamm NJW 09, 3109, 3110) in die Zuständigkeit des nach dem jeweiligen Geschäftsverteilungsplan originär zuständigen gesetzlichen Richters (BVerfGE 105, 239, 248). Ferner gehört zu den Aufgaben des Präsidiums die Bestimmung von **Ergänzungsrichtern** gem § 192 II auf Antrag des Vorsitzenden, wenn der Spruchkörper nicht überbesetzt ist (BGH NStZ 03, 14); dann darf der Ergänzungsrichter vom Präsidium aber nicht von Fall zu Fall bestimmt werden, sondern muss für das Geschäftsjahr im Voraus bestimmt sein und blindlings feststehen (LG Halle StV 05, 208, 209; aA Kissel/Mayer § 21e Rn 139). Tauglich erscheint die abstrakte Bestimmung in den allgemeinen Regelungen des GVP: „Ergänzungsrichter ist in Fällen des § 76 II 1 GVG bzw § 33b II 1 JGG der nicht zur Mitwirkung berufene Richter der Sitzgruppe, iÜ im überbesetzten Spruchkörper die nicht zur Sitzgruppe berufenen Richter in der umgekehrten Reihenfolge ihrer Spruchkörperzuweisung, danach der zur Vertretung in diesem Spruchkörper berufene Richter“.

Ist der Spruchkörper überbesetzt und zugleich überlastet, so kann das Präsidium nach Abs 3 die zusätzliche Zuweisung eines weiteren Richters bewirken (MüKoZPO/*Zimmermann* § 21e GVG Rn 26), sofern dadurch nicht die Grenze der Leistungskraft der Vorsitzenden überschritten wird (vgl Rz 14).

Dem Präsidium obliegt die **Einrichtung und Besetzung von Zurückverweisungsspruchkörpern** gem § 354 II StPO (Karlsr MDR 80, 690, 691), und zwar ebenso wie bei den Ergänzungsrichtern des nichtüberbesetzten Spruchkörpers nicht erst bei Bedarf von Fall zu Fall, sondern für das Geschäftsjahr vorab. 8
Durch formelles oder materielles Gesetz – nicht aber in eigener Machtvollkommenheit – können dem Präsidium weitere Kompetenzen zugewiesen sein, etwa ein Anhörungsrecht nach § 7 BbgGerNeuOG oder § 4 AGGVG LSA. Für die Zuständigkeit des Präsidiums gilt mithin der Vorbehalt des formellen oder materiellen Gesetzes.

I. Richterverteilung. 1. Pflicht. § 21e I 1 **verpflichtet** zur Besetzung der – von der Justizverwaltung der Anzahl nach vorgegebenen und eingerichteten – Spruchkörper mit den Richtern, die dem Gericht **insgesamt zugewiesen** sind, soweit sie nicht hinsichtlich ihrer richterlichen Tätigkeit freigestellt oder gesetzlich in der Verwendungsdisposition eingeschränkt sind, etwa als Proberichter, Richter kraft Auftrags oder abgeordneter Richter (§ 29 S 1 DRiG). Das gilt insb für **unterjährige Richter** auf Probe als **originäre Einzelrichter** nach § 348 I 2 Nr 1 ZPO, nach **§ 22 V 2 iVm VI in Insolvenzsachen**, iVm § 23b III 2 in **Familiensachen**, iVm § 29 I 2 als **Vorsitzender des Schöffengerichts** sowie iVm § 23c II 2 in **Betreuungssachen**, was vom Präsidium bedacht und spruchkörperintern vom Spruchkörperplenum gem § 21g berücksichtigt werden muss (vgl auch § 21g Rz 24). 9

Von der Richterverteilung ausgenommen ist der **Präsident** gem § 21e I 3, nicht aber der **Vizepräsident** oder ein **Aufsicht führender Richter** als Vorsitzender des Präsidiums (MüKoZPO/*Zimmermann* § 21e GVG Rn 3). Das Anschlussrecht des Präsidenten aus Abs 1 S 3 bezieht sich auf den Spruchkörper und sachlich auf die diesem zugewiesenen **Rechtssachen**, nicht aber auf die Auswahl der **Beisitzer** dieses Spruchkörpers (MüKoZPO/*Zimmermann* § 21e GVG Rn 3). 10

2. Mehrere Spruchkörper; Ermessensgrenzen. Gemäß Abs 1 S 4 kann jeder zu verteilende Richter **mehreren Spruchkörpern** angehören. Diese Auswahl und Zuweisungsentscheidung steht im Ermessen der Präsidiumsmitglieder, und zwar im pflichtgemäßen Ermessen im Hinblick auf die Aufgabe des Präsidiums, den Richtern und Spruchkörpern im Wege der Sach- und Richterverteilung eine optimale Erfüllung der Justizgewährungspflicht zu ermöglichen. Deshalb gilt für die Präsidiumsmitglieder zur Meidung eines pflichtwidrigen Ermessensfehlgebrauchs ein Verbot der **Selbstbedienung**. Die sein Ermessen bindende Funktion des Präsidiums, die Richterverteilung und die Spruchkörperbesetzung so vorzunehmen, dass eine optimale Justizgewährung durch das Gericht iRd sachlichen Zuständigkeit des Richters bzw Spruchkörpers gewährleistet wird, schließt es ferner aus, diese Richterverteilung nach den Grundsätzen der **Bestenauslese** iSd Art 33 II GG vorzunehmen (BVerfG K NJW 08, 909, 910). 11

Die von Abs 1 S 4 zugelassene Zuweisung eines Richters zu mehreren Spruchkörpern findet eine **Ermessensgrenze** auch in dem Anspruch des Richters auf eine effiziente Ausübung des ihm anvertrauten Rechtsprechungsamtes. Damit ist die Anzahl der Spruchkörper beschränkt, denn die Mitwirkung in einer Vielzahl von Spruchkörpern darf den Richter nicht zum reinen Sitzungsvertreter machen, der durch einen **erdrosselnden Sitzungsdienst** an einer eigenständigen Wahrnehmung seiner Rechtsprechung als Einzelrichter oder Berichterstatter gehindert ist. Das wäre Ermessensmissbrauch. 12

Abs 1 S 4 gilt auch für Vorsitzende Richter (BGHZ 28, 290, 292; *Werner* NJW 07, 2671, 2672f). Mit Blick auf die Richtung weisende Funktion des Spruchkörpervorsitzenden, insb des Vorsitzenden im überbesetzten Spruchkörper besteht aber eine Ermessensgrenze für den Umfang dieser Mehrfachzuweisung. 13

3. Überbesetzung. Die Gesetzesbindung des Präsidiums verpflichtet dazu, die Spruchkörper gem § 21f I mit **Vorsitzenden** und mit der nach den jeweiligen Verfahrensordnungen vorgesehenen **Anzahl von Richtern** (etwa § 29 II einschließlich der Reihenfolge, § 75 oder § 76, §§ 115, 122 bzw §§ 124, 139) zu besetzen. Darüber hinausgehend ist das Präsidium zur Gewährleistung einer ordnungsgemäßen Rechtspflege durch die Anzahl der Spruchkörper, die ihm durch die Entscheidung der Gerichts- oder Justizverwaltung vorgegeben ist, berechtigt, diesen Spruchkörpern auch mehr als die zur Entscheidung vorgeschriebene Anzahl von Richtern zuzuweisen. Dem aus Art 101 I 2 GG entnommenen Bestimmtheitsgebot und dem darin enthaltenen Verbot der Manipulationsmöglichkeit (BVerfGE 17, 294; E 18, 344, 352, zuletzt Plenum E 95, 322) entsprach es jedenfalls bis zur Neufassung des § 21g 1999, dass die **Überbesetzung des Spruchkörpers** dadurch begrenzt war, dass er nicht in zwei personell voneinander unterschiedliche Spruchkörper oder in drei Spruchkörper mit jeweils verschiedenen Beisitzern zerfallen kann (BVerfGE 17, 294; E 18, 65; E 18, 344, 352). Diese Grenze der Überbesetzung ist wohl durch § 21g gegenstandslos geworden (Kissel/Mayer § 21e Rn 133a; ThoPu/Hüßtege § 21e GVG Rn 18; Meyer-Goßner § 21e GVG Rn 5), weil das Plenum des Spruchkörpers durch § 21g 14 selbst an die aus Art 101 I 2 GG abgeleiteten Bestimmtheitskriterien gebunden ist. Als unscharfe Grenze der Überbesetzung bleibt nur noch die Grenze der Leistungskraft des Vorsitzenden.

15 **4. Bestimmtheit/NN. a) Manipulationsverbot, Bestimmtheit, Ermessen.** Aus Art 101 I 2 GG hat das BVerfG treffend abgeleitet, dass gesetzlicher Richter nicht nur das zuständige Gericht ist, sondern auch der im Internum des Gerichts zur Entscheidung im Einzelfall konkret berufene Richter (BVerfGE 17, 294, 298 f; Remus S. 260; aA Seif S. 487). Die Norm soll der Gefahr vorbeugen, dass die Rechtsprechung durch Manipulierung der Recht sprechenden Organe sachfremden Einflüssen ausgesetzt wird, insb dass im Einzelfall durch die Auswahl der zur Entscheidung berufenen Richter ad hoc das Ergebnis der Entscheidung beeinflusst wird, egal, von welcher Seite die Manipulation ausgeht (BVerfGE 17, 294, 299). Aus diesem Manipulationsverbot hat es sodann das Bestimmtheitsgebot konkretisiert, wonach von vornherein so eindeutig wie möglich bestimmt sein muss, welches Gericht, welcher Spruchkörper und welcher Richter zur Entscheidung des Einzelfalls berufen ist. Während es zunächst noch ein unvermeidliches Maß an Ermessen im Geschäftsverteilungsplan und Mitwirkungsplan des Spruchkörpers akzeptiert hatte (BVerfGE 17, 294, 300; 18, 344, 352; BGHZ 126, 63, 80 f), hat es durch das Plenum in BVerfGE 95, 322, 328 f für die Aufstellung beider Stufen der gerichtsinternen Verteilungspläne eine generell-abstrakte und schriftliche Regelung verlangt, aus der sich der zur Mitwirkung berufene Richter »bis auf die letzte Regelungsstufe«, auf der es um die Person des konkreten Richters geht, ergibt. Auf beiden gerichtsinternen Stufen gelten das Manipulationsverbot und das Bestimmtheitsgebot unter Ausschluss »vermeidbarer Spielräume« bei der Heranziehung des konkret zuständigen Richters. Erforderlich ist eine Regelung, nach der die einzelne Sache »blindlings« aufgrund allgemeiner, vorab festgelegter Merkmale an den entscheidenden Richter gelangt, sodass eine Auswahl des zur Mitwirkung berufenen Richters »von Fall zu Fall« ausgeschlossen ist (BVerfGE 95, 322, 329 f). Damit ist auch der letzten Legitimation von Ermessensspielräumen in spruchkörperinternen Regelungen ein Ende gesetzt (*Berkemann* JR 97, 281 ff).

16 **b) NN.** Die Richterverteilung durch Besetzung eines Spruchkörpers mit »NN« kennzeichnet die Schwierigkeiten der von der Personalhoheit der Exekutive abhängigen Richterverteilung durch das Präsidium, denn es besetzt den nur mit der Festzahl an Richtern zugewiesenen Spruchkörper mit »NN« fehlerhaft: der gemeinte Richter ist im Augenblick der Beschlussfassung dem Gericht weder zugewiesen noch dem Präsidium namentlich bekannt. Die Besetzung mit »NN« löst auch **keinen Vertretungsfall** iSd § 21f II 1 aus (Hamm NStZ-RR 04, 146; BSG NJW 07, 2717, 2719; *Werner* NJW 07, 2671, 2672); der Spruchkörper ist nämlich infolge fehlerhafter Regelbesetzung nicht handlungsfähig (BGHSt 14, 11, 15). Das ist im überbesetzten Spruchkörper zwar anders, nicht aber hinsichtlich der Fehlerhaftigkeit der Besetzung mit »NN« im Präsidiumsbeschluss wie auch im Spruchkörperbeschluss.

17 Die Besetzung der **Vorsitzendenstelle mit »NN«** ist genauso zu beurteilen (BGHSt 14, 11, 14f); die Nichtbesetzung dieser Stelle aus Gründen haushaltsrechtlicher Sparmaßnahmen verletzt offenkundig Art 101 I 2 GG (Hambg MDR 84, 868). Die Großzügigkeit der Rechtsprechung von BGH, BVerwG, BFH und BSG zur Vermeidung von **Übergangsvorsitzenden** (BSG NJW 07, 2717, 2718; Saenger/*Rathmann* § 21e GVG Rn 5) offenbart guten Willen, wenn sie selbst bei absehbaren Vakanzen ein Zuwarten für die Dauer der Stellenausschreibung und der Gremienbeteiligung duldet (BVerfGE 18, 423, 426). Sie ist aber kaum bzw allenfalls dann hinzunehmen, wenn »in absehbarer Zeit« (BGHSt 14, 11, 16; BGHZ 164, 87, 92 f) mit der Besetzung der bereits ausgeschriebenen Stelle zu rechnen ist. »Absehbare Zeit« kann daher ernstlich nur bedeuten, dass die Dauer des üblichen Besetzungsverfahrens (BGHSt 14, 11, 17; NJW 88, 1397; Saenger/*Rathmann* § 21e GVG Rn 5), mit Blick auf die aus Art 2 I, 20 III GG abgeleitete Pflicht zur **effektiven Rechtsschutzgewährung** (BVerfG K NJW 07, 503; BGH JZ 07, 686, 687) oder die sich aus Art 6 I EMRK ausdrücklich ergebende Pflicht der Richter bzw Spruchkörper zur **Justizgewährung in angemessener Frist** (EGMR NJW 06, 2389, 2392) besser die Dauer des vom Besetzungsverfahrens**recht** (BGH NJW 88, 1397) geforderte **Mindestlänge** eines rechtsstaatlichen Besetzungsverfahrens nicht überschritten wird. Zur Beschleunigung verpflichtet ist nämlich nicht nur der gesetzliche Richter bzw der gesetzliche Spruchkörper, sondern auch der **Haushaltsgesetzgeber** und die **Exekutive**, die verpflichtet sind, die **Gerichte so auszustatten**, wie es erforderlich ist, um eine Justizgewährung in angemessener Frist zu gewährleisten, um das in Art 2, 20 III GG bzw Art 6 EMRK wurzelnde Gebot der **Beschleunigung** von Haftsachen bzw auch der Gewährung **effektiven Rechtsschutzes** in anderen Sachen nicht zur inhaltslosen Hülse werden zu lassen (BVerfG K NJW 06, 668, 671; EGMR StV 09, 561 Tz 64; BbgVerfG NVwZ 10, 378 f). Auf die Veränderungen der Richterbank, etwa durch Schwangerschaften, erst recht aber durch absehbare Vakanzen muss der Staat und

auch das geschäftsverteilende Präsidium (BSG NJW 07, 2717, 2719; *Werner* NJW 07, 2671, 2673; Dreier/*Schulze-Fielitz* Art 101 Rn 48) deshalb unverzüglich reagieren, und zwar innerhalb der vom geltenden Präsidiumsbeschluss rechtlich erfassten Regelungszeit, also jedenfalls noch innerhalb des laufenden Geschäftsjahres (BGHZ 164, 87, 93; BSG NJW 07, 2717, 2719). Die Annahme einer Obergrenze der Vakanz von 6 Monaten mit der Folge, dass danach eine vorübergehende Verhinderung iSd § 21f II nicht mehr vorliegt (BSG NJW 07, 2717; Zö/*Lückemann* § 21e GVG Rn 39d) und also der Vertretungsfall, der gar nicht vorlag, wegfällt, überzeugt nicht.

5. Vertretung. Zu regeln hat das Präsidium gem Abs 1 S 1 auch die Vertretung jedes einzelnen Richters **18**
bzw des Spruchkörpers, wobei auch die Vertretungsregelung nach Art 101 I 2 GG manipulations- und ermessensfrei bestimmt sein muss. Bei der üblichen Regelung der Vertretung einer Kammer durch eine andere Kammer muss die Vertretungsregelung deshalb die objektiv feststellbare – etwa in der umgekehrten Reihenfolge der Kammerbesetzung –, nicht aber zwingend offenkundige – etwa durch Anknüpfung an das Dienstalter oder das Lebensalter – Bestimmung enthalten, in welcher **Reihenfolge** die Vertretung aus den Richtern der Vertreterkammer erfolgen muss. Auch für den **überbesetzten** Spruchkörper ist die Vertretung zu regeln, nämlich für den Fall der Erschöpfung der vorrangig geltenden spruchkörperinternen Vertretung gem § 21g II 1.

Neben der benannten Vertretung ist eine unbenannte, aber nach abstrakten Kriterien bis auf die letzte **19**
Stufe bestimmbare **Ringvertretung** zulässig und zu empfehlen (BGH NStZ 91, 195).

Zur Richterverteilung des Präsidiums gehört auch die Bestimmung des **stellvertretenden Spruchkörper-** **20**
vorsitzenden gem § 21f II 1, und zwar mit dem für diese Aufgabe am besten geeigneten Richter (BGH NJW 09, 931 Tz 9).

In förmlicher Hinsicht ist bei der Richterverteilung zu beachten, dass die Gesetzeskonformität des gesetzlichen **21**
Richters im Spruchkörper aus dem Präsidiumsbeschluss erkennbar werden muss, indem die **Art des Richteramtes** – auf Probe, kraft Auftrags oder aufgrund einer Abordnung – benannt wird, damit die durch § 29 S 2 DRiG bestimmte und mit Gesetzesvorrang das Präsidium bindenden Grenzen der Entscheidungs- oder Mitwirkungsbefugnisse dieser Richter und die Mangelfreiheit der Spruchkörperbesetzung mit diesen Richtern aus dem Geschäftsverteilungsplan für den Bürger erkennbar sind (Schmidt-Räntsch § 29 Rn 8 und 9).

II. Geschäftsverteilung. 1. Begriffliches. Unter dem Betriff Geschäftsverteilung im Sinne Abs 1 S 1 aE wird **22**
im Unterschied zur Richterverteilung auf die Spruchkörper die **Sachverteilung** auf die Spruchkörper verstanden, die alle Rechtsprechungsaufgaben der Richter des Gerichts vollständig erfassen muss (Saenger/*Rathmann* § 21e GVG Rn 7). Dazu wird auch der **Vorsitz im Schöffenwahlausschuss** gerechnet (BGHSt 29, 284, 287; Saenger/*Rathmann* § 21e GVG Rn 7; Kissel/Mayer § 40 Rn 3); richtigerweise handelt es sich bei der Tätigkeit des Schöffenwahlausschusses zwar nicht um »reine Verwaltungstätigkeiten«, sondern um Geschäfte der »gerichtlichen Selbstverwaltung«, die in richterlicher Eigenschaft wahrzunehmen sind (BGHSt 29, 284, 287). Die Schlussfolgerung, die Tätigkeit sei deshalb der Rechtssprechung zuzurechnen (Kissel/Mayer § 40 Rn 3), leidet an dem gleichen Deduktionsmangel wie die Ableitung der richterlichen Unabhängigkeit für die Tätigkeit der Präsidiumsmitglieder (BGHZ 46, 147, 149; Z 112, 197, 201; krit Remus S. 311 ff). Vielmehr sind die Geschäfte nach § 40 II Geschäfte der richterlichen Selbstverwaltung, für die aus Gründen der Gewaltenteilung die richterliche Unabhängigkeit im GVG konkludent seit jeher garantiert ist. Das macht sie aber nicht zu einer Aufgabe der Rechtsprechung. Vielmehr gehört sie als eine mit Gesetzesvorrang durch § 40 II einem Richter des Gerichts zugewiesene, in Unabhängigkeit wahrzunehmende Selbstverwaltungsaufgabe zur Richterverteilung iSd Abs 1 S 1. Insoweit obliegt sie als Richterverteilungsaufgabe dem in Unabhängigkeit handelnden Präsidium, weil eine gesetzlich anderweitige und vorrangige Regelung über die Bestimmung des Ausschussvorsitzenden im Gesetz nicht besteht und die Bestimmung des insoweit zuständigen Richters als Richterverteilung dem unabhängigen Präsidium zufällt. Freilich ist auch dieses eine Lückenschließung iRd unvollständigen Abs 1, die sich aber als teleologisch systematische Auslegung vertreten und nicht als Beleg für die These der Allzuständigkeit des Präsidiums heranziehen lässt. Dafür spricht nämlich, dass die Tätigkeit des Wahlausschusses vorbereitender Bestandteil der Verteilung der ehrenamtlichen Richter – Schöffen – durch den Richter beim Amtsgericht gem §§ 44 ff ist und insoweit eine Spezialregelung für die von § 21e wegen des Vorrangs des Gesetzes nicht erfasste Schöffenverteilung darstellt, die aber nicht anders als die Richterverteilung durch das Präsidium gem Abs 1 S 1 zu qualifizieren sein dürfte.

Alle Aufgaben der Rechtsprechung, die dem konkreten Gericht örtlich, sachlich und instanziell gesetzlich **23**
zugewiesen sind, unterliegen der Sachverteilung durch das Präsidium, die also vollständig bzw erschöpfend

sein muss. Dieses **Vollständigkeitsprinzip** erfordert, dass das Präsidium seine Zuständigkeiten in rechtlicher Hinsicht lückenlos kennt und auch aktuelle Zuständigkeitsänderungen generell sowie zeitgerecht erfasst. Im Zweifel empfiehlt es sich, dass das Präsidium einem Spruchkörper die **Auffangzuständigkeit** für »nicht ausdrücklich verteilte Sachen« zuweist. Zur gerichtlichen Mediation vgl vor §§ 21a ff Rz 18, 19.

24 Aus dem Vorrang des Gesetzes folgt, dass die gesetzlich vorzuhaltenden **Spezialspruchkörper**, deren Einrichtung die an sich nach zweifelhafter, aber allgemeiner Ansicht zuständige Justiz- oder Gerichtsverwaltung wegen ihrer eigenen Bindung an Gesetz und Recht als solche nicht untersagen darf (ausgenommen aufgrund einer Rechtsverordnung zur Konzentration bestimmter Spezialmaterien auf der Grundlage eines formellen Ermächtigungsgesetzes), für diese speziellen Rechtsmaterien geschäftsverteilungsmäßig auch zuständig sein müssen. Das Präsidium hat also den gesetzlich vorzuhaltenden Spezialspruchkörpern, von denen es mindestens einen geben muss, die diesen wiederum kraft Gesetzes zugewiesenen **Spezialmaterien** tatsächlich zuzuweisen. Das gilt für die Familiensachen nach §§ 23b, 119 II, für die Handelssachen nach § 95, für die Baulandsachen nach §§ 220, 229 BauGB, für Entschädigungssachen nach § 208 BEG sowie für Wettbewerbssachen nach §§ 91, 94 GWB, ebenso für Strafsachen (Meyer-Goßner § 21e GVG Rn 3, 4). Hat die insoweit zuständige Justizverwaltung allerdings in Betracht des einschlägigen Geschäftsanfalls an einem Gericht mehrere Spruchkörper derselben Art errichtet, so besteht das Ermessen des Präsidiums darin, die Summe dieser Spezialmaterien auf die Anzahl dieser Spezialspruchkörper zu verteilen.

25 **2. Methoden.** Soweit das Präsidium nicht durch den Vorrang des Gesetzes an eine bestimmte Geschäftsverteilung gebunden ist, steht die **Methode der Verteilung** der Geschäfte in seinem Ermessen. Denkbar ist die Verteilung nach **Anfangsbuchstaben** des Namens (idR des Beklagten), durch **örtliche** Bestimmungen nach dem Wohnsitz oder Unterbringungssitz, durch Zuweisung von **Sachgebieten** oder nach dem **Rotationsprinzip** (Reihenfolge des Eingangs, auch Turnusprinzip genannt; Saenger/*Rathmann* § 21e GVG Rn 7). Das Ermessen muss pflichtgemäß ausgeübt sein und darf insoweit die Struktur des Gerichtssprengels (urban oder ländlich) berücksichtigen. Ermessensbindend ist insoweit die gesetzliche Funktion des Präsidiums, eine effektive, auch für den Bürger übersichtliche Rechtsprechung durch das Gericht zu organisieren und zugleich iSd Bestimmtheitsgebots des Art 101 I 2 GG jede Manipulation des gesetzlichen Richters, sei es auch nur dem Anschein nach, auszuschließen.

26 Insbesondere beim Rotationsprinzip, das auf den zeitlichen Eingang der Sachen bei dem Gericht abstellt (Kissel/Mayer § 21e Rn 154), ist das Ziel der numerisch ermittelten **Gleichbehandlung aller Richter** oder Spruchkörper unter Ausschluss der **Manipulationsmöglichkeit** nur dadurch zu erreichen, dass der zeitliche Eingang einer Sache im Gericht in einer von jeder weitergehenden Spruchkörperzuteilung zweifelsfrei unabhängigen Stelle erfasst wird. Das ist idR die **Eingangsstelle** des Gerichts, in der alle eingehenden Sachen – ohne Ansehen ihres Inhalts – durch einen Nummern- oder Nummernzeitstempel registriert werden; erst nach Maßgabe dieser gewissermaßen hinsichtlich der Geschäftsverteilung gänzlich orientierungslosen Registratur des schlichten Eingangs erfolgt die wertende Zuordnung zu den Richtern und Spruchkörpern des Geschäftsverteilungsplanes, für die die Reihenfolge indessen bereits durch die Registrierung in der Eingangsstelle feststeht und dadurch jeglicher Manipulation entzogen ist. Mit der Verteilung des Geschäftszeichens der Sache im jeweiligen Spruchkörper, die der zeitlichen Reihenfolge der Registrierung durch die Eingangsstelle zu folgen hat, ist sodann manipulationsfrei die Grundlage für die spruchkörperinterne Geschäftsverteilung (§ 21g I) gelegt.

27 **3. Unklarheiten.** Geschäftsverteilungsplanbedingte **Kompetenzkonflikte** zwischen Richtern bzw Spruchkörpern entscheidet das Präsidium mit Stimmenmehrheit im Rahmen seiner Kompetenz zur Auslegung seines eigenen Geschäftsverteilungsplans. Da es Urheber des Geschäftsverteilungsplans ist, darf es auf die Anrufung eines Spruchkörpers in Kompetenzkonflikten auch **authentischer Interpret** seiner Regelung sein. Dabei ist es jedoch an den Text der Geschäftsverteilungsregelung und die anerkannten Methoden der Auslegung von Rechtsnormen auch hinsichtlich des Geschäftsverteilungsplans gebunden.

28 Erweiternde **Auslegung** zur Vermeidung von **versehentlich** bestehenden **Lücken** im Text des Geschäftsverteilungsplans ist zulässig (MüKoZPO/*Zimmermann* § 21e GVG Rn 44; BGH DRiZ 80, 147, 148). Methodisch dürfte es sich dabei um eine analoge Anwendung einer versehentlich lückenhaften Regelung des Geschäftsverteilungsplans handeln. Fehlt eine analogiefähige Regelung jedoch, so kommt weder eine erweiternde Auslegung noch eine Analogie in Betracht, weil die strengen Anforderungen der Kompetenz zur Änderung einer Geschäftsverteilung im Laufe des Geschäftsjahres gem Abs 3 S 1 nicht umgangen oder unterlaufen werden dürfen. Dann bleibt nur die Schließung der Regelungslücke durch eine **Ergänzung** des

Geschäftsverteilungsplanes (Oldbg NStZ 85, 473), die ex nunc wirkt und als Änderung nach Abs 3 zulässig ist. Die Auslegung des beschlossenen Geschäftsverteilungsplans oder seine analoge Anwendung ist also von seiner Änderung nach Abs 3 S 1 klar zu trennen.

Grundsätzlich haben die Richterverteilung und die Geschäftsverteilung das Prinzip der **sachgerechten und gleichmäßigen Verteilung** (MüKoZPO/*Zimmermann* § 21e GVG Rn 22) als ermessensbindendes Prinzip zu achten. Innerhalb des jedem Präsidiumsmitglied zustehenden Ermessens besteht jedoch ein Gestaltungsspielraum für das Präsidium, die personelle Besetzung in Bezug auf die dem Spruchkörper sachlich zugewiesenen, durchaus unterschiedlich zu gewichtenden Sachen am Maßstab der individuellen Leistungsfähigkeit und Leistungsbereitschaft der zu verteilenden Richter zu berücksichtigen. Die Rechtsmaterie des Spruchkörpers kann im Hinblick auf ihre Gewichtung und ihre prozessuale Brisanz – etwa in sozialen Konfliktfeldern – gewichtet und mit dem dazu optimal befähigten Richterpersonal verbunden werden, damit aus diesem Produkt die Erfüllung der Pflicht zu einer effizienten und kompetenten **Justizgewährung** gewährleistet wird. Wegen der dazu erforderlichen Erwägungen ist der Grundsatz der Nichtöffentlichkeit des Präsidiums nach Abs 8 S 1 unverzichtbar (Remus S. 165 f). 29

III. Grundsätze der Geschäftsverteilung. 1. Bestimmtheitsgebot. Die Geschäftsverteilung dient der Bestimmung des gesetzlichen Richters bis auf die letzte Stufe des konkret zuständigen Richters oder Spruchkörpers. Insoweit folgt aus Art 101 I 2 GG das Erfordernis der Bestimmtheit der Regelung, die so weit reichen muss, dass eine **Manipulation** der Richterbestimmung ausgeschlossen ist. Selbst der **Verdacht** schadet, sodass mit investigativem Spürsinn nach Möglichkeiten der Manipulation gesucht werden muss, wenn über die Formulierung der Bestimmungen des Geschäftsverteilungsplans abgestimmt wird. 30

2. Unbestimmte Rechtsbegriffe. Sie sind im Geschäftsverteilungsplan durch Art 101 I 2 GG nicht ausgeschlossen, wenn sie für das Regelungskonzept der Geschäftsverteilung notwendig sind (BVerfGE 95, 322, 331). Begriffe wie Überlastung, ungenügende Auslastung, Verhinderung oder Wechsel von Richtern, die für nicht immer gleichförmige Phänomene in Abs 3 S 1 bzw § 21g II 2 Verwendung gefunden haben, sind nicht vermeidbar. Mit Begriffen dieser Art ist iRe kollegialen Beschlussfassung sachfremden Erwägungen genügend vorgebeugt und vermieden, dass im Einzelfall durch eine gezielte Auswahl von Richtern das Ergebnis der Entscheidung beeinflusst wird (BVerfGE 95, 322, 332). Die Auslegung und Konkretisierung unbestimmter Rechtsbegriffe wie »Verhinderung«, »Schwerpunkt« oder »Sachzusammenhang« ist eine **originäre richterliche Tätigkeit**, die jeder Richter unter Beachtung der ihm geläufigen juristischen **Methoden** nachvollziehbar lösen kann. Zu unbestimmt soll dagegen das Kriterium »sachliche Befassung« für die Fortdauer der Zuständigkeit nach Abs 4 sein (BGH ZIP 09, 91 Tz 11). 31

3. Gestaltungsspielraum. Zum Gestaltungsspielraum des Präsidiums gehört iRd Richterverteilung und der Sachverteilung die Pflicht zur Fürsorge und zur Gleichbehandlung, die in einem wechselbezüglichen Verhältnis stehen können. Aus Gründen der Fürsorge kann die Gleichbehandlung zurücktreten müssen, denn dem Präsidium obliegt die **ermessensbindende Pflicht**, mit seinem Präsidiumsbeschluss zur Gewährleistung einer **effektiven Rechtspflege** durch das Gericht und den konkreten Spruchkörper eine Verbindung von subjektiver Kompetenz und Effizienz mit den qualitativen und quantitativen Anforderungen der zugewiesenen Sachmaterie herzustellen (Remus S. 225 f). 32

4. Stetigkeit. Der Grundsatz der **Stetigkeit** der Geschäftsverteilung ergibt sich aus Abs 1 S 2, in dem das Präsidium zur Regelung für die Dauer des Geschäftsjahres verpflichtet wird. Diese Stetigkeit wird durchbrochen durch Abs 3 S 1, der eine Änderung des Geschäftsverteilungsplans im Laufe des Geschäftsjahres nur wegen Überlastung oder ungenügender Auslastung des Richters oder Spruchkörpers oder infolge Wechsels oder dauerhafter Verhinderung einzelner Richter zulässt, wenn diese nötig sind. Abs 3 S 1 lässt die Änderung zudem nur zu, wenn vorher dem Vorsitzenden, dessen Spruchkörper von der Änderung der Geschäftsverteilung berührt wird, Gelegenheit zur Äußerung gegeben wurde, schließt also heimliche Änderungen und damit sachfremde Erwägungen des Präsidiums aus. 33

5. Jährlichkeit. Der Grundsatz der **Vorherigkeit** ergibt sich aus Abs 1 S 2, der das Präsidium verpflichtet, die Anordnungen vor dem Beginn des Geschäftsjahres zu treffen. Beim Wechsel der Präsidiumsmitglieder nach § 21b IV 2 entscheidet also für das Folgejahr noch das Präsidium mit den Ausscheidenden, nicht mit den designierten neuen Mitgliedern, die aber nach Abs 2 Gelegenheit zur Äußerung als Richter haben. Der Grundsatz der Stetigkeit erstreckt sich zeitlich auf das volle Geschäftsjahr (MüKoZPO/*Zimmermann* § 21e GVG Rn 29; Schorn/Stanicki S. 80 f). Die Vielzahl der Begriffe für sich überschneidende Phänomene – Gestaltungsfreiheit 34 und Gesetzlichkeit, Vollständigkeitsprinzip und Abstraktion, Bestimmtheitsgrundsatz und Stetigkeit, Jährlichkeit und Vorauswirkung – dienen dem Zweck, die richterliche Geschäftsverteilung als Richterverteilung und Sachverteilung für die Dauer des Geschäftsjahres möglichst stabil und so bestimmt zu formulieren, dass die Bestimmung des Richters bis auf die letzte Stufe blindlings erfolgen kann.

35 **IV. Änderungen. Änderungen innerhalb des Geschäftsjahres** schließt Abs 3 S 1 aus, soweit sie nicht **ausnahmsweise** aus vier – **benannten** – Gründen nötig sind. Diese Gründe sind Überlastung oder ungenügende Auslastung eines Richters oder Spruchkörpers sowie die Fälle des Wechsels oder der dauernden Verhinderung einzelner Richter. Als **unbenannte** Gründe treten hinzu die Änderung (Zuweisung oder Entzug) von Geschäftsaufgaben und die Korrektur lückenhafter oder fehlerhafter Regelungen.

36 **1. Überlastung.** Die Überlastung oder ungenügende Auslastung wird grds zu Recht daran gemessen, ob und inwieweit der Geschäftsanfall – das sind die Eingänge, nicht die unerledigten Bestände – für den Richter oder den Spruchkörper ober- oder unterhalb des rechnerischen Solls liegt. Das rechnerische Soll ergibt sich aus den »Pensenschlüsseln«, mit denen die Ministerialbürokratie beim Haushaltsgesetzgeber den Bedarf an Richterstellen transparent macht und einwirbt. Überwiegend gilt gegenwärtig das analytisch/mathematische Modell **PEBB§Y**, bei dem der durchschnittliche Zeitbedarf für die richterliche Bearbeitung eines Falls aus einer bestimmten Rechtsmaterie (etwa: Wohnungsmietsachen) in Minuten pro Fall (**»Fallpauschale«**) ermittelt und auf die durchschnittliche Jahresarbeitszeit der Richter in Minuten umgerechnet wird, sodass die Anzahl der jährlich im Soll befindlichen Verfahren dieser Art anhand der verfügbaren Jahresarbeitszeit berechenbar ist und anhand der Eingangszahlen – dazu krit BbgVerfG NVwZ 10, 378 f – in einen Richterbedarf umgesetzt werden kann.

37 Die sich rechnerisch ergebende Überlastung oder ungenügende Auslastung eines Richters oder Spruchkörpers – die durch Verringerung oder Verstärkung der Besetzung eintreten kann (BGH ZIP 09, 91 Tz 8) – muss zu einer **erheblichen** Abweichung vom **Durchschnitt** führen, um die **Notwendigkeit** der Änderung des Geschäftsverteilungsplans zu rechtfertigen. Eine gleichförmige Über- oder Unterlastung aller Richter bzw Spruchkörper lässt diese Notwendigkeit entfallen (MüKoZPO/*Zimmermann* § 21e GVG Rn 31). Die Notwendigkeit der Änderung muss für das Präsidium nachvollziehbar und später auch im Verfassungsbeschwerdeverfahren darlegbar sein, weil anderenfalls der Änderungsbeschluss des Präsidiums zur Entziehung des vormals zuständigen gesetzlichen Richters führt, wenn diesem die Sache ohne Notwendigkeit im Geschäftsjahr entzogen und einem anderen Richter zugewiesen wird (BVerfG NJW 05, 2689).

38 Welche Ursachen für die Überlastung/Unterlastung bestehen, ist grds ohne Belang (Kissel/Mayer § 21e Rn 112; MüKoZPO/*Zimmermann* § 21e GVG Rn 31). In Betracht dieser analytisch-mathematisierten Belastungsmessung ist eine Geschäftsverteilung nach dem **Rotationsprinzip** zumindest dann vorzugswürdig, wenn eine **formelle** Gleichbelastung aller Richter bzw Spruchkörper im Gericht nach Maßgabe der Eingänge, aber ohne Rücksicht auf die individuellen Leistungsunterschiede der Richter und deren Konsequenzen angestrebt wird. Rückstände, übernommene Bestände und deren Ursachen fließen in diese Betrachtung grds nicht ein, was der Vorstellung einer eher fabrik- und **fließbandmäßigen richterlichen Geschäftstätigkeit** entspricht. Diese Vorstellung indessen ist fehlsam und wird dem von Art 92, 97 GG gemeinten Anvertrautsein von Rechtsprechung mit dem Ziel der Einzelfallgerechtigkeit nicht gerecht.

Allerdings erlaubt das Rotationsprinzip, eintretende Ungewichtigkeiten der Belastungen – auch durch Bestandsveränderungen – durch Änderung des Rotationssystems kontrolliert auszugleichen. Andere Verteilungssysteme verhindern Über- oder Unterbelastungen nur unter Berücksichtigung individueller Leistungsstärken bzw -schwächen der zu verteilenden Richter, auch in ihrem Zusammenwirken innerhalb des Spruchkörpers, sodass die Notwendigkeit des Lastenausgleichs nach Abs 3 S 1 seltener eintritt, dann aber auch schwieriger zu beheben ist.

39 Wenn eine Änderung nach Abs 3 S 1 nötig ist, darf sie nicht zum Anlass genommen werden, die Geschäftsverteilung des Jahres im Gesamtsystem zu ändern; lediglich der Ausgleich der ungleichen Belastung erfüllt den Begriff der Notwendigkeit iSd Abs 3 S 1. Die Änderung darf aber nicht durch Zuweisung **einzelner ausgesuchter Sachen** auf andere Spruchkörper bewirkt werden; sie muss vielmehr **generell** sein, was der Fall sein soll, wenn etwa eine bestimmte Mehrzahl anhängiger, aber nicht einzeln ausgesuchter, sondern anhand unbestimmter Rechtsbegriffe zulässig abgegrenzter Verfahren oder eine Vielzahl zukünftiger Verfahren anderweitig zugewiesen wird (BGH ZIP 09, 91 Tz 7, 10, 11).

40 Die **Notwendigkeit** iSv Abs 3 S 1 ist wegen des Ausnahmecharakters der Änderung der Geschäftsverteilung innerhalb des Geschäftsjahres im Änderungsbeschluss, notfalls und spätestens in einem bis zur Entschei-

dung über eine Besetzungsrüge nach § 222 b Abs 2 StPO zulässigen Ergänzungsbeschluss (BVerfGK NJW 09, 1734 Tz 33; BGH NStZ 09, 651 Tz 27) des Präsidiums substantiell – mit Tatsachen (BGH NStZ 09, 651 Tz 21) und schlüssig – zu **dokumentieren.** Das gilt für die Gründe der Einrichtung einer Hilfsstrafkammer (BGH NStZ 09, 651 Tz 8, 16) und für die Nachvollziehbarkeit der Umverteilung der in der überlasteten Strafkammer bereits anhängigen oder künftigen Verfahren auf die Hilfsstrafkammer (BVerfGK NJW 05, 2689, 2690; BGH NStZ 09, 651 Tz 11) oder auf eine andere Kammer (Belastungsausgleich; BVerfGK NJW 09, 1734 Tz 27).

Die Übertragung **einzeln** ausgesuchter **anhängiger** Verfahren ist als Verstoß gegen Art 101 I 2 GG unzulässig und führt zur Rechtswidrigkeit des Änderungsbeschlusses (BGH NJW 09, 1351 Tz 2, 10). Die Übertragung ausschließlich bereits anhängiger Verfahren ist nur ultima ratio zur Gewährleistung des Beschleunigungsgebotes (Art 2 II 2, 20 III GG) oder des Rechts auf ein Verfahren innerhalb angemessener Frist (Art 2 I, 20 III GG; Art 6 I EMRK; BVerfGK NJW 08, 503; EGMR NJW 06, 2389) zulässig (BVerfGK NJW 09, 1734 Tz 26; K NJW-RR 10, 207 Tz 22; BbgVerfG NVwZ 10, 380), dann allerdings unter Vermeidung einer verdeckten Einzelzuweisung (BVerfGK NJW 05, 2689, 2691) durch Zuweisung mehrerer anhängiger Verfahren nach abstrakten Kriterien (zB Eingangszeiträume) und unter umfassender Dokumentation der Gründe für diese anderweitige Zuweisung und deren Tauglichkeit zur Verfahrensbeschleunigung (BVerfGK NJW 09, 1734 Tz 27, 30, 32).

Die **Rechtmäßigkeitsprüfung** für den Präsidiumsbeschluss über die nachträgliche Änderung der richterlichen Zuständigkeit (Art 101 I 2 GG) gem Abs 3 S 1 soll nicht auf den Kontrollmaßstab der objektiven Willkür beschränkt sein, sondern jede Rechtswidrigkeit erfassen (BVerfGK NJW 05, 2689, 2690; K NJW 09, 1351 Tz 3; BGH NStZ 09, 651 Tz 15). Dabei ist aber die Bezugnahme auf eine schriftliche Überlastungsanzeige des Vorsitzenden der überlasteten Kammer, wenn sie schlüssig oder im Wege der Nachbesserung vor Beschlussfassung des Präsidiums schlüssig gemacht worden ist, zulässig (BVerfGK NJW 05, 2689, 2690). 41

Dem dürfte im Grundsatz zu folgen sein, auch wenn die Grenzen der Rechtmäßigkeitsprüfung und der Dokumentationspflicht unklar sind. Die schriftliche Überlastungsanzeige des Vorsitzenden wird nur dann einen tragfähigen Grund iSv Abs 3 S 1 darstellen, wenn sie die numerische Mehrbelastung und die **Prognose** des Vorsitzenden enthält, dass der Spruchkörper die ihm nach Art 92 Hs 1 GG anvertraute Rechtssprechung nach Quantität und Qualität in angemessener Frist nicht gewährleisten kann. Entscheidend ist die vom Vorsitzenden geäußerte Gewährleistungsprognose, die auch bei numerischer Minderbelastung denkbar ist und vertretbar sein kann. Diese Prognose ist Bestandteil des **Prozessförderungsmanagements** des Richters und fällt unter Art 92, 97 I GG. Sind alle prognoserelevanten Tatsachen – Stand bzw Entwicklung anhängiger Verfahren; Bestand bzw Entwicklung verfügbarer richterlicher Arbeitskraftanteile bzw deren Ausfall; Schlüssigkeit der Prognose im Hinblick auf die Leistungskapazität des Spruchkörpers – zutr, ist das Präsidium an diese Überlastungsanzeige gebunden. Es kann seine eigene Prognose nicht an die Stelle des dafür zuständigen Vorsitzenden (und seiner Kammermitglieder) setzen. Nur wenn die Daten fehlerhaft sind oder die Prognose nicht mehr nachvollziehbar erscheint, wird der Änderungsgrund der Überlastung verneint werden können, eine gleichwohl beschlossene Änderung der Geschäftsverteilung durch Umverteilung mit Blick auf Art 101 I 1 GG rechtswidrig sein. Die Darlegungslast für den Änderungsgrund liegt also beim antragenden Spruchkörper. Zur Dokumentation des Änderungsgrundes genügt daher die Bezugnahme im Präsidiumsbeschluss auf die schlüssige Überlastungsanzeige. 42

Ist der Änderungsgrund der Überlastung gegeben, obliegt dem Präsidium die Art und Weise der Änderung der Geschäftsverteilung. Dabei sind die Geschäftsentwicklung und die personelle Entwicklung des Gerichts sowie der Gesichtspunkt der Effizienzwahrung durch Kontinuität der Spruchkörper erneut zu erwägen. Diese Erwägungen sind Ermessensentscheidungen jedes einzelnen Präsidiumsmitglieds in richterlicher Unabhängigkeit, die zu einem Änderungsbeschluss des Präsidiums führen (vgl Rz 68–70). Eine auch darauf bezogene Dokumentationspflicht des Präsidiums erscheint nicht angezeigt; dem Änderungsbeschluss des Präsidiums muss nur entnommen werden können, dass und wie das Präsidium nach Abs 3 auf den schlüssig dargelegten Änderungsgrund reagiert hat. Beschließt das Präsidium jedoch, nur bereits **anhängige Verfahren** einer anderen (Hilfs-)Kammer zuzuweisen, ist die Eignung einer derartigen Umverteilung – ggf durch ergänzenden Beschl, der bis zur Entscheidung über eine nach § 222b StPO erhobenen Besetzungsrüge zulässig ist – vom Präsidium zu dokumentieren (BGH StV 10, 294 Tz 18 und StV 10, 296 Tz 2).

2. Wechsel. Der **Wechsel** eines Richters meint die im Geschäftsjahr eintretende Veränderung im richterlichen **Personalbestand** des Gerichts. Gemeint ist die Veränderung durch Abzug oder Neuzuweisung von Richtern oder durch Veränderung der individuellen **Arbeitskraftanteile** (etwa durch Beginn oder Beendi- 43 gung von Elternzeiten). Entscheidend ist nicht die Änderung des Planstellenbestandes, sondern die rein personellen Änderungen durch Pensionierung, Tod, Versetzung, Abordnung sowie die Beförderung eines Richters zum Vorsitzenden Richter (MüKoZPO/*Zimmermann* § 21e GVG Rn 34). Ein Wechsel liegt aber nicht vor, wenn der Vorsitzende am LG zu einem Stichtag zum Richter am OLG ernannt oder dort zum Vorsitzenden befördert wird und er zu **demselben Stichtag** gem § 37 DRiG ganz oder anteilig an sein LG **rückabgeordnet** wird (BGH NJW 09, 381 Tz 3, 13). Der Richterwechsel kann – wegen der bei der Richterverteilung zu berücksichtigenden Gewährleistung einer effektiven und geordneten Rechtspflege – zum **Anlass** genommen werden, die Richterverteilung iRe Gesamtkonzepts umfassend zu ändern, ist also nicht auf den Ausgleich des einzelnen Wechselfalles beschränkt. Dabei und in den benannten und unbenannten, eng auszulegenden Gründen des Abs 3 S 1 – sonst nicht (BGH NJW 76, 2029) – kann auch die Zuweisung eines Proberichters zu **Ausbildungszwecken** mitgeregelt werden. Die Änderung nach Abs 3 S 1 muss aber wieder dem Stetigkeitsgrundsatz nach Abs 1 S 1 folgen und auf die **Restdauer** des Geschäftsjahres bezogen sein (MüKoZPO/*Zimmermann* § 21e GVG Rn 34).

44 **3. Verhinderung.** Die **dauernde Verhinderung** meint den Fall, dass ohne Richterwechsel ein Richter aus tatsächlichen oder rechtlichen Gründen für immer oder auf unabsehbare Zeit ganz oder tw nicht in der Lage ist, die ihm nach dem Geschäftsverteilungsplan obliegenden Aufgaben der Rechtsprechung wahrzunehmen (BGHZ 164, 87, 90; weniger streng: Kissel/Mayer § 21e Rn 114; MüKoZPO/*Zimmermann* § 21e GVG Rn 42). Daran fehlt es, wenn der Richter in ein höheres Richteramt eines höheren Gerichts befördert, aber gleichzeitig wirksam gem § 37 DRiG rückabgeordnet wird (BGH NJW 09, 381 Tz 3, 13). Entsprechendes ist anzunehmen, wenn der Richter ohne Beförderung an ein anderes Gericht versetzt und gleichzeitig rückabgeordnet wird – in beiden Fällen verliert er seine geschäftsverteilungsplanmäßige Zuständigkeit aufgrund der gleichzeitigen Wirkungen der beiden personalrechtlichen Maßnahmen nicht.

45 Ist die **Verhinderung** – das meint jede tatsächliche oder rechtliche Unmöglichkeit, den Vorsitz zu führen (BGHSt 14, 11, 15) oder das Richteramt auszuüben – nur **vorübergehend**, greift die Vertretungsregelung, die das Präsidium gem Abs 1 S 1 für alle Richter und Spruchkörper zu bestimmen hat. Ist sie erschöpft, muss nach Abs 3 S 1 diese ergänzt werden; die Bestellung eines **„Sondervertreters"** kann gegen Art 101 I 2 GG verstoßen (BGH Beschl v 28.01.10 – 4 StR 622/09 Tz 5). Daher ist die vorübergehende von der dauernden Verhinderung – auch rechtsbegrifflich und revisionsrechtlich nachprüfbar (BGHZ 164, 87, 91 f) – zu unterscheiden, weil nur die dauernde Verhinderung einen tragfähigen Grund für die Änderung des Präsidiumsbeschlusses im laufenden Geschäftsjahr darstellt.

46 Ab welchem Zeitpunkt eine Verhinderung als dauernd zu verstehen ist, bestimmt das Gesetz nicht. Eindeutig **vorübergehend** und nicht dauerhaft sind Verhinderungsgründe wie Urlaub, Dienstbefreiung, Dienstreisen, Wahrnehmung vorrangig anderer Dienstgeschäfte, etwa iRd Gerichtsverwaltung durch den Präsidenten, oder tatsächliche Nichterreichbarkeit (Schorn/Stanicki S. 138). Als vorübergehend anerkannt sind auch die Verhinderung durch die Abfassung eines umfangreichen Urteils (aber wohl nur, wenn es anderenfalls nicht binnen gesetzlicher Frist zur Geschäftsstelle gebracht werden kann), die Abhaltung einer Lehrveranstaltung (aber wohl nur iRe nebenamtlich nach § 42 DRiG wahrnehmungspflichtigen Unterrichtung von zugewiesenen Referendaren), die Unmöglichkeit zur erforderlichen Vorbereitung (sehr zweifelhaft, denn für den Vertreter würde das erst recht gelten) oder die zeitgleiche Ladung des Richters als Zeugen in einem anderen Prozess (MüKoZPO/*Zimmermann* § 21e GVG Rn 42).

47 **Dauerhaft** ist die Verhinderung offenkundig bei Tod, Ruhestand, anderweitiger Versetzung, gesetzlicher Inhabilität gem § 41 ZPO oder erfolgreicher Ablehnung gem §§ 42 ff ZPO, ferner bei vorläufiger Dienstenthebung im Disziplinarverfahren. Ist der nach Abs 1 S 1 iVm § 21f I bestimmte Vorsitzende Richter dauerhaft verhindert, ist das Präsidium berechtigt und **verpflichtet**, den ausgeschiedenen Vorsitzenden nach Abs 3 S 1 zu ersetzen, und zwar mit vorgreiflicher Wirkung für die nach Abs 1 S 1 iVm § 21f II 1 getroffene Vertreterregelung (BGH NJW 09, 931 Tz 14).

48 Problematisch ist die Abgrenzung in den Fällen der **Erkrankung** des Richters. Die Auslegung zum Begriff der Dauerhaftigkeit der Erkrankung erfordert die krankheitsbedingte Abwesenheit »auf unabsehbare Zeit« (BGHZ 164, 87, 90 f). Auf unabsehbare Zeit ist die krankheitsbedingte Abwesenheit dauernde Verhinderung, wenn aufgrund einer ex ante-Betrachtung eine dauernde Dienstunfähigkeit iSd Richter- und Beamtenrechts etwa nach § 44 I BBG bzw § 26 BeamtStGfestgestellt wird (Zö/*Lückemann* § 21e GVG Rn 39b). Das Dilemma besteht darin, dass deren Voraussetzungen – etwa die Beurteilung, dass nach menschlicher (BGHZ 164, 87, 90) oder ärztlicher Voraussicht nicht mit einer baldigen, ggf binnen 6 Monaten eintretenden Wiederherstellung der Gesundheit zu rechnen ist – weder für den betroffenen Richter noch für den zuständigen Amtsarzt mit der gebotenen Prognosesicherheit feststellbar ist bzw attestiert wird, iÜ der betroffene Richter auch nicht außerhalb der Anordnung zur amtsärztlichen Begutachtung iSd § 44 VI BBG verpflichtet ist, dem Dienstherrn die Art des medizinischen Befundes zu offenbaren, sodass der Dienstherr nicht etwa aufgrund eines konkreten Befundes, sondern nur aufgrund einer sich hinziehenden krankheitsbedingten Abwesenheit zur Anordnung – str, ob Verwaltungsakt oder Verfahrenshandlung iSd § 44a S 2 VwGO: NdsOVG RiA 10, 177 – der Untersuchung der Wiederherstellbarkeit der Dienstfähigkeit befugt ist. Für die Annahme der Dienstunfähigkeit nach § 26 I 2 BeamtStG genügt aber, dass die Wiedererlangung der Dienstfähigkeit binnen 6 Monaten nicht mit absoluter Gewissheit, sondern nach konkreten tatsächlichen Anhaltspunkten mit hinreichender Sicherheit ausgeschlossen werden kann (BGH Urt v 16.12.2010 – RiZ (R) 2/10 – Tz 22 f; *Baßlsperger* PersV 11, 404).

In dieser Grauzone der Erkenntnis ist dem Präsidium eine Änderung der Geschäftsverteilung nach Abs 3 nicht erlaubt, weil der Vertretungsfall vorliegt, den der geschäftsplanmäßige Vertreter aber in aller Regel kapazitär über einen längeren Zeitraum physisch oder psychisch nicht leisten kann. **Praktische Lösungsvorschläge** überzeugen wenig: Ein Zeitraum, der die dauernde Verhinderung eines Vorsitzenden erst nach krankheitsbedingter Verhinderung im vorangegangenen Geschäftsjahr und alsdann beim Fehlen konkreter Anhaltspunkte für die baldige Wiederherstellung der Dienstfähigkeit im kommenden Geschäftsjahr (BGHZ 164, 87, 93) eintreten lässt, ist für den Vertreter zu lang. Die Vorstellung, eine Abwesenheit von mehreren Monaten müsse vorliegen (ThoPu/*Hüßtege* § 21e GVG Rn 32), ist besser, aber als zu unbestimmt nicht hilfreich. Dagegen wird nämlich vertreten, dass selbst eine Verhinderung über mehrere Monate nicht dauernd sei, sofern an der Rückkehr des Richters keine Zweifel bestehen (BGH NJW 89, 843, 844; MüKoZPO/*Zimmermann* § 21e GVG Rn 35; aA Kissel/Mayer § 21e Rn 114, der Dauerhaftigkeit bei mehr als zwei Monaten bejahen will). **49**

Wird auf die Funktion der Geschäftsverteilung, den Zweck der Änderungsbefugnis und der Änderungsbeschränkung in Abs 3 S 1 abgestellt, so geht es um die **Gewährleistung einer effektiven Rechtsprechung** in angemessener Frist durch den gesetzlichen Richter. Da die Anzahl der durch den Krankheitsfall gegenwärtig verringerten Richterarbeitskräfte durch eine Entscheidung des Präsidiums nicht erhöht wird, kann der Tatbestand der dauerhaften Verhinderung in Abs 3 S 1 teleologisch auch bereits dann bejaht werden, wenn (1.) nach den dem Präsidium bekannt gewordenen Umständen des Verhinderungsfalls (2.) weder eine vorübergehende Verhinderung offenkundig bejaht (Vertretungsfall) noch (3.) eine Verhinderung von solcher Dauer sicher ausgeschlossen werden kann, in der (4.) die Aufgabe des Richters bzw des Spruchkörpers zur effektiven Justizgewährung in angemessener Frist im Wege der Vertretung nicht mehr gewährleistet ist. Hier ist dem Präsidium im Wege der Änderung der Geschäftsverteilung eine anderweitige Bestimmung des gesetzlichen Richters zu erlauben, wenn die Funktion, die Belastung und die Bestände des verhinderten Richters oder des Spruchkörpers, dem er angehört, das Präsidium zu der Prognose zwingen, die geltende **Vertretungsregelung** werde die **Justizgewährung** des Richters oder des Spruchkörpers **vereiteln** oder so **schwer schädigen**, dass weder der gesundete Richter noch ein in neuer Jahresgeschäftsverteilung bestimmter neuer Richter diesen Schaden – die Rückstände – in angemessener Frist wird abbauen können. **50**

Denkbar ist insoweit auch eine **interimistische** Änderung, die auf die objektiv feststellbare Dauer der Verhinderung des Richters befristet ist und nach deren Fristablauf die ursprüngliche Zuständigkeitsregelung wieder aufleben lässt (MüKoZPO/*Zimmermann* § 21e GVG Rn 36). **51**

Nicht als dauerhafte Verhinderung einzuordnen ist die Unfähigkeit, das im Präsidiumsbeschluss zugewiesene Amt nicht mehr ganz, sondern **nur tw wahrnehmen** zu können. Zu denken ist an die Fälle der Altersteilzeit oder der krankheitsbedingten Minderung der Leistungsfähigkeit, aber auch der langfristigen Reduzierung der Dienstleistungspflicht aus gesetzlichen Gründen (Arbeitszeitverkürzung). Hierbei geht es nicht um eine dauerhafte Verhinderung, sondern um einen Richterwechsel iSv Abs 3 S 1 im Umfang der Arbeitskraftreduzierung. **52**

4. Unbenannte Änderungsgründe. Dies sind solche, die in Abs 3 S 1 nicht genannt sind, aber zulässig sein müssen. Unter Änderung der Geschäftsverteilung wird dabei jede Änderung des **Geschäftsverteilungstextes** verstanden. Unbenannte Änderungen sind: **53**

Änderungen der Zuständigkeiten des Gerichts im laufenden Geschäftsjahr. Für diese gilt der Vorbehalt des materiellen oder formellen Gesetzes. Sie kann durch Parlamentsgesetz im Laufe des Geschäftsjahres bewirkt werden, wenn eine Zuständigkeit bei einem bestimmten Gericht dieser Art (zB dem LG am Sitz des Oberlandesgerichts) **konzentriert** wird, diesem also mehr Sachen zugewiesen werden, die gleichzeitig den anderen Gerichten gleicher Art entzogen werden, ferner durch Begründung der Zuständigkeit eines **höhe-** **54**

ren Gerichts im Instanzenzug, bei dem die Sachen also erstmals anfallen, während sie bei den nachgeordneten Gerichten zum Stichtag als richterliche Geschäfte wegfallen.
Änderungen können auch durch die parlamentsgesetzlich zum Erlass von **Rechtsverordnungen** ermächtigte Exekutive bewirkt werden (etwa zum richterlichen Bereitschaftsdienst gem § 22c, ferner auf Amtsgerichtsebene gem §§ 23c, 58, auf Landgerichtsebene gem §§ 78, 78a, 93 oder auf OLG-Ebene gem § 116 II).

55 Parlamentsgesetzlich kann auch der **Gerichtssprengel** geändert werden, mit der idR die örtliche Zuständigkeit des Gerichts an geänderte kommunale Strukturen der Kreise und Gemeinden angeglichen werden.

56 Alle diese zumeist zu einem Stichtag nach dem Vorbehalt und dem Vorrang des Gesetzes bewirkten Zuständigkeitsänderungen, die nicht mit dem Beginn des Geschäftsjahres eintreten, führen gerichtsintern im laufenden Geschäftsjahr zu einer Mehrung bzw einer Minderung der Rechtsprechungsaufgaben des Gerichts, denen durch eine Änderung der Geschäftsverteilung gerichtsintern Rechnung getragen werden muss. In der Sache handelt es sich um einen speziellen, nämlich **gesetzlich bewirkten Fall** der Über- oder Unterlastung eines Richters oder Spruchkörpers iSd Abs 3 S 1. Bei diesem Verständnis stellt sich die Frage der analogen Anwendung der Norm nicht.

57 **Korrekturen** zur Behebung von Textwidersprüchen, Unklarheiten oder zur Schließung von Lücken im Geschäftsverteilungsplan sind zulässig. Hier geht es um die Korrektur von Mängeln des Beschlusstextes, insb zur Behebung von mehrdeutigen Formulierungen, die bei der Anwendung des Geschäftsverteilungsplanes zu Auslegungsschwierigkeiten führen, ferner zur Behebung von Regelungslücken (zB die Versäumung der Bestimmung des Überwachungsrichters nach § 148a StPO oder des Zurückverweisungsspruchkörpers nach §§ 210 III oder 354 II StPO), die der Jahresgeschäftsverteilungsplan versehentlich aufweist. Diese Korrektur wirkt ex nunc. Eine **bewusste** Regelungslücke, die aufgrund einer einhelligen, aber fehlerhaften Auslegung des vorrangigen Gesetzestextes in den Geschäftsverteilungsplan gelangt ist, kann geschlossen werden, aber **nicht rückwirkend**, weil Präsidiumsbeschlüssen keine Rückwirkung zukommen kann.

58 **Zuständig** für die Feststellung des Vorliegens der gesetzlich zulässigen Änderungsgründe in Abs 3 S 1 ist das handlungsbefugte Präsidium (MüKoZPO/*Zimmermann* § 21e GVG Rn 37). Der Handlungsspielraum des Präsidiums steht ebenfalls im Ermessen des Präsidiums, funktional jedoch beschränkt auf die Notwendigkeit des Änderungsumfangs und des verfassungsrechtlichen Verbots der Zuweisung einzelner Rechtssachen (BVerfG NJW 03, 345; 05, 2689).

59 **V. Fortdauer der Zuständigkeit.** Diese kann nach Abs 4 für einen einzelnen Richter oder Spruchkörper hinsichtlich einer Sache, in der er tätig geworden ist, vom Präsidium angeordnet werden, wenn er nach neuem Geschäftsverteilungsplan in dieser Sache an sich nicht mehr zuständig wäre. Die Anordnung der Fortdauer dient der Effizienz der Rechtsprechung durch Wahrung der **Kontinuität des gesetzlichen Richters**, der in einer Sache tätig geworden ist. Abs 4 ist mit Art 101 I 2 GG problemlos zu vereinbaren, denn die Regelung besagt, dass der gesetzliche Richter der gesetzliche Richter auch dann bleibt, wenn durch eine neue Geschäftsverteilung zum Geschäftsjahreswechsels oder eine Änderung der Geschäftsverteilung nach Abs 3 der gesetzliche Richter an sich verfassungskonform entzogen werden darf. Abs 4 erlaubt also dem Präsidium, von seiner Befugnis zur Entziehung des gesetzlichen Richters in Bezug auf eine Sache, in der der gesetzliche Richter bereits tätig geworden ist, keinen Gebrauch zu machen. Insoweit dient Abs 4 dem Zweck, eine neue oder geänderte Geschäftsverteilung vom Verdacht der Manipulation freizuhalten (MüKoZPO/*Zimmermann* § 21e GVG Rn 38).

60 Die Wahrung der Kontinuität der Zuständigkeit des gesetzlichen Richters kann sich deshalb auch auf einzelne benannte Sachen oder – oft üblich in Strafsachen – auf alle Sachen beziehen, in denen der Richter oder Spruchkörper bereits tätig geworden ist. Streitig ist freilich, wann die Bedingung »bereits tätig geworden« vorliegt. Mit Blick darauf, dass Abs 4 dem Gedanken der Kontinuität des einmal bestimmten gesetzlichen Richters optimal Rechnung trägt, wird unter »**tätig geworden**« in weiter Auslegung jede einmal zulässig begonnene Befassung des gesetzlichen Richters von der Annahme der Zuständigkeit bis hin zu konkret feststellbaren Tätigkeiten (Terminierung, aber auch Hinweise) verstanden (BVerwG NJW 87, 2031; NJW 91, 1370 f; MüKoZPO/*Zimmermann* § 21e GVG Rn 38; krit BGH ZIP 09, 91 Tz 11; vgl Rz 31). Betrifft die Anordnung fortdauernder Zuständigkeit eine bestimmte Sache, so ist sie wegen des Jährlichkeitsprinzips aus Abs 1 jedenfalls jährlich ausdrücklich zu wiederholen, weil sie anderenfalls mit der Unwirksamkeit des auslaufenden Präsidiumsbeschlusses untergeht. Wird die Fortwirkungsanordnung (zumeist abstrakt in den allgemeinen Regelungen der Geschäftsverteilung) anhand abstrakter Merkmale der fortwirkenden Zuständigkeit bestimmt (etwa: an einem bestimmten Datum rechtshängig/anhängig gewordene Verfahren; auch:

die einmal begründete Zuständigkeit), so ergibt sich die fortdauernde Zuständigkeit aus dem Geschäftsverteilungsplan so lange, wie diese **generelle Klausel** im jeweils geltenden Geschäftsverteilungsplan enthalten ist.

VI. Anhörungen. Die Pflicht zur Anhörung durch das Präsidium besteht nach Abs 2 ggü **allen** Richtern, die nicht Mitglied des Präsidiums sind, und zwar **vor** der Geschäftsverteilung nach Abs 1 für das Geschäftsjahr. 61

Nach Abs 3 S 2 ist den **Vorsitzenden** Richtern, deren Spruchkörper von einer im laufenden Geschäftsjahr beabsichtigten Änderung der Geschäftsverteilung berührt wird, vorher Gelegenheit zur Äußerung zu geben. Das betrifft insb die dargestellte Beurteilung des Änderungsgrundes (das »ob«) und die Art und Weise der durch den Änderungsgrund jeweils notwendig gewordenen Änderung. 62

Die Anhörungspflicht nach Abs 3 S 2 besteht ggü den Vorsitzenden Richtern der Kammern und Senate. Gehören diesen Spruchkörpern weitere Richter an, sind diese selbst nach Abs 3 S 2 nicht vom Präsidium unmittelbar anzuhören. Ob der Vorsitzende Richter die übrigen Mitglieder seines Spruchkörpers vor seiner Äußerung anhören muss, regelt Abs 3 S 2 nicht, ebenso wenig aber § 21g. Auch die Anhörung nach Abs 5 ist nicht einschlägig, wenn der beisitzende Richter durch die beabsichtigte Änderung selbst nicht berührt wird.

Gelegenheit zur Äußerung hat das Präsidium gem Abs 5 dem **Richter** zu geben, der durch das Präsidium einem anderen Spruchkörper zugeteilt oder dessen Zuständigkeitsbereich geändert werden soll. Darunter fällt nicht der originäre oder der fakultative Einzelrichter, weil er nicht durch das Präsidium bestimmt wird. Ist die Zuständigkeitsänderung lediglich absehbar kammerintern die Folge der Präsidiumsentscheidung, gilt Abs 5 nicht; diesen Fall erfasst erst § 21g iRd Plenarentscheidung zur spruchkörperinternen Änderung der Geschäftsverteilung. 63

Ausgenommen von der Anhörungspflicht nach Abs 5 sind die **Eilfälle**, in denen ein nicht selbst dem Präsidium angehörender Richter von der Notwendigkeit der Änderung der Spruchkörperzuteilung oder des Zuständigkeitsbereichs nicht vorher gehört werden kann. 64

Abs 6 regelt einen **Anhörungsanspruch des Präsidiums**, und zwar ggü dem Präsidenten, bevor dieser einen der dem Gericht zugewiesenen Richter für Aufgaben der Justizverwaltung ganz oder tw **freistellt** und damit seinen Rechtsprechungsaufgaben iSd Art 92 GG entzieht, wenn die Freistellung mit dem neuen Geschäftsverteilungsplan am Beginn des Geschäftsjahres eintritt. Der Umfang der Freistellung ist irrelevant. Soll die Freistellung im laufenden Geschäftsjahr wirksam werden, bewirkt sie die Reduzierung der für Aufgaben der Rechtsprechung verfügbaren Arbeitskraft des Richters, sodass der freigestellte Richter wegen einer im laufenden Geschäftsjahr dauerhaften, im Arbeitskraftumfang teilweisen Verhinderung iSd Abs 3 S 1 durch Änderung der bestehenden Geschäftsverteilung als gesetzlicher Richter des Jedermann iSd Art 101 I 2 GG entzogen werden muss, das Präsidium also die Freistellung durch Freigabe des Richters im Änderungsbeschluss (mit) herbeiführt. Hier zeigt sich, dass das Präsidium mit der Richter- und Sachverteilung auch eine **Garantenstellung** hinsichtlich der Funktion jedes Richters als Inhaber der Recht sprechenden Gewalt innehat. 65

VII. Verfahren der Entscheidung des Präsidiums. 1. Bestimmen, bestellen, regeln oder verteilen. Diese Handlungen des Präsidiums sind in Abs 3 S 1 abstrakt in dem Begriff **Anordnungen** zusammengefasst. Die Summe der Anordnungen ist nach Abs 2 die **Geschäftsverteilung**, ihre Niederschrift nach Abs 9 der **Geschäftsverteilungsplan.** Nach den Elementen des Anordnungsbegriffs wird der Geschäftsverteilungsplan gelegentlich zerlegt in den »Besetzungsplan«, den »Bestellungsplan«, den »Vertretungsplan« und den »Verteilungsplan«. Vorgaben für die formale Gestaltung enthält das Gesetz nicht – zwingend ist nur, dass das Präsidium alle Anordnungen trifft, die ihm gesetzlich auferlegt sind (Remus S. 136). 66

2. Beschlussfassung. Nach Abs 7 sind die Anordnungen des Präsidiums Entscheidungen, die mit Stimmenmehrheit getroffen werden. Der frühere **Stichentscheid** des Vorsitzenden des Präsidiums für den Fall einer bei Verhinderung eines Mitglieds denkbaren Stimmengleichheit ist 1999 abgeschafft worden. Wird eine Stimmenmehrheit nicht erzielt, ist erneut zu verhandeln (Kissel/Mayer § 21e GVG Rn 71; Meyer-Ladewig § 6 Rn 4), solange keine Gefahr im Verzug besteht. Anderenfalls ist nach Abs 7 S 2 § 21i II anwendbar, wonach der Vorsitzende im Rahmen seiner **Notkompetenz** vorläufig allein entscheidet, dieses schriftlich begründet und dem Präsidium unverzüglich zur Kenntnisnahme vorlegt. Diese Notkompetenz bzw Eilentscheidung des Vorsitzenden enthält keine Verlagerung der Geschäftsverteilung auf die Ebene der Gerichtsverwaltung (aA *Kissel* NJW 00, 460, 461), weil der Präsident nur in seiner Richtereigenschaft Mitglied des 67

Präsidiums ist und nur in dieser Eigenschaft anstelle des Präsidiums geschäftsverteilende Eilentscheidungen treffen kann (Remus S. 150). Die Mehrheitsentscheidung des Präsidiums ist der **Präsidiumsbeschluss**, wie sich jedenfalls indirekt aus dem Begriff »Beschlussfähigkeit« in § 21i I ableiten lässt.

68 Der Präsidiumsbeschluss selbst ist keine **Ermessensentscheidung** (missverständlich BGH NJW 95, 2494; VGH Mannheim NJW 06, 2424 f »organisatorisches Ermessen« und DRiZ 11, 141 »weites Ermessen«). Er ist nur das arithmetische Ergebnis der Stimmabgaben der Präsidiumsmitglieder, die jeweils für sich eine Ermessensentscheidung darstellen. Weder der Präsidiumsbeschluss noch die einzelne Stimmabgabe ist ein **Verwaltungsakt.** Sie unterliegen nicht den Anforderungen zur **Begründung** behördlicher Entscheidungen (VGH Mannheim NJW 06, 2424, 2426; MüKoZPO/*Zimmermann* § 21e GVG Rn 6).

69 Formell ist weder die Mehrheitlichkeit des Inhalts noch der Inhalt des Beschlusses **begründungsbedürftig** (BVerfG K NJW 08, 909, 910). Auch das einzelne Präsidiumsmitglied muss seine Ermessensentscheidung im Präsidium (vielleicht in freier Rede zu Gehör bringen, aber) nicht begründen.

70 Das Entscheidungsermessen der Mitglieder impliziert einen Spielraum, der auch Grenzen hat. **Ermessensgrenzen** ergeben sich aus dem Gesetzesvorrang (etwa aus StPO, ZPO, GVG, DRiG). Der Präsidiumsbeschluss (der Mehrheit) der Präsidiumsmitglieder ist auch als Kollegialentscheidung auf **willkürfreie Ermessensbetätigung** verwaltungsgerichtlich überprüfbar. Zur gerichtlichen Feststellung der Rechtswidrigkeit des Präsidiumsbeschlusses führen deshalb alle Verstöße gegen den Gesetzesvorrang, weil sie eine Ermessensüberschreitung enthalten. Das Recht auf eine willkürfreie Präsidiumsentscheidung der vom Beschl betroffenen Richter ist iÜ allerdings schwer überprüfbar, weil die einzelne Ermessensentscheidung im Präsidium keiner (schriftlichen) Begründung bedarf und nach außen der Verschwiegenheitspflicht unterliegt (Remus S. 140). Lediglich in Ausnahmefällen nach Abs 3 besteht eine Pflicht zur Dokumentation der Änderungsgründe (BVerfG K NJW 09, 1734 Tz 27; ferner Rz 39).

71 **3. Verfahrensgang.** Die Norm enthält keine Regelungen über die **Vorbereitung** der Präsidiumssitzung, die Bestellung eines **Berichterstatters** des Präsidiums, die Vorlage von **Entwürfen**, die Behandlung von **Anträgen**, Eingaben oder Einwendungen aus der Richterschaft des Gerichts, auch nicht für den **Gang** der Beratungen. Das Präsidium ist insoweit frei (Zö/*Lückemann* § 21e GVG Rn 26; Remus S. 140). Es kann sich aber durch Beschl eine **Geschäftsordnung** (MüKoZPO/*Zimmermann* § 21e GVG Rn 30; Schorn/Stanicki S. 172 ff) zum Verfahrensgang geben.

72 **4. Umlaufverfahren.** Eine Beschlussfassung im Umlaufverfahren soll grds zulässig sein (BGHSt 12, 404; St 44, 161; Kissel/Mayer § 21e Rn 37), nach hM jedenfalls dann, wenn (1.) alle mitwirkungspflichtigen Mitglieder ausdrücklich oder konkludent durch Unterzeichnung des Entwurfs zustimmen (BVerwG NJW 84, 575; Zö/*Lückemann* § 21e GVG Rn 26a) und (2.) der Entscheidungsinhalt unumstritten ist sowie (3.) Eilbedürftigkeit vorliegt (BVerwG NJW 92, 254; Kissel/Mayer § 21e Rn 38; B/L/A/H § 21e GVG Rn 22; Zö/*Lückemann* § 21i GVG Rn 3; Saenger/*Rathmann* § 21e GVG Rn 11; aA ThoPu/*Hüßtege* § 21e GVG Rn 6). Eine Beschlussfassung im Umlaufverfahren ist also immer dann ausgeschlossen, wenn auch nur ein Präsidiumsmitglied diesem Verfahren widerspricht (Kissel/Mayer § 21e Rn 38).

73 Eine gesetzliche Entscheidung fehlt. Aus Formulierungen wie »Sitzungen des Präsidiums« in § 21c I 2, »an den Beratungen ... zugegen sein können« in § 21e VIII oder »anwesend ist« in § 21i I sowie der Komplexität der Regelungsgegenstände und des Abstimmungsvorganges insgesamt ergibt sich wohl der **Grundsatz**, dass die Präsidialverfassung nicht von einer Beschlussfassung im Umlaufverfahren, sondern von der Beratung und Abstimmung in einer Sitzung ausgeht (so zu §§ 193 f: BGH NJW-RR 09, 286 Tz 8). In Betracht der heutigen **Kommunikationsmittel** bedeutet die Beschlussfassung in einer Sitzung freilich nicht mehr, dass alle an einem Tisch gegenwärtig sein müssen: Eine Sitzung liegt auch vor, wenn alle Mitwirkungspflichtigen im Wege einer **Telefonkonferenz** gleichzeitig miteinander verbunden sind, ohne im selben Raum zu sein, und im Wege einer (disziplinierten) Beratung und Abstimmung zu einem Mehrheitsbeschluss gelangen. Das ist hilfreich in der Beschlussfassung des Gesamtpräsidiums nach § 21a II Nr 5 für den nach § 22a vorsitzenden Präsidenten, wenn der nicht vorsitzberechtigte Direktor des Amtsgerichts als Berichterstatter die Geschäftsverteilung im amtsgerichtlichen Plenum vorbereitet und abgesprochen hat und der Präsident als Vorsitzender dieses Gesamtpräsidiums (verfassungswidrig: Remus S. 319) die Sitzung und Abstimmung im Wege der Telefonkonferenz leitet. Von dieser Telefonkonferenz mit allen **gleichzeitig** zugeschalteten Präsidiumsmitgliedern zu unterscheiden ist aber die isolierte telefonische Beratung mit jedem einzelnen Mitglied, die nach Abs 1 verfahrensfehlerhaft und unzulässig ist (so zu §§ 193 f: BGH NJW-RR 09, 286 Tz 10).

Die Beschlussfassung ist **wirksam**, wenn der Vorsitzende das Stimmergebnis als Mehrheitsentscheidung feststellt. Eine **Unterzeichnung** dieses Präsidiumsbeschlusses durch die Mitglieder des Präsidiums erscheint erforderlich (aA Meyer-Goßner § 21e GVG Rn 21), muss aber nicht in der Sitzung stattfinden; für die Unterzeichnung der beschlossenen Geschäftsverteilung ist das Umlaufverfahren unbedenklich. 74

5. Vorsitzführung. Der Vorsitzende ist hinsichtlich seiner Aufgaben nicht gesetzlich festgelegt, weil Verfahrensregelungen für das Präsidium im Wesentlichen fehlen. Er führt den Vorsitz im Präsidium, leitet also die Sitzung und achtet auf die Einhaltung der gesetzlichen Beteiligungsrechte der betroffenen bzw berührten Richter nach Abs 2, 3 S 2 und Abs 5, ferner des Präsidiums nach Abs 6 in seiner Eigenschaft als dessen Vorsitzender, wenn er in seiner anderen Eigenschaft als justizverwaltender Präsident einen Richter für Aufgaben der Justizverwaltung freistellen möchte. In der Sitzung leitet er die Aussprache und führt die Entscheidungen des Präsidiums im Wege der Abstimmung herbei. 75

Er **berichtet** aufgrund seiner Kenntnisse aus der Gerichtsverwaltung über die Tatsachen der Verhinderung eines Richters iSv Abs 3 S 1, aber auch eines Präsidiumsmitglieds, dessen Verhinderung das Präsidium feststellt und der Präsident als Vorsitzender **vermerkt**, zumeist am Ende der Beschlussfassung durch Formulierungen wie »Herr/Frau Richter/in ... ist aus dienstlichen Gründen an der Mitwirkung gehindert.«. Hat das Präsidiumsmitglied an der Beschlussfassung mitgewirkt, ist es aber alsdann an der Unterzeichnung des Beschlusses gehindert, so vermerkt der Vorsitzende »... ist an der Unterzeichnung des Beschlusses gehindert.«. 76

Dem Vorsitzenden obliegt darüber hinaus die **Vorbereitung der Sitzung** durch Bestimmung des Sitzungstermins und Einladung der Präsidiumsmitglieder, darüber hinaus die Unterrichtung der Präsidiumsmitglieder über alle zur Beschlussfassung relevanten persönlichen und sachlichen Umstände der Richter, die ihm in seiner Eigenschaft als Aufsichtführender und Gerichtsvorstand bekannt sind. Er ist die **Informations- und Auskunftsquelle** für die Mitglieder des Präsidiums, denen er nach Aktenlage der Gerichtsverwaltung in den Grenzen der Aufgaben des Präsidiums **auskunftspflichtig** ist. An der Diskussion und Bewertung dieser Umstände nimmt er alsdann als Vorsitzender des Präsidiums und damit in seiner richterlichen Eigenschaft iRd Beratung und Abstimmung teil. 77

Schließlich obliegt dem Vorsitzenden des Präsidiums gem Abs 9 die **Auflegung** des Geschäftsverteilungsplans in der von ihm als Gerichtspräsident bestimmten Geschäftsstelle. Einer **Veröffentlichung** bedarf es nach Abs 9 Hs 2 nicht, wodurch vom Gesetzgeber bewusst ungeklärt blieb, ob der Geschäftsverteilungsplan Rechtsnormcharakter hat (BTDrs VI/557, 23). Eine Veröffentlichung ist aber – etwa im **Internet** – nicht unzulässig; sie ändert an der Rechtsnatur nichts, zieht aber den Aufwand der ständigen Aktualisierung nach sich. 78

Ferner unterrichtet er die Richter durch **Verteilung** des Geschäftsverteilungsplans. Im Übrigen **vertritt er das Präsidium** nicht nur gem Abs 6, sondern generell ggü jeder Justizverwaltungsbehörde (Zö/*Lückemann* § 21e GVG Rn 32), auch in allen Fällen, in denen ein Beschl des Präsidiums angefochten oder dienstaufsichtlich kommentiert ist. 79

6. Mehrheitsprinzip. Das Präsidium entscheidet nach Abs 7 mit **einfacher Mehrheit** der anwesenden Mitglieder, die als Mitglieder stimmberechtigt sind. Der nach § 21c I 2 nur beratend anwesende Vizepräsident ist nicht Mitglied des Präsidiums und deshalb nicht stimmberechtigt. **Stimmenenthaltung** wird überwiegend für unzulässig gehalten (Kissel/Mayer § 21e Rn 72). Dies ergibt sich überzeugend aus der bisher nicht geleugneten Pflicht zur Teilnahme an der Wahl des Präsidiums und zur Ausübung des Amtes des Präsidiumsmitglieds, das weder angenommen werden muss noch ausgeschlagen werden kann. Die Tätigkeit im Präsidium ist einerseits von der **Recht sprechenden Tätigkeit** abgegrenzt, zugleich aber der für diese geltenden **Unabhängigkeit einfachrechtlich** unterstellt, sodass es innerhalb dieses Pflichtenkreises schlechthin keinen Grund geben kann, warum eine Frage der Geschäftsverteilung nicht (ggf mit Ja oder Nein) beantwortet werden könnte. Auch als Mitglied des Recht sprechenden Spruchkörpers ist der Richter gem § 195 nicht zur Verweigerung der Abstimmung berechtigt. Aus der gerichtsverfassungsrechtlichen Funktion des Präsidiums als Hilfsorgan zur Vorbereitung der Rechtsprechung durch den manipulationsfrei bestimmten gesetzlichen Richter folgt nicht nur die Erstreckung der Unabhängigkeitsgarantie auf die Tätigkeit des Präsidiums (Remus S. 312), sondern auch seine Verpflichtung zur Ausübung dieses Amtes – etwa durch Abstimmen iSd § 195 (jetzt auch Zö/*Lückemann* § 21e GVG Rn 31). 80

7. Verschwiegenheit. Die Pflicht zur Verschwiegenheit besteht für alle Präsidiumsmitglieder und auch für den nur beratend anwesenden Vizepräsidenten. Sie erstreckt sich auf den substanziellen **Inhalt** der Beratungen und das **Abstimmungsverhalten** der Präsidiumsmitglieder. Das folgt aus dem Gegenstand der Mei- 81 nungsbildung in Gremien und der Erörterungen für die Richterverteilung, in denen auch Erwägungen zur Eignung, Leistung und Befähigung der zu verteilenden Richter zu artikulieren sind, damit das Präsidium seine Funktion, die Spruchkörper leistungsfähig, kollegial verträglich und zu einer effizienten Rechtsprechung befähigt zu besetzen, erfüllen kann (Remus S. 165). Deshalb wird hier die Verschwiegenheitspflicht aus § 43 DRiG und § 193 entsprechend angewendet (BVerfG K NJW 08, 909, 910; BGH NJW 95, 2494; VGH Mannheim NJW 06, 2424, 2426; *Kissel* NJW 00, 460, 462; Kissel/Mayer § 21e Rn 22, zweifelnd Zö/*Lückemann* § 21e Rn 29).

82 **C. Rechtsnatur des GVP.** Die Rechtsnatur des präsidialen Geschäftsverteilungsplans ist umstr. Die Frage hat Bedeutung für den Rechtsweg und die Gestaltung der gerichtlichen Überprüfung seines Inhalts insb durch die betroffenen Richter.

83 **Meinungsstand.** § 21e ist nicht ausdrücklich zu entnehmen, welche Rechtsnatur der Beschl des Präsidiums über die Geschäftsverteilung haben muss.

84 Nach **einhelliger** Meinung ist er kein Akt der Rechtsprechung (BGHZ 112, 197, 201; VGH Baden-Württemberg DVBl 73, 891, 892; VGH Mannheim DRiZ 80, 147; BVerwGE 50, 11, 14; BayVerfGH NJW 78, 1515 und 86, 1673; Wittreck S. 10; Marquardt S. 38; Schilken Rn 371; Zö/*Lückemann* § 21e GVG Rn 34; Kissel/Mayer § 21e Rn 5; LR/*Schäfer* § 21e GVG Rn 6).

85 Nach **überwiegender** Meinung enthält der Geschäftsverteilungsplan im Anschluss an Bettermann (S. 552) einen materiellen Rechtssatz, soweit er die Sachverteilung als eine Zuständigkeitsverteilung innerhalb des Gerichts vornimmt, für die sich aus Art 101 I 2 GG ein materieller Gesetzesvorbehalt iS einer autonomen Rechtsetzung durch das Präsidium ergeben soll. Die Richterverteilung soll als individuell konkrete Regelung dagegen nur eine Innenanordnung für die verteilten Richter ohne Rechtssatzcharakter darstellen. Er wird deshalb als ein **Rechtsinstitut besonderer Art** (Zö/*Lückemann* § 21e GVG Rn 34) oder als ein **Akt gerichtlicher Selbstverwaltung sui generis** (Kissel/Mayer § 21e Rn 105; B/L/A/H § 21e GVG Rn 29; Henkel S. 97; Marquardt S. 74 f), ferner als **multifunktionaler Justizhoheitsakt sui generis** bezeichnet, der zur Sachverteilung wegen der Außenwirkung Rechtsnormqualität und hinsichtlich der Richterverteilung interner Organisationsakt sei (MüKoZPO/*Zimmermann* § 21e GVG Rn 7 u 8; Schorn/Stanicki S. 204; Schilken Rn 371).

86 Die **Rechtsprechung** war dem zunächst gefolgt (BVerwGE 20, 39, 44; VGH Kassel DRiZ 69, 122; VG Freiburg DRiZ 73, 319, 320), ist davon aber alsbald abgerückt (BVerwGE 50, 11, 14f; BayVerfGH NJW 78, 515, 516f; NJW 86, 1673, 1674), während das BVerfG sich der Beantwortung dieser Frage nicht eindeutig gestellt hat (BVerfGE 2, 307, 320; E 17, 294, 299; E 18, 344 ff; schließlich E 95, 322, 325 f).

87 Diese überwiegende Meinung beruht auf der langjährigen Annahme, **aus Art 101 I 2 GG** folge ein **Gesetzesvorbehalt** für die Sachverteilung des Geschäftsverteilungsplans. § 21e und seine Vorgänger haben das Präsidium aber nicht zu einer materiellen Rechtsetzung – Rechtsverordnung, Satzung – ermächtigt. Diesen Widerspruch hat BVerfGE 95, 322 ff nicht aufgeklärt, indem es für die gerichtsinternen Verteilungspläne aus Art 101 I 2 GG nur die Forderung abgeleitet hat, sie müssten Regelungen sein, die wesentliche Merkmale aufweisen, die gesetzliche Vorschriften auszeichnen, also generell-abstrakt sein (BVerfGE 95, 322, 328 f) und in beiden Stufen dem Manipulationsverbot und dem Bestimmtheitsgebot des Art 101 I 2 GG genügen (BVerfGE 95, 322, 329). Indessen **enthält Art 101 I 2 GG nicht einen Gesetzesvorbehalt iSd Art 20 Abs 3 GG**, sondern für die gerichtsinterne Geschäftsverteilung als superordinierte Norm ggü dem Gesetzesvorbehalt des Art 20 Abs 3 GG nur einen abstrakten und dadurch **anderen Gesetzesvorbehalt**, der sich **nicht** auf einen materiellen Rechtssatz, sondern lediglich auf eine **generell-abstrakte Regelung** bezieht, die **nicht die Rechtsnatur eines Gesetzes** iSd Art 20 Abs 3 GG hat (Remus S. 298 f). Damit entfällt die Notwendigkeit einer materiell-gesetzlichen Komponente des Geschäftsverteilungsplans, sodass die Geschäftsverteilung auch nicht materielle Gesetzgebung ist (Remus S. 302). Sie ist vielmehr Gerichtsverwaltung, aber wegen der **gerichtsverfassungsrechtlich** zur Gewaltenteilung für die Geschäftsverteilungstätigkeit der Präsidiumsmitglieder und Spruchkörperrichter garantierten richterlichen Unabhängigkeit **richterliche Selbstverwaltung** durch das (nur) dazu parlamentsgesetzlich (§ 21e und § 21g) **ermächtigte Präsidium** bzw die **Spruchkörper** (Remus S. 311 f; Meyer-Goßner § 21a GVG Rn 1).

88 **D. Richteröffentlichkeit.** Die Richteröffentlichkeit gem Abs 8 S 1 kann das Präsidium durch Beschl sowohl für die Beratungen als auch für die Abstimmungen des Präsidiums und zeitweise oder für die gesamte Dauer zulassen.

I. Grundsatz. Damit hat Abs 8 S 1 am **Grundsatz der Nichtöffentlichkeit** der Präsidiumssitzung (VGH Mannheim NJW 06, 2424, 2426; aA Schorn/Stanicki S. 171f) abw vom ursprünglichen Gesetzesentwurf (BTDrs 14/997, 4 f) festgehalten. 89

Auch wenn die Tätigkeit im Präsidium nicht Rechtsprechung ist, für die § 193 sowie § 43 DRiG unmittelbar gelten, sind die Beratungen und Abstimmungen des Präsidiums entweder wegen der Tätigkeit der Richter im Präsidium in richterlicher Unabhängigkeit oder jedenfalls entsprechend durch § 193 sowie § 43 DRiG zur **Verschwiegenheit** verpflichtet (BVerfG K NJW 08, 909, 910; BGH NJW 95, 2494; VGH Mannheim NJW 06, 2424, 2425f; Kissel/Mayer § 21e Rn 22f; *Kissel* NJW 00, 460, 462; aA Zö/*Lückemann* § 21e GVG Rn 29). Der Grundsatz der Nichtöffentlichkeit zielt nicht darauf ab, etwas zu verbergen (aA Schorn/Stanicki S. 172), sondern darauf, in **offener** Aussprache und Erwägung der Präsidiumsmitglieder eine optimale Richter- und Sachverteilung zur Gewährleistung einer **effizienten Rechtsprechung** des Gerichts zu bewirken, bei der auch die Informationen und Erwägungen zum Komplex der Eignung, Leistung und Befähigung der zu verteilenden Richter, also ihre Leistungsfähigkeit und ihre kollegiale Verträglichkeit redlich anzusprechen sind. Denn das Präsidium trägt die Gewähr dafür, im Interesse einer effizienten Rechtspflege »problematisch besetzte Spruchkörper« zu vermeiden.

II. Zulassung der Öffentlichkeit. Der Grundsatz der Nichtöffentlichkeit kann durch eine pflichtgemäße Ermessensentscheidung des Präsidiums – der Mehrheit der Präsidiumsmitglieder – auf **Antrag** aus der Mitte des Präsidiums oder auch auf Antrag eines dem Gericht, nicht aber dem Präsidium angehörenden Richters durch Zulassung der Richteröffentlichkeit – aber nur der Richter des Gerichts, ungeachtet ihrer aktiven und passiven Wählbarkeit – aufgehoben werden (Kissel/Mayer § 21e Rn 62). Maßgeblich für diese Ermessensentscheidung sind die sachgerechten Erwägungen zum Schutz der **Persönlichkeitsrechte** der Richter, auf die sich die Richterverteilungspflicht des Präsidiums bezieht, über die sich also jedes Mitglied des Präsidiums hinsichtlich der Leistungsfähigkeit und der kollegialen Verträglichkeit zur Gewährleistung des Zwecks der richterlichen Geschäftsverteilung Gedanken machen muss, die folglich auch in freier Rede erörtert werden müssen (Kissel/Mayer § 21e Rn 63). Der Ermessensspielraum der Mitglieder des Präsidiums betrifft auch die **Dauer** der zugelassenen Richteröffentlichkeit (ganz oder zeitweise). 90

Die Kompetenz, die einmal zugelassene Richteröffentlichkeit gem Abs 8 S 2 iVm § 171b zum **Schutz der Persönlichkeitsrechte** eines Richters ganz oder tw wieder aufzuheben, ist konsequent, macht das Procedere aber verdächtig, weil es als Verdeckung diskreditiert werden kann. Eine Zulassung der Richteröffentlichkeit birgt die Gefahr, dass sich Präsidiumsmitglieder oder Interessenfraktionen vor und außerhalb der eigentlichen Präsidiumssitzung abstimmen, sodass es zu einer richteröffentlichen Abstimmung des Präsidiums kommt, **ohne Aussprache** und ohne Verschwiegenheitspflicht, aber eben keineswegs ohne vorherige **geheime Absprache**. Das Streben, den Präsidiumsentscheidungen eine bessere **Transparenz** zu verschaffen (Schorn/Stanicki S. 172; *Kissel* NJW 00, 460, 462), würde verfehlt, erst recht dann, wenn an den vorhergehenden Absprachen nur einzelne, nicht aber alle Präsidiumsmitglieder beteiligt würden, um Mehrheiten zu organisieren. Der Grundsatz der Nichtöffentlichkeit der Präsidiumssitzung schließt ein solches Procedere nicht sicher aus; er ist aber eine wesentliche Rahmenbedingung dafür, dass alle Präsidiumsmitglieder die Präsidiumssitzung als den maßgeblichen Ort der Beratung und Beschlussfassung in pflichtgemäßer Verantwortung für die Rechtsprechung ihres Gerichts anerkennen und wahrnehmen (Remus S. 165 f). 91

E. Veröffentlichung des GVP. Eine Veröffentlichung ist nach Abs 9 Hs 2 ausdrücklich nicht nötig. Erforderlich und genügend ist die Auflegung des Geschäftsverteilungsplans zur Einsichtnahme für Jedermann in einer Geschäftsstelle des Gerichts, die vom Präsidenten oder Aufsicht führenden Richter **im Rahmen seiner Gerichtsverwaltung** – also nicht durch das Präsidium – bestimmt wird. Die Anordnung der Auflegung und die Befreiung von der Veröffentlichungspflicht spiegelt den früheren Streit wider, ob der Geschäftsverteilungsplan materielle Rechtsnorm ist und deshalb zu seiner Wirksamkeit der Veröffentlichung bedarf (BVerwGE 20, 39, 42; Bettermann S. 552). Das Absehen von einer Veröffentlichungspflicht klärte bundesrechtlich, dass die Wirksamkeit auch im Falle des Normencharakters des Geschäftsverteilungsplans nicht von der Veröffentlichung in Gesetzblättern des Bundes oder der Länder abhängig ist (BTDrs VI/557, 23; Schorn/Stanicki S. 168). 92

Die **Wirksamkeit** der Geschäftsverteilung hängt nicht von der Veröffentlichung ab, weil sie keine materielle Rechtsnorm ist (Rz 87). Sie hängt auch nicht von der Auflegung ab, denn sie tritt ein mit der **Beschlussfassung** durch die Mehrheit der Mitglieder des Präsidiums, auch nicht etwa erst mit der **Unterzeichnung** des Präsidiumsbeschlusses. Die Auflegung dient nur der **Bekanntmachung** dessen, was das Präsidium 93 beschlossen hat, insb für die Rechtsuchenden zur Feststellung ihres gesetzlichen Richters und für die Richter des Gerichts zur Feststellung der ihnen zugewiesenen Rechtsprechungsaufgaben.

94 Die Auflegung der Urschrift oder der beglaubigten Abschrift in der **Geschäftsstelle** genügt. Eine im Medienzeitalter mögliche Veröffentlichung im **Internet** oder im **Intranet** ersetzt die Auflegung nicht. Diese moderne Serviceleistung entspricht der Bürgerfreundlichkeit der Gerichte. Die Garantie der **Authentizität** der geltenden Geschäftsverteilung und der Bestimmung des gesetzlichen Richters ergibt sich ausschließlich aus dem aufgelegten Jahresgeschäftsverteilungsplan und den dazu im Geschäftsjahr erlassenen Änderungsbeschlüssen des Präsidiums in der Geschäftsstelle, in die **Jedermann Einsicht** nehmen kann.

95 **F. Rechtsschutz. I. Verfahrensbeteiligte.** Diese können sich auf eine fehlerhafte **Besetzung** des Spruchkörpers und die Entziehung ihres gesetzlichen Richters gem §§ 547 Nr 1, 579 I Nr 1 ZPO oder § 338 Nr 1 StPO berufen. Mängel der **Aufstellung** des Geschäftsverteilungsplans werden dabei inzident im Rechtsmittelverfahren geprüft. Fehler bei der **Wahl** des Präsidiums berühren die Bestimmung des gesetzlichen Richters ausweislich § 21b VI 3 nicht. Gesetz- und verfassungswidrige oder willkürliche **Inhalte** des Geschäftsverteilungsplans können zur Unwirksamkeit des Beschlusses führen (MüKoZPO/*Zimmermann* § 21e GVG Rn 61 f). Solche Anfechtungsgründe unterliegen auch **keinem Rügeverzicht nach § 295 ZPO**, sodass der Anspruch auf den gesetzlichen Richter gewahrt bleibt (BGH ZIP 09, 91 Tz 3, 13; Kissel/Mayer § 21e Rn 120).

96 Der Rechtsuchende kann diese Fehler nur inzident mit der Besetzungsrüge oder nach Erschöpfung des Rechtsweges (§ 90 II BVerfGG) unter Berufung auf Art 3 I iVm Art. 101 I 2 GG mit der Verfassungsbeschwerde rügen, nicht im **Normenkontrollverfahren** nach § 47 VwGO, weil der Geschäftsverteilungsplan kein materielles Gesetz ist (OVG Lüneburg NJW 84, 627; *Renck* NJW 84, 2928; Remus S. 299; MüKoZPO/*Zimmermann* § 21e GVG Rn 64; aA Schorn/Stanicki S. 204).

97 **II. Richter.** Der vom Geschäftsverteilungsplan **betroffene Richter** kann gegen seine den **Gesetzesvorrang** verletzende Zuweisung durch den Präsidiumsbeschluss – etwa der Vorsitzende, dem entgegen § 21f I der Vorsitz in einem Spruchkörper vorenthalten und der nur als Beisitzer mit Rechtsprechungsaufgaben versehen ist – oder wegen **Willkür** (BVerfG K NJW 08, 909, 910) oder **Schikane** im Wege der **Feststellungsklage** nach § 43 VwGO den Verwaltungsrechtsweg beschreiten (BVerwGE 50, 11, 14; E 67, 222; OVG Hamburg NJW 87, 1215; VGH München NJW 94, 2308; Kissel/Mayer § 21e Rn 121; ferner BGHZ 90, 41; zust auch BVerfG K DRiZ 91, 100). Dabei ist er vor dem VG gem § 67 II 2 Nr 2 VwGO selbst vertretungsbefugt, nicht aber vor dem OVG, wenn er nicht Organrechte als Präsidiumsmitglied (Behördenprivileg nach § 67 IV 4 VwGO), sondern nur eigene Rechte geltend macht (SächsOVG DRiZ 11, 292 f). **§§ 23 ff EGGVG** gelten nicht, weil der Präsidiumsbeschluss keine Maßnahme der Justizverwaltung ist (BVerfGE 17, 252, 256; Remus S. 304).

98 Nach der Funktion der Geschäftsverteilung kommt eigentlich nur die Rüge des Eingriffs in die **richterliche Unabhängigkeit** nach § 26 DRiG iVm Art 97 I GG durch den Präsidiumsbeschluss in Betracht. Ob die richterliche Unabhängigkeit durch eine das vorrangige Gesetz verletzende oder eine sachfremde oder willkürliche Beschlussfassung des Präsidiums verletzt wird, ändert am **verletzten Rechtsgut** nichts. In Betracht dieses Schutzgutes besteht eine Sachnähe für die Zuständigkeit der **Richterdienstgerichte**, die aber wegen des Enumerationsprinzips des § 62 DRiG verschlossen sein soll, wenn die Verletzung individueller Rechte des Richters gerügt wird (BVerwG NJW-RR 10, 272 Tz 3, 10; Kissel/Mayer § 21e Rn 122); hier besteht de lege ferenda ein dringender Änderungsbedarf.

99 Als Eingriff in die richterliche Unabhängigkeit – die als hergebrachter Grundsatz des richterlichen Amtsrechts auch zum Schutzbereich des Art 33 V GG gehören dürfte (BVerfG K NJW 08, 909, 910) – lässt sich jede Maßnahme des Präsidiums deuten, die materiell einer Entlassung, einer dauernden oder zeitweisen Amtsenthebung oder einer Versetzung in den Ruhestand gleichkommt, die also faktisch dieselbe Wirkung wie die förmlichen Maßnahmen des Art 97 II 1 GG entfaltet (BVerfGE 17, 252, 259; BVerfG K NJW 08, 909, 910). Demgemäß ist das Präsidium nicht befugt, einen planmäßigen Richter des Gerichts von seiner originären Rechtsprechungsaufgabe fernzuhalten oder auszuschließen, weil es ihn für die Rechtsprechungsaufgabe untragbar, völlig ungeeignet oder unzumutbar einschätzt (BVerfG K NJW 08, 909, 910). Auch wenn ein Richter aus Art 101 I 2 keinen Anspruch darauf hat, einen nach der bisherigen Geschäftsverteilung zu seiner Zuständigkeit gehörenden Rechtsstreit zu entscheiden, sodass er einer entsprechenden Zuständigkeitsänderung durch die richterliche Geschäftsverteilung nicht erfolgreich entgegentreten kann (BVerfGE 15, 298, 301; BVerwG DRiZ 09, 299 Tz 8), so darf das Präsidium auch nicht umgekehrt den Ausschluss eines Richters von der Rechtsprechung bewirken (BVerfG K NJW 08, 909, 910).

III. Klage. Die Feststellungsklage setzt ein **Vorverfahren** voraus (VGH Kassel NJW-RR 10, 1652, 1655; Schorn/Stanicki S. 204; aA 3. Aufl; B/L/A/H § 21e GVG Rn 31; Kissel/Mayer § 21e Rn 122). Sie hat keine **aufschiebende Wirkung**, sodass der Geschäftsverteilungsplan für den Richter verbindlich bleibt, bis seine Rechtswidrigkeit rechtskräftig festgestellt wird. Lediglich **vorläufiger Rechtsschutz** kann ganz oder tw zu einer Außerkraftsetzung des Präsidiumsbeschlusses führen (BVerfG K NJW 08, 909; VGH München NJW 94, 2308; Zö/*Lückemann* § 21e GVG Rn 56). 100

IV. Untätigkeit. Eine **Richterdienstverweigerung** mit der Begründung, die Geschäftsverteilung sei rechtwidrig und greife in seine richterliche Unabhängigkeit ein, stellt eine rechtswidrige Dienstverweigerung des Richters dar, die nach § 26 II DRiG bzw disziplinarrechtlich gewürdigt werden muss. Denn im Feststellungsklageverfahren ist der Rechtsschutz des betroffenen Richters ausreichend gewährleistet. 101

V. Klagegegner. Die richterliche Feststellungsklage ist **gegen das Präsidium**, vertreten durch seinen Präsidenten, zu richten, nicht gegen das Land (OVG Koblenz NJW-RR 08, 579 – gegen das Präsidium als Vereinigung iSd § 61 Nr 2 VwGO; Zö/*Lückemann* § 21e GVG Rn 56a; aA Kissel/Mayer § 21e Rn 123). 102

G. Dienstaufsicht. Der Dienstaufsicht unterliegt das Präsidium – jedes Mitglied des Präsidiums – als richterliches Selbstverwaltungsorgan, für das gerichtsverfassungsrechtlich eine Tätigkeit in richterlicher Unabhängigkeit garantiert ist, genauso – beschränkt – wie die richterliche Tätigkeit iRd Rechtsprechung. Der **Kernbereich** der Tätigkeit der Richter im Präsidium ist einer Einwirkung durch die Dienstaufsicht entzogen (BGHZ 93, 238). Auch hier ist der Kernbereich weit zu fassen und auf alle der Tätigkeit auch nur mittelbar dienenden Entscheidungen zu erstrecken (BGH DRiZ 08, 256, 257). Maßnahmen der Dienstaufsicht in Bezug auf die Beschlussfassung des Präsidiums bleiben denkbar, wenn sie verspätet ist (verzögerliche Amtstätigkeit iSd § 26 II DRiG), wenn sie – nur bei Offenkundigkeit – den Gesetzesvorrang inhaltlich verletzt oder willkürlich ist (Kissel/Mayer § 21e Rn 125; Zö/*Lückemann* § 21e GVG Rn 59; Meyer-Goßner § 21a GVG Rn 1). 103

Gegen diese Maßnahmen der Dienstaufsicht können die **Mitglieder** des Präsidiums nach § 26 III DRiG zum Dienstgericht (§§ 62 I, 78 DRiG) vorgehen (Kissel/Mayer § 21e Rn 125), ebenso das **Präsidium**, vertreten durch den Präsidenten (Zö/*Lückemann* § 21e GVG Rn 59). 104

§ 21f [Vorsitz in den Spruchkörpern]. **(1) Den Vorsitz in den Spruchkörpern bei den Landgerichten, bei den Oberlandesgerichten sowie bei dem Bundesgerichtshof führen der Präsident und die Vorsitzenden Richter.**

(2) [1]Bei Verhinderung des Vorsitzenden führt den Vorsitz das vom Präsidium bestimmte Mitglied des Spruchkörpers. [2]Ist auch dieser Vertreter verhindert, führt das dienstälteste, bei gleichem Dienstalter das lebensälteste Mitglied des Spruchkörpers den Vorsitz.

A. Normzweck. Abs 1 legt mit Gesetzesvorrang für das Präsidium fest, dass es den **Vorsitz** bei den Kollegialgerichten mit dem Präsidenten und den ernannten Vorsitzenden Richtern einschließlich des Vizepräsidenten besetzen muss, und zwar in allen Spruchkörpern, dessen Vorsitz der Präsident nicht gem § 21e I 3 übernommen hat. 1

Abs 2 S 1 verpflichtet das Präsidium darüber hinaus, auch den **Stellvertreter im Vorsitz** des Spruchkörpers bei Verhinderung des Vorsitzenden im Geschäftsverteilungsplan individuell zu bestimmen, und zwar mit dem für diese Aufgabe am besten geeigneten Richter (BGH NJW 09, 931 Tz 9). Abs 2 S 2 bestimmt das **Anciennitätsprinzip** des Dienstalters und des Lebensalters für die weitere Vertretung hinter dem benannten Vertreter.

Die Norm soll gewährleisten, dass die hervorgehobene Stellung des Vorsitzenden durch entsprechend qualifizierte Richter ausgeübt wird (BGH NJW 09, 381 Tz 13; BGH NJW 09, 931 Tz 7–10), so dass eine mit der **Bestenauslese** des Art 33 II GG in der Beförderung präsumtiv gewährleistete richterliche Erfahrung im Vorsitz der Spruchkörper dafür sorgt, dass die **Rechtsprechung des Spruchkörpers** von optimaler Qualität, innerhalb des Spruchkörpers widerspruchsfrei und effizient ist und dadurch eine einheitliche Richtung der Rechtsprechung entsteht (BGH NJW 92, 46). Eine **Ausnahme** bildet dazu nur § 106 für die auswärtige KfH. Auch für vorübergehend (zur Dauer: BGH NJW 86, 144, 145) gebildete Spruchkörper – Hilfskammern oder Hilfssenate – soll das nicht gelten (BGH NJW 86, 144, 145), was nicht durch den Zweck der Norm begründbar, aber dadurch unvermeidbar erscheint, dass für diese vorübergehend eingerichteten Hilfsspruchkörper, die bei Großverfahren neben dadurch kapazitär erschöpfte Spruchkörper treten müs- 2 sen, weitere Vorsitzende Richter oft nicht verfügbar sind. Will das Präsidium das Risiko der Prognose über die zulässige Dauer des Hilfsspruchkörpers vermeiden, soll es der Zwickmühle entgehen können, indem es dem Hilfsspruchkörper denselben Vorsitzenden wie dem entlasteten ordentlichen Spruchkörper zuweist, zugleich aber den Vorrang des ordentlichen Spruchkörpers anordnet, sodass der Vorsitzende des Hilfsspruchkörpers ggf nach Abs 2 verhindert und durch den benannten Vertreter im Vorsitz zu vertreten wäre (Meyer-Goßner § 21 f GVG Rn 13); das erscheint mit Blick auf Art 101 I 2 GG aber bedenklich.

3 **B. Regelungsgehalt. I. Vorsitz.** Abs 1 betrifft den Vorsitz im Spruchkörper, im überbesetzten Spruchkörper jeder Sitzgruppe, sodass eine Sitzgruppe ohne den Vorsitzenden nicht zulässig ist.

4 Den Spruchkörpern, denen sich der Präsident nicht nach § 21e I 3 angeschlossen hat, muss das Präsidium (BGH NJW 09, 931 Tz 9) Vorsitzende Richter als Vorsitzende zuweisen. Der Vorsitzende Richter muss grds ein entsprechendes Richteramt bei diesem Gericht innehaben. Abs 1 schließt aber nicht aus, dass der Vorsitz in einem Spruchkörper durch einen Vorsitzenden Richter eines anderen Gerichts geführt wird, der gem § 37 DRiG abgeordnet ist. Erforderlich ist nur, dass der Richter im Zuweisungs- und Abordnungszeitpunkt bereits Vorsitzender Richter eines instanzgleichen oder höheren Gerichts ist (BGH NJW 09, 381 Tz 10, 13). Die Justizverwaltung muss mindestens so viele Spruchkörper einrichten, wie das Gericht einschließlich des Präsidenten und des Vizepräsidenten Vorsitzende Richter hat. Jeder dieser Vorsitzenden Richter hat Anspruch auf mindestens einen Spruchkörpervorsitz (ThoPu/*Hüßtege* § 21f GVG Rn 3). Eine Besetzung mit mehreren Vorsitzenden im selben Spruchkörper ist mit Abs 1 unvereinbar und verletzt Art 101 I 2 GG (BGH NJW 55, 103), wenn der Spruchkörper nicht überbesetzt ist; anderenfalls ist Abs 1 gem § 21g bei der Bestimmung der Vorsitzenden der Sitzgruppen des überbesetzten Spruchkörpers zu beachten. Gemäß § 21e I 4 kann der Vorsitzende Richter eines Spruchkörpers daneben aber einem **anderen** Spruchkörper als Vertreter oder weiteres Mitglied zugewiesen werden (BGH NJW 84, 129; Zö/*Lückemann* § 21f GVG Rn 10).

5 Da die Anzahl der Spruchkörper nach dem Umfang der Belastung des Gerichts ermittelt wird, bestehen oft mehr Spruchkörper als Vorsitzende Richter vorhanden sind. Deshalb kann jeder Vorsitzende Richter gem § 21e I 4 **mehreren Spruchkörpern** als Vorsitzender zugewiesen werden (BGH NJW 67, 1566). Zur Besetzung des Vorsitzes mit »NN« s. § 21e Rz 17.

6 **II. Verteilungsermessen.** Werden einem Vorsitzenden Richter gem § 21e I 4 mehrere Spruchkörper zugewiesen, so muss das Präsidium im Rahmen dieser Ermessensentscheidung mit Blick auf die Leistungs- und Belastungsfähigkeit dieses Vorsitzenden gewährleisten, dass er in allen Spruchkörpern seinen **richtungsweisenden Einfluss auf die Güte und Stetigkeit der Rechtsprechung** ausüben kann (BGHZ 37, 210, 213; BSG NJW 07, 2717, 2718; BGH NJW 09, 931 Tz 7, 8, 9). Dazu gehört für den Vorsitzenden, die Rechtsprechung seiner Spruchkörper und Sitzgruppen im Hinblick auf die Rechtsprechung anderer Spruchkörper desselben Gerichts in der gleichen Rechtsmaterie zu beobachten und gerichtsinterne **Widersprüche der Rechtsprechung** aufzudecken und zu vermeiden. Denn zur Effizienz der Rechtsprechung gehört es auch, dass zumindest dasselbe Gericht dieselbe Rechtsfrage in unterschiedlichen Spruchkörpern nicht dauerhaft unterschiedlich beantwortet. Der richtungsweisende Einfluss des Vorsitzenden ist also nach der insgesamt durch die Geschäftsverteilung bewirkten dienstlichen Belastung sowie unter Berücksichtigung seiner individuellen Leistungsfähigkeit zu ermessen. Feste Quoten der Eigenleistung als Vorsitzender – nach BGHZ 37, 210, 217 zB 75 % – scheinen zweifelhaft.

7 Die Aufgabe, den richtungsweisenden Einfluss zu wahren, ist durch den Vorsitzenden des Spruchkörpers im Hinblick auf den **originären Einzelrichter** des § 348 ZPO kaum noch zu gewährleisten; Abhilfe kann hier nur im Wege eines gerichtsinternen oder eines spruchkörperinternen **Richterspruchumlaufs** oder eines **Kolloquiums** der Spruchkörpermitglieder erfolgen.

8 **III. Verhinderung.** Abs 2 betrifft nur die **vorübergehende Verhinderung** des Vorsitzenden, nicht dessen dauernde Verhinderung (BGHZ 164, 87, 90; dazu § 21e Rz 47–50), für die Handlungsbedarf nach § 21e III 1 bestünde. Diese Änderungsentscheidung des Präsidiums gem § 21e III 1 geht der Regelung nach Abs 2 S 1 vor (BGH NJW 09, 931 Tz 14).

9 Der Stellvertreter des Vorsitzenden muss nach Abs 2 S 1 **ständiges Mitglied des Spruchkörpers** sein. Er muss Richter auf **Lebenszeit** sein (§ 28 II 2 DRiG). Er kann aber **abgeordneter Richter** (§ 37 DRiG, Kissel/Mayer § 21f Rn 12) oder zum Mitglied des Spruchkörpers gem § 78b II **bestellter Richter** eines AG sein. Der nach § 21e I 2 bestimmte Vertreter des Spruchkörpers ist nicht ständiges Spruchkörpermitglied, sodass im Falle der Verhinderung des benannten Vertreters des Vorsitzenden dessen Vertretung nach Abs 2 S 2 – der Anciennität – eintritt, worauf der Spruchkörper fremde Vertreter keinen Einfluss hat.

Abs 2 S 2 ist nur eine Auslegungsregel und zwingt das Präsidium nicht (Zö/*Lückemann* § 21f GVG Rn 6; aA Schorn/Stanicki S. 80). Das Präsidium kann die Reihenfolge der Spruchkörperbesetzung also unabhängig von Abs 2 S 2 frei bestimmen, muss dabei aber die Reihenfolge der Vertretung festlegen (Hamm NStZ-RR 04, 146). 10

Ist der Spruchkörper nur mit einem Berufsrichter zu besetzen (KfH), so ist Abs 2 nicht einschlägig. Diese Vertretung muss das Präsidium nach § 21e I 1 geregelt haben. 11

§ 21g [Geschäftsverteilung innerhalb der Spruchkörper]. **(1) [1]Innerhalb des mit mehreren Richtern besetzten Spruchkörpers werden die Geschäfte durch Beschluss aller dem Spruchkörper angehörenden Berufsrichter auf die Mitglieder verteilt. [2]Bei Stimmengleichheit entscheidet das Präsidium.**

(2) Der Beschluss bestimmt vor Beginn des Geschäftsjahres für dessen Dauer, nach welchen Grundsätzen die Mitglieder an den Verfahren mitwirken; er kann nur geändert werden, wenn es wegen Überlastung, ungenügender Auslastung, Wechsels oder dauernder Verhinderung einzelner Mitglieder des Spruchkörpers nötig wird.

(3) Absatz 2 gilt entsprechend, soweit nach den Vorschriften der Prozessordnungen die Verfahren durch den Spruchkörper einem seiner Mitglieder zur Entscheidung als Einzelrichter übertragen werden können.

(4) Ist ein Berufsrichter an der Beschlussfassung verhindert, tritt der durch den Geschäftsverteilungsplan bestimmte Vertreter an seine Stelle.

(5) § 21i Abs. 2 findet mit der Maßgabe entsprechende Anwendung, dass die Bestimmung durch den Vorsitzenden getroffen wird.

(6) Vor der Beschlussfassung ist den Berufsrichtern, die von dem Beschluss betroffen werden, Gelegenheit zur Äußerung zu geben.

(7) § 21e Abs. 9 findet entsprechende Anwendung.

A. Normzweck. § 21g ist durch das »Gesetz zur Stärkung der Unabhängigkeit der Richter und Gerichte« v 22.12.99 (BGBl I, 2598 f) neugefasst mit dem Ziel, Privilegien und das Gestaltungsermessen der Vorsitzenden Richter abzuschaffen, die als Hindernisse auf dem Weg des Wandels der Justiz ideologisiert wurden (BTDrs 14/979, 4). Abgeschafft wurde der Quotenvorbehalt für die wählbaren Vorsitzenden in § 21a II sowie der Stichentscheid des Vorsitzenden des Präsidiums durch § 21e VII 1 (*Kissel* NJW 00, 460, 461: »Vorsitzenden-Dämmerung«). Das Kernstück ist § 21g, der die ratio des Plenarbeschlusses BVerfGE 95, 322 ff umsetzt, die spruchkörperinterne Geschäftsverteilung spiegelbildlich zu § 21e regelt und vermeidbares Ermessen des Vorsitzenden beseitigt. An dessen Stelle ist der Mehrheitsbeschluss der Mitglieder des Spruchkörpers getreten. 1

Die **spruchkörperinterne Geschäftsverteilung** unterliegt dem **Gesetzesvorrang** ebenso wie das Präsidium, was aus Art. 20 III GG folgt. Eine **Allzuständigkeit** des Spruchkörperplenums in eigenen Angelegenheiten besteht nicht. Ermächtigungsgrundlage für die spruchkörperinterne Geschäftsverteilung sind Abs 1 S 1 und Abs 2 Hs 1, deren Inhalt auch die **Grenzen** der Kompetenz des Plenums bestimmt. 2

Abgrenzungsschwierigkeiten kann es geben zwischen der Reichweite der Anordnungsbefugnis des Präsidiums nach § 21e und der Regelungsbefugnis des Spruchkörperplenums nach § 21g. Hier gilt nicht das Prinzip der kommunizierenden Röhren, sondern der Vorrang der Anordnungen des Präsidiums im Geschäftsverteilungsplan nach § 21e I, die für das Spruchkörperplenum Bindungswirkung entfalten. Enthält der Präsidiumsbeschluss im Regelungsbereich des § 21e I oder IV eine Lücke, darf das Spruchkörperplenum diese nicht schließen. Es muss die Lückenschließung im Geschäftsverteilungsplan des Präsidiums herbeiführen. Enthält der Präsidiumsbeschluss eine zu weit gehende Anordnung iSd § 21e I, bindet dies gleichwohl das Plenum des Spruchkörpers, sodass es eine widersprechende (rechtmäßige) spruchkörperinterne Geschäftsverteilung nicht treffen darf. Vielmehr muss es das Präsidium um Änderung der zu weit gehenden Geschäftsverteilung ersuchen. Das System erscheint austariert. 3

B. Regelungsgehalt. Die Norm spiegelt tw wortgleich, aber nicht vollständig § 21e wider. Nicht erwähnt ist der Grundsatz der Nichtöffentlichkeit abw von § 21e VIII. Eine Beschlussfähigkeit iSv § 21i I ist nicht geregelt, weil eine Beschlussunfähigkeit wegen der Vertretung nach dem Geschäftsverteilungsplan nicht eintreten kann; erst bei Verhinderung aller planmäßigen Spruchkörpermitglieder einschließlich der geschäfts- 4 verteilungsplanmäßigen ernannten oder bestimmbar geregelten (vgl Rz 26) Vertreter entscheidet der Vorsitzende nach Abs 5 in Wahrnehmung seiner Notkompetenz nach § 21i II.

5 **I. Kompetenzen des Spruchkörperplenums. 1. Plenum.** Im Spruchkörper entscheidet das richterliche Spruchkörper**plenum**, also **alle** diesem Spruchkörper durch den Geschäftsverteilungsplan des Präsidiums zugewiesenen Richter, ungeachtet der Art des Richteramtes (auf Probe; kraft Auftrags; abgeordnet) oder der vom Präsidium jeweils bestimmten Arbeitskraftanteile, wenn ein Richter teilzeitbeschäftigt oder nach § 21e I 3 mehreren Spruchkörpern zugewiesen ist. Die Arbeitskraftquote hat also keinen Einfluss auf den Zählwert der Stimme.

6 Am Beschl wirken die dem Spruchkörper zugewiesenen **Berufsrichter** mit, also nicht die Handelsrichter, die Schöffen oder die Landwirtschaftsrichter oder sonstige ehrenamtliche Richter, wohl aber die zugewiesenen Verwaltungsrichter in den Kammern und Senaten für Baulandsachen.

7 **2. Spruchkörperreduzierung.** Das Spruchkörperplenum hat, wenn es nicht mit der Mindestzahl der in den Verfahrensordnungen für die Rechtsprechung der Kammern oder Senate gesetzlich vorgeschriebenen Richter (**Festzahlspruchkörper**), sondern **überbesetzt** ist, aus der Summe der vorhandenen Richterköpfe die nach der Verfahrensordnung vorgeschriebene Richterbank der Kammern und Senate einzurichten, mithin die so genannten **Sitzgruppen** zu bilden.

8 Das Präsidium ist an die durch Art 101 I 2 GG gebotenen **Grenzen der Überbesetzung** des Spruchkörpers gebunden: Er darf nicht in zwei personell voneinander verschiedenen Sitzgruppen gleichzeitig sitzen **oder** in drei Sitzgruppen, die aus dem Vorsitzenden und jeweils verschiedenen Beisitzern bestehen, entscheiden können (BVerfGE 17, 294, 301; E 18, 344, 349; Zö/*Lückemann* § 21e GVG Rn 9: also max 4 Beisitzer).

9 Maßgeblich für das Präsidium ist dabei die **Regelbesetzung** (§§ 75, 76 I) der Sitzgruppe, nicht die Möglichkeit der Reduktion der Richterbesetzung gem § 76 II (BVerfG NJW 04, 3482).

10 Maßgeblich für die Überbesetzung ist die **Anzahl** der Richter, nicht deren Arbeitskraftanteile. Eine fehlerhafte Überbesetzung ist verbindlich, muss vom Spruchkörper aber beim Präsidium gerügt werden.

11 Jede Sitzgruppe ist »die Kammer« bzw »der Senat« und trägt dieselbe Bezeichnung wie der gesamte Spruchkörper im Geschäftsverteilungsplan (Zivilkammer 1/Strafkammer 2), weil das Präsidium die Sitzgruppeneinrichtung innerhalb des überbesetzten Spruchkörpers nach § 21e I nicht anordnen darf.

12 **3. Sachverteilung.** Die **Sachverteilung** durch das Plenum des Spruchkörpers bezieht sich auf alle richterlichen Geschäfte, die das Präsidium diesem Spruchkörper im Präsidiumsbeschluss bindend zugewiesen hat. Die **Methoden** der Sachverteilung sind dem Spruchkörperplenum nicht vorgegeben. Es muss nur die vom Präsidium zugewiesenen Geschäfte **komplett** verteilen. Die Methode der Sachverteilung durch das Präsidium muss das Spruchkörperplenum nicht übernehmen; das Plenum kann die zugewiesenen Geschäfte nach Sachgebieten, speziellen Rechtsmaterien, Anfangsbuchstaben oder Örtlichkeiten verteilen, ebenso auch nach Endziffern der im Spruchkörper eingehenden Sachen.

13 Im **überbesetzten** Spruchkörper muss die Sachverteilung auf die **Sitzgruppen** nach sachlichen oder örtlichen Kriterien oder im Gefolge einer Endnummernverteilung auf die Richter erfolgen, die der Sitzgruppe zugewiesen sind. Entscheidend ist, dass **alle** vom Präsidium zugewiesenen **Geschäfte** des Spruchkörpers **restlos** auf die Sitzgruppen und deren Richter verteilt werden.

14 **4. Vorsitz.** Der **Vorsitz** im Spruchkörper ist durch den Präsidiumsbeschluss mit dem Gesetzesvorrang nach § 21f I gem § 21e I individualisiert festgelegt. Das gilt auch nach § 21f II hinsichtlich der im Geschäftsverteilungsplan zu **benennenden Vertretung** des Vorsitzenden (BGH NJW 09, 931 Tz 14); erst danach gilt die dem **Anciennitätsprinzip** folgende Vertretung.

15 § 21g I erlaubt dem Plenum nicht, diese Anordnung des Präsidiums abzuändern oder zu umgehen. Im Hinblick auf die Besetzungsvorschriften der Verfahrensordnungen, die mit Gesetzesvorrang binden, muss die spruchkörperinterne Geschäftsverteilung auch jede Sitzgruppe mit dem benannten Vorsitzenden Richter besetzen; sie darf also nicht regulär eine Sitzgruppe allein unter dem Vorsitz des geschäftsverteilungsplanmäßigen Stellvertreters einrichten. Diese unter Belastungsgesichtspunkten denkbare Besetzung einer Sitzgruppe kann also nur im Falle der tages- und terminsstundengleichen Terminierung mehrerer Sitzgruppen des Spruchkörpers und der daraus resultierenden Notwendigkeit der Vertretung des benannten Vorsitzenden in der nachrangigen Sitzgruppe eintreten, sofern darin nicht eine Umgehung des § 21f gesehen werden muss.

5. Einzelrichter. Zur Geschäftsverteilung gehört nach Abs 1 S 1 auch die Bestimmung des **Einzelrichters,** und zwar sowohl des originären nach § 348 ZPO als auch des obligatorischen nach § 348a ZPO. Hat das Präsidium die in § 348 I 1 ZPO gesetzlich bestimmte Zuständigkeit des originären Einzelrichters nicht nach § 348 I 2 Nr 2 ZPO aufgehoben, ist der Spruchkörper nach dem Vorrang des Gesetzes (§ 348 I 1 ZPO) hieran gebunden. Allerdings kann der originäre Einzelrichter die Sache (nicht dem »Spruchkörper«, sondern nur) der Kammer/dem Senat, bei Überbesetzung des Spruchkörpers der **Sitzgruppe**, der er zugewiesen ist, vorlegen. Deshalb muss die Sachverteilung auf die Sitzgruppen und Richter nach dem **Vorherigkeitsprinzip**, dem **Bestimmtheitsgebot** und dem **Manipulationsverbot** des Art 101 I 2 GG festlegen, wer originärer Einzelrichter und im Falle der Übertragung nach § 348a I ZPO obligatorischer Einzelrichter in welcher Sache sein wird. 16

Nach Abs 3 iVm 2 muss dies auch für die Bestimmung des nur **vorbereitenden** Einzelrichters gem § 527 I ZPO gelten, der gem § 527 IV ZPO zum entscheidenden Einzelrichter **werden kann**, wenn die Parteien damit einverstanden sind. Der nur vorbereitende Einzelrichter wird aber durch das Einverständnis der Parteien noch nicht zum ausschließlich zuständigen gesetzlichen Richter, weil die Parteien auf die anderen gesetzlichen Richter des Spruchkörpers nicht wirksam verzichten können. Das Einverständnis entzieht also die übrigen gesetzlichen Richter nicht. Der vorbereitende Richter wird auch nicht anstelle des Spruchkörpers zur Einzelrichter-Entscheidung verpflichtet (BGH FamRZ 09, 1044 Tz 17); entscheidet er sich, die Sache »auch im Übrigen« als Einzelrichter zu entscheiden, macht er von der im Übertragungsbeschluss des Berufungsgerichts nach § 527 I 1 ZPO enthaltenen Ermächtigung, nach § 527 IV ZPO auch iÜ zu entscheiden, Gebrauch. 17

6. Berichterstatter. Die Bestimmung des **Berichterstatters** obliegt ebenfalls dem Beschl des Richterplenums, nicht dem Ermessen des Vorsitzenden (aA BGH NJW 09, 931 Tz 9; Kissel/Mayer § 21g Rn 41; Meyer-Goßner § 21g GVG Rn 2). Zwar gibt es einen »gesetzlichen Berichterstatter« nicht (BGHSt 21, 250; BVerfGE 95, 322, 331); durch die Neufassung des § 21g ist jedoch die Beschlusskompetenz des Spruchkörperplenums an die Stelle des diskreditierten Ermessens des Vorsitzenden gesetzt worden, um den Verdacht der Manipulation zu vermeiden. Jedenfalls im **überbesetzten Spruchkörper**, in dem das Richterplenum die Reduktion auf die Sitzgruppe und deren individuelle Besetzung einschließlich der vorherigen Bestimmung des konkreten originären oder obligatorischen Einzelrichters durch Beschl bestimmen muss, ist für ein Ermessen des Vorsitzenden zur Bestimmung des Berichterstatters kein Raum (Kissel/Mayer § 21g Rn 42). 18

Die Bestimmung des **beauftragten Richters** (§§ 361, 358a ZPO) oder des beauftragten oder ersuchten Güteverhandlungsrichters (§ 278 V 1 ZPO; vgl vor §§ 21a ff Rz 18) fällt nicht unter § 21g, weil sie eine Prozessentscheidung der Sitzgruppe ist. Weder § 21g noch dem Kollegium der Sitzgruppe unterfällt die Bestimmung des **vorbereitenden Richters** nach § 273 II ZPO, die im Ermessen des Vorsitzenden geblieben ist (Kissel/Mayer § 21g Rn 43, 44). 19

7. Mehrheitsbeschluss. Die Geschäftsverteilung erfolgt durch einen **Mehrheitsbeschluss** der dem Spruchkörper vom Präsidium zugewiesenen Mitglieder. Dieser bedarf der Schriftform; er kann von einem mitwirkenden Richter auch nachträglich unterschrieben werden (BGH FamRZ 09, 1044 Tz 10, 11). Bei Stimmengleichheit liegt kein Vertretungsfall vor, sodass eine Vertretung nach Abs 4 nicht stattfindet. Vielmehr muss nach Abs 1 S 2 im Falle der **Stimmengleichheit** das Präsidium ganz oder tw über die spruchkörperinterne Geschäftsverteilung beschließen, und zwar ultima ratio durch den Präsidenten als Vorsitzenden des Präsidiums im Rahmen seiner Notkompetenz nach § 21i II 1, der die spruchkörperinterne Geschäftsverteilung schriftlich niederzulegen (§ 21i II 2) und dem Präsidium unverzüglich zur Kenntnis bzw Änderung vorzulegen hat (§ 21i II 3). Ein Stillstand der Rechtsprechung im Spruchkörper mangels spruchkörperinterner Geschäftsverteilung ist damit ausgeschlossen. 20

II. Grundsätze der Geschäftsverteilung. Hier gilt nach Abs 2 Hs 1 wie nach § 21e I 2 der Grundsatz der **Vorherigkeit** und der **Stetigkeit** für die Dauer des Geschäftsjahres. Das Geschäftsjahr ist durch das Präsidium bestimmt, woran der Spruchkörper gebunden ist. 21

Dieser Vorherigkeitsgrundsatz – vor Beginn des Geschäftsjahres – führt im Falle der (vollständigen) Neubesetzung des Spruchkörpers durch das Präsidium dazu, dass die alsbald ausscheidenden Richter des Spruchkörperplenums den sie nicht mehr betreffenden Beschl über die Sachverteilung und nach Abs 3 auch die Einzelrichterbestimmung für das folgende Geschäftsjahr fassen müssen und den durch das Präsidium bereits bestimmten und dadurch zukünftig betroffenen Richtern des Spruchkörpers nach Abs 6 Gelegen- 22 heit zur Äußerung zu geben ist. Dieser Äußerung – die von den zukünftigen Richtern durch einen mit eigener Mehrheit beschlossenen Entwurf der spruchkörperinternen Sach- und Richterverteilung erfolgen könnte – wird hohes Gewicht beizumessen sein, weil die Befugnis des mit Beginn des Geschäftsjahres zuständigen Spruchkörperplenums zur Änderung des Beschlusses nach Abs 2 Hs 2, Abs 3 beschränkt ist (vgl Rz 25).

23 Abs 2 Hs 1 ermächtigt das Spruchkörperplenum darüber hinaus, zu bestimmen, **nach welchen Grundsätzen** seine Mitglieder an den Verfahren mitwirken. Zu diesen Grundsätzen gehört trotz kritischer Erwägungen zur Wertungsoffenheit dieses Begriffs (*Kissel* NJW 00, 460, 463) die Regelung der **Vertretung** der Spruchkörpermitglieder, auch in der Sitzgruppe sowie in der Funktion des Einzelrichters. Diese **interne** Vertretungsregelung geht der Vertretungsregelung des Präsidiums nach § 21e I 1 vor.

24 Bei der spruchkörperinternen Vertretungsregelung ist zu bedenken, dass der **originäre Einzelrichter** auf Lebenszeit – anders als der obligatorische – nicht von einem unterjährig tätigen **Proberichter** (§ 348 I 2 Nr 1 ZPO) vertreten werden kann; an dessen Stelle soll dann generell die Sitzgruppe (Kammer/Senat) zur Vertretung zuständig sein (*Stackmann* JuS 08, 129, 131), sofern nicht das Spruchkörperplenum klugerweise in den Mitwirkungsgrundsätzen nach Abs 2 Hs 1 bestimmt hat, dass der wegen Unterjährigkeit zur Vertretung des originären Einzelrichters inhabile Proberichter solange, wie die Unterjährigkeit dauert, durch ein benanntes Mitglied des Spruchkörpers, das nicht mehr unterjährig ist, als Einzelrichter vertreten wird.

25 **III. Änderungen.** Änderungen der spruchkörperinternen Geschäftsverteilung sind nach Abs 2 Hs 2 nur unter den gleichlautenden Voraussetzungen des § 21e III 1 zulässig (vgl § 21e Rz 35 ff) und zu dokumentieren (vgl § 21e Rz 40). Ergänzend bestimmt Abs 3 für Abs 2 Hs 2, dass auch die Änderungen der Bestimmung der Übertragung von **Einzelrichter**sachen nur unter diesen engen Bedingungen erfolgen dürfen. Die »Übertragung« der Einzelrichtersache erfasst die Fälle des obligatorischen Einzelrichters nach § 348a ZPO. Der nachträglich eingeführte originäre Einzelrichter nach § 348 ZPO ist von Abs 3 nicht ausdrücklich erfasst; Abs 3 muss aber auch die Geschäftsverteilung nach § 348 ZPO beschränken (Remus S. 160 f).

26 **IV. Vertretung bei der Geschäftsverteilung.** Diese findet nach Abs 4 durch den im Geschäftsverteilungsplan des Präsidiums bestimmten Vertreter statt. Sowohl im regelbesetzten wie auch im überbesetzten Spruchkörper wirkt an der Geschäftsverteilung und der Änderung der Geschäftsverteilung also (grds) immer das vollständige Plenum, notfalls mit seinem geschäftsverteilungsplanmäßigen Vertreter zusammen. Da die Vertretungsregelung im Geschäftsverteilungsplan des Präsidiums durch benannte und hilfsweise nach abstrakten Kriterien bestimmte, aber unbenannte Vertreter stattfinden muss, ist der Spruchkörper nach Abs 4 immer beschlussfähig, ausgenommen im Falle der Gefahr im Verzug nach Abs 5 iVm § 21i II, wenn nur der Vorsitzende des Spruchkörpers noch vorhanden ist, sodass dieser die Notkompetenz ausübt. Abs 4 ist intrasystematisch konsequent, begegnet aber Kritik (Meyer-Goßner GVG Rn 7); muss das Präsidium nach Abs 4 und Abs 1 S 2 entscheiden, kann es für das folgende Geschäftsjahr eine andere Richterverteilung nach § 21e I 1 erwägen.

27 **V. Anhörung.** Die **Anhörung** der Berufsrichter des Spruchkörpers regelt Abs 6. Da der Beschl alle Mitglieder des Spruchkörpers »betrifft«, sind alle anzuhören, idR iRd Beschlussfassung. Die durch das Präsidium benannten Vertreter zählen nicht zu den »Betroffenen« des spruchkörperinternen Geschäftsverteilungsbeschlusses, sie sind also nicht nach Abs 6 zu hören. Sinnvoll ist die Anhörungspflicht speziell dann, wenn ein Richter dem Spruchkörper erst in der Zukunft wirksam zugewiesen ist, das Spruchkörperplenum aber schon vor diesem Zuweisungszeitpunkt die zukünftige Geschäftsverteilung beschließen will; dann muss es das zukünftige Mitglied des Spruchkörpers als den davon Betroffenen hören (MüKoZPO/*Zimmermann* § 21g GVG Rn 16; Remus S. 162).

28 **VI. Auflegung.** Nach Abs 7 findet die **Auflegung** nach § 21e IX statt, also ohne Veröffentlichung, aber in einer Geschäftsstelle des Gerichts, die nicht durch den Vorsitzenden des Spruchkörpers, sondern durch den Präsidenten des Gerichts zu bestimmen ist, damit das Zusammenwirken von präsidialer und spruchkörperinterner Geschäftsverteilung deutlich und einheitlich einsehbar ist. Hinsichtlich der Veröffentlichung im Internet vgl § 21e Rz 94.

29 **C. Rechtsnatur.** Die Rechtsnatur des Beschlusses des Plenums über die spruchkörperinterne Geschäftsverteilung – Einrichtung der Sitzgruppen, Richterverteilung, Sachverteilung – kann nicht anders als die Rechtsnatur des Geschäftsverteilungsplans des Gerichts nach § 21e beurteilt werden, denn die Geschäftsver-

teilung durch das Spruchkörperplenum ist spiegelbildlich im Kleinen dasselbe wie die Geschäftsverteilung durch das Präsidium; vgl § 21e Rz 82 ff.

D. Beschlussfassung. Die **Nichtöffentlichkeit** der Beschlussfassung durch das Spruchkörperplenum ist abw von § 21e VIII nicht ausdrücklich geregelt. Da es sich wie beim Präsidium um eine Gremienentscheidung in richterlicher Unabhängigkeit handelt, die grds nicht öffentlich ist (BVerfG K NJW 08, 909, 910), ist auch die Beschlussfassung im Spruchkörperplenum nichtöffentlich. § 21e VIII gilt nicht analog. 30

E. Rechtsschutz. Siehe grds § 21e Rz 95 ff. Ungeklärt ist aber, ob der von der spruchkörperinternen Geschäftsverteilung betroffene und in seiner richterlichen Unabhängigkeit verletzte Richter sich deshalb an das **Präsidium** mit der Bitte um Abhilfe wenden kann. Das erscheint zweifelhaft, weil insoweit für das Präsidium ein Änderungsgrund gem § 21e III 1 jedenfalls im laufenden Geschäftsjahr nicht besteht. Das Präsidium ist auch nicht **Rechtsbehelfsinstanz** oder **Aufsichtsbehörde** ggü dem Spruchkörperplenum; seine Entscheidungskompetenz im Internum des Spruchkörpers ist vielmehr gem § 21g I 2 ausdrücklich auf den Fall der Stimmengleichheit beschränkt. 31

§ 21h [Vertretung des Präsidenten und des Aufsicht führenden Richters].

[1]Der Präsident oder Aufsicht führende Richter wird in seinen durch dieses Gesetz bestimmten Geschäften, die nicht durch das Präsidium zu verteilen sind, durch seinen ständigen Vertreter, bei mehreren ständigen Vertretern durch den dienstältesten, bei gleichem Dienstalter durch den lebensältesten von ihnen vertreten. [2]Ist ein ständiger Vertreter nicht bestellt oder ist er verhindert, wird der Präsident oder Aufsicht führende Richter durch den dienstältesten, bei gleichem Dienstalter durch den lebensältesten Richter vertreten.

A. Normzweck. Diese Regelung erfasst die Aufgaben des Präsidenten bzw des Aufsicht führenden Richters iRd gerichtlichen Selbstverwaltung durch das Präsidium, soweit sie nicht durch das Präsidium selbst zu verteilen sind (BGH NJW 74, 509). Er wird vertreten durch seinen ständigen Vertreter (Vizepräsidenten), bei mehreren ständigen Vertretern in der Reihenfolge des Dienstalters bzw des Lebensalters. Dieselbe Anciennitätsregel gilt gem S 2, wenn ein ständiger Vertreter nicht bestellt oder er verhindert ist. 1

Die Vertretung umfasst den **Vorsitz** im Präsidium (§ 21c I 1), und zwar auch den Vorsitz im Gesamtpräsidium nach §§ 22a, 21a II Nr 5. Sie erstreckt sich auch auf die Wahrnehmung der **Notkompetenz** gem § 21i II und die **Anschlussentscheidung** nach § 21e I 3. 2

Für die **Rechtsprechungstätigkeit** des Präsidenten gilt § 21h nicht, sondern § 21f II. Die Norm gilt auch nicht für die Vertretung in den Aufgaben der **Gerichts- und Justizverwaltung**, die nicht durch das GVG verteilt sind, sondern durch die AGGVG (Zö/*Lückemann* § 21h GVG Rn 3). 3

§ 21i [Beschlussfähigkeit des Präsidiums].

(1) Das Präsidium ist beschlussfähig, wenn mindestens die Hälfte seiner gewählten Mitglieder anwesend ist.

(2) [1]Sofern eine Entscheidung des Präsidiums nicht rechtzeitig ergehen kann, werden die in § 21e bezeichneten Anordnungen von dem Präsidenten oder Aufsicht führenden Richter getroffen. [2]Die Gründe für die getroffene Anordnung sind schriftlich niederzulegen. [3]Die Anordnung ist dem Präsidium unverzüglich zur Genehmigung vorzulegen. [4]Sie bleibt in Kraft, solange das Präsidium nicht anderweit beschließt.

A. Normzweck. Bei Anwesenheit der Hälfte seiner **gewählten** Mitglieder (§ 21a II Nr 1–4) ist das Präsidium beschlussfähig, wenn der Vorsitzende oder sein Vertreter nach § 21c I 1 iVm § 21h anwesend ist. Denn der Präsident wird gem § 21h S 1 vertreten, nicht aber gem § 21c I III die gewählten Mitglieder des Präsidiums. 1

Abs 1 regelt die Beschlussfähigkeit in der Sitzung, auch in einer Telefonkonferenz (zur Beschlussfassung im Umlaufverfahren vgl § 21e Rz 72 f). Auf das **Gesamtpräsidium** des § 21a II Nr 5 ist Abs 1 nicht entsprechend anwendbar (aA Zö/*Lückemann* § 21i GVG Rn 2; Kissel/Mayer § 21i Rn 4). 2

Liegt Beschlussfähigkeit gem Abs 1 vor, ist der **Mehrheitsbeschluss** des Präsidiums nach § 21e zulässig und wirksam, ungeachtet der Meinung der Abwesenden. 3

B. Notkompetenz. I. Voraussetzung. Fehlt die Beschlussfähigkeit **und besteht Gefahr im Verzuge**, so ermächtigt Abs 2 S 1 den Präsidenten oder Aufsicht führenden Richter, die Geschäftsverteilung im Rahmen 4 seiner **Notzuständigkeit** vorzunehmen und **verpflichtet** ihn, die Anordnung und deren Gründe schriftlich niederzulegen und dem Präsidium nach Wiederherstellung der Beschlussfähigkeit vorzulegen. Die Notanordnung des Vorsitzenden bleibt gem Abs 2 S 4 in Kraft, bis das Präsidium einen vom Inhalt der Anordnung des Präsidenten abweichenden Beschl trifft.

5 Die Notzuständigkeit des Präsidenten tritt nach § 21e VII 2 ferner ein, wenn das nach Abs 1 **beschlussfähige** Präsidium (etwa bei Abwesenheit nur eines gewählten Mitglieds) durch **Stimmengleichheit** keinen Beschl zustande bringt, der »rechtzeitig« ist.

6 Die Notzuständigkeit des Präsidenten greift auch in den Fällen des § 21e III 1, insb dann, wenn Handlungsbedarf in den Fällen der **unbenannten Änderungsgründe** entsteht (§ 21e Rz 53 f; Zö/*Lückemann* § 21i GVG Rn 4).

7 **II. Inhaber. Inhaber der Notkompetenz** ist nach Abs 2 S 1 der Präsident **des Gerichts** oder sein Aufsicht führender Richter. Im Falle des **§ 22a** ist das aber nicht der dem Gesamtpräsidium nur vorsitzende Landgerichtspräsident, der eben **nicht Präsident** dieses Amtsgerichts ist, sondern der **Amtsgerichtsdirektor** als Aufsicht führender Richter dieses Gerichts. Seine Notkompetenz tritt aber erst ein, wenn auch der vorsitzende Landgerichtspräsident nicht anwesend ist und nicht nach § 21h vertreten wird (aA Kissel/Mayer § 21i Rn 8; jetzt auch Zö/*Lückemann* § 21i GVG Rn 5).

8 **III. Umfang.** Der **Umfang** der Notkompetenz erstreckt sich auf alle nach § 21e I oder III für die Geschäftsverteilung notwendigen Entscheidungen, soweit sie an sich dem Präsidium zugestanden hätten. Maßgeblich ist das Ermessen des Inhabers der Notkompetenz, nicht der mutmaßliche Wille der Mehrheit der abwesenden oder nach Abs 1 beschlussunfähigen gewählten Mitglieder. Hauptfälle sind Entscheidungen nach § 21e III, insb eine ad hoc notwendige Vertreterregelung nach § 21e I 1.

9 **IV. Dauer.** In **zeitlicher Hinsicht** wirkt die Notentscheidung des Präsidenten unbegrenzt bis zu ihrer Abänderung durch das wieder beschlussfähig gewordene Präsidium gem Abs 2 S 4. Ihre Vorlage beim Präsidium hat gem Abs 2 S 3 unverzüglich zu geschehen, damit das Präsidium ihre Wirkung gem Abs 2 S 4 beenden kann. Ihre **Wirksamkeit** ist nicht durch eine Genehmigung oder Missbilligung des Präsidiums bedingt oder befristet, sondern endet nur durch eine **regelungsersetzende Abänderung** durch das beschlussfähige Präsidium (Zö/*Lückemann* § 21i GVG Rn 7). Abs 2 S 4 ist lex specialis zu § 21e III 1.

§ 21j [Bildung des Präsidiums nach Errichtung eines Gerichtes]. **(1) [1]Wird ein Gericht errichtet und ist das Präsidium nach § 21a Abs. 2 Nr. 1 bis 4 zu bilden, so werden die in § 21e bezeichneten Anordnungen bis zur Bildung des Präsidiums von dem Präsidenten oder aufsichtführenden Richter getroffen. [2]§ 21i Abs. 2 Satz 2 bis 4 gilt entsprechend.**

(2) [1]Ein Präsidium nach § 21a Abs. 2 Nr. 1 bis 4 ist innerhalb von drei Monaten nach der Errichtung des Gerichts zu bilden. [2]Die in § 21b Abs. 4 Satz 1 bestimmte Frist beginnt mit dem auf die Bildung des Präsidiums folgenden Geschäftsjahr, wenn das Präsidium nicht zu Beginn eines Geschäftsjahres gebildet wird.

(3) An die Stelle des in § 21d Abs. 1 bezeichneten Zeitpunkts tritt der Tag der Errichtung des Gerichts.

(4) [1]Die Aufgaben nach § 1 Abs. 2 Satz 2 und 3 und Abs. 3 der Wahlordnung für die Präsidien der Gerichte vom 19. September 1972 (BGBl. I S. 1821) nimmt bei der erstmaligen Bestellung des Wahlvorstandes der Präsident oder aufsichtführende Richter wahr. [2]Als Ablauf des Geschäftsjahres in § 1 Abs. 2 Satz 2 und § 3 Satz 1 der Wahlordnung für die Präsidien der Gerichte gilt der Ablauf der in Absatz 2 Satz 1 genannten Frist.

1 **A. Normzweck.** Die Neuerrichtung von Gerichten unterliegt dem Gesetzesvorbehalt des Art 20 III GG (Remus S. 293). Sie kann durch die Geschäftsentwicklung oder durch die Zuweisung von Rechtsprechungsaufgaben mit der Folge, dass die Anzahl der Gerichte erhöht werden muss, bedingt sein.
Wird das Gericht neu errichtet, ist mit dem Stichtag der Errichtung zur Bestimmung des gesetzlichen Richters **sofort** eine Verteilung der Geschäfte erforderlich. Geregelt ist die Entstehung der **gewählten** Präsidien gem § 21a II Nr 1–4, nicht des **Gesamtpräsidiums** des § 21a II Nr 5, das mit dem Gericht und der Planstellenzulegung iSd § 21d I zum Stichtag der Errichtung des Gerichts **gesetzlich** entsteht.

2 **B. Inhalt.** Die Norm bestimmt in Abs 1, dass ad hoc dem Präsidenten bzw Aufsicht führenden Richter entsprechend § 21i II **die Notzuständigkeit** zur Geschäftsverteilung kraft Gesetzes zugewiesen ist. Ferner ist in

Abs 2 angeordnet, dass das **unabhängige Präsidium** nach § 21a II Nr 1–4 **binnen drei Monaten** nach Errichtung des Gerichts zu wählen ist, also im Laufe des Geschäftsjahrs fristgemäß entstehen muss.

Abs 2 S 2 bestimmt deshalb für den **Ausscheidensrhythmus** nach § 21b IV 2, dass die 2-Jahres-Frist erst mit dem Geschäftsjahr beginnt, das auf die Neubildung des Präsidiums folgt. 3

Nach Abs 1 S 2 gilt § 21i II 2–4, sodass die Notgeschäftsverteilung durch den Präsidenten dem neugewählten Präsidium unverzüglich vorzulegen ist, aber solange in Kraft bleibt, bis das Präsidium **Abweichendes beschließt**. 4

Die Einschränkung der Änderungsbefugnis des Präsidiums gem § 21e III gilt auch für diese Änderungen des Präsidiums nicht. 5

Dritter Titel Amtsgerichte

§ 22 [Richter beim Amtsgericht]. **(1) Den Amtsgerichten stehen Einzelrichter vor.**

(2) Einem Richter beim Amtsgericht kann zugleich ein weiteres Richteramt bei einem anderen Amtsgericht oder bei einem Landgericht übertragen werden.

(3) [1]Die allgemeine Dienstaufsicht kann von der Landesjustizverwaltung dem Präsidenten des übergeordneten Landgerichts übertragen werden. [2]Geschieht dies nicht, so ist, wenn das Amtsgericht mit mehreren Richtern besetzt ist, einem von ihnen von der Landesjustizverwaltung die allgemeine Dienstaufsicht zu übertragen.

(4) Jeder Richter beim Amtsgericht erledigt die ihm obliegenden Geschäfte, soweit dieses Gesetz nichts anderes bestimmt, als Einzelrichter.

(5) [1]Es können Richter kraft Auftrags verwendet werden. [2]Richter auf Probe können verwendet werden, soweit sich aus Absatz 6, § 23 b Abs. 3 Satz 2, § 23 c Abs. 2 oder § 29 Abs. 1 Satz 2 nichts anderes ergibt.

(6) Ein Richter auf Probe darf im ersten Jahr nach seiner Ernennung Geschäfte in Insolvenzsachen nicht wahrnehmen.

A. Vorbemerkung. §§ 22–27 enthalten Grundlegendes zur Organisation des Amtsgerichts, wie die Bestimmung des Einzelrichters als selbständiger Spruchkörper, Vorschriften zur Rechtsstellung der am Amtsgericht tätigen Richter, Regelungen zur Dienstaufsicht sowie über das Präsidium und die Geschäftsverteilung. §§ 23–27 bestimmen die sachliche und funktionelle Zuständigkeit des Amtsgerichts. 1

B. Einzelrichter. Der am Amtsgericht tätige Richter wird jedenfalls in Zivil- und Familiensachen als Einzelrichter tätig. Im Gegensatz zum Einzelrichter einer Zivilkammer des Landgerichts (§ 348 ZPO), der Mitglied eines Kollegialorgans ist, entscheidet der Richter am Amtsgericht als Spruchkörper des Amtsgerichts (Abs 4). Auch Richter kraft Auftrags oder auf Probe (Abs 5) entscheiden als Einzelrichter. Zur Beschränkung der Einsatzmöglichkeiten von Proberichtern im ersten Jahr seit ihrer Ernennung vgl Rn 8. 2

C. Weiteres Richteramt. I. Übertragung. Abs 2 konkretisiert die nach § 27 II DRiG vorgesehene Möglichkeit, einem Richter am Amtsgericht zugleich ein weiteres Richteramt bei einem anderen Amtsgericht oder LG zu übertragen. Regelmäßig wird es sich dabei um Richter im Eingangsamt handeln; grds ist aber auch die tw Übertragung des Amtes eines Vorsitzenden Richters am LG möglich, wenn bei dem Richter am Amtsgericht die entsprechenden statusrechtlichen Voraussetzungen (Besoldungsgruppe R 2) vorliegen. Das folgt im Umkehrausschluss aus § 59 II 2; aA Zö/*Lückemann* Rn 3). Zum Vorsitzenden einer Strafvollstreckungskammer, die als Außenstelle bei einem Amtsgericht errichtet wurde, kann der Direktor des Amtsgerichs bestellt werden (Koblenz OLGSt zu § 78b GVG). Zum Ausgleich struktureller Defizite darf einem Richter ein weiteres Richteramt im Nebenamt in einer anderen Gerichtsbarkeit nur ausnahmsweise übertragen werden. Das folgt aus dem sich aus Art 97 II S 1 GG abgeleiteten Leitbild der Inamovibilität. Leitbild ist der auf Lebenszeit an einem bestimmten Gericht ernannte Richter auf Lebenszeit (*Roller/Stader* DRiZ 09, 223, 226). Die Übertragung eines weiteren Richteramtes kann vor den Dienstgerichten angefochten werden; zugleich ist der Verwaltungsrechtsweg eröffnet (VG Arnsberg, Urt v 25.9.08, 2 K 85/08 – juris). 3

II. Zustimmungserfordernis. Soll einem Richter ein weiteres Richteramt übertragen werden, ist dessen Zustimmung nur erforderlich, wenn das zusätzliche Amt ihn mit mehr als der Hälfte seiner Arbeitskraft belastet (BGHZ 159, 164). 4

5 **D. Dienstaufsicht.** Die Regelung der Dienstaufsicht ist den Landesjustizverwaltungen übertragen. Gegenüber den Amtsgerichten wird sie von den Präsidenten der Landgerichte oder, falls es sich bei dem Amtsgericht um ein Präsidialgericht handelt, von dem Präsidenten des Amtsgerichts wahrgenommen. Dem Präsidenten des Amtsgerichts kann auch die Dienstaufsicht über ein weiteres Amtsgericht übertragen werden. Die Möglichkeit, die Dienstaufsicht einem Richter am Amtsgericht zu übertragen (Abs 3), betrifft ausschließlich die Dienstaufsicht über die Beamten und Angestellten, nicht über die Richter. In der Regel wird die allgemeine Dienstaufsicht durch den Direktor des Amtsgerichts wahrgenommen.

6 **E. Richter auf Probe und Richter kraft Auftrags.** Abs 5 regelt die in § 28 I DRiG vorgesehene Ausnahme, neben Richtern auf Lebenszeit weitere Richter einzusetzen. Wegen des Ausnahmecharakters dieser Vorschrift darf die Zahl der Richter auf Probe und Richter kraft Auftrags die der Richter auf Lebenszeit nicht übersteigen (Kissel/Mayer Rn 8).

7 Im ersten Jahr nach ihrer Ernennung dürfen Richter auf Probe nicht in Insolvenzsachen (Abs 6), aber auch nicht in Angelegenheiten des Betreuungsgerichts (§ 23c II 2) oder in Verfahren vor dem Schöffengericht (§ 29 I 2) eingesetzt werden. Auch in Familiensachen scheidet im ersten Probejahr ein Einsatz aus (§ 23b III 2); Abschiebungshaft kann jedoch durch einen Richter auf Probe angeordnet werden, denn § 68 IV FamFG ist auf die Haftanordnung nicht entsprechend anwendbar (BGH Beschl v 28.4.11, V ZB 118/10 – juris).

§ 22a [Vorsitzender des Präsidiums]. Bei Amtsgerichten mit einem aus allen wählbaren Richtern bestehenden Präsidium (§ 21a Abs. 2 Nr. 5) gehört der Präsident des übergeordneten Landgerichts oder, wenn der Präsident eines anderen Amtsgerichts die Dienstaufsicht ausübt, dieser Präsident dem Präsidium als Vorsitzender an.

1 Geregelt werden der Vorsitz und die Zusammensetzung des Präsidiums von Amtsgerichten mit weniger als 8 Richterplanstellen (vgl § 21a II Nr 5). Auf die Anzahl der Richter iÜ kommt es nicht an. Den Vorsitz dieses Präsidiums nimmt der Präsident des übergeordneten Landgerichts oder des Amtsgerichts wahr, wenn ihm die Dienstaufsicht über das Amtsgericht übertragen worden ist.

§ 22b [Vertretung]. (1) Ist ein Amtsgericht nur mit einem Richter besetzt, so beauftragt das Präsidium des Landgerichts einen Richter seines Bezirks mit der ständigen Vertretung dieses Richters.
(2) Wird an einem Amtsgericht die vorübergehende Vertretung durch einen Richter eines anderen Gerichts nötig, so beauftragt das Präsidium des Landgerichts einen Richter seines Bezirks längstens für zwei Monate mit der Vertretung.
(3) [1]In Eilfällen kann der Präsident des Landgerichts einen zeitweiligen Vertreter bestellen. [2]Die Gründe für die getroffene Anordnung sind schriftlich niederzulegen.
(4) Bei Amtsgerichten, über die der Präsident eines anderen Amtsgerichts die Dienstaufsicht ausübt, ist in den Fällen der Absätze 1 und 2 das Präsidium des anderen Amtsgerichts und im Falle des Absatzes 3 dessen Präsident zuständig.

1 **A. Ständige Vertretung bei »Einmanngerichten«.** Da bei einem mit nur einem Richter besetzten Amtsgericht (nicht Zweigstelle), der für alle anstehenden richterlichen Aufgaben zuständig ist, begrifflich eine Geschäftsverteilung ausgeschlossen ist (Kissel/Mayer Rn 1), weist Abs 1 dem Präsidium des übergeordneten Landgerichts die Zuständigkeit zur Regelung von Vertretungsfällen zu. Dieses bestimmt nach allgemeinen Merkmalen (Bremen NJW 65, 1447) einen Richter seines Bezirks als ständigen Vertreter. Übt die Dienstaufsicht über das Einmanngericht der Präsident eines anderen Amtsgerichts aus, so ist dessen Präsidium für die Vertretungsregelung zuständig (Abs 4). Als Vertreter kommen in diesem Fall nur Richter in Betracht, die der Dienstaufsicht des Präsidenten des Amtsgerichts unterliegen.

2 **B. Vorübergehende Vertretung.** Ist bei einem Amtsgericht, auch bei einem Einmanngericht nach Abs 1, die nach der Geschäftsverteilung vorgesehene Vertretungsregelung ausgeschöpft, etwa durch Verhinderung oder Überlastung der übrigen als Vertreter bestimmten Richter, beauftragt das Präsidium des übergeordneten Land- oder Amtsgerichts (Abs 4) für die Dauer des Vertretungsfalls, längstens aber für den Zeitraum von zwei Monaten, einen Richter seines Bezirks mit der Vertretung. Dauert der Vertretungsfall über diesen Zeitraum an, ist eine wiederholte Bestellung zulässig (MüKoZPO/*Wolf* Rn 6). Die zeitliche Beschränkung auf zwei Monate dient nicht der Entlastung des Vertreters. Sie sollte aber der Justizverwaltung Gelegenheit

geben zu prüfen, ob eine vorübergehende Abordnung eines Richters nach § 37 DRiG in Betracht kommt (vgl auch Kissel/Mayer Rn 5).

C. Bestellung eines zeitweiligen Vertreters. Unter den Voraussetzungen des Abs 2 kann der Präsident des Land- oder Amtsgerichts (Abs 4) befristet einen Vertreter bestellen. Ob ein Eilfall vorliegt, bestimmt sich nach den Voraussetzungen des § 21i II 1. Die nach pflichtgemäßen Ermessen zu treffende Anordnung ist schriftlich zu begründen (Abs 3 S 2). Sie ist nur iRe Besetzungsrüge und in diesem Zusammenhang beschränkt auf die rechtliche Verkennung der Begriffe »Eilfall« und »zeitweiliger Vertreter« überprüfbar (Kissel/Mayer Rn 6 mN). Die Eilanordnung ist entspr § 21i II 3 unverzüglich dem Präsidium zur Genehmigung vorzulegen (str, wie hier: Kissel/Mayer Rn 7; MüKoZPO/*Wolf* Rn 7; aA Zö/*Lückemann* Rn 4; ThoPu/*Hüßstege* Rn 4). 3

§ 22c [Bereitschaftsdienst].

(1) [1]Die Landesregierungen werden ermächtigt, durch Rechtsverordnung zu bestimmen, dass für mehrere Amtsgerichte im Bezirk eines Landgerichts ein gemeinsamer Bereitschaftsdienstplan aufgestellt wird oder ein Amtsgericht Geschäfte des Bereitschaftsdienstes ganz oder teilweise wahrnimmt, wenn dies zur Sicherstellung einer gleichmäßigeren Belastung der Richter mit Bereitschaftsdiensten angezeigt ist. [2]Zu dem Bereitschaftsdienst sind die Richter der in Satz 1 bezeichneten Amtsgerichte heranzuziehen. [3]In der Verordnung nach Satz 1 kann bestimmt werden, dass auch die Richter des Landgerichts heranzuziehen sind. [4]Über die Verteilung der Geschäfte des Bereitschaftsdienstes beschließt nach Maßgabe des § 21e das Präsidium des Landgerichts im Einvernehmen mit den Präsidien der betroffenen Amtsgerichte. [5]Kommt eine Einigung nicht zu Stande, obliegt die Beschlussfassung dem Präsidium des Oberlandesgerichts, zu dessen Bezirk das Landgericht gehört.

(2) Die Landesregierungen können die Ermächtigung nach Absatz 1 auf die Landesjustizverwaltungen übertragen.

A. Vorbemerkung. Die 1994 eingefügte Vorschrift ist durch Gesetz vom 23.7.02 (BGBl I, 2850) mit Wirkung vom 1.8.02 neu gefasst worden. Die Notwendigkeit, den ursprünglich auf die dienstfreien Tage beschränkten Bereitschaftsdienst neu zu regeln, folgt der aus der Rechtsprechung des BVerfG (BVerfGE 105, 239 = NJW 02, 3161) abgeleiteten Forderung, mindestens zur Tageszeit, bei über den Ausnahmefall hinausgehendem Bedarf aber auch zur Nachtzeit (vgl § 104 III StPO), die Erreichbarkeit eines zuständigen Richters zu ermöglichen. Sie ermächtigt die Landesregierungen, den Bereitschaftsdienst im Bezirk eines Landgerichts entweder bei einem Amtsgericht zu konzentrieren (sog Konzentrationslösung) oder einen gemeinsamen Bereitschaftsdienstplan für mehrere Amtsgerichte aufzustellen (sog Pool-Lösung). In beiden Konstellationen ist die Einbeziehung der am LG tätigen Richter möglich (Abs 1 S 4). 1

Der Bereitschaftsdienst ist beschränkt auf unaufschiebbare richterliche Geschäfte, in Zivilsachen etwa auf Arreste, einstweilige Verfügungen oder Unterbringungen. Ob eine Eilsache vorliegt, entscheidet der jeweilige Bereitschaftsrichter im Einzelfall. Auch wenn von der Möglichkeit der Konzentration des Bereitschaftsdienstes Gebrauch gemacht worden ist, hat das auf die örtliche Zuständigkeit für das weitere Verfahren nach Abschluss des Bereitschaftsdienstes keinen Einfluss. 2

B. Heranziehung der Richter. Grundsätzlich sind alle Richter (Abs 1 S 2) der betroffenen Amtsgerichte, bei entsprechender Regelung nach Abs 1 S 3 unter Einschluss der Vorsitzenden Richter auch die Richter des Landgerichts heranzuziehen. Richter des Landgerichts werden formell und der Sache nach als Amtsrichter tätig, so dass § 22d anwendbar ist (ThoPu/*Hüßstege* Rn 1). Da im Fall des Bereitschaftsdienstes die Aufgabenzuweisung aufgrund rechtlicher Befugnis durch das Präsidium erfolgt, handelt es sich insoweit nicht um die Übertragung eines weiteren Richteramtes gem §§ 22 II, 59 II GVG, 27 II DRiG oder um eine Abordnung nach § 37 DRiG (str, wie hier Kissel/Mayer Rn 5 mN). 3

C. Geschäftsverteilung. Über die Verteilung der Bereitschaftsdienste entscheidet das Präsidium des Landgerichts im Einvernehmen mit den Präsidien der betroffenen Amtsgerichte. Das gilt auch im Fall der sog. Konzentrationslösung, wenn ein Amtsgericht den Bereitschaftsdienst ganz oder tw für den Bezirk wahrnimmt (ThoPu/*Hüßstege* Rn 1). Maßstab für die Geschäftsverteilung ist § 21e. Eine Ausnahme vom Bereitschaftsdienst für bestimmte Gruppen, etwa Richter auf Probe im ersten Jahr nach der Ernennung, sollte die Regel sein. Sie ist auch für andere Richter nach allgemein umschriebenen Merkmalen denkbar. Kommt ein Einvernehmen zwischen den beteiligten Präsidien auch nur in einem Punkt nicht zustande, entscheidet das 4

Präsidium des übergeordneten Oberlandesgerichts über den Bereitschaftsdienst insgesamt (Zö/*Lückemann* Rn 5). Obwohl die betroffenen Richter in der Mehrzahl kein Wahlrecht zu diesen Präsidien (LG und OLG) haben, bestehen gegen die Regelung angesichts des vergleichsweise geringen Anteils des Eildienstes an der Tätigkeit des einzelnen Richters insgesamt keine Bedenken (*Herrmann* DRiZ 04, 321).

5 **D. Subdelegation.** Nach Abs 2 sind die Landesregierungen ermächtigt, durch VO die Regelungen nach Abs 1 auf die Landesjustizverwaltungen zu delegieren.

§ 22d [Handlungen eines unzuständigen Richters]. Die Gültigkeit der Handlung eines Richters beim Amtsgericht wird nicht dadurch berührt, dass die Handlung nach der Geschäftsverteilung von einem anderen Richter wahrzunehmen gewesen wäre.

1 Verletzungen des Geschäftsverteilungsplans und damit Verstöße gegen den Grundsatz des gesetzlichen Richters (Art 101 GG) führen nicht zur Nichtigkeit der richterlichen Entscheidung. Die Vorschrift gilt nach hM (Kissel/Mayer Rn 1 mN) nicht nur für Amtsgerichte, sondern als Grundregel auch für Kollegialgerichte. Da die Gültigkeit einer Entscheidung nicht deren Anfechtbarkeit ausschließt, unterliegt ein Verstoß gegen den gesetzlichen Richter nach Maßgabe des Verfahrensrechts der Anfechtbarkeit im Rechtsmittelzug (Hamm MDR 64, 77; Bremen NJW 75, 1447). Die Rüge, die Entscheidung habe der unzuständige Richter getroffen, kann nur bei einem willkürlichen Verstoß gegen die Geschäftsverteilung Erfolg haben (Kissel/Mayer § 16 Rn 51, Zö/*Lückemann* Rn 1, jeweils mN).

§ 23 [Zuständigkeit in Zivilsachen]. Die Zuständigkeit der Amtsgerichte umfasst in bürgerlichen Rechtsstreitigkeiten, soweit sie nicht ohne Rücksicht auf den Wert des Streitgegenstandes den Landgerichten zugewiesen sind:

1. Streitigkeiten über Ansprüche, deren Gegenstand an Geld oder Geldeswert die Summe von fünftausend Euro nicht übersteigt;

2. ohne Rücksicht auf den Wert des Streitgegenstandes:

a) Streitigkeiten über Ansprüche aus einem Mietverhältnis über Wohnraum oder über den Bestand eines solchen Mietverhältnisses; diese Zuständigkeit ist ausschließlich;

b) Streitigkeiten zwischen Reisenden und Wirten, Fuhrleuten, Schiffern oder Auswanderungsexpedienten in den Einschiffungshäfen, die über Wirtszechen, Fuhrlohn, Überfahrtsgelder, Beförderung der Reisenden und ihrer Habe und über Verlust und Beschädigung der letzteren, sowie Streitigkeiten zwischen Reisenden und Handwerkern, die aus Anlass der Reise entstanden sind;

c) Streitigkeiten nach § 43 Nr. 1 bis 4 und 6 des Wohnungseigentumsgesetzes; diese Zuständigkeit ist ausschließlich;

d) Streitigkeiten wegen Wildschadens;

e) (weggefallen)

f) (weggefallen)

g) Ansprüche aus einem mit der Überlassung eines Grundstücks in Verbindung stehenden Leibgedings-, Leibzuchts-, Altenteils- oder Auszugsvertrag.

1 **A. Vorbemerkung.** In bürgerlichen Rechtsstreitigkeiten ist grds die erstinstanzliche Zuständigkeit des Landgerichts gegeben. Das folgt aus § 23 iVm § 71 I. §§ 23 ff regeln – nicht abschließend (vgl § 27) – enumerativ die sachliche Zuständigkeit des Amtsgerichts. Zur örtlichen Zuständigkeit vgl §§ 12 ff ZPO. Unterschieden wird zwischen streitwertabhängiger (Nr 1) und streitwertunabhängiger Zuständigkeit (Nr 2). Die Differenzierung zwischen vermögens- und nicht vermögensrechtlicher Streitigkeit, die nach früherem Recht bei nicht vermögensrechtlichen Streitigkeiten die Zuständigkeit des Landgerichts begründete, ist seit dem 1.3.93 aufgegeben. Das hat zu einer systematischen Zuständigkeitsvereinfachung geführt, die in Verbindung mit der Einführung des originären Einzelrichters beim LG (§ 348 I 1 ZPO) zu einer Neubewertung der erstinstanzlichen Zuständigkeitsaufspaltung zwischen Amts- und LG führen sollte. Zur sog Dreistufigkeit Kissel/Mayer Rn 6 ff.

2 **B. Streitwertabhängige Zuständigkeit, Nr 1.** Das Amtsgericht ist für alle zivilrechtlichen Streitigkeiten mit einem Streitwert bis zu 5.000 € zuständig. Bis zu dieser Höhe gehören dazu neben den vermögensrechtlichen auch alle nicht vermögensrechtlichen Streitigkeiten. In vermögensrechtlichen Streitigkeiten berechnet

sich der (Zuständigkeits-) Streitwert nach Maßgabe der §§ 3 ff ZPO, bei nicht vermögensrechtlichen nach § 48 II 1 GKG.

I. Vermögensrechtliche Streitigkeiten. Bis auf die unter Nr 2a fallenden gehören dazu alle Ansprüche vermögensrechtlicher Art bis zu einer Höhe von 5.000 €, auch aus gewerblicher Miete. Bei Streitigkeiten zwischen einem Energieversorger und einem privaten Abnehmer über die Billigkeit einer Preiserhöhung richtet sich die sachliche Zuständigkeit nicht nach § 102 EnWG, sondern nach allgemeinen Vorschriften (Celle RdE 10, 185). Zur Aufrechnung gestellte Ansprüche bleiben außer Betracht. Mehrere in einer Klage geltend gemachten Ansprüche werden zusammengerechnet (§ 5 ZPO). Werden im Wege der (nachträglichen) Klagenhäufung (§ 260 ZPO) Ansprüche geltend gemacht, die unter Nr 1 und solche, die unter Nr 2 fallen, und übersteigt der Streitwert in der Summe 5.000 €, führt das nicht zur Zuständigkeit des Landgerichts. In diesen Fällen kommen eine Trennung der Ansprüche (§ 145 ZPO) und in Bezug auf den geltend gemachten Anspruch nach Nr 1 mit einem Wert von mehr als 5.000 €, auf Antrag eine Verweisung (§ 281 ZPO) in Betracht (ThoPu/*Hüßstege* Rn 4). Dem Kl bleibt es nach hM unbenommen, im Wege der Teilklage einen Teil des teilbaren Anspruch einzuklagen, um die Zuständigkeit des Amtsgerichts zu begründen (LG Gießen MDR 96, 527 mN). 3

II. Nicht vermögensrechtliche Streitigkeiten. Die Wertberechnung erfolgt nach § 48 II GKG, wobei der Zuständigkeits- und Gebührenstreitwert nicht auseinander fallen sollten. In der Praxis handelt es sich dabei überwiegend um Klagen auf Unterlassung und Widerruf unwahrer oder beleidigender Äußerungen. In Betracht kommen auch andere nicht vermögensrechtliche Ansprüche, soweit der Wert von 5.000 € nicht überschritten wird, wie zB presserechtliche Gegendarstellungen oder (selten) Wettbewerbs- und Urheberrechtsstreitigkeiten. 4

C. Streitwertunabhängige Zuständigkeit (Nr 2). Ausgenommen Nr 2a (Wohnraummiete) und b (Verfahren nach § 43 Nr 1–4 und Nr 6 WEG) ist die Zuständigkeit nicht ausschließlich. Den Parteien bleibt es überlassen, die Zuständigkeit des Landgerichts durch Prorogation (§§ 38 ff ZPO) oder durch rügelose Einlassung (§ 39 ZPO) zu begründen. Ebenso kann auch eine zur Zuständigkeit des Landgerichts gehörende Streitigkeit über 5.000 € vor dem Amtsgericht verhandelt werden; im Fall der rügelosen Einlassung ist § 504 ZPO zu beachten. Ohne entsprechenden Hinweis wird die Zuständigkeit des Amtsgerichts nicht begründet (§ 39 S 2 ZPO). 5

I. Mietstreitigkeiten über Wohnraum (Nr 2a). Betroffen sind Wohnraummietverhältnisse iSd §§ 549 ff BGB einschl der Untermietverhältnisse, nicht gewerbliche Mietverhältnisse. Bei Mischmietverhältnissen (Wohn- und Gewerbeflächen) gilt die Übergewichtstheorie. Danach kommt es darauf an, ob der Schwerpunkt bei der Wohnraummiete liegt (Schleswig NJW 89, 49 mN; Hamm ZMR 1986, 11; Karlsr NJW-RR 1988, 401). Wohnraum ist jeder zum Wohnen bestimmte Raum, also Räume zum privaten Aufenthalt, Schlafen, Kochen, Essen (Musielak/*Wittschier* Rn 9 mN). Dazu gehören auch Nebenräume wie Abstellräume, Keller, Garagen und Treppenhäuser, vorausgesetzt, die Nutzung steht im Zusammenhang mit der Wohnung (MükoZPO/*Wolf* Rn 9). Wohnwagen oder Wohncontainer fallen nicht darunter, auch dann nicht, wenn sie zum dauernden Aufenthalt dienen (str, wie hier ThoPu/*Hüßstege* Rn 12; aA MüKoZPO/*Wolf* Rn 9). Wohnungen iSv Nr 2a sind auch Räume, die nur zur vorübergehenden Nutzung vermietet worden sind, wie zB möblierte Zimmer, Ferienhäuser und -wohnungen (Musielak/*Wittschier* Rn 10). Wendet sich der Kl einer Drittwiderspruchsklage (§ 771 ZPO) mit der Behauptung gegen einen Räumungstitel, dass er aufgrund eines Wohnraummietvertrags zum Besitz berechtigt sei, so ist für die Klage unabhängig von der Rechtsnatur des Räumungstitels ausschließlich das Amtsgericht sachlich zuständig (Stuttg MDR 09, 1310). Bei Streitigkeiten über Werkmietwohnungen (§ 576 BGB) ist die Zuständigkeit des Amtsgerichts, bei solchen über Werkdienstwohnungen (§ 576b BGB) die Zuständigkeit des ArbG gegeben. Bei der Abgrenzung kommt es nicht auf die von den Parteien gewählte Bezeichnung oder deren rechtliche Beurteilung an. Abzustellen ist auf den durch Auslegung ermittelten materiellen Gehalt der Vereinbarung (BAGE 125, 66). 6

II. Reisestreitigkeiten (Nr 2b). Die Vorschrift ist nach allgemeiner Meinung veraltet; sie hat nahezu keine praktische Bedeutung. Überwiegend betrifft sie Zechschulden. Dass sie nur für die Dauer der Reise anwendbar sei (Kissel/Mayer Rn 30), lässt sich aus dem Wortlaut des Gesetzes nicht herleiten (Zö/*Lückemann* Rn 13 mN). Nicht erfasst werden Ansprüche aus abgesagter Zimmerbestellung (LG Frankfurt BB 65, 268) oder aus Reiseverträgen gem §§ 651a ff BGB (Musielak/*Wittschier* Rn 11). 7

7a **III. Streitigkeiten nach WEG (Nr 2c).** Ob eine Wohnungseigentumssache oder eine allgemeine Zivilsache vorliegt, richtet sich nach der Klagebegründung. Entscheidend ist, ob das von einem Wohnungseigentümer in Anspruch genommene Recht in einem inneren Zusammenhang mit einer Angelegenheit steht, die aus dem Gemeinschaftsverhältnis der Wohnungseigentümer erwachsen ist (Köln, Beschl v 30.9.10, 24 W 53/10 – juris). Das kann auch für deliktische Ansprüche der Wohnungseigentümer untereinander gelten (Köln aaO; Oldenburg, Beschl v 30.3.11, 8 U 43/11 – juris). Beruht der Streit hingegen auf einer Sonderrechtsbeziehung der Wohnungseigentümer, zB bei Streitigkeiten über Stromkosten auf Grund gesonderter Verträge mit Dritten, fehlt es an dem Zusammenhang (München, Beschl v 4.5.11, 7 U 189/11 – juris).

8 **IV. Wildschadenssachen (Nr 2d).** In Betracht kommen nur Wildschäden nach §§ 29 ff BJagdG sowie der Jagdgesetze der Länder. Jagdschäden iSd § 33 BJagdG werden nicht erfasst (Zö/*Lückemann* Rn 15). Die Länder können gem § 35 BJagdG die Eröffnung des ordentlichen Rechtsweges von einem Vorverfahren vor einer Verwaltungsbehörde abhängig machen. Davon haben die meisten Länder Gebrauch gemacht (Musielak/*Wittschier* Rn 12). – Nicht unter Nr 2d fallen sonstige Ansprüche im Zusammenhang mit Wild, wie zB Kaskoentschädigungen wegen eines Wildunfalls..

9 **V. Leibgedings-, Leibzuchts-, Altenteils- oder Auszugsvertrag (Nr 2g).** Geregelt ist die Zuständigkeit für Ansprüche, die im Zusammenhang mit der Überlassung eines Grundstückes stehen, das mit einem Leibgedings-, Leibzuchts-, Altenteils- oder Auszugsvertrag belastet ist. Betroffen sind die in Art 96 EGBGB aufrechterhaltenen Rechtsinstitute, bei denen der Veräußerer eines Grundstücks sich oder einem Dritten wiederkehrende Leistungen zusichern lässt. Die Zuständigkeitsregelung ist beschränkt auf Erfüllungsansprüche; für Schadens- oder Rücktrittsansprüche gelten die allgemeinen Zuständigkeitsregelungen (Kissel/Mayer Rn 36).

§ 23a [Amtsgerichte]. (1) [1]**Die Amtsgerichte sind ferner zuständig für**
1. **Familiensachen;**
2. **Angelegenheiten der freiwilligen Gerichtsbarkeit, soweit nicht durch gesetzliche Vorschriften eine anderweitige Zuständigkeit begründet ist.**

[2]**Die Zuständigkeit nach Satz 1 Nummer 1 ist eine ausschließliche.**

(2) **Angelegenheiten der freiwilligen Gerichtsbarkeit sind**
1. **Betreuungssachen, Unterbringungssachen sowie betreuungsgerichtliche Zuweisungssachen,**
2. **Nachlass- und Teilungssachen,**
3. **Registersachen,**
4. **unternehmensrechtliche Verfahren nach § 375 des Gesetzes über das Verfahren in Familiensachen und in den Angelegenheiten der freiwilligen Gerichtsbarkeit,**
5. **die weiteren Angelegenheiten der freiwilligen Gerichtsbarkeit nach § 410 des Gesetzes über das Verfahren in Familiensachen und in den Angelegenheiten der freiwilligen Gerichtsbarkeit,**
6. **Verfahren in Freiheitsentziehungssachen nach § 415 des Gesetzes über das Verfahren in Familiensachen und in den Angelegenheiten der freiwilligen Gerichtsbarkeit,**
7. **Aufgebotsverfahren,**
8. **Grundbuchsachen,**
9. **Verfahren nach § 1 Nr. 1 und 2 bis 6 des Gesetzes über das gerichtliche Verfahren in Landwirtschaftssachen,**
10. **Schiffsregistersachen sowie**
11. **sonstige Angelegenheiten der freiwilligen Gerichtsbarkeit, soweit sie durch Bundesgesetz den Gerichten zugewiesen sind.**

1 **A. Vorbemerkung. I. Neuerung durch das FGG-RG.** § 23a ist mit Inkrafttreten des FGG-RG am 1.9.09 neu gefasst worden. In Abs 1 wird neben der bisherigen Zuständigkeit für Familiensachen, die nunmehr in §§ 111, 112 FamG definiert werden, als weitere Zuständigkeit diejenige für Angelegenheiten der freiwilligen Gerichtsbarkeit benannt. Damit wird die freiwillige Gerichtsbarkeit neben der Zivil- und der Strafgerichtsbarkeit selbständiger Bestandteil der ordentlichen Gerichtsbarkeit (*Borth* FamRZ 09, 157, 158).

2 Abs 2 enthält eine Legaldefinition der Angelegenheiten der freiwilligen Gerichtsbarkeit. Dies sind die Betreuungssachen, Unterbringungssachen, betreuungsgerichtliche Zuweisungssachen, unternehmensrechtliche Verfahren, die weiteren Angelegenheiten der freiwilligen Gerichtsbarkeit sowie die Freiheitsentzie-

hungssachen; außerdem gehören dazu die Aufgebotsverfahren, die Grundbuch-, Landwirtschafts- und Schiffsregistersachen sowie die durch Bundesgesetz zugewiesenen Angelegenheiten der freiwilligen Gerichtsbarkeit (vgl unten Rz 28). Die Regelung ist an die Stelle bisheriger einzelgesetzlicher Zuweisungen getreten. Zusätzlich ist das bisher in der ZPO geregelte Aufgebotsverfahren aufgenommen worden, weil es typische Strukturelemente der rechtsvorsorgenden Kernverfahren der freiwilligen Gerichtsbarkeit wie die Nichtstreitigkeit und die Amtsermittlung enthält (BTDrs 16/6308, 318 f).

II. Regelungsgehalt. Die Vorschrift betrifft nur die Abgrenzung der sachlichen Zuständigkeit des Amtsgerichts zu der des Landgerichts. § 23a weist dem Amtsgericht neben § 23 ebenfalls in Abgrenzung zur sachlichen Zuständigkeit des Landgerichts (§ 23 Rz 1) weitere Streitigkeiten ohne Rücksicht auf den Streitwert zu. 3

B. Die Zuständigkeiten im Einzelnen. I. Familiensachen (Abs 1 Nr 1). Die Familiensachen sind definiert in § 111 FamFG. Dazu gehören auch die in § 112 FamFG näher bezeichneten Familienstreitsachen. 4

1. Ehesachen (§ 111 Nr 1 FamFG). Nach der Legaldefinition in § 121 FamFG handelt es sich um Verfahren auf Scheidung, Aufhebung und auf Feststellung des Bestehens oder Nichtbestehens einer Ehe. Zu den Scheidungsverfahren gehören auch solche, die in Fällen der Anwendbarkeit ausländischen Rechts nach den Regeln des internationalen Privatrechts der Ehescheidung nach deutschem Recht vergleichbar sind (vgl Art 17 EGBGB; BGHZ 47, 324; Kissel/Mayer Rn 7 mN). 5

2. Kindschaftsachen (§ 111 Nr 2 FamFG). Der Verfahrensgegenstand ist in § 151 FamFG definiert: Elterliche Sorge (Nr 1), Umgangsrecht (Nr 2), Kindesherausgabe (Nr 3), Vormundschaft (Nr 4), Pflegschaft für Minderjährigen oder Leibesfrucht (Nr 5), Genehmigung (Nr 6) und Anordnung (Nr 7) freiheitsentziehender Unterbringung eines Minderjährigen, Aufgaben nach JGG (Nr 8). 6

3. Abstammungssachen (§ 111 Nr 3 FamFG). Der Verfahrensgegenstand ergibt sich aus § 169 FamFG. Danach handelt es sich um Verfahren auf Feststellung des Bestehens oder Nichtbestehens eines Eltern-Kind-Verhältnisses, va was die Wirksamkeit der Anerkenntnis der Vaterschaft angeht (Nr 1), auf Ersetzung der Einwilligung in eine genetische Abstammungsuntersuchung und Anordnung der Duldung einer Probeentnahme nach § 178 FamFG (Nr 2), auf Einsicht oder Aushändigung einer Abschrift des Abstammungsgutachtens (Nr 3) sowie um die Anfechtung der Vaterschaft (Nr 4). Die internationale Zuständigkeit deutscher Gerichte in Abstammungssachen richtet sich nach § 100 FamFG. 7

4. Adoptionssachen (§ 111 Nr 4 FamFG). Nach § 186 FamFG sind das Verfahren, die die Annahme als Kind (Nr 1), die Ersetzung der Einwilligung zur Annahme als Kind (Nr 2), die Aufhebung des Adoptionsverhältnisses (Nr 3) sowie die Befreiung vom Eheverbot des § 1308 I BGB (Nr 4) betreffen. 8

5. Wohnungszuweisungs- und Hausratssachen (§ 111 Nr 5 FamFG). Die Legaldefinition findet sich in § 200 FamFG. Nach 200 I FamFG sind Wohnungszuweisungssachen Verfahren nach § 1361b BGB und nach den §§ 2 bis 6 HausratsVO, Hausratssachen sind gem § 200 II FamFG Verfahren nach § 1361a BGB und nach §§ 2 und 8 bis 10 HausratsVO. 9

6. Gewaltschutzsachen (§ 111 Nr 6 FamFG). Der Verfahrensgegenstand ergibt sich aus § 210 FamFG. Danach unterliegen alle Gewaltschutzsachen der Zuständigkeit der Familiengerichte. Die bisherige Zuständigkeitsspaltung, wonach die familiengerichtliche Zuständigkeit nur gegeben war, wenn die Beteiligten einen auf Dauer angelegten gemeinsamen Haushalt führten oder innerhalb von 6 Monaten vor Antragstellung geführt haben (Gewalt im sozialen Nahbereich) ist mit Einführung des FamFG aufgegeben. Anträge auf Schutzanordnungen und Zuweisung des Wohnraums (§§ 1, 2 GewSchG) sind Familiensachen. Der Begriff des gemeinsamen Haushaltes entspricht dem in § 563 II BGB. Abzustellen ist auf objektivierbare Umstände, wie zB auf die gemeinsame Verfügungsbefugnis über Einkommen und Vermögen (PWW/*Riecke* § 543 BGB Rn 9). Streitigkeiten nach dem Gewaltschutzgesetz können auch zwischen Ehegatten oder Lebenspartnern, aber auch zwischen Eltern und volljährigen Kindern vorliegen (Kissel/Mayer Rn 43 mN). 10

7. Versorgungsausgleichssachen (§ 111 Nr 7 FamFG). Wegen des Verfahrensgegenstandes vgl §§ 217 FamFG, 1587 ff BGB. Zu diesen Verfahren gehören nur die unmittelbaren Streitigkeiten über den Versorgungsausgleich, wie die Grundentscheidung nach § 1587b BGB, der Ausschluss des Versorgungsausgleichs nach § 1587c BGB und das Ruhen des Verfahrens unter den Voraussetzungen des § 1587d BGB. Dazu gehören auch Auskunftsansprüche nach § 1587e BGB und der Anspruch auf Geldrente nach 1587g BGB, auf 11

Abtretung nach 1587i BGB, auf Abfindung nach 1587l BGB sowie auf Erfüllung einer Ausgleichsvereinbarung nach § 1587o BGB einschl des dazugehörigen Genehmigungsverfahrens, nicht aber Ansprüche der Ehepartner gegeneinander nach rechtskräftig durchgeführtem Versorgungsausgleich, zB auf Auskunft zur Vorbereitung eines Schadensersatzanspruchs gegen einen Dritten (Kissel/Mayer Rn 47 mN).

12 **8. Unterhaltssachen (§ 111 Nr 8 FamFG).** Die Legaldefinition findet sich in § 231 FamFG. Danach werden zwei Gruppen unterschieden, nämlich Unterhaltssachen, die auf durch Ehe und Verwandtschaft begründeten Unterhaltspflichten beruhen und auf Ansprüchen eines Elternteils, der mit dem anderen nicht verheiratet ist, sowie auf Unterhaltssachen, die die Zuordnung des staatlichen Kindergeldes betreffen (*Borth* aaO, S. 165).

13 **a) Begriff der Unterhaltspflicht.** Gemeint sind sämtliche durch Ehe begründeten Unterhaltsansprüche, auch wenn diese geschieden, aufgehoben oder für nichtig erklärt worden ist (§§ 1360, 1361, 1569 ff BGB, §§ 26, 37 EheG), sowie durch Verwandtschaft begründeten Unterhaltspflichten (§§ 1601 ff, 1615a ff BGB), auch wenn die Unterhaltsforderungen kraft Gesetzes auf Dritte übergegangen sind (Bremen FamRZ 1984, 511), zB gem § 1615b BGB, §§ 90, 91 BSHG, § 37 BAFöG. Die Streitigkeit muss die gesetzliche Unterhaltspflicht selbst betreffen; neben Erfüllung oder Feststellung der Unterhaltspflicht gehören dazu auch die damit unmittelbar zusammenhängenden Nebenverfahren.

14 Miterfasst sind vertragliche Unterhaltsansprüche, wenn im Vertrag nur die gesetzliche Unterhaltspflicht nachvollzogen oder ausgestaltet ist (BGH FamRZ 90, 390, 391; NJW 91, 2709); ausschließlich auf Vertrag beruhende Unterhaltspflichten zwischen Ehegatten oder Verwandten sind nach § 266 I Nr 3 FamFG ebenfalls als Familiensachen anzusehen und gehören deshalb zur Zuständigkeit des Familiengerichts. Da sich die Zuständigkeitsregelung nicht nur auf die Unterhaltsansprüche selbst bezieht, sondern auch auf damit unmittelbar in Verbindung stehende weitere Streitigkeiten erstreckt, gehören dazu auch der Anspruch auf Prozesskostenvorschuss, etwa nach §§ 1360a IV, 1361 IV BGB (BGH NJW 71, 1262, 1263), bereicherungsrechtliche Ansprüche auf Rückgewähr von Leistungen (zum Anspruch des Scheinvaters unten Rz 15), die zur Erfüllung einer gesetzlichen Unterhaltspflicht erbracht worden sind (BGH NJW 78, 1531, 1533) und Auskunftsansprüche (§§ 1580, 1605 BGB) zur Vorbereitung und Durchsetzung gesetzlicher Unterhaltsansprüche (BGH NJW 78, 1531, 1533). Dazu gehören auch Schadensersatzansprüche, wenn zB der Unterhaltspflichtige Vermögen verschoben oder Einkünfte verschwiegen hat (Kissel/Mayer Rn 53 nN). Ebenfalls erfasst sind gesetzliche Unterhaltsansprüche nach anwendbarem ausländischem Recht (Kissel/Mayer Rn 49).

15 **b) Unterhaltspflicht als Vorfrage bei anderen Streitigkeiten.** Da § 23a im Verhältnis zu § 23 als Ausnahmevorschrift gilt und daher restriktiv auszulegen ist, werden Streitigkeiten, in denen Unterhaltspflichten allein als Vorfrage bedeutsam sind, nicht erfasst (Kissel/Mayer Rn 23). Das gilt etwa bei Schadensersatzansprüchen wegen Tötung oder Verletzung des Unterhaltspflichtigen (Bambg DAR 77, 300) oder für Rückgewähransprüche des Scheinvaters für geleisteten Unterhalt nach erfolgreicher Anfechtung der Vaterschaft des während der Ehe geborenen Kindes.

16 **9. Güterrechtssachen (§ 111 Nr 9 FamFG).** Zum Verfahrensgegenstand vgl § 261 FamFG. Die Regelung betrifft Streitigkeiten aus dem gesetzlichen ehelichen Güterrecht (§§ 1363 ff BGB) sowohl bei bestehender als auch beendeter Ehe. Dazu gehören der Zugewinnausgleich (§§ 1372 ff BGB), Streitigkeiten auf Aufhebung der Gütergemeinschaft (§ 1447 BGB) und des Gesamtgutes (§§ 1471 ff BGB) und auf Vermögensauseinandersetzung, soweit es sich nicht um eine Hausratsteilung handelt (vgl § 23b I Nr 8). Auch güterrechtliche Ansprüche aus einem Ehevertrag (§ 1408 BGB), der die güterrechtlichen Beziehungen der Eheleute regelt, werden erfasst; nicht aber (andere) gegenseitige Ansprüche von Ehegatten, die Gütertrennung vereinbart haben; diese Ansprüche beruhen nicht auf güterrechtlichen Vorschriften, sondern sind allgemein vermögensrechtlicher Art (Ddorf FamRZ 78, 129). Bei diesen Angelegenheiten kann es sich aber um sonstige Familiensachen iSd § 111 Nr 10 FamFG (unten Rz 18) handeln, für die ebenfalls die Zuständigkeit des Familiengerichts gegeben ist. Auch Ansprüche aus einer Scheidungsfolgenvereinbarung, die die güterrechtlichen Beziehungen regeln, sind Streitigkeiten aus dem ehelichen Güterrecht.

17 Auch bei **Beteiligung Dritter** an der güterrechtlichen Streitigkeit verbleibt es bei der Zuständigkeit des Familiengerichts (§ 261 I FamFG). Unter Beteiligung sind alle Formen zu verstehen, in denen Dritte nach den §§ 64 ff ZPO am Rechtsstreit beteiligt sein können. Eine Familiensache liegt auch vor, wenn Ehegatten güterrechtliche Ansprüche zugunsten eines Dritten begründen und dieser die Ansprüche geltend macht (BGH NJW 83, 928).

10. Sonstige Familiensachen (§ 111 Nr 10 FamFG). a) Allgemeines. Die Zuständigkeit für »sonstige Familiensachen« ist die wohl wichtigste Zuständigkeitserweiterung der Familiengerichte (*Wever* FF 09, 399, 400). Nach dieser Vorschrift sollen vermögensrechtliche Streitigkeiten der Eheleute außerhalb des Güterrechts zur Zuständigkeit der Familiengerichte gehören. Bei den in § 266 I FamFG aufgeführten, nunmehr von der familiengerichtlichen Zuständigkeit erfassten Fallgruppen differenziert die Vorschrift zwischen Ansprüchen, die unmittelbar aus bestimmten familienrechtlichen Rechtsverhältnissen, wie der Ehe, dem Eltern-Kind-Verhältnis oder dem Umgangsrecht herrühren (§ 266 I Nr 2, 4 und 5 FamFG), und solchen zwischen Partnern (Ehegatten, Verlobten), im Zusammenhang mit der Beendigung der Partnerschaft (Ehe, Verlöbnis), wobei nach § 266 I Nr 1 und 3 FamFG auch Ansprüche zwischen einem Ehegatten und dem Elternteil eines Ehegatten einbezogen werden. Erfasst werden auch Streitigkeiten nicht vermögensrechtlicher Natur, wie etwa Streitigkeiten wegen Beleidigungen zwischen Ehegatten, Ansprüche wegen der Verwendung von privatem Bildmaterial oder Tagebüchern (*Wever* aaO). 18

b) Zu den Zuständigkeiten nach § 266 I Nr 1–5 FamFG im Einzelnen. Nr 1 erfasst Streitigkeiten »zwischen miteinander verlobten oder ehemals verlobten Personen im Zusammenhang mit der Beendigung des Verlöbnisses«; bei Ersatzansprüchen nach §§ 1298, 1299 BGB werden auch Streitigkeiten mit Dritten, insb mit Eltern, erfasst, wie zB Ansprüche auf Rückgabe von Geschenken oder anderen Zuwendungen. 19

Nr 2 betrifft »aus der Ehe herrührende Ansprüche«. Damit bezieht sich die Vorschrift in erster Linie auf aus § 1353 BGB hergeleitete Ansprüche zwischen Ehegatten. Das sind insb Mitwirkungsansprüche, zB an der gemeinsamen Steuerveranlagung, der vor Inkrafttreten des FamFG, anders als der Anspruch auf Zustimmung zum begrenzten Realsplitting, in die Zuständigkeit der Zivilgerichte fiel. Dazu gehören auch Ansprüche auf Mitwirkungshandlungen ggü Versicherungen, zB der Übertragung eines Schadensfreiheitsrabatts (*Wever* aaO). Erfasst werden auch einschl entsprechender Schadensersatzansprüche die Ansprüche, die das absolute Recht (§ 823 I BGB) zur ehelichen Lebensgemeinschaft schützen, wie Abwehr- und Unterlassungsansprüche gegen Störungen des räumlich-gegenständlichen Bereichs der Ehe ggü dem anderen Ehegatten wie auch ggü einem Dritten (*Wever* aaO, S. 401). Im Ergebnis gehören dazu wohl auch Verfahren auf Herstellung der der ehelichen Lebensgemeinschaft, die vor Inkrafttreten des FamFG nach § 606 I ZPO aF in den Zuständigkeitsbereich der Familiengerichte fielen. 20

Nr 3 nennt »Ansprüche zwischen miteinander verheirateten oder ehemals miteinander verheirateten Personen oder zwischen einer solchen und einem Elternteil im Zusammenhang mit Trennung oder Scheidung oder Auflösung der Ehe«. Erfasst werden folgende Fallgestaltungen (*Wever* aaO): Auseinandersetzung des Miteigentums am Familienheim, zB beim Streit um die Nutzungsvergütung gem § 745 II BGB; Gesamtschuldnerausgleich; Streit um die Rückgewähr von ehebezogenen Zuwendungen und Schenkungen; Auseinandersetzung einer BGB-Innengesellschaft; Ansprüche nach Wegfall der Geschäftsgrundlage eines Kooperationsvertrages der Ehegatten; Streit um Kontoguthaben oder wegen unbefugter Kontoabhebungen; Aufteilung von Steuererstattungen; Schadensersatzansprüche von Ehegatten untereinander, sofern sie nicht ohnehin wegen Sachzusammenhangs mit Unterhalts- oder güterrechtlichen Ansprüchen Familiensachen sind; Ansprüche auf Auftragsrecht, etwa aufgrund bei Treuhandverhältnissen oder Vermögensverwaltungen; Besitzschutzansprüche bei verbotener Eigenmacht (§§ 858 ff BGB); Streitigkeiten zwischen Ehegatten und Schwiegereltern, auch eigenen Eltern, sofern ein Zusammenhang mit Trennung oder Scheidung besteht, zB um Investitionen des Schwiegerkindes in die Immobilie der Schwiegereltern oder um die Rückgewähr einer dem Schwiegerkind gemachten Vermögenszuwendung. 21

Die Einordnung dieser Fallgestaltungen als Familiensachen hängt davon ab, ob ein Zusammenhang der Streitigkeit mit der Trennung, Scheidung oder Aufhebung der Ehe besteht. Der Zusammenhang soll dabei eine inhaltliche und eine zeitliche Komponente aufweisen (*Wever* aaO unter Hinweis auf die Gesetzesmaterialien). Ein inhaltlicher Zusammenhang wird anzunehmen sein, wenn das Verfahren der wirtschaftlichen Entflechtung der (vormaligen) Partner dient oder »Dispositionen im Hinblick auf die Verbindung oder Vorgänge anlässlich ihrer Beendigung« betrifft (*Meyer-Seitz/Kröger/Heiter* FamRZ 05, 1430, 1437). Wie lange ein zeitlicher Zusammenhang anzunehmen ist, bleibt nach der Gesetzesfassung offen. Einen zeitlichen Zusammenhang zu verneinen, wenn seit Beendigung der Verbindung und dem Abschluss der wirtschaftlichen Auseinandersetzung ein längerer Zeitraum (wie lange?) verstrichen ist (so *Meyer-Seitz/Kröger/Heiter* aaO), erscheint zweifelhaft. Die Frage der Einordnung einer Streitigkeit als Familien- oder allgemeine Zivilsache kann nicht davon abhängen, zu welchem Zeitpunkt der Anspruch gerichtlich geltend gemacht wird. Im Fall einer vor dem 1.9.09 rechtshängig gewordenen Klage zwischen Eheleuten auf Gesamtschuldnerausgleich ist für die Klageerweiterung nach dem 1.9.09 das Familiengericht zuständig (Frankf NJW 10, 244). 22

23 **Nr 4** bezeichnet »aus dem Eltern-Kind-Verhältnis herrührende Ansprüche« als sonstige Familiensachen. Dabei ist etwa an Streitigkeiten wegen der Verwaltung des Kindesvermögens zu denken, auch soweit es sich um Schadensersatzansprüche handelt. Ein bloßer Zusammenhang des Anspruchs mit dem Eltern-Kind-Verhältnis reicht allerdings nicht aus; der Anspruch muss im Eltern-Kind-Verhältnis selbst seine Grundlage haben, wie zB ein Auskunftsanspruch des volljährigen Kindes gegen den ehemals sorgeberechtigten Vater nach § 1698 BGB, auch wenn dieser in der Verwaltung erbrechtlicher Forderungen des Kindes bestand (Dresd Beschl v 26.4.2011, 17 W 400/11 – juris).

24 **Nr 5** bestimmt »aus dem Umgangsrecht herrührende Ansprüche« als sonstige Familiensachen. Gedacht ist dabei insb an Schadensersatzansprüche, die mit der Ausübung des Umgangsrechts zusammenhängen. Die Vorschrift umfasst auch Ansprüche, wenn es sich um die Eltern eines nichtehelichen Kindes handelt (*Wever* aaO).

25 Eine Einordnung als »sonstige Familiensache« in den Fallgruppen Nr 1–5 scheidet aus, wenn die Zuständigkeit der Arbeitsgerichte gegeben ist, oder das Verfahren das Wohnungseigentumsrecht, das Erbrecht oder eines der Sachgebiete betrifft, für die § 348 I 2 Nr 2a – k ZPO bei den Landgerichten eine Zuständigkeit der Zivilkammern vorsieht. Denn hier handelt es sich um Rechtsgebiete, für deren Bearbeitung spezielle Kenntnisse erforderlich sind, und die Familiengerichte mit solchen Verfahren nicht belastet werden sollen.

26 **c) Zur Zuständigkeit nach § 266 II FamFG.** Danach sind auch Anträge nach § 1357 II 1 BGB (Antrag auf Aufhebung der Beschränkung, mit Wirkung für den anderen Ehegatten Geschäfte zur Deckung des Lebensbedarfs der Familie zu besorgen) Familiensachen. Eine Einordnung dieser Verfahrensarten zu den Güterrechtssachen scheidet aus, weil § 1357 BGB eine allgemeine Ehewirkung regelt (Meyer-Seitz/Frantzioch/Ziegler S. 329).

27 **11. Lebenspartnerschaftssachen (§ 111 Nr 11 FamFG).** Der Verfahrensgegenstand in Lebenspartnerschaftssachen wird in § 269 FamFG bestimmt.

28 **II. Angelegenheiten der freiwilligen Gerichtsbarkeit (Abs 1 S 2).** Sie sind in Abs 2 definiert. Die jeweiligen Verfahrensgegenstände beschreibt im wesentlichen das FamFG: Nr 1: Betreuungssachen, § 271 FamFG, Unterbringungssachen, § 312 FamFG, sowie betreuungsgerichtliche Zuweisungssachen, § 340 FamFG; Nr 2: Nachlass- und Teilungssachen, § 342 FamFG; Nr 3: Registersachen (Handels-, Genossenschafts-, Partnerschafts-, Vereins- und Güterrechtsregistersachen), § 374 FamFG; Nr 4: unternehmensrechtliche Verfahren, § 375 FamFG; Nr 5: weitere Angelegenheiten der Freiwilligen Gerichtsbarkeit iSd § 410 FamFG; Nr 6: Verfahren in Freiheitsentziehungssachen, § 415 FamFG; Nr 7: Aufgebotsverfahren; § 433 FamFG; Nr 8: Grundbuchsachen; Nr 9: Landwirtschaftssachen; Nr 10: Schiffsregistersachen; Nr 11: weitere Angelegenheiten der freiwilligen Gerichtsbarkeit, soweit sie den Gerichten durch Bundesgerichte zugewiesen sind. Das gerichtliche Verfahren in Personenstandssachen nach §§ 48 ff PStG zählt zu den sonstigen Angelegenheiten der freiwilligen Gerichtsbarkeit (*Helms/Krömer* StAZ 09, 325, 327).

29 **C. Übergangsvorschrift.** Nach Art 111 FG-RG (BGBl I, 2743) sind auf Verfahren in Familiensachen und den Angelegenheiten der Freiwilligen Gerichtsbarkeit, die vor Inkrafttreten des FamFG am 1.9.09 eingeleitet worden sind, die bis zu diesem Zeitpunkt geltenden Vorschriften anzuwenden. Das gilt auch für Abänderungs-, Aufhebungs- und Verlängerungsverfahren, sofern die entsprechenden das Verfahren einleitenden Anträge vor Inkrafttreten des FamFG gestellt worden sind. So richtet sich zB ein Abänderungsverfahren wegen eines Unterhaltstitels nach altem Recht, wenn die entsprechende Abänderungsklage vor dem Inkrafttreten des FamFG bei Gericht eingegangen ist. Rechtsmittel, die sich gegen nach altem Recht ergangene Entscheidungen wenden, richten sich ebenfalls nach altem Recht, auch wenn sie nach dem 1.9.09 eingelegt worden sind (Köln Beschl v 11.9.09 – 2 Wx 76/09, Rn 3, juris; Köln MDR 09, 1301; Hamm Beschl v 13.10.09 – 15 W 276/09, Rn 8, juris; *Maurer* FamRZ 09, 465; Meyer-Seitz/Frantzioch/Ziegler S. 397; aA Prütting/Helms/*Prütting* Art 111 FGG-RG Rn 5). Bei Verfahren über den Versorgungsausgleich, die vor dem 1.9.09 eingeleitet worden sind, gilt nach § 48 I VersAusglG weiterhin das alte Recht. Dieser Grundsatz wird aber durch § 48 II und III VersAusglG durchbrochen: In Fällen, in denen das FamG über den Versorgungsausgleich bis zum 31.8.10 keine Endentscheidung trifft (§ 48 III VersAusglG) oder in denen die Voraussetzungen des § 48 II VersAusglG vorliegen (Abtrennung, Aussetzung, Ruhen), ist das neue Recht anzuwenden (*Bergner* NJW 09, 1233, 1237). Ist in einer Familienstreitsache ein Prozesskostenhilfeantrag vor dem 1.9.09 bei dem zuständigen allgemeinen Zivilgericht eingegangen, so bleibt dessen Zuständigkeit für das Klageverfahren auch dann bestehen, wenn über den Antrag nach dem 1.9.09 entschieden worden ist (Ddorf Beschl v 21.9.09 – 11 W 55/09, Rn 8 f, juris).

§ 23b [Familiengerichte]. **(1) Bei den Amtsgerichten werden Abteilungen für Familiensachen (Familiengerichte) gebildet.**

(2) [1]Werden mehrere Abteilungen für Familiensachen gebildet, so sollen alle Familiensachen, die denselben Personenkreis betreffen, derselben Abteilung zugewiesen werden. [2]Wird eine Ehesache rechtshängig, während eine andere Familiensache, die denselben Personenkreis oder ein gemeinschaftliches Kind der Ehegatten betrifft, bei einer anderen Abteilung im ersten Rechtszug anhängig ist, ist diese von Amts wegen an die Abteilung der Ehesache abzugeben. [3]Wird bei einer Abteilung ein Antrag in einem Verfahren nach den §§ 10 bis 12 des Internationalen Familienrechtsverfahrensgesetzes vom 26. Januar 2005 (BGBl. I S. 162) anhängig, während eine Familiensache, die dasselbe Kind betrifft, bei einer anderen Abteilung im ersten Rechtszug anhängig ist, ist diese von Amts wegen an die erstgenannte Abteilung abzugeben; dies gilt nicht, wenn der Antrag offensichtlich unzulässig ist. [4]Auf übereinstimmenden Antrag beider Elternteile sind die Regelungen des Satzes 3 auch auf andere Familiensachen anzuwenden, an denen diese beteiligt sind.

(3) Die Abteilungen für Familiensachen werden mit Familienrichtern besetzt. Ein Richter auf Probe darf im ersten Jahr nach seiner Ernennung Geschäfte des Familienrichters nicht wahrnehmen.

A. Vorbemerkung. I. Neuregelung. Die Vorschrift ist durch Art 22 FGG-RG (BGBl I, 2586, 2595) tw neu gefasst worden. Die früher in § 23b I S 2 aF enthaltene Zuständigkeitsregelung für Familiensachen findet sich jetzt in erweiterter Form in § 23a I Nr 1. Wie bisher bezeichnet § 23b die funktionale Zuständigkeit für die Familiensachen. Die Vorschrift schließt aber anderweitige Regelungen der funktionalen Zuständigkeit wie bspw im internationalen Familienrechtsverfahrensgesetz (IntFamRVG) nicht aus, denn das GVG regelt die funktionale Zuständigkeit der Gerichte nicht abschließend (BTDrs 16/6308, 319). 1

II. Familiengerichte. Die verfassungsrechtlich unbedenkliche Vorschrift (BVerfG NJW 80, 692, 697) ordnet gerichtsorganisatorisch an, dass bei allen Amtsgerichten, vorbehaltlich einer Konzentrationsregelung nach § 23d, mindestens eine Abteilung für Familiensachen einzurichten ist. Damit bleibt den Präsidien nur die Entscheidung über die Besetzung dieser Spezialspruchkörper. Ob eine Abteilung für Familiensachen eingerichtet werden soll, und welche Aufgaben diese zu übernehmen hat, ist der Regelungsbefugnis des Präsidiums entzogen (BGH NJW 78, 1531, 1532). Der Zuständigkeitskatalog in § 23a I Nr 1 enthält eine abschließende Regelung (Oldbg FamRZ 78, 130 für § 23b aF). Er kann weder durch den vom Präsidium zu beschließenden Geschäftsverteilungsplan noch durch die Justizverwaltung erweitert werden (MüKoZPO/*Wolf* Rn 42 mN). Nach der früheren Gesetzesfassung (§ 23b II aF) konnte das Präsidium zwar grds die Zahl der zu bildenden Familienabteilungen bestimmen. § 23b II S 1 aF sah jedoch insofern eine zahlenmäßige Beschränkung vor, wonach eine weitere Familienabteilung nur dann gebildet werden durfte, wenn die bestehenden Familienabteilungen mit Familiensachen ausgelastet waren. Nach dem Wortlaut des Gesetzes besteht diese Einschränkung nicht mehr. Bei nicht vollständiger Auslastung mit Familiensachen kann das Präsidium dem Familienrichter im Geschäftsverteilungsplan auch andere Geschäfte übertragen. Nach früherem Recht war das Präsidium grds nicht gehindert, den Familienabteilungen ganz oder tw die Vormunds-, Betreuungs- und Unterbringungssachen zuzuweisen (§23b II 1 aF). Von dieser Möglichkeit hatten zahlreiche Präsidien der Amtsgerichte Gebrauch gemacht, zumal die nach der gesetzlichen Übertragung eines Teils der Vormundschaftssachen in Familiensachen verbleibenden »echten« Vormundschaftssachen häufig in einem engen sachlichen Zusammenhang zu den Familiensachen standen. Da neben den Abteilungen für Familiensachen nunmehr auch Abteilungen für Betreuungssachen (vgl § 23c) einzurichten sind, empfiehlt es sich, die frühere Konzentrationsregelung beizubehalten. 2

B. Mehrere Abteilungen für Familiensachen (Abs 2). § 23b II regelt die gerichtsinterne Zuständigkeit der Abteilungen für Familiensachen. Die Regelung betrifft nicht Fragen der sachlichen Zuständigkeit; sie ist vielmehr als gesetzliche Regelung der Geschäftsverteilung iSd § 21e I zu verstehen (aA Musielak/*Wittschier* Rn 6, der eine funktionelle Zuständigkeit des Familiengerichts annimmt). Kompetenzkonflikte innerhalb des Gerichts kann das Präsidium nur bei einem Zuständigkeitsstreit zwischen zwei Familienrichtern entscheiden, wenn es dabei um die Frage geht, wer von beiden für die umstrittene Familiensache nach dem Geschäftsverteilungsplan zuständig ist. Ist demgegenüber streitig, ob überhaupt eine Familiensache vorliegt, betrifft der Streit den gesetzlich geregelten Teil der Geschäftsverteilung und ist damit der Entscheidung durch das Präsidium entzogen (Zö/*Lückemann* Rn 6). Nach hM ist dieser Streit analog § 5 I Nr 5 FamFG, §§ 36 I Nr 6, 37 ZPO zu klären (BGH NJW 78, 1531; 79, 1048; 81, 126). 3

4 **I. Verhältnis der Familiengerichte des Amtsgerichts untereinander.** Das Verhältnis der Familienabteilungen desselben Gerichts untereinander hat in Abs 2 eine besondere Ausprägung erfahren. Die Vorschrift enthält abgestufte Zuständigkeitsregelungen. Grundsätzlich sind für Familiensachen (vgl §§ 111, 112 FamFG), die denselben Personenkreis betreffen, dieselbe Familienabteilung des Gerichts zuständig. Wird eine Ehesache (vgl § 111 Nr 1 FamFG) rechtshängig, sind bereits anhängige Familiensachen, die die Ehegatten oder ein gemeinschaftliches Kind betreffen, vAw an die Abteilung der Ehesache abzugeben (Abs 2 S 2). Es gilt also der Vorrang der Ehesache vor der Familiensache. Abs 2 S 3 trifft eine besondere Zuständigkeitsregelung für den (seltenen) Fall, dass ein Verfahren nach dem Europäischen Sorgerechtsübereinkommen oder dem Haager Kindesentführungsübereinkommen mit einer gleichzeitig in einer anderen Abteilung anhängigen Familiensache, die dasselbe Kind betrifft, anhängig ist. In einem solchen Fall ist die Familiensache vAw an die Abteilung abzugeben, in der das Verfahren nach dem Europäischen Sorgerechtsübereinkommen (§ 10 IntFamRVG) oder dem Haager Kindesentführungsübereinkommen (§ 11 IntFamRVG) anhängig ist. Bei einem offensichtlich unbegründeten Antrag scheidet eine Abgabe aus.

5 Abgaben haben vAw zu erfolgen. Entscheidet die an sich unzuständige Familienabteilung, berührt das die Wirksamkeit der Entscheidung nicht (§ 22d). IÜ gelten im Verhältnis der Familienabteilungen untereinander im Rahmen ihrer gesetzlichen Zuständigkeiten keine Besonderheiten. Eine formlose Abgabe von einer Familienabteilung in eine andere ist zulässig; sie ist bindend, wenn sie an die für die Ehesache zuständige Abteilung erfolgt (Kissel/Mayer Rn 17). Bei einem internen Streit über die Zuständigkeit wegen einer Familiensache entscheidet das Präsidium (Kissel/Mayer 19).

6 **II. Verhältnis des Familiengerichts zur allgemeinen Zivilabteilung.** Die Abgrenzung der Abteilung für Familiensachen von den übrigen Abteilungen des Amtsgerichts wird durch die Geschäftsverteilung bestimmt, auch wenn diese in Bezug auf die Familiengerichte auf gesetzlicher Regelung beruht (oben Rn 2). Hält das Familiengericht seine Zuständigkeit mangels Familiensache nicht für gegeben, und nimmt es die Zuständigkeit einer anderen Abteilung desselben Gerichts an, hat es die Sache an diese zu verweisen. Falls die Sache nicht übernommen wird, ist sie dem zuständigen OLG ohne besonderen Antrag (BGH NJW 79, 1048) entspr § 36 I Nr 6 ZPO zur Bestimmung der Zuständigkeit vorzulegen. Verweisungen nach § 281 ZPO zwischen dem Familiengericht und einem anderen Spruchkörper desselben Gerichts waren vor Inkrattreten des FGG-RG nicht bindend, weil es an einer Vorschrift wie bei Verweisungen zwischen Zivilkammern und Kammern für Handelssachen (§ 102) fehlte; seit dem 1.9.2009 bestimmt jedoch § 17a Abs 6, dass im Verhältnis zwischen Familienabteilung und allgemeiner Zivilabteilung eine Verweisung zu erfolgen hat, die nach § 17a Abs 2 S 2 bindend ist (Musielak/*Wittschier* Rn 6 mwN). Für das Zwangsvollstreckungsverfahren, das sich einer Familiensache anschließt, ist die Vollstreckungsabteilung des Amtsgerichts zuständig. Eine Ausnahme gilt nur für solche Vollstreckungsmaßnahmen, die dem Prozessgericht gem §§ 878, 888, 890 ZPO übertragen sind (Saabr FuR 09, 600)

7 **1. Mehrere Klageanträge.** Werden eine Familiensache und zusätzlich ein Streitgegenstand allgemein-zivilrechtlicher Natur im Wege der objektiven Klagenhäufung iSd § 260 ZPO geltend gemacht, ist wegen der ausschließlichen Zuständigkeit des Familiengerichts über die Familiensache getrennt zu entscheiden; iÜ ist die Sache an die zuständige Abteilung des Gerichts abzugeben oder, wenn sie in den Zuständigkeitsbereich eines sachlich und örtlich anderen Gerichts fällt, auf Antrag an dieses zu verweisen (s. § 260 ZPO Rz 19). Eine Klageverbindung scheidet gem § 260 S 2 ZPO schon wegen der Ungleichart der Prozessart aus (Zö/*Greger* § 260 ZPO Rn 2a). Auch eine rügelose Einlassung (§ 39 ZPO) oder eine Gerichtsstandsvereinbarung (§ 38 ZPO) führen nicht zu einer zulässigen Klagenhäufung (MüKoZPO/*Wolf* Rn 10).

8 **2. Haupt- und Hilfsantrag.** Werden in der Fallkonstellation oben Rz 7 eine Familiensache und der allgemein-zivilrechtliche Gegenstand im Wege des Haupt- und Hilfsantrages geltend gemacht, ist nach allgemeinen Regeln zunächst über den Hauptantrag zu entscheiden. Handelt es sich dabei um eine Familiensache, obliegt die Entscheidung dem Familiengericht; ggf hat die allgemeine Zivilabteilung das Verfahren an die Familienabteilung abzugeben. Wird der Hauptantrag abgelehnt, entscheidet die für den Hilfsantrag zuständige Abteilung (BGH NJW 78, 1531; Frankf FamRZ 96, 949; MüKoZPO/*Wolf* Rn 12 mN).

9 **3. Anspruchskonkurrenz.** Liegt der zu treffenden Entscheidung ein einheitlicher Streitgegenstand zugrunde und kann der Klageantrag sowohl mit allgemeinen als auch mit Ansprüchen aus Familiensachen begründet werden kann, etwa im Fall der Konkurrenz zwischen einem Bereicherungsanspruch nach § 812 BGB und einer Zugewinnausgleichsforderung nach § 1378 BGB, dürfte es sich um eine sonstige Familien-

sache iSd § 266 FamFG handeln. Dies führt zur Zuständigkeit des Familiengerichts, das auch über die Ansprüche mit entscheiden kann, die nicht familienrechtlicher Natur sind (MüKoZPO/*Wolf* Rn 10). Demgegenüber darf wegen der ausschließlichen Zuständigkeit des Familiengerichts die allgemeine Zivilabteilung nicht über Ansprüche entscheiden, die zur Zuständigkeit des Familiengerichts gehören.

III. Verhältnis des Familiengerichts zu anderen Abteilungen im Fall der Konzentration (§ 23d). Sind bei einem Amtsgericht für die Bezirke mehrerer Amtsgerichte Familienabteilungen eingerichtet worden, gilt die Konzentration ausschließlich für die Familiensachen. Das gemeinsame Familiengericht gilt gewissermaßen als Abteilung der Amtsgerichte, auf die sich die Konzentration erstreckt. Daraus folgt, dass Familiensachen, die bei den allgemeinen Zivilabteilungen dieser Gerichte eingegangen sind, formlos an die gemeinsame Familienabteilung abzugeben ist. Das gilt auch für den umgekehrten Fall. Das Familiengericht gibt allgemeine Zivilsachen an das jeweils örtlich zuständige Amtsgericht ab, ohne dass es eines förmlichen Verweisungsbeschlusses bedarf . 10

IV. Verhältnis zu anderen Gerichten. 1. Abgabe. Da nach der Wertung des Gesetzgebers alle Familiensachen, die denselben Personenkreis betreffen, von einer Familienabteilung bearbeitet werden sollen, kann unter den Voraussetzungen des § 4 FamFG eine Familiensache an die Familienabteilung eines anderen Amtsgerichts abgegeben werden. Als wichtiger Grund iSd § 4 FamFG kommt etwa ein enger Sachzusammenhang mit einem bei einem anderen Gericht geführten Verfahren in Betracht, wie er zB zwischen einem Gewaltschutzverfahren und dem Verfahren zur Regelung der elterlichen Sorge bestehen kann (AG Ludwigslust Beschl v 24.3.10, 5 F 56/10 – juris). 10a

2. Verweisung. Das Familiengericht verweist Ehesachen (§ 111 Nr 1 FamFG) und Familienstreitsachen (§ 112 FamFG) wegen örtlicher Unzuständigkeit nach allgemeinen Regeln an die Abteilung für Familiensachen des örtlich zuständigen Amtsgerichts. § 3 FamFG ist wegen § 113 I S 1 FamFG auf diese Sachen nicht anwendbar. Die Verweisung der übrigen Familiensachen (§ 111 Nr 2–11 FamFG) richtet sich bei örtlicher oder sachlicher Unzuständigkeit nach § 3 FamFG. Die Verweisung einer Nichtfamiliensache an ein anderes Amtsgericht oder das LG ist gem § 17a Abs 2, S 3, Abs 6 bindend Musielak/*Wittschier* Rn 10). 11

3. Bindungswirkung. Wird ein Verfahren von einem anderen Gericht, zB der Zivilkammer des Landgerichts, nach § 281 ZPO an das Amtsgericht verwiesen, weil es sich nach Ansicht des verweisenden Gerichts um eine Familiensache handelt, erstreckt sich die Bindungswirkung des § 281 II 4 ZPO nur auf das Amtsgericht, an das verwiesen wurde, nicht aber auf das Familiengericht als solches. Das gilt auch, wenn ausdrücklich an das Familiengericht verwiesen wurde. Denn die Bindungswirkung erstreckt sich nicht auf die interne Zuständigkeitsverteilung; daran ändert auch nichts, dass die interne Zuständigkeit der Familiengerichte gesetzlich geregelt ist (Zö/*Lückemann* Rn 9). Hält sich der Familienrichter für unzuständig, weil er eine Familiensache verneint, gibt er das Verfahren an die allgemeine Zivilabteilung ab. Nimmt in diesem Fall wiederum der Zivilrichter an, dass es sich doch um eine Familiensache handelt und kommt es zwischen den Abteilungen des Gerichts nicht zu einer Einigung, ist die Sache dem gemeinsamen OLG zur Bestimmung des zuständigen Gerichts vorzulegen (oben Rz 2). 12

C. Familienrichter (Abs 3). Die Richter der Abteilungen für Familiensachen entscheiden als Einzelrichter. Die Bezeichnung als Familienrichter hat keine Statusauswirkungen. Gesetzliche Vorschriften zur Qualifikation, die von derjenigen der übrigen Richter abweicht, gibt es nicht. Ebenso fehlt es an einem gesetzlich fixierten Berufsbild. Das Präsidium ist in seiner Entscheidung frei, welchen Richter es zum Familienrichter bestellt; dabei dürfen Richter auf Probe (§ 12 DRiG) im ersten Jahr nach ihrer Ernennung nicht als Familienrichter eingesetzt werden (Abs 3 S 2). 13

In der Praxis hat es sich bewährt, solche Richter zum Familienrichter zu bestellen, die sich in besonderem Maße durch soziale Kompetenzen auszeichnen. Das entspricht am ehesten dem Leitbild des Familienrichters, als »besonders qualifizierter erfahrener Richter«, der mit »breit gestreuter Sachkunde« ausgestattet ist und »bereits über hinreichende richterliche Erfahrungen« verfügt (Kissel/Mayer Rn 15 mN unter Hinweis auf die parlamentarischen Beratungen). 14

§ 23c [Betreuungsgericht]. (1) Bei den Amtsgerichten werden Abteilungen für Betreuungssachen, Unterbringungssachen und betreuungsgerichtliche Zuweisungssachen (Betreuungsgerichte) gebildet.
(2) [1]Die Betreuungsgerichte werden mit Betreuungsrichtern besetzt. [2]Ein Richter auf Probe darf im ersten Jahr nach seiner Ernennung Geschäfte des Betreuungsrichters nicht wahrnehmen.

1 **A. Vorbemerkung.** Die Vorschrift ist durch Art 22 Nr 9 FGG-RG (BGBl I, 2585, 2695) neu eingefügt worden. Der bisherige § 23c ist jetzt § 23d. Für die Einrichtung der Betreuungsgerichte gilt das für die Familiengerichte Gesagte entspr (vgl § 23a Rz 2). Wie bei den Familiengerichten sind auch die Betreuungsgerichte mit Betreuungsrichtern zu besetzen. Proberichter können im ersten Jahr seit ihrer Ernennung die Aufgaben des Betreuungsrichters nicht wahrnehmen (Abs 2).

2 **B. Zuständigkeit.** Die Betreuungsgerichte sind für Betreuungs-, Unterbringungs- und betreuungsgerichtliche Zuweisungssachen zuständig. **Betreuungssachen** (§ 271 FamFG) sind Verfahren zur Bestellung eines Betreuers und zur Aufhebung einer Betreuung, zur Anordnung eines Einwilligungsvorbehalts (§§ 293 ff FamFG), sowie weitere Verfahren, die die rechtliche Betreuung eines Volljährigen (§§ 1896–1908i BGB) zum Inhalt haben, es sei denn, es handelt sich um eine Unterbringungssache. **Unterbringungssachen** (§ 312 FamFG) betreffen die Genehmigung freiheitsentziehender Unterbringungen nach § 1906 I – III, V BGB, die Genehmigung freiheitsentziehender Maßnahmen nach § 1906 IV BGB oder freiheitsentziehende Unterbringungen von Volljährigen nach den Landesgesetzen über die Unterbringung psychisch Kranker. **Betreuungsgerichtliche Zuweisungssachen** (§ 340 FamFG) sind Pflegschaftsverfahren mit Ausnahme der Pflegschaftsverfahren für Minderjährige oder für eine Leibesfrucht, Verfahren, die die gerichtliche Bestellung eines sonstigen Vertreters für einen Volljährigen betreffen oder sonstige, dem Betreuungsgericht zugewiesene Verfahren.

§ 23d [Ermächtigung].

[1]Die Landesregierungen werden ermächtigt, durch Rechtsverordnung einem Amtsgericht für die Bezirke mehrerer Amtsgerichte die Familiensachen sowie ganz oder teilweise die Handelssachen und die Angelegenheiten der freiwilligen Gerichtsbarkeit zuzuweisen, sofern die Zusammenfassung der sachlichen Förderung der Verfahren dient oder zur Sicherung einer einheitlichen Rechtsprechung geboten erscheint. [2]Die Landesregierungen können die Ermächtigungen auf die Landesjustizverwaltungen übertragen.

1 Mit Inkrafttreten des FGG-RG ist wegen der Einführung des neuen § 23c diese Vorschrift zu § 23d. geworden. Die durch das 1. EheRG v 14.6.76 eingefügte Konzentrationsermächtigung diente zunächst der Spezialisierung der Familienrichter sowie dem Interesse an einer weitgehend einheitlichen Rechtsprechung in Familiensachen. Im Fall einer Konzentration sind dem gemeinsamen Amtsgericht alle Familiensachen zu übertragen. Es steht jedoch im Ermessen der Landesregierung, ob und in welchem Umfang auch die Vormundschafts-, Betreuungs- und Unterbringungssachen bei einem Amtsgericht konzentriert werden. Die Konzentrationsermächtigung ist ergänzt worden um die Handelssachen durch Art 1 des Gesetzes v 21.6.05. Die jetzige Konzentrationsermächtigung umfasst alle Angelegenheiten der freiwilligen Gerichtsbarkeit. Die Regelung tritt an die Stelle bisheriger einzelgesetzlicher Konzentrationsermächtigungen im FGG und – für das bisher in § 1006 I, III ZPO geregelte Aufgebotsverfahren –, soweit hierdurch die Möglichkeit zur Konzentration von Gerichtszuständigkeiten eröffnet wurde.

§§ 24–26 *(betreffen Strafsachen – von einer Kommentierung wurde abgesehen)*

§ 27 [Sonstige Zuständigkeit; Geschäftskreis der Amtsgerichte].

Im Übrigen wird die Zuständigkeit und der Geschäftskreis der Amtsgerichte durch die Vorschriften dieses Gesetzes und der Prozessordnungen bestimmt.

1 **A. Vorbemerkung.** Die Vorschrift stellt nur klar, dass dem Amtsgericht weitere Zuständigkeiten durch dieses Gesetz, die Prozessordnungen und weitere Gesetze zugewiesen werden können. Sie hat im Wesentlichen noch historische Bedeutung; sie diente vor Inkrafttreten des GG dazu, dem Amtsgericht in Abgrenzung zur Verwaltung einzelne Zuständigkeiten zuzuweisen, um diese justitiabel zu machen (Kissel/Mayer Rn 3; MüKoZPO/*Wolf* Rn 1).

2 **B. Sonstige Zuständigkeiten.** Dazu gehören ua Mahnsachen (§ 689 ZPO), Vollstreckungssachen (§ 764 ZPO), eidesstattliche Versicherungen (§ 899 ZPO), besondere Zuständigkeiten bei Arrestverfahren und einstweiligen Verfügungen (§§ 919, 942 ZPO), Insolvenzverfahren (§ 2 InsO), Zwangsversteigerungssachen (§ 1 I ZVG). – Wegen weiterer Zuständigkeiten Zö/*Lückemann* Rn 1; Musielak/*Wittschier* § 23 Rn 15, MüKoZPO/*Wolf* Rn 3–14.

Vierter Titel Schöffengerichte

§§ 28–58 *(betreffen Strafsachen – von einer Kommentierung wurde abgesehen)*

Fünfter Titel Landgerichte

§ 59 [Besetzung]. **(1) Die Landgerichte werden mit einem Präsidenten sowie mit Vorsitzenden Richtern und weiteren Richtern besetzt.**
(2) Den Richtern kann gleichzeitig ein weiteres Richteramt bei einem Amtsgericht übertragen werden.
(3) Es können Richter auf Probe und Richter kraft Auftrags verwendet werden.

A. Überblick. Landgerichte sind eine Gerichtsart der ordentlichen Gerichtsbarkeit. Ihre Einrichtung nach Zahl, Ort und Besetzung ist Aufgabe der Landesjustizverwaltung. Insoweit gibt das GVG nur systemimmanent und funktional vor, dass in jedem Bundesland mindestens ein LG bestehen muss. Der hierzu nach der Kompetenzverteilung des GG berufene Landesgesetzgeber ist in der **Ausgestaltung** des allgemeinen Justizgewährungsanspruchs und der damit einhergehenden Organisation der Gerichte **weitgehend frei** gestellt (vgl zuletzt BVerfG NJW 05, 1768; E 107, 395, 402; E 54, 277, 291). § 59 regelt lediglich, mit wem Landgerichte besetzt werden dürfen. 1

B. Besetzung. Die Zahl der Richter, welche dem LG zugewiesen werden, steht in einem Zusammenhang mit der Zahl der nach § 60 zugewiesenen Zahl der Kammern. »Es ist Sache der Landesjustizverwaltung, die Gerichte so mit Richtern zu versehen, dass das Präsidium die Zusammensetzung der Kammern und die gegenseitige Vertretung der Richter in dem allgemeinen Geschäftsverteilungsplan … in einer Weise ordnen kann, die wenigsten idR durchführbar ist.« (BGHSt 7, 205, 209). Der Art nach unterscheidet das Gesetz zwischen **Präsidenten, Vorsitzenden Richtern** sowie **weiteren Richtern.** 2

1. Präsident. Präsidenten (Präsidentinnen) sind durch die Landesgesetze zur **Verwaltung** und Dienstaufsicht berufen (vgl etwa §§ 16, 17 AGGVG BW; Art 19, 20 AGGVG Bay; §§ 20 AGGVG Nds ff). Im Rahmen des § 59 ist hingegen ihre Tätigkeit im **Richteramt** angesprochen (Zö/*Lückemann* Rn 2). Darüber hinaus weist das Gesetz dem Präsidenten in §§ 21 ff eine eigene Rolle mit Rechten und Pflichten in der Selbstverwaltung zu. Verwaltungsaufgaben und Rechtsprechung stehen in keinem reibungsfreien Verhältnis. Ist der Präsident zB in einer Notarkostensache auch als Verwaltungsorgan eingebunden, kann dies auf seine Aufgabe als Richter ausstrahlen mit der Folge, dass der Präsident von einer Entscheidung über die Sache ausgeschlossen ist (BayObLG DNotZ 88, 260 = MDR 87, 945). 3

2. Vorsitzende Richter und weitere Richter. Vorsitzende Richter haben in ihren Spruchkörpern Leitungsfunktionen. Insofern verlangt § 21f I, dass diese den Anforderungen an den **Status** genügen und auch als solche ernannt sind (vgl Rostock OLGR 08, 245 mwN Rn 11). Nicht notwendig muss die Zahl der Vorsitzenden der Zahl der Kammern entsprechen, da ein Vorsitzender Richter zugleich mehreren Kammern vorsitzen kann. Theoretisch muss mindestens ein Vorsitzender Richter pro LG zugewiesen werden. – Der Begriff »**Weitere Richter**« meint hingegen alle anderen Richter, denen ein konkretes Richteramt auf Lebenszeit an diesem LG übertragen ist, § 27 II DRiG. 4

C. Weiteres Richteramt. Der zweite Absatz ist im Kontext mit § 22 II zu sehen. Der Richterbedarf an einem Gericht muss nicht unbedingt mit einer konkreten Kopfzahl übereinstimmen. Allein die Notwendigkeit einer Teilzeitbeschäftigung steht dem entgegen. Auch andere Gründe können für eine Flexibilisierung des Personaleinsatzes sprechen. Die richterliche Unabhängigkeit steht einer freien Versetzung oder Abordnung der Richter entgegen. Die Verleihung eines weiteren Richteramtes (§ 27 II DRiG) ist ein vom Gesetz vorgesehenes Mittel iRd Gerichtsorganisation. Möglich ist bei Richtern am LG einschließlich der Vorsitzenden die Verleihung eines weiteren Richteramtes an einem Amtsgericht im Geschäftsbereich des Dienstherrn, nicht eine solche an einem anderen LG (Zö/*Lückemann* § 59 Rn 4). Landesrechtliche Bestimmungen können weitere Beschränkungen enthalten. So erlaubt z.B. § 6 HessRiG nur die »Aufteilung« eines Richters an verschiedenen Amtsgerichten, Richter am LG werden nicht eingebunden. Aber auch Weiterungen über den konkreten Gerichtszweig hinaus sind denkbar, weil die Belastungen Schwankungen unterworfen sind. Im Freistaat Sachsen wurde eine Richterin der Arbeitsgerichtsbarkeit ohne ihr Einverständnis mit einem 5 zweiten Amt in der Sozialgerichtsbarkeit betraut. Hier reiben sich Belange einer kostensparenden Gerichtsorganisation mit der Unabhängigkeit (vgl *Mackenroth* DRiZ 09, 79, 83 f; *Roller/Stadler* DRiZ 09, 223; *Stadler* SächsVBl 09, 6; LG Leipzig 30.9.08 – 66 DG 17/08). Hinzu kommt, dass die fortschreitende Spezialisierung einer universellen Einsetzbarkeit widerstreitet.

6 **D. Richter auf Probe und kraft Auftrags.** Abs 3 enthält die Klarstellung, dass Richter auf Probe und Richter kraft Auftrags an Landgerichten eingesetzt werden können. Einschränkungen hinsichtlich der Verwendung können sich aus den Verfahrensordnungen ergeben. So schließt § 348 Abs 1 Nr 1 ZPO aus, dass Proberichter im ersten Jahr als originäre Einzelrichter in Zivilsachen tätig werden. § 37 DRiG erlaubt darüber hinaus auf bestimmte Zeit die Verstärkung eines Landgerichts im Wege von Abordnungen.

§ 60 [Zivil- und Strafkammern]. **Bei den Landgerichten werden Zivil- und Strafkammern gebildet.**

1 **A. Überblick.** Auch im Hinblick auf die Binnenorganisation der Landgerichte gilt, dass das Gesetz nur einen groben Rahmen vorgibt. Von der Art her ist die Existenz von Zivil- und Strafkammern bei dem LG vorgegeben. Daraus lässt sich die Mindestanforderung ableiten, dass bei jedem Gericht je eine dieser Kammern existieren muss. In der Praxis der Zivilrechtsprechung ist heute vorrangig der Einzelrichter an Stelle der Kammern tätig.

2 **B. Zahl der Kammern.** Die Zahl der Kammern festzusetzen ist Sache der Justizverwaltung. Da diese im Regelfall den Ländern obliegt, ordnen landesrechtliche Regelungen insoweit das Bestimmungsrecht. Einige Länder haben die Materie explizit geregelt (etwa: Bay AG GVG Art 5; Thür AG GVG § 3), tw unter Mitwirkung der Präsidien (RP GerOrgG § 18). Teilweise gilt aber auch die VO zur einheitlichen Regelung der Gerichtsverfassung vom 20.3.1935 fort (RGBl I, 403). Rechtspolitisch war gefordert, hier den Präsidien das Bestimmungsrecht zu übertragen (*Rudolf* DRiZ 1976, 206; *Müller* DRiZ 76, 315), eine Mindermeinung sieht diese Zuständigkeit bereits de lege lata (*Stanicki* DRiZ 76, 80). Die hM geht indes von der Zuständigkeit der Verwaltung aus, wodurch auch ein Gleichklang der Verantwortung für die personelle Besetzung und die Gerichtsorganisation gewährleistet ist (Kissel/*Mayer* Rn 3).

3 **C. Arten von Kammern. I. Ständige Kammern.** Als ständige Kammern sind regelmäßig Zivil- und Strafkammern zugewiesen. Zu ersteren zählen auch die KfH gem §§ 93 ff. Eine Reihe bundes- und landesrechtlicher Regelungen sieht darüber hinaus die Bildung besonderer Spruchkörper vor, etwa Kammern für Baulandsachen (§ 220 BauGB). Soweit diese Bestimmungen einen Spruchkörper von Gesetzes wegen für ein bestimmtes LG vorsehen, bedarf es keiner weiteren Festlegung durch die Justizverwaltung.

4 **II. Hilfsspruchkörper.** Hilfskammern dienen dazu, einer vorübergehenden Überlastung eines Spruchkörpers zu begegnen. Ist die Überlastung dauerhaft oder ihr Ende nicht absehbar, so kann nur eine ständige neue Kammer eingerichtet werden (BGH NJW 86, 144; BGH NJW 96, 267). Die Einrichtung einer Hilfskammer führt dazu, dass der ursprüngliche Spruchkörper an der Fortführung der Geschäfte im Zuständigkeitsbereich der Hilfskammer verhindert ist. Es handelt sich somit um eine besondere Form einer Vertretungsregelung. Die Einrichtung der Hilfskammer obliegt deshalb – abw von der Einrichtung ständiger Kammern – einzig den Präsidien, und sie ist auch während des laufenden Geschäftsjahres möglich (BGH NJW 00, 1580).

5 **III. Auswärtige Spruchkörper.** Auswärtige Kammern können auf der Grundlage landesrechtlicher Regelungen eingerichtet werden, § 13a. Nicht selten werden KfH an auswärtigen Standorten installiert.

§§ 61–69 *(weggefallen)*

§ 70 [Vertretung; Beiordnung]. **(1) Soweit die Vertretung eines Mitgliedes nicht durch ein Mitglied desselben Gerichts möglich ist, wird sie auf den Antrag des Präsidiums durch die Landesjustizverwaltung geordnet.**

(2) Die Beiordnung eines Richters auf Probe oder eines Richters kraft Auftrags ist auf eine bestimmte Zeit auszusprechen und darf vor Ablauf dieser Zeit nicht widerrufen werden.

(3) Unberührt bleiben die landesgesetzlichen Vorschriften, nach denen richterliche Geschäfte nur von auf Lebenszeit ernannten Richtern wahrgenommen werden können, sowie die, welche die Vertretung durch auf Lebenszeit ernannte Richter regeln.

A. Notvertretung. Für den Sonderfall, dass vorübergehend (BGH NJW 95, 2337) die Vertretung innerhalb des Gerichts nicht mehr von den Richterinnen und Richtern am Gericht wahrgenommen werden kann, eröffnet Abs 1 die Möglichkeit einer Notvertretung. Die personellen Ressourcen sind allerdings durch sinnvolle Planung, insb durch Abstimmung der Termine zwischen den Spruchkörpern auszuschöpfen. Die Feststellung, ob die Voraussetzungen einer Notvertretung vorliegen, obliegt zunächst dem **Präsidium** nach pflichtgemäßem Ermessen (RGSt 23, 119). Dieses – im Eilfall der Präsident – kann bei der Landesjustizverwaltung **beantragen**, für diesen Fall die Vertretung **zu ordnen**. Die Verwaltung entscheidet nach freiem Ermessen (str aA *Stanicki* DRiZ 76, 80). 1

Eine **fehlerhafte Anordnung** der Vertretung hat zur Folge, dass eine ordnungsgemäße Besetzung nicht vorliegt; die Bestimmung des Sonderrichters verstößt dann gegen den Grundsatz des gesetzlichen Richters (BGH StV 87, 286). Verweigert die Landesverwaltung hingegen die Ordnung der Vertretung, so ist es Sache der Geschäftsverteilung der betroffenen Spruchkörper, die Folgen der Überlastung zu regeln (Kissel/*Mayer* Rn 5). 2

B. Beiordnung. Im Regelfall werden Gerichte mit bei dem Gericht ernannten Richtern besetzt (BVerfGE 14, 163; BGHZ 130, 304). Abs 2 regelt die Handhabe, im begründeten **Ausnahmefall** (BVerfG DtZ 96, 175) Richter auf Probe, § 12 DRiG, und Richter kraft Auftrags, § 14 DRiG, einzusetzen. Hintergrund der Regel-Ausnahme-Beziehung ist, die Beteiligung von Richtern mit in geringerem Maße gesicherter, persönlicher Unabhängigkeit einzuschränken. Denselben Zweck verfolgt § 29 DRiG, der nicht die Besetzung, sondern die Beteiligung an der Entscheidung begrenzt, und zwar auf einen (am Gericht) nicht ernannten Richter. Eine etwas angestaubte Terminologie spricht von »Hilfsrichter«. 3

Daher ist eine Legitimation der Beiordnung geboten. § 10 DRiG verlangt vor Ernennung eines Richters auf Lebenszeit die Sammlung von Erfahrungen im richterlichen Dienst, so dass hier ein sich selbst erläuternder Grund der Beiordnung gegeben ist. Ebenso wird die Erprobung in der 2. Instanz als gerechtfertigt angesehen (BGH NJW 61, 830). Einen weiteren »institutionalisierten« Grund bot der Aufbau der Gerichte in den beigetretenen Ländern, so dass das RechtspflegeanpassungsG den freieren Umgang beim Einsatz nicht bei dem Gericht ernannter Richter vorsah. IÜ sind aber **strenge Anforderungen** zu stellen (BGHZ 22, 142 = NJW 57, 101). Denkbar ist die Vertretung eines zeitweise abgeordneten Richters, in Betracht kommen auch Urlaubs- oder Krankheitsvertretung. Ebenfalls kann die Belastung durch unvorgesehene Großverfahren die Beiordnung begründen. Allokationsverzerrungen in der Belastung lassen in den letzten Jahren einen vermehrten Bedarf an gerichtszweigübergreifenden Abordnungen erkennen. Voraussetzung bleibt eine vorübergehende Natur des Bedarfs (BGHZ 34, 260; 20, 250), keinesfalls rechtfertigen Stellensperren oder haushaltsrechtliche Erwägungen zusätzliche oder längere Beiordnungen (BGHZ 95, 22 = NJW 85, 2336). 4

Zweckdienlich erscheint, den **Grund der Beiordnung kenntlich zu machen** (BGHZ 34, 260). Unklarheiten führen dazu, dass im Zweifel das Gericht aus Sicht der Revisionsinstanz als nicht ordnungsgemäß besetzt erscheint (BGH NJW 66, 352). – Weiter dient der Sicherung der Unabhängigkeit, dass die Beiordnung **auf bestimmte Zeit** auszusprechen ist. Diese Befristung hat nicht notwendig kalendermäßig bestimmt zu sein, es genügt die Anbindung an eine Stellenbesetzung oder etwa die Beendigung eines Großverfahrens (Zö/*Lückemann* Rn 4). Für diese Dauer ist die Beiordnung auch nicht widerruflich. Während ein Teil der Literatur eine Aufhebung mit Zustimmung des Richters für zulässig erachtet (MüKoZPO/*Zimmermann* Rn 10; Zö/*Lückemann* Rn 4), verweist *Mayer* (Kissel/*Mayer* Rn 12) zutr darauf, dass § 70 als Norm der Gerichtsverfassung nicht zur Disposition des Richters steht. Dagegen können statusrechtliche Änderungen, etwa Ernennung auf Lebenszeit oder in einem Amt an einem anderen Gericht ebenso wie das Ausscheiden aus dem Dienst zur Beendigung der Beiordnung führen. Auch allgemeine Änderungen der Geschäftsverteilung an einem Gericht können eine einvernehmliche Beendigung tragen. Allein der Konsens von Richter und Verwaltung erscheint im Hinblick auf Art 101 GG unzureichend. 5

C. Vorbehalt für Landesrecht. Für Landgerichte (anders: § 22) wird dem Landesgesetzgeber die Möglichkeit eingeräumt, bestimmte Aufgaben, auch Vertretungsaufgaben, Planrichtern vorzubehalten. Es handelt sich um eine Einschränkung des Abs 1; Abs 2 wird die Grundlage zur Anwendung entzogen. Die Vorschrift hat – soweit ersichtlich – keine praktische Relevanz (Zö/*Lückemann* Rn 5). 6

§ 71 [Erstinstanzliche Zuständigkeit in Zivilsachen]. **(1) Vor die Zivilkammern, einschließlich der Kammern für Handelssachen, gehören alle bürgerlichen Rechtsstreitigkeiten, die nicht den Amtsgerichten zugewiesen sind.**

(2) Die Landgerichte sind ohne Rücksicht auf den Wert des Streitgegenstandes ausschließlich zuständig

1. für die Ansprüche, die auf Grund der Beamtengesetze gegen den Fiskus erhoben werden;

2. für die Ansprüche gegen Richter und Beamte wegen Überschreitung ihrer amtlichen Befugnisse oder wegen pflichtwidriger Unterlassung von Amtshandlungen;

3. für Schadensersatzansprüche auf Grund falscher, irreführender oder unterlassener öffentlicher Kapitalmarktinformationen;

4. für Verfahren nach

a) § 324 des Handelsgesetzbuchs,

b) den §§ 98, 99, 132, 142, 145, 258, 260, 293c und 315 des Aktiengesetzes,

c) § 26 des SE-Ausführungsgesetzes,

d) § 10 des Umwandlungsgesetzes,

e) dem Spruchverfahrensgesetz,

f) den §§ 39a und 39b des Wertpapiererwerbs- und Übernahmegesetzes.

(3) Der Landesgesetzgebung bleibt überlassen, Ansprüche gegen den Staat oder eine Körperschaft des öffentlichen Rechts wegen Verfügungen der Verwaltungsbehörden sowie Ansprüche wegen öffentlicher Abgaben ohne Rücksicht auf den Wert des Streitgegenstandes den Landgerichten ausschließlich zuzuweisen.

(4) [1]Die Landesregierungen werden ermächtigt, durch Rechtsverordnung die Entscheidungen in Verfahren nach Absatz 2 Nr. 4 Buchstabe a bis e einem Landgericht für die Bezirke mehrerer Landgerichte zu übertragen, wenn dies der Sicherung einer einheitlichen Rechtsprechung dient. [2]Sie können die Ermächtigung auf die Landesjustizverwaltungen übertragen.

1 **A. Überblick.** Die erstinstanzliche Zuständigkeit des Landgerichts in Zivilsachen wird durch das Ineinandergreifen einer Regelzuständigkeit mit ab- und zuweisenden Sonderzuständigkeiten bestimmt.

2 **B. Grundregel.** Die Grundregel weist **alle bürgerlich-rechtlichen Streitigkeiten** (zum Begriff: § 13) den Zivilkammern einschließlich der Kammern für Handelssachen zu, soweit nicht das Amtsgericht zuständig ist. Der Begriff »alle« ist iSd GVG rechtswegspezifisch zu deuten, da § 13 seinerseits in Abgrenzung zu §§ 2, 2a ArbGG bürgerlich-rechtliche Streitigkeiten, für welche die besondere Zuständigkeit der Arbeitsgerichte gegeben ist, nicht mehr erfasst (zweifelhaft daher AG Meldorf – 15.6.10 – 81 C 333/10; vgl BAG AP GVG § 17 Nr 2). Soweit also die Zuständigkeit der ordentlichen Gerichtsbarkeit für bürgerlich-rechtliche Streitigkeiten gegeben ist, leistet § 71 I gemeinsam mit § 23 Nr 1 für den **Regelfall** eine allein auf den **Streitwert** bezogene Abgrenzung, sofern keine Spezialzu- oder -abweisung eingreift. Bis 5.000 € sind die Amtsgerichte zuständig, darüber, also ab 5.000,01 €, die Landgerichte. Die früher gültige, weitere Regel, dass nicht-vermögensrechtliche Streitigkeiten unabhängig vom Streitwert dem LG zugewiesen werden, hat heute keinen Bestand mehr.

3 **C. Sonderzuständigkeiten.** Die Streitwertregel wird durch eine Reihe von Ausnahmen durchbrochen. Zunächst ist in den Fällen der §§ 23 Nr 2 lit a – h, 23a und 27 die ausschließliche Zuständigkeit des Amtsgerichts begründet. Bedeutsam ist hier etwa § 43 Abs 1 WEG (München ZWE 11, 261). Umgekehrt weisen § 71 II wie auch eine Reihe darüberhinaus bestehende bundes- und landesrechtliche Normen dem LG seinerseits Streitigkeiten in ausschließlicher, dh der Disposition der Parteien entzogener Zuständigkeit zu (MüKo/*Zimmermann* Rn 5).

4 Die Relevanz dieser Zuweisungen ist unterschiedlich zu bewerten. Abs 2 Nr 1 ist heute gegenstandslos, weil insoweit jetzt die Verwaltungsgerichte zuständig sind (vgl Zö/*Lückemann* Rn 4). Abs 2 Nr 2 weist Klagen, die Ansprüche betreffen, welche aus **Amtspflichtverletzungen** von Richtern und Beamten hergeleitet werden, der ordentlichen Gerichtsbarkeit zu. Art 34 S 3 GG schließt Forderungen gegen den Dienstherrn ebenso mit ein wie Regressansprüche des Dienstherrn weitgehend demselben Rechtsweg (vgl Kissel/*Mayer* Rn 12) zugewiesen sind. Betroffen sind in diesem Zusammenhang aber nur Ansprüche aus hoheitlichem Handeln des Amtsträgers iRe öffentlich-rechtlichen Pflicht (vgl etwa PWW/*Kramarz* § 839 Rn 19; BaRoth/*Reinert* § 839 Rn 33; Regress ggü Richtern: *Scheffer* NVwZ 10, 425). Die Verantwortung aus Gefährdungshaftung, etwa § 7 StVG, aber auch schuldhafte Verletzungen privatrechtlich begründeter Verkehrssicherungspflichten (Naumbg 20.4.10 – 1 AR 8/10) wird bereits durch §§ 13, 71 I erfasst. Dagegen erstreckt sich die Zuweisung auf selbständige Prozesskostenhilfeverfahren (VG Augsburg 14.9.09 – Au 4 K09.1227; AG Oldenburg Hst 20.1.09 22 – C 958/08), auch in der Beschwerdeinstanz (Stuttg MDR 09, 1310). Ausgenom-

men sind Ansprüche auf Naturalrestitution (Frankf 30.11.11–1 W 54/11). – Die Zukunft dieser Zuständigkeit ist ungewiss. Die Föderalismuskommission II verfolgt auf Betreiben der Länder BW und NRW eine »Bereinigung« des Systems der Rechtswegzuweisungen mit dem Ziel einer Konzentration der Amtshaftung auf die Verwaltungsgerichte (vgl *Kreth* DRiZ 08, 232, 235).

Neu (Art 3 Nr 1 KapMuG 16.8.05, BGBl I, 2437) eingefügt wurde die streitwertunabhängige Zuständigkeit des Landgerichts bei Schadensersatzansprüchen wegen pflichtwidriger öffentlicher Kapitalmarktinformation. Umfasst sind hiervon Ansprüche gem § 1 I 1 Nr 1 KapMuG, also insb solche im Hinblick auf Fehlangaben in Prospekten nach dem WertpapierprospektG, dem VerkaufsprospektG und dem InvestmentG, Mitteilungen über Insiderinformationen iSd WpHG, Fehlinformationen auf der Hauptversammlung einer AktG, Verstöße gegen Bilanzierungs- und Abschlussvorschriften oder Angebotsunterlagen iSd Wertpapiererwerbs- und ÜbernahmeG (iE *Cuypers* ZAP Fach 13, 1711). Die Regelung der sachlichen Zuständigkeit geht Hand in Hand mit der in § 32b ZPO geregelten ausschließlichen örtlichen Zuständigkeit und soll eine Konzentration von Verfahren bei den Landgerichten am Sitz des betroffenen Anbieters bewirken (Zö/*Vollkommer* § 32b Rn 2; RegE BTDrs 15/5091, 34). Sie umfasst auch negative Feststellungsklagen (LG Göttingen 26.7.11–2 O 1096/11). Durch das FGG-RG wurde eine Reihe von bislang einzelgesetzlich geregelten Zuständigkeiten für Handelssachen in der neu angefügten Nr 4 zusammengefasst. Es handelt sich um Angelegenheiten der freiwilligen Gerichtsbarkeit. Waren diese bislang der KfH speziell zugewiesen, ist jetzt die Zuständigkeit des LG allgemein begründet (LG München NZG 2010, 392; *Schwichtenberg/Krenek* BB 10, 1232; aA *Jänig/Leißring* ZIP 10, 110, 113). 5

Für die Beurteilung, ob eine Sonderzuständigkeit begründet ist oder nicht, ist wie bei der Entscheidung über die Zulässigkeit des Rechtswegs allein auf den Vortrag des Klägers abzustellen (BGH NJW 55, 707). Das LG kann sich auch nicht über die Bezifferung des Antrags hinwegsetzen (Brandenbg VRR 2010, 242). Die Einwendungen des Beklagten sind insoweit unbeachtlich. Ebenso wenig hat das Gericht darauf zu warten, ob der Beklagte sich auf eine Verhandlung einzulassen gedenkt (Zweibr MDR 10, 832). Die Zuständigkeit des Landgerichts nach Abs 2 ist ausschließlich (BGHZ 2, 320). Liegen die Voraussetzungen des Abs 2 vor, so haben die Parteien es – anders als iRd Abs 1 – nicht mehr in der Hand, eine abweichende sachliche Zuständigkeit des Amtsgerichts zu vereinbaren. Streitigkeiten sind entsprechend § 36 ZPO zu klären (Brandbg VRR 2010, 242). 6

Allerdings sind die Unterschiede der »gespaltenen« Eingangszuständigkeit von Amts- und LG heute weitgehend eingeebnet (so auch: Kissel/*Mayer* Rn 6). Handelt überwiegend der Einzelrichter für die Zivilkammer, so kann das LG in Zivilsachen nicht mehr als klassisches Kollegialgericht verstanden werden. Mit der Zulassung der Revision bei landgerichtlichen Berufungsentscheidungen schwebt über dem LG auch nicht mehr der »blaue Himmel«. Feststellbar sind damit nur noch die unterschiedliche Verfahrensdauer und – in engem Zusammenhang – die Zeit, die den Richtern iRd Personalbedarfsplanung zur Bearbeitung zugestanden wird. 7

D. Weitere Sonderzuständigkeiten. Zunächst räumt die Öffnungsklausel des Abs 3 den Ländern ein, in bestimmten fiskalischen Streitigkeiten, sofern nicht bundesrechtlich ein anderer Rechtsweg vorgeschrieben ist, die ausschließliche Zuständigkeit des Landgerichts festzulegen. Von dieser Möglichkeit hat – soweit ersichtlich – nur Rheinland-Pfalz Gebrauch gemacht (§ 5 AG GVG RP 6.11.89 GVBl 89, 225). Darüber hinaus gibt es aber eine Vielzahl bundesrechtlicher Regelungen, die insb bei bestimmten gesellschaftsrechtlichen und wettbewerbsrechtlichen Streitigkeiten oder Entschädigungsregelungen eine Zuständigkeit des Landgerichts begründen (vgl Auflistung bei Zö/*Lückemann* Rn 7). Zu beachten ist hier auch die den Ländern in Abs 4 eingefügt durch das FGG-RG eingeräumte Möglichkeit, für bestimmte Streitigkeiten eine Konzentration der Verfahren bei einem LG zu regeln (Nachweise bei Zö/*Lückemann* Rn 8; vgl Ddorf NZG 11, 711). 8

§ 72 [Zweitinstanzliche Zuständigkeit in Zivilsachen]. (1) [1]Die Zivilkammern, einschließlich der Kammern für Handelssachen, sind die Berufungs- und Beschwerdegerichte in den vor den Amtsgerichten verhandelten bürgerlichen Rechtsstreitigkeiten, soweit nicht die Zuständigkeit der Oberlandesgerichte begründet ist. [2]Die Landgerichte sind ferner die Beschwerdegerichte in Freiheitsentziehungssachen und in den von den Betreuungsgerichten entschiedenen Sachen.

(2) [1]In Streitigkeiten nach § 43 Nr. 1 bis 4 und 6 des Wohnungseigentumsgesetzes ist das für den Sitz des Oberlandesgerichts zuständige Landgericht gemeinsames Berufungs- und Beschwerdegericht für den Bezirk des Oberlandesgerichts, in dem das Amtsgericht seinen Sitz hat. [2]Die Landesregierungen

werden ermächtigt, durch Rechtsverordnung anstelle dieses Gerichts ein anderes Landgericht im Bezirk des Oberlandesgerichts zu bestimmen. [3]Sie können die Ermächtigung auf die Landesjustizverwaltungen übertragen.

1 **A. 2. Instanz.** Das LG ist Berufungs- und Beschwerdegericht über dem Amtsgericht. Die geplante Reform, alle Rechtsmittel bei den Oberlandesgerichten zu konzentrieren, ist nur rudimentär umgesetzt worden (Kissel/*Mayer* § 119 Rn 6). Berufung betrifft das in der ZPO § 511 ff geregelte Rechtsmittel, Beschwerde umfasst die sofortige Beschwerde in §§ 567 ZPO ff sowie die in zahlreichen anderen Gesetzen geregelten »Zivil«beschwerden. Zu nennen sind hier etwa §§ 66 ff GKG; §§ 33, 56 RVG; § 4 III JVEG; §§ 8, 14, 31 KostO; § 5 GvKostG. Zu berücksichtigen sind weiter Beschwerden nach §§ 391, 408 FamFG, §§ 72, 81 GBO. Die Anknüpfung, ob eine bürgerliche Rechtsstreitigkeit vorliegt, erfolgt formell, dh es kommt darauf an, in welcher Weise das Amtsgericht nach außen in Erscheinung getreten ist (Zö/*Lückemann* § 119 Rn 5). Die praktische Bedeutung liegt hier in der Abgrenzung von Entscheidungen der Familiengerichte von den anderen Abteilungen. Ausgenommen von der Zuständigkeit des Landgerichts sind nämlich die Gegenstände, die der Gesetzgeber in § 119 I Nr 1 dem OLG zugewiesen hat. Dazu gehören vornehmlich Familiensachen (ohne Beratungshilfe: Hamm NJW-Spezial 11, 571; Köln MDR 11, 258). Eine Rückausnahme bilden nach Abs 1 S 2 Freiheitsentziehungs- und Betreuungssachen (vgl *Sonnenfeld* BtPrax 09, 167; *Diekmann* BtPrax 09, 149; *Abramenko* AnwBl 10, 117), für welche das LG zuständig ist (Ddorf 24.8.11 – 3 Wx 188/11). Vgl weiter §§ 159, 181 GVG. Auch Landwirtschaftssachen sind dem OLG vorbehalten, § 22 LwVG. Ebenso § 72 GBO.

2 **B. Konzentration von Binnenstreitigkeiten.** Mit Abs 2 wurde 2007 (G 26.3.07 BGBl I, 370 iVm G 14.3.07 BGBl I, 509) für die sog **Binnenstreitigkeiten** nach dem WEG (sowie Mahnverfahren gem Nr 6) eine schwer überschaubare und deshalb haftungsrechtlich nicht ungefährliche Konzentrationsregelung geschaffen (MüKoZPO/*Zimmermann* Rn 14; *Klein* ZWE 10, 489; *Rieche/von Rechenberg* MDR 11, 9; vgl BGH MDR 11, 1229; NJW-RR 11, 589 bei subj Klagehäufung; NJW 11, 384; MDR 10, 342). Bei vorangegangenem Mahnverfahren muss die Sache allerdings dem Streitgericht zugegangen sein (Hamm ZMR 09, 867). Zum Rechtsmittel des Verwalters: *Lehmann-Richter* ZWE 09, 74. Die Landesgesetzgeber haben von der Möglichkeit, statt des an sich vorgesehenen Landgerichts am Sitz des Oberlandesgerichts ein anderes Gericht zu betrauen, regen Gebrauch gemacht. Es ist deshalb nicht immer leicht, das zuständige LG ausfindig zu machen (Übersicht in NJW 08, 1790; keine Wiedereinsetzung bei unterlassener Prüfung: BGH MDR 10, 887=NJW-RR 10, 1096).

3 Die ausschließlich Zuständigkeit des nach Abs 2 berufenen Gerichts erstreckt sich auch auf Vollstreckungsabwehrklagen (BGH NJW 09, 1282; dazu auch: *Briesemeister* ZMR 09, 91). Ausgenommen sind indes Klagen Dritter nach § 43 Nr 5 WEG (sog. **Außenrechtsstreitigkeiten**), für die wiederum die allgemeine Zuständigkeitsregelung gilt. Danach sind dann die Landgerichte zuständig, in deren Bezirk das Amtsgericht seinen Sitz hat.

§§ 73–74f *(betreffen Strafsachen – von einer Kommentierung wurde abgesehen)*

§ 75 [Besetzung der Zivilkammern]. **Die Zivilkammern sind, soweit nicht nach den Vorschriften der Prozessgesetze an Stelle der Kammer der Einzelrichter zu entscheiden hat, mit drei Mitgliedern einschließlich des Vorsitzenden besetzt.**

1 **A. Überblick.** Vorgegeben wird die Regelbesetzung der Zivilkammer bei Entscheidungen. Abzugrenzen ist diese »sitzgruppenbezogene« Festschreibung von der Besetzung des Spruchkörpers als gerichtsorganisatorische Einheit einerseits und der Zuweisung der Rechtsstreitigkeiten an den Einzelrichter andererseits. Vor dem Hintergrund der heutigen Rechtspraxis erweist sich § 75 als ein Anachronismus, tritt doch das Kollegialgericht als Entscheidungsgremium in Zivilsachen am LG kaum noch in Erscheinung. Weiter ist zu berücksichtigen, dass neben der Besetzung nach § 75 weitere Sonderformen bestehen.

2 **B. Kammerbesetzung.** Die Kammer ist bei Entscheidungen mit einem Vorsitzenden und zwei Beisitzern besetzt, von welchen einer ein Richter kraft Auftrags oder auf Probe sein kann (§ 29 DRiG). Natürlich können dem Spruchkörper weitere Beisitzer angehören, wobei Überbesetzungen nicht zur Doppelung der Kammer führen dürfen (vgl Kissel/*Mayer* § 21e Rn 129 ff). Neuralgischer Punkt ist meist die Position der

Vorsitzenden. Vorsitzende dürfen nur dann mehrere Kammern führen, wenn sie richtungsweisenden Einfluss auf die Rechtsprechung nehmen können (BGHZ 37, 210; NJW 92, 47). Ist eine Stelle vakant, darf die Geschäftsverteilung auch nicht nur vorübergehend einen Beisitzer als Vertreter ausweisen (Frankf OLGR 05, 797).

C. Einzelrichter. Die Gerichtsverfassung eröffnet den Handlungsrahmen, dass die Prozessordnungen dem Einzelrichter an Stelle der Kammern die Befugnis zur Verhandlung und Entscheidung zuweisen. Die ZPO hat nunmehr den originären Einzelrichter zum Leitbild erhoben (zur Entwicklung vgl Kissel/*Mayer* Rn 2 ff). Probleme bereitet dabei die Grenzziehung zwischen den Zuständigkeiten des Einzelrichters und der Kammer (vgl *Stackmann* JuS 08, 129), deren Verletzung jeweils den Makel einer fehlerhaften Besetzung nach sich zieht (Stuttg FamRZ 10, 395). Rechtssachen grundsätzlicher Bedeutung bleiben der Kammer vorbehalten (BGH WuM 08, 159; Kobl NZI 06, 180). Teilweise wird dies auch für Spezialmaterien vertreten (Notarkosten: *Seifert* NotBZ 11, 381). Bei Ablehnungen, die sich gegen den Einzelrichter wenden, wird heute dessen Vertreter und nicht mehr die Kammer als zuständig angesehen (Oldbg NJW-RR 05, 797; Karlsr OLGR 03, 523; vgl *Vossler* MDR 06, 304). Der Einzelrichter entscheidet auch, wenn das LG infolge Beschlussunfähigkeit des Amtsgerichts über die Ablehnung zu befinden hat (Karlsr OLGR 03, 196). Hat zuvor die Kammer entschieden, kann der Einzelrichter nicht über Vollstreckungsmaßnahmen des Prozessgerichts bestimmen (Celle 4.8.04–4 W 129/04), auch dann nicht, wenn bei Vollstreckungsanträgen im Verfügungsverfahren die zwischenzeitlich rechtshängige Hauptsache auf den Einzelrichter übertragen wurde (Kobl NJW-RR 02, 1724). Das gilt entsprechend bei Kosten- (Kobl OLGR 07, 326) und Streitwertfragen (Köln OLGR 08, 678). Umgekehrt darf auch die Kammer die Sache nicht ohne Gewähr rechtlichen Gehörs wieder an sich ziehen (Kobl MDR 11, 1257). – Im Verfahren der freiwilligen Gerichtsbarkeit entscheidet die Kammer mit drei Richtern, doch kann hier ebenfalls der Einzelrichter berufen werden, § 30 I 3 FGG aF jetzt § 68 IV FamFG (Zweibr OLGR 04, 68). Dagegen obwaltet im Grundbuchverfahren eine insoweit eigene Gerichtsverfassung, § 81 GBO aF schloss den Einzelrichter aus (München OLGR 09, 793; MDR 09, 405, zuvor: OLGR 08, 397). 3

D. Abweichende Besetzungen. Für die KfH gibt § 105 eine abweichende Besetzung, bestehend aus einem Vorsitzenden und zwei Handelsrichtern. Die Baulandkammer besteht aus zwei Richtern des Landgerichts einschließlich des Vorsitzenden, zu welchen ein Richter des Verwaltungsgerichts hinzutritt, § 220 BauGB. Die Kammer für Entschädigungssachen verlangt, dass ein Mitglied dem Kreis der Verfolgten angehören soll, § 208 III BEG. 4

§§ 76–78 *(betreffen Strafsachen – von einer Kommentierung wurde abgesehen)*

5a. Titel Strafvollstreckungskammern

§§ 78a–78b *(betreffen Strafsachen – von einer Kommentierung wurde abgesehen)*

Sechster Titel Schwurgerichte

§§ 79–92 *(weggefallen)*

Siebter Titel Kammern für Handelssachen

§ 93 [Bildung]. (1) **[1]Die Landesregierungen werden ermächtigt, durch Rechtsverordnung bei den Landgerichten für deren Bezirke oder für örtlich abgegrenzte Teile davon Kammern für Handelssachen zu bilden. [2]Solche Kammern können ihren Sitz innerhalb des Landgerichtsbezirks auch an Orten haben, an denen das Landgericht seinen Sitz nicht hat.**
(2) Die Landesregierungen können die Ermächtigung nach Absatz 1 auf die Landesjustizverwaltungen übertragen.

1 **A. Geschichte und Bedeutung.** Das Bedürfnis einer einheitlichen Regelung der Rechtsangelegenheiten von Kaufleuten und ihre Entscheidung war im 19. Jahrhundert ein Antriebsfaktor der Rechtsvereinheitlichung in Deutschland. Das fand seinen Niederschlag auch in der Gerichtsstruktur des deutschen Reiches. Waren zunächst für die 1. Instanz nach dem Vorbild einiger Länder eigene Handelsgerichte vorgesehen, kam es auf Initiative des Bundesrats zu der heutigen Konstruktion, dass Kammern für Handelssachen (KfH) als besondere Kammern des Landgerichts innerhalb dessen Zuständigkeit eingerichtet werden können (vgl iE Kissel/*Mayer* Rn 1 f mwN; MüKoZPO/*Zimmermann* Rn 1).

2 Die KfH besteht nicht Kraft Gesetzes. Es bedarf vielmehr ihrer Errichtung durch LandesVO. Angesichts der flächendeckenden Umsetzung überall im Bundesgebiet dringt diese Tatsache nicht immer ins Bewusstsein. Hinzu kommt eine hohe Akzeptanz bei den Betroffenen. Zwar werden nicht alle Handelssachen vor die KfH gebracht, doch erledigen diese über 10 % der erstinstanzlichen Zivilsachen der Landgerichte (für 2009 ergaben sich 12,26 %, das ergibt einen konstanten Anteil über die letzten Jahre, vgl Musielak/*Witschier* § 96 Rn 2). Auch bereitet die Gewinnung von Handelsrichtern idR keine Schwierigkeiten (MüKoZPO/*Zimmermann* Rn 1). Aktuell werden modellartig internationale KfH erprobt (vgl *Braunbeck* DRiZ 10, 130 zu BRDrs 42/10; *Kummermehr* NJ 11, 195). Das ist vor dem Hintergrund zu sehen, dass im internationalen Bereich die private Schiedsgerichtsbarkeit ein Bedeutung gewonnen hat (vgl *Hoffmann* SchiedsVZ 2010, 96). Der Bundesrat hat einen Entwurf auf den Weg gebracht, um im Wege einer Öffnungsklausel den Ländern die Einrichtung solcher „internationaler" Kammern für Handelssachen zu ermöglichen (BTDrs 17/2163; Anhörung Rechtsausschuss am 9.11.11). Bei Handelssachen mit internationalem Bezug – Anwendungsfälle sind Vertragstexte in englischer Sprache, Sitz im Ausland oder die Anwendbarkeit ausländischen Rechts – soll bei übereinstimmendem Willen der Parteien eine Verhandlung in englischer Sprache vor diesen besonderen Spruchkörpern möglich sein, um „einen Sprachbruch zwischen zwischen Unternehmens- und Prozesswirklichkeit" zu vermeiden (BTDrs 17/2163 S 11). Explizite Regelungen werden als §§ 114a – c in das Gesetz eingefügt, § 184 nF wird die Gerichtssprache erweitern.

3 Die KfH ist kein besonderes Gericht, sondern ein besonders besetzter Spruchkörper des Landgerichts (Zö/*Lückemann* vor 93 Rn 1). Das Verhältnis zu den allgemeinen Zivilkammern wirft damit keine Fragen einer sachlichen Zuständigkeit, sondern solche der (gerichts-)internen Geschäftsverteilung auf (MüKoZPO/*Zimmermann* § 94 Rn 1).

4 **B. Errichtung und Zuständigkeit.** Die Befugnis der Landesregierung, durch VO KfH zu errichten, kann und wird gem Abs 2 regelmäßig der **Landesjustizverwaltung** übertragen. Die Ermächtigungsnorm wurde im Hinblick auf Zweifel, ob dem Zitiergebot Genüge getan ist (BTDrs 16/47, 16 f), neu gefasst (G 19.4.06 BGBl I, 866). Über das »Ob« der Errichtung entscheidet die Verwaltung nach freiem Ermessen (Kissel/*Mayer* Rn 5).

5 Bei der Ausgestaltung der Errichtung und – damit einhergehend – bei der Regelung des **örtlichen Zuständigkeitsbereiches** hat der Verordnungsgeber freie Hand. Wird nur eine KfH im Landgerichtsbezirk ohne besondere Zusatzbestimmung eröffnet, so ist die Kammer im Bezirk zuständig. Bei mehreren Kammern entscheidet das Präsidium. Eine KfH kann aber auch für örtlich abgegrenzte Teile des Landgerichtsbezirks eingerichtet werden, § 93 I 1. Weiter erlaubt § 93 I 2, die KfH abw vom Sitz des Landgerichts – praktisch meist bei einem Amtsgericht (MüKoZPO/*Zimmermann* Rn 2) – zu eröffnen. Damit einhergehend ermöglicht § 106, bei solchen **Außenkammern** einen Richter am Amtsgericht zum Vorsitzenden zu bestellen. Der Spielraum wird zusätzlich durch § 13a erweitert, der nicht nur wie § 93 I 2 die Errichtung von Außenkammern erlaubt, sondern auch die **Konzentration** von Aufgaben in mehreren Bezirken bei einem LG ermöglicht. Somit können KfH an einem LG für mehrere Bezirke zuständig sein. Für Regelungen nach § 13a ist allerdings der Landesgesetzgeber berufen (Kissel/*Mayer* § 13a Rn 1). – Die Bestimmung der **sachlichen Zuständigkeit** findet sich in § 95.

§ 94 [Zuständigkeit]. **Ist bei einem Landgericht eine Kammer für Handelssachen gebildet, so tritt für Handelssachen diese Kammer an die Stelle der Zivilkammern nach Maßgabe der folgenden Vorschriften.**

1 **A. Abgrenzung in erstinstanzlichen Zivilsachen.** Die Norm enthält im Verbund mit den nachfolgenden Bestimmungen eine gesetzliche Regelung zur **Geschäftsverteilung innerhalb der Zuständigkeit** des Landgerichts (München MDR 07, 1334). Insofern hat das Präsidium keinen Spielraum. Dessen Verteilungsbefugnis setzt erst ein, wenn bei einem LG mehrere KfH eingerichtet werden. Die Zuständigkeit der KfH im

normalen zivilprozessualen Erkenntnisverfahren »tritt« aber nur nach Maßgabe der folgenden Vorschriften ein: dh es muss sich – von Irrläufern (§ 97 I, 102) oder Annexstreitigkeiten (§ 99 I) abgesehen – um eine **Handelssache** handeln, § 95, wobei auch zB Vollstreckungsabwehrklagen erfasst sein können (LG Bonn JurBüro 09, 499; zu weitgehend: LG Stendal MDR 05, 1334) und es muss ein **Antrag** einer Partei vorliegen. Die Zuständigkeit erstreckt sich auch auf zusammenhängende Arrest- und Verfügungsverfahren (LG Oldenburg NJW-RR 02, 1724). Bei Kartellstreitigkeiten regelt § 87 II GWB nur eine Erweiterung des Katalogs des § 95. Mithin ist auch hier ein Antrag erforderlich, die Sache vor die KfH zu bringen (BGHZ 71, 367, 369). Zweifelsfragen sind entsprechend § 36 Nr 3 ZPO zu klären.

Dabei sind die **§§ 94 ff im Zusammenhang** zu sehen. Beide Parteien haben ein **Wahlrecht**. Die Handelssache kann auf Antrag des Klägers vor die KfH gebracht werden, §§ 95, 96. Unterbleibt dies, so hat der Beklagte die Möglichkeit, die KfH anzurufen, §§ 95, 98. §§ 97, 98 regeln das Verfahren, § 99 reagiert auf Änderungen des Streitgegenstandes. Von Amts wegen wird die KfH hingegen nicht zuständig. Die KfH kann nicht in ihre Zuständigkeit gehörende Sachen vAw verweisen, §§ 97 II, 99 II (KG R 09, 100). Die Zivilkammer ist hingegen immer zuständig. § 17a Abs 6 findet keine Anwendung (LG Hannover NJW-RR 11, 834). 2

B. Weitere Verfahren. Die KfH ist weiter zuständig für **Berufungsverfahren**, § 100. Hier gelten die eben beschriebenen Zuständigkeitsvoraussetzungen. In Beschwerdesachen gehört die Sache ausschließlich vor die KfH, ohne dass es auf einen Antrag der Parteien ankommt. In **Angelegenheiten der freiwilligen Gerichtsbarkeit** ist die Zuständigkeit der KfH eine ausschließliche. 3

§ 95 [Handelssachen].

(1) Handelssachen im Sinne dieses Gesetzes sind die bürgerlichen Rechtsstreitigkeiten, in denen durch die Klage ein Anspruch geltend gemacht wird:

1. gegen einen Kaufmann im Sinne des Handelsgesetzbuches, sofern er in das Handelsregister oder Genossenschaftsregister eingetragen ist oder auf Grund einer gesetzlichen Sonderregelung für juristische Personen des öffentlichen Rechts nicht eingetragen zu werden braucht, aus Geschäften, die für beide Teile Handelsgeschäfte sind;

2. aus einem Wechsel im Sinne des Wechselgesetzes oder aus einer der im § 363 des Handelsgesetzbuchs bezeichneten Urkunden;

3. auf Grund des Scheckgesetzes;

4. aus einem der nachstehend bezeichneten Rechtsverhältnisse:

a) aus dem Rechtsverhältnis zwischen den Mitgliedern einer Handelsgesellschaft oder Genossenschaft oder zwischen dieser und ihren Mitgliedern oder zwischen dem stillen Gesellschafter und dem Inhaber des Handelsgeschäfts, sowohl während des Bestehens als auch nach Auflösung des Gesellschaftsverhältnisses, und aus dem Rechtsverhältnis zwischen den Vorstehern oder den Liquidatoren einer Handelsgesellschaft oder Genossenschaft und der Gesellschaft oder deren Mitgliedern;

b) aus dem Rechtsverhältnis, welches das Recht zum Gebrauch der Handelsfirma betrifft;

c) aus den Rechtsverhältnissen, die sich auf den Schutz der Marken und sonstigen Kennzeichen sowie der Geschmacksmuster beziehen;

d) aus dem Rechtsverhältnis, das durch den Erwerb eines bestehenden Handelsgeschäfts unter Lebenden zwischen dem bisherigen Inhaber und dem Erwerber entsteht;

e) aus dem Rechtsverhältnis zwischen einem Dritten und dem, der wegen mangelnden Nachweises der Prokura oder Handlungsvollmacht haftet;

f) aus den Rechtsverhältnissen des Seerechts, insbesondere aus denen, die sich auf die Reederei, auf die Rechte und Pflichten des Reeders oder Schiffseigners, des Korrespondentreeders und der Schiffsbesatzung, auf die Haverei, auf den Schadensersatz im Falle des Zusammenstoßes von Schiffen, auf die Bergung und auf die Ansprüche der Schiffsgläubiger beziehen;

5. auf Grund des Gesetzes gegen den unlauteren Wettbewerb;

6. aus den §§ 44 bis 47 des Börsengesetzes.

(2) Handelssachen im Sinne dieses Gesetzes sind ferner

1. die Rechtsstreitigkeiten, in denen sich die Zuständigkeit des Landgerichts nach § 246 Abs. 3 Satz 1, § 396 Abs. 1 Satz 2 des Aktiengesetzes, § 51 Abs. 3 Satz 3 oder nach § 81 Abs. 1 Satz 2 des Genossenschaftsgesetzes, § 87 des Gesetzes gegen Wettbewerbsbeschränkungen und § 13 Abs. 4 des EG-Verbraucherschutzdurchsetzungsgesetzes richtet,

2. die in § 71 Abs. 2 Nr. 4 Buchstabe b bis f genannten Verfahren.

1 **A. Überblick.** Die Norm stellt im Kontext des § 94 den **Katalog der Handelssachen** auf, der im Wesentlichen die Rechtsstreitigkeiten enthält, die eine Anrufung der KfH durch eine der Parteien ermöglichen. Nicht möglich ist, jenseits der gesetzlichen Zuweisung die Zuständigkeit der KfH zu prorogieren, nur umgekehrt können die Parteien von einer gegebenen Möglichkeit, die KfH anzurufen, Abstand nehmen und ihren Streit vor der Zivilkammer austragen (MüKoZPO/*Zimmermann* Rn 1; *Gaul* JZ 84, 58).

2 **Ob eine Handelssache vorliegt**, beurteilt sich nach den vom Kl in der Klage oder Antragsbegründung mitgeteilten Tatsachen in Verbindung mit dem geltend gemachten Anspruch (BGHZ 16, 275; Stuttg OLGR 02, 455; Kissel/*Mayer* Rn 1). Vollstreckungsabwehrklagen werden, soweit Grundlage ein vor der KfH geschlossener Vergleich ist, kraft Sachzusammenhangs akzeptiert (BGH NJW 75, 829). Das gilt nicht mehr bei vollstreckbaren Urkunden (LG Bonn JurBüro 09, 499; zu weit: LG Stendal MDR 05, 1334). Dabei ist das Rechtsschutzbegehren insgesamt zu werten: nur wenn bei der objektiven Klagehäufung alle Ansprüche als Handelssachen zu qualifizieren sind, bei einer Parteienmehrheit die Begründung für alle Beteiligten greift, kann die KfH berufen sein (Zö/*Lückemann* Rn 2). Andernfalls ist – soweit möglich – eine Trennung und Teilverweisung anzustreben oder die Sache insgesamt an die Zivilkammer abzugeben. Unschädlich sind allerdings Anspruchskonkurrenzen (LG Münster 16.9.07 – 11 O 295/07).

3 Die in **§ 95 getroffene Regelung ist nicht abschließend.** Weitere Handelssachen folgen etwa aus §§ 374 FamFG ff. Nicht alle gesellschaftsrechtlichen Zuweisungen sind in § 95 II angesprochen. Offen ist auch die Frage, ob nicht Bestimmungen des Rechts der AG auf die GmbH Anwendung finden (Celle GmbHR 08, 264). Sodann gibt die Norm die Grundlage für Annexkompetenzen. Etwa gehört der Streit um die Vollstreckung einer notariellen Urkunde hier ebenso hinzu (BGH LM ZPO § 767 Nr 42) wie der aus § 945 ZPO abgeleitete Schadensersatzanspruch (LG Oldenburg NJW-RR 02, 1724). Keine Folgesache sind allerdings Honorarklagen, die der Rechtsanwalt am Gerichtsstand des § 34 ZPO einklagt (BGH NJW 86, 1178 nach Familienstreitigkeit).

4 **B. Handelssachen im Einzelnen. I. Kaufmann (Abs 1 Nr 1).** Gegen einen eingetragenen Kaufmann gerichtete Ansprüche aus einem beiderseitigen Handelsgeschäft können vor die KfH gebracht werden. Der Beklagte muss nach dem Wortlaut der Norm eingetragen sein (KG NJW-RR 08, 1023). Zweck der Regelung ist, langwierige Streitereien um die Kaufmannseigenschaft zu vermeiden (Nürnbg NJW-RR 00, 568; Zö/*Lückemann* Rn 3). Ausgenommen sind hier öffentlich-rechtliche Körperschaften (zu Eigenbetrieben Naumbg OLGR 08, 518) wie Sparkassen. Beim Kl ist hingegen nur darauf abzustellen, ob er Kaufmann gem §§ 1 HGB ff ist (MüKoZPO/*Zimmermann* Rn 6). Ein **Insolvenzverwalter** wird als Kaufmann behandelt, wenn er in ein von einem Kaufmann abgeschlossenes Geschäft eintritt (LG Köln ZIP 80, 1071; LG Tübingen MDR 54, 302), nicht hingegen bei selbst begründeten Masseverbindlichkeiten (LG Hambg MDR 73, 507). Schwierigkeiten kann bereiten, wenn auf einer Seite eine **Personenmehrheit** oder ein Gesellschafter steht. Bei Personenhandelsgesellschaften ist auf die Gesellschaft abzustellen (*Berkenbrock* JZ 80, 22). Ein Vertrag mit einer BGB-Gesellschaft führt allerdings nicht zur KfH (LG Bonn BauR 05, 138). Bei Bau-ARGEN kann die Zuständigkeit hingegen begründet sein, wenn es sich um einen Zusammenschluss von Kaufleuten handelt (KG IBR 08, 487; Frankf ZIP 05, 1559).

5 Nur Ansprüche aus **beiderseitigen Handelsgeschäften** können vor einer KfH streitig behandelt werden, §§ 343, 344 HGB. Abgeleitete Ansprüche, etwa ein verlängerter Eigentumsvorbehalt ggü einem Nichtkaufmann (LG Hannover NJW 77, 1246) gehören hingegen vor die Zivilkammer, wenn nicht der Erwerber selbst Kaufmann ist (LG Bremen MDR 94, 97). Ähnlich liegt es, wenn sich ein Nichtkaufmann für einen Kaufmann verbürgt (Ddorf MDR 96, 524).

6 Diese Merkmale, Kaufmannseigenschaft und beiderseitiges Handelsgeschäft, müssen im **Zeitpunkt der Klageerhebung** oder der Antragstellung vorliegen (hM Kissel/*Mayer* Rn 4 m Fn 9; aA *Müller* NJW 70, 846). Auch §§ 97 II 2; 98 I 2 stellen auf diesen Zeitpunkt ab. – Bei ausländischer Beteiligung ist das Recht des Landes maßgeblich, in dem die Partei domiziliert. Das gilt insb auch im Hinblick auf die Registereintragung (Zö/*Lückemann* Rn 4).

7 **II. Wechsel (Abs 1 Nr 2).** Hier sind **alle Ansprüche** aus einem Wechsel angesprochen. Streitig ist, ob auch der wechselrechtliche Bereicherungsanspruch, Art 89, erfasst ist (dafür: Kissel/*Mayer* Rn 7; aA MüKoZPO/*Zimmermann* Rn 8). Die Verankerung im WechselG spricht für eine Zuständigkeit. Auf die Kaufmannseigenschaft (MüKoZPO/*Zimmermann* Rn 8) kommt es hier ebenso wenig an wie dass die Ansprüche im Wechselprozess geltend zu machen sind (RGZ 78, 317). Weiter genannt sind in Nr 2 **Urkunden iSd § 363**

HGB, also Anweisungen, Lagerscheine etc. Für **Klagen aufgrund des Scheckgesetzes (Abs 1 Nr 3)** gilt entsprechendes wie unter Nr 2 ausgeführt.

III. Handelsgesellschaften (Abs 1 Nr 4a). Hierunter fallen oHG, KG, KG aA; AktG und GmbH. **Genossenschaft** und **stille Gesellschaft** sind zwar keine Handelsgesellschaften, werden aber durch das Gesetz gleichgestellt. Innerhalb dieses Zusammenhangs wird die **Zuständigkeit der KfH weit** ausgelegt. So liegt eine Handelssache vor, wenn ein Gesellschafter einer GmbH als sog Drittgläubiger eine Forderung gegen die Gesellschaft geltend macht (LG Osnabrück MDR 83, 588) oder wenn der Insolvenzverwalter gegen einen »faktischen« Geschäftsführer vorgeht (Stuttg MDR 05, 289). Es sind Streitigkeiten der Mitglieder untereinander ebenso angesprochen wie Streitigkeiten zwischen den Mitgliedern oder Organen und der Gesellschaft. Bei »Vorstehern« ist jeder Einzelne beteiligungsfähig, auf die Vertretungsbefugnis ist nicht abzustellen (München MDR 10, 103=NZG 10, 668; KGR 08, 951). – **Nicht** hierhin gehören **VVaG** oder **BGB-Gesellschaft,** sofern bei letzterer nicht die Grenze zur Personenhandelsgesellschaft überschritten ist (Kissel/*Mayer* Rn 10). 8

IV. Firmenrecht und Zeichenschutz (Abs 1 Nr 4b, c). Das Firmenrecht wird durch §§ 17–38 HGB geregelt und ist notwendig – § 17 I HGB – einem Kaufmann zuzuordnen. Auf die Herleitung des Anspruchs aus Gesetz oder Vertrag wie auf die Ausgestaltung des Begehrens kommt es für die Zuordnung als Handelssache nicht an. – Der Zeichenschutz umfasst Marken (vgl FG Düsseldorf 22.7.09 – 4 K 1400/09) und Geschmacksmuster, nicht hingegen Gebrauchsmuster, Patente oder Sortenschutz. 9

V. Erwerb des Handelsgeschäfts und vollmachtloser Vertreter (Abs 1 Nr 4d, e). Weiter sind als Handelssachen bewertet aus §§ 22, 25 HGB abgeleitete Ansprüche, die »aus dem Rechtsverhältnis … **zwischen dem bisherigen Inhaber und dem Erwerber**« entstehen. Ansprüche von Dritten oder gegen Dritte sind nicht erfasst. Streit um den Kaufvertrag entsteht nicht erst, er ist nach Abs 1 Nr 1 zu beurteilen. – Bei fehlender Prokura oder Handlungsvollmacht, aber auch bei als Organvertreter handelnden Personen, § 11 II GmbHG oder § 41 I 2 AktG ist für die Klage gegen den **vollmachtlosen Vertreter** – aber auch für die Abwehr im Wege einer negativen Feststellungsklage – die Zuständigkeit der KfH begründbar (MüKoZPO/*Zimmermann* Rn 17). 10

VI. Seerecht (Abs 1 Nr 4f). Die Zuständigkeitsregel ist wiederum im Kontext der Zuständigkeit des Landgerichts zu sehen. Soweit Seegerichte und Arbeitsgerichte berufen sind oder der Instanzenzug das LG ausnimmt, hat die Vorschrift keine Bedeutung. Im Übrigen aber sind **in weiter Auslegung alle Ansprüche** »aus den Rechtsverhältnissen des Seerechts« erfasst, gleichgültig, ob im HGB, im SeemannsG, im BinnenschiffsverkehrsG oder in thematisch verwandten Vorschriften geregelt. Delikt, GoA oder Bereicherungsrecht sind ebenfalls mit umfasst (Kissel/*Mayer* Rn 20). 11

VII. UWG und BörsG (Abs 1 Nr 5, 6). Ansprüche aus dem Gesetz gegen den **unlauteren Wettbewerb** – umfasst sind die Grundlagen der §§ 8–10, 12 UWG – können auch dann die Zuständigkeit der KfH begründen, wenn sie gleichzeitig aus allgemeinem, bürgerlichen Recht begründet werden (Hefermehl/Köhler/*Bornkamm* § 13 Rn 4). § 13 I 2 UWG verweist auf § 95 I Nr 5. – Aufgenommen wurde auch die im Börsengesetz geregelte **Prospekthaftung,** §§ 44 ff BörsG (ab 2010 §§ 45 ff). Es finden sich Stimmen für eine erweiternde Anwendung auf andere Prospekthaftungsansprüche, etwa §§ 77 BörsG, § 13 VerbProsG (MüKoZPO/*Zimmermann* Rn 21). 12

VIII. Abs 2. Die »bunte Mischung« des § 95 II enthält zunächst eine Ergänzung der Regelung in § 95 I Nr 4 a. Aufgegriffen wurden einige Streitigkeiten aus dem Aktienrecht, deren Parteien nicht dem engen Kreis der Nr 4a zugehören, die allgemeine Nichtigkeitsklage und die Anfechtungsklage, §§ 249, 246 AktG. Eine entsprechende Anwendung auf vergleichbare Rechtsbehelfe scheint ratsam (Zö/*Lückemann* Rn 16). Auch Streitigkeiten um die Bestellung von **Verschmelzungsprüfern** wie aus **Spruchverfahren** sollten im Hinblick auf die hochgradige Spezialität und Komplexität vor einer KfH ausgefochten werden. Neben diesen gesellschaftsrechtlichen Spezialitäten spricht Abs 2 noch das **Kartellrecht**, § 87 II GWB, und den **Verbraucherschutz** an. Zu § 13 IV des VerbraucherschutzdurchsetzungsG gibt es eine eigenständige Verfahrensordnung, §§ 13–28 VSchDG. Durch das FGG-RG wurden die Weiterungen in § 71 II Nr 4 b–f eingefügt. 13

§ 96 [Antrag des Klägers]. (1) Der Rechtsstreit wird vor der Kammer für Handelssachen verhandelt, wenn der Kläger dies in der Klageschrift beantragt hat.
(2) Ist ein Rechtsstreit nach den Vorschriften der §§ 281, 506 der Zivilprozessordnung vom Amtsgericht an das Landgericht zu verweisen, so hat der Kläger den Antrag auf Verhandlung vor der Kammer für Handelssachen vor dem Amtsgericht zu stellen.

1 **A. Antrag des Klägers.** Das Verfahren kann auf Initiative des Klägers vor die KfH gebracht werden. Dem Wahlrecht (vgl *Möller* NJW 09, 3632) sind aber zeitliche Grenzen gesetzt. Bei einem originär beim LG begonnenen Verfahren kommt es auf die **Rechtzeitigkeit** des Antrags an. Nur ein in der Klageschrift oder in einem gleichzeitig eingereichten Schriftsatz enthaltener Antrag genügt den Anforderungen (Brandbg OLG-NL 01, 185; Frankf JurBüro 81, 117). Das gilt auch für die durch das FGG-RG dem LG zugewiesenen gesellschaftsrechtlichen Streitigkeiten (LG München NZG 2010, 392; *Schwichtenberg/Krenek* BB 10, 1232; aA *Jänig/Leißring* ZIP 10, 113 II2). Der Antrag muss nicht ausdrücklich formuliert sein. Es genügt eine Adressierung an das »Landgericht-KfH« (*Bergerfurth* JZ 79, 145), doch führt die Anschrift an das »Landgericht« unweigerlich zur Zivilkammer (Frankf JBüro 81, 117). § 297 ZPO muss nicht eingehalten werden. Wie jeder andere Prozessantrag ist die Erklärung auslegungsfähig (Celle GmbHR 08, 264; München 18.7.07–31 AR 180/07; Brandbg OLG-NL 01, 185). Der Antrag kann allenfalls bei **Verweisung von einem LG ohne KfH** an ein LG mit KfH nachgeholt werden (Zö/*Lückemann* Rn 1; aA LG Freiburg NJW 72, 1902). Dasselbe gilt, wenn nach Einreichung der Klageschrift eine KfH bei dem LG erst eingerichtet wird (Kissel/*Mayer* Rn 4). Im Weiteren ist die Ausübung des Wahlrechts bindend (Frankf NJW 92, 2901). Der Kl kann seinen Antrag im laufenden Verfahren weder zurücknehmen noch ändern (MüKoZPO/*Zimmermann* Rn 3). Das gilt auch für den Widerkläger (Karlsr MDR 98, 558). Natürlich bleibt der teure Weg, die Klage zurückzunehmen und erneut einzureichen (MüKoZPO/*Zimmermann* Rn 3). Der Weg über § 17a GVG ist nicht gangbar.

2 **B. Einleitung vor dem Amtsgericht. Mahnverfahren.** Hat der Rechtsstreit vor dem Amtsgericht seinen Anfang genommen, so kann der **Antrag vor Verweisung** vom Amtsgericht an das LG vor dem Amtsgericht, nicht notwendig iRe mündl Verhandlung, aber vor Beschlussfassung gestellt werden (Zö/*Lückemann* Rn 2). Ist der Rechtsstreit bereits an das LG verwiesen, kann die geschäftsplanmäßige Zuordnung nicht mehr geändert werden. – Von dieser in Abs 2 getroffenen Regelung nicht erfasst ist das **Mahnverfahren.** Hier hat der Antragsteller zunächst nach § 690 I Nr 5 ZPO die Möglichkeit, sein Wahlrecht durch Angabe des Gerichts auszuüben. Er kann den Antrag, vor der KfH zu verhandeln, mit dem Antrag auf Durchführung des streitigen Verfahrens verbinden. Problematisch ist einzig, wenn die Initiative zur Durchführung des streitigen Verfahrens vom Antragsgegner ausgeht. Einigkeit besteht, dass die Zwei-Wochen-Frist, welche die Geschäftstelle zur Anspruchsbegründung nach § 697 I ZPO setzt, nicht maßgeblich ist (Frankf OLGR 01, 242). Konsequent wird die Angabe in der Anspruchsbegründung genügen (Frankf NJW 80, 2202).

§ 97 [Verweisung an die Zivilkammer]. (1) Wird vor der Kammer für Handelssachen eine nicht vor sie gehörige Klage zur Verhandlung gebracht, so ist der Rechtsstreit auf Antrag des Beklagten an die Zivilkammer zu verweisen.
(2) [1]Gehört die Klage oder die im Falle des § 506 der Zivilprozessordnung erhobene Widerklage als Klage nicht vor die Kammer für Handelssachen, so ist diese auch von Amts wegen befugt, den Rechtsstreit an die Zivilkammer zu verweisen, solange nicht eine Verhandlung zur Hauptsache erfolgt und darauf ein Beschluss verkündet ist. [2]Die Verweisung von Amts wegen kann nicht aus dem Grund erfolgen, dass der Beklagte nicht Kaufmann ist.

1 **A. Überblick.** Die Norm beschreibt das Verfahren, wenn der Kl einen Rechtsstreit bei der KfH zur Verhandlung gebracht hat, obwohl eine Handelssache nach § 95 nicht vorliegt. Zur Verhandlung gebracht ist der Rechtsstreit nach Zustellung der Sache mit Ladung oder der Anordnung eines schriftlichen Vorverfahrens. Vor diesem Zeitpunkt können »Irrläufer«, versehentlich an die KfH gelangte Verfahren ohne Antrag, formlos abgegeben werden (MüKoZPO/*Zimmermann* Rn 2). Danach ist nur noch eine **Verweisung** möglich. Zu unterscheiden ist die Verweisung auf Antrag des Beklagten und die Verweisung vAw. Die Maßnahme kann den gesamten Verfahrensgegenstand oder Teile desselben betreffen. Ist die Möglichkeit einer Verweisung ausgeschöpft, kann das OLG zur Entscheidung des Kompetenzkonflikts zwischen KfH und Zivilkammer berufen sein (München OLGR 08, 695; vgl unten § 101).

B. Verweisung auf Antrag des Beklagten (Abs 1). Antragsbefugt ist nur der Beklagte. Der Kl kann allenfalls eine Verweisung vAw anregen. Die Erklärung des Beklagten ist auslegungsfähig, der Wille, vor einer Zivilkammer verhandeln zu wollen, muss zum Ausdruck gelangen. Der Antrag ist zeitlich beschränkt (vgl unten § 101). Der Antrag ist begründet, wenn eine Handelssache nicht vorliegt. 2

C. Verweisung von Amts wegen (Abs 2). Die Initiative vAw setzt zunächst voraus, dass eine Sache vor die KfH gebracht wurde, die **keine Handelssache** ist. Diese Möglichkeit kommt vornehmlich in Betracht, wenn der Beklagte die Frist zum Antrag auf Verweisung hat verstreichen lassen oder sogar mit einer Behandlung durch die KfH einverstanden ist. Es bestehen aber zwei erhebliche **Einschränkungen.** Zum einen kann nach der Anordnung des Gesetzes eine Sache nicht deshalb an die Zivilkammer verwiesen werden, weil der **Beklagte kein Kaufmann** ist. Bedeutung hat dies im Zusammenhang mit § 95 I Nr 1. Ist der Beklagte nicht Kaufmann, so fehlt ein »beiderseitiges Handelsgeschäft«. Aus der fehlenden Abstimmung zwischen den beiden Vorschriften hat sich ein Streit entspannt, ob die fehlende Eintragung des Beklagten als Kaufmann ebenfalls zur Anwendung des § 97 II 2 führt (zust: Ddorf NJW-RR 01, 1220; abl: Nürnbg NJW-RR 00, 568). Das Fehlen einer Eintragung ist aber etwas anderes als das Fehlen der Kaufmannseigenschaft, so dass mit der wohl hM (Kissel/*Mayer* Rn 7 mwN) in diesem Fall von der Möglichkeit einer Verweisung auszugehen ist (KG NJW-RR 09, 469). Die fehlende Kaufmannseigenschaft **des Klägers** hindert eine Verweisung unstr nicht (MüKoZPO/*Zimmermann* Rn 10). Vom **Verfahrensablauf** ist eine Verweisung zeitlich dahin beschränkt, dass **noch nicht über die Hauptsache verhandelt** wurde. Der Begriff ist weiter gefasst als in § 137 ZPO und nicht notwendig von einer Antragstellung abhängig. So genügt jedenfalls eine längere Erörterung (Hambg 2.11.11 – 5 W 115/11).. Beschlüsse, die wie PKH oder Streitwertfestsetzung nicht auf der Verhandlung beruhen, vermögen die Einschränkung noch nicht zu begründen (Kissel/*Mayer* Rn 6). – Streitig ist, ob die KfH ein **Ermessen** ausübt, oder zur Verweisung verpflichtet ist. Für ein Ermessen spricht der Gesetzeswortlaut, der der KfH eine Befugnis einräumt (MüKoZPO/*Zimmermann* Rn 11; aA Zö/*Lückemann* Rn 5). 3

D. Trennung und Verweisung. Bei der **objektiven Klagehäufung** kann es vorkommen, dass nicht alle Begehren als Handelssache zu qualifizieren sind. In diesem Fall kann der gesamte Rechtsstreit verwiesen werden. Um aber der KfH nicht die Zuständigkeit für den Teil zu benehmen, der Handelssache ist, und um dem Kl nicht das Wahlrecht aus der Hand zu nehmen (MüKoZPO/*Zimmermann* Rn 7), kommt auch eine Trennung in Betracht. In diesem Fall sind die Teile zu verweisen, die nicht vor die KfH gehören. Bei der **subjektiven Klagehäufung** wird der Rechtsstreit des Beklagten, der nicht Kaufmann ist, in dem ihn betreffenden Umfang auf seinen Antrag an die Zivilkammer verwiesen. Auch in diesem Fall ist nach § 145 ZPO zu trennen. – Abs 2 regelt weiter den Sonderfall, dass eine **Widerklage** erhoben wird, die nicht vor die KfH gehört. Auch in diesem Fall ist die Widerklage – entgegen dem Gesetzeswortlaut – abzutrennen und an die Zivilkammer zu verweisen, um nicht das Wahlrecht des Klägers zu entwerten (Kissel/*Mayer* Rn 5; aA *Gaul* JZ 84, 62). 4

§ 98 [Verweisung an die Kammer für Handelssachen].

(1) [1]Wird vor der Zivilkammer eine vor die Kammer für Handelssachen gehörige Klage zur Verhandlung gebracht, so ist der Rechtsstreit auf Antrag des Beklagten an die Kammer für Handelssachen zu verweisen. [2]Ein Beklagter, der nicht in das Handelsregister oder Genossenschaftsregister eingetragen ist, kann den Antrag nicht darauf stützen, dass er Kaufmann ist.

(2) Der Antrag ist zurückzuweisen, wenn die im Falle des § 506 der Zivilprozessordnung erhobene Widerklage als Klage vor die Kammer für Handelssachen nicht gehören würde.

(3) Zu einer Verweisung von Amts wegen ist die Zivilkammer nicht befugt.

(4) Die Zivilkammer ist zur Verwerfung des Antrags auch dann befugt, wenn der Kläger ihm zugestimmt hat.

A. Wahlrecht des Beklagten. Die KfH ist zuständig, wenn eine der Parteien einer Handelssache dies begehrt. Hat der Kl von seinem Initiativrecht nach § 96 keinen Gebrauch gemacht, so ermöglicht § 98 dem Beklagten seinerseits, die Zuständigkeit der KfH zu begründen. Es muss sich zum einen um eine **Handelssache** – bei Klagehäufung jedenfalls nach zulässiger Trennung – handeln, zum anderen ist ein **Antrag des Beklagten** erforderlich. Auch hier muss nicht die Form des § 297 ZPO eingehalten werden, auch hier kann Auslegung bei der Ermittlung des Willens des Beklagten behilflich sein (München 18.7.07–31 AR 180/07). 1

Als unzureichend wurde angesehen, wenn der Beklagte nur zum Ausdruck bringe, er »rüge« die Zuständigkeit der Zivilkammer (*Gaul* JZ 84, 61). Demgegenüber wurde darauf verwiesen, die Rüge bringe hinreichend zum Ausdruck, dass eine Verhandlung vor der KfH gewünscht sei (*van den Hövel* NJW 01, 345; MüKoZPO/*Zimmermann* Rn 3). Ein ausdrücklicher Antrag verringert jedenfalls das Risiko einer Fehldeutung (Zö/*Lückemann* Rn 2). Anforderungen an die **Rechtzeitigkeit** sind in § 101 geregelt. – Weitgehend leer läuft die Regelung des § 98 I 2. Sie ist durch die Neufassung des § 95 I Nr 1 überholt. Soweit bei juristischen Personen des öffentlichen Rechts (Sparkassen, etc) durch den überschießenden Regelungsgehalt des § 98 I 2 die Nichteintragung einem Antrag nach § 98 I 1 entgegenstehen sollte, kann eine harmonisierende Auslegung helfen. Allgemein wird der Unterschied als redaktionelles Versehen gewertet (MüKoZPO/*Zimmermann* Rn 3).

2 **B. Ausschluss bei Widerklage.** Auch wenn die Voraussetzungen vorliegen, kommt eine Verweisung nicht in Betracht, wenn der in Abs 2 besonders geregelte Fall eines widersprüchlichen Verhaltens vorliegt. Ist nämlich der Rechtsstreit vor dem **Amtsgericht** erhoben und von diesem an eine Zivilkammer des Landgerichts verwiesen, so kann der Beklagte Verweisung an die KfH dann nicht verlangen, wenn er selbst eine Widerklage erhoben hat, deren Gegenstand keine Handelssache ist. Auf diese Weise ist ein »**Erschleichen**« **der Zuständigkeit** der KfH ausgeschlossen (Kissel/*Mayer* Rn 4). Auch hier soll aber Trennung nach § 145 ZPO möglich sein (MüKoZPO/*Zimmermann* Rn 5; aA Musielak/*Witschier* Rn 5). – Vollends widersprüchlich erscheint das Vorgehen, wenn der Beklagte in einem bei einem **Landgericht** vor einer Zivilkammer anhängigen Verfahren eine Widerklage erhebt, die nicht Handelssache ist, und gleichzeitig beantragt, der Rechtsstreit solle an die KfH verwiesen werden. In diesem Fall bleibt es bei der Zuständigkeit der Zivilkammer, andernfalls hatte es der Beklagte an der Hand, die Widerklage selbstständig als Klage anzubringen (*Gaul* JZ 84, 62). – Eine eigene Situation entsteht, wenn der Beklagte die Verweisung einer gegen ihn gerichteten Handelssache anstrebt und gleichzeitig eine Widerklage einbringt, deren Gegenstand eine Handelssache ist. Hier fehlt hinsichtlich der Widerklage ein eigenes Antragsrecht. Es bliebe die Möglichkeit, die Widerklage isoliert anhängig zu machen und dann die Verbindung anzuregen. Hier ist aber von übertriebener Förmelei abzusehen. Widerklage und Verweisungsantrag stehen in keinem sachlichen Widerspruch (MüKoZPO/*Zimmermann* Rn 7).

3 **C. Grundzuständigkeit der Zivilkammer.** Anders als § 97 II der KfH wird der Zivilkammer in § 98 III eine **Verweisung von Amts wegen** verwehrt. Eine Ausnahme gilt allerdings im Fall der ausschließlichen Zuständigkeit der KfH, etwa bei der aktienrechtlichen Nichtigkeitsklage, § 246 III 2 AktG (München MDR 07, 1334; offen bei der GmbH Celle GmbHR 08, 264): Ohne einen Antrag ist die Zivilkammer im Regelfall immer zuständig (»Grundzuständigkeit«), auch wenn das Gesetz hin und wieder missverständlich formuliert, ein Rechtsstreit »gehöre« vor die KfH, §§ 98 I; 103. Auf der anderen Seite **haben die Parteien es nicht in der Hand**, die **Zuständigkeit der KfH zu vereinbaren**, wenn Gegenstand des Rechtsstreits keine Handelssache ist. Dies kommt zum Ausdruck, wenn § 98 IV betont, die Zivilkammer könne den Verweisungsantrag des Beklagten auch dann verwerfen, wenn der Kl ihm zustimme.

§ 99 [Erweiterte Klage; Widerklage].

(1) Wird in einem bei der Kammer für Handelssachen anhängigen Rechtsstreit die Klage nach § 256 Abs. 2 der Zivilprozessordnung durch den Antrag auf Feststellung eines Rechtsverhältnisses erweitert oder eine Widerklage erhoben und gehört die erweiterte Klage oder die Widerklage als Klage nicht vor die Kammer für Handelssachen, so ist der Rechtsstreit auf Antrag des Gegners an die Zivilkammer zu verweisen.

(2) [1]Unter der Beschränkung des § 97 Abs. 2 ist die Kammer zu der Verweisung auch von Amts wegen befugt. [2]Diese Befugnis tritt auch dann ein, wenn durch eine Klageänderung ein Anspruch geltend gemacht wird, der nicht vor die Kammer für Handelssachen gehört.

1 **A. Überblick.** Die Norm verlängert § 97. Rechtsstreitigkeiten sind nicht statisch. Sie sind der Disposition der Parteien unterstellt. Auf diese Weise kann die ursprüngliche Entscheidung, die Zuständigkeit der KfH sei vor dem Hintergrund des § 95 anzunehmen, in drei Fällen einer Revision unterzogen werden: wenn der Kl eine **Zwischenfeststellungsklage** erhebt, wenn der Beklagte eine **Widerklage** anhängig macht oder – in § 98 II 2 geregelt – wenn die Klage iSd § 263 ZPO erweitert wird. Führt die Prüfung dazu, dass der Gegenstand dieser Änderungen des Streitgegenstandes keine Handelssache ist, kann die Zuständigkeit der KfH nachträglich entfallen. Andere Gestaltungen des Streitstoffs, etwa die Erklärung der Aufrech-

nung mit einer nicht mit § 95 kompatiblen Forderung, lassen die Zuständigkeit unberührt (MüKoZPO/*Zimmermann* Rn 11).

B. Antrag der Gegenseite. Die Initiative zur Überprüfung der Zuständigkeit, die Befugnis, einen Antrag zu stellen, liegt beim Gegner der Partei, die mit ihrer Initiative die Änderung des Streitgegenstandes bewirkt hat. Die Partei, welche die Unzuständigkeit bewirkt hat, ist nicht antragsbefugt (Zö/*Lückemann* Rn 2). Damit kann auch die Partei die Verweisung beantragen, die ursprünglich die Zuständigkeit der KfH herbeigeführt hat. Dies ist im Hinblick auf die Veränderung des Streitstoffs auch nicht widersprüchlich. Die Rechtzeitigkeit regelt § 101. – Die Begründung eines Antrags nach § 98 I kann auf alle drei Änderungen, also auch eine Klageerweiterung gem § 98 II bezogen werden (Zö/*Lückemann* Rn 1). 2

C. Verweisung von Amts wegen. Die Kontrolle der Zuständigkeit der KfH obliegt nicht nur dem Gegner, sie ist auch vAw möglich. Verweisung auf Initiative sind allerdings den Beschränkungen des § 97 II unterworfen (vgl oben § 97 Rz 3). 3

D. Folgen. Eine qualifizierte Änderung nach § 99 kann zur Verweisung des gesamten Rechtsstreits an die Zivilkammer führen. Abtrennungen der nicht vor die KfH gehörigen Teile sind nach § 145 ZPO möglich, doch ist iRd Ermessensprüfung darauf zu achten, inwieweit eine Partei, auf deren Initiative die KfH angerufen wurde, mit eigener Prozesstaktik die spätere Unzuständigkeit herbeigeführt hat. 4

§ 100 [Zweitinstanzliche Zuständigkeit]. **Die §§ 96 bis 99 sind auf das Verfahren im zweiten Rechtszuge vor den Kammern für Handelssachen entsprechend anzuwenden.**

A. Überblick. Die KfH kann als Berufungsgericht zuständig werden, wenn in **1. Instanz vor dem Amtsgericht** Gegenstand des Verfahrens eine **Handelssache** gewesen ist. Ausdrücklich angeordnet ist in diesem Fall die entsprechende Anwendung der §§ 96-99, nach allgemeiner Ansicht sind auch die §§ 101, 102 mit einzubeziehen (Kissel/*Mayer* Rn 2). § 104 enthält eine Regelung für das Beschwerdeverfahren. 1

B. Wahlrecht der Partei. Der **Berufungskläger** kann entsprechend § 96 die Zuständigkeit der KfH in der Berufungsschrift beantragen. Zu einem späteren Zeitpunkt ist seine Wahlmöglichkeit verbraucht (Brandbg OLG-NL 05, 15 = MDR 05, 231). Für die Beurteilung, ob eine Handelssache nach § 95 I Nr 1 vorliegt, kommt es hinsichtlich der Beurteilung der Rolle des Beklagten (Registereintragung) darauf an, wer in 1. Instanz Bekl gewesen ist (Kissel/*Mayer* Rn 3). Wird der Antrag gestellt, ohne dass eine Handelssache vorliegt, führt dies nicht zur Unzulässigkeit der Berufung (Zö/*Lückemann* Rn 1). Vielmehr kann die Sache auf Antrag des Berufungsbeklagten nach § 97 I oder vAw entsprechend § 97 II an die Zivilkammer verwiesen werden. – Hat der Berufungskläger einen Antrag nicht gestellt, geht die Berufung zur allgemeinen Zivilberufungskammer. Der **Berufungsbeklagte** hat es nun in entsprechender Anwendung des § 98 in der Hand, durch seinen Antrag zur KfH zu gelangen. – Verzwickt wird die Sache, wenn der Streit für beide Seiten berufungsfähig ist, **beide Seiten Berufung** einlegen, aber nur eine der Parteien die Zuständigkeit der KfH beantragt. Nach einer Meinung entscheidet das erste Rechtsmittel (MüKoZPO/*Zimmermann* Rn 3; B/L/A/H Rn 3), doch kann nach zutreffender Ansicht der Erste nicht dem zweiten die Option nehmen, eine Handelssache auch gegen den Willen des anderen vor die KfH zu bringen (Zö/*Lückemann* Rn 3). 2

C. Anwendung des § 99 in 2. Instanz. Hier sind vielfältige Variationen denkbar. Bei Erweiterungen in 2. Instanz hat die jeweilige Gegenseite die Möglichkeit, für den Fall, dass die Weiterung keine Handelssache betrifft, die Verweisung einer Sache von der angerufenen KfH an die Zivilkammer zu erreichen. Das gilt auch für den Fall, dass Handelssache und Nicht-Handelssache in verschiedene Rechtsmittel aufgespalten sind (MüKoZPO/*Zimmermann* Rn 6). Auch hier kann unter Berücksichtigung der Beschränkungen des § 97 II eine Verweisung vAw erfolgen, § 99 II. 3

§ 101 [Zulässigkeit des Antrags auf Verweisung]. **(1) [1]Der Antrag auf Verweisung des Rechtsstreits an eine andere Kammer ist nur vor der Verhandlung des Antragstellers zur Sache zulässig. [2]Ist dem Antragsteller vor der mündlichen Verhandlung eine Frist zur Klageerwiderung oder Berufungserwiderung gesetzt, so hat er den Antrag innerhalb der Frist zu stellen. [3]§ 296 Abs. 3 der Zivilprozessordnung gilt entsprechend; der Entschuldigungsgrund ist auf Verlangen des Gerichts glaubhaft zu machen.**

(2) [1]Über den Antrag ist vorab zu entscheiden. [2]Die Entscheidung kann ohne mündliche Verhandlung ergehen.

1 **A. Antragstellung.** Die Norm bezieht sich nur auf Verweisungsanträge, also auf §§ 97–100, nicht auf § 96 I. Der Antrag ist eine an das Gericht adressierte, **prozessuale Willenserklärung**, die allerdings nicht § 297 I ZPO zu genügen hat. Er kann mündlich gestellt werden (Kissel/*Mayer* Rn 2) und ist widerruflich, solange über ihn noch nicht entschieden wurde (MüKoZPO/*Zimmermann* Rn 2). Eine möglichst ökonomische Klärung der Zuständigkeit zwingt, den **Zeitpunkt** für die Erklärung möglichst früh anzusiedeln. Wurde wie im Regelfall vom Gericht eine Erwiderungsfrist gesetzt, so hat der Antrag **innerhalb der Frist** gestellt zu sein, § 101 I 2. Bei Verlängerung genügt es, ihn innerhalb der verlängerten Frist zu stellen (München MDR 09, 946; LG Düsseldorf MDR 05, 709), doch wird das in der Instanz tw abw beurteilt (LG München MDR 09, 647; LG Heilbronn 03, 231 mit Anm *Wilmerdinger*). – Ist eine Frist nicht gesetzt, so hat der Antrag vor **der Verhandlung zur Sache** gestellt zu sein. Es besteht Einigkeit, dass die Frage der Zuständigkeit der KfH so früh wie möglich zu klären ist. Entsprechend ist der Begriff »vor der Verhandlung« auszulegen. Lediglich ein Antrag auf Vertagung wird als unschädlich angesehen (Zö/*Lückemann* Rn 1). Streitig ist schon die Frage, ob ein Ablehnungsantrag als Verhandlung zur Sache anzusehen ist (nein: Kissel/*Mayer* Rn 5; ja: MüKoZPO/*Zimmermann* Rn 2). Ohne Zweifel führt jede Befassung mit Zuständigkeits- oder Zulässigkeitsfragen (Bremen MDR 80, 410), erst recht jede Erörterung der Sache selbst zum Verbrauch der Antragsmöglichkeit (Hambg 2.11.11–5 W 115/11). – § 101 I 3 gibt die Möglichkeit zur Heilung entsprechend § 296 III ZPO.

2 **B. Entscheidung über den Antrag.** Prüfung und Entscheidung der Anträge nach §§ 97 ff. hat Vorrang va anderen. Entscheidung setzt keine mündliche Verhandlung voraus. Auch eine Entscheidung über einen verspäteten Antrag erlangt grundsätzlich – von Aspekten der Willkür abgesehen – Wirksamkeit (Brandbg OLG-NL 01, 15 = NJW-RR 01, 63; aA Frankf OLGR 01, 242; KG KGR 08, 963).

§ 102 [Entscheidung über die Verweisung].

[1]Die Entscheidung über Verweisung eines Rechtsstreits an die Zivilkammer oder an die Kammer für Handelssachen ist nicht anfechtbar. [2]Erfolgt die Verweisung an eine andere Kammer, so ist diese Entscheidung für die Kammer, an die der Rechtsstreit verwiesen wird, bindend. [3]Der Termin zur weiteren mündlichen Verhandlung wird von Amts wegen bestimmt und den Parteien bekannt gemacht.

1 **A. Unanfechtbarkeit.** Zuständigkeitsstreitigkeiten sollen aus Gründen der Prozessökonomie nicht ausufern (vgl BGHZ 63, 214). Wie §§ 281 II, 621 III ZPO ordnet § 102 daher die **Unanfechtbarkeit** der Entscheidung und ihre **Bindung** an. Die fehlende Angreifbarkeit der Entscheidungen besteht unabhängig davon, ob sie auf Antrag oder vAw ergangen sind (MüKoZPO/*Zimmermann* Rn 2). Es spielt auch keine Rolle, ob die Entscheidung stattgebender, abweisender oder aufhebender Natur ist. Auch kann die Entscheidung ausdrücklich oder stillschweigend getroffen sein. Bereits im PKH-Verfahren ausgesprochene Verweisungen binden für das gesamte Verfahren (Hambg MDR 67, 409). Es muss sich allerdings um Verweisungen handeln. Nicht genügt die Ablehnung einer Übernahme oder die Verneinung der eigenen Zuständigkeit (KG OLGR 08, 951). Behandeln die Begründungen auch **Fragen der örtlichen Zuständigkeit**, so erfasst die Bindungswirkung auch diese (BayObLG NJW-RR 03, 356; nach alter Rechtslage für die Abgrenzung ordentliche Gerichtsbarkeit zur Arbeitsgerichtsbarkeit BGHZ 63, 214). Die Bindung ist natürlich auf die **Reichweite des § 102** beschränkt. So ist – auch wenn die Entscheidung überschießend formuliert – die Zuständigkeit einer einzelnen Zivilkammer oder KfH noch nicht festgelegt (Kissel/*Mayer* Rn 8; aA Musielak/*Wittschier* Rn 4). Und § 99 durchbricht § 102, da sich der Streitgegenstand ändert. Nicht von § 102 erfasst sind außerdem Verweisungen, die unabhängig von § 95 etwa gegen eine andere ausschließliche Zuständigkeit der KfH verstoßen (zB § 246 AktG). – Auch im Zusammenhang mit der **Endentscheidung** kann die Verweisung nicht im Wege eines allgemeinen Rechtsmittels angegriffen werden (Zö/*Lückemann* Rn 4; Kissel/*Mayer* Rn 6). Insofern zeigen sich Parallelen zu § 513 II ZPO und § 17a V (MüKoZPO/*Zimmermann* Rn 7). Etwas anderes gilt nur, wenn zugleich mit der Verweisung gravierende, willkürliche Verfahrensverstöße einhergehen (vgl Bsp in Rz 2; einschränkend: Kobl OLGR 09, 967).

2 **B. Negativer Kompetenzkonflikt.** Ist auch den Parteien ein unmittelbarer Zugriff auf die Verweisungsentscheidung verwehrt, so kann die empfangende Zivilkammer oder KfH zwar nicht das Präsidium einschal-

ten (BGH NJW 75, 2304), sie kann sich aber gegen eine Bindung zur Wehr setzen, indem sie den Streit analog § 36 I Nr. 6 ZPO dem OLG zur Entscheidung vorlegt (KG NJW-RR 08, 1023; Celle GmbHR 08, 264). Voraussetzung ist aber das Vorliegen eines Verweisungsbeschlusses, nicht nur der Versuch einer Abgabe (München OLGR 08, 695). In entsprechender Anwendung der auch für § 281 II maßgeblichen Grundsätze (KG KGR 08, 951) ist zu prüfen, ob gravierende Rechtsverstöße der Entscheidung zugrunde liegen, so dass ausnahmsweise die Bindungswirkung durchbrochen ist. In Betracht kommen Verweisungen, die jeglicher Grundlage entbehren, mithin willkürlich sind (Köln NJW-RR 02, 426; vgl auch *Fischer* MDR 02, 1401; *Gaul* JZ 84, 563). Hierhin gehört, wenn nicht der zuständige Einzelrichter, sondern die Zivilkammer entscheidet (Celle OLGR 04, 370). Oder wenn »nach Antrag« entschieden wird, obwohl kein Antrag gestellt wurde (Zö/*Lückemann* Rn 4). Dabei kann genügen, wenn bei mehreren Beklagten nicht alle einen Antrag gestellt haben (Celle NdsRpfl 10, 59). Auch Verstöße gegen das rechtliche Gehör sind an dieser Stelle anzusiedeln (KG KGR 00, 127; Ddorf OLGZ 73, 243, 245; aA Bremen OLGZ 75, 475, 477), da anders der Verstoß nicht rückgängig gemacht werden kann (MüKoZPO/*Zimmermann* Rn 5). Die Praxis neigt dazu, Fälle, in denen von Willkür auszugehen ist, zu standardisieren. Beispielhaft sei hier die Verweisung bei einem verspätet gestellten Antrag angesprochen. Während eine Gruppe zutr darauf abstellt, dass dieser Verfahrensfehler allein ohne weitere Hinweise für Willkür nicht ausreiche (Brandbg NJW-RR 01, 61; Braunschw NJW-RR 95, 1535), genügt für andere das Vorliegen des Verfahrensfehlers an sich (KG KGR 08, 963; Frankf OLGR 01, 242). Sehr weitgehend ist es, jeden Verstoß gegen § 101 Abs 1 als willkürlich einzuordnen (Hambg 2.11.11 – 5 W 115/11). Die Durchbrechung des § 102 sollte als Ausnahme immer aus der konkreten Rechtssache begründet werden (vgl auch MüKoZPO/*Zimmermann* Rn 4 aE; abschwächend Zö/*Greger* § 281 Rn 17).

C. Wirkung. Mit der Verweisung geht der Rechtsstreit in dem Stadium auf die andere Kammer über, in welchem er sich beim abgebenden Spruchkörper befunden hat. Vor der Verweisung gesetzte Fristen bleiben in Kraft (Frankf NJW-RR 93, 1084). § 102 S 3 stellt klar, dass die Terminierung Sache des Gerichtes ist. 3

§ 103 [Zuständigkeit bei Hauptintervention]. **Bei der Kammer für Handelssachen kann ein Anspruch nach § 64 der Zivilprozessordnung nur dann geltend gemacht werden, wenn der Rechtsstreit nach den Vorschriften der §§ 94, 95 vor die Kammer für Handelssachen gehört.**

Zuständigkeit. Die Hauptintervention ermöglicht einem am Rechtsstreit nicht beteiligten Dritten, ein von ihm in Anspruch genommenes Recht, welches nicht einmal schlüssig dargelegt sein muss (*Pfeiffer* ZZP 111, 131), vor dem Gericht »einmischend« geltend zu machen, vor dem die Parteien streiten. § 103 beschränkt nun den Zugang zur KfH für den Fall, dass der Erstprozess keine Handelssache betrifft. Dann kann auch der Einmischungskläger nicht die KfH anrufen, selbst wenn sein Rechtsstreit als Handelssache zu qualifizieren ist. Dann bleibt die Zivilkammer zuständig. 1

§ 104 [Verweisung in Beschwerdesachen]. **(1) [1]Wird die Kammer für Handelssachen als Beschwerdegericht mit einer vor sie nicht gehörenden Beschwerde befasst, so ist die Beschwerde von Amts wegen an die Zivilkammer zu verweisen. [2]Ebenso hat die Zivilkammer, wenn sie als Beschwerdegericht in einer Handelssache mit einer Beschwerde befasst wird, diese von Amts wegen an die Kammer für Handelssachen zu verweisen. [3]Die Vorschriften des § 102 Satz 1, 2 sind entsprechend anzuwenden.**

(2) Eine Beschwerde kann nicht an eine andere Kammer verwiesen werden, wenn bei der Kammer, die mit der Beschwerde befasst wird, die Hauptsache anhängig ist oder diese Kammer bereits eine Entscheidung in der Hauptsache erlassen hat.

A. Zuständigkeit. Die Vorschrift ist das Pendant zu § 100. In Beschwerdesachen kommt es auf Anträge der Parteien nicht an, vielmehr verweisen KfH wie auch Zivilkammer **von Amts wegen**, wenn sie mit einer Sache befasst werden, die nicht in ihren Zuständigkeitsbereich fällt, § 104 I 1, 2. Weiter ist klar gestellt, dass die Verweisung bindend und unanfechtbar ist, § 104 I 3. Diese Bindung entfällt allerdings, wenn der Grundsatz rechtlichen Gehörs verletzt ist oder wenn der Rahmen der §§ 102, 104 verlassen wird, etwa weil die Verweisung nicht nur iRd funktionellen Zuständigkeit verschiedener Spruchkörper erfolgt, sondern an ein anderes Gericht führen soll (für das Verhältnis zweier Bezirksgerichte: BGH MDR 92, 299; dazu: *Schlosser* EWiR 92, 207). Auch in Sachen der freiwilligen Gerichtsbarkeit findet § 104 keine Anwendung(Kissel/*Mayer* Rn 1). Gegen Abgabe oder Nichtabgabe in diesem Bereich ist die Beschwerde statthaft. 1

2 **B. Anhangszuständigkeit.** § 104 II regelt den Sonderfall, dass eine Beschwerde in Zusammenhang mit einer Hauptsache steht, die bei der KfH anhängig ist. In diesem Fall ist die KfH auch dann für die Beschwerde zuständig, wenn es sich nicht um eine Handelssache handelt. Das Gesetz verbietet, diese Sache wegzuverweisen. Ob die Norm weiter die Grundlage bietet, eine Beschwerde positiv an die Kammer der Hauptsache hinzuverweisen, ist streitig (ja: Zö/*Lückemann* Rn 2; MüKoZPO/*Zimmermann* Rn 5; nein: Kissel/*Mayer* Rn 5). Obwohl der Zweckgedanke die Weiterung zu tragen scheint, erscheint systematisch eine Erweiterung der Ausnahmevorschrift nicht zulässig.

§ 105 [Besetzung]. (1) Die Kammern für Handelssachen entscheiden in der Besetzung mit einem Mitglied des Landgerichts als Vorsitzenden und zwei ehrenamtlichen Richtern, soweit nicht nach den Vorschriften der Prozessgesetze an Stelle der Kammer der Vorsitzende zu entscheiden hat.
(2) Sämtliche Mitglieder der Kammer für Handelssachen haben gleiches Stimmrecht.

1 **A. Besetzung und Aufgabenteilung.** Wie zB Schöffen- und Arbeitsgericht ist die KfH mit einem berufsrichterlichen Vorsitzenden und zwei ehrenamtlichen Richtern besetzt. Die gleiche Besetzung ist für die internationalen Kammern gem §§ 114a ff vorgesehen, nur dass dort die Beteiligten die englische Sprache verhandlungssicher beherrschen sollen. § 105 II betont das **gleiche Stimmrecht**, es gilt das Kollegialprinzip (MüKoZPO/*Zimmermann* Rn 2). Der Berufsrichter muss dem Kreis des § 21 f I zugehören, also **Vorsitzender** oder Präsident sein. Abweichendes gilt für einen Vertreter (§ 21 f II) oder eine bei einem Amtsgericht eingerichtete KfH, § 106. Die ehrenamtlichen Richter sind nach § 45a DRiG als »**Handelsrichter**« zu bezeichnen.

2 § 105 ist im Zusammenhang mit § 349 ZPO und § 68 IV FamFG zu sehen. Für den Bereich der **bürgerlichen Rechtsstreitigkeiten** weist § 349 II ZPO eine Reihe von Entscheidungen dem Vorsitzenden allein zu. Die dortige Aufzählung ist enumerativ und kann auch nicht etwa auf Entscheidungen über Ablehnungsanträge ausgeweitet werden (Schlesw OLGR 04, 155). Handelt der Vorsitzende auf der Grundlage des § 349 II ZPO, so »steht« er für den Spruchkörper und ist nicht Einzelrichter; bei Beschwerden ist ein voll besetzter Senat des OLG zuständig (MüKoZPO/*Zimmermann* Rn 3). Er kann auch nicht die Beisitzer im Rahmen dieses Aufgabenkreises hinzuziehen (Kissel/*Mayer* Rn 7). Die Befugnisse des Vorsitzenden können im erklärten Einverständnis der Parteien für die Dauer der Instanz auf die Verhandlung und alle Entscheidungen ausgeweitet werden, § 349 III ZPO. Er ist dann auch zur Vorlage an das BVerfG berechtigt (BVerfGE 98, 145). Jenseits dessen kann in Arrest- und Verfügungsverfahren der Vorsitzende auch nach § 944 ZPO alleine berufen sein (Hambg OLGR 96, 92). – Die Befugnisse des Vorsitzenden allein beschränken sich auf den Bereich der bürgerlichen Streitigkeiten. Sie sind nicht auf Verfahren der **freiwilligen Gerichtsbarkeit** zu übertragen (BayObLG NJW-RR 98, 829; Frankf MDR 83, 1032). Das gilt auch für Kostenentscheidungen (BayObLG NJW-RR 95, 1314) und ist vom Einverständnis der Parteien unabhängig (Naumb FGPrax 00, 71). – Ehrenamtliche Beisitzer können iRv ZPO-Streitigkeiten als beauftragte Richter eingesetzt werden; §§ 278 V, 361, 375 ZPO.

3 **B. Zuteilung.** Die Zuteilung erfolgt nach allgemeinen Vorschriften. Es ist Sache des Präsidiums, den Vorsitzenden und die Handelsrichter dem einzelnen Spruchkörper zuzuteilen (MüKoZPO/*Zimmermann* Rn 4). Da ehrenamtliche Richter regelmäßig ggü Berufsrichtern eingeschränkt belastet werden sollten, werden oft bis zu 10 Richter einer KfH zugewiesen. Die Gefahr einer Überbesetzung droht hier nicht (BVerfGE 95, 322). Dem gesetzlichen Richter wird dadurch Genüge getan, dass der Vorsitzende vor Beginn des Geschäftsjahres den Einsatz der Beisitzer in einem Mitwirkungsplan regelt. Die Kontrolle der Besetzung ist auf Willkür beschränkt (Zö/*Lückemann* Rn 2). Auch die Beurteilung einer Befangenheit hat von leicht modifizierten Maßstäben auszugehen. So ist es unschädlich, wenn ein Handelsrichter der IHK zugehört, auch wenn diese am Verfahren beteiligt ist (BayOBLG 1.8.80–1 Z 55/80). Doch darf die Gegenpartei oder deren Repräsentant nicht demselben Spruchkörper angehören (Stuttg OLGR 09, 392).

§ 106 [Richter am Amtsgericht als Vorsitzender]. Im Falle des § 93 Abs. 1 Satz 2 kann ein Richter beim Amtsgericht Vorsitzender der Kammer für Handelssachen sein.

1 Die Norm ergänzt § 93 I 2 und ändert § 21 f (krit insoweit Kissel/*Mayer* Rn 2). Ist eine Kammer am Ort eines Amtsgerichtes eingerichtet, so kann die Justizverwaltung einen Richter des Amtsgerichts mit seinem Einverständnis an das LG abordnen (MüKoZPO/*Zimmermann* Rn 3). Sodann darf ihn das Präsidium des Landgerichts der KfH zuteilen. Es muss sich um einen ernannten Richter handeln (Zö/*Lückemann* Rn 1).

§ 107 [Entschädigung der ehrenamtlichen Richter]. **(1) Die ehrenamtlichen Richter, die weder ihren Wohnsitz noch ihre gewerbliche Niederlassung am Sitz der Kammer für Handelssachen haben, erhalten Tage- und Übernachtungsgelder nach den für Richter am Landgericht geltenden Vorschriften.**
(2) Den ehrenamtlichen Richtern werden die Fahrtkosten in entsprechender Anwendung des § 5 des Justizvergütungs- und -entschädigungsgesetzes ersetzt.

Das Ehrenamt des Handelsrichters erheischt keine Vergütung. Aus historischen Gründen abw von der für 1
andere ehrenamtliche Richter gültigen Regelung (Kissel/*Mayer* Rn 1 f; krit: *Scholz* DRiZ 76, 239) erhält der Handelsrichter **Tage- und Übernachtungsgelder** auf landesrechtlicher Grundlage (Zö/*Lückemann* Rn 1). Die Festsetzung erfolgt vAw, eine Kontrolle ist nach § 30a EGGVG möglich. Zuständig ist das Amtsgericht. Hinsichtlich der **Fahrtkosten** – sie wurden bei Handelsrichtern anfangs gar nicht erstattet – wird dagegen auf das JVEG verwiesen, welches eine einheitliche Regelung für alle trifft.

§ 108 [Ernennung der ehrenamtlichen Richter]. **Die ehrenamtlichen Richter werden auf gutachtlichen Vorschlag der Industrie- und Handelskammern für die Dauer von fünf Jahren ernannt; eine wiederholte Ernennung ist nicht ausgeschlossen.**

Voraussetzung der Ernennung ist zunächst ein **gutachtlicher Vorschlag der IHK** (zu Organisation und 1
Aufgaben: *Rosenkranz* Jura 09, 597). Dieser ist aber nicht bindend, weder hinsichtlich der Person, noch hinsichtlich der Reihenfolge. Eine Ernennung ohne Vorschlag wird gleichwohl als wirksam angesehen (Kissel/*Mayer* Rn 4). Einzelheiten regelt das Landesrecht, teils im AG GVG (zB Bayern Art 2), teils in speziellen Verordnungen (zB ThürVO über die Zuständigkeit für die Ernennung und Amtsenthebung von Handelsrichtern GVBl 05, 424). Zuständig sind in aller Regel die **Präsidenten der LG**. Die Ernennung setzt das **Einverständnis** des Handelsrichters voraus (MüKoZPO/*Zimmermann* Rn 3). Die Ernennung erfolgt für die Dauer von 5 Jahren. Gegen den Willen des Richters ist das Amt vorher nicht entziehbar, § 44 II DRiG, wenn nicht eine Amtsenthebung, § 113 IV, oder eine strafrechtliche Sanktion, § 45 StGB, also eine gerichtliche Entscheidung ein vorzeitiges Aus bewirkt.

§ 109 [Voraussetzungen der Ernennung]. **(1) Zum ehrenamtlichen Richter kann ernannt werden, wer**
1. Deutscher ist,
2. das dreißigste Lebensjahr vollendet hat und
3. als Kaufmann, Vorstandsmitglied oder Geschäftsführer einer juristischen Person oder als Prokurist in das Handelsregister oder das Genossenschaftsregister eingetragen ist oder eingetragen war oder als Vorstandsmitglied einer juristischen Person des öffentlichen Rechts auf Grund einer gesetzlichen Sonderregelung für diese juristische Person nicht eingetragen zu werden braucht.
(2) [1]Wer diese Voraussetzungen erfüllt, soll nur ernannt werden, wenn er
1. in dem Bezirk der Kammer für Handelssachen wohnt oder
2. in diesem Bezirk eine Handelsniederlassung hat oder
3. einem Unternehmen angehört, das in diesem Bezirk seinen Sitz oder seine Niederlassung hat.
[2]Darüber hinaus soll nur ernannt werden
1. ein Prokurist, wenn er im Unternehmen eine der eigenverantwortlichen Tätigkeit des Unternehmers vergleichbare selbstständige Stellung einnimmt,
2. ein Vorstandsmitglied einer Genossenschaft, wenn es hauptberuflich in einer Genossenschaft tätig ist, die in ähnlicher Weise wie eine Handelsgesellschaft am Handelsverkehr teilnimmt.
(3) [1]Zum ehrenamtlichen Richter kann nicht ernannt werden, wer zu dem Amt eines Schöffen unfähig ist oder nach § 33 Nr. 4 zu dem Amt eines Schöffen nicht berufen werden soll. [2]Zum ehrenamtlichen Richter soll nicht ernannt werden, wer nach § 33 Nr. 6 zu dem Amt eines Schöffen nicht berufen werden soll.

A. Persönliche Anforderungen. Das Amt des Handelsrichters ist ein Richteramt. Von daher sind an die 1
Eignung der Berufenen persönliche und fachliche Anforderungen zu stellen.

2 **I. Persönliche Anforderungen ieS.** Positiv verlangt das Gesetz zunächst, dass der Handelsrichter die deutsche **Staatsbürgerschaft** besitzt (allg dazu Kissel/*Mayer* § 31 Rn 10). Weiter muss das **30. Lebensjahr** vollendet sein, eine Altershöchstgrenze besteht hingegen nicht. Diese Anforderungen sind aber nicht abschließend (Zö/*Lückemann* Rn 3). Dies folgt nicht zuletzt aus der Verweisung auf die für Schöffen maßgeblichen Regeln in § 109 III. Zwingende Hinderungsgründe ergeben sich aus § 109 III 1. Wer nach § 32 Nr 1 nicht Schöffe werden kann, wem also entweder durch Richterspruch die **Fähigkeit zur Bekleidung öffentlicher Ämter** aberkannt wurde oder wer wegen einer **Vorsatztat** zu sechs Monaten Freiheitsstrafe verurteilt wurde, kann ebenso wenig zum Handelsrichter berufen werden. Gleichgestellt sind nach § 32 Nr 2 Personen, gegen welche ein **Ermittlungsverfahren** eingeleitet wurde, welches Verlust der Fähigkeit zur Bekleidung eines Amtes haben kann. Aus der Verweisung auf § 33 Nr 4 wird deutlich, dass auch die **körperliche Verfassung**, Verhandlung und Beratung (RGSt 60, 63: der schlafende Schöffe und das Schnarchen) beizuwohnen, wie die intellektuelle Fähigkeit, dem Geschehen folgen zu können, gegeben sein müssen. Weiter wird **Prozessfähigkeit** verlangt (Kissel/*Mayer* Rn 3). Wieder offen ist die – in der Praxis soweit ersichtlich bislang nicht relevante – Frage, ob der Handelsrichter der deutschen Sprache mächtig sein muss. Für Schöffen wurde dies früher damit begründet, dass zur Beratung ein Dolmetscher nicht hinzugezogen werden könne (LG Bielefeld NJW 07, 3014 mwN). Der Gesetzgeber hat insofern in § 33 Nr. 5 nF jetzt mit Wirkung vom 1.7.2010 eine Regelung getroffen. Allerdings nimmt § 109 trotz Änderung der Verweisung darauf keinen Bezug. Sachlich ist eine Analogie gleichwohl geboten, obwohl die lückenhafte Systematik eigentlich widerstreitet. Ähnlich fehlt eine Regelung auch für das ArbGG – Neben die bisherigen, zwingenden Hinderungsgründe stellt das Gesetz noch Soll-Anforderungen. So soll von der Ernennung von Handelsrichtern Abstand genommen werden, die in **Vermögensverfall** geraten sind, § 109 III 2 iVm § 33 Nr 6. § 44a DRiG wurde auf Initiative Thüringens verlängert, so dass auch weiter Verstöße gegen die **Grundsätze von Menschlichkeit** und Rechtsstaatlichkeit wie die Tätigkeit für die **Staatssicherheit der DDR** einen Ausschluss vom Richteramt begründen können. Hier ist nach zutreffender Ansicht eine Abwägung im Einzelfall geboten (AG Neubrandenburg NJ 95, 670). Ein Arbeitsrichter, der mit rechtsradikalen Liedtexten an die Öffentlichkeit getreten war, gab weiter Anlass zu der Feststellung, dass ehrenamtliche Richter auch außerdienstlich ein gewisses Maß an **Verfassungstreue** erkennen lassen müssen (BVerfG NJW 08, 962 Anm. *Anger* NJW 08, 3041).

3 **II. Fachliche Anforderungen.** Die fachliche Eignung wird nicht durch besondere Fertigkeiten oder eine Ausbildung indiziert, sie folgt für das Gesetz aus der Tätigkeit im kaufmännischen Verkehr. Der Handelsrichter muss **eingetragener Kaufmann** sein, bei Handelsgesellschaftern genügt für die persönlich haftenden Gesellschafter die Eintragung der Gesellschaft (MüKoZPO/*Zimmermann* Rn 3). **Vorstände** und stellvertretende Vorstände sind ebenfalls qualifiziert (bei Stellvertretern streitig: bejahend Zö/*Lückemann* Rn 2; *Berger-Delhey* DRiZ 89, 248; aA Kissel/*Mayer* Rn 8). Bei Kommanditgesellschaften auf Aktien treten die persönlich haftenden Gesellschafter in die Stellung des Vorstands ein. In der Praxis eine große Gruppe stellen **Geschäftsführer** juristischer Personen und **Prokuristen**. Bei Vorständen von **Sparkassen** und vergleichbaren öffentlichen Einrichtungen sieht das Gesetz vom Erfordernis der Eintragung in das Handelsregister ab. Eine im Wege des Ermessens zu berücksichtigende Einschränkung enthält § 109 II. Prokuristen sollen nur dann ernannt werden, wenn ihre Stellung im Hinblick auf die Selbständigkeit der eines Unternehmers entspricht. Zielgruppe sind die Zweigstellenleiter von Großbetrieben (Zö/*Lückemann* Rn 2). Für den Vorstand einer Genossenschaft wird ein hauptberufliches Engagement im Unternehmen verlangt, wie auch eine erhebliche Beteiligung im Handelsverkehr. Zahlreiche, va landwirtschaftliche Genossenschaften werden diesen Anforderungen nicht gerecht. Für die künftigen, internationalen Kammern erhofft der Gesetzgeber entsprechende Erfahrungen, vertraut aber den vorschlagenden Körperschaften, die im Rahmen ihres Vorschlagsrechtes dafür Sorge tragen sollen (BTDrs 17/2163 S 12).

4 **B. Räumliche Nähe.** Die räumliche Nähe soll die Kenntnis örtlicher Verhältnisse und Handelsgebräuche sichern (MüKoZPO/*Zimmermann* Rn 11). Es handelt sich um eine **Ermessensprüfung**. Entweder soll der Kaufmann im Bezirk der KfH (nicht notwendig gleich mit dem Bezirk des Landgerichts, § 93) oder dort eine Handelsniederlassung haben bzw einem Unternehmen angehören, welches dort seinen Sitz oder eine Niederlassung hat, § 109 II 1.

5 **C. Zeitpunkt der Anforderung und Folgen der Nichteinlösung.** Der Handelsrichter muss den Anforderungen im Zeitpunkt der Ernennung genügen oder, hinsichtlich seiner Eintragung nach § 109 I Nr 3, genügt haben. Später auftauchende Bedenken oder ihr Wegfall sind nach § 113 zu behandeln. Ein Verstoß

gegen Sollanforderungen ist weitgehend unbeachtlich. Der Verstoß gegen zwingende Ernennungsvoraussetzungen macht die Ernennung unwirksam. Die Entscheidungen, an denen der Richter beteiligt war, werden nicht per se unwirksam. Sie sind aber angreifbar, weil das Gericht fehlerhaft besetzt gewesen ist (Kissel/*Mayer* Rn 5; Zö/*Lückemann* Rn 1).

§ 110 [Schifffahrtskundige als ehrenamtliche Richter]. An Seeplätzen können ehrenamtliche Richter auch aus dem Kreis der Schifffahrtskundigen ernannt werden.

Gesichert werden soll die besondere Sachkunde der für Häfen maßgeblichen Gepflogenheiten (MüKoZPO/*Zimmermann* Rn 1). Es spielt keine Rolle, ob die Häfen dem Überseeverkehr, der Binnenschifffahrt oder der Fischerei dienen. Der Kreis der Schifffahrtskundigen ergibt sich aus dem SeemannsG (Kissel/*Mayer* Rn 3). 1

§ 111 *(weggefallen)*

§ 112 [Rechte und Pflichten der ehrenamtlichen Richter]. Die ehrenamtlichen Richter haben während der Dauer ihres Amts in Beziehung auf dasselbe alle Rechte und Pflichten eines Richters.

Die Handelsrichter sind **sachlich und persönlich unabhängig**. Sie werden auf Zeit ernannt und können ihr Amt vor Ablauf der Zeit nur in Ausnahmefällen (vgl § 108 Rz 1, § 113) und durch gerichtlichen Beschl oder als Folge einer strafrechtlichen Verurteilung verlieren. Ihre Befugnisse sind allerdings durch § 349 ZPO dahin beschränkt, dass sie nicht an die Stelle des Vorsitzenden treten können, wohl aber als beauftragte Richter (Zö/*Lückemann* Rn 1). Die Befangenheit eines Handelsrichters beurteilt sich nach den §§ 42 ff ZPO (Naumbg NVwZ 01, 956; Stuttg NJW-RR 95, 300). Handelsrichter sind auch dem Disziplinarrecht unterstellt, doch kommt ausschließlich eine Amtsenthebung als Sanktion in Betracht (MüKoZPO/*Zimmermann* Rn 4). 1

§ 113 [Amtsenthebung]. (1) Ein ehrenamtlicher Richter ist seines Amtes zu entheben, wenn er
1. eine der für seine Ernennung erforderlichen Eigenschaften verliert oder Umstände eintreten oder nachträglich bekannt werden, die einer Ernennung nach § 109 entgegenstehen, oder
2. seine Amtspflichten gröblich verletzt hat.
(2) Ein ehrenamtlicher Richter soll seines Amtes enthoben werden, wenn Umstände eintreten oder bekannt werden, bei deren Vorhandensein eine Ernennung nach § 109 Abs. 3 Satz 2 nicht erfolgen soll.
(3) [1]Die Entscheidung trifft der erste Zivilsenat des Oberlandesgerichts durch Beschluss nach Anhörung des Beteiligten. [2]Sie ist unanfechtbar.
(4) Beantragt der ehrenamtliche Richter selbst die Entbindung von seinem Amt, so trifft die Entscheidung die Landesjustizverwaltung.

A. Amtsenthebungsgründe. § 113 steht im engen systematischen Zusammenhang mit § 109. Entfällt eine der **nach § 109 zwingenden Erfordernisse**, so kommt die Amtsenthebung in Betracht. Gleichgestellt wird erachtet, wenn ein solches von Anfang an fehlte, dies aber erst nachträglich bekannt wurde (Kissel/*Mayer* Rn 1). Entfällt eine der in **§ 109 II** geregelten Voraussetzungen, so ist eine Amtsenthebung nur möglich, wenn dies künftig zu einer fehlerhaften Besetzung der Richterbank führt (Zö/*Lückemann* Rn 1). Gleichzeitig ermöglicht § 113 den Weg, festzustellen, dass eine Eigenschaft von vornherein fehlte (Kissel/*Mayer* Rn 2). – Weiter kommen Amtsenthebungen in Betracht, wenn der Handelsrichter seine **Pflichten gröblich verletzt**. Praktisch geworden ist ein Fall, in dem ein Handelsrichter seine Erreichbarkeit beharrlich nicht sicher stellte (Frankf OLGR 07, 179). Aber auch Verletzungen des Beratungsgeheimnisses oder unentschuldigtes Fehlen können in Betracht kommen. Ebenso ist eine Amtsenthebung denkbar, wenn sich erweist, dass der Richter eklatant **verfassungswidrige Gesinnungen** zum Ausdruck bringt (BVerfG NJW 08, 962). Eine eigene Regelung enthält § 44b DRiG, wenn sich nachträglich erweist, dass der Handelsrichter gegen **Grundsätze der Menschlichkeit** und Rechtsstaatlichkeit verstoßen hat. Gleichgestellt ist die Tätigkeit für die Stasi. Auch für diesen Fall wird auf § 113 verwiesen. Schließlich soll ein Handelsrichter, der in Vermögensverfall gekommen ist, ebenfalls seines Amtes enthoben werden, § 113 II. 1

2 **B. Verfahren.** Eingeleitet wird das Verfahren von der Behörde der Justizverwaltung, welche für die Ernennung zuständig ist. Berufen ist dann der erste Zivilsenat des zuständigen OLG. Bis zu einer Entscheidung bleibt der Handelsrichter im Amt, doch kann eine vorläufige Suspendierung angezeigt sein (Zö/*Lückemann* Rn 3). Die Entscheidung hat konstitutive Wirkung (Kissel/*Mayer* Rn 5). Sie ist unanfechtbar. – Auch eine Amtsenthebung über §§ 44b, 45 DRiG ist nicht anfechtbar, doch kann eine Rehabilitierung in Betracht kommen, § 44b IV DRiG.

3 **C. Entbindung auf eigenen Antrag.** § 113 IV gibt dem Handelsrichter die Möglichkeit, seine Entbindung vom Amt auch vor Ablauf der Zeit selbst zu beantragen. Die Übernahme des Amtes ist freiwillig, dort ist mit der Übernahme zugleich die Pflicht begründet, das Amt nicht grundlos aufzugeben (Kissel/*Mayer* Rn 11). Über den Antrag entscheidet die ernennende Behörde nach pflichtgemäßem Ermessen. Die Entscheidung kann gem §§ 23 ff EGGVG zur Überprüfung gebracht werden.

§ 114 [Entscheidung auf Grund eigener Sachkunde]. Über Gegenstände, zu deren Beurteilung eine kaufmännische Begutachtung genügt, sowie über das Bestehen von Handelsgebräuchen kann die Kammer für Handelssachen auf Grund eigener Sachkunde und Wissenschaft entscheiden.

1 **A. Beweiserhebungsregel.** § 114 enthält eine aus der historischen Entwicklung zu verstehende (MüKoZPO/*Zimmermann* Rn 1) Norm des **Verfahrensrechts.** Die KfH kann ihre eigene Sachkunde an der Stelle eines Sachverständigengutachtens einbringen (BayObLG NStZ 93, 347). Sie ist aber verpflichtet, den Parteien diese eigene Sachkunde **darzulegen** (BGH NJW 58, 1596). Ist die Sachkunde bei einem Richter vorhanden, kann er diese der Kammer vermitteln. Die Kammer darf auf dieser Grundlage ohne Sachverständigenbeweis entscheiden. Ist allerdings Beweis durch die Einholung eines schriftlichen Gutachtens erhoben, so kann die Sachkunde nicht mehr dem Antrag auf Anhörung des Sachverständigen entgegen gesetzt werden (BVerfG NJW 98, 2273). – Im Fall der Berufung zum OLG ist das Berufungsgericht verfahrensrechtlich an die Feststellungen der KfH gebunden. Es kann nur bei begründeten Zweifeln gegen die Sachkunde ein weiteres Gutachten einholen, oder, falls die Voraussetzungen zur Einholung eines Obergutachtens vorliegen, ein solches. Jedenfalls kann sich das OLG auf die sachkundigen Ausführungen der KfH stützen (RGZ 90, 102). Ist die KfH Berufungskammer, kann § 114 ebenfalls zur Anwendung kommen. Die Kammer kann insoweit auch von einem erstinstanzlich erhobenen Gutachten abweichen (BL/*Hartmann* Rn 2).

2 **B. Anwendungsfälle.** Der Begriff des Gegenstands ist weit zu verstehen, er umfasst Handlungen, Erklärungen und Gebräuche (Zö/*Lückemann* Rn 1). Es muss sich um einen Gegenstand handeln, der **kaufmännischer Beurteilung** zugänglich ist. Dazu genügt, dass der Sachverhalt oder die konkrete Tatsache eine Beziehung zum Handelsverkehr aufweist (RGZ 79, 292). Den zweiten Anwendungsfall stellt die Entscheidung über das **Bestehen von Handelsbräuchen**, also um im Handelsverkehr geltende Gewohnheiten und Gebräuche (RGZ 44, 31).

Achter Titel Oberlandesgerichte

§ 115 [Besetzung]. Die Oberlandesgerichte werden mit einem Präsidenten sowie mit Vorsitzenden Richtern und weiteren Richtern besetzt.

1 **A. Vorbemerkung.** Die Regelung entspricht der in § 59 I für die Besetzung der Landgerichte. Der Präsident ist als Richter Vorsitzender des Senats (§ 21f I), dem er sich angeschlossen hat (§ 21e I 3), und zugleich Organ der Justizverwaltung (§ 13 GVVO). Er bestimmt nach Landesrecht iVm § 8 II GVVO die Zahl der Zivil- und Strafsenate und übt die Dienstaufsicht über die Richter, Beamten und die übrigen Mitarbeiter der Gerichte des Bezirks aus (§§ 14 I Nr 3, 15 GVVO). Seine richterlichen Aufgaben entsprechen nach Art und Umfang denen eines Vorsitzenden Richters (BGHZ 49, 64 ff). Das OLG in Berlin heißt Kammergericht.

2 **B. Besetzung.** Neben dem Präsidenten und den Vorsitzenden Richtern ist das OLG mit weiteren Richtern besetzt, die grds Richter auf Lebenszeit sein müssen (§ 28 DRiG). Ihnen kann kein weiteres Hauptamt übertragen werden. §§ 22 II, 59 II, die die Übertragung eines zweiten Hauptamtes vorsehen, beziehen sich nur auf Richter am Amts- und LG. Auch die gem § 37 DRiG an das OLG abgeordneten Richter müssen

Richter auf Lebenszeit sein. Die Abordnung muss befristet sein. Als Gründe für eine Abordnung sind anerkannt die Bewältigung eines vorübergehend großen Geschäftsanfalls (BGH NJW 62, 1153) oder die sog Erprobung für ein Beförderungsamt (Kissel/Mayer Rn 9 mN). Fiskalische Gründe bei der Abordnung dürfen keine Rolle spielen. Wirkt an einer Entscheidung ein erneut an das OLG abgeordneter Richter mit, der bereits als Richter für eine Planstelle am OLG erfolgreich erprobt ist, und dessen Ernennung zum Richter am OLG nur wegen einer allgemeinen Haushaltssperre unterblieben ist, ist der Senat nicht ordnungsgemäß besetzt (BGHZ 95, 22 = DRiZ 85, 353). Die Berufung von Hilfsrichtern an das OLG muss den Grund der Abordnung erkennen lassen. Ist das nicht der Fall, kann es an einer ordnungsgemäßen Besetzung des Gerichts fehlen (BGHZ 34, 260, 261). Auch ein Richter aus einer anderen Gerichtsbarkeit kann zum Hilfsrichter an einem OLG berufen werden, sofern er die Fähigkeit zum Richteramt in der ordentlichen Gerichtsbarkeit besitzt (BGH NJW 60, 676, 677). Professoren können im zweiten Hauptamt als Richter tätig werden, wenn die Voraussetzungen von § 7 DRiG vorliegen und sie zum Richter auf Lebenszeit ernannt sind. Starre Grenzen des Umfangs der richterlichen Tätigkeit im Vergleich zur Tätigkeit als Hochschullehrer sind nicht vorgesehen. Ob wegen einer sachgerechten Mitwirkung an der Rechtsprechung des Senats wenigstens ⅙ eines richterlichen Dezernates erledigt werden sollten (Zö/*Lückemann* Rn 3), erscheint fraglich, zumal die Tätigkeit eines Hochschullehrers als Richter eher der Verbindung von Wissenschaft und Praxis dient (Kissel/Mayer Rn. 12). Im Übrigen kann ein Hochschullehrer je nach Zuständigkeit des Senats auch bei geringerem Arbeitsanteil an der Rechtsprechung gestaltend mitwirken. Das kann durch senatsinterne Geschäftsverteilung (§ 21g II) geregelt werden.

§ 115a *(weggefallen)*

§ 116 Zivilsenate; Strafsenate; Ermittlungsrichter; Auswärtige Senate.

(1) [1]Bei den Oberlandesgerichten werden Zivil- und Strafsenate gebildet. [2]Bei den nach § 120 zuständigen Oberlandesgerichten werden Ermittlungsrichter bestellt; zum Ermittlungsrichter kann auch jedes Mitglied eines anderen Oberlandesgerichts, das in dem in § 120 bezeichneten Gebiet seinen Sitz hat, bestellt werden.

(2) [1]Die Landesregierungen werden ermächtigt, durch Rechtsverordnung außerhalb des Sitzes des Oberlandesgerichts für den Bezirk eines oder mehrerer Landgerichte Zivil- oder Strafsenate zu bilden und ihnen für diesen Bezirk die gesamte Tätigkeit des Zivil- oder Strafsenats des Oberlandesgerichts oder einen Teil dieser Tätigkeit zuzuweisen. [2]Ein auswärtiger Senat für Familiensachen kann für die Bezirke mehrerer Familiengerichte gebildet werden.

(3) Die Landesregierungen können die Ermächtigung nach Absatz 2 auf die Landesjustizverwaltungen übertragen.

1 **A. Bildung der Senate.** Es müssen mindestens ein Zivil- und ein Strafsenat gebildet werden. Die Anzahl bestimmt idR der Präsident des OLG (§ 115 Rz 1). Neben den Zivil- und Strafsenaten schreiben verschiedene gesetzliche Bestimmungen die Bildung weiterer ständiger (Spezial-) Senate vor, zB Familiensenat (§ 119), Senat für Baulandsachen (§ 229 BBauG), Senat für Landwirtschaftssachen (§ 2 LwVG) usw (vgl die Zusammenstellung bei Kissel/Mayer Rn 2ff) sowie Spruchkörper in berufs- und ehrengerichtlichen Verfahren. Die Aufgabenzuweisung an diese Senate erfolgt nicht durch den Geschäftsverteilungsplan sondern kraft Gesetzes. Dem Präsidium bleibt die personelle Ausstattung vorbehalten (Kissel/Mayer Rn 2). Das Verhältnis der Senate untereinander wird durch den Geschäftsverteilungsplan bestimmt. Bei Kompetenzkonflikten innerhalb des Gerichts entscheidet das Präsidium (Kissel/Mayer § 21e Rn 117). Nur in Fällen, in denen sich die Zuständigkeit eines Spezialsenates unmittelbar aus dem Gesetz ergibt, kommt eine Entscheidung nach § 36 ZPO, § 5 FamFG in Betracht (Kissel/Mayer Rn. 14).

2 **B. Auswärtige Senate.** Die Änderung des bisherigen Abs 2 und die Einführung des Abs 3 (Subdelegation) beruhen auf Art 17 Nr 4 des Gesetzes vom 19.4.06 (BGBl I, 866). Die Familiensenate sind in die Regelung einbezogen worden (Abs 2 S 2). Die Bildung und die Aufgabenzuweisung erfolgt durch RechtsVO. Die auswärtigen (detachierten) Senate sind Teil des Stammgerichts. Das Präsidium bestimmt lediglich den Vorsitzenden und die Mitglieder des auswärtigen Senats. Fristgebundene Schriftsätze, die für den auswärtigen Senat bestimmt sind, können auch beim Stammgericht fristwahrend eingereicht werden (Karlsr NJW 84, 744). Bei einem Kompetenzkonflikt zwischen einem auswärtigen Senat und einem des Stammgerichts ist nach § 36 ZPO zu verfahren; bei der Entscheidung können unter Beachtung des Verbots der Entziehung

des gesetzlichen Richters auch Zweckmäßigkeitserwägungen berücksichtigt werden (BayObLGZ 94, 119 ff). Ein bei einem auswärtigen Senat unter Widerrufsvorbehalt geschlossener Vergleich kann wirksam vor dem Stammgericht widerrufen werden (Frankf JMBl HE 91, 179 ff für den umgekehrten Fall); das gilt jedoch nicht, wenn in dem Vergleich als Adressat des Widerrufs ausdrücklich der auswärtige Senat vereinbart ist (BGH NJW 80, 1753). – Auswärtige Senate des OLG Frankfurt gibt es in Kassel und Darmstadt, des OLG München in Augsburg und des OLG Karlsruhe in Freiburg.

§ 117 [Vertretung]. **Die Vorschrift des § 70 Abs. 1 ist entsprechend anzuwenden.**

1 Die Vertretungsregelung kann bei vorübergehender Überlastung in Betracht kommen und ist ggf durch die Landesjustizverwaltung umzusetzen. Als Vertreter kommen nur Richter auf Lebenszeit in Betracht (§ 28 I DRiG).

§ 118 [Musterverfahren]. **Die Oberlandesgerichte sind in bürgerlichen Rechtsstreitigkeiten im ersten Rechtszug zuständig für die Verhandlung und Entscheidung über Musterverfahren nach dem Kapitalanleger-Musterverfahrensgesetz.**

1 **A. Vorbemerkung.** Die Vorschrift ist eingefügt worden mit Wirkung v 1.11.05 durch Art 3 Nr 3 des Gesetzes zur Einführung von Kapitalanleger-Musterverfahren (KapMuG) v 16.8.05 (BGBl I, 2437). Die ursprünglich bis zum 31.10.10 vorgesehene Befristung des Gesetzes ist nach Art 12 2. JuMoG v 22.12.06 (BGBl I, 3416) aufgehoben worden. Um den Aufwand und die Kosten bei gleichartigen Klagen sich geschädigt fühlender Kapitalanleger zu begrenzen, soll in einem auf der Grundlage des KapMuG durchgeführten Verfahrens der Haftungsgrund für die Geschädigten verbindlich festgestellt werden. § 118 begründet die sachliche Zuständigkeit des OLG für den Musterentscheid (§ 4 I KapMuG), in dem anspruchsbegründende oder -ausschließende Vorfragen in für das Prozessgericht bindender Weise festgestellt werden (§ 16 I KapMuG). Die Effektivität des Verfahrens wird krit gesehen, weil der aufwändige Prüfungsumfang der Zulässigkeit des Musterfeststellungsantrages und die inhaltlichen Anforderungen an den Vorlagebeschluss bei Beteiligung mehrerer Kammern zu Verfahrensverzögerungen führen könne (*Erttmann/Keul* WM 07, 482).

2 **B. Verfahren nach dem KapMuG. I. Verfahren vor dem Landgericht.** Die Einleitung eines Musterverfahrens setzt einen bei dem LG (§ 71 II Nr 3) anhängigen Rechtsstreit voraus, in dem Ansprüche auf Schadensersatz wegen falscher, irreführender oder unterlassener öffentlicher Kapitalmarktinformationen oder Erfüllungsansprüche aufgrund Vertrages geltend gemacht werden, der auf einem Angebot nach dem Wertpapiererwerbs- und Übernahmegesetz beruht (§ 1 KapMuG). Dazu gehören auch öffentliche Kapitalmarktinformationen des unreglementierten sog »Grauen Kapitalmarktes« (BGH Beschl v 10.6.08 – XI ZB 26/07). Der sog Musterfeststellungsantrag wird beim Prozessgericht gestellt (§ 1 II KapMuG). Darin ist das Feststellungsziel zu bezeichnen. Feststellungsziele können nur Rechtsfragen oder Tatsachen zu anspruchsbegründenden oder anspruchsausschließenden Voraussetzungen sein, nicht aber der geltend gemachte Anspruch als solcher (BGH aaO). Streitigkeiten mit nur mittelbarem Bezug zu einer öffentlichen Kapitalmarktinformation scheiden als Gegenstand eines Musterfeststellungsverfahrens aus (BGH aaO). Die Prüfung des Prozessgerichts ist beschränkt auf die Zulässigkeit des Antrags. Nach Prüfung der Zulässigkeitsvoraussetzungen (§ 1 III KapMuG) macht das Prozessgericht den (zulässigen) Antrag in dem vom Bundesanzeiger eingerichteten Klageregister bekannt, in das jedermann kostenlos Einsicht nehmen kann (§ 2 II KapMuG). Die Eintragung enthält die Bezeichnung des Beklagten, des betroffenen Emittenten von Wertpapieren oder des Anbieters sonstiger Vermögensanlagen, die Bezeichnung des Prozessgerichts unter Angabe des Aktenzeichens, das Feststellungsziel des Musterfeststellungsantrages sowie den Zeitpunkt der Bekanntmachung im Klageregister (§ 1 I 4 KapMuG). Mit der Eintragung in das Klageregister wird das Ursprungsverfahren unterbrochen (§ 3 KapMuG). Wenn innerhalb einer Frist von vier Monaten nach der Bekanntmachung der Eintragung mindestens zehn weitere gleichgerichtete Musterfeststellungsanträge gestellt sind, hat das Prozessgericht durch Vorlagebeschluss nach § 4 I KapMuG eine Entscheidung des übergeordneten Oberlandesgerichts über das Feststellungsziel der gleichgerichteten Musterfeststellungsanträge herbeizuführen. Dabei müssen die Anträge nicht in zehn verschiedenen Prozessen gestellt worden sein. Zehn gleichlautende Anträge einfacher Streitgenossen reichen aus (BGH ZIP 08, 1197 f mit zust Anm *Gundermann* BB 08, 1416).

II. Verfahren vor dem OLG. Dieses richtet nach den Vorschriften der ZPO für das erstinstanzliche Verfahren vor den Landgerichten mit den sich aus § 9 KapMuG ergebenden Besonderheiten und Einschränkungen. Das OLG bestimmt nach Maßgabe des § 8 II KapMuG aus den Klägern einen sog Musterkläger; die übrigen Kl sind beizuladen. Sie haben nach § 12 KapMuG die Stellung eines Nebenintervenienten iSd § 66 Abs 1 ZPO. Nach Eingang des Vorlagebeschlusses macht das OLG die in § 6 KapMuG bezeichneten Daten ebenfalls im Klageregister bekannt. Als Folge dieser Bekanntmachung sind sämtliche Prozesse vor dem Ausgangsgericht mit dem Inhalt des Musterverfahrens vAw auszusetzen (§ 7 KapMuG), und zwar ohne Rücksicht darauf, ob in dem Verfahren ein Musterfeststellungsantrag gestellt worden ist. Die Entscheidung des OLG ergeht durch Beschl aufgrund obligatorischer (§ 14 I 1 KapMuG) mündlicher Verhandlung ggf mit Beweisaufnahme, gegen den die Rechtsbeschwerde statthaft ist. Nach rechtskräftigem Abschluss des Musterverfahrens wird der Ausgangsprozess fortgesetzt. Das Prozessgericht ist an die im Musterentscheid enthaltenen Feststellungen gebunden. 3

§ 119 [Zuständigkeit in Zivilsachen].

(1) Die Oberlandesgerichte sind in Zivilsachen zuständig für die Verhandlung und Entscheidung über die Rechtsmittel:

1. der Beschwerde gegen Entscheidungen der Amtsgerichte

a) in den von den Familiengerichten entschiedenen Sachen;

b) in den Angelegenheiten der freiwilligen Gerichtsbarkeit mit Ausnahme der Freiheitsentziehungssachen und der von den Betreuungsgerichten entschiedenen Sachen;

2. der Berufung und der Beschwerde gegen Entscheidungen der Landgerichte.

(2) § 23b Abs. 1 und 2 gilt entsprechend.

Abs. 3 bis 6 sind weggefallen (durch FGG-RG seit 1.9.2009)

A. Vorbemerkung. Mit Inkrafttreten des FGG-RG ist Abs 1 neu gefasst und durch eine Regelung ersetzt worden, die eine umfassende Zuständigkeit der Oberlandesgerichte für Rechtsmittel in Familiensachen und in den Angelegenheiten der freiwilligen Gerichtsbarkeit begründet, mit Ausnahme der Freiheitsentziehungssachen und der von den Betreuungsgerichten entschiedenen Sachen. Die bisher bestehende Zuständigkeit des OLG für Berufungen gegen Entscheidungen des Amtsgerichts mit Auslandsbezug ist entfallen, weil sie sich nicht bewährt hat (BTDrs 16/6308, 320). 1

B. Rechtsmittel gegen Entscheidungen des Amtsgerichts. Zuständiges Rechtsmittelgericht bei Berufungen und Beschwerden gegen Entscheidungen des Amtsgerichts ist grds das LG (§ 72). Abs 1 weist abw von diesem Grundsatz dem OLG zusätzliche Zuständigkeiten zu, die über die bisherige Zuständigkeit in Familiensachen hinausgehen. Bei der Zuständigkeit des Oberlandesgerichts handelt es sich um eine funktionelle, die weder durch Prorogation (§ 38 ZPO) noch im Wege der rügelosen Einlassung (§ 39 ZPO) begründet werden kann. 2

I. Beschwerden gegen Entscheidungen des Familiengerichts (Abs 1 Nr 1a). Gegen Entscheidungen der Familiengerichte ist nur noch das Rechtsmittel der Beschwerde statthaft. Denn in Familiensachen entscheidet das Familiengericht durch Beschl (§ 38 FamFG). Die Zuständigkeit der Familiengerichte und damit zugleich der Familiensenate beim OLG ist in § 23a I Nr 1 abschließend geregelt. Für die Zuständigkeit ist allein darauf abzustellen, ob das Amtsgericht die Entscheidung als Familiengericht erlassen hat (formelle Anknüpfung). Anknüpfungspunkt für die Zuständigkeit des OLG ist mithin ausschließlich der Umstand, dass das Familiengericht entschieden hat, nicht, ob es sich bei dem der Entscheidung zugrunde liegenden Rechtsstreit um eine Familiensache handelt oder nicht (stRspr, BGH FamRZ 88, 1035; 1989, 165). Hat umgekehrt die allgemeine Zivilabteilung des Amtsgerichts in einer Familiensache entschieden, ist nach § 72 I das LG für das Rechtsmittel zuständig (BGH NJW 91, 231). Entscheidend ist, welche Abteilung des Amtsgerichts tatsächlich tätig geworden ist (BGH FamRZ 92, 665). Nur wenn zB auf Grund unterschiedlicher Kennzeichnung des Gerichts und des Verfahrensgegenstandes Zweifel bestehen, ob das Familiengericht oder die allgemeine Zivilabteilung entschieden hat, können nach dem allgemeinen Prinzip der Meistbegünstigung Rechtsmittel entweder beim LG oder beim OLG eingelegt werden (BGH NJW-RR 95, 379). In diesen Fällen ist ausnahmsweise auf Antrag entsprechend § 281 ZPO aus prozessökonomischen Gründen eine Verweisung von Rechtsmittelgericht zu Rechtsmittelgericht zulässig (BGH aaO; Zö/*Lückemann* Rn 5). 3

Die formelle Anknüpfung ist außerdem von Bedeutung für die Frage, welcher Senat des Oberlandesgerichts zuständig ist, wenn das Familiengericht zu Unrecht seine Zuständigkeit angenommen hat. Da § 119 II auf 4

§ 23b I, II verweist, wonach auch beim OLG Familiensenate einzurichten sind, lässt diese gesetzgeberische Bestimmung es mit dem Grundsatz der formellen Anknüpfung als unvereinbar erscheinen, für die Frage der Zuständigkeit innerhalb des OLG an die materielle Rechtslage anzuknüpfen. Danach ist der Familiensenat zuständig, wenn das Familiengericht fälschlicherweise seine Zuständigkeit angenommen hat. Eine Abgabe an den allgemeinen Zivilsenat scheidet aus. Der Familiensenat muss deshalb nach allgemeinem Prozessrecht in der Sache entscheiden (Kissel/Mayer Rn 10). Eine Zurückverweisung an die allgemeine Zivilabteilung des Amtsgerichts ist grds ausgeschlossen. Sie kommt allenfalls in Betracht, wenn das Familiengericht seine Zuständigkeit willkürlich angenommen hat (Zö/*Lückemann* Rn 6; Kissel/Mayer aaO).

5 Die Zuständigkeit des Familiensenats ist auch für Beschwerden in sog Nebenentscheidungen begründet, die die Hauptsache vorbereiten oder ergänzen; dazu gehört auch die Bestimmung des zuständigen Gerichts bei Kompetenzkonflikten (Ddorf FamRZ 77, 725). Erfasst werden aber auch zB Beschwerden von Dolmetschern gegen die Entschädigungsfestsetzung, aber auch Kosten- und Streitwertbeschwerden (Zö/*Lückemann* Rn 8). Ein Verfahren über Kosten aus einer Familiensache ist wie das Hauptsacheverfahren Familiensache (§ 57 FamGKG). Für Beschwerden gegen Entscheidungen des Familiengerichts über Zeugen- und Sachverständigenentschädigungen ist aber wegen der Sonderregelung in § 4 IV JVEG das LG als das nächsthöhere Gericht zuständig (Zö/*Lückemann* Rn 8).

6 **II. Beschwerden in Angelegenheiten der freiwilligen Gerichtsbarkeit (Abs 1 Nr 1b).** Die Neufassung dieser Vorschrift begründet eine umfassende Rechtsmittelzuständigkeit des Oberlandesgerichts in den Angelegenheiten der freiwilligen Gerichtsbarkeit. So entscheidet das OLG über die Beschwerde gegen die Zurückweisung eines nach dem 1.9.2009 gestellten Erbscheinantrages (München FamRZ 10, 2024), auch über die Beschwerde gegen einen Kostenfestsetzungsbeschluss in einem Erbscheinsverfahren (Köln Beschl v 15.7.10, 2 Wx 101/10 – juris). Ausgenommen sind lediglich die Beschwerden in Freiheitsentziehungssachen und den von den Betreuungsgerichten entschiedenen Sachen. In Kostenfestsetzungssachen der Beratungshilfe bleibt das LG Beschwerdegericht, weil das Festsetzungsverfahren nach dem RVG keine Angelegenheit der freiwilligen Gerichtsbarkeit ist (Celle Beschl v 28.2.11, 2 W 45/11 – juris; Köln Beschl v 11.10.10, 17 W 141/10 – juris).

7 **C. Rechtsmittel gegen Entscheidungen des Landgerichts (Abs 1 Nr 2).** Auch bei Rechtsmitteln gegen Entscheidungen der Landgerichte gilt für die Entscheidung, ob ein Zivil- oder ein Spezialsenat zuständig ist, die formelle Anknüpfung. Hat das LG in einer Landwirtschaftssache entschieden, so hat über das Rechtsmittel dagegen der allgemeine Zivilsenat des zuständigen OLG, nicht aber der Senat für Landwirtschaftssachen zu entscheiden (BGH NJW-RR 92, 1152; Köln OLGR 02, 395). Entsprechendes gilt in Baulandsachen (§ 229 BauGB) und Entschädigungssachen (§ 208 BEG). Soweit auf der Ebene der Landgerichte eine Zuständigkeitskonzentration vorgenommen worden ist, zB für Patentstreitigkeiten (§ 143 II PatG) oder Kartellsachen (§ 89 GWB), entscheidet bei Rechtsmitteln das allgemein übergeordnete OLG. Das gilt auch dann, wenn das LG zu Unrecht seine sachliche Zuständigkeit angenommen hat (Kissel/Mayer Rn 14). Hat das zuständige LG in einem kartellrechtlichen Verfahren den Klaganspruch sowohl unter kartell- als auch nichtkartellrechtlichen Gesichtspunkten geprüft, kann die dagegen gerichtete Berufung jedenfalls dann in zulässiger Weise bei dem für Berufungen allgemein zuständigen OLG eingelegt werden, wenn das Urt nicht als Entscheidung eines Kartellspruchkörpers gekennzeichnet war. In einem solchen Fall kann die Sache auf Antrag ausnahmsweise an das für Kartellsachen zuständige OLG verwiesen werden (BGHZ 49, 33). Die Zuständigkeit für Beschwerden gegen zivilprozessuale Entscheidungen der Landgerichte folgt aus deren Zuständigkeit nach §§ 71, 72, für weitere Beschwerden in Kostensachen aus §§ 66 IV, 68 I 6 GKG, § 33 VI RVG, § 14 III KostO, § 57 III FamGKG für andere Verfahrensgegenstände zB aus §§ 57 I 2, 58 I FamFG und §§ 78, 79 I GBO.

8 **D. Senat für Familiensachen (Abs 2).** Die Verweisung auf § 23b I und II setzt die Bemühungen des Gesetzgebers um, für Familiensachen auch in der Berufungsinstanz eine einheitliche Zuständigkeit zu begründen. Danach ist entsprechend der Regelungen für das Amtsgericht auch beim OLG von Gesetzes wegen ein Familiensenat für Rechtsmittel in Familiensachen zuständig. Die Errichtung des Senats und die Zuweisung der Zuständigkeit für Familiensachen beruht damit nicht auf einem Beschl des Präsidiums, sondern ist Folge einer gesetzlichen Regelung. Allein die Besetzung der Familiensenate ist Aufgabe des Präsidiums. Soweit die dem Familiensenat zugewiesenen Richter mit Familiensachen nicht ausgelastet sind, können sie Mitglieder eines anderen Senates sein. Das Präsidium kann einem Familiensenat jedoch über die

Mindestbesetzung (§ 122) zusätzliche Mitglieder zuweisen, so dass es einen mittelbaren Einfluss auf die Bildung eines zusätzlichen Familiensenats hat (Kissel/Mayer Rn 19).

E. Weitere Zuständigkeiten. § 119 regelt die Zuständigkeiten des Oberlandesgerichts nicht abschließend. 9
Von den zahlreichen Zuständigkeiten seien benannt: §§ 31 III, 60 VI AuslWBG (sofern Beschwerde im Verfahren auf Bereinigung von deutschen Schuldverschreibungen); § 229 BauGB (Rechtsmittel in Baulandsachen); § 208 BEG (Rechtsmittel in Entschädigungssachen); § 11 BinSchGerG (Rechtsmittel gegen Entscheidungen der Binnenschifffahrtsgerichte in bürgerlichrechtlichen Streitigkeiten); § 99 BNotO (Disziplinargericht für Notare); § 104 BNotO (Entscheidung über die Amtsenthebung eines Beisitzers in Notarsachen); § 111 BNotO (Entscheidung über Antrag auf gerichtliche Entscheidung in Notarsachen); § 19 III BoSoG (sofortige Beschwerde im Verfahren nach dem Gesetz über die Sonderung unvermessener und überbauter Grundstücke); § 8 III BRAO (Verfahren bei Antrag auf gerichtliche Entscheidung wegen Anordnung eines ärztlichen Gutachtens im Zulassungsverfahren); § 11 II BRAO (Verfahren bei Antrag auf gerichtliche Entscheidung wegen Ablehnung der Zulassung); § 44 IV DRiG (Abberufung ehrenamtlicher Richter); § 23 EGGVG (Anfechtung von Justizverwaltungsakten; Anh III EUGVVO (Rechtsbehelf gegen Entscheidungen über Vollstreckbarerklärungen); Art 7 § 1 FamRÄndG (Anerkennung ausl Ehescheidungen n Ehesachen nach Ablehnung durch die Justizverwaltung); § 75 III EnWG (Beschwerde gegen Entscheidungen der Regulierungsbehörde aufgrund des Energiewirtschaftsgesetzes); § 5 FamFG (Bestimmung des zuständigen Gerichts); § 113 III GVG (Amtsenthebung eines Handelrichters); § 159 GVG (Verweigerung der Rechtshilfe); § 181 III GVG (Sitzungspolizei); § 21b VI 2 GVG (Wahlanfechtung); § 116 GWB (sof Beschwerde im Nachprüfungsverfahren bei Vergabe öffentlicher Aufträge); § 91 GWB (Kartellsachen); § 8 IntFamRVG (Überprüfung von Entscheidungen des GBA als zentrale Behörde pp); § 4 V JVEG (Beschwerden nach dem Justizvergütungs- und -entschädigungsgesetz); § 14 V KostO (Beschwerden nach der Kostenordnung); § 7 II LwVG (Enthebung landwirtschaftlicher Beisitzer); § 12 SpruchverfahrensG (sofortige Beschwerde gegen Entscheidungen des LG nach §§ 2, 11 SpruchverfahrensG); § 48 WpÜG (Beschwerden gegen Entscheidungen des Bundesaufsichtsamts für den Wertpapierhandel); 36 ZPO (Bestimmung des zust Gerichts); § 1062 ZPO (Entscheidungen im Schiedsverfahren).

F. Konzentrationsermächtigung. Die Rechtsmittelzuständigkeit für bestimmte Verfahren kann auf der 10
Grundlage gesetzlicher Ermächtigungen durch Rechtsverordnung von der jeweiligen Landesregierung auf einzelne Oberlandesgerichte übertragen werden. Derartige Konzentrationsermächtigungen enthalten zB § 99 III AktG (Gerichtliche Entscheidung über die Zusammensetzung des Aufsichtsrats), § 229 BauGB (Baulandsachen), § 52 II GeschmMG (Geschmacksmusterstreitverfahren), § 143 II PatentG (Patentverfahren), §§ 87 ff GWB (Kartellverfahren). Wenn der Landesgesetzgeber von derartigen Konzentrationsermächtigungen Gebrauch gemacht hat, werden nicht selten Rechtsmittel bei dem unzuständigen OLG eingelegt. Das wirft die Frage auf, ob derartige Verfahren an das zuständige OLG zu verweisen sind. Die Haltung der Rechtsprechung dazu ist nicht einheitlich: Für Kartellsachen wird die Auffassung vertreten, Berufung könne fristwahrend auch bei dem nach § 119 allgemein zuständigen OLG eingelegt werden, das die Sache dann auf Antrag an den zuständigen Senat zu verweisen habe (BGHZ 71, 367= NJW 78, 2096; Köln NJW-RR 97, 1351). Demgegenüber könne für Baulandsachen Berufung fristwahrend nur bei dem Gericht eingelegt werden, dem die Entscheidung durch entsprechende Rechtsverordnung übertragen worden sei (BGH NJW 00, 1574 = VersR 01, 392). Wegen des Grundsatzes der formellen Anknüpfung wird darauf abzustellen sein, ob es sich erkennbar um eine Entscheidung zB der zuständigen Kammer für Kartellsachen handelt; in Zweifelsfällen dürfte nach dem Grundsatz der Meistbegünstigung eine Verweisung des Rechtsmittels von Berufungsgericht zu Berufungsgericht in Betracht kommen.

§§ 120 und 121 *(betreffen Strafsachen – von einer Kommentierung wurde abgesehen)*

§ 122 [Besetzung der Senate].

(1) Die Senate der Oberlandesgerichte entscheiden, soweit nicht nach den Vorschriften der Prozessgesetze an Stelle des Senats der Einzelrichter zu entscheiden hat, in der Besetzung von drei Mitgliedern mit Einschluss des Vorsitzenden.

(2) [1]*Die Strafsenate entscheiden über die Eröffnung des Hauptverfahrens des ersten Rechtszuges mit einer Besetzung von fünf Richtern einschließlich des Vorsitzenden.* [2]*Bei der Eröffnung des Hauptverfahrens beschließt der Strafsenat, dass er in der Hauptverhandlung mit drei Richter einschließlich des Vorsitzenden besetzt ist, wenn nicht nach dem Umfang oder der Schwierigkeit der Sache die Mitwirkung zweier weiterer Richter not-*

wendig erscheint. [3]Über die Einstellung des Hauptverfahrens wegen eines Verfahrenshindernisses entscheidet der Strafsenat in der für die Hauptverhandlung bestimmten Besetzung. [4]Ist eine Sache vom Revisionsgericht zurückverwiesen worden, kann der nunmehr zuständige Strafsenat erneut nach Satz 2 über seine Besetzung beschließen.

1 **A. Senat.** Die Zivilsenate entscheiden in Urteils- und Beschlusssachen in der Besetzung mit einem Vorsitzenden und zwei weiteren auf Lebenszeit ernannten Richtern, von denen einer an das OLG zur sog Erprobung abgeordnet sein kann. Der Vorsitzende soll in der Lage sein, die Rechtsprechung des Senats richtungsweisend zu beeinflussen. Er muss deshalb die Aufgaben im Senatsvorsitz zu mindestens ¾ selbst wahrnehmen (BGHZ 37, 210). Das gilt auch für den Präsidenten des Oberlandesgerichts (§ 115 Rz 1). Die Besetzung gilt auch für die Spezialsenate, soweit nicht gesetzlich eine andere Besetzung vorgeschrieben ist, wie im Senat für Baulandsachen (§ 229 BauGB) und beim Landwirtschaftssenat (§ 2 II LwVG). Sie gilt ebenso für die Familiensenate bei Entscheidungen über Beschwerden nach §§ 58 ff FamFG.

2 **B. Einzelrichter.** Seit Inkrafttreten des ZPO-RG besteht die Möglichkeit, den Rechtsstreit in der Berufungs- und Beschwerdeinstanz auf den Einzelrichter zu übertragen (§ 526 ZPO). Davon machen die Senate, soweit ersichtlich, überwiegend zurückhaltend Gebrauch. Im Beschwerdeverfahren entscheidet der Senat durch eines seiner Mitglieder, wenn die angefochtene Entscheidung von einem Einzelrichter erlassen wurde (§ 568 ZPO). Das gilt auch in Ehe- und Familienstreitsachen (§ 113 I 2 FamFG) einschließlich der Beschwerden in Verfahrenskostenhilfesachen nach dem FamFG (§ 76 II FamFG). Bei Beschwerdeentscheidungen von grundsätzlicher Bedeutung gilt das nicht, auch wenn die angefochtene Entscheidung durch einen Einzelrichter erlassen wurde. Denn nur der Senat kann nach § 574 I Nr 2 ZPO darüber befinden, ob die Rechtssache von grundsätzlicher Bedeutung und die Rechtsbeschwerde zuzulassen ist. Der Einzelrichter hat deshalb in diesen Fällen die Sache ohne Übertragungsermessen an den Senat zur Entscheidung zu übertragen (BGH NJW 04, 448). Der nach § 349 II, III ZPO an Stelle der Kammer entscheidende Vorsitzende der Kammer für Handelssachen gilt nicht als Einzelrichter iS von § 568 S 1 ZPO, so dass über eine sofortige Beschwerde gegen dessen Entscheidung nicht der Einzelrichter sondern der Senat in der gem § 122 vorgeschriebenen Besetzung zu entscheiden hat (BGH NJW 04, 856). Auch im Fall einer Entscheidung über ein Ablehnungsgesuch gegen einen dem Senat angehörenden Einzelrichter entscheidet der vollständig besetzte Senat, dem der Einzelrichter angehört (Schlesw OLGR 05, 10). Im Verfahren über die Streitwertbeschwerde richtet sich die Besetzung der Richterbank allein danach, in welcher Besetzung in der Vorinstanz die angefochtene Wertfestsetzung vorgenommen worden ist (Köln OLGReport 08, 678).

Neunter Titel Bundesgerichtshof

§ 123 [Sitz]. Sitz des Bundesgerichtshofes ist Karlsruhe.

1 Der BGH nimmt die Aufgaben des obersten Gerichtshofs (Art 95 I GG) für die ordentliche Gerichtsbarkeit wahr.

§ 124 [Besetzung]. Der Bundesgerichtshof wird mit einem Präsidenten sowie mit Vorsitzenden Richtern und weiteren Richtern besetzt.

1 Die Regelung entspricht der für die Besetzung der Spruchkörper der Land- und Oberlandesgerichte (§§ 59 I, 115). Die weiteren Richter müssen gem § 125 I zu Richtern am BGH ernannt sein. Nach § 37 DRiG abgeordnete Richter dürfen nicht in der Rechtsprechung, wohl aber als wissenschaftliche Mitarbeiter der einzelnen Senate tätig sein. Sie können nach § 193 an den Senatsberatungen teilnehmen.

§ 125 [Berufung der Mitglieder]. (1) Die Mitglieder des Bundesgerichtshofes werden durch den Bundesminister der Justiz gemeinsam mit dem Richterwahlausschuss gemäß dem Richterwahlgesetz berufen und vom Bundespräsidenten ernannt.

(2) Zum Mitglied des Bundesgerichtshofes kann nur berufen werden, wer das fünfunddreißigste Lebensjahr vollendet hat.

A. Berufung. Einzelheiten zur Wahl der Bundesrichter sind im Richterwahlgesetz (RiWG) geregelt. Der Richterwahlausschuss besteht aus den Landesjustizministern und Mitgliedern des Bundestages. Er hat ein Vorschlagsrecht (§ 10 RiWG) und entscheidet in geheimer Wahl mit Stimmenmehrheit (§ 12 I RiWG). Stimmt der BMJ der Wahl zu, hat er die Ernennung beim Bundespräsidenten zu beantragen (§ 13 RiWG). – Das Verfahren zur Wahl der Bundesrichter wird von den Richtverbänden kritisiert, die eine Beteiligung der Richterschaft am Wahlverfahren fordern (DRiZ 90, 501 ff). 1

B. Ernennung. Der Bundespräsident ernennt die Bundesrichter (Art 60 I GG); der BMJ hat die Ernennung gegenzuzeichnen (Art 58 GG). 2

§§ 126–129 *(weggefallen)*

§ 130 [Zivilsenate; Strafsenate; Ermittlungsrichter].

(1) [1]Bei dem Bundesgerichtshof werden Zivil- und Strafsenate gebildet und Ermittlungsrichter bestellt. [2]Ihre Zahl bestimmt der Bundesminister der Justiz.

(2) Der Bundesminister der Justiz wird ermächtigt, Zivil- und Strafsenate auch außerhalb des Sitzes des Bundesgerichtshofes zu bilden und die Dienstsitze für Ermittlungsrichter des Bundesgerichtshofes zu bestimmen.

A. Allgemeines. Abs 1 S 1 entspricht im Wortlaut den §§ 60, 116 I S 1, die ebenfalls die Bildung von Spruchkörpern (Kammern beim LG, Senate beim OLG) vorsehen. Die Zahl der beim BGH gebildeten Senate bestimmt der BMJ, der sich bei der Anzahl der zu bildenden Senate an der längerfristig voraussichtlichen Geschäftsentwicklung zu orientieren hat. Neben den Zivil- und Strafsenaten gibt es Spezialsenate sowie die Großen Senate (§ 132 I). 1

B. Senate. I. Zivilsenate. Zurzeit sind 12 Zivilsenate eingerichtet, deren Zuständigkeit sich aus dem Geschäftsverteilungsplan ergibt. Eine gesetzliche Zuständigkeit, wie bei Familiensachen (§§ 23b, 119 II), Kammern für Handelssachen (§ 93) und Baulandsachen (§§ 220, 229 I BauGB) ist nicht vorgesehen. Diese Materien sind allgemeinen Zivilsenaten iRd Geschäftsverteilung als Sonderzuständigkeiten zugewiesen. 2

II. Strafsenate. Von den 5 Strafsenaten hat ein Senat seit 1997 seinen Sitz in Leipzig (früher Berlin). Insoweit hat der BMJ von der in Abs 2 vorgesehen Ermächtigung, auswärtige Senate zu bilden, Gebrauch gemacht. 3

III. Spezialsenate. Neben den Zivil- und Strafsenaten sind gegenwärtig folgende Spezialsenate gebildet: Kartellsenat (§ 94 GWB); Dienstgericht des Bundes (§§ 61, 79 DRiG); Senat für Notarsachen (§ 106 BNotO); Senat für Anwaltssachen (§ 106 BRAO); Senat für Patentanwaltssachen (§ 90 PatAnwO); Senat für Landwirtschaftssachen (§ 2 II LwVG); Senat für Wirtschaftsprüfersachen (§ 74 WirtschprüfO); Senat für Steuerberater- und Steuerbevollmächtigtensachen (§ 97 StBerG). 4

§§ 131 und 131a *(weggefallen)*

§ 132 [Großer Senat].

(1) [1]Beim Bundesgerichtshof werden ein Großer Senat für Zivilsachen und ein Großer Senat für Strafsachen gebildet. [2]Die Großen Senate bilden die Vereinigten Großen Senate.

(2) Will ein Senat in einer Rechtsfrage von der Entscheidung eines anderen Senats abweichen, so entscheiden der Große Senat für Zivilsachen, wenn ein Zivilsenat von einem anderen Zivilsenat oder von dem Großen Zivilsenat, der Große Senat für Strafsachen, wenn ein Strafsenat von einem anderen Strafsenat oder von dem Großen Senat für Strafsachen, die Vereinigten Großen Senate, wenn ein Zivilsenat von einem Strafsenat oder von dem Großen Senat für Strafsachen oder ein Strafsenat von einem Zivilsenat oder von dem Großen Senat für Zivilsachen oder ein Senat von den Vereinigten Großen Senaten abweichen will.

(3) [1]Eine Vorlage an den Großen Senat oder die Vereinigten Großen Senate ist nur zulässig, wenn der Senat, von dessen Entscheidung abgewichen werden soll, auf Anfrage des erkennenden Senats erklärt hat, dass er an seiner Rechtsauffassung festhält. [2]Kann der Senat, von dessen Entscheidung abgewichen werden soll, wegen einer Änderung des Geschäftsverteilungsplanes mit der Rechtsfrage nicht mehr

befasst werden, tritt der Senat an seine Stelle, der nach dem Geschäftsverteilungsplan für den Fall, in dem abweichend entschieden wurde, zuständig wäre. [3]Über die Anfrage und die Antwort entscheidet der jeweilige Senat durch Beschluss in der für Urteile erforderlichen Besetzung; § 97 Abs. 2 Satz 1 des Steuerberatungsgesetzes und § 74 Abs. 2 Satz 1 der Wirtschaftsprüferordnung bleiben unberührt.
(4) Der erkennende Senat kann eine Frage von grundsätzlicher Bedeutung dem Großen Senat zur Entscheidung vorlegen, wenn das nach seiner Auffassung zur Fortbildung des Rechts oder zur Sicherung einer einheitlichen Rechtsprechung erforderlich ist.
(5) [1]Der Große Senat für Zivilsachen besteht aus dem Präsidenten und je einem Mitglied der Zivilsenate, der Große Senat für Strafsachen aus dem Präsidenten und je zwei Mitgliedern der Strafsenate. [2]Legt ein anderer Senat vor oder soll von dessen Entscheidung abgewichen werden, ist auch ein Mitglied dieses Senats im Großen Senat vertreten. [3]Die Vereinigten Großen Senate bestehen aus dem Präsidenten und den Mitgliedern der Großen Senate.
(6) [1]Die Mitglieder und die Vertreter werden durch das Präsidium für ein Geschäftsjahr bestellt. [2]Dies gilt auch für das Mitglied eines anderen Senats nach Absatz 5 Satz 2 und für seinen Vertreter. [3]Den Vorsitz in den Großen Senaten und den Vereinigten Großen Senaten führt der Präsident, bei Verhinderung das dienstälteste Mitglied. [4]Bei Stimmengleichheit gibt die Stimme des Vorsitzenden den Ausschlag.

1 **A. Normzweck.** Art 2 RpflVereinfG hat zur Neufassung dieser Vorschrift (ab 1.1.92) geführt. Gleichzeitig wurden die entsprechenden Bestimmungen für die Fachgerichtsbarkeiten angepasst. Die Großen Senate in Zivil- und Strafsachen dienen der Einheitlichkeit der Rechtsprechung, der Klärung von Fragen grundsätzlicher Bedeutung sowie der Rechtsfortbildung. Gemeinsam bilden sie die Vereinigten Großen Senate, die zur Entscheidung berufen sind, wenn eine zwischen einem Zivil- und Strafsenat strittige Rechtsfrage geklärt werden muss oder wenn ein Senat von einer Entscheidung der Vereinigten Großen Senate abweichen will. Die Bildung der Großen Senate ist gesetzlich vorgeschrieben. Das gilt auch für ihre Zuständigkeiten. Das Präsidium bestellt in der Jahresgeschäftsverteilung lediglich die Mitglieder und deren Vertreter (Abs 5, 6); das gilt auch für die Mitglieder der Spezialsenate, die für den Fall ihrer Beteiligung nach Abs 5 S 2 im Geschäftsverteilungsplan ebenfalls benannt sein müssen.

2 **B. Besetzung der Großen Senate (Abs 5).** Die Großen Senate sind jeweils besetzt mit dem Präsidenten des BGH und weiteren Richtern, der Große Senat in Zivilsachen mit je einem Mitglied der Zivilsenate, der Große Senat in Strafsachen mit je zwei Mitgliedern der Strafsenate. Weil die Anzahl der Strafsenate deutlich geringer ist als die der Zivilsenate und beide Senate gemeinsam die Vereinigten Großen Senate bilden (Abs 1 S 2), ist durch diese Besetzung ein Gleichgewicht hergestellt (Kissel/Mayer Rn 5). Die Spezialsenate werden ggf durch ein Mitglied des Senates vertreten, von dessen Entscheidung abgewichen werden soll oder der den Großen Senat anruft (Abs 5 S 2).

3 **C. Zuständigkeiten.** Der Große Senat in Zivilsachen ist zur Entscheidung berufen, wenn ein Zivilsenat in einer Rechtsfrage von der Entscheidung eines anderen Senates abweichen will (Divergenzvorlage, Abs 2). Davon zu unterscheiden sind Vorlagen zur Klärung von Fragen grundsätzlicher Bedeutung zur Rechtsfortbildung oder zur Sicherung einer einheitlichen Rechtsprechung (Rechtsfortbildungsvorlage, Abs 4). Senate sind neben den Spezialsenaten (§ 130 Rz 4) auch die Großen Senate und die Vereinigten Großen Senate.

4 **D. Divergenzvorlage. I. Abweichung.** Abweichung liegt bei unterschiedlicher Auslegung einer gesetzlichen Bestimmung vor (Zö/*Lückemann* Rn 4). Darunter ist nicht nur die Auslegung derselben Gesetzesvorschrift zu verstehen; gemeint ist der gleiche Rechtssatz, der in vergleichbarer Weise bei weitgehend textlicher Identität in verschiedenen Gesetzen seinen Ausdruck findet (BGHZ 9, 180; MükoZPO/*Wolf* Rn 7).

5 **II. Entscheidung.** Entscheidungen sind Urteile und Beschlüsse. Für die Vorlagepflicht kommt es nicht darauf an, ob der Senat bereits in einem Vorverfahren, zB bei einem Prozesskostenhilfeantrag oder einer Nichtzulassungsbeschwerde, abweichen will (MüKoZPO/*Wolf* Rn 6 mN).

6 **III. Vorlagepflicht. 1. Vorlagepflicht besteht.** Abs 2 verpflichtet nur dann zur Vorlage, wenn die streitige Rechtsfrage entscheidungserheblich ist. Das ist der Fall, wenn sie sowohl für die frühere als auch die beabsichtigte Entscheidung erheblich ist (B/L/A/H Rn 5; MüKoZPO/*Wolf* Rn 8). Ist eine Entscheidung unter Verletzung der Vorlagepflicht getroffen worden, und will ein anderer Senat der »übergangenen« Entscheidung folgen, unterliegt er der Vorlagepflicht (Kissel/Mayer Rn 16). Eine Vorlagepflicht besteht auch, wenn

die Rechtsansicht, von der abgewichen werden soll, bereits Gegenstand eines Vorlageverfahrens war. Will ein Senat erneut von einer bereits durch den Großen Senat entschiedenen Rechtsfrage abweichen, muss er die Frage erneut vorlegen; das folgt einerseits aus dem Grundsatz der freien richterlichen Entscheidung, anderseits aber auch aus der mittelbaren Bindungswirkung des § 132 II (Zö/*Lückemann* Rn 4; MüKoZPO/*Wolf* Rn 11). Teilweise wird eine erneute Vorlage nur dann für zulässig gehalten, wenn nach der Entscheidung des Großen Senates neue rechtliche Gesichtspunkte aufgetreten sind, die bei der Entscheidung nicht berücksichtigt werden konnten oder neue Rechtserkenntnisse eine andere Beurteilung der entschiedenen Rechtsfrage rechtfertigen könnten (Kissel/Mayer Rn 15 mN).

2. Vorlagepflicht besteht nicht. Eine Vorlagepflicht besteht nicht, wenn ein Senat von einer nur beiläufig geäußerten Rechtsansicht eines anderen Senates abweichen will (B/L/A/H Rn 5). Liegt bei einer von mehreren Begründungsmöglichkeiten kein Divergenzfall vor, ist eine Vorlage unzulässig (MüKoZPO/*Wolf* Rn 8). Wird der Senat bei sog. Rückläufern im Fall einer Zurückverweisung an das OLG erneut mit der Sache befasst, ist er an seine frühere Rechtsansicht auch dann gebunden, wenn diese inzwischen aufgegeben ist. Eine Divergenzvorlage kommt nicht in Betracht (MüKoZPO/*Wolf* Rn 9 mN). Hat der Große Senat über eine Vorlage noch nicht entschieden, und will ein anderer Senat von der im Vorlagebeschluss dargelegten Rechtsansicht abweichen, ist ein erneuter Vorlageschluss nicht erforderlich (aA MüKoZPO/*Wolf* Rn 10 mN). Die Entscheidung im Vorlageverfahren ist für alle Senate bindend. Will ein Senat von seiner eigenen früheren Rechtsauffassung abweichen, liegt kein Fall der Divergenz vor; das setzt jedoch die Identität des Senats voraus (Kissel/Mayer Rn 17). Dasselbe gilt, wenn der andere Senat seine Rechtsauffassung aufgeben hat (B/L/A/H aaO). Will der jetzt für eine Rechtsmaterie allein zuständige Senat von der Entscheidung eines Senates abweichen, der früher zuständig war, es jetzt aber nicht mehr ist, scheidet eine Vorlagepflicht aus (BAG NJW 88, 2816; Kissel/Mayer aaO). Keine Vorlagepflicht besteht, wenn die strittige Rechtsfrage durch eine Gesetzesänderung (BGHZ 15, 207), eine Entscheidung des BVerfG (BGH NJW 98, 908, 909), eine Entscheidung des Gemeinsamen Senates der obersten Gerichtshöfe des Bundes oder in Fragen des Gemeinschaftsrechts durch eine Entscheidung des EuGH (BSG NJW 74, 1063) geklärt ist (Zö/*Lückemann* Rn 4). Hält ein Senat entgegen der Ansicht eines anderen Senates eine Vorschrift für verfassungswidrig, hat er die Entscheidung über die Verfassungsmäßigkeit selbst zu treffen oder nach Art 100 GG dem BVerfG zur Entscheidung vorzulegen. 7

3. Unterbliebene Vorlage. Die willkürliche Verletzung der Vorlagepflicht begründet einen Verstoß gegen den Grundsatz des gesetzlichen Richters (Art 101 I GG),der aber dann nicht anzunehmen ist, wenn die Abweichung von der Rechtsprechung eines anderen Senates im Vergleich zum Regelfall auf den Besonderheiten des Einzelfalls beruht und dieses in der abweichenden Entscheidung festgestellt ist (BVerfG AuA 00, 592; NJW 95, 2913). 8

IV. Vorlageverfahren (Abs 3). Die Vorlage setzt die Durchführung des in Abs 3 geregelten Anfrageverfahrens bei allen Senaten voraus, die eine divergierende Rechtsansicht in einer Entscheidung geäußert haben (Zö/*Lückemann* Rn 5; MüKoZPO/*Wolf* Rn 13). Die Anfrage verpflichtet die Senate jedoch nicht, bei ihnen bereits anhängige Verfahren bis zur Entscheidung im Vorlageverfahren auszusetzen oder ebenfalls den Großen Senat anzurufen (Zö/*Lückemann* aaO; MüKoZPO/*Wolf* aaO). Hält der Senat, dessen frühere Entscheidung Anlass zur Divergenzvorlage ist, auf Anfrage an seiner Rechtsauffassung nicht fest, ist die Vorlage entbehrlich geworden. Über die Anfrage und die darauf ergehende Antwort entscheiden die jeweiligen Senate in Beschlussform, und zwar in der für Urteile erforderlichen Besetzung (Abs 3 S 3). Das sind für die Anfrage die Richter des erkennenden Senats; für die Antwort sind es die Richter, die an der früheren divergierenden Entscheidung mitgewirkt haben. Besteht der zu befragende Senat wegen einer Änderung der Geschäftsverteilung nicht mehr, oder ist er für die Rechtsfrage nicht mehr zuständig, tritt an seine Stelle der nunmehr zuständige Senat (Abs 3 S 2). Der »Anfragebeschluss« ist den Verfahrensbeteiligten formlos bekannt zu geben (§ 329 II ZPO). 9

E. Rechtsfortbildungsvorlage (Abs 4). Die Rechtsfortbildungsvorlage dient dem aus Art 3 III GG hergeleiteten Gebot nach Rechtsanwendungsgleichheit, und stellt sich zugleich als aus Art 20 III GG abgeleitete Normierung der Rechtsfortbildung als richterliche Gestaltungsaufgabe dar (MüKoZPO/*Wolf* Rn 21). Sie setzt eine Frage von grundsätzlicher Bedeutung voraus, deren Klärung zur Fortbildung des Rechts oder zur Sicherung einer einheitlichen Rechtsprechung erforderlich ist. Sie kommt nur in Betracht, wenn eine Divergenzvorlage nach Abs 2 ausscheidet (BGHZ 128, 85). Ob die Voraussetzungen des Abs 4 vorliegen, 10 prüft zunächst der vorlegende Senat. Die endgültige Entscheidung darüber trifft der Große Senat, denn er hat im in vollem Umfang nachzuprüfen, ob es sich um eine Frage von grundsätzlicher Bedeutung handelt (Zö/*Lückemann* Rn 7).

11 **I. Grundsätzliche Bedeutung.** Wann eine Frage von grundsätzlicher Bedeutung vorliegt, ist angesichts der Unbestimmtheit des Begriffs umstr. Nach der Rechtsprechung haben sich einige Formeln als praktikabel erwiesen (Kissel/Mayer Rn 32 mN): Eine Frage ist von grundsätzlicher Bedeutung, wenn sie in ihrer Wirkung über die unmittelbaren Verfahrensbeteiligten hinausgeht (BGH NJW 70, 1549). Danach kommt es darauf an, ob ein Bedürfnis für eine richtung- oder zukunftweisende Entscheidung über den Einzelfall hinaus besteht. Ob eine Rechtsfrage grundsätzliche Bedeutung hat, entscheidet nicht der Einzelfall, und zwar auch dann nicht, wenn die Sache für eine Partei von wirtschaftlicher Bedeutung ist (BGH NJW 79, 219). Eine Rechtsfrage kann auch dann von grundsätzlicher Bedeutung sein, wenn die Entscheidung für das Rechtsleben von prägender Relevanz ist, zB bei großer wirtschaftlicher Tragweite über den Einzelfall hinaus, bei Auswirkungen auf das Arbeitsleben oder Versicherungswesen oder bei der Auslegung typischer Vertragsklauseln (Zö/*Lückemann* Rn 6; Kissel/Mayer Rn 33 mN).

12 **II. Sicherung einer einheitlichen Rechtsprechung.** Für die Sicherung einer einheitlichen Rechtsprechung ist prognostisch darauf abzustellen, ob eine größere Zahl von vergleichbaren Fällen mit ähnl gelagerten Rechtsfragen zum BGH gelangen und dort von verschiedenen Senaten bearbeitet wird (MüKoZPO/*Wolf* Rn 23 mN). Dabei müssen Anhaltspunkte für unterschiedliche Auffassungen unter den Senaten vorliegen (Zö/*Lückemann* Rn 6), die abweichende Entscheidungen erwarten lassen. Diese können sich aus divergierenden Entscheidungen der Instanzgerichte ergeben, aber auch aus abweichenden Entscheidungen eines Senats, die wegen der Nichterheblichkeit für die Entscheidung im Einzelfall (obiter dicta) nicht zur Divergenzvorlage führten (Kissel/Mayer Rn 36).

13 **III. Fortbildung des Rechts.** Eine Vorlage an den Großen Senat zur Fortbildung des Rechts kommt wegen der Gesetzesbindung des Richters nur in Ausnahmefällen in Betracht. Leitlinien der Rechtsfortbildung sind neben der verfassungsmäßigen Rechtsordnung auch die leitenden Prinzipien der Gesamtrechtsordnung, wie im Zivilrecht das Prinzip von Treu und Glauben (so MüKoZPO/*Wolf* Rn 25 mN).

14 **F. Gemeinsamer Senat der obersten Bundesgerichte (Art 95 III GG).** Nach § 2 Abs 1 des Gesetzes zur Wahrung der Einheitlichkeit der Rechtsprechung der obersten Gerichthöfe des Bundes vom 19.6.68 (BGBl I, 661) entscheidet der Gemeinsame Senat, wenn ein oberstes Bundesgericht von der Rechtsprechung eines anderen obersten Gerichtshofs oder des Gemeinsamen Senats abweichen will. Zur Besetzung des Gemeinsamen Senats vgl § 3 G v 19.6.68, wegen der Vorlagepflicht und des Verfahrens vgl §§ 2, 10 ff G v 19.6.68.

§ 133 [Rechtsmittel]. **In Zivilsachen ist der Bundesgerichtshof zuständig für die Verhandlung und Entscheidung über die Rechtsmittel der Revision, der Sprungrevision, der Rechtsbeschwerde und der Sprungrechtsbeschwerde.**

1 **A. Vorbemerkung.** § 133 ist neu gefasst durch Art 22 Nr 15 FGG-RG v 17.12.08 (BGBl I, 2856). Die Neufassung trägt der Änderung des Rechtsmittelrechts Rechnung und verweist in allgemeiner Form auf die Zuständigkeit des BGH für die Rechtsmittel der Revision, Sprungrevision, Rechtsbeschwerde und die zusätzlich eingeführte Sprungrechtsbeschwerde.

2 Mit Inkrafttreten des FGG-RG ist dem BGH die Entscheidung über die Rechtsbeschwerde und Sprungrechtsbeschwerde in sämtlichen durch das FGG-RG geregelten Angelegenheiten zugewiesen.

3 **B. Die Zuständigkeiten im Einzelnen. I. Revision.** Sie ist als Zulassungsrevision ausgestaltet, § 543 ZPO. Sie ist nur zulässig, wenn sie das Berufungsgericht (LG oder OLG) im Urt (§ 543 I Nr 1 ZPO) oder der BGH auf die Nichtzulassungsbeschwerde (§ 543 I Nr 2 ZPO) zugelassen hat. Die grds streitwertunabhängige Zulassungsrevision ist gem § 26 Nr 8 EGZPO gegenwärtig nur zulässig, wenn der mit der Revision geltend zu machende Wert der Beschwer 20.000 € übersteigt. Die ursprünglich bis zum 1.1.07 vorgesehene Befristung ist durch das 2. JuMoG (BGBl I, 3416) bis zum 31.12.14 verlängert worden.

4 **II. Sprungrevision.** Nach § 566 I ZPO kann unter Umgehung der Berufungsinstanz bei Einwilligung des Gegners unmittelbar Sprungrevision eingelegt werden. Auch dieses Rechtsmittel ist als Zulassungsrevision

ausgestaltet (§ 566 I Nr 2 ZPO); es bedarf eines Zulassungsantrages. Die Zulassungsgründe (§ 566 IV ZPO) entsprechen denen des § 543 II ZPO.

III. Rechtsbeschwerde. Sie ist durch das ZPO-RG vom 27.7.01 eingeführt worden und ersetzt die frühere weitere Beschwerde. Das Verfahren ist beschränkt auf die Rechtskontrolle (§ 576 I) und im Wesentlichen dem Revisionsverfahren nachgebildet (ThoPu/*Reichold* Rn 2 vor § 574). § 133 begründet die ausschließliche Zuständigkeit des BGH für die Rechtsbeschwerde. Seit Inkrafttreten des FGG-RG am 1.9.09 finden die Bestimmungen über die Nichtzulassungsbeschwerde (§ 543 Abs 1 Nr 2, §§ 544, 621e Abs 2 S 1 Nr 2 ZPO) auch in Familiensachen Anwendung (§§ 70 ff FamFG). Der zeitliche Aufschub bis zum 1.1.10 ist gem Art 28 Nr 3 FGG-RG aufgehoben. 5

IV. Sprungrechtsbeschwerde. § 75 FamFG eröffnet in Familiensachen und Angelegenheiten der freiwilligen Gerichtsbarkeit die Möglichkeit der Sprungrechtsbeschwerde, die als Zulassungsbeschwerde ausgestaltet ist und einen Antrag auf Zulassung durch das erstinstanzliche Gericht sowie die Einwilligung der übrigen Beteiligten voraussetzt (§ 75 Abs 1 FamFG). Das weitere Verfahren entspricht dem der Sprungrevision nach § 566 ZPO (§ 75 Abs 2 FamFG). 6

V. Weitere Zuständigkeiten. In Betracht kommen Wiederaufnahmeverfahren (§ 584 ZPO), Entscheidungen über Ablehnungen von Richtern des OLG, wenn das Gericht beschlussunfähig geworden ist (§ 45 III ZPO), Bestimmung des zuständigen Gerichts, wenn das OLG von der Entscheidung eines anderen OLG oder des BGH abweichen will (§ 36 III ZPO), Revisionen in Baulandsachen (§ 230 BBauG), Entschädigungssachen nach § 208 I BEG in Verfahren zur Entschädigung der Opfer der nationalsozialistischen Verfolgung, Streitigkeiten nach dem Gesetz zur Regelung des Rechts der Untersuchungsausschüsse des Deutschen Bundestages (§ 36 I UntersuchungsausschussG), Rechtsbeschwerden bei Verfahren aufgrund des Gesetzes zur Ausführung zwischenstaatlicher Verträge und zur Durchführung von Verordnungen und Abkommen der Europäischen Gemeinschaft auf dem Gebiet der Anerkennung und Vollstreckung in Zivil- und Handelssachen (§ 17 I AVAG). Schließlich ergeben sich weitere Zuständigkeiten ua aus DRiG, BRAO, BNotO, PatentanwaltO, WirtschaftsprüferO, SteuerberatungsG. – Wegen der Möglichkeit der Übertragung von Zuständigkeiten nach Landesrecht und zu weiteren Zuständigkeiten nach Bundesrecht vgl B/L/A/H Rn 2, Kissel/Mayer Rn 21; MüKoZPO/*Wolf* Rn 7 f. 7

§§ 134 und 134a *(weggefallen)*

§ 135 *(betrifft Strafsachen – von einer Kommentierung wurde abgesehen)*

§§ 136, 137 *(aufgehoben)*

§ 138 [Entscheidungen der Großen Senate].

(1) [1]Die Großen Senate und die Vereinigten Großen Senate entscheiden nur über die Rechtsfrage. [2]Sie können ohne mündliche Verhandlung entscheiden. [3]Die Entscheidung ist in der vorliegenden Sache für den erkennenden Senat bindend.
(2) [1]Vor der Entscheidung des Großen Senats für Strafsachen oder der Vereinigten Großen Senate und in Rechtsstreitigkeiten, welche die Anfechtung einer Todeserklärung zum Gegenstand haben, ist der Generalbundesanwalt zu hören. [2]Der Generalbundesanwalt kann auch in der Sitzung seine Auffassung darlegen.
(3) Erfordert die Entscheidung der Sache eine erneute mündliche Verhandlung vor dem erkennenden Senat, so sind die Beteiligten unter Mitteilung der ergangenen Entscheidung der Rechtsfrage zu der Verhandlung zu laden.

A. Entscheidung über die Rechtsfrage. Die Großen und die Vereinigten Großen Senate entscheiden nur über die vorgelegte Rechtsfrage (BGH NJW 86, 1764; BAG NJW 88, 990), ggf in modifizierter Form (Kissel/Mayer Rn 13; MüKoZPO/*Wolf* Rn 3). Die Entscheidung ergeht durch begründeten Beschl. Die Beschlussformel muss nur im Ergebnis eine Beantwortung der gestellten Rechtsfrage enthalten (BAG NJW 71, 1668). Die Vorlage bewirkt ein Zwischenverfahren, nach dessen Abschluss die Sache in die ausschließliche Entscheidungszuständigkeit des vorlegenden Senates zurückfällt (Kissel/Mayer Rn 1). Zur Bindungswirkung vgl unten Rn 4. 1

2 **B. Verfahren.** Das Verfahren ist unvollständig geregelt. Entsprechend der Regelung in § 10 RSprEinhG für den gemeinsamen Senat der obersten Gerichtshöfe des Bundes ist die Verfahrensart heranzuziehen, die für den vorlegenden Senat in der vorgelegten Sache maßgeblich ist (Kissel/Mayer Rn 5). Die Entscheidung kann ohne mündliche Verhandlung ergehen (Abs 1 S 2). In jedem Fall ist den Verfahrensbeteiligten Gelegenheit zu geben, zur vorlegten Rechtsfrage Stellung zu nehmen. Das folgt aus dem Grundsatz des rechtlichen Gehörs (Art 103 I GG). Dem Generalbundesanwalt ist in Zivilsachen in den Fällen des Abs 2 S 1 vor der Entscheidung Gelegenheit zur Stellungnahme zu geben, die den Verfahrensbeteiligten bekannt zu machen ist (Kissel/Mayer Rn 11). Gegen die Entscheidung ist kein Rechtsbehelf zulässig. Sie kann auch nicht mit der Verfassungsbeschwerde angegriffen werden, weil sie ggü den Verfahrensbeteiligten keine unmittelbare Rechtswirkungen entfaltet (BVerfG NJW 71, 1212).

3 Abs. 3 regelt das weitere Verfahren vor dem erkennenden Senat. Auch wenn vor dem vorlegenden Senat eine mündliche Verhandlung nicht mehr erforderlich ist, ist den Parteien Gelegenheit zur Stellungnahme zu der ergangenen Entscheidung zu geben (Art 103 I GG).

4 **C. Bindungswirkung (Abs 1 S 1).** Die Entscheidung bindet den vorlegenden Senat unmittelbar nur in der Sache, die zur Vorlage geführt hat und dort nur insoweit, als die beantwortete Rechtsfrage entscheidungserheblich ist. Mittelbar wirkt sie sich auch auf die Rechtsprechung der übrigen Senate aus; denn will ein Senat von der Entscheidung des Großen Senats abweichen, muss er die Rechtsfrage erneut zur Entscheidung vorlegen.

§ 139 [Besetzung der Senate]. **(1) Die Senate des Bundesgerichtshofes entscheiden in der Besetzung von fünf Mitgliedern einschließlich des Vorsitzenden.**
(2) [1]Die Strafsenate entscheiden über Beschwerden in der Besetzung von drei Mitgliedern einschließlich des Vorsitzenden. [2]Dies gilt nicht für die Entscheidung über Beschwerden gegen Beschlüsse, durch welche die Eröffnung des Hauptverfahrens abgelehnt oder das Verfahren wegen eines Verfahrenshindernisses eingestellt wird.

1 Die Besetzung gilt für Urteils- und Beschlusssachen.

§ 140 [Geschäftsordnung]. **Der Geschäftsgang wird durch eine Geschäftsordnung geregelt, die das Plenum beschließt.**

1 Die Geschäftsordnung vom 3.3.52 (BAnz Nr 83) mit Änderungen vom 15.4.70 (BAnz Nr 74) und vom 21.6.71 (BAnz Nr 114) regelt ua die Aufgabe der Berichterstatter, das Beratungsverfahren und die Form der Entscheidungen.

§§ 140a–152 *(betreffen Strafsachen – von einer Kommentierung wurde abgesehen)*

Elfter Titel Geschäftsstelle

§ 153 [Urkundsbeamte der Geschäftsstelle]. **(1) Bei jedem Gericht und jeder Staatsanwaltschaft wird eine Geschäftsstelle eingerichtet, die mit der erforderlichen Zahl von Urkundsbeamten besetzt wird.**
(2) [1]Mit den Aufgaben eines Urkundsbeamten der Geschäftsstelle kann betraut werden, wer einen Vorbereitungsdienst von zwei Jahren abgeleistet und die Prüfung für den mittleren Justizdienst oder für den mittleren Dienst bei der Arbeitsgerichtsbarkeit bestanden hat. [2]Sechs Monate des Vorbereitungsdienstes sollen auf einen Fachlehrgang entfallen.
(3) Mit den Aufgaben eines Urkundsbeamten der Geschäftsstelle kann auch betraut werden,
1. **wer die Rechtspflegerprüfung oder die Prüfung für den gehobenen Dienst bei der Arbeitsgerichtsbarkeit bestanden hat,**
2. **wer nach den Vorschriften über den Laufbahnwechsel die Befähigung für die Laufbahn des mittleren Justizdienstes erhalten hat,**
3. **wer als anderer Bewerber nach den landesrechtlichen Vorschriften in die Laufbahn des mittleren Justizdienstes übernommen worden ist.**

(4) [1]Die näheren Vorschriften zur Ausführung der Absätze 1 bis 3 erlassen der Bund und die Länder für ihren Bereich. [2]Sie können auch bestimmen, ob und inwieweit Zeiten einer dem Ausbildungsziel förderlichen sonstigen Ausbildung oder Tätigkeit auf den Vorbereitungsdienst angerechnet werden können.

(5) [1]Der Bund und die Länder können ferner bestimmen, dass mit Aufgaben eines Urkundsbeamten der Geschäftsstelle auch betraut werden kann, wer auf dem Sachgebiet, das ihm übertragen werden soll, einen Wissens- und Leistungsstand aufweist, der dem durch die Ausbildung nach Absatz 2 vermittelten Stand gleichwertig ist. [2]In den Ländern Brandenburg, Mecklenburg-Vorpommern, Sachsen, Sachsen-Anhalt und Thüringen dürfen solche Personen weiterhin mit den Aufgaben eines Urkundsbeamten der Geschäftsstelle betraut werden, die bis zum 25. April 2006 gemäß Anlage I Kapitel III Sachgebiet A Abschnitt III Nr. 1 Buchstabe q Abs. 1 zum Einigungsvertrag vom 31. August 1990 (BGBl. 1990 II S. 889, 922) mit diesen Aufgaben betraut worden sind.

A. Bedeutung der Norm. Die Vorschrift ordnet in Abs 1 die Einrichtung von Geschäftsstellen und deren Besetzung mit Urkundsbeamten an. Abs 2 sieht die Besetzung mit Beamten des mittleren Justizdienstes als Regelfall vor und verleiht dieser Laufbahn damit eine Leitfunktion. Abs 3 nennt weitere geeignete Bediensteте, deren Qualifikation an formale Voraussetzungen anknüpft. Abs 4 überträgt die nähere Ausgestaltung der Einrichtung und Ausbildung dem jeweiligen Dienstherrn. Abs 5 ermöglicht die Betrauung von Bediensteten mit Aufgaben des Urkundsbeamten auch ohne Prüfung bei entsprechendem Wissens- und Leistungsstand. 1

B. Aufgaben. Die Geschäftsstelle ist für alle Aufgaben der Rechtspflege zuständig, die nicht dem Richter oder Rechtspfleger übertragen sind. Sie hat eine umfassende Unterstützungsfunktion. Darüber hinaus sind dem Urkundsbeamten Aufgaben ausdrücklich in den Verfahrensordnungen, tw auch in den AGGVG der Länder, und in Verwaltungsvorschriften und Dienstanweisungen zugewiesen. 2

Die Aufgaben des Urkundsbeamten ergeben sich va aus den Verfahrensordnungen und Verwaltungsvorschriften. Nach der ZPO gehören dazu die Entgegennahme von Erklärungen und Anträgen, wobei gem § 78 V kein Anwaltszwang besteht, (§§ 44, 91a, 107, 109, 117, 118, 129, 248, 281, 364, 381, 386, 406, 486, 496, 566, 569, 571, 573, 620a, 630, 641d, 657, 696, 697, 702, 920, 924, 947, 952, 1063), Schriftstücken und Urkunden nebst deren Verwahrung (§§ 134, 142, 443, 875a), die Protokollführung (§ 159), die Zustellung, Ladung und Benachrichtigung (§§ 168, 176, 274, 317, 377, 693, 699, 733, 753), sowie die Ausstellung von Bescheinigungen, Abschriften, Beglaubigungsvermerken und Ausfertigungen (§§ 169, 299, 315, 706, 724, 725, 795b, 797, 797a). 3

Die Länder können dem Urkundsbeamten nach § 36b RpflG die Rechtspflegeraufgaben übertragen für die Testamentsverwahrung gem den §§ 2258b, 2300 BGB, für das Mahnverfahren und für die Erteilung einer weiteren vollstreckbaren Ausfertigung gem den §§ 733 und 797 III ZPO (zB in BaWü: VO v 27.11.02, GBl 492). Über Einwendungen entscheidet der Rechtspfleger, § 36b IV 1 RpflG. 4

C. Befähigung zum Urkundsbeamten. Der gesetzliche Regelfall des Urkundsbeamten gem Abs 2 ist der Beamte des mittleren Justizdienstes. Absolventen der Rechtspflegerprüfung können gem Abs 3 Nr 1 Aufgaben des Urkundsbeamten übertragen werden. Dem Rechtspfleger sind durch die §§ 26, 20 S 1 Nr 12, 21, 24 RpflG folgende Aufgaben der Geschäftsstelle zugewiesen: die Erteilung einer vollstreckbaren Ausfertigung gem § 726 ff ZPO, die Kostenfestsetzung gem §§ 103 ff ZPO, die Aufnahme von Erklärungen nach § 24 RpflG. IÜ ist er zur Wahrnehmung von sonstigen Geschäften, auch solchen des Urkundsbeamten, verpflichtet, § 27 RpflG. 5

Für die Ausbildung, den Vorbereitungsdienst und die Prüfung gilt Abs 2. Detaillierte Regelungen zur Ausbildung und Übertragung von Aufgaben gem Abs 4 wurden tw in den AGGVG der Länder getroffen (zB BaWü § 12; Bay §§ 15, 16; Berlin §§ 10, 11; Bremen §§ 19, 20), ferner in Rechtsverordnungen oder Verwaltungsvorschriften, etwa Ausbildungs- und Prüfungsordnungen. Bundeseinheitlich sind insoweit nur die Dauer der Ausbildung und der Abschluss durch Prüfung geregelt. 6

Die Länder können gem Abs 5 bestimmen, dass Personen mit gleichwertigem Wissens- und Leistungsstand die Aufgaben des Urkundsbeamten wahrnehmen (vgl etwa für BaWü § 12 AGGVG iVm § 1 I der Anordnung über die Geschäftsstellen der Gerichte und Staatsanwaltschaften, Justiz 01, 371). Dies betrifft va Justizfachangestellte. Ferner kommt die zeitweilige Wahrnehmung durch Rechtsreferendare in Betracht (aaO § 2 V iVm § 27 RpflG), bei entsprechendem Ausbildungsstand auch durch Anwärter. 7

8 Die Befugnis zur Übertragung ist landesrechtlich unterschiedlich geregelt (Behördenleiter oder Ausbilder). Sie kann formlos ausgeübt werden (Bremen StV 84, 109). Die Grundlage der Ermächtigung nach Abs 5 muss im Ausfertigungsvermerk nicht angegeben werden (BGH DtZ 93, 54 MDR 93, 383).

9 **D. Rechtsmittel.** Der Urkundsbeamte untersteht als Justizbediensteter der Behördenleitung, ist aber als Organ der Rechtspflege (vgl Buhrow NJW 81, 907) bei der Wahrnehmung der gesetzlich übertragenen Aufgaben weisungsfrei. Gegen seine Entscheidung ist die befristete Erinnerung gem § 573 I 1 ZPO statthaft. Ausschluss und Ablehnung richten sich nach den für den Richter geltenden Bestimmungen, § 49 ZPO.

Zwölfter Titel Zustellungs- und Vollstreckungsbeamte

§ 154 [Gerichtsvollzieher]. Die Dienst- und Geschäftsverhältnisse der mit den Zustellungen, Ladungen und Vollstreckungen zu betrauenden Beamten (Gerichtsvollzieher) werden bei dem Bundesgerichtshof durch den Bundesminister der Justiz, bei den Landesgerichten durch die Landesjustizverwaltung bestimmt.

1 **A. Allgemeines.** Die Bestimmung ordnet an, dass Gerichtsvollzieher Beamte sein müssen und konkretisiert damit Art 33 IV GG, wonach die Ausübung hoheitlicher Gewalt idR Angehörigen des öffentlichen Dienstes in einem öffentlich-rechtlichen Dienst- und Treueverhältnis zu übertragen ist. Weiter werden unmittelbar die Justizverwaltungen – ohne Beteiligung des Landesgesetzgebers – zum Erlass weiterer Regelungen durch Verwaltungsvorschriften ermächtigt.

2 Nach Landesrecht sind Gerichtsvollzieher regelmäßig Beamte des mittleren Justizdienstes in einer Sonderlaufbahn (BVerwGE 65, 270), die nach einer zusätzlichen Ausbildung die Gerichtsvollzieherprüfung abgelegt haben. Mit Gerichtsvollzieheraufgaben können Beamte bereits während der Ausbildung betraut werden, hinreichend fortgeschrittene Beamte auch mit der selbständigen Erledigung als Dienstleistungsauftrag. Der Inhalt der Ausbildung ist landesrechtlich geregelt (vgl etwa Ausbildungs- und Prüfungsordnung für Gerichtsvollzieher BaWü).

Reformbestrebungen gehen dahin, das Gerichtsvollzieherwesen zu privatisieren und die Aufgaben Beliehenen zu übertragen (vgl dazu *Heister-Neumann* ZRP 07, 140; Hess Gerichtsvollzieherwesen).

3 **B. Aufgaben.** Der Aufgabenbereich umfasst alle Maßnahmen der Zwangsvollstreckung, soweit sie nicht den Gerichten zugewiesen sind (§ 753 I ZPO), insb die Pfändung (§§ 803 ff ZPO), Wegnahme (§ 883 ZPO) und Räumung (§ 885 ZPO), die Abnahme der eidesstattlichen Versicherung (§ 899 ZPO), ggf Verhaftung des Schuldners (§ 909 ZPO), sowie die Zustellung von Schriftstücken im Parteibetrieb (§ 192 ZPO). Über jede Vollstreckungshandlung ist ein Protokoll aufzunehmen, § 762 ZPO. Ergänzend bestehen landesrechtlich zugewiesene Aufgaben (vgl zB § 13 AGGVG BaWü). Aufgaben können dem Gerichtsvollzieher auf beamtenrechtlicher Grundlage übertragen werden (BVerwG NJW 83, 899).

4 Die Dienst- und Geschäftsverhältnisse haben die Landesjustizverwaltungen inhaltsgleich in der Gerichtsvollzieherordnung (GVO) geregelt. Die Geschäftsanweisung für Gerichtsvollzieher (GVGA) ist eine von den Ländern ebenfalls bundesweit einheitlich erlassene Verwaltungsvorschrift, die dem Gerichtsvollzieher »das Verständnis der gesetzlichen Vorschriften erleichtern« soll (§ 1 S 2 GVGA) und deren Beachtung zu seinen Amtspflichten gehört. Ferner bestehen landesspezifische Ergänzungsvorschriften zur GVGA.

5 **C. Aufsicht.** Der GV steht in einem öffentlich-rechtlichen Dienstverhältnis und unterliegt als Organ der Gerichtsverfassung der Neutralitätspflicht (Kissel/Mayer § 154 Rn 3). Der Gläubiger und »Auftraggeber« iSd § 753 ZPO stellt der Sache nach einen Antrag auf Vornahme einer Vollstreckungshandlung. Für die Durchführung der Amtshandlung kann er keine Weisungen erteilen. Der GV ist aber bei der Frage, ob dem Schuldner Ratenzahlungen gewährt werden können, an die Weisungen des Gläubigers insoweit gebunden, als dieser sein Einverständnis verweigern oder von bestimmten Voraussetzungen abhängig machen kann (BGH NJW 06, 3640).

6 Als Beamter unterliegt der GV der Dienstaufsicht und ist verpflichtet, dienstlichen Anordnungen Folge zu leisten sowie die allgemeinen Richtlinien zu befolgen. Eine besondere gesetzliche Vorschrift, nach welcher der Beamte an Weisungen nicht gebunden und nur dem Gesetz unterworfen ist, besteht für Gerichtsvollzieher nicht. Auch bei der Einziehung von Kosten ist die Dienstaufsicht uneingeschränkt (s. aber Rz 8) und erstreckt sich auch darauf, ob eine unrichtige Sachbehandlung vorliegt (BVerwGE 65, 260 = NJW 83, 896).

Die Vorschriften der Gerichtsvollzieherordnung und der Geschäftsanweisung für Gerichtsvollzieher sehen allerdings eine gewisse Eigenverantwortlichkeit und Selbständigkeit des Gerichtsvollziehers entsprechend der Art der ihm übertragenen Aufgaben vor, die im Interesse einer zweckmäßigen und effektiven Erledigung der Vollstreckungsaufträge eine gewisse Flexibilität erfordern (BVerwG NJW 83, 896). So regelt er seinen Geschäftsbetrieb nach eigenem pflichtgemäßen Ermessen, soweit hierüber keine besonderen Bestimmungen bestehen (§ 45 I GVO), muss grds an seinem Amtssitz ein Geschäftszimmer auf eigene Kosten halten (§ 46 I 1 GVO; vgl auch § 49 III BBesG iVm §§ 1 ff AbgeltungsVO), ist verpflichtet, Büro- und Schreibhilfen auf eigene Kosten zu beschäftigen, soweit es der Geschäftsbetrieb erfordert (§ 49 GVO), kann grds Zeitpunkt und Reihenfolge der Erledigung der Vollstreckungsaufträge bestimmen (§ 6 GVGA) und führt den Schriftverkehr unter eigenem Namen mit Amtsbezeichnung (§ 53 Nr 1 GVO). Er handelt bei der ihm zugewiesenen Zwangsvollstreckung selbstständig; er unterliegt hierbei zwar der Aufsicht, aber nicht der unmittelbaren Leitung des Gerichts (§ 58 Nr 1 GVGA). 7

Die dem Gerichtsvollzieher eingeräumte Selbständigkeit bedingt, dass er jeweils eigenverantwortlich zu entscheiden hat, welche Maßnahme zur Erledigung eines Vollstreckungsauftrages geboten ist. Durch Dienstaufsichtsmaßnahmen im Kostenbereich darf nicht in einer Weise in seine Tätigkeit im Vollstreckungsbereich eingegriffen werden, die mit seiner Eigenverantwortlichkeit, relativen Selbständigkeit und seinem Kostenrisiko nicht zu vereinbaren ist (BVerwGE 65, 278 = DGVZ 82, 155). 8

D. Rechtsmittel, Haftung, Kosten. Die Art und Weise der Zwangsvollstreckung ist förmlich im Wege der Erinnerung gem § 766 ZPO überprüfbar. Der Gerichtsvollzieher ist nicht Beteiligter des Erinnerungsverfahrens. Lehnt der Gerichtsvollzieher eine ihm angetragene Zustellung ab, so trifft er als Justizbehörde eine Maßnahme zur Regelung einer einzelnen Angelegenheit auf dem Gebiet des bürgerlichen Rechts, gegen die der Antrag auf gerichtliche Entscheidung gem § 23 EGGVG statthaft ist (Hamm Rpfleger 03, 676). 9

Bei pflichtwidrigem Handeln des Gerichtsvollziehers als Vollstreckungsorgan tritt die Amtshaftung ein; dies gilt nicht, wenn er auf Grund eines Vertrags mit dem Gläubiger tätig wird (BGH NJW 01, 434) 10

Die Kosten des Gerichtsvollziehers richten sich nach dem GVKostG. Die Vollstreckung erfordert gem § 788 ZPO keinen gesonderten Titel. 11

§ 155 [Ausschließung des Gerichtsvollziehers].

Der Gerichtsvollzieher ist von der Ausübung seines Amts kraft Gesetzes ausgeschlossen:

I. in bürgerlichen Rechtsstreitigkeiten:
   1. **wenn er selbst Partei oder gesetzlicher Vertreter einer Partei ist oder zu einer Partei in dem Verhältnis eines Mitberechtigten, Mitverpflichteten oder Schadensersatzpflichtigen steht;**
   2. **wenn sein Ehegatte oder Lebenspartner Partei ist, auch wenn die Ehe oder Lebenspartnerschaft nicht mehr besteht;**
   3. **wenn eine Person Partei ist, mit der er in gerader Linie verwandt oder verschwägert, in der Seitenlinie bis zum dritten Grad verwandt oder bis zum zweiten Grad verschwägert ist oder war;**

II. in Strafsachen;
   1. **wenn er selbst durch die Straftat verletzt ist;**
   2. **wenn er der Ehegatte oder Lebenspartner des Beschuldigten oder Verletzten ist oder gewesen ist;**
   3. **wenn er mit dem Beschuldigten oder Verletzten in dem unter Nummer I 3 bezeichneten Verwandtschafts- oder Schwägerschaftsverhältnis steht oder stand.**

Die Ausschließungsgründe Nr I 1–3 entsprechen denen in § 41 ZPO, die unter Nr II denen in § 22 StPO. Sie ergeben sich aus der Neutralitätspflicht des Gerichtsvollziehers als Organ der Rechtspflege. Die Folge einer trotz Ausschließung vorgenommenen Vollstreckungshandlung ist streitig (für Anfechtbarkeit: Kissel/Mayer § 155 Rn 4; für mögliche völlige Unwirksamkeit: Zö/*Lückemann* § 155 GVG Rn 1). Für Anfechtbarkeit spricht, dass auch die Mitwirkung des ausgeschlossenen Richters nicht ohne weiteres zur Nichtigkeit führt (§ 547 Nr 2, 579 I Nr 2). 1

Der Gerichtsvollzieher kann nicht wegen Besorgnis der Befangenheit abgelehnt werden (BGH NJW-RR 05, 149). Dies ist auch verfassungsrechtlich nicht geboten (BVerfG NJW-RR 05, 365). 2

Dreizehnter Titel Rechtshilfe

§ 156 [Rechtshilfepflicht]. Die Gerichte haben sich in Zivilsachen und in Strafsachen Rechtshilfe zu leisten.

1 **A. Gegenstand.** Rechtshilfe ist der im Bereich der rechtsprechenden Tätigkeit geleistete Beistand (Celle NJW 67, 993). Gegenstand der Rechtshilfe ist eine Amtshandlung, zu deren unmittelbarer Vornahme das ersuchende Gericht an sich berechtigt wäre und die es nur aus Zweckmäßigkeitsgründen einem anderen Gericht überträgt (RGZ 115, 368, 369).

Die Rechtshilfe obliegt dem Gericht, nicht unbedingt dem Richter. Im Rahmen der ihm übertragenen Aufgaben kann auch der Rechtspfleger um Rechtshilfe ersuchen (Karlsr FamRZ 94, 638: persönliche Anhörung des Betroffenen im Betreuungsverfahren) oder Rechtshilfe leisten (Frankf NJW 70, 1050: Vervollständigung des Erbscheinsantrags und die Beurkundung der eidesstattlichen Versicherung des Antragstellers über die Richtigkeit seiner Angaben nach § 2356 II BGB).

Die behördliche Amtshilfe betrifft Hilfeleistungen außerhalb eines Weisungsverhältnisses in Angelegenheiten, die der ersuchten Behörde nicht als eigene Aufgabe obliegen (§ 4 II VwVfG). Bei eigenen Aufgaben die der betreffenden Behörde bereits spezialgesetzlich außerhalb der Amtshilferegelungen als Hilfeleistungen (auch) ggü anderen Behörden übertragen sind, ergibt sich die Pflicht zur Hilfeleistung nicht erst aufgrund des Ersuchens der auf die Hilfe angewiesenen Behörde (BGHZ 148, 139 = NJW 01, 2799). Die Amtshilfe umfasst insb Amtshandlungen, die die ersuchende Behörde aus rechtlichen oder tatsächlichen Gründen nicht selbst vornehmen kann (§ 5 VwVfG). Die Gewährung von Akteneinsicht an eine Behörde, die nicht selbst Verfahrensbeteiligter ist (Notar), stellt keine Rechtshilfe iSd §§ 156 ff GVG, sondern Amtshilfe dar (BayObLG FamRZ 98, 33).

2 **B. Grundlage.** Die verfassungsrechtliche Grundlage ist Art 35 GG, wonach sich alle Behörden des Bundes und der Länder gegenseitig Rechts- und Amtshilfe leisten. Die §§ 156 ff gelten für die ordentliche Gerichtsbarkeit (§ 2 EGGVG). Zivilsachen sind die bürgerlichen Rechtsstreitigkeiten, die Familiensachen und die Angelegenheiten der freiwilligen Gerichtsbarkeit (§ 13). Bestimmungen, wonach Rechtshilfe (und Amtshilfe) in entsprechender Anwendung auch in anderen Angelegenheiten zu leisten ist, finden sich tw in anderen Verfahrensordnungen (§ 13 ArbGG, § 14 VwGO, § 5 SGG, § 13 FGO, § 128 PatG, § 95 MarkenG tw in den AGGVG der Länder (z.B. § 87 GVGAG SchlH: § 76 AGGVG NRW).

3 **C. Rechtshilfeverkehr mit dem Ausland.** Die richterliche Tätigkeit ist grds auf den eigenen Hoheitsbereich beschränkt. Dieser Grundsatz kann nur mit Zustimmung des jeweils in Betracht kommenden ausländischen Staates durchbrochen werden. Die Frage, ob eine solche Zustimmung herbeigeführt oder von einer bereits erteilten Zustimmung Gebrauch gemacht werden soll, fällt in den Bereich der Beziehungen zu anderen Staaten, deren Pflege der Bundesregierung zugewiesen ist (BGHZ 71, 9 = NJW 78, 1425). Dies gilt auch dann, wenn der unmittelbare Geschäftsweg zwischen den Gerichten zugelassen ist und Ersuchen dem Empfänger ohne die Vermittlung der Justizministerien zugeleitet werden können (BGH NJW 83, 2769). Im Rechtshilfeverkehr in Zivilsachen ist die ZRHO zu beachten (in der aktuellen Fassung abrufbar auf der Homepage des Justizministeriums NRW unter www.rechtshilfe-international.de), die als Verwaltungsvorschrift die Formalien der Rechtshilfe und den Geschäftsweg regelt, auf dem die Zuleitung an das ersuchte Gericht erfolgt.

4 Die internationale Rechtshilfe wird geleistet auf Grund europäischen Gemeinschaftsrechts, auf Grund einer zwischenstaatlichen Vereinbarung (vertraglicher Rechtshilfeverkehr) und auf Grund gegenseitigen Entgegenkommens (vertragloser Rechtshilfeverkehr), § 3 I ZRHO. Zu den wichtigsten multilateralen Übereinkommen zählen va für die Zustellung von Schriftstücken das HZÜ, für die Beweisaufnahme im Ausland in Zivil- oder Handelssachen das HBÜ, für Unterhaltssachen das Haag-Unterh-Übk, für zivilrechtliche Aspekte der Kindesentführung das HKÜ und für den Minderjährigenschutz das HSÜ. Die Anerkennung und Vollstreckung ausländischer Entscheidungen richtet sich nach dem AVAG.

5 Innerhalb der EU ist die Rechtshilfe Teil der justiziellen Zusammenarbeit, die im Programm zur Umsetzung des Grundsatzes der gegenseitigen Anerkennung umgesetzt wird. An unmittelbar geltenden Rechtsvorschriften der EU, die ggü zwischenstaatlichen Vereinbarungen Vorrang haben, sind in Kraft (zugänglich unterhttp://ec.europa.eu/civiljustice/homepage/homepage_ec_de.htm):

Verordnung (EG) Nr 1393/2007 des Europäischen Parlaments und des Rates v 13.11.07 über die Zustellung gerichtlicher und außergerichtlicher Schriftstücke in Zivil- und Handelssachen in den Mitgliedstaaten (ABl EG Nr L 324 S. 79, http://eur-lex.europa.eu/LexUriServ/LexUriServ.do?uri=OJ:L:2007:324:0079:01:DE:HTML); Verordnung (EG) Nr 1206/2001 des Rates v 28.5.01 über die Zusammenarbeit zwischen den Gerichten der Mitgliedstaaten auf dem Gebiet der Beweisaufnahme in Zivil- oder Handelssachen (ABl EG Nr L 174 S. 1); Verordnung (EG) Nr 44/2001 des Rates v 22.9.00 über die gerichtliche Zuständigkeit und die Anerkennung und Vollstreckung von Entscheidungen in Zivil- und Handelssachen (ABl EG 2001 Nr L 12 S. 1); Verordnung (EG) Nr 2201/2003 des Rates v 27.11.03 über die Zuständigkeit und die Anerkennung und Vollstreckung von Entscheidungen in Ehesachen und in Verfahren betreffend die elterliche Verantwortung und zur Aufhebung der Verordnung (EG) Nr 1347/2000 (ABl EG 2003 Nr L 338 S. 1); Entscheidung 2001/470/EG des Rates v 28.5.01 über die Einrichtung eines Europäischen Justiziellen Netzes für Zivil- und Handelssachen (ABl EG Nr L 174 S. 25); Verordnung (EG) Nr 805/2004 des Europäischen Parlaments und des Rates v 21.4.04 zur Einführung eines europäischen Vollstreckungstitels für unbestrittene Forderungen (ABl EG 2004 Nr L 143 S. 15).

§ 157 [Rechtshilfegericht]. **(1) Das Ersuchen um Rechtshilfe ist an das Amtsgericht zu richten, in dessen Bezirk die Amtshandlung vorgenommen werden soll.**
(2) [1]Die Landesregierungen werden ermächtigt, durch Rechtsverordnung die Erledigung von Rechtshilfeersuchen für die Bezirke mehrerer Amtsgerichte einem von ihnen ganz oder teilweise zuzuweisen, sofern dadurch der Rechtshilfeverkehr erleichtert oder beschleunigt wird. [2]Die Landesregierungen können diese Ermächtigung durch Rechtsverordnung auf die Landesjustizverwaltungen übertragen.

Zuständig für die Rechtshilfe ist das Amtsgericht. Für die Entscheidung über den Streit um die Zuständigkeit bei Zweifeln über die örtliche Zuständigkeit in Bezug auf die Rechtshilfe gilt § 36 ZPO (Kissel/Mayer § 157 Rn 1). Die Zuständigkeit endet, wenn der örtliche Bezug entfällt, etwa nach dem Wegzug des Betroffenen eine Amtshandlung in seinem Bezirk nicht mehr vorgenommen werden kann (BayObLG FamRZ 05, 640). Der »Bezirk des Amtsgerichts« ist unabhängig von Sonderzuständigkeiten und Zuständigkeitskonzentrationen (zB § 2 II InsO, § 23c GVG) zu verstehen. Das örtlich zuständige Amtsgericht hat die Rechtshilfe auch dann zu leisten, wenn es sich um ein Rechtsgebiet handelt, für das eine Aufgabenkonzentration bei einem anderen Gericht besteht. (Rechtshilfe für Insolvenzgericht: LG Dortmund NZI 02, 556, LG Hamburg NZI 06, 410; für das Familiengericht: Stuttg FamRZ 84, 716). 1

Das aufgrund einer Aufgabenkonzentration zuständige Amtsgericht ist nicht berechtigt, ein Rechtshilfeersuchen an die anderen Amtsgerichte des Bezirks zu richten, auf den sich sein Aufgabenbereich erstreckt (Brandbg ZInsO 02, 372; aA Kissel/Mayer § 157 Rn 7). Rechtshilfeersuchen sind aber zwischen Hauptgericht und Zweigstelle möglich (München MDR 82, 763). 2

§ 158 [Ablehnung des Ersuchens]. **(1) Das Ersuchen darf nicht abgelehnt werden.**
(2) [1]Das Ersuchen eines nicht im Rechtszuge vorgesetzten Gerichts ist jedoch abzulehnen, wenn die vorzunehmende Handlung nach dem Recht des ersuchten Gerichts verboten ist. [2]Ist das ersuchte Gericht örtlich nicht zuständig, so gibt es das Ersuchen an das zuständige Gericht ab.

Das zuständige Gericht ist zur Durchführung der Rechtshilfehandlung verpflichtet. Abs 2 S 1 ist als Ausnahmebestimmung zu Abs 1 eng auszulegen. Ein Rechtshilfeersuchen ist nur abzulehnen, wenn die von dem ersuchten Gericht vorzunehmende Amtshandlung schlechthin unzulässig ist. Ob die Übertragung der Amtshandlung auf ein anderes Gericht zweckmäßig oder notwendig ist, hat das ersuchte Gericht nicht zu prüfen (BGH NJW 90, 2936). Das Ersuchen eines im Rechtszug übergeordneten Gerichts darf überhaupt nicht abgelehnt werden. Die Überordnung richtet sich nach der örtlichen Gerichtsorganisation (Kissel/Mayer § 158 Rn 2), gilt also nicht für jedes LG oder OLG. 1

Die Zulässigkeit der Rechtshilfe im konkreten Fall beurteilt allein das ersuchende Gericht. Dieses hat zu überprüfen, ob die gesetzlichen Voraussetzungen zur Vornahme der Rechtshilfe im einzelnen Fall erfüllt sind. Das ersuchte Gericht hat grds nicht zu prüfen, ob der Beweisbeschluss verfahrensrechtlich zu beanstanden ist. Der ersuchte Richter ist vielmehr der verlängerte Arm des Prozessgerichts. Dessen Verfahrensfehler sind nur im Rechtszug des Prozessgerichts überprüfbar (BAG NJW 00, 2196; NJW 01, 2196). Dies gilt auch für die Zuständigkeit des ersuchenden Gerichts (Celle NdsRpfl 08, 257), für die Anhörung des Betroffenen vor der Bestellung eines Betreuers (Köln FamRZ 04, 818) oder seiner Unterbringung (Bay- 2

ObLG OLGR 04, 255; Köln FamRZ 04, 818), die Anhörung einer Partei gem § 141 ZPO (Frankf NJOZ 06, 4215, aA Bremen 29.3.1996, 3 (III) AR 9/96). Die Vernehmung eines Zeugen ist als ersuchte Handlung schlechthin zulässig, auch wenn es sich um eine wiederholte Vernehmung handelt (Frankf NJOZ 06, 3128), das ersuchte Gericht die persönliche Vernehmung für erforderlich hält (Brandbg OLGR 09, 349) oder Bedenken bestehen, dass ein Ausforschungsbeweis vorliege (Frankf NJW 95, 637; BAG NZA 00, 791).

3 Das Ersuchen entfaltet nach der Rechtsprechung keine Bindungswirkung, wenn es den gesetzlichen Voraussetzungen nicht entspricht oder nicht ausführbar ist. Anerkannt ist dies für den Fall, dass in dem zugrunde liegenden Beweisbeschluss unter Verstoß gegen § 359 Nr 1 ZPO die streitigen Tatsachen, über die Beweis erhoben werden soll, nicht genügend bezeichnet worden sind, weil eindeutig erkennbar sein muss, welche streitigen Behauptungen Gegenstand der Beweisaufnahme sein sollen (BGHR GVG § 158 Abs 1 Zeugenvernehmung 1).

4 Ein Rechtshilfeersuchen soll nach obergerichtlicher Rechtsprechung keine Bindungswirkung nach § 158 I GVG entfalten, wenn es willkürlich oder offensichtlich rechtsmissbräuchlich ist; insoweit gelte die Rechtsprechung zur Bindungswirkung des § 281 ZPO entsprechend (vgl Kobl NJOZ 07). Die Rechtsprechung hierzu ist tw großzügig und bezieht Zweckmäßigkeitserwägungen ein (etwa Saarbr Rpfleger 05, 197: »rechtlich völlig sinnlos und damit willkürlich«). Dabei ist Zurückhaltung geboten (Frankf 17,02,11 4 W 2/ 11, BeckRS 11, 16033). Auch bei gravierendem Ermessensfehlgebrauch kommt nur ausnahmsweise die Ablehnung eines Rechtshilfeersuchens in Betracht (BayObLG 8.4.93 3 Z AR 8/93, ebenso Frankf FamRZ 84, 1030).

5 Welche Befugnisse dem ersuchten Gericht zustehen, hängt vom Inhalt des Ersuchens im Einzelfall ab. Die Anordnung der Entnahme von Blutproben zum Zwecke der Blutgruppenuntersuchung sowie die Entscheidung über die Rechtmäßigkeit einer Verweigerung der Untersuchung obliegen dem Prozessgericht. Die Durchführung der Beweisaufnahme kann einem anderen Gericht übertragen werden, das dann befugt ist, notwendige Zwangsmaßnahmen zu treffen (BGH NJW 90, 2936) Zwangsmaßnahmen gem § 106 I 1 KO hat der ersuchte Richter jedenfalls dann zu ergreifen, wenn er dazu aufgefordert wurde (KGR 99, 225). Nach anderer Auffassung (Köln NZI 99, 459) kann nur das Insolvenzgericht eine Vorführungsanordnung oder einen Haftbefehl nach § 98 II iVm Abs 1 S 1 InsO erlassen und hat diesen ggf. dem Ersuchen vorsorglich beizufügen.

§ 159 [Entscheidung des Oberlandesgerichts]. (1) [1]Wird das Ersuchen abgelehnt oder wird der Vorschrift des § 158 Abs. 2 zuwider dem Ersuchen stattgegeben, so entscheidet das Oberlandesgericht, zu dessen Bezirk das ersuchte Gericht gehört. [2]Die Entscheidung ist nur anfechtbar, wenn sie die Rechtshilfe für unzulässig erklärt und das ersuchende und das ersuchte Gericht den Bezirken verschiedener Oberlandesgerichte angehören. [3]Über die Beschwerde entscheidet der Bundesgerichtshof.

(2) Die Entscheidungen ergehen auf Antrag der Beteiligten oder des ersuchenden Gerichts ohne mündliche Verhandlung.

1 Die Anrufung des Oberlandesgerichts erfolgt in einem Antragsverfahren eigener Art, welches der Beschwerde nachgebildet ist. Zur Herbeiführung der Entscheidung sind das ersuchende Gericht und die Verfahrensbeteiligten befugt.

2 Hat der Rechtspfleger ein Rechtshilfeersuchen abgelehnt, bedarf es vor einer Anrufung des Oberlandesgerichts nach § 159 Abs 1 keiner Entscheidung des Richters des ersuchten Amtsgerichts (Stuttg Rpfleger 02, 255). Hat der Rechtspfleger ein an ihn gerichtetes Rechtshilfeersuchen abgelehnt, so ist der ersuchende Rechtspfleger nach § 11 RPflG befugt, die Entscheidung des höheren Gerichts herbeizuführen (Saarbr Rpfleger 00, 381).

§ 160 [Vollstreckungen, Ladungen, Zustellungen]. Vollstreckungen, Ladungen und Zustellungen werden nach Vorschrift der Prozessordnungen bewirkt ohne Rücksicht darauf, ob sie in dem Land, dem das Prozessgericht angehört, oder in einem anderen deutschen Land vorzunehmen sind.

1 Die Vorschrift hat keine aktuelle Bedeutung mehr.

§ 161 [Auftrag an einen Gerichtsvollzieher]. **[1]Gerichte, Staatsanwaltschaften und Geschäftsstellen der Gerichte können wegen Erteilung eines Auftrags an einen Gerichtsvollzieher die Mitwirkung der Geschäftsstelle des Amtsgerichts in Anspruch nehmen, in dessen Bezirk der Auftrag ausgeführt werden soll. [2]Der von der Geschäftsstelle beauftragte Gerichtsvollzieher gilt als unmittelbar beauftragt.**

Die Vorschrift erleichtert die Einschaltung des Gerichtsvollziehers eines anderen Bezirks. Diese kann für Zustellungen gem § 168 II ZPO und für Vollstreckungshandlungen erforderlich sein. 1

§ 162 [Vollstreckung von Freiheitsstrafen außerhalb des Bezirks der Strafvollstreckungsbehörde]. **Hält sich ein zu einer Freiheitsstrafe Verurteilter außerhalb des Bezirks der Strafvollstreckungsbehörde auf, so kann diese Behörde die Staatsanwaltschaft des Landgerichts, in dessen Bezirk sich der Verurteilte befindet, um die Vollstreckung der Strafe ersuchen.**

Die Bestimmung ist in Zivilsachen für die Vollsteckung von Ordnungs- und Erzwingungshaft (§§ 380, 390, 890, 901 ZPO, 178 GVG) anwendbar. 1

§ 163 [Vollstreckung von Freiheitsstrafen in anderen Gerichtsbezirken; Ergreifung und Ablieferung von Verurteilten]. **Soll eine Freiheitsstrafe in dem Bezirk eines anderen Gerichts vollstreckt oder ein in dem Bezirk eines anderen Gerichts befindlicher Verurteilter zum Zwecke der Strafverbüßung ergriffen und abgeliefert werden, so ist die Staatsanwaltschaft bei dem Landgericht des Bezirks um die Ausführung zu ersuchen.**

Unter die Freiheitsstrafe fallen auch Ordnungs- und Zwangshaft. 1

§ 164 [Kosten und Auslagen]. **(1) Kosten und Auslagen der Rechtshilfe werden von der ersuchenden Behörde nicht erstattet.**
(2) Gebühren oder andere öffentliche Abgaben, denen die von der ersuchenden Behörde übersendeten Schriftstücke (Urkunden, Protokolle) nach dem Recht der ersuchten Behörde unterliegen, bleiben außer Ansatz.

Das ersuchte Gericht hat Rechtshilfe zu gewähren, ohne dass dem ersuchenden Gericht Kosten erwachsen (BGH NJW 58, 1310). Kosten und Auslagen hat daher das ersuchte Gericht zu tragen. § 164 schließt eine abweichende Verwaltungsvereinbarung zwischen Bundesländern nicht aus (BVerwG NVwZ 05, 1083). Die Festsetzung der dem Sachverständigen zustehenden Entschädigung ist Aufgabe des Rechtshilfegerichts; weigert es sich, liegt darin eine tw Ablehnung des Rechtshilfeersuchens (BGH NJW 58, 1310). Die Kosten und Auslagen sind dem ersuchenden Gericht mitzuteilen, das sie in seiner Kostenrechnung berücksichtigt und einzieht (Kissel/Mayer § 164 Rn 2). 1

§ 165 *(aufgehoben)*

§ 166 [Amtshandlungen außerhalb des Gerichtsbezirks]. **Ein Gericht darf Amtshandlungen im Geltungsbereich dieses Gesetzes auch außerhalb seines Bezirks vornehmen.**

Nach der bis 31.3.91 geltenden Fassung durfte das Gericht Amtshandlungen außerhalb seines Bezirks ohne Zustimmung des Amtsgerichts des Ortes nur bei Gefahr im Verzug vornehmen. Die Neufassung erweitert die Befugnisse des Gerichts über seinen Bezirk hinaus ohne Einhaltung von Förmlichkeiten. 1

§ 167 *(von einer Kommentierung wurde abgesehen)*

§ 168 [Aktenübersendung]. **Die in einem deutschen Land bestehenden Vorschriften über die Mitteilung von Akten einer öffentlichen Behörde an ein Gericht dieses Landes sind auch dann anzuwenden, wenn das ersuchende Gericht einem anderen deutschen Land angehört.**

1 Die Vorschrift betrifft die Amtshilfe und stellt die Gleichbehandlung der Gerichte bei der Akteneinsicht sicher. Maßgebend sind die Bestimmungen des Landes der ersuchten Behörde. Gegen die Weigerung ist nur die Dienstaufsichtsbeschwerde möglich (Kissel/Mayer § 168 GVG Rn 3).

Vierzehnter Titel Öffentlichkeit und Sitzungspolizei

§ 169 [Öffentlichkeit]. [1]**Die Verhandlung vor dem erkennenden Gericht einschließlich der Verkündung der Urteile und Beschlüsse ist öffentlich.** [2]**Ton- und Fernseh-Rundfunkaufnahmen sowie Ton- und Filmaufnahmen zum Zwecke der öffentlichen Vorführung oder Veröffentlichung ihres Inhalts sind unzulässig.**

1 Der Grundsatz der Öffentlichkeit von Gerichtsverhandlungen gehört zu den tragenden Prinzipien des Rechtsstaats und ist in Art 6 Abs. 1 EMRK als Voraussetzung für ein faires Verfahren niedergelegt. Die Bestimmung ist hauptsächlich für das Strafverfahren relevant, gilt aber auch für bürgerliche Rechtsstreitigkeiten (§ 2 EGGVG). Verhandlungen in Familiensachen und Angelegenheiten der freiwilligen Gerichtsbarkeit sind dagegen nicht öffentlich (§ 170). Neben die ursprüngliche Ausrichtung als Schutz des Angeklagten vor einem Geheimprozess tritt zunehmend die Bedeutung für das Informationsinteresse der Öffentlichkeit.

2 **A. Saalöffentlichkeit.** Prozessbesucher und -beobachter müssen die Möglichkeit haben, während der Verhandlung im Gerichtssaal anwesend sein zu können (Saalöffentlichkeit, BVerfG 103, 44 = NJW 01, 1633). Damit soll in erster Linie die Kontrolle des Verfahrensgangs durch die Allgemeinheit ermöglicht werden. Die Öffentlichkeit ist gewährleistet, wenn sich jedermann ohne besondere Schwierigkeiten von dem Termin Kenntnis verschaffen kann und wenn der Zutritt iRd tatsächlichen Gegebenheiten eröffnet ist (BVerfG NJW 02, 814, BGH NJW 89, 1741). Auf einen Wechsel des Sitzungssaals ist hinzuweisen (Dresden StV 09, 682). Einlasskontrollen verstoßen nicht gegen den Öffentlichkeitsgrundsatz (OVG Berlin-Brandbg NJW 10, 1620) und bedürfen auch keiner Einzelfallprüfung (BGH NJW 10, 533). Auch die ständige Videoüberwachung des Eingangsbereichs des Gerichts stellt keinen Verstoß dar (LG Itzehoe NJW 10, 3525; aM VG Wiesbaden NJW 10, 1220).

3 Der Grundsatz der Öffentlichkeit der Verhandlung gebietet es nicht, dass jedermann weiß, wann und wo ein erkennendes Gericht eine Hauptverhandlung abhält. Es genügt vielmehr, dass jedermann die Möglichkeit hat, sich ohne besondere Schwierigkeiten davon Kenntnis zu verschaffen (BVerfG NJW 02, 814). Dem wird in der Praxis durch ein Terminsverzeichnis Rechnung getragen, das vor dem ersten Termin am Eingang zum Sitzungszimmer auszuhängen ist. Eine solche Anweisung enthalten § 6 IV der Aktenordnung und die Nr 3 der Zusatzbestimmungen zur Aktenordnung.

4 Der Ausschluss der Öffentlichkeit kann nur unter bestimmten, im Gesetz niedergelegten Voraussetzungen beschlossen werden. Liegen sie nicht vor, darf ein Ausschluss nicht erfolgen; es ist auch nicht erlaubt, diesen Ausschluss auf freiwilliger Basis zu erreichen (BGH NStZ 93, 450).

5 **B. Beschränkung des Zutritts.** Reichen die Sitzplätze nicht für alle, können in einer Reihenfolge nach dem Zeitpunkt des Erscheinens im Gerichtsgebäude vergeben werden. Die Befugnis, nähere Regeln für den Zugang zum Sitzungssaal und für das Verhalten in ihm zu erlassen und damit auch die Verteilung an Journalisten zu ordnen, steht dem Gerichtsvorsitzenden gem § 176 GVG zu (BVerfG NJW 03, 500). Bei der Entscheidung über den Umfang einer im Hinblick auf die räumlichen Verhältnisse erforderlichen faktischen Begrenzung der Öffentlichkeit ist auch die Notwendigkeit einer geordneten und ungestörten Durchführung der Verhandlung zu berücksichtigen (BGH NJW 06, 1220). Die Auswahl unterliegt dem Ermessen des Vorsitzenden.

6 Der Zutritt darf nicht auf die Verhandlungspausen beschränkt werden, es sei denn, dies erweist sich zur Abwehr von nennenswerten Störungen als erforderlich (BGH NStZ 04, 510). Ähnliches gilt für die Wahrnehmung des Hausrechts: die Justizverwaltung hat den Gerichten die für ihre Tätigkeit erforderlichen Räume zur Verfügung zu stellen und ihnen eine den §§ 169 ff GVG entsprechende Verhandlung zu ermöglichen (BGH NJW 82, 947). Zulässige Maßnahmen des Hausrechts, die zur Aufrechterhaltung der Sicherheit im Gerichtsgebäude dienen, verstoßen nicht gegen den Grundsatz der Öffentlichkeit (BGH NJW 82, 947; NJW 80, 249; BVerwG NJW 11, 2530).

Hat das Gericht durch Anordnung der vorherigen Durchsuchung von Zuhörern selber bewirkt, dass sich deren Zutritt zum Sitzungssaal verzögert, so darf es mit der Verhandlung erst beginnen, wenn den bis zum vorgesehen Verhandlungsbeginn erschienenen Personen der Zutritt gewährt worden ist (BGH NJW 95, 3196).

C. Ortstermin. Eine Verhandlung ist öffentlich, wenn »jeder beliebige Zuhörer«, also auch unbeteiligte Personen, an ihr teilnehmen können, sofern sie es wünschen. Bei einer Fortsetzung außerhalb des Sitzungssaales muss es ohne besondere Schwierigkeiten möglich sein, festzustellen, wo und wann weiterverhandelt wird. Die erforderlichen Maßnahmen hängen von den Umständen des Einzelfalls ab (BGH NStZ 91, 311). In der Regel ist ein entsprechender Aushang, ein Vermerk auf dem Terminszettel oder ein sonstiger Hinweis am Gerichtssaal oder im Gerichtsgebäude auf die Fortsetzung der Hauptverhandlung außerhalb des Gebäudes und den konkreten Ort erforderlich (Saarbr NStZ-RR 08, 50). Gegebenenfalls kann auch die Bekanntgabe in der Sitzung genügen. Zu den Umständen des Einzelfalls gehört es, ob überhaupt mit Zuschauern zu rechnen ist, etwa wenn ein Ortstermin nur zu einer kurzen Unterbrechung führt und zu später Stunde verhandelt wird (BGH NStZ 91, 311), ob der Ortstermin unmittelbar bei dem Gerichtsgebäude stattfindet und daher eine Teilnahme für Interessierte ohne besondere Anstrengungen möglich ist. 7

Situationsbedingte Erschwernisse können die Öffentlichkeit des Verfahrens aus tatsächlichen Gründen beschränken mit der Folge, dass der Zutritt nur iRd tatsächlichen Gegebenheiten eröffnet ist. Die Bestimmungen über die Öffentlichkeit sind nicht verletzt, wenn an Haus- und Wohnungstür angebrachten Aushänge, in denen auf die öffentliche Sitzung in der Strafsache gegen den Angeklagten hingewiesen wurde, für jeden Interessierten ohne weiteres feststellbar ist, wo die Verhandlung stattfindet und dass er seinen Wunsch nach Einlass in den Verhandlungsraum unter Benutzung der Haustechnik durch Betätigen einer Klingeleinrichtung oder Gegensprechanlage und evtl. durch Klopfzeichen an der Wohnungstür zum Ausdruck bringen kann (OLG Köln NStZ 99, 335). § 169 ist nicht verletzt, wenn der Anwesenheit der Öffentlichkeit an einer Beweisaufnahme ein von dem Gericht nicht zu beseitigendes rechtliches Hindernis entgegensteht, etwa wenn der Inhaber des Hausrechts Zuhörern keinen Zutritt gestattet. Eines Gerichtsbeschlusses über den Ausschluss der Öffentlichkeit bedarf es nicht, ebenso wenig der nachträglichen Information in öffentlicher Sitzung über das Ergebnis der Beweisaufnahme (BGH NStZ-RR 00, 366). Bei der Fortsetzung des Termins an einem anderen Ort besteht nicht grds die Pflicht des Gerichts, an dem Treffpunkt einen Hinweis für später Kommende zu hinterlassen (BVerwG NVwZ-RR 89, 168). Wegen der Enge der zu besichtigenden Örtlichkeit darf bei einem Augenschein die Teilnahme auf einzelne Zuschauer beschränkt werden; entscheidend ist dabei, dass der Zugang zu dem Augenschein nicht gesetzeswidrig von persönlichen Eigenschaften abhängt (BGH NJW 06, 1220). 8

D. Unbeabsichtigte Zutrittshindernisse. Rechtliche oder tatsächliche Hindernisse können den ungehinderten Zugang verwehren und die strikte Durchführung des Grundsatzes der Öffentlichkeit der Verhandlung beeinträchtigen, ohne dass ihr Vorliegen das Öffentlichkeitsprinzip in gesetzwidriger Weise verletzt. Das Vertrauen der Allgemeinheit oder des Einzelnen in die Objektivität des Gerichts wird durch Beschränkungen der Öffentlichkeit, die für das Gericht nicht erkennbar sind, nicht beeinträchtigt, bspw, wenn die Außentür des Gebäudes, in dem die Hauptverhandlung stattfand, versehentlich ins Schloss gefallen ist (BGHSt 21, 71 = NJW 66, 1570). Verwehrt ein Gerichtswachtmeister irrtümlich einer Person den an sich möglichen freien Zutritt zu einer Hauptverhandlung, ohne dass das Gericht den Vorfall bemerken kann, so sind die Vorschriften über die Öffentlichkeit des Verfahrens nicht verletzt (BGHSt 22, 797 = NJW 69, 756). Zugangshindernisse tatsächlicher Art stellen nur dann eine Verletzung des Öffentlichkeitsgrundsatzes dar, wenn sie dem Gericht bekannt waren oder bei Beachtung der nötigen Sorgfalt bekannt sein mussten. Das Gericht kann sich darauf verlassen, dass Anweisungen, die den Zutritt ermöglichen sollen, beachtet werden (BGH NJW 11, 3800). Dies ist nicht der Fall, wenn das Gerichtsgebäude versehentlich vor Ende der Sitzung abgeschlossen worden war, obwohl das Gericht die nötigen Vorkehrungen getroffen hatte, dies zu vermeiden (BVerwG VBlBW 84, 274). Von einer gesetzwidrigen Beschränkung der Öffentlichkeit kann auch keine Rede sein, wenn die Türen des Sitzungssaales wegen Überfüllung geschlossen werden (BVerfG NJW 03, 500). 9

E. Reservierung für Presse. Ein Teil der bei öffentlichen Verhandlungen der Allgemeinheit zur Verfügung stehenden Plätze kann Pressevertretern vorbehalten bleiben (BGH NJW 06, 1220). Zulässig ist auch die Regelung, nach der ein freigewordener Platz im Sitzungssaal, wenn einer der Journalisten den Raum verlässt, durch einen anderen noch wartenden Journalisten besetzt wird (BVerfG NJW 03, 500). 10

11 **F. Ton- und Filmaufnahmen. I. Zulässigkeit.** Der gesetzliche Ausschluss von Ton- und Fernseh-/Rundfunkaufnahmen in Gerichtsverhandlungen durch § 169 S 2 ist verfassungsgemäß (BVerfG 103, 44). Die Beschränkung gilt aber nur während der Verhandlung, nicht auch für die zeitlich davor oder danach gelegenen Phasen. Die Zulassung von Ton- und Filmaufnahmen unmittelbar vor und nach der mündlichen Verhandlung kann gem Art 5 I 2 GG geboten sein. Ein gegen den Staat gerichtetes Recht auf Zugang besteht im Zusammenhang mit einer Gerichtsverhandlung, sofern das öffentliche Interesse an deren Verbreitung gegenläufige Interessen überwiegt. (BVerfG NJW 08, 977). Laptops und Notebooks müssen im Sitzungssaal nicht zugelassen werden, weil nicht wirksam überwacht werden kann, ob verbotswidrige Aufnahmen mittels eingebauter Kameras und Mikrofone angefertigt werden (BVerfG NJW 09, 352).

12 **II. Persönlichkeitsschutz.** Die Beeinträchtigungen des allgemeinen Persönlichkeitsrechts der Richter und Schöffen aus einer Anfertigung und Verbreitung von Filmaufnahmen sind von diesen hinzunehmen, da sie Kraft des ihnen übertragenen Amtes anlässlich einer öffentlichen Verhandlung ohnedies im Blickfeld der Öffentlichkeit unter Einschluss der Medienöffentlichkeit stehen (BVerfG NJW-RR 07, 986), wenn nicht besondere Umstände Anlass zu der Befürchtung geben, eine Übertragung der Abbildung der Mitglieder des Spruchkörpers über das Fernsehen werde dazu führen, dass sie künftig erheblichen Beeinträchtigungen ausgesetzt sein werden (BVerfG NJW 00, 2890). Denkbare Nachteile für die Belange des Persönlichkeitsschutzes haben ein geringeres Gewicht ggü dem Informationsinteresse der Öffentlichkeit, das auch die bildliche Dokumentation der Anwesenheit der Mitglieder des Spruchkörpers unter Einschluss der Schöffen im Sitzungssaal umfasst (BVerfG NJW-RR 07, 1416; NJW 00, 2890).
Auch die Rechtsanwälte haben in ihrer Funktion als Organ der Rechtspflege grds Aufnahmen hinzunehmen, soweit sie als Beteiligte in einem Verfahren mitwirken, an dessen bildlicher Darstellung ein öffentliches Informationsinteresse besteht (BVerfG NJW-RR 07, 986).

13 Der Persönlichkeitsschutz des Angeklagten gewinnt im Gerichtsverfahren eine über den allgemein in der Rechtsordnung anerkannten Schutzbedarf hinausgehende Bedeutung, selbst wenn ein Angeklagter als relative Person der Zeitgeschichte anzusehen sein sollte (BVerfG NJW 03, 2671). Vor einem Verbot von Aufnahmen muss aber geklärt werden, ob eine befürchtete Beeinträchtigung nicht mit Auflagen – etwa durch Anonymisierung der Abbildungen der betroffenen Personen – abgewehrt werden kann (BVerfG NJW 08, 977). Allerdings kann auch in der Anordnung einer Anonymisierung von Aufnahmen des Angeklagten eine gewichtige Beschränkung von Informationsmöglichkeiten der Öffentlichkeit liegen. Diese ist ggü der möglichen Verletzung des Persönlichkeitsrechts des Angeklagten infolge einer Prangerwirkung durch identifizierende Berichtserstattung im Falle eines Freispruchs abzuwägen (BVerfG NJW 09, 350). Bis zu einem erstinstanzlichen Schuldspruch wird oftmals das Gewicht des Persönlichkeitsrechts ggü der Freiheit der Berichterstattung überwiegen (BVerfG NJW 09, 2117). Eigenverantwortliche Auftritte des Angeklagten in der Öffentlichkeit können dazu führen, dass er sich nicht mehr auf sein Persönlichkeitsrecht berufen kann (BVerfG NJW 09, 350).

§ 170 [Nichtöffentliche Verhandlung in Familiensachen sowie in Angelegenheiten der freiwilligen Gerichtsbarkeit].

(1) [1]Verhandlungen, Erörterungen und Anhörungen in Familiensachen sowie in Angelegenheiten der freiwilligen Gerichtsbarkeit sind nicht öffentlich. [2]Das Gericht kann die Öffentlichkeit zulassen, jedoch nicht gegen den Willen eines Beteiligten. [3]In Betreuungs- und Unterbringungssachen ist auf Verlangen des Betroffenen einer Person seines Vertrauens die Anwesenheit zu gestatten.
(2) Das Rechtsbeschwerdegericht kann die Öffentlichkeit zulassen, soweit nicht das Interesse eines Beteiligten an der nicht öffentlichen Erörterung überwiegt.

1 Anwesenheitsberechtigt an der nichtöffentlichen Verhandlung sind die formell und materiell Beteiligten, deren Verfahrensbevollmächtigte, weitere Beteiligte, wie bspw Vertreter des Jugendamtes sowie vom Gericht bestellte Sachverständige während des sie betreffenden Verfahrensabschnitts (KG 3.5.05–19 WF 73/05) und vom Gericht nach § 175 II GVG zugelassene Personen. Als Verfahrensbevollmächtigter ist auch der Korrespondenzanwalt zugelassen (Kobl NJW-RR 87, 509). Zu nicht öffentlichen Terminen hat ein wissenschaftlicher Beistand des Verfahrensbevollmächtigten keinen Zutritt (KG 3.5.05–19 WF 73/05). Wird er zugelassen, hat die Gegenpartei ein Beschwerderecht (Bremen FamRZ 04, 1590). Die Urteilsverkündung ist immer öffentlich, § 173 I.

Nach Abs 1 S 1 sind nunmehr alle Termine nichtöffentlich, jedoch kann das Gericht die Öffentlichkeit nach S 2 zulassen. Dieses Ermessen des Gerichts wird beschränkt, wenn ein Beteiligter widerspricht. 2

Für fG-Verfahren galt § 169 schon bisher nicht. Die Öffentlichkeit war nur zuzulassen, wen dies wegen Art 6 EMRK erforderlich war. Die bisherige Rechtslage für Angelegenheiten der freiwilligen Gerichtsbarkeit wurde fortgeschrieben. S 3 entspricht inhaltlich der bisherigen Regelung in den §§ 68 IV S 2, 70c S 5 iVm 68 IV S 2 FGG, wonach in Betreuungs- und Unterbringungssachen auch zu nichtöffentlichen Verhandlungen einzelne Personen zugelassen werden können. 3

Der neue Abs 2 wurde wegen des Interesses der Öffentlichkeit an der Rechtsprechung des BGH eingefügt. 4

§ 171 *(weggefallen)*

§ 171a *(betrifft Strafsachen – von einer Kommentierung wurde abgesehen)*

§ 171b [Ausschluss der Öffentlichkeit zum Schutz der Privatsphäre]. (1) [1]Die Öffentlichkeit kann ausgeschlossen werden, soweit Umstände aus dem persönlichen Lebensbereich eines Prozessbeteiligten, Zeugen oder durch eine rechtswidrige Tat (§ 11 Abs. 1 Nr. 5 des Strafgesetzbuches) Verletzten zur Sprache kommen, deren öffentliche Erörterung schutzwürdige Interessen verletzen würde, soweit nicht das Interesse an der öffentlichen Erörterung dieser Umstände überwiegt. [2]Dies gilt nicht, soweit die Personen, deren Lebensbereiche betroffen sind, in der Hauptverhandlung dem Ausschluss der Öffentlichkeit widersprechen.

(2) Die Öffentlichkeit ist auszuschließen, wenn die Voraussetzungen des Absatzes 1 Satz 1 vorliegen und der Ausschluss von der Person, deren Lebensbereich betroffen ist, beantragt wird.

(3) Die Entscheidungen nach den Absätzen 1 und 2 sind unanfechtbar.

Die Vorschrift dient dem Schutz des Persönlichkeitsrechts des Prozessbeteiligten, dessen Belange gegen den Grundsatz der Öffentlichkeit des Gerichtsverfahrens abgewogen werden muss. Die Entscheidung über den Ausschluss der Öffentlichkeit steht im Falle des Abs 1 S 1 im Ermessen des Gerichts und ist vAw zu treffen. Der Ausschluss unterliegt der Disposition des Betroffenen und darf nicht gegen seinen Willen angeordnet werden, Abs 1 S 2. Der Ausschluss der Öffentlichkeit auf Antrag gem Abs 2 ist zwar zwingend, wenn die Voraussetzungen vorliegen. Angesichts des unbestimmten Rechtsbegriffs im Tatbestand bleibt immer noch Spielraum für die Abgrenzung, ob schutzwürdige Interessen verletzt oder nur berührt würden. Die Entscheidung des Gerichts kann nicht angefochten werden (Abs 3). 1

Die öffentliche Erörterung der persönlichen Umstände iSd Abs 1 müssen geeignet sein, den Betroffenen bloßzustellen, sein Ansehen herabzuwürdigen oder auch seine Ehre oder berufliche Stellung zu gefährden und deshalb ein schutzwürdiges Interesse am Ausschluss der Öffentlichkeit zu begründen. Die Belange des Betroffenen überwiegen das Interesse der Allgemeinheit an einer öffentlichen Verhandlung nicht, wenn die öffentliche Erörterung dem Betroffenen lediglich peinlich oder unangenehm ist (BSG NZS 07, 670). 2

Der Ausschluss der Öffentlichkeit darf nur erfolgen, soweit er erforderlich ist; er ist mithin idR auf bestimmte Verfahrensabschnitte (etwa die Vernehmung eines bestimmten Zeugen) zu beschränken (BGH NStZ 02, 207). Der Beschl gilt bis zur Entlassung des Zeugen (vgl § 174 Rz 2). 3

Nach Abs 2 sind die Entscheidungen nach Abs 1 und 2 unanfechtbar. Die Verletzung des § 171b GVG ist daher kein Revisionsgrund. Zwar liegt gem § 547 V ZPO ein absoluter Revisionsgrund vor, wenn die Entscheidung auf Grund einer mündlichen Verhandlung ergangen ist, bei der die Vorschriften über die Öffentlichkeit des Verfahrens verletzt sind. Die Frage, ob die Voraussetzungen für einen Öffentlichkeitsausschluss vorgelegen haben, ist aber, anders als bei den §§ 172 ff GVG, der revisionsgerichtlichen Prüfung entzogen (BGH StV 98, 364 zu der Rüge der Verletzung des Öffentlichkeitsgrundsatzes gem § 338 Nr 6 StPO; offen gelassen vom BSG NZS 07, 670 hinsichtlich § 547 Nr 5 ZPO iVm § 202 SGG). Als unzulässige Beschränkung der Öffentlichkeit kann aber gerügt werden, die Öffentlichkeit sei über den im Ausschließungsbeschluss festgelegten Umfang hinausgehend ausgeschlossen gewesen (BGH StV 98, 364; Beschl v 17.8.11 – 5 StR 261/11) . 4

§ 172 [Weitere Gründe für Ausschluss der Öffentlichkeit]. **Das Gericht kann für die Verhandlung oder für einen Teil davon die Öffentlichkeit ausschließen, wenn**

1. eine Gefährdung der Staatssicherheit, der öffentlichen Ordnung oder der Sittlichkeit zu besorgen ist,

1a. eine Gefährdung des Lebens, des Leibes oder der Freiheit eines Zeugen oder einer anderen Person zu besorgen ist,

2. ein wichtiges Geschäfts-, Betriebs-, Erfindungs- oder Steuergeheimnis zur Sprache kommt, durch dessen öffentliche Erörterung überwiegende schutzwürdige Interessen verletzt würden,

3. ein privates Geheimnis erörtert wird, dessen unbefugte Offenbarung durch den Zeugen oder Sachverständigen mit Strafe bedroht ist,

4. eine Person unter 18 Jahren vernommen wird.

1 Die Dauer des Ausschlusses der Öffentlichkeit bestimmt das Gericht nach pflichtgemäßem Ermessen. Der Zeitraum darf nicht von vornherein zu weit bemessen sein. Der Ausschluss der Öffentlichkeit im weitest zulässigen Umfang »für die weitere Dauer der Hauptverhandlung«, kommt bei einem eng begrenzten Verfahrensgegenstand in Betracht wenn zu erwarten ist, dass sämtliche Prozessvorgänge mit dem Grund der Ausschließung in Beziehung stehen (BGH NJW 86, 200). Die Öffentlichkeit muss nach Wegfall des zunächst gegebenen Ausschließungsgrundes wieder hergestellt werden (stRspr, vgl BGH NJW 86, 200). Der Beschl ist gem § 174 zu begründen. Zur Anforderung an die Begründung s. § 174 Rz 3.

2 Zu Nr 1: Staatssicherheit ist die äußere oder innere Sicherheit der Bundesrepublik Deutschland, insb die Funktionsfähigkeit der demokratisch legitimierten Staatsorgane wie insgesamt ihre Fähigkeit, sich nach außen und innen gegen Störungen zur Wehr zu setzen. Bei der Wertung, ob bei einer öffentlichen Verhandlung gem § 172 Nr 1 GVG eine Gefährdung der Staatssicherheit zu besorgen ist, steht dem Tatrichter ein Beurteilungsspielraum zu (BVerwG Beschl v 19.11.96–2 B 47/96).

3 Die Gefährdung der öffentlichen Ordnung setzt voraus, dass aufgrund der Öffentlichkeit der Verhandlung die öffentliche Ruhe, Sicherheit oder Ordnung wahrscheinlich gestört wird, mag sich diese Störung in der Verhandlung selbst oder außerhalb auswirken. Eine solche Gefährdung der öffentlichen Ordnung ist noch nicht gegeben, wenn ein Zeuge erklärt, er wolle nur dann aussagen, wenn die Öffentlichkeit ausgeschlossen werde, weil die Presse sonst falsch berichten würde (BGH NJW 81, 2825).

4 Der Ausschließungsgrund der Besorgnis einer Gefährdung der Sittlichkeit kommt neben dem Ausschluss der Öffentlichkeit zum Schutz der Intimsphäre nach § 171b in Betracht. Die Ausschließungsgründe stehen mit unterschiedlicher Schutzfunktion selbstständig nebeneinander (BGH NJW 92, 2436). § 172 Nr 1 gestattet den Ausschluss der Öffentlichkeit auch dann, wenn die Abwägung gem § 171b I 1 zu dem Ergebnis kommt, dass die Interessen der Allgemeinheit das Schutzbedürfnis des Betroffenen überwiegen oder dieser widerspricht. Dem Tatrichter steht bei der Wertung, ob die öffentliche Erörterung sexualbezogener Vorgänge nach allgemeiner Anschauung anstößig wäre, ein Beurteilungsspielraum zu, bei dem allerdings die Liberalisierung der Anschauungen zur öffentlichen Darstellung sexualbezogener Vorgänge nicht außer Betracht bleiben können. Hierfür ist auf den bei Ausschluss der Öffentlichkeit zu erwartenden Inhalt des in Frage stehenden Verhandlungsabschnittes abzustellen (BGH NJW 92, 2436).

5 Nach ihrer Entstehungsgeschichte, ihrem Inhalt, der Gesetzessystematik und ihrem Sinn und Zweck enthält Nr 1a den einheitlichen Ausschließungsgrund der Personengefährdung (BGH NJW 95, 3195).

6 Der Ausschließungsgrund gem Nr 2 muss eines der genannten Geheimnisse betreffen, und zwar ein wichtiges. Ferner muss erkennbar sein, dass durch die öffentliche Erörterung überwiegende schutzwürdige Interessen verletzt würden. Dies muss aus der Beschlussbegründung (§ 174 I 3) hervorgehen (BGH StV 00, 243).

7 Der Ausschluss der Öffentlichkeit für die Dauer der Vernehmung kindlicher Zeugen nach Nr 4 umfasst alle Verfahrensvorgänge, die mit den Vernehmungen in enger Verbindung stehen oder sich aus ihnen entwickeln und daher zu diesem Verfahrensabschnitt gehören (BGH NStZ 94, 354). Ab 1.10.09 wird das Alter von 16 auf 18 Jahre angehoben (BGBl I, 2280).

§ 173 [Öffentliche Urteilsverkündung]. **(1) Die Verkündung des Urteils erfolgt in jedem Falle öffentlich.**

(2) Durch einen besonderen Beschluss des Gerichts kann unter den Voraussetzungen der §§ 171b und 172 auch für die Verkündung der Urteilsgründe oder eines Teiles davon die Öffentlichkeit ausgeschlossen werden.

Der Verkündung des Urteilstenors ist in Zivilsachen stets öffentlich. Nur die Verkündung der Gründe kann in nicht öffentlicher Sitzung erfolgen. In Zivilsachen wird dies regelmäßig schon deshalb nicht relevant sein, weil Urteile zumeist »unter Bezugnahme auf den entscheidenden Teil« verkündet werden. 1

§ 174 [Verhandlung über Ausschluss der Öffentlichkeit]. **(1) [1]Über die Ausschließung der Öffentlichkeit ist in nicht öffentlicher Sitzung zu verhandeln, wenn ein Beteiligter es beantragt oder das Gericht es für angemessen erachtet. [2]Der Beschluss, der die Öffentlichkeit ausschließt, muss öffentlich verkündet werden; er kann in nicht öffentlicher Sitzung verkündet werden, wenn zu befürchten ist, dass seine öffentliche Verkündung eine erhebliche Störung der Ordnung in der Sitzung zur Folge haben würde. [3]Bei der Verkündung ist in den Fällen der §§ 171b, 172 und 173 anzugeben, aus welchem Grund die Öffentlichkeit ausgeschlossen worden ist.**

(2) Soweit die Öffentlichkeit wegen Gefährdung der Staatssicherheit ausgeschlossen wird, dürfen Presse, Rundfunk und Fernsehen keine Berichte über die Verhandlung und den Inhalt eines die Sache betreffenden amtlichen Schriftstücks veröffentlichen.

(3) [1]Ist die Öffentlichkeit wegen Gefährdung der Staatssicherheit oder aus den in §§ 171b und 172 Nr. 2 und 3 bezeichneten Gründen ausgeschlossen, so kann das Gericht den anwesenden Personen die Geheimhaltung von Tatsachen, die durch die Verhandlung oder durch ein die Sache betreffendes amtliches Schriftstück zu ihrer Kenntnis gelangen, zur Pflicht machen. [2]Der Beschluss ist in das Sitzungsprotokoll aufzunehmen. [3]Er ist anfechtbar. [4]Die Beschwerde hat keine aufschiebende Wirkung.

Die Verhandlung über den Ausschluss der Öffentlichkeit ist grds öffentlich. Jedoch muss das Gericht auf Antrag eines Beteiligten die Öffentlichkeit ausschließen; insoweit ist keine Begründung erforderlich. Das Gericht kann die Öffentlichkeit für diesen Verhandlungsteil auch ohne Antrag ausschließen, wenn es eine solche Entscheidung nach seinem Ermessen für angebracht hält. 1

Der Ausschluss der Öffentlichkeit für die Verhandlung in der Hauptsache bedarf eines öffentlich zu verkündenden und gem Abs 1 S 3 in den Fällen der §§ 171b, 172 und 173 zu begründenden Beschlusses. In der Begründung ist der konkrete Ausschließungsgrund zu nennen. Ist ein Zeuge nach seiner Vernehmung in nichtöffentlicher Sitzung entlassen worden und soll er nochmals unter Ausschluss der Öffentlichkeit vernommen werden, ist dazu ein erneuter Gerichtsbeschluss erforderlich (BGH NStZ-RR 09, 213). Ein absoluter Revisionsgrund liegt vor, wenn Zeugen in der Hauptverhandlung unter Ausschluss der Öffentlichkeit vernommen werden, ohne dass zuvor der Ausschluss der Öffentlichkeit in einer den Anforderungen dem § 174 I 2 und 3 genügenden Weise beschlossen worden ist (BGH NStZ 92, 447). 2

Ein absoluter Revisionsgrund liegt auch vor, wenn der Ausschluss der Öffentlichkeit nicht gesetzeskonform begründet wird. Ein Ausschluss »gemäß § 171b I und II GVG« genügt dann, wenn der konkrete Ausschließungsgrund und der Vernehmungskomplex, für den der Ausschluss erfolgen soll, im Zusammenhang mit dem sich aus dem Protokoll ergebenden Antrag und der angegebenen Gesetzesvorschrift für alle Verfahrensbeteiligten sowie die im Gerichtssaal anwesenden Zuhörer auf der Hand liegt (BGH NStZ 04, 235); ebenso, wenn der Gerichtsbeschluss keine Begründung enthält, aber der Ausschließungsgrund des Schutzes der Privatsphäre des Opfers (§ 171b) oder der Gefährdung der Sittlichkeit (§ 172) oder beider zusammen für die Verfahrensbeteiligten und die Öffentlichkeit durch einen sich aus dem Beschl selbst ergebenden Hinweis auf den Verfahrensabschnitt zweifelsfrei erkennbar ist BGH NStZ 99, 92). 3

Die Begründung des Beschlusses dient va der Nachprüfungsmöglichkeit; sie muss den maßgebenden Grund eindeutig erkennen lassen. Es genügt auch die Angabe des Ausschlussgrundes mit den Worten des Gesetzes, wenn dieser damit eindeutig gekennzeichnet ist (BGH NJW 95 3195), insb, wenn der Beschl auf eine Gesetzesbestimmung verweist, die nur einen einzigen Ausschließungsgrund enthält oder der Text des Beschlusses auf eine Gesetzesstelle Bezug nimmt (BGH NStZ 89, 442). 4

Die Beschlussbegründung muss bei einem Ausschluss der Öffentlichkeit wegen Gefährdung der Staatssicherheit neben dem gesetzlichen Wortlaut nicht außerdem noch die tatsächlichen Umstände darlegen, aus denen sich der gesetzliche Ausschließungsgrund ergibt, wenn dies die Gefahr heraufbeschwören würde, dass gerade jene Umstände offenbart werden müssten, die der öffentlichen Erörterung entzogen sein sollen (BVerwG 19.11.96 – 2 B 47/96). 5

§ 175 [Versagung des Zutritts]. (1) Der Zutritt zu öffentlichen Verhandlungen kann unerwachsenen und solchen Personen versagt werden, die in einer der Würde des Gerichts nicht entsprechenden Weise erscheinen.

(2) [1]Zu nicht öffentlichen Verhandlungen kann der Zutritt einzelnen Personen vom Gericht gestattet werden. [2]In Strafsachen soll dem Verletzten der Zutritt gestattet werden. [3]Einer Anhörung der Beteiligten bedarf es nicht.

(3) Die Ausschließung der Öffentlichkeit steht der Anwesenheit der die Dienstaufsicht führenden Beamten der Justizverwaltung bei den Verhandlungen vor dem erkennenden Gericht nicht entgegen.

1 Ist die Sicherheit im Gerichtsgebäude nicht ohne weiteres gewährleistet, dürfen iRe Sicherheitsverfügung Maßnahmen getroffen werden die den Zugang zu einer Gerichtsverhandlung regeln, wenn für sie ein verständlicher Anlass besteht, wobei die Entscheidung hierüber im pflichtgemäßen Ermessen des die Sitzungspolizei ausübenden Vorsitzenden steht (BGHSt 27, 13).
Im Rahmen einer Sicherheitsverfügung dürfen nach der ersten Alternative des Abs 1 Personen, die jünger als 16 Jahre sind, pauschal von der Teilnahme an der Hauptverhandlung ausgeschlossen werden, wenn umfangreiche und personalintensive Eingangskontrollen durch Wachtmeister und Polizeikräfte erforderlich werden. Jedenfalls für diese Altersgruppe, bei der eine hohe Wahrscheinlichkeit für das Fehlen der Erwachsenenreife spricht, kann eine individuelle Prüfung dieser Reife durch das Gericht nicht gefordert werden (BGH NStZ 06, 652).

2 Die Landesjustizverwaltungen sind befugt zu bestimmen, wer die Dienstaufsicht führt (vgl die §§ 22 III, 22a, 22b IV, 58 GVG). Die landesrechtlichen Regelungen weisen die Dienstaufsicht den Gerichtspräsidenten zu (vgl zB § 16 BaWü AGGVG, Art 20 Bay AGGVG, § 10 AGGVG Niedersachsen, § 14 AGGVG Berlin, § 24 AGGVG Bremen).

§ 176 [Sitzungspolizei]. Die Aufrechterhaltung der Ordnung in der Sitzung obliegt dem Vorsitzenden.

1 **A. Sitzungspolizei.** § 176 stellt die Rechtsgrundlage für Anordnungen zur Aufrechterhaltung der Ordnung dar. Die Wahrnehmung der Sitzungspolizei ist Aufgabe des Vorsitzenden. Sie fällt unter die rechtsprechende Tätigkeit, unterscheidet sich aber von der Prozessleitung (§ 136 ZPO). Die Anordnung selbst ist nicht mit einem Rechtsmittel angreifbar. Wird der Anordnung keine Folge geleistet, sind Sanktionen wegen Ungehorsam oder Ungebühr möglich (§§ 177, 178).

2 **B. Ordnung.** Zur Ordnung gehören der ungestörte und geordnete Sitzungsablauf (vgl BVerfG NJW-RR 07, 1053; BGH NJW 98, 1420), die Würde des Prozesses und Wahrung der äußeren Formen, worunter auch das Tragen angemessener Kleidung fällt (BVerfG NJW 07, 56), Belange der Sicherheit der Mitglieder des Spruchkörpers (BVerfG NJW-RR 07, 1416), der Anspruch der Beteiligten auf ein faires Verfahren sowie die Funktionstüchtigkeit der Rechtspflege, insb die ungestörte Wahrheits- und Rechtsfindung (BVerfG NJW 08, 977).

3 **C. Befugnisse.** Die Sitzungspolizei umfasst alle Befugnisse und Maßnahmen, die erforderlich sind, um im Interesse der Wahrheitsfindung den ungestörten äußeren Verlauf der Sitzung zu sichern (BGH NJW 98, 1420). Die Gestaltung der gerichtlichen Verhandlung und der sitzungspolizeilichen Anordnungen liegt, soweit das Verfahrensrecht keine gegenläufigen Vorkehrungen trifft, im Ermessen des Vorsitzenden (BVerfG NJW 08, 977). Eine Entscheidung des Gerichts an Stelle des Vorsitzenden ist unschädlich (Karlsr NJW 77, 309, offen gelassen in BGH NStZ 92, 389). Welche Anordnung zur Aufrechterhaltung der Ordnung und Beseitigung einer Störung zu treffen ist, hängt von der Art der Beeinträchtigung ab. Um sein Ermessen ausüben zu können, muss der Richter zuvor allerdings prüfen, ob eine Beeinträchtigung der Ordnung der Sitzung überhaupt vorliegt oder konkret zu besorgen ist (BVerfG NJW 07, 56). Bei der Wahrnehmung seines Ermessens hat der Vorsitzende entgegenstehende Belange zu berücksichtigen und sicherzustellen, dass der Grundsatz der Verhältnismäßigkeit gewahrt ist (BVerfG NJW 08, 977). Dies gilt insb für die Zulassung von Presseberichterstattungen (BVerfG NJW 09, 2117). Die unbeeinträchtigte äußere Ordnung des Verhandlungsablaufs ist ebenso wichtig wie die Kontrolle der Gerichtsverhandlung durch die Öffentlichkeit (BGH NJW 06, 1220). Die sitzungspolizeilichen Befugnisse umfassen das Recht und die Pflicht, mit geeigneten Mitteln darauf hinzuwirken, dass Zeugen keinem Druck zur Beeinflussung ihres Aussageverhaltens ausge-

setzt werden. Gegebenenfalls können aus diesem Grund auch Zuhörer des Saals verwiesen werden (BGH NStZ 04, 220).

D. Umfang, Hausrecht. Die Befugnisse gelten für die Sitzung. Es begegnet keinen verfassungsrechtlichen Bedenken, dass grds auch die Anordnung der Durchsuchung von Personen und der von ihnen mitgeführten Gegenstände auch in Gestalt von Einlasskontrollen in den dem Sitzungssaal vorgelagerten Räumlichkeiten auf § 176 gestützt wird und dass sich die sitzungspolizeilichen Befugnisse auch auf die Verteidiger erstrecken (BVerfG NJW 06, 1500). Sitzungspolizeiliche Maßnahmen erstrecken sich räumlich auf den gesamten Bereich der Sitzung, dh alle für die Verhandlung erforderlichen Räumlichkeiten mit Einschluss des Beratungszimmers des Gerichts und der unmittelbar daran grenzenden Räume wie Flure und Korridore sowie des Bereich, in dem üblicherweise Zeugen auf ihre Vernehmung warten, weil diese Flächen so eng mit dem Geschehen im Sitzungssaal verbunden sind, dass die Aufrechterhaltung der Ordnung – auch zur Wahrung der Einheitlichkeit – sinnvoller Weise nur von dem Vorsitzenden wahrgenommen werden kann (BGH NJW 98, 1420). Die sitzungspolizeiliche Verfügung richtet sich an die in den genannten Räumen anwesenden Personen (BGH NJW 11, 3153). 4

Das Hausrecht gibt die Befugnis, zur Gewährleistung des Dienstbetriebs Regelungen über den Zutritt zum Dienstgebäude und den Aufenthalt von Personen in den Räumen des Gerichts zu treffen (OVG Berlin-Brandenburg NJW 11, 1093). Es findet seine Grenze an der Sitzungspolizei (BGHSt 24, 329, 330). , . Der Behördenleiter darf als Inhaber des Hausrechts insb nicht einem Zuhörer den Zutritt zum Sitzungssaal verwehren, wenn dies im Widerspruch zu sitzungspolizeilichen Verfügungen des Vorsitzenden steht (OVG Berlin-Brandenburg aaO). Diese Abgrenzung der richterlichen Sitzungspolizei vom Hausrecht des Behördenleiters gewährleistet die Unabhängigkeit des Richters, zu dessen richterlichen Aufgaben auch die Sitzungspolizei gehört (BGH NJW 82, 947). 5

E. Einzelfälle. Der Ausschluss eines Verteidigers, der in T-Shirt und offener Robe vor der Strafkammer auftritt, ist wegen eines schwerwiegenden Verstoßes gegen die Ordnung gerechtfertigt (München NJW 06, 3079). Ein Rechtsanwalt kann vor dem Amtsgericht von einer Verhandlung in einer Zivilsache ausgeschlossen werden, wenn er keine Robe trägt, obwohl eine einheitliche Entschließung der Zivilrichter des Gerichts dies verlangt und dies dem Rechtsanwalt bekannt ist (Braunschw NJW 95, 2113; zur Robenpflicht vgl auch VG Berlin NJW 07, 793; aA LAG Niedersachsen 29.9.08–16 Ta 333/08, wonach § 176 dem Vorsitzenden nur das Recht gebe, das Fehlen der Robe zu rügen, aber keine Grundlage für den Ausschluss von der Sitzung biete). Trägt der Anwalt keine Krawatte, obwohl sie Teil der Amtstracht ist, wäre ein Ausschluss unverhältnismäßig, weil die Störung der Verhandlungsordnung gering ist, wenn er in geschlossener Robe auftritt und die darunter getragenen Kleidungsstücke nicht geeignet sind, die Würde des Gerichts in Frage zu stellen (LG Mannheim NJW 09, 1094). Der Anordnung, die Schildmütze abzunehmen, ist Folge zu leisten (Stuttg Justiz 07, 281). Nach Ansicht des LG Dortmund (NJW 07, 3013 mit abl Anm *Bader* NJW 07, 2964) kann eine Schöffin, die sich weigert, ihr Kopftuch abzulegen, von der Hauptverhandlung ausgeschlossen werden. Dagegen kann nach LG Bielefeld (NJW 07, 3014) eine Schöffin, die beabsichtigt, während der Hauptverhandlung ein Kopftuch zu tragen, nicht deshalb von der Schöffenliste gestrichen werden. Der Ausschluss einer Zuhörerin, die aus religiösen Gründen ein Kopftuch trägt, ist nicht zulässig (BVerfG NJW 07, 56). Ein Zeitungs-Reporter kann nicht von der öffentlichen Hauptverhandlung ausgeschlossen werden wegen vorangegangener abfälliger Berichterstattung in der Zeitung (BVerfG NJW 79, 1400). Ein Zuhörer, der in der Verhandlung mitschreibt, stört allein dadurch nicht (BGH NStZ 82, 389). Ein sitzungspolizeiliches Verbot der Benutzung von Laptops ist zulässig (vgl § 169 Rz 11). 6

F. Rechtsbehelfe. Ein Rechtsbehelf gegen sitzungspolizeiliche Anordnungen ist nicht vorgesehen (vgl BGHSt 17, 201 = NJW 62, 1260). Die Sitzungspolizei ist kein gem § 23 EGGVG überprüfbarer Justizverwaltungsakt, sondern eine Maßnahme der Rechtsprechung und Ausfluss der richterlichen Unabhängigkeit (Hambg NStZ 92, 509; vgl auch Zweibr NStZ 87, 477). Sitzungspolizeiliche Entscheidungen des Vorsitzenden sind aber Akte der öffentlichen Gewalt, die selbstständig mit der Verfassungsbeschwerde angegriffen werden können (stRspr des BVerfG, vgl NJW 00, 2890; NJW 92, 3288; BVerfGE 50, 234 = NJW 79, 1400). Soweit durch eine Anordnung gem § 176 GVG Verfahrensrechte beeinträchtigt werden, insb Bestimmungen über die Öffentlichkeit, ist dies iRd statthaften Rechtsmittel überprüfbar (vgl hierzu § 181 Rz 1). Allerdings ist die Beschwerde ausnahmsweise dann statthaft, wenn es zumindest möglich erscheint, dass die angefochtene Maßnahme Grundrechte oder andere Rechtspositionen der Beschwerdeführer über die Hauptverhandlung hinaus dauerhaft tangiert und beeinträchtigt (Stuttg NJW 11, 2899 mwN). 7

§ 177 [Maßnahmen bei Ungehorsam]. **[1]Parteien, Beschuldigte, Zeugen, Sachverständige oder bei der Verhandlung nicht beteiligte Personen, die den zur Aufrechterhaltung der Ordnung getroffenen Anordnungen nicht Folge leisten, können aus dem Sitzungszimmer entfernt sowie zur Ordnungshaft abgeführt und während einer zu bestimmenden Zeit, die vierundzwanzig Stunden nicht übersteigen darf, festgehalten werden. [2]Über Maßnahmen nach Satz 1 entscheidet gegenüber Personen, die bei der Verhandlung nicht beteiligt sind, der Vorsitzende, in den übrigen Fällen das Gericht.**

1 § 177 knüpft an eine Anordnung gem § 176 an und enthält die Ermächtigung zu deren Durchsetzung im Wege des unmittelbaren Zwangs. Die Sanktionen umfassen die zwangsweise Entfernung aus dem Sitzungssaal oder Ordnungshaft für höchstens 24 Stunden.

2 Wer »Beteiligter« ist bestimmt sich nach dem konkreten Verfahren, in dem die Maßnahme angeordnet wird. Unter Parteien sind im Zivilprozess auch die gesetzlichen oder gewillkürten Vertreter der Prozessparteien und die Drittbeteiligten iSv §§ 64 ff ZPO zu verstehen (Kissel/Mayer § 177 Rn 13). Rechtsanwälte in der Rolle des Prozessbevollmächtigten oder des Verteidigers unterliegen nicht der gerichtlichen Sitzungspolizei und Ordnungsstrafgewalt. Nach BGH NJW 77, 437 lässt es der unzweideutige Wortlaut der §§ 177, 178 nicht zu, die zwangsweise Entfernung eines Anwalts anzuordnen und vollziehen zu lassen; dies jedenfalls außerhalb von »Situationen, die so außergewöhnlich sind, dass angenommen werden könnte, der Gesetzgeber habe sie nicht in seine Überlegungen einbezogen«. Selbst in einer solchen Extremsituation verneint das Hamm (NZV 03, 491) die Befugnis, eine solche Anordnung zur Aufrechterhaltung der Ordnung zu treffen.

3 Die Maßnahme dient der Vollstreckung einer Anordnung gem § 176 und setzt damit nur eine objektive Zuwiderhandlung voraus. Verschulden ist nicht erforderlich, weil die Maßnahme nur der ordnungsgemäßen Durchführung des Verfahrens dient und nicht der Ahndung des zugrunde liegenden Verhaltens (Kissel/Mayer § 177 Rn 1).

4 § 177 ermächtigt zu einer freiheitsentziehenden Maßnahme, die jedoch nach dem Zweck der Bestimmung auf die Dauer der Sitzung bzw das Ende des Sitzungstages beschränkt ist. Das Abführen, die Anordnung und die Dauer der Ordnungshaft müssen als Mittel zur ordnungsgemäßen Durchführung der Verhandlung angezeigt sein (Kissel/Mayer § 177 Rn 4 und 5).

§ 178 [Ordnungsmittel wegen Ungebühr]. **(1) [1]Gegen Parteien, Beschuldigte, Zeugen, Sachverständige oder bei der Verhandlung nicht beteiligte Personen, die sich in der Sitzung einer Ungebühr schuldig machen, kann vorbehaltlich der strafgerichtlichen Verfolgung ein Ordnungsgeld bis zu eintausend Euro oder Ordnungshaft bis zu einer Woche festgesetzt und sofort vollstreckt werden. [2]Bei der Festsetzung von Ordnungsgeld ist zugleich für den Fall, dass dieses nicht beigetrieben werden kann, zu bestimmen, in welchem Maße Ordnungshaft an seine Stelle tritt.**
(2) Über die Festsetzung von Ordnungsmitteln entscheidet gegenüber Personen, die bei der Verhandlung nicht beteiligt sind, der Vorsitzende, in den übrigen Fällen das Gericht.
(3) Wird wegen derselben Tat später auf Strafe erkannt, so sind das Ordnungsgeld oder die Ordnungshaft auf die Strafe anzurechnen.

1 **A. Ungebühr.** Unter Ungebühr ist ein vorsätzliches Verhalten in der Sitzung zu verstehen, das geeignet ist, die Würde des Gerichts erheblich zu verletzen oder die Ruhe und Ordnung einer gerichtlichen Verhandlung gröblich zu stören. Die zur sachgerechten Durchführung der Verhandlung notwendige Ordnung besteht in der unmittelbaren Beachtung der Ordnungsvorschriften, der Gewährleistung der ungehinderten Wahrnehmung der Verfahrensrechte für alle Verfahrensbeteiligten, der Schaffung und Sicherung einer Atmosphäre ruhiger Sachlichkeit, Distanz und Toleranz, die allein die erforderliche Suche nach der Wahrheit und dem Recht ermöglicht und dem Ernst der Rechtsprechungstätigkeit gerecht wird (BVerfG NJW 07, 2839; Kissel/Mayer § 178 Rn 10).

2 **B. Zeitlicher Rahmen.** Gegenstand ist die Ungebühr in der Sitzung. Das Fehlverhalten muss verfahrensrelevant sein (Kissel/Mayer § 178 Rn 10). § 178 ermächtigt auch zu Sanktionen wegen Verhaltensweisen unmittelbar vor Sitzungsbeginn (Hamm Beschl v 18.2.05 – 2 Ws 36/05 – BeckRS 05, 06194).

3 Der Ordnungsgeldbeschluss muss in der Sitzung über die Sache verkündet werden, deren Ordnung er dient und die gestört wurde. Nach dem Ende der Sitzung und dem Aufruf der nächsten Sache kann er seinen Zweck nicht mehr erreichen (Nürnberg NStZ-RR 06, 308). Mit dem Ende der Sitzung endet auch die Sit-

zungsgewalt des Gerichts, auf welcher die Befugnis zur Festsetzung von Ordnungsmitteln gem § 178 GVG beruht (Hambg NJW 99, 2607 mwN). Bei einer Hauptverhandlung von mehrtägiger Dauer kann eine Ungebühr uU auch erst am folgenden Verhandlungstag geahndet werden (Hamm Beschl v 18.2.05 – 2 Ws 36/05 – BeckRS 05, 06194).

C. Personenkreis. Zuständig ist gem Abs 2 das Gericht für die in Abs 1 S 1 genannten Verfahrensbeteiligten das Gericht, für nicht Beteiligte der Vorsitzende. Der Personenkreis ist identisch mit dem in § 177 genannten (s. § 177 Rz 2). 4

D. Rechtliches Gehör. Vor der Verhängung eines Ordnungsgeldes wegen Ungebühr muss der Betroffene angehört werden. Ihm ist Gelegenheit zu geben, sein ungebührliches Verhalten zu erläutern und zu entschuldigen, zumal seine Erklärung für die Höhe des Ordnungsgeldes oder sogar für ein Absehen von einer Ordnungsmaßnahme von Bedeutung ist. Von einer Anhörung kann nur in krassen Ausnahmefällen abgesehen werden, wenn sie dem Gericht mit Rücksicht auf die Intensität oder die Art der Ungebühr nicht zugemutet werden kann. Die unterbliebene Anhörung kann in der Beschwerdeinstanz nicht nachgeholt werden. Die Anhörung ist ferner entbehrlich, wenn dem Betroffenen die Festsetzung vorher ausdrücklich angedroht oder schon vorher gegen ihn wegen der gleichen Art Ungebühr Maßnahmen oder Ordnungsmittel verhängt worden sind (Kobl NJOZ 07 3007). Hat der Betroffene die Möglichkeit, ihm rechtliches Gehör zu gewähren, dadurch selbst vereitelt, dass er sich aus dem Sitzungssaal entfernte, braucht das Gericht weitere Gelegenheit zur Stellungnahme nicht zu geben (Zweibr NJW 05, 611; Rostock BeckRS 05 12845; VGH München NVwZ 03, 883; s. aber Köln NJW 08, 2865: Verlässt der Betroffene nach ungebührlichem Verhalten rasch den Sitzungssaal, könnte aber problemlos zur Rede gestellt werden und ist weiter erreichbar, bleibt eine Anhörung geboten.). 5

E. Verhältnismäßigkeit. Die Sanktionierung einer Äußerung wegen Ungebühr setzt unter Berücksichtigung des Grundsatzes der Verhältnismäßigkeit voraus, dass die Äußerung nach Zeitpunkt, Inhalt oder Form den ordnungsgemäßen Verfahrensablauf in nicht unerheblichem Ausmaß gestört hat und die Sanktion dem Anlass angemessen ist. Ferner sind die grundrechtlich geschützte Meinungsfreiheit gem Art 5 GG und das rechtsstaatlich begründete Recht, zur Rechtsverteidigung eindringliche Ausdrücke benutzen zu dürfen, zu berücksichtigen. Bei einer Spontanreaktion auf ein zumindest aus Sicht des Betroffenen beanstandenswürdiges Fehlverhalten der prozessualen Gegenseite oder des Gerichts ist eine Ordnungsmaßnahme ohne vorherige Ermahnung unverhältnismäßig, zumal wenn sie in einer typischerweise psychisch sehr belastenden Situation erfolgt (BVerfG NJW 2007, 2839). Eine Ahndung mit einem Ordnungsmittel kann entbehrlich sein, wenn eine augenblickliche, aus einer gereizten Verhandlungssituation geborene Entgleisung vorliegt (Ddorf NStZ-RR 97, 370). Sieht der Betroffene sein Fehlverhalten ein und entschuldigt sich dafür, bedarf es keiner weiteren Sanktion (Köln NJW 08, 2865). 6

F. Einzelfälle. Wer der den Gerichtssaal unter heftigstem Zuschlagen der Tür verlässt, verhält sich ungebührlich (Zweibr NJW 05, 611); ebenso, wer sich provokativ weigert, trotz Aufforderung durch das Gericht und ohne nachvollziehbaren Grund die Schildmütze abzunehmen (Stuttg Justiz 07, 281), wer als Zeuge während seiner Vernehmung einen Anruf auf dem Mobiltelefon entgegennimmt trotz der Anweisung des Gerichts, das Gerät auszuschalten, und den Saal für das Telefonat verlässt (Hambg NJW 97, 3452). Es stellt eine Ungebühr dar, wenn der Angeklagte in angetrunkenem Zustand in der Hauptverhandlung erscheint (Ddorf NJW 89, 241), wenn ein Zuhörer bei einem Gerichtstermin sich bei Eintritt des Gerichts zunächst nicht erhebt, dann aber aufsteht und ihm die Kehrseite zuwendet (Köln NJW 85, 446), wenn der Angeklagte bei Eintritt des Gerichts sitzen bleibt (Kobl NStZ 84, 234), wenn der Angeklagte demonstrativ Kaugummi kaut (Bambg Beschl v 26.1.89 – Ws 633/88). 7

Das bloße Sitzenbleiben des Angeklagten beim Eintreten des Gerichts nach vorangegangener Sitzungspause stellt nur dann eine Ungebühr dar, wenn weitere objektive Umstände hinzutreten, die die Annahme rechtfertigen, dass dies in der Absicht geschieht, das Gericht zu provozieren oder herabzusetzen (Saarbr Beschl v 28.2.07 – 1 W 33/07). Das Erscheinen eines Zeugen in kurzen Hosen und T-Shirt stellt keine Ungebühr dar, sofern er nicht in besonders nachlässiger Weise erscheint oder durch seine Kleidung bewusst provozieren oder aus dem Rahmen fallen will (Kobl NJW 95, 977). 8

§ 179 [Vollstreckung der Ordnungsmittel]. Die Vollstreckung der vorstehend bezeichneten Ordnungsmittel hat der Vorsitzende unmittelbar zu veranlassen.

1 Die Bestimmung weist dem Vorsitzenden die Aufgabe der Vollstreckungsbehörde zu. Allerdings wird durch § 31 III RPflG die gerichtliche Vollstreckung von Ordnungs- und Zwangsmitteln dem Rechtspfleger übertragen, soweit sich nicht der Richter im Einzelfall die Vollstreckung ganz oder tw vorbehält.

2 Die Zuständigkeit des Vorsitzenden gilt auch für die (sofortige) Vollstreckung sitzungspolizeilicher Anordnungen gem § 176 und Maßnahmen zur Aufrechterhaltung der Ordnung nach § 177.

3 Ordnungsgeld wird nach § 1 I Nr 3 JBeitrO, Ordnungshaft nach § 171 StVollzG vollstreckt. Für Zahlungserleichterungen gilt § 7 EGStGB. Die Umwandlung von Ordnungsgeld in Ordnungshaft aufgrund erfolgloser Vollstreckung nach Art 8 EGStGB, ist mit der Beschwerde nach § 304 I, II StPO anfechtbar (Celle NStZ-RR 98, 210).

§ 180 [Befugnisse außerhalb der Sitzung]. Die in den §§ 176 bis 179 bezeichneten Befugnisse stehen auch einem einzelnen Richter bei der Vornahme von Amtshandlungen außerhalb der Sitzung zu.

1 Amtshandlungen außerhalb der Sitzung sind etwa Beweisaufnahmen und Anhörungen durch den beauftragten oder ersuchten Richter(§§ 361, 362 ZPO). Die Befugnisse gelten auch für Maßnahmen wegen schriftlicher Zeugenaussagen ungebührlichen Inhalts (SG Ulm Beschl v 17.04.09 – S 10 R 1149/09). Im Gegensatz dazu stellen etwa formlose Unterredungen im Dienstzimmer keine richterlichen Amtshandlungen dar (Kissel/Mayer § 180 Rn 1). Gegen die Verhängung eines Ordnungsmittels kann Beschwerde eingelegt werden, die aufschiebende Wirkung hat, § 181 II.

§ 181 [Beschwerde gegen Ordnungsmittel]. (1) Ist in den Fällen der §§ 178, 180 ein Ordnungsmittel festgesetzt, so kann gegen die Entscheidung binnen der Frist von einer Woche nach ihrer Bekanntmachung Beschwerde eingelegt werden, sofern sie nicht von dem Bundesgerichtshof oder einem Oberlandesgericht getroffen ist.

(2) Die Beschwerde hat in dem Falle des § 178 keine aufschiebende Wirkung, in dem Falle des § 180 aufschiebende Wirkung.

(3) Über die Beschwerde entscheidet das Oberlandesgericht.

1 Die Beschwerde ist nur gegen ein Ordnungsmittel wegen Ungebühr gem § 178 sowie gegen die entsprechende Entscheidung außerhalb der Sitzung gem § 180 statthaft, aber nicht gegen sitzungspolizeiliche Maßnahmen gem den §§ 176, 177. In der Rspr wird zunehmend vertreten, dass eine Beschwerde auch insoweit zulässig sei, wenn die sitzungspolizeiliche Maßnahme nicht ausschließlich auf § 176 gestützt ist (BVerfG Beschl vom 14.10.09 – 1 BvR 2436/09) oder weitergehende Folgen hat (LG Mannheim NJW 09, 1094: aufgrund der Bedeutung für das Mandatsverhältnis zwischen dem Nebenkläger und seinem Vertreter ist die Beschwerde gem § 304 I StPO zulässig gegen die Zurückweisung eines Nebenklägervertreters wegen der Weigerung, in der Hauptverhandlung eine Krawatte anzulegen; LG Ravensburg NStZ-RR 07, 348: Beschwerde gegen die Beschlagnahme des Aufnahmeträgers bei unzulässig angefertigten Bildern, weil Grundrechte oder andere Rechtspositionen des Betroffenen über die Dauer der Hauptverhandlung hinaus tangiert werden; LAG Niedersachsen Beschl v 29.9.08 – 16 Ta 333/09: Beschwerde gem den §§ 78 ArbGG, 567 ZPO gegen den Ausschluss eines ohne Robe verhandelnden Rechtsanwalts wegen möglicher über das Verfahren hinausgehender Konsequenzen; offen gelassen in BGH NJW 98, 1420).

2 Der Sache nach handelt es sich um eine sofortige Beschwerde (München NJW 68, 308; Kissel/Mayer § 181 Rn 2) mit eigener, von den einzelnen Verfahrenordnungen unabhängiger Frist, bei deren Versäumung die Wiedereinsetzung in den vorigen Stand möglich ist (vgl Frankf NJW 1967, 81). Der Beginn der Wochenfrist richtet sich nach der jeweiligen Art des Verfahrens, in dem die Entscheidung erging. Erst die Zustellung eines in Zivilsachen verkündeten Beschlusses setzt die Frist in Gang, § 569 I 2 ZPO. In Zivilsachen ist keine Rechtsmittelbelehrung zu erteilen (Köln NJW 60, 2294; Schleswig NJW 71, 1321), wohl aber in Strafsachen gem § 35a StPO (Hamm NJW 63, 1791).

3 Bei welchem Gericht die Beschwerde einzulegen ist, hängt ebenfalls von dem Verfahren ab, in dem der Ordnungsgeldbeschluss erlassen wurde. § 181 GVG sieht auch insoweit keine einheitliche Handhabung vor. In Zivilsachen ist die Beschwerde bei dem Gericht, dessen Entscheidung angefochten wird, oder bei dem Beschwerdegericht einzulegen, § 569 I 1 ZPO. Gemäß § 64 I FamFG ist die Beschwerde bei dem Gericht einzulegen, dessen Beschl angefochten wird. In Strafsachen gilt § 306 I StPO (Gericht, das den Beschl erlas-

sen hat, vgl Hambg NJW 99, 2607). Ist der Ordnungsgeldbeschluss in Bußgeldsachen ergangen, entscheidet der Senat gem § 180a OWiG in der Besetzung mit einem Richter (Köln NJW 06, 3298; Jena VRS 2006, 20). Die Vollstreckung der Ordnungsstrafe macht die Beschwerde nicht gegenstandslos (Kobl MDR 85, 431).
Das Beschwerdegericht hat eine eigene Ermessensentscheidung zu treffen darüber, ob es eine Bestrafung wegen Ungebühr aufrecht erhält oder ob es davon absieht (Köln NJW 86, 2515). 4

§ 182 [Protokollierung]. Ist ein Ordnungsmittel wegen Ungebühr festgesetzt oder eine Person zur Ordnungshaft abgeführt oder eine bei der Verhandlung beteiligte Person entfernt worden, so ist der Beschluss des Gerichts und dessen Veranlassung in das Protokoll aufzunehmen.

Zweck der Bestimmung ist die Sicherstellung einer möglichst umfassenden und von Erinnerungslücken freien, objektiven Dokumentation der Vorgänge, die zur Festsetzung eines Ordnungsmittels geführt haben, auch als Grundlage für die Überprüfung in der Beschwerdeinstanz (Karlsr NJW-RR 98, 144; Stuttg Justiz 79, 347). Der Vorgang, der die Ungebühr darstellt, ist möglichst konkret ins Protokoll aufzunehmen; beleidigende Äußerungen sowie Zurufe sind wörtlich anzuführen (Zweibr NJW 05, 611). Bei der Verhängung eines Ordnungsmittels muss der zugrunde liegende Sachverhalt zumindest dann außerhalb des Beschlusses durch das Protokoll beurkundet sein, wenn der Betroffene den in den Gründen des Beschlusses wiedergegebenen Sachverhalt in Abrede stellt (KG MDR 82, 329). 1

Fehlt eine Protokollierung, ist der Ordnungsmittelbeschluss aufzuheben, wenn der Betroffene den Vorgang bestreitet; eine nachträgliche Ergänzung des Protokollierten ist nicht zulässig (Karlsr NJW-RR 98, 144; Stuttg Justiz 79, 347). Ist der Vorgang, der zur Verhängung einer Ordnungsstrafe geführt hat, nicht in das Sitzungsprotokoll, sondern nur in die Gründe des Strafbeschlusses aufgenommen worden, so kann dieser Bestand haben, wenn der Vorgang selbst mit der Beschwerde nicht in Abrede gestellt wird (Hamm NJW 63, 1791). 2

Der Ordnungsmittelbeschluss ist zu begründen. Die Begründung kann durch ausdrückliche oder stillschweigende Bezugnahme auf den Protokollvermerk über die Veranlassung ersetzt werden, wenn nach der Darstellung im Protokoll die Gründe der Entscheidung außer Zweifel stehen und auch für das Beschwerdegericht vollständig erkennbar sind (Ddorf NStZ 88, 238). 3

§ 183 [Straftat in der Sitzung]. [1]Wird eine Straftat in der Sitzung begangen, so hat das Gericht den Tatbestand festzustellen und der zuständigen Behörde das darüber aufgenommene Protokoll mitzuteilen. [2]In geeigneten Fällen ist die vorläufige Festnahme des Täters zu verfügen.

Die Vorschrift verpflichtet das Gericht zur Protokollierung des Sachverhalts und Einschaltung der Strafverfolgungsbehörden nur, wenn alle Tatbestandsmerkmale einer Straftat festgestellt werden können. Fehlt es nach Einschätzung des Gerichts am Vorsatz, ist der Vorgang nicht gem § 183 zu protokollieren (LG Regensburg NJW 08, 1094). 1

Der offene Vorhalt, es bestehe der Verdacht einer Straftat, der bei unveränderter Sachlage zu einer Strafanzeige führen müsse, begründet nicht die Besorgnis der Befangenheit, sondern dient auch der Gewährung rechtlichen Gehörs vor der zu treffenden Entscheidung und ist insofern eher geeignet, einer begründeten Besorgnis der Befangenheit entgegenzuwirken (KG MDR 01, 107). Es stellt auch keinen Ablehnungsgrund dar, wenn ein Richter unter Übersendung der Akten an die Staatsanwaltschaft eine Strafanzeige gegen eine Partei erstattet, sofern er die Verdachts- und Entlastungsumstände abgewogen hat (Kobl NJOZ 06, 4348). 2

Wegen einer in der Sitzung begangenen strafbaren Handlung kann das Gericht keinen Haftbefehl erlassen, sondern nur die vorläufige Festnahme anordnen (Hamm NJW 49, 191). 3

Fünfzehnter Titel Gerichtssprache

§ 184 [Deutsche Sprache]. [1]Die Gerichtssprache ist deutsch. [2]Das Recht der Sorben, in den Heimatkreisen der sorbischen Bevölkerung vor Gericht sorbisch zu sprechen, ist gewährleistet.

Nach dem Zweck der Vorschrift darf deutschen Staatsbürgern vor deutschen Gerichten keine fremde Sprache aufgezwungen werden, auch nicht tw etwa durch eine fremdsprachige Urkunde. Es ist ein nicht aus- 1 drücklich in die Verfassung aufgenommener Grundsatz, dass im Geltungsbereich des Grundgesetzes die deutsche Sprache das einzige offizielle Verständigungsmittel ist (Stuttg Justiz 07, 260). Angesichts des gewachsenen Ausländeranteils in der Bevölkerung und der zunehmenden internationalen Verflechtung wandelte sich die Bedeutung. Es stellte sich wiederholt die Frage, ob die Bestimmung nicht Deutsch sprechende Bürger benachteiligt unter den Gesichtspunkten des rechtlichen Gehörs, des rechtsstaatlichen Verfahrens und des Gleichheitssatzes. In den dazu ergangenen Entscheidungen wurde dies verneint (s. Rz 2 und 5), jedoch die jeweilige Besonderheit des Einzelfalls betont.

2 Die Bestimmung verletzt weder das Recht auf rechtliches Gehör gem Art 103 I GG noch den Grundsatz der Gewährleistung eines rechtsstaatlichen fairen Verfahrens (BVerfG NVwZ 87, 785). Der Grundsatz, dass die Gerichtssprache deutsch ist, ist jedenfalls dann verfassungsrechtlich unbedenklich, wenn die Gerichte auf der Grundlage des § 144 I ZPO vAw Übersetzungen einholen, sofern der Ausländer dartut, dass er diese aufgrund finanzieller Notlage nicht beibringen kann, und außerdem darlegt, dass die von ihm eingereichten fremdsprachigen Schriftstücke für das Verfahren bedeutsam sind (BVerfG NVwZ 87, 785).

3 § 184 gilt nicht nur für gerichtliche Verhandlungen und Entscheidungen, sondern auch für den gesamten Schriftverkehr des Gerichtes und mit dem Gericht (BGHSt 30, 182 = NJW 82, 532; Brandbg OLG-NL 00, 261). Nicht in deutscher Sprache abgefasste Anträge sind unzulässig (Stuttg Justiz 07, 260). Die bloße Bezugnahme auf fremdsprachigen Studienveröffentlichungen, die von den Parteien eingereicht werden, erfüllt nicht die Anforderungen an einen ordnungsgemäß in den Prozess eingeführten Vortrag; Studien, auf deren Ergebnisse die Parteien sich zur Stützung ihres Sachvortrages beziehen wollen, sind in ihren wesentlichen Eckpunkten schriftsätzlich darzustellen (Hambg GRUR-RR 08, 100). Die Verwendung medizinischer Fachausdrücke im Urt ist zulässig (Hamm NStZ-RR 10, 348).

4 Dies betrifft allerdings nur Erklärungen, nicht auch Beweismittel (Brandb NJOZ 05, 1553). Fremdsprachige Urkunden sind nicht allein deshalb unbeachtlich, weil sie nur im fremdsprachlichen Original ohne deutsche Übersetzung vorgelegt werden, denn es liegt im Ermessen des Gerichts, ob es die Beibringung einer Übersetzung nach § 142 III ZPO anordnen will (BVerwG NJW 96, 1533). Das Gericht kann auch auf eine Übersetzung verzichten, wenn der Inhalt der Urkunde zwischen den Beteiligten unumstritten ist, es kann aber auch vAw eine tw oder völlige Übersetzung der Urkunde einholen (BVerfG NJW 97, 2040).

5 Eine Übersetzung gerichtliche Entscheidungen ist vAw auch dann nicht beizufügen, wenn der Betroffene die deutsche Sprache nicht versteht. Rechtsmittelfristen werden daher auch allein durch Zustellung in deutscher Sprache abgefasster Entscheidungen in Lauf gesetzt (Brandbg NJW-RR 07, 70). Jedenfalls dann, wenn der Angeklagte, der Revision eingelegt hat, durch einen Rechtsanwalt verteidigt wird, lässt sich dem Recht auf ein rechtsstaatliches, faires Verfahren kein Anspruch auf eine Übersetzung des schriftlichen Strafurteils für Zwecke der Revisionsbegründung entnehmen (BVerfGE 64, 135 = NJW 83, 2762). Eine Verletzung des Gleichheitssatzes gem Art 3 III GG liegt nicht vor. Dadurch, dass die Urteile der Strafgerichte in deutscher Sprache abzufassen sind und dem Verurteilten, wie jedermann, nur in dieser Form schriftlich verlautbart werden, wird er rechtlich nicht benachteiligt, denn damit wird seine Sprache nicht als Anknüpfungspunkt für Rechtsnachteile verwendet. Zum Ausgleich sprachbedingter Erschwernisse, die im Tatsächlichen auftreten, verpflichtet das Diskriminierungsverbot des Art 3 III GG nicht (BVerfG NJW 83, 2762, 2765).

6 Zur Wahrung einer Rechtsmittelfrist reicht die Einreichung einer in fremder Sprache gehaltenen Rechtsmittelschrift nicht aus (BGHSt 30, 182 = NJW 82, 532). Maßgebend ist der Eingang einer deutschen Übersetzung (BayObLG NJW-RR 87, 279), die auch seitens des Gerichts eingeholt werden kann. Das Gericht ist aber nicht verpflichtet, vAw eine Übersetzung der Eingabe zu veranlassen (BGHSt 30, 182). Ergibt sich aus dem in fremder Sprache abgefassten Schreiben des ausländischen Angeklagten durch einen darin enthaltenen Hinweis in deutscher Sprache zweifelsfrei, dass die Eingabe das Rechtsmittel der Berufung gegen ein amtsgerichtlichtes (Straf-) Urt sein soll, so stellt das Schreiben eine formgerecht eingelegte Berufung dar, die zulässig ist, sofern die Eingabe rechtzeitig bei Gericht eingegangen ist. Dass der übrige Inhalt des Schreibens nicht in deutscher Sprache abgefasst ist, schadet in diesem Fall nicht (Ddorf NStZ-RR 00, 215). Nach KG MDR 86, 156 soll ein Schreiben, das ausschließlich in fremder Sprache abgefasst wurde, unwirksam, unbeachtlich und deshalb nicht einmal als nach § 184 GVG unzulässiges Rechtsmittel anzusehen sein, weil die Erkennbarkeit des Anliegens nicht von dem Umstand abhängen dürfe, ob der Richter es zufällig verstehe (differenzierend für Strafverfahren Kissel/Mayer § 184 Rn 9 unter Hinweis auf § 6 III lit e EMRK). Es wird nicht erwartet werden können, dass das Gericht eine in fremder Sprache gehaltene Eingabe übersetzen lässt um festzustellen, worum es sich handelt. Ähnliches mag gelten, wenn anhand äußerer Anzeichen, etwa eines Aktenzeichens, die Eingabe zwar einem Verfahren zugeordnet werden kann, aber deren

Inhalt oder Ziel nicht ersichtlich sind. Denn erst wenn das Begehr erkennbar ist, kann auch eine Zurückweisung wegen Unzulässigkeit in Betracht kommen. Dies allerdings nur, wenn das Gericht nach seinem Ermessen davon absieht, der Partei aufzuerlegen, eine Übersetzung beizubringen oder vAw eine Übersetzung einzuholen.

§ 185 [Fremde Sprache]. **(1) [1]Wird unter Beteiligung von Personen verhandelt, die der deutschen Sprache nicht mächtig sind, so ist ein Dolmetscher zuzuziehen. [2]Ein Nebenprotokoll in der fremden Sprache wird nicht geführt; jedoch sollen Aussagen und Erklärungen in fremder Sprache, wenn und soweit der Richter dies mit Rücksicht auf die Wichtigkeit der Sache für erforderlich erachtet, auch in der fremden Sprache in das Protokoll oder in eine Anlage niedergeschrieben werden. [3]In den dazu geeigneten Fällen soll dem Protokoll eine durch den Dolmetscher zu beglaubigende Übersetzung beigefügt werden.**
(2) Die Zuziehung eines Dolmetschers kann unterbleiben, wenn die beteiligten Personen sämtlich der fremden Sprache mächtig sind.
(3) In Familiensachen und in Angelegenheiten der freiwilligen Gerichtsbarkeit bedarf es der Zuziehung eines Dolmetschers nicht, wenn der Richter der Sprache, in der sich die beteiligten Personen erklären, mächtig ist.

Dem Verfahrensbeteiligte, der die Gerichtssprache nicht versteht oder sich nicht in ihr ausdrücken kann, 1 dürfen dadurch keine Nachteile entstehen (vgl BVerfG NJW 04, 50). Das als wesentlicher Grundsatz eines rechtsstaatlichen Verfahrens für jedermann geltende Recht auf ein faires Verfahren verbietet es, den der deutschen Sprache nicht oder nicht hinreichend mächtigen Angeklagte zu einem unverstandenen Objekt des Verfahrens herabzuwürdigen; er muss in die Lage versetzt werden, die ihn betreffenden wesentlichen Verfahrensvorgänge verstehen und sich im Verfahren verständlich machen zu können (BVerfGE 64, 135 = NJW 83, 2762). § 185 gilt für alle Personen, die die in einer prozessual relevanten Funktion an der Verhandlung mitwirken (Kissel/Mayer § 185 Rn 1), in Zivilsachen Parteien, Streithelfer, gesetzliche Vertreter, Rechtsanwälte, Beistände, Zeugen und Sachverständige.

Der Begriff der Verhandlungen umfasst alle Termine und Erörterungen vor Gericht. Darunter fallen auch 2 Beweisaufnahmen vor dem ersuchten oder beauftragten Richter oder Anhörungen in FamFG-Verfahren.

Die Feststellung der mangelnden Deutschkenntnisse obliegt dem Gericht. Der Mitwirkung eines Dolmet- 3 schers in der mündlichen Verhandlung bedarf es nicht, wenn ein Beteiligter die deutsche Sprache zwar nicht beherrscht, sie aber in einer die Verständigung mit ihm ermöglichenden Weise spricht und versteht (BVerwG NJW 90, 3102). Die Zuziehung eines Dolmetschers in der Muttersprache ist nicht erforderlich, wenn auch in einer anderen Sprache, für die ein Dolmetscher zur Verfügung steht, eine hinreichende Verständigung in der mündlichen Verhandlung möglich ist (VGH BaWü DVBl 09, 736). Ein Dolmetscher muss nach § 185 I GVG grds während der ganzen Hauptverhandlung in Strafsachen zugegen sein. Ist der Angeklagte der deutschen Sprache nur tw mächtig und nach § 185 GVG ein Dolmetscher bestellt, so bleibt es dem pflichtgemäßen Ermessen des Tatrichters überlassen, in welchem Umfang er unter Mitwirkung des Dolmetschers mit den Prozessbeteiligten verhandeln will (BGHSt 3, 285; NStZ 02, 275). Dieses Ermessen kann vom Revisionsgericht nur dahin überprüft werden, ob seine Grenzen eingehalten sind. Dasselbe gilt hinsichtlich der Frage, ob überhaupt ein Dolmetscher erforderlich ist (Stuttg NJW 06, 3796).

Wenn unter Beteiligung von Personen verhandelt wird, die der deutschen Sprache nicht mächtig sind, kann 4 eine Verletzung des rechtlichen Gehörs in Betracht kommen, wenn die Sprachmittlung durch den gem § 185 I 1 GVG zugezogenen Dolmetscher aufgrund von Übersetzungsfehlern zu einer unrichtigen, unvollständigen oder sinnentstellenden Wiedergabe der Angaben des Asylsuchenden geführt hat. Dieser Mangel muss jedoch gem § 295 I ZPO spätestens in der nächsten mündlichen Verhandlung gerügt werden (BVerwG NVwZ 99, 66).

Die Aufgabe des Dolmetschers ist es, die Verständigung zwischen den Verfahrensbeteiligten zu ermögli- 5 chen. Davon zu unterscheiden ist der Sachverständige, der den Sinn einer nicht im Verfahren, sondern außerhalb des Prozesses abgegebenen fremdsprachigen Äußerung ermitteln soll (BGHSt 1, 4). Sachverständigentätigkeit und Dolmetschertätigkeit schließen sich nicht aus. Deshalb kann eine Person in derselben Verhandlung idR sowohl als Dolmetscher wie auch als Sachverständiger in Anspruch genommen werden (BGH NJW 65, 643).

6 Für die Eignung als Dolmetschers bestehen keine formalen Anforderungen. Die Auswahl und die Entscheidung über die Eignung als Dolmetscher liegen im Ermessen des Gerichts (Kissel/Mayer § 185 Rn 8). Für die Auswahl des sachverständigen Übersetzers gilt § 404 ZPO.

7 Das Protokoll wird in deutscher Sprache geführt, hinsichtlich der in fremder Sprache abgegebenen Erklärungen ist die Übersetzung des Dolmetschers aufzunehmen.

8 Im Zivilprozess sind die Kosten des Dolmetschers Bestandteil der Kosten des Verfahrens. In Zivilsachen kann ein Kostenvorschuss für den Dolmetscher der fremdsprachigen Partei verlangt werden (KG NJW 73, 436; aA Kissel/Mayer § 185 Rn 19, weil die Hinzuziehung vAw zu erfolgen hat). Einem Angeklagten steht gem Art 6 II lit e EMRK ein Anspruch auf unentgeltliche Beiziehung eines Dolmetschers zu. Dies gilt jedoch nicht für den Nebenkläger (BGH NStZ 03, 218). Im Auslieferungsverfahren hat der fremdsprachige Verfolgte keinen Anspruch auf unentgeltliche Beiordnung eines Dolmetschers von Gesprächen mit seinem Wahlbeistand. Ein Anspruch auf unentgeltliche Gewährleistung der Verständigung zwischen dem Angeklagten und seinem Verteidiger durch Beiziehung eines Dolmetschers besteht nur unter denselben Voraussetzungen, die Art 6 III lit c EMRK für den Anspruch des Angeklagten auf unentgeltliche Bestellung des Verteidigers selbst bestimmt (Ddorf NStZ-RR 01, 211, str; aA Frankf StV 91, 457; Karlsr NStZ 00, 276). Dolmetscherkosten sind jedenfalls im Falle der notwendigen Verteidigung zu erstatten (Ddorf NStZ 99, 215) unabhängig davon, ob der Beschuldigte mittellos ist oder nicht (Frankf NStZ-RR 96, 320).

9 Abs 3 entspricht dem bisherigen § 9 S 1 FGG.

§ 186 [Hör- oder sprachbehinderte Personen]. (1) [1]**Die Verständigung mit einer hör- oder sprachbehinderten Person in der Verhandlung erfolgt nach ihrer Wahl mündlich, schriftlich oder mit Hilfe einer die Verständigung ermöglichenden Person, die vom Gericht hinzuzuziehen ist.** [2]**Für die mündliche und schriftliche Verständigung hat das Gericht die geeigneten technischen Hilfsmittel bereitzustellen.** [3]**Die hör- oder sprachbehinderte Person ist auf ihr Wahlrecht hinzuweisen.**
(2) Das Gericht kann eine schriftliche Verständigung verlangen oder die Hinzuziehung einer Person als Dolmetscher anordnen, wenn die hör- oder sprachbehinderte Person von ihrem Wahlrecht nach Absatz 1 keinen Gebrauch gemacht hat oder eine ausreichende Verständigung in der nach Absatz 1 gewählten Form nicht oder nur mit unverhältnismäßigem Aufwand möglich ist.

1 Die Vorschrift gilt nur für den Teil der wechselseitigen Kommunikation, der durch die konkrete Behinderung beeinträchtigt wird (Kissel/Mayer § 186 Rn 4). Eine vorübergehende Beeinträchtigung reicht aus. Das Gericht hat als Tatfrage festzustellen, ob eine Hör- oder Sprachbehinderung besteht, deren Schwere eine besondere Form der Verständigung erfordert. Diese Verständigung widerspricht nicht dem Mündlichkeitsprinzip.

2 Der hör- oder sprachbehinderten Person steht nach Abs 1 ein Wahlrecht zu ob sie sich zum Ausgleich ihrer Behinderung mündlich, schriftlich oder mit Hilfe eine Vermittlungsperson verständigen möchte. Das Gericht hat die geeigneten Hilfsmittel zur Verfügung zu stellen.

3 An die Wahl der behinderten Person hinsichtlich des Verständigungsmittels ist das Gericht nicht gebunden, wenn die Voraussetzungen des Abs 2 vorliegen. Zulässig sind die schriftliche Verständigung und Hinzuziehung eines Dolmetschers. Mischformen zwischen schriftlicher und anderer Kommunikation sind dadurch aber nicht ausgeschlossen; In Betracht kommt zB, dass die sprachbehinderte Person zusammenhängende Erklärungen schriftlich abgibt und geeignete Fragen mit Kopfnicken oder Kopfschütteln beantwortet (BGHSt 13, 366 = NJW 60, 584). Maßnahmen des Gerichts nach Abs 2 sind prozessleitender Natur und obliegen dem Vorsitzenden.

4 Die Verständigung kann auch durch Heranziehung einer dem oder der Behinderten vertrauten Person vorgenommen werden. Unter dem Gesichtspunkt der Sachaufklärungspflicht muss das Gericht sogar eine derartige Maßnahme ergreifen. Eine solche Person ist kein Zeuge, weil sie lediglich aus Gründen der Sachaufklärung bei der Vernehmung eines Zeugen mitwirkt. In ihrer Funktion, Fragen und Antworten zu vermitteln, ist ihre Stellung derjenigen eines Dolmetschers ähnl. Es kann geboten sein, diese Person entsprechend dem Dolmetschereid zu verpflichten, um eine Garantie für die Zuverlässigkeit der Übertragung oder Auskunft zu gewinnen (BGH NJW 97, 2335).

5 Eine im Zivilprozess unterlegene taube und stumme Partei hat auch die Kosten zu tragen, die durch die notwendige Hinzuziehung eines Gebärdendolmetschers. entstanden sind. Die Überbürdung dieser Kosten ist nicht wegen Art 3 III GG, der (auch) die Diskriminierung wegen einer körperlichen Behinderung ver-

bietet, unzulässig. Die Hinzuziehung eines Dolmetschers stellt nämlich gerade keine Diskriminierung der behinderten Partei dar, sondern ermöglicht erst ihre Anhörung im Prozess, die das Gericht für erforderlich gehalten hat (LG Hamburg Beschl v 26.7.99–317 S 203/96).

§ 187 [Dolmetscher/Übersetzer]. (1) Das Gericht zieht für den Beschuldigten oder Verurteilten, der der deutschen Sprache nicht mächtig, hör- oder sprachbehindert ist, einen Dolmetscher oder Übersetzer heran, soweit dies zur Ausübung seiner strafprozessualen Rechte erforderlich ist.
(2) Absatz 1 gilt auch für die Personen, die nach § 395 der Strafprozessordnung zum Anschluss mit der Nebenklage berechtigt sind.

Die Hinzuziehung eines Dolmetschers ist nach § 187 I GVG nur für den Beschuldigten vorgesehen, der der deutschen Sprache nicht ausreichend mächtig ist. Die Gewährleistungen aus Art 6 III lit b EMRK und Art 14 III f IPBPR gehen darüber nicht hinaus. Wer die Gerichtssprache ausreichend versteht, eine Verhandlung in ihr aber – aus welchen Gründen auch immer – ablehnt, hat keinen Anspruch auf einen Dolmetscher (BGH NJW 05, 3434). 1

§ 188 [Eid Fremdsprachiger]. Personen, die der deutschen Sprache nicht mächtig sind, leisten Eide in der ihnen geläufigen Sprache.

Zur Eidesleistung wird die vom Dolmetscher in die Sprache desjenigen, der den Eid leisten soll, übersetzt und von diesem nachgesprochen. Der Richter muss dem Dolmetscher den Wortlaut des Eides, wenn er diesem bekannt ist, nicht in deutscher Sprache vorsprechen (RGSt 45, 304). 1

§ 189 [Dolmetschereid]. (1) [1]Der Dolmetscher hat einen Eid dahin zu leisten:
dass er treu und gewissenhaft übertragen werde.
[2]Gibt der Dolmetscher an, dass er aus Glaubens- oder Gewissensgründen keinen Eid leisten wolle, so hat er eine Bekräftigung abzugeben. [3]Diese Bekräftigung steht dem Eid gleich; hierauf ist der Dolmetscher hinzuweisen.
(2) Ist der Dolmetscher für Übertragungen der betreffenden Art in einem Land nach den landesrechtlichen Vorschriften allgemein beeidigt, so genügt vor allen Gerichten des Bundes und der Länder die Berufung auf diesen Eid.
(3) In Familiensachen und in Angelegenheiten der freiwilligen Gerichtsbarkeit ist die Beeidigung des Dolmetschers nicht erforderlich, wenn die beteiligten Personen darauf verzichten.

Der Dolmetscher muss vor der Übertragung vereidigt werden. Die fehlende Vereidigung des Dolmetschers stellt einen relativen Revisionsgrund dar. Die nach § 189 GVG erforderliche Vereidigung des Dolmetschers bzw dessen Berufung auf den geleisteten Eid kann nur durch das Protokoll bewiesen werden. Bei fehlendem Hinweis auf die Vereidigung im Protokoll wird deren Fehlen unwiderlegbar vermutet (BGH NStZ 98, 28). Gegenteilige dienstliche Äußerungen haben außer Betracht zu bleiben (BGH StV 96, 531). Wird ein Dolmetscher in einer neuen Hauptverhandlung in derselben Sache ein zweites Mal zugezogen, ist die Vereidigung zu wiederholen (Stuttg NStZ-RR 03, 88). Finden am selben Tag mehrere Sitzungen mit demselben Dolmetscher statt, hat die Vereidigung in jedem Verfahren zu erfolgen (OVG Hamm Beschl v 15.6.99–12 A 1035/99.A). 1

Bei unterbliebener Vereidigung des Dolmetschers ist das Urt aufzuheben, wenn nicht auszuschließen ist, dass es auf dem Verstoß gegen § 189 GVG beruht (BGH wistra 05, 272). Unterbleibt bei einem jahrelang beanstandungsfrei bei Gericht tätigen Dolmetscher die Berufung auf den allgemein geleisteten Eid, kann nicht davon ausgegangen werden, dass er sich seiner Dolmetscherpflichten nicht bewusst gewesen sei und deshalb unrichtig übersetzt habe (BGH NStZ 05, 705). Das Beruhen des Urteils auf der Nichtvereidigung des Dolmetschers kann dann ausgeschlossen werden, wenn die Übersetzung aus einer gängigen Fremdsprache (hier: Englisch) erfolgt ist, ein einfaches Geschehen betraf und auch für jemanden, der die Sprache nicht perfekt beherrscht, leicht kontrollierbar war (BGHR GVG § 189 Beeidigung 2). In der Nichtzulassungsbeschwerde im sozialgerichtlichen Verfahren ist darzulegen, weshalb die Entscheidung auf der Nichtvereidigung beruhen kann (BSG MDR 93, 173). 2

Abs 3 entspricht der bisherigen Regelung in § 9 S 1 FGG. 3

§ 190 [Urkundsbeamter als Dolmetscher]. **[1]Der Dienst des Dolmetschers kann von dem Urkundsbeamten der Geschäftsstelle wahrgenommen werden. [2]Einer besonderen Beeidigung bedarf es nicht.**

1 Die Bestimmung gilt nur für den Urkundsbeamten, der das Protokoll führt (Kissel/Mayer § 190 Rn 1), nicht für den Richter oder einen sonstigen Verfahrensbeteiligten. Die Vereidigung ist nicht vorgesehen.

§ 191 [Ausschließung und Ablehnung des Dolmetschers]. **[1]Auf den Dolmetscher sind die Vorschriften über Ausschließung und Ablehnung der Sachverständigen entsprechend anzuwenden. [2]Es entscheidet das Gericht oder der Richter, von dem der Dolmetscher zugezogen ist.**

1 Ein Dolmetscher kann von den Prozessbeteiligten ebenso wie ein Sachverständiger abgelehnt werden, somit aus denselben Gründen, die zur Ablehnung eines Richters berechtigen (§ 191 GVG, § 406 ZPO). Dazu müssen Ausschlussgründe gem § 41 ZPO vorliegen oder die Besorgnis der Befangenheit bestehen, also ein Grund, der geeignet ist, Misstrauen gegen die Unparteilichkeit des Dolmetschers zu rechtfertigen (§ 42 I u II ZPO).

2 Es begründet keine Besorgnis der Befangenheit, wenn der Übersetzer im Ermittlungsverfahren mit der Polizei zusammengearbeitet hat (BGH NStZ 08, 50). Als Dolmetscher kann jede Person, auch wenn sie mit einem Beteiligten verwandt sein sollte, zugezogen werden; eine Ausschließung kraft Gesetzes gibt es entgegen dem Wortlaut des S 1 nicht (BVerwG NJW 84, 2055). Da der Dolmetscher weder Sachentscheidungen zu treffen hat noch Erfahrungen auf seinem Wissensgebiet vermittelt oder Tatsachen beurteilt, sind an die Darlegung seiner Befangenheit tendenziell strengere Anforderungen zu stellen (Nürnbg NJW-RR 99, 1515). Der wegen Besorgnis der Befangenheit abgelehnte Dolmetscher kann über seine Wahrnehmungen als Zeuge vernommen werden (BayObLG NJW 98, 1505). Wird der Dolmetscher mit Erfolg wegen Besorgnis der Befangenheit abgelehnt, muss das Gericht die bis dahin vorgenommenen Übertragungen bei seiner Entscheidung außer Betracht lassen (BVerwG NJW 85, 757).

§ 191a [Blinde oder sehbehinderte Personen]. (1) **[1]Eine blinde oder sehbehinderte Person kann nach Maßgabe der Rechtsverordnung nach Absatz 2 verlangen, dass ihr die für sie bestimmten gerichtlichen Dokumente auch in einer für sie wahrnehmbaren Form zugänglich gemacht werden, soweit dies zur Wahrnehmung ihrer Rechte im Verfahren erforderlich ist. [2]Hierfür werden Auslagen nicht erhoben.**

(2) Das Bundesministerium der Justiz bestimmt durch Rechtsverordnung, die der Zustimmung des Bundesrates bedarf, unter welchen Voraussetzungen und in welcher Weise die in Absatz 1 genannten Dokumente und Dokumente, die von den Parteien zur Akte gereicht werden, einer blinden oder sehbehinderten Person zugänglich gemacht werden, sowie ob und wie diese Person bei der Wahrnehmung ihrer Rechte mitzuwirken hat.

1 Die Bestimmung wurde durch Gesetz v 23.7.02 (BGBl I 2850, 2855) in das GVG eingefügt. Sie gilt für gerichtliche Dokumente (Entscheidungen oder Mitteilungen), deren Adressat die blinde oder sehbehinderte Person ist. In welcher Form das Dokument zugänglich zu machen ist, hängt von der Wahrnehmungsfähigkeit des Adressaten ab. Bei anwaltlicher Vertretung dürfte eine besondere Form der Bekanntgabe nicht zur Wahrnehmung der Rechte im Verfahren erforderlich sein.

2 Auf der Ermächtigungsgrundlage des Abs 2 beruht die Verordnung zur barrierefreien Zugänglichmachung von Dokumenten für blinde und sehbehinderte Personen im gerichtlichen Verfahren (Zugänglichmachungsverordnung – ZMV) vom 26.2.07 (BGBl I, 215). Sie gilt für Dokumente, die einer berechtigten Person zuzustellen oder formlos bekannt zu geben sind (§ 2 I 1 ZMV) und gestattet in § 3 I, diese schriftlich (in Blindenschrift oder in Großdruck, § 3 II), elektronisch, akustisch, mündlich, fernmündlich oder in anderer geeigneter Weise zugänglich zu machen. Versäumt das Gericht einen Hinweis gem § 4 II S 2 ZMV, kann dies die Wiedereinsetzung begründen (BSG NZS 10, 119).

Sechzehnter Titel Beratung und Abstimmung

§ 192 [Mitwirkende Richter]. **(1) Bei Entscheidungen dürfen Richter nur in der gesetzlich bestimmten Anzahl mitwirken.**
(2) Bei Verhandlungen von längerer Dauer kann der Vorsitzende die Zuziehung von Ergänzungsrichtern anordnen, die der Verhandlung beizuwohnen und im Falle der Verhinderung eines Richters für ihn einzutreten haben.
(3) Diese Vorschriften sind auch auf Schöffen anzuwenden.

1 Zur vorschriftsmäßigen Besetzung der Gerichte gehört, dass an jeder Entscheidung nur die gesetzlich bestimmten Richter mitwirken dürfen. Wegen der Einheit der Hauptverhandlung kann dies in Strafsachen bei länger andauernden Verfahren zu schwerwiegenden Problemen führen, denen mit der Hinzuziehung von Ergänzungsrichtern, die von Anfang an an der Hauptverhandlung teilnehmen und ausgefallene Richter ersetzen, entgegengewirkt wird. In Zivilsachen stellt sich das Problem nicht, weil der Spruchkörper in seiner jeweiligen Besetzung entscheidet und, falls ein Richterwechsel eintritt, die mündliche Verhandlung gem § 156 II S 3 ZPO wieder eröffnet werden kann.

2 Der gesetzliche Richter ergibt sich aus den §§ 75, 105, 122 GVG und aus der Geschäftsverteilung gem den §§ 21e, 21g GVG, auch hinsichtlich des Wechsels des Vorsitzenden im Laufe der Hauptverhandlung (BGH NJW 09, 931). Ein Verhinderungsfall liegt nicht vor, wenn einem Richter ein anderes Richteramt übertragen und er nach § 37 DRiG rückabgeordnet wird (BGH St 53, 99 = NJW 09, 3819). Über eine Tatbestandsberichtigung entscheiden gem § 320 IV 2 und 3 ZPO nur die Richter, die an dem Urt mitgewirkt haben.

3 Die Richter, die das Urt gefällt haben, müssen nicht notwendigerweise mit den Richtern identisch sein, die es verkündet haben (BFH BeckRS 03 25001627). Wenn das Urt nach Beratung und Abstimmung bereits beschlossen und damit iSd § 309 ZPO gefällt wurde, aber noch nicht verkündet worden ist, ist das Gericht noch nicht daran gebunden. Die Entscheidung über die Wiedereröffnung der mündlichen Verhandlung gem § 156 ZPO aufgrund eines erst nach abschließender Beratung vorgelegten Antrags wird analog § 320 IV 2 und 3 ZPO in der Besetzung der verbliebenen Richter eines Kollegialgerichts, die an der mündlichen Verhandlung teilgenommen habe, getroffen (BGH NJW 02, 1426).

§ 193 [Anwesenheit von auszubildenden Personen]. **(1) Bei der Beratung und Abstimmung dürfen außer den zur Entscheidung berufenen Richtern nur die bei demselben Gericht zu ihrer juristischen Ausbildung beschäftigten Personen und die dort beschäftigten wissenschaftlichen Hilfskräfte zugegen sein, soweit der Vorsitzende deren Anwesenheit gestattet.**
(2) [1]Ausländische Berufsrichter, Staatsanwälte und Anwälte, die einem Gericht zur Ableistung eines Studienaufenthaltes zugewiesen worden sind, können bei demselben Gericht bei der Beratung und Abstimmung zugegen sein, soweit der Vorsitzende deren Anwesenheit gestattet und sie gemäß den Absätzen 3 und 4 verpflichtet sind. [2]Satz 1 gilt entsprechend für ausländische Juristen, die im Entsendestaat in einem Ausbildungsverhältnis stehen.
(3) [1]Die in Absatz 2 genannten Personen sind auf ihren Antrag zur Geheimhaltung besonders zu verpflichten. [2]§ 1 Abs. 2 und 3 des Verpflichtungsgesetzes vom 2. März 1974 (BGBl. I S. 469, 547 – Artikel 42) gilt entsprechend. [3]Personen, die nach Satz 1 besonders verpflichtet worden sind, stehen für die Anwendung der Vorschriften des Strafgesetzbuches über die Verletzung von Privatgeheimnissen (§ 203 Abs. 2 Satz 1 Nr. 2, Satz 2, Abs. 4 und 5, § 205), Verwertung fremder Geheimnisse (§§ 204, 205), Verletzung des Dienstgeheimnisses (§ 353b Abs. 1 Satz 1 Nr. 2, Satz 2, Abs. 3 und 4) sowie Verletzung des Steuergeheimnisses (§ 355) den für den öffentlichen Dienst besonders Verpflichteten gleich.
(4) [1]Die Verpflichtung wird vom Präsidenten oder vom aufsichtsführenden Richter des Gerichts vorgenommen. [2]Er kann diese Befugnis auf den Vorsitzenden des Spruchkörpers oder auf den Richter übertragen, dem die in Absatz 2 genannten Personen zugewiesen sind. [3]Einer erneuten Verpflichtung bedarf es während der Dauer des Studienaufenthaltes nicht. 4In den Fällen des § 355 des Strafgesetzbuches ist der Richter, der die Verpflichtung vorgenommen hat, neben dem Verletzten antragsberechtigt.

1 Die Anwesenheit von weiteren Personen außer den mitwirkenden Richtern an einer Beratung unterliegt engen Beschränkungen. Die Bestimmung dient dem Schutz des Beratungsgeheimnisses gem § 43 DRiG und der richterlichen Unabhängigkeit.

2 Die Beratung ist die abschließende Erörterung des Prozessstoffes, der Tatsachen- und der Beweisfragen durch die zur Entscheidung berufenen Richter. Sie darf erst beginnen, wenn die gesamte mündliche Verhandlung abgeschlossen ist (Kissel/Mayer § 193 Rn 1). Dabei muss das Einverständnis mit der zu treffenden Entscheidung in äußerlich erkennbarer Weise herbeigeführt werden (BGHSt 24, 170 = NJW 71, 2082). Es bestehen keine rechtlichen Bedenken dagegen, dass die Mitglieder eines Kollegialgerichts in einer umfangreichen Sache die bisherigen Ergebnisse der Hauptverhandlung vorbereitend besprechen und für die endgültige Beratung schriftlich festhalten (BGHSt 17, 337). Die Beratung kann mit (idR stillschweigendem) Einverständnis aller Richter auch im Umlaufverfahren, das bei Beschlussentscheidungen häufig gewählt wird, stattfinden. Jeder Richter hat die Möglichkeit, eine persönliche Beratung zu verlangen, wenn er Bedarf dazu sieht. Die telefonische Beratung und Abstimmung ist unzulässig (BGH NJW-RR 09, 286).

3 Der Sachbericht und das schriftliche Votum des Berichterstatters dienen der Vorbereitung der Verhandlung; sie stellen noch nicht die endgültige Meinung des Gerichts oder eines einzelnen Richters über den maßgeblichen Sachverhalt und die entscheidungserheblichen Rechtsfragen dar und werden daher vom Beratungsgeheimnis nicht erfasst (BVerwG NVwZ 87, 127).

4 Ergänzungsrichter dürfen an der Beratung nicht teilnehmen (BGHSt 18, 331 = NJW 63, 1463). Es handelt sich um zwingendes Recht, das nicht zur Disposition des Gerichts steht, auch nicht bei Verzicht der Beteiligten auf Einhaltung des Beratungsgeheimnisses (HessVGH NJW 81, 599). Zur juristischen Ausbildung beschäftigten Personen und wissenschaftliche Mitarbeiter dürfen anwesend sein, wenn der Vorsitzende es gestattet. Darunter zählen nur Rechtsreferendare, nicht aber Studenten während eines Praktikums (BGHSt 41, 119 = NJW 95, 2645; Karlsr NJW 69, 628; aA HambgOVG NordÖR 99, 112; Kissel/Mayer Rn 22 mwN) oder Absolventen eines freiwilligen Berufspraktikums (Kobl StraFo 05, 79). Eine Beschäftigung iSd § 193 GVG liegt grds nur für die Dauer der Zuweisung des Referendars an das Gericht vor (BVerwG NJW 82, 1716). Ein zum Pflichtverteidiger bestellter Referendar darf auch dann an der Beratung nicht teilnehmen, wenn seine Bestellung vorher aufgehoben worden ist und er als Verteidiger in die Hauptverhandlung nicht eingegriffen hat (BGHSt 18, 165 = NJW 63, 549).

5 Den internationalen Richteraustausch dient die Regelung in Abs 2, die einem weit gefassten Personenkreis die Anwesenheit gestattet. Voraussetzung ist die Verpflichtung zur Geheimhaltung.

6 Ein Verstoß gegen § 193 beinhaltet keinen absoluten Revisionsgrund (BGHSt 18, 331). Bei der Prüfung der Frage, ob die Möglichkeit besteht, dass ein Urt auf einer Verletzung des GVG § 193 beruht, ist aber ein besonders strenger Maßstab anzulegen (BGH MDR 55, 272). Das Beratungsgeheimnis verleiht dem Richter kein Zeugnisverweigerungsrecht (Kissel/Mayer, § 193 Rn 15).

§ 194 [Gang der Beratung]. **(1) Der Vorsitzende leitet die Beratung, stellt die Fragen und sammelt die Stimmen.**

(2) Meinungsverschiedenheiten über den Gegenstand, die Fassung und die Reihenfolge der Fragen oder über das Ergebnis der Abstimmung entscheidet das Gericht.

1 In der Beratung muss der voll besetzte Spruchkörper eine Aussprache mit dem Ziel einer gerichtlichen Willensbildung durchführen. Die Beratung ist beendet, wenn der Zweck der Aussprache mit der Willensbildung über den Inhalt der Entscheidung erreicht ist (Bambg NStZ 81, 191).

2 Eine schriftliche Beratung und Abstimmung aufgrund eines Beschlussentwurfs (sog Umlaufverfahren) ist nicht verfahrensfehlerhaft, wenn sämtliche an der Entscheidung beteiligten Richter mit dieser Form der Beratung und Abstimmung einverstanden sind und sichergestellt ist, dass jederzeit in eine mündliche Beratung gem § 194 GVG eingetreten werden kann, falls ein Richter dies beantragt oder sich ein neuer Gesichtspunkt ergibt (BVerwG NJW 92, 257).

§ 195 [Keine Verweigerung der Abstimmung]. **Kein Richter oder Schöffe darf die Abstimmung über eine Frage verweigern, weil er bei der Abstimmung über eine vorhergegangene Frage in der Minderheit geblieben ist.**

1 Jeder Richter oder Schöffe ist zur Abstimmung verpflichtet und kann sich seiner Stimme nicht enthalten. Dies gilt auch dann, wenn er zuvor überstimmt wurde und dadurch in einer Folgeabstimmung zur Mitwirkung bei einer Frage gezwungen ist, die sich bei Durchsetzung seiner Auffassung in der vorangegangenen Abstimmung nicht gestellt hätte.

§ 196 [Mehrheit]. **(1) Das Gericht entscheidet, soweit das Gesetz nicht ein anderes bestimmt, mit der absoluten Mehrheit der Stimmen.**

(2) Bilden sich in Beziehung auf Summen, über die zu entscheiden ist, mehr als zwei Meinungen, deren keine die Mehrheit für sich hat, so werden die für die größte Summe abgegebenen Stimmen den für die zunächst geringere abgegebenen so lange hinzugerechnet, bis sich eine Mehrheit ergibt.

(3) [1]Bilden sich in einer Strafsache, von der Schuldfrage abgesehen, mehr als zwei Meinungen, deren keine die erforderliche Mehrheit für sich hat, so werden die dem Beschuldigten nachteiligsten Stimmen den zunächst minder nachteiligen so lange hinzugerechnet, bis sich die erforderliche Mehrheit ergibt. [2]Bilden sich in der Straffrage zwei Meinungen, ohne dass eine die erforderliche Mehrheit für sich hat, so gilt die mildere Meinung.

(4) Ergibt sich in dem mit zwei Richtern und zwei Schöffen besetzten Gericht in einer Frage, über die mit einfacher Mehrheit zu entscheiden ist, Stimmengleichheit, so gibt die Stimme des Vorsitzenden den Ausschlag.

Gerichtliche Entscheidungen müssen mindestens mit absoluter Mehrheit, also mehr als der Hälfte der Stimmen, getroffen werden. Diese ist in Zivilsachen bei Fragen, die mit ja oder nein zu beantworten sind, gewährleistet, weil die Spruchkörper, soweit nicht ohnehin der Einzelrichter zuständig ist (§ 22 I, IV GVG), stets mit einer ungeraden Zahl an Richtern besetzt sind (§§ 75 I, 105 I, 122 I GVG) und eine Verweigerung der Abstimmung nicht zulässig ist. Die Besetzung mit einer ungeraden Richterzahl gilt mit wenigen Ausnahmen (§§ 29 II, 76 II, III GVG) auch in Strafsachen. Von I abw ist in Zivilsachen Einstimmigkeit bei der Zurückweisung der Berufung durch Beschl (§ 522 II ZPO) und eine Mehrheit von zwei Dritteln für die Nichtannahme der Revision (§ 554b II ZPO) erforderlich. 1

Mehr als zwei Meinungen sind in Fragen möglich, bei denen es um Summen geht, z.B. über die Höhe eines zu zahlenden Schmerzensgeldes. Abs 2 bestimmt, dass die Abstimmung für die höchste Summe, die keine Mehrheit erhält, auch ein Votum für eine niedrigere Summe beinhaltet, und zwar in erster Linie für die nächst höchste. Entsprechendes gilt auch für andere Zahlen und Werte (Verzugszeitpunkt, Zinshöhe, Kostenquote etc, vgl Kissel/Mayer, § 196 Rn 2) 2

In Strafsachen erfordert § 263 I StPO eine Zwei-Drittel-Mehrheit in Schuldfragen und für die Rechtsfolgen. Bei anderen Fragen bestimmt Abs 3 als Pendant zu Abs 2, wie die Mehrheit bei unterschiedlichen Abstimmungen ermittelt wird. 3

§ 197 [Reihenfolge der Stimmabgabe]. **[1]Die Richter stimmen nach dem Dienstalter, bei gleichem Dienstalter nach dem Lebensalter, ehrenamtliche Richter und Schöffen nach dem Lebensalter; der jüngere stimmt vor dem älteren. [2]Die Schöffen stimmen vor den Richtern. [3]Wenn ein Berichterstatter ernannt ist, so stimmt er zuerst. [4]Zuletzt stimmt der Vorsitzende.**

Die Abstimmungsreihenfolge sieht vor, dass ranghöhere Richter und Richter mit mehr Berufs- oder Lebenserfahrung zuletzt votieren. Ist der Vorsitzende zugleich Berichterstatter, stimmt er zuletzt ab, weil auf Grund seiner Stellung generell vermutet wird, dass sein Abstimmungsverhalten die dienstjüngeren Mitglieder des Spruchkörpers mehr beeindrucken könnte als sachlich gerechtfertigt (BVerwG Buchholz 300 § 197 GVG Nr 1). Da der Abstimmung die Beratung vorangeht, in der die Richter ihre Meinungen austauschen und Argumente diskutieren, ist eine förmliche Abstimmung praktisch oft entbehrlich. 1

Die Wahrung des Beratungsgeheimnisses (§§ 43, 45 I DRiG) setzt voraus, dass die Gerichtsakte keine Auskunft über die Wahrung dieser Verfahrensregel gibt (BAG BB 88, 1330). Die Feststellung der Verletzung dieser Bestimmung ist deshalb praktisch kaum möglich. Im Übrigen dürfte eine Aufhebung der Entscheidung nur in Betracht kommen, wenn sie auf dem Verstoß beruht (Kissel/Mayer § 197 Rn 7). 2

Siebzehnter Titel Rechtsschutz bei überlangen Gerichtsverfahren und strafrechtlichen Ermittlungsverfahren

§ 198 [Entschädigung; Verzögerungsrüge]. **(1) [1]Wer infolge unangemessener Dauer eines Gerichtsverfahrens als Verfahrensbeteiligter einen Nachteil erleidet, wird angemessen entschädigt. [2]Die Angemessenheit der Verfahrensdauer richtet sich nach den Umständen des Einzelfalles, insbesondere**

nach der Schwierigkeit und Bedeutung des Verfahrens und nach dem Verhalten der Verfahrensbeteiligten und Dritter.

(2) [1]Ein Nachteil, der nicht Vermögensnachteil ist, wird vermutet, wenn ein Gerichtsverfahren unangemessen lange gedauert hat. [2]Hierfür kann Entschädigung nur beansprucht werden, soweit nicht nach den Umständen des Einzelfalles Wiedergutmachung auf andere Weise gemäß Absatz 4 ausreichend ist. [3]Die Entschädigung gemäß Satz 2 beträgt 1.200 Euro für jedes Jahr der Verzögerung. [4]Ist der Betrag gemäß Satz 3 nach den Umständen des Einzelfalles unbillig, kann das Gericht einen höheren oder niedrigeren Betrag festsetzen.

(3) [1]Entschädigung erhält ein Verfahrensbeteiligter nur, wenn er bei dem mit der Sache befassten Gericht die Dauer des Verfahrens gerügt hat (Verzögerungsrüge). [2]Die Verzögerungsrüge kann erst erhoben werden, wenn Anlass zur Besorgnis besteht, dass das Verfahren nicht in einer angemessenen Zeit abgeschlossen wird; eine Wiederholung der Verzögerungsrüge ist frühestens nach sechs Monaten möglich, außer wenn ausnahmsweise eine kürzere Frist geboten ist. [3]Kommt es für die Verfahrensförderung auf Umstände an, die noch nicht in das Verfahren eingeführt worden sind, muss die Rüge hierauf hinweisen. [4]Anderenfalls werden sie von dem Gericht, das über die Entschädigung zu entscheiden hat (Entschädigungsgericht), bei der Bestimmung der angemessenen Verfahrensdauer nicht berücksichtigt. [5]Verzögert sich das Verfahren bei einem anderen Gericht weiter, bedarf es einer erneuten Verzögerungsrüge.

(4) [1]Wiedergutmachung auf andere Weise ist insbesondere möglich durch die Feststellung des Entschädigungsgerichts, dass die Verfahrensdauer unangemessen war. [2]Die Feststellung setzt keinen Antrag voraus. [3]Sie kann in schwerwiegenden Fällen neben der Entschädigung ausgesprochen werden; ebenso kann sie ausgesprochen werden, wenn eine oder mehrere Voraussetzungen des Absatzes 3 nicht erfüllt sind.

(5) [1]Eine Klage zur Durchsetzung eines Anspruchs nach Absatz 1 kann frühestens sechs Monate nach Erhebung der Verzögerungsrüge erhoben werden. [2]Die Klage muss spätestens sechs Monate nach Eintritt der Rechtskraft der Entscheidung, die das Verfahren beendet, oder einer anderen Erledigung des Verfahrens erhoben werden. [3]Bis zur rechtskräftigen Entscheidung über die Klage ist der Anspruch nicht übertragbar.

(6) Im Sinne dieser Vorschrift ist

1. **ein Gerichtsverfahren jedes Verfahren von der Einleitung bis zum rechtskräftigen Abschluss einschließlich eines Verfahrens auf Gewährung vorläufigen Rechtsschutzes und zur Bewilligung von Prozess- oder Verfahrenskostenhilfe; ausgenommen ist das Insolvenzverfahren nach dessen Eröffnung; im eröffneten Insolvenzverfahren gilt die Herbeiführung einer Entscheidung als Gerichtsverfahren;**
2. **ein Verfahrensbeteiligter jede Partei und jeder Beteiligte eines Gerichtsverfahrens mit Ausnahme der Verfassungsorgane, der Träger öffentlicher Verwaltung und sonstiger öffentlicher Stellen, soweit diese nicht in Wahrnehmung eines Selbstverwaltungsrechts an einem Verfahren beteiligt sind.**

1 **A. Bedeutung der Norm.** Das Gesetz über den Rechtsschutz bei überlangen Gerichtsverfahren (BGBl I 2011 2302 ff) schließt mit dem siebzehnten Titel des GVG (§§ 198201) eine Gesetzeslücke. Der EGMR hatte bereits mit Urt vom 8.6.06 (NJW 06, 2389) entschieden, dass Art 6 I EMRK (Recht auf ein faires Verfahren, insb der Anspruch auf Rechtsschutz innerhalb angemessener Zeit) durch ein überlanges Gerichtsverfahren verletzt sein kann und Art 13 EMRK (Recht auf wirksame Beschwerde) einen Rechtsbehelf erfordert, der zu einer Beschleunigung des Verfahrens (präventive Wirkung) oder zu angemessener Entschädigung (kompensatorische Wirkung) führt. Dies ist durch Verfassungsbeschwerde, Dienstaufsichtsbeschwerde, Untätigkeitsbeschwerde und Amtshaftungsklage nicht gewährleistet. Mit Urt vom 2.9.10 (NJW 10, 3355) verlangte der EGMR die Einführung eines Rechtsbehelfs innerhalb eines Jahres. Das Gesetz sieht nunmehr bei überlangen Gerichtsverfahren einen Entschädigungsanspruch für materielle und immaterielle Nachteile in Form eines eigenen staatshaftungsrechtlichen Anspruchs vor.

2 **B. Anwendungsbereich.** Die Regelungen gelten in der ordentlichen Gerichtsbarkeit (Zivilverfahren einschließlich freiwilliger Gerichtsbarkeit und Strafverfahren einschließlich Bußgeldverfahren); soweit das GVG nicht unmittelbar anwendbar ist, wird in den einschlägigen Normen darauf verwiesen oder werden entsprechende Regelungen getroffen.

C. Tatbestand. Abs 1 begründet einen Entschädigungsanspruch gegen den Staat bei unangemessen langer Dauer eines gerichtlichen Verfahrens. Maßstab ist der Anspruch auf Entscheidung des Verfahrens in angemessener Zeit aus Art 19 IV, 20 III GG, 6 I EMRK. Sowohl der Entstehungsgeschichte als auch der Gesetzesbezeichnung und Überschrift des siebzehnten Titels des GVG ist zu entnehmen, dass die Bestimmungen der Verhinderung überlanger, gegen die EMRK verstoßender Verfahrenslaufzeiten dient. Schlichte Verzögerungen führen nicht ohne Weiteres zu einer unangemessenen Dauer. 3

Dabei sind Schwierigkeit, Umfang, Komplexität des Falles und das Verhalten des Anspruchstellers unter dem Gesichtspunkt der Mitverursachung zu berücksichtigen. Dem Gericht zuzurechnen sind auch Verzögerungen Dritter, wenn das Gericht Möglichkeiten zur Vermeidung hat, aber nicht nutzt. Ein pflichtwidriges Verhalten ist nicht Voraussetzung. Umstände, die innerhalb des staatlichen Einflussbereichs liegen etwa chronische Überlastung eines Gerichts entlasten den Staat nicht. 4

Der zu ersetzende Nachteil muss durch die Verfahrensdauer verursacht worden sein. Der Ersatz für materielle Nachteile ist beschränkt auf eine „angemessene" Entschädigung, die anders als der Schadensersatz nach den §§ 249 ff BGB keinen entgangenen Gewinn einschließt. Da der Entschädigungsanspruch weder aus einem Verschulden noch aus einer Gefährdungshaftung resultiert, ist die Beschränkung gerechtfertigt. Sie geht auf die Stellungnahme des Bundesrats zurück (BTDrs 17/3802), die der Rechtsausschuss des Bundestags aufgriff (vgl BTDrs 17/7217). Nach der Stellungnahme des Bundesrat (BTDrs 17/3802 Anlage 3 Nr 2) ist die Bemessung in Anlehnung an § 906 Abs 2 S 2 BGB ähnl wie in den Fällen der Enteignung, des enteignungsgleichen Eingriffs und der Aufopferung vorzunehmen, während die Bundesregierung in ihrer Gegenäußerung (aaO Anlage 4) die Wiederherstellung des Status quo ante für geboten hält. Auch immaterielle Nachteile sind auszugleichen; etwa eine eingetretene Entfremdung eines Kindes von einem Elternteil während eines nicht in angemessener Zeit abgeschlossenen Sorgerechtsstreits. 5

Abs 2 S 1 enthält die widerlegbare Vermutung eines immateriellen Nachteils durch überlange Verfahrensdauer. Eine Entschädigung kann daraus aber nur hergeleitet werden, wenn eine Wiedergutmachung auf andere Weise nicht ausreicht, insb durch die Feststellung gem Abs 4 oder in Strafsachen durch Kompensation gem § 199 Abs 3. Ob die Feststellung, dass die Verfahrensdauer unangemessen war, ausreicht, ist unter Abwägung aller Belange im Einzelfall zu entscheiden. 6

Die Pauschalierung der Entschädigungshöhe in Abs 2 S 3 soll eine zügige Erledigung ermöglichen. Die Höhe orientiert sich an der Entschädigungspraxis des EGMR; Zeiträume unter einem Jahr werden nach entsprechenden Bruchteilen berücksichtigt. Von der Pauschale kann abgewichen werden, wenn besondere Umstände vorliegen. 7

D. Verzögerungsrüge. Zwingende Voraussetzung für eine Entschädigung ist die Verzögerungsrüge nach Abs 3 S 1. Sie ist bei dem Gericht zu erheben, bei dem das Verfahren anhängig ist. Ihr kommt eine Warnfunktion zu. Die Rüge ist nur wirksam, wenn Anlass zu ihrer Erhebung besteht; anderenfalls kann sie keine Entschädigungsansprüche begründen. Eine späte Rüge kann iRd Gesamtwürdigung als Verursachungsbeitrag zu berücksichtigen sein. In anhängigen Verfahren, die bei Inkrafttreten des Gesetzes schon verzögert waren, muss die Verzögerungsrüge aufgrund der Übergangsvorschrift des Art. 23 unverzüglich erhoben werden. 8

An die Substantiierung der Rüge bestehen keine besonderen Anforderungen, jedoch müssen nach Abs 3 S 4 Umstände vorgetragen werden, die für die Bewertung der Verzögerung von Bedeutung sind, etwa wenn besondere Nachteile drohen. Fehlt ein solcher Hinweis, bleiben im Entschädigungsprozess diese Umstände bei der Einschätzung, ob die Verfahrensdauer unangemessen war, außen vor. Die Rüge ist nach Abs 3 S 5 bei einem anderen Gericht, auch im Instanzenzug, zu wiederholen. 9

Im Entschädigungsprozess kann nach Abs 4 S 1 anstelle einer Entschädigung oder nach Abs 4 S 3 erster Hs als ergänzende Wiedergutmachung festgestellt werden, dass die Verfahrensdauer unangemessen war. Gemäß Abs 4 S 2 zweiter Hs ist dies auch ohne Rüge möglich. 10

Die Entschädigungsklage kann schon vor Abschluss des Ausgangsverfahrens erhoben werden. Durch die Frist in Abs 5 S 1 hat das Gericht aber Gelegenheit, das Verfahren zu beschleunigen und auf die Rüge zu reagieren. Für eine außergerichtliche Geltendmachung gilt die Frist nicht. Abs 5 S 2 enthält eine absolute Ausschlussfrist, die unabhängig von der Kenntnis beginnt. Abs 5 S 3 soll einen Handel mit dem Anspruch verhindern. 11

§ 199 [Strafverfahren]. **(1) Für das Strafverfahren einschließlich des Verfahrens auf Vorbereitung der öffentlichen Klage ist § 198 nach Maßgabe der Absätze 2 und 3 anzuwenden.**

(2) Während des Verfahrens auf Vorbereitung der öffentlichen Klage tritt die Staatsanwaltschaft und in Fällen des § 386 Absatz 2 der Abgabenordnung die Finanzbehörde an die Stelle des Gerichts; für das Verfahren nach Erhebung der öffentlichen Klage gilt § 198 Absatz 3 Satz 5 entsprechend.

(3) [1]Hat ein Strafgericht oder die Staatsanwaltschaft die unangemessene Dauer des Verfahrens zugunsten des Beschuldigten berücksichtigt, ist dies eine ausreichende Wiedergutmachung auf andere Weise gemäß § 198 Absatz 2 Satz 2; insoweit findet § 198 Absatz 4 keine Anwendung. [2]Begehrt der Beschuldigte eines Strafverfahrens Entschädigung wegen überlanger Verfahrensdauer, ist das Entschädigungsgericht hinsichtlich der Beurteilung der Angemessenheit der Verfahrensdauer an eine Entscheidung des Strafgerichts gebunden.
(4) Ein Privatkläger ist nicht Verfahrensbeteiligter im Sinne von § 198 Abs. 6 Nr. 2.

1 Der Rechtsschutz wegen überlanger Verfahrensdauer gilt auch für das Strafverfahren, das strafrechtliche Ermittlungsverfahren und über § 46 Abs 1 OWiG für das Bußgeldverfahren, soweit Staatsanwaltschaft und Gerichte tätig werden. Der maßgebende Zeitraum beginnt mit der Bekanntgabe des Vorwurfs. Abs 2 Hs 1 begründet eine Rügeobliegenheit für das Ermittlungsverfahren.

2 Abs 3 S 1 stellt klar, dass die Berücksichtigung der unangemessenen Dauer in der Entscheidung des Ausgangsverfahrens eine zusätzliche Kompensation ausschließt. Die strafgerichtliche Beurteilung hat nach S 2 Feststellungswirkung. Dadurch sollen widersprüchliche Entscheidungen des Strafgerichts und des Entschädigungsgerichts ausgeschlossen werden.

§ 200 [Haftende Körperschaft].

[1]Für Nachteile, die auf Grund von Verzögerungen bei Gerichten eines Landes eingetreten sind, haftet das Land. [2]Für Nachteile, die auf Grund von Verzögerungen bei Gerichten des Bundes eingetreten sind, haftet der Bund. [3]Für Staatsanwaltschaften und Finanzbehörden in Fällen des § 386 Absatz 2 der Abgabenordnung gelten die Sätze 1 und 2 entsprechend.

Kommentierung s. § 201.

§ 201 [Zuständigkeit].

(1) [1]Zuständig für die Klage auf Entschädigung gegen ein Land ist das Oberlandesgericht, in dessen Bezirk das streitgegenständliche Verfahren durchgeführt wurde. [2]Zuständig für die Klage auf Entschädigung gegen den Bund ist der Bundesgerichtshof. [3]Diese Zuständigkeiten sind ausschließliche.
(2) [1]Die Vorschriften der Zivilprozessordnung über das Verfahren vor den Landgerichten im ersten Rechtszug sind entsprechend anzuwenden. [2]Eine Entscheidung durch den Einzelrichter ist ausgeschlossen. [3]Gegen die Entscheidung des Oberlandesgerichts findet die Revision nach Maßgabe des § 543 der Zivilprozessordnung statt; § 544 der Zivilprozessordnung ist entsprechend anzuwenden.
(3) [1]Das Entschädigungsgericht kann das Verfahren aussetzen, wenn das Gerichtsverfahren, von dessen Dauer ein Anspruch nach § 198 abhängt, noch andauert. [2]In Strafverfahren, einschließlich des Verfahrens auf Vorbereitung der öffentlichen Klage, hat das Entschädigungsgericht das Verfahren auszusetzen, solange das Strafverfahren noch nicht abgeschlossen ist.
(4) Besteht ein Entschädigungsanspruch nicht oder nicht in der geltend gemachten Höhe, wird aber eine unangemessene Verfahrensdauer festgestellt, entscheidet das Gericht über die Kosten nach billigem Ermessen.

1 Die Zuständigkeitsaufteilung zwischen OLG und BGH in Abs 1 entspricht der Haftungsaufteilung zwischen Bund und Land in § 200. Die Entscheidungszuständigkeit liegt bei der jeweils betroffenen Gerichtsbarkeit, die die „Angemessenheit" der Verfahrensdauer beurteilen kann. Eine Prorogation ist wegen der ausschließlichen Zuständigkeiten nicht möglich.

2 Für den Entschädigungsprozess gelten die Vorschriften über den erstinstanzlichen Zivilprozess vor den Landgerichten. Es besteht Anwaltszwang. Nach dem Beibringungsgrundsatz hat der Kl hat Tatsachen zur unangemessenen Dauer des Ausgangsverfahrens und die Erhebung der Verzögerungsrüge vorzutragen; hierfür trifft ihn auch die Beweislast.

3 Nach Abs 3 S 2 besteht eine Aussetzungspflicht des Entschädigungsgerichts bis zum Abschluss des Strafverfahrens, weil erst dann beurteilt werden kann, ob dort eine Kompensation nach § 199 Abs 3 erfolgt ist.

4 Absatz 4 ermöglicht eine flexible Kostenentscheidung, etwa wenn eine unangemessene Verfahrensdauer festgestellt wird, der Kl aber eine zu hohe Forderung geltend gemacht hat oder seiner Rügeobliegenheit nicht nachgekommen war.

Einführungsgesetz zum Gerichtsverfassungsgesetz (EGGVG)

vom 27.1.1877 (BGBl, 77), zuletzt geändert durch Artikel 2 des Gesetzes vom 6. Dezember 2011 (BGBl. I S. 2554)

Erster Abschnitt Allgemeine Vorschriften

§ 1 *(weggefallen)*

§ 1 wurde aufgehoben durch Art 14 Nr 1 des Gesetzes v 19.4.06 (BGBl I, 866). 1

§ 2 [Anwendungsbereich]. Die Vorschriften des Gerichtsverfassungsgesetzes finden auf die ordentliche Gerichtsbarkeit und deren Ausübung Anwendung.

Mit Wirkung zum 1.9.09 wurde § 2 neu gefasst (Art 25 FGG-RG v 17.12.08 BGBl I, 2586). Die frühere Formulierung »… finden **nur** auf die ordentliche Gerichtsbarkeit streitige Gerichtsbarkeit und deren Ausübung Anwendung« war terminologisch missverständlich, da der Begriff »streitige Gerichtsbarkeit« auf ein Parteiverfahren hindeutet, aber auch die Strafverfahren umfassen sollte. 1

§ 3 [Übertragung der Gerichtsbarkeit]. (1) [1]Die Gerichtsbarkeit in bürgerlichen Rechtsstreitigkeiten und Strafsachen, für welche besondere Gerichte zugelassen sind, kann den ordentlichen Landesgerichten durch die Landesgesetzgebung übertragen werden. [2]Die Übertragung darf nach anderen als den durch das Gerichtsverfassungsgesetz vorgeschriebenen Zuständigkeitsnormen erfolgen.
(2) *(weggefallen)*
(3) Insoweit für bürgerliche Rechtsstreitigkeiten ein von den Vorschriften der Zivilprozessordnung abweichendes Verfahren gestattet ist, kann die Zuständigkeit der ordentlichen Landesgerichte durch die Landesgesetzgebung nach anderen als den durch das Gerichtsverfassungsgesetz vorgeschriebenen Normen bestimmt werden.

Abs 2 wurde aufgehoben durch Art 14 Nr 1 des Gesetzes v 19.4.06 (BGBl I, 866). 1
Siehe iÜ die Kommentierung zu den §§ 13, 14 GVG und zu den §§ 3, 11–15a EGZPO.

§ 4 *(weggefallen)*

§ 4 wurde aufgehoben durch Art 14 Nr 1 des Gesetzes v 19.4.06 (BGBl I, 866). 1

§ 4a *(betrifft Strafsachen – von einer Kommentierung wurde abgesehen)*

§ 5 *(gegenstandslos)*

§ 6 [Ehrenamtliche Richter]. (1) Vorschriften über die Wahl oder Ernennung ehrenamtlicher Richter in der ordentlichen Gerichtsbarkeit einschließlich ihrer Vorbereitung, über die Voraussetzung hierfür, die Zuständigkeit und das dabei einzuschlagende Verfahren sowie über die allgemeinen Regeln über Auswahl und Zuziehung dieser ehrenamtlichen Richter zu den einzelnen Sitzungen sind erstmals auf die erste Amtsperiode der ehrenamtlichen Richter anzuwenden, die nicht früher als am ersten Tag des auf ihr Inkrafttreten folgenden zwölften Kalendermonats beginnt.
(2) Vorschriften über die Dauer der Amtsperiode ehrenamtlicher Richter in der ordentlichen Gerichtsbarkeit sind erstmals auf die erste nach ihrem Inkrafttreten beginnende Amtsperiode anzuwenden.

Die Regelung wurde eingefügt durch Art 3 des Gesetzes v 27.1.87 (BGBl I, 475). 1
Sie enthält **allgemeine Übergangsregelungen** für ehrenamtliche Richter (Handelsrichter, ehrenamtliche Richter bei Landwirtschaftsgerichten) bei Änderung von Verfahrensvorschriften. Damit erübrigen sich die sonst jeweils notwendigen speziellen Übergangsvorschriften. 2

3 Während einer **laufenden Amtsperiode** wirken sich die in Abs 1 genannten Änderungen nicht auf die ehrenamtlichen Richter aus, die bei Inkrafttreten der Neuregelung bereits im Amt sind. Sie gelten erst für die nächste Amtsperiode der ehrenamtlichen Richter. Damit aber genügend Vorbereitungszeit nach einer Gesetzesänderung bleibt, gilt das aber nur, wenn die nächste Amtsperiode nicht früher als am ersten Tag des auf das Inkrafttreten der Änderung folgenden zwölften Kalendermonats beginnt (Abs 1). Beginnt die nächste Amtsperiode früher, wirkt sich die Gesetzesänderung erst auf die übernächste Amtsperiode aus.

4 Gesetzesänderungen über die **Dauer** der Amtsperiode ehrenamtlicher Richter wirken nur für die künftigen Amtsperioden, nicht für die die laufende (Abs 2).

§ 7 *(gegenstandslos)*

§ 8 [Oberste Landesgerichte]. (1) Durch die Gesetzgebung eines Landes, in dem mehrere Oberlandesgerichte errichtet werden, kann die Verhandlung und Entscheidung der zur Zuständigkeit des Bundesgerichtshofes gehörenden Revisionen und Rechtsbeschwerden in bürgerlichen Rechtsstreitigkeiten einem obersten Landesgericht zugewiesen werden.
(2) Diese Vorschrift findet jedoch auf bürgerliche Rechtsstreitigkeiten, in denen für die Entscheidung Bundesrecht in Betracht kommt, keine Anwendung, es sei denn, dass es sich im Wesentlichen um Rechtsnormen handelt, die in den Landesgesetzen enthalten sind.

1 Ein oberstes Landesgericht gab es nur in Bayern. Dieses wurde durch Gesetz v 25.10.04 (BayGVBl, 400) zum 1.7.06 aufgelöst.

§ 9 *(betrifft Strafsachen – von einer Kommentierung wurde abgesehen)*

§ 10 *(betrifft Verfahrensvorschriften für derzeit nicht bestehende oberste Landesgerichte).*

§ 11 *(weggefallen)*

1 § 11 wurde aufgehoben durch Art 14 Nr 1 des Gesetzes v 19.4.06 (BGBl I, 866).

Zweiter Abschnitt Verfahrensübergreifende Mitteilungen von Amts wegen

§ 12 [Anwendungsbereich]. (1) [1]Die Vorschriften dieses Abschnitts gelten für die Übermittlung personenbezogener Daten von Amts wegen durch Gerichte der ordentlichen Gerichtsbarkeit und Staatsanwaltschaften an öffentliche Stellen des Bundes oder eines Landes für andere Zwecke als die des Verfahrens, für die die Daten erhoben worden sind. [2]Besondere Rechtsvorschriften des Bundes oder, wenn die Daten aus einem landesrechtlich geregelten Verfahren übermittelt werden, eines Landes, die von den §§ 18 bis 22 abweichen, gehen diesen Vorschriften vor.
(2) Absatz 1 gilt entsprechend für die Übermittlung personenbezogener Daten an Stellen der öffentlich-rechtlichen Religionsgesellschaften, sofern sichergestellt ist, dass bei dem Empfänger ausreichende Datenschutzmaßnahmen getroffen werden.
(3) Eine Übermittlung unterbleibt, wenn ihr eine besondere bundes- oder entsprechende landesgesetzliche Verwendungsregelung entgegensteht.
(4) Die Verantwortung für die Zulässigkeit der Übermittlung trägt die übermittelnde Stelle.
(5) [1]Das Bundesministerium der Justiz kann mit Zustimmung des Bundesrates allgemeine Verwaltungsvorschriften zu den nach diesem Abschnitt zulässigen Mitteilungen erlassen. [2]Ermächtigungen zum Erlass von Verwaltungsvorschriften über Mitteilungen in besonderen Rechtsvorschriften bleiben unberührt.

1 **A. Entstehungsgeschichte.** Die §§ 12–22 wurden durch das Justizmitteilungsgesetz (**JuMiG**) v 18.6.97 (BGBl I, 1430) eingefügt. Sie regeln die Übermittlung personenbezogener Daten **von Amts wegen** durch Gerichte und Staatsanwaltschaften **an öffentliche Stellen** des Bundes oder eines Landes **für verfahrensfremde Zwecke** (vgl zur Einführung des Gesetzes den Aufsatz v. *Bär* in CR 98, 767).

Die §§ 12–22 tragen dem **Recht auf informationelle Selbstbestimmung** Rechnung, das vom BVerfG aus dem allgemeinen Persönlichkeitsrecht (Art 2 I iVm Art 1 I GG) abgeleitet wurde (Volkszählungsurteil BVerfGE 65, 1). 2

B. Geltungsbereich. Die §§ 12 ff gelten nur **subsidiär** ggü bereichsspezifischen Regelungen. Nur soweit diese unvollständig sind, gelten die §§ 12 ff. Andererseits verdrängen die §§ 12 ff als lex specialis die Regelungen des BDSG. Bereichsspezifische Datenschutzregelungen für das Strafverfahrensrecht enthalten die §§ 474–491 StPO. Im Bereich des Zivilrechts fehlt eine entsprechende Regelung. 3

Diese Lücke wird zT durch die bundeseinheitlichen Verwaltungsvorschriften über Mitteilungspflichten in Zivilsachen (Anordnung über Mitteilungen in Zivilsachen idF v 1.6.68, Sonderbeilage zum Banz Nr 138/98) geschlossen. Diese **MiZi** – und entsprechende landesrechtliche Ergänzungen – enthalten **Mitteilungspflichten** für Gerichte der Zivilgerichtsbarkeit, die die **Mitteilungsermächtigungen** der §§ 14 ff berücksichtigen und – unter Beachtung des Grundsatzes der Verhältnismäßigkeit – konkretisieren. 4

Die Regelungen des zweiten Abschnitts gelten nur für Datenübermittlungen durch **Gerichte der ordentlichen Gerichtsbarkeit im funktionalen Sinn.** Deshalb werden Datenübermittlungen durch den Gerichtsvollzieher nicht von den §§ 12–22 erfasst. Die Bestimmungen gelten aber gem § 13 II ArbGG entsprechend für die **Arbeitsgerichte.** 5

Für die **Verwaltungsgerichtsbarkeit** gelten die §§ 12 ff nicht, da hier keine der Straf- oder Zivilgerichtsbarkeit vergleichbaren allgemeinen Pflichten zur Übermittlung personenbezogener Daten bestehen.

Die Vorschriften gelten für »öffentliche Stellen des Bundes und der Länder« als **Mitteilungsempfänger.** 6
Dieser Begriff ist in § 2 BGSG definiert. Danach gelten auch Private, die hoheitliche Aufgaben der öffentlichen Verwaltung wahrnehmen, als öffentliche Stellen. Nicht erfasst werden von diesem Abschnitt Mitteilungen an private Dritte.

Als empfangende Stellen von Datenübermittlungen kommen auch öffentlich-rechtliche Religionsgesellschaften als Körperschaften des öffentlichen Rechts in Betracht, wenn sichergestellt ist, dass bei ihnen ausreichende Datenschutzmaßnahmen getroffen sind. Die Regelung in Abs 2 entspricht dem § 15 IV BDSG.

Unter »**Übermittlung**« ist jede Art der Weitergabe (Aktenübersendung, Brief, Telefon, Fax, E-Mail usw) von personenbezogenen Daten für Zwecke der empfangenden Stelle zu verstehen. Werden Daten an andere öffentliche Stellen aus eigenem Interesse der übermittelnden Stelle übersandt, sind die §§ 12 ff nicht einschlägig (zB Mitteilungen zwischen den Instanzgerichten). Ebenso wenig werden Mitteilungen iRv Aufsichts-, Kontroll- und Weisungsbefugnissen, zur Rechnungsprüfung, Durchführung von Organisationsuntersuchungen sowie Ausbildungs- und Prüfungszwecken von den §§ 12 ff erfasst (vgl § 14 III BDSG). 7

Nur die **von Amts wegen** erfolgte Datenübermittlung fällt unter den Geltungsbereich des zweiten Abschnitts. Ersucht eine öffentliche Stelle um die Übermittlung personenbezogener Daten, so ist die Zulässigkeit nicht nach den §§ 12 ff zu beurteilen, sondern nach den jeweiligen bereichsspezifischen Vorschriften. 8

C. Personenbezogene Daten. Der Begriff ist in § 3 I BDSG definiert. Personenbezogene Daten sind Einzelangaben über persönliche oder sachliche Verhältnisse einer bestimmten oder bestimmbaren natürlichen Person. Dabei muss es sich nicht um die am Rechtsstreit beteiligten Parteien oder Beteiligten handeln (vgl § 21 II). 9

D. Sonderregelungen (Abs 3). Einer Übermittlung entgegenstehende Verwendungsregelungen enthalten insb die Vorschriften zum Schutz des Steuergeheimnisses (§ 30 AO) und des Sozialgeheimnisses (§ 35 SGB I, §§ 67a, 67d ff SGB X). Auch landesrechtliche Regelungen können einer Übermittlung entgegenstehen, zB im Bereich der Statistik oder der Kommunalabgaben. 10

E. Allgemeine Verwaltungsvorschriften (Abs 5). Die verfassungsrechtlich zulässige Ermächtigung für das Bundesministerium der Justiz (BVerfGE 26, 338) hat durch die Anordnung über die Mitteilungen in Zivilsachen (MiZi) und die ergänzenden Anordnungen der einzelnen Länder keine Bedeutung erlangt (s. Rz 2). 11

§ 13 [Erlaubte Übermittlung].

(1) Gerichte und Staatsanwaltschaften dürfen personenbezogene Daten zur Erfüllung der in der Zuständigkeit des Empfängers liegenden Aufgaben übermitteln, wenn

1. eine besondere Rechtsvorschrift dies vorsieht oder zwingend voraussetzt,
2. der Betroffene eingewilligt hat,
3. offensichtlich ist, dass die Übermittlung im Interesse des Betroffenen liegt, und kein Grund zu der Annahme besteht, dass er in Kenntnis dieses Zwecks seine Einwilligung verweigern würde,

4. die Daten auf Grund einer Rechtsvorschrift von Amts wegen öffentlich bekannt zu machen sind oder in ein von einem Gericht geführtes, für jedermann unbeschränkt einsehbares öffentliches Register einzutragen sind oder es sich um die Abweisung des Antrags auf Eröffnung des Insolvenzverfahrens mangels Masse handelt oder

5. auf Grund einer Entscheidung

a) bestimmte Rechtsfolgen eingetreten sind, insbesondere der Verlust der Rechtsstellung aus einem öffentlich-rechtlichen Amts- oder Dienstverhältnis, der Ausschluss vom Wehr- oder Zivildienst, der Verlust des Wahlrechts oder der Wählbarkeit oder der Wegfall von Leistungen aus öffentlichen Kassen, und

b) die Kenntnis der Daten aus der Sicht der übermittelnden Stelle für die Verwirklichung der Rechtsfolgen erforderlich ist;

dies gilt auch, wenn auf Grund der Entscheidung der Erlass eines Verwaltungsaktes vorgeschrieben ist, ein Verwaltungsakt nicht erlassen werden darf oder wenn der Betroffene ihm durch Verwaltungsakt gewährte Rechte auch nur vorläufig nicht wahrnehmen darf.

(2) [1]In anderen als in den in Absatz 1 genannten Fällen dürfen Gerichte und Staatsanwaltschaften personenbezogene Daten zur Erfüllung der in der Zuständigkeit des Empfängers liegenden Aufgaben einschließlich der Wahrnehmung personalrechtlicher Befugnisse übermitteln, wenn eine Übermittlung nach den §§ 14 bis 17 zulässig ist und soweit nicht für die übermittelnde Stelle offensichtlich ist, dass schutzwürdige Interessen des Betroffenen an dem Ausschluss der Übermittlung überwiegen. [2]Übermittelte Daten dürfen auch für die Wahrnehmung der Aufgaben nach dem Sicherheitsüberprüfungsgesetz oder einem entsprechenden Landesgesetz verwendet werden.

1 **A. Systematik.** Der Abs 1 Nr 1 legt die Subsidiarität der Regelungen des zweiten Abschnitts ggü bereichsspezifischen Vorschriften fest.

In Abs 1 Nr 2–5 sind Fälle geregelt, in denen die Übermittlung zulässig ist, wenn die dort genannten Voraussetzungen vorliegen.

Ist die Übermittlung nicht bereits auf Grund des Abs 1 zulässig, kann sie dennoch gestattet sein, wenn der Auffangtatbestand des Abs 2 eingreift.

2 **B. Abs 1.** Bundes- und landesrechtliche Regelungen über die Übermittlung personenbezogener Daten genießen nach der Nr 1 Vorrang ggü den Bestimmungen des zweiten Abschnitts des EGGVG.

3 In der **MiZi** (s. § 12 Rz 2) sind die meisten im Zivilrecht zu beachtenden Mitteilungsfälle geregelt und die bundesrechtlichen Rechtsgrundlagen für die Datenübermittlung genannt. Von besonderer Bedeutung sind die Mitteilungen an die Kommunalbehörden über Klagen auf Räumung von Wohnraum bei Zahlungsverzug des Mieters (2. Abschnitt IV), Mitteilungen an die Verwaltungsbehörden über Aufhebungsanträge und Feststellungsklagen in Ehesachen, Mitteilungen an die Jugendämter über Scheidungssachen, wenn gemeinsame minderjährige Kinder vorhanden sind, Mitteilungen an die Standesämter über Urteile, durch die eine Ehe geschieden, aufgehoben oder das Nichtbestehen einer Ehe festgestellt wird (2. Abschnitt VII), sowie Mitteilungen an die Rechtsanwaltskammern, Notarkammern und Patentanwaltskammern, wenn Zivilklagen gegen Angehörige rechtsberatender Berufe eingehen (2. Abschnitt III).

Die **Einwilligung des Betroffenen** (Nr 2) spielt in der Praxis keine Rolle.

4 Die in Nr 3 genannte Zulässigkeitsvoraussetzung entspricht der Regelung des § 14 II Nr 3 BDSG. **Im Interesse des Betroffenen** sind zB Mitteilungen an die Standesämter, wenn in einem gerichtlichen Vergleich Regelungen getroffen werden, die Einfluss auf die Erbfolge haben (vgl MiZi 2. Abschnitt III). Das Familiengericht ist berechtigt, das Jugendamt zu informieren, wenn Zweifel an der Geeignetheit einer Tagesmutter bestehen (JAmt 10, 179).

5 Auch die gesonderte Übermittlung **öffentlich bekannt** gemachter oder in **öffentlich zugänglichen** Registern eingetragenen Daten ist grundrechtsrelevant (BVerfGE 78, 77), aber nach Nr 4 zulässig. So finden die in der MiZi im 4. Abschnitt I und II geregelten Mitteilungen in Handels-, Partnerschafts-, Genossenschafts-, Vereinsregister- und Schiffsregistersachen an die Industrie- und Handelskammern, Handwerkskammern, Landwirtschaftskammern, Verwaltungsbehörden, Finanzämter usw im Abs 1 Nr 4 ihre Rechtsgrundlage.

6 Nr 5 erlaubt die Übermittlung in Fällen, in denen eine Vorschrift an eine ergangene Entscheidung **Rechtsfolgen** knüpft, die von der empfangenden Stelle beachtet oder umgesetzt werden müssen. Dies gilt insb, wenn die Entscheidung den Verlust der Rechtsstellung aus einem öffentlich-rechtlichen Amts- oder Dienst-

verhältnis, den Ausschluss vom Wehr- oder Zivildienst, den Verlust des Wahlrechts oder der Wählbarkeit oder den Wegfall von Leistungen aus öffentlichen Kassen zur Folge hat. Die Umsetzung durch die Empfangsbehörde kann im Erlass eines Verwaltungsaktes bestehen oder auch darin, dass ein Verwaltungsakt nicht erlassen werden darf.

C. Abs 2. Abs 2 ist ein **Auffangtatbestand** und schränkt nicht etwa die Zulässigkeit der Übermittlung von personenbezogenen Daten nach Abs 1 ein. 7
Damit eine Datenübermittlung auf der Grundlage des Abs 2 erfolgen kann, muss zunächst eine Übermittlung nach den **§§ 14–17** zulässig sein. **Zusätzlich** ist erforderlich, dass für das Gericht nicht das schutzwürdige Interesse des Betroffenen, dh sein Recht auf informationelle Selbstbestimmung, überwiegt. Der Abs 2 verlangt also eine **Abwägung** zwischen dem öffentlichen Interesse an der Übermittlung der Daten und dem individuellen Interesse des Betroffenen. Das Gericht hat dabei das öffentliche Interesse an der Datenübermittlung nach dem eigenen Kenntnisstand zu beurteilen. Eine Nachfrage bei der potentiellen Empfangsbehörde ist nicht zulässig.

§ 14 *(betrifft Strafsachen – von einer Kommentierung wurde abgesehen)*

§ 15 [Datenübermittlung in Zivilsachen].

In Zivilsachen einschließlich der Angelegenheiten der freiwilligen Gerichtsbarkeit ist die Übermittlung personenbezogener Daten zulässig, wenn die Kenntnis der Daten aus der Sicht der übermittelnden Stelle erforderlich ist

1. **zur Berichtigung oder Ergänzung des Grundbuchs oder eines von einem Gericht geführten Registers oder Verzeichnisses, dessen Führung durch eine Rechtsvorschrift angeordnet ist, und wenn die Daten Gegenstand des Verfahrens sind, oder**
2. **zur Führung des in § 2 Abs. 2 der Grundbuchordnung bezeichneten amtlichen Verzeichnisses und wenn Grenzstreitigkeiten Gegenstand eines Urteils, eines Vergleichs oder eines dem Gericht mitgeteilten außergerichtlichen Vergleichs sind.**

§ 15 ermöglicht iVm § 13 II in Zivilsachen und in Angelegenheiten der freiwilligen Gerichtsbarkeit die Übermittlung personenbezogener Daten, soweit dies nicht bereits nach § 13 I zulässig ist. 1
Die Nr 1 ergänzt die Regelungen des § 13 I Nr 1 und 4 iVm § 83 GBO bzw § 379 I FamFG. Damit wird sichergestellt, dass öffentliche Register und Verzeichnisse die tatsächlichen Verhältnisse richtig wiedergeben. § 13 Nr 1 bildet auch die Grundlage für die Übermittlung personenbezogener Daten zum Zwecke der Eintragung in das Schuldnerverzeichnis (§ 915 ZPO). 2
Durch die Nr 2 wird § 55 III GBO ergänzt. Die Erlaubnis soll die Übereinstimmung von Grundbuch und Liegenschaftsregister sicherstellen. 3

§ 16 [Datenübermittlung an ausländische Stellen].

Werden personenbezogene Daten an ausländische öffentliche Stellen oder an über- oder zwischenstaatliche Stellen nach den hierfür geltenden Rechtsvorschriften übermittelt, so ist eine Übermittlung dieser Daten auch zulässig

1. **an das Bundesministerium der Justiz und das Auswärtige Amt,**
2. **in Strafsachen gegen Mitglieder einer ausländischen konsularischen Vertretung zusätzlich an die Staats- oder Senatskanzlei des Landes, in dem die konsularische Vertretung ihren Sitz hat.**

Die Übermittlung von personenbezogenen Daten an ausländische Stellen wird in völkerrechtlichen Verträgen iVm den jeweiligen Ratifizierungsgesetzen geregelt. § 16 schafft die Grundlage für die Übermittlung der Daten im innerstaatlichen Bereich. 1

§ 16a [Kontaktstellen des Europäischen Justitiellen Netzes in Zivil- und Handelssachen].

(1) Das Bundesamt für Justiz nach Maßgabe des Absatzes 2 und die von den Landesregierungen durch Rechtsverordnung bestimmten weiteren Stellen nehmen die Aufgaben der Kontaktstellen im Sinne des Artikels 2 der Entscheidung 2001/470/EG des Rates vom 28. Mai 2001 über die Einrichtung eines Europäischen Justiziellen Netzes für Zivil- und Handelssachen (ABl. EG Nr. L 174 S. 25) wahr.
(2) Das Bundesamt für Justiz stellt die Koordinierung zwischen den Kontaktstellen sicher.

(3) [1]Die Landesregierungen werden ermächtigt, durch Rechtsverordnung die Aufgaben der Kontaktstelle einer Landesbehörde zuzuweisen. [2]Sie können die Befugnis zum Erlass einer Rechtsverordnung nach Absatz 1 einer obersten Landesbehörde übertragen.

1 § 16a wurde eingefügt durch Gesetz v 23.7.02 (BGBl I, 2850) und geändert durch Gesetz v 17.12.06 (BGBl I, 3171).

2 Der Europäische Rat hat 2001 die Einrichtung eines **Europäischen Justiziellen Netzes für Zivil- und Handelssachen** beschlossen. Dadurch soll ein weiterer Schritt zur Schaffung eines einheitlichen Rechtsraumes in der Europäischen Union getan werden. Die Entscheidung des Europäischen Rates wird durch § 16a umgesetzt. Sinn des Justiziellen Netzes für Zivil- und Handelssachen ist die Verbesserung der Informationsmöglichkeiten für die am Europäischen Rechtsverkehr Beteiligten, damit grenzüberschreitende zivilrechtliche Streitigkeiten effizienter vorbereitet und durchgeführt werden können. »Hauptziel des Netzes ist es, den Personen das Leben zu erleichtern, die mit grenzübergreifenden Rechtsstreitigkeiten konfrontiert sind, dh mit Streitigkeiten, die einen Bezug zu mehr als einem Mitgliedsstaat aufweisen« (zitiert aus der Homepage (http://ec.europa.eu/civiljustice/index_de.htm) des Europäischen Justiziellen Netzes für Zivil- und Handelssachen). Auf dieser Website sind (in deutscher Sprache) die wichtigsten nationalen zivilrechtlichen Verfahrensregelungen der Mitgliedsstaaten (mit Ausnahme von Dänemark), zB über gerichtliche Zuständigkeiten, prozessuale Fristen, die Gewährung von Prozesskostenhilfe usw, zu finden.

3 Durch Art 4 V des Gesetzes v 17.12.06 (BGBl I, 3171) ging die Zuständigkeit für die Koordination der nach Abs 1 zuständigen Kontaktstellen der Länder vom Generalbundesanwalt auf das neu geschaffene Bundesamt für Justiz über. Diese **Koordinationsstelle** ist erforderlich, um der in Art 2 II der Entscheidung 2001/470/EG geforderten Sicherstellung geeigneter Koordinationsmechanismen Rechnung zu tragen und als Ansprechpartner für die Kommission und die anderen Mitgliedsstaaten zu dienen.

4 Abs 3 schafft die Rechtsgrundlage für die Verordnungen der Länder zur Regelung der Errichtung ihrer Kontaktstellen.

§ 17 [Weitere Zulässigkeit von Datenübermittlungen].

Die Übermittlung personenbezogener Daten ist ferner zulässig, wenn die Kenntnis der Daten aus der Sicht der übermittelnden Stelle
1. zur Verfolgung von Straftaten oder Ordnungswidrigkeiten,
2. für ein Verfahren der internationalen Rechtshilfe,
3. zur Abwehr erheblicher Nachteile für das Gemeinwohl oder einer Gefahr für die öffentliche Sicherheit,
4. zur Abwehr einer schwer wiegenden Beeinträchtigung der Rechte einer anderen Person oder
5. zur Abwehr einer erheblichen Gefährdung Minderjähriger
erforderlich ist.

1 § 17 ist eine weitere **Auffangregelung** und gestattet die Übermittlung der Daten, auch wenn die Voraussetzungen des § 13 I bzw II iVm §§ 14–16 nicht vorliegen. Als Besonderheit ist die Übermittlung personenbezogener Daten nach § 17 unabhängig davon zulässig, ob die betroffene Person am Verfahren beteiligt ist, oder ob die Daten der übermittelnden Stelle zufällig bekannt geworden sind.

2 Über die Erforderlichkeit der Datenübermittlung hat die übermittelnde Stelle zu entscheiden. Sie hat auch hier zwischen dem öffentlichen Interesse an der Datenübermittlung und dem Interesse des Betroffenen an der Wahrung seines Rechts auf informationelle Selbstbestimmung **abzuwägen** (s. § 13 Rz 7). Eine Fehleinschätzung kann durch § 19 II 1 korrigiert werden.

3 Die Mitteilung zur Verfolgung von Straftaten und Ordnungswidrigkeiten gem **Nr 1** entspricht der Regelung des § 14 II Nr 7 BDSG und ergänzt bereichsspezifische Regelungen.

4 Die **Nr 2** ermöglicht die Mitteilung personenbezogener Daten iRd internationalen Rechtshilfe, auch wenn entsprechende Regelungen in den bereichsspezifischen Verfahrensvorschriften fehlen.

5 Die Zulässigkeit einer Mitteilung nach der **Nr 3** entspricht in etwa dem § 14 II Nr 6 BDSG und dient dem Schutz des Gemeinwohls. und der öffentlichen Sicherheit. Im Gegensatz zum BDSG ist aber keine »unmittelbar drohende Gefahr« für die Zulässigkeit der Datenübermittlung notwendig. Es genügt eine allgemein drohende Gefahr. Unter »Gemeinwohl« ist die Gesamtheit der schützenwerten Interessen der Gesellschaft im Gegensatz zu den Individualinteressen des Einzelnen zu verstehen. Die »öffentliche Sicherheit« ist die Summe der Rechtsnormen, die sowohl den schützenswerten Interessen der einzelnen Bürger als auch den Gesamtinteressen der staatlichen Gemeinschaft dienen.

Die Regelung in der **Nr** 4 entspricht dem § 14 II Nr 8 BDSG und erfordert eine Abwägung der Grundrechte des Betroffenen und der anderen Person, die durch die Mitteilung vor **schwerwiegenden** Rechtsbeeinträchtigungen geschützt werden soll. 6

Die Möglichkeit einer Mitteilung nach der **Nr 5** hat im Hinblick auf die Nr 1 und 4 und durch die bereichsspezifische Regelung in § 22a FamFG nur geringe Bedeutung. 7

§ 18 [Übermittlung verbundener Daten. Form der Übermittlung]. **(1) [1]Sind mit personenbezogenen Daten, die nach diesem Abschnitt übermittelt werden dürfen, weitere personenbezogene Daten des Betroffenen oder eines Dritten so verbunden, dass eine Trennung nicht oder nur mit unvertretbarem Aufwand möglich ist, so ist die Übermittlung auch dieser Daten zulässig, soweit nicht berechtigte Interessen des Betroffenen oder eines Dritten an deren Geheimhaltung offensichtlich überwiegen. [2]Eine Verwendung der Daten durch den Empfänger ist unzulässig; für Daten des Betroffenen gilt § 19 Abs. 1 Satz 2 entsprechend.**

(2) [1]Die übermittelnde Stelle bestimmt die Form der Übermittlung nach pflichtgemäßem Ermessen. [2]Soweit dies nach der Art der zu übermittelnden Daten und der Organisation des Empfängers geboten ist, trifft sie angemessene Vorkehrungen, um sicherzustellen, dass die Daten unmittelbar den beim Empfänger funktionell zuständigen Bediensteten erreichen.

Durch § 18 I wird die Zulässigkeit der Übermittlung personenbezogener Daten nach den §§ 13–17 beschränkt, wenn diese mit weiteren personenbezogenen Daten des Betroffenen oder eines Dritten verbunden sind, für die kein Erlaubnistatbestand eingreift. Abs 2 regelt die Form der Übermittlung. 1

A. Abs 1. In S 1 wird die Zulässigkeit der Übermittlung verbundener Daten zunächst davon abhängig gemacht, dass diese **untrennbar** verbunden sind oder die Trennung nur mit einem unvertretbaren Aufwand möglich ist. Wie es zu einer Verbindung der Daten gekommen ist, spielt keine Rolle. Es genügt, dass die zulässigerweise mitzuteilende Information an die Empfangsbehörde weitere Daten umfasst. 2

Im Hinblick auf das Recht auf informationelle Selbstbestimmung sind an die Unvertretbarkeit des Aufwandes zur Datentrennung strenge Anforderungen zu stellen. Ob ein **unvertretbarer Aufwand** zur Datentrennung mit der angespannten personellen Situation der Gerichte begründet werden kann, bleibt abzuwarten. Das BVerfG verlangt vom Gesetzgeber organisatorische und verfahrensrechtliche Vorkehrungen, um eine Verletzung des Persönlichkeitsrechts zu vermeiden (BVerfGE 65, 1). Ob dann die Umsetzung dieser Vorkehrungen an der mangelhaften personellen Ausstattung der Gerichte scheitern darf, erscheint zweifelhaft. 3

Auch bei Untrennbarkeit der Daten ist die Übermittlung nur dann zulässig, wenn das öffentliche Interesse an der Übermittlung die berechtigten Interessen des Betroffenen oder des Dritten **offensichtlich** überwiegt. Dies erfordert eine oftmals schwierige **Güterabwägung** und kann auch Einfluss auf den Umfang des Aufwandes haben, der dem Gericht zur Datentrennung zugemutet werden kann. 4

S 2 enthält ein **absolutes Verwendungsverbot** hinsichtlich der »überschießenden« Daten. Diese Daten dürfen von der Empfangsbehörde weder für Entscheidungen oder Maßnahmen verwendet werden, noch ist es ihr gestattet, diese zu speichern, in anderer Weise zu verwenden oder weiterzugeben. Das Verwendungsverbot wird durch Abs 2 Hs 2 eingeschränkt. Danach dürfen »überschießende« Daten **des Betroffenen** auch für andere Zwecke verwendet werden, soweit die Daten auch dafür hätten übermittelt werden dürfen. Zur Problematik dieser Regelung vgl § 19 Rz 2. 5

B. Abs 2. Die Form der Übermittlung von personenbezogenen Daten wird grds vom **Urkundsbeamten der Geschäftsstelle** nach pflichtgemäßem Ermessen festgelegt. In Einzelfällen bestimmt die MiZi eine Zuständigkeit des Richters bzw Rechtspflegers. Diese können sich auch in sonstigen Fällen die Entscheidung vorbehalten. 6

Aus § 19 folgt, dass der **Zweck bei der Übermittlung** angegeben werden muss. Im Regelfall wird die entsprechende Nummer der MiZi als Angabe genügen. In Teil 1 Nr 4–7 der MiZi ist das Mitteilungsverfahren im Einzelnen geregelt. 7

Nach S 2 sind zumutbare Vorkehrungen zu treffen, damit die Daten möglichst nur der funktionell zuständigen Person der Empfangsbehörde bekannt werden. Als »**angemessene Vorkehrungen**« kommen zB die Ermittlung der zuständigen Person in der Empfangsbehörde in Betracht und die Übermittlung der personenbezogenen Daten an diesen Bediensteten (oder an den »Vertreter im Amt«) im verschlossenen Umschlag mit dem Vermerk »persönlich«. Dies wird insb in Personalangelegenheiten in aller Regel zumutbar sein. 8

§ 19 [Verwendung übermittelter Daten]. **(1) [1]Die übermittelten Daten dürfen nur zu dem Zweck verwendet werden, zu dessen Erfüllung sie übermittelt worden sind. [2]Eine Verwendung für andere Zwecke ist zulässig, soweit die Daten auch dafür hätten übermittelt werden dürfen.**
(2) [1]Der Empfänger prüft, ob die übermittelten Daten für die in Absatz 1 genannten Zwecke erforderlich sind. [2]Sind die Daten hierfür nicht erforderlich, so schickt er die Unterlagen an die übermittelnde Stelle zurück. [3]Ist der Empfänger nicht zuständig und ist ihm die für die Verwendung der Daten zuständige Stelle bekannt, so leitet er die übermittelten Unterlagen dorthin weiter und benachrichtigt hiervon die übermittelnde Stelle.

1 § 19 entspricht dem **Zweckbindungsgrundsatz** des § 15 III BDSG. Der Zweck der Übermittlung personenbezogener Daten wird von der übermittelnden Stelle festgelegt. Die Empfangsbehörde darf die übermittelten Daten grds nur für diesen Zweck verwenden. Sie ist verpflichtet zu überprüfen, ob die Daten für den angegebenen Zweck (s. § 18 Rz 5) erforderlich sind. Sind sie es nicht, schickt die Empfangsbehörde die Unterlagen an die übermittelnde Stelle zurück (Abs 2 S 1). Eine Vernichtung durch die empfangende Stelle anstelle der Rücksendung ist nicht zulässig, da durch das Zurücksenden künftige Fehleinschätzungen durch die übermittelnde Stelle vermieden werden sollen. Lediglich bei Daten, die auf elektronischem Weg übermittelt wurden, tritt an die Stelle der Rücksendung die Löschung mit Benachrichtigung an das absendende Gericht.

2 Problematisch ist die Regelung des **Abs 1 S 2**, da hier die Kompetenz für die Entscheidung über die Zulässigkeit der Datenübermittlung auf die Empfangsbehörde übertragen wird. Die Gerichte und Staatsanwaltschaften sind nicht in den Aufgabenbereich der empfangenden Stelle integriert. Sie können objektiv abwägen zwischen dem Recht auf informationelle Selbstbestimmung des Betroffenen und der Erforderlichkeit der Datenübermittlung für die Tätigkeit der Empfangsbehörde. Entscheidet diese in eigener Verantwortung, ob die Übermittlung für andere Zwecke zulässig gewesen wäre, besteht die Gefahr, den Datenschutz der eigenen Aufgabenzuweisung unterzuordnen. Verwendet die Empfangsbehörde die übermittelten Daten für andere Zwecke, muss die übermittelnde Stelle davon auch nicht unterrichtet werden.

3 Ist die von der übersendenden Stelle angegebene Empfangsbehörde nicht zuständig, leitet diese die Unterlagen an die **zuständige Stelle** weiter und benachrichtigt die übermittelnde Stelle (Abs 2 S 3). Diese Regelung dient der Beschleunigung der Datenübermittlung.

4 Wird von der Empfangsbehörde gegen den Zweckbindungsgrundsatz **verstoßen,** dürfen die Daten nicht als Grundlage für Maßnahmen bzw für das Unterlassen von Maßnahmen durch die Empfangsbehörde verwendet werden. Wird die Behörde jedoch durch die übermittelten Daten zu eigenen Ermittlungen veranlasst, dürfen die dabei gewonnenen Erkenntnisse für die Tätigkeit der Behörde verwendet werden. Dem steht § 22 III nicht entgegen, da Gegenstand des Verfahrens nach §§ 23 ff nur die Zulässigkeit der Datenübermittlung ist.

§ 20 [Mitteilung der Verfahrensbeendigung]. **(1) [1]Betreffen Daten, die vor Beendigung eines Verfahrens übermittelt worden sind, den Gegenstand dieses Verfahrens, so ist der Empfänger vom Ausgang des Verfahrens zu unterrichten; das Gleiche gilt, wenn eine übermittelte Entscheidung abgeändert oder aufgehoben wird, das Verfahren, außer in den Fällen des § 153a der Strafprozessordnung, auch nur vorläufig eingestellt worden ist oder nach den Umständen angenommen werden kann, dass das Verfahren auch nur vorläufig nicht weiter betrieben wird. [2]Der Empfänger ist über neue Erkenntnisse unverzüglich zu unterrichten, wenn dies erforderlich erscheint, um bis zu einer Unterrichtung nach Satz 1 drohende Nachteile für den Betroffenen zu vermeiden.**
(2) [1]Erweist sich, dass unrichtige Daten übermittelt worden sind, so ist der Empfänger unverzüglich zu unterrichten. [2]Der Empfänger berichtigt die Daten oder vermerkt ihre Unrichtigkeit in den Akten.
(3) Die Unterrichtung nach Absatz 1 oder 2 Satz 1 kann unterbleiben, wenn sie erkennbar weder zur Wahrung der schutzwürdigen Interessen des Betroffenen noch zur Erfüllung der Aufgaben des Empfängers erforderlich ist.

1 Aus Abs 1 ergibt sich, dass personenbezogene Daten grds bereits **vor Beendigung eines Verfahrens** übermittelt werden dürfen. Ob dies sowohl im Hinblick auf die schutzwürdigen Interessen des Betroffenen, als auch im Hinblick auf den mit § 20 verbundenen Aufwand angezeigt erscheint, hat die übermittelnde Behörde zu prüfen. Andererseits kann eine schnelle Reaktion der zuständigen Behörde zum Schutz bedeu-

tender Rechtsgüter notwendig sein und eine Mitteilung während des laufenden Verfahrens zwingend erfordern. Die übermittelnde Stelle hat deshalb über den Zeitpunkt der Datenübermittlung nach pflichtgemäßem Ermessen zu entscheiden.

Durch die Mitteilungspflichten des § 20 soll sichergestellt werden, dass die Empfangsbehörde keine Maßnahme aufgrund von überholten, abgeänderten oder unrichtigen Daten trifft bzw unterlässt oder eine bereits getroffene Maßnahme im Hinblick auf den aktuellen Verfahrensstand korrigiert. 2

Sind vor Beendigung des Verfahrens personenbezogene Daten übermittelt worden, so ist die Empfangsbehörde auf jeden Fall vom **Ausgang** des Verfahrens zu unterrichten (Abs 1 S 1 Hs 1). Die Einschränkung nach Abs 3 ist hier ohne Bedeutung. Mit dem Verfahrensausgang ist jede Entscheidung gemeint, die eine Instanz abschließt. 3

Ferner ist die Empfangsbehörde zu unterrichten, wenn eine übermittelte Entscheidung (zB durch ein rechtskräftiges Urt im Restitutionsverfahren, §§ 580 ff ZPO) **abgeändert** oder **aufgehoben** wird, oder nach Einschätzung der übermittelnden Stelle das Verfahren (zB im Falle des § 251 ZPO) auch nur vorläufig **nicht weiter betrieben** wird (Abs 1 S 1 Hs 2). 4

Unabhängig von der Beendigung des Verfahrens, der Abänderung oder der Aufhebung einer Entscheidung oder dem vorläufigen Stillstand eines Verfahrens sieht Abs 1 S 2 vor, dass die Empfangsbehörde von **neuen Erkenntnissen** zu unterrichten ist, die sich während eines Verfahrens ergeben, wenn dies nach Einschätzung der übermittelnden Stelle erforderlich erscheint, um drohende Nachteile für den Betroffenen bis zur Mitteilung nach Abs 1 S 1 zu vermeiden. 5

Zum Schutz der Persönlichkeitssphäre des Betroffenen ist die Empfangsbehörde unverzüglich zu informieren, wenn ihr **unrichtige Daten** übermittelt wurden (Abs 2 S 1). Eine Vernichtung der unrichtigen Daten bei der Empfangsbehörde ist im Gesetz nicht vorgesehen. Sie ist lediglich verpflichtet, die Daten zu berichtigen oder die Unrichtigkeit zu vermerken (Abs 2 S 2). Eine Mitteilung an die übermittelnde Stelle über die erfolgte Kenntnisnahme von der Information über die Unrichtigkeit ist nicht vorgeschrieben. Die Empfangsbehörde ist aber verpflichtet, die Information weiterzuleiten, wenn sie gem § 19 II 2 die ursprünglichen Daten an eine andere Behörde weitergegeben hat. 6

Abs 3 dient der Verwaltungsvereinfachung und sieht vor, dass eine Unterrichtung nach den Abs 1 und Abs 2 dann unterbleiben kann, wenn dies aus rein formalen Gründen geschehen würde. Die schutzwürdigen Interessen des Betroffenen werden aber in aller Regel eine Benachrichtigung nach Abs 1 oder Abs 2 erfordern, da nur aktuell zutreffende Daten die Persönlichkeitssphäre des von der Übermittlung Betroffenen nicht beeinträchtigen. 7

§ 21 [Auskunftsanspruch].

(1) [1]Dem Betroffenen ist auf Antrag Auskunft über die übermittelten Daten und deren Empfänger zu erteilen. [2]Der Antrag ist schriftlich zu stellen. [3]Die Auskunft wird nur erteilt, soweit der Betroffene Angaben macht, die das Auffinden der Daten ermöglichen, und der für die Erteilung der Auskunft erforderliche Aufwand nicht außer Verhältnis zu dem geltend gemachten Informationsinteresse steht. [4]Die übermittelnde Stelle bestimmt das Verfahren, insbesondere die Form der Auskunftserteilung, nach pflichtgemäßem Ermessen.

(2) [1]Ist der Betroffene bei Mitteilungen in Strafsachen nicht zugleich der Beschuldigte oder in Zivilsachen nicht zugleich Partei oder Beteiligter, ist er gleichzeitig mit der Übermittlung personenbezogener Daten über den Inhalt und den Empfänger zu unterrichten. [2]Die Unterrichtung des gesetzlichen Vertreters eines Minderjährigen, des Bevollmächtigten oder Verteidigers reicht aus. [3]Die übermittelnde Stelle bestimmt die Form der Unterrichtung nach pflichtgemäßem Ermessen. [4]Eine Pflicht zur Unterrichtung besteht nicht, wenn die Anschrift des zu Unterrichtenden nur mit unvertretbarem Aufwand festgestellt werden kann.

(3) Bezieht sich die Auskunftserteilung oder die Unterrichtung auf die Übermittlung personenbezogener Daten an Verfassungsschutzbehörden, den Bundesnachrichtendienst, den Militärischen Abschirmdienst oder, soweit die Sicherheit des Bundes berührt wird, andere Behörden des Bundesministers der Verteidigung, ist sie nur mit Zustimmung dieser Stellen zulässig.

(4) [1]Die Auskunftserteilung und die Unterrichtung unterbleiben, soweit

1. **sie die ordnungsgemäße Erfüllung der Aufgaben der übermittelnden Stelle oder des Empfängers gefährden würden,**
2. **sie die öffentliche Sicherheit oder Ordnung gefährden oder sonst dem Wohle des Bundes oder eines Landes Nachteile bereiten würden oder**

3. die Daten oder die Tatsache ihrer Übermittlung nach einer Rechtsvorschrift oder ihrem Wesen nach, insbesondere wegen der überwiegenden berechtigten Interessen eines Dritten, geheim gehalten werden müssen

und deswegen das Interesse des Betroffenen an der Auskunftserteilung oder Unterrichtung zurücktreten muss. [2]Die Unterrichtung des Betroffenen unterbleibt ferner, wenn erhebliche Nachteile für seine Gesundheit zu befürchten sind.

(5) Die Ablehnung der Auskunftserteilung bedarf keiner Begründung, soweit durch die Mitteilung der tatsächlichen und rechtlichen Gründe, auf die die Entscheidung gestützt wird, der mit der Auskunftsverweigerung verfolgte Zweck gefährdet würde.

1 § 21 entspricht in etwa der Regelung des § 19 BDSG. Aus dem Recht auf informationelle Selbstbestimmung ergibt sich der Auskunfts- bzw Informationsanspruch des von der Datenübermittlung Betroffenen.

2 **A. Auskunft auf Antrag (Abs 1).** Das Gesetz sieht für die Prozessparteien und -beteiligten (zB Nebenintervenienten) nur einen **Auskunftsanspruch** über die sie betreffenden Datenübermittlungen vor. Dieser Lösung liegt der Gedanke zu Grunde, dass diesem Personenkreis aufgrund der §§ 12–20 und den bereichsspezifischen Regelungen bewusst sein muss, dass eine Übermittlung ihrer personenbezogenen Daten an andere öffentliche Stellen in Betracht gekommen sein könnte. Die Prozessparteien und -beteiligten sollen selbst entscheiden können, ob sie von etwaigen Datenübermittlungen Kenntnis erlangen wollen. Ob beim Durchschnittsbürger das vom Gesetzgeber vorausgesetzte Bewusstsein von möglichen Datenübermittlungen tatsächlich vorhanden ist, mag dahingestellt bleiben. Jedenfalls ist der Arbeitsaufwand der Gerichte durch die gefundene Lösung geringer.

3 Die Auskunft über eine Datenübermittlung wird **nur auf schriftlichen Antrag** erteilt (S 2). Der Betroffene muss in diesem Antrag sachdienliche Angaben machen, die das Auffinden der Daten ermöglichen, ohne dass der dafür erforderliche Aufwand außer Verhältnis zum geltend gemachten Informationsinteresse steht. Nennt der Betroffene das Aktenzeichen des Verfahrens, in dem möglicherweise eine Datenübermittlung erfolgt ist, dürfte in aller Regel der Aufwand für die Auskunftserteilung nicht unverhältnismäßig sein.

4 Liegen die Voraussetzungen des S 2 vor, so **ist** dem Betroffenen die Auskunft zu erteilen. Lediglich die **Form der Auskunftserteilung** bestimmt das Gericht nach pflichtgemäßem Ermessen (S 3). In aller Regel wird dem Betroffenen eine Kopie der Datenmitteilung übersandt, aus der sich Zweck, Inhalt und Empfänger der Mitteilung ergeben.

5 **B. Information von Amts wegen (Abs 2).** Abs 2 enthält eine Ausnahme vom Grundsatz, dass die von einer Datenübermittlung Betroffenen nur auf Antrag darüber informiert werden. Personen, die **nicht Prozesspartei oder -beteiligter** im Zivilverfahren sind, werden vAw über den Inhalt und den Empfänger der übermittelten personenbezogenen Daten unterrichtet. Dieser Regelung liegt zu Grunde, dass diese Personen nach Einschätzung des Gesetzgebers (s. BTDrs 13/4709, 27, 57) nicht mit der Übermittlung ihrer Daten rechnen müssen. Die Information des Betroffenen hat gleichzeitig mit der Datenübermittlung zu erfolgen.

6 Nach **S 2** reicht die Unterrichtung des gesetzlichen Vertreters eines Minderjährigen oder des Prozessbevollmächtigten aus.

7 Die **Form** der Unterrichtung wird wie bei der Auskunftserteilung nach Abs 1 von der übermittelnden Stelle nach pflichtgemäßem Ermessen bestimmt (S 3).

8 Die Unterrichtung des Betroffenen darf **unterbleiben**, wenn die Anschrift des von der Übermittlung Betroffenen nur mit unverhältnismäßigem Aufwand ermittelt werden kann (S 4).

9 **C. Ausnahmen von der Auskunftserteilung oder Unterrichtung (Abs 3, 4).** Sind die personenbezogenen Daten an Verfassungsschutzbehörden, den Bundesnachrichtendienst, den Militärischen Abschirmdienst oder andere Behörden des Bundesministers der Verteidigung übermittelt worden, ist deren **Zustimmung** zur Auskunftserteilung bzw Unterrichtung vAw erforderlich (Abs 3). In Zivilverfahren ist diese Regelung ohne praktische Bedeutung.

10 In **Abs 4** sind Fälle geregelt, in denen ausnahmsweise die Auskunftserteilung oder Unterrichtung unterbleibt, weil höherrangige Interessen von solchem Gewicht bestehen, dass das Interesse des Betroffenen an der Auskunftserteilung oder Unterrichtung vAw zurücktreten muss:

1. Die Nr 1 entspricht § 19 IV Nr 1 BDSG. Die Auskunftserteilung oder Unterrichtung muss die **inhaltliche** Tätigkeit der übermittelnden Stelle oder der Empfangsbehörde gefährden. Dazu zählen auch wiederholte **querulatorische Auskunftsersuchen.**

2. Die Nr 2 entspricht § 19 IV Nr 2 BDSG. Die Auskunftserteilung oder Unterrichtung würde die **öffentliche Sicherheit oder Ordnung** (s. § 17 Rz 5) gefährden oder dem Wohle des Bundes oder eines Landes Nachteile bereiten. In Zivilverfahren dürfte diese Fallgestaltung ohne Bedeutung sein.
3. Die Nr 3 entspricht § 19 IV Nr 3 BDSG. Auch diese Vorschrift ist für Zivilverfahren irrelevant. Sie soll insb **Informanten** in strafrechtlichen Ermittlungsverfahren schützen.
4. Nach S 2 hat die Unterrichtung des Betroffenen (Abs 2) dann zu unterbleiben, wenn erhebliche gesundheitliche Nachteile für ihn zu befürchten sind. Entgegen dem Wortlaut darf auch bei einem Auskunftsantrag nach Abs 1 die Auskunft verweigert werden, wenn bei einer Auskunftserteilung **gesundheitliche Nachteile** für den Betroffenen zu befürchten sind.

D. Entscheidung über den Auskunftsantrag (Abs 5). Grundsätzlich ist über den Auskunftsantrag schriftlich und mit Begründung zu entscheiden, sofern nicht dem Antrag durch die entsprechende Auskunft in vollem Umfang entsprochen wird. Bei **Ablehnung** des Antrags darf dann auf die Begründung verzichtet werden, wenn durch die Mitteilung der tatsächlichen oder rechtlichen Gründe, auf die die Entscheidung gestützt wird, der mit der Auskunftsverweigerung verfolgte Zweck gefährdet würde (entspricht § 19 V 1 BDSG). 11

Da weder im JuMiG, noch in den Kostengesetzen eine Regelung besteht, ist die Auskunftserteilung **kostenfrei.**

E. Rechtsmittel bei verweigerter Auskunft. Während die Überprüfung der Rechtmäßigkeit der Übermittlung personenbezogener Daten in § 22 im Einzelnen geregelt ist, fehlt eine ausdrückliche Regelung für die Überprüfung einer verweigerten Auskunftserteilung. Es besteht jedoch Einigkeit darüber, dass der Betroffene nach §§ 23 ff die Entscheidung der übermittelnden Stelle überprüfen lassen kann (Kissel/Mayer § 23 Rn 110; L/R/*Böttcher* § 21 EGGVG Rn 17; KK-StPO § 21 EGGVG Rn 13). 12

§ 22 [Gerichtliche Überprüfung]. **(1) [1]Ist die Rechtsgrundlage für die Übermittlung personenbezogener Daten nicht in den Vorschriften enthalten, die das Verfahren der übermittelnden Stelle regeln, sind für die Überprüfung der Rechtmäßigkeit der Übermittlung die §§ 23 bis 30 nach Maßgabe der Absätze 2 und 3 anzuwenden. [2]Hat der Empfänger auf Grund der übermittelten Daten eine Entscheidung oder andere Maßnahme getroffen und dies dem Betroffenen bekannt gegeben, bevor ein Antrag auf gerichtliche Entscheidung gestellt worden ist, so wird die Rechtmäßigkeit der Übermittlung ausschließlich von dem Gericht, das gegen die Entscheidung oder Maßnahme des Empfängers angerufen werden kann, in der dafür vorgesehenen Verfahrensart überprüft.**
(2) [1]Wird ein Antrag auf gerichtliche Entscheidung gestellt, ist der Empfänger zu unterrichten. [2]Dieser teilt dem nach § 25 zuständigen Gericht mit, ob die Voraussetzungen des Absatzes 1 Satz 2 vorliegen.
(3) [1]War die Übermittlung rechtswidrig, so spricht das Gericht dies aus. [2]Die Entscheidung ist auch für den Empfänger bindend und ist ihm bekannt zu machen. [3]Die Verwendung der übermittelten Daten ist unzulässig, wenn die Rechtswidrigkeit der Übermittlung festgestellt worden ist.

In § 22 wird der Rechtsschutz des von der Übermittlung seiner personenbezogenen Daten Betroffenen geregelt. Wegen der **Subsidiarität** der §§ 12–22 (s. § 12 Rz 1) richtet sich der Rechtsschutz primär nach den bereichsspezifischen Regeln. Fehlt – wie im Normalfall – eine solche Regelung, kann die Zulässigkeit der Datenübermittlung durch das OLG nachgeprüft werden. 1

Die Übermittlung personenbezogener Daten ist eine »sonstige Maßnahme« einer Justizbehörde iSd § 23 I und somit ein **Justizverwaltungsakt.** Die Verweisung in § 22 auf die §§ 23 ff bezieht sich aber nur auf die Datenübermittlung selbst, nicht auf die Auskunftserteilung nach § 21. Die Entscheidung, einen Auskunftsantrag – aus welchen Gründen auch immer – abzulehnen, ist zwar auch ein Justizverwaltungsakt, doch ergibt sich dies aus der allgemeinen Definition des Begriffs »Justizverwaltungsakt« iSd § 23 (s. § 23 Rz 5 und § 21 Rz 12). 2

Das OLG prüft im Verfahren nach §§ 23 ff, ob für die Datenübermittlung die Zulässigkeitsvoraussetzungen gegeben waren. In Ausnahmefällen kann auch durch eine **einstweilige Anordnung** der Empfangsbehörde die Verwertung der übermittelten Daten einstweilen untersagt werden (s. § 28 Rz 11). Für einen **vorbeugenden Unterlassungsantrag** oder eine einstweilige Anordnung, die dem Gericht die Übermittlung von personenbezogenen Daten untersagt, wird das dafür notwendige qualifizierte Rechtsschutzbedürfnis fehlen (*Wollweber* NJW 97, 2488, 2490). 3

4 Der Rechtsschutz nach §§ 23 ff ist jedoch in zweifacher Hinsicht **eingeschränkt**, um eine Doppelgleisigkeit und widersprechende Entscheidungen zu verhindern:

1. Der Antrag auf gerichtliche Entscheidung ist nicht zulässig, wenn die Datenübermittlung aufgrund (»bereichsspezifischer«) **Verfahrensvorschriften** für die übermittelnde Stelle erfolgt und diese Vorschriften auch den Rechtsschutz gegen die Übermittlung regeln.
2. Der Antrag auf gerichtliche Entscheidung ist nicht zulässig, wenn die empfangende Stelle oder die von ihr unterrichtete Behörde (Stuttg NJW 05, 3226) bereits aufgrund der Daten eine **Entscheidung oder Maßnahme getroffen** und dies dem Betroffenen **bekanntgegeben** hat. War die Übermittlung rechtswidrig, hätte die Empfangsbehörde die übermittelten Daten nicht verwerten dürfen. Die Rechtmäßigkeit der Übermittlung wird als Vorfrage beim Verfahren über die Rechtsmäßigkeit der von der Empfangsbehörde getroffenen Entscheidung oder Maßnahme geprüft.

5 Trifft die Empfangsbehörde während eines eingeleiteten Verfahrens nach §§ 23 ff eine Entscheidung oder Maßnahme und gibt sie dies dem Betroffenen bekannt, berührt das die Zulässigkeit des Antrags auf gerichtliche Entscheidung nicht. Das Verfahren wird auch nicht an das für die Anfechtung der Entscheidung oder Maßnahme der Empfangsbehörde zuständige Gericht verwiesen. Dieses ist vielmehr an die isolierte Entscheidung über die Zulässigkeit der Mitteilung und an das sich daraus ggf ergebende Verwertungsverbot (Abs 3) gebunden (KK-StPO § 22 EGGVG Rn 9; aA Zö/*Lückemann* § 22 EGGVG Rn 4).

6 Die **Unterrichtung der Empfangsbehörde** nach Abs 2 S 1 obliegt dem OLG (§ 25). Sie dient der Überprüfung der Voraussetzungen des Abs 1 S 2, soll aber gleichzeitig der Empfangsbehörde Gelegenheit zur Stellungnahme geben.

7 Der Abs 3 regelt im S 1 den **Tenor der Entscheidung** des Oberlandesgerichts bei einem begründeten Antrag abw von § 28 I. Die Entscheidung des Oberlandesgerichts ist für die Empfangsbehörde bindend (Abs 3 S 2), die Verwertung der übermittelten Daten unzulässig (Abs 3 S 3).

Dritter Abschnitt Anfechtung von Justizverwaltungsakten

§ 23 [Rechtsweg]. **(1) [1]Über die Rechtmäßigkeit der Anordnungen, Verfügungen oder sonstigen Maßnahmen, die von den Justizbehörden zur Regelung einzelner Angelegenheiten auf den Gebieten des bürgerlichen Rechts einschließlich des Handelsrechts, des Zivilprozesses, der freiwilligen Gerichtsbarkeit und der Strafrechtspflege getroffen werden, entscheiden auf Antrag die ordentlichen Gerichte. [2]Das Gleiche gilt für Anordnungen, Verfügungen oder sonstige Maßnahmen der Vollzugsbehörden im Vollzug der Untersuchungshaft sowie derjenigen Freiheitsstrafen und Maßregeln der Besserung und Sicherung, die außerhalb des Justizvollzuges vollzogen werden.**

(2) Mit dem Antrag auf gerichtliche Entscheidung kann auch die Verpflichtung der Justiz- oder Vollzugsbehörde zum Erlass eines abgelehnten oder unterlassenen Verwaltungsaktes begehrt werden.

(3) Soweit die ordentlichen Gerichte bereits auf Grund anderer Vorschriften angerufen werden können, behält es hierbei sein Bewenden.

1 Abs 1 S 2 wurde geändert durch Art 2 des Gesetzes v 13.12.07 (BGBl I, 2894).

2 **A. Normzweck.** Die §§ 23–30 wurden mit Wirkung zum 1.4.60 eingefügt. Die Unsicherheit, ob Justizverwaltungsakte vom Verwaltungsrechtsweg ausgenommen sind, wurde dadurch beseitigt (vgl zur Gesetzesgeschichte Kissel/Mayer § 23 Rn 1). Durch die §§ 23 ff wird Art 19 IV GG konkretisiert (BGH NJW 94, 1950). Sie waren zunächst als Übergangslösung gedacht und sollten durch Regelungen in Einzelgesetzen ersetzt werden. Diese Erwartungen wurden vom Gesetzgeber nicht umgesetzt.

3 Für Justizverwaltungsakte, die auf den aufgeführten Sachgebieten ergehen, wird unter **Ausschluss der Verwaltungsgerichtsbarkeit** der ordentliche Rechtsweg eröffnet (BVerwGE 47, 255, 260 = NJW 75, 893). Dem liegt die Annahme zugrunde, dass die ordentlichen Gerichte den Verwaltungsmaßnahmen in den aufgeführten Gebieten sachlich näher stehen als die Gerichte der allgemeinen Verwaltungsgerichtsbarkeit und über die zur Nachprüfung erforderlichen Erkenntnisse verfügen. Als **Ausnahme zur Generalklausel des § 40 VwGO** ist die Bestimmung eng auszulegen (BGH ZIP 07, 1379).

Justizverwaltungsakte auf einem nicht im Abs 1 genannten Gebiet fallen nicht unter die §§ 23 ff Sie gelten auch nur für Justizverwaltungsakte der **ordentlichen Gerichtsbarkeit** (§ 12 GVG), nicht für Maßnahmen, die innerhalb anderer Gerichtsbarkeiten, zB der Arbeitsgerichtsbarkeit (BGH NJW 03, 2989), ergehen. 4

Wie § 42 VwGO sieht auch § 23 sowohl einen Anfechtungs-, als auch einen Verpflichtungsantrag vor. Ziel des Anfechtungsantrags. ist die Aufhebung eines Justizverwaltungsakts, Ziel des Verpflichtungsantrags. ist die Anweisung an die Justizbehörde, einen Justizverwaltungsakt zu erlassen. Besteht für die Justizbehörde ein Ermessen, kann die Anweisung nur darin bestehen, einen (erneuten) Bescheid zu erlassen. 5

B. Justizverwaltungsakte. Darunter ist jedes **hoheitliche Handeln** einer Justizbehörde mit **unmittelbarer Außenwirkung** zur Regelung eines **Einzelfalls** zu verstehen, das den Betroffenen in seinen **Individualrechten unmittelbar** verletzen kann. Eine unmittelbare Außenwirkung tritt ein, wenn das hoheitliche Handeln unmittelbare rechtliche Folgen hat (Hamm NJW 72, 2145). Justizverwaltungsakte sind nicht als »Verwaltungsakte« im technischen Sinn des § 42 VwGO zu verstehen. Eine besondere Form des hoheitlichen Handelns ist nicht erforderlich, um es als Justizverwaltungsakt zu qualifizieren (BGH NJW 63, 1789). Auch ein Realakt oder ein schlicht hoheitliches Handeln ist als Justizverwaltungsakt anfechtbar. 6

Der Begriff »**Justizbehörde**« ist gesetzlich nicht definiert. Nach hM ist er im **funktionellen** Sinne zu verstehen, dh die Behörde muss eine Aufgabe wahrgenommen haben, die ihr als spezifische Aufgabe auf einem der in § 23 genannten Rechtsgebiete zugewiesen ist (BGH NJW-RR 08, 717). Deshalb kommen als Justizbehörden nicht nur Gerichte (soweit sie nicht rechtsprechend tätig werden) in Betracht, sondern auch Justizminister, Finanzminister (Hamm MDR 86, 163), Innenminister (Hamm NStZ 90, 44) und jede andere Behörde, die Aufgaben iSd Abs 1 wahrnimmt, wie zB das Bundeskartellamt (KG MDR 80, 676) oder die Zentrale Stelle der Landesjustizverwaltungen in Ludwigsburg (VGH Mannheim NJW 69, 1319). 7

Entscheidungen iRd **Rechtsprechung** sind keine Justizverwaltungsakte und deshalb nicht nach §§ 23 ff anfechtbar. Art 19 IV GG gewährt keine Rechtsschutz gegen Gerichte. Auch der Begriff »Rechtsprechung« ist – wie der Begriff »Justizbehörde« – im funktionellen Sinne zu verstehen. Entscheidet ein sachlich unabhängiges Justizorgan iRe ihm vom Gesetz zugewiesenen Befugnis, liegt kein Justizverwaltungsakt vor. Damit sind Urteile, Beschlüsse und die vorausgehenden Maßnahmen einer Entscheidung nach den §§ 23 ff entzogen. 8

Auch Entscheidungen der **Rechtspfleger,** die iRd sachlichen Unabhängigkeit getroffen werden, sind Akte der Rechtsprechung und dem Verfahren nach den §§ 23 ff entzogen (KG NJW-RR 95, 637; Kissel/Mayer § 23 Rn 9). Dazu gehören nicht die Entscheidungen in Hinterlegungssachen (Bülow/Schmidt Vorb Rn 13) 9

C. Abs 3. Das Verfahren nach den §§ 23 ff ist **subsidiär,** da durch sie die Entscheidungskompetenz der ordentlichen Gerichtsbarkeit lediglich erweitert werden soll. Ist den ordentlichen Gerichten aufgrund von Sondervorschriften eine Entscheidungsbefugnis bei Justizverwaltungsakten ohnehin zugewiesen, wie zB bei den Verfahren über die Anerkennung ausländischer Entscheidungen in Ehesachen (Art 7 § 1 FamRÄndG), so gehen diese Regelungen vor. 10

D. Einzelfälle. (j = Antrag statthaft, n = Antrag nicht statthaft) 11

Akteneinsicht nach § 299 I ZPO = n, **Akteneinsicht** nach § 299 II ZPO = j, **Akteneinsicht** in dienstaufsichtliche Vorgänge = n (Köln OLGR 01, 197), **Akteneinsicht** nach Abschluss eines Insolvenzverfahren = j (Celle ZIP 07, 299), **Akteneinsicht** Dritter bei laufendem Insolvenzverfahren = j (München ArbRB 11, 79), **Akteneinsicht** von Insolvenzgläubigern während des Insolvenzverfahrens = n (Celle ZIP 04, 370), **Akteneinsicht** nach Abweisung des Insolvenzantrags = j (Celle NJW 04, 863), **Akteneinsicht** in ein Parallelverfahren = j (Saarbr OLGR 00, 297), **Akteneinsicht** in das Vermögensverzeichnis des Drittschuldners = j (BGH NJW 90, 841), **Akteneinsicht** in ein laufendes Verfahren der freiwilligen Gerichtsbarkeit = n (KG NJW-RR 11, 1025), Antrag auf **Akteneinsicht** durch einen parlamentarischen Untersuchungsausschuss = j (BGH NJW 01, 1077), justizinterne Prüfung von **Amtshaftungsansprüchen** = n (Dresd OLGR 04, 394), **Auskunftsersuchen** von Gläubigern = j (Brandbg JurBüro 01, 534), Aufnahme in die **Berufsbetreuerliste** = j (Saarbr OLGR 05, 251), Maßnahmen iRd **Dienstaufsicht** = n (BGH NJW 89, 587), Zurückweisung des Antrags auf allgemeine Vereidigung als **Dolmetscher** = j (Frankf NJW-RR 99, 646), Streichung aus der **Dolmetscherliste** = n (BGH NJW 07, 3070), Beibringung eines **Ehefähigkeitszeugnisses** = j (BGH NJW 64, 976), Anbringen eines **Eingangsstempels** = j (Brandbg JurBüro 01, 534), Ablehnung einer öffentlichen Versteigerung durch den **Gerichtsvollzieher** = j (Frankf JurBüro 98, 437), Ablehnung einer Titelzustellung durch den Gerichtsvollzieher = j (Hamm Rpfleger 11, 93), **Geschäftsverteilung** der Gerichte = n (BVerwG NJW 76, 1224, Hamm 20.12.84, 1 VAs 151/84), Einsichtnahme in das **Handelsregister** zwecks Microverfilmung = j (BGH NJW 89, 2818) Entscheidungen in **Hinterlegungssachen** = j (auch nach Aufhebung der HintO Bund durch Art 17 II des Zweiten Gesetzes über die Bereinigung von Bundesrecht BGBl I 07, 2614 ff, vgl Braunschw vom 1.4.11, 2 VA 2/11), Bestellung eines **Insolvenzverwalters** = n (BVerfG NJW 06, 2613), Aufnahme in das Vorauswahlverfahren für **Insolvenzverwalter** = j (BGH NJW-RR 08, 717), Änderung einer Kennziffer im automatisierten **Mahnverfahren** = j (Frankf NJW-RR 06, 68), Weiterleitung von Erkenntnissen über einen **Notar** = n (Dresd NJW 00, 1505), Wahl eines **Postdienstleisters** = n (Frankf OLGR 02, 167), Nichtzulassung als **Prozessagent** = j (BGH NJW 67, 927), Festsetzung der Anwaltsvergütung iRd **Prozesskostenhilfe** = n (Naumbg NJW 03, 2921), Weiterleistung eines eingehenden **Rechtshilfeersuchens** zur Erledigung = j (Ddorf OLGR 07, 393), Nichtweiterleitung eines **Rechtshilfeersuchens** in das Ausland = j (Bambg 10.6.94 – VA 2/94), **Reisekostenerstattung** für mittellose Parteien = n (BGH NJW 75, 1124), Zurruhesetzung eines **Richters** = n (Frankf OLGR 05, 558), Entscheidung über den fortlaufenden Bezug von Abschriften aus dem **Schuldnerverzeichnis** = j (BGH NJW-RR 94, 569), Maßnahmen auf dem Gebiet der **Sitzungspolizei** = n (Hambg MDR 92, 799), Entscheidungen über **Terminsverlegungen** = n (Brandenbg (OLG-NL 96, 71), **Wissenserklärungen** des Gerichtsvorstands = n (KG NJW-RR 94, 571), Entscheidungen über **Zustellersuchen** nach dem HZÜ = j (BVerfG NJW 07, 2598 und 03, 2598), Kraftloserklärung eines **Zustellungszeugnisses** = j (Ddorf OLGR 97, 231), Aufnahme in das Vorauswahlverfahren für **Zwangsverwalter** = j (Kobl ZInsO 05, 1171).

§ 24 [Zulässigkeit des Antrags].

(1) Der Antrag auf gerichtliche Entscheidung ist nur zulässig, wenn der Antragsteller geltend macht, durch die Maßnahme oder ihre Ablehnung oder Unterlassung in seinen Rechten verletzt zu sein.

(2) Soweit Maßnahmen der Justiz- oder Vollzugsbehörden der Beschwerde oder einem anderen förmlichen Rechtsbehelf im Verwaltungsverfahren unterliegen, kann der Antrag auf gerichtliche Entscheidung erst nach vorausgegangenem Beschwerdeverfahren gestellt werden.

1 **A. Maßnahme.** Der Antrag ist nur zulässig, wenn ein **Justizverwaltungsakt** (s. § 23 Rz 5) erlassen, unterlassen oder der Antrag auf seinen Erlass abgelehnt wurde.

2 **B. Rechtsverletzung.** Der Antragsteller muss schlüssig darlegen, **Adressat** eines erlassenen Justizverwaltungsaktes zu sein oder (selbst) einen **Rechtsanspruch** auf Erlass eines konkreten unterlassenen oder abgelehnten Justizverwaltungsaktes zu haben. Ferner muss sich aus dem Antrag die Möglichkeit ergeben, dass dadurch Individualrechte des Antragstellers **unmittelbar** verletzt wurden. Eine bloße Beeinträchtigung von persönlichen oder wirtschaftlichen Interessen gibt noch kein Antragsrecht. Durch eine lediglich wiederholende Verfügung (zB Bestätigung einer Entscheidung nach Gegenvorstellungen) ist der Antragsteller nicht unmittelbar verletzt. Eine unselbständige Organisationseinheit, wie zB »das Insolvenzgericht«, kann sich auf eine Verletzung von Individualinteressen nicht berufen (Ddorf NJW 08, 3849).

3 Stand der Behörde bei Erlass des Justizverwaltungsakts ein Ermessensspielraum zur Verfügung, muss der Antragsteller behaupten, es liege ein Ermessensmissbrauch vor oder die Behörde habe von ihrem **Ermessen** keinen Gebrauch gemacht oder den Gleichbehandlungsgrundsatz nach Art 3 GG verletzt (BGH NJW 67, 2368). Im Rahmen der Zulässigkeit ist nicht zu prüfen, ob die Angaben im Antrag zutreffen, entscheidend ist nur der schlüssige Vortrag. Die Richtigkeit des Sachvortrags ist eine Frage der Begründetheit des Antrags.

4 **C. Vorverfahren.** Der Antrag auf gerichtliche Entscheidung ist unzulässig, soweit bundes- oder landesrechtliche Regelungen ein **Vorverfahren** vorsehen und dieses zum Zeitpunkt der Entscheidung des Oberlandesgerichts noch nicht abgeschlossen ist (Hamm NStZ 82, 134; *Karstendiek* DRiZ 77, 50). Die Beendigung des Vorverfahrens. ist eine **Verfahrensvoraussetzung**, weil über den Justizverwaltungsakt idF entschieden wird, den er im Vorverfahren erhalten hat. Aus den Formulierungen »Beschwerde« und »förmlicher Rechtsbehelf« darf nicht geschlossen werden, dass das Vorverfahren in einer Rechtsnorm geregelt sein muss. Diese Begriffe sind weit auszulegen (BVerfG NJW 76, 34). Auch Verwaltungsvorschriften der Länder können ein Vorverfahren vorsehen, dessen Durchführung Zulässigkeitsvoraussetzung für den Antrag auf gerichtliche Entscheidung ist. Dienstaufsichtsbeschwerden und Gegenvorstellungen sind hingegen keine Rechtsbehelfe iSd Abs 2 (BVerfG NJW 76, 34). Das OLG ist zwar nicht verpflichtet, aber berechtigt, das Verfahren auf gerichtliche Entscheidung **auszusetzen**, um dem Antragsteller die Möglichkeit zu geben, das Vorverfahren nachzuholen (Ddorf JurBüro 93, 743).

Hat der Antragsteller die Frist für das Vorverfahren **versäumt** und ist deshalb keine Entscheidung der Justizbehörde in der Sache ergangen, ist auch der Antrag auf gerichtliche Entscheidung unzulässig. Dagegen ist der Antrag zulässig, wenn die Justizbehörde trotz eines verspäteten Antrags im Vorverfahren in der Sache entschieden hat. Gleiches gilt, wenn die Behörde ihr Ermessen nicht ausgeübt hat, auch über einen verspäteten Widerspruch sachlich zu entscheiden (KK-StPO § 24 EGGVG Rn 5). 5

Der Antrag auf gerichtliche Entscheidung hat keine aufschiebende Wirkung. In Ausnahmefällen besteht jedoch die Möglichkeit einer einstweiligen Anordnung (§ 28 Rz 11). 6

§ 25 [Zuständigkeit]. **(1) [1]Über den Antrag entscheidet ein Zivilsenat oder, wenn der Antrag eine Angelegenheit der Strafrechtspflege oder des Vollzugs betrifft, ein Strafsenat des Oberlandesgerichts, in dessen Bezirk die Justiz- oder Vollzugsbehörde ihren Sitz hat. [2]Ist ein Beschwerdeverfahren (§ 24 Abs. 2) vorausgegangen, so ist das Oberlandesgericht zuständig, in dessen Bezirk die Beschwerdebehörde ihren Sitz hat.**

(2) Ein Land, in dem mehrere Oberlandesgerichte errichtet sind, kann durch Gesetz die nach Absatz 1 zur Zuständigkeit des Zivilsenats oder des Strafsenats gehörenden Entscheidungen ausschließlich einem der Oberlandesgerichte oder dem Obersten Landesgericht zuweisen.

Sachlich zuständig für die Entscheidung über den Antrag ist ausschließlich das OLG. **Funktionell** zuständig ist der nach der Geschäftsverteilung des Oberlandesgerichts vorgesehene Zivil- oder Strafsenat. 1

Die **örtliche** Zuständigkeit richtet sich grds nach dem Sitz der Behörde, die den Justizverwaltungsakt erlassen hat oder erlassen soll. Ist dem Antrag auf gerichtliche Entscheidung ein Vorverfahren vorausgegangen (§ 24 II), ist der Sitz der Beschwerdebehörde maßgebend. Für Anträge, die sich gegen Justizverwaltungsakte des Bundesgerichtshofs richten, ist zB das OLG Karlsruhe zuständig, für Justizverwaltungsakte des Bundesministeriums der Justiz das Kammergericht in Berlin. Wird ein Antrag auf gerichtliche Entscheidung nach § 27 gestellt, ist das OLG örtlich zuständig, in dessen Bezirk die untätige Behörde ihren Sitz hat. 2

Für die Zivilsenate gelten die Verfahrensvorschriften des **FamFG**. Bei der Neufassung des § 29 wurde dies zwar nur noch für das Verfahren vor dem BGH ausdrücklich geregelt (§ 29 III). Es ist jedoch nicht anzunehmen, dass der Gesetzgeber für die beiden möglichen Instanzen unterschiedliche Verfahren vorsehen wollte (so auch Zö/*Lückemann* vor §§ 23–30 Rn 1). 3

§ 26 [Antragsfrist; Wiedereinsetzung]. **(1) Der Antrag auf gerichtliche Entscheidung muss innerhalb eines Monats nach Zustellung oder schriftlicher Bekanntgabe des Bescheides oder, soweit ein Beschwerdeverfahren (§ 24 Abs. 2) vorausgegangen ist, nach Zustellung des Beschwerdebescheides schriftlich oder zur Niederschrift der Geschäftsstelle des Oberlandesgerichts oder eines Amtsgerichts gestellt werden.**

(2) War der Antragsteller ohne Verschulden verhindert, die Frist einzuhalten, so ist ihm auf Antrag Wiedereinsetzung in den vorigen Stand zu gewähren.

(3) [1]Der Antrag auf Wiedereinsetzung ist binnen zwei Wochen nach Wegfall des Hindernisses zu stellen. [2]Die Tatsachen zur Begründung des Antrags sind bei der Antragstellung oder im Verfahren über den Antrag glaubhaft zu machen. [3]Innerhalb der Antragsfrist ist die versäumte Rechtshandlung nachzuholen. [4]Ist dies geschehen, so kann die Wiedereinsetzung auch ohne Antrag gewährt werden.

(4) Nach einem Jahr seit dem Ende der versäumten Frist ist der Antrag auf Wiedereinsetzung unzulässig, außer wenn der Antrag vor Ablauf der Jahresfrist infolge höherer Gewalt unmöglich war.

A. Frist. I. Fristbeginn. Die Monatsfrist beginnt mit der **Zustellung** oder der **schriftlichen Bekanntgabe** des Bescheides, bei einem Vorschaltverfahren mit der Bekanntgabe des Beschwerdebescheides. Der Antrag ist aber schon vor der Zustellung oder schriftlichen Bekanntgabe zulässig (Bremen MDR 66, 867). Für den Fristbeginn genügt die mündliche Bekanntgabe ebenso wenig wie der Zeitpunkt eines Realaktes oder eines schlicht hoheitlichen Handelns (s. § 23 Rz 5). Die schriftliche Mitteilung der Justizbehörde, einen Realakt vorgenommen zu haben, stellt aber einen Bescheid iSd § 26 I dar, der die Frist in Gang setzt (BVerfG 12.10.98–2 BvR 753/89). 1

Die Frist beginnt unabhängig davon, ob dem Bescheid eine **Rechtsmittelbelehrung** beigefügt war oder nicht (BGH NJW 74, 1335). Die fehlende Rechtsmittelbelehrung kann aber uU einen Wiedereinsetzungsantrag begründen (Hambg NJW 67, 692). Die Monatsfrist ist nicht nur für die Anfechtung eines belasten- 2 den Justizverwaltungsaktes zu beachten. Auch ein Verpflichtungsantrag (s. § 23 Rz 4) muss innerhalb der Monatsfrist gestellt werden (Frankf NZM 08, 701). Sie beginnt mit der schriftlichen Mitteilung, dass der Justizverwaltungsakt nicht erlassen wird. Nur im Fall der Untätigkeit der Behörde (**§ 27**) ist der Antrag nicht an eine Frist gebunden.

3 **II. Fristberechnung.** Gemäß § 16 FamFG erfolgt die Fristberechnung nach den §§ 187, 188 BGB. Die Monatsfrist beginnt mit der Zustellung oder schriftlichen Bekanntmachung des Justizverwaltungsaktes oder der Beschwerdeentscheidung. Sie endet mit Ablauf des Tages, der mit seiner Zahl dem Tag der Zustellung (oder Bekanntmachung) entspricht.
Beispiel:
Zustellung am 7. Juli. Fristablauf am 7. August 24 Uhr. Ist der 7. August ein Sonnabend, endet die Monatsfrist am 9. August (§ 16 II FamFG).

4 **B. Form.** Einfache Schriftform genügt. Es besteht kein Anwaltszwang. Eine Vertretung ist zulässig. Der Antrag kann auch zur Niederschrift des zuständigen Oberlandesgerichts oder der Geschäftsstelle eines Amtsgerichts gestellt werden (§ 25 FamFG). Die Schriftform ist auch dann eingehalten, wenn ein unterzeichnetes Schriftstück eingescannt und auf elektronischem Weg dem Gericht übermittelt wird (BGH NJW 08, 2649).

5 **C. Inhalt.** Innerhalb der Monatsfrist müssen die Tatsachen dargestellt werden, aus denen sich eine Rechtsverletzung des Antragstellers ergeben könnte. Die bloße Angabe von Daten der angefochtenen Entscheidung genügt grds nicht, kann aber noch nach Ablauf der Monatsfrist nachgeholt werden (BVerfG 12.10.98–2 BvR 753/89, anders: Schlesw SchlHA 03, 186). Der **Begründungszwang** ergibt sich aus § 24 (Frankf NStZ-RR 05, 282).

6 **D. Rücknahme.** Der Antrag kann bis zur Entscheidung **jederzeit** zurückgenommen werden. Auch nach der Rücknahme ist bis zum Ablauf der Monatsfrist eine erneute Antragstellung zulässig.

7 **E. Wiedereinsetzung.** Die Regelung in den Abs 2–4 entspricht in etwa den §§ 17 I, 18 FamFG und dem § 60 VwGO. Wiedereinsetzung ist zu gewähren, wenn die Fristversäumung **unverschuldet** war. Unverschuldet ist die Fristversäumung, wenn der Antragsteller die gebotene und ihm zumutbare Sorgfalt beachtet hat. Auszugehen ist dabei von einem objektiven Maßstab.

8 **I. Unkenntnis vom Fristbeginn.** Der Antragsteller muss die organisatorischen Vorkehrungen treffen, um zB Kenntnis von einer wirksamen Zustellung durch Niederlegung zu erlangen. Dazu gehört ein Briefkasten, der gewährleistet, dass die Benachrichtigung über die Zustellung nicht verloren geht (BVerfG NJW 76, 1537). Erlangt der Antragsteller erst kurz vor Ablauf der Frist Kenntnis vom Justizverwaltungsakt, muss er alles objektiv und subjektiv noch mögliche tun, um die Frist einhalten zu können (BGH NJW 76, 626). Die Notwendigkeit, anwaltlichen Rat wegen der schwierigen Rechtslage einholen zu müssen, kann aber ein Verschulden an der Fristversäumung ausschließen und einen Wiedereinsetzungsgrund darstellen (Bambg MDR 96, 199).

9 **II. Verschulden des Vertreters.** Dem Antragsteller ist das Verschulden des beauftragten Rechtsanwalts grds zuzurechnen. Ein Kanzleiversehen ist nur dann unverschuldet, wenn der Anwalt seine sorgfältig ausgewählten und bewährten Angestellten mit den übertragenen Aufgaben so vertraut gemacht hat, dass sie im Einzelfall nicht besonders belehrt werden müssen (BGH NJW-RR 97, 951).

10 **III. Übermittlungsprobleme.** Der Antragsteller darf damit rechnen, dass sein Antrag innerhalb der üblichen Postlaufzeiten beim Gericht eingeht. Verzögert sich die Beförderung, ist die Fristversäumung unverschuldet. Bei einer Übermittlung des Antrags per Telefax muss das Sendeprotokoll dahingehend überprüft werden, ob die Versendung erfolgreich war und an die richtige Empfängernummer erfolgt ist (BGH NJW 07, 601 und NJW-RR 07, 1429). Wie bei der Versendung des Antrags per Post darf auch bei Antragstellung per Fax darauf vertraut werden, dass bei Einhaltung der üblichen Übermittlungsdauer der Antrag rechtzeitig eingehen wird (BGH NJW 05, 678). Für die Rechtzeitigkeit des Eingangs ist nicht der Beginn der Übermittlung, sondern der Abschluss maßgeblich. Er muss vor 0.00 Uhr erfolgt sein.
Wird der Antrag an ein unzuständiges Gericht adressiert, ist dieses verpflichtet, ihn an das zuständige Gericht weiterzuleiten. Wiedereinsetzung ist dann zu gewähren, wenn bei normalem Geschäftsgang der weitergeleitete Antrag rechtzeitig beim zuständigen OLG eingegangen wäre (BGH NJW-RR 98, 354).

Zu weiteren Einzelheiten der Wiedereinsetzung s. die Kommentierung zu § 233 ZPO. 11

F. Antragsgegner. Grundsätzlich können nur **rechtsfähige Rechtsträger** am Verfahren beteiligt sein. 12 Behörden die keine eigene Rechtspersönlichkeit besitzen, sind nur dann parteifähig, wenn ihnen die Fähigkeit zugesprochen ist, sich an einem Verfahren zu beteiligen. Dies setzt eine entsprechende gesetzliche Regelung voraus, durch die die fehlende Parteifähigkeit ersetzt wird (BGH NJW-RR 08, 717). Bei von Amts-, Land- oder Oberlandesgerichten erlassenen Justizverwaltungsakten wird mangels entsprechender gesetzlicher Regelungen regelmäßig das **Bundesland** als Rechtsträger der Antragsgegner sein. Durch wen der Rechtsträger vertreten wird, richtet sich nach der jeweiligen **Vertretungsverordnung.** Unabhängig von der Frage des Antragsgegners steht es dem OLG frei, im Verfahren auch eine Stellungnahme der Behörde einzuholen, die den Justizverwaltungsakt erlassen hat.

§ 27 [Unterlassene Entscheidung]. **(1) [1]Ein Antrag auf gerichtliche Entscheidung kann auch gestellt werden, wenn über einen Antrag, eine Maßnahme zu treffen, oder über eine Beschwerde oder einen anderen förmlichen Rechtsbehelf ohne zureichenden Grund nicht innerhalb von drei Monaten entschieden ist. [2]Das Gericht kann vor Ablauf dieser Frist angerufen werden, wenn dies wegen besonderer Umstände des Falles geboten ist.**

(2) [1]Liegt ein zureichender Grund dafür vor, dass über die Beschwerde oder den förmlichen Rechtsbehelf noch nicht entschieden oder die beantragte Maßnahme noch nicht erlassen ist, so setzt das Gericht das Verfahren bis zum Ablauf einer von ihm bestimmten Frist, die verlängert werden kann, aus. [2]Wird der Beschwerde innerhalb der vom Gericht gesetzten Frist stattgegeben oder der Verwaltungsakt innerhalb dieser Frist erlassen, so ist die Hauptsache für erledigt zu erklären.

(3) Der Antrag nach Absatz 1 ist nur bis zum Ablauf eines Jahres seit der Einlegung der Beschwerde oder seit der Stellung des Antrags auf Vornahme der Maßnahme zulässig, außer wenn die Antragstellung vor Ablauf der Jahresfrist infolge höherer Gewalt unmöglich war oder unter den besonderen Verhältnissen des Einzelfalles unterblieben ist.

A. Normzweck. § 27 gewährleistet für den Bereich der Justizverwaltung den Rechtsschutz, den die Untätigkeitsklage des § 75 VwGO für das sonstige Verwaltungshandeln bietet. Er ergänzt den § 23, der die Möglichkeit eröffnet, gegen einen erlassenen Justizverwaltungsakt vorzugehen. § 27 hat zum Ziel, den Erlass eines Justizverwaltungsakts durch die Justizverwaltung herbeizuführen. 1

B. Voraussetzungen. I. Ziel des Antrags. Ziel muss ein konkreter Justizverwaltungsakt iSd § 23 sein (s. § 23 Rz 5). Die Verpflichtung zum bloßen Tätigwerden der Justizverwaltung reicht für die Zulässigkeit des Antrags nicht aus. 2

II. Untätigkeit der Justizbehörde. Der Verpflichtungsantrag setzt voraus, dass bei der **zuständigen** Justizbehörde ein Antrag auf Erlass des begehrten Justizverwaltungsaktes gestellt wurde (Hamm 13.2.84–1 VAs 11/84). Entscheidet zB der nach §§ 3 II, 16 II, III HintO unzuständige Direktor eines Amtsgerichts über eine Beschwerde in Hinterlegungssachen und wird diese Entscheidung nicht angefochten, so kann ein Antrag nach § 27 nicht damit begründet werden, dass eine Entscheidung des zuständigen Landgerichtspräsidenten nicht ergangen ist und ihm die Beschwerde nicht vorgelegt wurde (Ddorf JurBüro 93, 743). 3

III. Ohne zureichenden Grund. Eine Verzögerung bei der Entscheidungsfindung kann sachlich gerechtfertigt sein. Der Abs 1 enthält deshalb eine entsprechende Einschränkung. Insbesondere rechtliche oder tatsächliche Schwierigkeiten können nachvollziehbare Ursachen einer längeren Verfahrensdauer sein. Abzuwägen sind die Gründe für die Verzögerung mit dem Interesse des Antragstellers an einer baldigen Entscheidung. Dabei ist zu berücksichtigen, dass der Gesetzgeber einen Zeitraum von 3 Monaten für die Entscheidungsfindung grds als ausreichend ansieht. Ob die Überlastung der Justizbehörde einen zureichenden Grund für eine ausstehende Entscheidung darstellt, erscheint zumindest sehr zweifelhaft. 4

IV. Zureichender Grund. Ist ein **zureichender Grund gegeben,** so bestimmt das OLG eine Frist und setzt das Verfahren bis dahin aus (Abs 2 S 1). Liegt bei Ablauf der gesetzten Frist noch keine Entscheidung der Justizverwaltung vor, kann die Frist – auch mehrmals – verlängert werden. Ergeht innerhalb der gesetzten – und ggf verlängerten – Frist eine für den Antragsteller positive Entscheidung der Justizverwaltung, so ist das Verfahren in der Hauptsache vAw für erledigt zu erklären (Abs 2 S 2). Ansonsten entscheidet das OLG nach § 28. 5

6 **C. Frist.** Der Antrag ist grds erst zulässig, wenn seit Eingang des Antrags bzw der Beschwerde bei der zuständigen Justizverwaltung **3 Monate** verstrichen sind (Abs 1 S 1). Wird aus diesem Grund der Antrag auf gerichtliche Entscheidung als unzulässig verworfen, kann er nach Ablauf der 3-Monats-Frist erneut gestellt werden. Es empfiehlt sich daher, das Verfahren bei einem zu früh gestellten Antrag bis zum Ablauf der 3 Monate **auszusetzen** (vgl BVerwGE 23, 135 zu § 75 VwGO). Ergeht innerhalb der Frist die beantragte Entscheidung, muss der Antrag entweder nach § 23 oder § 28 I 4 umgestellt oder zurückgenommen werden. Eine Erledigungserklärung vAw nach Abs 2 S 2 ist nicht möglich, da diese einen ursprünglich zulässigen Antrag voraussetzt. Wird der Antrag auf gerichtliche Entscheidung nicht umgestellt oder zurückgenommen, so ist er als unzulässig zu verwerfen.

7 Ausnahmsweise kann ein zulässiger Antrag auch schon vor Ablauf der 3-Monats-Frist gestellt werden, wenn **besondere Umstände** vorliegen (Abs 1 S 2). Das wird nur dann der Fall sein, wenn das Einhalten der 3-Monats-Frist den Anspruch des Antragstellers auf effektiven Rechtsschutz verletzen würde. Liegt der Justizverwaltungsakt bei der Entscheidung des Oberlandesgerichts immer noch nicht vor, so wird eine negative Entscheidung der Justizverwaltung fingiert. Über diese befindet das OLG iRd § 28.

8 Der Antrag auf gerichtliche Entscheidung ist nur zulässig innerhalb 1 Jahres seit Stellung des Antrags auf Erlass eines Justizverwaltungsaktes oder seit Einlegung der Beschwerde (Abs 3). Die im Gesetz vorgesehene Möglichkeit, auch nach Ablauf der **Jahresfrist** noch einen zulässigen Antrag stellen zu können, ist ohne praktische Bedeutung.

§ 28 [Entscheidung über den Antrag].

(1) [1]Soweit die Maßnahme rechtswidrig und der Antragsteller dadurch in seinen Rechten verletzt ist, hebt das Gericht die Maßnahme und, soweit ein Beschwerdeverfahren (§ 24 Abs. 2) vorausgegangen ist, den Beschwerdebescheid auf. [2]Ist die Maßnahme schon vollzogen, so kann das Gericht auf Antrag auch aussprechen, dass und wie die Justiz- oder Vollzugsbehörde die Vollziehung rückgängig zu machen hat. [3]Dieser Ausspruch ist nur zulässig, wenn die Behörde dazu in der Lage und diese Frage spruchreif ist. [4]Hat sich die Maßnahme vorher durch Zurücknahme oder anders erledigt, so spricht das Gericht auf Antrag aus, dass die Maßnahme rechtswidrig gewesen ist, wenn der Antragsteller ein berechtigtes Interesse an dieser Feststellung hat.

(2) [1]Soweit die Ablehnung oder Unterlassung der Maßnahme rechtswidrig und der Antragsteller dadurch in seinen Rechten verletzt ist, spricht das Gericht die Verpflichtung der Justiz- oder Vollzugsbehörde aus, die beantragte Amtshandlung vorzunehmen, wenn die Sache spruchreif ist. [2]Andernfalls spricht es die Verpflichtung aus, den Antragsteller unter Beachtung der Rechtsauffassung des Gerichts zu bescheiden.

(3) Soweit die Justiz- oder Vollzugsbehörde ermächtigt ist, nach ihrem Ermessen zu handeln, prüft das Gericht auch, ob die Maßnahme oder ihre Ablehnung oder Unterlassung rechtswidrig ist, weil die gesetzlichen Grenzen des Ermessens überschritten sind oder von dem Ermessen in einer dem Zweck der Ermächtigung nicht entsprechenden Weise Gebrauch gemacht ist.

1 **A. Entscheidungsgrundlagen.** Die Oberlandesgerichte haben bei ihrer Entscheidung nicht die Stellung eines Revisionsgerichts. Sie sind Tatsacheninstanz und müssen den Sachverhalt selbst feststellen. Werden die Tatsachen bestritten, die die Justizverwaltung ihrem Handeln zugrunde gelegt hat, so muss das OLG ggf auch Beweis erheben (BVerfG NJW 67, 923).

2 **B. Anfechtungsantrag (Abs 1).** Soweit der Justizverwaltungsakt rechtswidrig und der Antragsteller durch die Maßnahme in seinen Rechten verletzt ist, hebt das OLG den angegriffenen Justizverwaltungsakt und – soweit ein Beschwerdeverfahren vorausgegangen war – den Beschwerdebescheid auf **(S 1)**. Ein Verschulden der Justizverwaltung ist nicht erforderlich. Es genügt nicht die objektive Rechtswidrigkeit der getroffenen Maßnahme, um den Justizverwaltungsakt aufzuheben. Der Antragsteller muss durch die rechtswidrige Maßnahme in seinen Rechten verletzt sein. Diese subjektive Komponente ist bereits Voraussetzung eines zulässigen Antrags (§ 24 I).

3 **Maßgeblicher Zeitpunkt.** Das OLG überprüft die Rechtsmäßigkeit des erlassenen Justizverwaltungsaktes. Zu entscheiden ist deshalb, ob dieser zum Zeitpunkt seines Erlasses rechtmäßig oder rechtswidrig war. Da das OLG Tatsacheninstanz ist, kann es auch vAw Tatsachen und Rechtsgründe berücksichtigen, die bei Erlass des Justizverwaltungsaktes vorlagen, aber von der Justizbehörde nicht zur Begründung herangezogen wurden. Der Justizverwaltungsakt darf aber in seinem Kernbereich nicht verändert werden. Bei Ermessensentscheidungen können hingegen nur solche Aspekte Berücksichtigung finden, die von der Justizbehörde

selbst **nachgeschoben** wurden. Ansonsten würde unzulässigerweise in den Ermessenspielraum der Behörde eingegriffen (s. Rz 9).

Umfang der Entscheidung. Enthält der Justizverwaltungsakt mehrere Regelungsinhalte, werden nur die rechtswidrigen und den Antragsteller in seinen Rechten verletzenden Teile aufgehoben. Im Übrigen bleibt die Maßnahme der Justizverwaltung bestehen. 4

Vollzogene Maßnahmen (Abs 1 S 2, 3). Ist die Rechtsbeeinträchtigung durch die vollzogene rechtswidrige Maßnahme bereits eingetreten, ist die Justizbehörde grds verpflichtet, deren Folgen zu beseitigen. Auf Antrag kann deshalb das OLG neben der Aufhebung des Justizverwaltungsaktes auch anordnen, dass und wie die vollzogene Maßnahme rückgängig zu machen ist. Dieser Ausspruch setzt aber voraus, dass das Gericht beurteilen kann, ob die Behörde rechtlich und tatsächlich in der Lage sein wird, die Anordnung umzusetzen und die Folgenbeseitigung schon spruchreif ist (Abs 1 S 3). 5

Sind die Folgen der vollzogenen Maßnahme nicht mehr rückgängig zu machen, ist für die Aufhebung des Justizverwaltungsaktes nach Abs 1 S 1 kein Raum, der Antrag muss als unzulässig verworfen werden (KG NJW-RR 91, 1085; Frankf 13.2.06–20 VA 1/06). Der Antragsteller hat jedoch die Möglichkeit, in einem solchen Fall nicht die Aufhebung des Justizverwaltungsaktes zu beantragen, sondern stattdessen eine Feststellung entsprechend Abs 1 S 4 (s. Rz 6).

Erledigung vor der Entscheidung (Abs 1 S 4). Hat sich die Maßnahme vor der gerichtlichen Entscheidung erledigt, so kann nicht die Aufhebung des Justizverwaltungsaktes nach Abs 1 S 1 verlangt werden. In diesem Fall kann nur beantragt werden, die Rechtswidrigkeit der Maßnahme festzustellen. Tritt die Erledigung während des gerichtlichen Verfahrens ein, ist der Anfechtungsantrag auf den Feststellungsantrag umzustellen. Der Feststellungsantrag ist auch dann zulässig, wenn sich die Maßnahme schon vor dem Antrag auf gerichtliche Entscheidung erledigt hatte. Als Beispiel für eine Erledigung der Maßnahme nennt das Gesetz die Zurücknahme des Justizverwaltungsaktes. Als andere Arten der Erledigung kommen Zeitablauf, Wegfall der Beschwer, Rechtsänderung oder der Tod eines Beteiligten in Betracht. 6

Die Feststellung der Rechtswidrigkeit setzt voraus, dass der Antragsteller ein berechtigtes Interesse daran hat und dieses konkret darlegt (BGH NJW 90, 2758). Das berechtigte Interesse kann rechtlicher, aber auch wirtschaftlicher oder ideeller Art sein. So können zB erhebliche Grundrechtseingriffe (Hambg StV 00, 518) oder die Gefahr einer Wiederholung der rechtswidrigen Maßnahme (Köln NJW 94, 1075) das berechtigte Interesse an der Feststellung der Rechtswidrigkeit rechtfertigen. Die Absicht, einen Amtshaftungsprozess zu führen, ist grds nicht ausreichend, das Feststellungsinteresse zu begründen, da dem Antragsteller der sofortige Zugang zu den ordentlichen Gerichten offensteht. Es besteht kein schützenswertes Interesse des Antragstellers, zur Verwirklichung seines Anspruchs zwei Gerichte in Anspruch zu nehmen (Dresd NJW-RR 02, 718).

C. Verpflichtungsantrag (Abs 2). Maßgeblicher Zeitpunkt. Wurde von der Justizverwaltung der Erlass des beantragten Justizverwaltungsaktes abgelehnt, überprüft das OLG die Rechtmäßigkeit dieser Entscheidung zum Zeitpunkt der Ablehnung. Wurde über einen Antrag innerhalb von 3 Monaten nicht entschieden (§ 27), prüft das OLG die Rechtmäßigkeit zum Zeitpunkt des Ablaufs der 3-Monats-Frist bzw bei Ablauf der gem § 27 II 1 gesetzten Frist. 7

Entscheidungstenor. Das OLG darf nicht an Stelle der Justizverwaltung die beantragte Maßnahme anordnen. Dies gilt auch dann, wenn der Antragsteller einen Anspruch auf eine bestimmte Maßnahme hat und der Justizbehörde kein Ermessen zusteht. Bei diesen **gesetzesgebundenen** Justizverwaltungsakten hat das OLG als Tatsacheninstanz (s. Rz 1) den Sachverhalt aufzuklären und die Spruchreife herbeizuführen. Ist die Sache spruchreif, wird die Behörde verpflichtet, die konkret zu bezeichnende Maßnahme durchzuführen **(S 1)**. Ein Ausspruch nach Abs 2 S 2 ist nicht zulässig. War die beantragte Maßnahme von der Justizbehörde abgelehnt worden, ist die Aufhebung des Ablehnungsbescheides nicht erforderlich, aber zur Klarstellung empfehlenswert. 8

Stand der Justizverwaltung ein **Ermessen** bei der Ablehnung des Antrags oder der unterlassenen Entscheidung zu, darf das OLG nicht an Stelle der Justizverwaltung das Ermessen ausüben. Eine Anordnung nach S 1 ist deshalb nicht möglich. Gleiches gilt, wenn bei einer beantragten gebundenen Maßnahme vom OLG die Spruchreife nicht herbeigeführt werden konnte. Dies kann dann der Fall sein, wenn zur Sachverhaltsaufklärung Maßnahmen der Justizverwaltung erforderlich sind, die das OLG nicht durchführen kann.

In diesen Fällen hebt das OLG einen ergangenen Ablehnungsbescheid auf und verpflichtet die Justizverwaltung, den Antragsteller unter Beachtung der Rechtsauffassung des Gerichts zu bescheiden **(S 2)**. Denkbar sind jedoch auch Fälle, in denen sich der Ermessensspielraum auf Null reduziert hat und nur eine Entscheidung ermessensfehlerfrei ist (BVerwGE 16, 214). In einem solchen Ausnahmefall hat das OLG die Justizverwaltung nach S 1 zu verpflichten, diese Amtshandlung vorzunehmen, wenn die Sache spruchreif ist.

9 **D. Ermessensentscheidungen (Abs 3).** Räumt das Gesetz der Justizverwaltung ein Ermessen bei der Entscheidung oder bei der Frage ein, ob überhaupt eine Maßnahme getroffen wird, ist die Überprüfbarkeit des Verwaltungshandelns entsprechend eingeschränkt. Ermessen bedeutet, dass mehrere Entscheidungen rechtmäßig sein können. Rechtswidrig kann das Handeln der Justizverwaltung nur dann sein, wenn das Ermessen überschritten wurde, vom Ermessen missbräuchlich Gebrauch gemacht wurde oder die Behörde nicht erkannt hat, dass ihr überhaupt ein Ermessen vom Gesetz eingeräumt wurde. In letzterem Fall kann aber die Justizverwaltung eine Begründung nachschieben (Karlsr Justiz 80, 450).

10 Damit das Gericht die Rechtmäßigkeit der Ermessensentscheidung nachprüfen kann, muss die Behörde in der Begründung des Justizverwaltungsaktes darlegen, wie sie zu der getroffenen Entscheidung gekommen ist. Eine Begründung ist nur dann nicht erforderlich, wenn sich die getroffene Maßnahme aus dem Sachverhalt von selbst ergibt. Fehlt die notwendige Begründung und wird diese auch im Verfahren nicht nachgeholt (s. Rz 9), so ist die Entscheidung aufzuheben.

Ein Ermessensmissbrauch liegt dann vor, wenn die Maßnahme mit Erwägungen begründet wird, die dem Sinn und Zweck des Gesetzes widersprechen, der Sachverhalt nicht vollständig bei der Entscheidungsfindung berücksichtigt wird oder das Handeln der Behörde willkürlich erscheint.

11 **E. Einstweilige Anordnungen.** In den §§ 23 ff ist die Möglichkeit, vor einer endgültigen Entscheidung eine einstweilige Anordnung zu treffen, nicht ausdrücklich vorgesehen. Dass ein solcher vorläufiger Rechtsschutz in Ausnahmefällen aber zulässig sein muss, ergibt sich aber aus Art 19 IV GG. Drohen einem Antragsteller schwere und unzumutbare, anders nicht abwendbare Nachteile, die auch durch die Entscheidung in der Hauptsache nicht mehr beseitigt werden können, so kann eine einstweilige Anordnung auch in einem Verfahren nach den §§ 23 ff ergehen (vgl BVerfG NJW 78, 693; Karlsr NStZ 94, 143). Durch die einstweilige Anordnung darf aber nicht die Hauptsacheentscheidung vorweggenommen werden (Hamm NStZ-RR 96, 209; Hambg NJW 79, 279).

12 **F. Bindungswirkung der Entscheidung.** Die Frage der Bindungswirkung spielt insb bei Amtshaftungsprozessen nach rechtswidrigen Justizverwaltungsakten eine Rolle. Zwar entscheiden die Zivilgerichte grds selbstständig über die Vorfrage, ob eine hoheitliche Maßnahme rechtswidrig war, doch sind die Zivilgerichte an rechtskräftige verwaltungsgerichtliche Entscheidungen über die Rechtmäßigkeit oder Rechtswidrigkeit des Verwaltungshandelns gebunden (BGHZ 95, 28). Die Oberlandesgerichte sind in den Verfahren nach den §§ 23 ff nur wegen der größeren Sachnähe an Stelle der Verwaltungsgerichte zuständig (BVerwGE 47, 255). Den Entscheidungen der Oberlandesgerichte kommt deshalb dieselbe materielle Rechtskraft und damit Bindungswirkung zu, wie einem inhaltsgleichen verwaltungsgerichtlichen Urt (BGH NJW 94, 1950). Zwar nehmen tatsächliche Feststellungen eines Urteils grds nicht an der Rechtskraft teil, doch ist die Frage der Rechtmäßigkeit oder Rechtswidrigkeit untrennbar mit dem zugrundeliegenden Sachverhalt verbunden. Auch der Feststellungsausspruch nach Abs 1 S 4 erwächst deshalb in Rechtskraft und entfaltet Bindungswirkung ggü dem Antragsgegner des Verfahrens.

§ 29 [Rechtsbeschwerde]. **(1) Gegen einen Beschluss des Oberlandesgerichts ist die Rechtsbeschwerde statthaft, wenn sie das Oberlandesgericht im ersten Rechtszug in dem Beschluss zugelassen hat.**

(2) [1]Die Rechtsbeschwerde ist zuzulassen, wenn

1. die Rechtssache grundsätzliche Bedeutung hat oder

2. die Fortbildung des Rechts oder die Sicherung einer einheitlichen Rechtsprechung eine Entscheidung des Rechtsbeschwerdegerichts erfordert.

[2]Das Rechtsbeschwerdegericht ist an die Zulassung gebunden.

(3) Auf das weitere Verfahren sind die §§ 71 bis 74a des Gesetzes über das Verfahren in Familiensachen und in den Angelegenheiten der freiwilligen Gerichtsbarkeit entsprechend anzuwenden.

(4) Auf die Bewilligung der Prozesskostenhilfe sind die Vorschriften der Zivilprozessordnung entsprechend anzuwenden.

1 Durch Art 21 des FGG-RG v 17.12.08 (BGBl I, 2586) wurde die Entscheidungskompetenz des Bundesgerichtshofs grdl geändert.

Nach der **alten Regelung** war die Entscheidung des Oberlandesgerichts endgültig und unanfechtbar. Wollte ein OLG von der Entscheidung eines anderen Oberlandesgerichts oder einer Entscheidung des Bundesgerichtshofes abweichen, musste es die Sache dem BGH **vorlegen**, der an Stelle des Oberlandesgerichts die Entscheidung traf (§ 29 I aF).

Die Neuregelung gleicht den § 29 den Rechtsbeschwerdemöglichkeiten im FamFG (§ 70) und in der ZPO (§ 574) an. 2

A. Zulassungsvoraussetzungen. I. Grundsätzliche Bedeutung. Die Formulierung »grundsätzliche Bedeutung« stellt kein »vage Generalklausel« dar, die die Entscheidung über die Zulassung der Rechtsbeschwerde in das Belieben des Gerichts stellt. Sie ist vielmehr »ein überkommener, hinreichend eingrenzbarer und durch die Rechtsprechung bereits weithin ausgefüllter Rechtsbegriff« (BVerfG NJW 79, 151). Eine Rechtssache hat dann grundsätzliche Bedeutung, wenn sie Rechtsfragen aufwirft, die in einer **unbestimmten Vielzahl von Fällen** auftreten können oder wenn andere Auswirkungen des Rechtsstreits auf die Allgemeinheit deren Interessen in besonderem Maße berühren (BGH NJW 03, 65). In den Verfahren nach den §§ 23 ff ist nur die erste Variante von Bedeutung. 3

II. Fortbildung des Rechts. Dieser Zulassungsgrund ist inhaltlich praktisch identisch mit dem Begriff »grundsätzliche Bedeutung«. Die Entscheidung des Bundesgerichtshofes zur Fortbildung des Rechts ist dann erforderlich, wenn durch die Entscheidung im Einzelfall **für die Zukunft** richtungsweisende Auslegungskriterien für Rechtsnormen formuliert oder Gesetzeslücken geschlossen werden können (BGH NJW 04, 289). 4

III. Sicherung einer einheitlichen Rechtsprechung. Die Zulassung der Rechtsbeschwerde und die Entscheidung des Bundesgerichtshofes sind dann erforderlich, wenn ein OLG von der Entscheidung eines anderen Oberlandesgerichts oder einer Entscheidung des Bundesgerichtshofes abweicht. Damit entspricht dieser Zulassungsgrund der Vorlagepflicht an den BGH nach **altem Recht** (Rz 1). 5

B. Entscheidung über die Zulassung. Das OLG hat bei der Entscheidung nach § 28 **von Amts wegen** darüber zu befinden, ob die Voraussetzungen des Abs 2 vorliegen. Ein Antrag ist nicht erforderlich und als Anregung aufzufassen. Die Zulassung der Rechtsbeschwerde sollte zur Vermeidung von Unklarheiten im **Beschlusstenor** ausgesprochen werden, doch ist die ausdrückliche Zulassung in den Gründen ebenfalls ausreichend (vgl BAG NJW 07, 3303 zu § 574 ZPO). 6

Wird die Rechtsbeschwerde **nicht zugelassen**, muss dies weder im Beschlusstenor noch in den Gründen ausgesprochen bzw begründet werden. Eine zumindest kurze Begründung ist insb dann wünschenswert, wenn die Zulassung der Rechtsbeschwerde mit substantiierter Sachvortrag angeregt wurde. Die Nichtzulassung der Rechtsbeschwerde ist – wie im ZPO- und FamFG-Verfahren – **nicht anfechtbar**. 7

C. Form und Frist. Nach Abs 3 sind für die Einlegung der Rechtsbeschwerde die Regelungen des **§ 71 FamFG** anwendbar. Die Rechtsbeschwerde muss demnach innerhalb **eines Monats** nach schriftlicher Bekanntgabe des Beschlusses durch Einreichung einer **unterschriebenen Beschwerdeschrift** beim BGH erhoben werden. Sie muss den angegriffenen Beschl bezeichnen und die Erklärung beinhalten, dass gegen diesen Beschl Rechtsbeschwerde eingelegt wird. Nach § 71 I 4 FamFG soll mit der Beschwerdeschrift eine Ausfertigung oder beglaubigte Abschrift des ergangenen Beschl vorgelegt werden. Eine Verletzung dieser Sollvorschrift ist allerdings folgenlos. 8

Der Beschwerdeführer muss die Rechtsbeschwerde innerhalb eines Monats nach schriftlicher Bekanntgabe des Beschlusses **begründen** (§ 71 II FamFG). Neben den Rechtsbeschwerdeanträgen muss dargelegt werden, aus welchen Umständen sich die Rechtsverletzung ergibt. Werden Verfahrensverstöße gerügt, müssen die Tatsachen bezeichnet werden, die den Mangel ergeben (§ 71 III FamFG). 9

D. Die Entscheidung des BGH. Der BGH ist an die Zulassung der Rechtsbeschwerde durch das OLG **gebunden** (Abs 2 S 2). 10

Ansonsten gilt durch die Verweisung in Abs 3 der § 74 FamFG für die Entscheidung des Bundesgerichtshofes. Zunächst wird die **Zulässigkeit** der Rechtsbeschwerde geprüft (§ 74 I FamFG). Sind die Verfahrensvorschriften nicht eingehalten, wird sie als unzulässig verworfen. 11

Stellt der BGH zwar eine Rechtsverletzung fest, erweist sich aber die Entscheidung des Oberlandesgerichts im Ergebnis **aus anderen Gründen als zutreffend**, so wird die Rechtsbeschwerde zurückgewiesen (§ 74 II FamFG). 12

13 Ist die Rechtsbeschwerde in den durch § 74 III FamFG gezogenen Grenzen begründet, hebt der BGH den Beschl des Oberlandesgerichts auf (§ 74 V). Bei Entscheidungsreife entscheidet der BGH selbst, ansonsten wird das Verfahren an das OLG zurückverwiesen, das an die Rechtsauffassung des Bundesgerichtshofes gebunden ist (§ 74 VI FamFG).

14 Erweist sich die Rechtsbeschwerde als statthaft und zulässig, aber – auch im Ergebnis – als **unbegründet**, so wird diese durch Beschl zurückgewiesen.

15 Grundsätzlich ist die Entscheidung vom BGH zu begründen. Gemäß § 74 VII FamFG kann jedoch von einer **Begründung abgesehen** werden, wenn die Entscheidung nicht geeignet ist, zur Klärung von Rechtsfragen grundsätzlicher Bedeutung, zur Fortbildung des Rechts oder zur Sicherung einer einheitlichen Rechtsprechung beizutragen. Diese Voraussetzungen sind insb dann gegeben, wenn keine Sachentscheidung ergeht.

16 **E. Prozesskostenhilfe.** Die entsprechende Anwendbarkeit der Vorschriften der Zivilprozessordnung auf die Bewilligung der Prozesskostenhilfe wurde auch bei der Neuregelung des § 29 beibehalten.

§ 30 [Kosten, Geschäftswert]. **(1) [1]Für die Kosten des Verfahrens vor dem Oberlandesgericht gelten die Vorschriften der Kostenordnung entsprechend. [2]Abweichend von § 130 der Kostenordnung wird jedoch ohne Begrenzung durch einen Höchstbetrag bei Zurückweisung das Doppelte der vollen Gebühr, bei Zurücknahme des Antrags eine volle Gebühr erhoben.**

(2) [1]Das Oberlandesgericht kann nach billigem Ermessen bestimmen, dass die außergerichtlichen Kosten des Antragstellers, die zur zweckentsprechenden Rechtsverfolgung notwendig waren, ganz oder teilweise aus der Staatskasse zu erstatten sind. [2]Die Vorschriften des § 91 Abs. 1 Satz 2 und der §§ 102 bis 107 der Zivilprozessordnung gelten entsprechend. [3]Die Entscheidung des Oberlandesgerichts kann nicht angefochten werden.

(3) [1]Der Geschäftswert bestimmt sich nach § 30 der Kostenordnung. [2]Er wird von dem Oberlandesgericht durch unanfechtbaren Beschluss festgesetzt.

1 **A. Gerichtskosten (Abs 1).** Die Kostenordnung gilt für die Gerichtskosten entsprechend. Gemäß § 8 KostO besteht eine Kostenvorschusspflicht (Hambg Rpfleger 66, 27). Die Aufnahme des Antrags auf gerichtliche Entscheidung ist gebührenfrei (§ 129 KostO). Gerichtsgebühren fallen nur bei Zurückweisung oder Zurücknahme des Antrags an (§§ 130, 131 IV 3 KostO). Entgegen § 130 KostO wird die Gebühr nicht durch einen Höchstbetrag begrenzt. Gebührenfrei ist das Verfahren, wenn der Antrag Erfolg hat oder die Hauptsache für erledigt erklärt wird. Bei teilweiser Zurückweisung oder Zurücknahme des Antrags wird die Gebühr nur nach dem Wert des zurückgewiesenen oder zurückgenommenen Teils berechnet.

2 Die Kostentragungspflicht muss nicht im Beschl ausdrücklich ausgesprochen werden, da sie sich aus den gesetzlichen Regelungen der KostO ergibt, ist aber zur Klarstellung empfehlenswert (München NJW 75, 511).

3 **B. Außergerichtliche Kosten (Abs 2).** Das OLG kann die volle oder tw Erstattung der außergerichtlichen Kosten des Antragstellers durch die Staatskasse anordnen. Diese Entscheidung kann auch noch nachträglich getroffen werden (Hamm NJW 71, 209), sie ist nicht anfechtbar. Außergerichtliche Kosten Dritter oder des Antraggegners können nicht erstattet werden (Hamm Rpfleger 74, 228). Wird die Erstattung angeordnet, betrifft dies nur die außergerichtlichen Kosten des gerichtlichen Verfahrens, nicht die außergerichtlichen Kosten des vorangegangenen Verwaltungsverfahrens.

4 Das OLG hat die Entscheidung nach billigem Ermessen zu treffen. Die Auferlegung der außergerichtlichen Kosten des Antragstellers ist die Ausnahme. Der Erfolg oder – bei Erledigung der Hauptsache – der voraussichtliche Erfolg des Antrags reichen allein nicht aus. Es müssen besondere Umstände hinzutreten, wie zB die offensichtliche oder grobe Fehlerhaftigkeit des angegriffenen Verwaltungshandelns (KG 27.7.01–4 VAs 43/00). Von der Kostenerstattung kann aber auch dann abgesehen werden, wenn kaum nennenswerte außergerichtliche Kosten entstanden sind (KG 10.2.98–4 VAs 77/97).
Um Unklarheiten zu vermeiden, empfiehlt es sich, im Beschlusstenor oder zumindest in den Gründen klarzustellen, dass außergerichtliche Kosten nicht zu erstatten sind.

5 Da nur auf § 91 I 2 ZPO und nicht auch auf § 91 II ZPO verwiesen wird, muss iRd Kostenfestsetzung (§§ 104 ff ZPO) entschieden werden, ob die Beauftragung eines Rechtsanwalts zur zweckentsprechenden Rechtsverfolgung notwendig war. Maßgebend dafür sind insb die rechtliche Problematik und die Gewandtheit des Antragstellers.

C. Geschäftswert (Abs 3). Das OLG bestimmt nach § 30 KostO den Geschäftswert durch unanfechtbaren Beschl nach freiem Ermessen. In nicht vermögensrechtlichen Angelegenheiten ist von einem regelmäßigen Geschäftswert von 3.000 € auszugehen. Im Einzelfall kann von diesem Regelwert abgewichen werden. Die Obergrenze beträgt 500.000 € gem § 30 II, III KostO. 6

Die wichtigsten Kriterien für ein Abweichen vom Regelwert sind die Bedeutung und der Umfang der Sache (zum Geschäftswert bei Verfahren auf Aufhebung einer Zustellungsbewilligung nach dem HZÜ vgl Frankf OLGR 07, 264). 7

§ 30a [Verwaltungsakte auf dem Gebiet des Kostenrechts]. **(1) [1]Verwaltungsakte, die im Bereich der Justizverwaltung beim Vollzug des Gerichtskostengesetzes, der Kostenordnung, des Gerichtsvollzieherkostengesetzes, des Justizvergütungs- und -entschädigungsgesetzes oder sonstiger für gerichtliche Verfahren oder Verfahren der Justizverwaltung geltender Kostenvorschriften, insbesondere hinsichtlich der Einforderung oder Zurückzahlung ergehen, können durch einen Antrag auf gerichtliche Entscheidung auch dann angefochten werden, wenn es nicht ausdrücklich bestimmt ist. [2]Der Antrag kann nur darauf gestützt werden, dass der Verwaltungsakt den Antragsteller in seinen Rechten beeinträchtige, weil er rechtswidrig sei. [3]Soweit die Verwaltungsbehörde ermächtigt ist, nach ihrem Ermessen zu befinden, kann der Antrag nur darauf gestützt werden, dass die gesetzlichen Grenzen des Ermessens überschritten seien, oder dass von dem Ermessen in einer dem Zweck der Ermächtigung nicht entsprechenden Weise Gebrauch gemacht worden sei.**

(2) [1]Über den Antrag entscheidet das Amtsgericht, in dessen Bezirk die für die Einziehung oder Befriedigung des Anspruchs zuständige Kasse ihren Sitz hat. [2]In dem Verfahren ist die Staatskasse zu hören. [3]§ 14 Abs. 3 bis 9 und § 157a der Kostenordnung gelten entsprechend.

(3) [1]Durch die Gesetzgebung eines Landes, in dem mehrere Oberlandesgerichte errichtet sind, kann die Entscheidung über das Rechtsmittel der weiteren Beschwerde nach Absatz 1 und 2 sowie nach § 14 der Kostenordnung, der Beschwerde nach § 156 der Kostenordnung, nach § 66 des Gerichtskostengesetzes, nach § 57 des Gesetzes über Kosten in Familiensachen, nach § 14 der Kostenordnung und nach § 4 des Justizvergütungs- und -entschädigungsgesetzes einem der mehreren Oberlandesgerichte oder anstelle eines solchen Oberlandesgerichts einem obersten Landesgericht zugewiesen werden. [2]Dies gilt auch für die Entscheidung über das Rechtsmittel der weiteren Beschwerde nach § 33 des Rechtsanwaltsvergütungsgesetzes, soweit nach dieser Vorschrift das Oberlandesgericht zuständig ist.

(4) Für die Beschwerde finden die vor dem Inkrafttreten des Kostenrechtsmodernisierungsgesetzes vom 5. Mai 2004 (BGBl. I S. 718) am 1. Juli 2004 geltenden Vorschriften weiter Anwendung, wenn die anzufechtende Entscheidung vor dem 1. Juli 2004 der Geschäftsstelle übermittelt worden ist.

§ 30a wurde eingefügt durch Art 14 Nr 3 des Gesetzes v 19.4.06 (BGBl I, 866) und in Abs 3 S 1 geändert durch Art 21 des FGG-RG v 17.12.08 (BGBl I, 2586). Die Regelung entspricht den aufgehobenen Vorschriften des Art XI §§ 1–3 des Kostenänderungsgesetzes v 26.7.56 in der zuletzt gültigen Fassung des Gesetzes v 9.12.04 (BGBl I, 3220). Wegen der größeren Sachnähe entscheidet in 1. Instanz das **Amtsgericht**. 1

A. Normzweck. § 30a regelt die Anfechtung von Verwaltungsakten im Bereich des Kostenrechts, sofern nicht bereits Spezialregelungen den Rechtsschutz garantieren (Abs 1 S 1 aE). Die Bedeutung der Vorschrift für das Zivilrecht beschränkt sich auf Verwaltungsakte über die Einforderung, Rückzahlung, Stundung und den Erlass von Kosten. 2

B. Regelungsinhalt. Abs 1 S 2 verlangt für die Zulässigkeit des Antrags die Behauptung der Rechtswidrigkeit des Verwaltungsaktes und eine darauf beruhende Rechtsverletzung des Antragstellers. Abs 1 S 3 regelt die Überprüfung von Ermessensentscheidungen der Justizbehörde wie § 28 III (§ 28 Rz 9, 10). 3

C. Zuständigkeit. Für die Entscheidung über den Antrag ist sachlich das Amtsgericht und örtlich das Gericht zuständig, in dessen Bezirk die zuständige Kasse ihren Sitz hat (Abs 2 S 1). Durch die Verweisung in Abs 2 S 2 auf die § 14 III – IX ist unter den dort genannten Voraussetzungen die Beschwerde bzw weitere Beschwerde statthaft. 4

Abs 3 enthält die Möglichkeit einer Zuständigkeitskonzentration für die Landesgesetzgeber.

Vierter Abschnitt Kontaktsperre

§§ 31–38a *(betreffen Strafsachen – von einer Kommentierung wurde abgesehen)*

Fünfter Abschnitt Insolvenzstatistik

§ 39 *(betrifft Insolvenzverfahren – von einer Kommentierung wurde abgesehen)*

Sechster Abschnitt Übergangsvorschriften

§ 40 [Entscheidung vor dem 1.9.2009]. § 119 findet im Fall einer Entscheidung über Ansprüche, die von einer oder gegen eine Partei erhoben worden sind, die ihren allgemeinen Gerichtsstand im Zeitpunkt der Rechtshängigkeit in erster Instanz außerhalb des Geltungsbereichs des Gerichtsverfassungsgesetzes hatte, sowie im Fall einer Entscheidung, in der das Amtsgericht ausländisches Recht angewendet und dies in den Entscheidungsgründen ausdrücklich festgestellt hat, in der bis zum 31. August 2009 geltenden Fassung auf Berufungs- und Beschwerdeverfahren Anwendung, wenn die anzufechtende Entscheidung vor dem 1. September 2009 erlassen wurde.

1 Die Übergangsvorschriften wurden eingefügt durch Art 21 des FGG-RG v 17.12.08 (BGBl I 2586).

§ 41 *(betrifft Strafsachen – von einer Kommentierung wurde abgesehen)*

Gesetz über Musterverfahren in kapitalmarktrechtlichen Streitigkeiten (Kapitalanleger-Musterverfahrensgesetz – KapMuG)

vom 16.8.2005 (BGBl I 2437), zuletzt geändert durch Art 2 des Gesetzes v 22.12.11 (BGBl I 3044)

Abschnitt 1 Musterfeststellungsantrag; Vorlageverfahren

§ 1 Musterfeststellungsantrag. (1) Durch Musterfeststellungsantrag kann in einem erstinstanzlichen Verfahren, in dem

1. ein Schadensersatzanspruch wegen falscher, irreführender oder unterlassener öffentlicher Kapitalmarktinformation oder

2. ein Erfüllungsanspruch aus Vertrag, der auf einem Angebot nach dem Wertpapiererwerbs- und Übernahmegesetz beruht,

geltend gemacht wird, die Feststellung des Vorliegens oder Nichtvorliegens anspruchsbegründender oder anspruchsausschließender Voraussetzungen oder die Klärung von Rechtsfragen begehrt werden (Feststellungsziel), wenn die Entscheidung des Rechtsstreits hiervon abhängt. Der Musterfeststellungsantrag kann vom Kläger und vom Beklagten gestellt werden. Öffentliche Kapitalmarktinformationen sind für eine Vielzahl von Kapitalanlegern bestimmte Informationen über Tatsachen, Umstände, Kennzahlen und sonstige Unternehmensdaten, die einen Emittenten von Wertpapieren oder Anbieter von sonstigen Vermögensanlagen betreffen. Dies sind insbesondere Angaben in

1. Prospekten nach dem Wertpapierprospektgesetz,

2. Verkaufsprospekten nach dem Verkaufsprospektgesetz *(Fassung ab 1.6.12:* **Vermögensanlagengesetz) sowie dem Investmentgesetz,**

3. Mitteilungen über Insiderinformationen im Sinne des § 15 des Wertpapierhandelsgesetzes,

4. Darstellungen, Übersichten, Vorträgen und Auskünften in der Hauptversammlung über die Verhältnisse der Gesellschaft einschließlich ihrer Beziehungen zu verbundenen Unternehmen im Sinne des § 400 Abs. 1 Nr. 1 des Aktiengesetzes,

5. Jahresabschlüssen, Lageberichten, Konzernabschlüssen, Konzernlageberichten sowie Halbjahresfinanzberichten des Emittenten, und in

6. Angebotsunterlagen im Sinne des § 11 Abs. 1 Satz 1 des Wertpapiererwerbs- und Übernahmegesetzes.

(2) Der Musterfeststellungsantrag ist bei dem Prozessgericht unter Angabe des Feststellungsziels und der öffentlichen Kapitalmarktinformation zu stellen. Er muss Angaben zu allen, zur Begründung des Feststellungsziels dienenden tatsächlichen und rechtlichen Umständen (Streitpunkte) enthalten und die Beweismittel bezeichnen, deren sich der Antragsteller zum Nachweis oder zur Widerlegung tatsächlicher Behauptungen bedienen will. Der Antragsteller hat darzulegen, dass der Entscheidung über den Musterfeststellungsantrag Bedeutung über den einzelnen Rechtsstreit hinaus für andere gleichgelagerte Rechtsstreitigkeiten zukommen kann. Dem Antragsgegner ist Gelegenheit zur Stellungnahme zu geben.

(3) Ein Musterfeststellungsantrag nach Absatz 1 Satz 1 ist unzulässig, wenn

1. der dem Musterfeststellungsantrag zugrunde liegende Rechtsstreit bereits entscheidungsreif ist,

2. der Musterfeststellungsantrag zum Zwecke der Prozessverschleppung gestellt ist,

3. das bezeichnete Beweismittel ungeeignet ist,

4. die Darlegungen des Antragstellers den Musterfeststellungsantrag nicht rechtfertigen oder

5. eine ausschließlich gestellte Rechtsfrage nicht klärungsbedürftig erscheint.

Unzulässige Musterfeststellungsanträge weist das Prozessgericht durch Beschluss zurück.

A. Überblick. I. Zweck und Geschichte. Vor dem Hintergrund massenhafter und bis heute anhängiger Prospekthaftungsklagen gegen die Deutsche Telekom entschloss sich der Gesetzgeber 2005 zur Schaffung des KapMuG. Damit wurden vier zT gegensätzliche Ziele verfolgt: Verbesserung des Rechtsschutzes für geschädigte Kapitalanleger, Entlastung der Justiz bei derartigen Massenverfahren, Stärkung der objektiven 1

Rechtsdurchsetzung im Kapitalmarktrecht und Stärkung des Börsen- und Justizstandorts Deutschland im Vergleich zu ausländischen Klagemöglichkeiten (BTDrs 15/5091, 16 f). Die Geltung des KapMuG war zunächst bis 31.10.10 **befristet** (**»sunset clause«**); später hat der Gesetzgeber diese Frist bis zum **31.10.12** verlängert (s. § 20 KapMuG Rz 2).

2 **II. Rechtsvergleichende Einordnung.** Die aktuelle internationale Entwicklung ist durch eine Vielzahl von Entwicklungen im Bereich des **kollektiven Rechtsschutzes** gekennzeichnet (vgl *Hess* JZ 11, 66; *Koch/Zekoll* ZEuP 10, 107; Casper/Janssen/Pohlmann/Schulze). Dabei wird gewöhnlich zwischen opt-out und opt-in-Sammelklagen unterschieden. Das KapMuG nimmt hier eine im Rechtsvergleich auffällige Sonderstellung ein, weil es weder opt-out noch opt-in kennt, sondern ein **Zwangsverfahren** ist: Der einzelne Kl kann sich dem Musterverfahren nicht entziehen (vgl § 7 KapMuG), sondern allenfalls seine Klage insgesamt zurücknehmen und so auf die Verfolgung seiner Rechte ganz verzichten. Diesem Zwangscharakter korrespondieren umfangreiche Verfahrensrechte für alle Beteiligten, welche ein Massenverfahren in der Praxis schwerfällig machen können (vgl *Stackmann* NJW 10, 3581).

3 **III. Reformperspektiven.** Die Befristung des KapMuG (s. § 20 KapMuG Rz 1) dient seiner Erprobung und Auswertung erster Erfahrungen. Das Gesetz hat **Pilotcharakter**, dh es käme eine Ausweitung des Anwendungsbereichs auf andere Massenschäden (zB durch systematisch falsche Anlageberatung, dazu *Möllers/Pregler* NZG 11, 337, 340) sowie die Integration in die ZPO als allgemeines Verfahren des kollektiven Rechtsschutzes in Betracht. Zugleich ist das KapMuG-Verfahren aber **dringend reformbedürftig** (ausführliche Reformvorschläge zB bei Bergmeister 303 ff; Halfmeier/Rott/Feess 80 ff; *Tamm* ZHR 10, 525).

3a Im Dezember 2011 hat die Bundesregierung einen **Regierungsentwurf zur Reform und Entfristung des KapMuG** beschlossen (mit einigen Veränderungen ggü dem Referentenentwurf vom Juli 2011, vgl zu diesem *Keller/Wigand* ZBB 11, 373; *Rotter* VuR 11, 443; *Schmidt-Bendun/Sustmann* NZG 11, 1207; *Schneider/Heppner* BB 11, 2947; *Halfmeier* ZIP 11, 1900). Nach dem Entwurf soll eine ggü dem geltenden Rechtszustand vorsichtig veränderte **Neufassung des KapMuG am 1.11.12** in Kraft treten und dann unbefristet gelten. Der Regierungsentwurf sieht allerdings vor, dass diejenigen Musterverfahren, in denen vor Inkrafttreten der Neuregelung bereits mündlich verhandelt wurde, noch nach dem bisher geltenden Recht fortgeführt werden. Auf die wichtigsten der geplanten Änderungen des Regierungsentwurfs (**RegE 2012**) wird in der folgenden Kommentierung hingewiesen. Neben zahlreichen technischen Verbesserungen ist im RegE 2012 vor allem auf die Einführung des gerichtlich genehmigten **opt-out-Vergleichs** (dazu § 14 KapMuG Rz 7a) hinzuweisen, mit dem die Hoffnung auf eine erleichterte gütliche Streitbeilegung verbunden ist. Bedauerlich ist jedoch, dass der RegE 2012 noch keinen konkreten Vorschlag zur Erleichterung des Zugangs zum Verfahren enthält, zB in Form einer **einfachen Beteiligung** oder opt-in-Möglichkeit ohne förmliche Klageerhebung. Eine solche Erleichterung wäre dringend notwendig, um das vom KapMuG ursprünglich verfolgte Ziel der verbesserten Rechtsdurchsetzung im Kapitalmarktrecht zumindest ansatzweise erreichen zu können.

4 **B. Sachlicher Anwendungsbereich (Abs 1 S 1). I.** Der Begriff der **öffentlichen Kapitalmarktinformation (Nr 1)** ist legaldefiniert in Abs 1 S 3. Umfasst sind Informationen über den Emittenten von Wertpapieren, aber auch über Anbieter »sonstiger Vermögensanlagen« wie etwa geschlossener Fonds in Form einer Unternehmensbeteiligung (zB Kommanditanteile). Eine Prospektpflicht wird nicht vorausgesetzt (BGH NJW 07, 1364; BGHZ 177, 88). Ansprüche aus der auf ein vorvertragliches Schuldverhältnis gestützten sog **Prospekthaftung im weiteren Sinne** fallen aber nicht in den Anwendungsbereich des Gesetzes (BGH ZIP 11, 147, 148). Das Gesetz ist außerdem nicht auf Klagen gegen den Emittenten beschränkt, sondern umfasst auch Ansprüche gegen **andere Beteiligte**, zB emissionsbegleitende Banken oder einzelne Organmitglieder, soweit das materielle Recht solche vorsieht (FA-HandelsR/*Tewes* Kap 28 Rn 9; wohl aA KG ZIP 09, 1527). Jedoch hat die Rspr den Anwendungsbereich des KapMuG auf solche Fälle beschränkt, in denen sich der geltend gemachte Anspruch unmittelbar aus der fehlerhaften oder unterlassenen Kapitalmarktinformation ergibt. Nach dieser Ansicht sind Ansprüche aus der Verletzung eines **Beratungsvertrags** oder aus einem vorvertraglichen Schuldverhältnis auch dann nicht KapMuG-fähig, wenn der Beratungs- oder Aufklärungsfehler darin liegen soll, dass Fehler in einer öffentlichen Kapitalmarktinformation nicht aufgedeckt wurden (BGH NJW 09, 513, 514; aA *Reuschle*, in Casper/Janssen/Pohlmann/Schulze 277, 284; KK-KapMuG/*Kruis* § 1 Rn 20). Der **RegE 2012** will jedoch in Zukunft auch diese Fallgruppe dem KapMuG unterwerfen.

II. Ansprüche aus Vertrag gem WpÜG (Abs 1 S 1 Nr 2) sind in der bisherigen KapMuG-Praxis noch nicht relevant geworden. Umfasst sind Erfüllungsansprüche aus Verträgen, die durch Annahme von Angeboten gem §§ 10 ff WpÜG geschlossen werden, ggf aber auch Ansprüche auf Abgabe eines höheren Angebots (*Maier-Reimer/Wilsing* ZGR 06, 79, 86). Die Finanzierungszusage gem § 13 I 2 WpÜG fällt dagegen nicht in den sachlichen Anwendungsbereich des KapMuG (*Maier-Reimer/Wilsing* ebd). 5

C. Musterfeststellungsantrag. I. Das KapMuG-Verfahren kann **nur auf Antrag** einer Partei eingeleitet werden, eine Einleitung vAw kommt nicht in Betracht (wohl aber Hinweis des Gerichts gem § 139 ZPO). Der **RegE 2012** bleibt bei diesem Prinzip, ändert aber die Terminologie in »Musterverfahrensantrag«. 6

II. Erstinstanzliches Verfahren. In der Rechtsmittelinstanz kann kein Musterfeststellungsantrag mehr gestellt werden. Nach Ansicht des BGH wird der Musterfeststellungsantrag auch dann unzulässig, wenn er zwar in der 1. Instanz gestellt wird, aber erst in der Rechtsmittelinstanz über ihn entschieden wird (BGH WM 08, 124). Jedoch muss auch in der Rechtsmittelinstanz das Verfahren ausgesetzt werden, wenn ein einschlägiger Vorlagebeschluss in einem anderen Verfahren ergeht (BGH aaO 125; vgl § 7 KapMuG Rz 2). 7

III. Inhalt des Antrags (Abs 2). 1. Feststellungsziel. Das in Abs 1 S 1 definierte Feststellungsziel bestimmt den **Streitgegenstand des Musterverfahrens** und teilt die dogmatischen Schwierigkeiten dieses Begriffs. Festgestellt werden können Tatsachen (»Voraussetzungen«) ebenso wie Rechtsfragen. Ein Musterfeststellungsantrag darf **mehrere Feststellungsziele** enthalten (Stuttgart NZG 09, 624, 625; München NZG 07, 911, 912; FA-HandelsR/*Tewes* Kap 28 Rn 38; wohl auch Vorwerk/Wolf/*Fullenkamp* § 13 KapMuG Rn 6; aA LG Frankfurt/Main ZIP 06, 1730; vermittelnd *Rimmelspacher,* FS Leipold 125, 128: Gesamt- und Teilfeststellungsziele; KK-KapMuG/*Vollkommer* § 4 Rn 63 ff: Globales Festellungsziel und Einzelfeststellungsziele). Der Singular im noch geltenden Normtext verbietet dies nicht; der **RegE 2012** verwendet zu Klarstellung nun den Plural. Gerade bei mehreren Anspruchsvoraussetzungen und ggf mehreren Anspruchsgrundlagen wäre es auch nicht praxisgerecht, diese künstlich in ein einziges Feststellungsziel zu pressen. Ein solches wäre oft zu unbestimmt – zB Unrichtigkeit des Prospekts – und ließe nicht klar erkennen, worüber im Musterverfahren tatsächlich gestritten wird, nämlich zB einzelne konkret behauptete Prospektfehler (Hdb Kapitalmarktinformation/*Schmitz* Rn 32 Rn 91 u 102). Es muss sich bei den Feststellungszielen jedoch um Tatsachenfeststellungen oder Rechtsfragen mit möglicher **Breitenwirkung** iSv § 1 Abs 2 S 3 handeln (KG ZIP 09, 1527). Daran fehlt es zB bei der Feststellung eines individuellen Schadens (BGHZ 177, 88 Rn 15; LG München EWiR 07, 151) oder der Verjährung oder Verwirkung eines Anspruchs (BGHZ 177, 88 Rn 25). Auch die Begründetheit eines Anspruchs als solche kann nicht Gegenstand eines Musterfeststellungsantrags sein (BGHZ 177, 88 Rn 24). Bei der Kausalität ist zu unterscheiden: Ein individueller Kausalverlauf kann nicht Feststellungsziel sein (BGH WM 08, 124 Rn 6), wohl aber das Vorliegen einer insgesamt positiven Anlagestimmung (Bergmeister 204) oder sonstige allgemeine Entwicklungen oder Kausalbeziehungen am Kapitalmarkt (Hdb Kapitalmarktinformation/*Schmitz* § 32 Rn 89). Enthält der Antrag unzulässige oder zu weite Feststellungsziele, so hat das Prozessgericht gem § 139 I ZPO einzugreifen und ggf den Antrag nur tw als unzulässig abzuweisen (München NZG 07, 911, 912). 8

2. Streitpunkte. Der Antrag muss auch Angaben zu den in Abs 2 S 2 genannten **Streitpunkten** enthalten. Dieser Begriff und sein Verhältnis zum Feststellungsziel ist unklar. Soweit Abs 2 S 2 von »rechtlichen Umständen« spricht, so ist ihre Angabe jedenfalls nicht zwingend, weil der Grundsatz *iura novit curia* auch im Bereich des KapMuG gilt (vgl *Lüke* ZZP 119, 131, 137). Für Tatsachen hat der Begriff der Streitpunkte nur dann eine eigenständige Bedeutung, wenn man die Zulässigkeit mehrer Feststellungsziele ablehnt (s.o. Rz 8); dann sind die das Feststellungsziel (zB die Fehlerhaftigkeit des Prospekts) stützenden Tatsachen als »Streitpunkte« anzugeben (Beispiele bei FA-HandelsR/*Tewes* Kap 28 Rn 22). Geht man aber mit der wohl hM (oben Rz 8) davon aus, dass mehrere Feststellungsziele (zB mehrere tatsächliche Prospektfehler) den Gegenstand des Musterverfahrens bilden können (ggf in Form von Gesamt- und Teilfeststellungszielen), dann reduziert sich die Angabe der Streitpunkte auf die **Darlegung des behaupteten Lebenssachverhalts** sowie der entsprechenden Beweismittel. Ein im Gesetz definierter Begriff von »Streitpunkten« ist daher überflüssig. Der **RegE 2012** streicht daher diesen Begriff und verlangt statt dessen die Angabe der einschlägigen »Tatsachen und Beweismittel«. 9

IV. Unzulässigkeit des Antrags (Abs 3). 1. Gründe. Ein Musterfeststellungsantrag ist unzulässig, wenn sein Gegenstand nicht im Anwendungsbereich des Abs 1 liegt oder wenn er nicht den in Abs 2 genannten Anforderungen genügt. Darüber hinaus gelten die besonderen Unzulässigkeitsgründe des Abs 3. Der 10

Begriff der **Entscheidungsreife (Abs 3 S 1 Nr 1)** ist hier aber anders zu verstehen als zB in § 300 ZPO (und wird im **RegE 2012** auch nicht mehr verwendet): Geht es etwa nur (noch) um Rechtsfragen, so ist der Rechtsstreit gerade nicht entscheidungsreif iSd KapMuG, wenn diese Rechtsfragen erst im Musterverfahren geklärt werden sollen. Mit Abs 3 Nr 1 ist vielmehr gemeint, dass der Rechtsstreit auch ohne die im Antrag aufgeworfene Frage entschieden werden kann (vgl BGH WM 08, 124). Eine **Prozessverschleppung (Abs 3 S 1 Nr 2)** mag ausnahmsweise vorliegen, wenn offensichtlich ist, dass der Musterfeststellungsantrag über das Ausgangsverfahren hinaus keine Relevanz hat (vgl BGH NJW 08, 2187, 2188 obiter dicta). Die **Geeignetheit eines Beweismittels (Abs 3 S 1 Nr 3)** ist schon dann gegeben, wenn das Beweismittel tauglich iSd allgemeinen Relationslehre ist. Eine vorweggenommene Beweiswürdigung durch das Prozessgericht findet nicht statt (FA-HandelsR/*Tewes* Kap 28 Rn 24 mit Verweis auf BVerfG NJW 03, 2976; *Vorwerk*/Wolf Rn 68; aA BTDrs 15/5091, 21: »Beweisantizipation«). Gemäß **Abs 3 S 1 Nr 4** ist der Antrag auch bei fehlender **Schlüssigkeit** unzulässig (BTDrs 15/5091, 21). Eine Rechtsfrage ist nicht im KapMuG **klärungsbedürftig (Abs 3 Nr 5)**, wenn sie bereits höchstrichterlich entschieden ist; ihre Anwendung auf den konkreten Fall kann im KapMuG-Verfahren nicht geklärt werden (BGH BB 08, 1643, 1645; zT wird für die Klärungsbedürftigkeit auch auf den im Revisionsrecht verwendeten Begriff der grundsätzlichen Bedeutung abgestellt, so KK-KapMuG/*Kruis* Rn 232; der **RegE 2012** gibt diese Einschränkung ganz auf).

11 **2. Zurückweisung oder Bekanntmachung durch Beschluss.** Ist der Musterfestellungsantrag unzulässig, so wird er gem Abs 3 S 2 durch Beschl zurückgewiesen. Dagegen ist die sofortige Beschwerde gem § 567 I 1 Nr 2 ZPO statthaft (München NJW-RR 11, 474). Ist der Antrag zulässig, so ist ein Bekanntmachungsbeschluss gem § 2 Abs 1 S 2 zu fassen, der gem § 2 Abs 1 S 3 aber unanfechtbar ist. Diese Asymetrie kann nur mit der vom Gesetzgeber gewünschten Förderung von Musterverfahren erklärt werden.

§ 2 Bekanntmachung im Klageregister.

(1) Einen zulässigen Musterfeststellungsantrag macht das Prozessgericht im Bundesanzeiger unter der Rubrik »Klageregister nach dem Kapitalanleger-Musterverfahrensgesetz« (Klageregister) öffentlich bekannt. Über die Bekanntmachung entscheidet das Prozessgericht durch Beschluss. Der Beschluss ist unanfechtbar. Die Bekanntmachung enthält nur die folgenden Angaben:

1. die vollständige Bezeichnung der beklagten Partei und ihres gesetzlichen Vertreters,
2. die Bezeichnung des von dem Musterfeststellungsantrag betroffenen Emittenten von Wertpapieren oder Anbieters von sonstigen Vermögensanlagen,
3. die Bezeichnung des Prozessgerichts,
4. das Aktenzeichen des Prozessgerichts,
5. das Feststellungsziel des Musterfeststellungsantrags und
6. den Zeitpunkt der Bekanntmachung im Klageregister.

Musterfeststellungsanträge, deren Feststellungsziel den gleichen zugrunde liegenden Lebenssachverhalt betrifft (gleichgerichtete Musterfeststellungsanträge), werden im Klageregister in der Reihenfolge ihrer Bekanntmachung erfasst. Musterfeststellungsanträge müssen dann nicht mehr im Klageregister öffentlich bekannt gemacht werden, wenn die Voraussetzungen zur Einleitung eines Musterverfahrens nach § 4 Abs. 1 Satz 1 bereits vorliegen.

(2) Die Einsicht in das Klageregister steht jedem unentgeltlich zu.

(3) Das Prozessgericht trägt die datenschutzrechtliche Verantwortung für die von ihm im Klageregister bekannt gemachten Daten, insbesondere für die Rechtmäßigkeit ihrer Erhebung, die Zulässigkeit ihrer Veröffentlichung und die Richtigkeit der Daten.

(4) Der Betreiber des Bundesanzeigers erstellt im Einvernehmen mit dem Bundesamt für Sicherheit in der Informationstechnik ein Sicherheitskonzept für Bekanntmachungen im Klageregister, das insbesondere die nach § 9 des Bundesdatenschutzgesetzes erforderlichen technischen und organisatorischen Maßnahmen umfasst. Die Wirksamkeit der Maßnahmen ist in regelmäßigen Abständen unter Berücksichtigung der aktuellen technischen Entwicklungen zu überprüfen.

(5) Die im Klageregister gespeicherten Daten sind nach Zurückweisung des Musterfeststellungsantrags gemäß § 4 Abs. 4, anderenfalls nach rechtskräftigem Abschluss des Musterverfahrens zu löschen.

(6) Das Bundesministerium der Justiz wird ermächtigt, durch Rechtsverordnung nähere Bestimmungen über Inhalt und Aufbau des Klageregisters, insbesondere über Eintragungen, Änderungen, Löschungen, Einsichtsrechte, Datensicherheit und Datenschutz zu treffen. Dabei sind Löschungsfristen vorzusehen sowie Vorschriften, die sicherstellen, dass die Bekanntmachungen

1. unversehrt, vollständig und aktuell bleiben,
2. jederzeit ihrem Ursprung nach zugeordnet werden können.

A. Zweck. Die Bekanntmachung des Musterfeststellungsantrags im Klageregister ist für das KapMuG-Verfahren von erheblicher Bedeutung: Einerseits können sich dadurch potentielle andere Antragsteller über parallele Entwicklungen in »ihrer« Fallkonstellation informieren, anderseits ist eine ausreichende Anzahl von Bekanntmachungen Voraussetzung für die Einleitung des Musterverfahrens gem § 4. 1

B. Beschluss über die Bekanntmachung. Hält das Prozessgericht den Musterfeststellungsantrag für zulässig, so muss es gem Abs 1 seine Bekanntmachung beschließen. Dieser Beschl ist gem Abs 1 S 3 unanfechtbar. Das Gesetz sieht für diesen Beschl bisher keine Frist vor. Ein bewusstes »Liegenlassen« des Antrags gefährdet aber den Zweck des KapMuG, nämlich gleichartige Verfahren zügig zu einem Musterverfahren zu bündeln. Im Extremfall kommt eine Untätigkeits- bzw Dienstaufsichtsbeschwerde in Betracht (s. § 567 ZPO Rz 7). Der **RegE 2012** sieht eine Soll-Frist von drei Monaten nach Eingang des Antrags vor. 2

Allerdings ist die Bekanntmachung gem Abs 1 S 6 nicht mehr verpflichtend, sondern nur **fakultativ**, wenn bereits die Voraussetzungen für die Einleitung eines Musterverfahrens gem § 4 Abs 1 S 1 KapMuG (zehn Anträge) vorliegen. Auch in diesen Fällen ist aber die Bekanntmachung empfehlenswert, um die Unterbrechung des Verfahrens gem § 3 KapMuG herbeizuführen (s. § 3 KapMuG Rz 2). 3

C. Klageregister. Das Klageregister wird im **Bundesanzeiger** geführt (www.bundesanzeiger.de). Die Einzelheiten regelt die gem Abs 6 erlassene **Klageregisterverordnung (KlagRegV)** v 26.10.05 (BGBl I 3092). Das Klageregister im Bundesanzeiger wird in der Praxis zT als zu unübersichtlich und zu teuer kritisiert (vgl Halfmeier/Rott/Feess 58 f). 4

D. Gleichgerichtete Musterfeststellungsanträge. I. Begriff. Abs 1 S 5 definiert den wichtigen Begriff der »gleichgerichteten« Musterfeststellungsanträge. Mit diesem Begriff wird entschieden, ob Musterfeststellungsanträge zu einem Musterverfahren zusammengefasst werden und ob das Quorum des § 4 Abs 1 erreicht wird. Gemäß § 2 Abs 1 sind für die Gleichgerichtetheit nicht die in den Anträgen formulierten Feststellungsziele relevant, sondern der jeweils zugrunde liegende **Lebenssachverhalt**. Dieser Begriff ist nicht zu eng zu fassen, um auch verschiedene klägerische Vorträge zu einem einheitlichen Tatkomplex bündeln zu können. Insbesondere kommt es nicht auf die von den einzelnen Klägern geltend gemachten ggf unterschiedlichen Anspruchsgrundlagen an. Der Lebenssachverhalt iSd Vorschrift wird zB beschrieben als der »Gesamtvorgang, aus dem bei natürlicher Betrachtungsweise die Haftung des Beklagten abzuleiten sein soll« (FA-HandelsR/*Tewes* Kap 28 Rn 38). Dies wird zT dahingehend konkretisiert, dass sich alle Feststellungsziele unter ein gemeinsames »Gesamtfeststellungsziel« subsumieren lassen müssen, wenn sie gleichgerichtet sein sollen (*Rimmelspacher* FS Leipold 125, 129 f). So kann zB ein identischer Prospektfehler auch dann einen Lebenssachverhalt darstellen, wenn er in zwei verschiedenen Emissionsprospekten vorkommt (*Rimmelspacher* ebd 130). Auch Musterfestellungsanträge, die verschiedene Haftungsdressaten betreffen, können gleichgerichtet sein, wenn es um denselben Lebenssachverhalt geht (Vorwerk/Wolf/*Fullenkamp* KapMuG § 4 Rn 22; aA KK-KapMuG/*Reuschle* § 2 Rn 53). 5

II. Die **Ermittlung der Gleichgerichtetheit** ist aus dem Klageregister nicht immer eindeutig möglich, weil das Klageregister ausschliesslich die in Abs 1 S 4 aufgezählten Angaben enthält, die über den zugrunde liegenden Lebenssachverhalt nicht immer ausreichend Auskunft geben. Darin liegt ein Konstruktionsfehler des Klageregisters. Der **RegE 2012** korrigiert diesen Fehler, indem er für die Bekanntmachung auch eine »knappe Darstellung des vorgetragenen Lebenssachverhalts« verlangt. Bis zu dieser Reform des Gesetzes ist der Praxis zu empfehlen, die Feststellungsziele so ausf zu formulieren, dass aus ihnen der zugrunde liegende Lebenssachverhalt ausreichend erkennbar ist und damit die Prüfung der Gleichgerichtetheit möglich wird. 6

E. Löschung der Eintragungen im Klageregister (Abs 5). Die Löschung nach Zurückweisung des Musterfestellungsantrags gem § 4 Abs 4 KapMuG (Nichterreichung des Quorums binnen vier Monaten) wird **nicht sofort** vorgenommen, sondern gem § 4 Abs 2 S 2 ff KlagRegV bleibt der Eintrag zunächst bis zu sechs Monate sichtbar. Damit soll sichergestellt werden, dass diese Eintrage auch später noch für die Erreichung des Quorums herangezogen werden können, wenn »Nachzügler« noch weitere Musterfestellungsanträge stellen. Außerdem können gelöschte Anträge auch wiederholt werde, um doch noch das Quorum zu erreichen (FA-HandelsR/*Tewes* Kap 28 Rn 33 mwN). 7

§ 3 Unterbrechung des Verfahrens. Mit der Bekanntmachung des Musterfeststellungsantrags im Klageregister wird das Verfahren unterbrochen.

1 **A. Zweck.** Die Unterbrechung der Ausgangsverfahren dient zunächst der Klärung der Frage, ob ein Musterverfahren durchgeführt wird (§ 4 KapMuG); danach folgt ggf die Aussetzung des Verfahrens gem § 7 KapMuG. Damit soll im Interesse der auf den Gesamtkomplex bezogenen Verfahrensökonomie die Vorwegnahme von Beweisaufnahmen oder gar divergierende Entscheidungen verhindert werden.

2 **B. Beginn der Unterbrechung der Ausgangsverfahren.** Die Vorschrift betrifft zunächst nur Verfahren, in denen ein Musterfeststellungsantrag gestellt und bekanntgemacht wird. Die Verfahrensunterbrechung tritt dann am Tag der Bekanntmachung im Klageregister ein, ohne Rücksicht auf deren Kenntnisnahme durch die Parteien (Vorwerk/Wolf/*Fullenkamp* Rn 4). Wird ein Musterfeststellungsantrag dagegen gem § 2 Abs 1 S 6 KapMuG nicht bekanntgemacht, weil bereits die Voraussetzungen zur Einleitung eines Musterverfahrens nach § 4 Abs 1 S 1 (zehn Anträge) vorliegen, so gibt es auch keine Unterbrechung. Das Verfahren läuft dann zunächst bis zum Aussetzungsbeschluss (§ 7 KapMuG) weiter.

3 **C. Wirkungen der Unterbrechung.** Die Wirkungen der Unterbrechung ergeben sich aus § 249 ZPO (BTDrs 15/5091, 22). Die Klage oder der Musterfestellungsantrag können allerdings weiterhin zurückgenommen werden, weil es sich dabei um Prozesshandlungen ggü dem Gericht handelt (Vorwerk/Wolf/*Fullenkamp* Rn 7).

4 **D. Ende der Unterbrechung.** Wird ein Musterverfahren nicht durchgeführt, so endet die Unterbrechung mit Zurückweisung des Musterfeststellungsantrags durch Beschl gem § 4 Abs 4 KapMuG (Vorwerk/Wolf/*Fullenkamp* Rn 4; aA KK-KapMuG/*Kruis* Rn 11: mit der ersten Verfahrenshandlung des Gerichts nach diesem Beschl). Ergeht aber ein Vorlagebeschluss, so bleibt das Ausgangsverfahren zunächst unterbrochen und wird dann ggf gem § 7 Abs 1 ausgesetzt (KK-KapMuG/*Kruis* Rn 9 f). Nach einer abw Ansicht endet die Unterbrechung mit Bekanntgabe des Vorlagebeschlusses und das Verfahren wird dann hinsichtlich der Frage fortgesetzt, ob es gem § 7 KapMuG auszusetzen ist (Vorwerk/Wolf/*Fullenkamp* Rn 5). Gegen diese Konstruktion spricht aber der damit verbundene Kontrollaufwand für Gericht und Parteien, die dann das Klageregister zu überwachen hätten, um den Zeitpunkt des Endes der Unterbrechung nicht zu übersehen (*Kruis* aaO).

§ 4 Vorlage an das Oberlandesgericht. (1) Das Prozessgericht führt durch Beschluss eine Entscheidung des im Rechtszug übergeordneten Oberlandesgerichts über das Feststellungsziel gleichgerichteter Musterfeststellungsanträge (Musterentscheid) herbei, wenn

1. in dem Verfahren bei dem Prozessgericht der zeitlich erste Musterfeststellungsantrag gestellt wurde und

2. innerhalb von vier Monaten nach seiner Bekanntmachung in mindestens neun weiteren Verfahren bei demselben oder anderen Gerichten gleichgerichtete Musterfeststellungsanträge gestellt wurden.

Der Vorlagebeschluss ist unanfechtbar und für das Oberlandesgericht bindend. Die zeitliche Reihenfolge der bei den Prozessgerichten gestellten Musterfeststellungsanträge bestimmt sich nach der Bekanntmachung im Klageregister.

(2) Der Vorlagebeschluss hat zu enthalten:

1. das Feststellungsziel,

2. alle geltend gemachten Streitpunkte, soweit sie entscheidungserheblich sind,

3. die bezeichneten Beweismittel und

4. eine knappe Darstellung des wesentlichen Inhalts der erhobenen Ansprüche und der dazu vorgebrachten Angriffs- und Verteidigungsmittel.

(3) Das Prozessgericht macht im Klageregister den Erlass und das Datum des Vorlagebeschlusses öffentlich bekannt.

(4) Ist seit Bekanntmachung des jeweiligen Musterfeststellungsantrags innerhalb von vier Monaten nicht die für die Vorlage an das Oberlandesgericht erforderliche Anzahl gleichgerichteter Anträge bei dem Prozessgericht gestellt worden, weist das Prozessgericht den Antrag zurück und setzt das Verfahren fort.

(5) Sind in einem Land mehrere Oberlandesgerichte errichtet, so können die Musterentscheide, für die nach Absatz 1 die Oberlandesgerichte zuständig sind, von den Landesregierungen durch Rechtsverord-

nung einem der Oberlandesgerichte oder dem Obersten Landesgericht zugewiesen werden, sofern dies der Sicherung einer einheitlichen Rechtsprechung dienlich ist. Die Landesregierungen können die Ermächtigung auf die Landesjustizverwaltungen übertragen. Durch Staatsverträge zwischen Ländern kann die Zuständigkeit eines Oberlandesgerichts für einzelne Bezirke oder das gesamte Gebiet mehrerer Länder begründet werden.

A. Zweck. Der Vorlagebeschluss des Prozessgerichts ist Voraussetzung für die Durchführung des Musterverfahrens (§§ 6 ff KapMuG) und bestimmt zugleich dessen Gegenstand, insb durch die in § 4 Abs 1 S 2 geregelte Bindung des OLG an den Inhalt des Vorlagebeschlusses. Damit stellt der Vorlagebeschluss das vom OLG abzuarbeitende Programm des Musterverfahrens dar, welches allerdings gem § 13 KapMuG auch nachträglich noch erweitert werden kann. 1

B. Vorlagebeschluss. I. Zuständiges Gericht. Die Abfassung des Vorlagebeschlusses ist gem Abs 1 S 1 Nr 1 Aufgabe desjenigen **Prozessgerichts**, in dessen Verfahren der **zeitlich erste** der einschlägigen Musterfeststellungsanträge gestellt wurde. Damit ist aber gem Abs 1 S 3 aber nicht das Datum der Antragstellung gemeint, sondern der Tag der Bekanntmachung im Klageregister; die Vorschrift ist daher anfällig für taktische Verzögerungen. 2

II. Voraussetzungen (Abs 1). 1. Quorum. Der Vorlagebeschluss ist zu erlassen, wenn neben dem ersten bekanntgemachten Musterfeststellungsantrag noch neun weitere gleichgerichtete Musterfeststellungsanträge gestellt wurden, insgesamt also das Quorum von **zehn Musterfeststellungsanträgen** erreicht ist. Nach dem Wortlaut des Gesetzes müssen diese Anträge nicht alle bereits im Klageregister bekannt gemacht sein, sondern die Antragstellung reicht aus. Die Literatur verlangt hier allerdings die **Bekanntmachung** der zehn Anträge (Vorwerk/Wolf/*Fullenkamp* Rn 12). Dem ist zuzugeben, dass jedenfalls unzulässige Musterfeststellungsanträge keine Rolle spielen können. Auch wird das Gericht von nicht bekannt gemachten Anträgen, die an anderen Prozessgerichten gestellt wurden, oft keine Kenntnis haben. Andererseits sollte das Musterverfahren nicht daran scheitern, dass zB bei dem Prozessgericht noch zahlreiche Musterfeststellungsanträge anhängig sind, die bloß noch nicht bekannt gemacht werden konnten (vgl KK-KapMuG/*Vollkommer* Rn 33). 3

2. Streitgenossen. Die Rspr hat inzwischen klargestellt, dass es für die zehn Musterfeststellungsanträge ausreicht, wenn zehn Kl als Streitgenossen gemeinsam einen solchen Antrag stellen (BGHZ 176, 170 = NJW 08, 2187). Das ist prozessökonomisch sinnvoll und mit dem Wortlaut der Vorschrift vereinbar, weil eine streitgenössische Klage mehrere einzelne Prozessrechtsverhältnisse entstehen lässt und damit mehrere Verfahren iSv Abs 1 S 1 Nr 2. 4

3. Gleichgerichtete Musterfeststellungsanträge. Zum Begriff der Gleichgerichtetheit s. § 2 KapMuG Rz 5. Die Gleichgerichtetheit der Musterfeststellungsanträge ist nur aus den jeweils zugrunde liegenden Lebenssachverhalten erkennbar, welche aber aus den im Klageregister veröffentlichten Angaben bisher nicht immer ausreichend deutlich werden (s. § 2 KapMuG Rz 6). Ggf sind daher noch die einzelnen Musterfeststellungsanträge (Vorwerk/Wolf/*Fullenkamp* Rn 28 f) oder gar die gesamten Akten der Ausgangsverfahren gem §§ 156 ff GVG heranzuziehen, soweit sich diese aufgrund der durch § 32b ZPO angestrebten Zuständigkeitskonzentration nicht ohnehin bei dem über den Vorlagebeschluss entscheidenden Spruchkörper befinden. 5

III. Inhalt des Vorlagebeschlusses (Abs 2). Aufgrund der Bindungswirkung des Vorlagebeschlusses hat dessen Inhalt erhebliche Bedeutung für den weiteren Fortgang des Musterverfahrens. Insbesondere ist nach Abs 2 Nr 1 das Feststellungsziel des Musterverfahrens anzugeben. Nimmt man den vom Gesetzgeber hier verwendeten Singular beim Wort, so müßte der Vorlagebeschluss hier alle in den Musterfestellungsanträgen geltend gemachten Feststellungsziele zu einem einzigen Ziel zusammenfassen, was oft weder möglich noch sinnvoll sein wird. Stattdessen sollte man hier eine **Mehrheit von Feststellungszielen** erlauben (s. § 1 KapMuG Rz 8, so auch jetzt der **RegE 2012**). Bei der Formulierung des oder der Feststellungsziele ist das Prozessgericht **nicht an den genauen Wortlaut der gestellten Musterfeststellungsanträge gebunden**. Dies wäre bei der Lehre vom einheitlichen Feststellungsziel ohnehin unmöglich, da die Parteiformulierungen zusammengefasst werden müssen. Aber auch nach der hier vertretenen Auffassung ist es nicht sinnvoll, die einzelnen Musterfeststellungsanträge schlicht zu addieren, sondern das Gericht darf und sollte hier ein gewisses **ordnendes Ermessen** ausüben (*Wösthoff* Bamberger Verbraucherrechtstage 2009, 96, 100; *Voll-* 6 *kommer* NJW 07, 3094, 3096). Dabei ist allerdings der **Dispositionsgrundsatz** zu beachten, dh das Gericht kann keine von den Parteien nicht beantragten **Tatsachenfeststellungen** in den Vorlagebeschluss aufnehmen. Bei **Rechtsfragen** gibt es allerdings schon nach allgemeinen Grundsätzen keine Dispositionsbefugnis der Parteien, so dass es dem Gericht durchaus erlaubt ist, Rechtsfragen im Vorlagebeschluss zu präzisieren (aA Kilian 39: Bindung des Gerichts an Parteianträge auch bzgl Rechtsfragen).

7 Um dem OLG die Auswahl des Musterklägers (§ 8 Abs 2 KapMuG) zu erleichtern, sollte in den Vorlagebeschluss auch ein Verzeichnis aller bei diesem Prozessgericht anhängigen Verfahren sowie die Höhe der jeweils geltend gemachten Ansprüche aufgenommen werden (KK-KapMuG/*Reuschle* § 8 Rn 46).

8 **IV. Verfahren.** Das Gesetz sieht vor Erlass des Vorlagebeschlusses **keine mündliche Verhandlung** vor. Daher ist diese nach den allgemeinen Regeln auch nicht zwingend notwendig (LG Frankfurt/Main 11.7.06 Az 3/7 OH 1/06; zust *Gundermann/Härle* VuR 06, 457, 459), oft aber zweckmäßig (*Stadler* FS Rechberger 663, 667 Fn 21; *Sessler* WM 04, 2344, 2347). Die Gegenansicht hält den Musterfeststellungsantrag zu Unrecht für einen Sachantrag iSv § 297 ZPO, der stets in mündlicher Verhandlung zu erörtern sei (LG Stuttgart 15.3.06 Az 21 O 408/05; Reuschle 31).

9 **V. Bekanntmachung des Vorlagebeschlusses.** Gemäß Abs 3 wird zunächst im Klageregister nur die Tatsache veröffentlicht, dass ein Vorlagebeschluss ergangen ist. Sein Inhalt wird nach der Konzeption des Gesetzes erst später durch das OLG bekannt gemacht (§ 6 KapMuG). Diese Abfolge ist nicht sinnvoll, weil zB die Sperrwirkung des § 5 KapMuG bereits mit Erlass des Vorlagebeschlusses eintritt, ihre Reichweite aber von anderen Gerichten nur anhand des im Vorlagebeschluss enthaltenen Feststellungsziels beurteilt werden kann. Es ist daher empfehlenswert, mindestens das Feststellungsziel bereits hier mit zu veröffentlichen (Vorwerk/Wolf/*Fullenkamp* § 5 KapMuG Rn 3). Der **RegE 2012** sieht daher sinnvollerweise eine Bekanntmachung des gesamten Vorlagebeschlusses einschließlich einer Darstellung des Lebenssachverhalts vor.

10 **VI. Bindungswirkung des Vorlagebeschlusses.** Ein Rechtsmittel gegen den Vorlagebeschluss existiert gem Abs 1 S 2 für die Parteien nicht. Auch für das OLG ist er bindend. Das heißt zunächst, dass das OLG die in Abs 1 genannten Voraussetzungen für den Erlass eines Vorlagebeschlusses nicht noch einmal überprüfen darf (KG ZIP 09, 1527; BTDrs 15/5091, 23). Darüber hinaus darf das OLG nach Ansicht des BGH aber auch einen unvollständigen oder inhaltlich falschen Vorlagebeschluss weder abändern noch aufheben (BGH ZIP 11, 1790, 1791). Allenfalls bei einem als »Willkür« zu bezeichnenden Vorlagebeschluss könnte die Bindungswirkung entfallen (KK-KapMuG/*Vollkommer* Rn 84). Die Bindungswirkung entfällt außerdem dann, wenn der Vorlagebeschluss den durch § 1 gesteckten Rahmen verläßt, dh der geltend gemachte Anspruch gar nicht KapMuG-fähig ist (BGH ZIP 11, 1790, 1791; KG ZIP 09, 1527); ggf muss dann der Vorlagebeschluss durch das OLG entsprechend ausgelegt oder auf die zulässigen Gegenstände beschränkt werden (BGH ZIP 11, 1790, 1792; Hdb Kapitalmarktinformation/*Schmitz* § 32 Rn 209). Außerdem könne und müsse das OLG sonstige Sachurteilsvoraussetzungen überprüfen (Vorwerk/Wolf/*Fullenkamp* Rn 31) wie zB das Rechtsschutzinteresse bzgl bestimmter Feststellungsziele (KG ZIP 09, 1527).

11 **C. Zurückweisung des Musterfeststellungsantrags (Abs 4).** In der Vorschrift des Abs 4 ist ein Redaktionsfehler versteckt: Es muss heißen »... Anzahl gleichgerichteter Anträge bei dem Prozessgericht oder einem anderen Gericht«, weil das Quorum auch durch Anträge bei verschiedenen Gerichten erfüllt werden kann (*Schneider* BB 05, 2249, 2253). Kann das Quorum innerhalb der Viermonatsfrist nicht erreicht werden, so weist das Prozessgericht den betreffenden Musterfeststellungsantrag durch Beschl zurück. Nicht zurückgewiesen werden jedoch jüngere Anträge, für welche diese Frist noch nicht abgelaufen ist. Gegen den Zurückweisungsbeschluss ist mangels besonderer gesetzlicher Regelung und im Umkehrschluss zu Abs 1 S 2 die **sofortige Beschwerde** statthaft (BGH NJW 08, 2187).

12 **D. Landesrechtliche Sonderzuweisungen.** Von der in Abs 5 ermöglichten Konzentrationsmöglichkeit haben bisher Bayern (OLG München, § 8a GZJu) und Nordrhein-Westfalen (OLG Köln, VO v 23.11.05) Gebrauch gemacht.

§ 5 Sperrwirkung des Vorlagebeschlusses. **Mit Erlass des Vorlagebeschlusses ist die Einleitung eines weiteren Musterverfahrens für die gemäß § 7 auszusetzenden Verfahren unzulässig.**

1 **A. Zweck.** Mit dieser Regelung sollen parallele Musterverfahren aus prozessökonomischen Gründen verhindert werden. Die mit § 32b ZPO angestrebte Zuständigkeitskonzentration kann dies nicht zuverlässig verhindern, da sie im Anwendungsbereich der EuGVO wirkungslos ist und stattdessen ggf der Tatortgerichtsstand gem Art 5 Nr 3 EuGVO in Betracht kommt (BTDrs 15/5091, 24, vgl § 32b ZPO Rz 4).

B. Umfang der Sperrwirkung. Die Vorschrift verweist auf § 7 KapMuG, dh ein zweites Musterverfahren ist unzulässig, wenn die Entscheidung im Ausgangsverfahren von der im ersten Musterverfahren zu treffenden Feststellung abhängt. Die Gesetzesbegründung erläutert dies dahingehend, dass ein Vorlagebeschluss hinsichtlich Anspruchsvoraussetzung A ein weiteres Musterverfahren zu Anspruchsvoraussetzung B sperrt (wenn beide entscheidungserheblich sind), so dass B allenfalls über § 13 KapMuG in das erste Musterverfahren eingeführt werden kann (BTDrs 15/5091, 24). 2

Abschnitt 2 Durchführung des Musterverfahrens

§ 6 Bekanntmachung des Musterverfahrens. Nach Eingang des Vorlagebeschlusses macht das Oberlandesgericht im Klageregister öffentlich bekannt:
1. die namentliche Bezeichnung des Musterklägers und seines gesetzlichen Vertreters (§ 8 Abs. 1 Nr. 1),
2. die vollständige Bezeichnung des Musterbeklagten und seines gesetzlichen Vertreters (§ 8 Abs. 1 Nr. 2),
3. das Feststellungsziel des Musterverfahrens,
4. das Aktenzeichen des Oberlandesgerichts und
5. den Inhalt des Vorlagebeschlusses.
Das Oberlandesgericht trägt die datenschutzrechtliche Verantwortung entsprechend § 2 Abs. 3.

A. Zweck. Die vom OLG gem § 6 KapMuG zu veranlassende Bekanntmachung dient der Information der Öffentlichkeit sowie sämtlicher ggf betroffener Gerichte über die Einleitung und den Inhalt des Musterverfahrens. Anders als die vom Prozessgericht gem § 4 Abs 3 zu veranlassende Bekanntmachung informiert sie nun umfassend über den Verfahrensgegenstand (zu damit verbundenen Problemen s. § 4 KapMuG Rz 9). 1

B. Inhalt der Bekanntmachung. Die Bekanntmachung umfasst ua die Bezeichnung des Musterklägers, der zuvor vom OLG bestimmt werden muss (§ 8 Abs 2 KapMuG). Eine Bekanntmachung der beteiligten Prozessbevollmächtigten ist in § 6 KapMuG nicht vorgesehen (Redaktionsversehen, so KK-KapMuG/*Reuschle* Rn 3 f), aber praktisch sinnvoll, damit Betroffene sich ggf an diese wenden können. Es steht dem OLG auch frei, über den Wortlaut der Vorschrift hinaus weitere Informationen zu veröffentlichen, weil hier im Gegensatz zu § 2 Abs 1 KapMuG nicht von »nur die folgenden« Angaben die Rede ist. 2

§ 7 Aussetzung. (1) Nach der Bekanntmachung des Musterverfahrens im Klageregister durch das Oberlandesgericht setzt das Prozessgericht von Amts wegen alle bereits anhängigen oder bis zum Erlass des Musterentscheids noch anhängig werdenden Verfahren aus, deren Entscheidung von der im Musterverfahren zu treffenden Feststellung oder der im Musterverfahren zu klärenden Rechtsfrage abhängt. Das gilt unabhängig davon, ob in dem Verfahren ein Musterfeststellungsantrag gestellt wurde. Die Parteien sind anzuhören, es sei denn, dass sie darauf verzichtet haben. Der Aussetzungsbeschluss ist nicht anfechtbar.
(2) Das Prozessgericht hat das das Musterverfahren führende Oberlandesgericht unverzüglich über die Aussetzung unter Angabe der Höhe des Anspruchs, soweit er Gegenstand des Musterverfahrens ist, zu unterrichten.

A. Zweck. Die Aussetzung der Einzelverfahren vAw soll eine gebündelte Erledigung der gemeinsamen Problemkomplexe im Musterverfahren ermöglichen, ohne dass es zu doppelten Beweiserhebungen oder gar abweichenden Entscheidungen kommt. 1

B. Voraussetzungen der Aussetzung. I. Abhängigkeit vom Ergebnis des Musterverfahrens. Ein Verfahren ist auszusetzen, wenn seine Entscheidung von der im Musterverfahren zu treffenden Feststellung oder von der dort zu klärenden Rechtsfrage abhängt. Ist der Rechtsstreit dagegen bereits ohne diese Feststellungen oder ohne Klärung dieser Rechtsfrage entscheidungsreif, so ist das Musterverfahren nicht sinnvoll und es findet keine Aussetzung statt. Hier gilt derselbe besondere Begriff der Entscheidungsreife wie bei § 1 III 1 Nr 1 KapMuG (s. § 1 KapMuG Rz 10). Die Aussetzung des Verfahrens gilt für jegliches Verfahrenssta- 2 dium, dh auch in der **Berufungsinstanz** (BGH WM 08, 124). Ein Verfahren ist auch dann auszusetzen, wenn schon ein sachlich einschlägiger **Musterentscheid** vorliegt, dieser aber noch nicht rechtskräftig ist (LG Stuttgart 4.9.07 Az 21 O 326/07, zit nach *Reuschle* in Casper/Janssen/Pohlmann/Schulze 277, 289). Stützt der Kl sein Begehren auf **mehrere Haftungsgründe**, die nicht alle Gegenstand des Musterverfahrens sind, so ist eine Aussetzung erst dann zulässig, wenn bereits über die KapMuG-fähigen Ansprüche entschieden wurde (BGH ZIP 11, 147; dazu *Assmann* EWiR 11, 163; BGH ZIP 11, 493).

3 **II. Gleicher Lebenssachverhalt.** Nach Sinn und Zweck des KapMuG ist der Wortlaut der Vorschrift dahingehend zu ergänzen, dass nur solche Verfahren auszusetzen sind, die sich auch auf den **im Vorlagebeschluss beschriebenen Lebenssachverhalt** beziehen (Vorwerk/Wolf/*Fullenkamp* Rn 7; im Ergebnis ebenso BGH NJW 09, 2539, 2541; wohl aA KK-KapMuG/*Kruis* Rn 26). Dies kann insb bei der Klärung von Rechtsfragen im Musterverfahren Bedeutung erlangen. Das Ziel des KapMuG besteht aber nicht in der abstrakten Klärung von Rechtsfragen mit *erga omnes*-Wirkung, sondern in der Bündelung und ökonomischen Erledigung einer Vielzahl von behaupteten Schadensfällen, die sich auf ein konkretes Ereignis beziehen. Es wäre auch unsinnig, einen nicht iSv § 2 V KapMuG gleichgerichteten Musterfeststellungsantrag zwar nicht in das Quorum des § 4 I KapMuG einzurechnen, dann aber das betreffende Verfahren doch gem § 7 KapMuG auszusetzen.

4 **III. KapMuG-Fähigkeit des auszusetzenden Verfahrens.** Nach Ansicht des BGH dürfen nur solche Verfahren gem § 7 KapMuG ausgesetzt werden, in denen selbst ein Musterfeststellungsantrag statthaft wäre (BGH NJW 09, 2539). Das gilt selbst dann, wenn die im Musterverfahren behandelte Frage denselben Lebenssachverhalt betrifft und für das nicht KapMuG-fähige Verfahren entscheidungserheblich ist wie bei einem geltend gemachten Beratungsfehler wegen mangelnder Aufklärung über die (im Musterverfahren behandelte) Fehlerhaftigkeit eines Prospekts (BGH aaO). Diese Beschränkung ist systematisch stimmig, beschneidet aber die Breitenwirkung und damit die prozessökonomischen Aspekte des Musterverfahrens erheblich (vgl FA-HandelsR/*Tewes* Kap 28 Rn 51; *Stackmann* NJW 10, 3185, 3187).

5 **C. Aussetzungsverfahren. I.** In der Praxis hat sich die **Überprüfung der Aussetzungsvoraussetzungen durch das Prozessgericht** als erhebliche Hürde für das KapMuG erwiesen, da sie die Durchsicht und relationstechnische Analyse jeder Einzelakte erfordert. Daher wird zT gefordert, das Aussetzungsverfahren deutlich zu vereinfachen und zu verkürzen (*Wösthoff* Bamberger Verbraucherrechtstage 09, 96, 98). Der Referentenentwurf des BMJ von 2011 sah daher eine Aussetzung schon dann vor, wenn die Feststellungsziele im Musterverfahren den Streitgegenstand des Einzelverfahrens »betreffen«. Der **RegE 2012** ist von dieser Konzeption wieder abgerückt, nachdem in der Literatur berechtigte Bedenken dahingehend erhoben wurden, dass ein Kl dadurch in ein für seinen Anspruch irrelevantes und ggf langwieriges Musterverfahren gezwungen werden könnte (zB *Schneider/Heppner* BB 11, 2947, 2948). Dieses Problem könnte durch ein Austrittsrecht aus dem Musterverfahren entschärft werden.

5a Nach geltendem Recht geht aber aufgrund des Merkmals der Entscheidungserheblichkeit kein Weg an einer **Einzelfallprüfung** vorbei (Hdb Kapitalmarktinformation/*Schmitz* § 32 Rn 180). Das Gesetz schreibt in Abs 1 S 3 dazu eine **Anhörungsmöglichkeit für die Parteien** vor. Eine mündliche Verhandlung über die Frage der Aussetzung ist aber nicht zwingend erforderlich.

6 **II. Rechtsmittel gegen Beschlüsse über Aussetzung oder Nichtaussetzung.** Der **Aussetzungsbeschluss** soll nach Abs 1 S 4 unanfechtbar sein (krit *Reuschle* in Casper/Janssen/Pohlmann/Schulze 277, 289). Die Rspr hat jedoch eine sofortige Beschwerde gegen den Aussetzungsbeschluss für solche Fälle erlaubt, in denen das fragliche Verfahren gar nicht dem Anwendungsbereich des KapMuG unterliegt (BGH NJW 09, 2539, 2540) oder in denen eine Aussetzung beschlossen wurde, obwohl noch weitere, nicht KapMuG-fähige Haftungsgründe geltend gemacht werden, die zuerst zu überprüfen wären (BGH ZIP 11, 147). Auch der **RegE 2012** will die sofortige Beschwerde gegen den Aussetzungsbeschluss zulassen. Wird die Aussetzung durch Beschl **abgelehnt**, so kann dagegen mangels besonderer Regelung im KapMuG ohnehin die sofortige Beschwerde gem § 252 ZPO erhoben werden (Bergmeister 213),

§ 8 Beteiligte des Musterverfahrens. **(1) Beteiligte des Musterverfahrens sind:**
1. der Musterkläger,
2. der Musterbeklagte,
3. die Beigeladenen.
(2) Das Oberlandesgericht bestimmt nach billigem Ermessen durch Beschluss den Musterkläger aus den Klägern bei dem Gericht, das den Musterentscheid einholt. Zu berücksichtigen sind
1. die Höhe des Anspruchs, soweit er Gegenstand des Musterverfahrens ist, und
2. eine Verständigung mehrerer Kläger auf einen Musterkläger.
Eine Anfechtung des Beschlusses findet nicht statt.
(3) Die Kläger und Beklagten der übrigen ausgesetzten Verfahren sind zu dem Musterverfahren beizuladen. Der Aussetzungsbeschluss gilt als Beiladung im Musterverfahren. Mit dem Aussetzungsbeschluss unterrichtet das Prozessgericht die Beigeladenen darüber,
1. dass die anteiligen Kosten des Musterverfahrens zu den Kosten des Prozessverfahrens gehören, und
2. dass dies nach § 17 Satz 4 nicht gilt, wenn die Klage innerhalb von zwei Wochen ab Zustellung des Aussetzungsbeschlusses in der Hauptsache zurückgenommen wird.

A. Zweck. Mit der Bestimmung des Musterklägers und des Musterbeklagten **als Parteien des Musterverfahrens** soll dieses einem regulären Zwei-Parteien-Prozess angenähert und dadurch praktisch handhabbar gemacht werden. Daraus folgt, dass jeweils auch **nur ein Musterkläger und nur ein Musterbeklagter** zu bestimmen ist (*Rimmelspacher* FS Canaris II 343, 349 f; aA KK-KapMuG/Reuschle Rn 12 ff; KG 3.3.09 Az 4 Sch 2/06 KapMuG). Nach dem **RegE 2012** sollen allerdings alle Beklagten in den ausgesetzten Verfahren automatisch zu Musterbeklagten werden. Die Rechte der anderen Parteien der Ausgangsverfahren werden dadurch gewahrt, dass diese beigeladen werden und damit eine dem einfachen Nebenintervenienten (§ 67 ZPO) zumindest vergleichbare Stellung einnehmen (BTDrs 15/5091, 25). Weil diese **Beigeladenen** zwangsweise an den Rechtswirkungen des Musterverfahrens teilhaben (§ 16 KapMuG), muss der Gesetzgeber ihnen umfangreiche Verfahrensrechte zugestehen (§ 12 KapMuG). Daher ist die mit dem Musterverfahren erreichbare Vereinfachungswirkung in Massenverfahren nur sehr beschränkt (vgl zB *Tilp* FS Achim Krämer 331 ff zum Telekom-Verfahren). Als rechtspolitische Alternative käme eine Reduzierung der Rechte der Beigeladenen bei gleichzeitiger Gewährung eines Austrittsrechts aus dem Musterverfahren in Betracht (Halfmeier/Rott/Feess 93 ff). 1

B. Musterkläger. I. Kreis der möglichen Musterkläger. Der Musterkläger ist gem Abs 2 durch das OLG aus denjenigen Klägern auszuwählen, deren Klagen bei dem Prozessgericht anhängig sind, welches den Vorlagebeschluss erlassen hat. Der Spruchkörper muss allerdings nicht identisch sein. Die Vorschrift wird nur relevant, wenn die mit § 32b ZPO angestrebte Zuständigkeitskonzentration nicht greift, etwa wegen des Vorrangs der EuGVO. Dann soll sie verhindern, dass ein Kl gezwungen wird, seinen Rechtsstreit an einem anderen Ort zu führen (BTDrs 15/5091, 25). Diese Bedenken greifen aber nicht, wenn es sich um ein anderes Prozessgericht aus demselben OLG-Bezirk (oder ggf Bundesland gem § 4 V KapMuG) handelt, so dass insoweit eine teleologische Extension der Vorschrift gefordert wird (Vorwerk/Wolf/*Lange* Rn 18). Der **RegE 2012** sieht eine Auswahl aus sämtlichen Klägern der ausgesetzten Verfahren vor. 2

II. Auswahlkriterien. 1. Gesetzliche Vorgaben. Für die Ermessensentscheidung des OLG über die Auswahl des Musterklägers gibt das Gesetz in Abs 2 S 2 nur zwei Hinweise, nämlich die Höhe des Anspruchs und eine Einigung mehrerer Kl auf einen Musterkläger. Soweit der Vorlagebeschluss zu der Höhe der einzelnen Ansprüche keine Angaben macht, muss das OLG ggf die Akten der Ausgangsverfahren anfordern. Das Kriterium der **Höhe des Anspruchs** kann aber nicht schematisch angewendet werden. Zweck des dem OLG gewährten Auswahlermessens ist die Sicherstellung einer sachgerechten und zweckdienlichen Durchführung des Musterverfahrens. Ein hoher Individualanspruch läßt diese zwar vermuten, kann aber nicht allein ausschlaggebend sein. Bei mehreren Klägern mit vergleichbar hohen Ansprüchen können daher auch andere Kriterien berücksichtigt werden, wie etwa der Umfang der von diesem Kl geltend gemachten Streitpunkte oder seine Bereitschaft, als Musterkläger zu agieren (Vorwerk/Wolf/*Lange* Rn 28). Eine **Einigung zahlreicher Kläger** auf einen Musterkläger ist vom Gericht vorrangig zu berücksichtigen (München 20.3.08 Az KAP 2/07); dies gilt jedenfalls dann, wenn diese Kl zusammen den überwiegenden Teil der im Streit stehenden Einzelansprüche ausmachen. 3

4 **2. Sicherstellung zweckdienlicher Interessenvertretung.** Neben den im Gesetz genannten Kriterien muss das Gericht wegen des Zwecks der Vorschrift aber auch berücksichtigen, ob der avisierte Musterkläger und dessen Prozessvertreter die Erwartung rechtfertigen, dass sie das Musterverfahren sachgerecht und im Interesse aller Kl durchführen werden (KG 19.2.09 Az 24 Kap 15/07; KK-KapMuG/*Reuschle* Rn 41; FA-HGR/*Tewes* Kap 28 Rn 55). Der **RegE 2012** will ein solches Kriterium ausdrücklich einführen, indem die »Eignung des Klägers, die Interessen der Beigeladenen angemessen zu vertreten« geprüft werden soll. Nach dem Gesetz könnte ein Kl theoretisch auch **ohne seine Zustimmung** zum Musterkläger bestimmt werden; dies erscheint aber aufgrund der gewünschten verfahrensfördernden Rolle des Musterklägers idR nicht sinnvoll (Vorwerk/Wolf/*Lange* Rn 32; vgl KG 19.2.09 Az 24 Kap 15/07).

5 **III. Rechte und Pflichten des Musterklägers.** Die Erwartung an den Musterkläger, dass er das Verfahren sachdienlich durchführt, ist rein faktischer Natur und enthält **keine rechtliche Verpflichtung zur Rücksichtnahme auf die anderen Kläger** (Bergmeister 214). Der Musterkläger ist also weder Vertreter noch treuhänderischer Sachwalter für alle anderen Kl, sondern er bildet mit ihnen nur eine Zufallsgemeinschaft im Massenverfahren (KK-KapMuG/*Reuschle* Rn 54 f; BTDrs 15/5091, 49). Etwas anderes mag sich allenfalls aus internen Abreden zwischen den Klägern ergeben, aber nicht aus dem KapMuG. Dieses geht vielmehr in § 12 KapMuG davon aus, dass es Sache der Beigeladenen selbst ist, ihre Interessen durch entsprechenden Vortrag im Musterverfahren geltend zu machen. Daher ist auch der **Prozessvertreter des Musterklägers** nur ggü seinen Mandanten zur sorgfältigen Prozessführung verpflichtet, nicht aber ggü anderen Beigeladenen, die sich insoweit an die von ihnen beauftragten Anwälte halten können.

6 **C. Musterbeklagter.** Gibt es mehrere Beklagte in den Ausgangsverfahren, so ist aus diesen ein Musterbeklagter auszuwählen, ohne dass das Gesetz dazu Kriterien bereitstellt. Abs 2 kann aber insoweit analog angewandt werden (*Rimmelspacher* FS Canaris II 343, 349 f; aA *Maier-Reimer/Wilsing* ZGR 06, 79, 95). Der **RegE 2012** will jedoch alle Beklagten der Ausgangsverfahren zu Musterbeklagten erklären, um etwaige Interessenkollisionen zu vermeiden, was angesichts der umfassenden Rechte der Beigeladenen jedoch nicht zwingend notwendig erscheint.

7 **D. Beigeladene.** Alle Kl und Beklagten aus den Ausgangsverfahren, die nicht zum Musterkläger bzw Musterbeklagten bestimmt werden, sind gem Abs 3 dem Musterverfahren vAw beizuladen. Ihre Rechtsstellung bestimmt sich nach § 12 KapMuG.

8 **E. Verfahren.** Eine **Anhörung** der Beteiligten vor der Beschlussfassung über die Bestellung des Musterklägers (und ggf analog auch hinsichtlich des Musterbeklagten) ist vom Gesetz nicht vorgesehen und daher nicht zwingend notwendig (KK-KapMuG/*Reuschle* Rn 48). Der Beschl selbst ist gem Abs 2 S 3 nicht anfechtbar, sollte aber trotzdem begründet werden, um zumindest die verfassungsrechtlich gebotene Kontrolle des Willkürverbots zu ermöglichen (Vorwerk/Wolf/*Lange* Rn 35; vgl auch § 329 ZPO Rz 12). Eine **Abberufung** des Musterklägers sieht das geltende Recht nicht vor (KK-KapMuG/Reuschle Rn 51; für diese Möglichkeit jedoch Vorwerk/Wolf/*Lange* Rn 8), soll aber nach dem **RegE 2012** bei mangelhafter Interessenvertretung möglich sein.

§ 9 Allgemeine Verfahrensregeln.

(1) Auf das Musterverfahren sind die im ersten Rechtszug für das Verfahren vor den Landgerichten geltenden Vorschriften der Zivilprozessordnung entsprechend anzuwenden, soweit nichts Abweichendes bestimmt ist. Die §§ 278, 348 bis 350, 379 der Zivilprozessordnung finden keine Anwendung. In Beschlüssen müssen die Beigeladenen nicht bezeichnet werden.

(2) Die Zustellung von Terminsladungen an Beigeladene kann durch öffentliche Bekanntmachung ersetzt werden. Die öffentliche Bekanntmachung wird durch Eintragung in das Klageregister bewirkt. Zwischen öffentlicher Bekanntmachung und Terminstag müssen mindestens vier Wochen liegen.

(3) Die Bundesregierung und die Landesregierungen können für ihren Bereich durch Rechtsverordnung den Zeitpunkt bestimmen, von dem an im Musterverfahren elektronische Akten geführt werden, sowie die hierfür geltenden organisatorisch-technischen Rahmenbedingungen für die Bildung, Führung und Aufbewahrung der elektronischen Akten. Die Landesregierungen können die Ermächtigung durch Rechtsverordnung auf die Landesjustizverwaltungen übertragen.

(4) Die Bundesregierung und die Landesregierungen können für ihren Bereich durch Rechtsverordnung bestimmen, dass im Musterverfahren Schriftsätze als elektronische Dokumente bei Gericht einzureichen sind, Empfangsbekenntnisse als elektronische Dokumente zurückzusenden sind und dass die

Beteiligten dafür Sorge zu tragen haben, dass ihnen elektronische Dokumente durch das Gericht zugestellt werden können. Die Rechtsverordnung regelt die für die Bearbeitung der Dokumente geeignete Form. Die Landesregierungen können die Ermächtigung durch Rechtsverordnung auf die Landesjustizverwaltungen übertragen.

A. Zweck. Die Vorschrift will – mit Ausnahme der in ihr beschriebenen Sonderregelungen – nach Möglichkeit die allgemeinen Regeln des Zwei-Parteien-Zivilprozesses auch auf das Musterverfahren nach dem KapMuG übertragen. Weil aber das Musterverfahren im Unterschied zum Normalprozess nicht (nur) die subjektiven Rechte der Prozessparteien, dh des Musterklägers und des Musterbeklagten, betrifft, sind noch weitere, in § 9 nicht ausdrücklich geregelte Besonderheiten zu beachten (s.u. Rz 6 ff). 1

B. Explizite Sonderregeln für das Musterverfahren. I. Gütliche Streitbeilegung. Der Ausschluss des **§ 278 ZPO** ist bei Betrachtung der Gesetzgebungsgeschichte nur so zu verstehen, dass im Musterverfahren **keine obligatorische Güteverhandlung** stattfindet (KK-KapMuG/*Vollkommer* Rn 14 f). Das in § 278 I ZPO angesprochene **Ziel der gütlichen Streitbeilegung** ist dagegen gerade in Massenverfahren von eminenter Bedeutung, da diese ggf das Justizsystem überfordern können. Daher sind § 278 I u VI ZPO auch im Musterverfahren anwendbar (*Vollkommer* aaO; aA wohl Vorwerk/Wolf/*Parigger* Rn 2); dies stellt auch der **RegE 2012** klar. Allerdings wird der Vergleichsschluss im Musterverfahren nach geltendem Recht durch § 14 III 2 KapMuG sehr erschwert (s. dort). 2

II. Entscheidung durch Kollegialorgan. Der Ausschluss der §§ 348 ff ZPO stellt klar, dass eine Übertragung des Musterverfahrens auf den Einzelrichter nicht in Betracht kommt (wohl aber die Terminsvorbereitung durch den Berichterstatter, s. § 10 S 1 KapMuG). 3

III. Kein Auslagenvorschuss. Der Verzicht auf die Anforderung von Vorschüssen gem § 379 ZPO gilt wegen § 402 auch für Sachverständigengutachten und war der Erwartung sehr hoher Gutachtenkosten im Telekom-Prozess geschuldet, die man dem Musterkläger nicht alleine aufbürden wollte (vgl BTDrs 15/5091, 26). Die Kosten der Beweiserhebung werden daher zunächst von der Staatskasse getragen und erst nach Abschluss der jeweiligen Einzelverfahren von den Beteiligten anteilig eingefordert, s. Nr 9018 KV GKG. 4

IV. Terminsladungen und Aktenführung. Den Beigeladenen wird gem Abs 2 im Interesse der Prozessökonomie zugemutet, sich regelmäßig im Klageregister über etwaige Ladungen zu informieren. Von der Verordnungsermächtigung zur elektronischen Aktenführung gem Abs 3 wurde bisher nicht Gebrauch gemacht. In Hessen wurde jedoch gem Abs 4 die Pflicht zur elektronischen Einreichung von Schriftsätzen eingeführt (VO v 26.10.07, GVBl 07 I 699). 5

C. Geltung und Einschränkungen des Dispositionsgrundsatzes im Musterverfahren. I. Klagerücknahme. Die Rücknahme der Klage ist für jeden Kl der Ausgangsverfahren auch während des Musterverfahrens noch möglich, es gelten § 269 ZPO und für das Musterverfahren § 11 II KapMuG. Eine mündliche Verhandlung im Musterverfahren ist aber wegen der Eigenständigkeit des Musterverfahrens noch keine Verhandlung zur Hauptsache iSv § 269 I ZPO, so dass die Zustimmung des Beklagten nur notwendig ist, wenn bereits im Ausgangsverfahren zur Hauptsache mündlich verhandelt wurde (Bergmeister 228; KK-KapMuG/*Vollkommer* § 11 KapMuG Rn 12; aA Vorwerk/Wolf/*Fullenkamp* § 11 KapMuG Rn 3). Allerdings ändert die Rücknahme der Klage nichts an der Bindung an die Ergebnisse des Musterverfahrens (s. § 16 KapMuG Rz 6). 6

II. Verzicht und Anerkenntnis. Ein Verzicht (§ 306 ZPO) durch den Musterkläger ist im Musterverfahren ausgeschlossen (§ 14 III 1 KapMuG), weil der Musterkläger nicht zu Lasten der Beigeladenen über den Verfahrensgegenstand disponieren darf (BTDrs 15/5091, 29). Auf Seiten des Musterbeklagten wird dagegen ein rein prozessual zu verstehendes Anerkenntnis für möglich gehalten, wenn es keine Beigeladenen auf Beklagtenseite gibt oder wenn diese mit dem Anerkenntnis einverstanden sind (KK-KapMuG/*Vollkommer* Rn 131 ff). Besteht das Feststellungsziel in **Rechtsfragen**, so ist ein Anerkenntnis allerdings mangels Dispositionsbefugnis der Parteien ohnehin ausgeschlossen. 7

III. Erledigungserklärung. Die übereinstimmende Erledigungserklärung (§ 91a ZPO) ist im Musterverfahren ausgeschlossen, s. § 14 III 1 KapMuG. Stattdessen hat das OLG bei Behauptung eines erledigenden Ereignisses zu überprüfen, ob das Musterverfahren ganz oder tw erledigt ist – zB hinsichtlich einzelner 8

Feststellungsziele – und die Erledigung ggf durch Beschl auszusprechen (KK-KapMuG/*Vollkommer* § 14 Rn 42). Der **RegE 2012** sieht eine besondere Vorschrift zur Erledigungserklärung im Musterverfahren vor.

9 **IV. Änderungen des Gegenstands des Musterverfahrens.** Die im Musterverfahren vom OLG abzuarbeitenden **Feststellungsziele** sind mit dem Vorlagebeschluss vorgegeben und **unterliegen nicht der Parteidisposition.** Weder Musterkläger noch Musterbeklagter können daher den Verfahrensgegenstand beschränken (KK-KapMuG/*Vollkommer* Rn 32). Es kommt nur ein **Erweiterungsantrag gem § 13 KapMuG** in Betracht. Eine **Klageänderung** gem § 263 ff ZPO ist nicht möglich, da diese Regeln von der Spezialnorm des § 13 KapMuG verdrängt werden (BTDrs 15/5091, 28).

10 **V. Keine Parteianträge.** Mangels Dispositionsbefugnis der Parteien des Musterverfahrens über den Verfahrensgegenstand bedarf es auch keiner Antragstellung der Parteien in der mündlichen Verhandlung (KK-KapMuG/*Vollkommer* Rn 104; aA Vorwerk/Wolf/*Parigger* § 10 KapMuG Rn 10) Die richterliche Praxis verlangt zT noch die Antragstellung, bezieht diese aber formelhaft auf den gesamten Inhalt des ggf geänderten Vorlagebeschlusses.

11 **D. Sonstiges Verfahrensrecht. I. Sachverhaltsermittlung.** Im Rahmen des oder der Feststellungsziele sind idR Tatsachen zu ermitteln. Insoweit soll aufgrund des Verweises in § 9 I 1 KapMuG der Beibringungsgrundsatz gelten. Ausgangspunkt ist zunächst der im Vorlagebeschluss dargestellte Tatsachenstoff sowie der weitere im Laufe des Musterverfahrens von den Parteien und den Beigeladenen vorgebrachte Vortrag (aA KK-KapMuG/*Vollkommer* Rn 36: Nur insoweit dieser von einem Beteiligten des Musterverfahrens vorgebracht bzw wiederholt wird). Schriftlicher Vortrag reicht aus (*Vollkommer* aaO Rn 45). Bei **widersprüchlichem Vortrag** auf einer Seite gilt § 12 KapMuG. Ein **Geständnis** iSv § 288 ZPO ist im Musterverfahren auch bei Tatsachen nicht statthaft, weil damit das vom Vorlagebeschluss im Interesse sämtlicher Betroffener aufgestellte Prüfungsprogramm vereitelt werden könnte (Vorwerk/Wolf/*Parigger* Rn 19 f; differenzierend KK-KapMuG/*Vollkommer* Rn 98 ff). Auch Beigeladene können für Behauptungen des Musterklägers **Beweis** antreten und umgekehrt. Im Sinne des Beweisrechts sind auch die Beigeladenen Partei und können daher im Musterverfahren nur gem §§ 445 ff ZPO vernommen werden (*Parigger* aaO Rn 39).

12 **II. Säumnis des Musterklägers oder des Musterbeklagten.** Eine **Säumnisentscheidung** ist im Musterverfahren wegen dessen Besonderheiten **nicht möglich** (ausf und insoweit überzeugend KK-KapMuG/*Vollkommer* Rn 137 ff; aA Vorwerk/*Wolf* § 14 KapMuG Rn 18; BTDrs 15/5091, 29). Die Vorschriften der **§§ 330 ff ZPO passen nicht.** Insbesondere kann kein klägerisches Vorbringen als zugestanden iSv § 331 I ZPO gelten. Soweit das Musterverfahren Rechtsfragen betrifft, können diese ohnehin nicht zugestanden werden. Bei festzustellenden Tatsachen mag dies zumindest denkbar sein, aber es ist gänzlich unklar, wie nach einem Versäumnis-Musterentscheid vorzugehen wäre und wie sich dieses zu den Rechten der Beigeladenen verhielte. Daher ist die Ansicht vorzugswürdig, dass in einer Säumnissituation allenfalls eine **Entscheidung nach Aktenlage** in Betracht kommt: Soweit der Akteninhalt noch streitige und für das Feststellungsziel erhebliche Tatsachen enthält, ist in die Beweisaufnahme einzutreten; ansonsten kann unmittelbar der Musterentscheid nach Lage der Akten beschlossen werden (KK-KapMuG/*Vollkommer* Rn 149).

13 **III. Präklusion.** Wegen des Verweises auf die allgemeinen Regeln der ZPO kommt auch im Musterverfahren grds eine Präklusion verspäteten Vorbringens zB nach § 296 ZPO in Betracht (Einzelheiten bei KK-KapMuG/*Vollkommer* § 10 Rn 43 ff).

14 **IV. Ausschließung und Ablehnung von Richtern.** Es gelten auch im Musterverfahren im Grundsatz die §§ 41 ff ZPO. Gegen die ein Ablehnungsgesuch zurückweisende Entscheidung findet aber abw von § 46 II ZPO keine sofortige Beschwerde statt, weil es sich um eine Entscheidung des OLG handelt (§ 567 I ZPO) und die Rechtsbeschwerdemöglichkeit des § 15 KapMuG sich nur auf den Musterentscheid selber bezieht, nicht aber auf Zwischenentscheidungen wie über ein Ablehnungsgesuch (BGH NJW-RR 09, 465; aA KK-KapMuG/*Rimmelspacher* § 15 Rn 250).

§ 10 Vorbereitung des Termins. Zur Vorbereitung des Termins kann der Vorsitzende oder ein von ihm bestimmtes Mitglied des Senats den Beigeladenen die Ergänzung des Schriftsatzes des Musterklägers oder des Musterbeklagten aufgeben, insbesondere eine Frist zur Erklärung über bestimmte klärungsbedürftige Streitpunkte setzen. Die Ergänzungen der Beigeladenen in ihren vorbereitenden Schriftsätzen werden dem Musterkläger und dem Musterbeklagten mitgeteilt. Schriftsätze der Beigela-

denen werden den übrigen Beigeladenen nicht mitgeteilt. Schriftsätze des Musterklägers und des Musterbeklagten werden den Beigeladenen nur mitgeteilt, wenn sie dies gegenüber dem Senat schriftlich beantragt haben.

A. Zweck. Die Vorschrift dient der Straffung und zügigen Abwicklung des Musterverfahrens und soll übermäßigen Papierverbrauch verhindern (BTDrs 15/5091, 27). Zu einer möglichen **Präklusion verspäteten Vorbringens** s. oben § 9 KapMuG Rz 13. 1

B. Beschränkung des Informationsflusses an die Beigeladenen. Gemäß S 2 werden der Musterkläger und der Musterbeklagte stets über das Vorbringen der Beigeladenen unterrichtet. Dies gilt aber nicht umgekehrt: Ein Beigeladener wird über das Vorbringen der anderen Beigeladenen gar nicht (S 3) und über das Vorbringen der Hauptparteien nur auf schriftlichen Antrag hin unterrichtet (S 4). Die Vorschrift wird zT als verfassungsrechtlich bedenklich eingestuft, da sie das rechtliche Gehör der Beigeladenen deutlich beschneidet (*Maier-Reimer/Wilsing* ZGR 06, 79, 122; *Lüke* ZZP 119, 131, 156; aA Vorwerk/Wolf/*Parigger* Rn 8: Information durch Akteneinsicht möglich). Dieses Problem läßt sich aber in der Praxis durch vom Gericht organisierte **internetgestützte Informationsplattformen** lösen, zu denen alle Verfahrensbeteiligten einschließlich der Beigeladenen Zugang haben (vgl zum Telekom-Verfahren *Tilp* FS Achim Krämer 331, 356). Ein solches Informationssystem soll nach dem **RegE 2012** auch im Gesetz verankert werden. 2

§ 11 Wirkung von Rücknahmen.

(1) Eine Rücknahme des Musterfeststellungsantrags hat auf die Stellung als Musterkläger oder Musterbeklagter keinen Einfluss.

(2) Nimmt der Musterkläger im Laufe des Musterverfahrens seine Klage in der Hauptsache zurück, so bestimmt das Gericht einen neuen Musterkläger. Das Gleiche gilt im Fall der Eröffnung des Insolvenzverfahrens über das Vermögen des Musterklägers sowie in den Fällen seines Todes, des Verlustes der Prozessfähigkeit, des Wegfalls des gesetzlichen Vertreters, der Anordnung einer Nachlassverwaltung oder des Eintritts der Nacherbfolge, wenn der Prozessbevollmächtigte des Musterklägers die Aussetzung des Musterverfahrens beantragt. Die Klagerücknahme von Beigeladenen hat auf den Fortgang des Musterverfahrens keinen Einfluss.

A. Zweck. Die Vorschrift soll den Fortgang des Musterverfahrens auch bei Rücknahmen des Musterfeststellungsantrags oder Klagerücknahmen sichern. 1

B. Rücknahme des Musterfeststellungsantrags. Ein Musterfeststellungsantrag kann nur bis zum Erlass des Vorlagebeschlusses zurückgenommen werden (KK-KapMuG/*Vollkommer* Rn 6; aA Vorwerk/Wolf/*Fullenkamp* Rn 2: bis zu dessen Bekanntmachung). Dies ergibt sich aus der in § 4 I 2 KapMuG angeordneten Bindungswirkung des Vorlagebeschlusses. Spätere Rücknahmen sind wirkungslos, wie § 11 I KapMuG für die Hauptparteien klarstellt. Dasselbe gilt aber auch für die Beigeladenen. Auch an der Beteiligung an den Kosten des Musterverfahrens gem § 17 KapMuG kann die Rücknahme des Musterfeststellungsantrags nichts ändern (*Vollkommer* aaO). 2

C. Rücknahme der Klage in den Ausgangsverfahren. I. Beigeladene. Nimmt ein Beigeladener seine Klage im Ausgangsverfahren gem § 269 ZPO zurück (dazu oben § 9 KapMuG Rz 6), so scheidet er aus dem Musterverfahren aus, bleibt aber gem § 16 I 4 KapMuG an dessen Ergebnisse gebunden (s. § 16 KapMuG Rz 6). Hält er die Frist des § 17 S 4 KapMuG ein, kann er zumindest der Kostentragung für das Musterverfahren entgehen. Das Musterverfahren wird aber gem § 11 II 3 KapMuG weitergeführt, und zwar auch dann, wenn durch derartige Rücknahmen die Anzahl der Beigeladenen unter das Quorum des § 4 I KapMuG fällt (KK-KapMuG/*Vollkommer* Rn 28). 3

II. Musterkläger. Nimmt der Musterkläger seine Klage im Ausgangsverfahren gem § 269 ZPO zurück (dazu oben § 9 KapMuG Rz 6), so scheidet er ebenfalls aus dem Musterverfahren aus (vgl aber KK-KapMuG/*Vollkommer* Rn 15: Ausscheiden erst mit Bestimmung des neuen Musterklägers). Es ist dann ein **neuer Musterkläger** zu bestimmen; es gelten wieder die Kriterien des § 8 II KapMuG. Der neu bestimmte Musterkläger tritt in die Rolle seines Vorgängers ein. Daher muss eine mündliche Verhandlung nicht wiederholt werden, wenn der neue Musterkläger bereits als Beigeladener die Möglichkeit hatte, an dem Termin teilzunehmen (KG 3.3.09 Az 4 Sch 2/06 KapMuG). Die Unterschreitung des Quorums gem § 4 I KapMuG durch Klagerücknahme des Musterklägers ist auch hier unschädlich. Erst wenn kein Kl mehr vorhanden ist, 4 wird auch das Musterverfahren funktionslos und endet (KK-KapMuG/*Vollkommer* Rn 19; vgl aber KG 19.2.09 Az 24 Kap 15/07: Erledigung des Musterverfahrens, wenn nur noch fünf Beigeladene verblieben sind, von denen keiner die Rolle des Musterklägers übernehmen möchte).

5 **D. Sonstige Aussetzungs- oder Unterbrechungsgründe.** Auch die weiteren in Abs 2 S 2 genannten Gründe, zB Eröffnung des Insolvenzverfahrens über das Vermögen des Musterklägers, führen im Musterverfahren zum **Auswechseln des Musterklägers.** Wird über das Vermögen des **Musterbeklagten** das Insolvenzverfahren eröffnet, so wird das Musterverfahren zunächst unterbrochen und ggf fortgeführt, wenn der Insolvenzverwalter die geltend gemachten Forderungen nicht zur Tabelle anerkennt (KK-KapMuG/*Vollkommer* Rn 33 ff).

§ 12 Rechtsstellung des Beigeladenen.

Der Beigeladene muss das Musterverfahren in der Lage annehmen, in der es sich zur Zeit seiner Beiladung befindet; er ist berechtigt, Angriffs- oder Verteidigungsmittel geltend zu machen und alle Prozesshandlungen wirksam vorzunehmen, soweit nicht seine Erklärungen und Handlungen mit Erklärungen und Handlungen seiner Hauptpartei (Musterkläger oder Musterbeklagter) in Widerspruch stehen.

1 **A. Zweck und dogmatische Einordnung.** Die Rechtsstellung des Beigeladenen ist von den Autoren des KapMuG in bewußter Anlehnung an die Rechtsfigur des einfachen **Nebenintervenienten** gem § 67 ZPO konzipiert worden (BTDrs 15/5091, 28). Damit soll dem Beigeladenen Gelegenheit gegeben werden, auf den Verlauf des Musterverfahrens Einfluss zu nehmen, ohne jedoch Partei dieses Verfahrens zu sein. Allerdings will die Figur des einfachen Nebenintervenienten nicht recht passen, weil der Beigeladene im Musterverfahren einen eigenen Anspruch geltend macht, so dass er eher als streitgenössischer Nebenintervenient zu behandeln wäre (Vorwerk/Wolf/*Lange* Rn 4). Andererseits gefährden die Befugnisse der Beigeladenen, wenn sie in der Praxis massenhaft ausgeübt würden, die angestrebte Effektivität des Musterverfahrens (*Stadler* FS Rechberger 663, 676).

2 **B. Befugnisse des Beigeladenen.** Aufgrund der vom Gesetzgeber gewünschten und auch sprachlich eindeutigen Parallele gelten im Zweifel die Regeln des **§ 67 ZPO.** Der Beigeladene kann daher ebenso wie der Nebenintervenient sämtliche Prozesshandlungen vornehmen, die der Partei (also zB dem Musterkläger) zustehen. Nur im Falle eines **Widerspruchs** seiner Handlungen bzw Behauptungen zu denjenigen der Partei haben letztere den Vorrang. Im Zweifel ist von der Wirksamkeit der Handlungen des Beigeladenen auszugehen (s. § 67 ZPO Rz 7). Über den Gegenstand des Musterverfahrens kann allerdings der Beigeladene nicht disponieren, dh er kann weder Verzicht noch Anerkenntnis erklären (soweit man diese im Musterverfahren überhaupt für möglich hält, dazu oben § 9 KapMuG Rz 7). Allerdings kann auch ein Beigeladener die **Erweiterung des Verfahrensgegenstands** gem § 13 KapMuG beantragen. Im **Rechtsbeschwerdeverfahren** gelten die Besonderheiten des § 15 II KapMuG.

§ 13 Erweiterung des Gegenstandes des Musterverfahrens.

(1) Im Rahmen des Feststellungsziels des Musterverfahrens können der Musterkläger, der Musterbeklagte und die Beigeladenen bis zum Abschluss des Musterverfahrens die Feststellung weiterer Streitpunkte begehren, wenn die Entscheidung ihres Rechtsstreits davon abhängt und das Prozessgericht dies für sachdienlich erachtet.
(2) Die Erweiterung des Vorlagebeschlusses durch das Prozessgericht ist unanfechtbar und für das Oberlandesgericht bindend.
(3) Das Oberlandesgericht macht den erweiterten Vorlagebeschluss im Klageregister öffentlich bekannt. § 6 Satz 2 gilt entsprechend.

1 **A. Zweck und Anwendungsbereich.** Wenn im Verlaufe des Musterverfahrens bisher unberücksichtigte Tatsachen vorgetragen werden, so können diese jedenfalls dann im Musterverfahren (und damit auch im Musterentscheid) berücksichtigt werden, wenn sie sich unter die im Vorlagebeschluss enthaltenen Feststellungsziele und/oder Streitpunkte subsumieren lassen. Der bloß erweiterte Tatsachenvortrag zu bereits vorhandenen Feststellungszielen ist daher keine Erweiterung des Verfahrensgegenstands, die über § 13 KapMuG zu bewerkstelligen wäre, sondern ist nach den allgemeinen prozessrechtlichen Regeln zu beurteilen (LG Stuttgart ZIP 08, 2175; Vorwerk/Wolf/*Fullenkamp* Rn 7). Ist dies nicht möglich, weil es sich um **Tatsachen** handelt, **die nicht die im Vorlagebeschluss genannten Feststellungsziele und/oder Streitpunkte betreffen,** so können diese wegen der Bindungswirkung des Vorlagebeschlusses (§ 4 I 2 KapMuG) im Mus-

terverfahren nicht behandelt werden. Zugleich ist aber die Einleitung eines weiteren Musterverfahrens gem § 5 KapMuG unzulässig. Die Vorschrift des § 13 KapMuG soll dieses Problem dadurch lösen, dass der Gegenstand des Musterverfahrens auf Antrag eines Beteiligten erweitert werden kann (BTDrs 15/5091, 28).

B. Zulässige Erweiterungen. I. Keine Rechtsfragen. Mit dem Begriff der Streitpunkte, um die der Vorlagebeschluss erweitert werden kann, sind nur Tatsachen gemeint. Weitere Rechtsfragen können nicht gem § 13 KapMuG in das Musterverfahren aufgenommen werden. Dies wird damit begründet, dass nur das Vorlagegericht und nicht die Parteien über die Erheblichkeit von Rechtsfragen entscheiden dürfe (BTDrs 15/5091, 28). Diese Einschränkung ist nicht überzeugend, weil auch zusätzliche Tatsachenfeststellungen gem Abs 1 entscheidungserheblich sein müssen und die Entscheidung über eine Erweiterung ohnehin bei dem Prozessgericht liegt. Sie kann auch kontraproduktiv sein, wenn im Verlaufe des Musterverfahrens eine bisher nicht berücksichtigte Rechtsfrage deutlich wird. 2

II. Erweiterung um weitere Streitpunkte und/oder Feststellungsziele. Die Vorschrift bezeichnet als zulässigen Gegenstand der Erweiterung nur zusätzliche Streitpunkte und scheint damit an die Differenzierung zwischen Feststellungszielen und Streitpunkten in § 1 I 1 u II 2 KapMuG anzuknüpfen. Andererseits sollen nach dem Wortlaut der Vorschrift nun die **Streitpunkte zum Gegenstand der Feststellungen** im Musterentscheid werden, während § 1 II 2 KapMuG die Streitpunkte nur als Angaben zur Begründung des Feststellungsziels bezeichnet. Die Vorschrift ist daher als missglückt und als **Versehen des Gesetzgebers** zu bewerten (Vorwerk/Wolf/*Fullenkamp* Rn 5). Zugleich zeigt sie die Fragwürdigkeit des Begriffs der »Streitpunkte« (dazu § 1 KapMuG Rz 9). Trotz ihres missglückten Wortlautes kann sie jedenfalls nicht so verstanden werden, dass neue Feststellungsziele nicht über § 13 KapMuG in das Musterverfahren eingebracht werden können (so aber zB FA-HGR/*Tewes* Kap 28 Rn 69). Eine derartige Beschränkung würde wegen der Sperrwirkung des § 5 KapMuG dazu führen, dass über diese Feststellungsziele überhaupt kein Musterverfahren durchgeführt werden könnte, was nicht zu dem prozessökonomischen Ziel des Gesetzes passt. Daher sollte § 13 **auch auf die Erweiterung um neue Feststellungsziele** bezogen werden (KG 18.9.07 Az 4 Sch 2/06 KapMuG; LG Stuttgart ZIP 08, 2175; Kilian 67; Vorwerk/Wolf/*Fullenkamp* Rn 6; *Maier-Reimer/Wilsing*, ZGR 06, 79, 102 f; Hdb Kapitalmarktinformation/*Schmitz* § 32 Rn 226). Vermittelnd wird die Ansicht vertreten, dass dies zwar nicht gem § 13 KapMuG möglich ist, wohl aber nach den Bestimmungen über eine Klageänderung gem §§ 263, 264, 267 ZPO (KK-KapMuG/*Reuschle* Rn 6). Der **RegE 2012** gibt mit Recht den Begriff der Streitpunkte auf und erlaubt ausdrücklich die Erweiterung des Musterverfahrens um weitere Feststellungsziele. 3

C. Entscheidung über die Erweiterung. I. Arbeitsteilung zwischen OLG und Prozessgericht. Zuständig für die Erweiterung des Gegenstands des Musterverfahrens ist nicht das OLG, sondern dasjenige Prozessgericht, welches den ursprünglichen Vorlagebeschluss gem § 4 KapMuG erlassen hat. Dies folgt aus Abs 2, der von einer Erweiterung des von diesem Gericht erlassenen Vorlagebeschlusses spricht (KK-KapMuG/*Reuschle* Rn 22; aA Vorwerk/Wolf/*Fullenkamp*: Entscheidung über Erweiterungsanträge durch das Prozessgericht des jeweiligen Ausgangsverfahrens). Es wäre auch nicht einzusehen, warum einerseits durch § 4 KapMuG der anfängliche Gegenstand des Musterverfahrens nur von einem Prozessgericht bestimmt wird, aber über § 13 KapMuG danach jedes Prozessgericht diesen Gegenstand erweitern könnte (Kilian 67 f). Der **Antrag** auf Erweiterung des Vorlagebeschlusses ist allerdings beim OLG zu stellen, damit dieses die Akten des Musterverfahrens dem Prozessgericht zügig übersenden kann (KK-KapMuG/Reuschle Rn 9; aA Vorwerk/Wolf/*Fullenkamp*: Antragstellung beim jeweiligen Prozessgericht). 4

Die Zuständigkeit des Prozessgerichts für die Erweiterung des Verfahrensgegenstands wird aus Sicht von Wissenschaft und Praxis mit Recht als **nicht zweckmäßig** kritisiert (*Wösthoff* Bamberger Verbraucherrechtstage 09, 98, 99; *Hess* ZIP 05, 1713, 1716; *Schneider* BB 05, 2249, 2254). Ob die Erweiterung des Verfahrensgegenstands im Musterverfahren sachdienlich ist (Abs 1) kann am besten von dem Gericht beurteilt werden, welches dieses Verfahren auch führt. In der gegenwärtigen Form führt die Vorschrift zu sinnloser Aktenverschickung und unnötigen Verzögerungen des Musterverfahrens (*Reuschle* in Casper/Janssen/Pohlmann/Schulze 277, 290). Es ist daher erfreulich, dass nach dem **RegE 2012** die Zuständigkeit für Erweiterungen des Musterverfahrens auf das OLG verlagert werden soll. 5

II. Inhaltliche Vorausssetzungen des Erweiterungsbeschlusses. 1. Entscheidungserheblichkeit. Das zusätzliche Feststellungsziel oder der neue Streitpunkt muss entscheidungserheblich für das Ausgangsver- 6 fahren des jeweiligen Antragstellers sein; insoweit gilt dasselbe wie bei dem Beschl über die Aussetzung des Individualverfahrens (s. § 7 KapMuG Rz 2); ggf sind dessen Akten beizuziehen.

7 **2. Sachdienlichkeit.** Die beantragte Erweiterung ist sachdienlich, wenn der Antragsteller glaubhaft macht, dass das neue Feststellungsziel oder der neue Streitpunkt für eine Vielzahl gleichgelagerter Rechtsstreitigkeiten innerhalb des Musterverfahrens Bedeutung hat (Vorwerk/Wolf/*Fullenkamp* Rn 9). Ein zahlenmäßiges Quorum wie in § 4 I KapMuG gibt es hier jedoch nicht (vgl KK-KapMuG/*Reuschle* Rn 27).

8 **III. Unanfechtbarkeit des Erweiterungsbeschlusses und Bindungswirkung.** Die Vorschrift des § 13 II KapMuG entspricht der in § 4 I 2 KapMuG für den ursprünglichen Vorlagebeschluss getroffenen Regelung, so dass darauf verwiesen werden kann (s. § 4 KapMuG Rz 10). Die Unanfechtbarkeit ist nur für den Beschl über die Erweiterung des Verfahrensgegenstandes normiert, so dass ein Beschl, der eine solche Erweiterung ablehnt, mit der sofortigen Beschwerde anfechtbar ist (KK-KapMuG/*Reuschle* Rn 15).

§ 14 Musterentscheid.

(1) Das Oberlandesgericht erlässt aufgrund mündlicher Verhandlung den Musterentscheid durch Beschluss. Die Beigeladenen müssen nicht im Rubrum des Musterentscheids bezeichnet werden. Der Musterentscheid wird dem Musterkläger und dem Musterbeklagten zugestellt; den Beigeladenen wird er formlos mitgeteilt. Die Mitteilungen einschließlich der Zustellung an den Musterkläger und den Musterbeklagten können durch öffentliche Bekanntmachung ersetzt werden. § 9 Abs. 2 Satz 2 gilt entsprechend.

(2) Die Entscheidung über die im Musterverfahren angefallenen Kosten bleibt den Prozessgerichten der ausgesetzten Verfahren vorbehalten.

(3) Die §§ 91a und 306 der Zivilprozessordnung finden auf das Musterverfahren keine Anwendung. Ein vergleichsweiser Abschluss des Musterverfahrens ist ausgeschlossen, sofern dem Vergleich nicht alle Beteiligten (§ 8 Abs. 1) zustimmen.

1 **A. Zweck und dogmatische Einordnung.** Der Musterentscheid schließt das Musterverfahren nach der obligatorischen mündlichen Verhandlung ab und hat daher nach Ansicht der Autoren des Gesetzes »urteilsvertretenden Charakter« (BTDrs 15/5091, 29). Aus dieser Bezeichnung lassen sich aber keine unmittelbaren Schlüsse zB über die anzuwendenden Verfahrensvorschriften ziehen (Vorwerk/*Wolf* Rn 2), zumal § 9 KapMuG ohnehin die Geltung der allgemeinen Regeln der ZPO anordnet. Die Bindungswirkung des Musterentscheids für die Ausgangsverfahren ist in § 16 KapMuG geregelt.

2 **B. Inhalt des Musterentscheids. I. Rubrum.** Es gelten § 313 I Nr 1-3 ZPO. Allerdings erlaubt § 14 I 2 KapMuG das Weglassen der Beigeladenen im Rubrum des Musterentscheids. Dies ist aber wegen der damit verbundenen Unsicherheiten (zB über die Beschwerdeberechtigung und die Kostentragung) nicht empfehlenswert (Vorwerk/*Wolf* Rn 5).

3 **II. Tenor.** Die Tenorierung des Musterentscheids orientiert sich an dessen Zweck, nämlich bestimmte Anspruchsvoraussetzungen bzw Tatsachen festzustellen oder einzelne Rechtsfragen zu beantworten. Daher sind im Tenor des Musterentscheids alle **Feststellungsziele und Streitpunkte** des (ggf gem § 13 KapMuG erweiterten) Vorlagebeschlusses abzuhandeln. Die Formulierungen müssen nicht mit denen des Vorlagebeschlusses identisch sein, sondern können zum Zwecke der besseren Verständlichkeit vom Vorlagebeschluss abweichen (KK-KapMuG/*Vollkommer* Rn 18). Die unklare Differenzierung zwischen Feststellungszielen und Streitpunkten wirkt sich auch hier aus: Beschränkte man die Bindungswirkung des Musterentscheids (§ 16 KapMuG) auf das oder die Feststellungsziele, so müssten die Streitpunkte iSv § 1 II 2 KapMuG nicht in den Tenor aufgenommen werden, sondern nur in die Gründe. Dagegen spricht aber, dass auch einzelne Tatsachenfeststellungen im Musterverfahren für die Ausgangsverfahren bindend sein sollten, und dass der Zweck des KapMuG gerade darin besteht, hier möglichst einheitliche Entscheidungen herbeizuführen(vgl Vorwerk/*Wolf* Rn 8 f). Daher sind die Ergebnisse des Musterverfahrens möglichst umfassend im Tenor des Musterentscheids wiederzugeben (vgl die Tenorierungsbeispiele bei KK-KapMuG/*Vollkommer* Rn 20 ff).

4 **III. Keine Kostenentscheidung.** Weil gem § 17 KapMuG die Kosten des Musterverfahrens zu denen des Ausgangsverfahrens gerechnet werden, enthält der Musterentscheid keine Kostenentscheidung. Damit aber die Prozessgerichte in den Ausgangsverfahren die Berechnung gem § 17 KapMuG bzw Nr 9018 KV GKG vornehmen können, sollte der Musterentscheid die **Gesamthöhe** der Ansprüche (s. § 17 S 3 u 4 KapMuG)

nennen, die vom Musterkläger und den auf seiner Seite Beigeladenen geltend gemacht werden (Vorwerk/*Wolf* Rn 5: »Streitwertbeschluss«).

IV. Tatbestand und Gründe. Der Musterentscheid muss begründet werden (KK-KapMuG/*Vollkommer* Rn 13) und ist zweckmäßigerweise ähnl einem Urt auch mit einem Tatbestand zu versehen, aus dem das Vorbringen der Parteien hervorgeht, wobei der Vorlagebeschluss an die Stelle der Parteianträge tritt (*Vollkommer* aaO Rn 25). 5

C. Verfahren. Die **mündliche Verhandlung** ist zwingend; § 128 ZPO kommt nicht zur Anwendung (aA KK-KapMuG/*Vollkommer* Rn 8: Mit Zustimmung aller Beteiligten für Teile des Vorlagebeschlusses möglich). Ein **Säumnisbeschluss** analog § 330 ZPO ist ausgeschlossen (str, s. § 9 KapMuG Rz 12). Zu dem in Abs 3 S 1 enthaltenen **Verbot des Verzichtsurteils** und der **übereinstimmenden Erledigungserklärung** s. § 9 KapMuG Rz 7 f. 6

D. Vergleich. I. Vergleichsweise Beendigung des Musterverfahrens. Die Vorschrift des Abs 3 S 2 ermöglicht eine vergleichsweise Beendigung des Musterverfahrens nur bei Zustimmung sämtlicher Beteiligter. Damit wird die gütliche Streitbeilegung erschwert, obwohl sie gerade in Massenverfahren besonders sinnvoll wäre (vgl zu rechtspolitischen Alternativen wie etwa einem gerichtlich genehmigten Vergleich mit Austrittsrecht Bergmeister 329 f; Halfmeier/Rott/Feess 97 ff; gegen eine besondere Regelung aber Hdb Kapitalmarktinformation/*Schmitz* § 32 Rn 308). Sind sich ausnahmsweise alle Beteiligten einig, so können sie einen **Vergleich über den Gegenstand des Musterverfahrens** schliessen, dh über das Vorliegen oder Nichtvorliegen bestimmter Anspruchsvoraussetzungen (Bergmeister 222; Vorwerk/*Wolf* Rn 23). Ein solcher Vergleich hat dann dieselbe Bindungswirkung wie der Musterentscheid (KK-KapMuG/*Vollkommer* Rn 48). Über abstrakte **Rechtsfragen**, soweit diese Gegenstand des Musterverfahrens sind, ist dagegen mangels Dispositionsbefugnis der Parteien kein Vergleich möglich (BGH NJW 58, 1968 mwN; aA für § 14 KapMuG wohl Vorwerk/*Wolf* Rn 24 sowie KK-KapMuG/*Vollkommer* Rn 51 für »Rechtsnormen, die nicht auch im öffentlichen Interesse liegen« – solche gibt es aber weder im Kapitalmarktrecht noch anderswo). 7

Der **RegE 2012** folgt den Anregungen aus der Literatur und sieht nun die Möglichkeit eines gerichtlich genehmigten Vergleichs mit Wirkung für alle Beigeladenen vor. Ein von den Musterparteien geschlossener Vergleich ist danach zu genehmigen, wenn das Gericht ihn als »angemessene gütliche Beilegung der ausgesetzten Rechtsstreitigkeiten erachtet.« Jeder Beigeladene kann – so dieser Entwurf – jedoch nach entsprechender Information aus dem Vergleich austreten. Der gerichtlich genehmigte Vergleich beendet das Musterverfahren und die Einzelverfahren. Nur die Einzelverfahren der ausgetretenen Beigeladenen werden fortgeführt, ein neuer Musterverfahrensantrag in gleicher Sache ist nicht mehr statthaft. Dieses Modell ist zwar wegen seiner Beschränkung auf die Prozessbeteiligten immer noch von schwächerer Wirkung als sein niederländisches Vorbild, stellt aber trotzdem einen Fortschritt ggü dem geltenden Recht dar (krit jedoch *Schneider/Heppner* BB 11, 2947, 2952). 7a

II. Vergleichsweise Beendigung der Ausgangsverfahren. Ein Vergleichsschluss in den Ausgangsverfahren wird von § 14 III 2 KapMuG nicht verboten und ist auch während der Aussetzung dieser Verfahren **jederzeit möglich** (Vorwerk/*Wolf* Rn 22). Die Teilnahme am Musterverfahren endet dann ebenso wie bei Rücknahme der Klage im Ausgangsverfahren (s. § 11 KapMuG Rz 3). 8

§ 15 Rechtsbeschwerde.

(1) Gegen den Musterentscheid findet die Rechtsbeschwerde statt. Die Sache hat stets grundsätzliche Bedeutung im Sinne des § 574 Abs. 2 Nr. 1 der Zivilprozessordnung. Die Rechtsbeschwerde kann nicht darauf gestützt werden, dass das Prozessgericht nach § 4 Abs. 1 zu Unrecht einen Musterentscheid eingeholt hat. Beschwerdeberechtigt sind alle Beteiligten (§ 8 Abs. 1).

(2) Das Rechtsbeschwerdegericht teilt den Beigeladenen des Musterverfahrens den Eingang einer Rechtsbeschwerde mit, wenn diese an sich statthaft ist und in der gesetzlichen Form und Frist eingelegt wurde. Diese können binnen einer Notfrist von einem Monat ab Zustellung dieser Mitteilung dem Rechtsbeschwerdeverfahren beitreten. Die Zustellung der Mitteilung kann durch öffentliche Bekanntmachung ersetzt werden; § 9 Abs. 2 Satz 2 gilt entsprechend. Der Beitrittschriftsatz ist binnen einer Frist von einem Monat zu begründen. Die Frist beginnt mit der Zustellung der Mitteilung über den Eingang der Rechtsbeschwerde nach Satz 1; § 551 Abs. 2 Satz 5 und 6 der Zivilprozessordnung gilt entsprechend. Lehnt der Beigeladene den Beitritt ab oder erklärt er sich nicht innerhalb der in Satz 2 genannten Frist, so wird das Musterverfahren vor dem Rechtsbeschwerdegericht ohne Rücksicht auf ihn fortgesetzt. Auf die Rechtsstellung des Beigeladenen, der dem Rechtsbeschwerdeverfahren beigetreten ist, findet § 12 entsprechende Anwendung.

(3) Legt der Musterkläger Rechtsbeschwerde gegen den Musterentscheid ein, so führt er das Musterverfahren als Musterrechtsbeschwerdeführer in der Rechtsbeschwerdeinstanz fort. Nimmt der Musterkläger seine Rechtsbeschwerde zurück, so bestimmt das Rechtsbeschwerdegericht entsprechend § 11 Abs. 2 Satz 1 in Verbindung mit § 8 Abs. 2 einen neuen Musterrechtsbeschwerdeführer aus dem Kreis der Beigeladenen, die dem Rechtsbeschwerdeverfahren beigetreten sind, es sei denn, dass diese ebenfalls auf die Fortführung der Rechtsbeschwerde verzichten.

(4) Legt nicht der Musterkläger, sondern einer oder mehrere der Beigeladenen Rechtsbeschwerde gegen den Musterentscheid ein, so wird derjenige Beigeladene, welcher als erster das Rechtsmittel eingelegt hat, zum Musterrechtsbeschwerdeführer vom Rechtsbeschwerdegericht bestimmt. Absatz 2 Satz 1 findet in Ansehung des Musterklägers und des Musterbeklagten entsprechende Anwendung.

(5) Legt der Musterbeklagte Rechtsbeschwerde gegen den Musterentscheid ein, so ist Musterrechtsbeschwerdegegner der vom Oberlandesgericht bestimmte Musterkläger. § 574 Abs. 4 Satz 1 der Zivilprozessordnung findet auf die Beigeladenen entsprechende Anwendung.

1 **A. Zweck und Anwendungsbereich.** Die **Rechtsbeschwerde zum BGH ist gegen jeden Musterentscheid statthaft**, weil sie ausdrücklich im Gesetz zugelassen ist (§ 574 I 1 Nr 1 ZPO iVm § 15 I 1 KapMuG) und das Merkmal der grundsätzlichen Bedeutung (§ 574 II Nr 1 ZPO) kraft gesetzlicher Anordnung (§ 15 I 2 KapMuG) erfüllt ist. Die damit erreichte generelle Zulassung der Rechtsbeschwerde dient der umfassenden Richtigkeitskontrolle des Musterentscheids (vgl BTDrs 15/5091, 29). In der Praxis hat dies den Vorteil, dass die im Musterverfahren verhandelten Rechtsfragen, die oft eine Vielzahl von Kapitalanlegern betreffen, vergleichsweise zügig einer höchstrichterlichen Klärung zugeführt werden können. Die Vorschrift gilt aber nur für den Musterentscheid selbst (auch wenn er die Unzulässigkeit des Musterverfahrens ausspricht, KG 18.5.09 Az 24 Kap 4/08), nicht dagegen für sonstige Beschlüsse während des Musterverfahrens wie etwa die Zurückweisung eines Ablehnungsgesuchs (BGH ZIP 09, 341; aA KK-KapMuG/*Rimmelspacher* Rn 251). Der **RegE 2012** will die Rechtsbeschwerde gegen den Musterentscheid jedoch nur noch nach den allgemeinen Regeln eröffnen, indem er auf die gesetzliche Anordnung der grundsätzlichen Bedeutung verzichtet. Das ist systematisch im Vergleich zum Berufungsurteil stimmig, könnte aber das Musterverfahren weniger attraktiv machen.

2 **B. Beschwerdebefugnis und Verfahren.** Alle Beteiligten des Musterverfahrens, also auch die Beigeladenen, können Rechtsbeschwerde gegen den Musterentscheid einlegen. Für das Verfahren gelten **§§ 574 ff ZPO** mit den in § 15 KapMuG genannten besonderen Regeln. Für **Musterkläger und Musterbeklagten** läuft die **Beschwerdefrist** von einem Monat (§ 575 I ZPO) ab Zustellung des Musterentscheids (§ 14 I 3 KapMuG). Für die **Beigeladenen** läuft dieselbe Frist (BTDrs 15/5091, 29), obwohl sie den Musterentscheid nicht durch Zustellung, sondern ggf nur durch formlose Mitteilung erhalten (§ 14 I 3 KapMuG). Bei Veröffentlichung des Musterentscheids im Klageregister (§ 14 I 4 u 5 KapMuG) setzt der Tag der Veröffentlichung die Beschwerdefrist in Lauf. Wird Rechtsbeschwerde eingelegt, so können können alle anderen Beteiligten dieser **beitreten** und werden darüber gem § 15 II durch Zustellung einer entsprechenden Mitteilung oder entsprechende Veröffentlichung im Klageregister informiert. Sofern er Rechtsbeschwerde einlegt, wird der **Musterkläger** zum **Musterrechtsbeschwerdeführer**, der das Rechtsbeschwerdeverfahren führt. Anderenfalls bestimmt der BGH den Musterrechtsbeschwerdeführer aus dem Kreis der Beigeladenen nach dem Prioritätsprinzip (§ 15 IV KapMuG) oder bei Rücknahme der Rechtsbeschwerde durch den Musterkläger (§ 15 III 2 KapMuG) nach den Kriterien des § 8 II KapMuG. Diejenigen Beigeladenen, die der Rechtsbeschwerde beitreten, haben dieselbe Stellung wie die Beigeladenen im Musterverfahren (§ 15 II 7 iVm § 12 KapMuG). Wer der Rechtsbeschwerde nicht beitritt, hat auf das Verfahren vor dem BGH keinen Einfluss, erlangt aber ggf im Falle der Aufhebung des Musterentscheids und Zurückverweisung der Sache an das OLG wieder seine ursprüngliche Stellung als Beigeladener (KK-KapMuG/*Rimmelspacher* Rn 79). Sowohl die Rechtsbeschwerde als auch der Beitritt zum Rechtsbeschwerdeverfahren können wegen § 78 I 3 ZPO nur durch einen **beim BGH zugelassenen Rechtsanwalt** erklärt werden.

3 **C. Prüfung und Entscheidung durch das Rechtsbeschwerdegericht.** Der BGH prüft nur die **Verletzung von Rechtsnormen** (§ 576 ZPO), dh nicht die tatsächlichen Feststellungen des OLG (KK-KapMuG/*Rimmelspacher* Rn 145 ff; vgl aber Hdb Kapitalmarktinformation/*Schmitz* § 32 Rn 260, der die Beschränkungen des allgemeinen Revisionsrechts aufgrund des im KapMuG-Verfahren verkürzten Instanzenzugs nicht ohne weiteres gelten lassen möchte). Ebenso wie das OLG (s oben § 4 Rz 10) kann auch der BGH entscheiden, dass bestimmte

Ansprüche **nicht Gegenstand von Musterverfahren und Musterentscheid** sein können; Abs 1 S 3 verbietet dies nicht (BGH ZIP 12, 117). Wegen § 577 VI 2 u 3 ZPO muss der Beschl, mit dem über die Rechtsbeschwerde entschieden wird, nicht in jedem Fall begründet werden; dies wird aber wegen der oft vorhandenen Bedeutung der zu entscheidenden Fragen die Ausnahme bleiben. Zu den **Kosten** der Rechtsbeschwerde s. § 19 KapMuG.

Abschnitt 3 Wirkung des Musterentscheids; Kosten; Übergangsregelung

§ 16 Wirkung des Musterentscheids. (1) Der Musterentscheid bindet die Prozessgerichte, deren Entscheidung von der im Musterverfahren getroffenen Feststellung oder der im Musterverfahren zu klärenden Rechtsfrage abhängt. Der Beschluss ist der Rechtskraft insoweit fähig, als über den Streitgegenstand des Musterverfahrens entschieden ist. Unbeschadet von Absatz 2 wirkt der Musterentscheid für und gegen alle Beigeladenen des Musterverfahrens unabhängig davon, ob der Beigeladene selbst alle Streitpunkte ausdrücklich geltend gemacht hat. Dies gilt auch dann, wenn der Beigeladene seine Klage in der Hauptsache zurückgenommen hat. Mit der Einreichung des rechtskräftigen Musterentscheids durch einen Beteiligten des Musterverfahrens wird das Verfahren in der Hauptsache wieder aufgenommen.

(2) Nach rechtskräftigem Abschluss des Musterverfahrens werden die Beigeladenen in ihren Rechtsstreiten gegenüber dem Gegner mit der Behauptung, dass die Hauptpartei das Musterverfahren mangelhaft geführt habe, nur insoweit gehört, als sie durch die Lage des Musterverfahrens zur Zeit ihrer Beiladung oder durch Erklärungen und Handlungen der Hauptpartei verhindert worden sind, Angriffs- oder Verteidigungsmittel geltend zu machen, oder als Angriffs- oder Verteidigungsmittel, die ihnen unbekannt waren, von der Hauptpartei absichtlich oder durch grobes Verschulden nicht geltend gemacht sind.

(3) Der Musterentscheid wirkt auch für und gegen die Beigeladenen, die dem Rechtsbeschwerdeverfahren nicht beigetreten sind.

A. Zweck und dogmatische Einordnung. Die Vorschrift stellt in Abs 1 S 1 zunächst klar, dass der Musterentscheid eine **innerprozessuale Bindungswirkung** entfaltet, weil das Musterverfahren Teil eines einheitlichen Prozesses zwischen Musterkläger und Musterbeklagten ist (KK-KapMuG/*Hess* Rn 3). Daneben wird in Abs 1 S 2 dem Musterentscheid die Fähigkeit der **Rechtskraft** zuerkannt; dazu passt die insoweit aber nur deklaratorische Vorschrift des § 325a ZPO. Herzstück der Vorschrift ist die **Bindungswirkung des Musterentscheids für und gegen die Beigeladenen**, die hier wie bei § 12 KapMuG in bewußter Anlehnung an die Figur der Nebenintervention und deren in § 68 ZPO geregelte Wirkung konzipiert und formuliert wurde (BTDrs 15/5091, 31). In der Literatur wird tw eine abweichende Einordnung dieser Bindungswirkung im Sinne einer Rechtskrafterstreckung vorgeschlagen (*Gebauer* ZZP 119, 159, 174 f; *Lüke* ZZP 119, 131, 155). Allerdings will auch der Begriff der Rechtskraft nicht recht passen (dazu Vorwerk/*Wolf* Rn 3 ff). Er bezieht sich im sonstigen Prozessrecht auf ein konkretes Rechtsverhältnis, während der Musterentscheid ggf nur Tatsachenfestellungen oder gar die Klärung abstrakter Rechtsfragen enthält. Der Begriff der Rechtskraft ist vom Gesetzgeber augenscheinlich nur eingeführt worden, um die Anerkennung des Musterentscheids innerhalb der EU zu befördern (dazu unten Rz 4; vgl BTDrs 15/5091, 30). Mangels Fallmaterial bleibt noch abzuwarten, inwieweit sich die vorgeschlagenen dogmatischen Einordnungen der Bindungswirkung des Musterentscheids in konkreten Fällen bewähren werden. 1

B. Innerprozessuale Bindungswirkung. Im Verhältnis zwischen Musterkläger und Musterbeklagten ist das Prozessgericht vollständig und ohne Einschränkungen an den Inhalt des Musterentscheids einschließlich seiner Gründe gebunden (*Lüke* ZZP 119, 131, 146 ff). Die Bindung entspricht § 318 ZPO, dh der Musterentscheid ist ebenso wie eine Entscheidung des Prozessgerichts zu behandeln. 2

C. Materielle Rechtskraft des Musterentscheides. I. Bedeutung. Die in Abs 1 S 2 postulierte materielle Rechtskraft des Musterentscheids umfasst dessen konkrete Feststellungen, die im Tenor des Musterentscheids wiedergegeben sind (insoweit klarstellend der **RegE 2012**, der von der Rechtskraft mit Bezug auf die Feststellungsziele spricht). Dabei ist es irrelevant, ob es sich um positive oder negative Feststellungen handelt, dh auch die Feststellung, dass ein Prospekt in bestimmter Hinsicht nicht fehlerhaft ist, ist von der 3

Rechtskraft umfasst (vgl KG 3.3.09 Az 4 Sch 2/06 KapMuG Rn 245). Der Umfang der Rechtskraftwirkung ist nicht notwendig identisch mit dem vom Vorlagebeschluss umschriebenen anfänglichen Verfahrensgegenstand: Soweit sich der Musterentscheid auf Teilfragen oder einzelne Streitpunkte beschränkt, erwächst er auch nur insoweit in Rechtskraft. Daraus folgt, dass für nicht vom Musterentscheid umfasste Streitpunkte ggf ein weiteres Musterverfahren zulässig ist. Die Rechtskraft erstreckt sich auch nicht nur auf das bereits anhängige Ausgangsverfahren, sondern bindet die Parteien des Musterverfahrens auch in weiteren Prozessen, deren Entscheidung von der im Musterentscheid beantworteten Sach- oder Rechtsfrage abhängt (KK-KapMuG/*Hess* Rn 8).

4 **II. Fälle mit Auslandsberührung.** Die Zuerkennung materieller Rechtskraft für den Musterentscheid (Abs 1 S 2) soll in Verbindung mit § 325a ZPO die Anerkennungsfähigkeit eines deutschen Musterentscheids in **Fällen mit Auslandsberührung** fördern (BTDrs 15/5091, 30). Das kann allerdings nicht mit einem Begriff des deutschen Prozessrechts erreicht werden, sondern hängt innerhalb der EU von der europarechtlich-autonomen Auslegung der EuGVO-Vorschriften und außerhalb der EU von dem Recht des jeweils betroffenen Staates ab, welches auf die deutsche Terminologie nicht immer Rücksicht nehmen wird. In den Mitgliedstaaten der **Europäischen Union** ist jedenfalls die gem § 16 I 3 KapMuG angeordnete Bindungswirkung des Musterentscheids aufgrund von Art 65 II 2 EuGVO anzuerkennen (ausf KK-KapMuG/*Hess* Rn 33 ff; zweifelnd Vorwerk/*Wolf* Rn 3).

5 **D. Wirkung für und gegen die Beigeladenen. I. Sachlicher Umfang.** Die in Abs 1 S 3 angeordnete Wirkung des Musterentscheids ggü allen Beigeladenen umfaßt alle konkreten Feststellungen des Musterentscheids. Anders als die Interventionswirkung des § 68 ZPO wirkt sie also nicht nur negativ, sondern kann auch positiv wirken (KK-KapMuG/*Hess* Rn 10). Gemäß § 16 I 3 KapMuG beschränkt sich die Wirkung auch nicht auf die vom einzelnen Beigeladenen vorgetragenen Streitpunkte, sondern der gesamte Tenor des Musterentscheids wirkt zunächst für und gegen alle Beigeladenen. Es ist dann Sache des Prozessgerichts in den Einzelprozessen zu überprüfen, welche dieser Feststellungen entscheidungserheblich sind und welche nicht.

6 **II. Betroffene Beigeladene.** Die Bindungswirkung des Musterentscheids erfasst **sämtliche Beigeladene** des Musterverfahrens. Wird der Musterentscheid erst nach einer Rechtschwerde rechtskräftig, so kommt es auch nicht darauf an, ob der betreffende Beigeladene der Rechtsbeschwerde beigetreten ist oder nicht (§ 16 III KapMuG). Auch durch die **Rücknahme der Klage** im Ausgangsverfahren kann sich der Beigeladene der Bindungswirkung nicht entziehen (§ 16 I 4 KapMuG), dh sie trifft ihn, falls es in derselben Sache zu einem neuen Prozess kommen sollte. Dies gilt selbst dann, wenn der Beigeladene die Klage innerhalb der Zweiwochenfrist des § 17 S 4 KapMuG zurücknimmt, weil diese Vorschrift nur die Kostentragung und nicht die Bindungswirkung regelt (KK-KapMuG/*Hess* Rn 25). Die Gegenansicht verneint eine Bindungswirkung in den Fällen des § 17 S 4 KapMuG unter Verweis auf die ansonsten entstehende *free rider* – Problematik: Ein Betroffener könnte ggf vom Ergebnis des Musterverfahrens profitieren, ohne dessen Kostenrisiko mitzutragen (Vorwerk/*Wolf* Rn 29; Bergmeister 227 f). Angesichts des zu treibenden Aufwands (Klageerhebung mit anschließender Rücknahme sowie ggf später erneute Klagerhebung) und des Risikos der zwischenzeitlich eintretenden Verjährung erscheint diese Gefahr aber praktisch gering; sie könnte vom Gesetzgeber auch problemlos durch Korrektur der Vorschrift beseitigt werden.

7 **III. Grenzen der Bindungswirkung.** Die in § 16 II KapMuG beschrieben Grenzen der Bindungswirkung entsprechen der Regelung zur Nebenintervention in § 68 ZPO. Mögliche **Einwände des Beigeladenen** gegen die Bindungswirkung sind daher vornehmlich die verspätete Beiladung, dh erst nach Schluss der mündlichen Verhandlung oder gar nach Erlass des Musterentscheides (vgl § 68 ZPO Rz 9) sowie die mangelhafte Prozessführung durch die Hauptpartei, wenn diese zB ein Angriffs- oder Verteidigungsmittel des Beigeladenen durch ihren Widerspruch nicht hat zum Zuge kommen lassen. Letzteres setzt aber voraus, dass der Beigeladene dieses Mittel im Musterverfahren auch vorgebracht hat und die Hauptpartei tatsächlich widersprochen hat (Vorwerk/*Wolf* Rn 22). Ein passiver Beigeladener kann sich also darauf nicht berufen, sondern allenfalls auf die letzte Alternative des § 16 II KapMuG (absichtliche oder grob schuldhafte Fehler durch die Hauptpartei), die aber praktisch kaum vorkommen wird und hier auch eng auszulegen ist (Vorwerk/*Wolf* Rn 23).

8 **E. Keine Wirkung ggü sonstigen Betroffenen.** Gegenüber nicht am Musterverfahren beteiligte Personen, dh insb solche potentiellen Geschädigten, die bisher keine Klage erhoben haben, entfaltet der Musterentscheid keine Wirkung. Der Wortlaut des § 16 I 1 ist insoweit mißverständlich, aber nach der Konzeption

des KapMuG ist der Musterentscheid eindeutig nur auf die gem § 7 KapMuG ausgesetzen Verfahren bezogen (Vorwerk/*Wolf* Rn 1). Weil aber die Verjährungsfristen in den vom KapMuG umfaßten Rechtsbereichen recht kurz sind und Musterverfahren eher lange dauern, hat ein potentieller Anspruchsinhaber in der Praxis oft nur die Wahl zwischen der Klageerhebung – die dann zur Aussetzung und Einbeziehung in das Musterverfahren gem § 7 KapMuG führt – und dem Verstreichenlassen der Verjährungsfrist, was zur dauerhaften Undurchsetzbarkeit des Anspruchs führt. Daher wird das KapMuG mit Recht als ein Verfahren bezeichnet, das **faktisch einer *erga omnes* -Wirkung nahekommt** (*Schneider* BB 05, 2249, 2256; krit zum faktischen Zwangscharakter auch Hdb Kapitalmarktinformation/*Schmitz* § 32 Rn 311).

§ 17 Gegenstand der Kostenentscheidung im Prozessverfahren.

Die dem Musterkläger und den auf seiner Seite Beigeladenen im erstinstanzlichen Musterverfahren erwachsenen Kosten gelten als Teil der Kosten des ersten Rechtszugs des jeweiligen Prozessverfahrens. Die dem Musterbeklagten und den auf seiner Seite Beigeladenen im erstinstanzlichen Musterverfahren erwachsenen Kosten gelten anteilig als Kosten des ersten Rechtszugs des jeweiligen Prozessverfahrens. Die Anteile bestimmen sich nach dem Verhältnis der Höhe des von dem jeweiligen Kläger geltend gemachten Anspruchs, soweit dieser Gegenstand des Musterverfahrens ist, zu der Gesamthöhe der von dem Musterkläger und den auf seiner Seite Beigeladenen des Musterverfahrens in den Prozessverfahren geltend gemachten Ansprüche, soweit diese Gegenstand des Musterverfahrens sind. Ein Anspruch ist hierbei nicht zu berücksichtigen, wenn die Klage innerhalb von zwei Wochen ab Zustellung des Aussetzungsbeschlusses nach § 7 in der Hauptsache zurückgenommen worden ist. § 96 der Zivilprozessordnung gilt entsprechend.

A. Zweck. Der Gesetzgeber hat das KapMuG weitgehend kostenneutral ausgestaltet. Insbesondere wurde auf zusätzliche Gerichtskosten oder Anwaltsgebühren für das Musterverfahren verzichtet. Auch der Prozessbevollmächtigte des Musterklägers erhält derzeit **keine zusätzliche Vergütung** für die Durchführung des ggf recht aufwändigen Musterverfahrens. Erste Befürchtungen, dass diese mangelnden finanziellen Anreize die Übernahme dieser Tätigkeit unattraktiv machen könnten oder zu nachlässiger Prozessführung verleiten (Bergmeister 273 f) haben sich in der Praxis nicht bewahrheitet. Trotzdem sieht der **RegE 2012** die Einführung einer neuen besonderen Gebühr für den Musterklägervertreter vor (§ 41a RVG-E), die jedoch der Höhe nach beschränkt ist und auch nur auf Antrag an das OLG und in dessen Ermessen gewährt wird. 1

B. Kosten des Musterverfahrens. Das Musterverfahren kennt keine eigene Kostenentscheidung (s. § 14 KapMuG Rz 4) und verursacht weder Gerichtskosten (Vorbem 1.2.1 zu Anl 1 GKG) noch besondere Anwaltsgebühren (§ 16 Nr 13 RVG). Als Kosten kommen allerdings **Auslagen** des Gerichts und der Parteien in Betracht, und zwar insb bei einer **Beweisaufnahme** im Musterverfahren (für die kein Vorschuss verlangt wird, s. § 9 KapMuG Rz 4). Derartige Kosten gelten als Teil der Kosten des Ausgangsprozesses und werden entsprechend der dort zu treffenden Kostenentscheidung verteilt. Die Auslagen der Parteien werden nach dem in § 17 S 3 KapMuG beschriebenen Schlüssel auf die einzelnen Prozesse umgelegt, dh nicht nach Kopfteilen wie in § 100 I ZPO, sondern entsprechend der Höhe der geltend gemachten Ansprüche im Verhältnis zum Gesamtstreitwert des Musterverfahrens. Für die Auslagen des Gerichts gilt dieselbe Berechnungsmethode gem Nr 9018 KV GKG. Ein Beigeladener kann sich der Kostentragung für die Kosten des Musterverfahrens **entziehen**, indem er gem § 17 S 4 seine Klage binnen der dort genannten Zweiwochenfrist nach Aussetzung seines Prozesses zurücknimmt. 2

§ 18 Verstoß gegen die Vorlagevoraussetzungen an das Oberlandesgericht.

Das Urteil eines Prozessgerichts in der Hauptsache kann nicht aus dem Grunde angefochten werden, dass das Oberlandesgericht zum Erlass eines Musterentscheids nicht zuständig gewesen sei oder die Vorlagevoraussetzungen für einen Musterentscheid nicht vorgelegen hätten.

A. Zweck. Die Vorschrift soll die Unanfechtbarkeit des Vorlagebeschlusses auch für die nach dem Musterentscheid fortzusetzenden Individualverfahren sichern und damit zugleich verhindern, dass die Bindungswirkung des Musterbescheids vor dem Prozessgericht angegriffen wird (KK-KapMuG/*Reuschle* Rn 1 f). 1

2 **B. Verfassungsgebot des gesetzlichen Richters.** Wird eine Verletzung von Art 101 I 2 GG gerügt, so muß diese Rüge zunächst iRd durch das Verfahrensrecht vorgesehenen Rechtsbehelfe erhoben werden; erst danach ist eine Verfassungsbeschwerde zulässig (§ 90 II 1 BVerfGG). Allerdings verbietet § 15 I 3 KapMuG bei der Rechtsbeschwerde gegen den Musterentscheid eine Überprüfung der Voraussetzungen des Vorlagebeschlusses. Als einfachrechtliche Lösung wird bei Zuständigkeitskonflikten zwischen mehreren Prozessgerichten hier eine analoge Anwendung des § 36 I Nr 5 ZPO vorgeschlagen (KK-KapMuG/*Reuschle* Rn 7).

§ 19 Kostenentscheidung im Rechtsbeschwerdeverfahren.

(1) Die Kosten einer von dem Musterkläger oder einem auf seiner Seite Beigeladenen ohne Erfolg eingelegten Rechtsbeschwerde haben nach dem Grad ihrer Beteiligung der Musterrechtsbeschwerdeführer und diejenigen Beigeladenen zu tragen, welche dem Rechtsbeschwerdeverfahren beigetreten sind.

(2) Entscheidet das Rechtsbeschwerdegericht in der Sache selbst, haben die Kosten einer von dem Musterbeklagten oder einem auf seiner Seite Beigeladenen erfolgreich eingelegten Rechtsbeschwerde der Musterkläger und alle auf seiner Seite Beigeladenen nach dem Grad ihrer Beteiligung im erstinstanzlichen Musterverfahren zu tragen.

(3) Bei teilweisem Obsiegen und Unterliegen gilt § 92 der Zivilprozessordnung entsprechend.

(4) Hebt das Rechtsbeschwerdegericht den Musterentscheid des Oberlandesgerichts auf und verweist die Sache zur erneuten Entscheidung zurück, so entscheidet das Oberlandesgericht gleichzeitig mit dem Erlass des Musterentscheids über die Kostentragung im Rechtsbeschwerdeverfahren nach billigem Ermessen. Dabei ist der Ausgang des Musterverfahrens zugrunde zu legen. § 99 Abs. 1 der Zivilprozessordnung gilt entsprechend.

(5) Soweit dem Musterkläger und den auf seiner Seite Beigeladenen Kosten des Rechtsbeschwerdeverfahrens auferlegt werden, haben sie die von dem Musterbeklagten oder den auf dessen Seite Beigeladenen entrichteten Gerichtsgebühren und die Gebühren eines Rechtsanwalts des Musterbeklagten oder der auf dessen Seite Beigeladenen jeweils nur nach dem Wert zu erstatten, der sich aus den von ihnen im Prozessverfahren geltend gemachten Ansprüchen, die Gegenstand des Musterverfahrens sind, ergibt.

1 **A. Zweck.** Im Gegensatz zum eigentlichen Musterverfahren (§ 17 KapMuG) fallen im Rechtsbeschwerdeverfahren besondere Gerichts- und Anwaltskosten an. Diesbezüglich ist somit eine eigene Kostenentscheidung erforderlich, deren Inhalt von § 19 KapMuG geregelt wird. Die Vorschrift verdrängt insoweit § 91 ZPO.

2 **B. Kosten der Rechtsbeschwerde.** Die Gerichtskosten richten sich nach Nr 1821 KV GKG (5,0 Gebühren); die Anwaltsgebühren entsprechen denen eines Revisionsverfahrens (Vorbem 3.2.2 Nr 1e VV RVG).

3 **C. Verteilung der Kosten.** Ist die Rechtsbeschwerde gänzlich **erfolglos**, so tragen der Musterrechtsbeschwerdeführer und diejenigen Beigeladenen die Kosten, welche der Rechtsbeschwerde beigetreten sind. Unter diesen Personen werden die Kosten nach dem Grad ihrer Beteiligung aufgeteilt, dh nach dem Verhältnis, in dem die von ihnen im jeweiligen Ausgangsverfahren geltend gemachten Beträge stehen (Stuttgart ZIP 09, 962, 975). Ist die Rechtsbeschwerde **erfolgreich** und entscheidet der BGH in der Sache selbst, so trägt die unterlegene Seite die Kosten, wobei ggf wieder die Verteilung nach dem Grad der Beteiligung vorgenommen wird (§ 19 II KapMuG) und bei teilweisem Obsiegen § 92 ZPO Anwendung findet (§ 19 III KapMuG). Wird an das OLG **zurückverwiesen**, so entscheidet erst dieses iRd Musterentscheids über die Kosten der Rechtsbeschwerde nach billigem Ermessen (§ 19 IV KapMuG). In **Abs 5** der Vorschrift findet sich schließlich eine besondere **Begrenzung hinsichtlich der Kostenerstattungspflicht auf Klägerseite.** Diese Begrenzung gilt für alle Fälle der Kostenhaftung gem § 19 KapMuG (KK-KapMuG/*Kruis* Rn 21). Die absolute Höhe der zu erstattenden Kosten wird hier begrenzt auf diejenigen Kosten, die für den »persönlichen Streitwert« (BTDrs 15/5091, 32) des jeweiligen Beteiligten angefallen wären, dh er soll nicht mehr Kosten tragen, als wenn er nur in eigener Sache den Weg zum BGH beschritten hätte (Berechnungsbeispiele ua bei KK-KapMuG/*Kruis* Rn 23 ff u Vorwerk/Wolf/*Riedel* Rn 13 ff).

§ 20 Übergangsregelung.

Auf Verfahren, in denen vor dem 1. November 2010 ein Musterfeststellungsantrag gestellt wurde, finden dieses Gesetz und die durch die Artikel 2 bis 8 des Gesetzes zur Einführung von Kapitalanleger-Musterverfahren geänderten Rechtsvorschriften in der vor dem 1. November 2010 geltenden Fassung weiterhin Anwendung.

A. Zweck. Die Vorschrift ist zusammen mit der Befristung des KapMuG in Art 9 II EGKapMuG (BGBl 2005 I 2437, 2445) zu betrachten. Danach war die Geltung des KapMuG ursprünglich auf fünf Jahre befristet, dh bis zum 31.10.10. Mit dieser *sunset clause* sollte eine Erprobung des KapMuG ermöglicht werden, um dann zu entscheiden, ob das KapMuG reformiert und/oder auf andere Rechtsbereiche ausgedehnt und ggf in die ZPO integriert werden sollte. 1

B. Verlängerung des Gesetzes bis 31. Oktober 2012. Der Gesetzgeber hat nunmehr in Art 9 II EGKapMuG die Erprobungsfrist für das KapMuG bis zum 31.10.12 verlängert (Art 5 des Gesetzes v 24.7.10, BGBl I 977, 979). Zugleich hat er aber § 20 KapMuG unverändert gelassen. Dies kann nur als **Redaktionsversehen** des Gesetzgebers angesehen werden, denn wollte man nur in solchen Verfahren das KapMuG anwenden, in denen vor dem 1.11.10 ein Musterfeststellungsantrag gestellt ist, wäre die Verlängerung sinnlos und ergäbe keine Veränderung zur bisherigen Rechtslage. 2

C. Teleologische Extension der Vorschrift. Die Regelung in § 20 KapMuG ist daher iSd vom Gesetzgeber gewünschten Verlängerung so auszulegen, dass das KapMuG auch auf solche Verfahren Anwendung findet, in denen erst nach dem 31.10.10, aber vor dem 1.11.12 ein Musterfeststellungsantrag gestellt wurde. In der Literatur wird dazu die Ansicht vertreten, dass ein Antrag erst dann gestellt iS der Vorschrift ist, wenn er gem § 2 I KapMuG im Klageregister bekannt gemacht wurde (Vorwerk/*Wolf* Rn 4; KK-KapMuG/*Hess* Rn 4). Diese Interpretation findet im Gesetz aber keine Stütze (vgl zum Begriff der Antragstellung auch § 4 KapMuG Rz 3). Nach normalem Sprachgebrauch ist ein Antrag gestellt, wenn er bei Gericht eingegangen ist. 3

D. Reform und Entfristung des KapMuG. Zu der von der Bundesregierung vorgeschlagenen Reform und Entfristung des KapMuG (**RegE 2012**) s. oben § 1 KapMuG Rz 3a. Der Entwurf sieht vor, dass das bisher geltende KapMuG in solchen Musterverfahren weiter zur Anwendung kommt, in denen vor dem 1.11.12 mündlich verhandelt wurde. 4

Gesetz über Unterlassungsklagen bei Verbraucherrechts- und anderen Verstößen (UKlaG)

in der Fassung der Bekanntmachung vom 27.8.2002 (BGBl I 3422, berichtigt 4346), zuletzt geändert durch Artikel 10 des Gesetzes vom 1. März 2011 (BGBl. I S. 288)

Bemerkungen vor UKlaG

A. Historische Entwicklung. Bei den im UKlaG normierten Verbandsklagebefugnissen handelt es sich um 1
besondere Interventionskompetenzen zur Durchsetzung des objektiven Rechts, die keine individuelle Rechtsverletzung voraussetzen. Darin ähneln sie der schon im römischen Recht vorkommenden **Popularklage** (vgl Halfmeier 29 ff), wobei aber bei der heutigen Verbandsklage der Kreis der zulässigen Kl stark eingeschränkt ist (zB in §§ 3 und 4 UKlaG). Die Geschichte der modernen Verbandsklage begann 1896 mit der Verbandsklagebefugnis zum Schutze des lauteren Wettbewerbs. Mit der UWG-Novelle 1965 wurde auch Verbraucherschutzverbänden die Klagekompetenz zur Unterbindung bestimmter UWG-Verstöße zuerkannt. Dieses Mittel bewährte sich und wurde daher 1976 bei der Ausarbeitung des AGB-Gesetzes in Form des **§ 13 AGBG** übernommen. Mit der **Schuldrechtsreform** 2002 wurden die materiell-rechtlichen Vorschriften des AGB-Gesetzes in das BGB integriert (§§ 305 ff BGB); für das Verbandsklageverfahren wurde das UKlaG geschaffen und inhaltlich erweitert. Sachlich haben sich allerdings ggü § 13 AGBG nur wenige Änderungen ergeben, so dass die insoweit ergangene Rechtsprechung noch zu großen Teilen verwertbar ist.

B. Zweck der Verbandsklage. In einem auf der Durchsetzung subjektiver Rechte aufgebauten Privatrechts- 2
system wäre ein objektiv-rechtliches Kontrollsystem wie die Verbandsklage unnötig, wenn man davon ausgehen könnte, dass jeder Rechtsinhaber schon selber für die Durchsetzung seiner individuellen Rechte sorgen wird. Genau dies ist aber in der Realität nicht der Fall; vielmehr werden viele Verstösse gegen das objektive Recht von den Betroffenen aus Unwissenheit oder aus **rationaler Apathie** (etwa in »Bagatellsachen«) nicht verfolgt. Die Verbandsklage soll dem entgegenwirken und ist daher als **kompensatorisches Instrument** zu begreifen, mit dem faktischen Defiziten des auf individueller Rechtsverfolgung beruhenden Privatrechts begegnet werden soll.

C. Weitere Verbandsklagebefugnisse. Das dargestellte kompensatorische Bedürfnis nach objektiver Rechts- 3
kontrolle besteht nicht nur im Verbraucherschutz und im Recht der Allgemeinen Geschäftsbedingungen, sondern auch in vielen anderen Rechtsbereichen. Daher finden sich heute **zahlreiche Verbandsklagebefugnisse** im deutschen Privatrecht, insb in §§ 8 und 10 UWG zum Schutz des lauteren Wettbewerbs, im Markenrecht (§ 55 II Nr 3 MarkenG), im Kartellrecht (§§ 33, 34a GWB), im Telekommunikationsrecht (§ 44 II TKG) und im Recht der privaten Krankenversicherung (§ 17 I 5 KHEntgG). Im öffentlichen Recht bestehen Verbandsklagebefugnisse insb im Umweltrecht (grdl Schlacke 161 ff; vgl zur Umweltverbandsklage als objektive Rechtskontrolle ohne Voraussetzung subjektiver Betroffenheit EuGH NJW 11, 2779).

Alle Verbandsklagebefugnisse weisen **gemeinsame Strukturprobleme** auf, die sich aus ihrem Charakter als 4
objektiv-rechtliche Kontrollbefugnis ergeben (vgl Halfmeier 186 ff). In der Praxis stehen allerdings die Verbandsklagen gem **UKlaG und UWG im Vordergrund**. Aufgrund der vergleichbaren Strukturen sind Rechtsprechung und Literatur zum UWG-Verbandsklageverfahren in großen Teilen auf das UKlaG und andere Verbandsklagebefugnisse **übertragbar** und werden insoweit hier berücksichtigt. Die Anwendungsbereiche von **UKlaG und UWG überschneiden sich**, weil zB die Verwendung unwirksamer AGB zugleich ein wettbewerbswidriges Verhalten iSv § 4 Nr 11 UWG ist (BGH NJW 11, 76).

D. Reformperspektiven. Durch die Zersplitterung der Verbandsklagebefugnisse auf verschiedene Gesetze 5
(s.o. Rz 3) ist das geltende Recht der Verbandsklage sehr unübersichtlich. Eine Zusammenfassung dieser Befugnisse und eine bessere Abstimmung mit dem allgemeinen Verfahrensrecht wäre wünschenswert, etwa durch eine **Integration in die ZPO** (*Hess* WM 04, 2329, 2334; für ein allgemeines Verbandsklagegesetz *Koch* ZZP 113, 413, 441). Darüber hinaus sind die geltenden Verbandsklagen aufgrund der beschränkten Ausstattung der klagebefugten Verbände nur **tw effektiv**. Hier käme eine **Ausweitung zur Popular- oder Bürgerklage** in Betracht (Halfmeier 377 ff).

6 Hinsichtlich der möglichen **Rechtsschutzziele** kennt das UKlaG va **Unterlassung und Widerruf**, nicht aber den Ausgleich entstandener Schäden oder die Korrektur von rechtswidrig erlangten Vorteilen. Der Gesetzgeber hat an anderer Stelle **Gewinnabschöpfungsklagen** (§§ 10 UWG, 34a GWB) eingeführt, die aber in der Praxis bisher erst wenig relevant wurden. Soweit es um die kollektive Durchsetzung von Zahlungsansprüchen geht, berührt sich die Verbandsklage mit der rechtspolitischen Diskussion über die **Gruppen- oder Sammelklage**. Derartige Instrumente des kollektiven Rechtsschutzes werden derzeit auf europäischer Ebene diskutiert und sind in vielen Staaten bereits eingeführt (vgl *Koch/Zekoll* ZEuP 10, 107; *Stadler* JZ 09, 121).

7 **E. Einfluss des Europäischen Rechts.** Das UKlaG dient auch der Umsetzung der **Richtlinie 98/27/EG über Unterlassungsklagen zum Schutze der Verbraucherinteressen** (ABl 1998 L 166, 51; zur Umsetzung in den Mitgliedstaaten *Rott/Ropp* ZZP Int 9, 3). Diese Richtlinie zwingt alle Mitgliedstaaten dazu, »qualifizierten Einrichtungen« Klagerechte zu gewähren, um bestimmte verbraucherschützende Normen des Europarechts durchzusetzen. Allerdings entscheidet der nationale Gesetzgeber über die Frage, welche Einrichtungen unter diesen Begriff fallen (in Deutschland § 4 II UKlaG). Eine Reihe von Einzelnormen des UKlaG dient außerdem der Umsetzung einer **Vielzahl weiterer EU-Richtlinien**; dies ist ggf bei der jeweiligen Vorschrift vermerkt. Auch die das öffentliche Recht betreffende **Verordnung (EG) Nr 2006/2004 über die Zusammenarbeit zwischen den für die Durchsetzung der Verbraucherschutzgesetze zuständigen nationalen Behörden** (ABl 2004 L 364, 1) wurde vom deutschen Gesetzgeber durch die privatrechtliche Vorschrift des § 4a UKlaG ergänzt.

8 **F. Fälle mit Auslandsberührung. I. Internationale Zuständigkeit.** Bei Verbandsklagen mit Auslandsberührung gelten für die internationale Zuständigkeit die **Vorschriften der EuGVO** und nur ersatzweise jene des nationalen Rechts (s. § 6 Rz 2).

9 **II. Anwendbares Recht. 1. Trennung zwischen prozessrechtlichen und materiell-rechtlichen Fragen.** In Fällen mit Auslandsberührung ist zwischen dem **Bestehen der Verbandsklagebefugnis** einerseits und den **anzuwendenden materiell-rechtlichen Maßstäben** bei der objektiven Rechtskontrolle andererseits zu unterscheiden. Nur für letztere gilt das gem Kollisionsrecht zu ermittelnde anwendbare Sachrecht (*lex causae).* Die Frage nach dem Bestehen der Verbandsklagebefugnis ist dagegen Teil des Prozessrechts und unterliegt damit dem Recht des Forumstaats (Lindacher 78). Ein Teil der **Literatur** negiert jedoch diese Unterscheidung oder will für beide Fragen die nach dem Kollisionsrecht berufene *lex causae* anwenden (Pfeiffer 726 ff; AnwK-BGB/*Wagner* Art 40 EGBGB Rn 71). Dies würde zur Folge habe, dass etwa eine nach australischem Recht zulässige Popularklage bei entsprechender *lex causae* (zB wegen einer Wettbewerbshandlung in Australien) auch in Deutschland von jedermann erhoben werden könnte. Dagegen spricht aber, dass jeder Staat nach seinen eigenen prozessrechtlichen Maßstäben bestimmen sollte, inwieweit er sich für eine objektive Rechtskontrolle durch Popular- oder Verbandskläger öffnet (Schack Rn 625). Die **Rechtsprechung** musste diese Frage bisher nicht entscheiden, weil etwa im Fall BGH NJW 09, 3371 die Klagebefugnis schon nach deutschem Recht bestand.

10 Darüber hinaus wird die Ansicht vertreten, dass eine Verbandsklagebefugnis nur dann bestehe, wenn neben der *lex fori* **auch die** ***lex causae*** (zB das Recht des betroffenen Auslandsmarkts) eine solche Befugnis begründet (Lindacher 79 mwN). Dem ist zumindest in dieser Allgemeinheit mangels gesetzlicher Grundlage nicht zu folgen; es kommt vielmehr auf den ggf durch Auslegung zu ermittelnden Anwendungsbereich der jeweiligen Verbandsklagebefugnis an.

11 **2. Ermittlung der materiell-rechtlichen** ***lex causae.*** Anders als bei der Klagebefugnis des Verbandsklägers ist es aber unstrittig, dass die bei der objektiv-rechtlichen Kontrolle anzuwendenden materiell-rechtlichen Maßstäbe unter Rückgriff auf das Kollisionsrecht zu ermitteln sind. Die im UKlaG geregelten Verbandsklagen betreffen insoweit nicht konkrete Verträge, sondern ein möglicherweise objektiv rechtswidriges Verhalten und sind daher kollisionsrechtlich den **unerlaubten Handlungen** zuzuordnen. Das anwendbare Recht ergibt sich somit aus der **Rom II-VO**, und zwar entweder aus Art 4 I iVm Art 2 Rom II-VO (BGH NJW 09, 3371, 3372) oder, soweit Wettbewerbshandlungen in Rede stehen, aus Art 6 I Rom II-VO (*Baetge* ZEuP 11, 930, 938). Wegen Art 3 Rom II-VO gilt dies auch bei Sachverhalten mit Bezug zu Nicht-EU-Staaten (entgegen LG Berlin 28.6.11 – 16 O 249/10). Es wird somit das Recht desjenigen Staates angewandt, in dem die von der fraglichen Rechtsverletzung betroffenen Verbraucher- oder wettbewerblichen Interessen verletzt werden (BGH aaO).

3. Bedeutung des Vertragsstatuts. Davon zu trennen ist aber die Frage, ob ein ggf davon **abweichendes Vertragsstatut** auch in einem Verbandsklageprozess relevant ist, wenn dieser sich auf einen Verstoß gegen (zwingendes) Vertragsrecht bezieht, wie etwa bei Klagen gem § 1 oder ggf §§ 2 und 4a UKlaG. Die Rechtsprechung nimmt hier eine gesonderte Beurteilung vor und hält daher die Verbandsklage für nicht begründet, wenn das inkriminierte Verhalten nach dem **konkreten Vertragsstatut** rechtmäßig ist (BGH NJW 09, 3371, 3373; zust *Hau* LMK 09, 293079; *Stadler* VuR 10, 83; aA *Baetge* ZEuP 11, 930, 939; *Mankowski* IPRax 91, 305, 307: konkretes Vertragsstatut irrelevant). Dem ist jedenfalls für die Fälle zuzustimmen, in denen das Vertragsstatut für typische Fälle mit ausreichender Sicherheit auch im Verbandsklageprozess ermittelt werden kann. Es gibt nämlich kein die Verbandsklage rechtfertigendes **Schutzbedürfnis**, wenn das inkriminierte Verhalten im typischen Fall rechtskonform ist. 12

Abschnitt 1 Ansprüche bei Verbraucherrechts- und anderen Verstößen

§ 1 Unterlassungs- und Widerrufsanspruch bei Allgemeinen Geschäftsbedingungen.

Wer in Allgemeinen Geschäftsbedingungen Bestimmungen, die nach den §§ 307 bis 309 des Bürgerlichen Gesetzbuchs unwirksam sind, verwendet oder für den rechtsgeschäftlichen Verkehr empfiehlt, kann auf Unterlassung und im Fall des Empfehlens auch auf Widerruf in Anspruch genommen werden.

A. Zweck der Vorschrift. Die Vorschrift dient der Kompensation von Durchsetzungsdefiziten in einem auf individuellen Ansprüchen aufgebauten Privatrechtssystem (s. vor UKlaG Rz 2). Insbesondere soll der Rechtsverkehr geschützt und von unwirksamen AGB freigehalten werden (BGHZ 92, 24, 26). Dieses Ziel kann durch bloß individuellen Rechtsschutz kaum erreicht werden, weil sich ein Rechtsunkundiger ggf auch durch unwirksame AGB von der Durchsetzung seiner Rechte abhalten lassen wird (BGH NJW 81, 1511, 1512). 1

B. Dogmatische Einordnung und Begriff des Anspruchs. Der Gesetzgeber verwendet hier den Begriff des »Anspruchs«, was die hM dazu bewegt, in der Verbandsklagebefugnis einen materiell-rechtlichen Anspruch iSv § 194 BGB zu sehen (Palandt/*Bassenge* Rn 4; ebenso zum früheren Recht BGH NJW 95, 1488, 1489). Damit entleert die hM aber den Begriff des Anspruchs, der bisher als Zuweisung einer individuellen und privatautonom disponiblen Rechtsposition verstanden wurde (vgl *Raiser* JZ 61, 465, 466). Eine solche Dispositionsbefugnis gewährt die Verbandsklage gerade nicht; daher ist auch der **Begriff des materiell-rechtlichen Anspruchs unpassend** (*E. Schmidt* ZIP 91, 629; MüKoZPO/*Micklitz* Rn 3). Vielmehr handelt es sich um eine eher aktionenrechtlich zu begreifende besondere prozessrechtliche Kontrollkompetenz, die nicht auf einem individuell zugewiesenen subjektiven Recht fußt (Halfmeier 275 ff). Diese Deutung ermöglicht auch ein besseres Verständnis der prozessrechtlichen Besonderheiten, in welchen sich die Verbandsklage von der Durchsetzung individueller Ansprüche unterscheidet (dazu unten § 5 Rz 8 ff). 2

C. Anwendungsbereich. I. Allgemeine Geschäftsbedingungen. Gegenstand der Überprüfung ist die Wirksamkeit einzelner Bestimmungen in AGB iSv § 305 I BGB. Ein Vertragsschluss im rechtlichen Sinne ist nicht erforderlich, sondern es reicht aus, wenn der Text den Eindruck erweckt, dass vertragliche Rechte und Pflichten begründet werden sollen, etwa bei »Servicebedingungen« auf einer **Internet-Seite** (LG Hamburg VuR 09, 433). Angaben in **Werbeprospekten** sollen dagegen nicht Vertragsinhalt werden und sind daher keine AGB (BGH NJW 09, 1337); es kommt für solche Fälle aber ggf eine auf § 2 UKlaG oder ggf § 8 UWG gestützte Verbandsklage in Betracht. Verträge, die vor dem Inkrafttreten des AGBG (1.4.1977) geschlossen wurden, unterliegen nicht der Kontrolle durch die Verbandsklage (BGH NJW 97, 1068, 1069). 3

II. Verstoß gegen §§ 307–309 BGB. 1. Keine Beschränkung auf den Verbraucherschutz. Kontrolliert werden kann die Wirksamkeit der inkriminierten Klauseln gem §§ 307–309 BGB. Somit ist **auch bei Verträgen zwischen Unternehmern** (§§ 310 I, 307 BGB) grds die Verbandsklagebefugnis eröffnet (zB BGH NJW-RR 07, 1286), jedoch nicht durch alle Verbände (§ 3 II). 4

2. Einbeziehung von AGB. Ausweislich des Gesetzestextes soll nur der Inhalt von AGB-Klauseln kontrolliert werden können, nicht dagegen ihre gesetzeskonforme (§§ 305–305c BGB) Einbeziehung in den Vertrag. Versucht der Verwender jedoch, mittels AGB die **Einbeziehung von AGB abw von den gesetzlichen Bestimmungen zu regeln**, so ist diesbzgl die Verbandsklage gem § 1 eröffnet (BGH NJW 10, 864, 867). Die 5

Einbeziehung neuer Klauseln im Wege der **Bedingungsanpassung eines Krankenversicherers** gem § 178g III VVG unterliegt jedenfalls der Kontrolle durch die Verbandsklage (BGH NJW 08, 1160). Der Schutzzweck des § 1 spricht außerdem dafür, auch die Verwendung typischerweise **überraschender Klauseln** (§ 305c I BGB) der Kontrolle durch die Verbandsklage zu unterwerfen: Auch das Berufen auf Klauseln, die im Regelfall überraschend und daher nicht in den Vertrag einbezogen sind, stört den Rechtsverkehr und kann den Rechtsunkundigen verwirren (Ulmer/Brandner/Hensen/*Witt* Rn 16; Wolf/Lindacher/Pfeiffer/*Lindacher* Rn 21; aA BGH NJW-RR 87, 45, 46: Die für das Verbandsklageverfahren nötige Typisierung sei insoweit unmöglich). In der Praxis mag man sich im übrigen damit behelfen, dass typischerweise überraschende Klauseln auch bei unterstellter Einbeziehung in den Vertrag gegen § 307 verstoßen können (vgl BGH NJW 84, 2468; Erman/*Roloff* Rn 8).

6 **3. Kontrolle des Umgehungsverbots.** Über den Wortlaut des § 1 hinaus hat die Rechtsprechung auch bei einem Verstoß gegen das Umgehungsverbot des § 306a BGB diesbzgl die Verbandsklage gem § 1 zugelassen (BGHZ 162, 294, 301 für den Fall einer bankinternen Anweisung zur Umgehung der AGB-Kontrolle; krit *Pfeiffer* LMK 05, 149701).

7 **4. Sonstiges zwingendes Recht.** Auch ein Verstoß von AGB gegen sonstiges zwingendes Recht (zB Kartellrecht, BGH GRUR 05, 62) kann mit der Verbandsklage des § 1 gerügt werden (Ulmer/Brandner/Hensen/*Witt* Rn 10; BGH NJW 83, 1320, 1322). Aus Sicht des Rechtsunkundigen ist es schließlich irrelevant, ob sich die Unwirksamkeit einer Klausel aus §§ 307 ff BGB oder aus sonstigen Vorschriften ergibt. Im Übrigen wird § 307 BGB auch so interpretiert, dass sich die »unangemessene Benachteiligung« durch eine Klausel auch aus einem Verstoß gegen sonstiges zwingendes Recht ergeben kann (BGHZ 129, 186). Dies gilt auch für einen Verstoß gegen **Datenschutzrecht** (BGH NJW 08, 3055).

8 **III. Fälle mit Auslandsberührung.** Die Kontrollbefugnis gem § 1 bezieht sich nach Ansicht der Rspr nur auf Fälle, in denen bei typisierender Betrachtung deutsches Sachrecht als Vertragsstatut gilt (BGH NJW 09, 3371, 3373; vgl aber die Prüfung von Klauseln anhand international vereinheitlichten Sachrechts in BGH NJW 07, 997, 998). Bei Verwendung der betreffenden AGB innerhalb der EU kommt aber unabhängig vom Vertragsstatut eine Klagebefugnis gem § 4a in Betracht (s. § 4a Rz 3 f).

9 **D. Prüfung der Unwirksamkeit. I. Keine Berücksichtigung individueller Umstände.** Aufgrund des abstrakten Charakters der AGB-Kontrollklage sind individuelle Besonderheiten, die in einer konkreten Vertragssituation auftreten könnten, nicht zu berücksichtigen (BGH NJW 92, 180, 181). Es ist vielmehr nur das **Klauselwerk als solches** zu betrachten, ggf vor dem Hintergrund eines typisierten Normalsachverhalts (»konkret-generelle Umstände«, so MüKoZPO/*Micklitz* Rn 11). Auf die in § 310 III Nr 3 BGB erwähnten »den Vertragsschluss begleitenden Umstände« kommt es im Verbandsklageverfahren nicht an (vgl BGH NJW 97, 1068, 1069 mwN).

10 **II. Auslegung.** Gemäß § 305c II BGB sind unklare AGB zu Lasten des Verwenders auszulegen. Im Individualverfahren bedeutet dies, dass sie möglichst kundenfreundlich ausgelegt werden. Im Verbandsklageverfahren kann dieser Grundsatz aber nicht angewandt werden, weil auch unklare AGB eine Beeinträchtigung des Rechtsverkehrs darstellen. Daher folgt aus § 305c II BGB, dass AGB im Verbandsklageverfahren in ihrer **kundenfeindlichsten Auslegung** zu überprüfen sind (BGH NJW 09, 2051). Gänzlich fernliegende Auslegungsmöglichkeiten bleiben allerdings außer Betracht (BGHZ 152, 262, 265).

11 **III. Folgen der Unwirksamkeit.** Sind die inkriminierten Klauseln unwirksam, so ist die Unterlassungsklage begründet und es ist entsprechend zu verurteilen. Eine **geltungserhaltende Reduktion** von AGB-Klauseln (s. PWW/*Berger* § 306 Rn 4) kommt gerade im Verbandsklageverfahren aus präventiven Gründen **nicht in Betracht** (BGHZ 145, 203; MüKoBGB/*Basedow* § 306 Rn 12). Es ist auch **keine ergänzende Vertragsauslegung** bei Unwirksamkeit einzelner AGB-Klauseln vorzunehmen, weil sich die Frage der konkreten Folgen der Unwirksamkeit einer Klausel allenfalls im Individualprozess stellen kann (BGH NJW 07, 1054, 1057).

12 **IV. Bedeutung einer behördlichen Genehmigung.** Auch soweit die Verwendung von AGB eine behördliche Genehmigung voraussetzt oder einer sonstigen öffentlich-rechtlichen Aufsicht unterliegt, ist eine Inhaltskontrolle gem §§ 307 ff BGB trotzdem möglich und notwendig (BGH NJW 07, 997, 998 mwN). Ggf ist aber die Aufsichtsbehörde gem § 8 II anzuhören.

E. Verwenden. I. Tatbestand. Eine Verwendung von AGB liegt in ihrer **Benutzung im rechtsgeschäftlichen Verkehr**, unabhängig davon, ob dem Verwender die Einbeziehung in konkrete Verträge gelingt oder nicht (BGH NJW 81, 979, 980). Eine Verwendung liegt also zB vor bei Aufdruck der AGB auf Briefbögen (BGH NJW 87, 2867) oder Rechnungsformularen, auf Verpackungen oder durch Aushänge in Ladengeschäften (Ddorf NJW-RR 01, 1563) oder bei **Berufung auf die AGB** bei der Vertragsabwicklung oder im Streitfall (BGH NJW 92, 179, 180). Letzteres gilt auch dann, wenn die AGB für Neuverträge nicht mehr benutzt werden, der Unternehmer sich aber bzgl bereits geschlossener Verträge auf die **alten AGB** beruft (BGH NJW 07, 1054, 1057). Daher liegt ein Verwenden von AGB auch vor, wenn der Unternehmer die **Rückerstattung** von Beträgen verweigert, die in der Vergangenheit auf Grund unwirksamer AGB vom Kunden entrichtet wurden (aA LG Bamberg 14.1.11 – 2 O 764/04). 13

Eine Verwendung kann nach richtiger Ansicht auch darin liegen, dass man sich im Rechtsverkehr auf die **AGB eines Dritten** beruft oder deren Nutzung im eigenen Interesse – etwa als **Vermittler oder Vertreter** – konkret befördert, ohne selbst die (avisierte) Vertragspartei hinsichtlich dieser AGB zu sein (Ulmer/Brandner/Hensen/*Witt* Rn 25; MüKoZPO/*Micklitz* Rn 21). Die Rspr ist hier widersprüchlich, indem sie einerseits nur die Vertragspartei als möglichen Verwender bezeichnet (BGHZ 112, 204, 215), andererseits aber den Vertreter jedenfalls dann als Verwender einstuft, wenn er die AGB vorformuliert hat (BGHZ 81, 229, 231). Der Zweck der Vorschrift, den Rechtsverkehr von unwirksamen AGB möglichst weitgehend freizuhalten, spricht hier für einen weiter gefassten Verwenderbegriff. 14

II. Rechtsfolge bei Verwendung. Der Verwender kann gem § 1 auf **Unterlassung der Verwendung** im soeben beschriebenen Sinne in Anspruch genommen werden, dh die betreffenden Bestimmungen dürfen weder für Neuverträge benutzt werden noch darf der Beklagte sich bei der Abwicklung bereits geschlossener Verträge auf sie berufen (BGHZ 127, 35, 37). Es gibt auch **keine Aufbrauchfrist** für Formulare mit rechtswidrigem Inhalt (BGH NJW 80, 2518, 2519). Weil der Verwender sich nun nicht mehr auf die unwirksamen Klauseln berufen darf, hat er auch den Anschein ihrer Wirksamkeit zu beseitigen, dh er muss etwaige **Vertragspartner** – sofern diese mit zumutbarem Aufwand ermittelt werden können – über die Unwirksamkeit der betreffenden Klauseln **unterrichten** (Köhler/Bornkamm/*Köhler* Rn 12; aA BGH NJW 08, 1160, 1162). Nach Ansicht des BGH ist ein Verwender nicht verpflichtet, einem gem § 4 UKlaG klageberechtigten Verband **Einsichtnahme** in die verwendeten AGB zu gewähren (BGH ZIP 10, 667 für das Preis- und Leistungsverzeichnis einer Bank). 15

F. Empfehlen für den rechtsgeschäftlichen Verkehr. I. Tatbestand. Nach der Rspr soll eine **Empfehlung** von AGB nur vorliegen, wenn sich diese an **mehr als einen potentiellen Verwender** richtet (BGHZ 112, 204, 209). Ein Rechtsanwalt oder sonstiger Berater, der AGB im Auftrag eines Unternehmens oder eines Verbands erarbeitet, ist daher nicht Empfehler iSv § 1 (Palandt/*Bassenge* Rn 14; differenzierend MüKoZPO/*Micklitz* Rn 38). Eine Veröffentlichung von Klauselwerken, zB in Formularbüchern, erfüllt dagegen stets den Tatbestand des Empfehlens (BGHZ 178, 1, 4). Dies gilt auch für die Veröffentlichung von AGB durch Berufs- oder Interessenverbände (Erman/*Roloff* Rn 4) ggü ihren Mitgliedern, die regelmässig dem Zweck dient, dass diese AGB auch verwendet werden. Im Falle der Empfehlung durch eine Publikation ist nicht nur der konkrete **Verfasser der AGB** als Empfehler iSv § 1 anzusehen, sondern je nach den konkreten Umständen **auch der Herausgeber oder der Verleger** (MüKoZPO/*Micklitz* Rn 38; Wolf/Lindacher/Pfeiffer/*Lindacher* Rn 43; aA Erman/*Roloff* Rn 5). Dies ergibt sich schon aus den allgemeinen Grundsätzen des Äußerungsrechts, die einen Unterlassungsanspruch nicht von vorneherein auf den Autor einer Äußerung beschränken (vgl die jüngere Diskussion zum Begriff der Störerhaftung zB in BGHZ 173, 188, 194; BGH NJW-RR 09, 1413, 1414). Hinzu kommt der Zweck der Vorschrift: Der Rechtsverkehr soll von unwirksamen AGB freigehalten werden, auch wenn zB ein Autor nicht zu ermitteln ist oder dieser gar keinen Einfluss auf die weitere Verbreitung der Publikation hat. 16

II. Rechtsfolge bei Empfehlung. Der Empfehler unwirksamer AGB kann nicht nur auf **Unterlassung**, sondern auch auf **Widerruf** der Empfehlung in Anspruch genommen werden. Für die Form des Widerrufs gilt § 9 Nr 4. 17

G. Wiederholungs- oder Erstbegehungsgefahr. I. Nachweis. Eine objektiv-rechtliche Kontrolle mittels Verbandsklage ist nur bei Wiederholungs- oder Erstbegehungsgefahr notwendig; daher wird dies als **ungeschriebenes Tatbestandsmerkmal** betrachtet (BGHZ 81, 222, 225; Palandt/*Bassenge* Rn 8). Eine **Erstbegehungsgefahr** ist vom Kl zu beweisen (Köhler/Bornkamm/*Köhler* Rn 11). Die **Wiederholungsgefahr** wird 18 dagegen schon durch den Nachweis der einmaligen Verwendung indiziert (BGH NJW 02, 2386). Dies gilt auch dann, wenn die betreffende Klausel nur ein »redaktionelles Versehen« darstellt und in der Unternehmenspraxis nicht durchgesetzt wird (LG Frankfurt ZIP 09, 1993). Allerdings begründet die offensichtlich einmalige Verwendung zu privaten Zwecken – zB privater Autoverkauf mit Formular – keine Wiederholungsgefahr (Ulmer/Brandner/Hensen/*Witt* Rn 37a).

19 **II. Wegfall.** Die Wiederholungsgefahr und kann idR nur durch eine unbedingte und strafbewehrte **Unterlassungserklärung** seitens des Verwenders ausgeräumt werden (vgl Palandt/*Bassenge* Rn 8; BGH NJW-RR 01, 485, 487) oder wenn ausnahmsweise das Verhalten des früheren Verwenders eindeutig Gewähr dafür bietet, dass es zu einer weiteren Verwendung nicht kommt (BGHZ 81, 222). Der Druck neuer und korrigierter AGB mit Vernichtung der alten reicht nicht aus, weil dies die Berufung auf die alten AGB nicht zuverlässig ausschließt (BGH NJW-RR 01, 485, 487). Auch eine Gesetzesänderung, welche die Unwirksamkeit der verwendeten AGB klarstellt, lässt die Wiederholungsgefahr nicht entfallen, weil nicht sicher ist, dass der Verwender sich gesetzestreu verhalten wird (LG Stuttgart 5.10.10 Az 20 O 87/10; aA Hamburg 27.7.10 Az 9 U 235/09).

20 Außerdem soll die Wiederholungsgefahr nach **rechtskräftiger Verurteilung** des Verwenders in einem Parallelverfahren entfallen (Ulmer/Brandner/Hensen Rn 29; vgl für das UWG-Verfahren BGH NJW-RR 03, 984, 985: Wiederholungsgefahr entfalle jedenfalls dann, wenn keine Zweifel an der Akzeptanz des Urteils durch den Schuldner oder an der Durchsetzung des Urteils durch den Gläubiger bestehen). Diese materiell-rechtliche Lösung des **Problems der Parallverfahren** überzeugt nicht, weil ein Urt nichts über seine wahrscheinliche Befolgung aussagt (Teplitzky 53) Sachlich geht es hier um einen Fall von *res iudicata* (s. § 5 Rz 13 f).

21 **H. Verjährung und Verwirkung.** Die gem § 1 begründete Klagebefugnis soll der **Verjährung gem §§ 195 ff BGB** unterliegen (BTDrs 14/6040, 275). Es gilt die dreijährige Frist des § 195. Bei der Verwendung unwirksamer AGB beginnt diese Frist gem § 199 I BGB aber erst mit Schluss des Jahres zu laufen, in welchem das betreffende Unternehmen diese AGB letztmalig in neue Verträge einführt und sich auch bzgl älterer Verträge nicht mehr auf diese AGB beruft (vgl LG Berlin ZIP 81, 1106). Dagegen ist die Empfehlung von AGB ein einmaliger Vorgang, so dass die Frist der §§ 195, 199 BGB mit Ablauf des Jahres beginnt, in dem die Empfehlung ausgesprochen wird. Aufgrund des objektiv-rechtlichen Kontrollcharakters der Klagekompetenz kommt eine **Verwirkung** derselben zB durch zunächst kooperatives oder einlenkendes Verhalten des klagebefugten Verbands nicht in Betracht (BGH NJW 95, 1488).

§ 2 Unterlassungsanspruch bei verbraucherschutzgesetzwidrigen Praktiken. (1) [1]Wer in anderer Weise als durch Verwendung oder Empfehlung von Allgemeinen Geschäftsbedingungen Vorschriften zuwiderhandelt, die dem Schutz der Verbraucher dienen (Verbraucherschutzgesetze), kann im Interesse des Verbraucherschutzes auf Unterlassung in Anspruch genommen werden. [2]Werden die Zuwiderhandlungen in einem geschäftlichen Betrieb von einem Angestellten oder einem Beauftragten begangen, so ist der Unterlassungsanspruch auch gegen den Inhaber des Betriebs begründet.

(2) Verbraucherschutzgesetze im Sinne dieser Vorschrift sind insbesondere

1. die Vorschriften des Bürgerlichen Rechts, die für
   a) Haustürgeschäfte,
   b) Fernabsatzverträge,
   c) Verbrauchsgüterkäufe,
   d) Teilzeit-Wohnrechteverträge, Verträge über langfristige Urlaubsprodukte sowie Vermittlungsverträge und Tauschsystemverträge,
   e) Verbraucherdarlehensverträge, Finanzierungshilfen und Ratenlieferungsverträge,
   f) Reiseverträge,
   g) Darlehensvermittlungsverträge sowie
   h) Zahlungsdiensteverträge

   zwischen einem Unternehmer und einem Verbraucher gelten,

2. die Vorschriften zur Umsetzung der Artikel 5, 10 und 11 der Richtlinie 2000/31/EG des Europäischen Parlaments und des Rates vom 8. Juni 2000 über bestimmte rechtliche Aspekte der Dienste der Informationsgesellschaft, insbesondere des elektronischen Geschäftsverkehrs, im Binnenmarkt ("Richtlinie über den elektronischen Geschäftsverkehr", ABl. EG Nr. L 178 S. 1),

3. das Fernunterrichtsschutzgesetz,
4. die Vorschriften des Bundes- und Landesrechts zur Umsetzung der Artikel 10 bis 21 der Richtlinie 89/552/EWG des Rates vom 3. Oktober 1989 zur Koordinierung bestimmter Rechts- und Verwaltungsvorschriften der Mitgliedstaaten über die Ausübung der Fernsehtätigkeit (ABl. EG Nr. L 298 S. 23), geändert durch die Richtlinie 97/36/EG des Europäischen Parlaments und des Rates vom 30. Juni 1997 zur Änderung der Richtlinie 89/552/EWG des Rates zur Koordinierung bestimmter Rechts- und Verwaltungsvorschriften der Mitgliedstaaten über die Ausübung der Fernsehtätigkeit (ABl. EG Nr. L 202 S. 60),
5. die entsprechenden Vorschriften des Arzneimittelgesetzes sowie Artikel 1 §§ 3 bis 13 des Gesetzes über die Werbung auf dem Gebiete des Heilwesens,
6. § 126 des Investmentgesetzes,
7. die Vorschriften des Abschnitts 6 des Wertpapierhandelsgesetzes, die das Verhältnis zwischen einem Wertpapierdienstleistungsunternehmen und einem Kunden regeln,
8. das Rechtsdienstleistungsgesetz,
9. § 37 Abs. 1 und 2, § 53 Abs. 2 und 3, §§ 54, 55 Abs. 2 und 3 sowie § 56 des Erneuerbare-Energien-Gesetzes,
10. das Wohn- und Betreuungsvertragsgesetz.

(3) Der Anspruch auf Unterlassung kann nicht geltend gemacht werden, wenn die Geltendmachung unter Berücksichtigung der gesamten Umstände missbräuchlich ist, insbesondere wenn sie vorwiegend dazu dient, gegen den Zuwiderhandelnden einen Anspruch auf Ersatz von Aufwendungen oder Kosten der Rechtsverfolgung entstehen zu lassen.

A. Zweck. Die Vorschrift erweitert die Verbandsklagebefugnis über das AGB-Recht (§ 1) und das Lauterkeitsrecht (§ 8 UWG) hinaus auf alle Verstöße gegen Verbraucherschutzgesetze, weil auch bei diesen typischerweise ein **Durchsetzungsdefizit** besteht, das sich aus dem ansonsten auf individueller Rechtsdurchsetzung beruhenden Privatrechtssystem ergibt. Der weite Begriff der Verbraucherschutzgesetze zeigt, dass es sich um eine **Auffangvorschrift** handelt, mit der ansonsten auftretenden Schutzlücken begegnet werden soll. 1

B. Anwendungsbereich. I. Abgrenzung zu § 1. Die Vorschrift des § 2 betrifft nur Fälle, die nicht die Verwendung oder Empfehlung von AGB betreffen. Auch ein Verstoß gegen das AGB-rechtliche Umgehungsverbot des § 306a BGB ist über § 1 zu kontrollieren (s. § 1 Rz 6). 2

II. Verhältnis zu § 8 UWG. In § 8 V 2 UWG wird klargestellt, dass das UKlaG (mit Ausnahme von § 4a, s. § 4a Rz 2) auf Verstöße gegen das UWG keine Anwendung findet. Das ist schon deshalb unschädlich, weil die in § 3 UKlaG genannten Einrichtungen regelmäßig auch nach § 8 III Nr 2–4 UWG klagebefugt sind. In vielen Fällen verstößt ein unternehmerisches Verhalten **zugleich gegen Verbraucherschutzgesetze wie auch gegen das UWG**; auch dann ist der Rückgriff auf § 2 UKlaG wegen § 8 V 2 UWG ausgeschlossen und unnötig (*E. Schmidt* NJW 02, 25, 27; aA die Regierungsbegründung in BTDrs 15/1487, 43, die von paralleler Anwendung ausgeht). 3

III. Fälle mit Auslandsberührung. Der Wortlaut der Vorschrift ist **nicht auf die Verletzung deutscher Gesetze** beschränkt (BGH NJW 09, 3371, 3373), sondern lässt den Anwendungsbereich offen. Teilweise wird jedoch die Auffassung vertreten, dass sich die Verbandsklagebefugnisse des deutschen Rechts auf die **Kontrolle von Verhalten im Inland** beschränken (Lindacher 79 mwN; zum UWG offen gelassen von BGH NJW 1998, 1227, 1228). Dies ergibt sich jedoch nicht aus dem Gesetz und ist auch sachlich unpassend, weil das mit der Verbandsklage zu bekämpfende Durchsetzungsdefizit sich nicht auf einen rein national gedachten Markt beschränken lässt (*Reich* RabelsZ 56, 444, 471; *Koch* JZ 91, 1039, 1041). Für grenzüberschreitende Fälle im Bereich der **EU** gilt zudem **§ 4a** (s. § 4a Rz 3). 4

IV. Verbraucherschutzgesetze. 1. Begriff. Die Legaldefinition in Abs 1 S 1 wird dahingehend erläutert, dass bei dem in Rede stehenden Gesetz der Verbraucherschutz der »eigentliche Zweck« sein soll und nicht nur untergeordnete Bedeutung haben oder »zufällige Nebenwirkung« sein dürfe (BTDrs 14/2658, 53). Der Begriff des Verbraucherschutzgesetzes ist **im materiellen Sinne** zu verstehen (»Vorschriften«), dh auch Rechtsverordnungen können darunter fallen (Köhler/Bornkamm/*Köhler* Rn 2). 5

6 **2. Regelbeispiele des Abs 2.** Die Aufzählung in **Nr 1** umfasst auch die BGB-InfoVO (Palandt/*Bassenge* Rn 11) sowie die allgemeinen Regeln zur Rückabwicklung von Schuldverhältnissen im Verhältnis zu Verbrauchern (Karlsruhe NJW-RR 08, 1016, 1018). Zu den in **Nr 2** genannten verbraucherschützenden Umsetzungsvorschriften gehören insb die Informationspflichten im elektronischen Geschäftsverkehr gem §§ 5 f TMG (ehemals TDG, vgl BGH GRUR 07, 723; aA Staud/*Schlosser* Rn 17). Das **FernUSG (Nr 3)** enthält auch Vorschriften zum Vertragsinhalt, insoweit mag § 1 UKlaG vorrangig sein. Die in **Nr 4** genannte Fernsehrichtlinie der EU ist mittlerweile gem Rl 2007/65/EG neugefasst als Richtlinie über audiovisuelle Mediendienste, die mit der 13. Änderung des **Rundfunkstaatsvertrags** in den deutschen Bundesländern umgesetzt wurde (s. zB GV NRW 10, 144). Darin sind zB zulässige Werbeinhalte sowie das Verbot der Schleichwerbung enthalten. Die Richtlinie wird außerdem umgesetzt durch den **Jugendmedienschutzstaatsvertrag**, der ua Beschränkungen bzgl der an Kinder und Jugendliche gerichteten Werbung enthält. Das **Arzneimittelrecht (Nr 5)** enthält Vorschriften zum Schutz der Gesundheit der Verbraucher (vgl *Beyerlein* PharmR 06, 18). **Nr 6 und 7** betreffen das Kapitalanlagerecht, da auch der private Kapitalanleger Verbraucher ist (BGHZ 149, 80, 86); im **WpHG** sind daher insb die Vorschriften über die Vermeidung von Interessenkonflikten (zB §§ 31, 31d) einschlägig. Das in **Nr 8** erwähnte **RDG** schützt den Verbraucher ua vor ohne ausreichende Qualifikation erbrachten Rechtsdienstleistungen (Palandt/*Bassenge* Rn 19). Die in **Nr 9** bezeichneten Vorschriften des **EEG** befassen sich mit der Abnahme und Vermarktung von Strom aus erneuerbaren Energien; das **WBVG (Nr 10)** schützt den Verbraucher bei Verträgen bzgl Alten- oder Behindertenwohnanlagen.

7 **3. Weitere Verbraucherschutzgesetze.** Die Aufzählung des Abs 2 ist **nicht abschließend**. Die Vorschrift beschränkt sich auch nicht auf den Schutz der ökonomischen Interessen des Verbrauchers (aA MüKoZPO/*Micklitz* Rn 39), wie zB der in Nr 5 avisierte Gesundheitsschutz und der mit Nr 4 angesprochene Jugendschutz belegen.

8 Verbraucherschutzgesetze iSd Abs 1 sind ua **§§ 241a, 661a BGB** (aA Köhler/Bornkamm/*Köhler* Rn 10) sowie **§ 676h BGB**, die **PreisangabenVO**, der zivilrechtliche Diskriminierungsschutz gem **§§ 19 f AGG** (Köhler/Bornkamm/*Köhler* Rn 2) sowie die Regeln zum **P-Konto** in § 850k VII ZPO (LG Köln 4.8.11 – 31 O 88/11). Auch das **Kartellrecht** ist Verbraucherschutzgesetz, weil der freie Wettbewerb kein Selbstzweck ist, sondern im Interesse optimaler und preisgünstiger Güterversorgung besteht. Die Vorschriften der §§ 33, 34a GWB haben insoweit keinen abschließenden Charakter (aA Köhler/Bornkamm/*Köhler* Rn 12); oft wird ein Kartellrechtsverstoß allerdings schon die Klagebefugnis nach § 8 UWG begründen. Weil der private Kapitalanleger Verbraucher ist (BGHZ 149, 80, 86), sind auch die **anlegerschützenden Normen des Bilanz- und Börsenrechts** Verbraucherschutzgesetze iSd Vorschrift. Gesetzliche Vorschriften zum **Datenschutz** sind ebenfalls Verbraucherschutzgesetze (MüKoZPO/*Micklitz* Rn 33; aA Staud/*Schlosser* Rn 18; Frankf NJW-RR 05, 1280, 1281; Hambg OLGR 05, 32), soweit es sich um Datensammlung- und Verwendung im geschäftlichen Verkehr mit Verbrauchern handelt. **Lebensmittelrechtliche Vorschriften** dienen der Gesundheit der Verbraucher und sind daher typische Verbraucherschutzgesetze (*Solf* LMuR 08, 133, 134).

9 Auch der **Kundenschutz im Telekommunikationsgeschäft** (§§ 43a ff TKG) gehört zum Verbraucherschutzrecht; allerdings besteht dazu als lex specialis die **besondere Verbandsklagebefugnis gem § 44 II TKG**, die wiederum auf § 3 UKlaG verweist. Die vorliegenden Ausführungen zum Verbandsklageverfahren sind auf § 44 II TKG entsprechend anwendbar.

10 **V. Im Interesse des Verbraucherschutzes.** Die Verbandsklage ist nur zulässig (aA Palandt/*Bassenge* Rn 6: Frage der Begründetheit), wenn sie gem Abs 1 im Interesse des Verbraucherschutzes erhoben wird. Damit ist gemeint, dass wegen der Bedeutung oder der Häufigkeit der Zuwiderhandlung gegen Verbraucherschutzgesetze eine generelle Klärung sinnvoll erscheint (BTDrs 14/2658, 53). Dies ist bei Verstößen durch unternehmerisches Handeln idR der Fall; nur versehentliche Verstöße im Einzelfall können eine Ausnahme bilden (Frankf OLGR 08, 640). Die Diskussion über das vom Wortlaut her gleiche Merkmal in Art 1 § 3 Nr 8 RBerG aF (vgl BGH NJW 07, 593) ist nicht übertragbar, weil es um unterschiedliche Dinge (dort: Gebündelte Durchsetzung von Individualansprüchen, hier: Objektiv-rechtliche Verhaltenskontrolle) geht. **Gesundheitsrelevante Rechtsverstöße** sind stets erheblich (vgl zu § 3 UWG BGH NJW 05, 2705, 2707).

11 **C. Zuwiderhandlung und Klageantrag.** Die Zuwiderhandlung gegen Verbraucherschutzgesetze kann in einem Tun oder Unterlassen (zB Verstoß gegen Informationspflichten) bestehen. Auch in letzterem Fall ist aber der Klageantrag wegen des Wortlauts des Abs 1 auf eine Verurteilung zu einem **Unterlassen** der Nicht-Information zu richten, so dass ggf gem § 890 ZPO vollstreckt werden kann (Palandt/*Bassenge* Rn 8). Dem

Unternehmer bleibt damit immer noch die Möglichkeit erhalten, seinen Geschäftsbetrieb ganz einzustellen. Im **Klageantrag** ist das inkriminierte Verhalten konkret und nicht nur beispielhaft zu beschreiben (BGH NJW 01, 3710, 3711).

D. Aktiv- und Passivlegitimation. Die Aktivlegitimation ergibt sich aus § 3. Passivlegitimiert sind gem Abs 1 S 2 (»auch«) sowohl der konkret handelnde Mitarbeiter wie auch der Unternehmensträger, der die Zuwiderhandlung entweder selbst oder durch Mitarbeiter oder Beauftragte (einschl Franchisenehmer, BGH NJW 95, 2355, 2356) begeht, sofern diese im betrieblichen Rahmen handeln. Eine Entlastung wie in § 831 BGB ist nicht möglich. 12

E. Missbrauchsverbot (Abs 3). I. Zweck und Kritik. In Abs 3 wird eine fragwürdige Tradition der wettbewerbsrechtlichen Literatur kodifiziert, die in der gewinnorientierten Bekämpfung von Rechtsverstößen einen »Missbrauch« rechtlicher Positionen sieht (die Abmahnung rechtswidrigen Verhaltens im finanziellen Interesse sei »schmarotzerhaft«, so *Kisseler* WRP 89, 623). Anders als in der sonstigen Marktwirtschaft ist die Verfolgung eigener **finanzieller Interessen** hier plötzlich verpönt, auch wenn sie **gesellschaftlich nützlich** ist, indem sie nämlich mithilft, Rechtsverstöße abzustellen (vgl Halfmeier 334 f). Hintergrund des Missbrauchsverbots ist ein Unbehagen an der realen Durchsetzung bestimmter als zu strikt empfundener materiell-rechtlicher Regeln (zB übertriebener oder zu komplizierter Informationsvorschriften); dann sind aber diese Regeln zu ändern und nicht ihre Durchsetzung als »missbräuchlich« zu brandmarken (Beater 799). 13

II. Vorwiegende finanzielle Interessen. Das Missbrauchsverbot des Abs 3 erlaubt nur altruistisches Handeln des Verbandsklägers und verbietet die »vorwiegende« Verfolgung finanzieller Interessen; damit sind die in der Vergangenheit ggf möglichen »**Abmahnvereine**« angesprochen. Ein derartiger Verein wäre aber heute gar nicht klagebefugt (§§ 3 und 4), so dass ein Fall des Abs 3 in der Realität kaum vorkommen dürfte. Im UWG-Recht wird allerdings eine **bewusste Mehrfachabmahnung** durch mehrere Konzernunternehmen unter bestimmten Umständen für missbräuchlich gehalten (BGHZ 149, 371 einerseits und BGH NJW-RR 04, 335 andererseits). Die **Beweislast** für die Voraussetzungen des Abs 3 liegt beim Beklagten (Palandt/*Bassenge* Rn 20). 14

F. Verjährung und Verwirkung. Wie bei § 1 (s. § 1 Rz 21) ist eine Verwirkung der Klagebefugnis des § 2 nicht möglich. Für die Verjährung gelten §§ 195 ff BGB; es kommt eine Hemmung durch Anrufung der Einigungsstelle (§ 12) in Betracht. 15

§ 2a Unterlassungsanspruch nach dem Urheberrechtsgesetz.

(1) Wer gegen § 95b Abs. 1 des Urheberrechtsgesetzes verstößt, kann auf Unterlassung in Anspruch genommen werden.
(2) Absatz 1 gilt nicht, soweit Werke und sonstige Schutzgegenstände der Öffentlichkeit auf Grund einer vertraglichen Vereinbarung in einer Weise zugänglich gemacht werden, dass sie Mitgliedern der Öffentlichkeit von Orten und zu Zeiten ihrer Wahl zugänglich sind.
(3) § 2 Abs. 3 gilt entsprechend.

A. Zweck und Anwendungsbereich. Die Vorschrift des § 95b I UrhG gibt einen Anspruch darauf, bestimmte Mittel zB technischer Art zu erhalten, die zur Durchsetzung urheberrechtlicher Schrankenbestimmungen erforderlich sind; diese Regelung soll durch die korrespondierende Verbandsklagebefugnis des **Abs 1** gestärkt werden, welche auf Unterlassung des Nichtzurverfügungstellens (Palandt/*Bassenge* Rn 1) gerichtet ist. Faktisch handelt es sich aber um eine **Leistungsklage zu Gunsten Dritter** (Staud/*Schlosser* § 2a ohne Rn). Der in **Abs 2** geregelte **Ausschlusstatbestand** entspricht § 95b II 2 UrhG. Zum **Missbrauchsverbot** des **Abs 3** s. § 2 Rz 13 f. 1

B. Klagebefugte. Die Anforderungen an die klagebefugten Verbände sind in § 3a geregelt. 2

§ 3 Anspruchsberechtigte Stellen.

(1) [1]Die in den §§ 1 und 2 bezeichneten Ansprüche auf Unterlassung und auf Widerruf stehen zu:

1. **qualifizierten Einrichtungen, die nachweisen, dass sie in die Liste qualifizierter Einrichtungen nach § 4 oder in dem Verzeichnis der Kommission der Europäischen Gemeinschaften nach Artikel 4 der Richtlinie 98/27/EG des Europäischen Parlaments und des Rates vom 19. Mai 1998 über Unterlassungsklagen zum Schutz der Verbraucherinteressen (ABl. EG Nr. L 166 S. 51) in der jeweils geltenden Fassung eingetragen sind,**

2. rechtsfähigen Verbänden zur Förderung gewerblicher oder selbstständiger beruflicher Interessen, soweit sie insbesondere nach ihrer personellen, sachlichen und finanziellen Ausstattung imstande sind, ihre satzungsgemäßen Aufgaben der Verfolgung gewerblicher oder selbstständiger beruflicher Interessen tatsächlich wahrzunehmen, und, bei Klagen nach § 2, soweit ihnen eine erhebliche Zahl von Unternehmern angehört, die Waren oder Dienstleistungen gleicher oder verwandter Art auf demselben Markt vertreiben und der Anspruch eine Handlung betrifft, die die Interessen ihrer Mitglieder berührt und die geeignet ist, den Wettbewerb nicht unerheblich zu verfälschen;
3. den Industrie- und Handelskammern oder den Handwerkskammern.

[2]Der Anspruch kann nur an Stellen im Sinne des Satzes 1 abgetreten werden.

(2) Die in Absatz 1 Nr. 1 bezeichneten Einrichtungen können Ansprüche auf Unterlassung und auf Widerruf nach § 1 nicht geltend machen, wenn Allgemeine Geschäftsbedingungen gegenüber einem Unternehmer (§ 14 des Bürgerlichen Gesetzbuchs) verwendet oder wenn Allgemeine Geschäftsbedingungen zur ausschließlichen Verwendung zwischen Unternehmern empfohlen werden.

1 **A. Zweck.** Die Vorschrift beschränkt die Befugnis zu einer objektiven Rechtskontrolle auf bestimmte Institutionen, die als besonders seriös und sachkundig angesehen werden. Damit soll ein angeblich drohender Missbrauch derartiger Befugnisse verhindert werden. Zugleich nimmt der Gesetzgeber damit in Kauf, dass die tatsächliche Wirkung der Kontrollbefugnisse von der Ausstattung und Initiative dieser Organisationen abhängt. Einzelne **Verbraucher** oder spontan gebildete **Initiativen** sind nicht gem § 3 klagebefugt. Auch **Konkurrenten** sind im UKlaG anders als im UWG nicht klagebefugt; allerdings wird sich Ihre Klagebefugnis häufig aus § 8 III Nr 1 UWG iVm § 4 Nr 11 UWG ergeben, wenn etwa unwirksame AGB verwendet werden oder in anderer Weise gegen Verbraucherschutzgesetze verstoßen wird (BGH NJW 11, 76 mit Anm *Köhler* GRUR 10, 1047).

2 **B. Dogmatische Einordnung.** Die hM geht davon aus, dass die Voraussetzungen des § 3 eine **Doppelnatur** haben und zugleich materiell-rechtliche Anspruchsvoraussetzungen wie auch vAw zu prüfende Regelungen zur Prozessführungsbefugnis darstellen (BGH NJW-RR 05, 1128, 1129 für die UWG-Verbandsklage; zust Palandt/*Bassenge* Rn 2). Diese Auffassung ist auf dem Boden der Theorie vom materiell-rechtlichen Anspruch der Verbände (s. § 1 Rz 2) nicht haltbar, weil für Anspruchsvoraussetzungen der Beibringungsgrundsatz gilt (R/S/G § 47 Rn 12). Sie ist aber sachlich richtig und zeigt daher, dass der Anspruchsbegriff hier nicht passt. Anders als bei der Durchsetzung von individuellen Rechtspositionen ist die Prozessführungsbefugnis bei der Verbandsklage nicht selbstverständlich und unterliegt daher als Prozessvoraussetzung der Prüfung vAw (Lindacher 80).

3 **C. Einzelne Klagebefugte (Abs 1). I. Qualifizierte Einrichtungen (Nr 1).** Die **Eintragung** in die vom Bundesamt für Justiz geführte **Liste** (s. § 4 Rz 1) oder in das von der EU-Kommission geführte Verzeichnis ist **konstitutiv** für die Erlangung der Klagebefugnis (Ulmer/Brandner/Hensen/*Witt* § 4 Rn 1; KG BB 01, 641); das Gericht ist daran gebunden und kann allenfalls eine Überprüfung der Eintragung beim Bundesamt anregen (s. § 4 Abs 4). Der Begriff der qualifizierten Einrichtung stammt aus der Rl 98/27/EG und soll deutlich machen, dass die Mitgliedstaaten nicht nur privatrechtlich organisierte Verbände, sondern auch staatliche Einrichtungen mit dieser Aufgabe betrauen können. Wer in dem in Nr 1 genannten **Verzeichnis der EU-Kommission** eingetragen ist, hat die **Klagebefugnis in der gesamten EU**, ohne dass es auf einen grenzüberschreitenden Charakter des Falles ankäme (Palandt/*Bassenge* Rn 5). Das Verzeichnis wird im ABl EU veröffentlicht, s. zuletzt ABl EU 2009, C 287, 1.

4 **II. Wirtschaftsverbände (Nr 2). 1. Anforderungen.** Der Verband muss **rechtsfähig** sein, dh juristische Personen des privaten oder öffentlichen Rechts kommen in Betracht, aber auch die BGB-Gesellschaft, soweit sie rechtsfähig ist. Die Förderung der in Nr 2 genannten unternehmerischen **Interessen** muss nach Ansicht der Rspr (entgegen dem Wortlaut der Vorschrift) **tatsächlich** stattfinden, wofür aber eine Vermutung spricht (BGH NJW-RR 01, 36). An die gem Nr 2 zu verlangende **Ausstattung** des Verbands sind keine überhöhten Anforderungen zu stellen, insb sind keine juristisch ausgebildeten Mitarbeiter erforderlich (BGH aaO). Eine gewisse finanzielle Grundausstattung durch Mitgliedsbeiträge oder sonstige Zuwendungen ist notwendig; die zusätzliche Finanzierung durch Abmahnpauschalen uä aber unschädlich (Palandt/*Bassenge* Rn 8; BGH NJW 00, 73).

2. Besondere Beschränkungen bei Klagen gem § 2. Die Klagebefugnis der in Nr 2 genannten Verbände besteht bei Klagen nach § 1 ohne weitere Beschränkungen. Nur bei Klagen nach § 2 gelten die in Nr 2 am Ende aufgeführten zusätzlichen Voraussetzungen (BGH NJW 03, 290). Diese Voraussetzungen sollen die Klagebefugnis auf Fälle beschränken, in denen ausreichend viele Verbandsmitglieder mit dem beklagten Unternehmen konkurrieren. Die Voraussetzungen dienen dem Schutz vor Missbräuchen; sie sind angesichts des in § 2 III vorhandenen Missbrauchsverbots sowie der ohnehin zugelassenen Klage eines einzelnen Konkurrenten in UWG-Sachen (§ 8 III Nr 1 UWG) weitgehend überflüssig. Das Merkmal der **erheblichen Zahl** von mit dem Bekl konkurrierenden Mitgliedern lässt sich nicht quantifizieren und soll nur atypische bzw nicht repräsentative Einzelfälle ausschließen (BGH NJW 96, 3276). Die **Berührung von Mitgliederinteressen** ist weit auszulegen und entfällt nur, wenn das inkriminierte Verhalten keinerlei Beziehung zu den Verbandsaufgaben hat (Palandt/*Bassenge* Rn 9). Die **Eignung zur nicht unerheblichen Verfälschung des Wettbewerbs** kann nur bei Bagatellsachen ausgeschlossen werden (Erman/*Roloff* Rn 7); dann wird aber idR auch kein ausreichendes »Interesse des Verbraucherschutzes« iSv § 2 I 1 vorliegen. 5

III. Kammern (Nr 3). Die in Nr 3 genannten Kammern haben von ihren Klagebefugnissen bisher kaum Gebrauch gemacht. 6

D. Beschränkung einzelner Klagebefugter auf Verbraucherschutz (Abs 2). Die Vorschrift des Abs 2 betrifft nur die AGB-Kontrollklage gem § 1. Wenn AGB sowohl ggü Verbrauchern wie auch ggü Unternehmern verwendet werden, kann die qualifizierte Einrichtung ihren **Klageantrag** auf die Verwendung ggü Verbrauchern beschränken und ist insoweit klagebefugt. Beim **Empfehlen von AGB** besteht nur dann keine Klagebefugnis für qualifizierte Einrichtungen, wenn die Empfehlung explizit auf den unternehmerischen Verkehr beschränkt ist oder aufgrund sonstiger Umstände feststeht, dass eine Verwendung ggü Verbrauchern typischerweise ausgeschlossen ist (BGHZ 178, 1 Rn 18). 7

E. Abtretung. Die eigenartige Vorschrift des **Abs 1 S 2** soll den Handel mit Klagerechten verhindern (BTDrs 14/2658, 52). Sie ist sinnlos, weil die möglichen »Zessionare« selbst immer schon Inhaber der Klagebefugnis sind. Auch hier zeigt sich, dass die Vorstellung des Individualanspruchs, über den man zB durch Abtretung verfügen kann, nicht zur Verbandsklagebefugnis passt. 8

F. Konkurrierende Klagen. Die Zuweisung der Kontrollbefugnis an eine Vielzahl von Organisationen wirft das Problem konkurrierender Klagen auf, s. dazu § 5 Rz 13. 9

§ 3a Anspruchsberechtigte Verbände nach § 2a.

[1]Der in § 2a Abs. 1 bezeichnete Anspruch auf Unterlassung steht rechtsfähigen Verbänden zur nicht gewerbsmäßigen und nicht nur vorübergehenden Förderung der Interessen derjenigen zu, die durch § 95b Abs. 1 Satz 1 des Urheberrechtsgesetzes begünstigt werden. [2]Der Anspruch kann nur an Verbände im Sinne des Satzes 1 abgetreten werden.

Die Vorschrift regelt die Voraussetzungen für eine Verbandsklagebefugnis gem § 2a. In Betracht kommen insb Behindertenverbände (Staud/*Schlosser* § 3a UKlaG ohne Rn). Die Regelung zur Abtretung in S 2 entspricht § 3 I 2, s. § 3 Rz 8. 1

§ 4 Qualifizierte Einrichtungen.

(1) [1]Das Bundesamt für Justiz führt eine Liste qualifizierter Einrichtungen. [2]Diese Liste wird mit dem Stand zum 1. Januar eines jeden Jahres im Bundesanzeiger bekannt gemacht und der Kommission der Europäischen Gemeinschaften unter Hinweis auf Artikel 4 Abs. 2 der Richtlinie 98/27/EG des Europäischen Parlaments und des Rates vom 19. Mai 1998 über Unterlassungsklagen zum Schutz der Verbraucherinteressen (ABl. EG Nr. L 166 S. 51) zugeleitet.
(2) [1]In die Liste werden auf Antrag rechtsfähige Verbände eingetragen, zu deren satzungsmäßigen Aufgaben es gehört, die Interessen der Verbraucher durch Aufklärung und Beratung nicht gewerbsmäßig und nicht nur vorübergehend wahrzunehmen, wenn sie in diesem Aufgabenbereich tätige Verbände oder mindestens 75 natürliche Personen als Mitglieder haben, seit mindestens einem Jahr bestehen und auf Grund ihrer bisherigen Tätigkeit Gewähr für eine sachgerechte Aufgabenerfüllung bieten. [2]Es wird unwiderleglich vermutet, dass Verbraucherzentralen und andere Verbraucherverbände, die mit öffentlichen Mitteln gefördert werden, diese Voraussetzungen erfüllen. [3]Die Eintragung in die Liste erfolgt unter Angabe von Namen, Anschrift, Registergericht, Registernummer und satzungsmäßigem Zweck. 4Sie ist mit Wirkung für die Zukunft aufzuheben, wenn

1. der Verband dies beantragt oder
2. die Voraussetzungen für die Eintragung nicht vorlagen oder weggefallen sind.
[4]Ist auf Grund tatsächlicher Anhaltspunkte damit zu rechnen, dass die Eintragung nach Satz 4 zurückzunehmen oder zu widerrufen ist, so soll das Bundesamt für Justiz das Ruhen der Eintragung für einen bestimmten Zeitraum von längstens drei Monaten anordnen. Widerspruch und Anfechtungsklage haben im Fall des Satzes 5 keine aufschiebende Wirkung.
(3) [1]Entscheidungen über Eintragungen erfolgen durch einen Bescheid, der dem Antragsteller zuzustellen ist. [2]Das Bundesamt für Justiz erteilt den Verbänden auf Antrag eine Bescheinigung über ihre Eintragung in die Liste. [3]Es bescheinigt auf Antrag Dritten, die daran ein rechtliches Interesse haben, dass die Eintragung eines Verbands in die Liste aufgehoben worden ist.
(4) Ergeben sich in einem Rechtsstreit begründete Zweifel an dem Vorliegen der Voraussetzungen nach Absatz 2 bei einer eingetragenen Einrichtung, so kann das Gericht das Bundesamt für Justiz zur Überprüfung der Eintragung auffordern und die Verhandlung bis zu dessen Entscheidung aussetzen.
(5) Das Bundesministerium der Justiz wird ermächtigt, durch Rechtsverordnung, die der Zustimmung des Bundesrates nicht bedarf, die Einzelheiten des Eintragungsverfahrens, insbesondere die zur Prüfung der Eintragungsvoraussetzungen erforderlichen Ermittlungen, sowie die Einzelheiten der Führung der Liste zu regeln.

1 **A. Zweck.** Die Vorschrift benennt die Anforderungen an Verbände und Institutionen, welche erfüllt sein müssen, um die Eintragung in die Liste bzw das EU-Verzeichnis und damit den Status einer klagebefugten qualifizierten Einrichtung iSv § 3 I 1 Nr 1 zu erlangen. Die **Liste qualifizierter Einrichtungen** wird beim beim Bundesamt für Justiz in Bonn geführt und jährlich im Bundesanzeiger veröffentlicht; sie ist auch unter www.bundesjustizamt.de abrufbar. Die in Abs 2 genannten konkreten Anforderungen sind **sachlich sinnlos**: Die Anzahl der Mitglieder eines Verbands, die Dauer seiner Existenz oder seine Aufklärungs- und Beratungstätigkeit haben nichts mit seiner Eignung zur Rechtsdurchsetzung zu tun. Es handelt sich um künstlich aufgestellte Barrieren, die nur mit einer unbegründeten **Furcht vor der Popularklage** zu erklären sind (vgl bereits BGH GRUR 73, 78). Der Gesetzgeber handelt hier paradox, indem er einerseits die Rechtsdurchsetzung in die Hände von Verbänden gibt, zugleich aber den Kreis klagebefugter Verbände durch sachfremde Vorschriften stark einschränkt.

2 **B. Eintragungsvoraussetzungen. I. Struktur und Tätigkeit des Verbands.** Der einzutragende Verband muss **rechtsfähig** sein, dh es kommen juristische Personen des privaten oder öffentlichen Rechts in Betracht, aber auch ggf die BGB-Gesellschaft. Der Verband muss eine satzungsgemäße und tatsächliche **Aufklärungs- und Beratungstätigkeit** im Verbraucherinteresse entfalten (BGH NJW 86, 1613), die sich aber auf einzelne Branchen, Aspekte oder Regionen beschränken kann (BGH NJW-RR 88, 1443); in derartigen Fällen wird unter Berufung auf die Rl 98/27/EG die Ansicht vertreten, dass die Klagebefugnis auf sachlich oder räumlich einschlägige Fälle beschränkt sei (Ulmer/Brandner/Hensen/*Witt* Rn 5; ähnl Palandt/*Bassenge* Rn 3). Die Tätigkeit des Verbands darf nicht **gewerbsmäßig** erfolgen, was zT dahingehend ausgelegt wird, dass der Verband sich im Wesentlichen aus Mitgliedsbeiträgen und Spenden finanzieren müsse (Palandt/*Bassenge* Rn 6). Der Begriff der Gewerbsmäßigkeit betrifft aber nicht die Finanzierungsstruktur einer Einrichtung, sondern ihre Zielsetzung. Er ist daher im üblichen Sinne zu verstehen, dh die Tätigkeit darf nicht zu bloßen Erwerbszwecken (Ulmer/Brandner/Hensen/*Witt* Rn 3) ausgeübt werden.

3 **II. Mitglieder.** Die gem Abs 2 S 1 erforderlichen 75 Mitglieder müssen nicht aktiv im Verband tätig sein (Wolf/Lindacher/Pfeiffer/*Lindacher* Rn 9). Bei Dachverbänden sind zwei Verbände als Mitglieder ausreichend (Ulmer/Brandner/Hensen/*Witt* Rn 4). Die Tätigkeitsbereiche der Mitgliedsverbände müssen nicht mit dem des Dachverbands identisch sein (BGH NJW 86, 1613).

4 **III. Vermutung (Abs 2 S 2).** Die unwiderlegliche Vermutung des Vorliegens der Eintragungsvoraussetzungen zu Gunsten öffentlich geförderter Verbände hängt nicht von der Höhe der Zuwendungen ab (*Reich* VuR 96, 143, 145; aA Wolf/Lindacher/Pfeiffer/*Lindacher* Rn 5: bloß symbolische Zuwendung sei nicht ausreichend; krit auch Palandt/*Bassenge* Rn 4).

5 **C. Eintragungsverfahren.** Die Eintragung in die Liste findet nur auf Antrag statt. Die Eintragungsvoraussetzungen sind vom Bundesamt vAw zu überprüfen, denn es handelt sich um ein Verwaltungsverfahren. Der Antragsteller kann ggf Verpflichtungsklage gem § 42 I VwGO erheben.

§ 4a Unterlassungsanspruch bei innergemeinschaftlichen Verstößen. **(1) Wer innergemeinschaftlich gegen Gesetze zum Schutz der Verbraucherinteressen im Sinne von Artikel 3 Buchstabe b der Verordnung (EG) Nr. 2006/2004 des Europäischen Parlaments und des Rates vom 27. Oktober 2004 über die Zusammenarbeit zwischen den für die Durchsetzung der Verbraucherschutzgesetze zuständigen nationalen Behörden (ABl. EU Nr. L 364 S. 1), geändert durch Artikel 16 Nr. 2 der Richtlinie 2005/29/EG des Europäischen Parlaments und des Rates vom 11. Mai 2005 (ABl. EU Nr. L 149 S. 22), verstößt, kann auf Unterlassung in Anspruch genommen werden.**
(2) § 2 Abs. 3 und § 3 Abs. 1 gelten entsprechend.

A. Zweck. Die in der Vorschrift genannte EG-VO 2006/2004 hat überwiegend öffentlich-rechtlichen Charakter; ergänzend wurde die vorliegende privatrechtliche Verbandsklagebefugnis geschaffen, um die Durchsetzung der genannten Rechtsvorschriften zu sichern. Damit wird § 2 weitgehend dupliziert. 1

B. Anwendungsbereich. I. Kontrollierbare Vorschriften. Gegenstand der Kontrolle sind die im Anhang zu Art 3 EG-VO 2006/2004 enumerativ aufgeführten Gesetze zum Schutz der Verbraucherinteressen, dh die nationalen Umsetzungsvorschriften zu den dort genannten 16 verbraucherschützenden EG-Richtlinien (zB die RL über Haustürgeschäfte, Verbraucherkredit, missbräuchliche Klauseln, Fernabsatz, Verbrauchsgüterkauf, elektronischen Geschäftsverkehr, Fluggastrechte und über unlautere Geschäftspraktiken). Eine Verletzung deutscher Verbraucherschutzvorschriften wird nicht vorausgesetzt (BGH NJW 09, 3371, 3373). Die Vorschrift des § 4a ist auch anwendbar, wenn zugleich ein Verstoß gegen das UWG vorliegt, weil § 8 V 2 UWG dies ausdrücklich zulässt. 2

II. Innergemeinschaftlicher Verstoß. Die Kontrollbefugnis bezieht sich auf innergemeinschaftliches, dh auf dem Territorium der EU-Mitgliedstaaten stattfindendes oder sich auswirkendes Verhalten. Es geht dabei um grenzüberschreitende Vorgänge, zB der Beeinträchtigung von Verbraucherinteressen in einem anderen Mitgliedstaat als dem Sitz des bekl Unternehmens (BTDrs 16/2930, 16 und 26). Zur internationalen Zuständigkeit s. § 6 Rz 2. 3

C. Missbrauchsverbot. Aufgrund der Verweisung in Abs 2 gilt das das Missbrauchsverbot gem § 2 III (s. § 2 Rz 13). 4

D. Aktiv- und Passivlegitimation. Inhaber der Klagebefugnis sind die in § 3 I genannten Einrichtungen. Da in § 4a II nicht auf § 3 II verwiesen wird, gelten die dort genannten Einschränkung für Verbraucherorganisationen nicht (Palandt/*Bassenge* Rn 2). 5

Abschnitt 2 Verfahrensvorschriften

Unterabschnitt 1 Allgemeine Vorschriften

§ 5 Anwendung der Zivilprozessordnung und anderer Vorschriften. **Auf das Verfahren sind die Vorschriften der Zivilprozessordnung und die § 12 Abs. 1, 2 und 4 des Gesetzes gegen den unlauteren Wettbewerb anzuwenden, soweit sich aus diesem Gesetz nicht etwas anderes ergibt.**

A. Zweck. Die Vorschrift regelt das Verfahren in Verbandsklagesachen im wesentlichen durch Verweis auf das in der ZPO geregelte Verfahren zur Durchsetzung individueller Ansprüche. Dies ist zwar aus Sicht derjenigen konsequent, die in der Verbandsklagekompetenz einen materiell-rechtlichen Anspruch sehen (s. § 1 Rz 2), führt aber in der Praxis zu erheblichen Friktionen aufgrund des objektiv-rechtlichen Charakters dieser Kontrollkompetenz. Die **Verfahrensgrundsätze** eines auf die Durchsetzung individueller Ansprüche zugeschnittenen Zivilprozesses passen jedenfalls nicht unmodifiziert auf das Verbandsklageverfahren (*E. Schmidt* NJW 02, 25, 30; Halfmeier 192 ff und 324 ff; aA Wolf/Lindacher/Pfeiffer/*Lindacher* Rn 3; Ulmer/Brandner/Hensen/*Witt* Rn 21; Palandt/*Bassenge* Rn 1). Für die Zukunft wäre eine eigene Regelung der Besonderheiten des Verbandsklageverfahrens innerhalb der ZPO wünschenswert. 1

B. Abmahnverfahren. I. Abmahnung. Der Verweis auf das Abmahnverfahren gem § 12 I UWG entspricht der Praxis. Die Abmahnung ist **Obliegenheit** des Verbandsklageberechtigten zur Vermeidung der Kosten- 2 folge des § 93 ZPO. Sie ist aber **entbehrlich**, wenn der Bekl sich der Rechtmäßigkeit seines Verhaltens berühmt (P/O/S § 12 UWG Rn 7), denn dann gibt er schon dadurch Anlass zur Klageerhebung iSv § 93 ZPO. In der Abmahnung ist der **konkrete Verstoß**, dh das beanstandete Verhalten zu spezifizieren. Eine rechtliche Begründung ist zweckmäßig, aber nicht zwingend erforderlich (Wolf/Lindacher/Pfeiffer/*Lindacher* Rn 15; aA Palandt/*Bassenge* Rn 3). Die Abmahnung soll außerdem eine **Aufforderung zur Abgabe einer Unterlassungserklärung** sowie die **Androhung weiterer rechtlicher Schritte** enthalten.

3 **II. Angemessene Vertragsstrafe.** Die abzugebende Unterlassungsverpflichtung soll gem § 12 I 1 UWG mit einer angemessenen Vertragsstrafe bewehrt werden. In der Praxis sind Beträge ab 2.500 üblich und angemessen (Ulmer/Brandner/Hensen/*Witt* Rn 5), im Hinblick auf eine fehlerhafte Widerrufsbelehrung auch 10.000 und bei einem großen Unternehmen sogar 25.000 (LG Köln 30.5.07 – 26 O 53/06). Sowohl der alte wie auch der neue **Hamburger Brauch** (Vertragsstrafe im Ermessen des Gerichts oder des Gläubigers gem § 315 BGB) sind angemessen iSv § 12 I 1 UWG (Wolf/Lindacher/Pfeiffer Rn 18; P/O/S § 12 UWG Rn 36; aA Ulmer/Brandner/Hensen/*Witt* Rn 5). Als Alternative zur strafbewehrten Unterlassungserklärung wird auch eine **notariell beurkundete Unterwerfung unter die sofortige Zwangsvollstreckung** vorgeschlagen (*Köhler* GRUR 10, 6).

4 **III. Aufwendungsersatz im Abmahnverfahren.** Die ältere Rechtsprechung zum Aufwendungsersatz für Abmahnkosten aus Geschäftsführung ohne Auftrag ist angesichts der heute geltenden gesetzlichen Regelung in § 12 I 2 UWG nicht mehr relevant. Sachlich enthält aber auch diese Vorschrift den Anspruch auf **Ersatz der erforderlichen Aufwendungen für die Abmahnung** (aber nicht für eine zweite Abmahnung, s. BGH NJW 10, 1208). Dazu gehören im Regelfall auch **Anwaltskosten,** weil das Verbraucherschutzrecht ohne fachliche Hilfe kaum durchschaubar ist. Bei der Abmahnung durch Verbände wird aber zT die Auffassung vertreten, dass diese so gut mit Personal ausgestattet sein müssen, dass sie Abmahnungen idR auch ohne Anwalt durchführen können (Celle 29.9.11 – 8 U 144/11; Ulmer/Brandner/Hensen/*Witt* Rn 8; ähnl zum alten Recht BGH NJW 84, 2525). Stattdessen werden in der Praxis **Pauschalbeträge** von etwa 200 Euro ersetzt (*Woitkewitsch* VuR 07, 252, 257). Dagegen spricht schon, dass zB gem § 4 II 1 das Personal zur Aufklärung und Beratung vorgehalten werden soll, nicht für Abmahntätigkeit. Für die UWG-Konkurrentenabmahnung werden auch großen Unternehmen mit eigener Rechtsabteilung Anwaltskosten zugesprochen (BGH NJW 08, 2651, 2652); die ebenfalls klagebefugten Verbände sollten nicht schlechter behandelt werden. Die Kosten einer **Gegenabmahnung** sind weder aus § 12 I 2 UWG noch aus §§ 683, 670 BGB erstattungsfähig; vielmehr kann zur Verteidigung sogleich **negative Feststellungsklage** erhoben werden, ohne dass der Kl die Kostenfolge des § 93 ZPO riskierte (Hamm 18.2.10 – 4 U 158/09; BGH GRUR 04, 790, 792).

5 **C. Einstweiliger Rechtsschutz. I. Dringlichkeitsvermutung.** Wegen der Verweisung auf § 12 II UWG wird der Verfügungsgrund (Dringlichkeit) **vermutet** und muss daher vom Antragsteller nicht glaubhaft gemacht werden. Die Rspr hält die Vermutung für **widerlegt**, wenn der Antragsteller mit seinem Verhalten zeigt, dass er die Sache selbst nicht als dringlich ansieht (BGH NJW-RR 00, 209). Dagegen spricht aber, dass die Dringlichkeit nicht auf die Verbandsinteressen bezogen ist, sondern auf das öffentliche Interesse an der Beendigung rechtswidriger Praktiken, welches nichts mit dem Verhalten des Verbandsklägers zu tun hat (Ulmer/Brandner/Hensen/*Witt* Rn 12). Die tw verwendeten Fristen von 4–6 Wochen sind jedenfalls zu kurz.

6 **II. Inhalt der Verfügung.** Auch im Falle einer AGB-Kontrollklage lautet die einstweilige Verfügung auf **Unterlassen**, dh der Verwendung oder Empfehlung der inkriminierten Bedingungen (Ulmer/Brandner/Hensen/*Witt* Rn 13; aA Staud/*Schlosser* § 1 Rn 8: nur Hinweis auf gerichtliche Überprüfung der AGB).

7 **III. Abschlusserklärung.** Das im Wettbewerbsrecht entwickelte Verfahren der **Abschlusserklärung** (vgl P/O/S § 12 UWG Rn 181 ff) nach einer einstweiligen Verfügung ist auch im UKlaG-Verfahren anwendbar (Wolf/Lindacher/Pfeiffer/*Lindacher* Rn 59).

8 **D. Sachverhaltsermittlung im Verbandsklageverfahren.** Es ist umstr, ob und in welcher Hinsicht der **Verhandlungsgrundsatz auch** im Verbandsklageverfahren gilt. Weder die apodiktische Behauptung seiner uneingeschränkten Geltung (Palandt/*Bassenge* Rn 1) noch seine komplette Ersetzung durch den **Untersuchungsgrundsatz** aufgrund des öffentlichen Interesses am Verfahren (Reinel 134; ebenso *Häsemeyer* FS Spellenberg 2010, 99, 103 ff, der den Verband als Beliehenen des Staates sieht) können überzeugen. Vielmehr ist zu differenzieren (*E. Schmidt* NJW 89, 1192, 1196): Das jeweilige **Einzelgeschehen** – zB die Verwendung bestimmter AGB durch den Bekl – ist von der beweisbelasteten Partei vorzutragen und ggf zu

beweisen. Soweit aber soziale oder ökonomische Tatsachen benötigt werden, um die fraglichen materiell-rechtlichen Normen zu konkretisieren – so für § 307 BGB die Verhältnisse auf bestimmten Märkten oder in gewissen Branchen (BGHZ 110, 241, 244) oder die im UWG relevante Verkehrsauffassung (BGHZ 156, 250, 255) – handelt es sich regelmäßig um **Normtatsachen**, für die der **Untersuchungsgrundsatz** gilt (vgl R/S/G 755 mwN; grdl *E. Schmidt* FS Wassermann 807 ff; aA MüKoZPO/*Micklitz* Rn 4 f).

E. Dispositionsbefugnis. I. Klagerücknahme. Trotz des öffentlichen Interesses am Verfahrensgegenstand steht es dem Verbandskläger frei, die Klage zurückzunehmen, weil er ja von vorneherein nicht zur Klage gezwungen ist (*E. Schmidt* NJW 89, 1192, 1195; aA Göbel 141). Abweichend vom Wortlaut des § 269 I ZPO ist die **Einwilligung des Bekl** auch nach Beginn der mündlichen Verhandlung **nicht erforderlich**, weil der Zweck dieser Vorschrift, nämlich eine dauerhafte Klärung der Streitfrage, im abstrakten Verbandsklageverfahren ohnehin nicht erreicht werden kann (Halfmeier 329; vgl BGH GRUR 93, 895 zur patentrechtlichen Popularklage). 9

II. Verzicht und Verwirkung. Die Verbandsklagebefugnis ist keine disponible Rechtsposition; daher kommt weder eine Verwirkung (BGH NJW 95, 1488) noch ein Erlassvertrag iSv § 397 I BGB in Betracht. Auch der **Klageverzicht** setzt eine solche Position voraus (MüKoZPO/*Musielak* § 306 Rn 4) und ist daher für den Verbandskläger nicht möglich (aA Palandt/*Bassenge* Rn 1). 10

III. Anerkenntnis. Auf Seiten des Bekl ist dagegen die Dispositionsmöglichkeit (zB über die Verwendung bestimmter AGB) typischerweise gegeben; er kann daher daher ein Anerkenntnis gem § 307 erklären. Sind die Parteirollen umgekehrt, etwa bei einer negativen Feststellungsklage eines Unternehmens gegen einen Verband, so kommt dagegen ein Anerkenntnis durch den Verband nicht in Betracht, weil es die Dispositionsmöglichkeit über den betreffenden Gegenstand voraussetzt (vgl RGZ 156, 70, 75). 11

IV. Vergleich. Ein Vergleich ist auch im Verbandsklageverfahren möglich (zur Praxis vgl Bultmann 94 ff). Die daraus entstehenden Verpflichtungen dürfen aber nicht gegen zwingendes Recht verstoßen. Anders als im Individualverfahren kann ein solcher Vergleich nicht die materiell-rechtliche Lage verändern, denn diese steht nicht zur Disposition des Verbandsklagebefugten. Er kann sich auch durch einen Vergleich nicht seiner Klagebefugnis entledigen. 12

F. Streitgegenstand der Verbandsklage. I. Konkurrierende Verbandsklagen. Die hM versucht, das durch die Vielzahl der Klagebefugten theoretisch und gelegentlich auch praktisch auftretende Problem konkurrierender Verbandsklagen materiell-rechtlich über den Begriff der Wiederholungsgefahr zu lösen (s. § 1 Rz 19). Vorzugswürdig ist eine genauere Bestimmung des **Streitgegenstands** der Verbandsklage: Weil keine subjektive Rechtsposition des Klägers geltend gemacht wird, ist auch der Streitgegenstand subjektlos und bezieht sich ausschließlich auf das geltend gemachte Unterlassungsbegehren (ausf Halfmeier 303 ff). Dieser **entindividualisierte Streitgegenstand der Verbandsklage** führt dazu, dass Parallelklagen mehrerer Verbände schon wegen § 261 III Nr 1 ZPO unzulässig sind. Ein zweiter Verband kann aber als Nebenintervenient gem § 66 ZPO dem Verfahren beitreten. Das Gericht kann auch von sich aus geeignete Personen oder Verbände zur Nebenintervention auffordern (Staud/*Schlosser* Rn 3). 13

II. Rechtskraftwirkung. Aufgrund des soeben dargestellten entindividualisierten Streitgegenstands der Verbandsklage wirkt die Rechtskraft eines Urteils nach dem hier vertretenen Ansatz **für und gegen alle Verbandsklageberechtigten**. Bei der **erfolgreichen Verbandsklage** heisst dies, dass eine zweite Klage wegen desselben Rechtsverstoßes unzulässig ist (nach hM ggf unbegründet, s. § 1 Rz 19). Die Befolgung des Urteils kann dadurch gesichert werden, dass man jedem Verbandsklageberechtigten die Vollstreckungsmöglichkeit analog § 727 ZPO zugesteht (Einzelheiten bei Halfmeier 308 ff). Wird die Verbandsklage als **unbegründet abgewiesen**, so sind weitere Prozesse ebenfalls unzulässig, denn auch zu Gunsten des Bekl gilt *ne bis in idem.* Diese Rechtskraftwirkung im Verhältnis zu den anderen Klagebefugten setzt allerdings eine Benachrichtigung mit Hinweis auf die Möglichkeit der Nebenintervention voraus (Halfmeier 320), die in der Praxis bisher nicht stattfindet. 14

G. Kostenrecht. I. Streitwert. Ausschlaggebend für die Bemessung des Streitwerts (s.a. § 3 ZPO Rz 37) ist das Allgemeininteresse am Unterbleiben des Gebrauchs der strittigen AGB-Klauseln (BGH NJW-RR 01, 352 mwN) bzw des sonstigen Rechtsverstoßes. In Verfahren nach § 1 wird idR ein Streitwert von bis zu 2.500 je inkriminierter AGB-Klausel angenommen (BGH NJW-RR 07, 497) oder insgesamt bis zu 10.000 (Ulmer/Brandner/Hensen/*Witt* Rn 30). Gemäß § 48 I 2 GKG gilt eine Höchstgrenze von 250.000; zu 15 diesem höchstmöglichen Betrag sind konkrete Überlegungen zum Streitwert ins Verhältnis zu setzen (Wolf/Lindacher/Pfeiffer/*Lindacher* Rn 79). Die Vorschrift des § 5 verweist außerdem auf die Möglichkeit einer **Streitwertminderung gem § 12 IV UWG**. Auf Grund der schwachen finanziellen Austattung von Verbraucherverbänden wird bei ihnen eine Minderung des Streitwerts häufiger angezeigt sein als bei Wettbewerbsverbänden (BGH GRUR 11, 560).

16 **II. Einzelne Kosten.** Abweichend von allgemeinen Grundsätzen (BGH NJW 03, 901) gewährt die Rspr keine Reisekosten für den Anwalt des Verbandsklägers an den auswärtigen Prozessort (BGH NJW-RR 09, 556).

§ 6 Zuständigkeit. **(1) [1]Für Klagen nach diesem Gesetz ist das Landgericht ausschließlich zuständig, in dessen Bezirk der Beklagte seine gewerbliche Niederlassung oder in Ermangelung einer solchen seinen Wohnsitz hat. [2]Hat der Beklagte im Inland weder eine gewerbliche Niederlassung noch einen Wohnsitz, so ist das Gericht des inländischen Aufenthaltsorts zuständig, in Ermangelung eines solchen das Gericht, in dessen Bezirk**
1. die nach den §§ 307 bis 309 des Bürgerlichen Gesetzbuchs unwirksamen Bestimmungen in Allgemeinen Geschäftsbedingungen verwendet wurden,
2. gegen Verbraucherschutzgesetze verstoßen wurde oder
3. gegen § 95b Abs. 1 des Urheberrechtsgesetzes verstoßen wurde.
(2) [1]Die Landesregierungen werden ermächtigt, zur sachdienlichen Förderung oder schnelleren Erledigung der Verfahren durch Rechtsverordnung einem Landgericht für die Bezirke mehrerer Landgerichte Rechtsstreitigkeiten nach diesem Gesetz zuzuweisen. [2]Die Landesregierungen können die Ermächtigung durch Rechtsverordnung auf die Landesjustizverwaltungen übertragen.
(3) Die vorstehenden Absätze gelten nicht für Klagen, die einen Anspruch der in § 13 bezeichneten Art zum Gegenstand haben.

1 **A. Zweck.** Die Vorschrift bezweckt bei inländischen Beklagten eine Konzentration der Zuständigkeit, weil nach den allgemeinen Regeln (insb § 32 ZPO) andernfalls oft ein »fliegender Gerichtsstand«, dh eine Auswahl unter vielen möglichen Gerichten in Betracht käme. Bei ausländischen Beklagten verbleibt es gem Abs 1 S 2 bei dieser Auswahl unter den Gerichten der jeweiligen Begehungsorte.

2 **B. Internationale Zuständigkeit. I. EuGVO.** Für Fragen der internationalen Zuständigkeit gilt vorrangig die EuGVO. Ist sie anwendbar – insb aufgrund des Sitzes des Beklagten innerhalb der EU (vgl Art 2 EuGVO Rz 2) – so kann die Verbandsklage nicht nur am Sitz des Bekl, sondern auch in dem Staat anhängig gemacht werden, in dem die inkriminierte Handlung stattfand oder stattzufinden droht. Dies ergibt sich daraus, dass es sich bei den im UKlaG thematisierten Rechtsverstössen um unerlaubte Handlungen iSd **Art 5 Nr 3 EuGVO** handelt (BGH NJW 09, 3371; ebenso noch zum EuGVÜ EuGH NJW 02, 3617). Der BGH möchte hier auch die vom EuGH im Bereich des Persönlichkeitsschutzes entwickelte **Shevill-Doktrin** (EuGH NJW 95, 1881) zur Anwendung bringen, wonach sich die Kognitionsbefugnis des am Deliktsort entscheidenden Gerichts nur auf Handlungen im Forumstaat beziehen soll (BGH NJW 09, 3371, 3375); nur das Gericht am Sitz des Beklagten habe eine unbeschränkte Zuständigkeit. Diese Doktrin hat der EuGH nun aber dahingehend verändert, dass eine unbeschränkte Zuständigkeit zur Entscheidung über den (ggf weltweiten) Gesamtschaden auch am »Mittelpunkt der Interessen» des Verletzten besteht (EuGH 25.10.11 – C-509/09, C-161/10 – eDate und Martinez), dh idR an dessen Wohnsitz. Es bleibt abzuwarten, ob und welche Auswirkungen diese Entscheidung auf das Zuständigkeitsrecht in Verbraucherschutzsachen hat.

3 **II. Autonomes Zuständigkeitsrecht.** Ist das **nationale Zuständigkeitsrecht** anwendbar, weil der Beklagte zB seinen Sitz nicht in einem EU-Mitgliedstaat hat, so ergibt sich die internationale Zuständigkeit ebenso wie die örtliche aus § 6 I UKlaG, der insoweit den § 32 ZPO verdrängt (aA wohl LG Berlin 28.6.11 – 16 O 249/10). Das autonome deutsche Zuständigkeitsrecht kennt aber keine Beschränkung der Kognitionsbefugnis iSd Shevill-Doktrin (s. § 32 ZPO Rz 15; St/J/*Roth* § 32 ZPO Rn 40; aA PWW/*Schaub* Art 40 EGBGB Rn 11).

4 **C. Örtliche Zuständigkeit. I. Beklagter mit Wohnsitz oder Niederlassung im Inland (Abs 1 S 1).** Die **örtliche Zuständigkeit** für Verbandsklageverfahren ist gem Abs 1 bei inländischen Beklagten an deren

Wohnsitz bzw **gewerblicher Niederlassung** konzentriert. Der Begriff der Niederlassung entspricht § 21 ZPO. Am Ort einer Zweigniederlassung besteht aber nur dann eine Zuständigkeit, wenn der inkriminierte Verstoß auf den Bereich der Zweigniederlassung beschränkt ist (LG Dortmund WM 09, 723).

II. Örtliche Zuständigkeit am Begehungsort (Abs 1 S 2). Hat der Bekl keinen Wohnsitz und keine Niederlassung im Inland, so ist jedes Gericht zuständig, in dessen Sprengel das inkriminierte Verhalten stattfand (zB dort abrufbare Internetseite, LG Hamburg VuR 09, 433). Es gelten sinngemäß die Ausführungen bei § 32 ZPO Rz 13 ff; der Kl hat gem § 35 ZPO die Wahl zwischen den zuständigen Gerichten. Der in **Nr 3** genannte Verstoß gegen § 95b I UrhG findet regelmäßig am Sitz des Anspruchsinhabers statt (Wandtke/Bullinger Rn 2). 5

D. Konzentrationsverordnungen (Abs 2). Verordnungen gem Abs 2 zur Konzentration der Zuständigkeit in UKlaG-Sachen gibt es in **Bayern** (GVBl. 04, 471: LG München I, LG Nürnberg-Fürth und LG Bamberg für die jeweiligen OLG-Bezirke), **Hessen** (GVBl. 02, 88: LG Frankfurt am Main), **Mecklenburg-Vorpommern** (GVBl. 94, 514, zuletzt geändert in GVBl. 08, 18: LG Rostock) und **Nordrhein-Westfalen** (GVBl 02, 446: LG Düsseldorf und LG Köln für die jeweiligen OLG-Bezirke sowie LG Dortmund für den Bezirk des OLG Hamm). 6

E. Keine Anwendung auf die Vertragsstrafklage. Wenn ein klagebefugter Verband nicht die Unterlassungsklage gem §§ 1 ff erhebt, sondern wegen einer angeblichen Zuwiderhandlung gegen eine strafbewehrte Unterlassungserklärung auf Zahlung der in dieser Erklärung versprochenen Vertragsstrafe klagt, so wird ein vertraglicher Anspruch geltend gemacht und keine »Klage nach diesem Gesetz« gem § 6. Die Vorschrift ist daher in solchen Fällen **weder direkt noch analog** anwendbar; es gelten vielmehr die allgemeinen Regeln zur Zuständigkeit (*Rieble* JZ 09, 716, 721; Köhler/Bornkamm/*Köhler* Rn 1; aA *Stillner* VuR 11, 160; Ulmer/Brandner/Hensen/*Witt* Rn 1; MüKoZPO/*Micklitz* Rn 4 für analoge Anwendung des § 6 auch in anderen Konstellationen). 7

F. Konkurrierende Zuständigkeiten. Wird eine Klage sowohl auf Normen des UKlaG als auch auf sonstige Vorschriften (zB UWG) gestützt, kann es zu einer Konkurrenz ausschließlicher Gerichtsstände kommen, insb zwischen § 6 UKlaG iVm einer Konzentrationsverordnung sowie § 13 f UWG. Der Kl hat dann gem § 35 ZPO die Wahl (LG Bonn 24.10.11 – 1 O 430/10). 8

§ 7 Veröffentlichungsbefugnis.

[1]Wird der Klage stattgegeben, so kann dem Kläger auf Antrag die Befugnis zugesprochen werden, die Urteilsformel mit der Bezeichnung des verurteilten Beklagten auf dessen Kosten im Bundesanzeiger, im Übrigen auf eigene Kosten bekannt zu machen. [2]Das Gericht kann die Befugnis zeitlich begrenzen.

A. Zweck. I. Veröffentlichung im Bundesanzeiger auf Kosten des Beklagten (S 1 Alt 1). Die Vorschrift soll die **faktische Breitenwirkung** eines Urteils verbessern, indem die Urteilsformel auf Kosten des unterlegenen Beklagten im Bundesanzeiger bekannt gemacht wird. Dieses Ziel wird aber nicht erreicht, weil der Bundesanzeiger weder von Verbrauchern noch von den meisten Unternehmern regelmäßig gelesen wird. Die Vorschrift ist daher weitgehend sinnlos, deswegen aber nicht unwirksam (aA wohl Wolf/Lindacher/Pfeiffer/*Lindacher* Rn 4). Rechtspolitisch wäre eine andere Art der Publikation wünschenswert, zB im Internet. 1

II. Sonstige Veröffentlichung auf Kosten des Klägers (S 1 Alt 2). Die Formulierung »im Übrigen auf eigene Kosten« ist missverständlich und rein **deklaratorisch**, denn auch ohne entsprechende Tenorierung ist es dem Kl schon wegen Art 5 GG gestattet, die Entscheidung auf eigene Kosten zu veröffentlichen (Wolf/Lindacher/Pfeiffer/*Lindacher* Rn 2). 2

B. Ermessen des Gerichts. Wird die Veröffentlichungsbefugnis gem S 1 Alt 1 beantragt, so ist diese vom Gericht immer dann zu gewähren, wenn eine Information der Öffentlichkeit angezeigt erscheint, zB bei einem größeren Kreis von Betroffenen oder auch wenn es um die Empfehlung von AGB geht (Ulmer/Brandner/Hensen/*Witt* Rn 4). Dem bloß deklaratorischen Antrag nach S 1 Alt 2 ist stets stattzugeben, insoweit besteht kein Ermessen (Wolf/Lindacher/Pfeiffer/*Lindacher* Rn 9). 3

Unterabschnitt 2 Besondere Vorschriften für Klagen nach § 1

§ 8 Klageantrag und Anhörung. (1) Der Klageantrag muss bei Klagen nach § 1 auch enthalten:
1. den Wortlaut der beanstandeten Bestimmungen in Allgemeinen Geschäftsbedingungen,
2. die Bezeichnung der Art der Rechtsgeschäfte, für die die Bestimmungen beanstandet werden.
(2) Das Gericht hat vor der Entscheidung über eine Klage nach § 1 die Bundesanstalt für Finanzdienstleistungsaufsicht (Bundesanstalt) zu hören, wenn Gegenstand der Klage
1. Bestimmungen in Allgemeinen Versicherungsbedingungen sind oder
2. Bestimmungen in Allgemeinen Geschäftsbedingungen sind, die die Bundesanstalt nach Maßgabe des Gesetzes über Bausparkassen oder des Investmentgesetzes zu genehmigen hat.

1 **A. Zweck.** Die Vorschrift des Abs 1 konkretisiert § 253 II Nr 2 ZPO für die AGB-Kontrollklage. Das Gericht ist gem § 308 I ZPO an die Parteianträge gebunden (Reinel 135; aA Göbel 138); es kann aber gem § 139 I ZPO darauf hinwirken, dass das fragliche Klauselwerk in angemessenem Umfang überprüft wird.

2 **B. Notwendiger Inhalt des Klageantrags (Abs 1).** Neben dem Wortlaut der angeblich unwirksamen AGB muss der Klageantrag auch die Bezeichnung der einschlägigen Geschäfte enthalten, weil von den branchen- oder marktspezifischen Umständen die Wirksamkeit der Bestimmungen abhängen kann (Palandt/*Bassenge* Rn 4). Insbesondere muss ggf zwischen Geschäften mit Verbrauchern und Unternehmern differenziert werden.

3 **C. Anhörung der BAFin bei AVB und genehmigungsbedürftigen AGB (Abs 2).** Mit der Vorschrift soll die öffentlich-rechtliche Aufsicht über bestimmte Branchen-AGB mit der privatrechtlichen Kontrolle verzahnt werden. Die BAFin ist zu einer Äußerung aber nicht verpflichtet und wird auch nicht Verfahrensbeteiligte; sie ist nur »Richtergehilfin« (Wolf/Lindacher/Pfeiffer/*Lindacher* Rn 28). Ein Verstoß des Gerichts gegen die Anhörungspflicht führt in der Berufungsinstanz nicht zur Zurückverweisung, sondern die Anhörung wird nachgeholt (Ulmer/Brandner/Hensen/*Witt* Rn 12). In der Praxis läuft die Vorschrift leer, weil die BAFin sich nicht äußert.

4 Auf **andere Bereiche** öffentlich-rechtlicher Aufsicht (zB AGB der Banken und Sparkassen, Transportunternehmen oder Energieversorger) ist die Vorschrift des Abs 2 **nicht analog anwendbar** (MüKoZPO/*Micklitz* Rn 8 mwN). Das Gericht kann aber gem §§ 273 II Nr 2, 358a Nr 2 nach eigenem Ermessen amtliche Auskünfte oder Stellungnahmen einholen (Ulmer/Brandner/Hensen/*Witt* Rn 13).

§ 9 Besonderheiten der Urteilsformel. Erachtet das Gericht die Klage nach § 1 für begründet, so enthält die Urteilsformel auch:
1. die beanstandeten Bestimmungen der Allgemeinen Geschäftsbedingungen im Wortlaut,
2. die Bezeichnung der Art der Rechtsgeschäfte, für welche die den Unterlassungsanspruch begründenden Bestimmungen der Allgemeinen Geschäftsbedingungen nicht verwendet oder empfohlen werden dürfen,
3. das Gebot, die Verwendung oder Empfehlung inhaltsgleicher Bestimmungen in Allgemeinen Geschäftsbedingungen zu unterlassen,
4. für den Fall der Verurteilung zum Widerruf das Gebot, das Urteil in gleicher Weise bekannt zu geben, wie die Empfehlung verbreitet wurde.

1 **A. Zweck und Anwendungsbereich.** Die Vorschrift ergänzt § 313 ZPO im Hinblick auf die speziellen Erfordernisse der AGB-Kontrollklage. Die Vorschrift gilt nur für Urteile, nicht für einstweilige Verfügungen, die wegen § 938 ZPO mehr Spielraum lassen (aA Palandt/*Bassenge* Rn 1). Auch auf eine erfolgreiche Feststellungsklage des AGB-Verwenders gegen einen klagebefugten Verband ist die Vorschrift nicht anwendbar, auch wenn ein ähnlicher Tenor sinnvoll erscheint (vgl MüKoZPO/*Micklitz* Rn 2).

2 **B. Tenorierung. I. Unterlassungsurteil.** Ein typischer Tenor könnte lauten: »Die Bekl wird verurteilt, es bei Vermeidung eines für jeden Fall der Zuwiderhandlung festzusetzenden Ordnungsgeldes bis 250.000, ersatzweise Ordnungshaft bis zu sechs Monaten, zu unterlassen, nachfolgende oder mit diesen inhaltsgleiche Klauseln in Bezug auf Verträge [mit Verbrauchern] über (...) zu verwenden oder sich bei der Abwicklung derartiger nach dem 1.4.77 geschlossener Verträge auf diese oder inhaltsgleiche Klauseln zu berufen (...)«

Der Begriff der **Klausel** macht hier ausreichend deutlich, dass nur AGB iSv § 305 BGB betroffen sind (Köln WM 02, 853). Die Erwähnung **inhaltsgleicher** Bestimmungen stellt nur klar, dass nach der wettbewerbsrechtlichen Rspr ein Unterlassungsgebot auch bei »kerngleichen« Handlungen verletzt ist (BGH NJW 01, 3710, 3711). Auch die Erwähnung des **Berufens auf die Klauseln** bei der Vertragsabwicklung ist nur deklaratorischer Natur, weil dies bereits im Begriff des Verwendens iSv § 1 enthalten ist; sie ist aber in der Praxis üblich. 3

II. Verurteilung zum Widerruf. Die Art und Weise der Bekanntgabe des Widerrufs ist konkret zu benennen, um die Zwangsvollstreckung gem §§ 887 oder 888 ZPO zu ermöglichen. Bei Empfehlungen in Formularbüchern reicht der Widerruf in der Folgeauflage nicht aus, um die Empfehlungswirkung zu beseitigen, sondern das Gericht hat zusätzliche angemessene Formen der Bekanntgabe zu bestimmen, zB eine Zeitungsanzeige (MüKoZPO/*Micklitz* Rn 6). 4

§ 10 Einwendung wegen abweichender Entscheidung. Der Verwender, dem die Verwendung einer Bestimmung untersagt worden ist, kann im Wege der Klage nach § 767 der Zivilprozessordnung einwenden, dass nachträglich eine Entscheidung des Bundesgerichtshofs oder des Gemeinsamen Senats der Obersten Gerichtshöfe des Bundes ergangen ist, welche die Verwendung dieser Bestimmung für dieselbe Art von Rechtsgeschäften nicht untersagt, und dass die Zwangsvollstreckung aus dem Urteil gegen ihn in unzumutbarer Weise seinen Geschäftsbetrieb beeinträchtigen würde.

A. Zweck. Im allgemeinen Prozessrecht kann eine **Vollstreckungsgegenklage** nicht auf eine nach dem Urt geänderte oder neue höchstrichterliche Rechtsprechung gestützt werden (s. § 767 ZPO Rz 26). Von diesem Grundsatz weicht § 10 für die Fälle der AGB-Kontrolle durch Verbandsklage ab, weil die angestrebte objektiv-rechtliche Kontrolle nicht mehr notwendig ist, wenn das objektive Recht in seiner aktuellen höchstrichterlichen Auslegung die fragliche Klausel erlaubt. Außerdem sollen gleiche Bedingungen für alle Marktteilnehmer herrschen. Die Vorschrift bleibt aber ein **Fremdkörper** im Prozessrecht, zumal sie bei § 2 und im Lauterkeitsrecht nicht gilt. Systemkonformer wäre eine Eingangszuständigkeit zB des OLG oder gar des BGH für AGB-Kontrollklagen (*E. Schmidt* NJW 89, 1192, 1197). 1

B. Nachträgliche obergerichtliche Entscheidung. Es muss sich um eine streitige Entscheidung handeln, dh nicht um einen Klageverzicht eines Verbandsklägers vor dem BGH (*Häsemeyer* AcP 188, 140, 157), was aber nach richtiger Auffassung ohnehin unmöglich ist (s. § 5 Rz 10). Auch Entscheidungen in Individualprozessen kommen in Betracht, sofern sie nicht auf speziellen Umständen des Einzelfalls beruhen (MüKoZPO/*Micklitz* Rn 7 mwN). 2

C. Unzumutbare Beeinträchtigung durch Zwangsvollstreckung. Eine solche Beeinträchtigung ist idR anzunehmen, wenn der betroffene Verwender durch das ihn noch treffende Verbot im Wettbewerb Nachteile erleidet (Palandt/*Bassenge* Rn 5; aA MüKoZPO/*Micklitz* Rn 11: nur bei »spürbaren« Nachteilen bzw »gravierenden« Bestimmungen). 3

§ 11 Wirkungen des Urteils. [1]Handelt der verurteilte Verwender einem auf § 1 beruhenden Unterlassungsgebot zuwider, so ist die Bestimmung in den Allgemeinen Geschäftsbedingungen als unwirksam anzusehen, soweit sich der betroffene Vertragsteil auf die Wirkung des Unterlassungsurteils beruft. [2]Er kann sich jedoch auf die Wirkung des Unterlassungsurteils nicht berufen, wenn der verurteilte Verwender gegen das Urteil die Klage nach § 10 erheben könnte.

A. Zweck. Die AGB-Verbandsklage verfolgt das Ziel, den Rechtsverkehr nach Möglichkeit von unwirksamen AGB freizuhalten; ihre Wirkung soll daher über das Verhältnis zwischen Verbandskläger und beklagtem Verwender hinausreichen. Die Vorschrift des § 11 verleiht dem Urt in einem AGB-Verbandsklageverfahren daher eine **beschränkte Breitenwirkung** in der Weise, dass betroffene Vertragspartner des Verwenders die bereits im Verbandsklageverfahren festgestellte Unwirksamkeit von AGB-Bestimmungen auch im Individualprozess geltend machen können. Die Vorschrift ist praktisch allerdings weitgehend **bedeutungslos** (MüKoZPO/*Micklitz* Rn 2); ihre Bedeutung tritt hinter die faktische Breitenwirkung von AGB-Kontrollklagen weit zurück. 1

2 **B. Breitenwirkung des Urteils. I. Dogmatische Einordnung.** Die Vorschrift wird überwiegend als eine **atypische Form der Rechtskrafterstreckung** angesehen (Palandt/*Bassenge* Rn 1; *Basedow* AcP 182, 335, 346). Das im Verbandsverfahren ergangene Unterlassungsurteil wird nur in seiner Feststellungswirkung hinsichtlich der Unwirksamkeit der betreffenden Klausel auf den Individualprozess erstreckt. Diese Wirkung ist aber anders als in sonstigen Fällen der Rechtskrafterstreckung (BGH NJW 93, 3204, 3205) nicht vAw zu beachten, sondern nur auf **Einrede** der begünstigten Partei. Dies passt nicht dazu, dass die Regeln über die Rechtskraft nicht nur dem Schutz der jeweiligen Partei dienen, sondern auch der Entlastung der Gerichte und der Einheitlichkeit der staatlichen Rechtsordnung (s. nur MüKoZPO/*Gottwald* § 322 Rn 52).

3 **II. Wirkung nur zu Lasten des Verwenders.** Die Wirkungserstreckung findet nur zu Lasten eines **verurteilten Verwenders** statt, nicht zu seinen Gunsten. Hat also ein Verwender im Verbandsklageverfahren obsiegt, weil das Gericht bestimmte AGB-Klauseln für wirksam gehalten hat, so ist das Gericht im Individualverfahren nicht an diese Feststellung gebunden; das Urt im Verbandsklageprozess hat dann bloß faktische Bedeutung. Zu Lasten **anderer Verwender**, die nicht im Verbandsklageverfahren verurteilt wurden, gibt es ebenfalls keine Rechtskrafterstreckung. Für beide Varianten fehlt das rechtliche Gehör der jeweils belasteten Partei.

4 **C. Ausschluss der Wirkungserstreckung (S 2).** Bei Änderung der einschlägigen höchstrichterlichen Rechtsprechung kann ein verurteilter Verwender gegen das im Verbandsklageverfahren ergangene Urt gem § 10 die Vollstreckungsgegenklage erheben. Daher soll in dieser Konstellation auch die Wirkungserstreckung entfallen. Problematisch ist aber, dass nach dem Wortlaut der Vorschrift die Vollstreckungsgegenklage weder erfolgreich noch erhoben sein muss. Es reicht aus, dass sie erhoben werden »könnte«. Falls der Verwender sich auf diese Möglichkeit beruft, sind die Erfolgsaussichten der Vollstreckungsgegenklage inzident im Individualprozess zu überprüfen (dazu mit Recht krit MüKoZPO/*Micklitz* Rn 10).

Unterabschnitt 3 Besondere Vorschriften für Klagen nach § 2

§ 12 Einigungsstelle. Für Klagen nach § 2 gelten § 15 des Gesetzes gegen den unlauteren Wettbewerb und die darin enthaltene Verordnungsermächtigung entsprechend.

1 **A. Zweck und Charakter der Einigungsstelle.** Bei den Einigungsstellen handelt es sich um eine im Lauterkeitsrecht bewährte Form der außergerichtlichen Streitbeilegung ohne Anwaltszwang. Weil die Einigungsstelle eine Lösung nur mit Zustimmung der Parteien erreichen kann (§ 15 VI, VII UWG), handelt es sich nicht um ein Schiedsgericht, sondern um eine Form der **Mediation**.

2 **B. Entsprechende Anwendung von § 15 UWG.** Die Einigungsstellen bestehen in den einzelnen Bundesländern, die jeweils Durchführungsverordnungen gem § 15 XI UWG erlassen haben. Die Einigungsstellen arbeiten nur auf **Antrag der Parteien** (§ 15 III UWG) und ihre **Anrufung ist fakultativ**. Ist eine Klage bereits erhoben, so kann der Richter einen Termin vor der Einigungsstelle auf Antrag einer Partei anberaumen (§ 15 X 1 UWG). Die Anrufung der Einigungsstelle **hemmt die Verjährung in gleicher Weise wie die Klageerhebung** (§ 15 IX UWG); vgl iÜ zum Verfahren vor den Einigungsstellen P/O/S § 15 UWG Rn 3 ff.

Abschnitt 3 Auskunft zur Durchführung von Unterlassungsklagen

§ 13 Auskunftsanspruch der anspruchsberechtigten Stellen. (1) Wer geschäftsmäßig Post-, Telekommunikations- oder Telemediendienste erbringt oder an der Erbringung solcher Dienste mitwirkt, hat

1. qualifizierten Einrichtungen, die nachweisen, dass sie in die Liste gemäß § 4 oder in das Verzeichnis der Kommission der Europäischen Gemeinschaften gemäß Artikel 4 der Richtlinie 98/27/EG eingetragen sind,
2. rechtsfähigen Verbänden zur Förderung gewerblicher oder selbständiger beruflicher Interessen und
3. Industrie- und Handelskammern oder den Handwerkskammern

auf deren Verlangen den Namen und die zustellungsfähige Anschrift eines Beteiligten an Post-, Telekommunikations- oder Telemediendiensten mitzuteilen, wenn diese Stellen schriftlich versichern, dass sie die Angaben zur Durchsetzung ihrer Ansprüche gemäß § 1 oder § 2 benötigen und nicht anderweitig beschaffen können.
(2) [1]Der Anspruch besteht nur, soweit die Auskunft ausschließlich anhand der bei dem Auskunftspflichtigen vorhandenen Bestandsdaten erteilt werden kann. [2]Die Auskunft darf nicht deshalb verweigert werden, weil der Beteiligte, dessen Angaben mitgeteilt werden sollen, in die Übermittlung nicht einwilligt.
(3) [1]Der Auskunftspflichtige kann von dem Anspruchsberechtigten einen angemessenen Ausgleich für die Erteilung der Auskunft verlangen. [2]Der Beteiligte hat, wenn der gegen ihn geltend gemachte Anspruch nach § 1 oder § 2 begründet ist, dem Anspruchsberechtigten den gezahlten Ausgleich zu erstatten.

A. Zweck und Anwendungsbereich. Die Vorschrift soll es den klagebefugten Verbänden und Einzelpersonen (wegen des Verweises in § 13a) ermöglichen, den Namen und die Anschrift möglicher Bekl zu ermitteln, wenn diese zB im Internet oder über andere Kommunikationsmittel auftreten, dabei aber ihre Identität nicht oder nur unvollständig preisgeben. Eine analoge Anwendung hinsichtlich der Auskunft über den Inhalt von AGB findet nicht statt (BGH ZIP 10, 667). 1

B. Aktiv- und Passivlegitimation. Inhaber des Auskunftsanspruchs sind die gem § 3 klagebefugten Einrichtungen. **Anspruchsgegner** sind die Erbringer der in Abs 1 genannten Kommunikationsdienste, dh zB die Deutsche Post AG für von ihr bereitgestellte Postfächer, Telefonnetzbetreiber für Telefonnummern und die DENIC eG für auf .de endende Internetadressen (Palandt/*Bassenge* Rn 3). 2

C. Anspruchsvoraussetzungen. I. Beteiligung der Zielperson an den Diensten. Der Anspruch setzt voraus, dass diejenige Person, deren Adressdaten ermittelt werden sollen, an den vom Anspruchsgegner erbrachten Diensten beteiligt ist, dh diese aktiv nutzt. Ein Vertragsverhältnis zwischen dieser Person und dem Anspruchsgegner ist nicht erforderlich. 3

II. Schriftliche Versicherung. Der Anspruchsteller hat die schriftliche Versicherung gem Abs 1 abzugeben, wonach die Angaben zur Anspruchsdurchsetzung benötigt werden und nicht anders beschafft werden können. Die Versicherung darf aber wegen § 242 BGB nicht offensichtlich unrichtig sein, dh die begehrten Angaben dürfen nicht problemlos auf andere Weise – zB durch Internetrecherche oder Telefonbücher – zu beschaffen sein (LG Bonn 7.3.08 – 5 S 174/07). 4

III. Angaben aus Bestandsdaten ermittelbar (Abs 2). Der Anspruchsgegner ist nur insoweit zur Auskunft verpflichtet, als er diese aufgrund seiner vorhandenen Bestandsdaten erbringen kann (vgl Köln 23.2.11 – 6 W 199/10: Keine Ermittlungen zu Rechtsfähigkeit oder Vertretungsverhältnissen notwendig); insoweit trifft ihn jedoch die Beweislast (Erman/*Roloff* Rn 4). 5

D. Ausgleichsanspruch des Auskunftpflichtigen (Abs 3). Der Auskunftsberechtigte schuldet dem Auskunftsverpflichteten einen angemessenen Ausgleich für dessen Aufwendungen. Je nach Einzelfall kann dies auch unter den tatsächlich entstandenen Kosten liegen, weil die Auskunft im öffentlichen Interesse liegt (Köhler/Bornkamm/*Köhler* Rn 8; BTDrs 14/6857, 71). Der Anspruchsberechtigte kann bzgl dieser Ausgleichszahlung wiederum **Regress gem Abs 3 S 2** bei der Zielperson nehmen, wenn die gegen diese dann gerichtete Abmahnung bzw Klage erfolgreich ist. 6

§ 13a Auskunftsanspruch sonstiger Betroffener.

Wer von einem anderen Unterlassung der Lieferung unbestellter Sachen, der Erbringung unbestellter sonstiger Leistungen oder der Zusendung oder sonstiger Übermittlung unverlangter Werbung verlangen kann, hat die Ansprüche gemäß § 13 mit der Maßgabe, dass an die Stelle des Anspruchs nach § 1 oder § 2 sein Anspruch auf Unterlassung nach allgemeinen Vorschriften tritt.

A. Zweck. Die Vorschrift behandelt nicht eine Verbandsklagebefugnis, sondern gibt jedem individuell Betroffenen (zB dem Empfänger einer rechtswidrig versandten Werbe-SMS oder E-Mail) einen Auskunftsanspruch zur Durchsetzung eines zB auf § 1004 BGB gestützten Abwehranspruchs (krit aus Sicht der Telekommunikationsunternehmen *Rehart/Eckhardt* WRP 08, 1286). 1

2 **B. Anwendungsbereich.** Als Grundlage für den Auskunftsanspruch kommen zB Unterlassungsansprüche gem §§ 823, 862 und 1004 BGB in Betracht, aber auch solche aus § 8 III Nr 1 UWG (Köhler/Bornkamm/*Köhler* Rn 2). Diese Ansprüche müssen sich aber auf die in der Vorschrift genannten Verhaltensweisen beziehen. Die Vorschrift des § 13a UKlaG kommt daher nicht zur Anwendung, wenn Auskunft über einen Anschlussinhaber zum Zwecke der Vaterschaftsfeststellung begehrt wird (LG Bonn 29.9.10 Az 1 O 207/10).

3 **C. Sachliche Voraussetzungen.** Für die Passivlegitimation und die Anspruchsvoraussetzungen gilt § 13.

4 **D. Verhältnis zum Anspruch der Verbände (§ 13).** Der Individualanspruch steht gleichberechtigt neben der Auskunftsbefugnis der Verbände (BGH NJW 08, 1236, 1237). Der insoweit missverständliche § 13a S 2 wurde inzwischen gestrichen.

Abschnitt 4 Außergerichtliche Schlichtung

§ 14 Schlichtungsverfahren. **(1) Bei Streitigkeiten aus der Anwendung**

1. der Vorschriften des Bürgerlichen Gesetzbuchs betreffend Fernabsatzverträge über Finanzdienstleistungen,
2. der §§ 491 bis 509 des Bürgerlichen Gesetzbuchs,
3. der §§ 675c bis 676c des Bürgerlichen Gesetzbuchs und der Verordnung (EG) Nr. 924/2009 des Europäischen Parlaments und des Rates vom 16. September 2009 über grenzüberschreitende Zahlungen in der Gemeinschaft und zur Aufhebung der Verordnung (EG) Nr. 2560/2001 (ABl. L 266 vom 9.10.2009, S. 11) oder
4. des § 2 Absatz 1a Satz 3 und des § 23b des Zahlungsdiensteaufsichtsgesetzes zwischen E-Geld-Emittenten und ihren Kunden.

können die Beteiligten unbeschadet ihres Rechts, die Gerichte anzurufen, die Schlichtungsstelle anrufen, die bei der Deutschen Bundesbank einzurichten ist.

(2) [1]Das Bundesministerium der Justiz regelt durch Rechtsverordnung, die nicht der Zustimmung des Bundesrates bedarf, die näheren Einzelheiten des Verfahrens der Schlichtungsstelle nach Absatz 1 und die Zusammenarbeit mit vergleichbaren Stellen zur außergerichtlichen Streitbeilegung in anderen Vertragsstaaten des Abkommens über den Europäischen Wirtschaftsraum. [2]Das Verfahren ist auf die Verwirklichung des Rechts auszurichten und es muss gewährleisten, dass

1. die Schlichtungsstelle unabhängig ist und unparteiisch handelt,
2. ihre Verfahrensregelungen für Interessierte zugänglich sind und
3. die Beteiligten des Schlichtungsverfahrens rechtliches Gehör erhalten, insbesondere Tatsachen und Bewertungen vorbringen können.

[3]Die Rechtsverordnung regelt auch die Pflicht der Unternehmen, sich nach Maßgabe eines geeigneten Verteilungsschlüssels an den Kosten des Verfahrens zu beteiligen; das Nähere, insbesondere zu diesem Verteilungsschlüssel, regelt die Rechtsverordnung.

(3) Das Bundesministerium der Justiz wird ermächtigt, im Einvernehmen mit den Bundesministerien der Finanzen und für Wirtschaft und Technologie durch Rechtsverordnung mit Zustimmung des Bundesrates die Streitschlichtungsaufgabe nach Absatz 1 auf eine oder mehrere geeignete private Stellen zu übertragen, wenn die Aufgabe dort zweckmäßiger erledigt werden kann.

1 **A. Zweck und Anwendungsbereich.** Die Norm des § 14 dient ua der Umsetzung der Rl 97/5/EG über grenzüberschreitende Überweisungen sowie der Rl 2002/65/EG über den Fernabsatz von Finanzdienstleistungen. Sie soll die außergerichtliche Streitbeilegung im Bereich der Finanzdienstleistungen (Abs 1 Nr 1–4) fördern. Die in Abs 1 Nr 3 genannte EG-Verordnung Nr 924/2009 betrifft zB die Gebühren für grenzüberschreitende Lastschriften und Überweisungen.

2 **B. Schlichtungsstellen.** Für das Schlichtungsverfahren gilt die gem Abs 2 erlassene SchlichtVerfVO (BGBl 2002 I, 2577, zuletzt geändert in BGBl 2009 I, 2355). Die Aufgaben der Schlichtungsstelle gem § 14 UKlaG sind gem dessen Abs 3 iVm § 7 SchlichtVerfVO an verschiedene Bankenverbände jeweils für den Bereich ihrer Mitglieder übertragen (s. zB zur Schlichtung durch den Bundesverband deutscher Banken *Meder/Arndt* BKR 2009, 215, 216).

C. Ablauf und Wirkung des Schlichtungsverfahrens. Es handelt sich um eine Form der **Mediation**, in der die Schlichter einen Vergleichsvorschlag machen, zu dessen Annahme sich die Banken allerdings einseitig verpflichtet haben, wenn der Streitwert nicht über 5.000 beträgt (*Meder/Arndt* aaO). Die Schlichtung ist freiwillig und ist nur zulässig, wenn der Beschwerdegegenstand noch nicht rechtshängig ist (§ 3 I Nr 1 SchlichtVerfVO). Während des Schlichtungsverfahrens ist die Verjährung gem §§ 203, 204 I Nr 4 BGB gehemmt. 3

Abschnitt 5 Anwendungsbereich

§ 15 Ausnahme für das Arbeitsrecht. **Dieses Gesetz findet auf das Arbeitsrecht keine Anwendung.**

A. Zweck. Mit der Einbeziehung von Arbeitsverträgen in die AGB-Kontrolle (§ 310 IV 2 BGB) bedurfte es aus Sicht des Gesetzgebers der Klarstellung, dass die im UKlaG geregelten objektiv-rechtlichen Kontrollkompetenzen sich nicht auf das Arbeitsrecht beziehen. Allerdings gibt es auch im Arbeitsrecht ein dem Verbraucherschutz strukturell vergleichbares **Durchsetzungsdefizit.** In Form von Betriebsräten und Gewerkschaften greifen hier ggf aber andere Unterstützungsmechanismen für die abhängig Beschäftigten (krit zum Ausschluss des Arbeitsrechts aus dem UKlaG zB *Reinecke* NZA 05, 953, 961; MüKoZPO/*Micklitz* Rn 1). 1

B. Ausnahmebereich Arbeitsrecht. Unter Arbeitsrecht versteht man das Sonderrecht der Arbeitnehmer, dh insb das Arbeitsvertragsrecht, das Arbeitsschutzrecht und das kollektive Arbeitsrecht (s. Palandt/*Weidenkaff* Einf v § 611 BGB Rn 3). Somit bezieht sich die Ausnahme des § 15 auf alle Sachverhalte, die sich durch die Arbeitnehmereigenschaft (zur Abgrenzung s. PWW/*Lingemann* § 611 BGB Rn 17 ff) des oder der Betroffenen auszeichnen und dadurch geprägt sind. Soweit aber Arbeitnehmer mit dem Arbeitgeber neben dem Arbeitsvertrag noch weitere Verträge schließen, handelt es sich nicht um einen arbeitsrechtlichen Sachverhalt (zB Kaufvertrag: BAG NJW 94, 213). 2

Abschnitt 6 Überleitungsvorschriften

§ 16 Überleitungsvorschrift zur Aufhebung des AGB-Gesetzes. **(1) Soweit am 1. Januar 2002 Verfahren nach dem AGB-Gesetz in der Fassung der Bekanntmachung vom 29. Juni 2000 (BGBl. I S. 946) anhängig sind, werden diese nach den Vorschriften dieses Gesetzes abgeschlossen.**

(2) [1]Das beim Bundeskartellamt geführte Entscheidungsregister nach § 20 des AGB-Gesetzes steht bis zum Ablauf des 31. Dezember 2004 unter den bis zum Ablauf des 31. Dezember 2001 geltenden Voraussetzungen zur Einsicht offen. [2]Die in dem Register eingetragenen Entscheidungen werden 20 Jahre nach ihrer Eintragung in das Register, spätestens mit dem Ablauf des 31. Dezember 2004 gelöscht.

(3) Schlichtungsstellen im Sinne von § 14 Abs. 1 sind auch die auf Grund des bisherigen § 29 Abs. 1 des AGB-Gesetzes eingerichteten Stellen.

(4) [1]Die nach § 22a des AGB-Gesetzes eingerichtete Liste qualifizierter Einrichtungen wird nach § 4 fortgeführt. [2]Mit Ablauf des 31. Dezember 2001 eingetragene Verbände brauchen die Jahresfrist des § 4 Abs. 2 Satz 1 nicht einzuhalten.

Das in **Abs 2** erwähnte Entscheidungsregister war in der Praxis bedeutungslos (BTDrs 14/6040, 276). Mit seiner Aufhebung ist aber auch die Bedeutung des § 11 noch weiter abgesunken, weil es nun keine amtliche Quelle für etwaige relevante Entscheidungen mehr gibt. Angesichts der Möglichkeiten des Internet wäre hier ein neuer Anlauf denkbar und zweckmäßig. 1

Verordnung (EG) Nr 44/2001 des Rates (EuGVO)

vom 22.12.2000 über die gerichtliche Zuständigkeit und die Anerkennung und Vollstreckung von Entscheidungen in Zivil- und Handelssachen (ABlEG 12/1 vom 16.1.2001)

(1) Die Gemeinschaft hat sich zum Ziel gesetzt, einen Raum der Freiheit, der Sicherheit und des Rechts, in dem der freie Personenverkehr gewährleistet ist, zu erhalten und weiterzuentwickeln. Zum schrittweisen Aufbau dieses Raums hat die Gemeinschaft unter anderem im Bereich der justiziellen Zusammenarbeit in Zivilsachen die für das reibungslose Funktionieren des Binnenmarkts erforderlichen Maßnahmen zu erlassen.
(2) Die Unterschiede zwischen bestimmten einzelstaatlichen Vorschriften über die gerichtliche Zuständigkeit und die Anerkennung von Entscheidungen erschweren das reibungslose Funktionieren des Binnenmarkts. Es ist daher unerlässlich, Bestimmungen zu erlassen, um die Vorschriften über die internationale Zuständigkeit in Zivil- und Handelssachen zu vereinheitlichen und die Formalitäten im Hinblick auf eine rasche und unkomplizierte Anerkennung und Vollstreckung von Entscheidungen aus den durch diese Verordnung gebundenen Mitgliedstaaten zu vereinfachen.
(3) Dieser Bereich fällt unter die justizielle Zusammenarbeit in Zivilsachen im Sinne von Artikel 65 des Vertrags.
(4) Nach dem in Artikel 5 des Vertrags niedergelegten Subsidiaritäts- und Verhältnismäßigkeitsprinzip können die Ziele dieser Verordnung auf der Ebene der Mitgliedstaaten nicht ausreichend erreicht werden; sie können daher besser auf Gemeinschaftsebene erreicht werden. Diese Verordnung beschränkt sich auf das zur Erreichung dieser Ziele notwendige Mindestmaß und geht nicht über das dazu Erforderliche hinaus.
(5) Am 27. September 1968 schlossen die Mitgliedstaaten auf der Grundlage von Artikel 293 vierter Gedankenstrich des Vertrags das Übereinkommen von Brüssel über die gerichtliche Zuständigkeit und die Vollstreckung gerichtlicher Entscheidungen in Zivil- und Handelssachen, dessen Fassung durch die Übereinkommen über den Beitritt der neuen Mitgliedstaaten zu diesem Übereinkommen (4) geändert wurde (nachstehend »Brüsseler Übereinkommen« genannt. Am 16. September 1988 schlossen die Mitgliedstaaten und die EFTA-Staaten das Übereinkommen von Lugano über die gerichtliche Zuständigkeit und die Vollstreckung gerichtlicher Entscheidungen in Zivil- und Handelssachen, das ein Parallelübereinkommen zu dem Brüsseler Übereinkommen von 1968 darstellt. Diese Übereinkommen waren inzwischen Gegenstand einer Revision; der Rat hat dem Inhalt des überarbeiteten Textes zugestimmt. Die bei dieser Revision erzielten Ergebnisse sollten gewahrt werden.
(6) Um den freien Verkehr der Entscheidungen in Zivil- und Handelssachen zu gewährleisten, ist es erforderlich und angemessen, dass die Vorschriften über die gerichtliche Zuständigkeit und die Anerkennung und Vollstreckung von Entscheidungen im Wege eines Gemeinschaftsrechtsakts festgelegt werden, der verbindlich und unmittelbar anwendbar ist.
(7) Der sachliche Anwendungsbereich dieser Verordnung sollte sich, von einigen genau festgelegten Rechtsgebieten abgesehen, auf den wesentlichen Teil des Zivil- und Handelsrechts erstrecken.
(8) Rechtsstreitigkeiten, die unter diese Verordnung fallen, müssen einen Anknüpfungspunkt an das Hoheitsgebiet eines der Mitgliedstaaten aufweisen, die durch diese Verordnung gebunden sind. Gemeinsame Zuständigkeitsvorschriften sollten demnach grundsätzlich dann Anwendung finden, wenn der Beklagte seinen Wohnsitz in einem dieser Mitgliedstaaten hat.
(9) Beklagte ohne Wohnsitz in einem Mitgliedstaat unterliegen im Allgemeinen den nationalen Zuständigkeitvorschriften, die im Hoheitsgebiet des Mitgliedstaats gelten, in dem sich das angerufene Gericht befindet, während Beklagte mit Wohnsitz in einem Mitgliedstaat, der durch diese Verordnung nicht gebunden ist, weiterhin dem Brüsseler Übereinkommen unterliegen.
(10) Um den freien Verkehr gerichtlicher Entscheidungen zu gewährleisten, sollten die in einem durch diese Verordnung gebundenen Mitgliedstaat ergangenen Entscheidungen in einem anderen durch diese Verordnung gebundenen Mitgliedstaat anerkannt und vollstreckt werden, und zwar auch dann, wenn der Vollstreckungsschuldner seinen Wohnsitz in einem Drittstaat hat.
(11) Die Zuständigkeitsvorschriften müssen in hohem Maße vorhersehbar sein und sich grundsätzlich nach dem Wohnsitz des Beklagten richten, und diese Zuständigkeit muss stets gegeben sein außer in einigen genau festgelegten Fällen, in denen aufgrund des Streitgegenstands oder der Vertragsfreiheit der Parteien ein anderes Anknüpfungskriterium gerechtfertigt ist. Der Sitz juristischer Personen muss in der Ver-

ordnung selbst definiert sein, um die Transparenz der gemeinsamen Vorschriften zu stärken und Kompetenzkonflikte zu vermeiden.
(12) Der Gerichtsstand des Wohnsitzes des Beklagten muss durch alternative Gerichtsstände ergänzt werden, die entweder aufgrund der engen Verbindung zwischen Gericht und Rechtsstreit oder im Interesse einer geordneten Rechtspflege zuzulassen sind.
(13) Bei Versicherungs-, Verbraucher- und Arbeitssachen sollte die schwächere Partei durch Zuständigkeitsvorschriften geschützt werden, die für sie günstiger sind als die allgemeine Regelung.
(14) Vorbehaltlich der in dieser Verordnung festgelegten ausschließlichen Zuständigkeiten muss die Vertragsfreiheit der Parteien hinsichtlich der Wahl des Gerichtsstands, außer bei Versicherungs-, Verbraucher- und Arbeitssachen, wo nur eine begrenztere Vertragsfreiheit zulässig ist, gewahrt werden.
(15) Im Interesse einer abgestimmten Rechtspflege müssen Parallelverfahren so weit wie möglich vermieden werden, damit nicht in zwei Mitgliedstaaten miteinander unvereinbare Entscheidungen ergehen. Es sollte eine klare und wirksame Regelung zur Klärung von Fragen der Rechtshängigkeit und der im Zusammenhang stehenden Verfahren sowie zur Verhinderung von Problemen vorgesehen werden, die sich aus der einzelstaatlich unterschiedlichen Festlegung des Zeitpunkts ergeben, von dem an ein Verfahren als rechtshängig gilt. Für die Zwecke dieser Verordnung sollte dieser Zeitpunkt autonom festgelegt werden.
(16) Das gegenseitige Vertrauen in die Justiz im Rahmen der Gemeinschaft rechtfertigt, dass die in einem Mitgliedstaat ergangenen Entscheidungen, außer im Falle der Anfechtung, von Rechts wegen, ohne ein besonderes Verfahren, anerkannt werden.
(17) Aufgrund dieses gegenseitigen Vertrauens ist es auch gerechtfertigt, dass das Verfahren, mit dem eine in einem anderen Mitgliedstaat ergangene Entscheidung für vollstreckbar erklärt wird, rasch und effizient vonstatten geht. Die Vollstreckbarerklärung einer Entscheidung muss daher fast automatisch nach einer einfachen formalen Prüfung der vorgelegten Schriftstücke erfolgen, ohne dass das Gericht die Möglichkeit hat, von Amts wegen eines der in dieser Verordnung vorgesehenen Vollstreckungshindernisse aufzugreifen.
(18) Zur Wahrung seiner Verteidigungsrechte muss der Schuldner jedoch gegen die Vollstreckbarerklärung einen Rechtsbehelf im Wege eines Verfahrens mit beiderseitigem rechtlichen Gehör einlegen können, wenn er der Ansicht ist, dass einer der Gründe für die Versagung der Vollstreckung vorliegt. Die Möglichkeit eines Rechtsbehelfs muss auch für den Antragsteller gegeben sein, falls sein Antrag auf Vollstreckbarerklärung abgelehnt worden ist.
(19) Um die Kontinuität zwischen dem Brüsseler Übereinkommen und dieser Verordnung zu wahren, sollten Übergangsvorschriften vorgesehen werden. Dies gilt auch für die Auslegung der Bestimmungen des Brüsseler Übereinkommens durch den Gerichtshof der Europäischen Gemeinschaften. Ebenso sollte das Protokoll von 1971 (1) auf Verfahren, die zum Zeitpunkt des Inkrafttretens dieser Verordnung bereits anhängig sind, anwendbar bleiben.
(20) Das Vereinigte Königreich und Irland haben gem Artikel 3 des dem Vertrag über die Europäische Union und dem Vertrag zur Gründung der Europäischen Gemeinschaft beigefügten Protokolls über die Position des Vereinigten Königreichs und Irlands schriftlich mitgeteilt, dass sie sich an der Annahme und Anwendung dieser Verordnung beteiligen möchten.
(21) Dänemark beteiligt sich gem den Artikeln 1 und 2 des dem Vertrag über die Europäische Union und dem Vertrag zur Gründung der Europäischen Gemeinschaft beigefügten Protokolls über die Position Dänemarks nicht an der Annahme dieser Verordnung, die daher für Dänemark nicht bindend und ihm gegenüber nicht anwendbar ist.
(22) Da in den Beziehungen zwischen Dänemark und den durch diese Verordnung gebundenen Mitgliedstaaten das Brüsseler Übereinkommen in Geltung ist, ist dieses sowie das Protokoll von 1971 im Verhältnis zwischen Dänemark und den durch diese Verordnung gebundenen Mitgliedstaaten weiterhin anzuwenden.
(23) Das Brüsseler Übereinkommen gilt auch weiter hinsichtlich der Hoheitsgebiete der Mitgliedstaaten, die in seinen territorialen Anwendungsbereich fallen und die aufgrund der Anwendung von Artikel 299 des Vertrags von der vorliegenden Verordnung ausgeschlossen sind.
(24) Im Interesse der Kohärenz ist ferner vorzusehen, dass die in spezifischen Gemeinschaftsrechtsakten enthaltenen Vorschriften über die Zuständigkeit und die Anerkennung von Entscheidungen durch diese Verordnung nicht berührt werden.
(25) Um die internationalen Verpflichtungen, die die Mitgliedstaaten eingegangen sind, zu wahren, darf sich diese Verordnung nicht auf von den Mitgliedstaaten geschlossene Übereinkommen in besonderen Rechtsgebieten auswirken.

(26) Um den verfahrensrechtlichen Besonderheiten einiger Mitgliedstaaten Rechnung zu tragen, sollten die in dieser Verordnung vorgesehenen Grundregeln, soweit erforderlich, gelockert werden. Hierzu sollten bestimmte Vorschriften aus dem Protokoll zum Brüsseler Übereinkommen in die Verordnung übernommen werden.
(27) Um in einigen Bereichen, für die in dem Protokoll zum Brüsseler Übereinkommen Sonderbestimmungen enthalten waren, einen reibungslosen Übergang zu ermöglichen, sind in dieser Verordnung für einen Übergangszeitraum Bestimmungen vorgesehen, die der besonderen Situation in einigen Mitgliedstaaten Rechnung tragen.
(28) Spätestens fünf Jahre nach dem Inkrafttreten dieser Verordnung unterbreitet die Kommission einen Bericht über deren Anwendung. Dabei kann sie erforderlichenfalls auch Anpassungsvorschläge vorlegen.
(29) Die Anhänge I bis IV betreffend die innerstaatlichen Zuständigkeitsvorschriften, die Gerichte oder sonst befugten Stellen und die Rechtsbehelfe sind von der Kommission anhand der von dem betreffenden Mitgliedstaat mitgeteilten Änderungen zu ändern. Änderungen der Anhänge V und VI sind gem dem Beschluss 1999/468/EG des Rates vom 28. Juni 1999 zur Festlegung der Modalitäten für die Ausübung der der Kommission übertragenen Durchführungsbefugnisse zu beschließen.

Kapitel I Anwendungsbereich

Artikel 1 **(1) Diese Verordnung ist in Zivil- und Handelssachen anzuwenden, ohne dass es auf die Art der Gerichtsbarkeit ankommt. Sie erfasst insbesondere nicht Steuer- und Zollsachen sowie verwaltungsrechtliche Angelegenheiten.**
(2) Sie ist nicht anzuwenden auf:
a) den Personenstand, die Rechts- und Handlungsfähigkeit sowie die gesetzliche Vertretung von natürlichen Personen, die ehelichen Güterstände, das Gebiet des Erbrechts einschließlich des Testamentsrechts;
b) Konkurse, Vergleiche und ähnliche Verfahren;
c) die soziale Sicherheit;
d) die Schiedsgerichtsbarkeit.
(3) In dieser Verordnung bedeutet der Begriff »Mitgliedstaat« jeden Mitgliedstaat mit Ausnahme des Königreichs Dänemark.

A. Allgemeines und Zweck. Die VO 44/2001 ist an die Stelle des früheren Brüsseler Übereinkommens (EuGVÜ) getreten. Sie regelt die internationale Zuständigkeit, Aspekte der Beachtung ausländischer Rechtshängigkeit sowie die gegenseitige Urteilsanerkennung unter den Mitgliedstaaten iSd Abs 3. Im Verhältnis zu Dänemark gilt weiter das EuGVÜ, jedoch in der an die VO 44/2001 angepassten Fassung v 19.10.05 (AblEU L 299/62). Im Verhältnis zu Norwegen, Island und der Schweiz gilt das Parallelübereinkommen von Lugano (mit Anpassung an die VO 44/2001 v 30.10.07, AblEU L 339/3, in Kraft seit 1.1.2011 bzw seit 1.5.2011 für Island). Der unmittelbare Regelungsgegenstand des Art 1 ist der sachliche Anwendungsbereich der Verordnung mit Wirkung für alle ihre Vorschriften (vgl EuGH Slg 82, 1189). 1

B. Auslegung. Für die Auslegung der VO gelten **allgemeine Auslegungsgrundsätze**, wie sie auch sonst im Unionsrecht anerkannt sind. Im Besonderen müssen allgemeine Grundsätze des Unionsrechts, etwa das Verbot der Diskriminierung nach der Staatsangehörigkeit, wertungsleitend berücksichtigt werden (EuGH 94, I-467). Hinzu kommen besondere zuständigkeitsrechtliche Auslegungsgrundsätze: namentlich der Grundsatz der Rechtssicherheit in seiner besonderen Ausprägung als Zuständigkeitsklarheit (zB EuGH Slg 06, I-6827 Rn 24f) oder Gesichtspunkte der Sach-, Beweis-, Rechts- oder Vollstreckungsnähe oder eine auslegungsleitende Funktion des allgemeinen Beklagtengerichtsstands (zB EuGH Slg 07, I-08319). Anerkennungsrechtlich geht es va um die Gewährleistung der Titelfreizügigkeit. Insgesamt bildet die VO ein Kernstück des europäischen »Raums der Freiheit, der Sicherheit und des Rechts«. 2

Die VO 44/2001 verwendet allerdings vielfach Begriffe, die auch in den nationalen Zivil-, Handels- und Prozessrechten verwandt werden und dort eine unterschiedliche Bedeutung haben. Von den hierfür in Betracht kommenden Auslegungsmethoden – autonome Auslegung, Verweis auf die *lex fori* oder die *lex causae* – genießt keine schlechthin Vorrang. Vielmehr ist die maßgebende Methode aus dem Sinn der Norm heraus zu bestimmen (EuGH Slg 76, 1473). Dem Rechtsvereinheitlichungszweck der Verordnung entspricht eine **autonome Auslegung** der Verordnung auf rechtsvergleichender Grundlage aus sich selbst 3 heraus meist am besten, namentlich (aber nicht nur) wenn es um den Anwendungsbereich der VO geht. Sie beruht gleichermaßen auf der Heranziehung europäischer Erkenntnisquellen (Gesamtsystem und Hauptziele der VO) und einer »ordnenden Zusammenfassung« der sich aus den Rechtstraditionen der Mitgliedstaaten ergebenden Grundsätze. Praktisch genießt sie den Vorrang. Die Urteile des EuGH, der nationalen Gerichte sowie sonstige Rechtserkenntnisquellen zum Brüsseler Übereinkommen können auch zur Auslegung der VO 44/2001 herangezogen werden, soweit die jeweiligen Vorschriften sich entsprechen. Dem Verfahren nach ist für die Auslegung der VO der EuGH iRd **Vorabentscheidungsverfahrens** nach Art 267 AEUV zuständig. Es gelten die allgemeinen Maßgaben der Vorlagepflicht und der Vorlageberechtigung.

4 **C. Anwendungsbereich. I. Räumlich-territorial.** Die Verordnung ist nur auf Rechtstreitigkeiten mit grenzüberschreitendem Bezug anzuwenden. Ihre räumlich territoriale Anwendbarkeit ergibt sich aus den **räumlich-territorialen Anknüpfungsvoraussetzungen ihrer einzelnen Vorschriften.** Ein ungeschriebenes Merkmal, wonach ein Bezug zu Rechtsordnungen verschiedener Mitgliedstaaten bestehen muss, kennt die Verordnung nicht (EuGH Slg 00, I-5925). Der erforderliche **grenzüberschreitende Bezug** ergibt sich, soweit es um die Beachtung der Rechtshängigkeit in einem anderen Mitgliedstaat oder die Anerkennung und Vollstreckung von Urteilen aus anderen Mitgliedstaaten geht, unmittelbar aus den sachlich geregelten Fragenkreis. Einer besonderen Feststellung bedarf er demgegenüber bei der Anwendung der Zuständigkeitsvorschriften der VO. Er ist ohne weiteres dann gegeben, wenn zuständigkeitsrechtliche Anknüpfungsmomente auf das Ausland hinweisen. Problematisch sind Auslandsbezüge, die nicht ohne weiteres von zuständigkeitsrechtlicher Bedeutung sind, etwa die Staatsangehörigkeit. Allerdings ist der geforderte grenzüberschreitende Bezug von der konkreten Anknüpfung zu unterscheiden (EuGH C-327/10 Rn 31), so dass die Feststellung des Auslandsbezugs nicht auf die Berücksichtigung zuständigkeitsrechtlicher Anknüpfungsmomente beschränkt ist. Der EuGH hat die ausländische Staatsangehörigkeit jedenfalls dann als grenzüberschreitenden Bezug ausreichen lassen, wenn eine zuständigkeitsrechtliche Unklarheit aufgrund unbekannten Wohnsitzes hinzutritt (EuGH C-327/10 Rn 32 ff).

4a Die VO gilt in den **EU-Mitgliedstaaten** (einschließlich Zypern, EuGH Rs C-420/07), außer in Dänemark (Abs 3; s. auch Rz 1).

5 **II. Persönlich.** Besondere persönliche Anwendungsvoraussetzungen kennt die VO nicht. Zu Verbraucherverträgen s. Art 15–17, zu Arbeitsverträgen Art 18–21.

6 **III. Zeitlich.** Die zeitliche Anwendbarkeit regelt Art 66.

7 **IV. Sachlich.** Der sachliche Anwendungsbereich ist weitgehend deckungsgleich mit demjenigen der **EuVTVO.** Konkurrenz- oder Abgrenzungsfragen können im Bereich der Anerkennung und Vollstreckung entstehen. Hierfür ist Art 27 EuVTVO maßgebend (s. dort)

8 **1. Zivil- und Handelssache.** Die Begriffe sind autonom und grds weit auszulegen. Maßgebend ist die rechtliche Qualifikation des der Klage **zugrundeliegenden Rechtsverhältnisses** zwischen den Parteien (EuGH Slg 04, I-1543). Das gilt auch im Falle einstweiliger Maßnahmen, für die Art 31 den Anwendungsbereich nach Art 1 nicht erweitert (EuGH Slg 92, I-2149). Deshalb fällt auch die Vollstreckung eines nach § 890 ZPO verhängten Ordnungsgelds im EU-Ausland unter die VO (EuGH Rs C406/09). Liegt das der Klage zugrundeliegende Rechtsverhältnis außerhalb des sachlichen Anwendungsbereichs der VO, ergibt sich ihre Anwendbarkeit auch nicht dadurch, dass in den Anwendungsbereich fallende Vorfragen zu entscheiden sind (EuGH Slg 94, I-117 Rn 34).

9 **Staatliches Handeln** ist zivilrechtlich zu qualifizieren, soweit es acta iure gestionis betrifft, nicht soweit es acta iure imperii betrifft. Aufgrund dieser materiell-rechtlichen Konzeption ist die Art der Gerichtsbarkeit irrelevant, so dass auch zivilrechtliche Urteile von Verfassungs- oder Verwaltungsgerichten (zB franz Conseil d'Etat) nach der VO anerkannt werden müssen (*Jenard*-Bericht BTDrs VI/1973 58). Der EuGH legt dabei eine modifizierte Subjektstheorie zugrunde: **Öffentlich-rechtlich** sind Entscheidungen, die eine Behörde im Zusammenhang mit der Ausübung hoheitlicher Befugnisse iRe Streitigkeit mit einer Privatperson getroffen hat (EuGH Slg 76, 1541; Slg 80, 3807), auch Kriegshandlungen (EuGH Slg 07, I-1519), wohingegen Streitigkeiten zwischen Behörde und Privaten, bei deren Gegenstand es an einer Ausübung hoheitlicher Befugnisse fehlt, nicht erfasst werden. Dasselbe gilt für privatrechtliche Streitigkeiten, die öffentlich-rechtliche Vorfragen aufwerfen (vgl EuGH 03, I-4867 u. Slg 04, I-1543: Bürgschaft für Zollforderung; Slg 09, I-10265: inzidente Prüfung der öffentlich-rechtlichen Genehmigungswirkung eines Kernkraftwerks). Gebührenforderungen hoheitlicher Stellen sind im Gegensatz zu privat-vertraglich vereinbarten

Entgelten öffentlich-rechtlich zu qualifizieren; für eine solche öffentlich-rechtliche Einordnung spricht es insb, wenn die Inanspruchnahme der behördlichen Leistung ausschließlich und zwingend ausgestaltet und die Höhe der Gebühren einseitig festgelegt wird (EuGH Slg 76, 1541) oder wenn sie für die Erfüllung polizeilicher Aufgaben erhoben werden (EuGH Slg 80, 3807). Auf **privatrechtlicher Grundlage** werden geltend gemacht: privatrechtliche Sicherheiten für die Erfüllung öffentlich-rechtlicher Pflichten (EuGH Slg 03, I-14693; 03, I-4867: Bürgschaft) oder Regressklagen der Sozialbehörden aufgrund übergegangener privatrechtlicher Ansprüche oder vergleichbar entstandener Rechtspositionen (EuGH Slg 02, I-10489), sofern nicht der Behörde dabei eine besondere hoheitliche Befugnis, etwa zur privatrechtlichen Rechtsgestaltung eingeräumt ist (EuGH Slg 02, I-10489; Slg 03, I-4867; Slg 04, I-981). Klagebefugnisse privater Verbände in Verbraucherschutzsachen sind als nicht hoheitlich idS zu qualifizieren (EuGH Slg 02, I-8111). Richtet sich ein Haftungsanspruch wegen einer Pflichtverletzung gegen einen Amtsträger persönlich, so handelt es sich um eine Zivilsache, selbst wenn Sozialversicherungsschutz besteht (EuGH Slg 93, I-1963). Ebenso werden zivilrechtliche Haftungsklagen wegen strafrechtlicher Delikte erfasst, auch bei Verfolgung im Annexverfahren (Art 5 Nr 5; EuGH Slg 93, I-1963).

2. Personenstand, Rechts- und Handlungsfähigkeit, gesetzliche Vertretung, Güterstand, Erbrecht. Die 10
Ausnahme gilt insb für die Anfechtbarkeit und Gültigkeit der Eheschließung; die Ehescheidung und Eheauflösung; den Personenstand, das Sorgerecht und die gesetzliche Vertretung von Minderjährigen und Geistesschwachen sowie die Adoption. Für einen Teil der damit ausgenommenen Verfahren ist die Brüssel IIa-VO maßgebend. Die Ausnahme gilt ferner unabhängig von der Verfahrensart und erstreckt sich auch auf **vorläufige Maßnahmen** zur Sicherung der güterrechtlichen Auseinandersetzung (EuGH Slg 79, 1055). Die Ausnahme für den **Güterstand** bezieht sich nicht nur auf die besondere güterrechtliche Ausgestaltung der ehelichen Vermögensordnung, wie sie in einigen Rechtsordnungen (etwa in den Güterständen des deutschen Eherechts) vorgesehen ist, sondern auf alle vermögensrechtlichen Folgen, die sich aus der Eheschließung selbst zwischen den Ehegatten ergeben. Das erstreckt sich auch auf Streitigkeiten über die Herausgabe von Dokumenten, welche die eheliche Vermögensverwaltung regeln (EuGH Slg 82, 1189). Demgegenüber sind allgemeine vermögensrechtliche Rechtsverhältnisse zwischen den Ehegatten, die nicht aus der Ehe hervorgehen vom Anwendungsbereich der VO erfasst (EuGH Slg 79, 1055). Im Erbrecht gilt die Ausnahme auch für erbrechtliche Leistungsklagen. **Unterhaltssachen**, auch vorläufige, sind nicht ausgenommen, selbst wenn sie auf ausgeschlossenen Statusverhältnissen beruhen oder im Verbund mit diesen entschieden werden (Art 5 Nr 2, EuGH Slg 80, 731). Die Abgrenzung des Unterhalts von anderen Leistungen ist nach dem Zweck vorzunehmen. Eine Eigentumsübertragung, die funktionell als Unterhaltssicherung zu qualifizieren ist, fällt nicht unter die Ausnahme (EuGH Slg 97, I-1147), ebenso nicht eine sonstige vermögenswerte Leistung, die der Unterhaltsabsicherung dient, selbst wenn andere Nebenzwecke verfolgt werden (Botur FamRZ 2010, 1860, 1861, befürwortend zur franz *prestation compensatoire*).

3. Konkurse und Vergleiche. Für Insolvenzverfahren gilt die **Insolvenz-VO 1346/2000**. Die Ausnahme 11
gem lit b schließt hieran begrifflich nahtlos an und ist im systematischen Einklang hiermit europäisch-autonom auszulegen. Sie erfasst Verfahren, die auf der Zahlungsunfähigkeit oder Zahlungseinstellung beruhen und ein Eingreifen des Gerichts zum Zwecke von Liquidation oder Fortführung vorsehen bzw unmittelbar aus einem solchen Verfahren hervorgehen (EuGH Slg 79, 733: bejaht für franz *comblement de passif social*). Die Leistungsklage des Gläubigers auf Aussonderung fällt deshalb nicht unter die Ausnahme (EuGH Rs C-292/08). Erfasst werden Streitigkeiten, deren spezifischen Gegenstand besondere insolvenzrechtliche Befugnisse des Verwalters bilden (EuGH Slg 09, I-5655), wozu die **Insolvenzanfechtung** (EuGH Slg 09, I-767; BGH NJW 09, 2215), nicht aber die gewöhnliche Leistungsklage des Insolvenzverwalters zählt. Kein nahtloser Anschluss zwischen EuGVO und InsVO besteht im Anwendungsbereich von Art 1 II InsVO, der Insolvenzverfahren bei bestimmten **Finanzdienstleistern** vom Anwendungsbereich der InsVO ausnimmt. Soweit der Insolvenzverwalter in einem solchen Fall eine Insolvenzanfechtung geltend macht, ist die EuGVO wegen der Ausnahme für Insolvenzverfahren nicht anwendbar; es greift aber auch die InsVO nicht, so dass es zur (unerwünschten) Anwendung nationalen Zuständigkeitsrechts kommt.

4. Soziale Sicherheit. Diese Ausnahme ist ebenfalls europäisch autonom auszulegen. Sie gilt für das Recht 12
der Gewährung von Leistungen sozialer Sicherheit im Verhältnis zwischen der Sozialverwaltung oder –versicherung und den angeschlossenen Arbeitnehmern. Hierunter fallen jedenfalls die von Art 4 der »EWG-VO Nr. 1408/71 des Rates vom 14.6.1971 über die Anwendung der Systeme der sozialen Sicherheit auf Arbeitnehmer und Selbständige sowie deren Familienangehörige, die innerhalb der Gemeinschaft zu-

und abwandern« (zuletzt geändert durch VO (EG) Nr. 647/2005 v. 13.4.2005, ABl EU L 117/1 v. 4.5.2005 S. 1), erfassten Sozialleistungen. Dazu zählen: Leistungen bei Krankheit und Mutterschaft, Leistungen bei Invalidität einschließlich der Leistungen, die zur Erhaltung oder Besserung der Erwerbsfähigkeit bestimmt sind, Leistungen bei Alter, Leistungen an Hinterbliebene, Leistungen bei Arbeitsunfällen und Berufskrankheiten, Sterbegeld, Leistungen bei Arbeitslosigkeit sowie andere Familienleistungen (EuGH Slg 02, I-10489). Hingegen erstreckt sich die Ausnahme nicht auf Regressklagen der Sozialbehörden aufgrund übergegangener privatrechtlicher Ansprüche oder vergleichbare entstandene Rechtspositionen, wohl aber auf Fälle, in denen der Klagegrund auf der Ausübung hoheitlicher Befugnisse beruht (EuGH Slg 02, I-10489).

13 **5. Schiedsgerichtsbarkeit.** Die Ausnahme gilt für die **Anerkennung und Vollstreckung von Schiedssprüchen** ebenso wie für die Zuständigkeit bei Streitigkeiten, die sich auf einen Schiedsspruch beziehen (Aufhebungsklage, Abänderung, Anerkennung und Vollstreckung, Feststellung der Wirksamkeit oder Unwirksamkeit der Schiedsvereinbarung), aber auch für **Unterstützungshandlungen staatlicher Gerichte**, etwa die Entscheidung über den Schiedsort oder die Ernennung oder Abberufung eines Schiedsrichters, selbst wenn deren Entscheidung von nicht unter die Ausnahme fallenden Vorfragen abhängt (EuGH Slg, 91, I-3855; Slg 1998, I-7091). Sie gilt nicht für Fälle einer nur inzidenten Prüfung schiedsverfahrensrechtlicher Fragen, zB soweit staatliche Gerichte ihre Zuständigkeit in Abgrenzung zur Schiedsgerichtsbarkeit prüfen (EuGH Slg 09, I-663). Ebenso liegt es für einstweilige Maßnahmen iSd Art 31, soweit hierfür trotz Schiedsvereinbarung die staatlichen Gerichte zuständig sind (EuGH Slg 98, I-7091).

14 **6. Verbundene, akzessorische und gemischte Streitigkeiten.** Bei verbundenen und akzessorischen Streitigkeiten ist zwischen den verschiedenen Streitgegenständen zu unterscheiden, etwa zwischen einer Ehescheidungsklage und der damit verbundenen Unterhaltsklage. Grundsätzlich ist die Anwendbarkeit der VO für jeden dieser Gegenstände gesondert zu beurteilen. Namentlich akzessorische Streitigkeiten sind nicht an die rechtliche Beurteilung des Hauptgegenstands gebunden (EuGH Slg 80, 731). Nebenforderungen wie Zinsen folgen allerdings der Beurteilung der Hauptsache.

15 **D. Reform.** Ein derzeit im Gesetzgebungsverfahren befindlicher **Reformvorschlag** sieht erhebliche Änderungen der VO vor, zu denen u.a. zählen: eine weitreichende Ergänzung der besonderen Zuständigkeitstatbestände, insb durch eine Vermögens- und Notzuständigkeit, sowie ihre Ausdehnung auf Drittstaatenfälle; die Aufhebung des strikten Vorrangs für das zuerst angerufene Gericht bei paralleler Rechtshängigkeit; die Abschaffung des Exequaturverfahrens und die Abschaffung des materiellen ordre public-Vorbehalts mit der Ausnahme bestimmter Deliktsfälle (KOM(2010) 748 endg v 14.12.2010).

Kapitel II Zuständigkeit

Abschnitt 1 Allgemeine Vorschriften

Artikel 2 **(1) Vorbehaltlich der Vorschriften dieser Verordnung sind Personen, die ihren Wohnsitz im Hoheitsgebiet eines Mitgliedstaats haben, ohne Rücksicht auf ihre Staatsangehörigkeit vor den Gerichten dieses Mitgliedstaats zu verklagen.**
(2) Auf Personen, die nicht dem Mitgliedstaat, in dem sie ihren Wohnsitz haben, angehören, sind die für Inländer maßgebenden Zuständigkeitsvorschriften anzuwenden.

1 **A. Allgemeines zum Zuständigkeitsrecht nach der VO.** Die Zuständigkeitsordnung der VO 44/2001 **verdrängt**, soweit anwendbar, vollständig das Zuständigkeitsregime des nationalen Prozessrechts nach der ZPO und anderen nationalen Prozessrechten. Art 2 I beruht auf dem allgemeinen Prinzip des *actor sequitur forum rei.* Zur Aufrechterhaltung dieses Grundsatzes ist eine ausdehnende Anwendung anderer (besonderer) Zuständigkeitsgründe idR ausgeschlossen (zB EuGH Slg 00, I-5925 Rn 35; Slg 04, I-6009 Rn 14). Ebenso hat der EuGH das Ziel verfolgt, bei der Anwendung der besonderen Zuständigkeitsgründe eine Vermehrung der Gerichtspflicht des Beklagten zu vermeiden (etwa EuGH Slg 02, I-1699 Rn 27 ff; s. aber die Erläuterung zu Art 5 Nr 3). Zugleich dienen die fixierten Zuständigkeitsgründe der VO der **Rechtssicherheit.** Für eine Anwendung der forum non conveniens-Lehre ist kein Raum (EuGH Slg 05, I-1383). Allenfalls unter sehr engen und nicht spezifisch zuständigkeitsrechtlichen Voraussetzungen kann die Geltendma-

chung einer Zuständigkeit nach der VO rechtsmissbräuchlich sein (zB niederl Hoge Raad 7.5.10, 09/01115). Ein Essential des Zuständigkeitssystems der Verordnung besteht ferner darin, dass die Gerichte jedes Mitgliedstaates ihre Zuständigkeit nach der Verordnung selbst prüfen. **Anti-suit injunctions** sind mit diesem Prinzip unvereinbar und ggü unter die VO fallenden Verfahren anderer Staaten unzulässig (EuGH Slg 04, I-3565). Das gilt auch für Anti-suit injunctions zum Schutz von Schiedsverfahren gegen schiedsvereinbarungswidrige Gerichtsverfahren (EuGH Slg 09, I-663). Demgegenüber kann die Vereinbarung von Schadensersatzansprüchen bei Missachtung einer Gerichtsstandsvereinbarung wirksam sein (Art 23 Rz 15).

Für die Begründung der Zuständigkeiten nach der VO reicht es aus, wenn die in der jeweiligen Vorschrift 2
vorgesehenen räumlich-territorialen Anknüpfungsmomente gegeben sind. Für Art 2 I genügt es deshalb, wenn der **Beklagtenwohnsitz in einem Mitgliedstaat** liegt. Ein weiterer Bezug zu den Mitgliedstaaten ist für die Zuständigkeiten des Kapitels II nicht erforderlich (EuGH Slg 00, I-5925; Slg 05, I-1383).

Hängt die Zuständigkeit vom Vorliegen **doppelrelevanter Tatsachen** ab, greifen die Gerichtsstände auch, 3
wenn diese Tatsachen streitig sind (EuGH Slg 82, 825; BGHZ 98, 263; NJW 05, 1435). Hinsichtlich des **Zeitpunkts**, zu dem die Zuständigkeitsvoraussetzungen vorliegen müssen, reicht ihr Vorliegen bei Klageerhebung, aber auch eine später eingetretene Zuständigkeit; alsdann besteht diese fort (BGHZ 188, 373).

B. Die Vorschrift des Art 2. Art 2 regelt die internationale, nicht die örtliche Zuständigkeit. Der **Wohnsitz** 4
iSd Vorschrift ist nach Art 59, 60 zu ermitteln und schließt damit den Sitz von juristischen Personen ein. Die Staatsangehörigkeit ist irrelevant. Zu welchem **Zeitpunkt** der Wohnsitz vorliegen muss, wird nicht gesagt. Ein Vorliegen zu dem für die Entscheidung maßgebenden Zeitpunkt wird jedenfalls reichen; auch ein Vorliegen bei Klageerhebung sollte aus Gründen der Rechtssicherheit ausreichen. Die Bezugnahme auf die Art 59, 60 gilt grds für alle Fälle, in denen Vorschriften der VO auf den Wohnsitz abstellen, mit Ausnahme von Art 22 Nr 2 (s. dort). Ausnahmsweise kann es zur Vermeidung von Rechtsverweigerung geboten sein, eine Klage am letzten Wohnsitz des Beklagten zuzulassen, wenn alle Anstrengungen unternommen wurden, den Wohnsitz festzustellen, es ferner keine Indizien für einen in einem Mitgliedstaat oder Drittstaat (Art 4) bestehenden aktuellen Wohnsitz gibt und kein weiterer Gerichtsstand offensteht. Dies hat der EuGH jedenfalls für Art. 16 entschieden (EuGH Rs C-327/10); man wird dies für Art 2 vergleichbar beurteilen können.

Abs 2 hat keine Bedeutung für die internationale, sondern nur für die örtliche und sachliche Zuständigkeit 5
(*Kropholler/v Hein* Rn 3). Die Inländergleichbehandlung von EG-Ausländern bei der internationalen Zuständigkeit regelt Art 4 II. Die Gleichstellung nach Art 2 II gilt aber unabhängig von der Parteirolle, sei es als Kl, sei es als Bekl (*Jenard*-Bericht BTDrs VI/1973 67). Für Deutschland ist die Vorschrift irrelevant, da das deutsche Recht keine Zuständigkeitsvorschriften kennt, die auf die Staatsangehörigkeit abstellen.

Artikel 3 **(1) Personen, die ihren Wohnsitz im Hoheitsgebiet eines Mitgliedstaats haben, können vor den Gerichten eines anderen Mitgliedstaats nur gemäß den Vorschriften der Abschnitte 2 bis 7 dieses Kapitels verklagt werden.**

(2) Gegen diese Personen können insbesondere nicht die in Anhang I aufgeführten innerstaatlichen Zuständigkeitsvorschriften geltend gemacht werden.

Abs 1 betrifft den Fall, dass eine Person mit Wohnsitz in einem Mitgliedstaat in einem anderen Mitglied- 1
staat verklagt wird. Die Vorschrift stellt klar, dass ggü Personen mit mitgliedstaatlichem Wohnsitz unabhängig von der Staatsangehörigkeit außerhalb des allgemeinen Gerichtsstands nach Art 2 lediglich die besonderen oder ausschließlichen Gerichtsstände gem der VO (Art 5–27) unter **Ausschluss von Gerichtsständen des nationalen Prozessrechts** anwendbar sind. Abs 2 hat nur deklaratorische Bedeutung. Exorbitante Gerichtsstände des nationalen Prozessrechts, auch die unter Abs 2 fallenden, bleiben jedoch anwendbar ggü Personen mit Wohnsitz in einem Drittstaat. Die Wirkung dieser Gerichtsstände wird sogar noch verstärkt, weil ihr Anwendungsbereich durch Art 4 II erweitert wird und weil auch die unter Anwendung nationaler Zuständigkeitsregeln, auch an exorbitanten Gerichtsständen, zustande gekommenen Entscheidungen in den anderen Mitgliedstaaten nach Art 32 ff anzuerkennen und zu vollstrecken sind. Art 3 gilt nicht für **einstweilige Maßnahmen** iSd Art 31 (s. dort Rz 3).

Artikel 4 **(1) Hat der Beklagte keinen Wohnsitz im Hoheitsgebiet eines Mitgliedstaats, so bestimmt sich vorbehaltlich der Artikel 22 und 23 die Zuständigkeit der Gerichte eines jeden Mitgliedstaats nach dessen eigenen Gesetzen.**

(2) Gegenüber einem Beklagten, der keinen Wohnsitz im Hoheitsgebiet eines Mitgliedstaats hat, kann sich jede Person, die ihren Wohnsitz im Hoheitsgebiet eines Mitgliedstaats hat, in diesem Staat auf die dort geltenden Zuständigkeitsvorschriften, insbesondere auf die in Anhang I aufgeführten Vorschriften, wie ein Inländer berufen, ohne dass es auf ihre Staatsangehörigkeit ankommt.

1 **A. Vorbehalt zugunsten des nationalen Rechts (Abs 1).** Soweit kein Beklagtenwohnsitz (Art 59 f) in einem Mitgliedstaat besteht, greift nationales Recht ein. Es kann sich um **autonomes nationales Recht** handeln, aber auch um das **EuGVÜ** (bei Wohnsitz in Dänemark) oder das **Lugano-Übereinkommen** (bei Wohnsitz in der Schweiz, Norwegen oder Island). Damit kommen sämtliche im nationalen Recht vorgesehenen Gerichtsstände, auch soweit sie als exorbitant gelten, in Betracht (EuGH Slg 00, I-5925 Rn 51). Die **ausschließlichen Zuständigkeiten** nach Art 22 knüpfen nicht an den Wohnsitz an. Sie werden deshalb vom Vorbehalt zugunsten des autonomen nationalen Rechts nicht erfasst. Nach der Vorschrift für **Gerichtsstandsvereinbarungen** in Art 23 kommt es nicht auf den Beklagtenwohnsitz in einem Mitgliedstaat an; es genügt der Wohnsitz einer Partei unabhängig von der Parteirolle. Deshalb kann auch insoweit der Vorbehalt des Abs 1 nicht greifen.

2 **B. Gleichbehandlung von Ausländern mit mitgliedstaatlichem Wohnsitz (Abs 2).** Die Gleichbehandlung mit Inländern betrifft Rechte mit einer an die inländische Klägerstaatsangehörigkeit anknüpfenden Zuständigkeitsregel (zB Art 14 franz CC). Diese kann auch von Ausländern in Anspruch genommen werden, ohne dass es auf die Staatsangehörigkeit ankommt. Der Ausländer muss seinen Wohnsitz im Forumstaat haben; ein Wohnsitz in einem anderen Mitgliedstaat reicht nicht. Die Regelung nimmt den Staatsangehörigkeitszuständigkeiten ihren diskriminierenden Charakter nur zT: Während exorbitante Gerichtsstände aufgrund von Vermögen (§ 23 ZPO) oder die Zuständigkeit aufgrund einer Klagezustellung im Vereinigten Königreich auch EG-Ausländern offen stehen, können sie von den an die Staatsangehörigkeit anknüpfenden Fora nur unter der Voraussetzung eines dortigen Wohnsitzes Gebrauch machen.

Artikel 5

Eine Person, die ihren Wohnsitz im Hoheitsgebiet eines Mitgliedstaats hat, kann in einem anderen Mitgliedstaat verklagt werden:

1. a) wenn ein Vertrag oder Ansprüche aus einem Vertrag den Gegenstand des Verfahrens bilden, vor dem Gericht des Ortes, an dem die Verpflichtung erfüllt worden ist oder zu erfüllen wäre;
b) im Sinne dieser Vorschrift – und sofern nichts anderes vereinbart worden ist – ist der Erfüllungsort der Verpflichtung
- **für den Verkauf beweglicher Sachen der Ort in einem Mitgliedstaat, an dem sie nach dem Vertrag geliefert worden sind oder hätten geliefert werden müssen;**
- **für die Erbringung von Dienstleistungen der Ort in einem Mitgliedstaat, an dem sie nach dem Vertrag erbracht worden sind oder hätten erbracht werden müssen;**

c) ist Buchstabe b) nicht anwendbar, so gilt Buchstabe a);

2. wenn es sich um eine Unterhaltssache handelt, vor dem Gericht des Ortes, an dem der Unterhaltsberechtigte seinen Wohnsitz oder seinen gewöhnlichen Aufenthalt hat, oder im Falle einer Unterhaltssache, über die im Zusammenhang mit einem Verfahren in Bezug auf den Personenstand zu entscheiden ist, vor dem nach seinem Recht für dieses Verfahren zuständigen Gericht, es sei denn, diese Zuständigkeit beruht lediglich auf der Staatsangehörigkeit einer der Parteien;

3. wenn eine unerlaubte Handlung oder eine Handlung, die einer unerlaubten Handlung gleichgestellt ist, oder wenn Ansprüche aus einer solchen Handlung den Gegenstand des Verfahrens bilden, vor dem Gericht des Ortes, an dem das schädigende Ereignis eingetreten ist oder einzutreten droht;

4. wenn es sich um eine Klage auf Schadensersatz oder auf Wiederherstellung des früheren Zustands handelt, die auf eine mit Strafe bedrohte Handlung gestützt wird, vor dem Strafgericht, bei dem die öffentliche Klage erhoben ist, soweit dieses Gericht nach seinem Recht über zivilrechtliche Ansprüche erkennen kann;

5. wenn es sich um Streitigkeiten aus dem Betrieb einer Zweigniederlassung, einer Agentur oder einer sonstigen Niederlassung handelt, vor dem Gericht des Ortes, an dem sich diese befindet;

6. wenn sie in ihrer Eigenschaft als Begründer, trustee oder Begünstigter eines trust in Anspruch genommen wird, der aufgrund eines Gesetzes oder durch schriftlich vorgenommenes oder schriftlich bestätigtes Rechtsgeschäft errichtet worden ist, vor den Gerichten des Mitgliedstaats, in dessen Hoheitsgebiet der trust seinen Sitz hat;

7. wenn es sich um eine Streitigkeit wegen der Zahlung von Berge- und Hilfslohn handelt, der für Bergungs- oder Hilfeleistungsarbeiten gefordert wird, die zugunsten einer Ladung oder einer Frachtforderung erbracht worden sind, vor dem Gericht, in dessen Zuständigkeitsbereich diese Ladung oder die entsprechende Frachtforderung
a) mit Arrest belegt worden ist, um die Zahlung zu gewährleisten, oder
b) mit Arrest hätte belegt werden können, jedoch dafür eine Bürgschaft oder eine andere Sicherheit geleistet worden ist;
diese Vorschrift ist nur anzuwenden, wenn behauptet wird, dass der Beklagte Rechte an der Ladung oder an der Frachtforderung hat oder zur Zeit der Bergungs- oder Hilfeleistungsarbeiten hatte.

A. Allgemeines und Zweck. Die Vorschrift regelt nicht-ausschließliche besondere Gerichtsstände. Mit 1
Rücksicht auf den Schutzzweck des Art 2 scheidet eine ausdehnende Anwendung idR aus. Die Vorschriften gehen ins Leere, wenn sie auf Drittstaaten verweisen; es bleibt in diesen Fällen bei Art 2 (EuGH Slg 89, 341). Die auf den Streitgegenstand bezogenen Zuständigkeiten in Nr 1 und 3 begründen eine Zuständigkeit nur für die jeweils fragliche vertragliche oder deliktische Anspruchsgrundlage, nicht darüber hinaus. Das nur nach Nr 1 zuständige Gericht kann nicht über deliktische Ansprüche entscheiden, das nur nach Nr 3 zuständige nicht über vertragliche (EuGH Slg 88, 5566). Dabei regeln die einzelnen Fälle der Vorschrift nicht nur die internationale, sondern – anders als Art 2 – auch die **örtliche Zuständigkeit** (BGHZ 82, 110).

B. Die einzelnen Gerichtsstände. I. Streitigkeiten aus Vertrag (Nr 1). 1. Vertrag. Die Klage muss sich 2
auf einen Vertrag stützen. Das Merkmal Vertrag ist autonom auszulegen und erfasst alle dem maßgebenden Rechtsverhältnis nach **freiwillig eingegangenen Verpflichtungen**. Freiwillig eingegangene Verpflichtungen umfassen nicht nur Verträge, sondern auch einseitig begründete Verbindlichkeiten (EuGH Slg 05, I-481). Hierunter fallen auch Geschäfte, die ein Vertreter abgeschlossen hat (EuGH Slg 04, I-1543). Freiwillig eingegangene Verpflichtungen sind auch solche, die sich aus dem Beitritt zu einer Gesellschaft oder einem Verein ergeben, gleichviel ob sie unmittelbar aus dem Beitritt resultieren oder sich erst aus der Beschlussfassung eines Organs ergeben (EuGH Slg 83, 987). In Verbindung mit einer Bestellung stehende oder sonst rechtlich verbindliche »Gewinnzusagen« stellen ebenfalls freiwillig eingegangene Verpflichtungen dar, selbst wenn im letztgenannten Fall damit keine Bestellung verbunden ist (EuGH Slg 05, 481; Slg 09, I-0961; BGHZ 165, 172; im letztgenannten Punkt noch offen Slg 02, I-6867; BGHZ 153, 82 – Folge: ggf Art 15 anwendbar); ferner der Anspruch des Wechsel- oder Schecknehmers gegen den Aussteller (offen lassend BGHZ 157, 224). Dazu gehören sekundärvertragliche Ansprüche (EuGH Slg 88, 1539) ebenso wie solche aus einem Vereinsbeitritt (EuGH Slg 83, 987). Seinem Sinn nach erfasst die Vorschrift auch Fälle, in denen Abschluss und Wirksamkeit eines Vertrags zwischen den Parteien streitig sind (EuGH Slg 82, 825; Slg 97, I-3767 Rn 30).

Nicht erfasst werden insb gesetzlich begründete Pflichten: Streitigkeiten aus **Verschulden bei Vertragsschluss** (EuGH Slg 02, I-7357) oder gesetzliche Ansprüche innerhalb der Lieferkette (»action directe«) 3
gegen den vertraglich nicht mit dem Kl verbundenen Hersteller (EuGH Slg 92, I-3967); Ansprüche aus Urkunden, wenn die Urkunde keine freiwillig eingegangene Verpflichtung verbrieft (EuGH Slg 98, I-6511); gesetzliche Regressansprüche gegen einen tatsächlichen Verfrachter, zu dem keine Vertragsbeziehung besteht (EuGH Slg 98, I-6511).

2. Bestimmung des Erfüllungsorts. Für Verträge begründet Nr 1 in unterschiedlicher Ausgestaltung einen 4
Wahlgerichtsstand zugunsten des Klägers am vertraglichen **Erfüllungsort**. Die Vorschrift beruht zwar auf dem Gedanken der Sach- und Beweisnähe, greift aber aus Gründen der Rechtssicherheit und Zuständigkeitsklarheit auch ein, wenn es hieran im Einzelfall fehlt (EuGH Slg 94 I-2913). Für die Auslegung gilt insoweit das Prinzip der Konzentration, als es für dieselbe Verpflichtung idR nur einen Erfüllungsort geben soll. Deshalb hat der EuGH Nr 1 für unanwendbar gehalten, soweit es sich um eine überall zu erfüllende und damit nicht lokalisierbare Unterlassungspflicht handelt (EuGH Slg 02, I-1699).

Der Wortlaut der Vorschrift stellt allerdings sowohl auf den **tatsächlichen Erfüllungsort** (»erfüllt worden 5
ist«) als auch auf den **vereinbarten Erfüllungsort** (»zu erfüllen wäre«) ab. Diese Alternative wird man nicht im Sinne eines Wahlrechts deuten dürfen, da eine Vervielfachung der Gerichtsstände unerwünscht ist. Deshalb muss man annehmen, dass es auf den tatsächlichen Erfüllungsort ankommt, wenn tatsächlich bereits erfüllt wurde. Fehlt es an einer bereits erfolgten tatsächlichen Erfüllung, ist der vereinbarte Erfüllungsort maßgebend. Für die nähere Bestimmung des Erfüllungsorts enthält die Vorschrift alsdann, je nach

Fallgestaltung, unterschiedliche Maßgaben, die teils eine materiellrechtliche (lit a und c), teils eine prozessual autonome Ermittlung anordnen (lit b):

6 Lit a enthält **die allgemeine Regel** zur Maßgeblichkeit **des** Erfüllungsorts, die nach lit c anwendbar ist, soweit nicht eine der Sonderregeln aus lit b eingreift. Maßgebend nach lit a ist der Erfüllungsort der jeweils eingeklagten Verpflichtung (EuGH Slg 76, 1497; Slg 87, 239). Die für Arbeitsverträge früher (heute gelten ohnehin Art 18–21) in der Rechtsprechung anerkannte Ausnahme eines für alle Verpflichtungen eines Vertrags charakteristischen Erfüllungsorts (EuGH Slg 82, 1891) lässt sich nicht verallgemeinern; es gibt keinen generell einheitlichen Erfüllungsortsgerichtsstand kraft Sachzusammenhangs (EuGH Slg 99, I-6747). Soweit sekundärvertragliche Rechte eingeklagt werden, ist der Erfüllungsort der verletzten Primärpflicht maßgebend (EuGH Slg 76, 1497). Werden mehrere Verpflichtungen mit derselben Klage geltend gemacht, folgt die Zuständigkeit wegen etwaiger Nebenpflichten derjenigen für die eingeklagte Hauptpflicht (EuGH Slg 87, 239). Allerdings darf diese Ausnahme nicht überdehnt werden. So hat der EuGH bspw noch ausstehende Provisionsansprüche eines Handelsvertreters und dessen Entschädigungsanspruch wegen einer Kündigung als gleichrangig angesehen, so dass es keinen einheitlichen Erfüllungsort gebe (EuGH Slg 99, I-6747). Der Erfüllungsort wird materiellrechtlich nach der sog *Tessili*-Regel bestimmt. Im ersten Schritt ist hierzu nach den IPR-Regeln des angerufenen Gerichts das anwendbare vertragliche Schuldrecht zu ermitteln. Nach diesem Schuldvertragsstatut ist im zweiten Schritt sachrechtlich der Erfüllungsort zu bestimmen (EuGH Slg 76, 1473; Slg 99, I-6307). Die *Tessili*-Regel gilt unabhängig von der Rechtsquelle (mitgliedstaatliches, drittstaatliches oder vereinheitlichtes Recht) und dem Rechtsinhalt, und zwar auch, soweit sie zu einem Klägergerichtsstand führt (EuGH Slg 94, I-2913). Macht der Kl mehrere konkurrierende Ansprüche mit unterschiedlichem Erfüllungsort geltend, so erstreckt sich die Zuständigkeit nur auf den im Forum zu erfüllenden Anspruch (EuGH Slg 99, I-6747). Die Rechtsprechung ist im Allgemeinen darauf gerichtet, keine übermäßige Vermehrung der Gerichtsstände zu ermöglichen. Im Falle einer geographisch unbeschränkten Unterlassungspflicht ist der Schuldner daher nicht etwa überall, sondern nur am allgemeinen Gerichtsstand (Art 2 I) gerichtspflichtig (EuGH Slg 02, I-1699).

7 **Erfüllungsortsvereinbarungen** unterscheiden sich von Gerichtsstandsvereinbarungen dadurch, dass jene lediglich iRd Art 5 Nr 1 einen zusätzlichen, nicht ausschließlichen Gerichtsstand begründen, wohingegen nach Art 23 eine ausschließliche Wirkung möglich ist. Außerdem bedarf es im Falle des Art 23 anders als beim Erfüllungsort keines Zusammenhangs zwischen dem Rechtsstreit und dem vereinbarten Forum. Erfüllungsortsvereinbarungen sind daher im Rahmen und nach Maßgabe des anwendbaren Vertragsrechts möglich und unterliegen nicht den für Gerichtsstandsvereinbarungen geltenden Erfordernissen des Art 23 (EuGH Slg 80, 89). Anders liegt es aber, wenn die Vereinbarung nur auf eine abstrakte, zur Gerichtsstandsbegründung dienende Vereinbarung zielt; dann gilt Art 23. Letzteres ist namentlich dann zu bejahen, wenn der vereinbarte Erfüllungsort keinerlei Bezug zur tatsächlichen Vertragsdurchführung aufweist oder wenn die geschuldete Leistung dort gar nicht erbracht werden kann (EuGH Slg 97, I-911). Maßgebend für das Zustandekommen und die Wirksamkeit von Erfüllungsortsvereinbarungen ist das auf den Vertrag anwendbare Recht nach Maßgabe der Rom I-VO (vgl EuGH Slg 80, 89 Rn 5).

8 Für **Kaufverträge über bewegliche Sachen** sieht lit b, 1. Spiegelstrich, einen europäisch-autonom definierten prozessrechtlichen Erfüllungsort vor. Dem sachlichen Anwendungsbereich nach umfasst diese Vorschrift auch Verträge über die Lieferung noch zu erzeugender oder herzustellender Sachen aus eigenen Stoffen des Lieferanten (in deutscher Terminologie: Werklieferungsverträge), selbst dann, wenn die Spezifikationen hierfür vom Abnehmer stammen. Mit der Lieferpflicht verbundene Dienstleistungselemente stehen dieser Einordnung nicht entgegen (EuGH Rs C-381/08). Maßgeblich ist der tatsächliche Lieferort, unabhängig von der Qualifizierung als Bring- oder Schickschuld. Auch der tatsächliche Lieferort ergibt sich aus den Vereinbarungen. Bei der Auslegung von Vereinbarungen sind die für die üblichen Klauseln des internationalen Handelsverkehrs, namentlich die für die Incoterms geltenden Auslegungsmaßgaben zu beachten, soweit die Parteien eine den Incoterms entsprechende oder inhaltsgleiche Klausel vereinbart haben (EuGH Rs C-87/10). Dabei ist insb zu prüfen, ob die Klausel nur die Gefahrtragung und Kosten oder auch tatsächlich den Lieferort regeln soll (EuGH Rs C-87/10 Rn 24). Die ex works-Klausel verweist auf den Lieferantensitz (EuGH Rs C-87/10 Rn 23). Bei FOB-Klauseln ist der Verschiffungshafen maßgebend (BGH NJW 09, 2606). Fehlt es an einer Vereinbarung und kann der Erfüllungsort auch sonst unter Ausschöpfung aller Auslegungsmöglichkeiten nicht dem Vertrags entnommen werden, ist, insb beim Versendungskauf, kein Rückgriff auf die gesetzlichen Regelungen des anwendbaren Kaufrechts möglich. Vielmehr ist auf den Ort der tatsächlichen körperlichen Übergabe an den Käufer abzustellen (EuGH Rs C-381/08). Eine von lit b, 1. Spiegelstrich, abweichende Vereinba-

rung ist wirksam möglich. Lit b, 1. Spiegelstrich, gilt auch für den Fall, dass aufgrund desselben Vertrags an mehrere Orte in demselben Mitgliedstaat geliefert wird (EuGH Slg 07, I-3699). Der Kl muss am Hauptlieferort klagen; lässt sich kein solcher ermitteln, hat er die Wahl; auf nationale Vorschriften über die örtliche Zuständigkeit kommt es nicht an (EuGH Slg 07, I-3699). Ob sich das auf einen Fall mehrerer Lieferorte in verschiedenen Staaten übertragen lässt, ist noch offen. Die Rechtsprechung zum Parallelproblem bei Dienstleistungen spricht dafür (EuGH Rs C-204/08).

Lit b, 2. Spiegelstrich, betrifft Verträge über **Dienstleistungen.** Der Begriff ist europäisch noch nicht konturiert, doch ist jedenfalls eine regelmäßig entgeltliche Tätigkeit erforderlich. In Abgrenzung zum Kaufvertrag spricht es für das Vorliegen eines Dienstvertrags, wenn der Lieferant nur für die ordnungsgemäße Ver- oder Bearbeitung der Ware, nicht aber für die Lieferung an sich einstehen will oder wenn der Abnehmer die Ausgangsstoffe zur Verfügung gestellt hat (EuGH Rs C-381/08). Lizenzverträge fallen nicht darunter, weil der Lizenzgeber keine Tätigkeit vornimmt (EuGH Rs C-533/07). Für die Zuständigkeit stellt die Vorschrift auf den Ort der faktischen Dienstleistung ab. Kann ein solcher Ort nicht ermittelt werden, weil der Vertrag entweder mehrere Erbringungsorte oder ausdrücklich gar keinen bestimmten Erbringungsort vorsieht, so ist (wenn bereits Erfüllungshandlungen erfolgt sind) der Ort heranzuziehen, an dem der Dienstleister seine Tätigkeiten zur Erfüllung des Vertrags tatsächlich überwiegend vorgenommen hat, vorausgesetzt, die Erbringung der Dienstleistungen an diesem Ort widerspricht nicht dem Parteiwillen, wie er sich aus den Vertragsbestimmungen ergibt (EuGH Rs C-19/09). Fehlt es auch hieran, soll es beim Handelsvertretervertrag auf den Wohnort des Handelsvertreters ankommen (EuGH Rs C-19/09). Die letztgenannte Maßgabe überzeugt allerdings nur, wenn der Handelsvertreter seinen Beruf grds von seinem (unter Berücksichtigung des Art 60 Brüssel I-VO definierten) Wohnort aus ausübt. Lässt sich keinerlei Hauptdienstleistungsort ermitteln, so hat der Kl die Wahl (EuGH Rs C-204/08: Wahlrecht zwischen Ankunfts- und Abflugsort bei Flugbeförderung). Bei mehraktigen Dienstleistungen kann es jedenfalls nicht auf den Ort der Vorbereitung der Dienstleitung ankommen, wenn diese ggü dem Empfänger an einem anderen Ort zu erbringen ist. 9

II. Unterhaltsstreitigkeiten (Nr 2). Die Vorschrift dient dem Schutz des Unterhaltsberechtigten und begründet einen Wahlgerichtsstand zugunsten des Klägers. Die Merkmale Unterhalt und Unterhaltsberechtigter sind europäisch autonom und funktionell zu verstehen. Hierunter fällt es auch, wenn ein kapitalisierter Unterhaltsbetrag verlangt wird oder wenn zur Unterhaltssicherung Vermögensgegenstände übertragen werden (EuGH Slg 97, I-1147). Unerheblich ist, ob bereits ein Unterhaltsanspruch gerichtlich zuerkannt wurde (EuGH Slg 97, I-1683). Der Anwendung der Vorschrift steht es auch nicht entgegen, wenn der Unterhalt von der Entscheidung über Vorfragen abhängt, die nicht unter die VO fallen (EuGH Slg 97, I-1683 Rn 25). Die Regressklage einer in Vorlage getretenen Behörde fällt nicht hierunter, weil sie nicht Unterhaltsberechtigter iSd Vorschrift ist (EuGH Slg 04, I-981). Das wird man für Fälle der Legalzession oder Abtretung ebenso sehen können, soweit nicht der Zessionar ebenfalls ggü dem Beklagten als Unterhaltsberechtigter anzusehen ist. 10

III. Unerlaubte Handlungen (Nr 3). Dieses autonom auszulegende Merkmal beruht auf den Gesichtspunkten der Sach- und Beweisnähe (EuGH Slg 04, I-6009 Rn 15), ohne dass es auf deren Feststellung im Einzelfall ankommt. Es erfasst unerlaubte Handlungen und gleichgestellte Fälle. Darunter fallen in Abgrenzung zu Nr 1 alle Fälle der nicht freiwillig eingegangenen und auf Schadensersatz gerichteten Pflichten (EuGH Slg 88, 5566; Slg 05, I-481 Rn 29), etwa die Haftung aus Verschulden bei Vertragsschluss, oder negatorische **Abwehr- oder Unterlassungsansprüche** (nicht: die Gläubigeranfechtungsklage des französischen Rechts, EuGH Slg 92, I-2149) sowie sonstige Verfahren (EuGH Slg 04, I-1417), in denen die Rechtmäßigkeit eines potenziell deliktischen Verhaltens geklärt werden soll, etwa im Wettbewerbsrecht (franz Cour de Cassation, n° 48 v 18.1.2011, 10-11.885), im Kartellrecht (BGH RIW 11, 564) oder im Zusammenhang mit Arbeitskämpfen (EuGH Slg 02, I-7357). Auf einen tatsächlichen Schadenseintritt kommt es nicht an; schadensabwendende Maßnahmen des Beklagten schließen jedenfalls die Zuständigkeit nicht aus (EuGH Slg 04, I-1417). Das soll auch für verbraucherrechtliche Unterlassungsklagen gelten (EuGH Slg 02, I-8111; BGH NJW 09, 3371). Auch negative Feststellungsklagen sollten unter die Vorschrift fallen (vgl BGH RIW 11, 564; Vorlage an den EuGH). Die zugrundeliegende Rechtsmaterie ist nicht von Bedeutung; erfasst werden etwa Urheber- und gewerbliche Schutzrechtsverletzungen (BGH EuZW 10, 313). 11

Bei **Distanzdelikten** umfasst der Ort der unerlaubten Handlung sowohl den Handlungs- als auch den Erfolgsort (EuGH Slg 76, 1735). Hierunter fallen bspw die grenzüberschreitende Luft- und Wasserverschmutzung oder die grenzüberschreitende Produkthaftung. Handlungsort ist der Ort der Vornahme der 12 schadensursächlichen Handlung (EuGH Slg 04, I-1417). Umstritten ist, inwieweit bei mehreren Tätern oder Teilnehmern eine gegenseitige Zurechnung von Handlungen möglich ist (BGH WM 10, 2214); sie sollte dann bejaht werden, wenn sich der Täter die Beiträge der Gehilfen kraft seiner Tatherrschaft zunutze macht oder mehrere Mittäter aufgrund eines gemeinsamen Tatplans arbeitsteilig vorgehen. Erfolgsort ist der Ort der Beeinträchtigung des unmittelbar verletzten Interesses (also: der Rechtsgutsverletzung), nicht der Ort, an dem die weiteren Schadensfolgen oder bloße Folgeschäden eintreten (EuGH Slg 90, I-49; Slg 95, I-2719; Rs C-189/08; BGHZ 176, 342: schädliche Nebenwirkung eines Medikaments). Diese Maßgabe gilt auch dann, wenn der zugrundeliegende Deliktstatbestand nach dem anwendbaren Sachrecht keine Rechtsgutsverletzung, sondern nur einen Schadenseintritt voraussetzt. Nach dem Sinn der zitierten Rechtsprechung wird man auch insoweit eine Lokalisierung am Ort des unmittelbar verletzten Interesses vornehmen müssen, ohne dass es auf die weiteren Schadensfolgen ankommt (EuGH Slg 95, I-2719). Ist das Vermögen unmittelbar geschädigt, kann man auf die Belegenheit der beeinträchtigten Vermögenswerte im Zeitpunkt der Schädigung abstellen (BGH WM 2010, 2214; München WM 2010, 1463). Demgegenüber kann der Wohnsitz als Mittelpunkt des Vermögens nicht ohne weiteres als Schadensort angesehen werden (EuGH Slg 04, I-6009 Rn 21). Tritt ein Folgeschaden bei einem Dritten ein, so ist als Erfolgsort nicht der Ort seiner Schädigung, sondern – um eine zu weite Ausdehnung der Vorschrift zu vermeiden – der Ort des unmittelbaren Primärschadens maßgebend. Letzteres ist etwa für Regressansprüche Dritter bedeutsam, die dem primär Geschädigten seinen Schaden ersetzt haben und nun beim Schädiger Regress nehmen (EuGH Slg 98, I-06511).

13 Bei **Streudelikten** – Prototyp: Pressedelikte – gilt das Mosaikprinzip: Der Geschädigte kann seinen ganzen Schaden am Erscheinungsort (Sitz der Niederlassung des Herausgebers als Handlungsort) einklagen oder an jedem Verbreitungsort (Erfolgsort) den in diesem Staat eingetretenen Schaden (EuGH Slg 95, I-615). Bei der Bestimmung des Schadensortes ist der schädigende Charakter der fraglichen Handlung nicht europäisch-autonom zu bestimmen. Er liegt bei Vermögensschäden deshalb nicht ohne weiteres am Wohnsitz des Geschädigten (EuGH Slg 04, I-6009). Maßgeblich ist in den Grenzen des gemeinschaftsrechtlichen Effektivitätsgebots vielmehr das nach den Kollisionsnormen des Forums anwendbare nationale Recht (EuGH Slg 95, I-615). Namentlich im **Internet** bedarf es zudem einer an dieses Medium angepassten Konkretisierung des Mosaikprinzips. Bei Persönlichkeitsrechtsverletzungen im Netz hält der EuGH eine Geltendmachung des gesamten Schadens am Sitz des Verletzers (wohl zugleich: Handlungsort) sowie am Sitz des „hauptsächlichen Interesses des Geschädigten als Erfolgsort für zulässig; daneben kann der Geschädigte noch in jedem Staat, in dem die verletzenden Inhalte zugänglich waren, den dort eingetretenen Schaden geltend machen (EuGH verb Rs C-509/09 u C-161/10).

14 **IV. Annexverfahren (Nr 4).** Das Merkmal betrifft **Annexverfahren zu Strafverfahren**. Es greift damit nur ein, wenn die internationale strafprozessuale Zuständigkeit des betreffenden Staates gegeben ist und das nationale Recht eine Annexentscheidung über einen Schadensersatz vorsieht, deren Zulässigkeit in concreto gegeben ist.

15 **V. Zuständigkeit für Zweigniederlassungen (Nr 5).** Die Merkmale Zweigniederlassung, Agentur oder sonstige Niederlassung sind autonom auszulegen und erfassen **jede Außenstelle**, die erkennbar dauerhaft mit eigener Geschäftsführung und Ausstattung so am Geschäftsverkehr teilnimmt, dass Vertragspartner mit dieser (für die Hauptniederlassung) Verträge schließen können. Entscheidend ist der durch das Auftreten im Geschäftsverkehr hervorgerufene Eindruck, ein Geschäftspartner könne sich trotz des ausländischen Sitzes des Vertragspartners zur Begründung und Abwicklung des Geschäfts an die betreffende Außenstelle wenden (EuGH Slg 78, 2183). Das gilt auch, wenn es sich um eine selbständige juristische Person handelt, sofern diese wie eine Niederlassung oder Agentur des Stammhauses am Geschäftsverkehr teilnimmt (EuGH Slg 87, 4905). Selbständige Vertragshändler oder Handelsvertreter werden dagegen nicht erfasst (EuGH Slg 76, 1497; Slg 80, 819). Zum Betrieb der Zweigniederlassung usw. zählen sowohl die unmittelbar zu deren Begründung, Aufrechterhaltung und Führung gehörenden als auch die von der Außenstelle für das Stammhaus abgeschlossenen Geschäfte (EuGH Slg 78, 2183). Der Betrieb der Außenstelle umfasst zB die Miete von Räumen oder den Kauf von Material und Einrichtung. Die für das Stammhaus abgeschlossenen Verträge umfassen alle diejenigen, die durch die Außenstelle mit Wirkung für das Stammhaus begründet werden. In beiden Fällen kommen die aus der Tätigkeit hervorgehenden außervertraglichen Verbindlichkeiten hinzu (EuGH Slg 78, 2183). Der Erfüllungsort der von der Zweigniederlassung begründeten Verbindlichkeiten ist für Nr 5 ohne Belang (EuGH Slg 95, I-961).

VI. Trust (Nr 6). Das Merkmal betrifft nur die gesetzlich vorgesehenen Trusts, nicht aber Fälle des sog »implied« oder »constructive« trust (*Schlosser*-Bericht AblEG C 59/106 v 5.3.79). 16

VII. Hilfs- und Bergeleistungen (Nr 7). Die Vorschrift knüpft die Hauptsachezuständigkeit an die Arrestzuständigkeit. 17

Artikel 6 Eine Person, die ihren Wohnsitz im Hoheitsgebiet eines Mitgliedstaats hat, kann auch verklagt werden:

1. wenn mehrere Personen zusammen verklagt werden, vor dem Gericht des Ortes, an dem einer der Beklagten seinen Wohnsitz hat, sofern zwischen den Klagen eine so enge Beziehung gegeben ist, dass eine gemeinsame Verhandlung und Entscheidung geboten erscheint, um zu vermeiden, dass in getrennten Verfahren widersprechende Entscheidungen ergehen könnten;

2. wenn es sich um eine Klage auf Gewährleistung oder um eine Interventionsklage handelt, vor dem Gericht des Hauptprozesses, es sei denn, dass die Klage nur erhoben worden ist, um diese Person dem für sie zuständigen Gericht zu entziehen;

3. wenn es sich um eine Widerklage handelt, die auf denselben Vertrag oder Sachverhalt wie die Klage selbst gestützt wird, vor dem Gericht, bei dem die Klage selbst anhängig ist;

4. wenn ein Vertrag oder Ansprüche aus einem Vertrag den Gegenstand des Verfahrens bilden und die Klage mit einer Klage wegen dinglicher Rechte an unbeweglichen Sachen gegen denselben Beklagten verbunden werden kann, vor dem Gericht des Mitgliedstaats, in dessen Hoheitsgebiet die unbewegliche Sache belegen ist.

A. Allgemeines. Die einzelnen Tatbestände der Vorschrift begründen in unterschiedlichen Fällen die Zuständigkeit eines Gerichts für mehrere **zusammenhängende Verfahren**. Dies umfasst konnexe Streitigkeiten (Nr 1), Interventions- und Gewährleistungsklagen (Nr 2), konnexe Widerklagen (Nr 3) und Fälle der mit einer Klage aus dinglichen Rechten verbundenen vertraglichen Klagen (Nr 4). 1

B. Die einzelnen Tatbestände. I. Konnexe Streitigkeiten (Nr 1). Der in **Nr 1** geforderte **enge Zusammenhang** ist nicht nach den Maßgaben des nationalen Rechts, sondern europäisch-autonom zu bestimmen. Er kann nach einer von der Rechtsprechung in Anlehnung an Art 28 entwickelten Formel konkretisiert werden (EuGH Slg 88, 5566; offenlassend zur Identität EuGH Slg 06, I-6535), die damit wohl eine materiellrechtliche **Unvereinbarkeit aufgrund »derselben Sach- und Rechtslage«** meint. Es reicht aber bspw aus, wenn ein Bekl wegen eigener Handlungen, und ein anderer wegen seiner Gehilfentätigkeit verklagt wird (BGH NJW-RR 2010, 644). Die Problematik dieses Merkmals zeigt sich etwa in Patentsachen, wo der EuGH einen solchen Zusammenhang verneint, wenn es um die gleichartige Verletzung von Parallelpatenten in verschiedenen Staaten wegen derselben Erfindung geht (EuGH Slg 06, I-6535: keine Identität der Rechtslage; krit Hess/Pfeiffer/Schlosser Rn 655 ff). Demgegenüber hat er allerdings auch betont, dass die Klagen als solche nicht auf derselben Rechtsgrundlage beruhen müssen (EuGH Slg 07, I-8319; Rs C-145/10). Deshalb kann es der Anwendung von Art 6 Nr 1 nicht entgegenstehen, wenn sich die Klage bei Urheberrechtsverletzungen auf unterschiedliche nationale Rechtsvorschriften stützt, sofern widersprechende Entscheidungen drohen (EuGH Rs C-145/10). Werden allerdings die gegen verschiedene Parteien gerichtete Klagen in einem Fall vertraglich, im anderen deliktisch begründet, so liegt der erforderliche Zusammenhang nicht vor (EuGH Slg 98, I-6511 Rn 50). 2

Die Zuständigkeit gegen den »Ankerbeklagten« muss auf dessen **Wohnsitz** beruhen; eine andere Zuständigkeit scheidet als Grundlage für Art 6 Nr 1 aus, selbst bei einem untrennbaren Zusammenhang zwischen den Klagen (EuGH Slg 98, I-6511; Slg 08, I-3965). Auf die Zulässigkeit der Klage nach dem nationalen Prozessrecht kommt es nicht an; auch wenn die Klage gegen die im Forumstaat wohnende Partei unzulässig ist, entfaltet sie die in Nr 1 vorgesehene Ankerwirkung. Allerdings darf die Klage nicht allein zum Zwecke der Zuständigkeitsbegründung erhoben worden sein (EuGH Slg 06, I-6827; Slg 07, I-8319). 3

Gegenüber Beklagten mit Wohnsitz in einem **Drittstaat** kann Nr 1 nicht unmittelbar angewandt werden (vgl GA *Leger* C-539/03 Rn 45); es gilt nationales Prozessrecht. Anders als viele Staaten kennt Deutschland indes keinen Gerichtsstand der Streitgenossenschaft. Zur Vermeidung der Benachteiligung von Unionsbürgern will eine überwiegende Ansicht Art 6 Nr 1 analog anwenden, sofern die Zuständigkeit auf einen inländischen Ankerbeklagten gestützt wird (zB Geimer/Schütze/*Geimer* Rn 4; StJ/*Wagner* Rn 22). Art 6 Nr 1 steht einer solchen Analogie zumindest nicht entgegen (*Kropholler/v Hein* EuGVO Art 6 Rn 7); zugelassen 4 werden sollte sie jedenfalls, wenn zwischen dem inländischen Ankerbeklagten und dem Drittstaater eine notwendige Streitgenossenschaft besteht.

5 **II. Gewährleistungs- und Interventionsklage (Nr 2). Nr 2** setzt die **Zulässigkeit** einer Gewährleistungs- oder Interventionsklage nach dem maßgebenden nationalen Prozessrecht voraus, ordnet sie aber nicht an. Als Gewährleistungsklage iSd Vorschrift ist eine Klage anzusehen, die der Beklagte in dem Rechtsstreit gegen einen Dritten zum Zweck der eigenen Schadloshaltung wegen der Folgen dieses Rechtsstreits erhebt (EuGH Slg 05, I-4509). Die Vorschrift begründet etwa für die Direktklagen (*action directe*) des romanischen Rechtskreises einen Annexgerichtsstand im Forum des Hauptprozesses. Für die allgemeine prozessuale Zulässigkeit der Klage kommt es auf das anwendbare nationale Prozessrecht an. Dieses darf aber keine Zulässigkeitsvoraussetzungen vorsehen, die den Zuständigkeitsgründen der Vorschrift widersprechen (EuGH Slg 90, I-1845). Weder der Beklagte des Hauptprozesses noch des Annexprozesses muss aber seinen Wohnsitz im Forumstaat haben; Art 6 Nr 2 kann insb mit der Zuständigkeit aus Art 5 Nr 1 verbunden werden (EuGH Slg 90, I-1845).

6 Die Vorschrift enthält ein **Missbrauchsverbot** des Inhalts, dass die Klage nicht erhoben worden sein darf, um den Beklagten seinem Gerichtsstand zu entziehen. Dies hat idR aber keine eigenständige Bedeutung. In der Regel setzt eine Gewährleistungs- und Interventionsklage einen Zusammenhang zum Ausgangsverfahren voraus, was bereits für sich betrachtet genügt, um einen Missbrauch auszuschließen.

7 **III. Widerklage (Nr 3). Nr 3** gilt nur für die angriffsweise erhobene **Widerklage**, nicht für die Geltendmachung der Gegenforderung als Verteidigungsmittel, also insb die **Aufrechnung** (EuGH Slg 95, I-2313). Für die als Verteidigungsmittel geltend gemachte Aufrechnungsforderung bedarf es keiner Zuständigkeit aufgrund der VO; die Zulässigkeit ihrer Geltendmachung ergibt sich aus dem Prozessrecht des Forums (EuGH Slg 95, I-2313). Allerdings dürfte es mit der abschließenden Regelung der Zuständigkeit durch die VO nicht vereinbar sein, wenn das nationale Recht eine eigene Zuständigkeitsprüfung für die als Verteidigung geltend gemachte Aufrechnung vorsieht (str, offenlassend BGHZ 149, 120).

8 **IV. Konnexe Vertragsansprüche bei Immobilienklagen (Nr 4).** Die Vorschrift ermöglicht dem Kl ihrem **Zweck** nach, vor demjenigen Gericht, vor dem er eine Klage aus einem dinglichen Recht an einer Immobilie erhoben hat oder erheben will, auch eine damit verbundene vertragliche Klage zu erheben. Für diese vertragliche Klage begründet die Vorschrift einen zusätzlichen Wahlgerichtsstand. Dieser tritt neben den Gerichtsstand aus Art 5 Nr 1. Handelt es sich um einen Anspruch aus Miet- oder Pachtvertrag, so gilt ohnehin Art 22 Nr 1. Der Gerichtsstand am Ort der Belegenheit ist dann nach dieser Vorschrift ohnehin begründet, allerdings mit ausschließlicher Wirkung.

9 Nr 4 setzt einen **Anspruch aus einem Vertrag** voraus. Für dieses Merkmal kann auf Nr 1 verwiesen werden. Dieser vertragliche Anspruch muss in demselben Verfahren mit einer Klage aus einem dinglichen Recht an einer unbeweglichen Sache verbunden werden können. Für das Merkmal der Klagen aus **dinglichen Rechte an unbeweglichen Sachen** kann auf Art 22 Nr 1 verwiesen werden. Über die **Zulässigkeit einer Verbindung** entscheidet das nationale Prozessrecht. Es muss nach dem nationalen Recht zulässig sein, dass die Partei bei Klageerhebung mit der dinglichen Klage zugleich oder später vor demselben Gericht die vertragliche Klage erhebt. Eine **Verbindung** idS liegt, wie systematisch aus Nr 1 erhellt, vor, wenn die Klagen zur gemeinsamen Verhandlung und Entscheidung verknüpft werden können. Das Merkmal »können« ist insofern irreführend als die Vorschrift nur eingreift, wenn tatsächlich beide Klagen vor demselben Gericht erhoben werden.

Artikel 7 **Ist ein Gericht eines Mitgliedstaats nach dieser Verordnung zur Entscheidung in Verfahren wegen einer Haftpflicht aufgrund der Verwendung oder des Betriebs eines Schiffes zuständig, so entscheidet dieses oder ein anderes an seiner Stelle durch das Recht dieses Mitgliedstaats bestimmtes Gericht auch über Klagen auf Beschränkung dieser Haftung.**

1 Das Londoner Übereinkommen über die Beschränkung der Haftung für Seeforderungen v 19.11.76 ermöglicht dem **Schiffseigentümer**, der sich einer Vielzahl von Haftpflichtansprüchen ausgesetzt sieht, eine Beschränkung der Haftung. Diese kann er nicht nur verteidigungsweise geltend machen. Vielmehr kann er auch vorsorglich auf Feststellung klagen, dass er nur beschränkt haftet. Art 7 soll ihm ermöglichen, eine solche Haftungsbegrenzungsklage vor demjenigen Gericht zu erheben und zu konzentrieren, vor dem er sich auch verteidigen müsste (*Schlosser*-Bericht AblEG C 59/110 v 5.3.79).

Abschnitt 3 Zuständigkeit für Versicherungssachen

Artikel 8 Für Klagen in Versicherungssachen bestimmt sich die Zuständigkeit unbeschadet des Artikels 4 und des Artikels 5 Nummer 5 nach diesem Abschnitt.

Artikel 9 (1) Ein Versicherer, der seinen Wohnsitz im Hoheitsgebiet eines Mitgliedstaats hat, kann verklagt werden:
a) vor den Gerichten des Mitgliedstaats, in dem er seinen Wohnsitz hat,
b) in einem anderen Mitgliedstaat bei Klagen des Versicherungsnehmers, des Versicherten oder des Begünstigten vor dem Gericht des Ortes, an dem der Kläger seinen Wohnsitz hat, oder
c) falls es sich um einen Mitversicherer handelt, vor dem Gericht eines Mitgliedstaats, bei dem der federführende Versicherer verklagt wird.
(2) Hat der Versicherer im Hoheitsgebiet eines Mitgliedstaats keinen Wohnsitz, besitzt er aber in einem Mitgliedstaat eine Zweigniederlassung, Agentur oder sonstige Niederlassung, so wird er für Streitigkeiten aus ihrem Betrieb so behandelt, wie wenn er seinen Wohnsitz im Hoheitsgebiet dieses Mitgliedstaats hätte.

Artikel 10 Bei der Haftpflichtversicherung oder bei der Versicherung von unbeweglichen Sachen kann der Versicherer außerdem vor dem Gericht des Ortes, an dem das schädigende Ereignis eingetreten ist, verklagt werden. Das Gleiche gilt, wenn sowohl bewegliche als auch unbewegliche Sachen in ein und demselben Versicherungsvertrag versichert und von demselben Schadensfall betroffen sind.

Artikel 11 (1) Bei der Haftpflichtversicherung kann der Versicherer auch vor das Gericht, bei dem die Klage des Geschädigten gegen den Versicherten anhängig ist, geladen werden, sofern dies nach dem Recht des angerufenen Gerichts zulässig ist.
(2) Auf eine Klage, die der Geschädigte unmittelbar gegen den Versicherer erhebt, sind die Artikel 8, 9 und 10 anzuwenden, sofern eine solche unmittelbare Klage zulässig ist.
(3) Sieht das für die unmittelbare Klage maßgebliche Recht die Streitverkündung gegen den Versicherungsnehmer oder den Versicherten vor, so ist dasselbe Gericht auch für diese Personen zuständig.

Artikel 12 (1) Vorbehaltlich der Bestimmungen des Artikels 11 Absatz 3 kann der Versicherer nur vor den Gerichten des Mitgliedstaats klagen, in dessen Hoheitsgebiet der Beklagte seinen Wohnsitz hat, ohne Rücksicht darauf, ob dieser Versicherungsnehmer, Versicherter oder Begünstigter ist.
(2) Die Vorschriften dieses Abschnitts lassen das Recht unberührt, eine Widerklage vor dem Gericht zu erheben, bei dem die Klage selbst gemäß den Bestimmungen dieses Abschnitts anhängig ist.

Artikel 13 Von den Vorschriften dieses Abschnitts kann im Wege der Vereinbarung nur abgewichen werden:
1. wenn die Vereinbarung nach der Entstehung der Streitigkeit getroffen wird,
2. wenn sie dem Versicherungsnehmer, Versicherten oder Begünstigten die Befugnis einräumt, andere als die in diesem Abschnitt angeführten Gerichte anzurufen,
3. wenn sie zwischen einem Versicherungsnehmer und einem Versicherer, die zum Zeitpunkt des Vertragsabschlusses ihren Wohnsitz oder gewöhnlichen Aufenthalt in demselben Mitgliedstaat haben, getroffen ist, um die Zuständigkeit der Gerichte dieses Staates auch für den Fall zu begründen, dass das schädigende Ereignis im Ausland eintritt, es sei denn, dass eine solche Vereinbarung nach dem Recht dieses Staates nicht zulässig ist,
4. wenn sie von einem Versicherungsnehmer geschlossen ist, der seinen Wohnsitz nicht in einem Mitgliedstaat hat, ausgenommen soweit sie eine Versicherung, zu deren Abschluss eine gesetzliche Verpflichtung besteht, oder die Versicherung von unbeweglichen Sachen in einem Mitgliedstaat betrifft, oder
5. wenn sie einen Versicherungsvertrag betrifft, soweit dieser eines oder mehrere der in Artikel 14 aufgeführten Risiken deckt.

Artikel 14 **Die in Artikel 13 Nummer 5 erwähnten Risiken sind die folgenden:**

1. sämtliche Schäden

a) an Seeschiffen, Anlagen vor der Küste und auf hoher See oder Luftfahrzeugen aus Gefahren, die mit ihrer Verwendung zu gewerblichen Zwecken verbunden sind,

b) an Transportgütern, ausgenommen Reisegepäck der Passagiere, wenn diese Güter ausschließlich oder zum Teil mit diesen Schiffen oder Luftfahrzeugen befördert werden;

2. Haftpflicht aller Art, mit Ausnahme der Haftung für Personenschäden an Passagieren oder Schäden an deren Reisegepäck,

a) aus der Verwendung oder dem Betrieb von Seeschiffen, Anlagen oder Luftfahrzeugen gem Nummer 1 Buchstabe a), es sei denn, dass – was die letztgenannten betrifft – nach den Rechtsvorschriften des Mitgliedstaats, in dem das Luftfahrzeug eingetragen ist, Gerichtsstandsvereinbarungen für die Versicherung solcher Risiken untersagt sind,

b) für Schäden, die durch Transportgüter während einer Beförderung im Sinne von Nummer 1 Buchstabe b) verursacht werden;

3. finanzielle Verluste im Zusammenhang mit der Verwendung oder dem Betrieb von Seeschiffen, Anlagen oder Luftfahrzeugen gemäß Nummer 1 Buchstabe a), insbesondere Fracht- oder Charterverlust;

4. irgendein zusätzliches Risiko, das mit einem der unter den Nummern 1 bis 3 genannten Risiken in Zusammenhang steht;

5. unbeschadet der Nummern 1 bis 4 alle »Großrisiken« entsprechend der Begriffsbestimmung in der Richtlinie 73/239/EWG des Rates(7), geändert durch die Richtlinie 88/357/EWG(8) und die Richtlinie 90/618/EWG(9), in der jeweils geltenden Fassung.

1 Die Vorschriften sind im Lichte ihres begrenzten Schutzzwecks auszulegen, der nur für den Versicherungsnehmer gilt. Sie gelten nicht für Klagen aus **Rückversicherungsverträgen** (EuGH Slg 00, I- 5925) oder für eine Gewährleistungsklage zwischen Versicherern im Falle einer Mehrfachversicherung (EuGH Slg 05, I-4509) oder für den Regressanspruch des Sozialversicherungsträgers als Legalzessionar (EuGH C-347/08). Anders liegt es demgemäß dann, wenn ein Versicherungsnehmer ausnahmsweise zur direkten Inanspruchnahme des Rückversicherers befugt ist (EuGH Slg 00, I-5925 Rn 75). Die Verweisung in Art 11 II auf Art 9 bezieht sich auf dessen sämtliche Voraussetzungen, wobei anstelle des Versicherten der Geschädigte zu setzen ist. Die Verweisung auf Art 9 I lit b ist demgemäß dahin auszulegen, dass der Geschädigte vor dem Gericht des Ortes in einem Mitgliedstaat, an dem er seinen Wohnsitz hat, eine Klage unmittelbar gegen den Versicherer erheben kann, sofern eine solche unmittelbare Klage zulässig ist und der Versicherer im Hoheitsgebiet eines Mitgliedstaats ansässig ist (EuGH Slg 07, I-11321; BGHZ 176, 276). Die Möglichkeit der Prorogation des gemeinsamen Heimatforums nach Art 13 Nr 3 kann einem Drittbegünstigten nicht entgegengehalten werden, wenn er der Klausel nicht zugestimmt hat (EuGH Slg 05, 4509). Zur rügelosen Einlassung s. Art 24.

Abschnitt 4 Zuständigkeit für Verbrauchersachen

Artikel 15 **(1) Bilden ein Vertrag oder Ansprüche aus einem Vertrag, den eine Person, der Verbraucher, zu einem Zweck geschlossen hat, der nicht der beruflichen oder gewerblichen Tätigkeit dieser Person zugerechnet werden kann, den Gegenstand des Verfahrens, so bestimmt sich die Zuständigkeit unbeschadet des Artikels 4 und des Artikels 5 Nummer 5 nach diesem Abschnitt,**

a) wenn es sich um den Kauf beweglicher Sachen auf Teilzahlung handelt,

b) wenn es sich um ein in Raten zurückzuzahlendes Darlehen oder ein anderes Kreditgeschäft handelt, das zur Finanzierung eines Kaufs derartiger Sachen bestimmt ist, oder

c) in allen anderen Fällen, wenn der andere Vertragspartner in dem Mitgliedstaat, in dessen Hoheitsgebiet der Verbraucher seinen Wohnsitz hat, eine berufliche oder gewerbliche Tätigkeit ausübt oder eine solche auf irgend einem Wege auf diesen Mitgliedstaat oder auf mehrere Staaten, einschließlich dieses Mitgliedstaats, ausrichtet und der Vertrag in den Bereich dieser Tätigkeit fällt.

(2) Hat der Vertragspartner des Verbrauchers im Hoheitsgebiet eines Mitgliedstaats keinen Wohnsitz, besitzt er aber in einem Mitgliedstaat eine Zweigniederlassung, Agentur oder sonstige Niederlassung,

so wird er für Streitigkeiten aus ihrem Betrieb so behandelt, wie wenn er seinen Wohnsitz im Hoheitsgebiet dieses Staates hätte.
(3) Dieser Abschnitt ist nicht auf Beförderungsverträge mit Ausnahme von Reiseverträgen, die für einen Pauschalpreis kombinierte Beförderungs- und Unterbringungsleistungen vorsehen, anzuwenden.

Artikel 16 **(1) Die Klage eines Verbrauchers gegen den anderen Vertragspartner kann entweder vor den Gerichten des Mitgliedstaats erhoben werden, in dessen Hoheitsgebiet dieser Vertragspartner seinen Wohnsitz hat, oder vor dem Gericht des Ortes, an dem der Verbraucher seinen Wohnsitz hat.**
(2) Die Klage des anderen Vertragspartners gegen den Verbraucher kann nur vor den Gerichten des Mitgliedstaats erhoben werden, in dessen Hoheitsgebiet der Verbraucher seinen Wohnsitz hat.
(3) Die Vorschriften dieses Artikels lassen das Recht unberührt, eine Widerklage vor dem Gericht zu erheben, bei dem die Klage selbst gemäß den Bestimmungen dieses Abschnitts anhängig ist.

Artikel 17 **Von den Vorschriften dieses Abschnitts kann im Wege der Vereinbarung nur abgewichen werden:**
1. wenn die Vereinbarung nach der Entstehung der Streitigkeit getroffen wird,
2. wenn sie dem Verbraucher die Befugnis einräumt, andere als die in diesem Abschnitt angeführten Gerichte anzurufen, oder
3. wenn sie zwischen einem Verbraucher und seinem Vertragspartner, die zum Zeitpunkt des Vertragsabschlusses ihren Wohnsitz oder gewöhnlichen Aufenthalt in demselben Mitgliedstaat haben, getroffen ist und die Zuständigkeit der Gerichte dieses Mitgliedstaats begründet, es sei denn, dass eine solche Vereinbarung nach dem Recht dieses Mitgliedstaats nicht zulässig ist.

Die Vorschriften sind als **Abweichung vom Prinzip des Beklagtengerichtsstands** nicht über ihren eigentlichen Anwendungsbereich ausdehnbar (EuGH Slg 93, I-139). Maßgebend ist eine autonome Auslegung (EuGH Slg 99, I-2277 Rn 26). Art 15 legt den Anwendungsbereich des zuständigkeitsrechtlichen Verbraucherschutzes fest. Art 16 konkretisiert den Gerichtsstand. Art 17 enthält Regelungen zur Abweichung von den Gerichtsständen des Art 16 durch Vereinbarung, wobei die Maßgaben des Art 17 zusätzlich zu den Erfordernissen des Art 23 gelten. 1

Dem **sachlichen Anwendungsbereich** nach beziehen sich die Vorschriften auf Streitigkeiten aus Vertrag. Sie sind damit *leges speciales* ggü Art 5 Nr 1 (EuGH Slg 05, I-481 Rn 31 f). Der Vertragsbegriff unterscheidet sich zwar insofern von demjenigen des Art 5 Nr 1 als die Art 15-17 nur Verbraucherverträge erfassen. Wie bei Art 5 Nr 1 bedarf es aber einer freiwillig eingegangenen Verpflichtung. Art 15 erfasst auch gesetzliche Ansprüche, die mit einem Vertrag untrennbar verbunden sind. Hierunter fallen Ansprüche aus mit einem Vertragsabschluss verbundenen Gewinnzusagen oder auch vorvertragliche Ansprüche aus Aufklärungspflichtverletzung, wenn es später zu einem Vertragsschuss gekommen ist (BGH NJW 2011, 2809). Der BGH erstreckt Art 15 auch auf annexe Deliktsklagen, soweit es um mit einem Vertrag „untrennbar“ verknüpfte Delikte geht (BGHZ 187, 156 – zweifelhaft). Das in Art 15 I lit a enthaltene Merkmal des **Teilzahlungskaufs** ist europäisch-autonom auszulegen (EuGH Slg 78, 1431) im Einklang mit Art 2 lit c Verbraucherkredit-RL II 2008/48. Erforderlich ist die Vereinbarung von mehreren Zahlungen oder die Vereinbarung einer verbundenen Kreditfinanzierung (EuGH Slg 99, I-2277 Rn 28). Erforderlich ist zudem ein Abzahlungsgeschäft; die Vorschrift greift nicht, wenn der Besitz erst nach vollständiger Kaufpreiszahlung übergeht (EuGH Slg 99, I-2277 Rn 31). Isolierte Gewinnzusagen fallen nicht unter lit a (EuGH Slg 05, 481), können aber unter Art 15 I lit c fallen. Die in Abs III enthaltene Ausnahme für **Beförderungsverträge** steht im Zusammenhang mit der Parallelausnahme in Art 6 IV lit b Rom I VO und ist im Einklang damit auszulegen (EuGH verb Rs C-585/08 u C-144/09, Rn 40). Sie gilt gleichermaßen für die Personen- und Güterbeförderung. Die Rückausnahme für **Reiseverträge** entspricht dem Anwendungsbereich der Pauschalreiserichtlinie und ist daher im Einklang mit der Pauschalreise-RL 90/314 auszulegen. Erforderlich ist also, dass die Leistung des Anbieters von den drei möglichen Elementen – Beförderung, Unterbringung und sonstige touristische Leistungen (außerhalb bloßer Nebenleistungen von Unterbringung und Beförderung), soweit letztere erhebliches Gewicht hat – wenigstens zwei umfasst, außerdem wenigstens 24 Stunden andauert und hierfür ein Gesamtpreis berechnet wird (EuGH verb Rs C-585/08 u C-144/09, Rn 37). Hierunter kann auch eine Frachtschiffsreise fallen (EuGH verb Rs C-585/08 u C-144/09, Rn 45). 2

3 Räumlich-territorial setzt Art 15 voraus, dass der Beklagte seinen **Wohnsitz in einem Mitgliedstaat** hat oder sich nach Abs 2 so behandeln lassen muss (EuGH Slg 94, I-4275; BGH NJW 95, 1225). Der Begriff des **Vertrags** in Art 15 knüpft an denjenigen des Art 5 an (hiervon ausgehend EuGH Slg 02, I-6367; für Gewinnzusagen Art 5 Rz 2).

4 Der eine Vertragspartner muss **Verbraucher** sein. Die Verbrauchereigenschaft setzt die Einordnung als natürliche Person voraus (EuGH Slg 01, I-9049); das schließt auch Verbraucherschutzorganisationen aus (EuGH Slg 02, I-08111). Ferner ist ein Handeln beim Vertragsschluss zu einem privaten Zweck erforderlich, der wiederum dadurch definiert wird, dass er nicht der beruflichen oder gewerblichen Tätigkeit zugerechnet werden kann (EuGH Slg 78, 1431). Das ist insb bei persönlichen oder familiären Zwecken der Fall, was auch die private Vermögensverwaltung (Mietverträge, Kapitalanlage) umfasst. Anders als der Verbraucherbegriff des deutschen Rechts, fordert Art 15, dass der Verbraucher außerhalb jeglicher beruflichen Tätigkeit handelt, wohingegen etwa § 13 BGB auf das Handeln außerhalb selbständiger beruflicher Tätigkeit abstellt. Damit sind nicht nur Arbeitnehmer sondern auch AG-Vorstände oder GmbH-Geschäftsführer von der Anwendung des Art 15 ausgenommen.

4a Die Klage muss an den betreffenden **Vertrag** anknüpfen (EuGH Slg 05, I-481 Rn 34). Die Verbrauchereigenschaft wird grds **objektiv bestimmt** (BGHZ 162, 253; NJW 08, 435). Es kommt also auf die objektive Zwecksetzung des Vertrags zum Zeitpunkt des Vertragsschlusses, nicht auf die Vorstellungen der Parteien an. Im Interesse des Verkehrsschutzes ist aber anzunehmen, dass der Verbraucher sich nicht auf seine Verbrauchereigenschaft berufen kann, wenn diese dem anderen Vertragspartner nicht bekannt war und dieser hiervon auch keine Kenntnis haben konnte (*Giuliano/Lagarde*-Bericht zum EVÜ, BTDrs 10/503, S. 55). Bei Existenzgründungsgeschäften geht der EuGH von einer gewerblichen bzw beruflichen Zwecksetzung aus (EuGH Slg 97, I-3767 Rn 16). Demgegenüber sollten bloße vorgelagerte Vorbereitungsgeschäfte, bei deren Vornahme die Existenzgründung noch unsicher ist, allerdings als Verbraucherhandeln qualifiziert werden. Branchenfremde Nebengeschäfte, zu denen insb auch die Existenzaufgabe gehört, liegen außerhalb der Verbrauchergeschäfte (EuGH Slg 91, I-1189). Bei gemischt genutzten Gegenständen handelt der Erwerber lediglich dann als Verbraucher, wenn die private Nutzung deutlich überwiegt, also eine nur völlig untergeordnete berufliche Zweckrichtung vorliegt (EuGH Slg 05, I-439). In Fällen der Abtretung muss auch der Zessionar Verbraucher sein (EuGH Slg. 93, I-139). Außerhalb von Art 15 I lit c wird nicht ausdrücklich verlangt, dass der andere Vertragspartner ein **Unternehmer** ist. Ob ein solches Merkmal in die übrige Vorschrift hineingelesen werden kann, ist nicht eindeutig ersichtlich, sollte aber bejaht werden (EuGH Slg 05, I-481: »gewerblicher Verkäufer«).

5 Zuständig sind grds die Gerichte im **Wohnsitzstaat des Verbrauchers.** Ist der Verbraucherwohnsitz nicht bekannt, so kann ausnahmsweise eine Klage am letzten Wohnsitz des Verbrauchers erhoben werden, wenn alle Anstrengungen unternommen wurden, den derzeitigen Wohnsitz des Verbrauchers zu ermitteln und ansonsten Rechtsverweigerung drohen würde (EuGH Rs C-327/10).

6 Das in Abs 1 lit c angesprochene Merkmal des **Ausrichtens** auf den Wohnsitzstaat des Verbrauchers beruht auf der konzeptionellen Unterscheidung zwischen dem grenzüberschreitend »aktiven« und dem »passiv« an seinem Heimatort verbleibenden Verbraucher. Es findet sich auch in Art 6 Rom I–VO; beide Vorschriften sind einheitlich auszulegen (Rom I–VO 593/2008, Begründungserwägung 24). Von Bedeutung ist das Merkmal des Ausrichtens dementsprechend für alle grenzüberschreitenden Absatzaktivitäten, va (aber nicht nur) im Fernabsatz unter Einschluss des Internets. Abgestellt wird in Art 15 I lit c va auf die Ausrichtung der Absatzbemühungen des Anbieters auf den Staat des gewöhnlichen Aufenthalts des Verbrauchers. In erster Linie sind hierfür die Werbung und der Internetauftritt bedeutsam (vgl östOGH 8.9.2009, 1 Ob 158/09f). Es kommt darauf an, ob vor einem Vertragsabschluss aus der gesamten Tätigkeit des Anbieters einschließlich seiner Websites zu entnehmen ist, dass dieser zu einem Vertragsabschluss mit Verbrauchern, die in einem oder mehreren Mitgliedstaaten, darunter jedenfalls dem Wohnsitzmitgliedstaat des Verbrauchers, wohnhaft sind, bereit war (EuGH verb Rs C-585/08 u C-144/09). Erforderlich ist also eine Gesamtwürdigung des Anbieterverhaltens. Als ein wichtiges Auslegungsdokument kann dabei die gemeinsame Erklärung des Rates und der Kommission zu Art 15 herangezogen werden (abgedruckt IPRax 01, 259, 261). Dort wird namentlich zwischen aktiven und passiven Websites unterschieden. In der Erklärung »weisen Kommission und Rat darauf hin, dass es für die Anwendung von Art 15 I lit c nicht ausreicht, dass ein Unternehmen seine Tätigkeiten auf den Mitgliedstaat, in dem der Verbraucher seinen Wohnsitz hat, oder auf mehrere Staaten – einschließlich des betreffenden Mitgliedstaats –, ausrichtet, sondern dass im Rahmen dieser Tätigkeiten auch ein Vertrag geschlossen worden sein muss.« Eine Geschäftstätigkeit ohne Bezug zu

dem Vertrag (»doing business«) genügt mithin nicht (vgl östOGH 8.9.2009, 1 Ob 158/09f). Ferner »betont« die besagte Erklärung, »dass die Zugänglichkeit einer Website allein nicht ausreicht, um die Anwendbarkeit von Art 15 zu begründen; vielmehr ist erforderlich, dass diese Website auch den Vertragsabschluss im Fernabsatz anbietet und dass tatsächlich ein Vertragsabschluss im Fernabsatz erfolgt ist, mit welchem Mittel auch immer. Dabei sind auf einer Website die benutzte Sprache oder die Währung nicht von Bedeutung.« Der EuGH hat folgenden Umständen **Indizwirkung für ein Ausrichten** beigemessen: der internationale Charakter der Tätigkeit, die Angabe von Anfahrtsbeschreibungen von anderen Mitgliedstaaten aus zu dem Ort, an dem der Gewerbetreibende niedergelassen ist, die Verwendung einer anderen Sprache oder Währung als der in dem Mitgliedstaat der Niederlassung des Gewerbetreibenden üblicherweise verwendeten Sprache oder Währung mit der Möglichkeit der Buchung und Buchungsbestätigung in dieser anderen Sprache, die Angabe von Telefonnummern mit internationaler Vorwahl, die Tätigung von Ausgaben für einen Internetreferenzierungsdienst, um in anderen Mitgliedstaaten wohnhaften Verbrauchern den Zugang zur Website des Gewerbetreibenden oder seines Vermittlers zu erleichtern, die Verwendung eines anderen Domänennamens oberster Stufe als desjenigen des Mitgliedstaats der Niederlassung des Gewerbetreibenden und die Erwähnung einer internationalen Kundschaft (EuGH verb Rs C-585/08 u C-144/09). Hingegen haben **keine Indizwirkung** für ein Ausrichten: die bloße Zugänglichkeit der Website des Gewerbetreibenden oder seines Vermittlers im Wohnsitzstaat des Verbrauchers; die Verwendung einer elektronischen Adresse oder anderer Adressdaten, der Sprache oder Währung des Verbraucher-Sitzstaates sind dann nicht ausreichend, wenn sie zugleich diejenige des Anbieter-Sitzstaates sind (EuGH verb Rs C-585/08 u C-144/09). Ausreichend für ein Ausrichten ist es – wie bereits nach dem früheren Art 13 EuGVÜ – auch, wenn der Unternehmer dem Verbraucher an dessen Wohnsitz ein konkretes Vertragsangebot (oder eine Invitatio ad offerendum, vgl BGH NJW 2011, 2809) zugesandt hat.

Gerichtsstandsvereinbarungen müssen Art 17 genügen, um wirksam zu sein, nachträglich getroffen wor- 7
den sein oder sich auf die Einräumung weiterer Gerichtsstände zugunsten des Verbrauchers beschränken oder das Forum des gemeinsamen Wohnorts oder Aufenthalts von Verbraucher und Vertragspartner prorogieren. Nationales AGB-Recht ist nach Art 67 nur anwendbar, soweit es auf der Umsetzung der Richtlinie 93/13/EWG (Anh 1 lit p) über missbräuchliche Vertragsklauseln beruht. Rechtsschutzerschwerende Klauseln über die örtliche Zuständigkeit sind missbräuchlich (EuGH Slg 00, I-4941). Diese Maßgabe ist im Einklang mit der VO 44/2001 auszuformen (*Pfeiffer* ZEuP 03, 141). Zur rügelosen Einlassung s. Art 24.

Abschnitt 5 Zuständigkeit für individuelle Arbeitsverträge

Artikel 18 (1) Bilden ein individueller Arbeitsvertrag oder Ansprüche aus einem individuellen Arbeitsvertrag den Gegenstand des Verfahrens, so bestimmt sich die Zuständigkeit unbeschadet des Artikels 4 und des Artikels 5 Nummer 5 nach diesem Abschnitt.

(2) Hat der Arbeitgeber, mit dem der Arbeitnehmer einen individuellen Arbeitsvertrag geschlossen hat, im Hoheitsgebiet eines Mitgliedstaats keinen Wohnsitz, besitzt er aber in einem Mitgliedstaat eine Zweigniederlassung, Agentur oder sonstige Niederlassung, so wird er für Streitigkeiten aus ihrem Betrieb so behandelt, wie wenn er seinen Wohnsitz im Hoheitsgebiet dieses Mitgliedstaats hätte.

Artikel 19 Ein Arbeitgeber, der seinen Wohnsitz im Hoheitsgebiet eines Mitgliedstaats hat, kann verklagt werden:

1. vor den Gerichten des Mitgliedstaats, in dem er seinen Wohnsitz hat, oder

2. in einem anderen Mitgliedstaat

a) vor dem Gericht des Ortes, an dem der Arbeitnehmer gewöhnlich seine Arbeit verrichtet oder zuletzt gewöhnlich verrichtet hat, oder

b) wenn der Arbeitnehmer seine Arbeit gewöhnlich nicht in ein und demselben Staat verrichtet oder verrichtet hat, vor dem Gericht des Ortes, an dem sich die Niederlassung, die den Arbeitnehmer eingestellt hat, befindet bzw befand.

Artikel 20 (1) Die Klage des Arbeitgebers kann nur vor den Gerichten des Mitgliedstaats erhoben werden, in dessen Hoheitsgebiet der Arbeitnehmer seinen Wohnsitz hat.

(2) Die Vorschriften dieses Abschnitts lassen das Recht unberührt, eine Widerklage vor dem Gericht zu erheben, bei dem die Klage selbst gemäß den Bestimmungen dieses Abschnitts anhängig ist.

Artikel 21 **Von den Vorschriften dieses Abschnitts kann im Wege der Vereinbarung nur abgewichen werden,**
1. wenn die Vereinbarung nach der Entstehung der Streitigkeit getroffen wird oder
2. wenn sie dem Arbeitnehmer die Befugnis einräumt, andere als die in diesem Abschnitt angeführten Gerichte anzurufen.

1 **A. Anwendungsbereich.** Die Vorschriften gelten für individualvertragliche **Arbeitsrechtsstreitigkeiten** zwischen Arbeitgeber und Arbeitnehmer. Diese Merkmale sind europäisch-autonom auszulegen. In Betracht kommt eine Anlehnung an das EU-Primärrecht. Danach besteht das wesentliche Merkmal des Arbeitsverhältnisses darin, dass jemand während einer bestimmten Zeit für einen anderen nach dessen Weisung Leistungen erbringt, für die er als Gegenleistung eine Vergütung erhält (EuGH Slg 86, 2121, Rn. 16 f; Slg. 08, I-6989, Rn. 45). Darunter fallen: Teilzeit (EuGH Slg 82, 1035), Ausbildungsverhältnisse (vgl EuGH Slg 86, 2121), Telearbeit, Heimarbeit, Arbeitsverhältnisse zwischen Familienmitgliedern, privatrechtliche Arbeitsverträge der Beschäftigten des Öffentlichen Dienstes; der Arbeitsbereich ist gleichgültig (EuGH C-196/87: Mitarbeit in Bhagwan-Sekte gegen Logis und Taschengeld); auch die äußere rechtstechnische Konstruktion kann durchbrochen werden (LAG Frankfurt, LAGE § 611 BGB Arbeitnehmerbegriff Nr. 41: Polnische »GbR-Gesellschafter« als AN). Im Zusammenhang mit Mutterschutzvorschriften hat der EuGH auch Organmitglieder (Geschäftsführer, Vorstände) als Arbeitnehmer angesehen, soweit diese nicht unternehmerisch beteiligt sind sowie nach Weisung oder unter Aufsicht eines anderen Organs handeln (EuGH Rs C-232/09 Rn 56). Dies wird man auf den vorliegenden Zusammenhang übertragen müssen (*Kropholler/v Hein* Art 18 Rn 2; Rauscher/*Mankowski* Art 18 Rz 8d; Reithmann/*Martiny* Internationales Vertragsrecht Rz 4832; bei Weisungsgebundenheit im operativen Geschäft auch Dasser/Oberhammer/*Müller,* Art 18 LugÜbk Rn 27; aA StJ/*Wagner* Art 18 Rn 14).

2 **B. Anknüpfungsmomente.** Erstreckt sich der Erfüllungsort des Arbeitsverhältnisses über mehrere Länder (einschließlich Festlandssockel: EuGH Slg 02, I-2013), so kommt es für den **gewöhnlichen Arbeitsort** (Art 19 Nr 2a) auf den tatsächlichen Schwerpunkt an (EuGH Slg 97, I-57). Dieser befindet sich am Ort, an dem oder von dem aus der Arbeitnehmer seine Pflichten ggü seinem Arbeitgeber hauptsächlich erfüllt (EuGH Slg 93, I-4075) bzw den der Arbeitnehmer als tatsächlichen Mittelpunkt seiner Berufstätigkeit gewählt hat oder an dem oder von dem aus er den wesentlichen Teil seiner Verpflichtungen ggü seinem Arbeitgeber tatsächlich erfüllt (EuGH Slg 97, I-57). Eine großzügige Auslegung ist geboten: Ist der Arbeitnehmer im Außendienst tätig oder reist viel, so wird der Mittelpunkt regelmäßig durch sein Büro gebildet, von wo aus er seine Arbeit organisiert und zu dem er immer zurückkehrt (BAG AP Nr 1 zu Art 18 EuGVVO). Falls der Arbeitnehmer einverständlich dauerhaft zu einem anderen Arbeitgeber abgeordnet wird, bildet dessen Arbeitsstätte den gewöhnlichen Arbeitsort (EuGH Slg 03, I-3573). Falls keine anderen Kriterien ersichtlich sind, ist maßgebend, wo der Arbeitnehmer über die ganze Dauer des Arbeitsverhältnisses in zeitlicher Hinsicht überwiegend gearbeitet hat (EuGH Slg 02, I-2013). Bei Transportberufen bildet der Ort, von dem aus er seine Fahrten unternimmt und an dem er seine Anweisungen erhält, den Mittelpunkt (EuGH Rs C-384/10 Rn 39 zu Art 6 Rom I-VO). Eine **vorübergehende Entsendung** ändert am gewöhnlichen Arbeitsort nichts. Ausschlaggebend für das Vorliegen einer vorübergehenden Entsendung sind va der Rückkehrwille des Arbeitnehmers und der Rücknahmewille des Arbeitgebers. Eine bestimmte zeitliche Höchstgrenze gilt nicht, Der bloße (verbreitet übliche) Abschluss eines zusätzlichen Auslandseinsatzvertrags führt nicht notwendig zur Endgültigkeit. Hat der Arbeitnehmer endgültig ins Ausland gewechselt, so führen vorübergehende Anwesenheiten im Inland nicht zu einer Rückkehr an einen inländischen Arbeitsplatz. Ausnahmsweise kann nach dem Gesamtbild eine engere Verknüpfung mit einem anderen Ort bestehen. Hat bspw der Arbeitnehmer nach Beendigung einer Einsatzwechseltätigkeit nunmehr einen festen Einsatzort, an dem er nach dem Parteiwillen zukünftig tätig sein soll, so ist dieser letzte Arbeitsort maßgebend. Auf Kriterien des nationalen Arbeitsrechts kommt es demgegenüber aber nicht an (EuGH Slg 02, I-2013 Rn 53 ff).

3 Ist der Arbeitnehmer für **mehrere Arbeitgeber** tätig, so ist der Arbeitsort bei einem Arbeitgeber ggü dem anderen nur dann zuständigkeitsbegründend, wenn er diesem zugerechnet werden kann. Das ist – ungeachtet der gewählten rechtstechnischen Konstruktion – dann zu bejahen, wenn die Tätigkeit beim zweiten

Arbeitgeber auch im Interesse des ersten Arbeitgebers übernommen wurde. Das kann sich ergeben aus: einer von vornherein bestehenden Absicht zur Abordnung; aus Änderungen des ersten Arbeitsvertrags beim Abschluss des zweiten; aus einer Verbindung oder Vereinbarung der beteiligten Arbeitgeber; aus Befugnissen eines Arbeitgebers bzgl des anderen Arbeitsvertrags (EuGH Slg 03, I-3573 Rn 24).

Für das Merkmal der **einstellenden Niederlassung** ist zweifelhaft, ob es auf die rekrutierende Niederlassung (»Unterschriftstheorie«) oder diejenige der ersten tatsächlichen Tätigkeit (»Eingliederungstheorie«) ankommt (offenlassend BAGE 125, 24; für rekrutierende LAG Frankfurt, IPRspr 2008, Nr 47, 139). Für die Niederlassung der ersten tatsächlichen Tätigkeit spricht dabei zwar die größere kollisionsrechtliche Relevanz der tatsächlichen Tätigkeit ggü der Flüchtigkeit des Vertragsschlusses; doch dürfte die Anknüpfung an die – etwa durch Stellenausschreibung und Einstellungsgespräch – rekrutierende Niederlassung, sofern sie nicht manipuliert ist oder im Namen und für Rechnung eines Dritten gehandelt wurde, dem Wortlaut der Vorschrift näher sein (EuGH Rs C-384/10 Rn 52 zu Art 6 Rom I-VO; Pfeiffer FS Etzel 2011, S. 291). 4

Führt keines der in Art 19 II genannten Anknüpfungsmomente für Klagen gegen den Arbeitgeber zur Zuständigkeit des Gerichts eines Mitgliedstaates, so ist für eine Anwendung dieser Vorschrift kein Raum. Es bleibt dann bei der Möglichkeit einer Klage am Wohnsitz des Arbeitgebers (vgl EuGH Slg 89, 341) oder eine etwaige drittstaatliche Zuständigkeit nach dortigem Recht. 5

C. Abweichende Vereinbarungen. Gerichtsstandsvereinbarungen, die mit Art 21 vereinbar sind, sind wirksam, sofern sie zusätzlich den Erfordernissen des Art 23 genügen. Das gilt auch dann, wenn sie vor Inkrafttreten der Verordnung bzw des Brüsseler Übereinkommens geschlossen wurden und nach dem zum Abschlusszeitpunkt geltenden nationalen Recht unwirksam waren (EuGH Slg 79, 3423). Die Schranke von Art 20 u 21 für Arbeitgeberklagen ist insofern problematisch als sie keine Vorsorge für den Fall zulässt, dass der Arbeitnehmer seinen Wohnsitz ins vertragsferne Ausland verlegt. Zur rügelosen Einlassung s. Art 24. 6

Abschnitt 6 Ausschließliche Zuständigkeiten

Artikel 22 Ohne Rücksicht auf den Wohnsitz sind ausschließlich zuständig:

1. **für Klagen, welche dingliche Rechte an unbeweglichen Sachen sowie die Miete oder Pacht von unbeweglichen Sachen zum Gegenstand haben, die Gerichte des Mitgliedstaats, in dem die unbewegliche Sache belegen ist.**
   Jedoch sind für Klagen betreffend die Miete oder Pacht unbeweglicher Sachen zum vorübergehenden privaten Gebrauch für höchstens sechs aufeinander folgende Monate auch die Gerichte des Mitgliedstaats zuständig, in dem der Beklagte seinen Wohnsitz hat, sofern es sich bei dem Mieter oder Pächter um eine natürliche Person handelt und der Eigentümer sowie der Mieter oder Pächter ihren Wohnsitz in demselben Mitgliedstaat haben;
2. **für Klagen, welche die Gültigkeit, die Nichtigkeit oder die Auflösung einer Gesellschaft oder juristischen Person oder die Gültigkeit der Beschlüsse ihrer Organe zum Gegenstand haben, die Gerichte des Mitgliedstaats, in dessen Hoheitsgebiet die Gesellschaft oder juristische Person ihren Sitz hat. Bei der Entscheidung darüber, wo der Sitz sich befindet, wendet das Gericht die Vorschriften seines Internationalen Privatrechts an;**
3. **für Klagen, welche die Gültigkeit von Eintragungen in öffentliche Register zum Gegenstand haben, die Gerichte des Mitgliedstaats, in dessen Hoheitsgebiet die Register geführt werden;**
4. **für Klagen, welche die Eintragung oder die Gültigkeit von Patenten, Marken, Mustern und Modellen sowie ähnlicher Rechte, die einer Hinterlegung oder Registrierung bedürfen, zum Gegenstand haben, die Gerichte des Mitgliedstaats, in dessen Hoheitsgebiet die Hinterlegung oder Registrierung beantragt oder vorgenommen worden ist oder aufgrund eines Gemeinschaftsrechtsakts oder eines zwischenstaatlichen Übereinkommens als vorgenommen gilt.**
   Unbeschadet der Zuständigkeit des Europäischen Patentamts nach dem am 5. Oktober 1973 in München unterzeichneten Übereinkommen über die Erteilung europäischer Patente sind die Gerichte eines jeden Mitgliedstaats ohne Rücksicht auf den Wohnsitz der Parteien für alle Verfahren ausschließlich zuständig, welche die Erteilung oder die Gültigkeit eines europäischen Patents zum Gegenstand haben, das für diesen Staat erteilt wurde;

5. **für Verfahren, welche die Zwangsvollstreckung aus Entscheidungen zum Gegenstand haben, die Gerichte des Mitgliedstaats, in dessen Hoheitsgebiet die Zwangsvollstreckung durchgeführt werden soll oder durchgeführt worden ist.**

1 **A. Allgemeines.** Die Vorschrift hat weitreichende Wirkungen. Sie begründet die Zuständigkeit an einem Ort, an dem möglicherweise keine der Parteien ihren Wohnsitz hat. Sie schließt Gerichtsstandsvereinbarungen aus. Im Zweifel ist daher eine **eher zurückhaltende (enge) Auslegung** angezeigt (EuGH, Slg 77, 2383 Rn 17; Slg 90, I-27 Rn 9; Rs C-144/10 Rn 30 f).

2 Für die **räumlich-territoriale Anwendbarkeit** der Vorschrift ist es erforderlich, aber auch ausreichend, dass ein Auslandssachverhalt sowie der in den einzelnen Tatbeständen verlangte Bezug zu einem Mitgliedstaat vorliegt; ein weiterer Bezug zu einem anderen Mitgliedstaat ist nicht notwendig (EuGH Slg 05, I-1383). Die Vorschrift setzt deshalb auch **keinen Wohnsitz des Beklagten in einem Mitgliedstaat** voraus (EuGH Slg 00, I-5925 Rn 51; *Jenard*-Bericht BTDrs VI/1973 79; aA – unzutreffend – engl Court of Appeal in *Choudhary v Bhatter* [2009] EWCA Civ 1176).

3 **B. Unbewegliche Sachen (Nr 1).** Dieser Tatbestand beruht seinem **Zweck** nach teils auf der Beweis- und Vollstreckungsnähe dieses Gerichtsstands. Bei der Immobilienmiete und -pacht soll die richtige Anwendung des örtlich maßgebenden Rechts gesichert sein (EuGH Slg 77, 2383 Rn 10; Slg 90, I-27 Rn 10), ohne dass es auf die Erreichung dieser Zwecke im Einzelfall ankommt. Ausschlaggebend ist, dass die Klage auf ein in der Nr 1 erwähntes Recht gestützt wird; es reicht hingegen nicht aus, wenn die Klage mit einem solchen Recht nur im Zusammenhang steht (EuGH Slg 94, I-1717 Rn 14).

4 Das Merkmal **»dingliche Rechte«** erfasst nur Klagen, die darauf gerichtet sind, Umfang und Bestand des Eigentums oder anderer Rechte an der Sache zu klären. Prägend ist auch bei einer autonomen Auslegung, dass es sich um Rechte handelt, die gegen jeden Dritten wirken (EuGH Slg 94, I-1717 Rn 16; Slg 01, I-2771 Rn 17). Nicht erfasst werden Verfahren, in denen Umfang und Bestand nur inzident oder präjudiziell von Bedeutung sind. Das schließt etwa Klagen aus dem Anwendungsbereich der Vorschrift aus, mit denen Schadensersatz- oder Unterlassung wegen der Verletzung eines derartigen Rechts geltend gemacht wird (BGH NJW 08, 3502), auch wenn es sich um eine sachenrechtliche Immissionsabwehrklage handelt (EuGH Slg 06, I-4557). Dasselbe gilt für Klagen, denen ein schuldrechtliches Forderungsrecht, etwa aus Kaufvertrag, in Bezug auf die Sache oder deren Nutzung (einschließlich hieraus resultierender Schadensersatzansprüche) zugrunde liegt (EuGH Slg 90, I-27; Slg 94, I-1717; Slg 94, I-2535). Das gilt auch dann, wenn das maßgebende nationale Sachenrecht nicht dem Trennungs- oder Abstraktionsprinzip folgt, so dass sich eine Entscheidung über das Bestehen des Kaufvertrags auch auf die dingliche Rechtslage auswirkt (EuGH Slg 01, I-2771). Auch die Klage auf Feststellung, dass der Beklagte einen bestimmten Gegenstand nur als Trustee hält und der Kl »legal owner« ist, wird nicht erfasst (EuGH Slg 94, I-1717).

5 Nr 1 gilt ferner für Streitigkeiten aus **Miete und Pacht**. Das umfasst insb Fälle, in denen über die Auslegung, die Dauer oder den Bestand eines Mietvertrags, über Zahlungsforderungen aus dem Mietvertrag (Mietzins, Nebenkosten oder Schadensersatz) oder über die Räumung und Herausgabe der Mietsache gestritten wird (EuGH Slg 77, 2383 Rn 12; Slg 85, 99). Die Vorschrift ist mithin auch anwendbar, wenn über die Wirksamkeit des Miet- oder Pachtvertrags gestritten wird (EuGH Slg 97, I-3767 Rn 30). Ohne Belang ist (außerhalb von Unterabs 2) die Dauer des Mietverhältnisses oder die Frage, ob der Vermieter auch der Eigentümer ist (EuGH Slg 00, I-393). Ebenso wird deshalb die kurzfristige **Ferienhausmiete** grds, dh außerhalb der Ausnahme in Unterabs 2, erfasst (EuGH Slg 85, 99). Dass ein Reiseveranstalter als Vermieter auftritt, ist gleichgültig, solange sich die Hauptleistung auf die Vermietung beschränkt (EuGH Slg 00, I-393). Die Vorschrift ist aber nicht über ihren Zweck hinaus auszudehnen. Das betrifft insb **Typenmischungs- oder –kombinationsverträge**. Unabhängig von der dogmatischen Einordnung oder Ausgestaltung im nationalen Recht gilt hierfür: Fälle, in denen die Überlassung unbeweglicher Sachen nicht im Vordergrund steht, fallen nicht unter Nr 1 (EuGH Slg 78, 1107: Verpachtung eines nicht dem Verpächter gehörenden Ladengeschäfts; EuGH Slg 85, 99: Ersatz für entgangene Urlaubsfreude aus Ferienhausmiete; EuGH Slg 92, I-1111: Vertrag mit Reiseveranstalter über Ferienhausreservierung und weitere Leistungen; EuGH Slg 05, I-8667: vertragliches Timesharing-Modell ohne Nutzungsrecht an bestimmter Immobilie; BGH NJW-RR 2010, 712: vereinsrechtlich organisiertes Timesharing mit prägenden Elementen außerhalb der Objektüberlassung; EuGH Slg 94, I-2535: gesetzliche Nutzungsverhältnisse, weil sie keinen besonderen örtlichen Mietrechtsregeln unterliegen; BGHZ 109, 29: Verbandsklageverfahren, wenn die Unwirksamkeit von Klauseln aus Ferienhausmietverträgen geltend gemacht wird). Im Falle eines Pachtvertrags über in ver-

schiedenen Staaten belegenen Grundbesitz sollen, auch bei einem Streit über das Zustandekommen des Vertrags, die Gerichte jedes dieser Staaten bzgl des auf ihrem Gebiet belegenen Grundstücks ausschließlich zuständig sein. Nur bei klarer Zuordnung des Gesamtvertrags zu einem Staat sollen dessen Gerichte ausschließlich zuständig sein (EuGH Slg 88, 3791 – nicht überzeugend).

Die in Unterabs 2 enthaltene **Ausnahme für kurzfristige Mietverträge** wurde va mit Blick auf Ferienhausmietverträge geschaffen, ist aber hierauf nicht beschränkt. Sie ist unanwendbar, wenn die in der Vorschrift ausdrücklich enthaltenen Voraussetzungen nicht vorliegen. Insbesondere muss der Mieter oder Pächter eine natürliche Person sein, wohingegen dies beim Eigentümer gleichgültig ist. Damit zielt die Vorschrift zwar auf Miet- und Pachtverträge von Verbrauchern, ohne dass es aber rechtlich auf die private Zweckrichtung ankäme. Auch der Rechtsanwalt, der wegen einer projektbezogenen Beratung eine Immobilie anmietet, wird erfasst. Ferner müssen jedoch der Eigentümer einerseits und der Mieter oder Pächter andererseits ihren Wohnsitz in demselben Mitgliedstaat haben (EuGH Slg 00 Seite I-393 Rn 17). Ein drittstaatlicher Wohnsitzstaat reicht nicht aus. Ist der Eigentümer an dem Vertrag nicht als Mieter oder Pächter beteiligt, geht die Vorschrift dem Wortlaut nach ins Leere. In diesem Fall sollte der Vermieter- oder Verpächterwohnsitz den Ausschlag geben. Dies muss jedenfalls dann gelten, wenn der Vermieter seine Rechtsposition unmittelbar oder mittelbar vom Eigentümer ableitet (vgl EuGH Slg 00, I-393 Rn 37). In jedem Fall ist der Wohnsitz nach Maßgabe der Art 59 und 60 zu bestimmen, 6

C. Gültigkeit gesellschaftsrechtlicher Akte (Nr 2). Der Sinn der Vorschrift besteht in der **Konzentration der Zuständigkeit** in einem Forum zur Vermeidung widersprüchlicher Entscheidungen. Nur die in der Vorschrift aufgeführten Streitigkeiten fallen unter die Vorschrift, nicht jedoch andere Fälle, in denen eine Verletzung satzungsmäßiger Rechte geltend gemacht wird (EuGH Slg 08, I-7403). Das schließt einmal gesellschaftsrechtliche Streitigkeiten anderer als der von der Vorschrift genannten Art aus. Zudem werden nur kontradiktorische Verfahren (»Klagen«) erfasst; nicht-kontradiktorische liegen außerhalb des Anwendungsbereichs der Vorschrift. Die Streitigkeit muss außerdem den Gegenstand des Verfahrens bilden; dagegen ist Nr 2 nicht anwendbar, wenn eine Gesellschaft ggü der Verpflichtung aus einem Vertrag geltend macht, die zugrunde liegende Beschlussfassung ihrer eigenen Organe sei unwirksam (EuGH Rs C-144/10). Nicht erforderlich ist, dass es sich um Klagen der Gesellschaft oder gegen die Gesellschaft handelt (östOGH, 18.2.10, 6Ob221/09g). Die **Bezugnahme auf das IPR des Forums** ist sprachlich wenig geglückt. Dem Wortlaut nach scheint sie darauf hinzudeuten, dass der Sitz den materiellen Regeln desjenigen nationalen Gesellschaftsrechts zu entnehmen ist, das durch das IPR des Forums berufen ist. Dies würde freilich die Frage nicht beantworten, ob innerhalb des berufenen nationalen Rechts der nach dessen Regeln bestimmte Gründungs- oder Hauptverwaltungssitz maßgebend ist. Daher spricht mehr dafür, die Vorschrift im Sinne einer entsprechenden Heranziehung desjenigen Anknüpfungsmerkmals zu deuten, auf welches das materielle IPR des Forums abstellt. Soweit das deutsche Internationale Gesellschaftsrecht daher bei Gesellschaften, die nach dem Recht ihres Gründungsstaates wirksam bestehen, auf das Gründungsstatut abstellt, ist dies auch iRd Art 22 Nr 2 maßgebend (BGH NJW 2011, 3372) 7

D. Registereintragung (Nr 3). Die Vorschrift betrifft Eintragungen in Grund- oder Hypothekenbücher sowie in das Handelsregister. Sie bezieht sich nur auf die **Gültigkeit**, nicht auf die klageweise Geltendmachung von Wirkungen einer gültigen Eintragung oder der Wirkungen ihrer Ungültigkeit. 8

E. Gewerbliche Schutzrechte (Nr 4). Die angesprochenen gewerblichen Schutzrechte sind **europäisch autonom** zu definieren. Das Gleiche gilt für die Merkmale der Gültigkeit oder Eintragung dieser Schutzrechte. Nicht erfasst werden arbeitsvertragliche Streitigkeiten zwischen Arbeitgeber und Arbeitnehmer über Arbeitnehmererfindungen (EuGH Slg 83, 3663). Vielmehr muss das Schutzrecht den Gegenstand des Verfahrens bilden. Das ist etwa der Fall, wenn es um die Gültigkeit als solche, die Ordnungsmäßigkeit der Eintragung oder ein Erlöschen oder einen Prioritätsstreit geht. Dagegen greift Nr 4 nicht ein, wenn die Eintragung oder Gültigkeit lediglich präjudiziell oder inzident zu prüfen sind, wie dies namentlich bei einer Patentverletzungsklage der Fall ist (EuGH Slg 83, 3663). Allerdings hat der EuGH dies dann anders gesehen, wenn sich der Beklagte gegen eine Patentverletzungsklage unter Berufung auf die Ungültigkeit des Klägerpatents verteidigt. Es komme in einem solchen Fall nicht darauf an, ob die Feststellung des Bestehens eines Patents als Angriffsmittel oder zur Verteidigung gegen eine Klage geltend gemacht wird (EuGH Slg 06, I-6509, bedenklich). 9

10 **F. Zwangsvollstreckungssachen (Nr 5).** Hierunter fallen alle Verfahren, die sich aus der Anwendung von Zwangsmitteln zur Durchsetzung einer Entscheidung oder eines beurkundeten Rechts ergeben. Das umfasst in Deutschland – neben der Drittwiderspruchsklage, der Klage auf vorzugsweise Befriedigung und der Vollstreckungserinnerung – auch die Vollstreckungsgegenklage. In Abgrenzung zu Nr 1 kommt es nicht darauf an, ob es sich um eine Zwangsvollstreckung in bewegliche oder unbewegliche Sachen handelt (EuGH Slg 92, I-2149 Rn 28). Allerdings greift der Gerichtsstand nicht ein, wenn mit der Vollstreckungsgegenklage die Aufrechnung mit einer Forderung geltend gemacht wird, für deren klageweise Geltendmachung keine Zuständigkeit der Gerichte des Vollstreckungsstaates bestünde (EuGH Slg 85, 2267). Nicht erfasst werden schuldrechtliche Sachen, auch wenn sie einen zwangsvollstreckungsrechtlichen Bezug aufweisen, wie die Gläubigeranfechtungsklage des französischen Rechts (EuGH Slg 92, I-2149). Die Vollstreckbarerklärung ist Voraussetzung der Zwangsvollstreckung und in Art 38 ff geregelt; sie fällt nicht hierunter (hiervon ausgehend EuGH Slg 94, I-117).

Abschnitt 7 Vereinbarung über die Zuständigkeit

Artikel 23 **(1) Haben die Parteien, von denen mindestens eine ihren Wohnsitz im Hoheitsgebiet eines Mitgliedstaats hat, vereinbart, dass ein Gericht oder die Gerichte eines Mitgliedstaats über eine bereits entstandene Rechtsstreitigkeit oder über eine künftige aus einem bestimmten Rechtsverhältnis entspringende Rechtsstreitigkeit entscheiden sollen, so sind dieses Gericht oder die Gerichte dieses Mitgliedstaats zuständig. Dieses Gericht oder die Gerichte dieses Mitgliedstaats sind ausschließlich zuständig, sofern die Parteien nichts anderes vereinbart haben. Eine solche Gerichtsstandsvereinbarung muss geschlossen werden**

a) schriftlich oder mündlich mit schriftlicher Bestätigung,

b) in einer Form, welche den Gepflogenheiten entspricht, die zwischen den Parteien entstanden sind, oder

c) im internationalen Handel in einer Form, die einem Handelsbrauch entspricht, den die Parteien kannten oder kennen mussten und den Parteien von Verträgen dieser Art in dem betreffenden Geschäftszweig allgemein kennen und regelmäßig beachten.

(2) Elektronische Übermittlungen, die eine dauerhafte Aufzeichnung der Vereinbarung ermöglichen, sind der Schriftform gleichgestellt.

(3) Wenn eine solche Vereinbarung von Parteien geschlossen wurde, die beide ihren Wohnsitz nicht im Hoheitsgebiet eines Mitgliedstaats haben, so können die Gerichte der anderen Mitgliedstaaten nicht entscheiden, es sei denn, das vereinbarte Gericht oder die vereinbarten Gerichte haben sich rechtskräftig für unzuständig erklärt.

(4) Ist in schriftlich niedergelegten trust-Bedingungen bestimmt, dass über Klagen gegen einen Begründer, trustee oder Begünstigten eines trust ein Gericht oder die Gerichte eines Mitgliedstaats entscheiden sollen, so ist dieses Gericht oder sind diese Gerichte ausschließlich zuständig, wenn es sich um Beziehungen zwischen diesen Personen oder ihre Rechte oder Pflichten im Rahmen des trust handelt.

(5) Gerichtsstandsvereinbarungen und entsprechende Bestimmungen in trust-Bedingungen haben keine rechtliche Wirkung, wenn sie den Vorschriften der Artikel 13, 17 und 21 zuwiderlaufen oder wenn die Gerichte, deren Zuständigkeit abbedungen wird, aufgrund des Artikels 22 ausschließlich zuständig sind.

1 **A. Anwendungsbereich.** Die Vorschrift greift in **räumlich-territorialer** Hinsicht ein, wenn eine Vertragspartei ihren Sitz in einem Mitgliedstaat hat; die andere Partei kann den Sitz in einem Drittstaat haben (EuGH Slg 05, I-1383). Soweit eine Gerichtsstandsklausel für einen Dritten, etwa dem Inhaber eines Konnossements, bindend ist, kommt es auf den Wohnsitz wenigstens einer ursprünglichen Vertragspartei und nicht auf denjenigen des Dritten an (EuGH Slg 00, I-9337 Rn 20).

2 Die Vorschrift gilt nur für **Gerichtsstandsvereinbarungen** (Prorogation, Derogation), nicht für zivilrechtlich wirksame Erfüllungsortsvereinbarungen (EuGH Slg 80, 89). Anders liegt es aber, wenn die Vereinbarung nur auf eine abstrakte, zur Gerichtsstandsbegründung dienende Vereinbarung zielt; dann gilt Art 23 (EuGH Slg 97, I-911). Der Begriff Gerichtsstandsvereinbarungen ist europäisch autonom zu verstehen.

Insofern ist eine gewisse Parallele zum Vertragsbegriff des Art 5 Nr 1 möglich, so dass es darauf ankommt, ob eine freiwillig zustande gekommene Zustimmung zur Prorogation vorliegt. Deshalb erfasst der Begriff der Gerichtsstandsvereinbarung auch entsprechende Klauseln in der Satzung einer Gesellschaft (EuGH Slg 92, I-1745 Rn 15 ff). Vereinbart werden muss schließlich die Zuständigkeit eines mitgliedstaatlichen Gerichts (EuGH Slg 00, I-9337).

Art 23 genießt innerhalb seines Anwendungsbereichs **Vorrang vor dem nationalen Prozessrecht.** Das bedeutet einmal, dass Gerichtsstandsvereinbarungen, wenn die Voraussetzungen des Art 23 und einer wirksamen Einigung vorliegen, für wirksam gehalten werden müssen. Zum anderen bedeutet es, dass das nationale Recht bei Vorliegen dieser Voraussetzungen keine dem widersprechenden Unwirksamkeitsgründe vorsehen darf. Allerdings ist zu beachten, dass sich das Vorliegen eines wirksamen Konsenses nach dem hierauf anwendbaren nationalen Recht bestimmt. Demgegenüber ist es den Mitgliedstaaten insb verboten, von Art 23 abweichende oder zusätzlich zu dieser Vorschrift geltende Formerfordernisse aufzustellen. Deshalb können internationale Handelsbräuche, auf die Art 23 Bezug nimmt, auch nicht durch nationales Prozessrecht oder dort etwa enthaltene Formerfordernisse verdrängt werden (EuGH Slg 99, I-1597 Rn 38). Auch ein bestimmtes nationales **Sprachenregime** ist als unzulässiges zusätzliches Formerfordernis idS anzusehen (EuGH Slg 81, 1671). Letzteres dürfte aber nicht generell ausschließen, dass das Vorliegen des erforderlichen Konsenses im Einzelfall nach nationalem Recht an der Realisierung eines Sprachrisikos scheitert. 3

B. Abschluss einer Gerichtsstandsvereinbarung. I. Zweck. Die Vorschrift regelt die Form der Gerichtsstandsvereinbarung, zielt aber darauf, durch diese Formvorschriften zugleich das Vorliegen eines hinreichenden Parteikonsenses (»einer echten Willensübereinstimmung«) zu sichern (*Jenard*-Bericht BTDrs VI/1973 82). Die Gerichtsstandsvereinbarung soll nicht unbemerkt getroffen werden. Deshalb folgt aus der Vorschrift mittelbar eine Deutlichkeitsobliegenheit. Der Parteiwille muss so klar und deutlich zum Ausdruck kommen, dass die erforderliche Willenseinigung hinreichend gewiss ist (EuGH Slg 76, 1831). Damit verfolgt die Regelung auch den Schutzzweck, dass der Vertragspartner eines Klauselverwenders nicht unbemerkt seine Zustimmung erklärt (EuGH Slg 97, I-911 Rn 17). In diesem Zusammenhang hat der EuGH vielfach davon gesprochen, die nach Art 23 maßgebenden Voraussetzungen seien »eng« auszulegen (EuGH Slg 85, 2699 Rn 11 mNw). Dies schließt aber weder den Abschluss einer Gerichtsstandsvereinbarung durch AGB noch das Vorliegen einer stillschweigenden Einigung aus, sofern im Einzelfall die erforderliche Form gewahrt ist. Namentlich im Rahmen laufender Geschäftsbeziehungen kann sich aus den Umständen ergeben, dass diese insgesamt den AGB des Verwenders unterliegen sollen (EuGH Slg 76, 1851 Rn 13; auch Slg 84, 2417 Rn 18 für Konnossementklauseln). Ist die Gerichtsstandsklausel wirksam zwischen den Vertragsparteien in einem Vertrag zugunsten Dritter vereinbart, kann sich der Dritte hierauf berufen, ohne dass er nochmals die Formerfordernisse des Art 23 erfüllen müsste (EuGH Slg 83, 2503). Das gilt ebenso für andere Fälle der Erstreckung auf Dritte nach Maßgabe des anwendbaren Vertragsrechts (Rz 9). Scheitert allerdings die Dritterstreckung auf der Grundlage des anwendbaren Vertragsrechts, so kann und muss auch ein Dritter in der Form des Art 23 die Zustimmung zur Gerichtsstandsklausel erklären, wenn sie ihm ggü und zu seinen Gunsten wirken soll (EuGH Slg 00, I-9337 Rn 26). Konnossementklauseln wirken ggü Dritten, die dem Konnossement beigetreten sind (EuGH Slg 84, 2417). Bei Gerichtsstandsklauseln in Gesellschaftssatzungen entspricht dem, dass die entsprechende Satzungsklausel Bestandteil der durch Hinterlegung oder Registereintrag für die Gesellschafter zugänglichen schriftlichen Satzung ist und dass der Gesellschafter durch den Anteilserwerb seine Zustimmung hierzu zum Ausdruck bringt (EuGH Slg 92, I-1745 Rn 26 ff). 4

II. Form. Die Formerfordernisse des Art 23 enthalten eine **abschließende Regel**, die ergänzendes nationales Recht ausschließt (Rz 3). Die Formerfordernisse gelten für den Abschluss der Vereinbarung selbst. Inwieweit die Gerichtsstandsvereinbarung weitere Wirkungen entfaltet, ist eine Frage von Auslegung und Inhalt. Deshalb kann eine wirksame Gerichtsstandsvereinbarung zugunsten Dritter gelten, ohne dass durch den Dritten (oder ihm ggü) die Form gewahrt werden muss (EuGH Slg 83, 2503). Nichts anderes gilt für andere Fälle der Sonderrechtsnachfolge oder für die Übertragung von Rechten und Pflichten aus der Gerichtsstandsvereinbarung auf Dritte (vgl EuGH Slg 84, 2417). 5

Für den **schriftlichen Abschluss** ist grds die Unterzeichnung erforderlich; anders als nach § 126 muss diese aber nicht unter demselben Dokument erfolgen (BGH NJW 01, 1731). Es genügt aber die Einfügung der Gerichtsstandsvereinbarung in einen Rahmenvertrag oder in einen Ursprungsvertrag, sofern die Parteien 6 diesen nach dem anwendbaren Vertragsrecht wirksam – auch mündlich – in Bezug genommen oder verlängert haben (EuGH Slg 86, 3337). Im Falle der AGB-Verwendung liegt ein schriftlicher Abschluss vor, wenn der unterzeichnete Vertragstext ausdrücklich auf die AGB mit Gerichtsstandsvereinbarung (nicht notwendig auf die Gerichtsstandsklausel selbst) verweist (EuGH Slg 76, 1831). Derselbe Maßstab gilt generell bei Verweis auf andere Dokumente, sofern außerdem die Gerichtsstandsvereinbarung für die Parteien bei üblicher Sorgfalt erkennbar ist (EuGH Slg 76, 1831; BGH NJW 96, 1819). Bei Gerichtsstandsklauseln in Konnossementen wirkt die dort enthaltene Klausel gegen den Inhaber, wenn das Konnossement diesen bindet (EuGH Slg 00, I-9337). Bei Gerichtsstandsklauseln in Gesellschaftssatzungen werden die Erfordernisse des Art 23 dadurch erfüllt, dass die Gerichtsstandsklausel in der Satzung der Gesellschaft enthalten ist und diese an einem den Gesellschaftern zugänglichen Ort hinterlegt oder in einem öffentlichen Register enthalten ist (EuGH Slg 92, I-1745).

7 Für eine **halbschriftliche Gerichtsstandsvereinbarung** (mündlich mit schriftlicher Bestätigung) ist es erforderlich, aber auch ausreichend, dass die Gerichtsstandsvereinbarung bereits mündlich getroffen wurde (EuGH Slg 85, 2699); die schriftliche Bestätigung ersetzt nicht den erforderlichen vorhergehenden mündlichen Konsens (EuGH Slg 76, 1851). Fehlt es an einer mündlichen Einigung oder an einem hinreichenden stillschweigenden Konsens, dann muss die auf die AGB mit Gerichtsstandsklausel verweisende »Bestätigung« ihrerseits angenommen werden, um den erforderlichen Konsens zu begründen. Das bloße Ausbleiben eines Widerspruchs genügt für den bei halber Schriftlichkeit erforderlichen Konsens nicht (EuGH Slg 76, 1851). Welche der Parteien die Bestätigung erklärt (die durch die Vereinbarung begünstigte oder die andere Seite) ist gleichgültig (EuGH Slg 85, 2699 Rn 14 u 16; Slg 86, 3337 Rn 9).

8 Für die Wahrung der Form gem einem **Handelsbrauch** muss dieser im Bereich des internationalen Handelsverkehrs gelten, in dem die Parteien tätig sind; dieser Brauch muss ihnen ferner bekannt sein oder als ihnen bekannt angesehen werden. Das Bestehen eines Handelsbrauchs kann damit nicht nach dem Recht eines bestimmten Staates ermittelt werden (EuGH Slg 97, I-911 Rn 23); vielmehr handelt es sich um eine tatsächliche Frage. Voraussetzung für das Bestehen eines Handelsbrauchs ist nach Art 23, dass ein bestimmtes Verhalten von den dort tätigen Kaufleuten bei Abschluss einer bestimmten Art von Verträgen allgemein befolgt wird. »Dass die Vertragsparteien einen solchen Handelsbrauch kennen, steht namentlich dann fest, wenn sie schon früher untereinander oder mit anderen in dem betreffenden Geschäftszweig tätigen Vertragspartnern Geschäftsbeziehungen angeknüpft hatten oder wenn in diesem Geschäftszweig ein bestimmtes Verhalten bei dem Abschluss einer bestimmten Art von Verträgen allgemein und regelmäßig befolgt wird, so dass es als ständige Übung angesehen werden kann.« (EuGH Slg 97, I-911; ferner Slg EuGH Slg 99, I-1597: konsolidierte Praxis; bejaht bei Konnossementen in BGHZ 171, 141). Auf eine bestimmte Publizität kommt es nicht an; einzelne Zweifel sind unschädlich (EuGH Slg 99, I-1597). Ein bestimmter lokaler Bezug des Handelsbrauchs zu den Vertragsparteien wird nicht gefordert. Die Rechtsprechung verlangt nur, dass er in dem betreffenden Geschäftszweig »allgemein« praktiziert wird; ein Nachweis für alle Mitgliedstaaten wird nicht verlangt; die Nationalität der Vertragsparteien ist unerheblich. Der Nachweis der Anerkennung in der Handelspraxis der in diesem Geschäftszweig führenden Nationen kann ausreichen (EuGH Slg 99, I-1597). Entspricht die Einbeziehung der Klausel einem Handelsbrauch, so wird die erforderliche Einigung vermutet (EuGH Slg 99, I-1597). Liegen die genannten Voraussetzungen vor (und nur dann), reicht auch ein kaufmännisches Bestätigungsschreiben (EuGH Slg 97, I-911).

9 **III. Willensübereinstimmung.** Art. 23 regelt unmittelbar nur die Form von Gerichtsstandsvereinbarungen. Nach seinem Zweck (Rz 4) regelt die Vorschrift zwar indirekt zugleich Mindestanforderungen an die Bemerkbarkeit des Konsenses. Sind diese Erfordernisse gewahrt, ist es jedoch eine **Frage des anwendbaren nationalen Rechts**, ob die für eine Gerichtsstandsvereinbarung erforderliche Willensübereinstimmung vorliegt. Dieses bestimmt daher das Zustandekommen und die Wirksamkeit des erforderlichen Konsenses (EuGH Slg 86, 3337). Das auf die Gerichtsstandsvereinbarung anwendbare Recht ist nach dem IPR des Forums zu bestimmen; es kann sich aus einer gesetzlichen Anknüpfungsregel oder einer Rechtswahl der Parteien ergeben. Falls die Parteien nichts anderes vereinbart haben, wird man in aller Regel davon ausgehen können, dass das auf den Hauptvertrag anwendbare Recht auch für eine Gerichtsstandsvereinbarung gelten soll, die für diesen Vertrag abgeschlossen wurde. Dieses Gerichtsstandsvereinbarungsstatut bestimmt: über das Vorliegen wirksamer Erklärungen beider Seiten; über das Vorliegen einer Übereinstimmung, also den **Konsens** (EuGH Slg 92, I-1745 Rn 21); über die **Auslegung** der Gerichtsstandsvereinbarung (hiervon ausgehend EuGH Slg 92, I-1745 Rn 33 mit Rn 21); über eine ausdrückliche oder stillschweigende **Verlängerung** (EuGH Slg 86, 3337) oder **Erstreckung** auf weitere oder spätere Verträge; über einen

Beitritt Dritter zu der Vereinbarung oder eine anderweitige Erstreckung auf Dritte (EuGH Slg 83, 2503; Slg 00, I-9337 Rn 24). Soweit in diesem Rahmen gesondert anzuknüpfende Teilfragen zu beantworten sind, bestimmen diese sich nach dem für sie maßgebenden Recht, zB Fragen der **Geschäftsfähigkeit**, der **Stellvertretung**, des Gesellschaftsstatuts (insb bzgl Rechtsfähigkeit und organschaftlicher Vertretung) oder der **Rechtsnachfolge** (Erbstatut oder Gesellschaftsstatut). Bei der Anwendung des nationalen Rechts darf weder die praktische Wirksamkeit der Formerfordernisse noch die praktische Wirksamkeit der Befugnis der Pro- und Derogationsbefugnis der Parteien beseitigt werden.

Die vorstehenden Maßgaben gelten grds auch für **Gerichtsstandsvereinbarungen in AGB.** Solche Vereinbarungen sind im **Unternehmensverkehr** (B2B) grds möglich, sofern die Vereinbarung den Formanforderungen des Art 23 genügt und die AGB nach Maßgabe des anwendbaren Vertragsstatuts wirksam in den Vertrags einbezogen sind. Inwieweit nach Maßgabe des nationalen Vertragsrechts eine AGB-Inhaltskontrolle durchzuführen ist, ist nicht abschließend geklärt. Überwiegend geht das Schrifttum von einer Unzulässigkeit einer AGB-Kontrolle nach nationalem Recht aus (zB *Kropholler/v Hein* Rn 20). Nach dem heutigen Stand des AGB-Rechts lässt sich ein solcher Ausschluss aber nur schwerlich noch mit der Erwägung begründen, Art 23 verweise für die Einbeziehung nur auf das allgemeine Privatrecht, wohingegen das AGB-Recht ein hiervon zu unterscheidendes Sonderprivatrecht darstelle. Eher einleuchtend ist das Argument, Art 23 wolle Gerichtsstandsvereinbarungen zulassen, womit eine nationale Inhaltskontrolle unvereinbar sei. Daran ist richtig, dass das nationale Recht dem EU-Verordnungsrecht nach allgemeinen Grundsätzen nicht seine praktische Wirksamkeit nehmen darf. Jede AGB-Inhaltskontrolle, die eine solche Wirkung hätte, wäre mit der VO unvereinbar. Deshalb darf eine AGB-Inhaltskontrolle nicht dazu führen, dass übliche formularmäßige Gerichtsstandsklauseln als unwirksam angesehen werden. Das gilt insb für die übliche Begründung eines fakultativen oder ausschließlichen Gerichtsstand am Sitz des Verwenders. Auch wenn man (namentlich bei deutschem Gerichtsstandsvereinbarungsstatut) von einer Anwendbarkeit des § 307 BGB ausgeht, verstoßen solche Klauseln jedenfalls nicht gegen die Maßgaben dieser Vorschrift. Für **Verbraucherverträge** (Art 15 ff) ist zudem zu bedenken, dass die VO einen eigenen Schutzmechanismus vorsieht, neben dem für eine eigenständige nationale AGB-Kontrolle kein Bedarf besteht. Allerdings sind für Klauseln, die lediglich die örtliche Zuständigkeit betreffen, die nationalen (AGB-rechtlichen) Umsetzungsvorschriften zur EU-Richtlinie 93/13 über missbräuchliche Klauseln in Verbraucherverträgen anzuwenden. Das spricht dafür, sie einerseits zwar auch bei Verbraucherverträgen auf internationale Gerichtsstandsklauseln anzuwenden, andererseits aber die Generalklausel der Inhaltskontrolle nach Maßgabe der Art 15 ff zu konkretisieren (s.a. Art 15–17 Rn 6). 10

IV. Inhalt und Wirkungen. Die Vereinbarung kann nur für ein **bestimmtes Rechtsverhältnis** getroffen werden. Sie kann sich auf eine bereits entstandene oder eine zukünftige Streitigkeit beziehen. Gesellschaftsvertragliche Gerichtsstandsklauseln bei einer AG beziehen sich deshalb auf aus dem Rechtsverhältnis zwischen der Gesellschaft und ihren Aktionären als solchen entspringende Rechtsstreitigkeiten (EuGH Slg 92, I-1745). Hierfür reicht es aus, wenn sich die Aktionäre durch Zeichnung oder Erwerb von Aktien oder Zwischenscheinen für alle Streitigkeiten mit der Gesellschaft oder deren Organen einer Gerichtsstandsvereinbarung unterwerfen (BGHZ 123, 347). Die Gerichtsstandsvereinbarung gilt auch dann, wenn über die Wirksamkeit des Vertrags samt Gerichtsstandsklausel gestritten wird (EuGH Slg 97, I-3767 Rn 30). 11

Für welche Streitigkeiten die Gerichtsstandsvereinbarung gilt, insb inwieweit sie **konkurrierende gesetzliche Ansprüche** erfasst, ist eine Frage der Auslegung der Vereinbarung nach dem hierfür maßgebenden Recht (Rz 9). Bei deutschem Auslegungsstatut gilt: Im Zweifel, auch ohne darauf hindeutende besondere Formulierung, wollen die Parteien eine umfassende Erledigung ihres Streitverhältnisses, so dass auch etwaige mit der Durchführung des Vertrags in Zusammenhang stehende gesetzliche, va deliktische Ansprüche erfasst werden (Stuttgart OLGR 2009, 717). Nichts anderes gilt auch für Ansprüche aus kartellrechtlichen Vorschriften. Voraussetzung ist in allen Fällen, dass es sich um gesetzliche Ansprüche handelt, die im Zusammenhang mit der Anbahnung, Durchführung, Erfüllung oder Beendigung des entsprechenden Vertrags entstanden sind. 12

Eine wirksame Gerichtsstandsvereinbarung begründet die Zuständigkeit des vereinbarten Gerichts und kann die sonst bestehenden Zuständigkeiten ausschließen. Art 23 hat damit **Vorrang** vor den allgemeinen und besonderen Gerichtsständen der VO. Ein bestimmter Zusammenhang des Gerichtsstands zum Rechtsstreit oder den Parteien ist nicht erforderlich (EuGH Slg 80, 89; Slg 97, I-3767 Rn 28); die Parteien können zB ein »neutrales« Forum wählen. Die Vereinbarung muss das zuständige **Gericht eines Mitgliedstaates** oder die (internationale) Zuständigkeit der Gerichte eines Mitgliedstaat bestimmen. Soweit die Parteien die 13

Zuständigkeit eines bestimmten Gerichts festlegen, gilt Art 23 also auch für die örtliche Zuständigkeit. Gilt für die örtliche Zuständigkeit kraft gesetzlicher Regelung eine Zuständigkeitskonzentration (etwa für Mahnverfahren oder im Kartellrecht), so ist es eine Frage der Auslegung der Gerichtsstandsvereinbarung, ob das für den prorogierten Ort zuständige, aber andernorts belegene Gericht zuständig ist. Bei deutschem Gerichtsstandsstatut ist das in aller Regel zu bejahen (BGH, NJW 1993, 2752; Pfeiffer IPRax 1995, 421, 422). Ist die Zuständigkeit eines **drittstaatlichen Gerichts** vereinbart, so muss ein gleichwohl angerufenes mitgliedstaatliches Gericht die Wirkungen der Vereinbarung nach seinem nationalen Prozessrecht prüfen (EuGH Slg 00, I-9337 Rn 19). Art 23 ist also in einem solchen Fall auch auf den Derogationseffekt der Vereinbarung nicht anwendbar.

14 Eine ausdrückliche Bestimmung ist idR nicht erforderlich; **Bestimmbarkeit** durch das angerufene Gericht im Wege der Auslegung reicht (EuGH Slg 00, I-9337).

15 Im Zweifel begründet eine Gerichtsstandsvereinbarung eine **ausschließliche Zuständigkeit**; allerdings können die Parteien etwas anderes vereinbaren, namentlich eine nur fakultative Wirkung. Auch wenn die Vorschrift dies abw von Art 17 III EuGVÜ nicht mehr ausdrücklich sagt, kann eine Gerichtsstandsvereinbarung auch in der Weise getroffen werden, dass nur eine Partei an den vereinbarten ausschließlichen Gerichtsstand gebunden ist. Hierzu muss die Vereinbarung hinreichend deutlich erkennen lassen, sie nur zugunsten einer Partei besteht oder dass eine Partei ein Wahlrecht zwischen dem prorogierten Forum und weiteren Gerichtsständen hat. Demgegenüber reicht die bloße Prorogation des Heimatforums einer Partei hierfür nicht aus (EuGH Slg 86, 1951). Auch eine gespaltene Gerichtsstandsvereinbarung, wonach jede Partei die andere an ihrem Sitz verklagen muss, ist möglich (EuGH Slg 78, 2133). Ebenso liegt es bei einer sog isolierten Derogation, wenn eine Zuständigkeit der Gerichte mehrerer Mitgliedstaaten besteht und bestimmte dieser Zuständigkeiten ausgeschlossen werden. Art 23 schließt es nicht aus, dass die der Gerichtsstandsvereinbarung unterliegende Forderung an einem anderen Gerichtsstand im Wege der Aufrechnung geltend gemacht wird (EuGH Slg 78, 2133).

16 Art. 23 sieht keinen **Schadensersatzanspruch** bei Verstoß gegen eine Gerichtsstandsvereinbarung vor. Allerdings kann ein solcher vertraglich begründet werden, wenn insb das Prinzip der Verordnung beachtet wird, dass jedem Gericht die Prüfung seiner eigenen Zuständigkeit obliegt. Das bedeutet: Soweit es um die vereinbarungswidrige Anrufung eines Gerichts eines Mitgliedstaates geht, muss ein Schadensersatzanspruch auf Fälle beschränkt bleiben, in denen sich nach dem Mechanismus der VO, also der eigenen Prüfung des angerufenen Gerichts ergibt, dass dieses unter Missachtung einer wirksamen Gerichtsstandsvereinbarung angerufen wurde. Für Fälle der vereinbarungswidrigen Anrufung eines drittstaatlichen Gerichts gilt diese Schranke nicht. Etwaige Grenzen aus dem anwendbaren vertraglichen Schuldrecht müssen aber ggf ebenso beachtet werden (zum Ganzen Pfeiffer FS Lindacher, S 77 ff).

Artikel 24 **Sofern das Gericht eines Mitgliedstaats nicht bereits nach anderen Vorschriften dieser Verordnung zuständig ist, wird es zuständig, wenn sich der Beklagte vor ihm auf das Verfahren einlässt. Dies gilt nicht, wenn der Beklagte sich einlässt, um den Mangel der Zuständigkeit geltend zu machen oder wenn ein anderes Gericht aufgrund des Artikels 22 ausschließlich zuständig ist.**

1 Die Vorschrift gilt nicht nur für den Fall der Klage; sie ist auch auf die Begründung der Zuständigkeit für eine **Aufrechnungsforderung** anwendbar, soweit für diese eine eigene Zuständigkeit erforderlich ist (EuGH Slg 85, 787). Das umfasst auch die Aufrechnung mit inkonnexen Forderungen (EuGH Slg 85, 787). Art 24 gilt zudem selbst dann, wenn die Parteien eine ausschließliche Zuständigkeitsvereinbarung getroffen haben (EuGH Slg 81, 1671; Slg 85, 787). Eine Abweichung von den **ausschließlichen Zuständigkeiten** des Art 22 kann auf Art 24 aber nicht gestützt werden; vielmehr bei Bestehen einer ausschließlichen Zuständigkeit gem Art 22 ist die Vorschrift des Art 25 maßgebend. Dagegen werden die Schutzvorschriften des 3.-5. Abschnitts in Versicherungs-, Verbraucher- und Arbeitsrechtssachen in Art. 24 S. 2 nicht genannt. Diese Schutzvorschriften stehen daher einer Zuständigkeit aufgrund rügeloser Einlassung nicht entgegen (EuGH Rs. C-111/09)

2 Besondere **räumlich-territoriale Anwendungsvoraussetzungen** nennt Art 24 nicht, so dass unklar ist, ob das Erfordernis des Art 2 (Beklagtenwohnsitz in einem Mitgliedstaat) in Art 24 »hineinzulesen« ist. Der *Jenard*-Bericht (BTDrs VI/1973 83) scheint nur Beklagte mit Wohnsitz in einem Mitgliedstaat im Blick zu haben. Nach dem Prinzip, dass die Vorschriften der VO keine ungeschriebenen räumlich-territorialen Voraussetzungen kennen und zur Gleichbehandlung aller Beklagten, ist eine Anwendung ohne Rücksicht

auf den Wohnsitz jedoch vorzugswürdig. Allenfalls kann man noch erwägen, dass in Anlehnung an Art 23 eine der Parteien ihren Wohnsitz in einem Mitgliedstaat haben muss.

Zuständigkeitsbegründend nach der Vorschrift wirkt nur die **Einlassung zur Hauptsache ohne Rüge** der internationalen Zuständigkeit (EuGH Slg 81, 1671; Slg 81, 2431; Slg 82, 1189). Bei einer bloßen Einlassung zum Zwecke der Rüge oder bei Erhebung einer Zuständigkeitsrüge, verbunden mit einer hilfsweisen Einlassung zur Sache, wird keine Zuständigkeit begründet. 3

Dem **Zeitpunkt** nach muss die Rüge entweder vor jeder Stellungnahme zur Hauptsache erhoben werden oder sie kann mit einer (hilfsweisen) Stellungnahme zur Sache verbunden werden (EuGH Slg 81, 1671; Slg 81, 2431). In diesem Fall darf sie jedoch nicht später als das erste nach nationalem Recht als Verteidigung zu qualifizierende Vorbringen erhoben werden (EuGH Slg 81, 1671). Eine Abweisung vAw vor dem nach nationalem Recht maßgebenden Zeitpunkt ist unzulässig (öst OGH 24.11.2009 5 Nc 15/09i). In Deutschland muss die Rüge in der ersten mündlichen Verhandlung erhoben werden. Diese im nationalen Prozessrecht anerkannte Lösung (BGHZ 134, 127) gilt nach überwiegender und zutreffender Einschätzung auch bei Anwendung von Art 23. 4

Abschnitt 8 Prüfung der Zuständigkeit und der Zulässigkeit des Verfahrens

Artikel 25 **Das Gericht eines Mitgliedstaats hat sich von Amts wegen für unzuständig zu erklären, wenn es wegen einer Streitigkeit angerufen wird, für die das Gericht eines anderen Mitgliedstaats aufgrund des Artikels 22 ausschließlich zuständig ist.**

Die Vorschrift dient der Absicherung der ausschließlichen Zuständigkeiten des Art 22 und bildet das Gegenstück zu Art 24, der die Möglichkeit der Zuständigkeit kraft rügeloser Einlassung regelt. Art 25 gilt in jeder Phase des Verfahrens und hat Vorrang vor einer Beschränkung der Kognitionskompetenz durch das nationale Recht, etwa vor der Beschränkung auf Rechtsmittelrügen (EuGH Slg 83, 3663). Allerdings gilt das im deutschen Prozessrecht anerkannte Prinzip, dass die internationale Zuständigkeit als **Prozessvoraussetzung** in jeder Phase des Verfahrens vAw zu prüfen ist, auch bei Anwendung der VO (vgl BGHZ 98, 263; BGHZ 157, 224). 1

Artikel 26 **(1) Lässt sich der Beklagte, der seinen Wohnsitz im Hoheitsgebiet eines Mitgliedstaats hat und der vor den Gerichten eines anderen Mitgliedstaats verklagt wird, auf das Verfahren nicht ein, so hat sich das Gericht von Amts wegen für unzuständig zu erklären, wenn seine Zuständigkeit nicht nach dieser Verordnung begründet ist.**

(2) Das Gericht hat das Verfahren so lange auszusetzen, bis festgestellt ist, dass es dem Beklagten möglich war, das verfahrenseinleitende Schriftstück oder ein gleichwertiges Schriftstück so rechtzeitig zu empfangen, dass er sich verteidigen konnte oder dass alle hierzu erforderlichen Maßnahmen getroffen worden sind.

(3) An die Stelle von Absatz 2 tritt Artikel 19 der Verordnung (EG) Nr 1348/2000 des Rates vom 29. Mai 2000 über die Zustellung gerichtlicher und außergerichtlicher Schriftstücke in Zivil- oder Handelssachen in den Mitgliedstaaten(10), wenn das verfahrenseinleitende Schriftstück oder ein gleichwertiges Schriftstück nach der genannten Verordnung von einem Mitgliedstaat in einen anderen zu übermitteln war.

(4) Sind die Bestimmungen der Verordnung (EG) Nr 1348/2000 nicht anwendbar, so gilt Artikel 15 des Haager Übereinkommens vom 15. November 1965 über die Zustellung gerichtlicher und außergerichtlicher Schriftstücke im Ausland in Zivil- und Handelssachen, wenn das verfahrenseinleitende Schriftstück oder ein gleichwertiges Schriftstück nach dem genannten Übereinkommen zu übermitteln war.

Die Vorschrift betrifft den Fall der **Nichteinlassung** des Beklagten. Sie regelt unter welchen Voraussetzungen das angerufene Gericht sich für zuständig halten und ein Versäumnisurteil oder eine vergleichbare Entscheidung nach dem Recht anderer Mitgliedstaaten erlassen kann. Hierfür muss das angerufene Gericht vAw prüfen, ob es zuständig ist und ob die Zustellung den Maßgaben des Art 26 genügt. 1

Im Hinblick auf die Frage der Zustellung folgt die Vorschrift einem **komplexen Mechanismus**, innerhalb dessen gedanklich wie folgt zu prüfen ist: (1) Erfolgte die Zustellung der Klageschrift im Anwendungsbe- 2 reich der **EU-ZustellungsVO** 1348/2000, so gilt der Mechanismus nach Art 19 VO 1348/2000 (s. dort). Abs 2 und 4 sind unter dieser Prämisse nicht anwendbar. (2) Erfolgte die Zustellung der Klageschrift außerhalb des Anwendungsbereichs der ZustellungsVO 1348/2000, aber im Anwendungsbereich des **Haager Zustellungsübereinkommens** (Haager Übereinkommen vom 15.11.65 über die Zustellung gerichtlicher und außergerichtlicher Schriftstücke im Ausland in Zivil- und Handelssachen), so gilt dessen Art 15. Die Vorschrift des Art 26 II EuGVO ist unter dieser Prämisse nicht anwendbar. (3) Art 26 II gilt in allen übrigen Fällen. Das betrifft Konstellationen, in denen ein Gerichtsstand gegen einen Beklagten vor einem mitgliedstaatlichen Gericht begründet ist, aber die Zustellung in einem Staat erfolgt, in dem weder die EG-ZustellungsVO noch das Haager Zustellungsübereinkommen anwendbar ist.

Abschnitt 9 Rechtshängigkeit und im Zusammenhang stehende Verfahren

Artikel 27 **(1) Werden bei Gerichten verschiedener Mitgliedstaaten Klagen wegen desselben Anspruchs zwischen denselben Parteien anhängig gemacht, so setzt das später angerufene Gericht das Verfahren von Amts wegen aus, bis die Zuständigkeit des zuerst angerufenen Gerichts feststeht.**
(2) Sobald die Zuständigkeit des zuerst angerufenen Gerichts feststeht, erklärt sich das später angerufene Gericht zugunsten dieses Gerichts für unzuständig.

1 Der **Zweck** der Vorschrift wird darin gesehen, im Interesse einer effektiven Titelfreizügigkeit bereits die Führung paralleler Verfahren möglichst zu verhindern (EuGH Slg 87, 4861 Rn 9). Freilich begründet die hierauf gestützte weite Auslegung der Vorschrift auch die Gefahr, dass Verfahren erst gar nicht effektiv geführt werden.

2 Die Vorschrift setzt lediglich eine konkurrierende Anhängigkeit beider Verfahren in zwei Mitgliedstaaten voraus. Auf den Wohnsitz der Parteien kommt es nicht an, ebenso wenig darauf, welche Zuständigkeitsgründe für die angerufenen Gerichte geltend gemacht werden (EuGH Slg 03, I-14693 Rn 43). Deshalb erfasst die Vorschrift auch Fälle, in denen die Zuständigkeit des angerufenen mitgliedstaatlichen Gerichts (wegen des drittstaatlichen Wohnsitzes des Beklagten, Art 4) nicht auf einem der Zuständigkeitsgründe der VO beruht (EuGH Slg 91, I-3317). Die Vorschrift gilt nicht aber in Verfahren in den Mitgliedstaaten, welche die Vollstreckung drittstaatlicher Entscheidungen betreffen (EuGH Slg 94, I-117). Das Merkmal **»derselbe Anspruch«** wird durch den EuGH **europäisch-autonom** definiert und zwar in einem in problematischer Weise weit gefassten, auch materiell-rechtlichen Sinne. Maßgebend sind sowohl der Sachverhalt als auch die hieraus erwachsenden Rechtsfolgen. Danach reicht es aus, dass beide Streitigkeiten auf demselben Rechtsverhältnis, etwa demselben Vertrag, beruhen und dass ihre Rechtsfolgen materiell-rechtlich in Widerspruch stehen (etwa EuGH Slg 87, 4861: Vertragsauflösung und Erfüllung; BGH NJW 02, 2795: Feststellung eines Kündigungsgrundes und Schadensersatzanspruch wegen unberechtigter Kündigung; ferner BGH NJW 95, 1758). Ein nur faktischer Gegensatz reicht nicht (EuGH Slg 04, I-9657). Der EuGH will aber der früheren negativen Feststellungsklage sogar Sperrwirkung ggü einer späteren Erfüllungsklage einräumen (EuGH Slg 94, I-5439). Von diesem Standpunkt aus kann die Priorität des ersten Verfahrens auch nicht durch die im deutschen Prozessrecht anerkannte Figur des Vorrangs der später erhobenen Leistungsklage vor der früher erhobenen negativen Feststellungsklage unter dem Gesichtspunkt des Wegfalls des Feststellungsinteresses überspielt werden (BGHZ 134, 201).

3 Die parallele Rechtshängigkeit muss zwischen **denselben Parteien** bestehen. Die Parteien können in den verschiedenen Verfahren unterschiedliche Parteirollen (einmal Kl, das andere Mal Bekl) einnehmen, sofern nur der Gegenstand derselbe ist (EuGH Slg 94, I-5439 Rn 31). Ist nur ein Teil der Parteien identisch, so kann das Verfahren vor dem zweiten Gericht mit oder von den übrigen Parteien fortgesetzt werden (EuGH Slg 94, I-5439). Allerdings kann Art 22 eingreifen. Versicherer und Versicherungsnehmer können dieselbe Partei sein, wenn der Versicherer ausschließlich aus übertragenem Recht des Versicherten vorgeht; demgegenüber reicht das bloße Bestehen des Versicherungsverhältnisses nicht, um beide gleichzusetzen (EuGH Slg 98, I-3075).

4 Die Ansprüche müssen **anhängig** sein. Die bloße Geltendmachung als Verteidigungsmittel, etwa iRe Prozessaufrechnung, genügt nicht (EuGH Slg 03, I-4207). Den Zeitpunkt der Anhängigkeit regelt Art 30.

Das später angerufene Gericht kann, auch wenn eine Partei die Zuständigkeit des zuerst angerufenen Gerichts rügt, das Verfahren nur **aussetzen** und darf die Zuständigkeit des zuerst angerufenen Gerichts nicht selbst prüfen (EuGH Slg 91, I-3317). Dies gilt auch dann, wenn sich das später angerufene Gericht nach Art 22 für ausschließlich zuständig hält (str, offenlassend EuGH Slg 91, I-3317) oder eine ausschließliche Zuständigkeit des zweiten Gerichts nach Art 23 prorogiert wurde (EuGH Slg 03, I-14693). Das soll selbst dann gelten, wenn das erste Verfahren übermäßig lange dauert (EuGH Slg 03, I-14693). Das verdient mit Blick auf die Prozessgrundrechte der Parteien keine Zustimmung (Pfeiffer S. 464). 5

Artikel 28 **(1) Sind bei Gerichten verschiedener Mitgliedstaaten Klagen, die im Zusammenhang stehen, anhängig, so kann jedes später angerufene Gericht das Verfahren aussetzen.**
(2) Sind diese Klagen in erster Instanz anhängig, so kann sich jedes später angerufene Gericht auf Antrag einer Partei auch für unzuständig erklären, wenn das zuerst angerufene Gericht für die betreffenden Klagen zuständig ist und die Verbindung der Klagen nach seinem Recht zulässig ist.
(3) Klagen stehen im Sinne dieses Artikels im Zusammenhang, wenn zwischen ihnen eine so enge Beziehung gegeben ist, dass eine gemeinsame Verhandlung und Entscheidung geboten erscheint, um zu vermeiden, dass in getrennten Verfahren widersprechende Entscheidungen ergehen könnten.

Die Vorschrift betrifft den Fall, dass mehrere Verfahren, die zwar nicht denselben Streitgegenstand iSd Art 27 aufweisen, aber zusammenhängen, vor Gerichten verschiedener Mitgliedstaaten anhängig sind. Für diesen Fall regelt sie die Aussetzung des Verfahrens vor dem später angerufenen Gericht und die Möglichkeit, dass sich dieses für gänzlich unzuständig erklärt. Allerdings muss das zuerst angerufene Gericht für beide Verfahren zuständig sein. Es wird **keine zusätzliche Zuständigkeit** begründet (EuGH Slg 81, 1671). Der Begriff widersprechend in Abs 3 ist autonom und iÜ weit, insb weiter auszulegen als das Merkmal »unvereinbar« in Art 34. Schon die Gefahr divergierender Entscheidungen in Parallelfällen reicht aus (EuGH Slg 94, I-5439: Gleichartige Schadensersatzklagen verschiedener Geschädigter aufgrund einer identischen Transportschädigung verschiedener Teile der Ladung). 1

Artikel 29 **Ist für die Klagen die ausschließliche Zuständigkeit mehrerer Gerichte gegeben, so hat sich das zuletzt angerufene Gericht zugunsten des zuerst angerufenen Gerichts für unzuständig zu erklären.**

Die Vorschrift hat keine große praktische Bedeutung. Obwohl sie sich nach Entstehung und systematischer Stellung sowohl auf die Fälle des Art 27 auch auf als diejenigen des Art 28 bezieht, wird man die Anwendung des Art 29 auf **Fälle des Art 27** (identische Parteien, identischer Streitgegenstand iSd Art 27) beschränken müssen, da die Rechtsfolge des Art 29 (Unzuständigerklärung durch das später angerufene Gericht) zum flexiblen Maßstab des Art 28 nicht passt. Damit betrifft Art 29 nur den Fall, dass für zwei Verfahren mit identischen Parteien und Streitgegenstand unterschiedliche Gerichte ausschließlich zuständig sind. 1

Artikel 30 **Für die Zwecke dieses Abschnitts gilt ein Gericht als angerufen:**

1. **zu dem Zeitpunkt, zu dem das verfahrenseinleitende Schriftstück oder ein gleichwertiges Schriftstück bei Gericht eingereicht worden ist, vorausgesetzt, dass der Kläger es in der Folge nicht versäumt hat, die ihm obliegenden Maßnahmen zu treffen, um die Zustellung des Schriftstücks an den Beklagten zu bewirken, oder**
2. **falls die Zustellung an den Beklagten vor Einreichung des Schriftstücks bei Gericht zu bewirken ist, zu dem Zeitpunkt, zu dem die für die Zustellung verantwortliche Stelle das Schriftstück erhalten hat, vorausgesetzt, dass der Kläger es in der Folge nicht versäumt hat, die ihm obliegenden Maßnahmen zu treffen, um das Schriftstück bei Gericht einzureichen.**

Die Vorschrift regelt den Zeitpunkt der Anhängigkeit oder Rechtshängigkeit für die Zwecke der Art 27-29. Sie ersetzt die frühere Rechtsprechung, wonach es auf die »endgültige Rechtshängigkeit« nach Maßgabe des nationalen Verfahrensrechts ankam (EuGH Slg 84, 2397). Die Lösung des Art 30 macht sich damit einen Vorschlag zu Eigen, der bereits zuvor auf der Grundlage des nationalen Rechts vertreten wurde (*Pfeiffer* in Gilles, Transnationales Prozessrecht, 1995, 77, 98). 1

2 Die Vorschrift sieht **keine vollständige Regelung der Anhängigkeit oder Rechtshängigkeit** vor. Vielmehr bestimmt sie lediglich für die Zwecke der Art 27-29 den Zeitpunkt, zu dem ein Gericht als »angerufen« gilt. Für sonstige Voraussetzungen oder Rechtsfolgen der An- oder Rechtshängigkeit bleibt es bei dem nationalen Recht oder etwaigen Sonderregelungen anderer Rechtsakte. Dem Inhalt nach wird der maßgebende Zeitpunkt **nur zT europäisch-autonom** bestimmt. Bei der Anwendung ist in einem ersten Schritt das auf das in Rede stehende Verfahren anwendbare nationale Prozessrecht daraufhin zu befragen, ob es bei der Klageerhebung vorsieht, dass die Klageschrift zuerst bei Gericht einzureichen ist (Nr 1) oder ob es verlangt, dass diese dem Beklagten vor der Einreichung bei Gericht zugestellt wird (Nr 2). Da es bei den Art 27 ff auf einen Vergleich zweier Verfahren ankommt, ist diese Prüfung für jedes Verfahren gesondert vorzunehmen. Damit kann es sein, dass auf beide Verfahren dieselbe Nr des Art 29 anwendbar ist; es ist aber auch möglich, dass die Feststellung des Zeitpunkts für das eine Verfahren nach Nr 1 und für das andere nach Nr 2 erfolgt.

3 Im Falle der Nr 1 kommt es auf die **Einreichung bei Gericht** an. Damit kann nur der Zeitpunkt des Eingangs bei Gericht, nicht der Absendung dorthin gemeint sein. Bei Nr. 2 ist die **für die Zustellung maßgebende Stelle** nach Maßgabe des nationalen Prozessrechts zu bestimmen. Auch hier kommt es darauf an, wann diese Stelle das klageeröffnende Schriftstück erhält.

4 Um in den Genuss der Vergünstigung von Nr 1 oder 2 zu kommen, muss der Kl alles ihm Obliegende tun, um eine tatsächliche Zustellung an den Beklagten (Nr 1) oder eine Einreichung bei Gericht (Nr 2) zu erreichen. Welche **Maßnahmen** dem Kl jeweils obliegen, bestimmt sich nach den Regeln des angerufenen Forums. Hierzu können insb die Übermittlung etwa erforderlicher Angaben, die Einreichung etwa erforderlicher Anträge, Erklärungen oder sonstiger Schriftstücke sowie die Zahlung etwaiger Kosten oder Vorschüsse gehören. Die betreffenden Maßnahmen darf der Kl nicht versäumen. Als Versäumnis wird man es ansehen müssen, wenn der Kl ihm obliegende Maßnahmen gar nicht oder nur verspätet vornimmt. Ein Verschuldenskriterium ist jedenfalls im Wortlaut nicht enthalten, so dass man es auch nicht wird hineinlesen können.

5 Im Falle der **Versäumnis** der dem Kl obliegenden Maßnahmen kann die Vergünstigung nach Nr 1 oder 2 nicht eingreifen. Art 29 sieht hierfür keine ausdrückliche Regelung vor. Aus dem Sinn der Vorschrift ergibt sich jedoch, dass es in diesem Fall für den säumigen Kl auf die »endgültige Rechtshängigkeit« nach Maßgabe des nationalen Verfahrensrechts ankommt (EuGH Slg 84, 2397).

Abschnitt 10 Einstweilige Maßnahmen einschließlich solcher, die auf eine Sicherung gerichtet sind

Artikel 31 **Die im Recht eines Mitgliedstaats vorgesehenen einstweiligen Maßnahmen einschließlich solcher, die auf eine Sicherung gerichtet sind, können bei den Gerichten dieses Staates auch dann beantragt werden, wenn für die Entscheidung in der Hauptsache das Gericht eines anderen Mitgliedstaats aufgrund dieser Verordnung zuständig ist.**

1 Die Vorschrift dient der Effektuierung des grenzüberschreitenden Rechtsschutzes. Die rechtssuchende Partei soll nicht durch die Beschränkungen des Zuständigkeitskatalogs der VO daran gehindert werden, ein zur schnellen und effektiven Entscheidung und Durchsetzung einstweiliger Maßnahmen geeignetes Forum anzurufen (EuGH Slg 05, I-3481). Dabei geht Art 31 von der Unterscheidung zwischen der Hauptsache einerseits und **vorläufigen Maßnahmen** andererseits aus. Deshalb gehört es zu den Merkmalen der vorläufigen oder sichernden Maßnahmen, dass die endgültige Klärung der Rechtslage erst in einem Hauptsacheverfahren erfolgt (EuGH Slg 92, I-2149 Rn 34; Slg 98, I-7091 Rn 36). Die Anordnung der vorläufigen Erbringung einer Leistung ist daher nur dann eine einstweilige Maßnahme, wenn sie zurückzugewähren ist, falls die andere Seite in der Hauptsache obsiegt, und wenn sie nur Vermögensgegenstände betrifft, die sich im Zuständigkeitsbereich des Gerichts befinden (EuGH Slg 98, I-7091; Slg 99, I-2277 Rn 38: zum niederl kort geding). Vorgeschaltete besondere Beweis- oder Beweissicherungsverfahren werden nicht erfasst (EuGH Slg 05, I-3481), ebenso nicht die Gläubigeranfechtungsklage (EuGH Slg 92, I-2149).

2 Die **Zuständigkeit** in den Fällen des Art 31 betrifft lediglich die internationale Zuständigkeit; dagegen begründet die Vorschrift keine Erweiterung der sachlichen Zuständigkeit über Art 1 hinaus (EuGH Slg 82, 1189 Rn 12; Slg 92, I-2149 Rn 32). Die Zuständigkeit für Eilmaßnahmen nach Art 31 tritt neben die

Zuständigkeit des Hauptsachegerichts hierfür. Die Gerichtsstände der VO für die Hauptsache (Art 2–24) begründen daher auch eine Zuständigkeit für Eilmaßnahmen (EuGH Slg 98, I-7091; Slg 99, I-2277). Allerdings besteht keine solche Hauptsachezuständigkeit, wenn in der Hauptsache ein Schiedsgericht entscheidet (EuGH Slg 98, I-7091). Die Zuständigkeitsregel des Art 31 wird hingegen durch eine Schiedsvereinbarung nicht ausgeschlossen, soweit die Schiedsvereinbarung die Zuständigkeit staatlicher Gerichte für Eilmaßnahmen nicht wirksam ausschließt (EuGH Slg 98, I-7091).

Im **Verhältnis zum nationalen Recht** lässt Art 31 Raum für die Anwendung mitgliedstaatlicher Zuständigkeitsregeln. Die Schranken des Art 3 für exorbitante Gerichtsstände gelten insoweit nicht. Art 31 verlangt aber, dass zwischen der beantragten Maßnahme und dem Zuständigkeitsbezirk des Gerichts eine »reale Verknüpfung« besteht, etwa durch die Belegenheit der betroffenen Vermögensgegenstände im Zuständigkeitsbereich des Gerichts (EuGH Slg 98, I-7091). 3

Kapitel III Zuständigkeit

Artikel 32 **Unter »Entscheidung« im Sinne dieser Verordnung ist jede von einem Gericht eines Mitgliedstaats erlassene Entscheidung zu verstehen, ohne Rücksicht auf ihre Bezeichnung wie Urteil, Beschluss, Zahlungsbefehl oder Vollstreckungsbescheid, einschließlich des Kostenfestsetzungsbeschlusses eines Gerichtsbediensteten.**

A. Normgegenstand. Die Vorschrift grenzt den Kreis der Entscheidungen ein, die gem dem Kapitel III der EuGVO anerkannt und vollstreckt werden. In Betracht kommen insoweit nur Entscheidungen von Gerichten der Mitgliedstaaten, die sachlich Zivil- und Handelssachen iSv Art 1 zum Gegenstand haben und die in den zeitlichen Anwendungsbereich der Verordnung fallen (vgl hierzu Art 66, insb Abs 2, Art 76). Die früher hM, dass das Zweitgericht an die vom Ursprungsgericht vorgenommene Qualifikation als Zivil- bzw Handelssache iSd EuGVÜ gebunden sei (BGH NJW 76, 478, 480), wird in der Kommentarliteratur zu Recht abgelehnt (vgl nur HK-ZPO/*Dörner* Rn 3). Fällt der Gegenstand einer Entscheidung nur tw in den sachlichen Anwendungsbereich, kommen tw Anerkennung und Vollstreckung in Betracht (Art 48). Speziellere Verordnungen bleiben gem Art 67 von der EuGVO unberührt. Soweit allerdings eine unbestrittene Forderung tituliert worden ist, räumt Art 27 EuVTVO dem Gläubiger ein Wahlrecht ein, ob er nach dieser Verordnung oder nach der EuGVO vorgehen will. Mit Blick auf eine erfolgte Bestätigung als Europäischer Vollstreckungstitel iSd EuVTVO hat der BGH (EuZW 10, 319 mit Anm *Pfeiffer*, LMK 10, 303291; *Bittmann* IPRax 11, 55) (allerdings ohne EuGH-Vorlage) den Wegfall des Rechtsschutzbedürfnisses für ein Vorgehen nach Art 38 ff EuGVO angenommen. Zum Verhältnis von EuGVO und staatsvertraglichen Übereinkommen bzw Abkommen vgl Art 69 bis 71. Der Rückgriff auf autonomes deutsches Anerkennungs- und Vollstreckungsrecht ist durch die EuGVO grds im Rahmen ihres Anwendungsbereichs ausgeschlossen; dies gilt ungeachtet eines Günstigkeitsvergleichs (aA Nagel/*Gottwald* § 11 Rn 4; ThoPu/*Hüßtege* Vor Art 32 Rn 5), da die Teleologie der Versagungsgründe der EuGVO nicht unterlaufen werden darf (Rauscher/*Leible* Rn 3). Auch eine erneute Leistungsklage im Inland ist unzulässig, soweit die Voraussetzungen der Anerkennung und Vollstreckung eines ausländischen Titels nach der EuGVO gegeben sind (EuGH 30.11.76 – Rs 42/76 – Wolf/Cox, NJW 77, 495). 1

B. Entscheidung. I. Begriff. Der Terminus der »Entscheidung« ist europäisch-autonom auszulegen (BGH NJW-RR 06, 144). Beispielhaft werden in der Vorschrift ausdrücklich aufgezählt: »Urteil, Beschl, Zahlungsbefehl oder Vollstreckungsbescheid, einschließlich des Kostenfestsetzungsbeschlusses eines Gerichtsbediensteten.« Dies dient dazu, klarzustellen, dass nicht nur Urteile der Anerkennung und Vollstreckung fähig sind, sondern im Grundsatz jedweder von einem Rechtsprechungsorgan eines Mitgliedstaats in einem justizförmigen Verfahren (dazu EuGH 2.6.94 – C-414/92 – Solo Kleinmotoren, Rn 17, NJW 95, 38, 39) getaner Ausspruch, durch den etwas zugebilligt oder aberkannt wird. Nach überwiegender Sicht sind zudem Prozessurteile, insb die Klageabweisung mangels internationaler Zuständigkeit, erfasst (MüKoZPO/*Gottwald* Rn 8; Kropholler/v Hein Rn 14; Rauscher/*Leible* Rn 5; aA Zö/*Geimer* Rn 11; ThoPu/Hüßtege Rn 1). Dabei ist grds unbeachtlich, ob das Gericht aufgrund einer »Verordnungszuständigkeit« oder aufgrund einer Zuständigkeit iSd Art 4 entschieden hat und ob der entschiedene Sachverhalt ein »internationaler« war. 2

3 **II. Form.** Form und Inhalt der Entscheidung sind grds unbeachtlich. Der Anerkennung und Vollstreckung fähig sind daher insb auch abgekürzte Urteile, deren Überprüfbarkeit nach Art 34 f freilich erschwert ist. Für inländische Urteile besteht insoweit nach § 30 AVAG eine Vervollständigungsmöglichkeit.

4 **III. Rechtskraft/Vorläufige Entscheidungen.** Die Rechtskraft einer Entscheidung ist nicht Voraussetzung für ihre Anerkennung und Vollstreckung (Jenard-Bericht zu Art 26 EuGVÜ; München NJW-RR 08, 736; Musielak/*Lackmann* Rn 3). Der Anerkennung unterliegen daher neben für vorläufig vollstreckbar erklärten Urteilen bspw auch ein »decreto ingiuntivo« (italienischer Mahnbescheid), der nach Einlegung des Widerspruchs gem Art 648 der italienischen Zivilprozessordnung für vorläufig vollstreckbar erklärt worden ist (Zweibr RIW 06, 709). Dem Schutz der anderen Partei wird durch die Möglichkeit der Aussetzung des Verfahrens (Art 37, 46) Rechnung getragen.

5 **IV. Eilmaßnahmen.** Erfasst werden auch einstweilige Anordnungen der Gerichte einschließlich Sicherungsmaßnahmen (EuGH 14.10.04 – C-39/02 – Mærsk Olie & Gas A/S, Rn 46, IPRax 06, 262), etwa ein schwedischer Arrestbeschluss (BGH NJW-RR 07, 1573). Allerdings hat der EuGH (21.5.80 – Rs125/79 – Denilauler/Couchet, GRURInt 80, 512) noch unter der Maßgabe des EuGVÜ aus dem Kreis der erfassten Entscheidungen solche ausgeschlossen, die ergehen, ohne der Gegenseite zumindest die Möglichkeit eines kontradiktorischen Verfahrens zu eröffnen. Art 32 greift danach nicht ein, wenn die Gegenpartei nicht geladen worden ist (vgl auch Art 34 Nr 2) oder wenn ohne vorherige Zustellung der Entscheidung an die Gegenpartei vollstreckt werden soll. Danach ist der Überraschungseffekt von Ex-parte-Entscheidungen nur dadurch erreichbar, dass entsprechende Maßnahmen im jeweiligen Vollsteckungsstaat beantragt werden (Rauscher/*Leible*, Rn. 12). Der These, dass diese Rechtsprechung nicht auf die EuGVO übertragbar sei (Schlesw OLGR 05, 520; *Micklitz/Rott* EuZW 02, 15, 16; tendenziell auch *Heinze* ZZP 120 [2007], 303 ff), hat der BGH (NJW-RR 07, 1573) widersprochen, ohne eine Vorlage beim EuGH in Betracht zu ziehen (insoweit krit *Heinze* ZZP 120 [2007], 303, 320 f). Restriktiv ist der EuGH (27.4.99 – C-99/96 – Mietz/Intership Yachting Sneek, EuGHE I 99, 2277) schließlich hinsichtlich der Anerkennung von einstweiligen Maßnahmen, soweit diese sich auf nationales Zuständigkeitsrecht iVm Art 31 stützen.

6 **V. Zwischenentscheidungen.** Entscheidungen, welche eine lediglich verfahrensinterne Bedeutung aufweisen, ohne auf eine Regelung der zwischen den Parteien bestehenden Rechtverhältnisse abzuzielen (Zwischenentscheidungen), fallen nicht unter Art 32 (so für ein französisches Beweissicherungsverfahren Hambg IPRax 00, 530).

7 **VI. Nebenentscheidungen.** Art 32 erfasst auch Nebenentscheidungen, also insb Kostenentscheidungen, unter der Voraussetzung, dass die Hauptsache vom Anwendungsbereich der EuGVO umfasst ist, nicht hingegen Gerichtskostenrechnungen als Akte der Justizverwaltung (Schlesw RIW 97, 513). Demgegenüber hat der BGH (NJW-RR 06, 143, 144) die gerichtliche Vollstreckbarerklärung eines Beschlusses der Anwaltskammer von Paris über ein Anwaltshonorar als Entscheidung iSv Art 32 eingeordnet.

8 **VII. Prozessvergleich.** Prozessvergleiche haben im Wesentlichen vertraglichen Charakter, da ihr Inhalt durch den Willen der Parteien festgelegt wird. Sie fallen daher nicht unter Art 32 (EuGH 2.6.1994 – C-414/92 – Solo Kleinmotoren, NJW 95, 38, 39). Ihre Anerkennung und Vollstreckung ist in Art 58 geregelt.

9 **VIII. Undertakings.** Ein sog Undertaking (einseitig von einer Partei ggü dem Gericht übernommene Selbstverpflichtung, welche das Recht dieses Forums einem Urt gleichachtet) soll nach *Schlosser* (Rn 11; ders RIW 01, 81, 88 ff) von Art 32 erfasst sein (dem folgend *Hess*, EuZVR § 6 Rn 177; abl Zö/*Geimer* Rn 11b; offenlassend Geimer/Schütze/*Geimer* EuZVR Rn 47a).

10 **IX. Doppelexequierung.** Keine Entscheidungen iSv Art 32 sind Entscheidungen von Gerichten der Mitgliedstaaten, welche die Anerkennung einer drittstaatlichen Entscheidung oder deren Vollstreckbarerklärung beinhalten.

11 **C. Gericht eines Mitgliedsstaats.** Der Begriff des Gerichts bezeichnet ein Rechtsprechungsorgan eines Mitgliedstaats iSd EuGVO (vgl hierzu bei Art 1 III), das kraft seines Auftrags selbst über zwischen den Parteien bestehende Streitpunkte in einem justizförmigen Verfahren entscheidet (EuGH 2.6.94 – C-414/92 – Solo Kleinmotoren, Rn 17, NJW 95, 38, 39; EuGH 14.10.04 – C-39/02 – Mærsk Olie & Gas A/S, Rn 45, IPRax 06, 262). Die förmliche Bezeichnung als Richter ist nicht maßgeblich. Entscheidend ist die Wahrnehmung gerichtlicher Funktion, auch wenn diese durch einen Rechtspfleger erfolgt. Eine Gerichtskostenrech-

nung als Akt der Justizverwaltung genügt hierfür nicht (Schlesw RIW 97, 513). Demgegenüber begreift der BGH (NJW-RR 06, 143, 144) die gerichtliche Vollstreckbarerklärung eines Beschlusses der Anwaltskammer von Paris über ein Anwaltshonorar als Entscheidung iSv Art 32. Auch auf die Art der Gerichtsbarkeit kommt es nicht an, solange es sich nur um eine der Verordnung unterfallende Zivil- bzw Handelssache handelt, etwa bei einer Entscheidung durch ein Strafgericht iRe Adhäsionsverfahrens (Kropholler/v Hein Rn 8). Es muss sich zudem um ein staatliches Gericht handeln; dazu zählen insb Schiedsgerichte nicht (Art 1 IId). Im Verhältnis zu Schweden und Dänemark ist Art 62 zu beachten (vgl Art 62 Rz 1).

Abschnitt 1 Anerkennung

Artikel 33 **(1) Die in einem Mitgliedstaat ergangenen Entscheidungen werden in den anderen Mitgliedstaaten anerkannt, ohne dass es hierfür eines besonderen Verfahrens bedarf.**
(2) Bildet die Frage, ob eine Entscheidung anzuerkennen ist, als solche den Gegenstand eines Streites, so kann jede Partei, welche die Anerkennung geltend macht, in dem Verfahren nach den Abschnitten 2 und 3 dieses Kapitels die Feststellung beantragen, dass die Entscheidung anzuerkennen ist.
(3) Wird die Anerkennung in einem Rechtsstreit vor dem Gericht eines Mitgliedstaats, dessen Entscheidung von der Anerkennung abhängt, verlangt, so kann dieses Gericht über die Anerkennung entscheiden.

A. Normgegenstand. Der 1. Abschnitt (Art 33–37) des III. Kapitels der EuGVO hat die Anerkennung von Entscheidungen iSd Art 32 sowie die Versagungsgründe zum Gegenstand. Hierfür trifft Art 33 I die Grundwertung, dass eine Anerkennung ipso iure, dh ohne das Erfordernis eines besonderen Verfahrens erfolgt. Die mitgliedstaatlichen Gerichte können inzident über die Anerkennung befinden (Art 33 III). Es ist str, ob die in Art 34 f abschließend aufgeführten Versagungsgründe vAw zu beachten sind (so BGH NJW-RR 08, 586 [für Art 34 Nr 2 im Rechtsbehelfsverfahren nach Art 43]; HK-ZPO/*Dörner* Art 34 Rn 1; ThoPu/*Hüßtege* Rn 1; aA Rauscher/*Leible* Art 34 Rn 3). Abgesehen vom Erfordernis der Urkundenvorlage (Art 53 f) liegt die Beweislast für Tatsachen, welche die Anerkennung hindern, bei demjenigen, der sich gegen die Anerkennung wendet. Hinsichtlich unbestrittener Forderungen lässt Art 27 der Verordnung 805/2004/EG v 21.4.04 zur Einführung eines europäischen Vollstreckungstitels für unbestrittene Forderungen dem Gläubiger ein Wahlrecht, ob er nach der EuGVO vorgehen will. 1

B. Anerkennung. I. Automatische Anerkennung (Abs 1). Art 33 I statuiert den Grundsatz, dass die Anerkennung von Entscheidungen iSd Art 32 ohne weiteres Verfahren ipso iure erfolgt, wenn die Anwendung der EuGVO eröffnet ist und kein Versagungsgrund (Art 34 f) eingreift. Allerdings müssen nach überwiegender Ansicht auch iRd Inzidentanerkennung (Abs 3) die Urkunden nach Art 53 f vorgelegt werden (Rauscher/*Leible* Rn 2; ThoPu/*Hüßtege* Rn 6; aA Schlosser Rn 2). 2

II. Wirkung der Anerkennung. 1. Anzuerkennende Entscheidungswirkungen. Der Begriff der Anerkennung ist in der Verordnung nicht näher definiert. Der EuGH geht von einer **Wirkungserstreckung** (näher zum Theorienstreit Kropholler/v Hein Vor Art 33 Rn 9; Rauscher/*Leible* Rn 3a) dergestalt aus, dass eine nach Art 33 »anerkannte ausländische Entscheidung grds im ersuchten Staat dieselbe Wirkung entfalten muss, wie im Ursprungsstaat« (EuGH 4.2.88 – Rs 145/86 – Hoffmann, Rn 11, NJW 89, 663, 664). 3

2. Umfang der Anerkennung. Der wichtigste Anerkennungsgegenstand ist die **materielle Rechtskraft,** auch soweit diese bei ausländischen Urteilen weiter gefasst ist (BGH FamRZ 08, 400). Nach dem Modell der Wirkungserstreckung folgen die objektiven und subjektiven Grenzen der Rechtskraft dem Recht des Urteilsstaats. Die Wirkungserstreckung hat zudem zur Folge, dass auch im Anerkennungsstaat die Rechtskraft der anzuerkennenden Entscheidung einer erneuten Klage auf Leistung entgegensteht; diese ist ggf als unzulässig abzuweisen (EuGH 30.11.76 – Rs 42/76 – Wolf/Cox, NJW 77, 495). Weiterhin erstreckt sich die Anerkennung auch auf die **Präklusionswirkung** und sogar auf die **Gestaltungswirkung** ausländischer Entscheidungen selbst dann, wenn das IPR des Urteilsstaates und dasjenige des Anerkennungsstaates ein anderes Sachstatut für maßgeblich erachten (HK-ZPO/*Dörner* Rn 6). Die Anerkennungswirkung umfasst ferner die **Interventions-** und die **Streitverkündungswirkung** jeweils in dem Umfang, in dem sich eine entsprechende Wirkung aus dem Recht des Urteilsstaates ergibt. Dass der Gerichtsstand der Interventionsklage aus Art 6 Nr 2 in Deutschland nach Art 65 I nicht gegeben ist, ist daher unerheblich. Eine Vollstreckungswirkung ausländischer Urteile ist nicht anerkennungsfähig; hierfür gelten die Art 38 ff. 4

5 **III. Selbstständiges Anerkennungsverfahren (Abs 2).** Aus dem Modell der Anerkennung ipso iure (Abs 1) folgt, dass jedes angerufene Gericht über die Anerkennung als Vorfrage eigenständig entscheiden muss, ohne an die Inzidentanerkennung durch andere Gerichte gebunden zu sein. Dies birgt die Gefahr widersprüchlicher Entscheidungen. Es kann daher – insb bei nicht vollstreckungsfähigen Entscheidungen (Kropholler/v Hein Rn 2) – ein Bedürfnis bestehen, die Anerkennungsfähigkeit eines ausländischen Entscheids mit Bindungswirkung feststellen zu lassen. Dem trägt Abs 2 Rechnung, indem er auf Antrag die Feststellung der Anerkennungsfähigkeit ermöglicht. Wie sich aus dem Wortlaut von Abs 2 (»jede Partei, welche die Anerkennung geltend macht«) ergibt, kann nur ein **positiver Feststellungsantrag**, nicht aber ein negativer gestellt werden. Der tw vertretenen Analogie für einen negativen Feststellungsantrag (etwa HK-ZPO/*Dörner* Rn 12, Schlosser Rn 4) dürfte das Fehlen einer Regelungslücke entgegenstehen (eingehend Rauscher/*Leible* Rn 13). Aufgrund des Verweises in Abs 2 richtet sich das **Verfahren** der Feststellung nach **Art 38 ff, 53 ff** entsprechend. Daneben sind §§ 25 f AVAG zu beachten. Die örtliche Zuständigkeit folgt aus Art 39 II Alt 1, §§ 25 I 3, II AVAG bzw Art 39 II Alt 2. Soweit eine Zwangsvollstreckung iSd Art 39 II Alt 2 nicht in Betracht kommt, wird verbreitet auf den Ort abgestellt, dem das Feststellungsinteresse zugeordnet werden kann (*Geimer* JZ 77, 213; Kropholler/v Hein Rn 8; Rauscher/*Leible* Rn 16). Möglich ist der Antrag sowohl neben dem Antrag auf Vollstreckbarerklärung als auch isoliert; die Verbindung mit einer hilfsweise erhobenen Leistungsklage ist nicht möglich (*Geimer* JZ 77, 145, 148). Stellen können ihn die Parteien des Rechtsstreits, in dem die Entscheidung ergangen ist, ihre Rechtsnachfolger und Dritte, die ein berechtigtes Interesse an der bindenden Feststellung haben (Rauscher/*Leible* Rn 13); ein besonderes Feststellungsinteresse iSd § 256 ZPO ist nicht erforderlich (Gebauer/Wiedmann Rn 167; MüKoZPO/*Gottwald* Rn 7). Zwar spricht der Wortlaut des Abs 2 insofern das Erfordernis eines »Streits« über die Anerkennungsfähigkeit an, doch genügt es nach allgemeiner Ansicht, dass die Anerkennung zwischen den Parteien eine rechtliche Relevanz besitzt, aus der sich ein Rechtsschutzbedürfnis für die Feststellung ergibt (*Hess* EuZVR § 6 Rn 189 Fn 883; Rauscher/*Leible* Rn 14; ThoPu/*Hüßtege* Rn 5).

6 **IV. Inzidentanerkennung (Abs 3).** Aus Abs 3 lässt sich zunächst entnehmen, dass ein Gericht, für welches sich die Anerkennungswirkung hinsichtlich einer ausländischen Entscheidung als Vorfrage stellt, darüber inzident entscheiden kann, sofern es nicht bereits durch eine Anerkennung nach Abs 2 gebunden ist. Neben der **Entscheidungserheblichkeit** der Anerkennung wird dafür die Urkundenvorlage nach Maßgabe der Art 53 ff verlangt (so etwa Kropholler/v Hein Rn 10). Weil sich dies indessen bereits aus Abs 1 ergeben dürfte, wird verbreitet angenommen, dass Abs 3 zudem die Zuständigkeit des in dieser Norm bezeichneten Gerichts begründet, nicht nur inzident über die Anerkennung zu befinden, sondern auch über einen Antrag auf **Feststellung der Anerkennung** iSd Abs 2 gerade dann, wenn das Gericht nicht bereits nach Abs 2 zuständig ist (Rauscher/*Leible* Rn 17; Schlosser Rn 5; ThoPu/*Hüßtege* Rn 6). Ein solches zuständigkeitsbezogenes Verständnis wird auch durch den französischen und den englischen Verordnungswortlaut gestützt.

Artikel 34 **Eine Entscheidung wird nicht anerkannt, wenn**

1. die Anerkennung der öffentlichen Ordnung (ordre public) des Mitgliedstaats, in dem sie geltend gemacht wird, offensichtlich widersprechen würde;
2. dem Beklagten, der sich auf das Verfahren nicht eingelassen hat, das verfahrenseinleitende Schriftstück oder ein gleichwertiges Schriftstück nicht so rechtzeitig und in einer Weise zugestellt worden ist, dass er sich verteidigen konnte, es sei denn, der Beklagte hat gegen die Entscheidung keinen Rechtsbehelf eingelegt, obwohl er die Möglichkeit dazu hatte;
3. sie mit einer Entscheidung unvereinbar ist, die zwischen denselben Parteien in dem Mitgliedstaat, in dem die Anerkennung geltend gemacht wird, ergangen ist;
4. sie mit einer früheren Entscheidung unvereinbar ist, die in einem anderen Mitgliedstaat oder in einem Drittstaat zwischen denselben Parteien in einem Rechtsstreit wegen desselben Anspruchs ergangen ist, sofern die frühere Entscheidung die notwendigen Voraussetzungen für ihre Anerkennung in dem Mitgliedstaat erfüllt, in dem die Anerkennung geltend gemacht wird.

1 **A. Normgegenstand.** Erfasst werden zunächst nur Entscheidungen iSv Art 32, soweit der Anwendungsbereich der EuGVO eröffnet ist. Zusammen mit Art 35 bietet die Norm eine **abschließende Enumeration der Versagungsgründe** für eine Anerkennung (Art 33). Diese sind aufgrund ihres Ausnahmecharakters eng auszulegen (stRspr des EuGH, vgl EuGH 28.3.00 – Rs C-7/98 – Krombach/Bamberski, Rn 21, NJW 00, 1853,

1854). Ergänzend verbietet Art 36 ausdrücklich eine sog révision au fond. Bei Vorliegen eines Versagungsgrundes gibt es keinen favor recognitionis, dh es kann nicht auf anerkennungsfreundlicheres nationales Recht zurückgegriffen werden (Zö/*Geimer* Rn 1; Rauscher/*Leible* Art 32 Rn 3; Schlosser Rn 1; aA ThoPu/*Hüßtege* Rn 1). Es ist streitig, ob das Vorliegen von Versagungsgründen vAw (so BGH NJW-RR 08, 586 für Nr. 2 im Verfahren nach Art. 43; HK-ZPO/*Dörner* Art 34 Rn 1; B/L/*Hartmann* Rn. 7; ThoPu/*Hüßtege* Art 33 Rn 1) oder nur auf Einrede hin zu prüfen ist (Gebauer/Wiedmann Rn 171; MüKoZPO/*Gottwald* Rn 5; Rauscher/*Leible* Rn 3). Die **Beweislast** für das Vorliegen von Tatsachen, die eine Versagung der Anerkennung begründen, liegt bei demjenigen, der sich gegen die Anerkennungsfähigkeit wendet (BGH NJW 06, 701, 702); eine Amtsermittlungspflicht besteht insoweit nicht (BGH NJW-RR 08, 586). Greift ein Anerkennungshindernis, kann unter der Voraussetzung internationaler Zuständigkeit erneut geklagt werden.

B. Versagung der Anerkennung. I. Verstoß gegen ordre public (Nr 1). Nr 1 trägt dem Umstand Rechnung, dass nach dem derzeitigen Stand der Rechtsangleichung in Europa die Folgen der Anerkennung einer in einem Mitgliedstaat ergangenen Entscheidung mit der öffentlichen Ordnung eines anderen Mitgliedstaates schlechterdings unvereinbar sein können. Inzwischen verzichten allerdings die EuVTVO, die EuMVVO (VO Nr 1896/2006 zur Einführung eines Europäischen Mahnverfahrens) und die EuBagatellVO (VO Nr 861/2007 zur Einführung eines europäischen Verfahrens für geringfügige Forderungen) auf einen Ordre-public-Vorbehalt (dazu etwa *Freitag* FS Kropholler 08, 759 ff). Die Regelung zum ordre public in Nr 1 ist ein **Auffangtatbestand** ggü den speziellen Vorbehalten in Nrn 2–4 und Art 35 I, II. Sie ist von dem Spannungsverhältnis geprägt, dass es einerseits Sache der Mitgliedstaaten sein muss, ihre öffentliche Ordnung selbst zu definieren, andererseits aber der EuGH den Begriff des ordre public verordnungsautonom auszulegen hat. Diesem obliegt es daher, die dem Beurteilungsspielraum nationaler Gerichte durch Nr 1 gesetzten Grenzen festzustellen (EuGH 2.4.09 – C 394/07 – Gambazzi/DaimlerChrysler, NJW 09, 1938, 1939 Rn 27 mit Anm *Schinkels* LMK 09, 289819; Rauscher/*Leible* Rn 5; Zö/*Geimer* Rn 7). Dabei ist Art. 34 eng auszulegen. Daneben kann ein Ordre-public-Verstoß aus der Missachtung von Grundsätzen des Gemeinschaftsrechts folgen (EuGH 1.5.00 – Rs C-38/98 – Renault/Maxicar, NJW 00, 2185, 2186). Auch insoweit gilt aber das allgemeine Erfordernis eines **»offensichtlichen« Widerspruchs** zur öffentlichen Ordnung, weshalb eine Versagung der Anerkennung immer nur in engen Ausnahmefällen in Betracht kommt (EuGH 8.4.2009 – C-420/07 – Apostolides/Orams Rn 55, BeckRS 09, 70441; EuGH 28.3.00 – Rs C-7/98 – Krombach/Bamberski, Rn 21, NJW 00, 1853, 1854). Maßstab sind die Folgen der **Anerkennungswirkung**. Diese tritt ipso iure ein (Art 33 I), weshalb tw formal folgerichtig auf den Eintritt der grds anerkennungsfähigen Wirkungen im Urteilsstaat abgestellt wird (Zö/*Geimer* Rn 8). Sachgerechtere Ergebnisse verspricht allerdings die Ansicht, dass es auf den **Zeitpunkt** der konkreten Prüfung der Anerkennungsfähigkeit durch ein Gericht des Vollstreckungsstaates ankomme (Köln NJW-RR 95, 446, 448; Kropholler/v Hein Rn 10; HK-ZPO/*Dörner* Rn 4). 2

Mit Blick auf den in Nr 1 angesprochenen anerkennungsrechtlichen ordre public kann für die deutsche Rechtsordnung die Rechtsprechung zu § 328 I Nr 4 ZPO herangezogen werden. Gegen den **verfahrensrechtlichen ordre public** wird verstoßen, wenn die ausländische Entscheidung das Produkt eines Verfahrens darstellt, welches nach den Maßstäben der deutschen Rechtsordnung nicht als geordnetes rechtsstaatliches angesehen werden kann (BGH NJW 1968, 354, 355). Zu den unverzichtbaren Anforderungen gehören insb die Unabhängigkeit und Unparteilichkeit des Gerichts, die Gleichbehandlung der Parteien, ein faires Verfahren (zu Art 6 EMRK als Grundsatz auch des Gemeinschaftsrechts EuGH 11.1.00 – verb Rs C-174/98 P und C-189/98 P – Niederlande/Kommission, EuZW 00, 346, 349) und rechtliches Gehör (soweit nicht der Anwendungsbereich der Spezialregel in Nr 2 eröffnet ist). Die Anerkennung und Vollstreckbarerklärung kann auch einem auf Unterhaltszahlung unter Feststellung der Vaterschaft gerichteten Titel versagt werden, soweit das ausländische Gericht die Vaterschaft trotz der erklärten Bereitschaft des vermeintlichen Erzeugers zur Mitwirkung bei der Erstellung eines Sachverständigengutachtens allein aufgrund der Aussage einer Zeugin vom Hörensagen festgestellt hat (BGH NJW 09, 3306 mit Anm *Rauscher* LMK 09, 293153). Zum Ausschluss vom Verfahren (»debarment«) aufgrund von »contempt of court« vgl EuGH 2.4.09 – C 394/07 – Gambazzi/DaimlerChrysler, NJW 09, 1938 mit Anm *Schinkels* LMK 09, 289819. Gemäß Art 35 III 2 kann ein Ordre-public-Verstoß nicht auf die Vorschriften über die Zuständigkeit gestützt werden (EuGH 28.3.00 – Rs C-7/98 – Krombach, NJW 00, 58; zur Kritik hieran mit Blick auf exorbitante Gerichtsstände *Gebauer* RabelsZ 2001, 324, 336). Dies hindert nicht die Annahme eines Verstoßes gegen den gemeinschaftsrechtlichen ordre public durch sog anti-suit injunctions (Rauscher/*Leible* Rn 17b), die in gemeinschaftsrechtswidriger Weise in das Zuständigkeitssystem der EuGVO eingreifen (EuGH 27.4.04 – C-159/ 3

02 – Turner/Grovit, EuZW 04, 468, 469). Während das Fehlen einer schriftlichen Begründung in Deutschland nicht als Ordre-public-Verstoß gewertet wird (Zö/*Geimer* Rn 15), sichern §§ 30 f AVAG deutsche Entscheidungen vor einer abweichenden Sicht im Ausland.

4 Der **materiellrechtliche ordre public** ist tangiert, soweit das Ergebnis der Anerkennung einer Entscheidung in völlig untragbarem Widerspruch zu Grundgedanken des inländischen Rechts steht (BGH NJW 99, 2372). Dies kommt etwa in Betracht bei besonders krasser Überforderung eines Bürgen (BGHZ 140, 395), bei Gewähr von Strafschadensersatz (BGHZ 118, 339 ff) oder bei einem durch vorsätzlich falschen Tatsachenvortrag erschlichenen Urt (Zweibr NJW-RR 06, 207, 208), nicht hingegen bei bloßer Pauschalierung von Schadensersatz (BGH NJW 80, 527, 528), bei Ausgleich immaterieller Schäden einer juristischen Person (OLGR Hambg 09, 184 ff Rn 32) oder bei rückwirkender Unterhaltsgewähr und Gleichstellung von Bar- und Betreuungsunterhalt nach Volljährigkeit (BGH NJW-RR 09, 1300, 1301 mit Anm *Hau* FamRZ 09, 1403).

5 **II. Mangelndes rechtliches Gehör (Nr 2). 1. Normgegenstand.** Eine Anerkennung scheidet ferner aus, wenn dem Beklagten nicht die Möglichkeit eröffnet worden ist, sich vor dem Gericht des Urteilsstaates zu verteidigen. Nr 2 erfasst nur die Phase der Verfahrenseinleitung; spätere Nichtgewährung hinreichenden rechtlichen Gehörs kann von Nr 1 umfasst sein (BGH NJW 90, 2201; EuGH 2.4.09 – C 394/07 – Gambazzi/DaimlerChrysler, NJW 09, 1938 mit Anm *Schinkels* LMK 09, 289819). Da Nr 2 ausscheidet, soweit sich der Beklagte eingelassen hat, betrifft die Norm in erster Linie Versäumnisurteile. Nicht erfasst werden hingegen solche Maßnahmen, die von vornherein vollstreckt werden sollen, ohne der anderen Partei auch nur die Möglichkeit eines kontradiktorischen Verfahrens zu eröffnen, da diese schon aus dem Kreis der anerkennungsfähigen Entscheidungen (Art 32 Rz 2) herausfallen.

6 **2. Verfahrenseinleitendes Schriftstück.** Der auch in Art 26 II angesprochene Begriff des verfahrenseinleitenden Schriftstücks umfasst jedes Schriftstück, durch welches dem Beklagten Kenntnis von der Verfahrenseinleitung und dadurch die Möglichkeit verschafft wird, seine Rechte im Erkenntnisverfahren vor dem Erstgericht geltend zu machen (EuGH 13.7.95 – Rs C-474/93 – Hengst Import/Campese, EuZW 95, 803). Maßgeblich hierfür ist das Recht des Urteilsstaates. Das Schriftstück muss inhaltlich soweit bestimmt sein, dass dem Beklagten die wesentlichen Elemente des Rechtsstreits zur Kenntnis gebracht werden (EuGH 21.4.93 – Rs C-172/91 – Sonntag/Waidmann, NJW 93, 2091). Dem genügt ein Mahnbescheid nach deutschem Recht, nicht hingegen ein Vollstreckungsbescheid (EuGH 16.6.81 – Rs 166/80 – Klomps/Michel, IPRax 82, 14), wohl aber ein »decreto ingiuntivo« nach italienischem Recht zusammen mit der Antragsschrift (EuGH 13.7.95 – Rs C-474/93 – Hengst Import/Campese, EuZW 95, 803; weitere Beispiele bei Rauscher/*Leible* Rn 29).

7 **3. Zustellung.** Während die Vorläufervorschrift des Art 27 Nr 2 EuGVÜ noch kumulativ auf die »ordnungsgemäße« und »rechtzeitige« Zustellung abstellte, kommt es heute nur noch darauf an, dass die Zustellung rechtzeitig in einer Weise erfolgt ist, die dem Beklagten eine effektive Verteidigungsmöglichkeit eröffnet hat. Nicht bereits jeder Fehler in der **Art und Weise der Zustellung** vereitelt daher das rechtliche Gehör, auf dessen Absicherung Nr 2 nunmehr reduziert ist. Erforderlich ist allerdings, dass dem Beklagten die Möglichkeit verschafft wird, vom Inhalt der Entscheidung Kenntnis zu nehmen (EuGH 8.4. 09 – C-420/07 – Apostolides/Orams, BeckRS 09, 70441; 14.12.06 – C-283/05 – ASML Netherlands/SEMIS, NJW 07, 825; BGH NJW 11, 3103; IPRax 08, 530 mit Anm *Roth* [501]; vgl freilich auch München NJW-RR 08, 736). Das zuzustellende Dokument kann dies nur leisten, soweit es den Gegenstand und den Grund des Verfahrens sowie die Aufforderung erkennbar macht, sich vor Gericht einzulassen. An einer hinreichenden Verteidigungsmöglichkeit kann es insb fehlen, wenn das Dokument in einer für den Empfänger nicht verständlichen Sprache abgefasst ist (MüKoZPO/*Gottwald* Rn 26). Verweigert im Anwendungsbereich der EuZustVO der Beklagte, welcher der Sprache nicht mächtig ist, in der das Schriftstück abgefasst ist, nach Art 8 EuZustVO berechtigt die Entgegennahme, so liegt darin zwar eine unwirksame Zustellung, diese ist aber durch Nachreichen der Übersetzung heilbar (Art 8 III EuZustVO 2007, zu Art. 8 EuZustVO 2000 vgl EuGH 8.11.05 – C-443/03 – Leffler, EuZW 06, 22; zu den Grenzen der Zurückweisungsberechtigung wegen nicht übersetzter Anlagen EuGH 8.5.08 – Rs C-14/07 – Ingenieurbüro Weiss/IHK Berlin, NJW 08, 1721). Eine Annnahmeverweigerung mit der ausschließlichen Begründung, nichts mit dem Verfahren zu tun zu haben, ist nach BGH NJW 11, 3103, 3104, Rn 16, auch bei fehlender Übersetzung keine iSv Art. 8 EuZustVO berechtigte.

Umstritten ist, ob jenseits des Anwendungsbereichs der EuZustVO nach nationalem Recht vorgesehene, fiktive Zustellungen (etwa § 185 ZPO, »remise au parquet«) dem Maßstab von Nr 2 genügen können (abl wohl ThoPu/*Hüßtege* Rn 10; aA Rauscher/*Leible* Rn 32; Schlosser Rn 14). Richtigerweise ist bereits ungeachtet der Frage der Ordnungsgemäßheit solcher Maßnahmen nach den im Erststaat maßgeblichen Vorschriften zu beachten, dass auch die Art und Weise der Zustellung eine hinreichende Verteidigungsmöglichkeit iSv Nr 2 eröffnen muss. Sieht man diese Voraussetzung bei nachfolgender tatsächlicher Mitteilung des Entscheidungsinhalts an den Beklagten als erfüllt, stellt sich die Frage nach deren Rechtzeitigkeit (HK-ZPO/*Dörner* Rn 19; MüKoZPO/*Gottwald* Rn 28).

Durch das Erfordernis der **Rechtzeitigkeit** soll dem Beklagten die Möglichkeit gesichert werden, einen Rechtsbeistand zu beauftragen und seine Verteidigung vorzubereiten. Die Rechtzeitigkeit ist eine Frage des Einzelfalls, die der Beurteilung des Gerichts des Anerkennungsstaates unterliegt (EuGH 16.6.81 – Rs 166/80 – Klomps/Michel, IPRax 82, 14, 18). Die Verletzung gesetzlicher Ladungs- und Einlassungsfristen des Erststaats mag ein Indiz für fehlende Rechtzeitigkeit sein; an der Einhaltung dieses verordnungsautonom auszulegenden Erfordernisses kann es aber auch fehlen, wenn keine Regel verletzt ist (EuGH 11.6.85 – Rs 49/84, NJW 86, 1425). 8

4. Nichteinlassung. Zustellungsmängel sind nur relevant, wenn der Beklagte sich nicht auf das Verfahren eingelassen hat (Rauscher/*Leible* Rn 37). Als Einlassung (vgl dazu auch Art 24, 26 I) ist jedes Verhandeln des Beklagten anzusehen, aus dem folgt, dass er Kenntnis von dem Verfahren erlangt und die Möglichkeit gehabt hat, sich zu verteidigen (MüKoZPO/*Gottwald* Rn 31; B/L/*Hartmann* Rn 3). Nicht ausreichend ist die Einlegung eines die Unzuständigkeit betreffenden Rechtsmittels (EuGH 14.10.04 – Rs C-39/02 – Maersk Olie Rn 57, IPRax 06, 262, 266). Für das Adhäsionsverfahren ist Art 61 zu beachten. 9

5. Unterlassener Rechtsbehelf. Nr 2 begründet eine Obliegenheit des Beklagten, sich auch dann, wenn er das verfahrenseinleitende Schriftstück nicht in den Anforderungen der Norm entsprechender Weise erhalten hat, gegen die ergangene Entscheidung einen Rechtsbehelf einzulegen, sofern er von deren Inhalt rechtzeitig und in einer Weise Kenntnis erlangt, die ihm dies erlaubt. Hierzu hatte der EuGH (14.12.06 – C-283/05 – ASML/SEMIS, IPRax 08, 519 mit Anm *Geimer* [498]) zunächst verlangt, dass überhaupt zugestellt worden ist (im Fall hatte der Schuldner das Urt freilich aufgrund eines Verstoßes gegen Art 42 II nie erhalten). Gelingt es dem Beklagten jedoch, im Ursprungsstaat einen Rechtsbehelf einzulegen, mit dem er geltend machen kann, dass ihm das verfahrenseinleitende Schriftstück bzw das gleichwertige Schriftstück nicht so rechtzeitig und in einer Weise zugestellt worden sei, dass er sich habe verteidigen können, so sieht der EuGH (EuGH 8.4.09 – C-420/07 – Apostolides/Orams Rn 55, BeckRS 2009, 70441) Nr. 2 bereits deshalb als ausgeschlossen an. Der BGH (NJW-RR 10, 1001 mit zust Anm *Gebauer*, LMK 10, 308042) lässt unter Verweis hierauf auch bei Nichtzustellung die Kenntnisnahme im Exequaturverfahren ausreichen und zieht auch einen Rechtsbehelf nach Art 650 ital ZPO gegen einen decreto ingiuntivo (Mahnbescheid) in Betracht. Der weit auszulegende Begriff des Rechtsbehelfs umfasst nach überwiegender Ansicht nur diejenigen Rechtsbehelfe, die im Urteilsstaat **aufgrund der fehlerhaften Zustellung** eröffnet sind (vgl nur Gebauer/Wiedmann Rn 180; ThoPu/*Hüßtege* Rn 13; wohl auch BGH NJW-RR 10, 1001, 1003; aA wohl *Roth* IPRax 05, 438, 439). Dazu zählt auch die Möglichkeit eines Wiedereinsetzungsantrags (Zweibr IPRax 06, 486, 488; Rauscher/*Leible* Rn 40a). 10

III. Unvereinbarkeit mit einer Entscheidung aus dem »Anerkennungsstaat« (Nr 3). Nr 3 setzt eine Entscheidung iSv Art 32 voraus, die im »Anerkennungsstaat« zwischen denselben Parteien ergangen ist; Letzteres ist auch bei Teilidentität gegeben (Gebauer/Wiedmann Rn 182). Ferner müssen die Entscheidung aus dem »Anerkennungsstaat« und diejenige, deren Anerkennung in Rede steht, unvereinbar sein. Dies ist der Fall, wenn die jeweils festgestellten Rechtsfolgen einander ausschließen (EuGH 6.6.02 – Rs C-80/00 – Italian Leather, EuZW 02, 441). Die im »Anerkennungsstaat« ergangene Entscheidung muss nicht rechtskräftig sein (ThoPu/*Hüßtege* Rn 15; aA Karlsr FamRZ 94, 1477, 1478). Der Entscheidungskonflikt, den das Regime der Art 27–30 eigentlich ausschließen soll, wird mit einem kategorischen Vorrang der im »Anerkennungsstaat« ergangenen Entscheidung aufgelöst, der also auch dann gilt, wenn die inländische Entscheidung später ergeht. Diese Lösung kann dazu führen, dass eine in einem anderen Mitgliedstaat ergangene Entscheidung zunächst im Inland Wirkungen entfaltet, die dann ex nunc mit Eintritt der Voraussetzungen von Nr 3 entfallen (Kropholler/v Hein Rn 54; Rauscher/*Leible* Rn 43; darüber hinausgehend Schlosser Rn 22). 11

12 **IV. Unvereinbarkeit mit einer Entscheidung aus einem anderen Staat (Nr 4).** Nr 4 regelt in Ergänzung zu Nr 3 den Fall, dass die Entscheidung, deren Anerkennung in Rede steht, nicht mit einer inländischen Entscheidung unvereinbar (vgl dazu Rz 11) ist, sondern mit einer ausländischen, also einer Entscheidung, die entweder in einem anderen Mitgliedstaat als dem Anerkennungsstaat (dazu auch *Müller* IPRax 09, 484 ff.) oder in einem Drittstaat ergangen ist. Für diesen Konfliktfall wird der jeweils früheren Entscheidung Priorität eingeräumt.

Artikel 35 **(1) Eine Entscheidung wird ferner nicht anerkannt, wenn die Vorschriften der Abschnitte 3, 4 und 6 des Kapitels II verletzt worden sind oder wenn ein Fall des Artikels 72 vorliegt.**
(2) Das Gericht oder die sonst befugte Stelle des Mitgliedstaats, in dem die Anerkennung geltend gemacht wird, ist bei der Prüfung, ob eine der in Absatz 1 angeführten Zuständigkeiten gegeben ist, an die tatsächlichen Feststellungen gebunden, aufgrund deren das Gericht des Ursprungsmitgliedstaats seine Zuständigkeit angenommen hat.
(3) Die Zuständigkeit der Gerichte des Ursprungsmitgliedstaats darf, unbeschadet der Bestimmungen des Absatzes 1, nicht nachgeprüft werden. Die Vorschriften über die Zuständigkeit gehören nicht zur öffentlichen Ordnung (ordre public) im Sinne des Artikels 34 Nummer 1.

1 **A. Normgegenstand.** Erfasst werden zunächst nur Entscheidungen iSv Art 32, soweit der Anwendungsbereich der EuGVO eröffnet ist. Zusammen mit Art 34 bietet Art 35 I eine abschließende Enumeration der Versagungsgründe für eine Anerkennung (Art 33). Art 35 beruht auf dem **Vertrauensgedanken**, wonach das Zweitgericht von der Beachtung der Zuständigkeitsordnung der Art 2 ff durch das Erstgericht auszugehen und diese nicht mehr zu überprüfen hat (*Jenard*-Bericht ABlEG 79 C-59, 46). Die Grundregel statuiert Abs 3; Ausnahmen hiervon regelt Abs 1, der wiederum durch eine Bindung des Zweitgerichts an tatsächliche Feststellung des Erstgerichts beschränkt wird (Abs 2).

2 **B. Grundsatz (Abs 3).** Nach Abs 3 S 1 darf die internationale Zuständigkeit des Erstgerichts grds nicht durch die Gerichte des Anerkennungsstaates nachgeprüft werden. Eine fehlerhafte Annahme der eigenen Zuständigkeit wird hingenommen und begründet insb keinen Ordre-public-Verstoß (Abs 3 S 2). Dies gilt sogar, wenn das Erstgericht unter Verkennung der Vorgaben der EuGVO seine Zuständigkeit auf einen exorbitanten Gerichtsstand iSv Art 3 II oder auf die Staatsangehörigkeit des Opfers einer Straftat (EuGH 28.3.00 – Rs C-7/98 – Krombach, NJW 00, 58) gestützt hat. Eine Grenze wird allerdings verbreitet in Art 6 EMRK gesehen (*Schlosser* Rn 30; *Matscher* IPRax 01, 428, 433; HK-ZPO/*Dörner* Rn 3; *Hess* EuZVR § 6 Rn 214).

3 **C. Einschränkungen (Abs 1).** Der Katalog des Abs 1 nennt abschließend (ThoPu/*Hüßtege* Rn 2) die Ausnahmen vom Verbot der Zuständigkeitsüberprüfung in Abs 3. Arbeitssachen (Art 17 ff; 5. Abschn des II. Kapitels) zählen nicht dazu (HK-ZPO/*Dörner* Rn 7).

4 **I. Versicherungs- und Verbrauchersachen.** Ein Anerkennungshindernis begründet die Verletzung der in Kapitel II Abschn 3 und 4 geregelten Zuständigkeitsvorschriften in Versicherungs- (Art 8–14) und Verbrauchersachen (Art 15–17) durch das Erstgericht. Weil es bei diesen Normen um den Schutz des Verbrauchers respektive Versicherungsnehmers geht, wird verbreitet im Sinne einer teleologischen Reduktion vertreten, dass ein Anerkennungshindernis nur eingreifen soll, wenn sich der Fehler des Erstgerichtes zu Lasten des Verbrauchers/Versicherungsnehmers auswirkt (Ddorf NJW-RR 06, 1079; *Grunsky* JZ 73, 641, 646; Zö/*Geimer* 14; ; Rauscher/*Leible* Rn 6). Die Gegenansicht (MüKoZPO/*Gottwald* Rn 10, 12; ThoPu/*Hüßtege* Rn 3) verweist demgegenüber auf den einschränkungslosen Wortlaut der Norm. In der Tat dürfte der Umstand, dass der Wortlaut der Norm über den von der ersten Ansicht angenommenen engen Normzweck hinausgeht, noch nicht genügen, um die Gesetzesbindung des Richters rechtsfortbildend zu überspielen. Denn der Zweck, die Begünstigung des Verbrauchers/Versicherungsnehmers durch die spezifischen Zuständigkeitsregeln anerkennungsrechtlich abzusichern, erfordert nicht, die Möglichkeit der Zuständigkeitsnachprüfung zu Lasten des »Stärkeren« asymmetrisch auszugestalten. Die einschränkungslose Nachprüfbarkeit begründet zudem einen auch im Lichte des angestrebten Schutzes von Verbrauchern und Versicherungsnehmern nicht a priori unvernünftigen Verhaltensanreiz für die Erstgerichte, den entsprechenden Gerichtsstandsregeln stets ein besonderes Augenmerk zukommen zu lassen. Bei Entscheidungserheblichkeit der Frage bedarf es daher einer Vorabentscheidung durch den EuGH (Kropholler/v Hein Rn 8).

Jedenfalls ist nur die Nachprüfung der internationalen, nicht aber der örtlichen oder sachlichen Zuständigkeit eröffnet (Rauscher/*Leible* Rn 6). Zu beachten bleibt ferner, dassdie Art 8 ff und Art 15 ff durch rügeloses Einlassen (Art 24) überspielt werden können (vgl EuGH 20. 5.10 – C-111/09 – čPP/Bilas, EuZW 10, 678 [für Versicherungssachen]; Kobl IPRax 01, 334 mit tw abl Anm *Mankowski*, 310; Kropholler/v Hein Art 24 Rn 16; *Schack* IZVR Rn 488; Rauscher/*Leible* Rn 6). Teilweise wird dies auf Aktivprozesse der Personengruppen, für deren Schutz diese Gerichtsstände geschaffen sind, beschränkt (*Mankowski* IPRax 01, 310, 315; Gebauer/Wiedmann Rn 187). 5

II. Ausschließliche Zuständigkeiten. Die Anerkennung ist ferner zu versagen, wenn das Erstgericht die ausschließlichen Zuständigkeiten des Art 22 missachtet hat. Dieser erfasst allerdings nur Zuständigkeiten von Gerichten der Mitgliedstaaten, so dass eine Versagung der Anerkennung nicht mit der ausschließlichen Zuständigkeit der Gerichte eines Drittstaats begründet werden kann (MüKoZPO/*Gottwald* Rn 14; ThoPu/*Hüßtege* Rn 4). Umgekehrt wird aber vertreten, dass es der Anerkennung einer Entscheidung aus einem Drittstaat entgegenstehe, soweit aus Sicht eines mitgliedstaatlichen Gerichts Art 22 einschlägig gewesen wäre (HK-ZPO/*Dörner* Rn 9; Kropholler/v Hein Rn 12; dazu auch Rauscher/*Leible* Rn 8). Dass die **Frage des Sitzes der Gesellschaft iRd Art 22 Nr 2** der Beantwortung durch das Internationale Privatrecht des Forumsstaates zugewiesen ist, kann dazu führen, dass sowohl Erstgericht als auch Zweitgericht zu dem Ergebnis kommen, dass der entsprechende Sitz in ihrem jeweiligen Mitgliedstaat liege. Hat das Erstgericht aus seiner Perspektive fehlerfrei seine Zuständigkeit angenommen, so darf die Anerkennung nach überwiegender Ansicht nicht versagt werden; für mehrere Klagen bleibt es danach bei der Regel zeitlicher Priorität nach Art 27 ff (Kropholler/v Hein Rn 13; aA *Jenard*-Bericht ABlEG 79 C-59, S 57). 6

III. Fortgeltende Abkommen. Die in die Zuständigkeitsprüfung einbezogenen Abkommen nach Art 72 sind solche, durch die exorbitante Gerichtsstände iSv Art 3 II ausgeschlossen werden. 7

D. Bindung des Zweitgerichts (Abs 2). Die Bindung an die tatsächlichen Feststellungen des Erstgerichts beschränkt sich auf die zur Beurteilung der in Abs 1 angesprochenen Zuständigkeiten erforderlichen Tatsachen. Dadurch soll einer Verzögerung durch den Schuldner entgegengewirkt werden. Dabei ist umstr, ob der Schuldner auch mit neuem Tatsachenvortrag nicht mehr zu hören ist, wenn dieser schon im Ausgangsverfahren hätte vorgebracht werden können (dafür Rauscher/*Leible* Rn 15; HK-ZPO/*Dörner* Rn 5; Kropholler/v Hein Rn 21; aA MüKoZPO/*Gottwald* Rn 22). 8

Artikel 36 **Die ausländische Entscheidung darf keinesfalls in der Sache selbst nachgeprüft werden.**

Mit der Anordnung, dass die ausländische Entscheidung (Art 32) nicht in der Sache selbst nachgeprüft werden darf, wird die sog *révision au fond* ausgeschlossen. Jenseits der Versagungsgründe aus Art 34 f dürfen weder das erstgerichtliche Verfahren noch die der Entscheidung zugrundeliegenden tatsächlichen und rechtlichen Annahmen auf Fehler hin überprüft werden. 1

Artikel 37 **(1) Das Gericht eines Mitgliedstaats, vor dem die Anerkennung einer in einem anderen Mitgliedstaat ergangenen Entscheidung geltend gemacht wird, kann das Verfahren aussetzen, wenn gegen die Entscheidung ein ordentlicher Rechtsbehelf eingelegt worden ist.**

(2) Das Gericht eines Mitgliedstaats, vor dem die Anerkennung einer in Irland oder im Vereinigten Königreich ergangenen Entscheidung geltend gemacht wird, kann das Verfahren aussetzen, wenn die Vollstreckung der Entscheidung im Ursprungsmitgliedstaat wegen der Einlegung eines Rechtsbehelfs einstweilen eingestellt ist.

A. Normgegenstand. Art 37 zielt auf die Vermeidung der Anerkennung ausländischer Entscheidungen (Art 32), die im Erlassstaat noch der Aufhebung zugänglich sind (Kropholler/v Hein Rn 1). Die Norm regelt nur die Inzidentanerkennung nach Art 33, I, III; die Aussetzungsmöglichkeit für das selbständige Anerkennungsverfahren (Art 33 II) sowie die Vollstreckung folgt aus Art 46 (Gebauer/Wiedmann Rn 193; Geimer/Schütze/*Geimer* Rn 1). 1

B. Ordentlicher Rechtsbehelf eingelegt. Der autonom auszulegende Begriff des ordentlichen Rechtsbehelfs ist weit zu verstehen; jedenfalls hinreichend ist ein Rechtsbehelf, der die Aufhebung oder Abänderung der anzuerkennenden Entscheidung zur Folge haben kann und für dessen Einlegung eine gesetzliche Frist 2 bestimmt ist, welche durch die Entscheidung selbst in Lauf gesetzt wird (EuGH 22.11.77, Rs 43/77 – Industrial Diamond Supplies, NJW 1978, 1107). Darüber hinaus soll auch ein nicht fristgebundener Behelf ausreichen, der bereits eingelegt ist (Rauscher/*Leible* Rn 4).

3 **C. Verfahrensaussetzung.** Das Gericht entscheidet nach pflichtgemäßem Ermessen.

4 **D. Sonderregelung für Irland und das Vereinigte Königreich.** Die Sonderregelung in Abs 2 trägt dem Umstand Rechnung, dass in den genannten Ländern eine besondere Ausdifferenzierung in ordentliche und außerordentliche Rechtsbehelfe nicht entwickelt ist, weshalb die notwendige Eingrenzung nach dem Kriterium vorgenommen wird, ob wegen des Rechtsbehelfs eine einstweilige Einstellung erfolgt ist (näher etwa MüKoZPO/*Gottwald* Rn 6; Rauscher/*Leible* Rn 6).

Abschnitt 2 Vollstreckung

Artikel 38 **(1) Die in einem Mitgliedstaat ergangenen Entscheidungen, die in diesem Staat vollstreckbar sind, werden in einem anderen Mitgliedstaat vollstreckt, wenn sie dort auf Antrag eines Berechtigten für vollstreckbar erklärt worden sind.**
(2) Im Vereinigten Königreich jedoch wird eine derartige Entscheidung in England und Wales, in Schottland oder in Nordirland vollstreckt, wenn sie auf Antrag eines Berechtigten zur Vollstreckung in dem betreffenden Teil des Vereinigten Königreichs registriert worden ist.

1 **A. Normgegenstand.** Die EuGVO überlässt die Zwangsvollstreckung im Wesentlichen dem Recht der Mitgliedstaaten und beschränkt sich darauf, das **titelschaffende Verfahren** der Vollstreckbarerklärung unter Ausschluss der mitgliedsstaatlichen Vorschriften (Zö/*Geimer* Rn 1b) zu regeln. Die in Deutschland erlassenen Verfahrensregeln der §§ 3 ff AVAG haben eine ergänzende Funktion und müssen konform zu den vorrangigen Vorgaben der EuGVO gem deren Interpretation durch den EuGH ausgelegt werden (Kropholler/v Hein) Rn 6). Die Art 38–42 gestalten das eigentliche Exequaturverfahren als einseitiges Antragsverfahren zwischen Gläubiger und Exequaturgericht aus. Erst im Anschluss daran ist ein kontradiktorisches Rechtsbehelfsverfahren vorgesehen (Art 43–45). Durch diese Beschränkung der Verteidigungsmöglichkeit soll die Titelfreizügigkeit gefördert werden (Rauscher/*Mankowski* Rn 1). Neben die EuGVO treten zunehmend **speziellere Verordnungen**, die auf ein besonderes Vollstreckbarerklärungsverfahren verzichten, und die nach Art 67 (vgl Art 67 Rz 1) durch die EuGVO unberührt bleiben. Soweit eine unbestrittene Forderung tituliert worden ist, räumt Art 27 EuVTVO dem Gläubiger ein Wahlrecht ein, ob er nach dieser Verordnung oder nach der EuGVO vorgehen will. Allerdings dürfte eine bereits vorliegende Bestätigung als Europäischer Vollstreckungstitel im Ursprungsstaat das **Rechtsschutzbedürfnis** für eine Vollstreckbarerklärung nach der EuGVO entfallen lassen (BGH EuZW 10, 319 mit [in Bezug auf das Unterlassen der EuGH-Vorlage kritischer] Anm *Pfeiffer*, LMK 10, 303291, Stuttg NJW-RR 10, 134; Gebauer/Wiedmann/*Bittmann*, Art. 27 EuVTVO Rn 199; *Kienle* EuZW 10, 334; Rauscher/*Mankowski* Rn 29a; Zö/*Geimer* Rn 1; **aA** Rauscher/*Leible*, Art 32 Rn 1a; *Hess* EuZVR § 10 Rn 37).

2 **B. Voraussetzungen der Vollstreckbarerklärung. I. Vollstreckbarer Titel.** Möglich ist die Vollstreckbarerklärung von Entscheidungen (Art 32), öffentlichen Urkunden (Art 57) und Prozessvergleichen (Art 58). Der Titel muss **im Erststaat vollstreckbar** sein. Maßgeblich hierfür ist das Recht des Erststaats ungeachtet tatsächlicher Durchsetzungshindernisse. Vollstreckbar iSd Norm ist damit ggf auch ein in Südzypern über ein in Nordzypern belegenes Grundstück ergangenes Urt (EuGH 8.4.2009 – C-420/07 – Apostolides/Orams Rn 71, BeckRS 2009, 704419). Vorläufige Vollstreckbarkeit ist ausreichend (BGH NJW-RR 06, 1290, 1291); bei ausgesetzter Vollstreckung im Urteilsstaat ist hingegen auch keine auf den verstrichenen Vollstreckbarkeitszeitraum begrenzte Vollstreckbarerklärung möglich (BGH NJW-RR 10, 1079). Für den Fall, dass der Titel seine Vollstreckbarkeit im Urteilsstaat verloren hat und der Schuldner dies im Verfahren der Vollstreckbarerklärung (in Deutschland durch Klauselerteilung) nicht mehr geltend machen konnte, steht in Deutschland das Verfahren nach den §§ 27 ff AVAG bereit. **Nicht erforderlich ist eine vorherige Zustellung** des ausländischen Titels beim Schuldner (Gebauer/Wiedmann Rn 198; HK-ZPO/*Dörner* Rn 5; MüKoZPO/*Gottwald* Rn 12; Kropholler/v Hein Rn 8). Mit Blick auf den Wortlaut der EuGVO, der nur auf die Vollstreckbarkeit im Ursprungsstaat abstellt, kann man daran zweifeln, ob die VO Deutschland gestattet, ein **Bestimmtheitserfordernis** nach nationalem Maßstab aufzustellen (abl Schlosser Rn 3b). Anderer-

seits ist jedenfalls inländisches Recht für die Vollstreckung maßgeblich. Das Problem ist dadurch zu lösen, dass der deutsche Richter im Vollstreckbarerklärungsverfahren eine für die inländische Vollstreckung hinreichende Konkretisierung durch ergänzende Auslegung versuchen muss (MüKoZPO/*Gottwald* Rn 9 f; HK-ZPO/*Dörner* Rn 3; speziell zum Problem einer ungenauen Parteibezeichnung auch BGH NJW-RR 09, 854). Eine Befugnis zur inhaltlichen Abänderung des Urteils hat er hingegen nicht (Gebauer/Wiedmann Rn 201).

II. Antrag. Die Berechtigung zur Antragstellung hat jeder, der sich nach dem Recht des Ursprungsstaats auf die Entscheidung berufen kann. Das sind insb der Titelgläubiger und seine Rechtsnachfolger (MüKoZPO/*Gottwald* Rn 14). Antragsgegner ist regelmäßig der Titelschuldner (Rauscher/*Mankowski* Rn 10). 3

C. Vollstreckbarerklärung. Die Vollstreckbarerklärung im Zweitstaat ist dort Vollstreckungstitel (Rauscher/*Mankowski* Rn 3). Zum Verfahren der Klauselerteilung in Deutschland vgl §§ 3 ff AVAG. Die Vollstreckbarkeit mit **Klauselerteilung** (§ 9 AVAG) entfällt nicht durch Aufhebung der Entscheidung im Erststaat, sondern nur durch richterliche Entscheidung nach §§ 27 f AVAG. 4

D. Sonderregel für das Vereinigte Königreich (Abs 2). In England, Wales, Schottland und Nordirland erfolgt die Vollstreckbarerklärung durch Registrierung, die in jedem Teilgebiet, in dem vollstreckt werden soll, gesondert erfolgen muss. Vgl hierzu auch *Buchhold* NJW 07, 2734. 5

Artikel 39

(1) Der Antrag ist an das Gericht oder die sonst befugte Stelle zu richten, die in Anhang II aufgeführt ist.
(2) Die örtliche Zuständigkeit wird durch den Wohnsitz des Schuldners oder durch den Ort, an dem die Zwangsvollstreckung durchgeführt werden soll, bestimmt.

Abs 1 regelt **die sachliche und funktionelle Zuständigkeit**. In Deutschland ist das LG sachlich zuständig. 1 Die funktionelle Zuständigkeit liegt gem Anh II beim Vorsitzenden einer Zivilkammer (vgl auch 3 III AVAG sowie eingehend zum Ganzen Rauscher/*Mankowski* Rn 2). Dies gilt auch, soweit mit Blick auf den Streitgegenstand sonst Familien-, Arbeits- oder Verwaltungsgerichte zuständig wären (Schlosser Rn 1). Gemäß Abs 2 ergibt sich die **örtliche Zuständigkeit** zum einen aus dem **Wohnsitz** (Art 59 f) des Schuldners zum Zeitpunkt der Antragstellung. Zum anderen steht der **Ort, an dem die Zwangsvollstreckung durchgeführt wird**, zur Wahl. Hierfür ist die vom Gläubiger substanziiert zu behauptende Vollstreckungsabsicht ohne Rücksicht auf die Erfolgsaussichten maßgeblich (Nagel/Gottwald § 12 Rn 118).

Artikel 40

(1) Für die Stellung des Antrags ist das Recht des Vollstreckungsmitgliedstaats maßgebend.
(2) Der Antragsteller hat im Bezirk des angerufenen Gerichts ein Wahldomizil zu begründen. Ist das Wahldomizil im Recht des Vollstreckungsmitgliedstaats nicht vorgesehen, so hat der Antragsteller einen Zustellungsbevollmächtigten zu benennen.
(3) Dem Antrag sind die in Artikel 53 angeführten Urkunden beizufügen.

Für die Antragstellung ist nach Abs 1 das Recht des Zweitstaates maßgeblich; in Deutschland ist insb § 4 1 AVAG zu beachten. Zwar sind dem Antrag gem Abs 3 die in Art 53 aufgeführten Urkunden beizufügen, doch sieht Art 55 die Möglichkeit der Nachholung vor. Für die Ausgestaltung des Wahldomizils iSv Abs 2, das in Deutschland nicht vorgesehen ist, ist das Recht des Vollstreckungsstaates maßgeblich (EuGH 10.7.86 – Rs 198, 85 – Carron, IPRax 87, 229 mit Anm *Jayme/Abend*, 209, mit rechtsvergleichender Darstellung nationaler Rechtsvorgaben). Der Zustellungsbevollmächtigte ist in § 5 AVAG geregelt.

Artikel 41

Sobald die in Artikel 53 vorgesehenen Förmlichkeiten erfüllt sind, wird die Entscheidung unverzüglich für vollstreckbar erklärt, ohne dass eine Prüfung nach den Artikeln 34 und 35 erfolgt. Der Schuldner erhält in diesem Abschnitt des Verfahrens keine Gelegenheit, eine Erklärung abzugeben.

A. Verfahren. Wie sich aus Satz 2 ergibt, ist der Schuldner am Verfahren nicht zu beteiligen, dh das **Verfahren 1. Instanz ist streng einseitig**. In Deutschland findet eine mündliche Verhandlung nur ausnahmsweise statt (§ 6 II AVAG). Nach S 1 ist die Entscheidung unverzüglich zu erlassen, dh das Verfahren ist nach Möglichkeit zu beschleunigen (Kropholler/v Hein Rn 2). In Deutschland ergeht die positive **Entscheidung gem § 8 AVAG durch Beschluss**, dass der Titel mit der Vollstreckungsklausel zu versehen ist. 1

2 **B. Prüfungsumfang.** Nach dem Wortlaut von S 1 ist nur eine formale Prüfung der Urkunden iSv Art 53, 54 iVm Anh V (beachte aber Art 55) vorgesehen. Zum Prüfungsumfang gehört aber neben der Anwendbarkeit der EuGVO die Einhaltung der gesamten Verfahrensvoraussetzungen nach Art 38–40. Das erfordert die Prüfung der Zuständigkeit (Art 39), des Vorliegens einer Entscheidung iSv Art 32 (für Urkunden und Prozessvergleiche vgl Art 57 f) sowie ihrer durch die Bescheinigung nach Art 54 beweisbaren abstrakten Vollstreckbarkeit im Urteilsstaat. Die **Anerkennungsversagungsgründe nach Art 34 f werden nicht geprüft**; dies bleibt dem Rechtsbehelfsverfahren vorbehalten (*Junker* RIW 02, 569, 575). Teilweise wird eine Ausnahme für eine Verletzung der Verfassung des Zweitstaates sowie von Art 6 I EMRK angenommen (Rauscher/*Mankowski* Rn 5; aA MüKoZPO/*Gottwald* Rn 1).

Artikel 42 **(1) Die Entscheidung über den Antrag auf Vollstreckbarerklärung wird dem Antragsteller unverzüglich in der Form mitgeteilt, die das Recht des Vollstreckungsmitgliedstaats vorsieht.**
(2) Die Vollstreckbarerklärung und, soweit dies noch nicht geschehen ist, die Entscheidung werden dem Schuldner zugestellt.

1 **A. Mitteilung an den Antragsteller (Abs 1).** Die Mitteilung ergeht in Deutschland mangels Ausformung eines Wahldomizils iSv Art 40 II an den Zustellungsbevollmächtigten des Antragstellers oder an diesen persönlich (§ 5 AVAG). Gemäß § 10 III AVAG erfolgt die Mitteilung der positiven Entscheidung durch formlose Übersendung einer beglaubigten Abschrift des Beschlusses nach Art 41 iVm § 8 I AVAG, der mit der Vollstreckungsklausel versehenen Ausfertigung des Titels sowie der Bescheinigung einer bewirkten Zustellung an den Schuldner (§ 8 III AVAG). Da die Mitteilung an den Antragsteller unverzüglich zu erfolgen hat und nicht unter der Voraussetzung einer vorherigen Zustellung an den Schuldner steht, ist die entsprechende Bescheinigung ggf später nachzureichen (vgl nur Gebauer/Wiedmann Rn 209). Eine ablehnende Entscheidung wird entsprechend § 329 III ZPO zugestellt (MüKoZPO/*Gottwald* Rn 4; Rauscher/*Mankowski* Rn 4).

2 **B. Zustellung an den Antragsgegner (Abs 2).** Die Mitteilung der für den Antragsteller positiven Entscheidung an den Schuldner erfolgt in Deutschland gem § 10 I AVAG vAw durch förmliche Zustellung einer beglaubigten Abschrift des Beschlusses nach Art 41 iVm § 8 I AVAG sowie einer beglaubigten Abschrift der mit der Vollstreckungsklausel versehenen Ausfertigung des Titels (Kropholler/v Hein Rn 3).

Artikel 43 **(1) Gegen die Entscheidung über den Antrag auf Vollstreckbarerklärung kann jede Partei einen Rechtsbehelf einlegen.**
(2) Der Rechtsbehelf wird bei dem in Anhang III aufgeführten Gericht eingelegt.
(3) Über den Rechtsbehelf wird nach den Vorschriften entschieden, die für Verfahren mit beiderseitigem rechtlichen Gehör maßgebend sind.
(4) Lässt sich der Schuldner auf das Verfahren vor dem mit dem Rechtsbehelf des Antragstellers befassten Gericht nicht ein, so ist Artikel 26 Absätze 2 bis 4 auch dann anzuwenden, wenn der Schuldner seinen Wohnsitz nicht im Hoheitsgebiet eines Mitgliedstaats hat.
(5) Der Rechtsbehelf gegen die Vollstreckbarerklärung ist innerhalb eines Monats nach ihrer Zustellung einzulegen. Hat der Schuldner seinen Wohnsitz im Hoheitsgebiet eines anderen Mitgliedstaats als dem, in dem die Vollstreckbarerklärung ergangen ist, so beträgt die Frist für den Rechtsbehelf zwei Monate und beginnt von dem Tage an zu laufen, an dem die Vollstreckbarerklärung ihm entweder in Person oder in seiner Wohnung zugestellt worden ist. Eine Verlängerung dieser Frist wegen weiter Entfernung ist ausgeschlossen.

1 **A. Normgegenstand.** Das einheitliche Rechtsbehelfsverfahren nach Art 43 gilt sowohl für stattgebende als auch für ablehnende Entscheidungen und verdrängt insoweit innerstaatliche Rechtsbehelfsvorschriften. Ein Rechtsbehelf des Gläubigers dürfte allerdings selten in Betracht kommen (Schlosser Rn 1; eingehend hierzu etwa ThoPu/*Hüßtege* Rn 11 ff). In Deutschland wird die Norm durch die §§ 11–14 AVAG ergänzt. Ausweislich des Abs 1 kann nur die jeweils beschwerte Partei den **Rechtsbehelf** einlegen, nicht aber ein Dritter (EuGH 21.4.93 – Rs C-172/91 – Sonntag/Waidmann, NJW 93, 2091, 2092; zur Geltendmachung von Schuldnerrechten durch einen anderen Gläubiger EuGH 23.4.09 – C-167/08 – Draka/Omnipol, NJW 09, 1937). Die sachliche und funktionelle **Zuständigkeit** bemisst sich nach Abs 2 iVm der Liste in Anhang III. In Deutschland liegt die Zuständigkeit beim OLG (soweit § 55 I AVAG § 11 I 2 AVAG ausschließt, ist das nur Ausdruck des Verbots der Wiederholung von europäischen Rechtsakten; MüKoZPO/*Gottwald* Rn 1).

Das **Verfahren** ist nach dem insoweit auf nationales Recht verweisenden Abs 3 kontradiktorisch, so dass in Deutschland die Vorschriften der ZPO über die **Beschwerde** zum Tragen kommen, die wiederum durch die §§ 11 ff AVAG modifiziert werden (Kropholler/v Hein Rn 10; Rauscher/*Mankowski* Rn 12 f). Abs 4 stellt für den Fall der **fehlenden Einlassung des Schuldners** durch Verweis auf Art 26 II-IV dessen rechtliches Gehör sicher. Die Aussetzungsvorgaben sind auch dann beachtlich, wenn der Schuldner keinen Wohnsitz in einem Mitgliedstaat hat.

B. Rechtsbehelf des Schuldners. I. Frist. Die sich gegen die Vollstreckbarerklärung wendende Beschwerde des Schuldners muss die Frist nach Abs 5 einhalten. Die regelmäßige Frist von einem Monat ab Zustellung gem Abs 5 S 1 gilt zunächst, wenn der Schuldner seinen Wohnsitz im Vollstreckungsmitgliedstaat hat; maßgeblich sind insoweit dessen Zustellungsvorschriften (Gebauer/Wiedmann Rn 274), also ggf nach EuZustVO bzw HZÜ. Liegt der Wohnsitz des Schuldners in einem anderen Mitgliedstaat, beträgt die Frist gem Abs 5 S 2 zwei Monate und beginnt mit der Zustellung der Vollstreckbarerklärung entweder in Person oder in der Wohnung des Schuldners. Hierfür genügen öffentliche Zustellung oder auch die *remise au parquet* wohl nicht (Rauscher/*Mankowski* Rn 16); erst recht unzureichend ist eine anderweitige Kenntniserlangung des Schuldners (EuGH 6.2.06 – C-3/05 – Verdoliva, NJW 06, 1114). Eine Verlängerung dieser Frist wegen weiter Entfernung ist nach Abs 5 S 3 ausgeschlossen. Liegt schließlich der Wohnsitz des Schuldners außerhalb der Mitgliedstaaten, so greift zwar die Monatsfrist nach Abs 5 S 1, doch kann diese verlängert werden, da sich Abs 5 S 3 nur auf die Frist nach Abs 5 S 2 bezieht (Schlosser Rn 7; HK-ZPO/*Dörner* Rn 11). In Deutschland sind hierfür die Verlängerungsmöglichkeiten nach § 10 II AVAG einschlägig. Für die Fristberechnung ist das Recht des Vollstreckungsstaates maßgeblich (Schlosser Rn 9), in Deutschland greifen §§ 222 ZPO iVm 187 ff BGB. 2

II. Begründetheit. Der Schuldner kann seinen Rechtsbehelf darauf stützen, dass die formellen Voraussetzungen der Vollstreckbarerklärung nicht erfüllt sind oder dass Versagungsgründe nach Art 34 f vorliegen (Art 45). In Deutschland soll ferner gem § 12 I AVAG mit der Beschwerde geltend zu machen sein, dass der Anspruch, welcher der für vollstreckbar erklärten Entscheidung zugrunde liegt, durch nach Erlass dieser Entscheidung eingetretene Umstände erloschen oder undurchsetzbar geworden ist. Freilich ist umstr, inwieweit die Norm mit Art 45 konfligiert und ggf aufgrund des Anwendungsvorrangs des Gemeinschaftsrechts zurücktreten muss (eingehend dazu Art 45 Rz 1). 3

Artikel 44 **Gegen die Entscheidung, die über den Rechtsbehelf ergangen ist, kann nur ein Rechtsbehelf nach Anhang IV eingelegt werden.**

A. Normgegenstand. Art 44 eröffnet eine dritte Instanz nach Vollstreckungs- und Rechtsbehelfsgericht. Die Norm dient der Vereinfachung und Beschleunigung des Vollstreckungsverfahrens und ist daher eng auszulegen; Rechtsbehelfe Dritter gegen die Entscheidung über den Rechtsbehelf nach Art 43 sind ausgeschlossen (EuGH 21.4.93 – Rs C-172/91 – Sonntag/Waidmann, NJW 93, 2091, 2092). Angreifbar ist nur die Endentscheidung über die Begründetheit des Rechtsbehelfs nach Art 43; vorbereitende oder Zwischenentscheidungen fallen nicht unter Art 44 (HK-ZPO/*Dörner* Rn 1). Der Prüfungsumfang des Rechtsbehelfs nach Art 44 ist auf Rechtsfragen beschränkt (Kropholler/v Hein Rn 2). 1

B. Ausgestaltung in Deutschland. Statthafter Rechtsbehelf ist in Deutschland **Rechtsbeschwerde** zum BGH gem §§ 574 ff ZPO, welche durch die §§ 15–17 AVAG modifiziert werden. Die Rechtsbeschwerde ist zulässig, sofern der Beschwerdeführer darlegen kann, dass der Rechtssache grundsätzliche Bedeutung zukommt oder eine Entscheidung zur Fortbildung des Rechts oder zur Sicherung einer einheitlichen Rechtsprechung erforderlich ist (§ 15 I 1 AVAG iVm § 574 I Nr 1, II ZPO). Sie ist durch Einreichen der Beschwerdeschrift beim BGH einzulegen (§ 16 I AVAG). Die Einlegefrist beträgt einen Monat ab Zustellung der Entscheidung nach Art 43 (§ 15 II AVAG). 2

Artikel 45 **(1) Die Vollstreckbarerklärung darf von dem mit einem Rechtsbehelf nach Artikel 43 oder Artikel 44 befassten Gericht nur aus einem der in den Artikeln 34 und 35 aufgeführten Gründe versagt oder aufgehoben werden. Das Gericht erlässt seine Entscheidung unverzüglich.**

(2) Die ausländische Entscheidung darf keinesfalls in der Sache selbst nachgeprüft werden.

1 **Abs 1** beschränkt den Prüfungsumfang für die Beschwerdegerichte, während der Schuldner in 1. Instanz gar nicht gehört wird. Der Schuldner wird durch den Verweis nur auf Art 34 f nicht mit der Einwendung ausgeschlossen, dass die Voraussetzungen der Vollstreckbarerklärung gem Art 41, 53 nicht vorliegen (EuGH 13.10.11 – C-139/19 – Prism Investments/van der Meer, EuZW 2011, 869, 870, Rn 38 (zu Art 38 I) mit zust Anm *Bach* [871]; BGH NJW-RR 08, 586, 587, Rn 15; ; *Wagner* IPRax 02, 75, 83; aA ThoPu/*Hüßtege* Rn 3). Bislang stark umstr ist ferner, ob der Schuldner gem § 12 AVAG mit **nach Erlass der ausländischen Entscheidung begründeten Einwendungen** gegen den zu vollstreckenden Anspruch im Beschwerdeverfahren gehört wird (abl *Hub* NJW 01, 3145, 3147; Rauscher/*Mankowski* Rn 6; bejahend Kropholler/v Hein Art 45 Rn 6 [wegen angenommener Regelungslücke der VO]; differenzierend für die Zulassung von unstreitigen oder rechtskräftig festgestellten GegeneinwändenGebauer/Wiedmann Rn 222; Zö/*Geimer* Rn 1;). Der BGH (NJW-RR 09, 1000; NJW 07, 3432, 3435 Rnrn 26 ff) hat mit Blick auf § 12 AVAG unstreitige und rechtskräftig festgestellte Einwendungen zu- und die Frage iÜ offengelassen. Nunmehr hat der EuGH (13.10.11 – C-139/19 – Prism Investments/van der Meer, EuZW 11, 869) festgehalten, dass materiellrechtliche Einwände nicht berücksichtigt werden dürfen (im Fall ging es um den streitigen Vortrag der Erfüllung durch Aufrechnung). Das bedeutet, dass das Erfordernis der Vollstreckbarkeit im Ursprungsstaat (Art 38 I) auch für Art. 45 im Sinne formeller Vollstreckbarkeit zu verstehen ist, die dort erst aufgehoben werden muss. Ein Rückgriff auf § 12 AVAG ist damit jedenfall für bestrittene Einwendungen durch den Anwendungsvorrang der Verordnung ausgeschlossen. Für unbestrittene Einwendungen, die der EuGH nicht ausdrücklich thematisiert, entfällt zwar dessen Kernargument der Prozessökonomie. Doch liefe deren Beachtung im Lichte der Prism Investments-Entscheidung auf eine teleologische Reduktion hinaus. Wegen der Präklusionsfolgen aus § 14 AVAG (dazu *Hess* IPRax 08, 25) handelte es sich aber um ein „Danaer-Geschenk" (Rauscher/*Mankowski* Rn 6), für das kein zwingendes Erfordernis spricht.
Die Prüfung der Versagungsgründe erfolgt zwar nach dem BGH vAw (BGH NJW-RR 08, 586 [für Art. 34 Nr. 2]; ebenso HK-ZPO/*Dörner* Art 34 Rn 1; B/L/*Hartmann* Rn. 7; ThoPu/*Hüßtege* Art 33 Rn 1; a.A. [nur auf Einrede hin zu prüfen] Gebauer/Wiedmann Rn 171; MüKoZPO/*Gottwald* Rn 5; Rauscher/*Leible* Rn 3), eine Amtsermittlungspflicht besteht insoweit aber nicht (BGH NJW-RR 08, 586). **Abs 2** wiederholt das Verbot der *révision au fond* aus Art 36.

Artikel 46

(1) Das nach Artikel 43 oder Artikel 44 mit dem Rechtsbehelf befasste Gericht kann auf Antrag des Schuldners das Verfahren aussetzen, wenn gegen die Entscheidung im Ursprungsmitgliedstaat ein ordentlicher Rechtsbehelf eingelegt oder die Frist für einen solchen Rechtsbehelf noch nicht verstrichen ist; in letzterem Fall kann das Gericht eine Frist bestimmen, innerhalb deren der Rechtsbehelf einzulegen ist.
(2) Ist die Entscheidung in Irland oder im Vereinigten Königreich ergangen, so gilt jeder im Ursprungsmitgliedstaat statthafte Rechtsbehelf als ordentlicher Rechtsbehelf im Sinne von Absatz 1.
(3) Das Gericht kann auch die Zwangsvollstreckung von der Leistung einer Sicherheit, die es bestimmt, abhängig machen.

1 **A. Aussetzung (Abs 1).** Abs 1, der in Deutschland durch § 36 AVAG ergänzt wird, dient dem Schutz des Schuldners vor der Vollstreckung von im Ursprungsstaat nur vorläufig vollstreckbaren Entscheidungen. Voraussetzungen für die Aussetzung sind ein **Antrag** des Schuldners sowie die Einlegung bzw noch fristgemäße Einlegbarkeit eines **ordentlichen Rechtsbehelfs** im Erststaat gegen eine Entscheidung (Art 32). Der autonom auszulegende Begriff des ordentlichen Rechtsbehelfs ist weit zu verstehen; jedenfalls hinreichend ist ein Rechtsbehelf, der die Aufhebung oder Abänderung der anzuerkennenden Entscheidung zur Folge haben kann und für dessen Einlegung eine gesetzliche Frist bestimmt ist, welche durch die Entscheidung selbst in Lauf gesetzt wird (EuGH 22.11.77 – Rs 43/77 – Industrial Diamond Supplies, NJW 1978, 1107). Die **Entscheidung** über die Aussetzung steht im Ermessen des Gerichts, das insoweit die mutmaßlichen Erfolgsaussichten des Rechtsbehelfs im Erststaat berücksichtigt. Aus dem Verbot der révision au fond (Art 36) wird allerdings gefolgert, dass insoweit nur Umstände zu berücksichtigen sind, die der Schuldner nicht schon vor dem Erlass der erststaatlichen Entscheidung hätte geltend machen können (BGH NJW 94, 2146). Danach ist die Aussetzung die Ausnahme (ThoPu/*Hüßtege* Rn 3). Sie führt zu einer Beschränkung auf die Sicherungsvollstreckung (Art 47 III) und steht damit einer Verpflichtung zur Abgabe einer eidesstattlichen Versicherung nicht entgegen (BGH RPfleger 06, 328; Kropholler/v Hein Rn 6).

B. Sonderregelung für Irland und das Vereinigte Königreich (Abs 2). Abs 2 trägt dem Umstand Rechnung, dass in den genannten Ländern eine besondere Ausdifferenzierung in ordentliche und außerordentliche Rechtsbehelfe nicht entwickelt ist (etwa MüKoZPO/*Gottwald* Rn 5). 2

C. Sicherheitsleistung (Abs 3). Unter den Voraussetzungen des Abs 1 steht es ebenfalls im Ermessen des Gerichts, die Vollstreckung von einer Sicherheitsleistung abhängig zu machen. Dies gewinnt einerseits Relevanz, soweit eine Aussetzung nicht in Betracht kommt, und soll andererseits nach Ddorf NJW-RR 06, 1079, 1080, ausscheiden, wenn die Entscheidung ohnehin nur gegen – ausreichende – Sicherheit vollstreckt werden darf (hiergegen Schlosser Rn 3). Bei der Entscheidung sind neben den Erfolgsaussichten alle Umstände des Einzelfalls abzuwägen (BGH NJW 94, 2156, 2157). Solange der Gläubiger die angeordnete Sicherheit nicht leistet, bleibt die Vollstreckbarkeit in der Schwebe, bis die ausländische Entscheidung entweder rechtskräftig oder aufgehoben wird (OGH IPRax 07, 227 mit Anm *Schlosser* [239]; ThoPu/*Hüßtege* Rn 10). 3

Artikel 47

(1) Ist eine Entscheidung nach dieser Verordnung anzuerkennen, so ist der Antragsteller nicht daran gehindert, einstweilige Maßnahmen einschließlich solcher, die auf eine Sicherung gerichtet sind, nach dem Recht des Vollstreckungsmitgliedstaats in Anspruch zu nehmen, ohne dass es einer Vollstreckbarerklärung nach Artikel 41 bedarf.
(2) Die Vollstreckbarerklärung gibt die Befugnis, solche Maßnahmen zu veranlassen.
(3) Solange die in Artikel 43 Absatz 5 vorgesehene Frist für den Rechtsbehelf gegen die Vollstreckbarerklärung läuft und solange über den Rechtsbehelf nicht entschieden ist, darf die Zwangsvollstreckung in das Vermögen des Schuldners nicht über Maßnahmen zur Sicherung hinausgehen.

A. Einstweilige Maßnahmen vor Vollstreckbarerklärung (Abs 1). Die Vorschrift eröffnet die Möglichkeit einstweiliger Vollstreckungsmaßnahmen vor Erlass der Vollstreckbarerklärung (Art 41). Abs 1 verweist auf das jeweilige nationale Recht des Vollstreckungsstaats, so dass es darauf ankommt, inwieweit dieses einstweilige Vollstreckungsmaßnahmen vorsieht (Kropholler/v Hein Rn 4). Als **Maßnahmen** kommen in Deutschland Arrest, einstweilige Verfügung, Vorpfändung mit Arrestwirkung (§ 845 ZPO) und Sicherungsvollstreckung (§ 720a ZPO) in Betracht (HK-ZPO/*Dörner* Rn 2; Rauscher/*Mankowski* Rn 4 f; vgl zu § 720a ZPO allerdings Schlosser Rn 5). Str ist, ob für ein Vorgehen nach Abs 1 das **Erfordernis der Urkundenvorlage gem Art 53 f** gilt (so ThoPu/*Hüßtege* Rn 2; HK-ZPO/*Dörner* Rn 2), oder ob die Vorlage einer Übersetzung der erststaatlichen Entscheidung ausreicht, das Formblatt nach Anh V also entbehrlich ist (*Hess/Hub* IPRax 03, 93, 98; Rauscher/*Mankowski* Rn 10). Da allerdings das Vollstreckungsgericht iRd Abs 1 auch die Voraussetzungen der Anerkennung zu prüfen hat, wird mit dem Antrag nach Abs 1 implizit auch die »Anerkennung geltend gemacht«. Die richtige Antwort hängt also davon ab, ob man Art 53 f auch für die Inzidentanerkennung für einschlägig hält (str, vgl Art 33 Rz 2); bejahendenfalls müssen die Art 53 f auch für Abs 1 gelten. Hinsichtlich des Umfangs der Prüfung der Anerkennungsfähigkeit ist ferner umstr, ob das Vollstreckungsgericht das Nichtvorliegen der **Versagungsgründe nach Art 34 f** zu prüfen hat (so ThoPu/*Hüßtege* Rn 2c; Rauscher/*Mankowski* Rn 7; aA *Hess/Hub* IPRax 03, 93, 94; Gebauer/Wiedmann Rn 229). Eine Prüfung der Versagungsgründe verträgt sich freilich nicht gut mit der Wertung des Art 41, wonach im erstinstanzlichen Verfahren vor Erteilung einer Vollstreckbarerklärung die Versagungsgründe nicht zu prüfen sind (für einen Umkehrschluss aus Art 41 daher Gebauer/Wiedmann Rn 229; dezidiert dagegen Rauscher/*Mankowski* Rn 7). 1

B. Einstweilige Maßnahmen nach Vollstreckbarerklärung (Abs 2). Mit der Vollstreckbarerklärung (Art 41, in Deutschland mit Klauselerteilung, § 8 AVAG) erwächst aus Abs 2 die Möglichkeit einstweiliger Maßnahmen der Sicherung unter Suspendierung sonst einschlägiger, besonderer Voraussetzungen hierfür nach dem nationalen Recht des Vollstreckungsstaates (zB Gefahr im Verzug oder besonderes Sicherungsbedürfnis). Letzteres entscheidet freilich über die Ausgestaltung statthafter Sicherungsmaßnahmen; durch Abs 2 werden dem Gläubiger darüber hinaus keine bestimmten Sicherungsarten garantiert (Rauscher/*Mankowski* Rn 12a). 2

C. Beschränkung auf Sicherungsmaßnahmen vor Rechtskraft (Abs 3). Bis zum Eintritt der formellen Rechtskraft der Vollstreckbarerklärung beschränkt Abs 3 die zulässigen Maßnahmen auf solche der Sicherung, damit der Schuldner nicht vor vollendete Tatsachen gestellt werden kann, bevor er im Beschwerdeverfahren rechtliches Gehör gefunden hat (Schlosser Rn 1). In Deutschland wird dies gem § 9 AVAG in der 3

Klausel zum Ausdruck gebracht; die weitere Ausgestaltung der Sicherungsmaßnahmen erfolgt in den §§ 19–24 AVAG.

Artikel 48 **(1) Ist durch die ausländische Entscheidung über mehrere mit der Klage geltend gemachte Ansprüche erkannt und kann die Vollstreckbarerklärung nicht für alle Ansprüche erteilt werden, so erteilt das Gericht oder die sonst befugte Stelle sie für einen oder mehrere dieser Ansprüche.**
(2) Der Antragsteller kann beantragen, dass die Vollstreckbarerklärung nur für einen Teil des Gegenstands der Verurteilung erteilt wird.

1 Der Umsetzung von **Abs 1** in Deutschland dient § 9 II AVAG, wonach eine **Teil-Vollstreckungsklausel** vAw zu erteilen ist, wenn die ausländische Entscheidung (Art 32) mehrere selbständige Ansprüche zuerkennt, von denen nicht alle die Voraussetzungen einer Vollstreckbarerklärung nach Art 38 ff erfüllen, etwa, weil einzelne Ansprüche außerhalb des sachlichen Anwendungsbereichs der EuGVO (Art 1 I, II) fallen. Die vom missglückten Wortlaut des Abs 1 vorausgesetzte **objektive Häufung von Ansprüchen** dürfte zwar auf eine Mehrheit von Streitgegenständen abzielen (MüKoZPO/*Gottwald* Rn 1; Rauscher/*Mankowski* Rn 1). Rechtspolitisch macht es aber mit Blick auf den Normtelos der weitest möglichen Aufrechterhaltung der Vollstreckbarkeit wenig Sinn, in Abs 1 die Voraussetzungen objektiver Klagehäufung iSv § 260 ZPO hineinzulesen (so ThoPu/*Hüßtege* Rn 1; hiergegen Rauscher/*Mankowski* Rn 1), zumal es sinnlose Förmelei darstellt, den Antragsteller zu einem Hilfsantrag nach Abs 2 zu nötigen (Schlosser Rn 1), der jedenfalls auch bei einer einheitlichen aber teilbaren Forderung möglich ist (Kropholler/v Hein Rn 2). Angemessene Ergebnisse lassen sich erzielen, wenn man einen hilfsweisen Antrag auf tw Vollstreckbarerklärung als im Antrag auf Vollstreckbarerklärung enthaltenes Minus begreift (so Rauscher/*Mankowski* Rn 3; vgl im Ergebnis auch Geimer/Schütze/*Geimer* Rn 2). Die Erteilung einer Teil-Vollstreckungsklausel kommt also bspw auch bei einer nur wegen der Höhe des ausgeurteilten Schadensersatzbetrags mit dem ordre public konfligierenden Entscheidung in Betracht (Schlosser Rn 1), was freilich in der 1. Instanz nicht zu prüfen ist (Art 41).

2 **Abs 2** stellt klar, dass der Antragsteller von vornherein nur eine Teilvollstreckbarerklärung beantragen kann; das Gericht darf dann nicht über diesen Antrag hinausgehen.

Artikel 49 **Ausländische Entscheidungen, die auf Zahlung eines Zwangsgelds lauten, sind im Vollstreckungsmitgliedstaat nur vollstreckbar, wenn die Höhe des Zwangsgelds durch die Gerichte des Ursprungsmitgliedstaats endgültig festgesetzt ist.**

1 Die Norm erfasst ausländische **Entscheidungen** (Art 32), die auf Zahlung eines **Zwangsgeldes** gerichtet sind, dh den Schuldner zu einer Handlung bzw Unterlassung anhalten und ihm zugleich für den Fall der Nichtbefolgung eine Zahlung auferlegen (Rauscher/*Mankowski* Rn 1). Damit ist die Vorschrift jedenfalls auf die Rechtsfigur der »astreinte« zugeschnitten, bei der die auferlegte Zahlung Privaten zugutekommt. Aber auch für Zwangsgeldentscheidungen deutschen Rechts, bei denen das Zwangsgeld in die Staatskasse fließt, wird trotz der Grenzen des Anwendungsbereichs der EuGVO (Art 1 I) allgemein von einer Anwendbarkeit der Vorschrift ausgegangen (MüKoZPO/*Gottwald* Rn 4 mwN). Art 49 erhebt zur Vollstreckbarkeitsvoraussetzung, dass die Höhe des Zwangsgeldes durch das Gericht des Ursprungsstaates **endgültig festgelegt** worden ist.

Artikel 50 **Ist dem Antragsteller im Ursprungsmitgliedstaat ganz oder teilweise Prozesskostenhilfe oder Kosten- und Gebührenbefreiung gewährt worden, so genießt er in dem Verfahren nach diesem Abschnitt hinsichtlich der Prozesskostenhilfe oder der Kosten- und Gebührenbefreiung die günstigste Behandlung, die das Recht des Vollstreckungsmitgliedstaats vorsieht.**

1 Im Verhältnis zu Dänemark wird die Norm durch Art 2 II c des Abkommens v 19.10.05, ABlEG Nr L 299/62, welches Dänemark am 18.1.07 notifiziert hat, mit Wirkung v 1.7.07 wie folgt ergänzt:

»(2) Der Antragsteller, der die Vollstreckung einer Entscheidung einer Verwaltungsbehörde begehrt, die in Dänemark in Bezug auf die Anordnung von Unterhaltsleistungen ergangen ist, kann in dem ersuchten Mitgliedstaat Anspruch auf die in Absatz 1 genannten Vorteile erheben, wenn er eine Erklärung des dänischen Justizministeriums darüber vorlegt, dass er die finanziellen Voraussetzungen für die vollständige oder teilweise Bewilligung der Prozesskostenhilfe oder für die Kostenbefreiung erfüllt.«

Ist dem Antragsteller einmal Prozesskostenhilfe (PKH) oder Kosten- und Gebührenbefreiung im Ursprungsmitgliedstaat gewährt worden, so sind ihm die Vergünstigungen auch im Vollstreckungsstaat zu gewähren, soweit dieser entsprechende Institute ausgestaltet hat (Rauscher/*Mankowski* Rn 2). Dazu muss kein neues PKH-Verfahren durchgeführt werden; die Vorlage der Bescheinigung gem Art 54 iVm Anh V (Ziffer 5) ist ausreichend (ThoPu/*Hüßtege* Rn 2); vgl zu Dänemark Abs 2. Erfasst sein dürften alle Verfahren gem Kap III Abschn 2 EuGVO (ThoPu/*Hüßtege* Rn 3). Die Gewährung von Prozesskostenhilfe nach autonomem Recht bleibt daneben möglich; freilich hat hier die PKH-Richtlinie 2002/8/EG Annäherungen bewirkt. 2

Artikel 51 Der Partei, die in einem Mitgliedstaat eine in einem anderen Mitgliedstaat ergangene Entscheidung vollstrecken will, darf wegen ihrer Eigenschaft als Ausländer oder wegen Fehlens eines inländischen Wohnsitzes oder Aufenthalts eine Sicherheitsleistung oder Hinterlegung, unter welcher Bezeichnung es auch sei, nicht auferlegt werden.

Von dem Vollstreckungsgläubiger, der die Vollstreckung einer in einem Mitgliedstaat ergangenen Entscheidung (Art 32) in einem anderen Mitgliedstaat betreibt, darf nicht eine Sicherheitsleistung für die Kosten des Vollstreckungsverfahrens aus dem Grunde verlangt werden, dass er aus der Perspektive des Vollstreckungsstaates Ausländer ist oder dort keinen inländischen Wohnsitz bzw Aufenthalt hat. Sicherheitsleistungen aus anderen Gründen werden von der Norm ebensowenig erfasst wie Kosten des Erkenntnisverfahrens. Die Norm wird man mit Blick auf die Interpretation des Primärrechts durch den EuGH (vgl nur EuGH 2.10.97 – Rs C-122/96 – Saldanha, NJW 97, 3299) für in erheblichem Umfang deklaratorisch halten dürfen; sie entfaltet aber eigenständige Bedeutung, soweit der Vollstreckungsgläubiger nicht EU-Bürger sondern Angehöriger eines Drittstaates oder staatenlos ist (Gebauer/Wiedmann Rn 238). 1

Artikel 52 Im Vollstreckungsmitgliedstaat dürfen im Vollstreckbarerklärungsverfahren keine nach dem Streitwert abgestuften Stempelabgaben oder Gebühren erhoben werden.

Die Norm erfasst nur Gerichts-, nicht aber Anwaltsgebühren und steht nicht der Gebührenpflichtigkeit als solcher, sondern nur streitwertabhängigen Gebühren entgegen. Dieser Vorgabe genügen die in Deutschland vorgesehenen, streitwertunabhängigen Gebühren nach den Nrn 1510, 1520 Kostenverzeichnis der Anlage 1 zum GKG. 1

Abschnitt 3 Gemeinsame Vorschriften

Artikel 53 (1) Die Partei, die die Anerkennung einer Entscheidung geltend macht oder eine Vollstreckbarerklärung beantragt, hat eine Ausfertigung der Entscheidung vorzulegen, die die für ihre Beweiskraft erforderlichen Voraussetzungen erfüllt.
(2) Unbeschadet des Artikels 55 hat die Partei, die eine Vollstreckbarerklärung beantragt, ferner die Bescheinigung nach Artikel 54 vorzulegen.

A. Normgegenstand. Die Art 53–56 normieren die formellen Voraussetzungen der Anerkennung (Art 38 ff) von Entscheidungen (Art 32) und des Exequaturverfahrens. 1

B. Ausfertigung der Entscheidung (Abs 1). Abs 1 verlangt die Vorlage einer Ausfertigung der Entscheidung, welche »die für die Beweiskraft erforderlichen Voraussetzungen erfüllt«. Diese bemessen sich nach dem Recht des Urteilsstaates. Wie sich aus anderen Sprachfassungen ergibt, ist damit die Überzeugung des Gerichts im Zweitstaat von der Echtheit und Authentizität der Ausfertigung gemeint (Gebauer/Wiedmann Rn 241; Kropholler/v Hein Rn 2; Rauscher/*Staudinger* Rn 2). Was hierzu erforderlich ist, bemisst sich nach dem Recht des Urteilsstaates (HK-ZPO/*Dörner* Rn 2), in Deutschland bedarf es einer Ausfertigung nach § 317 IV, V ZPO. 2

C. Bescheinigung nach Art 54 (Abs 2). Im Verfahren der Vollstreckbarerklärung muss der Antragsteller neben der Ausfertigung eine Bescheinigung vorlegen, deren Inhalt sich aus Art 54 iVm Anh V ergibt. Das Gericht des Zweitstaates prüft die in der Bescheinigung aufgeführten Formalien (insb die Zustellung des verfahrenseinleitenden Schriftstücks) für die Vollstreckbarerklärung nicht nach (vgl Art 41; ThoPu/*Hüßtege* 3

Rn 4). Wird die Bescheinigung nicht vorgelegt, kommt dennoch nach Maßgabe des Art 55 eine Vollstreckbarerklärung in Betracht.

Artikel 54 **Das Gericht oder die sonst befugte Stelle des Mitgliedstaats, in dem die Entscheidung ergangen ist, stellt auf Antrag die Bescheinigung unter Verwendung des Formblatts in Anhang V dieser Verordnung aus.**

1 Die Bescheinigung unter Verwendung des Formblatts in Anh V erleichtert das Verfahren für den Antragsteller, der seinem Antrag auf Vollstreckbarerklärung neben der Ausfertigung der Entscheidung nur diese Bescheinigung beifügen muss. Die Ausstellung der Bescheinigung ist vom Gläubiger bei der zuständigen Stelle zu beantragen. Die Zuständigkeit ergibt sich aus nationalem Recht, in Deutschland aus § 56 AVAG. Das Vollstreckungsgericht kann die Vorlage einer Übersetzung der Bescheinigung verlangen (Art 55 II).

Artikel 55 **(1) Wird die Bescheinigung nach Artikel 54 nicht vorgelegt, so kann das Gericht oder die sonst befugte Stelle eine Frist bestimmen, innerhalb deren die Bescheinigung vorzulegen ist, oder sich mit einer gleichwertigen Urkunde begnügen oder von der Vorlage der Bescheinigung befreien, wenn es oder sie eine weitere Klärung nicht für erforderlich hält.**
(2) Auf Verlangen des Gerichts oder der sonst befugten Stelle ist eine Übersetzung der Urkunden vorzulegen. Die Übersetzung ist von einer hierzu in einem der Mitgliedstaaten befugten Person zu beglaubigen.

1 **A. Nachweiserleichterung (Abs 1).** Die Nachweiserleichterung des Abs 1 ist ausschließlich auf die Bescheinigung nach Art 54 iVm Anh V anwendbar (Kropholler/v Hein Rn 1). Das Vollstreckungsgericht kann eine Frist zur Vorlage setzen, sich mit (der Aufforderung zur Vorlage von) gleichwertigen Urkunden begnügen oder auf die Vorlage verzichten, wenn es weitere Beweismittel als ausreichend erachtet. Kommt der Antragsteller in den ersten beiden Alternativen der Vorlageaufforderung nicht nach, ist der Antrag als unzulässig abzuweisen; dies hindert aber nicht die erneute Antragstellung (ThoPu/*Hüßtege* Rn 3).

2 **B. Beglaubigte Übersetzung (Abs 2).** Abs 2 erfasst alle Urkunden iSv Art 53 (für den Antrag selbst vgl § 4 III AVAG). Diese können grds so, wie sie im Ursprungsstaat verfasst worden sind, vorgelegt werden, das Vollstreckungsgericht kann aber eine beglaubigte Übersetzung in jeder Phase des Verfahrens verlangen (ThoPu/*Hüßtege* Rn 4).

Artikel 56 **Die in Artikel 53 und in Artikel 55 Absatz 2 angeführten Urkunden sowie die Urkunde über die Prozessvollmacht, falls eine solche erteilt wird, bedürfen weder der Legalisation noch einer ähnlichen Förmlichkeit.**

1 Entbehrlich sind sowohl die Legalisation als auch die Apostille, die im Haager Übereinkommen zur Befreiung ausländischer öffentlicher Urkunden von der Legalisation v 5.10.61 vorgesehen ist (Gebauer/Wiedmann Rn 246). Über die Echtheit ist damit gem dem Prozessrecht des Vollstreckungsstaates zu befinden, so dass inländische und ausländische Urkunden gleichstehen (MüKoZPO/*Gottwald* Rn 2; aA Schlosser Rn 1), § 437 ZPO findet also Anwendung. Die Befreiung vom Echtheitsnachweis hinsichtlich der Prozessvollmacht gilt nur für die Verfahren nach Art 33 ff und 38 ff, also nicht im Erkenntnisverfahren (ThoPu/*Hüßtege* Rn 1). Umstritten ist, ob die Norm entsprechend für die gesetzliche Vertretungsmacht heranzuziehen ist (dafür MüKoZPO/*Gottwald* Rn 3; aA ThoPu/*Hüßtege* Rn 1).

Kapitel IV Öffentliche Urkunden und Prozessvergleiche

Artikel 57 **(1) Öffentliche Urkunden, die in einem Mitgliedstaat aufgenommen und vollstreckbar sind, werden in einem anderen Mitgliedstaat auf Antrag in dem Verfahren nach den Artikeln 38 ff. für vollstreckbar erklärt. Die Vollstreckbarerklärung ist von dem mit einem Rechtsbehelf nach Artikel 43 oder Artikel 44 befassten Gericht nur zu versagen oder aufzuheben, wenn die Zwangsvollstreckung aus der Urkunde der öffentlichen Ordnung (ordre public) des Vollstreckungsmitgliedstaats offensichtlich widersprechen würde.**

(2) Als öffentliche Urkunden im Sinne von Absatz 1 werden auch vor Verwaltungsbehörden geschlossene oder von ihnen beurkundete Unterhaltsvereinbarungen oder -verpflichtungen angesehen.
(3) Die vorgelegte Urkunde muss die Voraussetzungen für ihre Beweiskraft erfüllen, die in dem Mitgliedstaat, in dem sie aufgenommen wurde, erforderlich sind.
(4) Die Vorschriften des Abschnitts 3 des Kapitels III sind sinngemäß anzuwenden. Die befugte Stelle des Mitgliedstaats, in dem eine öffentliche Urkunde aufgenommen worden ist, stellt auf Antrag die Bescheinigung unter Verwendung des Formblatts in Anhang VI dieser Verordnung aus.

A. Anwendungsbereich. Voraussetzung für das Eingreifen der Norm ist zunächst die Eröffnung des Anwendungsbereichs der EuGVO in zeitlicher (Art 66 I, 76) sowie in sachlicher Hinsicht (Art 1 I, II) mit Blick auf das beurkundete Recht (HK-ZPO/*Dörner* Rn 1; für eine weitergehende Erstreckung auch auf die nach Art 1 II a ausgeschlossenen Gegenstände Geimer/Schütze/*Geimer* Rn 24; Schlosser Rn 5). Art 27 EuVTVO räumt dem Gläubiger ein Wahlrecht ein, ob er nach **Art 25 EuVTVO** oder nach der EuGVO vorgehen will. 1

B. Öffentliche Urkunde (Abs 1, 2). I. Begriff. Der Terminus der öffentlichen Urkunde ist verordnungsautonom zu bestimmen. Der EuGH lehnt sich an den *Jenard-Möller*-Bericht an und fordert, dass die Beurkundung von einer **Behörde oder einer anderen von diesem Staat zur Errichtung vollstreckbarer Urkunden ermächtigten Stelle** vorgenommen worden ist und die Beurkundung sich auf den Inhalt und nicht nur zB auf die Unterschrift bezieht (EuGH – Rs C-260/97 – Unibank, Rnrn 17–21, DNotZ 99, 909, 921 f, mit Anm *Fleischhauer* [925]). Diese Vorgaben sind inzwischen auch in die Legaldefinition des Art 4 Nr 3 EuVTVO übernommen worden. Notarielle Urkunden aus den sechs Gründungsstaaten dürften diese Vorgaben regelmäßig erfüllen Gebauer/Wiedmann Rn 248; vertiefend Kropholler/v Hein Rn 3). 2

II. Ausfertigung in Mitgliedstaat. Die Urkunde muss ferner **in einem Mitgliedstaat** aufgenommen worden sein. Maßstab ist der Ausstellungsort; Wohnsitze und Staatsangehörigkeiten der Beteiligten sind unmaßgeblich (ThoPu/*Hüßtege* Rn 3). Mit Blick auf Dänemark vgl die Kommentierungen zu Art 1 III, 66 I, 76. 3

III. Vollstreckbarkeit. Die Frage nach der Vollstreckbarkeit der Urkunde unterliegt dem Recht des Ursprungsstaates. Dort muss ohne Weiteres Vollstreckung möglich sein. Dem genügt nach deutschem Recht der Anwaltsvergleich nicht, solange keine Vollstreckbarerklärung nach §§ 796a ff ZPO erfolgt ist (MüKoZPO/*Gottwald* Rn 11; Musielak/*Lackmann* Rn 1). Die Vollstreckbarkeit ist durch die befugte Stelle des Mitgliedstaates, in dem die Urkunde aufgenommen worden ist, **gem Abs 4 S 2 iVm Anh VI zu bescheinigen** (vgl für Deutschland § 56 S 1 AVAG). 4

C. Verfahren. I. Vollstreckbarerklärung. Auf das Verfahren der Vollstreckbarerklärung finden gem Abs 1 S 1 die **Art 38 ff** Anwendung. Das betrifft sowohl das einseitige Antragsverfahren als auch das Rechtsbehelfsverfahren gem Art 43 ff. Auf das Antragsverfahren kann der Vollstreckungsgläubiger verzichten, wenn er sich nach **Art 25 EuVTVO** die Urkunde als Europäischen Vollstreckungstitel bestätigen lässt, der dann vollstreckbar ist, ohne einer weiteren Vollstreckbarerklärung zu bedürfen. Die **vorzulegenden Urkunden** ergeben sich aus Abs 4, dessen S 1 auf Art 53–56 verweist. Der Antragsteller muss daher eine nach dem Maßstab des Errichtungsstaates beweiskräftige Ausfertigung der Urkunde iSv Art 53 iVm Abs 3 vorlegen; die Vollstreckbarkeit kann durch Vorlage der Bescheinigung nach Abs 4 S 2 iVm Anh VI (Ausstellungsbefugnis hierfür in Deutschland: § 56 S 1 AVAG) nachgewiesen werden. Eine Vollstreckbarerklärung kann in Deutschland auch durch den Notar erfolgen (§ 55 III AVAG). 5

II. Einwendungen des Schuldners. Entsprechend dem Verfahren zur Vollstreckbarerklärung von Entscheidungen werden Versagungsgründe im erstinstanzlichen Antragsverfahren nicht geprüft (vgl Art 41; Gebauer/Wiedmann Rn 251). Auch für das Rechtsbehelfsverfahren werden die Versagungs-/Aufhebungsgründe gem Abs 1 S 2 auf den Einwand des offensichtlichen Ordre-public-Verstoßes (zum Maßstab vgl Art 34 Rz 2 f) reduziert. Insbesondere die internationale Beurkundungszuständigkeit kann also nicht kontrolliert werden (HK-ZPO-*Dörner* Rn 10; Kropholler/v Hein Rn 12). Trotz des missverständlichen Wortlauts werden hierdurch nicht die Einwände ausgeschlossen, dass es sich nicht um eine öffentliche Urkunde handele oder dass diese nicht im Ursprungsstaat vollstreckbar sei oder dass die Bescheinigung nach Abs 4 S 2 iVm Anh VI nicht vorliege (Rauscher/*Staudinger* Rn 17). Demgegenüber sind materiellrechtliche Einwendungen des Schuldners wohl durch Abs 1 S 2 ungeachtet des Wortlauts von § 12 II AVAG ausgeschlossen (HK-ZPO/*Dörner* Rn 12; ThoPu/*Hüßtege* Rn 8; vgl aber Kropholler/v Hein Rn 16 f, welche § 12 II 6

AVAG für einschlägig erachten, sowie differenzierend nach Präklusionswirkung MüKoZPO/*Gottwald* Rn 22). Der Schuldner kann aber die Beseitigung der Vollstreckbarkeit im Ursprungsstaat betreiben oder, wenn Deutschland der Vollstreckungsstaat ist, Vollstreckungsabwehrklage erheben.

Artikel 58 Vergleiche, die vor einem Gericht im Laufe eines Verfahrens geschlossen und in dem Mitgliedstaat, in dem sie errichtet wurden, vollstreckbar sind, werden in dem Vollstreckungsmitgliedstaat unter denselben Bedingungen wie öffentliche Urkunden vollstreckt. Das Gericht oder die sonst befugte Stelle des Mitgliedstaats, in dem ein Prozessvergleich geschlossen worden ist, stellt auf Antrag die Bescheinigung unter Verwendung des Formblatts in Anhang V dieser Verordnung aus.

1 Voraussetzung für das Eingreifen der Norm ist zunächst die Eröffnung des sachlichen Anwendungsbereichs der EuGVO (Gebauer/Wiedmann Rn 255; Rauscher/*Staudinger* Rnrn 1 ff). Erfasst werden Vereinbarungen, die im Laufe eines Verfahrens vor einem mitgliedstaatlichen Gericht (Art 32 Rz 11) getroffen werden (Prozessvergleiche, dazu eingehend Rauscher/*Staudinger* Rnrn 6 ff). Andere Vergleiche können ggf als öffentliche Urkunden nach Art 57 vollstreckbar sein. Auf Prozessvergleiche finden gem S 1 iVm Art 57 I 1 die Art 38 ff für die Vollstreckbarerklärung entsprechende Anwendung. Gemäß S 2 stellt das Erstgericht über den Vergleich eine Bescheinigung nach Anh V aus. Für die Zuständigkeit gilt in Deutschland § 56 AVAG. Die Möglichkeit, einen Gerichtsvergleich nach **Art 24 EuVTVO** als Europäischen Vollstreckungstitel bestätigen zu lassen, schließt ein Vorgehen nach der EuGVO nicht aus (Art 27 EuVTVO).

Kapitel V Allgemeine Vorschriften

Artikel 59 (1) Ist zu entscheiden, ob eine Partei im Hoheitsgebiet des Mitgliedstaats, dessen Gerichte angerufen sind, einen Wohnsitz hat, so wendet das Gericht sein Recht an.
(2) Hat eine Partei keinen Wohnsitz in dem Mitgliedstaat, dessen Gerichte angerufen sind, so wendet das Gericht, wenn es zu entscheiden hat, ob die Partei einen Wohnsitz in einem anderen Mitgliedstaat hat, das Recht dieses Mitgliedstaats an.

1 **A. Normzweck.** Die Vorschrift enthält in ihren beiden Absätzen zwei Kollisionsregeln zur Bestimmung des Wohnsitzes **natürlicher Personen** (für juristische Personen vgl Art 60), dem als Anknüpfungsmoment iRd Verordnung eine zentrale Bedeutung nicht nur bei der Bestimmung der Zuständigkeit (Art 2 ff), sondern auch für die Anerkennung und Vollstreckung (etwa Art 39 II) zukommt. Die EuGVO enthält damit keinen autonomen Wohnsitzbegriff; sie gibt nur vor, nach welchem Recht die Frage hiernach zu beantworten ist.

2 **B. Inländischer Wohnsitz (Abs 1).** Darüber, ob eine Person ihren Wohnsitz aus der Sicht des angerufenen Gerichts im Inland hat, entscheiden nach Abs 1 die prozessualen oder materiellrechtlichen Vorschriften der lex fori unter Ausschluss des Kollisionsrechts. Maßgeblich ist das jeweils bei Klageerhebung bzw Antragstellung (Art 39 II) geltende Recht des Mitgliedstaats. Es greift der Grundsatz der perpetuatio fori (HK-ZPO/*Dörner* Rn 5). Ein deutsches Gericht ist insoweit auf die §§ 7 ff BGB verwiesen.

3 **C. Wohnsitz in anderem Mitgliedstaat (Abs 2).** Abs 2 wird insb dann maßgeblich, wenn der Beklagte nach den soeben beschriebenen Maßgaben keinen inländischen Wohnsitz hat, da es dann für die Eröffnung der Zuständigkeit des angerufenen Gerichts darauf ankommt, ob der Beklagte einen Wohnsitz in einem anderen Mitgliedstaat hat (vgl Art 3 I, 4, beachte aber Art 9 II, 15 II). Auf die Frage, ob ein Wohnsitz in einem (bzw mehreren) anderen Mitgliedstaat(en) gegeben ist, hat das angerufene Gericht das (jeweilige) Recht dieses Staates anzuwenden. Erfasst wird insoweit ebenfalls nur das Sachrecht, also nicht das Kollisionsrecht des Mitgliedstaats (Rauscher/*Staudinger* Rn 2).

4 **D. Kompetenzkonflikte.** Sind nach den Vorgaben aus Art 59 mehrere Wohnsitze gegeben, hat der Kl ein Wahlrecht, was ihm die Möglichkeit des forum shopping eröffnet (Kropholler/v Hein Rn 6). Zur Lösung sog **positiver Kompetenzkonflikte** (mehrere Gerichte erachten sich als zuständig) stehen die Art 27–30 bereit. Umstritten ist die Behandlung eines **negativen Kompetenzkonfliktes** dergestalt, dass Gerichte aus verschiedenen Mitgliedstaaten einen Wohnsitz nicht in ihrem eigenen, wohl aber im jeweils anderen Staat annehmen. Teilweise wird hierfür der positive Kompetenzkonflikte heraufbeschwörende Vorschlag der Annahme einer Rückverweisung gemacht (Schlosser Rn 3), teils ein Rückgriff auf den gewöhnlichen Auf-

enthalt vorgeschlagen (Kropholler/v Hein Rn 9; ThoPu/*Hüßtege* Rn 3), teils eine Notzuständigkeit angenommen (Schack Rn 248).

E. Minderjährige. Der Begründung eines eigenständigen Wohnsitzes kann die Minderjährigkeit einer Person entgegenstehen, womit die Frage eines **abhängigen Wohnsitzes** aufgeworfen ist. Ob Minderjährigkeit vorliegt, richtet sich nach dem durch das Kollisionsrecht der lex fori (in Deutschland Art 7 I EGBGB) berufenen Recht (Gebauer/Wiedmann Rn 260). Besteht danach Minderjährigkeit, folgt die diesbezügliche Wohnsitzprüfung wiederum unter der Maßgabe des nach Abs 1 und Abs 2 anwendbaren Rechts (MüKoZPO/*Gottwald* Rn 11). Für die Frage eines inländischen Wohnsitzes (Abs 1) des Minderjährigen sind also aus der Sicht eines deutschen Gerichts die §§ 8, 11 BGB maßgeblich. 5

Artikel 60 **(1) Gesellschaften und juristische Personen haben für die Anwendung dieser Verordnung ihren Wohnsitz an dem Ort, an dem sich**
a) ihr satzungsmäßiger Sitz,
b) ihre Hauptverwaltung oder
c) ihre Hauptniederlassung
befindet.
(2) Im Falle des Vereinigten Königreichs und Irlands ist unter dem Ausdruck »satzungsmäßiger Sitz« das registered office oder, wenn ein solches nirgendwo besteht, der place of incorporation (Ort der Erlangung der Rechtsfähigkeit) oder, wenn ein solcher nirgendwo besteht, der Ort, nach dessen Recht die formation (Gründung) erfolgt ist, zu verstehen.
(3) Um zu bestimmen, ob ein trust seinen Sitz in dem Vertragsstaat hat, bei dessen Gerichten die Klage anhängig ist, wendet das Gericht sein Internationales Privatrecht an.

A. Wohnsitz juristischer Personen (Abs 1). I. Begriff der Gesellschaften und juristischen Personen. Für jede verklagbare (passiv parteifähige) Personenvereinigung (vgl auch § 50 II ZPO) oder Vermögensmasse muss im Anwendungsbereich der EuGVO ein Gerichtsstand eröffnet sein. Das daher weit zu verstehende Begriffspaar erfasst insb die BGB-Gesellschaft (Rauscher/*Staudinger* Rn 3). Abs 1 regelt allerdings nicht die **Rechts- bzw Parteifähigkeit.** Hierfür ist das Recht des angerufenen Gerichts einschließlich dessen Kollisionsrechts maßgeblich. Die insoweit diskutierte Überlagerung des nationalen Kollisionsrechts durch die Wertungen der Niederlassungsfreiheit im Falle der europäisch-grenzüberschreitenden Sitzverlegung (»europarechtliche« Gründungs- statt Sitztheorie; näher dazu etwa MüKoZPO/*Gottwald* Rn 6; Rauscher/*Staudinger* Rn 4) könnte sich für das deutsche internationale Gesellschaftsrecht künftig mit einer vollständigen Hinwendung zur Gründungstheorie erledigen (vgl Art 10 EGBGB-Referentenentwurf 2008). 1

II. Wohnsitz. Der Wohnsitz von Gesellschaften und juristischen Personen wird im Gegensatz zur kollisionsrechtlichen Lösung des Art 59 für natürliche Personen autonom durch die EuGVO bestimmt. Die in Abs 1 a–c aufgeführten und an Art 54 AEU (ex-Art 48 I EG) angelehnten **Anknüpfungspunkte sind alternativ** zu verstehen; sie eröffnen dem Kl also ggf die Wahl unter mehreren Wohnsitzgerichtsständen. Daraus folgende positive Kompetenzkonflikte werden durch die Art 27–30 bewältigt. Der **satzungsmäßige Sitz** folgt aus dem Gesellschaftsvertrag. Mit dem Begriff der **Hauptverwaltung** ist der effektive Verwaltungssitz gemeint. Dieser ist dort zu sehen, wo die grundlegenden unternehmerischen Entscheidungen durch das Leitungsorgan getroffen werden, also idR am Sitz der Organe (BAG NZA-RR 10, 604, 606). Die **Hauptniederlassung** bezeichnet den tatsächlichen Geschäftsschwerpunkt (BAG NZA-RR 10, 604, 606). Maßgeblicher **Zeitpunkt** für die Feststellung des Wohnsitzes ist derjenige der Klageerhebung bzw der Antragstellung (Art 39 II). Nicht mit dem Wohnsitz iSv Art 60 zu verwechseln ist schließlich der **Sitz der Gesellschaft iSv Art 22 Nr 2**, der sich nach dem Internationalen Privatrecht des Forums bemisst. 2

B. Sonderregeln (Abs 2, 3). Die Sonderregel für Irland und das Vereinigte Königreich in Abs 2 beruht darauf, dass dort die kontinentalen Rechtsvorstellungen entsprechende Figur des Sitzes nicht geläufig ist (eingehend hierzu etwa Kropholler/v Hein Rn 3; Rauscher/*Staudinger* Rn 6). Der **trust** stellt eine im common law entwickelte Figur einer nicht rechtsfähigen Vermögensmasse dar. Die Sonderregel hierfür in Abs 3 ist daher nur für Art 5 Nr 6 relevant. Maßgeblich ist das Kollisionsrecht des angerufenen Gerichts (näher dazu Kropholler/v Hein Rn 4-7; Rauscher/*Staudinger* Rn 7). 3

Artikel 61 Unbeschadet günstigerer innerstaatlicher Vorschriften können Personen, die ihren Wohnsitz im Hoheitsgebiet eines Mitgliedstaats haben und die vor den Strafgerichten eines anderen Mitgliedstaats, dessen Staatsangehörigkeit sie nicht besitzen, wegen einer fahrlässig begangenen Straftat verfolgt werden, sich von hierzu befugten Personen vertreten lassen, selbst wenn sie persönlich nicht erscheinen. Das Gericht kann jedoch das persönliche Erscheinen anordnen; wird diese Anordnung nicht befolgt, so braucht die Entscheidung, die über den Anspruch aus einem Rechtsverhältnis des Zivilrechts ergangen ist, ohne dass sich der Angeklagte verteidigen konnte, in den anderen Mitgliedstaaten weder anerkannt noch vollstreckt zu werden.

1 Die Vorschrift ist im Zusammenhang mit der besonderen Zuständigkeitsvorschrift des Art 5 Nr 4 für Adhäsionsklagen zu betrachten. Satz 1 schützt das **Recht, sich ohne persönliches Erscheinen verteidigen zu lassen**, sofern es sich um ein Strafverfahren über eine fahrlässige Straftat in einem anderen Mitgliedsstaat als dem Wohnsitzmitgliedstaat des Angeklagten handelt, in welchem auch die zivilrechtliche Haftung des Angeklagten Gegenstand ist. Die Beschränkung auf fahrlässige Taten wird verbreitet rechtspolitisch kritisiert (vgl nur BGH EuZW 99, 26, 28).

2 Auch soweit das Gericht nach S 2 Hs 1 das persönliche Erscheinen anordnen kann, muss das Urt bei Nichtbefolgung dieser Anordnung und daraus resultierender fehlender Verteidigungsmöglichkeit **in anderen Mitgliedstaaten weder anerkannt noch vollstreckt** werden (Hs 2). Dass die EuGVO dies nicht verlangt, heißt jedoch nicht zwingend, dass andere Mitgliedstaaten durch die Verordnung an der Anerkennung und Vollstreckung gehindert würden. Verbreitet wird daher angenommen, dass mangels Ausfüllung dieses Spielraums durch den nationalen Gesetzgeber aus der Verordnung ein Ermessen des Gerichts des Zweitstaates bestehe (Kropholler/v Hein Rn 3; Rauscher/*Staudinger* Rn 2; Schlosser Rn 1; aA Geimer/Schütze/*Geimer* Rn 10). Zwar knüpft S 2 an ein Adhäsionsverfahren iSd S 1 an und erfasst damit ebenfalls nur fahrlässige Taten. Daraus kann aber kein Umkehrschluss gezogen werden, dass Art 61 für ein Urt im Adhäsionsverfahren bzgl vorsätzlicher Taten eine Ordre-public-Kontrolle nach Art 34 Nr 1 ausschlösse (EuGH 28.3.00 – Rs C-7/98 – Krombach, NJW 00, 1853; HK-ZPO/*Dörner* Rn 3).

Artikel 62 Bei den summarischen Verfahren betalningsföreläggande (Mahnverfahren) und handräckning (Beistandsverfahren) in Schweden umfasst der Begriff »Gericht« auch die schwedische kronofogdemyndighet (Amt für Beitreibung).

1 Im Verhältnis zu Dänemark wird die Norm durch Art 2 II c des Abkommens v 19.10.05, ABlEG Nr L 299/62, welches Dänemark am 18.1.07 notifiziert hat, mit Wirkung v 1.7.07 wie folgt ergänzt:

»(2) In Unterhaltssachen umfasst der Begriff ‚Gericht' auch die dänischen Verwaltungsbehörden.«

Artikel 63 (1) Eine Person, die ihren Wohnsitz im Hoheitsgebiet Luxemburgs hat und vor dem Gericht eines anderen Mitgliedstaats aufgrund des Artikels 5 Nummer 1 verklagt wird, hat die Möglichkeit, die Unzuständigkeit dieses Gerichts geltend zu machen, wenn sich der Bestimmungsort für die Lieferung beweglicher Sachen oder die Erbringung von Dienstleistungen in Luxemburg befindet.
(2) Befindet sich der Bestimmungsort für die Lieferung beweglicher Sachen oder die Erbringung von Dienstleistungen nach Absatz 1 in Luxemburg, so ist eine Gerichtsstandsvereinbarung nur rechtswirksam, wenn sie schriftlich oder mündlich mit schriftlicher Bestätigung im Sinne von Artikel 23 Absatz 1 Buchstabe a) angenommen wurde.
(3) Der vorliegende Artikel ist nicht anwendbar auf Verträge über Finanzdienstleistungen.
(4) Dieser Artikel gilt für die Dauer von sechs Jahren ab Inkrafttreten dieser Verordnung.

1 Gemäß seinem Abs 4 ist Art 63 sechs Jahre nach Inkrafttreten der EuGVO (am 1.3.02, vgl Art 76) außer Kraft getreten.

Artikel 64 (1) Bei Streitigkeiten zwischen dem Kapitän und einem Mitglied der Mannschaft eines in Griechenland oder in Portugal eingetragenen Seeschiffs über die Heuer oder sonstige Bedingungen des Dienstverhältnisses haben die Gerichte eines Mitgliedstaats zu überprüfen, ob der für das Schiff

zuständige diplomatische oder konsularische Vertreter von der Streitigkeit unterrichtet worden ist. Sie können entscheiden, sobald dieser Vertreter unterrichtet ist.
(2) Dieser Artikel gilt für die Dauer von sechs Jahren ab Inkrafttreten dieser Verordnung.

Gemäß seinem Abs 2 ist Art 64 sechs Jahre nach Inkrafttreten der EuGVO (am 1.3.02, vgl Art 76) außer Kraft getreten. 1

Artikel 65 **(1) Die in Artikel 6 Nummer 2 und Artikel 11 für eine Gewährleistungs- oder Interventionsklage vorgesehene Zuständigkeit kann in Deutschland, Österreich und Ungarn nicht geltend gemacht werden. Jede Person, die ihren Wohnsitz in einem anderen Mitgliedstaat hat, kann vor Gericht geladen werden**
a) in Deutschland nach den §§ 68 und 72 bis 74 der Zivilprozessordnung, die für die Streitverkündung gelten,
b) in Österreich nach § 21 der Zivilprozessordnung, der für die Streitverkündung gilt,
c) in Ungarn nach den §§ 58 bis 60 der Zivilprozessordnung (Polgári perrendtartás), die für die Streitverkündung gelten.
(2) Entscheidungen, die in den anderen Mitgliedstaaten aufgrund des Artikels 6 Nummer 2 und des Artikels 11 ergangen sind, werden in Deutschland, Österreich und Ungarn nach Kapitel III anerkannt und vollstreckt. Die Wirkungen, welche die in diesen Staaten ergangenen Entscheidungen nach Absatz 1 gegenüber Dritten haben, werden auch in den anderen Mitgliedstaaten anerkannt.

Vgl zunächst die Kommentierungen zu Art 6 Nr 2 und Art 11, welche durch Art 65 modifiziert werden. 1
Anstelle der Interventionsklage kennen Deutschland, Österreich und Ungarn die Figur der Streitverkündung. Insbesondere auf Art 6 Nr 2 gestützte Entscheidungen aus anderen Mitgliedstaaten sind in Deutschland und Österreich anzuerkennen, wie umgekehrt die Nebeninterventionswirkung (§ 74 III, 68 ZPO) in anderen Mitgliedstaaten anzuerkennen ist; mangels titelschaffender Wirkung der Streitverkündung konstatiert *Geimer* (IPRax 02, 69, 74; Zö/*Geimer* Rn 2) einen Verstoß gegen das Diskriminierungsverbot des ex-Art 12 EG (Art 18 AEU).

Kapitel VI Übergangsvorschriften

Artikel 66 **(1) Die Vorschriften dieser Verordnung sind nur auf solche Klagen und öffentliche Urkunden anzuwenden, die erhoben bzw aufgenommen worden sind, nachdem diese Verordnung in Kraft getreten ist.**
(2) Ist die Klage im Ursprungsmitgliedstaat vor dem Inkrafttreten dieser Verordnung erhoben worden, so werden nach diesem Zeitpunkt erlassene Entscheidungen nach Maßgabe des Kapitels III anerkannt und zur Vollstreckung zugelassen,
a) wenn die Klage im Ursprungsmitgliedstaat erhoben wurde, nachdem das Brüsseler Übereinkommen oder das Übereinkommen von Lugano sowohl im Ursprungsmitgliedstaat als auch in dem Mitgliedstaat, in dem die Entscheidung geltend gemacht wird, in Kraft getreten war;
b) in allen anderen Fällen, wenn das Gericht aufgrund von Vorschriften zuständig war, die mit den Zuständigkeitsvorschriften des Kapitels II oder eines Abkommens übereinstimmen, das im Zeitpunkt der Klageerhebung zwischen dem Ursprungsmitgliedstaat und dem Mitgliedstaat, in dem die Entscheidung geltend gemacht wird, in Kraft war.

A. Normgegenstand. Art 66 regelt den intertemporalen Anwendungsbereich der EuGVO. Dabei wird maßgeblich unterschieden zwischen dem Erlass der Erstentscheidung, der insb die Vorschriften über die Zuständigkeit betrifft, und der Anerkennung und Vollstreckung. Im Verhältnis zu **Dänemark** sieht Art 2 II f des Abkommens v 19.10.05 (ABlEG Nr L 299/62), welches Dänemark am 18.1.07 notifiziert hat, vor, dass dessen Übergangsbestimmungen anstelle des Art 66 gelten. 1

B. Klageerhebung nach Inkrafttreten (Abs 1). Abs 1 bestimmt, dass die EuGVO nur auf solche Klagen bzw öffentliche Urkunden Anwendung findet, die nach deren Inkrafttreten erhoben bzw aufgenommen worden sind (hierzu etwa BGH NJW 09, 148). Der somit maßgebliche **Zeitpunkt der Klageerhebung** kann 2 aufgrund der systematischen Stellung dieser Norm nicht nach Art 30 bemessen werden. Teils wird eine analoge Heranziehung verfochten (Kropholler/v Hein Rn 2), teils auf das Prozessrecht des angerufenen Gerichts (in Deutschland also auf §§ 253, 261 ZPO) verwiesen (so ThoPu/*Hüßtege* Rn 2; Rauscher/*Staudinger* Rn 2). Zu den **Zeitpunkten des Inkrafttretens der EuGVO** in den Mitgliedstaaten vgl Art 76 Rz 1. Die Klage muss also nach dem danach jeweils maßgeblichen Zeitpunkt erhoben sein; bei Klageerhebung mangelnde **internationale Zuständigkeit** kann also nicht durch Inkrafttreten der EuGVO während des Verfahrens geheilt werden (Gebauer/Wiedmann Rn 275; Rauscher/*Staudinger* Rn 3). Der Zeitpunkt der Klageerhebung ist auch für die Beurteilung von Gerichtsstandsvereinbarungen entscheidend (näher Rauscher/*Staudinger* Rn 7 f). Bei Urkunden (Art 57) und Prozessvergleichen (Art 58) muss der Aufnahmezeitpunkt nach Inkrafttreten der EuGVO liegen. Schlussendlich unterliegt nicht nur die Frage der internationalen Zuständigkeit, sondern auch diejenige der **Anerkennung und Vollstreckung** von Entscheidungen aus anderen Mitgliedstaaten jedenfalls insoweit der EuGVO, als diese aufgrund einer nach deren Inkrafttreten erhobenen Klage ergangen sind. Dabei ist dem Wortlaut der Norm nicht eindeutig zu entnehmen, ob insoweit das Inkraftsein bei Klageerhebung nur im Urteilsstaat ausreicht oder ob dieses kumulativ auch im Anerkennungs- bzw Vollstreckungsstaat erforderlich ist (Letzteres annehmend *Becker/Müller* IPRax 06, 432, 436; Kropholler/v Hein Rn 2a).

3 **C. Klageerhebung vor Inkrafttreten (Abs 2).** Abs 2 erweitert nun für die **Anerkennung und Vollstreckung** unter bestimmten Voraussetzungen den intertemporalen Anwendungsbereich der EuGVO auf Fälle, in denen zwar **vor Inkrafttreten der EuGVO** (Art 76 Rz 1) **Klage erhoben** (Rz 2) worden, aber die **Entscheidung nach deren Inkrafttreten ergangen** ist. Wann die Entscheidung nach außen wirksam erlassen worden ist, bemisst sich nach dem Recht des Urteilsstaates (Kropholler/v Hein Rn 4; in Deutschland: §§ 310, 329 ZPO). Alternativ ist in diesen Fällen für die Anwendung der EuGVO ausreichend, wenn **a)** zum Zeitpunkt der Klageerhebung (Rz 2) das EuGVÜ oder das LugÜ sowohl im Urteils- als auch im Vollstreckungsstaat in Kraft war oder **b)** das Gericht aufgrund von Vorschriften zuständig war, die mit den Zuständigkeitsvorschriften des Kapitels II der EuGVO oder eines Abkommens übereinstimmen, das im Zeitpunkt der Klageerhebung zwischen dem Ursprungsmitgliedstaat und dem Mitgliedstaat, in dem die Entscheidung geltend gemacht wird, in Kraft war. Insoweit ergibt sich für das Gericht des Zweitstaates eine Prüfungskompetenz für die Zuständigkeit des Erstgerichts in Abweichung vom Grundsatz des Art 35 III (Kropholler/v Hein Rn 6). Hinsichtlich der Problematik unterschiedlicher Zeitpunkte des Inkrafttretens wird tw für Abs 2 b) gefordert, dass die EuGVO vor Erlass der Entscheidung kumulativ in Urteils- und Anerkennungs- bzw Vollstreckungsstaat in Kraft war (*Becker/Müller* IPRax 06, 432, 436 f).

4 **D. Parallelverfahren.** Für den Fall, dass von denselben Gegenstand betreffenden Klagen in verschiedenen Mitgliedstaaten die erste Klage vor und die zweite nach Inkrafttreten der EuGVO erhoben worden ist, wird Art 66 die Wertung entnommen, dass das später angerufene Gericht nach Art 27 II zu verfahren hat, sofern das zuerst angegangene Gericht sich auf eine Zuständigkeit iSv Abs 2 a) stützen kann (ThoPu/*Hüßtege* Rn 3; noch zum EuGVÜ EuGH 9.10.97 – C-163/95 – Freifrau von Horn, IPRax 99, 100 mit Anm *Rauscher* [80]).

Kapitel VII Verhältnis zu anderen Rechtsinstrumenten

Artikel 67 Diese Verordnung berührt nicht die Anwendung der Bestimmungen, die für besondere Rechtsgebiete die gerichtliche Zuständigkeit oder die Anerkennung und Vollstreckung von Entscheidungen regeln und in gemeinschaftlichen Rechtsakten oder in dem in Ausführung dieser Akte harmonisierten einzelstaatlichen Recht enthalten sind.

1 Die Norm spricht das Verhältnis der EuGVO zu Verordnungen und Richtlinien bzw zum nationalen Richtlinienumsetzungsrecht an, soweit hierdurch für besondere Rechtsgebiete im Anwendungsbereich der Verordnung die Zuständigkeit sowie die Anerkennung und Vollstreckung von Entscheidungen geregelt wird: Den besonderen Rechtsakten wird Vorrang eingeräumt. Dies entspricht dem Gedanken der Spezialität. Entsprechende Vorgaben enthalten bspw die EGMarkenVO (VO Nr 40/94), die Entsende-RL (RL 96/71), die **EuVTVO**, die **EuMVVO** und die **EuBagatellVO**.

Artikel 68 **(1) Diese Verordnung tritt im Verhältnis zwischen den Mitgliedstaaten an die Stelle des Brüsseler Übereinkommens, außer hinsichtlich der Hoheitsgebiete der Mitgliedstaaten, die in den territorialen Anwendungsbereich dieses Übereinkommens fallen und aufgrund der Anwendung von Artikel 299 des Vertrags zur Gründung der Europäischen Gemeinschaft von der vorliegenden Verordnung ausgeschlossen sind.**
(2) Soweit diese Verordnung die Bestimmungen des Brüsseler Übereinkommens zwischen den Mitgliedstaaten ersetzt, gelten Verweise auf dieses Übereinkommen als Verweise auf die vorliegende Verordnung.

Soweit keine territoriale Ausnahme nach Art 355 AEU (ex-Art. 299) einschlägig ist, ersetzt die EuGVO mit ihrem Inkrafttreten am 1.3.02 (Art 76 Rz 1) im Verhältnis der Mitgliedstaaten untereinander das EuGVÜ. Zu diesen zählt Dänemark zwar gem Art 1 III nicht; zu dieser Norm gilt aber seit dem 1.7.07 ein Abkommen mit Dänemark (Abkommen v 19.10.05, ABlEG Nr L 299/62, welches Dänemark am 18.1.07 notifiziert hat). Verweisungen in anderen Rechtsakten auf das EuGVÜ sind kraft der Anordnung in Abs 2 als Verweise auf die EuGVO zu verstehen. Auch soweit die Kompetenz des Verordnungsgebers an Grenzen stößt (insb mit Blick auf Verweisungen im Recht von Drittstaaten und in Übereinkommen), dürfte es regelmäßig dem Sinn der jeweiligen Verweisung entsprechen, diese als dynamische zu begreifen (Schlosser Rn 2), soweit die Rechtsordnung der verweisenden Norm eine solche zulässt. 1

Artikel 69 **Diese Verordnung ersetzt unbeschadet des Artikels 66 Absatz 2 und des Artikels 70 im Verhältnis zwischen den Mitgliedstaaten die nachstehenden Abkommen und Verträge:**
[...]
— das am 9. März 1936 in Rom unterzeichnete deutsch-italienische Abkommen über die Anerkennung und Vollsteckung gerichtlicher Entscheidungen in Zivil- und Handelssachen;
[...]
— das am 30. Juni 1958 in Bonn unterzeichnete deutsch-belgische Abkommen über die gegenseitige Anerkennung und Vollstreckung von gerichtlichen Entscheidungen, Schiedssprüchen und öffentlichen Urkunden in Zivil- und Handelssachen;
[...]
— den am 6. Juni 1959 in Wien unterzeichneten deutsch-österreichischen Vertrag über die gegenseitige Anerkennung und Vollstreckung von gerichtlichen Entscheidungen, Vergleichen und öffentlichen Urkunden in Zivil- und Handelssachen;
[...]
— das am 14. Juli 1960 in Bonn unterzeichnete deutsch-britische Abkommen über die gegenseitige Anerkennung und Vollstreckung von gerichtlichen Entscheidungen in Zivil- und Handelssachen;
[...]
— den am 30. August 1962 in Den Haag unterzeichneten deutsch-niederländischen Vertrag über gegenseitige Anerkennung und Vollstreckung gerichtlicher Entscheidungen und anderer Schuldtitel in Zivil- und Handelssachen;
[...]
— den am 14. November 1983 in Bonn unterzeichneten deutsch-spanischen Vertrag über die Anerkennung und Vollstreckung von gerichtlichen Entscheidungen und Vergleichen sowie vollstreckbaren öffentlichen Urkunden in Zivil- und Handelssachen;
[...]

(vom Abdruck der Deutschland nicht betreffenden völkerrechtlichen Verträge wurde abgesehen) 1

Die aufgeführten Staatsverträge werden nur iRd Reichweite der EuGVO durch diese ersetzt. Sie gelten also zunächst gem Art 70 I jenseits des sachlichen Anwendungsbereichs der EuGVO (Art 1) fort. Innerhalb der sachlichen Reichweite der EuGVO bemisst sich die Fortgeltung nach deren intertemporalen Vorgaben. Fortgeltung ist daher anzunehmen für Entscheidungen und öffentliche Urkunden, die vor Inkrafttreten der EuGVO (Art 76) ergangen oder aufgenommen worden sind (Art 70 II, 66). Für Entscheidungen, die zwar nach dem Inkrafttreten der Verordnung ergangen oder aufgenommen worden sind, dies jedoch infolge einer Klage, die vor diesem Zeitpunkt erhoben worden war, ist schließlich Fortgeltung für die Beurteilung der Zuständigkeit angeordnet (Art 69, 66 II b; MüKoZPO/*Gottwald* Rn 2). Mit Blick auf die zeitliche Fort- 2 geltung ist freilich stets zu beachten, dass die völkerrechtlichen Verträge iRd sachlichen Anwendungsbereichs von EuGVÜ und EuGVO vielfach bereits durch das EuGVÜ intertemporal verdrängt worden sein dürften (Rauscher/*Mankowski* Rn 3).

Artikel 70 **(1) Die in Artikel 69 angeführten Abkommen und Verträge behalten ihre Wirksamkeit für die Rechtsgebiete, auf die diese Verordnung nicht anzuwenden ist.**
(2) Sie bleiben auch weiterhin für die Entscheidungen und die öffentlichen Urkunden wirksam, die vor Inkrafttreten dieser Verordnung ergangen oder aufgenommen sind.

1 Abs 1 konkretisiert die sachlichen Grenzen der Anordnung des Art 69, wonach die dort aufgeführten völkerrechtlichen Verträge durch die EuGVO ersetzt werden. Dies gilt nicht für Rechtsgebiete, die nicht in den sachlichen Anwendungsbereich der EuGVO (Art 1) fallen. Insbesondere soweit ein von Art 69 genanntes Abkommen auch durch Art 1 II Nr 2 a) ausgenommene familien- und erbrechtliche Fragen erfasst, behält dieses also auch im Verhältnis der Mitgliedstaaten untereinander Geltung. Abs 2 erhält den völkerrechtlichen Verträgen ihre Maßgeblichkeit für Entscheidungen und öffentliche Urkunden, die vor Inkrafttreten der EuGVO (Art 76) ergangen oder aufgenommen worden sind (vgl zudem Art 66 II b). Allerdings dürften die völkerrechtlichen Verträge iRd sachlichen Anwendungsbereichs von EuGVÜ und EuGVO vielfach bereits durch das EuGVÜ intertemporal verdrängt worden sein (Gebauer/Wiedmann Rn 285). Im Verhältnis zu Dänemark gilt für Art 70 II gem Art 2 II f des Abkommens mit Dänemark v 19.10.05 (ABlEG Nr L 299/62), welches Dänemark am 18.1.07 notifiziert hat, der Tag des Inkrafttretens dieses Abkommens.

Artikel 71 **(1) Diese Verordnung lässt Übereinkommen unberührt, denen die Mitgliedstaaten angehören und die für besondere Rechtsgebiete die gerichtliche Zuständigkeit, die Anerkennung oder die Vollstreckung von Entscheidungen regeln.**
(2) Um eine einheitliche Auslegung des Absatzes 1 zu sichern, wird dieser Absatz in folgender Weise angewandt:
a) Diese Verordnung schließt nicht aus, dass ein Gericht eines Mitgliedstaats, der Vertragspartei eines Übereinkommens über ein besonderes Rechtsgebiet ist, seine Zuständigkeit auf ein solches Übereinkommen stützt, und zwar auch dann, wenn der Beklagte seinen Wohnsitz im Hoheitsgebiet eines Mitgliedstaats hat, der nicht Vertragspartei eines solchen Übereinkommens ist. In jedem Fall wendet dieses Gericht Artikel 26 dieser Verordnung an.
b) Entscheidungen, die in einem Mitgliedstaat von einem Gericht erlassen worden sind, das seine Zuständigkeit auf ein Übereinkommen über ein besonderes Rechtsgebiet gestützt hat, werden in den anderen Mitgliedstaaten nach dieser Verordnung anerkannt und vollstreckt.
Sind der Ursprungsmitgliedstaat und der ersuchte Mitgliedstaat Vertragsparteien eines Übereinkommens über ein besonderes Rechtsgebiet, welches die Voraussetzungen für die Anerkennung und Vollstreckung von Entscheidungen regelt, so gelten diese Voraussetzungen. In jedem Fall können die Bestimmungen dieser Verordnung über das Verfahren zur Anerkennung und Vollstreckung von Entscheidungen angewandt werden.

1 **A. Normgegenstand.** Die Vorschrift regelt das Verhältnis der EuGVO zu Übereinkommen für besondere Rechtsgebiete. Abs 1 räumt als Rangkollisionsnorm (Rauscher/*Mankowski* Rn 1) denjenigen spezielleren multilateralen völkerrechtlichen Verträgen den Vorrang ein, die noch unter Geltung des EuGVÜ abgeschlossen worden sind, und verbaut den Mitgliedstaaten (vgl die Kommentierungen zu Art 1 III; 76) die eigenständige Gestaltung der von der EuGVO erfassten Gegenstände für die Zukunft (Gebauer/Wiedmann Rn 286). Inzwischen will der EuGH (4.5.10 – C-533/08 –TNT Express Nederland/AXA, NJW 10, 1736, zu Art 31 II, III CMR) Spezialvorschriften über Zuständigkeit, Anerkennung und Vollstreckung nur noch insoweit Vorrang einräumen, als diese »in hohem Maße vorhersehbar sind, eine geordnete Rechtspflege fördern, es erlauben, die Gefahr von Parallelverfahren so weit wie möglich zu vermeiden, und den freien Verkehr der Entscheidungen in Zivil- und Handelssachen sowie das gegenseitigen Vertrauen in die Justiz iRd Union (favor executionis) unter mindestens ebenso günstigen Bedingungen gewährleisten, wie sie in der genannten Verordnung vorgesehen sind«. Abs 2 soll als authentische Interpretation Abs 1 konkretisieren.

2 **B. Übereinkommen für besondere Rechtsgebiete (Abs 1).** Übersichten finden sich etwa bei MüKoZPO/*Gottwald* Rn 2; Kropholler/v Hein Rn 3 ff; Rauscher/*Mankowski* Rn 6 f. Zu den spezielleren Übereinkom-

men, die »unberührt« bleiben, zählen bspw das Genfer Übereinkommen über den Beförderungsvertrag im internationalen Straßenverkehr v 19.5.56 (CMR, BGBl 1961 II 1119) idF des Protokolls v 5.7.78 zur CMR (BGBl 1980 II 721, 733) und das Haager Übereinkommen v 15.4.58 über die Anerkennung und Vollstreckung von Entscheidungen auf dem Gebiet der Unterhaltspflicht ggü Kindern (BGBl 63 II 1005).

C. Authentische Auslegung (Abs 2). I. Zuständigkeit (lit a). Lit a S 1 stellt klar, dass die Zuständigkeit 3
auch dann auf ein Spezialübereinkommen gestützt werden kann, wenn der Beklagte seinen Wohnsitz (Art 59) in einem Mitgliedsstaat hat, der nicht Vertragsstaat des Übereinkommens ist. Nicht ganz unproblematisch ist der Verweis in Abs 2 lit a S 2. Die Vorgängervorschrift des Art 57 II lit a S 2 EuGVÜ hat insb das OLG Dresden dahin verstanden, dass die gem Art 31 CMR begründete Zuständigkeit eben keine Zuständigkeit iSd EuGVÜ sei, der Beklagte diese also durch bloßes Nichteinlassen aushebeln könne, so dass sich das angerufene Gericht nach Art 20 I EuGVÜ (Art 26 EuGVO) für unzuständig zu erklären habe (Dresd IPRax 00, 121 mit abl Anm *Haubold* [91]). Der EuGH hat dieses absurde Ergebnis durch die Annahme einer Inkorporationswirkung des Art 57 II lit a EuGVÜ vermieden, wonach sich eine nach dieser Norm »unberührte« Zuständigkeit aufgrund eines Übereinkommens für die Zwecke des Art 20 I EuGVÜ (Art 26 EuGVO) als eine »nach dem EuGVÜ begründete« darstellt (EuGH 28.10.04 – C-148/03 – Nürnberger Allgemeine Versicherungs AG, Rn 17, NJW 05, 44; zum Verhältnis von Art 31 CMR und Art 71 ferner EuGH 4.5.10 – C-533/08 –TNT Express Nederland/AXA, NJW 10, 1736). Das Inkorporationsmodell ist zwar konstruktiv nicht frei von Zweifeln (*Schinkels* IPRax 03, 517, 518 f), führt aber jedenfalls zum richtigen Ergebnis.

II. Anerkennung und Vollstreckung (lit b). Lit b S 1 stellt klar, dass eine in einem Mitgliedstaat unter 4
Inanspruchnahme der Zuständigkeit aus einem Übereinkommen iSv Abs 1 ergangene Entscheidung (Art 32) in den anderen Mitgliedstaaten anerkannt und vollstreckt wird. Maßgeblich ist dabei das Regime der Art 33 ff, 38 ff EuGVO, wenn das Abkommen selbst keine Regeln zu Anerkennung und Vollstreckung enthält; anderenfalls genießen letztere gem S 2 Vorrang.

Artikel 72 Diese Verordnung lässt Vereinbarungen unberührt, durch die sich die Mitgliedstaaten vor Inkrafttreten dieser Verordnung nach Artikel 59 des Brüsseler Übereinkommens verpflichtet haben, Entscheidungen der Gerichte eines anderen Vertragsstaats des genannten Übereinkommens gegen Beklagte, die ihren Wohnsitz oder gewöhnlichen Aufenthalt im Hoheitsgebiet eines dritten Staates haben, nicht anzuerkennen, wenn die Entscheidungen in den Fällen des Artikels 4 des genannten Übereinkommens nur in einem der in Artikel 3 Absatz 2 des genannten Übereinkommens angeführten Gerichtsstände ergehen können.

Erfasst wird die Anerkennung von Entscheidungen, die gegen Personen ergehen, welche ihren Wohnsitz 1
außerhalb der Mitgliedstaaten iSd EuGVO (Kommentierungen zu Art 1 III und zu Art 76) haben und die gem Art 4 auch in den exorbitanten Gerichtsständen des Art 3 II verklagt werden können. Insoweit bleiben bereits vor Inkrafttreten der EuGVO geschlossene völkerrechtliche Verträge unberührt, welche die Anerkennung von Entscheidungen unter Inanspruchnahme solcher Zuständigkeiten ausschließen. Im Verhältnis zu **Dänemark** gilt gem Art 2 II f des Abkommens mit Dänemark v 19.10.05 (ABlEG Nr L 299/62), welches Dänemark am 18.1.07 notifiziert hat, der Tag des Inkrafttretens dieses Abkommens (1.7.07).

Kapitel VIII Schlussvorschriften

Artikel 73 Die Kommission legt dem Europäischen Parlament, dem Rat und dem Wirtschafts- und Sozialausschuss spätestens fünf Jahre nach Inkrafttreten dieser Verordnung einen Bericht über deren Anwendung vor. Diesem Bericht sind gegebenenfalls Vorschläge zur Anpassung der Verordnung beizufügen.

Vgl hierzu die im Auftrag der Kommission erstellte »Study JLS/C4/2005/03 – Report on the Application of 1
Regulation Brussels I in the Member States« von *Hess*, *Pfeiffer* und *Schlosser* und den Bericht der Kommission KOM (2009), 174 endg.

Artikel 74 **(1) Die Mitgliedstaaten notifizieren der Kommission die Texte, durch welche die Listen in den Anhängen I bis IV geändert werden. Die Kommission passt die betreffenden Anhänge entsprechend an.**
(2) Aktualisierungen oder technische Anpassungen der in den Anhängen V und VI wiedergegebenen Formblätter werden von der Kommission beschlossen. Diese Maßnahmen zur Änderung nicht wesentlicher Bestimmungen dieser Verordnung werden nach dem in Artikel 75 Absatz 2 genannten Regelungsverfahren mit Kontrolle erlassen.

Artikel 75 **(1) Die Kommission wird von einem Ausschuss unterstützt.**
(2) Wird auf diesen Absatz Bezug genommen, so gelten Artikel 5a Absätze 1 bis 4 und Artikel 7 des Beschlusses 1999/468/EG unter Beachtung von dessen Artikel 8.
(3) Der Ausschuss gibt sich eine Geschäftsordnung.

Artikel 76 **Diese Verordnung tritt am 1. März 2002 in Kraft. Diese Verordnung ist in allen ihren Teilen verbindlich und gilt gemäß dem Vertrag zur Gründung der Europäischen Gemeinschaft unmittelbar in den Mitgliedstaaten.**

1 Abs 1 bestimmt den Zeitpunkt des Inkrafttretens der EuGVO. Abs 2 wiederholt für die damaligen Mitgliedstaaten deklaratorisch ex-Art 249 II EG. Dazu zählt Dänemark gem Art 1 III nicht; zu dieser Norm gilt aber seit dem 1.7.07 ein Abkommen mit Dänemark (vgl Art 2 II f Abkommen v 19.10.05, ABlEG Nr L 299/62, welches Dänemark am 18.1.07 notifiziert hat; dazu auch *Nielsen* IPRax 07, 506). Für spätere Beitritte sind die diesbezüglichen Rechtsakte maßgeblich. Zehn neue Mitgliedstaaten kamen am 1.4.05 hinzu (vgl Art 2 der Akte über den Beitritt der Tschechischen Republik, Estlands, Zyperns, Lettlands, Litauens, Ungarns, Maltas, Polens, Sloweniens und der Slowakei [2003], ABlEG Nr L 236 v 23.9.03, S. 33 ff); Rumänien und Bulgarien folgten am 1.1.07 (Art 4 II der Beitrittsakte, ABlEU 2005 Nr L 157/11). Räumliche Grenzen des Geltungsbereichs ergeben sich schließlich aus ex-Art 299 EG (Art 355 AEU), vgl Art 68.

ANHANG I Innerstaatliche Zuständigkeitsvorschriften im Sinne von Artikel 3 Absatz 2 und Artikel 4 Absatz 2

Die innerstaatlichen Zuständigkeitsvorschriften iSv Artikel 3 Absatz 2 und Artikel 4 Absatz 2 sind die folgenden:
– in Deutschland: § 23 der Zivilprozessordnung,
[...]
(vom Abdruck das Recht anderer Mitgliedstaaten betreffender Vorschriften wurde abgesehen)

ANHANG II

Anträge nach Artikel 39 sind bei folgenden Gerichten oder sonst befugten Stellen einzubringen:
[...]
– in Deutschland
a) beim Vorsitzenden einer Kammer des Landgerichts,
b) bei einem Notar für die Vollstreckbarerklärung einer öffentlichen Urkunde,
[...]
(vom Abdruck das Recht anderer Mitgliedstaaten betreffender Zuständigkeiten wurde abgesehen)

ANHANG III

Die Rechtsbehelfe nach Artikel 43 Absatz 2 sind bei folgenden Gerichten einzulegen:
[...]
– in Deutschland beim OLG;
[...]
(vom Abdruck das Recht anderer Mitgliedstaaten betreffender Zuständigkeiten wurde abgesehen)

ANHANG IV

Nach Artikel 44 können folgende Rechtsbehelfe eingelegt werden:
[...]
– in Deutschland: Rechtsbeschwerde,
[...]
(vom Abdruck das Recht anderer Mitgliedstaaten betreffender Rechtsbehelfe wurde abgesehen)

ANHANG V

Bescheinigung nach den Artikeln 54 und 58 der Verordnung betreffend gerichtliche Entscheidungen und Prozessvergleiche
(Deutsch, alemán, allemand, tedesco, ...)
1 Ursprungsmitgliedstaat
2 Gericht oder sonst befugte Stelle, das/die die vorliegende Bescheinigung ausgestellt hat
2.1 Name
2.2 Anschrift
2.3 Tel./Fax/E-mail
3 Gericht, das die Entscheidung erlassen hat/vor dem der Prozessvergleich geschlossen wurde(*)
3.1 Bezeichnung des Gerichts
3.2 Gerichtsort
4 Entscheidung/Prozessvergleich(*)
4.1 Datum
4.2 Aktenzeichen
4.3 Die Parteien der Entscheidung/des Prozessvergleichs(*)
4.3.1 Name(n) des (der) Kläger(s.)
4.3.2 Name(n) des (der) Beklagten
4.3.3 ggf Name(n) (der) anderen(r) Partei(en)
4.4 Datum der Zustellung des verfahrenseinleitenden Schriftstücks, wenn die Entscheidung in einem Verfahren erging, auf das sich der Beklagte nicht eingelassen hat
4.5 Wortlaut des Urteilsspruchs/des Prozessvergleichs(*) in der Anlage zu dieser Bescheinigung
5 Namen der Parteien, denen Prozesskostenhilfe gewährt wurde
Die Entscheidung/der Prozessvergleich(*) ist im Ursprungsmitgliedstaat vollstreckbar (Artikel 38 und 58 der Verordnung) gegen:
Name:
Geschehen zu ... am ...
Unterschrift und/oder Dienstsiegel ...
(*) Nichtzutreffendes streichen.

ANHANG VI

Bescheinigung nach Artikel 57 Absatz 4 der Verordnung betreffend öffentliche Urkunden
(Deutsch, alemán, allemand, tedesco, ...)
1 Ursprungsmitgliedstaat
2 Befugte Stelle, die die vorliegende Bescheinigung ausgestellt hat
2.1 Name
2.2 Anschrift
2.3 Tel./Fax/E-Mail
3 Befugte Stelle, aufgrund deren Mitwirkung eine öffentliche Urkunde vorliegt
3.1 Stelle, die an der Aufnahme der öffentlichen Urkunde beteiligt war (falls zutr)
3.1.1 Name und Bezeichnung dieser Stelle
3.1.2 Sitz dieser Stelle
3.2 Stelle, die die öffentliche Urkunde registriert hat (falls zutr)
3.2.1 Art der Stelle
3.2.2 Sitz dieser Stelle
4 Öffentliche Urkunde

4.1 Bezeichnung der Urkunde
4.2 Datum
4.2.1 an dem die Urkunde aufgenommen wurde
4.2.2 falls abw: an dem die Urkunde registriert wurde
4.3 Aktenzeichen
4.4 Die Parteien der Urkunde
4.4.1 Name des Gläubigers
4.4.2 Name des Schuldners
5 Wortlaut der vollstreckbaren Verpflichtung in der Anlage zu dieser Bescheinigung
Die öffentliche Urkunde ist im Ursprungsmitgliedstaat gegen den Schuldner vollstreckbar (Artikel 57 Absatz 1 der Verordnung)
Geschehen zu ... am ...
Unterschrift und/oder Dienstsiegel ...

Verordnung (EG) Nr 2201/2003 des Rates (Brüssel IIa-VO)

vom 27.11.2003 über die Zuständigkeit und die Anerkennung und Vollstreckung von Entscheidungen in Ehesachen und in Verfahren betreffend die elterliche Verantwortung und zur Aufhebung der Verordnung (EG) Nr 1347/2000 (ABl EG Nr L 338 vom 23.12.2003, S. 1)

DER RAT DER EUROPÄISCHEN UNION –
gestützt auf den Vertrag zur Gründung der Europäischen Gemeinschaft, insbesondere auf Artikel 61 Buchstabe c) und Artikel 67 Abs. 1,
auf Vorschlag der Kommission,
nach Stellungnahme des Europäischen Parlaments,
nach Stellungnahme des Europäischen Wirtschafts- und Sozialausschusses,
in Erwägung nachstehender Gründe:

(1) Die Europäische Gemeinschaft hat sich die Schaffung eines Raums der Freiheit, der Sicherheit und des Rechts zum Ziel gesetzt, in dem der freie Personenverkehr gewährleistet ist. Hierzu erlässt die Gemeinschaft unter anderem die Maßnahmen, die im Bereich der justiziellen Zusammenarbeit in Zivilsachen für das reibungslose Funktionieren des Binnenmarkts erforderlich sind.

(2) Auf seiner Tagung in Tampere hat der Europäische Rat den Grundsatz der gegenseitigen Anerkennung gerichtlicher Entscheidungen, der für die Schaffung eines echten europäischen Rechtsraums unabdingbar ist, anerkannt und die Besuchsrechte als Priorität eingestuft.

(3) Die Verordnung (EG) Nr 1347/2000 des Rates vom 29. Mai 2000 enthält Vorschriften für die Zuständigkeit und die Anerkennung und Vollstreckung von Entscheidungen in Ehesachen sowie von aus Anlass von Ehesachen ergangenen Entscheidungen über die elterliche Verantwortung für die gemeinsamen Kinder der Ehegatten. Der Inhalt dieser Verordnung wurde weitgehend aus dem diesbezüglichen Übereinkommen vom 28. Mai 1998 übernommen.

(4) Am 3. Juli 2000 hat Frankreich eine Initiative im Hinblick auf den Erlass einer Verordnung des Rates über die gegenseitige Vollstreckung von Entscheidungen über das Umgangsrecht vorgelegt.

(5) Um die Gleichbehandlung aller Kinder sicherzustellen, gilt diese Verordnung für alle Entscheidungen über die elterliche Verantwortung, einschließlich der Maßnahmen zum Schutz des Kindes, ohne Rücksicht darauf, ob eine Verbindung zu einem Verfahren in Ehesachen besteht.

(6) Da die Vorschriften über die elterliche Verantwortung häufig in Ehesachen herangezogen werden, empfiehlt es sich, Ehesachen und die elterliche Verantwortung in einem einzigen Rechtsakt zu regeln.

(7) Diese Verordnung gilt für Zivilsachen, unabhängig von der Art der Gerichtsbarkeit.

(8) Bezüglich Entscheidungen über die Ehescheidung, die Trennung ohne Auflösung des Ehebandes oder die Ungültigerklärung einer Ehe sollte diese Verordnung nur für die Auflösung einer Ehe und nicht für Fragen wie die Scheidungsgründe, das Ehegüterrecht oder sonstige mögliche Nebenaspekte gelten.

(9) Bezüglich des Vermögens des Kindes sollte diese Verordnung nur für Maßnahmen zum Schutz des Kindes gelten, das heißt i) für die Bestimmung und den Aufgabenbereich einer Person oder Stelle, die damit betraut ist, das Vermögen des Kindes zu verwalten, das Kind zu vertreten und ihm beizustehen, und ii) für Maßnahmen bezüglich der Verwaltung und Erhaltung des Vermögens des Kindes oder der Verfügung darüber. In diesem Zusammenhang sollte diese Verordnung beispielsweise für die Fälle gelten, in denen die Eltern über die Verwaltung des Vermögens des Kindes im Streit liegen. Das Vermögen des Kindes betreffende Maßnahmen, die nicht den Schutz des Kindes betreffen, sollten weiterhin unter die Verordnung (EG) Nr 44/2001 des Rates vom 22. Dezember 2000 über die gerichtliche Zuständigkeit und die Anerkennung und Vollstreckung von Entscheidungen in Zivil- und Handelssachen fallen.

(10) Diese Verordnung soll weder für Bereiche wie die soziale Sicherheit oder Maßnahmen allgemeiner Art des öffentlichen Rechts in Angelegenheiten der Erziehung und Gesundheit noch für Entscheidungen über Asylrecht und Einwanderung gelten. Außerdem gilt sie weder für die Feststellung des Eltern-Kind-Verhältnisses, bei der es sich um eine von der Übertragung der elterlichen Verantwortung gesonderte Frage handelt, noch für sonstige Fragen im Zusammenhang mit dem Personenstand. Sie gilt ferner nicht für Maßnahmen, die im Anschluss an von Kindern begangenen Straftaten ergriffen werden.

(11) Unterhaltspflichten sind vom Anwendungsbereich dieser Verordnung ausgenommen, da sie bereits durch die Verordnung (EG) Nr 44/2001 geregelt werden. Die nach dieser Verordnung zuständigen Gerichte

werden in Anwendung des Artikels 5 Abs. 2 der Verordnung (EG) Nr 44/2001 in der Regel für Entscheidungen in Unterhaltssachen zuständig sein.

(12) Die in dieser Verordnung für die elterliche Verantwortung festgelegten Zuständigkeitsvorschriften wurden dem Wohle des Kindes entsprechend und insb nach dem Kriterium der räumlichen Nähe ausgestaltet. Die Zuständigkeit sollte vorzugsweise dem Mitgliedstaat des gewöhnlichen Aufenthalts des Kindes vorbehalten sein außer in bestimmten Fällen, in denen sich der Aufenthaltsort des Kindes geändert hat oder in denen die Träger der elterlichen Verantwortung etwas anderes vereinbart haben.

(13) Nach dieser Verordnung kann das zuständige Gericht den Fall im Interesse des Kindes ausnahmsweise und unter bestimmten Umständen an das Gericht eines anderen Mitgliedstaats verweisen, wenn dieses den Fall besser beurteilen kann. Allerdings sollte das später angerufene Gericht nicht befugt sein, die Sache an ein drittes Gericht weiterzuverweisen.

(14) Die Anwendung des Völkerrechts im Bereich diplomatischer Immunitäten sollte durch die Wirkungen dieser Verordnung nicht berührt werden. Kann das nach dieser Verordnung zuständige Gericht seine Zuständigkeit aufgrund einer diplomatischen Immunität nach dem Völkerrecht nicht wahrnehmen, so sollte die Zuständigkeit in dem Mitgliedstaat, in dem die betreffende Person keine Immunität genießt, nach den Rechtsvorschriften dieses Staates bestimmt werden.

(15) Für die Zustellung von Schriftstücken in Verfahren, die auf der Grundlage der vorliegenden Verordnung eingeleitet wurden, gilt die Verordnung (EG) Nr 1348/2000 des Rates vom 29. Mai 2000 über die Zustellung gerichtlicher und außergerichtlicher Schriftstücke in Zivil- oder Handelssachen in den Mitgliedstaaten.

(16) Die vorliegende Verordnung hindert die Gerichte eines Mitgliedstaats nicht daran, in dringenden Fällen einstweilige Maßnahmen einschließlich Schutzmaßnahmen in Bezug auf Personen oder Vermögensgegenstände, die sich in diesem Staat befinden, anzuordnen.

(17) Bei widerrechtlichem Verbringen oder Zurückhalten eines Kindes sollte dessen Rückgabe unverzüglich erwirkt werden; zu diesem Zweck sollte das Haager Übereinkommen vom 24. Oktober 1980, das durch die Bestimmungen dieser Verordnung und insb des Artikels 11 ergänzt wird, weiterhin Anwendung finden. Die Gerichte des Mitgliedstaats, in den das Kind widerrechtlich verbracht wurde oder in dem es widerrechtlich zurückgehalten wird, sollten dessen Rückgabe in besonderen, ordnungsgemäß begründeten Fällen ablehnen können. Jedoch sollte eine solche Entscheidung durch eine spätere Entscheidung des Gerichts des Mitgliedstaats ersetzt werden können, in dem das Kind vor dem widerrechtlichen Verbringen oder Zurückhalten seinen gewöhnlichen Aufenthalt hatte. Sollte in dieser Entscheidung die Rückgabe des Kindes angeordnet werden, so sollte die Rückgabe erfolgen, ohne dass es in dem Mitgliedstaat, in den das Kind widerrechtlich verbracht wurde, eines besonderen Verfahrens zur Anerkennung und Vollstreckung dieser Entscheidung bedarf.

(18) Entscheidet das Gericht gem Artikel 13 des Haager Übereinkommens von 1980, die Rückgabe abzulehnen, so sollte es das zuständige Gericht oder die Zentrale Behörde des Mitgliedstaats, in dem das Kind vor dem widerrechtlichen Verbringen oder Zurückhalten seinen gewöhnlichen Aufenthalt hatte, hiervon unterrichten. Wurde dieses Gericht noch nicht angerufen, so sollte dieses oder die Zentrale Behörde die Parteien entsprechend unterrichten. Diese Verpflichtung sollte die Zentrale Behörde nicht daran hindern, auch die betroffenen Behörden nach nationalem Recht zu unterrichten.

(19) Die Anhörung des Kindes spielt bei der Anwendung dieser Verordnung eine wichtige Rolle, wobei diese jedoch nicht zum Ziel hat, die diesbezüglich geltenden nationalen Verfahren zu ändern.

(20) Die Anhörung eines Kindes in einem anderen Mitgliedstaat kann nach den Modalitäten der Verordnung (EG) Nr 1206/2001 des Rates vom 28. Mai 2001 über die Zusammenarbeit zwischen den Gerichten der Mitgliedstaaten auf dem Gebiet der Beweisaufnahme in Zivil- oder Handelssachen erfolgen.

(21) Die Anerkennung und Vollstreckung der in einem Mitgliedstaat ergangenen Entscheidungen sollten auf dem Grundsatz des gegenseitigen Vertrauens beruhen und die Gründe für die Nichtanerkennung auf das notwendige Minimum beschränkt sein.

(22) Zum Zwecke der Anwendung der Anerkennungs- und Vollstreckungsregeln sollten die in einem Mitgliedstaat vollstreckbaren öffentlichen Urkunden und Vereinbarungen zwischen den Parteien »Entscheidungen« gleichgestellt werden.

(23) Der Europäische Rat von Tampere hat in seinen Schlussfolgerungen (Nummer 34) die Ansicht vertreten, dass Entscheidungen in familienrechtlichen Verfahren »automatisch unionsweit anerkannt« werden sollten, »ohne dass es irgendwelche Zwischenverfahren oder Gründe für die Verweigerung der Vollstre-

ckung geben« sollte. Deshalb sollten Entscheidungen über das Umgangsrecht und über die Rückgabe des Kindes, für die im Ursprungsmitgliedstaat nach Maßgabe dieser Verordnung eine Bescheinigung ausgestellt wurde, in allen anderen Mitgliedstaaten anerkannt und vollstreckt werden, ohne dass es eines weiteren Verfahrens bedarf Die Modalitäten der Vollstreckung dieser Entscheidungen unterliegen weiterhin dem nationalen Recht.

(24) Gegen die Bescheinigung, die ausgestellt wird, um die Vollstreckung der Entscheidung zu erleichtern, sollte kein Rechtsbehelf möglich sein. Sie sollte nur Gegenstand einer Klage auf Berichtigung sein, wenn ein materieller Fehler vorliegt, d.h., wenn in der Bescheinigung der Inhalt der Entscheidung nicht korrekt wiedergegeben ist.

(25) Die Zentralen Behörden sollten sowohl allgemein als auch in besonderen Fällen, einschließlich zur Förderung der gütlichen Beilegung von die elterliche Verantwortung betreffenden Familienstreitigkeiten, zusammenarbeiten. Zu diesem Zweck beteiligen sich die Zentralen Behörden an dem Europäischen Justiziellen Netz für Zivil- und Handelssachen, das mit der Entscheidung des Rates vom 28. Mai 2001 zur Einrichtung eines Europäischen Justiziellen Netzes für Zivil- und Handelssachen eingerichtet wurde.

(26) Die Kommission sollte die von den Mitgliedstaaten übermittelten Listen mit den zuständigen Gerichten und den Rechtsbehelfen veröffentlichen und aktualisieren.

(27) Die zur Durchführung dieser Verordnung erforderlichen Maßnahmen sollten gem dem Beschluss 1999/468/EG des Rates vom 28. Juni 1999 zur Festlegung der Modalitäten für die Ausübung der der Kommission übertragenen Durchführungsbefugnisse erlassen werden.

(28) Diese Verordnung tritt an die Stelle der Verordnung (EG) Nr 1347/2000, die somit aufgehoben wird.

(29) Um eine ordnungsgemäße Anwendung dieser Verordnung sicherzustellen, sollte die Kommission deren Durchführung prüfen und gegebenenfalls die notwendigen Änderungen vorschlagen.

(30) Gemäß Artikel 3 des dem Vertrag über die Europäische Union und dem Vertrag zur Gründung der Europäischen Gemeinschaft beigefügten Protokolls über die Position des Vereinigten Königreichs und Irlands haben diese Mitgliedstaaten mitgeteilt, dass sie sich an der Annahme und Anwendung dieser Verordnung beteiligen möchten.

(31) Gemäß den Artikeln 1 und 2 des dem Vertrag über die Europäische Union und dem Vertrag zur Gründung der Europäischen Gemeinschaft beigefügten Protokolls über die Position Dänemarks beteiligt sich Dänemark nicht an der Annahme dieser Verordnung, die für Dänemark nicht bindend oder anwendbar ist.

(32) Da die Ziele dieser Verordnung auf Ebene der Mitgliedstaaten nicht ausreichend erreicht werden können und daher besser auf Gemeinschaftsebene zu erreichen sind, kann die Gemeinschaft im Einklang mit dem in Artikel 5 des Vertrags niedergelegten Subsidiaritätsprinzip tätig werden. Entsprechend dem in demselben Artikel genannten Verhältnismäßigkeitsprinzip geht diese Verordnung nicht über das für die Erreichung dieser Ziele erforderliche Maß hinaus.

(33) Diese Verordnung steht im Einklang mit den Grundrechten und Grundsätzen, die mit der Charta der Grundrechte der Europäischen Union anerkannt wurden. Sie zielt insb darauf ab, die Wahrung der Grundrechte des Kindes im Sinne des Artikels 24 der Grundrechtscharta der Europäischen Union zu gewährleisten –

HAT FOLGENDE VERORDNUNG ERLASSEN:

Kapitel I Anwendungsbereich und Begriffsbestimmungen

Artikel 1 Anwendungsbereich.

(1) Diese Verordnung gilt, ungeachtet der Art der Gerichtsbarkeit, für Zivilsachen mit folgendem Gegenstand:

a) die Ehescheidung, die Trennung ohne Auflösung des Ehebandes und die Ungültigerklärung einer Ehe,

b) die Zuweisung, die Ausübung, die Übertragung sowie die vollständige oder teilweise Entziehung der elterlichen Verantwortung

(2) Die in Abs. 1 Buchstabe b) genannten Zivilsachen betreffen insbesondere:

a) das Sorgerecht und das Umgangsrecht,

b) die Vormundschaft, die Pflegschaft und entsprechende Rechtsinstitute,

c) die Bestimmung und den Aufgabenbereich jeder Person oder Stelle, die für die Person oder das Vermögen des Kindes verantwortlich ist, es vertritt oder ihm beisteht,

d) die Unterbringung des Kindes in einer Pflegefamilie oder einem Heim,
e) die Maßnahmen zum Schutz des Kindes im Zusammenhang mit der Verwaltung und Erhaltung seines Vermögens oder der Verfügung darüber.
(3) Diese Verordnung gilt nicht für
a) die Feststellung und die Anfechtung des Eltern-Kind-Verhältnisses,
b) Adoptionsentscheidungen und Maßnahmen zur Vorbereitung einer Adoption sowie die Ungültigerklärung und den Widerruf der Adoption,
c) Namen und Vornamen des Kindes,
d) die Volljährigkeitserklärung,
e) Unterhaltspflichten,
f) Trusts und Erbschaften,
g) Maßnahmen infolge von Straftaten, die von Kindern begangen wurden.

1 **A. Überblick über die Verordnung; Arbeitsweise und -hilfen in Fällen mit internationalem Bezug.** Siehe hierzu und zum internationalen Kindschaftsrecht eingehend *Völker/Clausius,* § 11. Die Verordnung, die im Fachjargon nach dem Arbeitstitel der Kommission verbreitet »**Brüssel IIa-Verordnung**« genannt wird (aktuelle weiterführende Aufsatzliteratur etwa *Niethammer-Jürgens* FPR 2011, 440; Vomberg FPR 2011, 444, ist die Nachfolgeverordnung zur sog »Brüssel II-Verordnung« (VO (EG) Nr 1347/2000). Sie hat einheitliche Regeln betreffend die internationale Zuständigkeit und die Anerkennung und Vollstreckung von Entscheidungen in Ehesachen und in Angelegenheiten der sog elterlichen Verantwortung (s. dazu Art 2 Nr 7) für die gesamte Europäische Union unter **Ausnahme Dänemarks** (s. Art 2 Nr 3) geschaffen. Die Art 3–20 befassen sich mit der internationalen Zuständigkeit. Dabei enthalten die Art 3–7 die Zuständigkeitsvorschriften in Ehesachen und die Art 8–15 diejenigen in Angelegenheiten betreffend die elterliche Verantwortung. Die Art 16–20 enthalten die beiden Verfahrensgegenständen gemeinsamen Bestimmungen. Die Art 21–52 betreffen die Anerkennung und Vollstreckung von Entscheidungen in Ehesachen und in Angelegenheiten der sog elterlichen Verantwortung. In den Art 53–58 finden sich Vorschriften zur Zusammenarbeit der Zentralen Behörden in Verfahren betreffend die elterliche Verantwortung. Die Art 59–63 regeln das Verhältnis der Verordnung zu anderen internationalen Rechtsinstrumenten. Art 64 enthält die Übergangsvorschrift. In den Art 65 ff finden sich die Schlussbestimmungen, ua zum Inkrafttreten (Art 72). Ausführungsgesetz ua zur Brüssel IIa-Verordnung ist in Deutschland das IntFamRVG (dazu *Schulz* FamRZ 11, 1273).

2 Die Arbeit an Fällen mit grenzüberschreitenden Bezügen ist nicht nur intellektuell sehr reizvoll, sondern auch weniger schwierig als zuweilen angenommen wird. Nachfolgendes **Prüfungsschema** bietet die Gewähr dafür, nichts zu übersehen. Voraussetzung ist allerdings, keinen Schritt zu überspringen (vgl dazu auch *Völker* FF 09, 443, 445; jurisPR-FamR 9/06, Anm 4, *Völker*):

- Hat der Sachverhalt einen **grenzüberschreitenden Bezugspunkt?**
- **Internationale Zuständigkeit?** Suchen nach Bestimmungen in folgender
  - strikt zu beachtender (s. dazu auch § 97 FamFG und Art 3 EGBGB!)
  - absteigender Reihenfolge in EG-Verordnungen (hier: Brüssel IIa-Verordnung),
  - völkerrechtlichen Abkommen (bi- oder multilateralen Konventionen),
  - dem nationalen Recht (§§ 97–106 FamFG; s. dazu *Hau* FamRZ 09, 821),
  - *Sonderprüfungspunkt stets*: Ist eine ausländische Rechtshängigkeit zu beachten?
- **Anwendbares Recht?** Gibt es kollisionsrechtliche Bestimmungen in (Prüfung in absteigender Reihenfolge)
  - EG-Verordnungen (beachte hier insb die Rom III-Verordnung, dazu gleich),
  - völkerrechtlichen Abkommen,
  - dem nationalen Recht?
  - **Achtung:** Rück- oder Weiterverweisungen sind nach Art 4 I EGBGB zu beachten!
- **Anzuerkennende ausländische Entscheidung?** Gibt es eine ausländische Entscheidung, die in Deutschland anerkannt werden muss aufgrund (Prüfung in absteigender Reihenfolge)
  - einer EG-Verordnung,
  - eines völkerrechtlichen Abkommens,
  - des nationalen Rechts (§§ 107–109 FamFG; s. hierzu *Hau* FamRZ 09, 821)?
- **Erst jetzt (!):** Konkrete Anwendung der Vorschriften des einschlägigen Sachrechts.

Wichtig ist, dass dieses Prüfungsschema **für jeden Teilbereich des Familienrechts gesondert** zu durchlaufen ist. Es gibt nur **sehr begrenzt Verbundzuständigkeiten.** Ist eine solche nicht gegeben, muss daher bzgl jedes Verfahrensgegenstandes (etwa: Scheidung, elterliche Sorge, Unterhalt, Versorgungsausgleich) einzeln geprüft werden, ob und ggf welche internationalen – hilfsweise nationalen – Rechtsquellen einschlägig sind. Man erkennt unschwer, dass aufgrund der unmittelbaren und vorrangigen Geltung der Verordnung das nationale Recht nur zum Zuge kommen kann, wenn entweder der Anwendungsbereich der Verordnung nicht eröffnet ist oder aber die Verordnung selbst den Rückgriff auf das nationale Recht ausdrücklich zulässt (s. dazu etwa Art 6 und 7).

Die Prüfung, ob es eine **anzuerkennende Entscheidung** gibt, ist von erheblicher Bedeutung. Wenn dem so ist, so wird sich dies häufig auf den materiellrechtlichen Maßstab auswirken, an dem die zu treffende Entscheidung auszurichten ist. So unterliegt etwa eine anzuerkennende ausländische Sorgerechtsentscheidung dem (Abänderungs-)Maßstab des § 1696 I BGB und nicht dem Maßstab des § 1671 BGB.

Die Verordnung hat die **internationalen Privatrechte** der Mitgliedstaaten nicht vereinheitlicht, sodass zunächst auf völkerrechtliche Abkommen (in Bezug auf die elterliche Verantwortung va auf das Haager Minderjährigenschutzabkommen vom 5.10.61 (MSA) bzw – seit dessen Inkrafttreten für die Bundesrepublik Deutschland zum 1.1.11 – das Haager Kinderschutzübereinkommen v 19.10.06 (KSÜ; weiterführend dazu etwa *Coester* FF 11, 285; *Finger* MDR 2011, 1395; *Rauscher* NJW 11, 2332; *Schulz* FamRZ 11, 156; vgl auch – aus Sicht der Jugendhilfe – *Schwarz* JAmt 11, 438) abzustellen ist, hilfsweise auf das IPR des Gerichtsstaats. Allerdings wird am 21.6.12 die **Rom III-Verordnung**[1] (hierzu weiterführend bspw *Becker* NJW 11, 1543; *Finger* FuR 11, 61) in Kraft treten, mit der sich – nach derzeitigem Stand – 14 Mitgliedstaaten, darunter auch Deutschland,[2] einheitliche IPR-Regeln zum Scheidungsrecht gegeben haben. Der Platz fehlt, hierzu Einzelheiten darzustellen, daher sei etwa auf *Helms* FamRZ 11, 1765 verwiesen.

In Bezug auf das **Verhältnis** der Brüssel IIa-Verordnung **zu anderen internationalen Rechtsquellen** sind schließlich die Art 59–63 zu beachten (s. jeweils dort).

Eine **Arbeitshilfe** bei der Bearbeitung grenzüberschreitender Fälle unter Anwendung der Brüssel IIa-Verordnung ist der Leitfaden, den die EU-Kommission in Zusammenarbeit mit dem Europäischen Justiziellen Netz für Zivil- und Handelssachen (EJN) erarbeitet hat. Der **Leitfaden** (im Folgenden nur noch als solcher bezeichnet) ist unter http://ec.europa.eu/civiljustice/parental_resp/parental_resp_ec_vdm_de.pdf abrufbar. 3

Weitere **nützliche Internetlinks** sind:

- die Liste aller vom **EuGH** entschiedenen Fälle seit 1953: http://curia.europa.eu/de/content/juris/index.htm
- die Suchmaschine des **EGMR** (Hudoc): http://cmiskp.echr.coe.int/tkp197/search.asp?skin=hudoc-en
- die Homepage der **Haager Konferenz**: www.hcch.net
- die **INCADAT**-Datenbank zum HKÜ mit Präzedenzfällen: www.incadat.com
- die Internetseite des Vertragsbüros des **Europarates** mit allen Übereinkommen der Vertragsstaaten des Europarates samt Zeichnungsstatus: http://www.conventions.coe.int/?lg=de
- die **Zentrale Behörde** in Deutschland: Bundesamt für Justiz (s. Rubrik "Internationales Sorgerecht"; mit Normtexten und Antragsmustern) http://www.bundesjustizamt.de
- das **Europäische Justizielle Netz** für Zivil- und Handelssachen (EJN) mit hilfreichen Informationen über die Familienrechte und Familienrechtssysteme der Mitgliedstaaten (Der Autor ist deutscher Verbindungsrichter des EJN und zuständig für Fälle aus Hessen, Rheinland-Pfalz und dem Saarland. Zu den Grundlagen und der Praxis der Tätigkeit der EJN-Verbindungsrichter s. *Carl/Menne*, NJW 09, 3537; *Menne* Betrifft Justiz 2011, 121): http://ec.europa.eu/civiljustice/index_de.htm
- der **Europäische Justizielle Atlas** (ein sehr praktisches europäisches Gerichtsorteverzeichnis): http://ec.europa.eu/justice_home/judicialatlascivil/html/index_de.htm
- das **Auswärtige Amt** mit Informationen über die Möglichkeiten der Botschaften: www.auswaertiges-amt.de (Suchbegriff "Kindesentziehung")

B. Der Anwendungsbereich der Verordnung. I. Überblick. Hinsichtlich des Anwendungsbereichs der Verordnung ist zu unterscheiden: Art 1 regelt den **sachlichen** (auch: gegenständlichen oder persönlichen) 4

1 Verordnung (EU) Nr 1259/2010 des Rates v. 20. Dezember 2010 zur Durchführung einer Verstärkten Zusammenarbeit im Bereich des auf die Ehescheidung und Trennung ohne Auflösung des Ehebandes anzuwendenden Rechts, ABl EU L 343/10 vom 29.12.10, S. 10ff.

2 Weitere Mitgliedstaaten aller Voraussicht nach: Belgien, Bulgarien, Frankreich, Italien, Lettland, Luxemburg, Malta, Österreich, Portugal, Rumänien, Slowenien, Spanien und Ungarn.

Anwendungsbereich. Die Verordnung gilt in Bezug auf Ehesachen nur für die Ehe, nicht für andere Verbindungen, wie etwa registrierte verschieden- oder gleichgeschlechtliche Verbindungen. Allerdings ist der Begriff der **Ehe** – der in der Verordnung nicht definiert wird – wie alle Begriffe der Verordnung autonom – unter Berücksichtigung ihrer Erwägungsgründe und Systematik – auszulegen, sodass die Ehe (aber auch nur diese, nicht etwa die registrierte Partnerschaft) **gleichgeschlechtlicher Partner** unter die Verordnung fällt (s. zur »Umsetzung« einer Ehe in eine registrierte Partnerschaft nach niederländischem Recht Celle, OLGR Celle 06, 13). Die Zuständigkeitsnormen der Verordnung gelten ohne Ansehung der Staatsangehörigkeit der Beteiligten (Kobl FamRZ 09, 611, 612), zugleich muss nicht zwingend ein kompetenzrechtlicher Bezug zu einem anderen Mitgliedstaat vorliegen (BGH FamRBint 08, 82). Der EuGH hat sich erstmals (EuGH FamRZ 08, 125; Anm *Dutta* FamRZ 08, 835; Anm *Gruber*, IPrax 08, 490) zum Anwendungsbereich der Verordnung geäußert und auch die nach **öffentlichem Recht** erfolgte Inobhutnahme und Inpflegegabe eines Kindes zu Kinderschutzzwecken zivilrechtlich qualifiziert und damit dem Anwendungsbereich der Verordnung unterstellt. Dies hat der EuGH in der Nachfolge bestätigt (EuGH FamRZ 09, 843; Anm *Völker* FamRBint 09, 53; s. a *Pirrung* IPRax 11, 50).

5 Der **räumliche** (oder: territoriale) Anwendungsbereich (dazu auch *Andrae* IPRax 06, 82) ergibt sich vereinfacht aus Art 2 Nr 3 (alle EU-Mitgliedstaaten außer Dänemark) und im Detail – zB betreffend die überseeischen Departements Frankreichs – aus Art 299 EGV, in dem das Hoheitsgebiet der Mitgliedstaaten genau definiert wird.

6 Der **zeitliche** Geltungsbereich ergibt sich aus Art 72 (ab 1.3.05) und 64 (Übergangsvorschrift). Für die nach dem 1.3.05 der EU beigetretenen Mitgliedstaaten ist die Verordnung indes frühestens ab dem Tag ihres Beitritts anwendbar (vgl EuGH FamRZ 10, 2049 zur Brüssel II-VO [VO Nr 1347/2000]).

7 **II. Ehesachen (Abs 1 lit a).** Hiermit sind alle **staatlichen** (vgl Art 2 I, also nicht private oder kirchliche) **Statusverfahren** gemeint, die eine **faktische Trennung** der Ehegatten wie auch immer formalisieren. **Erfasst** werden also die Trennung von Tisch und Bett nach – über Art 17 I BGB anzuwendendem – ausländischem Sachrecht (BGH FamRZ 87, 793), die Ehescheidung (§ 1564 BGB), die Eheaufhebung (§§ 1313 ff BGB; nicht aber die Aufhebung nach dem Tod, §§ 1319 f, vgl NK-BGB/*Gruber* Art 1 Rn 6) und nach zutr hM die **Feststellung** des Bestehens oder Nichtbestehens einer Ehe nach § 121 Nr 3 FamFG (vgl ausf zum Streitstand NK-BGB/*Gruber* Art 1 Rn 8 ff mwN). **Nicht erfasst** sind einerseits insb die Eheschließung und die Klage auf Herstellung des ehelichen Lebens, andererseits die Scheidungsfolgen und Fragen des Scheidungsverschuldens.

8 **III. Verfahren betreffend die elterliche Verantwortung (Abs 1 lit b, II und III).** Der Begriff der **elterlichen Verantwortung** wird in Art 2 Nr 7–10 näher definiert (s. dort). Ein Zusammenhang mit einer Ehesache ist – anders als noch unter Geltung der Brüssel II-Verordnung – nicht erforderlich. Daher sind zugleich auch **Kinder nicht miteinander verheirateter Eltern** einbezogen. Nicht erfasst sind hingegen insb Status- und Unterhaltsprozesse. In Art 1 II findet sich eine positive, in Art 1 III eine negative Abgrenzung. Den Begriff »**Kind**« definiert die Verordnung selbst nicht, allerdings ist in der EU ein Volljährigkeitsalter von 18 Jahren üblich (Ausnahme Österreich: 19 Jahre), sodass eine autonome Auslegung dieses Alter nahe legt; die Frage hat iÜ kaum praktische Relevanz (so auch ThoPu/*Hüßtege* Art 1 Rn 7; NK-BGB/*Gruber* Art 2 Rn 3).

Artikel 2 Begriffsbestimmungen. **Für die Zwecke dieser Verordnung bezeichnet der Ausdruck**

1. »Gericht« alle Behörden der Mitgliedstaaten, die für Rechtssachen zuständig sind, die gemäß Artikel 1 in den Anwendungsbereich dieser Verordnung fallen;
2. »Richter« einen Richter oder Amtsträger, dessen Zuständigkeiten denen eines Richters in Rechtssachen entsprechen, die in den Anwendungsbereich dieser Verordnung fallen;
3. »Mitgliedstaat« jeden Mitgliedstaat mit Ausnahme Dänemarks;
4. »Entscheidung« jede von einem Gericht eines Mitgliedstaats erlassene Entscheidung über die Ehescheidung, die Trennung ohne Auflösung des Ehebandes oder die Ungültigerklärung einer Ehe sowie jede Entscheidung über die elterliche Verantwortung, ohne Rücksicht auf die Bezeichnung der jeweiligen Entscheidung, wie Urteil oder Beschluss;
5. »Ursprungsmitgliedstaat« den Mitgliedstaat, in dem die zu vollstreckende Entscheidung ergangen ist;
6. »Vollstreckungsmitgliedstaat« den Mitgliedstaat, in dem die Entscheidung vollstreckt werden soll;

7. »elterliche Verantwortung« die gesamten Rechte und Pflichten, die einer natürlichen oder juristischen Person durch Entscheidung oder kraft Gesetzes oder durch eine rechtlich verbindliche Vereinbarung betreffend die Person oder das Vermögen eines Kindes übertragen wurden. Elterliche Verantwortung umfasst insbesondere das Sorge- und das Umgangsrecht;

8. »Träger der elterlichen Verantwortung« jede Person, die die elterliche Verantwortung für ein Kind ausübt;

9. »Sorgerecht« die Rechte und Pflichten, die mit der Sorge für die Person eines Kindes verbunden sind, insbesondere das Recht auf die Bestimmung des Aufenthaltsortes des Kindes;

10. »Umgangsrecht« insbesondere auch das Recht, das Kind für eine begrenzte Zeit an einen anderen Ort als seinen gewöhnlichen Aufenthaltsort zu bringen;

11. »widerrechtliches Verbringen oder Zurückhalten eines Kindes« das Verbringen oder Zurückhalten eines Kindes, wenn

a) dadurch das Sorgerecht verletzt wird, das aufgrund einer Entscheidung oder kraft Gesetzes oder aufgrund einer rechtlich verbindlichen Vereinbarung nach dem Recht des Mitgliedstaats besteht, in dem das Kind unmittelbar vor dem Verbringen oder Zurückhalten seinen gewöhnlichen Aufenthalt hatte,

und

b) das Sorgerecht zum Zeitpunkt des Verbringens oder Zurückhaltens allein oder gemeinsam tatsächlich ausgeübt wurde oder ausgeübt worden wäre, wenn das Verbringen oder Zurückhalten nicht stattgefunden hätte. Von einer gemeinsamen Ausübung des Sorgerechts ist auszugehen, wenn einer der Träger der elterlichen Verantwortung aufgrund einer Entscheidung oder kraft Gesetzes nicht ohne die Zustimmung des anderen Trägers der elterlichen Verantwortung über den Aufenthaltsort des Kindes bestimmen kann.

Diese Vorschrift enthält zahlreiche Definitionen, die für die Auslegung der Verordnung wichtig und zu diesem Zweck – ebenso wie die Erwägungsgründe – heranzuziehen sind. Die Begriffsbestimmungen sind weitgehend selbsterklärend. **Nr 4** erfasst nur gestaltende, nicht antragsabweisende Entscheidungen (NK-BGB/*Gruber* Art 2 Rn 2). Diese können aber freilich nach dem für das angerufene Gericht maßgeblichen nationalen Recht anerkennungsfähig sein. **Nr 7** umfasst richtiger Auffassung zufolge keine rein feststellenden (also nicht rechtsgestaltenden) Sorgerechtsentscheidungen (vgl österr. OGH Beschl v 8.5.08 – 6 Ob 30/08t; Bespr *Hohloch* IPRax 10, 567 mwN auch zur Gegenmeinung). Bezüglich **Nr 10** ist streitig, ob nur das Umgangsrecht der Eltern oder aber auch das sonstiger Verwandter (nach deutschem Recht: § 1685 BGB) erfasst wird (vgl ThoPu/*Hüßtege* Art 2 Rn 9); angesichts des Wortlauts neige ich dem weiteren Verständnis zu. **Nr 11 lit b S 2** erweitert Art 3 HKÜ: Anders als nach dem HKÜ ist deshalb in Fällen, in denen die Brüssel IIa-Verordnung anwendbar ist, auch dann von einem widerrechtlichen Verbringen bzw Zurückhalten auszugehen, wenn der zurückgelassene Elternteil das Sorgerecht de facto nicht mehr ausübt, aber de iure weiterhin über das Aufenthaltsbestimmungsrecht für das Kind mitentscheiden kann (so auch ThoPu/*Hüßtege* Art 2 Rn 10). In diesem Zusammenhang geht der BGH (FamRZ 10, 1060 m.Anm. *Völker*) für die Beurteilung der Widerrechtlichkeit des Verbringens oder Zurückhaltens nach deutschem Recht davon aus, dass ein alleiniges Aufenthaltsbestimmungsrecht grds das Recht verschafft, weltweit ohne Zustimmung des anderen Elternteils mit dem Kind umzuziehen (dazu eingehend *Völker/Clausius*, § 1 Rn 219). Die Verordnung ist dahin auszulegen, dass sie es einem Mitgliedstaat nicht verwehrt, in seinem Recht den Erwerb des Sorgerechts durch den Vater eines Kindes, der nicht mit dessen Mutter verheiratet ist, davon abhängig zu machen, dass er eine Entscheidung des zuständigen nationalen Gerichts erwirkt, mit der ihm dieses Recht zuerkannt wird, aufgrund dessen das Verbringen des Kindes durch seine Mutter oder sein Zurückhalten widerrechtlich iSv Art. 2 Nr 11 der Verordnung sein kann (EuGH FF 11, 26). 1

Kapitel II Zuständigkeit

Abschnitt 1 Ehescheidung, Trennung ohne Auflösung des Ehebandes und Ungültigerklärung einer Ehe

Artikel 3 Allgemeine Zuständigkeit. (1) Für Entscheidungen über die Ehescheidung, die Trennung ohne Auflösung des Ehebandes oder die Ungültigerklärung einer Ehe, sind die Gerichte des Mitgliedstaats zuständig,

a) in dessen Hoheitsgebiet
- **beide Ehegatten ihren gewöhnlichen Aufenthalt haben oder**
- **die Ehegatten zuletzt beide ihren gewöhnlichen Aufenthalt hatten, sofern einer von ihnen dort noch seinen gewöhnlichen Aufenthalt hat, oder**
- **der Antragsgegner seinen gewöhnlichen Aufenthalt hat oder**
- **im Fall eines gemeinsamen Antrags einer der Ehegatten seinen gewöhnlichen Aufenthalt hat oder**
- **der Antragsteller seinen gewöhnlichen Aufenthalt hat, wenn er sich dort seit mindestens einem Jahr unmittelbar vor der Antragstellung aufgehalten hat, oder**
- **der Antragsteller seinen gewöhnlichen Aufenthalt hat, wenn er sich dort seit mindestens sechs Monaten unmittelbar vor der Antragstellung aufgehalten hat und entweder Staatsangehöriger des betreffenden Mitgliedstaats ist oder, im Fall des Vereinigten Königreichs und Irlands, dort sein »domicile« hat;**

b) dessen Staatsangehörigkeit beide Ehegatten besitzen, oder, im Fall des Vereinigten Königreichs und Irlands, in dem sie ihr gemeinsames »domicile« haben.

(2) Der Begriff »domicile« im Sinne dieser Verordnung bestimmt sich nach dem Recht des Vereinigten Königreichs und Irlands.

1 **A. Überblick über die Regelungen zur internationalen Zuständigkeit in Ehesachen.** Die Art 3–7 benennen die Umstände, aus denen sich die **internationale Zuständigkeit** der Gerichte in Ehesachen ergeben können. Hierzu findet sich im Leitfaden (s. dazu Art 1 Rz 3) auf S 60 ein Fallbaum, in Anlehnung an diesen hier die zutreffende **Prüfungsreihenfolge:**

- Zuständigkeit nach den Art 3–5?
  - Wenn ja: Art 19 (doppelte Rechtshängigkeit) prüfen
  - Wenn ja: dortige Konsequenzen beachten
  - Falls nein: Ende der Prüfung
  - Falls nein: nächster Prüfungspunkt
- Ist ein Gericht eines anderen Mitgliedstaats nach der Verordnung zuständig?
  - Wenn ja: Art 17 (Unzuständigkeitserklärung vAw)
  - Falls nein: Art 7 (Anwendung des eigenen nationalen Rechts)

2 **B. Regelungsgehalt. I. Grundzüge.** Art 3 sieht sieben alternative Gerichtsstände vor, die in den sechs Anstrichen von lit a) mit dem **gewöhnlichen Aufenthalt** der Parteien zusammenhängen und nur in einer Alternative (lit b) mit der **gemeinsamen Staatsangehörigkeit** der Parteien. Art 3 verdrängt in seinem Anwendungsbereich § 98 FamFG, regelt aber nur die **internationale Zuständigkeit**, **nicht** die **örtliche** (hierfür fehlte der EU auch die Gesetzgebungskompetenz). Für die örtliche Zuständigkeit gilt also allein das nationale Recht (§ 122 FamFG). Maßgebend für die Beurteilung der internationalen Zuständigkeit ist der Zeitpunkt der Antragstellung – es greifen die Grundsätze der **perpetuatio fori**.

3 Problematisch ist, dass die sieben Gerichtsstände des Art 3 **alternativ** und damit allesamt gleichberechtigt nebeneinander stehen. Damit wird zum ***forum shopping*** geradezu eingeladen (s. dazu *Völker* FF 09, 443 mit Fallbeispielen; s.a. zu den Sonderproblemen in common-law-Staaten *Rogerson* IPRax 10, 553): Die schnellere (Art 19 führt aufgrund des dort verankerten Prioritätsprinzips zu einem Wettlauf) und damit meist die besser anwaltlich beratene Partei kann sich über die Wahl des zuständigen Gerichts den Zugang zu dem ihr günstigeren materiellen Recht verschaffen. Denn das angerufene Gericht wendet sein eigenes Internationales Privatrecht an. Und da die Internationalen Privatrechte der Verordnungsmitgliedstaaten – soweit sie nicht Mitgliedstaaten der Rom III-Verordnung sind (dazu Art 1 Rz 2) – noch nicht harmonisiert

sind, verweisen diese tw im Ergebnis auf verschiedene Sachrechte (s. zu den sich hierdurch eröffnenden taktischen Möglichkeiten Rz 13).

Ziel muss daher eine **Harmonisierung der internationalen Privatrechte der Mitgliedstaaten** sein, sodass es möglichst in jedem Fall zur Anwendbarkeit desselben materiellen Rechts kommt, unabhängig davon, in welchem Mitgliedstaat der Fall vor Gericht kommt. Die Rom III-Verordnung ist ein guter erster Schritt dorthin; bleibt zu hoffen, dass sich ihr weitere Mitgliedstaaten anschließen werden. Eine zu weitgehende Harmonisierung der materiellen Familienrechte halte ich demgegenüber für wenig erstrebenswert (s. dazu – lesenswert – *Luis de Lima Pinheiro* IPrax 08, 206). Ich glaube nicht, dass die Rechtsvielheit im Ehe- und Familienrecht zum Integrationshemmnis werden könnte, sondern plädiere dafür, den Leitspruch der Europäischen Union – in Vielfalt geeint – ernst zu nehmen. Das Recht ist Bestandteil der Kultur jedes Staates. Eine zu weitgehende Vereinheitlichung der materiellen Familienrechte – etwa in Form eines Europäischen Familiengesetzbuchs – liefe nicht nur Gefahr, keinen Rückhalt in der Bevölkerung zu haben, sondern auch und va, den **Wettbewerb zwischen den EU-Mitgliedstaaten** zu beseitigen. Diese könnten sich also bei Gesetzesreformen nicht mehr umschauen, wie andere EU-Staaten dasselbe Problem gelöst haben. Das wäre aus meiner Sicht ein herber Verlust, ohne dass ich gleich die Gefahr einer Nivellierung der Standards nach unten, weil dem kleinsten gemeinsamen Nenner geschuldet, heraufbeschwören möchte. Trotzdem: Man sollte den Anfängen eines *race to the bottom* wehren (*Völker* FF 09, 443).

Die zweckmäßigste Prüfungsreihenfolge dürfte folgende sein (so auch FA-FamR/*Rausch* Kap 15 Rn 59 ff): 4

- Gemeinsame Staatsangehörigkeit der Ehegatten (Abs 1 lit b);
  - Gewöhnlicher Aufenthalt des Antragsgegners (Abs 1 lit a, 1. und 3. Anstrich; der 1. Anstrich hat im Ergebnis keine eigenständige Bedeutung, da er immer zugleich dem 3. Anstrich unterfällt);
  - Gewöhnlicher Aufenthalt des Antragstellers (Abs 1 lit a, 2. sowie 4.–6. Anstrich), und im Detail:
- Letzter gemeinsamer gewöhnlicher Aufenthalt der Ehegatten (Abs 1 lit a, 2. Anstrich);
- Gemeinsame Antragstellung der Ehegatten (Abs 1 lit a, 4. Anstrich);
  - Gewöhnlicher Aufenthalt des Antragstellers von einem Jahr unmittelbar vor der Antragstellung, wenn der Antragsteller nicht die Staatsangehörigkeit des angerufenen Gerichtsstaats innehat (Abs 1 lit a, 5. Anstrich);
  - Gewöhnlicher Aufenthalt des Antragstellers von sechs Monaten unmittelbar vor der Antragstellung, wenn der Antragsteller die Staatsangehörigkeit des angerufenen Gerichtsstaats innehat (Abs 1 lit a, 6. Anstrich).

Die Zuständigkeiten der Verordnung greifen auch dann, wenn ein Drittstaatler – also ein Ausländer, der keinem Mitgliedstaat angehört – beteiligt ist oder wenn ein Ehegatte seinen gewöhnlichen Aufenthalt in einem Nichtmitgliedstaat hat (Erwägungsgrund 8; vgl BGH FamRZ 08, 1409; FAKomm-FamR/*Rausch* ZPO Vor § 606a Rn 26).

II. An den Aufenthalt anknüpfende Zuständigkeiten (Abs 1 lit a). Abs 1 lit a hat sechs Anstriche, die 5 gleichberechtigt – und damit nicht vorrangig – neben dem Zuständigkeitsgrund des Abs 1 lit b stehen. Im Rahmen von Abs 1 lit a kommt es für den 1.–5. Anstrich nicht auf die Staatsangehörigkeit der Parteien oder ihr *domicile* (s. dazu Rz 12) an.

Den in allen Anstrichen in Bezug genommenen **gewöhnlichen Aufenthalt** definiert die Verordnung nicht. 6 Aufgrund der gebotenen autonomen Auslegung der Verordnung ist dies – ausgehend von der Rechtsprechung des EuGH in anderen Bereichen des EU-Rechts – der Ort, den die Partei als ständigen oder gewöhnlichen Mittelpunkt ihrer Lebensinteressen in der Absicht gewählt hat, ihm Dauerhaftigkeit zu verleihen (vgl etwa EuGH, Urt v 15.9.94 – C-452/93P; Urt v 11.11.04 – C-372/02; Urt v 17.7.08 – C-66/08; Urt v 25.2.99 – C-90/97; so im Anschluss hieran auch der französische Kassationshof mit Entscheidung Nr 1880 v 14.12.05–05-10.951; aA München Beschl v 30.6.05 – 4 UF 233/05, juris; krit hierzu aber jurisPR-FamR 3/06, Anm 5, *Völker*). Zur Auslegung des gewöhnlichen Aufenthalts iRd HKÜ s. Frankf FamRZ 06, 883; jurisPR-FamR 22/06, Anm 6, *Völker*. Dies steht mit der Wertung des Art 9 I, der davon ausgeht, dass schon in weniger als drei Monaten nach einem Umzug in einen anderen Mitgliedstaat dort ein neuer gewöhnlicher Aufenthalt begründet werden kann, sowie mit der – richtig verstandenen – Rechtsprechung des BGH (BGH NJW 93, 2047, 2048 f) in Einklang. Diese zufolge ist der gewöhnliche Aufenthalt einer Person der Ort, an dem der Schwerpunkt ihrer Bindungen in familiärer oder beruflicher Hinsicht, ihr Daseinsmittelpunkt liegt. An die Feststellung des gewöhnlichen Aufenthalts dürfen keine zu geringen Anforderungen gestellt werden. Der Wille, den Aufenthaltsort zum Mittelpunkt oder Schwerpunkt der Lebensverhältnisse zu machen, ist – anders als beim Wohnsitz – nicht erforderlich. Im Unterschied wiederum zum einfachen oder schlichten Aufenthalt ist grds ein Aufenthalt von einer Dauer zu verlangen, die nicht nur gering oder vorübergehend sein darf. Allerdings bedeutet das nicht, dass im Falle eines Wechsels des Aufenthaltsorts ein neuer gewöhnlicher Aufenthalt immer erst nach Ablauf einer entsprechenden Zeitspanne begründet werden könnte oder bis dahin der frühere gewöhnliche Aufenthalt fortbestünde. Der gewöhnliche Aufenthalt an einem Ort wird vielmehr grds schon dann begründet, wenn sich aus den Umständen ergibt, dass der Aufenthalt an diesem Ort auf längere Zeit angelegt ist und der neue Aufenthaltsort künftig anstelle des bisherigen der Daseinsmittelpunkt sein soll.

Hieran haben die Entscheidungen des EuGH (FamRZ 11, 617; Anm *Mankowski* GPR 11, 209; 09, 843; Anm *Völker* FamRBint 09, 53; s. a *Pirrung* IPRax 11, 50) nichts geändert. Darin wird jeweils lediglich der Begriff des gewöhnlichen Aufenthalts eines Kindes definiert (s. dazu Art 8 Rz 2). Dieser ist mit dem des gewöhnlichen Aufenthalt eines Ehegatten jedenfalls nicht völlig deckungsgleich (so auch *Helms* FamRZ 11, 1765, 1769).

7 Der **1. Anstrich** erfordert, dass beide Parteien derzeit ihren gewöhnlichen Aufenthalt in dem Staat haben, dessen Gericht angerufen wurde.

8 Der **2. Anstrich** lässt es genügen, dass die Ehegatten einen gemeinsamen gewöhnlichen Aufenthalt im Gerichtsstaat hatten, wenn einer von ihnen in diesem Staat verblieben ist. Der Wortlaut (»noch«) zeigt, dass die Berufung auf diesen Anstrich ausscheidet, wenn dieser Ehegatte zwischenzeitlich in einen anderen Staat verzogen und sodann wieder in jenen Staat zurückgekehrt ist.

9 Im Rahmen des **3. Anstrichs** – gewöhnlicher Aufenthalt des Antragsgegners – kann der Antragsteller die Ehesache sofort mit Begründung des gewöhnlichen Aufenthalts durch den Antragsgegner im neuen Staat anhängig machen. Dies kann im Einzelfall – bei einem entsprechenden klaren Niederlassungswillen des Antragsgegners – schon unmittelbar nach dem Zuzug der Fall sein (so auch HK-FamR/*Rieck* Art 3 Rn 6 mwN).

10 Gleiches gilt beim **4. Anstrich** – gemeinsamer Antrag der Ehegatten. Für einen gemeinsamen Antrag reicht es aus, dass ein Ehegatte – wie in Deutschland häufig – den Antrag stellt und der andere dem zustimmt (NK-BGB/*Gruber* Art 3 Rn 24 mwN). Bezüglich beider Anstriche ist freilich Missbrauchsgefahr gegeben (vgl auch HK-FamR/*Rieck* Art 3 Rn 6); denn die Parteien können sich durch den Umzug des Antragsgegners (3. Anstrich) bzw eines Ehegatten (4. Anstrich) ein beliebiges Gericht und damit ggf ein ihnen genehmes Sachrecht verschaffen (zum ***forum shopping*** s. bereits Rz 3). Nachdem dies aber in keinem der beiden Fälle einem der Ehegatten aufgezwungen wird, ist diese Möglichkeit einer »verdeckten« Gerichtsstandsvereinbarung nicht gesteigert bedenklich.

11 In Bezug auf den **5. Anstrich** – Antragstelleraufenthalt – ist streitig, ob diese Zuständigkeit aufgrund der Verkürzung der im **6. Anstrich** – Heimatstaat des Antragstellers – enthaltenen Frist von 12 auf sechs Monate gegen das Diskriminierungsverbot des Art 12 EGV verstößt (s. Zö/*Geimer* Art 3 Rn 6; HK-ZPO/*Dörner* Art 3 Rn 8 mwN). Dies ist indes nicht der Fall, weil der 6. Anstrich jedem Unionsbürger die Möglichkeit eröffnet, in seinem Heimatstaat schneller eine Zuständigkeit zu erreichen als in einem anderen Mitgliedstaat; die Gegenmeinung begrenzt die Vergleichsgruppen zu stark, anstatt den gebotenen Gesamtvergleich anzustellen (zutr Rauscher/*Rauscher* Art 3 Rn 30).

Beide Mindestfristen beginnen nach hM erst mit der Begründung des **gewöhnlichen Aufenthalts** (s. dazu Rz 6) zu laufen, nicht schon mit dem schlichten Aufenthalt. Zwar sprechen beide Anstriche – anders als der 1. und 2. Anstrich – nicht vom gewöhnlichen Aufenthalt. Jedoch handelt es sich hier um eine Fassungsungenauigkeit; die maßgeblichen englischen und französischen Fassungen sind eindeutig (*to reside* bzw *résider*).

Nach dem Wortlaut der Vorschrift kommt es für den Ablauf der Sechsmonats- bzw Jahresfrist auf den Zeitpunkt der **Antragstellung** an. Abzulehnen ist die Ansicht, derzufolge es genügt, dass der gewöhnliche Aufenthalt des Antragstellers erst während des laufenden Verfahrens begründet wird (so NK-BGB/*Gruber* Art 3 Rn 21 mwN; Rauscher/*Rauscher* Art 3 Rn 25). Es mag zwar der Prozessökonomie widersprechen, den dann zulässig werdenden Antrag trotzdem weiterhin als unzulässig zu behandeln und den Antragsteller zu zwingen, sofort nach Abweisung des Antrags einen neuen, gleichlautenden und nunmehr zulässigen Antrag zu stellen. Indessen ist der Wortlaut eindeutig und die Zuständigkeit des Gerichts von diesem schon zu Beginn des Verfahrens zu prüfen (zutr HK-FamR/*Rieck* Art 3 Rn 6 mwN). Folgt man dieser Auffassung, bieten sich taktische Möglichkeiten (s. dazu Rz 13).

12 **III. An die Staatsangehörigkeit anknüpfende Zuständigkeit (Abs 1 lit b).** Abs 1 lit b steht gleichberechtigt neben den sechs Zuständigkeitsgründen des Abs I lit a. Er setzt eine **gemeinsame Staatsangehörigkeit**

der Parteien voraus, die bei Mehrstaatlern nicht die effektive sein muss, sodass insb Art 5 I 2 EGBGB keine Anwendung findet (HK-FamR/*Rieck* Art 3 Rn 14 mwN; FA-Komm-FamR/*Rausch* Vor § 606a Rn 22; ThoPu/*Hüßtege* Art 3 Rn 3 und 11). ***Domicile*** ist im Wesentlichen der Lebensmittelpunkt einer Person (s. näher NK-BGB/*Gruber* Art 3 Rn 47). Besitzen die Ehegatten beide die **doppelte Staatsangehörigkeit** der beiden selben Staaten, so steht es nach der Rechtsprechung des EuGH (EuGH FamRZ 09, 1571 in einem Fall, in dem beide Ehegatten französisch-ungarischer Doppelstaater waren) dem Antragsteller frei, in welchem der Staaten, deren Staatsangehörigkeit er besitzt, die Scheidung auf der Grundlage von Art 3 I b beantragt, auch wenn keiner der beiden Ehegatten mit dem angerufenen Staat sonstige Berührungspunkte hat. Zu Recht weist *Kohler* in seiner kritischen Anm zu dieser Entscheidung (FamRZ 09, 1574) auf die dadurch erhöhte Gefahr des forum shopping und auf die Dringlichkeit hin, die Internationalen Privatrechte aller Verordnungsmitgliedstaaten zu vereinheitlichen (dazu ausf *Völker* FF 09, 443).

C. Taktische Überlegungen. Für **Rechtsanwälte** ist die Möglichkeit zum *forum shopping* – die allerdings nunmehr durch die Rom III-Verordnung weiter eingeschränkt wird (dazu Art 1 Rz 2) – natürlich eine Pflicht. Wird dieses unterlassen, kann der Mandant uU Regress nehmen. Von Anwälten wird immer mehr zu erwarten sein, diejenigen materiellen Familienrechte der Mitgliedstaaten auf Günstigkeit für ihre Mandanten hin zu untersuchen, deren Anwendbarkeit in concreto erreicht werden kann. Dabei muss freilich das Augenmerk nicht nur auf die Ehescheidung, sondern auch auf die **Folgesachen** gerichtet werden. 13

Für die **Anrufung eines ausländischen Gerichts** kann es bspw sprechen, wenn nach deutschem IPR ein schwieriges ausländisches Sachrecht anzuwenden wäre und daher ein teures und zeitraubendes Rechtsgutachten eingeholt werden müsste. Oder wenn das ausländische IPR auf ein dem Mandanten günstigeres Scheidungsrecht – und/oder, ggf auch mittelbar, auf ein für ihn vorteilhafteres Scheidungsfolgenrecht – verweist.

Dagegen kann sprechen, dass der Mandant noch die Kosten eines zweiten Anwalts zahlen muss. Zuweilen arbeitet das ausländische Gericht auch bekanntermaßen langsamer als das deutsche. Ferner kann zumeist der Versorgungsausgleich im ausländischen Verfahren nicht geregelt werden, was zu Mehrkosten im Falle der nachträglichen isolierten Regelung in Deutschland und zu dem Folgeproblem führt, dass im Ausland zB durch eine *prestation compensatoire* tw ehebedingte Versorgungsnachteile ausgeglichen werden können, sodass sich dann im deutschen Verfahren der Einwand aus § 1587c Nr 1 BGB aufdrängt (s. dazu *Völker* FamRBint 06, 92, 95). Für die Anrufung der deutschen Gerichte kann auch sprechen, dass die Ehe nach dem bei Anrufung des ausländischen Gerichts infolge dessen IPR anwendbaren ausländischen Sachrecht nicht geschieden werden könnte; in diesem Fall kann zuweilen Art 17 I 2 EGBGB mit seiner scheidungsfreundlichen Anknüpfung an das deutsche Recht helfen (s. aber dazu Art 4 Rz 5).

Im Rahmen des Abs 1 lit a, 5. Anstrich ist die Jahresfrist für den in Deutschland verbliebenen Ehegatten bedeutsam, wenn der andere Ehegatte in einen anderen Mitgliedstaat – der nicht sein Heimatstaat ist – verzogen ist. Der in Deutschland verbliebene Ehegatte sollte – vorausgesetzt, es ist deutsches Scheidungsrecht oder ein solches anwendbar, das keine längere Trennungszeit als ein Jahr voraussetzt – die Scheidung schon kurze Zeit vor Ablauf der Jahresfrist rechtshängig (s. dazu Art 16 Rz 2) machen, um dem zu erwartenden Scheidungsantrag des weggezogenen Ehegatten zuvorzukommen.

Artikel 4 Gegenantrag. **Das Gericht, bei dem ein Antrag gemäß Artikel 3 anhängig ist, ist auch für einen Gegenantrag zuständig, sofern dieser in den Anwendungsbereich dieser Verordnung fällt.**

Art 4 will va die Nachteile ausgleichen, denen sich der Antragsgegner wegen Art 19 (s. dort) ausgesetzt sehen kann. Wenn der Antragsteller mit seinem eine Ehesache betreffenden Antrag zuerst zum Zuge gekommen ist, soll der Antragsgegner seinen **Gegenantrag** beim selben Gericht anhängig machen können. Müsste er sich an ein anderes Gericht wenden, so müsste dieses wegen Art 19 I sein Verfahren aussetzen, bis die Zuständigkeit des zuerst angerufenen Gerichts geklärt ist. Der Antragsgegner kann dies in Kauf nehmen und warten; muss sich dann das von ihm angerufene Gericht nach Art 19 III 1 zugunsten des vom Antragsteller angerufenen Gerichts für unzuständig erklären, so kann er diesem Gericht seinen Antrag vorlegen, Art 19 III 2. Art 4 gibt ihm aber die – oft aus seiner Sicht vorzugswürdige – Alternative, seinen **Gegenantrag** unmittelbar beim vom Antragsteller angerufenen Gericht anhängig zu machen. 1

Voraussetzung ist indes, dass der Gegenantrag in den **Anwendungsbereich** der Verordnung fällt. Er muss also entweder eine Ehesache iSd Art 1 I lit a oder eine Sache betreffend die elterliche Verantwortung (Art 1 I lit b) betreffen. Art 4 erfasst nicht andere Folgesachen (s. dazu auch Art 1 Rz 2). 2

3 Art 4 regelt – ausnahmsweise – nicht nur die internationale, sondern auch die **örtliche Zuständigkeit** (NK-BGB/*Gruber* Art 4 Rn 4 mwN): Für den Gegenantrag ist dasselbe Gericht zuständig, bei dem auch der Antrag anhängig ist.

4 Mangels Regelung in der Verordnung ist bzgl der **übrigen Voraussetzungen** für den Widerantrag das jeweilige nationale Prozessrecht (lex fori) maßgeblich, in Deutschland sind also die §§ 126 FamFG (Verbindung von Verfahren durch Widerklage) und § 129 II S 2 und 3 FamFG (Widerklage bei Klage auf Feststellung des Bestehens oder Nichtbestehens einer Ehe) zu beachten (HK-ZPO/*Dörner* Art 4 Rn 2).

Artikel 5 Umwandlung einer Trennung ohne Auflösung des Ehebandes in eine Ehescheidung. **Unbeschadet des Artikels 3 ist das Gericht eines Mitgliedstaats, das eine Entscheidung über eine Trennung ohne Auflösung des Ehebandes erlassen hat, auch für die Umwandlung dieser Entscheidung in eine Ehescheidung zuständig, sofern dies im Recht dieses Mitgliedstaats vorgesehen ist.**

1 Diese Vorschrift ordnet – aus Gründen des Sachzusammenhangs – eine **Zuständigkeitsfortdauer** zugunsten des Gerichts an, das über die Trennung der Ehegatten entschieden hat; dieses Gericht bleibt auch für die Scheidung der Parteien zuständig. Dies gilt – wie bei Art 4 – nicht nur hinsichtlich der internationalen, sondern auch bzgl der **örtlichen Zuständigkeit** und auch dann, wenn das Gericht im Trennungsverfahren seine internationale Zuständigkeit verkannt hatte (Zö/*Geimer* Art 5 Rn 4).

2 Die Trennung muss **justiziell** erfolgen, also vom Gericht angeordnet worden sein. Das Trennungsurteil muss zudem im jeweiligen Fall materiell- oder verfahrensrechtliche Voraussetzung für die Scheidung sein (**konkrete Konnexität**), ohne dass im Scheidungsurteil zwingend auf eine **Umwandlung** im engen Wortsinne erkannt werden müsste (ThoPu/*Hüßtege* Art 5 Rn 2; anders aber wohl HK-FamR/*Rieck* Art 5 Rn 3). »**Recht**« iSd Art 5 ist auch das IPR des Staats, in dem nun die Scheidung begehrt wird, es handelt sich bei Art 5 also um eine **Gesamtverweisung** (vgl HK-ZPO/*Dörner* Art 5 Rn 2 mwN; Zö/*Geimer* Art 5 Rn 3; Rauscher/*Rauscher* Art 5 Rn 3; aA FA-Komm-FamR/*Rausch* Vor § 606a Rn 34, der wohl von einer Sachnormverweisung ausgeht, die aber im Wortlaut der Norm keine Stütze findet). Hat folglich ein deutsches Gericht nach italienischem Recht ein Trennungsurteil erlassen und ist auch auf die Scheidung nach deutschem IPR italienisches Recht anzuwenden, so ist es auch für die Scheidung zuständig, weil das italienische Recht die Umwandlung der Trennung in eine Scheidung kennt (vgl HK-ZPO/*Dörner* Art 5 Rn 2 mwN; HK-FamR/*Rieck* Art 5 Rn 2).

3 Nachdem die Zuständigkeit nach Art 5 eine etwaige Zuständigkeit nach Art 3 unberührt lässt (»unbeschadet«), kann auch die auf Art 5 beruhende Zuständigkeit nach Art 19 eine andere Zuständigkeit sperren (vgl dazu HK-FamR/*Rieck* Art 5 Rn 4 mwN auch zur Gegenmeinung; eingehend *Rieck* FPR 07, 427).

Artikel 6 Ausschließliche Zuständigkeit nach den Artikeln 3, 4 und 5. **Gegen einen Ehegatten, der**

a) seinen gewöhnlichen Aufenthalt im Hoheitsgebiet eines Mitgliedstaats hat oder
b) Staatsangehöriger eines Mitgliedstaats ist oder im Fall des Vereinigten Königreichs und Irlands sein »domicile« im Hoheitsgebiet eines dieser Mitgliedstaaten hat,

darf ein Verfahren vor den Gerichten eines anderen Mitgliedstaats nur nach Maßgabe der Artikel 3, 4 und 5 geführt werden.

Artikel 7 Restzuständigkeit. **(1) Soweit sich aus den Artikeln 3, 4 und 5 keine Zuständigkeit eines Gerichts eines Mitgliedstaats ergibt, bestimmt sich die Zuständigkeit in jedem Mitgliedstaat nach dem Recht dieses Staates.**

(2) Jeder Staatsangehörige eines Mitgliedstaats, der seinen gewöhnlichen Aufenthalt im Hoheitsgebiet eines anderen Mitgliedstaats hat, kann die in diesem Staat geltenden Zuständigkeitsvorschriften wie ein Inländer gegenüber einem Antragsgegner geltend machen, der seinen gewöhnlichen Aufenthalt nicht im Hoheitsgebiet eines Mitgliedstaats hat oder die Staatsangehörigkeit eines Mitgliedstaats besitzt oder im Fall des Vereinigten Königreichs und Irlands sein »domicile« nicht im Hoheitsgebiet eines dieser Mitgliedstaaten hat.

Die Art 6 und 7 stehen in engem Zusammenhang zueinander, wobei aber Art 6 vor Art 7 zu prüfen ist (FA-Komm-FamR/*Rausch* Vor § 606a Rn 37; ThoPu/*Hüßtege* Art 8 Rn 2). Denn Art 6 dient dazu, den Rückgriff auf nationale Zuständigkeitsvorschriften, den Art 7 ermöglicht, weitestmöglich zurückzudrängen. Zu diesem Zweck ordnet Art 6 an, dass *gegen* einen Ehegatten, der entweder seinen gewöhnlichen Aufenthalt in einem Mitgliedstaat hat oder dessen Staatsangehöriger er ist, ein Verfahren vor einem Gericht eines anderen Mitgliedstaates nur geführt werden kann, wenn dieser andere Verordnungsmitgliedstaat nach den Art 3 bis 5 international zuständig ist. Art 7 I bestimmt, dass (nur) wenn keine Zuständigkeit eines Gerichts (irgend)eines Verordnungsmitgliedstaates nach den Art 3 bis 5 der VO besteht, das angerufene Gericht seine Zuständigkeit nach seinem nationalen Recht bestimmen kann. 1

Das so beschriebene **Verhältnis der Art 6 und 7 I** zueinander war streitig (s. zum Streitstand NK-BGB/*Gruber* Art 6 Rn 2 ff), ist aber nunmehr für die Praxis geklärt: Der EuGH (EuGH FamRZ 08, 128; s.a. Anm *Borrás* IPrax 08, 233) hat befunden, dass die Art 6 und 7 so auszulegen sind, dass die Gerichte eines Mitgliedstaats, wenn der Antragsgegner in einem Ehescheidungsverfahren weder seinen gewöhnlichen Aufenthalt im Hoheitsgebiet eines Mitgliedstaats hat noch die Staatsbürgerschaft eines Mitgliedstaats besitzt, ihre Zuständigkeit für die Entscheidung über den entsprechenden Antrag nicht aus ihrem nationalen Recht herleiten können, wenn die Gerichte eines anderen Mitgliedstaats nach Art 3 zuständig sind. Hatte also etwa sich der zurzeit gewöhnlich in der Schweiz aufhaltende schweizerische Antragsgegner zuvor mit seiner deutschen Ehefrau einen gemeinsamen gewöhnlichen Aufenthalt in Deutschland, so ist wegen Art 7 I – in seiner Auslegung durch den EuGH – den deutschen Gerichten der Rückgriff auf § 98 FamFG versperrt und es ist Art 3 I lit a, 2., 5. und 6. Anstrich maßgebend. Allerdings wäre – teleologische Reduktion – der Rückgriff auf § 98 FamFG dann erlaubt, wenn der Antragsgegner im Beispielsfall deutscher Staatsangehöriger wäre, da insoweit die Sperrwirkung von Art 6 nicht griffe (ebenso NK-BGB/*Gruber* Art 6 Rn 12; FAKomm-FamR/*Rausch* Vor § 606a Rn 39). Der österreichische OGH hat folgenden weiteren Fall entschieden: Die Antragstellerin, Österreicherin, und der italienische Antragsgegner lebten in der Schweiz. Bei Trennung zog die Antragstellerin nach Österreich, wo sie vor Ablauf der Sechsmonatsfrist des Art 3 I lit a, 6. Anstrich die Scheidung einreichte. Der OGH lehnte – ebenfalls noch vor Ablauf dieser Frist – hier zutr einen Rückgriff auf die nationalen Zuständigkeitsvorschriften (Art 7 I) ab, weil es wegen der italienischen Staatsangehörigkeit des Antragsgegners eine Sperrwirkung des Art 6 lit b annahm, da die österreichischen Gerichte nach den Art 3–5 nicht zuständig waren (OGH IPRax 10, 74; Anm *Andrae/Schreiber* IPRax 10, 79). 2

Art 7 II VO stellt einen Staatsangehörigen eines Mitgliedstaates, der seinen gewöhnlichen Aufenthalt in einem anderen Mitgliedstaat hat, einem Staatsangehörigen dieses Mitgliedstaates gleich, wenn der Antragsgegner weder einen gewöhnlichen Aufenthalt in einem Mitgliedstaat noch eine Staatsangehörigkeit eines Mitgliedstaates hat. So soll ein Verstoß gegen das Diskriminierungsverbot des Art 12 EGV vermieden werden. Eine Französin, die von den Vereinigten Staaten nach Deutschland umzieht und dort unverzüglich (sonst ggf wegen der unter Rz 1 wiedergegebenen Rechtlage Zuständigkeit der deutschen Gerichte nach Art 3 I lit a, 5. Anstrich) die Scheidung von ihrem in den Vereinigten Staaten verbliebenen Mann beantragt, kann sich daher wie eine Deutsche auf § 98 I Nr 1 FamFG berufen. 3

Abschnitt 2 Elterliche Verantwortung

Artikel 8 Allgemeine Zuständigkeit. (1) Für Entscheidungen, die die elterliche Verantwortung betreffen, sind die Gerichte des Mitgliedstaats zuständig, in dem das Kind zum Zeitpunkt der Antragstellung seinen gewöhnlichen Aufenthalt hat.
(2) Abs. 1 findet vorbehaltlich der Artikel 9, 10 und 12 Anwendung.

A. Überblick über das Normgefüge der Art 8 ff. Die Art 8–15 enthalten die Vorschriften über die internationale Zuständigkeit in Verfahren betreffend die elterliche Verantwortung. Die Grundregel findet sich in Art 8 I – gewöhnlicher Aufenthalt des Kindes. Dieser Zuständigkeit gehen aber gem Art 8 II die in Art 9 (Umgangsrecht bei rechtmäßigem Umzug des Kindes), 10 (Kindesentführung) und 12 (Prorogation) geregelten Ausnahmen vor. Greifen diese ebenso wenig wie Art 8 I, so finden – nachrangig – die ergänzenden Zuständigkeiten in Art 13 und – nochmals subsidiär – Art 14 Anwendung. Stets möglich bleibt die in Art 15 vorgesehene grenzüberschreitende Verweisung. 1

Auch zur internationalen Zuständigkeit in Verfahren betreffend die elterliche Verantwortung findet sich im Leitfaden (s. dazu Art 1 Rz 3) auf S. 15 ein Fallbaum, der aber unbrauchbar ist, weil er den soeben vorgestellten logischen Anwendungsvorrang von Art 8 II vor Art 8 I verkennt. Daher ist von folgender **Prüfungsreihenfolge** auszugehen:

- Zuständigkeit nach den Art 9, 10 oder 12 (nach Art 8 II vorrangig zu prüfen!)?
  - Wenn ja: Art 19 (doppelte Rechtshängigkeit) prüfen
  - Wenn ja: dortige Konsequenzen beachten
  - Falls nein: nächster Prüfungspunkt
  - Falls nein: nächster Prüfungspunkt
- Zuständigkeit nach Art 8 I?
  - Wenn ja: Ende der Prüfung
  - Falls nein: nächster Prüfungspunkt
- Zuständigkeit nach Art 13?
  - Wenn ja: Ende der Prüfung
  - Falls nein: nächster Prüfungspunkt
- Ist ein Gericht eines anderen Mitgliedstaats nach den Art 8–13 zuständig?
  - Wenn ja: Art 17 (Unzuständigkeitserklärung vAw)
  - Wenn nein: Art 14 (Anwendung des eigenen nationalen Rechts)

2 **B. Regelungsgehalt.** Den Begriff des **gewöhnlichen Aufenthalts eines Kindes** – vgl auch Leitfaden (s. Art 1 Rz 3) S. 16 und (zum hiervon abw zu definierenden gewöhnlichen Aufenthalt einer Partei) Art 3 Rz 6 – hat der EuGH (FamRZ 11, 617; Anm *Mankowski* GPR 11, 209; 09, 843; Anm *Völker* FamRBint 09, 53; s. a *Pirrung* IPRax 11, 50) im Wege (stets gebotener, s. dazu etwa Art 1 Rz 4) verordnungsautonomer Auslegung geklärt: Jener ist der Ort, der Ausdruck einer gewissen sozialen und familiären Integration des Kindes ist. Hierfür sind insb die Dauer, die Regelmäßigkeit und die Umstände des Aufenthalts in einem Mitgliedstaat sowie die Gründe für diesen Aufenthalt und den Umzug der Familie in diesen Staat, die Staatsangehörigkeit des Kindes, Ort und Umstände der Einschulung, die Sprachkenntnisse sowie die familiären und sozialen Bindungen des Kindes in dem betreffenden Staat zu berücksichtigen. In Ansehung dessen kann die Absicht der Eltern, sich mit dem Kind dauerhaft in einem anderen Mitgliedstaat niederzulassen, die sich in bestimmten äußeren Umständen, wie dem Erwerb oder der Anmietung einer Wohnung im Zuzugsstaat manifestiert, ein Indiz für die Verlagerung des gewöhnlichen Aufenthalts sein. Ein anderes Indiz kann die Einreichung eines Antrags auf Zuweisung einer Sozialwohnung bei den zuständigen Behörden sein. Dass sich ein Kind in einem Mitgliedstaat aufhält, in dem es während eines kurzen Zeitraums ein Wanderleben führt, kann dagegen ein Indiz dafür sein, dass sich der gewöhnliche Aufenthalt dieses Kindes nicht in diesem Staat befindet. Je jünger das Kind ist, desto mehr Gewicht bekommt das familiäre Umfeld des Kindes, So ist bei einem Säugling vorrangig auf den Willen und die Integration des es betreuenden Elternteils in sein eigenes soziales und familiäres Umfeld abzustellen. Es ist Sache des nationalen Gerichts, unter Berücksichtigung aller tatsächlichen Umstände des Einzelfalls den gewöhnlichen Aufenthalt des Kindes festzustellen. Erweist sich dies ausnahmsweise als unmöglich, so sind – vorbehaltlich der Anwendbarkeit von Art 12 (Vereinbarung über die Zuständigkeit) – nach Art 13 die Gerichte des Mitgliedstaats international zuständig, in dem sich das Kind befindet.

Art 8 I ist (Wortlaut: »das Kind«) bei Vorhandensein mehrerer Kinder für jedes gesondert zu prüfen (HK-FamR/*Rieck* Art 8 Rn 7; ThoPu/*Hüßtege* Art 8 Rn 1); es gibt also keinen Geschwistergerichtsstand.

3 Art 8 beinhaltet – vorbehaltlich einer nachträglichen grenzüberschreitenden Verweisung nach Art 15 – eine **perpetuatio fori**, sodass ein Wechsel des gewöhnlichen Aufenthalts des Kindes nach Antragstellung bzw amtswegiger Verfahrenseinleitung die internationale Zuständigkeit des angerufenen Gerichts nicht berührt (NK-BGB/*Gruber* Art 8 Rn 3; ThoPu/*Hüßtege* Art 8 Rn 5).

4 Das **anwendbare Recht** wird von der Verordnung nicht erfasst, sodass insoweit auf das Haager Minderjährigenschutzabkommen vom 5.10.61 (MSA) zurückzugreifen ist bzw – seit dessen Anwendbarkeit für die Bundesrepublik Deutschland ab 1.1.11 (s. dazu Art 1 Rz 2) – auf das Haager Kinderschutzübereinkommen vom 19.10.96 (KSÜ).

C. Verhältnis zum nationalen Recht. Die Verordnung verdrängt – ob ihrer unmittelbaren Geltung und vorrangigen Anwendbarkeit – nationales Recht. Dies gilt aber nur – dann aber zugleich zwingend – in ihrem Anwendungsbereich. Daher führt zwar das **Anhängigwerden eine Ehesache** in Deutschland bei bestehender Anhängigkeit einer Sache betreffend die elterliche Verantwortung in Deutschland nach § 153 FamFG zur Abgabe letzterer Sache an das Gericht der Ehesache, weil die Verordnung die rein innerstaatlichen Verfahrensvorschriften über den Scheidungsverbund nicht regelt. Zugleich aber kann dies nicht grenzüberschreitend fortgedacht, gleichsam »projiziert« werden. Daher kommt eine **grenzüberschreitende Abgabe** der in Deutschland anhängigen Sache betreffend die elterliche Verantwortung etwa an das polnische Gericht, bei dem die Scheidung anhängig wird, auf der Grundlage der deutschen Verfahrensvorschriften nicht in Betracht (so auch HK-FamR/*Rieck* Art 8 Rn 8 mwN). Freilich bleibt die Möglichkeit, die Sache betreffend die elterliche Verantwortung nach Art 15 grenzüberschreitend zu verweisen. 5

Artikel 9 Aufrechterhaltung der Zuständigkeit des früheren gewöhnlichen Aufenthaltsortes des Kindes.

(1) Beim rechtmäßigen Umzug eines Kindes von einem Mitgliedstaat in einen anderen, durch den es dort einen neuen gewöhnlichen Aufenthalt erlangt, verbleibt abweichend von Artikel 8 die Zuständigkeit für eine Änderung einer vor dem Umzug des Kindes in diesem Mitgliedstaat ergangenen Entscheidung über das Umgangsrecht während einer Dauer von drei Monaten nach dem Umzug bei den Gerichten des früheren gewöhnlichen Aufenthalts des Kindes, wenn sich der laut der Entscheidung über das Umgangsrecht umgangsberechtigte Elternteil weiterhin gewöhnlich in dem Mitgliedstaat des früheren gewöhnlichen Aufenthalts des Kindes aufhält.

(2) Abs. 1 findet keine Anwendung, wenn der umgangsberechtigte Elternteil im Sinne des Absatzes 1 die Zuständigkeit der Gerichte des Mitgliedstaats des neuen gewöhnlichen Aufenthalts des Kindes dadurch anerkannt hat, dass er sich an dem Verfahren vor diesen Gerichten beteiligt, ohne ihre Zuständigkeit anzufechten.

Art 9 geht Art 8 I vor (s. Art 8 II und Art 8 Rz 1), betrifft nur **Umgang**srechtssachen und fingiert eine **Zuständigkeitsfortdauer** bei einem Aufenthaltswechsel des Kindes. Grund hierfür ist die Annahme, dass sich das Kind binnen drei Monaten noch kaum im neuen Staat eingelebt haben kann und daher das Gericht im Ursprungsstaat regelmäßig während dieser Übergangszeit noch bessere Kenntnisse über die Lebensumstände des Kindes hat. Außerdem wird dem Umzug zu Zwecken eines kurzfristigen *forum shopping* (zum Begriff s. Art 3 Rz 3) entgegengewirkt (s.a. Leitfaden – s. dazu Art 1 Rz 3 – S. 17). 1

Bei einem **rechtmäßigen** – sonst findet Art 10 Anwendung – Umzug eines Kindes von einem Mitgliedstaat in einen anderen **Mitgliedstaat**, durch den das Kind dort einen neuen gewöhnlichen Aufenthalt erlangt (s. dazu Art 8 Rz 2), bleiben die Gerichte des früheren Aufenthaltsstaates für die Dauer von **drei Monaten** für eine **Abänderung** einer bestehenden – nicht aber für eine erstmalige – Umgangsregelung zuständig, wenn sich der umgangs**berechtigte Träger der elterlichen Verantwortung** dort weiterhin gewöhnlich aufhält (s. dazu Art 3 Rz 6). Soweit in der deutschen Fassung des Art 9 vom umgangsberechtigten »Elternteil« die Rede ist, ist dies ein – den Anwendungsbereich von Art 9 zu Unrecht einschränkender – Übersetzungsfehler: Art 2 Nr 8 stellt terminologisch auf den Träger der elterlichen Verantwortung ab, auch spricht die englische Sprachfassung vom »*holder of the access right*« (HK-ZPO/*Dörner* Art 9 Rn 8; wegen des Wortlauts aA – ohne indes auf die unterschiedlichen Sprachfassungen einzugehen – Rauscher/*Rauscher* Art 9 Rn 6; s. indes auch die französische Fassung: »*titulaire du droit de visite*«). Ein **Fallbaum** zur Anwendung von Art 9 findet sich im Leitfaden (s. dazu Art 1 Rz 3) S. 19 f. 2

Art 9 I entfaltet **keine Sperrwirkung** für andere Fragen der elterlichen Verantwortung, sodass die internationale Zuständigkeit hierfür gesondert nach den Art 8 und 10 ff zu prüfen ist. Auch Art 15 – grenzüberschreitende Verweisung – bleibt unberührt, was aus Art 15 IV 2 und Art 15 V 3 folgt (vgl NK-BGB/*Gruber* Art 9 Rn 6; ThoPu/*Hüßtege* Art 9 Rn 3). Art 9 gilt nach hM nicht für **Umgangsvereinbarungen**. Soweit dies von HK-FamR/*Rieck* Art 9 Rn 5 unter Bezugnahme auf Art 2 Nr 1 anders gesehen wird, ist auf Art 2 Nr 4 hinzuweisen, der den Begriff der Entscheidung ausdrücklich definiert. Freilich genügt aber ein zum Beschl erhobener oder sonst erkennbar von einem Gericht oder einer hierfür ermächtigten Behörde – *insoweit* greift allerdings mE der Hinweis von *Rieck* auf Art 2 Nr 1 – ausdrücklich (!) gebilligter Vergleich, für Deutschland der nach § 156 II FamFG. 3

Art 9 II erfasst die **rügelose Einlassung**. Für eine Anfechtung iS dieses Absatzes genügt die schlichte Rüge mangelnder internationaler Zuständigkeit des angerufenen Gerichts. 4

Artikel 10 Zuständigkeit in Fällen von Kindesentführung. Bei widerrechtlichem Verbringen oder Zurückhalten eines Kindes bleiben die Gerichte des Mitgliedstaats, in dem das Kind unmittelbar vor dem widerrechtlichen Verbringen oder Zurückhalten seinen gewöhnlichen Aufenthalt hatte, so lange zuständig, bis das Kind einen gewöhnlichen Aufenthalt in einem anderen Mitgliedstaat erlangt hat und

a) jede sorgeberechtigte Person, Behörde oder sonstige Stelle dem Verbringen oder Zurückhalten zugestimmt hat
oder

b) das Kind sich in diesem anderen Mitgliedstaat mindestens ein Jahr aufgehalten hat, nachdem die sorgeberechtigte Person, Behörde oder sonstige Stelle seinen Aufenthaltsort kannte oder hätte kennen müssen und sich das Kind in seiner neuen Umgebung eingelebt hat, sofern eine der folgenden Bedingungen erfüllt ist:

i) Innerhalb eines Jahres, nachdem der Sorgeberechtigte den Aufenthaltsort des Kindes kannte oder hätte kennen müssen, wurde kein Antrag auf Rückgabe des Kindes bei den zuständigen Behörden des Mitgliedstaats gestellt, in den das Kind verbracht wurde oder in dem es zurückgehalten wird;

ii) ein von dem Sorgeberechtigten gestellter Antrag auf Rückgabe wurde zurückgezogen, und innerhalb der in Ziffer i) genannten Frist wurde kein neuer Antrag gestellt;

iii) ein Verfahren vor dem Gericht des Mitgliedstaats, in dem das Kind unmittelbar vor dem widerrechtlichen Verbringen oder Zurückhalten seinen gewöhnlichen Aufenthalt hatte, wurde gemäß Artikel 11 Abs. 7 abgeschlossen;

iv) von den Gerichten des Mitgliedstaats, in dem das Kind unmittelbar vor dem widerrechtlichen Verbringen oder Zurückhalten seinen gewöhnlichen Aufenthalt hatte, wurde eine Sorgerechtsentscheidung erlassen, in der die Rückgabe des Kindes nicht angeordnet wird.

1 **A. Ziele und Regelungsmechanismus des HKÜ und sein Verhältnis zur Brüssel IIa-Verordnung.** S. dazu iE *Völker,* Die wesentlichen Aussagen des Bundesverfassungsgerichts zum Haager Kindesentführungsübereinkommen – zugleich ein Überblick über die Neuerungen im HKÜ-Verfahren aufgrund der Brüssel IIa-Verordnung, FamRZ 10, 157. Zum eigenmächtigen Umzug mit einem Kind innerhalb Deutschlands s. *Völker/Clausius* FF 09, 54.

Das Haager Übereinkommen über die zivilrechtlichen Aspekte internationaler Kindesentführung v 25.10.80 (HKÜ) gilt zurzeit in mehr als 80 Staaten der Welt, in Deutschland seit dem 1.12.90 im Range eines Bundesgesetzes. Mit Hilfe dieses Abkommens sollen widerrechtliche Kindesentführungen rückgängig gemacht werden (vgl hierzu anschaulich Bach/Gildenast Rn 3 f). Denn bei Trennung oder Scheidung greifen Elternteile verstärkt zur Selbsthilfe, indem sie das Land des bisherigen gewöhnlichen Aufenthalts mit dem gemeinsamen Kind verlassen, ohne zuvor eine Sorgerechtsentscheidung des dortigen Gerichts zu beantragen oder abzuwarten. Sie kehren oft in der Erwartung einer für sie vorteilhaften Sorgerechtsregelung in ihren Heimatstaat zurück. Dem zurückgelassenen Elternteil ist somit eine Teilhabe am Sorgerechtsverfahren zunächst verwehrt. Um derartige Benachteiligungen zu verhindern, sieht das HKÜ primär die Wiederherstellung des *status quo ante* vor. Widerrechtlich (vgl dazu BGH FamRZ 10, 1060 mit Anm *Völker* und eingehend zu Auswanderungsfällen *Völker/Clausius,* § 1 Rn 219) von einem Vertragsstaat (Ursprungsstaat) in einen anderen Vertragsstaat verbrachte oder dort zurückgehaltene Kinder unter 16 Jahren sind daher sofort in ihren Ursprungsstaat (also den Staat ihres vormaligen gewöhnlichen Aufenthalts) zurückzuführen. Dabei geht das HKÜ davon aus, dass dem Kindeswohl am ehesten durch eine Sorgerechtsentscheidung der international zuständigen Gerichte desjenigen Staates entsprochen wird, in dem das Kind bis zu seiner Entführung gelebt hat. Demzufolge hat das HKÜ-Verfahren die Kindesrückführung zum Gegenstand und Ziel, nicht etwa die Beurteilung des optimalen Sorgerechtsverhältnisses und erst recht nicht die Regelung des Sorgerechts.

Dem entspricht, dass ein formal begründetes Rückführungsbegehren des zurückgelassenen Elternteils nicht etwa schon dann zurückgewiesen werden kann, wenn dem Kindeswohl mit einem Verbleib des Kindes in Deutschland besser gedient wäre, sondern nur, wenn – praktisch die am häufigsten, wenn auch in aller Regel erfolglos eingewandte Ausnahme – die Rückgabe des Kindes mit der schwerwiegenden Gefahr eines körperlichen oder seelischen Schadens verbunden ist oder es auf andere Weise in eine unzumutbare Lage bringt (Art 13 lit b HKÜ). Die Hinnahme der Entführung ist daher nur aufgrund ungewöhnlich schwerwiegender und konkret drohender Beeinträchtigungen des Kindeswohls gerechtfertigt, was – aus deutscher Sicht – verfassungsrechtlich ebenso unbedenklich ist wie die restriktive Auslegung dieser Ausnahmeklausel durch die Gerichte (vgl dazu BVerfGE 99, 145, 156 ff; BVerfG FamRZ 1996, 1267; sich dem anschließend Ddorf FamRZ 08, 1775). Ein HKÜ-Verfahren ist besonders eilbedürftig, weswegen das HKÜ vorsieht, dass eine erstinstanzliche Entscheidung bereits binnen sechs Wochen ergehen soll (lesenswert bezgl der ärgerlichen Folgen, die ein zu lange währendes Vollstreckungsverfahren auf die Durchsetzung einer Rückführungsanordnung haben kann, EGMR, Urt v 6.7.10 – Beschwerde Nr. 41615/07 – [Neulinger und Shuruk/ Schweiz]; hoffentlich eine Einzelfallentscheidung und kein Paradigmenwechsel! S auch EGMR Urt v 18.1.11 – Beschwerde Nr. 26755/10 – [L und M/Deutschland] hoffnungsfroh stimmen; EGMR FamRZ 11, 1842 [Sneersone und Kampanella/Italien]).

Die Art 10 und 11 ergänzen und verstärken nun das HKÜ in mehrerer Hinsicht und führen zu einer noch strengeren Anwendung des HKÜ. Dieses bleibt im Grundsatz anwendbar; soweit aber die Verordnung Regelungen enthält, gehen diese dem HKÜ vor (s. Art 60 Rz 1). Die Art 10 und 11 gelten nur im Verhältnis **zweier Mitgliedstaaten zueinander**, nicht im Verhältnis eines Mitgliedstaats zu einem Drittstaat (s. den Wortlaut von Art 10 und 11 I). 2

B. Regelungsgehalt. Ziel des – Art 8 I wegen Art 8 II vorgehenden (s. Art 8 Rz 1) – Art 10 ist es, den Vorrang des Herkunftsmitgliedstaats für die Sorgerechtsentscheidung zu sichern. Denn das Kind erwirbt im Zufluchtsmitgliedstaat regelmäßig – wenn auch infolge rechtswidrigen Verbringens oder Zurückhaltens – einen neuen gewöhnlichen Aufenthalt (die Definition ist dieselbe wie in Art 8 I, s. dazu EuGH FamRZ 11, 617; Anm *Mankowski* GPR 11, 209; Saarbr FamRZ 11, 1235 und Art 8 Rz 2; s. zum Begriffsinhalt in HKÜ-Fällen, in denen die Verordnung nicht anwendbar ist, Frankf FamRZ 06, 883; jurisPR-FamR 22/06, Anm 6, *Völker*), sodass Art 8 I greifen würde, wenn nicht Art 10 die aus Art 16 HKÜ bekannte **Zuständigkeitssperre** fortschreiben würde. Diese Sperre erfasst alle Entscheidungen betreffend die elterliche Verantwortung, außer freilich die Entscheidung über die Rückgabe des Kindes, die den Gerichten des Staats vorbehalten ist, in den das Kind widerrechtlich verbracht wurde bzw in dem es widerrechtlich zurückgehalten wird. Nicht von Art 10 erfasst sind auch auf der Grundlage von Art 20 (für Deutschland iVm §§ 15 IntFamRVG, 49 ff FamFG) erlassene einstweilige Anordnungen (Zö/*Geimer* Art 10 Rn 14), entsprechende besondere Dringlichkeit vorausgesetzt (s. dazu Art 20 Rz 1). Art. 10 lit b Nr iv ist dahin auszulegen, dass eine vorläufige Regelung keine „Sorgerechtsentscheidung…in der die Rückgabe des Kindes nicht angeordnet wird“ iS dieser Alternative darstellt (EuGH FamRZ 10, 1229 m Anm *Schulz* S. 1307), Art 15 – grenzüberschreitende Verweisung – bleibt anwendbar (arg Art 15 VI 2 und Art 15 V 3), wenn auch die von Art 10 bezweckte Generalprävention dafür spricht, eine solche Verweisung nur ganz ausnahmsweise in Erwägung zu ziehen (vgl NK-BGB/*Gruber* Art 10 Rn 11). 3

Ein **Fallbaum** zur Prüfung der – mühsam zu lesenden, indes weitgehend selbsterklärenden – Zuständigkeitsvorschrift des Art 10 findet sich im Leitfaden (s. dazu Art 1 Rz 3) S. 41. Der erforderliche Aufenthalt des Kindes von einem Jahr seit der Entführung in lit b meint keinen gewöhnlichen, sondern den **schlichten Aufenthalt** (BGH NJW 05, 3424; ThoPu/*Hüßtege* Art 10 Rn 4). Zum **HKÜ-Verfahren** im Einzelnen s. Art 11, wobei insb die Ausgestaltung des Verfahrens durch Art 11 VI–VIII die Zuständigkeitsvorschrift absichert. **Kind** iSd Art 10 der Verordnung ist auch dasjenige, das die Altersgrenze des HKÜ von 16 Jahren erreicht hat (so zutr. *Siehr* IPRax 10, 583 gegen österr. OGH Beschl v 18.9.09 – 6 Ob 181/09z – mwN), so dass bei widerrechtlichem Verbringen eines 16 Jahre alten Kindes zwar der Rückführungsmechanismus der Verordnung und des HKÜ nicht mehr greift, aber die internationale Zuständigkeit des Ursprungsstaats nach Maßgabe von Art. 10 der Verordnung erhalten bleibt. 4

Artikel 11 Rückgabe des Kindes.

(1) Beantragt eine sorgeberechtigte Person, Behörde oder sonstige Stelle bei den zuständigen Behörden eines Mitgliedstaats eine Entscheidung auf der Grundlage des Haager Übereinkommens vom 25. Oktober 1980 über die zivilrechtlichen Aspekte internationaler Kindesentführung (nachstehend »Haager Übereinkommen von 1980« genannt), um die Rückgabe eines Kindes zu erwirken, das widerrechtlich in einen anderen als den Mitgliedstaat verbracht wurde oder dort zurückgehalten wird, in dem das Kind unmittelbar vor dem widerrechtlichen Verbringen oder Zurückhalten seinen gewöhnlichen Aufenthalt hatte, so gelten die Absätze 2 bis 8.

(2) Bei Anwendung der Artikel 12 und 13 des Haager Übereinkommens von 1980 ist sicherzustellen, dass das Kind die Möglichkeit hat, während des Verfahrens gehört zu werden, sofern dies nicht aufgrund seines Alters oder seines Reifegrads unangebracht erscheint.

(3) Das Gericht, bei dem die Rückgabe eines Kindes nach Abs. 1 beantragt wird, befasst sich mit gebotener Eile mit dem Antrag und bedient sich dabei der zügigsten Verfahren des nationalen Rechts.
Unbeschadet des Unterabsatzes 1 erlässt das Gericht seine Anordnung spätestens sechs Wochen nach seiner Befassung mit dem Antrag, es sei denn, dass dies aufgrund außergewöhnlicher Umstände nicht möglich ist.
(4) Ein Gericht kann die Rückgabe eines Kindes aufgrund des Artikels 13 Buchstabe b) des Haager Übereinkommens von 1980 nicht verweigern, wenn nachgewiesen ist, dass angemessene Vorkehrungen getroffen wurden, um den Schutz des Kindes nach seiner Rückkehr zu gewährleisten.
(5) Ein Gericht kann die Rückgabe eines Kindes nicht verweigern, wenn der Person, die die Rückgabe des Kindes beantragt hat, nicht die Gelegenheit gegeben wurde, gehört zu werden.
(6) Hat ein Gericht entschieden, die Rückgabe des Kindes gemäß Artikel 13 des Haager Übereinkommens von 1980 abzulehnen, so muss es nach dem nationalen Recht dem zuständigen Gericht oder der Zentralen Behörde des Mitgliedstaats, in dem das Kind unmittelbar vor dem widerrechtlichen Verbringen oder Zurückhalten seinen gewöhnlichen Aufenthalt hatte, unverzüglich entweder direkt oder über seine Zentrale Behörde eine Abschrift der gerichtlichen Entscheidung, die Rückgabe abzulehnen, und die entsprechenden Unterlagen, insbesondere eine Niederschrift der Anhörung, übermitteln. Alle genannten Unterlagen müssen dem Gericht binnen einem Monat ab dem Datum der Entscheidung, die Rückgabe abzulehnen, vorgelegt werden.
(7) Sofern die Gerichte des Mitgliedstaats, in dem das Kind unmittelbar vor dem widerrechtlichen Verbringen oder Zurückhalten seinen gewöhnlichen Aufenthalt hatte, nicht bereits von einer der Parteien befasst wurden, muss das Gericht oder die Zentrale Behörde, das/die die Mitteilung gemäß Abs. 6 erhält, die Parteien hiervon unterrichten und sie einladen, binnen drei Monaten ab Zustellung der Mitteilung Anträge gemäß dem nationalen Recht beim Gericht einzureichen, damit das Gericht die Frage des Sorgerechts prüfen kann.
Unbeschadet der in dieser Verordnung festgelegten Zuständigkeitsregeln schließt das Gericht den Fall ab, wenn innerhalb dieser Frist keine Anträge bei dem Gericht eingegangen sind.
(8) Ungeachtet einer nach Artikel 13 des Haager Übereinkommens von 1980 ergangenen Entscheidung, mit der die Rückgabe des Kindes verweigert wird, ist eine spätere Entscheidung, mit der die Rückgabe des Kindes angeordnet wird und die von einem nach dieser Verordnung zuständigen Gericht erlassen wird, im Einklang mit Kapitel III Abschnitt 4 vollstreckbar, um die Rückgabe des Kindes sicherzustellen.

1 Zu den Zielen und dem Regelungsmechanismus des HKÜ und seinem Verhältnis zur Verordnung s. Art 10 Rz 1 sowie *Völker*, Die wesentlichen Aussagen des BVerfG zum Haager Kindesentführungsübereinkommen – zugleich ein Überblick über die Neuerungen im HKÜ-Verfahren aufgrund der Brüssel IIa-Verordnung, FamRZ 10, 157, zum gewöhnlichen Aufenthalt des Kindes Art 10 Rz 3.

2 Sind sowohl der Ursprungs- als auch der Zufluchtstaat Mitgliedstaaten der Verordnung, so gelten nach Abs 1 die Abs 2–8 vorrangig vor den entsprechenden Vorschriften des HKÜ (s. dazu auch *Rieck* NJW 08, 182; *Gruber* FPR 05, 214).

3 Abs 2 ordnet die **Kindesanhörung** an, sofern dies nicht aufgrund des Alters oder der Reife des Kindes unangebracht erscheint. Dies ist bedeutsam, weil § 159 FamFG auf HKÜ-Verfahren keine Anwendung findet (BVerfGE 99, 145; Stuttg FamRZ 00, 374). Man erkennt erneut, dass die Kindesanhörung iRd Verordnung eine wichtige Rolle spielt (Erwägungsgrund 19 und Leitfaden (s. dazu Art 1 Rz 3) S. 54; s. dazu auch *Völker/Steinfatt* FPR 05, 415 ff).

4 Abs 3 verschärft das **Beschleunigungsgebot** des Art 11 HKÜ; die deutsche Ausführungsvorschrift hierzu findet sich in § 38 IntFamRVG. Danach darf das Verfahren grds in jeder Instanz nicht länger als sechs Wochen dauern.

5 Abs 4 schränkt den ohnehin sehr restriktiv angewandten (s. dazu Art 10 Rz 1) Art 13 I lit b HKÜ noch weiter ein: Das HKÜ-Gericht kann die Rückführung auch dann nicht ablehnen, wenn zwar die Voraussetzungen dieser Ausnahmevorschrift (s. dazu Art 10 Rz 1) vorliegen, aber der zurückgelassene Elternteil nachgewiesen (ihn trifft also die Feststellungslast) hat, dass im Ursprungsstaat **angemessene Vorkehrungen** getroffen wurden, um den **Schutz des Kindes** zu gewährleisten (s. etwa Brandbg, Beschl v 22.9.06–15 UF 189/06, juris; jurisPR-FamR 6/07, Anm 6, *Völker*). Dies eröffnet dem HKÜ-Richter ein breites Feld für *undertakings* und *mirror ordners* (s. dazu *Carl* FPR 01, 211). Der Richter kann und sollte sich – nach der in common law-Staaten üblichen Praxis – insoweit aktiv einbringen, um etwaige Rückführungshindernisse

auszuräumen anstatt einfach den Rückführungsantrag abzuweisen (s. NK-BGB/*Gruber* Art 11 Rn 5; HK-ZPO/*Dörner* Art 11 Rn 9). ***Undertakings*** sind Zusagen, die eine Partei dem Gericht macht, um seinerseits dem Gericht und/oder dem Antragsgegner ein Entgegenkommen zu ermöglichen. In HKÜ-Fällen kommt insoweit va die Verpflichtung des Antragstellers in Betracht, dem Antragsgegner für den Fall seiner Rückkehr mit dem Kind in den Ursprungsstaat für die Dauer des dort durchzuführenden Sorgerechtsverfahrens Unterhalt und Wohnung zu gewähren oder einen Strafantrag zurückzunehmen. ***Mirror orders*** richten das Augenmerk auf das Gericht im Ursprungsstaat. Zu denken ist hier insb daran, dass das dort zuständige Gericht für den Fall der Rückführung des Kindes Schutzmaßnahmen – zB Kontaktsperre zum gewalttätigen zurückgelassenen Elternteil – anordnet, was es dem HKÜ-Richter (erst) ermöglicht, von Art 11 IV Gebrauch zu machen. Der zurückgelassene Elternteil sollte aber auch seinerseits alles unternehmen, um die vom entführenden Elternteil vorgebrachten oder zu erwartenden Einwände gegen die Zumutbarkeit der Rückführung für das Kind zu entkräften und deswegen – hierzu sowie um zugleich den von Art 11 IV geforderten Nachweis zu führen – insb die Jugendbehörden in seinem Heimatstaat um Unterstützung (Stellungnahmen etc.) bitten (jurisPR-FamR 6/2007, Anm 6, *Völker*).

Abs 5 verpflichtet das Gericht, das einen Rückführungsantrag zurückweisen will, zur vorherigen persönli- 6
chen **Anhörung des Antragstellers.**

Die Absätze 6–8 enthalten einen neuen Mechanismus: Lehnt ein Mitgliedstaat in einem HKÜ-Verfahren 7
die Rückgabe des Kindes auf der Grundlage von Art 13 HKÜ ab, so muss es davon das zuständige Gericht des Ursprungsmitgliedstaats binnen eines Monats durch **Übersendung der Entscheidung** und weiterer Unterlagen – insb der Anhörungsniederschrift, sinnvoll auch Jugendamtsberichte – in Kenntnis setzen (s. dazu für Deutschland auch § 39 IntFamRVG: bei unmittelbarer Übermittlung der Entscheidung ins Ausland ist der deutschen Zentralen Behörde eine Abschrift davon zu übersenden). Eine vorherige **Übersetzung** der Unterlagen ist weder in Art 11 vorgesehen noch tunlich; dies stünde zu der mit der Monatsfrist bezweckten Verfahrensbeschleunigung in Widerspruch und könnte sich auch als überflüssig erweisen, falls die Parteien im Ursprungsstaat nach gerichtlicher Einladung keine Sorgerechtsanträge stellen würden (s. dazu sogleich und HK-ZPO/*Dörner* Art 11 Rn 11).

Abs. 8 ist dabei dahin auszulegen, dass eine Entscheidung, mit der das zuständige Gericht die Rückgabe des Kindes anordnet, auch dann in den Anwendungsbereich dieser Bestimmung fällt, wenn ihr keine von diesem Gericht getroffene endgültige Entscheidung über das Sorgerecht für das Kind vorausgegangen ist (EuGH FamRZ 10, 1229 m.Anm. *Schulz* S. 1307).

Ist im Ursprungsstaat nicht ohnehin schon eine Sorgerechtsverfahren bzgl des betroffenen Kindes anhängig, so hat das Gericht bei Empfang der Benachrichtigung durch das andere Gericht die Parteien einzuladen, Sorgerechtsanträge zu stellen. Stellt danach keine der Parteien einen Sorgerechtsantrag, so schließt das Gericht das Verfahren ab, andernfalls führt es ein Sorgerechtsverfahren durch. Bekommt dort der entführende Elternteil das alleinige Aufenthaltsbestimmungsrecht zugesprochen, so verbleibt es bei der Entscheidung des Gerichts im Zufluchtstaat. Erhält der zurückgelassene Elternteil das Sorgerecht, dann wird das Gericht im Ursprungsstaat zugleich die Herausgabe des Kindes an diesen Elternteil anordnen.

Diese – der die Rückführung ablehnenden Entscheidung im anderen Staat gegenläufige – Entscheidung setzt sich letztendlich durch (***overruling***) und ist dann auch – sobald sie mit der Bescheinigung nach Art 41 und Anhang IV der Verordnung versehen ist – automatisch in allen Mitgliedstaaten vollstreckbar. Die Vollstreckung einer mit der Bescheinigung versehenen Entscheidung kann im Vollstreckungsmitgliedstaat nicht deshalb verweigert werden, weil sie aufgrund einer seit Erlass der Entscheidung eingetretenen Änderung der Umstände das Wohl des Kindes schwerwiegend gefährden könnte. Eine solche Änderung muss vor dem zuständigen Gericht des Ursprungsmitgliedstaats geltend gemacht werden, bei dem auch ein etwaiger Antrag auf Aussetzung der Vollstreckung seiner Entscheidung zu stellen ist (EuGH FamRZ 10, 1229 m.Anm. *Schulz* S. 1307).

Die Vollstreckung (nach § 44 IntFamRVG, s. dazu etwa Stuttg OLGR Stuttg 07, 15; jurisPR-FamR 7/2007, Anm 2, *Völker*; *Schulte-Bunert* FamRZ 07, 1608) wird dann in der Praxis regelmäßig dem Richter obliegen, der zuvor die Rückführung des Kindes abgelehnt hat. Dies und das mithin bestehende Letztentscheidungsrecht des Ursprungsstaats rechtfertigt sich aus seiner internationalen Zuständigkeit für die Sorgerechtsentscheidung, da die Rückführungsentscheidung oder deren Ablehnung nach Art 19 HKÜ gerade keine Regelung des Sorgerechts ist und das Rückführungsverfahren ob seines Beschleunigungserfordernisses und der eingeschränkten Beweisführungsmöglichkeiten nicht immer am langfristigen Kindeswohl orientiert sein kann. Freilich kann man sich schon fragen, ob diese Verfahrensgestaltung wirklich auf dem in Erwägungsgrund 21 niedergelegten Grundsatz gegenseitigen Vertrauens beruht (jurisPR-FamR 6/2007, Anm 6, *Völker*).

8 Fraglich ist, ob der Mechanismus der Abs 6–8 analog anwendbar ist, wenn das HKÜ-Gericht die Rückführung auf der Grundlage von Art 12 II oder Art 20 HKÜ abgelehnt hat (so ThoPu/*Hüßtege* Art 11 Rn 7; NK-BGB/*Gruber* Art 11 Rn 8 aE; *Solomon* FamRZ 04, 1409, 1417). Dies ist va wegen des klaren Wortlauts des Abs 6 abzulehnen (so auch Rauscher/*Rauscher* Art 11 Rn 17 und 34).

9 Der EuGH (EuGH FamRZ 08, 1729; Anm *Schulz* FamRZ 08, 1732; Anm *Rieck* NJW 08, 2958) hat sich zu Art 11 und Einzelfragen der nach Art 42 auszustellenden Bescheinigung über die automatische Vollstreckbarkeit der Rückführungsentscheidung geäußert und entschieden, dass die Erteilung einer Bescheinigung über die Vollstreckbarkeit einer Rückgabeentscheidung des Ursprungsmitgliedstaats nach Art 11 VIII, 42 nicht voraussetzt, dass die zuvor im anderen Mitgliedstaat ergangene, eine Rückführung des Kindes nach dem HKÜ ablehnende Entscheidung rechtskräftig ist (s. zu den praktischen Konsequenzen dieser Entscheidung *Völker* FamRBint 09, 3).

10 IRe zu Art 20 ergangenen Entscheidung hat der EuGH inzident das HKÜ und die Rechte des zurückgelassenen Elternteils gestärkt (s. dazu Art 20 Rz 1).

Artikel 12 Vereinbarung über die Zuständigkeit.

(1) Die Gerichte des Mitgliedstaats, in dem nach Artikel 3 über einen Antrag auf Ehescheidung, Trennung ohne Auflösung des Ehebandes oder Ungültigerklärung einer Ehe zu entscheiden ist, sind für alle Entscheidungen zuständig, die die mit diesem Antrag verbundene elterliche Verantwortung betreffen, wenn

a) zumindest einer der Ehegatten die elterliche Verantwortung für das Kind hat und

b) die Zuständigkeit der betreffenden Gerichte von den Ehegatten oder von den Trägern der elterlichen Verantwortung zum Zeitpunkt der Anrufung des Gerichts ausdrücklich oder auf andere eindeutige Weise anerkannt wurde und im Einklang mit dem Wohl des Kindes steht.

(2) Die Zuständigkeit gemäß Abs. 1 endet,

a) sobald die stattgebende oder abweisende Entscheidung über den Antrag auf Ehescheidung, Trennung ohne Auflösung des Ehebandes oder Ungültigerklärung einer Ehe rechtskräftig geworden ist,

b) oder in den Fällen, in denen zu dem unter Buchstabe a) genannten Zeitpunkt noch ein Verfahren betreffend die elterliche Verantwortung anhängig ist, sobald die Entscheidung in diesem Verfahren rechtskräftig geworden ist,

c) oder sobald die unter den Buchstaben a) und b) genannten Verfahren aus einem anderen Grund beendet worden sind.

(3) Die Gerichte eines Mitgliedstaats sind ebenfalls zuständig in Bezug auf die elterliche Verantwortung in anderen als den in Abs. 1 genannten Verfahren, wenn

a) eine wesentliche Bindung des Kindes zu diesem Mitgliedstaat besteht, insbesondere weil einer der Träger der elterlichen Verantwortung in diesem Mitgliedstaat seinen gewöhnlichen Aufenthalt hat oder das Kind die Staatsangehörigkeit dieses Mitgliedstaats besitzt, und

b) alle Parteien des Verfahrens zum Zeitpunkt der Anrufung des Gerichts die Zuständigkeit ausdrücklich oder auf andere eindeutige Weise anerkannt haben und die Zuständigkeit in Einklang mit dem Wohl des Kindes steht.

(4) Hat das Kind seinen gewöhnlichen Aufenthalt in einem Drittstaat, der nicht Vertragspartei des Haager Übereinkommens vom 19. Oktober 1996 über die Zuständigkeit, das anzuwendende Recht, die Anerkennung, Vollstreckung und Zusammenarbeit auf dem Gebiet der elterlichen Verantwortung und der Maßnahmen zum Schutz von Kindern ist, so ist davon auszugehen, dass die auf diesen Artikel gestützte Zuständigkeit insbesondere dann in Einklang mit dem Wohl des Kindes steht, wenn sich ein Verfahren in dem betreffenden Drittstaat als unmöglich erweist.

1 **A. Überblick.** Diese Vorschrift regelt neben Art 9 und Art 10 die letzte – wegen Art 8 II vorrangige – Ausnahme von Art 8 I. Art 12 ermöglicht bzgl aller Verfahrensgegenstände aus dem Bereich der elterlichen Verantwortung in engen Grenzen eine internationale Gerichtsstandsvereinbarung der Parteien. Art 12 erfasst drei Situationen: Den Verbund der Sache betreffend die elterliche Verantwortung mit einer Ehesache (Abs I und II, für Deutschland va: **Scheidungsverbund**), die **wesentliche Verbindung** jener Sache zum Staat des angerufenen Gerichts (Abs III) und die **Unmöglichkeit**, jenes Verfahren in einem eigentlich inter-

national zuständigen Drittstaat durchzuführen. Ein **Fallbaum** zur Prüfung von Art 12 findet sich im Leitfaden (s. dazu Art 1 Rz 3) S. 21 f.

B. Verbundzuständigkeit des Scheidungsgerichts (Abs 1, 2). Abs 1 erfasst die Herbeiführung der Zuständigkeit des **Scheidungsgerichts** für die Sorgerechtsentscheidung. Hierfür reicht es nicht aus, dass die Scheidung erst nachträglich anhängig wird und die Sache betreffend die elterliche Verantwortung als Folgesache in den Scheidungsverbund fällt (so aber Karlsr NJW-RR 04, 1084; aA NK-BGB/*Gruber* Art 12 Rn 4; Gruber, IPrax 04, 507). Hiergegen streiten entscheidend der Wortlaut der Norm, aber auch verfahrensökonomische Gründe. 2

Folgende Bedingungen müssen außerdem für die Verbundzuständigkeit vorliegen:

- Zumindest ein Ehegatte muss die **elterliche Verantwortung** für das Kind haben.
- Der Richter muss feststellen, ob zu dem Zeitpunkt, zu dem er angerufen wird, alle Träger elterlicher Verantwortung die Zuständigkeit des Scheidungsgerichts formell oder durch eindeutiges Verhalten **anerkennen.** Fraglich ist, wie das sog **rügelose Einlassen** eines Elternteils zu würdigen ist. Nachdem – anders als noch in der Brüssel II-Verordnung – jetzt eine Anerkennung auf »eindeutige Weise« erforderlich ist, wird das Gericht zumindest explizit nachfragen müssen. Hierfür spricht auch ein Umkehrschluss zu Art 9 II, wo ausdrücklich die rügelose Einlassung als zuständigkeitsbegründend angesehen wird (s. Art 9 Rz 3). Zurückhaltung ist auch deshalb geboten, weil die Einführung einer Gerichtsstandsvereinbarung in das Verfahren bis zuletzt unter den Mitgliedstaaten sehr umstr war. Auch wenn der Antragsgegner zugleich im anderen Staat ein Verfahren mit demselben Gegenstand anhängig gemacht hat, spricht das gegen eine Anerkennung der Zuständigkeit des hiesigen Gerichts. Umstritten ist auch, ob die Anerkennung der Zuständigkeit bei Beginn des Verfahrens erklärt werden kann oder auch noch später, solange das Verfahren noch anhängig ist. Der eindeutige Wortlaut »zum Zeitpunkt der Anrufung« lässt nur das engere Verständnis zu (so auch ThoPu/*Hüßtege* Art 12 Rn 12; aA Düss Beschl v 8.12.09 – II-3 UF 198/09; NK-BGB/*Gruber* Art 12 Rn 14), auch wenn verfahrensökonomische Aspekte für die Gegenansicht streiten mögen.
- Die Zuständigkeit dieses Gerichts muss dem **Wohl des Kindes** dienen. Diese Einschränkung ist wichtig, weil das Einverständnis der Eltern nicht unbedingt kindeswohlorientiert sein muss. Es wird hier va darauf ankommen, ob es dem Kind zugemutet werden kann, zu einer persönlichen Anhörung im anderen Staat zu reisen und ob und welche weiteren Belastungen für das Kind dadurch entstehen können, dass das Verfahren nicht an seinem gewöhnlichen Aufenthaltsort (s. dazu Art 8 Rz 2) durchgeführt wird. Letzteres wird auch die Sprachenfrage anbetreffen, also ob etwa das Kind mit einem Dolmetscher angehört werden müsste (vgl NK-BGB/*Gruber* Art 12 Rn 8; ThoPu/*Hüßtege* Art 12 Rn 6). Nicht zuletzt kann auch die Frage bedeutsam sein, ob das Ehegericht das soziale Umfeld hinreichend zeitnah wird ermitteln können; regelmäßig wird das im Aufenthaltsstaat des Kindes einfacher sein.

Eine so begründete **Zuständigkeit endet** aber gem **Abs 2,** 3

- sobald das Scheidungsurteil rechtskräftig geworden ist oder
- eine rechtskräftige Entscheidung im Verfahren betreffend die elterliche Verantwortung ergangen ist, die noch anhängig waren, als das Scheidungsurteil rechtskräftig wurde, oder
- das Scheidungsverfahren und das Verfahren betreffend die elterliche Verantwortung aus einem anderen Grund beendet worden sind (zB weil die Anträge auf Scheidung und elterliche Verantwortung zurückgenommen wurden).

C. Wesentliche Bindung des Kindes zu einem anderen Mitgliedstaat (Abs 3). Dieser Absatz erfasst die Fälle, in denen **kein Scheidungsverfahren** rechtshängig ist. Dann kann das Gericht für das Verfahren betreffend die elterliche Verantwortung zuständig sein, wenn das Kind seinen gewöhnlichen Aufenthalt (s. dazu Art 8 Rz 2) nicht im Gerichtsstaat hat, sofern die nachstehenden Bedingungen erfüllt sind: 4

- Das Kind hat eine wesentliche Bindung zu dem betreffenden Mitgliedstaat, insb weil einer der Träger der elterlichen Verantwortung in diesem Mitgliedstaat seinen gewöhnlichen Aufenthalt hat oder das Kind die Staatsangehörigkeit dieses Mitgliedstaats besitzt. Diese Bedingungen haben keinen ausschließlichen Charakter; es können auch andere Kriterien für die Bindung des Kindes angewandt werden (vgl HK-FamR/*Rieck* Art 12 Rn 7 mwN).
- Alle Parteien des Verfahrens erkennen zum Zeitpunkt der Anrufung des Gerichts dessen Zuständigkeit ausdrücklich oder auf andere eindeutige Weise an (s. dazu Rz 2).

– Die Zuständigkeit steht im Einklang mit dem Wohl des Kindes. Letztere Voraussetzung wird aber eher selten zu verneinen sein, denn das Kind muss ja eine wesentliche Bindung zum Staat des Scheidungsgerichts haben.

5 **D. Unmöglichkeit (Abs 4).** Dieser Absatz zeigt auf, unter welchen Umständen davon auszugehen ist, dass die auf Art 12 gestützte Zuständigkeit »in Einklang mit dem Wohl des Kindes steht«, wenn das betreffende Kind seinen gewöhnlichen Aufenthalt in einem **Drittstaat** hat, der nicht Vertragspartei des KSÜ ist und sich ein Verfahren in dem betreffenden Drittstaat als **unmöglich** erweist. Diese Fälle sind natürlich sehr selten. Der Unmöglichkeit sind mE die Fälle der **Unzumutbarkeit** gleichzustellen, was aus der englischen Textfassung der Verordnung folgt. Dort heißt es nicht »if it *is* impossible to hold proceedings in the third state in question«, sondern »if it is *found* impossible« (so auch NK-BGB/*Gruber* Art 12 Rn 8; s.a. die französische Fassung: »lorsqu'une procédure *s'avère* impossible«).

Artikel 13 Zuständigkeit aufgrund der Anwesenheit des Kindes. (1) Kann der gewöhnliche Aufenthalt des Kindes nicht festgestellt werden und kann die Zuständigkeit nicht gem Artikel 12 bestimmt werden, so sind die Gerichte des Mitgliedstaats zuständig, in dem sich das Kind befindet
(2) Abs. 1 gilt auch für Kinder, die Flüchtlinge oder, aufgrund von Unruhen in ihrem Land, ihres Landes Vertriebene sind.

1 Art 13 enthält die erste – Art 8 I nachrangige – Auffangzuständigkeit. In Ermangelung eines feststellbaren gewöhnlichen Aufenthalts des Kindes (s. dazu Art 8 Rz 2) wird auf den **schlichten Aufenthalt** abgestellt. Praktisch ist an Fälle zu denken, in dem ein Kind ohne Papiere aufgefunden wird und sich nicht zu seiner Herkunft äußern kann oder (bei älteren Kindern) will. Abs II stellt Kinder gleich, die Flüchtlinge oder Vertriebene sind. Die Verordnung geht – sonst wäre die Vorschrift überflüssig, weil dann immer Art 8 I einschlägig wäre – davon aus, dass Flüchtlingskinder idR ihren gewöhnlichen Aufenthalt zunächst im Ursprungsstaat behalten (vgl HK-ZPO/*Dörner* Art 13 Rn 5). Zum **Flüchtlingsbegriff** s. das Genfer Flüchtlingsabkommen vom 18.7.51 (BGBl II 54 619) iVm Art I des Protokolls über die Rechtsstellung der Flüchtlinge vom 31.1.67 (BGBl II 69 1923).

Artikel 15 Verweisung an ein Gericht, das den Fall besser beurteilen kann. (1) In Ausnahmefällen und sofern dies dem Wohl des Kindes entspricht, kann das Gericht eines Mitgliedstaats, das für die Entscheidung in der Hauptsache zuständig ist, in dem Fall, dass seines Erachtens ein Gericht eines anderen Mitgliedstaats, zu dem das Kind eine besondere Bindung hat, den Fall oder einen bestimmten Teil des Falls besser beurteilen kann,
a) die Prüfung des Falls oder des betreffenden Teils des Falls aussetzen und die Parteien einladen, beim Gericht dieses anderen Mitgliedstaats einen Antrag gemäß Abs. 4 zu stellen, oder
b) ein Gericht eines anderen Mitgliedstaats ersuchen, sich gemäß Abs. 5 für zuständig zu erklären.
(2) Abs. 1 findet Anwendung
a) auf Antrag einer der Parteien oder
b) von Amts wegen oder
c) auf Antrag des Gerichts eines anderen Mitgliedstaats, zu dem das Kind eine besondere Bindung gemäß Abs. 3 hat.
Die Verweisung von Amts wegen oder auf Antrag des Gerichts eines anderen Mitgliedstaats erfolgt jedoch nur, wenn mindestens eine der Parteien ihr zustimmt.
(3) Es wird davon ausgegangen, dass das Kind eine besondere Bindung im Sinne des Absatzes 1 zu dem Mitgliedstaat hat, wenn
a) nach Anrufung des Gerichts im Sinne des Absatzes 1 das Kind seinen gewöhnlichen Aufenthalt in diesem Mitgliedstaat erworben hat oder
b) das Kind seinen gewöhnlichen Aufenthalt in diesem Mitgliedstaat hatte oder
c) das Kind die Staatsangehörigkeit dieses Mitgliedstaats besitzt oder
d) ein Träger der elterlichen Verantwortung seinen gewöhnlichen Aufenthalt in diesem Mitgliedstaat hat oder

e) die Streitsache Maßnahmen zum Schutz des Kindes im Zusammenhang mit der Verwaltung oder der Erhaltung des Vermögens des Kindes oder der Verfügung über dieses Vermögen betrifft und sich dieses Vermögen im Hoheitsgebiet dieses Mitgliedstaats befindet.

(4) Das Gericht des Mitgliedstaats, das für die Entscheidung in der Hauptsache zuständig ist, setzt eine Frist, innerhalb deren die Gerichte des anderen Mitgliedstaats gemäß Abs. 1 angerufen werden müssen. Werden die Gerichte innerhalb dieser Frist nicht angerufen, so ist das befasste Gericht weiterhin nach den Artikeln 8 bis 14 zuständig.

(5) Diese Gerichte dieses anderen Mitgliedstaats können sich, wenn dies aufgrund der besonderen Umstände des Falls dem Wohl des Kindes entspricht, innerhalb von sechs Wochen nach ihrer Anrufung gemäß Abs. 1 Buchstabe a) oder b) für zuständig erklären. In diesem Fall erklärt sich das zuerst angerufene Gericht für unzuständig. Anderenfalls ist das zuerst angerufene Gericht weiterhin nach den Artikeln 8 bis 14 zuständig.

(6) Die Gerichte arbeiten für die Zwecke dieses Artikels entweder direkt oder über die nach Artikel 53 bestimmten Zentralen Behörden zusammen.

A. Normzweck. Absolutes Novum in einem Gemeinschaftsrechtsakt ist Art 15 (s. dazu auch *Klinkhammer* FamRBint 06, 88). Diese Vorschrift ermöglicht es dem Gericht eines Mitgliedstaates, eine Sache betreffend die elterliche Verantwortung (oder einen bestimmten Teil davon) an ein Gericht eines anderen Mitgliedstaates zu verweisen. Die Regelung entspringt dem Gedanken des *forum non conveniens*, also der angelsächsischen Lehre, dass bei Vorliegen eines nicht sachdienlichen Gerichtsstandes eine Abgabe zulässig ist. Ein **Fallbaum** für die Prüfung dieser Vorschrift findet sich im Leitfaden (s. dazu Art 1 Rz 3) S. 27 f. Der EuGH (EuGH FamRZ 09, 843; Anm *Völker* FamRBint 09, 53; s. a *Pirrung* IPRax 11, 50) hat klargestellt, dass ein Gericht, das sich für unzuständig hält oder das auf der Grundlage von Art 20 eine Schutzmaßnahme angeordnet hat, nicht verpflichtet ist, die Sache nach Art 15 an das zuständige Gericht des anderen Mitgliedstaats zu verweisen. In beiden Fällen muss allerdings das nationale Gericht, das sich nach Art 17 für unzuständig erklärt bzw einstweilige Maßnahmen einschließlich Schutzmaßnahmen durchgeführt hat, direkt oder durch Einschaltung der aufgrund von Art 53 bestimmten Zentralen Behörde das zuständige Gericht des anderen Mitgliedstaats von seiner Unzuständigerklärung bzw der einstweiligen Maßnahme in Kenntnis setzen, wenn der Schutz des Kindeswohls dies erfordert. 1

B. Regelungsgehalt. Obgleich mühsam zu lesen, ist die Vorschrift weitgehend selbsterklärend. Stets setzt sie allerdings – s. zu den übrigen Voraussetzungen den Normtext – Folgendes voraus: 2

- Eine – in Abs 3 näher definierte – **besondere Bindung des Kindes** an den anderen Mitgliedstaat,
  - dass die Verweisung dem **Kindeswohl** entspricht (Abs 1 und 5),
  - dass **nicht beide Parteien** der Verweisung **widersprechen** (Abs 2),
  - dass das zunächst nach Art 8–14 zuständige Gericht zu der Überzeugung kommt, dass das Gericht im anderen Staat den Fall oder einen bestimmten Teil davon **besser beurteilen** kann (Abs 1) und
  - dass das Gericht im anderen Staat diese **Einschätzung teilt** (Abs 5).

Besser beurteilen kann das andere Gericht den Fall, wenn der entscheidungserhebliche Sachverhalt ganz oder überwiegend in seinem Zuständigkeitsbereich aufgeklärt werden kann (insoweit nicht überzeugend KG FamRZ 06, 1618; abl daher jurisPR-FamR 18/06, Anm 5, *Völker*). Zu diesem Zweck sollte der zuständige Richter vermehrt von der – in Art 15 VI erstmals ausdrücklich erwähnten, schon zuvor aber von der richterlichen Unabhängigkeit gedeckten und insb von engagierten HKÜ-Richtern genutzten – Möglichkeit Gebrauch gemacht werden, mit dem zuständigen Richter im anderen Mitgliedstaat **unmittelbar Kontakt** aufzunehmen. Das vorgenannte Urt des EuGH (s.o. Rz 1 aE) hat bestätigt, dass die unmittelbare Kontaktaufnahme zwischen Gerichten nicht auf die Fälle des Art 15 beschränkt ist, sondern iVm Art 53, 55 lit b einem der Verordnung zugrunde liegenden allgemeinen Rechtsgedanken entspringt. Dies kann durchaus auch – falls keine Sprachbarriere besteht und ggf nach vorheriger Ankündigung und Legitimation – telefonisch geschehen. Freilich ist dann der wesentliche Inhalt des Telefonats den Parteien im Vermerkwege zu eröffnen (rechtliches Gehör; s. zur direkten richterlichen Kommunikation – sehr lesenswert und mit ausf Verfahrenshinweisen – *Carl/Menne*, Verbindungsrichter und direkte richterliche Kommunikation im Familienrecht, NJW 09, 3537). Alternativ kann der – aber länger dauernde – Weg über die **Zentralen Behörden**, über das **Europäische Justizielle Netz** (s. dazu Art 1 Rz 3 und Art 54 Rz 2) und über den **Verbindungs-**

richter des eigenen Staats im ausländischen Staat bzw des ausländischen Staats im eigenen Staat – für Deutschland derzeit nur im Verhältnis zu Frankreich existent – gegangen werden.

3 Abs 2, 4 und 5 regeln – in selbsterklärender Weise – das **Verfahren**. Soweit *Rieck* der Auffassung ist, das über 14 Jahre alte Kind könne selbst die Verweisung beantragen (HK-FamR/*Rieck* Art 15 Rn 2), kann dem nicht gefolgt werden; ein Kind über 14 Jahre ist nicht »selbst bestimmend[e]«. Das Gericht wird hier die weiteren Voraussetzungen prüfen und entscheiden. Ggf wird es dem Kind einen Verfahrensbeistand (§ 158 FamFG) bestellen, der dann Rechtsmittel gegen die Entscheidung einlegen kann. Allerdings ist die Ablehnung der Verweisung nicht gesondert, sondern nur im Wege des Rechtsmittels gegen die Hauptsacheentscheidung anfechtbar; es handelt sich hier um eine Zwischenentscheidung, deren Eingriffsintensität nicht die erreicht, die für eine ausnahmsweise Anfechtung gefordert werden muss (s. dazu § 58 II FamFG). Die (positive) Verweisung ist dagegen **anfechtbar**, richtiger Ansicht zufolge vermittels **befristeter Beschwerde** nach § 58 I FamFG, weil die Verweisung hier eine das Verfahren abschließende Endentscheidung ist (so zum alten Recht ThoPu/*Hüßtege* Art 15 Rn 9; *Klinkhammer* FamRBint 06, 88, 91; aA KG FamRZ 06, 1618; dazu hinsichtlich der konkreten – zu engen – Handhabung von Art 15 krit jurisPR-FamR 18/06, Anm 5, *Völker*). Dies gilt jedoch nur, wenn das ausländische Gericht der Übernahme zugestimmt hat und das deutsche Gericht daraufhin die Verweisung beschließt, nicht schon, wenn das ausländische Gericht erst um die Zustimmung zur Verweisung ersucht wird (bloße Zwischenentscheidung, § 58 II FamFG, so zum alten Recht auch BGH FamRZ 08, 1168). Erfolgt eine Verweisung, so ist eine **Weiterverweisung** nach Erwägungsgrund 13 S. 2 ausgeschlossen (so auch Rauscher/*Rauscher* Art 15 Rn 19).

4 **C. Praktische Überlegungen.** Art 15 ermöglicht es auch, die in Art 19 II geregelten Fälle der Anhängigkeit zweier Sachen betreffend die elterliche Verantwortung in verschiedenen Mitgliedstaaten zu lösen, wenn nicht aufzuklären ist, welches Gericht zuerst angerufen wurde – leider kein lediglich theoretischer Fall (s. dazu Art 16 Rz 4).

Abschnitt 3 Gemeinsame Bestimmungen

Artikel 16 Anrufung eines Gerichts. **Ein Gericht gilt als angerufen**

a) zu dem Zeitpunkt, zu dem das verfahrenseinleitende Schriftstück oder ein gleichwertiges Schriftstück bei Gericht eingereicht wurde, vorausgesetzt, dass der Antragsteller es in der Folge nicht versäumt hat, die ihm obliegenden Maßnahmen zu treffen, um die Zustellung des Schriftstücks an den Antragsgegner zu bewirken,
oder

b) falls die Zustellung an den Antragsgegner vor Einreichung des Schriftstücks bei Gericht zu bewirken ist, zu dem Zeitpunkt, zu dem die für die Zustellung verantwortliche Stelle das Schriftstück erhalten hat, vorausgesetzt, dass der Antragsteller es in der Folge nicht versäumt hat, die ihm obliegenden Maßnahmen zu treffen, um das Schriftstück bei Gericht einzureichen.

1 **A. Normzweck und Regelungsgehalt.** Diese Vorschrift steht in engem Zusammenhang mit Art 19, der die Folgen gleichzeitiger Rechtshängigkeit (**Litispendenz**) mehrerer Verfahren regelt. Art 19 räumt dem zeitlich früher rechtshängig gewordenen Verfahren den Vorrang ein – **Prioritätsprinzip** (plastisch auch Wettlauf- oder Windhundprinzip genannt) und zwingt das zweitbefasste Gericht zur Aussetzung, bis die Zuständigkeit des erstangerufenen geklärt ist. Da die Voraussetzungen für den Eintritt der Rechtshängigkeit in den Mitgliedstaaten verschieden sind, enthält Art 16 eine autonome Definition des Zeitpunktes ihres Eintritts, namentlich die **Anrufung** des Gerichts.

Die Definition dieses Begriffs in Art 16 berücksichtigt, dass es in den Mitgliedstaaten zwei verschiedene Systeme der Antragseinreichung gibt: Zum einen das etwa in Deutschland bekannte, bei dem die Antragsschrift zunächst bei Gericht eingereicht wird, welches wiederum die Zustellung an die Gegenseite veranlasst. Dem trägt Art 16 I lit a Rechnung. Art 16 I lit b greift das in anderen Mitgliedstaaten geltende System auf, bei dem der Antragsteller die Antragsschrift zunächst direkt an den Antragsgegner zustellt und sie erst danach bei Gericht einreicht. Welche der beiden Alternativen einschlägig ist, richtet sich also nach der lex fori.

2 In beiden Fällen wird für die Annahme einer erfolgten Anrufung des Gerichts einerseits vorausgesetzt, dass diese schriftlich unternommen wurde (telefonische Befassung eines Richters reicht nicht!), andererseits,

dass der Antragsteller in der Nachfolge seinen zustellungsbezüglichen Obliegenheiten nachgekommen ist (vgl zum Ganzen EuGH FamRZ 11, 617; Anm *Mankowski* GPR 11, 209). Man erkennt – aus deutscher – Sicht klare Parallelen zu § 167 ZPO (§ 270 III ZPO aF), der eine ähnliche **Vorwirkung** anordnet. Die den Antragsteller iRd Anrufung treffenden Obliegenheiten hängen von der lex fori ab (NK-BGB/*Gruber* Art 16 Rn 3 aE) und sind in Deutschland die Folgenden (HK-FamR/*Rieck* Art 16 Rn 6; ThoPu/*Hüßtege* Art 16 Rn 3):

- Mitteilung der richtigen Anschrift des Antragsgegners bzw eines Zustellungsbevollmächtigten,
- Beifügung der erforderlichen Anzahl von Abschriften,
- Einzahlung des Kostenvorschusses oder aber Anbringung eines ordnungsgemäßen Prozesskostenhilfegesuchs.

Wird der Antragsteller dem nicht gerecht, so tritt die Anrufung erst ein, sobald die Mängel behoben sind (NK-BGB/*Gruber* Art 16 Rn 5).

B. Praktische Überlegungen. Soweit *Rieck* mit interessanten Ausführungen Nachteile für den unbemittelten Antragsteller befürchtet (HK-FamR/*Rieck* Art 16 Rn 7), greift dies im Ergebnis zu kurz. Im Ausgangspunkt zutr weist *Rieck* darauf hin, dass das Gericht im Falle des Eingangs eines **Prozesskostenhilfeantrags** zunächst dem Antragsgegner Gelegenheit zur Stellungnahme gebe, wodurch dieser vorgewarnt sei und daher unverzüglich seinen eigenen Antrag beim ausländischen Gericht rechtshängig machen werde. Jedoch besteht ein Unterschied zwischen Rechtshängigkeit und Anrufung. Die – in Art 16 autonom definierte – Anrufung genügt für die Anwendung der Prioritätsregel des Art 19. Somit sperrt – ob der in Art 16 I lit a angeordneten Vorwirkung – bereits ein ordnungsgemäßer Prozesskostenhilfeantrag den Antrag der Gegenseite. Zuzugeben ist *Rieck* allerdings, dass ausländische Gerichte dies nicht zwingend stets erkennen müssen. Auch dies macht es aber nicht erforderlich, unmittelbar bei Antragseingang dem Antragsteller Prozesskostenhilfe zu gewähren, wie *Rieck* vorschlägt. Vielmehr sollte der Antragsteller sein Prozesskostenhilfegesuch mit einem (zu begründenden) Antrag auf sofortige Zustellung der Antragsschrift nach § 15 Nr 3 lit b FamGKG verbinden, dem das Gericht aus den obigen Gründen nachkommen sollte, wenn der Hauptsacheantrag schlüssig ist. Sollte sich nach Eingang der Stellungnahme erweisen, dass dem Antrag die hinreichende Erfolgsaussicht fehlt, so kann die Prozesskostenhilfe immer noch versagt werden. 3

Werden die verfahrenseinleitenden Schriftstücke in verschiedenen Mitgliedstaaten am selben Tag eingereicht – kein nur theoretischer Fall –, so wird nach Beweislastgrundsätzen derjenige das Nachsehen haben, der die Uhrzeit der Einreichung nicht beweisen kann (vgl TGI Paris, ordonnance du 19.9.05 – n° RG 05/33438; nachfolgend Cour d'appel de Paris, arrêt du 14.9.06 – n° RG 05/19689; nachfolgend CassCiv 1ère, arrêt du 11.6.08 – n° RG 06-20.042, Anm *Fasge* in: Droit de la famille, JurisClasseur novembre 08, p. 33.). Der Schriftsatz sollte deshalb per Telefax übermittelt werden (die Empfangsgeräte der Gerichte weisen normalerweise die Uhrzeit des Eingangs aus; die letzte Seite mit der Unterschrift ist dann maßgebend). Alternativ kann der Schriftsatz auch von einem Kanzleiangestellten überbracht werden, der sich die Uhrzeit der Entgegennahme von der Geschäftsstelle bestätigen lassen sollte (s. dazu auch *Völker* FF 09, 443). 4

Artikel 17 Prüfung der Zuständigkeit. **Das Gericht eines Mitgliedstaats hat sich von Amts wegen für unzuständig zu erklären, wenn es in einer Sache angerufen wird, für die es nach dieser Verordnung keine Zuständigkeit hat und für die das Gericht eines anderen Mitgliedstaats aufgrund dieser Verordnung zuständig ist.**

Diese Vorschrift verpflichtet das Gericht zu **amtswegiger Prüfung** seiner Zuständigkeit – indessen nach zutreffender Ansicht nicht zur Amtsermittlung (NK-BGB/*Gruber* Art 17 Rn 2) – entlang des folgenden **Prüfungsschemas:** 1

- Eigene Zuständigkeit nach den Art 3–5 (Ehesache, s. dazu Art 3 Rz 1) bzw 8–13 (elterliche Verantwortung, s. dazu Art 8 Rz 1)?
  - Wenn ja: Art 19 (doppelte Rechtshängigkeit) prüfen
  - Wenn ja: dortige Konsequenzen beachten
  - Falls nein: nächster Prüfungspunkt
  - Falls nein: nächster Prüfungspunkt

– Zuständigkeit der Gerichte eines anderen Mitgliedstaats?
– – Wenn ja: eigene Unzuständigkeitserklärung zu dessen Gunsten (Art 17)
  – Falls nein: Rückgriff auf Art 7 (Ehesache) bzw Art 14 (elterliche Verantwortung)

Der EuGH (EuGH FamRZ 09, 843; Anm *Völker* FamRBint 09, 53; s.a. *Pirrung* IPRax 11, 50) hat klargestellt, dass ein Gericht, das sich für unzuständig hält, nicht verpflichtet ist, die Sache nach Art 15 an das zuständige Gericht des anderen Mitgliedstaats zu verweisen; es hat sich vielmehr nach Art 17 für unzuständig zu erklären. Dann muss es allerdings direkt oder durch Einschaltung der aufgrund von Art 53 bestimmten Zentralen Behörde das zuständige Gericht des anderen Mitgliedstaats von seiner Unzuständigerklärung in Kenntnis setzen, wenn der Schutz des Kindeswohls dies erfordert.

2 Die amtswegige Prüfung der internationalen Zuständigkeit findet in jeder Lage des Verfahrens statt, erstreckt sich also auf **alle Instanzen**, auch auf das Revisionsverfahren (BGH NJW 03, 426).

Artikel 18 Prüfung der Zulässigkeit.

(1) Lässt sich ein Antragsgegner, der seinen gewöhnlichen Aufenthalt nicht in dem Mitgliedstaat hat, in dem das Verfahren eingeleitet wurde, auf das Verfahren nicht ein, so hat das zuständige Gericht das Verfahren so lange auszusetzen, bis festgestellt ist, dass es dem Antragsgegner möglich war, das verfahrenseinleitende Schriftstück oder ein gleichwertiges Schriftstück so rechtzeitig zu empfangen, dass er sich verteidigen konnte, oder dass alle hierzu erforderlichen Maßnahmen getroffen wurden.

(2) Artikel 19 der Verordnung (EG) Nr 1348/2000 findet statt Abs. 1 Anwendung, wenn das verfahrenseinleitende Schriftstück oder ein gleichwertiges Schriftstück nach Maßgabe jener Verordnung von einem Mitgliedstaat in einen anderen zu übermitteln war.

(3) Sind die Bestimmungen der Verordnung (EG) Nr 1348/2000 nicht anwendbar, so gilt Artikel 15 des Haager Übereinkommens vom 15. November 1965 über die Zustellung gerichtlicher und außergerichtlicher Schriftstücke im Ausland in Zivil- und Handelssachen, wenn das verfahrenseinleitende Schriftstück oder ein gleichwertiges Schriftstück nach Maßgabe des genannten Übereinkommens ins Ausland zu übermitteln war.

1 Diese Vorschrift dient der Sicherstellung des **rechtlichen Gehörs** des Antragsgegners und damit der Verhinderung des Entstehens eines **Anerkennungshindernisses** nach Art 22 lit b (Ehesache) bzw Art 23 lit c (elterliche Verantwortung). Abs 1 wird von den vorrangigen Abs 2 und 3 verdrängt, die für die Zustellung auf Art 19 der Verordnung (EG) Nr 1348/2000 (s. dazu aber Rz 2) bzw auf Art 15 des Haager Zustellungsübereinkommens verweisen. Die **Prüfungsreihenfolge** ist also folgende:

– War das Schriftstück von einem Mitgliedstaat in einen anderen zu übermitteln, greift das in Art 10 der Verordnung (EG) Nr 1348/2000 geregelte Aussetzungsverfahren (Abs 2; s. aber Rz 2).
– War die Zustellung in einen Drittstaat zu bewirken, der aber Vertragsstaat des HZÜ ist, so ist Art 15 HZÜ anzuwenden (Abs 3).
– In allen anderen Fällen – in denen sich also der Antragsgegner in einem Drittstaat aufhält, der den HZÜ-Vertragsstaaten nicht angehört – greift Abs 1.

2 Die Verordnung berücksichtigt nicht, dass seit dem 13.11.08 die **Verordnung (EG) Nr 1393/2007** anwendbar ist (Art 26 dieser Verordnung), die nach ihrem Art 25 I die Verordnung (EG) Nr 1348/2000 vollständig ersetzt. Die neue Zustellungsverordnung standardisiert die Belehrung, vermindert die Übersetzungserfordernisse und erleichtert die postalische Direktzustellung (vgl dazu *Hess* IPrax 08, 477; praktisch besonders bedeutsam ist, dass Art 8 der neuen Verordnung generell dahin erweitert wird, dass die Antragsschrift nicht übersetzt werden muss, wenn der Zustellungsadressat die Sprache versteht, in der sie abgefasst ist). Allerdings gilt nach Art 25 II der neuen Verordnung jede Bezugnahme auf die aufgehobene Verordnung (EG) Nr 1348/2000 als Bezugnahme auf die neue Verordnung nach Maßgabe der Entsprechungstabelle im Anhang III. Diesem zufolge entspricht Art 19 der alten Verordnung Art 19 der neuen; beide sind wortgleich.

3 **Einlassung** iSd Abs 1 ist jede Äußerung des Antragsgegners – oder seines Bevollmächtigten – zu dem Antrag, sei sie zur Sache, sei sie zur Zulässigkeit. Hiervon ausgenommen ist freilich die Einlassung gerade mit der Rüge, es sei gegen Art 18 verstoßen worden (vgl NK-BGB/*Gruber* Art 18 Rn 2 mwN). **Anderer Staat** ist wegen Abs III nicht nur ein Mitgliedstaat, sondern auch ein Drittstaat (HK-FamR/*Rieck* Art 18 Rn 3; aA NK-BGB/*Gruber* Art 18 Rn 3). **Gleichwertiges Schriftstück** ist ein solches, das eine wesentliche Änderung oder Erweiterung des Streitgegenstandes beinhaltet (vgl NK-BGB/*Gruber* Art 18 Rn 4).

Im Falle der Nichteinlassung muss das Gericht **amtswegig** prüfen, ob der Antragsgegner die Gelegenheit und genügend Zeit hatte, sich zu verteidigen. Fehlt es an einem dieser beiden Erfordernisse – insb an der ordnungsgemäßen Zustellung – hat das Gericht das Verfahren auszusetzen und dem Antragsgegner erforderlichenfalls erneut verfahrensordnungskonforme Gelegenheit zur Stellungnahme zu geben. 4

Artikel 19 Rechtshängigkeit und abhängige Verfahren. **(1) Werden bei Gerichten verschiedener Mitgliedstaaten Anträge auf Ehescheidung, Trennung ohne Auflösung des Ehebandes oder Ungültigerklärung einer Ehe zwischen denselben Parteien gestellt, so setzt das später angerufene Gericht das Verfahren von Amts wegen aus, bis die Zuständigkeit des zuerst angerufenen Gerichts geklärt ist.**

(2) Werden bei Gerichten verschiedener Mitgliedstaaten Verfahren bezüglich der elterlichen Verantwortung für ein Kind wegen desselben Anspruchs anhängig gemacht, so setzt das später angerufene Gericht das Verfahren von Amts wegen aus, bis die Zuständigkeit des zuerst angerufenen Gerichts geklärt ist.

(3) Sobald die Zuständigkeit des zuerst angerufenen Gerichts feststeht, erklärt sich das später angerufene Gericht zugunsten dieses Gerichts für unzuständig.

In diesem Fall kann der Antragsteller, der den Antrag bei dem später angerufenen Gericht gestellt hat, diesen Antrag dem zuerst angerufenen Gericht vorlegen.

A. Normzweck und Regelungsgehalt. Diese Vorschrift – die gemeinsam mit Art 16 zu lesen ist – hat erhebliche praktische Bedeutung und bietet Rechtsanwälten ein weites Feld zu taktischer Prozessführung (s. dazu Rz 5). Sie regelt – jedoch (Wortlaut) nur im Verhältnis der **Mitgliedstaaten zueinander**, nicht im Verhältnis zu Drittstaaten – die Fälle der **Litispendenz**, also solche, in denen zwischen denselben Parteien je eine Ehesache (Abs 1) bzw bzgl desselben Kindes je eine Sache betreffend die elterliche Verantwortung (Abs 2) in mehreren Mitgliedstaaten rechtshängig ist. 1

Das zweitbefasste (s. dazu Art 16) Gericht muss nach Abs 1 bzw Abs 2 das bei ihm anhängige Verfahren **vAw aussetzen** (in Deutschland: analog § 21 FamFG bzw § 113 I FamFG iVm 148 ZPO), bis das erstbefasste **rechtskräftig** (NK-BGB/*Gruber* Art 19 Rn 18; s. hierzu auch Rz 5) über seine Zuständigkeit befunden hat (hierzu pointiert krit Rauscher/*Rauscher* Art 19 Rn 8). 2

Lehnt dieses seine Zuständigkeit ab, so kann das zweite Gericht in der Sache entscheiden. Ist dieses aber von vornherein international nicht zuständig, so liegt kein Fall des Art 19 vor; denn dieser will nur den positiven Kompetenzkonflikt regeln. Das zweitbefasste Gericht muss also dann nicht etwa zuwarten, sondern kann sich nach Art 17 unmittelbar zugunsten des erstangerufenen Gerichts für unzuständig erklären (NK-BGB/*Gruber* Art 19 Rn 16).

Stellt das erstangerufene Gericht seine Zuständigkeit fest, so muss das zweitbefasste sich zugunsten jenes vAw für unzuständig erklären (Abs 3 S 1). Der Antragsgegner kann aber dann nach Abs 3 S 2 seinen Antrag dem erstbefassten Gericht vorlegen.

Abs 1 erfasst **Ehesachen** iSd Art 1 I lit a. Die **Parteien** müssen identisch sein, nicht aber der **Gegenstand** des Verfahrens. Dies hat insb zur Folge, dass eine Partei durch Einreichung eines **Trennungsantrags** den erwarteten Scheidungsantrag der Gegenseite blockieren kann (Zweibr FamRZ 06, 1043; Anm *Stößer*, FamRBint 06, 79; NK-BGB/*Gruber* Art 19 Rn 8; s. dazu auch Rz 5). Auch die vom Anwendungsbereich der Verordnung nach zutreffender Auffassung erfassten **Feststellungsverfahren** auf Bestehen oder Nichtbestehen einer Ehe (s. dazu Art 1 Rz 7) haben diese Wirkung (NK-BGB/Gruber Art 19 Rn 10). Die Einleitung eines der Ehescheidung vorgeschalteten **Versöhnungsverfahrens** führt richtiger Ansicht zufolge dann zur Rechtshängigkeit des Scheidungsantrags, wenn es nach dem anzuwendenden Sachrecht Bestandteil eines einheitlichen Scheidungsverfahrens ist (s. im Einzelnen NK-BGB/*Gruber* Art 16 Rn 6 mwN). 3

Abs 2 regelt die gleichzeitige Rechtshängigkeit von Verfahren betreffend die **elterliche Verantwortung** iSd Art 1 I lit b, II. Sie müssen **dasselbe Kind** betreffen, es gibt also keinen Gerichtsstand aufgrund geschwisterlichen Zusammenhangs. Erforderlich ist weiter ein Verfahren bzgl der elterlichen Verantwortung wegen **desselben Anspruchs**. Dies sind unproblematisch jeweils unmittelbar entgegengesetzte Sorgerechts- (s. dazu Hamm, Beschl v 23.12.05–11 WF 383/05, juris), Umgangsrechts- oder Herausgabeanträge. Auch ein einem Herausgabeantrag gegenläufiger Sorgerechtsantrag ist erfasst. Angesichts von Art 1 II lit a wird man auch davon ausgehen müssen, dass ein früherer **Umgangsrechtsantrag** den später gestellten widerstreitenden Sorgerechtsantrag blockiert (hM, vgl NK-BGB/*Gruber* Art 19 Rn 13 mwN; ThoPu/*Hüßtege* Art 19 Rn 4 aE), wobei die Fälle selten sein dürften, weil regelmäßig für beide Anträge der Mitgliedstaat zuständig ist, in dem das Kind seinen gewöhnlichen Aufenthalt hat. Allerdings kann sich aufgrund der speziellen Wertung des Art 9 im Falle eines auf diesen gestützten Antrags der Antragsgegner nicht auf einen zeitlich zuerst gestellten Sorgerechtsantrag berufen (so auch Rauscher/*Rauscher* Art 9 Rn 13). Art 19 II ist ferner nicht anwendbar, wenn das zur Regelung der elterlichen Verantwortung zuerst angerufene Gericht eines Mitgliedstaats nur zum **vorläufigen Rechtsschutz** nach Art. 20 der Verordnung und das Gericht eines anderen Mitgliedstaats, das nach der Verordnung für die Entscheidung in der Hauptsache zuständig ist, später ebenfalls zur Regelung der elterlichen Verantwortung angerufen wird, sei es zu einer einstweiligen oder zu einer endgültigen Regelung (EuGH FamRZ 11, 534, dort auch zur Pflicht des angerufenen Gerichts, sich im anderen Staat hinsichtlich der Existenz entsprechender Verfahren zu erkundigen; ergeben sich hiernach keine Anhaltspunkte für eine auf die Verordnung gegründete Hauptsachezuständigkeit des zuerst angerufenen Gerichts, so ist das zweitangerufene Gericht zuständig). Lehnt ein Gericht eines Mitgliedstaats, obwohl es nur das zweitangerufene ist, eine Rückführung des Kindes nach dem HKÜ aus anderen Gründen als den in Art 13 HKÜ genannten ab (denn sonst greift zusätzlich der Mechanismus nach Art 11 VI-VIII), so ist das erstangerufene Gericht nicht daran gehindert, über die elterliche Verantwortung für das Kind zu entscheiden, wenn es sich nach Art 8 der Verordnung für international zuständig hält und das Verfahren bei ihm anhängig geblieben ist (EuGH FamRZ 11, 617; Anm *Mankowski* GPR 11, 209).

5 **B. Taktische Überlegungen und Beweislast.** Die Möglichkeit, mittels eines Trennungsantrags den befürchteten Scheidungsantrag der Gegenseite zu blockieren, ist va deswegen interessant, weil so der **Stichtag** für den Zugewinn- und der für den Versorgungsausgleich verschoben und die Ehedauer zugunsten des unterhaltsberechtigten Ehegatten verlängert werden kann. Die durch Art 19 III 2 dem Antragsgegner eröffnete Möglichkeit, seinen Antrag beim erstangerufenen Gericht anzubringen, hilft nur bedingt (s. dazu den deutsch-italienischen Beispielsfall Art 4 Rz 5). Jene Option ist umso interessanter, als nach der Rechtsprechung des EuGH (EuGH RIW 04, 289) selbst eine unvertretbar lange Verfahrensdauer beim erstangerufenen Gericht die für das Zweitgericht bestehende Zuständigkeitssperre nicht unbeachtlich macht. Hinzu kommt, dass die Zuständigkeit im Erststaat **rechtskräftig geklärt** sein muss (NK-BGB/*Gruber* Art 19 Rn 18), sodass der Antragsteller durch die Einlegung von Rechtsmitteln das Verfahren im Zweitstaat noch mehr verzögern kann. Selbst Prozessverschleppung ist grds unbeachtlich, es sei denn, sie verletzt Art 6 I EMRK (EGMR NJW 97, 2809; ThoPu/*Hüßtege* Art 19 Rn 6). Der Antragsgegner kann im Erststaat die dort zur Verfahrensbeschleunigung vorgesehenen Rechtsbehelfe einlegen (zutr Hamm, Beschl v 23.12.05–11 WF 383/05, juris). Zugleich sollte er seinerseits bei dem anderen Gericht einen (nach dem dort anwendbaren Sachrecht aber: schlüssigen!) – Scheidungsantrag stellen; denn dadurch werden – unbeschadet der zunächst anzuordnenden Aussetzung des Verfahrens – die Stichtage festgelegt (vgl dazu Art 4 Rz 5; eingehend *Völker* FF 09, 443; NK-BGB/*Gruber* Art 19 Rn 30: Scheidungsantrag auf Vorrat).

6 Die **Beweislast** für eine früher eingetretene ausländische Rechtshängigkeit fällt dem Antragsteller anheim, allerdings trägt der sich darauf berufende Antragsgegner eine verschärfte Substantiierungslast (vgl ThoPu/*Hüßtege* Art 19 Rn 1 aE). Das Gericht muss die ausländische Rechtshängigkeit daher vAw prüfen und beachten, aber nicht amtswegig ermitteln (NK-BGB/*Gruber* Art 19 Rn 9).

Artikel 20 Einstweilige Maßnahmen einschließlich Schutzmaßnahmen.

(1) Die Gerichte eines Mitgliedstaats können in dringenden Fällen ungeachtet der Bestimmungen dieser Verordnung die nach dem Recht dieses Mitgliedstaats vorgesehenen einstweiligen Maßnahmen einschließlich Schutzmaßnahmen in Bezug auf in diesem Staat befindliche Personen oder Vermögensgegenstände auch dann anordnen, wenn für die Entscheidung in der Hauptsache gemäß dieser Verordnung ein Gericht eines anderen Mitgliedstaats zuständig ist.
(2) Die zur Durchführung des Absatzes 1 ergriffenen Maßnahmen treten außer Kraft, wenn das Gericht des Mitgliedstaats, das gemäß dieser Verordnung für die Entscheidung in der Hauptsache zuständig ist, die Maßnahmen getroffen hat, die es für angemessen hält.

1 In **dringenden Fällen** bietet Art 20 die Rechtsgrundlage für **vorläufige** Schutzmaßnahmen betreffend Personen und Vermögensgegenstände, die sich in dem Mitgliedstaat befinden, dessen Gericht bzw Behörde deswegen angerufen wird, für die diese(s.) aber **international nicht zuständig** ist. Häufig wird das daran liegen, dass die Hauptsachezuständigkeit einen gewöhnlichen Aufenthalt voraussetzen würde, der nicht oder noch nicht begründet wurde. Dies ist nicht widersprüchlich, weil **Befinden** iSd Art 20 I den schlichten

Aufenthalt meint (unklar und zumindest missverständlich daher der Hinweis auf Art 8 I in NK-BGB/*Gruber* Art 20 Rn 9), wobei es auch ausreicht, dass sich nur der **Antragsgegner** in dem Staat aufhält, dessen Gericht angerufen wurde, etwa, wenn ein Kontaktverbot oder ein einstweiliger Umgangsausschluss in Rede steht (vgl NK-BGB/*Gruber* Art 20 Rn 9; s.a. sogleich zur EuGH-Rechtsprechung hierzu). Die Schutzmaßnahmen wirken nur **einstweilen** für die Zeit bis zu einer – ggf ebenfalls vorläufigen – Entscheidung des international für die Hauptsache zuständigen Gerichts. Aufgrund des der Verordnung zugrunde liegenden Grundsatzes des gegenseitigen Vertrauens sollte von der Eilzuständigkeit restriktiv Gebrauch gemacht werden; die Anwendung von Art 20 setzt also eine **besondere Dringlichkeit** voraus, was bedeutet, dass die Versagung einer Eilentscheidung eine **Verweigerung effektiven Rechtsschutzes** darstellen müsste (so zutr HK-ZPO/*Dörner* Art 20 Rn 2). Kann das angerufene Gericht im Wege eines unmittelbaren Kontakts das international zuständige Gericht sofort erreichen und erklärt dieses, es werde die Sache unverzüglich regeln, so sollte das angerufene Gericht es diesem überlassen, die erforderlichen Maßnahmen vAw zu ergreifen oder den Antragsteller an dieses Gericht verweisen.

Der EuGH (EuGH FamRZ 09, 843; Anm *Völker* FamRBint 09, 53; s.a. *Pirrung* IPRax 11, 50) hat diese Grundsätze bestätigt und präzisiert: Eine von einem nationalen Gericht angeordnete Schutzmaßnahme – wie etwa die Inobhutnahme eines Kindes – auf der Grundlage von Art 20 setzt voraus, dass diese Maßnahme **dringend** und **vorübergehender** Natur sein und in Bezug auf Personen getroffen werden muss, die sich in diesem Mitgliedstaat **befinden.** Letzteres hat der EuGH weiter aufgegliedert (EuGH FamRZ 10, 103; Anm *Völker* FamRBint 10, Heft 2): In Rn 50–52 seines Urteils hat er ausgeführt, dass ein einstweiliger Sorgerechtsentzug zu Lasten des zurückgelassenen Elternteils auch deshalb Art 20 nicht unterfallen könne, weil dieser sich nicht auf dem Hoheitsgebiet des Zufluchtsstaats aufhalte. Der EuGH geht also davon aus, dass sich die von einer Maßnahme betroffene Person auf dem Gebiet des Zufluchtsstaats aufhalten muss. Die in Art 20 den Gerichten eines Mitgliedstaats eingeräumte Befugnis, die nach ihrem Recht vorgesehenen einstweiligen Maßnahmen in Bezug auf in diesem Staat anwesende Personen auch dann anzuordnen, wenn für die Entscheidung in der Hauptsache ein Gericht eines anderen Mitgliedstaats zuständig ist, darf indes nicht dahin verstanden werden, dass durch einstweilige Anordnung einem Elternteil die elterliche Sorge für ein Kind übertragen werden kann, wenn das für die Hauptsache zuständige Gericht eines anderen Mitgliedstaats die elterliche Sorge bereits vorläufig dem anderen Elternteil übertragen hat und diese Entscheidung in dem ersuchten Mitgliedstaat für vollstreckbar erklärt worden ist (EuGH FamRZ 10, 525 m.Anm. *Henrich*; Anm. *Völker* in FamRBint 10, 27; s.a. *Martiny* FPR 10, 493; *Janzen/Gärtner* IPRax 11, 158).

Die Durchführung der betreffenden vorläufigen Eilmaßnahme und deren Bindungswirkung bestimmen sich nach nationalem Recht (für Deutschland also nach §§ 15 IntFamRVG, 49 ff FamFG, s.u. Rz 2). Nach der Durchführung der Schutzmaßnahme ist das nationale Gericht zwar nicht – auch nicht aufgrund von Art 15 I lit b – verpflichtet, die Rechtssache an das zuständige Gericht eines anderen Mitgliedstaats zu verweisen. Indessen muss das nationale Gericht, das einstweilige Maßnahmen einschließlich Schutzmaßnahmen durchgeführt hat, direkt oder durch Einschaltung der aufgrund von Art 53 bestimmten Zentralen Behörde das zuständige Gericht des anderen Mitgliedstaats von der Maßnahme in Kenntnis setzen, wenn der Schutz des Kindeswohls dies erfordert.

In Sachen betreffend die **elterliche Verantwortung** steht Art 20 in Zusammenhang mit § 15 IntFamRVG, 2
der den Erlass einstweiliger Anordnungen näher regelt. Beispiele sind insoweit die Anordnung räumlicher Beschränkungen – wie etwa Ausreiseverbote und Grenzsperren –, die Hinterlegung von Ausweispapieren, die Auferlegung von Meldepflichten und – va in HKÜ-Verfahren bedeutsam – die Anordnung begleiteten Umgangs während des Verfahrens (NK-BGB/*Andrae*, Annex zu Art 28–36 Rn 1). Dem steht das vorgenannte Urt (EuGH FamRZ 10, 525) nicht entgegen, weil sich der belastete Elternteil auf dem Hoheitsgebiet des Zufluchtsstaats befindet und dies bzgl des – durch die Umgangsregelung *begünstigten* – Elternteils nicht erforderlich ist (*Völker* in FamRBint 10, 27).

Nach hM (Zö/*Geimer* Art 20 Rn 2 f mwN zur Gegenmeinung) ist **in Ehesachen** der Erlass von einstweiligen 3
Anordnungen zwar auch hinsichtlich von Personen oder Vermögensgegenständen statthaft, die nicht in den Anwendungsbereich der Verordnung fallen, aber aufgrund der Erwägungsgründe 8 und 11 nur, soweit diese Maßnahmen die **Eheauflösung vorbereiten oder sichern** (NK-BGB/*Gruber* Art 20 Rn 3 f). Erfasst sind also Anordnungen nach dem GewSchG oder die vorläufige Regelung des Getrenntlebens der Ehegatten oder der Rechtsverhältnisse an der Ehewohnung und dem Hausrat. Nicht erfasst sind daher va vorläufige Unterhaltsregelungen (diese richten sich nach der Verordnung (EG) Nr 44/2001, sog Brüssel I-Verordnung) oder einstweilige Maßnahmen in Bezug auf das eheliche Güterrecht.

Kapitel III Anerkennung und Vollstreckung

Abschnitt 1 Anerkennung

Artikel 21 Anerkennung einer Entscheidung. (1) Die in einem Mitgliedstaat ergangenen Entscheidungen werden in den anderen Mitgliedstaaten anerkannt, ohne dass es hierfür eines besonderen Verfahrens bedarf.

(2) Unbeschadet des Absatzes 3 bedarf es insbesondere keines besonderen Verfahrens für die Beschreibung in den Personenstandsbüchern eines Mitgliedstaats auf der Grundlage einer in einem anderen Mitgliedstaat ergangenen Entscheidung über Ehescheidung, Trennung ohne Auflösung des Ehebandes oder Ungültigerklärung einer Ehe, gegen die nach dem Recht dieses Mitgliedstaats keine weiteren Rechtsbehelfe eingelegt werden können.

(3) Unbeschadet des Abschnitts 4 kann jede Partei, die ein Interesse hat, gemäß den Verfahren des Abschnitts 2 eine Entscheidung über die Anerkennung oder Nichtanerkennung der Entscheidung beantragen.

Das örtlich zuständige Gericht, das in der Liste aufgeführt ist, die jeder Mitgliedstaat der Kommission gem Artikel 68 mitteilt, wird durch das nationale Recht des Mitgliedstaats bestimmt, in dem der Antrag auf Anerkennung oder Nichtanerkennung gestellt wird.

(4) Ist in einem Rechtsstreit vor einem Gericht eines Mitgliedstaats die Frage der Anerkennung einer Entscheidung als Vorfrage zu klären, so kann dieses Gericht hierüber befinden.

Artikel 22 Gründe für die Nichtanerkennung einer Entscheidung über eine Ehescheidung, Trennung ohne Auflösung des Ehebandes oder Ungültigerklärung einer Ehe. Eine Entscheidung, die die Ehescheidung, die Trennung ohne Auflösung des Ehebandes oder die Ungültigerklärung einer Ehe betrifft, wird nicht anerkannt,

a) wenn die Anerkennung der öffentlichen Ordnung des Mitgliedstaats, in dem sie beantragt wird, offensichtlich widerspricht;
b) wenn dem Antragsgegner, der sich auf das Verfahren nicht eingelassen hat, das verfahrenseinleitende Schriftstück oder ein gleichwertiges Schriftstück nicht so rechtzeitig und in einer Weise zugestellt wurde, dass er sich verteidigen konnte, es sei denn, es wird festgestellt, dass er mit der Entscheidung eindeutig einverstanden ist;
c) wenn die Entscheidung mit einer Entscheidung unvereinbar ist, die in einem Verfahren zwischen denselben Parteien in dem Mitgliedstaat, in dem die Anerkennung beantragt wird, ergangen ist; oder
d) wenn die Entscheidung mit einer früheren Entscheidung unvereinbar ist, die in einem anderen Mitgliedstaat oder in einem Drittstaat zwischen denselben Parteien ergangen ist, sofern die frühere Entscheidung die notwendigen Voraussetzungen für ihre Anerkennung in dem Mitgliedstaat erfüllt, in dem die Anerkennung beantragt wird.

Artikel 23 Gründe für die Nichtanerkennung einer Entscheidung über die elterliche Verantwortung. Eine Entscheidung über die elterliche Verantwortung wird nicht anerkannt,

a) wenn die Anerkennung der öffentlichen Ordnung des Mitgliedstaats, in dem sie beantragt wird, offensichtlich widerspricht, wobei das Wohl des Kindes zu berücksichtigen ist;
b) wenn die Entscheidung – ausgenommen in dringenden Fällen – ergangen ist, ohne dass das Kind die Möglichkeit hatte, gehört zu werden, und damit wesentliche verfahrensrechtliche Grundsätze des Mitgliedstaats, in dem die Anerkennung beantragt wird, verletzt werden;
c) wenn der betreffenden Person, die sich auf das Verfahren nicht eingelassen hat, das verfahrenseinleitende Schriftstück oder ein gleichwertiges Schriftstück nicht so rechtzeitig und in einer Weise zugestellt wurde, dass sie sich verteidigen konnte, es sei denn, es wird festgestellt, dass sie mit der Entscheidung eindeutig einverstanden ist;
d) wenn eine Person dies mit der Begründung beantragt, dass die Entscheidung in ihre elterliche Verantwortung eingreift, falls die Entscheidung ergangen ist, ohne dass diese Person die Möglichkeit hatte, gehört zu werden;

e) wenn die Entscheidung mit einer späteren Entscheidung über die elterliche Verantwortung unvereinbar ist, die in dem Mitgliedstaat, in dem die Anerkennung beantragt wird, ergangen ist;
f) wenn die Entscheidung mit einer späteren Entscheidung über die elterliche Verantwortung unvereinbar ist, die in einem anderen Mitgliedstaat oder in dem Drittstaat, in dem das Kind seinen gewöhnlichen Aufenthalt hat, ergangen ist, sofern die spätere Entscheidung die notwendigen Voraussetzungen für ihre Anerkennung in dem Mitgliedstaat erfüllt, in dem die Anerkennung beantragt wird;
oder
g) wenn das Verfahren des Artikels 56 nicht eingehalten wurde.

Artikel 24 Verbot der Nachprüfung der Zuständigkeit des Gerichts des Ursprungsmitgliedstaats. **Die Zuständigkeit des Gerichts des Ursprungsmitgliedstaats darf nicht überprüft werden. Die Überprüfung der Vereinbarkeit mit der öffentlichen Ordnung gem Artikel 22 Buchstabe a) und Artikel 23 Buchstabe a) darf sich nicht auf die Zuständigkeitsvorschriften der Artikel 3 bis 14 erstrecken.**

Artikel 25 Unterschiede beim anzuwendenden Recht. **Die Anerkennung einer Entscheidung darf nicht deshalb abgelehnt werden, weil eine Ehescheidung, Trennung ohne Auflösung des Ehebandes oder Ungültigerklärung einer Ehe nach dem Recht des Mitgliedstaats, in dem die Anerkennung beantragt wird, unter Zugrundelegung desselben Sachverhalts nicht zulässig wäre.**

Artikel 26 Ausschluss einer Nachprüfung in der Sache. **Die Entscheidung darf keinesfalls in der Sache selbst nachgeprüft werden.**

Artikel 27 Aussetzung des Verfahrens. **(1) Das Gericht eines Mitgliedstaats, vor dem die Anerkennung einer in einem anderen Mitgliedstaat ergangenen Entscheidung beantragt wird, kann das Verfahren aussetzen, wenn gegen die Entscheidung ein ordentlicher Rechtsbehelf eingelegt wurde.**
(2) Das Gericht eines Mitgliedstaats, bei dem die Anerkennung einer in Irland oder im Vereinigten Königreich ergangenen Entscheidung beantragt wird, kann das Verfahren aussetzen, wenn die Vollstreckung der Entscheidung im Ursprungsmitgliedstaat wegen der Einlegung eines Rechtsbehelfs einstweilen eingestellt ist.

A. Überblick. Die Art 21–27 betreffen die Anerkennung von in einem anderen Mitgliedstaat ergangenen Entscheidungen. Erfasst sind grds alle Entscheidungen im sachlichen Geltungsbereich der Verordnung. Der EuGH (FamRZ 10, 1521) hat auf Art. 20 gegründete **Eilmaßnahmen**, die vom für die Hauptsache international unzuständigen Gericht erlassen werden, ausdrücklich vom Anwendungsbereich der Art 21 ff ausgenommen und den bis dahin bestehenden diesbezüglichen Streit, der zum Vorlagebeschluss des BGH (FamRZ 09, 1297; Anm *Völker* FF 09, 371; Anm *Schulz* FamRBint 09, 79) geführt hatte, für die Praxis geklärt. Eine Anerkennung der Eilmaßnahme kommt dann nur aufgrund anderer Rechtsinstrumente in Betracht. Wird die einstweilige Maßnahme indessen von einem Gericht erlassen, das sich – auf die Verordnung gestützt – für hauptsachezuständig gehalten hat, so ist sie nach Maßgabe der Art 21 ff anzuerkennen (s. dazu EuGH FamRZ 10, 1521; 11, 534; ebenso BGH FamRZ 11, 542). Denn dann beruht sie gerade nicht auf Art 20 der Verordnung. Im Falle widerrechtlichen Verbringens eines Kindes steht Art. 16 HKÜ einer Entscheidung nach Art 21 ff der Verordnung nicht entgegen (BGH FamRZ 11, 959; Anm *Schulz* FamRZ 11, 1046 mit der zutr Einschränkung, dass die zur Anerkennung gestellte Sorgerechtsentscheidung aus dem Staat des bisherigen gewöhnlichen Aufenthalts des Kindes stammen muss). **Abweisende Entscheidungen** fallen nicht in den Anwendungsbereich des Art 21 (FAKomm-FamR/*Rausch* Vor § 606a Rn 73; HK-ZPO/*Dörner* Art 22 Rn 5 mwN zur Gegenmeinung, die aber zu Unrecht das Entstehen hinkender Ehen in Kauf nimmt, was aus Gründen der Rechtssicherheit schwer erträglich ist, wenn auch dadurch ein »Scheidungstourismus« entstehen kann, bis die Ehe geschieden wurde, s.a. NK-BGB/*Andrae* Art 21 Rn 7). Freilich bleibt die Möglichkeit einer Anerkennung abweisender Entscheidungen nach anderen – völkerrechtlichen, hilfsweise nationalen – Vorschriften unberührt (NK-BGB/*Andrae* Art 21 Rn 8 mwN). 1

Nach Art 21 I sind **Entscheidungen** (zu öffentlichen Urkunden und Vergleichen s. Art 46) der Mitgliedstaaten grds anzuerkennen. Der Grundsatz der **automatischen Anerkennung** beruht auf dem Prinzip des 2 gegenseitigen Vertrauens und der von der Verordnung gewollten Titelfreizügigkeit (HK-ZPO/*Dörner* Art 21 Rn 1). Die Gründe für die Nichtanerkennung sind daher auf ein Mindestmaß beschränkt (s. dazu Art 22 und 23). Folge ist für Deutschland ua, dass im Verhältnis zu anderen Mitgliedstaaten Art 7 § 1 FamRÄndG nicht mehr anwendbar ist (ThoPu/*Hüßtege* Art 21 Rn 4).

3 Trotz des Anerkennungsautomatismus kann nach Art 21 III jede interessierte Partei (s. dazu Art 28–36 Rz 3) im Anerkennungs- und Vollstreckungsstaat die Feststellung beantragen, dass eine Entscheidung anzuerkennen oder nicht anzuerkennen ist. Das erforderliche **rechtliche Interesse** einer Partei ist insb zu bejahen, wenn Behörden oder Gerichte im Anerkennungsstaat diese Frage unterschiedlich beurteilen oder der andere Ehegatte die Wirkung der ausländischen Entscheidung verneint. Antragsberechtigt können daher neben den Ehegatten bei Bestehen eines Interesses auch deren Kinder, Erben oder Behörden sein.

4 **B. Anerkennungsversagungsgründe (Art 22 und 23).** Die Gründe für die **Nichtanerkennung** einer Entscheidung sind für Ehesachen in Art 22 und für Sachen betreffend die elterliche Verantwortung in Art 23 **abschließend katalogisiert**. Aus dem Wortlaut dieser Vorschriften (»wird nicht anerkannt«) folgt, dass die Anerkennungshindernisse **von Amts wegen** zu prüfen sind. Die Kataloggründe werden aber in Ehesachen durch die **Nachprüfungsverbote** der Art 24–26 und in Sachen betreffende die elterliche Verantwortung durch die der Art 24 und 26 beschränkt (s. Rz 12 f). Außerdem enthalten die Art 41 und 42 für Entscheidungen über das Umgangsrecht bzw über die Rückgabe des Kindes, sofern diese mit der zugehörigen Bescheinigung nach Anhang III bzw IV der Verordnung versehen ist, ein striktes Verbot der Anfechtung der Anerkennung, mithin zugleich der amtswegigen Nachprüfung etwaiger Anerkennungshindernisse (EuGH FamRZ 11, 355).

5 Art 22 nennt in lit a–d 4 Gründe für die Nichtanerkennung von Entscheidungen in **Ehesachen.**
Lit a setzt eine offensichtliche Unvereinbarkeit mit dem **ordre public** voraus, ist also auf krasse Fälle zu beschränken, auch angesichts des erreichten gemeinsamen Grundrechtsstandards der Mitgliedstaaten.
Lit b betrifft die Fälle, in denen das **rechtliche Gehör des Antragsgegners** verletzt wurde.
Die **lit c und d** erfassen die **Unvereinbarkeit** der Entscheidung mit einer früheren Entscheidung des Anerkennungsstaats bzw mit einer im Anerkennungsstaat anzuerkennenden früheren Entscheidung eines anderen Mitgliedstaats.

6 Der Katalog der Anerkennungshindernisse in Sachen betreffend die **elterliche Verantwortung** findet sich in Art 23. Diese Vorschrift legt besonderes Augenmerk auf das Kindeswohl und die Gewährung des rechtlichen Gehörs.
Lit a enthält die **ordre-public**-Klausel, nach der ausdrücklich das Wohl des Kindes zu berücksichtigen ist. Da der Verstoß »offensichtlich« sein muss, reicht im Falle einer Sorgerechtsregelung eine nur kindeswohlwidrige Entscheidung nicht aus, es kommt dann nur eine Abänderung der Erstentscheidung durch das zuständige Gericht in Betracht. Eine Anerkennung schiede aber dann aus, wenn das Kindeswohl gar nicht geprüft wurde – sicherlich ein sehr seltener Fall.
Lit c (zu lit b s. Rz 7) gewährleistet das **rechtliche Gehör von Verfahrensbeteiligten**, die sich auf das Verfahren nicht eingelassen haben. Die Vorschrift stellt darauf ab, dass die Zustellung dem Antragsgegner die Möglichkeit der Verteidigung eröffnet hat. Hieran wird es va fehlen, wenn der Antragsgegner die Antragsschrift nicht verstehen konnte, weil sie nicht in einer der in Art 8 der (neuen!) EG-Zustellungsverordnung Nr 1393/2007 (s. dazu Art 18 Rz 2) genannten **Sprachen** verfasst bzw übersetzt ist, also nicht in einer Sprache, die entweder der Antragsgegner versteht oder aber die Amtsprache des Zustellungsortes ist. Allerdings kann sich der Antragsgegner auf diese Vorschrift dann nicht berufen, wenn festgestellt wird, dass er mit der Entscheidung eindeutig einverstanden gewesen ist. Das ist aber nicht etwa schon der Fall, wenn der Antragsgegner trotz Kenntnis von der Ausgangsentscheidung keinen Rechtsbehelf eingelegt hat (NK-BGB/*Andrae* Art 22 Rn 12).
Lit d sichert darüber hinaus das **rechtliche Gehör von Personen**, in deren elterliche Verantwortung die Entscheidung eingreift. Gemeint sind Fälle, in denen bspw die elterliche Sorge zwischen Eltern geregelt wird, obwohl diese einem Vormund zusteht.
Lit e und f regeln den **Vorrang** von späteren Entscheidungen aus dem Anerkennungsstaat und anzuerkennenden späteren Entscheidungen aus anderen Mitgliedstaaten bzw einem Drittstaat, in dem das Kind seinen gewöhnlichen Aufenthalt hat. Zu beachten ist in Deutschland, dass die Abänderung einer anerkennungsfähigen ausländischen Sorgerechtsregelung nur unter den engeren Voraussetzungen des § 1696 BGB statthaft ist; sie erfordert also »triftige, das Kindeswohl nachhaltig berührende Gründe« (s. dazu auch Art 1 Rz 2).

Lit g erhebt die Einhaltung des für die **grenzüberschreitende Unterbringung** eines Kindes (Art 56) geltenden Verfahrens zur Anerkennungsvoraussetzung.

Lit b sichert – »abgesehen von dringenden Fällen« – das **rechtliche Gehör des Kindes**. Hiernach wird eine Entscheidung über die elterliche Verantwortung nicht anerkannt, wenn die Entscheidung – ausgenommen in dringenden Fällen – ergangen ist, ohne dass das Kind – in Verletzung wesentlicher verfahrensrechtlicher Grundsätze des Mitgliedstaates, in dem die Anerkennung beantragt wird – die Möglichkeit hatte gehört zu werden (vgl dazu Frankf OLGR Frankf 06, 732 = FamRBint 06, 79; jurisPR-FamR 21/06, Anm 5, *Völker*; Schlesw FamRZ 08, 1761; jurisPR-FamR 25/08, Anm 3, *Völker*; Bezirksgericht Innere Stadt Wien, Beschl v 23.2.06–4 P 14/06y, nv). In Deutschland ist die Frage, ob eine Anhörung des Kindes geboten war, an Hand des § 159 FamFG zu beurteilen (ThoPu/*Hüßtege* Art 23 Rn 2). Das BVerfG hat ausdrücklich entschieden, dass es von Verfassungs wegen regelmäßig erforderlich ist, dass Kinder bereits ab drei Jahren vom Richter persönlich – Anhörung durch Dritte reicht nicht! – angehört werden (BVerfG FamRZ 07, 1078). Die **Kindesanhörung** ist ein ganz wesentlicher Verfahrensgrundsatz mit Verfassungsrang. Dies folgt aus dem Grundsatz des rechtlichen Gehörs (Art 103 I GG) und der Subjektstellung des Kindes als Träger eigener Grundrechte, darunter insb des allgemeinen Persönlichkeitsrechts (Art 2 I iVm Art 1 I GG). Wurde daher das betroffene Kind im ausländischen Sorgerechtsverfahren nicht vom Richter selbst angehört, so kann die Entscheidung in Deutschland – auch wenn es im Ausland etwa von einem Psychologen oder einem Mitarbeiter der Jugendbehörde befragt wurde – nicht anerkannt werden (s. hierzu *Völker/Steinfatt* FPR 05, 415, auch zur abweichenden Rechtslage bei Umgangsentscheidungen und mit weiteren praktischen Hinweisen). Die hiergegen tw erhobene Kritik (vgl *Schlauß* FPR 06, 228) verkennt, dass die deutsche Sprachfassung ungenau ist; ich habe sie deshalb in vorliegender Rz oben auch der englischen und französischen Fassung angeglichen. In diesen wird auch bzgl der Frage, von wem das Kind anzuhören ist, auf das Verfahrensrecht des Anerkennungsstaates verwiesen: »*... sans que l'enfant, **en violation** des règles fondamentales de procédure de l'Etat membre requis, ait eu la possibilité d'être entendu.*« bzw »*... without the child having been given an opportunity to be heard, **in violation** of fundamental principles of procedure of the Member State in which recognition is sought.*« Der Hinweis auf Erwägungsgrund 19 Hs 2 trägt angesichts dieser klaren Formulierung nicht. Auch der BGH hat kürzlich angedeutet, dass für die Frage, ab welchem Alter ein Kind nach Art 23 lit b und vom Richter selbst angehört werden muss, das Recht im Anerkennungsstaat maßgeblich ist (BGH FamRZ 09, 1297; Anm *Völker* FF 09, 371). Dies alles hat freilich Auswirkungen auf die **Prozesstaktik** (s. dazu Rz 16). 7

Die **Feststellungslast** für das Vorliegen eines Anerkennungsversagungsgrundes trägt der die Anerkennungsfähigkeit Bestreitende, mit Ausnahme der formellen Voraussetzungen der Art 37–39 (NK-BGB/*Andrae* Art 22 Rn 1; ThoPu/*Hüßtege* Art 21 Rn 2). 8

C. Anerkennungsverfahren. Die förmliche Anerkennung erfolgt iRd für die **Vollstreckbarerklärung** vorgesehenen Verfahrens, s. dazu Art 28 ff und – für Deutschland – §§ 32 iVm 16–32 IntFamRVG. **Örtlich zuständig** ist in Deutschland nach §§ 10, 12 IntFamRVG (zur Auslegung der Sondervorschrift des § 13 III IntFamRVG s. Oldbg FamRZ 08, 1269) das FamG am Sitz des OLG, in dessen Zuständigkeitsbereich im Zeitpunkt der Antragstellung die Person, gegen die sich der Antrag richtet, oder das Kind, auf das sich die Entscheidung bezieht, sich gewöhnlich aufhält oder – bei Fehlen einer solchen Zuständigkeit – das Interesse an der Feststellung hervortritt oder das Bedürfnis der Fürsorge besteht, sonst das im Bezirk des KG zur Entscheidung berufene Gericht (also nach der Liste zu Art 68 – s. Art 68 Rz 1 – das FamG Pankow-Weißensee). Einer Anerkennungsentscheidung kommt aber freilich nur deklaratorische Bedeutung zu, denn nach der Grundregel in Art 21 I entfalten die Entscheidungen aus dem Ursprungsstaat ihre Wirkungen im Anerkennungs- und Vollstreckungsstaat schon vorher kraft der Verordnung. 9

Schwebt ein förmliches Anerkennungsverfahren, so dürfen andere Gerichte und Behörden insoweit nicht mehr tätig werden. Denn die Brüssel IIa-Verordnung hat ausweislich Art 29 allein dem örtlich zuständigen Familiengericht die Befugnis übertragen, über die Anerkennung zu entscheiden. 10

Die **Rechtskraft** der Entscheidung, deren Anerkennung begehrt wird, ist nur für die Anerkennung und Vollstreckung in Statussachen erforderlich (Art 21 II), nicht aber in den Angelegenheiten der elterlichen Verantwortung, es sei denn, die ausländische Entscheidung ist nach dem nationalen Recht des Zweitstaates Grundlage für eine Beischreibung in einem Personenstandsbuch. 11

Nach Art 26 ist es insb verboten, die anzuerkennende Entscheidung in der Sache selbst zu überprüfen (Verbot der sog ***révision au fond***). Art 26 schließt es freilich nicht aus, dass im Anerkennungsstaat später auf- 12 grund veränderter Tatsachen eine neue Entscheidung betreffend die elterliche Verantwortung getroffen werden kann, also ein Abänderungsverfahren mit Wirkung ex nunc eingeleitet wird.

13 Die Verordnung verzichtet ausweislich Art 25 darüber hinaus bewusst auf eine **kollisionsrechtliche** Kontrolle. Die Entscheidung ist also selbst dann anzuerkennen, wenn nach dem Internationalen Privatrecht des Anerkennungsstaates ein anderes Sachrecht anwendbar gewesen wäre. Das ist aufgrund der Uneinheitlichkeit der europäischen Scheidungs- und Scheidungsfolgenrechte problembehaftet (s. dazu auch Art 3 Rz 3); hoffentlich wird die geplante Brüssel IIb-Verordnung (»Rom III«) hier Abhilfe schaffen. Das wäre umso wichtiger, als das Gericht im Anerkennungsstaat laut Art 24 auch nicht nachprüfen darf, ob das Gericht im Ursprungsstaat **international zuständig** war. Selbst der gewöhnliche Aufenthaltsort bzw die Staatsangehörigkeit der Beteiligten ist daher für die Anwendung der Anerkennungs- und Vollstreckungsregelungen der Verordnung grds ohne Bedeutung, sieht man einmal von der Frage der Zuständigkeit für die Vollstreckbarerklärung ab, in deren Rahmen der gewöhnliche Aufenthaltsort wegen Art 29 II eine Rolle spielen kann. Auch wenn der Erstrichter – fehlerhaft – seine Zuständigkeit auf nationales Recht gestützt hat, sind die anderen Verordnungsmitgliedstaaten daher zur Anerkennung und Vollstreckung verpflichtet. Dies alles verschärft freilich die Einlassungslast des Antragsgegners im Erststaat: Er muss schon dort gegen Fehlentscheidungen Rechtsbehelfe einlegen; denn mit den vorgenannten Rügen ist er sonst im Zweitstaat ausgeschlossen.

14 Das Gericht eines Verordnungsmitgliedstaats, vor dem die Anerkennung einer in einem anderen Mitgliedstaat ergangenen Entscheidung beantragt wird, kann gem Art 27 I das Verfahren vAw **aussetzen**, wenn gegen die Entscheidung im Ursprungsstaat ein ordentlicher Rechtsbehelf eingelegt worden ist. Ist die Entscheidung in Irland oder im Vereinigten Königreich ergangen, trägt Art 27 II den dann bestehenden Besonderheiten der betreffenden innerstaatlichen Rechtsordnungen Rechnung.

15 Die **Kostenfolgen** eines in Deutschland geführten Anerkennungsverfahrens richten sich nach den §§ 32 iVm 20 II, III IntFamRVG. Es fallen **Gerichtsgebühren** iHv 200 € an (KV FamGKG Nr 1710).

16 **D. Prozesstaktik.** Die hohe Bedeutung der **Kindesanhörung** muss den Anwalt zu großer diesbezüglicher Aufmerksamkeit veranlassen (s. dazu jurisPR-FamR 25/08, Anm 3, *Völker*): Er sollte stets dieses Anerkennungshindernis im Blick haben. Dies gilt nicht nur, wenn er die Anerkennung verhindern möchte, sondern auch, wenn er den anderen Elternteil vertritt. Allerdings muss er dann schon im Verfahren im Ursprungsstaat auf die Notwendigkeit richterlicher Kindesanhörung hinweisen – vorausgesetzt, er ist zu diesem Zeitpunkt bereits mit dem Fall betraut. Erklärt man dem Richter eines Staates, der bzgl der persönlichen Anhörung von – praktisch va kleineren – Kindern zurückhaltend ist, die Hintergründe des Art 23 lit b, wird sich dieser – wie ich mehrfach berichtet bekam – einer solchen Bitte regelmäßig nicht verschließen. Die richterliche Kindesanhörung kann auch im Wege der Rechtshilfe geschehen; einschlägig ist insoweit va die EU-Beweisverordnung (VO (EG) Nr 1206/2001). Praktisch kommt va auch die Anhörung im Wege einer Videokonferenz (vgl EuGH FamRZ 11, 355).

Abschnitt 2 Antrag auf Vollstreckbarerklärung

Artikel 28 Vollstreckbare Entscheidungen. **(1) Die in einem Mitgliedstaat ergangenen Entscheidungen über die elterliche Verantwortung für ein Kind, die in diesem Mitgliedstaat vollstreckbar sind und die zugestellt worden sind, werden in einem anderen Mitgliedstaat vollstreckt, wenn sie dort auf Antrag einer berechtigten Partei für vollstreckbar erklärt wurden.**

(2) Im Vereinigten Königreich wird eine derartige Entscheidung jedoch in England und Wales, in Schottland oder in Nordirland erst vollstreckt, wenn sie auf Antrag einer berechtigten Partei zur Vollstreckung in dem betreffenden Teil des Vereinigten Königreichs registriert worden ist.

Artikel 29 Örtlich zuständiges Gericht. **(1) Ein Antrag auf Vollstreckbarerklärung ist bei dem Gericht zu stellen, das in der Liste aufgeführt ist, die jeder Mitgliedstaat der Kommission gemäß Artikel 68 mitteilt.**

(2) Das örtlich zuständige Gericht wird durch den gewöhnlichen Aufenthalt der Person, gegen die die Vollstreckung erwirkt werden soll, oder durch den gewöhnlichen Aufenthalt eines Kindes, auf das sich der Antrag bezieht, bestimmt.

Befindet sich keiner der in Unterabsatz 1 angegebenen Orte im Vollstreckungsmitgliedstaat, so wird das örtlich zuständige Gericht durch den Ort der Vollstreckung bestimmt.

Artikel 30 Verfahren. (1) Für die Stellung des Antrags ist das Recht des Vollstreckungsmitgliedstaats maßgebend.
(2) Der Antragsteller hat für die Zustellung im Bezirk des angerufenen Gerichts ein Wahldomizil zu begründen. Ist das Wahldomizil im Recht des Vollstreckungsmitgliedstaats nicht vorgesehen, so hat der Antragsteller einen Zustellungsbevollmächtigten zu benennen.
(3) Dem Antrag sind die in den Artikeln 37 und 39 aufgeführten Urkunden beizufügen.

Artikel 31 Entscheidung des Gerichts. (1) Das mit dem Antrag befasste Gericht erlässt seine Entscheidung ohne Verzug und ohne dass die Person, gegen die die Vollstreckung erwirkt werden soll, noch das Kind in diesem Abschnitt des Verfahrens Gelegenheit erhalten, eine Erklärung abzugeben.
(2) Der Antrag darf nur aus einem der in den Artikeln 22, 23 und 24 aufgeführten Gründe abgelehnt werden.
(3) Die Entscheidung darf keinesfalls in der Sache selbst nachgeprüft werden.

Artikel 32 Mitteilung der Entscheidung. Die über den Antrag ergangene Entscheidung wird dem Antragsteller vom Urkundsbeamten der Geschäftsstelle unverzüglich in der Form mitgeteilt, die das Recht des Vollstreckungsmitgliedstaats vorsieht.

Artikel 33 Rechtsbehelf. (1) Gegen die Entscheidung über den Antrag auf Vollstreckbarerklärung kann jede Partei einen Rechtsbehelf einlegen.
(2) Der Rechtsbehelf wird bei dem Gericht eingelegt, das in der Liste aufgeführt ist, die jeder Mitgliedstaat der Kommission gemäß Artikel 68 mitteilt.
(3) Über den Rechtsbehelf wird nach den Vorschriften entschieden, die für Verfahren mit beiderseitigem rechtlichen Gehör maßgebend sind.
(4) Wird der Rechtsbehelf von der Person eingelegt, die den Antrag auf Vollstreckbarerklärung gestellt hat, so wird die Partei, gegen die die Vollstreckung erwirkt werden soll, aufgefordert, sich auf das Verfahren einzulassen, das bei dem mit dem Rechtsbehelf befassten Gericht anhängig ist. Lässt sich die betreffende Person auf das Verfahren nicht ein, so gelten die Bestimmungen des Artikels 18.
(5) Der Rechtsbehelf gegen die Vollstreckbarerklärung ist innerhalb eines Monats nach ihrer Zustellung einzulegen. Hat die Partei, gegen die die Vollstreckung erwirkt werden soll, ihren gewöhnlichen Aufenthalt in einem anderen Mitgliedstaat als dem, in dem die Vollstreckbarerklärung erteilt worden ist, so beträgt die Frist für den Rechtsbehelf zwei Monate und beginnt mit dem Tag, an dem die Vollstreckbarerklärung ihr entweder persönlich oder in ihrer Wohnung zugestellt worden ist. Eine Verlängerung dieser Frist wegen weiter Entfernung ist ausgeschlossen.

Artikel 34 Für den Rechtsbehelf zuständiges Gericht und Anfechtung der Entscheidung über den Rechtsbehelf. Die Entscheidung, die über den Rechtsbehelf ergangen ist, kann nur im Wege der Verfahren angefochten werden, die in der Liste genannt sind, die jeder Mitgliedstaat der Kommission gemäß Artikel 68 mitteilt.

Artikel 35 Aussetzung des Verfahrens. (1) Das nach Artikel 33 oder Artikel 34 mit dem Rechtsbehelf befasste Gericht kann auf Antrag der Partei, gegen die die Vollstreckung erwirkt werden soll, das Verfahren aussetzen, wenn im Ursprungsmitgliedstaat ein ordentlicher Rechtsbehelf gegen die Entscheidung eingelegt wurde oder die Frist für einen solchen Rechtsbehelf noch nicht verstrichen ist. In letzterem Fall kann das Gericht eine Frist bestimmen, innerhalb deren der Rechtsbehelf einzulegen ist.
(2) Ist die Entscheidung in Irland oder im Vereinigten Königreich ergangen, so gilt jeder im Ursprungsmitgliedstaat statthafte Rechtsbehelf als ordentlicher Rechtsbehelf im Sinne des Absatzes 1.

Artikel 36 Teilvollstreckung. (1) Ist mit der Entscheidung über mehrere geltend gemachte Ansprüche entschieden worden und kann die Entscheidung nicht in vollem Umfang zur Vollstreckung zugelassen werden, so lässt das Gericht sie für einen oder mehrere Ansprüche zu.
(2) Der Antragsteller kann eine teilweise Vollstreckung beantragen.

1 **A. Überblick.** Die Verordnung regelt in den Art 28 ff grds nur die **Vollstreckbar*erklärung*** bzw im Vereinigten Königreich nach Art 28 II die dort an die Stelle der Vollstreckbarerklärung tretende Registrierung. Die *eigentliche* Zwangsvollstreckung bleibt dem jeweiligen Recht des Vollstreckungsstaats überlassen Art 47. In Deutschland greift diesbzgl § 44 IntFamRVG (Ordnungsgeld und -haft).

2 Die Verpflichtung zur Vollstreckbarerklärung von **Entscheidungen** (zu öffentlichen Urkunden und Vergleichen s. Art 46) betreffend die elterliche Verantwortung ergibt sich aus Art 28 I. Ausgenommen hiervon sind **Umgangsrechtsentscheidungen** und bestimmte **Rückführungsentscheidungen** auf der Grundlage des HKÜ (s. dazu Art 40 und 41). Sorgerechtsentscheidungen sind rechtsgestaltender Natur, haben keinen vollstreckungsfähigen Inhalt und können daher auch nicht für vollstreckbar erklärt werden (BVerfG FamRZ 07, 1626; Anm *Völker* FamRB 07, 360; BGH FamRZ 05, 1540; jurisPR-FamR 4/06, Anm 3, *Völker*).

3 **B. Vollstreckbarerklärungsverfahren.** Im Einzelnen sieht die Verordnung – auf **Antrag** (s. dazu für Deutschland § 16 IntFamRVG) der berechtigten Partei (Art 28 I), also nicht von Amts wegen – ein mehrstufiges Vollstreckbarerklärungsverfahren vor. Der Antrag kann in Deutschland auch zu Protokoll der Geschäftsstelle gestellt werden, § 16 II IntFamRVG. Der Begriff der »**berechtigten Partei**« ist weit auszulegen; hierzu zählen nicht nur Ehegatten und Kinder, sondern für die Staaten, in denen dies vorgesehen ist, auch die staatliche Gewalt. Maßgeblich für die Antragstellung ist gem Art 30 I das Recht des Vollstreckungsstaats. Der Antrag auf Vollstreckbarerklärung ist nach Art 29 I bei dem Gericht zu stellen, das in der Liste zu Art 68 – s. Art 68 Rz 1 – aufgeführt ist, also in Deutschland bei dem FamG am Sitz des betreffenden OLG, hingegen im Bezirk des KG beim FamG Pankow/Weißensee. Art 29 I regelt also die **sachliche Zuständigkeit**. Die **örtliche Zuständigkeit** ergibt sich sodann aus Art 29 II (Ausführungsvorschriften für Deutschland: §§ 10–13 IntFamRVG). Dessen erstem Satz zufolge ist in erster Linie das Gericht am gewöhnlichen Aufenthaltsort der Person zuständig, gegen welche die Vollstreckung erwirkt werden soll, oder das Gericht am gewöhnlichen Aufenthaltsort eines Kindes (auch im Urlaubs- oder Fluchtland, s. HK-FamR/*Rieck* Art 29 Rn 4 aE), auf das sich der Antrag bezieht. Ist hiernach keine Zuständigkeit im Vollstreckungsstaat gegeben, wird nach Art 29 II 2 das örtlich zuständige Gericht durch den Ort der Vollstreckung bestimmt.

4 Das erstinstanzliche Verfahren ist **einseitig**: Nach Art 31 I wird bis zur Vollstreckbarerklärung die Person, gegen die die Vollstreckung erwirkt werden soll, nicht gehört, so für Deutschland auch § 18 IntFamRVG. Eine mündliche Verhandlung findet demgemäß im Regelfall nicht statt. Es besteht **kein Anwaltszwang.** Das Gericht hat nach Art 31 I seine Entscheidung ohne Verzug zu erlassen.

5 Der Antragsteller hat nach Art 30 II für die Zustellung im Bezirk des angerufenen Gerichts ein Wahldomizil zu begründen oder einen **Zustellungsbevollmächtigten** (der in Deutschland kein Rechtsanwalt sein muss, § 17 II IntFamVRG) zu bestellen. Hat der Antragsteller im Ursprungsstaat ganz oder tw **Prozesskostenhilfe** oder Gebührenbefreiung erhalten, erfährt er gem Art 50 im Vollstreckungsstaat diesbzgl die günstigste Behandlung, die dieses Recht vorsieht. Art 51 betrifft die **Sicherheitsleistung** bzw Hinterlegung, insoweit ist hervorzuheben, dass der Vollstreckungsgläubiger mit Wohnsitz in einem anderen Mitgliedstaat von der Pflicht zur Ausländersicherheitsleistung befreit ist.

6 Eine sachliche Überprüfung (***révision au fond***) der zu vollstreckenden Entscheidung ist nach Art 31 III unzulässig (s.a. EuGH FamRZ 10, 103; Anm *Völker* FamRBint 10, Heft 2). Gegenstand der gerichtlichen Prüfung im Vollstreckbarerklärungsverfahren ist daher nur:

- nach Art 29 die örtliche Zuständigkeit des angerufenen Gerichts;
- Art 28 I zufolge die Wirksamkeit des Titels, seine Vollstreckbarkeit im Erststaat und seine Zustellung;
- laut Art 37 das Vorliegen der erforderlichen urkundlichen Nachweise, also:
  - eine Ausfertigung der zu vollstreckenden Entscheidung, daher keine bloße Abschrift oder Fotokopie;
  - die Bescheinigung nach Art 39 iVm Anhang I oder II, aus der sich ua Vollstreckbarkeit und Gewährung von Prozesskostenhilfe ergeben;
  - *zusätzlich* bei Versäumnisentscheidungen ein urkundlicher Nachweis, dass das verfahrenseinleitende Schriftstück zugestellt worden ist, oder alternativ eine Urkunde, wonach der Antragsgegner mit der Entscheidung eindeutig einverstanden ist;
- und Art 31 II zufolge die in Art 22 bis 24 aufgeführten Versagungsgründe.

7 Die vorzulegenden Urkunden müssen nicht notwendig in die Sprache des mit der Vollstreckbarerklärung befassten Staates übersetzt werden, das Gericht kann jedoch auf der Grundlage von Art 38 II eine **Übersetzung** verlangen, s. hierzu auch § 16 III IntFamRVG. Die in Art 37, 38 und 45 aufgeführten Unterlagen

bedürfen nach Art 52 weder der Legalisation noch einer ähnlichen Förmlichkeit. Sofern Urkunden fehlen, kann das Gericht dem Antragsteller nach Art 38 I die sachdienlichen Auflagen machen.

Ob **Ablehnungsgründe** (s. dazu Art 21–27 Rz 4 ff) vorliegen, hat das Gericht **von Amts wegen** zu prüfen. Dies folgt aus dem klaren Wortlaut der Art 22 und 23, in denen von »wird nicht anerkannt«, nicht aber von einem Antragserfordernis die Rede ist. 8

Die **Entscheidung**, die über den Antrag ergangen ist, ist dem Antragsteller gem Art 32 vom Urkundsbeamten der Geschäftsstelle unverzüglich in der Form mitzuteilen, die das Recht des Vollstreckungsstaats vorsieht, § 21 IntFamRVG; hier ist auch die (neue, s. Art 18 Rz 2) EG-Zustellungsverordnung zu beachten. S. iÜ die §§ 20–23 IntFamRVG. 9

Die **Wirkung der Vollstreckbarerklärung** beschränkt sich immer nur auf den jeweiligen Vollstreckungsstaat. Eine Doppelexequatur ist daher verboten. In deutschen Vollstreckbarerklärungsverfahren erlassene Beschlüsse sind aufgrund von § 20 III IntFamRVG zu begründen und werden nach § 22 IntFamRVG erst mit ihrer Rechtskraft wirksam (die Verordnung schreibt insoweit nichts anderes vor), worauf in der Begründung der Entscheidung hinzuweisen ist. Deshalb wird erst dann die Vollstreckungsklausel erteilt, § 23 IntFamRVG. 10

Gegen die erstinstanzliche Entscheidung kann jede Partei gem Art 33 I einen **Rechtsbehelf** einlegen (zur Form in Deutschland s. § 24 IntFamRVG). Nach ganz überwiegender Auffassung fallen unter den Begriff »**Partei**« nicht nur der Antragsteller und der Antragsgegner, sondern zB auch das von einer Entscheidung über die elterliche Verantwortung betroffene Kind (so auch HK-FamR/*Rieck* Art 33 Rn 1 mwN und Hinweis auf die Erforderlichkeit der Verfahrenspflegerbestellung, jedenfalls aber der Anhörung des Kindes), weil auch der Begriff der zur Antragstellung im Vollstreckbarerklärungsverfahren »berechtigten Partei« (s. Rz 3) so weit ausgelegt wird. Der Rechtsbehelf gegen die Vollstreckbarerklärung ist nach Art 33 V 1 grds innerhalb eines Monats nach ihrer Zustellung bei dem sich aus der nach Art 68 der Kommission mitzuteilenden Liste – s. dazu Art 68 Rz 1 – benannten Gericht einzulegen, also in Deutschland beim **Oberlandesgericht**, § 24 I IntFamRVG. In Deutschland handelt es sich bei dem Rechtsbehelf um eine **Beschwerde**, dies wird in den §§ 24 ff IntFamRVG naher konkretisiert. 11

Hat die Partei, gegen die die Vollstreckung erwirkt werden soll, ihren gewöhnlichen Aufenthalt in einem anderen Mitgliedstaat als dem, in dem die Vollstreckbarerklärung erteilt worden ist, so beträgt die **Frist** für den Rechtsbehelf zwei Monate, Art 33 V und – in Deutschland – § 24 III IntFamRVG. Es handelt sich dabei um eine Notfrist, § 24 IV IntFamRVG. Eine Frist zur Einlegung eines Rechtsbehelfs des Antragstellers für den Fall, dass sein Antrag auf Vollstreckbarerklärung abgelehnt wird, sieht die Verordnung nicht vor. Legt der Antragsteller den Rechtsbehelf ein, so wird die Partei, gegen die die Vollstreckung erwirkt werden soll, nach Art 33 IV aufgefordert, sich auf das Verfahren einzulassen. Die Überprüfung der erstinstanzlichen Entscheidung findet also aufgrund von Art 33 III und IV in einem kontradiktorischen Verfahren statt. § 25 IntFamRVG, der aus Gründen der Prozessökonomie eine Art inzidente Vollstreckungsgegenklage zulässt, gilt ausdrücklich nur für Kostentitel. Anträge auf Abänderung von Entscheidungen zur elterlichen Verantwortung sind in einem selbstständigen Verfahren geltend zu machen. § 25 IntFamRVG lässt die Prüfung nachträglicher Einwendungen im dort genannten Umfang zu, weil es sich nicht um eine »révision au fond« handelt, da die Einwendungen vom Richter im Ursprungsstaat noch gar nicht berücksichtigt werden konnten. 12

Nach § 26 I IntFamRVG entscheidet das OLG über Beschwerden in **voller Besetzung**. § 27 I IntFamRVG bestimmt, dass – wie beim erstinstanzlichen Verfahren – die Entscheidung erst mit Rechtskraft wirksam wird. § 27 II lässt aber die Anordnung der sofortigen Wirksamkeit durch das OLG zu, allerdings nur zusammen mit der Beschwerdeentscheidung, also nach Gewährung rechtlichen Gehörs und abgeschlossener Sachprüfung. So kann einer Beschwerde entgegengewirkt werden, die nur zu Zwecken der Verfahrensverschleppung eingelegt wurde. 13

Die Entscheidung über den Rechtsbehelf kann ihrerseits angefochten werden, jedoch aufgrund von Art 34 nur vermittels des Verfahrens, das in der nach Art 68 mitzuteilenden Liste – s. dazu Art 68 Rz 1 – aufgeführt ist, mithin in Deutschland mit der **Rechtsbeschwerde** zum BGH. Diese wird durch §§ 28 bis 31 IntFamRVG näher ausgestaltet. 14

Solange im Ursprungsstaat ein ordentlicher Rechtsbehelf eingelegt oder die Frist für einen solchen Rechtsbehelf noch nicht verstrichen ist, kann auf Antrag der Partei, gegen die die Vollstreckung erwirkt werden soll, das nach Art 33 und 34 mit dem Rechtsbehelf im Vollstreckbarerklärungsverfahren befasste Gericht das Verfahren aufgrund von Art 35 nach seinem Ermessen **aussetzen**. Dabei sind die mutmaßlichen 15

Erfolgsaussichten des Rechtsmittels im Ursprungsstaat zu berücksichtigen. Wichtig ist dann aber, dass im Interesse des Kindes für die Schwebezeit stets der Erlass einstweiliger Anordnungen auf der Grundlage von §§ 15 IntFamRVG, 49 ff FamFG geprüft wird (vgl HK-FamR/*Rieck* Art 35 Rn 4 aE).

16 Gemäß Art 36 können auch evtl nur ein oder mehrere Ansprüche oder – innerhalb desselben Anspruchs – ein **Teil** des Anspruchs für vollstreckbar erklärt werden, Trennbarkeit vorausgesetzt (s. dazu auch § 23 II IntFamRVG).

Abschnitt 3 Gemeinsame Bestimmungen für die Abschnitte 1 und 2

Artikel 37 Urkunden. **(1) Die Partei, die die Anerkennung oder Nichtanerkennung einer Entscheidung oder deren Vollstreckbarerklärung erwirken will, hat Folgendes vorzulegen:**
a) eine Ausfertigung der Entscheidung, die die für ihre Beweiskraft erforderlichen Voraussetzungen erfüllt,
und
b) die Bescheinigung nach Artikel 39.
(2) Bei einer im Versäumnisverfahren ergangenen Entscheidung hat die Partei, die die Anerkennung einer Entscheidung oder deren Vollstreckbarerklärung erwirken will, ferner Folgendes vorzulegen:
a) die Urschrift oder eine beglaubigte Abschrift der Urkunde, aus der sich ergibt, dass das verfahrenseinleitende Schriftstück oder ein gleichwertiges Schriftstück der Partei, die sich nicht auf das Verfahren eingelassen hat, zugestellt wurde,
oder
b) eine Urkunde, aus der hervorgeht, dass der Antragsgegner mit der Entscheidung eindeutig einverstanden ist.

1 Siehe dazu Art 28–36 Rz 6. Eine Legalisierung der Urkunden ist nicht erforderlich, Art 52. Es kann allerdings vom Antragsteller die Vorlage einer beglaubigten Übersetzung gefordert werden (Art 38 II).

Artikel 38 Fehlen von Urkunden. **(1) Werden die in Artikel 37 Abs. 1 Buchstabe b) oder Abs. 2 aufgeführten Urkunden nicht vorgelegt, so kann das Gericht eine Frist setzen, innerhalb deren die Urkunden vorzulegen sind, oder sich mit gleichwertigen Urkunden begnügen oder von der Vorlage der Urkunden befreien, wenn es eine weitere Klärung nicht für erforderlich hält.**
(2) Auf Verlangen des Gerichts ist eine Übersetzung der Urkunden vorzulegen. Die Übersetzung ist von einer hierzu in einem der Mitgliedstaaten befugten Person zu beglaubigen.

1 Siehe dazu auch Art 28–36 Rz 7. Art 38 ermöglicht es dem Gericht, dem Antragsteller die Vorlage fehlender Urkunden (Art 38 I) und erforderlichenfalls einer beglaubigte Übersetzung dieser Urkunden aufzugeben.

Artikel 39 Bescheinigung bei Entscheidungen in Ehesachen und bei Entscheidungen über die elterliche Verantwortung. **Das zuständige Gericht oder die Zuständige Behörde des Ursprungsmitgliedstaats stellt auf Antrag einer berechtigten Partei eine Bescheinigung unter Verwendung des Formblatts in Anhang I (Entscheidungen in Ehesachen) oder Anhang II (Entscheidungen über die elterliche Verantwortung) aus.**

1 Die auf Antrag der berechtigten Partei (zum Begriff s. Art 28–36 Rz 3) – in Deutschland vom **Urkundsbeamten der Geschäftsstelle** auszustellende (§ 48 I IntFamRVG) – Bescheinigung nach Anhang I bzw II dient dem leichteren Nachweis der Vollstreckbarkeitsvoraussetzungen. Die einheitlich gestalteten Formblätter erleichtern die Nachprüfung der darin enthaltenen Feststellungen im Vollstreckungsstaat.

Abschnitt 4 Vollstreckbarkeit bestimmter Entscheidungen über das Umgangsrecht und bestimmter Entscheidungen, mit denen die Rückgabe des Kindes angeordnet wird

Artikel 40 Anwendungsbereich. **(1) Dieser Abschnitt gilt für**

a) das Umgangsrecht
und

b) die Rückgabe eines Kindes infolge einer die Rückgabe des Kindes anordnenden Entscheidung gemäß Artikel 11 Abs. 8.

(2) Der Träger der elterlichen Verantwortung kann ungeachtet der Bestimmungen dieses Abschnitts die Anerkennung und Vollstreckung nach Maßgabe der Abschnitte 1 und 2 dieses Kapitels beantragen.

Die Art 40–45 enthalten – ggü den allgemeinen Vorschriften vorrangige – Sonderregelungen für die Vollstreckung von Entscheidungen über das Umgangsrecht und die Rückgabe des Kindes in den HKÜ-Fällen des Art 11 VIII (Art 40 I). Art 40 II erklärt diese Sondervorschriften aber für verzichtbar; das allgemeine Anerkennungsfeststellungs- oder Vollstreckbarerklärungsverfahren kann daher alternativ beschritten werden. 1

Artikel 41 Umgangsrecht. **(1) Eine in einem Mitgliedstaat ergangene vollstreckbare Entscheidung über das Umgangsrecht im Sinne des Artikels 40 Abs. 1 Buchstabe a), für die eine Bescheinigung nach Abs. 2 im Ursprungsmitgliedstaat ausgestellt wurde, wird in einem anderen Mitgliedstaat anerkannt und kann dort vollstreckt werden, ohne dass es einer Vollstreckbarerklärung bedarf und ohne dass die Anerkennung angefochten werden kann.**

Auch wenn das nationale Recht nicht vorsieht, dass eine Entscheidung über das Umgangsrecht ungeachtet der Einlegung eines Rechtsbehelfs von Rechts wegen vollstreckbar ist, kann das Gericht des Ursprungsmitgliedstaats die Entscheidung für vollstreckbar erklären.

(2) Der Richter des Ursprungsmitgliedstaats stellt die Bescheinigung nach Abs. 1 unter Verwendung des Formblatts in Anhang III (Bescheinigung über das Umgangsrecht) nur aus, wenn

a) im Fall eines Versäumnisverfahrens das verfahrenseinleitende Schriftstück oder ein gleichwertiges Schriftstück der Partei, die sich nicht auf das Verfahren eingelassen hat, so rechtzeitig und in einer Weise zugestellt wurde, dass sie sich verteidigen konnte, oder wenn in Fällen, in denen bei der Zustellung des betreffenden Schriftstücks diese Bedingungen nicht eingehalten wurden, dennoch festgestellt wird, dass sie mit der Entscheidung eindeutig einverstanden ist;

b) alle betroffenen Parteien Gelegenheit hatten, gehört zu werden,
und

c) das Kind die Möglichkeit hatte, gehört zu werden, sofern eine Anhörung nicht aufgrund seines Alters oder seines Reifegrads unangebracht erschien.

Das Formblatt wird in der Sprache ausgefüllt, in der die Entscheidung abgefasst ist.

(3) Betrifft das Umgangsrecht einen Fall, der bei der Verkündung der Entscheidung einen grenzüberschreitenden Bezug aufweist, so wird die Bescheinigung von Amts wegen ausgestellt, sobald die Entscheidung vollstreckbar oder vorläufig vollstreckbar wird. Wird der Fall erst später zu einem Fall mit grenzüberschreitendem Bezug, so wird die Bescheinigung auf Antrag einer der Parteien ausgestellt.

Art 41 I ordnet die unmittelbare Vollstreckbarkeit der Umgangsentscheidung eines Mitgliedstaats in den anderen Mitgliedstaaten an, sofern bzgl der Entscheidung die Bescheinigung nach Anhang III ausgestellt wurde. Art 41 II verbietet dem funktionell zuständigen **Richter** (s.a. § 48 II IntFamRVG: Familienrichter bzw – OLG und BGH – Vorsitzender des Familiensenats; also nicht vom Urkundsbeamten der Geschäftsstelle!) des Ursprungsstaats die Ausstellung der Bescheinigung, wenn eines der dort genannten Anerkennungshindernisse vorliegt (s. dazu Art 21–27 Rz 6 f und eingehend zu den taktischen Möglichkeiten bei unterbliebener **Kindesanhörung** im Umgangsrechtsverfahren *Völker/Steinfatt* FPR 05, 415). Das Gericht des Vollstreckungsmitgliedstaats hat grds selbst dann keine eigene Prüfungskompetenz, ob das Gericht des Ursprungsmitgliedstaats die Bescheinigung nach Art. 42 richtig ausgestellt hat, wenn das Gegenteil aktenersichtlich ist; die Parteien können sich hiergegen allein im Ursprungsmitgliedstaat zur Wehr setzen (so zu Art 42 EuGH Urt v 22.12.10 – C-491/10 PPU). 1

Artikel 42 Rückgabe des Kindes. **(1) Eine in einem Mitgliedstaat ergangene vollstreckbare Entscheidung über die Rückgabe des Kindes im Sinne des Artikels 40 Abs. 1 Buchstabe b), für die eine Bescheinigung nach Abs. 2 im Ursprungsmitgliedstaat ausgestellt wurde, wird in einem anderen Mitgliedstaat anerkannt und kann dort vollstreckt werden, ohne dass es einer Vollstreckbarerklärung bedarf und ohne dass die Anerkennung angefochten werden kann.**

Auch wenn das nationale Recht nicht vorsieht, dass eine in Artikel 11 Abs. 8 genannte Entscheidung über die Rückgabe des Kindes ungeachtet der Einlegung eines Rechtsbehelfs von Rechts wegen vollstreckbar ist, kann das Gericht des Ursprungsmitgliedstaats die Entscheidung für vollstreckbar erklären.

(2) Der Richter des Ursprungsmitgliedstaats, der die Entscheidung nach Artikel 40 Abs. 1 Buchstabe b) erlassen hat, stellt die Bescheinigung nach Abs. 1 nur aus, wenn

a) das Kind die Möglichkeit hatte, gehört zu werden, sofern eine Anhörung nicht aufgrund seines Alters oder seines Reifegrads unangebracht erschien,

b) die Parteien die Gelegenheit hatten, gehört zu werden, und

c) das Gericht beim Erlass seiner Entscheidung die Gründe und Beweismittel berücksichtigt hat, die der nach Artikel 13 des Haager Übereinkommens von 1980 ergangenen Entscheidung zugrunde liegen.

Ergreift das Gericht oder eine andere Behörde Maßnahmen, um den Schutz des Kindes nach seiner Rückkehr in den Staat des gewöhnlichen Aufenthalts sicherzustellen, so sind diese Maßnahmen in der Bescheinigung anzugeben.

Der Richter des Ursprungsmitgliedstaats stellt die Bescheinigung von Amts wegen unter Verwendung des Formblatts in Anhang IV (Bescheinigung über die Rückgabe des Kindes) aus.

Das Formblatt wird in der Sprache ausgefüllt, in der die Entscheidung abgefasst ist.

1 Diese Vorschrift steht in Zusammenhang mit **Art 11 VIII**: Lehnt der Staat, in den das betroffene Kind widerrechtlich verbracht wurde, auf der Grundlage von Art 13 HKÜ die Rückführung des Kindes ab, ordnet aber der Ursprungsstaat am Schluss seines nach Art 11 VI-VIII dann durchzuführenden Verfahrens die Rückgabe des Kindes an, so ist diese Entscheidung automatisch nicht nur in dem anderen, sondern in allen Mitgliedstaaten (Wortlaut!) vollstreckbar. Siehe im Einzelnen – auch zur diesbezüglichen Rechtsprechung des EuGH – Art 11 Rz 7 ff.

2 Die Bescheinigung nach Anhang IV darf vom funktionell zuständigen **Richter** (§ 48 II IntFamRVG, zu den Einzelheiten s. Art 41 Rz 1) nur ausgestellt werden, wenn die Voraussetzungen des Art 42 II vorliegen (s. insoweit zur **Kindesanhörung** Art 21–27 Rz 7). Das Gericht des Vollstreckungsmitgliedstaats hat grds selbst dann keine eigene Prüfungskompetenz, ob das Gericht des Ursprungsmitgliedstaats die Bescheinigung nach Art. 42 richtig ausgestellt hat, wenn das Gegenteil aktenersichtlich ist; die Parteien können sich hiergegen allein im Ursprungsmitgliedstaat zur Wehr setzen (EuGH Urt v 22.12.10 – C-491/10 PPU).

Artikel 43 Klage auf Berichtigung. **(1) Für Berichtigungen der Bescheinigung ist das Recht des Ursprungsmitgliedstaats maßgebend.**

(2) Gegen die Ausstellung einer Bescheinigung gemäß Artikel 41 Abs. 1 oder Artikel 42 Abs. 1 sind keine Rechtsbehelfe möglich.

1 Um Verzögerungen zu vermeiden, schließt Art 43 II jedweden Rechtsbehelf – sei es im Ursprungs-, sei es im Vollstreckungsstaat – gegen die Erteilung der Bescheinigung nach Art 41 I oder 42 I aus. Allerdings lässt Art 43 I – für Deutschland iVm § 49 IntFamRVG, § 319 ZPO im Falle offenbarer Unrichtigkeiten – die **Berichtigung** der Bescheinigung zu.

2 Unberührt bleiben von Art 43 die Rechtsbehelfe, die dem Vollstreckungsschuldner im Vollstreckungsverfahren gegen die auf der Grundlage der automatisch vollstreckbaren Entscheidung konkret angeordneten Vollstreckungsmaßnahmen zustehen. Denn für jenes ist nach Art 47 das nationale Recht maßgeblich.

Artikel 44 Wirksamkeit der Bescheinigung. **Die Bescheinigung ist nur im Rahmen der Vollstreckbarkeit des Urteils wirksam.**

1 Nach Art 44 reicht die Wirkung der Bescheinigung nicht weiter als der vollstreckbare Inhalt der zu vollstreckenden Entscheidung.

Artikel 45 Urkunden. **(1) Die Partei, die die Vollstreckung einer Entscheidung erwirken will, hat Folgendes vorzulegen:**

a) eine Ausfertigung der Entscheidung, die die für ihre Beweiskraft erforderlichen Voraussetzungen erfüllt,

und

b) die Bescheinigung nach Artikel 41 Abs. 1 oder Artikel 42 Abs. 1.

(2) Für die Zwecke dieses Artikels

– wird der Bescheinigung gemäß Artikel 41 Abs. 1 eine Übersetzung der Nummer 12 betreffend die Modalitäten der Ausübung des Umgangsrechts beigefügt;

– wird der Bescheinigung gemäß Artikel 42 Abs. 1 eine Übersetzung der Nummer 14 betreffend die Einzelheiten der Maßnahmen, die ergriffen wurden, um die Rückgabe des Kindes sicherzustellen, beigefügt.

Die Übersetzung erfolgt in die oder in eine der Amtssprachen des Vollstreckungsmitgliedstaats oder in eine andere von ihm ausdrücklich zugelassene Sprache. Die Übersetzung ist von einer hierzu in einem der Mitgliedstaaten befugten Person zu beglaubigen.

Diese Vorschrift regelt abschließend die im Vollstreckungsstaat für eine Vollstreckung einer nach Art 41 oder 42 automatisch vollstreckbaren Umgangs- bzw Rückgabeentscheidung **vorzulegenden Urkunden**, namentlich eine Ausfertigung – also nicht eine bloße beglaubigte Fotokopie – der zu vollstreckenden Entscheidung und die Originalbescheinigung – keine Ausfertigung – nach Anhang III (Art 41) bzw IV (Art 42). 1

Abschnitt 5 Öffentliche Urkunden und Vereinbarungen

Artikel 46 Anerkennung und Vollstreckbarerklärung. **Öffentliche Urkunden, die in einem Mitgliedstaat aufgenommen und vollstreckbar sind, sowie Vereinbarungen zwischen den Parteien, die in dem Ursprungsmitgliedstaat vollstreckbar sind, werden unter denselben Bedingungen wie Entscheidungen anerkannt und für vollstreckbar erklärt.**

Diese Vorschrift stellt im Ursprungsstaat vollstreckbare **öffentliche Urkunden** und **Parteivereinbarungen** 1
zu Zwecken der Anerkennung und Vollstreckbarerklärung den Entscheidungen iSd Art 21 und 28 gleich. Freilich müssen die in Art 46 genannten Titel **einen vollstreckbaren Inhalt** haben, um für vollstreckbar erklärt werden zu können. Dies trifft – genügende Bestimmtheit vorausgesetzt – auf Kosten-, Umgangs- und Herausgabeentscheidungen zu, nicht aber auf Sorgerechtsentscheidungen; diese sind nur rechtsgestaltende und können daher nur anerkannt, nicht aber selbst vollstreckt werden (s. dazu iE Art 28–36 Rz 2).

Das hindert aber freilich nicht, nicht vollstreckbare öffentliche Urkunden für **anerkennungsfähig** zu hal- 2
ten, was zum einen präjudizielle Wirkungen entfalten und zum anderen der Partei, die sich von der Vereinbarung abwenden will, eine Abänderung erschweren kann (so zu Recht HK-FamR/*Rieck* Art 46 Rn 5). Für die deutsche Praxis ist va die Frage von Interesse, ob und unter welchen Voraussetzungen eine **Scheidungsfolgenvereinbarung** anerkannt und/oder für vollstreckbar erklärt werden kann (s. dazu eingehend *Rieck* FPR 07, 425).

Abschnitt 6 Sonstige Bestimmungen

Artikel 47 Vollstreckungsverfahren. **(1) Für das Vollstreckungsverfahren ist das Recht des Vollstreckungsmitgliedstaats maßgebend.**

(2) Die Vollstreckung einer von einem Gericht eines anderen Mitgliedstaats erlassenen Entscheidung, die gemäß Abschnitt 2 für vollstreckbar erklärt wurde oder für die eine Bescheinigung nach Artikel 41 Abs. 1 oder Artikel 42 Abs. 1 ausgestellt wurde, erfolgt im Vollstreckungsmitgliedstaat unter denselben Bedingungen, die für in diesem Mitgliedstaat ergangene Entscheidungen gelten.

Insbesondere darf eine Entscheidung, für die eine Bescheinigung nach Artikel 41 Abs. 1 oder Artikel 42 Abs. 1 ausgestellt wurde, nicht vollstreckt werden, wenn sie mit einer später ergangenen vollstreckbaren Entscheidung unvereinbar ist.

1 Art 47 I erklärt für die **Vollstreckung** (nicht: für das Vollstreckbarerklärungsverfahren) die nationalen Vorschriften für anwendbar. Insoweit ist § 44 IntFamRVG einschlägig (s. dazu Karlsr ZKJ 08, 472 = FamRBint 08, 80; Kobl FamRZ 07, 1034; Stuttg OLGR Stuttg 07, 15; jurisPR-FamR 7/07, Anm 2, *Völker*; Brandbg, Beschl v 22.9.06–15 UF 189/06, juris; jurisPR-FamR 6/07, Anm 6, *Völker*; *Schulte-Bunert* FamRZ 07, 1608). Art 47 II 1 regelt ausdrücklich, dass anzuerkennende oder für vollstreckbar erklärte bzw in Ansehung von Art 41 oder 42 automatisch vollstreckbare Entscheidungen eines ausländischen Mitgliedstaats als mit einer inländischen Entscheidung deckungsgleich gelten. Eine wichtige praktische Auswirkung hat dies auf den Maßstab für die Abänderung ausländischer Sorgerechtsentscheidungen: Wenn und weil diese als mit einer deutschen Entscheidung **gleichgestellt** angesehen werden, kann eine anzuerkennende ausländische Entscheidung auch nur unter den (strengeren) Voraussetzungen des § 1696 BGB abgeändert werden (s. Art 1 Rz 2). Art 47 II 2 schränkt die Vollstreckung allerdings ein: Die Vollstreckung der mit einer Bescheinigung nach Anhang III bzw IV versehenen, in Art 41 genannten Umgangsentscheidung bzw von Art 42 umfassten Rückgabeentscheidung muss unterbleiben, wenn die Entscheidung mit einer später ergangenen vollstreckbaren Entscheidung unvereinbar ist. Allerdings kann eine später ergangene Entscheidung eines Gerichts des Volstreckungsmitgliedstaates, mit der ein vorläufiges Sorgerecht gewährt wird und die nach dem Recht dieses Staates als vollstreckbar anzusehen ist, der Vollstreckung einer zuvor ergangenen und mit einer Bescheinigung versehenen Entscheidung, mit der das zuständige Gericht des Ursprungsmitgliedstaates die Rückgabe des Kindes anordnet, nicht entgegengehalten werden (EuGH FamRZ 10, 1229 m.Anm. *Schulz* S. 1307).

Artikel 48 Praktische Modalitäten der Ausübung des Umgangsrechts. (1) Die Gerichte des Vollstreckungsmitgliedstaats können die praktischen Modalitäten der Ausübung des Umgangsrechts regeln, wenn die notwendigen Vorkehrungen nicht oder nicht in ausreichendem Maße bereits in der Entscheidung der für die Entscheidung der in der Hauptsache zuständigen Gerichte des Mitgliedstaats getroffen wurden und sofern der Wesensgehalt der Entscheidung unberührt bleibt.
(2) Die nach Abs. 1 festgelegten praktischen Modalitäten treten außer Kraft, nachdem die für die Entscheidung in der Hauptsache zuständigen Gerichte des Mitgliedstaats eine Entscheidung erlassen haben.

1 Art 48 ist eine praktisch wichtige Norm, weil gerade in Deutschland hohe Anforderungen an die **Vollstreckungsfähigkeit** von **Umgangsentscheidungen** gestellt werden. In ausländischen Entscheidungen werden oft Einzelheiten – etwa Uhrzeit, Abholen und Bringen – nicht geregelt. Art 48 verhindert nun, dass die Vollstreckbarerklärung ausländischer Entscheidungen hieran scheitert. Im Rahmen des Exequaturverfahrens kann das Gericht auf Grundlage dieser Vorschrift Auslassungen oder Unklarheiten des Ursprungstitels beseitigen, solange freilich der Kern der Ursprungsentscheidung nicht angetastet wird.

Artikel 49 Kosten. Die Bestimmungen dieses Kapitels mit Ausnahme der Bestimmungen des Abschnitts 4 gelten auch für die Festsetzung der Kosten für die nach dieser Verordnung eingeleiteten Verfahren und die Vollstreckung eines Kostenfestsetzungsbeschlusses.

1 Diese Vorschrift bestimmt, dass auch Kostenfestsetzungsbeschlüsse nach den Art 21 ff anerkannt und nach den Art 28 ff für vollstreckbar erklärt werden können. Kosten(grund)entscheidungen haben selbst keinen vollstreckungsfähigen Inhalt und können daher als solche zutreffender Auffassung zufolge nicht für vollstreckbar erklärt werden (HK-FamR/*Rieck* Art 49 Rn 2 mwN auch zur Gegenmeinung).

Artikel 50 Prozesskostenhilfe. Wurde dem Antragsteller im Ursprungsmitgliedstaat ganz oder teilweise Prozesskostenhilfe oder Kostenbefreiung gewährt, so genießt er in dem Verfahren nach den Artikeln 21, 28, 41, 42 und 48 hinsichtlich der Prozesskostenhilfe oder der Kostenbefreiung die günstigste Behandlung, die das Recht des Vollstreckungsmitgliedstaats vorsieht.

1 In den in dieser Vorschrift abschließend genannten Verfahren soll dem unbemittelten Antragsteller, dem im Ursprungsstaat **Prozesskostenhilfe** oder eine dieser vergleichbare Kostenvergünstigung bewilligt worden war, im Vollstreckungsstaat die günstigste Behandlung zukommen, die dieser Staat vorsieht. Die Begünstigung wird vAw gewährt. Allerdings muss der Antragsteller durch Vorlage der in Art 39 iVm Anhang I (Ehesachen) oder II (Sachen betreffend die elterliche Verantwortung) die vormals im Ausgangsverfahren gewährte Prozesskostenhilfe nachweisen. Dessen unbeschadet kann freilich ein Ausländer in Deutschland

Verfahrenskostenhilfe nach den deutschen Vorschriften bewilligt bekommen, § 43 IntFamRVG (s. zur Prozesskostenhilfe in Familiensachen mit Auslandsbezug auch *Motzer* FamRBint 08, 16).

Artikel 51 Sicherheitsleistung, Hinterlegung. Der Partei, die in einem Mitgliedstaat die Vollstreckung einer in einem anderen Mitgliedstaat ergangenen Entscheidung beantragt, darf eine Sicherheitsleistung oder Hinterlegung, unter welcher Bezeichnung es auch sei, nicht aus einem der folgenden Gründe auferlegt werden:

a) weil sie in dem Mitgliedstaat, in dem die Vollstreckung erwirkt werden soll, nicht ihren gewöhnlichen Aufenthalt hat, oder

b) weil sie nicht die Staatsangehörigkeit dieses Staates besitzt oder, wenn die Vollstreckung im Vereinigten Königreich oder in Irland erwirkt werden soll, ihr »domicile« nicht in einem dieser Mitgliedstaaten hat.

Zwar haben die Mitgliedstaaten untereinander für ihre Staatsangehörigen die Prozesskostensicherheitsleistung abgeschafft (s. für Deutschland § 110 I ZPO). Jedoch können von der Verordnung auch Staatsangehörige von Drittstaaten betroffen sein, weil die Verordnung viele Zuständigkeitsregeln enthält, die an den bloßen Aufenthalt anknüpfen. Um nicht die Anerkennung und Vollstreckung von Entscheidungen zu erschweren, die Drittstaatler in einem Mitgliedstaat erstritten haben, befreit die Verordnung auch Drittstaatler von einer ihnen evtl nach dem nationalen Recht der Mitgliedstaaten obliegenden Pflicht, im Anerkennungsfeststellungs- oder Vollstreckungsverfahren Prozesskostensicherheit erbringen zu müssen. Freilich bleibt hiervon die Möglichkeit der Mitgliedstaaten unberührt, im Ursprungsverfahren Kostensicherheitsleistung zu fordern oder Sicherheitsleistung als Vollstreckungssicherheit – also nicht für die Kosten des Vollstreckungsverfahrens – zu verlangen (vgl HK-FamR/*Rieck* Art 51 Rn 1). 1

Artikel 52 Legalisation oder ähnliche Förmlichkeit. Die in den Artikeln 37, 38 und 45 aufgeführten Urkunden sowie die Urkunde über die Prozessvollmacht, falls eine solche erteilt wird, bedürfen weder der Legalisation noch einer ähnlichen Förmlichkeit.

Diese Vorschrift beseitigt das Erfordernis der **Legalisation** für folgende Urkunden: 1

- die Ausfertigung der Entscheidung, die vollstreckt werden soll (Art 37 lit a),
- die Bescheinigung nach Art 39,
- die nach Art 37 II erforderlichen Nachweise bei Säumnis,
- die Übersetzung nach Art 38 II,
- die in Art 45 aufgeführten Bescheinigungen.

Art 52 hat in Deutschland zur Folge, dass § 438 ZPO nicht anzuwenden ist, dessen Abs I zufolge für ausländische öffentliche Urkunden nicht die Vermutung ihrer Echtheit streitet, weshalb § 438 II ZPO die Legalisation vorsieht. Folglich werden die in Art 52 genannten ausländischen öffentlichen Urkunden den inländischen öffentlichen Urkunden gleichgestellt, mit der Folge der Vermutung ihrer Echtheit, § 437 I ZPO (NK-BGB/*Benicke* Art 52 Rn 1). 2

Kapitel IV Zusammenarbeit zwischen den zentralen Behörden bei Verfahren betreffend die elterliche Verantwortung

Artikel 53 Bestimmung der Zentralen Behörden. Jeder Mitgliedstaat bestimmt eine oder mehrere Zentrale Behörden, die ihn bei der Anwendung dieser Verordnung unterstützen, und legt ihre räumliche oder sachliche Zuständigkeit fest. Hat ein Mitgliedstaat mehrere Zentrale Behörden bestimmt, so sind die Mitteilungen grundsätzlich direkt an die zuständige Zentrale Behörde zu richten. Wurde eine Mitteilung an eine nicht zuständige Zentrale Behörde gerichtet, so hat diese die Mitteilung an die zuständige Zentrale Behörde weiterzuleiten und den Absender davon in Kenntnis zu setzen.

Die Art 53–58 betreffen die Aufgaben der **Zentralen Behörden** und ihre Zusammenarbeit miteinander. Die deutsche Zentrale Behörde ist seit dem 1.1.07 beim **Bundesamt für Justiz** in Bonn angesiedelt; zuvor war 1 sie der Generalbundesanwaltschaft eingegliedert (www.bfj.bund.de), s.a. §§ 3–5 IntFamRVG sowie Art 1 Rz 3 zu den vom Bundesamt für Justitz zur Verfügung gestellten Arbeitshilfen.

2 Der EuGH (EuGH FamRZ 09, 843; Anm *Völker* FamRBint 09, 53; s. a *Pirrung* IPRax 11, 50) hat klargestellt, dass ein Gericht, das sich für unzuständig hält oder das auf der Grundlage von Art 20 eine Schutzmaßnahme angeordnet hat, nicht verpflichtet ist, die Sache nach Art 15 an das zuständige Gericht des anderen Mitgliedstaats zu verweisen. In beiden Fällen muss allerdings das nationale Gericht, das sich nach Art 17 für unzuständig erklärt bzw einstweilige Maßnahmen einschließlich Schutzmaßnahmen durchgeführt hat, direkt oder durch Einschaltung der aufgrund von Art 53 bestimmten Zentralen Behörde das zuständige Gericht des anderen Mitgliedstaats von seiner Unzuständigerklärung bzw der einstweiligen Maßnahme in Kenntnis setzen, wenn der Schutz des Kindeswohls dies erfordert. Dies steht in Zusammenhang mit Art 55 lit c, der eine Verständigung zwischen den Gerichten der Mitgliedstaaten zum Zweck der Anwendung der Verordnung vorsieht. Zur diesbezüglichen Möglichkeit der **unmittelbaren Kontaktaufnahme** zwischen den zuständigen Richtern beider Mitgliedstaaten s. Art 15 Rz 2.

Artikel 54 Allgemeine Aufgaben. Die Zentralen Behörden stellen Informationen über nationale Rechtsvorschriften und Verfahren zur Verfügung und ergreifen Maßnahmen, um die Durchführung dieser Verordnung zu verbessern und die Zusammenarbeit untereinander zu stärken. Hierzu wird das mit der Entscheidung 2001/470/EG eingerichtete Europäische Justizielle Netz für Zivil- und Handelssachen genutzt.

1 S 1 beschreibt allgemein die Aufgaben der Zentralen Behörden, während Art 55 die speziellen Aufgaben aufzählt, die die Zentralen Behörden in Fällen betreffend die elterliche Verantwortung haben. Deutsche Ausführungsvorschriften zu Art 54 sind die §§ 6 und 7 IntFamRVG.

2 In S 2 wird das Europäische Justizielle Netz für Zivil- und Handelssachen in Bezug genommen, dessen Internetseite (s. Art 1 Rz 3) sehr hilfreiche Informationen über die Familienrechte und Familienrechtssysteme der Mitgliedstaaten und einen – sehr praktischen – Europäischen Justiziellen Atlas, also ein Europäisches Gerichtsorteverzeichnis enthält.

Artikel 55 Zusammenarbeit in Fällen, die speziell die elterliche Verantwortung betreffen. Die Zentralen Behörden arbeiten in bestimmten Fällen auf Antrag der Zentralen Behörde eines anderen Mitgliedstaats oder des Trägers der elterlichen Verantwortung zusammen, um die Ziele dieser Verordnung zu verwirklichen. Hierzu treffen sie folgende Maßnahmen im Einklang mit den Rechtsvorschriften dieses Mitgliedstaats, die den Schutz personenbezogener Daten regeln, direkt oder durch Einschaltung anderer Behörden oder Einrichtungen:

a) Sie holen Informationen ein und tauschen sie aus über
   i) die Situation des Kindes,
   ii) laufende Verfahren oder
   iii) das Kind betreffende Entscheidungen.

b) Sie informieren und unterstützen die Träger der elterlichen Verantwortung, die die Anerkennung und Vollstreckung einer Entscheidung, insbesondere über das Umgangsrecht und die Rückgabe des Kindes, in ihrem Gebiet erwirken wollen

c) Sie erleichtern die Verständigung zwischen den Gerichten, insbesondere zur Anwendung des Artikels 11 Absätze 6 und 7 und des Artikels 15

d) Sie stellen alle Informationen und Hilfen zur Verfügung, die für die Gerichte für die Anwendung des Artikels 56 von Nutzen sind

e) Sie erleichtern eine gütliche Einigung zwischen den Trägern der elterlichen Verantwortung durch Mediation oder auf ähnlichem Wege und fördern hierzu die grenzüberschreitende Zusammenarbeit.

1 Diese Vorschrift regelt die Aufgaben und die Zusammenarbeit der Zentralen Behörden in Verfahren, die die elterliche Verantwortung betreffen; s. dazu auch Leitfaden (s. dazu Art 1 Rz 3) S. 55. Das Bundesamt für Justiz erleichtert nach Art 55 lit c va die Verständigung zwischen den Gerichten zweier Mitgliedstaaten (s. dazu auch Art 53 Rz 2) und nach Art 55 lit e eine gütliche Einigung zwischen den Trägern der elterlichen Verantwortung durch Mediation oder auf ähnlichem Wege und fördert hierzu die grenzüberschreitende Zusammenarbeit. In Bezug auf die Mediation ist eine sehr nützliche Informationsquelle die Internetseite

der GEMME (Groupement Européen des Magistrats pour la Médiation, www.gemme.eu). Gerade in HKÜ-Verfahren kann eine – freilich kurzfristige! – Mediation eine einvernehmliche und für das Kind möglichst schonende Lösung befördern (vgl auch HK-FamR/*Rieck* Art 55 Rn 4). Der Anwalt kann sich auch Art 55 lit b zunutze machen, um über die Zentrale Behörde Informationen über die Situation des Kindes oder es betreffende im Ausland laufende Verfahren bzw dort ergangene Entscheidungen einzuholen.

Im IntFamRVG sind die Aufgaben und Befugnisse der deutschen Zentralen Behörde – also dem **Bundesamt für Justiz** – näher geregelt. Von besonderem Interesse ist § 7 IntFamRVG, wenn der Aufenthalt des Kindes ermittelt werden muss, weil der andere Elternteil dieses versteckt hält. Das Bundesamt kann dann unter anderem Halteranfragen beim Kraftfahrtbundesamt starten, Sozialleistungsträger um die Mitteilung der Anschrift einer Person ersuchen, eine Person zur Aufenthaltsermittlung ausschreiben und einen Suchvermerk im Zentralregister veranlassen. 2

Artikel 56 Unterbringung des Kindes in einem anderen Mitgliedstaat. (1) Erwägt das nach den Artikeln 8 bis 15 zuständige Gericht die Unterbringung des Kindes in einem Heim oder in einer Pflegefamilie und soll das Kind in einem anderen Mitgliedstaat untergebracht werden, so zieht das Gericht vorher die Zentrale Behörde oder eine andere zuständige Behörde dieses Mitgliedstaats zurate, sofern in diesem Mitgliedstaat für die innerstaatlichen Fälle der Unterbringung von Kindern die Einschaltung einer Behörde vorgesehen ist.

(2) Die Entscheidung über die Unterbringung nach Abs. 1 kann im ersuchenden Mitgliedstaat nur getroffen werden, wenn die zuständige Behörde des ersuchten Staates dieser Unterbringung zugestimmt hat.

(3) Für die Einzelheiten der Konsultation bzw der Zustimmung nach den Absätzen 1 und 2 gelten das nationale Recht des ersuchten Staates.

(4) Beschließt das nach den Artikeln 8 bis 15 zuständige Gericht die Unterbringung des Kindes in einer Pflegefamilie und soll das Kind in einem anderen Mitgliedstaat untergebracht werden und ist in diesem Mitgliedstaat für die innerstaatlichen Fälle der Unterbringung von Kindern die Einschaltung einer Behörde nicht vorgesehen, so setzt das Gericht die Zentrale Behörde oder eine zuständige Behörde dieses Mitgliedstaats davon in Kenntnis.

Diese Vorschrift regelt die Voraussetzungen für die **grenzüberschreitende Unterbringung** eines Kindes (s. dazu *Wicke/Reinhardt* JAmt 07, 453, 456 f; DIJuF-Rechtsgutachten v 16.8.07, JAmt 07, 480). Diese erstmals eröffnete Möglichkeit greift etwa, wenn sich eine Familie aus einem Mitgliedstaat zu Urlaubszwecken in einem anderen Mitgliedstaat aufhält und wegen eines Unfalls des Kindes dieses längere Zeit bei Verwandten in diesem Staat – als Pflegefamilie – untergebracht werden soll (s. HK-FamR/*Rieck* Art 56 Rn 4) oder wenn deutsche Eltern aus steuerlichen Gründen in Frankreich nahe der deutschen Grenze wohnen, in Deutschland arbeiten (Grenzgänger), schwer verunfallen und das Kind, das in Frankreich keine anderen Verwandten mehr hat, schon bisher in Deutschland zur Schule ging und dort seine Freunde hat, nunmehr – was naheliegen kann – in Deutschland untergebracht werden soll. Die Norm kann im Einzelfall auch, falls das Kind zweisprachig ist, die Voraussetzung für eine möglichst einzelfallgerechte Unterbringungsform schaffen, wenn diese im nahen Ausland, aber nur in größerer Entfernung im Inland existiert. 1

Das zu diesem Zweck – wegen des Anerkennungshindernisses des Art 23 lit g zwingend (vgl HK-FamR/*Rieck* Art 56 Rn 1) – durchzuführende **Konsultationsverfahren** setzt voraus, dass das Gericht, das die Unterbringung im anderen Mitgliedstaat erwägt, auf der Grundlage der Art 8–15 der Verordnung international zuständig ist. Das Verfahren im Einzelnen regelt das nationale Recht des ersuchten Staates (Abs 3). Sieht dieses Recht eine Konsultation nicht vor, so genügt es, wenn das international zuständige Gericht die Zentrale Behörde oder eine zuständige Behörde des anderen Mitgliedstaats informiert (Abs 4). 2

Für den Fall einer beabsichtigten Unterbringung des Kindes in Deutschland gestalten die §§ 45 – 47 IntFamRVG das Verfahren näher aus. § 45 IntFamRVG weist die Befugnis für die Erteilung der Zustimmung zur Unterbringung den Landesjugendämtern zu; die eigentliche Unterbringung bleibt demgegenüber in der Zuständigkeit der örtlichen Jugendämter. § 46 IntFamRVG regelt näher das Konsultationsverfahren zwischen den beteiligten Stellen beider Staaten. Stets kann die ausländische Stelle um ergänzende Informationen ersucht werden (§ 46 III IntFamRVG). Dem Ersuchen soll zugestimmt werden, wenn folgende Bedingungen erfüllt sind (§ 46 I IntFamRVG): 3

– Nr 1: Kindeswohlverträglichkeit der Unterbringung im Inland (besondere Bindung);
– Nr 2: Vorliegen eines ärztlichen Zeugnisses oder Gutachtens;
– Nr 3: Anhörung des Kindes im Ausland (hierfür gelten aber die Maßstäbe des deutschen Rechts, also § 159 FamFG, s. dazu auch Art 21–27 Rz 7);
– Nr 4: Zustimmung der geeigneten Einrichtung oder Pflegefamilie, keine entgegenstehenden Gründe;
– Nr 5: Vorliegen einer etwa erforderlichen ausländerrechtlichen Genehmigung oder deren Zusage (deswegen § 46 IV: frühzeitige Beteiligung der Ausländerbehörde);
– Nr 6: Regelung der Kostenübernahme (in der Praxis – wie könnte es anders sein? – die größte Hürde).

Ist die Unterbringung mit Freiheitsentziehung verbunden, muss nach § 46 II IntFamRVG wegen Art 104 II 1 GG zum einen hierüber ein Gericht entscheiden. Zum anderen muss bei Zugrundelegung des mitgeteilten Sachverhalts nach innerstaatlichem Recht eine freiheitsentziehende Unterbringung überhaupt zulässig sein (meist ist dann § 1631b BGB zu prüfen; s. zu den insoweit geltenden sehr strengen materiellen und verfahrensrechtlichen Maßstäben anschaulich BVerfG FamRZ 07, 1627 mwN; Anm *Völker* FamRB 07, 296). Außerdem müssen natürlich weiterhin die Voraussetzungen des § 46 I IntFamRVG erfüllt sein.
Die Zustimmung des Landesjugendamts ist laut § 47 I IntFamRVG nur mit Genehmigung des Familiengerichts zulässig; § 47 II konzentriert die Zuständigkeit auf das »OLG-Familiengericht« (s. dazu Art 21–27 Rn 9). Das Familiengericht prüft die Voraussetzungen des § 46 Abs 1 Nr 1–3 IntFamRVG, also Kindeswohlverträglichkeit, Vorliegen des ärztlichen Zeugnisses bzw Gutachtens und die Anhörung des Kindes im Ausland. Außerdem muss geprüft werden, ob ein Hindernis für die Anerkennung der beabsichtigten Unterbringung erkennbar ist. Damit wird insb § 46 II IntFamRVG in Bezug genommen, also die Fälle der Freiheitsentziehung. Der familiengerichtliche Beschl ist nach § 47 III IntFamRVG zu begründen und unanfechtbar.

Artikel 57 Arbeitsweise. **(1) Jeder Träger der elterlichen Verantwortung kann bei der Zentralen Behörde des Mitgliedstaats, in dem er seinen gewöhnlichen Aufenthalt hat, oder bei der Zentralen Behörde des Mitgliedstaats, in dem das Kind seinen gewöhnlichen Aufenthalt hat oder in dem es sich befindet, einen Antrag auf Unterstützung gem Artikel 55 stellen. Dem Antrag werden grundsätzlich alle verfügbaren Informationen beigefügt, die die Ausführung des Antrags erleichtern können. Betrifft dieser Antrag die Anerkennung oder Vollstreckung einer Entscheidung über die elterliche Verantwortung, die in den Anwendungsbereich dieser Verordnung fällt, so muss der Träger der elterlichen Verantwortung dem Antrag die betreffenden Bescheinigungen nach Artikel 39, Artikel 41 Abs. 1 oder Artikel 42 Abs. 1 beifügen.**
(2) Jeder Mitgliedstaat teilt der Kommission die Amtssprache(n) der Organe der Gemeinschaft mit, die er außer seiner/seinen eigenen Sprache(n) für Mitteilungen an die Zentralen Behörden zulässt.
(3) Die Unterstützung der Zentralen Behörden gemäß Artikel 55 erfolgt unentgeltlich.
(4) Jede Zentrale Behörde trägt ihre eigenen Kosten.

1 Diese Vorschrift gewährleistet jedem Träger elterlicher Verantwortung für ein Kind, dass er die Dienste der Zentralen Behörde des Staates, in dem er oder das Kind seinen gewöhnlichen Aufenthalt oder Letzteres hilfsweise seinen schlichten Aufenthalt hat, unentgeltlich (Abs 3) in Anspruch nehmen kann.

2 Beantragt der Träger elterlicher Verantwortung ein solches Tätigwerden der deutschen Zentralen Behörde, so kann diese dem nachkommen oder ein Tätigwerden ablehnen; lehnt sie es ab, kann der Träger der elterlichen Verantwortung das **Oberlandesgericht** anrufen, das im Bezirk der Zentralen Behörde seinen Sitz hat (§ 8 I IntFamRVG, zum Verfahren s. § 8 II und III IntFamRVG). Der Antragsteller kann indes von der Zentralen Behörde nicht verlangen, dass sie Maßnahmen nach Art 16 HKÜ ergreift, um dem nach Art 19 II international zuständigen Gericht eine Sorgerechtsentscheidung nach Art 16 HKÜ zu untersagen (Karlsr ZKJ 06, 421).

Artikel 58 Zusammenkünfte. **(1) Zur leichteren Anwendung dieser Verordnung werden regelmäßig Zusammenkünfte der Zentralen Behörden einberufen.**
(2) Die Einberufung dieser Zusammenkünfte erfolgt im Einklang mit der Entscheidung 2001/470/EG über die Einrichtung eines Europäischen Justiziellen Netzes für Zivil- und Handelssachen.

1 *(von einer Kommentierung wird abgesehen)*

Kapitel V Verhältnis zu anderen Rechtsinstrumenten

Artikel 59 Verhältnis zu anderen Rechtsinstrumenten. (1) Unbeschadet der Artikel 60, 61, 62 und des Absatzes 2 des vorliegenden Artikels ersetzt diese Verordnung die zum Zeitpunkt des Inkrafttretens dieser Verordnung bestehenden, zwischen zwei oder mehr Mitgliedstaaten geschlossenen Übereinkünfte, die in dieser Verordnung geregelte Bereiche betreffen.

(2)

a) Finnland und Schweden können erklären, dass das Übereinkommen vom 6. Februar 1931 zwischen Dänemark, Finnland, Island, Norwegen und Schweden mit Bestimmungen des internationalen Verfahrensrechts über Ehe, Adoption und Vormundschaft einschließlich des Schlussprotokolls anstelle dieser Verordnung ganz oder teilweise auf ihre gegenseitigen Beziehungen anwendbar ist. Diese Erklärungen werden dieser Verordnung als Anhang beigefügt und im *Amtsblatt der Europäischen Union* veröffentlicht. Die betreffenden Mitgliedstaaten können ihre Erklärung jederzeit ganz oder teilweise widerrufen.

b) Der Grundsatz der Nichtdiskriminierung von Bürgern der Union aus Gründen der Staatsangehörigkeit wird eingehalten.

c) Die Zuständigkeitskriterien in künftigen Übereinkünften zwischen den in Buchstabe a) genannten Mitgliedstaaten, die in dieser Verordnung geregelte Bereiche betreffen, müssen mit den Kriterien dieser Verordnung im Einklang stehen.

d) Entscheidungen, die in einem der nordischen Staaten, der eine Erklärung nach Buchstabe a) abgegeben hat, aufgrund eines Zuständigkeitskriteriums erlassen werden, das einem der in Kapitel II vorgesehenen Zuständigkeitskriterien entspricht, werden in den anderen Mitgliedstaaten gemäß den Bestimmungen des Kapitels III anerkannt und vollstreckt.

(3) Die Mitgliedstaaten übermitteln der Kommission

a) eine Abschrift der Übereinkünfte sowie der einheitlichen Gesetze zur Durchführung dieser Übereinkünfte gemäß Abs. 2 Buchstaben a) und c),

b) jede Kündigung oder Änderung dieser Übereinkünfte oder dieser einheitlichen Gesetze.

Diese Norm betrifft das Verhältnis der Verordnung zu den **völkerrechtlichen Abkommen**, denen zwei oder mehrere Mitgliedstaaten angehören. Art 59 bestimmt, dass diese zwischenstaatlichen Übereinkommen von der Verordnung verdrängt werden, soweit sowohl diese als auch das jeweilige Abkommen Regelungen zu einem Bereich enthalten. 1

Von diesem Grundsatz lassen Abs II und Abs III zugunsten von Finnland und Schweden Ausnahmen zu. Diese Staaten haben diese Möglichkeit genutzt (s. Anhang VI). 2

Artikel 60 Verhältnis zu bestimmten multilateralen Übereinkommen. Im Verhältnis zwischen den Mitgliedstaaten hat diese Verordnung vor den nachstehenden Übereinkommen insoweit Vorrang, als diese Bereiche betreffen, die in dieser Verordnung geregelt sind:

a) Haager Übereinkommen vom 5. Oktober 1961 über die Zuständigkeit der Behörden und das anzuwendende Recht auf dem Gebiet des Schutzes von Minderjährigen,

b) Luxemburger Übereinkommen vom 8. September 1967 über die Anerkennung von Entscheidungen in Ehesachen,

c) Haager Übereinkommen vom 1. Juni 1970 über die Anerkennung von Ehescheidungen und der Trennung von Tisch und Bett,

d) Europäisches Übereinkommen vom 20. Mai 1980 über die Anerkennung und Vollstreckung von Entscheidungen über das Sorgerecht für Kinder und die Wiederherstellung des Sorgeverhältnisses und

e) Haager Übereinkommen vom 25. Oktober 1980 über die zivilrechtlichen Aspekte internationaler Kindesentführung.

Die aufgeführten völkerrechtlichen Abkommen – von denen allerdings das Luxemburger Übereinkommen für Deutschland nicht gilt – treten zurück, soweit sie Bereiche regeln, die auch von der Verordnung geregelt werden. Regeln bedeutet dabei mehr als bloße Anwendbarkeit. Plastisches Beispiel: Die Verordnung mag auf einen Fall für die Beurteilung der internationalen Zuständigkeit **anwendbar** sein. Da sie das internatio- 1 nale Privatrecht nicht regeln will, beurteilt sich die Frage des anwendbaren Sachrechts nach dem für die Frage der Zuständigkeit verdrängten Abkommen (zutr HK-FamR/*Rieck* Art 61 Rn 2 gegen NK-BGB/*Gruber* Art 60 Rn 1). Für Deutschland greift in Bezug auf die elterliche Verantwortung va das Haager Minderjährigenschutzabkommen vom 5.10.61 (MSA) bzw – seit dessen Anwendbarkeit in Deutschland ab 1.1.11 – das Haager Kinderschutzübereinkommen v 19.10.96 (KSÜ – s. dazu Art 1 Rz 2).

Artikel 61 Verhältnis zum Haager Übereinkommen vom 19. Oktober 1996 über die Zuständigkeit, das anzuwendende Recht, die Anerkennung, Vollstreckung und Zusammenarbeit auf dem Gebiet der elterlichen Verantwortung und der Maßnahmen zum Schutz von Kindern. **Im Verhältnis zum Haager Übereinkommen vom 19. Oktober 1996 über die Zuständigkeit, das anzuwendende Recht, die Anerkennung, Vollstreckung und Zusammenarbeit auf dem Gebiet der elterlichen Verantwortung und der Maßnahmen zum Schutz von Kindern ist diese Verordnung anwendbar,**

a) wenn das betreffende Kind seinen gewöhnlichen Aufenthalt im Hoheitsgebiet eines Mitgliedstaats hat;

b) in Fragen der Anerkennung und der Vollstreckung einer von dem zuständigen Gericht eines Mitgliedstaats ergangenen Entscheidung im Hoheitsgebiet eines anderen Mitgliedstaats, auch wenn das betreffende Kind seinen gewöhnlichen Aufenthalt im Hoheitsgebiet eines Drittstaats hat, der Vertragspartei des genannten Übereinkommens ist.

1 Art 61 lit a zufolge verdrängt die Verordnung das Haager Kinderschutzübereinkommen v 19.10.96 (KSÜ) – das für Deutschland seit dem 1.1.11 gilt – im Verhältnis der Mitgliedstaaten zueinander vollständig, wenn das verfahrensbetroffene Kind seinen gewöhnlichen Aufenthalt (s. dazu Art 8 Rz 2 iVm Art 3 Rz 6) in einem Mitgliedstaat hat, und zwar selbst dann, wenn das Kind die Staatsangehörigkeit eines Drittstaats oder eines Vertragsstaats des KSÜ innehat.

2 Lit b ordnet die Anwendbarkeit der Verordnung in zwei weiteren Fällen an, in denen sie mit dem KSÜ zusammenprallt: Sie gilt, wenn ein Gericht eines Mitgliedstaats die Entscheidung des Gerichts eines Drittstaats, der (aber) Vertragsstaat des KSÜ ist, anerkannt und für vollstreckbar erklärt hat oder als zuständiges Gericht über die elterliche Verantwortung für ein Kind entschieden hat, das seinen gewöhnlichen Aufenthalt in einem KSÜ-Vertragsstaat hat.

Artikel 62 Fortbestand der Wirksamkeit. **(1) Die in Artikel 59 Abs. 1 und den Artikeln 60 und 61 genannten Übereinkünfte behalten ihre Wirksamkeit für die Rechtsgebiete, die durch diese Verordnung nicht geregelt werden.**

(2) Die in Artikel 60 genannten Übereinkommen, insbesondere das Haager Übereinkommen von 1980, behalten vorbehaltlich des Artikels 60 ihre Wirksamkeit zwischen den ihnen angehörenden Mitgliedstaaten.

1 Diese Vorschrift wiederholt selbstverständliche völker- und europarechtliche Grundsätze: Die aufgezählten völkerrechtlichen Abkommen sind unanwendbar, soweit sie Rechtsgebiete regeln, die auch die Brüssel IIa-Verordnung regelt. Die Verordnung verdrängt also in ihrem Anwendungsbereich die genannten Übereinkommen (s.a. Rauscher/*Rauscher* Art 62 Rn 1).

Artikel 63 Verträge mit dem Heiligen Stuhl. **(1) Diese Verordnung gilt unbeschadet des am 7. Mai 1940 in der Vatikanstadt zwischen dem Heiligen Stuhl und Portugal unterzeichneten Internationalen Vertrags (Konkordat).**

(2) Eine Entscheidung über die Ungültigkeit der Ehe gemäß dem in Abs. 1 genannten Vertrag wird in den Mitgliedstaaten unter den in Kapitel III Abschnitt 1 vorgesehenen Bedingungen anerkannt.

(3) Die Absätze 1 und 2 gelten auch für folgende internationalen Verträge (Konkordate) mit dem Heiligen Stuhl:

a) Lateranvertrag vom 11. Februar 1929 zwischen Italien und dem Heiligen Stuhl, geändert durch die am 18. Februar 1984 in Rom unterzeichnete Vereinbarung mit Zusatzprotokoll,

b) Vereinbarung vom 3. Januar 1979 über Rechtsangelegenheiten zwischen dem Heiligen Stuhl und Spanien.

(4) Für die Anerkennung der Entscheidungen im Sinne des Absatzes 2 können in Italien oder Spanien dieselben Verfahren und Nachprüfungen vorgegeben werden, die auch für Entscheidungen der Kirchengerichte gemäß den in Abs. 3 genannten internationalen Verträgen mit dem Heiligen Stuhl gelten.
(5) Die Mitgliedstaaten übermitteln der Kommission
a) eine Abschrift der in den Absätzen 1 und 3 genannten Verträge,
b) jede Kündigung oder Änderung dieser Verträge.

Diese – durch Verordnung (EG) Nr 2116/2004 des Rates v 2.12.04 (ABl EG Nr L 367 v 14.12.04, 1) leicht 1
modifizierte – Vorschrift trägt dem Umstand Rechnung, dass einige – traditionell katholisch geprägte – Mitgliedstaaten die innerstaatliche Zuständigkeit der **Kirchengerichte** in Ehesachen bei kanonischen Ehen kodifiziert haben. Die Norm verpflichtet die anderen Mitgliedstaaten, solche kirchengerichtlichen Entscheidungen anzuerkennen (Abs 2), wenn **Ungültigerklärungen** einer Ehe iRd in den Absätzen 1 und 3 aufgeführten Konkordate erfolgen und die Ungültigerklärungen im Ursprungsstaat keiner innerstaatlichen Anerkennung (sog **Delibation**) bedürfen; andernfalls wäre (nur) die Delibationsentscheidung anzuerkennen (s. NK-BGB/*Gruber* Art 63 Rn 2).

Kapitel VI Übergangsvorschriften

Artikel 64 [Übergangsvorschriften].

(1) Diese Verordnung gilt nur für gerichtliche Verfahren, öffentliche Urkunden und Vereinbarungen zwischen den Parteien, die nach Beginn der Anwendung dieser Verordnung gem Artikel 72 eingeleitet, aufgenommen oder getroffen wurden.
(2) Entscheidungen, die nach Beginn der Anwendung dieser Verordnung in Verfahren ergangen sind, die vor Beginn der Anwendung dieser Verordnung, aber nach Inkrafttreten der Verordnung (EG) Nr 1347/2000 eingeleitet wurden, werden nach Maßgabe des Kapitels III der vorliegenden Verordnung anerkannt und vollstreckt, sofern das Gericht aufgrund von Vorschriften zuständig war, die mit den Zuständigkeitsvorschriften des Kapitels II der vorliegenden Verordnung oder der Verordnung (EG) Nr 1347/2000 oder eines Abkommens übereinstimmen, das zum Zeitpunkt der Einleitung des Verfahrens zwischen dem Ursprungsmitgliedstaat und dem ersuchten Mitgliedstaat in Kraft war.
(3) Entscheidungen, die vor Beginn der Anwendung dieser Verordnung in Verfahren ergangen sind, die nach Inkrafttreten der Verordnung (EG) Nr 1347/2000 eingeleitet wurden, werden nach Maßgabe des Kapitels III der vorliegenden Verordnung anerkannt und vollstreckt, sofern sie eine Ehescheidung, Trennung ohne Auflösung des Ehebandes oder Ungültigerklärung einer Ehe oder eine aus Anlass eines solchen Verfahrens in Ehesachen ergangene Entscheidung über die elterliche Verantwortung für die gemeinsamen Kinder zum Gegenstand haben.
(4) Entscheidungen, die vor Beginn der Anwendung dieser Verordnung, aber nach Inkrafttreten der Verordnung (EG) Nr 1347/2000 in Verfahren ergangen sind, die vor Inkrafttreten der Verordnung (EG) Nr 1347/2000 eingeleitet wurden, werden nach Maßgabe des Kapitels III der vorliegenden Verordnung anerkannt und vollstreckt, sofern sie eine Ehescheidung, Trennung ohne Auflösung des Ehebandes oder Ungültigerklärung einer Ehe oder eine aus Anlass eines solchen Verfahrens in Ehesachen ergangene Entscheidung über die elterliche Verantwortung für die gemeinsamen Kinder zum Gegenstand haben und Zuständigkeitsvorschriften angewandt wurden, die mit denen des Kapitels II der vorliegenden Verordnung oder der Verordnung (EG) Nr 1347/2000 oder eines Abkommens übereinstimmen, das zum Zeitpunkt der Einleitung des Verfahrens zwischen dem Ursprungsmitgliedstaat und dem ersuchten Mitgliedstaat in Kraft war.

Bezüglich dieser recht schwierig zugänglichen Norm zum **zeitlichen Anwendungsbereich** der Brüssel IIa- 1
Verordnung sei zunächst auf den anschaulichen Fallbaum auf S. 8 des Leitfadens (s. dazu Art 1 Rz 3) verwiesen.

Abs 1 betrifft Verfahren, die nach dem 1.3.05 (s. dazu Art 72) eingeleitet wurden. Auf diese Fälle findet die 2
Verordnung uneingeschränkt Anwendung. Die Verordnung ist in einem Mitgliedstaat jedenfalls frühestens ab dem Zeitpunkt anwendbar, in dem dieser Mitglied der Europäischen Union geworden ist (vgl EuGH Urt v 17.6.10 – C-312/09 zur Brüssel II-VO [VO Nr. 1347/2000]). Art 64 nimmt bzgl des Begriffs der »**Einlei-**

tung« nach zutreffender hM (vgl NK-BGB/*Gruber* Art 64 Rn 1 mwN auch zur Gegenmeinung) auf die Definition in Art 16 Bezug (s. dort).

3 **Abs 2** erfasst Entscheidungen, die nach dem 1.3.05 ergangen sind in Verfahren, die im Zeitraum ab dem 1.3.01 (Tag, an dem die seit dem 1.3.05 außer Kraft getretene Brüssel II-Verordnung anwendbar geworden war) eingeleitet wurden. Ob diese Entscheidungen auf der Grundlage der Brüssel IIa-Verordnung anerkannt und vollstreckt werden können, hängt davon ab, ob das Gericht des Ursprungsmitgliedstaats entweder nach der Brüssel IIa-Verordnung oder aber nach der vormals zwischen dem Ursprungsmitgliedstaat und dem Anerkennungs-/Vollstreckungsmitgliedstaat geltenden Brüssel II-Verordnung international zuständig war. **Analog** sollte Abs 2 angewandt werden auf die Fälle, in denen das Verfahren vor dem 1.3.01 eingeleitet wurde, aber am 1.3.05 noch keine rechtskräftige Entscheidung ergangen ist (Rauscher/*Rauscher* Art 64 Rn 16).

4 **Abs 3** regelt die Fälle, in denen die Entscheidung vor dem 1.3.05 ergangen ist in einem Verfahren, das im Zeitraum ab dem 1.3.01 eingeleitet wurde. Eine Anerkennung und Vollstreckung nach der Brüssel IIa-Verordnung ist hier möglich, wenn die Entscheidung eine Ehescheidung, Trennung ohne Auflösung des Ehebandes oder Ungültigerklärung einer Ehe oder eine aus Anlass eines solchen Verfahrens ergangene Entscheidung über die elterliche Verantwortung für die gemeinsamen Kinder zum Gegenstand hat. Damit ist kein Scheidungsverbund vorausgesetzt, vielmehr genügt ein räumlicher und zeitlicher Zusammenhang (vgl NK-BGB/*Gruber* Art 64 Rn 2; HK-FamR/*Rieck* Art 64 Rn 4). Fehlt es hieran, ist bis zur Anwendbarkeit des Haager Kinderschutzübereinkommens v 19.10.96 (KSÜ) in allen Verordnungsmitgliedstaaten weiter das Haager Minderjährigenschutzabkommen v 5.10.61 (MSA) einschlägig. Für Deutschland gilt das KSÜ seit 1.1.11.

5 **Abs 4** (s. dazu EuGH FamRZ 09, 1571) schließlich erfasst Entscheidungen, die vor dem 1.3.05, aber am oder nach dem 1.3.01 erlassen wurden in Verfahren, die schon vor dem 1.3.01 eingeleitet wurden. Solche Entscheidungen können auf der Grundlage der Brüssel IIa-Verordnung anerkannt und vollstreckt werden, wenn das Gericht im Ursprungsmitgliedstaat bei Erlass seiner Entscheidung seine internationale Zuständigkeit zutr auf die Brüssel II-Verordnung oder ein völkerrechtliches Übereinkommens gestützt hat, das bereits im Zeitpunkt der Einleitung des Verfahrens zwischen dem Ursprungsmitgliedstaat und dem Staat, in dem die Anerkennung/Vollstreckung begehrt wird, in Kraft war (s. dazu auch Art 59 I).

6 § 55 IntFamRVG enthält für Deutschland die Übergangsvorschrift für die Vollstreckung vor dem 1.3.05 ergangener Entscheidungen. Zum Sonderproblem der **Litispendenz** (zum Begriff s. Art 19 Rz 1), wenn eines der beiden parallel rechtshängigen Verfahren noch vor dem 1.3.05 eingeleitet worden ist, s. NK-BGB/*Gruber* Art 64 Rn 4 mwN.

Kapitel VII Schlussbestimmungen

Artikel 65 Überprüfung. Die Kommission unterbreitet dem Europäischen Parlament, dem Rat und dem Europäischen Wirtschafts- und Sozialausschuss spätestens am 1. Januar 2012 und anschließend alle fünf Jahre auf der Grundlage der von den Mitgliedstaaten vorgelegten Informationen einen Bericht über die Anwendung dieser Verordnung, dem sie gegebenenfalls Vorschläge zu deren Anpassung beifügt.

(von einer Kommentierung wird abgesehen)

Artikel 66 Mitgliedstaaten mit zwei oder mehr Rechtssystemen. Für einen Mitgliedstaat, in dem die in dieser Verordnung behandelten Fragen in verschiedenen Gebietseinheiten durch zwei oder mehr Rechtssysteme oder Regelwerke geregelt werden, gilt Folgendes:

a) Jede Bezugnahme auf den gewöhnlichen Aufenthalt in diesem Mitgliedstaat betrifft den gewöhnlichen Aufenthalt in einer Gebietseinheit.

b) Jede Bezugnahme auf die Staatsangehörigkeit oder, im Fall des Vereinigten Königreichs, auf das »domicile« betrifft die durch die Rechtsvorschriften dieses Staates bezeichnete Gebietseinheit.

c) Jede Bezugnahme auf die Behörde eines Mitgliedstaats betrifft die zuständige Behörde der Gebietseinheit innerhalb dieses Staates.

d) Jede Bezugnahme auf die Vorschriften des ersuchten Mitgliedstaats betrifft die Vorschriften der Gebietseinheit, in der die Zuständigkeit geltend gemacht oder die Anerkennung oder Vollstreckung beantragt wird.

Bislang betrifft diese Vorschrift nur das Vereinigte Königreich mit seinen mehreren – rechtlich verselbständigten – Gebietseinheiten: England und Wales, Schottland und Nordirland. Spanien verfügt zwar über sog Foralrechtsgebiete, die eigene Rechtssetzungsbefugnisse im Familienrecht haben, allerdings treten diese nicht in Konkurrenz zur Brüssel IIa-Verordnung (vgl auch HK-FamR/*Rieck* Art 66 Rn 1). 1

Artikel 67 Angaben zu den Zentralen Behörden und zugelassenen Sprachen. Die Mitgliedstaaten teilen der Kommission binnen drei Monaten nach Inkrafttreten dieser Verordnung Folgendes mit:

a) die Namen und Anschriften der Zentralen Behörden gemäß Artikel 53 sowie die technischen Kommunikationsmittel,

b) die Sprachen, die gemäß Artikel 57 Abs. 2 für Mitteilungen an die Zentralen Behörden zugelassen sind,
und

c) die Sprachen, die gemäß Artikel 45 Abs. 2 für die Bescheinigung über das Umgangsrecht zugelassen sind.

Die Mitgliedstaaten teilen der Kommission jede Änderung dieser Angaben mit.
Die Angaben werden von der Kommission veröffentlicht.
(von einer Kommentierung wird abgesehen)

Artikel 68 Angaben zu den Gerichten und den Rechtsbehelfen. Die Mitgliedstaaten teilen der Kommission die in den Artikeln 21, 29, 33 und 34 genannten Listen mit den zuständigen Gerichten und den Rechtsbehelfen sowie die Änderungen dieser Listen mit.
Die Kommission aktualisiert diese Angaben und gibt sie durch Veröffentlichung im *Amtsblatt der Europäischen Union* und auf andere geeignete Weise bekannt.

Die hierzu veröffentlichte Liste findet sich in ABl C 40 v 17.2.05, 2: http://eur-lex.europa.eu/LexUriServ/LexUriServ.do?uri=OJ:C:2005:040:0002:0004:DE:PDF 1

Artikel 69 Änderungen der Anhänge. Änderungen der in den Anhängen I bis IV wiedergegebenen Formblätter werden nach dem in Artikel 70 Abs. 2 genannten Verfahren beschlossen.
(von einer Kommentierung wird abgesehen)

Artikel 70 Ausschuss. (1) Die Kommission wird von einem Ausschuss (nachstehend »Ausschuss« genannt) unterstützt.
(2) Wird auf diesen Abs. Bezug genommen, so gelten die Artikel 3 und 7 des Beschlusses 1999/468/EG.
(3) Der Ausschuss gibt sich eine Geschäftsordnung.
(von einer Kommentierung wird abgesehen)

Artikel 71 Aufhebung der Verordnung (EG) Nr 1347/2000. (1) Die Verordnung (EG) Nr 1347/2000 wird mit Beginn der Geltung dieser Verordnung aufgehoben.
(2) Jede Bezugnahme auf die Verordnung (EG) Nr 1347/2000 gilt als Bezugnahme auf diese Verordnung nach Maßgabe der Entsprechungstabelle in Anhang VI.

Diese Vorschrift ordnet ausdrücklich die Ersetzung der sog Brüssel II-Verordnung durch die Brüssel IIa-Verordnung an. Zu beachten ist allerdings ein **Redaktionsversehen**: In Bezug genommen ist nicht Anlage VI, sondern **Anlage V.** 1

Artikel 72 In-Kraft-Treten. Diese Verordnung tritt am 1. August 2004 in Kraft.
Sie gilt ab 1. März 2005 mit Ausnahme der Artikel 67, 68, 69 und 70, die ab dem 1. August 2004 gelten.
Diese Verordnung ist in allen ihren Teilen verbindlich und gilt gemäß dem Vertrag zur Gründung der Europäischen Gemeinschaft unmittelbar in den Mitgliedstaaten.

1 Da es sich hier um eine Verordnung handelt, gilt diese **unmittelbar** in jedem Verordnungsmitgliedstaat (also in allen EU-Staaten mit Ausnahme Dänemarks, s. dazu Art 1 Rz 1), ohne dass es einer Umsetzung in nationales Recht bedurfte. Die Verordnung gilt zugleich **vorrangig** vor jeglichen nationalem Recht (s. das **Prüfungsschema** Art 1 Rz 2).

2 Die **Übergangsvorschrift** findet sich in Art 64 (s. dort).

Vom Abdruck der Anhänge (Formblätter) wurde abgesehen.

Gesetz zur Ausführung zwischenstaatlicher Verträge und zur Durchführung von Verordnungen und Abkommen der Europäischen Gemeinschaft auf dem Gebiet der Anerkennung und Vollstreckung in Zivil- und Handelssachen (Anerkennungs- und Vollstreckungsausführungsgesetz – AVAG)

In der Fassung der Bekanntmachung vom 3. Dezember 2009 (BGBl. I S. 3830); geändert durch Artikel 6 des Gesetzes vom 23. Mai 2011 (BGBl. I S. 898, 2094)

A. (Intertemporaler) Normgegenstand. Das AVAG verdrängt als lex specialis das Verfahren nach § 722 f ZPO. In der ersten Fassung vom 30.5.88 (BGBl I, 662) war es ab dem 8.6.88 anwendbar. Es diente zunächst vorrangig der Umsetzung des EuGVÜ und des LuGÜ (zu sonstigen völkerrechtlichen Verträgen vgl § 1) und ist darauf noch heute zugeschnitten. Die seit der Neufassung v 19.2.01 (in Kraft seit 1.3.01; hierzu *Hub* NJW 01, 3145) erfasste EuGVO wird durch § 55 als Sonderfall behandelt. Auch die Brüssel-II-Verordnung 1347/2000 wurde zunächst aufgenommen. Ehesachen fallen allerdings seit 1.3.05 (Gesetz v 26.1.05) nicht mehr unter das AVAG; hierfür ist das IntFamRVG maßgeblich. Modifikationen erfolgten ferner durch Gesetz vom 30.1.02 (in Kraft ab 1.3.02), durch Gesetz v 17.4.07 (in Kraft seit 1.7.07; zur Umsetzung des Abkommens mit Dänemark), durch Gesetz v 10.12.08 zur Durchführung des LugÜ II, durch das FGG-RG v 17.12.08 und durch G v 23.5.11 (EGAUG BGBl I, 898). 1

B. Einzelfragen der Klauselerteilung. I. Anwendungsbereich. Der Anwendungsbereich folgt aus § 1. 2

II. Zuständigkeit. Die Zuständigkeit für die Vollstreckbarerklärung (vgl § 3 bzw für die EuGVO Art 39 EuGVO iVm deren Anh II, dazu Art 39 EuGVO Rz 1) ist in der Beschwerdeinstanz überprüfbar. Teilweise wird allerdings für die EuGVO angenommen, dass deren Art 45 (vgl auch Art 45 EuGVO Rz 1) dem entgegenstehe (so etwa ThoPu/*Hüßtege* Rn 4; aA wohl BGH NJW-RR 08, 586, 587 Rn 15). 3

III. Voraussetzungen der Klauselerteilung. Die Voraussetzungen folgen zunächst aus den in § 1 I aufgeführten Vertragswerken bzw der EuGVO. Diese werden durch Vorgaben des AVAG ergänzt, soweit Letztere nicht für die EuGVO und das diesbezügliche Übereinkommen der Gemeinschaft mit Dänemark durch § 55 ausgeschlossen sind. Zu den Voraussetzungen zählen der Antrag eines aus dem Titel als Berechtigten Ausgewiesenen (§ 4, ggf iVm Art 40 EuGVO), die nach dem auf seine Anwendbarkeit zu überprüfenden Regelungswerk iSv § 1 I vorzulegenden Urkunden (etwa Art 40 III, 53 f EuGVO) sowie das Fehlen von Anerkennungsversagungsgründen (nicht im Anwendungsbereich der EuGVO, vgl deren Art 41). Nach dem BGH (EuZW 2010, 319) entfällt das Rechtsschutzbedürfnis für ein Vorgehen nach Art 38 ff EuGVO, sobald ein Europäischer Vollstreckungstitel iSd EuVTVO vorliegt. 4

IV. Verfahren; Entscheidung; Klausel. Das Verfahren kennt keinen Anwaltszwang; eine Entscheidung ergeht grds ohne Anhörung des Antragsgegners und ohne mündliche Verhandlung (§ 6) in der Form des Beschlusses (§ 8); die Erteilung der Vollstreckungsklausel ist in § 9 ausgestaltet. 5

V. Rechtsbehelfe. Das AVAG kennt insb die befristete Beschwerde beim OLG (§§ 11–14) gegen den Beschl nach § 8 (bzgl der EuGVO vgl Art 43 EuGVO Rz 1) sowie gegen den Beschl des Beschwerdegerichts die Rechtsbeschwerde beim BGH nach §§ 15–17 (bzgl der EuGVO vgl Art 44 EuGVO Rz 2), welche in der Notfrist von einem Monat zu erheben ist. Ist der ausländische Titel aufgehoben oder geändert worden, kommt ein Aufhebungs- bzw Änderungsantrag gem § 27 in Betracht. 6

Teil 1 Allgemeines

Abschnitt 1 Anwendungsbereich; Begriffsbestimmungen

§ 1 Anwendungsbereich. **(1) Diesem Gesetz unterliegen**

1. die Ausführung folgender zwischenstaatlicher Verträge (Anerkennungs- und Vollstreckungsverträge):

a) Übereinkommen vom 27. September 1968 über die gerichtliche Zuständigkeit und die Vollstreckung gerichtlicher Entscheidungen in Zivil- und Handelssachen (BGBl. 1972 II S. 773);
b) Übereinkommen vom 16. September 1988 über die gerichtliche Zuständigkeit und die Vollstreckung gerichtlicher Entscheidungen in Zivil- und Handelssachen (BGBl. 1994 II S. 2658);
c) Vertrag vom 17. Juni 1977 zwischen der Bundesrepublik Deutschland und dem Königreich Norwegen über die gegenseitige Anerkennung und Vollstreckung gerichtlicher Entscheidungen und anderer Schuldtitel in Zivil- und Handelssachen (BGBl. 1981 II S. 341);
d) Vertrag vom 20. Juli 1977 zwischen der Bundesrepublik Deutschland und dem Staat Israel über die gegenseitige Anerkennung und Vollstreckung gerichtlicher Entscheidungen in Zivil- und Handelssachen (BGBl. 1980 II S. 925);
e) Vertrag vom 14. November 1983 zwischen der Bundesrepublik Deutschland und Spanien über die Anerkennung und Vollstreckung von gerichtlichen Entscheidungen und Vergleichen sowie vollstreckbaren öffentlichen Urkunden in Zivil- und Handelssachen (BGBl. 1987 II S. 34);

2. die Durchführung folgender Verordnungen und Abkommen der Europäischen Gemeinschaft:
a) der Verordnung (EG) Nr. 44/2001 des Rates vom 22. Dezember 2000 über die gerichtliche Zuständigkeit und die Anerkennung und Vollstreckung von Entscheidungen in Zivil- und Handelssachen (ABl. EG 2001 Nr. L 12 S. 1);
b) des Abkommens vom 19. Oktober 2005 zwischen der Europäischen Gemeinschaft und dem Königreich Dänemark über die gerichtliche Zuständigkeit und die Anerkennung und Vollstreckung von Entscheidungen in Zivil- und Handelssachen (ABl. EU Nr. L 299 S. 62);
c) des Übereinkommens vom 30. Oktober 2007 über die gerichtliche Zuständigkeit und die Anerkennung und Vollstreckung von Entscheidungen in Zivil- und Handelssachen (ABl. EU Nr. L 339 S. 3).

(2) [1]Die Regelungen der in Absatz 1 Nummer 2 genannten Verordnungen und Abkommen werden als unmittelbar geltendes Recht der Europäischen Gemeinschaft durch die Durchführungsbestimmungen dieses Gesetzes nicht berührt. [2]Unberührt bleiben auch die Regelungen der zwischenstaatlichen Verträge; dies gilt insbesondere für die Regelungen über
1. den sachlichen Anwendungsbereich,
2. die Art der Entscheidungen und sonstigen Titel, die im Inland anerkannt oder zur Zwangsvollstreckung zugelassen werden können,
3. das Erfordernis der Rechtskraft der Entscheidungen,
4. die Art der Urkunden, die im Verfahren vorzulegen sind, und
5. die Gründe, die zur Versagung der Anerkennung oder Zulassung der Zwangsvollstreckung führen.

(3) Der Anwendungsbereich des Auslandsunterhaltsgesetzes vom 23. Mai 2011 (BGBl. I S. 898) bleibt unberührt.

§ 2 Begriffsbestimmungen. Im Sinne dieses Gesetzes sind
1. unter Mitgliedstaaten die Mitgliedstaaten der Europäischen Union und
2. unter Titeln Entscheidungen, gerichtliche Vergleiche und öffentliche Urkunden, auf welche der jeweils auszuführende Anerkennungs- und Vollstreckungsvertrag, die jeweils durchzuführende Verordnung oder das jeweils durchzuführende Abkommen Anwendung findet,

zu verstehen.

Abschnitt 2 Zulassung der Zwangsvollstreckung aus ausländischen Titeln

§ 3 Zuständigkeit. (1) Für die Vollstreckbarerklärung von Titeln aus einem anderen Staat ist das Landgericht ausschließlich zuständig.

(2) [1]Örtlich zuständig ist ausschließlich das Gericht, in dessen Bezirk der Verpflichtete seinen Wohnsitz hat, oder, wenn er im Inland keinen Wohnsitz hat, das Gericht, in dessen Bezirk die Zwangsvollstreckung durchgeführt werden soll. [2]Der Sitz von Gesellschaften und juristischen Personen steht dem Wohnsitz gleich.

(3) Über den Antrag auf Erteilung der Vollstreckungsklausel entscheidet der Vorsitzende einer Zivilkammer.

§ 4 Antragstellung. **(1) Der in einem anderen Staat vollstreckbare Titel wird dadurch zur Zwangsvollstreckung zugelassen, dass er auf Antrag mit der Vollstreckungsklausel versehen wird.**
(2) Der Antrag auf Erteilung der Vollstreckungsklausel kann bei dem zuständigen Gericht schriftlich eingereicht oder mündlich zu Protokoll der Geschäftsstelle erklärt werden.
(3) Ist der Antrag entgegen § 184 des Gerichtsverfassungsgesetzes nicht in deutscher Sprache abgefasst, so kann das Gericht dem Antragsteller aufgeben, eine Übersetzung des Antrags beizubringen, deren Richtigkeit von einer
1. in einem Mitgliedstaat der Europäischen Union oder in einem anderen Vertragsstaat des Abkommens über den Europäischen Wirtschaftsraum oder
2. in einem Vertragsstaat des jeweils auszuführenden Anerkennungs- und Vollstreckungsvertrags
hierzu befugten Person bestätigt worden ist.
(4) Der Ausfertigung des Titels, der mit der Vollstreckungsklausel versehen werden soll, und seiner Übersetzung, soweit eine solche vorgelegt wird, sollen zwei Abschriften beigefügt werden.

§ 5 Zustellungsempfänger. **(1) Hat die antragstellende Person in dem Antrag keinen Zustellungsbevollmächtigten im Sinn des § 184 Absatz 1 Satz 1 der Zivilprozessordnung benannt, so können bis zur nachträglichen Benennung alle Zustellungen an sie durch Aufgabe zur Post (§ 184 Absatz 1 Satz 2 und Absatz 2 der Zivilprozessordnung) bewirkt werden.**
(2) Absatz 1 gilt nicht, wenn die antragstellende Person einen Verfahrensbevollmächtigten für das Verfahren bestellt hat, an den im Inland zugestellt werden kann.

§ 6 Verfahren. **(1) Das Gericht entscheidet ohne Anhörung des Verpflichteten.**
(2) [1]Die Entscheidung ergeht ohne mündliche Verhandlung. [2]Jedoch kann eine mündliche Erörterung mit dem Antragsteller oder seinem Bevollmächtigten stattfinden, wenn der Antragsteller oder der Bevollmächtigte hiermit einverstanden ist und die Erörterung der Beschleunigung dient.
(3) Im ersten Rechtszug ist die Vertretung durch einen Rechtsanwalt nicht erforderlich.

§ 7 Vollstreckbarkeit ausländischer Titel in Sonderfällen. **(1) [1]Hängt die Zwangsvollstreckung nach dem Inhalt des Titels von einer dem Berechtigten obliegenden Sicherheitsleistung, dem Ablauf einer Frist oder dem Eintritt einer anderen Tatsache ab oder wird die Vollstreckungsklausel zugunsten eines anderen als des in dem Titel bezeichneten Berechtigten oder gegen einen anderen als den darin bezeichneten Verpflichteten beantragt, so ist die Frage, inwieweit die Zulassung der Zwangsvollstreckung von dem Nachweis besonderer Voraussetzungen abhängig oder ob der Titel für oder gegen den anderen vollstreckbar ist, nach dem Recht des Staates zu entscheiden, in dem der Titel errichtet ist. [2]Der Nachweis ist durch Urkunden zu führen, es sei denn, dass die Tatsachen bei dem Gericht offenkundig sind.**
(2) [1]Kann der Nachweis durch Urkunden nicht geführt werden, so ist auf Antrag des Berechtigten der Verpflichtete zu hören. [2]In diesem Falle sind alle Beweismittel zulässig. [3]Das Gericht kann auch die mündliche Verhandlung anordnen.

§ 8 Entscheidung. **(1) [1]Ist die Zwangsvollstreckung aus dem Titel zuzulassen, so beschließt das Gericht, dass der Titel mit der Vollstreckungsklausel zu versehen ist. [2]In dem Beschluss ist die zu vollstreckende Verpflichtung in deutscher Sprache wiederzugeben. [3]Zur Begründung des Beschlusses genügt in der Regel die Bezugnahme auf die durchzuführende Verordnung oder das durchzuführende Abkommen der Europäischen Gemeinschaft oder den auszuführenden Anerkennungs- und Vollstreckungsvertrag sowie auf von dem Antragsteller vorgelegte Urkunden. [4]Auf die Kosten des Verfahrens ist § 788 der Zivilprozessordnung entsprechend anzuwenden.**
(2) [1]Ist der Antrag nicht zulässig oder nicht begründet, so lehnt ihn das Gericht durch mit Gründen versehenen Beschluss ab. [2]Die Kosten sind dem Antragsteller aufzuerlegen.

§ 9 Vollstreckungsklausel. **(1) [1]Auf Grund des Beschlusses nach § 8 Absatz 1 erteilt der Urkundsbeamte der Geschäftsstelle die Vollstreckungsklausel in folgender Form:**

„Vollstreckungsklausel nach § 4 des Anerkennungs- und Vollstreckungsausführungsgesetzes vom 19. Februar 2001 (BGBl. I S. 288). Gemäß dem Beschluss des .... (Bezeichnung des Gerichts und des Beschlusses) ist die Zwangsvollstreckung aus .... (Bezeichnung des Titels) zugunsten .... (Bezeichnung des Berechtigten) gegen .... (Bezeichnung des Verpflichteten) zulässig.
Die zu vollstreckende Verpflichtung lautet:
.... (Angabe der dem Verpflichteten aus dem ausländischen Titel obliegenden Verpflichtung in deutscher Sprache; aus dem Beschluss nach § 8 Absatz 1 zu übernehmen).
Die Zwangsvollstreckung darf über Maßregeln zur Sicherung nicht hinausgehen, bis der Gläubiger eine gerichtliche Anordnung oder ein Zeugnis vorlegt, dass die Zwangsvollstreckung unbeschränkt stattfinden darf."
[2]Lautet der Titel auf Leistung von Geld, so ist der Vollstreckungsklausel folgender Zusatz anzufügen: „Solange die Zwangsvollstreckung über Maßregeln zur Sicherung nicht hinausgehen darf, kann der Schuldner die Zwangsvollstreckung durch Leistung einer Sicherheit in Höhe von .... (Angabe des Betrages, wegen dessen der Berechtigte vollstrecken darf) abwenden."
(2) Wird die Zwangsvollstreckung nur für einen oder mehrere der durch die ausländische Entscheidung zuerkannten oder in einem anderen ausländischen Titel niedergelegten Ansprüche oder nur für einen Teil des Gegenstands der Verpflichtung zugelassen, so ist die Vollstreckungsklausel als „Teil-Vollstreckungsklausel nach § 4 des Anerkennungs- und Vollstreckungsausführungsgesetzes vom 19. Februar 2001 (BGBl. I S. 288)" zu bezeichnen.
(3) [1]Die Vollstreckungsklausel ist von dem Urkundsbeamten der Geschäftsstelle zu unterschreiben und mit dem Gerichtssiegel zu versehen. [2]Sie ist entweder auf die Ausfertigung des Titels oder auf ein damit zu verbindendes Blatt zu setzen. [3]Falls eine Übersetzung des Titels vorliegt, ist sie mit der Ausfertigung zu verbinden.

§ 10 Bekanntgabe der Entscheidung. (1) Im Falle des § 8 Absatz 1 sind dem Verpflichteten eine beglaubigte Abschrift des Beschlusses, eine beglaubigte Abschrift des mit der Vollstreckungsklausel versehenen Titels und gegebenenfalls seiner Übersetzung sowie der gemäß § 8 Absatz 1 Satz 3 in Bezug genommenen Urkunden von Amts wegen zuzustellen.
(2) [1]Muss die Zustellung an den Verpflichteten im Ausland oder durch öffentliche Bekanntmachung erfolgen und hält das Gericht die Beschwerdefrist nach § 11 Absatz 3 Satz 1 nicht für ausreichend, so bestimmt es in dem Beschluss nach § 8 Absatz 1 oder nachträglich durch besonderen Beschluss, der ohne mündliche Verhandlung ergeht, eine längere Beschwerdefrist. [2]Die Bestimmungen über den Beginn der Beschwerdefrist bleiben auch im Falle der nachträglichen Festsetzung unberührt.
(3) [1]Dem Antragsteller sind eine beglaubigte Abschrift des Beschlusses nach § 8, im Falle des § 8 Absatz 1 ferner die mit der Vollstreckungsklausel versehene Ausfertigung des Titels und eine Bescheinigung über die bewirkte Zustellung, zu übersenden. [2]In den Fällen des Absatzes 2 ist die festgesetzte Frist für die Einlegung der Beschwerde auf der Bescheinigung über die bewirkte Zustellung zu vermerken.

Abschnitt 3 Beschwerde, Vollstreckungsabwehrklage

§ 11 Einlegung der Beschwerde; Beschwerdefrist. (1) [1]Die Beschwerde gegen die im ersten Rechtszug ergangene Entscheidung über den Antrag auf Erteilung der Vollstreckungsklausel wird bei dem Beschwerdegericht durch Einreichen einer Beschwerdeschrift oder durch Erklärung zu Protokoll der Geschäftsstelle eingelegt. [2]Beschwerdegericht ist das Oberlandesgericht. [3]Der Beschwerdeschrift soll die für ihre Zustellung erforderliche Zahl von Abschriften beigefügt werden.
(2) Die Zulässigkeit der Beschwerde wird nicht dadurch berührt, dass sie statt bei dem Beschwerdegericht bei dem Gericht des ersten Rechtszuges eingelegt wird; die Beschwerde ist unverzüglich von Amts wegen an das Beschwerdegericht abzugeben.
(3) [1]Die Beschwerde des Verpflichteten gegen die Zulassung der Zwangsvollstreckung ist innerhalb eines Monats, im Falle des § 10 Absatz 2 Satz 1 innerhalb der nach dieser Vorschrift bestimmten längeren Frist einzulegen. [2]Die Beschwerdefrist beginnt mit der Zustellung nach § 10 Absatz 1. [3]Sie ist eine Notfrist.
(4) Die Beschwerde ist dem Beschwerdegegner von Amts wegen zuzustellen.

§ 12 Einwendungen gegen den zu vollstreckenden Anspruch im Beschwerdeverfahren. **(1) Der Verpflichtete kann mit der Beschwerde, die sich gegen die Zulassung der Zwangsvollstreckung aus einer Entscheidung richtet, auch Einwendungen gegen den Anspruch selbst insoweit geltend machen, als die Gründe, auf denen sie beruhen, erst nach dem Erlass der Entscheidung entstanden sind.**
(2) Mit der Beschwerde, die sich gegen die Zulassung der Zwangsvollstreckung aus einem gerichtlichen Vergleich oder einer öffentlichen Urkunde richtet, kann der Verpflichtete die Einwendungen gegen den Anspruch selbst ungeachtet der in Absatz 1 enthaltenen Beschränkung geltend machen.

Vgl zu Abs 1 Art 45 EuGVO Rz 1. 1

§ 13 Verfahren und Entscheidung über die Beschwerde. **(1) [1]Das Beschwerdegericht entscheidet durch Beschluss, der mit Gründen zu versehen ist und ohne mündliche Verhandlung ergehen kann. [2]Der Beschwerdegegner ist vor der Entscheidung zu hören.**
(2) [1]Solange eine mündliche Verhandlung nicht angeordnet ist, können zu Protokoll der Geschäftsstelle Anträge gestellt und Erklärungen abgegeben werden. [2]Wird die mündliche Verhandlung angeordnet, so gilt für die Ladung § 215 der Zivilprozessordnung.
(3) Eine vollständige Ausfertigung des Beschlusses ist dem Berechtigten und dem Verpflichteten auch dann von Amts wegen zuzustellen, wenn der Beschluss verkündet worden ist.
(4) [1]Soweit nach dem Beschluss des Beschwerdegerichts die Zwangsvollstreckung aus dem Titel erstmals zuzulassen ist, erteilt der Urkundsbeamte der Geschäftsstelle des Beschwerdegerichts die Vollstreckungsklausel. [2]§ 8 Absatz 1 Satz 2 und 4, §§ 9 und 10 Absatz 1 und 3 Satz 1 sind entsprechend anzuwenden. [3]Ein Zusatz, dass die Zwangsvollstreckung über Maßregeln zur Sicherung nicht hinausgehen darf, ist nur aufzunehmen, wenn das Beschwerdegericht eine Anordnung nach diesem Gesetz (§ 22 Absatz 2, § 40 Absatz 1 Nummer 1 oder § 45 Absatz 1 Nummer 1) erlassen hat. [4]Der Inhalt des Zusatzes bestimmt sich nach dem Inhalt der Anordnung.

§ 14 Vollstreckungsabwehrklage. **(1) Ist die Zwangsvollstreckung aus einem Titel zugelassen, so kann der Verpflichtete Einwendungen gegen den Anspruch selbst in einem Verfahren nach § 767 der Zivilprozessordnung nur geltend machen, wenn die Gründe, auf denen seine Einwendungen beruhen, erst**
1. nach Ablauf der Frist, innerhalb deren er die Beschwerde hätte einlegen können, oder
2. falls die Beschwerde eingelegt worden ist, nach Beendigung dieses Verfahrens
entstanden sind.
(2) [1]Die Klage nach § 767 der Zivilprozessordnung ist bei dem Gericht zu erheben, das über den Antrag auf Erteilung der Vollstreckungsklausel entschieden hat. [2]Soweit die Klage einen Unterhaltstitel zum Gegenstand hat, ist das Familiengericht zuständig; für die örtliche Zuständigkeit gelten die Vorschriften der Zivilprozessordnung für Unterhaltssachen.

Abschnitt 4 Rechtsbeschwerde

§ 15 Statthaftigkeit und Frist. **(1) Gegen den Beschluss des Beschwerdegerichts findet die Rechtsbeschwerde nach Maßgabe des § 574 Absatz 1 Nummer 1, Absatz 2 der Zivilprozessordnung statt.**
(2) Die Rechtsbeschwerde ist innerhalb eines Monats einzulegen.
(3) Die Rechtsbeschwerdefrist ist eine Notfrist und beginnt mit der Zustellung des Beschlusses (§ 13 Absatz 3).

§ 16 Einlegung und Begründung. **(1) Die Rechtsbeschwerde wird durch Einreichen der Beschwerdeschrift bei dem Bundesgerichtshof eingelegt.**
(2) [1]Die Rechtsbeschwerde ist zu begründen. [2]§ 575 Absatz 2 bis 4 der Zivilprozessordnung ist entsprechend anzuwenden. [3]Soweit die Rechtsbeschwerde darauf gestützt wird, dass das Beschwerdegericht von einer Entscheidung des Gerichtshofs der Europäischen Gemeinschaften abgewichen sei, muss die Entscheidung, von der der angefochtene Beschluss abweicht, bezeichnet werden.

(3) Mit der Beschwerdeschrift soll eine Ausfertigung oder beglaubigte Abschrift des Beschlusses, gegen den sich die Rechtsbeschwerde richtet, vorgelegt werden.

§ 17 Verfahren und Entscheidung. (1) [1]Der Bundesgerichtshof kann nur überprüfen, ob der Beschluss auf einer Verletzung des Rechts der Europäischen Gemeinschaft, eines Anerkennungs- und Vollstreckungsvertrags, sonstigen Bundesrechts oder einer anderen Vorschrift beruht, deren Geltungsbereich sich über den Bezirk eines Oberlandesgerichts hinaus erstreckt. [2]Er darf nicht prüfen, ob das Gericht seine örtliche Zuständigkeit zu Unrecht angenommen hat.
(2) [1]Der Bundesgerichtshof kann über die Rechtsbeschwerde ohne mündliche Verhandlung entscheiden. [2]Auf das Verfahren über die Rechtsbeschwerde sind § 574 Absatz 4, § 576 Absatz 3 und § 577 der Zivilprozessordnung entsprechend anzuwenden.
(3) [1]Soweit die Zwangsvollstreckung aus dem Titel erstmals durch den Bundesgerichtshof zugelassen wird, erteilt der Urkundsbeamte der Geschäftsstelle dieses Gerichts die Vollstreckungsklausel. [2]§ 8 Absatz 1 Satz 2 und 4, §§ 9 und 10 Absatz 1 und 3 Satz 1 gelten entsprechend. [3]Ein Zusatz über die Beschränkung der Zwangsvollstreckung entfällt.

Abschnitt 5 Beschränkung der Zwangsvollstreckung auf Sicherungsmaßregeln und unbeschränkte Fortsetzung der Zwangsvollstreckung

§ 18 Beschränkung kraft Gesetzes. Die Zwangsvollstreckung ist auf Sicherungsmaßregeln beschränkt, solange die Frist zur Einlegung der Beschwerde noch läuft und solange über die Beschwerde noch nicht entschieden ist.

§ 19 Prüfung der Beschränkung. Einwendungen des Verpflichteten, dass bei der Zwangsvollstreckung die Beschränkung auf Sicherungsmaßregeln nach der durchzuführenden Verordnung der Europäischen Gemeinschaft, nach dem auszuführenden Anerkennungs- und Vollstreckungsvertrag, nach § 18 dieses Gesetzes oder auf Grund einer auf diesem Gesetz beruhenden Anordnung (§ 22 Absatz 2, §§ 40, 45) nicht eingehalten werde, oder Einwendungen des Berechtigten, dass eine bestimmte Maßnahme der Zwangsvollstreckung mit dieser Beschränkung vereinbar sei, sind im Wege der Erinnerung nach § 766 der Zivilprozessordnung bei dem Vollstreckungsgericht (§ 764 der Zivilprozessordnung) geltend zu machen.

§ 20 Sicherheitsleistung durch den Verpflichteten. (1) Solange die Zwangsvollstreckung aus einem Titel, der auf Leistung von Geld lautet, nicht über Maßregeln der Sicherung hinausgehen darf, ist der Verpflichtete befugt, die Zwangsvollstreckung durch Leistung einer Sicherheit in Höhe des Betrages abzuwenden, wegen dessen der Berechtigte vollstrecken darf.
(2) Die Zwangsvollstreckung ist einzustellen und bereits getroffene Vollstreckungsmaßregeln sind aufzuheben, wenn der Verpflichtete durch eine öffentliche Urkunde die zur Abwendung der Zwangsvollstreckung erforderliche Sicherheitsleistung nachweist.

§ 21 Versteigerung beweglicher Sachen. Ist eine bewegliche Sache gepfändet und darf die Zwangsvollstreckung nicht über Maßregeln zur Sicherung hinausgehen, so kann das Vollstreckungsgericht auf Antrag anordnen, dass die Sache versteigert und der Erlös hinterlegt werde, wenn sie der Gefahr einer beträchtlichen Wertminderung ausgesetzt ist oder wenn ihre Aufbewahrung unverhältnismäßige Kosten verursachen würde.

§ 22 Unbeschränkte Fortsetzung der Zwangsvollstreckung; besondere gerichtliche Anordnungen. (1) Weist das Beschwerdegericht die Beschwerde des Verpflichteten gegen die Zulassung der Zwangsvollstreckung zurück oder lässt es auf die Beschwerde des Berechtigten die Zwangsvollstreckung aus dem Titel zu, so kann die Zwangsvollstreckung über Maßregeln zur Sicherung hinaus fortgesetzt werden.

(2) [1]Auf Antrag des Verpflichteten kann das Beschwerdegericht anordnen, dass bis zum Ablauf der Frist zur Einlegung der Rechtsbeschwerde (§ 15) oder bis zur Entscheidung über diese Beschwerde die Zwangsvollstreckung nicht oder nur gegen Sicherheitsleistung über Maßregeln zur Sicherung hinausgehen darf. [2]Die Anordnung darf nur erlassen werden, wenn glaubhaft gemacht wird, dass die weitergehende Vollstreckung dem Verpflichteten einen nicht zu ersetzenden Nachteil bringen würde. [3]§ 713 der Zivilprozessordnung ist entsprechend anzuwenden.

(3) [1]Wird Rechtsbeschwerde eingelegt, so kann der Bundesgerichtshof auf Antrag des Verpflichteten eine Anordnung nach Absatz 2 erlassen. [2]Der Bundesgerichtshof kann auf Antrag des Berechtigten eine nach Absatz 2 erlassene Anordnung des Beschwerdegerichts abändern oder aufheben.

§ 23 Unbeschränkte Fortsetzung der durch das Gericht des ersten Rechtszuges zugelassenen Zwangsvollstreckung. **(1) Die Zwangsvollstreckung aus dem Titel, den der Urkundsbeamte der Geschäftsstelle des Gerichts des ersten Rechtszuges mit der Vollstreckungsklausel versehen hat, ist auf Antrag des Berechtigten über Maßregeln zur Sicherung hinaus fortzusetzen, wenn das Zeugnis des Urkundsbeamten der Geschäftsstelle dieses Gerichts vorgelegt wird, dass die Zwangsvollstreckung unbeschränkt stattfinden darf.**

(2) Das Zeugnis ist dem Berechtigten auf seinen Antrag zu erteilen,

1. **wenn der Verpflichtete bis zum Ablauf der Beschwerdefrist keine Beschwerdeschrift eingereicht hat,**
2. **wenn das Beschwerdegericht die Beschwerde des Verpflichteten zurückgewiesen und keine Anordnung nach § 22 Absatz 2 erlassen hat,**
3. **wenn der Bundesgerichtshof die Anordnung des Beschwerdegerichts nach § 22 Absatz 2 aufgehoben hat (§ 22 Absatz 3 Satz 2) oder**
4. **wenn der Bundesgerichtshof den Titel zur Zwangsvollstreckung zugelassen hat.**

(3) Aus dem Titel darf die Zwangsvollstreckung, selbst wenn sie auf Maßregeln der Sicherung beschränkt ist, nicht mehr stattfinden, sobald ein Beschluss des Beschwerdegerichts, dass der Titel zur Zwangsvollstreckung nicht zugelassen werde, verkündet oder zugestellt ist.

§ 24 Unbeschränkte Fortsetzung der durch das Beschwerdegericht zugelassenen Zwangsvollstreckung. **(1) Die Zwangsvollstreckung aus dem Titel, zu dem der Urkundsbeamte der Geschäftsstelle des Beschwerdegerichts die Vollstreckungsklausel mit dem Zusatz erteilt hat, dass die Zwangsvollstreckung auf Grund der Anordnung des Gerichts nicht über Maßregeln zur Sicherung hinausgehen darf (§ 13 Absatz 4 Satz 3), ist auf Antrag des Berechtigten über Maßregeln zur Sicherung hinaus fortzusetzen, wenn das Zeugnis des Urkundsbeamten der Geschäftsstelle dieses Gerichts vorgelegt wird, dass die Zwangsvollstreckung unbeschränkt stattfinden darf.**

(2) Das Zeugnis ist dem Berechtigten auf seinen Antrag zu erteilen,

1. **wenn der Verpflichtete bis zum Ablauf der Frist zur Einlegung der Rechtsbeschwerde (§ 15 Absatz 2) keine Beschwerdeschrift eingereicht hat,**
2. **wenn der Bundesgerichtshof die Anordnung des Beschwerdegerichts nach § 22 Absatz 2 aufgehoben hat (§ 22 Absatz 3 Satz 2) oder**
3. **wenn der Bundesgerichtshof die Rechtsbeschwerde des Verpflichteten zurückgewiesen hat.**

Abschnitt 6 Feststellung der Anerkennung einer ausländischen Entscheidung

§ 25 Verfahren und Entscheidung in der Hauptsache. **(1) Auf das Verfahren, das die Feststellung zum Gegenstand hat, ob eine Entscheidung aus einem anderen Staat anzuerkennen ist, sind die §§ 3 bis 6, 8 Absatz 2, die §§ 10 bis 12, § 13 Absatz 1 bis 3, die §§ 15 und 16 sowie § 17 Absatz 1 und 2 entsprechend anzuwenden.**

(2) Ist der Antrag auf Feststellung begründet, so beschließt das Gericht, dass die Entscheidung anzuerkennen ist.

§ 26 Kostenentscheidung. [1]In den Fällen des § 25 Absatz 2 sind die Kosten dem Antragsgegner aufzuerlegen. [2]Dieser kann die Beschwerde (§ 11) auf die Entscheidung über den Kostenpunkt beschränken. [3]In diesem Falle sind die Kosten dem Antragsteller aufzuerlegen, wenn der Antragsgegner nicht durch sein Verhalten zu dem Antrag auf Feststellung Veranlassung gegeben hat.

Abschnitt 7 Aufhebung oder Änderung der Beschlüsse über die Zulassung der Zwangsvollstreckung oder die Anerkennung

§ 27 Verfahren nach Aufhebung oder Änderung des für vollstreckbar erklärten ausländischen Titels im Ursprungsstaat. (1) Wird der Titel in dem Staat, in dem er errichtet worden ist, aufgehoben oder geändert und kann der Verpflichtete diese Tatsache in dem Verfahren der Zulassung der Zwangsvollstreckung nicht mehr geltend machen, so kann er die Aufhebung oder Änderung der Zulassung in einem besonderen Verfahren beantragen.

(2) Für die Entscheidung über den Antrag ist das Gericht ausschließlich zuständig, das im ersten Rechtszug über den Antrag auf Erteilung der Vollstreckungsklausel entschieden hat.

(3) [1]Der Antrag kann bei dem Gericht schriftlich oder durch Erklärung zu Protokoll der Geschäftsstelle gestellt werden. [2]Über den Antrag kann ohne mündliche Verhandlung entschieden werden. [3]Vor der Entscheidung, die durch Beschluss ergeht, ist der Berechtigte zu hören. [4]§ 13 Absatz 2 und 3 gilt entsprechend.

(4) [1]Der Beschluss unterliegt der Beschwerde nach den §§ 567 bis 577 der Zivilprozessordnung. [2]Die Notfrist für die Einlegung der sofortigen Beschwerde beträgt einen Monat.

(5) [1]Für die Einstellung der Zwangsvollstreckung und die Aufhebung bereits getroffener Vollstreckungsmaßregeln sind die §§ 769 und 770 der Zivilprozessordnung entsprechend anzuwenden. [2]Die Aufhebung einer Vollstreckungsmaßregel ist auch ohne Sicherheitsleistung zulässig.

§ 28 Schadensersatz wegen ungerechtfertigter Vollstreckung. (1) [1]Wird die Zulassung der Zwangsvollstreckung auf die Beschwerde (§ 11) oder die Rechtsbeschwerde (§ 15) aufgehoben oder abgeändert, so ist der Berechtigte zum Ersatz des Schadens verpflichtet, der dem Verpflichteten durch die Vollstreckung des Titels oder durch eine Leistung zur Abwendung der Vollstreckung entstanden ist. [2]Das Gleiche gilt, wenn die Zulassung der Zwangsvollstreckung nach § 27 aufgehoben oder abgeändert wird, sofern die zur Zwangsvollstreckung zugelassene Entscheidung zum Zeitpunkt der Zulassung nach dem Recht des Staats, in dem sie ergangen ist, noch mit einem ordentlichen Rechtsmittel angefochten werden konnte.

(2) Für die Geltendmachung des Anspruchs ist das Gericht ausschließlich zuständig, das im ersten Rechtszug über den Antrag, den Titel mit der Vollstreckungsklausel zu versehen, entschieden hat.

§ 29 Aufhebung oder Änderung ausländischer Entscheidungen, deren Anerkennung festgestellt ist. Wird die Entscheidung in dem Staat, in dem sie ergangen ist, aufgehoben oder abgeändert und kann die davon begünstigte Partei diese Tatsache nicht mehr in dem Verfahren über den Antrag auf Feststellung der Anerkennung (§ 25) geltend machen, so ist § 27 Absatz 1 bis 4 entsprechend anzuwenden.

Abschnitt 8 Vorschriften für Entscheidungen deutscher Gerichte und für das Mahnverfahren

§ 30 Vervollständigung inländischer Entscheidungen zur Verwendung im Ausland. (1) [1]Will eine Partei ein Versäumnis- oder Anerkenntnisurteil, das nach § 313b der Zivilprozessordnung in verkürzter Form abgefasst worden ist, in einem anderen Vertrags- oder Mitgliedstaat geltend machen, so ist das Urteil auf ihren Antrag zu vervollständigen. [2]Der Antrag kann bei dem

Gericht schriftlich oder durch Erklärung zu Protokoll der Geschäftsstelle gestellt werden. [3]Über den Antrag wird ohne mündliche Verhandlung entschieden.
(2) Zur Vervollständigung des Urteils sind der Tatbestand und die Entscheidungsgründe nachträglich abzufassen, von den Richtern besonders zu unterschreiben und der Geschäftsstelle zu übergeben; der Tatbestand und die Entscheidungsgründe können auch von Richtern unterschrieben werden, die bei dem Urteil nicht mitgewirkt haben.
(3) [1]Für die Berichtigung des nachträglich abgefassten Tatbestands gilt § 320 der Zivilprozessordnung entsprechend. [2]Jedoch können bei der Entscheidung über einen Antrag auf Berichtigung auch solche Richter mitwirken, die bei dem Urteil oder der nachträglichen Anfertigung des Tatbestands nicht mitgewirkt haben.
(4) Die vorstehenden Absätze gelten entsprechend für die Vervollständigung von Arrestbefehlen, einstweiligen Anordnungen und einstweiligen Verfügungen, die in einem anderen Vertrags- oder Mitgliedstaat geltend gemacht werden sollen und nicht mit einer Begründung versehen sind.

§ 31 Vollstreckungsklausel zur Verwendung im Ausland. Vollstreckungsbescheide, Arrestbefehle und einstweilige Verfügungen oder einstweilige Anordnungen, deren Zwangsvollstreckung in einem anderen Vertrags- oder Mitgliedstaat betrieben werden soll, sind auch dann mit der Vollstreckungsklausel zu versehen, wenn dies für eine Zwangsvollstreckung im Inland nach § 796 Absatz 1, § 929 Absatz 1 und § 936 der Zivilprozessordnung oder nach § 53 Absatz 1 und § 119 des Gesetzes über das Verfahren in Familiensachen und in den Angelegenheiten der freiwilligen Gerichtsbarkeit nicht erforderlich wäre.

§ 32 Mahnverfahren mit Zustellung im Ausland. (1) [1]Das Mahnverfahren findet auch statt, wenn die Zustellung des Mahnbescheids in einem anderen Vertrags- oder Mitgliedstaat erfolgen muss. [2]In diesem Falle kann der Anspruch auch die Zahlung einer bestimmten Geldsumme in ausländischer Währung zum Gegenstand haben.
(2) Macht der Antragsteller geltend, dass das Gericht auf Grund einer Gerichtsstandsvereinbarung zuständig sei, so hat er dem Mahnantrag die erforderlichen Schriftstücke über die Vereinbarung beizufügen.
(3) Die Widerspruchsfrist (§ 692 Absatz 1 Nummer 3 der Zivilprozessordnung) beträgt einen Monat.

Abschnitt 9 Verhältnis zu besonderen Anerkennungsverfahren; Konzentrationsermächtigung

§ 33 *(weggefallen)*

§ 34 Konzentrationsermächtigung. (1) [1]Die Landesregierungen werden für die Ausführung von Anerkennungs- und Vollstreckungsverträgen nach diesem Gesetz und für die Durchführung der in § 1 Absatz 1 Nummer 2 genannten Verordnungen und Abkommen ermächtigt, durch Rechtsverordnung die Entscheidung über Anträge auf Erteilung der Vollstreckungsklausel zu ausländischen Titeln in Zivil- und Handelssachen, über Anträge auf Aufhebung oder Abänderung dieser Vollstreckungsklausel und über Anträge auf Feststellung der Anerkennung einer ausländischen Entscheidung für die Bezirke mehrerer Landgerichte einem von ihnen zuzuweisen, sofern dies der sachlichen Förderung oder schnelleren Erledigung der Verfahren dient. [2]Die Ermächtigung kann für jedes der in § 1 Absatz 1 Nummer 1 Buchstabe a und b genannten Übereinkommen, für die in § 1 Absatz 1 Nummer 2 Buchstabe a genannte Verordnung und jedes der in § 1 Absatz 1 Nummer 2 Buchstabe b und c genannten Abkommen der Europäischen Gemeinschaft jeweils allein ausgeübt werden.
(2) Die Landesregierungen können die Ermächtigung durch Rechtsverordnung auf die Landesjustizverwaltungen übertragen.

Teil 2 Besonderes

Abschnitt 1 Übereinkommen über die gerichtliche Zuständigkeit und die Vollstreckung gerichtlicher Entscheidungen in Zivil- und Handelssachen vom 27. September 1968 und vom 16. September 1988

§ 35 Sonderregelungen über die Beschwerdefrist. [1]Die Frist für die Beschwerde des Verpflichteten gegen die Entscheidung über die Zulassung der Zwangsvollstreckung beträgt zwei Monate und beginnt von dem Tage an zu laufen, an dem die Entscheidung dem Verpflichteten entweder in Person oder in seiner Wohnung zugestellt worden ist, wenn der Verpflichtete seinen Wohnsitz oder seinen Sitz in einem anderen Vertragsstaat dieser Übereinkommen hat. [2]Eine Verlängerung dieser Frist wegen weiter Entfernung ist ausgeschlossen. [3]§ 10 Absatz 2 und 3 Satz 2 sowie § 11 Absatz 3 Satz 1 und 2 finden in diesen Fällen keine Anwendung.

§ 36 Aussetzung des Beschwerdeverfahrens. (1) [1]Das Oberlandesgericht kann auf Antrag des Verpflichteten seine Entscheidung über die Beschwerde gegen die Zulassung der Zwangsvollstreckung aussetzen, wenn gegen die Entscheidung im Ursprungsstaat ein ordentliches Rechtsmittel eingelegt oder die Frist hierfür noch nicht verstrichen ist; im letzteren Falle kann das Oberlandesgericht eine Frist bestimmen, innerhalb deren das Rechtsmittel einzulegen ist. [2]Das Gericht kann die Zwangsvollstreckung auch von einer Sicherheitsleistung abhängig machen.
(2) Absatz 1 ist im Verfahren auf Feststellung der Anerkennung einer Entscheidung (§§ 25 und 26) entsprechend anzuwenden.

Abschnitt 2 Haager Übereinkommen vom 2. Oktober 1973 über die Anerkennung und Vollstreckung von Unterhaltsentscheidungen

(vom Abdruck wurde abgesehen)

Abschnitt 3

(weggefallen)

Abschnitt 4 Vertrag vom 20. Juli 1977 zwischen der Bundesrepublik Deutschland und dem Staat Israel über die gegenseitige Anerkennung und Vollstreckung gerichtlicher Entscheidungen in Zivil- und Handelssachen

(vom Abdruck wurde abgesehen)

Abschnitt 5

(weggefallen)

§§ 50–54 *(weggefallen)*

Abschnitt 6 Verordnungen und Abkommen der Europäischen Gemeinschaft nach § 1 Absatz 1 Nummer 2

§ 55 Abweichungen von Vorschriften des Allgemeinen Teils; ergänzende Regelungen. (1) Die §§ 3, 6 Absatz 1, § 7 Absatz 1 Satz 2 und Absatz 2, § 10 Absatz 2 und 3 Satz 2, § 11 Absatz 1 Satz 2 und Absatz 3 Satz 1 und 2 sowie § 18 finden keine Anwendung.

(2) [1]Die Beschwerde gegen die Zulassung der Zwangsvollstreckung ist einzulegen

1. innerhalb eines Monats nach Zustellung, wenn der Verpflichtete seinen Wohnsitz im Inland hat;
2. innerhalb von zwei Monaten nach Zustellung, wenn der Verpflichtete seinen Wohnsitz im Ausland hat.

[2]Die Frist beginnt mit dem Tag, an dem die Vollstreckbarerklärung dem Verpflichteten entweder persönlich oder in seiner Wohnung zugestellt worden ist. [3]Eine Verlängerung dieser Frist wegen weiter Entfernung ist ausgeschlossen.

(3) [1]In einem Verfahren, das die Vollstreckbarerklärung einer notariellen Urkunde zum Gegenstand hat, kann diese Urkunde auch von einem Notar für vollstreckbar erklärt werden. [2]Die Vorschriften für das Verfahren der Vollstreckbarerklärung durch ein Gericht gelten sinngemäß.

§ 56 Bescheinigungen zu inländischen Titeln. [1]Die Bescheinigungen nach den Artikeln 54, 57 und 58 der Verordnung (EG) Nr. 44/2001 und nach den Artikeln 54, 57 und 58 des Übereinkommens vom 30. Oktober 2007 über die gerichtliche Zuständigkeit und die Anerkennung und Vollstreckung von Entscheidungen in Zivil- und Handelssachen werden von dem Gericht, der Behörde oder der mit öffentlichem Glauben versehenen Person ausgestellt, der die Erteilung einer vollstreckbaren Ausfertigung des Titels obliegt. [2]Soweit danach die Gerichte für die Ausstellung der Bescheinigung zuständig sind, wird diese von dem Gericht des ersten Rechtszuges und, wenn das Verfahren bei einem höheren Gericht anhängig ist, von diesem Gericht ausgestellt. [3]Funktionell zuständig ist die Stelle, der die Erteilung einer vollstreckbaren Ausfertigung des Titels obliegt. [4]Für die Anfechtbarkeit der Entscheidung über die Ausstellung der Bescheinigung gelten die Vorschriften über die Anfechtbarkeit der Entscheidung über die Erteilung der Vollstreckungsklausel sinngemäß.

Stichwortverzeichnis

Paragrafen ohne Gesetzesangabe sind solche der ZPO.

Abänderbarkeit § 707 14; § 719 9
Abänderungsgründe; zeitliche Grenze § 323 40
Abänderungsklage § 323 1; Anerkenntnisurteil § 323 5; Annexkorrektur § 323 51; Anpassung § 323 51; Beweislast § 323 32; fiktive Leistungsfähigkeit § 323 37; gegenläufige § 323 45; Neufestsetzung § 323 52; § 323a 12, 14; Prozessvergleich § 323a 3; Streitwert § 3 29; tatsächliche Verhältnisse § 323 33; Umdeutung § 323 1 ff., 22, 31; Unterhaltsbeschlüsse § 323 1 ff.; Unterlassungsanspruch § 323 30; Verhältnis zu Berufung § 323 27; Verhältnis zu Einspruch § 323 26; Verhältnis zu Revision § 323 28; Verhältnis zu Vollstreckungsgegenklage § 323 29; Verhältnis zu Zusatzklage § 323 22; Versäumnisurteil § 323 39; verschärfte Haftung § 323b 1; vollstreckbare Urkunde § 323a 4, 14; Vorwirkung § 323 27; Wesentlichkeit § 323 36
Abänderungswiderklage § 323 42
Abfindungsanspruch § 736 5; § 829 12
Abflussprinzip § 115 17
Abhilfemöglichkeit § 732 9
Abholung § 758a 12
Abkürzung; Vornamen § 750 9
Ablehnung; des Sachverständigen § 406 1; Gerichtsvollzieher § 155 GVG 2; Normzweck § 42 1 f.; Streitwert § 3 31; von Beweisanträgen § 284 38 ff.; wegen Ausschließung § 42 3; wegen Befangenheit § 42 4 ff.
Ablehnung des Sachverständigen; selbständiges Beweisverfahren § 492 3
Ablehnungsberechtigte § 42 50
Ablehnungsgesuch § 44 2 ff.; dienstliche Äußerung § 44 6 f.; Glaubhaftmachung § 44 5; Normzweck § 44 1
Ablieferung; an den Meistbietenden § 817 10 f.; bei freihändigem Verkauf § 825 6; von Geld § 815 3
Abmahnvereine § 2 UKlaG 14
Abmahnverfahren § 5 UKlaG 4
Abmeierungsklage; Streitwert § 3 32
Abnahme; selbständiges Beweisverfahren § 485 3
Abschriften § 133 2; von Protokollen § 760 2
absolut unpfändbare Bezüge § 850a 2; Aufwandsentschädigung § 850a 9; Blindenzulagen § 850a 20; Erziehungsgelder § 850a 17; Gefahrenzulage § 850a 12; Heirats- und Geburtshilfen § 850a 16; im Insolvenzverfahren § 850a 23; Mehrarbeit § 850a 2; Rechtsbehelfe § 850a 22; Schmutz- und Erschwerniszulagen § 850a 12; Sterbe- und Gnadenbezüge § 850a 19; Treuegeld § 850a 7; Urlaubsgeld § 850a 6; Weihnachtsvergütung § 850a 14
absolute Revisionsgründe; ausgeschlossener Richter § 547 8; fehlende Entscheidungsgründe § 547 13; nicht ordnungsgemäße Vertretung § 547 10; nicht vorschriftsmäßige Besetzung § 547 3; Regelungen über die Geschäftsverteilung § 547 6; unwiderlegbare Vermutung § 547 2; Verletzung der Vorschriften über die Öffentlichkeit des Verfahrens § 547 12; wegen Besorgnis der Befangenheit des abgelehnten Richters § 547 9
Abstammung; Augenschein § 372a 9; Blutgruppengutachten § 372a 10; DNA-Analyse § 372a 9
Abstammungssachen § 23a GVG 7
Abstimmung § 195 GVG 1; § 196 GVG 1
Abstimmungsreihenfolge § 197 GVG 1
Abteilung für Familiensachen § 23b GVG 3
Abtretung § 850c 7, 28; § 850d 9; § 850e 28; § 850f 10; von Rechten § 756 11
Abwendungsbefugnis § 711 1 ff.; § 731 7
Abwickler § 727 2
Abwrackprämie; Zwangsvollstreckung § 857 73
abzutretende Forderungen; Arbeitnehmer-Sparzulage § 850 22; Arbeitskampfunterstützung § 850 20; Kindergeld § 850 22; Lohn- oder Einkommensteuererstattungen § 850 21; Trinkgelder § 850 22
action directe Art 5 EuGVO 3; Art 6 EuGVO 5
Ad-hoc-Diplomatie; Immunität § 20 GVG 2
Adoptionssachen § 23a GVG 8
ADR Einleitung 58
Adressat § 763 1
AGB § 1 UKlaG 3; Schiedsklauseln § 1029 15
Akten § 541 1
Aktenabschrift § 760 1 ff.
Aktenausdruck; Prüfung § 298 2; Speicherung § 298 6; Transfervermerk § 298 4; Zweck § 298 1
Akteneinsicht § 760 1 ff.; § 763 2; Abschriften § 299 7; Abwägung § 299 9; Archivierung § 299a 1; Berechtigte § 299 3; Dritte § 299 8; elektronische Akte § 299 10; Gegenstand § 299 4; Rechtsbehelf § 299 11; Verfahren § 299 6; Zweck § 299 1
Aktenführung des Gerichts; selbständiges Beweisverfahren § 485 26
Aktenlage (Entscheidung); Säumnis § 251 1 ff.
Aktenlageentscheidung auf Antrag; gerichtliche Entscheidungen § 331a 8; Voraussetzung § 331a 2
Aktenvorlegung; Anordnung § 143 2
Aktivprozess § 728 3
akzessorische Rechte § 857 8
Alleineigentum § 744a 2
Allgemeine Geschäftsbedingungen § 1 UKlaG 3

allgemeinkundige Tatsache § 291 2
Altenteilsvertrag § 850b 18; § 851c 12
Alter des Zeugen; selbständiges Beweisverfahren § 485 14
alternative dispute resolution Einleitung 58
alternative Klagehäufung § 308 7
Alternativpfändung § 829 81
Altersrente § 851c 5
Altersvorsorge; Sparpläne § 851c 13; Zahlungsbeginn § 851c 14; Zahlungsdauer § 851c 16; Zahlungsweise § 851c 15
Altersvorsorgevermögen, steuerlich gefördertes § 851d 2; Leistungsmodalitäten § 851d 4
Altmasseverbindlichkeit § 103 18
amtliche Auskunft; Abgrenzung Sachverständigenbeweis vor §§ 402 ff 11
Amtsermittlungsgrundsatz Einleitung 27
Amtsgericht; sachliche Zuständigkeit § 23 GVG 2; streitwertabhängige Zuständigkeit § 23 GVG 2; streitwertunabhängige Zuständigkeit § 23 GVG 5; Zweigstellen § 12 17
amtsgerichtliches Verfahren; Bagatellverfahren § 495a 1; Belehrungen § 499 1 ff.; besondere Hinweispflichten § 504 1 ff.; § 510 1 ff.; Besonderheiten § 495 2; Fürsorgepflichten § 495 4; Ladung § 497 1; Nachträgliche Unzuständigkeit § 506 1 ff.; Verfahrensvereinfachung § 495 3; Vorverfahren § 495 5
Amtshaftung § 808 19 ff., 28; Anschlusspfändung § 826 4, 7; Austauschpfändung § 811b 2; Erlösverteilung § 827 6; öffentlich-rechtliche Verträge § 17 GVG 17; Versteigerung § 816 9, 11; § 817a 3; § 824 2; Verweigerung des Zuschlags § 817a 4; Zuständigkeit Zivilkammer LG § 71 GVG 1; Zwangsvollstreckung § 813 5
Amtshilfe § 156 GVG 1
Amtsimmunität § 19 GVG 4; Einschränkungen § 19 GVG 6; Konsularbeamte § 19 GVG 3 ff.; Verkehrsdelikte § 19 GVG 5
Amtstheorie § 50 36; § 753 3
Amtsträger; Verschwiegenheit § 383 19
Amtsverschwiegenheit; Zeuge § 376 2
Anciennitätsprinzip § 21f GVG 1
andere Verwertung; durch den Gerichtsvollzieher § 825 2; durch einen Dritten § 825 9
anderer Staat Art 18 Brüssel IIa-VO 3
Anderkonto § 829 20
Änderung; der Firma § 750 9; der güterrechtlichen Verhältnisse § 740 5
Änderung des Unterhaltsrechts; Anpassung von Titeln und Unterhaltsvereinbarungen § 36 EGZPO 2 ff.; dynamisierte Titel und Unterhaltsvereinbarungen § 36 EGZPO 6; Übergangsvorschriften § 36 EGZPO 1 ff.
Anerkannte Regeln der Technik; selbständiges Beweisverfahren § 485 21; § 487 3
Anerkenntnis § 93 2; § 722 10; Anfechtung der Kostenentscheidung § 99 13; nach § 307 § 731 6; Streitwert § 3 39; Vorbehaltsanerkenntnis im Urkundenprozess § 599 3
Anerkenntnisurteil § 538 31; § 540 25, 29; § 708 4
Anerkenntnisvorbehaltsurteil; Urkundenprozess § 599 3
Anerkennung; ausländischer Entscheidungen § 328 1; Ehescheidung Art 27 Brüssel IIa-VO 1
Anerkennungswirkung Anhang nach § 1086: EuVTVO Art. 5 2; Anhang nach § 1096: EuMVVO Art. 19 1
Anerkennungszuständigkeit § 328 9
Anfechtbarkeit § 719 9; § 726 6; § 751 7
Anfechtung § 707 14; § 721 12; der Kostenentscheidung aufgrund Anerkenntnis § 99 13; Kostenentscheidung § 99 1
Angebot; einer beweglichen Sache § 756 7; einer Handlung § 756 7; einer unbeweglichen Sache § 756 9; ordnungsgemäß § 756 7; tatsächlich § 756 6; wörtlich § 756 6
Angehörige; als Vertreter § 79 4; Zeugnisverweigerung § 383 2
Angelegenheiten der freiwilligen Gerichtsbarkeit § 23a GVG 28
Angestellte; Verschuldenszurechnung § 85 11 f.
Angriffs- und Verteidigungsmittel § 530 5; erfolglos § 96 1
Anhörung § 118 4; § 141 9; § 758a 10; § 850b 23; § 850e 22; Forderungspfändung § 834 3; rechtliches Gehör § 834 2; vor der Entscheidung § 730 2
Anhörungsrecht; des Altgläubigers § 730 2
Anhörungsrüge § 114 8; § 321a 1
Anhörungsverbot § 829 37; § 850f 50
Annahme; der Erbschaft § 747 2
Annahmeverzug § 756 10
Annexverfahren Art 5 EuGVO 14
Anordnung; keine gesonderte richterliche § 758a 13
Anordnungsschaden § 945 11
Anrufung Art 16 Brüssel IIa-VO 1
Anscheinsbeweis § 286 26 ff.; Abbrucharbeuten § 286 44; Abhebung mit gestohlener EC-Karte § 286 45; Abhebung Überschreiten von Richtwerten § 286 45; Anwendungsbereich § 286 31 f., 34; Arzthaftung § 286 38; Bedeutung § 286 26; Entkräftung § 286 29; Fußgänger § 286 37; grobe Fahrlässigkeit § 286 41; haftungsbegründende Kausalität § 286 32; individuelle Willensentschlüsse § 286 42; Irgendwie-Feststellung § 286 26; Nachnahmesendungen § 286 43; Rechtsnatur § 286 27; Revisibilität § 286 30; Richtigkeit von Telefonrechnungen § 286 45; Schiffsverkehr § 286 39; Straßenverkehr § 286 34 f., 37; Verletzung von Aufsichtspflichten

§ 286 32; Verletzung von Unfallverhütungsvorschriften § 286 32; Verletzung von Verkehrssicherungspflichten § 286 32; Verschulden § 286 34 f., 37 f.; Voraussetzungen § 286 28; Vorsatz § 286 41; Zugang von Willenserklärungen § 286 43

Anschlussberufung § 524 1; Begründung § 524 18; Entscheidung § 524 23; Form § 524 10; Frist § 524 15; Gegenanschließung § 524 9; hilfsweise Einlegung § 524 7; Prozesskostenhilfe § 119 16; Sinn und Zweck § 524 2; Verzicht § 524 14; Voraussetzungen § 524 4; Wirkungsverlust § 524 25, 27, 31; Zulässigkeit § 524 12

Anschlussbeschwerde § 567 15

Anschlusspfändung § 762 2; § 808 33; des Übererlöses § 819 5; Zeit der Versteigerung § 816 2

Anschlussrechtsbeschwerde § 574 20

Anschlussrechtsmittel § 713 3

Anschlussrevision § 554 1; Abhängigkeit der Anschlussrevison § 554 9; Anschlussschrift § 554 7; Beschwer des Revisionsbeklagten § 554 5; Gegenanschließung des Revisionsklägers § 554 6; Revision des Prozessgegners § 554 2; unmittelbaren rechtlichen oder wirtschaftlichen Zusammenhang § 554 3; Verfahrensrügen § 554 8; Voraussetzung der Anschließung § 554 2

Anspruch; auf rechtliches Gehör § 750 1

Anteilsrecht § 858 2

anti-suit injunction § 1033 5; Art 2 EuGVO 1; Art 34 EuGVO 3

Antrag § 715 3; § 753 1; § 760 2; Bindung § 528 1; des Titelgläubigers § 724 6; Protokollierung § 297 4; Sachantrag § 297 2; Stellung § 297 3; Zweck § 297 1

Antragsberechtigte § 760 2

Antragsbindung § 308 2

anwaltliche Versicherung § 294 3

Anwaltsgebühren § 750 18; § 758a 23

Anwaltskosten § 731 7

Anwaltsprozess § 78 1 ff.; Aufforderung zur Anwaltsbestellung § 215 3; Prüfung der Vollmacht § 88 3; Selbstvertretung § 78 27; Unterbrechung § 244 1 ff.

Anwaltsvergleich Einleitung 60

Anwaltsvergleich, gerichtliche Vollstreckbarerklärung; europäischer Vollstreckungstitel § 796b 6; ordre public § 796b 4; Rechtspfleger § 796b 6; Zuständigkeit, örtliche § 796b 2

Anwaltsvergleich, notarielle Vollstreckbarerklärung § 796c 2; europäischer Vollstreckungstitel § 796c 7; Notar § 796c 5; Rechtsanwälte § 796c 4; Verwahrung § 796c 3; Vollstreckungsgegenklage § 796c 6; Willenserklärung § 796c 4; Wohnraummietverhältnis § 796c 4; Zustimmung § 796c 3

Anwaltsverlust; Unterbrechung § 244 1, 6 ff.

Anwaltszwang § 78 1 ff., 14 f., 21; Ausnahmen § 78 18 f.; Behördenprivileg § 78 25; inhaltliche Anforderungen § 78; Prozesskostenhilfe § 121 30; selbständiges Beweisverfahren § 487 13

Anwendbarkeit; Brüssel I VO (räumlich) Art 1 EuGVO 4

Anwesenheit § 758a 13

Anzeige; Aussetzung § 250 1 ff.; Ruhen § 250 1 ff.; Unterbrechung § 250 1 ff.

Apotheken; unpfändbare Sachen § 811 41

Arbeitgeber Art 21 EuGVO 1

Arbeitgeberdarlehen § 850e 13

Arbeitnehmer Art 21 EuGVO 1

Arbeitseinkommen § 850b 28; § 850d 39; Begriff § 850 11; Berechnungsgrundlage § 850e 3; vermögenswirksame Leistungen § 850e 14

Arbeitsgericht; selbständiges Beweisverfahren § 485 10

Arbeitsgerichtsverfahren; Unterbrechung vor §§ 239 ff 2

Arbeitsort; gewöhnlich Art 21 EuGVO 2

Arbeitsrechtsstreitigkeiten Art 21 EuGVO 1

arbitration Einleitung 58

Architekt; selbständiges Beweisverfahren § 485 3

Architektenrechnung; selbständiges Beweisverfahren § 485 21

Argentinien-Anleihen § 18 GVG 12

Arrest § 704 13; § 707 3; § 708 6; § 719 2; § 750 14; Aufhebung § 934 2; Ausschluss § 917 7; Erledigung § 922 2; Insolvenz § 917 8; Schadenersatz § 945 1; Schiff § 931 2; selbständiges Beweisverfahren § 485 18; § 486 3; Streitwert § 3 48; Unterbrechung vor §§ 239 ff 1; § 244 2; Vollstreckbarkeit § 929 2; Vollziehung § 929 3; Widerspruch § 924 1

Arrestanspruch § 916 11; aufschiebend bedingter Anspruch § 916 14; Einzelfälle § 916 16; Geldforderung § 916 12; Streitwert § 916 17

Arrestatorium § 829 69; § 830 13; § 847 7; § 848 5; § 857 18

Arrestbefehl § 828 3; Begründungspflicht § 922 7

Arrestgericht § 764 2; § 919 2

Arrestgesuch § 920 2; Glaubhaftmachung § 920 5

Arrestgrund § 917 2; § 918 2

Arresthypothek § 867 17; § 932 2

Arrestpfandrecht § 930 4

Arrestvollziehung § 853 2

Arzneimittelzulassung § 857 12

Arzthaftung § 32 14; Anscheinsbeweis § 286 38; Beweislastumkehr § 286 70; selbständiges Beweisverfahren § 485 8; voll beherrschbare Risiken § 286 71

astreinte Art 49 EuGVO 1

Aufenthalt § 20 4

Aufenthaltsort; Gerichtsstand § 16 3
Auffangzuständigkeit § 753 1
Aufforderungen und Mitteilungen § 763 1 ff.
Aufgabenteilung § 750 1
Aufhebung; des angefochtenen Urteils § 562 1 ff.; des angefochtenen Urteils bei Entscheidungsreife § 562 2; des angefochtenen Urteils, Umfang § 562 3; Urt § 538 37
Aufhebung eines Vollstreckungstitels; Kostenerstattung § 788 7
Aufhebung Vollstreckungsmaßnahmen; Einstellung der Zwangsvollstreckung; Beschränkung der Zwangsvollstreckung § 776 2; Pfändungsmaßnahmen § 776 1; Pfändungspfandrecht, Erlöschen des Pfändungspfandrechts § 776 3
Aufhebungsverfahren Schiedssachen; Auslegungsbefugnis § 1059 12; befangener Schiedsrichter § 1059 32 ff.; Darlegungszwang § 1059 10; Einwendungen § 1060 13 f., 15; fristgebundene Aufhebungsgründe § 1059 8, 18 ff.; § 1061 24; gemeinschaftsrechtlicher ordre public § 1059 42; mündliche Verhandlung § 1061 4; § 1062 5; § 1063 3, 5 ff., 13; ordre public § 1059 39 ff.; Parteivereinbarung über Frist § 1059 59; Prozessvoraussetzung § 1059 4; Prüfung vAw § 1059 9, 38 ff.; Regelfrist § 1059 59; révision au fond § 1059 11; § 1060 18; unwirksame Schiedsvereinbarung § 1059 18 ff., 31; § 1061 24; Verfahrensermessen § 1059 49; Verlust Rügerecht § 1059 37; Vollaufhebung/Teilaufhebung § 1059 13
Aufklärungspflicht; der nicht beweisbelasteten Partei § 286 81
Aufklärungspflichtverletzung; keine Beweislastumkehr § 286 74
Auflassungsanwartschaft § 857 33
Auflassungserklärung § 756 11
Aufmaß; selbständiges Beweisverfahren § 485 3
Aufnahme; Aussetzung § 250 1 ff.; Ruhen § 250 1 ff.; Unterbrechung § 250 1 ff.; Unterbrechung (InsO) § 240 8 ff.; Unterbrechung (Prozessunfähigkeit) § 241 6; Unterbrechung (Tod) § 239 13 ff.
Aufrechnung § 145 10 ff.; § 302 3; § 304 15; § 322 2, 65; § 754 4; § 850b 31; § 850c 7; Art 6 EuGVO 7; außerprozessuale § 145 11; Bekl § 322 66; Berufungsinstanz § 533 16; erfolgloses Angriffs- und Verteidigungsmittel § 96 5; Hilfsaufrechnung § 145 17; Klage § 322 72; Nachverfahren § 17 GVG 15; Prozessaufrechnung § 145 14 ff.; Prüfungskompetenz § 145 19 ff.; rechtswegfremde Gegenforderung § 322 71; § 17 GVG 15; Rechtswegverweisung § 17 GVG 15; selbständiges Beweisverfahren § 494a 10; Small-Claims-Verfahren § 1099 1; Streitwert § 5 7; Vorbehaltsurteil § 17 GVG 15; Zurückweisung § 296 53
Aufruf; der Sache § 220 1
Aufschub der Verwertung; Beendigung § 813a 7; bei mehreren Gläubigern § 813a 11; wiederholte Gewährung § 813a 10
Aufsichtspflichten; Verletzung/Anscheinsbeweis § 286 32
Aufwand; selbständiges Beweisverfahren § 485 23
Augenschein § 144 1; Abgrenzung § 371 3; Ablehnung § 371 7; Abstammungsbeweis § 372a 9; Beweisantritt § 371 6; Beweisaufnahme § 372 1; Beweisbeschluss § 371 8; Beweislast § 371 4; Beweisvereitelung § 371 15; elektronisches Dokument § 371 10; Protokoll § 372 4; Sinneswahrnehmung § 371 2
Augenschein des Richters; selbständiges Beweisverfahren § 485 17
Augenscheinsbeweis; Anordnung § 144 2
Augenscheinsgehilfe vor §§ 402 ff 13
Ausbleiben; Entschuldigung § 380 6; § 381 2; Zeuge § 380 2
Auseinandersetzungsanspruch § 859 7
Ausfertigung § 169 5
Ausfertigungserteilung; Vermerk auf der Urteilsurschrift § 734 1
Ausforschung; selbständiges Beweisverfahren § 490 3
Ausforschungsbeweis § 284 23 f.
Ausforschungsverbot § 142 8
Ausgleich § 717 19
Ausgleichsanspruch § 850i 17
Ausgleichsfunktion § 850b 6
Aushändigung § 734 2; § 756 2; einer anderen legitimierenden Urkunde § 756 2; eines Schecks § 756 2; eines Wechsels § 756 2
Auskunftsanspruch § 21 EGGVG 2
Auskunftspflicht § 836 16; Durchsetzung § 836 22; Schadenersatzpflicht § 836 25
Auslagen § 758 8
Ausland; selbständiges Beweisverfahren § 486 11, 22
Ausländer; Rechtsstellung Einleitung 70; Wohnsitznahme § 13 GVG 9
ausländischer Schiedsspruch; AGB-Schiedsklausel § 1061 15; anerkennungsfeindliches Recht § 1061 14 ff.; Auslegungsbefugnis § 1061 13; befangener Schiedsrichter § 1061 34; Einwendungen § 1061 20 f., 25; kein Wahlrecht nach § 722 § 1061 8 f.; Kostenentscheidung § 1061 19; ordre public § 1061 38 f., 41; Präklusion von Einwendungen § 1061 32; statutarische Schiedsklausel § 1061 12; Teilschiedsspruch § 1061 18; UNÜ § 1061 10; Verbot révision au fond § 1061 31; Vollstreckbarerklärung § 1061 1; Vorlage Schiedsspruch § 1061 5; Vorlage Schiedsvereinbarung § 1061 7; Zwischenschiedsspruch § 1061 19
ausländisches Recht; Anwendung und Auslegung § 293 12; besondere Verfahrensarten § 293 11; eigene Ermittlungen des Richters § 293 7; Ermittlung § 293 1 ff.; förmliches Beweisverfahren

§ 293 9; formloses Verfahren § 293 8; Mitwirkung der Parteien § 293 10; Überprüfung in der Rechtsmittelinstanz § 293 13

Auslandsbelegenheit § 24 2

Auslandszustellung § 829 60; an Zustellungsbevollmächtigten § 184 1 ff.; auf diplomatischem Weg § 183 6; durch Einschreiben § 183 1, 3, 9; im Behördenverkehr § 183 4; Nachweis § 183 3 ff.; § 184 5; öffentliche Zustellung § 185 3; Parteizustellung § 183 1; Verweigerung der Annahme § 183 3

Auslegung § 704 5; § 736 6; § 756 3; autonome Auslegung Art 1 EuGVO 3; Brüssel I VO Art 1 EuGVO 3

Auslegungsregel; Begriff § 292 2

Ausnahmegerichte; Verbot § 16 GVG 23 f.

Ausnutzungstatbestand § 322 54

Ausschließung; allgemeiner Regelungsbereich § 41 5 f.; andere Verfahrensarten § 41 7 f.; Gerichtsvollzieher § 155 GVG 1; Nichtbeachtung § 41 15; persönlicher Geltungsbereich § 41 10 f.; § 49 2 ff.; Regelungszweck § 41 1 ff.; sonstige Verfahren § 41 9

Ausschließung und Ablehnung; genereller Regelungszweck § 41 1 ff.

Ausschließungsgründe; beauftragter Richter § 41 32; Beteiligung des Richters § 41 22; Dolmetscher § 41 26; Ehe § 41 24; ersuchter Richter § 41 32; Familie § 41 26; körperlich/geistige Einschränkungen § 41 5 f.; Lebenspartnerschaft § 41 25; Mitberechtigter § 41 23; Mitverpflichteter § 41 23; Mitwirkung § 41 31; nichteheliche Lebensgemeinschaft § 41 25; Normzweck § 41 19 f.; Parteivertreter § 41 27; Prozessbevollmächtigter § 41 26; Regresspflichtiger § 41 23; Sache § 41 21; Sachverständiger § 41 26, 31; Schwägerschaft § 41 26; Vertreter § 41 28 f.; Zeuge § 41 26, 30

Ausschreibung; selbständiges Beweisverfahren § 485 21

Aussetzung; allgemein vor §§ 239 ff 8 f.; § 246 1 ff.; Anwaltsprozess § 246 1; Anwendungsbereich vor §§ 239 ff 1 f.; § 246 1; § 247 1; § 249 1 f.; Aufhebung § 150 1 f.; Aufnahme § 246 8; bei Ehe- und Kindschaftsstreit § 154 1; bei Eheaufhebungsantrag § 152 1 f.; bei Straftatverdacht § 149 1 ff.; bei Vaterschaftsanfechtung § 153 1 f.; Beschwerde § 248 2; § 252 1, 5; Dauer § 246 8; eilbedürftiges Parallelverfahren § 148 2; Endurteil § 252 3; Erbschaftsprozess § 148 17; Ermessensentscheidung § 252 5; europäische Zuständigkeit vor §§ 239 ff 1; Fristen § 249 3; Gerichtshandlungen § 249 7; Grund § 246 3; Kosten vor §§ 239 ff 10; § 252 7; Parteiprozess § 246 1; Prozesshandlungen § 249 6; Rechtsbeschwerde § 252 6; Rechtsmittel vor §§ 239 ff 9; § 252 1; Richtervorlage § 148 19; Rügeverzicht § 249 6; Tatsachenfeststellung § 149 3; Verfahrensarten vor §§ 239 ff 1 f.; § 248 1 f.; Verkehrsabgeschnittenheit § 247 1; Verkehrsunfall § 148 14; Verzögerung § 155 1; Vorlage vor §§ 239 ff 8; Wirkungen vor §§ 239 ff 3; § 249 3 ff.; Zwischen den Instanzen § 246 4

Aussetzung der Verwertung; Antragsfrist § 813b 7; Aufhebung § 813b 12; bei Wechselsachen § 813b 3; einstweilige Anordnungen § 813b 13; mehrmalige Anordnung § 813b 12

Aussetzung des Verfahrens; selbständiges Beweisverfahren § 486 8

Aussonderung Art 1 EuGVO 11

Austauschpfändung; Ersatzstück § 811a 3; Geldbetrag für ein Ersatzstück § 811a 4 f.; Mängel des Ersatzes § 811a 13; vorläufige, Antragsfrist § 811b 3

Auswechseln des Klagegrundes; erfolgloses Angriffs- und Verteidigungsmittel § 96 6

Auswechseln des Sachverständigen; selbständiges Beweisverfahren § 490 6

Auszugsvertrag § 850b 18

AVAG AVAG 1

Bagatell- oder Kleinverfahren § 495a 1

Bagatellbeträge § 753 9

Bagatellforderungen § 758a 4, 5

Bagatellstreitwert § 2 6

Bankbürgschaft § 751 6

barrister § 1061 33

Barzahlungspflicht § 817 14

Baugeldforderungen § 851 14

Bauhandwerkersicherungshypothek § 926 10; § 939 2

Baulandsachen; Streitwert § 3 62

Baumbachsche Formel § 100 6

Bauteilöffnung; selbständiges Beweisverfahren § 485 22

Beamte § 753 2; als Zeugen § 376 3

beauftragter Richter; Befugnisse § 229 1; § 400 2

bedingt pfändbare Bezüge § 850b 4; § 850e 4; Aufrechnung § 850b 31; Billigkeitsprüfung § 850b 25; Darlegungs- und Beweislast § 850b 27; Insolvenzverfahren § 850b 34; Kosten § 850b 35; Pfändung § 850b 28; Rechtsbehelfe § 850b 33; Verfahren § 850b 23; Wirkungen § 850b 30

Bedürftigkeit § 1077 4; § 1078 3

Beeidigung; vereinfachtes Verfahren § 398 7

Beendigung des Verfahrens; selbständiges Beweisverfahren § 492 6

Befangenheit § 753 11; Nichtbeachtung § 41 18

Befangenheitsbesorgnis; Begriff § 42 5; Beurteilung § 42 6; Geltungsbereich § 42 2; Normzweck § 42 1

Befangenheitsgründe § 42 27; allg Kriterien § 42 7; Aufklärungspflicht § 42 42; Beziehungen § 42 10 ff.; dienstliche Erklärungen § 42 41; Entscheidungen § 42 25; Fehler § 42 32, 40; Hinweise § 42 29, 42;

Kollegialität § 42 14, 16; Prozessleitung, materiell § 42 42; Prozessleitung, prozessual § 42 32, 40; Rechtsansichten § 42 48; Verhalten der Partei § 42 8; Verhalten des Richters dienstlich § 42 27; Verhalten des Richters im konkreten Verfahren § 42 29 f.; Verhalten des Richters, allgemein § 42 25; Vorbefasstheit § 42 19, 21; Vorbefasstheit übergreifender Ablehnungsgrund § 42 22; Willkür § 42 32

Befriedigung § 756 10

Beglaubigte Abschrift § 169 3 f.

Beglaubigung § 169 2 ff.

Begleitschäden § 717 12

Begründungspflicht; bei Beweiswürdigung § 286 15

Begründungszwang; Schiedssachen § 1063 9

Behauptungen; erfolgloses Angriffs- und Verteidigungsmittel § 96 7

Behauptungslast; abstrakt § 286 78; Begriff § 286 78; Behauptungen insBlauehinein § 286 84; Erleichterung § 287 18; inhaltliche Anforderungen § 286 83; konkret § 286 78; objektiv § 286 78; sekundär § 286 81; subjektiv § 286 78; und Beweislast § 286 82; widersprüchliches Vorbringen § 286 85

Behinderte; Eidesleistung § 483 1

Behörde; Vertretung § 79 3

Behördenmitwirkung bei Zwangsvollstreckung § 789 1; Amtshilfe im Vollstreckungsverfahren § 789 1

Behördenprivileg § 78 25; § 79 3

Beibringungsgrundsatz Einleitung 28

Beifahrerrechtsprechung § 286 17

Beihilfeanspruch; des Beamten § 850b 20

Beiladung § 856 4

Beiordnung § 121 1; Notanwalt § 78b 2 f.; § 78c 2 f.; Richter auf Probe § 70 GVG 3; Richter kraft Auftrags § 70 GVG 3

Beistand § 90 1 f.

Beitreibung; der Kosten § 788 3; eines Teilbetrags § 756 2

Beitreibungspflicht § 842 2

Beitritt; Prozesshandlungsvoraussetzungen § 66 14; Rechtsmittel § 66 15; selbständiges Beweisverfahren § 487 25; Zeitpunkt § 66 15

Beitritt des Nebenintervenienten; Beitrittserklärung § 70 3; Form § 70 2; Mängel des Beitritts § 70 4; Prozesshandlungsvoraussetzungen § 70 2; Rechtsmittel § 70 3

Beklagter; Scheinbeklagter § 50 7

Beklagtenstation § 284 4

Belegenheit des Vermögens § 23 8; Bankkonto § 23 8; Drittschuldnerwohnsitz § 23 8; Erfüllungsort § 23 8; Gesellschaftsanteil § 23 8; Grundpfandrecht § 23 8; Immaterialgüterrechte § 23 8; Inhaberpapiere § 23 8

Belehrung; Eid § 480 1

Belehrungspflicht § 499 4

Benachrichtigung; Dritter von der Anschlusspfändung § 826 7

Benachrichtigung des Schuldners; von der Anschlusspfändung § 826 7; von der Pfändung § 808 28; § 809 7

Benachteiligungsverbot; obligatorisches Güteverfahren § 15a EGZPO 6

Benutzung; der Pfandsache § 808 32

Beratung § 194 GVG 1; Anwesenheit § 193 GVG 1; Ergänzungsrichter § 193 GVG 4; Umlaufverfahren § 193 GVG 2; Votum § 193 GVG 3

Beratungsgeheimnis § 197 GVG 2

Bereicherung § 717 2

Bereicherungsanspruch § 717 20

Bereitschaftsdienst § 22c GVG 1 ff.; Geschäftsverteilung § 22c GVG 4; Heranziehung der Richter § 22c GVG 3; Konzentrationslösung § 22c GVG 1; Pool-Lösung § 22c GVG 1

Bergungsansprüche § 30 3

Berichtigung § 725 2; des Urteils (Tatbestand) § 320 1

Berufspflichtverletzungen; Beweislastumkehr § 286 72

Berufsunfähigkeitsrente § 851c 17

Berufsunfähigkeitsversicherung § 851c 17; Berufsunfähigkeitszusatzversicherung § 851c 17; selbstständige Berufsunfähigkeitsversicherung § 851c 17; Zahlungsbeginn § 851c 18

Berufsunfähigkeitsversorgung § 851d 3

Berufung § 511 1; § 565 1 ff.; § 707 3; § 719 3; Anerkenntnisurteil § 511 3; Anfechtbarkeit von Versäumnisurteilen § 565 2; Ausschlussurteil § 511 12; Berufungsbeklagter § 511 52; Berufungskläger § 511 48; Beschwerdegegenstand § 511 13; Einlassungsfrist § 523 13; Einlegung § 519 1; Einzelrichter § 523 2, 6; § 526 1; Endurteil § 511 2; Ergänzungsurteil § 511 3; erneute Einlegung § 522 20; Fehlerbeseitigung § 513 1; Fehlerkontrolle § 513 1; Funktion § 513 1; Gegenstand § 528 4; gemischte Kostenentscheidung § 511 12; Grundurteil § 511 4; Kosten § 91 19; Kostenurteil § 511 12; Meistbegünstigung § 511 9; § 514 5; mündliche Verhandlung § 525 3; Prozessakten § 565 5; Prozesskostenhilfe § 114 19; prozessuales Zwischenurteil § 511 5; Prozessurteil § 511 3; Rechtsnachfolger § 511 51; Rügen der Unzulässigkeit der Klage § 565 4; Scheinurteil § 511 8; Statthaftigkeit § 511 1; Streitgenossen § 511 49; Streithelfer § 511 50; Streitwert § 3 195; Teilurteil § 511 2; Terminsbestimmung § 523 10; Überprüfung der Beweiswürdigung § 286 19; unanfechtbarer Zurückweisungsbeschluss § 522 45; unechtes Versäumnisurteil § 511 3, 12; Verfahren, weiteres § 525 1; Verwerfung durch Beschl § 522 8, 11, 13, 17; Verzicht und Zurücknahme der Revision § 565 3; Verzichtsurteil § 511 3; Vollstreckungsurteil § 511 3; Vorbehaltsurteil § 511 4; Vorentscheidungen § 512 1, 6; wirkungsloses Urt § 511 7; Zulässigkeit § 540 15; § 718 2; Zulässigkeitsprüfung § 522 2, 5, 7; Zurückweisung durch Beschl § 522 22, 24, 30, 32, 33 f.; Zwischenurteil § 511 4, 12

Berufungsantrag; Beschränkung des Rechtsmittels § 520 24; Erweiterung des Rechtsmittels § 520 27; Inhalt § 520 21

Berufungsbegründung; Begründungszwang § 520 1; Form § 520 18; Frist § 520 4; Inhalt § 520 30, 33; Nebenintervenient § 520 3; Streitgenossen § 520 2; Wertangabe § 520 48

Berufungsbegründungsfrist; Prozesskostenhilfe § 520 5; Verlängerung § 520 6 ff., 12 f.; Wiedereinsetzung in den vorigen Stand § 520 17; § 522 21

Berufungsbegründungsschrift; Zustellung § 521 3

Berufungseinlegung; bedingt § 519 26; beiderseitig § 519 28; mehrfach § 519 26

Berufungserwiderung; Frist § 521 9, 11; Fristverlängerung § 521 12; Fristversäumung § 521 13; Inhalt § 521 14 f.

Berufungsfrist § 517 2; Beginn § 517 3 ff., 11; Berechnung § 517 15; Ergänzungsurteil § 518 2, 4, 6; Prozesskostenhilfe § 517 18; Streitgenossen § 517 10; Streithelfer § 517 10; Tatbestandsberichtigung § 517 14; Urteilsberichtigung § 517 13; Versäumung § 517 16; Wiedereinsetzung in den vorigen Stand § 522 21

Berufungsgründe § 513 2; fehlerhafte Tatsachenfeststellung § 520 39, 43; neue Angriffs- und Verteidigungsmittel § 520 44, 47; Rechtsverletzung § 513 3; § 520 34, 36 ff.; Tatsachenfeststellung § 513 9; Zuständigkeitsprüfung § 513 11

Berufungsrücknahme § 516 2; Adressat § 516 6; Form § 516 3; Kosten § 516 12; Rechtsfolgen § 516 8, 14; Rechtsnatur § 516 7; Streitgenossen § 516 10, 16; Streithelfer § 516 11; teilweise § 516 17; Zeitpunkt § 516 4

Berufungsschrift; Adressat § 519 12; Anwaltszwang § 519 3; Auslegung § 519 24; Computerfax § 519 11; Einreichung § 519 13; elektronisches Dokument § 519 11; Fernschreiben § 519 11; Form § 519 2; Inhalt § 519 15 f., 19 ff., 24; Parteibezeichnung § 519 16, 19; Telefax § 519 11; Telegramm § 519 11; Unterschrift § 519 7, 10; Zustellung § 521 3

Berufungsurteil § 540 1; § 713 2; § 717 20; Protokollurteil § 540 19; Stuhlurteil § 540 17

Berufungsverzicht § 515 2, 5; Adressat § 515 9 f., 15 ff., 20; Anfechtung § 515 5; Anwaltszwang § 515 9; Parteivereinbarung § 515 11, 17, 20; Rechtsfolgen § 515 12; Streitgenossen § 515 24; teilweiser § 515 21; Widerruf § 515 5; Zeitpunkt § 515 8, 14, 20

Besatzungsmächte; Immunität § 20 GVG 7

Beschluss vor §§ 300 ff 2; § 329 2; § 758a 11, 20; Begründung § 329 12; Berichtigung § 329 17; Bindung § 329 16; Ergänzung § 329 19; Existenz § 329 4; Schiedssachen § 1063 8 f., 12 f.; Unterschrift § 329 14; Verkündung § 329 9 f.; Wiederaufnahme gegen § 578 4; Wirksamwerden § 329 5; Zustellung § 329 15

Beschlagnahme § 829 67; § 865 13

Beschleunigungsgebot; Terminsbestimmung § 216 5

Beschlussfähigkeit § 21i GVG 1 ff.; Notkompetenz § 21i GVG 4; Voraussetzungen § 21i GVG 8

Beschlussmängelstreitigkeiten § 1030 8; Schiedssachen § 1066 8 ff.

beschränkt pfändbare Forderungen; Insolvenzverfahren § 852 11; Rechtsbehelfe § 852 10; rechtshängiger Anspruch § 852 5; sachlicher Anwendungsbereich § 852 2; Verfahren § 852 8; vertragliches Anerkenntnis § 852 4; Voraussetzungen § 852 2

beschränkte Erbenhaftung in der Zwangsvollstreckung; Nachlassverbindlichkeiten und beschränkte Erbenhaftung § 781 1; Vollstreckungsabwehrklage des Erben § 781 1

beschränkte Nachprüfung tatsächlicher Feststellungen; Ausnahmen § 559 6; Ausschluss neuen Parteivortrags § 559 2; Ausschluss neuer Sachanträge § 559 4; Bindende Feststellungen § 559 14; Maßgeblichkeit von Berufungsurteil und Sitzungsprotokoll § 559 10; Veränderung der prozessualen Rechtslage § 559 5

Beschwer § 511 17; Anerkenntnisurteil § 511 18; Aufrechnung § 511 19; Auskunft § 511 21; Berufungsantrag § 511 33; Erledigung der Hauptsache § 511 22; Feststellungsklage § 511 23; Haupt- und Hilfsantrag § 511 24; in Schiedssachen § 1065 8; Klagenhäufung § 511 25; Nebenforderungen § 511 26; Schlussurteil § 511 27; Streitgenossen § 511 25; Teilurteil § 511 27; unbezifferter Klageantrag § 511 28; Vollstreckungsabwehrklage § 511 29; Zug-um-Zug-Verurteilung § 511 31

Beschwerde § 715 3; § 721 12; § 724 12; § 793 1; § 828 3; § 830 15; § 848 17; außerordentliche § 321a 18; Aussetzung § 252 1 ff.; Devolutiveffekt § 567 1; Eintragung Zwangssicherungshypothek § 867 26; Frist § 127 29; Gesetzwidrigkeit § 567 5; nach § 567 § 732 6; Ruhen § 252 1 ff.; sofortige § 567 1; § 733 11; sofortige nach § 793 § 732 6; Streitwert § 3 70; Suspensiveffekt § 567 1; ZPO-Reformgesetz § 567 3

Beschwerdegegenstand; Glaubhaftmachung § 511 36; Wertermittlung § 511 34

Beseitigung einer Urkunde; Tathandlung § 444 2

Besetzung § 192 GVG 1

Besetzung des Gerichts; Zivilkammer LG § 75 GVG 1 ff.
Besichtigungsverfahren; selbständiges Beweisverfahren § 485 5; § 490 8
Besitz; Feststellung § 739 5
Besitzer; einer streitbefangenen Sache § 727 12
besondere Gerichtsstände Art 5 EuGVO 1
besonderes Feststellungsinteresse § 731 4
Besorgnis der Befangenheit § 42 4
Besserstellungszuschlag § 850d 26; § 850f 20
Bestätigungstheorie § 323 1
Bestattungsbedarf; Unpfändbarkeit § 811 49
Besteller; Leistungstitel gegen den § 737 4
Bestimmtheit § 722 6
Bestreiten; ausdrücklich § 138 13; erfolgloses Angriffs- und Verteidigungsmittel § 96 8; konkludent § 138 13
Betreuer § 750 12
Betreuungsgerichte § 23c GVG 1 f.; Zuständigkeit § 23c GVG 2
Betriebsprämie; Zwangsvollstreckung § 857 73
Betriebsübergang § 325 38; Unterbrechung § 239 8
Beurteilung nach § 552a § 552a 2; maßgeblicher Zeitpunkt § 552a 2
Beurteilungsrichtlinien § 1 GVG 15
bevorrechtigte Gläubiger § 850d 3
Beweis; Arten § 284 11 ff.; Ausforschungsverbot § 284 23 f.; Begriff § 284 2; des Gegenteils § 284 14; durch öffentliche oder öffentlich beglaubigte Urkunde § 726 7; einer Verkehrsanschauung § 284 10; einer Verkehrssitte § 284 10; Erfahrungssätze § 284 10; Freibeweis § 56 3; § 284 18 ff.; Funktion § 284 2; Gegenbeweis § 284 13; Gegenstand § 284 7; Handelsbräuche § 284 10; Hauptbeweis § 284 12; Indizienbeweis § 284 16; § 286 46 ff.; mittelbarer § 284 16; Rechtssätze § 284 9; § 293 1 ff.; Sachverständigengutachten § 56 3; Strengbeweis § 284 17; unmittelbarer § 284 16; Vollbeweis § 284 15
Beweis der unrichtigen Urkunde § 415 26; Abgrenzung § 415 28; Anforderungen § 415 29; Gegenbeweis § 415 30
Beweis für das äußere Bild § 286 48 f., 51; als Beweismaßsenkung § 286 24, 48; Anwendungsbereich § 286 51; Voraussetzungen § 286 49
Beweis- oder Beweissicherungsverfahren Art 31 EuGVO 1
Beweisanordnung § 284 37
Beweisantrag § 284 35; Ablehnung § 284 38 ff.; Ablehnung Augenschein § 371 7; erfolgloses Angriffs- und Verteidigungsmittel § 96 10; fehlende Beweisbedürftigkeit § 284 43; mangelnde Bestimmtheit § 284 40; Unerheblichkeit des Beweisthemas § 284 40; Wahrunterstellung § 284 46
Beweisantritt; Augenschein § 371 6; Beweisführung § 420 1; elektronisches Dokument § 371 11; Sachverständigenbeweis § 403 1; Vorlage der Urkunde § 420 4; Zeuge § 373 1
Beweisaufnahme § 284 1 ff., 49; § 538 16; Augenschein § 372 1; Ausland § 1072 1; außerhalb des Prozessgerichts § 285 3; Berufung § 529 14; freiere Gestaltung § 287 19; Unmittelbarkeit § 527 5; vor dem Prozessgericht § 285 2
Beweisbeschluss; Abstammungsgutachten § 372a 13; Augenschein § 371 8
Beweiserhebung § 284 35 ff.; Ablehnung von Beweisanträgen § 284 38 ff.; Beweisanordnung § 284 37; Beweisantrag § 284 35; Bezeichnung des Beweismittels § 284 36; Unzulässigkeit § 284 46
Beweiserhebungstheorie § 322 67
Beweiserhebungsverbot § 284 22 ff.
Beweiserleichterung; bis zur Beweislastumkehr § 286 75 f.
Beweisermittlungsantrag § 284 23
Beweisführung § 415 8
Beweisführung durch Urkunden § 420 2, 3
Beweisführungslast; abstrakt § 286 56; konkret § 286 29, 56
Beweisgegner § 421 2, 4; Anforderungen an die Pflicht zur Urkundenvorlage § 422 3; Angaben zum Urkundenbesitz § 424 5; Anordnung der Vorlegung § 425 1; Anspruch auf Vorlage § 422 3; Antrag bei Vorlegung durch Gegner § 424 1; Bestreiten der Urkundenexistenz § 426 2; Bestreiten des Urkundenbesitzes § 426 1; Beweisantritt § 421 6; Beweiserleichterung für den Beweisführer bei Nichtvorlegung § 427 3; Beweisthema § 424 4; Beweisvereitelung § 427 1; Beweiswürdigung § 427 4; Bezeichnung und Glaubhaftmachung § 424 6; Bezugnahme zu Beweiszwecken § 423 3; Editionspflicht § 421 5; Einsichtnahme § 422 9; einzelne Erfordernisse des Antrags auf Vorlegung § 424 2; Entscheidung nach Vernehmung § 426 5; Entscheidung über den Vorlegungsantrag § 425 2; Folgen der Nichtvorlage § 422 10; Folgen der Nichtvorlegung § 427 1; Geheimhaltungsinteresse § 422 6; § 423 4; Grenzen der Vorlagepflicht § 422 7; Pflicht zur Urkundenvorlage § 422 1; Rechtsfolge der Vorlegungspflicht § 423 5; Streit über die Vorlegungspflicht § 422 10; Vorlegungspflicht des Gegners § 423 1; Vorlegungsvernehmung und Säumnis § 426 3, 4; Weigerungsrechte § 422 8
Beweiskraft § 415 6; formelle Beweiskraft § 415 6; § 417 5; freie Beweiswürdigung § 415 6; materielle Beweiskraft § 415 7; Urkundsprozess § 415 8
Beweiskraft öffentlicher Urkunden mit anderem Inhalt; Inhalt § 418 4
Beweiskraft öffentlicher Urkunden über amtliche Anordnung § 417 1; Inhalt § 417 4

Beweislast § 286 52 ff.; § 712 4; § 850f 35; Augenschein § 371 4; Bedeutung § 286 52; Begriff § 286 53; bei Zustellungen § 167 14; § 172 5; § 175 2; § 178 12; Beweislastsonderregeln § 286 60; für Pfändungsverbot § 803 10; Gläubiger § 726 4; Klage auf vorzugsweise Befriedigung § 805 2; objektiv § 286 54; objektive § 286 54; Rechtsmittelgericht § 56 5; subjektiv § 286 55 ff.; Umkehr § 286 66 ff.; Verteilung § 286 58 ff.

Beweislastentscheidung; als ultima ratio § 286 52; Zustandekommen § 286 56

Beweislastnormen § 286 57

Beweislastprinzipien § 286 58

Beweislastsonderregeln § 286 60

Beweislastumkehr § 286 66 ff.; Arzthaftung § 286 70; Aufklärungspflichtverletzung § 286 74; Begriff § 286 66; Fallgruppen § 286 68 ff.; grobe Berufspflichtverletzungen § 286 72; Produzentenhaftung § 286 68; Verletzung der Schutzpflichten gem § 618 BGB § 286 73; Voraussetzungen § 286 66

Beweislastverteilung § 286 58 ff.; Beweislastsonderregeln § 286 60; Beweislastumkehr § 286 66 ff.; gesetzliche Vermutungen § 292 4; Grundregel § 286 58; Kriterien ohne Bedeutung § 286 61 ff.; Negativbeweis § 286 63; Parteirolle § 286 63; Zeitablauf § 286 65

Beweislastvertrag § 286 93

Beweismaß § 286 21 ff.; abstrakt-generelle Regelung § 286 21; Regelbeweismaß § 286 22; Senkung § 286 23 f., 48 f., 51; § 287 17; § 294 2; Steigerung § 286 25

Beweismittel; fehlende Verfügbarkeit § 284 43; selbständiges Beweisverfahren § 485 12; Ungeeignetheit § 284 45; Verwertungsverbot § 284 30, 34

Beweismittelvertrag § 284 46; § 286 94

Beweisrecht; Grundlagen § 284 1

beweisrechtliches Geheimverfahren § 285 4 f., 7; In camera-Verfahren § 285 6

Beweisregeln; gesetzlich § 286 16; gewillkürt § 286 17

Beweissicherung; Unterbrechung vor §§ 239 ff 1

Beweissicherungsverfahren; selbständiges Beweisverfahren § 485 2

Beweisstation § 284 5

Beweisverbote § 284 21 ff.

Beweisvereitelung § 286 86 ff.; § 427 1; Augenschein § 371 15; Begriff § 286 86; Beweiserleichterung für den Beweisführer § 427 3; Erscheinungsformen § 286 87 f.; Rechtsfolgen § 286 90 f.; selbständiges Beweisverfahren § 487 7; Voraussetzungen § 286 89

Beweisverträge § 286 92 ff.; Beweismittelvertrag § 286 94; Geständnis- und Vermutungsverträge § 286 96; über Beweiswürdigung und Beweismaß § 286 95

Beweisverwertungsverbot § 284 25 ff.; Allgemeines § 284 25 f.; Fallgruppen § 284 27, 29 f.; Foto-, Film- und Videoaufnahmen § 284 29; GPS-Observierung § 284 28; Güterabwägung § 284 26; heimliche Tonbandaufnahmen § 284 27; heimliche Überwachungsmaßnahmen § 284 28; heimlicher Vaterschaftstest § 284 33; Lauschzeuge § 284 32; Mithören von Telefongesprächen § 284 31; rechtswidrig erlangte Beweismittel § 284 30

Beweiswürdigung § 286 1 ff.; § 1042 8; amtliches Wissen § 286 6; Ausschluss aus verfahrensrechtlichen Gründen § 286 14; Bedeutung § 286 1 f.; Begründungspflicht § 286 15; Bindung an Denk-, Naturgesetze und Erfahrungssätze § 286 10; Einschränkungen § 286 10 ff.; Erkenntnisse aus anderen Verfahren § 286 7 ff.; Gegenstand § 286 4 f.; privates Wissen § 286 6; typisierend § 286 18; Überprüfung § 286 19 f.; Überzeugung als Gewissheit § 286 3; Ziel § 286 3

Bewirkungshandlungen Einleitung 52

Bezugnahme § 540 13

Bezugsrecht § 851c 9

Billigkeitsentscheidung § 850b 21; § 850c 32; § 851a 7; § 851b 6

Billigkeitsprüfung § 850b 25; Einzelfälle § 850b 26

Billigkeitstheorie § 323 1

Bindung § 322 17, 22; Antrag § 528 1; Entscheidungen anderer Rechtswege § 322 22; nach Zurückverweisung § 538 41; Strafgericht an Zivilurteil § 322 25; Tatsachenfeststellung § 529 8; Zivilgericht an Strafurteil § 322 26

Bindung des Gerichts; Abweichungsverbot § 318 6; Aufhebungs- und Änderungsverbot § 318 5

Bindungstheorie § 322 3

Bindungswirkung § 304 22; Musterentscheid § 325a 3; Verweisung KfH und Zivilkammer § 102 GVG 1 ff.

Blankettbeschluss § 850b 29; § 850c 26; § 850g 3

Blankettentscheidung § 850e 49

Blutgruppe; Abstammung § 372a 10

Blutprobe Anhang nach § 1075: EuBVO Art. 1 3

Botschaften; Arbeitsvertrag § 20 GVG 5

Botschaftsgebäude; Beschlagnahme § 18 GVG 3; Durchsuchung § 18 GVG 3; Vollstreckung § 18 GVG 3

Bruchteilsgemeinschaft § 50 31; § 857 35

Bruchteilsnießbrauch § 857 72

Brüssel I VO; Vorrang Art 2 EuGVO 1

Brüssel IIa-Verordnung Art 1 Brüssel IIa-VO 1; Anwendungsbereich Art 1 Brüssel IIa-VO 4

Bruttolohnurteil § 704 8

Bücher; Unpfändbarkeit § 811 42

Bullenprämie § 851a 3

Bundespräsident; Eidesleistung § 479 4; Zeuge § 375 5

Bundesregierung; Zeuge § 382 1
Bundesrichter; Ernennung § 125 GVG 2; Richterwahlausschuss § 125 GVG 1; Wahl § 125 GVG 1
Bürgen nach Leistung § 727 7
Bürgschaft; Bankbürgschaft § 751 6

class action § 328 31
clausula rebus sic stantibus § 323a 5
CLOUT § 1061 2
COMECON-Staaten § 1061 30
Computerfax § 130a 2
Computersoftware; Zwangsvollstreckung § 857 62
conciliation Einleitung 58
cross examination § 328 30

Dänemark vor §§ 1067 ff 2; Anhang nach § 1086: EuVTVO Art. 2 5; Anhang nach § 1096: EuMVVO Art. 2 4
Danværn/Otterbeck § 328 15
Darlegungslast § 712 4; sekundäre § 138 11
Datenträgerarchiv § 299a 1
Datenübermittlung § 17 EGGVG 1
Dauerpfändung § 753 7
Dauerwohnrecht § 857 39
decreto ingiuntivo Art 32 EuGVO 4; Art 34 EuGVO 6
Derogation § 40 1
Devolutiveffekt § 567 1
Dienstaufsicht § 154 GVG 6; Datennetz § 1 GVG 12a; Dienstunfähigkeit § 1 GVG 10; Fristenkontrolle § 1 GVG 11; Geschäftsprüfung § 1 GVG 13; Kontrollfunktion § 1 GVG 12a; Rechtsbehelf § 1 GVG 16; Richterablehnung § 1 GVG 10; Terminierung § 1 GVG 12; Urteilsbegründung § 1 GVG 10; Verhandlungsführung § 1 GVG 10
Dienstaufsichtsbeschwerde § 567 7; § 753 14
Dienstkleidung und -ausrüstung; Unpfändbarkeit § 811 37
Dienstleistungen Art 5 EuGVO 9
dienstliche Beurteilung; Verhandlungsführung § 1 GVG 15
dingliche Rechte Art 22 EuGVO 2
dingliche Sicherung § 850b 18
dinglicher Gerichtsstand; beschränkte persönliche Dienstbarkeit § 24 5; Besitzschutzklage § 24 7; dingliche Belastung § 24 5; Eigentum § 24 4; Enteignung § 26 5; Erbbauchrecht § 24 5; Grenzanlagen § 26 3; Grenzscheidungsklagen § 24 7; Grundbuchberichtigung § 24 4; Grunddienstbarkeit § 24 5; Grundschuld § 25 4; Hypothek § 25 4; Lage des belasteten Grundstücks § 24 8; Nießbrauch § 24 5; Reallast § 24 5; § 25 6; Rentenschuld § 25 4; Sicherungsgrundschuld § 25 4; Teilungsklagen § 24 7; unbewegliche Sachen § 24 3; § 26 3; Vorkaufsrecht § 24 5; Vormerkung § 24 5
Diplomat § 18 GVG 2; Ausreise § 18 GVG 9; Bußgeldverfahren § 18 GVG 5, 15; Familienangehörige § 18 GVG 2; Gefolge § 18 GVG 2; Immunität § 18 GVG 2 ff.; Notifizierung § 18 GVG 8; Strafverfahren § 18 GVG 5; Zeugenpflicht § 18 GVG 5
Dispositionsbefugnis § 722 10
Dispositionskredit § 829 12
Dispositionsmaxime Einleitung 24; § 308 1
Distanzdelikt Art 5 EuGVO 11
Divergenz § 574 6
Divergenzvorlage § 132 GVG 4; Vorlagepflicht § 132 GVG 6; Vorlageverfahren § 132 GVG 9
DNA-Analyse; Abstammung § 372a 9
doctrine of merger § 1061 8
Dokument; verfahrenseinleitendes § 328 19
Dolmetscher § 185 GVG 1 ff.; § 189 GVG 1; Urkundsbeamte § 190 GVG 1; Vereidigung § 189 GVG 1
Dolmetschereid § 186 GVG 4
domicile Art 3 Brüssel IIa-VO 12
Doppelexequatur § 722 4
Doppelexequierung Art 32 EuGVO 10
doppelfunktionale polizeiliche Maßnahmen § 13 GVG 9
Doppelpfändung § 826 3; bei Eheleuten § 808 35
doppelrelevante Tatsachen Art 2 EuGVO 3
doppelte Gutgläubigkeit § 325 56
doppelte Prozessführung; Rechtshängigkeit § 17 GVG 8
Doppelwohnsitz § 13 5
Dreier-Schiedsgericht § 1035 6
dritte Personen § 758a 16
Drittschuldner § 836 4; § 857 18
Drittschuldnererklärung § 840 1; auskunftspflichtige Person § 840 8; Begründungspflicht § 840 12; Einklagbarkeit des Auskunftsanspruchs § 840 24; Erklärungsempfänger § 840 8; Formerfordernis § 840 9; Frist § 840 10; Gestaltungsrechte § 840 12; Kosten § 840 30; Kostenerstattung § 840 23; Rechtscharakter § 840 2; Reichweite § 840 11; Schadenersatzpflicht des Drittschuldners § 840 25; Schadenersatzprozess § 840 29; Umfang der Schadenersatzpflicht § 840 27; Verschwiegenheitspflichten § 840 11; Voraussetzungen § 840 5; wiederholte Auskunftspflicht § 840 22; Zustellung des Pfändungsbeschlusses § 840 5
Drittschuldnerklage; Streitwert § 3 85
Drittstaaten Art 6 EuGVO 4
Drittwiderklage § 33 18
Drittwiderspruchsklage § 847 14; Art 22 EuGVO 10; Anwartschaftsrecht als die Veräußerung hinderndes Recht § 771 16; Besitz als die Veräußerung hinderndes Recht § 771 30; Eigentum als die Veräußerung hinderndes Recht § 771 16; nach § 771 § 736 4; § 737 4; § 739 6; § 740 6; Pfandrechte als

die Veräußerung hinderndes Recht § 771 26; Streitgenossenschaft bei der Drittwiderspruchsklage § 771 42; Treuhandverhältnisse in der Zwangsvollstreckung § 771 17; Veräußerung hinderndes Recht § 771 15; Vollstreckungsvereitelung § 771 4; Vorbehaltseigentum als die Veräußerung hinderndes Recht § 771 16; Zwangsvollstreckungsbeginn § 771 9

Drittwiderspruchsklage des Ehegatten; Gütergemeinschaft § 774 1

Drittwiderspruchsklage des Nacherben; Nachlass, Schutz des Nachlasses in der Zwangsvollstreckung § 773 2; Verwertungsverbot § 773 1; Widerspruchsrecht des Erben § 773 6

Duldung § 758a 8

Duldungstitel § 748 3

Duldungsvollstreckung; allg Voraussetzungen § 890 3 ff.; Kosten und Gebühren § 890 30 f.; Rechtsbehelfe § 890 29; Schuldnerwiderstand § 892 1

Durchbrechung der Rechtskraft § 322 47; § 323 1

Durchgriffserinnerung § 127 34

Durchsuchung § 758 1 ff.; § 758a 5; Verweigerung § 758a 4; § 807 9

Durchsuchungsanordnung; Streitwert § 3 88

Dynamisierung der Pfändungsfreigrenzen § 850k 55

Echtheit der Vergleichsschrift § 441 6; Beweiswürdigung § 442 1; Sachverständiger § 441 6

Echtheit durch Schriftvergleichung § 441 1

Echtheit öffentlicher Urkunden; Vermutung der Echtheit § 437 2

EDV-Streitigkeit; selbständiges Beweisverfahren § 485 5

EG-ZustellungsVO Art 26 EuGVO 2

Ehegatte; Pfändungsschutz § 811 27

Ehesachen; Prüfungsschema Internationale Zuständigkeit Art 3 Brüssel IIa-VO 1; Streitwert § 3 90; Unterbrechung vor §§ 239 ff 2

Ehescheidung; Anerkennung Art 27 Brüssel IIa-VO 1

Ehestörungsklage § 721 2

ehrenamtliche Tätigkeiten § 850h 17

Ehrverletzungen; obligatorisches Güteverfahren § 15a EGZPO 5

Eid § 536 3, 7; Behinderte § 483 1; Belehrung § 480 1; Eidesleistung § 481 1; Eidesnorm § 392 4; ersuchter Richter § 479 1; Nacheid § 392 2; persönliche Eidesleistung § 478 1; Pflicht § 391 8; religiöse Beteuerungsformel § 480 2; Schwurpflichtiger § 478 2; Verbot § 393 1; vereinfachtes Verfahren § 398 7; Zeuge § 391 1

eidesgleiche Bekräftigung; Formel § 484 2

eidesstattliche Versicherung § 720a 5; § 807 1 ff.; § 850b 24; Abgabe § 889 6; § 899 10; aussichtslose Pfändung § 807 8; bürgerlich-rechtliche Offenbarungspflichten § 899 9; des Verhafteten § 902 1 ff.; einer juristischen Person § 807 15 f.; einer Partei kraft Amtes § 807 17; Einwendungen § 900 45 ff.; Entscheidungen des Gerichtsvollziehers § 900 11; erfolglose Pfändung § 807 5 ff.; Erklärungspflicht § 807 13 ff.; finanzgerichtliche Titel § 899 6; Gebühren § 889 10 f.; Gläubigerantrag § 900 4 ff.; grundlose Verweigerung § 901 7; Hinterlegung § 900 72; Inhalt § 807 18; Inhalt der Offenbarungsverpflichtung § 900 20; Insolvenzverfahren § 899 8; § 900 58 ff.; Kosten § 889 9; Nachbesserung § 807 30; örtliche Zuständigkeit § 899 3; Prüfung des Auftrages § 900 8; Rechtsbehelfe § 889 8; § 899 13; § 900 64; Rechtsschutzbedürfnis § 807 4; § 900 10; Sofortabnahme § 900 7, 23; sozialgerichtliche Titel § 899 7; Streitwert § 3 99; Tatbestandsvoraussetzungen § 889 2; Terminsablauf § 900 16; Terminsänderung § 900 15; Terminsbestimmung § 889 5; § 900 12; Verfahren § 900 3 ff., 32; Verfahren bei fehlenden Einwendungen § 900 66; Verfahren und Durchführung § 889 4; Vermögensverzeichnis § 807 13 ff.; Vertagung § 900 26, 32, 37; verwaltungsgerichtliche Titel § 899 5; Verweigerung der Durchsuchung § 807 9; Vollstreckung der Abgabeverpflichtung § 889 7; vor rechtskräftiger Widerspruchsentscheidung § 900 68; Voraussetzungen § 807 3 ff.; weiterer Aufschub § 900 31; Widerspruch § 900 39; Widerspruchsentscheidung § 900 52 ff.; wiederholtes Nichtantreffen § 807 10 ff.; Wiederholung § 903 1 ff.; Zahlungsaufschub § 900 28; Zuständigkeit des Gerichtsvollziehers § 899 2

Eigentum Art 22 EuGVO 2; Bedeutung bei Pfändung § 808 3; § 809 6; § 811 4, 14, 51; § 817 10; Bedeutung bei Pfändung von Geld § 815 5

Eigentümergrundschuld; Zwangsvollstreckung § 857 51

Eigentümerhypothek; Zwangsvollstreckung § 857 58

Eigentumsgemeinschaft § 744a 2

Eigentumsübertragung; an den Meistbietenden § 817 10, 12; durch Ablieferung gepfändeten Geldes § 815 4

Eigentumsvorbehalt § 857 28; Bedeutung bei Pfändung § 811 4, 49 ff.

Einkommen; nach § 90 SGB XII § 115 3

Einkommen, mehrere § 850e 16; ein Arbeitgeber § 850e 16; mehrere Arbeitgeber § 850e 17; Wertungswidersprüche § 850e 18

Ein-Konto-Regel § 850k 107

Einkünfte § 850c 34; aus Vermietung und Verpachtung § 851b 1; sonstige § 850i 19

Einlageforderung § 851 15

Einlassung Art 18 Brüssel IIa-VO 3

Einlegung; eines Rechtsmittels § 705 7

einmalige Bezüge § 850i 2; Abfindungen § 850i 17; Abwägung § 850i 39; Beweislast § 850i 46; gesetzliches Leitbild § 850i 2; Lizenzgebühren § 850i 18; Pfändungsschutzvoraussetzungen § 850i 11; Rechtsgrundlage § 850i 14; Verdienstmöglichkeiten § 850i 41

Einmanngerichte; Vertretung § 22b GVG 1

Einrede; bei Mehrfachpfändung § 856 5; Schiedsvereinbarung § 1032 4

Einrede der fehlenden Prozesskostensicherheit; erfolgloses Angriffs- und Verteidigungsmittel § 96 13 f.

einseitige Erledigungserklärung; des Beklagten § 91a 64; Erklärung § 91a 49 f.; Klageänderungstheorie § 91a 46 f.; Kostenentscheidung § 91a 57; materiellrechtlicher Kostenerstattungsanspruch § 91a 53; Rechtsbehelfe § 91a 59, 63; Rechtskraft § 91a 60; Rechtsnatur § 91a 45 f.; sofortige Beschwerde § 91a 59, 63; Streitwert § 91a 61 ff.; teilweise § 91a 63; unzuständiges Gericht § 91a 58; Verfahren und Entscheidung § 91a 56 ff.; Verhältnis zur privilegierten Klagerücknahme § 91a 54; Wirkung § 91a 45 ff.; Zeitpunkt der Erledigung § 91a 51 ff.

Einsicht; PKH-Unterlagen § 117 22; Urkunden § 883 2

Einspruch § 538 17; § 707 3; erfolgloses Angriffs- und Verteidigungsmittel § 96 12; fehlerhaft bezeichnetes Versäumnisurteil § 338 12; Flucht in die Säumnis § 340 12; Form des Einspruchs § 340 2; Frist für Vorbringen § 340 10; Fristversäumung § 339 6; gegen Vollstreckungsbescheid § 700 1; keine Pflicht zur Begründung des Einspruchs § 340 9; notwendiger Inhalt der Einspruchsschrift § 340 5; richterliche Frist § 339 8; Rücknahme § 346 3; Statthaftigkeit § 338 3; Verzicht § 346 2; Zwei-Wochen-Frist § 339 2

Einspruchsverwerfung; richterliche Prüfung § 341 2

Einspruchswirkungen; für das Gericht § 342 2; für erschienene Partei § 342 6; für säumige Partei § 342 4; keine Sachentscheidung § 343 10; Kosten bei Klagerücknahme § 344 3; Kostengrundentscheidung nach Erfolg § 344 4; VU aufhebendes Endurteil § 343 8; VU aufrechterhaltendes Endurteil § 343 5

einstweilige Anordnung § 851a 8; § 851b 8; einstweilige Einstellung der Zwangsvollstreckung § 769 19; Prozesskostenvorschuss und einstweilige Anordnung im Zwangsvollstreckungsverfahren § 769 6; Sicherheitsleistung zur Einstellung oder Fortführung der Zwangsvollstreckung § 769 8; Streitwert § 3 103

einstweilige Einstellung der Zwangsvollstreckung; wegen Wiederaufnahmeklage § 578 10

einstweilige Verfügung § 704 13; § 708 6; § 719 2; § 750 14; Anspruch § 935 3; Arbeitsrecht § 940 8; Auskunft § 940 10; Bankrecht § 940 11; Baurecht § 940 12; Erbrecht § 940 13; Gesellschaftsrecht § 940 15; Gründe § 935 4; Herausgabe § 940 16; Inhalt § 938 3; Insolvenzrecht § 940 17; Mietrecht § 940 18; Ordnungsmittelandrohung § 938 4; Presserecht § 940 20; Räumung § 940a 2; Schadenersatz § 945 1; selbständiges Beweisverfahren § 485 5, 18; Sequestration § 938 6; Streitwert § 3 107; Unterhalt § 940 14; Vergaberecht § 940 21; Versicherungsrecht § 940 22; Vollzug bei jur Personen des öR § 882a 13; Wechselrecht § 940 23; Wettbewerbrecht § 935 8; Wettbewerbsrecht § 940 24; Willenserklärungen § 940 25; Zuständigkeit § 937 2

einstweiliger Rechtsschutz Art 31 EuGVO 1; Schiedsverfahren § 1041 4; Verfassungsbeschwerde § 916 7

Eintragung; Pfändung der Buchhypothek § 830 12

Einwendungen vor §§ 704 ff Rz 16; des Schuldners vor §§ 704 ff Rz 16; Dritter vor §§ 704 ff Rz 18; erfolgloses Angriffs- und Verteidigungsmittel § 96 15

Einwendungen gegen die Abgabe der eidesstattlichen Versicherung; Berufsgeheimnis § 900 51; Unfähigkeit § 900 50; unstatthafte Einwände § 900 48; Unzulässigkeit der Zwangsvollstreckung § 900 46; Unzulässigkeit des Offenbarungsverfahren § 900 47

Einwilligung § 758a 6

Einzelkaufmann § 750 5

Einzelprozessführungsbefugnis; Gesamtgut § 62 13; Miteigentümer § 62 13; Miterben § 62 13; Notgeschäftsführung § 62 13

Einzelrechtsnachfolge und Grundpfandrecht; dingliche Rechte, andere § 800 2; Eigentümergrundschuld, Umwandlung von Grundpfandrechten § 800 10; Höchstbetragshypothek § 800 9; Hypothek, Grundschuld, Rentenschuld § 800 2; Klauselerteilung, gegen neuen Eigentümer § 800 1; Klauselumschreibung § 800 11; Prozessvergleich § 800 2; Reallast § 800 2; Rechtsnachfolger des Schuldners § 800 1; Unterwerfung unter die sofortige Zwangsvollstreckung § 800 1; Unterwerfungserklärung, als reine Prozesshandlung § 800 3; Vollmacht § 800 4; vollstreckbare Urkunde § 800 1

Einzelrichter § 568 1; § 718 5; § 22 GVG 2; Berufung § 526 1; Rückgabe § 527 23; Rücknahme § 527 26; Rückübernahme § 526 18; Übertragung § 526 4, 13; Vermerk § 527 5; Zivilsachen LG § 75 GVG 1 ff.; Zuweisung § 527 2

Einzelzwangsvollstreckung vor §§ 704 ff 3

Einziehungsermächtigung § 50 46

Einziehungsprozess § 829 95; § 850b 12; § 850d 51; § 850h 33

elektronische Akte § 298a 2; § 760 3; Abschrift § 299a 5; Aufbewahrung § 298a 4; Ersetzung § 299a 3; Transfer § 298a 3; Übertragungsvermerk § 298a 5
elektronische Signatur; Definition § 130a 4
elektronisches Dokument; Augenschein § 371 10; Beweiskraft § 371a 1; Definition § 130a 2; Eingang § 130a 8; Hinweispflicht § 130a 6; Mahnverfahren § 130a 3
elterliche Sorge § 857 6
elterliche Verantwortung; Prüfungsschema Internationale Zuständigkeit Art 8 Brüssel IIa-VO 1
E-Mail; Anscheinsbeweis für Zugang § 286 43
Emmingersche Justizreform Einleitung 5
Empfangsbekenntnis § 174 1 ff.; § 195 6
Ende des Verfahrens; selbständiges Beweisverfahren § 492 6
Endurteil § 704 1
Entgeltfortzahlung im Krankheitsfall § 850c 9
Entlassungsgeld § 850i 17
Entschädigung; Verjährung § 401 4; Zeuge § 401 1
Entschädigungsprozess § 198 GVG 10
Entscheidung § 706 4; § 707 10; § 719 9; Begriff Art 32 EuGVO 2; Revisionsgericht § 544 21; über das Gesuch (Inhalt) § 46 7 f.
Entscheidung des Revisionsgerichts; Anhörungsrüge § 544 28; gesonderte Revisionsbegründung § 544 26
Entscheidung über Ablehnungsgesuch; Begründetheit § 46 5; Beweislast § 46 5; Entbehrlichkeit § 45 1; Form § 46 6; Rechtsbehelfe § 46 10 f.; Rechtsbehelfsverfahren § 46 12 ff.; Selbstabhilfe des Amtsrichters § 45 4; Verbot der Selbstbescheidung § 45 1; Wirkung § 46 9; Zulässigkeit § 46 1 ff.; Zuständigkeit § 45 2, 5; Zweifel § 42 6
Entscheidungsgründe; Berufungsurteil § 540 14
Entscheidungsreife § 119 23; § 301 8
Entschuldigung § 530 11
Entstrickung § 803 3
Erbbaurecht § 857 14
Erbe; Auskunft § 748 5; Insolvenz § 748 5; Unterbrechung § 239 1 f., 9
Erbeinreden; Beschränkung der Zwangsvollstreckung bei Einreden des Erben § 782 3
Erbengemeinschaft § 50 31
Erbenhaftung; nach § 27 I HGB § 729 2
Erbenmehrheit § 747 2
Erbfolge; Nachweis § 727 6, 11
Erbschaftsannahme, Zwangsvollstreckung vor Erbschaftsannahme; Nachlassschulden, Vollstreckung wegen Nachlassschulden § 778 6; Nachlassverbindlichkeiten, Vollstreckung wegen Nachlassverbindlichkeiten § 778 3; Rechtsstellung des Erben in der Zwangsvollstreckung vor Erbschaftsannahme § 778 1
Erbschaftskauf § 729 1
Erbschaftskäufer; Unterbrechung § 239 11
Erbschein § 727 16
Erbteil; Erwerb § 747 3
erbvertragliche Vereinbarungen § 851c 12
Erfahrungssatz; Beweis § 284 10
Erfolgsaussicht § 114 2, 19, 24; Beweisantizipation § 114 28; Zeitpunkt der Prüfung § 114 24
Erfolgshonorar § 328 32
Erfolgsort Art 5 EuGVO 11
Erfüllungsort Art 5 EuGVO 6; Begriff § 29 13; einheitlich § 29 13; Einzelfälle § 29 14; europäisch-autonome Definition Art 5 EuGVO 6; gemeinsam § 29 13; Gerichtsstand § 29 1; prozessual Art 5 EuGVO 6; vereinbart § 29 16; Art 5 EuGVO 6
Erfüllungswirkung § 708 3; materielle § 755 3
Ergänzungsbeschluss § 850c 27
Ergänzungsgutachten; selbständiges Beweisverfahren § 492 4
Ergänzungsurteil § 716 2; Berufungsfrist § 518 2
erhöhter Freibetrag § 850c 13; bei Unterhaltspflichten § 850c 13; Unterhaltsrückstände § 850c 15; vertragliche Leistungsverpflichtungen § 850c 14
Erinnerung § 567 4; § 573 1; § 828 3, 11; § 829 99 f., 102 f.; § 830 15; § 831 7; § 834 2; § 836 36; § 845 19; § 847 14; § 848 17; § 850b 33; § 850c 47; § 850d 53 f.; § 850e 53; § 850f 58; § 850g 13; § 850h 34; § 850i 51; § 851 25; § 863 5; erfolgloses Angriffs- und Verteidigungsmittel § 96 16; nach § 11 RPflG § 732 6; nach § 573 § 732 6; nach § 732 § 742 4; nach § 766 § 736 4; § 737 4; § 743 3; § 747 4; § 748 6; § 755 4; § 757 8; § 760 4; § 764 6; nach § 766 II § 739 6; § 753 14; § 756 12; § 758a 22; Pfandrecht, Beschränkung der Zwangsvollstreckung bei bestehendem Pfandrecht § 777 1; Widerspruch des Schuldners im Zwangsvollstreckungsverfahren bei genügender Sicherung des Gläubigers § 777 1; Zurückbehaltungsrecht, Beschränkung der Zwangsvollstreckung bei bestehendem Zurückbehaltungsrecht § 777 1; Zwangsvollstreckungsbeschränkung bei genügender Sicherung des Gläubigers § 777 1
Erinnerung gegen Art und Weise der Zwangsvollstreckung; Abhilfe bei Verfahrensfehlern im Zwangsvollstreckungsverfahren § 766 31; Anhörung, Entscheidungen des Vollstreckungsgerichts § 766 4; einstweilige Anordnungen im Zwangsvollstreckungsverfahren § 766 32; Kosten der Zwangsvollstreckung, Beanstandung § 766 21; Sittenwidrigkeit der Vollstreckung, Rechtsmittel § 766 10; Teilungsversteigerungsverfahren, Erinnerung § 766 17; Verfahrensfehler § 766 1; Vollstreckungsantrag, Anfechtung der Abweisung § 766 5; vollstreckungsbeschränkende Vereinbarungen, Rechtsbehelf § 766 9; Vollstreckungsgericht, Maßnahmen und Entscheidungen § 766 2; Weigerung des

Gerichtsvollziehers § 766 21; Zwangsvollstreckungsmaßnahme, Beendigung § 766 18
Erkenntnisverfahren vor §§ 704 ff 4; § 722 9; § 724 1; selbstständig ordentlich § 731 6
Erklärungslast § 138 9
Erklärungspflicht des Drittschuldners; Pfändungsschutzkonto § 840 19
Erlass § 705 3
erledigendes Ereignis § 91a 7; Einzelfälle § 91a 9
Erledigung; Anwendungsbereich § 91a § 91a 3 ff.; Arbeitsgerichtliches Beschlussverfahren § 91a 75; Arrest und einstweiliges Verfügungsverfahren § 91a 15, 76; Aufrechnung § 91a 10; der Hauptsache, Streitwert § 3 119; des Rechtsmittels § 91a 68 f.; erledigendes Ereignis § 91a 7; freiwillige Gerichtsbarkeit § 91a 5, 77; Hilfsanträge § 91a 70 ff.; in der Rechtsmittelinstanz § 91a 65 ff.; Insolvenzverfahren § 91a 6, 78; Kosten und Gebühren § 91a 74; Mahnverfahren § 91a 79; Mietrechtsstreit § 91a 14; selbstständiges Beweisverfahren § 91a 80; Sonderfälle § 91a 75 ff.; Stufenklage § 91a 81; Vergleich § 91a 82; Versäumnisverfahren § 91a 83; vor Rechtshängigkeit § 91a 23, 51 ff.; zwischen An- und Rechtshängigkeit § 91a 23, 51 ff.; zwischen den Instanzen § 91a 65
Erledigungserklärung; des Beklagten § 91a 64; Form § 91a 17 ff., 49; für die Zukunft § 91a 26; hilfsweise § 91a 70 ff.; Schweigen § 91a 19; übereinstimmend § 91a 17; vor unzuständigem Gericht § 91a 28, 58; Widerruf § 91a 20; Zeitpunkt der Abgabe § 91a 24, 50
Erlös § 819 2; Auskehr § 819 1 ff.; Auskehr bei Verwertung durch Dritten § 825 13; Verteilung § 819 4; Verteilung bei gleichzeitiger mehrfacher Pfändung § 827 5; Verteilung bei nachrangiger Pfändung § 827 4
Ermächtigung; des Gerichtsvollziehers § 755 1 ff.
Ermessen § 305a 9; pflichtgemäß § 758a 20; selbständiges Beweisverfahren § 485 11
Ermessensreduzierung § 730 2
Ersatzanspruch § 709 2
Ersatzkasse § 850e 10
Ersatzleistung; Austauschpfändung § 811a 3; Austauschpfändung, Unpfändbarkeit § 811a 10
Ersatzschiedsrichter § 1039 1
Ersatzzustellung § 171 1; § 178 1 ff.; § 180 1 ff.; § 750 12; § 829 57; Briefkasten § 180 1 ff.; Gemeinschaftseinrichtungen § 178 9; Geschäftsraum § 178 8; Interessenkollision § 178 11; Niederlegung § 181 1 ff.; Wohnung § 178 3 ff.; Zustellungsurkunde § 182 9
Erstattungsanspruch § 717 19
ersuchter Richter; Augenschein § 372 6; Befugnisse § 229 1; § 400 2; Beweisaufnahme § 373 2; Eidesleistung § 479 1; Zeugnisverweigerung § 387 1
Erteilung; qualifizierte Klausel § 742 3
Erteilung von Urkunden; Erbschein zwecks Zwangsvollstreckung § 792 1; Tatbestandsvoraussetzungen § 896 2
Erwerbsgeschäft § 741 3
Erwerbstätigkeit; Pfändungsschutz bei persönlicher Arbeitsleistung § 811 26; Unpfändbarkeit bei Fortführung durch Witwen und minderjährige Erben § 811 36
Erwirkungshandlungen Einleitung 52
Erziehungsgeld § 850c 35
EuBVO; Anwendungsbereich Anhang nach § 1075: EuBVO Art. 1 1
EuGVO Art 1 EuGVO 1
EuGVVO; selbständiges Beweisverfahren § 486 11
EuMVVO Anhang nach § 1096: EuMVVO Art. 1 1
europäische Gemeinschaften; Immunität § 20 GVG 7
europäische Weltraumorganisation; Immunität § 20 GVG 7
europäische Zuständigkeit; Aussetzung vor §§ 239 ff Rz 1
europäischer Gerichtsatlas vor §§ 1067 ff Rz 5
europäischer Gerichtshof; Rechtwegsperre § 17 GVG 11; Vorlageverfahren § 16 GVG 15 f.
europäischer Zahlungsbefehl § 1093 1
Europäisches Justizielles Netz für Zivil- und Handelssachen § 16a EGGVG 2
europäisches Mahnverfahren § 1087 1 f.
europäisches Übereinkommen; Staatenimmunität § 20 GVG 6 f.
europäisches Zivilprozessrecht Einleitung 65
EuVTVO Anhang nach § 1086: EuVTVO Art. 1 1
EV; Unterbrechung vor §§ 239 ff Rz 1; § 244 2
Eventualaufrechnung § 302 7
Eventualwiderklage § 33 23; gegen Dritte § 33 23
EWIV; Gerichtsstand § 17 4
exemplary damages § 328 27
Exemtion § 18 GVG 1
Exequaturgericht § 722 7
Exequaturverfahren Anhang nach § 1086: EuVTVO Art. 1 2; Art 38 EuGVO 1; Abschaffung Anhang nach § 1086: EuVTVO Art. 1 1; Anhang nach § 1096: EuMVVO Art. 19 1
Existenzgrundlage § 850b 1, 3; § 850c 2
Existenzminimum § 829 6; § 850b 5; § 850c 12, 21; § 850d 1, 3, 31; § 850f 6; § 850k 4; § 851a 1; § 857 2
Existenzsicherung § 850b 1, 3, 5; § 850k 3
exorbitante Gerichtsstände Art 3 EuGVO 1
exterritoriale Deutsche; Begriff § 15 2
Exterritorialität § 18 GVG 1

Fair-Trial-Prinzip vor §§ 1067 ff Rz 4
falsche Schreibweise § 750 9
Familiengericht § 764 2; Gerichtsverfassung vor §§ 1 ff GVG Rz 1; § 12 GVG 1; Kostenentscheidung § 17b GVG 1; Rechtsweg/Verweisung § 17 GVG 2; Zivilsachen § 13 GVG 1
Familienpapiere; Unpfändbarkeit § 811 45
familienrechtlicher Unterhaltsschuldner § 850d 7
Familienrichter § 23b GVG 13
Familiensache § 722 2; § 731 2; selbständiges Beweisverfahren § 486 7; Unterbrechung vor §§ 239 ff Rz 2
Faustpfand; Einrede des Pfändungsschuldners § 838 2
favor recognitionis Art 34 EuGVO 1
fehlerhafte Geschlechtsbezeichnung § 750 9
Feiertag; Terminsbestimmung § 216 8
Ferienhausmiete Art 22 EuGVO 2
Festsetzung von Vollstreckungskosten § 788 6
Feststellungsklage § 62 16; § 722 3; Gesamthand § 62 14; Gesellschafter § 62 14; negative nach § 256 § 732 6; prozessuale § 731 3; selbständiges Beweisverfahren § 485 27; § 494a 22; Streitwert § 3 125; Widerklage § 33 21
Feststellungsurteile § 722 6
FGG; selbständiges Beweisverfahren § 485 9
Fiktion; Begriff § 292 2
Filmaufnahmen; Verwertungsverbot § 284 29
Finanzgericht; selbständiges Beweisverfahren § 485 10
Finanzgerichtsverfahren; Unterbrechung vor §§ 239 ff Rz 2
Firma § 50 5, 32; Bezeichnung § 736 6; Nachweis Inhaberwechsel § 729 4; Übernahme § 729 2
Fiskus; Begriff § 18 2; Gerichtsstand § 18 1; Vertretung § 18 3
Fiskusprivileg § 882a 1
Flucht; in die Berufung § 531 1; in die Widerklage § 33 34
Folgesachen; Streitwert § 3 129
Forderung; Abtretung § 756 9; hypothekarisch gesichert § 830 2
Forderungen, nicht übertragbare § 851 1; Baugeldforderungen § 851 14; gesellschaftliche Übertragungsverbote § 851 4; gesetzliche Übertragungsverbote § 851 3; Haftpflichtversicherung § 851 14; höchstpersönliche Forderungen § 851 9; Honoraransprüche § 851 7; Insolvenzmasse § 851 26; Lebensversicherungen § 851 6; Rechtsbehelfe § 851 25; Rechtsfolgen § 851 24; Rechtsschutzversicherung § 851 14; Schutzgedanke § 851 2; unselbstständige Nebenrechte § 851 16; vereinbarte Zweckbindung § 851 13; vertragliche Abtretungsverbote § 851 19; zweckgebundene Forderungen § 851 12
Forderungen, privilegierte § 850b 10; § 850f 43
Forderungspfändung § 830 1; andere Verwertungsart § 844 1; Anhörungsverbot § 834 5; hypothekarisch gesicherte Forderung § 830 1; Inhaberpapiere § 831 4; Orderpapiere § 831 3; Rektapapiere § 831 4; Scheck § 831 3, 5; Verzichtserklärung § 843 1; Wechsel § 831 2
Forderungsüberweisung; Arbeitseinkommen § 836 19; Ausforschung § 836 17; Auskunftspflicht § 836 16; Dreiecksverhältnis § 836 2; eidesstattliche Versicherung § 836 23; Herausgabepflicht § 836 26; Insolvenzverfahren § 836 37; Kosten § 836 38; Schutz des Drittschuldners § 836 4; Verschwiegenheitspflicht § 836 21
Forderungsvollstreckung § 829 3
Formularzwang § 117 18
Formwechsel § 727 4
forum non conveniens Art 2 EuGVO 1
forum shopping Art 3 Brüssel IIa-VO 3
Fotoaufnahmen; Verwertungsverbot § 284 29
Fragerecht; Partei § 397 2; Sachverständige § 397 5
Freiberufler § 850i 14
Freibeweis § 284 18 ff., 50 ff.; § 1101 1; Ermittlung ausländischen Rechts § 293 8; mit Einverständnis der Parteien § 284 51 f.
freies Geleit § 20 GVG 3
Freigebigkeit § 850b 16
freihändiger Verkauf § 844 11; andere Verwertungsart § 825 6, 9; Gold- und Silbersachen § 817a 6; Wertpapieren § 821 8
Freiheitsstrafe § 164 GVG 1
Freistellung § 704 4
Freistellung des Kontos § 850l 8
freiwillige Zahlungen; Anfechtbarkeit bei Insolvenzverfahren § 815 15; des Schuldners § 815 14
Fremdbesitz § 739 5
fremdes Recht; Ermittlung § 293 1 ff.
Frist; Zeugenladung § 377 6
Friständerung; Verfahren § 224 1, 3
Fristbeginn § 221 1 ff.
Fristberechnung § 222 1 ff.; Stundenfrist § 222 5
Fristenlauf; Aussetzung § 249 3 f.
Fristsetzung; Streitwert § 3 142
Fristverlängerung § 224 1 ff.; durch Gericht § 224 3; durch Parteivereinbarung § 224 1
Fristversäumung; Begriff § 233 10
Früchte, ungetrennte § 810 2; Aberntung § 824 5; bei Zwangsversteigerung oder -verwaltung § 824 6; Schätzung durch Sachverständigen § 813 6; Trennung § 824 3; Versteigerung § 824 4 f.; vorrangige Realgläubiger § 810 9
Fruchtlosigkeitsbescheinigung § 850b 24
Funktionsäquivalenz; selbständiges Beweisverfahren § 497 22
Fürsorge § 850b 16

Gaststättenerlaubnis § 857 12
Gattungsschuld § 756 4
Gebärdendolmetscher; Kostentragungspflicht § 186 GVG 5
Gebot § 817 4
Gebühren § 762 7
Gebührenstreitwert § 2 4; § 3 15, 20; § 4 8
geduldete Kontoüberziehung § 851 10
geeignete Zeugen § 759 2
Gefahr § 755 3; im Verzug § 758a 7
Gefährdung; von Gläubigerinteressen § 808 19, 36
Gefährdungshaftung § 717 5
Gegenantrag Art 4 Brüssel IIa-VO 1; selbständiges Beweisverfahren § 487 7; § 494a 8, 13
Gegenbescheinigung § 195 7
Gegenbeweis § 284 13
Gegenleistung § 704 4; § 756 9, 11; Verweigerung der Annahme § 756 6
Gegenseitigkeit § 328 33
Gegenstand; Berufung § 528 4
Gegenvorstellung § 104 47; § 321a 6, 18; § 567 6; selbständiges Beweisverfahren § 490 11
Gehaltsumwandelung § 850e 14
Geheimnis; Zeuge § 384 8
Geheimverfahren § 285 4 f., 7
Gehörsrüge § 321a 1; erfolgloses Angriffs- und Verteidigungsmittel § 96 17
Geistlicher; Zeuge § 383 17
Geld; ausländisches § 815 2; § 821 3; Begriff § 815 2
Geldforderung vor §§ 803 ff Rz 1; im Anwendungsbereich des § 751 II § 752 2
Geldleistung § 829 7
Geldsortenschuld § 829 9
Geldstückschuld § 829 9
Geldwäsche; Schiedsverfahren § 1059 8, 25, 54
Geldzahlung § 756 9
GEMA-Gebühren § 850i 18
Gemeinschaft § 50 31
gemeinschaftliches Vermögen § 744a 2
Gemeinschaftsrecht; Wiederaufnahme wegen Verstoß § 580 11, 16
gemischte Ansprüche § 850i 23
gemischte Schenkung § 850b 17
Genehmigung § 726 2; des Handelns eines vollmachtlosen Vertreters § 726 2
Genugtuungsfunktion § 850b 6
geordnete Wirtschaftsführung § 851a 6
Gericht; Mitgliedsstaat Art 32 EuGVO 11
Gerichtsbarkeit vor §§ 704 ff 2; Ausnahmen § 18 GVG 1; Exemtion § 18 GVG 1; Exterritorialität § 18 GVG 1; Immunität § 18 GVG 1; Verfahrensvoraussetzung § 18 GVG 1
Gerichtsbesetzung; Wechsel § 128 13
Gerichtsbezirk § 12 17; Vergrößerung § 12 17; Verkleinerung § 12 17
Gerichtsgebühren § 731 7; § 758a 23
gerichtskundige Tatsache § 291 3
Gerichtsorganisation vor §§ 21a ff GVG 12
Gerichtssprache; deutsch § 184 GVG 1
Gerichtssprengel § 12 17
Gerichtsstand; allgemeiner § 12 1; § 828 7; Angehörige des öffentlichen Dienstes im Ausland § 15 1; Aufenthaltsort § 16 3; ausschließlich § 12 4; Begehungsort § 32 13; Begriff § 12 2; Behörden § 17 10; § 19 1; bergrechtliche Gewerkschaften § 17 10; Berufskonsul § 15 1; Berufung § 12 11; Beschwerde § 12 11; besonderer § 12 5; BGB-Außengesellschaft § 17 4; Bund § 18 4; des Nebensitzes § 17 11; des Sitzes § 17 6; des Wohnsitzes § 13 1; § 16 4; Doppelfunktionalität § 12 18; doppelrelevante Tatsachen § 12 9; Erfolgsort § 32 13; Erfüllungsort § 29 1; Erschleichung § 12 16; europäische Wirtschaftliche Interessenvereinigung (EWIV) § 17 4; exterritoriale Deutsche § 15 1; Fernabsatzvertrag § 29c 1; Fiskus § 18 1; fliegender Gerichtsstand § 12 16; forum shopping § 12 16; GbR § 17 4; Handlungsort § 32 13; Haustürgeschäft § 29c 1; Honorarkonsul § 15 1; internationale Zuständigkeit § 12 18; juristische Personen § 17 1; Konkurrenzen § 12 7; kraft Sachzusammenhangs § 25 1; Länder § 18 19; natürliche Personen § 13 1; nicht rechtsfähiger Verein § 17 4; Partei kraft Amtes § 13 14; Partnerschaftsgesellschaft § 17 4; Personenhandelsgesellschaft § 17 4; Prüfung § 12 8; Rechtsbeschwerde § 12 12; Sachzusammenhang § 12 10; Schadensort § 32 13; Sondervermögen § 17 5; Tatort § 32 13; unerlaubte Handlung § 32 1; Unterhaltsklagen § 35a 1; Verbraucher § 29c 1; Vermögensmassen § 17 5; Verwaltungsort § 17 9; Vollstreckungszugriff § 23 3; Vor-AG § 17 4; Vor-GmbH § 17 4; Wahlfeststellung § 12 14; Widerklage § 33 1; Wohnsitzgerichtsstand § 13 1; wohnsitzlose Person § 16 1; Wohnungseigentümergemeinschaft § 17 4
Gerichtsstand Aufenthaltsort; Auslandssemester § 20 4; Justizvollzugsanstalt § 20 4; Kur- und Reha-Klinik § 20 4; saisongebundenes Arbeitsverhältnis § 20 4; Wochenendhaus § 20 4
Gerichtsstand Erbschaft; Auflage § 27 4; Auseinandersetzung der Erbengemeinschaft § 27 6; Ausgleichung § 27 6; Auskunftsanspruch § 27 3; Erbprätendenten § 27 2; Erbschaftsanspruch § 27 3; Erbschaftskauf § 27 2; Erbunwürdigkeitsklage § 27 2; Forderungsbelegenheit § 28 3; fortgesetzte Gütergemeinschaft § 27 2; Gleichlaufgrundsatz § 27 1; Nacherben § 27 2; Nachlasspfleger § 27 2; Nachlassverbindlichkeiten § 28 2; Pflichtteilsansprüche § 27 5; Schenkung auf den Todesfall § 27 4; Testamentsvollstrecker § 27 2; Vermächtnis § 27 4

Gerichtsstand Hauptprozess; Auslagen § 34 3; Gebühren § 34 3; Prozessbevollmächtigte § 34 2; Unterbevollmächtigte § 34 2
Gerichtsstand Mitgliedschaft; Auflösung § 22 5; Auseinandersetzungsguthaben § 22 5; Ausschließung § 22 5; BGB-Gesellschaft § 22 3; Insolvenzverwalter § 22 4; Mitgliedschaft § 22 3; Prospekthaftung § 22 5; Verbotene Rückzahlungen § 22 4
Gerichtsstand Niederlassung; Betriebseinrichtung § 21 4; Fluggesellschaft § 21 2; Gewerbebetrieb § 21 6; Handelsregistereintragung § 21 5; Inhaber § 21 2; internationale Zuständigkeit § 21 2; Reisebüro § 21 5; SB-Warenhäuser § 21 5; Selbstständigkeit § 21 5; Zweigniederlassung § 21 5; Zweigstellenbezeichnung § 21 5
Gerichtsstand Umwelteinwirkung; Anlage § 32a 2; Inhaber § 32a 3; Umwelteinwirkung § 32a 4
Gerichtsstand Vermögen; Auskunftsansprüche § 23 3; ausländische Staaten § 23 4; Auszahlungsanspruch gegen kontoführende Bank § 23 3; exorbitanter Gerichtsstand § 23 1; Grundschuld § 23 3; Immaterialgüterrechte § 23 3; Inlandsbezug § 23 5; Staatenimmunität § 23 4; Vermögen § 23 3; vermögensrechtliche Ansprüche § 23 2
Gerichtsstand Vermögensverwaltung; Vermögensverwaltung § 31 2
Gerichtsstand, ausschließlicher § 802 1; Arrestverfahren § 802 1; einstweilige Verfügung § 802 1; funktionelle Zuständigkeit § 802 1; internationale Zuständigkeit § 802 1; Zuständigkeit, sachliche und örtliche § 802 1
Gerichtsstandsbestimmungsverfahren; Anwaltsvergütung § 36 20; Gerichtsgebühren § 36 19
Gerichtsstandsvereinbarung Art 23 EuGVO 2; AGB § 38 7; Ausdrücklichkeit § 38 16; Auslegung § 38 2; ausschließliche Zuständigkeit § 38 2; Bestätigung § 38 12; Beweislast § 38 19; Derogation deutscher Gerichtsbarkeit § 38 3; funktionelle Zuständigkeit § 38 3; Insolvenzverwalter § 38 5; juristische Person des öffentlichen Rechts § 38 6; Kaufleute § 38 5; öffentlich-rechtliche Sondervermögen § 38 6; Rechtsanwalt § 38 5; Rechtsfolge § 38 3; Rechtsnachfolge § 38 5; Schriftlichkeit § 38 11, 16; Verbot § 40 1; Wohnsitzverlegung § 38 17
Gerichtsverfassung; Gerichtsbarkeiten vor §§ 1 ff GVG 1
Gerichtsverhandlung; Aufzeichnung § 169 GVG 11
Gerichtsverwaltung vor §§ 21a ff GVG 11, vor §§ 21a ff GVG 15
Gerichtsvollzieher § 49 4; vor §§ 704 ff 6; § 753 1 ff.; § 808 15; § 828 2; § 154 GVG 1; als Gewahrsamsinhaber § 809 3; Beglaubigungsbefugnis § 169 2; Bestimmung des zuständigen § 882a 10; örtliche Zuständigkeit § 808 15; Zustellung durch § 168 2; § 183 1; § 192 1 ff.
Gerichtsvollzieherordnung § 154 GVG 4
Gerichtszuständigkeit; Prüfungsschema Art 17 Brüssel IIa-VO 1
Gesamtgläubigerschaft § 724 8
Gesamtgut § 860 1
Gesamthandsanteil § 859 1
Gesamthandsgläubiger § 733 4
Gesamtpräsidium § 21a GVG 8; Entstehung § 21j GVG 1; Notkompetenz § 21i GVG 7; Vorsitz § 21h GVG 2
Gesamtschuld § 62 16
Gesamtschuldner § 727 16; § 733 4; § 757 5; Haftung als § 729 4; Vollstreckungskosten § 788 4
Gesamtschuldtitel § 736 4
Gesamtvollstreckung vor §§ 704 ff 3
Geschäftsanweisung für Gerichtsvollzieher § 154 GVG 4
Geschäftsführer § 750 12
Geschäftsgebühr; Anrechnung § 122 14
Geschäftsstelle § 706 2; § 153 GVG 1
Geschäftsverteilung § 21e GVG 1 ff.; § 21g GVG 1 ff.; Abgrenzungen vor §§ 21a ff GVG 7; Änderungen § 21e GVG 35, 39; Änderungsgründe § 21e GVG 39, 53; Anhörungen § 21e GVG 61; Arbeitskraftanteile § 21e GVG 43; Auslegung § 21e GVG 7; auswärtige Kammern § 21e GVG 7; Begründung § 21e GVG 69; Belastung § 21e GVG 36; Bereitschaftsdienst § 21e GVG 7; Dokumentationspflicht § 21e GVG 40; Einzelrichter § 21e GVG 9; Ergänzungsrichter § 21e GVG 7; Ermessen § 21e GVG 11, 15, 35; § 21f GVG 6; fehlerhafte § 22d GVG 1; Fortdauer § 21e GVG 59; Funktion § 21e GVG 4, 50; Gesetzesvorbehalt § 21e GVG 3; Gesetzesvorrang § 21e GVG 3; gesetzlicher Richter § 16 GVG 7; vor §§ 21a ff GVG 7; Gestaltungsspielraum § 21e GVG 32; Gewaltenteilung vor §§ 21a ff GVG 7; Grundsätze § 21e GVG 30; Handelsrichter § 21e GVG 5; Krankheit § 21e GVG 48; Methoden § 21e GVG 25; NN § 21e GVG 16; Notkompetenz § 21i GVG 4; PEBB§Y § 21e GVG 36; Rechtsbehelfsmöglichkeiten § 1 GVG 21; Rechtsschutz § 21e GVG 95; richterliche Unabhängigkeit § 1 GVG 19 ff.; Richterverteilung § 21e GVG 9; Richterwechsel § 21e GVG 43; Richtung weisender Einfluss § 21f GVG 6; Rotation § 21e GVG 38; Sachverteilung § 21e GVG 22; Selbstverwaltung vor §§ 21a ff GVG 9; Spezialspruchkörper § 16 GVG 22; § 21e GVG 24; Spruchkörper § 21e GVG 14; Stetigkeit § 21e GVG 33; Strafvollstreckungskammer § 21e GVG 6; Telefonkonferenz § 21e GVG 73; Text-Korrekturen § 21e GVG 57; Überbesetzung § 21e GVG 14; Umlaufverfahren § 21e GVG 72; unbestimmte Rechtsbegriffe § 21e GVG 31; Verfahren § 21e GVG 66; Verhinderung § 21e GVG 44; Verteilungsermessen § 21f GVG 6; Vertretung § 21e GVG 18; Vollständigkeit § 21e GVG 23; Vorherigkeit § 21e GVG 34; Wirksamkeit

§ 21e GVG 74, 93; Zurückverweisungskammer § 21e GVG 8

Geschäftsverteilung, spruchkörperinterne § 21g GVG 1 ff.; Abgrenzung vor §§ 21a ff GVG 8; § 21g GVG 3; Änderungen § 21g GVG 25; Anhörungen § 21g GVG 27; Auflegung § 21g GVG 28; beauftragter Richter § 21g GVG 19; Berichterstatter § 21g GVG 18; Einzelrichter § 21g GVG 16; Ermessen § 21g GVG 18; Gesetzesvorrang § 21g GVG 2; Grundsätze § 21g GVG 21; Kompetenzen § 21g GVG 5; Manipulationsverbot § 21g GVG 16; Mehrheitsbeschluss § 21g GVG 20; Methoden § 21g GVG 12; originärer Einzelrichter § 21g GVG 24; Proberichter § 21g GVG 24; Sachverteilung § 21g GVG 12; Sitzgruppe § 21g GVG 7; Spruchkörperreduzierung § 21g GVG 7; Überbesetzung § 21g GVG 8; Vertretung § 21g GVG 23, 26; vorbereitender Einzelrichter § 21g GVG 17; vorbereitender Richter § 21g GVG 19; Vorherigkeit § 21g GVG 16, 22; Vorsitz § 21g GVG 14

Geschäftsverteilungsplan § 1 2; § 21e GVG 1 ff.; § 21g GVG 1 ff.; Auflegung § 21e GVG 92; Auslegung § 16 GVG 8; § 21e GVG 28; Rechtsnatur § 21e GVG 82; Schriftform § 21e GVG 2; Überbesetzung § 16 GVG 10; Unklarheiten § 21e GVG 27; Vertretungsregelung § 16 GVG 9

Gesellschaft § 50 5, 16; Auflösung § 50 18, 20; § 727 4; ausländische Gesellschaft § 50 23; EU-Gesellschaft § 50 24; GbR § 50 21, 26; Grundbuchfähigkeit GBR § 867 18; Gründungstheorie § 50 24; Innengesellschaft § 50 21, 30; Liquidation § 50 18 ff.; OHG § 50 20; Sitztheorie § 50 24 ff.; Vollbeendigung § 50 18 ff.; Vorgesellschaft § 50 17

Gesellschaft nach § 130 I HGB; Eintritt § 729 2

Gesellschafter § 727 4

Gesellschaftsanteil; EWIV § 859 15; GbR § 859 3; Insolvenzverfahren § 859 25; KG § 859 12; OHG § 859 10; Partnerschaftsgesellschaft § 859 14

Gesellschaftsvermögen; Anteil § 736 5

Gesetz; Legaldefinition § 12 EGZPO 1

Gesetz, nicht revisibel; Bindung an nicht revisibles Recht § 560 2; Ermittlung des ausländischen Rechts § 560 4; Nachprüfung nicht revisiblen Rechts § 560 3; Verfahrensfehler § 560 5

gesetzliche Vermutung § 292 1 ff.; Begriff § 292 1; Beweislastumkehr § 292 4; Rechtsvermutung § 292 3; Tatsachenvermutung § 292 3; Wirkung § 292 4

gesetzlicher Forderungsübergang § 727 7

gesetzlicher Richter; Befangenheit § 16 GVG 12; ehrenamtliche Richter § 16 GVG 18; Einzelrichter § 16 GVG 10; europäischer Gerichtshof § 16 GVG 15 ff.; Gerichtsorganisation § 16 GVG 2; Geschäftsverteilung § 1 GVG 18; § 16 GVG 7; Gewaltenteilung vor §§ 21a ff GVG 7; Grundrecht vor §§ 21a ff GVG 3; Justizgrundrecht § 16 GVG 1; Präsidialverfassung vor §§ 21a ff GVG 3; Präsidium § 21a GVG 1; Rechtskraft § 16 GVG 13; Richterablehnung § 16 GVG 12; Richterentziehung § 16 GVG 3; Richterwechsel § 16 GVG 9; Rügepflichten § 16 GVG 3; Spezialspruchkörper § 16 GVG 22; Terminierung § 16 GVG 9; Überbesetzung § 16 GVG 10; Unverzichtbarkeit vor §§ 21a ff GVG 3; Vergleichsabschluss § 16 GVG 4; Vertretungsregelung § 16 GVG 9; Verzicht § 16 GVG 10; Vorlageentscheidung § 16 GVG 17; Vorlagepflichten § 16 GVG 14; Wahrnehmungsfähigkeit § 16 GVG 20; Wiederaufnahme wegen Verstoß § 579 5 ff.; Zahl der Spruchkörper § 16 GVG 2

gesetzlicher Vertreter § 750 7, 12

Gestaltungsklage § 722 1; Ausschließung eines Gesellschafters § 62 15; prozessual § 323 3

Gestaltungsurteile § 722 6

Gestaltungswirkung; Anfechtungsklage § 62 6; Aufhebung der fortgesetzten Gütergemeinschaft § 62 6; Erbunwürdigkeitsklage § 62 6; Gesellschafterbeschluss § 62 6; Nichtigkeitsklage § 62 6

Geständnis § 288 1 ff.; § 539 12; Abgrenzungen § 288 2; antizipiert § 288 1; außergerichtlich § 288 2; Begriff § 288 1; Berufung § 535 1; Erklärung § 288 5 f.; modifiziert § 289 1; qualifiziert § 289 2; Rechtsfolgen § 288 7 f.; Voraussetzungen § 288 3 f.; vorweggenommen § 287 1; § 288 1; Widerruf § 290 1 f., 4; § 535 8; Zusätze § 289 1 f.

Geständnisfiktion § 138 12

Geständnisvertrag § 286 96

Gewährleistung; bei Pfandveräußerung § 806 1 ff.

Gewährleistungsanspruch; bei Verwertung durch Dritten § 825 12

Gewahrsam § 735 3; Alleingewahrsam § 808 7 ff.; Behältnisse § 808 10; Besitzdiener § 808 12; Besitzdienerschaft § 808 6; Drittgewahrsam § 808 17; § 809 3; Familienangehörige § 808 9; fehlerhafter Besitz § 808 5; Geschäftsräume § 808 12; Gläubiger § 809 2; juristische Personen § 808 13; Mitgewahrsam § 808 7 ff.; § 809 4; mittelbarer Besitz § 808 6; nicht voll Geschäftsfähige § 808 11; Scheingewahrsam § 809 4; Schuldner § 808 3, 5; ungetrennte Früchte § 810 4; Wohngemeinschaften § 808 9; Wohnungen § 808 5, 8 f.

Gewahrsamsvermutung; bei Zwangsvollstreckung gegen Ehegatten und Lebenspartner § 739 1

Gewaltanwendung § 758 1 ff.

Gewaltenteilung; Richter kraft Auftrags § 1 GVG 7

Gewaltmonopol vor §§ 704 ff 1

gewerbliche Schutzrechte Art 22 EuGVO 9

Gewerkschaft § 50 27

Gewinnabschöpfungsklagen vor UKlaG 6

Gewinnzusagen Art 5 EuGVO 2

Gewohnheitsrecht; Begriff § 293 2; Ermittlung § 293 1 ff.

Glaubhaftmachung § 118 18; § 284 15; § 294 1 ff.; § 536 6; § 714 4; § 850b 24; Anwendungsbereich § 294 1; Begriff § 294 1; Beweismaßreduzierung § 294 2; Mittel der Glaubhaftmachung § 294 3; präsente Beweismittel § 294 4; selbständiges Beweisverfahren § 487 5; Terminsverlegung § 227 2; Verteilung der Glaubhaftmachungslast § 294 5; Wiedereinsetzung § 236 6
Gläubiger § 717 16; § 719 8; § 724 8, 12; § 725 2; § 726 9, 11; § 739 6; § 742 4; § 752 3; § 756 12; Antrag § 758a 3; Nießbrauchsbesteller § 737 2; Rechtsschutzmöglichkeit des Altgläubigers § 727 20
Gläubigeranfechtungsklage Art 5 EuGVO 11
Gläubigerbenachteiligungsabsicht § 850h 21
Gläubigermehrheit § 753 6
Gläubigerseite § 750 8
Glaubwürdigkeit; Zeuge § 375 4; § 395 3
gleichwertiges Schriftstück Art 18 Brüssel IIa-VO 3
Globalablehnung § 41 10
Glückspielvertrag § 851c 12
Gold- und Silbersachen § 817a 6; Mindestgebot § 817a 2; Schätzung § 813 3
GPS-Observation § 284 28; Verwertungsverbot § 284 27
grenzüberschreitende Fälle; Links Art 1 Brüssel IIa-VO 3; Prüfungsschema Art 1 Brüssel IIa-VO 2
Großer Senat; Besetzung § 132 GVG 2
Grundbuch Art 22 EuGVO 8
Grundbuchamt vor §§ 704 ff 6
grundbuchfähige Rechte § 857 16
Grunddienstbarkeiten § 857 46
Grundfreibetrag § 850e 24
Grundrechte § 328 25
Grundsatz der Meistbegünstigung § 50 7
Grundsatz der Verhältnismäßigkeit § 758 2; § 758a 5
Grundschuld; Zwangsvollstreckung § 857 48
Grundsicherung für Arbeitsuchende § 850d 17
Grundstück; Herausgabevollstreckung § 885 4
Grundstück, Zwangsvollstreckung bei herrenlosem Grundstück; Vertreterbestellung bei Vollstreckung in Recht an herrenlosem Grundstück oder Schiff § 787 2
Gründungs- oder Vorgesellschaften § 735 2
Gründungs-GmbH § 750 6
Grundurteil § 538 25, 27; § 540 36; Wiederaufnahmeklage § 583 2
Günstigkeitsprinzip § 328 6
Gutachten § 1049 4
Gütergemeinschaft § 50 31; § 743 2; § 860 2; beendet § 743 1 ff.; fortgesetzte § 745 2
Güterrechtssachen § 23a GVG 16
Güteverhandlung § 525 10
gutgläubiger Erwerb; bei Zwangsvollstreckung § 898 2 f.; nach § 325 II § 727 19; von Pfandsachen § 808 31

Haager Beweisübereinkommen Anhang nach § 1075: EuBVO Art. 19 1
Haager Übereinkommen über die zivilrechtlichen Aspekte internationaler Kindesentführung Art 10 Brüssel IIa-VO 1
Haager Übereinkommen über Gerichtsstandsvereinbarungen § 38 4
Haager Übereinkommen zur Befreiung ausländischer öffentlicher Urkunden von der Legalisation § 438 6
Haager Zustellungsübereinkommen Art 26 EuGVO 2
Haft; eidesstattliche Versicherung des Verhafteten § 902 1 ff.; Haftaufschub § 906 1; Unzulässigkeit § 904 1
Haftaufschub; Haftunfähigkeit § 906 4; Voraussetzungen § 906 2
Haftbefehl § 724 3; § 758a 17; § 762 2; Aufhebung § 901 26; Entscheidungen § 901 12; grundlose Verweigerung § 901 7; Haftanordnung § 901 2; Haftunfähigkeit § 901 6; Inhalt § 901 15; Nichterscheinen des Schuldners § 901 5; Rechtsbehelfe § 901 20; Rechtsschutzbedürfnis § 901 4; Unstatthaftigkeit der Vollziehung § 909 5; Verbrauch § 901 26 f.; Verfahren § 901 9; Vollstreckungsvoraussetzungen § 901 3; Voraussetzungen § 901 2
Haftung vor §§ 704 ff 8; des SVen vor §§ 402 ff 16 f.; § 411a 12
Haftungsausschlussklausel § 729 4
Haftungsbeschränkung § 305a 1; § 743 3
Haftungsverband der Hypothek § 829 8
Halbwahrheit § 138 5
Hamburger Räumung § 885 22
Handelsbrauch; Beweis § 284 10
Handelsregister Art 22 EuGVO 8; richterliche Unabhängigkeit § 1 GVG 12a, 16
Handelsrichter § 349 1 ff.; § 107 GVG 1; Amtsenthebung § 113 GVG 1 ff.; Ernennung § 108 GVG 1; § 109 GVG 1 ff.; Rechte und Pflichten § 107 GVG 1; § 112 GVG 1
Handelssachen § 95 GVG 1 ff.
Handlungsort Art 5 EuGVO 11
Handlungsvollstreckung; bei unvertretbaren Handlungen § 888 1 ff.; bei vertretbaren Handlungen § 887 1 ff.
Hauptbeweis § 284 12
Hauptintervention § 64 1; anhängiger Rechtsstreit § 64 2; Arrest § 65 1; Aussetzung § 65 1; einstweilige Verfügung § 65 1; Erledigung § 65 1; Feststellungsantrag § 64 5; Interventionsgrund § 64 4;

Interventionsprozess § 65 1; Leistungsantrag § 64 5; Rechtskraft § 64 6; Sachurteilsvoraussetzungen § 64 5; Wirkungen § 64 5; Zuständigkeit § 64 3

Haushaltstätigkeit § 850h 15

Haushaltungs- und Geschäftsbücher; Unpfändbarkeit § 811 44

Hausrat; Pfändung § 811 14

Hausratssachen § 23a GVG 9

Hausrecht § 176 GVG 5; Rechtsweg § 13 GVG 9

HBÜ; EuBVO Anhang nach § 1075: EuBVO Art. 19 1

Heilung § 751 7; des Mangels § 752 5; des Verfahrensmangels § 750 16

Heizkosten; angemessen § 850f 17

Hengst/Campese § 328 3

Herausgabe; des Titels in entsprechender Anwendung des § 371 BGB § 757 8; Kind § 883 7

Herausgabeanspruch § 846 4; § 852 1

Herausgabebereitschaft § 809 3 ff.

Herausgabepflicht § 836 26; Beweisurkunden § 836 27; Durchsetzung § 836 33; Kontoauszüge § 836 29; Legitimationspapiere § 836 27; Lohnsteuerkarte § 836 31

Herausgabetitel § 704 10; § 757 3

Herausgabevollstreckung § 762 2; Anwendungsbereich § 883 2; bei Drittgewahrsam § 886 1 ff.; Einsicht in Urkunden § 883 2; Grundstück § 885 4; Herausgabe des Kindes § 883 7; Hypothekenbrief § 830 8; in unbewegliche Sachen § 885 3 f.; Kosten und Gebühren § 883 17; Räumungsvollstreckung § 885 2; Rechtsbehelfe § 883 13; Schiff § 885 5; Schuldner § 885 11; Stück- und Vorratsschulden § 884 1; Verfahren § 883 9; § 884 2; vertretbare Sachen § 884 1; Vollstreckungsgegenstand § 883 4; Voraussetzungen § 883 8; Wertpapiere § 884 1

Hilfsantrag § 300 11; § 301 15; auf Verweisung § 1 3; Berufung § 528 19; erfolgloses Angriffs- und Verteidigungsmittel § 96 18; Streitwert § 5 14

Hilfsaufrechnung § 300 10; Berufung § 528 20; erfolgloses Angriffs- und Verteidigungsmittel § 96 19; Streitwert § 5 10

Hilfspfändung § 808 2; § 857 16

Hilfstatsachen; des Beweises § 284 8a

Hilfswiderklage § 33 23; Berufung § 528 19; erfolgloses Angriffs- und Verteidigungsmittel § 96 29; gegen Dritte § 33 23

Hinterbliebene; Begriff § 851c 25

Hinterbliebenenversorgung § 851c 25; § 851d 3

Hinterlegung § 751 6; § 853 8; gepfändeten Geldes § 815 8; Zahlungsfiktion § 815 5

Hinterlegungsbefugnis § 853 2

Hinterlegungspflicht § 853 7

Hinweis des Gerichts; selbständiges Beweisverfahren § 486 1

Hinweispflicht § 139 6; Berufung § 139 7; Beweismittel § 139 11; Dokumentationspflicht § 139 19; Überraschungseffekt § 139 16; Zeitpunkt § 139 18

HKÜ Art 10 Brüssel IIa-VO 1

Höfeordnung; Unterbrechung § 239 10

hohes Alter des Zeugen; selbständiges Beweisverfahren § 485 14

HOTEL MARITIME § 32 16

Hypothekenbrief; Übergabe § 830 8

hypothetische Einkommensentwicklung § 287 11a

Identität § 750 4; geschuldete mit der angebotenen Sache § 756 8

Identitätsformel § 5 25

immaterielle Nachteile § 198 GVG 5

Immissionen; selbständiges Beweisverfahren § 485 21

Immunität Anhang nach § 1075: EuBVO Art. 14 2 f.; § 18 GVG 1; Ausnahme § 21 GVG 1; Ausreise § 18 GVG 9; Besatzungsmächte § 20 GVG 7; Botschaftsgebäude § 18 GVG 3; Botschaftsgrundstück § 18 GVG 3; Bußgeldverfahren § 18 GVG 5, 15; Delegationsliste § 20 GVG 1; Diplomaten § 18 GVG 2 ff.; eigene Rechtsbehelfe § 18 GVG 11; Einschränkungen § 18 GVG 6; europäische Gemeinschaften § 20 GVG 7; Familienangehörige § 18 GVG 2; Finanzgerichte § 18 GVG 7; freies Geleit § 20 GVG 3; Hauspersonal § 18 GVG 2; Internationaler Strafgerichtshof § 20 GVG 1; Konferenzteilnehmer § 20 GVG 1; Konsularbeamte § 19 GVG 2 ff.; konsularische Vertretung § 19 GVG 1; Kriegsverbrechen § 20 GVG 3; KSZE-Beobachter § 20 GVG 1; Ladung § 18 GVG 1; Lex Honnecker § 20 GVG 1; NATO-Truppen § 20 GVG 7; Nichtbeachtung § 18 GVG 1; Notifizierung § 18 GVG 8; Notwehr § 18 GVG 15; Ordnungsbehörde § 18 GVG 14; Prozessurteil § 18 GVG 1; Rechtsbehelfseinlegung § 18 GVG 10; Rechtshilfe § 21 GVG 1; Rechtskraft § 18 GVG 1; Regeln des Völkerrechts § 20 GVG 3; Selbsthilfe § 18 GVG 15; Sonderbotschafter § 20 GVG 2; Sozialgerichte § 18 GVG 7; § 19 GVG 7; Staatenimmunität § 18 GVG 4; Staatsbesuch § 20 GVG 1; Staatsoberhaupt § 20 GVG 1, 3; Strafverfahren § 18 GVG 5; Vereinte Nationen § 20 GVG 7; Verfahrensvoraussetzung § 18 GVG 1; Verlust § 18 GVG 9; Verwaltungsgerichtsbarkeit § 18 GVG 6; § 19 GVG 7; Verzicht § 18 GVG 10 f.; völkerrechtlicher Vertrag § 20 GVG 6 ff.; Widerklage § 18 GVG 10 f.; zeitlicher Rahmen § 18 GVG 8; Zwischenentscheidung § 18 GVG 1; zwischenstaatliche Organisationen § 20 GVG 6

In camera-Verfahren § 285 6

Inbesitznahme § 808 16

Inbezugnahme § 707 2

Indizienbeweis § 284 16, 46 ff.; Gesamtschau § 286 47; innere Tatsachen § 286 46

indossable Papiere; Verwertung § 831 6

informationelle Selbstbestimmung § 857 5
Informationsrecht § 299 1
Inhaberpapiere; Namenspapiere § 831 1
Inhaberscheck; Verwertung § 821 10
Inhalt § 758a 11
Inhibitorium § 829 69; § 847 7; § 848 5
Inkassodienstleister; Vertretungsbefugnis § 79 6
Inkassozession § 727 7
Innendivergenz § 526 19
Inquisitionsmaxime Einleitung 27
Insichprozess § 50 3; Unterbrechung § 239 2
Insolvenz; selbständiges Beweisverfahren § 490 2; § 494a 3; Streitwert § 3 162
Insolvenzanfechtung § 851 26; § 1060 19; Art 1 EuGVO 11
Insolvenzbeschlag § 852 11
Insolvenzeröffnung § 724 11
Insolvenzgeld § 727 9
Insolvenzgericht § 764 2
Insolvenzmasse § 850c 49
Insolvenzverfahren § 828 9; § 850c 49; § 850e 55; § 850i 52; Art 1 EuGVO 11; Unterbrechung § 240 1 ff.; Zwangsvollstreckung in Gesellschaftsanteile § 859 25
Insolvenzverwalter § 50 36; § 727 2, 14, 16
Instandhaltungskosten; notwendige § 851b 4
internationale Forderungspfändung § 829 105; § 850c 48; § 850e 54
Internationaler Strafgerichtshof § 21 GVG 1
internationales Zivilprozessrecht Einleitung 66
Internetauktion; Veräußerung der Pfandsache § 825 7
Internetdomain; Zwangsvollstreckung § 857 67
Internetversteigerung § 814 1; Ablauf § 817 6; Gebot § 817 8; Zuschlag § 817 9
intertemporale Anwendbarkeit § 23a 1; § 35a 1
Interventionsgrund; Aktionär § 66 7; Amtshaftung § 66 10; Beitritt § 66 13; Bürge § 66 9 f.; Gesellschafter § 66 9; Gestaltungswirkung § 66 7; Haftpflichtversicherung § 66 9; Hypothekenbesteller § 66 9; Präjudizialität § 66 9; Prozessstandschaft § 66 11; Rechtskrafterstreckung § 66 7; Regress § 66 10; Rüge § 66 14; Tatbestandswirkung § 66 8; Treuhand § 66 11; Vaterschaftsanfechtungsprozess § 66 12; Verkäufer § 66 10; Verpfänder § 66 9
Interventionswirkung § 68 1; Angriffs- oder Verteidigungsmittel § 68 10; Begriff § 68 5; Beitritt § 68 3; Beweislastentscheidung § 68 7; Einrede mangelhafter Prozessführung § 68 8; Einwendungen § 74 6; Gesamtschuldner § 68 6; Geständnis § 68 10; Hemmung der Verjährung § 74 3; Hilfserwägungen § 68 7; Interventionswirkung § 74 3; materiellrechtliche Rechtsfolgen § 74 1, 7; Mehrfachbegründung § 68 7; objektive Reichweite § 68 7; Prozesshandlungsvoraussetzungen § 68 3; Prozessrechtliche Wirkungen § 74 1; Prozessurteil § 68 4; Rechtskraft § 68 5; § 74 5; Rechtsmittel § 68 10; Rechtsmittelfrist § 68 10; Rechtsweg § 68 5; Sachurteil § 68 4; Streitverkündungsempfänger § 74 6; subjektive Reichweite § 68 6; Teilurteil § 68 7; überschießende Feststellungen § 68 7; Vergleich § 68 4; Verjährung § 74 7; Zeitpunkt § 74 6; Zulässigkeitsvoraussetzungen § 74 5
Investitionsschutzabkommen § 1061 11
Irland Art 37 EuGVO 4; Verfahrensaussetzung Art 46 EuGVO 2

Jährlichkeitsprinzip § 1 GVG 18
Jenard-Bericht Art 1 EuGVO 8
Jurisdiktionsprivileg § 328 34
juristische Person; Anstalt § 50 15; Auflösung § 51 10; des öffentlichen Rechts § 50 15; des Privatrechts § 50 16; Fiskus § 50 15; Gebietskörperschaft § 50 15; Kirche § 50 15; Körperschaft § 50 15; Stiftung § 50 15
Jury § 328 30
Jury-Verfahren § 328 30
Justiz-Auktion § 814 4
Justizbehörde; Definition § 23 EGGVG 7
Justizdienst; mittlerer § 153 GVG 1
Justizgewährungsanspruch vor §§ 704 ff 1
Justizgrundrechte; faires Verfahren vor §§ 1 ff GVG 2
Justizverwaltung vor §§ 21a ff GVG 11; Besetzung der Landgerichte § 59 GVG 1 ff.
Justizverwaltungsakte; Definition § 23 EGGVG 6; Einzelfälle zur Anfechtbarkeit § 23 EGGVG 11

Kammer; auswärtige Spruchkörper § 60 GVG 5; Besetzung LG § 60 GVG 1 ff.; Hilfskammer § 60 GVG 4; Notvertretung § 70 GVG 1
Kammer für Handelssachen § 349 1 ff.; § 731 2; § 93 GVG 1 ff.; auswärtige Kammer § 93 GVG 1 ff.; § 106 GVG 1; Befugnisse des Vorsitzenden § 349 2 ff.; Berufungsverfahren § 100 GVG 1 ff.; Besetzung § 105 GVG 1 ff.; Beweisaufnahme § 349 2; Errichtung § 93 GVG 4 f.; Handelssachen § 95 GVG 1 ff.; Kompetenzkonflikt § 102 GVG 1 ff.; Sachkunde, eigene § 114 GVG 1 f.; selbständiges Beweisverfahren § 486 6; Verweisung zwischen KfH und Zivilkammer § 96 GVG 1 f.; § 104 GVG 1 f.; Zuständigkeit § 94 GVG 1 ff.
Kammer für Handelssachen, internationale; Besetzung (geplant) § 105 GVG 1; Handelsrichter § 109 GVG 3
Kammerzuständigkeit § 348 3
Kanzleiabwickler § 78 8
Kapitalanleger-Musterverfahrensgesetz (KapMuG) § 325a 1; Verfahren § 118 GVG 2

Kapitalgesellschaft § 727 10
Kapitalleistung § 851c 27 f.
Kapitalmarktinformationen; öffentliche § 32b 2
Karenzentschädigungen § 850i 17
Kartellverwaltungsverfahren § 91a 48
Kauf; selbständiges Beweisverfahren § 485 5
Kaufvertrag Art 5 EuGVO 8
Kausalität; selbständiges Beweisverfahren § 485 22
Kausalität, haftungsausfüllende; Schadensschätzung § 287 7
Kausalität, haftungsbegründende; Anscheinsbeweis § 286 32; Schadensschätzung § 287 6 f.
Kennziffer § 690 39
Kerntheorie § 890 12
Kindergeld § 850c 35; § 850d 14; § 850e 32
Kindesanhörung Art 27 Brüssel IIa-VO 7
Kindschaftssachen § 23a GVG 6; Streitwert § 3 169
Klage; auf Feststellung der Befriedigung § 756 12; auf Feststellung der Ordnungsmäßigkeit der Gegenleistung § 756 12; auf vorzugsweise Befriedigung Art 22 EuGVO 10; erfolgloses Angriffs- und Verteidigungsmittel § 96 20; nach § 768 § 732 5; nach § 771 § 743 3
Klage auf Leistung § 750 10
Klageänderung; Berufungsinstanz § 533 5; erfolgloses Angriffs- und Verteidigungsmittel § 96 21; selbständiges Beweisverfahren § 485 28
Klageänderungstheorie § 91a 46, 69
Klageanspruch § 724 7; § 726 1
Klageantrag Einleitung 20, § 253; § 722 9
Klageerweiterung; erfolgloses Angriffs- und Verteidigungsmittel § 96 21
Klagegrund Einleitung 21
Klägerstation § 284 4
Klageschrift; Fehlen von Anlagen § 131 6; nicht notwendiger Inhalt § 253; Partei § 253
Klauselerinnerung § 749 3; Anwaltszwang § 78 17; nach § 732 vor §§ 704 ff 16; § 733 11
Klauselerteilung; Besonderheiten § 729 4
Klauselerteilungsklage; nach § 731 § 750 10; nach § 732 § 742 4
Klauselgegenklage; nach § 768 § 732 5; § 742 4
Klauselgestaltung § 725 4
Klauselumschreibung; Verfahren § 742 3
kombinierter Auszahlungsplan § 851c 11
kombinierter Sparplan § 851c 11
Kompetenz-Kompetenz § 1040 1
Kompetenzkonflikt § 726 6
Kompetenzkonflikt, negativer; zwischen KfH und Zivilkammer § 102 GVG 1 ff.
konkrete Beweisführungslast; Umkehr § 286 29
konkurrierende Ansprüche Art 5 EuGVO 6
Konnossement § 29 8; § 1031 8
Konsularbeamte; Amtsimmunität § 19 GVG 4; Blutproben § 19 GVG 5; Bußgeldverfahren § 19 GVG 5; Festnahme § 19 GVG 5; Immunität § 19 GVG 1 ff.; Strafverfahren § 19 GVG 5; Telefonüberwachung § 19 GVG 5; Untersuchungshaft § 19 GVG 5; Verkehrsdelikte § 19 GVG 5; Zeugenpflicht § 19 GVG 8
konsularische Vertretung; Arbeitsvertrag § 20 GVG 5; Immunität § 19 GVG 1 ff.
Konsulat; Beschlagnahme § 19 GVG 3; Durchsuchung § 19 GVG 3
Konsultationsverfahren Art 56 Brüssel IIa-VO 2
Kontofreistellung § 850l 8
Kontopfändung; Aufhebung der Freistellung von der Pfändung § 850l 31; Freistellung von Pfändungen § 850l 26; Insolvenz § 850l 35; Interessenabwägung § 850l 20; Kosten § 850l 36; künftige Guthaben § 833a 14; Pfändungsumfang § 833a 10; Rechtsmittel § 850l 34; Umfang § 833a 2, 5; Umfang Zahlungseingänge § 850l 8; Verfahren § 833a 9; § 850l 16
kontradiktorisches Gegenteil § 322 15
Kontrahierungszwang § 850k 15
Konzentrationsermächtigung § 23d GVG 1
Konzentrationsmaxime Einleitung 34
Kooperationsmaxime § 139 2
Kopftuch § 176 GVG 6
Koppelungserlaubnis § 851c 17
körperliche Gebrechen; Unpfändbarkeit von Hilfsmitteln § 811 48
Kostbarkeiten § 808 17 f.; Schätzung § 813 5
Kosten § 707 10; § 721 11; § 758 8; § 856 7; Ablehnungsverfahren § 46 7, 13; bedingt pfändbare Bezüge § 850b 35; Berufung § 91 19; beschränkt pfändbare Forderungen § 852 12; der Vollstreckung § 757 3; der Zwangsvollstreckung § 788 1; des Rechtsstreits (Einzelfälle) § 91 11; Drittschuldnererklärung § 840 30; für Pfändungsschutz § 850i 53; Mehrfachpfändung § 853 10; § 854 9; § 855 5; Pfändung indossabler Papiere § 831 8; Pfändung von Hypothekenforderungen § 830 16; Räumungsklagen § 93b 1; Rückfestsetzung § 91 74; Säumnis § 95 1; Schiffshypothekforderung § 830a 6; Streitwert § 4 24; Überweisungsbeschluss § 835 51; Verschulden § 95 1; Zeitversäumnis § 91 62
Kosten des Verfahrens; selbständiges Beweisverfahren § 485 27
Kostenentscheidung § 118 14; § 540 6; Anfechtung § 99 1; in bestimmten Vollstreckungsverfahren § 788 8; isolierte Anfechtung § 99 2; Rechtsbeschwerde gegen - § 99 22; selbständiges Beweisverfahren § 487 17
Kostenersatzanspruch § 850d 9
Kostenerstattung; fehlende § 328 30
Kostenerstattungsanspruch § 829 12

Kostenfestsetzung § 126 25

Kostenfestsetzungsbeschluss § 707 10; § 722 7; § 724 3

Kostenfestsetzungsbeschluss, Beginn der Zwangsvollstreckung § 798 1; Erinnerung § 798 4; Fristenberechnung, Zweiwochenfrist § 798 2; qualifizierte Klauseln § 798 2; Schutzfrist, Nichteinhaltung § 798 4; Vorpfändung § 798 5; Wartefrist § 798 2; Zweiwochenfrist § 798 1

Kostenfestsetzungsverfahren; Abwehr der Zwangsvollstreckung § 103 13; Amtsermittlung § 104 8; Änderung der Kostengrundentscheidung § 103 7; Anfechtung des Kfb § 104 28; § 106 8; Anschlussbeschwerde § 104 42; Antrag § 103 15; Antragsbefugnis § 103 17; Antragsinhalt § 103 21; Arrest § 105 3; Arrestverfahren § 103 4; Aufrechnung § 104 16; Auslagen für Post- und Telekommunikation § 104 5; Auslegung der Kostengrundentscheidung § 104 11; Aussetzung § 104 9; Bedingung in Vergleich § 103 4; Bekanntmachung des Kfb § 104 26; Belege § 103 23; Berichtigung § 103 2; § 104 24; Beschwer § 106 8; Beschwerde – sofortige § 103 8; Beschwerde – sofortige – Abhilfe § 104 44; Beschwerde – sofortige – Beschwerdegericht § 104 45; Beschwerdesumme § 104 42; Beweis § 104 8; Bindung an Titel § 104 11; Ehesache § 104 20; Ehescheidungsverfahren § 103 4; einstweilige Verfügung § 103 4; § 105 3; Erfüllung § 104 16; Erinnerung § 103 8; Erinnerung – Abhilfe § 104 35; Erinnerung – Beschwer § 104 30; Erinnerung – Entscheidung durch den Richter § 104 37; Erinnerung – Erweiterung § 104 30; Erinnerung – Form § 104 32; Erinnerung – Frist § 104 33; Erinnerung – Kosten § 104 39; Erinnerung – Nachfestsetzung § 104 34; Erinnerung – rechtliches Gehör § 104 3; Erinnerung – reformatio in peius § 104 36; Erinnerung – Statthaftigkeit § 104 29; Erinnerung – Streitgenossen § 104 31; Erinnerung – Teilabhilfe § 104 36; Erinnerung – Wiedereinsetzung § 104 33; Ermessen § 105 4; Ersetzung der Kostengrundentscheidung § 103 4; Fälligkeit § 104 20; Feststellungsbeschluss § 104 16; fG-Verfahren § 103 2 f.; Form der Antragstellung § 103 19; Frist § 103 20; Gerichtskosten § 103 22; § 104 12 f.; Gesamtgläubiger § 104 19; Gesamtschuldner § 106 2; Gesamtvergleich § 103 4; Geständnisfiktion § 104 4; Glaubhaftmachung des Kostenansatzes § 104 4 f.; Haftungsbeschränkung § 104 21; Insolvenz § 104 9; Kindschaftssache § 104 20; Kosten § 104 27; Kostenaufhebung § 106 2; Kostenberechnung § 103 22; Kostenfestsetzungsbeschluss § 104 18; Kostenfreiheit § 104 20; Kostenquotelung § 106 1; Mahnverfahren § 103 2; § 104 20; Mahnverfahren – Zuständigkeit § 103 12; materiell-rechtliche Einwendungen § 103 9; § 104 15 ff.; § 106 4; Mitgläubiger § 104 19; Nachfestsetzung § 103 27; § 104 20, 34; Nachliquidation § 103 27; Nebenintervention § 103 17; Nichtigkeit des Kfb § 103 10; § 104 9; Notwendigkeit der Kosten § 104 13; Parteifähigkeit § 103 16; Parteiwechsel § 103 17; Postauslagen § 104 5; Prozessfähigkeit § 103 16; Prozesshandlungsvoraussetzungen § 103 16; Prozesskosten § 103 13; Prozesskostenhilfe § 106 6; Prozesskostenvorschuss § 104 17; Prozessvollmacht § 103 19; Prüfungsumfang des Rechtspflegers § 103 11; § 104 11; Quotelung § 106 1; rechtliches Gehör § 104 3; § 106 5; Rechtsanwaltsvergütung § 103 2, 13, 17; Rechtsbeschwerde § 104 47; Rechtskraft § 103 25, 27; § 104 23; Rechtsmissbrauch § 104 16; Rechtsmittel § 104 28; Rechtsnachfolge § 103 17; Rechtsschutzbedürfnis § 104 1, 16; § 106 9; § 107 2; Rückfestsetzung § 103 9; § 107 4; Rücknahme des Antrags § 103 26; Ruhen des Verfahrens § 104 9; Säumniskosten § 106 2; Schätzung § 104 5, 8; Schiedsverfahren § 103 2; Schlichtungsstelle § 103 4; Sequestration § 103 2; Sicherheitsleistung § 104 21; sofortige Beschwerde, Beschwerdesumme § 104 42; sofortige Beschwerde, Form § 104 41; sofortige Beschwerde, Frist § 104 41; sofortige Beschwerde, rechtliches Gehör § 104 3; sofortige Beschwerde, Rechtsschutzbedürfnis § 104 43; Streitgenossen § 103 4; § 104 19; Streitwert § 103 27; § 104 14; § 107 1; Streitwertfestsetzung § 107 2; Teilgläubiger § 104 19; Telekommunikationsauslagen § 104 5; Umsatzsteuer § 103 27; § 104 6; Unterbrechung § 104 9; vor §§ 239 ff 1; Unterschrift § 104 18; Verbindung mit Erteilung einer vollstreckbaren Ausfertigung § 105 3; vereinfacht § 105 1; Vergleich § 103 4; § 104 20; Verjährung § 104 16; Verjährung des Kostenerstattungsanspruchs § 103 1; § 104 16; Verwirkung § 104 16; Verzicht § 104 16; Verzinsung § 104 20; Vollstreckbarkeit § 104 21; Vollstreckungsabwehrklage § 103 4; Vollstreckungsbescheid § 103 2; Vollstreckungstitel § 103 3, 24; Wiedereinsetzung § 104 33; Zinsen § 104 20; Zug-um-Zug-Leistung § 104 21; Zuständigkeit § 103 12; § 104 2; Zwangsvollstreckungskosten § 103 12, 14

Kostenparallelität § 101 1

Kostenschiedsspruch; Vollstreckbarerklärung § 1060 10

Kostentitel § 740 5

Kostentrennung § 100 5; bei Säumnis § 95 1; bei Verschulden § 95 1; übergegangener Anspruch § 94 1

Kostentscheidung; Anfechtung bei Verweigerung § 99 8

Krankenhaustagegeld § 850b 19

Krankenversicherung; private § 850e 10

Krankheit; selbständiges Beweisverfahren § 485 14

krankheitsbedingte Mehraufwendungen § 850d 2

Kreuzverhör Anhang nach § 1075: EuBVO Art. 10 3

Krieg; Unterbrechung § 245 1

Kriegsverbrechen; Internationaler Strafgerichtshof § 21 GVG 1; Staatoberhäupter § 20 GVG 3; Völkerstrafgesetzbuch § 21 GVG 2
Krombach § 328 25
Kündigung; außerordentlich § 851c 21
Kündigungsrecht § 859 11; außerordentlich § 851c 24; ordentliches § 851c 21
künftige Leistung; Streitwert § 3 174
Kurzbezeichnungen § 736 6

Ladung § 141 8; § 214 1 ff.; Begriff § 214 1; Entbehrlichkeit § 218 1; erforderliche Belehrung § 215 2 f.; Exterritorialität § 214 5; Form § 214 3; notwendiger Inhalt § 214 2; vAw § 214 1; Zeuge § 377 2; § 381 5
Ladungsfrist; Terminsverlegung § 217 3
Lancray/Peters und Sickert § 328 20
Landesblindenhilfe; Rechtsweg § 13 GVG 9
landesrechtliche Vollstreckungstitel § 801 1; Gesetzgebungskompetenz § 801 1; konkurrierende Gesetzgebung § 801 1; Leistungsbescheide der bayerischen Gemeinden § 801 2; Schiedsordnungen, landesrechtliche § 801 2; Vergleich § 801 2; Verwaltungsvollstreckung § 801 1
Landgerichte § 59 GVG 1 ff.; Amtshaftungsverfahren § 71 GVG 1 ff.; Berufungen in Zivilsachen § 72 GVG 1; Besetzung § 59 GVG 1 f.; § 75 GVG 1 ff.; Binnenstreitigkeiten WEG, Zuständigkeit § 71 GVG 2; Zuständigkeit § 71 GVG 1 ff.; § 72 GVG 1 ff.
Landwirtschaft; Pfändungsschutz § 811 22; Pfändungsschutz für Arbeitnehmer § 811 25
landwirtschaftlicher Betrieb; Schutz § 851a 1
Laptop; Gerichtssaal § 169 GVG 11
laufende Sozialleistungen § 850e 30
Lauschzeuge § 284 32
Leasing; Zwangsvollstreckung § 857 68
Lebensgemeinschaft; nichtehelich § 850h 16
Lebensgrundlage § 850b 18; § 850i 11
Lebenspartnerschaftssachen § 23a GVG 27
Lebenspartnerschaftsvertrag § 740 2
Lebensunterhalt § 850b 1, 3
Lebensversicherung § 850b 21; Kleinlebensversicherungen § 850b 22
Legalisation § 438 5; Art 52 Brüssel IIa-VO 1
Legitimationspapiere § 821 5
Leistung; des Interesses § 893 1; wiederkehrende § 753 9
Leistung Zug um Zug, Zwangsvollstreckung § 765 1; Annahmeverzuges § 765 4; Befriedigung des Schuldners § 765 4; Gegenleistung in der Zwangsvollstreckung § 765 1; Zurückbehaltungsrecht in der Zwangsvollstreckung § 765 1; Zustellung, Nachweis bei Zwangsvollstreckung § 765 6
Leistungsansprüche § 846 4
Leistungsklage § 722 3; § 733 11
Leistungstitel § 741 4
Leistungsverfügung § 940 4
letztwillige Verfügung; Schiedsklausel § 1066 2
lex fori Einleitung 67
lex Honnecker § 20 GVG 1
Lippenbekenntnis § 93 4
Liquidation; Beendigung § 735 2
Litispendenz Art 16 Brüssel IIa-VO 1
Lizenzgebühren § 850i 18
Lizenzvertrag Art 5 EuGVO 9
Lohnverschiebung § 850h 2 f.; Einziehungsprozess § 850h 11; Pfändung § 850h 8; Rechtsfolgen § 850h 7; Verfahren § 850h 8; Vergütung § 850h 6; Voraussetzungen § 850h 4
Lohnverschleierung § 850h 2, 12; angemessene Vergütung § 850h 26; Bemessungsgrundlage § 850h 14; Dauer § 850h 13; ehrenamtliche Tätigkeit § 850h 17; Einkommensbestandteile § 850h 28; Einziehungsprozess § 850h 33; Gläubigerbenachteiligungsabsicht § 850h 21; Haushaltstätigkeit § 850h 15; nichteheliche Lebensgemeinschaft § 850h 16; Orientierungsgrößen § 850h 22; Pfändung § 850h 31; Prüfungsmaßstab § 850h 19; Rechtsfolgen § 850h 26; Steuerklasse § 850h 21; Voraussetzungen § 850h 13; wirtschaftliche Leistungsfähigkeit § 850h 24
Lokaltermin § 219 2
Lösungssumme § 923 1
Lügendetektor § 284 45
Lügeverbot § 138 4

Mahnantrag § 852 5; Ausfüllhinweise § 690 18; § 703a 2; Barcode § 690 2, 4, 36 ff., 43; § 691 18; § 702 2; § 703c 10; Basiszinssatz § 688 10; Beleg § 688 15; § 690 1, 18, 41; § 691 2; § 693 8; § 703a 1; Bezeichnung des Gerichts § 690 22; eK § 690 11; elektronische Form § 690 34; Formularzwang § 690 4; GbR § 690 9; geeignet erscheint § 690 38; Gegenleistung § 688 16; § 690 21; Gerichtsgebühr § 688 27; § 690 5; gewährleistet, in anderer Weise § 690 45; Handwerkskammern § 690 8; Individualisierung § 690 18; Inkassounternehmen § 690 13; Innung § 690 8; Körperschaft des öffentlichen Rechts § 690 8; Kreishandwerkerschaft § 690 8; maschinell lesbar § 690 2, 33, 36, 43; § 691 18; MaschMahnVordrV § 688 22; Mehrheit von Forderungen § 690 18; Miete § 690 19; Monierung § 688 15; Plausibilitätsprüfung § 691 6; RDGEG § 690 7; Rücknahme § 691 15; schlüssig § 688 29; § 690 29; § 691 2; Teil, Zurückweisung wegen § 691 9; Telefax § 690 31; Unterzeichnung § 690 42; Unterzeichnung, handschriftlich

§ 690 30; Vertretungsbefugnis § 690 7; Vollmacht § 690 12; § 694 15; § 696 7; § 697 9; § 699 5, 18; § 703 1 f.; Wahlrecht, mehrere Gerichtsstände § 690 28; Wohnungseigentümergemeinschaft § 690 10; Zurückweisung § 691 6

Mahnbescheid § 852 5; Anlagen § 693 8; Aufforderung § 692 4; Auslandszustellung § 693 11; Bescheinigung § 693 14; Hinweis § 690 18; § 691 9; § 692 3, 13 f.; § 699 7; § 703 3; § 703c 8; Inkassokosten § 692 11; Kosten § 692 7; Unterzeichnung § 692 17; Zustellung § 693 1

Mahnverfahren § 93 1; § 688 1; Abgabe nach Widerspruch § 696 1; Aktenausdruck § 690 18, 32; § 693 8; § 694 5; § 696 18 f.; § 697 11; § 699 26; § 700 10; § 703 1; § 703a 1; § 703b 2; allg Gerichtsstand § 689 4; allg Gerichtsstand im Inland fehlt bei Ag § 703d 2; anhängig § 696 17; Anlagen § 690 18; Anspruchsbegründung § 697 2; ausländische Gesellschaftsform § 689 7; AVAG § 688 19; AVAG bei § 703d § 703d 2; Benutzungszwang Formulare § 703c 8; bestimmte Geldsumme § 688 6; Bevollmächtigung § 703 2; Bindungswirkung Abgabe § 696 25; demnächst § 688 17; § 690 31; § 691 12; § 693 4, 6; § 694 16; § 696 20; § 700 4; effektiver Jahreszins § 688 9; EGVP § 703c 10; EuGVO § 688 19; § 703d 2; EuMVVO § 688 29; europäisches § 688 29; § 1087 1 f.; EuZVO 1393 § 703d 3; Form von Anträgen und Erklärungen § 702 1; Formulareinführung § 703c 1; Formularzwang § 690 18, 31; § 691 2, 8; § 692 14; § 693 8; § 694 3; § 699 3 f.; § 700 6; § 703 1; § 703c 10 f.; Fristverlängerung, keine für Anspruchsbegründung § 697 4; Geldsumme § 688 4; Gerichtssiegel § 703b 2; Hauptverwaltung § 703d 2; isolierter Zinsanspruch § 688 7; kein obligatorisches Güteverfahren § 15a EGZPO 7; Kennziffer § 690 39; Klage § 688 17 f.; § 689 2; § 690 5, 15; § 691 9, 12 f., 19; § 693 10; § 696 13, 23 f.; § 697 7; § 700 1, 3, 12; § 701 2; § 703a 3; § 703c 9; Kostenfolge, Rücknahme Antrag str Verf § 696 24; Kreditvertrag § 688 10; Limited, Gerichtsstand § 703d 2; Mahnantrag § 690 1; MaschMahnVordrV § 703c 3; Missbrauch Anhang nach § 1096: EuMVVO Art. 20 3; Mitteilung Anträge an Ag § 702 3; Monat § 691 14; Nebenintervention § 690 15; öffentliche Bekanntmachung § 688 17; Online–Mahnantrag § 688 14; rechtliches Gehör § 691 11; rechtshängig § 696 17, 20; Rücknahme, Antrag str Verfahren § 696 21; Scheck § 703a 1; Schlüssigkeit § 688 12; Schlüssigkeitsprüfung § 688 2; § 691 3; selbständiges Beweisverfahren § 485 18, 19; § 486 2; § 494a 10; Streitverkündung § 690 15; Streitwert § 3 176; Telefax § 690 31 f.; § 691 13; § 694 14; § 701 2; § 703c 2, 9 f.; übereinstimmend, Abgabe an anderes Gericht § 696 14; unanfechtbar, Abgabe § 696 16; Unterbrechung vor §§ 239 ff 1; Unterschrift, keine bei maschinelle Bearbeitung § 703b 1; Urkunden- § 703a 1; Urkundenmahnverfahren § 690 18; § 703a 2; Urkundsbeamter der Geschäftsstelle § 702 2; Verbraucherdarlehen § 688 9; Vergütung Inkasso § 690 14; Verjährung § 688 1, 5, 17; § 690 15, 18, 21, 30 ff.; § 691 12; § 693 4, 8; § 694 16; § 695 3; § 696 9; § 697 8; § 701 3; § 703a 3; § 703c 2, 11; Vollmacht, kein Nachweis § 703 1; Währung § 688 5; Wechsel § 703a 1; Widerspruch § 688 18; § 689 9; § 690 22, 45; § 691 6, 9, 14, 16; § 692 5, 12, 14 f.; § 693 7; § 694 1 ff., 10 f., 13 ff.; § 695 2 f.; § 696 1 ff., 12 f., 16, 20; § 697 1, 9 f.; § 699 4, 6, 9, 16, 19, 29; § 700 1, 5 ff., 10; § 701 1 ff.; § 702 2 f.; § 703a 1, 5; § 703c 3, 8; Widerspruchsfrist § 694 10; Wohnungseigentümer § 689 5; zuständige Amtsgerichte § 689 10; Zuständigkeit § 689 1; Zustellung im Ausland § 688 19; Zweigniederlassung im Inland § 703d 2; Zweiwochenfrist Anspruchsbegründung § 697 4

Makler § 850i 8 ff.

Mandatsbeendigung § 87 6

Mandatsniederlegung § 87 6; Verschuldenszurechnung § 85 14

Mangel; selbständiges Beweisverfahren § 485 22; § 487 3

mangelbehaftete Urkunden § 419 1; Beweiswürdigung § 419 6; Urkundenmängel § 419 2; Veränderungen § 419 3

Marken; Zwangsvollstreckung § 857 66

Mäßigungsgebot § 1 GVG 17

materiell-rechtlicher Kostenerstattungsanspruch; selbständiges Beweisverfahren § 485 29

Mediation Einleitung 58, vor §§ 21a ff GVG 18; gerichtliche Einleitung 64; Ruhen § 250 3; § 251 3

Medien; Zeuge § 383 18

Mehrarbeit § 850a 2

Mehrfachabmahnung § 2 UKlaG 14

Mehrfachpfändung § 808 34; § 836 14; § 853 2; Anspruch auf ein Schiff § 855a 2; Anzeige § 853 3; bei unbeweglichen Sachen § 855 2; Einrede § 856 5; Herausgabe § 855 4; Herausgabebefugnis § 854 2; § 855 2; Herausgabepflicht § 854 4; Hinterlegung § 853 8; Klagerecht § 856 2; Luftfahrzeuge § 855a 2; Rechtsbehelfe § 853 9; Verwertung und Verteilung § 854 6

Mehrheit § 196 GVG 1; Gläubiger § 760 2; Schuldner § 764 4; Teilschuldner § 757 5; Testamentsvollstrecker § 748 3

Mehrpfändung; Kosten § 853 10

Mehrverdienst § 850c 19

Meineid; als Wiederaufnahmegrund § 580 5, 7

Meistbegünstigung § 321 9

Menschenrechte § 328 25

Miete Art 22 EuGVO 2

Mietrecht; selbständiges Beweisverfahren § 485 6

Mietverhältnis § 851 15; Fortsetzung § 93b 1

Milchgeld § 851a 3
Minderbedarf § 850c 12
Minderjährige § 20 2
Minderwert; selbständiges Beweisverfahren § 485 21
Mindestgebot; bei anderer Verwertungsart § 825 5; bei freihändigem Verkauf § 825 6; Bekanntgabe § 817a 3; Bekanntmachung bei Versteigerung § 817 3; Höhe § 817a 2; Verringerung im Versteigerungstermin § 817a 3
Mindestunterhalt § 36 EGZPO 7
mirror orders Art 11 Brüssel IIa-VO 5
Missbrauchstatbestand § 322 54
Mitarbeiterkäufe; kreditiert § 850e 13
Mitbieten; der Beteiligten bei Versteigerung § 816 10
Miteigentümer § 50 35; § 62 16
Miterbenanteil § 859 16; Wirkung der Zwangsvollstreckung § 859 19
Mitgewahrsam Dritter § 758 4
Mitgläubiger § 50 35
Mitverschulden § 304 14; Schadensschätzung § 287 10
MiZi § 12 EGGVG 4
mündliche Anhörung des Sachverständigen; selbständiges Beweisverfahren § 485 25; § 492 4
mündliche Verhandlung § 137 2; Aufhebungsverfahren in Schiedssachen § 1061 4; § 1062 5; § 1063 3, 5 ff., 13; Berufung § 525 3; Bezugnahme § 137 5; Einheit § 128 12; Notwendigkeit § 128 10
Mündlichkeitsprinzip § 128 1; § 137 4; Verstoßfolgen § 128 14
Musterentscheid § 325a 2
Mutwillen § 114 36
Mutwilligkeit der Rechtsverfolgung; Notanwalt § 78b 5

nachbarrechtliche Streitigkeiten; obligatorisches Güteverfahren § 15a EGZPO 4
Nachbesserung § 756 4
Nachbesserungsverfahren; Abgrenzung von der wiederholten Offenbarung § 903 15
Nacherbfolge; Rechtskraftwirkung § 326 1; Unterbrechung § 242 1 f.
Nachfolgeklausel; Unterbrechung § 239 10
Nachforderungsklage § 323 22; § 324 1
Nachlassgegenstände § 859 16; einzelne § 859 20
Nachlässigkeit § 531 11
Nachlassinsolvenz; Unterbrechung § 243 1, 3
Nachlassmasse § 859 20
Nachlasspfleger § 727 2
Nachlasspflegschaft § 747 2; Unterbrechung § 243 1 f.
Nachlassverwalter § 50 36 f.; § 727 2
Nachlassverwaltung § 749 1; Unterbrechung § 241 1
Nachnahmesendungen; Anscheinsbeweis § 286 44
Nachpfändung; Überpfändung § 803 7
Nachtzeit § 758a 19
Nachverfahren § 302 14
Nachweis § 744 2; der Prozessvollmacht § 80 10 f.; § 88 5
Nachweispflicht; Umfang § 727 16
Name; Abkürzung § 750 9
Namensrecht § 857 5
NATO-Truppen; Immunität § 20 GVG 7
natürliche Person § 50 14
ne bis in idem-Gebot § 322 3
Nebenforderung; Streitwert § 4 10
Nebenintervenient; Anerkenntnis § 67 6; Angriffs- und Verteidigungsmittel § 67 3, 6; Antrag § 67 3; Beschwer § 67 4; Dispositionsbefugnis § 67 6; Einrede § 67 3; Erledigung § 67 6; Gestaltungsrechte § 67 3; Geständnis § 67 7; Kostenantrag § 67 7; Mitteilung von Schriftstücken § 67 2; Präklusion § 67 2; Prozesshandlung § 67 3, 7; rechtliches Gehör § 67 2; rechtliches Interesse § 74 2; Rechtsgeschäft § 67 3; Rechtsmittel § 67 4, 8; Rechtsmittelrücknahme § 67 8; Rechtsstellung § 67 1; Verfahrensunterbrechung § 67 1; Vergleich § 67 6; Versäumnisurteil § 67 2 f.; Verzicht § 67 6; Wahrheitsgebot § 67 1; Widerklage § 67 1; Widerspruch der Hauptpartei § 67 6; Zeitpunkt des Beitritts § 67 6; Zeuge § 67 1
Nebenintervention § 727 20; Allgemeininteressen § 66 6; anhängiger Rechtsstreit § 66 2; Arrest § 66 3; Aufgebotsverfahren § 66 3; Ehelichkeitsanfechtung § 66 3; einstweilige Verfügung § 66 3; Ende § 66 16; Hauptpartei § 66 1; Insolvenzverfahren § 66 3; Interventionsgrund § 66 5; Kosten § 91a 36; § 101 22; Kostenfestsetzungsverfahren § 66 3; Mitgliedschaftsrechte § 66 6; Musterprozess § 66 6; Partei § 66 4; Prozessart § 66 3; Prüfung des Beitritts § 74 3; rechtliches Interesse § 66 5; Rechtsanwalt § 66 6; Rechtsmittel § 66 2; Rücknahme § 66 16; Schiedsverfahren § 66 3; selbständiges Beweisverfahren § 487 15; Streitgenosse § 66 4; Streithelfer § 66 1; Streitwert § 3 181; Unterbrechung § 239 5; Zwangsvollstreckung § 66 3
Nebenleistung § 704 4
Nebentätigkeit; Gesetzgebungskompetenz § 1 GVG 8
Negativbeweis § 286 63
negotiation Einleitung 58
Nettoeinkommen § 850e 5; Steuern § 850e 6
Neumasseverbindlichkeit § 103 18
Nichtberücksichtigung § 296a 1; Ausschlussgründe § 296a 6; Folge § 296a 7; Verhandlungsschluss § 296a 5
Nichtbestreiten; Berufung § 535 4; Tatsache § 288 2
Nichtigkeitsklage; Begründetheit § 578 3 ff.; § 579 3; Nichtigkeitsgründe § 579 4 ff.; schlüssige Behaup-

tung des Nichtigkeitsgrundes § 579 3, 17; Subsidiarität § 579 19; Ziel § 579 1; Zulässigkeit § 578 3 ff.; § 579 3; zuständiges Gericht § 584 2 ff.

Nichtwissen § 138 15; Geständnisfiktion § 138 19

Nichtzulassungsbeschwerde § 544 9; § 719 2; Auswirkungen auf die Zwangsvollstreckung § 544 3; Begründung § 544 12; Begründungsfrist § 544 12; Einlegung § 544 9; Inhalt der Beschwerdebegründung § 544 13; kein Rechtsmittel in Bezug auf die Hauptsache § 544 2; Mindestbeschwer § 26 EGZPO 6; Streitwert § 3 183

Nießbrauch § 50 34; Duldungstitel § 737 4; Zwangsvollstreckung § 857 69

Nießbrauchsverwalter § 50 36 f.

non liquet; Rechtsanwendung § 286 56

Normentheorie § 286 58 f.

Notanwalt § 78b 1 ff.; § 121 25; Aufhebung der Beiordnung § 78c 7; Auswahl § 78c 2 f.; Rechtsbehelfe § 78b 6; § 78c 6; Übernahmepflicht § 78c 4

Notar § 726 6

notarielle Urkunde § 727 10

Novenrecht § 530 2

Nutzungsverhältnis Art 22 EuGVO 2

Obergutachten; selbständiges Beweisverfahren § 485 25

Oberstes Landesgericht § 7 EGZPO 1; § 9 EGZPO 1

objektive Klagenhäufung; erfolgloses Angriffs- und Verteidigungsmittel § 96 23

obligatorischer Einzelrichter § 348a 1 ff.; Rechtsmittel § 348a 5; Übernahme durch Kammer § 348a 4; Übertragung § 348a 1 ff.

obligatorisches Güteverfahren § 15a EGZPO 1 ff.; Ausgenommene Verfahrensarten § 15a EGZPO 7 f.; Klageandrohung § 15a EGZPO 11; Klagehäufung § 15a EGZPO 11; Kosten § 15a EGZPO 13; Verjährungshemmung § 15a EGZPO 16

Observanz § 293 2

Obstruktion § 1052 3

Offenbarungsversicherung; Rechtsbehelfe § 883 16; Verfahren § 883 15; Voraussetzungen § 883 14

offenkundige Tatsache § 291 1 ff.; Begriff § 291 1 ff.; Entscheidung § 291 7; Verfahren § 291 7; Wirkung § 291 5

öffentlich beglaubigte Urkunde; Begriff § 415 18; Urkundsperson bei der Betreuungsbehörde § 415 20; Zuständigkeit § 415 19

öffentliche Urkunde § 757 7; § 762 6; Art 57 EuGVO 2; Abschriftsbeglaubigung § 435 4; beglaubigte Abschrift § 435 3; Behörde § 415 11; Beurkundungsverfahren § 415 17; Beweis der Unrichtigkeit § 417 6; Beweiskraft § 415 22; § 417 1; Beweiskraft über amtliche Anordnung § 417 3; Echtheit ausländischer öffentlicher Urkunden § 438 1; Echtheitsvermutung § 437 1; Echtheitszweifel § 437 5; förmliche Zustellung § 415 14; kombinierter Urkundeninhalt § 418 6; Legaldefinition § 415 9; Legalisation ausländischer öffentlicher Urkunden § 438 5; Locum Sigulum § 435 3; mit anderem Inhalt § 418 1; Notar § 415 13; notarielle Eigenurkunden § 415 15; öffentlich beglaubigte Urkunde § 415 18; Post und Sparkassen § 415 14; staatsvertragliche Sonderregelungen bei ausländischen öffentlichen Urkunden § 438 6; über eine Erklärung § 415 21; über Tatsachen § 418 3; Urkundenbesitz einer Behörde oder eines Beamten § 432 3; Urkundenform § 415 17; Urkundsperson § 415 11, 13; Urschrift oder beglaubigter Abschrift § 435 1 f.; Veränderung ohne Beweiskraftverlust § 419 5

öffentliche Urkunde mit anderem Inhalt; Beweis der Unrichtigkeit § 418 14; Eingangsstempel § 418 11; Empfangsbekenntnis § 418 12; sonstige Zeugnisurkunden § 418 13; Umfang der Beweiskraft § 418 8; Zustellungsurkunden § 418 9

öffentliche Zustellung § 185 1 ff.; § 186 1 ff.; § 187 1; § 188 1 f.

öffentliches elektronisches Dokument; Ausdruck § 416a 3; Beglaubigungsvermerk § 416a 5; Beweisführung § 416a 9; Beweiskraft § 416a 1; Medientransfer § 416a 6; Signaturerfordernis § 416a 4

Öffentlichkeit Einleitung 33; § 169 GVG 1; Ausschluss § 174 GVG 1; Beschränkung § 169 GVG 5; Einzelfälle zum Ausschluss § 176 GVG 6; Hausrecht § 169 GVG 6

Öffentlichkeitsarbeit vor §§ 21a ff GVG 17

Offizialprinzip Einleitung 24

OLG; auswärtige Senate § 116 GVG 2; Beschwerden gegen Entscheidungen des Familiengerichts § 119 GVG 4; Besetzung § 115 GVG 2; Einzelrichter § 122 GVG 2; Zuständigkeit in Zivilsachen § 119 GVG 2 f.; Zuständigkeit nach dem KapMuG § 118 GVG 2

Orden; Unpfändbarkeit § 811 47

ordentliche Gerichtsbarkeit; Aufbau, obligatorische Gerichte § 12 GVG 1

ordentlicher Rechtsweg; kein Ausschluss § 4 EGZPO 1

Orderpapiere § 821 5

Ordnungsgeld; Streitwert § 3 187; Zeuge § 380 7; Zeugnisverweigerung § 390 5

Ordnungsmaßnahmen; Immunität § 18 GVG 1

Ordnungsmittel; Androhung § 890 7; Antrag des Gläubigers § 890 15; Auswahl § 890 17; Festsetzung § 890 16; Fortfall des Titels § 890 18; Fortsetzungszusammenhang § 890 12; Kerntheorie § 890 12; Ordnungsgeld § 890 2, 19; Ordnungshaft § 890 2, 20; Titelschuldner § 890 11; Verfahren und Zuständigkeit § 890 22; Verschulden § 890 13; Vollstreckung § 890 24; Zuwiderhandlung § 890 11

Ordnungsvorschrift § 763 4

ordre public Anhang nach § 1075: EuBVO Art. 10 3; Anhang nach § 1075: EuBVO Art. 15 3
ordre public international § 328 23
ordre-public-Vorbehalt Art 34 EuGVO 2
Organ; Rechtspflege § 153 GVG 9; Zwangsvollstreckung § 753 3
Organstreitverfahren § 50 19
originärer Einzelrichter § 348 2; Dezernatswechsel § 348 4; Rechtsmittel § 348 9; Spezialzuständigkeiten § 348 5 ff.; Übernahme durch Kammer § 348 7
Ort; der Vollstreckungshandlung § 764 3
örtliche Zuständigkeit § 12 2; Anspruchskonkurrenz § 12 10; Berufung § 12 11; Beschwerde § 12 11; Doppelfunktionalität § 12 18; doppelrelevante Tatsachen § 12 9; Erschleichung § 12 16; fliegender Gerichtsstand § 12 16; forum shopping § 12 16; Hinweispflichten § 12 13; New York Times § 32 16; Prüfung § 12 8; Rechtsbeschwerde § 12 12; Rechtsmissbrauch § 12 16; Revision § 12 12; Rüge § 12 9; Sachzusammenhang § 12 10; Wahlfeststellung § 12 14
Ortstermin § 219 2; Öffentlichkeit § 169 GVG 7
overruling Art 11 Brüssel IIa-VO 7

Pacht Art 22 EuGVO 2
Parlamentarier; Zeuge § 382 1
Partei § 50 1; Abgrenzung zum Zeugen § 373 10; Mitwirkung im Anwaltsprozess § 78 2; Nichtexistente Partei § 50 9; Partei kraft Amtes § 50 2; Parteiänderung § 50 5; Parteibegriff § 50 2; Parteiberichtigung § 50 5; politische § 50 29; Widerruf von Handlungen ihres Anwalts § 85 4, 6
Partei kraft Amtes § 116 2; § 727 14; Unterbrechung § 239 3; § 244 3
Parteiabreden; vollstreckungsbeschränkende vor §§ 704 ff 19; vollstreckungserweiternde vor §§ 704 ff 20
Parteianhörung § 141 2
Parteibeitritt § 533 6
Parteibezeichnung; rechtsfehlerhaft § 736 6
Parteierweiterung §§ 59, 60 4
Parteifähigkeit § 50 10; Heimatrecht § 55 1; Zulassungsstreit § 50 13
Parteiprozess § 79 1 ff.; Beschränkung der Vollmacht § 83 3; Kündigung der Vollmacht § 87 3; Widerruf von Prozesshandlungen § 85 6
Parteirolle; kein Einfluss auf Beweislastverteilung § 286 63
Parteivernehmung § 141 2; Abgrenzung Parteianhörung vor §§ 445 ff 3; Abgrenzung Zeugenbeweis vor §§ 445 ff 3; Amtsverschwiegenheit § 451 1; Anfangswahrscheinlichkeit § 448 4, 10; Anordnung § 448 12; anwendbare Vorschriften § 451 1 f.; auf Antrag vor §§ 445 ff 8; § 447 3; Ausbleiben der Partei § 454 2; Ausforschungsbeweis § 445 9; Auslagen der Partei § 451 2; Aussageverweigerung § 446 1; § 453 3; Aussetzung Beweisbeschluss § 450 4; Auswahl der Partei § 448 14; Beeidigung § 452 1; beider Parteien § 448 16; Belehrung § 447 7; § 452 6; Berufung § 536 1; Berufungsgericht § 448 19; Beweisantrag § 445 3, 9; Beweisaufnahme § 451 1; § 453 1; beweisbelastete Partei § 445 2; § 447 1; Beweisbeschluss vor §§ 445 ff 11; § 448 17; § 450 1; Beweislast vor §§ 445 ff 8; § 445 2; § 447 1; Beweismittel vor §§ 445 ff 1; Beweisnot § 448 7; Beweisthema § 450 2; Beweiswert § 448 5; Beweiswürdigung vor §§ 445 ff 11; § 446 6; § 453 1; § 454 5; Bindung an Erklärungen § 447 5; Ehesachen vor §§ 445 ff 9; Einverständnis § 447 4; Entschuldigung § 454 4; Erklärungspflicht § 446 3; Ermessen § 447 6; § 448 13; § 452 3; § 454 5; § 455 3; Ermessensüberprüfung § 448 19 f.; erwiesenes Gegenteil § 445 7; Erzwingbarkeit § 454 1; Folgen der Aussageverweigerung § 453 3; Gegenbeweis § 445 3, 7; § 447 1; § 448 4; Gegenstand vor §§ 445 ff 5; Gegner § 445 1; § 447 3; gesetzlicher Vertreter § 455 2; Geständnis vor §§ 445 ff 11; Glaubwürdigkeit § 451 1; § 453 1; Heilung Verfahrensfehler § 447 7; § 448 18; § 450 1; § 455 2; Hinweis § 446 7; § 450 5; § 455 5; Ladung § 450 3; § 454 3; Minderjährige § 455 4; nicht ausreichendes Beweisergebnis § 448 3; Ordnungsmittel § 454 8; Parteianhörung vor §§ 445 ff 2; § 448 11; Protokollierung § 446 7; § 447 4; Prozesskostenhilfeverfahren vor §§ 445 ff 10; prozessunfähige Partei § 455 1; Revision § 448 20; Schätzungsvernehmung vor §§ 445 ff 9; selbständiges Beweisverfahren § 485 12; Streitgenossenschaft § 449 1; Subsidiarität vor §§ 445 ff 8; § 445 5; Unzulässigkeit § 445 7; Urkunden- und Wechselprozess vor §§ 445 ff 10; vAw vor §§ 445 ff 7; § 448 1; verfassungsrechtliche Anforderungen § 448 6; Verstöße § 448 18; Vier-Augen-Gespräch § 448 8; Waffengleichheit § 448 8; Weigerung § 446 2; Widerruf § 447 5; Wiederholung § 453 1; Zustellung § 450 3; § 454 3
Parteiwechsel § 533 6; erfolgloses Angriffs- und Verteidigungsmittel § 96 22; gewillkürter § 50 45
Passivlegitimation § 50 6
Passivprozess § 728 3; Gesamthandsverbindlichkeit § 62 16
Patent Art 22 EuGVO 9
Patentnichtigkeitsverfahren § 91a 48
Patentrechte; Zwangsvollstreckung § 857 63
PEBB§Y § 21e GVG 36
periodische Gewinnansprüche § 859 6
perpetuatio fori § 91a 37
Personalhoheit vor §§ 21a ff GVG 14
Personalrat; Freizeitausgleich § 13 GVG 9; Rechtsweg § 13 GVG 9
Personenbeförderung § 857 12
Personenhandelsgesellschaft § 727 4

Personenstand Art 1 EuGVO 10
persönliche Haftung § 736 3
persönliche Klage § 26 2
persönliches Erscheinen § 141 2
Persönlichkeitsrechte § 857 5; Unterbrechung § 239 11
petitorische Widerklage § 33 25
pfändbare Gegenstände; Beispiele § 811 35
Pfändbarkeit; Arzneimittelzulassung § 857 12; Erbbaurecht § 857 14; freiberufliche Praxis § 857 11; Gaststättenerlaubnis § 857 12; Geschäftsanteile an einer GmbH § 857 40; Kundenstamm § 857 11; nicht akzessorische Gestaltungsrechte § 857 10; Nießbrauch § 857 14; öffentlich-rechtliche Befugnisse § 857 12; unveräußerliche Rechte § 857 13; Wohnrecht § 857 14
Pfandkammer § 808 20
Pfandrecht § 850b 32; § 852 7; Briefhypothek § 830 2, 8; Buchhypothek § 830 11; Grundschulden § 830 2; Höchstbetragshypothek § 830 4; Hypothek § 830 2; Reallasten § 830 2; Rentenschuld § 830 2; Schiffshypothek § 830a 2
Pfandsachen; Verwahrung § 808 20
Pfandsiegel § 808 23; Strafbarkeit der Verletzung § 808 28
Pfändung § 720a 5; § 803 1 ff.; Aufhebung § 817a 5; Auflassungsanwartschaft § 848 14; Auskunft des Gerichtsvollziehers an Gläubiger § 806a 1 ff.; aussichtslose § 807 8; Benachrichtigung des Schuldners § 808 28; § 809 7; § 826 7; Berechnung der Forderung § 803 5; Besitz der Pfandsache § 808 30; bewegliches Vermögen § 803 2; Bewirkung § 808 15; Entstrickung § 803 3; erfolglose § 807 5 ff.; ersichtlich machen § 808 21 ff., 27; § 810 8; ersichtlich machen bei Früchten § 810 7; fortlaufende Bezüge § 850b 15; Geld § 808 17; Gesellschafterstellung § 859 8; Gesellschaftsanteil § 859 4; Gütergemeinschaft § 860 2 f.; Hausrat § 811 14; Inhaberpapiere § 831 1; Kostbarkeiten § 808 17 f.; Kraftfahrzeuge § 808 2; § 811 19, 34, 48; mehrerer Forderungen § 829 80; Nachpfändung § 803 7; nutzlos § 803 8 f.; Orderpapiere § 831 1, 5; Pfändungspfandrecht § 804 4 ff.; Pfändungsverbote § 803 4 ff.; privilegierte § 850e 20; § 853 1; rangsichernde § 850d 38; Sachpfändung § 828 2; Verstrickung § 803 3; § 804 1 ff.; vorzugsweise Befriedigung § 805 1 ff.; Wahl der Pfandstücke § 808 14; Wechsel § 831 5; Wegschaffen der Pfandsachen § 808 17; Wertpapiere § 808 17; § 821 6; Zubehör § 865 11; zwecklos § 753 13
Pfändung Arbeitseinkommen; Insolvenzverfahren § 850 38; Kosten § 850 41; § 850c 49; Kündigung des Arbeitsverhältnisses § 850 36; Pfändungsverfahren § 850c 26; Rechtsbehelfe § 850 37; Rechtsfolgen § 850 34; Stellung des Drittschuldners § 850c 29; Umfang § 850 10, 32; Verfahren § 850 7
Pfändung fortlaufender Bezüge; Insolvenzverfahren § 832 8; Rechtsfolgen § 832 7; Voraussetzungen § 832 2
Pfändung Geldforderungen § 829 1; Abfindungsanspruch § 829 12; Alternativpfändung § 829 81; Anfechtbarkeit § 829 64; Anhörungsverbot § 829 37; Ansprüche aus Nichterfüllung § 829 12; Arbeitseinkommen § 829 26; bedingte Forderungen § 829 10; Bestimmtheit der Forderung § 829 46; Dispokredit § 829 12; Erbbauzinsen § 829 12; Fehlerhaftigkeit § 829 65; Insolvenzverfahren § 829 107; internationale Forderungspfändung § 829 105; Kontokorrentverhältnis § 829 12; Kosten § 829 109; künftige Forderungen § 829 11; mehrere Forderungen § 829 80; Mehrheit von Berechtigten § 829 17; Miete § 829 12; Nebenrechte § 829 76; nicht fällige Forderungen § 829 10; Pacht § 829 12; Pfändungsantrag § 829 28; Pfändungsverfahren § 829 28; Provisionsansprüche § 829 12; Rechtsbehelfe § 829 99; Stellung des Drittschuldners § 829 90; Stellung des Gläubigers § 829 82; Stellung des Schuldners § 829 85; Steuererstattung § 829 27; Systemvorteil § 829 4; Teilpfändung § 829 73; Treuhand § 829 19; Umfang § 829 72; Unpfändbarkeit § 829 23; Unwirksamkeit § 829 64; Völkerrecht § 829 24; Wirkung § 829 67; Zahlungen der Sozialversicherung § 829 12
Pfändung Hypothekenforderungen; Insolvenzverfahren § 830 14; Kosten § 830 16; Rechtsbehelfe § 830 15; Rechtsfolgen § 830 13; Vorpfändung § 830 13
Pfändung Schiffshypothekenforderung; Insolvenzverfahren § 830a 5; Kosten § 830a 6
Pfändung Unterhaltsansprüche § 850d 1; Antrag § 850d 42; Aufwendungen § 850d 30; freiwillige Leistungen § 850d 12; Insolvenzverfahren § 850d 55; Kappungsgrenze § 850d 31; Kindergeld § 850d 14; Kosten § 850d 56; nicht erwerbsfähige Schuldner § 850d 28; persönlicher Anwendungsbereich § 850d 5; Pfändungsbeschluss § 850d 47; Pfändungsumfang § 850d 13; Prioritätsprinzip § 850d 48; Rangprinzip § 850d 35, 48; Rechtsbehelfe § 850d 51; sachlicher Anwendungsbereich § 850d 10; Schadenersatzansprüche § 850d 11; Sonderbedarf § 850d 10; sonstige Abzugsposten § 850d 29; sozialrechtliche Unterhaltsbestimmung § 850d 16; Unterhaltsbemessung § 850d 17; Verfahren § 850d 42; verschleiertes Arbeitseinkommen § 850d 14; vertragliche Leistungen § 850d 12; Vollstreckungsgegenstand § 850d 13; Vorratspfändung § 850d 38; Wirkungen § 850d 48
Pfändung Unterhaltsforderung; Träger der Sozialhilfe § 850d 8; Vollstreckungsschuldner § 850d 6
Pfändungs- und Überweisungsbeschluss § 852 9
Pfändungsantrag § 829 28; § 850b 12; Darlegungsanforderungen § 829 38; Formzwang § 829 29; notwendiger Inhalt § 829 31; Prüfung des Gesuchs § 829 33

Pfändungsbeschluss § 828 3; § 829 40; § 830 1, 5; § 833a 9; § 848 4; § 850c 31; § 850g 10; Anforderungen § 830 5; Auslandszustellung § 835 10; Begründung § 829 42; Zustellung § 829 52; § 830a 2

Pfändungsfreibetrag § 850c 8, 25; § 850d 2 f.; abgetretene Bezüge § 850c 11; Änderungen § 850f 2; Berechnung § 850c 9; Berechnungsgrundlage § 850c 11; Entgeltfortzahlung im Krankheitsfall § 850c 9; Erhöhung § 850c 17; Grundfreibetrag § 850c 5, 12; Minderbedarf § 850c 12; Nachzahlungen § 850c 10; verpfändete Bezüge § 850c 11; vorgeschossene Bezüge § 850c 11; Weihnachtsgelds § 850c 10

Pfändungsfreigrenzen § 850b 10; Anpassung § 850c 22; Anrechnung von Einkünften Angehöriger § 850c 40; Billigkeitsprüfung § 850c 36; Dynamisierung § 850c 21; eigenes Einkommen von Unterhaltsempfängern § 850c 31; Einkünfte des Unterhaltsempfängers § 850c 34; Festsetzung § 850c 45; internationale Forderungspfändung § 850c 48; Primärzweck § 850c 2; Rechtsbehelfe § 850c 47; Sekundärzweck § 850c 3; Systematik § 850c 5; tertiäre Ziele § 850c 4; Übergangsregelung § 20 EGZPO 1; § 21 EGZPO 1

Pfändungsgläubiger; privilegiert § 850d 5

Pfändungspfandrecht § 758 8; § 758a 16; § 804 4 ff.; § 808 29; § 810 8; § 829 1, 70; § 833a 2; § 848 8; Beeinträchtigung § 804 9; Erlöschen § 804 10; Hinterlegung gepfändeten Geldes § 815 11; Hypothek § 830 3; Rang § 804 7 f.; § 805 1; Wirkung § 829 71

Pfändungsprotokoll § 808 28, 34 f.; § 809 5; Anschlusspfändung § 826 6; Austauschpfändung § 811a 12; Ergebnis der Schätzung § 813 4; nachträgliche Schätzung § 813 8; Verwertungsaufschub § 813a 4; Vorwegpfändung § 811d 4

Pfändungsprozess § 850b 12

Pfändungsschutz § 850 4; § 850b 1, 3; § 850c 8; § 851c 9 f.; § 852 6; Abfindungsansprüche § 850 20; Abschlagszahlungen § 850 13; Arbeitnehmer § 850i 11; Arbeitnehmer-Sparzulage § 850 22; Arbeits- und Dienstlöhne § 850 18; Arbeitskampfunterstützung § 850 20; Bedienungsgeld § 850 20; bedingt pfändbare Bezüge § 850b 1, 3; Beihilfeanspruch des Beamten § 850b 20; Bezüge aus Hilfskassen § 850b 19; Bezüge aus Krankenkassen § 850b 19; Bezüge aus Waisenkassen § 850b 19; Bezüge aus Witwenkassen § 850b 19; Bezüge des Geschäftsführers § 850 28; Bezüge des Vorstandsmitglieds § 850 28; Bezüge eines Strafgefangenen § 850 24; Bonusleistungen der Krankenkassen § 850b 19; Dienst- und Versorgungsbezüge § 850 15; Dividenden § 850 22; Einkünfte aus Stiftungen § 850b 15; Entgeltfortzahlung § 850 20; Gehaltsumwandelung § 850 23; Heimarbeiter § 850i 48; Insolvenzgeld § 850 20; Insolvenzverfahren § 850 38; Karenzentschädigungen § 850 29; Kindergeld § 850 22; Kontoguthaben aus wiederkehrenden Einkünften § 850l; Kosten § 850i 53; Lohn- oder Einkommensteuererstattungsansprüche § 850 21; Mehrarbeitsvergütungen § 850 20; Nebentätigkeiten § 850 14; rückständige Beträge § 850b 5; Ruhegelder § 850 25; Sachen von öffentlichem Interesse § 882a 11; selbstständige § 850i 11; sonstige Vergütungen § 850i 1; Sozialleistungen § 850i 50; Trinkgelder § 850 22; Urlaubsentgelt § 850 20; veränderte Umstände § 850g 6; vermögenswirksame Leistungen § 850 22; Versicherungsrenten § 850 30; wiederkehrende Zahlungen § 850b 5; Wirkungen § 850i 47

Pfändungsschutz Altersrente; Anwendungsbereich § 851c 4; Beginn § 851c 40; Berechnung § 851c 30; Berücksichtigung von Unterhaltsberechtigten § 851c 38; Häftlinge § 851c 4; Insolvenzverfahren § 851c 47; Jahresbeiträge § 851c 36; Kosten § 851c 48; Pfändungsfreigrenze § 851c 34; Rechtsbehelfe § 851c 46; Rechtsfolgen § 851c 29; Schutzantrag § 851c 31; Stellung des Drittschuldners § 851c 32; Verfahren § 851c 31, 45; Verfügungsverbot § 851c 19; vertragliches Verfügungsverbot § 851c 20; Vollstreckungszugriff § 851c 41; Zeitpunkt § 851c 10; Zugewinnausgleich § 851c 9

Pfändungsschutz Arbeitseinkommen; Erwerbsersatzeinkommen § 850 6

Pfändungsschutz bei steuerlich gefördertem Altersvorsorgevermögen; Insolvenzverfahren § 851d 10

Pfändungsschutz für sonstige Einkünfte; Berücksichtigung wirtschaftlicher Verhältnisse § 850i 39; Höhe der Einkünfte § 850i 30; mehrere Einkommensquellen § 850i 31; Umfang § 850i 27; ungleichartige Vergütungen § 850i 32

Pfändungsschutz Landwirte; Darlegungs- und Beweislast § 851a 8; Kosten § 851a 11; personellen Anwendungsbereich § 851a 2; Rechtsbehelfe § 851a 10; sachlichen Anwendungsbereich § 851a 3; Unterhalt § 851a 5; Verfahren § 851a 8

Pfändungsschutz Miet- und Pachtzinsen; Anwendungsbereich § 851b 2; Darlegungs- und Beweislast § 851b 7; geschützte Ausgaben § 851b 4; Kosten § 851b 12; Rechtsbehelfe § 851b 10; Rechtsfolgen § 851b 6; Verfahren § 851b 7

Pfändungsschutz steuerlich gefördertes Altersvorsorgevermögen; Kosten § 851d 11; Rechtsbehelfe § 851d 9; Rechtsfolgen § 851d 5; Verfahren § 851d 8

Pfändungsschutz, erweiterter § 850f 4; Altersvorsorge § 850f 19; angemessene Heizkosten § 850f 17; angemessene Unterkunftskosten § 850f 16; Antrag § 850f 33; Anwendungsbereich § 850f 4; Aufstockungsfunktion § 850f 7; besondere berufliche Bedürfnisse § 850f 24; besondere persönliche Bedürfnisse § 850f 23; besondere Unterhaltspflichten § 850f 25; Beweislast § 850f 35; Definitionsfunktion § 850f 6; erwerbsfähiger Schuldner § 850f 14; gesetzliche Unterhaltspflichten § 850f 26; Gewährleistungsfunktion § 850f 5; Heizungskosten § 850f 5; Maßstab § 850f 11; Mehrbedarfe § 850f 18; Miete § 850f 15; Mietnebenkosten § 850f 15; nicht erwerbsfähiger Schuldner § 850f 21; notwendiger Unterhalt § 850f 11; Privatversicherung § 850f 19; sozialrechtliche Bindung § 850f 5; Unterhaltspflichten § 850f 22; Unterkunftskosten § 850f 5; Verfahren § 850f 33; Voraussetzungen § 850f 11; Wohneigentum § 850f 15

Pfändungsschutzantrag § 850i 44

Pfändungsschutzkonto; Aufrechnung § 850k 100; Aufstockungsbetrag § 850k 56; Basispfändungsschutz § 850k 53; Einzelkonto § 850k 36; Gemeinschaftskonto § 850k 20, 40; Inkrafttreten § 850k 7; Insolvenz § 850k 121; Kindergeld § 850k 61; Kontopfändung § 850k 94; Kontoumwandlung § 850k 19; Kosten § 850k 124; Mehrverdienst § 850k 80; Normzweck § 850k 1; persönlicher Anwendungsbereich § 850k 12; privilegierte Pfändung § 850k 82; privilegierte Vollstreckung von Unterhaltsansprüchen § 850k 69; Rechtsanspruch § 850k 8, 14; Rechtsbehelfe § 850k 117; rechtsgeschäftlicher Vertreter § 850k 17; sachlicher Anwendungsbereich § 850k 10; Schadenersatzansprüche des Gläubigers § 850k 33; Übergangsrecht § 850k 7; Übertragung des Freibetrags § 850k 97; Überweisung einer Forderung § 835 31; Umfang des Pfändungsschutzes § 850k 45; Umwandlung bei bestehender Pfändung § 850k 25; Umwandlungserklärung § 850k 21; Umwandlungsfrist § 850k 23; Umwandlungsrecht § 850k 24; Verrechnung § 850k 100; Versicherung des Schuldners § 850k 30; Voraussetzung § 850k 19; Wirkung der Umwandlung § 850k 34; zeitlicher Anwendungsbereich § 850k 7

Pfändungstabelle § 850f 5

Pfändungsumfang; Kontopfändung § 833a 10

Pfändungsumfang Arbeitseinkommen; Änderung des Dienstherrn § 833 3; Gehaltsänderungen § 833 2; Unterbrechung des Dienstverhältnisses § 833 4

Pfändungsverbote § 811 54; § 829 23; Berücksichtigung von Familienangehörigen § 811 14, 20 f.; juristische Personen § 811 5, 30; maßgeblicher Zeitpunkt § 811 6 ff.; Vereinbarungen der Parteien § 811 9 ff.

Pfandveräußerung; Gewährleistung § 806 1 ff.

Pflicht zur Prüfung des Gutachtens; selbständiges Beweisverfahren § 493 1

Pflichtteil § 62 16

Pflichtteilergänzungsanspruch § 852 3

Pflichtteilsanspruch § 852 1 f., 7

PKH-Verfahren; Unterbrechung vor §§ 239 ff 1; § 244 2

Plenarpräsidium § 21a GVG 8

Postulationsfähigkeit; Hinweispflicht § 139 17; Unterbrechung § 244 1 ff.

Präjudizialität § 322 17

Präklusion § 322 42; § 323 40; § 530 2; § 531 1; § 532 1; selbständiges Beweisverfahren § 492 2

Präsenzversteigerung vor §§ 704 ff 23

Präsident; LG, Besetzung § 59 GVG 3

Präsidialrat; Unabhängigkeit § 1 GVG 23

Präsidium § 21a GVG 1 ff.; Allzuständigkeit § 21e GVG 3; Arten § 21a GVG 6; Aufsichtsfunktion § 21g GVG 31; Berichterstatter § 21e GVG 71; Beschlussfähigkeit § 21i GVG 1; Dienstaufsicht § 21e GVG 103; Eilentscheidung § 21e GVG 67; Errichtung § 21j GVG 1; Fachgerichte vor §§ 21a ff GVG 1; § 21a GVG 10; Funktion § 21a GVG 4; Gesamtpräsidium § 21a GVG 10; § 21i GVG 2; Geschäftsordnung § 21e GVG 71; Größe § 21a GVG 7; § 21d GVG 1; Herabstufung § 21d GVG 4; Heraufstufung § 21d GVG 5; Information § 21e GVG 77; Kompetenzen § 21e GVG 3; Organqualität § 21a GVG 5; § 21e GVG 4; Planstelle § 21a GVG 7; Repräsentation § 21a GVG 4; Richteröffentlichkeit § 21e GVG 88; Stichentscheid § 21e GVG 67; Vertretung § 21e GVG 79; Vorsitz § 21a GVG 10; Vorsitzführung § 21e GVG 75

Präsidiumsbeschluss § 21e GVG 1 ff.; Auflegung § 21e GVG 78, 94; Einsicht § 21e GVG 94; Ermessensentscheidung § 21e GVG 68; Ermessensgrenzen § 21e GVG 70; Internet § 21e GVG 78; Intranet § 21e GVG 94; Klage § 21e GVG 100; Klagegegner § 21e GVG 102; Mehrheitsprinzip § 21e GVG 80; Stimmenenthaltung § 21e GVG 80; Telefonkonferenz § 21e GVG 73; Umlaufverfahren § 21e GVG 72; Unabhängigkeit § 21e GVG 98; Unterzeichnung § 21e GVG 74; Veröffentlichung § 21e GVG 78, 92; Verschwiegenheit § 21e GVG 81; Verwaltungsakt § 21e GVG 68

Präsidiumsmitglieder § 21a GVG 1 ff.; § 21c GVG 1 ff.; Ausscheiden § 21c GVG 7; Dienstaufsicht § 21e GVG 103; Nachrücken § 21c GVG 8; Streik § 21e GVG 4; Unabhängigkeit vor §§ 21a ff GVG 10; Verschwiegenheit § 21e GVG 89; Vertretung § 21c GVG 3

Präsidiumssitzung § 21e GVG 1 ff.; Richteröffentlichkeit § 21e GVG 88; Verschwiegenheit § 21e GVG 81; Vorbereitung § 21e GVG 77; Vorsitz § 21e GVG 75

Präsidiumswahl § 21b GVG 1 ff.; Ablehnung § 21b GVG 10; Anfechtung § 21b GVG 11; Annahme § 21b GVG 10; Bildung des Gerichts § 21i GVG 1; Losziehung § 21b GVG 7; Nachrücker § 21c GVG 8; Versäumung § 21b GVG 10, 16; Wählbarkeit § 21b GVG 5; Wahlordnung § 21b GVG 18; Wahlperiode § 21b GVG 7; Wahlpflicht § 21b GVG 9; Wahlrecht § 21b GVG 2

Prätendentenstreit; Anwaltszwang § 75 4; Beitritt § 75 4; Endurteil § 75 6; Entlassung des Beklagten § 75 6; Feststellungsklage § 75 1; Forderung § 75 2; Forderungsprätendentenstreit § 75 7; Hauptintervention § 75 1; Hinterlegung § 75 1, 5; Leistungsklage § 75 2, 7; Rechtskraft § 75 1, 8; Schlussurteil § 75 8; Streitverkündung § 75 4; zweier Gläubiger § 727 20; Zweitprätendent § 75 1; Zwischenurteil § 75 6

Presse; Zeuge § 383 18

pre-trial-discovery § 328 30

Preußische Räumung § 885 22

principles of transnational civil procedure Einleitung 76

Prioritätsgrundsatz vor §§ 704 ff 5

Prioritätsprinzip Art 16 Brüssel IIa-VO 1

privates Wissen des Richters § 286 6

Privatgutachten vor §§ 402 ff 7; selbständiges Beweisverfahren § 485 3, 25

Privaturkunde § 416 1; Abgrenzung § 416 3; Aussteller § 416 6; Beweis der Echtheit § 440 1; Beweis der Unrichtigkeit § 416 20; Beweisantritt § 420 5; Beweisantritt der Echtheit durch Schriftvergleichung § 441 3; § 442 1; Beweiskraft § 416 1, 16; Echtheit § 439 1; Echtheit der Vergleichsschrift § 441 6; Echtheitsbeweis durch Schriftvergleichung § 441 1; Echtheitsvermutung § 440 3, 7; Erklärung über Echtheit § 439 3; inhaltliche Richtigkeit § 416 19; Namensunterschrift § 416 8; nicht erfasste Tatsachen § 416 18; notariell beglaubigtes Handzeichen § 416 13; Standort der Unterzeichnung § 416 14; über Erklärung § 416 15; Unterschrift § 416 7; Unterschriftsbeglaubigung § 440 6; Unterschriftserzeugung § 416 11; Unterzeichnung § 416 4; Urkundenbesitz einer Behörde oder eines Beamten § 432 3; Veränderungen ohne Beweiskraftverlust § 419 4; Vertretung § 416 12

Privatversicherungen § 850f 19

privilège de juridiction § 328 34

Produzentenhaftung; Beweislastumkehr § 286 68

Prognose § 323 1

Prognoseentscheidung § 758a 21

Prorogationsverbot § 40 1; internationale Zuständigkeit § 40 5

Protokoll; Augenschein § 372 4; über Vollstreckungshandlungen § 762 1 ff.; Zeuge § 396 6

Protokollberichtigung; Rechtskontrolle § 164 6; Verfahren § 164 2

Protokollierungserfordernisse; Beispiele § 762 4

Protokollurteil § 313 13; § 540 19

Provisionsansprüche § 829 12

Prozessakten § 541 1

Prozessaufrechnung; selbständiges Beweisverfahren § 494a 10

Prozessbetrug § 138 7; Wiederaufnahmegrund § 580 8

Prozessbevollmächtigter § 80 8; § 172 2 ff.; Verschuldenszurechnung § 85 10

Prozessfähigkeit § 51 1; § 52 1; Ausländer § 55 1; Betreuung § 53 1; Einwilligungsvorbehalt § 53 1; Genehmigung § 52 3; Heimatrecht § 55 1; natürliche Person § 52 2; partielle Prozessunfähigkeit § 52 2; Pflegschaft § 53 1; Staatenlose § 55 2

Prozessförderungspflicht § 138 8

Prozessführung; Genehmigung § 89 13 f.

Prozessführung kraft Amtes § 50 36

Prozessführungsbefugnis § 50 33; § 51 1; Übertragbarkeit § 50

Prozessgericht vor §§ 704 ff 6; § 721 7; § 724 9

Prozesshandlung § 62 19; Gericht Einleitung 48; Partei Einleitung 49; Widerruf § 578 4

Prozesshandlung (Parteien); Aussetzung § 249 6; Unterbrechung § 249 6

Prozesshandlungsvoraussetzung § 50 12, 33; § 51 1; Prozessfähigkeit § 52 3

Prozesshindernisse; Hinweispflicht § 139 17

Prozesskosten § 757 3

Prozesskostenhilfe § 114 4, 8, 11, 14; Abänderungsklage § 323 48; Abtretung § 114 17; Änderung der Ratenzahlung § 120 19; Anwaltswechsel § 121 32; Aufhebung der Bewilligung § 124 1; Beginn der Ratenzahlung § 120 6; Begründung des Beschlusses § 127 40; Beiordnung eines Rechtsanwalts § 121 4; Berufungsfrist § 517 17; Beschwerde § 127 13; Beschwerde der Staatskasse § 127 28; Betreibungsrecht des Rechtsanwalts § 126 2; Beweisantizipation § 114 28; Dauer der Ratenzahlung § 115 31; Einkommen § 115 3; Einziehungsverbot § 122 8; Erledigung der Hauptsache § 114 32; fehlende Vollstreckungsmöglichkeiten § 114 38; für ein beabsichtigtes Verfahren § 114 6; für juristische Personen § 114 11; grenzüberschreitend § 1076 1; Hausanwesen § 115 39; Insolvenz § 114 14; Kindesunterhalt § 114 44; Lebensversicherung § 115 41; Nebenintervention § 114 9; Parteiwechsel § 114 12; Rechtsmittelfrist § 117 30; Reisekosten § 121 36; § 122 4; Rückabtretung bei Unterhalt § 114 18; selbständiges Beweisverfahren § 485 30; § 487 15; Streitwert § 3 190; § 4 3; Stufenklage § 119 8; Verbundverfahren § 114 42; § 119 9; Verfahren § 118 1; Vergleich § 114 8; Vergütungsvereinbarung § 122 8; Verkehrsanwalt § 121 24; Wiedereinsetzung § 117 33; § 127 10; Zwangsvollstreckung § 119 29

Prozesskostenhilfeantrag § 852 5

Prozesskostenhilfeverfahren; Verweisungspflicht § 17a GVG 3

Prozesskostenvorschuss § 114 35; § 115 5; § 850b 9; Ehegatten § 115 48; einstweilige Anordnung § 115 47; Rückforderung § 115 57

Prozessleitung; formelle § 136 1; materielle § 136 5

Prozessmaximen Einleitung 23
Prozesspfleger; dingliches Recht § 58 2; fehlende Vertretung § 57 2; Gefahr im Verzuge § 57 3; gesetzlicher Vertreter § 58 3; juristische Person § 57 1; natürliche Person § 57 1; Prozessunfähigkeit § 57 2; Vergütung § 57 5
Prozessrechtsverhältnis Einleitung 4
Prozessstandschaft § 114 16; § 724 6; des Gläubigers beim Überweisungsbeschluss § 835 20; gesetzliche § 50 33 f.; Kind § 53a 1
Prozessstandschaft, gewillkürte § 50 33; § 727 3; Ermächtigung § 50 39; höchstpersönliche Rechtsgüter § 50 40; Offenlegung § 50 41; Rechtskraft § 50 45; schutzwürdiges Interesse § 50 42 ff.; Vollstreckungsstandschaft § 50 38
Prozessstandschafter; Rechtsstellung § 50 37
Prozesstrennung § 145 1 ff.; Streitwert § 3 191
prozessuale Überholung § 758a 15
Prozessunfähigkeit § 750 12; Unterbrechung § 241 1 ff.
Prozessurteil § 538 19
Prozessverbindung § 147 1; formlos § 147 8; Rechtsmittelsumme § 147 6; Streitwert § 3 192; § 5 3
Prozessvergleich § 726 2; § 750 13; Abänderung § 323a 3; Anwaltszwang bei Widerruf durch Dritten § 78 15; Berichtigung § 164 1; Formerfordernisse § 162 3
Prozessverträge Einleitung 54
Prozessvertreter § 750 12
Prozessvollmacht; Begriff § 80 1 f.; § 85 1 f.; Beschränkung § 83 1 f.; Erlöschen § 86 2 f.; § 87 2 f.; Erteilung § 79 11; § 80 4 f.; Fortbestand § 86 7; Fortbestand bei Tod § 86 8; Kündigung des Vertrags § 87 2 f.; Mängel § 88 1, 6 f.; Missbrauch § 83 2; Nachweis § 80 10 f.; § 85 10; Nebenverfahren § 82 1 f.; Prüfung § 87 3, 5; Umfang § 81 2 f.; Widerruf § 85 5 f.; Wirkungen § 85 3 f.
Prozessvoraussetzungen Einleitung 9; § 322 14; negative § 322 14
Prüfungskompetenz § 732 9; § 753 12; Vollstreckungsorgan § 750 4
punitive damages § 328 27

qualifizierte Klausel § 750 17
qualifizierte Prozessvoraussetzung § 1 3
Quittungen § 754 5

Rangänderung § 836 15
Rangverhältnis § 850d 4
räumliche Beschränkung § 758a 6
Räumung § 721 3; § 762 2; nach § 885 § 758a 17; von Wohnraum § 721 3
Räumungsfrist § 721 10; § 751 2; Kostenentscheidung § 93b 28
Räumungsgut; Haustiere § 885 24; Herausgabe § 885 26 ff.; Verkauf § 885 30; Vernichtung § 885 33; Verwahrung § 885 23; Verwertung § 885 29
Räumungsklage § 308a 2; Kostenentscheidung § 93b 1
Räumungsvergleich § 721 2
Räumungsvollstreckung; allg Voraussetzungen § 885 9; Besitzeinweisung § 885 21; gegen andere häusliche Gemeinschaften § 885 15; gegen Angehörige § 885 17; gegen Bedienstete § 885 19; gegen Eheleute § 885 12; gegen Minderjährige § 885 16; gegen nichteheliche Lebenspartner § 885 14; gegen Untermieter § 885 18; Hausbesetzung § 885 11; Herausgabevollstreckung § 885 2; in Zubehör § 885 20; Kosten und Gebühren § 885 35 f.; Räumungsgut § 885 22 ff.; Rechtsbehelfe § 885 34; Schuldner § 885 11; Verfahren § 885 20; Vermieterpfandrecht § 885 25
Realgläubiger; vorrangige Rechte bei Fruchtpfändung § 810 9
Reallast § 857 59
Recht am eigenen Bild § 857 5
Recht auf körperliche Unversehrtheit § 857 5
rechtlicher Hinweis; selbständiges Beweisverfahren § 486 1
rechtliches Gehör Einleitung 43; § 321a 1; § 764 5; § 850c 32; Offenkundigkeit einer Tatsache § 291 7; Wiederaufnahme wegen Verstoß § 579 10 ff.
rechtliches Interesse; selbständiges Beweisverfahren § 485 13
Rechtsanwalt; ausländischer § 78 5; Begriff § 78 3; Beiordnung § 78b 1 f.; § 78c 1 f.; Bestellung § 80 9; einstweilige Zulassung § 89 3 f.; Selbstvertretung § 78 27; Tod des Rechtsanwalts § 86 4; Verschuldenszurechnung § 81 8 ff.; Vertreter § 78 7; vollmachtloser Vertreter § 89 2 f.; Wissenszurechnung § 85 7
Rechtsanwaltsgesellschaft § 78 4
Rechtsanwaltssozietät § 727 10
Rechtsanwaltszwang; selbständiges Beweisverfahren § 487 13
Rechtsbehelf vor §§ 704 ff 16; § 705 7; § 706 10; § 724 12; indossable Papiere § 831 7; Zuständigkeitsfragen § 828 11
Rechtsbeschwerde § 574 1; § 732 11; § 133 GVG 5; Aussetzung § 252 6; Form § 575 3; Frist § 575 2; gegen Kostenentscheidung § 99 22; Ruhen § 252 6; Schiedssachen § 1065 1 ff.; selbständiges Beweisverfahren § 490 10; Zulässigkeit § 29 EGGVG 3
Rechtsbeschwerdegericht; Schiedssachen § 1065 3
Rechtsbeugung; Wiederaufnahmegrund § 580 9
Rechtschutzbedürfnis § 718 3
Rechtsentwicklung; Europa vor §§ 1067 ff 1
Rechtsfähigkeit § 50 10; Verlust § 735 3

Rechtsfortbildungsvorlage § 132 GVG 10; einheitliche Rechtsprechung § 132 GVG 12; grundsätzliche Bedeutung § 132 GVG 11

Rechtsgrund; Delikt §§ 59, 60 11; GoA §§ 59, 60 11; ungerechtfertigte Bereicherung §§ 59, 60 11; Vertrag §§ 59, 60 11

Rechtsgrundlagen § 753 2

Rechtshängigkeit § 117 23; anderweitig § 328 22

Rechtshilfe § 156 GVG 1

Rechtskraft § 50 8; § 705 1 f., 7; § 706 1; § 715 2; § 726 4; Drittwirkung § 325 2; Durchbrechung Einleitung 1, Einleitung 4; § 578 9; Einwand § 727 19; entgegenstehend § 328 22; Legaldefinition § 19 EGZPO 1; Sachurteilsvoraussetzung § 56 5; selbständiges Beweisverfahren § 490 6

Rechtskraft, materielle § 322 1; Beseitigung § 322 48; Durchbrechung § 322 47; Feststellungsurteil § 322 63; Gegenstand § 322 29; Gestaltungsurteil § 322 62; Klagehäufung § 322 40; Leistungsurteil § 322 61; Prozessurteil § 322 59; Prüfung vAw § 322 27; Teilklage § 322 36; Teilurteil § 322 34

Rechtskraftdurchbrechung § 322 47; materiell unrichtiger Titel § 322 52; Vollstreckungsbescheid § 322 56

Rechtskrafterstreckung § 325 1; Abgrenzung § 325 8 ff.; Einzelrechtsnachfolge § 325 30; Gesamtrechtsnachfolge § 325 26; gesetzliche Anordnung § 325 41; gutgläubiger Erwerber § 325 55; materiell-rechtliche Abhängigkeit § 325 45; nach Rechtshängigkeit § 325 13, 15; Nacherbfolge § 326 1; Prozessstandschaft § 325 39; Schuldnachfolge § 325 34; Testamentsvollstreckung § 327 1; Vereinbarung § 325 54; Wirkung § 325 6

Rechtskraftfähigkeit § 322 10

Rechtskrafttheorie; materiell § 322 3; prozessual § 322 3

Rechtskraftzeugnis § 706 1

Rechtsmittel § 705 7; § 713 2; Aussetzung vor §§ 239 ff 9; § 252 1; erfolgloses Angriffs- und Verteidigungsmittel § 96 25; Streitwert § 3 195; Unterbrechung vor §§ 239 ff 7; § 239 15; unzweifelhaft unzulässig § 713 2

Rechtsmittelstreitwert § 2 5; § 3 16, 23; § 4 5

Rechtsmittelverzicht § 705 4

Rechtsnachfolge; nach Rechtshängigkeit § 727 5; Nachweis § 727 7; Unterbrechung § 239 2, 9 ff., 19

Rechtsnachfolge, vollstreckbare Urkunde; Ausfertigung, vollstreckbare § 799 1; Briefhypothek § 799 1; Buchhypothek § 799 1; Grundpfandrecht § 799 1; Klauselerteilungsverfahren § 799 2

Rechtspfleger § 49 3; § 724 10; § 726 6; § 828 3; Dienstzeit § 1 GVG 28; Entscheidungen § 573 6; sachliche Unabhängigkeit § 1 GVG 28; Unabhängigkeit § 16 GVG 19

Rechtsschutzbedürfnis; Prozesskostenhilfe § 127 47; selbständiges Beweisverfahren § 485 13

Rechtsschutzgarantie Einleitung 45

Rechtsschutzinteresse § 103; § 707 8; § 732 8; § 758a 18

Rechtsschutzverfahren § 722 4

Rechtsschutzversicherer § 727 7

Rechtsschutzversicherung; selbständiges Beweisverfahren § 485 7

Rechtsstaatsprinzip Einleitung 36

Rechtsverletzung; Ermessensentscheidung § 513 5; Rechtsnorm § 513 6; Vertragsauslegung § 513 4

Rechtsvermutungen § 292 3

Rechtsweg; abgabenrechtliche Streitigkeit § 13 GVG 12; Amtshaftung § 17 GVG 16 f.; Anwaltsgerichte § 13 GVG 9; Arbeitsgerichte § 13 GVG 14; Arbeitsvermittlung § 13 GVG 14, 19; Arzneimittelrabatte § 13 GVG 11; Aufenthaltsrecht § 13 GVG 9; Auslieferungsverfahren § 13 GVG 15; Baulandsachen § 13 GVG 3, 20; beamtenrechtliche Schadensersatzansprüche § 13 GVG 9; Beliehene § 13 GVG 7; Beweisaufnahme § 17 GVG 1; Dolmetscherliste § 13 GVG 9; Eigentumsgrundrecht § 13 GVG 3; Enteignung § 17 GVG 16 f.; erkennungsdienstliche Behandlung § 13 GVG 9; Finanzgerichtsbarkeit § 13 GVG 12; Franchisenehmer § 13 GVG 14; gemischter Vertrag § 13 GVG 19; Gerichtsbarkeiten § 13 GVG 1 f.; Gerichtskosten § 13 GVG 9; gestuftes Rechtsverhältnis § 13 GVG 18; Grundstücksübertragung § 13 GVG 13; Handelsvertreter § 13 GVG 14; Hausrecht § 13 GVG 9; Hausverbot § 13 GVG 11; Insolvenzanfechtung § 13 GVG 13 f.; Insolvenzverfahren § 13 GVG 11 f., 14; Justizverwaltungsakt § 13 GVG 9; Kirchenrecht § 13 GVG 1; § 17a GVG 15; Konkurrentenstreit § 13 GVG 14; Konzentrationswirkung § 17 GVG 13 ff.; Krankenkasse § 13 GVG 9; Krankenversicherung § 13 GVG 4, 11; Landesblindenhilfe § 13 GVG 9; Notarrechnung § 13 GVG 13; öffentliche Einrichtung § 13 GVG 18; politische Parteien § 13 GVG 18; Prozesskostenhilfe § 17 GVG 5; Prozessrechtsreform § 17 GVG 1; Prozessvoraussetzung § 13 GVG 1; Rechtshängigkeit § 17 GVG 8 f.; Rechtswegabgrenzung § 13 GVG 4, 17; Rechtswegerhalt § 17 GVG 6 f.; Rechtswegsperre § 17 GVG 8; Rückverweisung § 17 GVG 17; Rundfunkanstalt § 13 GVG 13; Schwerbehindertenvertretung § 13 GVG 14; Sonderzuweisung § 13 GVG 3; Sozialgerichtsbarkeit § 13 GVG 11; Strafvollstreckung § 13 GVG 15; Straßenbau § 13 GVG 9; Streitgegenstand § 17 GVG 4; Unterlassung von Äußerungen § 13 GVG 9; Untersuchungsausschuss § 13 GVG 10; Verfassungsgerichte § 17 GVG 3, 11; verfassungsrechtliche Streitigkeit § 13 GVG 10; Vergaberecht § 13 GVG 13; Vertrag § 13 GVG 5; Vertragsauslegung § 13 GVG 19; Verwaltungsakt § 13 GVG 6; Verwaltungsgerichte § 13 GVG 5 f.; Verwal-

tungsgerichtsbarkeit § 13 GVG 9; Verwaltungshelfer § 13 GVG 7; Vorabentscheidung § 17 GVG 1; § 17a GVG 2, 6; Wirtschaftsförderung § 13 GVG 7; Zivilgerichtsbarkeit § 13 GVG 13
Rechtswegbeschwerde; Vertretungszwang § 17a GVG 9
Rechtswegbestimmung; Bindungswirkung § 17a GVG 8, 12; Eilrechtsschutz § 17 GVG 5; § 17a GVG 4; Hilfsantrag § 17a GVG 7; Parallelverfahren § 17a GVG 5; Prozesskostenhilfeverfahren § 17a GVG 3; Prüfungssperre § 17a GVG 2, 12 f.; Rechtsbehelfe § 17a GVG 9 ff.; Rechtswegrüge § 17a GVG 6; Rügeerfordernis § 17a GVG 14; Streitwert § 3 201; Vorabentscheidung § 17a GVG 1 f., 7 f.
Rechtswegsperre; anderweitige Rechtshängigkeit § 17 GVG 8; Auslandsklagen/EU § 17 GVG 12
Rechtswegverweisung; Amtshaftung § 17 GVG 16 f.; Beklagtenhäufung § 17a GVG 8; Beschwerdeentscheidung § 17b GVG 3; Eilrechtsschutz § 17a GVG 4; Hilfsantrag § 17a GVG 8; Immunität § 17a GVG 7; Klagefrist § 17b GVG 1; Klagerücknahme § 17a GVG 7; Kostenentscheidung § 17b GVG 3; Mehrkosten § 17b GVG 1 f.; Rechtshängigkeit § 17a GVG 7; Ruhen des Verfahrens § 17a GVG 7; Streitwert § 17b GVG 3
Referendar; als Vertreter § 78 9; Aufgabenübertragung § 10 GVG 8; Aufsicht § 10 GVG 6 f.; Beratungsteilnahme § 10 GVG 2; Rechtshilfeersuchen § 10 GVG 4; Verhandlungsleitung § 10 GVG 3; Verschuldenszurechnung § 85 12; Vertretung vor Gericht § 157 2; Vorbereitungsdienst § 10 GVG 1; Zeugenvernehmung § 10 GVG 5
Referendarausbildung vor §§ 21a ff GVG 16
reformatio in melius § 528 11
reformatio in peius § 3 21, 26; § 127 35; § 528 12; § 538 40
Reformbestrebungen § 154 GVG 2
Regeln der Technik; selbständiges Beweisverfahren § 485 21; § 487 3
Registerpfandrecht; Luftfahrzeuge § 830a 4
Reife; ungetrennter Früchte § 810 6; § 824 2
Reisekosten; Partei § 91 47
Reisekosten, Flug; Anwalt § 91 30
Reisevertrag Art 22 EuGVO 2
Relationstechnik § 284 3 ff.; Beklagtenstation § 284 4; Beweisstation § 284 5; Klägerstation § 284 4
Religionsfreiheit; Eid unter dem Kreuz § 481 7; eidesgleiche Bekräftigung § 484 1
religiöse Beteuerungsformel; Eid § 480 2
remise au parquet Anhang nach § 1071: EuZVO Art. 1 3; Anhang nach § 1086: EuVTVO Art. 13 1; Art 34 EuGVO 7; Art 43 EuGVO 2
Rente § 708 8; § 850b 4; Gesundheitsverletzung § 850b 4; private Basisrente § 851c 5; wegen Körperverletzung § 850b 4
Rentenansprüche § 851c 1
Rentenauskunft § 836 20
Rentenbezüge § 829 74
Rentenschuld; Zwangsvollstreckung § 857 61
Rentenversicherung § 851c 26, 28; Überlebensleibrentenversicherung § 851c 26
Resellervertrag § 546 17
Restitutionsklage; Begründetheit § 578 3 ff.; § 580 3; Restitutionsgründe § 580 4 ff.; Subsidiarität § 582 1 ff.; wegen Straftat § 580 5 ff.; § 581 3 ff.; Ziel § 580 1; Zulässigkeit § 578 3 ff.; § 580 2; § 582 2; zuständiges Gericht § 584 2 ff.
Restschuld § 757 3
Restschuldbefreiungsverfahren § 91a 78
Retent § 541 9
revisibles Recht § 545 1; Revisibilität ausländischen Rechts § 545 6; revisible Rechtsnormen § 545 1
Revision § 719 9; Berücksichtigung neuer Tatsachen § 36 EGZPO 8; Endurteil § 542 6; Frist § 548 1; Prüfung der Statthaftigkeit und Zulässigkeit § 552 1; revisionsunfähige Urteile § 542 7; Statthaftigkeit § 542 4; Überprüfung der Beweiswürdigung § 286 20; wegen Wiederaufnahmegrund § 580 19; Zulassung § 540 8; Zurückweisung § 561 1 ff.
révision au fond § 328 34; § 723 1; Art 34 EuGVO 1; Art 36 EuGVO 1; Art 45 EuGVO 1; Schiedssachen § 1059 4; § 1060 5; § 1061 31
Revisionsanträge § 557 2; Anfallwirkung § 557 2; Nachprüfung von Vorentscheidungen § 557 6; nicht vAw zu berücksichtigen § 557 10; vAw zu berücksichtigende Verfahrensfehler § 557 8; Verbesserungs- und Verschlechterungsverbot § 557 3; Verfahrensmängel § 557 10
Revisionsbegründung; Begründungsfrist § 551 2; Fristverlängerung § 551 3; Inhalt der Revisionsbegründung § 551 7; kassatorisches Urt § 551 10; Prozessakten § 551 3; Revisionsanträge § 551 7; Sachrügen § 551 9; Verfahrensrügen § 551 12; wesentliche Aktenteile § 551 4
Revisionseinlegung § 549 1 ff.
Revisionsgericht; Sachentscheidung § 563 10
Revisionsgründe; absolute § 547 1
revisionsrechtliche Überprüfung auf Rechtsfehler § 546 1; Allgemeine Geschäftsbedingungen § 546 5; andere Würdigung von Zeugenaussagen § 546 12; Auslegung § 546 3; Beweismaß § 546 8; Beweisregeln, Beweiserleichterung, Beweislastumkehr § 546 13; Beweiswürdigung § 546 8; Ermessen § 546 16; Gerichtsentscheidungen und Verwaltungsakte § 546 7; Indizienbeweis § 546 9; prozessual bedeutsame Willenserklärungen § 546 6; Sachverständigengutachten § 546 11; Schadensschätzung § 546 17; Tatfrage/Rechtsfrage § 546 2; unbestimmte Rechtsbegriffe, Generalklauseln § 546 14; Willenserklärungen/Individualvereinbarungen § 546 4

Revisionsschrift § 550 1
Revisionsverfahren § 555 1; Verfahren bei Säumnis § 555 3
Richter; als Vertreter § 79 10; als Zeuge § 376 2; auf Probe § 22 GVG 6; § 59 GVG 6; § 60 GVG 3; Besetzung der LG § 59 GVG 4; dienstliche Beurteilung § 1 GVG 15; Hinderung § 41 12 ff.; kraft Auftrags § 22 GVG 6; § 59 GVG 6; Vertretung § 60 GVG 1; weiteres Richteramt § 59 GVG 4
Richter auf Probe; Unabhängigkeit § 1 GVG 25a; Verwendung § 1 GVG 25a
Richter kraft Auftrags; Beamtenverhältnis § 1 GVG 7
Richterablehnung; Anhörungsrüge § 16 GVG 12; Dienstaufsicht § 1 GVG 10; Handlungsverbot § 16 GVG 12
Richteramt; Abordnung § 1 GVG 7; Bereitschaftsdienst § 1 GVG 22; Dienstaufsicht § 1 GVG 10; Gemeinderat § 1 GVG 6; Gemeinderatsmitgliedschaft § 1 GVG 6; Gewaltenteilung § 1 GVG 6; Mandatsträger § 1 GVG 9; Nebentätigkeit § 1 GVG 7 f.; Nebentätigkeiten § 1 GVG 22; persönliche Unabhängigkeit § 1 GVG 25a; Referendarausbildung § 1 GVG 22; Unvereinbarkeit § 1 GVG 6; Verhaltenspflichten § 1 GVG 17; Verwaltungstätigkeit § 1 GVG 6, 22; Wahlhelfer § 1 GVG 9
Richterdienstgericht; Zuständigkeit § 1 GVG 16
richterliche Anordnung § 850b 24
richterliche Durchsuchungsanordnung § 758a 1 ff.
richterliche Unabhängigkeit; Alimentation § 1 GVG 26; Anwesenheitspflicht § 1 GVG 27; Berufsrichter § 1 GVG 25a; Beurlaubung § 1 GVG 27; Dienstunfähigkeit § 1 GVG 10; Dienstzeit § 1 GVG 27; Dienstzimmer § 1 GVG 27; ehrenamtliche Richter § 1 GVG 3; Einflussnahmen § 1 GVG 4; elektronische Datenverarbeitung § 1 GVG 12a; Geschäftsprüfung § 1 GVG 13; Landesdatennetz § 1 GVG 12a; Leistungsanreize § 1 GVG 26; Medienberichte § 1 GVG 2; persönliche § 1 GVG 20, 24; Rechtsbehelfsmöglichkeiten § 1 GVG 16; Rechtskraft § 1 GVG 5; Richter auf Probe § 1 GVG 25a; Sitzungsvorbereitung § 1 GVG 13; Steuerungsmodelle § 1 GVG 14; Urteilsschelte § 1 GVG 4; Verfahrensgestaltung § 1 GVG 12; Verwaltungsakt § 1 GVG 5; Vorberichtspflicht § 1 GVG 13; Weisungsfreiheit § 1 GVG 2 f.
Richterrat; Weisungsfreiheit § 1 GVG 23
Richterspruchprivileg § 922 9; § 935 6
Richterwechsel; gesetzlicher Richter § 16 GVG 9
Riesterrente § 850f 19
Risikohaftung § 717 5
Robe § 176 GVG 6
Robenpflicht § 176 GVG 6
Rom III Art 3 Brüssel IIa-VO 3
Römisches Statut; Internationaler Strafgerichtshof § 21 GVG 1
Roter mit Genever § 945 5
Rubrumsberichtigung § 319 6
Rückfestsetzung § 91 74
Rückkaufswert § 851c 35, 42
Rückschein Anhang nach § 1071: EuZVO Art. 14 4
Rückschlagsperre § 829 107
Rückstände; überjährige § 850d 32
Rückversicherungsvertrag Art 14 EuGVO 1
Rückwirkung der Zustellung § 167 2; Beweislast § 167 14; demnächst § 167 9 ff.; Eingang bei Gericht § 167 5, 7; erfasste Fristen § 167 3; Kasuistik § 167 15
Rüge § 532 1; § 534 1; § 538 20; der Prozessvollmacht § 87 2; Verfahrensfehler § 529 19
rügelose Einlassung § 39 1; Art 24 EuGVO 3; internationale Zuständigkeit § 39 12; Treuwidrigkeit § 39 11
Rügeverzicht; Aussetzung § 249 6; Unterbrechung § 249 6
Ruhen; allgemein vor §§ 239 ff 8; § 251 1 ff.; Antrag § 251 2; Aufnahme § 250 1 ff.; § 251 4; Beschl § 251 4; Beschwerde § 252 1 ff.; Mediation § 250 3; § 251 3; Rechtsbeschwerde § 252 6; Säumnis § 251a 2, 7; Wirkungen vor §§ 239 ff 3; § 249 1 ff.; Zweckmäßigkeit § 251 3
Ruhen des Verfahrens; selbständiges Beweisverfahren § 492 2
Rundfunk; Zeuge § 383 18

Saalöffentlichkeit § 169 GVG 2
Sachdienlichkeit § 525 13
Sache; körperliche § 808 2; § 846 3; vertretbar § 884 1
Sachleitung § 140 2
Sachurteilsvoraussetzung Einleitung 10; § 50 11, 33; § 51 1; § 56 1; Beweislast § 56 5; Heilung § 56 8; Prozessfähigkeit § 56 4; Prüfung vAw § 56 2; Rechtsmittel § 56 6; Unzulässigkeit der Klage § 56 7; vorläufige Zulassung § 56 9; Zwischenurteil § 56 7
Sachverhaltsermittlung § 284 3 ff.
Sachverständigenbeweis vor §§ 402 ff 1; § 402 1 ff.; § 403 1 ff.; Abgrenzung – amtliche Auskunft vor §§ 402 ff 11; Abgrenzung – andere Beweismitteln vor §§ 402 ff 6; Abgrenzung – Privatgutachten vor §§ 402 ff 7; Abgrenzung – sachverständiger Zeuge § 414 1; Abgrenzung – Schiedsgutachten vor §§ 402 ff 10; Abgrenzung – Urkundenbeweis vor §§ 402 ff 7; Abgrenzung – Zeugenbeweis vor §§ 402 ff 6; Anordnung § 144 3; Anschlusstatsachen § 404a 5 ff.; Antrag einer Partei § 403 1; § 406 19 ff.; § 411 3, 22; § 411a 8; Anwendbarkeit der Vorschriften über den Zeugenbeweis § 402 1; Auslagenvorschuss § 402 2; Ausland (Beweiserhebung im) § 405 3; Ausland (Ermittlungstätigkeit

des SVen) § 404a 14; Besonderheiten KfH § 114 GVG 1 f.; Beweisantritt § 403 1; Beweisfrage § 404a 4; Beweiswürdigung vor §§ 402 ff 4, vor §§ 402 ff 9; § 414 4; Dispositionsbefugnis der Parteien vor §§ 402 ff 8; § 404 1, 13; § 411a 7; Eingriffe des SV § 404a 8 ff.; Ergänzung eines Gutachtens § 411 17; Erläuterung eines Gutachtens § 411 17; Ermessen des Gerichts § 403 1, 6; § 408 1; § 411 5, 17; § 411a 7; § 412 2 f.; Ermessen des Gerichts (Beeidigung) § 410 2, 5; Fragerecht der Parteien § 411 3, 17; Funktion vor §§ 402 ff 1 ff.; Hinweispflicht des Gerichts § 407a 15 f.; Kooperation SV – Gericht § 404a 1; § 407a 1; Mitverschulden des Gerichts (Nichterhebung von Kosten) § 407a 16; Mitverschulden des Gerichts (Vergütungsanspruch) § 413 5; mündliche Erläuterung eines Gutachtens § 411 17; mündliche Gutachtenerstattung § 411 1; neues, weiteres Gutachten § 412 1; Nichterhebung von Kosten (Mitverschulden) § 407a 16; Pflicht zur Gutachtenerstattung (Weigerung, Nichterscheinen, Sanktionen) § 409 2; Privatgutachten vor §§ 402 ff 7; § 411 29, 35; Privatgutachten (Abgrenzung) vor §§ 402 ff 7; Privatgutachter (Ablehnung) § 406 6; Privatgutachter (Fragerecht) § 411 27; Rechtsmittelinstanz vor §§ 402 ff 15; § 403 6; § 404 9; Rechtsmittelinstanz (Beeidigung) § 410 5; Rechtsmittelinstanz (mündliche Erläuterung) § 411 33; Rechtsmittelinstanz (neues, weiteres Gutachten) § 412 6; Sachkunde des Gerichts vor §§ 402 ff 4; § 403 1, 5 f.; § 404 2; § 412 4; Sachverhaltsermittlung vor §§ 402 ff 13; Schiedsgutachten, Abgrenzung vor §§ 402 ff 10; schriftliche Gutachtenerstattung § 411 1; Tatsachengrundlage § 404a 12; technische Normen vor §§ 402 ff 12; Übertragung der Auswahl des SV § 405 1; § 412 5; Urkundenbeweis, Abgrenzung vor §§ 402 ff 7; vAw § 403 1; § 406 19; § 411 3, 17, 19, 35; § 412 4; Verwertung von Gutachten aus anderen Verfahren § 411a 1; Vorbereitungsmaßnahmen § 404a 8; Vorschriften über den Zeugenbeweis, Anwendbarkeit § 402 1; weiteres, neues Gutachten § 412 1

Sachverständigengutachten; aus anderen Verfahren § 286 9; Beweiswürdigung § 286 11

Sachverständigenkosten; Streitwert § 4 26

Sachverständiger § 144 1; § 1049 3; Ablehnung (Ablehnungsgründe) § 406 8; Ablehnung (Ausschließungsgründe) § 406 9; Ablehnung (Behörden, Einrichtungen) § 406 4; Ablehnung (Besorgnis der Befangenheit) § 406 10; Ablehnung (Geltendmachung) § 406 19 ff.; Ablehnung (gerichtl Entscheidung) § 406 22 ff.; Ablehnung (Hilfspersonen) § 406 5; Ablehnung (Rechtsbehelfe) § 406 25 ff.; Ablehnung (Streitverkündung) § 406 8; Ablehnung (Verlust des Ablehnungsrechts) § 406 18; Ausland (ansässig) § 404 7; § 409 3; Auswahl § 404 1; Auswahl (Übertragung) § 405 1; Beeidigung § 410 1; Befragung § 397 5; Behörden, Einrichtungen § 404 6; Behörden, Einrichtungen (Ablehnung) § 406 4; eidesstattliche Versicherung § 410 2; Entbindung von Gutachtenerstattungspflicht § 408 2; Entlassung § 408 2; Gutachtenverweigerungsrecht § 408 1; Haftung vor §§ 402 ff 16 f.; § 411a 12; Herausgabe-(/Mitteilungs-)pflicht § 407a 12 ff.; Herausgabepflicht (Sanktionen) § 409 2; Hilfspersonen § 404 8; höchstpersönliche Pflicht § 404 8; § 407a 3; Kostenauferlegung § 409 2; Kostenwarnungspflicht § 407a 10; Mitarbeiter § 404 8; natürliche Person § 404 5; Nichterscheinen (Sanktionen) § 409 2; öffentliche Bestellung § 404 10 f.; öffentliche Bestellung (Gutachtenerstattungspflicht) § 407 2; Ordnungsgeld § 409 2; Ordnungsmittel (schriftliche Gutachtenerstattung) § 411 15 f.; Parteivorschlag § 404 14; Pflicht zur Gutachtenerstattung § 407 1; Pflicht zur Gutachtenerstattung (Entbindung) § 408 2; Sachkunde, besondere vor §§ 402 ff 5; Sanktionen § 409 2; strafrechtliche Verantwortung vor §§ 402 ff 19; Übertragung § 404 8; Vergütung § 413 1; § 414 4; Vergütung (Wegfall, Kürzung) § 413 4; Vertretung § 404 8; Vorschuss § 404a 10; § 413 7; Weigerungsrecht § 408 1; Weigerungsrecht (Verwertung eines Gutachtens aus einem anderen Verfahren) § 411a 10; Zwischenstreit bei Gutachtenverweigerung § 408 3; § 409 4

Sachverständiger Zeuge vor §§ 402 ff 6; § 414 1; Ablehnung § 406 7; Vergütung § 414 4

Sachzusammenhang § 527 22

Sammelbezeichnung § 750 9

Sammelklage § 328 31

Säumnis § 220 3; § 1048 1; Aufruf der Sache § 330 7; Begriffsbestimmung § 330 7; Flucht in die Säumnis § 296 56; Kosten § 95 1; Nichterscheinen § 330 7; Nichtverhandeln § 333 2; Ruhen § 251a 2, 7

Säumnisverfahren § 539 1

Schadenersatz; immateriell § 850b 6; Schiedsverfahren § 1041 9

Schadenersatzanspruch § 717 2, 5

Schadenshöhe; Tabellen § 287 12

Schadensminderungspflicht; selbständiges Beweisverfahren § 485 5, 7

Schadensschätzung § 287 1 ff.; Anwendungsbereich § 287 3; Beweismaßreduzierung § 287 17; Entstehung des Schadens § 287 4 ff.; Folgeschäden § 287 9; freiere Gestaltung der Beweisaufnahme § 287 19; Grenzen § 287 14; haftungsausfüllende Kausalität § 287 7; haftungsbegründende Kausalität § 287 6 f.; Höhe des Schadens § 287 11; hypothetische Einkommensentwicklung § 287 11a; konkreter Haftungsgrund § 287 5; Mindestschaden § 287 14; Mitverschulden § 287 10; Schätzungsvernehmung § 287 21; Verfahren § 287 22; Vorteilsanrechnung § 287 13

Schätzung; Antrag auf Schätzung durch einen Sachverständigen § 813 5; durch den Gerichtsvollzieher

§ 813 4; durch landwirtschaftlichen Sachverständigen § 813 6; durch Sachverständigen § 813 5; Nachschätzung § 813 9; nachträgliche § 813 8
Schätzungstatsachen § 287 18
Schätzungsvernehmung § 287 21
Scheckprozess § 605a 1
Scheidung; Anerkennung Art 27 Brüssel IIa-VO 1
Scheidungsfolgenvereinbarung Art 46 Brüssel IIa-VO 2
Scheidungsfolgenvergleich § 114 43
Scheinehe § 114 41
Scheinsozietät § 80 8
Schenkung § 850b 17
Schiedsabrede § 1029 3
Schiedsfähigkeit § 1030 1
Schiedsgericht § 1034 2; außerhalb der ZPO § 1025 4; Beweisaufnahme Anhang nach § 1075: EuBVO Art. 1 2; Fehler bei Bildung § 1059 32 ff.; Kompetenz-Kompetenz § 1059 7; Seemannsgesetz § 1030 6; selbständiges Beweisverfahren § 485 4
Schiedsgerichtsbarkeit; Abgrenzung § 1025 16
Schiedsgutachten; selbständiges Beweisverfahren § 485 4
Schiedsklausel § 1029 3; in AGB § 1029 15; Testament § 1066 2; Unwirksamkeit § 1059 18
Schiedsklausel, statutarische § 1066 1 ff.; Beschlussmängelstreitigkeiten § 1066 9 ff.; DIS-Musterschiedsklausel § 1066 11
Schiedsort § 1043 2
Schiedsrichter § 1035 1; Ablehnung § 1036 1; Ablehnungsgründe § 1036 5; Ablehnungsverfahren § 1037 1; Beendigungsgründe § 1038 2; Ersatz § 1039 1; Pflichten § 1036 2; Vergütung § 1035 11
Schiedsrichterkollegium § 1052 2
Schiedsrichtervertrag § 1035 8
Schiedssachen; Anwaltszwang § 1063 3; Aufhebungsverfahren § 1059 1 ff.; Begründungszwang § 1063 9; Beschl § 1060 19; § 1062 6; § 1063 8 f., 12 f.; § 1065 6, 13, 16; Beschlussmängelstreitigkeiten § 1066 8 ff.; Beschwer § 1065 8; gerichtliche Zuständigkeit § 1062 2 ff.; kein Versäumnisverfahren § 1063 13; Kostenentscheidung § 1063 14; mündliche Verhandlung § 1063 5; Prozessvollmacht § 1059 6; rechtliches Gehör § 1063 4; Rechtsbeschwerde § 1065 1 ff.; Rechtsbeschwerdegericht § 1065 1 ff.; révision au fond § 1059 4; § 1060 5; § 1061 31; Zuständigkeit AG/LG § 1062 7; Zuständigkeit OLG § 1062 8 ff.; Zwischenstreit § 1063 12
Schiedsspruch § 707 3; § 751 2; § 1053 8; § 1054 2; Aufhebung § 1059 1 ff.; Berichtigung § 1058 2; Einwendungen gegen Vollstreckbarerklärung § 1060 13 f., 15; Empfang § 1059 1 ff.; Investitionsschutzabkommen § 1061 11; nichtvollstreckbarer Inhalt § 1060 11; Teilaufhebung § 1059 1 ff.; Vollstreckbarerklärung § 1059 1 ff.; § 1060 1 ff.; § 1064 1 ff.; Vollstreckbarerklärung nicht möglich § 1060 22; Vollstreckbarerklärung Rechtsnachfolger § 1060 12; Wirkung § 1055 2
Schiedsspruch mit vereinbartem Wortlaut; Vollstreckbarerklärung § 1060 8
Schiedsvereinbarung; Arbeitsrecht § 1030 6; Arten § 1029 3; Beendigung § 1029 17; Definition § 1029 1; Einrede § 1032 2; Familienstreitsachen § 1033 2; Form § 1031 2; Formverstoß § 1031 10; § 1059 1 ff.; Mietrecht § 1030 5; Rechtsnatur § 1029 7; Streitgegenstand § 1059 31; Unwirksamkeit § 1059 5, 15 ff., 20, 23, 27, 30; Verbraucherbeteiligung § 1031 9
Schiedsverfahren Art 1 EuGVO 13; Beendigung § 1056 2; Beginn § 1044 2; Beweiswürdigung § 1042 8; einstweiliger Rechtsschutz § 1041 1; Geldwäsche § 1059 8, 25, 54; Handeln auf eigenes Risiko § 1059 30, 51; Kosten § 1057 2; ordnungsgemäße Vertretung § 1059 47; Recht eines Drittstaats § 1059 54; Restitutionsgründe § 1059 48; Verfahrensgrundsätze § 1042 2; Zuständigkeit § 1062 2; Zwischenentscheid § 1059 5
Schiedsverfahrens-Neuregelungsgesetz § 1025 3; Überleitungsvorschriften § 33 EGZPO 1 ff.
Schiedsvergleich § 1053 6; Vollstreckung § 33 EGZPO 5
Schiedsvertrag § 1029 3
Schiffe § 870a 1; Herausgabevollstreckung § 885 4
Schifffahrtsgericht; Zuständigkeiten § 14 GVG 1
Schiffseigentümer Art 7 EuGVO 1
Schiffshypothek § 870a 3
Schiffspart § 858 1
Schiffsverkehr; Anscheinsbeweis § 286 39
Schlichtungsverfahren; selbständiges Beweisverfahren § 485 4
Schmerzensgeld § 850b 6; Tabellen § 287 12
Schmerzensgeldrenten § 850b 6
schriftliche Aussage; Zeuge § 396 3
schriftliches Verfahren; Voraussetzungen § 128 17
Schriftsatz; bestimmend § 129 2, 4; E-Mail § 129 13; Frist für vorbereitenden § 132 2; im Termin übergeben § 132 5; Inhalt des vorbereitenden § 130 1; Telefon § 129 11; Unterschrift § 129 7; § 130 8; vorbereitend § 129 2
Schriftsatzfrist § 139 20
Schriftsatznachlass § 139 20
Schriftstück; verfahrenseinleitend Art 34 EuGVO 6
Schubladenverfügung § 922 2
Schuldbeitritt § 727 4, 13
Schuldenbereinigungsplan § 828 9
Schuldmitübernahme § 727 4, 13
Schuldner § 717 16; § 726 6, 11; § 742 4; § 752 3; Alleingewahrsam § 758 4; Anhörung § 729 4; ernstlichen Erkrankung § 758a 5; Geständnis § 727 18; § 756 11; zur gesamten Hand § 757 5

Schuldnerschutz § 763 1; § 850l 2
Schuldnerschutzanordnung § 713 1
Schuldnerseite § 750 8
Schuldnerverzeichnis; Abdruck § 915d 2; § 915e 1; Auflösung eines Arbeitsverhältnisses § 903 8 ff.; Befriedigung des Gläubigers § 915a 4; Eintragungen § 915 3; Löschung § 903 4; § 915a 6; regelmäßige Löschung § 915a 2; späterer Vermögenserwerb § 903 5; Tatbestandsvoraussetzungen § 915 2; von Privaten § 915e 2; vorzeitige Löschung § 915a 3; Wegfall des Eintragungsgrundes § 915a 5; Zweckbindung § 915 4
Schuldnerverzug § 726 4
Schuldnerwiderstand; Rechtsbehelfe § 892 7; Verfahren § 892 4
Schuldtitel; Anwaltsvergleich § 885 8; einstweilige Verfügung § 885 8; Herausgabevollstreckung in unbewegliche Sachen § 885 7; notarielle Urkunde § 885 8; Zuschlagsbeschluss § 885 8
Schuldübernahme; befreiende § 727 13
Schutzantrag § 712 5; § 716 2; § 851a 8; § 851b 6; § 851c 31; nach § 712 § 719 4
Schwangerschaftsabbruch; unterlassen § 850b 7
Schweigepflicht; Entbindung § 385 7
Schwerpunkttheorie § 13 GVG 9
see- und binnenschifffahrtsrechtliche Haftungsbeschränkung; Haftungsbeschränkungen für see- und binnenschifffahrtsrechtliche Forderungen in der Zwangsvollstreckung § 786a 1; Haftungsbeschränkungsübereinkommen § 786a 3
sekundärvertragliche Ansprüche Art 5 EuGVO 2
Selbstablehnung; Gründe § 48 2; Normzweck § 48 1; Pflicht § 48 2; Verfahren § 48 4 ff.
selbständiges Beweisverfahren § 96 26; Ablehnung der Fristsetzung § 494a 7; Ablehnung des Sachverständigen § 493 3, 5; Abnahme § 485 3; Abweisender Beschluss § 490 5; Aktenführung § 485 26; Alter des Zeugen § 485 14; Änderung des Antrags § 487 6; anerkannte Regeln der Technik § 485 21; § 487 3; § 490 3; Anfechtung § 490 7; anhängiger Rechtsstreit § 485 15; § 486 2; § 494a 4; Anleitung des Sachverständigen durch den Richter § 492 5; Anordnung der Klagefrist § 494a 3; Antrag § 485 11; Anwaltsgebühren § 485 32; Anwaltszwang § 487 13; anwendbare Vorschriften § 492 1; Arbeitsgerichtsverfahren § 485 10; Architekt § 485 3, 29; Architektenrechnung § 485 21; Arrest § 485 18; § 486 3; Arzthaftung § 485 8; Aufmaß § 485 3; Aufrechnung § 494a 10; Aufwand § 485 23; Augenschein des Richters § 485 17; Ausforschung § 490 3; Ausland § 486 11; Ausschreibung § 485 21; Aussetzung § 486 8; Auswahl des Sachverständigen § 487 4; § 490 6, 9; Baugeschehen § 485 15; Bauprozess § 485 3; Baurecht § 490 9; Bauteilöffnung § 485 22; Bedenkenhinweis des Richters § 492 2; Beendigung des Verfahrens § 492 6; Befangenheit des Sachverständigen § 492 3; Behandlungsfehler § 485 23; Beitritt § 487 15; Berichterstattervermerk § 492 9; Berufsunfähigkeit § 485 23; Berufungsgericht § 486 1; Beschleunigung des Verfahrens § 485 13; § 490 4; Beseitigungsaufwand § 485 23; Besichtigungsverfahren § 485 5; § 490 8; Bestandskraft der Kostenentscheidung § 494a 14; Beweisbedürftigkeit § 485 24; Beweisbeschluss § 490 3; Beweiserheblichkeit § 485 24; Beweismittel § 485 12; Beweisvereitelung § 487 7; Beweiswert § 493 2; Bindung an das Beweisergebnis § 493 5; Bindungswirkung § 486 5; Drittbeteiligung § 491 2; Druckzuschlag § 485 33; Duldung sachverständiger Untersuchung § 491 2; Durchführung der Beweisaufnahme § 492 1; EDV-Streitigkeiten § 485 5; Eilzuständigkeit § 486 9; Einhalten der Verfahrensordnung § 493 4; einstweilige Verfügung § 485 5, 18; § 486 3; § 491 2; Einvernehmlichkeit § 485 16; Einwendungen des Gegners § 487 7; Einwendungen gegen Beweiserhebung § 493 4; Einzelrichter § 486 3; Ende des Verfahrens § 492 6; Entscheidung des Gerichts § 490 1; Entsorgung § 485 23; erfolgloses Angriffs- und Verteidigungsmittel § 96 26; Ergänzungsfragen § 487 10; § 492 7; Ergänzungsgutachten § 492 4; Erläuterungstermin § 492 4; Erledigungserklärung § 485 27; Ermessen § 485 11; Erschwerung § 485 14; EuGVVO § 486 11; Familiensache § 485 31; § 486 7; fehlende/fehlerhafte Ladung § 491 3; Feststellungsklage § 485 27; § 494a 2; FGG § 485 9; Finanzgericht § 485 10; Fragerecht der Partei § 492 4; Frist zur Klageerhebung § 494a 1; Fristsetzung durch Richter § 492 7; früherer Zustand § 485 21; Funktionsäquivalenz § 487 22; Gegenantrag § 487 7; § 494a 8, 13; Gegenvorstellung § 490 11; Gegnerbezeichnung § 487 1; Gegnervertreter § 494 3; Geräusche § 485 21; gerichtlicher Termin § 491 1; Gerichtskosten § 485 31; Gerichtsstand § 485 5; § 494a 11; Geschichte § 485 1; Glaubhaftmachung § 487 5; Gutachtenergänzung § 485 2; Hauptsacheklage § 494a 10; Hauptsacheprozess § 485 19; Hinweispflichten des Richters § 492 2; hohes Alter des Zeugen § 485 14; Immissionen § 485 21; Insolvenz § 490 2; § 494a 3; Invalidität § 485 23; Kammer für Handelssachen § 486 6; Kauf § 485 5; Kausalität § 485 22; Klageänderung § 485 28; Klagefrist § 494a 12; Klagerücknahme § 485 28; Korrektur des Rubrums § 487 1; Kosten § 485 27; § 494a 18; Kosten des Streithelfers § 494a 11; Kostenentscheidung § 487 17; Krankheit § 485 14; künftiger Zustand § 485 22; Ladung des Gegners § 491 1; Lärm § 485 21; Mahnbescheid § 494a 10; Mahnverfahren § 485 18; § 486 2; Mangel § 485 22; § 487 3; Mangelbeseitigungskosten § 485 23; materiell-rechtlicher Kostenerstattungsanspruch § 485 29; mehrere Antragsgegner § 487 1; § 494a 9; merkantiler Minderwert § 485 21; Mietrecht § 485 6; Minderung § 485 21; Minderwert § 485 21; Mitwirkung des

Gegners § 491 2; § 492 2; Mitwirkungspflichten Dritter § 491 2; mündliche Anhörung des Sachverständigen § 485 25; § 492 4; mündliche Erörterung § 492 10; mündliche Verhandlung § 490 1; Nacharbeiten § 485 23; Nebenintervention § 487 15; neue Begutachtung § 485 25; Nichtbetreiben des Verfahrens § 485 27; § 492 8; Nichterscheinen des Gegners § 493 8; Obergutachten § 485 25; Parteibezeichnung § 487 1; Parteivernehmung § 485 12; personelle Ausweitung § 487 1; Personenidentität § 485 28; Pflicht zur Mitwirkung § 491 2; § 492 2; Pflicht zur Prüfung des Gutachtens § 493 1; Präklusion § 492 2; Privatgutachten § 485 3, 25; Prorogation § 486 4; Protokollerklärung § 486 10; Prozessaufrechnung § 494a 10; Prozesskostenhilfe § 485 30; § 487 15; Prozessvermeidung § 485 2; Prüfung des Gutachtens § 493 1; rechtliches Gehör § 490 1; rechtliches Interesse § 485 13; Rechtsanwaltszwang § 487 13; Rechtsbeschwerde § 490 10; Rechtsfrage § 485 21, 22; Rechtskraft § 490 6; Rechtsmissbrauch § 492 5; Rechtsschutzbedürfnis § 485 13; Rechtsschutzversicherung § 485 7; Regeln der Technik § 485 21; § 487 3; richterlicher Augenschein § 485 17; richterlicher Hinweis § 486 1; Ruhen des Verfahrens § 492 2; Sachmangel § 485 22; Sachübereinstimmung § 485 28; Schadensminderungspflicht § 485 5, 7; Schiedsgericht § 485 4; Schiedsgutachten § 485 4; Schlichtungsverfahren § 485 4; Schlüssigkeit § 485 24; sofortige Beschwerde § 490 8; Sorgfaltspflichten des Rechtsanwalts § 493 1; Sowieso-Kosten § 487 10; Sozialgericht § 485 10, 13; Streitgenossen § 486 6; Streithelfer § 494a 3; Streitverkündung § 487 15; § 493 3; Streitwert § 3 73; § 485 33; Streitwertbeschwerde § 487 14; Symptom-Rechtsprechung § 487 3; Tatsachenbezeichnung § 487 3; Teilkostenentscheidung § 485 27; § 494a 10; Tod einer Partei § 492 2; § 494 1; unbekannter Gegner § 494 1; Untätigkeit § 490 9; Unterbrechung des Verfahrens § 490 2; Unterlassen zumutbarer Einwendungen § 487 7; unzulässige Frage § 492 7; unzulässiger Antrag § 490 5; § 492 2; § 494 5; Urkunden § 485 12; Urkundenbeweis § 493 6; Urkundenprozess § 485 19; § 493 6; Ursache § 485 22; Verfahren § 490 1; Verfahrensverbindung § 487 2; Vergleich § 485 27, 31; § 487 13, 17; § 492 10; § 494a 1; Vergleichsmiete § 485 6; Verjährung § 485 15, 20; § 487 18, 19; § 494 4; Verjährungseinrede § 485 24; Verkehrsunfall § 485 7; Verlust von Beweismitteln § 485 14; Vermeidung eines Rechtsstreits § 485 24; Vermögensverfall § 494a 1; Verspätung § 493 5; Vertretungszwang § 487 13; Verursachungsquote § 485 22; Verwaltungsgericht § 494a 4; Verwaltungsprozess § 485 10; Verweisung § 486 1, 5; Verwertung des Gutachtens § 493 2, 3; VOB-Vertrag § 486 4; Vollstreckungstitel § 492 10; § 494a 14; Vorschuss des Antragsgegners § 487 8, 10, 11; Vorschuss des Antragstellers § 490 4; Vorschusszahlung § 485 2; § 492 8; weiteres Gutachten § 485 25; Widerklage § 494a 10; Wohnungseigentum § 485 5; § 487 19; § 494a 10; Zählvorgang § 485 20; Zahnarzthaftung § 485 8; Zession § 485 25; Zeuge § 485 14; § 487 4; Ziele des Verfahrens § 485 2; Zurückbehaltungsrecht § 494a 10; zurückliegender Zeitpunkt § 485 21; Zurücknahme des Antrags § 485 27; § 487 6; Zustandfeststellung § 485 21; Zuständigkeit des Gerichts § 486 2, 4; Zustellung § 487 18; Zustimmung des Antragsgegners § 485 16; Zwangsverwalter § 494a 12; Zweckmäßigkeit § 485 11

Selbstkontrahieren; Befreiung vom Verbot des Selbstkontrahierens § 800 4

Sequester § 753 3

Sequesterbestellung § 848 7

Sequestration § 938 6

Shevill-Doktrin § 6 UKlaG 2

Sicherheitsleistung § 108 1; § 707 11 f.; § 709 2; § 717 18; § 719 9; § 720a 2; § 726 2; § 752 1 ff.; Abänderung § 108 15; Abwendungssicherheit § 108 5; § 109 8; Anerkenntnis § 111 2; Anordnung § 921 4; Arrestverfahren § 110 5; Aufgebotsverfahren § 110 6, 18; Auskunftsanspruch § 108 4; Ausland § 110 1; Ausländersicherheit § 109 11; § 110 1; bei Teilvollstreckung § 752 1 ff.; Betriebseinstellung § 108 4; Bürgschaft § 108 2, 9; Bürgschaft – Bedingung § 108 11; Bürgschaft – Erlöschen § 108 13; Bürgschaftsvertrag § 108 12; Deckung § 111 2; Drittwiderklage § 110 17; Einstellungssicherheit § 109 9; einstweiliger Rechtsschutz § 109 10; einstweiliges Verfügungsverfahren § 110 5; Erbbaurecht § 110 16; fG-Verfahren § 110 6; Fristbestimmung § 109 25; § 113 1; Geld § 108 7; Großbank § 108 9; Grundsatz der Meistbegünstigung, Versäumnisurteil § 113 3; Grundstück § 110 16; Haager Übereinkommen über den Zivilprozess § 110 14; Hauptintervenient § 110 7; Hinterlegung § 108 7; Höhe § 108 4; § 112 1; Kostbarkeit § 108 8; Kosten/Gebühren § 112 3; Kreditinstitut § 108 9; Mahnverfahren § 110 6; Nachforderung § 324 1; nachträgliche Erhöhung § 112 2; Nebenintervenient § 110 7; Orderpapiere § 108 7; Partei kraft Amtes § 110 4; Parteivereinbarung § 108 2, 15 f.; Pfandrecht § 108 16, 18; Prozesshindernis § 113 2; Prozesskostenhilfe § 110 12; Prozesskostenhilfe – Aufhebung § 111 1; Prozesskostensicherheit § 110 1; Prozessvoraussetzung § 110 3; Rechtsbehelfe § 108 20; § 921 5; Rechtsschutzbedürfnis für Klage § 109 24; Rückerlangung § 109 1; Rückgabe § 109 1; § 110 11; Rückgabeanordnung § 109 16; Rückgabebeschluss § 109 27; Schadenersatzanspruch § 108 4; selbstständiges Beweisverfahren § 110 6; Sicherheitsanlass § 109 3; Sicherungsfall § 108 18 f.; Sicherungsvollstreckung § 109 4; Sicherungszweck – Wegfall § 109 3; Sparguthaben § 108 16; Streitwert § 3 204; Teileigentum § 110 16;

Teilsicherheit § 108 4; Verdienstausfall § 108 4; Verzögerungsschaden § 108 5; § 109 9; völkerrechtlicher Vertrag § 110 14 f.; Vollstreckungssicherheit § 108 4; § 109 4; Vormerkung § 110 16; Wertpapiere § 108 7; Widerklage § 110 17; Wohnungseigentum § 110 16; Zuständigkeit § 108 3
Sicherheitsrückgabe § 715 1
Sicherungsgrundschuld; Zwangsvollstreckung § 857 49
Sicherungshypothek § 848 11; § 935 3; Übergang auf den Eigentümer § 868 1
Sicherungsübereignung § 857 28
Sicherungsverfügung § 940 6
Sicherungsvollstreckung § 750 2; § 751 5; Zwangshypothek § 867 16
Signatur; elektronisches Dokument § 371a 2
Singularzulassung beim BGH § 78 1
Sinneswahrnehmung; Augenschein § 371 2
Sitzungsprotokoll; Aufzeichnungsmethoden § 160a 2; Berichtigung § 164 1; Beweiskraft § 165 1 ff.; elektronisches Dokument § 160a 9; Genehmigung § 162 1 ff.; Inhalt § 160 1; protokollersetzender Berichterstattervermerk § 160 18; Protokollierungsverzicht § 161 4; unbrauchbare Aufzeichnungen § 160a 5; Unterschriftsleistung § 163 1 ff.; vorläufiges Protokoll § 159 1; § 160a 1 ff.; § 161 5
Small-Claims-Verfahren § 1097 1
sofortige Beschwerde § 749 3; § 758a 14, 22; § 829 100 f.; § 830 15; § 836 36; § 844 8; § 848 17; § 850b 33; § 850c 47; § 850d 53 f.; § 850e 53; § 850f 57; § 850g 13; § 850h 34; § 850i 51; § 851 25; § 851a 10; § 853 9; § 863 5; aufschiebende Wirkung § 570 2; Begründung § 569 7; § 571 2; Beschwer § 567 13; Beschwerdeschrift § 569 6; Frist § 569 2; Kostenentscheidungen § 567 11; nach § 567 § 732 11; nach § 793 § 764 6; reformatio in peius § 572 12; Statthaftigkeit § 567 9; Verzicht § 567 14; Zulässigkeit § 567 8
sofortige Beschwerde Zwangsvollstreckungsverfahren § 793 1; Insolvenzgericht als Vollstreckungsgericht, Rechtsbehelf § 793 3; Rechtsbeschwerde im Zwangsvollstreckungsverfahren § 793 10; Rechtspflegerentscheidung, Rechtsbehelf § 793 4; Vollstreckungsgericht, Rechtsbehelf gegen Entscheidungen § 793 1
sofortiges Anerkenntnis; Prozesskostenhilfe § 114 31
Solange-Rechtsprechung Anhang nach § 1086: EuVTVO Art. 1 2
Sonderbotschafter § 20 GVG 2
Sonderkündigungsrecht § 851c 41
Sonderrechtsnachfolger; Unterbrechung § 239 10
Sonderregelungen § 751 2
Sonderzahlungen § 850b 5
sonstige Einkünfte § 850i 19; Einkünfte aus Vermögen § 850i 25; unternehmerische Tätigkeit § 850i 20
Sorben § 184 GVG 1
Sowieso-Kosten; selbständiges Beweisverfahren § 487 10
Sozialabgaben § 850e 8
Sozialgericht; selbständiges Beweisverfahren § 485 10, 13
Sozialgerichtsverfahren; Unterbrechung vor §§ 239 ff 2
Sozialhilfeträger § 727 9
Sozialleistungen § 850d 14; Pfändungsschutz § 850i 50; unpfändbare Ansprüche § 850e 31; Zusammenrechnung § 850e 30
sozialrechtliche Ansprüche § 850c 7
sozialrechtlicher Mindestbedarf § 850f 6
Sozialstaatsprinzip § 850 2
Sozialversicherung; Zahlungen der § 829 12
Sozialversicherungsträger § 850b 7, 20
Sparverträge mit Laufzeitvereinbarung § 851c 23
Spezialkammer § 348 5 f.
Spiegelprinzip § 328 9
Spielschulden § 328 28
Sprache von Schriftstücken Anhang nach § 1071: EuZVO Art. 8 1
Sprachkenntnisse Anhang nach § 1071: EuZVO Art. 8 6
Spruchkörper § 21e GVG 1 ff.; § 21g GVG 1 ff.; interne Geschäftsverteilung § 16 GVG 10; Überbesetzung § 21e GVG 7, 14; Verhinderung § 21f GVG 8; Vertreter § 21f GVG 1; Vorsitz § 21f GVG 3; § 21g GVG 14
Spruchkörperanzahl vor §§ 21a ff GVG 13
spruchkörperinterner Geschäftsverteilungsbeschluss § 21g GVG 1 ff.; Nichtöffentlichkeit § 21g GVG 30; Rechtsnatur § 21g GVG 29; Rechtsschutz § 21g GVG 31
Sprungrechtsbeschwerde § 133 GVG 6
Sprungrevision § 566 1 ff.; § 133 GVG 4
Staatenimmunität Anhang nach § 1071: EuZVO Art. 1 1; § 18 GVG 4; Arbeitsrecht § 20 GVG 5; Beweislast § 20 GVG 5; europäisches Übereinkommen § 20 GVG 6; hoheitliches Handeln § 18 GVG 4; § 20 GVG 4 f.; privates Handeln § 18 GVG 4; § 20 GVG 4; Verzicht § 18 GVG 12; Völkerrecht § 18 GVG 4; § 20 GVG 3 ff.; Vollstreckung § 18 GVG 2; Vollstreckungsverfahren § 18 GVG 12; § 20 GVG 4, 6
Staatsangehörigkeit Art 2 EuGVO 4
Staatshaftungssachen Anhang nach § 1071: EuZVO Art. 1 1
Statuten; Begriff § 293 4; Ermittlung § 293 1 ff.
Steigerungsbeträge § 851c 42
Sterblichkeitsrisiko § 851c 35
Sternsozietät § 80 8
Stetigkeitsgrundsatz § 1 GVG 18

Steuererstattung § 829 27
Steuerklasse § 850e 7
Stillstand der Rechtspflege; Unterbrechung § 245 1
Strafgefangene § 850e 39
Strafschadensersatz § 328 27
Strafurteil; Wiederaufnahme § 581 1 ff.
Strafverfolgung; Zeuge § 384 6
Streitgegenstand Einleitung 14; § 322 14; europäische Entwicklung Einleitung 22; Identität § 322 14; Klage § 253; materiell-rechtliche Theorien Einleitung 16; prozessuale Theorien Einleitung 17; relative Theorien Einleitung 18; Streitwert § 5 2
Streitgenosse §§ 59, 60 4; § 61 1; Ablehnungsgesuch § 61 4; Anerkenntnis § 61 4; Angriffs- und Verteidigungsmittel § 61 4; Beweisaufnahme § 61 4; Geständnis § 61 4; Klageänderung § 61 4; Klagerücknahme § 61 4; Parteivernehmung § 61 4; Prozessbevollmächtigter § 61 4; Sachurteilsvoraussetzungen § 61 3; selbständiges Beweisverfahren § 486 6; Selbständigkeit § 61 2; Streithelfer § 61 7; Streitwert § 5 20; Verzicht § 61 4; Zeuge § 61 7; Zeugen § 373 14; Zustellung § 61 4
Streitgenossenschaft §§ 59, 60 1; § 856 3; Begriff §§ 59, 60 2; Betreibung des Rechtsstreits § 63 1; Delikt §§ 59, 60 9; einfache §§ 59, 60 3; § 61 1; Gesamtgläubigerschaft §§ 59, 60 6; gleichartiger Anspruch §§ 59, 60 8; gleicher tatsächlicher und rechtlicher Grund §§ 59, 60 7; Klageerhebung § 61 4; Ladung § 63 2; Lebenssachverhalt §§ 59, 60 10; Lieferungsanspruch §§ 59, 60 9; notwendige §§ 59, 60 3; § 740 5; Prozessart §§ 59, 60 13; Rechtsgemeinschaft §§ 59, 60 6; Rechtsgrund §§ 59, 60 11; Rechtskraft § 61 6; Rechtsmittel § 61 6; Sachurteilsvoraussetzungen §§ 59, 60 13; Schadenersatzanspruch §§ 59, 60 9; Teilurteil § 61 5; Urt § 61 5; Verfahrenstrennung § 61 7; Versäumnisurteil § 63 2; Vertrag §§ 59, 60 9; Zulässigkeitsvoraussetzungen §§ 59, 60 5; Zuständigkeit §§ 59, 60 12 f.; § 61 7; Zustellungen § 63 2
Streitgenossenschaft, materiellrechtlich notwendig; Auflassung § 62 11; Außen-GbR § 62 12; Baulast § 62 11; Begriff § 62 10; Bilanz § 62 11; Bruchteilsgemeinschaft § 62 12; Gütergemeinschaft § 62 12; Innen-GbR § 62 12; Miteigentümer § 62 12; Nießbrauch § 62 11; Notweg § 62 11; Pfandrecht § 62 11; Verwaltungsgemeinschaft § 62 11; Wohnungseigentümergemeinschaft § 62 12
Streitgenossenschaft, notwendig § 62 1; Anerkenntnis § 62 19; Behaupten § 62 19; Bestreiten § 62 19; Erledigungserklärung § 62 19; Geständnis § 62 19; Klagerücknahme § 62 19; materiellrechtlich notwendige § 62 1; prozessrechtlich notwendige § 62 1; Rechtskraft § 62 25; Rechtsmittel § 62 24; rügelose Einlassung § 62 19; Säumnis § 62 20; Teilurteil § 62 23; Unterbrechung des Verfahrens § 62 22; Urt § 62 23; Vergleich § 62 19; Verzicht § 62 19; Zulässigkeit der Klage § 62 18
Streitgenossenschaft, prozessrechtlich notwendig; allseitige Rechtskrafterstreckung § 62 4; Außen-GbR § 62 8; Bürge § 62 8; dinglicher Schuldner § 62 8; einseitige Rechtskrafterstreckung § 62 5; Gesamtgläubiger § 62 9; Gestaltungswirkung § 62 2; Hauptschuldner § 62 8; Miteigentümer § 62 9; Miterbe § 62 9; Mitgläubiger § 62 9; Nacherbschaft § 62 4; OHG § 62 8; persönlich haftender Gesellschafter § 62 8; persönlicher Schuldner § 62 8; Pflichtversicherer § 62 9; Präjudizialität § 62 7; Rechtskraft § 62 2; Versicherungsnehmer § 62 9; Vorerbschaft § 62 4
streitgenössische Nebenintervention; Anfechtungsklage § 69 5; Erbunwürdigkeitsklage § 69 5; Gegenpartei § 69 1; Gestaltungswirkung § 69 5; Nichtigkeitsklage § 69 5; Rechtskrafterstreckung § 69 1, 4; Rechtsverhältnis § 69 1 f.; Tatbestandswirkung § 69 6; Vollstreckungsgegenklage § 69 5
streitgenössischer Nebenintervenient; Anerkenntnis § 69 9; Angriffs- und Verteidigungsmittel § 69 9; Erledigungserklärung § 69 8; Geständnis § 69 9; Klagerücknahme § 69 8; notwendiger Streitgenosse § 69 7; Rechtsmittelfristen § 69 9; Rechtsmittelverzicht § 69 9; Streitgegenstand § 69 8; Unterbrechungsgründe § 69 9; Verzicht § 69 9; Wiedereinsetzung § 69 9; Zeuge § 69 9
Streithelfer; selbständiges Beweisverfahren § 494a 3; Unterbrechung § 239 5
Streitschlichtung Einleitung 59
Streitverkündung; Einziehungsprozess § 841 1; selbständiges Beweisverfahren § 487 15; § 493 3
Streitverkündung, Form; Anwaltszwang § 73 1; Bedingung § 73 2; Grund der Streitverkündung § 73 2; Inhalt des Schriftsatzes § 73 2; Lage des Rechtsstreits § 73 2; Schriftsatz § 73 1; Zulässigkeit der Streitverkündung § 73 2
Streitverkündung, Zulässigkeit; Abhängigkeitsverhältnis § 72 5; Abwehr von Drittansprüchen § 72 11; Alternativansprüche § 72 10; Alternativverhältnis § 72 7; anhängiger Prozess § 72 4; Anspruch eines Dritten § 72 5; Anspruch gegen Dritte § 72 5, 7; Beauftragter § 72 9; Bürge § 72 9; doppelte Streitverkündung § 72 3; Form § 72 2; Gewährleistungsansprüche § 72 8; Interventionswirkung § 72 1; kumulative Haftung § 72 10; Person des Streitverkündeten § 72 3; Prozesshandlungsvoraussetzungen § 72 2; Regress § 72 6, 9; Richter § 72 3; Sachverständiger § 72 3; Streitverkünder § 72 1; Streitverkündungsempfänger § 72 1; subjektive Sicht des Streitverkünders § 72 6; subsidiäre Haftung § 72 10; Versicherer § 72 9; Zeuge § 72 3; Zwangsvollstreckung § 72 5
Streitwert § 721 11; Ablehnungsverfahren § 46 14; Festsetzung § 3 1; Festsetzungsverfahren § 3 13; Justizgewährungspflicht § 3 3; Kostengerechtigkeit

§ 3 3; Nennwertprinzip § 3 6; nichtvermögensrechtliche Streitigkeit § 3 8; Rechtsmittel gegen Festsetzung § 3 19; Rechtswegverweisung § 17b GVG 3; reformatio in peius § 3 26; selbständiges Beweisverfahren § 485 33; Small-Claims-Verfahren Anhang nach § 1109: EuGFVO Art. 2 2; Titelergänzung § 3 126; wirtschaftliche Identität § 5 4
Streitwertarten § 2 2
Streitwertfestsetzung; Unterbrechung vor §§ 239 ff 1
Streitwert-Lexikon § 3 27
Strengbeweis § 284 17; Entbindung § 284 50 ff.
Streudelikt Art 5 EuGVO 11
Stückschuld § 756 4
Stufenklage § 538 26; Streitwert § 3 206; § 5 18
Stuhlurteil § 310 4; § 540 17
Subunternehmer § 850i 8 ff.
Surrogationsprinzip § 744a 2
Suspensiveffekt § 567 1
Symptom-Rechtsprechung; selbständiges Beweisverfahren § 487 3

Tantiemen § 850i 18
Taschengeldanspruch § 850b 10; Pfändbarkeit § 850b 11; Pfändungsfreigrenzen § 850b 11
Taschengeldforderung § 850b 12
Taschenpfändung § 758 3; § 758a 2
Tatbestand § 707 6; Berufungsurteil § 540 11
Tatbestandsberichtigung; Berufungsfrist § 517 14
Tatsache; allgemeinkundig § 291 2; Begriff § 284 7; doppelt relevant § 328 10; Feststellung § 529 5; gerichtskundig § 291 3; innere § 286 46; Nichtbestreiten § 288 2; offenkundig § 291 1 ff.; Rechtsbegriffe des täglichen Lebens § 288 3
Tatsachenbezeichnung; selbständiges Beweisverfahren § 487 3
Tatsachenfeststellung § 529 5
Tatsachenvermutungen § 292 3
tatsächliche Vermutungen § 292 6, 8
technische Normen vor §§ 402 ff 12
Teilanerkenntnis § 93 5
Teilauftrag § 753 8
Teilbetrag auf die Vollstreckungskosten § 757 6
Teilklausel § 733 2
Teilleistung; auf die Prozesskosten § 757 6
Teilpfändung § 830 6
Teilschiedsspruch; Vollstreckbarerklärung § 1060 9
Teilschuldner § 733 4
Teilungsklagen § 24 7; Aufhebung der Bruchteilsgemeinschaft § 24 7; Auseinandersetzung der Erbengemeinschaft § 24 7; Auseinandersetzung des Gesellschaftsvermögens § 24 7
Teilungsversteigerung § 859 21
Teilurteil § 526 12; § 540 32; § 708 4; § 718 5; Anfechtung der Kostenentscheidung § 99 9; unzulässiges § 538 32; Wiederaufnahmeklage § 583 2
Teilvollstreckbarkeitserklärung § 722 11
Teilvollstreckung § 757 3, 6
Teilzahlung in Zwangsvollstreckung § 806b 2 ff.
Teilzahlungsgeschäft; Rücktrittsfiktion bei Zwangsvollstreckung § 817 16; § 825 14
Telefonkonferenz Anhang nach § 1075: EuBVO Art. 10 4
Tenor § 313 7
Termin § 95 2
Terminsänderung; erheblicher Grund § 227 3; Glaubhaftmachung § 227 2
Terminsbestimmung; Anfechtbarkeit § 216 6; Antragserfordernis § 216 3; Beschleunigungsgebot § 216 5; Feiertag § 216 8; Gerichtskostenvorschuss § 216 4
Terminsort § 219 1 ff.; Bundespräsident § 219 4
Terminsverlegung; erleichterte § 227 7; Verweigerung § 42 34
Tessili-Regel Art 5 EuGVO 6
Testament; Schiedsklausel § 1066 2
Testamentsvollstrecker § 50 36 f.; Rechtskraftwirkung § 327 4; Verwaltung § 748 3
Testamentsvollstreckerzeugnis nach § 2368 BGB § 749 2
Testamentsvollstreckung; Unterbrechung § 239 9; § 243 1 ff.
Theorie der Rechtspfändung § 857 29 f.
Theorie der Sachpfändung § 857 29
Tiere; Unpfändbarkeit bei Landwirten § 811 22; Unpfändbarkeit bei Selbstversorgern § 811 21
Timesharing Art 22 EuGVO 2
Titel; Auslegung § 750 4; Ehegattenunterhalt § 740 4; gegen alle Gesellschafter § 736 3; gegen die Gesellschaft oder einzelne Gesellschafter § 736 5; gegen Unbekannt § 750 9; gemeinschaftliche Verwaltung § 740 4; Herausgabe einer bestimmten Sache § 738 1; nach § 794 I § 735 2; Original § 750 4; Umschreibung § 733 3; Unbenutzbarkeit § 733 5
Titelergänzung § 3 126
Titelerschleichung § 322 54
Titelgläubiger § 724 6
Titelkollision Anhang nach § 1086: EuVTVO Art. 21 2; § 1096 2; Anhang nach § 1096: EuMVVO Art. 22 2; § 1109 2; Anhang nach § 1109: EuGFVO Art. 22 3
Titelumschreibung § 727 1; § 736 4; § 744 1
Titelzustellung § 742 3
titulierte Forderung § 850b 10
titulierter Hauptanspruch § 756 2
tituliertes Vorrecht § 850d 44

Tod; des Prozessbevollmächtigten § 86 4; eines der Ehegatten § 744a 2; Unterbrechung § 239 3, 6 ff.

Tod Vollstreckungsschuldner; besonderer Vertreter bei Tod des Vollstreckungsschuldners § 779 5; Erbschaftsannahme und Vollstreckung in den Nachlass § 779 1; Nachlass, Vollstreckung bei Tod des Schuldners § 779 6; Parteifähigkeit, Verlust der Parteifähigkeit nach Vollstreckungsbeginn § 779 4; Rechtsformumwandlung nach Vollstreckungsbeginn § 779 4; Vertreterbestellung bei Tod des Vollstreckungsschuldners § 779 5

Tonbandaufnahmen; heimlich § 284 27

Torpedoklage Einleitung 22

treble damages § 328 27

Trennung; der Verhandlung § 145 30

Treuhand § 829 19

Treuhänder § 727 2

TRIHOTEL § 32 8

Trust Art 5 EuGVO 16

Überbrückungsgeld § 851 5

übereinstimmende Erledigungserklärungen; Anerkenntnis des Beklagten § 91a 34; Billigkeitserwägungen § 91a 30 ff.; bisheriger Sach- und Streitstand § 91a 29; Kostenentscheidung § 91a 27 ff.; materiellrechtlicher Kostenerstattungsanspruch § 91a 33; Nebenintervention § 91a 22, 36; Rechtsbehelfe § 91a 38 ff., 42; Rechtskraft § 91a 40; sofortige Beschwerde § 91a 38 ff., 42; Streitwert § 91a 37, 43; teilweise § 91a 41 ff.; Wirkung § 91a 25 f.; Zulässigkeit erneuter Klage § 91a 25, 40

Übergabe; Scheck § 757 3; Titel und Quittung § 757 1 ff.

überlanges Gerichtsverfahren § 198 GVG 1

Übermittlung; Definition § 12 EGGVG 7

Überpfändung § 803 5 ff.

Überraschungsentscheidung § 139 13

Übersetzung § 1045 4; Anhang nach § 1071: EuZVO Art. 5 1; § 184 GVG 4; Anordnung § 142 15

Übertragung Einzelrichter § 526 4, 13

Überweisung; zur Einziehung § 857 22

Überweisung an Zahlung statt § 835 27; Forderungsübergang § 835 28

Überweisung einer Forderung § 835 3; Pfändungsschutzkonto § 835 31; Schuldnerschutz § 835 29

Überweisung einer Hypothekenforderung § 837 3; Briefhypothek § 837 5; Buchhypothek § 837 6; Höchstbetragshypothek § 837 9; Rechtsfolgen § 837 7

Überweisungsantrag § 835 4

Überweisungsbeschluss § 829 41; § 835 7; § 844 5; § 850c 31; anfechtbar § 836 6; aufgehoben § 836 5; Insolvenzverfahren § 835 50; Kosten § 835 51; nichtig § 836 7; Rechtsmittel § 835 49; Stellung des Drittschuldners § 835 25; Stellung des Gläubigers § 835 14; Stellung des Schuldners § 835 23; Überweisung an Zahlung statt § 835 27; Überweisung zur Einziehung § 835 13; unwirksam § 836 5; Wirkungen § 835 11; Zustellung § 835 9

UKlaG vor UKlaG 1; Vorrang EuGVO § 6 UKlaG 2

Umgehungsverbot § 1 UKlaG 6

Umlaufverfahren § 194 GVG 2

Umwandlung; Unterbrechung § 239 7 f.

Umwandlungserklärung § 850k 21; Rechtsnatur § 850k 22

Umweltprämie (Abwrackprämie); Zwangsvollstreckung § 857 73

unaufschiebbare Handlungen; Anwendungsbereich § 47 1; inhaltliche Grenzen § 47 3 ff.; Verstoß § 47 6; zeitliche Grenzen § 47 2

unbewegliche Sachen; Herausgabevollstreckung § 885 3 f.

unbezifferter Leistungsantrag; Streitwert § 3 214

unbillige Härten § 758a 9

UNCITRAL § 1025 3; § 1061 2

Undertakings Art 11 Brüssel IIa-VO 5; Art 32 EuGVO 9

Unehre; Zeuge § 384 5

unentbehrliche Ausgaben § 851b 5

unerlaubte Handlung Art 5 EuGVO 11; Begehungsort § 32 13; Begriff § 32 3; Einzelfälle § 32 14; Erfolgsort § 32 13; fliegender Gerichtsstand § 32 14, 16; Gerichtsstand § 32 1; Handlungsort § 32 13; internationale Zuständigkeit § 32 16; Schadensort § 32 13; Tatort § 32 13

Unfall; selbständiges Beweisverfahren § 485 7

Unfallruhegehalt eines Beamten § 850b 7

Unfallverhütungsvorschriften; Verletzung/Anscheinsbeweis § 286 32

Ungebühr; Begriff § 178 GVG 1; Einzelfälle § 178 GVG 7

ungerechtfertigte Bereicherung § 717 2

unmittelbare Leistung; des Gläubigers an den Schuldner § 757 3

Unmittelbarkeit Einleitung 32; Beweisaufnahme § 527 5

unpfändbare Beträge § 850e 3

Unpfändbarkeit; Beispiele § 811 34

Untätigkeit; selbständiges Beweisverfahren § 490 9

Untätigkeitsbeschwerde § 567 7

Unterbrechung; Ablehnungsgesuch § 244 2; Aktivprozess (InsO) § 240 8 f.; Aktivprozess (Nacherbe) § 242 2; Aktivprozess (Testamentsvollstrecker) § 243 2; Analogie vor §§ 239 ff 5; Anwaltsprozess § 240 2; § 244 1, 4 f.; Anwaltsverlust § 244 1, 6 ff.; Anzeige § 250 1 ff.; Arbeitsgericht vor §§ 239 ff 2; Arrest vor §§ 239 ff 1; § 244 2; Aufnahme (Form) § 250 1 ff.; Aufnahme (InsO) § 240 8 ff.; Aufnahme

(Prozessunfähigkeit) § 241 6; Aufnahme (Tod) § 239 13 ff.; Ausgliederung § 239 8; Auslandsinsolvenzverfahren § 240 4; Berufsverbot (RA) § 244 7; Betriebsübergang § 239 8; Beweislast (InsO) § 240 12; Beweislast (RA-Verlust) § 244 7; Beweislast (Tod) § 239 15; Beweissicherung vor §§ 239 ff 1; Bezugsberechtigung (Versicherung) § 239 10; Darlegungslast § 239 15; § 240 12; Dauer § 250 1 ff.; Dauer (InsO) § 240 7; Dauer (RA-Verlust) § 244 9; Dauer (Tod) § 239 12; Ehesachen vor §§ 239 ff 2; Eigenverwaltung (InsO) § 240 2; Endurteil vor §§ 239 ff 7; Entscheidungsart vor §§ 239 ff 7; Erbe § 239 1 ff.; Erbschaftskäufer § 239 11; eV vor §§ 239 ff 1; § 244 2; Familiensachen vor §§ 239 ff 2; Finanzgerichtsverfahren vor §§ 239 ff 2; freiwillige Gerichtsbarkeit § 240 2; Fristen § 249 3 f.; Gerichtshandlungen § 249 7; Höfeordnung § 239 10; Insichprozess § 239 2; Insolvenzmasse § 240 6; Insolvenzverfahren § 240 1 ff.; Insolvenzverwalter (vorläufig) § 240 1; juristische Person (Tod) § 239 7; Kosten vor §§ 239 ff 10; Kostenfestsetzungsverfahren vor §§ 239 ff 1; Krieg § 245 1; Löschung (Gesellschaft) § 239 8; Mahnverfahren vor §§ 239 ff 1; Nacherbfolge § 242 1 f.; Nachfolgeklausel § 239 10; Nachlassinsolvenz § 243 1, 3; Nachlasspflegschaft § 243 1 f.; Nachlassverwaltung § 241 1; Nebenintervention § 239 5; Partei (Anwaltsverlust) § 244 3; Partei (InsO) § 240 5; Partei kraft Amtes (Anwaltsverlust) § 244 3; Partei kraft Amtes (Tod) § 239 3; Partei (Prozessunfähigkeit) § 241 3; Partei (Tod) § 239 5 ff.; Parteiprozess (Anwaltsverlust) § 244 2; Parteiprozess (InsO) § 240 2; Passivprozess (InsO) § 240 10; Personenvereinigung § 239 7; Persönlichkeitsrechte § 239 11; PKH-Verfahren vor §§ 239 ff 1; § 244 2; Postulationsfähigkeit § 244 1; Prozesshandlungen § 249 6; Prozessstandschaft § 239 4; Prozessunfähigkeit § 241 1 ff.; Rechtsmittel vor §§ 239 ff 7; § 239 15; Rechtsnachfolge § 239 2, 9, 19; Rubrum (InsO) § 240 12; Rubrum (Rechtsnachfolge) § 239 13; Rügeverzicht § 249 6; Sonderrechtsnachfolger § 239 10; Sozialgerichtsverfahren vor §§ 239 ff 2; Stillstand der Rechtspflege § 245 1; Streitgenosse § 239 5; Streithelfer § 239 5; Streitigkeit vor §§ 239 ff 7; Streitwertfestsetzung vor §§ 239 ff 1; Testamentsvollstrecker § 239 9; § 243 1 f.; Titelumschreibung § 239 18; Tod § 239 3, 6; Umwandlung § 239 7 f.; Verfahrensarten vor §§ 239 ff 1 f.; Verfahrensarten (InsO) § 240 2; Verfahrensarten (RA-Verlust) § 244 1 f.; Verfahrensstillstand vor §§ 239 ff 3; Vermächtnisnehmer § 239 11; Vertretungsbeendigung § 241 5; Vertretungsunfähigkeit § 244 7; Verwaltungsgerichtsverfahren vor §§ 239 ff 2; Wirkungen vor §§ 239 ff 3; § 249 1 ff.; Wohnungseigentümer § 240 2; Zwangsvollstreckungsverfahren vor §§ 239 ff 1; zwischen den Instanzen § 239 16; § 240 13; § 244 4; § 250 2; Zwischenurteil vor §§ 239 ff 7; § 239 15; § 240 12

Unterhalt; notwendiger § 850d 16; § 850f 2; § 850g 7; Streitwert § 3 216

Unterhaltsanspruch § 704 9; § 850d 39; § 852 2

Unterhaltsansprüche; privilegierte Vollstreckung § 850k 69

Unterhaltsbedarf des Schuldners § 850d 21; Regelsatz § 850d 21

Unterhaltsberechtigte § 850d 1

Unterhaltsforderungen § 850d 1 f.

Unterhaltsgläubiger; Rangfolge § 850d 35

Unterhaltsleistung § 850c 15; Darlegungs- und Beweislast § 850c 15; rückständig § 850d 4

Unterhaltspfändung § 850d 1

Unterhaltspflicht; auf den Erben übergehende nach § 1586b BGB § 727 11; gesetzliche § 850c 13; § 850f 26

Unterhaltsrente § 850b 9; einmalig zu zahlende Unterhaltsbeträge § 850b 9; gesetzliche § 850b 8

Unterhaltsrückstände § 850d 32

Unterhaltssachen § 23a GVG 12; Art 1 EuGVO 10; Zuständigkeit Art 5 EuGVO 10

Unterkunftskosten; angemessen § 850f 16

Unterlassung; Streitwert § 3 217

Unterlassungsanspruch § 50 47; § 1 UKlaG 1; § 2 UKlaG 1; negatorisch Art 5 EuGVO 11

Unterlassungsklage Art 5 EuGVO 11

Unterlassungstitel § 704 11

Unterlassungsvollstreckung; allg Voraussetzungen § 890 3 ff.; Kosten und Gebühren § 890 30 f.; Rechtsbehelfe § 890 29

Untersuchungsgrundsatz Einleitung Rz 29

Untervertreter § 78 6 f.; § 80 7; Verschuldenszurechnung § 85 11

Untervertretung § 157 1; durch sonstige Mitarbeiter § 156 3; durch Stationsreferendare § 156 2

Untervollmacht § 80 7

UNÜ § 1061 1, 42

unvertretbare Handlungen; Abgrenzung zu vertretbaren Handlungen § 887 20; Handlungsvollstreckung § 888 1 ff.; Unvertretbarkeit der Handlung § 888 10

unwiderlegbare Vermutung § 739 5

unzulässige Kostentscheidung; Anfechtung § 99 7

Urheberbenennung; Anwaltszwang § 76 4; Besitzdiener § 76 3; Besitzer § 76 1; Besitzklage § 76 2; Herausgabe § 76 2; Hinterlegung § 76 2; Interventionswirkung § 76 5 f.; mittelbarer Besitz § 76 3; Rechtshängigkeit § 76 4; Urt § 76 7; Vorlegung § 76 2; Zwischenurteil § 76 7

Urheberbenennung bei Eigentumsbeeinträchtigung; Beeinträchtigung § 77 1; Beseitigung § 77 1; dingliches Recht § 77 1; Eigentum § 77 1

Urheberrecht; Unterlassungsanspruch § 2a UKlaG; Zwangsvollstreckung § 857 62

Urkunde § 415 2; als Zeugenbeweis § 373 18; Anlagen § 415 4; Anordnung der Vorlegung § 142 1; ausländische öffentliche Urkunde § 415 9; Beifügung § 131 2; Beiziehung bei Vorlegung durch Behörde oder Beamten § 432 4; Beseitigung § 444 1; Beweisantritt § 420 1; Beweisantritt durch Dritte § 428 2; Beweisaufnahme bei Vorlegung vor beauftragtem oder ersuchtem Richter § 434 3; Beweisführung § 415 8; Beweisfunktion § 726 7; Beweisgegner § 421 1, 4; Beweiskraft § 415 6; Beweisvereitelungsabsicht § 444 6; einheitliche Urkunde § 415 4; Einsicht § 135 1; Einsichtsrecht § 134 1; elektronische Dokumente § 415 3; formelle Beweiskraft § 415 5 f.; gescannte Urkunde § 415 3, 5; mangelbehaftete Urkunden § 419 1; materielle Beweiskraft § 415 7; notarielle § 727 16; öffentlich beglaubigt § 727 16; öffentliche § 415 3, 9; Original § 415 5; Privaturkunde § 415 3; § 416 1; Rückgabefrist § 135 3; selbständiges Beweisverfahren § 485 12; unrichtige Beurkundung § 415 26; Urkundsbeweis § 415 5; Veränderungen der Urkunde § 419 3; verdächtige Urkunde § 443 1; Verwahrung verdächtiger Urkunden § 443 1; Verzicht nach Urkundenvorlegung § 436 2; Verzicht vor Urkundenvorlegung § 436 1; vollstreckbare § 733 8; Voraussetzungen der Vorlegung vor beauftragtem oder ersuchtem Richter § 434 2; Vorlagepflicht der Behörde § 432 8; Vorlegung durch Behörde oder Beamte § 432 1; Vorlegung durch den Gegner § 421 1; Vorlegung durch Dritte § 428 1; Vorlegung vor beauftragtem oder ersuchtem Richter § 434 1; Vorlegungspflicht Dritter § 428 1; § 429 1

Urkundenbeweis vor §§ 402 ff Rz 7, vor §§ 402 ff Rz 11; § 411a 1, 14; § 415 1; selbständiges Beweisverfahren § 485 8; § 493 6

Urkundenfälschung; Wiederaufnahmegrund § 580 6

Urkundennachweis § 727 16

Urkundenprozess § 538 28; § 592 1; Abstandsnahme § 533 7; § 596 2; Anerkenntnisvorbehaltsurteil § 599 3; Aufrechnung § 592 4; § 595 1; § 596 8; § 598 2; Beweisantritt durch Dritte § 428 2; Beweisführung § 592 1, 14; § 593 5; § 595 3; § 599 1; § 605 3; Beweismittel § 595 3; Bindungswirkung des Vorbehaltsurteils § 600 6; Entscheidung § 592 17; Feststellung zur Insolvenztabelle § 592 10; klagbare Ansprüche § 592 5; Nachverfahren § 600 1; Schiedsabrede § 592 4; § 602 1; selbständiges Beweisverfahren § 485 19; Streitwert § 3 219; Teilklage § 592 6; Unstatthaftigkeit § 597 3; Widerklage § 595 1; Widerspruch § 599 2, 5

Urkundenvorlage; Anspruch auf Vorlage § 422 3; Bedeutung § 142 2; Weigerung § 142 11

Urkundsbeamter § 49 1 f.; § 153 GVG 1; der Geschäftsstelle § 706 2

Urlaubsanspruch § 851 11

Ursache; selbständiges Beweisverfahren § 485 22

Urteil vor §§ 300 ff Rz 1; § 724 4 f.; § 725 3; Abänderung § 717 10; als Wiederaufnahmegrund § 580 10 ff.; Aufhebung § 717 10; Ausfertigung § 317 6; Berichtigung § 319 1; Berufungsgericht § 540 1; Beweiskraft des Tatbestands § 314 1; Endurteil § 300 1; Entbehrlichkeit von Tatbestand und Entscheidungsgründen § 313a 3; § 313b 3; Entscheidungsgründe § 313 13; erschlichen § 328 29; Feststellungsurteile vor §§ 300 ff 8; Gestaltungsurteile vor §§ 300 ff 9; Grundurteil § 301 17; § 304 1; Leistungsurteile vor §§ 300 ff 7; Rechtsbehelfsbelehrung § 313 2; rechtskräftig nach § 731 § 732 8; Scheinurteil vor §§ 300 ff 11; Tatbestand § 313 10; Teilurteil § 301 1; Unterschrift § 315 1; Urteilsverkündung § 311 1; Verhinderung eines Richters § 315 5; Verkündung § 310 1; Verkündungsvermerk § 315 9; Versäumnisurteile § 313b 2; Vorbehaltsurteil § 302 1; Wirkungen § 322 4; Zwischenurteil § 50 8, 13; § 303 1; § 306 1

Urteilsberichtigung; Berufungsfrist § 517 13

Urteilsformel § 540 4; § 725 3

Urteilsschelte § 1 GVG 4

Vaterschaftsfeststellungsklage; Kosten § 91a 35

Vaterschaftstest; heimlich § 284 33

Veräußerungsverbot und Drittwiderspruchsklage; absolute Verfügungsverbote § 772 5; relatives Veräußerungsverbot § 772 1

Verbandsgericht § 1059 4

Verbandsklage § 50 47; Art 5 EuGVO 11; konkurrierende § 5 UKlaG 13; Rechtskraftwirkung § 5 UKlaG 14

Verbandsklagebefugnisse vor UKlaG 3

Verbesserungsverbot § 528 11

Verbindung von Verfahren; selbständiges Beweisverfahren § 487 2

Verbot der Halbwahrheit § 138 5

Verbot der isolierten Anfechtung einer Kostenentscheidung § 99 2

Verbot der Überpfändung § 866 6

Verbraucher Art 17 EuGVO 3

Verbraucherschutzgesetze § 2 UKlaG 5

verdächtige Urkunden; gerichtliche Verwahrung § 443 2

Verdienstmöglichkeiten § 850i 41

Verdoliva § 328 20

Verein; nicht rechtsfähiger Verein § 50 3, 27; Untergliederung § 50 27

Vereinbarung; Gütergemeinschaft § 742 2

vereinfachtes Verfahren; Aktenlageentscheidung § 495a 18; Beweiserhebung § 495a 10; Fristen § 495a 8; mündliche Verhandlung § 495a 12; Rechtsbehelf § 495a 19; Säumnissituation § 495a 17; Urteilsverkündung § 495a 16; Verfahrensgestaltung § 495a 6; Voraussetzungen § 495a 2

Vereinigtes Königreich Art 37 EuGVO 4; Verfahrensaussetzung Art 46 EuGVO 2; Zwangsvollstreckung Art 38 EuGVO 5
Vereinsgericht § 1059 4
Vereinsvermögen § 735 3
Verfahren § 706 3; § 707 10; § 719 9; Berufung § 525 1; vor den Amtsgerichten § 495 1
Verfahrensdauer; Entschädigung vor §§ 1 ff GVG 2; Privatkläger vor §§ 1 ff GVG 2; Untätigkeitsbeschwerde vor §§ 1 ff GVG 2; Verzögerungsrüge vor §§ 1 ff GVG 2
Verfahrensfehler § 529 17; § 531 10; § 534 3; § 538 12
Verfahrensgrundsätze Einleitung 23
Verfahrenskosten § 733 12
Verfahrensmangel; Verletzung der Hinweispflicht § 139 7
Verfahrenssprache § 1045 2
Verfahrensstillstand; Unterbrechung vor §§ 239 ff 3
Verfahrensverbindung; selbständiges Beweisverfahren § 487 2
Verfahrensvoraussetzung; Fehlerfolge § 18 GVG 1; Immunität § 18 GVG 1; Zwischenentscheidung § 18 GVG 1
Verfallklausel § 726 5, 10
Verfassungsbeschwerde § 66 13
Verfügung vor §§ 300 ff 3; § 329 26; § 707 3; § 708 6; § 719 2; Berichtigung § 329 36; Bindung § 329 35; Existenz § 329 27; Unterschrift § 329 32; Verkündung § 329 32; Wirksamwerden § 329 28; Zustellung § 329 34
Vergabesachen; Streitwert § 3 221
vergebliche Vollstreckung § 850b 24
Vergleich § 118 11; § 722 10; § 1053 1; Kosten § 98 1; selbständiges Beweisverfahren § 492 10; Streitwert § 3 222; Wirksamkeit § 16 GVG 6
Vergleich Gütestelle; Ausfertigung, vollstreckbare § 797a 3; Beschwerde, sofortige § 797a 4; Gütestelle, eingerichtete oder anerkannte § 797a 1; Klauseln, qualifizierte § 797a 2; Landesjustizverwaltung § 797a 1; Rechtsbeschwerde § 797a 4; Rechtspfleger § 797a 4; Urkundsbeamte § 797a 4
Vergleichsabschluss; schriftliches Verfahren § 16 GVG 5
Vergütung; sachverständiger Zeuge § 414 4; SV § 413 1; § 414 4
Vergütungsansprüche; nicht wiederkehrende § 850i 1
verhafteter Schuldner; Haftanordnung § 902 8; Haftaussetzung § 902 12; Haftort § 902 4; mehrere Gläubigeranträge § 902 7; unverzügliche Abnahme § 902 5; Zuständigkeit des Gerichtsvollziehers § 902 4
Verhaftung; Ablauf § 909 2; Abwendung § 909 4; Durchführung § 909 3; Haftbefehlsvollziehung § 909 5
Verhandeln § 526 10
Verhandlung; Entfernung § 158 1; nach Beweisaufnahme § 285 1 ff.
Verhandlungsgrundsatz § 138 8
Verhandlungsmaxime Einleitung 27
Verjährung § 117 26; § 717 15; selbständiges Beweisverfahren § 485 15, 20; § 487 18; § 494 4
Verjährungseinrede; erfolgloses Angriffs- und Verteidigungsmittel § 96 27
Verkaufswert; Bekanntgabe § 817a 3; Bekanntmachung bei Versteigerung § 817 3; Schätzung § 813 3
Verkehrsabgeschnittenheit; Aussetzung § 247 1
Verkehrsanschauung; Beweis § 284 10
Verkehrssicherungspflichten; Verletzung/Anscheinsbeweis § 286 32
Verkehrssitte; Beweis § 284 10
Verkehrsunfall; selbständiges Beweisverfahren § 485 7
Verkündung § 705 2; § 1102 1
Verlust Ablehnungsrecht; kein Verlust § 43 5; § 44 8; Normzweck § 43 1; Voraussetzungen § 43 2 ff.
Verlust Rügerecht § 556 1
Vermächtnis § 850b 15
Vermächtnisnehmer; Unterbrechung § 239 11
Vermerk § 757 6
Vermieterpfandrecht § 935 3
Vermögen; nach § 90 SGB XII § 115 32; Prozesskostenhilfe § 115 32
Vermögensfreibetrag; EU-Ausland § 115 59
Vermögensgemeinschaft § 744a 2
Vermögensrechte § 857 4; § 859 6
vermögensrechtliche Streitigkeiten bis 750 €; obligatorisches Güteverfahren § 15a EGZPO 3
Vermögensübernahme § 729 3; Nachweis § 729 4
Vermögensverzeichnis § 807 13 ff.; einer juristischen Person § 807 15 f.; einer Partei kraft Amtes § 807 17; Erklärungspflicht § 807 13 ff.; Inhalt § 807 18; Nachbesserung § 807 30
vermögenswirksame Leistungen § 850e 14
Vermutung; des aufklärungsrichtigen Verhaltens § 286 42; gesetzliche § 292 1 ff.; unwiderlegbare § 292 2
Vermutungsvertrag § 286 96; § 292 2
Vernehmung; Zeuge § 394 2; § 395 2; § 396 2
Veröffentlichungsbefugnis § 7 UKlaG 1
Verpfändung § 50 34
Versäumnisurteil § 538 31; § 539 3; § 540 25; § 705 4; § 709 6; § 721 12; Anhang nach § 1086: EuVTVO Art. 3 6; Anwendungsbereich § 330 3; § 331 2; berufungsfähiges § 514 6, 8, 10 ff.; berufungsunfähiges § 514 2; echtes § 708 4; Form der Entscheidung § 330 14; § 331 15; gegen den Beklagten § 331 15; gegen den Kl § 330 14; Geständnisfiktion

§ 331 11; im schriftlichen Vorverfahren § 331 27; Inhalt der Entscheidung § 330 16; § 331 16; Prozessantrag des Beklagten § 330 10; Prozessantrag des Klägers § 331 6; Urteil über die Aufrechterhaltung § 709 6; Wiedereinsetzung § 233 7; zweites § 708 4

Versäumnisverfahren § 539 1; Schiedssachen § 1063 13

Verschlechterungsverbot § 528 12; § 538 40

verschleiertes Arbeitseinkommen § 850d 14; § 850h 1; Insolvenzverfahren § 850h 35; Kosten § 850h 37; Rechtsbehelfe § 850h 34

Verschleppungsabsicht § 851b 7

Verschulden; Anscheinsbeweis § 286 34; bei Vertragsschluss Art 5 EuGVO 3, 11; des Prozessbevollmächtigten § 85 10; Kosten § 95 1

Verschwiegenheitspflicht § 836 21

Versicherung § 720a 5; an Eides Statt § 294 3

Versicherungsverträge § 851c 8; Kapitalversicherung § 851c 9; originäre Rentenversicherungsverträge § 851c 8; private § 851c 1, 6; Umwandlung § 851c 9

Versorgungswerk § 851 8

Versorgungszweck § 850b 18

verspätetes Vorbringen § 301 8

Verspätung § 530 8; § 532 1; Berufung § 530 1; Folge § 296 48; Glaubhaftmachung § 296 51; Prozessförderungspflicht § 296 42; Verhandlungsschluss § 296a 1; Verschulden § 296 46; Zulässigkeitsrügen § 296 49

Versteigerung § 844 10; Ablauf § 817 2; Bekanntmachung von Ort und Zeit § 816 6; Benachrichtigung der Beteiligten § 816 9; durch privaten Auktionator § 818 3; in der Wohnung des Schuldners § 816 3; Öffentlichkeit § 814 7; Ort § 816 3; Zeitpunkt § 816 2

Versteigerungsbedingungen; Bekanntmachung § 817 3

Verstrickung § 803 3; § 804 1 ff.; § 808 29; § 847 9

Verteilungsverfahren § 872 2; Streitwert § 3 232; Teilungsplan § 874 1; Termin § 875 1; Widerspruch § 876 3

vertragliches Anerkenntnis § 852 4

Vertragsstrafe § 5 UKlaG 3

Vertragsstrafklage § 6 UKlaG 7 f.

vertretbare Handlungen; Abgrenzung zu unvertretbaren Handlungen § 887 20; Handlungsvollstreckung § 887 1 ff.; Vertretbarkeit der Handlung § 887 15

Vertretung; Aktiengesellschaft § 51 8; Anstalt § 51 7; europäische Genossenschaft § 51 9; europäische wirtschaftliche Interessenvereinigung § 51 9; GbR § 51 9; Genossenschaft § 51 8; Gesamtvertretung § 51 11; gesetzliche § 51 1 f.; § 53a 2; GmbH § 51 8; GmbH & Co KG § 51 9; juristische Person § 51 3, 6; KG § 51 9; KGaA § 51 8; Körperschaft § 51 7; Minderjährige § 51 3; natürliche Person § 51 2; Notvertretung (Richter) § 70 GVG 1; OHG § 51 9; PartnerG § 51 9; Stiftung § 51 7, 9; Verein § 51 9; Verschuldenszurechnung § 51 12; Volljährige § 51 4; Vorgesellschaft § 51 10; Vorsorgevollmacht § 51 5; Vorverein § 51 10

Vertretungsmacht; Personen mit § 758a 6

Vertretungsunfähigkeit; Unterbrechung § 244 7

Verursachungsquote; selbständiges Beweisverfahren § 485 22

Verwaltungsakt; Bindungswirkung § 13 GVG 20 f.

Verwaltungsgerichtsverfahren; Unterbrechung vor §§ 239 ff 2

Verwaltungsprozess; selbständiges Beweisverfahren § 485 10; § 494a 4

Verwaltungsvollstreckung vor §§ 704 ff 2

Verweisung § 525 12; Spruchkörper § 17a GVG 16; zwischen Kammer für Handelssachen und Zivilkammer § 96 GVG 1 f.; § 101 GVG 1 f.; § 102 GVG 1 ff.; § 104 GVG 1 f.

Verweisungsbeschluss; Kosten § 17b GVG 1; Rechtshängigkeit § 17b GVG 1

Verwertung § 857 22; Miterbenanteil § 859 22

Verwertungsgemeinschaft Wort § 850i 18

Verwertungsgesellschaft § 50 35

Verwertungsverbot; Zeuge § 376 6

Verzicht § 540 24, 28; § 750 14; auf Zeugen § 399 3; vor Urkundenvorlegung § 436 1 f.

Verzicht auf Aufhebungsgründe § 1059 10b

Verzichtserklärung § 843 3; Form § 843 4; Kosten § 843 9; Teilverzicht § 843 3; Wirkungen § 843 5; Zustellung § 843 4

Verzichtsurteil § 93 6; § 540 25; § 708 4; Anfechtung der Kostenentscheidung § 99 24

Verzögerung § 296 45; § 530 9

Verzögerungsgebühr § 95 1

Verzögerungsrüge § 198 GVG 8

Videoaufnahme; Verwertungsverbot § 284 29

Videokonferenz Anhang nach § 1075: EuBVO Art. 10 4; § 1100 1; Anhang nach § 1109: EuGFVO Art. 8 1; Beweisaufnahme § 128a 5; Verhandlung § 128a 4

Vier-Augen-Gespräche § 141 3

Völkerrecht; Staatenimmunität § 18 GVG 4

Völkerstrafgesetzbuch; Kriegsverbrechen § 21 GVG 2

Vollbeweis § 284 15

Vollmacht § 726 2

vollstreckbare Ausfertigung § 754 5; bei beendeter Gütergemeinschaft § 744 1 f.; bei Gütergemeinschaft während des Rechtsstreits § 742 1; für und gegen Testamentsvollstrecker § 749 1 ff.; gegen Nießbraucher § 738 1

vollstreckbare Urkunde; Abänderung § 323a 4; Anwaltsvergleich, Klauselerteilungsverfahren § 797 1; gerichtliche Urkunde, Klauselerteilungsverfahren § 797 3; Klauselerteilung § 797 4; konsularische Urkunde, Klauselerteilungsverfahren § 797 19; notarielle Urkunde, Klauselerteilungsverfahren § 797 6; vollstreckbare Ausfertigung, weitere § 797 5, 9; Vollstreckbarerklärung, notarielle § 797 17

vollstreckbare Urkunde, Schiffe, Schiffsbauwerke, Luftfahrzeuge; Registerpfandrecht § 800a 1; Schiffshypothek § 800a 1

Vollstreckbarerklärung § 724 3; Art 22 EuGVO 10; Schiedsspruch § 1064 1 ff.; Vollstreckungsgegenklage § 1060 19

Vollstreckbarerklärung und Anwaltsvergleich; Erfüllung, Stundung, Erlass oder Aufrechnung § 796a 13; Erfüllungsklage § 796a 16; Erfüllungsklage Gläubiger, Zuvorkommen Vollstreckungsgegenklage des Schuldners § 796a 16; Gerichtsstandsvereinbarung, Vergleichsniederlegung, Zuständigkeit § 796a 10; Niederlegung, Vergleichsniederlegung beim Amtsgericht § 796a 9; ordre public § 796a 12; Präklusionswirkung § 796a 13; Rechtsschutzbedürfnis § 796a 13; Rechtsschutzbedürfnis, Wegfall § 796a 16; Schiedsgerichtsverfahren § 796a 2; Schiedsspruch § 796a 13; Unterwerfungserklärung § 796a 5; Urkunden, vollstreckbare § 796a 5; verdeckte Stellvertretung § 796a 7; Vergleich § 796a 4; Vollmacht § 796a 7; vollmachtlose Vertretung § 796a 7; vollstreckbare Urkunde § 796a 2; Vollstreckbarerklärung § 796a 11; Vollstreckbarerklärung, Niederlegung des Vergleichs, Gerichtsstand im Inland § 796a 9; Vollstreckbarerklärungsverfahren § 796a 13; Vollstreckungsgegenklage § 796a 13; Vollstreckungstitel, gerichtlicher oder notarieller Beschl § 796a 11; Willenserklärung und Wohnraummietverhältnis § 796a 6

Vollstreckbarerklärung und Vergleich, gerichtlicher; Erinnerung § 795b 5; Justizmodernisierungsgesetz § 795b 1; Klauselerinnerung § 795b 5; Klauselerteilung § 795b 1; Rechtspfleger § 795b 1; Urkundsbeamten § 795b 1; Vergleich, bedingt abgeschlossener § 795b 2; Vergleich, Doppelnatur § 795b 2; Vergleich, widerruflicher § 795b 2; Widerruf, Widerrufsvorbehalt § 795b 2; Widerrufsvergleich § 795b 2

Vollstreckbarerklärung und Vergleich, widerruflicher; Klauselerteilungsverfahren § 795b 1

Vollstreckbarkeit § 704 12; § 722 6, 11; Beendigung § 717 3; Erklärung über die vorläufige § 731 7; nach § 708 § 708 1; nach § 709 § 709 1; nach §§ 716, 321 § 719 8

Vollstreckbarkeitsentscheidung § 718 4

Vollstreckbarkeitserklärung nach § 704 § 704 13

Vollstreckbarkeitsvermerk § 725 1

Vollstreckung § 720a 5; § 753 1 ff.; Abhängigkeit § 726 3; arbeits- und sozialrechtlicher Titel § 764 2; durch Gerichtsvollzieher § 753 1 ff.; einer Handlung § 756 4; einer Nachlassforderung in den Nachlass § 748 2; eines Haftbefehls § 758a 8; mehrere Teilvollstreckungen § 752 3; von Titeln auf Räumung oder Herausgabe von Räumen § 758a 8; Zeitpunkt § 740 5; zur Unzeit § 758a 1 ff.

Vollstreckung der Abgabe einer Willenserklärung; Abhängigkeit von einer Gegenleistung § 894 9; Kosten und Gebühren § 894 13; Rechtsbehelfe § 894 12; Rechtsfolgen § 894 10; Rechtskraft des Titels § 894 8; Verurteilung zur Abgabe § 894 5; Willenserklärung § 894 3; zwecks Eintragung bei vorläufig vollstreckbarem Urt § 895 1

Vollstreckung unvertretbarer Handlungen; Abgrenzung zu besonderen Vollstreckungsregeln § 888 3; Adressat § 888 27; allg Verfahrensvoraussetzungen § 888 5 ff.; Behauptungs- und Beweislast § 888 17; bei Mitwirkung eines Dritten § 888 14; Eingehung einer Ehe § 888 19; Erfüllungseinwand § 888 8; Herstellung des ehelichen Lebens § 888 20; Kosten und Gebühren § 888 36; Leistung von Diensten § 888 21; Rechtsbehelfe § 888 35; Schuldnerwille § 888 11; sonstige Fälle § 888 22; Unmöglichkeitseinwand § 888 13; Unvertretbarkeit der Handlung § 888 10; Verfahren und Durchführung § 888 23 ff.; Zwangsgeld § 888 30; Zwangshaft § 888 33; Zwangsmittel § 888 30

Vollstreckung vertretbarer Handlungen; Abgrenzung zu besonderen Vollstreckungsregeln § 887 3 ff.; allg Verfahrensvoraussetzungen § 887 8 ff.; Arbeitsleistungen § 887 18; bei Mitwirkung eines Dritten § 887 17; Duldungspflicht § 887 39; Erfüllungseinwand § 887 13; Ersatzvornahme § 887 39; Kosten und Gebühren § 887 43 ff.; Rechtsbehelfe § 887 40 ff.; Unmöglichkeitseinwand § 887 14; Verfahren und Durchführung § 887 36 ff.

Vollstreckung, privilegierte § 850f 36; privilegierte Forderungen § 850f 43; qualifizierter Titel § 850f 45; Verfahren § 850f 49; Vollstreckungsbescheid § 850f 47; Wirkungen § 850f 52

Vollstreckungsabkommen § 724 3

Vollstreckungsabwehrklage § 1086 1 f.; Abänderungsklagen und Vollstreckungsabwehrklage § 767 6; Anwaltsvergleichen und Vollstreckungsabwehrklage § 767 29; ausländische Urteile und Präklusion § 767 39; Einwendungen § 767 19; Gesetzesänderungen § 767 25; Gestaltungsrechte und Präklusion § 767 45; Konzentrationsgrundsatz § 767 50; nach § 767 vor §§ 704 ff 16; § 732 3; § 757 8; Nichtigkeit der entscheidungserheblichen Norm und Vollstreckungsabwehrklage § 767 26; Präklusion § 767 33; Rechtsmittel und Vollstreckungsabwehrklage § 767 11; Rechtsprechungsänderung und Vollstreckungsabwehrklage § 767 25; Schadenersatzpflicht und Vollstreckungsgegenklage § 767 51; Schiedsspruch und Vollstreckungsabwehrklage § 767 29; Streitwert § 3 236; Titel-Gegenklage § 767 5; Unzulässigkeit der Zwangsvollstreckung § 767 31; verlängerte Vollstreckungsgegenklage § 767 16; Vollstreckbarkeit, Beseitigung § 767 1; vollstreckungsbeschränkende Vereinbarungen und Vollstreckungsgegenklage § 767 15; Vollstreckungsgegenklage § 767 4

Vollstreckungsabwehrklage bei beschränkter Haftung; beschränkte Erbenhaftung § 786 1; fortgesetzte Gütergemeinschaft, Vollstreckungsabwehrklage § 786 2; Minderjährige, Beschränkung der Haftung des Minderjährigen und Vollstreckungsabwehrklage § 786 4

Vollstreckungsabwehrklage des Erben; Drittwiderspruchsklage und Vollstreckungsabwehrklage des Erben § 785 4; Einreden des Erben § 785 1

Vollstreckungsauftrag § 753 11, 13; § 754 2; Einwendungen gegen § 755 3; pauschal § 753 7

Vollstreckungsbeginn; Bedingungen für § 751 1 ff.

Vollstreckungsbescheid § 705 5; § 731 2; § 850f 47; Abgabe nach Einspruch § 700 10; Anspruchsbegründung § 700 12; Anspruchsbezeichnung § 700 3; Antrag, Form § 699 3; Antrag, Unterzeichnung, handschriftliche § 699 4; Antrag, Widerspruchsfrist § 699 6; Ausfertigung, weitere vollstreckbare § 796 2; bisher entstandene Kosten § 699 19; Einspruch § 700 5; § 796 2; Einspruchsform § 700 6; Einspruchsfrist § 700 7; Einspruchsinhalt § 700 8; Einspruchsrücknahme § 700 9; Empfangsgericht nach Abgabe § 700 11; europäischer Vollstreckungstitel § 699 30; EuVTVO § 699 30; Gerichtskostenvorschuss § 699 12; Kosten § 699 15; Kosten bei Teil-VB § 699 17; Kostenfestsetzung nachträglich § 699 21; Präklusion § 796 3; Prorogation § 796 4; Rechtshängigkeit § 700 4; Rechtsmittel § 699 31; Rücknahme § 699 13; Sechsmonatsfrist § 701 2; Titelumschreibung § 796 2; Unterschrift § 699 22; Unterzeichnung § 699 22; verfügt § 694 12; § 699 13; Versäumnisurteil, Gleichstellung § 700 2; Vollstreckungsklausel § 796 1; Vollstreckungsklausel, bei weiterer vollstreckbarer Ausfertigung § 796 2; Wegfall der Wirkung des Mahnbescheids § 701 1; Wiederaufnahme gegen § 584 8; Zuständigkeit § 699 9; Zustellung § 699 23; Zwangsvollstreckung, für oder gegen Rechtsnachfolger § 796 1; zweite Ausfertigung § 796 2; zweite vollstreckbare Ausfertigung § 699 29

Vollstreckungsbeschränkungen § 850b 2

Vollstreckungserinnerung § 834 2; Art 22 EuGVO 10; nach § 766 § 740 6

vollstreckungsfähiger Inhalt § 704 3

Vollstreckungsfähigkeit § 704 3; § 724 5

Vollstreckungsgegenklage § 756 12; § 1086 1 f.; Art 22 EuGVO 10

Vollstreckungsgegenstand § 850d 13

Vollstreckungsgericht vor §§ 704 ff 6; § 764 1 ff.; § 850b 25; § 850f 34, 50; § 850g 4; § 850i 45; einheitliche Zuständigkeit des Amtsgerichts § 764 1

Vollstreckungsgläubiger vor §§ 704 ff 7

Vollstreckungshandlung § 762 1, 3; außerhalb von Wohnungen § 758a 22; innerhalb einer Wohnung § 758a 22

Vollstreckungshindernis vor §§ 704 ff 11; § 732 10

Vollstreckungsinteresse § 850b 25

Vollstreckungsklausel vor §§ 704 ff 9; § 724 12; § 725 1; formelle Einwendungen § 732 3; Streitwert § 3 238; Zulässigkeit der Erteilung § 732 2

Vollstreckungsklausel, Unzulässigkeitsklage; Klauselerteilung, Unzulässigkeitsklage § 768 1; Klauselgegenklage § 768 3; Schadenersatz und Klauselgegenklage § 768 13; vollstreckbaren Ausfertigung § 768 3

Vollstreckungskosten; Beitreibung § 788 3; Festsetzung § 788 6; Gesamtschuldner § 788 4

Vollstreckungsmaßnahme vor §§ 704 ff 14 f.; § 707 13; § 717 11; § 750 10

Vollstreckungsnachteil § 712 3; § 719 7

Vollstreckungsorgan vor §§ 704 ff 6; § 724 1, 3; § 750 17; § 751 5

Vollstreckungsprivileg § 850d 7 f.

Vollstreckungsrecht; Reform vor §§ 704 ff 23

Vollstreckungsrechtsverhältnis vor §§ 704 ff 7

Vollstreckungsreife § 724 5

Vollstreckungsschuldner vor §§ 704 ff 7

Vollstreckungsschutz § 765a 1; Antrag nach § 712 § 719 8; einstweilige Anordnungen § 765a 28; Haftanordnung § 765a 16; Herausgabevollstreckung, Aufschub durch den Gerichtsvollzieher § 765a 30; Insolvenzverfahrens § 765a 4; nach § 765a § 721 1; Räumungsvollstreckung, Schuldnerschutz § 765a 12; Sittenwidrigkeit der Zwangsvollstreckungsmaßnahme § 765a 1; Streitwert § 3 239; Subsidiarität der Härtefallklausel § 765a 6; Tierschutz in der Zwangsvollstreckung § 765a 20; Verhältnismäßigkeit § 765a 10; Verhältnismäßigkeitsgrundsatz der Zwangsvollstreckung § 765a 8; wirtschaftliche Unzumutbarkeit der Zwangsvollstreckung § 765a 17

Vollstreckungsschutz, erweiterter; Insolvenzverfahren § 850f 59

Vollstreckungsstandschaft; isolierte § 727 3

Vollstreckungsstreitwert § 2 7

Vollstreckungstitel vor §§ 704 ff 22; § 704 4; ausländischer § 722 5; europäischer § 1079 1; selbständiges Beweisverfahren § 492 10; § 494a 14

Vollstreckungstitel, weitere § 794 1; § 795 1; Anwaltsvergleich § 794 41; § 795 2; beschwerdefähige Entscheidungen § 794 36; § 795 2; Bestimmtheitsgebot, vollstreckbare Urkunde § 794 44; Bewilligung der sofortigen Zwangsvollstreckung § 794 57; Doppelnatur § 794 2; Duldungstitel in der Zwangsvollstreckung § 794 57; europäischer Zahlungsbefehl § 794 58; § 795 5; Gütestellen, Zwangsvollstreckung aus Vergleichen vor Gütestellen § 794 32; Kostenfestsetzungsbeschluss § 794 33; § 795 2; Präklusion § 795 3; Prozessvergleich § 794 2, 29; § 795 2; Prozessvergleich, Anfechtung § 794 23; Prozessvergleich, Aufhebung § 794 23; Prozessvergleich, Beteiligte § 794 9; Prozessvergleich, Formerfordernisse § 794 19; Prozessvergleich, Rücktritt § 794 28; Prozessvergleich, Unwirksamkeit § 794 23; Prozessvergleich, Verfahren § 794 3; Prozessvergleich, Vergleichsinhalt § 794 12; Prozessvergleich, Wegfall der Geschäftsgrundlage § 794 28; Prozessvergleich, Widerruf § 794 15; Prozessvergleich, Wirkung § 794 29; Räumungsvergleich § 795 2; Schiedsspruch § 794 38; § 795 2; Schiedsvergleich § 794 39; § 795 2; Schuldtitel § 795 1; Unterwerfungserklärung in notarielle Urkunden § 794 52; Vergleich § 794 2; vollstreckbare Urkunde § 794 42; § 795 2; Vollstreckungsbescheid § 794 37; § 795 2

Vollstreckungsunterwerfung; Darlehensnehmer § 794 52

Vollstreckungsverfahren vor §§ 704 ff 5; § 722 9; § 724 2; § 750 1; § 760 1; Anhang nach § 1086: EuVTVO Art. 20 1; Kostenentscheidung § 788 8; Transparenz § 759 1

Vollstreckungsvoraussetzungen § 721 1; § 750 1; allgemeine § 758a 3, 18; besondere § 751 1

Vorabentscheidung; Streitwert § 3 240

Vorauspfändung § 751 2

Vorbehalt der beschränkten Erbenhaftung; Nachlass, Zwangsvollstreckung in den Nachlass bei beschränkter Erbenhaftung § 780 1; Nachlassverbindlichkeit, Haftungsbeschränkung des Erben im Zwangsvollstreckungsverfahren § 780 1; Präklusion der Einrede der beschränkten Erbenhaftung; Haftungsbeschränkung des Erben im Zwangsvollstreckungsverfahren § 780 1

Vorbehaltsurteil § 526 12; § 538 28 f.; § 540 33; § 717 4; Bindungswirkung § 600 6; Wiederaufnahmeklage gegen § 583 2

Vorbereitungshandlung § 762 1

Vorentscheidung § 322 17

Vorfragen § 322 17

Vor-GmbH § 750 6

Vorgreiflichkeit § 322 17

Vorlage; Aussetzung vor §§ 239 ff 8

vorläufig vollstreckbares Urteil § 757 3

vorläufige Vollstreckbarkeit § 540 7; § 558 1 f.; § 722 11; Berufung § 537 1

Vorlegung durch Dritte; Antrag auf Urkundenvorlage § 428 5; Beweisantritt § 428 4; Voraussetzungen § 428 3

Vorlegungspflicht Dritter § 428 1; § 429 2; Antrag auf Anordnung nach § 142 § 430 2; Antrag auf Fristsetzung § 430 1; Erzwingung der Vorlegung § 429 3; Rechtsmittel § 431 3; Vorlegungsfrist § 431 1

Vorleistungspflicht § 726 4

Vormerkung § 830 3

Vorpfändung § 724 3; § 750 14; § 845 1; § 850b 29; § 850c 31; § 857 21; § 874 3; Arrest § 845 5; Arrestbefehle § 845 4; Benachrichtigung § 845 7; einstweilige Verfügung § 845 5; Hypothekenforderungen § 845 2; Insolvenzverfahren § 845 20; Kosten § 845 21; Leistungsverfügungen § 845 4; Pfändungsschutzvorschriften § 845 15; Rechtsbehelfe § 845 19; Rechtsfolgen § 845 14; unbewegliches Vermögen § 845 3; Urkunden § 845 4; Verfahren § 845 7; vollstreckbare Urteile § 845 4; Zustellung der Benachrichtigung § 845 11

Vorratspfändung § 850d 4, 38; Aufhebung § 850d 41; prognostische Entscheidung § 850d 40

Vorsatz § 726 6; Anscheinsbeweis § 286 41

Vorschuss; Frist § 379 7; Zeugenauslagen § 379 2

Vorsorgekapital; Schutz § 851c 33

Vorteilsanrechnung; Schadensschätzung § 287 13

Vortrag; Nichtberücksichtigung § 296a 1

Vorverein § 735 2

Vorzugsklage § 810 9

vorzugsweise Befriedigung § 805 1 ff.

Waffengleichheit Einleitung 41

Wahlfeststellung § 12 14

Wahlordnung für die Präsidien § 21b GVG 18

Wahlrecht § 732 4; ausschließlicher Gerichtsstand § 35 2; Eilverfahren § 35 3; Mahnbescheid § 35 3; Rechtsmissbrauch § 35 3; selbstständiges Beweisverfahren § 35 3; Vollstreckungsabwehrklage § 35 2; Widerklage § 35 3

Wahrhaftigkeitspflicht § 138 4

Wahrunterstellung; von streitigen Tatsachen § 284 46

Warnfunktion § 750 1

Wartefrist § 750 14; § 751 2; § 882a 9; nach § 750 III § 720a 3

Wechsel; Streitwert § 4 27

Wechsel- (§ 602) und Scheckprozess (§ 605a) § 708 5

Wechselprozess § 538 28; § 602 1; Abstandnahme § 602 4; Gerichtsstand § 603 1; Ladungsfrist § 604 3; Streitwert § 3 219

Wegfall der Geschäftsgrundlage § 323a 12

Weisungsrecht; kein allgemeines § 753 11

weiteres Richteramt § 22 GVG 3; Übertragung § 22 GVG 3

Weiterversicherung § 850e 9

Werbungskosten § 115 20

Wertberufung § 511 13
Wertgrenze § 544 4; Darlegung § 544 7; Ermittlung des Wertes der Beschwer § 544 6; Glaubhaftmachung § 544 8
Wertpapiere § 808 17; Börsen- oder Marktpreis § 821 7, 9; Herausgabevollstreckung § 884 1; Inhaberpapiere § 821 3, 8; Namenspapiere § 821 4, 8 f.; Pfändung § 821 6; Rektapapiere § 821 4; Sammelverwahrung § 821 6
Wertsicherungsklausel § 704 7
wesentliche Bestandteile § 865 3
wesentliche Vorgänge § 762 3
whistling for a train § 546 17
Widerklage § 722 10; § 1046 6; Art 6 EuGVO 7; auf Unterlassung § 33 24; Begriff § 33 3; Berufungsinstanz § 533 27; Beschränkungen § 33 15; des Unternehmers § 29c 5;
Drittwiderklage § 33 18; erfolgloses Angriffs- und Verteidigungsmittel § 96 29; Eventualwiderklage § 33 23; Feststellungsklage § 33 21; Flucht in die Widerklage § 33 34; § 296 58; Gerichtsstand § 33 1; Hilfswiderklage § 33 23; Konnexität § 33 14; petitorische § 33 25; Sachzusammenhang § 33 14; selbständiges Beweisverfahren § 494a 10; Small-Claims-Verfahren § 1099 1; Streitwert § 5 24; Wider-Widerklage § 33 22; Zulässigkeit § 33 4; Zwischenfeststellungsklage § 33 21
Widerruf § 758a 6; Geständnis § 290 1 f., 4; von Erklärungen durch die Partei § 85 4, 6
Widerrufsanspruch § 1 UKlaG 1
Widerrufsvergleich § 724 10; § 726 2
Widerspruch § 876 1; Abgabe § 696 4; Antrag auf streitiges Verfahren § 696 4; Arrest § 924 2; Begründung § 694 4; bevollmächtigt, Antrag str Verfahren § 696 7; Frist § 694 10; gegen Teil des MB § 694 6; Gerichtsstandsbestimmung § 696 13; Kenntnis § 695 2; mehrere Streitgerichte § 696 12; rechtzeitig § 696 2; Rücknahme § 697 9; schriftlich § 694 13; Verfahrensgebühr, str Verf § 696 6; verspätet § 694 17; Vollmacht § 694 15
Widerspruchsklage § 878 1; nach § 774 § 741 5; Streitwert § 3 249
Widerstand § 758 7; § 759 1
Wider-Widerklage § 33 22
Wiederaufnahme § 578 1 ff.; Arten § 578 8; ausländisches Recht § 578 11; § 580 20; gegen Beschlüsse § 578 4; Prozesshandlungen § 578 4; Streitwert § 3 254; und Rechtsmittel Einleitung Rz 2; § 579 4, 19; § 582 1 ff.; Verfahren Einleitung Rz 3; § 585 1 ff.; § 590 1 ff.; § 591 1 f.; Verfahrensabschnitte Einleitung Rz 3; § 590 1 ff.; Wesen Einleitung Rz 1 ff.
Wiederaufnahmeklage; Beschwer § 578 6; gegen Schiedssprüche § 578 5; gegen Urteile § 578 3 ff.; Klagefrist § 586 1 ff.; Klageschrift § 587 1 ff.; § 588 1 ff.; Parteien § 578 7; Prozessvollmacht § 578 10; Subsidiarität § 578 6; § 579 19; § 582 1 ff.; wegen Auffindens einer Urkunde § 580 14; Zulässigkeit § 578 3 ff.; zuständiges Gericht § 584 2 ff.
Wiedereinsetzung in den vorigen Stand § 233 1 ff.; Anwaltsverschulden § 233 30 ff.; Ausschlussfrist § 234 16; Begriff § 233 2; Einzelfälle § 233 18 ff.; Frist § 234 1; Fristbeginn und -berechnung § 234 4; Glaubhaftmachung § 234 7; Kosten § 238 15 ff.; Krankheit § 233 19; Mitverschulden des Gerichts § 233 55 ff.; nach PKH-Ablehnung § 236 5; nach PKH-Bewilligung § 236 6 ff.; Nachholung der versäumten Prozesshandlung § 234 11; Rechtsmittel § 238 11; Unanfechtbarkeit der Bewilligung § 238 14; unvollständiges Rechtsmittel § 233 12; vAw § 236 11; Verfahren § 238 2 ff.; Versäumnisurteil § 233 7; Verschulden der Partei § 233 20; Zuständigkeit § 237 1 ff.
Wiedereinsetzungsantrag; erfolgloses Angriffs- und Verteidigungsmittel § 96 30
Wiedereröffnung der Verhandlung; Ermessensbindung § 156 2 f.
wiederholte eidesstattliche Versicherung; Abgrenzung vom Nachbesserungsverfahren § 903 15; Verfahrensgang § 903 12
wiederholte Vernehmung; Berufungsinstanz § 398 4; Zeugen § 398 2
wiederkehrende Einkünfte; Unpfändbarkeit § 811 40
Wiener Übereinkommen; Diplomaten § 18 GVG 2 ff.; Konsularbeamte § 19 GVG 1 ff.
Wiener Übereinkommen über diplomatische Beziehungen § 18 GVG 2
Wiener Übereinkommen über konsularische Beziehungen § 19 GVG 1
Willensentschluss; individuell § 286 42
Willenserklärung § 709 4; Urteil auf Abgabe § 709 4; Zugang/Anscheinsbeweis § 286 43
Willkürverbot Einleitung Rz 46; § 321a 8
WINCAD § 945 6
Wirksamkeit § 724 4
wirtschaftliche Grundlage § 851b 1
Wirtschaftsverbände § 3 UKlaG 4
Wissenszurechnung; beim Prozessbevollmächtigten § 85 7
Wohneigentum § 851b 4
Wohngelegenheit § 850i 24
Wohnräume Dritter § 758a 9
Wohnrecht § 850b 18; § 857 14
Wohnsitz Art 2 EuGVO 4; Art 60 EuGVO 1; Aufhebung § 13 3; ausländischer Wohnsitz § 16 6; Begriff § 13 3; Begründung § 13 3; Minderjährige § 13 8; Soldaten § 13 13; Unbekannter § 16 5
Wohnsitzgerichtsstand § 13 1; internationale Zuständigkeit § 16 6
Wohnung § 758a 5; des Schuldners § 758 4; dritter Personen § 758 4

Wohnungsdurchsuchung § 930 3
Wohnungseigentum; selbständiges Beweisverfahren § 486 6; § 487 19; Streitwert § 3 257
Wohnungseigentümergemeinschaft § 50 28
Wohnungseigentumsverwalter § 727 4
Wohnungszuweisungssachen § 23a GVG 9
Worterteilung § 136 3

Zahlung eines Geldbetrags § 757 3
Zahlungsbefehl; europäischer § 1093 1
Zahlungsfiktion § 815 5; § 817 15
Zahnarzthaftung; selbständiges Beweisverfahren § 485 8
Zeitablauf; kein Einfluss auf Beweislastverteilung § 286 65
Zession § 50 34
Zessionar § 727 7
Zeuge; Abgrenzung § 373 7; Abgrenzung zur Partei § 373 10; Amtsverschwiegenheit § 376 2; Angehörige § 383 2; Ausbleiben § 380 2; Beeidigung § 391 1; Befragung § 397 2; Beweisantritt § 373 1; Beweiswürdigung § 286 12; Entschädigung § 401 1; Entschuldigung § 381 2; Ermahnung § 395 1; frühere Vernehmung § 286 8; Gegenüberstellung § 394 4; Geheimnis § 384 8; Geistlicher § 383 17; Glaubwürdigkeit § 395 3; Ladung § 377 2; Lauschzeuge § 284 32; Parlamentarier § 382 1; Presse, Rundfunk § 383 18; Protokoll § 396 6; schriftliche Aussage § 396 3; schriftliche Vernehmung § 377 7; Schweigepflichtsentbindung § 385 7; selbständiges Beweisverfahren § 485 14; § 487 4; Strafverfolgung § 384 6; Unehre § 384 5; Unterlagen § 378 2; Vermögensnachteil § 384 2; Vernehmung § 394 2; § 395 2; § 396 2; Verzicht § 399 3; vom Hörensagen § 286 13; Vorschuss für Auslagen § 379 2; wiederholte Vernehmung § 398 2; Zeugnisverweigerung § 383 2; § 384 2; § 386 2; Zuziehung § 385 2
Zeugenpflicht; Diplomaten § 18 GVG 5; Konsularbeamte § 19 GVG 8
Zeugnisverweigerung; Erklärung § 386 2; Ordnungsgeld § 390 5; Streitwert § 3 264; vor ersuchtem Richter § 387 1; Zwischenurteil § 387 1
Zinsen; Streitwert § 4 11, 18
Zivilkammer; Besetzung § 75 GVG 1 ff.
Zivilprozess; Historie Einleitung 1; Zweck Einleitung 3
Zivilprozessrecht; europäisch Einleitung 65; international Einleitung 66
ZPO; Geltungsbereich § 3 EGZPO 1; Verhältnis zu den Landesgesetzen § 14 EGZPO 1 f.; § 15 EGZPO 1 f.
ZPO-Reformgesetz 2002; Übergangsregelung § 26 EGZPO 1
Zugewinnausgleich § 851c 9; § 852 1
Zugewinnausgleichsanspruch § 852 3
Zugriffsrecht; erweitertes § 850d 13
Zug-um-Zug-Verurteilung Anhang nach § 1086: EuVTVO Art. 4 4; Anhang nach § 1096: EuMVVO Art. 4 1; Verurteilung zur Leistung § 756 2
Zulässigkeit § 532 1; § 538 19; § 539 4; § 707 8; Berufung § 540 15; Prüfungsschema Art 18 Brüssel IIa-VO 1
Zulassung; Revision § 540 8
Zulassungsberufung § 511 37; beschränkte § 511 38; Grundsatzbedeutung § 511 40; Rechtsfortbildung § 511 42; Sicherung einheitlicher Rechtsprechung § 511 43; Verfahren § 511 45; Wirkungen § 511 47; Zulassungsgründe § 511 39
Zulassungsgründe § 543 10; Aufrechterhaltung des Vertrauens der Allgemeinheit § 543 17; Divergenz § 543 14; Einzelfallgerechtigkeit § 543 21; Fortbildung des Rechts § 543 13; grundsätzliche Bedeutung § 543 12; Korrektur im Interesse der Allgemeinheit § 543 16; offensichtliche Unrichtigkeit § 543 21; Rechtsanwendungsfehler § 543 15; Sicherung einer einheitlichen Rechtsprechung § 543 14; Verfahrensmängel § 543 20
Zulassungsrevision § 542 2; Beschränkung der Zulassung § 543 4; Grundsatz der Zulassungsrevision § 543 1; Schweigen § 543 2
Zulassungsvoraussetzung § 543 8; maßgeblicher Zeitpunkt § 543 8
Zurückbehaltungsrecht § 709 4; § 757 7; Berufung § 528 20; selbständiges Beweisverfahren § 494a 10
Zurückverweisung § 538 5; § 540 31; als Regelfall § 563 2; Bindungswirkung § 563 6
Zurückweisung; Angriffs-/Verteidigungsmittel § 296 41; Aufrechnung § 296 53; Begründung § 296 39; Berufung § 296 61; Darstellung § 296 54; des Vertreters § 79 8; des vollmachtlosen Vertreters § 88 6; ordnungsgemäßes Verfahren § 296 22; Sachverständigenbeweis § 296 37; Vermeidung § 296 55; Versäumnisurteil § 296 56; Verschulden § 296 30, 46; verspätetes Vorbringen § 530 12; § 531 1; Widerklage § 296 58; Wirkung § 296 52, 62; Zeugenbeweis § 296 33; Zulässigkeitsrügen § 296 44
Zurückweisung VU; Entscheidungen § 335 13; Rechtsbehelf § 336 2; Vertagung vAw § 337 2; Zurückweisungsgründe § 335 2
Zusammenrechnung Arbeitseinkommen § 850e 29; Antrag § 850e 47; Kindergeld § 850e 32; Kosten § 850e 56; Naturalleistungen § 850e 35; Rechtsbehelfe § 850e 53; Verfahren § 850e 47; Wirkungen § 850e 50
Zusatzgerichtsstand § 17 11
Zusatzklage § 323 22; Teilklage § 323 24; Verhältnis zur Abänderungsklage § 323 22
Zusatzversicherung; private § 850b 19
Zuschlag § 817 5; an den Gläubiger § 817 14; Internetversteigerung § 817 9; Versagung § 817a 4

Zuständigkeit § 706 2; § 724 9; § 726 6; § 764 2; Abgabe § 828 10; ausschließlich § 764 2; § 828 4; Entscheidung § 11 1; funktionell § 1 2; § 11 1; § 828 1; Insolvenzgericht § 828 9; instanziell § 1 2; international § 828 6; § 18 GVG 1; Kammer für Handelssachen § 94 GVG 1 ff.; § 100 GVG 1 ff.; § 103 GVG 1; § 104 GVG 1 f.; LG in Zivilsachen § 71 GVG 1 ff.; § 72 GVG 1 ff.; örtlich § 12 2; § 753 4; § 828 1, 7; Prozesspfleger § 57 4; Rüge § 12 9; rügelose Einlassung § 39 1; sachlich § 1 1; § 11 1; § 753 4; § 828 1, 4; Sachzusammenhang § 1 2; Streitwert § 3 270

Zuständigkeit Gerichtsvollzieher; bei Mehrfachpfändung § 827 2

Zuständigkeit OLG in Familiensachen; formelle Anknüpfung § 119 GVG 4

Zuständigkeit, internationale; ausschließliche § 12 18; Derogation § 40 5; Doppelfunktionalität § 12 18; Gerichtsstand § 12 18; Prorogationsverbot § 40 5; rügelose Einlassung § 39 12; Widerklage § 33 35; Wohnsitz § 16 6; Wohnsitzgerichtsstand § 16 6

Zuständigkeitsbestimmung; ausschließlicher Gerichtsstand § 36 6; Bindung an die Verweisung § 36 16; Bindungswirkung § 37 5; dinglicher Gerichtsstand § 36 10; Divergenzvorlage § 36 18; Drittwiderklage § 36 6; funktionelle Zuständigkeit § 36 4, 12; Geschäftsverteilung § 36 12; internationale Zuständigkeit § 36 4; Klageentwurf § 37 1; negativer Kompetenzkonflikt § 36 12; positiver Kompetenzkonflikt § 36 11; Prorogation § 36 6, 9; Prozesskostenhilfe § 36 13; Rechtshängigkeit § 36 7, 13; Rechtskraft § 36 14; Rechtsschutzversicherung § 36 8; Rechtsweg § 36 4, 12; sachliche Zuständigkeit § 36 4; Streitgenossen § 36 5; Verfahrenstaktik § 36 8; Verhinderung § 36 2; Verjährung § 36 8; Zweckmäßigkeitsgesichtspunkte § 36 9

Zuständigkeitskonzentration; Gerichte § 13a GVG 1; rechtswegübergreifend § 17 GVG 13

Zuständigkeitsrüge § 12 9

Zuständigkeitsstreitwert § 2 3; § 3 14, 19; § 4 4

Zuständigkeitsvorschrift § 724 10

Zustellung § 62 19; § 310 7; § 317 1; vor §§ 704 ff 9; § 744 2; § 745 2; § 749 2; § 750 1; § 751 5; § 828 6; § 859 5; Amtszustellung § 166 1 ff.; Anwalt zu Anwalt § 195 1 ff.; Aushändigung § 173 1 ff.; Ausland § 688 19; § 829 60; § 1068 1; außerhalb der ZPO § 166 12; Beglaubigung § 169 2 ff.; Beurkundung der Zustellung § 166 9; § 178 10; § 179 5; § 180 3; § 182 1 ff.; § 193 1; Bevollmächtigte § 171 1 ff.; Beweislast § 167 14; § 172 5; § 175 2; § 178 12; Datum Anhang nach § 1071: EuZVO Art. 9 1; demnächst § 167 9 ff.; Drittschuldner § 829 53; Eingang bei Gericht bei Rückwirkung § 167 6; Einschreiben § 175 1 ff.; § 183 1, 3, 9; § 191 3; elektronisches Dokument § 174 8; § 195 4; Empfangsbekenntnis § 174 1 ff.; § 189 4; § 191 3; § 195 4 ff.; erfasste Fristen bei Rückwirkung § 167 4; Ersatzzustellung § 829 57; Formulare § 190 1; Gegenbescheinigung § 195 7; Gesamtschuldner § 829 54; Gläubiger § 829 52; Heilung § 166 7, 11; § 169 4; § 170 3; § 171 3 f.; § 172 1; § 174 2; § 176 3; § 178 11; § 179 5; § 181 4; § 185 7; § 189 1 ff.; Immunität § 183 7; § 185 6; Interessenkollision § 178 11; juristische Person § 170 2; § 185 2; Kasuistik zur Rückwirkung § 167 16; Leiter § 170 4; Nachweis § 166 9; § 169 1; § 173 2; § 174 6; § 175 3; § 182 1; § 183 3 f., 6 f.; § 184 5; § 186 3; § 193 1; § 195 6 f.; Niederlegung § 181 1 ff.; öffentliche Zustellung § 185 1 ff.; § 186 1 ff.; § 187 1; § 188 1 f.; § 349 2, 4; ordnungsgemäß § 328 20; Parteibetrieb Anhang nach § 1071: EuZVO Art. 15 1; Parteizustellung § 166 2; § 167 2; § 169 1 f.; § 170 1; § 171 1; § 172 1; § 174 2; § 175 1; § 176 1; § 177 1; § 178 1; § 182 2, 5; § 183 1; § 185 1; § 186 1; § 189 2, 5; § 191 1 ff.; Pfändungsbeschluss § 829 52; Post § 1068 1; Anhang nach § 1071: EuZVO Art. 14 1; Anhang nach § 1109: EuGFVO Art. 13 1; Prozessbevollmächtigte § 172 1 ff.; rechtzeitig § 328 21; Rückwirkung § 167 1; selbständiges Beweisverfahren § 487 18; Soldaten § 166 4; § 167 3; § 185 1; Telekopie § 174 7; Vertreter § 170 1 ff.; Verweigerung der Annahme § 175 2; § 176 1; § 177 1; § 179 1 ff.; § 180 2; § 181 2; § 182 10; § 183 3; Zeitpunkt § 169 1; § 182 12; § 188 1 f.; § 189 1 ff.; § 193 3; § 195 7; Zusteller § 166 2; § 182 13; Zustellungsadressat § 166 3; § 170 2; § 171 1; § 182 6; Zustellungsauftrag § 166 3; § 168 1 f.; § 176 1 ff.; § 190 1; § 191 4; § 192 1, 5; § 194 1 ff.; Zustellungsbevollmächtigter § 184 1 ff.; Zustellungsempfänger § 166 3; § 178 4, 9; § 182 7; Zustellungsformulare § 190 1; Zustellungsmängel § 310 10; Zustellungsort § 177 1; § 179 3 f.; § 181 3; § 182 10, 12; § 184 4; Zustellungsurkunde § 182 1 ff.; Zustellungsveranlasser § 166 3; § 191 4; Zustellungsvermerk § 315 9; Zustellungswille § 166 7; § 174 4, 7; § 189 1, 5; § 195 4

Zustellungsabsicht § 166 7

Zustellungsurkunden § 750 15

Zutritt; Gewährung § 758a 8

Zuweisung § 527 2

Zuziehung; Zeuge § 385 2; § 759 1 ff.

Zwangshypothek § 740 4; Mindesthöhe § 866 7

Zwangssicherungshypothek § 867 3; Belastung mehrerer Grundstücke § 867 13; Beschwerde § 867 25; Einstellung der Zwangsvollstreckung § 868 7; Verwertung § 867 20; Wohnungseigentümergemeinschaft § 867 7

Zwangsversteigerung § 727 12; § 737 5; Streitwert § 3 271

Zwangsverwalter § 50 36; § 727 2

Zwangsverwaltung § 737 5; selbständiges Beweisverfahren § 494a 12; Streitwert § 3 272

Zwangsvollstreckung vor §§ 704 ff 1 f., vor §§ 704 ff 4, vor §§ 704 ff 7, vor §§ 704 ff 9, vor §§ 704 ff 12, vor §§ 704 ff 14, vor §§ 704 ff 16 f.; § 717 11; § 719 4; § 744a 1 ff.; § 745 1 f.; § 747 1 ff.; § 748 1 ff.; § 758a 15; § 154 GVG 3; Art 38 EuGVO 1; akzessorische Rechte § 857 8; Amtshaftung § 808 19 ff., 28; § 811b 2; § 813 5; § 816 9, 11; § 817a 3 f.; § 824 2; § 826 4, 7; § 827 6; andere Vermögensrechte § 857 1, 15; aus Titeln § 828 4; aus Verwaltungsakten § 828 5; Beendigung § 815 7; § 819 5; Beginn vor §§ 704 ff 12; Beteiligung des stillen Gesellschafters § 859 13; BGB-Gesellschaft § 736 1; Computersoftware § 857 62; Duldung § 890 3 ff.; eidesstattliche Versicherung § 889 1 ff.; § 899 1 ff.; Eigentümergrundschuld § 857 51; Eigentümerhypothek § 857 58; Eigentums- und Vermögensgemeinschaft § 744a 1 ff.; Einsicht in Urkunden § 883 2; Einwendungen § 717 15; Ende vor §§ 704 ff 13; Forderungen § 828 1; fortgesetzte Gütergemeinschaft § 745 1 f.; Gefährdung von Gläubigerinteressen § 808 19, 36; Gesamtgut § 740 1; Gesamtgut bei Erwerbsgeschäft § 741 1; Gesamthandsanteile § 859 1; Geschmacksmuster § 857 65; Grundlage der § 722 12; Grundschuld § 857 48; gutgläubiger Erwerb § 898 2 f.; gütliche Erledigung § 806b 1 ff.; Haftung mit fremdem Vermögen § 808 4; Haftungsverband der Hypothek § 865 2; Herausgabe beweglicher Sachen § 883 1; Herausgabe eines Kindes § 883 7; Herausgabe unbeweglicher Sachen § 885 1; Herausgabe von Wertpapieren § 884 1; Herausgabeansprüche § 846 1; in der Wohnung des Schuldners einstweilen einstellen § 758a 15; informationelle Selbstbestimmung § 857 5; internationale Zuständigkeit § 828 6; Internetdomain § 857 67; körperliche Sachen § 808 2; Kosten der § 788 1; Kraftfahrzeuge § 808 19; Leistung Zug um Zug § 756 1 ff.; Marken § 857 66; Miet- und Pachtforderungen § 865 14; Miterbenanteil § 859 16; Namensrecht § 857 5; nicht eingetragene Schiffe § 808 26; nicht rechtsfähiger Verein § 735 1; Patentrechte § 857 63; Persönlichkeitsrechte § 857 5; Räumung § 885 9 ff.; Recht am eigenen Bild § 857 5; Recht auf körperliche Unversehrtheit § 857 5; Rechtskraft § 706 1; Rentenschuld § 857 61; Schiffspart § 858 2; Schuldnerschutzantrag § 712 1; Schuldtitel § 885 7 ff.; Sicherungsgrundschuld § 857 49; sonstige Vermögensrechte § 828 1; Staatenimmunität § 18 GVG 4; Streitwert § 3 273; Teilzahlungen § 806b 2 ff.; Testamentsvollstrecker § 748 1 ff.; Übereignung § 897 2 f.; unbewegliches Vermögen § 864 1; ungeteilter Nachlass § 747 1 ff.; unselbstständige Nebenrechte § 857 9; Unterlassung § 890 3 ff.; Unwirksamkeit der vor §§ 704 ff 14 ; Urheberrechte § 857 62; Vermögens- oder Erbschaftsnießbrauch § 737 1; Verschaffung von Grundpfandrechten § 897 2 f.; Vollstreckung der Abgabe einer Willenserklärung § 894 3 ff.; Vollstreckung unvertretbarer Handlungen § 888 1 ff.; Vollstreckung vertretbarer Handlungen § 887 1 ff.; Voraussetzungen vor §§ 704 ff 9; Voraussetzungen der § 750 1 ff.; wegen einer Geldforderung gegen juristische Person des öffentlichen Rechts § 882a 8

Zwangsvollstreckung bei Nachlassverwaltung und -insolvenzverfahren; Haftungsbeschränkung des Erben § 784 3; Nachlassinsolvenzverfahren, Auswirkung auf Zwangsvollstreckung § 784 1; Nachlassverwalter § 784 5; Nachlassverwaltung, Auswirkung auf Zwangsvollstreckung § 784 1

Zwangsvollstreckung in das unbewegliche Vermögen; Schuldnerschutz § 866 6

Zwangsvollstreckung in Herausgabeansprüche; bewegliche Sachen § 847 2; Grundstückszubehör § 847 3; höchstpersönliche Herausgabeansprüche § 847 4; Insolvenzverfahren § 847 15; § 848 18; Kosten § 846 6; § 847 16; § 848 19; Luftfahrzeuge § 847a 3; Rechtsbehelfe § 847 14; Schiffe § 847a 2; unbewegliche Sachen § 848 1; Verwertung § 847 13; Wirkungen § 847 9

Zwangsvollstreckungseinstellung; Aufhebung von Vollstreckungsmaßnahmen § 775 19; Befriedigung des Gläubigers § 775 13; einstweilige Einstellung § 775 9; Einzahlungs- oder Überweisungsnachweis § 775 16; Fortsetzung der Zwangsvollstreckung nach Einstellung oder Beschränkung § 775 3; Hinterlegung § 775 11; öffentliche Urkunde als Nachweis § 775 12; pactum de non petendo § 775 13; Privatkurkunde als Nachweis § 775 12; Sicherheitsleistung § 775 11; Stundung § 775 13; Vollstreckbarkeit § 775 6

Zwangsvollstreckungssachen Art 22 EuGVO 10

Zwangsvollstreckungsverfahren; Unterbrechung vor §§ 239 ff 1

Zweckbindungsgrundsatz § 19 EGGVG 1

Zweifelsgrundsatz § 19 GVG 5

Zweigniederlassung Art 5 EuGVO 15

Zwei-Stufen-Theorie § 13 GVG 18

zweites Versäumnisurteil; Einspruch gegen Versäumnisurteil § 345 7; Einspruch gegen Vollstreckungsbescheid § 345 6; Rechtsmittel § 345 9; Säumnis des Einspruchsführers § 345 4; Verfahrensantrag des Erschienenen § 345 5; Verzichtswirkung erneuter Säumnis § 345 2

Zwischenfeststellungsklage § 533 8; Streitwert § 3 277; Widerklage § 33 21

Zwischenfristen; Abkürzung § 226 1

Zwischenstreit; Schiedssachen § 1063 12
Zwischenstreit über Nebenintervention; Anwaltszwang § 71 3; Feststellungsurteil § 71 5; Hauptpartei § 71 6; Ladung § 71 7; Parteien § 71 4; Prozesshandlungsvoraussetzungen § 71 2; Rechtskraft § 71 7; sofortige Beschwerde § 71 5 f.; Streitverkündeter § 71 1; Versäumnisentscheidung § 71 3; Versäumnisurteil § 71 7; Zwischenurteil § 71 5 f.
Zwischenurteil § 526 12; § 538 21; § 540 35; § 717 4; Abstammungsgutachten § 372a 17; Wiederaufnahmeklage § 583 2; Zeugnisverweigerung § 387 1